DIE BIBEL

THE HOLY BIBLE

ÜBERSETZUNG NACH MARTIN LUTHER
Altes und Neues Testament

ENGLISH STANDARD VERSION
Containing the Old and New Testaments

ZWEISPRACHIGE BIBEL

PARALLEL BIBLE

DEUTSCHE
BIBELGESELLSCHAFT
STUTTGART

CROSSWAY BIBLES
WHEATON, ILLINOIS

IM	21	20	19	18	17	16	15	14	13	12	11	10	09
15	14	13	12	11	10	9	8	7	6	5	4	3	2	1

DIE BIBEL
THE HOLY BIBLE

Übersetzung Nach Martin Luther

English Standard Version

INHALTSVERZEICHNIS

CONTENTS

DIE LUTHERBIBEL

DIE GESCHICHTE DER LUTHERBIBEL

Als sein „größtes Geschenk an die Deutschen" wurde Luthers Bibelübersetzung gerühmt, und mit Recht: hat sie doch nicht nur den deutschen Protestantismus und seine Frömmigkeit auf Jahrhunderte tief grei-
fend geprägt, sondern auch die Geschichte der deutschen Sprache und
Literatur in weit größerem Maße geprägt, als uns dies heute oft bewusst
ist. Wegen ihrer langen und traditionsreichen Geschichte darf sie als das
„Original" unter den deutschen Bibelübersetzungen gelten.

1522: Luther übersetzt das Neue Testament während seines Aufenthalts
auf der Wartburg in der unglaublich kurzen Zeit von nur elf Wochen.
Im September 1522 erscheint die Übersetzung in Wittenberg im Druck
(„September-Testament"). Trotz einer für die damalige Zeit ungewöhn-
lich hohen Auflage war das Buch in kürzester Zeit ausverkauft. Schon im
Dezember 1522 kam eine zweite Auflage mit Verbesserungen im Text und
Korrekturen an den Bildern auf den Markt („Dezember-Testament").

1534/1545: Für die Übersetzung des Alten Testaments brauchte Luther
mehr Jahre als für das Neue Testament Wochen. Zur Leipziger Michaelis-
messe – vom 4. bis 11. Oktober 1534 – konnte er die erste vollständige
Fassung seiner Bibel vorlegen, die noch sechs Einzelteile jeweils mit
eigenem Titelblatt und eigener Seitenzählung vereinigte: Mose-Bücher
(Pentateuch), historische und poetische Bücher, Propheten, Apokryphen,
Neues Testament. Bis zu seinem Lebensende hat Luther an seiner Übersetzung weitergearbeitet; in seinem Todesjahr 1545 erschien in Wittenberg
die „Ausgabe letzter Hand", die für die folgenden Jahrhunderte maßgeb-
lich blieb.

1892/1912: Im Laufe der Jahre schlichen sich in die Lutherbibel immer
mehr Fehler ein. Mitte des 19. Jahrhunderts erschien erstmals eine
kritische Textausgabe der Lutherbibel von 1545 mit den Varianten aller
vorherigen Ausgaben. Damit war die Grundlage für eine Neuausgabe der
Lutherbibel gegeben. Es dauerte allerdings fast 30 Jahre, bis diese erste
kirchenamtliche Revision der Lutherbibel abgeschlossen war und im
Jahr 1892 die erste Ausgabe erschien. Weil sie sehr nah am – inzwischen
schwer verständlichen – Lutherdeutsch geblieben war und weil inzwischen die Duden-Rechtschreibung als verbindlich eingeführt worden war,
erhob sich bald die Forderung nach einer zweiten Revision, die 1912
fertiggestellt wurde.

1984: Auch der Text von 1912 erschien vielen noch modernisie-
rungsbedürftig. Deshalb beschlossen die Bibelgesellschaften 1921 „eine
zeitgemäße Erneuerung der alten Lutherbibel". Nachdem 1928 ein
Probetestament erschienen war, machten Krieg und Nachkriegszeit eine
Weiterarbeit unmöglich. Erst 1956 konnte das revidierte Neue Testament
vorgelegt werden; 1964 folgte das Alte Testament und 1970 die Apokryphen. Aufgrund des großen zeitlichen Abstandes wurde bald der Wunsch

nach einer erneuten Verbesserung des Neuen Testaments laut. Nachdem dann 1975 zunächst eine Version erschienen war, die allgemein als viel zu modern abgelehnt wurde, kam der Revisionsprozess 1984 zum Abschluss. Hier wurde nun wieder stärker die Nähe zu Luthers Sprache gesucht.

1999: Im Zusammenhang mit der Einführung der neuen Rechtschreibung hat es 1999 noch einmal einige Veränderungen am Text der Lutherbibel gegeben. Sie dienten zum einen der sprachlichen Angleichung des Alten Testaments an das Neue, zum anderen wurden an einigen Stellen Erkenntnisse der modernen Textforschung stärker berücksichtigt.

DIE SPRACHE DER LUTHERBIBEL

Die Lutherbibel hat ihre kaum zu überschätzende Bedeutung auch ihrer sprachlichen Qualität zu verdanken. Luther orientierte sich bei seiner Übersetzung an der sächsischen Kanzleisprache, „welcher es alle Herzöge und Könige Deutschlands nachtun, alle Reichsstädte, Fürsten, Höfe" und die deshalb in ganz Deutschland verstanden wurde. Aber erst durch seine Übersetzung gewann diese Verwaltungssprache eine Form, die sie zur Grundlage der deutschen Hoch- und Literatursprache werden ließ. Zahlreiche bis heute geläufige Sprichwörter und Redensarten stammen aus der Lutherbibel, und der junge Goethe hat seine Sprache ebenso an ihr geschult wie in der neueren Literatur Bert Brecht.

Es ist bekannt, dass Luther – wie er es in seinem „Sendbrief vom Dolmetschen" ausdrückte – beim Übersetzen „dem Volk aufs Maul sehen" wollte. Damit ist nicht gemeint, dass er sich eines volkstümlichen Gassenjargons bediente. Vielmehr ging es ihm darum, den charakteristischen Eigenarten der deutschen Sprache gerecht zu werden. Das heißt: Luther hielt sich bei seiner Übersetzung nicht sklavisch an den Wortlaut des hebräischen und griechischen Originaltextes der Bibel. Vielmehr achtete er vor allem darauf, dessen Sinn treffend wiederzugeben: „Wer Deutsch reden will, der muss nicht der hebräischen Worte Weise führen, sondern muss darauf sehen, dass er den Sinn fasse, und denke also: Lieber, wie redet der deutsche Mann in solchem Fall? Wenn er nun die deutschen Worte hat, die hierzu dienen, so lasse er die hebräischen Worte fahren und spreche frei den Sinn heraus aufs beste Deutsch, so er kann."

HINWEISE ZU DIESER AUSGABE

Diese Bibelausgabe enthält die revidierte Fassung der Bibelübersetzung Martin Luthers von 1984, die im Zusammenhang mit der Einführung der neuen Rechtschreibung 1999 noch einmal durchgesehen wurde.

Ein Stern * im Bibeltext verweist auf eine Anmerkung zur jeweiligen Stelle im Anhang. Die Anmerkungen geben Hilfen zum Verständnis oder Erläuterungen zur Übersetzung bzw. zur Textüberlieferung.

Die Kernstellen, die seit Luther durch eine besondere Schrift hervorgehoben werden und die bei der Revision zum Teil neu festgelegt wurden, erscheinen in dieser Ausgabe **halbfett**.

Im Alten Testament hat das Wort „Herr" immer dann die Form HERR, wenn im hebräischen Grundtext der Gottesname, geschrieben „JHWH", gebraucht wird. Durch dieselbe Schriftart werden wiederkehrende Zeilen in den Psalmen, sog. Kehrverse, hervorgehoben (z.B. WAS BETRÜBST DU DICH, MEINE SEELE), ebenso die einführenden Angaben und musikalischen Zwischenbemerkungen der Psalmen, jedoch werden dabei keine großen Anfangsbuchstaben verwendet (z.B. EIN PSALM DAVIDS oder SELA).

Wenn ganze Sinnabschnitte an anderer Stelle ähnlich oder gleich lautend überliefert sind, findet man einen entsprechenden Hinweis unter der Abschnittsüberschrift (vor allem in den Evangelien).

Die Psalmen und andere psalmartige Texte gliedern sich nach den Grundregeln der hebräischen Poesie in sinnparallele Halbverse, von denen jeweils der zweite im Druck durch Einrückung gekennzeichnet ist. Wo die erste Vershälfte überlang ausfällt, wird diese zusätzlich durch einen Schrägstrich zweigeteilt. Beim Psalmgesang ist an dieser Stelle eine Flexa (Abweichung um einen Sekund- oder Terzschritt nach unten) zu singen. Wenn die Psalmen von wechselnden Sprechergruppen vorgetragen werden, empfiehlt es sich, nicht schon bei der eingerückten Verszeile zur anderen Gruppe überzugehen, denn dies würde in vielen Fällen die Psalmverse sinnwidrig auseinanderreißen. Besser ist es, wenn jeweils der ganze psalmodische Vers von einer Gruppe gesprochen (oder gesungen) wird; danach folgt die andere Gruppe mit dem nächsten. Nur zu Beginn kann der erste Halbvers vom Leiter allein „angestimmt" werden, worauf die erste Gruppe mit dem zweiten Halbvers einfällt.

ABOUT THE ESV BIBLE

THE BIBLE

"This Book [is] the most valuable thing that this world affords. Here is Wisdom; this is the royal Law; these are the lively Oracles of God." With these words the Moderator of the Church of Scotland hands a Bible to the new monarch in Britain's coronation service. These words echo the King James Bible translators, who wrote in 1611: "God's sacred Word . . . is that inestimable treasure that excelleth all the riches of the earth." This assessment of the Bible is the motivating force behind the publication of the English Standard Version.

TRANSLATION LEGACY

The English Standard Version (ESV) stands in the classic mainstream of English Bible translations over the past half-millennium. The fountainhead of that stream was William Tyndale's New Testament of 1526; marking its course were the King James Version of 1611 (KJV), the English Revised Version of 1885 (RV), the American Standard Version of 1901 (ASV), and the Revised Standard Version of 1952 and 1971 (RSV). In that stream, faithfulness to the text and vigorous pursuit of accuracy were combined with simplicity, beauty, and dignity of expression. Our goal has been to carry forward this legacy for a new century.

To this end each word and phrase in the ESV has been carefully weighed against the original Hebrew, Aramaic, and Greek, to ensure the fullest accuracy and clarity and to avoid under-translating or overlooking any nuance of the original text. The words and phrases themselves grow out of the Tyndale–King James legacy, and most recently out of the RSV, with the 1971 RSV text providing the starting point for our work. Archaic language has been brought to current usage and significant corrections have been made in the translation of key texts. But throughout, our goal has been to retain the depth of meaning and enduring language that have made their indelible mark on the English-speaking world and have defined the life and doctrine of the church over the last four centuries.

TRANSLATION PHILOSOPHY

The ESV is an "essentially literal" translation that seeks as far as possible to capture the precise wording of the original text and the personal style of each Bible writer. As such, its emphasis is on "word-for-word" correspondence, at the same time taking into account differences of grammar, syntax, and idiom between current literary English and the original languages. Thus it seeks to be transparent to the original text, letting the reader see as directly as possible the structure and meaning of the original.

In contrast to the ESV, some Bible versions have followed a "thought-for-thought" rather than "word-for-word" translation philosophy, emphasizing "dynamic equivalence" rather than the "essentially literal" meaning of the original. A "thought-for-thought" translation is of necessity more inclined to reflect the interpretive opinions of the translator and the influences of contemporary culture.

Every translation is at many points a trade-off between literal precision and readability, between "formal equivalence" in expression and "functional equivalence" in communication, and the ESV is no exception. Within this framework we have sought to be "as literal as possible" while maintaining clarity of expression and literary excellence. Therefore, to the extent that plain English permits and the meaning in each case allows, we have sought to use the same English word for important recurring words in the original; and, as far as grammar and syntax allow, we have rendered Old Testament passages cited in the New in ways that show their correspondence. Thus in each of these areas, as well as throughout the Bible as a whole, we have sought to capture the echoes and overtones of meaning that are so abundantly present in the original texts.

As an essentially literal translation, then, the ESV seeks to carry over every possible nuance of meaning in the original words of Scripture into our own language. As such, it is ideally suited for in-depth study of the Bible. Indeed, with its emphasis on literary excellence, the ESV is equally suited for public reading and preaching, for private reading and reflection, for both academic and devotional study, and for Scripture memorization.

TRANSLATION STYLE

The ESV also carries forward classic translation principles in its literary style. Accordingly it retains theological terminology—words such as grace, faith, justification, sanctification, redemption, regeneration, reconciliation, propitiation—because of their central importance for Christian doctrine and also because the underlying Greek words were already becoming key words and technical terms in New Testament times.

The ESV lets the stylistic variety of the biblical writers fully express itself—from the exalted prose that opens Genesis, to the flowing narratives of the historical books, to the rich metaphors and dramatic imagery of the poetic books, to the ringing rhetorical indictments in the prophetic books, to the smooth elegance of Luke, to the profound simplicities of John, and the closely reasoned logic of Paul.

In punctuating, paragraphing, dividing long sentences, and rendering connectives, the ESV follows the path that seems to make the ongoing flow of thought clearest in English. The biblical languages regularly connect sentences by frequent repetition of words such as "and," "but," and "for," in a way that goes beyond the conventions of literary English. Effective translation, however, requires that these links in the original be reproduced so that the flow of the argument will be transparent to the reader. We have therefore normally translated these connectives, though occasionally we have varied the rendering by using alternatives (such as "also," "however," "now," "so," "then," or "thus") when they better capture the sense in specific instances.

xiii ABOUT THE ESV BIBLE

In the area of gender language, the goal of the ESV is to render literally what is in the original. For example, "anyone" replaces "any man" where there is no word corresponding to "man" in the original languages, and "people" rather than "men" is regularly used where the original languages refer to both men and women. But the words "man" and "men" are retained where a male meaning component is part of the original Greek or Hebrew. Likewise, the word "man" has been retained where the original text intends to convey a clear contrast between "God" on the one hand and "man" on the other hand, with "man" being used in the collective sense of the whole human race (see Luke 2:52). Similarly, the English word "brothers" (translating the Greek word *adelphoi*) is retained as an important familial form of address between fellow-Jews and fellow-Christians in the first century. A recurring note is included to indicate that the term "brothers" (*adelphoi*) was often used in Greek to refer to both men and women, and to indicate the specific instances in the text where this is the case. In addition, the English word "sons" (translating the Greek word *huioi*) is retained in specific instances because the underlying Greek term usually includes a male meaning component and it was used as a legal term in the adoption and inheritance laws of first-century Rome. As used by the apostle Paul, this term refers to the status of all Christians, both men and women, who, having been adopted into God's family, now enjoy all the privileges, obligations, and inheritance rights of God's children.

The inclusive use of the generic "he" has also regularly been retained, because this is consistent with similar usage in the original languages and because an essentially literal translation would be impossible without it. Similarly, where God and man are compared or contrasted in the original, the ESV retains the generic use of "man" as the clearest way to express the contrast within the framework of essentially literal translation.

In each case the objective has been transparency to the original text, allowing the reader to understand the original on its own terms rather than on the terms of our present-day culture.

THE TRANSLATION OF SPECIALIZED TERMS

In the translation of biblical terms referring to God, the ESV takes great care to convey the specific nuances of meaning of the original Hebrew and Greek terms. First, concerning terms that refer to God in the Old Testament: God, the Maker of heaven and earth, introduced himself to the people of Israel with the special, personal name, whose consonants are YHWH (see Exodus 3:14-15). Scholars call this the "Tetragrammaton," a Greek term referring to the four Hebrew letters YHWH. The exact pronunciation of YHWH is uncertain, because the Jewish people considered the personal name of God to be so holy that it should never be spoken aloud. Instead of reading the word YHWH, they would normally read the Hebrew word *adonai* ("Lord"), and the ancient translations into Greek, Syriac, and Aramaic also followed suit. When the vowels of the word *adonai* are placed with the consonants of YHWH, this results in the familiar word *Jehovah* that was used in some earlier English Bible translations. As is common among English translations today, the ESV usually renders the personal name of God (YHWH) with the word LORD (printed in small capitals). An exception to this is when the Hebrew word *adonai* appears together with YHWH, in which case the two words are rendered together as "the Lord [in lower case] GOD [in small capitals]." In contrast to the personal name for God (YHWH), the more general name for God in Old Testament Hebrew is *'elohim* and its related forms of *'el* or *'eloah*, all of which are normally translated "God" (in lower case letters). The use of these different ways to translate the Hebrew words for God is especially beneficial to the English reader, enabling the reader to see and understand the different ways that the *personal* name and the *general* name for God are both used to refer to the *One True God* of the Old Testament.

Second, in the New Testament, the Greek word *Christos* has been translated consistently as "Christ." Although the term originally meant "anointed," among Jews in New Testament times the term came to designate the Messiah, the great Savior that God had promised to raise up. In other New Testament contexts, however, especially among Gentiles, *Christos* ("Christ") was on its way to becoming a proper name. It is important, therefore, to keep the context in mind in understanding the various ways that *Christos* ("Christ") is used in the New Testament. At the same time, in accord with its "essentially literal" translation philosophy, the ESV has retained consistency and concordance in the translation of *Christos* ("Christ") throughout the New Testament.

A third specialized term, the word "behold," usually has been retained as the most common translation for the Hebrew word *hinneh* and the Greek word *idou*. Both of these words mean something like "Pay careful attention to what follows! This is important!" Other than the word "behold," there is no single word in English that fits well in most contexts. Although "Look!" and "See!" and "Listen!" would be workable in some contexts, in many others these words lack sufficient weight and dignity. Given the principles of "essentially literal" translation, it is important not to leave *hinneh* and *idou* completely untranslated, and so to lose the intended emphasis in the original languages. The older and more formal word "behold" has usually been retained, therefore, as the best available option for conveying the original sense of meaning.

TEXTUAL BASIS

The ESV is based on the Masoretic text of the Hebrew Bible as found in *Biblia Hebraica Stuttgartensia* (2nd ed., 1983), and on the Greek text in the 1993 editions of the *Greek New Testament* (4th corrected ed.), published by the United Bible Societies (UBS), and *Novum Testamentum Graece* (27th ed.), edited by Nestle and Aland. The currently renewed respect among Old Testament scholars for the Masoretic text is reflected in the ESV's attempt, wherever possible, to translate difficult Hebrew passages as they stand in the Masoretic text rather than resorting to emendations or to finding an alternative reading in the ancient versions. In exceptional, difficult cases, the Dead Sea Scrolls, the Septuagint, the Samaritan Pentateuch, the Syriac Peshitta, the Latin Vulgate, and other sources were consulted to shed possible light on the text, or, if necessary, to support a divergence from the Masoretic text. Similarly, in a few difficult cases in the New Testament, the ESV has followed a Greek text different from the text given preference in the UBS/Nestle-Aland 27th edition. In this regard the footnotes that accompany the ESV text are an integral part of the ESV translation, informing the reader of textual variations and difficulties and showing how these have been resolved by the ESV translation team. In addition to this, the footnotes indicate significant alternative readings and occasionally provide an explanation for technical terms or for a difficult reading in the text. Throughout, the translation team has benefited greatly from the massive textual resources that have become readily available recently, from new insights into biblical laws and culture, and from current advances in Hebrew and Greek lexicography and grammatical understanding.

PUBLISHING TEAM

The ESV publishing team includes more than a hundred people. The fourteen-member Translation Oversight Committee has benefited from the work of fifty biblical experts serving as Translation Review Scholars and from the comments of the more than fifty members of the Advisory Council, all of which has been carried out under the auspices of the Good News Publishers Board of Directors. This hundred-member team, which shares a common commitment to the truth of God's Word and to historic Christian orthodoxy, is international in scope and includes leaders in many denominations.

TO GOD'S HONOR AND PRAISE

We know that no Bible translation is perfect or final; but we also know that God uses imperfect and inadequate things to his honor and praise. So to our triune God and to his people we offer what we have done, with our prayers that it may prove useful, with gratitude for much help given, and with ongoing wonder that our God should ever have entrusted to us so momentous a task.

Soli Deo Gloria!—To God alone be the glory!
The Translation Oversight Committee

* A complete list of the Translation Oversight Committee, the Translation Review Scholars, and the Advisory Council is available upon request from Crossway Bibles, a publishing ministry of Good News Publishers.

Das ALTE TESTAMENT

The OLD TESTAMENT

DAS ERSTE BUCH MOSE (GENESIS)

GENESIS

Die Schöpfung
(vgl. Kap 2,4-25; Ps 104,1-35)

1 Am Anfang schuf Gott Himmel und Erde.

2 Und die Erde war wüst und leer, und es war finster auf der Tiefe; und der Geist Gottes schwebte auf dem Wasser.

¶ **3** Und Gott sprach: Es werde Licht! Und es ward Licht.

4 Und Gott sah, dass das Licht gut war. Da schied Gott das Licht von der Finsternis

5 und nannte das Licht Tag und die Finsternis Nacht. Da ward aus Abend und Morgen der erste Tag.

¶ **6** Und Gott sprach: Es werde eine Feste zwischen den Wassern, die da scheide zwischen den Wassern.

7 Da machte Gott die Feste und schied das Wasser unter der Feste von dem Wasser über der Feste. Und es geschah so.

8 Und Gott nannte die Feste Himmel. Da ward aus Abend und Morgen der zweite Tag.

¶ **9** Und Gott sprach: Es sammle sich das Wasser unter dem Himmel an besondere Orte, dass man das Trockene sehe. Und es geschah so.

10 Und Gott nannte das Trockene Erde, und die Sammlung der Wasser nannte er Meer. Und Gott sah, dass es gut war.

11 Und Gott sprach: Es lasse die Erde aufgehen Gras und Kraut, das Samen bringe, und fruchtbare Bäume auf Erden, die ein jeder nach seiner Art Früchte tragen, in denen ihr Same ist. Und es geschah so.

12 Und die Erde ließ aufgehen Gras und Kraut, das Samen bringt, ein jedes nach seiner Art, und Bäume, die da Früchte tragen, in denen ihr Same ist, ein jeder nach seiner Art. Und Gott sah, dass es gut war.

13 Da ward aus Abend und Morgen der dritte Tag.

The Creation of the World

1 In the beginning, God created the heavens and the earth.

2 The earth was without form and void, and darkness was over the face of the deep. And the Spirit of God was hovering over the face of the waters.

¶ **3** And God said, "Let there be light," and there was light.

4 And God saw that the light was good. And God separated the light from the darkness.

5 God called the light Day, and the darkness he called Night. And there was evening and there was morning, the first day.

¶ **6** And God said, "Let there be an expanse[1] in the midst of the waters, and let it separate the waters from the waters."

7 And God made[2] the expanse and separated the waters that were under the expanse from the waters that were above the expanse. And it was so.

8 And God called the expanse Heaven.[3] And there was evening and there was morning, the second day.

¶ **9** And God said, "Let the waters under the heavens be gathered together into one place, and let the dry land appear." And it was so.

10 God called the dry land Earth,[4] and the waters that were gathered together he called Seas. And God saw that it was good.

¶ **11** And God said, "Let the earth sprout vegetation, plants[5] yielding seed, and fruit trees bearing fruit in which is their seed, each according to its kind, on the earth." And it was so.

12 The earth brought forth vegetation, plants yielding seed according to their own kinds, and trees bearing fruit in which is their seed, each according to its kind. And God saw that it was good.

13 And there was evening and there was morning, the third day.

¶ **14** Und Gott sprach: Es werden Lichter an der Feste des Himmels, die da scheiden Tag und Nacht und geben Zeichen, Zeiten, Tage und Jahre

15 und seien Lichter an der Feste des Himmels, dass sie scheinen auf die Erde. Und es geschah so.

16 Und Gott machte zwei große Lichter: ein großes Licht, das den Tag regiere, und ein kleines Licht, das die Nacht regiere, dazu auch die Sterne.

17 Und Gott setzte sie an die Feste des Himmels, dass sie schienen auf die Erde

18 und den Tag und die Nacht regierten und schieden Licht und Finsternis. Und Gott sah, dass es gut war.

19 Da ward aus Abend und Morgen der vierte Tag.

¶ **20** Und Gott sprach: Es wimmle das Wasser von lebendigem Getier, und Vögel sollen fliegen auf Erden unter der Feste des Himmels.

21 Und Gott schuf große Walfische und alles Getier, das da lebt und webt, davon das Wasser wimmelt, ein jedes nach seiner Art, und alle gefiederten Vögel, einen jeden nach seiner Art. Und Gott sah, dass es gut war.

22 Und Gott segnete sie und sprach: Seid fruchtbar und mehret euch und erfüllet das Wasser im Meer, und die Vögel sollen sich mehren auf Erden.

23 Da ward aus Abend und Morgen der fünfte Tag.

¶ **24** Und Gott sprach: Die Erde bringe hervor lebendiges Getier, ein jedes nach seiner Art: Vieh, Gewürm und Tiere des Feldes, ein jedes nach seiner Art. Und es geschah so.

25 Und Gott machte die Tiere des Feldes, ein jedes nach seiner Art, und das Vieh nach seiner Art und alles Gewürm des Erdbodens nach seiner Art. Und Gott sah, dass es gut war.

¶ **26** Und Gott sprach: Lasset uns Menschen machen, ein Bild, das uns gleich sei, die da herrschen über die Fische im Meer und über die Vögel unter dem Himmel und über das Vieh und über alle Tiere des Feldes und über alles Gewürm, das auf Erden kriecht.

27 Und Gott schuf den Menschen zu seinem Bilde, zum Bilde Gottes schuf er ihn; und schuf sie als Mann und Frau.

¶ **14** And God said, "Let there be lights in the expanse of the heavens to separate the day from the night. And let them be for signs and for seasons,[6] and for days and years,

15 and let them be lights in the expanse of the heavens to give light upon the earth." And it was so.

16 And God made the two great lights—the greater light to rule the day and the lesser light to rule the night—and the stars.

17 And God set them in the expanse of the heavens to give light on the earth,

18 to rule over the day and over the night, and to separate the light from the darkness. And God saw that it was good.

19 And there was evening and there was morning, the fourth day.

¶ **20** And God said, "Let the waters swarm with swarms of living creatures, and let birds[7] fly above the earth across the expanse of the heavens."

21 So God created the great sea creatures and every living creature that moves, with which the waters swarm, according to their kinds, and every winged bird according to its kind. And God saw that it was good.

22 And God blessed them, saying, "Be fruitful and multiply and fill the waters in the seas, and let birds multiply on the earth."

23 And there was evening and there was morning, the fifth day.

¶ **24** And God said, "Let the earth bring forth living creatures according to their kinds—livestock and creeping things and beasts of the earth according to their kinds." And it was so.

25 And God made the beasts of the earth according to their kinds and the livestock according to their kinds, and everything that creeps on the ground according to its kind. And God saw that it was good.

¶ **26** Then God said, "Let us make man[8] in our image, after our likeness. And let them have dominion over the fish of the sea and over the birds of the heavens and over the livestock and over all the earth and over every creeping thing that creeps on the earth."

27 So God created man in his own image,
  in the image of God he created him;
  male and female he created them.

28 Und Gott segnete sie und sprach zu ihnen: Seid fruchtbar und mehret euch und füllet die Erde und machet sie euch untertan und herrschet über die Fische im Meer und über die Vögel unter dem Himmel und über das Vieh und über alles Getier, das auf Erden kriecht.

29 Und Gott sprach: Sehet da, ich habe euch gegeben alle Pflanzen, die Samen bringen, auf der ganzen Erde, und alle Bäume mit Früchten, die Samen bringen, zu eurer Speise.

30 Aber allen Tieren auf Erden und allen Vögeln unter dem Himmel und allem Gewürm, das auf Erden lebt, habe ich alles grüne Kraut zur Nahrung gegeben. Und es geschah so.

31 Und **Gott sah an alles, was er gemacht hatte, und siehe, es war sehr gut.** Da ward aus Abend und Morgen der sechste Tag.

2 So wurden vollendet Himmel und Erde mit ihrem ganzen Heer.

2 Und so vollendete Gott am siebenten Tage seine Werke, die er machte, und ruhte am siebenten Tage von allen seinen Werken, die er gemacht hatte.

3 Und Gott segnete den siebenten Tag und heiligte ihn, weil er an ihm ruhte von allen seinen Werken, die Gott geschaffen und gemacht hatte.

¶ **4** So sind Himmel und Erde geworden, als sie geschaffen wurden.

Das Paradies

Es war zu der Zeit, da Gott der HERR Erde und Himmel machte.

5 Und alle die Sträucher auf dem Felde waren noch nicht auf Erden, und all das Kraut auf dem Felde war noch nicht gewachsen; denn Gott der HERR hatte noch nicht regnen lassen auf Erden, und kein Mensch war da, der das Land bebaute;

6 aber ein Nebel stieg auf von der Erde und feuchtete alles Land.

7 Da machte Gott der HERR den Menschen aus Erde vom Acker und blies ihm den Odem des Lebens in seine Nase. Und so ward der Mensch ein lebendiges Wesen.

¶ **28** And God blessed them. And God said to them, "Be fruitful and multiply and fill the earth and subdue it and have dominion over the fish of the sea and over the birds of the heavens and over every living thing that moves on the earth."

29 And God said, "Behold, I have given you every plant yielding seed that is on the face of all the earth, and every tree with seed in its fruit. You shall have them for food.

30 And to every beast of the earth and to every bird of the heavens and to everything that creeps on the earth, everything that has the breath of life, I have given every green plant for food." And it was so.

31 And God saw everything that he had made, and behold, it was very good. And there was evening and there was morning, the sixth day.

The Seventh Day, God Rests

2 Thus the heavens and the earth were finished, and all the host of them.

2 And on the seventh day God finished his work that he had done, and he rested on the seventh day from all his work that he had done.

3 So God blessed the seventh day and made it holy, because on it God rested from all his work that he had done in creation.

The Creation of Man and Woman

4 These are the generations
   of the heavens and the earth when they
        were created,

in the day that the LORD God made the
        earth and the heavens.

¶ **5** When no bush of the field[1] was yet in the land[2] and no small plant of the field had yet sprung up—for the LORD God had not caused it to rain on the land, and there was no man to work the ground,

6 and a mist[3] was going up from the land and was watering the whole face of the ground—

7 then the LORD God formed the man of dust from the ground and breathed into his nostrils the breath of life, and the man became a living creature.

¶ **8** Und Gott der Herr pflanzte einen Garten in Eden gegen Osten hin und setzte den Menschen hinein, den er gemacht hatte.

9 Und Gott der Herr ließ aufwachsen aus der Erde allerlei Bäume, verlockend anzusehen und gut zu essen, und den Baum des Lebens mitten im Garten und den Baum der Erkenntnis des Guten und Bösen.

¶ **10** Und es ging aus von Eden ein Strom, den Garten zu bewässern, und teilte sich von da in vier Hauptarme.

11 Der erste heißt Pischon, der fließt um das ganze Land Hawila und dort findet man Gold;

12 und das Gold des Landes ist kostbar. Auch findet man da Bedolachharz und den Edelstein Schoham.

13 Der zweite Strom heißt Gihon, der fließt um das ganze Land Kusch.

14 Der dritte Strom heißt Tigris, der fließt östlich von Assyrien. Der vierte Strom ist der Euphrat.

¶ **15** Und Gott der Herr nahm den Menschen und setzte ihn in den Garten Eden, dass er ihn bebaute und bewahrte.

16 Und Gott der Herr gebot dem Menschen und sprach: Du darfst essen von allen Bäumen im Garten,

17 aber von dem Baum der Erkenntnis des Guten und Bösen sollst du nicht essen; denn an dem Tage, da du von ihm isst, musst du des Todes sterben.

¶ **18** Und Gott der Herr sprach: **Es ist nicht gut, dass der Mensch allein sei; ich will ihm eine Gehilfin machen, die um ihn sei.**[*]

19 Und Gott der Herr machte aus Erde alle die Tiere auf dem Felde und alle die Vögel unter dem Himmel und brachte sie zu dem Menschen, dass er sähe, wie er sie nennte; denn wie der Mensch jedes Tier nennen würde, so sollte es heißen.

20 Und der Mensch gab einem jeden Vieh und Vogel unter dem Himmel und Tier auf dem Felde seinen Namen; aber für den Menschen ward keine Gehilfin gefunden, die um ihn wäre.

¶ **21** Da ließ Gott der Herr einen tiefen Schlaf fallen auf den Menschen, und er schlief ein. Und er nahm eine seiner Rippen und schloss die Stelle mit Fleisch.

22 Und Gott der Herr baute eine Frau aus der Rippe, die er von dem Menschen nahm, und brachte sie zu ihm.

8 And the Lord God planted a garden in Eden, in the east, and there he put the man whom he had formed.

9 And out of the ground the Lord God made to spring up every tree that is pleasant to the sight and good for food. The tree of life was in the midst of the garden, and the tree of the knowledge of good and evil.

¶ **10** A river flowed out of Eden to water the garden, and there it divided and became four rivers.

11 The name of the first is the Pishon. It is the one that flowed around the whole land of Havilah, where there is gold.

12 And the gold of that land is good; bdellium and onyx stone are there.

13 The name of the second river is the Gihon. It is the one that flowed around the whole land of Cush.

14 And the name of the third river is the Tigris, which flows east of Assyria. And the fourth river is the Euphrates.

¶ **15** The Lord God took the man and put him in the garden of Eden to work it and keep it.

16 And the Lord God commanded the man, saying, "You may surely eat of every tree of the garden,

17 but of the tree of the knowledge of good and evil you shall not eat, for in the day that you eat[4] of it you shall surely die."

¶ **18** Then the Lord God said, "It is not good that the man should be alone; I will make him a helper fit for[5] him."

19 Now out of the ground the Lord God had formed[6] every beast of the field and every bird of the heavens and brought them to the man to see what he would call them. And whatever the man called every living creature, that was its name.

20 The man gave names to all livestock and to the birds of the heavens and to every beast of the field. But for Adam[7] there was not found a helper fit for him.

21 So the Lord God caused a deep sleep to fall upon the man, and while he slept took one of his ribs and closed up its place with flesh.

22 And the rib that the Lord God had taken from the man he made[8] into a woman and brought her to the man.

23 Da sprach der Mensch: Das ist doch Bein von meinem Bein und Fleisch von meinem Fleisch; man wird sie Männin nennen, weil sie vom Manne genommen ist.*

24 Darum wird ein Mann seinen Vater und seine Mutter verlassen und seiner Frau anhangen, und sie werden sein ein Fleisch.

25 Und sie waren beide nackt, der Mensch und seine Frau, und schämten sich nicht.

Der Sündenfall

3 Aber die Schlange war listiger als alle Tiere auf dem Felde, die Gott der HERR gemacht hatte, und sprach zu der Frau: Ja, sollte Gott gesagt haben: Ihr sollt nicht essen von allen Bäumen im Garten?

2 Da sprach die Frau zu der Schlange: Wir essen von den Früchten der Bäume im Garten;

3 aber von den Früchten des Baumes mitten im Garten hat Gott gesagt: Esset nicht davon, rühret sie auch nicht an, dass ihr nicht sterbet!

4 Da sprach die Schlange zur Frau: Ihr werdet keineswegs des Todes sterben,

5 sondern Gott weiß: an dem Tage, da ihr davon esst, werden eure Augen aufgetan, und ihr werdet sein wie Gott und wissen, was gut und böse ist.

¶ **6** Und die Frau sah, dass von dem Baum gut zu essen wäre und dass er eine Lust für die Augen wäre und verlockend, weil er klug machte. Und sie nahm von der Frucht und aß und gab ihrem Mann, der bei ihr war, auch davon und er aß.

7 Da wurden ihnen beiden die Augen aufgetan und sie wurden gewahr, dass sie nackt waren, und flochten Feigenblätter zusammen und machten sich Schurze.

¶ **8** Und sie hörten Gott den HERRN, wie er im Garten ging, als der Tag kühl geworden war. Und Adam versteckte sich mit seiner Frau vor dem Angesicht Gottes des HERRN unter den Bäumen im Garten.

9 Und Gott der HERR rief Adam und sprach zu ihm: Wo bist du?

10 Und er sprach: Ich hörte dich im Garten und fürchtete mich; denn ich bin nackt, darum versteckte ich mich.

11 Und er sprach: Wer hat dir gesagt, dass du nackt bist? Hast du nicht gegessen von dem Baum, von dem ich dir gebot, du solltest nicht davon essen?

23 Then the man said,

"This at last is bone of my bones
  and flesh of my flesh;
she shall be called Woman,
  because she was taken out of Man."9

24 Therefore a man shall leave his father and his mother and hold fast to his wife, and they shall become one flesh.

25 And the man and his wife were both naked and were not ashamed.

The Fall

3 Now the serpent was more crafty than any other beast of the field that the LORD God had made.

¶ He said to the woman, "Did God actually say, 'You1 shall not eat of any tree in the garden'?"

2 And the woman said to the serpent, "We may eat of the fruit of the trees in the garden,

3 but God said, 'You shall not eat of the fruit of the tree that is in the midst of the garden, neither shall you touch it, lest you die.'"

4 But the serpent said to the woman, "You will not surely die.

5 For God knows that when you eat of it your eyes will be opened, and you will be like God, knowing good and evil."

6 So when the woman saw that the tree was good for food, and that it was a delight to the eyes, and that the tree was to be desired to make one wise,2 she took of its fruit and ate, and she also gave some to her husband who was with her, and he ate.

7 Then the eyes of both were opened, and they knew that they were naked. And they sewed fig leaves together and made themselves loincloths.

¶ **8** And they heard the sound of the LORD God walking in the garden in the cool3 of the day, and the man and his wife hid themselves from the presence of the LORD God among the trees of the garden.

9 But the LORD God called to the man and said to him, "Where are you?"4

10 And he said, "I heard the sound of you in the garden, and I was afraid, because I was naked, and I hid myself."

11 He said, "Who told you that you were naked? Have you eaten of the tree of which I commanded you not to eat?"

12 Da sprach Adam: Die Frau, die du mir zugesellt hast, gab mir von dem Baum und ich aß.

13 Da sprach Gott der HERR zur Frau: Warum hast du das getan? Die Frau sprach: Die Schlange betrog mich, sodass ich aß.

¶ **14** Da sprach Gott der HERR zu der Schlange: Weil du das getan hast, seist du verflucht, verstoßen aus allem Vieh und allen Tieren auf dem Felde. Auf deinem Bauche sollst du kriechen und Erde fressen dein Leben lang.

15 Und ich will Feindschaft setzen zwischen dir und der Frau und zwischen deinem Nachkommen und ihrem Nachkommen; der soll dir den Kopf zertreten, und du wirst ihn in die Ferse stechen.

¶ **16** Und zur Frau sprach er: Ich will dir viel Mühsal schaffen, wenn du schwanger wirst; unter Mühen sollst du Kinder gebären. Und dein Verlangen soll nach deinem Mann sein, aber er soll dein Herr sein.

¶ **17** Und zum Mann sprach er: Weil du gehorcht hast der Stimme deiner Frau und gegessen von dem Baum, von dem ich dir gebot und sprach: Du sollst nicht davon essen –, verflucht sei der Acker um deinetwillen! Mit Mühsal sollst du dich von ihm nähren dein Leben lang.

18 Dornen und Disteln soll er dir tragen, und du sollst das Kraut auf dem Felde essen.

19 Im Schweiße deines Angesichts sollst du dein Brot essen, bis du wieder zu Erde werdest, davon du genommen bist. Denn **du bist Erde und sollst zu Erde werden.**

¶ **20** Und Adam nannte seine Frau Eva; denn sie wurde die Mutter aller, die da leben.

21 Und Gott der HERR machte Adam und seiner Frau Röcke von Fellen und zog sie ihnen an.

12 The man said, "The woman whom you gave to be with me, she gave me fruit of the tree, and I ate."

13 Then the LORD God said to the woman, "What is this that you have done?" The woman said, "The serpent deceived me, and I ate."

¶ **14** The LORD God said to the serpent,

"Because you have done this,
  cursed are you above all livestock
  and above all beasts of the field;
on your belly you shall go,
  and dust you shall eat
all the days of your life.

15 I will put enmity between you and the woman,
  and between your offspring[5] and her offspring;
he shall bruise your head,
  and you shall bruise his heel."

¶ **16** To the woman he said,

"I will surely multiply your pain in childbearing;
  in pain you shall bring forth children.
Your desire shall be for[6] your husband,
  and he shall rule over you."

¶ **17** And to Adam he said,

"Because you have listened to the voice of your wife
  and have eaten of the tree
of which I commanded you,
  'You shall not eat of it,'
cursed is the ground because of you;
  in pain you shall eat of it all the days of your life;

18 thorns and thistles it shall bring forth for you;
  and you shall eat the plants of the field.

19 By the sweat of your face
  you shall eat bread,
till you return to the ground,
  for out of it you were taken;
for you are dust,
  and to dust you shall return."

¶ **20** The man called his wife's name Eve, because she was the mother of all living.[7]

21 And the LORD God made for Adam and for his wife garments of skins and clothed them.

22 Und Gott der HERR sprach: Siehe, der Mensch ist geworden wie unsereiner und weiß, was gut und böse ist. Nun aber, dass er nur nicht ausstrecke seine Hand und breche auch von dem Baum des Lebens und esse und lebe ewiglich!

23 Da wies ihn Gott der HERR aus dem Garten Eden, dass er die Erde bebaute, von der er genommen war.

24 Und er trieb den Menschen hinaus und ließ lagern vor dem Garten Eden die Cherubim mit dem flammenden, blitzenden Schwert, zu bewachen den Weg zu dem Baum des Lebens.

Kains Brudermord

4 Und Adam erkannte seine Frau Eva, und sie ward schwanger und gebar den Kain und sprach: Ich habe einen Mann gewonnen mithilfe des HERRN.

2 Danach gebar sie Abel, seinen Bruder. Und Abel wurde ein Schäfer, Kain aber wurde ein Ackermann.

3 Es begab sich aber nach etlicher Zeit, dass Kain dem HERRN Opfer brachte von den Früchten des Feldes.

4 Und auch Abel brachte von den Erstlingen seiner Herde und von ihrem Fett. Und der HERR sah gnädig an Abel und sein Opfer,

5 aber Kain und sein Opfer sah er nicht gnädig an. Da ergrimmte Kain sehr und senkte finster seinen Blick.

6 Da sprach der HERR zu Kain: Warum ergrimmst du? Und warum senkst du deinen Blick?

7 Ist's nicht also? Wenn du fromm bist, so kannst du frei den Blick erheben. Bist du aber nicht fromm, so lauert die Sünde vor der Tür, und nach dir hat sie Verlangen; du aber herrsche über sie.

8 Da sprach Kain zu seinem Bruder Abel: Lass uns aufs Feld gehen! Und es begab sich, als sie auf dem Felde waren, erhob sich Kain wider seinen Bruder Abel und schlug ihn tot.

9 Da sprach der HERR zu Kain: Wo ist dein Bruder Abel? Er sprach: Ich weiß nicht; soll ich meines Bruders Hüter sein?

10 Er aber sprach: Was hast du getan? Die Stimme des Blutes deines Bruders schreit zu mir von der Erde.

11 Und nun: Verflucht seist du auf der Erde, die ihr Maul hat aufgetan und deines Bruders Blut von deinen Händen empfangen.

12 Wenn du den Acker bebauen wirst, soll er dir hinfort seinen Ertrag nicht geben. Unstet und flüchtig sollst du sein auf Erden.

22 Then the LORD God said, "Behold, the man has become like one of us in knowing good and evil. Now, lest he reach out his hand and take also of the tree of life and eat, and live forever—"

23 therefore the LORD God sent him out from the garden of Eden to work the ground from which he was taken.

24 He drove out the man, and at the east of the garden of Eden he placed the cherubim and a flaming sword that turned every way to guard the way to the tree of life.

Cain and Abel

4 Now Adam knew Eve his wife, and she conceived and bore Cain, saying, "I have gotten[1] a man with the help of the LORD."

2 And again, she bore his brother Abel. Now Abel was a keeper of sheep, and Cain a worker of the ground.

3 In the course of time Cain brought to the LORD an offering of the fruit of the ground,

4 and Abel also brought of the firstborn of his flock and of their fat portions. And the LORD had regard for Abel and his offering,

5 but for Cain and his offering he had no regard. So Cain was very angry, and his face fell.

6 The LORD said to Cain, "Why are you angry, and why has your face fallen?

7 If you do well, will you not be accepted?[2] And if you do not do well, sin is crouching at the door. Its desire is for[3] you, but you must rule over it."

8 Cain spoke to Abel his brother.[4] And when they were in the field, Cain rose up against his brother Abel and killed him.

9 Then the LORD said to Cain, "Where is Abel your brother?" He said, "I do not know; am I my brother's keeper?"

10 And the LORD said, "What have you done? The voice of your brother's blood is crying to me from the ground.

11 And now you are cursed from the ground, which has opened its mouth to receive your brother's blood from your hand.

12 When you work the ground, it shall no longer yield to you its strength. You shall be a fugitive and a wanderer on the earth."

¶ **13** Kain aber sprach zu dem HERRN: Meine Strafe ist zu schwer, als dass ich sie tragen könnte.

14 Siehe, du treibst mich heute vom Acker, und ich muss mich vor deinem Angesicht verbergen und muss unstet und flüchtig sein auf Erden. So wird mir's gehen, dass mich totschlägt, wer mich findet.

15 Aber der HERR sprach zu ihm: Nein, sondern wer Kain totschlägt, das soll siebenfältig gerächt werden. Und der HERR machte ein Zeichen an Kain, dass ihn niemand erschlüge, der ihn fände.

16 So ging Kain hinweg von dem Angesicht des HERRN und wohnte im Lande Nod, jenseits von Eden, gegen Osten.

Kains Nachkommen

17 Und Kain erkannte seine Frau; die ward schwanger und gebar den Henoch. Und er baute eine Stadt, die nannte er nach seines Sohnes Namen Henoch.

18 Henoch aber zeugte Irad, Irad zeugte Mehujaël, Mehujaël zeugte Metuschaël, Metuschaël zeugte Lamech.

19 Lamech aber nahm zwei Frauen, eine hieß Ada, die andere Zilla.

20 Und Ada gebar Jabal; von dem sind hergekommen, die in Zelten wohnen und Vieh halten.

21 Und sein Bruder hieß Jubal; von dem sind hergekommen alle Zither- und Flötenspieler.

22 Zilla aber gebar auch, nämlich den Tubal-Kain; von dem sind hergekommen alle Erz- und Eisenschmiede. Und die Schwester des Tubal-Kain war Naama.

¶ **23** Und Lamech sprach zu seinen Frauen: Ada und Zilla, höret meine Rede, ihr Frauen Lamechs, merkt auf, was ich sage: Einen Mann erschlug ich für meine Wunde und einen Jüngling für meine Beule.

24 Kain soll siebenmal gerächt werden, aber Lamech siebenundsiebzigmal.

Set und Enosch

25 Adam erkannte abermals seine Frau, und sie gebar einen Sohn, den nannte sie Set; denn Gott hat mir, sprach sie, einen andern Sohn gegeben für Abel, den Kain erschlagen hat.

26 Und Set zeugte auch einen Sohn und nannte ihn Enosch. Zu der Zeit fing man an, den Namen des HERRN anzurufen.

13 Cain said to the LORD, "My punishment is greater than I can bear.[5]

14 Behold, you have driven me today away from the ground, and from your face I shall be hidden. I shall be a fugitive and a wanderer on the earth, and whoever finds me will kill me."

15 Then the LORD said to him, "Not so! If anyone kills Cain, vengeance shall be taken on him sevenfold." And the LORD put a mark on Cain, lest any who found him should attack him.

16 Then Cain went away from the presence of the LORD and settled in the land of Nod,[6] east of Eden.

¶ **17** Cain knew his wife, and she conceived and bore Enoch. When he built a city, he called the name of the city after the name of his son, Enoch.

18 To Enoch was born Irad, and Irad fathered Mehujael, and Mehujael fathered Methushael, and Methushael fathered Lamech.

19 And Lamech took two wives. The name of the one was Adah, and the name of the other Zillah.

20 Adah bore Jabal; he was the father of those who dwell in tents and have livestock.

21 His brother's name was Jubal; he was the father of all those who play the lyre and pipe.

22 Zillah also bore Tubal-cain; he was the forger of all instruments of bronze and iron. The sister of Tubal-cain was Naamah.

¶ **23** Lamech said to his wives:

"Adah and Zillah, hear my voice;
    you wives of Lamech, listen to what I say:
    I have killed a man for wounding me,
    a young man for striking me.
24 If Cain's revenge is sevenfold,
    then Lamech's is seventy-sevenfold."

¶ **25** And Adam knew his wife again, and she bore a son and called his name Seth, for she said, "God has appointed[7] for me another offspring instead of Abel, for Cain killed him."

26 To Seth also a son was born, and he called his name Enosh. At that time people began to call upon the name of the LORD.

Geschlechtsregister von Adam bis Noah
(vgl. 1.Chr 1,1-4)

5 Dies ist das Buch von Adams Geschlecht. Als Gott den Menschen schuf, machte er ihn nach dem Bilde Gottes

2 und schuf sie als Mann und Frau und segnete sie und gab ihnen den Namen »Mensch«* zur Zeit, da sie geschaffen wurden.

¶ **3** Und Adam war 130 Jahre alt und zeugte einen Sohn, ihm gleich und nach seinem Bilde, und nannte ihn Set;

4 und lebte danach 800 Jahre und zeugte Söhne und Töchter,

5 dass sein ganzes Alter ward 930 Jahre, und starb.

¶ **6** Set war 105 Jahre alt und zeugte Enosch

7 und lebte danach 807 Jahre und zeugte Söhne und Töchter,

8 dass sein ganzes Alter ward 912 Jahre, und starb.

¶ **9** Enosch war 90 Jahre alt und zeugte Kenan

10 und lebte danach 815 Jahre und zeugte Söhne und Töchter,

11 dass sein ganzes Alter ward 905 Jahre, und starb.

¶ **12** Kenan war 70 Jahre alt und zeugte Mahalalel

13 und lebte danach 840 Jahre und zeugte Söhne und Töchter,

14 dass sein ganzes Alter ward 910 Jahre, und starb.

¶ **15** Mahalalel war 65 Jahre alt und zeugte Jered

16 und lebte danach 830 Jahre und zeugte Söhne und Töchter,

17 dass sein ganzes Alter ward 895 Jahre, und starb.

¶ **18** Jered war 162 Jahre alt und zeugte Henoch

19 und lebte danach 800 Jahre und zeugte Söhne und Töchter,

20 dass sein ganzes Alter ward 962 Jahre, und starb.

¶ **21** Henoch war 65 Jahre alt und zeugte Metuschelach.

22 Und Henoch wandelte mit Gott. Und nachdem er Metuschelach gezeugt hatte, lebte er 300 Jahre und zeugte Söhne und Töchter,

23 dass sein ganzes Alter ward 365 Jahre.

24 Und weil er mit Gott wandelte, nahm ihn Gott hinweg und er ward nicht mehr gesehen.

Adam's Descendants to Noah

5 This is the book of the generations of Adam. When God created man, he made him in the likeness of God.

2 Male and female he created them, and he blessed them and named them Man[1] when they were created.

3 When Adam had lived 130 years, he fathered a son in his own likeness, after his image, and named him Seth.

4 The days of Adam after he fathered Seth were 800 years; and he had other sons and daughters.

5 Thus all the days that Adam lived were 930 years, and he died.

¶ **6** When Seth had lived 105 years, he fathered Enosh.

7 Seth lived after he fathered Enosh 807 years and had other sons and daughters.

8 Thus all the days of Seth were 912 years, and he died.

¶ **9** When Enosh had lived 90 years, he fathered Kenan.

10 Enosh lived after he fathered Kenan 815 years and had other sons and daughters.

11 Thus all the days of Enosh were 905 years, and he died.

¶ **12** When Kenan had lived 70 years, he fathered Mahalalel.

13 Kenan lived after he fathered Mahalalel 840 years and had other sons and daughters.

14 Thus all the days of Kenan were 910 years, and he died.

¶ **15** When Mahalalel had lived 65 years, he fathered Jared.

16 Mahalalel lived after he fathered Jared 830 years and had other sons and daughters.

17 Thus all the days of Mahalalel were 895 years, and he died.

¶ **18** When Jared had lived 162 years he fathered Enoch.

19 Jared lived after he fathered Enoch 800 years and had other sons and daughters.

20 Thus all the days of Jared were 962 years, and he died.

¶ **21** When Enoch had lived 65 years, he fathered Methuselah.

22 Enoch walked with God[2] after he fathered Methuselah 300 years and had other sons and daughters.

23 Thus all the days of Enoch were 365 years.

24 Enoch walked with God, and he was not,[3] for God took him.

¶ **25** Metuschelach war 187 Jahre alt und zeugte Lamech

26 und lebte danach 782 Jahre und zeugte Söhne und Töchter,

27 dass sein ganzes Alter ward 969 Jahre, und starb.

¶ **28** Lamech war 182 Jahre alt und zeugte einen Sohn

29 und nannte ihn Noah und sprach: Der wird uns trösten in unserer Mühe und Arbeit auf dem Acker, den der Herr verflucht hat.

30 Danach lebte er 595 Jahre und zeugte Söhne und Töchter,

31 dass sein ganzes Alter ward 777 Jahre, und starb.

¶ **32** Noah war 500 Jahre alt und zeugte Sem, Ham und Jafet.

Gottessöhne und Menschentöchter

6 Als aber die Menschen sich zu mehren begannen auf Erden und ihnen Töchter geboren wurden,

2 da sahen die Gottessöhne*, wie schön die Töchter der Menschen waren, und nahmen sich zu Frauen, welche sie wollten.

3 Da sprach der Herr: Mein Geist soll nicht immerdar im Menschen walten, denn auch der Mensch ist Fleisch. Ich will ihm als Lebenszeit geben hundertundzwanzig Jahre.

4 Zu der Zeit und auch später noch, als die Gottessöhne zu den Töchtern der Menschen eingingen und sie ihnen Kinder gebaren, wurden daraus die Riesen auf Erden. Das sind die Helden der Vorzeit, die hochberühmten.

Ankündigung der Sintflut. Noahs Erwählung. Bau der Arche

5 Als aber der Herr sah, dass der Menschen Bosheit groß war auf Erden und alles Dichten und Trachten ihres Herzens nur böse war immerdar,

6 da reute es ihn, dass er die Menschen gemacht hatte auf Erden, und es bekümmerte ihn in seinem Herzen

7 und er sprach: Ich will die Menschen, die ich geschaffen habe, vertilgen von der Erde, vom Menschen an bis hin zum Vieh und bis zum Gewürm und bis zu den Vögeln unter dem Himmel; denn es reut mich, dass ich sie gemacht habe.

8 Aber Noah fand Gnade vor dem Herrn.

---

25 When Methuselah had lived 187 years, he fathered Lamech.

26 Methuselah lived after he fathered Lamech 782 years and had other sons and daughters.

27 Thus all the days of Methuselah were 969 years, and he died.

¶ **28** When Lamech had lived 182 years, he fathered a son

29 and called his name Noah, saying, "Out of the ground that the Lord has cursed this one shall bring us relief[4] from our work and from the painful toil of our hands."

30 Lamech lived after he fathered Noah 595 years and had other sons and daughters.

31 Thus all the days of Lamech were 777 years, and he died.

¶ **32** After Noah was 500 years old, Noah fathered Shem, Ham, and Japheth.

Increasing Corruption on Earth

6 When man began to multiply on the face of the land and daughters were born to them,

2 the sons of God saw that the daughters of man were attractive. And they took as their wives any they chose.

3 Then the Lord said, "My Spirit shall not abide in[1] man forever, for he is flesh: his days shall be 120 years."

4 The Nephilim[2] were on the earth in those days, and also afterward, when the sons of God came in to the daughters of man and they bore children to them. These were the mighty men who were of old, the men of renown.

¶ **5** The Lord saw that the wickedness of man was great in the earth, and that every intention of the thoughts of his heart was only evil continually.

6 And the Lord was sorry that he had made man on the earth, and it grieved him to his heart.

7 So the Lord said, "I will blot out man whom I have created from the face of the land, man and animals and creeping things and birds of the heavens, for I am sorry that I have made them."

8 But Noah found favor in the eyes of the Lord.

¶ **9** Dies ist die Geschichte von Noahs Geschlecht. Noah war ein frommer Mann und ohne Tadel zu seinen Zeiten; er wandelte mit Gott.

10 Und er zeugte drei Söhne: Sem, Ham und Jafet.

11 Aber die Erde war verderbt vor Gottes Augen und voller Frevel.

12 Da sah Gott auf die Erde, und siehe, sie war verderbt; denn alles Fleisch hatte seinen Weg verderbt auf Erden.

¶ **13** Da sprach Gott zu Noah: Das Ende allen Fleisches ist bei mir beschlossen, denn die Erde ist voller Frevel von ihnen; und siehe, ich will sie verderben mit der Erde.

14 Mache dir einen Kasten von Tannenholz und mache Kammern darin und verpiche ihn mit Pech innen und außen.

15 Und mache ihn so: Dreihundert Ellen sei die Länge, fünfzig Ellen die Breite und dreißig Ellen die Höhe.

16 Ein Fenster sollst du daran machen obenan, eine Elle groß. Die Tür sollst du mitten in seine Seite setzen. Und er soll drei Stockwerke haben, eines unten, das zweite in der Mitte, das dritte oben.

¶ **17** Denn siehe, ich will eine Sintflut kommen lassen auf Erden, zu verderben alles Fleisch, darin Odem des Lebens ist, unter dem Himmel. Alles, was auf Erden ist, soll untergehen.

18 Aber mit dir will ich meinen Bund aufrichten, und du sollst in die Arche gehen mit deinen Söhnen, mit deiner Frau und mit den Frauen deiner Söhne.

19 Und du sollst in die Arche bringen von allen Tieren, von allem Fleisch, je ein Paar, Männchen und Weibchen, dass sie leben bleiben mit dir.

20 Von den Vögeln nach ihrer Art, von dem Vieh nach seiner Art und von allem Gewürm auf Erden nach seiner Art: von den allen soll je ein Paar zu dir hineingehen, dass sie leben bleiben.

21 Und du sollst dir von jeder Speise nehmen, die gegessen wird, und sollst sie bei dir sammeln, dass sie dir und ihnen zur Nahrung diene.

22 Und Noah tat alles, was ihm Gott gebot.

Die Sintflut

7 Und der HERR sprach zu Noah: Geh in die Arche, du und dein ganzes Haus; denn dich habe ich gerecht erfunden vor mir zu dieser Zeit.

Noah and the Flood

¶ **9** These are the generations of Noah. Noah was a righteous man, blameless in his generation. Noah walked with God.

10 And Noah had three sons, Shem, Ham, and Japheth.

¶ **11** Now the earth was corrupt in God's sight, and the earth was filled with violence.

12 And God saw the earth, and behold, it was corrupt, for all flesh had corrupted their way on the earth.

13 And God said to Noah, "I have determined to make an end of all flesh,[3] for the earth is filled with violence through them. Behold, I will destroy them with the earth.

14 Make yourself an ark of gopher wood.[4] Make rooms in the ark, and cover it inside and out with pitch.

15 This is how you are to make it: the length of the ark 300 cubits,[5] its breadth 50 cubits, and its height 30 cubits.

16 Make a roof[6] for the ark, and finish it to a cubit above, and set the door of the ark in its side. Make it with lower, second, and third decks.

17 For behold, I will bring a flood of waters upon the earth to destroy all flesh in which is the breath of life under heaven. Everything that is on the earth shall die.

18 But I will establish my covenant with you, and you shall come into the ark, you, your sons, your wife, and your sons' wives with you.

19 And of every living thing of all flesh, you shall bring two of every sort into the ark to keep them alive with you. They shall be male and female.

20 Of the birds according to their kinds, and of the animals according to their kinds, of every creeping thing of the ground, according to its kind, two of every sort shall come in to you to keep them alive.

21 Also take with you every sort of food that is eaten, and store it up. It shall serve as food for you and for them."

22 Noah did this; he did all that God commanded him.

7 Then the LORD said to Noah, "Go into the ark, you and all your household, for I have seen that you are righteous before me in this generation.

2 Von allen reinen Tieren nimm zu dir je sieben, das Männchen und sein Weibchen, von den unreinen Tieren aber je ein Paar, das Männchen und sein Weibchen.

3 Desgleichen von den Vögeln unter dem Himmel je sieben, das Männchen und sein Weibchen, um das Leben zu erhalten auf dem ganzen Erdboden.

4 Denn von heute an in sieben Tagen will ich regnen lassen auf Erden vierzig Tage und vierzig Nächte und vertilgen von dem Erdboden alles Lebendige, das ich gemacht habe.

¶ **5** Und Noah tat alles, was ihm der HERR gebot.

6 Er war aber sechshundert Jahre alt, als die Sintflut auf Erden kam.

7 Und er ging in die Arche mit seinen Söhnen, seiner Frau und den Frauen seiner Söhne vor den Wassern der Sintflut.

8 Von den reinen Tieren und von den unreinen, von den Vögeln und von allem Gewürm auf Erden

9 gingen sie zu ihm in die Arche paarweise, je ein Männchen und Weibchen, wie ihm Gott geboten hatte.

¶ **10** Und als die sieben Tage vergangen waren, kamen die Wasser der Sintflut auf Erden.

11 In dem sechshundertsten Lebensjahr Noahs am siebzehnten Tag des zweiten Monats, an diesem Tag brachen alle Brunnen der großen Tiefe auf und taten sich die Fenster des Himmels auf,

12 und ein Regen kam auf Erden vierzig Tage und vierzig Nächte.

13 An eben diesem Tage ging Noah in die Arche mit Sem, Ham und Jafet, seinen Söhnen, und mit seiner Frau und den drei Frauen seiner Söhne;

14 dazu alles wilde Getier nach seiner Art, alles Vieh nach seiner Art, alles Gewürm, das auf Erden kriecht, nach seiner Art und alle Vögel nach ihrer Art, alles, was fliegen konnte, alles, was Fittiche hatte;

15 das ging alles zu Noah in die Arche paarweise, von allem Fleisch, darin Odem des Lebens war.

16 Und das waren Männchen und Weibchen von allem Fleisch, und sie gingen hinein, wie denn Gott ihm geboten hatte. Und der HERR schloss hinter ihm zu.

¶ **17** Und die Sintflut war vierzig Tage auf Erden, und die Wasser wuchsen und hoben die Arche auf und trugen sie empor über die Erde.

18 Und die Wasser nahmen überhand und wuchsen sehr auf Erden, und die Arche fuhr auf den Wassern.

2 Take with you seven pairs of all clean animals,[1] the male and his mate, and a pair of the animals that are not clean, the male and his mate,

3 and seven pairs[2] of the birds of the heavens also, male and female, to keep their offspring alive on the face of all the earth.

4 For in seven days I will send rain on the earth forty days and forty nights, and every living thing[3] that I have made I will blot out from the face of the ground."

5 And Noah did all that the LORD had commanded him.

¶ **6** Noah was six hundred years old when the flood of waters came upon the earth.

7 And Noah and his sons and his wife and his sons' wives with him went into the ark to escape the waters of the flood.

8 Of clean animals, and of animals that are not clean, and of birds, and of everything that creeps on the ground,

9 two and two, male and female, went into the ark with Noah, as God had commanded Noah.

10 And after seven days the waters of the flood came upon the earth.

¶ **11** In the six hundredth year of Noah's life, in the second month, on the seventeenth day of the month, on that day all the fountains of the great deep burst forth, and the windows of the heavens were opened.

12 And rain fell upon the earth forty days and forty nights.

13 On the very same day Noah and his sons, Shem and Ham and Japheth, and Noah's wife and the three wives of his sons with them entered the ark,

14 they and every beast, according to its kind, and all the livestock according to their kinds, and every creeping thing that creeps on the earth, according to its kind, and every bird, according to its kind, every winged creature.

15 They went into the ark with Noah, two and two of all flesh in which there was the breath of life.

16 And those that entered, male and female of all flesh, went in as God had commanded him. And the LORD shut him in.

¶ **17** The flood continued forty days on the earth. The waters increased and bore up the ark, and it rose high above the earth.

18 The waters prevailed and increased greatly on the earth, and the ark floated on the face of the waters.

19 Und die Wasser nahmen überhand und wuchsen so sehr auf Erden, dass alle hohen Berge unter dem ganzen Himmel bedeckt wurden.

20 Fünfzehn Ellen hoch gingen die Wasser über die Berge, sodass sie ganz bedeckt wurden.

¶ **21** Da ging alles Fleisch unter, das sich auf Erden regte, an Vögeln, an Vieh, an wildem Getier und an allem, was da wimmelte auf Erden, und alle Menschen.

22 Alles, was Odem des Lebens hatte auf dem Trockenen, das starb.

23 So wurde vertilgt alles, was auf dem Erdboden war, vom Menschen an bis hin zum Vieh und zum Gewürm und zu den Vögeln unter dem Himmel; das wurde alles von der Erde vertilgt. Allein Noah blieb übrig und was mit ihm in der Arche war.

24 Und die Wasser wuchsen gewaltig auf Erden hundertundfünfzig Tage.

Ende der Sintflut. Noahs Opfer. Verheißung des Herrn

8 Da gedachte Gott an Noah und an alles wilde Getier und an alles Vieh, das mit ihm in der Arche war, und ließ Wind auf Erden kommen und die Wasser fielen.

2 Und die Brunnen der Tiefe wurden verstopft samt den Fenstern des Himmels, und dem Regen vom Himmel wurde gewehrt.

3 Da verliefen sich die Wasser von der Erde und nahmen ab nach hundertundfünfzig Tagen.

4 Am siebzehnten Tag des siebenten Monats ließ sich die Arche nieder auf das Gebirge Ararat.

5 Es nahmen aber die Wasser immer mehr ab bis auf den zehnten Monat. Am ersten Tage des zehnten Monats sahen die Spitzen der Berge hervor.

¶ **6** Nach vierzig Tagen tat Noah an der Arche das Fenster auf, das er gemacht hatte,

7 und ließ einen Raben ausfliegen; der flog immer hin und her, bis die Wasser vertrockneten auf Erden.

8 Danach ließ er eine Taube ausfliegen, um zu erfahren, ob die Wasser sich verlaufen hätten auf Erden.

9 Da aber die Taube nichts fand, wo ihr Fuß ruhen konnte, kam sie wieder zu ihm in die Arche; denn noch war Wasser auf dem ganzen Erdboden. Da tat er die Hand heraus und nahm sie zu sich in die Arche.

10 Da harrte er noch weitere sieben Tage und ließ abermals eine Taube fliegen aus der Arche.

19 And the waters prevailed so mightily on the earth that all the high mountains under the whole heaven were covered.

20 The waters prevailed above the mountains, covering them fifteen cubits[4] deep.

21 And all flesh died that moved on the earth, birds, livestock, beasts, all swarming creatures that swarm on the earth, and all mankind.

22 Everything on the dry land in whose nostrils was the breath of life died.

23 He blotted out every living thing that was on the face of the ground, man and animals and creeping things and birds of the heavens. They were blotted out from the earth. Only Noah was left, and those who were with him in the ark.

24 And the waters prevailed on the earth 150 days.

The Flood Subsides

8 But God remembered Noah and all the beasts and all the livestock that were with him in the ark. And God made a wind blow over the earth, and the waters subsided.

2 The fountains of the deep and [the windows of the heavens were closed, the rain from the heavens was restrained,

3 and the waters receded from the earth continually. At the end of 150 days the waters had abated,

4 and in the seventh month, on the seventeenth day of the month, the ark came to rest on the mountains of Ararat.

5 And the waters continued to abate until the tenth month; in the tenth month, on the first day of the month, the tops of the mountains were seen.

¶ **6** At the end of forty days Noah opened the window of the ark that he had made

7 and sent forth a raven. It went to and fro until the waters were dried up from the earth.

8 Then he sent forth a dove from him, to see if the waters had subsided from the face of the ground.

9 But the dove found no place to set her foot, and she returned to him to the ark, for the waters were still on the face of the whole earth. So he put out his hand and took her and brought her into the ark with him.

10 He waited another seven days, and again he sent forth the dove out of the ark.

11 Die kam zu ihm um die Abendzeit, und siehe, ein Ölblatt hatte sie abgebrochen und trug's in ihrem Schnabel. Da merkte Noah, dass die Wasser sich verlaufen hätten auf Erden.

12 Aber er harrte noch weitere sieben Tage und ließ eine Taube ausfliegen; die kam nicht wieder zu ihm.

¶ **13** Im sechshundertundersten Lebensjahr Noahs am ersten Tage des ersten Monats waren die Wasser vertrocknet auf Erden. Da tat Noah das Dach von der Arche und sah, dass der Erdboden trocken war.

14 Und am siebenundzwanzigsten Tage des zweiten Monats war die Erde ganz trocken.

15 Da redete Gott mit Noah und sprach:

16 Geh aus der Arche, du und deine Frau, deine Söhne und die Frauen deiner Söhne mit dir.

17 Alles Getier, das bei dir ist, von allem Fleisch, an Vögeln, an Vieh und allem Gewürm, das auf Erden kriecht, das gehe heraus mit dir, dass sie sich regen auf Erden und fruchtbar seien und sich mehren auf Erden.

18 So ging Noah heraus mit seinen Söhnen und mit seiner Frau und den Frauen seiner Söhne,

19 dazu alle wilden Tiere, alles Vieh, alle Vögel und alles Gewürm, das auf Erden kriecht; das ging aus der Arche, ein jedes mit seinesgleichen.

¶ **20** Noah aber baute dem HERRN einen Altar und nahm von allem reinen Vieh und von allen reinen Vögeln und opferte Brandopfer auf dem Altar.

21 Und der HERR roch den lieblichen Geruch und sprach in seinem Herzen: **Ich will hinfort nicht mehr die Erde verfluchen um der Menschen willen; denn das Dichten und Trachten des menschlichen Herzens ist böse von Jugend auf.** Und ich will hinfort nicht mehr schlagen alles, was da lebt, wie ich getan habe.

22 **Solange die Erde steht, soll nicht aufhören Saat und Ernte, Frost und Hitze, Sommer und Winter, Tag und Nacht.**

Gottes Bund mit Noah

9 Und Gott segnete Noah und seine Söhne und sprach: Seid fruchtbar und mehret euch und füllet die Erde.

2 Furcht und Schrecken vor euch sei über allen Tieren auf Erden und über allen Vögeln unter dem Himmel, über allem, was auf dem Erdboden wimmelt, und über allen Fischen im Meer; in eure Hände seien sie gegeben.

11 And the dove came back to him in the evening, and behold, in her mouth was a freshly plucked olive leaf. So Noah knew that the waters had subsided from the earth.

12 Then he waited another seven days and sent forth the dove, and she did not return to him anymore.

¶ **13** In the six hundred and first year, in the first month, the first day of the month, the waters were dried from off the earth. And Noah removed the covering of the ark and looked, and behold, the face of the ground was dry.

14 In the second month, on the twenty-seventh day of the month, the earth had dried out.

15 Then God said to Noah,

16 "Go out from the ark, you and your wife, and your sons and your sons' wives with you.

17 Bring out with you every living thing that is with you of all flesh—birds and animals and every creeping thing that creeps on the earth—that they may swarm on the earth, and be fruitful and multiply on the earth."

18 So Noah went out, and his sons and his wife and his sons' wives with him.

19 Every beast, every creeping thing, and every bird, everything that moves on the earth, went out by families from the ark.

God's Covenant with Noah

¶ **20** Then Noah built an altar to the LORD and took some of every clean animal and some of every clean bird and offered burnt offerings on the altar.

21 And when the LORD smelled the pleasing aroma, the LORD said in his heart, "I will never again curse[1] the ground because of man, for the intention of man's heart is evil from his youth. Neither will I ever again strike down every living creature as I have done.

22 While the earth remains, seedtime and harvest, cold and heat, summer and winter, day and night, shall not cease."

9 And God blessed Noah and his sons and said to them, "Be fruitful and multiply and fill the earth.

2 The fear of you and the dread of you shall be upon every beast of the earth and upon every bird of the heavens, upon everything that creeps on the ground and all the fish of the sea. Into your hand they are delivered.

3 Alles, was sich regt und lebt, das sei eure Speise; wie das grüne Kraut habe ich's euch alles gegeben.

4 Allein esst das Fleisch nicht mit seinem Blut, in dem sein Leben ist!

5 Auch will ich euer eigen Blut, das ist das Leben eines jeden unter euch, rächen und will es von allen Tieren fordern und will des Menschen Leben fordern von einem jeden Menschen.

6 Wer Menschenblut vergießt, dessen Blut soll auch durch Menschen vergossen werden; denn Gott hat den Menschen zu seinem Bilde gemacht.

7 Seid fruchtbar und mehret euch und reget euch auf Erden, dass euer viel darauf werden.

¶ **8** Und Gott sagte zu Noah und seinen Söhnen mit ihm:

9 Siehe, ich richte mit euch einen Bund auf und mit euren Nachkommen

10 und mit allem lebendigen Getier bei euch, an Vögeln, an Vieh und an allen Tieren des Feldes bei euch, von allem, was aus der Arche gegangen ist, was für Tiere es sind auf Erden.

11 Und ich richte meinen Bund so mit euch auf, dass hinfort nicht mehr alles Fleisch verderbt werden soll durch die Wasser der Sintflut und hinfort keine Sintflut mehr kommen soll, die die Erde verderbe.

¶ **12** Und Gott sprach: Das ist das Zeichen des Bundes, den ich geschlossen habe zwischen mir und euch und allem lebendigen Getier bei euch auf ewig:

13 Meinen Bogen habe ich in die Wolken gesetzt; der soll das Zeichen sein des Bundes zwischen mir und der Erde.

14 Und wenn es kommt, dass ich Wetterwolken über die Erde führe, so soll man meinen Bogen sehen in den Wolken.

15 Alsdann will ich gedenken an meinen Bund zwischen mir und euch und allem lebendigen Getier unter allem Fleisch, dass hinfort keine Sintflut mehr komme, die alles Fleisch verderbe.

16 Darum soll mein Bogen in den Wolken sein, dass ich ihn ansehe und gedenke an den ewigen Bund zwischen Gott und allem lebendigen Getier unter allem Fleisch, das auf Erden ist.

17 Und Gott sagte zu Noah: Das sei das Zeichen des Bundes, den ich aufgerichtet habe zwischen mir und allem Fleisch auf Erden.

3 Every moving thing that lives shall be food for you. And as I gave you the green plants, I give you everything.

4 But you shall not eat flesh with its life, that is, its blood.

5 And for your lifeblood I will require a reckoning: from every beast I will require it and from man. From his fellow man I will require a reckoning for the life of man.

6 "Whoever sheds the blood of man,
  by man shall his blood be shed,
  for God made man in his own image.

7 And you,[1] be fruitful and multiply, teem on the earth and multiply in it."

¶ **8** Then God said to Noah and to his sons with him,

9 "Behold, I establish my covenant with you and your offspring after you,

10 and with every living creature that is with you, the birds, the livestock, and every beast of the earth with you, as many as came out of the ark; it is for every beast of the earth.

11 I establish my covenant with you, that never again shall all flesh be cut off by the waters of the flood, and never again shall there be a flood to destroy the earth."

12 And God said, "This is the sign of the covenant that I make between me and you and every living creature that is with you, for all future generations:

13 I have set my bow in the cloud, and it shall be a sign of the covenant between me and the earth.

14 When I bring clouds over the earth and the bow is seen in the clouds,

15 I will remember my covenant that is between me and you and every living creature of all flesh. And the waters shall never again become a flood to destroy all flesh.

16 When the bow is in the clouds, I will see it and remember the everlasting covenant between God and every living creature of all flesh that is on the earth."

17 God said to Noah, "This is the sign of the covenant that I have established between me and all flesh that is on the earth."

Noahs Fluch und Segen über seine Söhne

18 Die Söhne Noahs, die aus der Arche gingen, sind diese: Sem, Ham und Jafet. Ham aber ist der Vater Kanaans.

19 Das sind die drei Söhne Noahs; von ihnen kommen her alle Menschen auf Erden.

¶ **20** Noah aber, der Ackermann, pflanzte als Erster einen Weinberg.

21 Und da er von dem Wein trank, ward er trunken und lag im Zelt aufgedeckt.

22 Als nun Ham, Kanaans Vater, seines Vaters Blöße sah, sagte er's seinen beiden Brüdern draußen.

23 Da nahmen Sem und Jafet ein Kleid und legten es auf ihrer beider Schultern und gingen rückwärts hinzu und deckten ihres Vaters Blöße zu; und ihr Angesicht war abgewandt, damit sie ihres Vaters Blöße nicht sähen.

¶ **24** Als nun Noah erwachte von seinem Rausch und erfuhr, was ihm sein jüngster Sohn angetan hatte,

25 sprach er: Verflucht sei Kanaan und sei seinen Brüdern ein Knecht aller Knechte!

26 Und sprach weiter: Gelobt sei der HERR, der Gott Sems, und Kanaan sei sein Knecht!

27 Gott breite Jafet aus und lasse ihn wohnen in den Zelten Sems und Kanaan sei sein Knecht!

¶ **28** Noah aber lebte nach der Sintflut dreihundertundfünfzig Jahre,

29 dass sein ganzes Alter ward neunhundertundfünfzig Jahre, und starb.

Die Völkertafel
(vgl. 1.Chr 1,5-23)

10 Dies ist das Geschlecht der Söhne Noahs: Sem, Ham und Jafet. Und es wurden ihnen Söhne geboren nach der Sintflut.

¶ **2** Die Söhne Jafets sind diese: Gomer, Magog, Madai, Jawan, Tubal, Meschech und Tiras.

3 Die Söhne Gomers sind diese: Aschkenas, Rifat und Togarma.

4 Die Söhne Jawans sind diese: Elischa, Tarsis, die Kittäer und die Rodaniter.

5 Von diesen haben sich ausgebreitet die Bewohner der Inseln der Heiden. Das sind die Söhne Jafets nach ihren Ländern, ihren Sprachen, Geschlechtern und Völkern.

Noah's Descendants

¶ **18** The sons of Noah who went forth from the ark were Shem, Ham, and Japheth. (Ham was the father of Canaan.)

19 These three were the sons of Noah, and from these the people of the whole earth were dispersed.[2]

¶ **20** Noah began to be a man of the soil, and he planted a vineyard.[3]

21 He drank of the wine and became drunk and lay uncovered in his tent.

22 And Ham, the father of Canaan, saw the nakedness of his father and told his two brothers outside.

23 Then Shem and Japheth took a garment, laid it on both their shoulders, and walked backward and covered the nakedness of their father. Their faces were turned backward, and they did not see their father's nakedness.

24 When Noah awoke from his wine and knew what his youngest son had done to him,

25 he said,

"Cursed be Canaan;
    a servant of servants shall he be to his
      brothers."

26 He also said,

"Blessed be the LORD, the God of Shem;
    and let Canaan be his servant.

27 May God enlarge Japheth,[4]
    and let him dwell in the tents of Shem,
    and let Canaan be his servant."

¶ **28** After the flood Noah lived 350 years.

29 All the days of Noah were 950 years, and he died.

Nations Descended from Noah

10 These are the generations of the sons of Noah, Shem, Ham, and Japheth. Sons were born to them after the flood.

¶ **2** The sons of Japheth: Gomer, Magog, Madai, Javan, Tubal, Meshech, and Tiras.

3 The sons of Gomer: Ashkenaz, Riphath, and Togarmah.

4 The sons of Javan: Elishah, Tarshish, Kittim, and Dodanim.

5 From these the coastland peoples spread in their lands, each with his own language, by their clans, in their nations.

¶ **6** Die Söhne Hams sind diese: Kusch, Mizrajim, Put und Kanaan.

7 Und die Söhne des Kusch sind diese: Seba, Hawila, Sabta, Ragma und Sabtecha. Aber die Söhne Ragmas sind diese: Saba und Dedan.

¶ **8** Kusch aber zeugte den Nimrod. Der war der Erste, der Macht gewann auf Erden,

9 und war ein gewaltiger Jäger vor dem HERRN. Daher spricht man: Das ist ein gewaltiger Jäger vor dem HERRN wie Nimrod.

10 Und der Anfang seines Reichs war Babel, Erech, Akkad und Kalne im Lande Schinar.

11 Von diesem Lande ist er nach Assur gekommen und baute Ninive und Rehobot-Ir und Kelach,

12 dazu Resen zwischen Ninive und Kelach. Das ist die große Stadt.

¶ **13** Mizrajim zeugte die Luditer, die Anamiter, die Lehabiter, die Naftuhiter,

14 die Patrositer, die Kasluhiter und die Kaftoriter; von denen sind gekommen die Philister.

¶ **15** Kanaan aber zeugte Sidon, seinen ersten Sohn, und Het

16 und den Jebusiter, den Amoriter, den Girgaschiter,

17 den Hiwiter, den Arkiter, den Siniter,

18 den Arwaditer, den Zemariter und den Hamatiter. Nachher haben sich die Geschlechter der Kanaaniter weiter ausgebreitet.

19 und ihre Grenzen waren von Sidon in der Richtung auf Gerar bis nach Gaza, in der Richtung auf Sodom, Gomorra, Adma, Zebojim bis nach Lescha.

20 Das sind die Söhne Hams nach ihren Geschlechtern, Sprachen, Ländern und Völkern.

¶ **21** Sem aber, dem Vater aller Söhne Ebers, Jafets älterem Bruder, wurden auch Söhne geboren.

22 Und dies sind seine Söhne: Elam, Assur, Arpachschad, Lud und Aram.

23 Aber die Söhne Arams sind diese: Uz, Hul, Geter und Masch.

¶ **24** Arpachschad aber zeugte Schelach, Schelach zeugte Eber.

25 Eber wurden zwei Söhne geboren. Einer hieß Peleg, weil zu seiner Zeit die Erde zerteilt wurde; und sein Bruder hieß Joktan.

26 Und Joktan zeugte Almodad, Schelef, Hazarmawet, Jerach,

27 Hadoram, Usal, Dikla,

28 Obal, Abimaël, Saba,

¶ **6** The sons of Ham: Cush, Egypt, Put, and Canaan.

7 The sons of Cush: Seba, Havilah, Sabtah, Raamah, and Sabteca. The sons of Raamah: Sheba and Dedan.

8 Cush fathered Nimrod; he was the first on earth to be a mighty man.[1]

9 He was a mighty hunter before the LORD. Therefore it is said, "Like Nimrod a mighty hunter before the LORD."

10 The beginning of his kingdom was Babel, Erech, Accad, and Calneh, in the land of Shinar.

11 From that land he went into Assyria and built Nineveh, Rehoboth-Ir, Calah, and

12 Resen between Nineveh and Calah; that is the great city.

13 Egypt fathered Ludim, Anamim, Lehabim, Naphtuhim,

14 Pathrusim, Casluhim (from whom[2] the Philistines came), and Caphtorim.

¶ **15** Canaan fathered Sidon his firstborn and Heth,

16 and the Jebusites, the Amorites, the Girgashites,

17 the Hivites, the Arkites, the Sinites,

18 the Arvadites, the Zemarites, and the Hamathites. Afterward the clans of the Canaanites dispersed.

19 And the territory of the Canaanites extended from Sidon in the direction of Gerar as far as Gaza, and in the direction of Sodom, Gomorrah, Admah, and Zeboiim, as far as Lasha.

20 These are the sons of Ham, by their clans, their languages, their lands, and their nations.

¶ **21** To Shem also, the father of all the children of Eber, the elder brother of Japheth, children were born.

22 The sons of Shem: Elam, Asshur, Arpachshad, Lud, and Aram.

23 The sons of Aram: Uz, Hul, Gether, and Mash.

24 Arpachshad fathered Shelah; and Shelah fathered Eber.

25 To Eber were born two sons: the name of the one was Peleg,[3] for in his days the earth was divided, and his brother's name was Joktan.

26 Joktan fathered Almodad, Sheleph, Hazarmaveth, Jerah,

27 Hadoram, Uzal, Diklah,

28 Obal, Abimael, Sheba,

29 Ofir, Hawila und Jobab. Das sind alles Söhne Joktans.

30 Und ihre Wohnsitze waren von Mescha bis man kommt nach Sefar, an das Gebirge im Osten.

31 Das sind die Söhne Sems nach ihren Geschlechtern, Sprachen, Ländern und Völkern.

¶ **32** Das sind nun die Nachkommen der Söhne Noahs nach ihren Geschlechtern und Völkern. Von denen her haben sich ausgebreitet die Völker auf Erden nach der Sintflut.

Der Turmbau zu Babel

11 Es hatte aber alle Welt einerlei Zunge und Sprache.

2 Als sie nun nach Osten zogen, fanden sie eine Ebene im Lande Schinar und wohnten daselbst.

3 Und sie sprachen untereinander: Wohlauf, lasst uns Ziegel streichen und brennen! – und nahmen Ziegel als Stein und Erdharz als Mörtel

4 und sprachen: Wohlauf, lasst uns eine Stadt und einen Turm bauen, dessen Spitze bis an den Himmel reiche, damit wir uns einen Namen machen; denn wir werden sonst zerstreut in alle Länder.

¶ **5** Da fuhr der HERR hernieder, dass er sähe die Stadt und den Turm, die die Menschenkinder bauten.

6 Und der HERR sprach: Siehe, es ist einerlei Volk und einerlei Sprache unter ihnen allen und dies ist der Anfang ihres Tuns; nun wird ihnen nichts mehr verwehrt werden können von allem, was sie sich vorgenommen haben zu tun.

7 Wohlauf, lasst uns herniederfahren und dort ihre Sprache verwirren, dass keiner des andern Sprache verstehe!

¶ **8** So zerstreute sie der HERR von dort in alle Länder, dass sie aufhören mussten, die Stadt zu bauen.

9 Daher heißt ihr Name Babel, weil der HERR daselbst verwirrt hat aller Länder Sprache und sie von dort zerstreut hat in alle Länder.

Geschlechtsregister von Sem bis Abram

10 Dies ist das Geschlecht Sems: Sem war 100 Jahre alt und zeugte Arpachschad zwei Jahre nach der Sintflut

11 und lebte danach 500 Jahre und zeugte Söhne und Töchter.

¶ **12** Arpachschad war 35 Jahre alt und zeugte Schelach

29 Ophir, Havilah, and Jobab; all these were the sons of Joktan.

30 The territory in which they lived extended from Mesha in the direction of Sephar to the hill country of the east.

31 These are the sons of Shem, by their clans, their languages, their lands, and their nations.

¶ **32** These are the clans of the sons of Noah, according to their genealogies, in their nations, and from these the nations spread abroad on the earth after the flood.

The Tower of Babel

11 Now the whole earth had one language and the same words.

2 And as people migrated from the east, they found a plain in the land of Shinar and settled there.

3 And they said to one another, "Come, let us make bricks, and burn them thoroughly." And they had brick for stone, and bitumen for mortar.

4 Then they said, "Come, let us build ourselves a city and a tower with its top in the heavens, and let us make a name for ourselves, lest we be dispersed over the face of the whole earth."

5 And the LORD came down to see the city and the tower, which the children of man had built.

6 And the LORD said, "Behold, they are one people, and they have all one language, and this is only the beginning of what they will do. And nothing that they propose to do will now be impossible for them.

7 Come, let us go down and there confuse their language, so that they may not understand one another's speech."

8 So the LORD dispersed them from there over the face of all the earth, and they left off building the city.

9 Therefore its name was called Babel, because there the LORD confused[1] the language of all the earth. And from there the LORD dispersed them over the face of all the earth.

Shem's Descendants

¶ **10** These are the generations of Shem. When Shem was 100 years old, he fathered Arpachshad two years after the flood.

11 And Shem lived after he fathered Arpachshad 500 years and had other sons and daughters.

¶ **12** When Arpachshad had lived 35 years, he fathered Shelah.

13 und lebte danach 403 Jahre und zeugte Söhne und Töchter.

¶ **14** Schelach war 30 Jahre alt und zeugte Eber

15 und lebte danach 403 Jahre und zeugte Söhne und Töchter.

¶ **16** Eber war 34 Jahre alt und zeugte Peleg

17 und lebte danach 430 Jahre und zeugte Söhne und Töchter.

¶ **18** Peleg war 30 Jahre alt und zeugte Regu

19 und lebte danach 209 Jahre und zeugte Söhne und Töchter.

¶ **20** Regu war 32 Jahre alt und zeugte Serug

21 und lebte danach 207 Jahre und zeugte Söhne und Töchter.

¶ **22** Serug war 30 Jahre alt und zeugte Nahor

23 und lebte danach 200 Jahre und zeugte Söhne und Töchter.

¶ **24** Nahor war 29 Jahre alt und zeugte Terach

25 und lebte danach 119 Jahre und zeugte Söhne und Töchter.

¶ **26** Terach war 70 Jahre alt und zeugte Abram, Nahor und Haran.

Terachs Geschlecht. Sein Zug von Ur nach Haran

27 Dies ist das Geschlecht Terachs: Terach zeugte Abram, Nahor und Haran; und Haran zeugte Lot.

28 Haran aber starb vor seinem Vater Terach in seinem Vaterland zu Ur in Chaldäa.

29 Da nahmen sich Abram und Nahor Frauen. Abrams Frau hieß Sarai und Nahors Frau Milka, Harans Tochter, der der Vater war der Milka und der Jiska.

30 Aber Sarai war unfruchtbar und hatte kein Kind.

¶ **31** Da nahm Terach seinen Sohn Abram und Lot, den Sohn seines Sohnes Haran, und seine Schwiegertochter Sarai, die Frau seines Sohnes Abram, und führte sie aus Ur in Chaldäa, um ins Land Kanaan zu ziehen. Und sie kamen nach Haran und wohnten dort.

32 Und Terach wurde zweihundertundfünf Jahre alt und starb in Haran.

Abrams Berufung und Zug nach Kanaan

12 Und der HERR sprach zu Abram: Geh aus deinem Vaterland und von deiner Verwandtschaft und aus deines Vaters Hause in ein Land, das ich dir zeigen will.

13 And Arpachshad lived after he fathered Shelah 403 years and had other sons and daughters.

¶ **14** When Shelah had lived 30 years, he fathered Eber.

15 And Shelah lived after he fathered Eber 403 years and had other sons and daughters.

¶ **16** When Eber had lived 34 years, he fathered Peleg.

17 And Eber lived after he fathered Peleg 430 years and had other sons and daughters.

¶ **18** When Peleg had lived 30 years, he fathered Reu.

19 And Peleg lived after he fathered Reu 209 years and had other sons and daughters.

¶ **20** When Reu had lived 32 years, he fathered Serug.

21 And Reu lived after he fathered Serug 207 years and had other sons and daughters.

¶ **22** When Serug had lived 30 years, he fathered Nahor.

23 And Serug lived after he fathered Nahor 200 years and had other sons and daughters.

¶ **24** When Nahor had lived 29 years, he fathered Terah.

25 And Nahor lived after he fathered Terah 119 years and had other sons and daughters.

¶ **26** When Terah had lived 70 years, he fathered Abram, Nahor, and Haran.

Terah's Descendants

¶ **27** Now these are the generations of Terah. Terah fathered Abram, Nahor, and Haran; and Haran fathered Lot.

28 Haran died in the presence of his father Terah in the land of his kindred, in Ur of the Chaldeans.

29 And Abram and Nahor took wives. The name of Abram's wife was Sarai, and the name of Nahor's wife, Milcah, the daughter of Haran the father of Milcah and Iscah.

30 Now Sarai was barren; she had no child.

¶ **31** Terah took Abram his son and Lot the son of Haran, his grandson, and Sarai his daughter-in-law, his son Abram's wife, and they went forth together from Ur of the Chaldeans to go into the land of Canaan, but when they came to Haran, they settled there.

32 The days of Terah were 205 years, and Terah died in Haran.

The Call of Abram

12 Now the LORD said[1] to Abram, "Go from your country and your kindred and your father's house to the land that I will show you.

2 Und ich will dich zum großen Volk machen und will dich segnen und dir einen großen Namen machen, und du sollst ein Segen sein.

3 Ich will segnen, die dich segnen, und verfluchen, die dich verfluchen; und **in dir sollen gesegnet werden alle Geschlechter auf Erden.**

¶ **4** Da zog Abram aus, wie der HERR zu ihm gesagt hatte, und Lot zog mit ihm. Abram aber war fünfundsiebzig Jahre alt, als er aus Haran zog.

5 So nahm Abram Sarai, seine Frau, und Lot, seines Bruders Sohn, mit aller ihrer Habe, die sie gewonnen hatten, und die Leute, die sie erworben hatten in Haran, und zogen aus, um ins Land Kanaan zu reisen. Und sie kamen in das Land,

6 und Abram durchzog das Land bis an die Stätte bei Sichem, bis zur Eiche More; es wohnten aber zu der Zeit die Kanaaniter im Lande.

¶ **7** Da erschien der HERR dem Abram und sprach: Deinen Nachkommen will ich dies Land geben. Und er baute dort einen Altar dem HERRN, der ihm erschienen war.

8 Danach brach er von dort auf ins Gebirge östlich der Stadt Bethel und schlug sein Zelt auf, sodass er Bethel im Westen und Ai im Osten hatte, und baute dort dem HERRN einen Altar und rief den Namen des HERRN an.

9 Danach zog Abram weiter ins Südland.

Abram und Sarai in Ägypten
(vgl. Kap 20,1-18; 26,7-11)

10 Es kam aber eine Hungersnot in das Land. Da zog Abram hinab nach Ägypten, dass er sich dort als ein Fremdling aufhielte; denn der Hunger war groß im Lande.

11 Und als er nahe an Ägypten war, sprach er zu Sarai, seiner Frau: Siehe, ich weiß, dass du eine schöne Frau bist.

12 Wenn dich nun die Ägypter sehen, so werden sie sagen: Das ist seine Frau, und werden mich umbringen und dich leben lassen.

13 So sage doch, du seist meine Schwester, auf dass mir's wohlgehe um deinetwillen und ich am Leben bleibe um deinetwillen.

¶ **14** Als nun Abram nach Ägypten kam, sahen die Ägypter, dass seine Frau sehr schön war.

15 Und die Großen des Pharao sahen sie und priesen sie vor ihm. Da wurde sie in das Haus des Pharao gebracht.

2 And I will make of you a great nation, and I will bless you and make your name great, so that you will be a blessing.

3 I will bless those who bless you, and him who dishonors you I will curse, and in you all the families of the earth shall be blessed."[2]

¶ **4** So Abram went, as the LORD had told him, and Lot went with him. Abram was seventy-five years old when he departed from Haran.

5 And Abram took Sarai his wife, and Lot his brother's son, and all their possessions that they had gathered, and the people that they had acquired in Haran, and they set out to go to the land of Canaan. When they came to the land of Canaan,

6 Abram passed through the land to the place at Shechem, to the oak[3] of Moreh. At that time the Canaanites were in the land.

7 Then the LORD appeared to Abram and said, "To your offspring I will give this land." So he built there an altar to the LORD, who had appeared to him.

8 From there he moved to the hill country on the east of Bethel and pitched his tent, with Bethel on the west and Ai on the east. And there he built an altar to the LORD and called upon the name of the LORD.

9 And Abram journeyed on, still going toward the Negeb.

Abram and Sarai in Egypt

¶ **10** Now there was a famine in the land. So Abram went down to Egypt to sojourn there, for the famine was severe in the land.

11 When he was about to enter Egypt, he said to Sarai his wife, "I know that you are a woman beautiful in appearance,

12 and when the Egyptians see you, they will say, 'This is his wife.' Then they will kill me, but they will let you live.

13 Say you are my sister, that it may go well with me because of you, and that my life may be spared for your sake."

14 When Abram entered Egypt, the Egyptians saw that the woman was very beautiful.

15 And when the princes of Pharaoh saw her, they praised her to Pharaoh. And the woman was taken into Pharaoh's house.

16 Und er tat Abram Gutes um ihretwillen; und er bekam Schafe, Rinder, Esel, Knechte und Mägde, Eselinnen und Kamele.

17 Aber der HERR plagte den Pharao und sein Haus mit großen Plagen um Sarais, Abrams Frau, willen.

¶ **18** Da rief der Pharao Abram zu sich und sprach zu ihm: Warum hast du mir das angetan? Warum sagtest du mir nicht, dass sie deine Frau ist?

19 Warum sprachst du denn: Sie ist meine Schwester –, sodass ich sie mir zur Frau nahm? Und nun siehe, da hast du deine Frau; nimm sie und zieh hin.

20 Und der Pharao bestellte Leute um seinetwillen, dass sie ihn geleiteten und seine Frau und alles, was er hatte.

Abram und Lot trennen sich

13 So zog Abram herauf aus Ägypten mit seiner Frau und mit allem, was er hatte, und Lot auch mit ihm ins Südland.

2 Abram aber war sehr reich an Vieh, Silber und Gold.

3 Und er zog immer weiter vom Südland bis nach Bethel, an die Stätte, wo zuerst sein Zelt war, zwischen Bethel und Ai,

4 eben an den Ort, wo er früher den Altar errichtet hatte. Dort rief er den Namen des HERRN an.

¶ **5** Lot aber, der mit Abram zog, hatte auch Schafe und Rinder und Zelte.

6 Und das Land konnte es nicht ertragen, dass sie beieinander wohnten; denn ihre Habe war groß und sie konnten nicht beieinander wohnen.

7 Und es war immer Zank zwischen den Hirten von Abrams Vieh und den Hirten von Lots Vieh. Es wohnten auch zu der Zeit die Kanaaniter und Perisiter im Lande.

8 Da sprach Abram zu Lot: Lass doch nicht Zank sein zwischen mir und dir und zwischen meinen und deinen Hirten; denn wir sind Brüder.

9 Steht dir nicht alles Land offen? Trenne dich doch von mir! Willst du zur Linken, so will ich zur Rechten, oder willst du zur Rechten, so will ich zur Linken.

¶ **10** Da hob Lot seine Augen auf und besah die ganze Gegend am Jordan. Denn ehe der HERR Sodom und Gomorra vernichtete, war sie wasserreich, bis man nach Zoar kommt, wie der Garten des HERRN, gleichwie Ägyptenland.

16 And for her sake he dealt well with Abram; and he had sheep, oxen, male donkeys, male servants, female servants, female donkeys, and camels.

¶ **17** But the LORD afflicted Pharaoh and his house with great plagues because of Sarai, Abram's wife.

18 So Pharaoh called Abram and said, "What is this you have done to me? Why did you not tell me that she was your wife?

19 Why did you say, 'She is my sister,' so that I took her for my wife? Now then, here is your wife; take her, and go."

20 And Pharaoh gave men orders concerning him, and they sent him away with his wife and all that he had.

Abram and Lot Separate

13 So Abram went up from Egypt, he and his wife and all that he had, and Lot with him, into the Negeb.

¶ **2** Now Abram was very rich in livestock, in silver, and in gold.

3 And he journeyed on from the Negeb as far as Bethel to the place where his tent had been at the beginning, between Bethel and Ai,

4 to the place where he had made an altar at the first. And there Abram called upon the name of the LORD.

5 And Lot, who went with Abram, also had flocks and herds and tents,

6 so that the land could not support both of them dwelling together; for their possessions were so great that they could not dwell together,

7 and there was strife between the herdsmen of Abram's livestock and the herdsmen of Lot's livestock. At that time the Canaanites and the Perizzites were dwelling in the land.

¶ **8** Then Abram said to Lot, "Let there be no strife between you and me, and between your herdsmen and my herdsmen, for we are kinsmen.[1]

9 Is not the whole land before you? Separate yourself from me. If you take the left hand, then I will go to the right, or if you take the right hand, then I will go to the left."

10 And Lot lifted up his eyes and saw that the Jordan Valley was well watered everywhere like the garden of the LORD, like the land of Egypt, in the direction of Zoar. (This was before the LORD destroyed Sodom and Gomorrah.)

11 Da erwählte sich Lot die ganze Gegend am Jordan und zog nach Osten. Also trennte sich ein Bruder von dem andern,

12 sodass Abram wohnte im Lande Kanaan und Lot in den Städten am unteren Jordan. Und Lot zog mit seinen Zelten bis nach Sodom.

13 Aber die Leute zu Sodom waren böse und sündigten sehr wider den HERRN.

Der HERR wiederholt seine Verheißung an Abram

14 Als nun Lot sich von Abram getrennt hatte, sprach der HERR zu Abram: Hebe deine Augen auf und sieh von der Stätte aus, wo du wohnst, nach Norden, nach Süden, nach Osten und nach Westen.

15 Denn all das Land, das du siehst, will ich dir und deinen Nachkommen geben für alle Zeit

16 und will deine Nachkommen machen wie den Staub auf Erden. Kann ein Mensch den Staub auf Erden zählen, der wird auch deine Nachkommen zählen.

17 Darum mach dich auf und durchzieh das Land in die Länge und Breite, denn dir will ich's geben.

18 Und Abram zog weiter mit seinem Zelt und kam und wohnte im Hain Mamre, der bei Hebron ist, und baute dort dem HERRN einen Altar.

Abram errettet Lot und wird von Melchisedek gesegnet

14 Und es begab sich zu der Zeit des Königs Amrafel von Schinar, Arjochs, des Königs von Ellasar, Kedor-Laomers, des Königs von Elam, und Tidals, des Königs von Völkern,

2 dass sie Krieg führten mit Bera, dem König von Sodom, und mit Birscha, dem König von Gomorra, und mit Schinab, dem König von Adma, und mit Schemeber, dem König von Zebojim, und mit dem König von Bela, das ist Zoar.

3 Diese kamen alle zusammen in das Tal Siddim, wo nun das Salzmeer ist.

4 Denn sie waren zwölf Jahre dem König Kedor-Laomer untertan gewesen und im dreizehnten Jahr waren sie von ihm abgefallen.

¶ **5** Darum kamen Kedor-Laomer und die Könige, die mit ihm waren, im vierzehnten Jahr und schlugen die Refaïter zu Aschterot-Karnajim und die Susiter zu Ham und die Emiter in der Ebene Kirjatajim

6 und die Horiter auf ihrem Gebirge Seïr bis El-Paran, das an die Wüste stößt.

11 So Lot chose for himself all the Jordan Valley, and Lot journeyed east. Thus they separated from each other.

12 Abram settled in the land of Canaan, while Lot settled among the cities of the valley and moved his tent as far as Sodom.

13 Now the men of Sodom were wicked, great sinners against the LORD.

¶ **14** The LORD said to Abram, after Lot had separated from him, "Lift up your eyes and look from the place where you are, northward and southward and eastward and westward,

15 for all the land that you see I will give to you and to your offspring forever.

16 I will make your offspring as the dust of the earth, so that if one can count the dust of the earth, your offspring also can be counted.

17 Arise, walk through the length and the breadth of the land, for I will give it to you."

18 So Abram moved his tent and came and settled by the oaks² of Mamre, which are at Hebron, and there he built an altar to the LORD.

Abram Rescues Lot

14 In the days of Amraphel king of Shinar, Arioch king of Ellasar, Chedorlaomer king of Elam, and Tidal king of Goiim,

2 these kings made war with Bera king of Sodom, Birsha king of Gomorrah, Shinab king of Admah, Shemeber king of ʸZeboiim, and the king of Bela (that is, Zoar).

3 And all these joined forces in the Valley of Siddim (that is, the Salt Sea).

4 Twelve years they had served Chedorlaomer, but in the thirteenth year they rebelled.

5 In the fourteenth year Chedorlaomer and the kings who were with him came and defeated the Rephaim in Ashteroth-karnaim, the Zuzim in Ham, the Emim in Shaveh-kiriathaim,

6 and the Horites in their hill country of Seir as far as El-paran on the border of the wilderness.

7 Danach wandten sie um und kamen nach En-Mischpat, das ist Kadesch, und schlugen das ganze Land der Amalekiter, dazu die Amoriter, die zu Hazezon-Tamar wohnten.

¶ **8** Da zogen aus der König von Sodom, der König von Gomorra, der König von Adma, der König von Zebojim und der König von Bela, das ist Zoar, und rüsteten sich, zu kämpfen im Tal Siddim

9 mit Kedor-Laomer, dem König von Elam, und mit Tidal, dem König von Völkern, und mit Amrafel, dem König von Schinar, und mit Arjoch, dem König von Ellasar, vier Könige gegen fünf.

10 Das Tal Siddim aber hatte viele Erdharzgruben. Und die Könige von Sodom und Gomorra wurden in die Flucht geschlagen und fielen da hinein, und was übrig blieb, floh auf das Gebirge.

11 Da nahmen sie alle Habe von Sodom und Gomorra und alle Vorräte und zogen davon.

12 Sie nahmen auch mit sich Lot, Abrams Brudersohn, und seine Habe, denn er wohnte in Sodom, und zogen davon.

¶ **13** Da kam einer, der entronnen war, und sagte es Abram an, dem Hebräer, der da wohnte im Hain Mamres, des Amoriters, des Bruders von Eschkol und Aner. Diese waren mit Abram im Bund.

14 Als nun Abram hörte, dass seines Bruders Sohn gefangen war, wappnete er seine Knechte, dreihundertundachtzehn, in seinem Hause geboren, und jagte ihnen nach bis Dan

15 und teilte seine Schar, fiel des Nachts über sie her mit seinen Knechten und schlug sie und jagte sie bis nach Hoba, das nördlich der Stadt Damaskus liegt.

16 Und er brachte alle Habe wieder zurück, dazu auch Lot, seines Bruders Sohn, mit seiner Habe, auch die Frauen und das Volk.

¶ **17** Als er nun zurückkam von dem Sieg über Kedor-Laomer und die Könige mit ihm, ging ihm entgegen der König von Sodom in das Tal Schawe, das ist das Königstal.

18 Aber Melchisedek, der König von Salem, trug Brot und Wein heraus. Und er war ein Priester Gottes des Höchsten

19 und segnete ihn und sprach: Gesegnet seist du, Abram, vom höchsten Gott, der Himmel und Erde geschaffen hat;

7 Then they turned back and came to En-mishpat (that is, Kadesh) and defeated all the country of the Amalekites, and also the Amorites who were dwelling in Hazazon-tamar.

¶ **8** Then the king of Sodom, the king of Gomorrah, the king of Admah, the king of Zeboiim, and the king of Bela (that is, Zoar) went out, and they joined battle in the Valley of Siddim

9 with Chedorlaomer king of Elam, Tidal king of Goiim, Amraphel king of Shinar, and Arioch king of Ellasar, four kings against five.

10 Now the Valley of Siddim was full of bitumen pits, and as the kings of Sodom and Gomorrah fled, some fell into them, and the rest fled to the hill country.

11 So the enemy took all the possessions of Sodom and Gomorrah, and all their provisions, and went their way.

12 They also took Lot, the son of Abram's brother, who was dwelling in Sodom, and his possessions, and went their way.

¶ **13** Then one who had escaped came and told Abram the Hebrew, who was living by the oaks[1] of Mamre the Amorite, brother of Eshcol and of Aner. These were allies of Abram.

14 When Abram heard that his kinsman had been taken captive, he led forth his trained men, born in his house, 318 of them, and went in pursuit as far as Dan.

15 And he divided his forces against them by night, he and his servants, and defeated them and pursued them to Hobah, north of Damascus.

16 Then he brought back all the possessions, and also brought back his kinsman Lot with his possessions, and the women and the people.

Abram Blessed by Melchizedek

¶ **17** After his return from the defeat of Chedorlaomer and the kings who were with him, the king of Sodom went out to meet him at the Valley of Shaveh (that is, the King's Valley).

18 And Melchizedek king of Salem brought out bread and wine. (He was priest of God Most High.)

19 And he blessed him and said,

"Blessed be Abram by God Most High,
    Possessor[2] of heaven and earth;

20 und gelobt sei Gott der Höchste, der deine Feinde in deine Hand gegeben hat. Und Abram gab ihm den Zehnten von allem.

¶ **21** Da sprach der König von Sodom zu Abram: Gib mir die Leute, die Güter behalte für dich!

22 Aber Abram sprach zu dem König von Sodom: Ich hebe meine Hand auf zu dem HERRN, dem höchsten Gott, der Himmel und Erde geschaffen hat,

23 dass ich von allem, was dein ist, nicht einen Faden noch einen Schuhriemen nehmen will, damit du nicht sagst, du habest Abram reich gemacht,

24 ausgenommen, was die Knechte verzehrt haben; doch lass die Männer Aner, Eschkol und Mamre, die mit mir gezogen sind, ihr Teil nehmen.

Gott verheißt Abram einen Sohn und gewährt ihm den Bund

(vgl. Kap 17,1-27)

15 Nach diesen Geschichten begab sich's, dass zu Abram das Wort des HERRN kam in einer Offenbarung: Fürchte dich nicht, Abram! Ich bin dein Schild und dein sehr großer Lohn.

2 Abram sprach aber: HERR, mein Gott, was willst du mir geben? Ich gehe dahin ohne Kinder und mein Knecht Eliëser von Damaskus wird mein Haus besitzen.

3 Und Abram sprach weiter: Mir hast du keine Nachkommen gegeben; und siehe, einer von meinen Knechten wird mein Erbe sein.

4 Und siehe, der HERR sprach zu ihm: Er soll nicht dein Erbe sein, sondern der von deinem Leibe kommen wird, der soll dein Erbe sein.

5 Und er hieß ihn hinausgehen und sprach: Sieh gen Himmel und zähle die Sterne; kannst du sie zählen? Und sprach zu ihm: So zahlreich sollen deine Nachkommen sein!

6 Abram glaubte dem HERRN und das rechnete er ihm zur Gerechtigkeit.

¶ **7** Und er sprach zu ihm: Ich bin der HERR, der dich aus Ur in Chaldäa geführt hat, auf dass ich dir dies Land zu besitzen gebe.

8 Abram aber sprach: HERR, mein Gott, woran soll ich merken, dass ich's besitzen werde?

9 Und er sprach zu ihm: Bringe mir eine dreijährige Kuh, eine dreijährige Ziege, einen dreijährigen Widder, eine Turteltaube und eine andere Taube.

20 and blessed be God Most High,
  who has delivered your enemies into
  your hand!"

And Abram gave him a tenth of everything.

21 And the king of Sodom said to Abram, "Give me the persons, but take the goods for yourself."

22 But Abram said to the king of Sodom, "I have lifted my hand[3] to the LORD, God Most High, Possessor of heaven and earth,

23 that I would not take a thread or a sandal strap or anything that is yours, lest you should say, 'I have made Abram rich.'

24 I will take nothing but what the young men have eaten, and the share of the men who went with me. Let Aner, Eshcol, and Mamre take their share."

God's Covenant with Abram

15 After these things the word of the LORD came to Abram in a vision: "Fear not, Abram, I am your shield; your reward shall be very great."

2 But Abram said, "O Lord GOD, what will you give me, for I continue[1] childless, and the heir of my house is Eliezer of Damascus?"

3 And Abram said, "Behold, you have given me no offspring, and a member of my household will be my heir."

4 And behold, the word of the LORD came to him: "This man shall not be your heir; your very own son[2] shall be your heir."

5 And he brought him outside and said, "Look toward heaven, and number the stars, if you are able to number them." Then he said to him, "So shall your offspring be."

6 And he believed the LORD, and he counted it to him as righteousness.

¶ **7** And he said to him, "I am the LORD who brought you out from Ur of the Chaldeans to give you this land to possess."

8 But he said, "O Lord GOD, how am I to know that I shall possess it?"

9 He said to him, "Bring me a heifer three years old, a female goat three years old, a ram three years old, a turtledove, and a young pigeon."

10 Und er brachte ihm dies alles und zerteilte es in der Mitte und legte je einen Teil dem andern gegenüber; aber die Vögel zerteilte er nicht.

11 Und die Raubvögel stießen hernieder auf die Stücke, aber Abram scheuchte sie davon.

¶ **12** Als nun die Sonne am Untergehen war, fiel ein tiefer Schlaf auf Abram, und siehe, Schrecken und große Finsternis überfiel ihn.

13 Da sprach der HERR zu Abram: Das sollst du wissen, dass deine Nachkommen werden Fremdlinge sein in einem Lande, das nicht das ihre ist; und da wird man sie zu dienen zwingen und plagen vierhundert Jahre.

14 Aber ich will das Volk richten, dem sie dienen müssen. Danach sollen sie ausziehen mit großem Gut.

15 Und du sollst fahren zu deinen Vätern mit Frieden und in gutem Alter begraben werden.

16 Sie aber sollen erst nach vier Menschenaltern wieder hierher kommen; denn die Missetat der Amoriter ist noch nicht voll.

¶ **17** Als nun die Sonne untergegangen und es finster geworden war, siehe, da war ein rauchender Ofen, und eine Feuerflamme fuhr zwischen den Stücken hin.

18 An dem Tage schloss der HERR einen Bund mit Abram und sprach: Deinen Nachkommen will ich dies Land geben von dem Strom Ägyptens an bis an den großen Strom Euphrat:

19 die Keniter, die Kenasiter, die Kadmoniter,

20 die Hetiter, die Perisiter, die Refaïter,

21 die Amoriter, die Kanaaniter, die Girgaschiter, die Jebusiter.

Hagar und Ismael
(vgl. Kap 21,9-21)

16 Sarai, Abrams Frau, gebar ihm kein Kind. Sie hatte aber eine ägyptische Magd, die hieß Hagar.

2 Und Sarai sprach zu Abram: Siehe, der HERR hat mich verschlossen, dass ich nicht gebären kann. Geh doch zu meiner Magd, ob ich vielleicht durch sie zu einem Sohn komme. Und Abram gehorchte der Stimme Sarais.

3 Da nahm Sarai, Abrams Frau, ihre ägyptische Magd Hagar und gab sie Abram, ihrem Mann, zur Frau, nachdem sie zehn Jahre im Lande Kanaan gewohnt hatten.

10 And he brought him all these, cut them in half, and laid each half over against the other. But he did not cut the birds in half.

11 And when birds of prey came down on the carcasses, Abram drove them away.

¶ **12** As the sun was going down, a deep sleep fell on Abram. And behold, dreadful and great darkness fell upon him.

13 Then the LORD said to Abram, "Know for certain that your offspring will be sojourners in a land that is not theirs and will be servants there, and they will be afflicted for four hundred years.

14 But I will bring judgment on the nation that they serve, and afterward they shall come out with great possessions.

15 As for yourself, you shall go to your fathers in peace; you shall be buried in a good old age.

16 And they shall come back here in the fourth generation, for the iniquity of the Amorites is not yet complete."

¶ **17** When the sun had gone down and it was dark, behold, a smoking fire pot and a flaming torch passed between these pieces.

18 On that day the LORD made a covenant with Abram, saying, "To your offspring I give[3] this land, from the river of Egypt to the great river, the river Euphrates,

19 the land of the Kenites, the Kenizzites, the Kadmonites,

20 the Hittites, the Perizzites, the Rephaim,

21 the Amorites, the Canaanites, the Girgashites and the Jebusites."

Sarai and Hagar

16 Now Sarai, Abram's wife, had borne him no children. She had a female Egyptian servant whose name was Hagar.

2 And Sarai said to Abram, "Behold now, the LORD has prevented me from bearing children. Go in to my servant; it may be that I shall obtain children[1] by her." And Abram listened to the voice of Sarai.

3 So, after Abram had lived ten years in the land of Canaan, Sarai, Abram's wife, took Hagar the Egyptian, her servant, and gave her to Abram her husband as a wife.

¶ **4** Und er ging zu Hagar, die ward schwanger. Als sie nun sah, dass sie schwanger war, achtete sie ihre Herrin gering.

5 Da sprach Sarai zu Abram: Das Unrecht, das mir geschieht, komme über dich! Ich habe meine Magd dir in die Arme gegeben; nun sie aber sieht, dass sie schwanger geworden ist, bin ich gering geachtet in ihren Augen. Der HERR sei Richter zwischen mir und dir.

6 Abram aber sprach zu Sarai: Siehe, deine Magd ist unter deiner Gewalt; tu mit ihr, wie dir's gefällt.

¶ Als nun Sarai sie demütigen wollte, floh sie von ihr.

7 Aber der Engel des HERRN fand sie bei einer Wasserquelle in der Wüste, nämlich bei der Quelle am Wege nach Schur.

8 Der sprach zu ihr: Hagar, Sarais Magd, wo kommst du her und wo willst du hin? Sie sprach: Ich bin von Sarai, meiner Herrin, geflohen.

9 Und der Engel des HERRN sprach zu ihr: Kehre wieder um zu deiner Herrin und demütige dich unter ihre Hand.

¶ **10** Und der Engel des HERRN sprach zu ihr: Ich will deine Nachkommen so mehren, dass sie der großen Menge wegen nicht gezählt werden können.

11 Weiter sprach der Engel des HERRN zu ihr: Siehe, du bist schwanger geworden und wirst einen Sohn gebären, dessen Namen sollst du Ismael nennen; denn der HERR hat dein Elend erhört.

12 Er wird ein wilder Mensch sein; seine Hand wider jedermann und jedermanns Hand wider ihn, und er wird wohnen all seinen Brüdern zum Trotz.

¶ **13** Und sie nannte den Namen des HERRN, der mit ihr redete: Du bist ein Gott, der mich sieht. Denn sie sprach: Gewiss hab ich hier hinter dem hergesehen, der mich angesehen hat.

14 Darum nannte man den Brunnen »Brunnen des Lebendigen, der mich sieht«. Er liegt zwischen Kadesch und Bered.

¶ **15** Und Hagar gebar Abram einen Sohn, und Abram nannte den Sohn, den ihm Hagar gebar, Ismael.

16 Und Abram war sechsundachtzig Jahre alt, als ihm Hagar den Ismael gebar.

4 And he went in to Hagar, and she conceived. And when she saw that she had conceived, she looked with contempt on her mistress.[2]

5 And Sarai said to Abram, "May the wrong done to me be on you! I gave my servant to your embrace, and when she saw that she had conceived, she looked on me with contempt. May the LORD judge between you and me!"

6 But Abram said to Sarai, "Behold, your servant is in your power; do to her as you please." Then Sarai dealt harshly with her, and she fled from her.

¶ **7** The angel of the LORD found her by a spring of water in the wilderness, the spring on the way to Shur.

8 And he said, "Hagar, servant of Sarai, where have you come from and where are you going?" She said, "I am fleeing from my mistress Sarai."

9 The angel of the LORD said to her, "Return to your mistress and submit to her."

10 The angel of the LORD also said to her, "I will surely multiply your offspring so that they cannot be numbered for multitude."

11 And the angel of the LORD said to her,

"Behold, you are pregnant
    and shall bear a son.
You shall call his name Ishmael,[3]
    because the LORD has listened to your
        affliction.

12 He shall be a wild donkey of a man,
    his hand against everyone
    and everyone's hand against him,
    and he shall dwell over against all his
        kinsmen."

13 So she called the name of the LORD who spoke to her, "You are a God of seeing,"[4] for she said, "Truly here I have seen him who looks after me."[5]

14 Therefore the well was called Beer-lahai-roi;[6] it lies between Kadesh and Bered.

¶ **15** And Hagar bore Abram a son, and Abram called the name of his son, whom Hagar bore, Ishmael.

16 Abram was eighty-six years old when Hagar bore Ishmael to Abram.

Ewiger Bund und neue Namen. Verheißung Isaaks und Beschneidung

17 Als nun Abram neunundneunzig Jahre alt war, erschien ihm der HERR und sprach zu ihm: Ich bin der allmächtige Gott; wandle vor mir und sei fromm.

2 Und ich will meinen Bund zwischen mir und dir schließen und will dich über alle Maßen mehren.

¶ **3** Da fiel Abram auf sein Angesicht. Und Gott redete weiter mit ihm und sprach:

4 Siehe, ich habe meinen Bund mit dir, und du sollst ein Vater vieler Völker werden.

5 Darum sollst du nicht mehr Abram heißen, sondern Abraham soll dein Name sein; denn ich habe dich gemacht zum Vater vieler Völker.

6 Und ich will dich sehr fruchtbar machen und will aus dir Völker machen und auch Könige sollen von dir kommen.

7 Und ich will aufrichten meinen Bund zwischen mir und dir und deinen Nachkommen von Geschlecht zu Geschlecht, dass es ein ewiger Bund sei, sodass ich dein und deiner Nachkommen Gott bin.

8 Und ich will dir und deinem Geschlecht nach dir das Land geben, darin du ein Fremdling bist, das ganze Land Kanaan, zu ewigem Besitz und will ihr Gott sein.

¶ **9** Und Gott sprach zu Abraham: So haltet nun meinen Bund, du und deine Nachkommen von Geschlecht zu Geschlecht.

10 Das aber ist mein Bund, den ihr halten sollt zwischen mir und euch und deinem Geschlecht nach dir: Alles, was männlich ist unter euch, soll beschnitten werden;

11 eure Vorhaut sollt ihr beschneiden. Das soll das Zeichen sein des Bundes zwischen mir und euch.

12 Jedes Knäblein, wenn's acht Tage alt ist, sollt ihr beschneiden bei euren Nachkommen. Desgleichen auch alles, was an Gesinde im Hause geboren oder was gekauft ist von irgendwelchen Fremden, die nicht aus eurem Geschlecht sind.

13 Beschnitten soll werden alles Gesinde, was dir im Hause geboren oder was gekauft ist. Und so soll mein Bund an eurem Fleisch zu einem ewigen Bund werden.

14 Wenn aber ein Männlicher nicht beschnitten wird an seiner Vorhaut, wird er ausgerottet werden aus seinem Volk, weil er meinen Bund gebrochen hat.

Abraham and the Covenant of Circumcision

17 When Abram was ninety-nine years old the LORD appeared to Abram and said to him, "I am God Almighty;[1] walk before me, and be blameless,

2 that I may make my covenant between me and you, and may multiply you greatly."

3 Then Abram fell on his face. And God said to him,

4 "Behold, my covenant is with you, and you shall be the father of a multitude of nations.

5 No longer shall your name be called Abram,[2] but your name shall be Abraham,[3] for I have made you the father of a multitude of nations.

6 I will make you exceedingly fruitful, and I will make you into nations, and kings shall come from you.

7 And I will establish my covenant between me and you and your offspring after you throughout their generations for an everlasting covenant, to be God to you and to your offspring after you.

8 And I will give to you and to your offspring after you the land of your sojournings, all the land of Canaan, for an everlasting possession, and I will be their God."

¶ **9** And God said to Abraham, "As for you, you shall keep my covenant, you and your offspring after you throughout their generations.

10 This is my covenant, which you shall keep, between me and you and your offspring after you: Every male among you shall be circumcised.

11 You shall be circumcised in the flesh of your foreskins, and it shall be a sign of the covenant between me and you.

12 He who is eight days old among you shall be circumcised. Every male throughout your generations, whether born in your house or bought with your money from any foreigner who is not of your offspring,

13 both he who is born in your house and he who is bought with your money, shall surely be circumcised. So shall my covenant be in your flesh an everlasting covenant.

14 Any uncircumcised male who is not circumcised in the flesh of his foreskin shall be cut off from his people; he has broken my covenant."

Isaac's Birth Promised

¶ **15** Und Gott sprach abermals zu Abraham: Du sollst Sarai, deine Frau, nicht mehr Sarai nennen, sondern Sara soll ihr Name sein.

16 Denn ich will sie segnen, und auch von ihr will ich dir einen Sohn geben; ich will sie segnen, und Völker sollen aus ihr werden und Könige über viele Völker.

¶ **17** Da fiel Abraham auf sein Angesicht und lachte und sprach in seinem Herzen: Soll mir mit hundert Jahren ein Kind geboren werden, und soll Sara, neunzig Jahre alt, gebären?

18 Und Abraham sprach zu Gott: Ach dass Ismael möchte leben bleiben vor dir!

19 Da sprach Gott: Nein, Sara, deine Frau, wird dir einen Sohn gebären, den sollst du Isaak nennen, und mit ihm will ich meinen ewigen Bund aufrichten und mit seinem Geschlecht nach ihm.

20 Und für Ismael habe ich dich auch erhört. Siehe, ich habe ihn gesegnet und will ihn fruchtbar machen und über alle Maßen mehren. Zwölf Fürsten wird er zeugen und ich will ihn zum großen Volk machen.

21 Aber meinen Bund will ich aufrichten mit Isaak, den dir Sara gebären soll um diese Zeit im nächsten Jahr.

22 Und er hörte auf, mit ihm zu reden. Und Gott fuhr auf von Abraham.

¶ **23** Da nahm Abraham seinen Sohn Ismael und alle Knechte, die im Hause geboren, und alle, die gekauft waren, und alles, was männlich war in seinem Hause, und beschnitt ihre Vorhaut an eben diesem Tage, wie ihm Gott gesagt hatte.

24 Und Abraham war neunundneunzig Jahre alt, als er seine Vorhaut beschnitt.

25 Ismael aber, sein Sohn, war dreizehn Jahre alt, als seine Vorhaut beschnitten wurde.

26 Eben auf diesen Tag wurden sie alle beschnitten, Abraham, sein Sohn Ismael

27 und was männlich in seinem Hause war, im Hause geboren und gekauft von Fremden; es wurde alles mit ihm beschnitten.

Der HERR bei Abraham in Mamre

18 Und der HERR erschien ihm im Hain Mamre, während er an der Tür seines Zeltes saß, als der Tag am heißesten war.

¶ **15** And God said to Abraham, "As for Sarai your wife, you shall not call her name Sarai, but Sarah[4] shall be her name.

16 I will bless her, and moreover, I will give[5] you a son by her. I will bless her, and she shall become nations; kings of peoples shall come from her."

17 Then Abraham fell on his face and laughed and said to himself, "Shall a child be born to a man who is a hundred years old? Shall Sarah, who is ninety years old, bear a child?"

18 And Abraham said to God, "Oh that Ishmael might live before you!"

19 God said, "No, but Sarah your wife shall bear you a son, and you shall call his name Isaac.[6] I will establish my covenant with him as an everlasting covenant for his offspring after him.

20 As for Ishmael, I have heard you; behold, I have blessed him and will make him fruitful and multiply him greatly. He shall father twelve princes, and I will make him into a great nation.

21 But I will establish my covenant with Isaac, whom Sarah shall bear to you at this time next year."

¶ **22** When he had finished talking with him, God went up from Abraham.

23 Then Abraham took Ishmael his son and all those born in his house or bought with his money, every male among the men of Abraham's house, and he circumcised the flesh of their foreskins that very day, as God had said to him.

24 Abraham was ninety-nine years old when he was circumcised in the flesh of his foreskin.

25 And Ishmael his son was thirteen years old when he was circumcised in the flesh of his foreskin.

26 That very day Abraham and his son Ishmael were circumcised.

27 And all the men of his house, those born in the house and those bought with money from a foreigner, were circumcised with him.

18 And the LORD appeared to him by the oaks[1] of Mamre, as he sat at the door of his tent in the heat of the day.

2 Und als er seine Augen aufhob und sah, siehe, da standen drei Männer vor ihm. Und als er sie sah, lief er ihnen entgegen von der Tür seines Zeltes und neigte sich zur Erde

3 und sprach: Herr, hab ich Gnade gefunden vor deinen Augen, so geh nicht an deinem Knecht vorüber.

4 Man soll euch ein wenig Wasser bringen, eure Füße zu waschen, und lasst euch nieder unter dem Baum.

5 Und ich will euch einen Bissen Brot bringen, dass ihr euer Herz labt; danach mögt ihr weiterziehen. Denn darum seid ihr bei eurem Knecht vorübergekommen. Sie sprachen: Tu, wie du gesagt hast.

¶ **6** Abraham eilte in das Zelt zu Sara und sprach: Eile und menge drei Maß feinstes Mehl, knete und backe Kuchen.

7 Er aber lief zu den Rindern und holte ein zartes, gutes Kalb und gab's dem Knechte; der eilte und bereitete es zu.

8 Und er trug Butter und Milch auf und von dem Kalbe, das er zubereitet hatte, und setzte es ihnen vor und blieb stehen vor ihnen unter dem Baum und sie aßen.

¶ **9** Da sprachen sie zu ihm: Wo ist Sara, deine Frau? Er antwortete: Drinnen im Zelt.

10 Da sprach er: Ich will wieder zu dir kommen übers Jahr; siehe, dann soll Sara, deine Frau, einen Sohn haben. Das hörte Sara hinter ihm, hinter der Tür des Zeltes.

11 Und sie waren beide, Abraham und Sara, alt und hochbetagt, sodass es Sara nicht mehr ging nach der Frauen Weise.

12 Darum lachte sie bei sich selbst und sprach: Nun ich alt bin, soll ich noch der Liebe pflegen, und mein Herr ist auch alt!

¶ **13** Da sprach der HERR zu Abraham: Warum lacht Sara und spricht: Meinst du, dass es wahr sei, dass ich noch gebären werde, die ich doch alt bin?

14 Sollte dem HERRN etwas unmöglich sein? Um diese Zeit will ich wieder zu dir kommen übers Jahr; dann soll Sara einen Sohn haben.

15 Da leugnete Sara und sprach: Ich habe nicht gelacht –, denn sie fürchtete sich. Aber er sprach: Es ist nicht so, du hast gelacht.

Abrahams Fürbitte für Sodom

16 Da brachen die Männer auf und wandten sich nach Sodom, und Abraham ging mit ihnen, um sie zu geleiten.

17 Da sprach der HERR: Wie könnte ich Abraham verbergen, was ich tun will,

2 He lifted up his eyes and looked, and behold, three men were standing in front of him. When he saw them, he ran from the tent door to meet them and bowed himself to the earth

3 and said, "O Lord,[2] if I have found favor in your sight, do not pass by your servant.

4 Let a little water be brought, and wash your feet, and rest yourselves under the tree,

5 while I bring a morsel of bread, that you may refresh yourselves, and after that you may pass on—since you have come to your servant." So they said, "Do as you have said."

6 And Abraham went quickly into the tent to Sarah and said, "Quick! Three seahs[3] of fine flour! Knead it, and make cakes."

7 And Abraham ran to the herd and took a calf, tender and good, and gave it to a young man, who prepared it quickly.

8 Then he took curds and milk and the calf that he had prepared, and set it before them. And he stood by them under the tree while they ate.

¶ **9** They said to him, "Where is Sarah your wife?" And he said, "She is in the tent."

10 The LORD said, "I will surely return to you about this time next year, and Sarah your wife shall have a son." And Sarah was listening at the tent door behind him.

11 Now Abraham and Sarah were old, advanced in years. The way of women had ceased to be with Sarah.

12 So Sarah laughed to herself, saying, "After I am worn out, and my lord is old, shall I have pleasure?"

13 The LORD said to Abraham, "Why did Sarah laugh and say, 'Shall I indeed bear a child, now that I am old?'

14 Is anything too hard[4] for the LORD? At the appointed time I will return to you, about this time next year, and Sarah shall have a son."

15 But Sarah denied it,[5] saying, "I did not laugh," for she was afraid. He said, "No, but you did laugh."

¶ **16** Then the men set out from there, and they looked down toward Sodom. And Abraham went with them to set them on their way.

17 The LORD said, "Shall I hide from Abraham what I am about to do,

18 da er doch ein großes und mächtiges Volk werden soll und alle Völker auf Erden in ihm gesegnet werden sollen?

19 Denn dazu habe ich ihn auserkoren, dass er seinen Kindern befehle und seinem Hause nach ihm, dass sie des HERRN Wege halten und tun, was recht und gut ist, auf dass der HERR auf Abraham kommen lasse, was er ihm verheißen hat.

20 Und der HERR sprach: Es ist ein großes Geschrei über Sodom und Gomorra, dass ihre Sünden sehr schwer sind.

21 Darum will ich hinabfahren und sehen, ob sie alles getan haben nach dem Geschrei, das vor mich gekommen ist, oder ob's nicht so sei, damit ich's wisse.

22 Und die Männer wandten ihr Angesicht und gingen nach Sodom.
¶ Aber Abraham blieb stehen vor dem HERRN

23 und trat zu ihm und sprach: Willst du denn den Gerechten mit dem Gottlosen umbringen?

24 Es könnten vielleicht fünfzig Gerechte in der Stadt sein; wolltest du die umbringen und dem Ort nicht vergeben um fünfzig Gerechter willen, die darin wären?

25 Das sei ferne von dir, dass du das tust und tötest den Gerechten mit dem Gottlosen, sodass der Gerechte wäre gleich wie der Gottlose! Das sei ferne von dir! Sollte der Richter aller Welt nicht gerecht richten?

¶ **26** Der HERR sprach: Finde ich fünfzig Gerechte zu Sodom in der Stadt, so will ich um ihretwillen dem ganzen Ort vergeben.

27 Abraham antwortete und sprach: Ach siehe, ich habe mich unterwunden, zu reden mit dem Herrn, wiewohl ich Erde und Asche bin.

28 Es könnten vielleicht fünf weniger als fünfzig Gerechte darin sein; wolltest du denn die ganze Stadt verderben um der fünf willen? Er sprach: Finde ich darin fünfundvierzig, so will ich sie nicht verderben.

29 Und er fuhr fort mit ihm zu reden und sprach: Man könnte vielleicht vierzig darin finden. Er aber sprach: Ich will ihnen nichts tun um der vierzig willen.

30 Abraham sprach: Zürne nicht, Herr, dass ich noch mehr rede. Man könnte vielleicht dreißig darin finden. Er aber sprach: Finde ich dreißig darin, so will ich ihnen nichts tun.

18 seeing that Abraham shall surely become a great and mighty nation, and all the nations of the earth shall be blessed in him?

19 For I have chosen[6] him, that he may command his children and his household after him to keep the way of the LORD by doing righteousness and justice, so that the LORD may bring to Abraham what he has promised him."

20 Then the LORD said, "Because the outcry against Sodom and Gomorrah is great and their sin is very grave,

21 I will go down to see whether they have done altogether[7] according to the outcry that has come to me. And if not, I will know."

Abraham Intercedes for Sodom

¶ **22** So the men turned from there and went toward Sodom, but Abraham still stood before the LORD.

23 Then Abraham drew near and said, "Will you indeed sweep away the righteous with the wicked?

24 Suppose there are fifty righteous within the city. Will you then sweep away the place and not spare it for the fifty righteous who are in it?

25 Far be it from you to do such a thing, to put the righteous to death with the wicked, so that the righteous fare as the wicked! Far be that from you! Shall not the Judge of all the earth do what is just?"

26 And the LORD said, "If I find at Sodom fifty righteous in the city, I will spare the whole place for their sake."

¶ **27** Abraham answered and said, "Behold, I have undertaken to speak to the Lord, I who am but dust and ashes.

28 Suppose five of the fifty righteous are lacking. Will you destroy the whole city for lack of five?" And he said, "I will not destroy it if I find forty-five there."

29 Again he spoke to him and said, "Suppose forty are found there." He answered, "For the sake of forty I will not do it."

30 Then he said, "Oh let not the Lord be angry, and I will speak. Suppose thirty are found there." He answered, "I will not do it, if I find thirty there."

31 Und er sprach: Ach siehe, ich habe mich unterwunden, mit dem Herrn zu reden. Man könnte vielleicht zwanzig darin finden. Er antwortete: Ich will sie nicht verderben um der zwanzig willen.

32 Und er sprach: Ach, zürne nicht, Herr, dass ich nur noch einmal rede. Man könnte vielleicht zehn darin finden. Er aber sprach: Ich will sie nicht verderben um der zehn willen.

¶ **33** Und der HERR ging weg, nachdem er aufgehört hatte, mit Abraham zu reden; und Abraham kehrte wieder um an seinen Ort.

Untergang von Sodom und Gomorra. Lots Errettung

19 Die zwei Engel kamen nach Sodom am Abend; Lot aber saß zu Sodom unter dem Tor. Und als er sie sah, stand er auf, ging ihnen entgegen und neigte sich bis zur Erde

2 und sprach: Siehe, liebe Herren, kehrt doch ein im Hause eures Knechts und bleibt über Nacht; lasst eure Füße waschen und brecht frühmorgens auf und zieht eure Straße. Aber sie sprachen: Nein, wir wollen über Nacht im Freien bleiben.

3 Da nötigte er sie sehr und sie kehrten zu ihm ein und kamen in sein Haus. Und er machte ihnen ein Mahl und backte ungesäuerte Kuchen und sie aßen.

¶ **4** Aber ehe sie sich legten, kamen die Männer der Stadt Sodom und umgaben das Haus, Jung und Alt, das ganze Volk aus allen Enden,

5 und riefen Lot und sprachen zu ihm: Wo sind die Männer, die zu dir gekommen sind diese Nacht? Führe sie heraus zu uns, dass wir uns über sie hermachen.

6 Lot ging heraus zu ihnen vor die Tür und schloss die Tür hinter sich zu

7 und sprach: Ach, liebe Brüder, tut nicht so übel!

8 Siehe, ich habe zwei Töchter, die wissen noch von keinem Manne; die will ich herausgeben unter euch und tut mit ihnen, was euch gefällt; aber diesen Männern tut nichts, denn darum sind sie unter den Schatten meines Dachs gekommen.

¶ **9** Sie aber sprachen: Weg mit dir! Und sprachen auch: Du bist der einzige Fremdling hier und willst regieren? Wohlan, wir wollen dich noch übler plagen als jene. Und sie drangen hart ein auf den Mann Lot. Doch als sie hinzuliefen und die Tür aufbrechen wollten,

10 griffen die Männer hinaus und zogen Lot herein zu sich ins Haus und schlossen die Tür zu.

31 He said, "Behold, I have undertaken to speak to the Lord. Suppose twenty are found there." He answered, "For the sake of twenty I will not destroy it."

32 Then he said, "Oh let not the Lord be angry, and I will speak again but this once. Suppose ten are found there." He answered, "For the sake of ten I will not destroy it."

33 And the LORD went his way, when he had finished speaking to Abraham, and Abraham returned to his place.

God Rescues Lot

19 The two angels came to Sodom in the evening, and Lot was sitting in the gate of Sodom. When Lot saw them, he rose to meet them and bowed himself with his face to the earth

2 and said, "My lords, please turn aside to your servant's house and spend the night and wash your feet. Then you may rise up early and go on your way." They said, "No; we will spend the night in the town square."

3 But he pressed them strongly; so they turned aside to him and entered his house. And he made them a feast and baked unleavened bread, and they ate.

¶ **4** But before they lay down, the men of the city, the men of Sodom, both young and old, all the people to the last man, surrounded the house.

5 And they called to Lot, "Where are the men who came to you tonight? Bring them out to us, that we may know them."

6 Lot went out to the men at the entrance, shut the door after him,

7 and said, "I beg you, my brothers, do not act so wickedly.

8 Behold, I have two daughters who have not known any man. Let me bring them out to you, and do to them as you please. Only do nothing to these men, for they have come under the shelter of my roof."

9 But they said, "Stand back!" And they said, "This fellow came to sojourn, and he has become the judge! Now we will deal worse with you than with them." Then they pressed hard against the man Lot, and drew near to break the door down.

10 But the men reached out their hands and brought Lot into the house with them and shut the door.

11 Und sie schlugen die Leute vor der Tür des Hauses, Klein und Groß, mit Blindheit, sodass sie es aufgaben, die Tür zu finden.

¶ **12** Und die Männer sprachen zu Lot: Hast du hier noch einen Schwiegersohn und Söhne und Töchter und wer dir sonst angehört in der Stadt, den führe weg von dieser Stätte.

13 Denn wir werden diese Stätte verderben, weil das Geschrei über sie groß ist vor dem HERRN; der hat uns gesandt, sie zu verderben.

14 Da ging Lot hinaus und redete mit den Männern, die seine Töchter heiraten sollten: Macht euch auf und geht aus diesem Ort, denn der HERR wird diese Stadt verderben. Aber es war ihnen lächerlich.

¶ **15** Als nun die Morgenröte aufging, drängten die Engel Lot zur Eile und sprachen: Mach dich auf, nimm deine Frau und deine beiden Töchter, die hier sind, damit du nicht auch umkommst in der Missetat dieser Stadt.

16 Als er aber zögerte, ergriffen die Männer ihn und seine Frau und seine beiden Töchter bei der Hand, weil der HERR ihn verschonen wollte, und führten ihn hinaus und ließen ihn erst draußen vor der Stadt wieder los.

¶ **17** Und als sie ihn hinausgebracht hatten, sprach der eine: Rette dein Leben und sieh nicht hinter dich, bleib auch nicht stehen in dieser ganzen Gegend. Auf das Gebirge rette dich, damit du nicht umkommst!

18 Aber Lot sprach zu ihnen: Ach nein, Herr!

19 Siehe, dein Knecht hat Gnade gefunden vor deinen Augen, und du hast deine Barmherzigkeit groß gemacht, die du an mir getan hast, als du mich am Leben erhieltest. Ich kann mich nicht auf das Gebirge retten; es könnte mich sonst das Unheil ereilen, sodass ich stürbe.

20 Siehe, da ist eine Stadt nahe, in die ich fliehen kann, und sie ist klein; dahin will ich mich retten – ist sie doch klein –, damit ich am Leben bleibe.

¶ **21** Da sprach er zu ihm: Siehe, ich habe auch darin dich angesehen, dass ich die Stadt nicht zerstöre, von der du geredet hast.

22 Eile und rette dich dahin; denn ich kann nichts tun, bis du hineinkommst. Daher ist diese Stadt Zoar genannt.

23 Und die Sonne war aufgegangen auf Erden, als Lot nach Zoar kam.

11 And they struck with blindness the men who were at the entrance of the house, both small and great, so that they wore themselves out groping for the door.

¶ **12** Then the men said to Lot, "Have you anyone else here? Sons-in-law, sons, daughters, or anyone you have in the city, bring them out of the place.

13 For we are about to destroy this place, because the outcry against its people has become great before the LORD, and the LORD has sent us to destroy it."

14 So Lot went out and said to his sons-in-law, who were to marry his daughters, "Up! Get out of this place, for the LORD is about to destroy the city." But he seemed to his sons-in-law to be jesting.

¶ **15** As morning dawned, the angels urged Lot, saying, "Up! Take your wife and your two daughters who are here, lest you be swept away in the punishment of the city."

16 But he lingered. So the men seized him and his wife and his two daughters by the hand, the LORD being merciful to him, and they brought him out and set him outside the city.

17 And as they brought them out, one said, "Escape for your life. Do not look back or stop anywhere in the valley. Escape to the hills, lest you be swept away."

18 And Lot said to them, "Oh, no, my lords.

19 Behold, your servant has found favor in your sight, and you have shown me great kindness in saving my life. But I cannot escape to the hills, lest the disaster overtake me and I die.

20 Behold, this city is near enough to flee to, and it is a little one. Let me escape there—is it not a little one?—and my life will be saved!"

21 He said to him, "Behold, I grant you this favor also, that I will not overthrow the city of which you have spoken.

22 Escape there quickly, for I can do nothing till you arrive there." Therefore the name of the city was called Zoar.[1]

God Destroys Sodom

¶ **23** The sun had risen on the earth when Lot came to Zoar.

¶ **24** Da ließ der HERR Schwefel und Feuer regnen vom Himmel herab auf Sodom und Gomorra

25 und vernichtete die Städte und die ganze Gegend und alle Einwohner der Städte und was auf dem Lande gewachsen war.

26 Und Lots Frau sah hinter sich und ward zur Salzsäule.

¶ **27** Abraham aber machte sich früh am Morgen auf an den Ort, wo er vor dem HERRN gestanden hatte,

28 und wandte sein Angesicht gegen Sodom und Gomorra und alles Land dieser Gegend und schaute, und siehe, da ging ein Rauch auf vom Lande wie der Rauch von einem Ofen.

29 Und es geschah, als Gott die Städte in der Gegend vernichtete, gedachte er an Abraham und geleitete Lot aus den Städten, die er zerstörte, in denen Lot gewohnt hatte.

Lot und seine Töchter

30 Und Lot zog weg von Zoar und blieb auf dem Gebirge mit seinen beiden Töchtern; denn er fürchtete sich, in Zoar zu bleiben; und so blieb er in einer Höhle mit seinen beiden Töchtern.

31 Da sprach die ältere zu der jüngeren: Unser Vater ist alt und kein Mann ist mehr im Lande, der zu uns eingehen könnte nach aller Welt Weise.

32 So komm, lass uns unserm Vater Wein zu trinken geben und uns zu ihm legen, dass wir uns Nachkommen schaffen von unserm Vater.

33 Da gaben sie ihrem Vater Wein zu trinken in derselben Nacht. Und die erste ging hinein und legte sich zu ihrem Vater; und er ward's nicht gewahr, als sie sich legte noch als sie aufstand.

¶ **34** Am Morgen sprach die ältere zu der jüngeren: Siehe, ich habe gestern bei meinem Vater gelegen. Lass uns ihm auch diese Nacht Wein zu trinken geben, dass du hineingehst und dich zu ihm legst, damit wir uns Nachkommen schaffen von unserm Vater.

35 Da gaben sie ihrem Vater auch diese Nacht Wein zu trinken. Und die jüngere machte sich auch auf und legte sich zu ihm; und er ward's nicht gewahr, als sie sich legte noch als sie aufstand.

¶ **36** So wurden die beiden Töchter Lots schwanger von ihrem Vater.

37 Und die ältere gebar einen Sohn, den nannte sie Moab. Von dem kommen her die Moabiter bis auf den heutigen Tag.

24 Then the LORD rained on Sodom and Gomorrah sulfur and fire from the LORD out of heaven.

25 And he overthrew those cities, and all the valley, and all the inhabitants of the cities, and what grew on the ground.

26 But Lot's wife, behind him, looked back, and she became a pillar of salt.

¶ **27** And Abraham went early in the morning to the place where he had stood before the LORD.

28 And he looked down toward Sodom and Gomorrah and toward all the land of the valley, and he looked and, behold, the smoke of the land went up like the smoke of a furnace.

¶ **29** So it was that, when God destroyed the cities of the valley, God remembered Abraham and sent Lot out of the midst of the overthrow when he overthrew the cities in which Lot had lived.

Lot and His Daughters

¶ **30** Now Lot went up out of Zoar and lived in the hills with his two daughters, for he was afraid to live in Zoar. So he lived in a cave with his two daughters.

31 And the firstborn said to the younger, "Our father is old, and there is not a man on earth to come in to us after the manner of all the earth.

32 Come, let us make our father drink wine, and we will lie with him, that we may preserve offspring from our father."

33 So they made their father drink wine that night. And the firstborn went in and lay with her father. He did not know when she lay down or when she arose.

¶ **34** The next day, the firstborn said to the younger, "Behold, I lay last night with my father. Let us make him drink wine tonight also. Then you go in and lie with him, that we may preserve offspring from our father."

35 So they made their father drink wine that night also. And the younger arose and lay with him, and he did not know when she lay down or when she arose.

36 Thus both the daughters of Lot became pregnant by their father.

37 The firstborn bore a son and called his name Moab.[2] He is the father of the Moabites to this day.

38 Und die jüngere gebar auch einen Sohn, den nannte sie Ben-Ammi. Von dem kommen her die Ammoniter bis auf den heutigen Tag.

Abraham und Sara bei Abimelech
(vgl. Kap 12,10-20; 26,1-11)

20 Abraham aber zog von dannen ins Südland und wohnte zwischen Kadesch und Schur und lebte nun als ein Fremdling zu Gerar.

2 Er sagte aber von Sara, seiner Frau: Sie ist meine Schwester. Da sandte Abimelech, der König von Gerar, hin und ließ sie holen.

¶ **3** Aber Gott kam zu Abimelech des Nachts im Traum und sprach zu ihm: Siehe, du bist des Todes um der Frau willen, die du genommen hast; denn sie ist eines Mannes Ehefrau.

4 Abimelech aber hatte sie nicht berührt und sprach: Herr, willst du denn auch ein gerechtes Volk umbringen?

5 Hat er nicht zu mir gesagt: Sie ist meine Schwester? Und sie hat auch gesagt: Er ist mein Bruder. Hab ich das doch getan mit einfältigem Herzen und unschuldigen Händen.

6 Und Gott sprach zu ihm im Traum: Ich weiß auch, dass du das mit einfältigem Herzen getan hast. Darum habe ich dich auch behütet, dass du nicht wider mich sündigtest, und habe es nicht zugelassen, dass du sie berührtest.

7 So gib nun dem Mann seine Frau wieder, denn er ist ein Prophet, und lass ihn für dich bitten, so wirst du am Leben bleiben. Wenn du sie aber nicht wiedergibst, so wisse, dass du des Todes sterben musst und alles, was dein ist.

¶ **8** Da stand Abimelech früh am Morgen auf und rief alle seine Großen und sagte dieses alles vor ihren Ohren. Und die Männer fürchteten sich sehr.

9 Und Abimelech rief Abraham auch herzu und sprach zu ihm: Warum hast du uns das angetan? Und was habe ich an dir gesündigt, dass du eine so große Sünde wolltest auf mich und mein Reich bringen? Du hast an mir gehandelt, wie man nicht handeln soll.

10 Und Abimelech sprach weiter zu Abraham: Wie bist du dazu gekommen, dass du solches getan hast?

11 Abraham sprach: Ich dachte, gewiss ist keine Gottesfurcht an diesem Orte, und sie werden mich um meiner Frau willen umbringen.

12 Auch ist sie wahrhaftig meine Schwester, denn sie ist meines Vaters Tochter, aber nicht meiner Mutter Tochter; so ist sie meine Frau geworden.

38 The younger also bore a son and called his name Ben-ammi.[3] He is the father of the Ammonites to this day.

Abraham and Abimelech

20 From there Abraham journeyed toward the territory of the Negeb and lived between Kadesh and Shur; and he sojourned in Gerar.

2 And Abraham said of Sarah his wife, "She is my sister." And Abimelech king of Gerar sent and took Sarah.

3 But God came to Abimelech in a dream by night and said to him, "Behold, you are a dead man because of the woman whom you have taken, for she is a man's wife."

4 Now Abimelech had not approached her. So he said, "Lord, will you kill an innocent people?

5 Did he not himself say to me, 'She is my sister'? And she herself said, 'He is my brother.' In the integrity of my heart and the innocence of my hands I have done this."

6 Then God said to him in the dream, "Yes, I know that you have done this in the integrity of your heart, and it was I who kept you from sinning against me. Therefore I did not let you touch her.

7 Now then, return the man's wife, for he is a prophet, so that he will pray for you, and you shall live. But if you do not return her, know that you shall surely die, you and all who are yours."

¶ **8** So Abimelech rose early in the morning and called all his servants and told them all these things. And the men were very much afraid.

9 Then Abimelech called Abraham and said to him, "What have you done to us? And how have I sinned against you, that you have brought on me and my kingdom a great sin? You have done to me things that ought not to be done."

10 And Abimelech said to Abraham, "What did you see, that you did this thing?"

11 Abraham said, "I did it because I thought, There is no fear of God at all in this place, and they will kill me because of my wife.

12 Besides, she is indeed my sister, the daughter of my father though not the daughter of my mother, and she became my wife.

13 Als mich aber Gott aus meines Vaters Hause wandern hieß, sprach ich zu ihr: Die Liebe tu mir an, dass, wo wir hinkommen, du von mir sagst, ich sei dein Bruder.

¶ **14** Da nahm Abimelech Schafe und Rinder, Knechte und Mägde und gab sie Abraham und gab ihm Sara, seine Frau, wieder

15 und sprach: Siehe da, mein Land steht dir offen; wohne, wo dir's wohlgefällt.

16 Und zu Sara sprach er: Siehe da, ich habe deinem Bruder tausend Silberstücke gegeben; siehe, das soll eine Decke sein über den Augen aller, die bei dir sind, dir zugute. Damit ist dir bei allen Recht verschafft.

¶ **17** Abraham aber betete zu Gott. Da heilte Gott Abimelech und seine Frau und seine Mägde, dass sie wieder Kinder gebaren.

18 Denn der HERR hatte zuvor hart verschlossen jeden Mutterschoß im Hause Abimelechs um Saras, Abrahams Frau, willen.

Isaaks Geburt

21 Und der HERR suchte Sara heim, wie er gesagt hatte, und tat an ihr, wie er geredet hatte.

2 Und Sara ward schwanger und gebar dem Abraham in seinem Alter einen Sohn um die Zeit, von der Gott zu ihm geredet hatte.

¶ **3** Und Abraham nannte seinen Sohn, der ihm geboren war, Isaak, den ihm Sara gebar,

4 und beschnitt ihn am achten Tage, wie ihm Gott geboten hatte.

5 Hundert Jahre war Abraham alt, als ihm sein Sohn Isaak geboren wurde.

6 Und Sara sprach: Gott hat mir ein Lachen zugerichtet; denn wer es hören wird, der wird über mich lachen.

7 Und sie sprach: Wer hätte wohl von Abraham gesagt, dass Sara Kinder stille! Und doch habe ich ihm einen Sohn geboren in seinem Alter.

Austreibung Ismaels und seiner Mutter

8 Und das Kind wuchs heran und wurde entwöhnt. Und Abraham machte ein großes Mahl am Tage, da Isaak entwöhnt wurde.

9 Und Sara sah den Sohn Hagars, der Ägypterin, den sie Abraham geboren hatte, wie er Mutwillen trieb.

10 Da sprach sie zu Abraham: Treibe diese Magd aus mit ihrem Sohn; denn der Sohn dieser Magd soll nicht erben mit meinem Sohn Isaak.

13 And when God caused me to wander from my father's house, I said to her, 'This is the kindness you must do me: at every place to which we come, say of me, He is my brother.'"

¶ **14** Then Abimelech took sheep and oxen, and male servants and female servants, and gave them to Abraham, and returned Sarah his wife to him.

15 And Abimelech said, "Behold, my land is before you; dwell where it pleases you."

16 To Sarah he said, "Behold, I have given your brother a thousand pieces of silver. It is a sign of your innocence in the eyes of all[1] who are with you, and before everyone you are vindicated."

17 Then Abraham prayed to God, and God healed Abimelech, and also healed his wife and female slaves so that they bore children.

18 For the LORD had closed all the wombs of the house of Abimelech because of Sarah, Abraham's wife.

The Birth of Isaac

21 The LORD visited Sarah as he had said, and the LORD did to Sarah as he had promised.

2 And Sarah conceived and bore Abraham a son in his old age at the time of which God had spoken to him.

3 Abraham called the name of his son who was born to him, whom Sarah bore him, Isaac.[1]

4 And Abraham circumcised his son Isaac when he was eight days old, as God had commanded him.

5 Abraham was a hundred years old when his son Isaac was born to him.

6 And Sarah said, "God has made laughter for me; everyone who hears will laugh over me."

7 And she said, "Who would have said to Abraham that Sarah would nurse children? Yet I have borne him a son in his old age."

God Protects Hagar and Ishmael

¶ **8** And the child grew and was weaned. And Abraham made a great feast on the day that Isaac was weaned.

9 But Sarah saw the son of Hagar the Egyptian, whom she had borne to Abraham, laughing.[2]

10 So she said to Abraham, "Cast out this slave woman with her son, for the son of this slave woman shall not be heir with my son Isaac."

11 Das Wort missfiel Abraham sehr um seines Sohnes willen.

¶ **12** Aber Gott sprach zu ihm: Lass es dir nicht missfallen wegen des Knaben und der Magd. Alles, was Sara dir gesagt hat, dem gehorche; denn nur nach Isaak soll dein Geschlecht benannt werden.

13 Aber auch den Sohn der Magd will ich zu einem Volk machen, weil er dein Sohn ist.

¶ **14** Da stand Abraham früh am Morgen auf und nahm Brot und einen Schlauch mit Wasser und legte es Hagar auf ihre Schulter, dazu den Knaben, und schickte sie fort. Da zog sie hin und irrte in der Wüste umher bei Beerscheba.

15 Als nun das Wasser in dem Schlauch ausgegangen war, warf sie den Knaben unter einen Strauch

16 und ging hin und setzte sich gegenüber von ferne, einen Bogenschuss weit; denn sie sprach: Ich kann nicht ansehen des Knaben Sterben. Und sie setzte sich gegenüber und erhob ihre Stimme und weinte.

¶ **17** Da erhörte Gott die Stimme des Knaben. Und der Engel Gottes rief Hagar vom Himmel her und sprach zu ihr: Was ist dir, Hagar? Fürchte dich nicht; denn Gott hat gehört die Stimme des Knaben, der dort liegt.

18 Steh auf, nimm den Knaben und führe ihn an deiner Hand; denn ich will ihn zum großen Volk machen.

¶ **19** Und Gott tat ihr die Augen auf, dass sie einen Wasserbrunnen sah. Da ging sie hin und füllte den Schlauch mit Wasser und tränkte den Knaben.

20 Und Gott war mit dem Knaben. Der wuchs heran und wohnte in der Wüste und wurde ein guter Schütze.

21 Und er wohnte in der Wüste Paran und seine Mutter nahm ihm eine Frau aus Ägyptenland.

Abrahams Bund mit Abimelech
(vgl. Kap 26,15-33)

22 Zu der Zeit redete Abimelech zusammen mit Pichol, seinem Feldhauptmann, zu Abraham und sprach: Gott ist mit dir in allem, was du tust.

23 So schwöre mir nun bei Gott, dass du mir und meinen Söhnen und meinen Enkeln keine Untreue erweisen wollest, sondern die Barmherzigkeit, die ich an dir getan habe, an mir auch tust und an dem Lande, darin du ein Fremdling bist.

24 Da sprach Abraham: Ich will schwören.

11 And the thing was very displeasing to Abraham on account of his son.

12 But God said to Abraham, "Be not displeased because of the boy and because of your slave woman. Whatever Sarah says to you, do as she tells you, for through Isaac shall your offspring be named.

13 And I will make a nation of the son of the slave woman also, because he is your offspring."

14 So Abraham rose early in the morning and took bread and a skin of water and gave it to Hagar, putting it on her shoulder, along with the child, and sent her away. And she departed and wandered in the wilderness of Beersheba.

¶ **15** When the water in the skin was gone, she put the child under one of the bushes.

16 Then she went and sat down opposite him a good way off, about the distance of a bowshot, for she said, "Let me not look on the death of the child." And as she sat opposite him, she lifted up her voice and wept.

17 And God heard the voice of the boy, and the angel of God called to Hagar from heaven and said to her, "What troubles you, Hagar? Fear not, for God has heard the voice of the boy where he is.

18 Up! Lift up the boy, and hold him fast with your hand, for I will make him into a great nation."

19 Then God opened her eyes, and she saw a well of water. And she went and filled the skin with water and gave the boy a drink.

20 And God was with the boy, and he grew up. He lived in the wilderness and became an expert with the bow.

21 He lived in the wilderness of Paran, and his mother took a wife for him from the land of Egypt.

A Treaty with Abimelech

¶ **22** At that time Abimelech and Phicol the commander of his army said to Abraham, "God is with you in all that you do.

23 Now therefore swear to me here by God that you will not deal falsely with me or with my descendants or with my posterity, but as I have dealt kindly with you, so you will deal with me and with the land where you have sojourned."

24 And Abraham said, "I will swear."

¶ **25** Und Abraham stellte Abimelech zur Rede um des Wasserbrunnens willen, den Abimelechs Knechte mit Gewalt genommen hatten.

26 Da antwortete Abimelech: Ich habe es nicht gewusst, wer das getan hat; weder hast du mir's angesagt noch hab ich's gehört bis heute.

27 Da nahm Abraham Schafe und Rinder und gab sie Abimelech, und die beiden schlossen einen Bund miteinander.

28 Und Abraham stellte sieben Lämmer besonders.

29 Da sprach Abimelech zu Abraham: Was sollen die sieben Lämmer, die du besonders gestellt hast?

30 Er antwortete: Sieben Lämmer sollst du von meiner Hand nehmen, damit sie für mich ein Zeugnis seien, dass ich diesen Brunnen gegraben habe.

¶ **31** Daher heißt die Stätte Beerscheba, weil sie beide miteinander da geschworen haben.

32 Und so schlossen sie den Bund zu Beerscheba.

¶ Da machten sich auf Abimelech und Pichol, sein Feldhauptmann, und zogen wieder in der Philister Land.

33 Abraham aber pflanzte einen Tamariskenbaum in Beerscheba und rief dort den Namen des HERRN, des ewigen Gottes, an.

34 Und er war ein Fremdling in der Philister Lande eine lange Zeit.

Abrahams Versuchung. Bestätigung der Verheißung

22 Nach diesen Geschichten versuchte Gott Abraham und sprach zu ihm: Abraham! Und er antwortete: Hier bin ich.

2 Und er sprach: Nimm Isaak, deinen einzigen Sohn, den du lieb hast, und geh hin in das Land Morija und opfere ihn dort zum Brandopfer auf einem Berge, den ich dir sagen werde.

¶ **3** Da stand Abraham früh am Morgen auf und gürtete seinen Esel und nahm mit sich zwei Knechte und seinen Sohn Isaak und spaltete Holz zum Brandopfer, machte sich auf und ging hin an den Ort, von dem ihm Gott gesagt hatte.

4 Am dritten Tage hob Abraham seine Augen auf und sah die Stätte von ferne

5 und sprach zu seinen Knechten: Bleibt ihr hier mit dem Esel. Ich und der Knabe wollen dorthin gehen, und wenn wir angebetet haben, wollen wir wieder zu euch kommen.

¶ **25** When Abraham reproved Abimelech about a well of water that Abimelech's servants had seized,

26 Abimelech said, "I do not know who has done this thing; you did not tell me, and I have not heard of it until today."

27 So Abraham took sheep and oxen and gave them to Abimelech, and the two men made a covenant.

28 Abraham set seven ewe lambs of the flock apart.

29 And Abimelech said to Abraham, "What is the meaning of these seven ewe lambs that you have set apart?"

30 He said, "These seven ewe lambs you will take from my hand, that this[3] may be a witness for me that I dug this well."

31 Therefore that place was called Beersheba,[4] because there both of them swore an oath.

32 So they made a covenant at Beersheba. Then Abimelech and Phicol the commander of his army rose up and returned to the land of the Philistines.

33 Abraham planted a tamarisk tree in Beersheba and called there on the name of the LORD, the Everlasting God.

34 And Abraham sojourned many days in the land of the Philistines.

The Sacrifice of Isaac

22 After these things God tested Abraham and said to him, "Abraham!" And he said, "Here am I."

2 He said, "Take your son, your only son Isaac, whom you love, and go to the land of Moriah, and offer him there as a burnt offering on one of the mountains of which I shall tell you."

3 So Abraham rose early in the morning, saddled his donkey, and took two of his young men with him, and his son Isaac. And he cut the wood for the burnt offering and arose and went to the place of which God had told him.

4 On the third day Abraham lifted up his eyes and saw the place from afar.

5 Then Abraham said to his young men, "Stay here with the donkey; I and the boy[1] will go over there and worship and come again to you."

¶ **6** Und Abraham nahm das Holz zum Brandopfer und legte es auf seinen Sohn Isaak. Er aber nahm das Feuer und das Messer in seine Hand; und gingen die beiden miteinander.

7 Da sprach Isaak zu seinem Vater Abraham: Mein Vater! Abraham antwortete: Hier bin ich, mein Sohn. Und er sprach: Siehe, hier ist Feuer und Holz; wo ist aber das Schaf zum Brandopfer?

8 Abraham antwortete: Mein Sohn, Gott wird sich ersehen ein Schaf zum Brandopfer. Und gingen die beiden miteinander.

¶ **9** Und als sie an die Stätte kamen, die ihm Gott gesagt hatte, baute Abraham dort einen Altar und legte das Holz darauf und band seinen Sohn Isaak, legte ihn auf den Altar oben auf das Holz

10 und reckte seine Hand aus und fasste das Messer, dass er seinen Sohn schlachtete.

¶ **11** Da rief ihn der Engel des HERRN vom Himmel und sprach: Abraham! Abraham! Er antwortete: Hier bin ich.

12 Er sprach: Lege deine Hand nicht an den Knaben und tu ihm nichts; denn nun weiß ich, dass du Gott fürchtest und hast deines einzigen Sohnes nicht verschont um meinetwillen.

¶ **13** Da hob Abraham seine Augen auf und sah einen Widder hinter sich in der Hecke mit seinen Hörnern hängen und ging hin und nahm den Widder und opferte ihn zum Brandopfer an seines Sohnes statt.

14 Und Abraham nannte die Stätte »Der HERR sieht«. Daher man noch heute sagt: Auf dem Berge, da der HERR sieht.

¶ **15** Und der Engel des HERRN rief Abraham abermals vom Himmel her

16 und sprach: Ich habe bei mir selbst geschworen, spricht der HERR: Weil du solches getan hast und hast deines einzigen Sohnes nicht verschont,

17 will ich dein Geschlecht segnen und mehren wie die Sterne am Himmel und wie den Sand am Ufer des Meeres, und deine Nachkommen sollen die Tore ihrer Feinde besitzen;

18 und durch dein Geschlecht sollen alle Völker auf Erden gesegnet werden, weil du meiner Stimme gehorcht hast.

¶ **19** So kehrte Abraham zurück zu seinen Knechten. Und sie machten sich auf und zogen miteinander nach Beerscheba und Abraham blieb daselbst.

6 And Abraham took the wood of the burnt offering and laid it on Isaac his son. And he took in his hand the fire and the knife. So they went both of them together.

7 And Isaac said to his father Abraham, "My father!" And he said, "Here am I, my son." He said, "Behold, the fire and the wood, but where is the lamb for a burnt offering?"

8 Abraham said, "God will provide for himself the lamb for a burnt offering, my son." So they went both of them together.

¶ **9** When they came to the place of which God had told him, Abraham built the altar there and laid the wood in order and bound Isaac his son and laid him on the altar, on top of the wood.

10 Then Abraham reached out his hand and took the knife to slaughter his son.

11 But the angel of the LORD called to him from heaven and said, "Abraham, Abraham!" And he said, "Here am I."

12 He said, "Do not lay your hand on the boy or do anything to him, for now I know that you fear God, seeing you have not withheld your son, your only son, from me."

13 And Abraham lifted up his eyes and looked, and behold, behind him was a ram, caught in a thicket by his horns. And Abraham went and took the ram and offered it up as a burnt offering instead of his son.

14 So Abraham called the name of that place, "The LORD will provide";[2] as it is said to this day, "On the mount of the LORD it shall be provided."[3]

¶ **15** And the angel of the LORD called to Abraham a second time from heaven

16 and said, "By myself I have sworn, declares the LORD, because you have done this and have not withheld your son, your only son,

17 I will surely bless you, and I will surely multiply your offspring as the stars of heaven and as the sand that is on the seashore. And your offspring shall possess the gate of his[4] enemies,

18 and in your offspring shall all the nations of the earth be blessed, because you have obeyed my voice."

19 So Abraham returned to his young men, and they arose and went together to Beersheba. And Abraham lived at [y]Beersheba.

Die Nachkommen Nahors

20 Nach diesen Geschichten begab sich's, dass Abraham angesagt wurde: Siehe, Milka hat auch Söhne geboren deinem Bruder Nahor,

21 nämlich Uz, den Erstgeborenen, und Bus, seinen Bruder, und Kemuël, von dem die Aramäer herkommen,

22 und Kesed und Haso und Pildasch und Jidlaf und Betuël.

23 Betuël aber zeugte Rebekka. Diese acht gebar Milka dem Nahor, Abrahams Bruder.

24 Und seine Nebenfrau, mit Namen Rëuma, gebar auch, nämlich den Tebach, Gaham, Tahasch und Maacha.

Sara stirbt. Abraham erwirbt ein Erbbegräbnis

23 Sara wurde hundertsiebenundzwanzig Jahre alt

2 und starb in Kirjat-Arba – das ist Hebron – im Lande Kanaan. Da kam Abraham, dass er sie beklagte und beweinte.

3 Danach stand er auf von seiner Toten und redete mit den Hetitern und sprach:

4 Ich bin ein Fremdling und Beisasse bei euch; gebt mir ein Erbbegräbnis bei euch, dass ich meine Tote hinaustrage und begrabe.

5 Da antworteten die Hetiter Abraham und sprachen zu ihm:

6 Höre uns, lieber Herr! Du bist ein Fürst Gottes unter uns. Begrabe deine Tote in einem unserer vornehmsten Gräber; kein Mensch unter uns wird dir wehren, dass du in seinem Grabe deine Tote begräbst.

7 Da stand Abraham auf und verneigte sich vor dem Volk des Landes, vor den Hetitern.

8 Und er redete mit ihnen und sprach: Gefällt es euch, dass ich meine Tote hinaustrage und begrabe, so höret mich und bittet für mich Efron, den Sohn Zohars,

9 dass er mir gebe seine Höhle in Machpela, die am Ende seines Ackers liegt; er gebe sie mir um Geld, soviel sie wert ist, zum Erbbegräbnis unter euch.

10 Efron aber saß unter den Hetitern. Da antwortete Efron, der Hetiter, dem Abraham vor den Ohren der Hetiter, vor allen, die beim Tor seiner Stadt versammelt waren, und sprach:

11 Nein, mein Herr, sondern höre mir zu! Ich schenke dir den Acker und die Höhle darin und übergebe dir's vor den Augen der Söhne meines Volks, um deine Tote dort zu begraben.

Sarah's Death and Burial

23 Sarah lived 127 years; these were the years of the life of Sarah.

2 And Sarah died at Kiriath-arba (that is, Hebron) in the land of Canaan, and Abraham went in to mourn for Sarah and to weep for her.

3 And Abraham rose up from before his dead and said to the Hittites,[1]

4 "I am a sojourner and foreigner among you; give me property among you for a burying place, that I may bury my dead out of my sight."

5 The Hittites answered Abraham,

6 "Hear us, my lord; you are a prince of God[2] among us. Bury your dead in the choicest of our tombs. None of us will withhold from you his tomb to hinder you from burying your dead."

7 Abraham rose and bowed to the Hittites, the people of the land.

8 And he said to them, "If you are willing that I should bury my dead out of my sight, hear me and entreat for me Ephron the son of Zohar,

9 that he may give me the cave of Machpelah, which he owns; it is at the end of his field. For the full price let him give it to me in your presence as property for a burying place."

10 Now Ephron was sitting among the Hittites, and Ephron the Hittite answered Abraham in the hearing of the Hittites, of all who went in at the gate of his city,

11 "No, my lord, hear me: I give you the field, and I give you the cave that is in it. In the sight of the sons of my people I give it to you. Bury your dead."

¶ **12** Da verneigte sich Abraham vor dem Volk des Landes

13 und redete mit Efron, sodass das Volk des Landes es hörte, und sprach: Willst du ihn mir lassen, so bitte ich, nimm von mir das Geld für den Acker, das ich dir gebe, so will ich meine Tote dort begraben.

14 Efron antwortete Abraham und sprach zu ihm:

15 Mein Herr, höre mich doch! Das Feld ist vierhundert Lot Silber wert; was ist das aber zwischen mir und dir? Begrabe nur deine Tote!

16 Abraham gehorchte Efron und wog ihm die Summe dar, die er genannt hatte vor den Ohren der Hetiter, vierhundert Lot Silber nach dem Gewicht, das im Kauf gang und gäbe war.

¶ **17** So wurde Efrons Acker in Machpela östlich von Mamre Abraham zum Eigentum bestätigt, mit der Höhle darin und mit allen Bäumen auf dem Acker umher,

18 vor den Augen der Hetiter und aller, die beim Tor seiner Stadt versammelt waren.

19 Danach begrub Abraham Sara, seine Frau, in der Höhle des Ackers in Machpela östlich von Mamre, das ist Hebron, im Lande Kanaan.

20 So wurden Abraham der Acker und die Höhle darin zum Erbbegräbnis bestätigt von den Hetitern.

Rebekka wird Isaaks Frau

24 Abraham war alt und hochbetagt, und der HERR hatte ihn gesegnet allenthalben.

2 Und er sprach zu dem ältesten Knecht seines Hauses, der allen seinen Gütern vorstand: Lege deine Hand unter meine Hüfte

3 und schwöre mir bei dem HERRN, dem Gott des Himmels und der Erde, dass du meinem Sohn keine Frau nimmst von den Töchtern der Kanaaniter, unter denen ich wohne,

4 sondern dass du ziehst in mein Vaterland und zu meiner Verwandtschaft und nimmst meinem Sohn Isaak dort eine Frau.

¶ **5** Der Knecht sprach: Wie, wenn das Mädchen mir nicht folgen wollte in dies Land, soll ich dann deinen Sohn zurückbringen in jenes Land, von dem du ausgezogen bist?

6 Abraham sprach zu ihm: Davor hüte dich, dass du meinen Sohn wieder dahin bringst!

12 Then Abraham bowed down before the people of the land.

13 And he said to Ephron in the hearing of the people of the land, "But if you will, hear me: I give the price of the field. Accept it from me, that I may bury my dead there."

14 Ephron answered Abraham,

15 "My lord, listen to me: a piece of land worth four hundred shekels[3] of silver, what is that between you and me? Bury your dead."

16 Abraham listened to Ephron, and Abraham weighed out for Ephron the silver that he had named in the hearing of the Hittites, four hundred shekels of silver, according to the weights current among the merchants.

¶ **17** So the field of Ephron in Machpelah, which was to the east of Mamre, the field with the cave that was in it and all the trees that were in the field, throughout its whole area, was made over

18 to Abraham as a possession in the presence of the Hittites, before all who went in at the gate of his city.

19 After this, Abraham buried Sarah his wife in the cave of the field of Machpelah east of Mamre (that is, Hebron) in the land of Canaan.

20 The field and the cave that is in it were made over to Abraham as property for a burying place by the Hittites.

Isaac and Rebekah

24 Now Abraham was old, well advanced in years. And the LORD had blessed Abraham in all things.

2 And Abraham said to his servant, the oldest of his household, who had charge of all that he had, "Put your hand under my thigh,

3 that I may make you swear by the LORD, the God of heaven and God of the earth, that you will not take a wife for my son from the daughters of the Canaanites, among whom I dwell,

4 but will go to my country and to my kindred, and take a wife for my son Isaac."

5 The servant said to him, "Perhaps the woman may not be willing to follow me to this land. Must I then take your son back to the land from which you came?"

6 Abraham said to him, "See to it that you do not take my son back there.

7 Der HERR, der Gott des Himmels, der mich von meines Vaters Hause genommen hat und von meiner Heimat, der mir zugesagt und mir auch geschworen hat: Dies Land will ich deinen Nachkommen geben –, der wird seinen Engel vor dir her senden, dass du meinem Sohn dort eine Frau nimmst.

8 Wenn aber das Mädchen dir nicht folgen will, so bist du dieses Eides ledig. Nur bringe meinen Sohn nicht wieder dorthin!

9 Da legte der Knecht seine Hand unter die Hüfte Abrahams, seines Herrn, und schwor es ihm.

¶ **10** So nahm der Knecht zehn Kamele von den Kamelen seines Herrn und zog hin und hatte mit sich allerlei Güter seines Herrn und machte sich auf und zog nach Mesopotamien, zu der Stadt Nahors.

11 Da ließ er die Kamele sich lagern draußen vor der Stadt bei dem Wasserbrunnen des Abends um die Zeit, da die Frauen pflegten herauszugehen und Wasser zu schöpfen.

12 Und er sprach: HERR, du Gott Abrahams, meines Herrn, lass es mir heute gelingen und tu Barmherzigkeit an Abraham, meinem Herrn!

13 Siehe, ich stehe hier bei dem Wasserbrunnen, und die Töchter der Leute in dieser Stadt werden herauskommen, um Wasser zu schöpfen.

14 Wenn nun ein Mädchen kommt, zu dem ich spreche: Neige deinen Krug und lass mich trinken, und es sprechen wird: Trinke, ich will deine Kamele auch tränken –, das sei die, die du deinem Diener Isaak beschert hast, und daran werde ich erkennen, dass du Barmherzigkeit an meinem Herrn getan hast.

¶ **15** Und ehe er ausgeredet hatte, siehe, da kam heraus Rebekka, die Tochter Betuëls, der ein Sohn der Milka war, die die Frau Nahors, des Bruders Abrahams, war, und trug einen Krug auf ihrer Schulter.

16 Und das Mädchen war sehr schön von Angesicht, eine Jungfrau, die noch von keinem Manne wusste. Die stieg hinab zum Brunnen und füllte den Krug und stieg herauf.

¶ **17** Da lief ihr der Knecht entgegen und sprach: Lass mich ein wenig Wasser aus deinem Kruge trinken.

18 Und sie sprach: Trinke, mein Herr! Und eilends ließ sie den Krug hernieder auf ihre Hand und gab ihm zu trinken.

19 Und als sie ihm zu trinken gegeben hatte, sprach sie: Ich will deinen Kamelen auch schöpfen, bis sie alle genug getrunken haben.

7 The LORD, the God of heaven, who took me from my father's house and from the land of my kindred, and who spoke to me and swore to me, 'To your offspring I will give this land,' he will send his angel before you, and you shall take a wife for my son from there.

8 But if the woman is not willing to follow you, then you will be free from this oath of mine; only you must not take my son back there."

9 So the servant put his hand under the thigh of Abraham his master and swore to him concerning this matter.

¶ **10** Then the servant took ten of his master's camels and departed, taking all sorts of choice gifts from his master; and he arose and went to Mesopotamia[1] to the city of Nahor.

11 And he made the camels kneel down outside the city by the well of water at the time of evening, the time when women go out to draw water.

12 And he said, "O LORD, God of my master Abraham, please grant me success today and show steadfast love to my master Abraham.

13 Behold, I am standing by the spring of water, and the daughters of the men of the city are coming out to draw water.

14 Let the young woman to whom I shall say, 'Please let down your jar that I may drink,' and who shall say, 'Drink, and I will water your camels'—let her be the one whom you have appointed for your servant Isaac. By this[2] I shall know that you have shown steadfast love to my master."

¶ **15** Before he had finished speaking, behold, Rebekah, who was born to Bethuel the son of Milcah, the wife of Nahor, Abraham's brother, came out with her water jar on her shoulder.

16 The young woman was very attractive in appearance, a maiden[3] whom no man had known. She went down to the spring and filled her jar and came up.

17 Then the servant ran to meet her and said, "Please give me a little water to drink from your jar."

18 She said, "Drink, my lord." And she quickly let down her jar upon her hand and gave him a drink.

19 When she had finished giving him a drink, she said, "I will draw water for your camels also, until they have finished drinking."

20 Und eilte und goss den Krug aus in die Tränke und lief abermals zum Brunnen, um zu schöpfen, und schöpfte allen seinen Kamelen.

¶ **21** Der Mann aber betrachtete sie und schwieg still, bis er erkannt hätte, ob der HERR zu seiner Reise Gnade gegeben hätte oder nicht.

22 Als nun die Kamele alle getrunken hatten, nahm er einen goldenen Stirnreif, sechs Gramm schwer, und zwei goldene Armreifen für ihre Hände, hundertundzwanzig Gramm schwer,

23 und sprach: Wessen Tochter bist du? Das sage mir doch! Haben wir auch Raum in deines Vaters Hause, um zu herbergen?

24 Sie sprach zu ihm: Ich bin die Tochter Betuëls, des Sohnes der Milka, den sie dem Nahor geboren hat.

25 Und sagte weiter zu ihm: Es ist auch viel Stroh und Futter bei uns und Raum genug, um zu herbergen.

¶ **26** Da neigte sich der Mann und betete den HERRN an

27 und sprach: Gelobt sei der HERR, der Gott Abrahams, meines Herrn, der seine Barmherzigkeit und seine Treue von meinem Herrn nicht hat weichen lassen; denn der HERR hat mich geradewegs geführt zum Hause des Bruders meines Herrn.

28 Und das Mädchen lief und sagte dies alles in ihrer Mutter Hause.

¶ **29** Und Rebekka hatte einen Bruder, der hieß Laban; und Laban lief zu dem Mann draußen bei dem Brunnen.

30 Denn als er den Stirnreif und die Armreifen an den Händen seiner Schwester gesehen hatte und die Worte Rebekkas, seiner Schwester, gehört hatte: So hat mir der Mann gesagt –, da kam er zu dem Mann, und siehe, er stand bei den Kamelen am Brunnen.

31 Und er sprach: Komm herein, du Gesegneter des HERRN! Warum stehst du draußen? Ich habe das Haus bereitet und für die Kamele auch Raum gemacht.

32 Da führte er den Mann ins Haus und zäumte die Kamele ab und gab ihnen Stroh und Futter, dazu auch Wasser, zu waschen seine Füße und die Füße der Männer, die mit ihm waren.

¶ **33** Und man setzte ihm Essen vor. Er sprach aber: Ich will nicht essen, bis ich zuvor meine Sache vorgebracht habe. Sie antworteten: Sage an!

34 Er sprach: Ich bin Abrahams Knecht.

20 So she quickly emptied her jar into the trough and ran again to the well to draw water, and she drew for all his camels.

21 The man gazed at her in silence to learn whether the LORD had prospered his journey or not.

¶ **22** When the camels had finished drinking, the man took a gold ring weighing a half shekel,[f] and two bracelets for her arms weighing ten gold shekels,

23 and said, "Please tell me whose daughter you are. Is there room in your father's house for us to spend the night?"

24 She said to him, "I am the daughter of Bethuel the son of Milcah, whom she bore to Nahor."

25 She added, "We have plenty of both straw and fodder, and room to spend the night."

26 The man bowed his head and worshiped the LORD

27 and said, "Blessed be the LORD, the God of my master Abraham, who has not forsaken his steadfast love and his faithfulness toward my master. As for me, the LORD has led me in the way to the house of my master's kinsmen."

28 Then the young woman ran and told her mother's household about these things.

¶ **29** Rebekah had a brother whose name was Laban. Laban ran out toward the man, to the spring.

30 As soon as he saw the ring and the bracelets on his sister's arms, and heard the words of Rebekah his sister, "Thus the man spoke to me," he went to the man. And behold, he was standing by the camels at the spring.

31 He said, "Come in, O blessed of the LORD. Why do you stand outside? For I have prepared the house and a place for the camels."

32 So the man came to the house and unharnessed the camels, and gave straw and fodder to the camels, and there was water to wash his feet and the feet of the men who were with him.

33 Then food was set before him to eat. But he said, "I will not eat until I have said what I have to say." He said, "Speak on."

¶ **34** So he said, "I am Abraham's servant.

35 Und der HERR hat meinen Herrn reich gesegnet, dass er groß geworden ist, und hat ihm Schafe und Rinder, Silber und Gold, Knechte und Mägde, Kamele und Esel gegeben.

36 Dazu hat Sara, die Frau meines Herrn, einen Sohn geboren meinem Herrn in seinem Alter; dem hat er alles gegeben, was er hat.

37 Und mein Herr hat einen Eid von mir genommen und gesagt: Du sollst meinem Sohn keine Frau nehmen von den Töchtern der Kanaaniter, in deren Land ich wohne,

38 sondern zieh hin zu meines Vaters Hause und zu meinem Geschlecht; dort nimm meinem Sohn eine Frau.

39 Ich sprach aber zu meinem Herrn: Wie, wenn mir das Mädchen nicht folgen will?

40 Da sprach er zu mir: Der HERR, vor dem ich wandle, wird seinen Engel mit dir senden und Gnade zu deiner Reise geben, dass du meinem Sohn eine Frau nimmst von meiner Verwandtschaft und meines Vaters Hause.

41 Dann sollst du deines Eides ledig sein: Wenn du zu meiner Verwandtschaft kommst und sie geben sie dir nicht, so bist du deines Eides ledig.

¶ **42** So kam ich heute zum Brunnen und sprach: HERR, du Gott Abrahams, meines Herrn, hast du Gnade zu meiner Reise gegeben, auf der ich bin,

43 siehe, so stehe ich hier bei dem Wasserbrunnen. Wenn nun ein Mädchen herauskommt, um zu schöpfen, und ich zu ihr spreche: Gib mir ein wenig Wasser zu trinken aus deinem Krug,

44 und sie sagen wird: Trinke du, ich will deinen Kamelen auch schöpfen –, das sei die Frau, die der HERR dem Sohn meines Herrn beschert hat.

45 Ehe ich nun diese Worte ausgeredet hatte in meinem Herzen, siehe, da kommt Rebekka heraus mit einem Krug auf ihrer Schulter und geht hinab zum Brunnen und schöpft. Da sprach ich zu ihr: Gib mir zu trinken.

46 Und sie nahm eilends den Krug von ihrer Schulter und sprach: Trinke und deine Kamele will ich auch tränken. Da trank ich und sie tränkte die Kamele auch.

47 Und ich fragte sie und sprach: Wessen Tochter bist du? Sie antwortete: Ich bin die Tochter Betuëls, des Sohnes Nahors, den ihm Milka geboren hat. Da legte ich einen Reif an ihre Stirn und Armreifen an ihre Hände

48 und neigte mich und betete den HERRN an und lobte den HERRN, den Gott Abrahams, meines Herrn, der mich den rechten Weg geführt hat, dass ich für seinen Sohn die Tochter des Bruders meines Herrn nehme.

35 The LORD has greatly blessed my master, and he has become great. He has given him flocks and herds, silver and gold, male servants and female servants, camels and donkeys.

36 And Sarah my master's wife bore a son to my master when she was old, and to him he has given all that he has.

37 My master made me swear, saying, 'You shall not take a wife for my son from the daughters of the Canaanites, in whose land I dwell,

38 but you shall go to my father's house and to my clan and take a wife for my son.'

39 I said to my master, 'Perhaps the woman will not follow me.'

40 But he said to me, 'The LORD, before whom I have walked, will send his angel with you and prosper your way. You shall take a wife for my son from my clan and from my father's house.

41 Then you will be free from my oath, when you come to my clan. And if they will not give her to you, you will be free from my oath.'

¶ **42** "I came today to the spring and said, 'O LORD, the God of my master Abraham, if now you are prospering the way that I go,

43 behold, I am standing by the spring of water. Let the virgin who comes out to draw water, to whom I shall say, "Please give me a little water from your jar to drink,"

44 and who will say to me, "Drink, and I will draw for your camels also," let her be the woman whom the LORD has appointed for my master's son.'

¶ **45** "Before I had finished speaking in my heart, behold, Rebekah came out with her water jar on her shoulder, and she went down to the spring and drew water. I said to her, 'Please let me drink.'

46 She quickly let down her jar from her shoulder and said, 'Drink, and I will give your camels drink also.' So I drank, and she gave the camels drink also.

47 Then I asked her, 'Whose daughter are you?' She said, 'The daughter of Bethuel, Nahor's son, whom Milcah bore to him.' So I put the ring on her nose and the bracelets on her arms.

48 Then I bowed my head and worshiped the LORD and blessed the LORD, the God of my master Abraham, who had led me by the right way[5] to take the daughter of my master's kinsman for his son.

¶ **49** Seid ihr nun die, die an meinem Herrn Freundschaft und Treue beweisen wollen, so sagt mir's; wenn nicht, so sagt mir's auch, dass ich mich wende zur Rechten oder zur Linken.

¶ **50** Da antworteten Laban und Betuël und sprachen: Das kommt vom HERRN, darum können wir nichts dazu sagen, weder Böses noch Gutes.

51 Da ist Rebekka vor dir, nimm sie und zieh hin, dass sie die Frau sei des Sohnes deines Herrn, wie der HERR geredet hat.

52 Als Abrahams Knecht diese Worte hörte, neigte er sich vor dem HERRN bis zur Erde.

53 Danach zog er hervor silberne und goldene Kleinode und Kleider und gab sie Rebekka; auch ihrem Bruder und der Mutter gab er kostbare Geschenke.

54 Dann aß und trank er samt den Männern, die mit ihm waren, und sie blieben über Nacht allda.

¶ Am Morgen aber standen sie auf und er sprach: Lasst mich ziehen zu meinem Herrn.

55 Aber ihr Bruder und ihre Mutter sprachen: Lass doch das Mädchen noch einige Tage bei uns bleiben; danach sollst du ziehen.

56 Da sprach er zu ihnen: Haltet mich nicht auf, denn der HERR hat Gnade zu meiner Reise gegeben. Lasst mich, dass ich zu meinem Herrn ziehe.

¶ **57** Da sprachen sie: Wir wollen das Mädchen rufen und fragen, was sie dazu sagt.

58 Und sie riefen Rebekka und sprachen zu ihr: Willst du mit diesem Manne ziehen? Sie antwortete: Ja, ich will es.

59 Da ließen sie Rebekka, ihre Schwester, ziehen mit ihrer Amme, samt Abrahams Knecht und seinen Leuten.

60 Und sie segneten Rebekka und sprachen zu ihr: Du, unsere Schwester, wachse zu vieltausendmal tausend, und dein Geschlecht besitze die Tore seiner Feinde.

61 So machte sich Rebekka auf mit ihren Mägden, und sie setzten sich auf die Kamele und zogen dem Manne nach. Und der Knecht nahm Rebekka und zog von dannen.

¶ **62** Isaak aber war gezogen zum »Brunnen des Lebendigen, der mich sieht« und wohnte im Südlande.

63 Und er war ausgegangen, um zu beten auf dem Felde gegen Abend, und hob seine Augen auf und sah, dass Kamele daherkamen.

49 Now then, if you are going to show steadfast love and faithfulness to my master, tell me; and if not, tell me, that I may turn to the right hand or to the left."

¶ **50** Then Laban and Bethuel answered and said, "The thing has come from the LORD; we cannot speak to you bad or good.

51 Behold, Rebekah is before you; take her and go, and let her be the wife of your master's son, as the LORD has spoken."

¶ **52** When Abraham's servant heard their words, he bowed himself to the earth before the LORD.

53 And the servant brought out jewelry of silver and of gold, and garments, and gave them to Rebekah. He also gave to her brother and to her mother costly ornaments.

54 And he and the men who were with him ate and drank, and they spent the night there. When they arose in the morning, he said, "Send me away to my master."

55 Her brother and her mother said, "Let the young woman remain with us a while, at least ten days; after that she may go."

56 But he said to them, "Do not delay me, since the LORD has prospered my way. Send me away that I may go to my master."

57 They said, "Let us call the young woman and ask her."

58 And they called Rebekah and said to her, "Will you go with this man?" She said, "I will go."

59 So they sent away Rebekah their sister and her nurse, and Abraham's servant and his men.

60 And they blessed Rebekah and said to her,

> "Our sister, may you become
> thousands of ten thousands,
> and may your offspring possess
> the gate of those who hate him!"[6]

¶ **61** Then Rebekah and her young women arose and rode on the camels and followed the man. Thus the servant took Rebekah and went his way.

¶ **62** Now Isaac had returned from Beer-lahai-roi and was dwelling in the Negeb.

63 And Isaac went out to meditate in the field toward evening. And he lifted up his eyes and saw, and behold, there were camels coming.

64 Und Rebekka hob ihre Augen auf und sah Isaak; da stieg sie eilends vom Kamel

65 und sprach zu dem Knecht: Wer ist der Mann, der uns entgegenkommt auf dem Felde? Der Knecht sprach: Das ist mein Herr. Da nahm sie den Schleier und verhüllte sich.
66 Und der Knecht erzählte Isaak alles, was er ausgerichtet hatte.
67 Da führte sie Isaak in das Zelt seiner Mutter Sara und nahm die Rebekka und sie wurde seine Frau und er gewann sie lieb. Also wurde Isaak getröstet über seine Mutter.

Abrahams zweite Ehe. Sein Tod und Begräbnis

25 Abraham nahm wieder eine Frau, die hieß Ketura.
2 Die gebar ihm Simran und Jokschan, Medan und Midian, Jischbak und Schuach.
3 Jokschan aber zeugte Saba und Dedan. Die Söhne Dedans aber waren: die Aschuriter, die Letuschiter und die Lëummiter.
4 Die Söhne Midians waren: Efa, Efer, Henoch, Abida und Eldaa. Diese alle sind Söhne der Ketura.
¶ **5** Und Abraham gab all sein Gut Isaak.
6 Aber den Söhnen, die er von den Nebenfrauen hatte, gab er Geschenke und schickte sie noch zu seinen Lebzeiten fort von seinem Sohn Isaak, nach Osten hin ins Morgenland.
¶ **7** Das ist aber Abrahams Alter, das er erreicht hat: hundertundfünfundsiebzig Jahre.
8 Und Abraham verschied und starb in einem guten Alter, als er alt und lebenssatt war, und wurde zu seinen Vätern versammelt.
¶ **9** Und es begruben ihn seine Söhne Isaak und Ismael in der Höhle von Machpela auf dem Acker Efrons, des Sohnes Zohars, des Hetiters, die da liegt östlich von Mamre
10 auf dem Felde, das Abraham von den Hetitern gekauft hatte. Da ist Abraham begraben mit Sara, seiner Frau.
11 Und nach dem Tode Abrahams segnete Gott Isaak, seinen Sohn. Und er wohnte bei dem »Brunnen des Lebendigen, der mich sieht«.

Ismaels Nachkommen

12 Dies ist das Geschlecht Ismaels, des Sohnes Abrahams, den ihm Hagar gebar, die Magd Saras aus Ägypten;
13 und dies sind die Namen der Söhne Ismaels, nach denen ihre Geschlechter genannt sind: der erstgeborene Sohn Ismaels Nebajot, dann Kedar, Adbeel, Mibsam,
14 Mischma, Duma, Massa,

64 And Rebekah lifted up her eyes, and when she saw Isaac, she dismounted from the camel
65 and said to the servant, "Who is that man, walking in the field to meet us?" The servant said, "It is my master." So she took her veil and covered herself.
66 And the servant told Isaac all the things that he had done.
67 Then Isaac brought her into the tent of Sarah his mother and took Rebekah, and she became his wife, and he loved her. So Isaac was comforted after his mother's death.

Abraham's Death and His Descendants

25 Abraham took another wife, whose name was Keturah.
2 She bore him Zimran, Jokshan, Medan, Midian, Ishbak, and Shuah.
3 Jokshan fathered Sheba and Dedan. The sons of Dedan were Asshurim, Letushim, and Leummim.
4 The sons of Midian were Ephah, Epher, Hanoch, Abida, and Eldaah. All these were the children of Keturah.
5 Abraham gave all he had to Isaac.
6 But to the sons of his concubines Abraham gave gifts, and while he was still living he sent them away from his son Isaac, eastward to the east country.
¶ **7** These are the days of the years of Abraham's life, 175 years.
8 Abraham breathed his last and died in a good old age, an old man and full of years, and was gathered to his people.
9 Isaac and Ishmael his sons buried him in the cave of Machpelah, in the field of Ephron the son of Zohar the Hittite, east of Mamre,
10 the field that Abraham purchased from the Hittites. There Abraham was buried, with Sarah his wife.
11 After the death of Abraham, God blessed Isaac his son. And Isaac settled at Beer-lahai-roi.

¶ **12** These are the generations of Ishmael, Abraham's son, whom Hagar the Egyptian, Sarah's servant, bore to Abraham.
13 These are the names of the sons of Ishmael, named in the order of their birth: Nebaioth, the firstborn of Ishmael; and ˣKedar, Adbeel, Mibsam,
14 Mishma, Dumah, Massa,

15 Hadad, Tema, Jetur, Nafisch und Kedma.

16 Das sind die Söhne Ismaels mit ihren Namen nach ihren Gehöften und Zeltdörfern, zwölf Fürsten nach ihren Stämmen.

17 – Und das ist das Alter Ismaels: hundertundsiebenunddreißig Jahre. Und er verschied und starb und wurde versammelt zu seinen Vätern. –

18 Und sie wohnten von Hawila an bis nach Schur östlich von Ägypten nach Assyrien hin. So ließ er sich nieder all seinen Brüdern zum Trotz.

Esaus und Jakobs Geburt

19 Dies ist das Geschlecht Isaaks, des Sohnes Abrahams: Abraham zeugte Isaak.

20 Isaak aber war vierzig Jahre alt, als er Rebekka zur Frau nahm, die Tochter Betuëls, des Aramäers aus Mesopotamien, die Schwester des Aramäers Laban.

¶ **21** Isaak aber bat den HERRN für seine Frau, denn sie war unfruchtbar. Und der HERR ließ sich erbitten, und Rebekka, seine Frau, ward schwanger.

22 Und die Kinder stießen sich miteinander in ihrem Leib. Da sprach sie: Wenn mir's so gehen soll, warum bin ich schwanger geworden? Und sie ging hin, den HERRN zu befragen.

23 Und der HERR sprach zu ihr: Zwei Völker sind in deinem Leibe, und zweierlei Volk wird sich scheiden aus deinem Leibe; und ein Volk wird dem andern überlegen sein, und der Ältere wird dem Jüngeren dienen.

¶ **24** Als nun die Zeit kam, dass sie gebären sollte, siehe, da waren Zwillinge in ihrem Leibe.

25 Der erste, der herauskam, war rötlich, ganz rau wie ein Fell, und sie nannten ihn Esau.

26 Danach kam heraus sein Bruder, der hielt mit seiner Hand die Ferse des Esau, und sie nannten ihn Jakob. Sechzig Jahre alt war Isaak, als sie geboren wurden.

¶ **27** Und als nun die Knaben groß wurden, wurde Esau ein Jäger und streifte auf dem Felde umher, Jakob aber ein gesitteter Mann und blieb bei den Zelten.

28 Und Isaak hatte Esau lieb und aß gern von seinem Wildbret; Rebekka aber hatte Jakob lieb.

15 Hadad, Tema, Jetur, [z] Naphish, and Kedemah.

16 These are the sons of Ishmael and these are their names, by their villages and by their encampments, twelve princes according to their tribes.

17 (These are the years of the life of Ishmael: 137 years. He breathed his last and died, and was gathered to his people.)

18 They settled from Havilah to Shur, which is opposite Egypt in the direction of Assyria. He settled[1] over against all his kinsmen.

The Birth of Esau and Jacob

¶ **19** These are the generations of Isaac, Abraham's son: Abraham fathered Isaac,

20 and Isaac was forty years old when he took Rebekah, the daughter of Bethuel the Aramean of Paddan-aram, the sister of Laban the Aramean, to be his wife.

21 And Isaac prayed to the LORD for his wife, because she was barren. And the LORD granted his prayer, and Rebekah his wife conceived.

22 The children struggled together within her, and she said, "If it is thus, why is this happening to me?"[2] So she went to inquire of the LORD.

23 And the LORD said to her,

"Two nations are in your womb,
and two peoples from within you[3]
shall be divided;
the one shall be stronger than the other,
the older shall serve the younger."

24 When her days to give birth were completed, behold, there were twins in her womb.

25 The first came out red, all his body like a hairy cloak, so they called his name Esau.

26 Afterward his brother came out with his hand holding Esau's heel, so his name was called Jacob.[4] Isaac was sixty years old when she bore them.

¶ **27** When the boys grew up, Esau was a skillful hunter, a man of the field, while Jacob was a quiet man, dwelling in tents.

28 Isaac loved Esau because he ate of his game, but Rebekah loved Jacob.

Esau verkauft sein Erstgeburtsrecht

29 Und Jakob kochte ein Gericht. Da kam Esau vom Feld und war müde

30 und sprach zu Jakob: Lass mich essen das rote Gericht; denn ich bin müde. Daher heißt er Edom.

31 Aber Jakob sprach: Verkaufe mir heute deine Erstgeburt.

32 Esau antwortete: Siehe, ich muss doch sterben; was soll mir da die Erstgeburt?

33 Jakob sprach: So schwöre mir zuvor. Und er schwor ihm und verkaufte so Jakob seine Erstgeburt.

34 Da gab ihm Jakob Brot und das Linsengericht, und er aß und trank und stand auf und ging davon. So verachtete Esau seine Erstgeburt.

Erneute Verheißung. Isaak und Rebekka in Gerar
(vgl. Kap 12,10-20; 20,1-18)

26 Es kam aber eine Hungersnot ins Land nach der früheren, die zu Abrahams Zeiten war. Und Isaak zog zu Abimelech, dem König der Philister, nach Gerar.

2 Da erschien ihm der HERR und sprach: Zieh nicht hinab nach Ägypten, sondern bleibe in dem Lande, das ich dir sage.

3 Bleibe als Fremdling in diesem Lande, und ich will mit dir sein und dich segnen; denn dir und deinen Nachkommen will ich alle diese Länder geben und will meinen Eid wahr machen, den ich deinem Vater Abraham geschworen habe,

4 und will deine Nachkommen mehren wie die Sterne am Himmel und will deinen Nachkommen alle diese Länder geben. Und durch dein Geschlecht sollen alle Völker auf Erden gesegnet werden,

5 weil Abraham meiner Stimme gehorsam gewesen ist und gehalten hat meine Rechte, meine Gebote, meine Weisungen und mein Gesetz.

¶ **6** So wohnte Isaak zu Gerar.

7 Und wenn die Leute am Ort fragten nach seiner Frau, so sprach er: Sie ist meine Schwester; denn er fürchtete sich zu sagen: Sie ist meine Frau. Er dachte nämlich: Sie könnten mich töten um Rebekkas willen, denn sie ist schön von Gestalt.

¶ **8** Als er nun eine Zeit lang da war, sah Abimelech, der König der Philister, durchs Fenster und wurde gewahr, dass Isaak scherzte mit Rebekka, seiner Frau.

Esau Sells His Birthright

¶ **29** Once when Jacob was cooking stew, Esau came in from the field, and he was exhausted.

30 And Esau said to Jacob, "Let me eat some of that red stew, for I am exhausted!" (Therefore his name was called Edom.[5])

31 Jacob said, "Sell me your birthright now."

32 Esau said, "I am about to die; of what use is a birthright to me?"

33 Jacob said, "Swear to me now." So he swore to him and sold his birthright to Jacob.

34 Then Jacob gave Esau bread and lentil stew, and he ate and drank and rose and went his way. Thus Esau despised his birthright.

God's Promise to Isaac

26 Now there was a famine in the land, besides the former famine that was in the days of Abraham. And Isaac went to Gerar to Abimelech king of the Philistines.

2 And the LORD appeared to him and said, "Do not go down to Egypt; dwell in the land of which I shall tell you.

3 Sojourn in this land, and I will be with you and will bless you, for to you and to your offspring I will give all these lands, and I will establish the oath that I swore to Abraham your father.

4 I will multiply your offspring as the stars of heaven and will give to your offspring all these lands. And in your offspring all the nations of the earth shall be blessed,

5 because Abraham obeyed my voice and kept my charge, my commandments, my statutes, and my laws."

Isaac and Abimelech

¶ **6** So Isaac settled in Gerar.

7 When the men of the place asked him about his wife, he said, "She is my sister," for he feared to say, "My wife," thinking, "lest the men of the place should kill me because of Rebekah," because she was attractive in appearance.

8 When he had been there a long time, Abimelech king of the Philistines looked out of a window and saw Isaac laughing with[1] Rebekah his wife.

9 Da rief Abimelech den Isaak und sprach: Siehe, es ist deine Frau. Wie hast du dann gesagt: Sie ist meine Schwester? Isaak antwortete ihm: Ich dachte, ich würde vielleicht sterben müssen um ihretwillen.

10 Abimelech sprach: Warum hast du uns das angetan? Es wäre leicht geschehen, dass jemand vom Volk sich zu deiner Frau gelegt hätte, und du hättest so eine Schuld auf uns gebracht.

11 Da gebot Abimelech allem Volk und sprach: Wer diesen Mann oder seine Frau antastet, der soll des Todes sterben.

Isaaks Streit mit den Philistern. Sein Bund mit Abimelech

12 Und Isaak säte in dem Lande und erntete in jenem Jahre hundertfältig; denn der HERR segnete ihn.

13 Und er wurde ein reicher Mann und nahm immer mehr zu, bis er sehr reich wurde,

14 sodass er viel Gut hatte an kleinem und großem Vieh und ein großes Gesinde. Darum beneideten ihn die Philister.

¶ **15** Nun hatten sie aber alle Brunnen verstopft, die seines Vaters Knechte gegraben hatten zur Zeit Abrahams, seines Vaters, und hatten sie mit Erde gefüllt.

16 Und Abimelech sprach zu ihm: Zieh von uns, denn du bist uns zu mächtig geworden.

17 Da zog Isaak von dannen und schlug seine Zelte auf im Grunde von Gerar und wohnte da

18 und ließ die Wasserbrunnen wieder aufgraben, die sie zur Zeit Abrahams, seines Vaters, gegraben hatten und die die Philister verstopft hatten nach Abrahams Tod, und nannte sie mit denselben Namen, mit denen sein Vater sie genannt hatte.

¶ **19** Auch gruben Isaaks Knechte im Grunde und fanden dort eine Quelle lebendigen Wassers.

20 Aber die Hirten von Gerar zankten mit den Hirten Isaaks und sprachen: Das Wasser ist unser. Da nannte er den Brunnen »Zank«, weil sie mit ihm da gezankt hatten.

21 Da gruben sie einen andern Brunnen. Darüber stritten sie auch, darum nannte er ihn »Streit«.

22 Da zog er weiter und grub noch einen andern Brunnen. Darüber zankten sie sich nicht, darum nannte er ihn »Weiter Raum« und sprach: Nun hat uns der HERR Raum gemacht und wir können wachsen im Lande.

¶ **23** Danach zog er von dannen nach Beerscheba.

9 So Abimelech called Isaac and said, "Behold, she is your wife. How then could you say, 'She is my sister'?" Isaac said to him, "Because I thought, 'Lest I die because of her.'"

10 Abimelech said, "What is this you have done to us? One of the people might easily have lain with your wife, and you would have brought guilt upon us."

11 So Abimelech warned all the people, saying, "Whoever touches this man or his wife shall surely be put to death."

¶ **12** And Isaac sowed in that land and reaped in the same year a hundredfold. The LORD blessed him,

13 and the man became rich, and gained more and more until he became very wealthy.

14 He had possessions of flocks and herds and many servants, so that the Philistines envied him.

15 (Now the Philistines had stopped and filled with earth all the wells that his father's servants had dug in the days of Abraham his father.)

16 And Abimelech said to Isaac, "Go away from us, for you are much mightier than we."

¶ **17** So Isaac departed from there and encamped in the Valley of Gerar and settled there.

18 And Isaac dug again the wells of water that had been dug in the days of Abraham his father, which the Philistines had stopped after the death of Abraham. And he gave them the names that his father had given them.

19 But when Isaac's servants dug in the valley and found there a well of spring water,

20 the herdsmen of Gerar quarreled with Isaac's herdsmen, saying, "The water is ours." So he called the name of the well Esek,[2] because they contended with him.

21 Then they dug another well, and they quarreled over that also, so he called its name Sitnah.[3]

22 And he moved from there and dug another well, and they did not quarrel over it. So he called its name Rehoboth,[4] saying, "For now the LORD has made room for us, and we shall be fruitful in the land."

¶ **23** From there he went up to Beersheba.

24 Und der HERR erschien ihm in derselben Nacht und sprach: Ich bin der Gott deines Vaters Abraham. Fürchte dich nicht, denn ich bin mit dir und will dich segnen und deine Nachkommen mehren um meines Knechtes Abraham willen.

25 Dann baute er dort einen Altar und rief den Namen des HERRN an und schlug dort sein Zelt auf und seine Knechte gruben dort einen Brunnen.

¶ **26** Und Abimelech ging zu ihm von Gerar mit Ahusat, seinem Freund, und Pichol, seinem Feldhauptmann.

27 Aber Isaak sprach zu ihnen: Warum kommt ihr zu mir? Hasst ihr mich doch und habt mich von euch getrieben.

28 Sie sprachen: Wir sehen mit sehenden Augen, dass der HERR mit dir ist. Darum sprachen wir: Es soll ein Eid zwischen uns und dir sein, und wir wollen einen Bund mit dir schließen,

29 dass du uns keinen Schaden tust, gleichwie wir dich nicht angetastet haben und dir nur alles Gute getan und dich mit Frieden haben ziehen lassen. Du bist ja doch der Gesegnete des HERRN.

30 Da machte er ihnen ein Mahl und sie aßen und tranken.

31 Und früh am Morgen standen sie auf und einer schwor dem andern. Und Isaak ließ sie gehen und sie zogen von ihm mit Frieden.

¶ **32** Am selben Tage kamen Isaaks Knechte und sagten ihm von dem Brunnen, den sie gegraben hatten, und sprachen zu ihm: Wir haben Wasser gefunden.

33 Und er nannte ihn »Schwur«; daher heißt die Stadt Beerscheba bis auf den heutigen Tag.

Esaus Frauen

34 Als Esau vierzig Jahre alt war, nahm er zur Frau Jehudit, die Tochter Beeris, des Hetiters, und Basemat, die Tochter Elons, des Hetiters.

35 Die machten Isaak und Rebekka lauter Herzeleid.

Jakob gewinnt mit List den Erstgeburtssegen

27 Und es begab sich, als Isaak alt geworden war und seine Augen zu schwach zum Sehen wurden, rief er Esau, seinen älteren Sohn, und sprach zu ihm: Mein Sohn! Er aber antwortete ihm: Hier bin ich.

2 Und er sprach: Siehe, ich bin alt geworden und weiß nicht, wann ich sterben werde.

24 And the LORD appeared to him the same night and said, "I am the God of Abraham your father. Fear not, for I am with you and will bless you and multiply your offspring for my servant Abraham's sake."

25 So he built an altar there and called upon the name of the LORD and pitched his tent there. And there Isaac's servants dug a well.

¶ **26** When Abimelech went to him from Gerar with Ahuzzath his adviser and Phicol the commander of his army,

27 Isaac said to them, "Why have you come to me, seeing that you hate me and have sent me away from you?"

28 They said, "We see plainly that the LORD has been with you. So we said, let there be a sworn pact between us, between you and us, and let us make a covenant with you,

29 that you will do us no harm, just as we have not touched you and have done to you nothing but good and have sent you away in peace. You are now the blessed of the LORD."

30 So he made them a feast, and they ate and drank.

31 In the morning they rose early and exchanged oaths. And Isaac sent them on their way, and they departed from him in peace.

32 That same day Isaac's servants came and told him about the well that they had dug and said to him, "We have found water."

33 He called it Shibah;[5] therefore the name of the city is Beersheba to this day.

Isaac Blesses Jacob

¶ **34** When Esau was forty years old, he took Judith the daughter of Beeri the Hittite to be his wife, and Basemath the daughter of Elon the Hittite,

35 and they made life bitter[6] for Isaac and Rebekah.

27 When Isaac was old and his eyes were dim so that he could not see, he called Esau his older son and said to him, "My son"; and he answered, "Here I am."

2 He said, "Behold, I am old; I do not know the day of my death.

3 So nimm nun dein Gerät, Köcher und Bogen, und geh aufs Feld und jage mir ein Wildbret

4 und mach mir ein Essen, wie ich's gern habe, und bring mir's herein, dass ich esse, auf dass dich meine Seele segne, ehe ich sterbe.

5 Rebekka aber hörte diese Worte, die Isaak zu seinem Sohn Esau sagte. Und Esau ging hin aufs Feld, dass er ein Wildbret jagte und heimbrächte.

¶ **6** Da sprach Rebekka zu Jakob, ihrem Sohn: Siehe, ich habe deinen Vater mit Esau, deinem Bruder, reden hören:

7 Bringe mir ein Wildbret und mach mir ein Essen, dass ich esse und dich segne vor dem HERRN, ehe ich sterbe.

8 So höre nun, mein Sohn, auf mich und tu, was ich dich heiße.

9 Geh hin zu der Herde und hole mir zwei gute Böcklein, dass ich deinem Vater ein Essen davon mache, wie er's gerne hat.

10 Das sollst du deinem Vater hineintragen, dass er esse, auf dass er dich segne vor seinem Tod.

11 Jakob aber sprach zu seiner Mutter Rebekka: Siehe, mein Bruder Esau ist rau, doch ich bin glatt;

12 so könnte vielleicht mein Vater mich betasten, und ich würde vor ihm dastehen, als ob ich ihn betrügen wollte, und brächte über mich einen Fluch und nicht einen Segen.

13 Da sprach seine Mutter zu ihm: Der Fluch sei auf mir, mein Sohn; gehorche nur meinen Worten, geh und hole mir.

¶ **14** Da ging er hin und holte und brachte es seiner Mutter. Da machte seine Mutter ein Essen, wie es sein Vater gerne hatte,

15 und nahm Esaus, ihres älteren Sohnes, Feierkleider, die sie bei sich im Hause hatte, und zog sie Jakob an, ihrem jüngeren Sohn.

16 Aber die Felle von den Böcklein tat sie ihm um seine Hände und wo er glatt war am Halse.

17 Und so gab sie das Essen mit dem Brot, wie sie es gemacht hatte, in die Hand ihres Sohnes Jakob.

¶ **18** Und er ging hinein zu seinem Vater und sprach: Mein Vater! Er antwortete: Hier bin ich. Wer bist du, mein Sohn?

19 Jakob sprach zu seinem Vater: Ich bin Esau, dein erstgeborener Sohn; ich habe getan, wie du mir gesagt hast. Komm nun, setze dich und iss von meinem Wildbret, auf dass mich deine Seele segne.

3 Now then, take your weapons, your quiver and your bow, and go out to the field and hunt game for me,

4 and prepare for me delicious food, such as I love, and bring it to me so that I may eat, that my soul may bless you before I die."

¶ **5** Now Rebekah was listening when Isaac spoke to his son Esau. So when Esau went to the field to hunt for game and bring it,

6 Rebekah said to her son Jacob, "I heard your father speak to your brother Esau,

7 'Bring me game and prepare for me delicious food, that I may eat it and bless you before the LORD before I die.'

8 Now therefore, my son, obey my voice as I command you.

9 Go to the flock and bring me two good young goats, so that I may prepare from them delicious food for your father, such as he loves.

10 And you shall bring it to your father to eat, so that he may bless you before he dies."

11 But Jacob said to Rebekah his mother, "Behold, my brother Esau is a hairy man, and I am a smooth man.

12 Perhaps my father will feel me, and I shall seem to be mocking him and bring a curse upon myself and not a blessing."

13 His mother said to him, "Let your curse be on me, my son; only obey my voice, and go, bring them to me."

¶ **14** So he went and took them and brought them to his mother, and his mother prepared delicious food, such as his father loved.

15 Then Rebekah took the best garments of Esau her older son, which were with her in the house, and put them on Jacob her younger son.

16 And the skins of the young goats she put on his hands and on the smooth part of his neck.

17 And she put the delicious food and the bread, which she had prepared, into the hand of her son Jacob.

¶ **18** So he went in to his father and said, "My father." And he said, "Here I am. Who are you, my son?"

19 Jacob said to his father, "I am Esau your firstborn. I have done as you told me; now sit up and eat of my game, that your soul may bless me."

20 Isaak aber sprach zu seinem Sohn: Wie hast du so bald gefunden, mein Sohn? Er antwortete: Der HERR, dein Gott, bescherte mir's.

21 Da sprach Isaak zu Jakob: Tritt herzu, mein Sohn, dass ich dich betaste, ob du mein Sohn Esau bist oder nicht.

22 So trat Jakob zu seinem Vater Isaak. Und als er ihn betastet hatte, sprach er: Die Stimme ist Jakobs Stimme, aber die Hände sind Esaus Hände.

23 Und er erkannte ihn nicht; denn seine Hände waren rau wie Esaus, seines Bruders, Hände.

¶ Und er segnete ihn

24 und sprach: Bist du mein Sohn Esau? Er antwortete: Ja, ich bin's.

25 Da sprach er: So bringe mir her, mein Sohn, zu essen von deinem Wildbret, dass dich meine Seele segne. Da brachte er's ihm und er aß; und er trug ihm auch Wein hinein und er trank.

¶ **26** Und Isaak, sein Vater, sprach zu ihm: Komm her und küsse mich, mein Sohn!

27 Er trat hinzu und küsste ihn. Da roch er den Geruch seiner Kleider und segnete ihn und sprach: Siehe, der Geruch meines Sohnes ist wie der Geruch des Feldes, das der HERR gesegnet hat.

28 Gott gebe dir vom Tau des Himmels und von der Fettigkeit der Erde und Korn und Wein die Fülle.

29 Völker sollen dir dienen, und Stämme sollen dir zu Füßen fallen. Sei ein Herr über deine Brüder, und deiner Mutter Söhne sollen dir zu Füßen fallen. Verflucht sei, wer dir flucht; gesegnet sei, wer dich segnet!

¶ **30** Als nun Isaak den Segen über Jakob vollendet hatte und Jakob kaum hinausgegangen war von seinem Vater Isaak, da kam Esau, sein Bruder, von seiner Jagd

31 und machte auch ein Essen und trug's hinein zu seinem Vater und sprach zu ihm: Richte dich auf, mein Vater, und iss von dem Wildbret deines Sohnes, dass mich deine Seele segne.

¶ **32** Da antwortete ihm Isaak, sein Vater: Wer bist du? Er sprach: Ich bin Esau, dein erstgeborener Sohn.

20 But Isaac said to his son, "How is it that you have found it so quickly, my son?" He answered, "Because the LORD your God granted me success."

21 Then Isaac said to Jacob, "Please come near, that I may feel you, my son, to know whether you are really my son Esau or not."

22 So Jacob went near to Isaac his father, who felt him and said, "The voice is Jacob's voice, but the hands are the hands of Esau."

23 And he did not recognize him, because his hands were hairy like his brother Esau's hands. So he blessed him.

24 He said, "Are you really my son Esau?" He answered, "I am."

25 Then he said, "Bring it near to me, that I may eat of my son's game and bless you." So he brought it near to him, and he ate; and he brought him wine, and he drank.

¶ **26** Then his father Isaac said to him, "Come near and kiss me, my son."

27 So he came near and kissed him. And Isaac smelled the smell of his garments and blessed him and said,

"See, the smell of my son
　　is as the smell of a field that the LORD
　　　has blessed!

28 May God give you of the dew of heaven
　　and of the fatness of the earth
　　and plenty of grain and wine.

29 Let peoples serve you,
　　and nations bow down to you.
Be lord over your brothers,
　　and may your mother's sons bow
　　　down to you.
Cursed be everyone who curses you,
　　and blessed be everyone who blesses
　　　you!"

¶ **30** As soon as Isaac had finished blessing Jacob, when Jacob had scarcely gone out from the presence of Isaac his father, Esau his brother came in from his hunting.

31 He also prepared delicious food and brought it to his father. And he said to his father, "Let my father arise and eat of his son's game, that you may bless me."

32 His father Isaac said to him, "Who are you?" He answered, "I am your son, your firstborn, Esau."

33 Da entsetzte sich Isaak über die Maßen sehr und sprach: Wer? Wo ist denn der Jäger, der mir gebracht hat, und ich habe von allem gegessen, ehe du kamst, und hab ihn gesegnet? Er wird auch gesegnet bleiben.

¶ **34** Als Esau diese Worte seines Vaters hörte, schrie er laut und wurde über die Maßen sehr betrübt und sprach zu seinem Vater: Segne mich auch, mein Vater!

35 Er aber sprach: Dein Bruder ist gekommen mit List und hat deinen Segen weggenommen.

36 Da sprach er: Er heißt mit Recht Jakob*, denn er hat mich nun zweimal überlistet. Meine Erstgeburt hat er genommen und siehe, nun nimmt er auch meinen Segen. Und er sprach: Hast du mir denn keinen Segen vorbehalten?

¶ **37** Isaak antwortete und sprach zu ihm: Ich habe ihn zum Herrn über dich gesetzt, und alle seine Brüder hab ich ihm zu Knechten gemacht, mit Korn und Wein hab ich ihn versehen; was soll ich nun dir noch tun, mein Sohn?

38 Esau sprach zu seinem Vater: Hast du denn nur **einen** Segen, mein Vater? Segne mich auch, mein Vater! Und er erhob seine Stimme und weinte.

¶ **39** Da antwortete Isaak, sein Vater, und sprach zu ihm: Siehe, du wirst wohnen ohne Fettigkeit der Erde und ohne Tau des Himmels von oben her.

40 Von deinem Schwerte wirst du dich nähren, und deinem Bruder sollst du dienen. Aber es wird geschehen, dass du einmal sein Joch von deinem Halse reißen wirst.

Jakobs Flucht nach Haran

41 Und Esau war Jakob gram um des Segens willen, mit dem ihn sein Vater gesegnet hatte, und sprach in seinem Herzen: Es wird die Zeit bald kommen, dass man um meinen Vater Leid tragen muss; dann will ich meinen Bruder Jakob umbringen.

¶ **42** Da wurden Rebekka angesagt diese Worte ihres älteren Sohnes Esau. Und sie schickte hin und ließ Jakob, ihren jüngeren Sohn, rufen und sprach zu ihm: Siehe, dein Bruder Esau droht dir, dass er dich umbringen will.

43 Und nun höre auf mich, mein Sohn: Mach dich auf und flieh zu meinem Bruder Laban nach Haran

44 und bleib eine Weile bei ihm, bis sich der Grimm deines Bruders legt

33 Then Isaac trembled very violently and said, "Who was it then that hunted game and brought it to me, and I ate it all before you came, and I have blessed him? Yes, and he shall be blessed."

34 As soon as Esau heard the words of his father, he cried out with an exceedingly great and bitter cry and said to his father, "Bless me, even me also, O my father!"

35 But he said, "Your brother came deceitfully, and he has taken away your blessing."

36 Esau said, "Is he not rightly named Jacob?[1] For he has cheated me these two times. He took away my birthright, and behold, now he has taken away my blessing." Then he said, "Have you not reserved a blessing for me?"

37 Isaac answered and said to Esau, "Behold, I have made him lord over you, and all his brothers I have given to him for servants, and with grain and wine I have sustained him. What then can I do for you, my son?"

38 Esau said to his father, "Have you but one blessing, my father? Bless me, even me also, O my father." And Esau lifted up his voice and wept.

¶ **39** Then Isaac his father answered and said to him:

"Behold, away from[2] the fatness of the
   earth shall your dwelling be,
and away from[3] the dew of heaven on
   high.

40 By your sword you shall live,
   and you shall serve your brother;
but when you grow restless
   you shall break his yoke from your
      neck."

¶ **41** Now Esau hated Jacob because of the blessing with which his father had blessed him, and Esau said to himself, "The days of mourning for my father are approaching; then I will kill my brother Jacob."

42 But the words of Esau her older son were told to Rebekah. So she sent and called Jacob her younger son and said to him, "Behold, your brother Esau comforts himself about you by planning to kill you.

43 Now therefore, my son, obey my voice. Arise, flee to Laban my brother in Haran

44 and stay with him a while, until your brother's fury turns away—

45 und bis sein Zorn wider dich sich von dir wendet und er vergisst, was du ihm getan hast; dann will ich schicken und dich von dort holen lassen. Warum sollte ich euer beider beraubt werden auf **einen** Tag?

¶ **46** Und Rebekka sprach zu Isaak: Mich verdrießt zu leben wegen der Hetiterinnen. Wenn Jakob eine Frau nimmt von den Hetiterinnen wie diese, eine von den Töchtern des Landes, was soll mir das Leben?

28 Da rief Isaak seinen Sohn Jakob und segnete ihn und gebot ihm und sprach zu ihm: Nimm dir nicht eine Frau von den Töchtern Kanaans,

2 sondern mach dich auf und zieh nach Mesopotamien zum Hause Betuëls, des Vaters deiner Mutter, und nimm dir dort eine Frau von den Töchtern Labans, des Bruders deiner Mutter.

3 Und der allmächtige Gott segne dich und mache dich fruchtbar und mehre dich, dass du werdest ein Haufe von Völkern,

4 und gebe dir den Segen Abrahams, dir und deinen Nachkommen mit dir, dass du besitzest das Land, darin du jetzt ein Fremdling bist, das Gott dem Abraham gegeben hat.

5 So entließ Isaak den Jakob, dass er nach Mesopotamien zog zu Laban, dem Sohn des Aramäers Betuël, dem Bruder Rebekkas, Jakobs und Esaus Mutter.

¶ **6** Nun sah Esau, dass Isaak Jakob gesegnet und nach Mesopotamien entlassen hatte, um sich dort eine Frau zu nehmen; er hatte ihn nämlich gesegnet und ihm geboten: Du sollst dir keine Frau nehmen von den Töchtern Kanaans.

7 Auch sah Esau, dass Jakob seinem Vater und seiner Mutter gehorchte und nach Mesopotamien zog

8 und dass Isaak, sein Vater, die Töchter Kanaans nicht gerne sah.

9 Da ging er hin zu Ismael und nahm zu den Frauen, die er bereits hatte, Mahalat, die Tochter Ismaels, des Sohnes Abrahams, die Schwester Nebajots, zur Frau.

Jakob schaut die Himmelsleiter

10 Aber Jakob zog aus von Beerscheba und machte sich auf den Weg nach Haran

45 until your brother's anger turns away from you, and he forgets what you have done to him. Then I will send and bring you from there. Why should I be bereft of you both in one day?"

¶ **46** Then Rebekah said to Isaac, "I loathe my life because of the Hittite women.[4] If Jacob marries one of the Hittite women like these, one of the women of the land, what good will my life be to me?"

Jacob Sent to Laban

28 Then Isaac called Jacob and blessed him and directed him, "You must not take a wife from the Canaanite women.

2 Arise, go to Paddan-aram to the house of Bethuel your mother's father, and take as your wife from there one of the daughters of Laban your mother's brother.

3 God Almighty[1] bless you and make you fruitful and multiply you, that you may become a company of peoples.

4 May he give the blessing of Abraham to you and to your offspring with you, that you may take possession of the land of your sojournings that God gave to Abraham!"

5 Thus Isaac sent Jacob away. And he went to Paddan-aram, to Laban, the son of Bethuel the Aramean, the brother of Rebekah, Jacob's and Esau's mother.

Esau Marries an Ishmaelite

¶ **6** Now Esau saw that Isaac had blessed Jacob and sent him away to Paddan-aram to take a wife from there, and that as he blessed him he directed him, "You must not take a wife from the Canaanite women,"

7 and that Jacob had obeyed his father and his mother and gone to Paddan-aram.

8 So when Esau saw that the Canaanite women did not please Isaac his father,

9 Esau went to Ishmael and took as his wife, besides the wives he had, Mahalath the daughter of Ishmael, Abraham's son, the sister of Nebaioth.

Jacob's Dream

¶ **10** Jacob left Beersheba and went toward Haran.

11 und kam an eine Stätte, da blieb er über Nacht, denn die Sonne war untergegangen. Und er nahm einen Stein von der Stätte und legte ihn zu seinen Häupten und legte sich an der Stätte schlafen.

12 Und ihm träumte, und siehe, eine Leiter stand auf Erden, die rührte mit der Spitze an den Himmel, und siehe, die Engel Gottes stiegen daran auf und nieder.

13 Und der HERR stand oben darauf und sprach: Ich bin der HERR, der Gott deines Vaters Abraham, und Isaaks Gott; das Land, darauf du liegst, will ich dir und deinen Nachkommen geben.

14 Und dein Geschlecht soll werden wie der Staub auf Erden, und du sollst ausgebreitet werden gegen Westen und Osten, Norden und Süden, und durch dich und deine Nachkommen sollen alle Geschlechter auf Erden gesegnet werden.

15 Und siehe, ich bin mit dir und will dich behüten, wo du hinziehst, und will dich wieder herbringen in dies Land. Denn ich will dich nicht verlassen, bis ich alles tue, was ich dir zugesagt habe.

¶ **16** Als nun Jakob von seinem Schlaf aufwachte, sprach er: Fürwahr, der HERR ist an dieser Stätte, und ich wusste es nicht!

17 Und er fürchtete sich und sprach: Wie heilig ist diese Stätte! Hier ist nichts anderes als Gottes Haus, und hier ist die Pforte des Himmels.

18 Und Jakob stand früh am Morgen auf und nahm den Stein, den er zu seinen Häupten gelegt hatte, und richtete ihn auf zu einem Steinmal und goss Öl oben darauf

19 und nannte die Stätte Bethel; vorher aber hieß die Stadt Lus.

¶ **20** Und Jakob tat ein Gelübde und sprach: Wird Gott mit mir sein und mich behüten auf dem Wege, den ich reise, und mir Brot zu essen geben und Kleider anzuziehen

21 und mich mit Frieden wieder heim zu meinem Vater bringen, so soll der HERR mein Gott sein.

22 Und dieser Stein, den ich aufgerichtet habe zu einem Steinmal, soll ein Gotteshaus werden; und von allem, was du mir gibst, will ich dir den Zehnten geben.

Jakob dient um Lea und Rahel

29 Da machte sich Jakob auf den Weg und ging in das Land, das im Osten liegt,

11 And he came to a certain place and stayed there that night, because the sun had set. Taking one of the stones of the place, he put it under his head and lay down in that place to sleep.

12 And he dreamed, and behold, there was a ladder[2] set up on the earth, and the top of it reached to heaven. And behold, the angels of God were ascending and descending on it!

13 And behold, the LORD stood above it[3] and said, "I am the LORD, the God of Abraham your father and the God of Isaac. The land on which you lie I will give to you and to your offspring.

14 Your offspring shall be like the dust of the earth, and you shall spread abroad to the west and to the east and to the north and to the south, and in you and your offspring shall all the families of the earth be blessed.

15 Behold, I am with you and will keep you wherever you go, and will bring you back to this land. For I will not leave you until I have done what I have promised you."

16 Then Jacob awoke from his sleep and said, "Surely the LORD is in this place, and I did not know it."

17 And he was afraid and said, "How awesome is this place! This is none other than the house of God, and this is the gate of heaven."

¶ **18** So early in the morning Jacob took the stone that he had put under his head and set it up for a pillar and poured oil on the top of it.

19 He called the name of that place Bethel,[4] but the name of the city was Luz at the first.

20 Then Jacob made a vow, saying, "If God will be with me and will keep me in this way that I go, and will give me bread to eat and clothing to wear,

21 so that I come again to my father's house in peace, then the LORD shall be my God,

22 and this stone, which I have set up for a pillar, shall be God's house. And of all that you give me I will give a full tenth to you."

Jacob Marries Leah and Rachel

29 Then Jacob went on his journey and came to the land of the people of the east.

2 und sah sich um, und siehe, da war ein Brunnen auf dem Felde; und siehe, drei Herden Schafe lagen dabei, denn von dem Brunnen pflegten sie die Herden zu tränken. Und ein großer Stein lag vor dem Loch des Brunnens.

3 Und sie pflegten die Herden alle dort zu versammeln und den Stein von dem Brunnenloch zu wälzen und die Schafe zu tränken und taten alsdann den Stein wieder vor das Loch an seine Stelle.

¶ **4** Und Jakob sprach zu ihnen: Liebe Brüder, wo seid ihr her? Sie antworteten: Wir sind von Haran.

5 Er sprach zu ihnen: Kennt ihr auch Laban, den Sohn Nahors? Sie antworteten: Ja, wir kennen ihn.

6 Er sprach: Geht es ihm auch gut? Sie antworteten: Es geht ihm gut; und siehe, da kommt seine Tochter Rahel mit den Schafen.

7 Er sprach: Es ist noch hoher Tag und ist noch nicht Zeit, das Vieh einzutreiben; tränkt die Schafe und geht hin und weidet sie.

8 Sie antworteten: Wir können es nicht, bis alle Herden zusammengebracht sind und wir den Stein von des Brunnens Loch wälzen und dann die Schafe tränken.

¶ **9** Als er noch mit ihnen redete, kam Rahel mit den Schafen ihres Vaters, denn sie hütete die Schafe.

10 Als Jakob aber Rahel sah, die Tochter Labans, des Bruders seiner Mutter, und die Schafe Labans, des Bruders seiner Mutter, trat er hinzu und wälzte den Stein von dem Loch des Brunnens und tränkte die Schafe Labans, des Bruders seiner Mutter.

11 Und er küsste Rahel und weinte laut

12 und sagte ihr, dass er ihres Vaters Verwandter wäre und Rebekkas Sohn.

¶ Da lief sie und sagte es ihrem Vater.

13 Als aber Laban hörte von Jakob, seiner Schwester Sohn, lief er ihm entgegen und herzte und küsste ihn und führte ihn in sein Haus. Da erzählte er Laban alles, was sich begeben hatte.

14 Da sprach Laban zu ihm: Fürwahr, du bist von meinem Gebein und Fleisch.

¶ Und als er nun einen Monat lang bei ihm gewesen war,

15 sprach Laban zu Jakob: Zwar bist du mein Verwandter, aber solltest du mir darum umsonst dienen? Sage an, was soll dein Lohn sein?

16 Laban aber hatte zwei Töchter; die ältere hieß Lea, die jüngere Rahel.

2 As he looked, he saw a well in the field, and behold, three flocks of sheep lying beside it, for out of that well the flocks were watered. The stone on the well's mouth was large,

3 and when all the flocks were gathered there, the shepherds would roll the stone from the mouth of the well and water the sheep, and put the stone back in its place over the mouth of the well.

¶ **4** Jacob said to them, "My brothers, where do you come from?" They said, "We are from Haran."

5 He said to them, "Do you know Laban the son of Nahor?" They said, "We know him."

6 He said to them, "Is it well with him?" They said, "It is well; and see, Rachel his daughter is coming with the sheep!"

7 He said, "Behold, it is still high day; it is not time for the livestock to be gathered together. Water the sheep and go, pasture them."

8 But they said, "We cannot until all the flocks are gathered together and the stone is rolled from the mouth of the well; then we water the sheep."

¶ **9** While he was still speaking with them, Rachel came with her father's sheep, for she was a shepherdess.

10 Now as soon as Jacob saw Rachel the daughter of Laban his mother's brother, and the sheep of Laban his mother's brother, Jacob came near and rolled the stone from the well's mouth and watered the flock of Laban his mother's brother.

11 Then Jacob kissed Rachel and wept aloud.

12 And Jacob told Rachel that he was her father's kinsman, and that he was Rebekah's son, and she ran and told her father.

¶ **13** As soon as Laban heard the news about Jacob, his sister's son, he ran to meet him and embraced him and kissed him and brought him to his house. Jacob told Laban all these things,

14 and Laban said to him, "Surely you are my bone and my flesh!" And he stayed with him a month.

¶ **15** Then Laban said to Jacob, "Because you are my kinsman, should you therefore serve me for nothing? Tell me, what shall your wages be?"

16 Now Laban had two daughters. The name of the older was Leah, and the name of the younger was Rachel.

17 Aber Leas Augen waren ohne Glanz, Rahel dagegen war schön von Gestalt und von Angesicht.

18 Und Jakob gewann Rahel lieb und sprach: Ich will dir sieben Jahre um Rahel, deine jüngere Tochter, dienen.

19 Laban antwortete: Es ist besser, ich gebe sie dir als einem andern; bleib bei mir.

¶ **20** So diente Jakob um Rahel sieben Jahre, und es kam ihm vor, als wären's einzelne Tage, so lieb hatte er sie.

21 Und Jakob sprach zu Laban: Gib mir nun meine Braut; denn die Zeit ist da, dass ich zu ihr gehe.

22 Da lud Laban alle Leute des Ortes ein und machte ein Hochzeitsmahl.

23 Am Abend aber nahm er seine Tochter Lea und brachte sie zu Jakob; und er ging zu ihr.

24 Und Laban gab seiner Tochter Lea seine Magd Silpa zur Leibmagd.

25 Am Morgen aber, siehe, da war es Lea. ¶ Und Jakob sprach zu Laban: Warum hast du mir das angetan? Habe ich dir nicht um Rahel gedient? Warum hast du mich denn betrogen?

26 Laban antwortete: Es ist nicht Sitte in unserm Lande, dass man die Jüngere weggebe vor der Älteren.

27 Halte mit dieser die Hochzeitswoche, so will ich dir die andere auch geben für den Dienst, den du bei mir noch weitere sieben Jahre leisten sollst.

28 Das tat Jakob und hielt die Hochzeitswoche. Da gab ihm Laban seine Tochter Rahel zur Frau.

29 Und er gab seiner Tochter Rahel seine Magd Bilha zur Leibmagd.

30 So ging Jakob auch zu Rahel ein und hatte Rahel lieber als Lea; und er diente bei ihm noch weitere sieben Jahre.

Jakobs Kinder

31 Als aber der HERR sah, dass Lea ungeliebt war, machte er sie fruchtbar; Rahel aber war unfruchtbar.

32 Und Lea ward schwanger und gebar einen Sohn; den nannte sie Ruben und sprach: Der HERR hat angesehen mein Elend; nun wird mich mein Mann lieb haben.

33 Und sie ward abermals schwanger und gebar einen Sohn und sprach: Der HERR hat gehört, dass ich ungeliebt bin, und hat mir diesen auch gegeben. Und nannte ihn Simeon.

17 Leah's eyes were weak,[1] but Rachel was beautiful in form and appearance.

18 Jacob loved Rachel. And he said, "I will serve you seven years for your younger daughter Rachel."

19 Laban said, "It is better that I give her to you than that I should give her to any other man; stay with me."

¶ **20** So Jacob served seven years for Rachel, and they seemed to him but a few days because of the love he had for her.

¶ **21** Then Jacob said to Laban, "Give me my wife that I may go in to her, for my time is completed."

22 So Laban gathered together all the people of the place and made a feast.

23 But in the evening he took his daughter Leah and brought her to Jacob, and he went in to her.

24 (Laban gave[2] his female servant Zilpah to his daughter Leah to be her servant.)

25 And in the morning, behold, it was Leah! And Jacob said to Laban, "What is this you have done to me? Did I not serve with you for Rachel? Why then have you deceived me?"

26 Laban said, "It is not so done in our country, to give the younger before the firstborn.

27 Complete the week of this one, and we will give you the other also in return for serving me another seven years."

28 Jacob did so, and completed her week. Then Laban gave him his daughter Rachel to be his wife.

29 (Laban gave his female servant Bilhah to his daughter Rachel to be her servant.)

30 So Jacob went in to Rachel also, and he loved Rachel more than Leah, and served Laban for another seven years.

Jacob's Children

¶ **31** When the LORD saw that Leah was hated, he opened her womb, but Rachel was barren.

32 And Leah conceived and bore a son, and she called his name Reuben,[3] for she said, "Because the LORD has looked upon my affliction; for now my husband will love me."

33 She conceived again and bore a son, and said, "Because the LORD has heard that I am hated, he has given me this son also." And she called his name Simeon.[4]

34 Abermals ward sie schwanger und gebar einen Sohn und sprach: Nun wird mein Mann mir doch zugetan sein, denn ich habe ihm drei Söhne geboren. Darum nannte sie ihn Levi.

35 Zum vierten Mal ward sie schwanger und gebar einen Sohn und sprach: Nun will ich dem HERRN danken. Darum nannte sie ihn Juda. Und sie hörte auf, Kinder zu gebären.

30 Als Rahel sah, dass sie Jakob kein Kind gebar, beneidete sie ihre Schwester und sprach zu Jakob: Schaffe mir Kinder, wenn nicht, so sterbe ich.

2 Jakob aber wurde sehr zornig auf Rahel und sprach: Bin ich doch nicht Gott, der dir deines Leibes Frucht nicht geben will.

3 Sie aber sprach: Siehe, da ist meine Magd Bilha; geh zu ihr, dass sie auf meinem Schoß gebäre und ich doch durch sie zu Kindern komme.

¶ **4** So gab sie ihm Bilha, ihre Leibmagd, zur Frau und Jakob ging zu ihr.

5 Und Bilha ward schwanger und gebar Jakob einen Sohn.

6 Da sprach Rahel: Gott hat mir Recht verschafft und mich erhört und mir einen Sohn gegeben. Darum nannte sie ihn Dan.

7 Abermals ward Bilha, Rahels Leibmagd, schwanger und gebar Jakob ihren zweiten Sohn.

8 Da sprach Rahel: Über alle Maßen habe ich gekämpft mit meiner Schwester und ich habe gesiegt. Und nannte ihn Naftali.

¶ **9** Als nun Lea sah, dass sie aufgehört hatte zu gebären, nahm sie ihre Leibmagd Silpa und gab sie Jakob zur Frau.

10 Und Silpa, Leas Leibmagd, gebar Jakob einen Sohn.

11 Da sprach Lea: Glück zu! Und nannte ihn Gad.

12 Danach gebar Silpa, Leas Leibmagd, Jakob ihren zweiten Sohn.

13 Da sprach Lea: Wohl mir, denn mich werden selig preisen die Töchter. Und nannte ihn Asser.

¶ **14** Ruben ging aus zur Zeit der Weizenernte und fand Liebesäpfel auf dem Felde und brachte sie heim zu seiner Mutter Lea. Da sprach Rahel zu Lea: Gib mir von den Liebesäpfeln deines Sohnes.

15 Sie antwortete: Hast du nicht genug, dass du mir meinen Mann genommen hast, und willst auch die Liebesäpfel meines Sohnes nehmen? Rahel sprach: Wohlan, lass ihn diese Nacht bei dir schlafen für die Liebesäpfel deines Sohnes.

34 Again she conceived and bore a son, and said, "Now this time my husband will be attached to me, because I have borne him three sons." Therefore his name was called Levi.[5]

35 And she conceived again and bore a son, and said, "This time I will praise the LORD." Therefore she called his name Judah.[6] Then she ceased bearing.

30 When Rachel saw that she bore Jacob no children, she envied her sister. She said to Jacob, "Give me children, or I shall die!"

2 Jacob's anger was kindled against Rachel, and he said, "Am I in the place of God, who has withheld from you the fruit of the womb?"

3 Then she said, "Here is my servant Bilhah; go in to her, so that she may give birth on my behalf,[1] that even I may have children[2] through her."

4 So she gave him her servant Bilhah as a wife, and Jacob went in to her.

5 And Bilhah conceived and bore Jacob a son.

6 Then Rachel said, "God has judged me, and has also heard my voice and given me a son." Therefore she called his name Dan.[3]

7 Rachel's servant Bilhah conceived again and bore Jacob a second son.

8 Then Rachel said, "With mighty wrestlings[4] I have wrestled with my sister and have prevailed." So she called his name Naphtali.[5]

¶ **9** When Leah saw that she had ceased bearing children, she took her servant Zilpah and gave her to Jacob as a wife.

10 Then Leah's servant Zilpah bore Jacob a son.

11 And Leah said, "Good fortune has come!" so she called his name [i]Gad.[6]

12 Leah's servant Zilpah bore Jacob a second son.

13 And Leah said, "Happy am I! For women have called me happy." So she called his name Asher.[7]

¶ **14** In the days of wheat harvest Reuben went and found mandrakes in the field and brought them to his mother Leah. Then Rachel said to Leah, "Please give me some of your son's mandrakes."

15 But she said to her, "Is it a small matter that you have taken away my husband? Would you take away my son's mandrakes also?" Rachel said, "Then he may lie with you tonight in exchange for your son's mandrakes."

16 Als nun Jakob am Abend vom Felde kam, ging Lea hinaus ihm entgegen und sprach: Zu mir sollst du kommen, denn ich habe dich erkauft mit den Liebesäpfeln meines Sohnes. Und er schlief die Nacht bei ihr.

17 Und Gott erhörte Lea, und sie ward schwanger und gebar Jakob ihren fünften Sohn

18 und sprach: Gott hat mir gelohnt, dass ich meine Magd meinem Manne gegeben habe. Und nannte ihn Issachar.

19 Abermals ward Lea schwanger und gebar Jakob ihren sechsten Sohn

20 und sprach: Gott hat mich reich beschenkt; nun wird mein Mann doch bei mir bleiben; denn ich habe ihm sechs Söhne geboren. Und nannte ihn Sebulon.

21 Danach gebar sie eine Tochter, die nannte sie Dina.

22 Gott gedachte aber an Rahel und erhörte sie und machte sie fruchtbar.

23 Da ward sie schwanger und gebar einen Sohn und sprach: Gott hat meine Schmach von mir genommen;

24 und sie nannte ihn Josef und sprach: Der HERR wolle mir noch einen Sohn dazugeben!

Jakob kommt zu Reichtum

25 Als nun Rahel den Josef geboren hatte, sprach Jakob zu Laban: Lass mich ziehen und reisen an meinen Ort und in mein Land.

26 Gib mir meine Frauen und meine Kinder, um die ich dir gedient habe, dass ich ziehe; denn du weißt, wie ich dir gedient habe.

27 Laban sprach zu ihm: Lass mich Gnade vor deinen Augen finden. Ich spüre, dass mich der HERR segnet um deinetwillen.

28 Bestimme den Lohn, den ich dir geben soll.

29 Er aber sprach zu ihm: Du weißt, wie ich dir gedient habe und was aus deinem Vieh geworden ist unter mir.

30 Du hattest wenig, ehe ich herkam; nun aber ist's geworden zu einer großen Menge, und der HERR hat dich gesegnet auf jedem meiner Schritte. Und nun, wann soll ich auch für mein Haus sorgen?

31 Er aber sprach: Was soll ich dir denn geben? Jakob sprach: Du sollst mir gar nichts geben; sondern wenn du mir tun willst, was ich dir sage, so will ich deine Schafe wieder weiden und hüten.

16 When Jacob came from the field in the evening, Leah went out to meet him and said, "You must come in to me, for I have hired you with my son's mandrakes." So he lay with her that night.

17 And God listened to Leah, and she conceived and bore Jacob a fifth son.

18 Leah said, "God has given me my wages because I gave my servant to my husband." So she called his name Issachar.[8]

19 And Leah conceived again, and she bore Jacob a sixth son.

20 Then Leah said, "God has endowed me with a good endowment; now my husband will honor me, because I have borne him six sons." So she called his name Zebulun.[9]

21 Afterward she bore a daughter and called her name Dinah.

22 Then God remembered Rachel, and God listened to her and opened her womb.

23 She conceived and bore a son and said, "God has taken away my reproach."

24 And she called his name Joseph,[10] saying, "May the LORD add to me another son!"

Jacob's Prosperity

25 As soon as Rachel had borne Joseph, Jacob said to Laban, "Send me away, that I may go to my own home and country.

26 Give me my wives and my children for whom I have served you, that I may go, for you know the service that I have given you."

27 But Laban said to him, "If I have found favor in your sight, I have learned by divination that[11] the LORD has blessed me because of you.

28 Name your wages, and I will give it."

29 Jacob said to him, "You yourself know how I have served you, and how your livestock has fared with me.

30 For you had little before I came, and it has increased abundantly, and the LORD has blessed you wherever I turned. But now when shall I provide for my own household also?"

31 He said, "What shall I give you?" Jacob said, "You shall not give me anything. If you will do this for me, I will again pasture your flock and keep it:

32 Ich will heute durch alle deine Herden gehen und aussondern alle gefleckten und bunten Schafe und alle schwarzen Schafe und die bunten und gefleckten Ziegen. Was nun bunt und gefleckt sein wird, das soll mein Lohn sein.

33 So wird meine Redlichkeit morgen für mich zeugen, wenn du kommst wegen meines Lohnes, den ich von dir nehmen soll: Was nicht gefleckt oder bunt unter den Ziegen und nicht schwarz sein wird unter den Lämmern, das sei ein Diebstahl, wenn es sich bei mir findet.

¶ **34** Da sprach Laban: Wohlan, es sei, wie du gesagt hast.

35 Und er sonderte an jenem Tage aus die sprenkligen und bunten Böcke und alle gefleckten und bunten Ziegen, wo nur etwas Weißes daran war, und alles, was schwarz war unter den Lämmern, und tat's unter die Hand seiner Söhne

36 und machte einen Raum, drei Tagereisen weit, zwischen sich und Jakob. Jakob aber weidete die übrigen Herden Labans.

¶ **37** Und Jakob nahm frische Stäbe von Pappeln, Mandelbäumen und Platanen und schälte weiße Streifen daran aus, sodass an den Stäben das Weiße bloß wurde,

38 und legte die Stäbe, die er geschält hatte, in die Tränkrinnen, wo die Herden hinkommen mussten zu trinken, dass sie da empfangen sollten, wenn sie zu trinken kämen.

39 So empfingen die Herden über den Stäben und brachten Sprenklige, Gefleckte und Bunte.

40 Da sonderte Jakob die Lämmer aus und machte sich eigene Herden; die tat er nicht zu den Herden Labans.

41 Wenn aber die Brunstzeit der kräftigen Tiere war, legte er die Stäbe in die Rinnen vor die Augen der Herde, dass sie über den Stäben empfingen.

42 Aber wenn die Tiere schwächlich waren, legte er sie nicht hinein. So wurden die schwächlichen Tiere dem Laban zuteil, aber die kräftigen dem Jakob.

43 Daher wurde der Mann über die Maßen reich, sodass er viele Schafe, Mägde und Knechte, Kamele und Esel hatte.

32 let me pass through all your flock today, removing from it every speckled and spotted sheep and every black lamb, and the spotted and speckled among the goats, and they shall be my wages.

33 So my honesty will answer for me later, when you come to look into my wages with you. Every one that is not speckled and spotted among the goats and black among the lambs, if found with me, shall be counted stolen."

34 Laban said, "Good! Let it be as you have said."

35 But that day Laban removed the male goats that were striped and spotted, and all the female goats that were speckled and spotted, every one that had white on it, and every lamb that was black, and put them in the charge of his sons.

36 And he set a distance of three days' journey between himself and Jacob, and Jacob pastured the rest of Laban's flock.

¶ **37** Then Jacob took fresh sticks of poplar and almond and plane trees, and peeled white streaks in them, exposing the white of the sticks.

38 He set the sticks that he had peeled in front of the flocks in the troughs, that is, the watering places, where the flocks came to drink. And since they bred when they came to drink,

39 the flocks bred in front of the sticks and so the flocks brought forth striped, speckled, and spotted.

40 And Jacob separated the lambs and set the faces of the flocks toward the striped and all the black in the flock of Laban. He put his own droves apart and did not put them with Laban's flock.

41 Whenever the stronger of the flock were breeding, Jacob would lay the sticks in the troughs before the eyes of the flock, that they might breed among the sticks,

42 but for the feebler of the flock he would not lay them there. So the feebler would be Laban's, and the stronger Jacob's.

43 Thus the man increased greatly and had large flocks, female servants and male servants, and camels and donkeys.

Jakobs Flucht mit den Seinen

31 Und es kamen vor ihn die Reden der Söhne Labans, dass sie sprachen: Jakob hat alles Gut unseres Vaters an sich gebracht, und nur von unseres Vaters Gut hat er solchen Reichtum zuwege gebracht.

2 Und Jakob sah an das Angesicht Labans, und siehe, er war gegen ihn nicht mehr wie zuvor.

¶ 3 Und der HERR sprach zu Jakob: Zieh wieder in deiner Väter Land und zu deiner Verwandtschaft; ich will mit dir sein.

4 Da sandte Jakob hin und ließ rufen Rahel und Lea aufs Feld zu seiner Herde

5 und sprach zu ihnen: Ich sehe an eures Vaters Angesicht, dass er gegen mich nicht ist wie zuvor; aber der Gott meines Vaters ist mit mir gewesen.

6 Und ihr wisst, dass ich aus allen meinen Kräften eurem Vater gedient habe.

7 Und er hat mich getäuscht und zehnmal meinen Lohn verändert; aber Gott hat ihm nicht gestattet, dass er mir Schaden täte.

8 Wenn er sprach: Die Bunten sollen dein Lohn sein, so trug die ganze Herde Bunte. Wenn er aber sprach: Die Sprenkligen sollen dein Lohn sein, so trug die ganze Herde Sprenklige.

9 So hat Gott die Güter eures Vaters ihm entwunden und mir gegeben.

10 Denn wenn die Brunstzeit kam, hob ich meine Augen auf und sah im Traum, und siehe, die Böcke, die auf die Herde sprangen, waren sprenklig, gefleckt und bunt.

11 Und der Engel Gottes sprach zu mir im Traum: Jakob! Und ich antwortete: Hier bin ich.

12 Er aber sprach: Hebe deine Augen auf und sieh! Alle Böcke, die auf die Herde springen, sind sprenklig, gefleckt und bunt; denn ich habe alles gesehen, was Laban dir antut.

13 Ich bin der Gott, der dir zu Bethel erschienen ist, wo du den Stein gesalbt hast, und du hast mir daselbst ein Gelübde getan. Nun mach dich auf und zieh aus diesem Lande und kehre zurück in das Land deiner Verwandtschaft.

¶ 14 Da antworteten Rahel und Lea und sprachen zu ihm: Wir haben doch kein Teil noch Erbe mehr in unseres Vaters Hause.

15 Haben wir ihm doch gegolten wie die Fremden, denn er hat uns verkauft und unseren Kaufpreis verzehrt.

16 Fürwahr, der ganze Reichtum, den Gott unserm Vater entzogen hat, gehört uns und unsern Kindern. Alles nun, was Gott dir gesagt hat, das tu!

Jacob Flees from Laban

31 Now Jacob heard that the sons of Laban were saying, "Jacob has taken all that was our father's, and from what was our father's he has gained all this wealth."

2 And Jacob saw that Laban did not regard him with favor as before.

3 Then the LORD said to Jacob, "Return to the land of your fathers and to your kindred, and I will be with you."

¶ 4 So Jacob sent and called Rachel and Leah into the field where his flock was

5 and said to them, "I see that your father does not regard me with favor as he did before. But the God of my father has been with me.

6 You know that I have served your father with all my strength,

7 yet your father has cheated me and changed my wages ten times. But God did not permit him to harm me.

8 If he said, 'The spotted shall be your wages,' then all the flock bore spotted; and if he said, 'The striped shall be your wages,' then all the flock bore striped.

9 Thus God has taken away the livestock of your father and given them to me.

10 In the breeding season of the flock I lifted up my eyes and saw in a dream that the goats that mated with the flock were striped, spotted, and mottled.

11 Then the angel of God said to me in the dream, 'Jacob,' and I said, 'Here I am!'

12 And he said, 'Lift up your eyes and see, all the goats that mate with the flock are striped, spotted, and mottled, for I have seen all that Laban is doing to you.

13 I am the God of Bethel, where you anointed a pillar and made a vow to me. Now arise, go out from this land and return to the land of your kindred.'"

14 Then Rachel and Leah answered and said to him, "Is there any portion or inheritance left to us in our father's house?

15 Are we not regarded by him as foreigners? For he has sold us, and he has indeed devoured our money.

16 All the wealth that God has taken away from our father belongs to us and to our children. Now then, whatever God has said to you, do."

¶ **17** Da machte sich Jakob auf und lud seine Kinder und Frauen auf die Kamele

18 und führte weg all sein Vieh und alle seine Habe, die er in Mesopotamien erworben hatte, dass er käme zu Isaak, seinem Vater, ins Land Kanaan.

19 Laban aber war gegangen, seine Herde zu scheren. Und Rahel stahl ihres Vaters Hausgott.

20 Und Jakob täuschte Laban, den Aramäer, damit, dass er ihm nicht ansagte, dass er ziehen wollte.

21 So floh er mit allem, was sein war, machte sich auf und fuhr über den Euphrat und richtete seinen Weg nach dem Gebirge Gilead.

Der Vertrag zwischen Jakob und Laban

22 Am dritten Tage wurde Laban angesagt, dass Jakob geflohen wäre.

23 Und er nahm seine Brüder zu sich und jagte ihm nach, sieben Tagereisen weit, und ereilte ihn auf dem Gebirge Gilead.

24 Aber Gott kam zu Laban, dem Aramäer, im Traum des Nachts und sprach zu ihm: Hüte dich, mit Jakob anders zu reden als freundlich.

25 Und Laban holte Jakob ein. Jakob aber hatte sein Zelt aufgeschlagen auf dem Gebirge, und Laban mit seinen Brüdern schlug sein Zelt auch auf dem Gebirge Gilead auf.

¶ **26** Da sprach Laban zu Jakob: Was hast du getan, dass du mich getäuscht hast und hast meine Töchter entführt, als wenn sie im Krieg gefangen wären?

27 Warum bist du heimlich geflohen und hast mich hintergangen und hast mir's nicht angesagt, dass ich dich geleitet hätte mit Freuden, mit Liedern, mit Pauken und Harfen?

28 Und hast mich nicht einmal lassen meine Enkel und Töchter küssen? Nun, du hast töricht getan.

29 Ich hätte wohl so viel Macht, dass ich euch Böses antun könnte; aber eures Vaters Gott hat diese Nacht zu mir gesagt: Hüte dich, mit Jakob anders zu reden als freundlich.

30 Und wenn du schon weggezogen bist und sehntest dich so sehr nach deines Vaters Hause, warum hast du mir dann aber meinen Gott gestohlen?

31 Jakob antwortete und sprach zu Laban: Ich fürchtete mich und dachte, du würdest deine Töchter von mir reißen.

¶ **17** So Jacob arose and set his sons and his wives on camels.

18 He drove away all his livestock, all his property that he had gained, the livestock in his possession that he had acquired in Paddanaram, to go to the land of Canaan to his father Isaac.

19 Laban had gone to shear his sheep, and Rachel stole her father's household gods.

20 And Jacob tricked[1] Laban the Aramean, by not telling him that he intended to flee.

21 He fled with all that he had and arose and crossed the Euphrates, and set his face toward the hill country of Gilead.

¶ **22** When it was told Laban on the third day that Jacob had fled,

23 he took his kinsmen with him and pursued him for seven days and followed close after him into the hill country of Gilead.

24 But God came to Laban the Aramean in a dream by night and said to him, "Be careful not to say anything to Jacob, either good or bad."

¶ **25** And Laban overtook Jacob. Now Jacob had pitched his tent in the hill country, and Laban with his kinsmen pitched tents in the hill country of Gilead.

26 And Laban said to Jacob, "What have you done, that you have tricked me and driven away my daughters like captives of the sword?

27 Why did you flee secretly and trick me, and did not tell me, so that I might have sent you away with mirth and songs, with tambourine and lyre?

28 And why did you not permit me to kiss my sons and my daughters farewell? Now you have done foolishly.

29 It is in my power to do you harm. But the God of your[2] father spoke to me last night, saying, 'Be careful not to say anything to Jacob, either good or bad.'

30 And now you have gone away because you longed greatly for your father's house, but why did you steal my gods?"

31 Jacob answered and said to Laban, "Because I was afraid, for I thought that you would take your daughters from me by force.

32 Bei wem du aber deinen Gott findest, der sterbe! Hier vor unsern Brüdern suche das Deine bei mir und nimm's hin. Jakob wusste aber nicht, dass Rahel ihn gestohlen hatte.

¶ **33** Da ging Laban in die Zelte Jakobs und Leas und der beiden Mägde und fand nichts. Und ging aus dem Zelte Leas in das Zelt Rahels.

34 Rahel aber hatte den Hausgott genommen und unter den Kamelsattel gelegt und sich daraufgesetzt. Laban aber betastete das ganze Zelt und fand nichts.

35 Da sprach sie zu ihrem Vater: Mein Herr, zürne nicht, denn ich kann nicht aufstehen vor dir, denn es geht mir nach der Frauen Weise. Daher fand er den Hausgott nicht, wie sehr er auch suchte.

¶ **36** Und Jakob wurde zornig und schalt Laban und sprach zu ihm: Was hab ich Übles getan oder gesündigt, dass du so hitzig hinter mir her bist?

37 Du hast all meinen Hausrat betastet. Was hast du von deinem Hausrat gefunden? Lege das her vor meinen und deinen Brüdern, dass sie zwischen uns beiden richten.

38 Diese zwanzig Jahre bin ich bei dir gewesen, deine Schafe und Ziegen haben keine Fehlgeburt gehabt; die Widder deiner Herde hab ich nie gegessen;

39 was die wilden Tiere zerrissen, brachte ich dir nicht, ich musste es ersetzen; du fordertest es von meiner Hand, es mochte mir des Tages oder des Nachts gestohlen sein.

40 Des Tages kam ich um vor Hitze und des Nachts vor Frost und kein Schlaf kam in meine Augen.

41 So habe ich diese zwanzig Jahre in deinem Hause gedient, vierzehn um deine Töchter und sechs um deine Herde, und du hast mir meinen Lohn zehnmal verändert.

42 Wenn nicht der Gott meines Vaters, der Gott Abrahams und der Schrecken Isaaks*, auf meiner Seite gewesen wäre, du hättest mich leer ziehen lassen. Aber Gott hat mein Elend und meine Mühe angesehen und hat diese Nacht rechtes Urteil gesprochen.

¶ **43** Laban antwortete und sprach zu Jakob: Die Töchter sind meine Töchter und die Kinder sind meine Kinder und die Herden sind meine Herden und alles, was du siehst, ist mein. Was kann ich heute für meine Töchter oder ihre Kinder tun, die sie geboren haben?

44 So komm nun und lass uns einen Bund schließen, ich und du, der ein Zeuge sei zwischen mir und dir.

32 Anyone with whom you find your gods shall not live. In the presence of our kinsmen point out what I have that is yours, and take it." Now Jacob did not know that Rachel had stolen them.

¶ **33** So Laban went into Jacob's tent and into Leah's tent and into the tent of the two female servants, but he did not find them. And he went out of Leah's tent and entered Rachel's.

34 Now Rachel had taken the household gods and put them in the camel's saddle and sat on them. Laban felt all about the tent, but did not find them.

35 And she said to her father, "Let not my lord be angry that I cannot rise before you, for the way of women is upon me." So he searched but did not find the household gods.

¶ **36** Then Jacob became angry and berated Laban. Jacob said to Laban, "What is my offense? What is my sin, that you have hotly pursued me?

37 For you have felt through all my goods; what have you found of all your household goods? Set it here before my kinsmen and your kinsmen, that they may decide between us two.

38 These twenty years I have been with you. Your ewes and your female goats have not miscarried, and I have not eaten the rams of your flocks.

39 What was torn by wild beasts I did not bring to you. I bore the loss of it myself. From my hand you required it, whether stolen by day or stolen by night.

40 There I was: by day the heat consumed me, and the cold by night, and my sleep fled from my eyes.

41 These twenty years I have been in your house. I served you fourteen years for your two daughters, and six years for your flock, and you have changed my wages ten times.

42 If the God of my father, the God of Abraham and the Fear of Isaac, had not been on my side, surely now you would have sent me away empty-handed. God saw my affliction and the labor of my hands and rebuked you last night."

¶ **43** Then Laban answered and said to Jacob, "The daughters are my daughters, the children are my children, the flocks are my flocks, and all that you see is mine. But what can I do this day for these my daughters or for their children whom they have borne?

44 Come now, let us make a covenant, you and I. And let it be a witness between you and me."

45 Da nahm Jakob einen Stein und richtete ihn auf zu einem Steinmal.

46 Laban aber sprach zu seinen Brüdern: Lest Steine auf! Und sie nahmen Steine und machten davon einen Haufen und aßen daselbst auf dem Steinhaufen.

47 Und Laban nannte ihn Jegar-Sahaduta, Jakob aber nannte ihn Gal-Ed.

¶ **48** Da sprach Laban: Der Steinhaufe sei heute Zeuge zwischen mir und dir. Daher nennt man ihn Gal-Ed

49 und Mizpa; denn er sprach: Der HERR wache als Späher über mir und dir, wenn wir voneinander gegangen sind,

50 dass du meine Töchter nicht bedrückst oder andere Frauen dazunimmst zu meinen Töchtern. Es ist hier kein Mensch bei uns; siehe aber, Gott ist der Zeuge zwischen mir und dir.

¶ **51** Und Laban sprach weiter zu Jakob: Siehe, das ist der Haufe und das ist das Steinmal, das ich aufgerichtet habe zwischen mir und dir.

52 Dieser Steinhaufe sei Zeuge und das Steinmal sei auch Zeuge, dass ich nicht an diesem Haufen vorüberziehe zu dir hin oder du vorüberziehst zu mir hin an diesem Haufen und diesem Mal in böser Absicht!

53 Der Gott Abrahams und der Gott Nahors sei Richter zwischen uns – der Gott ihres Vaters!

54 Und Jakob schwor ihm bei dem Schrecken Isaaks, dem Gott seines Vaters. Und Jakob opferte auf dem Gebirge und lud seine Brüder zum Essen. Und als sie gegessen hatten, blieben sie auf dem Gebirge über Nacht.

Jakob rüstet sich zur Begegnung mit Esau

32 Am Morgen aber stand Laban früh auf, küsste seine Enkel und Töchter und segnete sie und zog hin und kam wieder an seinen Ort.

2 Jakob aber zog seinen Weg. Und es begegneten ihm die Engel Gottes.

3 Und als er sie sah, sprach er: Hier ist Gottes Heerlager, und nannte diese Stätte Mahanajim.

¶ **4** Jakob aber schickte Boten vor sich her zu seinem Bruder Esau ins Land Seïr, in das Gebiet von Edom,

5 und befahl ihnen und sprach: So sprecht zu Esau, meinem Herrn: Dein Knecht Jakob lässt dir sagen: Ich bin bisher bei Laban lange in der Fremde gewesen

45 So Jacob took a stone and set it up as a pillar.

46 And Jacob said to his kinsmen, "Gather stones." And they took stones and made a heap, and they ate there by the heap.

47 Laban called it Jegar-sahadutha,[3] but Jacob called it Galeed.[4]

48 Laban said, "This heap is a witness between you and me today." Therefore he named it Galeed,

49 and Mizpah,[5] for he said, "The LORD watch between you and me, when we are out of one another's sight.

50 If you oppress my daughters, or if you take wives besides my daughters, although no one is with us, see, God is witness between you and me."

¶ **51** Then Laban said to Jacob, "See this heap and the pillar, which I have set between you and me.

52 This heap is a witness, and the pillar is a witness, that I will not pass over this heap to you, and you will not pass over this heap and this pillar to me, to do harm.

53 The God of Abraham and the God of Nahor, the God of their father, judge between us." So Jacob swore by the Fear of his father Isaac,

54 and Jacob offered a sacrifice in the hill country and called his kinsmen to eat bread. They ate bread and spent the night in the hill country.

¶**55**[6] Early in the morning Laban arose and kissed his grandchildren and his daughters and blessed them. Then Laban departed and returned home.

Jacob Fears Esau

32 Jacob went on his way, and the angels of God met him.

2 And when Jacob saw them he said, "This is God's camp!" So he called the name of that place Mahanaim.[1]

¶ **3** And Jacob sent[2] messengers before him to Esau his brother in the land of Seir, the country of Edom,

4 instructing them, "Thus you shall say to my lord Esau: Thus says your servant Jacob, 'I have sojourned with Laban and stayed until now.

6 und habe Rinder und Esel, Schafe, Knechte und Mägde und habe ausgesandt, es dir, meinem Herrn, anzusagen, damit ich Gnade vor deinen Augen fände.

¶ **7** Die Boten kamen zu Jakob zurück und sprachen: Wir kamen zu deinem Bruder Esau, und er zieht dir auch entgegen mit vierhundert Mann.

8 Da fürchtete sich Jakob sehr und ihm wurde bange. Und er teilte das Volk, das bei ihm war, und die Schafe und die Rinder und die Kamele in zwei Lager

9 und sprach: Wenn Esau über das eine Lager kommt und macht es nieder, so wird das andere entrinnen.

¶ **10** Weiter sprach Jakob: Gott meines Vaters Abraham und Gott meines Vaters Isaak, der du zu mir gesagt hast: Zieh wieder in dein Land und zu deiner Verwandtschaft, ich will dir wohltun –,

11 Herr, ich bin zu gering aller Barmherzigkeit und aller Treue, die du an deinem Knechte getan hast; denn ich hatte nicht mehr als diesen Stab, als ich hier über den Jordan ging, und nun sind aus mir zwei Lager geworden.

12 Errette mich von der Hand meines Bruders, von der Hand Esaus; denn ich fürchte mich vor ihm, dass er komme und schlage mich, die Mütter samt den Kindern.

13 Du hast gesagt: Ich will dir wohltun und deine Nachkommen machen wie den Sand am Meer, den man der Menge wegen nicht zählen kann.

¶ **14** Und er blieb die Nacht da und nahm von dem, was er erworben hatte, ein Geschenk für seinen Bruder Esau:

15 zweihundert Ziegen, zwanzig Böcke, zweihundert Schafe, zwanzig Widder

16 und dreißig säugende Kamele mit ihren Füllen, vierzig Kühe und zehn junge Stiere, zwanzig Eselinnen und zehn Esel,

17 und tat sie unter die Hand seiner Knechte, je eine Herde besonders, und sprach zu ihnen: Geht vor mir her und lasst Raum zwischen einer Herde und der andern.

18 Und er gebot dem ersten und sprach: Wenn dir mein Bruder Esau begegnet und dich fragt: Wem gehörst du an und wo willst du hin und wessen Eigentum ist das, was du vor dir hertreibst?,

19 sollst du sagen: Es gehört deinem Knechte Jakob, der sendet es als Geschenk seinem Herrn Esau und zieht hinter uns her.

5 I have oxen, donkeys, flocks, male servants, and female servants. I have sent to tell my lord, in order that I may find favor in your sight.'"

¶ **6** And the messengers returned to Jacob, saying, "We came to your brother Esau, and he is coming to meet you, and there are four hundred men with him."

7 Then Jacob was greatly afraid and distressed. He divided the people who were with him, and the flocks and herds and camels, into two camps,

8 thinking, "If Esau comes to the one camp and attacks it, then the camp that is left will escape."

¶ **9** And Jacob said, "O God of my father Abraham and God of my father Isaac, O Lord who said to me, 'Return to your country and to your kindred, that I may do you good,'

10 I am not worthy of the least of all the deeds of steadfast love and all the faithfulness that you have shown to your servant, for with only my staff I crossed this Jordan, and now I have become two camps.

11 Please deliver me from the hand of my brother, from the hand of Esau, for I fear him, that he may come and attack me, the mothers with the children.

12 But you said, 'I will surely do you good, and make your offspring as the sand of the sea, which cannot be numbered for multitude.'"

¶ **13** So he stayed there that night, and from what he had with him he took a present for his brother Esau,

14 two hundred female goats and twenty male goats, two hundred ewes and twenty rams,

15 thirty milking camels and their calves, forty cows and ten bulls, twenty female donkeys and ten male donkeys.

16 These he handed over to his servants, every drove by itself, and said to his servants, "Pass on ahead of me and put a space between drove and drove."

17 He instructed the first, "When Esau my brother meets you and asks you, 'To whom do you belong? Where are you going? And whose are these ahead of you?'

18 then you shall say, 'They belong to your servant Jacob. They are a present sent to my lord Esau. And moreover, he is behind us.'"

20 Ebenso gebot er auch dem zweiten und dem dritten und allen, die den Herden nachgingen, und sprach: Wie ich euch gesagt habe, so sagt zu Esau, wenn ihr ihm begegnet,

21 und sagt ja auch: Siehe, dein Knecht Jakob kommt hinter uns. Denn er dachte: Ich will ihn versöhnen mit dem Geschenk, das vor mir hergeht. Danach will ich ihn sehen; vielleicht wird er mich annehmen.

22 So ging das Geschenk vor ihm her; er aber blieb diese Nacht im Lager.

Jakobs Kampf am Jabbok. Sein neuer Name

23 Und Jakob stand auf in der Nacht und nahm seine beiden Frauen und die beiden Mägde und seine elf Söhne und zog an die Furt des Jabbok,

24 nahm sie und führte sie über das Wasser, sodass hinüberkam, was er hatte,

25 und blieb allein zurück.

¶ Da rang ein Mann mit ihm, bis die Morgenröte anbrach.

26 Und als er sah, dass er ihn nicht übermochte, schlug er ihn auf das Gelenk seiner Hüfte, und das Gelenk der Hüfte Jakobs wurde über dem Ringen mit ihm verrenkt.

27 Und er sprach: Lass mich gehen, denn die Morgenröte bricht an. Aber Jakob antwortete: **Ich lasse dich nicht, du segnest mich denn.**

28 Er sprach: Wie heißt du? Er antwortete: Jakob.

29 Er sprach: Du sollst nicht mehr Jakob heißen, sondern Israel; denn du hast mit Gott und mit Menschen gekämpft und hast gewonnen.

30 Und Jakob fragte ihn und sprach: Sage doch, wie heißt du? Er aber sprach: Warum fragst du, wie ich heiße? Und er segnete ihn daselbst.

¶ **31** Und Jakob nannte die Stätte Pnuël; denn, sprach er, ich habe Gott von Angesicht gesehen,* und doch wurde mein Leben gerettet.

32 Und als er an Pnuël vorüberkam, ging ihm die Sonne auf; und er hinkte an seiner Hüfte.

33 Daher essen die Israeliten nicht das Muskelstück auf dem Gelenk der Hüfte bis auf den heutigen Tag, weil er auf den Muskel am Gelenk der Hüfte Jakobs geschlagen hatte.

Jakobs Versöhnung mit Esau

33 Jakob hob seine Augen auf und sah seinen Bruder Esau kommen mit vierhundert Mann. Und er verteilte seine Kinder auf Lea und auf Rahel und auf die beiden Leibmägde

19 He likewise instructed the second and the third and all who followed the droves, "You shall say the same thing to Esau when you find him,

20 and you shall say, 'Moreover, your servant Jacob is behind us.'" For he thought, "I may appease him[3] with the present that goes ahead of me, and afterward I shall see his face. Perhaps he will accept me."[4]

21 So the present passed on ahead of him, and he himself stayed that night in the camp.

Jacob Wrestles with God

¶ **22** The same night he arose and took his two wives, his two female servants, and his eleven children,[5] and crossed the ford of the Jabbok.

23 He took them and sent them across the stream, and everything else that he had.

24 And Jacob was left alone. And a man wrestled with him until the breaking of the day.

25 When the man saw that he did not prevail against Jacob, he touched his hip socket, and Jacob's hip was put out of joint as he wrestled with him.

26 Then he said, "Let me go, for the day has broken." But Jacob said, "I will not let you go unless you bless me."

27 And he said to him, "What is your name?" And he said, "Jacob."

28 Then he said, "Your name shall no longer be called Jacob, but Israel,[6] for you have striven with God and with men, and have prevailed."

29 Then Jacob asked him, "Please tell me your name." But he said, "Why is it that you ask my name?" And there he blessed him.

30 So Jacob called the name of the place Peniel,[7] saying, "For I have seen God face to face, and yet my life has been delivered."

31 The sun rose upon him as he passed Penuel, limping because of his hip.

32 Therefore to this day the people of Israel do not eat the sinew of the thigh that is on the hip socket, because he touched the socket of Jacob's hip on the sinew of the thigh.

Jacob Meets Esau

33 And Jacob lifted up his eyes and looked, and behold, Esau was coming, and four hundred men with him. So he divided the children among Leah and Rachel and the two female servants.

2 und stellte die Mägde mit ihren Kindern vornean und Lea mit ihren Kindern dahinter und Rahel mit Josef zuletzt.

3 Und er ging vor ihnen her und neigte sich siebenmal zur Erde, bis er zu seinem Bruder kam.

4 Esau aber lief ihm entgegen und herzte ihn und fiel ihm um den Hals und küsste ihn und sie weinten.

¶ **5** Und Esau hob seine Augen auf und sah die Frauen mit den Kindern und sprach: Wer sind diese bei dir? Er antwortete: Es sind die Kinder, die Gott deinem Knecht beschert hat.

6 Und die Mägde traten herzu mit ihren Kindern und neigten sich vor ihm.

7 Lea trat auch herzu mit ihren Kindern und sie neigten sich vor ihm. Danach traten Josef und Rahel herzu und sie neigten sich auch vor ihm.

¶ **8** Und Esau sprach: Was willst du mit all den Herden, denen ich begegnet bin? Er antwortete: Dass ich Gnade fände vor meinem Herrn.

9 Esau sprach: Ich habe genug, mein Bruder; behalte, was du hast.

10 Jakob antwortete: Ach nein! Hab ich Gnade gefunden vor dir, so nimm mein Geschenk von meiner Hand; denn ich sah dein Angesicht, als sähe ich Gottes Angesicht, und du hast mich freundlich angesehen.

11 Nimm doch diese Segensgabe von mir an, die ich dir zugebracht habe; denn Gott hat sie mir beschert und ich habe von allem genug. So nötigte er ihn, dass er sie nahm.

¶ **12** Und Esau sprach: Lass uns aufbrechen und fortziehen; ich will mit dir ziehen.

13 Er aber sprach zu ihm: Mein Herr weiß, dass ich zarte Kinder bei mir habe, dazu säugende Schafe und Kühe; wenn sie auch nur einen Tag übertrieben würden, würde mir die ganze Herde sterben.

14 Mein Herr ziehe vor seinem Knechte her. Ich will gemächlich hintennach treiben, wie das Vieh und die Kinder gehen können, bis ich komme zu meinem Herrn nach Seïr.

15 Esau sprach: So will ich doch bei dir lassen etliche von meinen Leuten. Er antwortete: Ist das denn nötig? Lass mich nur Gnade vor meinem Herrn finden.

16 So zog Esau an jenem Tage wiederum seines Weges nach Seïr.

Jakob siedelt sich bei Sichem an

17 Und Jakob zog nach Sukkot und baute sich ein Haus und machte seinem Vieh Hütten; daher heißt die Stätte Sukkot.

2 And he put the servants with their children in front, then Leah with her children, and Rachel and Joseph last of all.

3 He himself went on before them, bowing himself to the ground seven times, until he came near to his brother.

¶ **4** But Esau ran to meet him and embraced him and fell on his neck and kissed him, and they wept.

5 And when Esau lifted up his eyes and saw the women and children, he said, "Who are these with you?" Jacob said, "The children whom God has graciously given your servant."

6 Then the servants drew near, they and their children, and bowed down.

7 Leah likewise and her children drew near and bowed down. And last Joseph and Rachel drew near, and they bowed down.

8 Esau said, "What do you mean by all this company[1] that I met?" Jacob answered, "To find favor in the sight of my lord."

9 But Esau said, "I have enough, my brother; keep what you have for yourself."

10 Jacob said, "No, please, if I have found favor in your sight, then accept my present from my hand. For I have seen your face, which is like seeing the face of God, and you have accepted me.

11 Please accept my blessing that is brought to you, because God has dealt graciously with me, and because I have enough." Thus he urged him, and he took it.

¶ **12** Then Esau said, "Let us journey on our way, and I will go ahead of[2] you."

13 But Jacob said to him, "My lord knows that the children are frail, and that the nursing flocks and herds are a care to me. If they are driven hard for one day, all the flocks will die.

14 Let my lord pass on ahead of his servant, and I will lead on slowly, at the pace of the livestock that are ahead of me and at the pace of the children, until I come to my lord in Seir."

¶ **15** So Esau said, "Let me leave with you some of the people who are with me." But he said, "What need is there? Let me find favor in the sight of my lord."

16 So Esau returned that day on his way to Seir.

17 But Jacob journeyed to Succoth, and built himself a house and made booths for his livestock. Therefore the name of the place is called Succoth.[3]

18 Danach kam Jakob wohlbehalten zu der Stadt Sichem, die im Lande Kanaan liegt, nachdem er aus Mesopotamien gekommen war, und lagerte vor der Stadt

19 und kaufte das Land, wo er sein Zelt aufgeschlagen hatte, von den Söhnen Hamors, des Vaters Sichems, um hundert Goldstücke

20 und errichtete dort einen Altar und nannte ihn »Gott ist der Gott Israels«.

Die Schandtat an Dina und das Blutbad zu Sichem

34 Dina aber, Leas Tochter, die sie Jakob geboren hatte, ging aus, die Töchter des Landes zu sehen.

2 Als Sichem sie sah, der Sohn des Hiwiters Hamor, der des Landes Herr war, nahm er sie, legte sich zu ihr und tat ihr Gewalt an.

3 Und sein Herz hing an ihr und er hatte das Mädchen lieb und redete freundlich mit ihr.

4 Und Sichem sprach zu seinem Vater Hamor: Nimm mir das Mädchen zur Frau.

¶ **5** Und Jakob erfuhr, dass seine Tochter Dina geschändet war; und seine Söhne waren mit dem Vieh auf dem Felde, und Jakob schwieg, bis sie kamen.

6 Da ging Hamor, Sichems Vater, hinaus zu Jakob, um mit ihm zu reden.

7 Indessen kamen die Söhne Jakobs vom Felde. Und als sie es hörten, verdross es die Männer und sie wurden sehr zornig, dass er eine Schandtat an Israel begangen und bei Jakobs Tochter gelegen hatte. Denn solches durfte nicht geschehen.

¶ **8** Da redete Hamor mit ihnen und sprach: Das Herz meines Sohnes Sichem sehnt sich nach eurer Tochter; gebt sie ihm doch zur Frau.

9 Verschwägert euch mit uns; gebt uns eure Töchter und nehmt ihr unsere Töchter

10 und wohnt bei uns. Das Land soll euch offen sein; bleibt und treibt Handel und werdet ansässig.

11 Und Sichem sprach zu ihrem Vater und zu ihren Brüdern: Lasst mich Gnade bei euch finden; was ihr mir sagt, das will ich geben.

12 Fordert nur getrost von mir Brautpreis und Geschenk, ich will's geben, wie ihr's verlangt; gebt mir nur das Mädchen zur Frau.

¶ **13** Da antworteten Jakobs Söhne dem Sichem und seinem Vater Hamor hinterhältig, weil ihre Schwester Dina geschändet war,

¶ **18** And Jacob came safely[4] to the city of Shechem, which is in the land of Canaan, on his way from Paddan-aram, and he camped before the city.

19 And from the sons of Hamor, Shechem's father, he bought for a hundred pieces of money[5] the piece of land on which he had pitched his tent.

20 There he erected an altar and called it El-Elohe-Israel.[6]

The Defiling of Dinah

34 Now Dinah the daughter of Leah, whom she had borne to Jacob, went out to see the women of the land.

2 And when Shechem the son of Hamor the Hivite, the prince of the land, saw her, he seized her and lay with her and humiliated her.

3 And his soul was drawn to Dinah the daughter of Jacob. He loved the young woman and spoke tenderly to her.

4 So Shechem spoke to his father Hamor, saying, "Get me this girl for my wife."

¶ **5** Now Jacob heard that he had defiled his daughter Dinah. But his sons were with his livestock in the field, so Jacob held his peace until they came.

6 And Hamor the father of Shechem went out to Jacob to speak with him.

7 The sons of Jacob had come in from the field as soon as they heard of it, and the men were indignant and very angry, because he had done an outrageous thing in Israel by lying with Jacob's daughter, for such a thing must not be done.

¶ **8** But Hamor spoke with them, saying, "The soul of my son Shechem longs for your[1] daughter. Please give her to him to be his wife.

9 Make marriages with us. Give your daughters to us, and take our daughters for yourselves.

10 You shall dwell with us, and the land shall be open to you. Dwell and trade in it, and get property in it."

11 Shechem also said to her father and to her brothers, "Let me find favor in your eyes, and whatever you say to me I will give.

12 Ask me for as great a bride price[2] and gift as you will, and I will give whatever you say to me. Only give me the young woman to be my wife."

¶ **13** The sons of Jacob answered Shechem and his father Hamor deceitfully, because he had defiled their sister Dinah.

14 und sprachen zu ihnen: Wir können das nicht tun, dass wir unsere Schwester einem unbeschnittenen Mann geben; denn das wäre uns eine Schande.

15 Doch dann wollen wir euch zu Willen sein, wenn ihr uns gleich werdet und alles, was männlich unter euch ist, beschnitten wird.

16 Dann wollen wir unsere Töchter euch geben und eure Töchter uns nehmen und bei euch wohnen und ein Volk sein.

17 Wenn ihr aber nicht einwilligen wollt, euch zu beschneiden, so wollen wir unsere Schwester nehmen und davonziehen.

18 Die Rede gefiel Hamor und seinem Sohn gut.

19 Und der Jüngling zögerte nicht, dies zu tun; denn er hatte großes Gefallen an der Tochter Jakobs. Und er war mehr angesehen als alle in seines Vaters Hause.

¶ **20** Da kamen sie nun, Hamor und sein Sohn Sichem, zum Tor ihrer Stadt und redeten mit den Bürgern der Stadt und sprachen:

21 Diese Leute sind friedsam bei uns; lasst sie im Lande wohnen und Handel treiben; das Land ist weit genug für sie. Wir wollen uns ihre Töchter zu Frauen nehmen und ihnen unsere Töchter geben.

22 Aber nur dann wollen sie uns zu Willen sein, dass sie bei uns wohnen und ein Volk mit uns werden, wenn wir alles, was männlich unter uns ist, beschneiden, gleichwie sie beschnitten sind.

23 Ihr Vieh und ihre Güter und alles, was sie haben, wird es nicht unser sein? So wollen wir ihnen nur zu Willen sein, damit sie bei uns wohnen.

24 Und sie gehorchten dem Hamor und Sichem, seinem Sohn, alle, die zum Tor seiner Stadt aus- und eingingen, und beschnitten alles, was männlich war, das zu seiner Stadt aus- und einging.

¶ **25** Aber am dritten Tage, als sie Schmerzen hatten, nahmen die zwei Söhne Jakobs Simeon und Levi, die Brüder der Dina, ein jeder sein Schwert und überfielen die friedliche Stadt und erschlugen alles, was männlich war,

26 und erschlugen auch Hamor und seinen Sohn Sichem mit der Schärfe des Schwerts und nahmen ihre Schwester Dina aus dem Hause Sichems und gingen davon.

27 Da kamen die Söhne Jakobs über die Erschlagenen und plünderten die Stadt, weil man ihre Schwester geschändet hatte,

28 und nahmen ihre Schafe, Rinder, Esel und was in der Stadt und auf dem Felde war

14 They said to them, "We cannot do this thing, to give our sister to one who is uncircumcised, for that would be a disgrace to us.

15 Only on this condition will we agree with you—that you will become as we are by every male among you being circumcised.

16 Then we will give our daughters to you, and we will take your daughters to ourselves, and we will dwell with you and become one people.

17 But if you will not listen to us and be circumcised, then we will take our daughter, and we will be gone."

¶ **18** Their words pleased Hamor and Hamor's son Shechem.

19 And the young man did not delay to do the thing, because he delighted in Jacob's daughter. Now he was the most honored of all his father's house.

20 So Hamor and his son Shechem came to the gate of their city and spoke to the men of their city, saying,

21 "These men are at peace with us; let them dwell in the land and trade in it, for behold, the land is large enough for them. Let us take their daughters as wives, and let us give them our daughters.

22 Only on this condition will the men agree to dwell with us to become one people—when every male among us is circumcised as they are circumcised.

23 Will not their livestock, their property and all their beasts be ours? Only let us agree with them, and they will dwell with us."

24 And all who went out of the gate of his city listened to Hamor and his son Shechem, and every male was circumcised, all who went out of the gate of his city.

¶ **25** On the third day, when they were sore, two of the sons of Jacob, Simeon and Levi, Dinah's brothers, took their swords and came against the city while it felt secure and killed all the males.

26 They killed Hamor and his son Shechem with the sword and took Dinah out of Shechem's house and went away.

27 The sons of Jacob came upon the slain and plundered the city, because they had defiled their sister.

28 They took their flocks and their herds, their donkeys, and whatever was in the city and in the field.

29 und alle ihre Habe; alle Kinder und Frauen führten sie gefangen hinweg und plünderten alles, was in den Häusern war.

¶ **30** Aber Jakob sprach zu Simeon und Levi: Ihr habt mich ins Unglück gestürzt und in Verruf gebracht bei den Bewohnern dieses Landes, den Kanaanitern und Perisitern, und ich habe nur wenige Leute. Wenn sie sich nun gegen mich versammeln, werden sie mich erschlagen. So werde ich vertilgt samt meinem Hause.

31 Sie antworteten aber: Durfte er denn an unserer Schwester wie an einer Hure handeln?

Gott segnet Jakob in Bethel

35 Und Gott sprach zu Jakob: Mach dich auf und zieh nach Bethel und wohne daselbst und errichte dort einen Altar dem Gott, der dir erschien, als du flohst vor deinem Bruder Esau.

2 Da sprach Jakob zu seinem Hause und zu allen, die mit ihm waren: Tut von euch die fremden Götter, die unter euch sind, und reinigt euch und wechselt eure Kleider,

3 und lasst uns aufbrechen und nach Bethel ziehen, dass ich dort einen Altar errichte dem Gott, der mich erhört hat zur Zeit meiner Trübsal und mit mir gewesen ist auf dem Wege, den ich gezogen bin.

4 Da gaben sie ihm alle fremden Götter, die in ihren Händen waren, und ihre Ohrringe, und er vergrub sie unter der Eiche, die bei Sichem stand.

5 Und sie brachen auf. Und es kam ein Gottesschrecken über die Städte, die um sie her lagen, sodass sie den Söhnen Jakobs nicht nachjagten.

¶ **6** So kam Jakob nach Lus im Lande Kanaan, das nun Bethel heißt, samt all dem Volk, das mit ihm war,

7 und er baute dort einen Altar und nannte die Stätte El-Bethel, weil Gott sich ihm daselbst offenbart hatte, als er vor seinem Bruder floh.

8 Da starb Debora, die Amme der Rebekka, und wurde begraben unterhalb von Bethel unter der Eiche; die wurde genannt die Klageeiche.

¶ **9** Und Gott erschien Jakob abermals, nachdem er aus Mesopotamien gekommen war, und segnete ihn

10 und sprach zu ihm: Du heißt Jakob; aber du sollst nicht mehr Jakob heißen, sondern Israel sollst du heißen. Und so nannte er ihn Israel.

29 All their wealth, all their little ones and their wives, all that was in the houses, they captured and plundered.

¶ **30** Then Jacob said to Simeon and Levi, "You have brought trouble on me by making me stink to the inhabitants of the land, the Canaanites and the Perizzites. My numbers are few, and if they gather themselves against me and attack me, I shall be destroyed, both I and my household."

31 But they said, "Should he treat our sister like a prostitute?"

God Blesses and Renames Jacob

35 God said to Jacob, "Arise, go up to Bethel and dwell there. Make an altar there to the God who appeared to you when you fled from your brother Esau."

2 So Jacob said to his household and to all who were with him, "Put away the foreign gods that are among you and purify yourselves and change your garments.

3 Then let us arise and go up to Bethel, so that I may make there an altar to the God who answers me in the day of my distress and has been with me wherever I have gone."

4 So they gave to Jacob all the foreign gods that they had, and the rings that were in their ears. Jacob hid them under the terebinth tree that was near Shechem.

¶ **5** And as they journeyed, a terror from God fell upon the cities that were around them, so that they did not pursue the sons of Jacob.

6 And Jacob came to Luz (that is, Bethel), which is in the land of Canaan, he and all the people who were with him,

7 and there he built an altar and called the place El-bethel,[1] because there God had revealed himself to him when he fled from his brother.

8 And Deborah, Rebekah's nurse, died, and she was buried under an oak below Bethel. So he called its name Allon-bacuth.[2]

¶ **9** God appeared[3] to Jacob again, when he came from Paddan-aram, and blessed him.

10 And God said to him, "Your name is Jacob; no longer shall your name be called Jacob, but Israel shall be your name." So he called his name Israel.

11 Und Gott sprach zu ihm: Ich bin der allmächtige Gott; sei fruchtbar und mehre dich! Ein Volk und eine Menge von Völkern sollen von dir kommen, und Könige sollen von dir abstammen,

12 und das Land, das ich Abraham und Isaak gegeben habe, will ich dir geben und will's deinem Geschlecht nach dir geben.

¶ **13** Und Gott fuhr auf von ihm an der Stätte, da er mit ihm geredet hatte.

14 Jakob aber richtete ein steinernes Mal auf an der Stätte, da er mit ihm geredet hatte, und goss Trankopfer darauf und begoss es mit Öl.

15 Und Jakob nannte die Stätte, da Gott mit ihm geredet hatte, Bethel.

Benjamins Geburt und Rahels Tod

16 Und sie brachen auf von Bethel. Und als es noch eine Strecke Weges war bis Efrata, da gebar Rahel. Und es kam sie hart an über der Geburt.

17 Da ihr aber die Geburt so schwer wurde, sprach die Wehmutter zu ihr: Fürchte dich nicht, denn auch diesmal wirst du einen Sohn haben.

18 Als ihr aber das Leben entwich und sie sterben musste, nannte sie ihn Ben-Oni, aber sein Vater nannte ihn Ben-Jamin.

19 So starb Rahel und wurde begraben an dem Wege nach Efrata, das nun Bethlehem heißt.

20 Und Jakob richtete einen Stein auf über ihrem Grab; das ist das Grabmal Rahels bis auf diesen Tag.

21 Und Israel zog weiter und schlug sein Zelt auf jenseits von Migdal-Eder.

¶ **22** Und es begab sich, als Israel im Lande wohnte, ging Ruben hin und legte sich zu Bilha, seines Vaters Nebenfrau. Und das kam vor Israel.

Jakobs Söhne
(vgl. 1.Chr 2,1-2)

Es hatte aber Jakob zwölf Söhne.

23 Die Söhne Leas waren diese: Ruben, der erstgeborene Sohn Jakobs, Simeon, Levi, Juda, Issachar und Sebulon.

24 Die Söhne Rahels waren: Josef und Benjamin.

25 Die Söhne Bilhas, Rahels Magd: Dan und Naftali.

26 Die Söhne Silpas, Leas Magd: Gad und Asser. Das sind die Söhne Jakobs, die ihm geboren sind in Mesopotamien.

11 And God said to him, "I am God Almighty:[4] be fruitful and multiply. A nation and a company of nations shall come from you, and kings shall come from your own body.[5]

12 The land that I gave to Abraham and Isaac I will give to you, and I will give the land to your offspring after you."

13 Then God went up from him in the place where he had spoken with him.

14 And Jacob set up a pillar in the place where he had spoken with him, a pillar of stone. He poured out a drink offering on it and poured oil on it.

15 So Jacob called the name of the place where God had spoken with him Bethel.

The Deaths of Rachel and Isaac

¶ **16** Then they journeyed from Bethel. When they were still some distance[6] from Ephrath, Rachel went into labor, and she had hard labor.

17 And when her labor was at its hardest, the midwife said to her, "Do not fear, for you have another son."

18 And as her soul was departing (for she was dying), she called his name Ben-oni;[7] but his father called him Benjamin.[8]

19 So Rachel died, and she was buried on the way to Ephrath (that is, Bethlehem),

20 and Jacob set up a pillar over her tomb. It is the pillar of Rachel's tomb, which is there to this day.

21 Israel journeyed on and pitched his tent beyond the tower of Eder.

¶ **22** While Israel lived in that land, Reuben went and lay with Bilhah his father's concubine. And Israel heard of it.

¶   Now the sons of Jacob were twelve.

23 The sons of Leah: Reuben (Jacob's firstborn), Simeon, Levi, Judah, Issachar, and Zebulun.

24 The sons of Rachel: Joseph and Benjamin.

25 The sons of Bilhah, Rachel's servant: Dan and Naphtali.

26 The sons of Zilpah, Leah's servant: Gad and Asher. These were the sons of Jacob who were born to him in Paddan-aram.

Jakobs Heimkehr. Isaaks Tod

27 Und Jakob kam zu seinem Vater Isaak nach Mamre, nach Kirjat-Arba, das ist Hebron, wo Abraham und Isaak als Fremdlinge gelebt hatten.

28 Und Isaak wurde hundertundachtzig Jahre alt,

29 verschied und starb und wurde versammelt zu seinen Vätern, alt und lebenssatt. Und seine Söhne Esau und Jakob begruben ihn.

Geschlechtsregister Esaus
(vgl. 1.Chr 1,35-54)

36 Dies ist das Geschlecht Esaus, der auch Edom heißt:

2 Esau nahm sich Frauen von den Töchtern Kanaans: Ada, die Tochter Elons, des Hetiters, und Oholibama, die Tochter des Ana, des Sohnes Zibons, des Horiters,

3 und Basemat, Ismaels Tochter, Nebajots Schwester.

4 Und Ada gebar dem Esau Elifas, und Basemat gebar Reguël.

5 Oholibama gebar Jëusch, Jalam und Korach. Das sind Esaus Söhne, die ihm geboren sind im Lande Kanaan.

¶ **6** Und Esau nahm seine Frauen, Söhne und Töchter und alle Leute seines Hauses, seine Habe und alles Vieh mit allen Gütern, die er im Lande Kanaan erworben hatte, und zog in das Land Seïr, hinweg von seinem Bruder Jakob.

7 Denn ihre Habe war zu groß, als dass sie beieinander wohnen konnten; das Land, darin sie Fremdlinge waren, vermochte sie nicht zu ernähren wegen der Menge ihres Viehs.

8 Daher wohnte Esau auf dem Gebirge Seïr. Esau ist Edom.

¶ **9** Dies ist das Geschlecht Esaus, von dem die Edomiter herkommen auf dem Gebirge Seïr,

10 und so heißen die Söhne Esaus: Elifas, der Sohn Adas, der Frau Esaus; Reguël, der Sohn Basemats, der Frau Esaus.

11 Des Elifas Söhne aber waren diese: Teman, Omar, Zefo, Gatam und Kenas.

12 Und Timna war eine Nebenfrau des Elifas, des Sohnes Esaus; die gebar ihm Amalek. Das sind die Söhne von Ada, der Frau Esaus.

13 Die Söhne aber Reguëls sind diese: Nahat, Serach, Schamma, Misa. Das sind die Söhne von Basemat, der Frau Esaus.

¶ **27** And Jacob came to his father Isaac at Mamre, or Kiriath-arba (that is, Hebron), where Abraham and Isaac had sojourned.

28 Now the days of Isaac were 180 years.

29 And Isaac breathed his last, and he died and was gathered to his people, old and full of days. And his sons Esau and Jacob buried him.

Esau's Descendants

36 These are the generations of Esau (that is, Edom).

2 Esau took his wives from the Canaanites: Adah the daughter of Elon the Hittite, Oholibamah the daughter of Anah the daughter[1] of Zibeon the Hivite,

3 and Basemath, Ishmael's daughter, the sister of Nebaioth.

4 And Adah bore to Esau, Eliphaz; Basemath bore Reuel;

5 and Oholibamah bore Jeush, Jalam, and Korah. These are the sons of Esau who were born to him in the land of Canaan.

¶ **6** Then Esau took his wives, his sons, his daughters, and all the members of his household, his livestock, all his beasts, and all his property that he had acquired in the land of Canaan. He went into a land away from his brother Jacob.

7 For their possessions were too great for them to dwell together. The land of their sojournings could not support them because of their livestock.

8 So Esau settled in the hill country of Seir. (Esau is Edom.)

¶ **9** These are the generations of Esau the father of the Edomites in the hill country of Seir.

10 These are the names of Esau's sons: Eliphaz the son of Adah the wife of Esau, Reuel the son of Basemath the wife of Esau.

11 The sons of Eliphaz were Teman, Omar, Zepho, Gatam, and Kenaz.

12 (Timna was a concubine of Eliphaz, Esau's son; she bore Amalek to Eliphaz.) These are the sons of Adah, Esau's wife.

13 These are the sons of Reuel: Nahath, Zerah, Shammah, and Mizzah. These are the sons of Basemath, Esau's wife.

14 Die Söhne aber von Oholibama, der Frau Esaus, der Tochter des Ana, des Sohnes Zibons, die sie dem Esau gebar, sind diese: Jëusch, Jalam und Korach.

¶ **15** Dies sind die Stammesfürsten der Söhne Esaus. Die Söhne des Elifas, des ersten Sohnes Esaus: der Fürst Teman, der Fürst Omar, der Fürst Zefo, der Fürst Kenas,

16 der Fürst Korach, der Fürst Gatam, der Fürst Amalek. Das sind die Fürsten von Elifas im Lande Edom und sind Söhne von der Ada.

17 Und dies sind die Söhne Reguëls, des Sohnes Esaus: der Fürst Nahat, der Fürst Serach, der Fürst Schamma, der Fürst Misa. Das sind die Fürsten von Reguël im Lande der Edomiter und sind Söhne von der Basemat, der Frau Esaus.

18 Dies sind die Söhne Oholibamas, der Frau Esaus: der Fürst Jëusch, der Fürst Jalam, der Fürst Korach. Das sind die Fürsten von Oholibama, der Tochter des Ana, der Frau Esaus.

19 Das sind Esaus Söhne und ihre Fürsten. Das ist Edom.

¶ **20** Die Söhne aber von Seïr, dem Horiter, die im Lande wohnten, sind diese: Lotan, Schobal, Zibon, Ana,

21 Dischon, Ezer und Dischan. Das sind die Stammesfürsten der Horiter, Söhne des Seïr, im Lande Edom.

22 Aber des Lotan Söhne waren diese: Hori und Hemam; und Lotans Schwester hieß Timna.

23 Die Söhne von Schobal waren diese: Alwan, Manahat, Ebal, Schefi und Onam.

24 Die Söhne von Zibon waren: Aja und Ana. Das ist der Ana, der in der Steppe die warmen Quellen fand, als er die Esel seines Vaters Zibon hütete.

25 Der Sohn Anas aber war: Dischon; und Oholibama war die Tochter Anas.

26 Die Söhne Dischons waren: Hemdan, Eschban, Jitran und Keran.

27 Die Söhne Ezers waren: Bilhan, Saawan und Akan.

28 Die Söhne Dischans waren: Uz und Aran.

¶ **29** Dies sind die Stammesfürsten der Horiter: der Fürst Lotan, der Fürst Schobal, der Fürst Zibon, der Fürst Ana,

30 der Fürst Dischon, der Fürst Ezer, der Fürst Dischan. Das sind die Fürsten der Horiter nach ihren Stämmen im Lande Seïr.

14 These are the sons of Oholibamah the daughter of Anah the daughter of Zibeon, Esau's wife: she bore to Esau Jeush, Jalam, and Korah.

¶ **15** These are the chiefs of the sons of Esau. The sons of Eliphaz the firstborn of Esau: the chiefs Teman, Omar, Zepho, Kenaz,

16 Korah, Gatam, and Amalek; these are the chiefs of Eliphaz in the land of Edom; these are the sons of Adah.

17 These are the sons of Reuel, Esau's son: the chiefs Nahath, Zerah, Shammah, and Mizzah; these are the chiefs of Reuel in the land of Edom; these are the sons of Basemath, Esau's wife.

18 These are the sons of Oholibamah, Esau's wife: the chiefs Jeush, Jalam, and Korah; these are the chiefs born of Oholibamah the daughter of Anah, Esau's wife.

19 These are the sons of Esau (that is, Edom), and these are their chiefs.

¶ **20** These are the sons of Seir the Horite, the inhabitants of the land: Lotan, Shobal, Zibeon, Anah,

21 Dishon, Ezer, and Dishan; these are the chiefs of the Horites, the sons of Seir in the land of Edom.

22 The sons of Lotan were Hori and Hemam; and Lotan's sister was Timna.

23 These are the sons of Shobal: Alvan, Manahath, Ebal, Shepho, and Onam.

24 These are the sons of Zibeon: Aiah and Anah; he is the Anah who found the hot springs in the wilderness, as he pastured the donkeys of Zibeon his father.

25 These are the children of Anah: Dishon and Oholibamah the daughter of Anah.

26 These are the sons of Dishon: Hemdan, Eshban, Ithran, and Cheran.

27 These are the sons of Ezer: Bilhan, Zaavan, and Akan.

28 These are the sons of Dishan: Uz and Aran.

29 These are the chiefs of the Horites: the chiefs Lotan, Shobal, Zibeon, Anah,

30 Dishon, Ezer, and Dishan; these are the chiefs of the Horites, chief by chief in the land of Seir.

Die früheren Könige der Edomiter

31 Die Könige aber, die im Lande Edom regiert haben, bevor Israel Könige hatte, sind diese:

32 Bela war König von Edom, ein Sohn Beors, und seine Stadt hieß Dinhaba.

33 Und als Bela starb, wurde König an seiner statt Jobab, ein Sohn Serachs von Bozra.

34 Als Jobab starb, wurde an seiner statt König Huscham aus dem Lande der Temaniter.

35 Als Huscham starb, wurde König an seiner statt Hadad, ein Sohn Bedads, der die Midianiter schlug auf dem Felde der Moabiter; und seine Stadt hieß Awit.

36 Als Hadad starb, regierte Samla von Masreka.

37 Als Samla starb, wurde Schaul von Rehobot am Strom König an seiner statt.

38 Als Schaul starb, wurde König an seiner statt Baal-Hanan, der Sohn Achbors.

39 Als Baal-Hanan, Achbors Sohn, starb, wurde König an seiner statt Hadar; und seine Stadt hieß Pagu und seine Frau hieß Mehetabel, eine Tochter Matreds, die Me-Sahabs Tochter war.

Die Stammesfürsten der Edomiter

40 So heißen die Fürsten von Esau nach ihren Geschlechtern, Orten und Namen: der Fürst Timna, der Fürst Alwa, der Fürst Jetet,

41 der Fürst Oholibama, der Fürst Ela, der Fürst Pinon,

42 der Fürst Kenas, der Fürst Teman, der Fürst Mibzar,

43 der Fürst Magdiël, der Fürst Iram. Das sind die Fürsten von Edom nach ihren Wohnsitzen in ihrem Erblande. Das ist Esau, der Stammvater der Edomiter.

Josefs Träume

37 Jakob aber wohnte im Lande, in dem sein Vater ein Fremdling gewesen war, im Lande Kanaan.

2 Und dies ist die Geschichte von Jakobs Geschlecht: Josef war siebzehn Jahre alt und war ein Hirte bei den Schafen mit seinen Brüdern; er war Gehilfe bei den Söhnen Bilhas und Silpas, der Frauen seines Vaters, und brachte es vor ihren Vater, wenn etwas Schlechtes über sie geredet wurde.

3 Israel aber hatte Josef lieber als alle seine Söhne, weil er der Sohn seines Alters war, und machte ihm einen bunten Rock.

¶ **31** These are the kings who reigned in the land of Edom, before any king reigned over the Israelites.

32 Bela the son of Beor reigned in Edom, the name of his city being Dinhabah.

33 Bela died, and Jobab the son of Zerah of Bozrah reigned in his place.

34 Jobab died, and Husham of the land of the Temanites reigned in his place.

35 Husham died, and Hadad the son of Bedad, who defeated Midian in the country of Moab, reigned in his place, the name of his city being Avith.

36 Hadad died, and Samlah of Masrekah reigned in his place.

37 Samlah died, and Shaul of Rehoboth on the Euphrates[2] reigned in his place.

38 Shaul died, and Baal-hanan the son of Achbor reigned in his place.

39 Baal-hanan the son of Achbor died, and Hadar reigned in his place, the name of his city being Pau; his wife's name was Mehetabel, the daughter of Matred, daughter of Mezahab.

¶ **40** These are the names of the chiefs of Esau, according to their clans and their dwelling places, by their names: the chiefs Timna, Alvah, Jetheth,

41 Oholibamah, Elah, Pinon,

42 Kenaz, Teman, Mibzar,

43 Magdiel, and Iram; these are the chiefs of Edom (that is, Esau, the father of Edom), according to their dwelling places in the land of their possession.

Joseph's Dreams

37 Jacob lived in the land of his father's sojournings, in the land of Canaan.

¶ **2** These are the generations of Jacob.

¶ Joseph, being seventeen years old, was pasturing the flock with his brothers. He was a boy with the sons of Bilhah and Zilpah, his father's wives. And Joseph brought a bad report of them to their father.

3 Now Israel loved Joseph more than any other of his sons, because he was the son of his old age. And he made him a robe of many colors.[1]

4 Als nun seine Brüder sahen, dass ihn ihr Vater lieber hatte als alle seine Brüder, wurden sie ihm feind und konnten ihm kein freundliches Wort sagen.

5 Dazu hatte Josef einmal einen Traum und sagte seinen Brüdern davon; da wurden sie ihm noch mehr feind.

6 Denn er sprach zu ihnen: Hört doch, was mir geträumt hat.

7 Siehe, wir banden Garben auf dem Felde, und meine Garbe richtete sich auf und stand, aber eure Garben stellten sich ringsumher und neigten sich vor meiner Garbe.

8 Da sprachen seine Brüder zu ihm: Willst du unser König werden und über uns herrschen? Und sie wurden ihm noch mehr feind um seines Traumes und seiner Worte willen.

¶ **9** Und er hatte noch einen zweiten Traum, den erzählte er seinen Brüdern und sprach: Ich habe noch einen Traum gehabt; siehe, die Sonne und der Mond und elf Sterne neigten sich vor mir.

10 Und als er das seinem Vater und seinen Brüdern erzählte, schalt ihn sein Vater und sprach zu ihm: Was ist das für ein Traum, den du geträumt hast? Soll ich und deine Mutter und deine Brüder kommen und vor dir niederfallen?

11 Und seine Brüder wurden neidisch auf ihn. Aber sein Vater behielt diese Worte.

Josef wird nach Ägypten verkauft

12 Als nun seine Brüder hingegangen waren, um das Vieh ihres Vaters in Sichem zu weiden,

13 sprach Israel zu Josef: Hüten nicht deine Brüder das Vieh in Sichem? Komm, ich will dich zu ihnen senden. Er aber sprach: Hier bin ich.

14 Und er sprach: Geh hin und sieh, ob's gut steht um deine Brüder und um das Vieh, und sage mir dann, wie sich's verhält.

¶ Und er sandte ihn aus dem Tal von Hebron, und er kam nach Sichem.

15 Da fand ihn ein Mann, wie er umherirrte auf dem Felde; der fragte ihn und sprach:

16 Wen suchst du? Er antwortete: Ich suche meine Brüder; sage mir doch, wo sie hüten.

17 Der Mann sprach: Sie sind von dannen gezogen; denn ich hörte, dass sie sagten: Lasst uns nach Dotan gehen. Da zog Josef seinen Brüdern nach und fand sie in Dotan.

¶ **18** Als sie ihn nun sahen von ferne, ehe er nahe zu ihnen kam, machten sie einen Anschlag, dass sie ihn töteten,

4 But when his brothers saw that their father loved him more than all his brothers, they hated him and could not speak peacefully to him.

¶ **5** Now Joseph had a dream, and when he told it to his brothers they hated him even more.

6 He said to them, "Hear this dream that I have dreamed:

7 Behold, we were binding sheaves in the field, and behold, my sheaf arose and stood upright. And behold, your sheaves gathered around it and bowed down to my sheaf."

8 His brothers said to him, "Are you indeed to reign over us? Or are you indeed to rule over us?" So they hated him even more for his dreams and for his words.

¶ **9** Then he dreamed another dream and told it to his brothers and said, "Behold, I have dreamed another dream. Behold, the sun, the moon, and eleven stars were bowing down to me."

10 But when he told it to his father and to his brothers, his father rebuked him and said to him, "What is this dream that you have dreamed? Shall I and your mother and your brothers indeed come to bow ourselves to the ground before you?"

11 And his brothers were jealous of him, but his father kept the saying in mind.

Joseph Sold by His Brothers

¶ **12** Now his brothers went to pasture their father's flock near Shechem.

13 And Israel said to Joseph, "Are not your brothers pasturing the flock at Shechem? Come, I will send you to them." And he said to him, "Here I am."

14 So he said to him, "Go now, see if it is well with your brothers and with the flock, and bring me word." So he sent him from the Valley of Hebron, and he came to Shechem.

15 And a man found him wandering in the fields. And the man asked him, "What are you seeking?"

16 "I am seeking my brothers," he said. "Tell me, please, where they are pasturing the flock."

17 And the man said, "They have gone away, for I heard them say, 'Let us go to Dothan.'" So Joseph went after his brothers and found them at ⁵Dothan.

¶ **18** They saw him from afar, and before he came near to them they conspired against him to kill him.

19 und sprachen untereinander: Seht, der Träumer kommt daher!

20 So kommt nun und lasst uns ihn töten und in eine Grube werfen und sagen, ein böses Tier habe ihn gefressen; so wird man sehen, was seine Träume sind.

¶ **21** Als das Ruben hörte, wollte er ihn aus ihren Händen erretten und sprach: Lasst uns ihn nicht töten!

22 Und weiter sprach Ruben zu ihnen: Vergießt nicht Blut, sondern werft ihn in die Grube hier in der Wüste und legt die Hand nicht an ihn! Er wollte ihn aber aus ihrer Hand erretten und ihn seinem Vater wiederbringen.

¶ **23** Als nun Josef zu seinen Brüdern kam, zogen sie ihm seinen Rock aus, den bunten Rock, den er anhatte,

24 und nahmen ihn und warfen ihn in die Grube; aber die Grube war leer und kein Wasser darin.

25 Und sie setzten sich nieder, um zu essen.

¶ Indessen hoben sie ihre Augen auf und sahen eine Karawane von Ismaelitern kommen von Gilead mit ihren Kamelen; die trugen kostbares Harz, Balsam und Myrrhe und zogen hinab nach Ägypten.

26 Da sprach Juda zu seinen Brüdern: Was hilft's uns, dass wir unsern Bruder töten und sein Blut verbergen?

27 Kommt, lasst uns ihn den Ismaelitern verkaufen, damit sich unsere Hände nicht an ihm vergreifen; denn er ist unser Bruder, unser Fleisch und Blut. Und sie gehorchten ihm.

28 Als aber die midianitischen Kaufleute vorüberkamen, zogen sie ihn heraus aus der Grube und verkauften ihn um zwanzig Silberstücke den Ismaelitern; die brachten ihn nach Ägypten.

¶ **29** Als nun Ruben wieder zur Grube kam und Josef nicht darin fand, zerriss er sein Kleid

30 und kam wieder zu seinen Brüdern und sprach: Der Knabe ist nicht da! Wo soll ich hin?

31 Da nahmen sie Josefs Rock und schlachteten einen Ziegenbock und tauchten den Rock ins Blut

32 und schickten den bunten Rock hin und ließen ihn ihrem Vater bringen und sagen: Diesen haben wir gefunden; sieh, ob's deines Sohnes Rock sei oder nicht.

33 Er erkannte ihn aber und sprach: Es ist meines Sohnes Rock; ein böses Tier hat ihn gefressen, ein reißendes Tier hat Josef zerrissen!

19 They said to one another, "Here comes this dreamer.

20 Come now, let us kill him and throw him into one of the pits.[2] Then we will say that a fierce animal has devoured him, and we will see what will become of his dreams."

21 But when Reuben heard it, he rescued him out of their hands, saying, "Let us not take his life."

22 And Reuben said to them, "Shed no blood; throw him into this pit here in the wilderness, but do not lay a hand on him"— that he might rescue him out of their hand to restore him to his father.

23 So when Joseph came to his brothers, they stripped him of his robe, the robe of many colors that he wore.

24 And they took him and threw him into a pit. The pit was empty; there was no water in it.

¶ **25** Then they sat down to eat. And looking up they saw a caravan of Ishmaelites coming from Gilead, with their camels bearing gum, balm, and myrrh, on their way to carry it down to Egypt.

26 Then Judah said to his brothers, "What profit is it if we kill our brother and conceal his blood?

27 Come, let us sell him to the Ishmaelites, and let not our hand be upon him, for he is our brother, our own flesh." And his brothers listened to him.

28 Then Midianite traders passed by. And they drew Joseph up and lifted him out of the pit, and sold him to the Ishmaelites for twenty shekels[3] of silver. They took Joseph to Egypt.

¶ **29** When Reuben returned to the pit and saw that Joseph was not in the pit, he tore his clothes

30 and returned to his brothers and said, "The boy is gone, and I, where shall I go?"

31 Then they took Joseph's robe and slaughtered a goat and dipped the robe in the blood.

32 And they sent the robe of many colors and brought it to their father and said, "This we have found; please identify whether it is your son's robe or not."

33 And he identified it and said, "It is my son's robe. A fierce animal has devoured him. Joseph is without doubt torn to pieces."

34 Und Jakob zerriss seine Kleider und legte ein härenes Tuch um seine Lenden und trug Leid um seinen Sohn lange Zeit.

35 Und alle seine Söhne und Töchter kamen zu ihm, ihn zu trösten; aber er wollte sich nicht trösten lassen und sprach: Ich werde mit Leid hinunterfahren zu den Toten, zu meinem Sohn. Und sein Vater beweinte ihn.

¶ **36** Aber die Midianiter verkauften ihn in Ägypten an Potifar, des Pharao Kämmerer und Obersten der Leibwache.

Juda und Tamar

38 Es begab sich um diese Zeit, dass Juda hinabzog von seinen Brüdern und gesellte sich zu einem Mann aus Adullam, der hieß Hira.

2 Und Juda sah dort die Tochter eines Kanaaniters, der hieß Schua, und nahm sie zur Frau. Und als er zu ihr einging,

3 ward sie schwanger und gebar einen Sohn, den nannte er Er.

4 Und sie ward abermals schwanger und gebar einen Sohn, den nannte sie Onan.

5 Sie gebar abermals einen Sohn, den nannte sie Schela; und sie war in Kesib, als sie ihn gebar.

¶ **6** Und Juda gab seinem ersten Sohn Er eine Frau, die hieß Tamar.

7 Aber Er war böse vor dem HERRN, darum ließ ihn der HERR sterben.

8 Da sprach Juda zu Onan: Geh zu deines Bruders Frau und nimm sie zur Schwagerehe, auf dass du deinem Bruder Nachkommen schaffest.

9 Aber da Onan wusste, dass die Kinder nicht sein Eigen sein sollten, ließ er's auf die Erde fallen und verderben, wenn er einging zu seines Bruders Frau, auf dass er seinem Bruder nicht Nachkommen schaffe.

10 Dem HERRN missfiel aber, was er tat, und er ließ ihn auch sterben.

¶ **11** Da sprach Juda zu seiner Schwiegertochter Tamar: Bleibe eine Witwe in deines Vaters Hause, bis mein Sohn Schela groß wird. Denn er dachte, vielleicht würde der auch sterben wie seine Brüder. So ging Tamar hin und blieb in ihres Vaters Hause.

¶ **12** Als nun viele Tage verlaufen waren, starb Judas Frau, die Tochter des Schua. Und nachdem Juda ausgetrauert hatte, ging er hinauf, seine Schafe zu scheren, nach Timna mit seinem Freunde Hira von Adullam.

34 Then Jacob tore his garments and put sackcloth on his loins and mourned for his son many days.

35 All his sons and all his daughters rose up to comfort him, but he refused to be comforted and said, "No, I shall go down to Sheol to my son, mourning." Thus his father wept for him.

36 Meanwhile the Midianites had sold him in Egypt to Potiphar, an officer of Pharaoh, the captain of the guard.

Judah and Tamar

38 It happened at that time that Judah went down from his brothers and turned aside to a certain Adullamite, whose name was Hirah.

2 There Judah saw the daughter of a certain Canaanite whose name was Shua. He took her and went in to her,

3 and she conceived and bore a son, and he called his name Er.

4 She conceived again and bore a son, and she called his name Onan.

5 Yet again she bore a son, and she called his name Shelah. Judah[1] was in Chezib when she bore him.

¶ **6** And Judah took a wife for Er his firstborn, and her name was Tamar.

7 But Er, Judah's firstborn, was wicked in the sight of the LORD, and the LORD put him to death.

8 Then Judah said to Onan, "Go in to your brother's wife and perform the duty of a brother-in-law to her, and raise up offspring for your brother."

9 But Onan knew that the offspring would not be his. So whenever he went in to his brother's wife he would waste the semen on the ground, so as not to give offspring to his brother.

10 And what he did was wicked in the sight of the LORD, and he put him to death also.

11 Then Judah said to Tamar his daughter-in-law, "Remain a widow in your father's house, till Shelah my son grows up"—for he feared that he would die, like his brothers. So Tamar went and remained in her father's house.

¶ **12** In the course of time the wife of Judah, Shua's daughter, died. When Judah was comforted, he went up to Timnah to his sheepshearers, he and his friend Hirah the Adullamite.

13 Da wurde der Tamar gesagt: Siehe, dein Schwiegervater geht hinauf nach Timna, seine Schafe zu scheren.

14 Da legte sie die Witwenkleider von sich, die sie trug, deckte sich mit einem Schleier und verhüllte sich und setzte sich vor das Tor von Enajim an dem Wege nach Timna; denn sie hatte gesehen, dass Schela groß geworden war, aber sie wurde ihm nicht zur Frau gegeben.

¶ **15** Als Juda sie nun sah, meinte er, es wäre eine Hure, denn sie hatte ihr Angesicht verdeckt.

16 Und er machte sich zu ihr am Wege und sprach: Lass mich doch zu dir kommen; denn er wusste nicht, dass es seine Schwiegertochter war. Sie antwortete: Was willst du mir geben, wenn du zu mir kommst?

17 Er sprach: Ich will dir einen Ziegenbock von der Herde senden. Sie antwortete: So gib mir ein Pfand, bis du ihn mir sendest.

18 Er sprach: Was willst du für ein Pfand, das ich dir geben soll? Sie antwortete: Dein Siegel und deine Schnur und deinen Stab, den du in der Hand hast. Da gab er's ihr und kam zu ihr; und sie ward von ihm schwanger.

19 Und sie machte sich auf und ging hinweg und legte den Schleier ab und zog ihre Witwenkleider wieder an.

¶ **20** Juda aber sandte den Ziegenbock durch seinen Freund von Adullam, damit er das Pfand zurückholte von der Frau. Und er fand sie nicht.

21 Da fragte er die Leute des Ortes und sprach: Wo ist die Hure, die zu Enajim am Wege saß? Sie antworteten: Es ist keine Hure da gewesen.

22 Und er kam wieder zu Juda und sprach: Ich habe sie nicht gefunden; dazu sagen die Leute des Ortes, es sei keine Hure da gewesen.

23 Juda sprach: Sie mag's behalten, damit wir nur nicht in Verruf geraten! Siehe, ich habe den Bock gesandt, und du hast sie nicht gefunden.

¶ **24** Nach drei Monaten wurde Juda angesagt: Deine Schwiegertochter Tamar hat Hurerei getrieben; und siehe, sie ist davon schwanger geworden. Juda sprach: Führt sie heraus, dass sie verbrannt werde.

25 Und als man sie hinausführte, schickte sie zu ihrem Schwiegervater und sprach: Von dem Mann bin ich schwanger, dem dies gehört. Und sie sprach: Erkennst du auch, wem dies Siegel und diese Schnur und dieser Stab gehören?

13 And when Tamar was told, "Your father-in-law is going up to Timnah to shear his sheep,"

14 she took off her widow's garments and covered herself with a veil, wrapping herself up, and sat at the entrance to Enaim, which is on the road to Timnah. For she saw that Shelah was grown up, and she had not been given to him in marriage.

15 When Judah saw her, he thought she was a prostitute, for she had covered her face.

16 He turned to her at the roadside and said, "Come, let me come in to you," for he did not know that she was his daughter-in-law. She said, "What will you give me, that you may come in to me?"

17 He answered, "I will send you a young goat from the flock." And she said, "If you give me a pledge, until you send it—"

18 He said, "What pledge shall I give you?" She replied, "Your signet and your cord and your staff that is in your hand." So he gave them to her and went in to her, and she conceived by him.

19 Then she arose and went away, and taking off her veil she put on the garments of her widowhood.

¶ **20** When Judah sent the young goat by his friend the Adullamite to take back the pledge from the woman's hand, he did not find her.

21 And he asked the men of the place, "Where is the cult prostitute[2] who was at Enaim at the roadside?" And they said, "No cult prostitute has been here."

22 So he returned to Judah and said, "I have not found her. Also, the men of the place said, 'No cult prostitute has been here.'"

23 And Judah replied, "Let her keep the things as her own, or we shall be laughed at. You see, I sent this young goat, and you did not find her."

¶ **24** About three months later Judah was told, "Tamar your daughter-in-law has been immoral.[3] Moreover, she is pregnant by immorality."[4] And Judah said, "Bring her out, and let her be burned."

25 As she was being brought out, she sent word to her father-in-law, "By the man to whom these belong, I am pregnant." And she said, "Please identify whose these are, the signet and the cord and the staff."

26 Juda erkannte es und sprach: Sie ist gerechter als ich; denn ich habe sie meinem Sohn Schela nicht gegeben. Doch wohnte er ihr nicht mehr bei.

¶ **27** Und als sie gebären sollte, wurden Zwillinge in ihrem Leibe gefunden.

28 Und als sie gebar, tat sich eine Hand heraus. Da nahm die Wehmutter einen roten Faden und band ihn darum und sprach: Der ist zuerst herausgekommen.

29 Als aber der seine Hand wieder hineinzog, kam sein Bruder heraus, und sie sprach: Warum hast du um deinetwillen solchen Riss gerissen? Und man nannte ihn Perez.

30 Danach kam sein Bruder heraus, der den roten Faden um seine Hand hatte. Und man nannte ihn Serach.

Josef in Potifars Haus

39 Josef wurde hinab nach Ägypten geführt, und Potifar, ein ägyptischer Mann, des Pharao Kämmerer und Oberster der Leibwache, kaufte ihn von den Ismaelitern, die ihn hinabgebracht hatten.

2 Und der HERR war mit Josef, sodass er ein Mann wurde, dem alles glückte. Und er war in seines Herrn, des Ägypters, Hause.

¶ **3** Und sein Herr sah, dass der HERR mit ihm war; denn alles, was er tat, das ließ der HERR in seiner Hand glücken,

4 sodass er Gnade fand vor seinem Herrn und sein Diener wurde. Der setzte ihn über sein Haus; und alles, was er hatte, tat er unter seine Hände.

5 Und von der Zeit an, da er ihn über sein Haus und alle seine Güter gesetzt hatte, segnete der HERR des Ägypters Haus um Josefs willen, und es war lauter Segen des HERRN in allem, was er hatte, zu Hause und auf dem Felde.

6 Darum ließ er alles unter Josefs Händen, was er hatte, und kümmerte sich, da er ihn hatte, um nichts außer um das, was er aß und trank. Und Josef war schön an Gestalt und hübsch von Angesicht.

¶ **7** Und es begab sich danach, dass seines Herrn Frau ihre Augen auf Josef warf und sprach: Lege dich zu mir!

8 Er weigerte sich aber und sprach zu ihr: Siehe, mein Herr kümmert sich, da er mich hat, um nichts, was im Hause ist, und alles, was er hat, das hat er unter meine Hände getan;

9 er ist in diesem Hause nicht größer als ich und er hat mir nichts vorenthalten außer dir, weil du seine Frau bist. **Wie sollte ich denn nun ein solch großes Übel tun und gegen Gott sündigen?**

Joseph and Potiphar's Wife

26 Then Judah identified them and said, "She is more righteous than I, since I did not give her to my son Shelah." And he did not know her again.

¶ **27** When the time of her labor came, there were twins in her womb.

28 And when she was in labor, one put out a hand, and the midwife took and tied a scarlet thread on his hand, saying, "This one came out first."

29 But as he drew back his hand, behold, his brother came out. And she said, "What a breach you have made for yourself!" Therefore his name was called Perez.[5]

30 Afterward his brother came out with the scarlet thread on his hand, and his name was called Zerah.

Joseph and Potiphar's Wife

39 Now Joseph had been brought down to Egypt, and Potiphar, an officer of Pharaoh, the captain of the guard, an Egyptian, had bought him from the Ishmaelites who had brought him down there.

2 The LORD was with Joseph, and he became a successful man, and he was in the house of his Egyptian master.

3 His master saw that the LORD was with him and that the LORD caused all that he did to succeed in his hands.

4 So Joseph found favor in his sight and attended him, and he made him overseer of his house and put him in charge of all that he had.

5 From the time that he made him overseer in his house and over all that he had the LORD blessed the Egyptian's house for Joseph's sake; the blessing of the LORD was on all that he had, in house and field.

6 So he left all that he had in Joseph's charge, and because of him he had no concern about anything but the food he ate.

¶ Now Joseph was handsome in form and appearance.

7 And after a time his master's wife cast her eyes on Joseph and said, "Lie with me."

8 But he refused and said to his master's wife, "Behold, because of me my master has no concern about anything in the house, and he has put everything that he has in my charge.

9 He is not greater in this house than I am, nor has he kept back anything from me except yourself, because you are his wife. How then can I do this great wickedness and sin against God?"

10 Und sie bedrängte Josef mit solchen Worten täglich. Aber er gehorchte ihr nicht, dass er sich zu ihr legte und bei ihr wäre.

¶ **11** Es begab sich eines Tages, dass Josef in das Haus ging, seine Arbeit zu tun, und kein Mensch vom Gesinde des Hauses war dabei.

12 Und sie erwischte ihn bei seinem Kleid und sprach: Lege dich zu mir! Aber er ließ das Kleid in ihrer Hand und floh und lief zum Hause hinaus.

13 Als sie nun sah, dass er sein Kleid in ihrer Hand ließ und hinaus entfloh,

14 rief sie das Gesinde ihres Hauses und sprach zu ihnen: Seht, er hat uns den hebräischen Mann hergebracht, dass der seinen Mutwillen mit uns treibe. Er kam zu mir herein und wollte sich zu mir legen; aber ich rief mit lauter Stimme.

15 Und als er hörte, dass ich ein Geschrei machte und rief, da ließ er sein Kleid bei mir und floh und lief hinaus.

¶ **16** Und sie legte sein Kleid neben sich, bis sein Herr heimkam,

17 und sagte zu ihm ebendieselben Worte und sprach: Der hebräische Knecht, den du uns hergebracht hast, kam zu mir herein und wollte seinen Mutwillen mit mir treiben.

18 Als ich aber ein Geschrei machte und rief, da ließ er sein Kleid bei mir und floh hinaus.

Josef im Gefängnis

19 Als sein Herr die Worte seiner Frau hörte, die sie ihm sagte und sprach: So hat dein Knecht an mir getan, wurde er sehr zornig.

20 Da nahm ihn sein Herr und legte ihn ins Gefängnis, in dem des Königs Gefangene waren. Und er lag allda im Gefängnis.

21 Aber der HERR war mit ihm und neigte die Herzen zu ihm und ließ ihn Gnade finden vor dem Amtmann über das Gefängnis,

22 sodass er ihm alle Gefangenen im Gefängnis unter seine Hand gab und alles, was dort geschah, durch ihn geschehen musste.

23 Der Amtmann über das Gefängnis kümmerte sich um nichts; denn der HERR war mit Josef, und was er tat, dazu gab der HERR Glück.

Josef legt zwei Gefangenen ihre Träume aus

40 Und es begab sich danach, dass sich der Mundschenk des Königs von Ägypten und der Bäcker versündigten an ihrem Herrn, dem König von Ägypten.

10 And as she spoke to Joseph day after day, he would not listen to her, to lie beside her or to be with her.

¶ **11** But one day, when he went into the house to do his work and none of the men of the house was there in the house,

12 she caught him by his garment, saying, "Lie with me." But he left his garment in her hand and fled and got out of the house.

13 And as soon as she saw that he had left his garment in her hand and had fled out of the house,

14 she called to the men of her household and said to them, "See, he has brought among us a Hebrew to laugh at us. He came in to me to lie with me, and I cried out with a loud voice.

15 And as soon as he heard that I lifted up my voice and cried out, he left his garment beside me and fled and got out of the house."

16 Then she laid up his garment by her until his master came home,

17 and she told him the same story, saying, "The Hebrew servant, whom you have brought among us, came in to me to laugh at me.

18 But as soon as I lifted up my voice and cried, he left his garment beside me and fled out of the house."

¶ **19** As soon as his master heard the words that his wife spoke to him, "This is the way your servant treated me," his anger was kindled.

20 And Joseph's master took him and put him into the prison, the place where the king's prisoners were confined, and he was there in prison.

21 But the LORD was with Joseph and showed him steadfast love and gave him favor in the sight of the keeper of the prison.

22 And the keeper of the prison put Joseph in charge of all the prisoners who were in the prison. Whatever was done there, he was the one who did it.

23 The keeper of the prison paid no attention to anything that was in Joseph's charge, because the LORD was with him. And whatever he did, the LORD made it succeed.

Joseph Interprets Two Prisoners' Dreams

40 Some time after this, the cupbearer of the king of Egypt and his baker committed an offense against their lord the king of Egypt.

2 Und der Pharao wurde zornig über seine beiden Kämmerer, gegen den Obersten über die Schenken und gegen den Obersten über die Bäcker,

3 und ließ sie setzen in des Amtmanns Haus ins Gefängnis, wo Josef gefangen lag.

4 Und der Amtmann gab ihnen Josef bei, dass er ihnen diente. Und sie saßen etliche Zeit im Gefängnis.

¶ **5** Und es träumte ihnen beiden, dem Schenken und dem Bäcker des Königs von Ägypten, in **einer** Nacht einem jeden ein eigener Traum, und eines jeden Traum hatte seine Bedeutung.

6 Als nun am Morgen Josef zu ihnen hineinkam und sah, dass sie traurig waren,

7 fragte er sie und sprach: Warum seid ihr heute so traurig?

8 Sie antworteten: Es hat uns geträumt und wir haben niemand, der es uns auslege. Josef sprach: Auslegen gehört Gott zu; doch erzähl mir's.

¶ **9** Da erzählte der oberste Schenk seinen Traum und sprach zu Josef: Mir hat geträumt, dass ein Weinstock vor mir wäre,

10 der hatte drei Reben und er grünte, wuchs und blühte und seine Trauben wurden reif.

11 Und ich hatte den Becher des Pharao in meiner Hand und nahm die Beeren und zerdrückte sie in den Becher und gab den Becher dem Pharao in die Hand.

¶ **12** Josef sprach zu ihm: Das ist seine Deutung: Drei Reben sind drei Tage.

13 Nach drei Tagen wird der Pharao dein Haupt erheben und dich wieder in dein Amt setzen, dass du ihm den Becher in die Hand gibst wie vormals, als du sein Schenk warst.

14 Aber gedenke meiner, wenn dir's wohlgeht, und tu Barmherzigkeit an mir, dass du dem Pharao von mir sagst und mich so aus diesem Hause bringst.

15 Denn ich bin aus dem Lande der Hebräer heimlich gestohlen worden; und auch hier hab ich nichts getan, weswegen sie mich hätten ins Gefängnis setzen dürfen.

¶ **16** Als der oberste Bäcker sah, dass die Deutung gut war, sprach er zu Josef: Mir hat auch geträumt, ich trüge drei Körbe mit feinem Backwerk auf meinem Haupt

2 And Pharaoh was angry with his two officers, the chief cupbearer and the chief baker,

3 and he put them in custody in the house of the captain of the guard, in the prison where Joseph was confined.

4 The captain of the guard appointed Joseph to be with them, and he attended them. They continued for some time in custody.

¶ **5** And one night they both dreamed— the cupbearer and the baker of the king of Egypt, who were confined in the prison—each his own dream, and each dream with its own interpretation.

6 When Joseph came to them in the morning, he saw that they were troubled.

7 So he asked Pharaoh's officers who were with him in custody in his master's house, "Why are your faces downcast today?"

8 They said to him, "We have had dreams, and there is no one to interpret them." And Joseph said to them, "Do not interpretations belong to God? Please tell them to me."

¶ **9** So the chief cupbearer told his dream to Joseph and said to him, "In my dream there was a vine before me,

10 and on the vine there were three branches. As soon as it budded, its blossoms shot forth, and the clusters ripened into grapes.

11 Pharaoh's cup was in my hand, and I took the grapes and pressed them into Pharaoh's cup and placed the cup in Pharaoh's hand."

12 Then Joseph said to him, "This is its interpretation: the three branches are three days.

13 In three days Pharaoh will lift up your head and restore you to your office, and you shall place Pharaoh's cup in his hand as formerly, when you were his cupbearer.

14 Only remember me, when it is well with you, and please do me the kindness to mention me to Pharaoh, and so get me out of this house.

15 For I was indeed stolen out of the land of the Hebrews, and here also I have done nothing that they should put me into the pit."

¶ **16** When the chief baker saw that the interpretation was favorable, he said to Joseph, "I also had a dream: there were three cake baskets on my head,

17 und im obersten Korbe allerlei Gebackenes für den Pharao, und die Vögel fraßen aus dem Korbe auf meinem Haupt.

¶ **18** Josef antwortete und sprach: Das ist seine Deutung: Drei Körbe sind drei Tage.

19 Und nach drei Tagen wird der Pharao dein Haupt erheben und dich an den Galgen hängen, und die Vögel werden dein Fleisch von dir fressen.

¶ **20** Und es geschah am dritten Tage, da beging der Pharao seinen Geburtstag. Und er machte ein Festmahl für alle seine Großen und erhob das Haupt des obersten Schenken und das Haupt des obersten Bäckers unter seinen Großen

21 und setzte den obersten Schenken wieder in sein Amt, dass er den Becher reiche in des Pharao Hand,

22 aber den obersten Bäcker ließ er aufhängen, wie ihnen Josef gedeutet hatte.

23 Aber der oberste Schenk dachte nicht an Josef, sondern vergaß ihn.

Josef deutet die Träume des Pharao

41 Und nach zwei Jahren hatte der Pharao einen Traum, er stünde am Nil

2 und sähe aus dem Wasser steigen sieben schöne, fette Kühe; die gingen auf der Weide im Grase.

3 Nach diesen sah er andere sieben Kühe aus dem Wasser aufsteigen; die waren hässlich und mager und traten neben die Kühe am Ufer des Nils.

4 Und die hässlichen und mageren fraßen die sieben schönen, fetten Kühe. Da erwachte der Pharao.

¶ **5** Und er schlief wieder ein, und ihm träumte abermals und er sah, dass sieben Ähren aus **einem** Halm wuchsen, voll und dick.

6 Danach sah er sieben dünne Ähren aufgehen, die waren vom Ostwind versengt.

7 Und die sieben mageren Ähren verschlangen die sieben dicken und vollen Ähren. Da erwachte der Pharao und merkte, dass es ein Traum war.

¶ **8** Und als es Morgen wurde, war sein Geist bekümmert, und er schickte aus und ließ rufen alle Wahrsager in Ägypten und alle Weisen und erzählte ihnen seine Träume. Aber da war keiner, der sie dem Pharao deuten konnte.

¶ **9** Da redete der oberste Schenk zum Pharao und sprach: Ich muss heute an meine Sünden denken:

17 and in the uppermost basket there were all sorts of baked food for Pharaoh, but the birds were eating it out of the basket on my head."

18 And Joseph answered and said, "This is its interpretation: the three baskets are three days.

19 In three days Pharaoh will lift up your head—from you!—and hang you on a tree. And the birds will eat the flesh from you."

¶ **20** On the third day, which was Pharaoh's birthday, he made a feast for all his servants and lifted up the head of the chief cupbearer and the head of the chief baker among his servants.

21 He restored the chief cupbearer to his position, and he placed the cup in Pharaoh's hand.

22 But he hanged the chief baker, as Joseph had interpreted to them.

23 Yet the chief cupbearer did not remember Joseph, but forgot him.

Joseph Interprets Pharaoh's Dreams

41 After two whole years, Pharaoh dreamed that he was standing by the Nile,

2 and behold, there came up out of the Nile seven cows attractive and plump, and they fed in the reed grass.

3 And behold, seven other cows, ugly and thin, came up out of the Nile after them, and stood by the other cows on the bank of the Nile.

4 And the ugly, thin cows ate up the seven attractive, plump cows. And Pharaoh awoke.

5 And he fell asleep and dreamed a second time. And behold, seven ears of grain, plump and good, were growing on one stalk.

6 And behold, after them sprouted seven ears, thin and blighted by the east wind.

7 And the thin ears swallowed up the seven plump, full ears. And Pharaoh awoke, and behold, it was a dream.

8 So in the morning his spirit was troubled, and he sent and called for all the magicians of Egypt and all its wise men. Pharaoh told them his dreams, but there was none who could interpret them to Pharaoh.

¶ **9** Then the chief cupbearer said to Pharaoh, "I remember my offenses today.

10 Als der Pharao zornig wurde über seine Knechte und mich mit dem obersten Bäcker ins Gefängnis legte in des Amtmanns Hause,

11 da träumte uns beiden in **einer** Nacht einem jeden sein Traum, dessen Deutung ihn betraf.

12 Da war bei uns ein hebräischer Jüngling, des Amtmanns Knecht, dem erzählten wir's. Und er deutete uns unsere Träume, einem jeden nach seinem Traum.

13 Und wie er uns deutete, so ist's gekommen; denn ich bin wieder in mein Amt gesetzt, aber jener wurde aufgehängt.

¶ **14** Da sandte der Pharao hin und ließ Josef rufen, und sie ließen ihn eilends aus dem Gefängnis. Und er ließ sich scheren und zog andere Kleider an und kam hinein zum Pharao.

15 Da sprach der Pharao zu ihm: Ich habe einen Traum gehabt und es ist niemand, der ihn deuten kann. Ich habe aber von dir sagen hören, wenn du einen Traum hörst, so kannst du ihn deuten.

16 Josef antwortete dem Pharao und sprach: Das steht nicht bei mir; Gott wird jedoch dem Pharao Gutes verkünden.

¶ **17** Der Pharao sprach zu Josef: Mir träumte, ich stand am Ufer des Nils

18 und sah aus dem Wasser steigen sieben schöne, fette Kühe; die gingen auf der Weide im Grase.

19 Und nach ihnen sah ich andere sieben dürre, sehr hässliche und magere Kühe heraussteigen. Ich hab in ganz Ägyptenland nicht so hässliche gesehen.

20 Und die sieben mageren und hässlichen Kühe fraßen die sieben ersten, fetten Kühe auf.

21 Und als sie die hineingefressen hatten, merkte man's ihnen nicht an, dass sie die gefressen hatten, und waren hässlich wie zuvor. Da wachte ich auf.

22 Und ich sah abermals in meinem Traum sieben Ähren auf **einem** Halm wachsen, voll und dick.

23 Danach gingen auf sieben dürre Ähren, dünn und versengt.

24 Und die sieben dünnen Ähren verschlangen die sieben dicken Ähren. Und ich habe es den Wahrsagern gesagt, aber die können's mir nicht deuten.

¶ **25** Josef antwortete dem Pharao: Beide Träume des Pharao bedeuten das Gleiche. Gott verkündet dem Pharao, was er vorhat.

10 When Pharaoh was angry with his servants and put me and the chief baker in custody in the house of the captain of the guard,

11 we dreamed on the same night, he and I, each having a dream with its own interpretation.

12 A young Hebrew was there with us, a servant of the captain of the guard. When we told him, he interpreted our dreams to us, giving an interpretation to each man according to his dream.

13 And as he interpreted to us, so it came about. I was restored to my office, and the baker was hanged."

¶ **14** Then Pharaoh sent and called Joseph, and they quickly brought him out of the pit. And when he had shaved himself and changed his clothes, he came in before Pharaoh.

15 And Pharaoh said to Joseph, "I have had a dream, and there is no one who can interpret it. I have heard it said of you that when you hear a dream you can interpret it."

16 Joseph answered Pharaoh, "It is not in me; God will give Pharaoh a favorable answer."[1]

17 Then Pharaoh said to Joseph, "Behold, in my dream I was standing on the banks of the Nile.

18 Seven cows, plump and attractive, came up out of the Nile and fed in the reed grass.

19 Seven other cows came up after them, poor and very ugly and thin, such as I had never seen in all the land of Egypt.

20 And the thin, ugly cows ate up the first seven plump cows,

21 but when they had eaten them no one would have known that they had eaten them, for they were still as ugly as at the beginning. Then I awoke.

22 I also saw in my dream seven ears growing on one stalk, full and good.

23 Seven ears, withered, thin, and blighted by the east wind, sprouted after them,

24 and the thin ears swallowed up the seven good ears. And I told it to the magicians, but there was no one who could explain it to me."

¶ **25** Then Joseph said to Pharaoh, "The dreams of Pharaoh are one; God has revealed to Pharaoh what he is about to do.

26 Die sieben schönen Kühe sind sieben Jahre und die sieben guten Ähren sind dieselben sieben Jahre. Es ist ein und derselbe Traum.

27 Die sieben mageren und hässlichen Kühe, die nach jenen aufgestiegen sind, das sind sieben Jahre und die sieben mageren und versengten Ähren sind sieben Jahre des Hungers.

28 Das meinte ich, wenn ich gesagt habe zum Pharao, dass Gott dem Pharao zeigt, was er vorhat.

29 Siehe, sieben reiche Jahre werden kommen in ganz Ägyptenland.

30 Und nach ihnen werden sieben Jahre des Hungers kommen, sodass man vergessen wird alle Fülle in Ägyptenland. Und der Hunger wird das Land verzehren,

31 dass man nichts wissen wird von der Fülle im Lande vor der Hungersnot, die danach kommt; denn sie wird sehr schwer sein.

32 Dass aber dem Pharao zweimal geträumt hat, bedeutet, dass Gott solches gewiss und eilends tun wird.

¶ **33** Nun sehe der Pharao nach einem verständigen und weisen Mann, den er über Ägyptenland setze,

34 und sorge dafür, dass er Amtleute verordne im Lande und nehme den Fünften in Ägyptenland in den sieben reichen Jahren

35 und lasse sie sammeln den ganzen Ertrag der guten Jahre, die kommen werden, dass sie Getreide aufschütten in des Pharao Kornhäusern zum Vorrat in den Städten und es verwahren,

36 damit für Nahrung gesorgt sei für das Land in den sieben Jahren des Hungers, die über Ägyptenland kommen werden, und das Land nicht vor Hunger verderbe.

Josefs Erhöhung

37 Die Rede gefiel dem Pharao und allen seinen Großen gut.

38 Und der Pharao sprach zu seinen Großen: Wie könnten wir einen Mann finden, in dem der Geist Gottes ist wie in diesem?

39 Und er sprach zu Josef: Weil dir Gott dies alles kundgetan hat, ist keiner so verständig und weise wie du.

40 Du sollst über mein Haus sein, und deinem Wort soll all mein Volk gehorsam sein; allein um den königlichen Thron will ich höher sein als du.

¶ **41** Und weiter sprach der Pharao zu Josef: Siehe, ich habe dich über ganz Ägyptenland gesetzt.

26 The seven good cows are seven years, and the seven good ears are seven years; the dreams are one.

27 The seven lean and ugly cows that came up after them are seven years, and the seven empty ears blighted by the east wind are also seven years of famine.

28 It is as I told Pharaoh; God has shown to Pharaoh what he is about to do.

29 There will come seven years of great plenty throughout all the land of Egypt,

30 but after them there will arise seven years of famine, and all the plenty will be forgotten in the land of Egypt. The famine will consume the land,

31 and the plenty will be unknown in the land by reason of the famine that will follow, for it will be very severe.

32 And the doubling of Pharaoh's dream means that the thing is fixed by God, and God will shortly bring it about.

33 Now therefore let Pharaoh select a discerning and wise man, and set him over the land of Egypt.

34 Let Pharaoh proceed to appoint overseers over the land and take one-fifth of the produce of the land[2] of Egypt during the seven plentiful years.

35 And let them gather all the food of these good years that are coming and store up grain under the authority of Pharaoh for food in the cities, and let them keep it.

36 That food shall be a reserve for the land against the seven years of famine that are to occur in the land of Egypt, so that the land may not perish through the famine."

Joseph Rises to Power

¶ **37** This proposal pleased Pharaoh and all his servants.

38 And Pharaoh said to his servants, "Can we find a man like this, in whom is the Spirit of God?"[3]

39 Then Pharaoh said to Joseph, "Since God has shown you all this, there is none so discerning and wise as you are.

40 You shall be over my house, and all my people shall order themselves as you command.[4] Only as regards the throne will I be greater than you."

41 And Pharaoh said to Joseph, "See, I have set you over all the land of Egypt."

42 Und er tat seinen Ring von seiner Hand und gab ihn Josef an seine Hand und kleidete ihn mit kostbarer Leinwand und legte ihm eine goldene Kette um seinen Hals

43 und ließ ihn auf seinem zweiten Wagen fahren und ließ vor ihm her ausrufen: Der ist des Landes Vater! Und setzte ihn über ganz Ägyptenland.

44 Und der Pharao sprach zu Josef: Ich bin der Pharao, aber ohne deinen Willen soll niemand seine Hand oder seinen Fuß regen in ganz Ägyptenland.

45 Und er nannte ihn Zafenat-Paneach und gab ihm zur Frau Asenat, die Tochter Potiferas, des Priesters zu On.

46 Und Josef war dreißig Jahre alt, als er vor dem Pharao stand, dem König von Ägypten. Und er ging hinweg vom Pharao und zog durch ganz Ägyptenland.

Josefs Fürsorge für Ägypten. Die Geburt seiner Söhne

47 Und das Land trug in den sieben reichen Jahren die Fülle.

48 Und Josef sammelte die ganze Ernte der sieben Jahre, da Überfluss im Lande Ägypten war, und tat sie in die Städte. Was an Getreide auf dem Felde rings um eine jede Stadt wuchs, das tat er hinein.

49 So schüttete Josef das Getreide auf, über die Maßen viel wie Sand am Meer, sodass er aufhörte zu zählen; denn man konnte es nicht zählen.

¶ 50 Und Josef wurden zwei Söhne geboren, bevor die Hungerzeit kam; die gebar ihm Asenat, die Tochter Potiferas, des Priesters zu On.

51 Und er nannte den ersten Manasse; denn Gott, sprach er, hat mich vergessen lassen all mein Unglück und mein ganzes Vaterhaus.

52 Den andern nannte er Ephraim; denn Gott, sprach er, hat mich wachsen lassen in dem Lande meines Elends.

¶ 53 Als nun die sieben reichen Jahre um waren im Lande Ägypten,

54 da fingen an die sieben Hungerjahre zu kommen, wie Josef gesagt hatte. Und es ward eine Hungersnot in allen Landen, aber in ganz Ägyptenland war Brot.

55 Als nun ganz Ägyptenland auch Hunger litt, schrie das Volk zum Pharao um Brot. Aber der Pharao sprach zu allen Ägyptern: Geht hin zu Josef; was der euch sagt, das tut.

42 Then Pharaoh took his signet ring from his hand and put it on Joseph's hand, and clothed him in garments of fine linen and put a gold chain about his neck.

43 And he made him ride in his second chariot. And they called out before him, "Bow the knee!"[5] Thus he set him over all the land of Egypt.

44 Moreover, Pharaoh said to Joseph, "I am Pharaoh, and without your consent no one shall lift up hand or foot in all the land of Egypt."

45 And Pharaoh called Joseph's name Zaphenath-paneah. And he gave him in marriage Asenath, the daughter of Potiphera priest of On. So Joseph went out over the land of Egypt.

¶ 46 Joseph was thirty years old when he entered the service of Pharaoh king of Egypt. And Joseph went out from the presence of Pharaoh and went through all the land of Egypt.

47 During the seven plentiful years the earth produced abundantly,

48 and he gathered up all the food of these seven years, which occurred in the land of Egypt, and put the food in the cities. He put in every city the food from the fields around it.

49 And Joseph stored up grain in great abundance, like the sand of the sea, until he ceased to measure it, for it could not be measured.

¶ 50 Before the year of famine came, two sons were born to Joseph. Asenath, the daughter of Potiphera priest of On, bore them to him.

51 Joseph called the name of the firstborn Manasseh. "For," he said, "God has made me forget all my hardship and all my father's house."[6]

52 The name of the second he called Ephraim, "For God has made me fruitful in the land of my affliction."[7]

¶ 53 The seven years of plenty that occurred in the land of Egypt came to an end,

54 and the seven years of famine began to come, as Joseph had said. There was famine in all lands, but in all the land of Egypt there was bread.

55 When all the land of Egypt was famished, the people cried to Pharaoh for bread. Pharaoh said to all the Egyptians, "Go to Joseph. What he says to you, do."

56 Als nun im ganzen Lande Hungersnot war, tat Josef alle Kornhäuser auf und verkaufte den Ägyptern; denn der Hunger ward je länger je größer im Lande.

57 Und alle Welt kam nach Ägypten, um bei Josef zu kaufen; denn der Hunger war groß in allen Landen.

Erste Reise der Söhne Jakobs nach Ägypten

42 Als aber Jakob sah, dass Getreide in Ägypten zu haben war, sprach er zu seinen Söhnen: Was seht ihr euch lange an?

2 Siehe, ich höre, es sei in Ägypten Getreide zu haben; zieht hinab und kauft uns Getreide, dass wir leben und nicht sterben.

3 Da zogen hinab zehn Brüder Josefs, um in Ägypten Getreide zu kaufen.

4 Aber den Benjamin, Josefs Bruder, ließ Jakob nicht mit seinen Brüdern ziehen; denn er sprach: Es könnte ihm ein Unfall begegnen.

¶ **5** So kamen die Söhne Israels, Getreide zu kaufen, samt andern, die mit ihnen zogen; denn es war auch im Lande Kanaan Hungersnot.

6 Aber Josef war der Regent im Lande und verkaufte Getreide allem Volk im Lande. Als nun seine Brüder kamen, fielen sie vor ihm nieder zur Erde auf ihr Antlitz.

7 Und er sah sie an und erkannte sie, aber er stellte sich fremd gegen sie und redete hart mit ihnen und sprach zu ihnen: Woher kommt ihr? Sie sprachen: Aus dem Lande Kanaan, Getreide zu kaufen.

8 Aber wiewohl er sie erkannte, erkannten sie ihn doch nicht.

¶ **9** Und Josef dachte an die Träume, die er von ihnen geträumt hatte, und sprach zu ihnen: Ihr seid Kundschafter und seid gekommen zu sehen, wo das Land offen ist.

10 Sie antworteten ihm: Nein, mein Herr! Deine Knechte sind gekommen, Getreide zu kaufen.

11 Wir sind alle **eines** Mannes Söhne; wir sind redlich und deine Knechte sind nie Kundschafter gewesen.

12 Er sprach zu ihnen: Nein, sondern ihr seid gekommen zu sehen, wo das Land offen ist.

13 Sie antworteten ihm: Wir, deine Knechte, sind zwölf Brüder, **eines** Mannes Söhne im Lande Kanaan, und der jüngste ist noch bei unserm Vater, aber der eine ist nicht mehr vorhanden.

¶ **14** Josef sprach zu ihnen: Es ist, wie ich euch gesagt habe: Kundschafter seid ihr.

¶ **56** So when the famine had spread over all the land, Joseph opened all the storehouses[8] and sold to the Egyptians, for the famine was severe in the land of Egypt.

57 Moreover, all the earth came to Egypt to Joseph to buy grain, because the famine was severe over all the earth.

Joseph's Brothers Go to Egypt

42 When Jacob learned that there was grain for sale in Egypt, he said to his sons, "Why do you look at one another?"

2 And he said, "Behold, I have heard that there is grain for sale in Egypt. Go down and buy grain for us there, that we may live and not die."

3 So ten of Joseph's brothers went down to buy grain in Egypt.

4 But Jacob did not send Benjamin, Joseph's brother, with his brothers, for he feared that harm might happen to him.

5 Thus the sons of Israel came to buy among the others who came, for the famine was in the land of Canaan.

¶ **6** Now Joseph was governor over the land. He was the one who sold to all the people of the land. And Joseph's brothers came and bowed themselves before him with their faces to the ground.

7 Joseph saw his brothers and recognized them, but he treated them like strangers and spoke roughly to them. "Where do you come from?" he said. They said, "From the land of Canaan, to buy food."

8 And Joseph recognized his brothers, but they did not recognize him.

9 And Joseph remembered the dreams that he had dreamed of them. And he said to them, "You are spies; you have come to see the nakedness of the land."

10 They said to him, "No, my lord, your servants have come to buy food.

11 We are all sons of one man. We are honest men. Your servants have never been spies."

¶ **12** He said to them, "No, it is the nakedness of the land that you have come to see."

13 And they said, "We, your servants, are twelve brothers, the sons of one man in the land of Canaan, and behold, the youngest is this day with our father, and one is no more."

14 But Joseph said to them, "It is as I said to you. You are spies.

15 Daran will ich euch prüfen: So wahr der Pharao lebt: Ihr sollt nicht von hier wegkommen, es komme denn her euer jüngster Bruder!

16 Sendet einen von euch hin, der euren Bruder hole, ihr aber sollt gefangen sein. Daran will ich prüfen eure Rede, ob ihr mit Wahrheit umgeht. Andernfalls – so wahr der Pharao lebt! – seid ihr Kundschafter!

17 Und er ließ sie zusammen in Gewahrsam legen drei Tage lang.

¶ **18** Am dritten Tage aber sprach er zu ihnen: Wollt ihr leben, so tut nun dies, denn ich fürchte Gott:

19 Seid ihr redlich, so lasst einen eurer Brüder gebunden liegen in eurem Gefängnis; ihr aber zieht hin und bringt heim, was ihr gekauft habt für den Hunger.

20 Und bringt euren jüngsten Bruder zu mir, so will ich euren Worten glauben, sodass ihr nicht sterben müsst. Und sie gingen darauf ein.

¶ **21** Sie sprachen aber untereinander: Das haben wir an unserem Bruder verschuldet! Denn wir sahen die Angst seiner Seele, als er uns anflehte, und wir wollten ihn nicht erhören; darum kommt nun diese Trübsal über uns.

22 Ruben antwortete ihnen und sprach: Sagte ich's euch nicht, als ich sprach: Versündigt euch nicht an dem Knaben, doch ihr wolltet nicht hören? Nun wird sein Blut gefordert.

23 Sie wussten aber nicht, dass es Josef verstand; denn er redete mit ihnen durch einen Dolmetscher.

24 Und er wandte sich von ihnen und weinte. Als er sich nun wieder zu ihnen wandte und mit ihnen redete, nahm er aus ihrer Mitte Simeon und ließ ihn binden vor ihren Augen.

¶ **25** Und Josef gab Befehl, ihre Säcke mit Getreide zu füllen und ihnen ihr Geld wiederzugeben, einem jeden in seinen Sack, dazu auch Zehrung auf den Weg; und so tat man ihnen.

26 Und sie luden ihre Ware auf ihre Esel und zogen von dannen.

27 Als aber einer seinen Sack auftat, dass er seinem Esel Futter gäbe in der Herberge, sah er sein Geld, das oben im Sack lag,

28 und sprach zu seinen Brüdern: Mein Geld ist wieder da, siehe, in meinem Sack ist es! Da entfiel ihnen ihr Herz und sie blickten einander erschrocken an und sprachen: Warum hat Gott uns das angetan?

¶ **29** Als sie nun heimkamen zu ihrem Vater Jakob ins Land Kanaan, sagten sie ihm alles, was ihnen begegnet war, und sprachen:

15 By this you shall be tested: by the life of Pharaoh, you shall not go from this place unless your youngest brother comes here.

16 Send one of you, and let him bring your brother, while you remain confined, that your words may be tested, whether there is truth in you. Or else, by the life of Pharaoh, surely you are spies."

17 And he put them all together in custody for three days.

¶ **18** On the third day Joseph said to them, "Do this and you will live, for I fear God:

19 if you are honest men, let one of your brothers remain confined where you are in custody, and let the rest go and carry grain for the famine of your households,

20 and bring your youngest brother to me. So your words will be verified, and you shall not die." And they did so.

21 Then they said to one another, "In truth we are guilty concerning our brother, in that we saw the distress of his soul, when he begged us and we did not listen. That is why this distress has come upon us."

22 And Reuben answered them, "Did I not tell you not to sin against the boy? But you did not listen. So now there comes a reckoning for his blood."

23 They did not know that Joseph understood them, for there was an interpreter between them.

24 Then he turned away from them and wept. And he returned to them and spoke to them. And he took Simeon from them and bound him before their eyes.

25 And Joseph gave orders to fill their bags with grain, and to replace every man's money in his sack, and to give them provisions for the journey. This was done for them.

¶ **26** Then they loaded their donkeys with their grain and departed.

27 And as one of them opened his sack to give his donkey fodder at the lodging place, he saw his money in the mouth of his sack.

28 He said to his brothers, "My money has been put back; here it is in the mouth of my sack!" At this their hearts failed them, and they turned trembling to one another, saying, "What is this that God has done to us?"

¶ **29** When they came to Jacob their father in the land of Canaan, they told him all that had happened to them, saying,

30 Der Mann, der im Lande Herr ist, redete hart mit uns und hielt uns für Kundschafter.

31 Und wir antworteten ihm: Wir sind redlich und nie Kundschafter gewesen,

32 sondern zwölf Brüder, unseres Vaters Söhne; einer ist nicht mehr vorhanden und der jüngste ist noch bei unserm Vater im Lande Kanaan.

33 Da sprach der Herr im Lande zu uns: Daran will ich merken, ob ihr redlich seid: Einen eurer Brüder lasst bei mir und nehmt für euer Haus, wie viel ihr bedürft, und zieht hin

34 und bringt euren jüngsten Bruder zu mir, so merke ich, dass ihr nicht Kundschafter, sondern redlich seid; dann will ich euch auch euren Bruder wiedergeben und ihr mögt im Lande Handel treiben.

35 Und als sie die Säcke ausschütteten, fand ein jeder seinen Beutel Geld in seinem Sack. Und als sie sahen, dass es die Beutel mit ihrem Geld waren, erschraken sie samt ihrem Vater.

¶ 36 Da sprach Jakob, ihr Vater, zu ihnen: Ihr beraubt mich meiner Kinder! Josef ist nicht mehr da, Simeon ist nicht mehr da, Benjamin wollt ihr auch wegnehmen; es geht alles über mich.

37 Ruben antwortete seinem Vater und sprach: Wenn ich ihn dir nicht wiederbringe, so töte meine zwei Söhne. Gib ihn nur in meine Hand, ich will ihn dir wiederbringen.

38 Er sprach: Mein Sohn soll nicht mit euch hinabziehen; denn sein Bruder ist tot und er ist allein übrig geblieben. Wenn ihm ein Unfall auf dem Wege begegnete, den ihr reist, würdet ihr meine grauen Haare mit Herzeleid hinunter zu den Toten bringen.

Zweite Reise der Söhne Jakobs nach Ägypten

43 Die Hungersnot aber drückte das Land.

2 Und als verzehrt war, was sie an Getreide aus Ägypten gebracht hatten, sprach ihr Vater zu ihnen: Zieht wieder hin und kauft uns ein wenig Getreide.

¶ 3 Da antwortete ihm Juda und sprach: Der Mann schärfte uns das hart ein und sprach: Ihr sollt mein Angesicht nicht sehen, es sei denn euer Bruder mit euch.

4 Willst du nun unsern Bruder mit uns senden, so wollen wir hinabziehen und dir zu essen kaufen.

30 "The man, the lord of the land, spoke roughly to us and took us to be spies of the land.

31 But we said to him, 'We are honest men; we have never been spies.

32 We are twelve brothers, sons of our father. One is no more, and the youngest is this day with our father in the land of Canaan.'

33 Then the man, the lord of the land, said to us, 'By this I shall know that you are honest men: leave one of your brothers with me, and take grain for the famine of your households, and go your way.

34 Bring your youngest brother to me. Then I shall know that you are not spies but honest men, and I will deliver your brother to you, and you shall trade in the land.'"

¶ 35 As they emptied their sacks, behold, every man's bundle of money was in his sack. And when they and their father saw their bundles of money, they were afraid.

36 And Jacob their father said to them, "You have bereaved me of my children: Joseph is no more, and Simeon is no more, and now you would take Benjamin. All this has come against me."

37 Then Reuben said to his father, "Kill my two sons if I do not bring him back to you. Put him in my hands, and I will bring him back to you."

38 But he said, "My son shall not go down with you, for his brother is dead, and he is the only one left. If harm should happen to him on the journey that you are to make, you would bring down my gray hairs with sorrow to Sheol."

Joseph's Brothers Return to Egypt

43 Now the famine was severe in the land.

2 And when they had eaten the grain that they had brought from Egypt, their father said to them, "Go again, buy us a little food."

¶ 3 But Judah said to him, "The man solemnly warned us, saying, 'You shall not see my face unless your brother is with you.'

4 If you will send our brother with us, we will go down and buy you food.

5 Willst du ihn aber nicht senden, so ziehen wir nicht hinab. Denn der Mann hat zu uns gesagt: Ihr sollt mein Angesicht nicht sehen, euer Bruder sei denn mit euch.

¶ **6** Israel sprach: Warum habt ihr so übel an mir getan, dass ihr dem Mann sagtet, dass ihr noch einen Bruder habt?

7 Sie antworteten: Der Mann forschte so genau nach uns und unserer Verwandtschaft und sprach: Lebt euer Vater noch? Habt ihr auch noch einen Bruder? Da antworteten wir ihm, wie er uns fragte. Wie konnten wir wissen, dass er sagen würde: Bringt euren Bruder mit herab?

¶ **8** Da sprach Juda zu Israel, seinem Vater: Lass den Knaben mit mir ziehen, dass wir uns aufmachen und reisen und leben und nicht sterben, wir und du und unsere Kinder.

9 Ich will Bürge für ihn sein; von meinen Händen sollst du ihn fordern. Wenn ich ihn dir nicht wiederbringe und vor deine Augen stelle, so will ich mein Leben lang die Schuld tragen.

10 Denn wenn wir nicht gezögert hätten, wären wir wohl schon zweimal wiedergekommen.

¶ **11** Da sprach Israel, ihr Vater, zu ihnen: Wenn es denn so ist, wohlan, so tut's und nehmt von des Landes besten Früchten in eure Säcke und bringt dem Manne Geschenke hinab, ein wenig Balsam und Honig, Harz und Myrrhe, Nüsse und Mandeln.

12 Nehmt auch anderes Geld mit euch, und das Geld, das ihr obenauf in euren Säcken wiederbekommen habt, bringt auch wieder hin. Vielleicht ist ein Irrtum da geschehen.

13 Dazu nehmt euren Bruder, macht euch auf und geht wieder zu dem Manne.

14 Aber der allmächtige Gott gebe euch Barmherzigkeit vor dem Manne, dass er mit euch ziehen lasse euren andern Bruder und Benjamin. Ich aber muss sein wie einer, der seiner Kinder ganz und gar beraubt ist.

¶ **15** Da nahmen sie diese Geschenke und das doppelte Geld mit sich, dazu Benjamin, machten sich auf, zogen nach Ägypten und traten vor Josef.

16 Als Josef sie sah mit Benjamin, sprach er zu seinem Haushalter: Führe diese Männer ins Haus und schlachte und richte zu, denn sie sollen zu Mittag mit mir essen.

17 Und der Mann tat, wie ihm Josef gesagt hatte, und führte die Männer in Josefs Haus.

5 But if you will not send him, we will not go down, for the man said to us, 'You shall not see my face, unless your brother is with you.'"

6 Israel said, "Why did you treat me so badly as to tell the man that you had another brother?"

7 They replied, "The man questioned us carefully about ourselves and our kindred, saying, 'Is your father still alive? Do you have another brother?' What we told him was in answer to these questions. Could we in any way know that he would say, 'Bring your brother down'?"

8 And Judah said to Israel his father, "Send the boy with me, and we will arise and go, that we may live and not die, both we and you and also our little ones.

9 I will be a pledge of his safety. From my hand you shall require him. If I do not bring him back to you and set him before you, then let me bear the blame forever.

10 If we had not delayed, we would now have returned twice."

¶ **11** Then their father Israel said to them, "If it must be so, then do this: take some of the choice fruits of the land in your bags, and carry a present down to the man, a little balm and a little honey, gum, myrrh, pistachio nuts, and almonds.

12 Take double the money with you. Carry back with you the money that was returned in the mouth of your sacks. Perhaps it was an oversight.

13 Take also your brother, and arise, go again to the man.

14 May God Almighty[1] grant you mercy before the man, and may he send back your other brother and Benjamin. And as for me, if I am bereaved of my children, I am bereaved."

¶ **15** So the men took this present, and they took double the money with them, and Benjamin. They arose and went down to Egypt and stood before Joseph.

¶ **16** When Joseph saw Benjamin with them, he said to the steward of his house, "Bring the men into the house, and slaughter an animal and make ready, for the men are to dine with me at noon."

17 The man did as Joseph told him and brought the men to Joseph's house.

¶ **18** Sie fürchteten sich aber, weil sie in Josefs Haus geführt wurden, und sprachen: Wir sind hereingeführt um des Geldes willen, das wir in unsern Säcken das vorige Mal wiedergefunden haben; man will auf uns eindringen und über uns herfallen und uns zu Sklaven machen und uns die Esel nehmen.

19 Darum traten sie zu Josefs Haushalter und redeten mit ihm vor der Haustür

20 und sprachen: Mein Herr, wir sind das vorige Mal herabgezogen, Getreide zu kaufen,

21 und als wir in die Herberge kamen und unsere Säcke auftaten, siehe, da war eines jeden Geld oben in seinem Sack mit vollem Gewicht. Darum haben wir's wieder mit uns gebracht,

22 haben auch anderes Geld mit uns herabgebracht, Getreide zu kaufen. Wir wissen aber nicht, wer uns unser Geld in unsere Säcke gesteckt hat.

¶ **23** Er aber sprach: Seid guten Mutes, fürchtet euch nicht! Euer Gott und eures Vaters Gott hat euch einen Schatz gegeben in eure Säcke. Euer Geld habe ich erhalten. Und er führte Simeon zu ihnen heraus

24 und brachte sie in Josefs Haus, gab ihnen Wasser, dass sie ihre Füße wuschen, und gab ihren Eseln Futter.

25 Sie aber richteten das Geschenk zu, bis Josef mittags käme; denn sie hatten gehört, dass sie dort essen sollten.

¶ **26** Als nun Josef ins Haus trat, brachten sie ihm das Geschenk ins Haus, das sie mitgebracht hatten, und fielen vor ihm nieder zur Erde.

27 Er aber grüßte sie freundlich und sprach: Geht es eurem alten Vater gut, von dem ihr mir sagtet? Lebt er noch?

28 Sie antworteten: Es geht deinem Knechte, unserm Vater, gut und er lebt noch. Und sie verneigten sich und fielen vor ihm nieder.

¶ **29** Und er hob seine Augen auf und sah seinen Bruder Benjamin, seiner Mutter Sohn, und sprach: Ist das euer jüngster Bruder, von dem ihr mir sagtet? Und sprach weiter: Gott sei dir gnädig, mein Sohn!

30 Und Josef eilte hinaus; denn sein Herz entbrannte ihm gegen seinen Bruder, und er suchte, wo er weinen könnte, und ging in seine Kammer und weinte daselbst.

¶ **31** Und als er sein Angesicht gewaschen hatte, ging er heraus und hielt an sich und sprach: Legt die Speisen auf!

18 And the men were afraid because they were brought to Joseph's house, and they said, "It is because of the money, which was replaced in our sacks the first time, that we are brought in, so that he may assault us and fall upon us to make us servants and seize our donkeys."

19 So they went up to the steward of Joseph's house and spoke with him at the door of the house,

20 and said, "Oh, my lord, we came down the first time to buy food.

21 And when we came to the lodging place we opened our sacks, and there was each man's money in the mouth of his sack, our money in full weight. So we have brought it again with us,

22 and we have brought other money down with us to buy food. We do not know who put our money in our sacks."

23 He replied, "Peace to you, do not be afraid. Your God and the God of your father has put treasure in your sacks for you. I received your money." Then he brought Simeon out to them.

24 And when the man had brought the men into Joseph's house and given them water, and they had washed their feet, and when he had given their donkeys fodder,

25 they prepared the present for Joseph's coming at noon, for they heard that they should eat bread there.

¶ **26** When Joseph came home, they brought into the house to him the present that they had with them and bowed down to him to the ground.

27 And he inquired about their welfare and said, "Is your father well, the old man of whom you spoke? Is he still alive?"

28 They said, "Your servant our father is well; he is still alive." And they bowed their heads and prostrated themselves.

29 And he lifted up his eyes and saw his brother Benjamin, his mother's son, and said, "Is this your youngest brother, of whom you spoke to me? God be gracious to you, my son!"

30 Then Joseph hurried out, for his compassion grew warm for his brother, and he sought a place to weep. And he entered his chamber and wept there.

31 Then he washed his face and came out. And controlling himself he said, "Serve the food."

32 Und man trug ihm besonders auf und jenen auch besonders und den Ägyptern, die mit ihm aßen, auch besonders. Denn die Ägypter dürfen nicht essen mit den Hebräern; denn es ist ein Gräuel für sie.

33 Und man setzte sie ihm gegenüber, den Erstgeborenen nach seiner Erstgeburt und den Jüngsten nach seiner Jugend. Darüber verwunderten sie sich untereinander.

34 Und man trug ihnen Essen auf von seinem Tisch, aber Benjamin bekam fünfmal mehr als die andern. Und sie tranken und wurden fröhlich mit ihm.

Josefs Brüder werden hart geängstigt

44 Und Josef befahl seinem Haushalter und sprach: Fülle den Männern ihre Säcke mit Getreide, soviel sie fortbringen, und lege jedem sein Geld oben in seinen Sack.

2 Und meinen silbernen Becher lege oben in des Jüngsten Sack mit dem Gelde für das Getreide. Der tat, wie ihm Josef gesagt hatte.

¶ **3** Am Morgen, als es licht ward, ließen sie die Männer ziehen mit ihren Eseln.

4 Als sie aber zur Stadt hinaus waren und noch nicht weit gekommen, sprach Josef zu seinem Haushalter: Auf, jage den Männern nach und wenn du sie ereilst, so sprich zu ihnen: Warum habt ihr Gutes mit Bösem vergolten?

5 Warum habt ihr den silbernen Becher gestohlen? Ist das nicht der, aus dem mein Herr trinkt und aus dem er wahrsagt? Ihr habt übel getan.

¶ **6** Und als er sie ereilte, redete er mit ihnen diese Worte.

7 Sie antworteten ihm: Warum redet mein Herr solche Worte? Es sei ferne von deinen Knechten, solches zu tun.

8 Siehe, das Geld, das wir fanden oben in unseren Säcken, haben wir wiedergebracht zu dir aus dem Lande Kanaan. Wie sollten wir da aus deines Herrn Hause Silber oder Gold gestohlen haben?

9 Bei wem er gefunden wird unter deinen Knechten, der sei des Todes; dazu wollen auch wir meines Herrn Sklaven sein.

10 Er sprach: Ja, es sei, wie ihr geredet habt. Bei wem er gefunden wird, der sei mein Sklave, ihr aber sollt frei sein.

¶ **11** Und sie legten eilends ein jeder seinen Sack ab auf die Erde, und ein jeder tat seinen Sack auf.

12 Und er suchte und fing an beim Ältesten bis hin zum Jüngsten. Da fand sich der Becher in Benjamins Sack.

32 They served him by himself, and them by themselves, and the Egyptians who ate with him by themselves, because the Egyptians could not eat with the Hebrews, for that is an abomination to the Egyptians.

33 And they sat before him, the firstborn according to his birthright and the youngest according to his youth. And the men looked at one another in amazement.

34 Portions were taken to them from Joseph's table, but Benjamin's portion was five times as much as any of theirs. And they drank and were merry[2] with him.

Joseph Tests His Brothers

44 Then he commanded the steward of his house, "Fill the men's sacks with food, as much as they can carry, and put each man's money in the mouth of his sack,

2 and put my cup, the silver cup, in the mouth of the sack of the youngest, with his money for the grain." And he did as Joseph told him.

¶ **3** As soon as the morning was light, the men were sent away with their donkeys.

4 They had gone only a short distance from the city. Now Joseph said to his steward, "Up, follow after the men, and when you overtake them, say to them, 'Why have you repaid evil for good?[1]

5 Is it not from this that my lord drinks, and by this that he practices divination? You have done evil in doing this.'"

¶ **6** When he overtook them, he spoke to them these words.

7 They said to him, "Why does my lord speak such words as these? Far be it from your servants to do such a thing!

8 Behold, the money that we found in the mouths of our sacks we brought back to you from the land of Canaan. How then could we steal silver or gold from your lord's house?

9 Whichever of your servants is found with it shall die, and we also will be my lord's servants."

10 He said, "Let it be as you say: he who is found with it shall be my servant, and the rest of you shall be innocent."

11 Then each man quickly lowered his sack to the ground, and each man opened his sack.

12 And he searched, beginning with the eldest and ending with the youngest. And the cup was found in Benjamin's sack.

13 Da zerrissen sie ihre Kleider, und ein jeder belud seinen Esel, und sie zogen wieder in die Stadt.

¶ **14** Und Juda ging mit seinen Brüdern in Josefs Haus, denn er war noch dort. Und sie fielen vor ihm nieder auf die Erde.

15 Josef aber sprach zu ihnen: Wie habt ihr das tun können? Wusstet ihr nicht, dass ein solcher Mann, wie ich bin, wahrsagen kann?

16 Juda sprach: Was sollen wir meinem Herrn sagen oder wie sollen wir reden und womit können wir uns rechtfertigen? Gott hat die Missetat deiner Knechte gefunden. Siehe, wir und der, bei dem der Becher gefunden ist, sind meines Herrn Sklaven.

17 Er aber sprach: Das sei ferne von mir, solches zu tun! Der, bei dem der Becher gefunden ist, soll mein Sklave sein; ihr aber zieht hinauf mit Frieden zu eurem Vater.

¶ **18** Da trat Juda zu ihm und sprach: Mein Herr, lass deinen Knecht ein Wort reden vor den Ohren meines Herrn, und dein Zorn entbrenne nicht über deinen Knecht, denn du bist wie der Pharao.

19 Mein Herr fragte seine Knechte und sprach: Habt ihr noch einen Vater oder Bruder?

20 Da antworteten wir: Wir haben einen Vater, der ist alt, und einen jungen Knaben, in seinem Alter geboren, und sein Bruder ist tot und er ist allein übrig geblieben von seiner Mutter, und sein Vater hat ihn lieb.

21 Da sprachst du zu deinen Knechten: Bringt ihn herab zu mir, ich will ihm Gnade erweisen.

22 Wir aber antworteten meinem Herrn: Der Knabe kann seinen Vater nicht verlassen; wenn er ihn verließe, würde der sterben.

23 Da sprachst du zu deinen Knechten: Wenn euer jüngster Bruder nicht mit euch herkommt, sollt ihr mein Angesicht nicht mehr sehen.

24 Da zogen wir hinauf zu deinem Knecht, meinem Vater, und sagten ihm meines Herrn Rede.

25 Da sprach unser Vater: Zieht wieder hin und kauft uns ein wenig Getreide.

26 Wir aber sprachen: Wir können nicht hinabziehen; nur wenn unser jüngster Bruder mit uns ist, wollen wir hinabziehen; denn wir dürfen des Mannes Angesicht nicht sehen, wenn unser jüngster Bruder nicht mit uns ist.

27 Da sprach dein Knecht, mein Vater, zu uns: Ihr wisst, dass mir meine Frau zwei Söhne geboren hat;

13 Then they tore their clothes, and every man loaded his donkey, and they returned to the city.

¶ **14** When Judah and his brothers came to Joseph's house, he was still there. They fell before him to the ground.

15 Joseph said to them, "What deed is this that you have done? Do you not know that a man like me can indeed practice divination?"

16 And Judah said, "What shall we say to my lord? What shall we speak? Or how can we clear ourselves? God has found out the guilt of your servants; behold, we are my lord's servants, both we and he also in whose hand the cup has been found."

17 But he said, "Far be it from me that I should do so! Only the man in whose hand the cup was found shall be my servant. But as for you, go up in peace to your father."

¶ **18** Then Judah went up to him and said, "Oh, my lord, please let your servant speak a word in my lord's ears, and let not your anger burn against your servant, for you are like Pharaoh himself.

19 My lord asked his servants, saying, 'Have you a father, or a brother?'

20 And we said to my lord, 'We have a father, an old man, and a young brother, the child of his old age. His brother is dead, and he alone is left of his mother's children, and his father loves him.'

21 Then you said to your servants, 'Bring him down to me, that I may set my eyes on him.'

22 We said to my lord, 'The boy cannot leave his father, for if he should leave his father, his father would die.'

23 Then you said to your servants, 'Unless your youngest brother comes down with you, you shall not see my face again.'

¶ **24** "When we went back to your servant my father, we told him the words of my lord.

25 And when our father said, 'Go again, buy us a little food,'

26 we said, 'We cannot go down. If our youngest brother goes with us, then we will go down. For we cannot see the man's face unless our youngest brother is with us.'

27 Then your servant my father said to us, 'You know that my wife bore me two sons.

28 einer ging von mir und ich musste mir sagen: Er ist zerrissen. Und ich hab ihn nicht gesehen bisher.

29 Werdet ihr diesen auch von mir nehmen und widerfährt ihm ein Unfall, so werdet ihr meine grauen Haare mit Jammer hinunter zu den Toten bringen.

¶ **30** Nun, wenn ich heimkäme zu deinem Knecht, meinem Vater, und der Knabe wäre nicht mit uns, an dem er mit ganzer Seele hängt,

31 so wird's geschehen, dass er stirbt, wenn er sieht, dass der Knabe nicht da ist. So würden wir, deine Knechte, die grauen Haare deines Knechtes, unseres Vaters, mit Herzeleid hinunter zu den Toten bringen.

32 Denn ich, dein Knecht, bin Bürge geworden für den Knaben vor meinem Vater und sprach: Bringe ich ihn dir nicht wieder, so will ich mein Leben lang die Schuld tragen.

33 Darum lass deinen Knecht hier bleiben an des Knaben statt als Sklaven meines Herrn und den Knaben mit seinen Brüdern hinaufziehen.

34 Denn wie soll ich hinaufziehen zu meinem Vater, wenn der Knabe nicht mit mir ist? Ich könnte den Jammer nicht sehen, der über meinen Vater kommen würde.

Josef gibt sich seinen Brüdern zu erkennen

45 Da konnte Josef nicht länger an sich halten vor allen, die um ihn her standen, und er rief: Lasst jedermann von mir hinausgehen! Und stand kein Mensch bei ihm, als sich Josef seinen Brüdern zu erkennen gab.

2 Und er weinte laut, dass es die Ägypter und das Haus des Pharao hörten,

3 und sprach zu seinen Brüdern: Ich bin Josef. Lebt mein Vater noch? Und seine Brüder konnten ihm nicht antworten, so erschraken sie vor seinem Angesicht.

¶ **4** Er aber sprach zu seinen Brüdern: Tretet doch her zu mir! Und sie traten herzu. Und er sprach: Ich bin Josef, euer Bruder, den ihr nach Ägypten verkauft habt.

5 Und nun bekümmert euch nicht und denkt nicht, dass ich darum zürne, dass ihr mich hierher verkauft habt; denn um eures Lebens willen hat mich Gott vor euch hergesandt.

6 Denn es sind nun zwei Jahre, dass Hungersnot im Lande ist, und sind noch fünf Jahre, dass weder Pflügen noch Ernten sein wird.

28 One left me, and I said, Surely he has been torn to pieces, and I have never seen him since.

29 If you take this one also from me, and harm happens to him, you will bring down my gray hairs in evil to Sheol.'

¶ **30** "Now therefore, as soon as I come to your servant my father, and the boy is not with us, then, as his life is bound up in the boy's life,

31 as soon as he sees that the boy is not with us, he will die, and your servants will bring down the gray hairs of your servant our father with sorrow to Sheol.

32 For your servant became a pledge of safety for the boy to my father, saying, 'If I do not bring him back to you, then I shall bear the blame before my father all my life.'

33 Now therefore, please let your servant remain instead of the boy as a servant to my lord, and let the boy go back with his brothers.

34 For how can I go back to my father if the boy is not with me? I fear to see the evil that would find my father."

Joseph Provides for His Brothers and Family

45 Then Joseph could not control himself before all those who stood by him. He cried, "Make everyone go out from me." So no one stayed with him when Joseph made himself known to his brothers.

2 And he wept aloud, so that the Egyptians heard it, and the household of Pharaoh heard it.

3 And Joseph said to his brothers, "I am Joseph! Is my father still alive?" But his brothers could not answer him, for they were dismayed at his presence.

¶ **4** So Joseph said to his brothers, "Come near to me, please." And they came near. And he said, "I am your brother, Joseph, whom you sold into Egypt.

5 And now do not be distressed or angry with yourselves because you sold me here, for God sent me before you to preserve life.

6 For the famine has been in the land these two years, and there are yet five years in which there will be neither plowing nor harvest.

7 Aber Gott hat mich vor euch hergesandt, dass er euch übrig lasse auf Erden und euer Leben erhalte zu einer großen Errettung.

8 Und nun, ihr habt mich nicht hergesandt, sondern Gott; der hat mich dem Pharao zum Vater gesetzt und zum Herrn über sein ganzes Haus und zum Herrscher über ganz Ägyptenland.

9 Eilt nun und zieht hinauf zu meinem Vater und sagt ihm: Das lässt dir Josef, dein Sohn, sagen: Gott hat mich zum Herrn über ganz Ägypten gesetzt; komm herab zu mir, säume nicht!

10 Du sollst im Lande Goschen wohnen und nahe bei mir sein, du und deine Kinder und deine Kindeskinder, dein Kleinvieh und Großvieh und alles, was du hast.

11 Ich will dich dort versorgen, denn es sind noch fünf Jahre Hungersnot, damit du nicht verarmst mit deinem Hause und allem, was du hast.

12 Siehe, eure Augen sehen es und die Augen meines Bruders Benjamin, dass ich leibhaftig mit euch rede.

13 Verkündet meinem Vater alle meine Herrlichkeit in Ägypten und alles, was ihr gesehen habt; eilt und kommt herab mit meinem Vater hierher.

¶ **14** Und er fiel seinem Bruder Benjamin um den Hals und weinte, und Benjamin weinte auch an seinem Halse,

15 und er küsste alle seine Brüder und weinte an ihrer Brust. Danach redeten seine Brüder mit ihm.

¶ **16** Und als das Gerücht kam in des Pharao Haus, dass Josefs Brüder gekommen wären, gefiel es dem Pharao gut und allen seinen Großen.

17 Und der Pharao sprach zu Josef: Sage deinen Brüdern: Macht es so: Beladet eure Tiere, zieht hin!

18 Und wenn ihr ins Land Kanaan kommt, so nehmt euren Vater und alle die Euren und kommt zu mir; ich will euch das Beste geben in Ägyptenland, dass ihr essen sollt das Fett des Landes.

19 Und gebiete ihnen: Macht es so: Nehmt mit euch aus Ägyptenland Wagen für eure Kinder und Frauen und bringt euren Vater mit und kommt.

20 Und seht euren Hausrat nicht an; denn das Beste des ganzen Landes Ägypten soll euer sein.

¶ **21** Die Söhne Israels taten so. Und Josef gab ihnen Wagen nach dem Befehl des Pharao und Zehrung auf den Weg

7 And God sent me before you to preserve for you a remnant on earth, and to keep alive for you many survivors.

8 So it was not you who sent me here, but God. He has made me a father to Pharaoh, and lord of all his house and ruler over all the land of Egypt.

9 Hurry and go up to my father and say to him, 'Thus says your son Joseph, God has made me lord of all Egypt. Come down to me; do not tarry.

10 You shall dwell in the land of Goshen, and you shall be near me, you and your children and your children's children, and your flocks, your herds, and all that you have.

11 There I will provide for you, for there are yet five years of famine to come, so that you and your household, and all that you have, do not come to poverty.'

12 And now your eyes see, and the eyes of my brother Benjamin see, that it is my mouth that speaks to you.

13 You must tell my father of all my honor in Egypt, and of all that you have seen. Hurry and bring my father down here."

14 Then he fell upon his brother Benjamin's neck and wept, and Benjamin wept upon his neck.

15 And he kissed all his brothers and wept upon them. After that his brothers talked with him.

¶ **16** When the report was heard in Pharaoh's house, "Joseph's brothers have come," it pleased Pharaoh and his servants.

17 And Pharaoh said to Joseph, "Say to your brothers, 'Do this: load your beasts and go back to the land of Canaan,

18 and take your father and your households, and come to me, and I will give you the best of the land of Egypt, and you shall eat the fat of the land.'

19 And you, Joseph, are commanded to say, 'Do this: take wagons from the land of Egypt for your little ones and for your wives, and bring your father, and come.

20 Have no concern for[1] your goods, for the best of all the land of Egypt is yours.'"

¶ **21** The sons of Israel did so: and Joseph gave them wagons, according to the command of Pharaoh, and gave them provisions for the journey.

22 und gab ihnen allen, einem jeden ein Feierkleid, aber Benjamin gab er dreihundert Silberstücke und fünf Feierkleider.

23 Und seinem Vater sandte er zehn Esel, mit dem Besten aus Ägypten beladen, und zehn Eselinnen mit Getreide und Brot und mit Zehrung für seinen Vater auf den Weg.

24 Damit entließ er seine Brüder und sie zogen hin. Und er sprach zu ihnen: Zankt nicht auf dem Wege!

¶ **25** So zogen sie hinauf von Ägypten und kamen ins Land Kanaan zu ihrem Vater Jakob

26 und verkündeten ihm und sprachen: Josef lebt noch und ist Herr über ganz Ägyptenland! Aber sein Herz blieb kalt, denn er glaubte ihnen nicht.

27 Da sagten sie ihm alle Worte Josefs, die er zu ihnen gesagt hatte. Und als er die Wagen sah, die ihm Josef gesandt hatte, um ihn zu holen, wurde der Geist Jakobs, ihres Vaters, lebendig.

28 Und Israel sprach: Mir ist genug, dass mein Sohn Josef noch lebt; ich will hin und ihn sehen, ehe ich sterbe.

Jakobs Reise nach Ägypten. Seine Kinder und Enkel

46 Israel zog hin mit allem, was er hatte. Und als er nach Beerscheba kam, brachte er Opfer dar dem Gott seines Vaters Isaak.

2 Und Gott sprach zu ihm des Nachts in einer Offenbarung: Jakob, Jakob! Er sprach: Hier bin ich.

3 Und er sprach: Ich bin Gott, der Gott deines Vaters; fürchte dich nicht, nach Ägypten hinabzuziehen; denn daselbst will ich dich zum großen Volk machen.

4 Ich will mit dir hinab nach Ägypten ziehen und will dich auch wieder heraufführen, und Josef soll dir mit seinen Händen die Augen zudrücken.

5 Da machte sich Jakob auf von Beerscheba. ¶ Und die Söhne Israels hoben Jakob, ihren Vater, mit ihren Kindern und Frauen auf die Wagen, die der Pharao gesandt hatte, um ihn zu holen,

6 und nahmen ihr Vieh und ihre Habe, die sie im Lande Kanaan erworben hatten, und kamen so nach Ägypten, Jakob und sein ganzes Geschlecht mit ihm:

7 Seine Söhne und seine Enkel, seine Töchter und seine Enkelinnen und seine ganze Nachkommenschaft brachte er mit sich nach Ägypten.

22 To each and all of them he gave a change of clothes, but to Benjamin he gave three hundred shekels[2] of silver and five changes of clothes.

23 To his father he sent as follows: ten donkeys loaded with the good things of Egypt, and ten female donkeys loaded with grain, bread, and provision for his father on the journey.

24 Then he sent his brothers away, and as they departed, he said to them, "Do not quarrel on the way."

¶ **25** So they went up out of Egypt and came to the land of Canaan to their father Jacob.

26 And they told him, "Joseph is still alive, and he is ruler over all the land of Egypt." And his heart became numb, for he did not believe them.

27 But when they told him all the words of Joseph, which he had said to them, and when he saw the wagons that Joseph had sent to carry him, the spirit of their father Jacob revived.

28 And Israel said, "It is enough; Joseph my son is still alive. I will go and see him before I die."

Joseph Brings His Family to Egypt

46 So Israel took his journey with all that he had and came to Beersheba, and offered sacrifices to the God of his father Isaac.

2 And God spoke to Israel in visions of the night and said, "Jacob, Jacob." And he said, "Here am I."

3 Then he said, "I am God, the God of your father. Do not be afraid to go down to Egypt, for there I will make you into a great nation.

4 I myself will go down with you to Egypt, and I will also bring you up again, and Joseph's hand shall close your eyes."

¶ **5** Then Jacob set out from Beersheba. The sons of Israel carried Jacob their father, their little ones, and their wives, in the wagons that Pharaoh had sent to carry him.

6 They also took their livestock and their goods, which they had gained in the land of Canaan, and came into Egypt, Jacob and all his offspring with him,

7 his sons, and his sons' sons with him, his daughters, and his sons' daughters. All his offspring he brought with him into Egypt.

¶ **8** Dies sind die Namen der Söhne Israels, die nach Ägypten kamen: Jakob und seine Söhne. Der erstgeborene Sohn Jakobs: Ruben.

9 Die Söhne Rubens: Henoch, Pallu, Hezron und Karmi.

10 Die Söhne Simeons: Jemuël, Jamin, Ohad, Jachin, Zohar und Schaul, der Sohn der Kanaaniterin.

11 Die Söhne Levis: Gerschon, Kehat und Merari.

12 Die Söhne Judas: Er, Onan, Schela, Perez und Serach. Aber Er und Onan waren gestorben im Lande Kanaan. Die Söhne aber des Perez: Hezron und Hamul.

13 Die Söhne Issachars: Tola, Puwa, Jaschub und Schimron.

14 Die Söhne Sebulons: Sered, Elon und Jachleel.

15 Das sind die Söhne der Lea, die sie Jakob gebar in Mesopotamien, dazu seine Tochter Dina. Die machen zusammen mit ihren Söhnen und Töchtern dreiunddreißig Seelen.

¶ **16** Die Söhne Gads: Zifjon, Haggi, Schuni, Ezbon, Eri, Arod und Areli.

17 Die Söhne Assers: Jimna, Jischwa, Jischwi, Beri, dazu Serach, ihre Schwester; und die Söhne Berias: Heber und Malkiël.

18 Das sind die Söhne der Silpa, die Laban seiner Tochter Lea gegeben hatte, und sie gebar Jakob diese sechzehn Seelen.

¶ **19** Die Söhne Rahels, der Frau Jakobs: Josef und Benjamin.

20 Und dem Josef wurden geboren in Ägyptenland Manasse und Ephraim, die ihm Asenat gebar, die Tochter Potiferas, des Priesters zu On.

21 Die Söhne Benjamins: Bela, Becher, Aschbel, Gera, Naaman, Ehi, Rosch, Muppim, Huppim und Ard.

22 Das sind die Söhne der Rahel, die Jakob geboren wurden, zusammen vierzehn Seelen.

¶ **23** Der Sohn Dans: Schuham.

24 Die Söhne Naftalis: Jachzeel, Guni, Jezer und Schillem.

25 Das sind die Söhne der Bilha, die Laban seiner Tochter Rahel gegeben hatte, und sie gebar Jakob diese sieben Seelen.

¶ **26** Alle Seelen, die mit Jakob nach Ägypten kamen, seine Nachkommen – ausgenommen die Frauen seiner Söhne – sind alle zusammen sechsundsechzig Seelen.

27 Die Söhne Josefs, die in Ägypten geboren sind, waren zwei Seelen; sodass alle Seelen des Hauses Jakobs, die nach Ägypten kamen, waren siebzig.

¶ **8** Now these are the names of the descendants of Israel, who came into Egypt, Jacob and his sons. Reuben, Jacob's firstborn,

9 and the sons of Reuben: Hanoch, Pallu, Hezron, and Carmi.

10 The sons of Simeon: Jemuel, Jamin, Ohad, Jachin, Zohar, and Shaul, the son of a Canaanite woman.

11 The sons of Levi: Gershon, Kohath, and Merari.

12 The sons of Judah: Er, Onan, Shelah, Perez, and Zerah (but Er and Onan died in the land of Canaan); and the sons of Perez were Hezron and Hamul.

13 The sons of Issachar: Tola, Puvah, Yob, and Shimron.

14 The sons of Zebulun: Sered, Elon, and Jahleel.

15 These are the sons of Leah, whom she bore to Jacob in Paddan-aram, together with his daughter Dinah; altogether his sons and his daughters numbered thirty-three.

¶ **16** The sons of Gad: Ziphion, Haggi, Shuni, Ezbon, Eri, Arodi, and Areli.

17 The sons of Asher: Imnah, Ishvah, Ishvi, Beriah, with Serah their sister. And the sons of Beriah: Heber and Malchiel.

18 These are the sons of Zilpah, whom Laban gave to Leah his daughter; and these she bore to Jacob—sixteen persons.

¶ **19** The sons of Rachel, Jacob's wife: Joseph and Benjamin.

20 And to Joseph in the land of Egypt were born Manasseh and Ephraim, whom Asenath, the daughter of Potiphera the priest of On, bore to him.

21 And the sons of Benjamin: Bela, Becher, Ashbel, Gera, Naaman, Ehi, Rosh, Muppim, Huppim, and Ard.

22 These are the sons of Rachel, who were born to Jacob—fourteen persons in all.

¶ **23** The sons of Dan: Hushim.

24 The sons of Naphtali: Jahzeel, Guni, Jezer, and Shillem.

25 These are the sons of Bilhah, whom Laban gave to Rachel his daughter, and these she bore to Jacob—seven persons in all.

¶ **26** All the persons belonging to Jacob who came into Egypt, who were his own descendants, not including Jacob's sons' wives, were sixty-six persons in all.

27 And the sons of Joseph, who were born to him in Egypt, were two. All the persons of the house of Jacob who came into Egypt were seventy.

Jakobs Wiedersehen mit Josef

28 Und Jakob sandte Juda vor sich her zu Josef, dass dieser ihm Goschen anwiese. Als sie in das Land Goschen kamen,

29 spannte Josef seinen Wagen an und zog hinauf seinem Vater Israel entgegen nach Goschen. Und als er ihn sah, fiel er ihm um den Hals und weinte lange an seinem Halse.

30 Da sprach Israel zu Josef: Ich will nun gerne sterben, nachdem ich dein Angesicht gesehen habe, dass du noch lebst.

¶ **31** Josef sprach zu seinen Brüdern und zu seines Vaters Hause: Ich will hinaufziehen und dem Pharao ansagen und zu ihm sprechen: Meine Brüder und meines Vaters Haus sind zu mir gekommen aus dem Lande Kanaan.

32 und sind Viehhirten, denn es sind Leute, die Vieh haben; ihr Kleinvieh und Großvieh und alles, was sie haben, haben sie mitgebracht.

33 Wenn euch nun der Pharao wird rufen und sagen: Was ist euer Gewerbe?,

34 so sollt ihr sagen: Deine Knechte sind Leute, die Vieh haben, von unserer Jugend an bis jetzt, wir und unsere Väter –, damit ihr wohnen dürft im Lande Goschen. Denn alle Viehhirten sind den Ägyptern ein Gräuel.

Jakob vor dem Pharao

47 Da kam Josef und sagte es dem Pharao an und sprach: Mein Vater und meine Brüder, ihr Kleinvieh und Großvieh und alles, was sie haben, sind gekommen aus dem Lande Kanaan, und siehe, sie sind im Lande Goschen.

2 Und er nahm von allen seinen Brüdern fünf und stellte sie vor den Pharao.

¶ **3** Da sprach der Pharao zu seinen Brüdern: Was ist euer Gewerbe? Sie antworteten: Deine Knechte sind Viehhirten, wir und unsere Väter.

4 Und sagten weiter zum Pharao: Wir sind gekommen, bei euch zu wohnen im Lande; denn deine Knechte haben nicht Weide für ihr Vieh, so hart drückt die Hungersnot das Land Kanaan. So lass doch nun deine Knechte im Land Goschen wohnen.

5 Der Pharao sprach zu Josef: Es ist dein Vater und es sind deine Brüder, die zu dir gekommen sind.

6 Das Land Ägypten steht dir offen, lass sie am besten Ort des Landes wohnen, lass sie im Lande Goschen wohnen, und wenn du weißt, dass Leute unter ihnen sind, die tüchtig sind, so setze sie über mein Vieh.

Jacob and Joseph Reunited

¶ **28** He had sent Judah ahead of him to Joseph to show the way before him in Goshen, and they came into the land of Goshen.

29 Then Joseph prepared his chariot and went up to meet Israel his father in Goshen. He presented himself to him and fell on his neck and wept on his neck a good while.

30 Israel said to Joseph, "Now let me die, since I have seen your face and know that you are still alive."

31 Joseph said to his brothers and to his father's household, "I will go up and tell Pharaoh and will say to him, 'My brothers and my father's household, who were in the land of Canaan, have come to me.

32 And the men are shepherds, for they have been keepers of livestock, and they have brought their flocks and their herds and all that they have.'

33 When Pharaoh calls you and says, 'What is your occupation?'

34 you shall say, 'Your servants have been keepers of livestock from our youth even until now, both we and our fathers,' in order that you may dwell in the land of Goshen, for every shepherd is an abomination to the Egyptians."

Jacob's Family Settles in Goshen

47 So Joseph went in and told Pharaoh, "My father and my brothers, with their flocks and herds and all that they possess, have come from the land of Canaan. They are now in the land of Goshen."

2 And from among his brothers he took five men and presented them to Pharaoh.

3 Pharaoh said to his brothers, "What is your occupation?" And they said to Pharaoh, "Your servants are shepherds, as our fathers were."

4 They said to Pharaoh, "We have come to sojourn in the land, for there is no pasture for your servants' flocks, for the famine is severe in the land of Canaan. And now, please let your servants dwell in the land of Goshen."

5 Then Pharaoh said to Joseph, "Your father and your brothers have come to you.

6 The land of Egypt is before you. Settle your father and your brothers in the best of the land. Let them settle in the land of Goshen, and if you know any able men among them, put them in charge of my livestock."

¶ **7** Josef brachte auch seinen Vater Jakob hinein und stellte ihn vor den Pharao. Und Jakob segnete den Pharao.

8 Der Pharao aber fragte Jakob: Wie alt bist du?

9 Jakob sprach zum Pharao: Die Zeit meiner Wanderschaft ist hundertunddreißig Jahre; wenig und böse ist die Zeit meines Lebens und reicht nicht heran an die Zeit meiner Väter in ihrer Wanderschaft.

10 Und Jakob segnete den Pharao und ging hinaus von ihm.

¶ **11** Aber Josef ließ seinen Vater und seine Brüder in Ägyptenland wohnen und gab ihnen Besitz am besten Ort des Landes, im Lande Ramses, wie der Pharao geboten hatte.

12 Und er versorgte seinen Vater und seine Brüder und das ganze Haus seines Vaters mit Brot, einen jeden nach der Zahl seiner Kinder.

Die Ägypter verkaufen ihre Habe und sich selbst dem Pharao

13 Es war aber kein Brot im ganzen Lande; denn die Hungersnot war sehr schwer, sodass Ägypten und Kanaan verschmachteten vor Hunger.

14 Und Josef brachte alles Geld zusammen, das in Ägypten und Kanaan gefunden wurde, für das Getreide, das sie kauften; und er tat alles Geld in das Haus des Pharao.

15 Als es nun an Geld gebrach im Lande Ägypten und in Kanaan, kamen alle Ägypter zu Josef und sprachen: Schaffe uns Brot! Warum lässt du uns vor dir sterben, nun wir ohne Geld sind?

16 Josef sprach: Schafft euer Vieh her, so will ich euch Brot als Entgelt für das Vieh geben, weil ihr ohne Geld seid.

17 Da brachten sie Josef ihr Vieh und er gab ihnen Brot als Entgelt für ihre Pferde, Schafe, Rinder und Esel. So ernährte er sie mit Brot das Jahr hindurch für all ihr Vieh.

¶ **18** Als das Jahr um war, kamen sie zu ihm im zweiten Jahr und sprachen zu ihm: Wir wollen unserm Herrn nicht verbergen, dass nicht allein das Geld, sondern auch alles Vieh dahin ist an unsern Herrn, und ist nichts mehr übrig vor unserm Herrn als nur unsere Leiber und unser Feld.

¶ **7** Then Joseph brought in Jacob his father and stood him before Pharaoh, and Jacob blessed Pharaoh.

8 And Pharaoh said to Jacob, "How many are the days of the years of your life?"

9 And Jacob said to Pharaoh, "The days of the years of my sojourning are 130 years. Few and evil have been the days of the years of my life, and they have not attained to the days of the years of the life of my fathers in the days of their *b*sojourning."

10 And Jacob blessed Pharaoh and went out from the presence of Pharaoh.

11 Then Joseph settled his father and his brothers and gave them a possession in the land of Egypt, in the best of the land, in the land of Rameses, as Pharaoh had commanded.

12 And Joseph provided his father, his brothers, and all his father's household with food, according to the number of their dependents.

Joseph and the Famine

¶ **13** Now there was no food in all the land, for the famine was very severe, so that the land of Egypt and the land of Canaan languished by reason of the famine.

14 And Joseph gathered up all the money that was found in the land of Egypt and in the land of Canaan, in exchange for the grain that they bought. And Joseph brought the money into Pharaoh's house.

15 And when the money was all spent in the land of Egypt and in the land of Canaan, all the Egyptians came to Joseph and said, "Give us food. Why should we die before your eyes? For our money is gone."

16 And Joseph answered, "Give your livestock, and I will give you food in exchange for your livestock, if your money is gone."

17 So they brought their livestock to Joseph, and Joseph gave them food in exchange for the horses, the flocks, the herds, and the donkeys. He supplied them with food in exchange for all their livestock that year.

18 And when that year was ended, they came to him the following year and said to him, "We will not hide from my lord that our money is all spent. The herds of livestock are my lord's. There is nothing left in the sight of my lord but our bodies and our land.

19 Warum lässt du uns vor dir sterben und unser Feld? Kaufe uns und unser Land für Brot, dass wir und unser Land leibeigen seien dem Pharao; gib uns Korn zur Saat, dass wir leben und nicht sterben und das Feld nicht wüst werde.

¶ **20** So kaufte Josef dem Pharao das ganze Ägypten. Denn die Ägypter verkauften ein jeder seinen Acker, weil die Hungersnot schwer auf ihnen lag. Und so wurde das Land dem Pharao zu eigen.

21 Und er machte das Volk leibeigen von einem Ende Ägyptens bis ans andere.

22 Ausgenommen das Feld der Priester, das kaufte er nicht; denn es war vom Pharao für die Priester verordnet, dass sie sich nähren sollten von dem Landanteil, den er ihnen gegeben hatte. Darum durften sie ihr Feld nicht verkaufen.

¶ **23** Da sprach Josef zu dem Volk: Siehe, ich hab heute euch und euer Feld für den Pharao gekauft; siehe, da habt ihr Korn zur Saat und nun besät das Feld.

24 Und von dem Getreide sollt ihr den Fünften dem Pharao geben; vier Teile sollen euer sein, das Feld zu besäen und zu eurer Speise und für euer Haus und eure Kinder.

25 Sie sprachen: Du hast uns beim Leben erhalten; lass uns nur Gnade finden vor dir, unserm Herrn, dann wollen wir dem Pharao leibeigen sein.

26 So machte es Josef zum Gesetz bis auf diesen Tag, den Fünften vom Feld der Ägypter dem Pharao zu geben; ausgenommen blieb das Feld der Priester, das wurde nicht dem Pharao zu eigen.

Jakobs letzter Wunsch

27 So wohnte Israel in Ägypten im Lande Goschen, und sie hatten es inne und wuchsen und mehrten sich sehr.

28 Und Jakob lebte siebzehn Jahre in Ägyptenland, dass sein ganzes Alter wurde hundertundsiebenundvierzig Jahre.

¶ **29** Als nun die Zeit herbeikam, dass Israel sterben sollte, rief er seinen Sohn Josef und sprach zu ihm: Hab ich Gnade vor dir gefunden, so lege deine Hand unter meine Hüfte, dass du die Liebe und Treue an mir tust und begräbst mich nicht in Ägypten,

30 sondern ich will liegen bei meinen Vätern, und du sollst mich aus Ägypten führen und in ihrem Grab begraben. Er sprach: Ich will tun, wie du gesagt hast.

19 Why should we die before your eyes, both we and our land? Buy us and our land for food, and we with our land will be servants to Pharaoh. And give us seed that we may live and not die, and that the land may not be desolate."

¶ **20** So Joseph bought all the land of Egypt for Pharaoh, for all the Egyptians sold their fields, because the famine was severe on them. The land became Pharaoh's.

21 As for the people, he made servants of them[1] from one end of Egypt to the other.

22 Only the land of the priests he did not buy, for the priests had a fixed allowance from Pharaoh and lived on the allowance that Pharaoh gave them; therefore they did not sell their land.

¶ **23** Then Joseph said to the people, "Behold, I have this day bought you and your land for Pharaoh. Now here is seed for you, and you shall sow the land.

24 And at the harvests you shall give a fifth to Pharaoh, and four fifths shall be your own, as seed for the field and as food for yourselves and your households, and as food for your little ones."

25 And they said, "You have saved our lives; may it please my lord, we will be servants to Pharaoh."

26 So Joseph made it a statute concerning the land of Egypt, and it stands to this day, that Pharaoh should have the fifth; the land of the priests alone did not become Pharaoh's.

¶ **27** Thus Israel settled in the land of Egypt, in the land of Goshen. And they gained possessions in it, and were fruitful and multiplied greatly.

28 And Jacob lived in the land of Egypt seventeen years. So the days of Jacob, the years of his life, were 147 years.

¶ **29** And when the time drew near that Israel must die, he called his son Joseph and said to him, "If now I have found favor in your sight, put your hand under my thigh and promise to deal kindly and truly with me. Do not bury me in Egypt,

30 but let me lie with my fathers. Carry me out of Egypt and bury me in their burying place." He answered, "I will do as you have said."

31 Er aber sprach: So schwöre mir. Und er schwor ihm. Da neigte sich Israel anbetend über das Kopfende des Bettes hin.

Jakobs Segen über Ephraim und Manasse

48 Danach wurde Josef gesagt: Siehe, dein Vater ist krank. Und er nahm mit sich seine beiden Söhne Manasse und Ephraim.

2 Da wurde Jakob angesagt: Siehe, dein Sohn Josef kommt zu dir. Und Israel machte sich stark und setzte sich auf im Bett

3 und sprach zu Josef: Der allmächtige Gott erschien mir zu Lus im Lande Kanaan und segnete mich

4 und sprach zu mir: Siehe, ich will dich wachsen lassen und mehren und will dich zu einer Menge von Völkern machen und will dies Land zu eigen geben deinen Nachkommen für alle Zeit.

5 So sollen nun deine beiden Söhne Ephraim und Manasse, die dir geboren sind in Ägyptenland, ehe ich hergekommen bin zu dir, mein sein gleichwie Ruben und Simeon.

6 Die du aber nach ihnen zeugst, sollen dein sein und genannt werden nach dem Namen ihrer Brüder in deren Erbteil.

7 Und als ich aus Mesopotamien kam, starb mir Rahel im Land Kanaan auf der Reise, als noch eine Strecke Weges war nach Efrata, und ich begrub sie dort an dem Wege nach Efrata, das nun Bethlehem heißt.

¶ **8** Und Israel sah die Söhne Josefs und sprach: Wer sind die?

9 Josef antwortete seinem Vater: Es sind meine Söhne, die mir Gott hier gegeben hat. Er sprach: Bringe sie her zu mir, dass ich sie segne.

10 Denn die Augen Israels waren schwach geworden vor Alter und er konnte nicht mehr sehen. Und Josef brachte sie zu ihm. Er aber küsste sie und herzte sie

11 und sprach zu Josef: Siehe, ich habe dein Angesicht gesehen, was ich nicht gedacht hätte, und siehe, Gott hat mich auch deine Söhne sehen lassen.

12 Und Josef nahm sie von seinem Schoß und verneigte sich vor ihm zur Erde.

¶ **13** Dann nahm sie Josef beide, Ephraim an seine rechte Hand gegenüber Israels linker Hand und Manasse an seine linke Hand gegenüber Israels rechter Hand, und brachte sie zu ihm.

31 And he said, "Swear to me"; and he swore to him. Then Israel bowed himself upon the head of his bed.[2]

Jacob Blesses Ephraim and Manasseh

48 After this, Joseph was told, "Behold, your father is ill." So he took with him his two sons, Manasseh and Ephraim.

2 And it was told to Jacob, "Your son Joseph has come to you." Then Israel summoned his strength and sat up in bed.

3 And Jacob said to Joseph, "God Almighty[1] appeared to me at Luz in the land of Canaan and blessed me,

4 and said to me, 'Behold, I will make you fruitful and multiply you, and I will make of you a company of peoples and will give this land to your offspring after you for an everlasting possession.'

5 And now your two sons, who were born to you in the land of Egypt before I came to you in Egypt, are mine; Ephraim and Manasseh shall be mine, as Reuben and Simeon are.

6 And the children that you fathered after them shall be yours. They shall be called by the name of their brothers in their inheritance.

7 As for me, when I came from Paddan, to my sorrow Rachel died in the land of Canaan on the way, when there was still some distance[2] to go to Ephrath, and I buried her there on the way to Ephrath (that is, Bethlehem)."

¶ **8** When Israel saw Joseph's sons, he said, "Who are these?"

9 Joseph said to his father, "They are my sons, whom God has given me here." And he said, "Bring them to me, please, that I may bless them."

10 Now the eyes of Israel were dim with age, so that he could not see. So Joseph brought them near him, and he kissed them and embraced them.

11 And Israel said to Joseph, "I never expected to see your face; and behold, God has let me see your offspring also."

12 Then Joseph removed them from his knees, and he bowed himself with his face to the earth.

13 And Joseph took them both, Ephraim in his right hand toward Israel's left hand, and Manasseh in his left hand toward Israel's right hand, and brought them near him.

14 Aber Israel streckte seine rechte Hand aus und legte sie auf Ephraims, des Jüngeren, Haupt und seine linke auf Manasses Haupt und kreuzte seine Arme, obwohl Manasse der Erstgeborene war.

15 Und er segnete Josef und sprach: Der Gott, vor dem meine Väter Abraham und Isaak gewandelt sind, der Gott, der mein Hirte gewesen ist mein Leben lang bis auf diesen Tag,

16 der Engel, der mich erlöst hat von allem Übel, der segne die Knaben, dass durch sie mein und meiner Väter Abraham und Isaak Name fortlebe, dass sie wachsen und viel werden auf Erden.

¶ **17** Als aber Josef sah, dass sein Vater die rechte Hand auf Ephraims Haupt legte, missfiel es ihm, und er fasste seines Vaters Hand, dass er sie von Ephraims Haupt auf Manasses Haupt wendete,

18 und sprach zu ihm: Nicht so, mein Vater, dieser ist der Erstgeborene; lege deine rechte Hand auf sein Haupt.

19 Aber sein Vater weigerte sich und sprach: Ich weiß wohl, mein Sohn, ich weiß wohl. Dieser soll auch ein Volk werden und wird groß sein, aber sein jüngerer Bruder wird größer als er werden, und sein Geschlecht wird eine Menge von Völkern werden.

20 So segnete er sie an jenem Tage und sprach: Wer in Israel jemanden segnen will, der sage: Gott mache dich wie Ephraim und Manasse! Und so setzte er Ephraim vor Manasse.

¶ **21** Und Israel sprach zu Josef: Siehe, ich sterbe; aber Gott wird mit euch sein und wird euch zurückbringen in das Land eurer Väter.

22 Ich gebe dir ein Stück Land vor deinen Brüdern, das ich mit meinem Schwert und Bogen aus der Hand der Amoriter genommen habe.

Jakobs Segen über seine Söhne
(vgl. 5.Mose 33,1-29)

49 Und Jakob berief seine Söhne und sprach: Versammelt euch, dass ich euch verkünde, was euch begegnen wird in künftigen Zeiten.

2 Kommt zuhauf und hört zu, ihr Söhne Jakobs, und hört euren Vater Israel.

14 And Israel stretched out his right hand and laid it on the head of Ephraim, who was the younger, and his left hand on the head of Manasseh, crossing his hands (for Manasseh was the firstborn).

15 And he blessed Joseph and said,

"The God before whom my fathers
   Abraham and Isaac walked,
the God who has been my shepherd
   all my life long to this day,
16 the angel who has redeemed me from all
   evil, bless the boys;
and in them let my name be carried
   on, and the name of my fathers
   Abraham and Isaac;
and let them grow into a multitude[3] in
   the midst of the earth."

¶ **17** When Joseph saw that his father laid his right hand on the head of Ephraim, it displeased him, and he took his father's hand to move it from Ephraim's head to Manasseh's head.

18 And Joseph said to his father, "Not this way, my father; since this one is the firstborn, put your right hand on his head."

19 But his father refused and said, "I know, my son, I know. He also shall become a people, and he also shall be great. Nevertheless, his younger brother shall be greater than he, and his offspring shall become a multitude[4] of nations."

20 So he blessed them that day, saying,

"By you Israel will pronounce blessings,
   saying,
'God make you as Ephraim and as
   Manasseh.'"

Thus he put Ephraim before Manasseh.

21 Then Israel said to Joseph, "Behold, I am about to die, but God will be with you and will bring you again to the land of your fathers.

22 Moreover, I have given to you rather than to your brothers one mountain slope[5] that I took from the hand of the Amorites with my sword and with my bow."

Jacob Blesses His Sons

49 Then Jacob called his sons and said, "Gather yourselves together, that I may tell you what shall happen to you in days to come.

2 "Assemble and listen, O sons of Jacob, listen to Israel your father.

¶ **3 Ruben,** mein erster Sohn bist du, meine Kraft und der Erstling meiner Stärke, der Oberste in der Würde und der Oberste in der Macht.

4 Weil du aufwalltest wie Wasser, sollst du nicht der Oberste sein; denn du bist auf deines Vaters Lager gestiegen, daselbst hast du mein Bett entweiht, das du bestiegst.

¶ **5** Die Brüder **Simeon** und **Levi,** ihre Schwerter sind mörderische Waffen.

6 Meine Seele komme nicht in ihren Rat, und mein Herz sei nicht in ihrer Versammlung; denn in ihrem Zorn haben sie Männer gemordet, und in ihrem Mutwillen haben sie Stiere gelähmt.

7 Verflucht sei ihr Zorn, dass er so heftig ist, und ihr Grimm, dass er so grausam ist. Ich will sie versprengen in Jakob und zerstreuen in Israel.

¶ **8 Juda,** du bist's! Dich werden deine Brüder preisen. Deine Hand wird deinen Feinden auf dem Nacken sein, vor dir werden deines Vaters Söhne sich verneigen.

9 Juda ist ein junger Löwe. Du bist hochgekommen, mein Sohn, vom Raube. Wie ein Löwe hat er sich hingestreckt und wie eine Löwin sich gelagert. Wer will ihn aufstören?

10 Es wird das Zepter von Juda nicht weichen noch der Stab des Herrschers von seinen Füßen, bis dass der Held komme, und ihm werden die Völker anhangen.

11 Er wird seinen Esel an den Weinstock binden und seiner Eselin Füllen an die edle Rebe. Er wird sein Kleid in Wein waschen und seinen Mantel in Traubenblut.

12 Seine Augen sind dunkel von Wein und seine Zähne weiß von Milch.

¶ **13 Sebulon** wird am Gestade des Meeres wohnen und am Gestade der Schiffe und reichen bis Sidon.

¶ **14 Issachar** wird ein knochiger Esel sein und sich lagern zwischen den Sattelkörben.

3 "Reuben, you are my firstborn,
my might, and the firstfruits of my strength,
preeminent in dignity and preeminent in power.

4 Unstable as water, you shall not have preeminence,
because you went up to your father's bed;
then you defiled it—he went up to my couch!

5 "Simeon and Levi are brothers;
weapons of violence are their swords.

6 Let my soul come not into their council;
O my glory, be not joined to their company.
For in their anger they killed men,
and in their willfulness they hamstrung oxen.

7 Cursed be their anger, for it is fierce,
and their wrath, for it is cruel!
I will divide them in Jacob
and scatter them in Israel.

8 "Judah, your brothers shall praise you;
your hand shall be on the neck of your enemies;
your father's sons shall bow down before you.

9 Judah is a lion's cub;
from the prey, my son, you have gone up.
He stooped down; he crouched as a lion
and as a lioness; who dares rouse him?

10 The scepter shall not depart from Judah,
nor the ruler's staff from between his feet,
until tribute comes to him;[1]
and to him shall be the obedience of the peoples.

11 Binding his foal to the vine
and his donkey's colt to the choice vine,
he has washed his garments in wine
and his vesture in the blood of grapes.

12 His eyes are darker than wine,
and his teeth whiter than milk.

13 "Zebulun shall dwell at the shore of the sea;
he shall become a haven for ships,
and his border shall be at Sidon.

14 "Issachar is a strong donkey,
crouching between the sheepfolds.[2]

15 Und er sah die Ruhe, dass sie gut ist, und das Land, dass es lieblich ist; da hat er seine Schultern geneigt, zu tragen, und ist ein fronpflichtiger Knecht geworden.

¶ **16 Dan** wird Richter sein in seinem Volk wie nur irgendein Stamm in Israel.

17 Dan wird eine Schlange werden auf dem Wege und eine Otter auf dem Steige und das Pferd in die Fersen beißen, dass sein Reiter zurückfalle.

18 HERR, ich warte auf dein Heil!

¶ **19 Gad** wird gedrängt werden von Kriegshaufen, er aber drängt ihnen nach auf der Ferse.

¶ **20 Assers** Brot wird fett sein, und er wird leckere Speise wie für Könige geben.

¶ **21 Naftali** ist ein schneller Hirsch, er gibt schöne Rede.

¶ **22 Josef** wird wachsen, er wird wachsen wie ein Baum an der Quelle, dass die Zweige emporsteigen über die Mauer.

23 Und wiewohl ihn die Schützen erzürnen und gegen ihn kämpfen und ihn verfolgen,

24 so bleibt doch sein Bogen fest und seine Arme und Hände stark durch die Hände des Mächtigen in Jakob, durch ihn, den Hirten und Fels Israels.

25 Von deines Vaters Gott werde dir geholfen, und von dem Allmächtigen seist du gesegnet mit Segen oben vom Himmel herab, mit Segen von der Flut, die drunten liegt, mit Segen der Brüste und des Mutterleibes.

26 Die Segnungen deines Vaters waren stärker als die Segnungen der ewigen Berge, die köstlichen Güter der ewigen Hügel. Mögen sie kommen auf das Haupt Josefs und auf den Scheitel des Geweihten unter seinen Brüdern!

¶ **27 Benjamin** ist ein reißender Wolf; des Morgens wird er Raub fressen und des Abends wird er Beute austeilen.

15 He saw that a resting place was good,
and that the land was pleasant,
so he bowed his shoulder to bear,
and became a servant at forced labor.

16 "Dan shall judge his people
as one of the tribes of Israel.

17 Dan shall be a serpent in the way,
a viper by the path,
that bites the horse's heels
so that his rider falls backward.

18 I wait for your salvation, O LORD.

19 "Raiders shall raid Gad,[3]
but he shall raid at their heels.

20 "Asher's food shall be rich,
and he shall yield royal delicacies.

21 "Naphtali is a doe let loose
that bears beautiful fawns.[4]

22 "Joseph is a fruitful bough,
a fruitful bough by a spring;
his branches run over the wall.[5]

23 The archers bitterly attacked him,
shot at him, and harassed him
severely,

24 yet his bow remained unmoved;
his arms[6] were made agile
by the hands of the Mighty One of Jacob
(from there is the Shepherd,[7] the Stone
of Israel),

25 by the God of your father who will help
you,
by the Almighty[8] who will bless you
with blessings of heaven above,
blessings of the deep that crouches
beneath,
blessings of the breasts and of the
womb.

26 The blessings of your father
are mighty beyond the blessings of my
parents,
up to the bounties of the everlasting
hills.[9]
May they be on the head of Joseph,
and on the brow of him who was set
apart from his brothers.

27 "Benjamin is a ravenous wolf,
in the morning devouring the prey
and at evening dividing the spoil."

28 Das sind die zwölf Stämme Israels alle, und das ist's, was ihr Vater zu ihnen geredet hat, als er sie segnete, einen jeden mit einem besonderen Segen.

Jakobs Tod

29 Und Jakob gebot ihnen und sprach zu ihnen: Ich werde versammelt zu meinem Volk; begrabt mich bei meinen Vätern in der Höhle auf dem Acker Efrons, des Hetiters,

30 in der Höhle auf dem Felde von Machpela, die östlich von Mamre liegt im Lande Kanaan, die Abraham kaufte samt dem Acker von Efron, dem Hetiter, zum Erbbegräbnis.

31 Da haben sie Abraham begraben und Sara, seine Frau. Da haben sie auch Isaak begraben und Rebekka, seine Frau. Da habe ich auch Lea begraben

32 in dem Acker und der Höhle, die von den Hetitern gekauft ist.

33 Und als Jakob dies Gebot an seine Söhne vollendet hatte, tat er seine Füße zusammen auf dem Bett und verschied und wurde versammelt zu seinen Vätern.

Jakobs Bestattung

50 Da warf sich Josef über seines Vaters Angesicht und weinte über ihm und küsste ihn.

2 Und Josef befahl seinen Dienern, den Ärzten, dass sie seinen Vater zum Begräbnis salbten. Und die Ärzte salbten Israel,

3 bis vierzig Tage um waren; denn so lange währen die Tage der Salbung. Und die Ägypter beweinten ihn siebzig Tage.

4 Als nun die Trauertage vorüber waren, redete Josef mit den Leuten des Pharao und sprach: Hab ich Gnade vor euch gefunden, so redet mit dem Pharao und sprecht:

5 Mein Vater hat einen Eid von mir genommen und gesagt: Siehe, ich sterbe; begrabe mich in meinem Grabe, das ich mir im Lande Kanaan gegraben habe. So will ich nun hinaufziehen und meinen Vater begraben und wiederkommen.

6 Der Pharao sprach: Zieh hinauf und begrabe deinen Vater, wie du ihm geschworen hast.

7 Da zog Josef hinauf, seinen Vater zu begraben. Und es zogen mit ihm alle Großen des Pharao, die Ältesten seines Hauses und alle Ältesten des Landes Ägypten,

Jacob's Death and Burial

28 All these are the twelve tribes of Israel. This is what their father said to them as he blessed them, blessing each with the blessing suitable to him.

29 Then he commanded them and said to them, "I am to be gathered to my people; bury me with my fathers in the cave that is in the field of Ephron the Hittite,

30 in the cave that is in the field at Machpelah, to the east of Mamre, in the land of Canaan, which Abraham bought with the field from Ephron the Hittite to possess as a burying place.

31 There they buried Abraham and Sarah his wife. There they buried Isaac and Rebekah his wife, and there I buried Leah—

32 the field and the cave that is in it were bought from the Hittites."

33 When Jacob finished commanding his sons, he drew up his feet into the bed and breathed his last and was gathered to his people.

50 Then Joseph fell on his father's face and wept over him and kissed him.

2 And Joseph commanded his servants the physicians to embalm his father. So the physicians embalmed Israel.

3 Forty days were required for it, for that is how many are required for embalming. And the Egyptians wept for him seventy days.

4 And when the days of weeping for him were past, Joseph spoke to the household of Pharaoh, saying, "If now I have found favor in your eyes, please speak in the ears of Pharaoh, saying,

5 My father made me swear, saying, 'I am about to die: in my tomb that I hewed out for myself in the land of Canaan, there shall you bury me.' Now therefore, let me please go up and bury my father. Then I will return."

6 And Pharaoh answered, "Go up, and bury your father, as he made you swear."

7 So Joseph went up to bury his father. With him went up all the servants of Pharaoh, the elders of his household, and all the elders of the land of Egypt,

8 dazu das ganze Haus Josefs und seine Brüder und die vom Hause seines Vaters. Allein ihre Kinder, Schafe und Rinder ließen sie im Lande Goschen.

9 Und es zogen auch mit ihm hinauf Wagen und Gespanne und es war ein sehr großes Heer.

¶ **10** Als sie nun nach Goren-Atad kamen, das jenseits des Jordans liegt, da hielten sie eine sehr große und feierliche Klage. Und Josef hielt Totenklage über seinen Vater sieben Tage.

11 Und als die Leute im Lande, die Kanaaniter, die Klage bei Goren-Atad sahen, sprachen sie: Die Ägypter halten da große Klage. Daher nennt man den Ort »Der Ägypter Klage«; er liegt jenseits des Jordans.

¶ **12** Und seine Söhne taten, wie er ihnen befohlen hatte,

13 und brachten ihn ins Land Kanaan und begruben ihn in der Höhle auf dem Felde von Machpela, die Abraham gekauft hatte mit dem Acker zum Erbbegräbnis von Efron, dem Hetiter, gegenüber Mamre.

14 Als sie ihn nun begraben hatten, zog Josef wieder nach Ägypten mit seinen Brüdern und mit allen, die mit ihm hinaufgezogen waren, seinen Vater zu begraben.

Josefs Edelmut und sein Tod

15 Die Brüder Josefs aber fürchteten sich, als ihr Vater gestorben war, und sprachen: Josef könnte uns gram sein und uns alle Bosheit vergelten, die wir an ihm getan haben.

16 Darum ließen sie ihm sagen: Dein Vater befahl vor seinem Tode und sprach:

17 So sollt ihr zu Josef sagen: Vergib doch deinen Brüdern die Missetat und ihre Sünde, dass sie so übel an dir getan haben. Nun vergib doch diese Missetat uns, den Dienern des Gottes deines Vaters! Aber Josef weinte, als sie solches zu ihm sagten.

¶ **18** Und seine Brüder gingen hin und fielen vor ihm nieder und sprachen: Siehe, wir sind deine Knechte.

19 Josef aber sprach zu ihnen: Fürchtet euch nicht! Stehe ich denn an Gottes statt?

20 Ihr gedachtet es böse mit mir zu machen, aber Gott gedachte es gut zu machen, um zu tun, was jetzt am Tage ist, nämlich am Leben zu erhalten ein großes Volk.

21 So fürchtet euch nun nicht; ich will euch und eure Kinder versorgen. Und er tröstete sie und redete freundlich mit ihnen.

8 as well as all the household of Joseph, his brothers, and his father's household. Only their children, their flocks, and their herds were left in the land of Goshen.

9 And there went up with him both chariots and horsemen. It was a very great company.

10 When they came to the threshing floor of Atad, which is beyond the Jordan, they lamented there with a very great and grievous lamentation, and he made a mourning for his father seven days.

11 When the inhabitants of the land, the Canaanites, saw the mourning on the threshing floor of Atad, they said, "This is a grievous mourning by the Egyptians." Therefore the place was named Abel-mizraim;[1] it is beyond the Jordan.

12 Thus his sons did for him as he had commanded them,

13 for his sons carried him to the land of Canaan and buried him in the cave of the field at Machpelah, to the east of Mamre, which Abraham bought with the field from Ephron the Hittite to possess as a burying place.

14 After he had buried his father, Joseph returned to Egypt with his brothers and all who had gone up with him to bury his father.

God's Good Purposes

¶ **15** When Joseph's brothers saw that their father was dead, they said, "It may be that Joseph will hate us and pay us back for all the evil that we did to him."

16 So they sent a message to Joseph, saying, "Your father gave this command before he died,

17 'Say to Joseph, Please forgive the transgression of your brothers and their sin, because they did evil to you.' And now, please forgive the transgression of the servants of the God of your father." Joseph wept when they spoke to him.

18 His brothers also came and fell down before him and said, "Behold, we are your servants."

19 But Joseph said to them, "Do not fear, for am I in the place of God?

20 As for you, you meant evil against me, but God meant it for good, to bring it about that many people[2] should be kept alive, as they are today.

21 So do not fear; I will provide for you and your little ones." Thus he comforted them and spoke kindly to them.

¶ **22** So wohnte Josef in Ägypten mit seines Vaters Hause und lebte hundertundzehn Jahre

23 und sah Ephraims Kinder bis ins dritte Glied. Auch die Söhne von Machir, Manasses Sohn, wurden dem Hause Josefs zugerechnet.

24 Und Josef sprach zu seinen Brüdern: Ich sterbe; aber Gott wird euch gnädig heimsuchen und aus diesem Lande führen in das Land, das er Abraham, Isaak und Jakob zu geben geschworen hat.

25 Darum nahm er einen Eid von den Söhnen Israels und sprach: Wenn euch Gott heimsuchen wird, so nehmt meine Gebeine mit von hier.

¶ **26** Und Josef starb, als er hundertundzehn Jahre alt war. Und sie salbten ihn und legten ihn in einen Sarg in Ägypten.

The Death of Joseph

¶ **22** So Joseph remained in Egypt, he and his father's house. Joseph lived 110 years.

23 And Joseph saw Ephraim's children of the third generation. The children also of Machir the son of Manasseh were counted as Joseph's own.[3]

24 And Joseph said to his brothers, "I am about to die, but God will visit you and bring you up out of this land to the land that he swore to Abraham, to Isaac, and to Jacob."

25 Then Joseph made the sons of Israel swear, saying, "God will surely visit you, and you shall carry up my bones from here."

26 So Joseph died, being 110 years old. They embalmed him, and he was put in a coffin in Egypt.

DAS ZWEITE BUCH MOSE (EXODUS)

EXODUS

Israels Bedrückung in Ägypten

1 Dies sind die Namen der Söhne Israels, die mit Jakob nach Ägypten kamen; ein jeder kam mit seinem Hause:

2 Ruben, Simeon, Levi, Juda,

3 Issachar, Sebulon, Benjamin,

4 Dan, Naftali, Gad, Asser.

5 Und alle leiblichen Nachkommen Jakobs zusammen waren siebzig an Zahl. Josef aber war schon vorher in Ägypten.

¶ 6 Als nun Josef gestorben war und alle seine Brüder und alle, die zu der Zeit gelebt hatten,

7 wuchsen die Nachkommen Israels und zeugten Kinder und mehrten sich und wurden überaus stark, sodass von ihnen das Land voll ward.

¶ 8 Da kam ein neuer König auf in Ägypten, der wusste nichts von Josef

9 und sprach zu seinem Volk: Siehe, das Volk Israel ist mehr und stärker als wir.

10 Wohlan, wir wollen sie mit List niederhalten, dass sie nicht noch mehr werden. Denn wenn ein Krieg ausbräche, könnten sie sich auch zu unsern Feinden schlagen und gegen uns kämpfen und aus dem Lande ausziehen.

¶ 11 Und man setzte Fronvögte über sie, die sie mit Zwangsarbeit bedrücken sollten. Und sie bauten dem Pharao die Städte Pitom und Ramses als Vorratsstädte.

12 Aber je mehr sie das Volk bedrückten, desto stärker mehrte es sich und breitete sich aus. Und es kam sie ein Grauen an vor Israel.

13 Da zwangen die Ägypter die Israeliten unbarmherzig zum Dienst

14 und machten ihnen ihr Leben sauer mit schwerer Arbeit in Ton und Ziegeln und mit mancherlei Frondienst auf dem Felde, mit all ihrer Arbeit, die sie ihnen auflegten ohne Erbarmen.

¶ 15 Und der König von Ägypten sprach zu den hebräischen Hebammen, von denen die eine Schifra hieß und die andere Pua:

Israel Increases Greatly in Egypt

1 These are the names of the sons of Israel who came to Egypt with Jacob, each with his household:

2 Reuben, Simeon, Levi, and Judah,

3 Issachar, Zebulun, and Benjamin,

4 Dan and Naphtali, Gad and Asher.

5 All the descendants of Jacob were seventy persons; Joseph was already in Egypt.

6 Then Joseph died, and all his brothers and all that generation.

7 But the people of Israel were fruitful and increased greatly; they multiplied and grew exceedingly strong, so that the land was filled with them.

Pharaoh Oppresses Israel

¶ 8 Now there arose a new king over Egypt, who did not know Joseph.

9 And he said to his people, "Behold, the people of Israel are too many and too mighty for us.

10 Come, let us deal shrewdly with them, lest they multiply, and, if war breaks out, they join our enemies and fight against us and escape from the land."

11 Therefore they set taskmasters over them to afflict them with heavy burdens. They built for Pharaoh store cities, Pithom and Raamses.

12 But the more they were oppressed, the more they multiplied and the more they spread abroad. And the Egyptians were in dread of the people of Israel.

13 So they ruthlessly made the people of Israel work as slaves

14 and made their lives bitter with hard service, in mortar and brick, and in all kinds of work in the field. In all their work they ruthlessly made them work as slaves.

¶ 15 Then the king of Egypt said to the Hebrew midwives, one of whom was named Shiphrah and the other Puah,

16 Wenn ihr den hebräischen Frauen helft und bei der Geburt seht, dass es ein Sohn ist, so tötet ihn; ist's aber eine Tochter, so lasst sie leben.

17 Aber die Hebammen fürchteten Gott und taten nicht, wie der König von Ägypten ihnen gesagt hatte, sondern ließen die Kinder leben.

¶ **18** Da rief der König von Ägypten die Hebammen und sprach zu ihnen: Warum tut ihr das, dass ihr die Kinder leben lasst?

19 Die Hebammen antworteten dem Pharao: Die hebräischen Frauen sind nicht wie die ägyptischen, denn sie sind kräftige Frauen. Ehe die Hebamme zu ihnen kommt, haben sie geboren.

20 Darum tat Gott den Hebammen Gutes. Und das Volk mehrte sich und wurde sehr stark.

21 Und weil die Hebammen Gott fürchteten, segnete er ihre Häuser.

¶ **22** Da gebot der Pharao seinem ganzen Volk und sprach: Alle Söhne, die geboren werden, werft in den Nil, aber alle Töchter lasst leben.

Moses Geburt und wunderbare Errettung

2 Und es ging hin ein Mann vom Hause Levi und nahm ein Mädchen aus dem Hause Levi zur Frau.

2 Und sie ward schwanger und gebar einen Sohn. Und als sie sah, dass es ein feines Kind war, verbarg sie ihn drei Monate.

3 Als sie ihn aber nicht länger verbergen konnte, machte sie ein Kästlein von Rohr und verklebte es mit Erdharz und Pech und legte das Kind hinein und setzte das Kästlein in das Schilf am Ufer des Nils.

4 Aber seine Schwester stand von ferne, um zu erfahren, wie es ihm ergehen würde.

¶ **5** Und die Tochter des Pharao ging hinab und wollte baden im Nil, und ihre Gespielinnen gingen am Ufer hin und her. Und als sie das Kästlein im Schilf sah, sandte sie ihre Magd hin und ließ es holen.

6 Und als sie es auftat, sah sie das Kind, und siehe, das Knäblein weinte. Da jammerte es sie und sie sprach: Es ist eins von den hebräischen Kindlein.

¶ **7** Da sprach seine Schwester zu der Tochter des Pharao: Soll ich hingehen und eine der hebräischen Frauen rufen, die da stillt, dass sie dir das Kindlein stille?

8 Die Tochter des Pharao sprach zu ihr: Geh hin. Das Mädchen ging hin und rief die Mutter des Kindes.

16 "When you serve as midwife to the Hebrew women and see them on the birthstool, if it is a son, you shall kill him, but if it is a daughter, she shall live."

17 But the midwives feared God and did not do as the king of Egypt commanded them, but let the male children live.

18 So the king of Egypt called the midwives and said to them, "Why have you done this, and let the male children live?"

19 The midwives said to Pharaoh, "Because the Hebrew women are not like the Egyptian women, for they are vigorous and give birth before the midwife comes to them."

20 So God dealt well with the midwives. And the people multiplied and grew very strong.

21 And because the midwives feared God, he gave them families.

22 Then Pharaoh commanded all his people, "Every son that is born to the Hebrews[1] you shall cast into the Nile, but you shall let every daughter live."

The Birth of Moses

2 Now a man from the house of Levi went and took as his wife a Levite woman.

2 The woman conceived and bore a son, and when she saw that he was a fine child, she hid him three months.

3 When she could hide him no longer, she took for him a basket made of bulrushes[1] and daubed it with bitumen and pitch. She put the child in it and placed it among the reeds by the river bank.

4 And his sister stood at a distance to know what would be done to him.

5 Now the daughter of Pharaoh came down to bathe at the river, while her young women walked beside the river. She saw the basket among the reeds and sent her servant woman, and she took it.

6 When she opened it, she saw the child, and behold, the baby was crying. She took pity on him and said, "This is one of the Hebrews' children."

7 Then his sister said to Pharaoh's daughter, "Shall I go and call you a nurse from the Hebrew women to nurse the child for you?"

8 And Pharaoh's daughter said to her, "Go." So the girl went and called the child's mother.

9 Da sprach die Tochter des Pharao zu ihr: Nimm das Kindlein mit und stille es mir; ich will es dir lohnen. Die Frau nahm das Kind und stillte es.

¶ **10** Und als das Kind groß war, brachte sie es der Tochter des Pharao, und es ward ihr Sohn und sie nannte ihn Mose; denn sie sprach: Ich habe ihn aus dem Wasser gezogen.

Moses Flucht nach Midian

11 Zu der Zeit, als Mose groß geworden war, ging er hinaus zu seinen Brüdern und sah ihren Frondienst und nahm wahr, dass ein Ägypter einen seiner hebräischen Brüder schlug.

12 Da schaute er sich nach allen Seiten um und als er sah, dass kein Mensch da war, erschlug er den Ägypter und verscharrte ihn im Sande.

¶ **13** Am andern Tage ging er wieder hinaus und sah zwei hebräische Männer miteinander streiten und sprach zu dem, der im Unrecht war: Warum schlägst du deinen Nächsten?

14 Er aber sprach: Wer hat dich zum Aufseher oder Richter über uns gesetzt? Willst du mich auch umbringen, wie du den Ägypter umgebracht hast? Da fürchtete sich Mose und sprach: Wie ist das bekannt geworden?

15 Und es kam vor den Pharao; der trachtete danach, Mose zu töten. Aber Mose floh vor dem Pharao und hielt sich auf im Lande Midian. Und er setzte sich nieder bei einem Brunnen.

¶ **16** Der Priester aber in Midian hatte sieben Töchter; die kamen, Wasser zu schöpfen, und füllten die Rinnen, um die Schafe ihres Vaters zu tränken.

17 Da kamen Hirten und stießen sie weg. Mose aber stand auf und half ihnen und tränkte ihre Schafe.

18 Und als sie zu ihrem Vater Reguël kamen, sprach er: Warum seid ihr heute so bald gekommen?

19 Sie sprachen: Ein ägyptischer Mann stand uns bei gegen die Hirten und schöpfte für uns und tränkte die Schafe.

¶ **20** Er sprach zu seinen Töchtern: Wo ist er? Warum habt ihr den Mann draußen gelassen? Ladet ihn doch ein, mit uns zu essen.

21 Und Mose willigte ein, bei dem Mann zu bleiben. Und er gab Mose seine Tochter Zippora zur Frau.

22 Die gebar einen Sohn und er nannte ihn Gerschom; denn, sprach er, ich bin ein Fremdling geworden im fremden Lande.

9 And Pharaoh's daughter said to her, "Take this child away and nurse him for me, and I will give you your wages." So the woman took the child and nursed him.

10 When the child grew up, she brought him to Pharaoh's daughter, and he became her son. She named him Moses, "Because," she said, "I drew him out of the water."[2]

Moses Flees to Midian

¶ **11** One day, when Moses had grown up, he went out to his people and looked on their burdens, and he saw an Egyptian beating a Hebrew, one of his people.[3]

12 He looked this way and that, and seeing no one, he struck down the Egyptian and hid him in the sand.

13 When he went out the next day, behold, two Hebrews were struggling together. And he said to the man in the wrong, "Why do you strike your companion?"

14 He answered, "Who made you a prince and a judge over us? Do you mean to kill me as you killed the Egyptian?" Then Moses was afraid, and thought, "Surely the thing is known."

15 When Pharaoh heard of it, he sought to kill Moses. But Moses fled from Pharaoh and stayed in the land of Midian. And he sat down by a well.

¶ **16** Now the priest of Midian had seven daughters, and they came and drew water and filled the troughs to water their father's flock.

17 The shepherds came and drove them away, but Moses stood up and saved them, and watered their flock.

18 When they came home to their father Reuel, he said, "How is it that you have come home so soon today?"

19 They said, "An Egyptian delivered us out of the hand of the shepherds and even drew water for us and watered the flock."

20 He said to his daughters, "Then where is he? Why have you left the man? Call him, that he may eat bread."

21 And Moses was content to dwell with the man, and he gave Moses his daughter Zipporah.

22 She gave birth to a son, and he called his name Gershom, for he said, "I have been a sojourner[4] in a foreign land."

¶ **23** Lange Zeit aber danach starb der König von Ägypten. Und die Israeliten seufzten über ihre Knechtschaft und schrien, und ihr Schreien über ihre Knechtschaft kam vor Gott.

24 Und Gott erhörte ihr Wehklagen und gedachte seines Bundes mit Abraham, Isaak und Jakob.

25 Und Gott sah auf die Israeliten und nahm sich ihrer an.

Moses Berufung

3 Mose aber hütete die Schafe Jitros, seines Schwiegervaters, des Priesters in Midian, und trieb die Schafe über die Steppe hinaus und kam an den Berg Gottes, den Horeb.

2 Und der Engel des HERRN erschien ihm in einer feurigen Flamme aus dem Dornbusch. Und er sah, dass der Busch im Feuer brannte und doch nicht verzehrt wurde.

3 Da sprach er: Ich will hingehen und die wundersame Erscheinung besehen, warum der Busch nicht verbrennt.

4 Als aber der HERR sah, dass er hinging, um zu sehen, rief Gott ihn aus dem Busch und sprach: Mose, Mose! Er antwortete: Hier bin ich.

5 Gott sprach: Tritt nicht herzu, zieh deine Schuhe von deinen Füßen; denn der Ort, darauf du stehst, ist heiliges Land!

¶ **6** Und er sprach weiter: Ich bin der Gott deines Vaters, der Gott Abrahams, der Gott Isaaks und der Gott Jakobs. Und Mose verhüllte sein Angesicht; denn er fürchtete sich, Gott anzuschauen.

7 Und der HERR sprach: Ich habe das Elend meines Volks in Ägypten gesehen und ihr Geschrei über ihre Bedränger gehört; ich habe ihre Leiden erkannt.

8 Und ich bin herniedergefahren, dass ich sie errette aus der Ägypter Hand und sie herausführe aus diesem Lande in ein gutes und weites Land, in ein Land, darin Milch und Honig fließt, in das Gebiet der Kanaaniter, Hetiter, Amoriter, Perisiter, Hiwiter und Jebusiter.

9 Weil denn nun das Geschrei der Israeliten vor mich gekommen ist und ich dazu ihre Not gesehen habe, wie die Ägypter sie bedrängen,

10 so geh nun hin, ich will dich zum Pharao senden, damit du mein Volk, die Israeliten, aus Ägypten führst.

God Hears Israel's Groaning

¶ **23** During those many days the king of Egypt died, and the people of Israel groaned because of their slavery and cried out for help. Their cry for rescue from slavery came up to God.

24 And God heard their groaning, and God remembered his covenant with Abraham, with Isaac, and with Jacob.

25 God saw the people of Israel—and God knew.

The Burning Bush

3 Now Moses was keeping the flock of his father-in-law, Jethro, the priest of Midian, and he led his flock to the west side of the wilderness and came to Horeb, the mountain of God.

2 And the angel of the LORD appeared to him in a flame of fire out of the midst of a bush. He looked, and behold, the bush was burning, yet it was not consumed.

3 And Moses said, "I will turn aside to see this great sight, why the bush is not burned."

4 When the LORD saw that he turned aside to see, God called to him out of the bush, "Moses, Moses!" And he said, "Here I am."

5 Then he said, "Do not come near; take your sandals off your feet, for the place on which you are standing is holy ground."

6 And he said, "I am the God of your father, the God of Abraham, the God of Isaac, and the God of Jacob." And Moses hid his face, for he was afraid to look at God.

¶ **7** Then the LORD said, "I have surely seen the affliction of my people who are in Egypt and have heard their cry because of their taskmasters. I know their sufferings,

8 and I have come down to deliver them out of the hand of the Egyptians and to bring them up out of that land to a good and broad land, a land flowing with milk and honey, to the place of the Canaanites, the Hittites, the Amorites, the Perizzites, the Hivites, and the Jebusites.

9 And now, behold, the cry of the people of Israel has come to me, and I have also seen the oppression with which the Egyptians oppress them.

10 Come, I will send you to Pharaoh that you may bring my people, the children of Israel, out of Egypt."

¶ **11** Mose sprach zu Gott: Wer bin ich, dass ich zum Pharao gehe und führe die Israeliten aus Ägypten?

12 Er sprach: Ich will mit dir sein. Und das soll dir das Zeichen sein, dass ich dich gesandt habe: Wenn du mein Volk aus Ägypten geführt hast, werdet ihr Gott opfern auf diesem Berge.

¶ **13** Mose sprach zu Gott: Siehe, wenn ich zu den Israeliten komme und spreche zu ihnen: Der Gott eurer Väter hat mich zu euch gesandt!, und sie mir sagen werden: Wie ist sein Name?, was soll ich ihnen sagen?

14 Gott sprach zu Mose: **Ich werde sein, der ich sein werde.** Und sprach: So sollst du zu den Israeliten sagen: »Ich werde sein«, der hat mich zu euch gesandt.

15 Und Gott sprach weiter zu Mose: So sollst du zu den Israeliten sagen: Der Herr*, der Gott eurer Väter, der Gott Abrahams, der Gott Isaaks, der Gott Jakobs, hat mich zu euch gesandt. Das ist mein Name auf ewig, mit dem man mich anrufen soll von Geschlecht zu Geschlecht.

¶ **16** Darum geh hin und versammle die Ältesten von Israel und sprich zu ihnen: Der Herr, der Gott eurer Väter, ist mir erschienen, der Gott Abrahams, der Gott Isaaks, der Gott Jakobs, und hat gesagt: Ich habe mich euer angenommen und gesehen, was euch in Ägypten widerfahren ist,

17 und habe gesagt: Ich will euch aus dem Elend Ägyptens führen in das Land der Kanaaniter, Hetiter, Amoriter, Perisiter, Hiwiter und Jebusiter, in das Land, darin Milch und Honig fließt.

18 Und sie werden auf dich hören. Danach sollst du mit den Ältesten Israels hineingehen zum König von Ägypten und zu ihm sagen: Der Herr, der Gott der Hebräer, ist uns erschienen. So lass uns nun gehen drei Tagereisen weit in die Wüste, dass wir opfern dem Herrn, unserm Gott.

19 Aber ich weiß, dass euch der König von Ägypten nicht wird ziehen lassen, er werde denn gezwungen durch eine starke Hand.

20 Daher werde ich meine Hand ausstrecken und Ägypten schlagen mit all den Wundern, die ich darin tun werde. Danach wird er euch ziehen lassen.

21 Auch will ich diesem Volk Gunst verschaffen bei den Ägyptern, dass, wenn ihr auszieht, ihr nicht leer auszieht,

22 sondern jede Frau soll sich von ihrer Nachbarin und Hausgenossin silbernes und goldenes Geschmeide und Kleider geben lassen. Die sollt ihr euren Söhnen und Töchtern anlegen und von den Ägyptern als Beute nehmen.

11 But Moses said to God, "Who am I that I should go to Pharaoh and bring the children of Israel out of Egypt?"

12 He said, "But I will be with you, and this shall be the sign for you, that I have sent you: when you have brought the people out of Egypt, you shall serve God on this mountain."

¶ **13** Then Moses said to God, "If I come to the people of Israel and say to them, 'The God of your fathers has sent me to you,' and they ask me, 'What is his name?' what shall I say to them?"

14 God said to Moses, "I AM WHO I AM."[1] And he said, "Say this to the people of Israel, 'I AM has sent me to you.'"

15 God also said to Moses, "Say this to the people of Israel, 'The Lord,[2] the God of your fathers, the God of Abraham, the God of Isaac, and the God of Jacob, has sent me to you.' This is my name forever, and thus I am to be remembered throughout all generations.

16 Go and gather the elders of Israel together and say to them, 'The Lord, the God of your fathers, the God of Abraham, of Isaac, and of Jacob, has appeared to me, saying, "I have observed you and what has been done to you in Egypt,

17 and I promise that I will bring you up out of the affliction of Egypt to the land of the Canaanites, the Hittites, the Amorites, the Perizzites, the Hivites, and the Jebusites, a land "flowing with milk and honey."'

18 And they will listen to your voice, and you and the elders of Israel shall go to the king of Egypt and say to him, 'The Lord, the God of the Hebrews, has met with us; and now, please let us go a three days' journey into the wilderness, that we may sacrifice to the Lord our God.'

19 But I know that the king of Egypt will not let you go unless compelled by a mighty hand.[3]

20 So I will stretch out my hand and strike Egypt with all the wonders that I will do in it; after that he will let you go.

21 And I will give this people favor in the sight of the Egyptians; and when you go, you shall not go empty,

22 but each woman shall ask of her neighbor, and any woman who lives in her house, for silver and gold jewelry, and for clothing. You shall put them on your sons and on your daughters. So you shall plunder the Egyptians."

4 Mose antwortete und sprach: Siehe, sie werden mir nicht glauben und nicht auf mich hören, sondern werden sagen: Der HERR ist dir nicht erschienen.	**Moses Given Powerful Signs**

4 Mose antwortete und sprach: Siehe, sie werden mir nicht glauben und nicht auf mich hören, sondern werden sagen: Der HERR ist dir nicht erschienen.

2 Der HERR sprach zu ihm: Was hast du da in deiner Hand? Er sprach: Einen Stab.

3 Der HERR sprach: Wirf ihn auf die Erde. Und er warf ihn auf die Erde; da ward er zur Schlange und Mose floh vor ihr.

4 Aber der HERR sprach zu ihm: Strecke deine Hand aus und erhasche sie beim Schwanz. Da streckte er seine Hand aus und ergriff sie, und sie ward zum Stab in seiner Hand.

5 Und der HERR sprach: Darum werden sie glauben, dass dir erschienen ist der HERR, der Gott ihrer Väter, der Gott Abrahams, der Gott Isaaks, der Gott Jakobs.

¶ **6** Und der HERR sprach weiter zu ihm: Stecke deine Hand in den Bausch deines Gewandes. Und er steckte sie hinein. Und als er sie wieder herauszog, siehe, da war sie aussätzig wie Schnee.

7 Und er sprach: Tu sie wieder in den Bausch deines Gewandes. Und er tat sie wieder hinein. Und als er sie herauszog, siehe, da war sie wieder wie sein anderes Fleisch.

8 Und der HERR sprach: Wenn sie dir nun nicht glauben und nicht auf dich hören werden bei dem einen Zeichen, so werden sie dir doch glauben bei dem andern Zeichen.

9 Wenn sie aber diesen zwei Zeichen nicht glauben und nicht auf dich hören werden, so nimm Wasser aus dem Nil und gieß es auf das trockene Land; dann wird das Wasser, das du aus dem Strom genommen hast, Blut werden auf dem trockenen Land.

¶ **10** Mose aber sprach zu dem HERRN: Ach, mein Herr, ich bin von jeher nicht beredt gewesen, auch jetzt nicht, seitdem du mit deinem Knecht redest; denn ich hab eine schwere Sprache und eine schwere Zunge.

11 Der HERR sprach zu ihm: Wer hat dem Menschen den Mund geschaffen? Oder wer hat den Stummen oder Tauben oder Sehenden oder Blinden gemacht? Habe ich's nicht getan, der HERR?

12 So geh nun hin: Ich will mit deinem Munde sein und dich lehren, was du sagen sollst.

¶ **13** Mose aber sprach: Mein Herr, sende, wen du senden willst.

Moses Given Powerful Signs

4 Then Moses answered, "But behold, they will not believe me or listen to my voice, for they will say, 'The LORD did not appear to you.'"

2 The LORD said to him, "What is that in your hand?" He said, "A staff."

3 And he said, "Throw it on the ground." So he threw it on the ground, and it became a serpent, and Moses ran from it.

4 But the LORD said to Moses, "Put out your hand and catch it by the tail"—so he put out his hand and caught it, and it became a staff in his hand—

5 "that they may believe that the LORD, the God of their fathers, the God of Abraham, the God of Isaac, and the God of Jacob, has appeared to you."

6 Again, the LORD said to him, "Put your hand inside your cloak."[1] And he put his hand inside his cloak, and when he took it out, behold, his hand was leprous[2] like snow.

7 Then God said, "Put your hand back inside your cloak." So he put his hand back inside his cloak, and when he took it out, behold, it was restored like the rest of his flesh.

8 "If they will not believe you," God said, "or listen to the first sign, they may believe the latter sign.

9 If they will not believe even these two signs or listen to your voice, you shall take some water from the Nile and pour it on the dry ground, and the water that you shall take from the Nile will become blood on the dry ground."

¶ **10** But Moses said to the LORD, "Oh, my Lord, I am not eloquent, either in the past or since you have spoken to your servant, but I am slow of speech and of tongue."

11 Then the LORD said to him, "Who has made man's mouth? Who makes him mute, or deaf, or seeing, or blind? Is it not I, the LORD?

12 Now therefore go, and I will be with your mouth and teach you what you shall speak."

13 But he said, "Oh, my Lord, please send someone else."

14 Da wurde der HERR sehr zornig über Mose und sprach: Weiß ich denn nicht, dass dein Bruder Aaron aus dem Stamm Levi beredt ist? Und siehe, er wird dir entgegenkommen, und wenn er dich sieht, wird er sich von Herzen freuen.

15 Du sollst zu ihm reden und die Worte in seinen Mund legen. Und ich will mit deinem und seinem Munde sein und euch lehren, was ihr tun sollt.

16 Und er soll für dich zum Volk reden; er soll dein Mund sein und du sollst für ihn Gott sein.

17 Und diesen Stab nimm in deine Hand, mit dem du die Zeichen tun sollst.

Moses Rückkehr nach Ägypten

18 Mose ging hin und kam wieder zu Jitro, seinem Schwiegervater, und sprach zu ihm: Lass mich doch gehen, dass ich wieder zu meinen Brüdern komme, die in Ägypten sind, und sehe, ob sie noch leben. Jitro sprach zu ihm: Geh hin mit Frieden.

19 Auch sprach der HERR zu Mose in Midian: Geh hin und zieh wieder nach Ägypten, denn die Leute sind tot, die dir nach dem Leben trachteten.

20 So nahm denn Mose seine Frau und seinen Sohn und setzte sie auf einen Esel und zog wieder nach Ägyptenland und nahm den Stab Gottes in seine Hand.

¶ 21 Und der HERR sprach zu Mose: Sieh zu, wenn du wieder nach Ägypten kommst, dass du alle die Wunder tust vor dem Pharao, die ich in deine Hand gegeben habe. Ich aber will sein Herz verstocken, dass er das Volk nicht ziehen lassen wird.

22 Und du sollst zu ihm sagen: So spricht der HERR: Israel ist mein erstgeborener Sohn;

23 und ich gebiete dir, dass du meinen Sohn ziehen lässt, dass er mir diene. Wirst du dich weigern, so will ich deinen erstgeborenen Sohn töten.

¶ 24 Und als Mose unterwegs in der Herberge war, kam ihm der HERR entgegen und wollte ihn töten.

25 Da nahm Zippora einen scharfen Stein und beschnitt ihrem Sohn die Vorhaut und berührte damit seine Scham und sprach: Du bist mir ein Blutbräutigam.

26 Da ließ er von ihm ab. Sie sagte aber Blutbräutigam um der Beschneidung willen.

¶ 27 Und der HERR sprach zu Aaron: Geh hin Mose entgegen in die Wüste. Und er ging hin und begegnete ihm am Berge Gottes und küsste ihn.

14 Then the anger of the LORD was kindled against Moses and he said, "Is there not Aaron, your brother, the Levite? I know that he can speak well. Behold, he is coming out to meet you, and when he sees you, he will be glad in his heart.

15 You shall speak to him and put the words in his mouth, and I will be with your mouth and with his mouth and will teach you both what to do.

16 He shall speak for you to the people, and he shall be your mouth, and you shall be as God to him.

17 And take in your hand this staff, with which you shall do the signs."

Moses Returns to Egypt

¶ 18 Moses went back to Jethro his father-in-law and said to him, "Please let me go back to my brothers in Egypt to see whether they are still alive." And Jethro said to Moses, "Go in peace."

19 And the LORD said to Moses in Midian, "Go back to Egypt, for all the men who were seeking your life are dead."

20 So Moses took his wife and his sons and had them ride on a donkey, and went back to the land of Egypt. And Moses took the staff of God in his hand.

¶ 21 And the LORD said to Moses, "When you go back to Egypt, see that you do before Pharaoh all the miracles that I have put in your power. But I will harden his heart, so that he will not let the people go.

22 Then you shall say to Pharaoh, 'Thus says the LORD, Israel is my firstborn son,

23 and I say to you, "Let my son go that he may serve me." If you refuse to let him go, behold, I will kill your firstborn son.'"

¶ 24 At a lodging place on the way the LORD met him and sought to put him to death.

25 Then Zipporah took a flint and cut off her son's foreskin and touched Moses[3] feet with it and said, "Surely you are a bridegroom of blood to me!"

26 So he let him alone. It was then that she said, "A bridegroom of blood," because of the circumcision.

¶ 27 The LORD said to Aaron, "Go into the wilderness to meet Moses." So he went and met him at the mountain of God and kissed him.

28 Und Mose tat Aaron kund alle Worte des HERRN, der ihn gesandt hatte, und alle Zeichen, die er ihm befohlen hatte.

29 Und sie gingen hin und versammelten alle Ältesten der Israeliten.

30 Und Aaron sagte alle Worte, die der HERR mit Mose geredet hatte, und Mose tat die Zeichen vor dem Volk.

31 Und das Volk glaubte. Und als sie hörten, dass der HERR sich der Israeliten angenommen und ihr Elend angesehen habe, neigten sie sich und beteten an.

Noch härtere Bedrückung Israels

5 Danach gingen Mose und Aaron hin und sprachen zum Pharao: So spricht der HERR, der Gott Israels: Lass mein Volk ziehen, dass es mir ein Fest halte in der Wüste.

2 Der Pharao antwortete: Wer ist der HERR, dass ich ihm gehorchen müsse und Israel ziehen lasse? Ich weiß nichts von dem HERRN, will auch Israel nicht ziehen lassen.

¶ **3** Sie sprachen: Der Gott der Hebräer ist uns erschienen. So lass uns nun hinziehen drei Tagereisen weit in die Wüste und dem HERRN, unserm Gott, opfern, dass er uns nicht schlage mit Pest oder Schwert.

4 Da sprach der König von Ägypten zu ihnen: Mose und Aaron, warum wollt ihr das Volk von seiner Arbeit frei machen? Geht hin an eure Dienste!

¶ **5** Weiter sprach der Pharao: Siehe, sie sind schon mehr als das Volk des Landes, und ihr wollt sie noch feiern lassen von ihrem Dienst!

6 Darum befahl der Pharao am selben Tage den Vögten des Volks und ihren Aufsehern und sprach:

7 Ihr sollt dem Volk nicht mehr Häcksel geben, dass sie Ziegel machen, wie bisher; lasst sie selbst hingehen und Stroh dafür zusammenlesen.

8 Aber die Zahl der Ziegel, die sie bisher gemacht haben, sollt ihr ihnen gleichwohl auferlegen und nichts davon ablassen, denn sie gehen müßig; darum schreien sie und sprechen: Wir wollen hinziehen und unserm Gott opfern.

9 Man drücke die Leute mit Arbeit, dass sie zu schaffen haben und sich nicht um falsche Reden kümmern.

¶ **10** Da gingen die Vögte des Volks und ihre Aufseher hinaus und sprachen zum Volk: So spricht der Pharao: Man wird euch kein Häcksel mehr geben.

28 And Moses told Aaron all the words of the LORD with which he had sent him to speak, and all the signs that he had commanded him to do.

29 Then Moses and Aaron went and gathered together all the elders of the people of Israel.

30 Aaron spoke all the words that the LORD had spoken to Moses and did the signs in the sight of the people.

31 And the people believed; and when they heard that the LORD had visited the people of Israel and that he had seen their affliction, they bowed their heads and worshiped.

Making Bricks Without Straw

5 Afterward Moses and Aaron went and said to Pharaoh, "Thus says the LORD, the God of Israel, 'Let my people go, that they may hold a feast to me in the wilderness.'"

2 But Pharaoh said, "Who is the LORD, that I should obey his voice and let Israel go? I do not know the LORD, and moreover, I will not let Israel go."

3 Then they said, "The God of the Hebrews has met with us. Please let us go a three days' journey into the wilderness that we may sacrifice to the LORD our God, lest he fall upon us with pestilence or with the sword."

4 But the king of Egypt said to them, "Moses and Aaron, why do you take the people away from their work? Get back to your burdens."

5 And Pharaoh said, "Behold, the people of the land are now many,[1] and you make them rest from their burdens!"

6 The same day Pharaoh commanded the taskmasters of the people and their foremen,

7 "You shall no longer give the people straw to make bricks, as in the past; let them go and gather straw for themselves.

8 But the number of bricks that they made in the past you shall impose on them, you shall by no means reduce it, for they are idle. Therefore they cry, 'Let us go and offer sacrifice to our God.'

9 Let heavier work be laid on the men that they may labor at it and pay no regard to lying words."

¶ **10** So the taskmasters and the foremen of the people went out and said to the people, "Thus says Pharaoh, 'I will not give you straw.

11 Geht ihr selbst hin und beschafft euch Häcksel, wo ihr's findet; aber von eurer Arbeit soll euch nichts erlassen werden.

12 Da zerstreute sich das Volk ins ganze Land Ägypten, um Stroh zu sammeln, damit sie Häcksel hätten.

13 Und die Vögte trieben sie an und sprachen: Erfüllt euer Tagewerk wie damals, als ihr Häcksel hattet.

¶ **14** Und die Aufseher aus den Reihen der Israeliten, die die Vögte des Pharao über sie gesetzt hatten, wurden geschlagen, und es wurde zu ihnen gesagt: Warum habt ihr nicht auch heute euer festgesetztes Tagewerk getan wie bisher?

15 Da gingen die Aufseher der Israeliten hin und schrien zu dem Pharao: Warum verfährst du so mit deinen Knechten?

16 Man gibt deinen Knechten kein Häcksel, und wir sollen dennoch die Ziegel machen, die uns bestimmt sind; und siehe, deine Knechte werden geschlagen, und du versündigst dich an deinem Volke.

17 Der Pharao sprach: Ihr seid müßig, müßig seid ihr; darum sprecht ihr: Wir wollen hinziehen und dem HERRN opfern.

18 So geht nun hin und tut euren Frondienst! Häcksel soll man euch nicht geben, aber die Anzahl Ziegel sollt ihr schaffen.

¶ **19** Da sahen die Aufseher der Israeliten, dass es mit ihnen übel stand, weil man sagte: Ihr sollt nichts ablassen von dem Tagewerk an Ziegeln.

20 Und als sie von dem Pharao weggingen, begegneten sie Mose und Aaron, die dastanden und auf sie warteten,

21 und sprachen zu ihnen: Der HERR richte seine Augen wider euch und strafe es, dass ihr uns in Verruf gebracht habt vor dem Pharao und seinen Großen und habt ihnen so das Schwert in ihre Hände gegeben, uns zu töten.

¶ **22** Mose aber kam wieder zu dem HERRN und sprach: Herr, warum tust du so übel an diesem Volk? Warum hast du mich hergesandt?

23 Denn seitdem ich hingegangen bin zum Pharao, um mit ihm zu reden in deinem Namen, hat er das Volk noch härter geplagt, und du hast dein Volk nicht errettet.

6 Da sprach der HERR zu Mose: Nun sollst du sehen, was ich dem Pharao antun werde; denn durch eine starke Hand gezwungen, muss er sie ziehen lassen, ja er muss sie, durch eine starke Hand gezwungen, aus seinem Lande treiben.

11 Go and get your straw yourselves wherever you can find it, but your work will not be reduced in the least.'"

12 So the people were scattered throughout all the land of Egypt to gather stubble for straw.

13 The taskmasters were urgent, saying, "Complete your work, your daily task each day, as when there was straw."

14 And the foremen of the people of Israel, whom Pharaoh's taskmasters had set over them, were beaten and were asked, "Why have you not done all your task of making bricks today and yesterday, as in the past?"

¶ **15** Then the foremen of the people of Israel came and cried to Pharaoh, "Why do you treat your servants like this?

16 No straw is given to your servants, yet they say to us, 'Make bricks!' And behold, your servants are beaten; but the fault is in your own people."

17 But he said, "You are idle, you are idle; that is why you say, 'Let us go and sacrifice to the LORD.'

18 Go now and work. No straw will be given you, but you must still deliver the same number of bricks."

19 The foremen of the people of Israel saw that they were in trouble when they said, "You shall by no means reduce your number of bricks, your daily task each day."

20 They met Moses and Aaron, who were waiting for them, as they came out from Pharaoh;

21 and they said to them, "The LORD look on you and judge, because you have made us stink in the sight of Pharaoh and his servants, and have put a sword in their hand to kill us."

¶ **22** Then Moses turned to the LORD and said, "O Lord, why have you done evil to this people? Why did you ever send me?

23 For since I came to Pharaoh to speak in your name, he has done evil to this people, and you have not delivered your people at all."

God Promises Deliverance

6 But the LORD said to Moses, "Now you shall see what I will do to Pharaoh; for with a strong hand he will send them out, and with a strong hand he will drive them out of his land."

Erneuter Bericht über Moses Sendung

2 Und Gott redete mit Mose und sprach zu ihm: Ich bin der HERR

3 und bin erschienen Abraham, Isaak und Jakob als der allmächtige Gott, aber mit meinem Namen »HERR« habe ich mich ihnen nicht offenbart.

4 Auch habe ich meinen Bund mit ihnen aufgerichtet, dass ich ihnen geben will das Land Kanaan, das Land, in dem sie Fremdlinge gewesen sind.

5 Auch habe ich gehört die Wehklage der Israeliten, die die Ägypter mit Frondienst beschweren, und habe an meinen Bund gedacht.

6 Darum sage den Israeliten: Ich bin der HERR und will euch wegführen von den Lasten, die euch die Ägypter auflegen, und will euch erretten von eurem Frondienst und will euch erlösen mit ausgerecktem Arm und durch große Gerichte;

7 ich will euch annehmen zu meinem Volk und will euer Gott sein, dass ihr's erfahren sollt, dass ich der HERR bin, euer Gott, der euch wegführt von den Lasten, die euch die Ägypter auflegen,

8 und euch bringt in das Land, um dessentwillen ich meine Hand zum Schwur erhoben habe, dass ich's geben will Abraham, Isaak und Jakob; das will ich euch zu eigen geben, ich, der HERR.

9 Mose sagte das den Israeliten; aber sie hörten nicht auf ihn vor Kleinmut und harter Arbeit.

¶ **10** Da redete der HERR mit Mose und sprach:

11 Geh hin und rede mit dem Pharao, dem König von Ägypten, dass er Israel aus seinem Lande ziehen lasse.

12 Mose aber redete vor dem HERRN und sprach: Siehe, die Israeliten hören nicht auf mich; wie sollte denn der Pharao auf mich hören! Dazu bin ich ungeschickt zum Reden.

13 So redete der HERR mit Mose und Aaron und ordnete sie ab an die Israeliten und an den Pharao, den König von Ägypten, um Israel aus Ägypten zu führen.

Die Vorfahren Moses und Aarons

14 Dies sind die Häupter ihrer Sippen:

¶ Die Söhne Rubens, des ersten Sohnes Israels, sind diese: Henoch, Pallu, Hezron, Karmi. Das sind die Geschlechter von Ruben.

¶ **15** Die Söhne Simeons sind diese: Jemuël, Jamin, Ohad, Jachin, Zohar und Schaul, der Sohn der Kanaaniterin. Das sind Simeons Geschlechter.

¶ **2** God spoke to Moses and said to him, "I am the LORD.

3 I appeared to Abraham, to Isaac, and to Jacob, as God Almighty,[1] but by my name the LORD I did not make myself known to them.

4 I also established my covenant with them to give them the land of Canaan, the land in which they lived as sojourners.

5 Moreover, I have heard the groaning of the people of Israel whom the Egyptians hold as slaves, and I have remembered my covenant.

6 Say therefore to the people of Israel, 'I am the LORD, and I will bring you out from under the burdens of the Egyptians, and I will deliver you from slavery to them, and I will redeem you with an outstretched arm and with great acts of judgment.

7 I will take you to be my people, and I will be your God, and you shall know that I am the LORD your God, who has brought you out from under the burdens of the Egyptians.

8 I will bring you into the land that I swore to give to Abraham, to Isaac, and to Jacob. I will give it to you for a possession. I am the LORD.'"

9 Moses spoke thus to the people of Israel, but they did not listen to Moses, because of their broken spirit and harsh slavery.

¶ **10** So the LORD said to Moses,

11 "Go in, tell Pharaoh king of Egypt to let the people of Israel go out of his land."

12 But Moses said to the LORD, "Behold, the people of Israel have not listened to me. How then shall Pharaoh listen to me, for I am of uncircumcised lips?"

13 But the LORD spoke to Moses and Aaron and gave them a charge about the people of Israel and about Pharaoh king of Egypt: to bring the people of Israel out of the land of Egypt.

The Genealogy of Moses and Aaron

¶ **14** These are the heads of their fathers' houses: the sons of Reuben, the firstborn of Israel: Hanoch, Pallu, Hezron, and Carmi; these are the clans of Reuben.

15 The sons of Simeon: Jemuel, Jamin, Ohad, Jachin, Zohar, and Shaul, the son of a Canaanite woman; these are the clans of Simeon.

¶ **16** Dies sind die Namen der Söhne Levis nach ihrem Stammesverzeichnis: Gerschon, Kehat, Merari. Und Levi wurde 137 Jahre alt.

¶ **17** Die Söhne Gerschons sind diese: Libni und Schimi nach ihren Geschlechtern.

¶ **18** Die Söhne Kehats sind diese: Amram, Jizhar, Hebron, Usiël. Kehat aber wurde 133 Jahre alt.

¶ **19** Die Söhne Meraris sind diese: Machli und Muschi. Das sind die Geschlechter Levis nach ihrem Stammesverzeichnis.

¶ **20** Amram nahm Jochebed, die Schwester seines Vaters, zur Frau; die gebar ihm Aaron und Mose. Und Amram wurde 137 Jahre alt.

¶ **21** Die Söhne Jizhars sind diese: Korach, Nefeg, Sichri.

¶ **22** Die Söhne Usiëls sind diese: Mischaël, Elizafan, Sitri.

¶ **23** Aaron nahm zur Frau Elischeba, die Tochter Amminadabs, Nachschons Schwester; die gebar ihm Nadab, Abihu, Eleasar, Itamar.

¶ **24** Die Söhne Korachs sind diese: Assir, Elkana, Abiasaf. Das sind die Geschlechter der Korachiter.

¶ **25** Eleasar aber, Aarons Sohn, nahm eine Frau von den Töchtern Putiëls; die gebar ihm den Pinhas. Das sind die Häupter der Leviten nach ihren Geschlechtern.

¶ **26** Das sind Aaron und Mose, zu denen der HERR sprach: Führt die Israeliten nach ihren Scharen geordnet aus Ägyptenland!

27 Sie sind es, die mit dem Pharao, dem König von Ägypten, redeten, um die Israeliten aus Ägypten zu führen. Das sind Mose und Aaron.

¶ **28** Und als der HERR mit Mose in Ägyptenland redete,

29 sprach er zu ihm: Ich bin der HERR; sage dem Pharao, dem König von Ägypten, alles, was ich mit dir rede.

30 Und er antwortete vor dem HERRN: Siehe, ich bin ungeschickt zum Reden; wie wird denn der Pharao auf mich hören?

Moses erstes Wunder vor dem Pharao

7 Der HERR sprach zu Mose: Siehe, ich habe dich zum Gott gesetzt für den Pharao, und Aaron, dein Bruder, soll dein Prophet sein.

2 Du sollst alles reden, was ich dir gebieten werde; aber Aaron, dein Bruder, soll es vor dem Pharao reden, damit er die Israeliten aus seinem Lande ziehen lasse.

16 These are the names of the sons of Levi according to their generations: Gershon, Kohath, and Merari, the years of the life of Levi being 137 years.

17 The sons of Gershon: Libni and Shimei, by their clans.

18 The sons of Kohath: Amram, Izhar, Hebron, and Uzziel, the years of the life of Kohath being 133 years.

19 The sons of Merari: Mahli and Mushi. These are the clans of the Levites according to their generations.

20 Amram took as his wife Jochebed his father's sister, and she bore him Aaron and Moses, the years of the life of Amram being 137 years.

21 The sons of Izhar: Korah, Nepheg, and Zichri.

22 The sons of Uzziel: Mishael, Elzaphan, and Sithri.

23 Aaron took as his wife Elisheba, the daughter of Amminadab and the sister of Nahshon, and she bore him Nadab, Abihu, Eleazar, and Ithamar.

24 The sons of Korah: Assir, Elkanah, and Abiasaph; these are the clans of the Korahites.

25 Eleazar, Aaron's son, took as his wife one of the daughters of Putiel, and she bore him Phinehas. These are the heads of the fathers' houses of the Levites by their clans.

¶ **26** These are the Aaron and Moses to whom the LORD said: "Bring out the people of Israel from the land of Egypt by their hosts."

27 It was they who spoke to Pharaoh king of Egypt about bringing out the people of Israel from Egypt, this Moses and this Aaron.

¶ **28** On the day when the LORD spoke to Moses in the land of Egypt,

29 the LORD said to Moses, "I am the LORD; tell Pharaoh king of Egypt all that I say to you."

30 But Moses said to the LORD, "Behold, I am of uncircumcised lips. How will Pharaoh listen to me?"

Moses and Aaron Before Pharaoh

7 And the LORD said to Moses, "See, I have made you like God to Pharaoh, and your brother Aaron shall be your prophet.

2 You shall speak all that I command you, and your brother Aaron shall tell Pharaoh to let the people of Israel go out of his land.

3 Aber ich will das Herz des Pharao verhärten und viele Zeichen und Wunder tun in Ägyptenland.

4 Und der Pharao wird nicht auf euch hören. Dann werde ich meine Hand auf Ägypten legen und durch große Gerichte meine Heerscharen, mein Volk Israel, aus Ägyptenland führen.

5 Und die Ägypter sollen innewerden, dass ich der HERR bin, wenn ich meine Hand über Ägypten ausstrecken und die Israeliten aus ihrer Mitte wegführen werde.

6 Mose und Aaron taten, wie ihnen der HERR geboten hatte.

7 Und Mose war achtzig Jahre und Aaron dreiundachtzig Jahre alt, als sie mit dem Pharao redeten.

¶ **8** Und der HERR sprach zu Mose und Aaron:

9 Wenn der Pharao zu euch sagen wird: Weist euch aus durch ein Wunder!, so sollst du zu Aaron sagen: Nimm deinen Stab und wirf ihn hin vor dem Pharao, dass er zur Schlange werde!

10 Da gingen Mose und Aaron hinein zum Pharao und taten, wie ihnen der HERR geboten hatte. Und Aaron warf seinen Stab hin vor dem Pharao und vor seinen Großen und er ward zur Schlange.

11 Da ließ der Pharao die Weisen und Zauberer rufen und die ägyptischen Zauberer taten ebenso mit ihren Künsten:

12 Ein jeder warf seinen Stab hin, da wurden Schlangen daraus; aber Aarons Stab verschlang ihre Stäbe.

13 Aber das Herz des Pharao wurde verstockt und er hörte nicht auf sie, wie der HERR gesagt hatte.

Die erste Plage: Verwandlung aller Gewässer in Blut

14 Und der HERR sprach zu Mose: Das Herz des Pharao ist hart; er weigert sich, das Volk ziehen zu lassen.

15 Geh hin zum Pharao morgen früh. Siehe, er wird ans Wasser gehen; so tritt ihm entgegen am Ufer des Nils und nimm den Stab in deine Hand, der zur Schlange wurde,

16 und sprich zu ihm: Der HERR, der Gott der Hebräer, hat mich zu dir gesandt und dir sagen lassen: Lass mein Volk ziehen, dass es mir diene in der Wüste. Aber du hast bisher nicht hören wollen.

17 Darum spricht der HERR: Daran sollst du erfahren, dass ich der HERR bin: Siehe, ich will mit dem Stabe, den ich in meiner Hand habe, auf das Wasser schlagen, das im Nil ist, und es soll in Blut verwandelt werden,

3 But I will harden Pharaoh's heart, and though I multiply my signs and wonders in the land of Egypt,

4 Pharaoh will not listen to you. Then I will lay my hand on Egypt and bring my hosts, my people the children of Israel, out of the land of Egypt by great acts of judgment.

5 The Egyptians shall know that I am the LORD, when I stretch out my hand against Egypt and bring out the people of Israel from among them."

6 Moses and Aaron did so; they did just as the LORD commanded them.

7 Now Moses was eighty years old, and Aaron eighty-three years old, when they spoke to Pharaoh.

¶ **8** Then the LORD said to Moses and Aaron,

9 "When Pharaoh says to you, 'Prove yourselves by working a miracle,' then you shall say to Aaron, 'Take your staff and cast it down before Pharaoh, that it may become a serpent.'"

10 So Moses and Aaron went to Pharaoh and did just as the LORD commanded. Aaron cast down his staff before Pharaoh and his servants, and it became a serpent.

11 Then Pharaoh summoned the wise men and the sorcerers, and they, the magicians of Egypt, also did the same by their secret arts.

12 For each man cast down his staff, and they became serpents. But Aaron's staff swallowed up their staffs.

13 Still Pharaoh's heart was hardened, and he would not listen to them, ʳas the LORD had said.

The First Plague: Water Turned to Blood

¶ **14** Then the LORD said to Moses, "Pharaoh's heart is hardened; he refuses to let the people go.

15 Go to Pharaoh in the morning, as he is going out to the water. Stand on the bank of the Nile to meet him, and take in your hand the staff that turned into a serpent.

16 And you shall say to him, 'The LORD, the God of the Hebrews, sent me to you, saying, "Let my people go, that they may serve me in the wilderness. But so far, you have not obeyed."

17 Thus says the LORD, "By this you shall know that I am the LORD: behold, with the staff that is in my hand I will strike the water that is in the Nile, and it shall turn into blood.

18 dass die Fische im Strom sterben und der Strom stinkt. Und die Ägypter wird es ekeln, das Wasser aus dem Nil zu trinken.

¶ **19** Und der HERR sprach zu Mose: Sage Aaron: Nimm deinen Stab und recke deine Hand aus über die Wasser in Ägypten, über ihre Ströme und Kanäle und Sümpfe und über alle Wasserstellen, dass sie zu Blut werden, und es sei Blut in ganz Ägyptenland, selbst in den hölzernen und steinernen Gefäßen.

20 Mose und Aaron taten, wie ihnen der HERR geboten hatte, und Mose hob den Stab und schlug ins Wasser, das im Nil war, vor dem Pharao und seinen Großen. Und alles Wasser im Strom wurde in Blut verwandelt.

21 Und die Fische im Strom starben und der Strom wurde stinkend, sodass die Ägypter das Wasser aus dem Nil nicht trinken konnten; und es war Blut in ganz Ägyptenland.

22 Und die ägyptischen Zauberer taten ebenso mit ihren Künsten. So wurde das Herz des Pharao verstockt und er hörte nicht auf Mose und Aaron, wie der HERR gesagt hatte.

¶ **23** Und der Pharao wandte sich und ging heim und nahm's nicht zu Herzen.

24 Aber alle Ägypter gruben am Nil entlang nach Wasser zum Trinken, denn das Wasser aus dem Strom konnten sie nicht trinken.

25 Und das währte sieben Tage lang, nachdem der HERR den Strom geschlagen hatte.

Die zweite Plage: Frösche

26 Da sprach der HERR zu Mose: Geh hin zum Pharao und sage zu ihm: So spricht der HERR: Lass mein Volk ziehen, dass es mir diene!

27 Wenn du dich aber weigerst, siehe, so will ich dein ganzes Gebiet mit Fröschen plagen,

28 dass der Nil von Fröschen wimmeln soll. Die sollen heraufkriechen und in dein Haus kommen, in deine Schlafkammer, auf dein Bett, auch in die Häuser deiner Großen und deines Volks, in deine Backöfen und in deine Backtröge;

29 ja, die Frösche sollen auf dich selbst und auf dein Volk und auf alle deine Großen kriechen.

8 Und der HERR sprach zu Mose: Sage Aaron: Recke deine Hand aus mit deinem Stabe über die Ströme, Kanäle und Sümpfe und lass Frösche über Ägyptenland kommen.

18 The fish in the Nile shall die, and the Nile will stink, and the Egyptians will grow weary of drinking water from the Nile.'"

¶ **19** And the LORD said to Moses, "Say to Aaron, 'Take your staff and stretch out your hand over the waters of Egypt, over their rivers, their canals, and their ponds, and all their pools of water, so that they may become blood, and there shall be blood throughout all the land of Egypt, even in vessels of wood and in vessels of stone.'"

¶ **20** Moses and Aaron did as the LORD commanded. In the sight of Pharaoh and in the sight of his servants he lifted up the staff and struck the water in the Nile, and all the water in the Nile turned into blood.

21 And the fish in the Nile died, and the Nile stank, so that the Egyptians could not drink water from the Nile. There was blood throughout all the land of Egypt.

22 But the magicians of Egypt did the same by their secret arts. So Pharaoh's heart remained hardened, and he would not listen to them, as the LORD had said.

23 Pharaoh turned and went into his house, and he did not take even this to heart.

24 And all the Egyptians dug along the Nile for water to drink, for they could not drink the water of the Nile.

¶ **25** Seven full days passed after the LORD had struck the Nile.

The Second Plague: Frogs

8 ¹ Then the LORD said to Moses, "Go in to Pharaoh and say to him, 'Thus says the LORD, "Let my people go, that they may serve me.

2 But if you refuse to let them go, behold, I will plague all your country with frogs.

3 The Nile shall swarm with frogs that shall come up into your house and into your bedroom and on your bed and into the houses of your servants and your people,² and into your ovens and your kneading bowls.

4 The frogs shall come up on you and on your people and on all your servants."'"

5³ And the LORD said to Moses, "Say to Aaron, 'Stretch out your hand with your staff over the rivers, over the canals and over the pools, and make frogs come up on the land of Egypt!'"

2 Und Aaron reckte seine Hand aus über die Wasser in Ägypten, und es kamen Frösche herauf, sodass Ägyptenland bedeckt wurde.

3 Da taten die Zauberer ebenso mit ihren Künsten und ließen Frösche über Ägyptenland kommen.

¶ **4** Da ließ der Pharao Mose und Aaron rufen und sprach: Bittet den HERRN für mich, dass er die Frösche von mir und von meinem Volk nehme, so will ich das Volk ziehen lassen, dass es dem HERRN opfere.

5 Mose sprach: Bestimme über mich in deiner Majestät, wann ich für dich, für deine Großen und für dein Volk bitten soll, dass bei dir und in deinem Haus die Frösche vertilgt werden und allein im Nil bleiben.

6 Er sprach: Morgen. Mose antwortete: Ganz wie du gesagt hast; auf dass du erfahrest, dass niemand ist wie der HERR, unser Gott.

7 Die Frösche sollen von dir, von deinem Hause, von deinen Großen und von deinem Volk weichen und allein im Nil übrig bleiben.

¶ **8** So gingen Mose und Aaron vom Pharao. Und Mose schrie zu dem HERRN wegen der Frösche, wie er dem Pharao zugesagt hatte.

9 Und der HERR tat, wie Mose gesagt hatte, und die Frösche starben in den Häusern, in den Höfen und auf dem Felde.

10 Und man häufte sie zusammen, hier einen Haufen und da einen Haufen, und das Land stank davon.

11 Als aber der Pharao merkte, dass er Luft gekriegt hatte, verhärtete er sein Herz und hörte nicht auf sie, wie der HERR gesagt hatte.

Die dritte Plage: Stechmücken

12 Und der HERR sprach zu Mose: Sage Aaron: Strecke deinen Stab aus und schlag in den Staub der Erde, dass er zu Stechmücken werde in ganz Ägyptenland.

13 Sie taten so und Aaron reckte seine Hand aus mit seinem Stabe und schlug in den Staub auf der Erde. Und es kamen Mücken und setzten sich an die Menschen und an das Vieh; aller Staub der Erde ward zu Mücken in ganz Ägyptenland.

14 Die Zauberer taten ebenso mit ihren Künsten, um Mücken hervorzubringen; aber sie konnten es nicht. Und die Mücken waren sowohl an den Menschen als am Vieh.

15 Da sprachen die Zauberer zum Pharao: Das ist Gottes Finger. Aber das Herz des Pharao wurde verstockt und er hörte nicht auf sie, wie der HERR gesagt hatte.

6 So Aaron stretched out his hand over the waters of Egypt, and the frogs came up and covered the land of Egypt.

7 But the magicians did the same by their secret arts and made frogs come up on the land of Egypt.

¶ **8** Then Pharaoh called Moses and Aaron and said, "Plead with the LORD to take away the frogs from me and from my people, and I will let the people go to sacrifice to the LORD."

9 Moses said to Pharaoh, "Be pleased to command me when I am to plead for you and for your servants and for your people, that the frogs be cut off from you and your houses and be left only in the Nile."

10 And he said, "Tomorrow." Moses said, "Be it as you say, so that you may know that there is no one like the LORD our God.

11 The frogs shall go away from you and your houses and your servants and your people. They shall be left only in the Nile."

12 So Moses and Aaron went out from Pharaoh, and Moses cried to the LORD about the frogs, as he had agreed with Pharaoh.[f]

13 And the LORD did according to the word of Moses. The frogs died out in the houses, the courtyards, and the fields.

14 And they gathered them together in heaps, and the land stank.

15 But when Pharaoh saw that there was a respite, he hardened his heart and would not listen to them, as the LORD had said.

The Third Plague: Gnats

¶ **16** Then the LORD said to Moses, "Say to Aaron, 'Stretch out your staff and strike the dust of the earth, so that it may become gnats in all the land of Egypt.'"

17 And they did so. Aaron stretched out his hand with his staff and struck the dust of the earth, and there were gnats on man and beast. All the dust of the earth became gnats in all the land of Egypt.

18 The magicians tried by their secret arts to produce gnats, but they could not. So there were gnats on man and beast.

19 Then the magicians said to Pharaoh, "This is the finger of God." But Pharaoh's heart was hardened, and he would not listen to them, as the LORD had said.

Die vierte Plage: Stechfliegen

16 Und der HERR sprach zu Mose: Mach dich morgen früh auf und tritt vor den Pharao, wenn er hinaus ans Wasser geht, und sage zu ihm: So spricht der HERR: Lass mein Volk ziehen, dass es mir diene;

17 wenn nicht, siehe, so will ich Stechfliegen kommen lassen über dich, deine Großen, dein Volk und dein Haus, dass die Häuser der Ägypter und das Land, auf dem sie wohnen, voller Stechfliegen werden sollen.

18 An dem Lande Goschen aber, wo sich mein Volk aufhält, will ich an dem Tage etwas Besonderes tun, dass dort keine Stechfliegen seien, damit du innewirst, dass ich der HERR bin, inmitten dieses Landes,

19 und ich will einen Unterschied machen zwischen meinem und deinem Volk. Morgen schon soll das Zeichen geschehen.

20 Und der HERR tat so und es kamen viele Stechfliegen in das Haus des Pharao, in die Häuser seiner Großen und über ganz Ägyptenland, und das Land wurde verheert von den Stechfliegen.

¶ **21** Da ließ der Pharao Mose und Aaron rufen und sprach: Geht hin, opfert eurem Gott hier im Lande.

22 Mose sprach: Das geht nicht an, denn was wir dem HERRN, unserm Gott, opfern, ist den Ägyptern ein Gräuel. Siehe, wenn wir vor ihren Augen opfern, was ihnen ein Gräuel ist, werden sie uns dann nicht steinigen?

23 Drei Tagereisen weit wollen wir in die Wüste ziehen und dem HERRN, unserm Gott, opfern, wie er uns gesagt hat.

¶ **24** Der Pharao sprach: Ich will euch ziehen lassen, dass ihr dem HERRN, eurem Gott, opfert in der Wüste. Nur zieht nicht zu weit und bittet für mich!

25 Mose sprach: Siehe, wenn ich jetzt von dir hinausgegangen bin, so will ich den HERRN bitten, dass die Stechfliegen morgen vom Pharao und seinen Großen und seinem Volk weichen; nur täusche uns nicht abermals, dass du das Volk nicht ziehen lässt, dem HERRN zu opfern.

¶ **26** Und Mose ging hinaus vom Pharao und bat den HERRN.

27 Und der HERR tat, wie Mose gesagt hatte, und schaffte die Stechfliegen weg vom Pharao, von seinen Großen und von seinem Volk, sodass auch nicht eine übrig blieb.

28 Aber der Pharao verhärtete sein Herz auch diesmal und ließ das Volk nicht ziehen.

The Fourth Plague: Flies

¶ **20** Then the LORD said to Moses, "Rise up early in the morning and present yourself to Pharaoh, as he goes out to the water, and say to him, 'Thus says the LORD, "Let my people go, that they may serve me.

21 Or else, if you will not let my people go, behold, I will send swarms of flies on you and your servants and your people, and into your houses. And the houses of the Egyptians shall be filled with swarms of flies, and also the ground on which they stand.

22 But on that day I will set apart the land of Goshen, where my people dwell, so that no swarms of flies shall be there, that you may know that I am the LORD in the midst of the earth.[5]

23 Thus I will put a division[6] between my people and your people. Tomorrow this sign shall happen."'"

24 And the LORD did so. There came great swarms of flies into the house of Pharaoh and into his servants' houses. Throughout all the land of Egypt the land was ruined by the swarms of flies.

¶ **25** Then Pharaoh called Moses and Aaron and said, "Go, sacrifice to your God within the land."

26 But Moses said, "It would not be right to do so, for the offerings we shall sacrifice to the LORD our God are an abomination to the Egyptians. If we sacrifice offerings[j] abominable to the Egyptians before their eyes, will they not stone us?

27 We must go three days' journey into the wilderness and sacrifice to the LORD our God as he tells us."

28 So Pharaoh said, "I will let you go to sacrifice to the LORD your God in the wilderness; only you must not go very far away. Plead for me."

29 Then Moses said, "Behold, I am going out from you and I will plead with the LORD that the swarms of flies may depart from Pharaoh, from his servants, and from his people, tomorrow. Only let not Pharaoh cheat again by not letting the people go to sacrifice to the LORD."

30 So Moses went out from Pharaoh and prayed to the LORD.

31 And the LORD did as Moses asked, and removed the swarms of flies from Pharaoh, from his servants, and from his people; not one remained.

32 But Pharaoh hardened his heart this time also, and did not let the people go.

Die fünfte Plage: Viehpest

9 Da sprach der HERR zu Mose: Geh hin zum Pharao und sage zu ihm: So spricht der HERR, der Gott der Hebräer: Lass mein Volk ziehen, dass sie mir dienen!

2 Wenn du dich weigerst und sie weiter aufhältst,

3 siehe, so wird die Hand des HERRN kommen über dein Vieh auf dem Felde, über die Pferde, Esel, Kamele, Rinder und Schafe, mit sehr schwerer Pest.

4 Aber der HERR wird einen Unterschied machen zwischen dem Vieh der Israeliten und dem der Ägypter, dass nichts sterbe von allem, was die Israeliten haben.

5 Und der HERR bestimmte eine Zeit und sprach: Morgen wird der HERR solches an dem Lande tun.

6 Und der HERR tat es am andern Morgen; da starb alles Vieh der Ägypter, aber von dem Vieh der Israeliten starb nicht eins.

7 Und der Pharao sandte hin, und siehe, es war von dem Vieh Israels nicht eins gestorben. Aber das Herz des Pharao wurde verstockt und er ließ das Volk nicht ziehen.

Die sechste Plage: Blattern

8 Da sprach der HERR zu Mose und Aaron: Füllt eure Hände mit Ruß aus dem Ofen, und Mose werfe ihn vor dem Pharao gen Himmel,

9 dass er über ganz Ägyptenland staube und böse Blattern aufbrechen an den Menschen und am Vieh in ganz Ägyptenland.

10 Und sie nahmen Ruß aus dem Ofen und traten vor den Pharao, und Mose warf den Ruß gen Himmel. Da brachen auf böse Blattern an den Menschen und am Vieh,

11 sodass die Zauberer nicht vor Mose treten konnten wegen der bösen Blattern; denn es waren an den Zauberern ebenso böse Blattern wie an allen Ägyptern.

12 Aber der HERR verstockte das Herz des Pharao, dass er nicht auf sie hörte, wie denn der HERR zu Mose gesagt hatte.

Die siebente Plage: Hagel

13 Da sprach der HERR zu Mose: Mach dich morgen früh auf und tritt vor den Pharao und sage zu ihm: So spricht der HERR, der Gott der Hebräer: Lass mein Volk ziehen, dass es mir diene;

The Fifth Plague: Egyptian Livestock Die

9 Then the LORD said to Moses, "Go in to Pharaoh and say to him, 'Thus says the LORD, the God of the Hebrews, "Let my people go, that they may serve me.

2 For if you refuse to let them go and still hold them,

3 behold, the hand of the LORD will fall with a very severe plague upon your livestock that are in the field, the horses, the donkeys, the camels, the herds, and the flocks.

4 But the LORD will make a distinction between the livestock of Israel and the livestock of Egypt, so that nothing of all that belongs to the people of Israel shall die."'"

5 And the LORD set a time, saying, "Tomorrow the LORD will do this thing in the land."

6 And the next day the LORD did this thing. All the livestock of the Egyptians died, but not one of the livestock of the people of Israel died.

7 And Pharaoh sent, and behold, not one of the livestock of Israel was dead. But the heart of Pharaoh was hardened, and he did not let the people go.

The Sixth Plague: Boils

¶ **8** And the LORD said to Moses and Aaron, "Take handfuls of soot from the kiln, and let Moses throw them in the air in the sight of Pharaoh.

9 It shall become fine dust over all the land of Egypt, and become boils breaking out in sores on man and beast throughout all the land of Egypt."

10 So they took soot from the kiln and stood before Pharaoh. And Moses threw it in the air, and it became boils breaking out in sores on man and beast.

11 And the magicians could not stand before Moses because of the boils, for the boils came upon the magicians and upon all the Egyptians.

12 But the LORD hardened the heart of Pharaoh, and he did not listen to them, as the LORD had spoken to Moses.

The Seventh Plague: Hail

¶ **13** Then the LORD said to Moses, "Rise up early in the morning and present yourself before Pharaoh and say to him, 'Thus says the LORD, the God of the Hebrews, "Let my people go, that they may serve me.

14 sonst werde ich diesmal alle meine Plagen über dich selbst senden, über deine Großen und über dein Volk, damit du innewirst, dass meinesgleichen nicht ist in allen Landen.

15 Denn ich hätte schon meine Hand ausrecken und dich und dein Volk mit Pest schlagen können, dass du von der Erde vertilgt würdest,

16 aber dazu habe ich dich erhalten, dass meine Kraft an dir erscheine und mein Name verkündigt werde in allen Landen.

17 Du stellst dich noch immer wider mein Volk und willst es nicht ziehen lassen.

18 Siehe, ich will morgen um diese Zeit einen sehr großen Hagel fallen lassen, wie er noch nie in Ägypten gewesen ist von der Zeit an, als es gegründet wurde, bis heute.

19 Und nun sende hin und verwahre dein Vieh und alles, was du auf dem Felde hast. Denn alle Menschen und das Vieh, alles, was auf dem Felde gefunden und nicht in die Häuser gebracht wird, muss sterben, wenn der Hagel auf sie fällt.

20 Wer nun von den Großen des Pharao das Wort des HERRN fürchtete, der ließ seine Knechte und sein Vieh in die Häuser fliehen.

21 Wessen Herz sich aber nicht an des HERRN Wort kehrte, der ließ seine Knechte und sein Vieh auf dem Felde.

¶ **22** Da sprach der HERR zu Mose: Recke deine Hand aus gen Himmel, dass es hagelt über ganz Ägyptenland, über Menschen, über Vieh und über alles Gewächs auf dem Felde in Ägyptenland.

23 Da streckte Mose seinen Stab gen Himmel, und der HERR ließ donnern und hageln und Feuer schoss auf die Erde nieder. So ließ der HERR Hagel fallen über Ägyptenland,

24 und Blitze zuckten dazwischen und der Hagel war so schwer, wie er noch nie in ganz Ägyptenland gewesen war, seitdem die Leute dort wohnen.

25 Und der Hagel erschlug in ganz Ägyptenland alles, was auf dem Felde war, Menschen und Vieh, und zerschlug alles Gewächs auf dem Felde und zerbrach alle Bäume auf dem Felde.

26 Nur im Lande Goschen, wo die Israeliten waren, da hagelte es nicht.

¶ **27** Da schickte der Pharao hin und ließ Mose und Aaron rufen und sprach zu ihnen: Diesmal hab ich mich versündigt; der HERR ist im Recht, ich aber und mein Volk sind schuldig.

14 For this time I will send all my plagues on you yourself,[1] and on your servants and your people, so that you may know that there is none like me in all the earth.

15 For by now I could have put out my hand and struck you and your people with pestilence, and you would have been cut off from the earth.

16 But for this purpose I have raised you up, to show you my power, so that my name may be proclaimed in all the earth.

17 You are still exalting yourself against my people and will not let them go.

18 Behold, about this time tomorrow I will cause very heavy hail to fall, such as never has been in Egypt from the day it was founded until now.

19 Now therefore send, get your livestock and all that you have in the field into safe shelter, for every man and beast that is in the field and is not brought home will die when the hail falls on them."'"

20 Then whoever feared the word of the LORD among the servants of Pharaoh hurried his slaves and his livestock into the houses,

21 but whoever did not pay attention to the word of the LORD left his slaves and his livestock in the field.

¶ **22** Then the LORD said to Moses, "Stretch out your hand toward heaven, so that there may be hail in all the land of Egypt, on man and beast and every plant of the field, in the land of Egypt."

23 Then Moses stretched out his staff toward heaven, and the LORD sent thunder and hail, and fire ran down to the earth. And the LORD rained hail upon the land of Egypt.

24 There was hail and fire flashing continually in the midst of the hail, very heavy hail, such as had never been in all the land of Egypt since it became a nation.

25 The hail struck down everything that was in the field in all the land of Egypt, both man and beast. And the hail struck down every plant of the field and broke every tree of the field.

26 Only in the land of Goshen, where the people of Israel were, was there no hail.

¶ **27** Then Pharaoh sent and called Moses and Aaron and said to them, "This time I have sinned; the LORD is in the right, and I and my people are in the wrong.

28 Bittet aber den HERRN, dass er ein Ende mache mit diesem Donnern und Hageln, so will ich euch ziehen lassen, dass ihr nicht länger hierbleiben müsst.

29 Mose sprach zu ihm: Wenn ich zur Stadt hinauskomme, will ich meine Hände ausbreiten zum HERRN, so wird der Donner aufhören und kein Hagel mehr fallen, damit du innewirst, dass die Erde des HERRN ist.

30 Ich weiß aber: Du und deine Großen, ihr fürchtet euch noch nicht vor Gott dem HERRN.

31 So wurden zerschlagen der Flachs und die Gerste, denn die Gerste stand in Ähren und der Flachs in Blüte.

32 Aber der Weizen und das Korn wurden nicht zerschlagen, denn es ist Spätgetreide.

¶ **33** So ging nun Mose von dem Pharao zur Stadt hinaus und breitete seine Hände aus zum HERRN, und Donner und Hagel hörten auf und der Regen troff nicht mehr auf die Erde.

34 Als aber der Pharao sah, dass Regen, Donner und Hagel aufhörten, versündigte er sich weiter und verhärtete sein Herz, er und seine Großen.

35 So wurde des Pharao Herz verstockt, dass er die Israeliten nicht ziehen ließ, wie der HERR durch Mose gesagt hatte.

Die achte Plage: Heuschrecken

10 Da sprach der HERR zu Mose: Geh hin zum Pharao; denn ich habe sein und seiner Großen Herz verhärtet, auf dass ich diese meine Zeichen unter ihnen tue

2 und auf dass du verkündigst vor den Ohren deiner Kinder und deiner Kindeskinder, wie ich mit den Ägyptern verfahren bin und welche Zeichen ich unter ihnen getan habe, damit ihr wisst: Ich bin der HERR.

¶ **3** So gingen Mose und Aaron hin zum Pharao und sprachen zu ihm: So spricht der HERR, der Gott der Hebräer: Wie lange weigerst du dich, dich vor mir zu demütigen? Lass mein Volk ziehen, dass es mir diene!

4 Weigerst du dich aber, mein Volk ziehen zu lassen, siehe, so will ich morgen Heuschrecken kommen lassen über dein Gebiet,

5 dass sie das Land so bedecken, dass man von ihm nichts mehr sehen kann. Und sie sollen fressen, was euch noch übrig und verschont geblieben ist von dem Hagel, und sollen alle Bäume kahl fressen, die wieder sprossen auf dem Felde;

28 Plead with the LORD, for there has been enough of God's thunder and hail. I will let you go, and you shall stay no longer."

29 Moses said to him, "As soon as I have gone out of the city, I will stretch out my hands to the LORD. The thunder will cease, and there will be no more hail, so that you may know that the earth is the LORD's.

30 But as for you and your servants, I know that you do not yet fear the LORD God."

31 (The flax and the barley were struck down, for the barley was in the ear and the flax was in bud.

32 But the wheat and the emmer[2] were not struck down, for they are late in coming up.)

33 So Moses went out of the city from Pharaoh and stretched out his hands to the LORD, and the thunder and the hail ceased, and the rain no longer poured upon the earth.

34 But when Pharaoh saw that the rain and the hail and the thunder had ceased, he sinned yet again and hardened his heart, he and his servants.

35 So the heart of Pharaoh was hardened, and he did not let the people of Israel go, just as the LORD had spoken through Moses.

The Eighth Plague: Locusts

10 Then the LORD said to Moses, "Go in to Pharaoh, for I have hardened his heart and the heart of his servants, that I may show these signs of mine among them,

2 and that you may tell in the hearing of your son and of your grandson how I have dealt harshly with the Egyptians and what signs I have done among them, that you may know that I am the LORD."

¶ **3** So Moses and Aaron went in to Pharaoh and said to him, "Thus says the LORD, the God of the Hebrews, 'How long will you refuse to humble yourself before me? Let my people go, that they may serve me.

4 For if you refuse to let my people go, behold, tomorrow I will bring locusts into your country,

5 and they shall cover the face of the land, so that no one can see the land. And they shall eat what is left to you after the hail, and they shall eat every tree of yours that grows in the field,

6 und sie sollen füllen deine Häuser und die Häuser deiner Großen und aller Ägypter, wie es nicht gesehen haben deine Väter und deiner Väter Väter, seit sie auf Erden waren bis auf diesen Tag. Und er wandte sich und ging vom Pharao hinaus.

¶ **7** Da sprachen die Großen des Pharao zu ihm: Wie lange soll dieser Mann uns Verderben bringen? Lass die Leute ziehen, dass sie dem HERRN, ihrem Gott, dienen. Willst du erst erfahren, dass Ägypten untergegangen ist?

8 Da wurden Mose und Aaron wieder vor den Pharao gebracht. Der sprach zu ihnen: Geht hin und dient dem HERRN, eurem Gott. Wer von euch soll aber hinziehen?

9 Mose sprach: Wir wollen ziehen mit Jung und Alt, mit Söhnen und Töchtern, mit Schafen und Rindern; denn wir haben ein Fest des HERRN.

10 Er sprach zu ihnen: O ja, der HERR sei mit euch, so gewiss wie ich euch und eure Kinder ziehen lasse! Ihr seht doch selbst, dass ihr Böses vorhabt!

11 Nein, nur ihr Männer zieht hin und dient dem HERRN! Denn das ist es doch, was ihr begehrt habt. Und man stieß sie hinaus vom Pharao.

¶ **12** Da sprach der HERR zu Mose: Recke deine Hand über Ägyptenland, dass Heuschrecken auf Ägyptenland kommen und alles auffressen, was im Lande wächst, alles, was der Hagel übrig gelassen hat.

13 Mose streckte seinen Stab über Ägyptenland, und der HERR trieb einen Ostwind ins Land, den ganzen Tag und die ganze Nacht. Und am Morgen führte der Ostwind die Heuschrecken herbei.

14 Und sie kamen über ganz Ägyptenland und ließen sich nieder überall in Ägypten, so viele, wie nie zuvor gewesen sind noch hinfort sein werden.

15 Denn sie bedeckten den Erdboden so dicht, dass er ganz dunkel wurde. Und sie fraßen alles, was im Lande wuchs, und alle Früchte auf den Bäumen, die der Hagel übrig gelassen hatte, und ließen nichts Grünes übrig an den Bäumen und auf dem Felde in ganz Ägyptenland.

¶ **16** Da ließ der Pharao eilends Mose und Aaron rufen und sprach: Ich habe mich versündigt an dem HERRN, eurem Gott, und an euch.

17 Vergebt mir meine Sünde nur noch diesmal und bittet den HERRN, euren Gott, dass er doch diesen Tod von mir wegnehme.

18 Und Mose ging hinaus vom Pharao und betete zum HERRN.

6 and they shall fill your houses and the houses of all your servants and of all the Egyptians, as neither your fathers nor your grandfathers have seen, from the day they came on earth to this day.'" Then he turned and went out from Pharaoh.

¶ **7** Then Pharaoh's servants said to him, "How long shall this man be a snare to us? Let the men go, that they may serve the LORD their God. Do you not yet understand that Egypt is ruined?"

8 So Moses and Aaron were brought back to Pharaoh. And he said to them, "Go, serve the LORD your God. But which ones are to go?"

9 Moses said, "We will go with our young and our old. We will go with our sons and daughters and with our flocks and herds, for we must hold a feast to the LORD."

10 But he said to them, "The LORD be with you, if ever I let you and your little ones go! Look, you have some evil purpose in mind.[1]

11 No! Go, the men among you, and serve the LORD, for that is what you are asking." And they were driven out from Pharaoh's presence.

¶ **12** Then the LORD said to Moses, "Stretch out your hand over the land of Egypt for the locusts, so that they may come upon the land of Egypt and eat every plant in the land, all that the hail has left."

13 So Moses stretched out his staff over the land of Egypt, and the LORD brought an east wind upon the land all that day and all that night. When it was morning, the east wind had brought the locusts.

14 The locusts came up over all the land of Egypt and settled on the whole country of Egypt, such a dense swarm of locusts as had never been before, nor ever will be again.

15 They covered the face of the whole land, so that the land was darkened, and they ate all the plants in the land and all the fruit of the trees that the hail had left. Not a green thing remained, neither tree nor plant of the field, through all the land of Egypt.

16 Then Pharaoh hastily called Moses and Aaron and said, "I have sinned against the LORD your God, and against you.

17 Now therefore, forgive my sin, please, only this once, and plead with the LORD your God only to remove this death from me."

18 So he went out from Pharaoh and pleaded with the LORD.

19 Da wendete der HERR den Wind, sodass er sehr stark aus Westen kam; der hob die Heuschrecken auf und warf sie ins Schilfmeer, dass nicht eine übrig blieb in ganz Ägypten.

20 Aber der HERR verstockte das Herz des Pharao, dass er die Israeliten nicht ziehen ließ.

Die neunte Plage: Finsternis

21 Da sprach der HERR zu Mose: Recke deine Hand gen Himmel, dass eine solche Finsternis werde in Ägyptenland, dass man sie greifen kann.

22 Und Mose reckte seine Hand gen Himmel. Da ward eine so dicke Finsternis in ganz Ägyptenland drei Tage lang,

23 dass niemand den andern sah noch weggehen konnte von dem Ort, wo er gerade war, drei Tage lang. Aber bei allen Israeliten war es licht in ihren Wohnungen.

¶ **24** Da rief der Pharao nach Mose und sprach: Zieht hin und dient dem HERRN! Nur eure Schafe und Rinder lasst hier; aber eure Frauen und Kinder dürfen mit euch ziehen.

25 Mose sprach: Willst du uns denn Schlachtopfer und Brandopfer mitgeben, die wir unserm Gott, dem HERRN, darbringen?

26 Auch unser Vieh soll mit uns gehen – nicht eine Klaue darf dahintenbleiben –; denn davon müssen wir nehmen zum Dienst unseres Gottes, des HERRN. Wir wissen nicht, womit wir dem HERRN dienen sollen, bis wir dorthin kommen.

¶ **27** Aber der HERR verstockte das Herz des Pharao, dass er sie nicht ziehen lassen wollte.

28 Und der Pharao sprach zu ihm: Geh von mir und hüte dich, dass du mir nicht mehr vor die Augen kommst; denn an dem Tage, da du mir vor die Augen kommst, sollst du sterben.

29 Mose antwortete: Wie du gesagt hast; ich werde dir nicht mehr vor die Augen kommen.

Ankündigung der zehnten Plage: Tötung der Erstgeburt

11 Und der HERR sprach zu Mose: **Eine** Plage noch will ich über den Pharao und Ägypten kommen lassen. Dann wird er euch von hier wegziehen lassen, und nicht nur das, sondern er wird euch von hier sogar vertreiben.

2 So sage nun zu dem Volk, dass ein jeder sich von seinem Nachbarn und eine jede von ihrer Nachbarin silbernes und goldenes Geschmeide geben lasse.

19 And the LORD turned the wind into a very strong west wind, which lifted the locusts and drove them into the Red Sea. Not a single locust was left in all the country of Egypt.

20 But the LORD hardened Pharaoh's heart, and he did not let the people of Israel go.

The Ninth Plague: Darkness

¶ **21** Then the LORD said to Moses, "Stretch out your hand toward heaven, that there may be darkness over the land of Egypt, a darkness to be felt."

22 So Moses stretched out his hand toward heaven, and there was pitch darkness in all the land of Egypt three days.

23 They did not see one another, nor did anyone rise from his place for three days, but all the people of Israel had light where they lived.

24 Then Pharaoh called Moses and said, "Go, serve the LORD; your little ones also may go with you; only let your flocks and your herds remain behind."

25 But Moses said, "You must also let us have sacrifices and burnt offerings, that we may sacrifice to the LORD our God.

26 Our livestock also must go with us; not a hoof shall be left behind, for we must take of them to serve the LORD our God, and we do not know with what we must serve the LORD until we arrive there."

27 But the LORD hardened Pharaoh's heart, and he would not let them go.

28 Then Pharaoh said to him, "Get away from me; take care never to see my face again, for on the day you see my face you shall die."

29 Moses said, "As you say! I will not see your face again."

A Final Plague Threatened

11 The LORD said to Moses, "Yet one plague more I will bring upon Pharaoh and upon Egypt. Afterward he will let you go from here. When he lets you go, he will drive you away completely.

2 Speak now in the hearing of the people, that they ask, every man of his neighbor and every woman of her neighbor, for silver and gold jewelry."

3 Und der HERR verschaffte dem Volk Gunst bei den Ägyptern, und Mose war ein sehr angesehener Mann in Ägyptenland vor den Großen des Pharao und vor dem Volk.

¶ **4** Und Mose sprach: So spricht der HERR: Um Mitternacht will ich durch Ägyptenland gehen,

5 und alle Erstgeburt in Ägyptenland soll sterben, vom ersten Sohn des Pharao an, der auf seinem Thron sitzt, bis zum ersten Sohn der Magd, die hinter ihrer Mühle hockt, und alle Erstgeburt unter dem Vieh.

6 Und es wird ein großes Geschrei sein in ganz Ägyptenland, wie nie zuvor gewesen ist noch werden wird;

7 aber gegen ganz Israel soll nicht ein Hund mucken, weder gegen Mensch noch Vieh, auf dass ihr erkennt, dass der HERR einen Unterschied macht zwischen Ägypten und Israel.

8 Dann werden zu mir herabkommen alle diese deine Großen und mir zu Füßen fallen und sagen: Zieh aus, du und alles Volk, das dir nachgeht. Und daraufhin werde ich ausziehen. ¶ Und Mose ging vom Pharao mit grimmigem Zorn.

9 Der HERR aber sprach zu Mose: Der Pharao wird nicht auf euch hören, auf dass meiner Wunder noch mehr werden in Ägyptenland.

10 Und Mose und Aaron haben diese Wunder alle getan vor dem Pharao; aber der HERR verstockte ihm das Herz, sodass er die Israeliten nicht ziehen ließ aus seinem Lande.

Einsetzung des Passafestes
(vgl. 4.Mose 9,1-14; 5.Mose 16,1-8)

12 Der HERR aber sprach zu Mose und Aaron in Ägyptenland:

2 Dieser Monat soll bei euch der erste Monat sein, und von ihm an sollt ihr die Monate des Jahres zählen.

3 Sagt der ganzen Gemeinde Israel: Am zehnten Tage dieses Monats nehme jeder Hausvater ein Lamm, je ein Lamm für ein Haus.

4 Wenn aber in einem Hause für ein Lamm zu wenige sind, so nehme er's mit seinem Nachbarn, der seinem Hause am nächsten wohnt, bis es so viele sind, dass sie das Lamm aufessen können.

5 Ihr sollt aber ein solches Lamm nehmen, an dem kein Fehler ist, ein männliches Tier, ein Jahr alt. Von den Schafen und Ziegen sollt ihr's nehmen

3 And the LORD gave the people favor in the sight of the Egyptians. Moreover, the man Moses was very great in the land of Egypt, in the sight of Pharaoh's servants and in the sight of the people.

¶ **4** So Moses said, "Thus says the LORD: About midnight I will go out in the midst of Egypt,

5 and every firstborn in the land of Egypt shall die, from the firstborn of Pharaoh who sits on his throne, even to the firstborn of the slave girl who is behind the handmill, and all the firstborn of the cattle.

6 There shall be a great cry throughout all the land of Egypt, such as there has never been, nor ever will be again.

7 But not a dog shall growl against any of the people of Israel, either man or beast, that you may know that the LORD makes a distinction between Egypt and Israel.

8 And all these your servants shall come down to me and bow down to me, saying, 'Get out, you and all the people who follow you.' And after that I will go out." And he went out from Pharaoh in hot anger.

9 Then the LORD said to Moses, "Pharaoh will not listen to you, that my wonders may be multiplied in the land of Egypt."

¶ **10** Moses and Aaron did all these wonders before Pharaoh, and the LORD hardened Pharaoh's heart, and he did not let the people of Israel go out of his land.

The Passover

12 The LORD said to Moses and Aaron in the land of Egypt,

2 "This month shall be for you the beginning of months. It shall be the first month of the year for you.

3 Tell all the congregation of Israel that on the tenth day of this month every man shall take a lamb according to their fathers' houses, a lamb for a household.

4 And if the household is too small for a lamb, then he and his nearest neighbor shall take according to the number of persons; according to what each can eat you shall make your count for the lamb.

5 Your lamb shall be without blemish, a male a year old. You may take it from the sheep or from the goats,

6 und sollt es verwahren bis zum vierzehnten Tag des Monats. Da soll es die ganze Gemeinde Israel schlachten gegen Abend.

¶ **7** Und sie sollen von seinem Blut nehmen und beide Pfosten an der Tür und die obere Schwelle damit bestreichen an den Häusern, in denen sie's essen,

8 und sollen das Fleisch essen in derselben Nacht, am Feuer gebraten, und ungesäuertes Brot dazu und sollen es mit bitteren Kräutern essen.

9 Ihr sollt es weder roh essen noch mit Wasser gekocht, sondern am Feuer gebraten mit Kopf, Schenkeln und inneren Teilen.

10 Und ihr sollt nichts davon übrig lassen bis zum Morgen; wenn aber etwas übrig bleibt bis zum Morgen, sollt ihr's mit Feuer verbrennen.

¶ **11** So sollt ihr's aber essen: Um eure Lenden sollt ihr gegürtet sein und eure Schuhe an euren Füßen haben und den Stab in der Hand und sollt es essen als die, die hinwegeilen; es ist des HERRN Passa.

12 Denn ich will in derselben Nacht durch Ägyptenland gehen und alle Erstgeburt schlagen in Ägyptenland unter Mensch und Vieh und will Strafgericht halten über alle Götter der Ägypter, ich, der HERR.

13 Dann aber soll das Blut euer Zeichen sein an den Häusern, in denen ihr seid: Wo ich das Blut sehe, will ich an euch vorübergehen und die Plage soll euch nicht widerfahren, die das Verderben bringt, wenn ich Ägyptenland schlage.

¶ **14** Ihr sollt diesen Tag als Gedenktag haben und sollt ihn feiern als ein Fest für den HERRN, ihr und alle eure Nachkommen, als ewige Ordnung.

15 Sieben Tage sollt ihr ungesäuertes Brot essen. Schon am ersten Tag sollt ihr den Sauerteig aus euren Häusern tun. Wer gesäuertes Brot isst, vom ersten Tag an bis zum siebenten, der soll ausgerottet werden aus Israel.

16 Am ersten Tag soll heilige Versammlung sein und am siebenten soll auch heilige Versammlung sein. Keine Arbeit sollt ihr dann tun; nur was jeder zur Speise braucht, das allein dürft ihr euch zubereiten.

17 Haltet das Gebot der ungesäuerten Brote. Denn eben an diesem Tage habe ich eure Scharen aus Ägyptenland geführt; darum sollt ihr diesen Tag halten, ihr und alle eure Nachkommen, als ewige Ordnung.

6 and you shall keep it until the fourteenth day of this month, when the whole assembly of the congregation of Israel shall kill their lambs at twilight.[1]

¶ **7** "Then they shall take some of the blood and put it on the two doorposts and the lintel of the houses in which they eat it.

8 They shall eat the flesh that night, roasted on the fire; with unleavened bread and bitter herbs they shall eat it.

9 Do not eat any of it raw or boiled in water, but roasted, its head with its legs and its inner parts.

10 And you shall let none of it remain until the morning; anything that remains until the morning you shall burn.

11 In this manner you shall eat it: with your belt fastened, your sandals on your feet, and your staff in your hand. And you shall eat it in haste. It is the LORD's Passover.

12 For I will pass through the land of Egypt that night, and I will strike all the firstborn in the land of Egypt, both man and beast; and on all the gods of Egypt I will execute judgments: I am the LORD.

13 The blood shall be a sign for you, on the houses where you are. And when I see the blood, I will pass over you, and no plague will befall you to destroy you, when I strike the land of Egypt.

¶ **14** "This day shall be for you a memorial day, and you shall keep it as a feast to the LORD; throughout your generations, as a statute forever, you shall keep it as a feast.

15 Seven days you shall eat unleavened bread. On the first day you shall remove leaven out of your houses, for if anyone eats what is leavened, from the first day until the seventh day, that person shall be cut off from Israel.

16 On the first day you shall hold a holy assembly, and on the seventh day a holy assembly. No work shall be done on those days. But what everyone needs to eat, that alone may be prepared by you.

17 And you shall observe the Feast of Unleavened Bread, for on this very day I brought your hosts out of the land of Egypt. Therefore you shall observe this day, throughout your generations, as a statute forever.

18 Am vierzehnten Tage des ersten Monats am Abend sollt ihr ungesäuertes Brot essen bis zum Abend des einundzwanzigsten Tages des Monats,

19 sodass man sieben Tage lang keinen Sauerteig finde in euren Häusern. Denn wer gesäuertes Brot isst, der soll ausgerottet werden aus der Gemeinde Israel, auch ein Fremdling oder ein Einheimischer des Landes.

20 Keinerlei gesäuertes Brot sollt ihr essen, sondern nur ungesäuertes Brot, wo immer ihr wohnt.

¶ **21** Und Mose berief alle Ältesten Israels und sprach zu ihnen: Lest Schafe aus und nehmt sie für euch nach euren Geschlechtern und schlachtet das Passa.

22 Und nehmt ein Büschel Ysop und taucht es in das Blut in dem Becken und bestreicht damit die Oberschwelle und die beiden Pfosten. Und kein Mensch gehe zu seiner Haustür heraus bis zum Morgen.

23 Denn der HERR wird umhergehen und die Ägypter schlagen. Wenn er aber das Blut sehen wird an der Oberschwelle und an den beiden Pfosten, wird er an der Tür vorübergehen und den Verderber nicht in eure Häuser kommen lassen, um euch zu schlagen.

24 Darum so halte diese Ordnung für dich und deine Nachkommen ewiglich.

¶ **25** Und wenn ihr in das Land kommt, das euch der HERR geben wird, wie er gesagt hat, so haltet diesen Brauch.

26 Und wenn eure Kinder zu euch sagen werden: Was habt ihr da für einen Brauch?,

27 sollt ihr sagen: Es ist das Passaopfer des HERRN, der an den Israeliten vorüberging in Ägypten, als er die Ägypter schlug und unsere Häuser errettete. Da neigte sich das Volk und betete an.

28 Und die Israeliten gingen hin und taten, wie der HERR es Mose und Aaron geboten hatte.

Das Sterben der Erstgeburt Ägyptens. Der Auszug Israels

29 Und zur Mitternacht schlug der HERR alle Erstgeburt in Ägyptenland vom ersten Sohn des Pharao an, der auf seinem Thron saß, bis zum ersten Sohn des Gefangenen im Gefängnis und alle Erstgeburt des Viehs.

30 Da stand der Pharao auf in derselben Nacht und alle seine Großen und alle Ägypter, und es ward ein großes Geschrei in Ägypten; denn es war kein Haus, in dem nicht ein Toter war.

18 In the first month, from the fourteenth day of the month at evening, you shall eat unleavened bread until the twenty-first day of the month at evening.

19 For seven days no leaven is to be found in your houses. If anyone eats what is leavened, [b]that person will be cut off from the congregation of Israel, whether he is a sojourner or a native of the land.

20 You shall eat nothing leavened; in all your dwelling places you shall eat unleavened bread."

¶ **21** Then Moses called all the elders of Israel and said to them, "Go and select lambs for yourselves according to your clans, and kill the Passover lamb.

22 Take a bunch of hyssop and dip it in the blood that is in the basin, and touch the lintel and the two doorposts with the blood that is in the basin. None of you shall go out of the door of his house until the morning.

23 For the LORD will pass through to strike the Egyptians, and when he sees the blood on the lintel and on the two doorposts, the LORD will pass over the door and will not allow the destroyer to enter your houses to strike you.

24 You shall observe this rite as a statute for you and for your sons forever.

25 And when you come to the land that the LORD will give you, as he has promised, you shall keep this service.

26 And when your children say to you, 'What do you mean by this service?'

27 you shall say, 'It is the sacrifice of the LORD's Passover, for he passed over the houses of the people of Israel in Egypt, when he struck the Egyptians but spared our houses.'" And the people bowed their heads and worshiped.

¶ **28** Then the people of Israel went and did so; as the LORD had commanded Moses and Aaron, so they did.

The Tenth Plague: Death of the Firstborn

¶ **29** At midnight the LORD struck down all the firstborn in the land of Egypt, from the firstborn of Pharaoh who sat on his throne to the firstborn of the captive who was in the dungeon, and all the firstborn of the livestock.

30 And Pharaoh rose up in the night, he and all his servants and all the Egyptians. And there was a great cry in Egypt, for there was not a house where someone was not dead.

31 Und er ließ Mose und Aaron rufen in der Nacht und sprach: Macht euch auf und zieht weg aus meinem Volk, ihr und die Israeliten. Geht hin und dient dem HERRN, wie ihr gesagt habt.

32 Nehmt auch mit euch eure Schafe und Rinder, wie ihr gesagt habt. Geht hin und bittet auch um Segen für mich.

33 Und die Ägypter drängten das Volk und trieben es eilends aus dem Lande; denn sie sprachen: Wir sind alle des Todes.

¶ **34** Und das Volk trug den rohen Teig, ehe er durchsäuert war, ihre Backschüsseln in ihre Mäntel gewickelt, auf ihren Schultern.

35 Und die Israeliten hatten getan, wie Mose gesagt hatte, und hatten sich von den Ägyptern silbernes und goldenes Geschmeide und Kleider geben lassen.

36 Dazu hatte der HERR dem Volk Gunst verschafft bei den Ägyptern, dass sie ihnen willfährig waren, und so nahmen sie es von den Ägyptern zur Beute.

37 Also zogen die Israeliten aus von Ramses nach Sukkot, sechshunderttausend Mann zu Fuß ohne die Frauen und Kinder.

38 Und es zog auch mit ihnen viel fremdes Volk, dazu Schafe und Rinder, sehr viel Vieh.

39 Und sie backten aus dem rohen Teig, den sie aus Ägypten mitbrachten, ungesäuerte Brote; denn er war nicht gesäuert, weil sie aus Ägypten weggetrieben wurden und sich nicht länger aufhalten konnten und keine Wegzehrung zubereitet hatten.

¶ **40** Die Zeit aber, die die Israeliten in Ägypten gewohnt haben, ist vierhundertunddreißig Jahre.

41 Als diese um waren, an eben diesem Tage zog das ganze Heer des HERRN aus Ägyptenland.

42 Eine Nacht des Wachens war dies für den HERRN, um sie aus Ägyptenland zu führen; darum sollen die Israeliten diese Nacht dem HERRN zu Ehren wachen, sie und ihre Nachkommen.

¶ **43** Und der HERR sprach zu Mose und Aaron: Dies ist die Ordnung für das Passa: Kein Ausländer soll davon essen.

44 Ist er ein gekaufter Sklave, so beschneide man ihn; dann darf er davon essen.

45 Ist er aber ein Beisasse oder Tagelöhner, so darf er nicht davon essen.

31 Then he summoned Moses and Aaron by night and said, "Up, go out from among my people, both you and the people of Israel; and go, serve the LORD, as you have said.

32 Take your flocks and your herds, as you have said, and be gone, and bless me also!"

The Exodus

¶ **33** The Egyptians were urgent with the people to send them out of the land in haste. For they said, "We shall all be dead."

34 So the people took their dough before it was leavened, their kneading bowls being bound up in their cloaks on their shoulders.

35 The people of Israel had also done as Moses told them, for they had asked the Egyptians for silver and gold jewelry and for clothing.

36 And the LORD had given the people favor in the sight of the Egyptians, so that they let them have what they asked. Thus they plundered the Egyptians.

¶ **37** And the people of Israel journeyed from Rameses to Succoth, about six hundred thousand men on foot, besides women and children.

38 A mixed multitude also went up with them, and very much livestock, both flocks and herds.

39 And they baked unleavened cakes of the dough that they had brought out of Egypt, for it was not leavened, because they were thrust out of Egypt and could not wait, nor had they prepared any provisions for themselves.

¶ **40** The time that the people of Israel lived in Egypt was 430 years.

41 At the end of 430 years, on that very day, all the hosts of the LORD went out from the land of Egypt.

42 It was a night of watching by the LORD, to bring them out of the land of Egypt; so this same night is a night of watching kept to the LORD by all the people of Israel throughout their generations.

Institution of the Passover

¶ **43** And the LORD said to Moses and Aaron, "This is the statute of the Passover: no foreigner shall eat of it,

44 but every slave that is bought for money may eat of it after you have circumcised him.

45 No foreigner or hired servant may eat of it.

46 In einem Hause soll man es verzehren; ihr sollt nichts von seinem Fleisch hinaus vor das Haus tragen und sollt keinen Knochen an ihm zerbrechen.

47 Die ganze Gemeinde Israel soll das tun.

¶ **48** Wenn ein Fremdling bei dir wohnt und dem HERRN das Passa halten will, der beschneide alles, was männlich ist; alsdann trete er herzu, dass er es halte, und er sei wie ein Einheimischer des Landes. Aber ein Unbeschnittener darf nicht davon essen.

49 Ein und dasselbe Gesetz gelte für den Einheimischen und den Fremdling, der unter euch wohnt.

¶ **50** Und alle Israeliten taten, wie der HERR es Mose und Aaron geboten hatte.

51 An eben diesem Tage führte der HERR die Israeliten aus Ägyptenland, Schar um Schar.

Heiligung der Erstgeburt Israels. Fest der Ungesäuerten Brote

13 Und der HERR redete mit Mose und sprach:

2 Heilige mir alle Erstgeburt bei den Israeliten; alles, was zuerst den Mutterschoß durchbricht bei Mensch und Vieh, das ist mein.

¶ **3** Da sprach Mose zum Volk: Gedenkt an diesen Tag, an dem ihr aus Ägypten, aus der Knechtschaft, gezogen seid, denn der HERR hat euch mit mächtiger Hand von dort herausgeführt; darum sollst du nicht gesäuertes Brot essen.

4 Heute zieht ihr aus, im Monat Abib.

5 Wenn dich nun der HERR bringen wird in das Land der Kanaaniter, Hetiter, Amoriter, Hiwiter und Jebusiter, das er dir geben wird, wie er deinen Vätern geschworen hat, ein Land, darin Milch und Honig fließt, so sollst du diesen Brauch halten in diesem Monat.

6 Sieben Tage sollst du ungesäuertes Brot essen, und am siebenten Tage ist des HERRN Fest.

7 Du sollst sieben Tage ungesäuertes Brot essen, dass bei dir weder Sauerteig noch gesäuertes Brot gesehen werde an allen deinen Orten.

8 Ihr sollt euren Söhnen sagen an demselben Tage: Das halten wir um dessentwillen, was uns der HERR getan hat, als wir aus Ägypten zogen.

46 It shall be eaten in one house; you shall not take any of the flesh outside the house, and you shall not break any of its bones.

47 All the congregation of Israel shall keep it.

48 If a stranger shall sojourn with you and would keep the Passover to the LORD, let all his males be circumcised. Then he may come near and keep it; he shall be as a native of the land. But no uncircumcised person shall eat of it.

49 There shall be one law for the native and for the stranger who sojourns among you."

¶ **50** All the people of Israel did just as the LORD commanded Moses and Aaron.

51 And on that very day the LORD brought the people of Israel out of the land of Egypt by their hosts.

Consecration of the Firstborn

13 The LORD said to Moses,

2 "Consecrate to me all the firstborn. Whatever is the first to open the womb among the people of Israel, both of man and of beast, is mine."

The Feast of Unleavened Bread

¶ **3** Then Moses said to the people, "Remember this day in which you came out from Egypt, out of the house of slavery, for by a strong hand the LORD brought you out from this place. No leavened bread shall be eaten.

4 Today, in the month of Abib, you are going out.

5 And when the LORD brings you into the land of the Canaanites, the Hittites, the Amorites, the Hivites, and the Jebusites, which he swore to your fathers to give you, a land flowing with milk and honey, you shall keep this service in this month.

6 Seven days you shall eat unleavened bread, and on the seventh day there shall be a feast to the LORD.

7 Unleavened bread shall be eaten for seven days; no leavened bread shall be seen with you, and no leaven shall be seen with you in all your territory.

8 You shall tell your son on that day, 'It is because of what the LORD did for me when I came out of Egypt.'

9 Darum soll es dir wie ein Zeichen sein auf deiner Hand und wie ein Merkzeichen zwischen deinen Augen, damit des HERRN Gesetz in deinem Munde sei; denn der HERR hat dich mit mächtiger Hand aus Ägypten geführt.

10 Darum halte diese Ordnung Jahr für Jahr zu ihrer Zeit.

¶ **11** Wenn dich nun der HERR ins Land der Kanaaniter gebracht hat, wie er dir und deinen Vätern geschworen hat, und es dir gegeben hat,

12 so sollst du dem HERRN alles aussondern, was zuerst den Mutterschoß durchbricht. Alle männliche Erstgeburt unter dem Vieh gehört dem HERRN.

13 Die Erstgeburt vom Esel sollst du auslösen mit einem Schaf; wenn du sie aber nicht auslöst, so brich ihr das Genick. Beim Menschen aber sollst du alle Erstgeburt unter deinen Söhnen auslösen.

¶ **14** Und wenn dich heute oder morgen dein Sohn fragen wird: Was bedeutet das?, sollst du ihm sagen: Der HERR hat uns mit mächtiger Hand aus Ägypten, aus der Knechtschaft, geführt.

15 Denn als der Pharao hartnäckig war und uns nicht ziehen ließ, erschlug der HERR alle Erstgeburt in Ägyptenland, von der Erstgeburt des Menschen bis zur Erstgeburt des Viehs. Darum opfere ich dem HERRN alles Männliche, das zuerst den Mutterschoß durchbricht, aber die Erstgeburt meiner Söhne löse ich aus.

16 Und das soll dir wie ein Zeichen auf deiner Hand sein und wie ein Merkzeichen zwischen deinen Augen; denn der HERR hat uns mit mächtiger Hand aus Ägypten geführt.

Die Wolken- und Feuersäule

17 Als nun der Pharao das Volk hatte ziehen lassen, führte sie Gott nicht den Weg durch das Land der Philister, der am nächsten war; denn Gott dachte, es könnte das Volk gereuen, wenn sie Kämpfe vor sich sähen, und sie könnten wieder nach Ägypten umkehren.

18 Darum ließ er das Volk einen Umweg machen und führte es durch die Wüste zum Schilfmeer. Und Israel zog wohlgeordnet aus Ägyptenland.

19 Und Mose nahm mit sich die Gebeine Josefs; denn dieser hatte den Söhnen Israels einen Eid abgenommen und gesprochen: Gott wird sich gewiss euer annehmen; dann führt meine Gebeine von hier mit euch fort.

20 So zogen sie aus von Sukkot und lagerten sich in Etam am Rande der Wüste.

9 And it shall be to you as a sign on your hand and as a memorial ᶻbetween your eyes, that the law of the LORD may be in your mouth. For with a strong hand the LORD has brought you out of Egypt.

10 You shall therefore keep this statute at its appointed time from year to year.

¶ **11** "When the LORD brings you into the land of the Canaanites, as he swore to you and your fathers, and shall give it to you,

12 you shall set apart to the LORD all that first opens the womb. All the firstborn of your animals that are males shall be the LORD's.

13 Every firstborn of a donkey you shall redeem with a lamb, or if you will not redeem it you shall break its neck. Every firstborn of man among your sons you shall redeem.

14 And when in time to come your son asks you, 'What does this mean?' you shall say to him, 'By a strong hand the LORD brought us out of Egypt, from the house of slavery.

15 For when Pharaoh stubbornly refused to let us go, the LORD killed all the firstborn in the land of Egypt, both the firstborn of man and the firstborn of animals. Therefore I sacrifice to the LORD all the males that first open the womb, but all the firstborn of my sons I redeem.'

16 It shall be as a mark on your hand or frontlets between your eyes, for by a strong hand the LORD brought us out of Egypt."

Pillars of Cloud and Fire

¶ **17** When Pharaoh let the people go, God did not lead them by way of the land of the Philistines, although that was near. For God said, "Lest the people change their minds when they see war and return to Egypt."

18 But God led the people around by the way of the wilderness toward the Red Sea. And the people of Israel went up out of the land of Egypt equipped for battle.

19 Moses took the bones of Joseph with him, for Joseph¹ had made the sons of Israel solemnly swear, saying, "God will surely visit you, and you shall carry up my bones with you from here."

20 And they moved on from Succoth and encamped at Etham, on the edge of the wilderness.

¶ **21** Und der HERR zog vor ihnen her, am Tage in einer Wolkensäule, um sie den rechten Weg zu führen, und bei Nacht in einer Feuersäule, um ihnen zu leuchten, damit sie Tag und Nacht wandern konnten.

22 Niemals wich die Wolkensäule von dem Volk bei Tage noch die Feuersäule bei Nacht.

Israels Durchzug durchs Schilfmeer

14 Und der HERR redete mit Mose und sprach:

2 Rede zu den Israeliten und sprich, dass sie umkehren und sich lagern bei Pi-Hahirot zwischen Migdol und dem Meer, vor Baal-Zefon; diesem gegenüber sollt ihr euch lagern.

3 Der Pharao aber wird sagen von den Israeliten: Sie haben sich verirrt im Lande; die Wüste hat sie eingeschlossen.

4 Und ich will sein Herz verstocken, dass er ihnen nachjage, und will meine Herrlichkeit erweisen an dem Pharao und aller seiner Macht, und die Ägypter sollen innewerden, dass ich der HERR bin. – Und sie taten so.

¶ **5** Als es dem König von Ägypten angesagt wurde, dass das Volk geflohen war, wurde sein Herz verwandelt und das Herz seiner Großen gegen das Volk und sie sprachen: Warum haben wir das getan und haben Israel ziehen lassen, sodass sie uns nicht mehr dienen?

6 Und er spannte seinen Wagen an und nahm sein Volk mit sich

7 und nahm sechshundert auserlesene Wagen und was sonst an Wagen in Ägypten war mit Kämpfern auf jedem Wagen.

8 Und der HERR verstockte das Herz des Pharao, des Königs von Ägypten, dass er den Israeliten nachjagte. Aber die Israeliten waren unter der Macht einer starken Hand ausgezogen.

9 Und die Ägypter jagten ihnen nach mit Rossen, Wagen und ihren Männern und mit dem ganzen Heer des Pharao und holten sie ein, als sie sich gelagert hatten am Meer bei Pi-Hahirot vor Baal-Zefon.

¶ **10** Und als der Pharao nahe herankam, hoben die Israeliten ihre Augen auf, und siehe, die Ägypter zogen hinter ihnen her. Und sie fürchteten sich sehr und schrien zu dem HERRN

11 und sprachen zu Mose: Waren nicht Gräber in Ägypten, dass du uns wegführen musstest, damit wir in der Wüste sterben? Warum hast du uns das angetan, dass du uns aus Ägypten geführt hast?

21 And the LORD went before them by day in a pillar of cloud to lead them along the way, and by night in a pillar of fire to give them light, that they might travel by day and by night.

22 The pillar of cloud by day and the pillar of fire by night did not depart from before the people.

Crossing the Red Sea

14 Then the LORD said to Moses,

2 "Tell the people of Israel to turn back and encamp in front of Pi-hahiroth, between Migdol and the sea, in front of Baal-zephon; you shall encamp facing it, by the sea.

3 For Pharaoh will say of the people of Israel, 'They are wandering in the land; the wilderness has shut them in.'

4 And I will harden Pharaoh's heart, and he will pursue them, and I will get glory over Pharaoh and all his host, and the Egyptians shall know that I am the LORD." And they did so.

¶ **5** When the king of Egypt was told that the people had fled, the mind of Pharaoh and his servants was changed toward the people, and they said, "What is this we have done, that we have let Israel go from serving us?"

6 So he made ready his chariot and took his army with him,

7 and took six hundred chosen chariots and all the other chariots of Egypt with officers over all of them.

8 And the LORD hardened the heart of Pharaoh king of Egypt, and he pursued the people of Israel while the people of Israel were going out defiantly.

9 The Egyptians pursued them, all Pharaoh's horses and chariots and his horsemen and his army, and overtook them encamped at the sea, by Pi-hahiroth, in front of Baal-zephon.

¶ **10** When Pharaoh drew near, the people of Israel lifted up their eyes, and behold, the Egyptians were marching after them, and they feared greatly. And the people of Israel cried out to the LORD.

11 They said to Moses, "Is it because there are no graves in Egypt that you have taken us away to die in the wilderness? What have you done to us in bringing us out of Egypt?

12 Haben wir's dir nicht schon in Ägypten gesagt: Lass uns in Ruhe, wir wollen den Ägyptern dienen? Es wäre besser für uns, den Ägyptern zu dienen, als in der Wüste zu sterben.

¶ **13** Da sprach Mose zum Volk: Fürchtet euch nicht, steht fest und seht zu, was für ein Heil der HERR heute an euch tun wird. Denn wie ihr die Ägypter heute seht, werdet ihr sie niemals wiedersehen.

14 Der HERR wird für euch streiten, und ihr werdet stille sein.

¶ **15** Und der HERR sprach zu Mose: Was schreist du zu mir? Sage den Israeliten, dass sie weiterziehen.

16 Du aber hebe deinen Stab auf und recke deine Hand über das Meer und teile es mitten durch, sodass die Israeliten auf dem Trockenen mitten durch das Meer gehen.

17 Siehe, ich will das Herz der Ägypter verstocken, dass sie hinter euch herziehen, und will meine Herrlichkeit erweisen an dem Pharao und aller seiner Macht, an seinen Wagen und Männern.

18 Und die Ägypter sollen innewerden, dass ich der HERR bin, wenn ich meine Herrlichkeit erweise an dem Pharao und an seinen Wagen und Männern.

¶ **19** Da erhob sich der Engel Gottes, der vor dem Heer Israels herzog, und stellte sich hinter sie. Und die Wolkensäule vor ihnen erhob sich und trat hinter sie

20 und kam zwischen das Heer der Ägypter und das Heer Israels. Und dort war die Wolke finster und hier erleuchtete sie die Nacht, und so kamen die Heere die ganze Nacht einander nicht näher.

21 Als nun Mose seine Hand über das Meer reckte, ließ es der HERR zurückweichen durch einen starken Ostwind die ganze Nacht und machte das Meer trocken und die Wasser teilten sich.

22 Und die Israeliten gingen hinein mitten ins Meer auf dem Trockenen, und das Wasser war ihnen eine Mauer zur Rechten und zur Linken.

23 Und die Ägypter folgten und zogen hinein ihnen nach, alle Rosse des Pharao, seine Wagen und Männer, mitten ins Meer.

¶ **24** Als nun die Zeit der Morgenwache kam, schaute der HERR auf das Heer der Ägypter aus der Feuersäule und der Wolke und brachte einen Schrecken über ihr Heer

25 und hemmte die Räder ihrer Wagen und machte, dass sie nur schwer vorwärtskamen. Da sprachen die Ägypter: Lasst uns fliehen vor Israel; der HERR streitet für sie wider Ägypten.

12 Is not this what we said to you in Egypt: 'Leave us alone that we may serve the Egyptians'? For it would have been better for us to serve the Egyptians than to die in the wilderness."

13 And Moses said to the people, "Fear not, stand firm, and see the salvation of the LORD, which he will work for you today. For the Egyptians whom you see today, you shall never see again.

14 The LORD will fight for you, and you have only to be silent."

¶ **15** The LORD said to Moses, "Why do you cry to me? Tell the people of Israel to go forward.

16 Lift up your staff, and [k]stretch out your hand over the sea and divide it, that the people of Israel may go through the sea on dry ground.

17 And I will harden the hearts of the Egyptians so that they shall go in after them, and I will get glory over Pharaoh and all his host, his chariots, and his horsemen.

18 And the Egyptians shall know that I am the LORD, when I have gotten glory over Pharaoh, his chariots, and his horsemen."

¶ **19** Then the angel of God who was going before the host of Israel moved and went behind them, and the pillar of cloud moved from before them and stood behind them,

20 coming between the host of Egypt and the host of Israel. And there was the cloud and the darkness. And it lit up the night[1] without one coming near the other all night.

¶ **21** Then Moses stretched out his hand over the sea, and the LORD drove the sea back by a strong east wind all night and made the sea dry land, and the waters were divided.

22 And the people of Israel went into the midst of the sea on dry ground, the waters being a wall to them on their right hand and on their left.

23 The Egyptians pursued and went in after them into the midst of the sea, all Pharaoh's horses, his chariots, and his horsemen.

24 And in the morning watch the LORD in the pillar of fire and of cloud looked down on the Egyptian forces and threw the Egyptian forces into a panic,

25 clogging[2] their chariot wheels so that they drove heavily. And the Egyptians said, "Let us flee from before Israel, for the LORD fights for them against the Egyptians."

¶ **26** Aber der HERR sprach zu Mose: Recke deine Hand aus über das Meer, dass das Wasser wiederkomme und herfalle über die Ägypter, über ihre Wagen und Männer.

27 Da reckte Mose seine Hand aus über das Meer, und das Meer kam gegen Morgen wieder in sein Bett, und die Ägypter flohen ihm entgegen. So stürzte der HERR sie mitten ins Meer.

28 Und das Wasser kam wieder und bedeckte Wagen und Männer, das ganze Heer des Pharao, das ihnen nachgefolgt war ins Meer, sodass nicht einer von ihnen übrig blieb.

29 Aber die Israeliten gingen trocken mitten durchs Meer, und das Wasser war ihnen eine Mauer zur Rechten und zur Linken.

¶ **30** So errettete der HERR an jenem Tage Israel aus der Ägypter Hand. Und sie sahen die Ägypter tot am Ufer des Meeres liegen.

31 So sah Israel die mächtige Hand, mit der der HERR an den Ägyptern gehandelt hatte. Und das Volk fürchtete den HERRN und sie glaubten ihm und seinem Knecht Mose.

Moses Lobgesang

15 Damals sangen Mose und die Israeliten dies Lied dem HERRN und sprachen:

Ich will dem HERRN singen, denn er hat
    eine herrliche Tat getan;
Ross und Mann hat er ins Meer
    gestürzt.

2 Der HERR ist meine Stärke und mein
    Lobgesang
    und ist mein Heil.
Das ist mein Gott, ich will ihn preisen,
    er ist meines Vaters Gott, ich will ihn
    erheben.

3 Der HERR ist der rechte Kriegsmann,
    HERR ist sein Name.

4 Des Pharao Wagen und seine Macht
    warf er ins Meer,
    seine auserwählten Streiter versanken
    im Schilfmeer.

5 Die Tiefe hat sie bedeckt,
    sie sanken auf den Grund wie die
    Steine.

6 HERR, deine rechte Hand tut große
    Wunder;
    HERR, deine rechte Hand hat die
    Feinde zerschlagen.

7 Und mit deiner großen Herrlichkeit hast
    du deine Widersacher gestürzt;
    denn als du deinen Grimm ausließest,
    verzehrte er sie wie Stoppeln.

¶ **26** Then the LORD said to Moses, "Stretch out your hand over the sea, that the water may come back upon the Egyptians, upon their chariots, and upon their horsemen."

27 So Moses stretched out his hand over the sea, and the sea returned to its normal course when the morning appeared. And as the Egyptians fled into it, the LORD threw[3] the Egyptians into the midst of the sea.

28 The waters returned and covered the chariots and the horsemen; of all the host of Pharaoh that had followed them into the sea, not one of them remained.

29 But the people of Israel walked on dry ground through the sea, the waters being a wall to them on their right hand and on their left.

¶ **30** Thus the LORD saved Israel that day from the hand of the Egyptians, and Israel saw the Egyptians dead on the seashore.

31 Israel saw the great power that the LORD used against the Egyptians, so the people feared the LORD, and they believed in the LORD and in his servant Moses.

The Song of Moses

15 Then Moses and the people of Israel sang this song to the LORD, saying,

"I will sing to the LORD, for he has tri-
    umphed gloriously;
the horse and his rider[1] he has thrown
    into the sea.

2 The LORD is my strength and my song,
    and he has become my salvation;
this is my God, and I will praise him,
    my father's God, and I will exalt him.

3 The LORD is a man of war;
    the LORD is his name.

4 "Pharaoh's chariots and his host he cast
    into the sea,
and his chosen officers were sunk in
    the Red Sea.

5 The floods covered them;
    they went down into the depths like a
    stone.

6 Your right hand, O LORD, glorious in
    power,
your right hand, O LORD, shatters the
    enemy.

7 In the greatness of your majesty you
    overthrow your adversaries;
you send out your fury; it consumes
    them like stubble.

8 Durch dein Schnauben türmten die
Wasser sich auf,
die Fluten standen wie ein Wall; die
Tiefen erstarrten mitten im Meer.

9 Der Feind gedachte: Ich will nachjagen
und ergreifen
und den Raub austeilen und meinen
Mut an ihnen kühlen.
Ich will mein Schwert ausziehen,
und meine Hand soll sie verderben.

10 Da ließest du deinen Wind blasen, und
das Meer bedeckte sie,
und sie sanken unter wie Blei im
mächtigen Wasser.

11 HERR, wer ist dir gleich unter den
Göttern?
Wer ist dir gleich, der so mächtig,
heilig, schrecklich, löblich und
wundertätig ist?

12 Als du deine rechte Hand ausrecktest,
verschlang sie die Erde.

13 Du hast geleitet durch deine
Barmherzigkeit
dein Volk, das du erlöst hast,
und hast sie geführt durch deine Stärke
zu deiner heiligen Wohnung.

14 Als das die Völker hörten, erbebten sie;
Angst kam die Philister an.

15 Da erschraken die Fürsten Edoms,
Zittern kam die Gewaltigen Moabs an,
alle Bewohner Kanaans wurden
feig.

16 Es fiel auf sie Erschrecken und Furcht;
vor deinem mächtigen Arm erstarrten
sie wie die Steine,
bis dein Volk, HERR, hindurchzog,
bis das Volk hindurchzog, das du
erworben hast.

17 Du brachtest sie hinein und pflanztest
sie ein
auf dem Berge deines Erbteils,
den du, HERR, dir zur Wohnung
gemacht hast,
zu deinem Heiligtum, Herr, das deine
Hand bereitet hat.

18 Der HERR wird König sein
immer und ewig.

¶ **19** Denn der Pharao zog hinein ins Meer
mit Rossen und Wagen und Männern. Und
der HERR ließ das Meer wieder über sie kommen. Aber die Israeliten gingen trocken mitten
durchs Meer.

8 At the blast of your nostrils the waters
piled up;
the floods stood up in a heap;
the deeps congealed in the heart of the
sea.

9 The enemy said, 'I will pursue, I will
overtake,
I will divide the spoil, my desire shall
have its fill of them.
I will draw my sword; my hand shall
destroy them.'

10 You blew with your wind; the sea covered them;
they sank like lead in the mighty
waters.

11 "Who is like you, O LORD, among the
gods?
Who is like you, majestic in holiness,
awesome in glorious deeds, doing
wonders?

12 You stretched out your right hand;
the earth swallowed them.

13 "You have led in your steadfast love the
people whom you have redeemed;
you have guided them by your
strength to your holy abode.

14 The peoples have heard; they tremble;
pangs have seized the inhabitants of
Philistia.

15 Now are the chiefs of Edom dismayed;
trembling seizes the leaders of Moab;
all the inhabitants of Canaan have
melted away.

16 Terror and dread fall upon them;
because of the greatness of your arm,
they are still as a stone,
till your people, O LORD, pass by,
till the people pass by whom you have
purchased.

17 You will bring them in and plant them
on your own mountain,
the place, O LORD, which you have
made for your abode,
the sanctuary, O Lord, which your
hands have established.

18 The LORD will reign forever and ever."

¶ **19** For when the horses of Pharaoh with his
chariots and his horsemen went into the sea,
the LORD brought back the waters of the sea
upon them, but the people of Israel walked on
dry ground in the midst of the sea.

¶ **20** Da nahm Mirjam, die Prophetin, Aarons Schwester, eine Pauke in ihre Hand und alle Frauen folgten ihr nach mit Pauken im Reigen.

21 Und Mirjam sang ihnen vor: Lasst uns dem HERRN singen, denn er hat eine herrliche Tat getan; Ross und Mann hat er ins Meer gestürzt.

Israel in Mara und Elim

22 Mose ließ Israel ziehen vom Schilfmeer hinaus zu der Wüste Schur. Und sie wanderten drei Tage in der Wüste und fanden kein Wasser.

23 Da kamen sie nach Mara; aber sie konnten das Wasser von Mara nicht trinken, denn es war sehr bitter. Daher nannte man den Ort Mara.

24 Da murrte das Volk wider Mose und sprach: Was sollen wir trinken?

25 Er schrie zu dem HERRN und der HERR zeigte ihm ein Holz; das warf er ins Wasser, da wurde es süß.

¶ Dort gab er ihnen Gesetz und Recht und versuchte sie

26 und sprach: Wirst du der Stimme des HERRN, deines Gottes, gehorchen und tun, was recht ist vor ihm, und merken auf seine Gebote und halten alle seine Gesetze, so will ich dir keine der Krankheiten auferlegen, die ich den Ägyptern auferlegt habe; denn **ich bin der HERR, dein Arzt.**

¶ **27** Und sie kamen nach Elim; da waren zwölf Wasserquellen und siebzig Palmbäume. Und sie lagerten sich dort am Wasser.

Speisung mit Wachteln und Manna

16 Von Elim zogen sie aus und die ganze Gemeinde der Israeliten kam in die Wüste Sin, die zwischen Elim und Sinai liegt, am fünfzehnten Tage des zweiten Monats, nachdem sie von Ägypten ausgezogen waren.

¶ **2** Und es murrte die ganze Gemeinde der Israeliten wider Mose und Aaron in der Wüste.

3 Und sie sprachen: Wollte Gott, wir wären in Ägypten gestorben durch des HERRN Hand, als wir bei den Fleischtöpfen saßen und hatten Brot die Fülle zu essen. Denn ihr habt uns dazu herausgeführt in diese Wüste, dass ihr diese ganze Gemeinde an Hunger sterben lasst.

20 Then Miriam the prophetess, the sister of Aaron, took a tambourine in her hand, and all the women went out after her with tambourines and dancing.

21 And Miriam sang to them:

"Sing to the LORD, for he has triumphed gloriously;
the horse and his rider he has thrown into the sea."

Bitter Water Made Sweet

¶ **22** Then Moses made Israel set out from the Red Sea, and they went into the wilderness of Shur. They went three days in the wilderness and found no water.

23 When they came to Marah, they could not drink the water of Marah because it was bitter; therefore it was named Marah.[2]

24 And the people grumbled against Moses, saying, "What shall we drink?"

25 And he cried to the LORD, and the LORD showed him a log,[3] and he threw it into the water, and the water became sweet.

¶ There the LORD[4] made for them a statute and a rule, and there he tested them,

26 saying, "If you will diligently listen to the voice of the LORD your God, and do that which is right in his eyes, and give ear to his commandments and keep all his statutes, I will put none of the diseases on you that I put on the Egyptians, for I am the LORD, your healer."

¶ **27** Then they came to Elim, where there were twelve springs of water and seventy palm trees, and they encamped there by the water.

Bread from Heaven

16 They set out from Elim, and all the congregation of the people of Israel came to the wilderness of Sin, which is between Elim and Sinai, on the fifteenth day of the second month after they had departed from the land of Egypt.

2 And the whole congregation of the people of Israel grumbled against Moses and Aaron in the wilderness,

3 and the people of Israel said to them, "Would that we had died by the hand of the LORD in the land of Egypt, when we sat by the meat pots and ate bread to the full, for you have brought us out into this wilderness to kill this whole assembly with hunger."

¶ **4** Da sprach der HERR zu Mose: Siehe, ich will euch Brot vom Himmel regnen lassen, und das Volk soll hinausgehen und täglich sammeln, was es für den Tag bedarf, dass ich's prüfe, ob es in meinem Gesetz wandle oder nicht.

5 Am sechsten Tage aber wird's geschehen, wenn sie zubereiten, was sie einbringen, dass es doppelt so viel sein wird, wie sie sonst täglich sammeln.

¶ **6** Mose und Aaron sprachen zu ganz Israel: Am Abend sollt ihr innewerden, dass euch der HERR aus Ägyptenland geführt hat,

7 und am Morgen werdet ihr des HERRN Herrlichkeit sehen, denn er hat euer Murren wider den HERRN gehört. Was sind wir, dass ihr wider uns murrt?

8 Weiter sprach Mose: Der HERR wird euch am Abend Fleisch zu essen geben und am Morgen Brot die Fülle, weil der HERR euer Murren gehört hat, womit ihr wider ihn gemurrt habt. Denn was sind wir? Euer Murren ist nicht wider uns, sondern wider den HERRN.

¶ **9** Und Mose sprach zu Aaron: Sage der ganzen Gemeinde der Israeliten: Kommt herbei vor den HERRN, denn er hat euer Murren gehört.

10 Und als Aaron noch redete zu der ganzen Gemeinde der Israeliten, wandten sie sich zur Wüste hin, und siehe, die Herrlichkeit des HERRN erschien in der Wolke.

11 Und der HERR sprach zu Mose:

12 Ich habe das Murren der Israeliten gehört. Sage ihnen: Gegen Abend sollt ihr Fleisch zu essen haben und am Morgen von Brot satt werden und sollt innewerden, dass ich, der HERR, euer Gott bin.

¶ **13** Und am Abend kamen Wachteln herauf und bedeckten das Lager. Und am Morgen lag Tau rings um das Lager.

14 Und als der Tau weg war, siehe, da lag's in der Wüste rund und klein wie Reif auf der Erde.

15 Und als es die Israeliten sahen, sprachen sie untereinander: Man hu? Denn sie wussten nicht, was es war. Mose aber sprach zu ihnen: Es ist das Brot, das euch der HERR zu essen gegeben hat.

16 Das ist's aber, was der HERR geboten hat: Ein jeder sammle, soviel er zum Essen braucht, einen Krug voll für jeden nach der Zahl der Leute in seinem Zelte.

¶ **17** Und die Israeliten taten's und sammelten, einer viel, der andere wenig.

¶ **4** Then the LORD said to Moses, "Behold, I am about to rain bread from heaven for you, and the people shall go out and gather a day's portion every day, that I may test them, whether they will walk in my law or not.

5 On the sixth day, when they prepare what they bring in, it will be twice as much as they gather daily."

6 So Moses and Aaron said to all the people of Israel, "At evening you shall know that it was the LORD who brought you out of the land of Egypt,

7 and in the morning you shall see the glory of the LORD, because he has heard your grumbling against the LORD. For what are we, that you grumble against us?"

8 And Moses said, "When the LORD gives you in the evening meat to eat and in the morning bread to the full, because the LORD has heard your grumbling that you grumble against him—what are we? Your grumbling is not against us but against the LORD."

¶ **9** Then Moses said to Aaron, "Say to the whole congregation of the people of Israel, 'Come near before the LORD, for he has heard your grumbling.'"

10 And as soon as Aaron spoke to the whole congregation of the people of Israel, they looked toward the wilderness, and behold, the glory of the LORD appeared in the cloud.

11 And the LORD said to Moses,

12 "I have heard the grumbling of the people of Israel. Say to them, 'At twilight you shall eat meat, and in the morning you shall be filled with bread. Then you shall know that I am the LORD your God.'"

¶ **13** In the evening quail came up and covered the camp, and in the morning dew lay around the camp.

14 And when the dew had gone up, there was on the face of the wilderness a fine, flake-like thing, fine as frost on the ground.

15 When the people of Israel saw it, they said to one another, "What is it?"[1] For they did not know what it was. And Moses said to them, "It is the bread that the LORD has given you to eat.

16 This is what the LORD has commanded: 'Gather of it, each one of you, as much as he can eat. You shall each take an omer,[2] according to the number of the persons that each of you has in his tent.'"

17 And the people of Israel did so. They gathered, some more, some less.

18 Aber als man's nachmaß, hatte der nicht darüber, der viel gesammelt hatte, und der nicht darunter, der wenig gesammelt hatte. Jeder hatte gesammelt, soviel er zum Essen brauchte.

19 Und Mose sprach zu ihnen: Niemand lasse etwas davon übrig bis zum nächsten Morgen.

20 Aber sie gehorchten Mose nicht. Und etliche ließen davon übrig bis zum nächsten Morgen; da wurde es voller Würmer und stinkend. Und Mose wurde zornig auf sie.

21 Sie sammelten aber alle Morgen, soviel ein jeder zum Essen brauchte. Wenn aber die Sonne heiß schien, zerschmolz es.

¶ **22** Und am sechsten Tage sammelten sie doppelt so viel Brot, je zwei Krüge voll für einen. Und alle Vorsteher der Gemeinde kamen hin und verkündeten's Mose.

23 Und er sprach zu ihnen: Das ist's, was der HERR gesagt hat: Morgen ist Ruhetag, heiliger Sabbat für den HERRN. Was ihr backen wollt, das backt, und was ihr kochen wollt, das kocht; was aber übrig ist, das legt beiseite, dass es aufgehoben werde bis zum nächsten Morgen.

24 Und sie legten's beiseite bis zum nächsten Morgen, wie Mose geboten hatte. Da wurde es nicht stinkend und war auch kein Wurm darin.

25 Da sprach Mose: Esst dies heute, denn heute ist der Sabbat des HERRN; ihr werdet heute nichts finden auf dem Felde.

26 Sechs Tage sollt ihr sammeln; aber der siebente Tag ist der Sabbat, an dem wird nichts da sein.

¶ **27** Aber am siebenten Tage gingen etliche vom Volk hinaus, um zu sammeln, und fanden nichts.

28 Da sprach der HERR zu Mose: Wie lange weigert ihr euch, meine Gebote und Weisungen zu halten?

29 Sehet, der HERR hat euch den Sabbat gegeben; darum gibt er euch am sechsten Tage für zwei Tage Brot. So bleibe nun ein jeder, wo er ist, und niemand verlasse seinen Wohnplatz am siebenten Tage.

30 Also ruhte das Volk am siebenten Tage.

¶ **31** Und das Haus Israel nannte es Manna. Und es war wie weißer Koriandersamen und hatte einen Geschmack wie Semmel mit Honig.

32 Und Mose sprach: Das ist's, was der HERR geboten hat: Fülle einen Krug davon, um es aufzubewahren für eure Nachkommen, auf dass man sehe das Brot, mit dem ich euch gespeist habe in der Wüste, als ich euch aus Ägyptenland führte.

18 But when they measured it with an omer, whoever gathered much had nothing left over, and whoever gathered little had no lack. Each of them gathered as much as he could eat.

19 And Moses said to them, "Let no one leave any of it over till the morning."

20 But they did not listen to Moses. Some left part of it till the morning, and it bred worms and stank. And Moses was angry with them.

21 Morning by morning they gathered it, each as much as he could eat; but when the sun grew hot, it melted.

¶ **22** On the sixth day they gathered twice as much bread, two omers each. And when all the leaders of the congregation came and told Moses,

23 he said to them, "This is what the LORD has commanded: 'Tomorrow is a day of solemn rest, a holy Sabbath to the LORD; bake what you will bake and boil what you will boil, and all that is left over lay aside to be kept till the morning.'"

24 So they laid it aside till the morning, as Moses commanded them, and it did not stink, and there were no worms in it.

25 Moses said, "Eat it today, for today is a Sabbath to the LORD; today you will not find it in the field.

26 Six days you shall gather it, but on the seventh day, which is a Sabbath, there will be none."

¶ **27** On the seventh day some of the people went out to gather, but they found none.

28 And the LORD said to Moses, "How long will you refuse to keep my commandments and my laws?

29 See! The LORD has given you the Sabbath; therefore on the sixth day he gives you bread for two days. Remain each of you in his place; let no one go out of his place on the seventh day."

30 So the people rested on the seventh day.

¶ **31** Now the house of Israel called its name manna. It was like coriander seed, white, and the taste of it was like wafers made with honey.

32 Moses said, "This is what the LORD has commanded: 'Let an omer of it be kept throughout your generations, so that they may see the bread with which I fed you in the wilderness, when I brought you out of the land of Egypt.'"

33 Und Mose sprach zu Aaron: Nimm ein Gefäß und tu Manna hinein, den zehnten Teil eines Scheffels, und stelle es hin vor den Herrn, dass es aufbewahrt werde für eure Nachkommen.

¶ **34** Wie der Herr es Mose geboten hatte, so stellte Aaron das Gefäß vor die Lade mit dem Gesetz, damit es aufbewahrt werde.

35 Und die Israeliten aßen Manna vierzig Jahre lang, bis sie in bewohntes Land kamen; bis an die Grenze des Landes Kanaan aßen sie Manna.

36 Ein Krug aber ist der zehnte Teil eines Scheffels.

Israel in Massa und Meriba

17 Und die ganze Gemeinde der Israeliten zog aus der Wüste Sin weiter ihre Tagereisen, wie ihnen der Herr befahl, und sie lagerten sich in Refidim. Da hatte das Volk kein Wasser zu trinken.

2 Und sie haderten mit Mose und sprachen: Gib uns Wasser, dass wir trinken. Mose sprach zu ihnen: Was hadert ihr mit mir? Warum versucht ihr den Herrn?

3 Als aber dort das Volk nach Wasser dürstete, murrten sie wider Mose und sprachen: Warum hast du uns aus Ägypten ziehen lassen, dass du uns, unsere Kinder und unser Vieh vor Durst sterben lässt?

4 Mose schrie zum Herrn und sprach: Was soll ich mit dem Volk tun? Es fehlt nicht viel, so werden sie mich noch steinigen.

¶ **5** Der Herr sprach zu ihm: Tritt hin vor das Volk und nimm einige von den Ältesten Israels mit dir und nimm deinen Stab in deine Hand, mit dem du den Nil schlugst, und geh hin.

6 Siehe, ich will dort vor dir stehen auf dem Fels am Horeb. Da sollst du an den Fels schlagen, so wird Wasser herauslaufen, dass das Volk trinke. Und Mose tat so vor den Augen der Ältesten von Israel.

7 Da nannte er den Ort Massa und Meriba, weil die Israeliten dort gehadert und den Herrn versucht und gesagt hatten: Ist der Herr unter uns oder nicht?

Sieg über die Amalekiter

8 Da kam Amalek und kämpfte gegen Israel in Refidim.

9 Da sprach Mose zu Josua: Erwähle uns Männer, zieh aus und kämpfe gegen Amalek. Morgen will ich oben auf dem Hügel stehen mit dem Stab Gottes in meiner Hand.

33 And Moses said to Aaron, "Take a jar, and put an omer of manna in it, and place it before the Lord to be kept throughout your generations."

34 As the Lord commanded Moses, so Aaron placed it before the testimony to be kept.

35 The people of Israel ate the manna forty years, till they came to a habitable land. They ate the manna till they came to the border of the land of Canaan.

36 (An omer is the tenth part of an ephah.)[3]

Water from the Rock

17 All the congregation of the people of Israel moved on from the wilderness of Sin by stages, according to the commandment of the Lord, and camped at Rephidim, but there was no water for the people to drink.

2 Therefore the people quarreled with Moses and said, "Give us water to drink." And Moses said to them, "Why do you quarrel with me? Why do you test the Lord?"

3 But the people thirsted there for water, and the people grumbled against Moses and said, "Why did you bring us up out of Egypt, to kill us and our children and our livestock with thirst?"

4 So Moses cried to the Lord, "What shall I do with this people? They are almost ready to stone me."

5 And the Lord said to Moses, "Pass on before the people, taking with you some of the elders of Israel, and take in your hand the staff with which you struck the Nile, and go.

6 Behold, I will stand before you there on the rock at Horeb, and you shall strike the rock, and water shall come out of it, and the people will drink." And Moses did so, in the sight of the elders of Israel.

7 And he called the name of the place Massah[1] and Meribah,[2] because of the quarreling of the people of Israel, and because they tested the Lord by saying, "Is the Lord among us or not?"

Israel Defeats Amalek

¶ **8** Then Amalek came and fought with Israel at Rephidim.

9 So Moses said to Joshua, "Choose for us men, and go out and fight with Amalek. Tomorrow I will stand on the top of the hill with the staff of God in my hand."

10 Und Josua tat, wie Mose ihm sagte, und kämpfte gegen Amalek. Mose aber und Aaron und Hur gingen auf die Höhe des Hügels.

11 Und wenn Mose seine Hand emporhielt, siegte Israel; wenn er aber seine Hand sinken ließ, siegte Amalek.

12 Aber Mose wurden die Hände schwer; darum nahmen die beiden einen Stein und legten ihn hin, dass er sich darauf setzte. Aaron aber und Hur stützten ihm die Hände, auf jeder Seite einer. So blieben seine Hände erhoben, bis die Sonne unterging.

13 Und Josua überwältigte Amalek und sein Volk durch des Schwertes Schärfe.

¶ **14** Und der HERR sprach zu Mose: Schreibe dies zum Gedächtnis in ein Buch und präge es Josua ein; denn ich will Amalek unter dem Himmel austilgen, dass man seiner nicht mehr gedenke.

15 Und Mose baute einen Altar und nannte ihn: Der HERR mein Feldzeichen.

16 Und er sprach: Die Hand an den Thron des HERRN! Der HERR führt Krieg gegen Amalek von Kind zu Kindeskind.

Jitros Besuch bei Mose

18 Und Jitro, der Priester in Midian, Moses Schwiegervater, hörte alles, was Gott an Mose und seinem Volk Israel getan hatte, dass der HERR Israel aus Ägypten geführt hatte.

2 Da nahm er mit sich Zippora, die Frau des Mose, die er zurückgesandt hatte,

3 samt ihren beiden Söhnen; von denen hieß einer Gerschom, denn Mose sprach: Ich bin ein Gast geworden in fremdem Lande,

4 und der andere Eliëser, denn er sprach: Der Gott meines Vaters ist meine Hilfe gewesen und hat mich errettet vor dem Schwert des Pharao.

¶ **5** Als nun Jitro, Moses Schwiegervater, und seine Söhne und seine Frau zu ihm in die Wüste kamen, an den Berg Gottes, wo er sich gelagert hatte,

6 ließ er Mose sagen: Ich, Jitro, dein Schwiegervater, bin zu dir gekommen und deine Frau und ihre beiden Söhne mit ihr.

7 Da ging Mose hinaus ihm entgegen und neigte sich vor ihm und küsste ihn. Und als sie sich untereinander gegrüßt hatten, gingen sie in das Zelt.

8 Da erzählte Mose seinem Schwiegervater alles, was der HERR um Israels willen dem Pharao und den Ägyptern angetan hatte, und alle die Mühsal, die ihnen auf dem Wege begegnet war, und wie sie der HERR errettet hatte.

10 So Joshua did as Moses told him, and fought with Amalek, while Moses, Aaron, and Hur went up to the top of the hill.

11 Whenever Moses held up his hand, Israel prevailed, and whenever he lowered his hand, Amalek prevailed.

12 But Moses' hands grew weary, so they took a stone and put it under him, and he sat on it, while Aaron and Hur held up his hands, one on one side, and the other on the other side. So his hands were steady until the going down of the sun.

13 And Joshua overwhelmed Amalek and his people with the sword.

¶ **14** Then the LORD said to Moses, "Write this as a memorial in a book and recite it in the ears of Joshua, that I will utterly blot out the memory of Amalek from under heaven."

15 And Moses built an altar and called the name of it, The LORD Is My Banner,

16 saying, "A hand upon the throne[3] of the LORD! The LORD will have war with Amalek from generation to generation."

Jethro's Advice

18 Jethro, the priest of Midian, Moses' father-in-law, heard of all that God had done for Moses and for Israel his people, how the LORD had brought Israel out of Egypt.

2 Now Jethro, Moses' father-in-law, had taken Zipporah, Moses' wife, after he had sent her home,

3 along with her two sons. The name of the one was Gershom (for he said, "I have been a sojourner[1] in a foreign land"),

4 and the name of the other, Eliezer[2] (for he said, "The God of my father was my help, and delivered me from the sword of Pharaoh").

5 Jethro, Moses' father-in-law, came with his sons and his wife to Moses in the wilderness where he was encamped at the mountain of God.

6 And when he sent word to Moses, "I,[3] your father-in-law Jethro, am coming to you with your wife and her two sons with her,"

7 Moses went out to meet his father-in-law and bowed down and kissed him. And they asked each other of their welfare and went into the tent.

8 Then Moses told his father-in-law all that the LORD had done to Pharaoh and to the Egyptians for Israel's sake, all the hardship that had come upon them in the way, and how the LORD had delivered them.

9 Jitro aber freute sich über all das Gute, das der HERR an Israel getan hatte, wie er sie errettet hatte aus der Ägypter Hand.

10 Und Jitro sprach: Gelobt sei der HERR, der euch errettet hat aus der Ägypter und des Pharao Hand.

11 Nun weiß ich, dass der HERR größer ist als alle Götter; denn er hat das Volk aus der Ägypter Hand errettet, weil sie vermessen an Israel gehandelt haben.

12 Und Jitro, Moses Schwiegervater, brachte Gott ein Brandopfer und Schlachtopfer dar. Da kamen Aaron und alle Ältesten von Israel, um mit Moses Schwiegervater das Mahl zu halten vor Gott.

Einsetzung von Helfern für Mose

13 Am andern Morgen setzte sich Mose, um dem Volk Recht zu sprechen. Und das Volk stand um Mose her vom Morgen bis zum Abend.

14 Als aber sein Schwiegervater alles sah, was er mit dem Volk tat, sprach er: Was tust du denn mit dem Volk? Warum musst du ganz allein da sitzen, und alles Volk steht um dich her vom Morgen bis zum Abend?

15 Mose antwortete ihm: Das Volk kommt zu mir, um Gott zu befragen.

16 Denn wenn sie einen Streitfall haben, kommen sie zu mir, damit ich richte zwischen dem einen und dem andern und tue ihnen kund die Satzungen Gottes und seine Weisungen.

¶ 17 Sein Schwiegervater sprach zu ihm: Es ist nicht gut, wie du das tust.

18 Du machst dich zu müde, dazu auch das Volk, das mit dir ist. Das Geschäft ist dir zu schwer; du kannst es allein nicht ausrichten.

19 Aber gehorche meiner Stimme; ich will dir raten und Gott wird mit dir sein. Vertritt du das Volk vor Gott und bringe ihre Anliegen vor Gott

20 und tu ihnen die Satzungen und Weisungen kund, dass du sie lehrst den Weg, auf dem sie wandeln, und die Werke, die sie tun sollen.

21 Sieh dich aber unter dem ganzen Volk um nach redlichen Leuten, die Gott fürchten, wahrhaftig sind und dem ungerechten Gewinn feind. Die setze über sie als Oberste über tausend, über hundert, über fünfzig und über zehn,

9 And Jethro rejoiced for all the good that the LORD had done to Israel, in that he had delivered them out of the hand of the Egyptians.

¶ 10 Jethro said, "Blessed be the LORD, who has delivered you out of the hand of the Egyptians and out of the hand of Pharaoh and has delivered the people from under the hand of the Egyptians.

11 Now I know that the LORD is greater than all gods, because in this affair they dealt arrogantly with the people."[4]

12 And Jethro, Moses' father-in-law, brought a burnt offering and sacrifices to God; and Aaron came with all the elders of Israel to eat bread with Moses' father-in-law before God.

¶ 13 The next day Moses sat to judge the people, and the people stood around Moses from morning till evening.

14 When Moses' father-in-law saw all that he was doing for the people, he said, "What is this that you are doing for the people? Why do you sit alone, and all the people stand around you from morning till evening?"

15 And Moses said to his father-in-law, "Because the people come to me to inquire of God;

16 when they have a dispute, they come to me and I decide between one person and another, and I make them know the statutes of God and his laws."

17 Moses' father-in-law said to him, "What you are doing is not good.

18 You and the people with you will certainly wear yourselves out, for the thing is too heavy for you. You are not able to do it alone.

19 Now obey my voice; I will give you advice, and God be with you! You shall represent the people before God and bring their cases to God,

20 and you shall warn them about the statutes and the laws, and make them know the way in which they must walk and what they must do.

21 Moreover, look for able men from all the people, men who fear God, who are trustworthy and hate a bribe, and place such men over the people as chiefs of thousands, of hundreds, of fifties, and of tens.

22 dass sie das Volk allezeit richten. Nur wenn es eine größere Sache ist, sollen sie diese vor dich bringen, alle geringeren Sachen aber sollen sie selber richten. So mach dir's leichter und lass sie mit dir tragen.

23 Wirst du das tun, so kannst du ausrichten, was dir Gott gebietet, und dies ganze Volk kann mit Frieden an seinen Ort kommen.

¶ **24** Mose gehorchte dem Wort seines Schwiegervaters und tat alles, was er sagte,

25 und erwählte redliche Leute aus ganz Israel und machte sie zu Häuptern über das Volk, zu Obersten über tausend, über hundert, über fünfzig und über zehn,

26 dass sie das Volk allezeit richteten, die schwereren Sachen vor Mose brächten und die kleineren Sachen selber richteten.

27 Und Mose ließ seinen Schwiegervater wieder in sein Land ziehen.

Ankunft am Sinai. Zurüstung des Volkes. Erscheinung des HERRN

19 Am ersten Tag des dritten Monats nach dem Auszug der Israeliten aus Ägyptenland, genau auf den Tag, kamen sie in die Wüste Sinai.

2 Denn sie waren ausgezogen von Refidim und kamen in die Wüste Sinai und lagerten sich dort in der Wüste gegenüber dem Berge.

¶ **3** Und Mose stieg hinauf zu Gott. Und der HERR rief ihm vom Berge zu und sprach: So sollst du sagen zu dem Hause Jakob und den Israeliten verkündigen:

4 Ihr habt gesehen, was ich mit den Ägyptern getan habe und wie ich euch getragen habe auf Adlerflügeln und euch zu mir gebracht.

5 Werdet ihr nun meiner Stimme gehorchen und meinen Bund halten, so sollt ihr mein Eigentum sein vor allen Völkern; denn die ganze Erde ist mein.

6 Und ihr sollt mir ein Königreich von Priestern und ein heiliges Volk sein. Das sind die Worte, die du den Israeliten sagen sollst.

¶ **7** Mose kam und berief die Ältesten des Volks und legte ihnen alle diese Worte vor, die ihm der HERR geboten hatte.

8 Und alles Volk antwortete einmütig und sprach: Alles, was der HERR geredet hat, wollen wir tun. Und Mose sagte die Worte des Volks dem HERRN wieder.

22 And let them judge the people at all times. Every great matter they shall bring to you, but any small matter they shall decide themselves. So it will be easier for you, and they will bear the burden with you.

23 If you do this, God will direct you, you will be able to endure, and all this people also will go to their place in peace."

¶ **24** So Moses listened to the voice of his father-in-law and did all that he had said.

25 Moses chose able men out of all Israel and made them heads over the people, chiefs of thousands, of hundreds, of fifties, and of tens.

26 And they judged the people at all times. Any hard case they brought to Moses, but any small matter they decided themselves.

27 Then Moses let his father-in-law depart, and he went away to his own country.

Israel at Mount Sinai

19 On the third new moon after the people of Israel had gone out of the land of Egypt, on that day they came into the wilderness of Sinai.

2 They set out from Rephidim and came into the wilderness of Sinai, and they encamped in the wilderness. There Israel encamped before the mountain,

3 while Moses went up to God. The LORD called to him out of the mountain, saying, "Thus you shall say to the house of Jacob, and tell the people of Israel:

4 You yourselves have seen what I did to the Egyptians, and how I bore you on eagles' wings and brought you to myself.

5 Now therefore, if you will indeed obey my voice and keep my covenant, you shall be my treasured possession among all peoples, for all the earth is mine;

6 and you shall be to me a kingdom of priests and a holy nation. These are the words that you shall speak to the people of Israel."

¶ **7** So Moses came and called the elders of the people and set before them all these words that the LORD had commanded him.

8 All the people answered together and said, "All that the LORD has spoken we will do." And Moses reported the words of the people to the LORD.

9 Und der HERR sprach zu Mose: Siehe, ich will zu dir kommen in einer dichten Wolke, auf dass dies Volk es höre, wenn ich mit dir rede, und dir für immer glaube. Und Mose verkündete dem HERRN die Worte des Volks.

¶ **10** Und der HERR sprach zu Mose: Geh hin zum Volk und heilige sie heute und morgen, dass sie ihre Kleider waschen

11 und bereit seien für den dritten Tag; denn am dritten Tage wird der HERR vor allem Volk herabfahren auf den Berg Sinai.

12 Und zieh eine Grenze um das Volk und sprich zu ihnen: Hütet euch, auf den Berg zu steigen oder seinen Fuß anzurühren; denn wer den Berg anrührt, der soll des Todes sterben.

13 Keine Hand soll ihn anrühren, sondern er soll gesteinigt oder erschossen werden; es sei Tier oder Mensch, sie sollen nicht leben bleiben. Wenn aber das Widderhorn lange tönen wird, dann soll man auf den Berg steigen.

14 Mose stieg vom Berge zum Volk herab und heiligte sie und sie wuschen ihre Kleider.

15 Und er sprach zu ihnen: Seid bereit für den dritten Tag und keiner rühre eine Frau an.

¶ **16** Als nun der dritte Tag kam und es Morgen ward, da erhob sich ein Donnern und Blitzen und eine dichte Wolke auf dem Berge und der Ton einer sehr starken Posaune. Das ganze Volk aber, das im Lager war, erschrak.

17 Und Mose führte das Volk aus dem Lager Gott entgegen und es trat unten an den Berg.

18 Der ganze Berg Sinai aber rauchte, weil der HERR auf den Berg herabfuhr im Feuer; und der Rauch stieg auf wie der Rauch von einem Schmelzofen und der ganze Berg bebte sehr.

19 Und der Posaune Ton ward immer stärker. Und Mose redete und Gott antwortete ihm laut.

¶ **20** Als nun der HERR herniedergekommen war auf den Berg Sinai, oben auf seinen Gipfel, berief er Mose hinauf auf den Gipfel des Berges und Mose stieg hinauf.

21 Da sprach der HERR zu ihm: Steig hinab und verwarne das Volk, dass sie nicht durchbrechen zum HERRN, ihn zu sehen, und viele von ihnen fallen.

22 Auch die Priester, die sonst zum HERRN nahen dürfen, sollen sich heiligen, dass sie der HERR nicht zerschmettere.

23 Mose aber sprach zum HERRN: Das Volk kann nicht auf den Berg Sinai steigen, denn du hast uns verwarnt und gesagt: Zieh eine Grenze um den Berg und heilige ihn.

9 And the LORD said to Moses, "Behold, I am coming to you in a thick cloud, that the people may hear when I speak with you, and may also believe you forever."

¶ When Moses told the words of the people to the LORD,

10 the LORD said to Moses, "Go to the people and consecrate them today and tomorrow, and let them wash their garments

11 and be ready for the third day. For on the third day the LORD will come down on Mount Sinai in the sight of all the people.

12 And you shall set limits for the people all around, saying, 'Take care not to go up into the mountain or touch the edge of it. Whoever touches the mountain shall be put to death.

13 No hand shall touch him, but he shall be stoned or shot;[1] whether beast or man, he shall not live.' When the trumpet sounds a long blast, they shall come up to the mountain."

14 So Moses went down from the mountain to the people and consecrated the people; and they washed their garments.

15 And he said to the people, "Be ready for the third day; do not go near a woman."

¶ **16** On the morning of the third day there were thunders and lightnings and a thick cloud on the mountain and a very loud trumpet blast, so that all the people in the camp trembled.

17 Then Moses brought the people out of the camp to meet God, and they took their stand at the foot of the mountain.

18 Now Mount Sinai was wrapped in smoke because the LORD had descended on it in fire. The smoke of it went up like the smoke of a kiln, and the whole mountain trembled greatly.

19 And as the sound of the trumpet grew louder and louder, Moses spoke, and God answered him in thunder.

20 The LORD came down on Mount Sinai, to the top of the mountain. And the LORD called Moses to the top of the mountain, and Moses went up.

¶ **21** And the LORD said to Moses, "Go down and warn the people, lest they break through to the LORD to look and many of them perish.

22 Also let the priests who come near to the LORD consecrate themselves, lest the LORD break out against them."

23 And Moses said to the LORD, "The people cannot come up to Mount Sinai, for you yourself warned us, saying, 'Set limits around the mountain and consecrate it.'"

24 Und der HERR sprach zu ihm: Geh hin, steig hinab und komm wieder herauf, du und Aaron mit dir; aber die Priester und das Volk sollen nicht durchbrechen, dass sie hinaufsteigen zu dem HERRN, damit er sie nicht zerschmettere.

25 Und Mose stieg hinunter zum Volk und sagte es ihm.

Die Zehn Gebote
(vgl. 5.Mose 5,6-21)

20 Und Gott redete alle diese Worte:

¶ **2** Ich bin der Herr, dein Gott, der ich dich aus Ägyptenland, aus der Knechtschaft, geführt habe.

3 Du sollst keine anderen Götter haben neben mir.

¶ **4** Du sollst dir kein Bildnis noch irgendein Gleichnis machen, weder von dem, was oben im Himmel, noch von dem, was unten auf Erden, noch von dem, was im Wasser unter der Erde ist:

5 Bete sie nicht an und diene ihnen nicht! Denn ich, der Herr, dein Gott, bin ein eifernder Gott, der die Missetat der Väter heimsucht bis ins dritte und vierte Glied an den Kindern derer, die mich hassen,

6 aber Barmherzigkeit erweist an vielen Tausenden, die mich lieben und meine Gebote halten.

¶ **7** Du sollst den Namen des HERRN, deines Gottes, nicht missbrauchen; denn der HERR wird den nicht ungestraft lassen, der seinen Namen missbraucht.

¶ **8** Gedenke des Sabbattages, dass du ihn heiligest.

9 Sechs Tage sollst du arbeiten und alle deine Werke tun.

10 Aber am siebenten Tage ist der Sabbat des HERRN, deines Gottes. Da sollst du keine Arbeit tun, auch nicht dein Sohn, deine Tochter, dein Knecht, deine Magd, dein Vieh, auch nicht dein Fremdling, der in deiner Stadt lebt.

11 Denn in sechs Tagen hat der Herr Himmel und Erde gemacht und das Meer und alles, was darinnen ist, und ruhte am siebenten Tage. Darum segnete der HERR den Sabbattag und heiligte ihn.

¶ **12** Du sollst deinen Vater und deine Mutter ehren, auf dass du lange lebest in dem Lande, das dir der HERR, dein Gott, geben wird.

¶ **13** Du sollst nicht töten.

¶ **14** Du sollst nicht ehebrechen.

¶ **15** Du sollst nicht stehlen.

24 And the LORD said to him, "Go down, and come up bringing Aaron with you. But do not let the priests and the people break through to come up to the LORD, lest he break out against them."

25 So Moses went down to the people and told them.

The Ten Commandments

20 And God spoke all these words, saying,

¶ **2** "I am the LORD your God, who brought you out of the land of Egypt, out of the house of slavery.

¶ **3** "You shall have no other gods before[1] me.

¶ **4** "You shall not make for yourself a carved image, or any likeness of anything that is in heaven above, or that is in the earth beneath, or that is in the water under the earth.

5 You shall not bow down to them or serve them, for I the LORD your God am a jealous God, visiting the iniquity of the fathers on the children to the third and the fourth generation of those who hate me,

6 but showing steadfast love to thousands[2] of those who love me and keep my commandments.

¶ **7** "You shall not take the name of the LORD your God in vain, for the LORD will not hold him guiltless who takes his name in vain.

¶ **8** "Remember the Sabbath day, to keep it holy.

9 Six days you shall labor, and do all your work,

10 but the seventh day is a Sabbath to the LORD your God. On it you shall not do any work, you, or your son, or your daughter, your male servant, or your female servant, or your livestock, or the sojourner who is within your gates.

11 For in six days the LORD made heaven and earth, the sea, and all that is in them, and rested on the seventh day. Therefore the LORD blessed the Sabbath day and made it holy.

¶ **12** "Honor your father and your mother, that your days may be long in the land that the LORD your God is giving you.

¶ **13** "You shall not murder.[3]

¶ **14** "You shall not commit adultery.

¶ **15** "You shall not steal.

¶ **16** Du sollst nicht falsch Zeugnis reden wider deinen Nächsten.

¶ **17** Du sollst nicht begehren deines Nächsten Haus. Du sollst nicht begehren deines Nächsten Frau, Knecht, Magd, Rind, Esel noch alles, was dein Nächster hat.

¶ **18** Und alles Volk wurde Zeuge von dem Donner und Blitz und dem Ton der Posaune und dem Rauchen des Berges. Als sie aber solches sahen, flohen sie und blieben in der Ferne stehen

19 und sprachen zu Mose: Rede du mit uns, wir wollen hören; aber lass Gott nicht mit uns reden, wir könnten sonst sterben.

20 Mose aber sprach zum Volk: Fürchtet euch nicht, denn Gott ist gekommen, euch zu versuchen, damit ihr's vor Augen habt, wie er zu fürchten sei, und ihr nicht sündigt.

21 So stand das Volk von ferne, aber Mose nahte sich dem Dunkel, darinnen Gott war.

Vom rechten Gottesdienst in Israel

22 Und der HERR sprach zu ihm: So sollst du den Israeliten sagen: Ihr habt gesehen, dass ich mit euch vom Himmel geredet habe.

23 Darum sollt ihr euch keine andern Götter neben mir machen, weder silberne noch goldene sollt ihr euch machen.

¶ **24** Einen Altar von Erde mache mir, auf dem du dein Brandopfer und Dankopfer, deine Schafe und Rinder, opferst. An jedem Ort, wo ich meines Namens gedenken lasse, da will ich zu dir kommen und dich segnen.

25 Und wenn du mir einen steinernen Altar machen willst, sollst du ihn nicht von behauenen Steinen bauen; denn wenn du mit deinem Eisen darüber kommst, so wirst du ihn entweihen.

26 Du sollst auch nicht auf Stufen zu meinem Altar hinaufsteigen, dass nicht deine Blöße aufgedeckt werde vor ihm.

RECHTSORDNUNGEN (KAPITEL 21,1–23,19)

21 Dies sind die Rechtsordnungen, die du ihnen vorlegen sollst:

Rechte hebräischer Sklaven

2 Wenn du einen hebräischen Sklaven kaufst, so soll er dir sechs Jahre dienen; im siebenten Jahr aber soll er freigelassen werden ohne Lösegeld.

3 Ist er ohne Frau gekommen, so soll er auch ohne Frau gehen; ist er aber mit seiner Frau gekommen, so soll sie mit ihm gehen.

¶ **16** "You shall not bear false witness against your neighbor.

¶ **17** "You shall not covet your neighbor's house; you shall not covet your neighbor's wife, or his male servant, or his female servant, or his ox, or his donkey, or anything that is your neighbor's."

¶ **18** Now when all the people saw the thunder and the flashes of lightning and the sound of the trumpet and the mountain smoking, the people were afraid[4] and trembled, and they stood far off

19 and said to Moses, "You speak to us, and we will listen; but do not let God speak to us, lest we die."

20 Moses said to the people, "Do not fear, for God has come to test you, that the fear of him may be before you, that you may not sin."

21 The people stood far off, while Moses drew near to the thick darkness where God was.

Laws About Altars

¶ **22** And the LORD said to Moses, "Thus you shall say to the people of Israel: 'You have seen for yourselves that I have talked with you from heaven.

23 You shall not make gods of silver to be with me, nor shall you make for yourselves gods of gold.

24 An altar of earth you shall make for me and sacrifice on it your burnt offerings and your peace offerings, your sheep and your oxen. In every place where I cause my name to be remembered I will come to you and bless you.

25 If you make me an altar of stone, you shall not build it of hewn stones, for if you wield your tool on it you profane it.

26 And you shall not go up by steps to my altar, that your nakedness be not exposed on it.'

Laws About Slaves

21 "Now these are the rules that you shall set before them.

2 When you buy a Hebrew slave, he shall serve six years, and in the seventh he shall go out free, for nothing.

3 If he comes in single, he shall go out single; if he comes in married, then his wife shall go out with him.

4 Hat ihm aber sein Herr eine Frau gegeben und hat sie ihm Söhne oder Töchter geboren, so sollen Frau und Kinder seinem Herrn gehören, er aber soll ohne Frau gehen.

5 Spricht aber der Sklave: Ich habe meinen Herrn lieb und meine Frau und Kind, ich will nicht frei werden,

6 so bringe ihn sein Herr vor Gott und stelle ihn an die Tür oder den Pfosten und durchbohre mit einem Pfriemen sein Ohr und er sei sein Sklave für immer.

¶ **7** Verkauft jemand seine Tochter als Sklavin, so darf sie nicht freigelassen werden wie die Sklaven.

8 Hat ihr Herr sie für sich genommen und sie gefällt ihm nicht, so soll er sie auslösen lassen. Er hat aber nicht Macht, sie unter ein fremdes Volk zu verkaufen, nachdem er sie verschmäht hat.

9 Hat er sie aber für seinen Sohn bestimmt, so soll er nach dem Recht der Töchter an ihr tun.

10 Nimmt er sich aber noch eine andere, so soll er der ersten an Nahrung, Kleidung und ehelichem Recht nichts abbrechen.

11 Erfüllt er an ihr diese drei Pflichten nicht, so soll sie umsonst freigelassen werden, ohne Lösegeld.

Vergehen gegen Leib und Leben

12 Wer einen Menschen schlägt, dass er stirbt, der soll des Todes sterben.

13 Hat er ihm aber nicht nachgestellt, sondern hat Gott es seiner Hand widerfahren lassen, so will ich dir einen Ort bestimmen, wohin er fliehen kann.

14 Wenn aber jemand an seinem Nächsten frevelt und ihn mit Hinterlist umbringt, so sollst du ihn von meinem Altar wegreißen, dass man ihn töte.

¶ **15** Wer Vater oder Mutter schlägt, der soll des Todes sterben.

¶ **16** Wer einen Menschen raubt, sei es, dass er ihn verkauft, sei es, dass man ihn bei ihm findet, der soll des Todes sterben.

¶ **17** Wer Vater oder Mutter flucht, der soll des Todes sterben.

¶ **18** Wenn Männer miteinander streiten und einer schlägt den andern mit einem Stein oder mit der Faust, dass er nicht stirbt, sondern zu Bett liegen muss

19 und wieder aufkommt und ausgehen kann an seinem Stock, so soll der, der ihn schlug, nicht bestraft werden; er soll ihm aber bezahlen, was er versäumt hat, und das Arztgeld geben.

4 If his master gives him a wife and she bears him sons or daughters, the wife and her children shall be her master's, and he shall go out alone.

5 But if the slave plainly says, 'I love my master, my wife, and my children; I will not go out free,'

6 then his master shall bring him to God, and he shall bring him to the door or the doorpost. And his master shall bore his ear through with an awl, and he shall be his slave forever.

¶ **7** "When a man sells his daughter as a slave, she shall not go out as the male slaves do.

8 If she does not please her master, who has designated her[1] for himself, then he shall let her be redeemed. He shall have no right to sell her to a foreign people, since he has broken faith with her.

9 If he designates her for his son, he shall deal with her as with a daughter.

10 If he takes another wife to himself, he shall not diminish her food, her clothing, or her marital rights.

11 And if he does not do these three things for her, she shall go out for nothing, without payment of money.

¶ **12** "Whoever strikes a man so that he dies shall be put to death.

13 But if he did not lie in wait for him, but God let him fall into his hand, then I will appoint for you a place to which he may flee.

14 But if a man willfully attacks another to kill him by cunning, you shall take him from my altar, that he may die.

¶ **15** "Whoever strikes his father or his mother shall be put to death.

¶ **16** "Whoever steals a man and sells him, and anyone found in possession of him, shall be put to death.

¶ **17** "Whoever curses[2] his father or his mother shall be put to death.

¶ **18** "When men quarrel and one strikes the other with a stone or with his fist and the man does not die but takes to his bed,

19 then if the man rises again and walks outdoors with his staff, he who struck him shall be clear; only he shall pay for the loss of his time, and shall have him thoroughly healed.

¶ **20** Wer seinen Sklaven oder seine Sklavin schlägt mit einem Stock, dass sie unter seinen Händen sterben, der soll dafür bestraft werden.

21 Bleiben sie aber einen oder zwei Tage am Leben, so soll er nicht dafür bestraft werden; denn es ist sein Geld.

¶ **22** Wenn Männer miteinander streiten und stoßen dabei eine schwangere Frau, sodass ihr die Frucht abgeht, ihr aber sonst kein Schaden widerfährt, so soll man ihn um Geld strafen, wie viel ihr Ehemann ihm auferlegt, und er soll's geben durch die Hand der Richter.

¶ **23** Entsteht ein dauernder Schaden, so sollst du geben Leben um Leben,

24 Auge um Auge, Zahn um Zahn, Hand um Hand, Fuß um Fuß,

25 Brandmal um Brandmal, Beule um Beule, Wunde um Wunde.

¶ **26** Wenn jemand seinen Sklaven oder seine Sklavin ins Auge schlägt und zerstört es, der soll sie freilassen um des Auges willen.

27 Desgleichen wenn er seinem Sklaven oder seiner Sklavin einen Zahn ausschlägt, soll er sie freilassen um des Zahnes willen.

Schaden durch Tiere – Verlust von Tieren

28 Wenn ein Rind einen Mann oder eine Frau stößt, dass sie sterben, so soll man das Rind steinigen und sein Fleisch nicht essen; aber der Besitzer des Rindes soll nicht bestraft werden.

29 Ist aber das Rind zuvor stößig gewesen und seinem Besitzer war's bekannt und er hat das Rind nicht verwahrt und es tötet nun einen Mann oder eine Frau, so soll man das Rind steinigen und sein Besitzer soll sterben.

30 Will man ihm aber ein Lösegeld auferlegen, so soll er geben, was man ihm auferlegt, um sein Leben auszulösen.

31 Ebenso soll man mit ihm verfahren, wenn das Rind einen Sohn oder eine Tochter stößt.

32 Stößt es aber einen Sklaven oder eine Sklavin, so soll der Besitzer ihrem Herrn dreißig Lot Silber geben und das Rind soll man steinigen.

¶ **33** Wenn jemand eine Zisterne aufdeckt oder gräbt eine Zisterne und deckt sie nicht zu und es fällt ein Rind oder Esel hinein,

34 so soll der Besitzer der Zisterne mit Geld dem andern Ersatz leisten, das tote Tier aber soll ihm gehören.

¶ **20** "When a man strikes his slave, male or female, with a rod and the slave dies under his hand, he shall be avenged.

21 But if the slave survives a day or two, he is not to be avenged, for the slave is his money.

¶ **22** "When men strive together and hit a pregnant woman, so that her children come out, but there is no harm, the one who hit her shall surely be fined, as the woman's husband shall impose on him, and he shall pay as the judges determine.

23 But if there is harm,[3] then you shall pay life for life,

24 eye for eye, tooth for tooth, hand for hand, foot for foot,

25 burn for burn, wound for wound, stripe for stripe.

¶ **26** "When a man strikes the eye of his slave, male or female, and destroys it, he shall let the slave go free because of his eye.

27 If he knocks out the tooth of his slave, male or female, he shall let the slave go free because of his tooth.

¶ **28** "When an ox gores a man or a woman to death, the ox shall be stoned, and its flesh shall not be eaten, but the owner of the ox shall not be liable.

29 But if the ox has been accustomed to gore in the past, and its owner has been warned but has not kept it in, and it kills a man or a woman, the ox shall be stoned, and its owner also shall be put to death.

30 If a ransom is imposed on him, then he shall give for the redemption of his life whatever is imposed on him.

31 If it gores a man's son or daughter, he shall be dealt with according to this same rule.

32 If the ox gores a slave, male or female, the owner shall give to their master thirty shekels[4] of silver, and the ox shall be stoned.

Laws About Restitution

¶ **33** "When a man opens a pit, or when a man digs a pit and does not cover it, and an ox or a donkey falls into it,

34 the owner of the pit shall make restoration. He shall give money to its owner, and the dead beast shall be his.

35 Wenn jemandes Rind eines andern Rind stößt, dass es stirbt, so sollen sie das lebendige Rind verkaufen und das Geld teilen und das tote Tier auch teilen.

36 Ist's aber bekannt gewesen, dass das Rind zuvor stößig gewesen ist, und sein Besitzer hat es nicht verwahrt, so soll er ein Rind für das andere erstatten und das tote Tier haben.

¶ **37** Wenn jemand ein Rind oder ein Schaf stiehlt und schlachtet's oder verkauft's, so soll er fünf Rinder für ein Rind wiedergeben und vier Schafe für ein Schaf.

Eigentumsvergehen

22 Wenn ein Dieb ergriffen wird beim Einbruch und wird dabei geschlagen, dass er stirbt, so liegt keine Blutschuld vor.

2 War aber schon die Sonne aufgegangen, so liegt Blutschuld vor.

¶ Es soll aber ein Dieb wiedererstatten; hat er nichts, so verkaufe man ihn um den Wert des Gestohlenen.

3 Findet man bei ihm das Gestohlene lebendig, sei es Rind, Esel oder Schaf, so soll er's zweifach erstatten.

¶ **4** Wenn jemand in einem Acker oder Weinberg Schaden anrichtet, weil er sein Vieh das Feld eines andern abweiden lässt, so soll er's mit dem Besten seines Ackers und Weinberges erstatten.

¶ **5** Wenn ein Feuer ausbricht und ergreift die Dornen und verbrennt einen Garbenhaufen oder das Getreide, das noch steht, oder den Acker, so soll Ersatz leisten, wer das Feuer angezündet hat.

¶ **6** Wenn jemand seinem Nächsten Geld oder Gegenstände zu verwahren gibt und es wird ihm aus seinem Hause gestohlen: findet man den Dieb, so soll er's zweifach erstatten;

7 findet man aber den Dieb nicht, so soll der Herr des Hauses vor Gott treten, ob er nicht etwa seine Hand an seines Nächsten Habe gelegt hat.

¶ **8** Wenn einer den andern einer Veruntreuung beschuldigt, es handle sich um Rind oder Esel oder Schaf oder Kleider oder um etwas, was sonst noch verloren gegangen ist, so soll beider Sache vor Gott kommen. Wen Gott für schuldig erklärt, der soll's seinem Nächsten zweifach erstatten.

¶ **9** Wenn jemand seinem Nächsten einen Esel oder ein Rind oder ein Schaf oder irgendein Stück Vieh in Obhut gibt und es stirbt ihm oder kommt zu Schaden oder wird ihm weggetrieben, ohne dass es jemand sieht,

¶ **35** "When one man's ox butts another's, so that it dies, then they shall sell the live ox and share its price, and the dead beast also they shall share.

36 Or if it is known that the ox has been accustomed to gore in the past, and its owner has not kept it in, he shall repay ox for ox, and the dead beast shall be his.

22 ¹ "If a man steals an ox or a sheep, and kills it or sells it, he shall repay five oxen for an ox, and four sheep for a sheep.

2 ² If a thief is found breaking in and is struck so that he dies, there shall be no bloodguilt for him,

3 but if the sun has risen on him, there shall be bloodguilt for him. He shall surely pay. If he has nothing, then he shall be sold for his theft.

4 If the stolen beast is found alive in his possession, whether it is an ox or a donkey or a sheep, he shall pay double.

¶ **5** "If a man causes a field or vineyard to be grazed over, or lets his beast loose and it feeds in another man's field, he shall make restitution from the best in his own field and in his own vineyard.

¶ **6** "If fire breaks out and catches in thorns so that the stacked grain or the standing grain or the field is consumed, he who started the fire shall make full restitution.

¶ **7** "If a man gives to his neighbor money or goods to keep safe, and it is stolen from the man's house, then, if the thief is found, he shall pay double.

8 If the thief is not found, the owner of the house shall come near to God to show whether or not he has put his hand to his neighbor's property.

9 For every breach of trust, whether it is for an ox, for a donkey, for a sheep, for a cloak, or for any kind of lost thing, of which one says, 'This is it,' the case of both parties shall come before God. The one whom God condemns shall pay double to his neighbor.

¶ **10** "If a man gives to his neighbor a donkey or an ox or a sheep or any beast to keep safe, and it dies or is injured or is driven away, without anyone seeing it,

10 so soll es unter ihnen zum Eid vor dem HERRN kommen, ob er nicht etwa seine Hand an seines Nächsten Habe gelegt hat, und der Besitzer soll es hinnehmen, sodass jener nicht Ersatz zu leisten braucht.

¶ 11 Stiehlt es ihm aber ein Dieb, so soll er's dem Besitzer ersetzen.

12 Wird es zerrissen, so soll er es zum Zeugnis herbeibringen und nicht ersetzen.

13 Wenn es jemand von seinem Nächsten leiht und es kommt zu Schaden oder stirbt, wenn der Besitzer nicht dabei ist, so soll er's ersetzen.

14 Ist aber der Besitzer dabei, soll er's nicht ersetzen. Wenn es gemietet ist, so soll es auf den Mietpreis angerechnet werden.

¶ 15 Wenn jemand eine Jungfrau beredet, die noch nicht verlobt ist, und ihr beiwohnt, so soll er den Brautpreis für sie geben und sie zur Frau nehmen.

16 Weigert sich aber ihr Vater, sie ihm zu geben, so soll er Geld darwägen, soviel einer Jungfrau als Brautpreis gebührt.

Todeswürdige Vergehen

17 Die Zauberinnen sollst du nicht am Leben lassen.

¶ 18 Wer einem Vieh beiwohnt, der soll des Todes sterben.

¶ 19 Wer den Göttern opfert und nicht dem HERRN allein, der soll dem Bann verfallen.

Rechtsschutz für die Schwachen

20 Die Fremdlinge sollst du nicht bedrängen und bedrücken; denn ihr seid auch Fremdlinge in Ägyptenland gewesen.

¶ 21 Ihr sollt Witwen und Waisen nicht bedrücken.

22 Wirst du sie bedrücken und werden sie zu mir schreien, so werde ich ihr Schreien erhören.

23 Dann wird mein Zorn entbrennen, dass ich euch mit dem Schwert töte und eure Frauen zu Witwen und eure Kinder zu Waisen werden.

¶ 24 Wenn du Geld verleihst an einen aus meinem Volk, an einen Armen neben dir, so sollst du an ihm nicht wie ein Wucherer handeln; du sollst keinerlei Zinsen von ihm nehmen.

¶ 25 Wenn du den Mantel deines Nächsten zum Pfande nimmst, sollst du ihn wiedergeben, ehe die Sonne untergeht,

11 an oath by the LORD shall be between them both to see whether or not he has put his hand to his neighbor's property. The owner shall accept the oath, and he shall not make restitution.

12 But if it is stolen from him, he shall make restitution to its owner.

13 If it is torn by beasts, let him bring it as evidence. He shall not make restitution for what has been torn.

¶ 14 "If a man borrows anything of his neighbor, and it is injured or dies, the owner not being with it, he shall make full restitution.

15 If the owner was with it, he shall not make restitution; if it was hired, it came for its hiring fee.[3]

Laws About Social Justice

¶ 16 "If a man seduces a virgin[4] who is not betrothed and lies with her, he shall give the bride-price[5] for her and make her his wife.

17 If her father utterly refuses to give her to him, he shall pay money equal to the bride-price for virgins.

¶ 18 "You shall not permit a sorceress to live.

¶ 19 "Whoever lies with an animal shall be put to death.

¶ 20 "Whoever sacrifices to any god, other than the LORD alone, shall be devoted to destruction.[6]

¶ 21 "You shall not wrong a sojourner or oppress him, for you were sojourners in the land of Egypt.

22 You shall not mistreat any widow or fatherless child.

23 If you do mistreat them, and they cry out to me, I will surely hear their cry,

24 and my wrath will burn, and I will kill you with the sword, and your wives shall become widows and your children fatherless.

¶ 25 "If you lend money to any of my people with you who is poor, you shall not be like a moneylender to him, and you shall not exact interest from him.

26 If ever you take your neighbor's cloak in pledge, you shall return it to him before the sun goes down,

26 denn sein Mantel ist seine einzige Decke für seinen Leib; worin soll er sonst schlafen? Wird er aber zu mir schreien, so werde ich ihn erhören; denn ich bin gnädig.

Einzelne Gebote der Gottesfurcht

27 Gott sollst du nicht lästern, und einem Obersten in deinem Volk sollst du nicht fluchen.

¶ **28** Den Ertrag deines Feldes und den Überfluss deines Weinberges sollst du nicht zurückhalten.

¶ Deinen ersten Sohn sollst du mir geben.

29 So sollst du auch tun mit deinem Stier und deinem Kleinvieh. Sieben Tage lass es bei seiner Mutter sein, am achten Tage sollst du es mir geben.

¶ **30** Ihr sollt mir heilige Leute sein; darum sollt ihr kein Fleisch essen, das auf dem Felde von Tieren zerrissen ist, sondern es vor die Hunde werfen.

Gebote der Gerechtigkeit und Nächstenliebe

23 Du sollst kein falsches Gerücht verbreiten; du sollst nicht einem Schuldigen Beistand leisten und kein falscher Zeuge sein.

¶ **2** Du sollst der Menge nicht auf dem Weg zum Bösen folgen und nicht so antworten vor Gericht, dass du der Menge nachgibst und vom Rechten abweichst.

¶ **3** Du sollst den Geringen nicht begünstigen in seiner Sache.

¶ **4** Wenn du dem Rind oder Esel deines Feindes begegnest, die sich verirrt haben, so sollst du sie ihm wieder zuführen.

5 Wenn du den Esel deines Widersachers unter seiner Last liegen siehst, so lass ihn ja nicht im Stich, sondern hilf mit ihm zusammen dem Tiere auf.

¶ **6** Du sollst das Recht deines Armen nicht beugen in seiner Sache.

¶ **7** Halte dich ferne von einer Sache, bei der Lüge im Spiel ist. Den Unschuldigen und den, der im Recht ist, sollst du nicht töten; denn ich lasse den Schuldigen nicht recht haben.

8 Du sollst dich nicht durch Geschenke bestechen lassen; denn Geschenke machen die Sehenden blind und verdrehen die Sache derer, die im Recht sind.

¶ **9** Die Fremdlinge sollt ihr nicht unterdrücken; denn ihr wisst um der Fremdlinge Herz, weil ihr auch Fremdlinge in Ägyptenland gewesen seid.

Sabbatjahr und Sabbat

10 Sechs Jahre sollst du dein Land besäen und seine Früchte einsammeln.

27 for that is his only covering, and it is his cloak for his body; in what else shall he sleep? And if he cries to me, I will hear, for I am compassionate.

¶ **28** "You shall not revile God, nor ᵂcurse a ruler of your people.

¶ **29** "You shall not delay to offer from the fullness of your harvest and from the outflow of your presses. The firstborn of your sons you shall give to me.

30 You shall do the same with your oxen and with your sheep: seven days it shall be with its mother; on the eighth day you shall give it to me.

¶ **31** "You shall be consecrated to me. Therefore you shall not eat any flesh that is torn by beasts in the field; you shall throw it to the dogs.

23 "You shall not spread a false report. You shall not join hands with a wicked man to be a malicious witness.

2 You shall not fall in with the many to do evil, nor shall you bear witness in a lawsuit, siding with the many, so as to pervert justice,

3 nor shall you be partial to a poor man in his lawsuit.

¶ **4** "If you meet your enemy's ox or his donkey going astray, you shall bring it back to him.

5 If you see the donkey of one who hates you lying down under its burden, you shall refrain from leaving him with it; you shall rescue it with him.

¶ **6** "You shall not pervert the justice due to your poor in his lawsuit.

7 Keep far from a false charge, and do not kill the innocent and righteous, for I will not acquit the wicked.

8 And you shall take no bribe, for a bribe blinds the clear-sighted and subverts the cause of those who are in the right.

¶ **9** "You shall not oppress a sojourner. You know the heart of a sojourner, for you were sojourners in the land of Egypt.

Laws About the Sabbath and Festivals

¶ **10** "For six years you shall sow your land and gather in its yield,

11 Aber im siebenten Jahr sollst du es ruhen und liegen lassen, dass die Armen unter deinem Volk davon essen; und was übrig bleibt, mag das Wild auf dem Felde fressen. Ebenso sollst du es halten mit deinem Weinberg und deinen Ölbäumen.

¶ **12** Sechs Tage sollst du deine Arbeit tun; aber am siebenten Tage sollst du feiern, auf dass dein Rind und Esel ruhen und deiner Sklavin Sohn und der Fremdling sich erquicken.

¶ **13** Alles, was ich euch gesagt habe, das haltet. Aber die Namen anderer Götter sollt ihr nicht anrufen, und aus eurem Munde sollen sie nicht gehört werden.

Die drei großen Jahresfeste. Opfervorschriften

14 Dreimal im Jahr sollt ihr mir ein Fest feiern:

15 Das Fest der Ungesäuerten Brote sollst du so halten, dass du sieben Tage ungesäuertes Brot isst, wie ich dir geboten habe, im Monat Abib, denn zu dieser Zeit bist du aus Ägypten gezogen – erscheint aber nicht mit leeren Händen vor mir! –,

16 und das Fest der Ernte, der Erstlinge deiner Früchte, die du auf dem Felde gesät hast, und das Fest der Lese am Ausgang des Jahres, wenn du den Ertrag deiner Arbeit eingesammelt hast vom Felde.

¶ **17** Dreimal im Jahre soll erscheinen vor dem Herrn, dem Herrscher, alles, was männlich ist unter dir.

¶ **18** Du sollst das Blut meines Opfers nicht zugleich mit dem Sauerteig opfern, und das Fett von meinem Fest soll nicht über Nacht bleiben bis zum Morgen.

¶ **19** Das Beste von den Erstlingen deines Feldes sollst du in das Haus des Herrn, deines Gottes, bringen. Du sollst das Böcklein nicht kochen in seiner Mutter Milch.

Mahnungen und Verheißungen für die Zukunft

20 Siehe, ich sende einen Engel vor dir her, der dich behüte auf dem Wege und dich bringe an den Ort, den ich bestimmt habe.

21 Hüte dich vor ihm und gehorche seiner Stimme und sei nicht widerspenstig gegen ihn; denn er wird euer Übertreten nicht vergeben, weil mein Name in ihm ist.

22 Wirst du aber auf seine Stimme hören und alles tun, was ich dir sage, so will ich deiner Feinde Feind und deiner Widersacher Widersacher sein.

11 but the seventh year you shall let it rest and lie fallow, that the poor of your people may eat; and what they leave the beasts of the field may eat. You shall do likewise with your vineyard, and with your olive orchard.

¶ **12** "Six days you shall do your work, but on the seventh day you shall rest; that your ox and your donkey may have rest, and the son of your servant woman, and the alien, may be refreshed.

¶ **13** "Pay attention to all that I have said to you, and make no mention of the names of other gods, nor let it be heard on your lips.

¶ **14** "Three times in the year you shall keep a feast to me.

15 You shall keep the Feast of Unleavened Bread. As I commanded you, you shall eat unleavened bread for seven days at the appointed time in the month of Abib, for in it you came out of Egypt. None shall appear before me empty-handed.

16 You shall keep the Feast of Harvest, of the firstfruits of your labor, of what you sow in the field. You shall keep the Feast of Ingathering at the end of the year, when you gather in from the field the fruit of your labor.

17 Three times in the year shall all your males appear before the Lord God.

¶ **18** "You shall not offer the blood of my sacrifice with anything leavened, or let the fat of my feast remain until the morning.

¶ **19** "The best of the firstfruits of your ground you shall bring into the house of the Lord your God.

¶ "You shall not boil a young goat in its mother's milk.

Conquest of Canaan Promised

¶ **20** "Behold, I send an angel before you to guard you on the way and to bring you to the place that I have prepared.

21 Pay careful attention to him and obey his voice; do not rebel against him, for he will not pardon your transgression, for my name is in him.

¶ **22** "But if you carefully obey his voice and do all that I say, then I will be an enemy to your enemies and an adversary to your adversaries.

23 Ja, mein Engel wird vor dir hergehen und dich bringen zu den Amoritern, Hetitern, Perisitern, Kanaanitern, Hiwitern und Jebusitern, und ich will sie vertilgen.

¶ **24** Du sollst ihre Götter nicht anbeten noch ihnen dienen noch tun, wie sie tun, sondern du sollst ihre Steinmale umreißen und zerbrechen.

25 Aber dem HERRN, eurem Gott, sollt ihr dienen, so wird er dein Brot und dein Wasser segnen, und ich will alle Krankheit von dir wenden.

26 Es soll keine Frau in deinem Lande eine Fehlgeburt haben oder unfruchtbar sein, und ich will dich lassen alt werden.

¶ **27** Ich will meinen Schrecken vor dir her senden und alle Völker verzagt machen, wohin du kommst, und will geben, dass alle deine Feinde vor dir fliehen.

28 Ich will Angst und Schrecken vor dir her senden, die vor dir her vertreiben die Hiwiter, Kanaaniter und Hetiter.

29 Aber ich will sie nicht in **einem** Jahr ausstoßen vor dir, auf dass nicht das Land wüst werde und sich die wilden Tiere wider dich mehren.

30 Einzeln nacheinander will ich sie vor dir her ausstoßen, bis du zahlreich bist und das Land besitzt.

31 Und ich will deine Grenze festsetzen von dem Schilfmeer bis an das Philistermeer und von der Wüste bis an den Euphratstrom. Denn ich will dir in deine Hand geben die Bewohner des Landes, dass du sie ausstoßen sollst vor dir her.

32 Du sollst mit ihnen und mit ihren Göttern keinen Bund schließen.

33 Lass sie nicht wohnen in deinem Lande, dass sie dich nicht verführen zur Sünde wider mich; denn wenn du ihren Göttern dienst, wird dir das zum Fallstrick werden.

Der Bundesschluss am Sinai

24 Und zu Mose sprach er: Steig herauf zum HERRN, du und Aaron, Nadab und Abihu und siebzig von den Ältesten Israels, und betet an von ferne.

2 Aber Mose allein nahe sich zum HERRN und lasse jene sich nicht nahen und das Volk komme auch nicht mit ihm herauf.

¶ **3** Mose kam und sagte dem Volk alle Worte des HERRN und alle Rechtsordnungen. Da antwortete alles Volk wie aus einem Munde: Alle Worte, die der HERR gesagt hat, wollen wir tun.

¶ **23** "When my angel goes before you and brings you to the Amorites and the Hittites and the Perizzites and the Canaanites, the Hivites and the Jebusites, and I blot them out,

24 you shall not bow down to their gods nor serve them, nor do as they do, but you shall utterly overthrow them and break their pillars in pieces.

25 You shall serve the LORD your God, and he[1] will bless your bread and your water, and I will take sickness away from among you.

26 None shall miscarry or be barren in your land; I will fulfill the number of your days.

27 I will send my terror before you and will throw into confusion all the people against whom you shall come, and I will make all your enemies turn their backs to you.

28 And I will send hornets before you, which shall drive out the Hivites, the Canaanites, and the Hittites from before you.

29 I will not drive them out from before you in one year, lest the land become desolate and the wild beasts multiply against you.

30 Little by little I will drive them out from before you, until you have increased and possess the land.

31 And I will set your border from the Red Sea to the Sea of the Philistines, and from the wilderness to the Euphrates, for I will give the inhabitants of the land into your hand, and you shall drive them out before you.

32 You shall make no covenant with them and their gods.

33 They shall not dwell in your land, lest they make you sin against me; for if you serve their gods, it will surely be a snare to you."

The Covenant Confirmed

24 Then he said to Moses, "Come up to the LORD, you and Aaron, Nadab, and Abihu, and seventy of the elders of Israel, and worship from afar.

2 Moses alone shall come near to the LORD, but the others shall not come near, and the people shall not come up with him."

¶ **3** Moses came and told the people all the words of the LORD and all the rules.[1] And all the people answered with one voice and said, "All the words that the LORD has spoken we will do."

4 Da schrieb Mose alle Worte des HERRN nieder und machte sich früh am Morgen auf und baute einen Altar unten am Berge und zwölf Steinmale nach den zwölf Stämmen Israels

5 und sandte junge Männer von den Israeliten hin, dass sie darauf dem HERRN Brandopfer opferten und Dankopfer von jungen Stieren.

6 Und Mose nahm die Hälfte des Blutes und goss es in die Becken, die andere Hälfte aber sprengte er an den Altar.

7 Und er nahm das Buch des Bundes und las es vor den Ohren des Volks. Und sie sprachen: Alles, was der HERR gesagt hat, wollen wir tun und darauf hören.

8 Da nahm Mose das Blut und besprengte das Volk damit und sprach: Seht, das ist das Blut des Bundes, den der HERR mit euch geschlossen hat aufgrund aller dieser Worte.

¶ 9 Da stiegen Mose und Aaron, Nadab und Abihu und siebzig von den Ältesten Israels hinauf

10 und sahen den Gott Israels. Unter seinen Füßen war es wie eine Fläche von Saphir und wie der Himmel, wenn es klar ist.

11 Und er reckte seine Hand nicht aus wider die Edlen Israels. Und als sie Gott geschaut hatten, aßen und tranken sie.

Mose soll die Gesetzestafeln empfangen

12 Und der HERR sprach zu Mose: Komm herauf zu mir auf den Berg und bleib daselbst, dass ich dir gebe die steinernen Tafeln, Gesetz und Gebot, die ich geschrieben habe, um sie zu unterweisen.

13 Da machte sich Mose auf mit seinem Diener Josua und stieg auf den Berg Gottes.

14 Aber zu den Ältesten sprach er: Bleibt hier, bis wir zu euch zurückkommen. Siehe, Aaron und Hur sind bei euch; hat jemand eine Rechtssache, der wende sich an sie.

¶ 15 Als nun Mose auf den Berg kam, bedeckte die Wolke den Berg,

16 und die Herrlichkeit des HERRN ließ sich nieder auf dem Berg Sinai, und die Wolke bedeckte ihn sechs Tage; und am siebenten Tage erging der Ruf des HERRN an Mose aus der Wolke.

17 Und die Herrlichkeit des HERRN war anzusehen wie ein verzehrendes Feuer auf dem Gipfel des Berges vor den Israeliten.

18 Und Mose ging mitten in die Wolke hinein und stieg auf den Berg und blieb auf dem Berge vierzig Tage und vierzig Nächte.

4 And Moses wrote down all the words of the LORD. He rose early in the morning and built an altar at the foot of the mountain, and twelve pillars, according to the twelve tribes of Israel.

5 And he sent young men of the people of Israel, who offered burnt offerings and sacrificed peace offerings of oxen to the LORD.

6 And Moses took half of the blood and put it in basins, and half of the blood he threw against the altar.

7 Then he took the Book of the Covenant and read it in the hearing of the people. And they said, "All that the LORD has spoken we will do, and we will be obedient."

8 And Moses took the blood and threw it on the people and said, "Behold the blood of the covenant that the LORD has made with you in accordance with all these words."

¶ 9 Then Moses and Aaron, Nadab, and Abihu, and seventy of the elders of Israel went up,

10 and they saw the God of Israel. There was under his feet as it were a pavement of sapphire stone, like the very heaven for clearness.

11 And he did not lay his hand on the chief men of the people of Israel; they beheld God, and ate and drank.

¶ 12 The LORD said to Moses, "Come up to me on the mountain and wait there, that I may give you the tablets of stone, with the law and the commandment, which I have written for their instruction."

13 So Moses rose with his assistant Joshua, and Moses went up into the mountain of God.

14 And he said to the elders, "Wait here for us until we return to you. And behold, Aaron and Hur are with you. Whoever has a dispute, let him go to them."

¶ 15 Then Moses went up on the mountain, and the cloud covered the mountain.

16 The glory of the LORD dwelt on Mount Sinai, and the cloud covered it six days. And on the seventh day he called to Moses out of the midst of the cloud.

17 Now the appearance of the glory of the LORD was like a devouring fire on the top of the mountain in the sight of the people of Israel.

18 Moses entered the cloud and went up on the mountain. And Moses was on the mountain forty days and forty nights.

GESETZE FÜR DIE STIFTSHÜTTE (KAPITEL 25,1–31,11)

Gaben für die Stiftshütte

25 Und der HERR redete mit Mose und sprach:

¶ **2** Sage den Israeliten, dass sie für mich eine Opfergabe erheben von jedem, der es freiwillig gibt.

3 Das ist aber die Opfergabe, die ihr von ihnen erheben sollt: Gold, Silber, Kupfer,

4 blauer und roter Purpur, Scharlach, feine Leinwand, Ziegenhaar,

5 rot gefärbte Widderfelle, Dachsfelle, Akazienholz,

6 Öl für die Lampen, Spezerei zum Salböl und zu wohlriechendem Räucherwerk,

7 Onyxsteine und eingefasste Steine zum Priesterschurz und zur Brusttasche.

8 Und sie sollen mir ein Heiligtum machen, dass ich unter ihnen wohne.

9 Genau nach dem Bild, das ich dir von der Wohnung und ihrem ganzen Gerät zeige, sollt ihr's machen.

Die Bundeslade
(vgl. Kap 37,1-9)

10 Macht eine Lade aus Akazienholz; zwei und eine halbe Elle soll die Länge sein, anderthalb Ellen die Breite und anderthalb Ellen die Höhe.

11 Du sollst sie mit feinem Gold überziehen innen und außen und einen goldenen Kranz an ihr ringsherum machen.

12 Und gieß vier goldene Ringe und tu sie an ihre vier Ecken, sodass zwei Ringe auf der einen Seite und zwei auf der andern seien.

13 Und mache Stangen von Akazienholz und überziehe sie mit Gold

14 und stecke sie in die Ringe an den Seiten der Lade, dass man sie damit trage.

15 Sie sollen in den Ringen bleiben und nicht herausgetan werden.

16 Und du sollst in die Lade das Gesetz legen, das ich dir geben werde.

¶ **17** Du sollst auch einen Gnadenthron machen aus feinem Golde; zwei und eine halbe Elle soll seine Länge sein und anderthalb Ellen seine Breite.

18 Und du sollst zwei Cherubim machen aus getriebenem Golde an beiden Enden des Gnadenthrones,

Contributions for the Sanctuary

25 The LORD said to Moses,

2 "Speak to the people of Israel, that they take for me a contribution. From every man whose heart moves him you shall receive the contribution for me.

3 And this is the contribution that you shall receive from them: gold, silver, and bronze,

4 blue and purple and scarlet yarns and fine twined linen, goats' hair,

5 tanned rams' skins, goatskins,[1] acacia wood,

6 oil for the lamps, spices for the anointing oil and for the fragrant incense,

7 onyx stones, and stones for setting, for the ephod and for the breastpiece.

8 And let them make me a sanctuary, that I may dwell in their midst.

9 Exactly as I show you concerning the pattern of the tabernacle, and of all its furniture, so you shall make it.

The Ark of the Covenant

¶ **10** "They shall make an ark of acacia wood. Two cubits[2] and a half shall be its length, a cubit and a half its breadth, and a cubit and a half its height.

11 You shall overlay it with pure gold, inside and outside shall you overlay it, and you shall make on it a molding of gold around it.

12 You shall cast four rings of gold for it and put them on its four feet, two rings on the one side of it, and two rings on the other side of it.

13 You shall make poles of acacia wood and overlay them with gold.

14 And you shall put the poles into the rings on the sides of the ark to carry the ark by them.

15 The poles shall remain in the rings of the ark; they shall not be taken from it.

16 And you shall put into the ark the testimony that I shall give you.

¶ **17** "You shall make a mercy seat[3] of pure gold. Two cubits and a half shall be its length, and a cubit and a half its breadth.

18 And you shall make two cherubim of gold; of hammered work shall you make them, on the two ends of the mercy seat.

19 sodass ein Cherub sei an diesem Ende, der andere an jenem, dass also zwei Cherubim seien an den Enden des Gnadenthrones.

20 Und die Cherubim sollen ihre Flügel nach oben ausbreiten, dass sie mit ihren Flügeln den Gnadenthron bedecken und eines jeden Antlitz gegen das des andern stehe; und ihr Antlitz soll zum Gnadenthron gerichtet sein.

21 Und du sollst den Gnadenthron oben auf die Lade tun und in die Lade das Gesetz legen, das ich dir geben werde.

22 Dort will ich dir begegnen, und vom Gnadenthron aus, der auf der Lade mit dem Gesetz ist, zwischen den beiden Cherubim will ich mit dir alles reden, was ich dir gebieten will für die Israeliten.

Der Tisch für die Schaubrote
(vgl. Kap 37,10-16)

23 Du sollst auch einen Tisch machen aus Akazienholz; zwei Ellen soll seine Länge sein, eine Elle seine Breite und anderthalb Ellen seine Höhe.

24 Und du sollst ihn überziehen mit feinem Gold und einen goldenen Kranz ringsherum machen

25 und eine Leiste ringsherum eine Handbreit hoch und einen goldenen Kranz an der Leiste ringsherum;

26 und du sollst vier goldene Ringe machen an die vier Ecken an seinen vier Füßen.

27 Dicht unter der Leiste sollen die Ringe sein, sodass man Stangen hineintun und den Tisch tragen könne.

28 Und du sollst die Stangen aus Akazienholz machen und sie mit Gold überziehen, dass der Tisch damit getragen werde.

29 Du sollst auch aus feinem Golde seine Schüsseln und Schalen machen, seine Kannen und Becher, in denen man das Trankopfer darbringe.

30 Und du sollst auf den Tisch allezeit Schaubrote legen vor mein Angesicht.

Der Leuchter
(vgl. Kap 37,17-24)

31 Du sollst auch einen Leuchter aus feinem Golde machen, Fuß und Schaft in getriebener Arbeit, mit Kelchen, Knäufen und Blumen.

32 Sechs Arme sollen von dem Leuchter nach beiden Seiten ausgehen, nach jeder Seite drei Arme.

19 Make one cherub on the one end, and one cherub on the other end. Of one piece with the mercy seat shall you make the cherubim on its two ends.

20 The cherubim shall spread out their wings above, overshadowing the mercy seat with their wings, their faces one to another; toward the mercy seat shall the faces of the cherubim be.

21 And you shall put the mercy seat on the top of the ark, and in the ark you shall put the testimony that I shall give you.

22 There I will meet with you, and from above the mercy seat, from between the two cherubim that are on the ark of the testimony, I will speak with you about all that I will give you in commandment for the people of Israel.

The Table for Bread

¶ **23** "You shall make a table of acacia wood. Two cubits shall be its length, a cubit its breadth, and a cubit and a half its height.

24 You shall overlay it with pure gold and make a molding of gold around it.

25 And you shall make a rim around it a handbreadth[4] wide, and a molding of gold around the rim.

26 And you shall make for it four rings of gold, and fasten the rings to the four corners at its four legs.

27 Close to the frame the rings shall lie, as holders for the poles to carry the table.

28 You shall make the poles of acacia wood, and overlay them with gold, and the table shall be carried with these.

29 And you shall make its plates and dishes for incense, and its flagons and bowls with which to pour drink offerings; you shall make them of pure gold.

30 And you shall set the bread of the Presence on the table before me regularly.

The Golden Lampstand

¶ **31** "You shall make a lampstand of pure gold. The lampstand shall be made of hammered work: its base, its stem, its cups, its calyxes, and its flowers shall be of one piece with it.

32 And there shall be six branches going out of its sides, three branches of the lampstand out of one side of it and three branches of the lampstand out of the other side of it;

33 Jeder Arm soll drei Kelche wie Mandelblüten haben mit Knäufen und Blumen. So soll es sein bei den sechs Armen an dem Leuchter.

34 Aber der Schaft am Leuchter soll vier Kelche wie Mandelblüten haben mit Knäufen und Blumen

35 und je einen Knauf unter zwei von den sechs Armen, die von dem Leuchter ausgehen.

36 Beide, Knäufe und Arme, sollen aus einem Stück mit ihm sein, lauteres Gold in getriebener Arbeit.

37 Und du sollst sieben Lampen machen und sie oben anbringen, sodass sie nach vorn leuchten,

38 und Lichtscheren und Löschnäpfe aus feinem Golde.

39 Aus einem Zentner feinen Goldes sollst du den Leuchter machen mit allen diesen Geräten.

¶ **40** Und sieh zu, dass du alles machst nach dem Bilde, das dir auf dem Berge gezeigt ist.

Die Stiftshütte
(vgl. Kap 36,8-38)

26 Die Wohnung sollst du machen aus zehn Teppichen von gezwirnter feiner Leinwand, von blauem und rotem Purpur und von Scharlach. Cherubim sollst du einweben in kunstreicher Arbeit.

2 Die Länge eines Teppichs soll achtundzwanzig Ellen sein, die Breite vier Ellen und sie sollen alle zehn gleich sein;

3 und es sollen je fünf zu einem Stück zusammengefügt werden, einer an den andern.

4 Und du sollst Schlaufen machen von blauem Purpur bei jedem Stück an dem Rand, wo die zwei Stücke zusammengeheftet werden,

5 fünfzig Schlaufen an jedem Stück, dass eine Schlaufe der andern gegenüberstehe.

6 Und du sollst fünfzig goldene Haken machen, mit denen man die Teppiche zusammenhefte, einen an den andern, damit es **eine** Wohnung werde.

¶ **7** Du sollst auch Teppiche aus Ziegenhaar machen als Zelt über der Wohnung, elf Teppiche.

33 three cups made like almond blossoms, each with calyx and flower, on one branch, and three cups made like almond blossoms, each with calyx and flower, on the other branch—so for the six branches going out of the lampstand.

34 And on the lampstand itself there shall be four cups made like almond blossoms, with their calyxes and flowers,

35 and a calyx of one piece with it under each pair of the six branches going out from the lampstand.

36 Their calyxes and their branches shall be of one piece with it, the whole of it a single piece of hammered work of pure gold.

37 You shall make seven lamps for it. And the lamps shall be set up so as to give light on the space in front of it.

38 Its tongs and their trays shall be of pure gold.

39 It shall be made, with all these utensils, out of a talent[5] of pure gold.

40 And see that you make them after the pattern for them, which is being shown you on the mountain.

The Tabernacle

26 "Moreover, you shall make the tabernacle with ten curtains of fine twined linen and blue and purple and scarlet yarns; you shall make them with cherubim [z]skillfully worked into them.

2 The length of each curtain shall be twenty-eight cubits,[1] and the breadth of each curtain four cubits; all the curtains shall be the same size.

3 Five curtains shall be coupled to one another, and the other five curtains shall be coupled to one another.

4 And you shall make loops of blue on the edge of the outermost curtain in the first set. Likewise you shall make loops on the edge of the outermost curtain in the second set.

5 Fifty loops you shall make on the one curtain, and fifty loops you shall make on the edge of the curtain that is in the second set; the loops shall be opposite one another.

6 And you shall make fifty clasps of gold, and couple the curtains one to the other with the clasps, so that the tabernacle may be a single whole.

¶ **7** "You shall also make curtains of goats' hair for a tent over the tabernacle; eleven curtains shall you make.

8 Die Länge eines Teppichs soll dreißig Ellen sein, die Breite aber vier Ellen und sie sollen alle elf gleich groß sein.

9 Fünf sollst du aneinanderfügen und die sechs andern auch, damit du den sechsten Teppich vorn an dem Zelt doppelt legst;

10 und sollst an jedes Stück fünfzig Schlaufen machen an dem Rand, wo die Stücke zusammengeheftet werden.

11 Und du sollst fünfzig Haken aus Kupfer machen und die Haken in die Schlaufen tun, dass beide Stücke zu einem einzigen Zelt zusammengefügt werden.

12 Aber vom Überhang der Teppiche des Zeltes sollst du einen halben Teppich hinten an dem Zelte überhängen lassen

13 und auf beiden Seiten je eine Elle, dass der Überhang an den Seiten des Zeltes sei und es auf beiden Seiten bedecke.

14 Über die Decke des Zeltes sollst du eine Decke von rot gefärbten Widderfellen machen und darüber noch eine Decke von Dachsfellen.

¶ **15** Du sollst auch Bretter machen für die Wohnung, aus Akazienholz, zum Aufstellen;

16 zehn Ellen lang soll ein Brett sein und anderthalb Ellen breit.

17 Zwei Zapfen soll ein Brett haben, dass eins an das andere gesetzt werden könne. So sollst du alle Bretter der Wohnung machen.

18 Zwanzig von ihnen sollen nach Süden stehen.

19 Die sollen vierzig silberne Füße unten haben, je zwei Füße unter jedem Brett für seine zwei Zapfen.

20 Ebenso sollen auf der andern Seite, nach Norden, auch zwanzig Bretter stehen

21 mit vierzig silbernen Füßen, je zwei Füße unter jedem Brett.

22 Und für die Rückseite der Wohnung nach Westen sollst du sechs Bretter machen;

23 dazu zwei Bretter für die zwei Ecken an der Rückseite der Wohnung,

24 dass beide mit ihren Eckbrettern unten und oben verbunden sind und so die Ecken bilden.

8 The length of each curtain shall be thirty cubits, and the breadth of each curtain four cubits. The eleven curtains shall be the same size.

9 You shall couple five curtains by themselves, and six curtains by themselves, and the sixth curtain you shall double over at the front of the tent.

10 You shall make fifty loops on the edge of the curtain that is outermost in one set, and fifty loops on the edge of the curtain that is outermost in the second set.

¶ **11** "You shall make fifty clasps of bronze, and put the clasps into the loops, and couple the tent together that it may be a single whole.

12 And the part that remains of the curtains of the tent, the half curtain that remains, shall hang over the back of the tabernacle.

13 And the extra that remains in the length of the curtains, the cubit on the one side, and the cubit on the other side, shall hang over the sides of the tabernacle, on this side and that side, to cover it.

14 And you shall make for the tent a covering of tanned rams' skins and a covering of goatskins on top.

¶ **15** "You shall make upright frames for the tabernacle of acacia wood.

16 Ten cubits shall be the length of a frame, and a cubit and a half the breadth of each frame.

17 There shall be two tenons in each frame, for fitting together. So shall you do for all the frames of the tabernacle.

18 You shall make the frames for the tabernacle: twenty frames for the south side;

19 and forty bases of silver you shall make under the twenty frames, two bases under one frame for its two tenons, and two bases under the next frame for its two tenons;

20 and for the second side of the tabernacle, on the north side twenty frames,

21 and their forty bases of silver, two bases under one frame, and two bases under the next frame.

22 And for the rear of the tabernacle westward you shall make six frames.

23 And you shall make two frames for corners of the tabernacle in the rear;

24 they shall be separate beneath, but joined at the top, at the first ring. Thus shall it be with both of them; they shall form the two corners.

25 Acht Bretter sollen es sein mit ihren silbernen Füßen; sechzehn Füße sollen es sein, je zwei unter einem Brett.

¶ **26** Und du sollst Riegel machen aus Akazienholz, fünf zu den Brettern auf der einen Langseite der Wohnung

27 und fünf zu den Brettern auf der anderen Langseite der Wohnung und fünf zu den Brettern auf der Rückseite der Wohnung nach Westen,

28 und sollst einen Mittelriegel in halber Höhe an den Brettern entlanglaufen lassen von einem Ende zu dem andern.

29 Und du sollst die Bretter mit Gold überziehen und ihre Ringe aus Gold machen, in die man die Riegel hineintut.

30 Und die Riegel sollst du mit Gold überziehen. So sollst du die Wohnung in der Weise aufrichten, wie du sie auf dem Berge gesehen hast.

¶ **31** Du sollst einen Vorhang machen aus blauem und rotem Purpur, Scharlach und gezwirnter feiner Leinwand und sollst Cherubim einweben in kunstreicher Arbeit

32 und sollst ihn aufhängen an vier Säulen von Akazienholz, die mit Gold überzogen sind und goldene Nägel und vier silberne Füße haben.

33 Und du sollst den Vorhang an die Haken hängen und die Lade mit dem Gesetz hinter den Vorhang setzen, dass er euch eine Scheidewand sei zwischen dem Heiligen und dem Allerheiligsten.

¶ **34** Und du sollst den Gnadenthron auf die Lade mit dem Gesetz tun, die im Allerheiligsten steht.

35 Den Tisch aber setze außen vor den Vorhang und den Leuchter dem Tisch gegenüber an die Südseite in der Wohnung, dass der Tisch nach Norden zu steht.

¶ **36** Und du sollst eine Decke machen für den Eingang des Zeltes aus blauem und rotem Purpur, Scharlach und gezwirnter feiner Leinwand in Buntwirkerarbeit

37 und für die Decke fünf Säulen aus Akazienholz, mit Gold überzogen, mit goldenen Nägeln, und sollst für sie fünf Füße aus Kupfer gießen.

25 And there shall be eight frames, with their bases of silver, sixteen bases; two bases under one frame, and two bases under another frame.

¶ **26** "You shall make bars of acacia wood, five for the frames of the one side of the tabernacle,

27 and five bars for the frames of the other side of the tabernacle, and five bars for the frames of the side of the tabernacle at the rear westward.

28 The middle bar, halfway up the frames, shall run from end to end.

29 You shall overlay the frames with gold and shall make their rings of gold for holders for the bars, and you shall overlay the bars with gold.

30 Then you shall erect the tabernacle according to the plan for it that you were shown on the mountain.

¶ **31** "And you shall make a veil of blue and purple and scarlet yarns and fine twined linen. It shall be made with cherubim ᵍ skillfully worked into it.

32 And you shall hang it on four pillars of acacia overlaid with gold, with hooks of gold, on four bases of silver.

33 And you shall hang the veil from the clasps, and bring the ark of the testimony in there within the veil. And the veil shall separate for you the Holy Place from the Most Holy.

34 You shall put the mercy seat on the ark of the testimony in the Most Holy Place.

35 And you shall set the table outside the veil, and the lampstand on the south side of the tabernacle opposite the table, and you shall put the table on the north side.

¶ **36** "You shall make a screen for the entrance of the tent, of blue and purple and scarlet yarns and fine twined linen, embroidered with needlework.

37 And you shall make for the screen five pillars of acacia, and overlay them with gold. Their hooks shall be of gold, and you shall cast five bases of bronze for them.

Der Brandopferaltar
(vgl. Kap 38,1-7)

27 Du sollst einen Altar machen aus Akazienholz, fünf Ellen lang und ebenso breit, dass er viereckig sei, und drei Ellen hoch.

2 Und du sollst auf seinen vier Ecken Hörner machen, die sollen mit ihm verbunden sein, und sollst ihn mit Kupfer überziehen.

3 Mache auch Töpfe für die Asche, Schaufeln, Becken, Gabeln, Kohlenpfannen; alle seine Geräte sollst du aus Kupfer machen.

4 Du sollst auch ein Gitterwerk aus Kupfer machen wie ein Netz und vier Ringe aus Kupfer an seine vier Enden.

5 Du sollst es aber von unten her um den Altar legen unterhalb der Einfassung, dass das Gitter bis zur Mitte des Altars reiche.

6 Und du sollst zu dem Altar auch Stangen machen aus Akazienholz, mit Kupfer überzogen.

7 Und man soll die Stangen in die Ringe tun, dass die Stangen an beiden Seiten des Altars seien, wenn man ihn trägt.

8 Als einen Kasten von Brettern sollst du ihn machen, dass er inwendig hohl sei, wie er dir auf dem Berge gezeigt wurde.

Der Vorhof
(vgl. Kap 38,9-20)

9 Du sollst einen Vorhof für die Wohnung machen, Behänge von gezwirnter feiner Leinwand, für eine Seite hundert Ellen lang, für die Südseite,

10 und zwanzig Säulen auf zwanzig Füßen von Kupfer und ihre Nägel und ihre Ringbänder von Silber.

11 Ebenso sollen an der Nordseite Behänge sein, hundert Ellen lang, und zwanzig Säulen auf zwanzig Füßen von Kupfer und ihre Nägel und ihre Ringbänder von Silber.

12 Und nach Westen soll die Breite des Vorhofes Behänge haben, fünfzig Ellen lang, zehn Säulen auf zehn Füßen.

13 Nach Osten aber soll die Breite des Vorhofes fünfzig Ellen haben,

14 fünfzehn Ellen Behänge auf einer Seite, dazu drei Säulen auf drei Füßen,

15 und wieder fünfzehn Ellen auf der andern Seite, dazu drei Säulen auf drei Füßen.

The Bronze Altar

27 "You shall make the altar of acacia wood, five cubits[1] long and five cubits broad. The altar shall be square, and its height shall be three cubits.

2 And you shall make horns for it on its four corners; its horns shall be of one piece with it, and you shall overlay it with bronze.

3 You shall make pots for it to receive its ashes, and shovels and basins and forks and fire pans. You shall make all its utensils of bronze.

4 You shall also make for it a grating, a network of bronze, and on the net you shall make four bronze rings at its four corners.

5 And you shall set it under the ledge of the altar so that the net extends halfway down the altar.

6 And you shall make poles for the altar, poles of acacia wood, and overlay them with bronze.

7 And the poles shall be put through the rings, so that the poles are on the two sides of the altar when it is carried.

8 You shall make it hollow, with boards. As it has been shown you on the mountain, so shall it be made.

The Court of the Tabernacle

¶ **9** "You shall make the court of the tabernacle. On the south side the court shall have hangings of fine twined linen a hundred cubits long for one side.

10 Its twenty pillars and their twenty bases shall be of bronze, but the hooks of the pillars and their fillets shall be of silver.

11 And likewise for its length on the north side there shall be hangings a hundred cubits long, its pillars twenty and their bases twenty, of bronze, but the hooks of the pillars and their fillets shall be of silver.

12 And for the breadth of the court on the west side there shall be hangings for fifty cubits, with ten pillars and ten bases.

13 The breadth of the court on the front to the east shall be fifty cubits.

14 The hangings for the one side of the gate shall be fifteen cubits, with their three pillars and three bases.

15 On the other side the hangings shall be fifteen cubits, with their three pillars and three bases.

16 Und in dem Tor des Vorhofes soll eine Decke sein, zwanzig Ellen breit, gewirkt aus blauem und rotem Purpur, Scharlach und gezwirnter feiner Leinwand, dazu vier Säulen auf ihren vier Füßen.

¶ **17** Alle Säulen um den Vorhof her sollen silberne Ringbänder und silberne Nägel und kupferne Füße haben.

18 Die Länge des Vorhofes soll hundert Ellen sein, die Breite fünfzig Ellen, die Höhe fünf Ellen, und alle Behänge sollen von gezwirnter feiner Leinwand sein und seine Füße aus Kupfer.

19 Alle Geräte der Wohnung für den gesamten Dienst und alle ihre Zeltpflöcke und alle Zeltpflöcke des Vorhofes sollen aus Kupfer sein.

Das Öl für den Leuchter

20 Gebiete den Israeliten, dass sie zu dir bringen das allerreinste Öl aus zerstoßenen Oliven für den Leuchter, dass man ständig Lampen aufsetzen könne.

21 In der Stiftshütte, außen vor dem Vorhang, der vor der Lade mit dem Gesetz hängt, sollen Aaron und seine Söhne den Leuchter zurichten, dass er brenne vom Abend bis zum Morgen vor dem HERRN. Das soll eine ewige Ordnung sein für ihre Nachkommen bei den Israeliten.

Die Kleidung der Priester
(vgl. Kap 39,1-31)

28 Du sollst Aaron, deinen Bruder, und seine Söhne zu dir herantreten lassen aus der Mitte der Israeliten, dass er mein Priester sei, er und seine Söhne Nadab, Abihu, Eleasar und Itamar.

2 Und du sollst Aaron, deinem Bruder, heilige Kleider machen, die herrlich und schön seien,

3 und sollst reden mit allen, die sich darauf verstehen, die ich mit dem Geist der Weisheit erfüllt habe, dass sie Aaron Kleider machen zu seiner Weihe, dass er mein Priester sei.

¶ **4** Dies sind aber die Kleider, die sie machen sollen: Brusttasche, Schurz, Obergewand, gewirktes Untergewand, Kopfbund und Gürtel. Diese heiligen Kleider sollen sie deinem Bruder Aaron und seinen Söhnen machen, dass er mein Priester sei.

5 Sie sollen Gold, blauen und roten Purpur, Scharlach und feine Leinwand dazu nehmen.

¶ **6** Den Priesterschurz sollen sie machen aus Gold, blauem und rotem Purpur, Scharlach und gezwirnter feiner Leinwand, kunstreich gewirkt.

16 For the gate of the court there shall be a screen twenty cubits long, of blue and purple and scarlet yarns and fine twined linen, embroidered with needlework. It shall have four pillars and with them four bases.

17 All the pillars around the court shall be filleted with silver. Their hooks shall be of silver, and their bases of bronze.

18 The length of the court shall be a hundred cubits, the breadth fifty, and the height five cubits, with hangings of fine twined linen and bases of bronze.

19 All the utensils of the tabernacle for every use, and all its pegs and all the pegs of the court, shall be of bronze.

Oil for the Lamp

¶ **20** "You shall command the people of Israel that they bring to you pure beaten olive oil for the light, that a lamp may regularly be set up to burn.

21 In the tent of meeting, outside the veil that is before the testimony, Aaron and his sons shall tend it from evening to morning before the LORD. It shall be a statute forever to be observed throughout their generations by the people of Israel.

The Priests' Garments

28 "Then bring near to you Aaron your brother, and his sons with him, from among the people of Israel, to serve me as priests—Aaron and Aaron's sons, Nadab and Abihu, Eleazar and Ithamar.

2 And you shall make holy garments for Aaron your brother, for glory and for beauty.

3 You shall speak to all the skillful, whom I have filled with a spirit of skill, that they make Aaron's garments to consecrate him for my priesthood.

4 These are the garments that they shall make: a breastpiece, an ephod, a robe, a coat of checker work, ᵉa turban, and ᵉa sash. They shall make holy garments for Aaron your brother and his sons to serve me as priests.

5 They shall receive gold, blue and purple and scarlet yarns, and fine twined linen.

¶ **6** "And they shall make the ephod of gold, of blue and purple and scarlet yarns, and of fine twined linen, skillfully worked.

7 Zwei Schulterteile soll er haben, die angefügt sind; an seinen beiden Enden soll er zusammengebunden werden.

8 Und die Binde, die daran ist, um ihn anlegen zu können, soll von derselben Arbeit und aus einem Stück mit ihm sein, aus Gold, blauem und rotem Purpur, Scharlach und gezwirnter feiner Leinwand.

¶ **9** Und du sollst zwei Onyxsteine nehmen und darauf eingraben die Namen der Söhne Israels,

10 auf jeden sechs Namen nach der Ordnung ihres Alters.

11 Das sollst du tun in Steinschneiderarbeit nach der Weise der Siegelstecher, und sie sollen mit Goldgeflecht eingefasst werden.

12 Und du sollst sie auf die Schulterteile des Schurzes heften, dass es Steine seien zum gnädigen Gedenken an die Israeliten, sodass Aaron ihre Namen auf seinen beiden Schultern trage vor dem HERRN, damit der HERR ihrer gedenke.

13 Und du sollst andere Goldgeflechte machen

14 und zwei Ketten von feinem Golde wie gedrehte Schnüre und sollst die geflochtenen Ketten an diese Goldgeflechte tun.

¶ **15** Die Brusttasche für die Losentscheidungen sollst du wie den Priesterschurz machen, kunstreich gewirkt, aus Gold, blauem und rotem Purpur, Scharlach und gezwirnter feiner Leinwand.

16 Viereckig soll sie sein und doppelt gelegt; eine Spanne soll ihre Länge sein und eine Spanne ihre Breite.

17 Und du sollst sie besetzen mit vier Reihen von Steinen. Die erste Reihe sei ein Sarder, ein Topas und ein Smaragd,

18 die andere ein Rubin, ein Saphir und ein Diamant,

19 die dritte ein Lynkurer, ein Achat und ein Amethyst,

20 die vierte ein Türkis, ein Onyx und ein Jaspis; in Goldgeflecht sollen sie gefasst sein.

21 Zwölf sollen es sein in Siegelstecherarbeit nach den Namen der Söhne Israels, dass auf jedem ein Name stehe nach den zwölf Stämmen.

¶ **22** Und du sollst Ketten zu der Tasche wie gedrehte Schnüre machen aus feinem Golde

23 und zwei goldene Ringe für die Tasche, sodass du die beiden Ringe an zwei Ecken der Tasche heftest

24 und die beiden goldenen Ketten in die beiden Ringe an den Ecken der Tasche tust.

7 It shall have two shoulder pieces attached to its two edges, so that it may be joined together.

8 And the skillfully woven band on it shall be made like it and be of one piece with it, of gold, blue and purple and scarlet yarns, and fine twined linen.

9 You shall take two onyx stones, and engrave on them the names of the sons of Israel,

10 six of their names on the one stone, and the names of the remaining six on the other stone, in the order of their birth.

11 As a jeweler engraves signets, so shall you engrave the two stones with the names of the sons of Israel. You shall enclose them in settings of gold filigree.

12 And you shall set the two stones on the shoulder pieces of the ephod, as stones of remembrance for the sons of Israel. And Aaron shall bear their names before the LORD on his two shoulders for remembrance.

13 You shall make settings of gold filigree,

14 and two chains of pure gold, twisted like cords; and you shall attach the corded chains to the settings.

¶ **15** "You shall make a breastpiece of judgment, in skilled work. In the style of the ephod you shall make it—of gold, blue and purple and scarlet yarns, and fine twined linen shall you make it.

16 It shall be square and doubled, a span[1] its length and a span its breadth.

17 You shall set in it four rows of stones. A row of sardius,[2] topaz, and carbuncle shall be the first row;

18 and the second row an emerald, a sapphire, and a diamond;

19 and the third row a jacinth, an agate, and an amethyst;

20 and the fourth row a beryl, an onyx, and a jasper. They shall be set in gold filigree.

21 There shall be twelve stones with their names according to the names of the sons of Israel. They shall be like signets, each engraved with its name, for the twelve tribes.

22 You shall make for the breastpiece twisted chains like cords, of pure gold.

23 And you shall make for the breastpiece two rings of gold, and put the two rings on the two edges of the breastpiece.

24 And you shall put the two cords of gold in the two rings at the edges of the breastpiece.

25 Aber die beiden andern Enden der zwei Ketten sollst du an den beiden Goldgeflechten befestigen und sie an die Schulterteile des Priesterschurzes vorn anheften.

26 Und du sollst zwei andere goldene Ringe machen und an die beiden andern Ecken der Tasche heften an ihren Rand innen zum Schurz hin.

27 Und du sollst abermals zwei goldene Ringe machen und sie unten an die beiden Schulterteile vorn am Schurz anheften, wo der Schurz zusammengeht, oben über der Binde des Schurzes.

28 Und man soll die Tasche mit ihren Ringen mit einer Schnur von blauem Purpur an die Ringe des Schurzes knüpfen, dass sie über der Binde des Schurzes anliege und die Tasche sich nicht von dem Schurz losmache.

¶ **29** So soll Aaron die Namen der Söhne Israels in der Brusttasche auf seinem Herzen tragen, wenn er in das Heiligtum geht, zum gnädigen Gedenken vor dem HERRN allezeit.

30 Und du sollst in die Brusttasche tun die Lose »Licht und Recht«, sodass sie auf dem Herzen Aarons seien, wenn er hineingeht vor den HERRN, dass er die Entscheidungen für die Israeliten auf seinem Herzen trage vor dem HERRN allezeit.

¶ **31** Du sollst auch das Obergewand unter dem Schurz ganz aus blauem Purpur machen.

32 Und oben in der Mitte soll eine Öffnung sein und eine Borte um die Öffnung herum in Weberarbeit wie bei einem Panzerhemd, dass sie nicht einreiße.

33 Und unten an seinem Saum sollst du Granatäpfel machen aus blauem und rotem Purpur und Scharlach ringsherum und zwischen sie goldene Schellen auch ringsherum,

34 dass eine goldene Schelle sei, danach ein Granatapfel und wieder eine goldene Schelle und wieder ein Granatapfel ringsherum an dem Saum des Obergewandes.

35 Und Aaron soll es anhaben, wenn er dient, dass man seinen Klang höre, wenn er hineingeht ins Heiligtum vor den HERRN und wieder herauskommt; so wird er nicht sterben.

¶ **36** Du sollst auch ein Stirnblatt machen aus feinem Golde und darauf eingraben, wie man Siegel eingräbt: »Heilig dem HERRN«.

37 Und du sollst es heften an eine Schnur von blauem Purpur vorn an den Kopfbund.

25 The two ends of the two cords you shall attach to the two settings of filigree, and so attach it in front to the shoulder pieces of the ephod.

26 You shall make two rings of gold, and put them at the two ends of the breastpiece, on its inside edge next to the ephod.

27 And you shall make two rings of gold, and attach them in front to the lower part of the two shoulder pieces of the ephod, at its seam above the skillfully woven band of the ephod.

28 And they shall bind the breastpiece by its rings to the rings of the ephod with a lace of blue, so that it may lie on the skillfully woven band of the ephod, so that the breastpiece shall not come loose from the ephod.

29 So Aaron shall bear the names of the sons of Israel in the breastpiece of judgment on his heart, when he goes into the Holy Place, to bring them to regular remembrance before the LORD.

30 And in the breastpiece of judgment you shall put the Urim and the Thummim, and they shall be on Aaron's heart, when he goes in before the LORD. Thus Aaron shall bear the judgment of the people of Israel on his heart before the LORD regularly.

¶ **31** "You shall make the robe of the ephod all of blue.

32 It shall have an opening for the head in the middle of it, with a woven binding around the opening, like the opening in a garment,[3] so that it may not tear.

33 On its hem you shall make pomegranates of blue and purple and scarlet yarns, around its hem, with bells of gold between them,

34 a golden bell and a pomegranate, a golden bell and a pomegranate, around the hem of the robe.

35 And it shall be on Aaron when he ministers, and its sound shall be heard when he goes into the Holy Place before the LORD, and when he comes out, so that he does not die.

¶ **36** "You shall make a plate of pure gold and engrave on it, like the engraving of a signet, 'Holy to the LORD.'

37 And you shall fasten it on the turban by a cord of blue. It shall be on the front of the turban.

38 Und es soll sein auf der Stirn Aarons, damit Aaron bei allen ihren Opfern alle Sünde trage, die an den heiligen Gaben der Israeliten haftet. Und es soll allezeit an seiner Stirn sein, dass sie wohlgefällig seien vor dem HERRN.

¶ **39** Du sollst auch das Untergewand kunstreich wirken aus feiner Leinwand und einen Kopfbund aus feiner Leinwand machen und einen bunt gewirkten Gürtel.

40 Und den Söhnen Aarons sollst du Untergewänder, Gürtel und hohe Mützen machen, die herrlich und schön seien,

41 und sollst sie deinem Bruder Aaron samt seinen Söhnen anlegen und sollst sie salben und ihre Hände füllen* und sie weihen, dass sie meine Priester seien.

42 Und du sollst ihnen leinene Beinkleider machen, um ihre Blöße zu bedecken, von den Hüften bis an die Schenkel.

43 Und Aaron und seine Söhne sollen sie anhaben, wenn sie in die Stiftshütte gehen oder hinzutreten zum Altar, um im Heiligtum zu dienen, damit sie keine Schuld auf sich laden und sterben müssen. Das soll für ihn und sein Geschlecht nach ihm eine ewige Ordnung sein.

Weihe der Priester und des Altars
(vgl. 3.Mose 8,1-36)

29 Dies ist's, was du mit ihnen tun sollst, dass sie mir zu Priestern geweiht werden: Nimm einen jungen Stier und zwei Widder ohne Fehler,

2 ungesäuertes Brot und ungesäuerte Kuchen, mit Öl vermengt, und ungesäuerte Fladen, mit Öl bestrichen; aus feinem Weizenmehl sollst du das alles machen

3 und sollst es in einen Korb legen und in dem Korbe herzubringen samt dem Stier und den beiden Widdern.

4 Und du sollst Aaron und seine Söhne vor die Tür der Stiftshütte treten lassen und sie mit Wasser waschen

5 und die Kleider nehmen und Aaron anziehen das Untergewand und das Obergewand und den Priesterschurz und die Brusttasche und sollst ihm den Schurz mit der Binde umgürten

6 und den Kopfbund auf sein Haupt setzen und den heiligen Kronreif am Kopfbund befestigen.

7 Und du sollst das Salböl nehmen und auf sein Haupt gießen und ihn salben.

8 Und seine Söhne sollst du auch herzuführen und ihnen das Untergewand anziehen

38 It shall be on Aaron's forehead, and Aaron shall bear any guilt from the holy things that the people of Israel consecrate as their holy gifts. It shall regularly be on his forehead, that they may be accepted before the LORD.

¶ **39** "You shall weave the coat in checker work of fine linen, and you shall make a turban of fine linen, and you shall make a sash embroidered with needlework.

¶ **40** "For Aaron's sons you shall make coats and sashes and caps. You shall make them for glory and beauty.

41 And you shall put them on Aaron your brother, and on his sons with him, and shall anoint them and ordain them and consecrate them, that they may serve me as priests.

42 You shall make for them linen undergarments to cover their naked flesh. They shall reach from the hips to the thighs;

43 and they shall be on Aaron and on his sons when they go into the tent of meeting or when they come near the altar to minister in the Holy Place, lest they bear guilt and die. This shall be a statute forever for him and for his offspring after him.

Consecration of the Priests

29 "Now this is what you shall do to them to consecrate them, that they may serve me as priests. Take one bull of the herd and two rams without blemish,

2 and unleavened bread, unleavened cakes mixed with oil, and unleavened wafers smeared with oil. You shall make them of fine wheat flour.

3 You shall put them in one basket and bring them in the basket, and bring the bull and the two rams.

4 You shall bring Aaron and his sons to the entrance of the tent of meeting and wash them with water.

5 Then you shall take the garments, and put on Aaron the coat and the robe of the ephod, and the ephod, and the breastpiece, and gird him with the skillfully woven band of the ephod.

6 And you shall set the turban on his head and put the holy crown on the turban.

7 You shall take the anointing oil and pour it on his head and anoint him.

8 Then you shall bring his sons and put coats on them,

9 und sie, Aaron und seine Söhne, mit Gürteln umgürten und den Söhnen die hohen Mützen aufsetzen, dass sie das Priestertum haben nach ewiger Ordnung. Und du sollst Aaron und seinen Söhnen die Hände füllen.

¶ **10** Und du sollst den jungen Stier herzuführen vor die Stiftshütte, und Aaron und seine Söhne sollen ihre Hände auf den Kopf des Stieres legen.

11 Und du sollst den Stier schlachten vor dem HERRN, vor der Tür der Stiftshütte,

12 und sollst von seinem Blut nehmen und mit deinem Finger an die Hörner des Altars streichen und alles andere Blut an den Fuß des Altars schütten.

13 Und du sollst alles Fett am Eingeweide nehmen und den Lappen an der Leber und die beiden Nieren mit dem Fett daran und sollst es auf dem Altar in Rauch aufgehen lassen.

14 Aber Fleisch, Fell und Mist des Stieres sollst du draußen vor dem Lager mit Feuer verbrennen; denn es ist ein Sündopfer.

¶ **15** Und den einen Widder sollst du nehmen, und Aaron und seine Söhne sollen ihre Hände auf seinen Kopf legen.

16 Dann sollst du ihn schlachten und sein Blut nehmen und ringsum an den Altar sprengen.

17 Aber den Widder sollst du in seine Stücke zerlegen und seine Eingeweide und Schenkel waschen und sie zu seinen Stücken und seinem Kopf legen

18 und den ganzen Widder in Rauch aufgehen lassen auf dem Altar; denn es ist dem HERRN ein Brandopfer, ein lieblicher Geruch, ein Feueropfer für den HERRN.

19 Den andern Widder aber sollst du nehmen, und Aaron und seine Söhne sollen ihre Hände auf seinen Kopf legen,

20 und du sollst ihn schlachten und von seinem Blut nehmen und es Aaron und seinen Söhnen an das rechte Ohrläppchen streichen und an den Daumen ihrer rechten Hand und an die große Zehe ihres rechten Fußes; und du sollst das Blut ringsum an den Altar sprengen.

21 Und du sollst von dem Blut auf dem Altar nehmen und Salböl und sollst Aaron und seine Kleider, seine Söhne und ihre Kleider damit besprengen. So werden er und seine Kleider, seine Söhne und ihre Kleider geweiht.

9 and you shall gird Aaron and his sons with sashes and bind caps on them. And the priesthood shall be theirs by a statute forever. Thus you shall ordain Aaron and his sons.

¶ **10** "Then you shall bring the bull before the tent of meeting. Aaron and his sons shall lay their hands on the head of the bull.

11 Then you shall kill the bull before the LORD at the entrance of the tent of meeting,

12 and shall take part of the blood of the bull and put it on the horns of the altar with your finger, and the rest of[1] the blood you shall pour out at the base of the altar.

13 And you shall take all the fat that covers the entrails, and the long lobe of the liver, and the two kidneys with the fat that is on them, and burn them on the altar.

14 But the flesh of the bull and its skin and its dung you shall burn with fire outside the camp; it is a sin offering.

¶ **15** "Then you shall take one of the rams, and Aaron and his sons shall lay their hands on the head of the ram,

16 and you shall kill the ram and shall take its blood and throw it against the sides of the altar.

17 Then you shall cut the ram into pieces, and wash its entrails and its legs, and put them with its pieces and its head,

18 and burn the whole ram on the altar. It is a burnt offering to the LORD. It is a pleasing aroma, a food offering[2] to the LORD.

¶ **19** "You shall take the other ram, and Aaron and his sons shall lay their hands on the head of the ram,

20 and you shall kill the ram and take part of its blood and put it on the tip of the right ear of Aaron and on the tips of the right ears of his sons, and on the thumbs of their right hands and on the great toes of their right feet, and throw the rest of the blood against the sides of the altar.

21 Then you shall take part of the blood that is on the altar, and of the anointing oil, and sprinkle it on Aaron and his garments, and on his sons and his sons' garments with him. He and his garments shall be holy, and his sons and his sons' garments with him.

¶ **22** Danach sollst du nehmen das Fett von dem Widder, den Fettschwanz und das Fett am Eingeweide, den Lappen an der Leber und die beiden Nieren mit dem Fett daran und die rechte Keule – denn es ist der Widder der Einsetzung –

23 und ein Brot und einen Ölkuchen und einen Fladen aus dem Korbe mit dem ungesäuerten Brot, der vor dem HERRN steht.

24 Dann lege das alles auf die Hände Aarons und seiner Söhne und schwinge es als Schwingopfer vor dem HERRN.

25 Danach nimm es von ihren Händen und lass es in Rauch aufgehen auf dem Altar über dem Brandopfer zum lieblichen Geruch vor dem HERRN; denn es ist ein Feueropfer für den HERRN.

26 Und du sollst die Brust vom Widder der Einsetzung Aarons nehmen und sie vor dem HERRN schwingen. Das soll dein Anteil sein.

27 So sollst du heiligen die Brust als Schwingopfer und die Keule als Hebopfer, die von dem Widder der Einsetzung Aarons und seiner Söhne genommen sind.

28 Und das soll Aaron und seinen Söhnen gehören als ewiges Anrecht bei den Israeliten, denn es ist ein Hebopfer. Und ein Hebopfer von den Israeliten soll es sein von ihren Dankopfern, ihr Hebopfer für den HERRN.

¶ **29** Und die heiligen Kleider Aarons sollen nach ihm seine Söhne haben, dass sie darin gesalbt und ihre Hände gefüllt werden.

30 Wer von seinen Söhnen an seiner statt Priester wird, der soll sie sieben Tage anziehen, wenn er in die Stiftshütte geht, um im Heiligtum zu dienen.

31 Und du sollst den Widder der Einsetzung nehmen und sein Fleisch an einem heiligen Ort kochen.

32 Und Aaron mit seinen Söhnen soll das Fleisch des Widders samt dem Brot im Korbe essen vor der Tür der Stiftshütte.

33 Sie sollen die Stücke essen, mit denen die Sühnung für sie vollzogen wurde, als man ihre Hände füllte und sie weihte. Kein anderer darf es essen, denn es ist heilig.

34 Wenn aber etwas übrig bleibt von dem Fleisch der Einsetzung und von dem Brot bis zum Morgen, sollst du es mit Feuer verbrennen. Es darf nicht gegessen werden, denn es ist heilig.

¶ **22** "You shall also take the fat from the ram and the fat tail and the fat that covers the entrails, and the long lobe of the liver and the two kidneys with the fat that is on them, and the right thigh (for it is a ram of ordination),

23 and one loaf of bread and one cake of bread made with oil, and one wafer out of the basket of unleavened bread that is before the LORD.

24 You shall put all these on the palms of Aaron and on the palms of his sons, and wave them for a wave offering before the LORD.

25 Then you shall take them from their hands and burn them on the altar on top of the burnt offering, as a pleasing aroma before the LORD. It is a food offering to the LORD.

¶ **26** "You shall take the breast of the ram of Aaron's ordination and wave it for a wave offering before the LORD, and it shall be your portion.

27 And you shall consecrate the breast of the wave offering that is waved and the thigh of the priests' portion that is contributed from the ram of ordination, from what was Aaron's and his sons'.

28 It shall be for Aaron and his sons as a perpetual due from the people of Israel, for it is a contribution. It shall be a ᵍcontribution from the people of Israel from their peace offerings, their contribution to the LORD.

¶ **29** "The holy garments of Aaron shall be for his sons after him; they shall be anointed in them and ordained in them.

30 The son who succeeds him as priest, who comes into the tent of meeting to minister in the Holy Place, shall wear them seven days.

¶ **31** "You shall take the ram of ordination and boil its flesh in a holy place.

32 And Aaron and his sons shall eat the flesh of the ram and the bread that is in the basket in the entrance of the tent of meeting.

33 They shall eat those things with which atonement was made at their ordination and consecration, but an outsider shall not eat of them, because they are holy.

34 And if any of the flesh for the ordination or of the bread remain until the morning, then you shall burn the remainder with fire. It shall not be eaten, because it is holy.

¶ **35** So sollst du mit Aaron und seinen Söhnen alles tun, was ich dir geboten habe. Sieben Tage sollst du ihre Hände füllen

36 und täglich einen jungen Stier zum Sündopfer schlachten zur Sühnung und sollst den Altar entsündigen, indem du die Sühnung an ihm vollziehst, und sollst ihn salben, dass er geweiht werde.

37 Sieben Tage sollst du an dem Altar die Sühnung vollziehen und ihn weihen; so wird er ein Hochheiliges. Wer den Altar anrührt, der ist dem Heiligtum verfallen.

Das tägliche Opfer
(vgl. 4.Mose 28,3-8)

38 Und dies sollst du auf dem Altar tun: Zwei einjährige Schafe sollst du an jedem Tage darauf opfern,

39 ein Schaf am Morgen, das andere gegen Abend.

40 Und zu dem einen Schaf einen Krug feinsten Mehls, vermengt mit einer viertel Kanne zerstoßener Oliven, und eine viertel Kanne Wein zum Trankopfer.

41 Mit dem andern Schaf sollst du tun gegen Abend wie mit dem Speisopfer und Trankopfer vom Morgen, zum lieblichen Geruch, ein Feueropfer für den HERRN.

¶ **42** Das soll das tägliche Brandopfer sein bei euren Nachkommen am Eingang der Stiftshütte vor dem HERRN, wo ich euch begegnen und mit dir reden will.

43 Daselbst will ich den Israeliten begegnen und das Heiligtum wird geheiligt werden durch meine Herrlichkeit.

44 Und ich will die Stiftshütte und den Altar heiligen und Aaron und seine Söhne heiligen, dass sie meine Priester seien.

45 Und ich will unter den Israeliten wohnen und ihr Gott sein,

46 dass sie erkennen sollen, ich sei der HERR, ihr Gott, der sie aus Ägyptenland führte, damit ich unter ihnen wohne, ich, der HERR, ihr Gott.

Der Räucheraltar
(vgl. Kap 37,25-28)

30 Du sollst auch einen Räucheraltar machen aus Akazienholz,

2 eine Elle lang und ebenso breit, viereckig, und zwei Ellen hoch mit seinen Hörnern.

¶ **35** "Thus you shall do to Aaron and to his sons, according to all that I have commanded you. Through seven days shall you ordain them,

36 and every day you shall offer a bull as a sin offering for atonement. Also you shall purify the altar, when you make atonement for it, and shall anoint it to consecrate it.

37 Seven days you shall make atonement for the altar and consecrate it, and the altar shall be most holy. Whatever touches the altar shall become holy.

¶ **38** "Now this is what you shall offer on the altar: two lambs a year old day by day regularly.

39 One lamb you shall offer in the morning, and the other lamb you shall offer at twilight.

40 And with the first lamb a tenth seah[3] of fine flour mingled with a fourth of a hin[4] of beaten oil, and a fourth of a hin of wine for a drink offering.

41 The other lamb you shall offer at twilight, and shall offer with it a grain offering and its drink offering, as in the morning, for a pleasing aroma, a food offering to the LORD.

42 It shall be a regular burnt offering throughout your generations at the entrance of the tent of meeting before the LORD, where I will meet with you, to speak to you there.

43 There I will meet with the people of Israel, and it shall be sanctified by my glory.

44 I will consecrate the tent of meeting and the altar. Aaron also and his sons I will consecrate to serve me as priests.

45 I will dwell among the people of Israel and will be their God.

46 And they shall know that I am the LORD their God, who brought them out of the land of Egypt that I might dwell among them. I am the LORD their God.

The Altar of Incense

30 "You shall make an altar on which to burn incense; you shall make it of acacia wood.

2 A cubit[1] shall be its length, and a cubit its breadth. It shall be square, and two cubits shall be its height. Its horns shall be of one piece with it.

3 Und du sollst ihn mit feinem Golde überziehen, seine Platte und seine Wände ringsherum und seine Hörner. Und sollst einen Kranz von Gold ringsherum machen

4 und zwei goldene Ringe unter dem Kranz zu beiden Seiten, dass man Stangen hineintue und ihn damit trage.

5 Die Stangen sollst du auch aus Akazienholz machen und mit Gold überziehen.

6 Und du sollst ihn setzen vor den Vorhang, der vor der Lade mit dem Gesetz hängt, und vor den Gnadenthron, der auf der Lade mit dem Gesetz ist, wo ich dir begegnen werde.

¶ **7** Und Aaron soll darauf verbrennen gutes Räucherwerk jeden Morgen, wenn er die Lampen zurichtet.

8 Desgleichen wenn er die Lampen anzündet gegen Abend, soll er solches Räucherwerk auch verbrennen. Das soll das tägliche Räucheropfer sein vor dem HERRN bei euren Nachkommen.

9 Ihr sollt kein fremdes Räucherwerk darauftun, auch kein Brandopfer, Speisopfer oder Trankopfer darauf opfern.

10 Und Aaron soll an den Hörnern dieses Altars einmal im Jahr die Sühnung vollziehen mit dem Blut des Sündopfers, das zur Sühnung dargebracht wird. Solche Sühnung soll jährlich einmal geschehen bei euren Nachkommen. Hochheilig ist der Altar dem HERRN.

Die Steuer für das Heiligtum

11 Und der HERR redete mit Mose und sprach:

12 Wenn du die Israeliten zählst, so soll ein jeder dem HERRN ein Sühnegeld geben, um sein Leben auszulösen, damit ihnen nicht eine Plage widerfahre, wenn sie gezählt werden.

13 Es soll aber jeder, der gezählt ist, einen halben Taler geben nach dem Münzgewicht des Heiligtums; ein Taler wiegt zwanzig Gramm. Dieser halbe Taler soll als Opfergabe für den HERRN erhoben werden.

14 Wer gezählt ist von zwanzig Jahren an und darüber, der soll diese Opfergabe dem HERRN geben.

15 Der Reiche soll nicht mehr geben und der Arme nicht weniger als den halben Taler als Opfergabe für den HERRN zur Sühnung für euer Leben.

3 You shall overlay it with pure gold, its top and around its sides and its horns. And you shall make a molding of gold around it.

4 And you shall make two golden rings for it. Under its molding on two opposite sides of it you shall make them, and they shall be holders for poles with which to carry it.

5 You shall make the poles of acacia wood and overlay them with gold.

6 And you shall put it in front of the veil that is above the ark of the testimony, in front of the mercy seat that is above the testimony, where I will meet with you.

7 And Aaron shall burn fragrant incense on it. Every morning when he dresses the lamps he shall burn it,

8 and when Aaron sets up the lamps at twilight, he shall burn it, a regular incense offering before the LORD throughout your generations.

9 You shall not offer unauthorized incense on it, or a burnt offering, or a grain offering, and you shall not pour a drink offering on it.

10 Aaron shall make atonement on its horns once a year. With the blood of the sin offering of atonement he shall make atonement for it once in the year throughout your generations. It is most holy to the LORD."

The Census Tax

¶ **11** The LORD said to Moses,

12 "When you take the census of the people of Israel, then each shall give a ransom for his life to the LORD when you number them, that there be no plague among them when you number them.

13 Each one who is numbered in the census shall give this: half a shekel[2] according to the shekel of the sanctuary (the shekel is twenty gerahs),[3] half a shekel as an offering to the LORD.

14 Everyone who is numbered in the census, from twenty years old and upward, shall give the LORD's offering.

15 The rich shall not give more, and the poor shall not give less, than the half shekel, when you give the LORD's offering to make atonement for your lives.

16 Und du sollst solches Sühnegeld nehmen von den Israeliten und es zum Dienst an der Stiftshütte geben, dass es sei für die Israeliten, zum gnädigen Gedenken vor dem HERRN, zur Sühnung für euer Leben.

Das kupferne Becken

17 Und der HERR redete mit Mose und sprach:

18 Du sollst auch ein Becken aus Kupfer machen mit einem Gestell aus Kupfer zum Waschen und sollst es setzen zwischen die Stiftshütte und den Altar und Wasser hineintun,

19 dass Aaron und seine Söhne ihre Hände und Füße darin waschen,

20 wenn sie in die Stiftshütte gehen oder zum Altar, um zu dienen und Feueropfer zu verbrennen für den HERRN,

21 auf dass sie nicht sterben. Das soll eine ewige Ordnung sein für ihn und sein Geschlecht bei ihren Nachkommen.

Salböl und Räucherwerk

22 Und der HERR redete mit Mose und sprach:

23 Nimm dir die beste Spezerei: die edelste Myrrhe, fünfhundert Lot, und Zimt, die Hälfte davon, zweihundertundfünfzig, und Kalmus, auch zweihundertundfünfzig Lot,

24 und Kassia, fünfhundert nach dem Gewicht des Heiligtums, und eine Kanne Olivenöl.

25 Und mache daraus ein heiliges Salböl nach der Kunst des Salbenbereiters.

26 Und du sollst damit salben die Stiftshütte und die Lade mit dem Gesetz,

27 den Tisch mit all seinem Gerät, den Leuchter mit seinem Gerät, den Räucheraltar,

28 den Brandopferaltar mit all seinem Gerät und das Becken mit seinem Gestell.

29 So sollst du sie weihen, dass sie hochheilig seien. Wer sie anrührt, der ist dem Heiligtum verfallen.

30 Aaron und seine Söhne sollst du auch salben und sie mir zu Priestern weihen.

31 Und du sollst mit den Israeliten reden und sprechen: Eine heilige Salbe soll mir dies Öl bei euren Nachkommen sein.

16 You shall take the atonement money from the people of Israel and shall give it for the service of the tent of meeting, that it may bring the people of Israel to remembrance before the LORD, so as to make atonement for your lives."

The Bronze Basin

¶ **17** The LORD said to Moses,

18 "You shall also make a basin of bronze, with its stand of bronze, for washing. [b]You shall put it between the tent of meeting and the altar, and you shall put water in it,

19 with which Aaron and his sons shall wash their hands and their feet.

20 When they go into the tent of meeting, or when they come near the altar to minister, to burn a food offering[4] to the LORD, they shall wash with water, so that they may not die.

21 They shall wash their hands and their feet, so that they may not die. It shall be a statute forever to them, even to him and to his offspring throughout their generations."

The Anointing Oil and Incense

¶ **22** The LORD said to Moses,

23 "Take the finest spices: of liquid myrrh 500 shekels, and of sweet-smelling cinnamon half as much, that is, 250, and 250 of aromatic cane,

24 and 500 of cassia, according to the shekel of the sanctuary, and a hin[5] of olive oil.

25 And you shall make of these a sacred anointing oil blended as by the perfumer; it shall be a holy anointing oil.

26 With it you shall anoint the tent of meeting and the ark of the testimony,

27 and the table and all its utensils, and the lampstand and its utensils, and the altar of incense,

28 and the altar of burnt offering with all its utensils and the basin and its stand.

29 You shall consecrate them, that they may be most holy. Whatever touches them will become holy.

30 You shall anoint Aaron and his sons, and consecrate them, that they may serve me as priests.

31 And you shall say to the people of Israel, 'This shall be my holy anointing oil throughout your generations.

32 Auf keines andern Menschen Leib soll es gegossen werden; du sollst es auch sonst in der gleichen Mischung nicht herstellen, denn es ist heilig; darum soll es euch als heilig gelten.

33 Wer solche Salbe macht oder einem Unberufenen davon gibt, der soll aus seinem Volk ausgerottet werden.

¶ **34** Und der HERR sprach zu Mose: Nimm dir Spezerei: Balsam, Stakte, Galbanum und reinen Weihrauch, vom einen so viel wie vom andern,

35 und mache Räucherwerk daraus, gemengt nach der Kunst des Salbenbereiters, gesalzen, rein, zum heiligen Gebrauch.

36 Und du sollst es zu Pulver stoßen und sollst etwas davon vor die Lade mit dem Gesetz in der Stiftshütte bringen, wo ich dir begegnen werde. Es soll euch ein Hochheiliges sein.

37 Aber solches Räucherwerk sollt ihr für euch nicht machen, sondern es soll dir als dem HERRN geheiligt gelten.

38 Wer es macht, damit er sich an dem Geruch erfreue, der soll ausgerottet werden aus seinem Volk.

Berufung der Kunsthandwerker für die Stiftshütte

31 Und der HERR redete mit Mose und sprach:

2 Siehe, ich habe mit Namen berufen Bezalel, den Sohn Uris, des Sohnes Hurs, vom Stamm Juda,

3 und habe ihn erfüllt mit dem Geist Gottes, mit Weisheit und Verstand und Erkenntnis und mit aller Geschicklichkeit,

4 kunstreich zu arbeiten in Gold, Silber, Kupfer,

5 kunstreich Steine zu schneiden und einzusetzen und kunstreich zu schnitzen in Holz, um jede Arbeit zu vollbringen.

6 Und siehe, ich habe ihm beigegeben Oholiab, den Sohn Ahisamachs, vom Stamm Dan, und habe allen Künstlern die Weisheit ins Herz gegeben, dass sie alles machen können, was ich dir geboten habe:

7 die Stiftshütte, die Lade mit dem Gesetz, den Gnadenthron darauf und alle Geräte in der Hütte,

8 den Tisch und sein Gerät, den Leuchter von reinem Gold und all sein Gerät, den Räucheraltar,

9 den Brandopferaltar mit all seinem Gerät, das Becken mit seinem Gestell,

10 die Amtskleider, die heiligen Kleider des Priesters Aaron und die Kleider seiner Söhne für den priesterlichen Dienst,

32 It shall not be poured on the body of an ordinary person, and you shall make no other like it in composition. It is holy, and it shall be holy to you.

33 Whoever compounds any like it or whoever puts any of it on an outsider shall be cut off from his people.'"

¶ **34** The LORD said to Moses, "Take sweet spices, stacte, and onycha, and galbanum, sweet spices with pure frankincense (of each shall there be an equal part),

35 and make an incense blended as by the perfumer, seasoned with salt, pure and holy.

36 You shall beat some of it very small, and put part of it before the testimony in the tent of meeting where I shall meet with you. It shall be most holy for you.

37 And the incense that you shall make according to its composition, you shall not make for yourselves. It shall be for you holy to the LORD.

38 Whoever makes any like it to use as perfume shall be cut off from his people."

Oholiab and Bezalel

31 The LORD said to Moses,

2 "See, I have called by name Bezalel the son of Uri, son of Hur, of the tribe of Judah,

3 and I have filled him with the Spirit of God, with ability and intelligence, with knowledge and all craftsmanship,

4 to devise artistic designs, to work in gold, silver, and bronze,

5 in cutting stones for setting, and in carving wood, to work in every craft.

6 And behold, I have appointed with him Oholiab, the son of Ahisamach, of the tribe of Dan. And I have given to all able men ability, that they may make all that I have commanded you:

7 the tent of meeting, and the ark of the testimony, and the mercy seat that is on it, and all the furnishings of the tent,

8 the table and its utensils, and the pure lampstand with all its utensils, and the altar of incense,

9 and the altar of burnt offering with all its utensils, and the basin and its stand,

10 and the finely worked garments,[1] the holy garments for Aaron the priest and the garments of his sons, for their service as priests,

11 das Salböl und das Räucherwerk von Spezerei für das Heiligtum. Ganz so, wie ich dir geboten habe, sollen sie es machen.

Gebot der Sabbatfeier
(vgl. Kap 35,1-3)

12 Und der HERR redete mit Mose und sprach:

13 Sage den Israeliten: Haltet meinen Sabbat; denn er ist ein Zeichen zwischen mir und euch von Geschlecht zu Geschlecht, damit ihr erkennt, dass ich der HERR bin, der euch heiligt.

14 Darum haltet meinen Sabbat, denn er soll euch heilig sein. Wer ihn entheiligt, der soll des Todes sterben. Denn wer eine Arbeit am Sabbat tut, der soll ausgerottet werden aus seinem Volk.

15 Sechs Tage soll man arbeiten, aber am siebenten Tag ist Sabbat, völlige Ruhe, heilig dem HERRN. Wer eine Arbeit tut am Sabbattag, soll des Todes sterben.

16 Darum sollen die Israeliten den Sabbat halten, dass sie ihn auch bei ihren Nachkommen halten als ewigen Bund.

17 Er ist ein ewiges Zeichen zwischen mir und den Israeliten. Denn in sechs Tagen machte der HERR Himmel und Erde, aber am siebenten Tage ruhte er und erquickte sich.

Übergabe der zwei Gesetzestafeln an Mose

18 Und als der HERR mit Mose zu Ende geredet hatte auf dem Berge Sinai, gab er ihm die beiden Tafeln des Gesetzes; die waren aus Stein und beschrieben von dem Finger Gottes.

Das goldene Stierbild

32 Als aber das Volk sah, dass Mose ausblieb und nicht wieder von dem Berge zurückkam, sammelte es sich gegen Aaron und sprach zu ihm: Auf, mach uns einen Gott, der vor uns hergehe! Denn wir wissen nicht, was diesem Mann Mose widerfahren ist, der uns aus Ägyptenland geführt hat.

2 Aaron sprach zu ihnen: Reißt ab die goldenen Ohrringe an den Ohren eurer Frauen, eurer Söhne und eurer Töchter und bringt sie zu mir.

3 Da riss alles Volk sich die goldenen Ohrringe von den Ohren und brachte sie zu Aaron.

4 Und er nahm sie von ihren Händen und bildete das Gold in einer Form und machte ein gegossenes Kalb. Und sie sprachen: Das ist dein Gott, Israel, der dich aus Ägyptenland geführt hat!

11 and the anointing oil and the fragrant incense for the Holy Place. According to all that I have commanded you, they shall do."

The Sabbath

¶ **12** And the LORD said to Moses,

13 "You are to speak to the people of Israel and say, 'Above all you shall keep my Sabbaths, for this is a sign between me and you throughout your generations, that you may know that I, the LORD, sanctify you.

14 You shall keep the Sabbath, because it is holy for you. Everyone who profanes it shall be put to death. Whoever does any work on it, that soul shall be cut off from among his people.

15 Six days shall work be done, but the seventh day is a Sabbath of solemn rest, holy to the LORD. Whoever does any work on the Sabbath day shall be put to death.

16 Therefore the people of Israel shall keep the Sabbath, observing the Sabbath throughout their generations, as a covenant forever.

17 It is a sign forever between me and the people of Israel that in six days the LORD made heaven and earth, and on the seventh day he rested and was refreshed.'"

¶ **18** And he gave to Moses, when he had finished speaking with him on Mount Sinai, the two tablets of the testimony, tablets of stone, written with the finger of God.

The Golden Calf

32 When the people saw that Moses delayed to come down from the mountain, the people gathered themselves together to Aaron and said to him, "Up, make us gods who shall go before us. As for this Moses, the man who brought us up out of the land of Egypt, we do not know what has become of him."

2 So Aaron said to them, "Take off the rings of gold that are in the ears of your wives, your sons, and your daughters, and bring them to me."

3 So all the people took off the rings of gold that were in their ears and brought them to Aaron.

4 And he received the gold from their hand and fashioned it with a graving tool and made a golden[1] calf. And they said, "These are your gods, O Israel, who brought you up out of the land of Egypt!"

5 Als das Aaron sah, baute er einen Altar vor ihm und ließ ausrufen und sprach: Morgen ist des HERRN Fest.

6 Und sie standen früh am Morgen auf und opferten Brandopfer und brachten dazu Dankopfer dar. Danach setzte sich das Volk, um zu essen und zu trinken, und sie standen auf, um ihre Lust zu treiben.

Moses Fürbitte

7 Der HERR sprach aber zu Mose: Geh, steig hinab; denn dein Volk, das du aus Ägyptenland geführt hast, hat schändlich gehandelt.

8 Sie sind schnell von dem Wege gewichen, den ich ihnen geboten habe. Sie haben sich ein gegossenes Kalb gemacht und haben's angebetet und ihm geopfert und gesagt: Das ist dein Gott, Israel, der dich aus Ägyptenland geführt hat.

9 Und der HERR sprach zu Mose: Ich sehe, dass es ein halsstarriges Volk ist.

10 Und nun lass mich, dass mein Zorn über sie entbrenne und sie vertilge; dafür will ich dich zum großen Volk machen.

¶ **11** Mose aber flehte vor dem HERRN, seinem Gott, und sprach: Ach HERR, warum will dein Zorn entbrennen über dein Volk, das du mit großer Kraft und starker Hand aus Ägyptenland geführt hast?

12 Warum sollen die Ägypter sagen: Er hat sie zu ihrem Unglück herausgeführt, dass er sie umbrächte im Gebirge und vertilgte sie von dem Erdboden? Kehre dich ab von deinem grimmigen Zorn und lass dich des Unheils gereuen, das du über dein Volk bringen willst.

13 Gedenke an deine Knechte Abraham, Isaak und Israel, denen du bei dir selbst geschworen und verheißen hast: Ich will eure Nachkommen mehren wie die Sterne am Himmel, und dies ganze Land, das ich verheißen habe, will ich euren Nachkommen geben, und sie sollen es besitzen für ewig.

14 Da gereute den HERRN das Unheil, das er seinem Volk zugedacht hatte.

Die Strafe für den Abfall

15 Mose wandte sich und stieg vom Berge und hatte die zwei Tafeln des Gesetzes in seiner Hand; die waren beschrieben auf beiden Seiten.

16 Und Gott hatte sie selbst gemacht und selber die Schrift eingegraben.

¶ **5** When Aaron saw this, he built an altar before it. And Aaron made proclamation and said, "Tomorrow shall be a feast to the LORD."

6 And they rose up early the next day and offered burnt offerings and brought peace offerings. And the people sat down to eat and drink and rose up to play.

¶ **7** And the LORD said to Moses, "Go down, for your people, whom you brought up out of the land of Egypt, have corrupted themselves.

8 They have turned aside quickly out of the way that I commanded them. They have made for themselves a golden calf and have worshiped it and sacrificed to it and said, 'These are your gods, O Israel, who brought you up out of the land of Egypt!'"

9 And the LORD said to Moses, "I have seen this people, and behold, it is a stiff-necked people.

10 Now therefore let me alone, that my wrath may burn hot against them and I may consume them, in order that I may make a great nation of you."

¶ **11** But Moses implored the LORD his God and said, "O LORD, why does your wrath burn hot against your people, whom you have brought out of the land of Egypt with great power and with a mighty hand?

12 Why should the Egyptians say, 'With evil intent did he bring them out, to kill them in the mountains and to consume them from the face of the earth'? Turn from your burning anger and relent from this disaster against your people.

13 Remember Abraham, Isaac, and Israel, your servants, to whom you swore by your own self, and said to them, 'I will multiply your offspring as the stars of heaven, and all this land that I have promised I will give to your offspring, and they shall inherit it forever.'"

14 And the LORD relented from the disaster that he had spoken of bringing on his people.

¶ **15** Then Moses turned and went down from the mountain with the two tablets of the testimony in his hand, tablets that were written on both sides; on the front and on the back they were written.

16 The tablets were the work of God, and the writing was the writing of God, engraved on the tablets.

17 Als nun Josua das Geschrei des Volks hörte, sprach er zu Mose: Es ist ein Kriegsgeschrei im Lager.

18 Er antwortete: Es ist kein Geschrei wie bei einem Sieg und es ist kein Geschrei wie bei einer Niederlage, ich höre Geschrei wie beim Tanz.

¶ **19** Als Mose aber nahe zum Lager kam und das Kalb und das Tanzen sah, entbrannte sein Zorn und er warf die Tafeln aus der Hand und zerbrach sie unten am Berge

20 und nahm das Kalb, das sie gemacht hatten, und ließ es im Feuer zerschmelzen und zermalmte es zu Pulver und streute es aufs Wasser und gab's den Israeliten zu trinken.

21 Und er sprach zu Aaron: Was hat dir das Volk getan, dass du eine so große Sünde über sie gebracht hast?

22 Aaron sprach: Mein Herr lasse seinen Zorn nicht entbrennen. Du weißt, dass dies Volk böse ist.

23 Sie sprachen zu mir: Mache uns einen Gott, der vor uns hergehe; denn wir wissen nicht, was mit diesem Mann Mose geschehen ist, der uns aus Ägyptenland geführt hat.

24 Ich sprach zu ihnen: Wer Gold hat, der reiße es ab und gebe es mir. Und ich warf es ins Feuer; daraus ist das Kalb geworden.

¶ **25** Als nun Mose sah, dass das Volk zuchtlos geworden war – denn Aaron hatte sie zuchtlos werden lassen zum Gespött ihrer Widersacher –,

26 trat er in das Tor des Lagers und rief: Her zu mir, wer dem HERRN angehört! Da sammelten sich zu ihm alle Söhne Levi.

27 Und er sprach zu ihnen: So spricht der HERR, der Gott Israels: Ein jeder gürte sein Schwert um die Lenden und gehe durch das Lager hin und her von einem Tor zum andern und erschlage seinen Bruder, Freund und Nächsten.

28 Die Söhne Levi taten, wie ihnen Mose gesagt hatte; und es fielen an dem Tage vom Volk dreitausend Mann.

29 Da sprach Mose: Füllt heute eure Hände zum Dienst für den HERRN – denn ein jeder ist wider seinen Sohn und Bruder gewesen –, damit euch heute Segen gegeben werde.

Die Demütigung des Volkes

30 Am nächsten Morgen sprach Mose zum Volk: Ihr habt eine große Sünde getan; nun will ich hinaufsteigen zu dem HERRN, ob ich vielleicht Vergebung erwirken kann für eure Sünde.

17 When Joshua heard the noise of the people as they shouted, he said to Moses, "There is a noise of war in the camp."

18 But he said, "It is not the sound of shouting for victory, or the sound of the cry of defeat, but the sound of singing that I hear."

19 And as soon as he came near the camp and saw the calf and the dancing, Moses' anger burned hot, and he threw the tablets out of his hands and broke them at the foot of the mountain.

20 He took the calf that they had made and burned it with fire and ground it to powder and scattered it on the water and made the people of Israel drink it.

¶ **21** And Moses said to Aaron, "What did this people do to you that you have brought such a great sin upon them?"

22 And Aaron said, "Let not the anger of my lord burn hot. You know the people, that they are set on evil.

23 For they said to me, 'Make us gods who shall go before us. As for this Moses, the man who brought us up out of the land of Egypt, we do not know what has become of him.'

24 So I said to them, 'Let any who have gold take it off.' So they gave it to me, and I threw it into the fire, and out came this calf."

¶ **25** And when Moses saw that the people had broken loose (for Aaron had let them break loose, to the derision of their enemies),

26 then Moses stood in the gate of the camp and said, "Who is on the LORD's side? Come to me." And all the sons of Levi gathered around him.

27 And he said to them, "Thus says the LORD God of Israel, 'Put your sword on your side each of you, and go to and fro from gate to gate throughout the camp, and each of you kill his brother and his companion and his neighbor.'"

28 And the sons of Levi did according to the word of Moses. And that day about three thousand men of the people fell.

29 And Moses said, "Today you have been ordained for the service of the LORD, each one at the cost of his son and of his brother, so that he might bestow a blessing upon you this day."

¶ **30** The next day Moses said to the people, "You have sinned a great sin. And now I will go up to the LORD; perhaps I can make atonement for your sin."

31 Als nun Mose wieder zu dem HERRN kam, sprach er: Ach, das Volk hat eine große Sünde getan, und sie haben sich einen Gott von Gold gemacht.

32 Vergib ihnen doch ihre Sünde; wenn nicht, dann tilge mich aus deinem Buch, das du geschrieben hast.

¶ **33** Der HERR sprach zu Mose: Ich will den aus meinem Buch tilgen, der an mir sündigt.

34 So geh nun hin und führe das Volk, wohin ich dir gesagt habe. Siehe, mein Engel soll vor dir hergehen. Ich werde aber ihre Sünde heimsuchen, wenn meine Zeit kommt.

35 Und der HERR schlug das Volk, weil sie sich das Kalb gemacht hatten, das Aaron angefertigt hatte.

33 Der HERR sprach zu Mose: Geh, zieh von dannen, du und das Volk, das du aus Ägyptenland geführt hast, in das Land, von dem ich Abraham, Isaak und Jakob geschworen habe: Deinen Nachkommen will ich's geben.

2 Und ich will vor dir her senden einen Engel und ausstoßen die Kanaaniter, Amoriter, Hetiter, Perisiter, Hiwiter und Jebusiter

3 und will dich bringen in das Land, darin Milch und Honig fließt. Ich selbst will nicht mit dir hinaufziehen, denn du bist ein halsstarriges Volk; ich würde dich unterwegs vertilgen.

4 Als das Volk diese harte Rede hörte, trugen sie Leid und niemand tat seinen Schmuck an.

5 Und der HERR sprach zu Mose: Sage zu den Israeliten: Ihr seid ein halsstarriges Volk. Wenn ich nur einen Augenblick mit dir hinaufzöge, würde ich dich vertilgen. Und nun lege deinen Schmuck ab, dann will ich sehen, was ich dir tue.

6 Und die Israeliten taten ihren Schmuck von sich an dem Berge Horeb.

Das heilige Zelt. Gottes Umgang mit Mose

7 Mose aber nahm das Zelt und schlug es draußen auf, fern von dem Lager, und nannte es Stiftshütte. Und wer den HERRN befragen wollte, musste herausgehen zur Stiftshütte vor das Lager.

31 So Moses returned to the LORD and said, "Alas, this people has sinned a great sin. They have made for themselves gods of gold.

32 But now, if you will forgive their sin— but if not, please blot me out of your book that you have written."

33 But the LORD said to Moses, "Whoever has sinned against me, I will blot out of my book.

34 But now go, lead the people to the place about which I have spoken to you; behold, my angel shall go before you. Nevertheless, in the day when I visit, I will visit their sin upon them."

¶ **35** Then the LORD sent a plague on the people, because they made the calf, the one that Aaron made.

The Command to Leave Sinai

33 The LORD said to Moses, "Depart; go up from here, you and the people whom you have brought up out of the land of Egypt, to the land of which I swore to Abraham, Isaac, and Jacob, saying, 'To your offspring I will give it.'

2 I will send an angel before you, and I will drive out the Canaanites, the Amorites, the Hittites, the Perizzites, the Hivites, and the Jebusites.

3 Go up to a land flowing with milk and honey; but I will not go up among you, lest I consume you on the way, for you are a stiffnecked people."

¶ **4** When the people heard this disastrous word, they mourned, and no one put on his ornaments.

5 For the LORD had said to Moses, "Say to the people of Israel, 'You are a stiff-necked people; if for a single moment I should go up among you, I would consume you. So now take off your ornaments, that I may know what to do with you.'"

6 Therefore the people of Israel stripped themselves of their ornaments, from Mount Horeb onward.

The Tent of Meeting

¶ **7** Now Moses used to take the tent and pitch it outside the camp, far off from the camp, and he called it the tent of meeting. And everyone who sought the LORD would go out to the tent of meeting, which was outside the camp.

8 Und wenn Mose hinausging zur Stiftshütte, so stand alles Volk auf, und jeder trat in seines Zeltes Tür und sah ihm nach, bis er zur Stiftshütte kam.

9 Und wenn Mose zur Stiftshütte kam, so kam die Wolkensäule hernieder und stand in der Tür der Stiftshütte, und der Herr redete mit Mose.

10 Und alles Volk sah die Wolkensäule in der Tür der Stiftshütte stehen, und sie standen auf und neigten sich, ein jeder in seines Zeltes Tür.

11 Der Herr aber redete mit Mose von Angesicht zu Angesicht, wie ein Mann mit seinem Freunde redet. Dann kehrte er zum Lager zurück; aber sein Diener und Jünger Josua, der Sohn Nuns, wich nicht aus der Stiftshütte.

Mose begehrt, des Herrn Herrlichkeit zu schauen

12 Und Mose sprach zu dem Herrn: Siehe, du sprichst zu mir: Führe das Volk hinauf!, und lässt mich nicht wissen, wen du mit mir senden willst, wo du doch gesagt hast: Ich kenne dich mit Namen, und du hast Gnade vor meinen Augen gefunden.

13 Hab ich denn Gnade vor deinen Augen gefunden, so lass mich deinen Weg wissen, damit ich dich erkenne und Gnade vor deinen Augen finde. Und sieh doch, dass dies Volk dein Volk ist.

14 Er sprach: Mein Angesicht soll vorangehen; ich will dich zur Ruhe leiten.

15 Mose aber sprach zu ihm: Wenn nicht dein Angesicht vorangeht, so führe uns nicht von hier hinauf.

16 Denn woran soll erkannt werden, dass ich und dein Volk vor deinen Augen Gnade gefunden haben, wenn nicht daran, dass du mit uns gehst, sodass ich und dein Volk erhoben werden vor allen Völkern, die auf dem Erdboden sind?

17 Der Herr sprach zu Mose: Auch das, was du jetzt gesagt hast, will ich tun; denn du hast Gnade vor meinen Augen gefunden, und ich kenne dich mit Namen.

¶ 18 Und Mose sprach: Lass mich deine Herrlichkeit sehen!

19 Und er sprach: Ich will vor deinem Angesicht all meine Güte vorübergehen lassen und will vor dir kundtun den Namen des Herrn: **Wem ich gnädig bin, dem bin ich gnädig, und wessen ich mich erbarme, dessen erbarme ich mich.**

20 Und er sprach weiter: Mein Angesicht kannst du nicht sehen; denn kein Mensch wird leben, der mich sieht.

8 Whenever Moses went out to the tent, all the people would rise up, and each would stand at his tent door, and watch Moses until he had gone into the tent.

9 When Moses entered the tent, the pillar of cloud would descend and stand at the entrance of the tent, and the Lord[1] would speak with Moses.

10 And when all the people saw the pillar of cloud standing at the entrance of the tent, all the people would rise up and worship, each at his tent door.

11 Thus the Lord used to speak to Moses face to face, as a man speaks to his friend. When Moses turned again into the camp, his assistant Joshua the son of Nun, a young man, would not depart from the tent.

Moses' Intercession

¶ 12 Moses said to the Lord, "See, you say to me, 'Bring up this people,' but you have not let me know whom you will send with me. Yet you have said, 'I know you by name, and you have also found favor in my sight.'

13 Now therefore, if I have found favor in your sight, please show me now your ways, that I may know you in order to find favor in your sight. Consider too that this nation is your people."

14 And he said, "My presence will go with you, and I will give you rest."

15 And he said to him, "If your presence will not go with me, do not bring us up from here.

16 For how shall it be known that I have found favor in your sight, I and your people? Is it not in your going with us, so that we are distinct, I and your people, from every other people on the face of the earth?"

¶ 17 And the Lord said to Moses, "This very thing that you have spoken I will do, for you have found favor in my sight, and I know you by name."

18 Moses said, "Please show me your glory."

19 And he said, "I will make all my goodness pass before you and will proclaim before you my name 'The Lord.' And I will be gracious to whom I will be gracious, and will show mercy on whom I will show mercy.

20 But," he said, "you cannot see my face, for man shall not see me and live."

21 Und der HERR sprach weiter: Siehe, es ist ein Raum bei mir, da sollst du auf dem Fels stehen.

22 Wenn dann meine Herrlichkeit vorübergeht, will ich dich in die Felskluft stellen und meine Hand über dir halten, bis ich vorübergegangen bin.

23 Dann will ich meine Hand von dir tun und du darfst hinter mir her sehen; aber mein Angesicht kann man nicht sehen.

Neue Gesetzestafeln. Bundesschluss und Bundespflichten

34 Und der HERR sprach zu Mose: Haue dir zwei steinerne Tafeln zu, wie die ersten waren, dass ich die Worte darauf schreibe, die auf den ersten Tafeln standen, welche du zerbrochen hast.

2 Und sei morgen bereit, dass du früh auf den Berg Sinai steigst und dort zu mir trittst auf dem Gipfel des Berges.

3 Und lass niemand mit dir hinaufsteigen; es soll auch niemand gesehen werden auf dem ganzen Berge. Auch kein Schaf und Rind lass weiden gegen diesen Berg hin.

4 Und Mose hieb zwei steinerne Tafeln zu, wie die ersten waren, und stand am Morgen früh auf und stieg auf den Berg Sinai, wie ihm der HERR geboten hatte, und nahm die zwei steinernen Tafeln in seine Hand.

¶ **5** Da kam der HERR hernieder in einer Wolke, und Mose trat daselbst zu ihm und rief den Namen des HERRN an.

6 Und der HERR ging vor seinem Angesicht vorüber, und er rief aus: HERR, HERR, Gott, barmherzig und gnädig und geduldig und von großer Gnade und Treue,

7 der da Tausenden Gnade bewahrt und vergibt Missetat, Übertretung und Sünde, aber ungestraft lässt er niemand, sondern sucht die Missetat der Väter heim an Kindern und Kindeskindern bis ins dritte und vierte Glied!

¶ **8** Und Mose neigte sich eilends zur Erde und betete an

9 und sprach: Hab ich, HERR, Gnade vor deinen Augen gefunden, so gehe der Herr in unserer Mitte, denn es ist ein halsstarriges Volk; und vergib uns unsere Missetat und Sünde und lass uns dein Erbbesitz sein.

21 And the LORD said, "Behold, there is a place by me where you shall stand on the rock,

22 and while my glory passes by I will put you in a cleft of the rock, and I will cover you with my hand until I have passed by.

23 Then I will take away my hand, and you shall see my back, but my face shall not be seen."

Moses Makes New Tablets

34 The LORD said to Moses, "Cut for yourself two tablets of stone like the first, and I will write on the tablets the words that were on the first tablets, which you broke.

2 Be ready by the morning, and come up in the morning to Mount Sinai, and present yourself there to me on the top of the mountain.

3 No one shall come up with you, and let no one be seen throughout all the mountain. Let no flocks or herds graze opposite that mountain."

4 So Moses cut two tablets of stone like the first. And he rose early in the morning and went up on Mount Sinai, as the LORD had commanded him, and took in his hand two tablets of stone.

5 The LORD descended in the cloud and stood with him there, and proclaimed the name of the LORD.

6 The LORD passed before him and proclaimed, "The LORD, the LORD, a God merciful and gracious, slow to anger, and abounding in steadfast love and faithfulness,

7 keeping steadfast love for thousands,[1] forgiving iniquity and transgression and sin, but who will by no means clear the guilty, visiting the iniquity of the fathers on the children and the children's children, to the third and the fourth generation."

8 And Moses quickly bowed his head toward the earth and worshiped.

9 And he said, "If now I have found favor in your sight, O Lord, please let the Lord go in the midst of us, for it is a stiff-necked people, and pardon our iniquity and our sin, and take us for your inheritance."

¶ **10** Und der HERR sprach: Siehe, ich will einen Bund schließen: Vor deinem ganzen Volk will ich Wunder tun, wie sie nicht geschehen sind in allen Landen und unter allen Völkern, und das ganze Volk, in dessen Mitte du bist, soll des HERRN Werk sehen; denn wunderbar wird sein, was ich an dir tun werde.

11 Halte, was ich dir heute gebiete. Siehe, ich will vor dir her ausstoßen die Amoriter, Kanaaniter, Hetiter, Perisiter, Hiwiter und Jebusiter.

12 Hüte dich, einen Bund zu schließen mit den Bewohnern des Landes, in das du kommst, damit sie dir nicht zum Fallstrick werden in deiner Mitte;

13 sondern ihre Altäre sollst du umstürzen und ihre Steinmale zerbrechen und ihre heiligen Pfähle umhauen;

14 denn du sollst keinen andern Gott anbeten. Denn der HERR heißt ein Eiferer; ein eifernder Gott ist er.

15 Hüte dich, einen Bund zu schließen mit den Bewohnern des Landes, damit sie, wenn sie ihren Göttern nachlaufen und ihnen opfern, dich nicht einladen und du von ihrem Opfer isst

16 und damit du für deine Söhne ihre Töchter nicht zu Frauen nimmst und diese dann ihren Göttern nachlaufen und machen, dass deine Söhne auch ihren Göttern nachlaufen!

¶ **17** Du sollst dir keine gegossenen Götterbilder machen.

¶ **18** Das Fest der Ungesäuerten Brote sollst du halten. Sieben Tage sollst du ungesäuertes Brot essen, wie ich dir geboten habe, zur Zeit des Monats Abib; denn im Monat Abib bist du aus Ägypten gezogen.

¶ **19** Alle Erstgeburt ist mein, alle männliche Erstgeburt von deinem Vieh, es sei Stier oder Schaf.

20 Aber den Erstling des Esels sollst du mit einem Schaf auslösen. Wenn du ihn aber nicht auslöst, so brich ihm das Genick. Alle Erstgeburt unter deinen Söhnen sollst du auslösen.

¶ Und dass niemand vor mir mit leeren Händen erscheine!

¶ **21** Sechs Tage sollst du arbeiten; am siebenten Tage sollst du ruhen, auch in der Zeit des Pflügens und des Erntens.

22 Das Wochenfest sollst du halten mit den Erstlingen der Weizenernte und das Fest der Lese, wenn das Jahr um ist.

The Covenant Renewed

¶ **10** And he said, "Behold, I am making a covenant. Before all your people I will do marvels, such as have not been created in all the earth or in any nation. And all the people among whom you are shall see the work of the LORD, for it is an awesome thing that I will do with you.

¶ **11** "Observe what I command you this day. Behold, I will drive out before you the Amorites, the Canaanites, the Hittites, the Perizzites, the Hivites, and the Jebusites.

12 Take care, lest you make a covenant with the inhabitants of the land to which you go, lest it become a snare in your midst.

13 You shall tear down their altars and break their pillars and cut down their Asherim

14 (for you shall worship no other god, for the LORD, whose name is Jealous, is a jealous God),

15 lest you make a covenant with the inhabitants of the land, and when they whore after their gods and sacrifice to their gods and you are invited, you eat of his sacrifice,

16 and you take of their daughters for your sons, and their daughters whore after their gods and make your sons whore after their gods.

¶ **17** "You shall not make for yourself any gods of cast metal.

¶ **18** "You shall keep the Feast of Unleavened Bread. Seven days you shall eat unleavened bread, as I commanded you, at the time appointed in the month Abib, for in the month Abib you came out from Egypt.

19 All that open the womb are mine, all your male[2] livestock, the firstborn of cow and sheep.

20 The firstborn of a donkey you shall redeem with a lamb, or if you will not redeem it you shall break its neck. All the firstborn of your sons you shall redeem. And none shall appear before me empty-handed.

¶ **21** "Six days you shall work, but on the seventh day you shall rest. In plowing time and in harvest you shall rest.

22 You shall observe the Feast of Weeks, the firstfruits of wheat harvest, and the Feast of Ingathering at the year's end.

23 Dreimal im Jahr soll alles, was männlich ist, erscheinen vor dem Herrscher, dem HERRN, dem Gott Israels.

24 Denn ich werde die Heiden vor dir ausstoßen und dein Gebiet weit machen und niemand soll dein Land begehren, während du dreimal im Jahr hinaufgehst, um vor dem HERRN, deinem Gott, zu erscheinen.

¶ **25** Du sollst das Blut meines Opfers nicht darbringen zugleich mit dem Sauerteig, und das Opfer des Passafestes soll nicht über Nacht bleiben bis zum Morgen.

¶ **26** Das Beste von den ersten Früchten deines Ackers sollst du in das Haus des HERRN, deines Gottes, bringen.

¶ Du sollst das Böcklein nicht kochen in seiner Mutter Milch.

¶ **27** Und der HERR sprach zu Mose: Schreib dir diese Worte auf; denn aufgrund dieser Worte habe ich mit dir und mit Israel einen Bund geschlossen.

28 Und er war allda bei dem HERRN vierzig Tage und vierzig Nächte und aß kein Brot und trank kein Wasser. Und er schrieb auf die Tafeln die Worte des Bundes, die Zehn Worte.

Der Glanz auf Moses Angesicht

29 Als nun Mose vom Berge Sinai herabstieg, hatte er die zwei Tafeln des Gesetzes in seiner Hand und wusste nicht, dass die Haut seines Angesichts glänzte, weil er mit Gott geredet hatte.

30 Als aber Aaron und ganz Israel sahen, dass die Haut seines Angesichts glänzte, fürchteten sie sich, ihm zu nahen.

31 Da rief sie Mose und sie wandten sich wieder zu ihm, Aaron und alle Obersten der Gemeinde, und er redete mit ihnen.

32 Danach nahten sich ihm auch alle Israeliten. Und er gebot ihnen alles, was der HERR mit ihm geredet hatte auf dem Berge Sinai.

¶ **33** Und als er dies alles mit ihnen geredet hatte, legte er eine Decke auf sein Angesicht.

34 Und wenn er hineinging vor den HERRN, mit ihm zu reden, tat er die Decke ab, bis er wieder herausging. Und wenn er herauskam und zu den Israeliten redete, was ihm geboten war,

35 sahen die Israeliten, wie die Haut seines Angesichts glänzte. Dann tat er die Decke auf sein Angesicht, bis er wieder hineinging, mit ihm zu reden.

23 Three times in the year shall all your males appear before the LORD God, the God of Israel.

24 For I will cast out nations before you and enlarge your borders; no one shall covet your land, when you go up to appear before the LORD your God three times in the year.

¶ **25** "You shall not offer the blood of my sacrifice with anything leavened, or let the sacrifice of the Feast of the Passover remain until the morning.

26 The best of the firstfruits of your ground you shall bring to the house of the LORD your God. You shall not boil a young goat in its mother's milk."

¶ **27** And the LORD said to Moses, "Write these words, for in accordance with these words I have made a covenant with you and with Israel."

28 So he was there with the LORD forty days and forty nights. He neither ate bread nor drank water. And he wrote on the tablets the words of the covenant, the Ten Commandments.[3]

The Shining Face of Moses

¶ **29** When Moses came down from Mount Sinai, with the two tablets of the testimony in his hand as he came down from the mountain, Moses did not know that the skin of his face shone because he had been talking with God.[4]

30 Aaron and all the people of Israel saw Moses, and behold, the skin of his face shone, and they were afraid to come near him.

31 But Moses called to them, and Aaron and all the leaders of the congregation returned to him, and Moses talked with them.

32 Afterward all the people of Israel came near, and he commanded them all that the LORD had spoken with him in Mount Sinai.

33 And when Moses had finished speaking with them, he put a veil over his face.

¶ **34** Whenever Moses went in before the LORD to speak with him, he would remove the veil, until he came out. And when he came out and told the people of Israel what he was commanded,

35 the people of Israel would see the face of Moses, that the skin of Moses' face was shining. And Moses would put the veil over his face again, until he went in to speak with him.

DIE ERRICHTUNG DER STIFTSHÜTTE
(KAPITEL 35,1–40,38)

Die Sabbatordnung
(vgl. Kap 31,12-17)

35 Und Mose versammelte die ganze Gemeinde der Israeliten und sprach zu ihnen: Dies ist's, was der HERR geboten hat, dass ihr es tun sollt:

2 Sechs Tage sollt ihr arbeiten, den siebenten Tag aber sollt ihr heilig halten als einen Sabbat völliger Ruhe, heilig dem HERRN. Wer an diesem Tag arbeitet, soll sterben.

3 Ihr sollt kein Feuer anzünden am Sabbattag in allen euren Wohnungen.

Freiwillige Gaben für die Stiftshütte
(vgl. Kap 25,3-9; 31,7-11)

4 Und Mose sprach zu der ganzen Gemeinde der Israeliten: Dies ist's, was der HERR geboten hat:

5 Erhebt von eurem Besitz eine Opfergabe für den HERRN, sodass ein jeder die Opfergabe für den HERRN freiwillig bringe: Gold, Silber, Kupfer,

6 blauen und roten Purpur, Scharlach, feine Leinwand und Ziegenhaar,

7 rot gefärbte Widderfelle, Dachsfelle und Akazienholz,

8 Öl für die Lampen und Spezerei zum Salböl und zu wohlriechendem Räucherwerk,

9 Onyxsteine und eingefasste Steine zum Priesterschurz und zum Brustschild.

10 Und wer unter euch kunstverständig ist, der komme und mache, was der HERR geboten hat,

11 nämlich die Wohnung mit ihrem Zelt und ihrer Decke, ihren Haken, Brettern, Riegeln, Säulen und Füßen,

12 die Lade mit ihren Stangen, den Gnadenthron und Vorhang,

13 den Tisch mit seinen Stangen und all seinem Gerät und die Schaubrote,

14 den Leuchter und sein Gerät und seine Lampen und das Öl zum Licht,

15 den Räucheraltar mit seinen Stangen, das Salböl und das wohlriechende Räucherwerk, die Decke vor der Tür der Wohnung,

16 den Brandopferaltar mit seinem Gitter aus Kupfer, seinen Stangen und all seinem Gerät, das Becken mit seinem Gestell;

17 den Behang des Vorhofs, seine Säulen und Füße und die Decke des Tors am Vorhof,

18 die Zeltpflöcke der Wohnung und des Vorhofs mit ihren Seilen,

Sabbath Regulations

35 Moses assembled all the congregation of the people of Israel and said to them, "These are the things that the LORD has commanded you to do.

2 Six days work shall be done, but on the seventh day you shall have a Sabbath of solemn rest, holy to the LORD. Whoever does any work on it shall be put to death.

3 You shall kindle no fire in all your dwelling places on the Sabbath day."

Contributions for the Tabernacle

¶ **4** Moses said to all the congregation of the people of Israel, "This is the thing that the LORD has commanded.

5 Take from among you a contribution to the LORD. Whoever is of a generous heart, let him bring the LORD's contribution: gold, silver, and bronze;

6 blue and purple and scarlet yarns and fine twined linen; goats' hair,

7 tanned rams' skins, and goatskins;[1] acacia wood,

8 oil for the light, spices for the anointing oil and for the fragrant incense,

9 and onyx stones and stones for setting, for the ephod and for the breastpiece.

¶ **10** "Let every skillful craftsman among you come and make all that the LORD has commanded:

11 the tabernacle, its tent and its covering, its hooks and its frames, its bars, its pillars, and its bases;

12 the ark with its poles, the mercy seat, and the veil of the screen;

13 the table with its poles and all its utensils, and the bread of the Presence;

14 the lampstand also for the light, with its utensils and its lamps, and the oil for the light;

15 and the altar of incense, with its poles, and the anointing oil and the fragrant incense, and the screen for the door, at the door of the tabernacle;

16 the altar of burnt offering, with its grating of bronze, its poles, and all its utensils, the basin and its stand;

17 the hangings of the court, its pillars and its bases, and the screen for the gate of the court;

18 the pegs of the tabernacle and the pegs of the court, and their cords;

19 die Amtskleider zum Dienst im Heiligtum, die heiligen Kleider Aarons, des Priesters, samt den Kleidern seiner Söhne für den priesterlichen Dienst.

¶ **20** Da ging die ganze Gemeinde der Israeliten von Mose weg.

21 Und alle, die es gern und freiwillig gaben, kamen und brachten dem HERRN die Opfergabe zur Errichtung der Stiftshütte und für allen Dienst darin und für die heiligen Kleider.

22 Es brachten aber Männer und Frauen freiwillig Spangen, Ohrringe, Ringe und Geschmeide und allerlei goldenes Gerät, ein jeder das Gold, das er zur Gabe für den HERRN bestimmt hatte.

23 Und wer bei sich blauen und roten Purpur fand, Scharlach, feine Leinwand, Ziegenhaar, rot gefärbte Widderfelle und Dachsfelle, der brachte sie.

24 Und wer eine Opfergabe von Silber und Kupfer geben wollte, der brachte es dem HERRN als Opfergabe. Und wer Akazienholz hatte, der brachte es zu allerlei Verwendung für den Dienst.

25 Und alle Frauen, die diese Kunst verstanden, spannen mit ihren Händen und brachten ihr Gespinst, blauen und roten Purpur, Scharlach und feine Leinwand.

26 Und alle Frauen, die solche Arbeit verstanden und willig dazu waren, spannen Ziegenhaare.

27 Die Stammesfürsten aber brachten Onyxsteine und eingefasste Steine für den Priesterschurz und die Brusttasche

28 und Spezerei und Öl für den Leuchter und für das Salböl und für das wohlriechende Räucherwerk.

29 So brachten die Israeliten, Männer und Frauen, die ihr Herz dazu trieb, freiwillige Gaben zu allem Werk, das der HERR durch Mose geboten hatte.

Beauftragung der Kunsthandwerker
(vgl. Kap 31,1-6)

30 Und Mose sprach zu den Israeliten: Sehet, der HERR hat mit Namen berufen den Bezalel, den Sohn Uris, des Sohnes Hurs, vom Stamm Juda,

31 und hat ihn erfüllt mit dem Geist Gottes, dass er weise, verständig und geschickt sei zu jedem Werk,

32 kunstreich zu arbeiten in Gold, Silber und Kupfer,

19 the finely worked garments for ministering[2] in the Holy Place, the holy garments for Aaron the priest, and the garments of his sons, for their service as priests."

¶ **20** Then all the congregation of the people of Israel departed from the presence of Moses.

21 And they came, everyone whose heart stirred him, and everyone whose spirit moved him, and brought the LORD's contribution to be used for the tent of meeting, and for all its service, and for the holy garments.

22 So they came, both men and women. All who were of a willing heart brought brooches and earrings and signet rings and armlets, all sorts of gold objects, every man dedicating an offering of gold to the LORD.

23 And every one who possessed blue or purple or scarlet yarns or fine linen or goats' hair or tanned rams' skins or goatskins brought them.

24 Everyone who could make a contribution of silver or bronze brought it as the LORD's contribution. And every one who possessed acacia wood of any use in the work brought it.

25 And every skillful woman spun with her hands, and they all brought what they had spun in blue and purple and scarlet yarns and fine twined linen.

26 All the women whose hearts stirred them to use their skill spun the goats' hair.

27 And the leaders brought onyx stones and stones to be set, for the ephod and for the breastpiece,

28 and spices and oil for the light, and for the anointing oil, and for the fragrant incense.

29 All the men and women, the people of Israel, whose heart moved them to bring anything for the work that the LORD had commanded by Moses to be done brought it as a freewill offering to the LORD.

Construction of the Tabernacle

¶ **30** Then Moses said to the people of Israel, "See, the LORD has called by name Bezalel the son of Uri, son of Hur, of the tribe of Judah;

31 and he has filled him with the Spirit of God, with skill, with intelligence, with knowledge, and with all craftsmanship,

32 to devise artistic designs, to work in gold and silver and bronze,

33 Edelsteine zu schneiden und einzusetzen, Holz zu schnitzen, um jede kunstreiche Arbeit zu vollbringen.

34 Und er hat ihm auch die Gabe zu unterweisen ins Herz gegeben, ihm und Oholiab, dem Sohn Ahisamachs, vom Stamm Dan.

35 Er hat ihr Herz mit Weisheit erfüllt, zu machen alle Arbeiten des Goldschmieds und des Kunstwirkers und des Buntwirkers mit blauem und rotem Purpur, Scharlach und feiner Leinwand und des Webers, dass sie jedes Werk ausführen und kunstreiche Entwürfe ersinnen können.

36 So sollen denn arbeiten Bezalel und Oholiab und alle Künstler, denen der HERR Weisheit und Verstand gegeben hat zu wissen, wie sie alle Arbeit ausführen sollen zum Dienst des Heiligtums, ganz nach dem Gebot des HERRN.

2 Und Mose berief Bezalel und Oholiab und alle Künstler, denen der HERR Weisheit ins Herz gegeben hatte, alle, die sich freiwillig erboten, ans Werk zu gehen und es auszurichten.

3 Und sie empfingen von Mose alle Opfer, die die Israeliten gebracht hatten, um die Arbeiten zum Dienst des Heiligtums auszuführen. Und man brachte auch weiterhin alle Morgen freiwillige Gaben zu ihm.

¶ **4** Da kamen alle Künstler, die am Werk des Heiligtums arbeiteten, ein jeder von der Arbeit, die er machte,

5 und sprachen zu Mose: Das Volk bringt zu viel, mehr als zum Dienst dieses Werkes nötig ist, das der HERR zu machen geboten hat.

6 Da gebot Mose, dass man durchs Lager rufen ließe: Niemand, weder Mann noch Frau, soll hinfort noch etwas bringen als Opfergabe für das Heiligtum. Da brachte das Volk nichts mehr.

7 Denn es war genug gebracht worden zu allen Arbeiten, die zu machen waren, und es war noch übrig geblieben.

Die Herstellung des Heiligtums
(vgl. Kap 26,1-37)

8 So machten alle Künstler unter den Arbeitern die Wohnung aus zehn Teppichen von gezwirnter feiner Leinwand, blauem und rotem Purpur und Scharlach, und Cherubim waren eingewebt in kunstreicher Arbeit.

9 Die Länge eines Teppichs war achtundzwanzig Ellen und die Breite vier Ellen und alle waren von **einem** Maß.

33 in cutting stones for setting, and in carving wood, for work in every skilled craft.

34 And he has inspired him to teach, both him and Oholiab the son of Ahisamach of the tribe of Dan.

35 He has filled them with skill to do every sort of work done by an engraver or by a designer or by an embroiderer in blue and purple and scarlet yarns and fine twined linen, or by a weaver—by any sort of workman or skilled designer.

36 "Bezalel and Oholiab and every craftsman in whom the LORD has put skill and intelligence to know how to do any work in the construction of the sanctuary shall work in accordance with all that the LORD has commanded."

¶ **2** And Moses called Bezalel and Oholiab and every craftsman in whose mind the LORD had put skill, everyone whose heart stirred him up to come to do the work.

3 And they received from Moses all the contribution that the people of Israel had brought for doing the work on the sanctuary. They still kept bringing him freewill offerings every morning,

4 so that all the craftsmen who were doing every sort of task on the sanctuary came, each from the task that he was doing,

5 and said to Moses, "The people bring much more than enough for doing the work that the LORD has commanded us to do."

6 So Moses gave command, and word was proclaimed throughout the camp, "Let no man or woman do anything more for the contribution for the sanctuary." So the people were restrained from bringing,

7 for the material they had was sufficient to do all the work, and more.

¶ **8** And all the craftsmen among the workmen made the tabernacle with ten curtains. They were made of fine twined linen and blue and purple and scarlet yarns, with cherubim skillfully worked.

9 The length of each curtain was twenty-eight cubits,[1] and the breadth of each curtain four cubits. All the curtains were the same size.

10 Und er fügte je fünf Teppiche zu einem Stück zusammen, einen an den andern.

11 Und er machte blaue Schlaufen an jedes Stück am Rande, wo die beiden Stücke zusammengeheftet werden sollten,

12 fünfzig Schlaufen an jedes Stück, dass eine Schlaufe der andern gegenüberstünde.

13 Und er machte fünfzig goldene Haken und heftete die Teppiche mit den Haken einen an den andern zusammen, dass es **eine** Wohnung würde.

¶ **14** Und er machte elf Teppiche von Ziegenhaaren zum Zelte über die Wohnung,

15 dreißig Ellen lang und vier Ellen breit, alle von **einem** Maß,

16 und fügte fünf zusammen zu dem einen Stück und sechs zusammen zum andern Stück.

17 Und er machte fünfzig Schlaufen an jedes Stück an dem Rande, wo die Stücke zusammengeheftet werden sollten,

18 und machte je fünfzig Haken aus Kupfer, damit das Zelt mit ihnen zusammengefügt würde.

19 Und er machte eine Decke über das Zelt von rot gefärbten Widderfellen und darüber noch eine Decke von Dachsfellen.

¶ **20** Und er machte Bretter für die Wohnung, aus Akazienholz, zum Aufstellen,

21 ein jedes zehn Ellen lang und anderthalb Ellen breit

22 und an jedem zwei Zapfen, damit eins an das andere gesetzt würde. So machte er alle Bretter für die Wohnung,

23 dass zwanzig Bretter nach Süden standen.

24 Und er machte vierzig silberne Füße darunter, unter jedes Brett zwei Füße für seine zwei Zapfen.

25 Ebenso machte er auf der andern Seite der Wohnung nach Norden zwanzig Bretter

26 mit vierzig silbernen Füßen, unter jedes Brett zwei Füße.

27 Und für die Rückseite der Wohnung nach Westen machte er sechs Bretter

28 und zwei andere für die zwei Ecken an der Rückseite der Wohnung,

¶ **10** He coupled five curtains to one another, and the other five curtains he coupled to one another.

11 He made loops of blue on the edge of the outermost curtain of the first set. Likewise he made them on the edge of the outermost curtain of the second set.

12 He made fifty loops on the one curtain, and he made fifty loops on the edge of the curtain that was in the second set. The loops were opposite one another.

13 And he made fifty clasps of gold, and coupled the curtains one to the other with clasps. So the tabernacle was a single whole.

¶ **14** He also made curtains of goats' hair for a tent over the tabernacle. He made eleven curtains.

15 The length of each curtain was thirty cubits, and the breadth of each curtain four cubits. The eleven curtains were the same size.

16 He coupled five curtains by themselves, and six curtains by themselves.

17 And he made fifty loops on the edge of the outermost curtain of the one set, and fifty loops on the edge of the other connecting curtain.

18 And he made fifty clasps of bronze to couple the tent together that it might be a single whole.

19 And he made for the tent a covering of tanned rams' skins and goatskins.

¶ **20** Then he made the upright frames for the tabernacle of acacia wood.

21 Ten cubits was the length of a frame, and a cubit and a half the breadth of each frame.

22 Each frame had two tenons for fitting together. He did this for all the frames of the tabernacle.

23 The frames for the tabernacle he made thus: twenty frames for the south side.

24 And he made forty bases of silver under the twenty frames, two bases under one frame for its two tenons, and two bases under the next frame for its two tenons.

25 For the second side of the tabernacle, on the north side, he made twenty frames

26 and their forty bases of silver, two bases under one frame and two bases under the next frame.

27 For the rear of the tabernacle westward he made six frames.

28 He made two frames for corners of the tabernacle in the rear.

29 dass beide mit ihren Eckbrettern unten und oben durch Zapfen verbunden wurden,

30 sodass es acht Bretter wurden und sechzehn silberne Füße, unter jedem zwei Füße.

¶ **31** Und er machte Riegel aus Akazienholz, fünf zu den Brettern auf der einen Langseite der Wohnung

32 und fünf auf der andern Langseite und fünf auf der Rückseite nach Westen.

33 Und er machte den Mittelriegel, dass er in halber Höhe an den Brettern entlanglief von einem Ende zum andern.

34 Und er überzog die Bretter mit Gold und ihre Ringe machte er aus Gold, dass man die Riegel hineintäte, und überzog die Riegel mit Gold.

¶ **35** Und er machte den Vorhang mit den Cherubim in kunstreicher Arbeit, aus blauem und rotem Purpur, Scharlach und gezwirnter feiner Leinwand,

36 und für ihn vier Säulen aus Akazienholz und überzog sie mit Gold und ihre Nägel waren aus Gold, und er goss dazu vier silberne Füße.

37 Und er machte eine Decke für den Eingang des Zeltes aus blauem und rotem Purpur, Scharlach und gezwirnter feiner Leinwand, in Buntwirkerarbeit,

38 und dazu fünf Säulen mit ihren Nägeln und überzog ihre Köpfe und Ringbänder mit Gold und machte fünf Füße aus Kupfer daran.

Die Bundeslade
(vgl. Kap 25,10-22)

37 Und Bezalel machte die Lade aus Akazienholz, zwei und eine halbe Elle lang, anderthalb Ellen breit und ebenso hoch,

2 und überzog sie mit feinem Golde innen und außen und machte ihr einen goldenen Kranz ringsherum.

3 Und er goss vier goldene Ringe für ihre vier Ecken, für jede Seite zwei,

4 und machte Stangen aus Akazienholz und überzog sie mit Gold

5 und tat sie in die Ringe an den Seiten der Lade, sodass man sie tragen konnte.

6 Und er machte den Gnadenthron aus feinem Golde, zwei und eine halbe Elle lang und anderthalb Ellen breit,

29 And they were separate beneath but joined at the top, at the first ring. He made two of them this way for the two corners.

30 There were eight frames with their bases of silver: sixteen bases, under every frame two bases.

¶ **31** He made bars of acacia wood, five for the frames of the one side of the tabernacle,

32 and five bars for the frames of the other side of the tabernacle, and five bars for the frames of the tabernacle at the rear westward.

33 And he made the middle bar to run from end to end halfway up the frames.

34 And he overlaid the frames with gold, and made their rings of gold for holders for the bars, and overlaid the bars with gold.

¶ **35** He made the veil of blue and purple and scarlet yarns and fine twined linen; with cherubim skillfully worked into it he made it.

36 And for it he made four pillars of acacia and overlaid them with gold. Their hooks were of gold, and he cast for them four bases of silver.

37 He also made a screen for the entrance of the tent, of blue and purple and scarlet yarns and fine twined linen, embroidered with needlework,

38 and its five pillars with their hooks. He overlaid their capitals, and their fillets were of gold, but their five bases were of bronze.

Making the Ark

37 Bezalel made the ark of acacia wood. Two cubits[1] and a half was its length, a cubit and a half its breadth, and a cubit and a half its height.

2 And he overlaid it with pure gold inside and outside, and made a molding of gold around it.

3 And he cast for it four rings of gold for its four feet, two rings on its one side and two rings on its other side.

4 And he made poles of acacia wood and overlaid them with gold

5 and put the poles into the rings on the sides of the ark to carry the ark.

6 And he made a mercy seat of pure gold. Two cubits and a half was its length, and a cubit and a half its breadth.

7 und zwei Cherubim aus getriebenem Golde an die beiden Enden des Gnadenthrones,

8 einen Cherub an diesem, den andern an jenem Ende.

9 Und die Cherubim breiteten ihre Flügel nach oben aus und bedeckten damit den Gnadenthron, und sie standen Antlitz gegen Antlitz und sahen auf den Gnadenthron.

Der Tisch für die Schaubrote
(vgl. Kap 25,23-30)

10 Und er machte den Tisch aus Akazienholz, zwei Ellen lang, eine Elle breit und anderthalb Ellen hoch,

11 und überzog ihn mit feinem Golde und machte ihm einen goldenen Kranz ringsherum

12 und machte ihm eine Leiste ringsherum, eine Handbreit hoch, und einen goldenen Kranz um die Leiste.

13 Und er goss für ihn vier goldene Ringe und befestigte sie an den vier Ecken an seinen vier Füßen,

14 dicht unter der Leiste, dass man die Stangen hineintun und den Tisch tragen könnte.

15 Und er machte die Stangen aus Akazienholz und überzog sie mit Gold, dass man den Tisch damit trüge.

16 Und er machte auch aus feinem Golde das Gerät für den Tisch: Schüsseln und Schalen, Kannen und Becher, in denen man das Trankopfer darbringen sollte.

Der Leuchter
(vgl. Kap 25,31-40)

17 Und er machte den Leuchter aus feinem, getriebenem Golde. Daran waren der Fuß und der Schaft, Kelche und Knäufe und Blumen.

18 Sechs Arme gingen von seinen Seiten aus, nach jeder Seite drei Arme.

19 Drei Kelche waren an jedem Arm mit Knäufen und Blumen.

20 An dem Leuchter aber waren vier Kelche mit Knäufen und Blumen,

7 And he made two cherubim of gold. He made them of hammered work on the two ends of the mercy seat,

8 one cherub on the one end, and one cherub on the other end. Of one piece with the mercy seat he made the cherubim on its two ends.

9 The cherubim spread out their wings above, overshadowing the mercy seat with their wings, with their faces one to another; toward the mercy seat were the faces of the cherubim.

Making the Table

¶ **10** He also made the table of acacia wood. Two cubits was its length, a cubit its breadth, and a cubit and a half its height.

11 And he overlaid it with pure gold, and made a molding of gold around it.

12 And he made a rim around it a handbreadth[2] wide, and made a molding of gold around the rim.

13 He cast for it four rings of gold and fastened the rings to the four corners at its four legs.

14 Close to the frame were the rings, as holders for the poles to carry the table.

15 He made the poles of acacia wood to carry the table, and overlaid them with gold.

16 And he made the vessels of pure gold that were to be on the table, its plates and dishes for incense, and its bowls and flagons with which to pour drink offerings.

Making the Lampstand

¶ **17** He also made the lampstand of pure gold. He made the lampstand of hammered work. Its base, its stem, its cups, its calyxes, and its flowers were of one piece with it.

18 And there were six branches going out of its sides, three branches of the lampstand out of one side of it and three branches of the lampstand out of the other side of it;

19 three cups made like almond blossoms, each with calyx and flower, on one branch, and three cups made like almond blossoms, each with calyx and flower, on the other branch—so for the six branches going out of the lampstand.

20 And on the lampstand itself were four cups made like almond blossoms, with their calyxes and flowers,

21 je ein Knauf unter zwei von den sechs Armen, die von ihm ausgingen.

22 Und die Knäufe und Arme waren aus einem Stück mit ihm und alles war aus getriebenem, feinem Gold.

23 Und er machte die sieben Lampen mit ihren Lichtscheren und Löschnäpfen aus feinem Gold.

24 Aus einem Zentner feinen Goldes machte er ihn und all sein Gerät.

Räucheraltar, Salböl und Räucherwerk
(vgl. Kap 30,1-5; 30,22-38)

25 Er machte auch den Räucheraltar aus Akazienholz, eine Elle lang und ebenso breit, viereckig, und zwei Ellen hoch mit seinen Hörnern,

26 und überzog ihn mit feinem Golde, seine Platte und seine Wände ringsherum und seine Hörner, und machte ihm einen Kranz ringsherum von Gold

27 und zwei goldene Ringe unter dem Kranz zu beiden Seiten, dass man Stangen hineintäte und ihn damit trüge.

28 Und die Stangen machte er aus Akazienholz und überzog sie mit Gold.

¶ **29** Und er machte das heilige Salböl und das Räucherwerk aus reiner Spezerei nach der Kunst des Salbenbereiters.

Der Brandopferaltar und das kupferne Becken
(vgl. Kap 27,1-8; 30,18-21)

38 Und er machte den Brandopferaltar aus Akazienholz, fünf Ellen lang und ebenso breit, viereckig, und drei Ellen hoch,

2 und vier Hörner, die mit ihm verbunden waren, auf seinen vier Ecken und überzog ihn mit Kupfer.

3 Und er machte alle Geräte zu dem Altar, Töpfe für die Asche, Schaufeln, Becken, Gabeln, Kohlenpfannen, alles aus Kupfer.

4 Und er machte am Altar ein Gitterwerk aus Kupfer wie ein Netz ringsherum von unten her bis zur Mitte des Altars

5 und goss vier Ringe an die vier Enden des kupfernen Gitters für die Stangen.

6 Diese machte er aus Akazienholz und überzog sie mit Kupfer

7 und tat sie in die Ringe an den Seiten des Altars, dass man ihn damit trüge. Und er machte ihn so, dass er inwendig hohl war.

21 and a calyx of one piece with it under each pair of the six branches going out of it.

22 Their calyxes and their branches were of one piece with it. The whole of it was a single piece of hammered work of pure gold.

23 And he made its seven lamps and its tongs and its trays of pure gold.

24 He made it and all its utensils out of a talent[3] of pure gold.

Making the Altar of Incense

¶ **25** He made the altar of incense of acacia wood. Its length was a cubit, and its breadth was a cubit. It was square, and two cubits was its height. Its horns were of one piece with it.

26 He overlaid it with pure gold, its top and around its sides and its horns. And he made a molding of gold around it,

27 and made two rings of gold on it under its molding, on two opposite sides of it, as holders for the poles with which to carry it.

28 And he made the poles of acacia wood and overlaid them with gold.

¶ **29** He made the holy anointing oil also, and the pure fragrant incense, blended as by the perfumer.

Making the Altar of Burnt Offering

38 He made the altar of burnt offering of acacia wood. Five cubits[1] was its length, and five cubits its breadth. It was square, and three cubits was its height.

2 He made horns for it on its four corners. Its horns were of one piece with it, and he overlaid it with bronze.

3 And he made all the utensils of the altar, the pots, the shovels, the basins, the forks, and the fire pans. He made all its utensils of bronze.

4 And he made for the altar a grating, a network of bronze, under its ledge, extending halfway down.

5 He cast four rings on the four corners of the bronze grating as holders for the poles.

6 He made the poles of acacia wood and overlaid them with bronze.

7 And he put the poles through the rings on the sides of the altar to carry it with them. He made it hollow, with boards.

¶ 8 Und er machte das Becken aus Kupfer und sein Gestell auch aus Kupfer von den Spiegeln der Frauen, die vor der Tür der Stiftshütte Dienst taten.

¶ 8 He made the basin of bronze and its stand of bronze, from the mirrors of the ministering women who ministered in the entrance of the tent of meeting.

Der Vorhof
(vgl. Kap 27,9-19)

9 Und er machte den Vorhof: nach Süden Behänge, hundert Ellen lang, von gezwirnter feiner Leinwand,

10 mit zwanzig Säulen und zwanzig Füßen aus Kupfer, aber ihre Nägel und Ringbänder aus Silber;

11 desgleichen nach Norden, hundert Ellen lang mit zwanzig Säulen und zwanzig Füßen aus Kupfer, aber ihre Nägel und Ringbänder aus Silber;

12 nach Westen aber fünfzig Ellen lang mit zehn Säulen und zehn Füßen, aber ihre Nägel und Ringbänder aus Silber;

13 nach Osten auch fünfzig Ellen;

14 fünfzehn Ellen auf einer Seite mit drei Säulen und drei Füßen

15 und auf der andern Seite auch fünfzehn Ellen mit drei Säulen und drei Füßen, zu beiden Seiten des Tors am Vorhof.

16 Alle Behänge des Vorhofs waren von gezwirnter feiner Leinwand

17 und die Füße der Säulen aus Kupfer und ihre Nägel aus Silber und ihre Köpfe waren überzogen mit Silber, und ihre Ringbänder waren silbern an allen Säulen des Vorhofs.

18 Und die Decke für das Tor des Vorhofs machte er in Buntwirkerarbeit aus blauem und rotem Purpur, Scharlach und gezwirnter feiner Leinwand, zwanzig Ellen lang und fünf Ellen hoch, nach dem Maß der Behänge des Vorhofs,

19 dazu vier Säulen und vier Füße aus Kupfer und ihre Nägel aus Silber und ihre Köpfe und ihre Ringbänder, überzogen mit Silber.

20 Und alle Zeltpflöcke der Wohnung und des Vorhofs ringsherum waren aus Kupfer.

Making the Court

¶ **9** And he made the court. For the south side the hangings of the court were of fine twined linen, a hundred cubits;

10 their twenty pillars and their twenty bases were of bronze, but the hooks of the pillars and their fillets were of silver.

11 And for the north side there were hangings of a hundred cubits, their twenty pillars, their twenty bases were of bronze, but the hooks of the pillars and their fillets were of silver.

12 And for the west side were hangings of fifty cubits, their ten pillars, and their ten bases; the hooks of the pillars and their fillets were of silver.

13 And for the front to the east, fifty cubits.

14 The hangings for one side of the gate were fifteen cubits, with their three pillars and three bases.

15 And so for the other side. On both sides of the gate of the court were hangings of fifteen cubits, with their three pillars and their three bases.

16 All the hangings around the court were of fine twined linen.

17 And the bases for the pillars were of bronze, but the hooks of the pillars and their fillets were of silver. The overlaying of their capitals was also of silver, and all the pillars of the court were filleted with silver.

18 And the screen for the gate of the court was embroidered with needlework in blue and purple and scarlet yarns and fine twined linen. It was twenty cubits long and five cubits high in its breadth, corresponding to the hangings of the court.

19 And their pillars were four in number. Their four bases were of bronze, their hooks of silver, and the overlaying of their capitals and their fillets of silver.

20 And all the pegs for the tabernacle and for the court all around were of bronze.

Die Aufwendungen für das Heiligtum

21 Dies ist die Summe der Aufwendungen für die Wohnung des Gesetzes, die nach dem Gebot des Mose errechnet wurde von den Leviten unter der Leitung Itamars, des Sohnes Aarons, des Priesters.

22 Bezalel aber, der Sohn Uris, des Sohnes Hurs, vom Stamme Juda, hatte alles gemacht, was der HERR dem Mose geboten hatte,

23 und mit ihm Oholiab, der Sohn Ahisamachs, vom Stamme Dan, ein Schmied, Schnitzer, Kunstweber und Buntwirker in blauem und rotem Purpur, Scharlach und feiner Leinwand.

¶ **24** Alles Gold, das verarbeitet ist zu diesem ganzen Werk des Heiligtums und das als Gabe gespendet war, beträgt 29 Zentner 730 Lot nach dem Gewicht des Heiligtums.

25 Das Silber aber, das die Zählung der Gemeinde erbrachte, betrug hundert Zentner 1775 Lot nach dem Gewicht des Heiligtums,

26 auf den Kopf ein halbes Lot nach dem Gewicht des Heiligtums von allen, die gezählt wurden von zwanzig Jahren an und darüber, 603 550 Mann.

27 Aus den hundert Zentnern Silber goss man die Füße der Bretter und die Füße des Vorhangs, hundert Füße aus hundert Zentnern, je einen Zentner für einen Fuß.

28 Und aus den 1775 Lot wurden die Nägel der Säulen gemacht und ihre Köpfe und ihre Ringbänder überzogen.

29 Das Kupfer aber, das gespendet war, betrug 70 Zentner 2400 Lot.

30 Daraus wurden gemacht die Füße an der Tür der Stiftshütte und der Altar und das Gitterwerk daran und alle Geräte des Altars,

31 dazu die Füße des Vorhofs ringsherum und die Füße des Tors am Vorhof, alle Zeltpflöcke der Wohnung und alle Zeltpflöcke des Vorhofs ringsherum.

Die Kleidung der Priester
(vgl. Kap 28,1–43)

39 Und aus dem blauen und roten Purpur und dem Scharlach machten sie Amtskleider zum Dienst im Heiligtum, und sie machten die heiligen Kleider für Aaron, wie der HERR es Mose geboten hatte.

2 Und sie machten den Priesterschurz aus Gold, blauem und rotem Purpur, Scharlach und gezwirnter feiner Leinwand.

Materials for the Tabernacle

¶ **21** These are the records of the tabernacle, the tabernacle of the testimony, as they were recorded at the commandment of Moses, the responsibility of the Levites under the direction of Ithamar the son of Aaron the priest.

22 Bezalel the son of Uri, son of Hur, of the tribe of Judah, made all that the LORD commanded Moses;

23 and with him was Oholiab the son of Ahisamach, of the tribe of Dan, an engraver and designer and embroiderer in blue and purple and scarlet yarns and fine twined linen.

¶ **24** All the gold that was used for the work, in all the construction of the sanctuary, the gold from the offering, was twenty-nine talents and 730 shekels,[2] by the shekel of the sanctuary.

25 The silver from those of the congregation who were recorded was a hundred talents and 1,775 shekels, by the shekel of the sanctuary:

26 a beka[3] a head (that is, half a shekel, by the shekel of the sanctuary), for everyone who was listed in the records, from twenty years old and upward, for 603,550 men.

27 The hundred talents of silver were for casting the bases of the sanctuary and the bases of the veil; a hundred bases for the hundred talents, a talent a base.

28 And of the 1,775 shekels he made hooks for the pillars and overlaid their capitals and made fillets for them.

29 The bronze that was offered was seventy talents and 2,400 shekels;

30 with it he made the bases for the entrance of the tent of meeting, the bronze altar and the bronze grating for it and all the utensils of the altar,

31 the bases around the court, and the bases of the gate of the court, all the pegs of the tabernacle, and all the pegs around the court.

Making the Priestly Garments

39 From the blue and purple and scarlet yarns they made finely woven garments,[1] for ministering in the Holy Place. They made the holy garments for Aaron, as the LORD had commanded Moses.

¶ **2** He made the ephod of gold, blue and purple and scarlet yarns, and fine twined linen.

3 Und sie schlugen Goldplatten und schnitten sie zu Fäden, dass man sie in Kunstwirkerarbeit unter den blauen und roten Purpur, den Scharlach und die feine Leinwand einweben konnte.

4 Schulterteile machten sie, die an den Schurz angefügt wurden, und an seinen beiden Enden wurde er zusammengebunden.

5 Und seine Binde war von derselben Arbeit, aus einem Stück mit ihm, aus Gold, blauem und rotem Purpur, Scharlach und gezwirnter feiner Leinwand, wie der HERR es Mose geboten hatte.

¶ **6** Und sie fassten zwei Onyxsteine ringsherum mit Gold ein und gruben darauf ein nach der Weise der Siegelstecher die Namen der Söhne Israels.

7 Und er heftete sie auf die Schulterteile des Schurzes, dass es Steine seien zum gnädigen Gedenken an die Israeliten vor dem HERRN, wie der HERR es Mose geboten hatte.

¶ **8** Und sie machten die Brusttasche, kunstreich gewirkt wie der Priesterschurz, aus Gold, blauem und rotem Purpur, Scharlach und gezwirnter feiner Leinwand,

9 dass sie viereckig war und doppelt gelegt, eine Spanne lang und ebenso breit,

10 und besetzten sie mit vier Reihen Steinen: Die erste Reihe war ein Sarder, ein Topas und ein Smaragd,

11 die andere ein Rubin, ein Saphir und ein Diamant,

12 die dritte ein Lynkurer, ein Achat und ein Amethyst,

13 die vierte ein Türkis, ein Onyx und ein Jaspis, ringsherum eingefasst mit Gold in allen Reihen.

14 Und die Steine trugen die zwölf Namen der Söhne Israels, eingegraben in Siegelstecherarbeit, sodass auf einem jeden ein Name stand nach den zwölf Stämmen.

15 Und sie machten an der Tasche Ketten wie gedrehte Schnüre, aus feinem Golde,

16 und zwei Goldgeflechte und zwei goldene Ringe und hefteten die beiden Ringe an die beiden oberen Ecken der Tasche.

17 Und die beiden goldenen Ketten taten sie in die beiden Ringe an den Ecken der Tasche.

18 Aber die beiden andern Enden der Ketten taten sie an die beiden Goldgeflechte und hefteten sie vorne auf die Schulterteile des Schurzes.

19 Und sie machten zwei andere goldene Ringe und hefteten sie an die beiden anderen Ecken der Tasche an ihren Rand innen zum Schurz hin;

3 And they hammered out gold leaf, and he cut it into threads to work into the blue and purple and the scarlet yarns, and into the fine twined linen, in skilled design.

4 They made for the ephod attaching shoulder pieces, joined to it at its two edges.

5 And the skillfully woven band on it was of one piece with it and made like it, of gold, blue and purple and scarlet yarns, and fine twined linen, as the LORD had commanded Moses.

¶ **6** They made the onyx stones, enclosed in settings of gold filigree, and engraved like the engravings of a signet, according to the names of the sons of Israel.

7 And he set them on the shoulder pieces of the ephod to be stones of remembrance for the sons of Israel, as the LORD had commanded Moses.

¶ **8** He made the breastpiece, in skilled work, in the style of the ephod, of gold, blue and purple and scarlet yarns, and fine twined linen.

9 It was square. They made the breastpiece doubled, a span[2] its length and a span its breadth when doubled.

10 And they set in it four rows of stones. A row of sardius, topaz, and carbuncle was the first row;

11 and the second row, an emerald, a sapphire, and a diamond;

12 and the third row, a jacinth, an agate, and an amethyst;

13 and the fourth row, a beryl, an onyx, and a jasper. They were enclosed in settings of gold filigree.

14 There were twelve stones with their names according to the names of the sons of Israel. They were like signets, each engraved with its name, for the twelve tribes.

15 And they made on the breastpiece twisted chains like cords, of pure gold.

16 And they made two settings of gold filigree and two gold rings, and put the two rings on the two edges of the breastpiece.

17 And they put the two cords of gold in the two rings at the edges of the breastpiece.

18 They attached the two ends of the two cords to the two settings of filigree. Thus they attached it in front to the shoulder pieces of the ephod.

19 Then they made two rings of gold, and put them at the two ends of the breastpiece, on its inside edge next to the ephod.

20 und sie machten zwei andere goldene Ringe, die taten sie unten an die beiden Schulterteile vorn am Schurz, wo er zusammengeht, oben über der Binde des Schurzes,

21 und knüpften die Tasche mit ihren Ringen an die Ringe des Schurzes mit einer Schnur aus blauem Purpur, dass sie über der Binde des Schurzes anliege und sich nicht von dem Schurz losmache, wie der HERR es Mose geboten hatte.

¶ **22** Und dazu machte er das Obergewand zum Priesterschurz, gewirkt, ganz aus blauem Purpur,

23 und seine Öffnung oben in der Mitte und eine Borte um die Öffnung herum wie bei einem Panzerhemd, dass sie nicht einreiße.

24 Und sie machten an seinen Saum Granatäpfel aus blauem und rotem Purpur, Scharlach und gezwirnter feiner Leinwand

25 und machten Schellen aus feinem Golde; die taten sie zwischen die Granatäpfel ringsherum am Saum des Obergewandes,

26 je einen Granatapfel und eine Schelle ringsherum am Saum, für den Dienst, wie der HERR es Mose geboten hatte.

27 Und sie machten auch die Untergewänder aus feiner Leinwand, gewebt, für Aaron und seine Söhne,

28 und den Kopfbund aus feiner Leinwand und die hohen Mützen aus feiner Leinwand und Beinkleider aus gezwirnter feiner Leinwand

29 und den Gürtel in Buntwirkerarbeit aus gezwirnter feiner Leinwand, blauem und rotem Purpur und Scharlach, wie der HERR es Mose geboten hatte.

¶ **30** Sie machten auch das Stirnblatt, den heiligen Kronreif, aus feinem Gold und gruben als Schrift ein: »Heilig dem HERRN«.

31 Und sie banden eine Schnur aus blauem Purpur daran, dass sie an dem Kopfbund oben angeheftet würde, wie der HERR es Mose geboten hatte.

Mose prüft die vollendeten Arbeiten

32 Also wurde vollendet das ganze Werk der Wohnung der Stiftshütte. Und die Israeliten taten alles, was der HERR dem Mose geboten hatte.

33 Und sie brachten die Wohnung zu Mose: das Zelt und alle seine Geräte, Haken, Bretter, Riegel, Säulen, Füße,

34 die Decke von rot gefärbten Widderfellen, die Decke von Dachsfellen und den Vorhang,

35 die Lade mit dem Gesetz samt ihren Stangen, den Gnadenthron,

20 And they made two rings of gold, and attached them in front to the lower part of the two shoulder pieces of the ephod, at its seam above the skillfully woven band of the ephod.

21 And they bound the breastpiece by its rings to the rings of the ephod with a lace of blue, so that it should lie on the skillfully woven band of the ephod, and that the breastpiece should not come loose from the ephod, as the LORD had commanded Moses.

¶ **22** He also made the robe of the ephod woven all of blue,

23 and the opening of the robe in it was like the opening in a garment, with a binding around the opening, so that it might not tear.

24 On the hem of the robe they made pomegranates of blue and purple and scarlet yarns and fine twined linen.

25 They also made bells of pure gold, and put the bells between the pomegranates all around the hem of the robe, between the pomegranates—

26 a bell and a pomegranate, a bell and a pomegranate around the hem of the robe for ministering, as the LORD had commanded Moses.

¶ **27** They also made the coats, woven of fine linen, for Aaron and his sons,

28 and the turban of fine linen, and the caps of fine linen, and the linen undergarments of fine twined linen,

29 and the sash of fine twined linen and of blue and purple and scarlet yarns, embroidered with needlework, as the LORD had commanded Moses.

¶ **30** They made the plate of the holy crown of pure gold, and wrote on it an inscription, like the engraving of a signet, "Holy to the LORD."

31 And they tied to it a cord of blue to fasten it on the turban above, as the LORD had commanded Moses.

¶ **32** Thus all the work of the tabernacle of the tent of meeting was finished, and the people of Israel did according to all that the LORD had commanded Moses; so they did.

33 Then they brought the tabernacle to Moses, the tent and all its utensils, its hooks, its frames, its bars, its pillars, and its bases;

34 the covering of tanned rams' skins and goatskins, and the veil of the screen;

35 the ark of the testimony with its poles and the mercy seat;

36 den Tisch und alle seine Geräte und die Schaubrote,

37 den Leuchter aus feinem Gold mit den Lampen zum Aufsetzen und all seinem Gerät und das Öl für den Leuchter,

38 den goldenen Altar und das Salböl und das wohlriechende Räucherwerk, die Decke für den Eingang des Zeltes,

39 den kupfernen Altar und sein kupfernes Gitter mit seinen Stangen und seinem ganzen Gerät, das Becken mit seinem Gestell,

40 die Behänge des Vorhofs mit seinen Säulen und Füßen, die Decke vor dem Tor des Vorhofs mit seinen Seilen und Zeltpflöcken und alles Gerät zum Dienst der Wohnung der Stiftshütte,

41 die Amtskleider des Priesters Aaron für den Dienst im Heiligtum und die Kleider seiner Söhne für den priesterlichen Dienst.

42 Ganz so, wie der HERR es Mose geboten hatte, hatten die Israeliten alle Arbeiten ausgeführt.

43 Und Mose sah dies ganze Werk an, und siehe, sie hatten es gemacht, wie der HERR geboten hatte. Und er segnete sie.

Aufrichtung und Einweihung der Stiftshütte

40 Und der HERR redete mit Mose und sprach:

2 Du sollst die Wohnung der Stiftshütte aufrichten am ersten Tage des ersten Monats.

3 Und du sollst die Lade mit dem Gesetz hineinstellen und vor die Lade den Vorhang hängen;

4 und du sollst den Tisch hineinbringen und die Schaubrote auflegen und den Leuchter hineinstellen und die Lampen daraufsetzen;

5 und du sollst den goldenen Räucheraltar vor die Lade mit dem Gesetz stellen und die Decke in der Tür der Wohnung aufhängen.

6 Den Brandopferaltar aber sollst du außen vor die Tür der Wohnung der Stiftshütte setzen

7 und das Becken zwischen die Stiftshütte und den Altar und Wasser hineintun

8 und den Vorhof ringsherum herstellen und die Decke in der Tür des Vorhofs aufhängen.

9 Und du sollst das Salböl nehmen und die Wohnung und alles, was darin ist, salben und sollst sie weihen mit ihrem ganzen Gerät, dass sie heilig sei.

36 the table with all its utensils, and the bread of the Presence;

37 the lampstand of pure gold and its lamps with the lamps set and all its utensils, and the oil for the light;

38 the golden altar, the anointing oil and the fragrant incense, and the screen for the entrance of the tent;

39 the bronze altar, and its grating of bronze, its poles, and all its utensils; the basin and its stand;

40 the hangings of the court, its pillars, and its bases, and the screen for the gate of the court, its cords, and its pegs; and all the utensils for the service of the tabernacle, for the tent of meeting;

41 the finely worked garments for ministering in the Holy Place, the holy garments for Aaron the priest, and the garments of his sons for their service as priests.

42 According to all that the LORD had commanded Moses, so the people of Israel had done all the work.

43 And Moses saw all the work, and behold, they had done it; as the LORD had commanded, so had they done it. Then Moses blessed them.

The Tabernacle Erected

40 The LORD spoke to Moses, saying,

2 "On the first day of the first month you shall erect the tabernacle of the tent of meeting.

3 And you shall put in it the ark of the testimony, and you shall screen the ark with the veil.

4 And you shall bring in the table and arrange it, and you shall bring in the lampstand and set up its lamps.

5 And you shall put the golden altar for incense before the ark of the testimony, and set up the screen for the door of the tabernacle.

6 You shall set the altar of burnt offering before the door of the tabernacle of the tent of meeting,

7 and place the basin between the tent of meeting and the altar, and put water in it.

8 And you shall set up the court all around, and hang up the screen for the gate of the court.

¶ **9** "Then you shall take the anointing oil and anoint the tabernacle and all that is in it, and consecrate it and all its furniture, so that it may become holy.

¶ **10** Und du sollst den Brandopferaltar salben mit seinem ganzen Gerät und weihen, dass er hochheilig sei.

11 Und du sollst auch das Becken und sein Gestell salben und weihen.

12 Und du sollst Aaron und seine Söhne vor die Tür der Stiftshütte treten lassen und sie mit Wasser waschen

13 und Aaron die heiligen Kleider anziehen und ihn salben und weihen, dass er mein Priester sei;

14 und du sollst seine Söhne auch herzuführen und ihnen die Untergewänder anziehen

15 und sie salben, wie du ihren Vater gesalbt hast, dass sie meine Priester seien. Und diese Salbung sollen sie haben zum ewigen Priestertum von Geschlecht zu Geschlecht.

16 Und Mose tat alles, wie ihm der HERR geboten hatte.

¶ **17** Also wurde die Wohnung aufgerichtet im zweiten Jahr am ersten Tage des ersten Monats.

18 Und Mose richtete die Wohnung auf und setzte ihre Füße hin und stellte die Bretter darauf und brachte die Riegel an und richtete die Säulen auf

19 und breitete das Zeltdach aus über der Wohnung und legte die Decke des Zeltes oben darauf, wie der HERR ihm geboten hatte.

¶ **20** Und er nahm das Gesetz und legte es in die Lade und tat die Stangen an die Lade und setzte den Gnadenthron oben auf die Lade

21 und brachte die Lade in die Wohnung und hängte den Vorhang auf und verhüllte so die Lade des Gesetzes, wie ihm der HERR geboten hatte,

22 und setzte den Tisch in die Stiftshütte an die Seite der Wohnung nach Norden, außen vor dem Vorhang,

23 und legte die Schaubrote auf vor dem HERRN, wie ihm der HERR geboten hatte,

24 und setzte den Leuchter auch hinein gegenüber dem Tisch an die Seite der Wohnung nach Süden

25 und setzte die Lampen auf vor dem HERRN, wie ihm der HERR geboten hatte.

26 Und er setzte den goldenen Altar hinein vor den Vorhang

27 und räucherte darauf mit wohlriechendem Räucherwerk, wie ihm der HERR geboten hatte,

28 und hängte die Decke in die Tür der Wohnung.

10 You shall also anoint the altar of burnt offering and all its utensils, and consecrate the altar, so that the altar may become most holy.

11 You shall also anoint the basin and its stand, and consecrate it.

12 Then you shall bring Aaron and his sons to the entrance of the tent of meeting and shall wash them with water

13 and put on Aaron the holy garments. And you shall anoint him and consecrate him, that he may serve me as priest.

14 You shall bring his sons also and put coats on them,

15 and anoint them, as you anointed their father, that they may serve me as priests. And their anointing shall admit them to a perpetual priesthood throughout their generations."

¶ **16** This Moses did; according to all that the LORD commanded him, so he did.

17 In the first month in the second year, on the first day of the month, the tabernacle was erected.

18 Moses erected the tabernacle. He laid its bases, and set up its frames, and put in its poles, and raised up its pillars.

19 And he spread the tent over the tabernacle and put the covering of the tent over it, as the LORD had commanded Moses.

20 He took the testimony and put it into the ark, and put the poles on the ark and set the mercy seat above on the ark.

21 And he brought the ark into the tabernacle and set up the veil of the screen, and screened the ark of the testimony, as the LORD had commanded Moses.

22 He put the table in the tent of meeting, on the north side of the tabernacle, outside the veil,

23 and arranged the bread on it before the LORD, as the LORD had commanded Moses.

24 He put the lampstand in the tent of meeting, opposite the table on the south side of the tabernacle,

25 and set up the lamps before the LORD, as the LORD had commanded Moses.

26 He put the golden altar in the tent of meeting before the veil,

27 and burned fragrant incense on it, as the LORD had commanded Moses.

28 He put in place the screen for the door of the tabernacle.

¶ **29** Und den Brandopferaltar setzte er vor die Tür der Wohnung der Stiftshütte und opferte darauf Brandopfer und Speisopfer, wie ihm der HERR geboten hatte.

30 Und das Becken setzte er zwischen die Stiftshütte und den Altar und tat Wasser hinein zum Waschen.

31 Und Mose, Aaron und seine Söhne wuschen ihre Hände und Füße darin.

32 Denn sie müssen sich waschen, wenn sie in die Stiftshütte gehen oder hinzutreten zum Altar, wie der HERR es Mose geboten hatte.

33 Und er richtete den Vorhof auf rings um die Wohnung und um den Altar und hängte die Decke in das Tor des Vorhofs. Also vollendete Mose das ganze Werk.

Der HERR bekennt sich zu seinem Heiligtum

34 Da bedeckte die Wolke die Stiftshütte, und die Herrlichkeit des HERRN erfüllte die Wohnung.

35 Und Mose konnte nicht in die Stiftshütte hineingehen, weil die Wolke darauf ruhte und die Herrlichkeit des HERRN die Wohnung erfüllte.

36 Und immer, wenn die Wolke sich erhob von der Wohnung, brachen die Israeliten auf, solange ihre Wanderung währte.

37 Wenn sich aber die Wolke nicht erhob, so zogen sie nicht weiter bis zu dem Tag, an dem sie sich erhob.

38 Denn die Wolke des HERRN war bei Tage über der Wohnung, und bei Nacht ward sie voll Feuers vor den Augen des ganzen Hauses Israel, solange die Wanderung währte.

29 And he set the altar of burnt offering at the entrance of the tabernacle of the tent of meeting, and offered on it the burnt offering and the grain offering, as the LORD had commanded Moses.

30 He set the basin between the tent of meeting and the altar, and put water in it for washing,

31 with which Moses and Aaron and his sons washed their hands and their feet.

32 When they went into the tent of meeting, and when they approached the altar, they washed, as the LORD commanded Moses.

33 And he erected the court around the tabernacle and the altar, and set up the screen of the gate of the court. So Moses finished the work.

The Glory of the LORD

¶ **34** Then the cloud covered the tent of meeting, and the glory of the LORD filled the tabernacle.

35 And Moses was not able to enter the tent of meeting because the cloud settled on it, and the glory of the LORD filled the tabernacle.

36 Throughout all their journeys, whenever the cloud was taken up from over the tabernacle, the people of Israel would set out.

37 But if the cloud was not taken up, then they did not set out till the day that it was taken up.

38 For the cloud of the LORD was on the tabernacle by day, and fire was in it by night, in the sight of all the house of Israel throughout all their journeys.

DAS DRITTE BUCH MOSE (LEVITIKUS)

LEVITICUS

Das Brandopfer
(vgl. Kap 6,1-6)

1 Und der HERR rief Mose und redete mit ihm aus der Stiftshütte und sprach:

2 Rede mit den Israeliten und sprich zu ihnen: Wer unter euch dem HERRN ein Opfer darbringen will, der bringe es von dem Vieh, von Rindern oder von Schafen und Ziegen.

¶ **3** Will er ein Brandopfer darbringen von Rindern, so opfere er ein männliches Tier, das ohne Fehler ist, vor der Tür der Stiftshütte, damit es ihn wohlgefällig mache vor dem HERRN,

4 und lege seine Hand auf den Kopf des Brandopfers, damit es ihn wohlgefällig mache und für ihn Sühne schaffe.

5 Dann soll er das Rind schlachten vor dem HERRN und die Priester, Aarons Söhne, sollen das Blut herzubringen und ringsum an den Altar sprengen, der vor der Tür der Stiftshütte ist.

6 Und er soll dem Brandopfer das Fell abziehen und es in seine Stücke zerlegen.

7 Und die Priester, Aarons Söhne, sollen ein Feuer auf dem Altar machen und Holz oben darauf legen

8 und sollen die Stücke samt dem Kopf und dem Fett auf das Holz legen, das über dem Feuer auf dem Altar liegt.

9 Die Eingeweide aber und die Schenkel soll er mit Wasser waschen, und der Priester soll das alles auf dem Altar in Rauch aufgehen lassen. Das ist ein Brandopfer, ein Feueropfer zum lieblichen Geruch für den HERRN.

¶ **10** Will er aber von Schafen oder Ziegen ein Brandopfer darbringen, so opfere er ein männliches Tier, das ohne Fehler ist.

11 Und er schlachte es an der Seite des Altars nach Norden zu vor dem HERRN. Und die Priester, Aarons Söhne, sollen das Blut ringsum an den Altar sprengen.

12 Und er zerlege es in seine Stücke und der Priester soll sie samt dem Kopf und dem Fett auf das Holz über dem Feuer legen, das auf dem Altar ist.

Laws for Burnt Offerings

1 The LORD called Moses and spoke to him from the tent of meeting, saying,

2 "Speak to the people of Israel and say to them, When any one of you brings an offering to the LORD, you shall bring your offering of livestock from the herd or from the flock.

¶ **3** "If his offering is a burnt offering from the herd, he shall offer a male without blemish. He shall bring it to the entrance of the tent of meeting, that he may be accepted before the LORD.

4 He shall lay his hand on the head of the burnt offering, and it shall be accepted for him to make atonement for him.

5 Then he shall kill the bull before the LORD, and Aaron's sons the priests shall bring the blood and throw the blood against the sides of the altar that is at the entrance of the tent of meeting.

6 Then he shall flay the burnt offering and cut it into pieces,

7 and the sons of Aaron the priest shall put fire on the altar and arrange wood on the fire.

8 And Aaron's sons the priests shall arrange the pieces, the head, and the fat, on the wood that is on the fire on the altar;

9 but its entrails and its legs he shall wash with water. And the priest shall burn all of it on the altar, as a burnt offering, a food offering[1] with a pleasing aroma to the LORD.

¶ **10** "If his gift for a burnt offering is from the flock, from the sheep or goats, he shall bring a male without blemish,

11 and he shall kill it on the north side of the altar before the LORD, and Aaron's sons the priests shall throw its blood against the sides of the altar.

12 And he shall cut it into pieces, with its head and its fat, and the priest shall arrange them on the wood that is on the fire on the altar,

13 Aber die Eingeweide und die Schenkel soll er mit Wasser waschen und der Priester soll das alles auf dem Altar opfern und in Rauch aufgehen lassen. Das ist ein Brandopfer, ein Feueropfer zum lieblichen Geruch für den HERRN.

¶ **14** Will er aber von Vögeln dem HERRN ein Brandopfer darbringen, so bringe er's von Turteltauben oder andern Tauben.

15 Und der Priester soll's zum Altar bringen und ihm den Kopf abknicken und – er soll es ja auf dem Altar in Rauch aufgehen lassen – das Blut ausbluten lassen an der Wand des Altars.

16 Und den Kropf mit seinem Inhalt soll man neben dem Altar nach Osten zu auf den Aschenhaufen werfen

17 und soll seine Flügel einreißen, aber nicht abbrechen. Und so soll's der Priester auf dem Altar in Rauch aufgehen lassen auf dem Holz über dem Feuer. Das ist ein Brandopfer, ein Feueropfer zum lieblichen Geruch für den HERRN.

Das Speisopfer
(vgl. Kap 6,7-11)

2 Wenn jemand dem HERRN ein Speisopfer darbringen will, so soll es von feinstem Mehl sein und er soll Öl daraufgießen und Weihrauch darauflegen

2 und es bringen zu den Priestern, Aarons Söhnen. Und der Priester soll eine Handvoll nehmen von dem Mehl und Öl samt dem ganzen Weihrauch und es als Gedenkopfer in Rauch aufgehen lassen auf dem Altar als ein Feueropfer zum lieblichen Geruch für den HERRN.

3 Das Übrige aber vom Speisopfer soll Aaron und seinen Söhnen gehören als ein Hochheiliges von den Feueropfern des HERRN.

¶ **4** Willst du aber als Speisopfer etwas im Ofen Gebackenes darbringen, so nimm Kuchen von feinstem Mehl, ungesäuert, mit Öl vermengt, oder ungesäuerte Fladen, mit Öl bestrichen.

5 Ist aber dein Speisopfer etwas auf der Pfanne Gebackenes, so soll's von ungesäuertem Mehl sein, mit Öl vermengt,

6 und du sollst es in Stücke zerteilen und Öl daraufgießen. Das ist ein Speisopfer.

¶ **7** Ist aber dein Speisopfer etwas im Tiegel Bereitetes, so sollst du es von feinstem Mehl mit Öl machen

8 und sollst das Speisopfer, das du davon bereitet hast, dem HERRN darbringen und sollst es zu dem Priester bringen und der soll damit zu dem Altar treten.

13 but the entrails and the legs he shall wash with water. And the priest shall offer all of it and burn it on the altar; it is a burnt offering, a food offering with a pleasing aroma to the LORD.

¶ **14** "If his offering to the LORD is a burnt offering of birds, then he shall bring his offering of turtledoves or pigeons.

15 And the priest shall bring it to the altar and wring off its head and burn it on the altar. Its blood shall be drained out on the side of the altar.

16 He shall remove its crop with its contents[2] and cast it beside the altar on the east side, in the place for ashes.

17 He shall tear it open by its wings, but shall not sever it completely. And the priest shall burn it on the altar, on the wood that is on the fire. It is a burnt offering, a food offering with a pleasing aroma to the LORD.

Laws for Grain Offerings

2 "When anyone brings a grain offering as an offering to the LORD, his offering shall be of fine flour. He shall pour oil on it and put frankincense on it

2 and bring it to Aaron's sons the priests. And he shall take from it a handful of the fine flour and oil, with all of its frankincense, and the priest shall burn this as its memorial portion on the altar, a food offering with a pleasing aroma to the LORD.

3 But the rest of the grain offering shall be for Aaron and his sons; it is a most holy part of the LORD's food offerings.

¶ **4** "When you bring a grain offering baked in the oven as an offering, it shall be unleavened loaves of fine flour mixed with oil or unleavened wafers smeared with oil.

5 And if your offering is a grain offering baked on a griddle, it shall be of fine flour unleavened, mixed with oil.

6 You shall break it in pieces and pour oil on it; it is a grain offering.

7 And if your offering is a grain offering cooked in a pan, it shall be made of fine flour with oil.

8 And you shall bring the grain offering that is made of these things to the LORD, and when it is presented to the priest, he shall bring it to the altar.

9 Und der Priester soll von dem Speisopfer das Gedenkopfer abheben und in Rauch aufgehen lassen auf dem Altar als ein Feueropfer zum lieblichen Geruch für den HERRN.

10 Das Übrige aber soll Aaron und seinen Söhnen gehören als ein Hochheiliges von den Feueropfern des HERRN.

¶ **11** Alle Speisopfer, die ihr dem HERRN opfern wollt, sollt ihr ohne Sauerteig machen; denn weder Sauerteig noch Honig sollt ihr dem HERRN zum Feueropfer in Rauch aufgehen lassen.

12 Als Erstlingsgabe mögt ihr sie dem HERRN bringen; aber auf den Altar sollen sie nicht kommen zum lieblichen Geruch.

13 Alle deine Speisopfer sollst du salzen, und dein Speisopfer soll niemals ohne Salz des Bundes deines Gottes sein; bei allen deinen Opfern sollst du Salz darbringen.

¶ **14** Willst du aber ein Speisopfer dem HERRN darbringen von den ersten Früchten, so sollst du Ähren am Feuer rösten, die Körner zerstoßen und darbringen als das Speisopfer deiner ersten Früchte

15 und sollst Öl darauftun und Weihrauch darauflegen. Das ist ein Speisopfer.

16 Und der Priester soll das Gedenkopfer von dem Zerstoßenen und vom Öl mit dem ganzen Weihrauch in Rauch aufgehen lassen als ein Feueropfer für den HERRN.

Das Dankopfer
(vgl. Kap 7,11-21; 7,28-34)

3 Ist aber sein Opfer ein Dankopfer und will er ein Rind darbringen, es sei ein männliches oder ein weibliches, so soll er vor dem HERRN ein Tier opfern, das ohne Fehler ist.

2 Und er soll seine Hand auf den Kopf seines Opfers legen und es schlachten vor der Tür der Stiftshütte. Und die Priester, Aarons Söhne, sollen das Blut ringsum an den Altar sprengen.

3 Und er soll von dem Dankopfer dem HERRN ein Feueropfer darbringen, nämlich das Fett, das die Eingeweide bedeckt, und alles Fett an den Eingeweiden,

4 die beiden Nieren mit dem Fett, das daran ist, an den Lenden, und den Lappen an der Leber; an den Nieren soll er ihn ablösen.

5 Und Aarons Söhne sollen es in Rauch aufgehen lassen auf dem Altar zum Brandopfer auf dem Holz, das über dem Feuer liegt, als ein Feueropfer zum lieblichen Geruch für den HERRN.

9 And the priest shall take from the grain offering its memorial portion and burn this on the altar, a food offering with a pleasing aroma to the LORD.

10 But the rest of the grain offering shall be for Aaron and his sons; ᶻit is a most holy part of the LORD's food offerings.

¶ **11** "No grain offering that you bring to the LORD shall be made with leaven, for you shall burn no leaven nor any honey as a food offering to the LORD.

12 As an offering of firstfruits you may bring them to the LORD, but they shall not be offered on the altar for a pleasing aroma.

13 You shall season all your grain offerings with salt. You shall not let the salt of the covenant with your God be missing from your grain offering; with all your offerings you shall offer salt.

¶ **14** "If you offer a grain offering of firstfruits to the LORD, you shall offer for the grain offering of your firstfruits fresh ears, roasted with fire, crushed new grain.

15 And you shall put oil on it and lay frankincense on it; it is a grain offering.

16 And the priest shall burn as its memorial portion some of the crushed grain and some of the oil with all of its frankincense; it is a food offering to the LORD.

Laws for Peace Offerings

3 "If his offering is a sacrifice of peace offering, if he offers an animal from the herd, male or female, he shall offer it without blemish before the LORD.

2 And he shall lay his hand on the head of his offering and kill it at the entrance of the tent of meeting, and Aaron's sons the priests shall throw the blood against the sides of the altar.

3 And from the sacrifice of the peace offering, as a food offering to the LORD, he shall offer the fat covering the entrails and all the fat that is on the entrails,

4 and the two kidneys with the fat that is on them at the loins, and the long lobe of the liver that he shall remove with the kidneys.

5 Then Aaron's sons shall burn it on the altar on top of the burnt offering, which is on the wood on the fire; it is a food offering with a pleasing aroma to the LORD.

¶ **6** Will er aber dem HERRN ein Dankopfer vom Kleinvieh darbringen, es sei ein männliches oder ein weibliches Tier, so soll es ohne Fehler sein.

7 Ist es ein Lamm, so soll er's vor den HERRN bringen

8 und soll seine Hand auf den Kopf seines Opfers legen und es schlachten vor der Stiftshütte. Und die Söhne Aarons sollen sein Blut ringsum an den Altar sprengen.

9 Und er soll von dem Dankopfer dem HERRN ein Feueropfer darbringen, nämlich sein Fett, den ganzen Fettschwanz, vom Rückgrat abgelöst, dazu das Fett, das die Eingeweide bedeckt, und alles Fett an den Eingeweiden,

10 die beiden Nieren mit dem Fett, das daran ist, an den Lenden, und den Lappen an der Leber; an den Nieren soll er ihn ablösen.

11 Und der Priester soll es in Rauch aufgehen lassen auf dem Altar als Feueropferspeise für den HERRN.

¶ **12** Ist aber sein Opfer eine Ziege, so bringe er sie vor den HERRN

13 und lege seine Hand auf ihren Kopf und schlachte sie vor der Stiftshütte. Und die Söhne Aarons sollen das Blut ringsum an den Altar sprengen.

14 Und er soll davon sein Opfer darbringen, ein Feueropfer für den HERRN, nämlich das Fett, das die Eingeweide bedeckt, und alles Fett an den Eingeweiden,

15 die beiden Nieren mit dem Fett, das daran ist, an den Lenden, und den Lappen an der Leber; an den Nieren soll er ihn ablösen.

16 Und der Priester soll es in Rauch aufgehen lassen auf dem Altar als Feueropferspeise zum lieblichen Geruch. Alles Fett ist für den HERRN.

17 Das sei eine ewige Ordnung für eure Nachkommen, überall, wo ihr wohnt, dass ihr weder Fett noch Blut esst.

Das Sündopfer

4 Und der HERR redete mit Mose und sprach:

2 Rede mit den Israeliten und sprich: Wenn jemand aus Versehen gegen irgendein Gebot des HERRN sündigte und täte, was er nicht tun sollte:

3 wenn etwa der Priester, der gesalbt ist, sündigte, sodass er eine Schuld auf das Volk brächte, so soll er für seine Sünde, die er getan hat, einen jungen Stier darbringen, der ohne Fehler ist, dem HERRN zum Sündopfer.

¶ **6** "If his offering for a sacrifice of peace offering to the LORD is an animal from the flock, male or female, he shall offer it without blemish.

7 If he offers a lamb for his offering, then he shall offer it before the LORD,

8 lay his hand on the head of his offering, and kill it in front of the tent of meeting; and Aaron's sons shall throw its blood against the sides of the altar.

9 Then from the sacrifice of the peace offering he shall offer as a food offering to the LORD its fat; he shall remove the whole fat tail, cut off close to the backbone, and the fat that covers the entrails and all the fat that is on the entrails

10 and the two kidneys with the fat that is on them at the loins and the long lobe of the liver that he shall remove with the kidneys.

11 And the priest shall burn it on the altar as a food offering to the LORD.

¶ **12** "If his offering is a goat, then he shall offer it before the LORD

13 and lay his hand on its head and kill it in front of the tent of meeting, and the sons of Aaron shall throw its blood against the sides of the altar.

14 Then he shall offer from it, as his offering for a food offering to the LORD, the fat covering the entrails and all the fat that is on the entrails

15 and the two kidneys with the fat that is on them at the loins and the long lobe of the liver that he shall remove with the kidneys.

16 And the priest shall burn them on the altar as a food offering with a pleasing aroma. All fat is the LORD's.

17 It shall be a statute forever throughout your generations, in all your dwelling places, that you eat neither fat nor blood."

Laws for Sin Offerings

4 And the LORD spoke to Moses, saying,

2 "Speak to the people of Israel, saying, If anyone sins unintentionally[1] in any of the LORD's commandments about things not to be done, and does any one of them,

3 if it is the anointed priest who sins, thus bringing guilt on the people, then he shall offer for the sin that he has committed a bull from the herd without blemish to the LORD for a sin offering.

4 Und er soll den Stier vor die Tür der Stiftshütte bringen vor den HERRN und seine Hand auf den Kopf des Stieres legen und ihn schlachten vor dem HERRN.

5 Und der Priester, der gesalbt ist, soll vom Blut des Stieres nehmen und es in die Stiftshütte bringen

6 und soll seinen Finger in das Blut tauchen und damit siebenmal sprengen vor dem HERRN, an den Vorhang im Heiligen.

7 Und soll vor dem HERRN etwas von dem Blut an die Hörner des Räucheraltars tun, der in der Stiftshütte steht, und alles andere Blut an den Fuß des Brandopferaltars gießen, der vor der Tür der Stiftshütte steht.

8 Und alles Fett des Sündopfers soll er abheben, nämlich das Fett, das die Eingeweide bedeckt, und alles Fett an den Eingeweiden,

9 die beiden Nieren mit dem Fett, das daran ist, an den Lenden, und den Lappen an der Leber, an den Nieren abgelöst,

10 gleichwie man es abhebt vom Rind beim Dankopfer, und soll es in Rauch aufgehen lassen auf dem Brandopferaltar.

11 Aber das Fell des Stieres mit allem Fleisch samt Kopf und Schenkeln und die Eingeweide und den Mist,

12 das soll er alles hinaustragen aus dem Lager an eine reine Stätte, wo man die Asche hinschüttet, und soll's verbrennen auf dem Holz mit Feuer.

¶ **13** Wenn aber die ganze Gemeinde Israel aus Versehen sich versündigte und die Tat vor ihren Augen verborgen wäre, wenn sie gegen irgendein Gebot des HERRN gehandelt hätten, was sie nicht tun sollten, und so sich verschuldet hätten

14 und sie würden danach ihrer Sünde inne, die sie getan hätten, so sollen sie einen jungen Stier darbringen als Sündopfer und vor die Tür der Stiftshütte stellen.

15 Und die Ältesten der Gemeinde sollen ihre Hände auf seinen Kopf legen vor dem HERRN und den Stier schlachten vor dem HERRN.

16 Und der Priester, der gesalbt ist, soll Blut von dem Stier in die Stiftshütte bringen

17 und mit seinem Finger hineintauchen und siebenmal sprengen vor dem HERRN, an den Vorhang.

4 He shall bring the bull to the entrance of the tent of meeting before the LORD and lay his hand on the head of the bull and kill the bull before the LORD.

5 And the anointed priest shall take some of the blood of the bull and bring it into the tent of meeting,

6 and the priest shall dip his finger in the blood and sprinkle part of the blood seven times before the LORD in front of the veil of the sanctuary.

7 And the priest shall put some of the blood on the horns of the altar of fragrant incense before the LORD that is in the tent of meeting, and all the rest of the blood of the bull he shall pour out at the base of the altar of burnt offering that is at the entrance of the tent of meeting.

8 And all the fat of the bull of the sin offering he shall remove from it, the fat that covers the entrails and all the fat that is on the entrails

9 and the two kidneys with the fat that is on them at the loins and the long lobe of the liver that he shall remove with the kidneys

10 (just as these are taken from the ox of the sacrifice of the peace offerings); and the priest shall burn them on the altar of burnt offering.

11 But the skin of the bull and all its flesh, with its head, its legs, its entrails, and its dung—

12 all the rest of the bull—he shall carry outside the camp to a clean place, to the ash heap, and shall burn it up on a fire of wood. On the ash heap it shall be burned up.

¶ **13** "If the whole congregation of Israel sins unintentionally[2] and the thing is hidden from the eyes of the assembly, and they do any one of the things that by the LORD's commandments ought not to be done, and they realize their guilt,[3]

14 when the sin which they have committed becomes known, the assembly shall offer a bull from the herd for a sin offering and bring it in front of the tent of meeting.

15 And the elders of the congregation shall lay their hands on the head of the bull before the LORD, and the bull shall be killed before the LORD.

16 Then the anointed priest shall bring some of the blood of the bull into the tent of meeting,

17 and the priest shall dip his finger in the blood and sprinkle it seven times before the LORD in front of the veil.

18 Und er soll etwas von dem Blut an die Hörner des Altars tun, der vor dem HERRN steht in der Stiftshütte, und alles andere Blut an den Fuß des Brandopferaltars gießen, der vor der Tür der Stiftshütte steht.

19 All sein Fett aber soll er abheben und auf dem Altar in Rauch aufgehen lassen

20 und soll mit dem Stier des Sündopfers getan hat. So soll der Priester die Sühnung für sie vollziehen und ihnen wird vergeben.

21 Und er soll den Stier hinaus vor das Lager tragen und verbrennen, wie er den vorigen Stier verbrannt hat. Das ist das Sündopfer der Gemeinde.

¶ **22** Wenn aber ein Stammesfürst sündigt und aus Versehen irgendetwas gegen des HERRN, seines Gottes, Gebote tut, was er nicht tun sollte, und so sich verschuldet

23 und wird seiner Sünde inne, die er getan hat, so soll er zum Opfer bringen einen Ziegenbock ohne Fehler

24 und seine Hand auf den Kopf des Bockes legen und ihn schlachten an der Stätte, wo man die Brandopfer schlachtet vor dem HERRN; es ist ein Sündopfer.

25 Da soll dann der Priester mit seinem Finger etwas von dem Blut des Sündopfers nehmen und es an die Hörner des Brandopferaltars tun und das andere Blut an den Fuß des Brandopferaltars gießen.

26 Und all sein Fett soll er auf dem Altar in Rauch aufgehen lassen gleichwie das Fett des Dankopfers. So soll der Priester die Sühnung für ihn vollziehen und ihm wird vergeben.

¶ **27** Wenn aber sonst jemand aus dem Volk aus Versehen sündigt, dass er gegen irgendeines der Gebote des HERRN handelt, was er nicht tun sollte, und so sich verschuldet

28 und seiner Sünde innewird, die er getan hat, so soll er zum Opfer eine Ziege bringen ohne Fehler für die Sünde, die er getan hat,

29 und soll seine Hand auf den Kopf des Sündopfers legen und es schlachten an der Stätte des Brandopfers.

30 Und der Priester soll mit seinem Finger etwas von dem Blut nehmen und an die Hörner des Brandopferaltars tun und alles andere Blut an den Fuß des Altars gießen.

31 All sein Fett aber soll er abheben, wie man das Fett des Dankopfers abhebt, und soll es in Rauch aufgehen lassen auf dem Altar zum lieblichen Geruch für den HERRN. So soll der Priester die Sühnung für ihn vollziehen und ihm wird vergeben.

18 And he shall put some of the blood on the horns of the altar that is in the tent of meeting before the LORD, and the rest of the blood he shall pour out at the base of the altar of burnt offering that is at the entrance of the tent of meeting.

19 And all its fat he shall take from it and burn on the altar.

20 Thus shall he do with the bull. As he did with the bull of the sin offering, so shall he do with this. And the priest shall make atonement for them, and they shall be forgiven.

21 And he shall carry the bull outside the camp and burn it up as he burned the first bull; it is the sin offering for the assembly.

¶ **22** "When a leader sins, doing unintentionally any one of all the things that by the commandments of the LORD his God ought not to be done, and realizes his guilt,

23 or the sin which he has committed is made known to him, he shall bring as his offering a goat, a male without blemish,

24 and shall lay his hand on the head of the goat and kill it in the place where they kill the burnt offering before the LORD; it is a sin offering.

25 Then the priest shall take some of the blood of the sin offering with his finger and put it on the horns of the altar of burnt offering and pour out the rest of its blood at the base of the altar of burnt offering.

26 And all its fat he shall burn on the altar, like the fat of the sacrifice of peace offerings. So the priest shall make atonement for him for his sin, and he shall be forgiven.

¶ **27** "If anyone of the common people sins unintentionally in doing any one of the things that by the LORD's commandments ought not to be done, and realizes his guilt,

28 or the sin which he has committed is made known to him, he shall bring for his offering a goat, a female without blemish, for his sin which he has committed.

29 And he shall lay his hand on the head of the sin offering and kill the sin offering in the place of burnt offering.

30 And the priest shall take some of its blood with his finger and put it on the horns of the altar of burnt offering and pour out all the rest of its blood at the base of the altar.

31 And all its fat he shall remove, as the fat is removed from the peace offerings, and the priest shall burn it on the altar for a pleasing aroma to the LORD. And the priest shall make atonement for him, and he shall be forgiven.

¶ **32** Will er aber ein Schaf zum Sündopfer bringen, so bringe er ein weibliches, das ohne Fehler ist,

33 und lege seine Hand auf den Kopf des Sündopfers und schlachte es zum Sündopfer an der Stätte, wo man die Brandopfer schlachtet.

34 Und der Priester soll mit seinem Finger etwas von dem Blut nehmen und an die Hörner des Brandopferaltars tun und alles andere Blut an den Fuß des Altars gießen.

35 Aber all sein Fett soll er abheben, wie man das Fett vom Schaf des Dankopfers abhebt, und soll es auf dem Altar in Rauch aufgehen lassen als Feueropfer für den HERRN. So soll der Priester die Sühnung für ihn vollziehen für die Sünde, die er getan hat, und ihm wird vergeben.

5 Wenn jemand damit sündigt, dass er den Fluch aussprechen hört und Zeuge ist, weil er es gesehen oder erfahren hat, es aber nicht anzeigt* und so sich verschuldet;

2 oder wenn jemand etwas Unreines anrührt, es sei ein Aas von einem unreinen Wild oder Vieh oder Gewürm, und wusste es nicht und wird's inne und hat sich so verschuldet;

3 oder wenn er einen Menschen in dessen Unreinheit anrührt, in irgendeiner Unreinheit, womit der Mensch unrein werden kann, und wusste es nicht und wird's inne und hat sich so verschuldet;

4 oder wenn jemand schwört, dass ihm über die Lippen fährt, er wolle Schaden oder Gutes tun, wie denn einem Menschen ein Schwur entfahren mag, und er bedachte es nicht und er wird's inne und hat sich so oder so schuldig gemacht:

5 wenn's also geschieht, dass er sich so oder so schuldig gemacht hat, so soll er bekennen, womit er gesündigt hat,

6 und soll als Buße für diese seine Sünde, die er getan hat, dem HERRN darbringen von der Herde ein Muttertier, Schaf oder Ziege, zum Sündopfer, dass der Priester die Sühnung für ihn vollziehe wegen seiner Sünde.

¶ **7** Vermag er aber nicht ein Schaf zu geben, so bringe er dem HERRN für seine Schuld, die er getan hat, zwei Turteltauben oder zwei andere Tauben, die eine zum Sündopfer, die andere zum Brandopfer,

¶ **32** "If he brings a lamb as his offering for a sin offering, he shall bring a female without blemish

33 and lay his hand on the head of the sin offering and kill it for a sin offering in the place where they kill the burnt offering.

34 Then the priest shall take some of the blood of the sin offering with his finger and put it on the horns of the altar of burnt offering and pour out all the rest of its blood at the base of the altar.

35 And all its fat he shall remove as the fat of the lamb is removed from the sacrifice of peace offerings, and the priest shall burn it on the altar, on top of the LORD's food offerings. And the priest shall make atonement for him for the sin which he has committed, and he shall be forgiven.

5 "If anyone sins in that he hears a public adjuration to testify, and though he is a witness, whether he has seen or come to know the matter, yet does not speak, he shall bear his iniquity;

2 or if anyone touches an unclean thing, whether a carcass of an unclean wild animal or a carcass of unclean livestock or a carcass of unclean swarming things, and it is hidden from him and he has become unclean, and he realizes his guilt;

3 or if he touches human uncleanness, of whatever sort the uncleanness may be with which one becomes unclean, and it is hidden from him, when he comes to know it, and realizes his guilt;

4 or if anyone utters with his lips a rash oath to do evil or to do good, any sort of rash oath that people swear, and it is hidden from him, when he comes to know it, and he realizes his guilt in any of these;

5 when he realizes his guilt in any of these and confesses the sin he has committed,

6 he shall bring to the LORD as his compensation[1] for the sin that he has committed, a female from the flock, a lamb or a goat, for a sin offering. And the priest shall make atonement for him for his sin.

¶ **7** "But if he cannot afford a lamb, then he shall bring to the LORD as his compensation for the sin that he has committed two turtledoves or two pigeons,[2] one for a sin offering and the other for a burnt offering.

8 und bringe sie dem Priester. Der soll die erste als Sündopfer darbringen und ihr den Kopf abknicken hinter dem Genick und nicht ganz abtrennen,

9 und er sprenge etwas von dem Blut des Sündopfers an die Seite des Altars und lasse das übrige Blut ausbluten am Fuße des Altars; es ist ein Sündopfer.

10 Die andere Taube aber soll er als Brandopfer darbringen der Ordnung gemäß. So soll der Priester die Sühnung für ihn vollziehen wegen seiner Sünde, die er getan hat, und ihm wird vergeben.

11 Vermag er aber auch nicht zwei Turteltauben oder zwei andere Tauben zu geben, so bringe er für seine Sünde als sein Opfer ein zehntel Scheffel feinstes Mehl als Sündopfer dar. Er soll aber kein Öl daraufgießen noch Weihrauch darauftun; denn es ist ein Sündopfer.

12 Und er soll es zum Priester bringen. Der Priester aber soll eine Handvoll davon nehmen als Gedenkopfer und in Rauch aufgehen lassen auf dem Altar zum Feueropfer für den HERRN; es ist ein Sündopfer.

13 So soll der Priester wegen seiner Sünde, die er in einem jener Fälle getan hat, die Sühnung für ihn vollziehen und ihm wird vergeben. Und das Übrige soll dem Priester gehören wie beim Speisopfer.

Das Schuldopfer
(vgl. Kap 7,1-10)

14 Und der HERR redete mit Mose und sprach:

15 Wenn jemand sich vergreift und aus Versehen sich versündigt an dem, was dem HERRN geweiht ist, so soll er für seine Schuld dem HERRN einen Widder ohne Fehler von der Herde bringen, nach deiner Schätzung zwei Silberstücke wert nach dem Gewicht des Heiligtums, als Schuldopfer.

16 Dazu soll er, was er gesündigt hat an dem Geweihten, erstatten und den fünften Teil hinzufügen und es dem Priester geben. Der soll die Sühnung für ihn vollziehen mit dem Widder des Schuldopfers, so wird ihm vergeben.

¶ **17** Wenn jemand sündigt und handelt gegen irgendein Gebot des HERRN, was er nicht tun sollte, und hat es nicht gewusst und versündigt sich und lädt eine Schuld auf sich,

8 He shall bring them to the priest, who shall offer first the one for the sin offering. He shall wring its head from its neck ⁿbut shall not sever it completely,

9 and he shall sprinkle some of the blood of the sin offering on the side of the altar, while the rest of the blood shall be drained out at the base of the altar; it is a sin offering.

10 Then he shall offer the second for a burnt offering according to the rule. And the priest shall make atonement for him for the sin that he has committed, and he shall be forgiven.

¶ **11** "But if he cannot afford two turtledoves or two pigeons, then he shall bring as his offering for the sin that he has committed a tenth of an ephah³ of fine flour for a sin offering. He ʳshall put no oil on it and shall put no frankincense on it, for it is a sin offering.

12 And he shall bring it to the priest, and the priest shall take a handful of it as its memorial portion and burn this on the altar, on the LORD's food offerings; it is a sin offering.

13 Thus the priest shall make atonement for him for the sin which he has committed in any one of these things, and he shall be forgiven. And the remainder⁴ shall be for the priest, as in the grain offering."

Laws for Guilt Offerings

¶ **14** The LORD spoke to Moses, saying,

15 "If anyone commits a breach of faith and sins unintentionally in any of the holy things of the LORD, he shall bring to the LORD as his compensation, a ram without blemish out of the flock, valued⁵ in silver shekels,⁶ according to the shekel of the sanctuary, for a guilt offering.

16 He shall also make restitution for what he has done amiss in the holy thing and shall add a fifth to it and give it to the priest. And the priest shall make atonement for him with the ram of the guilt offering, and he shall be forgiven.

¶ **17** "If anyone sins, doing any of the things that by the LORD's commandments ought not to be done, though he did not know it, then realizes his guilt, he shall bear his iniquity.

18 so soll er zum Priester einen Widder bringen von der Herde, ohne Fehler, nach deiner Schätzung als Schuldopfer. Der soll die Sühnung für ihn vollziehen für das, was er versehen hat, ohne dass er es wusste, so wird ihm vergeben.

19 Das ist ein Schuldopfer; verschuldet hat er sich an dem HERRN.

¶ **20** Und der HERR redete mit Mose und sprach:

21 Wenn jemand sündigte und sich damit an dem HERRN vergriffe, dass er seinem Nächsten ableugnet, was ihm dieser anvertraut hat oder was ihm zu treuer Hand gegeben ist oder was er mit Gewalt genommen oder mit Unrecht an sich gebracht hat,

22 oder wenn er etwas Verlorenes gefunden hat und es ableugnet und einen falschen Eid schwört über irgendetwas, worin ein Mensch gegen seinen Nächsten Sünde tut:

23 Wenn es so geschieht, dass er sündigt und sich verschuldet, so soll er wiedergeben, was er mit Gewalt genommen oder mit Unrecht an sich gebracht oder was ihm anvertraut war oder was er gefunden hatte

24 oder worüber er den falschen Eid geschworen hat; das soll er alles ganz wiedergeben und darüber hinaus den fünften Teil. Dem soll er's geben, dem es gehört, an dem Tag, wenn er sein Schuldopfer darbringt.

25 Aber für seine Schuld soll er dem HERRN einen Widder ohne Fehler von der Herde zu dem Priester bringen nach deiner Schätzung als Schuldopfer.

26 So soll der Priester die Sühnung für ihn vollziehen vor dem HERRN und ihm wird alles vergeben, was er getan und womit er sich verschuldet hat.

Weitere Bestimmungen für Brand-, Speis- und Sündopfer

6 Und der HERR redete mit Mose und sprach:

2 Gebiete Aaron und seinen Söhnen und sprich: Dies ist das Gesetz über das Brandopfer. Das Brandopfer soll bleiben auf dem Herd des Altars die ganze Nacht bis zum Morgen und es soll des Altars Feuer brennend darauf erhalten werden.

3 Und der Priester soll sein leinenes Gewand anziehen und die leinenen Beinkleider für seine Blöße und soll die Asche wegnehmen, die das Feuer des Brandopfers auf dem Altar gemacht hat, und soll sie neben den Altar schütten

18 He shall bring to the priest a ram without blemish out of the flock, or its equivalent for a guilt offering, and the priest shall make atonement for him for the mistake that he made unintentionally, and he shall be forgiven.

19 It is a guilt offering; he has indeed incurred guilt before[7] the LORD.”

6 [1] The LORD spoke to Moses, saying,

2 “If anyone sins and commits a breach of faith against the LORD by deceiving his neighbor in a matter of deposit or security, or through robbery, or if he has oppressed his neighbor

3 or has found something lost and lied about it, swearing falsely—in any of all the things that people do and sin thereby—

4 if he has sinned and has realized his guilt and will restore what he took by robbery or what he got by oppression or the deposit that was committed to him or the lost thing that he found

5 or anything about which he has sworn falsely, he shall restore it in full and shall add a fifth to it, and give it to him to whom it belongs on the day he realizes his guilt.

6 And he shall bring to the priest as his compensation to the LORD a ram without blemish out of the flock, or its equivalent for a guilt offering.

7 And the priest shall make atonement for him before the LORD, and he shall be forgiven for any of the things that one may do and thereby become guilty.”

The Priests and the Offerings

¶ **8**[2] The LORD spoke to Moses, saying,

9 “Command Aaron and his sons, saying, This is the law of the burnt offering. The burnt offering shall be on the hearth on the altar all night until the morning, and the fire of the altar shall be kept burning on it.

10 And the priest shall put on his linen garment and put his linen undergarment on his body, and he shall take up the ashes to which the fire has reduced the burnt offering on the altar and put them beside the altar.

4 und soll danach seine Kleider ausziehen und andere Kleider anziehen und die Asche hinaustragen aus dem Lager an eine reine Stätte.

5 Das Feuer auf dem Altar soll brennen und nie verlöschen. Der Priester soll alle Morgen Holz darauf anzünden und oben darauf das Brandopfer zurichten und das Fett der Dankopfer oben darauf in Rauch aufgehen lassen.

6 Ständig soll das Feuer auf dem Altar brennen und nie verlöschen.

¶ **7** Und dies ist das Gesetz des Speisopfers. Aarons Söhne sollen es bringen vor den HERRN an den Altar.

8 Es soll einer abheben eine Handvoll vom Mehl des Speisopfers und vom Öl und den ganzen Weihrauch, der auf dem Speisopfer liegt, und soll's in Rauch aufgehen lassen auf dem Altar zum lieblichen Geruch als Gedenkopfer für den HERRN.

9 Das Übrige aber sollen Aaron und seine Söhne verzehren; sie sollen es ungesäuert essen an heiliger Stätte im Vorhof der Stiftshütte.

10 Sie sollen es nicht mit Sauerteig backen; denn es ist ihr Anteil, den ich ihnen gegeben habe von meinen Feueropfern. Es ist ein Hochheiliges gleichwie das Sündopfer und das Schuldopfer.

11 Wer männlich ist unter den Nachkommen Aarons, der soll's essen. Das sei ein ewiges Anrecht für eure Nachkommen an den Feueropfern des HERRN. Wer sie anrührt, soll dem Heiligtum gehören.

¶ **12** Und der HERR redete mit Mose und sprach:

13 Dies soll das Opfer Aarons und seiner Söhne sein, das sie dem HERRN opfern sollen am Tage ihrer Salbung: ein zehntel Scheffel feinstes Mehl, das tägliche Speisopfer, die eine Hälfte morgens, die andere abends.

14 In der Pfanne sollst du es mit Öl bereiten; durchgeröstet sollst du es herbeibringen, und in Stücke gebrochen sollst du es opfern zum lieblichen Geruch für den HERRN.

15 Und der Priester, der unter Aarons Söhnen an seiner statt gesalbt wird, soll solches tun. Das ist ein ewiges Anrecht des HERRN. Als Ganzopfer soll es verbrannt werden;

16 denn jedes Speisopfer eines Priesters soll als Ganzopfer verbrannt und nicht gegessen werden.

¶ **17** Und der HERR redete mit Mose und sprach:

11 Then he shall take off his garments and put on other garments and carry the ashes outside the camp to a clean place.

12 The fire on the altar shall be kept burning on it; it shall not go out. The priest shall burn wood on it every morning, and he shall arrange the burnt offering on it and shall burn on it the fat of the peace offerings.

13 Fire shall be kept burning on the altar continually; it shall not go out.

¶ **14** "And this is the law of the grain offering. The sons of Aaron shall offer it before the LORD in front of the altar.

15 And one shall take from it a handful of the fine flour of the grain offering and its oil and all the frankincense that is on the grain offering and burn this as its memorial portion on the altar, a pleasing aroma to the LORD.

16 And the rest of it Aaron and his sons shall eat. It shall be eaten unleavened in a holy place. In the court of the tent of meeting they shall eat it.

17 It shall not be baked with leaven. I have given it as their portion of my food offerings. It is a thing most holy, like the sin offering and the guilt offering.

18 Every male among the children of Aaron may eat of it, as decreed forever throughout your generations, from the LORD's food offerings. Whatever touches them shall become holy."

¶ **19** The LORD spoke to Moses, saying,

20 "This is the offering that Aaron and his sons shall offer to the LORD on the day when he is anointed: a tenth of an ephah[3] of fine flour as a regular grain offering, half of it in the morning and half in the evening.

21 It shall be made with oil on a griddle. You shall bring it well mixed, in baked[4] pieces like a grain offering, and offer it for a pleasing aroma to the LORD.

22 The priest from among Aaron's sons, who is anointed to succeed him, shall offer it to the LORD as decreed forever. The whole of it shall be burned.

23 Every grain offering of a priest shall be wholly burned. It shall not be eaten."

¶ **24** The LORD spoke to Moses, saying,

18 Sage Aaron und seinen Söhnen und sprich: Dies ist das Gesetz des Sündopfers. An der Stätte, wo du das Brandopfer schlachtest, sollst du auch das Sündopfer schlachten vor dem HERRN. Es ist ein Hochheiliges.

19 Der Priester, der das Sündopfer darbringt, soll es essen an heiliger Stätte im Vorhof der Stiftshütte;

20 wer das Fleisch des Opfers anrührt, soll dem Heiligtum gehören. Und wer von seinem Blut ein Kleid besprengt, der soll das besprengte Stück waschen an heiliger Stätte.

21 Und den irdenen Topf, darin es gekocht ist, soll man zerbrechen. Ist's aber ein kupferner Topf, so soll man ihn scheuern und mit Wasser spülen.

22 Wer männlich ist in den Familien der Priester, darf davon essen; es ist ein Hochheiliges.

23 Aber von allen Sündopfern, von deren Blut etwas in die Stiftshütte gebracht worden ist, um die Sühnung zu vollziehen im Heiligen, soll man nichts essen, sondern sie mit Feuer verbrennen.

Weitere Bestimmungen für Schuld- und Dankopfer

7 Und dies ist das Gesetz des Schuldopfers. Es ist ein Hochheiliges.

2 An der Stätte, wo man das Brandopfer schlachtet, soll man auch das Schuldopfer schlachten und sein Blut ringsum an den Altar sprengen.

3 Und all sein Fett soll man opfern, den Fettschwanz und das Fett, das die Eingeweide bedeckt,

4 die beiden Nieren mit dem Fett, das daran ist, an den Lenden, und den Lappen an der Leber; an den Nieren soll er ihn ablösen.

5 Und der Priester soll es auf dem Altar in Rauch aufgehen lassen zum Feueropfer für den HERRN; es ist ein Schuldopfer.

6 Wer männlich ist unter den Priestern, soll das essen an heiliger Stätte; es ist ein Hochheiliges.

7 Wie das Sündopfer, so soll auch das Schuldopfer sein; für beide soll ein und dasselbe Gesetz gelten; sie sollen dem Priester gehören, der damit die Sühnung vollzieht.

8 Dem Priester, der jemandes Brandopfer opfert, soll das Fell des Brandopfers gehören, das er geopfert hat.

9 Und alle Speisopfer, die im Ofen oder im Tiegel oder in der Pfanne gebacken sind, sollen dem Priester gehören, der sie opfert.

25 "Speak to Aaron and his sons, saying, This is the law of the sin offering. In the place where the burnt offering is killed shall the sin offering be killed before the LORD; it is most holy.

26 The priest who offers it for sin shall eat it. In a holy place it shall be eaten, in the court of the tent of meeting.

27 Whatever touches its flesh shall be holy, and when any of its blood is splashed on a garment, you shall wash that on which it was splashed in a holy place.

28 And the earthenware vessel in which it is boiled shall be broken. But if it is boiled in a bronze vessel, that shall be scoured and rinsed in water.

29 Every male among the priests may eat of it; it is most holy.

30 But no sin offering shall be eaten from which any blood is brought into the tent of meeting to make atonement in the Holy Place; it shall be burned up with fire.

7 "This is the law of the guilt offering. It is most holy.

2 In the place where they kill the burnt offering they shall kill the guilt offering, and its blood shall be thrown against the sides of the altar.

3 And all its fat shall be offered, the fat tail, the fat that covers the entrails,

4 the two kidneys with the fat that is on them at the loins, and the long lobe of the liver that he shall remove with the kidneys.

5 The priest shall burn them on the altar as a food offering to the LORD; it is a guilt offering.

6 Every male among the priests may eat of it. It shall be eaten in a holy place. It is most holy.

7 The guilt offering is just like the sin offering; there is one law for them. The priest who makes atonement with it shall have it.

8 And the priest who offers any man's burnt offering shall have for himself the skin of the burnt offering that he has offered.

9 And every grain offering baked in the oven and all that is prepared on a pan or a griddle shall belong to the priest who offers it.

10 Aber alle Speisopfer, die mit Öl vermengt oder trocken sind, sollen allen Söhnen Aarons gehören, einem wie dem andern.

¶ **11** Und dies ist das Gesetz des Dankopfers, das man dem HERRN opfert.

12 Wollen sie es als Lobopfer darbringen, so sollen sie außer dem Schlachtopfer ungesäuerte Kuchen opfern, mit Öl vermengt, und ungesäuerte Fladen, mit Öl bestrichen, und feinstes Mehl, durchgerührt, als Kuchen mit Öl vermengt.

13 Sie sollen aber solche Opfergabe darbringen nebst Kuchen von gesäuertem Brot zu ihrem Lob- und Dankopfer,

14 und zwar sollen sie je ein Teil als Opfergabe für den HERRN darbringen; es soll dem Priester gehören, der das Blut des Dankopfers sprengt.

¶ **15** Und das Fleisch ihres Lob- und Dankopfers soll an demselben Tage gegessen werden, an dem es geopfert wird, und soll nichts übrig gelassen werden bis zum Morgen.

16 Ist es aber ein Gelübde oder freiwilliges Opfer, so soll es zwar an demselben Tage, da es geopfert ist, gegessen werden; wenn aber etwas übrig bleibt, darf man's am andern Tage essen.

17 Aber was vom geopferten Fleisch am dritten Tage noch übrig ist, soll mit Feuer verbrannt werden.

18 Und wenn jemand am dritten Tage essen wird von dem geopferten Fleisch seines Dankopfers, so wird es nicht wohlgefällig sein und dem, der es geopfert hat, wird es auch nicht zugerechnet werden, sondern es wird ein Gräuel sein; und wer davon isst, der lädt eine Schuld auf sich.

19 Auch das Fleisch, das mit etwas Unreinem in Berührung gekommen ist, soll nicht gegessen, sondern mit Feuer verbrannt werden. Jeder, der rein ist, darf vom Opferfleisch essen.

20 Wer aber essen wird von dem Fleisch des Dankopfers, das dem HERRN gehört, und hat eine Unreinheit an sich, der wird ausgerottet werden aus seinem Volk.

21 Und wenn jemand mit etwas Unreinem in Berührung gekommen ist, es sei ein unreiner Mensch, ein unreines Vieh oder was sonst ein Gräuel ist, und dann vom Fleisch des Dankopfers isst, das dem HERRN gehört, der wird ausgerottet werden aus seinem Volk.

¶ **22** Und der HERR redete mit Mose und sprach:

23 Rede mit den Israeliten und sprich: Ihr sollt kein Fett essen von Stieren, Schafen und Ziegen.

10 And every grain offering, mixed with oil or dry, shall be shared equally among all the sons of Aaron.

¶ **11** "And this is the law of the sacrifice of peace offerings that one may offer to the LORD.

12 If he offers it for a thanksgiving, then he shall offer with the thanksgiving sacrifice unleavened loaves mixed with oil, unleavened wafers smeared with oil, and loaves of fine flour well mixed with oil.

13 With the sacrifice of his peace offerings for thanksgiving he shall bring his offering with loaves of leavened bread.

14 And from it he shall offer one loaf from each offering, as a gift to the LORD. It shall belong to the priest who throws the blood of the peace offerings.

15 And the flesh of the sacrifice of his peace offerings for thanksgiving shall be eaten on the day of his offering. He shall not leave any of it until the morning.

16 But if the sacrifice of his offering is a vow offering or a freewill offering, it shall be eaten on the day that he offers his sacrifice, and on the next day what remains of it shall be eaten.

17 But what remains of the flesh of the sacrifice on the third day shall be burned up with fire.

18 If any of the flesh of the sacrifice of his peace offering is eaten on the third day, he who offers it shall not be accepted, neither shall it be credited to him. It is tainted, and he who eats of it shall bear his iniquity.

¶ **19** "Flesh that touches any unclean thing shall not be eaten. It shall be burned up with fire. All who are clean may eat flesh,

20 but the person who eats of the flesh of the sacrifice of the LORD's peace offerings while an uncleanness is on him, that person shall be cut off from his people.

21 And if anyone touches an unclean thing, whether human uncleanness or an unclean beast or any unclean detestable creature, and then eats some flesh from the sacrifice of the LORD's peace offerings, that person shall be cut off from his people."

¶ **22** The LORD spoke to Moses, saying,

23 "Speak to the people of Israel, saying, You shall eat no fat, of ox or sheep or goat.

24 Das Fett von gefallenen und zerrissenen Tieren dürft ihr zwar zu allerlei benutzen; aber essen dürft ihr's nicht.

25 Denn wer das Fett isst von solchen Tieren, von denen man dem Herrn Feueropfer bringt, der wird ausgerottet werden aus seinem Volk.

26 Ihr sollt auch kein Blut essen, weder vom Vieh noch von Vögeln, überall, wo ihr wohnt.

27 Jeder, der Blut isst, wird ausgerottet werden aus seinem Volk.

¶ **28** Und der Herr redete mit Mose und sprach:

29 Rede mit den Israeliten und sprich: Wer dem Herrn sein Dankopfer darbringen will, der soll herzubringen, was vom Dankopfer dem Herrn gehört.

30 Er soll es aber mit eigener Hand herzubringen zum Feueropfer für den Herrn; nämlich das Fett soll er bringen samt der Brust, um sie als ein Schwingopfer zu schwingen vor dem Herrn.

31 Und der Priester soll das Fett in Rauch aufgehen lassen auf dem Altar, aber die Brust soll Aaron und seinen Söhnen gehören.

32 Und die rechte Keule sollt ihr dem Priester geben zum Hebopfer von ihren Dankopfern.

33 Wer von Aarons Söhnen das Blut und das Fett der Dankopfer opfert, dem soll die rechte Keule gehören als sein Anteil.

34 Denn die Brust des Schwingopfers und die Keule des Hebopfers nehme ich von den Israeliten, von ihren Dankopfern, und gebe sie dem Priester Aaron und seinen Söhnen als ewiges Anrecht bei den Israeliten.

¶ **35** Das ist der Anteil Aarons und seiner Söhne an den Feueropfern des Herrn, der ihnen bestimmt wurde an dem Tage, da der Herr sie sich nahen ließ, damit sie seine Priester seien,

36 der Anteil, von dem der Herr an dem Tage, da er sie salbte, gebot, dass er ihnen gegeben werden sollte von den Israeliten als ewiges Anrecht bei allen ihren Nachkommen.

37 Das ist das Gesetz des Brandopfers, des Speisopfers, des Sündopfers, des Schuldopfers, des Einsetzungsopfers und des Dankopfers,

38 wie der Herr es Mose gebot auf dem Berge Sinai an dem Tage, da er den Israeliten befahl, ihre Opfer dem Herrn zu opfern in der Wüste Sinai.

24 The fat of an animal that dies of itself and the fat of one that is torn by beasts may be put to any other use, but on no account shall you eat it.

25 For every person who eats of the fat of an animal of which a food offering may be made to the Lord shall be cut off from his people.

26 Moreover, you shall eat no blood whatever, whether of fowl or of animal, in any of your dwelling places.

27 Whoever eats any blood, that person shall be cut off from his people."

¶ **28** The Lord spoke to Moses, saying,

29 "Speak to the people of Israel, saying, Whoever offers the sacrifice of his peace offerings to the Lord shall bring his offering to the Lord from the sacrifice of his peace offerings.

30 His own hands shall bring the Lord's food offerings. He shall bring the fat with the breast, that the breast may be waved as a wave offering before the Lord.

31 The priest shall burn the fat on the altar, but the breast shall be for Aaron and his sons.

32 And the right thigh you shall give to the priest as a contribution from the sacrifice of your peace offerings.

33 Whoever among the sons of Aaron offers the blood of the peace offerings and the fat shall have the right thigh for a portion.

34 For the breast that is waved and the thigh that is ᵒcontributed I have taken from the people of Israel, out of the sacrifices of their peace offerings, and have given them to Aaron the priest and to his sons, as a perpetual due from the people of Israel.

35 This is the portion of Aaron and of his sons from the Lord's food offerings, from the day they were presented to serve as priests of the Lord.

36 The Lord commanded this to be given them by the people of Israel, from the day that he anointed them. It is a perpetual due throughout their generations."

¶ **37** This is the law of the burnt offering, of the grain offering, of the sin offering, of the guilt offering, of the ordination offering, and of the peace offering,

38 which the Lord commanded Moses on Mount Sinai, on the day that he commanded the people of Israel to bring their offerings to the Lord, in the wilderness of Sinai.

Mose weiht Aaron und seine Söhne zum Priester-amt

(vgl. 2.Mose 29,1-37)

8 Und der HERR redete mit Mose und sprach:

2 Nimm Aaron und seine Söhne und die Kleider und das Salböl und den jungen Stier zum Sündopfer, die beiden Widder und den Korb mit ungesäuertem Brot

3 und versammle die ganze Gemeinde vor der Tür der Stiftshütte.

¶ **4** Mose tat, wie ihm der HERR geboten hatte, und versammelte die Gemeinde vor der Tür der Stiftshütte

5 und sprach zu ihnen: Dies ist's, was der HERR geboten hat zu tun.

6 Und Mose ließ herzutreten Aaron und seine Söhne und wusch sie mit Wasser

7 und legte ihm das leinene Gewand an und gürtete ihn mit dem Gürtel und zog ihm das Obergewand an und tat ihm den Priesterschurz um und gürtete ihn mit dem Gurt des Schurzes.

8 Dann tat er ihm die Brusttasche an und legte in die Tasche die Lose »Licht und Recht«

9 und setzte ihm den Kopfbund auf sein Haupt und befestigte an dem Kopfbund vorn das goldene Stirnblatt, den heiligen Reif, wie der HERR es Mose geboten hatte.

10 Und Mose nahm das Salböl und salbte das Heiligtum und alles, was darin war, und weihte es;

11 er sprengte damit siebenmal an den Altar und salbte den Altar mit all seinem Gerät und das Becken mit seinem Gestell, dass alles geweiht würde.

12 Und er goss von dem Salböl auf Aarons Haupt und salbte ihn, dass er geweiht würde,

13 und brachte herzu Aarons Söhne und zog ihnen das leinene Gewand an und gürtete sie mit dem Gürtel und setzte ihnen hohe Mützen auf, wie ihm der HERR geboten hatte.

¶ **14** Und er ließ herzuführen den Stier zum Sündopfer. Und Aaron und seine Söhne legten ihre Hände auf seinen Kopf.

15 Und Mose schlachtete ihn und nahm das Blut und tat es mit seinem Finger ringsum auf die Hörner des Altars und entsündigte den Altar und goss das Blut an den Fuß des Altars und weihte ihn, indem er ihn entsühnte.

Consecration of Aaron and His Sons

8 The LORD spoke to Moses, saying,

2 "Take Aaron and his sons with him, and the garments and the anointing oil and the bull of the sin offering and the two rams and the basket of unleavened bread.

3 And assemble all the congregation at the entrance of the tent of meeting."

4 And Moses did as the LORD commanded him, and the congregation was assembled at the entrance of the tent of meeting.

¶ **5** And Moses said to the congregation, "This is the thing that the LORD has commanded to be done."

6 And Moses brought Aaron and his sons and washed them with water.

7 And he put the coat on him and tied the sash around his waist and clothed him with the robe and put the ephod on him and tied the skillfully woven band of the ephod around him, binding it to him with the band.[1]

8 And he placed the breastpiece on him, and in the breastpiece he put the Urim and the Thummim.

9 And he set the turban on his head, and on the turban, in front, he set the golden plate, the holy crown, as the LORD commanded Moses.

¶ **10** Then Moses took the anointing oil and anointed the tabernacle and all that was in it, and consecrated them.

11 And he sprinkled some of it on the altar seven times, and anointed the altar and all its utensils and the basin and its stand, to consecrate them.

12 And he poured some of the anointing oil on Aaron's head and anointed him to consecrate him.

13 And Moses brought Aaron's sons and clothed them with coats and tied sashes around their waists and bound caps on them, as the LORD commanded Moses.

¶ **14** Then he brought the bull of the sin offering, and Aaron and his sons laid their hands on the head of the bull of the sin offering.

15 And he[2] killed it, and Moses took the blood, and with his finger put it on the horns of the altar around it and purified the altar and poured out the blood at the base of the altar and consecrated it to make atonement for it.

16 Und er nahm alles Fett am Eingeweide, den Lappen an der Leber und die beiden Nieren mit dem Fett daran und ließ es in Rauch aufgehen auf dem Altar.

17 Aber den Stier mit seinem Fell, dem Fleisch und dem Mist verbrannte er mit Feuer draußen vor dem Lager, wie ihm der HERR geboten hatte.

¶ **18** Und er brachte herzu den einen Widder zum Brandopfer. Und Aaron und seine Söhne legten ihre Hände auf seinen Kopf.

19 Und Mose schlachtete ihn und sprengte das Blut ringsum an den Altar,

20 zerlegte den Widder in seine Stücke und verbrannte den Kopf, die Stücke und das Fett

21 und wusch die Eingeweide und Schenkel mit Wasser und ließ dann den ganzen Widder in Rauch aufgehen auf dem Altar. Das war ein Brandopfer zum lieblichen Geruch, ein Feueropfer für den HERRN, wie ihm der HERR geboten hatte.

22 Er brachte auch herzu den andern Widder zum Einsetzungsopfer. Und Aaron und seine Söhne legten ihre Hände auf seinen Kopf.

23 Und Mose schlachtete ihn und nahm von seinem Blut und tat es Aaron auf sein rechtes Ohrläppchen und auf den Daumen seiner rechten Hand und auf die große Zehe seines rechten Fußes.

24 Und er brachte herzu Aarons Söhne und tat von dem Blut auf ihr rechtes Ohrläppchen und auf den Daumen ihrer rechten Hand und auf die große Zehe ihres rechten Fußes und sprengte das Blut ringsum an den Altar.

¶ **25** Und er nahm das Fett und den Fettschwanz und alles Fett am Eingeweide und den Lappen an der Leber, die beiden Nieren mit dem Fett daran und die rechte Keule;

26 dazu nahm er von dem Korb mit dem ungesäuerten Brot, der vor dem HERRN stand, einen ungesäuerten Kuchen und einen Brotkuchen mit Öl und einen Fladen und legte es auf das Fett und auf die rechte Keule.

27 Und er legte das alles auf die Hände Aarons und seiner Söhne und schwang es als Schwingopfer vor dem HERRN.

28 und nahm alles wieder von ihren Händen und ließ es in Rauch aufgehen auf dem Altar, oben auf dem Brandopfer. Das war ein Einsetzungsopfer zum lieblichen Geruch, ein Feueropfer für den HERRN.

16 And he took all the fat that was on the entrails and the long lobe of the liver and the two kidneys with their fat, and Moses burned them on the altar.

17 But the bull and its skin and its flesh and its dung he burned up with fire outside the camp, as the LORD commanded Moses.

¶ **18** Then he presented the ram of the burnt offering, and Aaron and his sons laid their hands on the head of the ram.

19 And he killed it, and Moses threw the blood against the sides of the altar.

20 He cut the ram into pieces, and Moses burned the head and the pieces and the fat.

21 He washed the entrails and the legs with water, and Moses burned the whole ram on the altar. It was a burnt offering with a pleasing aroma, a food offering for the LORD, as the LORD commanded Moses.

¶ **22** Then he presented the other ram, the ram of ordination, and Aaron and his sons laid their hands on the head of the ram.

23 And he killed it, and Moses took some of its blood and put it on the lobe of Aaron's right ear and on the thumb of his right hand and on the big toe of his right foot.

24 Then he presented Aaron's sons, and Moses put some of the blood on the lobes of their right ears and on the thumbs of their right hands and on the big toes of their right feet. And Moses threw the blood against the sides of the altar.

25 Then he took the fat and the fat tail and all the fat that was on the entrails and the long lobe of the liver and the two kidneys with their fat and the right thigh,

26 and out of the basket of unleavened bread that was before the LORD he took one unleavened loaf and one loaf of bread with oil and one wafer and placed them on the pieces of fat and on the right thigh.

27 And he put all these in the hands of Aaron and in the hands of his sons and waved them as a wave offering before the LORD.

28 Then Moses took them from their hands and burned them on the altar with the burnt offering. This was an ordination offering with a pleasing aroma, a food offering to the LORD.

¶ **29** Und Mose nahm die Brust und schwang sie als ein Schwingopfer vor dem HERRN; die erhielt Mose als seinen Anteil an dem Widder des Einsetzungsopfers, wie ihm der HERR geboten hatte.

30 Und Mose nahm von dem Salböl und dem Blut auf dem Altar und sprengte es auf Aaron und seine Kleider, auf seine Söhne und ihre Kleider; so weihte er Aaron und seine Kleider, seine Söhne und ihre Kleider.

¶ **31** Und Mose sprach zu Aaron und seinen Söhnen: Kocht das Fleisch vor der Tür der Stiftshütte und esst es daselbst, dazu auch das Brot im Korbe des Einsetzungsopfers, wie mir geboten ist, dass es Aaron und seine Söhne essen sollen.

32 Was aber übrig bleibt vom Fleisch und Brot, das sollt ihr mit Feuer verbrennen.

33 Und ihr sollt sieben Tage lang nicht weggehen von der Tür der Stiftshütte, bis die Tage eures Einsetzungsopfers um sind; denn sieben Tage sollen eure Hände gefüllt werden.

34 Wie es am heutigen Tage geschehen ist, so hat der HERR geboten, auch fernerhin zu tun, auf dass ihr entsühnt werdet.

35 Und ihr sollt vor der Tür der Stiftshütte Tag und Nacht bleiben sieben Tage lang und sollt nach dem Gebot des HERRN tun, dass ihr nicht sterbt; denn so ist es mir geboten.

36 Und Aaron und seine Söhne taten alles, was der HERR durch Mose geboten hatte.

Das erste Opfer Aarons und seiner Söhne

9 Und am achten Tage rief Mose Aaron und seine Söhne und die Ältesten in Israel

2 und sprach zu Aaron: Nimm dir einen jungen Stier zum Sündopfer und einen Widder zum Brandopfer, beide ohne Fehler, und bringe sie vor den HERRN.

3 Und rede mit den Israeliten und sprich: Nehmt einen Ziegenbock zum Sündopfer und ein Kalb und ein Schaf, beide ein Jahr alt und ohne Fehler, zum Brandopfer

4 und einen Stier und einen Widder zum Dankopfer, dass wir sie vor dem HERRN opfern, und ein Speisopfer, mit Öl vermengt. Denn heute wird euch der HERR erscheinen.

¶ **5** Und sie brachten, was Mose geboten hatte, vor die Tür der Stiftshütte und es trat herzu die ganze Gemeinde und stellte sich auf vor dem HERRN.

6 Da sprach Mose: Das ist's, was der HERR geboten hat, dass ihr es tun sollt, auf dass euch des HERRN Herrlichkeit erscheine.

29 And Moses took the breast and waved it for a wave offering before the LORD. It was Moses' portion of the ram of ordination, as the LORD commanded Moses.

¶ **30** Then Moses took some of the anointing oil and of the blood that was on the altar and sprinkled it on Aaron and his garments, and also on his sons and his sons' garments. So he consecrated Aaron and his garments, and his sons and his sons' garments with him.

¶ **31** And Moses said to Aaron and his sons, "Boil the flesh at the entrance of the tent of meeting, and there eat it and the bread that is in the basket of ordination offerings, as I commanded, saying, 'Aaron and his sons shall eat it.'

32 And what remains of the flesh and the bread you shall burn up with fire.

33 And you shall not go outside the entrance of the tent of meeting for seven days, until the days of your ordination are completed, for it will take seven days to ordain you.

34 As has been done today, the LORD has commanded to be done to make atonement for you.

35 At the entrance of the tent of meeting you shall remain day and night for seven days, performing what the LORD has charged, so that you do not die, for so I have been commanded."

36 And Aaron and his sons did all the things that the LORD commanded by Moses.

The LORD Accepts Aaron's Offering

9 On the eighth day Moses called Aaron and his sons and the elders of Israel,

2 and he said to Aaron, "Take for yourself a bull calf for a sin offering and a ram for a burnt offering, both without blemish, and offer them before the LORD.

3 And say to the people of Israel, 'Take a male goat for a sin offering, and a calf and a lamb, both a year old without blemish, for a burnt offering,

4 and an ox and a ram for peace offerings, to sacrifice before the LORD, and a grain offering mixed with oil, for today the LORD will appear to you.'"

5 And they brought what Moses commanded in front of the tent of meeting, and all the congregation drew near and stood before the LORD.

6 And Moses said, "This is the thing that the LORD commanded you to do, that the glory of the LORD may appear to you."

7 Und Mose sprach zu Aaron: Tritt zum Altar und bringe dar dein Sündopfer und dein Brandopfer und entsühne dich und dein Haus. Danach bringe dar die Opfergabe des Volks und entsühne es auch, wie der HERR geboten hat.

¶ **8** Und Aaron trat zum Altar und schlachtete den jungen Stier als sein Sündopfer.

9 Und seine Söhne brachten das Blut zu ihm und er tauchte mit seinem Finger ins Blut und tat es auf die Hörner des Altars und goss das Blut an den Fuß des Altars.

10 Aber das Fett und die Nieren und den Lappen an der Leber vom Sündopfer ließ er in Rauch aufgehen auf dem Altar, wie der HERR es Mose geboten hatte.

11 Und das Fleisch und das Fell verbrannte er mit Feuer draußen vor dem Lager.

¶ **12** Danach schlachtete er das Brandopfer; und Aarons Söhne brachten das Blut zu ihm und er sprengte es ringsum an den Altar.

13 Und sie brachten das Brandopfer zu ihm, Stück um Stück, und den Kopf und er ließ es in Rauch aufgehen auf dem Altar.

14 Und er wusch die Eingeweide und die Schenkel und ließ sie in Rauch aufgehen oben auf dem Brandopfer auf dem Altar.

¶ **15** Danach brachte er herzu die Opfergabe des Volks und nahm den Bock, das Sündopfer des Volks, und schlachtete ihn und machte ein Sündopfer daraus wie das vorige.

16 Und brachte das Brandopfer herzu und tat damit der Ordnung gemäß.

17 Und brachte herzu das Speisopfer und nahm eine Handvoll und ließ es in Rauch aufgehen auf dem Altar, außer dem Brandopfer am Morgen.

18 Danach schlachtete er den Stier und den Widder als Dankopfer des Volks. Und seine Söhne brachten ihm das Blut; das sprengte er ringsum an den Altar.

19 Aber das Fett vom Stier und vom Widder, den Fettschwanz und das Fett am Eingeweide und die Nieren und den Lappen an der Leber,

20 all dieses Fett legten sie auf die Brust und er ließ das Fett auf dem Altar in Rauch aufgehen.

21 Aber die Brust und die rechte Keule schwang Aaron als Schwingopfer vor dem HERRN, wie der HERR es Mose geboten hatte.

¶ **22** Und Aaron hob seine Hände auf zum Volk und segnete sie und stieg herab, nachdem er das Sündopfer, Brandopfer und Dankopfer dargebracht hatte.

7 Then Moses said to Aaron, "Draw near to the altar and offer your sin offering and your burnt offering and make atonement for yourself and for the people, and bring the offering of the people and make atonement for them, as the LORD has commanded."

¶ **8** So Aaron drew near to the altar and killed the calf of the sin offering, which was for himself.

9 And the sons of Aaron presented the blood to him, and he dipped his finger in the blood and put it on the horns of the altar and poured out the blood at the base of the altar.

10 But the fat and the kidneys and the long lobe of the liver from the sin offering he burned on the altar, as the LORD commanded Moses.

11 The flesh and the skin he burned up with fire outside the camp.

¶ **12** Then he killed the burnt offering, and Aaron's sons handed him the blood, and he threw it against the sides of the altar.

13 And they handed the burnt offering to him, piece by piece, and the head, and he burned them on the altar.

14 And he washed the entrails and the legs and burned them with the burnt offering on the altar.

¶ **15** Then he presented the people's offering and took the goat of the sin offering that was for the people and killed it and offered it as a sin offering, like the first one.

16 And he presented the burnt offering and offered it according to the rule.

17 And he presented the grain offering, took a handful of it, and burned it on the altar, besides the burnt offering of the morning.

¶ **18** Then he killed the ox and the ram, the sacrifice of peace offerings for the people. And Aaron's sons handed him the blood, and he threw it against the sides of the altar.

19 But the fat pieces of the ox and of the ram, the fat tail and that which covers the entrails and the kidneys and the long lobe of the liver—

20 they put the fat pieces on the breasts, and he burned the fat pieces on the altar,

21 but the breasts and the right thigh Aaron waved for a wave offering before the LORD, as Moses commanded.

¶ **22** Then Aaron lifted up his hands toward the people and blessed them, and he came down from offering the sin offering and the burnt offering and the peace offerings.

23 Und Mose und Aaron gingen in die Stiftshütte. Und als sie wieder herauskamen, segneten sie das Volk. Da erschien die Herrlichkeit des HERRN allem Volk.

24 Und ein Feuer ging aus von dem HERRN und verzehrte das Brandopfer und das Fett auf dem Altar. Da alles Volk das sah, frohlockten sie und fielen auf ihr Antlitz.

Der Tod Nadabs und Abihus und seine Folgen

10 Und Aarons Söhne Nadab und Abihu nahmen ein jeder seine Pfanne und taten Feuer hinein und legten Räucherwerk darauf und brachten so ein fremdes Feuer vor den HERRN, das er ihnen nicht geboten hatte.

2 Da fuhr ein Feuer aus von dem HERRN und verzehrte sie, dass sie starben vor dem HERRN.

3 Da sprach Mose zu Aaron: Das ist's, was der HERR gesagt hat: **Ich erzeige mich heilig an denen, die mir nahe sind, und vor allem Volk erweise ich mich herrlich.** Und Aaron schwieg.

¶ **4** Mose aber rief Mischaël und Elizafan, die Söhne Usiëls, des Oheims Aarons, und sprach zu ihnen: Tretet hinzu und tragt eure Brüder von dem Heiligtum hinaus vor das Lager.

5 Und sie traten hinzu und trugen sie hinaus mit ihren leinenen Gewändern vor das Lager, wie Mose gesagt hatte.

6 Da sprach Mose zu Aaron und seinen Söhnen Eleasar und Itamar: Ihr sollt euer Haupthaar nicht wirr hängen lassen und eure Kleider nicht zerreißen, dass ihr nicht sterbt und der Zorn über die ganze Gemeinde komme. Lasst aber eure Brüder, das ganze Haus Israel, weinen über diesen Brand, den der HERR angerichtet hat.

7 Ihr sollt auch nicht hinweggehen von der Tür der Stiftshütte, ihr würdet sonst sterben; denn das Salböl des HERRN ist auf euch. Und sie taten, wie Mose sagte.

¶ **8** Der HERR aber redete mit Aaron und sprach:

9 Du und deine Söhne, ihr sollt weder Wein noch starke Getränke trinken, wenn ihr in die Stiftshütte geht, damit ihr nicht sterbt. Das sei eine ewige Ordnung für alle eure Nachkommen.

10 Ihr sollt unterscheiden, was heilig und unheilig, was unrein und rein ist,

11 und Israel lehren alle Ordnungen, die der HERR ihnen durch Mose verkündet hat.

23 And Moses and Aaron went into the tent of meeting, and when they came out they blessed the people, and the glory of the LORD appeared to all the people.

24 And fire came out from before the LORD and consumed the burnt offering and the pieces of fat on the altar, and when all the people saw it, they shouted and fell on their faces.

The Death of Nadab and Abihu

10 Now Nadab and Abihu, the sons of Aaron, each took his censer and put fire in it and laid incense on it and offered unauthorized[1] fire before the LORD, which he had not commanded them.

2 And fire came out from before the LORD and consumed them, and they died before the LORD.

3 Then Moses said to Aaron, "This is what the LORD has said, 'Among those who are near me I will be sanctified, and before all the people I will be glorified.'" And Aaron held his peace.

¶ **4** And Moses called Mishael and Elzaphan, the sons of Uzziel the uncle of Aaron, and said to them, "Come near; carry your brothers away from the front of the sanctuary and out of the camp."

5 So they came near and carried them in their coats out of the camp, as Moses had said.

6 And Moses said to Aaron and to Eleazar and Ithamar his sons, "Do not let the hair of your heads hang loose, and do not tear your clothes, lest you die, and wrath come upon all the congregation; but let your brothers, the whole house of Israel, bewail the burning that the LORD has kindled.

7 And do not go outside the entrance of the tent of meeting, lest you die, for the anointing oil of the LORD is upon you." And they did according to the word of Moses.

¶ **8** And the LORD spoke to Aaron, saying,

9 "Drink no wine or strong drink, you or your sons with you, when you go into the tent of meeting, lest you die. It shall be a statute forever throughout your generations.

10 You are to distinguish between the holy and the common, and between the unclean and the clean,

11 and you are to teach the people of Israel all the statutes that the LORD has spoken to them by Moses."

¶ **12** Und Mose redete mit Aaron und mit seinen Söhnen Eleasar und Itamar, die ihm noch geblieben waren: Nehmt das Speisopfer, das übrig geblieben ist von den Feueropfern des HERRN, und esst es ungesäuert bei dem Altar; denn es ist ein Hochheiliges.

13 Ihr sollt es aber an heiliger Stätte essen; denn das ist dein und deiner Söhne Anrecht an den Feueropfern des HERRN; denn so ist mir's geboten.

14 Auch die Brust des Schwingopfers und die Keule des Hebopfers sollst du mit deinen Söhnen und deinen Töchtern essen an reiner Stätte; denn solches Anrecht an den Dankopfern Israels ist dir und deinen Kindern gegeben.

15 Denn diese Keule und diese Brust soll man zu den Feueropfern des Fettes bringen, dass sie als Schwingopfer geschwungen werden vor dem HERRN; es gehört dir und deinen Söhnen als ewiges Anrecht, wie der HERR geboten hat.

¶ **16** Und Mose suchte den Bock des Sündopfers und fand ihn verbrannt. Und er wurde zornig über Eleasar und Itamar, Aarons Söhne, die ihm noch geblieben waren, und sprach:

17 Warum habt ihr das Sündopfer nicht gegessen an heiliger Stätte? Denn es ist ein Hochheiliges und der HERR hat es euch gegeben, dass ihr die Schuld der Gemeinde wegnehmen und sie vor ihm entsühnen sollt.

18 Siehe, sein Blut ist nicht in das Heilige hineingebracht worden. Ihr solltet das Opfer im Heiligen gegessen haben, wie ich geboten hatte.

19 Aaron aber sprach zu Mose: Siehe, heute haben sie ihr Sündopfer und ihr Brandopfer vor dem HERRN geopfert und es ist mir so ergangen, wie du siehst; und ich sollte heute essen vom Sündopfer? Sollte das dem HERRN gefallen?

20 Als Mose das hörte, ließ er sich's gefallen.

Reine und unreine Tiere
(vgl. 5.Mose 14,3-20)

11 Und der HERR redete mit Mose und Aaron und sprach zu ihnen:

2 Redet mit den Israeliten und sprecht: Dies sind die Tiere, die ihr essen dürft unter allen Tieren auf dem Lande.

3 Alles, was gespaltene Klauen hat, ganz durchgespalten, und wiederkäut unter den Tieren, das dürft ihr essen.

¶ **12** Moses spoke to Aaron and to Eleazar and Ithamar, his surviving sons: "Take the grain offering that is left of the LORD's food offerings, and eat it unleavened beside the altar, for it is most holy.

13 You shall eat it in a holy place, because it is your due and your sons' due, from the LORD's food offerings, for so I am commanded.

14 But the breast that is waved and the thigh that is contributed you shall eat in a clean place, you and your sons and your daughters with you, for they are given as your due and your sons' due from the sacrifices of the peace offerings of the people of Israel.

15 The thigh that is contributed and the breast that is waved they shall bring with the food offerings of the fat pieces to wave for a wave offering before the LORD, and it shall be yours and your sons' with you as a due forever, as the LORD has commanded."

¶ **16** Now Moses diligently inquired about the goat of the sin offering, and behold, it was burned up! And he was angry with Eleazar and Ithamar, the surviving sons of Aaron, saying,

17 "Why have you not eaten the sin offering in the place of the sanctuary, since it is a thing most holy and has been given to you that you may bear the iniquity of the congregation, to make atonement for them before the LORD?

18 Behold, its blood was not brought into the inner part of the sanctuary. You certainly ought to have eaten it in the sanctuary, as I commanded."

19 And Aaron said to Moses, "Behold, today they have offered their sin offering and their burnt offering before the LORD, and yet such things as these have happened to me! If I had eaten the sin offering today, would the LORD have approved?"

20 And when Moses heard that, he approved.

Clean and Unclean Animals

11 And the LORD spoke to Moses and Aaron, saying to them,

2 "Speak to the people of Israel, saying, These are the living things that you may eat among all the animals that are on the earth.

3 Whatever parts the hoof and is cloven-footed and chews the cud, among the animals, you may eat.

4 Nur diese dürft ihr nicht essen von dem, was wiederkäut und gespaltene Klauen hat: das Kamel, denn es ist zwar ein Wiederkäuer, hat aber keine durchgespaltenen Klauen, darum soll es euch unrein sein;

5 den Klippdachs, denn er ist zwar ein Wiederkäuer, hat aber keine durchgespaltenen Klauen; darum soll er euch unrein sein;

6 den Hasen, denn er ist auch ein Wiederkäuer, hat aber keine durchgespaltenen Klauen; darum soll er euch unrein sein;

7 das Schwein, denn es hat wohl durchgespaltene Klauen, ist aber kein Wiederkäuer; darum soll es euch unrein sein.

8 Vom Fleisch dieser Tiere dürft ihr weder essen noch ihr Aas anrühren; denn sie sind euch unrein.

¶ **9** Dies dürft ihr essen von dem, was im Wasser lebt: Alles, was Flossen und Schuppen hat im Wasser, im Meer und in den Bächen, dürft ihr essen.

10 Alles aber, was nicht Flossen und Schuppen hat im Meer und in den Bächen von allem, was sich regt im Wasser, und allem, was lebt im Wasser, soll euch ein Gräuel sein.

11 Von ihrem Fleisch dürft ihr nicht essen und ihr Aas sollt ihr verabscheuen, denn sie sind ein Gräuel für euch.

12 Denn alles, was nicht Flossen und Schuppen hat im Wasser, sollt ihr verabscheuen.

¶ **13** Und diese sollt ihr verabscheuen unter den Vögeln, dass ihr sie nicht esst, denn ein Gräuel sind sie: den Adler, den Habicht, den Fischaar,

14 den Geier, die Weihe mit ihrer Art,

15 und alle Raben mit ihrer Art,

16 den Strauß, die Nachteule, den Kuckuck, den Sperber mit seiner Art,

17 das Käuzchen, den Schwan, den Uhu,

18 die Fledermaus, die Rohrdommel, den Storch,

19 den Reiher, den Häher mit seiner Art, den Wiedehopf und die Schwalbe.

¶ **20** Auch alles kleine Getier, das Flügel hat und auf vier Füßen geht, soll euch ein Gräuel sein.

21 Doch dies dürft ihr essen von allem, was sich regt und Flügel hat und auf vier Füßen geht: was oberhalb der Füße noch zwei Schenkel hat, womit es auf Erden hüpft.

22 Von diesen könnt ihr essen die Heuschrecken, als da sind: den Arbe mit seiner Art, den Solam mit seiner Art, den Hargol mit seiner Art und den Hagab mit seiner Art.

4 Nevertheless, among those that chew the cud or part the hoof, you shall not eat these: The camel, because it chews the cud but does not part the hoof, is unclean to you.

5 And the rock badger, because it chews the cud but does not part the hoof, is unclean to you.

6 And the hare, because it chews the cud but does not part the hoof, is unclean to you.

7 And the pig, because it parts the hoof and is cloven-footed but does not chew the cud, is unclean to you.

8 You shall not eat any of their flesh, and you shall not touch their carcasses; they are unclean to you.

¶ **9** "These you may eat, of all that are in the waters. Everything in the waters that has fins and scales, whether in the seas or in the rivers, you may eat.

10 But anything in the seas or the rivers that has not fins and scales, of the swarming creatures in the waters and of the living creatures that are in the waters, is detestable to you.

11 You shall regard them as detestable; you shall not eat any of their flesh, and you shall detest their carcasses.

12 Everything in the waters that has not fins and scales is detestable to you.

¶ **13** "And these you shall detest among the birds;[1] they shall not be eaten; they are detestable: the eagle,[2] the bearded vulture, the black vulture,

14 the kite, the falcon of any kind,

15 every raven of any kind,

16 the ostrich, the nighthawk, the sea gull, the hawk of any kind,

17 the little owl, the cormorant, the short-eared owl,

18 the barn owl, the tawny owl, the carrion vulture,

19 the stork, the heron of any kind, the hoopoe, and the bat.

¶ **20** "All winged insects that go on all fours are detestable to you.

21 Yet among the winged insects that go on all fours you may eat those that have jointed legs above their feet, with which to hop on the ground.

22 Of them you may eat: the locust of any kind, the bald locust of any kind, the cricket of any kind, and the grasshopper of any kind.

23 Alles aber, was sonst Flügel und vier Füße hat, soll euch ein Gräuel sein.

¶ **24** An diesen werdet ihr euch verunreinigen – wer ihr Aas anrührt, der wird unrein sein bis zum Abend;

25 und wer ihr Aas trägt, soll seine Kleider waschen und wird unrein sein bis zum Abend – :

26 an allem Getier, das gespaltene Klauen hat, aber nicht ganz durchgespaltene, und nicht wiederkäut. Unrein soll es euch sein und wer es anrührt, wird unrein sein.

27 Und alles, was auf Tatzen geht unter den Tieren, die auf vier Füßen gehen, soll euch unrein sein. Wer ihr Aas anrührt, wird unrein sein bis zum Abend.

28 Und wer ihr Aas trägt, soll seine Kleider waschen und unrein sein bis zum Abend; denn sie sind euch unrein.

¶ **29** Diese sollen euch auch unrein sein unter den Tieren, die auf der Erde wimmeln: das Wiesel, die Maus, die Kröte, ein jedes mit seiner Art,

30 der Gecko, der Molch, die Eidechse, die Blindschleiche und der Maulwurf.

31 Die sind euch unrein unter allem, was da kriecht. Wer ihr Aas anrührt, der wird unrein sein bis zum Abend.

32 Und alles, worauf ihr Aas fällt, das wird unrein, jedes hölzerne Gefäß oder Kleider oder Fell oder Sack. Und alles Gerät, das zum Gebrauch dient, soll man ins Wasser tun; es ist unrein bis zum Abend und dann wieder rein.

33 Ist es aber ein irdenes Gefäß, in das ein solches Aas hineinfällt, so wird alles unrein, was darin ist, und ihr sollt es zerbrechen.

34 Alle Speise, die man essen könnte, wird unrein, wenn jenes Wasser darankommt; und alles Getränk, das man trinken könnte, wird in solchen Gefäßen unrein.

35 Und alles, worauf ein solches Aas fällt, wird unrein, es sei Ofen oder Herd; man soll es zerbrechen, denn es ist unrein und soll euch unrein sein.

36 Nur die Brunnen und Zisternen, in denen sich Wasser sammelt, bleiben rein. Wer aber das Aas darin anrührt, ist unrein.

37 Und wenn ein solches Aas auf Samen fällt, den man sät, so bleibt er doch rein.

38 Wenn man aber Wasser über den Samen gegossen hat und es fällt danach ein solches Aas darauf, so wird er euch unrein.

¶ **39** Wenn eins von den Tieren stirbt, die euch zur Speise dienen: wer ihr Aas anrührt, wird unrein bis zum Abend.

23 But all other winged insects that have four feet are detestable to you.

¶ **24** "And by these you shall become unclean. Whoever touches their carcass shall be unclean until the evening,

25 and whoever carries any part of their carcass shall wash his clothes and be unclean until the evening.

26 Every animal that parts the hoof but is not cloven-footed or does not chew the cud is unclean to you. Everyone who touches them shall be unclean.

27 And all that walk on their paws, among the animals that go on all fours, are unclean to you. Whoever touches their carcass shall be unclean until the evening,

28 and he who carries their carcass shall wash his clothes and be unclean until the evening; they are unclean to you.

¶ **29** "And these are unclean to you among the swarming things that swarm on the ground: the mole rat, the mouse, the great lizard of any kind,

30 the gecko, the monitor lizard, the lizard, the sand lizard, and the chameleon.

31 These are unclean to you among all that swarm. Whoever touches them when they are dead shall be unclean until the evening.

32 And anything on which any of them falls when they are dead shall be unclean, whether it is an article of wood or a garment or a skin or a sack, any article that is used for any purpose. It must be put into water, and it shall be unclean until the evening; then it shall be clean.

33 And if any of them falls into any earthenware vessel, all that is in it shall be unclean, and you shall break it.

34 Any food in it that could be eaten, on which water comes, shall be unclean. And all drink that could be drunk from every such vessel shall be unclean.

35 And everything on which any part of their carcass falls shall be unclean. Whether oven or stove, it shall be broken in pieces. They are unclean and shall remain unclean for you.

36 Nevertheless, a spring or a cistern holding water shall be clean, but whoever touches a carcass in them shall be unclean.

37 And if any part of their carcass falls upon any seed grain that is to be sown, it is clean,

38 but if water is put on the seed and any part of their carcass falls on it, it is unclean to you.

¶ **39** "And if any animal which you may eat dies, whoever touches its carcass shall be unclean until the evening,

40 Wer von solchem Aas isst, der soll sein Kleid waschen; er wird unrein sein bis zum Abend. Auch wer ein solches Aas trägt, soll sein Kleid waschen; er wird unrein sein bis zum Abend.

¶ **41** Was auf der Erde kriecht, das soll euch ein Gräuel sein und man soll es nicht essen.

42 Alles, was auf dem Bauch kriecht, und alles, was auf vier oder mehr Füßen geht, unter allem, was auf der Erde kriecht, dürft ihr nicht essen; denn es soll euch ein Gräuel sein.

43 Macht euch selbst nicht zum Gräuel an allem kleinen Getier, das da wimmelt, und macht euch nicht unrein an ihm, sodass ihr dadurch unrein werdet.

44 Denn ich bin der HERR, euer Gott. Darum sollt ihr euch heiligen, sodass ihr heilig werdet, denn ich bin heilig; und ihr sollt euch nicht unrein machen an irgendeinem Getier, das auf der Erde kriecht.

45 Denn ich bin der HERR, der euch aus Ägyptenland geführt hat, dass ich euer Gott sei. Darum sollt ihr heilig sein, denn ich bin heilig.

¶ **46** Das ist das Gesetz von den vierfüßigen Tieren und Vögeln und von allen Tieren, die sich regen im Wasser, und von allen Tieren, die auf der Erde kriechen,

47 auf dass ihr unterscheidet, was unrein und rein ist und welches Tier man essen und welches man nicht essen darf.

Bestimmungen für die Wöchnerinnen

12 Und der HERR redete mit Mose und sprach:

2 Rede mit den Israeliten und sprich: Wenn eine Frau empfängt und einen Knaben gebiert, so soll sie sieben Tage unrein sein, wie wenn sie ihre Tage hat.

3 Und am achten Tage soll man ihn beschneiden.

4 Und sie soll daheimbleiben dreiunddreißig Tage im Blut ihrer Reinigung. Kein Heiliges soll sie anrühren und zum Heiligtum soll sie nicht kommen, bis die Tage ihrer Reinigung um sind.

5 Gebiert sie aber ein Mädchen, so soll sie zwei Wochen unrein sein, wie wenn ihre Tage hat, und soll sechsundsechzig Tage daheimbleiben in dem Blut ihrer Reinigung.

40 and whoever eats of its carcass shall wash his clothes and be unclean until the evening. And whoever carries the carcass shall wash his clothes and be unclean until the evening.

¶ **41** "Every swarming thing that swarms on the ground is detestable; it shall not be eaten.

42 Whatever goes on its belly, and whatever goes on all fours, or whatever has many feet, any swarming thing that swarms on the ground, you shall not eat, for they are detestable.

43 You shall not make yourselves detestable with any swarming thing that swarms, and you shall not defile yourselves with them, and become unclean through them.

44 For I am the LORD your God. Consecrate yourselves therefore, and be holy, for I am holy. You shall not defile yourselves with any swarming thing that crawls on the ground.

45 For I am the LORD who brought you up out of the land of Egypt to be your God. You shall therefore be holy, for I am holy."

¶ **46** This is the law about beast and bird and every living creature that moves through the waters and every creature that swarms on the ground,

47 to make a distinction between the unclean and the clean and between the living creature that may be eaten and the living creature that may not be eaten.

Purification After Childbirth

12 The LORD spoke to Moses, saying,

2 "Speak to the people of Israel, saying, 'If a woman conceives and bears a male child, then she shall be unclean seven days. As at the time of her menstruation, she shall be unclean.

3 And on the eighth day the flesh of his foreskin shall be circumcised.

4 Then she shall continue for thirty-three days in the blood of her purifying. She shall not touch anything holy, nor come into the sanctuary, until the days of her purifying are completed.

5 But if she bears a female child, then she shall be unclean two weeks, as in her menstruation. And she shall continue in the blood of her purifying for sixty-six days.

¶ **6** Und wenn die Tage ihrer Reinigung für den Sohn oder für die Tochter um sind, soll sie dem Priester ein einjähriges Schaf bringen zum Brandopfer und eine Taube oder Turteltaube zum Sündopfer vor die Tür der Stiftshütte.

7 Der soll es opfern vor dem HERRN und sie entsühnen, so wird sie rein von ihrem Blutfluss. Das ist das Gesetz für die Frau, die einen Knaben oder ein Mädchen gebiert.

8 Vermag sie aber nicht ein Schaf aufzubringen, so nehme sie zwei Turteltauben oder zwei andere Tauben, eine zum Brandopfer, die andere zum Sündopfer; so soll sie der Priester entsühnen, dass sie rein werde.

Die Feststellung von Aussatz und das Verhalten von Aussätzigen

13 Und der HERR redete mit Mose und Aaron und sprach:

2 Wenn bei einem Menschen an seiner Haut eine Erhöhung oder ein Ausschlag oder ein weißer Flecken entsteht und zu einer aussätzigen Stelle an der Haut wird, soll man ihn zum Priester Aaron führen oder zu einem unter seinen Söhnen, den Priestern.

3 Und wenn der Priester die Stelle an der Haut sieht, dass die Haare dort weiß geworden sind und die Stelle tiefer ist als die übrige Haut, so ist es eine aussätzige Stelle. Wenn der Priester das an ihm sieht, soll er ihn unrein sprechen.

¶ **4** Wenn aber ein weißer Flecken an seiner Haut ist und doch die Stelle nicht tiefer anzusehen ist als die übrige Haut und die Haare nicht weiß geworden sind, so soll der Priester ihn einschließen sieben Tage

5 und am siebenten Tage besehen. Ist es so, dass die Stelle geblieben ist, wie er sie zuvor gesehen hat, und hat nicht weitergefressen auf der Haut, so soll ihn der Priester abermals sieben Tage einschließen.

6 Und wenn er ihn erneut nach sieben Tagen besieht und findet, dass die Stelle blass geworden ist und nicht weitergefressen hat auf der Haut, so soll er ihn rein sprechen; denn es ist nur ein Ausschlag. Und er soll seine Kleider waschen, so ist er rein.

7 Wenn aber der Ausschlag weiterfrisst auf der Haut, nachdem er vom Priester besehen worden ist, ob er rein sei, und er wird nun erneut vom Priester besehen

¶ **6** "And when the days of her purifying are completed, whether for a son or for a daughter, she shall bring to the priest at the entrance of the tent of meeting a lamb a year old for a burnt offering, and a pigeon or a turtledove for a sin offering,

7 and he shall offer it before the LORD and make atonement for her. Then she shall be clean from the flow of her blood. This is the law for her who bears a child, either male or female.

8 And if she cannot afford a lamb, then she shall take two turtledoves or two pigeons,[1] one for a burnt offering and the other for a sin offering. And the priest shall make atonement for her, and she shall be clean.'"

Laws About Leprosy

13 The LORD spoke to Moses and Aaron, saying,

2 "When a person has on the skin of his body a swelling or an eruption or a spot, and it turns into a case of leprous[1] disease on the skin of his body, then he shall be brought to Aaron the priest or to one of his sons the priests,

3 and the priest shall examine the diseased area on the skin of his body. And if the hair in the diseased area has turned white and the disease appears to be deeper than the skin of his body, it is a case of leprous disease. When the priest has examined him, he shall pronounce him unclean.

4 But if the spot is white in the skin of his body and appears no deeper than the skin, and the hair in it has not turned white, the priest shall shut up the diseased person for seven days.

5 And the priest shall examine him on the seventh day, and if in his eyes the disease is checked and the disease has not spread in the skin, then the priest shall shut him up for another seven days.

6 And the priest shall examine him again on the seventh day, and if the diseased area has faded and the disease has not spread in the skin, then the priest shall pronounce him clean; it is only an eruption. And he shall wash his clothes and be clean.

7 But if the eruption spreads in the skin, after he has shown himself to the priest for his cleansing, he shall appear again before the priest.

8 und wenn der Priester dann sieht, dass der Ausschlag weitergefressen hat auf der Haut, so soll er ihn unrein sprechen; es ist Aussatz.

¶ **9** Wenn an einem Menschen eine aussätzige Stelle ist, so soll man ihn zum Priester bringen.

10 Wenn der sieht und findet, dass eine weiße Erhöhung auf der Haut ist und die Haare dort weiß geworden sind und wildes Fleisch in der Erhöhung ist,

11 so ist es schon alter Aussatz auf seiner Haut. Darum soll ihn der Priester unrein sprechen und nicht erst einschließen; denn er ist schon unrein.

¶ **12** Wenn aber Aussatz ausbricht auf der Haut und bedeckt die ganze Haut, vom Kopf bis zum Fuß, alles, was dem Priester vor Augen sein mag,

13 und wenn der Priester ihn dann besieht und findet, dass der Aussatz den ganzen Leib bedeckt hat, so soll er ihn rein sprechen, weil alles an ihm weiß geworden ist; er ist rein.

14 Findet sich aber wildes Fleisch an dem Tage, da er besehen wird, so ist er unrein.

15 Und wenn der Priester das wilde Fleisch besieht, soll er ihn unrein sprechen, denn das wilde Fleisch ist unrein; es ist Aussatz.

16 Verändert sich aber das wilde Fleisch und wird wieder weiß, so soll er zum Priester kommen.

17 Und wenn ihn der Priester besieht und findet, dass die Stelle weiß geworden ist, soll er ihn rein sprechen; er ist rein.

¶ **18** Wenn jemand auf der Haut ein Geschwür bekommt und es heilt wieder,

19 danach aber an derselben Stelle eine weiße Erhöhung oder ein weißrötlicher Flecken entsteht, so soll er vom Priester besehen werden.

20 Wenn dann der Priester sieht, dass die Stelle tiefer anzusehen ist als die übrige Haut und das Haar dort weiß geworden ist, so soll er ihn unrein sprechen; es ist Aussatz, der in dem Geschwür ausgebrochen ist.

¶ **21** Sieht aber der Priester und findet, dass die Haare nicht weiß sind und die Stelle nicht tiefer ist als die übrige Haut und blass geworden ist, so soll er ihn sieben Tage einschließen.

22 Frisst es weiter auf der Haut, so soll er ihn unrein sprechen; es ist eine aussätzige Stelle.

23 Bleibt aber der weiße Flecken so stehen und frisst nicht weiter, so ist es die Narbe von einem Geschwür und der Priester soll ihn rein sprechen.

8 And the priest shall look, and if the eruption has spread in the skin, then the priest shall pronounce him unclean; it is a leprous disease.

¶ **9** "When a man is afflicted with a leprous disease, he shall be brought to the priest,

10 and the priest shall look. And if there is a white swelling in the skin that has turned the hair white, and there is raw flesh in the swelling,

11 it is a chronic leprous disease in the skin of his body, and the priest shall pronounce him unclean. He shall not shut him up, for he is unclean.

12 And if the leprous disease breaks out in the skin, so that the leprous disease covers all the skin of the diseased person from head to foot, so far as the priest can see,

13 then the priest shall look, and if the leprous disease has covered all his body, he shall pronounce him clean of the disease; it has all turned white, and he is clean.

14 But when raw flesh appears on him, he shall be unclean.

15 And the priest shall examine the raw flesh and pronounce him unclean. Raw flesh is unclean, for it is a leprous disease.

16 But if the raw flesh recovers and turns white again, then he shall come to the priest,

17 and the priest shall examine him, and if the disease has turned white, then the priest shall pronounce the diseased person clean; he is clean.

¶ **18** "If there is in the skin of one's body a boil and it heals,

19 and in the place of the boil there comes a white swelling or a reddish-white spot, then it shall be shown to the priest.

20 And the priest shall look, and if it appears deeper than the skin and its hair has turned white, then the priest shall pronounce him unclean. It is a case of leprous disease that has broken out in the boil.

21 But if the priest examines it and there is no white hair in it and it is not deeper than the skin, but has faded, then the priest shall shut him up seven days.

22 And if it spreads in the skin, then the priest shall pronounce him unclean; it is a disease.

23 But if the spot remains in one place and does not spread, it is the scar of the boil, and the priest shall pronounce him clean.

¶ **24** Wenn sich jemand an der Haut verbrennt und das Brandmal weißrötlich oder weiß ist

25 und der Priester es besieht und findet das Haar weiß geworden an dem Brandmal und die Stelle erscheint tiefer als die übrige Haut, so ist es Aussatz, der in dem Brandmal ausgebrochen ist. Darum soll ihn der Priester unrein sprechen; es ist eine aussätzige Stelle.

¶ **26** Sieht aber der Priester und findet, dass die Haare am Brandmal nicht weiß geworden sind und es nicht tiefer ist als die übrige Haut und dazu blass geworden ist, so soll er ihn sieben Tage einschließen

27 und am siebenten Tage soll er ihn besehen. Hat es weitergefressen auf der Haut, so soll er ihn unrein sprechen; es ist eine aussätzige Stelle.

28 Ist aber der Flecken stehen geblieben und hat nicht weitergefressen auf der Haut und ist dazu blass geworden, so ist es nur die Erhöhung eines Brandmals. Und der Priester soll ihn rein sprechen; denn es ist die Narbe eines Brandmals.

¶ **29** Wenn ein Mann oder eine Frau auf dem Kopf oder am Bart eine Stelle hat

30 und der Priester die Stelle besieht und findet, dass sie tiefer aussieht als die übrige Haut und das Haar dort goldgelb und dünn ist, so soll er ihn unrein sprechen; denn es ist Grind, das ist der Aussatz des Kopfes oder des Bartes.

¶ **31** Sieht aber der Priester, dass der Grind nicht tiefer anzusehen ist als die Haut, aber das Haar dort nicht schwarz ist, soll er ihn sieben Tage einschließen.

32 Und wenn er ihn am siebenten Tage besieht und findet, dass der Grind nicht weitergefressen hat und kein goldgelbes Haar da ist und der Grind nicht tiefer aussieht als die übrige Haut,

33 so soll er sich scheren, doch so, dass er die grindige Stelle nicht schere; und der Priester soll ihn abermals sieben Tage einschließen.

34 Und wenn er ihn am siebenten Tage besieht und findet, dass der Grind nicht weitergefressen hat auf der Haut und nicht tiefer aussieht als die übrige Haut, so soll ihn der Priester rein sprechen; und er soll seine Kleider waschen, so ist er rein.

35 Frisst aber der Grind weiter auf der Haut, nachdem er rein gesprochen ist,

36 und der Priester besieht ihn und findet, dass der Grind weitergefressen hat auf der Haut, so soll er nicht mehr danach fragen, ob die Haare goldgelb sind; denn er ist unrein.

¶ **24** "Or, when the body has a burn on its skin and the raw flesh of the burn becomes a spot, reddish-white or white,

25 the priest shall examine it, and if the hair in the spot has turned white and it appears deeper than the skin, then it is a leprous disease. It has broken out in the burn, and the priest shall pronounce him unclean; it is a case of leprous disease.

26 But if the priest examines it and there is no white hair in the spot and it is no deeper than the skin, but has faded, the priest shall shut him up seven days,

27 and the priest shall examine him the seventh day. If it is spreading in the skin, then the priest shall pronounce him unclean; it is a case of leprous disease.

28 But if the spot remains in one place and does not spread in the skin, but has faded, it is a swelling from the burn, and the priest shall pronounce him clean, for it is the scar of the burn.

¶ **29** "When a man or woman has a disease on the head or the beard,

30 the priest shall examine the disease. And if it appears deeper than the skin, and the hair in it is yellow and thin, then the priest shall pronounce him unclean. It is an itch, a leprous disease of the head or the beard.

31 And if the priest examines the itching disease and it appears no deeper than the skin and there is no black hair in it, then the priest shall shut up the person with the itching disease for seven days,

32 and on the seventh day the priest shall examine the disease. If the itch has not spread, and there is in it no yellow hair, and the itch appears to be no deeper than the skin,

33 then he shall shave himself, but the itch he shall not shave; and the priest shall shut up the person with the itching disease for another seven days.

34 And on the seventh day the priest shall examine the itch, and if the itch has not spread in the skin and it appears to be no deeper than the skin, then the priest shall pronounce him clean. And he shall wash his clothes and be clean.

35 But if the itch spreads in the skin after his cleansing,

36 then the priest shall examine him, and if the itch has spread in the skin, the priest need not seek for the yellow hair; he is unclean.

37 Ist es aber vor Augen, dass der Grind stehen geblieben und schwarzes Haar dort aufgegangen ist, so ist der Grind heil und er ist rein. Darum soll ihn der Priester rein sprechen.

¶ **38** Wenn bei einem Mann oder einer Frau auf der Haut weiße Flecken entstehen

39 und der Priester besieht es und es sind blasse weiße Flecken, so ist es ein gutartiger Ausschlag, der auf der Haut ausgebrochen ist; er ist rein.

¶ **40** Wenn einem Mann die Haupthaare ausfallen, dass er am Hinterkopf kahl wird, der ist rein.

41 Fallen sie ihm vorn am Kopf aus und entsteht eine Glatze, so ist er rein.

42 Bildet sich aber an der Glatze eine weißrötliche Stelle, so ist bei ihm Aussatz an der Glatze ausgebrochen.

43 Wenn ihn der Priester nun besieht und findet, dass eine weißrötliche Erhöhung an seiner Glatze ist, dass es aussieht wie sonst Aussatz auf der Haut,

44 so ist er aussätzig und unrein und der Priester soll ihn unrein sprechen; er hat Aussatz an seinem Kopf.

¶ **45** Wer nun aussätzig ist, soll zerrissene Kleider tragen und das Haar lose und den Bart verhüllt und soll rufen: Unrein, unrein!

46 Und solange die Stelle an ihm ist, soll er unrein sein, allein wohnen, und seine Wohnung soll außerhalb des Lagers sein.

Aussatz an Stoffen und Lederwaren

47 Wenn eine aussätzige Stelle an einem Kleid ist, es sei wollen oder leinen,

48 an Gewebtem oder Gewirktem, es sei leinen oder wollen, oder an Leder oder an allem, was aus Leder gemacht wird,

49 und wenn die Stelle grünlich oder rötlich ist am Kleid oder am Leder oder am Gewebten oder Gewirkten oder an irgendeinem Ding, das von Leder gemacht ist, so ist das eine aussätzige Stelle; darum soll es der Priester besehen.

50 Und wenn er die Stelle besehen hat, soll er es einschließen sieben Tage.

51 Und wenn er am siebenten Tage sieht, dass die Stelle weitergefressen hat am Kleid, am Gewebten oder am Gewirkten, am Leder oder an allem, was man aus Leder macht, so ist die Stelle fressender Aussatz und es ist unrein.

37 But if in his eyes the itch is unchanged and black hair has grown in it, the itch is healed and he is clean, and the priest shall pronounce him clean.

¶ **38** "When a man or a woman has spots on the skin of the body, white spots,

39 the priest shall look, and if the spots on the skin of the body are of a dull white, it is leukoderma that has broken out in the skin; he is clean.

¶ **40** "If a man's hair falls out from his head, he is bald; he is clean.

41 And if a man's hair falls out from his forehead, he has baldness of the forehead; he is clean.

42 But if there is on the bald head or the bald forehead a reddish-white diseased area, it is a leprous disease breaking out on his bald head or his bald forehead.

43 Then the priest shall examine him, and if the diseased swelling is reddish-white on his bald head or on his bald forehead, like the appearance of leprous disease in the skin of the body,

44 he is a leprous man, he is unclean. The priest must pronounce him unclean; his disease is on his head.

¶ **45** "The leprous person who has the disease shall wear torn clothes and let the hair of his head hang loose, and he shall cover his upper lip[2] and cry out, 'Unclean, unclean.'

46 He shall remain unclean as long as he has the disease. He is unclean. He shall live alone. His dwelling shall be outside the camp.

¶ **47** "When there is a case of leprous disease in a garment, whether a woolen or a linen garment,

48 in warp or woof of linen or wool, or in a skin or in anything made of skin,

49 if the disease is greenish or reddish in the garment, or in the skin or in the warp or the woof or in any article made of skin, it is a case of leprous disease, and it shall be shown to the priest.

50 And the priest shall examine the disease and shut up that which has the disease for seven days.

51 Then he shall examine the disease on the seventh day. If the disease has spread in the garment, in the warp or the woof, or in the skin, whatever be the use of the skin, the disease is a persistent leprous disease; it is unclean.

52 Und man soll das Kleid verbrennen oder das Gewebte oder Gewirkte, es sei wollen oder leinen, oder allerlei Lederwerk, woran solche Stelle ist; denn es ist fressender Aussatz und man soll es mit Feuer verbrennen.

¶ **53** Sieht aber der Priester, dass die Stelle nicht weitergefressen hat am Kleid oder am Gewebten oder am Gewirkten oder an allerlei Lederwerk,

54 so soll er gebieten, dass man das wasche, woran die Stelle ist, und soll es einschließen weitere sieben Tage.

55 Und wenn der Priester sieht, nachdem die Stelle gewaschen ist, dass die Stelle unverändert ist vor seinen Augen und auch nicht weitergefressen hat, so ist es unrein und du sollst es mit Feuer verbrennen; denn es ist tief eingefressen an der kahlen Stelle außen oder innen.

56 Wenn aber der Priester sieht, dass die Stelle verblasst ist nach dem Waschen, so soll er sie herausreißen aus dem Kleid, dem Leder, dem Gewebten oder Gewirkten.

57 Zeigt sie sich aber wiederum am Kleid, am Gewebten, am Gewirkten oder an allerlei Lederwerk, so ist es ausbrechender Aussatz und du sollst mit Feuer verbrennen, woran solche Stelle ist.

58 Das Kleid aber oder das Gewebte oder Gewirkte oder allerlei Lederwerk, das gewaschen ist und von dem die Stelle gewichen ist, soll man zum zweiten Mal waschen, so ist es rein.

¶ **59** Das ist das Gesetz über die aussätzigen Stellen an Kleidern, sie seien wollen oder leinen, an Gewebtem oder an Gewirktem und an allerlei Lederwerk, wie sie rein oder unrein zu sprechen sind.

Die Reinigung von Aussätzigen

14 Und der HERR redete mit Mose und sprach:

2 Dies ist das Gesetz über den Aussätzigen, wenn er gereinigt werden soll. Er soll zum Priester kommen

3 und der Priester soll aus dem Lager gehen und feststellen, dass die kranke Stelle am Aussätzigen heil geworden ist,

4 und soll gebieten, dass man für den, der zu reinigen ist, zwei lebendige Vögel nehme, reine Tiere, und Zedernholz und scharlachfarbene Wolle und Ysop,

5 und soll gebieten, den einen Vogel zu schlachten in ein irdenes Gefäß über frischem Wasser.

52 And he shall burn the garment, or the warp or the woof, the wool or the linen, or any article made of skin that is diseased, for it is a persistent leprous disease. It shall be burned in the fire.

¶ **53** "And if the priest examines, and if the disease has not spread in the garment, in the warp or the woof or in any article made of skin,

54 then the priest shall command that they wash the thing in which is the disease, and he shall shut it up for another seven days.

55 And the priest shall examine the diseased thing after it has been washed. And if the appearance of the diseased area has not changed, though the disease has not spread, it is unclean. You shall burn it in the fire, whether the rot is on the back or on the front.

¶ **56** "But if the priest examines, and if the diseased area has faded after it has been washed, he shall tear it out of the garment or the skin or the warp or the woof.

57 Then if it appears again in the garment, in the warp or the woof, or in any article made of skin, it is spreading. You shall burn with fire whatever has the disease.

58 But the garment, or the warp or the woof, or any article made of skin from which the disease departs when you have washed it, shall then be washed a second time, and be clean."

¶ **59** This is the law for a case of leprous disease in a garment of wool or linen, either in the warp or the woof, or in any article made of skin, to determine whether it is clean or unclean.

Laws for Cleansing Lepers

14 The LORD spoke to Moses, saying,

2 "This shall be the law of the leprous person for the day of his cleansing. He shall be brought to the priest,

3 and the priest shall go out of the camp, and the priest shall look. Then, if the case of leprous disease is healed in the leprous person,

4 the priest shall command them to take for him who is to be cleansed two live[1] clean birds and cedarwood and scarlet yarn and hyssop,

5 And the priest shall command them to kill one of the birds in an earthenware vessel over fresh[2] water.

6 Und er soll den lebendigen Vogel nehmen zusammen mit dem Zedernholz, der scharlachfarbenen Wolle und dem Ysop und ihn in das Blut des Vogels tauchen, der über dem frischen Wasser geschlachtet ist,

7 und siebenmal den besprengen, der vom Aussatz zu reinigen ist, und ihn so reinigen und den lebendigen Vogel ins freie Feld fliegen lassen.

¶ **8** Der aber, der sich reinigt, soll seine Kleider waschen und alle seine Haare abscheren und sich mit Wasser abwaschen, so ist er rein. Danach gehe er ins Lager; doch soll er sieben Tage außerhalb seines Zeltes bleiben.

9 Und am siebenten Tage soll er alle seine Haare abscheren auf dem Kopf, am Bart, an den Augenbrauen, dass alle Haare abgeschoren seien, und soll seine Kleider waschen und seinen Leib mit Wasser abwaschen, so ist er rein.

¶ **10** Und am achten Tage soll er zwei Lämmer nehmen, männliche Tiere ohne Fehler, und ein einjähriges Schaf ohne Fehler und drei Zehntel feinstes Mehl zum Speisopfer, mit Öl vermengt, und einen Becher Öl.

11 Und der Priester soll den, der sich reinigt, und dies alles darstellen vor dem Herrn, an der Tür der Stiftshütte.

12 Und er soll das eine Lamm nehmen und zum Schuldopfer darbringen mit dem Becher Öl und soll beides vor dem Herrn als Schwingopfer schwingen

13 und danach das Lamm schlachten, wo man das Sündopfer und Brandopfer schlachtet, nämlich an heiliger Stätte; denn wie das Sündopfer, so gehört auch das Schuldopfer dem Priester; es ist ein Hochheiliges.

¶ **14** Und der Priester soll vom dem Blut des Schuldopfers nehmen und es dem, der sich reinigt, auf das Läppchen des rechten Ohrs tun und auf den Daumen seiner rechten Hand und auf die große Zehe seines rechten Fußes.

15 Danach soll er von dem Becher Öl nehmen und es in seine eigene linke Hand gießen

16 und mit seinem rechten Finger in das Öl tauchen, das in seiner linken Hand ist, und etwas vom Öl mit seinem Finger siebenmal sprengen vor dem Herrn.

17 Auf das Blut des Schuldopfers aber soll er von dem übrigen Öl in seiner Hand dem, der sich reinigt, auf das Läppchen des rechten Ohrs tun und auf den rechten Daumen und auf die große Zehe seines rechten Fußes.

6 He shall take the live bird with the cedarwood and the scarlet yarn and the hyssop, and dip them and the live bird in the blood of the bird that was killed over the fresh water.

7 And he shall sprinkle it seven times on him who is to be cleansed of the leprous disease. Then he shall pronounce him clean and shall let the living bird go into the open field.

8 And he who is to be cleansed shall wash his clothes and shave off all his hair and bathe himself in water, and he shall be clean. And after that he may come into the camp, but live outside his tent seven days.

9 And on the seventh day he shall shave off all his hair from his head, his beard, and his eyebrows. He shall shave off all his hair, and then he shall wash his clothes and bathe his body in water, and he shall be clean.

¶ **10** "And on the eighth day he shall take two male lambs without blemish, and one ewe lamb a year old without blemish, and a grain offering of three tenths of an ephah[3] of fine flour mixed with oil, and one log[4] of oil.

11 And the priest who cleanses him shall set the man who is to be cleansed and these things before the Lord, at the entrance of the tent of meeting.

12 And the priest shall take one of the male lambs and offer it for a guilt offering, along with the log of oil, and wave them for a wave offering before the Lord.

13 And he shall kill the lamb in the place where they kill the sin offering and the burnt offering, in the place of the sanctuary. For the guilt offering, like the sin offering, belongs to the priest; it is most holy.

14 The priest shall take some of the blood of the guilt offering, and the priest shall put it on the lobe of the right ear of him who is to be cleansed and on the thumb of his right hand and on the big toe of his right foot.

15 Then the priest shall take some of the log of oil and pour it into the palm of his own left hand

16 and dip his right finger in the oil that is in his left hand and sprinkle some oil with his finger seven times before the Lord.

17 And some of the oil that remains in his hand the priest shall put on the lobe of the right ear of him who is to be cleansed and on the thumb of his right hand and on the big toe of his right foot, on top of the blood of the guilt offering.

18 Das übrige Öl aber in seiner Hand soll er auf den Kopf dessen tun, der sich reinigt, und ihn entsühnen vor dem Herrn.

19 Dann soll er das Sündopfer zurichten und den, der sich reinigt, von seiner Unreinheit entsühnen und soll danach das Brandopfer schlachten

20 und soll es auf dem Altar opfern samt dem Speisopfer und ihn entsühnen, so ist er rein.

¶ **21** Ist er aber arm und vermag nicht so viel aufzubringen, so nehme er ein männliches Lamm zum Schuldopfer als Schwingopfer zu seiner Entsühnung und ein Zehntel feinstes Mehl, mit Öl vermengt, zum Speisopfer und einen Becher Öl

22 und zwei Turteltauben oder zwei andere Tauben, die er aufbringen kann, die eine als Sündopfer, die andere als Brandopfer,

23 und bringe sie am achten Tage seiner Reinigung zum Priester an die Tür der Stiftshütte vor den Herrn.

¶ **24** Da soll der Priester das Lamm des Schuldopfers nehmen und den Becher Öl und soll alles schwingen vor dem Herrn

25 und das Lamm des Schuldopfers schlachten, von dem Blut des Schuldopfers nehmen und es dem, der sich reinigt, auf das Läppchen seines rechten Ohrs tun und auf den Daumen seiner rechten Hand und auf die große Zehe seines rechten Fußes

26 und soll von dem Öl in seine eigene linke Hand gießen

27 und mit seinem rechten Finger von dem Öl, das in seiner linken Hand ist, siebenmal sprengen vor dem Herrn.

28 Auf das Blut des Schuldopfers aber soll er von dem übrigen Öl in seiner Hand dem, der sich reinigt, auf das Läppchen seines rechten Ohrs tun und auf den Daumen seiner rechten Hand und auf die große Zehe seines rechten Fußes.

29 Das übrige Öl aber in seiner Hand soll er dem, der sich reinigt, auf den Kopf tun, um ihn zu entsühnen vor dem Herrn,

30 und danach die eine Turteltaube oder andere Taube, wie er sie hat aufbringen können,

31 zum Sündopfer, die andere zum Brandopfer bereiten samt dem Speisopfer. So soll der Priester den, der sich reinigt, entsühnen vor dem Herrn.

18 And the rest of the oil that is in the priest's hand he shall put on the head of him who is to be cleansed. Then the priest shall make atonement for him before the Lord.

19 The priest shall offer the sin offering, to make atonement for him who is to be cleansed from his uncleanness. And afterward he shall kill the burnt offering.

20 And the priest shall offer the burnt offering and the grain offering on the altar. Thus the priest shall make atonement for him, and he shall be clean.

¶ **21** "But if he is poor and cannot afford so much, then he shall take one male lamb for a guilt offering to be waved, to make atonement for him, and a tenth of an ephah of fine flour mixed with oil for a grain offering, and a log of oil;

22 also two turtledoves or two pigeons, whichever he can afford. The one shall be a sin offering and the other a burnt offering.

23 And on the eighth day he shall bring them for his cleansing to the priest, to the entrance of the tent of meeting, before the Lord.

24 And the priest shall take the lamb of the guilt offering and the log of oil, and the priest shall wave them for a wave offering before the Lord.

25 And he shall kill the lamb of the guilt offering. And the priest shall take some of the blood of the guilt offering and put it on the lobe of the right ear of him who is to be cleansed, and on the thumb of his right hand and on the big toe of his right foot.

26 And the priest shall pour some of the oil into the palm of his own left hand,

27 and shall sprinkle with his right finger some of the oil that is in his left hand seven times before the Lord.

28 And the priest shall put some of the oil that is in his hand on the lobe of the right ear of him who is to be cleansed and on the thumb of his right hand and on the big toe of his right foot, in the place where the blood of the guilt offering was put.

29 And the rest of the oil that is in the priest's hand he shall put on the head of him who is to be cleansed, to make atonement for him before the Lord.

30 And he shall offer, of the turtledoves or pigeons, whichever he can afford,

31 one[5] for a sin offering and the other for a burnt offering, along with a grain offering. And the priest shall make atonement before the Lord for him who is being cleansed.

32 Das ist das Gesetz für den Aussätzigen, der nicht so viel aufbringen kann zu seiner Reinigung.

Aussatz an Häusern

33 Und der HERR redete mit Mose und Aaron und sprach:

34 Wenn ihr ins Land Kanaan kommt, das ich euch zum Besitz gebe, und ich lasse an irgendeinem Hause eures Landes eine aussätzige Stelle entstehen,

35 so soll der kommen, dem das Haus gehört, es dem Priester ansagen und sprechen: Es sieht mir aus, als sei Aussatz an meinem Hause.

36 Da soll der Priester gebieten, dass sie das Haus ausräumen, ehe der Priester hineingeht, die Stelle zu besehen, damit nicht alles unrein werde, was im Hause ist. Danach soll der Priester hineingehen, das Haus zu besehen.

37 Wenn er nun den Ausschlag besieht und findet, dass an der Wand des Hauses grünliche oder rötliche Stellen sind, die tiefer aussehen als sonst die Wand,

38 so soll er aus dem Hause herausgehen, an die Tür treten und das Haus für sieben Tage verschließen.

39 Und wenn er am siebenten Tage wiederkommt und sieht, dass der Ausschlag weitergefressen hat an der Wand des Hauses,

40 so soll er die Steine ausbrechen lassen, an denen der Ausschlag ist, und hinaus vor die Stadt an einen unreinen Ort werfen.

41 Und das Haus soll man innen ringsherum abschaben und den abgeschabten Lehm hinaus vor die Stadt an einen unreinen Ort schütten

42 und andere Steine nehmen und statt jener einsetzen und andern Lehm nehmen und das Haus neu bewerfen.

¶ **43** Wenn dann der Ausschlag wiederkommt und ausbricht am Hause, nachdem man die Steine ausgebrochen und das Haus neu beworfen hat,

44 so soll der Priester hineingehen. Und wenn er sieht, dass der Ausschlag weitergefressen hat am Hause, so ist es gewiss ein fressender Aussatz am Hause und es ist unrein.

45 Darum soll man das Haus abbrechen, Steine und Holz und allen Lehm am Hause, und soll es hinausbringen vor die Stadt an einen unreinen Ort.

46 Und wer in das Haus geht, solange es verschlossen ist, der ist unrein bis zum Abend.

32 This is the law for him in whom is a case of leprous disease, who cannot afford the offerings for his cleansing."

Laws for Cleansing Houses

¶ **33** The LORD spoke to Moses and Aaron, saying,

34 "When you come into the land of Canaan, which I give you for a possession, and I put a case of leprous disease in a house in the land of your possession,

35 then he who owns the house shall come and tell the priest, 'There seems to me to be some case of disease in my house.'

36 Then the priest shall command that they empty the house before the priest goes to examine the disease, lest all that is in the house be declared unclean. And afterward the priest shall go in to see the house.

37 And he shall examine the disease. And if the disease is in the walls of the house with greenish or reddish spots, and if it appears to be deeper than the surface,

38 then the priest shall go out of the house to the door of the house and shut up the house seven days.

39 And the priest shall come again on the seventh day, and look. If the disease has spread in the walls of the house,

40 then the priest shall command that they take out the stones in which is the disease and throw them into an unclean place outside the city.

41 And he shall have the inside of the house scraped all around, and the plaster that they scrape off they shall pour out in an unclean place outside the city.

42 Then they shall take other stones and put them in the place of those stones, and he shall take other plaster and plaster the house.

¶ **43** "If the disease breaks out again in the house, after he has taken out the stones and scraped the house and plastered it,

44 then the priest shall go and look. And if the disease has spread in the house, it is a persistent leprous disease in the house; it is unclean.

45 And he shall break down the house, its stones and timber and all the plaster of the house, and he shall carry them out of the city to an unclean place.

46 Moreover, whoever enters the house while it is shut up shall be unclean until the evening,

47 Und wer darin schläft oder darin isst, der soll seine Kleider waschen.

¶ **48** Wenn aber der Priester hineingeht und sieht, dass der Ausschlag nicht weiter am Hause gefressen hat, nachdem es neu beworfen ist, so soll er es rein sprechen; denn der Ausschlag ist heil geworden.

49 Und er soll für das Haus zur Entsündigung zwei Vögel nehmen, Zedernholz, scharlachfarbene Wolle und Ysop

50 und den einen Vogel schlachten in ein irdenes Gefäß über frischem Wasser.

51 Und er soll nehmen das Zedernholz, die scharlachfarbene Wolle, den Ysop und den lebendigen Vogel und sie in des geschlachteten Vogels Blut und in das frische Wasser tauchen und das Haus siebenmal besprengen

52 und soll so das Haus entsündigen mit dem Blut des Vogels und mit dem frischen Wasser, mit dem lebendigen Vogel, mit dem Zedernholz, mit dem Ysop und mit der scharlachfarbenen Wolle

53 und soll den lebendigen Vogel hinaus vor die Stadt ins freie Feld fliegen lassen und das Haus entsühnen, so ist es rein.

¶ **54** Das ist das Gesetz über alle Arten des Aussatzes und Grindes,

55 über den Aussatz an Kleidern und Häusern,

56 über Erhöhungen, Ausschlag und weiße Flecken,

57 damit man Weisung habe, wann etwas unrein oder rein ist. Das ist das Gesetz über den Aussatz.

Unreinheit bei Männern

15 Und der HERR redete mit Mose und Aaron und sprach:

2 Redet mit den Israeliten und sprecht zu ihnen: Wenn ein Mann an seinem Glied einen Ausfluss hat, so ist er unrein.

3 Mag sein Glied den Fluss ausfließen lassen oder nicht, so ist er unrein.

4 Jedes Lager, worauf er liegt, und alles, worauf er sitzt, wird unrein.

5 Und wer sein Lager anrührt, der soll seine Kleider waschen und sich mit Wasser abwaschen und unrein sein bis zum Abend.

6 Und wer sich hinsetzt, wo jener gesessen hat, der soll seine Kleider waschen und sich mit Wasser abwaschen und unrein sein bis zum Abend.

47 and whoever sleeps in the house shall wash his clothes, and whoever eats in the house shall wash his clothes.

¶ **48** "But if the priest comes and looks, and if the disease has not spread in the house after the house was plastered, then the priest shall pronounce the house clean, for the disease is healed.

49 And for the cleansing of the house he shall take two small birds, with cedarwood and scarlet yarn and hyssop,

50 and shall kill one of the birds in an earthenware vessel over fresh water

51 and shall take the cedarwood and the hyssop and the scarlet yarn, along with the live bird, and dip them in the blood of the bird that was killed and in the fresh water and sprinkle the house seven times.

52 Thus he shall cleanse the house with the blood of the bird and with the fresh water and with the live bird and with the cedarwood and hyssop and scarlet yarn.

53 And he shall let the live bird go out of the city into the open country. So he shall make atonement for the house, and it shall be clean."

¶ **54** This is the law for any case of leprous disease: for an itch,

55 for leprous disease in a garment or in a house,

56 and for a swelling or an eruption or a spot,

57 to show when it is unclean and when it is clean. This is the law for leprous disease.

Laws About Bodily Discharges

15 The LORD spoke to Moses and Aaron, saying,

2 "Speak to the people of Israel and say to them, When any man has a discharge from his body,[1] his discharge is unclean.

3 And this is the law of his uncleanness for a discharge: whether his body runs with his discharge, or his body is blocked up by his discharge, it is his uncleanness.

4 Every bed on which the one with the discharge lies shall be unclean, and everything on which he sits shall be unclean.

5 And anyone who touches his bed shall wash his clothes and bathe himself in water and be unclean until the evening.

6 And whoever sits on anything on which the one with the discharge has sat shall wash his clothes and bathe himself in water and be unclean until the evening.

7 Wer ihn anrührt, der soll seine Kleider waschen und sich mit Wasser abwaschen und unrein sein bis zum Abend.

8 Wenn er seinen Speichel auswirft auf den, der rein ist, so soll der seine Kleider waschen und sich mit Wasser abwaschen und unrein sein bis zum Abend.

9 Auch der Sattel, auf dem er reitet, wird unrein.

10 Und wer irgendetwas anrührt, das er unter sich hat, der wird unrein bis zum Abend. Und wer solches trägt, der soll seine Kleider waschen und sich mit Wasser abwaschen und unrein sein bis zum Abend.

11 Und wen er anrührt, ehe er die Hände gewaschen hat, der soll seine Kleider waschen und sich mit Wasser abwaschen und unrein sein bis zum Abend.

12 Wenn er ein irdenes Gefäß anrührt, das soll man zerbrechen, aber das hölzerne Gefäß soll man mit Wasser spülen.

¶ **13** Und wenn er rein wird von seinem Fluss, so soll er sieben Tage zählen, nachdem er rein geworden ist, und dann seine Kleider waschen und sich mit frischem Wasser abwaschen, so ist er rein.

14 Und am achten Tage soll er zwei Turteltauben oder zwei andere Tauben nehmen und vor den HERRN bringen an die Tür der Stiftshütte und dem Priester geben.

15 Und der Priester soll die eine zum Sündopfer bereiten und die andere zum Brandopfer und ihn vor dem HERRN entsühnen seines Ausflusses wegen.

¶ **16** Wenn einem Mann im Schlaf der Same abgeht, der soll seinen ganzen Leib mit Wasser abwaschen und unrein sein bis zum Abend.

17 Und jedes Kleid und jedes Fell, das mit solchem Samen befleckt ist, soll abgewaschen werden mit Wasser und es soll unrein sein bis zum Abend.

18 Und wenn eine Frau bei einem Manne liegt, dem der Same abgeht, dann sollen sie sich mit Wasser abwaschen und unrein sein bis zum Abend.

Unreinheit bei Frauen

19 Wenn eine Frau ihren Blutfluss hat, so soll sie sieben Tage für unrein gelten. Wer sie anrührt, der wird unrein bis zum Abend.

7 And whoever touches the body of the one with the discharge shall wash his clothes and bathe himself in water and be unclean until the evening.

8 And if the one with the discharge spits on someone who is clean, then he shall wash his clothes and bathe himself in water and be unclean until the evening.

9 And any saddle on which the one with the discharge rides shall be unclean.

10 And whoever touches anything that was under him shall be unclean until the evening. And whoever carries such things shall wash his clothes and bathe himself in water and be unclean until the evening.

11 Anyone whom the one with the discharge touches without having rinsed his hands in water shall wash his clothes and bathe himself in water and be unclean until the evening.

12 And an earthenware vessel that the one with the discharge touches shall be broken, and every vessel of wood shall be rinsed in water.

¶ **13** "And when the one with a discharge is cleansed of his discharge, then he shall count for himself seven days for his cleansing, and wash his clothes. And he shall bathe his body in fresh water and shall be clean.

14 And on the eighth day he shall take two turtledoves or two pigeons and come before the LORD to the entrance of the tent of meeting and give them to the priest.

15 And the priest shall use them, one for a sin offering and the other for a burnt offering. And the priest shall make atonement for him before the LORD for his discharge.

¶ **16** "If a man has an emission of semen, he shall bathe his whole body in water and be unclean until the evening.

17 And every garment and every skin on which the semen comes shall be washed with water and be unclean until the evening.

18 If a man lies with a woman and has an emission of semen, both of them shall bathe themselves in water and be unclean until the evening.

¶ **19** "When a woman has a discharge, and the discharge in her body is blood, she shall be in her menstrual impurity for seven days, and whoever touches her shall be unclean until the evening.

20 Und alles, worauf sie liegt, solange sie ihre Zeit hat, wird unrein und alles, worauf sie sitzt, wird unrein.

21 Und wer ihr Lager anrührt, der soll seine Kleider waschen und sich mit Wasser abwaschen und unrein sein bis zum Abend.

22 Und wer irgendetwas anrührt, worauf sie gesessen hat, soll seine Kleider waschen und sich mit Wasser abwaschen und unrein sein bis zum Abend.

23 Und wer etwas anrührt, das auf ihrem Lager gewesen ist oder da, wo sie gesessen hat, soll unrein sein bis zum Abend.

24 Und wenn ein Mann bei ihr liegt und es kommt sie ihre Zeit an bei ihm, der wird sieben Tage unrein und das Lager, darauf er gelegen hat, wird unrein.

¶ **25** Wenn aber eine Frau den Blutfluss eine lange Zeit hat, zu ungewöhnlicher Zeit oder über die gewöhnliche Zeit hinaus, so wird sie unrein, solange sie ihn hat; wie zu ihrer gewöhnlichen Zeit, so soll sie auch da unrein sein.

26 Jedes Lager, worauf sie liegt die ganze Zeit ihres Blutflusses, soll gelten wie ihr Lager zu ihrer gewöhnlichen Zeit. Und alles, worauf sie sitzt, wird unrein wie bei der Unreinheit ihrer gewöhnlichen Zeit.

27 Wer davon etwas anrührt, der wird unrein und soll seine Kleider waschen und sich mit Wasser abwaschen und unrein sein bis zum Abend.

28 Wird sie aber rein von ihrem Blutfluss, so soll sie sieben Tage zählen und danach soll sie rein sein.

29 Und am achten Tage soll sie zwei Turteltauben oder zwei andere Tauben nehmen und zum Priester bringen vor die Tür der Stiftshütte.

30 Und der Priester soll die eine zum Sündopfer bereiten und die andere zum Brandopfer und die Frau entsühnen vor dem HERRN wegen ihres Blutflusses, der sie unrein macht.

¶ **31** Und ihr sollt die Israeliten wegen ihrer Unreinheit absondern, damit sie nicht sterben in ihrer Unreinheit, wenn sie meine Wohnung unrein machen, die mitten unter ihnen ist.

¶ **32** Das ist das Gesetz über den, der einen Ausfluss hat und dem der Same im Schlaf abgeht, dass er unrein davon wird,

33 und über die, die ihren Blutfluss hat, und wer sonst einen Ausfluss hat, es sei Mann oder Frau, und wenn ein Mann bei einer Unreinen liegt.

20 And everything on which she lies during her menstrual impurity shall be unclean. Everything also on which she sits shall be unclean.

21 And whoever touches her bed shall wash his clothes and bathe himself in water and be unclean until the evening.

22 And whoever touches anything on which she sits shall wash his clothes and bathe himself in water and be unclean until the evening.

23 Whether it is the bed or anything on which she sits, when he touches it he shall be unclean until the evening.

24 And if any man lies with her and her menstrual impurity comes upon him, he shall be unclean seven days, and every bed on which he lies shall be unclean.

¶ **25** "If a woman has a discharge of blood for many days, not at the time of her menstrual impurity, or if she has a discharge beyond the time of her impurity, all the days of the discharge she shall continue in uncleanness. As in the days of her impurity, she shall be unclean.

26 Every bed on which she lies, all the days of her discharge, shall be to her as the bed of her impurity. And everything on which she sits shall be unclean, as in the uncleanness of her menstrual impurity.

27 And whoever touches these things shall be unclean, and shall wash his clothes and bathe himself in water and be unclean until the evening.

28 But if she is cleansed of her discharge, she shall count for herself seven days, and after that she shall be clean.

29 And on the eighth day she shall take two turtledoves or two pigeons and bring them to the priest, to the entrance of the tent of meeting.

30 And the priest shall use one for a sin offering and the other for a burnt offering. And the priest shall make atonement for her before the LORD for her unclean discharge.

¶ **31** "Thus you shall keep the people of Israel separate from their uncleanness, lest they die in their uncleanness by defiling my tabernacle that is in their midst."

¶ **32** This is the law for him who has a discharge and for him who has an emission of semen, becoming unclean thereby;

33 also for her who is unwell with her menstrual impurity, that is, for anyone, male or female, who has a discharge, and for the man who lies with a woman who is unclean.

Der große Versöhnungstag
(vgl. Kap 23,26-32; 4.Mose 29,7-11; Hebr 9,7-14)

16 Und der HERR redete mit Mose, nachdem die zwei Söhne Aarons gestorben waren, als sie vor dem HERRN opferten,

2 und sprach: Sage deinem Bruder Aaron, dass er nicht zu jeder Zeit in das Heiligtum gehe hinter den Vorhang vor den Gnadenthron, der auf der Lade ist, damit er nicht sterbe; denn ich erscheine in der Wolke über dem Gnadenthron.

3 Er soll hineingehen mit einem jungen Stier zum Sündopfer und mit einem Widder zum Brandopfer

4 und soll das heilige leinene Gewand anlegen, und leinene Beinkleider sollen seine Blöße bedecken, und er soll sich mit einem leinenen Gürtel gürten und den leinenen Kopfbund umbinden, denn das sind die heiligen Kleider; er soll seinen Leib mit Wasser abwaschen und sie dann anlegen.

¶ **5** Und er soll von der Gemeinde der Israeliten zwei Ziegenböcke entgegennehmen zum Sündopfer und einen Widder zum Brandopfer.

6 Und Aaron soll einen Stier, sein Sündopfer, darbringen, dass er für sich und sein Haus Sühne schaffe,

7 und danach zwei Böcke nehmen und vor den HERRN stellen an der Tür der Stiftshütte

8 und soll das Los werfen über die zwei Böcke: ein Los dem HERRN und das andere dem Asasel,

9 und soll den Bock, auf welchen das Los für den HERRN fällt, opfern zum Sündopfer.

10 Aber den Bock, auf welchen das Los für Asasel fällt, soll er lebendig vor den HERRN stellen, dass er über ihm Sühne vollziehe und ihn zu Asasel in die Wüste schicke.

¶ **11** Und Aaron soll den Stier seines Sündopfers herzubringen und sich und sein Haus entsühnen und soll ihn schlachten

12 und soll eine Pfanne voll Glut vom Altar nehmen, der vor dem HERRN steht, und beide Hände voll zerstoßenen Räucherwerks und es hinein hinter den Vorhang bringen

13 und das Räucherwerk aufs Feuer tun vor dem HERRN, dass die Wolke vom Räucherwerk den Gnadenthron bedecke, der auf der Lade mit dem Gesetz ist, damit er nicht sterbe.

The Day of Atonement

16 The LORD spoke to Moses after the death of the two sons of Aaron, when they drew near before the LORD and died,

2 and the LORD said to Moses, "Tell Aaron your brother not to come at any time into the Holy Place inside the veil, before the mercy seat that is on the ark, so that he may not die. For I will appear in the cloud over the mercy seat.

3 But in this way Aaron shall come into the Holy Place: with a bull from the herd for a sin offering and a ram for a burnt offering.

4 He shall put on the holy linen coat and shall have the linen undergarment on his body, and he shall tie the linen sash around his waist, and wear the linen turban; these are the holy garments. He shall bathe his body in water and then put them on.

5 And he shall take from the congregation of the people of Israel two male goats for a sin offering, and one ram for a burnt offering.

¶ **6** "Aaron shall offer the bull as a sin offering for himself and shall make atonement for himself and for his house.

7 Then he shall take the two goats and set them before the LORD at the entrance of the tent of meeting.

8 And Aaron shall cast lots over the two goats, one lot for the LORD and the other lot for Azazel.[1]

9 And Aaron shall present the goat on which the lot fell for the LORD and use it as a sin offering,

10 but the goat on which the lot fell for Azazel shall be presented alive before the LORD to make atonement over it, that it may be sent away into the wilderness to [m]Azazel.

¶ **11** "Aaron shall present the bull as a sin offering for himself, and shall make atonement for himself and for his house. He shall kill the bull as a sin offering for himself.

12 And he shall take a censer full of coals of fire from the altar before the LORD, and two handfuls of sweet incense beaten small, and he shall bring it inside the veil

13 and put the incense on the fire before the LORD, that the cloud of the incense may cover the mercy seat that is over the testimony, so that he does not die.

14 Und soll etwas vom Blut des Stieres nehmen und es mit seinem Finger gegen den Gnadenthron sprengen; vor den Gnadenthron aber soll er siebenmal mit seinem Finger von dem Blut sprengen.

¶ **15** Danach soll er den Bock, das Sündopfer des Volks, schlachten und sein Blut hineinbringen hinter den Vorhang und soll mit seinem Blut tun, wie er mit dem Blut des Stieres getan hat, und etwas davon auch sprengen gegen den Gnadenthron und vor den Gnadenthron

16 und soll so das Heiligtum entsühnen wegen der Verunreinigungen der Israeliten und wegen ihrer Übertretungen, mit denen sie sich versündigt haben. So soll er tun der Stiftshütte, die bei ihnen ist inmitten ihrer Unreinheit.

17 Kein Mensch soll in der Stiftshütte sein, wenn er hineingeht, Sühne zu schaffen im Heiligtum, bis er herauskommt. So soll er Sühne schaffen für sich und sein Haus und die ganze Gemeinde Israel.

18 Und er soll hinausgehen zum Altar, der vor dem HERRN steht, und ihn entsühnen und soll vom Blut des Stieres und vom Blut des Bockes nehmen und es ringsum an die Hörner des Altars streichen

19 und soll mit seinem Finger vom Blut darauf sprengen siebenmal und ihn reinigen und heiligen von den Verunreinigungen der Israeliten.

¶ **20** Und wenn er die Entsühnung des Heiligtums vollbracht hat, der Stiftshütte und des Altars, so soll er den lebendigen Bock herzubringen.

21 Dann soll Aaron seine beiden Hände auf dessen Kopf legen und über ihm bekennen alle Missetat der Israeliten und alle ihre Übertretungen, mit denen sie sich versündigt haben, und soll sie dem Bock auf den Kopf legen und ihn durch einen Mann, der bereitsteht, in die Wüste bringen lassen,

22 dass also der Bock alle ihre Missetat auf sich nehme und in die Wildnis trage; und man lasse ihn in der Wüste.

¶ **23** Und Aaron soll in die Stiftshütte gehen und die leinenen Kleider ausziehen, die er anzog, als er in das Heiligtum ging, und sie dortlassen,

24 und er soll sich mit Wasser abwaschen an heiliger Stätte und seine eigenen Kleider anziehen und wieder hinausgehen und sein Brandopfer und des Volkes Brandopfer darbringen und sich und das Volk entsühnen

25 und das Fett vom Sündopfer auf dem Altar in Rauch aufgehen lassen.

14 And he shall take some of the blood of the bull and sprinkle it with his finger on the front of the mercy seat on the east side, and in front of the mercy seat he shall sprinkle some of the blood with his finger seven times.

¶ **15** "Then he shall kill the goat of the sin offering that is for the people and bring its blood inside the veil and do with its blood as he did with the blood of the bull, sprinkling it over the mercy seat and in front of the mercy seat.

16 Thus he shall make atonement for the Holy Place, because of the uncleannesses of the people of Israel and because of their transgressions, all their sins. And so he shall do for the tent of meeting, which dwells with them in the midst of their uncleannesses.

17 No one may be in the tent of meeting from the time he enters to make atonement in the Holy Place until he comes out and has made atonement for himself and for his house and for all the assembly of Israel.

18 Then he shall go out to the altar that is before the LORD and make atonement for it, and shall take some of the blood of the bull and some of the blood of the goat, and put it on the horns of the altar all around.

19 And he shall sprinkle some of the blood on it with his finger seven times, and cleanse it and consecrate it from the uncleannesses of the people of Israel.

¶ **20** "And when he has made an end of atoning for the Holy Place and the tent of meeting and the altar, he shall present the live goat.

21 And Aaron shall lay both his hands on the head of the live goat, and confess over it all the iniquities of the people of Israel, and all their transgressions, all their sins. And he shall put them on the head of the goat and send it away into the wilderness by the hand of a man who is in readiness.

22 The goat shall bear all their iniquities on itself to a remote area, and he shall let the goat go free in the wilderness.

¶ **23** "Then Aaron shall come into the tent of meeting and shall take off the linen garments that he put on when he went into the Holy Place and shall leave them there.

24 And he shall bathe his body in water in a holy place and put on his garments and come out and offer his burnt offering and the burnt offering of the people and make atonement for himself and for the people.

25 And the fat of the sin offering he shall burn on the altar.

26 Der Mann aber, der den Bock für Asasel hinausgebracht hat, soll seine Kleider waschen und sich mit Wasser abwaschen und erst danach ins Lager kommen.

27 Und den jungen Stier und den Bock vom Sündopfer, deren Blut in das Heiligtum zur Entsühnung gebracht wurde, soll man hinausschaffen vor das Lager und mit Feuer verbrennen samt Fell, Fleisch und Mist.

28 Und der sie verbrennt, soll seine Kleider waschen und sich mit Wasser abwaschen und erst danach ins Lager kommen.

¶ **29** Auch soll euch dies eine ewige Ordnung sein: Am zehnten Tage des siebenten Monats sollt ihr fasten und keine Arbeit tun, weder ein Einheimischer noch ein Fremdling unter euch.

30 Denn an diesem Tage geschieht eure Entsühnung, dass ihr gereinigt werdet; von allen euren Sünden werdet ihr gereinigt vor dem HERRN.

31 Darum soll es euch ein hochheiliger Sabbat sein und ihr sollt fasten. Eine ewige Ordnung sei das.

¶ **32** Es soll aber solche Entsühnung schaffen ein Priester, den man gesalbt und dessen Hände man gefüllt hat, dass er Priester sei an seines Vaters statt. Und er soll die leinenen Kleider anlegen, die heiligen Kleider,

33 und soll so entsühnen das Allerheiligste, die Stiftshütte, den Altar, die Priester und alles Volk der Gemeinde.

34 Das soll euch eine ewige Ordnung sein, dass ihr Israel einmal im Jahr entsühnt wegen aller seiner Sünden.

¶ Und Aaron tat, wie der HERR es Mose geboten hatte.

Von der Stätte des Opfers

17 Und der HERR redete mit Mose und sprach:

2 Sage Aaron und seinen Söhnen und allen Israeliten und sprich zu ihnen: Dies ist's, was der HERR geboten hat.

3 Wer aus dem Haus Israel einen Stier, ein Schaf oder eine Ziege schlachtet im Lager oder draußen vor dem Lager

4 und sie nicht vor die Tür der Stiftshütte bringt, dass sie dem HERRN zum Opfer gebracht werde vor der Wohnung des HERRN, dem soll es als Blutschuld angerechnet werden: Blut hat er vergossen und ein solcher Mensch soll ausgerottet werden aus seinem Volk.

26 And he who lets the goat go to Azazel shall wash his clothes and bathe his body in water, and afterward he may come into the camp.

27 And the bull for the sin offering and the goat for the sin offering, whose blood was brought in to make atonement in the Holy Place, shall be carried outside the camp. Their skin and their flesh and their dung shall be burned up with fire.

28 And he who burns them shall wash his clothes and bathe his body in water, and afterward he may come into the camp.

¶ **29** "And it shall be a statute to you forever that in the seventh month, on the tenth day of the month, you shall afflict yourselves[2] and shall do no work, either the native or the stranger who sojourns among you.

30 For on this day shall atonement be made for you to cleanse you. You shall be clean before the LORD from all your sins.

31 It is a Sabbath of solemn rest to you, and you shall afflict yourselves; it is a statute forever.

32 And the priest who is anointed and consecrated as priest in his father's place shall make atonement, wearing the holy linen garments.

33 He shall make atonement for the holy sanctuary, and he shall make atonement for the tent of meeting and for the altar, and he shall make atonement for the priests and for all the people of the assembly.

34 And this shall be a statute forever for you, that atonement may be made for the people of Israel once in the year because of all their sins." And Moses did as the LORD commanded him.

The Place of Sacrifice

17 And the LORD spoke to Moses, saying,

2 "Speak to Aaron and his sons and to all the people of Israel and say to them, This is the thing that the LORD has commanded.

3 If any one of the house of Israel kills an ox or a lamb or a goat in the camp, or kills it outside the camp,

4 and does not bring it to the entrance of the tent of meeting to offer it as a gift to the LORD in front of the tabernacle of the LORD, bloodguilt shall be imputed to that man. He has shed blood, and that man shall be cut off from among his people.

5 Darum sollen die Israeliten ihre Schlachttiere, die sie auf freiem Feld schlachten wollen, dem HERRN bringen vor die Tür der Stiftshütte zum Priester und sie dort als Dankopfer dem HERRN opfern.

6 Und der Priester soll das Blut an den Altar des HERRN sprengen vor der Tür der Stiftshütte und das Fett in Rauch aufgehen lassen zum lieblichen Geruch für den HERRN.

7 Und sie sollen ihre Opfer nicht mehr den Feldgeistern opfern, mit denen sie Abgötterei treiben. Das soll ihnen eine ewige Ordnung sein von Geschlecht zu Geschlecht.

8 Darum sollst du zu ihnen sagen: Wer aus dem Hause Israel oder von den Fremdlingen, die unter euch sind, ein Brandopfer oder Schlachtopfer darbringt

9 und bringt es nicht vor die Tür der Stiftshütte, um es dem HERRN zu opfern, der wird ausgerottet werden aus seinem Volk.

Verbot des Genusses von Blut und verendeten Tieren

10 Und wer vom Haus Israel oder von den Fremdlingen unter euch irgendwelches Blut isst, gegen den will ich mein Antlitz kehren und will ihn aus seinem Volk ausrotten.

11 Denn des Leibes Leben ist im Blut und ich habe es euch für den Altar gegeben, dass ihr damit entsühnt werdet. Denn das Blut ist die Entsühnung, weil das Leben in ihm ist.

12 Darum habe ich den Israeliten gesagt: Keiner unter euch soll Blut essen, auch kein Fremdling, der unter euch wohnt.

13 Und wer vom Haus Israel oder von den Fremdlingen unter euch auf der Jagd ein Tier oder einen Vogel fängt, die man essen darf, soll ihr Blut ausfließen lassen und mit Erde zuscharren.

14 Denn des Leibes Leben ist in seinem Blut und ich habe den Israeliten gesagt: Ihr sollt keines Leibes Blut essen; denn des Leibes Leben ist in seinem Blut. Wer es isst, der wird ausgerottet werden.

¶ **15** Und wer ein gefallenes oder zerrissenes Tier isst, er sei ein Einheimischer oder Fremdling, der soll sein Kleid waschen und sich mit Wasser abwaschen und unrein sein bis zum Abend; dann ist er rein.

16 Wenn er seine Kleider nicht wäscht und sich nicht abwäscht, so muss er seine Schuld tragen.

5 This is to the end that the people of Israel may bring their sacrifices that they sacrifice in the open field, that they may bring them to the LORD, to the priest at the entrance of the tent of meeting, and sacrifice them as sacrifices of peace offerings to the LORD.

6 And the priest shall throw the blood on the altar of the LORD at the entrance of the tent of meeting and burn the fat for a pleasing aroma to the LORD.

7 So they shall no more sacrifice their sacrifices to goat demons, after whom they whore. This shall be a statute forever for them throughout their generations.

¶ **8** "And you shall say to them, Any one of the house of Israel, or of the strangers who sojourn among them, who offers a burnt offering or sacrifice

9 and does not bring it to the entrance of the tent of meeting to offer it to the LORD, that man shall be cut off from his people.

Laws Against Eating Blood

¶ **10** "If any one of the house of Israel or of the strangers who sojourn among them eats any blood, I will set my face against that person who eats blood and will cut him off from among his people.

11 For the life of the flesh is in the blood, and I have given it for you on the altar to make atonement for your souls, for it is the blood that makes atonement by the life.

12 Therefore I have said to the people of Israel, No person among you shall eat blood, neither shall any stranger who sojourns among you eat blood.

¶ **13** "Any one also of the people of Israel, or of the strangers who sojourn among them, who takes in hunting any beast or bird that may be eaten shall pour out its blood and cover it with earth.

14 For the life of every creature[1] is its blood: its blood is its life.[2] Therefore I have said to the people of Israel, You shall not eat the blood of any creature, for the life of every creature is its blood. Whoever eats it shall be cut off.

15 And every person who eats what dies of itself or what is torn by beasts, whether he is a native or a sojourner, shall wash his clothes and bathe himself in water and be unclean until the evening; then he shall be clean.

16 But if he does not wash them or bathe his flesh, he shall bear his iniquity."

18 Und der HERR redete mit Mose und sprach:

2 Rede mit den Israeliten und sprich zu ihnen: Ich bin der HERR, euer Gott.

3 Ihr sollt nicht tun nach der Weise des Landes Ägypten, darin ihr gewohnt habt, auch nicht nach der Weise des Landes Kanaan, wohin ich euch führen will. Ihr sollt auch nicht nach ihren Satzungen wandeln,

4 sondern nach meinen Rechten sollt ihr tun und meine Satzungen sollt ihr halten, dass ihr darin wandelt; ich bin der HERR, euer Gott.

5 Darum sollt ihr meine Satzungen halten und meine Rechte. Denn der Mensch, der sie tut, wird durch sie leben; ich bin der HERR.

¶ **6** Keiner unter euch soll sich irgendwelchen Blutsverwandten nahen, um mit ihnen geschlechtlichen Umgang zu haben; ich bin der HERR.

7 Du sollst mit deinem Vater und deiner leiblichen Mutter nicht Umgang haben. Es ist deine Mutter, darum sollst du nicht mit ihr Umgang haben.

8 Du sollst mit der Frau deines Vaters nicht Umgang haben; denn damit schändest du deinen Vater.

¶ **9** Du sollst mit deiner Schwester, die deines Vaters oder deiner Mutter Tochter ist, sie sei in oder außer der Ehe geboren, nicht Umgang haben.

10 Du sollst mit der Tochter deines Sohnes oder deiner Tochter nicht Umgang haben, damit schändest du dich selbst.

11 Du sollst mit der Tochter der Frau deines Vaters, die deinem Vater geboren ist und deine Schwester ist, nicht Umgang haben.

12 Du sollst mit der Schwester deines Vaters nicht Umgang haben; denn sie ist deines Vaters Blutsverwandte.

13 Du sollst mit der Schwester deiner Mutter nicht Umgang haben; denn sie ist deiner Mutter Blutsverwandte.

14 Du sollst den Bruder deines Vaters nicht damit schänden, dass du seine Frau nimmst; denn sie ist deine Verwandte.

¶ **15** Du sollst mit deiner Schwiegertochter nicht Umgang haben, denn sie ist deines Sohnes Frau; darum sollst du nicht mit ihr Umgang haben.

16 Du sollst mit der Frau deines Bruders nicht Umgang haben; denn damit schändest du deinen Bruder.

18 And the LORD spoke to Moses, saying,

2 "Speak to the people of Israel and say to them, I am the LORD your God.

3 You shall not do as they do in the land of Egypt, where you lived, and you shall not do as they do in the land of Canaan, to which I am bringing you. You shall not walk in their statutes.

4 You shall follow my rules[1] and keep my statutes and walk in them. I am the LORD your God.

5 You shall therefore keep my statutes and my rules; if a person does them, he shall live by them: I am the LORD.

¶ **6** "None of you shall approach any one of his close relatives to uncover nakedness. I am the LORD.

7 You shall not uncover the nakedness of your father, which is the nakedness of your mother; she is your mother, you shall not uncover her nakedness.

8 You shall not uncover the nakedness of your father's wife; it is your father's nakedness.

9 You shall not uncover the nakedness of your sister, your father's daughter or your mother's daughter, whether brought up in the family or in another home.

10 You shall not uncover the nakedness of your son's daughter or of your daughter's daughter, for their nakedness is your own nakedness.

11 You shall not uncover the nakedness of your father's wife's daughter, brought up in your father's family, since she is your sister.

12 You shall not uncover the nakedness of your father's sister; she is your father's relative.

13 You shall not uncover the nakedness of your mother's sister, for she is your mother's relative.

14 You shall not uncover the nakedness of your father's brother, that is, you shall not approach his wife; she is your aunt.

15 You shall not uncover the nakedness of your daughter-in-law; she is your son's wife, you shall not uncover her nakedness.

16 You shall not uncover the nakedness of your brother's wife; it is your brother's nakedness.

17 Du sollst nicht mit einer Frau und mit ihrer Tochter Umgang haben, noch mit ihres Sohnes Tochter oder ihrer Tochter Tochter; denn sie sind ihre Blutsverwandten und es ist eine Schandtat.

18 Du sollst die Schwester deiner Frau nicht zur Nebenfrau nehmen und mit ihr Umgang haben, solange deine Frau noch lebt.

¶ **19** Du sollst nicht zu einer Frau gehen, solange sie ihre Tage hat, um in ihrer Unreinheit mit ihr Umgang zu haben.

20 Du sollst auch nicht bei der Frau deines Nächsten liegen, dass du an ihr nicht unrein wirst.

¶ **21** Du sollst auch nicht eins deiner Kinder geben, dass es dem Moloch geweiht werde, damit du nicht entheiligst den Namen deines Gottes; ich bin der HERR.

¶ **22** Du sollst nicht bei einem Mann liegen wie bei einer Frau; es ist ein Gräuel.

23 Du sollst auch nicht bei keinem Tier liegen, dass du an ihm unrein wirst. Und keine Frau soll mit einem Tier Umgang haben; es ist ein schändlicher Frevel.

¶ **24** Ihr sollt euch mit nichts dergleichen unrein machen; denn mit alledem haben sich die Völker unrein gemacht, die ich vor euch her vertreiben will.

25 Das Land wurde dadurch unrein, und ich suchte seine Schuld an ihm heim, dass das Land seine Bewohner ausspie.

26 Darum haltet meine Satzungen und Rechte und tut keine dieser Gräuel, weder der Einheimische noch der Fremdling unter euch –

27 denn alle solche Gräuel haben die Leute dieses Landes getan, die vor euch waren, und haben das Land unrein gemacht –,

28 damit nicht auch euch das Land ausspeie, wenn ihr es unrein macht, wie es die Völker ausgespien hat, die vor euch waren.

29 Denn alle, die solche Gräuel tun, werden ausgerottet werden aus ihrem Volk.

30 Darum haltet meine Satzungen, dass ihr nicht tut nach den schändlichen Sitten derer, die vor euch waren, und dadurch unrein werdet; ich bin der HERR, euer Gott.

Von der Heiligung des täglichen Lebens

19 Und der HERR redete mit Mose und sprach:

2 Rede mit der ganzen Gemeinde der Israeliten und sprich zu ihnen: **Ihr sollt heilig sein, denn ich bin heilig, der HERR, euer Gott.**

17 You shall not uncover the nakedness of a woman and of her daughter, and you shall not take her son's daughter or her daughter's daughter to uncover her nakedness; they are relatives; it is depravity.

18 And you shall not take a woman as a rival wife to her sister, uncovering her nakedness while her sister is still alive.

¶ **19** "You shall not approach a woman to uncover her nakedness while she is in her menstrual uncleanness.

20 And you shall not lie sexually with your neighbor's wife and so make yourself unclean with her.

21 You shall not give any of your children to offer them[2] to Molech, and so profane the name of your God: I am the LORD.

22 You shall not lie with a male as with a woman; it is an abomination.

23 And you shall not lie with any animal and so make yourself unclean with it, neither shall any woman give herself to an animal to lie with it: it is perversion.

¶ **24** "Do not make yourselves unclean by any of these things, for by all these the nations I am driving out before you have become unclean,

25 and the land became unclean, so that I punished its iniquity, and the land vomited out its inhabitants.

26 But you shall keep my statutes and my rules and do none of these abominations, either the native or the stranger who sojourns among you

27 (for the people of the land, who were before you, did all of these abominations, so that the land became unclean),

28 lest the land vomit you out when you make it unclean, as it vomited out the nation that was before you.

29 For everyone who does any of these abominations, the persons who do them shall be cut off from among their people.

30 So keep my charge never to practice any of these abominable customs that were practiced before you, and never to make yourselves unclean by them: I am the LORD your God."

The LORD Is Holy

19 And the LORD spoke to Moses, saying,

2 "Speak to all the congregation of the people of Israel and say to them, You shall be holy, for I the LORD your God am holy.

¶ **3** Ein jeder fürchte seine Mutter und seinen Vater. Haltet meine Feiertage; ich bin der HERR, euer Gott.

4 Ihr sollt euch nicht zu den Götzen wenden und sollt euch keine gegossenen Götter machen; ich bin der HERR, euer Gott.

¶ **5** Und wenn ihr dem HERRN ein Dankopfer bringen wollt, sollt ihr es so opfern, dass es euch wohlgefällig macht.

6 Ihr sollt es an dem Tag essen, an dem ihr's opfert, und am nächsten Tage. Was aber bis zum dritten Tag übrig bleibt, soll man mit Feuer verbrennen.

7 Wird aber am dritten Tage davon gegessen, so ist es ein Gräuel und wird nicht wohlgefällig sein;

8 und wer davon isst, muss seine Schuld tragen, weil er das Heilige des HERRN entheiligt hat, und ein solcher Mensch wird ausgerottet werden aus seinem Volk.

¶ **9** Wenn du dein Land aberntest, sollst du nicht alles bis an die Ecken deines Feldes abschneiden, auch nicht Nachlese halten.

10 Auch sollst du in deinem Weinberg nicht Nachlese halten noch die abgefallenen Beeren auflesen, sondern dem Armen und Fremdling sollst du es lassen; ich bin der HERR, euer Gott.

¶ **11** Ihr sollt nicht stehlen noch lügen noch betrügerisch handeln einer mit dem andern.

¶ **12** Ihr sollt nicht falsch schwören bei meinem Namen und den Namen eures Gottes nicht entheiligen; ich bin der HERR.

¶ **13** Du sollst deinen Nächsten nicht bedrücken noch berauben. Es soll des Tagelöhners Lohn nicht bei dir bleiben bis zum Morgen.

¶ **14** Du sollst dem Tauben nicht fluchen und sollst vor den Blinden kein Hindernis legen, denn du sollst dich vor deinem Gott fürchten; ich bin der HERR.

¶ **15** Du sollst nicht unrecht handeln im Gericht: Du sollst den Geringen nicht vorziehen, aber auch den Großen nicht begünstigen, sondern du sollst deinen Nächsten recht richten.

¶ **16** Du sollst nicht als Verleumder umhergehen unter deinem Volk. Du sollst auch nicht auftreten gegen deines Nächsten Leben; ich bin der HERR.

17 Du sollst deinen Bruder nicht hassen in deinem Herzen, sondern du sollst deinen Nächsten zurechtweisen, damit du nicht seinetwegen Schuld auf dich lädst.

3 Every one of you shall revere his mother and his father, and you shall keep my Sabbaths: I am the LORD your God.

4 Do not turn to idols or make for yourselves any gods of cast metal: I am the LORD your God.

¶ **5** "When you offer a sacrifice of peace offerings to the LORD, you shall offer it so that you may be accepted.

6 It shall be eaten the same day you offer it or on the day after, and anything left over until the third day shall be burned up with fire.

7 If it is eaten at all on the third day, it is tainted; it will not be accepted,

8 and everyone who eats it shall bear his iniquity, because he has profaned what is holy to the LORD, and that person shall be cut off from his people.

Love Your Neighbor as Yourself

¶ **9** "When you reap the harvest of your land, you shall not reap your field right up to its edge, neither shall you gather the gleanings after your harvest.

10 And you shall not strip your vineyard bare, neither shall you gather the fallen grapes of your vineyard. You shall leave them for the poor and for the sojourner: I am the LORD your God.

¶ **11** "You shall not steal; you shall not deal falsely; you shall not lie to one another.

12 You shall not swear by my name falsely, and so profane the name of your God: I am the LORD.

¶ **13** "You shall not oppress your neighbor or rob him. The wages of a hired servant shall not remain with you all night until the morning.

14 You shall not curse the deaf or put a stumbling block before the blind, but you shall fear your God: I am the LORD.

¶ **15** "You shall do no injustice in court. You shall not be partial to the poor or defer to the great, but in righteousness shall you judge your neighbor.

16 You shall not go around as a slanderer among your people, and you shall not stand up against the life[1] of your neighbor: I am the LORD.

¶ **17** "You shall not hate your brother in your heart, but you shall reason frankly with your neighbor, lest you incur sin because of him.

18 Du sollst dich nicht rächen noch Zorn bewahren gegen die Kinder deines Volks. **Du sollst deinen Nächsten lieben wie dich selbst; ich bin der HERR.**

¶ **19** Meine Satzungen sollt ihr halten: Lass nicht zweierlei Art unter deinem Vieh sich paaren und besäe dein Feld nicht mit zweierlei Samen und lege kein Kleid an, das aus zweierlei Faden gewebt ist.

¶ **20** Wenn ein Mann bei einer Frau liegt, die eine leibeigne Magd ist und einem Mann zur Ehe bestimmt, doch nicht losgekauft oder freigelassen ist, so soll das bestraft werden. Aber sie sollen nicht sterben, denn sie ist nicht frei gewesen.

¶ **21** Der Mann soll aber als seine Buße dem HERRN vor die Tür der Stiftshütte einen Widder zum Schuldopfer bringen;

22 und der Priester soll ihn entsühnen mit dem Schuldopfer vor dem HERRN wegen der Sünde, die er getan hat, so wird ihm Gott seine Sünde vergeben, die er getan hat.

¶ **23** Wenn ihr in das Land kommt und allerlei Bäume pflanzt, von denen man isst, so lasst ihre ersten Früchte stehen, als wären sie unrein wie Unbeschnittene. Drei Jahre lang sollt ihr die Früchte als unrein ansehen, dass ihr sie nicht esst;

24 im vierten Jahr sollen alle ihre Früchte unter Jubel dem HERRN geweiht werden;

25 erst im fünften Jahr sollt ihr die Früchte essen, damit ihr künftig umso reicheren Ertrag einsammelt; ich bin der HERR, euer Gott.

¶ **26** Ihr sollt nichts essen, in dem noch Blut ist.

¶ Ihr sollt nicht Wahrsagerei noch Zauberei treiben.

¶ **27** Ihr sollt euer Haar am Haupt nicht rundherum abschneiden noch euren Bart stutzen.

¶ **28** Ihr sollt um eines Toten willen an eurem Leibe keine Einschnitte machen noch euch Zeichen einätzen; ich bin der HERR.

¶ **29** Du sollst deine Tochter nicht zur Hurerei anhalten, dass nicht das Land Hurerei treibe und werde voll Schandtat.

¶ **30** Meine Feiertage haltet und fürchtet mein Heiligtum; ich bin der HERR.

¶ **31** Ihr sollt euch nicht wenden zu den Geisterbeschwörern und Zeichendeutern und sollt sie nicht befragen, dass ihr nicht an ihnen unrein werdet; ich bin der HERR, euer Gott.

¶ **32** Vor einem grauen Haupt sollst du aufstehen und die Alten ehren und sollst dich fürchten vor deinem Gott; ich bin der HERR.

18 You shall not take vengeance or bear a grudge against the sons of your own people, but you shall love your neighbor as yourself: I am the LORD.

You Shall Keep My Statutes

¶ **19** "You shall keep my statutes. You shall not let your cattle breed with a different kind. You shall not sow your field with two kinds of seed, nor shall you wear a garment of cloth made of two kinds of material.

¶ **20** "If a man lies sexually with a woman who is a slave, assigned to another man and not yet ransomed or given her freedom, a distinction shall be made. They shall not be put to death, because she was not free;

21 but he shall bring his compensation to the LORD, to the entrance of the tent of meeting, a ram for a guilt offering.

22 And the priest shall make atonement for him with the ram of the guilt offering before the LORD for his sin that he has committed, and he shall be forgiven for the sin that he has committed.

¶ **23** "When you come into the land and plant any kind of tree for food, then you shall regard its fruit as forbidden.[2] Three years it shall be forbidden to you; it must not be eaten.

24 And in the fourth year all its fruit shall be holy, an offering of praise to the LORD.

25 But in the fifth year you may eat of its fruit, to increase its yield for you: I am the LORD your God.

¶ **26** "You shall not eat any flesh with the blood in it. You shall not interpret omens or tell fortunes.

27 You shall not round off the hair on your temples or mar the edges of your beard.

28 You shall not make any cuts on your body for the dead or tattoo yourselves: I am the LORD.

¶ **29** "Do not profane your daughter by making her a prostitute, lest the land fall into prostitution and the land become full of depravity.

30 You shall keep my Sabbaths and reverence my sanctuary: I am the LORD.

¶ **31** "Do not turn to mediums or necromancers; do not seek them out, and so make yourselves unclean by them: I am the LORD your God.

¶ **32** "You shall stand up before the gray head and honor the face of an old man, and you shall fear your God: I am the LORD.

¶ **33** Wenn ein Fremdling bei euch wohnt in eurem Lande, den sollt ihr nicht bedrücken.

34 Er soll bei euch wohnen wie ein Einheimischer unter euch, und du sollst ihn lieben wie dich selbst; denn ihr seid auch Fremdlinge gewesen in Ägyptenland. Ich bin der HERR, euer Gott.

¶ **35** Ihr sollt nicht unrecht handeln im Gericht, mit der Elle, mit Gewicht, mit Maß.

36 Rechte Waage, rechtes Gewicht, rechter Scheffel und rechtes Maß sollen bei euch sein; ich bin der HERR, euer Gott, der euch aus Ägyptenland geführt hat,

37 dass ihr alle meine Satzungen und alle meine Rechte haltet und tut; ich bin der HERR.

Strafbestimmungen für schwere Sünden

20 Und der HERR redete mit Mose und sprach:

2 Sage zu den Israeliten: Wer unter den Israeliten oder den Fremdlingen in Israel eins seiner Kinder dem Moloch gibt, der soll des Todes sterben; das Volk des Landes soll ihn steinigen.

3 Und ich will mein Antlitz kehren gegen einen solchen Menschen und will ihn aus seinem Volk ausrotten, weil er dem Moloch eins seiner Kinder gegeben und mein Heiligtum unrein gemacht und meinen heiligen Namen entheiligt hat.

4 Und wenn das Volk des Landes bei dem Menschen durch die Finger sehen würde, der eins seiner Kinder dem Moloch gegeben hat, dass es ihn nicht tötet,

5 so will doch ich mein Antlitz gegen diesen Menschen kehren und gegen sein Geschlecht und will ihn und alle, die wie er mit dem Moloch Abgötterei getrieben haben, aus ihrem Volk ausrotten.

¶ **6** Wenn sich jemand zu den Geisterbeschwörern und Zeichendeutern wendet, dass er mit ihnen Abgötterei treibt, so will ich mein Antlitz gegen ihn kehren und will ihn aus seinem Volk ausrotten.

7 Darum heiligt euch und seid heilig; denn ich bin der HERR, euer Gott.

8 Und haltet meine Satzungen und tut sie; ich bin der HERR, der euch heiligt.

¶ **9** Wer seinem Vater oder seiner Mutter flucht, der soll des Todes sterben. Seine Blutschuld komme über ihn, weil er seinem Vater oder seiner Mutter geflucht hat.

¶ **33** "When a stranger sojourns with you in your land, you shall not do him wrong.

34 You shall treat the stranger who sojourns with you as the native among you, and you shall love him as yourself, for you were strangers in the land of Egypt: I am the LORD your God.

¶ **35** "You shall do no wrong in judgment, in measures of length or weight or quantity.

36 You shall have just balances, just weights, a just ephah, and a just hin:[3] I am the LORD your God, who brought you out of the land of Egypt.

37 And you shall observe all my statutes and all my rules, and do them: I am the LORD."

Punishment for Child Sacrifice

20 The LORD spoke to Moses, saying,

2 "Say to the people of Israel, Any one of the people of Israel or of the strangers who sojourn in Israel who gives any of his children to Molech shall surely be put to death. The people of the land shall stone him with stones.

3 I myself will set my face against that man and will cut him off from among his people, because he has given one of his children to Molech, to make my sanctuary unclean and to profane my holy name.

4 And if the people of the land do at all close their eyes to that man when he gives one of his children to Molech, and do not put him to death,

5 then I will set my face against that man and against his clan and will cut them off from among their people, him and all who follow him in whoring after Molech.

¶ **6** "If a person turns to mediums and necromancers, whoring after them, I will set my face against that person and will cut him off from among his people.

7 Consecrate yourselves, therefore, and be holy, for I am the LORD your God.

8 Keep my statutes and do them; I am the LORD who sanctifies you.

9 For anyone who curses his father or his mother shall surely be put to death; he has cursed his father or his mother; his blood is upon him.

10 Wenn jemand die Ehe bricht mit der Frau seines Nächsten, so sollen beide des Todes sterben, Ehebrecher und Ehebrecherin, weil er mit der Frau seines Nächsten die Ehe gebrochen hat.

¶ **11** Wenn jemand mit der Frau seines Vaters Umgang pflegt und damit seinen Vater schändet, so sollen beide des Todes sterben; ihre Blutschuld komme über sie.

12 Wenn jemand mit seiner Schwiegertochter Umgang pflegt, so sollen sie beide des Todes sterben, denn sie haben einen schändlichen Frevel begangen; ihr Blut lastet auf ihnen.

13 Wenn jemand bei einem Manne liegt wie bei einer Frau, so haben sie getan, was ein Gräuel ist, und sollen beide des Todes sterben; Blutschuld lastet auf ihnen.

14 Wenn jemand eine Frau nimmt und ihre Mutter dazu, der hat eine Schandtat begangen; man soll ihn mit Feuer verbrennen und die beiden Frauen auch, damit keine Schandtat unter euch sei.

¶ **15** Wenn jemand bei einem Tiere liegt, der soll des Todes sterben und auch das Tier soll man töten.

16 Wenn eine Frau sich irgendeinem Tier naht, um mit ihm Umgang zu haben, so sollst du sie töten und das Tier auch. Des Todes sollen sie sterben; ihre Blutschuld komme über sie.

¶ **17** Wenn jemand seine Halbschwester nimmt, seines Vaters Tochter oder seiner Mutter Tochter, und sie miteinander Umgang haben, so ist das Blutschande; sie sollen ausgerottet werden vor den Leuten ihres Volks. Er hat mit seiner Schwester Umgang gehabt; sie sollen ihre Schuld tragen.

¶ **18** Wenn ein Mann bei einer Frau liegt zur Zeit ihrer Tage und mit ihr Umgang hat und so den Brunnen ihres Blutes aufdeckt und sie den Brunnen ihres Blutes aufdeckt, so sollen beide aus ihrem Volk ausgerottet werden.

¶ **19** Mit der Schwester deiner Mutter und mit der Schwester deines Vaters sollst du nicht Umgang haben. Wer das tut, schändet seine Blutsverwandte; sie sollen ihre Schuld tragen.

20 Wenn jemand mit der Frau seines Oheims Umgang hat, der hat seinen Oheim geschändet. Sie sollen ihre Schuld tragen; ohne Kinder sollen sie sterben.

21 Wenn jemand die Frau seines Bruders nimmt, so ist das eine abscheuliche Tat. Sie sollen ohne Kinder sein, denn er hat damit seinen Bruder geschändet.

¶ **10** "If a man commits adultery with the wife of[1] his neighbor, both the adulterer and the adulteress shall surely be put to death.

11 If a man lies with his father's wife, he has uncovered his father's nakedness; both of them shall surely be put to death; their blood is upon them.

12 If a man lies with his daughter-in-law, both of them shall surely be put to death; they have committed perversion; their blood is upon them.

13 If a man lies with a male as with a woman, both of them have committed an abomination; they shall surely be put to death; their blood is upon them.

14 If a man takes a woman and her mother also, it is depravity; he and they shall be burned with fire, that there may be no depravity among you.

15 If a man lies with an animal, he shall surely be put to death, and you shall kill the animal.

16 If a woman approaches any animal and lies with it, you shall kill the woman and the animal; they shall surely be put to death; their blood is upon them.

¶ **17** "If a man takes his sister, a daughter of his father or a daughter of his mother, and sees her nakedness, and she sees his nakedness, it is a disgrace, and they shall be cut off in the sight of the children of their people. He has uncovered his sister's nakedness, and he shall bear his iniquity.

18 If a man lies with a woman during her menstrual period and uncovers her nakedness, he has made naked her fountain, and she has uncovered the fountain of her blood. Both of them shall be cut off from among their people.

19 You shall not uncover the nakedness of your mother's sister or of your father's sister, for that is to make naked one's relative; they shall bear their iniquity.

20 If a man lies with his uncle's wife, he has uncovered his uncle's nakedness; they shall bear their sin; they shall die childless.

21 If a man takes his brother's wife, it is impurity.[2] He has uncovered his brother's nakedness; they shall be childless.

¶ **22** So haltet nun alle meine Satzungen und meine Rechte und tut danach, auf dass euch nicht das Land ausspeie, in das ich euch führen will, damit ihr darin wohnt.

23 Und wandelt nicht in den Satzungen der Völker, die ich vor euch her vertreiben werde. Denn das alles haben sie getan und ich habe einen Ekel an ihnen gehabt.

24 Euch aber sagte ich: Ihr Land soll euch zufallen; und ich will es euch zum Erbe geben, ein Land, darin Milch und Honig fließt. Ich bin der HERR, euer Gott, der euch von den Völkern abgesondert hat,

25 dass ihr auch absondern sollt das reine Vieh vom unreinen und die unreinen Vögel von den reinen und euch nicht unrein macht an Vieh, an Vögeln und an allem, was auf Erden kriecht, das ich abgesondert habe, dass es euch unrein sei.

26 Darum sollt ihr mir heilig sein; denn ich, der HERR, bin heilig, der euch abgesondert hat von den Völkern, dass ihr mein wäret.

¶ **27** Wenn ein Mann oder eine Frau Geister beschwören oder Zeichen deuten kann, so sollen sie des Todes sterben; man soll sie steinigen; ihre Blutschuld komme über sie.

Vorschriften für die Priester

21 Und der HERR sprach zu Mose: Sage den Priestern, den Söhnen Aarons, und sprich zu ihnen: Ein Priester soll sich an keinem Toten seines Volks unrein machen

2 außer an seinen nächsten Blutsverwandten: an seiner Mutter, an seinem Vater, an seinem Sohn, an seiner Tochter, an seinem Bruder

3 und an seiner Schwester, die noch Jungfrau und noch bei ihm ist, die keines Mannes Frau gewesen ist. An deren Leiche darf er sich unrein machen.

4 Sonst soll er sich nicht unrein machen an irgendeinem, der ihm zugehört unter seinem Volk; er würde sich entheiligen.

¶ **5** Sie sollen auch keine Glatze scheren auf ihrem Haupt noch ihren Bart stutzen und an ihrem Leibe kein Mal einschneiden.

6 Sie sollen ihrem Gott heilig sein und nicht entheiligen den Namen ihres Gottes, denn sie opfern die Feueropfer des HERRN, die Speise ihres Gottes; darum sollen sie heilig sein.

¶ **7** Sie sollen keine Hure zur Frau nehmen noch eine, die nicht mehr Jungfrau ist oder die von ihrem Mann verstoßen ist; denn sie sind heilig ihrem Gott.

You Shall Be Holy

¶ **22** "You shall therefore keep all my statutes and all my rules and do them, that the land where I am bringing you to live may not vomit you out.

23 And you shall not walk in the customs of the nation that I am driving out before you, for they did all these things, and therefore I detested them.

24 But I have said to you, 'You shall inherit their land, and I will give it to you to possess, a land flowing with milk and honey.' I am the LORD your God, who has separated you from the peoples.

25 You shall therefore separate the clean beast from the unclean, and the unclean bird from the clean. You shall not make yourselves detestable by beast or by bird or by anything with which the ground crawls, which I have set apart for you to hold unclean.

26 You shall be holy to me, for I the LORD am holy and have separated you from the peoples, that you should be mine.

¶ **27** "A man or a woman who is a medium or a necromancer shall surely be put to death. They shall be stoned with stones; their blood shall be upon them."

Holiness and the Priests

21 And the LORD said to Moses, "Speak to the priests, the sons of Aaron, and say to them: No one shall make himself unclean for the dead among his people,

2 except for his closest relatives, his mother, his father, his son, his daughter, his brother,

3 or his virgin sister (who is near to him because she has had no husband; for her he may make himself unclean).

4 He shall not make himself unclean as a husband among his people and so profane himself.

5 They shall not make bald patches on their heads, nor shave off the edges of their beards, nor make any cuts on their body.

6 They shall be holy to their God and not profane the name of their God. For they offer the LORD's food offerings, the bread of their God; therefore they shall be holy.

7 They shall not marry a prostitute or a woman who has been defiled, neither shall they marry a woman divorced from her husband, for the priest is holy to his God.

8 Darum sollst du den Priester heilig halten, denn er opfert die Speise deines Gottes. Er soll dir heilig sein; denn ich bin heilig, der HERR, der euch heiligt.

¶ **9** Wenn eines Priesters Tochter sich durch Hurerei entheiligt, so soll man sie mit Feuer verbrennen; denn sie hat ihren Vater entheiligt.

¶ **10** Wer Hoherpriester ist unter seinen Brüdern, auf dessen Haupt das Salböl gegossen und dessen Hand gefüllt ist und der angezogen ist mit den heiligen Kleidern, der soll sein Haupthaar nicht wirr hängen lassen und seine Kleider nicht zerreißen

11 und soll zu keinem Toten kommen und soll sich weder an Vater noch an Mutter unrein machen.

12 Aus dem Heiligtum soll er nicht gehen, dass er nicht entheilige das Heiligtum seines Gottes; denn die Weihe des Salböls seines Gottes ist auf ihm. Ich bin der HERR.

13 Eine Jungfrau soll er zur Frau nehmen,

14 keine Witwe oder Verstoßene oder Entehrte oder Hure, sondern eine Jungfrau seines Volks soll er zur Frau nehmen,

15 damit er seine Nachkommen nicht entheilige unter seinem Volk; denn ich bin der HERR, der ihn heiligt.

¶ **16** Und der HERR redete mit Mose und sprach:

17 Sage zu Aaron: Wenn einer deiner Nachkommen in künftigen Geschlechtern einen Fehler hat, der soll nicht herzutreten, um die Speise seines Gottes zu opfern.

18 Denn keiner, an dem ein Fehler ist, soll herzutreten, er sei blind, lahm, mit einem entstellten Gesicht, mit irgendeiner Missbildung

19 oder wer einen gebrochenen Fuß oder eine gebrochene Hand hat

20 oder bucklig oder verkümmert ist oder wer einen weißen Fleck im Auge hat oder Krätze oder Flechten oder beschädigte Hoden hat.

21 Wer nun unter Aarons, des Priesters, Nachkommen einen Fehler an sich hat, der soll nicht herzutreten, zu opfern die Feueropfer des HERRN; denn er hat einen Fehler. Darum soll er sich nicht nahen, um die Speise seines Gottes zu opfern.

22 Doch essen darf er die Speise seines Gottes, vom Heiligen und vom Hochheiligen.

23 Aber zum Vorhang soll er nicht kommen noch zum Altar nahen, weil ein Fehler an ihm ist, damit er nicht entheilige mein Heiligtum; denn ich bin der HERR, der sie heiligt.

8 You shall sanctify him, for he offers the bread of your God. He shall be holy to you, for I, the LORD, who sanctify you, am holy.

9 And the daughter of any priest, if she profanes herself by whoring, profanes her father; she shall be burned with fire.

¶ **10** "The priest who is chief among his brothers, on whose head the anointing oil is poured and who has been consecrated to wear the garments, shall not let the hair of his head hang loose nor tear his clothes.

11 He shall not go in to any dead bodies nor make himself unclean, even for his father or for his mother.

12 He shall not go out of the sanctuary, lest he profane the sanctuary of his God, for the consecration of the anointing oil of his God is on him: I am the LORD.

13 And he shall take a wife in her virginity.[1]

14 A widow, or a divorced woman, or a woman who has been defiled, or a prostitute, these he shall not marry. But he shall take as his wife a virgin[2] of his own people,

15 that he may not profane his offspring among his people, for I am the LORD who sanctifies him."

¶ **16** And the LORD spoke to Moses, saying,

17 "Speak to Aaron, saying, None of your offspring throughout their generations who has a blemish may approach to offer the bread of his God.

18 For no one who has a blemish shall draw near, a man blind or lame, or one who has a mutilated face or a limb too long,

19 or a man who has an injured foot or an injured hand,

20 or a hunchback or a dwarf or a man with a defect in his sight or an itching disease or scabs or crushed testicles.

21 No man of the offspring of Aaron the priest who has a blemish shall come near to offer the LORD's food offerings; since he has a blemish, he shall not come near to offer the bread of his God.

22 He may eat the bread of his God, both of the most holy and of the holy things,

23 but he shall not go through the veil or approach the altar, because he has a blemish, that he may not profane my sanctuaries, for I am the LORD who sanctifies them."

¶ **24** Mose aber sagte dies zu Aaron und zu seinen Söhnen und zu allen Israeliten.

Bestimmungen für den Genuss der Opfergaben

22 Und der HERR redete mit Mose und sprach:

2 Sage Aaron und seinen Söhnen, dass sie achtsam seien mit dem Heiligen der Israeliten, den Gaben, die sie mir heiligen, damit sie meinen heiligen Namen nicht entheiligen. Ich bin der HERR.

3 So sage ihnen nun für ihre Nachkommen: Wer von euren Nachkommen herzutritt zu dem Heiligen, das die Israeliten dem HERRN heiligen, und hat eine Unreinheit an sich, der wird ausgerottet werden vor meinem Antlitz. Ich bin der HERR.

4 Wer von den Nachkommen Aarons aussätzig ist oder einen Ausfluss hat, der soll nicht essen von dem Heiligen, bis er wieder rein ist. Wer etwa einen anrührt, der an einem Toten unrein geworden ist, oder wem der Same abgeht im Schlaf

5 und wer irgendein Gewürm anrührt, wodurch er unrein wird, oder einen Menschen, durch den er unrein wird, oder irgendetwas, was ihn unrein macht,

6 wer deren eins anrührt, der ist unrein bis zum Abend und soll von dem Heiligen nicht essen, sondern soll zuvor seinen Leib mit Wasser abwaschen.

7 Und wenn die Sonne untergegangen ist, so ist er rein. Dann darf er davon essen, denn es ist seine Nahrung.

8 Ein verendetes oder zerrissenes Tier soll er nicht essen, damit er nicht unrein daran werde. Ich bin der HERR.

9 Darum sollen sie meine Satzungen halten, dass sie nicht Sünde auf sich laden und daran sterben, wenn sie sich entheiligen. Ich bin der HERR, der sie heiligt.

¶ **10** Kein Fremder soll von dem Heiligen essen noch des Priesters Beisasse noch sein Tagelöhner.

11 Wenn aber der Priester einen Sklaven für Geld kauft, so darf der davon essen. Und der Sklave, der ihm in seinem Hause geboren wird, der darf auch von seiner Speise essen.

12 Wenn aber des Priesters Tochter die Frau eines Mannes wird, der nicht aus einer priesterlichen Sippe ist, so soll sie nicht von der heiligen Opfergabe essen.

24 So Moses spoke to Aaron and to his sons and to all the people of Israel.

22 And the LORD spoke to Moses, saying,

2 "Speak to Aaron and his sons so that they abstain from the holy things of the people of Israel, which they dedicate to me, so that they do not profane my holy name: I am the LORD.

3 Say to them, 'If any one of all your offspring throughout your generations approaches the holy things that the people of Israel dedicate to the LORD, while he has an uncleanness, that person shall be cut off from my presence: I am the LORD.

4 None of the offspring of Aaron who has a leprous disease or a discharge may eat of the holy things until he is clean. Whoever touches anything that is unclean through contact with the dead or a man who has had an emission of semen,

5 and whoever touches a swarming thing by which he may be made unclean or a person from whom he may take uncleanness, whatever his uncleanness may be—

6 the person who touches such a thing shall be unclean until the evening and shall not eat of the holy things unless he has bathed his body in water.

7 When the sun goes down he shall be clean, and afterward he may eat of the holy things, because they are his food.

8 He shall not eat what dies of itself or is torn by beasts, and so make himself unclean by it: I am the LORD.'

9 They shall therefore keep my charge, lest they bear sin for it and die thereby when they profane it: I am the LORD who sanctifies them.

¶ **10** "A lay person shall not eat of a holy thing; no foreign guest of the priest or hired servant shall eat of a holy thing,

11 but if a priest buys a slave as his property for money, the slave[1] may eat of it, and anyone born in his house may eat of his food.

12 If a priest's daughter marries a layman, she shall not eat of the contribution of the holy things.

13 Wird sie aber eine Witwe oder verstoßen und hat keine Kinder und kehrt zurück in ihres Vaters Haus, so darf sie essen von ihres Vaters Speise wie in ihrer Jugend. Aber kein Fremder soll davon essen.

¶ **14** Wer aus Versehen von dem Heiligen isst, der soll den fünften Teil dazutun und ihn dem Priester geben samt dem Heiligen.

15 Denn die Priester sollen nicht entheiligen lassen das Heilige der Israeliten, die Opfergabe für den HERRN,

16 und dadurch die Israeliten mit Schuld beladen, dass diese ihr Geheiligtes essen; denn ich bin der HERR, der sie heiligt.

Die Opfer sollen ohne Mängel sein

17 Und der HERR redete mit Mose und sprach:

18 Sage Aaron und seinen Söhnen und allen Israeliten: Wer aus dem Hause Israel oder von den Fremdlingen in Israel sein Opfer darbringen will, es sei auf ein Gelübde hin oder aus freiem Willen, was sie dem HERRN als Brandopfer darbringen wollen, –

19 damit es euch wohlgefällig mache, soll es ein männliches Tier sein, ohne Fehler, von Rindern oder Schafen oder Ziegen.

20 Alles, was einen Fehler hat, sollt ihr nicht opfern, denn es wird euch nicht wohlgefällig machen.

¶ **21** Und wenn jemand ein Dankopfer dem HERRN darbringen will, um ein Gelübde zu erfüllen oder aus freiem Willen, von Rindern oder Schafen, so soll das ohne Gebrechen sein, damit es wohlgefällig sei. Es soll keinen Fehler haben.

22 Ist es blind oder hat es ein gebrochenes Glied oder eine Wunde oder ein Geschwür oder Krätze oder Flechten, so sollt ihr es dem HERRN nicht opfern und davon kein Feueropfer bringen auf den Altar des HERRN.

¶ **23** Rinder oder Schafe, die zu lange oder zu kurze Glieder haben, magst du aus freiem Willen opfern, aber für ein Gelübde sind sie nicht wohlgefällig.

24 Du sollst auch dem HERRN kein Tier zum Opfer bringen, dem die Hoden zerdrückt oder zerschlagen oder zerrissen oder ausgeschnitten sind. So etwas sollt ihr in eurem Lande an Tieren nicht tun.

25 Ihr sollt auch solche Tiere nicht aus der Hand eines Ausländers nehmen und als Speise eures Gottes opfern; denn sie taugen nicht und haben einen Fehler. Darum wird es euch nicht wohlgefällig machen.

13 But if a priest's daughter is widowed or divorced and has no child and returns to her father's house, as in her youth, she may eat of her father's food; yet no lay person shall eat of it.

14 And if anyone eats of a holy thing unintentionally, he shall add the fifth of its value to it and give the holy thing to the priest.

15 They shall not profane the holy things of the people of Israel, which they contribute to the LORD,

16 and so cause them to bear iniquity and guilt, by eating their holy things: for I am the LORD who sanctifies them."

Acceptable Offerings

¶ **17** And the LORD spoke to Moses, saying,

18 "Speak to Aaron and his sons and all the people of Israel and say to them, When any one of the house of Israel or of the sojourners in Israel presents a burnt offering as his offering, for any of their vows or freewill offerings that they offer to the LORD,

19 if it is to be accepted for you it shall be a male without blemish, of the bulls or the sheep or the goats.

20 You shall not offer anything that has a blemish, for it will not be acceptable for you.

21 And when anyone offers a sacrifice of peace offerings to the LORD to fulfill a vow or as a freewill offering from the herd or from the flock, to be accepted it must be perfect; there shall be no blemish in it.

22 Animals blind or disabled or mutilated or having a discharge or an itch or scabs you shall not offer to the LORD or give them to the LORD as a food offering on the altar.

23 You may present a bull or a lamb that has a part too long or too short for a freewill offering, but for a vow offering it cannot be accepted.

24 Any animal that has its testicles bruised or crushed or torn or cut you shall not offer to the LORD; you shall not do it within your land,

25 neither shall you offer as the bread of your God any such animals gotten from a foreigner. Since there is a blemish in them, because of their mutilation, they will not be accepted for you."

Weitere Opfergesetze

26 Und der HERR redete mit Mose und sprach:

27 Wenn ein Rind oder Schaf oder eine Ziege geboren ist, so soll das Junge sieben Tage bei seiner Mutter sein; aber am achten Tage und danach darf man's dem HERRN opfern, so ist es wohlgefällig.

28 Ein Rind oder Schaf soll man nicht mit seinem Jungen an **einem** Tage schlachten.

¶ **29** Wenn ihr aber dem HERRN ein Lobopfer darbringen wollt, das euch wohlgefällig macht,

30 so sollt ihr's an demselben Tage essen und sollt nichts übrig behalten bis zum Morgen; ich bin der HERR.

¶ **31** Darum haltet meine Gebote und tut danach; ich bin der HERR.

32 Entheiligt nicht meinen heiligen Namen, damit ich geheiligt werde unter den Israeliten; ich bin der HERR, der euch heiligt,

33 der euch aus Ägyptenland geführt hat, um euer Gott zu sein. Ich bin der HERR.

Der Sabbat

23 Und der HERR redete mit Mose und sprach:

2 Sage den Israeliten und sprich zu ihnen: Dies sind die Feste des HERRN, die ihr ausrufen sollt als heilige Versammlungen; dies sind meine Feste:

3 Sechs Tage sollst du arbeiten; der siebente Tag aber ist ein feierlicher Sabbat, heilige Versammlung. Keine Arbeit sollt ihr an ihm tun; denn es ist ein Sabbat für den HERRN, überall, wo ihr wohnt.

Passafest und Fest der Ungesäuerten Brote

4 Dies sind aber die Feste des HERRN, die ihr ausrufen sollt als heilige Versammlungen an ihren Tagen:

5 Am vierzehnten Tage des ersten Monats gegen Abend ist des HERRN Passa.

6 Und am fünfzehnten desselben Monats ist das Fest der Ungesäuerten Brote für den HERRN; da sollt ihr sieben Tage ungesäuertes Brot essen.

7 Am ersten Tage sollt ihr eine heilige Versammlung halten; da sollt ihr keine Arbeit tun.

8 Und sieben Tage sollt ihr dem HERRN Feueropfer darbringen. Am siebenten Tage soll wieder eine heilige Versammlung sein; da sollt ihr auch keine Arbeit tun.

¶ **26** And the LORD spoke to Moses, saying,

27 "When an ox or sheep or goat is born, it shall remain seven days with its mother, and from the eighth day on it shall be acceptable as a food offering to the LORD.

28 But you shall not kill an ox or a sheep and her young in one day.

29 And when you sacrifice a sacrifice of thanksgiving to the LORD, you shall sacrifice it so that you may be accepted.

30 It shall be eaten on the same day; you shall leave none of it until morning: I am the LORD.

¶ **31** "So you shall keep my commandments and do them: I am the LORD.

32 And you shall not profane my holy name, that I may be sanctified among the people of Israel. I am the LORD who sanctifies you,

33 who brought you out of the land of Egypt to be your God: I am the LORD."

Feasts of the LORD

23 The LORD spoke to Moses, saying,

2 "Speak to the people of Israel and say to them, These are the appointed feasts of the LORD that you shall proclaim as holy convocations; they are my appointed feasts.

The Sabbath

¶ **3** "Six days shall work be done, but on the seventh day is a Sabbath of solemn rest, a holy convocation. You shall do no work. It is a Sabbath to the LORD in all your dwelling places.

The Passover

¶ **4** "These are the appointed feasts of the LORD, the holy convocations, which you shall proclaim at the time appointed for them.

5 In the first month, on the fourteenth day of the month at twilight,[1] is the LORD's Passover.

6 And on the fifteenth day of the same month is the Feast of Unleavened Bread to the LORD; for seven days you shall eat unleavened bread.

7 On the first day you shall have a holy convocation; you shall not do any ordinary work.

8 But you shall present a food offering to the LORD for seven days. On the seventh day is a holy convocation; you shall not do any ordinary work."

Das Fest der Erstlingsgarben

9 Und der HERR redete mit Mose und sprach:

10 Sage den Israeliten und sprich zu ihnen: Wenn ihr in das Land kommt, das ich euch geben werde, und es aberntet, so sollt ihr die erste Garbe eurer Ernte zu dem Priester bringen.

11 Der soll die Garbe als Schwingopfer schwingen vor dem HERRN, dass sie euch wohlgefällig mache. Das soll aber der Priester tun am Tage nach dem Sabbat.

12 Und ihr sollt am Tage, da eure Garbe geschwungen wird, ein Brandopfer dem HERRN bringen von einem einjährigen Schaf, ohne Fehler,

13 samt dem Speisopfer: zwei Zehntel feinstes Mehl, mit Öl vermengt, als ein Feueropfer für den HERRN zum lieblichen Geruch; dazu das Trankopfer: eine viertel Kanne Wein.

14 Und ihr sollt von der neuen Ernte kein Brot noch geröstete oder frische Körner essen bis zu dem Tag, da ihr eurem Gott seine Gabe bringt. Das soll eine ewige Ordnung sein bei euren Nachkommen, überall, wo ihr wohnt.

Das Wochenfest (Pfingstfest)

15 Danach sollt ihr zählen vom Tage nach dem Sabbat, da ihr die Garbe als Schwingopfer darbrachtet, sieben ganze Wochen.

16 Bis zu dem Tag nach dem siebenten Sabbat, nämlich fünfzig Tage, sollt ihr zählen und dann ein neues Speisopfer dem HERRN opfern.

17 Ihr sollt aus euren Wohnungen zwei Brote bringen als Schwingopfer, von zwei Zehnteln feinstem Mehl, gesäuert und gebacken, als Erstlingsgabe für den HERRN.

18 Und ihr sollt herzubringen neben eurem Brot sieben einjährige Schafe ohne Fehler und einen jungen Stier und zwei Widder – das soll des HERRN Brandopfer sein – mit ihren Speisopfern und Trankopfern als ein Feueropfer zum lieblichen Geruch für den HERRN.

19 Dazu sollt ihr opfern einen Ziegenbock zum Sündopfer und zwei einjährige Schafe zum Dankopfer.

20 Und der Priester soll sie als Schwingopfer schwingen samt den Erstlingsbroten vor dem HERRN. Das alles soll als ein Schwingopfer dem HERRN heilig sein und dem Priester gehören.

The Feast of Firstfruits

¶ **9** And the LORD spoke to Moses, saying,

10 "Speak to the people of Israel and say to them, When you come into the land that I give you and reap its harvest, you shall bring the sheaf of the firstfruits of your harvest to the priest,

11 and he shall wave the sheaf before the LORD, so that you may be accepted. On the day after the Sabbath the priest shall wave it.

12 And on the day when you wave the sheaf, you shall offer a male lamb a year old without blemish as a burnt offering to the LORD.

13 And the grain offering with it shall be two tenths of an ephah[2] of fine flour mixed with oil, a food offering to the LORD with a pleasing aroma, and the drink offering with it shall be of wine, a fourth of a hin.[3]

14 And you shall eat neither bread nor grain parched or ᶜfresh until this same day, until you have brought the offering of your God: it is a statute forever throughout your generations in all your dwellings.

The Feast of Weeks

¶ **15** "You shall count seven full weeks from the day after the Sabbath, from the day that you brought the sheaf of the wave offering.

16 You shall count fifty days to the day after the seventh Sabbath. Then you shall present a grain offering of new grain to the LORD.

17 You shall bring from your dwelling places two loaves of bread to be waved, made of two tenths of an ephah. They shall be of fine flour, and they shall be baked with leaven, as firstfruits to the LORD.

18 And you shall present with the bread seven lambs a year old without blemish, and one bull from the herd and two rams. They shall be a burnt offering to the LORD, with their grain offering and their drink offerings, a food offering with a pleasing aroma to the LORD.

19 And you shall offer one male goat for a sin offering, and two male lambs a year old as a sacrifice of peace offerings.

20 And the priest shall wave them with the bread of the firstfruits as a wave offering before the LORD, with the two lambs. They shall be holy to the LORD for the priest.

21 Und ihr sollt an diesem Tag eine heilige Versammlung ausrufen; keine Arbeit sollt ihr tun. Eine ewige Ordnung soll das sein bei euren Nachkommen, überall, wo ihr wohnt.

¶ **22** Wenn ihr aber euer Land aberntet, sollt ihr nicht alles bis an die Ecken des Feldes abschneiden, auch nicht Nachlese halten, sondern sollt es den Armen und Fremdlingen lassen. Ich bin der HERR, euer Gott.

Der Neujahrstag

23 Und der HERR redete mit Mose und sprach:

24 Sage zu den Israeliten: Am ersten Tage des siebenten Monats sollt ihr Ruhetag halten mit Posaunenblasen zum Gedächtnis, eine heilige Versammlung.

25 Da sollt ihr keine Arbeit tun und sollt dem HERRN Feueropfer darbringen.

Der Versöhnungstag

26 Und der HERR redete mit Mose und sprach:

27 Am zehnten Tage in diesem siebenten Monat ist der Versöhnungstag. Da sollt ihr eine heilige Versammlung halten und fasten und dem HERRN Feueropfer darbringen

28 und sollt keine Arbeit tun an diesem Tage, denn es ist der Versöhnungstag, dass ihr entsühnt werdet vor dem HERRN, eurem Gott.

29 Denn wer nicht fastet an diesem Tage, der wird aus seinem Volk ausgerottet werden.

30 Und wer an diesem Tage irgendeine Arbeit tut, den will ich vertilgen aus seinem Volk.

31 Darum sollt ihr keine Arbeit tun. Das soll eine ewige Ordnung sein bei euren Nachkommen, überall, wo ihr wohnt.

32 Ein feierlicher Sabbat soll er euch sein und ihr sollt fasten. Am neunten Tage des Monats, am Abend, sollt ihr diesen Ruhetag halten, vom Abend an bis wieder zum Abend.

Das Laubhüttenfest

33 Und der HERR redete mit Mose und sprach:

34 Sage zu den Israeliten: Am fünfzehnten Tage dieses siebenten Monats ist das Laubhüttenfest für den HERRN, sieben Tage lang.

35 Am ersten Tage soll eine heilige Versammlung sein; keine Arbeit sollt ihr tun.

21 And you shall make proclamation on the same day. You shall hold a holy convocation. You shall not do any ordinary work. It is a statute forever in all your dwelling places throughout your generations.

¶ **22** "And when you reap the harvest of your land, you shall not reap your field right up to its edge, nor shall you gather the gleanings after your harvest. You shall leave them for the poor and for the sojourner: I am the LORD your God."

The Feast of Trumpets

¶ **23** And the LORD spoke to Moses, saying,

24 "Speak to the people of Israel, saying, In the seventh month, on the first day of the month, you shall observe a day of solemn rest, a memorial proclaimed with blast of trumpets, a holy convocation.

25 You shall not do any ordinary work, and you shall present a food offering to the LORD."

The Day of Atonement

¶ **26** And the LORD spoke to Moses, saying,

27 "Now on the tenth day of this seventh month is the Day of Atonement. It shall be for you a time of holy convocation, and you shall afflict yourselves and present a food offering to the LORD.

28 And you shall not do any work on that very day, for it is a Day of Atonement, to make atonement for you before the LORD your God.

29 For whoever is not afflicted on that very day shall be cut off from his people.

30 And whoever does any work on that very day, that person I will destroy from among his people.

31 You shall not do any work. It is a statute forever throughout your generations in all your dwelling places.

32 It shall be to you a Sabbath of solemn rest, and you shall afflict yourselves. On the ninth day of the month beginning at evening, from evening to evening shall you keep your Sabbath."

The Feast of Booths

¶ **33** And the LORD spoke to Moses, saying,

34 "Speak to the people of Israel, saying, On the fifteenth day of this seventh month and for seven days is the Feast of Booths[4] to the LORD.

35 On the first day shall be a holy convocation; you shall not do any ordinary work.

36 Sieben Tage sollt ihr dem Herrn Feueropfer darbringen. Am achten Tage sollt ihr wieder eine heilige Versammlung halten und sollt Feueropfer dem Herrn darbringen. Es ist eine Festversammlung; keine Arbeit sollt ihr tun.

¶ **37** Das sind die Feste des Herrn, die ihr als heilige Versammlungen ausrufen sollt, um dem Herrn Feueropfer darzubringen: Brandopfer, Speisopfer, Schlachtopfer und Trankopfer, ein jedes an seinem Tage,

38 abgesehen von den Sabbaten des Herrn und euren andern Gaben und Gelübden und freiwilligen Gaben, die ihr dem Herrn gebt.

¶ **39** Am fünfzehnten Tage des siebenten Monats, wenn ihr die Früchte des Landes einbringt, sollt ihr ein Fest des Herrn halten sieben Tage lang. Am ersten Tage ist Ruhetag und am achten Tage ist auch Ruhetag.

40 Ihr sollt am ersten Tage Früchte nehmen von schönen Bäumen, Palmwedel und Zweige von Laubbäumen und Bachweiden und sieben Tage fröhlich sein vor dem Herrn, eurem Gott,

41 und sollt das Fest dem Herrn halten jährlich sieben Tage lang. Das soll eine ewige Ordnung sein bei euren Nachkommen, dass sie im siebenten Monat so feiern.

42 Sieben Tage sollt ihr in Laubhütten wohnen. Wer einheimisch ist in Israel, soll in Laubhütten wohnen,

43 dass eure Nachkommen wissen, wie ich die Israeliten habe in Hütten wohnen lassen, als ich sie aus Ägyptenland führte. Ich bin der Herr, euer Gott.

¶ **44** Und Mose tat den Israeliten die Feste des Herrn kund.

Lampen und Schaubrote

24 Und der Herr redete mit Mose und sprach:

2 Gebiete den Israeliten, dass sie zu dir bringen reines Öl aus zerstoßenen Oliven für den Leuchter, dass man beständig Lampen aufsetzen kann.

3 Außen vor dem Vorhang, der vor der Lade mit dem Gesetz hängt, in der Stiftshütte soll Aaron den Leuchter herrichten, dass er vom Abend bis zum Morgen beständig leuchte vor dem Herrn. Das sei eine ewige Ordnung bei euren Nachkommen.

36 For seven days you shall present food offerings to the Lord. On the eighth day you shall hold a holy convocation and present a food offering to the Lord. It is a solemn assembly; you shall not do any ordinary work.

¶ **37** "These are the appointed feasts of the Lord, which you shall proclaim as times of holy convocation, for presenting to the Lord food offerings, burnt offerings and grain offerings, sacrifices and drink offerings, each on its proper day,

38 besides the Lord's Sabbaths and besides your gifts and besides all your vow offerings and besides all your freewill offerings, which you give to the Lord.

¶ **39** "On the fifteenth day of the seventh month, when you have gathered in the produce of the land, you shall celebrate the feast of the Lord seven days. On the first day shall be a solemn rest, and on the eighth day shall be a solemn rest.

40 And you shall take on the first day the fruit of splendid trees, branches of palm trees and boughs of leafy trees and willows of the brook, and you shall rejoice before the Lord your God seven days.

41 You shall celebrate it as a feast to the Lord for seven days in the year. It is a statute forever throughout your generations; you shall celebrate it in the seventh month.

42 You shall dwell in booths for seven days. All native Israelites shall dwell in booths,

43 that your generations may know that I made the people of Israel dwell in booths when I brought them out of the land of Egypt: I am the Lord your God."

¶ **44** Thus Moses declared to the people of Israel the appointed feasts of the Lord.

The Lamps

24 The Lord spoke to Moses, saying,

2 "Command the people of Israel to bring you pure oil from beaten olives for the lamp, that a light may be kept burning regularly.

3 Outside the veil of the testimony, in the tent of meeting, Aaron shall arrange it from evening to morning before the Lord regularly. It shall be a statute forever throughout your generations.

4 Er soll die Lampen auf dem Leuchter von feinem Gold herrichten, dass sie vor dem HERRN beständig leuchten.

¶ **5** Und du sollst feinstes Mehl nehmen und davon zwölf Brote backen – zwei Zehntel soll ein Brot haben –

6 und sollst sie legen in zwei Reihen, je sechs in einer Reihe, auf den Tisch von feinem Gold vor dem HERRN.

7 Und sollst auf sie legen reinen Weihrauch, dass er als Gedenkopfer bei den Broten sei, ein Feueropfer für den HERRN.

8 An jedem Sabbat soll er sie zurichten vor dem HERRN als beständige Gabe der Israeliten, eine Ordnung für immer,

9 und sie sollen Aaron und seinen Söhnen gehören. Die sollen sie essen an heiliger Stätte; denn als ein Hochheiliges von den Opfern des HERRN gehören sie Aaron als ewiges Recht.

Strafen für Gotteslästerung, Totschlag und Gewalt

10 Es ging aber der Sohn einer israelitischen Frau und eines ägyptischen Mannes mitten unter die Israeliten und zankte sich im Lager mit einem israelitischen Mann

11 und lästerte den Namen des HERRN und fluchte. Da brachten sie ihn zu Mose – seine Mutter aber hieß Schelomit, eine Tochter Dibris vom Stamm Dan.

12 und legten ihn gefangen, bis ihnen klare Antwort würde durch den Mund des HERRN.

13 Und der HERR redete mit Mose und sprach:

14 Führe den Flucher hinaus vor das Lager und lass alle, die es gehört haben, ihre Hände auf sein Haupt legen und lass die ganze Gemeinde ihn steinigen

15 und sage zu den Israeliten: Wer seinem Gott flucht, der soll seine Schuld tragen.

16 Wer des HERRN Namen lästert, der soll des Todes sterben; die ganze Gemeinde soll ihn steinigen. Ob Fremdling oder Einheimischer, wer den Namen lästert, soll sterben.

¶ **17** Wer irgendeinen Menschen erschlägt, der soll des Todes sterben.

18 Wer aber ein Stück Vieh erschlägt, der soll's ersetzen, Leben um Leben.

19 Und wer seinen Nächsten verletzt, dem soll man tun, wie er getan hat,

20 Schaden um Schaden, Auge um Auge, Zahn um Zahn; wie er einen Menschen verletzt hat, so soll man ihm auch tun.

---

4 He shall arrange the lamps on the lampstand of pure gold[1] before the LORD regularly.

Bread for the Tabernacle

¶ **5** "You shall take fine flour and bake twelve loaves from it; two tenths of an ephah[2] shall be in each loaf.

6 And you shall set them in two piles, six in a pile, on the table of pure gold[3] before the LORD.

7 And you shall put pure frankincense on each pile, that it may go with the bread as a memorial portion as a food offering to the LORD.

8 Every Sabbath day Aaron shall arrange it before the LORD regularly; it is from the people of Israel as a covenant forever.

9 And it shall be for Aaron and his sons, and they shall eat it in a holy place, since it is for him a most holy portion out of the LORD's food offerings, a perpetual due."

Punishment for Blasphemy

¶ **10** Now an Israelite woman's son, whose father was an Egyptian, went out among the people of Israel. And the Israelite woman's son and a man of Israel fought in the camp,

11 and the Israelite woman's son blasphemed the Name, and cursed. Then they brought him to Moses. His mother's name was Shelomith, the daughter of Dibri, of the tribe of Dan.

12 And they put him in custody, till the will of the LORD should be clear to them.

¶ **13** Then the LORD spoke to Moses, saying,

14 "Bring out of the camp the one who cursed, and let all who heard him lay their hands on his head, and let all the congregation stone him.

15 And speak to the people of Israel, saying, Whoever curses his God shall bear his sin.

16 Whoever blasphemes the name of the LORD shall surely be put to death. All the congregation shall stone him. The sojourner as well as the native, when he blasphemes the Name, shall be put to death.

An Eye for an Eye

¶ **17** "Whoever takes a human life shall surely be put to death.

18 Whoever takes an animal's life shall make it good, life for life.

19 If anyone injures his neighbor, as he has done it shall be done to him,

20 fracture for fracture, eye for eye, tooth for tooth; whatever injury he has given a person shall be given to him.

21 Wer ein Stück Vieh erschlägt, der soll's erstatten; wer aber einen Menschen erschlägt, der soll sterben.

22 Es soll ein und dasselbe Recht unter euch sein für den Fremdling wie für den Einheimischen; ich bin der HERR, euer Gott.

¶ **23** Mose aber sagte es den Israeliten und sie führten den Flucher hinaus vor das Lager und steinigten ihn. So taten die Israeliten, wie der HERR es Mose geboten hatte.

Sabbatjahr und Erlassjahr

25 Und der HERR sprach zu Mose auf dem Berge Sinai:

2 Rede mit den Israeliten und sprich zu ihnen: Wenn ihr in das Land kommt, das ich euch geben werde, so soll das Land dem HERRN einen Sabbat feiern.

3 Sechs Jahre sollst du dein Feld besäen und sechs Jahre deinen Weinberg beschneiden und die Früchte einsammeln,

4 aber im siebenten Jahr soll das Land dem HERRN einen feierlichen Sabbat halten; da sollst du dein Feld nicht besäen noch deinen Weinberg beschneiden.

¶ **5** Was von selber nach deiner Ernte wächst, sollst du nicht ernten, und die Trauben, die ohne deine Arbeit wachsen, sollst du nicht lesen; ein Sabbatjahr des Landes soll es sein.

6 Was das Land während seines Sabbats trägt, davon sollt ihr essen, du und dein Knecht und deine Magd, dein Tagelöhner und dein Beisasse, die bei dir weilen,

7 dein Vieh und das Wild in deinem Lande; all sein Ertrag soll zur Nahrung dienen.

¶ **8** Und du sollst zählen sieben Sabbatjahre, siebenmal sieben Jahre, dass die Zeit der sieben Sabbatjahre neunundvierzig Jahre mache.

9 Da sollst du die Posaune blasen lassen durch euer ganzes Land am zehnten Tage des siebenten Monats, am Versöhnungstag.

10 Und ihr sollt das fünfzigste Jahr heiligen und sollt eine Freilassung ausrufen im Lande für alle, die darin wohnen; es soll ein Erlassjahr für euch sein. Da soll ein jeder bei euch wieder zu seiner Habe und zu seiner Sippe kommen.

11 Als Erlassjahr soll das fünfzigste Jahr euch gelten. Ihr sollt nicht säen und, was von selber wächst, nicht ernten, auch, was ohne Arbeit wächst, im Weinberg nicht lesen;

21 Whoever kills an animal shall make it good, and whoever kills a person shall be put to death.

22 You shall have the same rule for the sojourner and for the native, for I am the LORD your God."

23 So Moses spoke to the people of Israel, and they brought out of the camp the one who had cursed and stoned him with stones. Thus the people of Israel did as the LORD commanded Moses.

The Sabbath Year

25 The LORD spoke to Moses on Mount Sinai, saying,

2 "Speak to the people of Israel and say to them, When you come into the land that I give you, the land shall keep a Sabbath to the LORD.

3 For six years you shall sow your field, and for six years you shall prune your vineyard and gather in its fruits,

4 but in the seventh year there shall be a Sabbath of solemn rest for the land, a Sabbath to the LORD. You shall not sow your field or prune your vineyard.

5 You shall not reap what grows of itself in your harvest, or gather the grapes of your undressed vine. It shall be a year of solemn rest for the land.

6 The Sabbath of the land shall provide food for you, for yourself and for your male and female slaves and for your hired servant and the sojourner who lives with you,

7 and for your cattle and for the wild animals that are in your land: all its yield shall be for food.

The Year of Jubilee

¶ **8** "You shall count seven weeks[1] of years, seven times seven years, so that the time of the seven weeks of years shall give you forty-nine years.

9 Then you shall sound the loud trumpet on the tenth day of the seventh month. On the Day of Atonement you shall sound the trumpet throughout all your land.

10 And you shall consecrate the fiftieth year, and proclaim liberty throughout the land to all its inhabitants. It shall be a jubilee for you, when each of you shall return to his property and each of you shall return to his clan.

11 That fiftieth year shall be a jubilee for you; in it you shall neither sow nor reap what grows of itself nor gather the grapes from the undressed vines.

12 denn das Erlassjahr soll euch heilig sein; vom Felde weg dürft ihr essen, was es trägt.

¶ **13** Das ist das Erlassjahr, da jedermann wieder zu dem Seinen kommen soll.

14 Wenn du nun deinem Nächsten etwas verkaufst oder ihm etwas abkaufst, soll keiner seinen Bruder übervorteilen,

15 sondern nach der Zahl der Jahre vom Erlassjahr an sollst du es von ihm kaufen; danach, wie viel Jahre noch Ertrag bringen, soll er dir's verkaufen.

16 Sind es noch viele Jahre, so darfst du den Kaufpreis steigern; sind es noch wenige Jahre, sollst du den Kaufpreis verringern; denn die Zahl der Ernten verkauft er dir.

17 So übervorteile nun keiner seinen Nächsten, sondern fürchte dich vor deinem Gott; denn ich bin der Herr, euer Gott.

18 Darum tut nach meinen Satzungen und haltet meine Rechte, dass ihr danach tut, auf dass ihr im Lande sicher wohnen könnt.

19 Denn das Land soll euch seine Früchte geben, dass ihr genug zu essen habt und sicher darin wohnt.

20 Und wenn ihr sagt: Was sollen wir essen im siebenten Jahr? Denn wenn wir nicht säen, so sammeln wir auch kein Getreide ein –,

21 so will ich meinem Segen über euch im sechsten Jahr gebieten, dass er Getreide schaffen soll für drei Jahre,

22 dass ihr sät im achten Jahr und von dem alten Getreide esst bis in das neunte Jahr, sodass ihr vom alten esst, bis wieder neues Getreide kommt.

23 Darum sollt ihr das Land nicht verkaufen für immer; denn das Land ist mein, und ihr seid Fremdlinge und Beisassen bei mir.

24 Und bei all eurem Grundbesitz sollt ihr für das Land die Einlösung gewähren.

Einlösung von Grundbesitz

25 Wenn dein Bruder verarmt und etwas von seiner Habe verkauft, so soll sein nächster Verwandter kommen und einlösen, was sein Bruder verkauft hat.

26 Wenn aber jemand keinen Löser hat und selbst so viel aufbringen kann, um es einzulösen,

27 so soll er die Jahre abrechnen, seitdem er's verkauft hat, und was noch übrig ist, dem Käufer zurückzahlen und so wieder zu seiner Habe kommen.

12 For it is a jubilee. It shall be holy to you. You may eat the produce of the field.[2]

¶ **13** "In this year of jubilee each of you shall return to his property.

14 And if you make a sale to your neighbor or buy from your neighbor, you shall not wrong one another.

15 You shall pay your neighbor according to the number of years after the jubilee, and he shall sell to you according to the number of years for crops.

16 If the years are many, you shall increase the price, and if the years are few, you shall reduce the price, for it is the number of the crops that he is selling to you.

17 You shall not wrong one another, but you shall fear your God, for I am the Lord your God.

¶ **18** "Therefore you shall do my statutes and keep my rules and perform them, and then you will dwell in the land securely.

19 The land will yield its fruit, and you will eat your fill and dwell in it securely.

20 And if you say, 'What shall we eat in the seventh year, if we may not sow or gather in our crop?'

21 I will command my blessing on you in the sixth year, so that it will produce a crop sufficient for three years.

22 When you sow in the eighth year, you will be eating some of the old crop; you shall eat the old until the ninth year, when its crop arrives.

Redemption of Property

¶ **23** "The land shall not be sold in perpetuity, for the land is mine. For you are strangers and sojourners with me.

24 And in all the country you possess, you shall allow a redemption of the land.

¶ **25** "If your brother becomes poor and sells part of his property, then his nearest redeemer shall come and redeem what his brother has sold.

26 If a man has no one to redeem it and then himself becomes prosperous and finds sufficient means to redeem it,

27 let him calculate the years since he sold it and pay back the balance to the man to whom he sold it, and then return to his property.

28 Kann er aber nicht so viel aufbringen, um es ihm zurückzuzahlen, so soll, was er verkauft hat, in der Hand des Käufers bleiben bis zum Erlassjahr. Dann soll es frei werden und er wieder zu seiner Habe kommen.

¶ **29** Wer ein Wohnhaus verkauft in einer Stadt mit Mauern, der hat ein ganzes Jahr Frist, es wieder einzulösen. Das soll die Zeit sein, darin er es einlösen kann.

30 Wenn er's aber nicht einlöst, ehe das ganze Jahr um ist, so soll es der Käufer für immer behalten und seine Nachkommen, und es soll nicht frei werden im Erlassjahr.

31 Ist's aber ein Haus auf dem Dorf, um das keine Mauer ist, so soll man es dem Feld des Landes gleichrechnen, und es soll immer eingelöst werden können und im Erlassjahr frei werden.

32 Was aber die Städte der Leviten anlangt, so sollen sie die Häuser in den Städten, die ihnen gehören, jederzeit einlösen können.

33 Wenn einer von den Leviten nicht einlöst, so soll das verkaufte Haus in der Stadt, die ihnen gehört, im Erlassjahr frei werden; denn die Häuser in den Städten der Leviten sind ihr Besitz inmitten der Israeliten.

34 Auch das Weideland vor ihren Städten soll man nicht verkaufen; denn das ist ihr Eigentum für immer.

Verbot des Zinsnehmens

35 Wenn dein Bruder neben dir verarmt und nicht mehr bestehen kann, so sollst du dich seiner annehmen wie eines Fremdlings oder Beisassen, dass er neben dir leben könne;

36 und du sollst nicht Zinsen von ihm nehmen noch Aufschlag, sondern sollst dich vor deinem Gott fürchten, dass dein Bruder neben dir leben könne.

37 Denn du sollst ihm dein Geld nicht auf Zinsen leihen noch Speise geben gegen Aufschlag.

38 Ich bin der HERR, euer Gott, der euch aus Ägyptenland geführt hat, um euch das Land Kanaan zu geben und euer Gott zu sein.

Einlösung von Schuldsklaven

39 Wenn dein Bruder neben dir verarmt und sich dir verkauft, so sollst du ihn nicht als Sklaven dienen lassen;

40 sondern wie ein Tagelöhner, wie ein Beisasse soll er bei dir sein und bis an das Erlassjahr bei dir dienen.

28 But if he has not sufficient means to recover it, then what he sold shall remain in the hand of the buyer until the year of jubilee. In the jubilee it shall be released, and he shall return to his property.

¶ **29** "If a man sells a dwelling house in a walled city, he may redeem it within a year of its sale. For a full year he shall have the right of redemption.

30 If it is not redeemed within a full year, then the house in the walled city shall belong in perpetuity to the buyer, throughout his generations; it shall not be released in the jubilee.

31 But the houses of the villages that have no wall around them shall be classified with the fields of the land. They may be redeemed, and they shall be released in the jubilee.

32 As for the cities of the Levites, the Levites may redeem at any time the houses in the cities they possess.

33 And if one of the Levites exercises his right of redemption, then the house that was sold in a city they possess shall be released in the jubilee. For the houses in the cities of the Levites are their possession among the people of Israel.

34 But the fields of pastureland belonging to their cities may not be sold, for that is their possession forever.

Kindness for Poor Brothers

¶ **35** "If your brother becomes poor and cannot maintain himself with you, you shall support him as though he were a stranger and a sojourner, and he shall live with you.

36 Take no interest from him or profit, but fear your God, that your brother may live beside you.

37 You shall not lend him your money at interest, nor give him your food for profit.

38 I am the LORD your God, who brought you out of the land of Egypt to give you the land of Canaan, and to be your God.

¶ **39** "If your brother becomes poor beside you and sells himself to you, you shall not make him serve as a slave:

40 he shall be with you as a hired servant and as a sojourner. He shall serve with you until the year of the jubilee.

41 Dann soll er von dir frei ausgehen und seine Kinder mit ihm und soll zurückkehren zu seiner Sippe und wieder zu seiner Väter Habe kommen.

42 Denn sie sind meine Knechte, die ich aus Ägyptenland geführt habe. Darum soll man sie nicht als Sklaven verkaufen.

43 Du sollst nicht mit Härte über sie herrschen, sondern dich fürchten vor deinem Gott.

¶ **44** Willst du aber Sklaven und Sklavinnen haben, so sollst du sie kaufen von den Völkern, die um euch her sind,

45 und auch von den Beisassen, die als Fremdlinge unter euch wohnen, und von ihren Nachkommen, die sie bei euch in eurem Lande zeugen. Die mögt ihr zu eigen haben

46 und sollt sie vererben euren Kindern zum Eigentum für immer; die sollt ihr Sklaven sein lassen. Aber von euren Brüdern, den Israeliten, soll keiner über den andern herrschen mit Härte.

¶ **47** Wenn irgendein Fremdling oder Beisasse bei dir zu Besitz kommt und dein Bruder neben ihm verarmt und sich dem Fremdling oder Beisassen bei dir oder jemandem von dessen Sippe verkauft,

48 so soll er, nachdem er sich verkauft hat, das Recht haben, wieder frei zu werden, und es soll ihn jemand unter seinen Brüdern einlösen

49 oder sein Oheim oder sein Vetter oder sonst sein nächster Blutsverwandter aus seinem Geschlecht; oder wenn er selbst so viel aufbringen kann, so soll er selbst sich einlösen.

50 Und er soll mit seinem Käufer rechnen vom Jahr an, da er sich verkauft hatte, bis aufs Erlassjahr. Und das Geld, um das er sich verkauft hat, soll nach der Zahl der Jahre berechnet werden, als wäre er die ganze Zeit Tagelöhner bei ihm gewesen.

51 Sind noch viele Jahre bis zum Erlassjahr, so soll er entsprechend mehr zu seiner Einlösung erstatten von dem Gelde, für das er gekauft wurde.

52 Sind aber nur wenige Jahre übrig bis zum Erlassjahr, so soll er sie berechnen und entsprechend weniger zu seiner Einlösung erstatten.

53 Wie ein Tagelöhner soll er von Jahr zu Jahr bei ihm sein, doch soll er nicht mit Härte über ihn herrschen vor deinen Augen.

54 Wird er aber nicht auf diese Weise eingelöst, so soll er im Erlassjahr frei ausgehen und seine Kinder mit ihm.

41 Then he shall go out from you, he and his children with him, and go back to his own clan and return to the possession of his fathers.

42 For they are my servants,[3] whom I brought out of the land of Egypt; they shall not be sold as slaves.

43 You shall not rule over him ruthlessly but shall fear your God.

44 As for your male and female slaves whom you may have: you may buy male and female slaves from among the nations that are around you.

45 You may also buy from among the strangers who sojourn with you and their clans that are with you, who have been born in your land, and they may be your property.

46 You may bequeath them to your sons after you to inherit as a possession forever. You may make slaves of them, but over your brothers the people of Israel you shall not rule, one over another ruthlessly.

Redeeming a Poor Man

¶ **47** "If a stranger or sojourner with you becomes rich, and your brother beside him becomes poor and sells himself to the stranger or sojourner with you or to a member of the stranger's clan,

48 then after he is sold he may be redeemed. One of his brothers may redeem him,

49 or his uncle or his cousin may redeem him, or a close relative from his clan may redeem him. Or if he grows rich he may redeem himself.

50 He shall calculate with his buyer from the year when he sold himself to him until the year of jubilee, and the price of his sale shall vary with the number of years. The time he was with his owner shall be rated as the time of a hired servant.

51 If there are still many years left, he shall pay proportionally for his redemption some of his sale price.

52 If there remain but a few years until the year of jubilee, he shall calculate and pay for his redemption in proportion to his years of service.

53 He shall treat him as a servant hired year by year. He shall not rule ruthlessly over him in your sight.

54 And if he is not redeemed by these means, then he and his children with him shall be released in the year of jubilee.

55 Denn mir gehören die Israeliten als Knechte; meine Knechte sind sie, die ich aus Ägyptenland geführt habe. Ich bin der HERR, euer Gott.

Segen und Fluch
(vgl. 2.Mose 23,20-33; 5.Mose 28,1-68)

26 Ihr sollt euch keine Götzen machen und euch weder Bild noch Steinmal aufrichten, auch keinen Stein mit Bildwerk setzen in eurem Lande, um davor anzubeten; denn ich bin der HERR, euer Gott.

2 Haltet meine Sabbate und habt Ehrfurcht vor meinem Heiligtum. Ich bin der HERR.

¶ **3** Werdet ihr in meinen Satzungen wandeln und meine Gebote halten und tun,

4 so will ich euch Regen geben zur rechten Zeit und das Land soll sein Gewächs geben und die Bäume auf dem Felde ihre Früchte bringen.

5 Und die Dreschzeit soll reichen bis zur Weinernte, und die Weinernte soll reichen bis zur Zeit der Saat. Und ihr sollt Brot die Fülle haben und sollt sicher in eurem Lande wohnen.

6 Ich will Frieden geben in eurem Lande, dass ihr schlaft und euch niemand aufschrecke. Ich will die wilden Tiere aus eurem Lande wegschaffen, und kein Schwert soll durch euer Land gehen.

7 Ihr sollt eure Feinde jagen, und sie sollen vor euch her dem Schwert verfallen.

8 Fünf von euch sollen hundert jagen, und hundert von euch sollen zehntausend jagen; denn eure Feinde sollen vor euch her dem Schwert verfallen.

9 Und ich will mich zu euch wenden und will euch fruchtbar machen und euch mehren und will meinen Bund mit euch halten.

10 Und ihr werdet noch von dem Vorjährigen essen und, wenn das Neue kommt, das Vorjährige wegtun müssen.

11 Ich will meine Wohnung unter euch haben und will euch nicht verwerfen.

12 Und ich will unter euch wandeln und will euer Gott sein, und ihr sollt mein Volk sein.

13 Denn ich bin der HERR, euer Gott, der euch aus Ägyptenland geführt hat, damit ihr nicht ihre Knechte bleibt, und habe euer Joch zerbrochen und habe euch aufrecht einhergehen lassen.

¶ **14** Werdet ihr mir aber nicht gehorchen und nicht alle diese Gebote tun

55 For it is to me that the people of Israel are servants.[4] They are my servants whom I brought out of the land of Egypt: I am the LORD your God.

Blessings for Obedience

26 "You shall not make idols for yourselves or erect an image or pillar, and you shall not set up a figured stone in your land to bow down to it, for I am the LORD your God.

2 You shall keep my Sabbaths and reverence my sanctuary: I am the LORD.

¶ **3** "If you walk in my statutes and observe my commandments and do them,

4 then I will give you your rains in their season, and the land shall yield its increase, and the trees of the field shall yield their fruit.

5 Your threshing shall last to the time of the grape harvest, and the grape harvest shall last to the time for sowing. And you shall eat your bread to the full and dwell in your land securely.

6 I will give peace in the land, and you shall lie down, and none shall make you afraid. And I will remove harmful beasts from the land, and the sword shall not go through your land.

7 You shall chase your enemies, and they shall fall before you by the sword.

8 Five of you shall chase a hundred, and a hundred of you shall chase ten thousand, and your enemies shall fall before you by the sword.

9 I will turn to you and make you fruitful and multiply you and will confirm my covenant with you.

10 You shall eat old store long kept, and you shall clear out the old to make way for the new.

11 I will make my dwelling[1] among you, and my soul shall not abhor you.

12 And I will walk among you and will be your God, and you shall be my people.

13 I am the LORD your God, who brought you out of the land of Egypt, that you should not be their slaves. And I have broken the bars of your yoke and made you walk erect.

Punishment for Disobedience

¶ **14** "But if you will not listen to me and will not do all these commandments,

15 und werdet ihr meine Satzungen verachten und meine Rechte verwerfen, dass ihr nicht tut alle meine Gebote, und werdet ihr meinen Bund brechen,

16 so will auch ich euch dieses tun: Ich will euch heimsuchen mit Schrecken, mit Auszehrung und Fieber, dass euch die Augen erlöschen und das Leben hinschwindet. Ihr sollt umsonst euren Samen säen und eure Feinde sollen ihn essen.

17 Und ich will mein Antlitz gegen euch richten und ihr sollt geschlagen werden vor euren Feinden, und die euch hassen, sollen über euch herrschen, und ihr sollt fliehen, ohne dass euch einer jagt.

¶ **18** Wenn ihr mir aber auch dann noch nicht gehorcht, so will ich euch noch weiter strafen, siebenfältig, um eurer Sünden willen,

19 dass ich euren Stolz und eure Halsstarrigkeit breche, und will euren Himmel wie Eisen und eure Erde wie Erz machen.

20 Und eure Mühe und Arbeit soll verloren sein, dass euer Land sein Gewächs nicht gebe und die Bäume im Lande ihre Früchte nicht bringen.

¶ **21** Und wenn ihr mir zuwiderhandelt und mich nicht hören wollt, so will ich euch noch weiter schlagen, siebenfältig, um eurer Sünden willen.

22 Und ich will wilde Tiere unter euch senden, die sollen eure Kinder fressen und euer Vieh zerreißen und euch vermindern, und eure Straßen sollen verlassen sein.

23 Werdet ihr euch aber damit noch nicht von mir zurechtbringen lassen und mir zuwiderhandeln,

24 so will auch ich euch zuwiderhandeln und will euch siebenfältig mehr schlagen um eurer Sünden willen

25 und will ein Racheschwert über euch bringen, das meinen Bund rächen soll. Und wenn ihr euch auch in eure Städte flüchtet, will ich doch die Pest unter euch senden und will euch in die Hände eurer Feinde geben.

26 Dann will ich euch den Vorrat an Brot verderben; zehn Frauen sollen euer Brot in **einem** Ofen backen und euer Brot soll man euch nach Gewicht zuteilen, und wenn ihr esst, sollt ihr nicht satt werden.

¶ **27** Werdet ihr mir aber auch dann noch nicht gehorchen und mir zuwiderhandeln,

28 so will auch ich euch im Grimm zuwiderhandeln und will euch siebenfältig mehr strafen um eurer Sünden willen,

29 dass ihr sollt eurer Söhne und Töchter Fleisch essen.

15 if you spurn my statutes, and if your soul abhors my rules, so that you will not do all my commandments, but break my covenant,

16 then I will do this to you: I will visit you with panic, with wasting disease and fever that consume the eyes and make the heart ache. And you shall sow your seed in vain, for your enemies shall eat it.

17 I will set my face against you, and you shall be struck down before your enemies. Those who hate you shall rule over you, and you shall flee when none pursues you.

¶ **18** And if in spite of this you will not listen to me, then I will discipline you again sevenfold for your sins,

19 and I will break the pride of your power, and I will make your heavens like iron and your earth like bronze.

20 And your strength shall be spent in vain, for your land shall not yield its increase, and the trees of the land shall not yield their fruit.

¶ **21** "Then if you walk contrary to me and will not listen to me, I will continue striking you, sevenfold for your sins.

22 And I will let loose the wild beasts against you, which shall bereave you of your children and destroy your livestock and make you few in number, so that your roads shall be deserted.

¶ **23** "And if by this discipline you are not turned to me but walk contrary to me,

24 then I also will walk contrary to you, and I myself will strike you sevenfold for your sins.

25 And I will bring a sword upon you, that shall execute vengeance for the covenant. And if you gather within your cities, I will send pestilence among you, and you shall be delivered into the hand of the enemy.

26 When I break your supply[2] of bread, ten women shall bake your bread in a single oven and shall dole out your bread again by weight, and you shall eat and not be satisfied.

¶ **27** "But if in spite of this you will not listen to me, but walk contrary to me,

28 then I will walk contrary to you in fury, and I myself will discipline you sevenfold for your sins.

29 You shall eat the flesh of your sons, and you shall eat the flesh of your daughters.

30 Und ich will eure Opferhöhen vertilgen und eure Rauchopfersäulen ausrotten und will eure Leichname auf die Leichname eurer Götzen werfen und werde an euch Ekel haben.

31 Und ich will eure Städte wüst machen und eure Heiligtümer verheeren und will den lieblichen Geruch eurer Opfer nicht mehr riechen.

32 So will ich das Land wüst machen, dass eure Feinde, die darin wohnen werden, sich davor entsetzen.

33 Euch aber will ich unter die Völker zerstreuen und mit gezücktem Schwert hinter euch her sein, dass euer Land soll wüst sein und eure Städte zerstört.

¶ **34** Alsdann wird das Land seine Sabbate nachholen, solange es wüst liegt und ihr in der Feinde Land seid; ja, dann wird das Land ruhen und seine Sabbate nachholen.

35 Solange es wüst liegt, wird es ruhen, weil es nicht ruhen konnte, als ihr es solltet ruhen lassen, während ihr darin wohntet.

36 Und denen, die von euch übrig bleiben, will ich ein feiges Herz machen in ihrer Feinde Land, dass sie ein raschelndes Blatt soll jagen, und sie sollen davor fliehen, als jagte sie ein Schwert, und fallen, wo sie doch niemand jagt.

37 Und einer soll über den andern hinfallen, als wäre das Schwert hinter ihnen, wo sie doch niemand jagt, und ihr sollt nicht bestehen können gegen eure Feinde.

38 Und ihr sollt umkommen unter den Völkern, und eurer Feinde Land soll euch fressen.

39 Die aber von euch übrig bleiben, die sollen in der Feinde Land dahinschwinden wegen ihrer Missetat, aber auch um der Missetat ihrer Väter willen.

Umkehr des Volkes und Treue des HERRN

40 Da werden sie dann bekennen ihre Missetat und ihrer Väter Missetat, dass sie mir untreu gewesen sind und mir zuwidergehandelt haben.

41 – Darum habe auch ich ihnen zuwidergehandelt und sie in das Land ihrer Feinde getrieben. – Da wird sich ja ihr unbeschnittenes Herz demütigen, und dann werden sie die Strafe für ihre Missetat abtragen.

42 Und ich werde an meinen Bund mit Jakob gedenken und an meinen Bund mit Isaak und an meinen Bund mit Abraham und werde an das Land gedenken.

30 And I will destroy your high places and cut down your incense altars and cast your dead bodies upon the dead bodies of your idols, and my soul will abhor you.

31 And I will lay your cities waste and will make your sanctuaries desolate, and I will not smell your pleasing aromas.

32 And I myself will devastate the land, so that your enemies who settle in it shall be appalled at it.

33 And I will scatter you among the nations, and I will unsheathe the sword after you, and your land shall be a desolation, and your cities shall be a waste.

¶ **34** "Then the land shall enjoy[3] its Sabbaths as long as it lies desolate, while you are in your enemies' land; then the land shall rest, and enjoy its Sabbaths.

35 As long as it lies desolate it shall have rest, the rest that it did not have on your Sabbaths when you were dwelling in it.

36 And as for those of you who are left, I will send faintness into their hearts in the lands of their enemies. The sound of a driven leaf shall put them to flight, and they shall flee as one flees from the sword, and they shall fall when none pursues.

37 They shall stumble over one another, as if to escape a sword, though none pursues. And you shall have no power to stand before your enemies.

38 And you shall perish among the nations, and the land of your enemies shall eat you up.

39 And those of you who are left shall rot away in your enemies' lands because of their iniquity, and also because of the iniquities of their fathers they shall rot away like them.

¶ **40** "But if they confess their iniquity and the iniquity of their fathers in their treachery that they committed against me, and also in walking contrary to me,

41 so that I walked contrary to them and brought them into the land of their enemies— if then their uncircumcised heart is humbled and they make amends for their iniquity,

42 then I will remember my covenant with Jacob, and I will remember my covenant with Isaac and my covenant with Abraham, and I will remember the land.

43 Aber das Land wird von ihnen verlassen sein und seine Sabbate nachholen, solange es wüst liegt, und sie werden die Strafe für ihre Missetat abtragen, weil sie meine Rechte verachtet und an meinen Satzungen Ekel gehabt haben.

44 Aber wenn sie auch in der Feinde Land sind, verwerfe ich sie dennoch nicht, und es ekelt mich nicht vor ihnen, sodass es mit ihnen aus sein sollte und mein Bund mit ihnen nicht mehr gelten sollte; denn ich bin der HERR, ihr Gott.

45 Und ich will ihnen zugut an meinen Bund mit den Vorfahren gedenken, die ich aus Ägyptenland führte vor den Augen der Völker, auf dass ich ihr Gott wäre, ich, der HERR.

¶ **46** Dies sind die Satzungen und Rechte und Gesetze, die der HERR zwischen sich und den Israeliten aufgerichtet hat auf dem Berge Sinai durch die Hand des Mose.

Ablösung von Gelübden und Weihegaben

27 Und der HERR redete mit Mose und sprach:

2 Rede mit den Israeliten und sprich zu ihnen: Wenn jemand dem HERRN ein Gelübde getan hat, das abgelöst werden soll, und es sich um einen Menschen handelt,

3 so soll das deine Schätzung sein: Einen Mann von zwanzig bis sechzig Jahren sollst du schätzen auf fünfzig Lot Silber nach dem Gewicht des Heiligtums,

4 eine Frau auf dreißig Lot Silber.

5 Von fünf Jahren bis zwanzig Jahren sollst du, wenn es ein Mann ist, schätzen auf zwanzig Lot Silber, eine Frau aber auf zehn Lot Silber.

6 Von einem Monat an bis auf fünf Jahre sollst du, wenn es ein Knabe ist, schätzen auf fünf Lot Silber, ein Mädchen aber auf drei Lot Silber.

7 Bei sechzig Jahren und darüber sollst du, wenn es ein Mann ist, schätzen auf fünfzehn Lot Silber, eine Frau aber auf zehn Lot Silber.

8 Ist er aber zu arm, diese Schätzung zu zahlen, so soll er jenen Menschen vor den Priester stellen und der Priester soll ihn schätzen; er soll ihn aber schätzen nach dem, was der zu geben vermag, der das Gelübde getan hat.

¶ **9** Ist es aber ein Tier, das man dem HERRN opfern darf: Jedes Tier, das man dem HERRN gibt, ist heilig.

43 But the land shall be abandoned by them and enjoy its Sabbaths while it lies desolate without them, and they shall make amends for their iniquity, because they spurned my rules and their soul abhorred my statutes.

44 Yet for all that, when they are in the land of their enemies, I will not spurn them, neither will I abhor them so as to destroy them utterly and break my covenant with them, for I am the LORD their God.

45 But I will for their sake remember the covenant with their forefathers, whom I brought out of the land of Egypt in the sight of the nations, that I might be their God: I am the LORD."

¶ **46** These are the statutes and rules and laws that the LORD made between himself and the people of Israel through Moses on Mount Sinai.

Laws About Vows

27 The LORD spoke to Moses, saying,

2 "Speak to the people of Israel and say to them, If anyone makes a special vow to the LORD involving the valuation of persons,

3 then the valuation of a male from twenty years old up to sixty years old shall be fifty shekels[1] of silver, according to the shekel of the sanctuary.

4 If the person is a female, the valuation shall be thirty shekels.

5 If the person is from five years old up to twenty years old, the valuation shall be for a male twenty shekels, and for a female ten shekels.

6 If the person is from a month old up to five years old, the valuation shall be for a male five shekels of silver, and for a female the valuation shall be three shekels of silver.

7 And if the person is sixty years old or over, then the valuation for a male shall be fifteen shekels, and for a female ten shekels.

8 And if someone is too poor to pay the valuation, then he shall be made to stand before the priest, and the priest shall value him; the priest shall value him according to what the vower can afford.

¶ **9** "If the vow[2] is an animal that may be offered as an offering to the LORD, all of it that he gives to the LORD is holy.

10 Man soll es nicht auswechseln noch tauschen, ein gutes gegen ein schlechtes oder ein schlechtes gegen ein gutes. Wenn aber jemand auswechselt ein Tier gegen das andere, so sollen sie beide heilig sein.

11 Ist aber das Tier unrein, dass man es dem HERRN nicht opfern darf, so soll man es vor den Priester stellen

12 und der Priester soll es schätzen, ob es gut oder schlecht sei, und es soll bei des Priesters Schätzung bleiben.

13 Will's aber jemand ablösen, der soll den fünften Teil über die Schätzung hinaus geben.

¶ **14** Wenn jemand sein Haus dem HERRN gelobt, dass es ihm heilig sei, so soll es der Priester schätzen, ob es gut oder schlecht sei, und wie es der Priester schätzt, so soll's bleiben.

15 Wenn es aber der, der es gelobt hat, ablösen will, so soll er den fünften Teil des Geldes, zu dem es geschätzt ist, hinzulegen, dann soll es ihm wieder gehören.

¶ **16** Wenn jemand ein Stück Acker von seinem Erbgut dem HERRN gelobt, so soll es geschätzt werden nach der Aussaat. Ist die Aussaat ein Sack Gerste, so soll der Acker fünfzig Lot Silber gelten.

17 Gelobt er seinen Acker vom Erlassjahr an, so soll es bei dieser Schätzung bleiben.

18 Hat er ihn aber nach dem Erlassjahr gelobt, so soll der Priester das Geld berechnen nach den übrigen Jahren bis zum Erlassjahr und ihn danach geringer schätzen.

19 Will aber der, der ihn gelobt hat, den Acker ablösen, so soll er den fünften Teil des Geldes, auf das er geschätzt ist, hinzulegen, so soll er wieder sein werden.

20 Wenn er ihn aber nicht ablöst und verkauft ihn dennoch einem andern, so kann er nicht mehr abgelöst werden,

21 sondern wenn dieser Acker im Erlassjahr frei wird, soll er dem HERRN heilig sein wie ein gebannter Acker und soll des Priesters Eigentum sein.

22 Wenn aber jemand dem HERRN einen Acker gelobt, den er gekauft hat und der also nicht sein Erbgut ist,

23 so soll der Priester berechnen, was er gilt bis zum Erlassjahr, und er soll diese Summe am selben Tage geben, dass sie dem HERRN heilig sei.

24 Aber im Erlassjahr soll der Acker wieder an den gelangen, von dem er ihn gekauft hat, dem er als sein Erbgut gehört.

10 He shall not exchange it or make a substitute for it, good for bad, or bad for good; and if he does in fact substitute one animal for another, then both it and the substitute shall be holy.

11 And if it is any unclean animal that may not be offered as an offering to the LORD, then he shall stand the animal before the priest,

12 and the priest shall value it as either good or bad; as the priest values it, so it shall be.

13 But if he wishes to redeem it, he shall add a fifth to the valuation.

¶ **14** "When a man dedicates his house as a holy gift to the LORD, the priest shall value it as either good or bad; as the priest values it, so it shall stand.

15 And if the donor wishes to redeem his house, he shall add a fifth to the valuation price, and it shall be his.

¶ **16** "If a man dedicates to the LORD part of the land that is his possession, then the valuation shall be in proportion to its seed. A homer[3] of barley seed shall be valued at fifty shekels of silver.

17 If he dedicates his field from the year of jubilee, the valuation shall stand,

18 but if he dedicates his field after the jubilee, then the priest shall calculate the price according to the years that remain until the year of jubilee, and a deduction shall be made from the valuation.

19 And if he who dedicates the field wishes to redeem it, then he shall add a fifth to its valuation price, and it shall remain his.

20 But if he does not wish to redeem the field, or if he has sold the field to another man, it shall not be redeemed anymore.

21 But the field, when it is released in the jubilee, shall be a holy gift to the LORD, like a field that has been devoted. The priest shall be in possession of it.

22 If he dedicates to the LORD a field that he has bought, which is not a part of his possession,

23 then the priest shall calculate the amount of the valuation for it up to the year of jubilee, and the man shall give the valuation on that day as a holy gift to the LORD.

24 In the year of jubilee the field shall return to him from whom it was bought, to whom the land belongs as a possession.

25 Alle Schätzung soll geschehen nach dem Gewicht des Heiligtums; ein Lot aber hat zwanzig Gramm.

¶ **26** Die Erstgeburt unter dem Vieh, die dem HERRN auch sonst gebührt, soll niemand geloben, es sei ein Stier oder Schaf; es gehört dem HERRN.

27 Ist es aber unreines Vieh, so soll man es ablösen nach der Schätzung und darüber hinaus geben den fünften Teil. Will man es nicht ablösen, so werde es verkauft nach der Schätzung.

¶ **28** Man soll Gebanntes nicht verkaufen oder ablösen, das jemand dem HERRN durch einen Bann geweiht hat, von allem, was sein ist, es seien Menschen, Vieh oder Erbacker; denn alles Gebannte ist ein Hochheiliges dem HERRN.

29 Man soll auch keinen gebannten Menschen loskaufen; er soll des Todes sterben.

¶ **30** Alle Zehnten im Lande, vom Ertrag des Landes und von den Früchten der Bäume, gehören dem HERRN und sollen dem HERRN heilig sein.

31 Will aber jemand seinen Zehnten ablösen, der soll den fünften Teil darüber hinaus geben.

32 Und alle Zehnten von Rindern und Schafen, alles, was unter dem Hirtenstabe hindurchgeht, jedes Zehnte davon soll heilig sein dem HERRN.

33 Man soll nicht fragen, ob es gut oder schlecht sei, man soll's auch nicht auswechseln. Wenn es aber jemand auswechselt, soll beides heilig sein und darf nicht abgelöst werden.

¶ **34** Das sind die Gebote, die der HERR dem Mose gebot für die Israeliten auf dem Berge Sinai.

25 Every valuation shall be according to the shekel of the sanctuary: twenty gerahs[4] shall make a shekel.

¶ **26** "But a firstborn of animals, which as a firstborn belongs to the LORD, no man may dedicate; whether ox or sheep, it is the LORD's.

27 And if it is an unclean animal, then he shall buy it back at the valuation, and add a fifth to it; or, if it is not redeemed, it shall be sold at the valuation.

¶ **28** "But no devoted thing that a man devotes to the LORD, of anything that he has, whether man or beast, or of his inherited field, shall be sold or redeemed; every devoted thing is most holy to the LORD.

29 No one devoted, who is to be devoted for destruction[5] from mankind, shall be ransomed; he shall surely be put to death.

¶ **30** "Every tithe of the land, whether of the seed of the land or of the fruit of the trees, is the LORD's; it is holy to the LORD.

31 If a man wishes to redeem some of his tithe, he shall add a fifth to it.

32 And every tithe of herds and flocks, every tenth animal of all that pass under the herdsman's staff, shall be holy to the LORD.

33 One shall not differentiate between good or bad, neither shall he make a substitute for it; and if he does substitute for it, then both it and the substitute shall be holy; it shall not be redeemed."

¶ **34** These are the commandments that the LORD commanded Moses for the people of Israel on Mount Sinai.

DAS VIERTE BUCH MOSE (NUMERI)

NUMBERS

Zählung der Männer für den Heerbann
(vgl. Kap 26,2-51)

A Census of Israel's Warriors

1 Und der HERR redete mit Mose in der Wüste Sinai in der Stiftshütte am ersten Tage des zweiten Monats im zweiten Jahr, nachdem sie aus Ägyptenland gezogen waren, und sprach:

2 Nehmt die Summe der ganzen Gemeinde der Israeliten auf nach ihren Geschlechtern und Sippen und Namen, alles, was männlich ist, Kopf für Kopf,

3 von zwanzig Jahren an und darüber, was wehrfähig ist in Israel. Ihr sollt sie zählen nach ihren Heerscharen, du und Aaron.

4 Und es soll euch beistehen je ein Mann von jedem Stamm, nämlich das Haupt seiner Sippen.

¶ **5** Dies sind aber die Namen der Männer, die euch beistehen sollen: von Ruben: Elizur, der Sohn Schedëurs;

6 von Simeon: Schelumiël, der Sohn Zurischaddais;

7 von Juda: Nachschon, der Sohn Amminadabs;

8 von Issachar: Netanel, der Sohn Zuars;

9 von Sebulon: Eliab, der Sohn Helons;

10 von den Söhnen Josefs: von Ephraim: Elischama, der Sohn Ammihuds; und von Manasse: Gamliël, der Sohn Pedazurs;

11 von Benjamin: Abidan, der Sohn des Gidoni;

12 von Dan: Ahiëser, der Sohn Ammischaddais;

13 von Asser: Pagiël, der Sohn Ochrans;

14 von Gad: Eljasaf, der Sohn Deguëls;

15 von Naftali: Ahira, der Sohn Enans.

¶ **16** Das sind die Berufenen aus der Gemeinde, die Fürsten unter den Stämmen ihrer Väter, die da Häupter über die Tausende in Israel waren.

¶ **17** Und Mose und Aaron nahmen diese Männer zu sich, wie sie da mit Namen genannt sind,

1 The LORD spoke to Moses in the wilderness of Sinai, in the tent of meeting, on the first day of the second month, in the second year after they had come out of the land of Egypt, saying,

2 "Take a census of all the congregation of the people of Israel, by clans, by fathers' houses, according to the number of names, every male, head by head.

3 From twenty years old and upward, all in Israel who are able to go to war, you and Aaron shall list them, company by company.

4 And there shall be with you a man from each tribe, each man being the head of the house of his fathers.

5 And these are the names of the men who shall assist you. From Reuben, Elizur the son of Shedeur;

6 from Simeon, Shelumiel the son of Zurishaddai;

7 from Judah, Nahshon the son of Amminadab;

8 from Issachar, Nethanel the son of Zuar;

9 from Zebulun, Eliab the son of Helon;

10 from the sons of Joseph, from Ephraim, Elishama the son of Ammihud, and from Manasseh, Gamaliel the son of Pedahzur;

11 from Benjamin, Abidan the son of Gideoni;

12 from Dan, Ahiezer the son of Ammishaddai;

13 from Asher, Pagiel the son of Ochran;

14 from Gad, Eliasaph the son of Deuel;

15 from Naphtali, Ahira the son of Enan."

16 These were the ones chosen from the congregation, the chiefs of their ancestral tribes, the heads of the clans of Israel.

¶ **17** Moses and Aaron took these men who had been named,

18 und versammelten die ganze Gemeinde am ersten Tage des zweiten Monats, und sie ließen sich einschreiben nach ihren Geschlechtern und Sippen und Namen, von zwanzig Jahren an und darüber, Kopf für Kopf,

19 wie der HERR es Mose geboten hatte. So zählte er sie in der Wüste Sinai.

¶ **20** Die Söhne Rubens, des ersten Sohnes Israels, nach ihrer Abstammung und ihren Geschlechtern, ihren Sippen und Namen, Kopf für Kopf, alles, was männlich war, von zwanzig Jahren an und darüber, was wehrfähig war,

21 so viele ihrer vom Stamm Ruben gezählt wurden, waren 46500.

¶ **22** Die Söhne Simeon nach ihrer Abstammung und ihren Geschlechtern, ihren Sippen und Namen, Kopf für Kopf, alles, was männlich war, von zwanzig Jahren an und darüber, was wehrfähig war,

23 so viele ihrer vom Stamm Simeon gezählt wurden, waren 59300.

¶ **24** Die Söhne Gad nach ihrer Abstammung und ihren Geschlechtern, ihren Sippen und Namen, von zwanzig Jahren an und darüber, alles, was wehrfähig war,

25 so viele ihrer vom Stamm Gad gezählt wurden, waren 45650.

¶ **26** Die Söhne Juda nach ihrer Abstammung und ihren Geschlechtern, ihren Sippen und Namen, von zwanzig Jahren an und darüber, alles, was wehrfähig war,

27 so viele ihrer vom Stamm Juda gezählt wurden, waren 74600.

¶ **28** Die Söhne Issachar nach ihrer Abstammung und ihren Geschlechtern, ihren Sippen und Namen, von zwanzig Jahren an und darüber, alles, was wehrfähig war,

29 so viele ihrer vom Stamm Issachar gezählt wurden, waren 54400.

¶ **30** Die Söhne Sebulon nach ihrer Abstammung und ihren Geschlechtern, ihren Sippen und Namen, von zwanzig Jahren an und darüber, alles, was wehrfähig war,

31 so viele ihrer vom Stamm Sebulon gezählt wurden, waren 57400.

¶ **32** Die Söhne Josef: die Söhne Ephraim nach ihrer Abstammung und ihren Geschlechtern, ihren Sippen und Namen, von zwanzig Jahren an und darüber, alles, was wehrfähig war,

18 and on the first day of the second month, they assembled the whole congregation together, who registered themselves by clans, by fathers' houses, according to the number of names from twenty years old and upward, head by head,

19 as the LORD commanded Moses. So he listed them in the wilderness of Sinai.

¶ **20** The people of Reuben, Israel's firstborn, their generations, by their clans, by their fathers' houses, according to the number of names, head by head, every male from twenty years old and upward, all who were able to go to war:

21 those listed of the tribe of Reuben were 46,500.

¶ **22** Of the people of Simeon, their generations, by their clans, by their fathers' houses, those of them who were listed, according to the number of names, head by head, every male from twenty years old and upward, all who were able to go to war:

23 those listed of the tribe of Simeon were 59,300.

¶ **24** Of the people of Gad, their generations, by their clans, by their fathers' houses, according to the number of the names, from twenty years old and upward, all who were able to go to war:

25 those listed of the tribe of Gad were 45,650.

¶ **26** Of the people of Judah, their generations, by their clans, by their fathers' houses, according to the number of names, from twenty years old and upward, every man able to go to war:

27 those listed of the tribe of Judah were 74,600.

¶ **28** Of the people of Issachar, their generations, by their clans, by their fathers' houses, according to the number of names, from twenty years old and upward, every man able to go to war:

29 those listed of the tribe of Issachar were 54,400.

¶ **30** Of the people of Zebulun, their generations, by their clans, by their fathers' houses, according to the number of names, from twenty years old and upward, every man able to go to war:

31 those listed of the tribe of Zebulun were 57,400.

¶ **32** Of the people of Joseph, namely, of the people of Ephraim, their generations, by their clans, by their fathers' houses, according to the number of names, from twenty years old and upward, every man able to go to war:

33 so viele ihrer vom Stamm Ephraim gezählt wurden, waren 40500;

¶ **34** und die Söhne Manasse nach ihrer Abstammung und ihren Geschlechtern, ihren Sippen und Namen, von zwanzig Jahren an und darüber, alles, was wehrfähig war,

35 so viele ihrer vom Stamm Manasse gezählt wurden, waren 32200.

¶ **36** Die Söhne Benjamin nach ihrer Abstammung und ihren Geschlechtern, ihren Sippen und Namen, von zwanzig Jahren an und darüber, alles, was wehrfähig war,

37 so viele ihrer vom Stamm Benjamin gezählt wurden, waren 35400.

¶ **38** Die Söhne Dan nach ihrer Abstammung und ihren Geschlechtern, ihren Sippen und Namen, von zwanzig Jahren an und darüber, alles, was wehrfähig war,

39 so viele ihrer vom Stamm Dan gezählt wurden, waren 62700.

¶ **40** Die Söhne Asser nach ihrer Abstammung und ihren Geschlechtern, ihren Sippen und Namen, von zwanzig Jahren an und darüber, alles, was wehrfähig war,

41 so viele ihrer vom Stamm Asser gezählt wurden, waren 41500.

¶ **42** Die Söhne Naftali nach ihrer Abstammung und ihren Geschlechtern, ihren Sippen und Namen, von zwanzig Jahren an und darüber, alles, was wehrfähig war,

43 so viele ihrer vom Stamm Naftali gezählt wurden, waren 53400.

¶ **44** Dies sind die Männer, die Mose zählte mit Aaron und den zwölf Fürsten Israels, von denen jeder seinen Sippen vorstand.

45 Und die Summe der Israeliten nach ihren Sippen, von zwanzig Jahren an und darüber, alles, was wehrfähig war in Israel,

46 war 603550.

¶ **47** Die aber Leviten waren nach dem Stamm ihrer Väter, wurden nicht mit darunter gezählt.

¶ **48** Und der HERR redete mit Mose und sprach:

49 Den Stamm Levi sollst du nicht zählen noch seine Summe aufnehmen unter die Israeliten,

33 those listed of the tribe of Ephraim were 40,500.

¶ **34** Of the people of Manasseh, their generations, by their clans, by their fathers' houses, according to the number of names, from twenty years old and upward, every man able to go to war:

35 those listed of the tribe of Manasseh were 32,200.

¶ **36** Of the people of Benjamin, their generations, by their clans, by their fathers' houses, according to the number of names, from twenty years old and upward, every man able to go to war:

37 those listed of the tribe of Benjamin were 35,400.

¶ **38** Of the people of Dan, their generations, by their clans, by their fathers' houses, according to the number of names, from twenty years old and upward, every man able to go to war:

39 those listed of the tribe of Dan were 62,700.

¶ **40** Of the people of Asher, their generations, by their clans, by their fathers' houses, according to the number of names, from twenty years old and upward, every man able to go to war:

41 those listed of the tribe of Asher were 41,500.

¶ **42** Of the people of Naphtali, their generations, by their clans, by their fathers' houses, according to the number of names, from twenty years old and upward, every man able to go to war:

43 those listed of the tribe of Naphtali were 53,400.

¶ **44** These are those who were listed, whom Moses and Aaron listed with the help of the chiefs of Israel, twelve men, each representing his fathers' house.

45 So all those listed of the people of Israel, by their fathers' houses, from twenty years old and upward, every man able to go to war in Israel—

46 all those listed were 603,550.

Levites Exempted

¶ **47** But the Levites were not listed along with them by their ancestral tribe.

48 For the LORD spoke to Moses, saying,

49 "Only the tribe of Levi you shall not list, and you shall not take a census of them among the people of Israel.

50 sondern du sollst sie zum Dienst bestellen an der Wohnung des Gesetzes, an all ihrem Gerät und allem, was dazugehört. Sie sollen die Wohnung tragen und alle Geräte und sollen sie in ihre Obhut nehmen und um die Wohnung her sich lagern.

51 Und wenn man weiterzieht, so sollen die Leviten die Wohnung abbrechen. Wenn aber das Heer sich lagert, sollen sie die Wohnung aufschlagen. Und wenn ein Fremder sich naht, so soll er sterben.

52 Die Israeliten sollen sich lagern, ein jeder in seinem Lager und bei dem Banner seiner Heerschar.

53 Aber die Leviten sollen sich um die Wohnung des Gesetzes her lagern, damit nicht ein Zorn über die Gemeinde der Israeliten komme. So sollen die Leviten ihren Dienst versehen an der Wohnung des Gesetzes.

¶ **54** Und die Israeliten taten alles, wie der HERR es Mose geboten hatte.

Ordnung der Stämme im Lager und unterwegs

2 Und der HERR redete mit Mose und Aaron und sprach:

2 Die Israeliten sollen um die Stiftshütte her sich lagern, ein jeder bei seinem Banner und Zeichen, nach ihren Sippen.

¶ **3** Nach Osten soll sich lagern das Banner des Lagers Juda mit seinen Heerscharen: sein Fürst Nachschon, der Sohn Amminadabs,

4 und sein Heer, 74600 Mann.

5 Neben ihm soll sich lagern der Stamm Issachar: sein Fürst Netanel, der Sohn Zuars,

6 und sein Heer, 54400 Mann.

7 Dazu der Stamm Sebulon: sein Fürst Eliab, der Sohn Helons,

8 und sein Heer, 57400 Mann –

9 sodass alle, die ins Lager Juda gehören, seien nach ihren Heerscharen zusammen 186400 Mann. Und die sollen vornean ziehen.

¶ **10** Nach Süden soll sein das Banner des Lagers Ruben mit seinen Heerscharen: sein Fürst Elizur, der Sohn Schedëurs,

11 und sein Heer, 46500 Mann.

12 Neben ihm soll sich lagern der Stamm Simeon: sein Fürst Schelumiël, der Sohn Zurischaddais,

50 But appoint the Levites over the tabernacle of the testimony, and over all its furnishings, and over all that belongs to it. They are to carry the tabernacle and all its furnishings, and they shall take care of it and shall camp around the tabernacle.

51 When the tabernacle is to set out, the Levites shall take it down, and when the tabernacle is to be pitched, the Levites shall set it up. And if any outsider comes near, he shall be put to death.

52 The people of Israel shall pitch their tents by their companies, each man in his own camp and each man by his own standard.

53 But the Levites shall camp around the tabernacle of the testimony, so that there may be no wrath on the congregation of the people of Israel. And the Levites shall keep guard over the tabernacle of the testimony."

54 Thus did the people of Israel; they did according to all that the LORD commanded Moses.

Arrangement of the Camp

2 The LORD spoke to Moses and Aaron, saying,

2 "The people of Israel shall camp each by his own standard, with the banners of their fathers' houses. They shall camp facing the tent of meeting on every side.

3 Those to camp on the east side toward the sunrise shall be of the standard of the camp of Judah by their companies, the chief of the people of Judah being Nahshon the son of Amminadab,

4 his company as listed being 74,600.

5 Those to camp next to him shall be the tribe of Issachar, the chief of the people of Issachar being Nethanel the son of Zuar,

6 his company as listed being 54,400.

7 Then the tribe of Zebulun, the chief of the people of Zebulun being Eliab the son of Helon,

8 his company as listed being 57,400.

9 All those listed of the camp of Judah, by their companies, were 186,400. They shall set out first on the march.

¶ **10** "On the south side shall be the standard of the camp of Reuben by their companies, the chief of the people of Reuben being Elizur the son of Shedeur,

11 his company as listed being 46,500.

12 And those to camp next to him shall be the tribe of Simeon, the chief of the people of Simeon being Shelumiel the son of Zurishaddai,

13 und sein Heer, 59300 Mann.

14 Dazu der Stamm Gad: sein Fürst Eljasaf, der Sohn Deguëls,

15 und sein Heer, 45650 Mann –

16 sodass alle, die ins Lager Ruben gehören, seien nach ihren Heerscharen zusammen 151450 Mann. Und sie sollen die Zweiten beim Auszug sein.

¶ **17** Danach soll die Stiftshütte aufbrechen mit dem Lager der Leviten, in der Mitte zwischen den andern Lagern; und wie sie lagern, so sollen sie auch ausziehen, ein jeder an seinem Platz unter seinem Banner.

¶ **18** Nach Westen soll sein das Banner des Lagers Ephraim mit seinen Heerscharen: sein Fürst soll sein Elischama, der Sohn Ammihuds,

19 und sein Heer, 40500 Mann.

20 Neben ihm soll sich lagern der Stamm Manasse: sein Fürst Gamliël, der Sohn Pedazurs,

21 und sein Heer, 32200 Mann.

22 Dazu der Stamm Benjamin: sein Fürst Abidan, der Sohn des Gidoni,

23 und sein Heer, 35400 Mann –

24 sodass alle, die ins Lager Ephraim gehören, seien nach ihren Heerscharen zusammen 108100 Mann. Und sie sollen die Dritten beim Auszug sein.

¶ **25** Nach Norden soll sein das Banner des Lagers Dan mit seinen Heerscharen: sein Fürst Ahiëser, der Sohn Ammischaddais,

26 und sein Heer, 62700 Mann.

27 Neben ihm soll sich lagern der Stamm Asser: sein Fürst Pagiël, der Sohn Ochrans,

28 und sein Heer, 41500 Mann.

29 Dazu der Stamm Naftali: sein Fürst Ahira, der Sohn Enans,

30 und sein Heer, 53400 Mann –

31 sodass alle, die ins Lager Dan gehören, seien zusammen 157600 Mann. Und sie sollen die Letzten sein beim Auszug mit ihrem Banner.

¶ **32** Dies ist die Summe der Israeliten nach ihren Sippen, Lagern und Heerscharen: 603550 Mann.

33 Aber die Leviten wurden unter den Israeliten nicht mitgezählt, wie der HERR es Mose geboten hatte.

13 his company as listed being 59,300.

14 Then the tribe of Gad, the chief of the people of Gad being Eliasaph the son of Reuel,

15 his company as listed being 45,650.

16 All those listed of the camp of Reuben, by their companies, were 151,450. They shall set out second.

¶ **17** "Then the tent of meeting shall set out, with the camp of the Levites in the midst of the camps; as they camp, so shall they set out, each in position, standard by standard.

¶ **18** "On the west side shall be the standard of the camp of Ephraim by their companies, the chief of the people of Ephraim being Elishama the son of Ammihud,

19 his company as listed being 40,500.

20 And next to him shall be the tribe of Manasseh, the chief of the people of Manasseh being Gamaliel the son of Pedahzur,

21 his company as listed being 32,200.

22 Then the tribe of Benjamin, the chief of the people of Benjamin being Abidan the son of Gideoni,

23 his company as listed being 35,400.

24 All those listed of the camp of Ephraim, by their companies, were 108,100. They shall set out third on the march.

¶ **25** "On the north side shall be the standard of the camp of Dan by their companies, the chief of the people of Dan being Ahiezer the son of Ammishaddai,

26 his company as listed being 62,700.

27 And those to camp next to him shall be the tribe of Asher, the chief of the people of Asher being Pagiel the son of Ochran,

28 his company as listed being 41,500.

29 Then the tribe of Naphtali, the chief of the people of Naphtali being Ahira the son of Enan,

30 his company as listed being 53,400.

31 All those listed of the camp of Dan were 157,600. They shall set out last, standard by standard."

¶ **32** These are the people of Israel as listed by their fathers' houses. All those listed in the camps by their companies were 603,550.

33 But the Levites were not listed among the people of Israel, as the LORD commanded Moses.

34 Und die Israeliten taten alles, wie der HERR es Mose geboten hatte; wie sie bei ihren Bannern lagerten, so zogen sie aus, ein jeder bei seinem Geschlecht und seiner Sippe.

Aarons Familie. Amt der Leviten

3 Dies ist das Geschlecht Aarons und Moses zu der Zeit, da der HERR mit Mose redete auf dem Berge Sinai.

2 Und dies sind die Namen der Söhne Aarons: der Erstgeborene Nadab, danach Abihu, Eleasar und Itamar.

3 Das sind die Namen der Söhne Aarons, die zu Priestern gesalbt waren und denen man die Hände füllte zum Priestertum.

4 Aber Nadab und Abihu starben vor dem HERRN, als sie fremdes Feuer opferten vor dem HERRN in der Wüste Sinai, und sie hatten keine Söhne. Eleasar aber und Itamar versahen Priesterdienst unter ihrem Vater Aaron.

¶ **5** Und der HERR redete mit Mose und sprach:

6 Bringe den Stamm Levi herzu und stelle sie vor den Priester Aaron, dass sie ihm dienen.

7 Sie sollen den Dienst für ihn und für die ganze Gemeinde versehen vor der Stiftshütte und so ihr Amt bei der Wohnung ausüben

8 und sollen alles Gerät der Stiftshütte in ihre Obhut nehmen und den Dienst für die Israeliten versehen und ihr Amt bei der Wohnung ausüben.

9 Und du sollst die Leviten dem Aaron und seinen Söhnen übergeben als Gabe der Israeliten.

10 Aaron aber und seine Söhne sollst du bestellen, dass sie auf ihr Priesteramt achthaben. Wenn ein Fremder sich naht, so soll er sterben.

¶ **11** Und der HERR redete mit Mose und sprach:

12 Siehe, ich habe die Leviten genommen aus den Israeliten statt aller Erstgeburt, die den Mutterschoß durchbricht in Israel, sodass die Leviten mir gehören sollen.

13 Denn die Erstgeburten sind mein. An dem Tage, da ich alle Erstgeburt schlug in Ägyptenland, da heiligte ich mir alle Erstgeburt in Israel, vom Menschen an bis auf das Vieh, dass sie mir gehören sollen. Ich bin der HERR.

The Sons of Aaron

¶ **34** Thus did the people of Israel. According to all that the LORD commanded Moses, so they camped by their standards, and so they set out, each one in his clan, according to his fathers' house.

3 These are the generations of Aaron and Moses at the time when the LORD spoke with Moses on Mount Sinai.

2 These are the names of the sons of Aaron: Nadab the firstborn, and Abihu, Eleazar, and Ithamar.

3 These are the names of the sons of Aaron, the anointed priests, whom he ordained to serve as priests.

4 But Nadab and Abihu died before the LORD when they offered unauthorized fire before the LORD in the wilderness of Sinai, and they had no children. So Eleazar and Ithamar served as priests in the lifetime of Aaron their father.

Duties of the Levites

¶ **5** And the LORD spoke to Moses, saying,

6 "Bring the tribe of Levi near, and set them before Aaron the priest, that they may minister to him.

7 They shall keep guard over him and over the whole congregation before the tent of meeting, as they minister at the tabernacle.

8 They shall guard all the furnishings of the tent of meeting, and keep guard over the people of Israel as they minister at the tabernacle.

9 And you shall give the Levites to Aaron and his sons; they are wholly given to him from among the people of Israel.

10 And you shall appoint Aaron and his sons, and they shall guard their priesthood. But if any outsider comes near, he shall be put to death."

¶ **11** And the LORD spoke to Moses, saying,

12 "Behold, I have taken the Levites from among the people of Israel instead of every firstborn who opens the womb among the people of Israel. The Levites shall be mine,

13 for all the firstborn are mine. On the day that I struck down all the firstborn in the land of Egypt, I consecrated for my own all the firstborn in Israel, both of man and of beast. They shall be mine: I am the LORD."

Die Geschlechter der Leviten und ihr Dienst

14 Und der HERR redete mit Mose in der Wüste Sinai und sprach:

15 Zähle die Söhne Levi nach ihren Sippen und Geschlechtern, alles, was männlich ist, einen Monat alt und darüber.

16 Also zählte sie Mose nach dem Wort des HERRN, wie er ihm geboten hatte.

¶ **17** Und dies waren die Söhne Levis mit Namen: Gerschon, Kehat und Merari.

18 Die Namen aber der Söhne Gerschons nach ihren Geschlechtern waren: Libni und Schimi.

19 Die Söhne Kehats nach ihren Geschlechtern waren: Amram, Jizhar, Hebron und Usiël.

20 Die Söhne Meraris nach ihren Geschlechtern waren: Machli und Muschi. Das sind die Geschlechter Levis nach ihren Sippen.

21 Dies sind die Geschlechter von Gerschon: die Libniter und die Schimiter.

22 Ihre Zahl war 7500, alles, was männlich war, einen Monat alt und darüber.

23 Und die Geschlechter der Gerschoniter sollen sich lagern hinter der Wohnung nach Westen.

24 Ihr Fürst sei Eljasaf, der Sohn Laëls.

25 Und sie sollen an der Stiftshütte in Obhut nehmen die Wohnung und das Zelt und seine Decken und den Vorhang in der Tür der Stiftshütte,

26 die Umhänge am Vorhof und den Vorhang in der Tür des Vorhofs, der die Wohnung und den Altar umgibt, und ihre Seile und was sonst zu ihrem Amt gehört.

¶ **27** Dies sind die Geschlechter von Kehat: die Amramiter, die Jizhariter, die Hebroniter und die Usiëliter,

28 alles, was männlich war, einen Monat alt und darüber, an Zahl 8600, die den Dienst am Heiligtum versehen.

29 Die Geschlechter der Söhne Kehat sollen sich lagern an der Seite der Wohnung nach Süden.

30 Ihr Fürst sei Elizafan, der Sohn Usiëls.

¶ **14** And the LORD spoke to Moses in the wilderness of Sinai, saying,

15 "List the sons of Levi, by fathers' houses and by clans; every male from a month old and upward you shall list."

16 So Moses listed them according to the word of the LORD, as he was commanded.

17 And these were the sons of Levi by their names: Gershon and Kohath and Merari.

18 And these are the names of the sons of Gershon by their clans: Libni and Shimei.

19 And the sons of Kohath by their clans: Amram, Izhar, Hebron, and Uzziel.

20 And the sons of Merari by their clans: Mahli and Mushi. These are the clans of the Levites, by their fathers' houses.

¶ **21** To Gershon belonged the clan of the Libnites and the clan of the Shimeites; these were the clans of the Gershonites.

22 Their listing according to the number of all the males from a month old and upward was[1] 7,500.

23 The clans of the Gershonites were to camp behind the tabernacle on the west,

24 with Eliasaph, the son of Lael as chief of the fathers' house of the Gershonites.

25 And the guard duty of the sons of Gershon in the tent of meeting involved the tabernacle, the tent with its covering, the screen for the entrance of the tent of meeting,

26 the hangings of the court, the screen for the door of the court that is around the tabernacle and the altar, and its cords—all the service connected with these.

¶ **27** To Kohath belonged the clan of the Amramites and the clan of the Izharites and the clan of the Hebronites and the clan of the Uzzielites; these are the clans of the Kohathites.

28 According to the number of all the males, from a month old and upward, there were 8,600, keeping guard over the sanctuary.

29 The clans of the sons of Kohath were to camp on the south side of the tabernacle,

30 with Elizaphan the son of Uzziel as chief of the fathers' house of the clans of the Kohathites.

31 Und sie sollen in Obhut nehmen die Lade, den Tisch, den Leuchter, die Altäre und alle Geräte des Heiligtums, an denen sie dienen, und den Vorhang und was sonst zu ihrem Amt gehört.

32 Aber der Fürst über alle Fürsten der Leviten soll Eleasar sein, der Sohn Aarons, des Priesters, zur Aufsicht über die, welche den Dienst am Heiligtum versehen.

¶ **33** Dies sind die Geschlechter Meraris: die Machliter und die Muschiter,

34 die an Zahl waren 6200, alles, was männlich war, einen Monat alt und darüber.

35 Ihr Fürst sei Zuriël, der Sohn Abihajils. Sie sollen sich lagern an der Seite der Wohnung nach Norden.

36 Und ihr Amt soll sein, in Obhut zu nehmen die Bretter und Riegel und Säulen und Füße der Wohnung und alle ihre Geräte und was sonst zu ihrem Amt gehört,

37 dazu die Säulen um den Vorhof mit ihren Füßen und Pflöcken und Seilen.

¶ **38** Aber vor der Wohnung, vor der Stiftshütte, nach Osten sollen sich lagern Mose und Aaron und seine Söhne, dass sie auf das Heiligtum achthaben für die Israeliten. Wenn sich ein Fremder naht, so soll er sterben.

39 Alle Leviten zusammen, die Mose mit Aaron zählte nach ihren Geschlechtern nach dem Wort des Herrn, alles, was männlich war, einen Monat alt und darüber, waren 22000.

Die Auslösung der Erstgeburten

40 Und der Herr sprach zu Mose: Zähle alle Erstgeburt, was männlich ist unter den Israeliten, einen Monat alt und darüber, und nimm die Zahl ihrer Namen auf.

41 Und du sollst mir – denn ich bin der Herr – die Leviten aussondern statt aller Erstgeburt der Israeliten und das Vieh der Leviten statt aller Erstgeburt unter dem Vieh der Israeliten.

42 Und Mose zählte, wie ihm der Herr geboten hatte, alle Erstgeburt unter den Israeliten,

43 und die Zahl der Namen aller männlichen Erstgeburt, einen Monat alt und darüber, betrug 22273.

¶ **44** Und der Herr redete mit Mose und sprach:

31 And their guard duty involved the ark, the table, the lampstand, the altars, the vessels of the sanctuary with which the priests minister, and the screen; all the service connected with these.

32 And Eleazar the son of Aaron the priest was to be chief over the chiefs of the Levites, and to have oversight of those who kept guard over the sanctuary.

¶ **33** To Merari belonged the clan of the Mahlites and the clan of the Mushites: these are the clans of Merari.

34 Their listing according to the number of all the males from a month old and upward was 6,200.

35 And the chief of the fathers' house of the clans of Merari was Zuriel the son of Abihail. They were to camp on the north side of the tabernacle.

36 And the appointed guard duty of the sons of Merari involved the frames of the tabernacle, the bars, the pillars, the bases, and all their accessories; all the service connected with these;

37 also the pillars around the court, with their bases and pegs and cords.

¶ **38** Those who were to camp before the tabernacle on the east, before the tent of meeting toward the sunrise, were Moses and Aaron and his sons, guarding the sanctuary itself, to protect[2] the people of Israel. And any outsider who came near was to be put to death.

39 All those listed among the Levites, whom Moses and Aaron listed at the commandment of the Lord, by clans, all the males from a month old and upward, were 22,000.

Redemption of the Firstborn

¶ **40** And the Lord said to Moses, "List all the firstborn males of the people of Israel, from a month old and upward, taking the number of their names.

41 And you shall take the Levites for me—I am the Lord—instead of all the firstborn among the people of Israel, and the cattle of the Levites instead of all the firstborn among the cattle of the people of Israel."

42 So Moses listed all the firstborn among the people of Israel, as the Lord commanded him.

43 And all the firstborn males, according to the number of names, from a month old and upward as listed were 22,273.

¶ **44** And the Lord spoke to Moses, saying,

45 Nimm die Leviten statt aller Erstgeburt unter den Israeliten und das Vieh der Leviten statt ihres Viehs, dass die Leviten mir gehören sollen. Ich bin der HERR.

46 Aber als Lösegeld für die 273 Erstgeburten der Israeliten, die die Zahl der Leviten übersteigen,

47 sollst du fünf Lot Silber erheben für jeden Kopf. Nach dem Gewicht, wie es am Heiligtum gilt, sollst du sie erheben, das Lot zu zwanzig Gramm.

48 Und du sollst das Silber für die, welche überzählig sind unter ihnen, Aaron und seinen Söhnen als Lösegeld geben.

¶ **49** Da nahm Mose das Lösegeld von denen, die die Zahl der Leviten überstiegen.

50 Von den Erstgeborenen der Israeliten nahm er 1365 Lot Silber nach dem Gewicht, wie es am Heiligtum gilt,

51 und gab's Aaron und seinen Söhnen nach dem Wort des HERRN, wie der HERR es Mose geboten hatte.

Der Dienst der Leviten beim Aufbruch des Lagers

4 Und der HERR redete mit Mose und Aaron und sprach:

2 Nimm die Summe der Söhne Kehat aus den Söhnen Levi auf nach ihren Geschlechtern und Sippen,

3 von dreißig Jahren an und darüber bis ins fünfzigste Jahr, alle, die zum Dienst kommen, dass sie ihr Arbeit tun an der Stiftshütte.

4 Dies soll aber das Amt der Söhne Kehat an der Stiftshütte sein: der Dienst am Hochheiligen.

5 Wenn das Heer aufbricht, so sollen Aaron und seine Söhne hineingehen und den inneren Vorhang abnehmen und die Lade mit dem Gesetz damit umhüllen

6 und darauf eine Decke von Dachsfellen legen und oben darauf eine ganz blaue Decke breiten und ihre Stangen durchstecken

7 und über den Schaubrottisch auch eine blaue Decke breiten und darauflegen die Schüsseln und Löffel, die Schalen und Kannen des Trankopfers, und das Schaubrot soll darauf liegen.

8 Und sie sollen darüberbreiten eine scharlachrote Decke und sie mit einer Decke von Dachsfellen bedecken und seine Stangen durchstecken

9 und sollen eine blaue Decke nehmen und damit umhüllen den Leuchter und seine Lampen mit seinen Lichtscheren und Pfannen und allen Ölgefäßen, die zum Dienst gehören,

45 "Take the Levites instead of all the firstborn among the people of Israel, and the cattle of the Levites instead of their cattle. The Levites shall be mine: I am the LORD.

46 And as the redemption price for the 273 of the firstborn of the people of Israel, over and above the number of the male Levites,

47 you shall take five shekels[3] per head; you shall take them according to the shekel of the sanctuary (the shekel of twenty gerahs[4]),

48 and give the money to Aaron and his sons as the redemption price for those who are over."

49 So Moses took the redemption money from those who were over and above those redeemed by the Levites.

50 From the firstborn of the people of Israel he took the money, 1,365 shekels, by the shekel of the sanctuary.

51 And Moses gave the redemption money to Aaron and his sons, according to the word of the LORD, as the LORD commanded Moses.

Duties of the Kohathites

4 The LORD spoke to Moses and Aaron, saying,

2 "Take a census of the sons of Kohath from among the sons of Levi, by their clans and their fathers' houses,

3 from thirty years old up to fifty years old, all who can come on duty, to do the work in the tent of meeting.

4 This is the service of the sons of Kohath in the tent of meeting: the most holy things.

5 When the camp is to set out, Aaron and his sons shall go in and take down the veil of the screen and cover the ark of the testimony with it.

6 Then they shall put on it a covering of goatskin[1] and spread on top of that a cloth all of blue, and shall put in its poles.

7 And over the table of the bread of the Presence they shall spread a cloth of blue and put on it the plates, the dishes for incense, the bowls, and the flagons for the drink offering; the regular showbread also shall be on it.

8 Then they shall spread over them a cloth of scarlet and cover the same with a covering of goatskin, and shall put in its poles.

9 And they shall take a cloth of blue and cover the lampstand for the light, with its lamps, its tongs, its trays, and all the vessels for oil with which it is supplied.

10 und sollen um das alles eine Decke von Dachsfellen tun und sollen es auf Tragstangen legen.

11 Ebenso sollen sie auch über den goldenen Altar eine blaue Decke breiten und sie bedecken mit einer Decke von Dachsfellen und seine Stangen durchstecken.

12 Alle Geräte, womit sie Dienst tun im Heiligtum, sollen sie nehmen und in eine blaue Decke tun und sie mit einer Decke von Dachsfellen bedecken und auf Tragstangen legen.

13 Sie sollen auch die Asche vom Altar fegen und eine Decke von rotem Purpur über ihn breiten

14 und alle seine Geräte darauflegen, womit sie an ihm Dienst tun: Kohlenpfannen, Gabeln, Schaufeln, Becken, alle Geräte des Altars; und sollen darüberbreiten eine Decke von Dachsfellen und seine Stangen durchstecken.

¶ **15** Wenn nun Aaron und seine Söhne beim Aufbruch des Heeres dies alles ausgerichtet und das Heilige und all sein Gerät bedeckt haben, dann sollen die Söhne Kehat kommen, um es zu tragen. Sie sollen aber das Heilige selbst nicht anrühren, dass sie nicht sterben. Dies ist es, was die Söhne Kehat von der Stiftshütte zu tragen haben.

16 Und Eleasar, dem Sohn Aarons, des Priesters, ist anvertraut das Öl zum Licht und die Spezerei zum Räucherwerk und das tägliche Speisopfer und das Salböl und die Aufsicht über die ganze Wohnung und alles, was darin ist an heiligem Gerät.

17 Und der HERR redete mit Mose und Aaron und sprach:

18 Ihr sollt den Stamm der Geschlechter der Kehatiter nicht zugrunde gehen lassen unter den Leviten,

19 sondern das sollt ihr mit ihnen tun, damit sie leben und nicht sterben, wenn sie dem Hochheiligen nahen: Aaron und seine Söhne sollen hineingehen und einen jeden anstellen zu seinem Amt und seiner Traglast.

20 Sie aber sollen nicht selbst hineingehen, auch nur einen Augenblick das Heilige zu schauen, dass sie nicht sterben.

¶ **21** Und der HERR redete mit Mose und sprach:

22 Nimm auch die Summe der Söhne Gerschon auf nach ihren Sippen und Geschlechtern,

23 von dreißig Jahren an und darüber bis ins fünfzigste Jahr, und stelle alle, die zum Dienst kommen, an, dass sie ihr Amt ausüben an der Stiftshütte.

10 And they shall put it with all its utensils in a covering of goatskin and put it on the carrying frame.

11 And over the golden altar they shall spread a cloth of blue and cover it with a covering of goatskin, and shall put in its poles.

12 And they shall take all the vessels of the service that are used in the sanctuary and put them in a cloth of blue and cover them with a covering of goatskin and put them on the carrying frame.

13 And they shall take away the ashes from the altar and spread a purple cloth over it.

14 And they shall put on it all the utensils of the altar, which are used for the service there, the fire pans, the forks, the shovels, and the basins, all the utensils of the altar; and they shall spread on it a covering of goatskin, and shall put in its poles.

15 And when Aaron and his sons have finished covering the sanctuary and all the furnishings of the sanctuary, as the camp sets out, after that the sons of Kohath shall come to carry these, but they must not touch the holy things, lest they die. These are the things of the tent of meeting that the sons of Kohath are to carry.

¶ **16** "And Eleazar the son of Aaron the priest shall have charge of the oil for the light, the fragrant incense, the regular grain offering, and the anointing oil, with the oversight of the whole tabernacle and all that is in it, of the sanctuary and its vessels."

¶ **17** The LORD spoke to Moses and Aaron, saying,

18 "Let not the tribe of the clans of the Kohathites be destroyed from among the Levites,

19 but deal thus with them, that they may live and not die when they come near to the most holy things: Aaron and his sons shall go in and appoint them each to his task and to his burden,

20 but they shall not go in to look on the holy things even for a moment, lest they die."

¶ **21** The LORD spoke to Moses, saying,

22 "Take a census of the sons of Gershon also, by their fathers' houses and by their clans.

23 From thirty years old up to fifty years old, you shall list them, all who can come to do duty, to do service in the tent of meeting.

24 Dies soll aber das Amt der Geschlechter der Gerschoniter sein, was sie tun und tragen sollen:

25 Sie sollen die Teppiche der Wohnung, der Stiftshütte, tragen, ihre Decke und die Decke von Dachsfellen, die obendrüber ist, und den Vorhang in der Tür der Stiftshütte

26 und die Umhänge des Vorhofs und den Vorhang in der Tür des Tors am Vorhof, der die Wohnung und den Altar umgibt, und ihre Seile und alle Geräte ihres Dienstes und alles, was zu ihrem Amt gehört.

27 Nach dem Wort Aarons und seiner Söhne soll aller Dienst der Söhne Gerschon geschehen, alles, was sie tragen und tun sollen, und ihr sollt zusehen, dass sie alles ausrichten, was sie zu tragen haben.

28 Das soll das Amt der Geschlechter der Gerschoniter sein an der Stiftshütte, und ihr Dienst soll geschehen unter der Leitung Itamars, des Sohnes Aarons, des Priesters.

¶ **29** Die Söhne Merari nach ihren Geschlechtern und Sippen sollst du auch bestellen,

30 von dreißig Jahren an und darüber bis ins fünfzigste Jahr, alle, die zum Dienst kommen, dass sie ihr Amt ausüben an der Stiftshütte.

31 Dies alles soll ihr Dienst an der Stiftshütte sein, dass sie tragen die Bretter der Wohnung und ihre Riegel und Säulen und Füße,

32 dazu die Säulen um den Vorhof und ihre Füße und Pflöcke und Seile mit allen ihren Geräten, ganz wie es ihr Amt erfordert. Und ihr sollt ihnen die einzelnen Geräte zuweisen, die sie zu tragen haben.

33 Das sei das Amt der Geschlechter der Söhne Merari, alles, was sie ausrichten sollen an der Stiftshütte unter der Leitung Itamars, des Sohnes Aarons, des Priesters.

¶ **34** Und Mose und Aaron samt den Fürsten der Gemeinde zählten die Kehatiter nach ihren Geschlechtern und Sippen,

35 von dreißig Jahren an und darüber bis ins fünfzigste, alle, die zum Dienst kamen, dass sie ihr Amt ausübten an der Stiftshütte.

36 Und ihre Summe war 2750.

37 Das ist die Summe der Geschlechter der Kehatiter, aller, die zu dienen hatten an der Stiftshütte und die Mose und Aaron zählten nach dem Wort des HERRN, das durch Mose ergangen war.

24 This is the service of the clans of the Gershonites, in serving and bearing burdens:

25 they shall carry the curtains of the tabernacle and the tent of meeting with its covering and the covering of goatskin that is on top of it and the screen for the entrance of the tent of meeting

26 and the hangings of the court and the screen for the entrance of the gate of the court that is around the tabernacle and the altar, and their cords and all the equipment for their service. And they shall do all that needs to be done with regard to them.

27 All the service of the sons of the Gershonites shall be at the command of Aaron and his sons, in all that they are to carry and in all that they have to do. And you shall assign to their charge all that they are to carry.

28 This is the service of the clans of the sons of the Gershonites in the tent of meeting, and their guard duty is to be under the direction of Ithamar the son of Aaron the priest.

¶ **29** "As for the sons of Merari, you shall list them by their clans and their fathers' houses.

30 From thirty years old up to fifty years old, you shall list them, everyone who can come on duty, to do the service of the tent of meeting.

31 And this is what they are charged to carry, as the whole of their service in the tent of meeting: the frames of the tabernacle, with its bars, pillars, and bases,

32 and the pillars around the court with their bases, pegs, and cords, with all their equipment and all their accessories. And you shall list by name the objects that they are required to carry.

33 This is the service of the clans of the sons of Merari, the whole of their service in the tent of meeting, under the direction of Ithamar the son of Aaron the priest."

¶ **34** And Moses and Aaron and the chiefs of the congregation listed the sons of the Kohathites, by their clans and their fathers' houses,

35 from thirty years old up to fifty years old, everyone who could come on duty, for service in the tent of meeting;

36 and those listed by clans were 2,750.

37 This was the list of the clans of the Kohathites, all who served in the tent of meeting, whom Moses and Aaron listed according to the commandment of the LORD by Moses.

¶ **38** Die Söhne Gerschon wurden auch gezählt nach ihren Geschlechtern und Sippen,

39 von dreißig Jahren an und darüber bis ins fünfzigste, alle, die zum Dienst kamen, dass sie ihr Amt an der Stiftshütte ausübten.

40 Und ihre Summe war 2630.

41 Das ist die Summe der Geschlechter der Söhne Gerschon, aller, die zu dienen hatten an der Stiftshütte und die Mose und Aaron zählten nach dem Wort des HERRN.

¶ **42** Die Söhne Merari wurden auch gezählt nach ihren Geschlechtern und Sippen,

43 von dreißig Jahren an und darüber bis ins fünfzigste, alle, die zum Dienst kamen, dass sie ihr Amt an der Stiftshütte ausübten.

44 Und ihre Summe war 3200.

45 Das ist die Summe der Geschlechter der Söhne Merari, die Mose und Aaron zählten nach dem Wort des HERRN, das durch Mose ergangen war.

¶ **46** Die Summe aller Leviten, die Mose und Aaron samt den Fürsten Israels zählten nach ihren Geschlechtern und Sippen,

47 von dreißig Jahren an und darüber bis ins fünfzigste, aller, die zum Dienst kamen, dass sie ihr Amt ausübten an der Stiftshütte und Lasten trügen,

48 war 8580.

49 Sie wurden bestellt nach dem Wort des HERRN, das durch Mose ergangen war, ein jeder zu seinem Amt und seiner Traglast, wie der HERR es Mose geboten hatte.

Verfahren bei Unreinheit, bei Versündigung und bei Verdacht von Ehebruch

5 Und der HERR redete mit Mose und sprach:

2 Gebiete den Israeliten, dass sie aus dem Lager schicken alle Aussätzigen und alle, die Eiterfluss haben und die an Toten unrein geworden sind.

3 Männer wie Frauen sollt ihr hinausschicken vor das Lager, dass sie nicht das Lager unrein machen, darin ich unter euch wohne.

4 Und die Israeliten taten so und schickten sie hinaus vor das Lager, wie der HERR zu Mose geredet hatte.

¶ **5** Und der HERR redete mit Mose und sprach:

¶ **38** Those listed of the sons of Gershon, by their clans and their fathers' houses,

39 from thirty years old up to fifty years old, everyone who could come on duty for service in the tent of meeting—

40 those listed by their clans and their fathers' houses were 2,630.

41 This was the list of the clans of the sons of Gershon, all who served in the tent of meeting, whom Moses and Aaron listed according to the commandment of the LORD.

¶ **42** Those listed of the clans of the sons of Merari, by their clans and their fathers' houses,

43 from thirty years old up to fifty years old, everyone who could come on duty, for service in the tent of meeting—

44 those listed by clans were 3,200.

45 This was the list of the clans of the sons of Merari, whom Moses and Aaron listed according to the commandment of the LORD by Moses.

¶ **46** All those who were listed of the Levites, whom Moses and Aaron and the chiefs of Israel listed, by their clans and their fathers' houses,

47 from thirty years old up to fifty years old, everyone who could come to do the service of ministry and the service of bearing burdens in the tent of meeting,

48 those listed were 8,580.

49 According to the commandment of the LORD through Moses they were listed, each one with his task of serving or carrying. Thus they were listed by him, as the LORD commanded Moses.

Unclean People

5 The LORD spoke to Moses, saying,

2 "Command the people of Israel that they put out of the camp everyone who is leprous[1] or has a discharge and everyone who is unclean through contact with the dead.

3 You shall put out both male and female, putting them outside the camp, that they may not defile their camp, in the midst of which I dwell."

4 And the people of Israel did so, and put them outside the camp; as the LORD said to Moses, so the people of Israel did.

Confession and Restitution

¶ **5** And the LORD spoke to Moses, saying,

6 Sage den Israeliten: Wenn ein Mann oder eine Frau irgendeine Sünde gegen einen Menschen tut und sich damit an dem HERRN versündigt, so liegt eine Schuld auf ihnen.

7 Und sie sollen ihre Sünde bekennen, die sie getan haben, und sollen ihre Schuld voll erstatten und darüber hinaus den fünften Teil dazutun und dem geben, an dem sie sich verschuldet haben.

8 Ist aber niemand da, dem man's erstatten kann, so soll man's dem HERRN geben für den Priester zusammen mit dem Widder der Versöhnung, mit dem der Priester für ihn die Sühnung vollzieht.

9 Desgleichen sollen alle Abgaben von allen heiligen Gaben der Israeliten, die sie dem Priester bringen, dem Priester gehören.

10 Und was jemand heiligt, das soll auch dem Priester gehören; und was jemand dem Priester gibt, das soll ihm auch gehören.

¶ **11** Und der HERR redete mit Mose und sprach:

12 Sage den Israeliten und sprich zu ihnen: Wenn irgendeines Mannes Frau ihm untreu wird und sich an ihm versündigt

13 und jemand bei ihr liegt und es bliebe dem Mann verborgen und es würde nicht entdeckt, dass sie unrein geworden ist, und es ist kein Zeuge wider sie da, denn sie ist nicht dabei ergriffen worden,

14 und der Geist der Eifersucht kommt über ihn, dass er auf seine Frau eifersüchtig wird, sie sei unrein oder nicht unrein:

15 so soll der Mann sie zum Priester bringen und ein Opfer ihretwegen darbringen, ein zehntel Scheffel Gerstenmehl, und er soll kein Öl daraufgießen noch Weihrauch darauftun. Denn es ist ein Eifersuchtsopfer, ein Erinnerungsopfer, das Schuld ans Licht bringt.

¶ **16** Und der Priester soll sie heranführen und vor den HERRN stellen

17 und heiliges Wasser nehmen in ein irdenes Gefäß und Staub vom Boden der Stiftshütte ins Wasser tun.

18 Und er soll die Frau vor den HERRN stellen und ihr Haupthaar lösen und das Erinnerungsopfer, das ein Eifersuchtsopfer ist, auf ihre Hand legen. Und der Priester soll in seiner Hand das bittere, Fluch bringende Wasser haben

6 "Speak to the people of Israel, When a man or woman commits any of the sins that people commit by breaking faith with the LORD, and that person realizes his guilt,

7 he shall confess his sin that he has committed.[2] And he shall make full restitution for his wrong, adding a fifth to it and giving it to him to whom he did the wrong.

8 But if the man has no next of kin to whom restitution may be made for the wrong, the restitution for wrong shall go to the LORD for the priest, in addition to the ram of atonement with which atonement is made for him.

9 And every contribution, all the holy donations of the people of Israel, which they bring to the priest, shall be his.

10 Each one shall keep his holy donations: whatever anyone gives to the priest shall be his."

A Test for Adultery

¶ **11** And the LORD spoke to Moses, saying,

12 "Speak to the people of Israel, If any man's wife goes astray and breaks faith with him,

13 if a man lies with her sexually, and it is hidden from the eyes of her husband, and she is undetected though she has defiled herself, and there is no witness against her, since she was not taken in the act,

14 and if the spirit of jealousy comes over him and he is jealous of his wife who has defiled herself, or if the spirit of jealousy comes over him and he is jealous of his wife, though she has not defiled herself,

15 then the man shall bring his wife to the priest and bring the offering required of her, a tenth of an ephah[3] of barley flour. He shall pour no oil on it and put no frankincense on it, for it is a grain offering of jealousy, a grain offering of remembrance, bringing iniquity to remembrance.

¶ **16** "And the priest shall bring her near and set her before the LORD.

17 And the priest shall take holy water in an earthenware vessel and take some of the dust that is on the floor of the tabernacle and put it into the water.

18 And the priest shall set the woman before the LORD and unbind the hair of the woman's head and place in her hands the grain offering of remembrance, which is the grain offering of jealousy. And in his hand the priest shall have the water of bitterness that brings the curse.

19 und soll die Frau beschwören und zu ihr sagen: Hat kein Mann bei dir gelegen und bist du deinem Mann nicht untreu geworden, dass du dich unrein gemacht hast, so soll dir dies bittere, Fluch bringende Wasser nicht schaden.

20 Wenn du aber deinem Mann untreu geworden bist, dass du unrein wurdest, und hat jemand bei dir gelegen außer deinem Mann, –

21 so soll der Priester mit einem Verwünschungsschwur die Frau beschwören und zu ihr sagen: Der HERR mache deinen Namen zum Fluch und zur Verwünschung unter deinem Volk, dadurch, dass der HERR deine Hüfte schwinden und deinen Bauch schwellen lässt.

22 So gehe nun das Fluch bringende Wasser in deinen Leib, dass dein Bauch schwelle und deine Hüfte schwinde! Und die Frau soll sagen: Amen! Amen!

¶ **23** Dann soll der Priester diese Flüche auf einen Zettel schreiben und mit dem bitteren Wasser abwaschen

24 und soll der Frau von dem bitteren, Fluch bringenden Wasser zu trinken geben. Und wenn das Fluch bringende, bittere Wasser in sie gegangen ist,

25 soll der Priester von ihrer Hand das Eifersuchtsopfer nehmen und als Speisopfer vor dem HERRN schwingen und auf dem Altar opfern, nämlich:

26 er soll eine Handvoll vom Speisopfer nehmen als Gedenkopfer und es auf dem Altar in Rauch aufgehen lassen und danach der Frau das Wasser zu trinken geben.

¶ **27** Und wenn sie das Wasser getrunken hat und unrein ist und sich an ihrem Mann versündigt hat, so wird das Fluch bringende Wasser in sie gehen und ihr zum Verderben werden, dass ihr der Bauch schwellen und die Hüfte schwinden wird, und es wird die Frau zum Fluch werden unter ihrem Volk.

28 Hat sich aber eine solche Frau nicht unrein gemacht, sondern ist sie rein, so wird's ihr nicht schaden und sie kann schwanger werden.

¶ **29** Das also ist das Eifersuchtsgesetz: Wenn eine Frau ihrem Mann untreu ist und unrein wird

30 oder wenn der Geist der Eifersucht über einen Mann kommt und er auf seine Frau eifersüchtig wird, so stelle er sie vor den HERRN und der Priester tue mit ihr alles nach diesem Gesetz.

31 Und der Mann soll frei sein von Schuld; aber die Frau soll ihre Schuld tragen.

19 Then the priest shall make her take an oath, saying, 'If no man has lain with you, and if you have not turned aside to uncleanness while you were under your husband's authority, be free from this water of bitterness that brings the curse.

20 But if you have gone astray, though you are under your husband's authority, and if you have defiled yourself, and some man other than your husband has lain with you,

21 then' (let the priest make the woman take the oath of the curse, and say to the woman) 'the LORD make you a curse and an oath among your people, when the LORD makes your thigh fall away and your body swell.

22 May this water that brings the curse pass into your bowels and make your womb swell and your thigh fall away.' And the woman shall say, 'Amen, Amen.'

¶ **23** "Then the priest shall write these curses in a book and wash them off into the water of bitterness.

24 And he shall make the woman drink the water of bitterness that brings the curse, and the water that brings the curse shall enter into her and cause bitter pain.

25 And the priest shall take the grain offering of jealousy out of the woman's hand and shall wave the grain offering before the LORD and bring it to the altar.

26 And the priest shall take a handful of the grain offering, as its memorial portion, and burn it on the altar, and afterward shall make the woman drink the water.

27 And when he has made her drink the water, then, if she has defiled herself and has broken faith with her husband, the water that brings the curse shall enter into her and cause bitter pain, and her womb shall swell, and her thigh shall fall away, and the woman shall become a curse among her people.

28 But if the woman has not defiled herself and is clean, then she shall be free and shall conceive children.

¶ **29** "This is the law in cases of jealousy, when a wife, though under her husband's authority, goes astray and defiles herself,

30 or when the spirit of jealousy comes over a man and he is jealous of his wife. Then he shall set the woman before the LORD, and the priest shall carry out for her all this law.

31 The man shall be free from iniquity, but the woman shall bear her iniquity."

Das Gesetz über die Gottgeweihten

6 Und der HERR redete mit Mose und sprach:

2 Sage den Israeliten und sprich zu ihnen: Wenn jemand, Mann oder Frau, das besondere Gelübde tut, sich dem HERRN zu weihen,

3 so soll er sich des Weins und starken Getränkes enthalten; Würzwein und starken Würztrank soll er auch nicht trinken, auch nichts, was aus Weinbeeren gemacht wird; er soll weder frische noch gedörrte Weinbeeren essen.

4 Solange sein Gelübde währt, soll er nichts essen, was man vom Weinstock nimmt, von den unreifen bis zu den überreifen Trauben.

5 Solange die Zeit seines Gelübdes währt, soll kein Schermesser über sein Haupt fahren. Bis die Zeit um ist, für die er sich dem HERRN geweiht hat, ist er heilig und soll das Haar auf seinem Haupt frei wachsen lassen.

¶ **6** Während der ganzen Zeit, für die er sich dem HERRN geweiht hat, soll er zu keinem Toten gehen.

7 Er soll sich auch nicht unrein machen beim Tode seines Vaters, seiner Mutter, seines Bruders oder seiner Schwester; denn das Gelübde seines Gottes ist auf seinem Haupt.

8 Während der ganzen Zeit seines Gelübdes soll er dem HERRN heilig sein.

9 Wenn aber jemand neben ihm plötzlich stirbt und dadurch sein geweihtes Haupt unrein wird, so soll er sein Haupt scheren an dem Tage, da er wieder rein wird, das ist am siebenten Tage.

10 Und am achten Tage soll er zwei Turteltauben oder zwei andere Tauben zum Priester bringen vor die Tür der Stiftshütte.

11 Und der Priester soll die eine als Sündopfer und die andere als Brandopfer darbringen und ihn entsühnen, weil er sich an einem Toten verunreinigt und dadurch versündigt hat. Dann soll er sein Haupt an demselben Tage von Neuem heiligen,

12 dass er sich dem HERRN weihe für die Zeit seines Gelübdes. Und er soll ein einjähriges Schaf bringen als Schuldopfer. Aber die vorigen Tage sollen umsonst gewesen sein, weil sein geweihtes Haupt unrein geworden war.

¶ **13** Dies ist das Gesetz des Gottgeweihten: Wenn die Zeit seines Gelübdes um ist, so soll man ihn vor die Tür der Stiftshütte führen.

The Nazirite Vow

6 And the LORD spoke to Moses, saying,

2 "Speak to the people of Israel and say to them, When either a man or a woman makes a special vow, the vow of a Nazirite,[1] to separate himself to the LORD,

3 he shall separate himself from wine and strong drink. He shall drink no vinegar made from wine or strong drink and shall not drink any juice of grapes or eat grapes, fresh or dried.

4 All the days of his separation[2] he shall eat nothing that is produced by the grapevine, not even the seeds or the skins.

¶ **5** "All the days of his vow of separation, no razor shall touch his head. Until the time is completed for which he separates himself to the LORD, he shall be holy. He shall let the locks of hair of his head grow long.

¶ **6** "All the days that he separates himself to the LORD he shall not go near a dead body.

7 Not even for his father or for his mother, for brother or sister, if they die, shall he make himself unclean, because his separation to God is on his head.

8 All the days of his separation he is holy to the LORD.

¶ **9** "And if any man dies very suddenly beside him and he defiles his consecrated head, then he shall shave his head on the day of his cleansing; on the seventh day he shall shave it.

10 On the eighth day he shall bring two turtledoves or two pigeons to the priest to the entrance of the tent of meeting,

11 and the priest shall offer one for a sin offering and the other for a burnt offering, and make atonement for him, because he sinned by reason of the dead body. And he shall consecrate his head that same day

12 and separate himself to the LORD for the days of his separation and bring a male lamb a year old for a guilt offering. But the previous period shall be void, because his separation was defiled.

¶ **13** "And this is the law for the Nazirite, when the time of his separation has been completed: he shall be brought to the entrance of the tent of meeting,

14 Und er soll dem Herrn sein Opfer bringen, ein einjähriges Schaf ohne Fehler als Brandopfer und ein einjähriges Schaf ohne Fehler als Sündopfer und einen Widder ohne Fehler als Dankopfer

15 und einen Korb mit ungesäuerten Kuchen von feinstem Mehl, mit Öl vermengt, und ungesäuerte Fladen, mit Öl bestrichen, und was dazugehört an Speisopfern und Trankopfern.

16 Und der Priester soll's vor den Herrn bringen und soll sein Sündopfer und sein Brandopfer zurichten.

17 Und den Widder soll er dem Herrn als Dankopfer zurichten samt dem Korbe mit dem ungesäuerten Brot und soll auch sein Speisopfer und sein Trankopfer darbringen.

18 Und der Geweihte soll sein geweihtes Haupt scheren vor der Tür der Stiftshütte und soll sein geweihtes Haupthaar nehmen und aufs Feuer werfen, das unter dem Dankopfer brennt.

19 Und der Priester soll eine gekochte Vorderkeule von dem Widder nehmen und einen ungesäuerten Kuchen aus dem Korbe und einen ungesäuerten Fladen und soll's dem Geweihten auf seine Hände legen, nachdem er sein geweihtes Haar abgeschoren hat.

20 Und der Priester soll's vor dem Herrn schwingen. Das ist der heilige Anteil für den Priester samt der Brust des Schwingopfers und der Keule des Hebopfers. Danach darf der Geweihte Wein trinken.

¶ **21** Das ist das Gesetz des Gottgeweihten, der sein Opfer dem Herrn gelobt hat, wegen seines Gelübdes, abgesehen von dem, was er sonst noch vermag. Wie er gelobt hat, soll er tun nach dem Gesetz seines Gelübdes.

Der priesterliche Segen

22 Und der Herr redete mit Mose und sprach:

23 Sage Aaron und seinen Söhnen und sprich: So sollt ihr sagen zu den Israeliten, wenn ihr sie segnet:

24 Der Herr segne dich und behüte dich;

25 der Herr lasse sein Angesicht leuchten über dir und sei dir gnädig;

26 der Herr hebe sein Angesicht über dich und gebe dir Frieden.

27 Denn ihr sollt meinen Namen auf die Israeliten legen, dass ich sie segne.

14 and he shall bring his gift to the Lord, one male lamb a year old without blemish for a burnt offering, and one ewe lamb a year old without blemish as a sin offering, and one ram without blemish as a peace offering,

15 and a basket of unleavened bread, loaves of fine flour mixed with oil, and unleavened wafers smeared with oil, and their grain offering and their drink offerings.

16 And the priest shall bring them before the Lord and offer his sin offering and his burnt offering,

17 and he shall offer the ram as a sacrifice of peace offering to the Lord, with the basket of unleavened bread. The priest shall offer also its grain offering and its drink offering.

18 And the Nazirite shall shave his consecrated head at the entrance of the tent of meeting and shall take the hair from his consecrated head and put it on the fire that is under the sacrifice of the peace offering.

19 And the priest shall take the shoulder of the ram, when it is boiled, and one unleavened loaf out of the basket and one unleavened wafer, and shall put them on the hands of the Nazirite, after he has shaved the hair of his consecration,

20 and the priest shall wave them for a wave offering before the Lord. They are a holy portion for the priest, together with the breast that is waved and the thigh that is contributed. And after that the Nazirite may drink wine.

¶ **21** "This is the law of the Nazirite. But if he vows an offering to the Lord above his Nazirite vow, as he can afford, in exact accordance with the vow that he takes, then he shall do in addition to the law of the Nazirite."

Aaron's Blessing

¶ **22** The Lord spoke to Moses, saying,

23 "Speak to Aaron and his sons, saying, Thus you shall bless the people of Israel: you shall say to them,

24 The Lord bless you and keep you;

25 the Lord make his face to shine upon you and be gracious to you;

26 the Lord lift up his countenance[3] upon you and give you peace.

¶ **27** "So shall they put my name upon the people of Israel, and I will bless them."

Weihegaben der Stammesfürsten zur Einweihung der Stiftshütte

7 Und als Mose die Wohnung aufgerichtet und sie gesalbt und geheiligt hatte mit all ihrem Gerät, dazu auch den Altar mit all seinem Gerät gesalbt und geheiligt hatte,

2 da opferten die Fürsten Israels, die Häupter waren in ihren Sippen; denn sie waren die Fürsten unter den Stämmen und standen über denen, die gezählt waren.

3 Und sie brachten ihre Gabe vor den HERRN: sechs bedeckte Wagen und zwölf Rinder, je einen Wagen für zwei Fürsten und je einen Stier für einen Fürsten, und sie brachten sie vor die Wohnung.

¶ 4 Und der HERR sprach zu Mose:

5 Nimm's von ihnen für den Dienst an der Stiftshütte und gib's den Leviten, einem jeden für seinen Dienst.

6 Da nahm Mose die Wagen und Rinder und gab sie den Leviten.

7 Zwei Wagen und vier Rinder gab er den Söhnen Gerschon für ihren Dienst.

8 Und vier Wagen und acht Rinder gab er den Söhnen Merari für ihren Dienst unter der Leitung Itamars, des Sohnes Aarons, des Priesters.

9 Den Söhnen Kehat aber gab er nichts, weil sie den Dienst am Heiligtum hatten und es auf ihren Schultern tragen mussten.

¶ 10 Und die Fürsten opferten zur Einweihung des Altars an dem Tage, da er gesalbt wurde, und opferten ihre Gabe vor dem Altar.

11 Und der HERR sprach zu Mose: Lass an jedem Tag je einen Fürsten sein Opfer bringen zur Einweihung des Altars.

¶ 12 Am ersten Tage opferte seine Gabe Nachschon, der Sohn Amminadabs, vom Stamme Juda.

13 Und seine Gabe war eine silberne Schüssel, hundertdreißig Lot schwer, eine silberne Schale, siebzig Lot schwer nach dem Gewicht des Heiligtums, beide voll feinstem Mehl, mit Öl vermengt, zum Speisopfer,

14 dazu ein goldener Löffel, zehn Lot schwer, voll Räucherwerk,

15 ein junger Stier, ein Widder, ein einjähriges Schaf zum Brandopfer,

16 ein Ziegenbock zum Sündopfer

Offerings at the Tabernacle's Consecration

7 On the day when Moses had finished setting up the tabernacle and had anointed and consecrated it with all its furnishings and had anointed and consecrated the altar with all its utensils,

2 the chiefs of Israel, heads of their fathers' houses, who were the chiefs of the tribes, who were over those who were listed, approached

3 and brought their offerings before the LORD, six wagons and twelve oxen, a wagon for every two of the chiefs, and for each one an ox. They brought them before the tabernacle.

4 Then the LORD said to Moses,

5 "Accept these from them, that they may be used in the service of the tent of meeting, and give them to the Levites, to each man according to his service."

6 So Moses took the wagons and the oxen and gave them to the Levites.

7 Two wagons and four oxen he gave to the sons of Gershon, according to their service.

8 And four wagons and eight oxen he gave to the sons of Merari, according to their service, under the direction of Ithamar the son of Aaron the priest.

9 But to the sons of Kohath he gave none, because they were charged with the service of the holy things that had to be carried on the shoulder.

10 And the chiefs offered offerings for the dedication of the altar on the day it was anointed; and the chiefs offered their offering before the altar.

11 And the LORD said to Moses, "They shall offer their offerings, one chief each day, for the dedication of the altar."

¶ 12 He who offered his offering the first day was Nahshon the son of Amminadab, of the tribe of Judah.

13 And his offering was one silver plate whose weight was 130 shekels,[1] one silver basin of 70 shekels, according to the shekel of the sanctuary, both of them full of fine flour mixed with oil for a grain offering;

14 one golden dish of 10 shekels, full of incense;

15 one bull from the herd, one ram, one male lamb a year old, for a burnt offering;

16 one male goat for a sin offering;

17 und zum Dankopfer zwei Rinder, fünf Widder, fünf Böcke und fünf einjährige Schafe. Das ist die Gabe Nachschons, des Sohnes Amminadabs.

¶ **18** Am zweiten Tage opferte Netanel, der Sohn Zuars, der Fürst Issachars.

19 Seine Gabe war eine silberne Schüssel, hundertdreißig Lot schwer, eine silberne Schale, siebzig Lot schwer nach dem Gewicht des Heiligtums, beide voll feinstem Mehl, mit Öl vermengt, zum Speisopfer,

20 dazu ein goldener Löffel, zehn Lot schwer, voll Räucherwerk,

21 ein junger Stier, ein Widder, ein einjähriges Schaf zum Brandopfer,

22 ein Ziegenbock zum Sündopfer

23 und zum Dankopfer zwei Rinder, fünf Widder, fünf Böcke und fünf einjährige Schafe. Das ist die Gabe Netanels, des Sohnes Zuars.

¶ **24** Am dritten Tage der Fürst der Söhne Sebulon, Eliab, der Sohn Helons.

25 Seine Gabe war eine silberne Schüssel, hundertdreißig Lot schwer, eine silberne Schale, siebzig Lot schwer nach dem Gewicht des Heiligtums, beide voll feinstem Mehl, mit Öl vermengt, zum Speisopfer,

26 dazu ein goldener Löffel, zehn Lot schwer, voll Räucherwerk,

27 ein junger Stier, ein Widder, ein einjähriges Schaf zum Brandopfer,

28 ein Ziegenbock zum Sündopfer

29 und zum Dankopfer zwei Rinder, fünf Widder, fünf Böcke und fünf einjährige Schafe. Das ist die Gabe Eliabs, des Sohnes Helons.

¶ **30** Am vierten Tage der Fürst der Söhne Ruben, Elizur, der Sohn Schedëurs.

31 Seine Gabe war eine silberne Schüssel, hundertdreißig Lot schwer, eine silberne Schale, siebzig Lot schwer nach dem Gewicht des Heiligtums, beide voll feinstem Mehl, mit Öl vermengt, zum Speisopfer,

32 dazu ein goldener Löffel, zehn Lot schwer, voll Räucherwerk,

33 ein junger Stier, ein Widder, ein einjähriges Schaf zum Brandopfer,

34 ein Ziegenbock zum Sündopfer

35 und zum Dankopfer zwei Rinder, fünf Widder, fünf Böcke und fünf einjährige Schafe. Das ist die Gabe Elizurs, des Sohnes Schedëurs.

¶ **36** Am fünften Tage der Fürst der Söhne Simeon, Schelumiël, der Sohn Zurischaddais.

17 and for the sacrifice of peace offerings, two oxen, five rams, five male goats, and five male lambs a year old. This was the offering of Nahshon the son of Amminadab.

¶ **18** On the second day Nethanel the son of Zuar, the chief of Issachar, made an offering.

19 He offered for his offering one silver plate whose weight was 130 shekels, one silver basin of 70 shekels, according to the shekel of the sanctuary, both of them full of fine flour mixed with oil for a grain offering;

20 one golden dish of 10 shekels, full of incense;

21 one bull from the herd, one ram, one male lamb a year old, for a burnt offering;

22 one male goat for a sin offering;

23 and for the sacrifice of peace offerings, two oxen, five rams, five male goats, and five male lambs a year old. This was the offering of Nethanel the son of Zuar.

¶ **24** On the third day Eliab the son of Helon, the chief of the people of Zebulun:

25 his offering was one silver plate whose weight was 130 shekels, one silver basin of 70 shekels, according to the shekel of the sanctuary, both of them full of fine flour mixed with oil for a grain offering;

26 one golden dish of 10 shekels, full of incense;

27 one bull from the herd, one ram, one male lamb a year old, for a burnt offering;

28 one male goat for a sin offering;

29 and for the sacrifice of peace offerings, two oxen, five rams, five male goats, and five male lambs a year old. This was the offering of Eliab the son of Helon.

¶ **30** On the fourth day Elizur the son of Shedeur, the chief of the people of Reuben:

31 his offering was one silver plate whose weight was 130 shekels, one silver basin of 70 shekels, according to the shekel of the sanctuary, both of them full of fine flour mixed with oil for a grain offering;

32 one golden dish of 10 shekels, full of incense;

33 one bull from the herd, one ram, one male lamb a year old, for a burnt offering;

34 one male goat for a sin offering;

35 and for the sacrifice of peace offerings, two oxen, five rams, five male goats, and five male lambs a year old. This was the offering of Elizur the son of Shedeur.

¶ **36** On the fifth day Shelumiel the son of Zurishaddai, the chief of the people of Simeon:

37 Seine Gabe war eine silberne Schüssel, hundertdreißig Lot schwer, eine silberne Schale, siebzig Lot schwer nach dem Gewicht des Heiligtums, beide voll feinstem Mehl, mit Öl vermengt, zum Speisopfer,

38 dazu ein goldener Löffel, zehn Lot schwer, voll Räucherwerk,

39 ein junger Stier, ein Widder, ein einjähriges Schaf zum Brandopfer,

40 ein Ziegenbock zum Sündopfer

41 und zum Dankopfer zwei Rinder, fünf Widder, fünf Böcke und fünf einjährige Schafe. Das ist die Gabe Schelumiëls, des Sohnes Zurischaddais.

¶ **42** Am sechsten Tage der Fürst der Söhne Gad, Eljasaf, der Sohn Deguëls.

43 Seine Gabe war eine silberne Schüssel, hundertdreißig Lot schwer, eine silberne Schale, siebzig Lot schwer nach dem Gewicht des Heiligtums, beide voll feinstem Mehl, mit Öl vermengt, zum Speisopfer,

44 dazu ein goldener Löffel, zehn Lot schwer, voll Räucherwerk,

45 ein junger Stier, ein Widder, ein einjähriges Schaf zum Brandopfer,

46 ein Ziegenbock zum Sündopfer

47 und zum Dankopfer zwei Rinder, fünf Widder, fünf Böcke, fünf einjährige Schafe. Das ist die Gabe Eljasafs, des Sohnes Deguëls.

¶ **48** Am siebenten Tage der Fürst der Söhne Ephraim, Elischama, der Sohn Ammihuds.

49 Seine Gabe war eine silberne Schüssel, hundertdreißig Lot schwer, eine silberne Schale, siebzig Lot schwer nach dem Gewicht des Heiligtums, beide voll feinstem Mehl, mit Öl vermengt, zum Speisopfer,

50 dazu ein goldener Löffel, zehn Lot schwer, voll Räucherwerk,

51 ein junger Stier, ein Widder, ein einjähriges Schaf zum Brandopfer,

52 ein Ziegenbock zum Sündopfer

53 und zum Dankopfer zwei Rinder, fünf Widder, fünf Böcke, fünf einjährige Schafe. Das ist die Gabe Elischamas, des Sohnes Ammihuds.

¶ **54** Am achten Tage der Fürst der Söhne Manasse, Gamliël, der Sohn Pedazurs.

55 Seine Gabe war eine silberne Schüssel, hundertdreißig Lot schwer, eine silberne Schale, siebzig Lot schwer nach dem Gewicht des Heiligtums, beide voll feinstem Mehl, mit Öl vermengt, zum Speisopfer,

56 dazu ein goldener Löffel, zehn Lot schwer, voll Räucherwerk,

57 ein junger Stier, ein Widder, ein einjähriges Schaf zum Brandopfer,

37 his offering was one silver plate whose weight was 130 shekels, one silver basin of 70 shekels, according to the shekel of the sanctuary, both of them full of fine flour mixed with oil for a grain offering;

38 one golden dish of 10 shekels, full of incense;

39 one bull from the herd, one ram, one male lamb a year old, for a burnt offering;

40 one male goat for a sin offering;

41 and for the sacrifice of peace offerings, two oxen, five rams, five male goats, and five male lambs a year old. This was the offering of Shelumiel the son of Zurishaddai.

¶ **42** On the sixth day Eliasaph the son of Deuel, the chief of the people of Gad:

43 his offering was one silver plate whose weight was 130 shekels, one silver basin of 70 shekels, according to the shekel of the sanctuary, both of them full of fine flour mixed with oil for a grain offering;

44 one golden dish of 10 shekels, full of incense;

45 one bull from the herd, one ram, one male lamb a year old, for a burnt offering;

46 one male goat for a sin offering;

47 and for the sacrifice of peace offerings, two oxen, five rams, five male goats, and five male lambs a year old. This was the offering of Eliasaph the son of Deuel.

¶ **48** On the seventh day Elishama the son of Ammihud, the chief of the people of Ephraim:

49 his offering was one silver plate whose weight was 130 shekels, one silver basin of 70 shekels, according to the shekel of the sanctuary, both of them full of fine flour mixed with oil for a grain offering;

50 one golden dish of 10 shekels, full of incense;

51 one bull from the herd, one ram, one male lamb a year old, for a burnt offering;

52 one male goat for a sin offering;

53 and for the sacrifice of peace offerings, two oxen, five rams, five male goats, and five male lambs a year old. This was the offering of Elishama the son of Ammihud.

¶ **54** On the eighth day Gamaliel the son of Pedahzur, the chief of the people of Manasseh:

55 his offering was one silver plate whose weight was 130 shekels, one silver basin of 70 shekels, according to the shekel of the sanctuary, both of them full of fine flour mixed with oil for a grain offering;

56 one golden dish of 10 shekels, full of incense;

57 one bull from the herd, one ram, one male lamb a year old, for a burnt offering;

58 ein Ziegenbock zum Sündopfer

59 und zum Dankopfer zwei Rinder, fünf Widder, fünf Böcke, fünf einjährige Schafe. Das ist die Gabe Gamliëls, des Sohnes Pedazurs.

¶ **60** Am neunten Tage der Fürst der Söhne Benjamin, Abidan, der Sohn des Gidoni.

61 Seine Gabe war eine silberne Schüssel, hundertdreißig Lot schwer, eine silberne Schale, siebzig Lot schwer nach dem Gewicht des Heiligtums, beide voll feinstem Mehl, mit Öl vermengt, zum Speisopfer,

62 dazu ein goldener Löffel, zehn Lot schwer, voll Räucherwerk,

63 ein junger Stier, ein Widder, ein einjähriges Schaf zum Brandopfer,

64 ein Ziegenbock zum Sündopfer

65 und zum Dankopfer zwei Rinder, fünf Widder, fünf Böcke, fünf einjährige Schafe. Das ist die Gabe Abidans, des Sohnes des Gidoni.

¶ **66** Am zehnten Tage der Fürst der Söhne Dan, Ahiëser, der Sohn Ammischaddais.

67 Seine Gabe war eine silberne Schüssel, hundertdreißig Lot schwer, eine silberne Schale, siebzig Lot schwer nach dem Gewicht des Heiligtums, beide voll feinstem Mehl, mit Öl vermengt, zum Speisopfer,

68 dazu ein goldener Löffel, zehn Lot schwer, voll Räucherwerk,

69 ein junger Stier, ein Widder, ein einjähriges Schaf zum Brandopfer,

70 ein Ziegenbock zum Sündopfer

71 und zum Dankopfer zwei Rinder, fünf Widder, fünf Böcke, fünf einjährige Schafe. Das ist die Gabe Ahiësers, des Sohnes Ammischaddais.

¶ **72** Am elften Tage der Fürst der Söhne Asser, Pagiël, der Sohn Ochrans.

73 Seine Gabe war eine silberne Schüssel, hundertdreißig Lot schwer, eine silberne Schale, siebzig Lot schwer nach dem Gewicht des Heiligtums, beide voll feinstem Mehl, mit Öl vermengt, zum Speisopfer,

74 dazu ein goldener Löffel, zehn Lot schwer, voll Räucherwerk,

75 ein junger Stier, ein Widder, ein einjähriges Schaf zum Brandopfer,

76 ein Ziegenbock zum Sündopfer

77 und zum Dankopfer zwei Rinder, fünf Widder, fünf Böcke, fünf einjährige Schafe. Das ist die Gabe Pagiëls, des Sohnes Ochrans.

¶ **78** Am zwölften Tage der Fürst der Söhne Naftali, Ahira, der Sohn Enans.

58 one male goat for a sin offering;

59 and for the sacrifice of peace offerings, two oxen, five rams, five male goats, and five male lambs a year old. This was the offering of Gamaliel the son of Pedahzur.

¶ **60** On the ninth day Abidan the son of Gideoni, the chief of the people of Benjamin:

61 his offering was one silver plate whose weight was 130 shekels, one silver basin of 70 shekels, according to the shekel of the sanctuary, both of them full of fine flour mixed with oil for a grain offering;

62 one golden dish of 10 shekels, full of incense;

63 one bull from the herd, one ram, one male lamb a year old, for a burnt offering;

64 one male goat for a sin offering;

65 and for the sacrifice of peace offerings, two oxen, five rams, five male goats, and five male lambs a year old. This was the offering of Abidan the son of Gideoni.

¶ **66** On the tenth day Ahiezer the son of Ammishaddai, the chief of the people of Dan:

67 his offering was one silver plate whose weight was 130 shekels, one silver basin of 70 shekels, according to the shekel of the sanctuary, both of them full of fine flour mixed with oil for a grain offering;

68 one golden dish of 10 shekels, full of incense;

69 one bull from the herd, one ram, one male lamb a year old, for a burnt offering;

70 one male goat for a sin offering;

71 and for the sacrifice of peace offerings, two oxen, five rams, five male goats, and five male lambs a year old. This was the offering of Ahiezer the son of Ammishaddai.

¶ **72** On the eleventh day Pagiel the son of Ochran, the chief of the people of Asher:

73 his offering was one silver plate whose weight was 130 shekels, one silver basin of 70 shekels, according to the shekel of the sanctuary, both of them full of fine flour mixed with oil for a grain offering;

74 one golden dish of 10 shekels, full of incense;

75 one bull from the herd, one ram, one male lamb a year old, for a burnt offering;

76 one male goat for a sin offering;

77 and for the sacrifice of peace offerings, two oxen, five rams, five male goats, and five male lambs a year old. This was the offering of Pagiel the son of Ochran.

¶ **78** On the twelfth day Ahira the son of Enan, the chief of the people of Naphtali:

79 Seine Gabe war eine silberne Schüssel, hundertdreißig Lot schwer, eine silberne Schale, siebzig Lot schwer nach dem Gewicht des Heiligtums, beide voll feinstem Mehl, mit Öl vermengt, zum Speisopfer,

80 dazu ein goldener Löffel, zehn Lot schwer, voll Räucherwerk,

81 ein junger Stier, ein Widder, ein einjähriges Schaf zum Brandopfer,

82 ein Ziegenbock zum Sündopfer

83 und zum Dankopfer zwei Rinder, fünf Widder, fünf Böcke, fünf einjährige Schafe. Das ist die Gabe Ahiras, des Sohnes Enans.

¶ **84** Das war die Gabe der Fürsten Israels zur Einweihung des Altars zur Zeit, da er gesalbt wurde: zwölf silberne Schüsseln, zwölf silberne Schalen, zwölf goldene Löffel,

85 jede Schüssel hundertdreißig Lot Silber und jede Schale siebzig Lot schwer. Die Summe des Silbers aller Gefäße betrug zweitausendvierhundert Lot nach dem Gewicht des Heiligtums.

86 Und von den zwölf goldenen Löffeln voll Räucherwerk hatte jeder zehn Lot nach dem Gewicht des Heiligtums, sodass die Summe des Goldes der Löffel hundertzwanzig Lot betrug.

87 Die Summe der Tiere zum Brandopfer war zwölf junge Stiere, zwölf Widder, zwölf einjährige Schafe samt ihren Speisopfern und zwölf Ziegenböcke zum Sündopfer.

88 Und die Summe der Tiere zum Dankopfer war vierundzwanzig junge Stiere, sechzig Widder, sechzig Böcke, sechzig einjährige Schafe. Das war die Einweihung des Altars, als er gesalbt wurde.

¶ **89** Und als Mose in die Stiftshütte ging, um mit Ihm zu reden, da hörte er die Stimme zu sich reden von dem Gnadenthron, der auf der Lade mit dem Gesetz war, zwischen den beiden Cherubim; und Er redete zu ihm.

Von dem goldenen Leuchter

8 Und der HERR redete mit Mose und sprach:

2 Rede mit Aaron und sprich zu ihm: Wenn du die Lampen aufsetzt, sollst du sie so setzen, dass sie alle sieben von dem Leuchter nach vorwärts scheinen.

3 Und Aaron tat so und setzte die Lampen auf, dass sie von dem Leuchter nach vorwärts schienen, wie der HERR es Mose geboten hatte.

79 his offering was one silver plate whose weight was 130 shekels, one silver basin of 70 shekels, according to the shekel of the sanctuary, both of them full of fine flour mixed with oil for a grain offering;

80 one golden dish of 10 shekels, full of incense;

81 one bull from the herd, one ram, one male lamb a year old, for a burnt offering;

82 one male goat for a sin offering;

83 and for the sacrifice of peace offerings, two oxen, five rams, five male goats, and five male lambs a year old. This was the offering of Ahira the son of Enan.

¶ **84** This was the dedication offering for the altar on the day when it was anointed, from the chiefs of Israel: twelve silver plates, twelve silver basins, twelve golden dishes,

85 each silver plate weighing 130 shekels and each basin 70, all the silver of the vessels 2,400 shekels according to the shekel of the sanctuary,

86 the twelve golden dishes, full of incense, weighing 10 shekels apiece according to the shekel of the sanctuary, all the gold of the dishes being 120 shekels;

87 all the cattle for the burnt offering twelve bulls, twelve rams, twelve male lambs a year old, with their grain offering; and twelve male goats for a sin offering;

88 and all the cattle for the sacrifice of peace offerings twenty-four bulls, the rams sixty, the male goats sixty, the male lambs a year old sixty. This was the dedication offering for the altar after it was anointed.

¶ **89** And when Moses went into the tent of meeting to speak with the LORD, he heard the voice speaking to him from above the mercy seat that was on the ark of the testimony, from between the two cherubim; and it spoke to him.

The Seven Lamps

8 Now the LORD spoke to Moses, saying,

2 "Speak to Aaron and say to him, When you set up the lamps, the seven lamps shall give light in front of the lampstand."

3 And Aaron did so: he set up its lamps in front of the lampstand, as the LORD commanded Moses.

4 Der Leuchter aber war getriebenes Gold, sein Schaft und seine Blumen. Nach dem Bild, das der HERR dem Mose gezeigt hatte, machte er den Leuchter.

Weihe der Leviten

5 Und der HERR redete mit Mose und sprach:

6 Nimm aus den Israeliten die Leviten und reinige sie.

7 So sollst du aber mit ihnen tun, wenn du sie reinigst: Du sollst Wasser zur Entsündigung auf sie sprengen, und sie sollen alle ihre Haare ganz abscheren und ihre Kleider waschen und sich so reinigen.

8 Dann sollen sie einen jungen Stier nehmen und dazu als Speisopfer feinstes Mehl, mit Öl vermengt. Und einen andern jungen Stier sollst du zum Sündopfer nehmen

9 und sollst die Leviten vor die Stiftshütte bringen und die ganze Gemeinde der Israeliten versammeln

10 und die Leviten vor den HERRN bringen. Und die Israeliten sollen ihre Hände auf die Leviten legen,

11 und Aaron soll die Leviten vor dem HERRN darbringen als Schwingopfer von den Israeliten, damit sie den Dienst des HERRN versehen können.

12 Und die Leviten sollen ihre Hände auf den Kopf der jungen Stiere legen, und der eine soll zum Sündopfer, der andere zum Brandopfer dem HERRN dargebracht werden, um für die Leviten Sühne zu schaffen.

13 Und du sollst die Leviten vor Aaron und seine Söhne stellen und dem HERRN als Schwingopfer darbringen

14 und sollst so die Leviten absondern von den Israeliten, dass sie mir gehören.

¶ **15** Danach sollen sie hingehen, um ihr Amt an der Stiftshütte auszuüben. So sollst du sie reinigen und als Schwingopfer darbringen;

16 denn sie sind mir als Gabe übergeben aus der Mitte der Israeliten, und ich habe sie mir genommen statt allem, was zuerst den Mutterschoß durchbricht, nämlich statt der Erstgeburt aller Israeliten.

17 Denn alle Erstgeburt unter den Israeliten gehört mir, von Menschen und Vieh. An dem Tage, da ich alle Erstgeburt in Ägyptenland schlug, heiligte ich sie mir

18 und nahm die Leviten statt aller Erstgeburt unter den Israeliten

4 And this was the workmanship of the lampstand, hammered work of gold. From its base to its flowers, it was hammered work; according to the pattern that the LORD had shown Moses, so he made the lampstand.

Cleansing of the Levites

¶ **5** And the LORD spoke to Moses, saying,

6 "Take the Levites from among the people of Israel and cleanse them.

7 Thus you shall do to them to cleanse them: sprinkle the water of purification upon them, and let them go with a razor over all their body, and wash their clothes and cleanse themselves.

8 Then let them take a bull from the herd and its grain offering of fine flour mixed with oil, and you shall take another bull from the herd for a sin offering.

9 And you shall bring the Levites before the tent of meeting and assemble the whole congregation of the people of Israel.

10 When you bring the Levites before the LORD, the people of Israel shall lay their hands on the Levites,

11 and Aaron shall offer the Levites before the LORD as a wave offering from the people of Israel, that they may do the service of the LORD.

12 Then the Levites shall lay their hands on the heads of the bulls, and you shall offer the one for a sin offering and the other for a burnt offering to the LORD to make atonement for the Levites.

13 And you shall set the Levites before Aaron and his sons, and shall offer them as a wave offering to the LORD.

¶ **14** "Thus you shall separate the Levites from among the people of Israel, and the Levites shall be mine.

15 And after that the Levites shall go in to serve at the tent of meeting, when you have cleansed them and offered them as a wave offering.

16 For they are wholly given to me from among the people of Israel. Instead of all who open the womb, the firstborn of all the people of Israel, I have taken them for myself.

17 For all the firstborn among the people of Israel are mine, both of man and of beast. On the day that I struck down all the firstborn in the land of Egypt I consecrated them for myself,

18 and I have taken the Levites instead of all the firstborn among the people of Israel.

19 und gab sie aus der Mitte der Israeliten zur Gabe Aaron und seinen Söhnen, dass sie das Amt ausüben sollten für die Israeliten an der Stiftshütte und für die Israeliten Sühne schaffen, damit es nicht unter den Israeliten eine Plage gäbe, wenn sie sich zum Heiligtum nahen wollten.

¶ **20** Mose und Aaron samt der ganzen Gemeinde der Israeliten taten mit den Leviten alles, wie der Herr es Mose geboten hatte.

21 Und die Leviten entsündigten sich und wuschen ihre Kleider, und Aaron brachte die Leviten vor dem Herrn als Schwingopfer dar und schaffte für sie Sühne, dass sie rein wurden.

22 Danach gingen sie hin, um an der Stiftshütte ihr Amt auszuüben vor Aaron und seinen Söhnen. Wie der Herr es Mose geboten hatte über die Leviten, so taten sie mit ihnen.

Dienstalter der Leviten

23 Und der Herr redete mit Mose und sprach:

24 Das ist's, was für die Leviten gilt: Von fünfundzwanzig Jahren an und darüber sollen sie zum Dienst kommen und ihr Amt ausüben an der Stiftshütte,

25 aber von dem fünfzigsten Jahr an sollen sie frei sein vom Amt und sollen nicht mehr dienen,

26 sondern nur ihren Brüdern helfen beim Dienst an der Stiftshütte; das Amt aber sollen sie nicht mehr ausüben. So sollst du mit den Leviten tun, dass ein jeder seinen Dienst versehe.

Vorschriften für die Passafeier
(vgl. 2.Mose 12,1-28; 3.Mose 23,5-8)

9 Und der Herr redete mit Mose in der Wüste Sinai im zweiten Jahr, nachdem sie aus Ägyptenland gezogen waren, im ersten Monat und sprach:

2 Lass die Israeliten Passa halten zur festgesetzten Zeit;

3 am vierzehnten Tage dieses Monats gegen Abend zur festgesetzten Zeit sollt ihr es halten nach all seinen Satzungen und Ordnungen.

¶ **4** Und Mose redete mit den Israeliten, dass sie das Passa hielten.

19 And I have given the Levites as a gift to Aaron and his sons from among the people of Israel, to do the service for the people of Israel at the tent of meeting and to make atonement for the people of Israel, that there may be no plague among the people of Israel when the people of Israel come near the sanctuary."

¶ **20** Thus did Moses and Aaron and all the congregation of the people of Israel to the Levites. According to all that the Lord commanded Moses concerning the Levites, the people of Israel did to them.

21 And the Levites purified themselves from sin and washed their clothes, and Aaron offered them as a wave offering before the Lord, and Aaron made atonement for them to cleanse them.

22 And after that the Levites went in to do their service in the tent of meeting before Aaron and his sons; as the Lord had commanded Moses concerning the Levites, so they did to them.

Retirement of the Levites

¶ **23** And the Lord spoke to Moses, saying,

24 "This applies to the Levites: from twenty-five years old and upward they[1] shall come to do duty in the service of the tent of meeting.

25 And from the age of fifty years they shall withdraw from the duty of the service and serve no more.

26 They minister[2] to their brothers in the tent of meeting by keeping guard, but they shall do no service. Thus shall you do to the Levites in assigning their duties."

The Passover Celebrated

9 And the Lord spoke to Moses in the wilderness of Sinai, in the first month of the second year after they had come out of the land of Egypt, saying,

2 "Let the people of Israel keep the Passover at its appointed time.

3 On the fourteenth day of this month, at twilight, you shall keep it at its appointed time; according to all its statutes and all its rules you shall keep it."

4 So Moses told the people of Israel that they should keep the Passover.

5 Und sie hielten Passa am vierzehnten Tage des ersten Monats gegen Abend in der Wüste Sinai; ganz wie der HERR es Mose geboten hatte, so taten die Israeliten.

¶ **6** Da waren einige Männer unrein geworden an einem toten Menschen, sodass sie nicht Passa halten konnten an diesem Tage. Die traten vor Mose und Aaron am gleichen Tage

7 und sprachen zu ihm: Wir sind unrein geworden an einem toten Menschen. Warum sollen wir zurückstehen, dass wir unsere Gabe dem HERRN nicht bringen dürfen zur festgesetzten Zeit mit den Israeliten?

8 Mose sprach zu ihnen: Wartet, ich will hören, was euch der HERR gebietet.

¶ **9** Und der HERR redete mit Mose und sprach:

10 Sage den Israeliten: Wenn jemand unter euch oder unter euren Nachkommen unrein geworden ist an einem Toten oder auf einer weiten Reise ist, so soll er dennoch dem HERRN Passa halten,

11 aber erst im zweiten Monat am vierzehnten Tage gegen Abend, und soll es mit ungesäuertem Brot und bittern Kräutern essen.

12 Und sie sollen nichts davon übrig lassen bis zum Morgen, auch keinen Knochen davon zerbrechen und sollen's ganz nach der Ordnung des Passa halten.

13 Wer aber rein ist und wer nicht auf einer Reise ist und unterlässt es, das Passa zu halten, der soll ausgerottet werden aus seinem Volk, weil er seine Gabe nicht zur festgesetzten Zeit dem HERRN gebracht hat. Er soll seine Sünde tragen.

14 Und wenn ein Fremdling bei euch wohnt und auch dem HERRN Passa halten will, so soll er's halten nach der Satzung und der Ordnung des Passa. Einerlei Satzung soll bei euch sein für den Fremdling wie für den Einheimischen.

Die Wolken- und Feuersäule über der Stiftshütte

15 Und an dem Tage, da die Wohnung aufgerichtet wurde, bedeckte eine Wolke die Wohnung, die Hütte des Gesetzes, und vom Abend bis zum Morgen stand sie über der Wohnung wie ein feuriger Schein.

16 So geschah es die ganze Zeit, dass die Wolke sie bedeckte und bei Nacht ein feuriger Schein.

5 And they kept the Passover in the first month, on the fourteenth day of the month, at twilight, in the wilderness of Sinai; according to all that the LORD commanded Moses, so the people of Israel did.

6 And there were certain men who were unclean through touching a dead body, so that they could not keep the Passover on that day, and they came before Moses and Aaron on that day.

7 And those men said to him, "We are unclean through touching a dead body. Why are we kept from bringing the LORD's offering at its appointed time among the people of Israel?"

8 And Moses said to them, "Wait, that I may hear what the LORD will command concerning you."

¶ **9** The LORD spoke to Moses, saying,

10 "Speak to the people of Israel, saying, If any one of you or of your descendants is unclean through touching a dead body, or is on a long journey, he shall still keep the Passover to the LORD.

11 In the second month on the fourteenth day at twilight they shall keep it. They shall eat it with unleavened bread and bitter herbs.

12 They shall leave none of it until the morning, nor break any of its bones; according to all the statute for the Passover they shall keep it.

13 But if anyone who is clean and is not on a journey fails to keep the Passover, that person shall be cut off from his people because he did not bring the LORD's offering at its appointed time; that man shall bear his sin.

14 And if a stranger sojourns among you and would keep the Passover to the LORD, according to the statute of the Passover and according to its rule, so shall he do. You shall have one statute, both for the sojourner and for the native."

The Cloud Covering the Tabernacle

¶ **15** On the day that the tabernacle was set up, the cloud covered the tabernacle, the tent of the testimony. And at evening it was over the tabernacle like the appearance of fire until morning.

16 So it was always: the cloud covered it by day[1] and the appearance of fire by night.

17 Sooft sich aber die Wolke von dem Zelt erhob, brachen die Israeliten auf; und wo die Wolke sich niederließ, da lagerten sich die Israeliten.

18 Nach dem Wort des HERRN brachen sie auf, und nach seinem Wort lagerten sich sie. Solange die Wolke auf der Wohnung blieb, so lange lagerten sie.

19 Und wenn die Wolke viele Tage stehen blieb über der Wohnung, so beachteten die Israeliten die Weisung des HERRN und zogen nicht weiter.

20 Und wenn die Wolke auf der Wohnung nur wenige Tage blieb, so lagerten sie sich nach dem Wort des HERRN und brachen auf nach dem Wort des HERRN.

21 Wenn die Wolke da war vom Abend bis zum Morgen und sich dann erhob, so zogen sie weiter; oder wenn sie sich bei Tage oder bei Nacht erhob, so brachen sie auch auf.

22 Wenn sie aber zwei Tage oder einen Monat oder noch länger auf der Wohnung blieb, so lagerten die Israeliten und zogen nicht weiter; und wenn sie sich dann erhob, so brachen sie auf.

23 Denn nach des HERRN Befehl lagerten sie sich, und nach des HERRN Befehl brachen sie auf und beachteten so die Weisung des HERRN, wie er sie durch Mose geboten hatte.

Vom Blasen der Trompeten

10 Und der HERR redete mit Mose und sprach:

2 Mache dir zwei Trompeten von getriebenem Silber und gebrauche sie, um die Gemeinde zusammenzurufen und wenn das Heer aufbrechen soll.

3 Wenn man mit beiden bläst, soll sich bei dir versammeln die ganze Gemeinde vor der Tür der Stiftshütte.

4 Wenn man nur mit einer bläst, so sollen sich bei dir versammeln die Fürsten, die Häupter über die Tausende in Israel.

5 Wenn ihr aber laut trompetet, so sollen die Lager aufbrechen, die nach Osten zu liegen.

6 Und wenn ihr zum zweiten Mal laut trompetet, so sollen die Lager aufbrechen, die nach Süden zu liegen. Denn wenn sie weiterziehen sollen, so sollt ihr laut trompeten.

7 Wenn aber die Gemeinde zu versammeln ist, sollt ihr nur blasen und nicht laut trompeten.

17 And whenever the cloud lifted from over the tent, after that the people of Israel set out, and in the place where the cloud settled down, there the people of Israel camped.

18 At the command of the LORD the people of Israel set out, and at the command of the LORD they camped. As long as the cloud rested over the tabernacle, they remained in camp.

19 Even when the cloud continued over the tabernacle many days, the people of Israel kept the charge of the LORD and did not set out.

20 Sometimes the cloud was a few days over the tabernacle, and according to the command of the LORD they remained in camp; then according to the command of the LORD they set out.

21 And sometimes the cloud remained from evening until morning. And when the cloud lifted in the morning, they set out, or if it continued for a day and a night, when the cloud lifted they set out.

22 Whether it was two days, or a month, or a longer time, that the cloud continued over the tabernacle, abiding there, the people of Israel remained in camp and did not set out, but when it lifted they set out.

23 At the command of the LORD they camped, and at the command of the LORD they set out. They kept the charge of the LORD, at the command of the LORD by Moses.

The Silver Trumpets

10 The LORD spoke to Moses, saying,

2 "Make two silver trumpets. Of hammered work you shall make them, and you shall use them for summoning the congregation and for breaking camp.

3 And when both are blown, all the congregation shall gather themselves to you at the entrance of the tent of meeting.

4 But if they blow only one, then the chiefs, the heads of the tribes of Israel, shall gather themselves to you.

5 When you blow an alarm, the camps that are on the east side shall set out.

6 And when you blow an alarm the second time, the camps that are on the south side shall set out. An alarm is to be blown whenever they are to set out.

7 But when the assembly is to be gathered together, you shall blow a long blast, but you shall not sound an alarm.

8 Es sollen aber blasen mit den Trompeten die Söhne Aarons, die Priester; und das soll eine ewige Ordnung sein für euch und eure Nachkommen.

¶ **9** Wenn ihr in den Krieg zieht in eurem Lande gegen eure Feinde, die euch bedrängen, so sollt ihr laut trompeten mit den Trompeten, dass euer gedacht werde vor dem HERRN, eurem Gott, und ihr errettet werdet vor euren Feinden.

10 Desgleichen, wenn ihr fröhlich seid an euren Festen und an euren Neumonden, sollt ihr mit den Trompeten blasen bei euren Brandopfern und Dankopfern, damit euer Gott an euch denke. Ich bin der HERR, euer Gott.

Aufbruch des Volkes vom Sinai

11 Am zwanzigsten Tage im zweiten Monat des zweiten Jahres erhob sich die Wolke von der Wohnung des Gesetzes.

12 Und die Israeliten brachen auf aus der Wüste Sinai und die Wolke machte halt in der Wüste Paran.

13 So brachen sie zum ersten Male auf nach dem Wort des HERRN durch Mose,

14 nämlich das Banner des Lagers der Söhne Juda brach zuerst auf, Heerschar nach Heerschar, und über ihr Heer gebot Nachschon, der Sohn Amminadabs.

15 Und über das Heer des Stammes der Söhne Issachar gebot Netanel, der Sohn Zuars.

16 Und über das Heer des Stammes der Söhne Sebulon gebot Eliab, der Sohn Helons.

¶ **17** Dann zerlegte man die Wohnung, und es brachen auf die Söhne Gerschon und Merari und trugen die Wohnung.

18 Danach brach auf das Banner des Lagers Ruben, Heerschar nach Heerschar, und über ihr Heer gebot Elizur, der Sohn Schedëurs.

19 Und über das Heer des Stammes der Söhne Simeon gebot Schelumiël, der Sohn Zurischaddais,

20 und Eljasaf, der Sohn Deguëls, über das Heer des Stammes der Söhne Gad.

21 Dann brachen auf die Kehatiter und trugen die heiligen Geräte; und man richtete die Wohnung auf, bis diese nachkamen.

22 Danach brach auf das Banner des Lagers der Söhne Ephraim, Heerschar nach Heerschar, und über ihr Heer gebot Elischama, der Sohn Ammihuds,

8 And the sons of Aaron, the priests, shall blow the trumpets. The trumpets shall be to you for a perpetual statute throughout your generations.

9 And when you go to war in your land against the adversary who oppresses you, then you shall sound an alarm with the trumpets, that you may be remembered before the LORD your God, and you shall be saved from your enemies.

10 On the day of your gladness also, and at your appointed feasts and at the beginnings of your months, you shall blow the trumpets over your burnt offerings and over the sacrifices of your peace offerings. They shall be a reminder of you before your God: I am the LORD your God."

Israel Leaves Sinai

¶ **11** In the second year, in the second month, on the twentieth day of the month, the cloud lifted from over the tabernacle of the testimony,

12 and the people of Israel set out by stages from the wilderness of Sinai. And the cloud settled down in the wilderness of Paran.

13 They set out for the first time at the command of the LORD by Moses.

14 The standard of the camp of the people of Judah set out first by their companies, and over their company was Nahshon the son of Amminadab.

15 And over the company of the tribe of the people of Issachar was Nethanel the son of Zuar.

16 And over the company of the tribe of the people of Zebulun was Eliab the son of Helon.

¶ **17** And when the tabernacle was taken down, the sons of Gershon and the sons of Merari, who carried the tabernacle, set out.

18 And the standard of the camp of Reuben set out by their companies, and over their company was Elizur the son of Shedeur.

19 And over the company of the tribe of the people of Simeon was Shelumiel the son of Zurishaddai.

20 And over the company of the tribe of the people of Gad was Eliasaph the son of Deuel.

¶ **21** Then the Kohathites set out, carrying the holy things, and the tabernacle was set up before their arrival.

22 And the standard of the camp of the people of Ephraim set out by their companies, and over their company was Elishama the son of Ammihud.

23 und Gamliël, der Sohn Pedazurs, über das Heer des Stammes der Söhne Manasse

24 und Abidan, der Sohn des Gidoni, über das Heer des Stammes der Söhne Benjamin.

25 Danach brach auf das Banner des Lagers der Söhne Dan als letztes aller Lager, Heerschar nach Heerschar, und Ahiëser, der Sohn Ammischaddais, gebot über ihr Heer

26 und Pagiël, der Sohn Ochrans, über das Heer des Stammes der Söhne Asser

27 und Ahira, der Sohn Enans, über das Heer des Stammes der Söhne Naftali.

28 So brachen die Israeliten auf, Heerschar nach Heerschar.

¶ **29** Und Mose sprach zu seinem Schwager Hobab, dem Sohn Reguëls, aus Midian: Wir ziehen dahin in das Land, von dem der HERR gesagt hat: »Ich will es euch geben.« Komm nun mit uns, so wollen wir Gutes an dir tun, denn der HERR hat Israel Gutes zugesagt.

30 Er aber antwortete: Ich will nicht mit euch, sondern in mein Land zu meiner Verwandtschaft ziehen.

31 Mose sprach: Verlass uns doch nicht, denn du weißt, wo wir in der Wüste uns lagern sollen, und du sollst unser Auge sein.

32 Und wenn du mit uns ziehst – was der HERR Gutes an uns tut, das wollen wir an dir tun.

¶ **33** So zogen sie von dem Berge des HERRN drei Tagereisen weit, und die Lade des Bundes des HERRN zog vor ihnen her die drei Tagereisen, um ihnen zu zeigen, wo sie ruhen sollten.

34 Und die Wolke des HERRN war bei Tage über ihnen, wenn sie aus dem Lager zogen.

¶ **35** Und wenn die Lade aufbrach, so sprach Mose: HERR, steh auf! Lass deine Feinde zerstreut werden und alle, die dich hassen, flüchtig werden vor dir!

36 Und wenn sie sich niederließ, so sprach er: Komm wieder, HERR, zu der Menge der Tausende in Israel!

Mose erhält Beistand. Das murrende Volk wird gestraft

11 Und das Volk klagte vor den Ohren des HERRN, dass es ihm schlecht gehe. Und als es der HERR hörte, entbrannte sein Zorn, und das Feuer des HERRN loderte auf unter ihnen und fraß am Rande des Lagers.

23 And over the company of the tribe of the people of Manasseh was Gamaliel the son of Pedahzur.

24 And over the company of the tribe of the people of Benjamin was Abidan the son of Gideoni.

¶ **25** Then the standard of the camp of the people of Dan, acting as the rear guard of all the camps, set out by their companies, and over their company was Ahiezer the son of Ammishaddai.

26 And over the company of the tribe of the people of Asher was Pagiel the son of Ochran.

27 And over the company of the tribe of the people of Naphtali was Ahira the son of Enan.

28 This was the order of march of the people of Israel by their companies, when they set out.

¶ **29** And Moses said to Hobab the son of Reuel the Midianite, Moses' father-in-law, "We are setting out for the place of which the LORD said, 'I will give it to you.' Come with us, and we will do good to you, for the LORD has promised good to Israel."

30 But he said to him, "I will not go. I will depart to my own land and to my kindred."

31 And he said, "Please do not leave us, for you know where we should camp in the wilderness, and you will serve as eyes for us.

32 And if you do go with us, whatever good the LORD will do to us, the same will we do to you."

¶ **33** So they set out from the mount of the LORD three days' journey. And the ark of the covenant of the LORD went before them three days' journey, to seek out a resting place for them.

34 And the cloud of the LORD was over them by day, whenever they set out from the camp.

¶ **35** And whenever the ark set out, Moses said, "Arise, O LORD, and let your enemies be scattered, and let those who hate you flee before you."

36 And when it rested, he said, "Return, O LORD, to the ten thousand thousands of Israel."

The People Complain

11 And the people complained in the hearing of the LORD about their misfortunes, and when the LORD heard it, his anger was kindled, and the fire of the LORD burned among them and consumed some outlying parts of the camp.

2 Da schrie das Volk zu Mose und Mose bat den HERRN; da verschwand das Feuer.

3 Und man nannte die Stätte Tabera, weil hier das Feuer des HERRN unter ihnen aufgelodert war.

¶ **4** Das fremde Volk aber unter ihnen war lüstern geworden. Da fingen auch die Israeliten wieder an zu weinen und sprachen: Wer wird uns Fleisch zu essen geben?

5 Wir denken an die Fische, die wir in Ägypten umsonst aßen, und an die Kürbisse, die Melonen, den Lauch, die Zwiebeln und den Knoblauch.

6 Nun aber ist unsere Seele matt, denn unsere Augen sehen nichts als das Manna.

7 Es war aber das Manna wie Koriandersamen und anzusehen wie Bedolachharz.

8 Und das Volk lief hin und her und sammelte und zerrieb es mit Mühlen oder zerstieß es in Mörsern und kochte es in Töpfen und machte sich Kuchen daraus; und es hatte einen Geschmack wie Ölkuchen.

9 Und wenn bei Nacht der Tau über das Lager fiel, so fiel das Manna mit darauf.

¶ **10** Als nun Mose das Volk weinen hörte, alle Geschlechter miteinander, einen jeden in der Tür seines Zeltes, da entbrannte der Zorn des HERRN sehr. Und auch Mose verdross es.

11 Und Mose sprach zu dem HERRN: Warum bekümmerst du deinen Knecht? Und warum finde ich keine Gnade vor deinen Augen, dass du die Last dieses ganzen Volks auf mich legst?

12 Hab ich denn all das Volk empfangen oder geboren, dass du zu mir sagen könntest: Trag es in deinen Armen, wie eine Amme ein Kind trägt, in das Land, das du ihren Vätern zugeschworen hast?

13 Woher soll ich Fleisch nehmen, um es all diesem Volk zu geben? Sie weinen vor mir und sprechen: Gib uns Fleisch zu essen.

14 Ich vermag all das Volk nicht allein zu tragen, denn es ist mir zu schwer.

15 Willst du aber doch so mit mir tun, so töte mich lieber, wenn anders ich Gnade vor deinen Augen gefunden habe, damit ich nicht mein Unglück sehen muss.

2 Then the people cried out to Moses, and Moses prayed to the LORD, and the fire died down.

3 So the name of that place was called Taberah,[1] because the fire of the LORD burned among them.

¶ **4** Now the rabble that was among them had a strong craving. And the people of Israel also wept again and said, "Oh that we had meat to eat!

5 We remember the fish we ate in Egypt that cost nothing, the cucumbers, the melons, the leeks, the onions, and the garlic.

6 But now our strength is dried up, and there is nothing at all but this manna to look at."

¶ **7** Now the manna was like coriander seed, and its appearance like that of bdellium.

8 The people went about and gathered it and ground it in handmills or beat it in mortars and boiled it in pots and made cakes of it. And the taste of it was like the taste of cakes baked with oil.

9 When the dew fell upon the camp in the night, the manna fell with it.

¶ **10** Moses heard the people weeping throughout their clans, everyone at the door of his tent. And the anger of the LORD blazed hotly, and Moses was displeased.

11 Moses said to the LORD, "Why have you dealt ill with your servant? And why have I not found favor in your sight, that you lay the burden of all this people on me?

12 Did I conceive all this people? Did I give them birth, that you should say to me, 'Carry them in your bosom, as a nurse carries a nursing child,' to the land that you swore to give their fathers?

13 Where am I to get meat to give to all this people? For they weep before me and say, 'Give us meat, that we may eat.'

14 I am not able to carry all this people alone; the burden is too heavy for me.

15 If you will treat me like this, kill me at once, if I find favor in your sight, that I may not see my wretchedness."

¶ **16** Und der HERR sprach zu Mose: Sammle mir siebzig Männer unter den Ältesten Israels, von denen du weißt, dass sie Älteste im Volk und seine Amtleute sind, und bringe sie vor die Stiftshütte und stelle sie dort vor dich,

17 so will ich herniederkommen und dort mit dir reden und von deinem Geist, der auf dir ist, nehmen und auf sie legen, damit sie mit dir die Last des Volks tragen und du nicht allein tragen musst.

¶ **18** Und zum Volk sollst du sagen: Heiligt euch für morgen, so sollt ihr Fleisch zu essen haben; denn euer Weinen ist vor die Ohren des HERRN gekommen, die ihr sprecht: »Wer gibt uns Fleisch zu essen? Denn es ging uns gut in Ägypten.« Darum wird euch der HERR Fleisch zu essen geben,

19 nicht nur einen Tag, nicht zwei, nicht fünf, nicht zehn, nicht zwanzig Tage lang,

20 sondern einen Monat lang, bis ihr's nicht mehr riechen könnt und es euch zum Ekel wird, weil ihr den HERRN verworfen habt, der unter euch ist, und weil ihr vor ihm geweint und gesagt habt: Warum sind wir aus Ägypten gegangen?

¶ **21** Und Mose sprach: Sechshunderttausend Mann Fußvolk sind es, mit denen ich lebe, und du sprichst: Ich will ihnen Fleisch geben, dass sie einen Monat lang zu essen haben.

22 Kann man so viele Schafe und Rinder schlachten, dass es für sie genug sei? Oder kann man alle Fische des Meeres einfangen, dass es für sie genug sei?

23 Der HERR aber sprach zu Mose: Ist denn die Hand des HERRN zu kurz? Aber du sollst jetzt sehen, ob sich dir mein Wort erfüllt oder nicht.

¶ **24** Und Mose ging heraus und sagte dem Volk die Worte des HERRN und versammelte siebzig Männer aus den Ältesten des Volks und stellte sie rings um die Stiftshütte.

25 Da kam der HERR hernieder in der Wolke und redete mit ihm und nahm von dem Geist, der auf ihm war, und legte ihn auf die siebzig Ältesten. Und als der Geist auf ihnen ruhte, gerieten sie in Verzückung wie Propheten und hörten nicht auf.

¶ **26** Es waren aber noch zwei Männer im Lager geblieben; der eine hieß Eldad, der andere Medad. Und der Geist kam über sie, denn sie waren auch aufgeschrieben, jedoch nicht hinausgegangen zu der Stiftshütte, und sie gerieten in Verzückung im Lager.

Elders Appointed to Aid Moses

¶ **16** Then the LORD said to Moses, "Gather for me seventy men of the elders of Israel, whom you know to be the elders of the people and officers over them, and bring them to the tent of meeting, and let them take their stand there with you.

17 And I will come down and talk with you there. And I will take some of the Spirit that is on you and put it on them, and they shall bear the burden of the people with you, so that you may not bear it yourself alone.

18 And say to the people, 'Consecrate yourselves for tomorrow, and you shall eat meat, for you have wept in the hearing of the LORD, saying, "Who will give us meat to eat? For it was better for us in Egypt." Therefore the LORD will give you meat, and you shall eat.

19 You shall not eat just one day, or two days, or five days, or ten days, or twenty days,

20 but a whole month, until it comes out at your nostrils and becomes loathsome to you, because you have rejected the LORD who is among you and have wept before him, saying, "Why did we come out of Egypt?" '"

21 But Moses said, "The people among whom I am number six hundred thousand on foot, and you have said, 'I will give them meat, that they may eat a whole month!'

22 Shall flocks and herds be slaughtered for them, and be enough for them? Or shall all the fish of the sea be gathered together for them, and be enough for them?"

23 And the LORD said to Moses, "Is the LORD's hand shortened? Now you shall see whether my word will come true for you or not."

¶ **24** So Moses went out and told the people the words of the LORD. And he gathered seventy men of the elders of the people and placed them around the tent.

25 Then the LORD came down in the cloud and spoke to him, and took some of the Spirit that was on him and put it on the seventy elders. And as soon as the Spirit rested on them, they prophesied. But they did not continue doing it.

¶ **26** Now two men remained in the camp, one named Eldad, and the other named Medad, and the Spirit rested on them. They were among those registered, but they had not gone out to the tent, and so they prophesied in the camp.

27 Da lief ein junger Mann hin und sagte es Mose und sprach: Eldad und Medad sind in Verzückung im Lager.

28 Da antwortete Josua, der Sohn Nuns, der dem Mose diente von seiner Jugend an, und sprach: Mose, mein Herr, wehre ihnen!

29 Aber Mose sprach zu ihm: Eiferst du um meinetwillen? Wollte Gott, dass alle im Volk des HERRN Propheten wären und der HERR seinen Geist über sie kommen ließe!

30 Darauf kehrte Mose zum Lager zurück mit den Ältesten Israels.

¶ **31** Da erhob sich ein Wind, vom HERRN gesandt, und ließ Wachteln kommen vom Meer und ließ sie auf das Lager fallen, eine Tagereise weit rings um das Lager, zwei Ellen hoch auf der Erde.

32 Da machte sich das Volk auf und sammelte Wachteln diesen ganzen Tag und die ganze Nacht und den andern ganzen Tag; und wer am wenigsten sammelte, der sammelte hundert Scheffel. Und sie breiteten sie rings um das Lager aus, um sie zu dörren.

33 Als aber das Fleisch noch zwischen ihren Zähnen war und ehe es ganz aufgebraucht war, da entbrannte der Zorn des HERRN gegen das Volk und er schlug sie mit einer sehr großen Plage.

34 Daher heißt die Stätte »Lustgräber«, weil man dort das lüsterne Volk begrub.

35 Von den »Lustgräbern« aber zog das Volk weiter nach Hazerot und sie blieben in Hazerot.

Mirjam wird aussätzig

12 Da redeten Mirjam und Aaron gegen Mose um seiner Frau willen, der Kuschiterin, die er genommen hatte. Er hatte sich nämlich eine kuschitische Frau genommen.

2 Und sie sprachen: Redet denn der HERR allein durch Mose? Redet er nicht auch durch uns? Und der HERR hörte es.

3 Aber Mose war ein sehr demütiger Mensch, mehr als alle Menschen auf Erden.

4 Und sogleich sprach der HERR zu Mose und zu Aaron und zu Mirjam: Geht hinaus, ihr drei, zur Stiftshütte! Und sie gingen alle drei hinaus.

27 And a young man ran and told Moses, "Eldad and Medad are prophesying in the camp."

28 And Joshua the son of Nun, the assistant of Moses from his youth, said, "My lord Moses, stop them."

29 But Moses said to him, "Are you jealous for my sake? Would that all the LORD's people were prophets, that the LORD would put his Spirit on them!"

30 And Moses and the elders of Israel returned to the camp.

Quail and a Plague

¶ **31** Then a wind from the LORD sprang up, and it brought quail from the sea and let them fall beside the camp, about a day's journey on this side and a day's journey on the other side, around the camp, and about two cubits[2] above the ground.

32 And the people rose all that day and all night and all the next day, and gathered the quail. Those who gathered least gathered ten homers.[3] And they spread them out for themselves all around the camp.

33 While the meat was yet between their teeth, before it was consumed, the anger of the LORD was kindled against the people, and the LORD struck down the people with a very great plague.

34 Therefore the name of that place was called Kibroth-hattaavah,[4] because there they buried the people who had the craving.

35 From Kibroth-hattaavah the people journeyed to Hazeroth, and they remained at [n]Hazeroth.

Miriam and Aaron Oppose Moses

12 Miriam and Aaron spoke against Moses because of the Cushite woman whom he had married, for he had married a Cushite woman.

2 And they said, "Has the LORD indeed spoken only through Moses? Has he not spoken through us also?" And the LORD heard it.

3 Now the man Moses was very meek, more than all people who were on the face of the earth.

4 And suddenly the LORD said to Moses and to Aaron and Miriam, "Come out, you three, to the tent of meeting." And the three of them came out.

5 Da kam der HERR hernieder in der Wolkensäule und trat in die Tür der Stiftshütte und rief Aaron und Mirjam und die gingen beide hin.

6 Und er sprach: Hört meine Worte: Ist jemand unter euch ein Prophet des HERRN, dem will ich mich kundmachen in Gesichten oder will mit ihm reden in Träumen.

7 Aber so steht es nicht mit meinem Knecht Mose; ihm ist mein ganzes Haus anvertraut.

8 Von Mund zu Mund rede ich mit ihm, nicht durch dunkle Worte oder Gleichnisse, und er sieht den HERRN in seiner Gestalt. Warum habt ihr euch denn nicht gefürchtet, gegen meinen Knecht Mose zu reden?

¶ **9** Und der Zorn des HERRN entbrannte gegen sie und er wandte sich weg;

10 auch wich die Wolke von der Stiftshütte. Und siehe, da war Mirjam aussätzig wie Schnee. Und Aaron wandte sich zu Mirjam und wird gewahr, dass sie aussätzig ist,

11 und sprach zu Mose: Ach, mein Herr, lass die Sünde nicht auf uns bleiben, mit der wir töricht getan und uns versündigt haben.

12 Lass Mirjam nicht sein wie ein Totgeborenes, das von seiner Mutter Leibe kommt und von dem schon die Hälfte seines Fleisches geschwunden ist.

13 Mose aber schrie zu dem HERRN: Ach Gott, heile sie!

14 Der HERR sprach zu Mose: Wenn ihr Vater ihr ins Angesicht gespien hätte, würde sie nicht sieben Tage sich schämen? Lass sie abgesondert sein sieben Tage außerhalb des Lagers; danach soll sie wieder aufgenommen werden.

¶ **15** So wurde Mirjam sieben Tage abgesondert außerhalb des Lagers. Und das Volk zog nicht weiter, bis Mirjam wieder aufgenommen wurde.

16 Danach brach das Volk von Hazerot auf und lagerte sich in der Wüste Paran.

Aussendung und Rückkehr der Kundschafter
(vgl. 5.Mose 1,19-25)

13 Und der HERR redete mit Mose und sprach:

2 Sende Männer aus, die das Land Kanaan erkunden, das ich den Israeliten geben will, aus jedem Stamm ihrer Väter je einen Mann, lauter Älteste.

3 Da entsandte Mose aus der Wüste Paran nach dem Wort des HERRN lauter Männer, die Häupter waren unter den Israeliten.

5 And the LORD came down in a pillar of cloud and stood at the entrance of the tent and called Aaron and Miriam, and they both came forward.

6 And he said, "Hear my words: If there is a prophet among you, I the LORD make myself known to him in a vision; I speak with him in a dream.

7 Not so with my servant Moses. He is faithful in all my house.

8 With him I speak mouth to mouth, clearly, and not in riddles, and he beholds the form of the LORD. Why then were you not afraid to speak against my servant Moses?"

9 And the anger of the LORD was kindled against them, and he departed.

¶ **10** When the cloud removed from over the tent, behold, Miriam was leprous,[1] like snow. And Aaron turned toward Miriam, and behold, she was leprous.

11 And Aaron said to Moses, "Oh, my lord, do not punish us[2] because we have done foolishly and have sinned.

12 Let her not be as one dead, whose flesh is half eaten away when he comes out of his mother's womb."

13 And Moses cried to the LORD, "O God, please heal her—please."

14 But the LORD said to Moses, "If her father had but spit in her face, should she not be shamed seven days? Let her be shut outside the camp seven days, and after that she may be brought in again."

15 So Miriam was shut outside the camp seven days, and the people did not set out on the march till Miriam was brought in again.

16 After that the people set out from Hazeroth, and camped in the wilderness of Paran.

Spies Sent into Canaan

13 The LORD spoke to Moses, saying,

2 "Send men to spy out the land of Canaan, which I am giving to the people of Israel. From each tribe of their fathers you shall send a man, every one a chief among them."

3 So Moses sent them from the wilderness of Paran, according to the command of the LORD, all of them men who were heads of the people of Israel.

¶ **4** Und sie hießen: Schammua, der Sohn Sakkurs, vom Stamme Ruben;

5 Schafat, der Sohn Horis, vom Stamme Simeon;

6 Kaleb, der Sohn Jefunnes, vom Stamme Juda;

7 Jigal, der Sohn Josefs, vom Stamme Issachar;

8 Hoschea, der Sohn Nuns, vom Stamme Ephraim;

9 Palti, der Sohn Rafus, vom Stamme Benjamin;

10 Gaddiël, der Sohn Sodis, vom Stamme Sebulon;

11 Gaddi, der Sohn Susis, vom Stamme Josef, von Manasse;

12 Ammiël, der Sohn Gemallis, vom Stamme Dan;

13 Setur, der Sohn Michaels, vom Stamme Asser;

14 Nachbi, der Sohn Wofsis, vom Stamme Naftali;

15 Gëuël, der Sohn Machis, vom Stamme Gad.

¶ **16** Das sind die Namen der Männer, die Mose aussandte, um das Land zu erkunden. Aber Hoschea, den Sohn Nuns, nannte Mose Josua.

¶ **17** Als sie nun Mose aussandte, das Land Kanaan zu erkunden, sprach er zu ihnen: Zieht da hinauf ins Südland und geht auf das Gebirge

18 und seht euch das Land an, wie es ist, und das Volk, das darin wohnt, ob's stark oder schwach, wenig oder viel ist;

19 und was es für ein Land ist, darin sie wohnen, ob's gut oder schlecht ist; und was es für Städte sind, in denen sie wohnen, ob sie in Zeltdörfern oder festen Städten wohnen;

20 und wie der Boden ist, ob fett oder mager, und ob Bäume da sind oder nicht. Seid mutig und bringt mit von den Früchten des Landes. Es war aber eben um die Zeit der ersten Weintrauben.

¶ **21** Und sie gingen hinauf und erkundeten das Land von der Wüste Zin bis nach Rehob, von wo man nach Hamat geht.

22 Sie gingen hinauf ins Südland und kamen bis nach Hebron; da lebten Ahiman, Scheschai und Talmai, die Söhne Anaks. Hebron aber war erbaut worden sieben Jahre vor Zoan in Ägypten.

23 Und sie kamen bis an den Bach Eschkol und schnitten dort eine Rebe ab mit **einer** Weintraube und trugen sie zu zweien auf einer Stange, dazu auch Granatäpfel und Feigen.

4 And these were their names: From the tribe of Reuben, Shammua the son of Zaccur;

5 from the tribe of Simeon, Shaphat the son of Hori;

6 from the tribe of Judah, Caleb the son of Jephunneh;

7 from the tribe of Issachar, Igal the son of Joseph;

8 from the tribe of Ephraim, Hoshea the son of Nun;

9 from the tribe of Benjamin, Palti the son of Raphu;

10 from the tribe of Zebulun, Gaddiel the son of Sodi;

11 from the tribe of Joseph (that is, from the tribe of Manasseh), Gaddi the son of Susi;

12 from the tribe of Dan, Ammiel the son of Gemalli;

13 from the tribe of Asher, Sethur the son of Michael;

14 from the tribe of Naphtali, Nahbi the son of Vophsi;

15 from the tribe of Gad, Geuel the son of Machi.

16 These were the names of the men whom Moses sent to spy out the land. And Moses called Hoshea the son of Nun Joshua.

¶ **17** Moses sent them to spy out the land of Canaan and said to them, "Go up into the Negeb and go up into the hill country,

18 and see what the land is, and whether the people who dwell in it are strong or weak, whether they are few or many,

19 and whether the land that they dwell in is good or bad, and whether the cities that they dwell in are camps or strongholds,

20 and whether the land is rich or poor, and whether there are trees in it or not. Be of good courage and bring some of the fruit of the land." Now the time was the season of the first ripe grapes.

¶ **21** So they went up and spied out the land from the wilderness of Zin to Rehob, near Lebo-hamath.

22 They went up into the Negeb and came to Hebron. Ahiman, Sheshai, and Talmai, the descendants of Anak, were there. (Hebron was built seven years before ᵘZoan in Egypt.)

23 And they came to the Valley of Eshcol and cut down from there a branch with a single cluster of grapes, and they carried it on a pole between two of them; they also brought some pomegranates and figs.

24 Der Ort heißt Bach Eschkol nach der Traube, die die Israeliten dort abgeschnitten hatten.

25 Und nach vierzig Tagen, als sie das Land erkundet hatten, kehrten sie um,

26 gingen hin und kamen zu Mose und Aaron und zu der ganzen Gemeinde der Israeliten in die Wüste Paran nach Kadesch und brachten ihnen und der ganzen Gemeinde Kunde, wie es stand, und ließen sie die Früchte des Landes sehen.

27 Und sie erzählten ihnen und sprachen: Wir sind in das Land gekommen, in das ihr uns sandtet; es fließt wirklich Milch und Honig darin und dies sind seine Früchte.

28 Aber stark ist das Volk, das darin wohnt, und die Städte sind befestigt und sehr groß; und wir sahen dort auch Anaks Söhne.

29 Es wohnen die Amalekiter im Südland, die Hetiter und Jebusiter und Amoriter wohnen auf dem Gebirge, die Kanaaniter aber wohnen am Meer und am Jordan.

30 Kaleb aber beschwichtigte das Volk, das gegen Mose murrte, und sprach: Lasst uns hinaufziehen und das Land einnehmen, denn wir können es überwältigen.

31 Aber die Männer, die mit ihm hinaufgezogen waren, sprachen: Wir vermögen nicht hinaufzuziehen gegen dies Volk, denn sie sind uns zu stark.

32 Und sie brachten über das Land, das sie erkundet hatten, ein böses Gerücht auf unter den Israeliten und sprachen: Das Land, durch das wir gegangen sind, um es zu erkunden, frisst seine Bewohner und alles Volk, das wir darin sahen, sind Leute von großer Länge.

33 Wir sahen dort auch Riesen, Anaks Söhne aus dem Geschlecht der Riesen, und wir waren in unsern Augen wie Heuschrecken und waren es auch in ihren Augen.

14 Da fuhr die ganze Gemeinde auf und schrie, und das Volk weinte die ganze Nacht.

2 Und alle Israeliten murrten gegen Mose und Aaron und die ganze Gemeinde sprach zu ihnen: Ach dass wir in Ägyptenland gestorben wären oder noch in dieser Wüste stürben!

24 That place was called the Valley of Eshcol,[1] because of the cluster that the people of Israel cut down from there.

Report of the Spies

25 At the end of forty days they returned from spying out the land.

26 And they came to Moses and Aaron and to all the congregation of the people of Israel in the wilderness of Paran, at Kadesh. They brought back word to them and to all the congregation, and showed them the fruit of the land.

27 And they told him, "We came to the land to which you sent us. It flows with milk and honey, and this is its fruit.

28 However, the people who dwell in the land are strong, and the cities are fortified and very large. And besides, we saw the descendants of Anak there.

29 The Amalekites dwell in the land of the Negeb. The Hittites, the Jebusites, and the Amorites dwell in the hill country. And the Canaanites dwell by the sea, and along the Jordan."

30 But Caleb quieted the people before Moses and said, "Let us go up at once and occupy it, for we are well able to overcome it."

31 Then the men who had gone up with him said, "We are not able to go up against the people, for they are stronger than we are."

32 So they brought to the people of Israel a bad report of the land that they had spied out, saying, "The land, through which we have gone to spy it out, is a land that devours its inhabitants, and all the people that we saw in it are of great height.

33 And there we saw the Nephilim (the sons of Anak, who come from the [g]Nephilim), and we seemed to ourselves like grasshoppers, and so we seemed to them."

The People Rebel

14 Then all the congregation raised a loud cry, and the people wept that night.

2 And all the people of Israel grumbled against Moses and Aaron. The whole congregation said to them, "Would that we had died in the land of Egypt! Or would that we had died in this wilderness!

3 Warum führt uns der HERR in dies Land, damit wir durchs Schwert fallen und unsere Frauen und unsere Kinder ein Raub werden? Ist's nicht besser, wir ziehen wieder nach Ägypten?

4 Und einer sprach zu dem andern: Lasst uns einen Hauptmann über uns setzen und wieder nach Ägypten ziehen!

¶ **5** Mose aber und Aaron fielen auf ihr Angesicht vor der ganzen Versammlung der Gemeinde der Israeliten.

6 Und Josua, der Sohn Nuns, und Kaleb, der Sohn Jefunnes, die auch das Land erkundet hatten, zerrissen ihre Kleider

7 und sprachen zu der ganzen Gemeinde der Israeliten: Das Land, das wir durchzogen haben, um es zu erkunden, ist sehr gut.

8 Wenn der HERR uns gnädig ist, so wird er uns in dies Land bringen und es uns geben, ein Land, darin Milch und Honig fließt.

9 Fallt nur nicht ab vom HERRN und fürchtet euch vor dem Volk dieses Landes nicht, denn wir wollen sie wie Brot auffressen. Es ist ihr Schutz von ihnen gewichen, der HERR aber ist mit uns. Fürchtet euch nicht vor ihnen!

¶ **10** Aber das ganze Volk sprach, man sollte sie steinigen. Da erschien die Herrlichkeit des HERRN über der Stiftshütte allen Israeliten.

11 Und der HERR sprach zu Mose: Wie lange lästert mich dies Volk? Und wie lange wollen sie nicht an mich glauben trotz all der Zeichen, die ich unter ihnen getan habe?

12 Ich will sie mit der Pest schlagen und sie vertilgen und dich zu einem größeren und mächtigeren Volk machen als dieses.

¶ **13** Mose aber sprach zu dem HERRN: Dann werden's die Ägypter hören; denn du hast dies Volk mit deiner Kraft aus ihrer Mitte herausgeführt.

14 Auch wird man es sagen zu den Bewohnern dieses Landes, die da gehört haben, dass du, HERR, unter diesem Volk bist, dass du von Angesicht gesehen wirst und deine Wolke über ihnen steht und dass du, HERR, vor ihnen hergehst in der Wolkensäule am Tage und in der Feuersäule bei Nacht.

15 Würdest du nun dies Volk töten wie einen Mann, so würden die Völker, die solch ein Gerücht über dich hören, sagen:

16 Der HERR vermochte es nicht, dies Volk in das Land zu bringen, das er ihnen zu geben geschworen hatte; darum hat er sie hingeschlachtet in der Wüste.

3 Why is the LORD bringing us into this land, to fall by the sword? Our wives and our little ones will become a prey. Would it not be better for us to go back to Egypt?"

4 And they said to one another, "Let us choose a leader and go back to Egypt."

¶ **5** Then Moses and Aaron fell on their faces before all the assembly of the congregation of the people of Israel.

6 And Joshua the son of Nun and Caleb the son of Jephunneh, who were among those who had spied out the land, tore their clothes

7 and said to all the congregation of the people of Israel, "The land, which we passed through to spy it out, is an exceedingly good land.

8 If the LORD delights in us, he will bring us into this land and give it to us, a land that flows with milk and honey.

9 Only do not rebel against the LORD. And do not fear the people of the land, for they are bread for us. Their protection is removed from them, and the LORD is with us; do not fear them."

10 Then all the congregation said to stone them with stones. But the glory of the LORD appeared at the tent of meeting to all the people of Israel.

¶ **11** And the LORD said to Moses, "How long will this people despise me? And how long will they not believe in me, in spite of all the signs that I have done among them?

12 I will strike them with the pestilence and disinherit them, and I will make of you a nation greater and mightier than they."

Moses Intercedes for the People

¶ **13** But Moses said to the LORD, "Then the Egyptians will hear of it, for you brought up this people in your might from among them,

14 and they will tell the inhabitants of this land. They have heard that you, O LORD, are in the midst of this people. For you, O LORD, are seen face to face, and your cloud stands over them and you go before them, in a pillar of cloud by day and in a pillar of fire by night.

15 Now if you kill this people as one man, then the nations who have heard your fame will say,

16 'It is because the LORD was not able to bring this people into the land that he swore to give to them that he has killed them in the wilderness.'

17 So lass nun deine Kraft, o Herr, groß werden, wie du gesagt hast:

18 »Der HERR ist geduldig und von großer Barmherzigkeit und vergibt Missetat und Übertretung, aber er lässt niemand ungestraft, sondern sucht heim die Missetat der Väter an den Kindern bis ins dritte und vierte Glied.«

19 So vergib nun die Missetat dieses Volks nach deiner großen Barmherzigkeit, wie du auch diesem Volk vergeben hast von Ägypten an bis hierher.

¶ **20** Und der HERR sprach: Ich habe vergeben, wie du es erbeten hast.

21 Aber so wahr ich lebe und alle Welt der Herrlichkeit des HERRN voll werden soll:

22 Alle die Männer, die meine Herrlichkeit und meine Zeichen gesehen haben, die ich getan habe in Ägypten und in der Wüste, und mich nun zehnmal versucht und meiner Stimme nicht gehorcht haben,

23 von denen soll keiner das Land sehen, das ich ihren Vätern zu geben geschworen habe; auch keiner soll es sehen, der mich gelästert hat.

24 Nur meinen Knecht Kaleb, weil ein anderer Geist in ihm ist und er mir treu nachgefolgt ist, den will ich in das Land bringen, in das er gekommen ist, und seine Nachkommen sollen es einnehmen,

25 während die Amalekiter und Kanaaniter in der Ebene wohnen bleiben. Morgen wendet euch und zieht in die Wüste auf dem Wege zum Schilfmeer!

¶ **26** Und der HERR redete mit Mose und Aaron und sprach:

27 Wie lange murrt diese böse Gemeinde gegen mich? Ich habe das Murren der Israeliten, womit sie gegen mich gemurrt haben, gehört.

28 Darum sprich zu ihnen: So wahr ich lebe, spricht der HERR: ich will mit euch tun, wie ihr vor meinen Ohren gesagt habt.

29 Eure Leiber sollen in dieser Wüste verfallen. Alle, die ihr gezählt seid von zwanzig Jahren an und darüber, die ihr gegen mich gemurrt habt,

30 wahrlich, ihr sollt nicht in das Land kommen, über das ich meine Hand zum Schwur erhoben habe, euch darin wohnen zu lassen, außer Kaleb, dem Sohn Jefunnes, und Josua, dem Sohn Nuns.

17 And now, please let the power of the Lord be great as you have promised, saying,

18 'The LORD is slow to anger and abounding in steadfast love, forgiving iniquity and transgression, but he will by no means clear the guilty, visiting the iniquity of the fathers on the children, to the third and the fourth generation.'

19 Please pardon the iniquity of this people, according to the greatness of your steadfast love, just as you have forgiven this people, from Egypt until now."

God Promises Judgment

¶ **20** Then the LORD said, "I have pardoned, according to your word.

21 But truly, as I live, and as all the earth shall be filled with the glory of the LORD,

22 none of the men who have seen my glory and my signs that I did in Egypt and in the wilderness, and yet have put me to the test these ten times and have not obeyed my voice,

23 shall see the land that I swore to give to their fathers. And none of those who despised me shall see it.

24 But my servant Caleb, because he has a different spirit and has followed me fully, I will bring into the land into which he went, and his descendants shall possess it.

25 Now, since the Amalekites and the Canaanites dwell in the valleys, turn tomorrow and set out for the wilderness by the way to the Red Sea."

¶ **26** And the LORD spoke to Moses and to Aaron, saying,

27 "How long shall this wicked congregation grumble against me? I have heard the grumblings of the people of Israel, which they grumble against me.

28 Say to them, 'As I live, declares the LORD, what you have said in my hearing I will do to you:

29 your dead bodies shall fall in this wilderness, and of all your number, listed in the census from twenty years old and upward, who have grumbled against me,

30 not one shall come into the land where I swore that I would make you dwell, except Caleb the son of Jephunneh and Joshua the son of Nun.

31 Eure Kinder aber, von denen ihr sagtet: Sie werden ein Raub sein, die will ich hineinbringen, dass sie das Land kennenlernen, das ihr verwerft.

32 Aber eure eigenen Leiber sollen in dieser Wüste verfallen.

33 Und eure Kinder sollen Hirten sein in der Wüste vierzig Jahre und eure Untreue tragen, bis eure Leiber aufgerieben sind in der Wüste.

34 Nach der Zahl der vierzig Tage, in denen ihr das Land erkundet habt – je ein Tag soll ein Jahr gelten –, sollt ihr vierzig Jahre eure Schuld tragen, auf dass ihr innewerdet, was es sei, wenn ich die Hand abziehe.

35 Ich, der Herr, habe es gesagt und wahrlich, das will ich auch tun mit dieser ganzen bösen Gemeinde, die sich gegen mich empört hat. In dieser Wüste sollen sie aufgerieben werden und dort sterben.

¶ **36** So starben vor dem Herrn durch eine Plage alle die Männer, die Mose ausgesandt hatte, um das Land zu erkunden, und die zurückgekommen waren und die ganze Gemeinde gegen ihn zum Murren verleitet hatten,

37 dadurch dass sie über das Land ein böses Gerücht aufbrachten.

38 Aber Josua, der Sohn Nuns, und Kaleb, der Sohn Jefunnes, blieben am Leben von den Männern, die gegangen waren, um das Land zu erkunden.

¶ **39** Als Mose diese Worte allen Israeliten sagte, da trauerte das Volk sehr.

40 Und sie machten sich früh am Morgen auf und zogen auf die Höhe des Gebirges und sprachen: Hier sind wir und wollen hinaufziehen in das Land, von dem der Herr geredet hat; denn wir haben gesündigt.

41 Mose aber sprach: Warum wollt ihr das Wort des Herrn übertreten? Es wird euch nicht gelingen.

42 Zieht nicht hinauf – denn der Herr ist nicht unter euch –, dass ihr nicht geschlagen werdet vor euren Feinden.

43 Denn die Amalekiter und Kanaaniter stehen euch dort gegenüber und ihr werdet durchs Schwert fallen, weil ihr euch vom Herrn abgekehrt habt, und der Herr wird nicht mit euch sein.

44 Aber sie waren so vermessen und zogen hinauf auf die Höhe des Gebirges; aber die Lade des Bundes des Herrn und Mose wichen nicht aus dem Lager.

31 But your little ones, who you said would become a prey, I will bring in, and they shall know the land that you have rejected.

32 But as for you, your dead bodies shall fall in this wilderness.

33 And your children shall be shepherds in the wilderness forty years and shall suffer for your faithlessness, until the last of your dead bodies lies in the wilderness.

34 According to the number of the days in which you spied out the land, forty days, a year for each day, you shall bear your iniquity forty years, and you shall know my displeasure.'

35 I, the Lord, have spoken. Surely this will I do to all this wicked congregation who are gathered together against me: in this wilderness they shall come to a full end, and there they shall die."

¶ **36** And the men whom Moses sent to spy out the land, who returned and made all the congregation grumble against him by bringing up a bad report about the land—

37 the men who brought up a bad report of the land—died by plague before the Lord.

38 Of those men who went to spy out the land, only Joshua the son of Nun and Caleb the son of Jephunneh remained alive.

Israel Defeated in Battle

¶ **39** When Moses told these words to all the people of Israel, the people mourned greatly.

40 And they rose early in the morning and went up to the heights of the hill country, saying, "Here we are. We will go up to the place that the Lord has promised, for we have sinned."

41 But Moses said, "Why now are you transgressing the command of the Lord, when that will not succeed?

42 Do not go up, for the Lord is not among you, lest you be struck down before your enemies.

43 For there the Amalekites and the Canaanites are facing you, and you shall fall by the sword. Because you have turned back from following the Lord, the Lord will not be with you."

44 But they presumed to go up to the heights of the hill country, although neither the ark of the covenant of the Lord nor Moses departed out of the camp.

45 Da kamen die Amalekiter und Kanaaniter, die auf dem Gebirge wohnten, herab und schlugen und zersprengten sie bis nach Horma.

Von Speis- und Trankopfern

15 Und der HERR redete mit Mose und sprach:

2 Rede mit den Israeliten und sprich zu ihnen: Wenn ihr in das Land kommt, das ich euch zur Wohnung geben werde,

3 und ihr dem HERRN Feueropfer darbringen wollt von Rindern oder von Schafen, es sei ein Brandopfer oder ein Schlachtopfer oder um ein besonderes Gelübde zu erfüllen oder als freiwillige Gabe oder bei euren Festen, um dem HERRN einen lieblichen Geruch zu bereiten,

4 dann soll, wer nun seine Gabe dem HERRN opfern will, als Speisopfer ein Zehntel feinstes Mehl dazutun, vermengt mit einer viertel Kanne Öl,

5 und als Trankopfer auch eine viertel Kanne Wein zu dem Brandopfer oder zu dem Schlachtopfer, zu jedem Schaf, das geopfert wird.

6 Wenn aber ein Widder geopfert wird, sollst du als Speisopfer darbringen zwei Zehntel feinstes Mehl, mit einer drittel Kanne Öl vermengt,

7 und als Trankopfer auch eine drittel Kanne Wein. Das sollst du dem HERRN zum lieblichen Geruch opfern.

8 Willst du aber ein Rind zum Brandopfer oder zum besonderen Gelübdeopfer oder zum Dankopfer dem HERRN darbringen,

9 so sollst du zu dem Rind als Speisopfer hinzutun drei Zehntel feinstes Mehl, mit einer halben Kanne Öl vermengt,

10 und als Trankopfer auch eine halbe Kanne Wein. Das ist ein Feueropfer für den HERRN zum lieblichen Geruch.

11 So sollst du tun mit einem Stier, mit einem Widder, mit einem Schaf oder mit einer Ziege.

12 Wie die Zahl dieser Opfer, so soll auch die Zahl der Speisopfer und Trankopfer sein.

¶ **13** Wer ein Einheimischer ist, der soll es so halten, wenn er dem HERRN opfern will ein Feueropfer zum lieblichen Geruch.

14 Und wenn ein Fremdling bei euch wohnt oder unter euch bei euren Nachkommen lebt und will dem HERRN ein Feueropfer zum lieblichen Geruch darbringen, so soll er es halten wie ihr.

45 Then the Amalekites and the Canaanites who lived in that hill country came down and defeated them and pursued them, even to Hormah.

Laws About Sacrifices

15 The LORD spoke to Moses, saying,

2 "Speak to the people of Israel and say to them, When you come into the land you are to inhabit, which I am giving you,

3 and you offer to the LORD from the herd or from the flock a food offering[1] or a burnt offering or a sacrifice, to fulfill a vow or as a freewill offering or at your appointed feasts, to make a pleasing aroma to the LORD,

4 then he who brings his offering shall offer to the LORD a grain offering of a tenth of an ephah[2] of fine flour, mixed with a quarter of a hin[3] of oil;

5 and you shall offer with the burnt offering, or for the sacrifice, a quarter of a hin of wine for the drink offering for each lamb.

6 Or for a ram, you shall offer for a grain offering two tenths of an ephah of fine flour mixed with a third of a hin of oil.

7 And for the drink offering you shall offer a third of a hin of wine, a pleasing aroma to the LORD.

8 And when you offer a bull as a burnt offering or sacrifice, to fulfill a vow or for peace offerings to the LORD,

9 then one shall offer with the bull a grain offering of three tenths of an ephah of fine flour, mixed with half a hin of oil.

10 And you shall offer for the drink offering half a hin of wine, as a food offering, a pleasing aroma to the LORD.

¶ **11** "Thus it shall be done for each bull or ram, or for each lamb or young goat.

12 As many as you offer, so shall you do with each one, as many as there are.

13 Every native Israelite shall do these things in this way, in offering a food offering, with a pleasing aroma to the LORD.

14 And if a stranger is sojourning with you, or anyone is living permanently among you, and he wishes to offer a food offering, with a pleasing aroma to the LORD, he shall do as you do.

15 Für die ganze Gemeinde gelte nur eine Satzung, für euch wie auch für die Fremdlinge. Eine ewige Satzung soll das sein für eure Nachkommen, dass vor dem HERRN der Fremdling sei wie ihr.

16 Einerlei Gesetz, einerlei Recht soll gelten für euch und für den Fremdling, der bei euch wohnt.

¶ **17** Und der HERR redete mit Mose und sprach:

18 Rede mit den Israeliten und sprich zu ihnen: Wenn ihr in das Land kommt, in das ich euch bringen werde,

19 und ihr esst von dem Brot des Landes, so sollt ihr dem HERRN eine Opfergabe darbringen:

20 Als Erstling eures Teigs sollt ihr einen Kuchen als Opfergabe darbringen. Wie die Opfergabe von der Tenne,

21 so sollt ihr auch dem HERRN den Erstling eures Teigs geben für alle Zeit.

Über Sünden aus Versehen und aus Vorsatz

22 Und wenn ihr aus Versehen eines dieser Gebote nicht tut, die der HERR dem Mose gesagt hat,

23 irgendeins von allem, was der HERR euch durch Mose geboten hat, von dem Tage an, da er anfing zu gebieten, und fortan für alle Zeit, –

24 wenn nun ohne Wissen der Gemeinde etwas versehen würde, so soll die ganze Gemeinde einen jungen Stier als Brandopfer darbringen zum lieblichen Geruch für den HERRN samt seinem Speisopfer und Trankopfer, wie es recht ist, und einen Ziegenbock als Sündopfer.

25 Und so soll der Priester für die ganze Gemeinde der Israeliten Sühne schaffen und es wird ihnen vergeben sein; denn es war ein Versehen. Wenn sie diese ihre Gabe darbringen zum Feueropfer für den HERRN und ihr Sündopfer vor dem HERRN für ihr Versehen,

26 so wird's vergeben der ganzen Gemeinde der Israeliten, dazu auch dem Fremdling, der unter euch wohnt, weil das ganze Volk an solchem Versehen teilhat.

¶ **27** Wenn aber ein Einzelner aus Versehen sündigen wird, so soll er eine einjährige Ziege zum Sündopfer bringen.

28 Und der Priester soll Sühne schaffen vor dem HERRN für den, der aus Versehen gesündigt hat, dass er für ihn Sühne schaffe und ihm vergeben werde.

15 For the assembly, there shall be one statute for you and for the stranger who sojourns with you, a statute forever throughout your generations. You and the sojourner shall be alike before the LORD.

16 One law and one rule shall be for you and for the stranger who sojourns with you."

¶ **17** The LORD spoke to Moses, saying,

18 "Speak to the people of Israel and say to them, When you come into the land to which I bring you

19 and when you eat of the bread of the land, you shall present a contribution to the LORD.

20 Of the first of your dough you shall present a loaf as a contribution; like a contribution from the threshing floor, so shall you present it.

21 Some of the first of your dough you shall give to the LORD as a contribution throughout your generations.

Laws About Unintentional Sins

¶ **22** "But if you sin unintentionally,[4] and do not observe all these commandments that the LORD has spoken to Moses,

23 all that the LORD has commanded you by Moses, from the day that the LORD gave commandment, and onward throughout your generations,

24 then if it was done unintentionally without the knowledge of the congregation, all the congregation shall offer one bull from the herd for a burnt offering, a pleasing aroma to the LORD, with its grain offering and its drink offering, according to the rule, and one male goat for a sin offering.

25 And the priest shall make atonement for all the congregation of the people of Israel, and they shall be forgiven, because it was a mistake, and they have brought their offering, a food offering to the LORD, and their sin offering before the LORD for their mistake.

26 And all the congregation of the people of Israel shall be forgiven, and the stranger who sojourns among them, because the whole population was involved in the mistake.

¶ **27** "If one person sins unintentionally, he shall offer a female goat a year old for a sin offering.

28 And the priest shall make atonement before the LORD for the person who makes a mistake, when he sins unintentionally, to make atonement for him, and he shall be forgiven.

29 Und es soll einerlei Gesetz gelten für die, die ein Versehen begehen, für den Einheimischen unter den Israeliten und für den Fremdling, der unter euch wohnt.

¶ **30** Wenn aber ein Einzelner aus Vorsatz frevelt, es sei ein Einheimischer oder Fremdling, so hat der den HERRN geschmäht. Er soll ausgerottet werden aus seinem Volk;

31 denn er hat des HERRN Wort verachtet und sein Gebot gebrochen. Ja, der soll ausgerottet werden; seine Schuld bleibt auf ihm.

Strafe für Sabbatschändung

32 Als nun die Israeliten in der Wüste waren, fanden sie einen Mann, der Holz auflas am Sabbattag.

33 Und die ihn dabei gefunden hatten, wie er Holz auflas, brachten ihn zu Mose und Aaron und vor die ganze Gemeinde.

34 Und sie legten ihn gefangen, denn es war nicht klar bestimmt, was man mit ihm tun sollte.

35 Der HERR aber sprach zu Mose: Der Mann soll des Todes sterben; die ganze Gemeinde soll ihn steinigen draußen vor dem Lager.

36 Da führte die ganze Gemeinde ihn hinaus vor das Lager und steinigte ihn, sodass er starb, wie der HERR dem Mose geboten hatte.

Von den Quasten an den Kleidern

37 Und der HERR sprach zu Mose:

38 Rede mit den Israeliten und sprich zu ihnen, dass sie und ihre Nachkommen sich Quasten machen an den Zipfeln ihrer Kleider und blaue Schnüre an die Quasten der Zipfel tun.

39 Und dazu sollen die Quasten euch dienen: sooft ihr sie anseht, sollt ihr an alle Gebote des HERRN denken und sie tun, damit ihr euch nicht von eurem Herzen noch von euren Augen verführen lasst und abgöttisch werdet,

40 sondern ihr sollt an alle meine Gebote denken und sie tun, dass ihr heilig seid eurem Gott.

41 Ich bin der HERR, euer Gott, der euch aus Ägyptenland geführt hat, dass ich euer Gott sei, ich, der HERR, euer Gott.

Aufruhr und Untergang der Rotte Korach

16 Und Korach, der Sohn Jizhars, des Sohnes Kehats, des Sohnes Levis, dazu Datan und Abiram, die Söhne Eliabs, und On, der Sohn Pelets, die Söhne Rubens,

29 You shall have one law for him who does anything unintentionally, for him who is native among the people of Israel and for the stranger who sojourns among them.

30 But the person who does anything with a high hand, whether he is native or a sojourner, reviles the LORD, and that person shall be cut off from among his people.

31 Because he has despised the word of the LORD and has broken his commandment, that person shall be utterly cut off; his iniquity shall be on him."

A Sabbathbreaker Executed

¶ **32** While the people of Israel were in the wilderness, they found a man gathering sticks on the Sabbath day.

33 And those who found him gathering sticks brought him to Moses and Aaron and to all the congregation.

34 They put him in custody, because it had not been made clear what should be done to him.

35 And the LORD said to Moses, "The man shall be put to death; all the congregation shall stone him with stones outside the camp."

36 And all the congregation brought him outside the camp and stoned him to death with stones, as the LORD commanded Moses.

Tassels on Garments

¶ **37** The LORD said to Moses,

38 "Speak to the people of Israel, and tell them to make tassels on the corners of their garments throughout their generations, and to put a cord of blue on the tassel of each corner.

39 And it shall be a tassel for you to look at and remember all the commandments of the LORD, to do them, not to follow[5] after your own heart and your own eyes, which you are inclined to whore after.

40 So you shall remember and do all my commandments, and be holy to your God.

41 I am the LORD your God, who brought you out of the land of Egypt to be your God: I am the LORD your God."

Korah's Rebellion

16 Now Korah the son of Izhar, son of Kohath, son of Levi, and Dathan and Abiram the sons of Eliab, and On the son of Peleth, sons of Reuben, took men.

2 die empörten sich gegen Mose, dazu zweihundertundfünfzig Männer unter den Israeliten, Vorsteher der Gemeinde, von der Versammlung berufen, namhafte Leute.

3 Und sie versammelten sich gegen Mose und Aaron und sprachen zu ihnen: Ihr geht zu weit! Denn die ganze Gemeinde, sie alle sind heilig, und der HERR ist unter ihnen. Warum erhebt ihr euch über die Gemeinde des HERRN?

¶ **4** Als Mose das hörte, fiel er auf sein Angesicht

5 und sprach zu Korach und zu seiner ganzen Rotte: Morgen wird der HERR kundtun, wer ihm gehört, wer heilig ist und zu ihm nahen soll; wen er erwählt, der soll zu ihm nahen.

6 Dies tut morgen: Nehmt euch Pfannen, Korach und seine ganze Rotte,

7 und legt Feuer hinein und tut Räucherwerk darauf vor dem HERRN. Wen dann der HERR erwählt, der ist heilig. Ihr geht zu weit, ihr Söhne Levi!

¶ **8** Und Mose sprach zu Korach: Höret doch, ihr Söhne Levi!

9 Ist's euch zu wenig, dass euch der Gott Israels ausgesondert hat aus der Gemeinde Israel, ihm zu nahen, damit ihr euer Amt ausübt an der Wohnung des HERRN und vor die Gemeinde tretet, um ihr zu dienen?

10 Er hat dich und mit dir alle deine Brüder, die Söhne Levi, zu sich nahen lassen; und ihr sucht nun auch das Priestertum?

11 Du und deine ganze Rotte, ihr macht einen Aufruhr wider den HERRN! Es ist nicht Aaron, gegen den ihr murrt.

¶ **12** Und Mose schickte hin und ließ Datan und Abiram rufen, die Söhne Eliabs. Sie aber sprachen: Wir kommen nicht!

13 Ist's nicht genug, dass du uns aus dem Lande geführt hast, darin Milch und Honig fließt, und uns tötest in der Wüste? Musst du auch noch über uns herrschen?

14 Wie fein hast du uns gebracht in ein Land, darin Milch und Honig fließt, und hast uns Äcker und Weinberge zum Erbteil gegeben! Willst du den Leuten auch die Augen ausreißen? Wir kommen nicht!

15 Da ergrimmte Mose sehr und sprach zu dem HERRN: Wende dich nicht zu ihrem Opfer. Ich habe nicht einen Esel von ihnen genommen und habe keinem von ihnen ein Leid getan.

2 And they rose up before Moses, with a number of the people of Israel, 250 chiefs of the congregation, chosen from the assembly, well-known men.

3 They assembled themselves together against Moses and against Aaron and said to them, "You have gone too far! For all in the congregation are holy, every one of them, and the LORD is among them. Why then do you exalt yourselves above the assembly of the LORD?"

4 When Moses heard it, he fell on his face,

5 and he said to Korah and all his company, "In the morning the LORD will show who is his,[1] and who is holy, and will bring him near to him. The one whom he chooses he will bring near to him.

6 Do this: take censers, Korah and all his company;

7 put fire in them and put incense on them before the LORD tomorrow, and the man whom the LORD chooses shall be the holy one. You have gone too far, sons of Levi!"

8 And Moses said to Korah, "Hear now, you sons of Levi:

9 is it too small a thing for you that the God of Israel has separated you from the congregation of Israel, to bring you near to himself, to do service in the tabernacle of the LORD and to stand before the congregation to minister to them,

10 and that he has brought you near him, and all your brothers the sons of Levi with you? And would you seek the priesthood also?

11 Therefore it is against the LORD that you and all your company have gathered together. What is Aaron that you grumble against him?"

¶ **12** And Moses sent to call Dathan and Abiram the sons of Eliab, and they said, "We will not come up.

13 Is it a small thing that you have brought us up out of a land flowing with milk and honey, to kill us in the wilderness, that you must also make yourself a prince over us?

14 Moreover, you have not brought us into a land flowing with milk and honey, nor given us inheritance of fields and vineyards. Will you put out the eyes of these men? We will not come up."

15 And Moses was very angry and said to the LORD, "Do not respect their offering. I have not taken one donkey from them, and I have not harmed one of them."

16 Und Mose sprach zu Korach: Du und deine ganze Rotte, ihr sollt morgen vor den HERRN kommen, du und sie und Aaron.

17 Und ein jeder nehme seine Pfanne und lege Räucherwerk darauf, und tretet hin vor den HERRN, ein jeder mit seiner Pfanne, zweihundertundfünfzig Pfannen; auch du und Aaron, ein jeder mit seiner Pfanne.

18 Und ein jeder nahm seine Pfanne und legte Feuer hinein und tat Räucherwerk darauf, und sie traten vor die Tür der Stiftshütte und Mose und Aaron auch.

19 Und Korach versammelte gegen sie die ganze Gemeinde vor der Tür der Stiftshütte. ¶ Da erschien die Herrlichkeit des HERRN vor der ganzen Gemeinde.

20 Und der HERR redete mit Mose und Aaron und sprach:

21 Scheidet euch von dieser Gemeinde, damit ich sie im Nu vertilge.

22 Sie fielen aber auf ihr Angesicht und sprachen: Ach Gott, der du bist der Gott des Lebensgeistes für alles Fleisch, wenn ein einziger Mann gesündigt hat, willst du darum gegen die ganze Gemeinde wüten?

23 Und der HERR redete mit Mose und sprach:

24 Sage der Gemeinde: Weicht ringsherum zurück von der Wohnung Korachs und Datans und Abirams.

¶ **25** Und Mose stand auf und ging zu Datan und Abiram, und die Ältesten Israels folgten ihm nach;

26 und er redete mit der Gemeinde und sprach: Weicht von den Zelten dieser gottlosen Menschen und rührt nichts an, was sie haben, damit ihr nicht auch umkommt durch all ihre Sünde.

27 Und sie gingen hinweg von der Wohnung Korachs, Datans und Abirams. Datan aber und Abiram gingen heraus und traten an die Tür ihrer Zelte mit ihren Frauen und Söhnen und kleinen Kindern.

¶ **28** Und Mose sprach: Daran sollt ihr merken, dass mich der HERR gesandt hat, alle diese Werke zu tun, und dass ich sie nicht tue aus meinem eigenen Herzen:

29 Werden sie sterben, wie alle Menschen sterben, oder heimgesucht, wie alle Menschen heimgesucht werden, so hat mich der HERR nicht gesandt;

¶ **16** And Moses said to Korah, "Be present, you and all your company, before the LORD, you and they, and Aaron, tomorrow.

17 And let every one of you take his censer and put incense on it, and every one of you bring before the LORD his censer, 250 censers; you also, and Aaron, each his censer."

18 So every man took his censer and put fire in them and laid incense on them and stood at the entrance of the tent of meeting with Moses and Aaron.

19 Then Korah assembled all the congregation against them at the entrance of the tent of meeting. And the glory of the LORD appeared to all the congregation.

¶ **20** And the LORD spoke to Moses and to Aaron, saying,

21 "Separate yourselves from among this congregation, that I may consume them in a moment."

22 And they fell on their faces and said, "O God, the God of the spirits of all flesh, shall one man sin, and will you be angry with all the congregation?"

23 And the LORD spoke to Moses, saying,

24 "Say to the congregation, Get away from the dwelling of Korah, Dathan, and Abiram."

¶ **25** Then Moses rose and went to Dathan and Abiram, and the elders of Israel followed him.

26 And he spoke to the congregation, saying, "Depart, please, from the tents of these wicked men, and touch nothing of theirs, lest you be swept away with all their sins."

27 So they got away from the dwelling of Korah, Dathan, and Abiram. And Dathan and Abiram came out and stood at the door of their tents, together with their wives, their sons, and their little ones.

28 And Moses said, "Hereby you shall know that the LORD has sent me to do all these works, and that it has not been of my own accord.

29 If these men die as all men die, or if they are visited by the fate of all mankind, then the LORD has not sent me.

30 wird aber der Herr etwas Neues schaffen, dass die Erde ihren Mund auftut und sie verschlingt mit allem, was sie haben, dass sie lebendig hinunter zu den Toten fahren, so werdet ihr erkennen, dass diese Leute den Herrn gelästert haben.

¶ **31** Und als er alle diese Worte beendet hatte, zerriss die Erde unter ihnen

32 und tat ihren Mund auf und verschlang sie mit ihren Sippen, mit allen Menschen, die zu Korach gehörten, und mit all ihrer Habe.

33 Und sie fuhren lebendig zu den Toten hinunter mit allem, was sie hatten, und die Erde deckte sie zu und sie kamen um, mitten aus der Gemeinde heraus.

34 Und ganz Israel, das um sie her war, floh vor ihrem Geschrei; denn sie dachten: Dass uns die Erde nicht auch verschlinge!

¶ **35** Und Feuer fuhr aus von dem Herrn und fraß die zweihundertundfünfzig Männer, die das Räucherwerk opferten.

17 Und der Herr redete mit Mose und sprach:

2 Sage Eleasar, dem Sohn des Priesters Aaron, dass er die Pfannen aufhebe aus dem Brand und streue das Feuer weit hinweg.

3 Denn die Pfannen dieser Sünder, die umgekommen sind, gehören dem Heiligtum. Man schlage sie zu breiten Blechen, dass man den Altar damit überziehe; denn sie haben sie hingebracht vor den Herrn, sodass sie geheiligt sind; sie sollen den Israeliten ein Zeichen sein.

4 Und Eleasar, der Priester, nahm die kupfernen Pfannen, die die Verbrannten herangebracht hatten, und schlug sie zu Blechen, um den Altar zu überziehen;

5 als Mahnzeichen für die Israeliten, dass kein Fremder, der nicht vom Geschlecht Aarons ist, sich nahe, um Räucherwerk zu opfern vor dem Herrn, damit es ihm nicht gehe wie Korach und seiner Rotte, wie der Herr zu ihm geredet hatte durch Mose.

Empörung der ganzen Gemeinde gegen Mose und Aaron

6 Am andern Morgen aber murrte die ganze Gemeinde der Israeliten gegen Mose und Aaron und sie sprachen: Ihr habt des Herrn Volk getötet.

30 But if the Lord creates something new, and the ground opens its mouth and swallows them up with all that belongs to them, and they go down alive into Sheol, then you shall know that these men have despised the Lord."

¶ **31** And as soon as he had finished speaking all these words, the ground under them split apart.

32 And the earth opened its mouth and swallowed them up, with their households and all the people who belonged to Korah and all their goods.

33 So they and all that belonged to them went down alive into Sheol, and the earth closed over them, and they perished from the midst of the assembly.

34 And all Israel who were around them fled at their cry, for they said, "Lest the earth swallow us up!"

35 And fire came out from the Lord and consumed the 250 men offering the incense.

¶ **36**² Then the Lord spoke to Moses, saying,

37 "Tell Eleazar the son of Aaron the priest to take up the censers out of the blaze. Then scatter the fire far and wide, for they have become holy.

38 As for the censers of these men who have sinned at the cost of their lives, let them be made into hammered plates as a covering for the altar, for they offered them before the Lord, and they became holy. Thus they shall be a sign to the people of Israel."

39 So Eleazar the priest took the bronze censers, which those who were burned had offered, and they were hammered out as a covering for the altar,

40 to be a reminder to the people of Israel, so that no outsider, who is not of the descendants of Aaron, should draw near to burn incense before the Lord, lest he become like Korah and his company—as the Lord said to him through Moses.

¶ **41** But on the next day all the congregation of the people of Israel grumbled against Moses and against Aaron, saying, "You have killed the people of the Lord."

7 Und als sich die Gemeinde versammelte gegen Mose und Aaron, wandten sie sich zu der Stiftshütte: Und siehe, da wurde sie bedeckt von der Wolke und die Herrlichkeit des HERRN erschien.

8 Und Mose und Aaron gingen hin vor die Stiftshütte.

¶ **9** Und der HERR redete mit Mose und sprach:

10 Hebt euch hinweg aus dieser Gemeinde; ich will sie im Nu vertilgen! Und sie fielen auf ihr Angesicht.

11 Und Mose sprach zu Aaron: Nimm die Pfanne und tu Feuer hinein vom Altar und lege Räucherwerk darauf und geh eilends zu der Gemeinde und schaffe für sie Sühne; denn der Zorn ist von dem HERRN ausgegangen und die Plage hat angefangen.

12 Und Aaron tat, wie ihm Mose gesagt hatte, und lief mitten unter die Gemeinde; und siehe, die Plage hatte schon angefangen unter dem Volk. Da räucherte er und schaffte Sühne für das Volk

13 und stand zwischen den Toten und den Lebenden. Da wurde der Plage gewehrt.

14 Die aber gestorben waren an der Plage, waren vierzehntausendsiebenhundert, außer denen, die mit Korach starben.

15 Und Aaron kam wieder zu Mose vor die Tür der Stiftshütte und der Plage war gewehrt.

Aarons grünender Stab

16 Und der HERR redete mit Mose und sprach:

17 Rede mit den Israeliten und nimm von ihnen zwölf Stäbe, von jedem Fürsten ihrer Sippen je einen, und schreib eines jeden Namen auf seinen Stab.

18 Aber den Namen Aarons sollst du schreiben auf den Stab Levis. Denn für jedes Haupt ihrer Sippen soll je ein Stab sein.

19 Und lege sie in der Stiftshütte nieder vor der Lade mit dem Gesetz, wo ich mich euch bezeuge.

20 Und wen ich erwählen werde, dessen Stab wird grünen. So will ich das Murren der Israeliten, mit dem sie gegen euch murren, stillen.

¶ **21** Mose redete mit den Israeliten und alle ihre Fürsten gaben ihm zwölf Stäbe, ein jeder Fürst je einen Stab, nach ihren Sippen, und der Stab Aarons war auch unter ihren Stäben.

42 And when the congregation had assembled against Moses and against Aaron, they turned toward the tent of meeting. And behold, the cloud covered it, and the glory of the LORD appeared.

43 And Moses and Aaron came to the front of the tent of meeting,

44 and the LORD spoke to Moses, saying,

45 "Get away from the midst of this congregation, that I may consume them in a moment." And they fell on their faces.

46 And Moses said to Aaron, "Take your censer, and put fire on it from off the altar and lay incense on it and carry it quickly to the congregation and make atonement for them, for wrath has gone out from the LORD; the plague has begun."

47 So Aaron took it as Moses said and ran into the midst of the assembly. And behold, the plague had already begun among the people. And he put on the incense and made atonement for the people.

48 And he stood between the dead and the living, and the plague was stopped.

49 Now those who died in the plague were 14,700, besides those who died in the affair of Korah.

50 And Aaron returned to Moses at the entrance of the tent of meeting, when the plague was stopped.

Aaron's Staff Buds

17 **1** The LORD spoke to Moses, saying,

2 "Speak to the people of Israel, and get from them staffs, one for each fathers' house, from all their chiefs according to their fathers' houses, twelve staffs. Write each man's name on his staff,

3 and write Aaron's name on the staff of Levi. For there shall be one staff for the head of each fathers' house.

4 Then you shall deposit them in the tent of meeting before the testimony, where I meet with you.

5 And the staff of the man whom I choose shall sprout. Thus I will make to cease from me the grumblings of the people of Israel, which they grumble against you."

6 Moses spoke to the people of Israel. And all their chiefs gave him staffs, one for each chief, according to their fathers' houses, twelve staffs. And the staff of Aaron was among their staffs.

22 Und Mose legte die Stäbe vor dem HERRN nieder in der Hütte des Gesetzes.

23 Am nächsten Morgen, als Mose in die Hütte des Gesetzes ging, fand er den Stab Aarons vom Hause Levi grünen und die Blüte aufgegangen und Mandeln tragen.

24 Und Mose trug die Stäbe alle heraus von dem HERRN zu allen Israeliten, dass sie es sahen, und ein jeder nahm seinen Stab.

25 Der HERR aber sprach zu Mose: Trage den Stab Aarons wieder vor die Lade mit dem Gesetz, damit er verwahrt werde zum Zeichen für die Ungehorsamen, dass ihr Murren vor mir aufhöre und sie nicht sterben.

26 Mose tat, wie ihm der HERR geboten hatte.

¶ 27 Und die Israeliten sprachen zu Mose: Siehe, wir verderben und kommen um; wir werden alle vertilgt und kommen um.

28 Wer sich naht zu der Wohnung des HERRN, der stirbt. Sollen wir denn ganz und gar untergehen?

Vom Amt und Anrecht der Priester und Leviten

18 Und der HERR sprach zu Aaron: Du und deine Söhne und deine Sippe, ihr sollt die Schuld tragen, wenn eine Verfehlung begangen wird am Heiligtum; und du und deine Söhne mit dir, ihr sollt die Schuld tragen, wenn eine Verfehlung begangen wird bei eurem Priesterdienst.

2 Aber deine Brüder aus dem Stamme deines Vaters Levi sollst du zu dir nehmen, dass sie bei dir seien und dir dienen; du aber und deine Söhne mit dir sollen dienen vor der Hütte des Gesetzes.

3 Und sie sollen dir dienen und den Dienst an der ganzen Stiftshütte versehen. Doch zu dem Gerät des Heiligtums und zu dem Altar sollen sie sich nicht nahen, damit nicht beide sterben, sie und ihr,

4 sondern sie sollen bei dir sein, dass sie ihren Dienst versehen an der Stiftshütte, alles, was das Amt erfordert; und kein Fremder soll sich neben euch zum Dienste nahen.

5 So verseht nun den Dienst am Heiligtum und den Dienst am Altar, damit hinfort nicht mehr ein Zorn komme über die Israeliten.

6 Denn siehe, ich habe die Leviten, eure Brüder, genommen aus den Israeliten euch zum Geschenk, als die dem HERRN zu eigen gegeben sind, damit sie das Amt ausüben an der Stiftshütte.

7 And Moses deposited the staffs before the LORD in the tent of the testimony.

¶ 8 On the next day Moses went into the tent of the testimony, and behold, the staff of Aaron for the house of Levi had sprouted and put forth buds and produced blossoms, and it bore ripe almonds.

9 Then Moses brought out all the staffs from before the LORD to all the people of Israel. And they looked, and each man took his staff.

10 And the LORD said to Moses, "Put back the staff of Aaron before the testimony, to be kept as a sign for the rebels, that you may make an end of their grumblings against me, lest they die."

11 Thus did Moses; as the LORD commanded him, so he did.

¶ 12 And the people of Israel said to Moses, "Behold, we perish, we are undone, we are all undone.

13 Everyone who comes near, who comes near to the tabernacle of the LORD, shall die. Are we all to perish?"

Duties of Priests and Levites

18 So the LORD said to Aaron, "You and your sons and your father's house with you shall bear iniquity connected with the sanctuary, and you and your sons with you shall bear iniquity connected with your priesthood.

2 And with you bring your brothers also, the tribe of Levi, the tribe of your father, that they may join you and minister to you while you and your sons with you are before the tent of the testimony.

3 They shall keep guard over you and over the whole tent, but shall not come near to the vessels of the sanctuary or to the altar lest they, and you, die.

4 They shall join you and keep guard over the tent of meeting for all the service of the tent, and no outsider shall come near you.

5 And you shall keep guard over the sanctuary and over the altar, that there may never again be wrath on the people of Israel.

6 And behold, I have taken your brothers the Levites from among the people of Israel. They are a gift to you, given to the LORD, to do the service of the tent of meeting.

7 Du aber und deine Söhne mit dir, ihr sollt auf euer Priesteramt achthaben, dass ihr dient in allen Verrichtungen am Altar und drinnen hinter dem Vorhang; denn euer Priesteramt gebe ich euch zum Geschenk. Wenn ein Fremder sich naht, so soll er sterben.

¶ **8** Und der HERR sagte zu Aaron: Siehe, dies überlasse ich dir bei dem Dienst an meinen Opfergaben: Von allen heiligen Gaben der Israeliten gebe ich dir einen Anteil, dir und deinen Söhnen, als ewiges Anrecht.

9 Das sollst du haben von den hochheiligen Gaben, soweit sie nicht verbrannt werden: alle ihre Gaben bei allen ihren Speisopfern und bei allen ihren Sündopfern und bei allen ihren Schuldopfern, die sie mir erstatten; als Hochheiliges gebe ich es dir und deinen Söhnen.

10 Am hochheiligen Ort sollst du es essen. Was männlich ist, darf davon essen; denn es soll dir heilig sein.

¶ **11** Auch das soll dir gehören: die heilige Abgabe von ihren Gaben, von allen Schwingopfern der Israeliten gebe ich sie dir und deinen Söhnen und Töchtern mit dir als ewiges Anrecht. Wer rein ist in deinem Hause, darf davon essen.

12 Alles Beste vom Öl und alles Beste vom Wein und Korn, die Erstlingsgabe, die sie dem HERRN bringen, habe ich dir gegeben.

13 Die Erstlinge, die sie dem HERRN bringen von allem, was in ihrem Lande ist, sollen dir gehören. Wer rein ist in deinem Hause, darf davon essen.

14 Alles Gebannte in Israel soll dir gehören.

15 Alles, was zuerst den Mutterschoß durchbricht bei allem Fleisch, es sei Mensch oder Vieh, das sie dem HERRN bringen, soll dir gehören. Doch sollst du die Erstgeburt eines Menschen auslösen lassen, und die Erstgeburt eines unreinen Viehs sollst du auch auslösen lassen.

16 Du sollst es aber auslösen, wenn's einen Monat alt ist, und du sollst es auslösen lassen nach der Ordnung, die dir gegeben ist, um fünf Silberstücke nach dem Gewicht des Heiligtums, das Silberstück zu zwanzig Gramm.

17 Aber die Erstgeburt eines Rindes, eines Schafes oder einer Ziege sollst du nicht auslösen lassen; denn sie sind heilig. Ihr Blut sollst du an den Altar gießen und ihr Fett sollst du in Rauch aufgehen lassen als Feueropfer für den HERRN zum lieblichen Geruch.

18 Ihr Fleisch soll dir gehören, wie auch die Brust des Schwingopfers und die rechte Schulter dir gehören.

7 And you and your sons with you shall guard your priesthood for all that concerns the altar and that is within the veil; and you shall serve. I give your priesthood as a gift,[1] and any outsider who comes near shall be put to death."

¶ **8** Then the LORD spoke to Aaron, "Behold, I have given you charge of the contributions made to me, all the consecrated things of the people of Israel. I have given them to you as a portion and to your sons as a perpetual due.

9 This shall be yours of the most holy things, reserved from the fire: every offering of theirs, every grain offering of theirs and every sin offering of theirs and every guilt offering of theirs, which they render to me, shall be most holy to you and to your sons.

10 In a most holy place shall you eat it. Every male may eat it; it is holy to you.

11 This also is yours: the contribution of their gift, all the wave offerings of the people of Israel. I have given them to you, and to your sons and daughters with you, as a perpetual due. Everyone who is clean in your house may eat it.

12 All the best of the oil and all the best of the wine and of the grain, the firstfruits of what they give to the LORD, I give to you.

13 The first ripe fruits of all that is in their land, which they bring to the LORD, shall be yours. Everyone who is clean in your house may eat it.

14 Every devoted thing in Israel shall be yours.

15 Everything that opens the womb of all flesh, whether man or beast, which they offer to the LORD, shall be yours. Nevertheless, the firstborn of man you shall redeem, and the firstborn of unclean animals you shall redeem.

16 And their redemption price (at a month old you shall redeem them) you shall fix at five shekels[2] in silver, according to the shekel of the sanctuary, which is twenty gerahs.

17 But the firstborn of a cow, or the firstborn of a sheep, or the firstborn of a goat, you shall not redeem; they are holy. You shall sprinkle their blood on the altar and shall burn their fat as a food offering, with a pleasing aroma to the LORD.

18 But their flesh shall be yours, as the breast that is waved and as the right thigh are yours.

19 Alle heiligen Opfergaben, die die Israeliten dem HERRN darbringen, habe ich dir gegeben und deinen Söhnen und deinen Töchtern mit dir als ewiges Anrecht. Das soll ein Salzbund sein für immer vor dem HERRN für dich und für deine Nachkommen mit dir.

¶ **20** Und der HERR sprach zu Aaron: Du sollst in ihrem Lande kein Erbgut besitzen, auch keinen Anteil unter ihnen haben; denn ich bin dein Anteil und dein Erbgut inmitten der Israeliten.

21 Den Söhnen Levi aber habe ich alle Zehnten gegeben in Israel zum Erbgut für ihr Amt, das sie an der Stiftshütte ausüben.

22 Hinfort sollen sich die Israeliten nicht zur Stiftshütte nahen, damit sie nicht Sünde auf sich laden und sterben,

23 sondern die Leviten sollen das Amt ausüben an der Stiftshütte und sie sollen die Schuld für ihre Verfehlung tragen; das sei eine ewige Ordnung bei euren Nachkommen. Und sie sollen unter den Israeliten kein Erbgut besitzen;

24 denn den Zehnten der Israeliten, den sie dem HERRN als Opfergabe geben, habe ich den Leviten zum Erbgut bestimmt; darum habe ich zu ihnen gesagt, dass sie unter den Israeliten kein Erbgut besitzen sollen.

¶ **25** Und der HERR redete mit Mose und sprach:

26 Sage den Leviten und sprich zu ihnen: Wenn ihr den Zehnten nehmt von den Israeliten, den ich euch von ihnen bestimmt habe als euer Erbgut, so sollt ihr davon eine heilige Abgabe dem HERRN geben, je den Zehnten von dem Zehnten;

27 und diese eure heilige Abgabe soll euch angerechnet werden, als gäbet ihr Korn von der Tenne und Wein aus der Kelter.

28 So sollt auch ihr die heiligen Abgaben dem HERRN geben von allen euren Zehnten, die ihr nehmt von den Israeliten, und sollt diese heilige Abgabe für den HERRN dem Priester Aaron geben.

29 Von allem, was euch gegeben wird, sollt ihr dem HERRN die heilige Abgabe geben, von allem Besten die davon gebührende heilige Gabe.

30 Und sprich zu ihnen: Wenn ihr also das Beste davon als heilige Abgabe nehmt, so soll's den Leviten angerechnet werden wie ein Ertrag von der Tenne und wie ein Ertrag von der Kelter.

31 Ihr dürft es essen an allen Orten, ihr und eure Kinder; denn es ist euer Lohn für euer Amt an der Stiftshütte.

19 All the holy contributions that the people of Israel present to the LORD I give to you, and to your sons and daughters with you, as a perpetual due. It is a covenant of salt forever before the LORD for you and for your offspring with you."

20 And the LORD said to Aaron, "You shall have no inheritance in their land, neither shall you have any portion among them. I am your portion and your inheritance among the people of Israel.

¶ **21** "To the Levites I have given every tithe in Israel for an inheritance, in return for their service that they do, their service in the tent of meeting,

22 so that the people of Israel do not come near the tent of meeting, lest they bear sin and die.

23 But the Levites shall do the service of the tent of meeting, and they shall bear their iniquity. It shall be a perpetual statute throughout your generations, and among the people of Israel they shall have no inheritance.

24 For the tithe of the people of Israel, which they present as a contribution to the LORD, I have given to the Levites for an inheritance. Therefore I have said of them that they shall have no inheritance among the people of Israel."

¶ **25** And the LORD spoke to Moses, saying,

26 "Moreover, you shall speak and say to the Levites, 'When you take from the people of Israel the tithe that I have given you from them for your inheritance, then you shall present a contribution from it to the LORD, a tithe of the tithe.

27 And your contribution shall be counted to you as though it were the grain of the threshing floor, and as the fullness of the winepress.

28 So you shall also present a contribution to the LORD from all your tithes, which you receive from the people of Israel. And from it you shall give the LORD's contribution to Aaron the priest.

29 Out of all the gifts to you, you shall present every contribution due to the LORD; from each its best part is to be dedicated.'

30 Therefore you shall say to them, 'When you have offered from it the best of it, then the rest shall be counted to the Levites as produce of the threshing floor, and as produce of the winepress.

31 And you may eat it in any place, you and your households, for it is your reward in return for your service in the tent of meeting.

32 Ihr werdet dabei nicht Sünde auf euch laden, wenn ihr das Beste davon abgebt, und werdet nicht entweihen die heiligen Gaben der Israeliten und nicht sterben.

Vom Reinigungswasser

19 Und der HERR redete mit Mose und Aaron und sprach:

2 Dies ist die Ordnung des Gesetzes, das der HERR geboten hat: Sage den Israeliten, dass sie zu dir führen eine rötliche Kuh ohne Fehler, an der kein Gebrechen ist und auf die noch nie ein Joch gekommen ist.

3 Und gebt sie dem Priester Eleasar; der soll sie hinaus vor das Lager führen und dort vor seinen Augen schlachten lassen.

4 Und der Priester Eleasar soll etwas von ihrem Blut mit seinem Finger nehmen und in Richtung auf die Stiftshütte siebenmal sprengen,

5 und er soll die Kuh vor seinen Augen verbrennen lassen, ihr Fell und ihr Fleisch, dazu ihr Blut samt ihrem Mist.

6 Und der Priester soll Zedernholz und Ysop und scharlachrote Wolle nehmen und auf die brennende Kuh werfen

7 und soll seine Kleider waschen und seinen Leib mit Wasser abwaschen und danach ins Lager gehen und unrein sein bis zum Abend.

8 Und der sie verbrannt hat, soll auch seine Kleider mit Wasser waschen und seinen Leib mit Wasser abwaschen und unrein sein bis zum Abend.

9 Und ein reiner Mann soll die Asche von der Kuh sammeln und sie draußen vor dem Lager an eine reine Stätte schütten, damit sie dort verwahrt werde für die Gemeinde der Israeliten für das Reinigungswasser; es ist ein Sündopfer.

10 Und derselbe, der die Asche der Kuh gesammelt hat, soll seine Kleider waschen und unrein sein bis zum Abend.

¶ Und dies soll eine ewige Ordnung sein für die Israeliten und die Fremdlinge, die unter euch wohnen:

11 Wer irgendeinen toten Menschen anrührt, der wird sieben Tage unrein sein.

12 Er soll sich mit dem Reinigungswasser entsündigen am dritten Tage und am siebenten Tage, so wird er rein. Und wenn er sich nicht am dritten Tage und am siebenten Tage entsündigt, so wird er nicht rein.

32 And you shall bear no sin by reason of it, when you have contributed the best of it. But you shall not profane the holy things of the people of Israel, lest you die.'"

Laws for Purification

19 Now the LORD spoke to Moses and to Aaron, saying,

2 "This is the statute of the law that the LORD has commanded: Tell the people of Israel to bring you a red heifer without defect, in which there is no blemish, and on which a yoke has never come.

3 And you shall give it to Eleazar the priest, and it shall be taken outside the camp and slaughtered before him.

4 And Eleazar the priest shall take some of its blood with his finger, and sprinkle some of its blood toward the front of the tent of meeting seven times.

5 And the heifer shall be burned in his sight. Its skin, its flesh, and its blood, with its dung, shall be burned.

6 And the priest shall take cedarwood and hyssop and scarlet yarn, and throw them into the fire burning the heifer.

7 Then the priest shall wash his clothes and bathe his body in water, and afterward he may come into the camp. But the priest shall be unclean until evening.

8 The one who burns the heifer shall wash his clothes in water and bathe his body in water and shall be unclean until evening.

9 And a man who is clean shall gather up the ashes of the heifer and deposit them outside the camp in a clean place. And they shall be kept for the water for impurity for the congregation of the people of Israel; it is a sin offering.

10 And the one who gathers the ashes of the heifer shall wash his clothes and be unclean until evening. And this shall be a perpetual statute for the people of Israel, and for the stranger who sojourns among them.

¶ **11** "Whoever touches the dead body of any person shall be unclean seven days.

12 He shall cleanse himself with the water on the third day and on the seventh day, and so be clean. But if he does not cleanse himself on the third day and on the seventh day, he will not become clean.

13 Wenn aber jemand irgendeinen toten Menschen anrührt und sich nicht entsündigen will, so macht er die Wohnung des HERRN unrein und solch ein Mensch soll ausgerottet werden aus Israel. Weil das Reinigungswasser nicht über ihn gesprengt ist, ist er unrein; seine Unreinheit bleibt an ihm.

¶ **14** Dies ist das Gesetz: Wenn ein Mensch in seinem Zelt stirbt, soll jeder, der in das Zelt geht, und wer im Zelt ist, unrein sein sieben Tage.

15 Auch jedes offene Gefäß, auf das kein Deckel gebunden ist, wird unrein.

16 Auch wer auf dem freien Feld einen berührt, der mit dem Schwert erschlagen ist, oder einen Gestorbenen oder eines Menschen Gebein oder ein Grab anrührt, der ist unrein sieben Tage.

17 So soll man nun für den Unreinen Asche nehmen von dem verbrannten Sündopfer und fließendes Wasser darauftun in ein Gefäß.

18 Und ein reiner Mann soll Ysop nehmen und ins Wasser tauchen und das Zelt besprengen und alle Gefäße und alle Leute, die darin sind; ebenso auch den, der eines Toten Gebein oder einen Erschlagenen oder Gestorbenen oder ein Grab berührt hat.

19 Es soll aber der Reine den Unreinen am dritten Tage und am siebenten Tage besprengen und ihn am siebenten Tage entsündigen, und der soll seine Kleider waschen und sich mit Wasser abwaschen, so wird er am Abend rein.

¶ **20** Wer aber unrein wird und sich nicht entsündigen will, der soll ausgerottet werden aus der Gemeinde; denn er hat das Heiligtum des HERRN unrein gemacht und ist nicht mit Reinigungswasser besprengt; darum ist er unrein.

21 Und das soll euch eine ewige Ordnung sein. Und auch der, der mit dem Reinigungswasser gesprengt hat, soll seine Kleider waschen, und wer das Reinigungswasser berührt, der soll unrein sein bis zum Abend.

22 Und alles, was der Unreine berührt, wird unrein werden, und wer ihn berührt, soll unrein sein bis zum Abend.

Mirjams Tod. Moses Zweifel beim Haderwasser

20 Und die ganze Gemeinde der Israeliten kam in die Wüste Zin im ersten Monat und das Volk lagerte sich in Kadesch. Und Mirjam starb dort und wurde dort begraben.

13 Whoever touches a dead person, the body of anyone who has died, and does not cleanse himself, defiles the tabernacle of the LORD, and that person shall be cut off from Israel; because the water for impurity was not thrown on him, he shall be unclean. His uncleanness is still on him.

¶ **14** "This is the law when someone dies in a tent: everyone who comes into the tent and everyone who is in the tent shall be unclean seven days.

15 And every open vessel that has no cover fastened on it is unclean.

16 Whoever in the open field touches someone who was killed with a sword or who died naturally, or touches a human bone or a grave, shall be unclean seven days.

17 For the unclean they shall take some ashes of the burnt sin offering, and fresh[1] water shall be added in a vessel.

18 Then a clean person shall take hyssop and dip it in the water and sprinkle it on the tent and on all the furnishings and on the persons who were there and on whoever touched the bone, or the slain or the dead or the grave.

19 And the clean person shall sprinkle it on the unclean on the third day and on the seventh day. Thus on the seventh day he shall cleanse him, and he shall wash his clothes and bathe himself in water, and at evening he shall be clean.

¶ **20** "If the man who is unclean does not cleanse himself, that person shall be cut off from the midst of the assembly, since he has defiled the sanctuary of the LORD. Because the water for impurity has not been thrown on him, he is unclean.

21 And it shall be a statute forever for them. The one who sprinkles the water for impurity shall wash his clothes, and the one who touches the water for impurity shall be unclean until evening.

22 And whatever the unclean person touches shall be unclean, and anyone who touches it shall be unclean until evening."

The Death of Miriam

20 And the people of Israel, the whole congregation, came into the wilderness of Zin in the first month, and the people stayed in Kadesh. And Miriam died there and was buried there.

2 Und die Gemeinde hatte kein Wasser, und sie versammelten sich gegen Mose und Aaron.

3 Und das Volk haderte mit Mose und sprach: Ach dass wir umgekommen wären, als unsere Brüder umkamen vor dem HERRN!

4 Warum habt ihr die Gemeinde des HERRN in diese Wüste gebracht, dass wir hier sterben mit unserm Vieh?

5 Und warum habt ihr uns aus Ägypten geführt an diesen bösen Ort, wo man nicht säen kann, wo weder Feigen noch Weinstöcke noch Granatäpfel sind und auch kein Wasser zum Trinken ist?

6 Da gingen Mose und Aaron von der Gemeinde hinweg zur Tür der Stiftshütte und fielen auf ihr Angesicht, und die Herrlichkeit des HERRN erschien ihnen.

7 Und der HERR redete mit Mose und sprach:

8 Nimm den Stab und versammle die Gemeinde, du und dein Bruder Aaron, und redet zu dem Felsen vor ihren Augen; der wird sein Wasser geben. So sollst du ihnen Wasser aus dem Felsen hervorbringen und die Gemeinde tränken und ihr Vieh.

9 Da nahm Mose den Stab, der vor dem HERRN lag, wie er ihm geboten hatte.

10 Und Mose und Aaron versammelten die Gemeinde vor dem Felsen und er sprach zu ihnen: Höret, ihr Ungehorsamen, werden wir euch wohl Wasser hervorbringen können aus diesem Felsen?

11 Und Mose erhob seine Hand und schlug den Felsen mit dem Stab zweimal. Da kam viel Wasser heraus, sodass die Gemeinde trinken konnte und ihr Vieh.

12 Der HERR aber sprach zu Mose und Aaron: Weil ihr nicht an mich geglaubt habt und mich nicht geheiligt habt vor den Israeliten, darum sollt ihr diese Gemeinde nicht ins Land bringen, das ich ihnen geben werde.

13 Das ist das Haderwasser, wo die Israeliten mit dem HERRN haderten und er sich heilig an ihnen erwies.

Die Edomiter verweigern den Durchzug

14 Und Mose sandte Botschaft aus Kadesch zu dem König der Edomiter: So lässt dir dein Bruder Israel sagen: Du kennst all die Mühsal, die uns betroffen hat,

The Waters of Meribah

2 Now there was no water for the congregation. And they assembled themselves together against Moses and against Aaron.

3 And the people quarreled with Moses and said, "Would that we had perished when our brothers perished before the LORD!

4 Why have you brought the assembly of the LORD into this wilderness, that we should die here, both we and our cattle?

5 And why have you made us come up out of Egypt to bring us to this evil place? It is no place for grain or figs or vines or pomegranates, and there is no water to drink."

6 Then Moses and Aaron went from the presence of the assembly to the entrance of the tent of meeting and fell on their faces. And the glory of the LORD appeared to them,

7 and the LORD spoke to Moses, saying,

8 "Take the staff, and assemble the congregation, you and Aaron your brother, and tell the rock before their eyes to yield its water. So you shall bring water out of the rock for them and give drink to the congregation and their cattle."

9 And Moses took the staff from before the LORD, as he commanded him.

Moses Strikes the Rock

10 Then Moses and Aaron gathered the assembly together before the rock, and he said to them, "Hear now, you rebels: shall we bring water for you out of this rock?"

11 And Moses lifted up his hand and struck the rock with his staff twice, and water came out abundantly, and the congregation drank, and their livestock.

12 And the LORD said to Moses and Aaron, "Because you did not believe in me, to uphold me as holy in the eyes of the people of Israel, therefore you shall not bring this assembly into the land that I have given them."

13 These are the waters of Meribah,[1] where the people of Israel quarreled with the LORD, and through them he showed himself holy.

Edom Refuses Passage

14 Moses sent messengers from Kadesh to the king of Edom: "Thus says your brother Israel: You know all the hardship that we have met:

15 dass unsere Väter nach Ägypten hinabgezogen sind und wir lange Zeit in Ägypten gewohnt haben und dass die Ägypter uns und unsere Väter schlecht behandelt haben.

16 Und wir schrien zu dem HERRN; der hat unsere Stimme gehört und einen Engel gesandt und uns aus Ägypten geführt. Und siehe, wir sind in Kadesch, einer Stadt an deiner Grenze.

17 Lass uns durch dein Land ziehen. Wir wollen nicht durch Äcker oder Weinberge gehen, auch nicht Wasser aus den Brunnen trinken. Die Landstraße wollen wir ziehen, weder zur Rechten noch zur Linken weichen, bis wir durch dein Gebiet hindurchgekommen sind.

¶ 18 Edom aber sprach zu ihnen: Du sollst nicht hindurchziehen oder ich werde dir mit dem Schwert entgegentreten.

19 Die Israeliten sprachen zu ihm: Wir wollen auf der gebahnten Straße ziehen, und wenn wir von deinem Wasser trinken, wir und unser Vieh, so wollen wir's bezahlen. Wir wollen nichts als nur zu Fuß hindurchziehen.

20 Er aber sprach: Du sollst nicht hindurchziehen. Und die Edomiter zogen aus, ihnen entgegen, mit mächtigem Heer und starker Hand.

21 So weigerten sich die Edomiter, Israel zu gestatten, durch ihr Gebiet zu ziehen. Und Israel wich ihnen aus.

Aarons Tod

22 Und die Israeliten brachen auf von Kadesch und kamen mit der ganzen Gemeinde an den Berg Hor.

23 Und der HERR redete mit Mose und Aaron am Berge Hor an der Grenze des Landes der Edomiter und sprach:

24 Aaron soll versammelt werden zu seinen Vätern; denn er soll nicht in das Land kommen, das ich den Israeliten gegeben habe, weil ihr meinem Munde ungehorsam gewesen seid bei dem Haderwasser.

25 Nimm aber Aaron und seinen Sohn Eleasar und führe sie auf den Berg Hor

26 und zieh Aaron seine Kleider aus und zieh sie seinem Sohn Eleasar an. Und Aaron soll dort zu seinen Vätern versammelt werden und sterben.

¶ 27 Da tat Mose, wie ihm der HERR geboten hatte, und sie stiegen auf den Berg Hor vor der ganzen Gemeinde.

15 how our fathers went down to Egypt, and we lived in Egypt a long time. And the Egyptians dealt harshly with us and our fathers.

16 And when we cried to the LORD, he heard our voice and sent an angel and brought us out of Egypt. And here we are in Kadesh, a city on the edge of your territory.

17 Please let us pass through your land. We will not pass through field or vineyard, or drink water from a well. We will go along the King's Highway. We will not turn aside to the right hand or to the left until we have passed through your territory."

18 But Edom said to him, "You shall not pass through, lest I come out with the sword against you."

19 And the people of Israel said to him, "We will go up by the highway, and if we drink of your water, I and my livestock, then I will pay for it. Let me only pass through on foot, nothing more."

20 But he said, "You shall not pass through." And Edom came out against them with a large army and with a strong force.

21 Thus Edom refused to give Israel passage through his territory, so Israel turned away from him.

The Death of Aaron

¶ 22 And they journeyed from Kadesh, and the people of Israel, the whole congregation, came to Mount Hor.

23 And the LORD said to Moses and Aaron at Mount Hor, on the border of the land of Edom,

24 "Let Aaron be gathered to his people, for he shall not enter the land that I have given to the people of Israel, because you rebelled against my command at the waters of Meribah.

25 Take Aaron and Eleazar his son and bring them up to Mount Hor.

26 And strip Aaron of his garments and put them on Eleazar his son. And Aaron shall be gathered to his people and shall die there."

27 Moses did as the LORD commanded. And they went up Mount Hor in the sight of all the congregation.

28 Und Mose zog Aaron seine Kleider aus und zog sie seinem Sohn Eleasar an. Und Aaron starb dort oben auf dem Berge. Mose aber und Eleasar stiegen herab vom Berge.

29 Und als die ganze Gemeinde sah, dass Aaron tot war, beweinten sie ihn dreißig Tage, das ganze Haus Israel.

Sieg über die Kanaaniter im Südland

21 Und als der König von Arad, der Kanaaniter, der im Südland wohnte, hörte, dass Israel herankam auf dem Wege von Atarim, zog er in den Kampf gegen Israel und führte etliche gefangen.

2 Da gelobte Israel dem HERRN ein Gelübde und sprach: Wenn du dies Volk in meine Hand gibst, so will ich an ihren Städten den Bann vollstrecken.

3 Und der HERR hörte auf die Stimme Israels und gab die Kanaaniter in ihre Hand und sie vollstreckten den Bann an ihnen und ihren Städten, und man nannte die Gegend Horma.

Mose richtet die eherne Schlange auf

4 Da brachen sie auf von dem Berge Hor in Richtung auf das Schilfmeer, um das Land der Edomiter zu umgehen. Und das Volk wurde verdrossen auf dem Wege

5 und redete wider Gott und wider Mose: Warum hast du uns aus Ägypten geführt, dass wir sterben in der Wüste? Denn es ist kein Brot noch Wasser hier und uns ekelt vor dieser mageren Speise.

¶ **6** Da sandte der HERR feurige Schlangen unter das Volk; die bissen das Volk, dass viele aus Israel starben.

7 Da kamen sie zu Mose und sprachen: Wir haben gesündigt, dass wir wider den HERRN und wider dich geredet haben. Bitte den HERRN, dass er die Schlangen von uns nehme. Und Mose bat für das Volk.

8 Da sprach der HERR zu Mose: Mache dir eine eherne Schlange und richte sie an einer Stange hoch auf. Wer gebissen ist und sieht sie an, der soll leben.

9 Da machte Mose eine eherne Schlange und richtete sie hoch auf. Und wenn jemanden eine Schlange biss, so sah er die eherne Schlange an und blieb leben.

Zug bis an den Arnon und ins Moabiterland

10 Und die Israeliten zogen aus und lagerten sich in Obot.

28 And Moses stripped Aaron of his garments and put them on Eleazar his son. And Aaron died there on the top of the mountain. Then Moses and Eleazar came down from the mountain.

29 And when all the congregation saw that Aaron had perished, all the house of Israel wept for Aaron thirty days.

Arad Destroyed

21 When the Canaanite, the king of Arad, who lived in the Negeb, heard that Israel was coming by the way of Atharim, he fought against Israel, and took some of them captive.

2 And Israel vowed a vow to the LORD and said, "If you will indeed give this people into my hand, then I will devote their cities to destruction."[1]

3 And the LORD heeded the voice of Israel and gave over the Canaanites, and they devoted them and their cities to destruction. So the name of the place was called Hormah.[2]

The Bronze Serpent

¶ **4** From Mount Hor they set out by the way to the Red Sea, to go around the land of Edom. And the people became impatient on the way.

5 And the people spoke against God and against Moses, "Why have you brought us up out of Egypt to die in the wilderness? For there is no food and no water, and we loathe this worthless food."

6 Then the LORD sent fiery serpents among the people, and they bit the people, so that many people of Israel died.

7 And the people came to Moses and said, "We have sinned, for we have spoken against the LORD and against you. Pray to the LORD, that he take away the serpents from us." So Moses prayed for the people.

8 And the LORD said to Moses, "Make a fiery serpent and set it on a pole, and everyone who is bitten, when he sees it, shall live."

9 So Moses made a bronze[3] serpent and set it on a pole. And if a serpent bit anyone, he would look at the bronze serpent and live.

The Song of the Well

¶ **10** And the people of Israel set out and camped in Oboth.

11 Und von Obot zogen sie aus und lagerten sich in Ije-Abarim, in der Wüste östlich von Moab.

12 Von da zogen sie weiter und lagerten sich am Bach Sered.

13 Von da zogen sie weiter und lagerten sich in der Wüste südlich des Arnon, der im Gebiet der Amoriter entspringt; denn der Arnon ist die Grenze Moabs zwischen Moab und den Amoritern.

14 Daher heißt es in dem Buch von den Kriegen des HERRN: »Das Waheb in Sufa und die Bäche am Arnon

15 und den Abhang der Bäche, der sich hinzieht zur Stadt Ar und sich lehnt an die Grenze Moabs.«

¶ **16** Und von da zogen sie nach Beer. Das ist der Brunnen, von dem der HERR zu Mose sagte: Versammle das Volk, ich will ihnen Wasser geben.

17 Damals sang Israel dies Lied: »Brunnen, steige auf! Singet von ihm:

18 Das ist der Brunnen, den die Fürsten gegraben haben; die Edlen im Volk haben ihn gegraben mit dem Zepter, mit ihren Stäben.« Und von Beer zogen sie nach Mattana

19 und von Mattana nach Nahaliël; und von Nahaliël nach Bamot-Baal;

20 und von Bamot-Baal in das Tal, das im Feld von Moab liegt bei dem Gipfel des Pisga, der hinunterblickt auf das Jordantal.

Sieg über die Könige Sihon und Og

21 Und Israel sandte Boten zu Sihon, dem König der Amoriter, und ließ ihm sagen:

22 Lass mich durch dein Land ziehen. Wir wollen nicht abbiegen in die Äcker noch in die Weingärten, wollen auch vom Brunnenwasser nicht trinken; die Landstraße wollen wir ziehen, bis wir durch dein Gebiet hindurchgekommen sind.

23 Aber Sihon gestattete den Israeliten nicht den Zug durch sein Gebiet, sondern sammelte sein ganzes Kriegsvolk und zog aus, Israel entgegen in die Wüste. Und als er nach Jahaz kam, kämpfte er gegen Israel.

24 Israel aber schlug ihn mit der Schärfe des Schwerts und nahm sein Land ein vom Arnon bis an den Jabbok und bis zu den Ammonitern; das Gebiet der Ammoniter aber reichte bis Jaser.

11 And they set out from Oboth and [k] camped at Iye-abarim, in the wilderness that is opposite Moab, toward the sunrise.

12 From there they set out and camped in the Valley of Zered.

13 From there they set out and camped on the other side of the Arnon, which is in the wilderness that extends from the border of the Amorites, for the Arnon is the border of Moab, between Moab and the Amorites.

14 Therefore it is said in the Book of the Wars of the LORD,

"Waheb in Suphah, and the valleys of the Arnon,
15 and the slope of the valleys
that extends to the seat of Ar,
and leans to the border of Moab."

¶ **16** And from there they continued to Beer;[4] that is the well of which the LORD said to Moses, "Gather the people together, so that I may give them water."

17 Then Israel sang this song:

"Spring up, O well!—Sing to it!—
18 the well that the princes made,
that the nobles of the people dug,
with the scepter and with their staffs."

And from the wilderness they went on to Mattanah,

19 and from Mattanah to Nahaliel, and from Nahaliel to Bamoth,

20 and from Bamoth to the valley lying in the region of Moab by the top of Pisgah that looks down on the desert.[5]

King Sihon Defeated

¶ **21** Then Israel sent messengers to Sihon king of the Amorites, saying,

22 "Let me pass through your land. We will not turn aside into field or vineyard. We will not drink the water of a well. We will go by the King's Highway until we have passed through your territory."

23 But Sihon would not allow Israel to pass through his territory. He gathered all his people together and went out against Israel to the wilderness and came to Jahaz and fought against Israel.

24 And Israel defeated him with the edge of the sword and took possession of his land from the Arnon to the Jabbok, as far as to the Ammonites, for the border of the Ammonites was strong.

¶ **25** So nahm Israel alle diese Städte ein und wohnte in allen Städten der Amoriter, in Heschbon und in allen seinen Ortschaften.

26 Denn Heschbon war die Stadt Sihons, des Königs der Amoriter, und er hatte zuvor mit dem König der Moabiter gekämpft und ihm all sein Land abgewonnen bis zum Arnon.

27 Daher sagt man im Lied:

¶   Kommt nach Heschbon, dass man die Stadt Sihons baue und aufrichte.

28 Denn Feuer ist aus Heschbon gefahren, eine Flamme von der Stadt Sihons; die hat gefressen Ar in Moab und verzehrt die Höhen am Arnon.

29 Weh dir, Moab! Du Volk des Kemosch bist verloren! Man hat seine Söhne in die Flucht geschlagen und seine Töchter gefangen geführt zu Sihon, dem König der Amoriter.

30 Seine Herrlichkeit ist zunichte geworden von Heschbon bis nach Dibon, sie ist zerstört bis nach Nofach, bis nach Medeba.

31 So wohnte Israel im Lande der Amoriter.

¶ **32** Und Mose sandte Kundschafter aus nach Jaser; und sie eroberten es mit seinen Ortschaften und vertrieben die Amoriter, die darin waren,

33 und wandten sich und zogen hinauf den Weg nach Baschan. Da zog ihnen entgegen Og, der König von Baschan, mit seinem ganzen Kriegsvolk, um bei Edreï zu kämpfen.

34 Und der HERR sprach zu Mose: Fürchte dich nicht vor ihm, denn ich habe ihn in deine Hand gegeben mit Land und Leuten, und du sollst mit ihm tun, wie du mit Sihon, dem König der Amoriter, getan hast, der in Heschbon wohnte.

35 Und sie schlugen ihn und seine Söhne und sein ganzes Kriegsvolk, bis keiner mehr übrig blieb, und nahmen das Land ein.

Bileam soll Israel verfluchen, aber er muss es segnen

22 Danach zogen die Israeliten weiter und lagerten sich im Jordantal der Moabiter gegenüber Jericho.

2 Und Balak, der Sohn Zippors, sah alles, was Israel den Amoritern angetan hatte.

3 Und die Moabiter fürchteten sich sehr vor dem Volk, das so groß war, und den Moabitern graute vor den Israeliten.

25 And Israel took all these cities, and Israel settled in all the cities of the Amorites, in Heshbon, and in all its villages.

26 For Heshbon was the city of Sihon the king of the Amorites, who had fought against the former king of Moab and taken all his land out of his hand, as far as the Arnon.

27 Therefore the ballad singers say,

"Come to Heshbon, let it be built;
    let the city of Sihon be established.
28 For fire came out from Heshbon,
    flame from the city of Sihon.
It devoured Ar of Moab,
    and swallowed[6] the heights of the
        Arnon.
29 Woe to you, O Moab!
    You are undone, O people of
        Chemosh!
He has made his sons fugitives,
    and his daughters captives,
    to an Amorite king, Sihon.
30 So we overthrew them;
    Heshbon, as far as Dibon, perished;
    and we laid waste as far as Nophah;
    fire spread as far as Medeba."[7]

King Og Defeated

¶ **31** Thus Israel lived in the land of the Amorites.

32 And Moses sent to spy out Jazer, and they captured its villages and dispossessed the Amorites who were there.

33 Then they turned and went up by the way to Bashan. And Og the king of Bashan came out against them, he and all his people, to battle at Edrei.

34 But the LORD said to Moses, "Do not fear him, for I have given him into your hand, and all his people, and his land. And you shall do to him as you did to Sihon king of the Amorites, who lived at Heshbon."

35 So they defeated him and his sons and all his people, until he had no survivor left. And they possessed his land.

Balak Summons Balaam

22 Then the people of Israel set out and camped in the plains of Moab beyond the Jordan at Jericho.

2 And Balak the son of Zippor saw all that Israel had done to the Amorites.

3 And Moab was in great dread of the people, because they were many. Moab was overcome with fear of the people of Israel.

4 Und sie sprachen zu den Ältesten der Midianiter: Nun wird dieser Haufe auffressen, was um uns herum ist, wie ein Rind das Gras auf dem Felde abfrisst. Balak aber, der Sohn Zippors, war zu der Zeit König der Moabiter.

5 Und er sandte Boten aus zu Bileam, dem Sohn Beors, nach Petor, das am Euphrat liegt, ins Land der Söhne seines Volks, um ihn herbeizurufen, und ließ ihm sagen: Siehe, es ist ein Volk aus Ägypten gezogen, das bedeckt das ganze Land und lagert mir gegenüber.

6 So komm nun und verfluche mir das Volk, denn es ist mir zu mächtig; vielleicht kann ich's dann schlagen und aus dem Lande vertreiben; denn ich weiß: Wen du segnest, der ist gesegnet, und wen du verfluchst, der ist verflucht.

¶ **7** Und die Ältesten der Moabiter gingen hin mit den Ältesten der Midianiter und hatten den Lohn für das Wahrsagen in ihren Händen und kamen zu Bileam und sagten ihm die Worte Balaks.

8 Und er sprach zu ihnen: Bleibt hier über Nacht, so will ich euch antworten, wie mir's der HERR sagen wird. Da blieben die Fürsten der Moabiter bei Bileam.

¶ **9** Und Gott kam zu Bileam und sprach: Wer sind die Leute, die bei dir sind?

10 Bileam sprach zu Gott: Balak, der Sohn Zippors, der König der Moabiter, hat zu mir gesandt:

11 Siehe, ein Volk ist aus Ägypten gezogen und bedeckt das ganze Land. So komm nun und verfluche es; vielleicht kann ich dann mit ihm kämpfen und es vertreiben.

12 Gott aber sprach zu Bileam: Geh nicht mit ihnen, verfluche das Volk auch nicht; denn es ist gesegnet.

13 Da stand Bileam am Morgen auf und sprach zu den Fürsten Balaks: Geht hin in euer Land; denn der HERR will's nicht gestatten, dass ich mit euch ziehe.

¶ **14** Und die Fürsten der Moabiter machten sich auf, kamen zu Balak und sprachen: Bileam weigert sich, mit uns zu ziehen.

15 Da sandte Balak noch mehr und noch mächtigere Fürsten, als jene waren.

16 Als die zu Bileam kamen, sprachen sie zu ihm: So lässt dir sagen Balak, der Sohn Zippors: Wehre dich doch nicht dagegen, zu mir zu ziehen;

17 denn ich will dich hoch ehren und was du mir sagst, das will ich tun; komm doch und verfluche mir dies Volk.

4 And Moab said to the elders of Midian, "This horde will now lick up all that is around us, as the ox licks up the grass of the field." So Balak the son of Zippor, who was king of Moab at that time,

5 sent messengers to Balaam the son of Beor at Pethor, which is near the River in the land of the people of Amaw,[1] to call him, saying, "Behold, a people has come out of Egypt. They cover the face of the earth, and they are dwelling opposite me.

6 Come now, curse this people for me, since they are too mighty for me. Perhaps I shall be able to defeat them and drive them from the land, for I know that he whom you bless is blessed, and he whom you curse is cursed."

¶ **7** So the elders of Moab and the elders of Midian departed with the fees for divination in their hand. And they came to Balaam and gave him Balak's message.

8 And he said to them, "Lodge here tonight, and I will bring back word to you, as the LORD speaks to me." So the princes of Moab stayed with Balaam.

9 And God came to Balaam and said, "Who are these men with you?"

10 And Balaam said to God, "Balak the son of Zippor, king of Moab, has sent to me, saying,

11 'Behold, a people has come out of Egypt, and it covers the face of the earth. Now come, curse them for me. Perhaps I shall be able to fight against them and drive them out.'"

12 God said to Balaam, "You shall not go with them. You shall not curse the people, for they are blessed."

13 So Balaam rose in the morning and said to the princes of Balak, "Go to your own land, for the LORD has refused to let me go with you."

14 So the princes of Moab rose and went to Balak and said, "Balaam refuses to come with us."

¶ **15** Once again Balak sent princes, more in number and more honorable than these.

16 And they came to Balaam and said to him, "Thus says Balak the son of Zippor: 'Let nothing hinder you from coming to me,

17 for I will surely do you great honor, and whatever you say to me I will do. Come, curse this people for me.'"

¶ **18** Bileam antwortete und sprach zu den Gesandten Balaks: Wenn mir Balak sein Haus voll Silber und Gold gäbe, so könnte ich doch nicht übertreten das Wort des HERRN, meines Gottes, weder im Kleinen noch im Großen.

19 So bleibt auch ihr nun hier diese Nacht, dass ich erfahre, was der HERR weiter mit mir reden wird.

20 Da kam Gott in der Nacht zu Bileam und sprach zu ihm: Sind die Männer gekommen, dich zu rufen, so mach dich auf und zieh mit ihnen; doch nur was ich dir sagen werde, sollst du tun.

¶ **21** Da stand Bileam am Morgen auf und sattelte seine Eselin und zog mit den Fürsten der Moabiter.

22 Aber der Zorn Gottes entbrannte darüber, dass er hinzog. Und der Engel des HERRN trat in den Weg, um ihm zu widerstehen. Er aber ritt auf seiner Eselin und zwei Knechte waren mit ihm.

23 Und die Eselin sah den Engel des HERRN auf dem Wege stehen mit einem bloßen Schwert in seiner Hand. Und die Eselin wich vom Weg ab und ging auf dem Felde; Bileam aber schlug sie, um sie wieder auf den Weg zu bringen.

24 Da trat der Engel des HERRN auf den Pfad zwischen den Weinbergen, wo auf beiden Seiten Mauern waren.

25 Und als die Eselin den Engel des HERRN sah, drängte sie sich an die Mauer und klemmte Bileam den Fuß ein an der Mauer, und er schlug sie noch mehr.

¶ **26** Da ging der Engel des HERRN weiter und trat an eine enge Stelle, wo kein Platz mehr war auszuweichen, weder zur Rechten noch zur Linken.

27 Und als die Eselin den Engel des HERRN sah, fiel sie in die Knie unter Bileam. Da entbrannte der Zorn Bileams und er schlug die Eselin mit dem Stecken.

28 Da tat der HERR der Eselin den Mund auf und sie sprach zu Bileam: Was hab ich dir getan, dass du mich nun dreimal geschlagen hast?

29 Bileam sprach zur Eselin: Weil du Mutwillen mit mir treibst! Ach dass ich jetzt ein Schwert in der Hand hätte, ich wollte dich töten!

30 Die Eselin sprach zu Bileam: Bin ich nicht deine Eselin, auf der du geritten bist von jeher bis auf diesen Tag? War es je meine Art, es so mit dir zu treiben? Er sprach: Nein.

18 But Balaam answered and said to the servants of Balak, "Though Balak were to give me his house full of silver and gold, I could not go beyond the command of the LORD my God to do less or more.

19 So you, too, please stay here tonight, that I may know what more the LORD will say to me."

20 And God came to Balaam at night and said to him, "If the men have come to call you, rise, go with them; but only do what I tell you."

21 So Balaam rose in the morning and saddled his donkey and went with the princes of Moab.

Balaam's Donkey and the Angel

¶ **22** But God's anger was kindled because he went, and the angel of the LORD took his stand in the way as his adversary. Now he was riding on the donkey, and his two servants were with him.

23 And the donkey saw the angel of the LORD standing in the road, with a drawn sword in his hand. And the donkey turned aside out of the road and went into the field. And Balaam struck the donkey, to turn her into the road.

24 Then the angel of the LORD stood in a narrow path between the vineyards, with a wall on either side.

25 And when the donkey saw the angel of the LORD, she pushed against the wall and pressed Balaam's foot against the wall. So he struck her again.

26 Then the angel of the LORD went ahead and stood in a narrow place, where there was no way to turn either to the right or to the left.

27 When the donkey saw the angel of the LORD, she lay down under Balaam. And Balaam's anger was kindled, and he struck the donkey with his staff.

28 Then the LORD opened the mouth of the donkey, and she said to Balaam, "What have I done to you, that you have struck me these three times?"

29 And Balaam said to the donkey, "Because you have made a fool of me. I wish I had a sword in my hand, for then I would kill you."

30 And the donkey said to Balaam, "Am I not your donkey, on which you have ridden all your life long to this day? Is it my habit to treat you this way?" And he said, "No."

¶ **31** Da öffnete der HERR dem Bileam die Augen, dass er den Engel des HERRN auf dem Wege stehen sah mit einem bloßen Schwert in seiner Hand, und er neigte sich und fiel nieder auf sein Angesicht.

32 Und der Engel des HERRN sprach zu ihm: Warum hast du deine Eselin nun dreimal geschlagen? Siehe, ich habe mich aufgemacht, um dir zu widerstehen; denn dein Weg ist verkehrt in meinen Augen.

33 Und die Eselin hat mich gesehen und ist mir dreimal ausgewichen. Sonst, wenn sie mir nicht ausgewichen wäre, so hätte ich dich jetzt getötet, aber die Eselin am Leben gelassen.

34 Da sprach Bileam zu dem Engel des HERRN: Ich habe gesündigt; ich hab's ja nicht gewusst, dass du mir entgegenstandest auf dem Wege. Und nun, wenn dir's nicht gefällt, will ich wieder umkehren.

35 Der Engel des HERRN sprach zu ihm: Zieh hin mit den Männern, aber nichts anderes, als was ich zu dir sagen werde, sollst du reden. So zog Bileam mit den Fürsten Balaks.

¶ **36** Als Balak hörte, dass Bileam kam, zog er aus, ihm entgegen nach Ar in Moab, das am Arnon liegt, an der äußersten Grenze,

37 und sprach zu ihm: Hab ich nicht zu dir gesandt und dich rufen lassen? Warum bist du denn nicht zu mir gekommen? Meinst du, ich könnte dich nicht ehren?

38 Bileam antwortete ihm: Siehe, ich bin zu dir gekommen, aber wie kann ich etwas anderes reden, als was mir Gott in den Mund gibt? Nur das kann ich reden!

39 So zog Bileam mit Balak und sie kamen nach Kirjat-Huzot.

40 Und Balak opferte Rinder und Schafe und sandte davon an Bileam und an die Fürsten, die bei ihm waren.

¶ **41** Und am Morgen nahm Balak den Bileam und führte ihn hinauf nach Bamot-Baal, dass er von dort das ganze Volk Israel überblicken konnte.

23 Und Bileam sprach zu Balak: Baue mir hier sieben Altäre und schaffe mir her sieben junge Stiere und sieben Widder.

2 Balak tat, wie ihm Bileam sagte, und beide, Balak und Bileam, opferten auf jedem Altar einen jungen Stier und einen Widder.

¶ **31** Then the LORD opened the eyes of Balaam, and he saw the angel of the LORD standing in the way, with his drawn sword in his hand. And he bowed down and fell on his face.

32 And the angel of the LORD said to him, "Why have you struck your donkey these three times? Behold, I have come out to oppose you because your way is perverse[2] before me.

33 The donkey saw me and turned aside before me these three times. If she had not turned aside from me, surely just now I would have killed you and let her live."

34 Then Balaam said to the angel of the LORD, "I have sinned, for I did not know that you stood in the road against me. Now therefore, if it is evil in your sight, I will turn back."

35 And the angel of the LORD said to Balaam, "Go with the men, but speak only the word that I tell you." So Balaam went on with the princes of Balak.

¶ **36** When Balak heard that Balaam had come, he went out to meet him at the city of Moab, on the border formed by the Arnon, at the extremity of the border.

37 And Balak said to Balaam, "Did I not send to you to call you? Why did you not come to me? Am I not able to honor you?"

38 Balaam said to Balak, "Behold, I have come to you! Have I now any power of my own to speak anything? The word that God puts in my mouth, that must I speak."

39 Then Balaam went with Balak, and they came to Kiriath-huzoth.

40 And Balak sacrificed oxen and sheep, and sent for Balaam and for the princes who were with him.

¶ **41** And in the morning Balak took Balaam and brought him up to Bamoth-baal, and from there he saw a fraction of the people.

Balaam's First Oracle

23 And Balaam said to Balak, "Build for me here seven altars, and prepare for me here seven bulls and seven rams."

2 Balak did as Balaam had said. And Balak and Balaam offered on each altar a bull and a ram.

3 Und Bileam sprach zu Balak: Tritt zu deinem Brandopfer; ich will hingehen, ob mir vielleicht der HERR begegnet, dass ich dir sage, was er mir zeigt. Und er ging hin auf einen kahlen Hügel.

4 Und Gott begegnete Bileam; er aber sprach zu ihm: Sieben Altäre hab ich hergerichtet und auf jedem Altar einen jungen Stier und einen Widder geopfert.

5 Der HERR aber gab das Wort dem Bileam in den Mund und sprach: Geh zurück zu Balak und sprich so!

6 Und als er zu ihm kam, siehe, da stand er bei seinem Brandopfer samt allen Fürsten der Moabiter.

¶ **7** Da hob Bileam an mit seinem Spruch und sprach: Aus Aram hat mich Balak, der König der Moabiter, holen lassen von dem Gebirge im Osten: Komm, verfluche mir Jakob! Komm, verwünsche Israel!

8 Wie soll ich fluchen, dem Gott nicht flucht? Wie soll ich verwünschen, den der HERR nicht verwünscht?

9 Denn von der Höhe der Felsen sehe ich ihn, und von den Hügeln schaue ich ihn. Siehe, das Volk wird abgesondert wohnen und sich nicht zu den Heiden rechnen.

10 Wer kann zählen den Staub Jakobs, auch nur den vierten Teil Israels? Meine Seele möge sterben den Tod der Gerechten, und mein Ende werde wie ihr Ende!

¶ **11** Da sprach Balak zu Bileam: Was tust du mir an? Ich habe dich holen lassen, um meinen Feinden zu fluchen, und siehe, du segnest.

12 Er antwortete und sprach: Muss ich nicht das halten und reden, was mir der HERR in den Mund gibt?

13 Balak sprach zu ihm: Komm doch mit mir an einen andern Ort, von wo aus du nur sein äußerstes Ende siehst, aber nicht ganz Israel, und verfluche es mir von dort.

14 Und er führte ihn zum Späherfeld auf dem Gipfel des Pisga und baute sieben Altäre und opferte auf jedem Altar einen jungen Stier und einen Widder.

15 Und Bileam sprach zu Balak: Tritt zu deinem Brandopfer, ich aber will dort dem Herrn begegnen.

3 And Balaam said to Balak, "Stand beside your burnt offering, and I will go. Perhaps the LORD will come to meet me, and whatever he shows me I will tell you." And he went to a bare height,

4 and God met Balaam. And Balaam said to him, "I have arranged the seven altars and I have offered on each altar a bull and a ram."

5 And the LORD put a word in Balaam's mouth and said, "Return to Balak, and thus you shall speak."

6 And he returned to him, and behold, he and all the princes of Moab were standing beside his burnt offering.

7 And Balaam took up his discourse and said,

"From Aram Balak has brought me,
 the king of Moab from the eastern mountains:
'Come, curse Jacob for me,
 and come, denounce Israel!'

8 How can I curse whom God has not cursed?
 How can I denounce whom the LORD has not denounced?

9 For from the top of the crags I see him,
 from the hills I behold him;
behold, a people dwelling alone,
 and not counting itself among the nations!

10 Who can count the dust of Jacob
 or number the fourth part[1] of Israel?
Let me die the death of the upright,
 and let my end be like his!"

¶ **11** And Balak said to Balaam, "What have you done to me? I took you to curse my enemies, and behold, you have done nothing but bless them."

12 And he answered and said, "Must I not take care to speak what the LORD puts in my mouth?"

Balaam's Second Oracle

¶ **13** And Balak said to him, "Please come with me to another place, from which you may see them. You shall see only a fraction of them and shall not see them all. Then curse them for me from there."

14 And he took him to the field of Zophim, to the top of Pisgah, and built seven altars and offered a bull and a ram on each altar.

15 Balaam said to Balak, "Stand here beside your burnt offering, while I meet the LORD over there."

¶ **16** Und der HERR begegnete Bileam und gab ihm das Wort in seinen Mund und sprach: Geh zurück zu Balak und sprich so!

17 Und als er zu ihm kam, siehe, da stand er bei seinem Brandopfer samt den Fürsten der Moabiter. Und Balak sprach zu ihm: Was hat der HERR gesagt?

¶ **18** Und er hob an mit seinem Spruch und sprach: Steh auf, Balak, und höre! Nimm zu Ohren, was ich sage, du Sohn Zippors!

19 Gott ist nicht ein Mensch, dass er lüge, noch ein Menschenkind, dass ihn etwas gereue. Sollte er etwas sagen und nicht tun? Sollte er etwas reden und nicht halten?

20 Siehe, zu segnen ist mir befohlen; er hat gesegnet und ich kann's nicht wenden.

21 Man sieht kein Unheil in Jakob und kein Verderben in Israel. Der HERR, sein Gott, ist bei ihm und es jauchzt dem König zu.

22 Gott, der sie aus Ägypten geführt hat, ist für sie wie das Horn des Wildstiers.

23 Denn es gibt kein Zaubern in Jakob und kein Wahrsagen in Israel. Zu rechter Zeit wird Jakob und Israel gesagt, welche Wunder Gott tut.

24 Siehe, das Volk wird aufstehen wie ein junger Löwe und wird sich erheben wie ein Löwe; es wird sich nicht legen, bis es den Raub verzehrt und das Blut der Erschlagenen trinkt.

¶ **25** Da sprach Balak zu Bileam: Du sollst es weder verfluchen noch segnen.

26 Bileam antwortete und sprach zu Balak: Hab ich dir nicht gesagt, alles, was der HERR redet, das würde ich tun?

27 Balak sprach zu ihm: Komm doch, ich will dich an einen andern Ort führen; vielleicht gefällt es Gott, dass du sie mir dort verfluchst.

28 Und Balak führte ihn auf den Gipfel des Berges Peor, der hinunterblickt auf das Jordantal.

29 Und Bileam sprach zu Balak: Baue mir hier sieben Altäre und schaffe mir her sieben junge Stiere und sieben Widder.

30 Balak tat, wie Bileam sagte, und opferte auf jedem Altar einen jungen Stier und einen Widder.

16 And the LORD met Balaam and put a word in his mouth and said, "Return to Balak, and thus shall you speak."

17 And he came to him, and behold, he was standing beside his burnt offering, and the princes of Moab with him. And Balak said to him, "What has the LORD spoken?"

18 And Balaam took up his discourse and said,

"Rise, Balak, and hear;
    give ear to me, O son of Zippor:
19 God is not man, that he should lie,
    or a son of man, that he should change his mind.
Has he said, and will he not do it?
    Or has he spoken, and will he not fulfill it?
20 Behold, I received a command to bless:
    he has blessed, and I cannot revoke it.
21 He has not beheld misfortune in Jacob,
    nor has he seen trouble in Israel.
The LORD their God is with them,
    and the shout of a king is among them.
22 God brings them out of Egypt
    and is for them like the horns of the wild ox.
23 For there is no enchantment against Jacob,
    no divination against Israel;
now it shall be said of Jacob and Israel,
    'What has God wrought!'
24 Behold, a people! As a lioness it rises up
    and as a lion it lifts itself;
it does not lie down until it has devoured the prey
    and drunk the blood of the slain."

¶ **25** And Balak said to Balaam, "Do not curse them at all, and do not bless them at all."

26 But Balaam answered Balak, "Did I not tell you, 'All that the LORD says, that I must do'?"

27 And Balak said to Balaam, "Come now, I will take you to another place. Perhaps it will please God that you may curse them for me from there."

28 So Balak took Balaam to the top of Peor, which overlooks the desert.[2]

29 And Balaam said to Balak, "Build for me here seven altars and prepare for me here seven bulls and seven rams."

30 And Balak did as Balaam had said, and offered a bull and a ram on each altar.

24 Als nun Bileam sah, dass es dem HERRN gefiel, Israel zu segnen, ging er nicht wie bisher auf Zeichen aus, sondern richtete sein Angesicht zur Wüste.

2 hob seine Augen auf und sah Israel, wie sie lagerten nach ihren Stämmen. Und der Geist Gottes kam auf ihn

3 und er hob an mit seinem Spruch und sprach: Es sagt Bileam, der Sohn Beors, es sagt der Mann, dem die Augen geöffnet sind;

4 es sagt der Hörer göttlicher Rede, der des Allmächtigen Offenbarung sieht, dem die Augen geöffnet werden, wenn er niederkniet:

5 Wie fein sind deine Zelte, Jakob, und deine Wohnungen, Israel!

6 Wie die Täler, die sich ausbreiten, wie die Gärten an den Wassern, wie die Aloebäume, die der HERR pflanzt, wie die Zedern an den Wassern.

7 Sein Eimer fließt von Wasser über, und seine Saat hat Wasser die Fülle. Sein König wird höher werden als Agag, und sein Reich wird sich erheben.

8 Gott, der ihn aus Ägypten geführt hat, ist für ihn wie das Horn des Wildstiers. Er wird die Völker, seine Verfolger, auffressen und ihre Gebeine zermalmen und mit seinen Pfeilen zerschmettern.

9 Er hat sich hingestreckt, sich niedergelegt wie ein Löwe und wie ein junger Löwe – wer will ihn aufstören? Gesegnet sei, wer dich segnet, und verflucht, wer dich verflucht!

¶ 10 Da entbrannte Balaks Zorn gegen Bileam und er schlug die Hände zusammen und sprach zu ihm: Ich habe dich gerufen, dass du meine Feinde verfluchen solltest, und siehe, du hast sie nun dreimal gesegnet.

11 Geh nun weg in dein Land! Ich dachte, ich wollte dich ehren, aber der HERR hat dir die Ehre verwehrt.

12 Bileam antwortete ihm: Hab ich nicht schon zu deinen Boten gesagt, die du zu mir sandtest:

13 Wenn mir Balak sein Haus voll Silber und Gold gäbe, so könnte ich doch an des HERRN Wort nicht vorüber und Böses und Gutes tun nach meinem Herzen, sondern was der HERR redet, das würde ich auch reden?

Balaam's Third Oracle

24 When Balaam saw that it pleased the LORD to bless Israel, he did not go, as at other times, to look for omens, but set his face toward the wilderness.

2 And Balaam lifted up his eyes and saw Israel camping tribe by tribe. And the Spirit of God came upon him,

3 and he took up his discourse and said,

"The oracle of Balaam the son of Beor,
 the oracle of the man whose eye is opened,[1]

4 the oracle of him who hears the words of God,
 who sees the vision of the Almighty,
 falling down with his eyes uncovered:

5 How lovely are your tents, O Jacob,
 your encampments, O Israel!

6 Like palm groves[2] that stretch afar,
 like gardens beside a river,
 like aloes that the LORD has planted,
 like cedar trees beside the waters.

7 Water shall flow from his buckets,
 and his seed shall be in many waters;
his king shall be higher than Agag,
 and his kingdom shall be exalted.

8 God brings him out of Egypt
 and is for him like the horns of the wild ox;
he shall eat up the nations, his adversaries,
 and shall break their bones in pieces
 and pierce them through with his arrows.

9 He crouched, he lay down like a lion
 and like a lioness; who will rouse him up?
Blessed are those who bless you,
 and cursed are those who curse you."

¶ 10 And Balak's anger was kindled against Balaam, and he struck his hands together. And Balak said to Balaam, "I called you to curse my enemies, and behold, you have blessed them these three times.

11 Therefore now flee to your own place. I said, 'I will certainly honor you,' but the LORD has held you back from honor."

12 And Balaam said to Balak, "Did I not tell your messengers whom you sent to me,

13 'If Balak should give me his house full of silver and gold, I would not be able to go beyond the word of the LORD, to do either good or bad of my own will. What the LORD speaks, that will I speak'?

14 Und nun siehe, ich ziehe zu meinem Volk. So komm, ich will dir kundtun, was dies Volk deinem Volk tun wird zur letzten Zeit.

¶ 15 Und er hob an mit seinem Spruch und sprach: Es sagt Bileam, der Sohn Beors, es sagt der Mann, dem die Augen geöffnet sind,

16 es sagt der Hörer göttlicher Rede und der die Erkenntnis des Höchsten hat, der die Offenbarung des Allmächtigen sieht und dem die Augen geöffnet werden, wenn er niederkniet:

17 Ich sehe ihn, aber nicht jetzt; ich schaue ihn, aber nicht von Nahem. Es wird ein Stern aus Jakob aufgehen und ein Zepter aus Israel aufkommen und wird zerschmettern die Schläfen der Moabiter und den Scheitel aller Söhne Sets.

18 Edom wird er einnehmen, und Seïr, sein Feind, wird unterworfen sein; Israel aber wird Sieg haben.

19 Aus Jakob wird der Herrscher kommen und umbringen, was übrig ist von den Städten.

¶ 20 Und als er die Amalekiter sah, hob er an mit seinem Spruch und sprach: Amalek ist das erste unter den Völkern; aber zuletzt wird es umkommen.

¶ 21 Und als er die Keniter sah, hob er an mit seinem Spruch und sprach: Fest ist deine Wohnung, und du hast dein Nest in einen Fels gebaut.

22 Dennoch wird Kain ausgetilgt werden. Wie lange noch, dann führt Assur dich gefangen hinweg!

23 Und er hob abermals an mit seinem Spruch und sprach: Ach, wer wird am Leben bleiben, wenn Gott das tun wird?

24 Und Schiffe aus Kittim werden verderben Assur und Eber; das aber wird auch umkommen.

¶ 25 Und Bileam machte sich auf und zog hin und kam wieder in sein Land und Balak zog seinen Weg.

14 And now, behold, I am going to my people. Come, I will let you know what this people will do to your people in the latter days."

Balaam's Final Oracle

¶ 15 And he took up his discourse and said,

"The oracle of Balaam the son of Beor,
the oracle of the man whose eye is opened,

16 the oracle of him who hears the words of God,
and knows the knowledge of the Most High,
who sees the vision of the Almighty,
falling down with his eyes uncovered:

17 I see him, but not now;
I behold him, but not near:
a star shall come out of Jacob,
and a scepter shall rise out of Israel;
it shall crush the forehead[3] of Moab
and break down all the sons of Sheth.

18 Edom shall be dispossessed;
Seir also, his enemies, shall be dispossessed.
Israel is doing valiantly.

19 And one from Jacob shall exercise dominion
and destroy the survivors of cities!"

¶ 20 Then he looked on Amalek and took up his discourse and said,

"Amalek was the first among the nations,
but its end is utter destruction."

¶ 21 And he looked on the Kenite, and took up his discourse and said,

"Enduring is your dwelling place,
and your nest is set in the rock.

22 Nevertheless, Kain shall be burned
when Asshur takes you away captive."

¶ 23 And he took up his discourse and said,

"Alas, who shall live when God does this?

24 But ships shall come from Kittim
and shall afflict Asshur and Eber;
and he too shall come to utter destruction."

¶ 25 Then Balaam rose and went back to his place. And Balak also went his way.

Israels Götzendienst mit dem Baal-Peor. Der Eifer des Pinhas für den HERRN

25 Und Israel lagerte in Schittim. Da fing das Volk an zu huren mit den Töchtern der Moabiter;

2 die luden das Volk zu den Opfern ihrer Götter. Und das Volk aß und betete ihre Götter an.

3 Und Israel hängte sich an den Baal-Peor. Da entbrannte des HERRN Zorn über Israel

4 und er sprach zu Mose: Nimm alle Oberen des Volks und hänge sie vor dem HERRN auf im Angesicht der Sonne, damit sich der grimmige Zorn des HERRN von Israel wende.

5 Und Mose sprach zu den Richtern Israels: Töte ein jeder seine Leute, die sich an den Baal-Peor gehängt haben.

¶ **6** Und siehe, ein Mann aus Israel kam und brachte unter seine Brüder eine Midianiterin vor den Augen des Mose und der ganzen Gemeinde der Israeliten, die da weinten vor der Tür der Stiftshütte.

7 Als das Pinhas sah, der Sohn Eleasars, des Sohnes des Priesters Aaron, stand er auf aus der Gemeinde und nahm einen Spieß in seine Hand

8 und ging dem israelitischen Mann nach in die Kammer und durchstach sie beide, den israelitischen Mann und die Frau, durch ihren Leib. Da hörte die Plage auf unter den Israeliten.

9 Es waren aber durch die Plage getötet worden vierundzwanzigtausend.

¶ **10** Und der HERR redete mit Mose und sprach:

11 Pinhas, der Sohn Eleasars, des Sohnes des Priesters Aaron, hat meinen Grimm von den Israeliten gewendet durch seinen Eifer um mich, dass ich nicht in meinem Eifer die Israeliten vertilgte.

12 Darum sage: Siehe, ich gebe ihm meinen Bund des Friedens,

13 und dieser Bund soll ihm und seinen Nachkommen das ewige Priestertum zuteilen, weil er für seinen Gott geeifert und für die Israeliten Sühne geschafft hat.

14 Der israelitische Mann aber, der erschlagen wurde mit der Midianiterin, hieß Simri, der Sohn Salus, der Oberste einer Sippe der Simeoniter.

Baal Worship at Peor

25 While Israel lived in Shittim, the people began to whore with the daughters of Moab.

2 These invited the people to the sacrifices of their gods, and the people ate and bowed down to their gods.

3 So Israel yoked himself to Baal of Peor. And the anger of the LORD was kindled against Israel.

4 And the LORD said to Moses, "Take all the chiefs of the people and hang[1] them in the sun before the LORD, that the fierce anger of the LORD may turn away from Israel."

5 And Moses said to the judges of Israel, "Each of you kill those of his men who have yoked themselves to Baal of Peor."

¶ **6** And behold, one of the people of Israel came and brought a Midianite woman to his family, in the sight of Moses and in the sight of the whole congregation of the people of Israel, while they were weeping in the entrance of the tent of meeting.

7 When Phinehas the son of Eleazar, son of Aaron the priest, saw it, he rose and left the congregation and took a spear in his hand

8 and went after the man of Israel into the chamber and pierced both of them, the man of Israel and the woman through her belly. Thus the plague on the people of Israel was stopped.

9 Nevertheless, those who died by the plague were twenty-four thousand.

The Zeal of Phinehas

¶ **10** And the LORD said to Moses,

11 "Phinehas the son of Eleazar, son of Aaron the priest, has turned back my wrath from the people of Israel, in that he was jealous with my jealousy among them, so that I did not consume the people of Israel in my jealousy.

12 Therefore say, 'Behold, I give to him my covenant of peace,

13 and it shall be to him and to his descendants after him the covenant of a perpetual priesthood, because he was jealous for his God and made atonement for the people of Israel.'"

¶ **14** The name of the slain man of Israel, who was killed with the Midianite woman, was Zimri the son of Salu, chief of a father's house belonging to the Simeonites.

15 Die midianitische Frau, die auch erschlagen wurde, hieß Kosbi, eine Tochter Zurs, des Hauptes eines Geschlechtes unter den Midianitern.

¶ **16** Und der HERR redete mit Mose und sprach:

17 Tut den Midianitern Schaden und schlagt sie;

18 denn sie haben euch Schaden getan mit ihrer List, die sie gegen euch geübt haben durch den Peor und durch ihre Schwester Kosbi, die Tochter eines Obersten der Midianiter, die erschlagen wurde am Tag der Plage, die um des Peor willen kam.

Neue Zählung der Stämme des Volkes

19 Und es geschah nach der Plage,

26 da sprach der HERR zu Mose und Eleasar, dem Sohn des Priesters Aaron:

2 Nehmt die Summe der ganzen Gemeinde der Israeliten auf, von zwanzig Jahren an und darüber nach ihren Sippen, alle, die wehrfähig sind in Israel.

3 Und Mose und Eleasar, der Priester, zählten sie im Jordantal der Moabiter gegenüber Jericho,

4 die zwanzig Jahre alt waren und darüber, wie der HERR es Mose geboten hatte. Dies aber waren die Israeliten, die aus Ägypten gezogen waren:

¶ **5** Ruben, der Erstgeborene Israels. Die Söhne Rubens aber waren: Henoch, von dem das Geschlecht der Henochiter kommt; Pallu, von dem das Geschlecht der Palluiter kommt;

6 Hezron, von dem das Geschlecht der Hezroniter kommt; Karmi, von dem das Geschlecht der Karmiter kommt.

7 Das sind die Geschlechter von Ruben und ihre Zahl war 43730.

¶ **8** Aber die Söhne Pallus waren Eliab.

9 Und die Söhne Eliabs waren Nemuël und Datan und Abiram. Das sind der Datan und Abiram, die von der Versammlung berufen waren, aber die sich gegen Mose und Aaron auflehnten in der Rotte Korach, als sie sich gegen den HERRN auflehnten.

10 Und die Erde tat ihren Mund auf und verschlang sie mit Korach, während die Rotte starb, indem das Feuer zweihundertundfünfzig Männer fraß und sie zum Zeichen wurden.

11 Aber die Söhne Korachs starben nicht alle.

15 And the name of the Midianite woman who was killed was Cozbi the daughter of Zur, who was the tribal head of a father's house in Midian.

¶ **16** And the LORD spoke to Moses, saying,

17 "Harass the Midianites and strike them down,

18 for they have harassed you with their wiles, with which they beguiled you in the matter of Peor, and in the matter of Cozbi, the daughter of the chief of Midian, their sister, who was killed on the day of the plague on account of Peor."

Census of the New Generation

26 After the plague, the LORD said to Moses and to Eleazar the son of Aaron, the priest,

2 "Take a census of all the congregation of the people of Israel, from twenty years old and upward, by their fathers' houses, all in Israel who are able to go to war."

3 And Moses and Eleazar the priest spoke with them in the plains of Moab by the Jordan at Jericho, saying,

4 "Take a census of the people,[1] from twenty years old and upward," as the LORD commanded Moses. The people of Israel who came out of the land of Egypt were:

¶ **5** Reuben, the firstborn of Israel; the sons of Reuben: of Hanoch, the clan of the Hanochites; of Pallu, the clan of the Palluites;

6 of Hezron, the clan of the Hezronites; of Carmi, the clan of the Carmites.

7 These are the clans of the Reubenites, and those listed were 43,730.

8 And the sons of Pallu: Eliab.

9 The sons of Eliab: Nemuel, Dathan, and Abiram. These are the Dathan and Abiram, chosen from the congregation, who contended against Moses and Aaron in the company of Korah, when they contended against the LORD

10 and the earth opened its mouth and swallowed them up together with Korah, when that company died, when the fire devoured 250 men, and they became a warning.

11 But the sons of Korah did not die.

¶ 12 Die Söhne Simeons nach ihren Geschlechtern waren: Jemuël, daher kommt das Geschlecht der Jemuëliter; Jamin, daher kommt das Geschlecht der Jaminiter; Jachin, daher das Geschlecht der Jachiniter kommt;

13 Serach, daher das Geschlecht der Serachiter kommt; Schaul, daher das Geschlecht der Schauliter kommt.

14 Das sind die Geschlechter von Simeon, 22200.

¶ 15 Die Söhne Gads nach ihren Geschlechtern waren: Zifjon, daher das Geschlecht der Zifjoniter kommt; Haggi, daher das Geschlecht der Haggiter kommt; Schuni, daher das Geschlecht der Schuniter kommt;

16 Osni, daher das Geschlecht der Osniter kommt; Eri, daher das Geschlecht der Eriter kommt;

17 Arod, daher das Geschlecht der Aroditer kommt; Areli, daher das Geschlecht der Areliter kommt.

18 Das sind die Geschlechter der Söhne Gads, an Zahl 40500.

¶ 19 Die Söhne Judas waren: Er und Onan, die beide im Lande Kanaan starben.

20 Es waren aber die Söhne Judas nach ihren Geschlechtern: Schela, daher das Geschlecht der Schelaniter kommt; Perez, daher das Geschlecht der Pereziter kommt; Serach, daher das Geschlecht der Serachiter kommt.

21 Aber die Söhne des Perez waren: Hezron, daher das Geschlecht der Hezroniter kommt; Hamul, daher das Geschlecht der Hamuliter kommt.

22 Das sind die Geschlechter Judas, an Zahl 76500.

¶ 23 Die Söhne Issachars nach ihren Geschlechtern waren: Tola, daher das Geschlecht der Tolaiter kommt; Puwa, daher das Geschlecht der Puwaniter kommt;

24 Jaschub, daher das Geschlecht der Jaschubiter kommt; Schimron, daher das Geschlecht der Schimroniter kommt.

25 Das sind die Geschlechter Issachars, an Zahl 64300.

¶ 26 Die Söhne Sebulons nach ihren Geschlechtern waren: Sered, daher das Geschlecht der Serediter kommt; Elon, daher das Geschlecht der Eloniter kommt; Jachleel, daher das Geschlecht der Jachleeliter kommt.

27 Das sind die Geschlechter Sebulons, an Zahl 60500.

¶ 28 Die Söhne Josefs nach ihren Geschlechtern waren: Manasse und Ephraim.

¶ 12 The sons of Simeon according to their clans: of Nemuel, the clan of the Nemuelites; of Jamin, the clan of the Jaminites; of Jachin, the clan of the Jachinites;

13 of Zerah, the clan of the Zerahites; of Shaul, the clan of the Shaulites.

14 These are the clans of the Simeonites, 22,200.

¶ 15 The sons of Gad according to their clans: of Zephon, the clan of the Zephonites; of Haggi, the clan of the Haggites; of Shuni, the clan of the Shunites;

16 of Ozni, the clan of the Oznites; of Eri, the clan of the Erites;

17 of Arod, the clan of the Arodites; of Areli, the clan of the Arelites.

18 These are the clans of the sons of Gad as they were listed, 40,500.

¶ 19 The sons of Judah were Er and Onan; and Er and Onan died in the land of Canaan.

20 And the sons of Judah according to their clans were: of Shelah, the clan of the Shelanites; of Perez, the clan of the Perezites; of Zerah, the clan of the Zerahites.

21 And the sons of Perez were: of Hezron, the clan of the Hezronites; of Hamul, the clan of the Hamulites.

22 These are the clans of Judah as they were listed, 76,500.

¶ 23 The sons of Issachar according to their clans: of Tola, the clan of the Tolaites; of Puvah, the clan of the Punites;

24 of Jashub, the clan of the Jashubites; of Shimron, the clan of the Shimronites.

25 These are the clans of Issachar as they were listed, 64,300.

¶ 26 The sons of Zebulun, according to their clans: of Sered, the clan of the Seredites; of Elon, the clan of the Elonites; of Jahleel, the clan of the Jahleelites.

27 These are the clans of the Zebulunites as they were listed, 60,500.

¶ 28 The sons of Joseph according to their clans: Manasseh and Ephraim.

29 Die Söhne Manasses aber waren: Machir, daher kommt das Geschlecht der Machiriter; Machir zeugte Gilead, daher kommt das Geschlecht der Gileaditer.

30 Dies sind die Söhne Gileads: Ieser, daher kommt das Geschlecht der Ieseriter; Helek, daher kommt das Geschlecht der Helekiter;

31 Asriël, daher kommt das Geschlecht der Asriëliter; Sichem, daher kommt das Geschlecht der Sichemiter;

32 Schemida, daher kommt das Geschlecht der Schemidaiter; Hefer, daher kommt das Geschlecht der Heferiter.

33 Zelofhad aber war Hefers Sohn und hatte keine Söhne, sondern Töchter; die hießen Machla, Noa, Hogla, Milka und Tirza.

34 Das sind die Geschlechter Manasses, an Zahl 52 700.

¶ **35** Die Söhne Ephraims nach ihren Geschlechtern waren: Schutelach, daher kommt das Geschlecht der Schutelachiter; Becher, daher kommt das Geschlecht der Becheriter; Tahan, daher kommt das Geschlecht der Tahaniter.

36 Die Söhne Schutelachs aber waren: Eran, daher kommt das Geschlecht der Eraniter.

37 Das sind die Geschlechter der Söhne Ephraims, an Zahl 32 500. Das sind die Söhne Josefs nach ihren Geschlechtern.

¶ **38** Die Söhne Benjamins nach ihren Geschlechtern waren: Bela, daher kommt das Geschlecht der Belaiter; Aschbel, daher kommt das Geschlecht der Aschbeliter; Ahiram, daher kommt das Geschlecht der Ahiramiter;

39 Schufam, daher kommt das Geschlecht der Schufamiter; Hufam, daher kommt das Geschlecht der Hufamiter.

40 Die Söhne Belas aber waren: Ard und Naaman, daher kommt das Geschlecht der Arditer und Naamaniter.

41 Das sind die Söhne Benjamins nach ihren Geschlechtern, an Zahl 45 600.

¶ **42** Die Söhne Dans nach ihren Geschlechtern waren: Schuham, daher kommt das Geschlecht der Schuhamiter. Das sind die Geschlechter Dans nach ihren Geschlechtern.

43 Alle Geschlechter der Schuhamiter waren an Zahl 64 400.

¶ **44** Die Söhne Assers nach ihren Geschlechtern waren: Jimna, daher kommt das Geschlecht der Jimniter; Jischwi, daher kommt das Geschlecht der Jischwiter; Beria, daher kommt das Geschlecht der Beriiter.

29 The sons of Manasseh: of Machir, the clan of the Machirites; and Machir was the father of Gilead; of Gilead, the clan of the Gileadites.

30 These are the sons of Gilead: of Iezer, the clan of the Iezerites; of Helek, the clan of the Helekites;

31 and of Asriel, the clan of the Asrielites; and of Shechem, the clan of the Shechemites;

32 and of Shemida, the clan of the Shemidaites; and of Hepher, the clan of the Hepherites.

33 Now Zelophehad the son of Hepher had no sons, but daughters. And the names of the daughters of Zelophehad were Mahlah, Noah, Hoglah, Milcah, and Tirzah.

34 These are the clans of Manasseh, and those listed were 52,700.

¶ **35** These are the sons of Ephraim according to their clans: of Shuthelah, the clan of the Shuthelahites; of Becher, the clan of the Becherites; of Tahan, the clan of the Tahanites.

36 And these are the sons of Shuthelah: of Eran, the clan of the Eranites.

37 These are the clans of the sons of Ephraim as they were listed, 32,500. These are the sons of Joseph according to their clans.

¶ **38** The sons of Benjamin according to their clans: of Bela, the clan of the Belaites; of Ashbel, the clan of the Ashbelites; of Ahiram, the clan of the Ahiramites;

39 of Shephupham, the clan of the Shuphamites; of Hupham, the clan of the Huphamites.

40 And the sons of Bela were Ard and Naaman: of Ard, the clan of the Ardites; of Naaman, the clan of the Naamites.

41 These are the sons of Benjamin according to their clans, and those listed were 45,600.

¶ **42** These are the sons of Dan according to their clans: of Shuham, the clan of the Shuhamites. These are the clans of Dan according to their clans.

43 All the clans of the Shuhamites, as they were listed, were 64,400.

¶ **44** The sons of Asher according to their clans: of Imnah, the clan of the Imnites; of Ishvi, the clan of the Ishvites; of Beriah, the clan of the Beriites.

45 Aber die Söhne Berias waren: Heber, daher kommt das Geschlecht der Heberiter; Malkiël, daher kommt das Geschlecht der Malkiëliter.

46 Und die Tochter Assers hieß Serach.

47 Das sind die Geschlechter der Söhne Assers, an Zahl 53 400.

¶ **48** Die Söhne Naftalis nach ihren Geschlechtern waren: Jachzeel, daher kommt das Geschlecht der Jachzeeliter; Guni, daher kommt das Geschlecht der Guniter;

49 Jezer, daher kommt das Geschlecht der Jezeriter; Schillem, daher kommt das Geschlecht der Schillemiter.

50 Das sind die Geschlechter von Naftali nach ihren Sippen, an Zahl 45 400.

¶ **51** Das ist die Summe der Israeliten, 601 730.

¶ **52** Und der HERR redete mit Mose und sprach:

53 Diesen sollst du das Land austeilen zum Erbe nach der Zahl der Namen.

54 Dem Geschlecht, das groß ist an Zahl, sollst du viel zum Erbe geben und dem Geschlecht, das gering ist an Zahl, wenig; einem jeden soll man geben nach seiner Zahl.

55 Doch soll man das Land durchs Los austeilen; nach den Namen der Stämme ihrer Väter sollen sie ihr Erbteil erhalten.

56 Nach dem Los sollst du ihr Erbe austeilen zwischen den vielen und wenigen.

Die Geschlechter der Leviten

57 Und dies ist die Summe der Leviten nach ihren Geschlechtern: Gerschon, daher das Geschlecht der Gerschoniter; Kehat, daher das Geschlecht der Kehatiter; Merari, daher das Geschlecht der Merariter.

58 Dies sind die Geschlechter Levis: das Geschlecht der Libniter, das Geschlecht der Hebroniter, das Geschlecht der Machliter, das Geschlecht der Muschiter, das Geschlecht der Korachiter. Kehat aber zeugte Amram.

59 Und Amrams Frau hieß Jochebed, eine Tochter Levis, die ihm geboren wurde in Ägypten. Und sie gebar dem Amram Aaron und Mose und ihre Schwester Mirjam.

60 Dem Aaron aber wurden geboren Nadab, Abihu, Eleasar und Itamar.

61 Nadab aber und Abihu starben, als sie fremdes Feuer darbrachten vor dem HERRN.

45 Of the sons of Beriah: of Heber, the clan of the Heberites; of Malchiel, the clan of the Malchielites.

46 And the name of the daughter of Asher was Serah.

47 These are the clans of the sons of Asher as they were listed, 53,400.

¶ **48** The sons of Naphtali according to their clans: of Jahzeel, the clan of the Jahzeelites; of Guni, the clan of the Gunites;

49 of Jezer, the clan of the Jezerites; of Shillem, the clan of the Shillemites.

50 These are the clans of Naphtali according to their clans, and those listed were 45,400.

¶ **51** This was the list of the people of Israel, 601,730.

¶ **52** The LORD spoke to Moses, saying,

53 "Among these the land shall be divided for inheritance according to the number of names.

54 To a large tribe you shall give a large inheritance, and to a small tribe you shall give a small inheritance; every tribe shall be given its inheritance in proportion to its list.

55 But the land shall be divided by lot. According to the names of the tribes of their fathers they shall inherit.

56 Their inheritance shall be divided according to lot between the larger and the smaller."

¶ **57** This was the list of the Levites according to their clans: of Gershon, the clan of the Gershonites; of Kohath, the clan of the Kohathites; of Merari, the clan of the Merarites.

58 These are the clans of Levi: the clan of the Libnites, the clan of the Hebronites, the clan of the Mahlites, the clan of the Mushites, the clan of the Korahites. And Kohath was the father of Amram.

59 The name of Amram's wife was Jochebed the daughter of Levi, who was born to Levi in Egypt. And she bore to Amram Aaron and Moses and Miriam their sister.

60 And to Aaron were born Nadab, Abihu, Eleazar, and Ithamar.

61 But Nadab and Abihu died when they offered unauthorized fire before the LORD.

62 Und ihre Summe war 23000, alles, was männlich war, von einem Monat an und darüber. Sie wurden nämlich nicht gezählt zusammen mit den Israeliten; denn man gab ihnen kein Erbe unter den Israeliten.

¶ **63** Das ist die Summe der Israeliten, die Mose und Eleasar, der Priester, zählten im Jordantal der Moabiter gegenüber Jericho.

64 Unter diesen aber war keiner mehr von denen aus Israel, die Mose und Aaron, der Priester, gezählt hatten in der Wüste Sinai.

65 Denn der HERR hatte ihnen gesagt, sie sollten des Todes sterben in der Wüste. Und so blieb keiner von ihnen übrig als Kaleb, der Sohn Jefunnes, und Josua, der Sohn Nuns.

Erbrecht der Töchter
(vgl. Kap 36,1–12)

27 Und die Töchter Zelofhads, des Sohnes Hefers, des Sohnes Gileads, des Sohnes Machirs, des Sohnes Manasses, von den Geschlechtern Manasses, des Sohnes Josefs, mit Namen Machla, Noa, Hogla, Milka und Tirza kamen herzu

2 und traten vor Mose und vor Eleasar, den Priester, und vor die Stammesfürsten und die ganze Gemeinde vor der Tür der Stiftshütte und sprachen:

3 Unser Vater ist gestorben in der Wüste und war nicht mit unter der Rotte, die sich gegen den HERRN empörte, unter der Rotte Korach, sondern ist um seiner eigenen Sünde willen gestorben und hatte keine Söhne.

4 Warum soll denn unseres Vaters Name in seinem Geschlecht untergehen, weil er keinen Sohn hat? Gebt uns auch ein Erbgut unter den Brüdern unseres Vaters.

¶ **5** Mose brachte ihre Sache vor den HERRN.

6 Und der HERR sprach zu ihm:

7 Die Töchter Zelofhads haben recht geredet. Du sollst ihnen ein Erbgut unter den Brüdern ihres Vaters geben und sollst ihres Vaters Erbe ihnen zuwenden.

8 Und sage den Israeliten: Wenn jemand stirbt und keinen Sohn hat, so sollt ihr sein Erbe seiner Tochter zuwenden.

9 Hat er keine Tochter, sollt ihr's seinen Brüdern geben.

10 Hat er keine Brüder, sollt ihr's den Brüdern seines Vaters geben.

62 And those listed were 23,000, every male from a month old and upward. For they were not listed among the people of Israel, because there was no inheritance given to them among the people of Israel.

¶ **63** These were those listed by Moses and Eleazar the priest, who listed the people of Israel in the plains of Moab by the Jordan at Jericho.

64 But among these there was not one of those listed by Moses and Aaron the priest, who had listed the people of Israel in the wilderness of Sinai.

65 For the LORD had said of them, "They shall die in the wilderness." Not one of them was left, except Caleb the son of Jephunneh and Joshua the son of Nun.

The Daughters of Zelophehad

27 Then drew near the daughters of Zelophehad the son of Hepher, son of Gilead, son of Machir, son of Manasseh, from the clans of Manasseh the son of Joseph. The names of his daughters were: Mahlah, Noah, Hoglah, Milcah, and Tirzah.

2 And they stood before Moses and before Eleazar the priest and before the chiefs and all the congregation, at the entrance of the tent of meeting, saying,

3 "Our father died in the wilderness. He was not among the company of those who gathered themselves together against the LORD in the company of Korah, but died for his own sin. And he had no sons.

4 Why should the name of our father be taken away from his clan because he had no son? Give to us a possession among our father's brothers."

¶ **5** Moses brought their case before the LORD.

6 And the LORD said to Moses,

7 "The daughters of Zelophehad are right. You shall give them possession of an inheritance among their father's brothers and transfer the inheritance of their father to them.

8 And you shall speak to the people of Israel, saying, 'If a man dies and has no son, then you shall transfer his inheritance to his daughter.

9 And if he has no daughter, then you shall give his inheritance to his brothers.

10 And if he has no brothers, then you shall give his inheritance to his father's brothers.

11 Hat sein Vater keine Brüder, sollt ihr's seinen nächsten Verwandten geben, die ihm angehören in seinem Geschlecht, damit sie es in Besitz nehmen. Das soll den Israeliten Gesetz und Recht sein, wie der HERR dem Mose geboten hat.

Josua wird zum Nachfolger des Mose bestellt

12 Und der HERR sprach zu Mose: Steig auf dies Gebirge Abarim und sieh auf das Land, das ich den Israeliten geben werde.

13 Und wenn du es gesehen hast, sollst du auch zu deinen Vätern versammelt werden, wie dein Bruder Aaron zu ihnen versammelt ist,

14 weil ihr meinem Wort ungehorsam gewesen seid in der Wüste Zin, als die Gemeinde haderte und ihr mich vor ihnen heiligen solltet durch das Wasser. Das ist das Haderwasser zu Kadesch in der Wüste Zin.

¶ **15** Und Mose redete mit dem HERRN und sprach:

16 Der HERR, der Gott des Lebensgeistes für alles Fleisch, wolle einen Mann setzen über die Gemeinde,

17 der vor ihnen her aus- und eingeht und sie aus- und einführt, damit die Gemeinde des HERRN nicht sei wie die Schafe ohne Hirten.

¶ **18** Und der HERR sprach zu Mose: Nimm Josua zu dir, den Sohn Nuns, einen Mann, in dem der Geist ist, und lege deine Hände auf ihn;

19 und lass ihn treten vor den Priester Eleasar und vor die ganze Gemeinde und bestelle ihn vor ihren Augen

20 und lege von deiner Hoheit auf ihn, damit ihm gehorche die ganze Gemeinde der Israeliten.

21 Und er soll treten vor Eleasar, den Priester, der soll für ihn mit den heiligen Losen den HERRN befragen. Nach dessen Befehl sollen aus- und einziehen er und alle Israeliten mit ihm und die ganze Gemeinde.

22 Mose tat, wie ihm der HERR geboten hatte, und nahm Josua und ließ ihn treten vor den Priester Eleasar und vor die ganze Gemeinde

23 und legte seine Hand auf ihn und bestellte ihn, wie der HERR durch Mose geredet hatte.

11 And if his father has no brothers, then you shall give his inheritance to the nearest kinsman of his clan, and he shall possess it. And it shall be for the people of Israel a statute and rule, as the LORD commanded Moses.'"

Joshua to Succeed Moses

¶ **12** The LORD said to Moses, "Go up into this mountain of Abarim and see the land that I have given to the people of Israel.

13 When you have seen it, you also shall be gathered to your people, as your brother Aaron was,

14 because you rebelled against my word in the wilderness of Zin when the congregation quarreled, failing to uphold me as holy at the waters before their eyes." (These are the waters of Meribah of Kadesh in the wilderness of Zin.)

15 Moses spoke to the LORD, saying,

16 "Let the LORD, the God of the spirits of all flesh, appoint a man over the congregation

17 who shall go out before them and come in before them, who shall lead them out and bring them in, that the congregation of the LORD may not be as sheep that have no shepherd."

18 So the LORD said to Moses, "Take Joshua the son of Nun, a man in whom is the Spirit, and lay your hand on him.

19 Make him stand before Eleazar the priest and all the congregation, and you shall commission him in their sight.

20 You shall invest him with some of your authority, that all the congregation of the people of Israel may obey.

21 And he shall stand before Eleazar the priest, who shall inquire for him by the judgment of the Urim before the LORD. At his word they shall go out, and at his word they shall come in, both he and all the people of Israel with him, the whole congregation."

22 And Moses did as the LORD commanded him. He took Joshua and made him stand before Eleazar the priest and the whole congregation,

23 and he laid his hands on him and commissioned him as the LORD directed through Moses.

Gesetze über die regelmäßigen Opfer des Jahres

28 Und der HERR redete mit Mose und sprach:

2 Gebiete den Israeliten und sprich zu ihnen: Ihr sollt achthaben, dass ihr zur rechten Zeit meine Opfergaben darbringt, meine Feueropferspeise mir zum lieblichen Geruch.

3 Und sprich zu ihnen: Dies sind die Feueropfer, die ihr dem HERRN opfern sollt: einjährige Schafe, die ohne Fehler sind, täglich zwei zum täglichen Brandopfer,

4 ein Schaf am Morgen, das andere gegen Abend;

5 dazu ein zehntel Scheffel feinstes Mehl zum Speisopfer, mit Öl vermengt, das gestoßen ist, eine viertel Kanne.

6 Das ist das tägliche Brandopfer, das ihr am Berge Sinai geopfert habt zum lieblichen Geruch, ein Feueropfer für den HERRN.

7 Dazu sein Trankopfer zu je einem Schaf eine viertel Kanne. Im Heiligtum soll man den Wein des Trankopfers dem HERRN darbringen.

8 Das andere Schaf sollst du gegen Abend zurichten. Mit einem Speisopfer wie am Morgen und mit seinem Trankopfer sollst du es zurichten als Feueropfer für den HERRN zum lieblichen Geruch.

¶ **9** Am Sabbattag aber zwei einjährige Schafe ohne Fehler und zwei Zehntel feinstes Mehl zum Speisopfer, mit Öl vermengt, und sein Trankopfer.

10 Das ist das Brandopfer an jedem Sabbat außer dem täglichen Brandopfer samt seinem Trankopfer.

¶ **11** Aber am ersten Tage eurer Monate sollt ihr dem HERRN ein Brandopfer opfern: zwei junge Stiere, einen Widder, sieben einjährige Schafe ohne Fehler

12 und je drei Zehntel feinstes Mehl zum Speisopfer, mit Öl vermengt, zu je einem jungen Stier und zwei Zehntel feinstes Mehl zum Speisopfer, mit Öl vermengt, zu dem einen Widder

13 und je ein Zehntel feinstes Mehl zum Speisopfer, mit Öl vermengt, zu je einem Schaf. Das ist ein Brandopfer des lieblichen Geruchs, ein Feueropfer für den HERRN.

Daily Offerings

28 The LORD spoke to Moses, saying,

2 "Command the people of Israel and say to them, 'My offering, my food for my food offerings, my pleasing aroma, you shall be careful to offer to me at its appointed time.'

3 And you shall say to them, This is the food offering that you shall offer to the LORD: two male lambs a year old without blemish, day by day, as a regular offering.

4 The one lamb you shall offer in the morning, and the other lamb you shall offer at twilight;

5 also a tenth of an ephah[1] of fine flour for a grain offering, mixed with a quarter of a hin[2] of beaten oil.

6 It is a regular burnt offering, which was ordained at Mount Sinai for a pleasing aroma, a food offering to the LORD.

7 Its drink offering shall be a quarter of a hin for each lamb. In the Holy Place you shall pour out a drink offering of strong drink to the LORD.

8 The other lamb you shall offer at twilight. Like the grain offering of the morning, and like its drink offering, you shall offer it as a food offering, with a pleasing aroma to the LORD.

Sabbath Offerings

¶ **9** "On the Sabbath day, two male lambs a year old without blemish, and two tenths of an ephah of fine flour for a grain offering, mixed with oil, and its drink offering:

10 this is the burnt offering of every Sabbath, besides the regular burnt offering and its drink offering.

Monthly Offerings

¶ **11** "At the beginnings of your months, you shall offer a burnt offering to the LORD: two bulls from the herd, one ram, seven male lambs a year old without blemish;

12 also three tenths of an ephah of fine flour for a grain offering, mixed with oil, for each bull, and two tenths of fine flour for a grain offering, mixed with oil, for the one ram;

13 and a tenth of fine flour mixed with oil as a grain offering for every lamb; for a burnt offering with a pleasing aroma, a food offering to the LORD.

14 Und was dazugehört an Trankopfern, soll sein: eine halbe Kanne Wein zu je einem jungen Stier, eine drittel Kanne zum Widder, eine viertel Kanne zu je einem Schaf. Das ist das Brandopfer zum Neumond eines jeden Monats im Jahr.

15 Dazu soll man einen Ziegenbock dem HERRN zum Sündopfer zurichten außer dem täglichen Brandopfer und seinem Trankopfer.

¶ **16** Aber am vierzehnten Tag des ersten Monats ist das Passa des HERRN.

17 Und am fünfzehnten Tage desselben Monats ist Festfeier. Sieben Tage soll man ungesäuertes Brot essen.

18 Am ersten Tag soll heilige Versammlung sein; keine Arbeit sollt ihr an diesem Tage tun

19 und sollt dem HERRN Brandopfer darbringen: zwei junge Stiere, einen Widder, sieben einjährige Schafe ohne Fehler

20 samt ihren Speisopfern: drei Zehntel feinstes Mehl, mit Öl vermengt, zu je einem jungen Stier und zwei Zehntel zu dem Widder

21 und je ein Zehntel auf ein Schaf unter den sieben Schafen,

22 dazu einen Bock zum Sündopfer, um für euch Sühne zu schaffen.

23 Und ihr sollt das alles darbringen außer dem Brandopfer am Morgen, welches das tägliche Brandopfer ist.

24 Nach dieser Weise sollt ihr alle Tage, die sieben Tage lang, das Opfer zurichten als Feueropferspeise zum lieblichen Geruch für den HERRN, außer dem täglichen Brandopfer samt seinem Trankopfer.

25 Am siebenten Tag aber soll heilige Versammlung sein; keine Arbeit sollt ihr an diesem Tage tun.

¶ **26** Und am Tag der Erstlinge, wenn ihr das neue Speisopfer dem HERRN opfert, an eurem Wochenfest, soll heilige Versammlung sein; keine Arbeit sollt ihr an diesem Tage tun.

27 Und ihr sollt dem HERRN als Brandopfer darbringen zum lieblichen Geruch: zwei junge Stiere, einen Widder, sieben einjährige Schafe

28 samt ihrem Speisopfer: drei Zehntel feinstes Mehl, mit Öl vermengt, zu je einem jungen Stier, zwei Zehntel zu dem Widder

29 und je ein Zehntel zu je einem Schaf von den sieben Schafen

30 und einen Ziegenbock, um für euch Sühne zu schaffen.

14 Their drink offerings shall be half a hin of wine for a bull, a third of a hin for a ram, and a quarter of a hin for a lamb. This is the burnt offering of each month throughout the months of the year.

15 Also one male goat for a sin offering to the LORD; it shall be offered besides the regular burnt offering and its drink offering.

Passover Offerings

¶ **16** "On the fourteenth day of the first month is the LORD's Passover,

17 and on the fifteenth day of this month is a feast. Seven days shall unleavened bread be eaten.

18 On the first day there shall be a holy convocation. You shall not do any ordinary work,

19 but offer a food offering, a burnt offering to the LORD: two bulls from the herd, one ram, and seven male lambs a year old; see that they are without blemish;

20 also their grain offering of fine flour mixed with oil; three tenths of an ephah shall you offer for a bull, and two tenths for a ram;

21 a tenth shall you offer for each of the seven lambs;

22 also one male goat for a sin offering, to make atonement for you.

23 You shall offer these besides the burnt offering of the morning, which is for a regular burnt offering.

24 In the same way you shall offer daily, for seven days, the food of a food offering, with a pleasing aroma to the LORD. It shall be offered besides the regular burnt offering and its drink offering.

25 And on the seventh day you shall have a holy convocation. You shall not do any ordinary work.

Offerings for the Feast of Weeks

¶ **26** "On the day of the firstfruits, when you offer a grain offering of new grain to the LORD at your Feast of Weeks, you shall have a holy convocation. You shall not do any ordinary work,

27 but offer a burnt offering, with a pleasing aroma to the LORD: two bulls from the herd, one ram, seven male lambs a year old;

28 also their grain offering of fine flour mixed with oil, three tenths of an ephah for each bull, two tenths for one ram,

29 a tenth for each of the seven lambs;

30 with one male goat, to make atonement for you.

31 Das alles sollt ihr darbringen außer dem täglichen Brandopfer mit seinem Speisopfer. Ohne Fehler soll's sein, dazu ihre Trankopfer.

29 Und am ersten Tag des siebenten Monats soll heilige Versammlung sein; keine Arbeit sollt ihr an diesem Tage tun; ein Tag des Posaunenblasens soll er für euch sein.

2 Und ihr sollt als Brandopfer darbringen zum lieblichen Geruch für den HERRN: einen jungen Stier, einen Widder, sieben einjährige Schafe ohne Fehler,

3 dazu als Speisopfer: drei Zehntel feinstes Mehl, mit Öl vermengt, zu dem jungen Stier, zwei Zehntel zu dem Widder

4 und ein Zehntel zu je einem Schaf von den sieben Schafen,

5 auch einen Ziegenbock zum Sündopfer, um für euch Sühne zu schaffen,

6 außer dem Brandopfer des Neumondes und seinem Speisopfer und außer dem täglichen Brandopfer mit seinem Speisopfer und mit ihren Trankopfern, ihrer Ordnung gemäß, zum lieblichen Geruch als ein Feueropfer für den HERRN.

¶ **7** Am zehnten Tag dieses siebenten Monats soll heilige Versammlung sein, und ihr sollt fasten und keine Arbeit an diesem Tage tun,

8 sondern als Brandopfer dem HERRN zum lieblichen Geruch opfern: einen jungen Stier, einen Widder, sieben einjährige Schafe ohne Fehler

9 mit ihren Speisopfern: drei Zehntel feinstes Mehl, mit Öl vermengt, zu dem jungen Stier, zwei Zehntel zu dem Widder

10 und ein Zehntel zu je einem der sieben Schafe,

11 dazu einen Ziegenbock zum Sündopfer außer dem Sündopfer zur Sühnung und dem täglichen Brandopfer mit seinem Speisopfer und mit ihren Trankopfern.

¶ **12** Am fünfzehnten Tag des siebenten Monats soll heilige Versammlung sein; keine Arbeit sollt ihr an diesem Tage tun und sollt dem HERRN das Fest sieben Tage feiern

31 Besides the regular burnt offering and its grain offering, you shall offer them and their drink offering. See that they are without blemish.

Offerings for the Feast of Trumpets

29 "On the first day of the seventh month you shall have a holy convocation. You shall not do any ordinary work. It is a day for you to blow the trumpets,

2 and you shall offer a burnt offering, for a pleasing aroma to the LORD: one bull from the herd, one ram, seven male lambs a year old without blemish;

3 also their grain offering of fine flour mixed with oil, three tenths of an ephah[1] for the bull, two tenths for the ram,

4 and one tenth for each of the seven lambs;

5 with one male goat for a sin offering, to make atonement for you;

6 besides the burnt offering of the new moon, and its grain offering, and the regular burnt offering and its grain offering, and their drink offering, according to the rule for them, for a pleasing aroma, a food offering to the LORD.

Offerings for the Day of Atonement

¶ **7** "On the tenth day of this seventh month you shall have a holy convocation and afflict yourselves. You shall do no work,

8 but you shall offer a burnt offering to the LORD, a pleasing aroma: one bull from the herd, one ram, seven male lambs a year old: see that they are without blemish.

9 And their grain offering shall be of fine flour mixed with oil, three tenths of an ephah for the bull, two tenths for the one ram,

10 a tenth for each of the seven lambs:

11 also one male goat for a sin offering, besides the sin offering of atonement, and the regular burnt offering and its grain offering, and their drink offerings.

Offerings for the Feast of Booths

¶ **12** "On the fifteenth day of the seventh month you shall have a holy convocation. You shall not do any ordinary work, and you shall keep a feast to the LORD seven days.

13 und sollt an Brandopfern darbringen, als Feueropfer des lieblichen Geruchs für den HERRN: dreizehn junge Stiere, zwei Widder, vierzehn einjährige Schafe ohne Fehler

14 samt ihrem Speisopfer: drei Zehntel feinstes Mehl, mit Öl vermengt, zu je einem der dreizehn jungen Stiere, zwei Zehntel zu je einem der zwei Widder

15 und ein Zehntel zu je einem der vierzehn Schafe,

16 dazu einen Ziegenbock zum Sündopfer außer dem täglichen Brandopfer mit seinem Speisopfer und seinem Trankopfer.

¶ **17** Am zweiten Tage: zwölf junge Stiere, zwei Widder, vierzehn einjährige Schafe ohne Fehler

18 mit ihrem Speisopfer und ihren Trankopfern zu den jungen Stieren, zu den Widdern und zu den Schafen nach ihrer Zahl, der Ordnung gemäß,

19 dazu einen Ziegenbock zum Sündopfer außer dem täglichen Brandopfer mit seinem Speisopfer und ihren Trankopfern.

¶ **20** Am dritten Tage: elf junge Stiere, zwei Widder, vierzehn einjährige Schafe ohne Fehler

21 mit ihrem Speisopfer und ihren Trankopfern zu den jungen Stieren, zu den Widdern und zu den Schafen nach ihrer Zahl, der Ordnung gemäß,

22 dazu einen Bock zum Sündopfer außer dem täglichen Brandopfer mit seinem Speisopfer und seinem Trankopfer.

¶ **23** Am vierten Tage: zehn junge Stiere, zwei Widder, vierzehn einjährige Schafe ohne Fehler

24 samt ihrem Speisopfer und ihren Trankopfern zu den jungen Stieren, zu den Widdern und zu den Schafen nach ihrer Zahl, der Ordnung gemäß,

25 dazu einen Ziegenbock zum Sündopfer außer dem täglichen Brandopfer mit seinem Speisopfer und seinem Trankopfer.

¶ **26** Am fünften Tage: neun junge Stiere, zwei Widder, vierzehn einjährige Schafe ohne Fehler

27 samt ihrem Speisopfer und ihren Trankopfern zu den jungen Stieren, zu den Widdern und zu den Schafen nach ihrer Zahl, der Ordnung gemäß,

28 dazu einen Bock zum Sündopfer außer dem täglichen Brandopfer mit seinem Speisopfer und seinem Trankopfer.

¶ **29** Am sechsten Tage: acht junge Stiere, zwei Widder, vierzehn einjährige Schafe ohne Fehler

13 And you shall offer a burnt offering, a food offering, with a pleasing aroma to the LORD, thirteen bulls from the herd, two rams, fourteen male lambs a year old; they shall be without blemish;

14 and their grain offering of fine flour mixed with oil, three tenths of an ephah for each of the thirteen bulls, two tenths for each of the two rams,

15 and a tenth for each of the fourteen lambs;

16 also one male goat for a sin offering, besides the regular burnt offering, its grain offering and its drink offering.

¶ **17** "On the second day twelve bulls from the herd, two rams, fourteen male lambs a year old without blemish,

18 with the grain offering and the drink offerings for the bulls, for the rams, and for the lambs, in the prescribed quantities;

19 also one male goat for a sin offering, besides the regular burnt offering and its grain offering, and their drink offerings.

¶ **20** "On the third day eleven bulls, two rams, fourteen male lambs a year old without blemish,

21 with the grain offering and the drink offerings for the bulls, for the rams, and for the lambs, in the prescribed quantities;

22 also one male goat for a sin offering, besides the regular burnt offering and its grain offering and its drink offering.

¶ **23** "On the fourth day ten bulls, two rams, fourteen male lambs a year old without blemish,

24 with the grain offering and the drink offerings for the bulls, for the rams, and for the lambs, in the prescribed quantities;

25 also one male goat for a sin offering, besides the regular burnt offering, its grain offering and its drink offering.

¶ **26** "On the fifth day nine bulls, two rams, fourteen male lambs a year old without blemish,

27 with the grain offering and the drink offerings for the bulls, for the rams, and for the lambs, in the prescribed quantities;

28 also one male goat for a sin offering; besides the regular burnt offering and its grain offering and its drink offering.

¶ **29** "On the sixth day eight bulls, two rams, fourteen male lambs a year old without blemish,

30 samt ihrem Speisopfer und ihren Trankopfern zu den jungen Stieren, zu den Widdern und zu den Schafen nach ihrer Zahl, der Ordnung gemäß,

31 dazu einen Bock zum Sündopfer außer dem täglichen Brandopfer mit seinem Speisopfer und seinen Trankopfern.

¶ **32** Am siebenten Tage: sieben junge Stiere, zwei Widder, vierzehn einjährige Schafe ohne Fehler

33 samt ihrem Speisopfer und ihren Trankopfern zu den jungen Stieren, zu den Widdern und zu den Schafen nach ihrer Zahl, ihrer Ordnung gemäß,

34 dazu einen Bock zum Sündopfer außer dem täglichen Brandopfer mit seinem Speisopfer und seinem Trankopfer.

¶ **35** Am achten sollt ihr Festversammlung halten; keine Arbeit sollt ihr an diesem Tage tun

36 und sollt als Brandopfer opfern, als Feueropfer des lieblichen Geruchs für den HERRN: einen jungen Stier, einen Widder, sieben einjährige Schafe ohne Fehler

37 samt ihrem Speisopfer und ihren Trankopfern zu dem jungen Stier, zu dem Widder und zu den Schafen nach ihrer Zahl, der Ordnung gemäß,

38 dazu einen Bock zum Sündopfer außer dem täglichen Brandopfer mit seinem Speisopfer und seinem Trankopfer.

39 Das alles sollt ihr dem HERRN darbringen an euren Festen, außer dem, was ihr gelobt und freiwillig gebt an Brandopfern, Speisopfern, Trankopfern und Dankopfern.

30 Und Mose sagte den Israeliten alles, was ihm der HERR geboten hatte.

Gesetze über die Verbindlichkeit von Gelübden

2 Und Mose redete mit den Häuptern der Stämme Israels und sprach: Dies ist's, was der HERR geboten hat:

¶ **3** Wenn jemand dem HERRN ein Gelübde tut oder einen Eid schwört, dass er sich zu etwas verpflichten will, so soll er sein Wort nicht brechen, sondern alles tun, wie es über seine Lippen gegangen ist.

¶ **4** Wenn eine Frau dem HERRN ein Gelübde tut und sich zu etwas verpflichtet, solange sie im Hause ihres Vaters und ledig ist,

30 with the grain offering and the drink offerings for the bulls, for the rams, and for the lambs, in the prescribed quantities;

31 also one male goat for a sin offering; besides the regular burnt offering, its grain offering, and its drink offerings.

¶ **32** "On the seventh day seven bulls, two rams, fourteen male lambs a year old without blemish,

33 with the grain offering and the drink offerings for the bulls, for the rams, and for the lambs, in the prescribed quantities;

34 also one male goat for a sin offering; besides the regular burnt offering, its grain offering, and its drink offering.

¶ **35** "On the eighth day you shall have a solemn assembly. You shall not do any ordinary work,

36 but you shall offer a burnt offering, a food offering, with a pleasing aroma to the LORD: one bull, one ram, seven male lambs a year old without blemish,

37 and the grain offering and the drink offerings for the bull, for the ram, and for the lambs, in the prescribed quantities;

38 also one male goat for a sin offering; besides the regular burnt offering and its grain offering and its drink offering.

¶ **39** "These you shall offer to the LORD at your appointed feasts, in addition to your vow offerings and your freewill offerings, for your burnt offerings, and for your grain offerings, and for your drink offerings, and for your peace offerings."

¶ **40**[2] So Moses told the people of Israel everything just as the LORD had commanded Moses.

Men and Vows

30 Moses spoke to the heads of the tribes of the people of Israel, saying, "This is what the LORD has commanded.

2 If a man vows a vow to the LORD, or swears an oath to bind himself by a pledge, he shall not break his word. He shall do according to all that proceeds out of his mouth.

Women and Vows

¶ **3** "If a woman vows a vow to the LORD and binds herself by a pledge, while within her father's house in her youth,

5 und ihr Vater hört von ihrem Gelübde und ihrer Verpflichtung, die sie sich auferlegt hat, und er schweigt dazu, so gelten alle ihre Gelübde, und jede Verpflichtung, die sie sich auferlegt hat, soll auch gelten.

6 Wenn aber ihr Vater ihr's verwehrt an dem Tage, da er's hört, so gilt das Gelübde und die Verpflichtung nicht, die sie sich auferlegt hat, und der Herr wird ihr gnädig sein, weil ihr Vater es ihr verwehrt hat.

¶ **7** Wird sie aber eines Mannes Frau und liegt noch ein Gelübde auf ihr oder hat sie unbedacht etwas versprochen, durch das sie sich gebunden hat,

8 und ihr Mann hört es und schweigt dazu an demselben Tage, so gilt ihr Gelübde und ihre Verpflichtung, die sie sich auferlegt hat.

9 Wenn aber ihr Mann ihr's verwehrt an dem Tage, da er's hört, so macht er sie ihres Gelübdes ledig, das auf ihr liegt, und ihres unbedachten Versprechens, durch das sie sich gebunden hat; und der Herr wird ihr gnädig sein.

¶ **10** Das Gelübde einer Witwe oder einer Verstoßenen, alles, was sie sich auferlegt hat, das gilt für sie.

¶ **11** Wenn eine Frau im Hause ihres Mannes etwas gelobt und sich mit einem Eide bindet

12 und ihr Mann hört es und schweigt dazu und verwehrt es ihr nicht, so gelten alle ihre Gelübde und alles, wozu sie sich verpflichtet hat.

13 Macht aber ihr Mann sie ihres Gelübdes ledig an dem Tage, da er's hört, so gilt das nicht, was über ihre Lippen gegangen ist, was sie gelobt oder wozu sie sich verpflichtet hat; denn ihr Mann hat sie ihres Gelübdes ledig gemacht und der Herr wird ihr gnädig sein.

14 Alle Gelübde und alle Eide, mit denen sie sich verpflichtet hat zu fasten, kann ihr Mann bekräftigen oder aufheben, also:

15 wenn er dazu schweigt von einem Tage zum andern, so bekräftigt er alle ihre Gelübde und Verpflichtungen, die auf ihr liegen, weil er geschwiegen hat an dem Tage, da er's hörte;

16 hat er's aber gehört und hebt es erst später auf, so soll er ihre Schuld tragen.

¶ **17** Das sind die Satzungen, die der Herr dem Mose geboten hat, zwischen Mann und Frau, zwischen Vater und Tochter, solange sie noch ledig ist in ihres Vaters Hause.

4 and her father hears of her vow and of her pledge by which she has bound herself and says nothing to her, then all her vows shall stand, and every pledge by which she has bound herself shall stand.

5 But if her father opposes her on the day that he hears of it, no vow of hers, no pledge by which she has bound herself shall stand. And the Lord will forgive her, because her father opposed her.

¶ **6** "If she marries a husband, while under her vows or any thoughtless utterance of her lips by which she has bound herself,

7 and her husband hears of it and says nothing to her on the day that he hears, then her vows shall stand, and her pledges by which she has bound herself shall stand.

8 But if, on the day that her husband comes to hear of it, he opposes her, then he makes void her vow that was on her, and the thoughtless utterance of her lips by which she bound herself. And the Lord will forgive her.

9 (But any vow of a widow or of a divorced woman, anything by which she has bound herself, shall stand against her.)

10 And if she vowed in her husband's house or bound herself by a pledge with an oath,

11 and her husband heard of it and said nothing to her and did not oppose her, then all her vows shall stand, and every pledge by which she bound herself shall stand.

12 But if her husband makes them null and void on the day that he hears them, then whatever proceeds out of her lips concerning her vows or concerning her pledge of herself shall not stand. Her husband has made them void, and the Lord will forgive her.

13 Any vow and any binding oath to afflict herself, her husband may establish,[1] or her husband may make void.

14 But if her husband says nothing to her from day to day, then he establishes all her vows or all her pledges that are upon her. He has established them, because he said nothing to her on the day that he heard of them.

15 But if he makes them null and void after he has heard of them, then he shall bear her iniquity."

¶ **16** These are the statutes that the Lord commanded Moses about a man and his wife and about a father and his daughter while she is in her youth within her father's house.

Sieg über die Midianiter und Verteilung der Beute

31 Und der HERR redete mit Mose und sprach:

2 Übe Rache für die Israeliten an den Midianitern, und danach sollst du versammelt werden zu deinen Vätern.

3 Da redete Mose mit dem Volk und sprach: Rüstet unter euch Leute zum Kampf gegen die Midianiter, die die Rache des HERRN an den Midianitern vollstrecken.

4 Aus jedem Stamm je tausend Mann sollt ihr aus allen Stämmen Israels in das Heer schicken.

5 Und sie nahmen aus den Tausendschaften Israels je tausend eines Stammes, zwölftausend Mann gerüstet zum Kampf.

6 Und Mose schickte sie mit Pinhas, dem Sohn des Priesters Eleasar, in den Kampf und er hatte die heiligen Geräte und die Kriegstrompeten bei sich.

7 Und sie zogen aus zum Kampf gegen die Midianiter, wie der HERR es Mose geboten hatte, und töteten alles, was männlich war.

8 Samt diesen Erschlagenen töteten sie auch die Könige der Midianiter, nämlich Ewi, Rekem, Zur, Hur und Reba, die fünf Könige der Midianiter. Auch Bileam, den Sohn Beors, töteten sie mit dem Schwert.

¶ 9 Und die Israeliten nahmen gefangen die Frauen der Midianiter und ihre Kinder; all ihr Vieh, alle ihre Habe und alle ihre Güter raubten sie

10 und verbrannten mit Feuer alle ihre Städte, wo sie wohnten, und alle ihre Zeltdörfer.

11 Und sie nahmen allen Raub und alles, was zu nehmen war, Menschen und Vieh,

12 und brachten's zu Mose und zu Eleasar, dem Priester, und zu der Gemeinde der Israeliten, nämlich die Gefangenen und das genommene Vieh und das geraubte Gut, ins Lager im Jordantal der Moabiter gegenüber Jericho.

13 Und Mose und Eleasar, der Priester, und alle Fürsten der Gemeinde gingen ihnen entgegen, hinaus vor das Lager.

¶ 14 Und Mose wurde zornig über die Hauptleute des Heeres, die Hauptleute über tausend und über hundert, die aus dem Feldzug kamen,

15 und sprach zu ihnen: Warum habt ihr alle Frauen leben lassen?

Vengeance on Midian

31 The LORD spoke to Moses, saying,

2 "Avenge the people of Israel on the Midianites. Afterward you shall be gathered to your people."

3 So Moses spoke to the people, saying, "Arm men from among you for the war, that they may go against Midian to execute the LORD's vengeance on Midian.

4 You shall send a thousand from each of the tribes of Israel to the war."

5 So there were provided, out of the thousands of Israel, a thousand from each tribe, twelve thousand armed for war.

6 And Moses sent them to the war, a thousand from each tribe, together with Phinehas the son of Eleazar the priest, with the vessels of the sanctuary and the trumpets for the alarm in his hand.

7 They warred against Midian, as the LORD commanded Moses, and killed every male.

8 They killed the kings of Midian with the rest of their slain, Evi, Rekem, Zur, Hur, and Reba, the five kings of Midian. And they also killed Balaam the son of Beor with the sword.

9 And the people of Israel took captive the women of Midian and their little ones, and they took as plunder all their cattle, their flocks, and all their goods.

10 All their cities in the places where they lived, and all their encampments, they burned with fire,

11 and took all the spoil and all the plunder, both of man and of beast.

12 Then they brought the captives and the plunder and the spoil to Moses, and to Eleazar the priest, and to the congregation of the people of Israel, at the camp on the plains of Moab by the Jordan at Jericho.

¶ 13 Moses and Eleazar the priest and all the chiefs of the congregation went to meet them outside the camp.

14 And Moses was angry with the officers of the army, the commanders of thousands and the commanders of hundreds, who had come from service in the war.

15 Moses said to them, "Have you let all the women live?

16 Siehe, haben nicht diese die Israeliten durch Bileams Rat abwendig gemacht, dass sie sich versündigten am HERRN durch den Baal-Peor, sodass der Gemeinde des HERRN eine Plage widerfuhr?

17 So tötet nun alles, was männlich ist unter den Kindern, und alle Frauen, die nicht mehr Jungfrauen sind;

18 aber alle Mädchen, die unberührt sind, die lasst für euch leben.

19 Und lagert euch draußen vor dem Lager sieben Tage, alle, die jemanden getötet oder die Erschlagene angerührt haben, dass ihr euch entsündigt am dritten und siebenten Tage samt denen, die ihr gefangen genommen habt.

20 Auch alle Kleider und alles Lederzeug und alles Pelzwerk und alle hölzernen Geräte sollt ihr entsündigen.

¶ **21** Und Eleasar, der Priester, sprach zu dem Kriegsvolk, das in den Kampf gezogen war: Dies ist das Gesetz, das der HERR dem Mose geboten hat:

22 Gold, Silber, Kupfer, Eisen, Zinn und Blei

23 und alles, was Feuer verträgt, sollt ihr durchs Feuer gehen lassen, so wird es rein; nur dass es mit dem Reinigungswasser entsündigt werde. Aber alles, was Feuer nicht verträgt, sollt ihr durchs Wasser gehen lassen.

24 Und ihr sollt eure Kleider waschen am siebenten Tage, so werdet ihr rein. Danach sollt ihr ins Lager kommen.

¶ **25** Und der HERR redete mit Mose und sprach:

26 Nimm die gesamte Beute an Menschen und Vieh, die weggeführt wurde, auf, du und der Priester Eleasar und die Häupter der Sippen der Gemeinde;

27 und gib die eine Hälfte denen, die in den Kampf gezogen sind und die Schlacht geschlagen haben, und die andere Hälfte der ganzen Gemeinde.

28 Du sollst aber für den HERRN als Abgabe erheben von den Kriegsleuten, die in den Kampf gezogen waren, je eins von fünfhundert, an Menschen, Rindern, Eseln und Schafen.

29 Von ihrer Hälfte sollst du sie erheben und dem Priester Eleasar geben als Opfergabe für den HERRN.

30 Aber von der Hälfte der Israeliten sollst du je eins von fünfzig erheben, an Menschen, Rindern, Eseln und Schafen und von allem Vieh, und sollst sie den Leviten geben, die den Dienst versehen an der Wohnung des HERRN.

16 Behold, these, on Balaam's advice, caused the people of Israel to act treacherously against the LORD in the incident of Peor, and so the plague came among the congregation of the LORD.

17 Now therefore, kill every male among the little ones, and kill every woman who has known man by lying with him.

18 But all the young girls who have not known man by lying with him keep alive for yourselves.

19 Encamp outside the camp seven days. Whoever of you has killed any person and whoever has touched any slain, purify yourselves and your captives on the third day and on the seventh day.

20 You shall purify every garment, every article of skin, all work of goats' hair, and every article of wood."

¶ **21** Then Eleazar the priest said to the men in the army who had gone to battle: "This is the statute of the law that the LORD has commanded Moses:

22 only the gold, the silver, the bronze, the iron, the tin, and the lead,

23 everything that can stand the fire, you shall pass through the fire, and it shall be clean. Nevertheless, it shall also be purified with the water for impurity. And whatever cannot stand the fire, you shall pass through the water.

24 You must wash your clothes on the seventh day, and you shall be clean. And afterward you may come into the camp."

¶ **25** The LORD said to Moses,

26 "Take the count of the plunder that was taken, both of man and of beast, you and Eleazar the priest and the heads of the fathers' houses of the congregation,

27 and divide the plunder into two parts between the warriors who went out to battle and all the congregation.

28 And levy for the LORD a tribute from the men of war who went out to battle, one out of five hundred, of the people and of the oxen and of the donkeys and of the flocks.

29 Take it from their half and give it to Eleazar the priest as a contribution to the LORD.

30 And from the people of Israel's half you shall take one drawn out of every fifty, of the people, of the oxen, of the donkeys, and of the flocks, of all the cattle, and give them to the Levites who keep guard over the tabernacle of the LORD."

31 Und Mose und der Priester Eleasar taten, wie der HERR es Mose geboten hatte.

¶ **32** Und es betrug die Beute, soviel am Leben geblieben war von dem, was das Kriegsvolk erbeutet hatte, 675000 Schafe,

33 72000 Rinder,

34 61000 Esel;

35 an Menschen aber 32000 Mädchen, die nicht von Männern berührt waren.

36 Und die Hälfte, die denen gehörte, die in den Kampf gezogen waren, betrug 337500 Schafe;

37 davon waren Abgabe für den HERRN 675 Schafe.

38 Desgleichen 36000 Rinder; davon waren Abgabe für den HERRN 72.

39 Desgleichen 30500 Esel; davon waren Abgabe für den HERRN 61.

40 Desgleichen 16000 Menschen; davon waren Abgabe für den HERRN 32.

41 Und Mose gab diese Abgabe als Opfergabe für den HERRN dem Priester Eleasar, wie ihm der HERR geboten hatte.

¶ **42** Aber die andere Hälfte, die Mose für die Israeliten absonderte von dem Anteil der Kriegsleute,

43 nämlich die Hälfte, die der Gemeinde zukam, betrug auch 337500 Schafe,

44 36000 Rinder,

45 30500 Esel,

46 und 16000 Menschen.

47 Und Mose nahm von dieser Hälfte der Israeliten je eins von fünfzig, sowohl vom Vieh als von den Menschen, und gab's den Leviten, die den Dienst versahen an der Wohnung des HERRN, wie der HERR es Mose geboten hatte.

¶ **48** Und es traten an Mose heran die Anführer der Tausendschaften des Kriegsvolks, nämlich die Hauptleute über tausend und über hundert,

49 und sprachen zu ihm: Wir, deine Knechte, haben die Summe der Kriegsleute aufgenommen, die unter unserm Befehl standen, und es fehlt nicht einer.

50 Darum bringen wir dem HERRN als Gabe, was jeder gefunden hat an goldenem Gerät, Ketten, Armgeschmeide, Ringen, Ohrringen und Spangen, um für uns Sühne zu schaffen vor dem HERRN.

51 Und Mose samt dem Priester Eleasar nahm von ihnen das Gold, allerlei Geschmeide.

52 Und alles Gold, das die Hauptleute über tausend und über hundert als Opfergabe für den HERRN darbrachten, wog 16750 Lot.

31 And Moses and Eleazar the priest did as the LORD commanded Moses.

¶ **32** Now the plunder remaining of the spoil that the army took was 675,000 sheep,

33 72,000 cattle,

34 61,000 donkeys,

35 and 32,000 persons in all, women who had not known man by lying with him.

36 And the half, the portion of those who had gone out in the army, numbered 337,500 sheep,

37 and the LORD's tribute of sheep was 675.

38 The cattle were 36,000, of which the LORD's tribute was 72.

39 The donkeys were 30,500, of which the LORD's tribute was 61.

40 The persons were 16,000, of which the LORD's tribute was 32 persons.

41 And Moses gave the tribute, which was the contribution for the LORD, to Eleazar the priest, as the LORD commanded Moses.

¶ **42** From the people of Israel's half, which Moses separated from that of the men who had served in the army—

43 now the congregation's half was 337,500 sheep,

44 36,000 cattle,

45 and 30,500 donkeys,

46 and 16,000 persons—

47 from the people of Israel's half Moses took one of every 50, both of persons and of beasts, and gave them to the Levites who kept guard over the tabernacle of the LORD, as the LORD commanded Moses.

¶ **48** Then the officers who were over the thousands of the army, the commanders of thousands and the commanders of hundreds, came near to Moses

49 and said to Moses, "Your servants have counted the men of war who are under our command, and there is not a man missing from us.

50 And we have brought the LORD's offering, what each man found, articles of gold, armlets and bracelets, signet rings, earrings, and beads, to make atonement for ourselves before the LORD."

51 And Moses and Eleazar the priest received from them the gold, all crafted articles.

52 And all the gold of the contribution that they presented to the LORD, from the commanders of thousands and the commanders of hundreds, was 16,750 shekels.[1]

53 Aber von den Kriegsleuten hatte jeder nur für sich selber Beute gemacht.

54 Und Mose und der Priester Eleasar nahmen das Gold von den Hauptleuten über tausend und über hundert und brachten es in die Stiftshütte, damit es dazu diene, dass der HERR gnädig der Israeliten gedenke.

Verteilung des Ostjordanlandes an die Stämme Ruben, Gad und Manasse

(vgl. 5.Mose 3,12-22)

32 Die Söhne Ruben und die Söhne Gad hatten sehr viel Vieh und sahen das Land Jaser und Gilead an als gute Weide für ihr Vieh

2 und kamen und sprachen zu Mose und zu dem Priester Eleasar und zu den Fürsten der Gemeinde:

3 Das Land Atarot, Dibon, Jaser, Nimra, Heschbon, Elale, Sibma, Nebo und Beon,

4 das der HERR geschlagen hat vor der Gemeinde Israel, ist gut zur Weide und wir, deine Knechte, haben Vieh.

5 Und sie sprachen weiter: Haben wir Gnade vor dir gefunden, so gib dies Land deinen Knechten zu eigen und lass uns nicht über den Jordan ziehen.

¶ **6** Mose sprach zu ihnen: Eure Brüder sollen in den Kampf ziehen und ihr wollt hierbleiben?

7 Warum macht ihr die Herzen der Israeliten abwendig, dass sie nicht hinüberziehen in das Land, das ihnen der HERR geben wird?

8 So machten es auch eure Väter, als ich sie aussandte von Kadesch-Barnea, um das Land zu erkunden;

9 und als sie hinaufgekommen waren bis an den Bach Eschkol und das Land sahen, machten sie das Herz der Israeliten abwendig, dass sie nicht in das Land wollten, das ihnen der HERR geben wollte.

10 Und des HERRN Zorn entbrannte zur selben Zeit und er schwor:

11 Wahrlich, diese Leute, die aus Ägypten gezogen sind, von zwanzig Jahren an und darüber, sollen das Land nicht sehen, das ich Abraham, Isaak und Jakob zu geben geschworen habe, weil sie mir nicht treu nachgefolgt sind,

12 ausgenommen Kaleb, der Sohn Jefunnes, des Kenasiters, und Josua, der Sohn Nuns; denn sie sind dem HERRN treu nachgefolgt.

53 (The men in the army had each taken plunder for himself.)

54 And Moses and Eleazar the priest received the gold from the commanders of thousands and of hundreds, and brought it into the tent of meeting, as a memorial for the people of Israel before the LORD.

Reuben and Gad Settle in Gilead

32 Now the people of Reuben and the people of Gad had a very great number of livestock. And they saw the land of Jazer and the land of Gilead, and behold, the place was a place for livestock.

2 So the people of Gad and the people of Reuben came and said to Moses and to Eleazar the priest and to the chiefs of the congregation,

3 "Ataroth, Dibon, Jazer, Nimrah, Heshbon, Elealeh, Sebam, Nebo, and Beon,

4 the land that the LORD struck down before the congregation of Israel, is a land for livestock, and your servants have livestock."

5 And they said, "If we have found favor in your sight, let this land be given to your servants for a possession. Do not take us across the Jordan."

¶ **6** But Moses said to the people of Gad and to the people of Reuben, "Shall your brothers go to the war while you sit here?

7 Why will you discourage the heart of the people of Israel from going over into the land that the LORD has given them?

8 Your fathers did this, when I sent them from Kadesh-barnea to see the land.

9 For when they went up to the Valley of Eshcol and saw the land, they discouraged the heart of the people of Israel from going into the land that the LORD had given them.

10 And the LORD's anger was kindled on that day, and he swore, saying,

11 'Surely none of the men who came up out of Egypt, from twenty years old and upward, shall see the land that I swore to give to Abraham, to Isaac, and to Jacob, because they have not wholly followed me,

12 none except Caleb the son of Jephunneh the Kenizzite and Joshua the son of Nun, for they have wholly followed the LORD.'

13 So entbrannte des HERRN Zorn über Israel, und er ließ sie hin und her in der Wüste ziehen vierzig Jahre, bis es zu Ende war mit dem ganzen Geschlecht, das übel getan hatte vor dem HERRN.

14 Und siehe, ihr seid aufgetreten an eurer Väter statt, damit die Sünder immer mehr werden und auch ihr den Zorn und Grimm des HERRN gegen Israel noch vermehrt.

15 Denn wenn ihr euch von ihm wendet, so wird er das Volk noch länger in der Wüste lassen und ihr werdet's ganz zugrunde richten.

¶ **16** Da traten sie heran und sprachen: Wir wollen nur Schafhürden hier bauen für unser Vieh und Städte für unsere Kinder;

17 wir aber wollen gerüstet vor Israel einherziehen, bis wir sie an ihren Ort gebracht haben. Unsere Kinder aber sollen in den festen Städten bleiben um der Bewohner des Landes willen.

18 Wir wollen nicht heimkehren, bis von den Israeliten ein jeder sein Erbe eingenommen hat.

19 Denn wir wollen nicht mit ihnen erben jenseits des Jordans, sondern unser Erbteil soll uns diesseits des Jordans nach Osten hin zufallen.

¶ **20** Mose sprach zu ihnen: Wenn ihr das tun wollt, so rüstet euch zum Kampf vor dem HERRN.

21 Wer unter euch gerüstet ist, der ziehe über den Jordan vor dem HERRN, bis er seine Feinde vertreibe vor sich her

22 und das Land untertan werde vor dem HERRN. Danach dürft ihr umkehren und werdet ohne Schuld sein vor dem HERRN und vor Israel und sollt dies Land zu eigen haben vor dem HERRN.

23 Wenn ihr das aber nicht tun wollt, siehe, so werdet ihr euch an dem HERRN versündigen und werdet eure Sünde erkennen, wenn sie euch treffen wird.

24 So baut nun Städte für eure Kinder und Hürden für euer Vieh und tut, was ihr gesagt habt.

¶ **25** Die Söhne Gad und die Söhne Ruben sprachen zu Mose: Deine Knechte werden tun, wie mein Herr geboten hat.

26 Unsere Kinder und Frauen, unsere Habe und all unser Vieh sollen in den Städten Gileads bleiben;

27 wir aber, deine Knechte, wollen alle gerüstet zum Heer in den Kampf ziehen vor dem HERRN, wie mein Herr gesagt hat.

13 And the LORD's anger was kindled against Israel, and he made them wander in the wilderness forty years, until all the generation that had done evil in the sight of the LORD was gone.

14 And behold, you have risen in your fathers' place, a brood of sinful men, to increase still more the fierce anger of the LORD against Israel!

15 For if you turn away from following him, he will again abandon them in the wilderness, and you will destroy all this people."

¶ **16** Then they came near to him and said, "We will build sheepfolds here for our livestock, and cities for our little ones,

17 but we will take up arms, ready to go before the people of Israel, until we have brought them to their place. And our little ones shall live in the fortified cities because of the inhabitants of the land.

18 We will not return to our homes until each of the people of Israel has gained his inheritance.

19 For we will not inherit with them on the other side of the Jordan and beyond, because our inheritance has come to us on this side of the Jordan to the east."

20 So Moses said to them, "If you will do this, if you will take up arms to go before the LORD for the war,

21 and every armed man of you will pass over the Jordan before the LORD, until he has driven out his enemies from before him

22 and the land is subdued before the LORD; then after that you shall return and be free of obligation to the LORD and to Israel, and this land shall be your possession before the LORD.

23 But if you will not do so, behold, you have sinned against the LORD, and be sure your sin will find you out.

24 Build cities for your little ones and folds for your sheep, and do what you have promised."

25 And the people of Gad and the people of Reuben said to Moses, "Your servants will do as my lord commands.

26 Our little ones, our wives, our livestock, and all our cattle shall remain there in the cities of Gilead,

27 but your servants will pass over, every man who is armed for war, before the LORD to battle, as my lord orders."

¶ **28** Da gebot Mose ihretwegen dem Priester Eleasar und Josua, dem Sohn Nuns, und den Häuptern der Sippen unter den Stämmen Israels

29 und sprach zu ihnen: Wenn die Söhne Gad und die Söhne Ruben mit euch über den Jordan ziehen, alle gerüstet zum Kampf vor dem HERRN, und das Land euch untertan ist, so gebt ihnen das Land Gilead zu eigen.

30 Ziehen sie aber nicht gerüstet mit euch hinüber, so sollen sie mit euch erben im Lande Kanaan.

31 Die Söhne Gad und die Söhne Ruben antworteten und sprachen: Wie der HERR redet zu deinen Knechten, so wollen wir tun.

32 Wir wollen gerüstet hinüberziehen vor dem HERRN ins Land Kanaan und unser Erbgut besitzen diesseits des Jordans.

¶ **33** Also gab Mose den Söhnen Gad und den Söhnen Ruben und dem halben Stamm Manasses, des Sohnes Josefs, das Königreich Sihons, des Königs der Amoriter, und das Königreich Ogs, des Königs von Baschan, das Land samt den Städten ringsumher mit ihrem ganzen Gebiet.

34 Und die Söhne Gad bauten Dibon, Atarot, Aroër,

35 Atrot-Schofan, Jaser, Jogboha,

36 Bet-Nimra und Bet-Haram, feste Städte und Schafhürden.

37 Die Söhne Ruben bauten Heschbon, Elale, Kirjatajim,

38 Nebo, Baal-Meon und Sibma und gaben den Städten, die sie bauten, ihre bisherigen Namen.

¶ **39** Und die Söhne Machirs, des Sohnes Manasses, gingen nach Gilead und eroberten es und vertrieben die Amoriter, die darin waren.

40 Da gab Mose dem Machir, dem Sohn Manasses, Gilead und er wohnte darin.

41 Jaïr aber, der Sohn Manasses, ging hin und eroberte ihre Dörfer und nannte sie »Dörfer Jaïrs«.

42 Nobach ging hin und eroberte Kenat mit seinen Ortschaften und nannte es Nobach nach seinem Namen.

Verzeichnis der Lagerplätze beim Wüstenzug

33 Dies sind die Lagerplätze der Israeliten, als sie aus Ägypten gezogen sind mit ihrem Heer unter Mose und Aaron.

¶ **28** So Moses gave command concerning them to Eleazar the priest and to Joshua the son of Nun and to the heads of the fathers' houses of the tribes of the people of Israel.

29 And Moses said to them, "If the people of Gad and the people of Reuben, every man who is armed to battle before the LORD, will pass with you over the Jordan and the land shall be subdued before you, then you shall give them the land of Gilead for a possession.

30 However, if they will not pass over with you armed, they shall have possessions among you in the land of Canaan."

31 And the people of Gad and the people of Reuben answered, "What the LORD has said to your servants, we will do.

32 We will pass over armed before the LORD into the land of Canaan, and the possession of our inheritance shall remain with us beyond the Jordan."

¶ **33** And Moses gave to them, to the people of Gad and to the people of Reuben and to the half-tribe of Manasseh the son of Joseph, the kingdom of Sihon king of the Amorites and the kingdom of Og king of Bashan, the land and its cities with their territories, the cities of the land throughout the country.

34 And the people of Gad built Dibon, Ataroth, Aroer,

35 Atroth-shophan, Jazer, Jogbehah,

36 Beth-nimrah and Beth-haran, fortified cities, and folds for sheep.

37 And the people of Reuben built Heshbon, Elealeh, Kiriathaim,

38 Nebo, and Baal-meon (their names were changed), and Sibmah. And they gave other names to the cities that they built.

¶ **39** And the sons of Machir the son of Manasseh went to Gilead and captured it, and dispossessed the Amorites who were in it.

40 And Moses gave Gilead to Machir the son of Manasseh, and he settled in it.

41 And Jair the son of Manasseh went and captured their villages, and called them Havvoth-jair.[1]

42 And Nobah went and captured Kenath and its villages, and called it Nobah, after his own name.

Recounting Israel's Journey

33 These are the stages of the people of Israel, when they went out of the land of Egypt by their companies under the leadership of Moses and Aaron.

2 Und Mose schrieb auf nach dem Befehl des HERRN ihre Wanderungen nach ihren Lagerplätzen. Dies sind ihre Lagerplätze auf ihren Wanderungen:

¶ **3** Sie zogen aus von Ramses am fünfzehnten Tag des ersten Monats, dem zweiten Tage des Passa, durch eine starke Hand, dass es alle Ägypter sahen,

4 als sie eben die Erstgeburt begruben, die der HERR unter ihnen geschlagen hatte; denn der HERR hatte an ihren Göttern Gericht geübt.

5 Als sie von Ramses auszogen, lagerten sie sich in Sukkot

6 und zogen aus von Sukkot und lagerten sich in Etam, das am Rande der Wüste liegt.

7 Von Etam zogen sie aus und blieben in Pi-Hahirot, das vor Baal-Zefon liegt, und lagerten sich vor Migdol.

8 Von Pi-Hahirot zogen sie aus und gingen mitten durchs Meer in die Wüste und zogen drei Tagereisen in der Wüste Etam und lagerten sich in Mara.

9 Von Mara zogen sie aus und kamen nach Elim; da waren zwölf Wasserquellen und siebzig Palmen und sie lagerten sich dort.

10 Von Elim zogen sie aus und lagerten sich am Schilfmeer.

11 Vom Schilfmeer zogen sie aus und lagerten sich in der Wüste Sin.

12 Von der Wüste Sin zogen sie aus und lagerten sich in Dofka.

13 Von Dofka zogen sie aus und lagerten sich in Alusch.

14 Von Alusch zogen sie aus und lagerten sich in Refidim; dort hatte das Volk kein Wasser zu trinken.

15 Von Refidim zogen sie aus und lagerten sich in der Wüste Sinai.

¶ **16** Von der Wüste Sinai zogen sie aus und lagerten sich bei den Lustgräbern.

17 Von den Lustgräbern zogen sie aus und lagerten sich in Hazerot.

18 Von Hazerot zogen sie aus und lagerten sich in Ritma.

19 Von Ritma zogen sie aus und lagerten sich in Rimmon-Perez.

20 Von Rimmon-Perez zogen sie aus und lagerten sich in Libna.

21 Von Libna zogen sie aus und lagerten sich in Rissa.

22 Von Rissa zogen sie aus und lagerten sich in Kehelata.

2 Moses wrote down their starting places, stage by stage, by command of the LORD, and these are their stages according to their starting places.

3 They set out from Rameses in the first month, on the fifteenth day of the first month. On the day after the Passover, the people of Israel went out triumphantly in the sight of all the Egyptians,

4 while the Egyptians were burying all their firstborn, whom the LORD had struck down among them. On their gods also the LORD executed judgments.

¶ **5** So the people of Israel set out from Rameses and camped at Succoth.

6 And they set out from Succoth and camped at Etham, which is on the edge of the wilderness.

7 And they set out from Etham and turned back to Pi-hahiroth, which is east of Baal-zephon, and they camped before Migdol.

8 And they set out from before Hahiroth[1] and passed through the midst of the sea into the wilderness, and they went a three days' journey in the wilderness of Etham and camped at Marah.

9 And they set out from Marah and came to Elim; at Elim there were twelve springs of water and seventy palm trees, and they camped there.

10 And they set out from Elim and camped by the Red Sea.

11 And they set out from the Red Sea and camped in the wilderness of Sin.

12 And they set out from the wilderness of Sin and camped at Dophkah.

13 And they set out from Dophkah and camped at Alush.

14 And they set out from Alush and camped at Rephidim, where there was no water for the people to drink.

15 And they set out from Rephidim and camped in the wilderness of Sinai.

16 And they set out from the wilderness of Sinai and camped at Kibroth-hattaavah.

17 And they set out from Kibroth-hattaavah and camped at Hazeroth.

18 And they set out from Hazeroth and camped at Rithmah.

19 And they set out from Rithmah and camped at Rimmon-perez.

20 And they set out from Rimmon-perez and camped at Libnah.

21 And they set out from Libnah and camped at Rissah.

22 And they set out from Rissah and camped at Kehelathah.

23 Von Kehelata zogen sie aus und lagerten sich im Gebirge Schefer.

24 Vom Gebirge Schefer zogen sie aus und lagerten sich in Harada.

25 Von Harada zogen sie aus und lagerten sich in Makhelot.

26 Von Makhelot zogen sie aus und lagerten sich in Tahat.

27 Von Tahat zogen sie aus und lagerten sich in Tarach.

28 Von Tarach zogen sie aus und lagerten sich in Mitka.

29 Von Mitka zogen sie aus und lagerten sich in Haschmona.

30 Von Haschmona zogen sie aus und lagerten sich in Moserot.

31 Von Moserot zogen sie aus und lagerten sich in Bene-Jaakan.

32 Von Bene-Jaakan zogen sie aus und lagerten sich in Hor-Gidgad.

33 Von Hor-Gidgad zogen sie aus und lagerten sich in Jotbata.

34 Von Jotbata zogen sie aus und lagerten sich in Abrona.

35 Von Abrona zogen sie aus und lagerten sich in Ezjon-Geber.

¶ **36** Von Ezjon-Geber zogen sie aus und lagerten sich in der Wüste Zin, das ist Kadesch.

37 Von Kadesch zogen sie aus und lagerten sich an dem Berge Hor, an der Grenze des Landes Edom.

38 Da ging der Priester Aaron auf den Berg Hor nach dem Befehl des HERRN und starb dort im vierzigsten Jahr des Auszugs der Israeliten aus Ägyptenland am ersten Tag des fünften Monats,

39 als er hundertdreiundzwanzig Jahre alt war.

¶ **40** Und der König der Kanaaniter zu Arad, der da wohnte im Süden des Landes Kanaan, hörte, dass die Israeliten kamen.

41 Und von dem Berge Hor zogen sie aus und lagerten sich in Zalmona.

42 Von Zalmona zogen sie aus und lagerten sich in Punon.

43 Von Punon zogen sie aus und lagerten sich in Obot.

44 Von Obot zogen sie aus und lagerten sich in Ije-Abarim, im Gebiet der Moabiter.

45 Von Ije-Abarim zogen sie aus und lagerten sich in Dibon-Gad.

46 Von Dibon-Gad zogen sie aus und lagerten sich in Almon-Diblatajim.

47 Von Almon-Diblatajim zogen sie aus und lagerten sich in dem Gebirge Abarim östlich vom Nebo.

23 And they set out from Kehelathah and camped at Mount Shepher.

24 And they set out from Mount Shepher and camped at Haradah.

25 And they set out from Haradah and camped at Makheloth.

26 And they set out from Makheloth and camped at Tahath.

27 And they set out from Tahath and camped at Terah.

28 And they set out from Terah and camped at Mithkah.

29 And they set out from Mithkah and camped at Hashmonah.

30 And they set out from Hashmonah and camped at Moseroth.

31 And they set out from Moseroth and camped at Bene-jaakan.

32 And they set out from Bene-jaakan and camped at Hor-haggidgad.

33 And they set out from Hor-haggidgad and camped at Jotbathah.

34 And they set out from Jotbathah and camped at Abronah.

35 And they set out from Abronah and camped at Ezion-geber.

36 And they set out from Ezion-geber and camped in the wilderness of Zin (that is, Kadesh).

37 And they set out from Kadesh and camped at Mount Hor, on the edge of the land of Edom.

¶ **38** And Aaron the priest went up Mount Hor at the command of the LORD and died there, in the fortieth year after the people of Israel had come out of the land of Egypt, on the first day of the fifth month.

39 And Aaron was 123 years old when he died on Mount Hor.

¶ **40** And the Canaanite, the king of Arad, who lived in the Negeb in the land of Canaan, heard of the coming of the people of Israel.

¶ **41** And they set out from Mount Hor and camped at Zalmonah.

42 And they set out from Zalmonah and camped at Punon.

43 And they set out from Punon and camped at Oboth.

44 And they set out from Oboth and camped at Iye-abarim, in the territory of Moab.

45 And they set out from Iyim and camped at Dibon-gad.

46 And they set out from Dibon-gad and camped at Almon-diblathaim.

47 And they set out from Almon-diblathaim and camped in the mountains of Abarim, before Nebo.

48 Von dem Gebirge Abarim zogen sie aus und lagerten sich im Jordantal der Moabiter gegenüber Jericho.

49 Sie lagerten sich aber am Jordan von Bet-Jeschimot bis Abel-Schittim im Jordantal der Moabiter.

Befehl zur Vertreibung der Kanaaniter

50 Und der HERR redete mit Mose im Jordantal der Moabiter gegenüber Jericho und sprach:

51 Rede mit den Israeliten und sprich zu ihnen: Wenn ihr über den Jordan gegangen seid in das Land Kanaan,

52 so sollt ihr alle Bewohner vertreiben vor euch her und alle ihre Götzenbilder und alle ihre gegossenen Bilder zerstören und alle ihre Opferhöhen vertilgen

53 und sollt das Land einnehmen und darin wohnen; denn euch habe ich das Land gegeben, dass ihr's in Besitz nehmt.

54 Und ihr sollt das Land austeilen durchs Los unter eure Geschlechter. Dem Geschlecht, das groß ist, sollt ihr ein großes Erbe geben und dem, das klein ist, sollt ihr ein kleines Erbe geben. Worauf das Los für jeden fällt, das soll er haben. Nach den Stämmen eurer Väter sollt ihr's austeilen.

55 Wenn ihr aber die Bewohner des Landes nicht vor euch her vertreibt, so werden euch die, die ihr übrig lasst, zu Dornen in euren Augen werden und zu Stacheln in euren Seiten und werden euch bedrängen in dem Lande, in dem ihr wohnt.

56 So wird's dann geschehen, dass ich euch tun werde, wie ich gedachte, ihnen zu tun.

Die Grenzen des Landes Kanaan

34 Und der HERR redete mit Mose und sprach:

2 Gebiete den Israeliten und sprich zu ihnen: Wenn ihr ins Land Kanaan kommt, so soll das Land, das euch als Erbteil zufällt, das Land Kanaan sein nach diesen Grenzen:

3 Der Südzipfel eures Gebietes soll sich erstrecken von der Wüste Zin an Edom entlang. Eure Grenze im Süden soll ausgehen vom Ende des Salzmeers, das im Osten liegt.

4 Und sie soll südlich vom Skorpionensteig sich hinaufziehen und hinübergehen nach Zin und weitergehen südlich von Kadesch-Barnea und gelangen nach Hazar-Addar und hinübergehen nach Azmon

5 und sich von Azmon ziehen an den Bach Ägyptens und ihr Ende sei an dem Meer.

48 And they set out from the mountains of Abarim and camped in the plains of Moab by the Jordan at Jericho;

49 they camped by the Jordan from Beth-jeshimoth as far as Abel-shittim in the plains of Moab.

Drive Out the Inhabitants

¶ **50** And the LORD spoke to Moses in the plains of Moab by the Jordan at Jericho, saying,

51 "Speak to the people of Israel and say to them, When you pass over the Jordan into the land of Canaan,

52 then you shall drive out all the inhabitants of the land from before you and destroy all their figured stones and destroy all their metal images and demolish all their high places.

53 And you shall take possession of the land and settle in it, for I have given the land to you to possess it.

54 You shall inherit the land by lot according to your clans. To a large tribe you shall give a large inheritance, and to a small tribe you shall give a small inheritance. Wherever the lot falls for anyone, that shall be his. According to the tribes of your fathers you shall inherit.

55 But if you do not drive out the inhabitants of the land from before you, then those of them whom you let remain shall be as barbs in your eyes and thorns in your sides, and they shall trouble you in the land where you dwell.

56 And I will do to you as I thought to do to them."

Boundaries of the Land

34 The LORD spoke to Moses, saying,

2 "Command the people of Israel, and say to them, When you enter the land of Canaan (this is the land that shall fall to you for an inheritance, the land of Canaan as defined by its borders),

3 your south side shall be from the wilderness of Zin alongside Edom, and your southern border shall run from the end of the Salt Sea on the east.

4 And your border shall turn south of the ascent of Akrabbim, and cross to Zin, and its limit shall be south of Kadesh-barnea. Then it shall go on to ᵉHazar-addar, and pass along to Azmon.

5 And the border shall turn from Azmon to the Brook of Egypt, and its limit shall be at the sea.

¶ **6** Aber die Grenze nach Westen zu soll sein das große Meer und seine Küste. Das sei eure Grenze nach Westen.

7 Die Grenze nach Norden zu soll diese sein: Ihr sollt sie ziehen von dem großen Meer bis an den Berg Hor

8 und von dem Berge Hor bis dahin, wo es nach Hamat geht, dass die Grenze weitergehe bei Zedad

9 und auslaufe nach Sifron und ihr Ende sei bei Hazar-Enan. Das sei eure Grenze nach Norden.

¶ **10** Und ihr sollt die Grenze nach Osten ziehen von Hazar-Enan nach Schefam

11 und die Grenze gehe herab von Schefam nach Ribla östlich von Ajin. Danach gehe sie herab und ziehe sich hin längs der Höhen östlich vom See Kinneret

12 und komme herab an den Jordan, dass ihr Ende sei das Salzmeer. Das sei euer Land mit seiner Grenze ringsumher.

¶ **13** Und Mose gebot den Israeliten: Das ist das Land, das ihr durchs Los unter euch teilen sollt, wie der HERR geboten hat, es den neun Stämmen und dem halben Stamm zu geben.

14 Denn der Stamm der Söhne Ruben nach seinen Sippen und der Stamm der Söhne Gad nach seinen Sippen und der halbe Stamm Manasse haben ihr Erbteil bekommen.

15 Die zwei Stämme und der halbe Stamm haben schon ihr Erbteil diesseits des Jordans gegenüber Jericho nach Osten zu.

Namen der Männer, die das Land austeilen sollen

16 Und der HERR redete mit Mose und sprach:

17 Dies sind die Namen der Männer, die das Land unter euch austeilen sollen: der Priester Eleasar und Josua, der Sohn Nuns.

18 Dazu sollt ihr nehmen von einem jeden Stamm einen Fürsten, um das Land auszuteilen.

19 Und dies sind die Namen der Männer: Kaleb, der Sohn Jefunnes, vom Stamm Juda;

20 Schemuël, der Sohn Ammihuds, vom Stamm Simeon;

21 Elidad, der Sohn Kislons, vom Stamm Benjamin;

22 Bukki, der Sohn Joglis, Fürst des Stammes der Söhne Dan;

23 Hanniël, der Sohn Efods, Fürst des Stammes der Söhne Manasse, von den Söhnen Josef;

24 Kemuël, der Sohn Schiftans, Fürst des Stammes der Söhne Ephraim;

¶ **6** "For the western border, you shall have the Great Sea and its[1] coast. This shall be your western border.

¶ **7** "This shall be your northern border: from the Great Sea you shall draw a line to Mount Hor.

8 From Mount Hor you shall draw a line to Lebo-hamath, and the limit of the border shall be at Zedad.

9 Then the border shall extend to Ziphron, and its limit shall be at Hazar-enan. This shall be your northern border.

¶ **10** "You shall draw a line for your eastern border from Hazar-enan to Shepham.

11 And the border shall go down from Shepham to Riblah on the east side of Ain. And the border shall go down and reach to the shoulder of the Sea of Chinnereth on the east.

12 And the border shall go down to the Jordan, and its limit shall be at the Salt Sea. This shall be your land as defined by its borders all around."

¶ **13** Moses commanded the people of Israel, saying, "This is the land that you shall inherit by lot, which the LORD has commanded to give to the nine tribes and to the half-tribe.

14 For the tribe of the people of Reuben by fathers' houses and the tribe of the people of Gad by their fathers' houses have received their inheritance, and also the half-tribe of Manasseh.

15 The two tribes and the half-tribe have received their inheritance beyond the Jordan east of Jericho, toward the sunrise."

List of Tribal Chiefs

¶ **16** The LORD spoke to Moses, saying,

17 "These are the names of the men who shall divide the land to you for inheritance: Eleazar the priest and Joshua the son of Nun.

18 You shall take one chief from every tribe to divide the land for inheritance.

19 These are the names of the men: Of the tribe of Judah, Caleb the son of Jephunneh.

20 Of the tribe of the people of Simeon, Shemuel the son of Ammihud.

21 Of the tribe of Benjamin, Elidad the son of Chislon.

22 Of the tribe of the people of Dan a chief, Bukki the son of Jogli.

23 Of the people of Joseph: of the tribe of the people of Manasseh a chief, Hanniel the son of Ephod.

24 And of the tribe of the people of Ephraim a chief, Kemuel the son of Shiphtan.

25 Elizafan, der Sohn Parnachs, Fürst des Stammes der Söhne Sebulon;

26 Paltiël, der Sohn Asans, Fürst des Stammes der Söhne Issachar;

27 Ahihud, der Sohn Schelomis, Fürst des Stammes der Söhne Asser;

28 Pedahel, der Sohn Ammihuds, Fürst des Stammes der Söhne Naftali.

¶ **29** Das sind die, denen der HERR gebot, dass sie den Israeliten das Erbe austeilten im Lande Kanaan.

Von den Städten der Leviten und den Freistädten

35 Und der HERR redete mit Mose im Jordantal der Moabiter gegenüber Jericho und sprach:

2 Gebiete den Israeliten, dass sie von ihren Erbteilen den Leviten Städte zur Wohnung geben. Auch Weideland um die Städte her sollt ihr den Leviten geben,

3 dass sie in den Städten wohnen und auf den Weiden ihr Vieh und ihre Herden und alle ihre Tiere haben.

4 Das Weideland aber vor den Städten, die ihr den Leviten gebt, soll sich tausend Ellen weit draußen um die Stadtmauer herum erstrecken.

5 So sollt ihr nun abmessen außerhalb der Stadt auf der Seite nach Osten zweitausend Ellen und auf der Seite nach Süden zweitausend Ellen und auf der Seite nach Westen zweitausend Ellen und auf der Seite nach Norden zweitausend Ellen, dass die Stadt in der Mitte sei. Das soll ihnen als Weide bei den Städten gehören.

¶ **6** Und von den Städten, die ihr den Leviten geben werdet, sollt ihr sechs zu Freistädten bestimmen, damit dahin fliehen kann, wer einen Totschlag getan hat. Dazu aber sollt ihr noch zweiundvierzig Städte geben,

7 dass alle Städte, die ihr den Leviten gebt, seien achtundvierzig mit ihrem Weideland.

8 Ihr sollt mehr geben an Städten vom Besitz derer, die viel besitzen unter den Israeliten, und weniger vom Besitz derer, die wenig besitzen; ein jeder soll nach seinem Erbteil, das ihm zugeteilt wird, den Leviten Städte geben.

¶ **9** Und der HERR redete mit Mose und sprach:

10 Rede mit den Israeliten und sprich zu ihnen: Wenn ihr über den Jordan ins Land Kanaan kommt,

25 Of the tribe of the people of Zebulun a chief, Elizaphan the son of Parnach.

26 Of the tribe of the people of Issachar a chief, Paltiel the son of Azzan.

27 And of the tribe of the people of Asher a chief, Ahihud the son of Shelomi.

28 Of the tribe of the people of Naphtali a chief, Pedahel the son of Ammihud.

29 These are the men whom the LORD commanded to divide the inheritance for the people of Israel in the land of Canaan."

Cities for the Levites

35 The LORD spoke to Moses in the plains of Moab by the Jordan at Jericho, saying,

2 "Command the people of Israel to give to the Levites some of the inheritance of their possession as cities for them to dwell in. And you shall give to the Levites pasturelands around the cities.

3 The cities shall be theirs to dwell in, and their pasturelands shall be for their cattle and for their livestock and for all their beasts.

4 The pasturelands of the cities, which you shall give to the Levites, shall reach from the wall of the city outward a thousand cubits[1] all around.

5 And you shall measure, outside the city, on the east side two thousand cubits, and on the south side two thousand cubits, and on the west side two thousand cubits, and on the north side two thousand cubits, the city being in the middle. This shall belong to them as pastureland for their cities.

¶ **6** "The cities that you give to the Levites shall be the six cities of refuge, where you shall permit the manslayer to flee, and in addition to them you shall give forty-two cities.

7 All the cities that you give to the Levites shall be forty-eight, with their pasturelands.

8 And as for the cities that you shall give from the possession of the people of Israel, from the larger tribes you shall take many, and from the smaller tribes you shall take few; each, in proportion to the inheritance that it inherits, shall give of its cities to the Levites."

Cities of Refuge

¶ **9** And the LORD spoke to Moses, saying,

10 "Speak to the people of Israel and say to them, When you cross the Jordan into the land of Canaan,

11 sollt ihr Städte auswählen, dass sie für euch Freistädte seien, wohin fliehen soll, wer einen Totschlag aus Versehen tut.

12 Und es sollen unter euch diese Städte eine Zuflucht sein vor dem Bluträcher, dass der nicht sterben muss, der einen Totschlag getan hat, bis er vor der Gemeinde vor Gericht gestanden hat.

13 Und die Städte, die ihr zu Freistädten bestimmt, sollen sechs sein.

14 Drei sollt ihr bestimmen diesseits des Jordans und drei im Lande Kanaan.

15 Das sind die sechs Freistädte für die Israeliten und für die Fremdlinge und die Beisassen unter euch, damit dahin fliehen kann, wer einen Totschlag getan hat aus Versehen.

Gesetze über Mord und über Totschlag
(vgl. 5.Mose 19,4-13)

16 Wer jemand mit einem Eisen schlägt, dass er stirbt, der ist ein Mörder und soll des Todes sterben.

17 Wirft er ihn mit einem Stein, mit dem jemand getötet werden kann, dass er daran stirbt, so ist er ein Mörder und soll des Todes sterben.

18 Schlägt er ihn mit einem Holz, mit dem jemand totgeschlagen werden kann, dass er stirbt, so ist er ein Mörder und soll des Todes sterben.

19 Der Bluträcher soll den Mörder zum Tode bringen; wo er ihm begegnet, soll er ihn töten.

20 Stößt er jemand aus Hass oder wirft er etwas auf ihn mit Hinterlist, dass er stirbt,

21 oder schlägt er ihn aus Feindschaft mit seiner Hand, dass er stirbt, so soll der des Todes sterben, der ihn geschlagen hat; er ist ein Mörder. Der Bluträcher soll ihn zum Tode bringen, wo er ihm begegnet.

¶ 22 Wenn er ihn aber aus Versehen stößt ohne Feindschaft oder wirft irgendetwas auf ihn ohne Absicht

23 oder wirft irgendeinen Stein auf ihn, woran man sterben kann, aber er hat's nicht gesehen, sodass jener stirbt, und er ist nicht sein Feind, hat ihm auch nichts Böses antun wollen,

24 so soll die Gemeinde richten zwischen dem, der geschlagen hat, und dem Bluträcher nach diesen Rechtsordnungen.

11 then you shall select cities to be cities of refuge for you, that the manslayer who kills any person without intent may flee there.

12 The cities shall be for you a refuge from the avenger, that the manslayer may not die until he stands before the congregation for judgment.

13 And the cities that you give shall be your six cities of refuge.

14 You shall give three cities beyond the Jordan, and three cities in the land of Canaan, to be cities of refuge.

15 These six cities shall be for refuge for the people of Israel, and for the stranger and for the sojourner among them, that anyone who kills any person without intent may flee there.

¶ 16 "But if he struck him down with an iron object, so that he died, he is a murderer. The murderer shall be put to death.

17 And if he struck him down with a stone tool that could cause death, and he died, he is a murderer. The murderer shall be put to death.

18 Or if he struck him down with a wooden tool that could cause death, and he died, he is a murderer. The murderer shall be put to death.

19 The avenger of blood shall himself put the murderer to death; when he meets him, he shall put him to death.

20 And if he pushed him out of hatred or hurled something at him, lying in wait, so that he died,

21 or in enmity struck him down with his hand, so that he died, then he who struck the blow shall be put to death. He is a murderer. The avenger of blood shall put the murderer to death when he meets him.

¶ 22 "But if he pushed him suddenly without enmity, or hurled anything on him without lying in wait

23 or used a stone that could cause death, and without seeing him dropped it on him, so that he died, though he was not his enemy and did not seek his harm,

24 then the congregation shall judge between the manslayer and the avenger of blood, in accordance with these rules.

25 Und die Gemeinde soll den Totschläger erretten aus der Hand des Bluträchers und soll ihn zurückbringen lassen zu der Freistadt, dahin er geflohen war. Und er soll dortbleiben, bis der Hohepriester stirbt, den man mit dem heiligen Öl gesalbt hat.

26 Geht aber der Totschläger über die Grenze seiner Freistadt, in die er geflohen ist,

27 und der Bluträcher findet ihn außerhalb der Grenze seiner Freistadt und schlägt ihn tot, so soll er des Bluts nicht schuldig sein.

28 Denn er sollte in seiner Freistadt bleiben bis zum Tod des Hohenpriesters und nach dem Tod des Hohenpriesters in das Land seines Erbbesitzes zurückkehren.

29 Das soll euch Gesetz und Recht für immer sein, überall, wo ihr wohnt.

¶ **30** Wer einen Menschen erschlägt, den soll man töten auf den Mund von Zeugen hin. Ein einzelner Zeuge aber soll keine Aussage machen, um einen Menschen zum Tode zu bringen.

31 Und ihr sollt kein Sühnegeld nehmen für das Leben des Mörders; denn er ist des Todes schuldig und soll des Todes sterben.

32 Und ihr sollt kein Sühnegeld nehmen für den, der zur Freistadt geflohen ist, dass er zurückkehren darf, um im Lande zu wohnen, bis der Priester stirbt.

33 Und schändet das Land nicht, darin ihr wohnt; denn wer des Blutes schuldig ist, der schändet das Land, und das Land kann nicht entsühnt werden vom Blut, das darin vergossen wird, außer durch das Blut dessen, der es vergossen hat.

34 Macht das Land nicht unrein, darin ihr wohnt, darin auch ich wohne; denn ich bin der HERR, der mitten unter den Israeliten wohnt.

Erbtöchter sollen nicht außerhalb des väterlichen Stammes heiraten

(vgl. Kap 27,1-11)

36 Und die Häupter der Sippen der Söhne Gileads, des Sohnes Machirs, der Manasses Sohn war, von den Geschlechtern der Söhne Josef, traten heran und redeten vor Mose und vor den Fürsten, den Häuptern der Sippen Israels,

25 And the congregation shall rescue the manslayer from the hand of the avenger of blood, and the congregation shall restore him to his city of refuge to which he had fled, and he shall live in it until the death of the high priest who was anointed with the holy oil.

26 But if the manslayer shall at any time go beyond the boundaries of his city of refuge to which he fled,

27 and the avenger of blood finds him outside the boundaries of his city of refuge, and the avenger of blood kills the manslayer, he shall not be guilty of blood.

28 For he must remain in his city of refuge until the death of the high priest, but after the death of the high priest the manslayer may return to the land of his possession.

29 And these things shall be for a statute and rule for you throughout your generations in all your dwelling places.

¶ **30** "If anyone kills a person, the murderer shall be put to death on the evidence of witnesses. But no person shall be put to death on the testimony of one witness.

31 Moreover, you shall accept no ransom for the life of a murderer, who is guilty of death, but he shall be put to death.

32 And you shall accept no ransom for him who has fled to his city of refuge, that he may return to dwell in the land before the death of the high priest.

33 You shall not pollute the land in which you live, for blood ᵐpollutes the land, and no atonement can be made for the land for the blood that is shed in it, except by the blood of the one who shed it.

34 You shall not defile the land in which you live, in the midst of which I dwell, for I the LORD dwell in the midst of the people of Israel."

Marriage of Female Heirs

36 The heads of the fathers' houses of the clan of the people of Gilead the son of Machir, son of Manasseh, from the clans of the people of Joseph, came near and spoke before Moses and before the chiefs, the heads of the fathers' houses of the people of Israel.

2 und sprachen: Der HERR hat geboten unserm Herrn, dass man das Land den Israeliten durch das Los zum Erbteil geben sollte. Auch wurde ihm geboten von dem HERRN, dass man das Erbteil Zelofhads, unseres Bruders, seinen Töchtern geben soll.

3 Wenn diese jemand aus den Stämmen Israels zur Frau nimmt, so wird das Erbteil unserer Väter weniger werden, und so viel sie haben, wird zu dem Erbteil des Stammes kommen, in den sie einheiraten; also wird das Los unseres Erbteils verringert.

4 Wenn denn nun das Erlassjahr der Israeliten kommt, so wird ihr Erbteil zu dem Erbteil des Stammes kommen, in den sie eingeheiratet haben; also wird das Erbteil des Stammes unserer Väter um das verringert, was sie haben.

¶ **5** Mose gebot den Israeliten nach dem Befehl des HERRN und sprach: Der Stamm der Söhne Josef hat recht geredet.

6 Dies ist's, was der HERR gebietet über die Töchter Zelofhads: Lass sie heiraten, wie es ihnen gefällt; nur sollen sie heiraten in ein Geschlecht aus dem Stamm ihres Vaters,

7 damit nicht die Erbteile der Israeliten von einem Stamm an den andern fallen; denn ein jeder unter den Israeliten soll festhalten an dem Erbe des Stammes seiner Väter.

8 Und alle Töchter, die Erbteil erlangen unter den Stämmen Israels, sollen heiraten einen von dem Geschlecht des Stammes ihres Vaters, damit ein jeder unter den Israeliten das Erbe seiner Väter behalte

9 und nicht ein Erbteil von einem Stamm an den andern falle, sondern ein jeder soll festhalten an seinem Erbe unter den Stämmen Israels.

¶ **10** Wie der HERR es Mose geboten hatte, so taten die Töchter Zelofhads,

11 Machla, Tirza, Hogla, Milka und Noa, und heirateten die Söhne ihrer Oheime

12 aus dem Geschlecht der Söhne Manasses, des Sohnes Josefs. Also blieb ihr Erbteil bei dem Stamm des Geschlechts ihres Vaters.

¶ **13** Das sind die Gebote und Rechte, die der HERR durch Mose den Israeliten gebot im Jordantal der Moabiter gegenüber Jericho.

2 They said, "The LORD commanded my lord to give the land for inheritance by lot to the people of Israel, and my lord was commanded by the LORD to give the inheritance of Zelophehad our brother to his daughters.

3 But if they are married to any of the sons of the other tribes of the people of Israel, then their inheritance will be taken from the inheritance of our fathers and added to the inheritance of the tribe into which they marry. So it will be taken away from the lot of our inheritance.

4 And when the jubilee of the people of Israel comes, then their inheritance will be added to the inheritance of the tribe into which they marry, and their inheritance will be taken from the inheritance of the tribe of our fathers."

¶ **5** And Moses commanded the people of Israel according to the word of the LORD, saying, "The tribe of the people of Joseph is right.

6 This is what the LORD commands concerning the daughters of Zelophehad, 'Let them marry whom they think best, only they shall marry within the clan of the tribe of their father.

7 The inheritance of the people of Israel shall not be transferred from one tribe to another, for every one of the people of Israel shall hold on to the inheritance of the tribe of his fathers.

8 And every daughter who possesses an inheritance in any tribe of the people of Israel shall be wife to one of the clan of the tribe of her father, so that every one of the people of Israel may possess the inheritance of his fathers.

9 So no inheritance shall be transferred from one tribe to another, for each of the tribes of the people of Israel shall hold on to its own inheritance.'"

¶ **10** The daughters of Zelophehad did as the LORD commanded Moses,

11 for Mahlah, Tirzah, Hoglah, Milcah, and Noah, the daughters of Zelophehad, were married to sons of their father's brothers.

12 They were married into the clans of the people of Manasseh the son of Joseph, and their inheritance remained in the tribe of their father's clan.

¶ **13** These are the commandments and the rules that the LORD commanded through Moses to the people of Israel in the plains of Moab by the Jordan at Jericho.

Rückblick auf die Wüstenwanderung vom Horeb bis Kadesch

1 Dies sind die Worte, die Mose zu ganz Israel redete jenseits des Jordans in der Wüste, im Jordantal gegenüber Suf, zwischen Paran und Tofel, Laban, Hazerot und Di-Sahab.

2 Elf Tagereisen weit ist es vom Horeb bis Kadesch-Barnea auf dem Wege zum Gebirge Seïr.

3 Und es geschah im vierzigsten Jahr am ersten Tage des elften Monats, da redete Mose mit den Israeliten alles, wie es ihm der HERR für sie geboten hatte,

4 nachdem er Sihon geschlagen hatte, den König der Amoriter, der zu Heschbon herrschte, dazu bei Edreï den Og, den König von Baschan, der zu Aschtarot herrschte.

5 Jenseits des Jordans im Lande Moab fing Mose an, dies Gesetz auszulegen, und sprach:

¶ 6 Der HERR, unser Gott, redete mit uns am Berge Horeb und sprach: Ihr seid lange genug an diesem Berge gewesen;

7 wendet euch und zieht hin, dass ihr zu dem Gebirge der Amoriter kommt und zu allen ihren Nachbarn im Jordantal, auf dem Gebirge und in dem Hügelland, im Südland und am Ufer des Meeres, ins Land Kanaan und zum Berge Libanon, bis an den großen Strom, den Euphrat.

8 Siehe, ich habe das Land vor euren Augen dahingegeben. Zieht hinein und nehmt das Land ein, von dem der HERR euren Vätern Abraham, Isaak und Jakob geschworen hat, dass er's ihnen und ihren Nachkommen geben wolle.

¶ 9 Da sprach ich zur selben Zeit zu euch: Ich kann euch nicht mehr allein tragen;

10 denn der HERR, euer Gott, hat euch so zahlreich werden lassen, dass ihr heute seid wie die Menge der Sterne am Himmel.

The Command to Leave Horeb

1 These are the words that Moses spoke to all Israel beyond the Jordan in the wilderness, in the Arabah opposite Suph, between Paran and Tophel, Laban, Hazeroth, and Dizahab.

2 It is eleven days' journey from Horeb by the way of Mount Seir to Kadesh-barnea.

3 In the fortieth year, on the first day of the eleventh month, Moses spoke to the people of Israel according to all that the LORD had given him in commandment to them,

4 after he had defeated Sihon the king of the Amorites, who lived in Heshbon, and Og the king of Bashan, who lived in Ashtaroth and in Edrei.

5 Beyond the Jordan, in the land of Moab, Moses undertook to explain this law, saying,

6 "The LORD our God said to us in Horeb, 'You have stayed long enough at this mountain.

7 Turn and take your journey, and go to the hill country of the Amorites and to all their neighbors in the Arabah, in the hill country and in the lowland and in the Negeb and ¹by the seacoast, the land of the Canaanites, and Lebanon, as far as the great river, the river Euphrates.

8 See, I have set the land before you. Go in and take possession of the land that the LORD swore to your fathers, to Abraham, to Isaac, and to Jacob, to give to them and to their offspring after them.'

Leaders Appointed

¶ 9 "At that time I said to you, 'I am not able to bear you by myself.

10 The LORD your God has multiplied you, and behold, you are today as numerous as the stars of heaven.

11 Der HERR, der Gott eurer Väter, mache aus euch noch vieltausendmal mehr und segne euch, wie er euch zugesagt hat!

12 Wie kann ich allein tragen eure Mühe und Last und euren Streit?

13 Schafft herbei weise, verständige und erfahrene Leute unter euren Stämmen, die will ich über euch zu Häuptern setzen.

14 Da antwortetet ihr mir und spracht: Ja, das ist eine gute Sache, die du tun willst.

15 Da nahm ich die Häupter eurer Stämme, weise und erfahrene Männer, und setzte sie über euch als Oberste über tausend, über hundert, über fünfzig und über zehn und als Amtleute für eure Stämme.

16 Und ich gebot euren Richtern zur selben Zeit und sprach: Hört eure Brüder an und richtet recht, wenn einer etwas mit seinem Bruder hat oder mit dem Fremdling, der bei ihm ist.

17 Beim Richten sollt ihr die Person nicht ansehen, sondern sollt den Kleinen hören wie den Großen und vor niemand euch scheuen; denn das Gericht ist Gottes. Wird aber euch eine Sache zu schwer sein, die lasst an mich gelangen, damit ich sie höre.

18 So gebot ich euch zu der Zeit alles, was ihr tun sollt.

¶ **19** Da brachen wir auf vom Horeb und zogen durch die ganze Wüste, die groß und furchtbar ist, wie ihr gesehen habt, auf der Straße zum Gebirge der Amoriter, wie uns der HERR, unser Gott, geboten hatte, und kamen bis nach Kadesch-Barnea.

20 Da sprach ich zu euch: Ihr seid an das Gebirge der Amoriter gekommen, das uns der HERR, unser Gott, geben wird.

21 Sieh her, der HERR, dein Gott, hat dir das Land hingegeben; zieh hinauf und nimm's ein, wie der HERR, der Gott deiner Väter, dir zugesagt hat. Fürchte dich nicht und lass dir nicht grauen.

22 Da kamt ihr alle zu mir und spracht: Lasst uns Männer vor uns her senden, die uns das Land erkunden und uns den Weg sagen, auf dem wir hineinziehen sollen, und die Städte, zu denen wir kommen werden.

23 Das gefiel mir gut und ich nahm von euch zwölf Männer, von jedem Stamm einen.

¶ **24** Als diese weggingen und hinaufzogen auf das Gebirge und an den Traubenbach kamen, da erkundeten sie das Land

11 May the LORD, the God of your fathers, make you a thousand times as many as you are and bless you, as he has promised you!

12 How can I bear by myself the weight and burden of you and your strife?

13 Choose for your tribes wise, understanding, and experienced men, and I will appoint them as your heads.'

14 And you answered me, 'The thing that you have spoken is good for us to do.'

15 So I took the heads of your tribes, wise and experienced men, and set them as heads over you, commanders of thousands, commanders of hundreds, commanders of fifties, commanders of tens, and officers, throughout your tribes.

16 And I charged your judges at that time, 'Hear the cases between your brothers, and judge righteously between a man and his brother or the alien who is with him.

17 You shall not be partial in judgment. You shall hear the small and the great alike. You shall not be intimidated by anyone, for the judgment is God's. And the case that is too hard for you, you shall bring to me, and I will hear it.'

18 And I commanded you at that time all the things that you should do.

Israel's Refusal to Enter the Land

¶ **19** "Then we set out from Horeb and went through all that great and terrifying wilderness that you saw, on the way to the hill country of the Amorites, as the LORD our God commanded us. And we came to Kadesh-barnea.

20 And I said to you, 'You have come to the hill country of the Amorites, which the LORD our God is giving us.

21 See, the LORD your God has set the land before you. Go up, take possession, as the LORD, the God of your fathers, has told you. Do not fear or be dismayed.'

22 Then all of you came near me and said, 'Let us send men before us, that they may explore the land for us and bring us word again of the way by which we must go up and the cities into which we shall come.'

23 The thing seemed good to me, and I took twelve men from you, one man from each tribe.

24 And they turned and went up into the hill country, and came to the Valley of Eshcol and spied it out.

25 und nahmen Früchte des Landes mit sich und brachten sie herab zu uns und gaben uns Bericht und sprachen: Das Land ist gut, das der HERR, unser Gott, uns gegeben hat.

¶ **26** Aber ihr wolltet nicht hinaufziehen und wurdet ungehorsam dem Munde des HERRN, eures Gottes,

27 und murrtet in euren Zelten und spracht: Der HERR ist uns gram; darum hat er uns aus Ägyptenland geführt, dass er uns in die Hände der Amoriter gebe, um uns zu vertilgen.

28 Wo sollen wir hinziehen? Unsere Brüder haben unser Herz verzagt gemacht und gesagt, das Volk sei größer und höher gewachsen als wir, die Städte seien groß und bis an den Himmel ummauert; dazu haben wir dort Anakiter gesehen.

29 Ich sprach aber zu euch: Entsetzt euch nicht und fürchtet euch nicht vor ihnen.

30 Der HERR, euer Gott, zieht vor euch hin und wird für euch streiten, wie er's mit euch getan hat in Ägypten vor euren Augen

31 und in der Wüste. Da hast du gesehen, dass dich der HERR, dein Gott, getragen hat, wie ein Mann seinen Sohn trägt, auf dem ganzen Wege, den ihr gewandert seid, bis ihr an diesen Ort kamt.

32 Und trotzdem glaubtet ihr dem HERRN, eurem Gott, nicht,

33 der auf dem Weg vor euch herging, euch die Stätte zu weisen, wo ihr euch lagern solltet, bei Nacht im Feuer, um euch den Weg zu zeigen, den ihr gehen solltet, und bei Tage in der Wolke.

¶ **34** Als aber der HERR euer Geschrei hörte, wurde er zornig und schwor und sprach:

35 Es soll keiner von diesem bösen Geschlecht das gute Land sehen, das ich ihren Vätern zu geben geschworen habe,

36 außer Kaleb, dem Sohn Jefunnes; der soll es sehen. Ihm und seinen Nachkommen will ich das Land geben, das er betreten hat, weil er dem HERRN treu gefolgt ist.

37 Auch über mich wurde der HERR zornig um euretwillen und sprach: Du sollst auch nicht hineinkommen.

38 Aber Josua, der Sohn Nuns, der soll hineinkommen. Dem stärke den Mut; denn er soll Israel das Erbe austeilen.

39 Und eure Säuglinge, von denen ihr sagtet, sie würden zum Raube werden, und eure Kinder, die jetzt weder Gutes noch Böses verstehen, die sollen hineinkommen; ihnen will ich's geben und sie sollen es besitzen.

25 And they took in their hands some of the fruit of the land and brought it down to us, and brought us word again and said, 'It is a good land that the LORD our God is giving us.'

¶ **26** "Yet you would not go up, but rebelled against the command of the LORD your God.

27 And you murmured in your tents and said, 'Because the LORD hated us he has brought us out of the land of Egypt, to give us into the hand of the Amorites, to destroy us.

28 Where are we going up? Our brothers have made our hearts melt, saying, "The people are greater and taller than we. The cities are great and fortified up to heaven. And besides, we have seen the sons of the Anakim there." '

29 Then I said to you, 'Do not be in dread or afraid of them.

30 The LORD your God who goes before you will himself fight for you, just as he did for you in Egypt before your eyes,

31 and in the wilderness, where you have seen how the LORD your God carried you, as a man carries his son, all the way that you went until you came to this place.'

32 Yet in spite of this word you did not believe the LORD your God,

33 who went before you in the way to seek you out a place to pitch your tents, in fire by night and in the cloud by day, to show you by what way you should go.

The Penalty for Israel's Rebellion

¶ **34** "And the LORD heard your words and was angered, and he swore,

35 'Not one of these men of this evil generation shall see the good land that I swore to give to your fathers,

36 except Caleb the son of Jephunneh. He shall see it, and to him and to his children I will give the land on which he has trodden, because he has wholly followed the LORD!'

37 Even with me the LORD was angry on your account and said, 'You also shall not go in there.

38 Joshua the son of Nun, 'who stands before you, he shall enter. Encourage him, for he shall cause Israel to inherit it.

39 And as for your little ones, who you said would become a prey, and your children, who today have no knowledge of good or evil, they shall go in there. And to them I will give it, and they shall possess it.

40 Ihr aber, wendet euch und zieht wieder in die Wüste den Weg zum Schilfmeer.

¶ **41** Da antwortet ihr und spracht zu mir: Wir haben an dem HERRN gesündigt; wir wollen hinaufziehen und kämpfen, wie uns der HERR, unser Gott, geboten hat. Als ihr euch nun rüstetet, ein jeder mit seinen Waffen, und es für ein Leichtes hieltet, ins Gebirge hinaufzuziehen,

42 da sprach der HERR zu mir: Sage ihnen, dass sie nicht hinaufziehen, auch nicht kämpfen – denn ich bin nicht unter euch –, damit ihr nicht geschlagen werdet von euren Feinden.

43 Als ich euch das sagte, gehorchtet ihr nicht und wurdet ungehorsam dem Munde des HERRN und wart vermessen und zogt hinauf ins Gebirge.

44 Da zogen die Amoriter aus, die auf dem Gebirge wohnten, euch entgegen und jagten euch, wie's die Bienen tun, und schlugen euch von Seïr bis nach Horma.

45 Als ihr nun wiederkamt und vor dem HERRN weintet, wollte der HERR eure Stimme nicht hören und neigte seine Ohren nicht zu euch.

46 So bliebt ihr in Kadesch eine lange Zeit.

Zug durch die Wüste bis zum Sieg über Sihon

2 Dann wandten wir uns und zogen wieder in die Wüste auf der Straße zum Schilfmeer, wie der HERR zu mir gesagt hatte, und umzogen das Gebirge Seïr eine lange Zeit.

2 Und der HERR sprach zu mir:

3 Ihr habt dies Gebirge nun genug umzogen; wendet euch nach Norden.

4 Und gebiete dem Volk und sprich: Ihr werdet durch das Land eurer Brüder, der Söhne Esau, ziehen, die auf dem Seïr wohnen, und sie werden sich vor euch fürchten. Aber hütet euch ja davor,

5 sie zu bekriegen; ich werde euch von ihrem Lande nicht einen Fußbreit geben, denn das Gebirge Seïr habe ich den Söhnen Esau zum Besitz gegeben.

6 Speise sollt ihr für Geld von ihnen kaufen, damit ihr zu essen habt, und Wasser sollt ihr für Geld von ihnen kaufen, damit ihr zu trinken habt.

7 Denn der HERR, dein Gott, hat dich gesegnet in allen Werken deiner Hände. Er hat dein Wandern durch diese große Wüste auf sein Herz genommen. Vierzig Jahre ist der HERR, dein Gott, bei dir gewesen. An nichts hast du Mangel gehabt.

40 But as for you, turn, and journey into the wilderness in the direction of the Red Sea.

¶ **41** "Then you answered me, 'We have sinned against the LORD. We ourselves will go up and fight, just as the LORD our God commanded us.' And every one of you fastened on his weapons of war and thought it easy to go up into the hill country.

42 And the LORD said to me, 'Say to them, Do not go up or fight, for I am not in your midst, lest you be defeated before your enemies.'

43 So I spoke to you, and you would not listen; but you rebelled against the command of the LORD and presumptuously went up into the hill country.

44 Then the Amorites who lived in that hill country came out against you and chased you as bees do and beat you down in Seir as far as Hormah.

45 And you returned and wept before the LORD, but the LORD did not listen to your voice or give ear to you.

46 So you remained at Kadesh many days, the days that you remained there.

The Wilderness Years

2 "Then we turned and journeyed into the wilderness in the direction of the Red Sea, as the LORD told me. And for many days we traveled around Mount Seir.

2 Then the LORD said to me,

3 'You have been traveling around this mountain country long enough. Turn northward

4 and command the people, "You are about to pass through the territory of your brothers, the people of Esau, who live in Seir; and they will be afraid of you. So be very careful.

5 Do not contend with them, for I will not give you any of their land, no, not so much as for the sole of the foot to tread on, because I have given Mount Seir to Esau as a possession.

6 You shall purchase food from them for money, that you may eat, and you shall also buy water of them for money, that you may drink.

7 For the LORD your God has blessed you in all the work of your hands. He knows your going through this great wilderness. These forty years the LORD your God has been with you. You have lacked nothing.'"

¶ **8** Als wir nun von unsern Brüdern, den Söhnen Esau, die auf dem Gebirge Seïr wohnten, weggezogen waren, weg von dem Weg durch die Steppe, weg von Elat und Ezjon-Geber, wandten wir uns und zogen den Weg zum Weideland der Moabiter.

9 Da sprach der HERR zu mir: Du sollst den Moabitern keinen Schaden tun noch sie bekriegen; ich will dir von ihrem Lande nichts zum Besitz geben, denn ich habe Ar den Söhnen Lot zum Besitz gegeben. –

10 Die Emiter haben vorzeiten darin gewohnt; das war ein großes, starkes und hochgewachsenes Volk wie die Anakiter.

11 Man hielt sie auch für Riesen wie die Anakiter; und die Moabiter nennen sie Emiter.

12 Auch wohnten vorzeiten auf dem Seïr die Horiter; und die Söhne Esau vertrieben und vertilgten sie vor sich her und wohnten an ihrer statt, gleichwie Israel mit dem Lande tat, das ihnen der HERR zum Besitz gab.

¶ **13** So macht euch nun auf und zieht durch den Bach Sered! Und wir zogen hindurch.

14 Die Zeit aber, die wir von Kadesch-Barnea zogen, bis wir durch den Bach Sered kamen, betrug achtunddreißig Jahre, bis alle Kriegsleute aus dem Lager gestorben waren, wie der HERR ihnen geschworen hatte.

15 So war die Hand des HERRN wider sie, um sie aus dem Lager zu vertilgen bis auf den letzten Mann.

¶ **16** Und als alle Kriegsleute aus dem Volk gestorben waren,

17 redete der HERR mit mir und sprach:

18 Du wirst heute durch das Gebiet der Moabiter ziehen bei Ar

19 und wirst in die Nähe der Ammoniter kommen. Denen sollst du keinen Schaden tun noch sie bekriegen; ich will dir vom Lande der Ammoniter nichts zum Besitz geben, denn ich hab's den Söhnen Lot zum Besitz gegeben. –

20 Auch dies gilt als Land der Riesen und es haben auch vorzeiten Riesen darin gewohnt, und die Ammoniter nennen sie Samsummiter.

21 Das war ein großes, starkes und hochgewachsenes Volk wie die Anakiter. Und der HERR vertilgte sie vor ihnen und ließ sie ihr Land besitzen, sodass sie an ihrer statt dort wohnten,

22 gleichwie er's getan hat mit den Söhnen Esau, die auf dem Gebirge Seïr wohnen, als er die Horiter vor ihnen vertilgte und sie deren Land besitzen ließ, sodass sie dort an ihrer statt wohnten bis auf diesen Tag.

8 So we went on, away from our brothers, the people of Esau, who live in Seir, away from the Arabah road from Elath and Ezion-geber. ¶ "And we turned and went in the direction of the wilderness of Moab.

9 And the LORD said to me, 'Do not harass Moab or contend with them in battle, for I will not give you any of their land for a possession, because I have given Ar to the people of Lot for a possession.'

10 (The Emim formerly lived there, a people great and many, and tall as the Anakim.

11 Like the Anakim they are also counted as Rephaim, but the Moabites call them Emim.

12 The Horites also lived in Seir formerly, but the people of Esau dispossessed them and destroyed them from before them and settled in their place, as Israel did to the land of their possession, which the LORD gave to them.)

13 'Now rise up and go over the brook Zered.' So we went over ᶻthe brook Zered.

14 And the time from our leaving Kadesh-barnea until we crossed the brook Zered was thirty-eight years, until the entire generation, that is, the men of war, had perished from the camp, as the LORD had sworn to them.

15 For indeed the hand of the LORD was against them, to destroy them from the camp, until they had perished.

¶ **16** "So as soon as all the men of war had perished and were dead from among the people,

17 the LORD said to me,

18 'Today you are to cross the border of Moab at Ar.

19 And when you approach the territory of the people of Ammon, do not harass them or contend with them, for I will not give you any of the land of the people of Ammon as a possession, because I have given it to the sons of Lot for a possession.'

20 (It is also counted as a land of Rephaim. Rephaim formerly lived there—but the Ammonites call them Zamzummim—

21 a people great and many, and tall as the Anakim; but the LORD destroyed them before the Ammonites,[1] and they dispossessed them and settled in their place,

22 as he did for the people of Esau, who live in Seir, when he destroyed the Horites before them and they dispossessed them and settled in their place even to this day.

23 Und die Kaftoriter zogen aus Kaftor und vertilgten die Awiter, die in Gehöften wohnten bis nach Gaza, und wohnten dort an ihrer statt.

¶ **24** Macht euch auf und zieht aus und geht über den Arnon! Siehe, ich habe Sihon, den König der Amoriter zu Heschbon, in deine Hände gegeben mit seinem Lande. Fange an, es einzunehmen, und kämpfe mit ihm.

25 Von heute an will ich Furcht und Schrecken vor dir auf alle Völker unter dem ganzen Himmel legen, damit, wenn sie von dir hören, ihnen bange und weh werden soll vor deinem Kommen.

¶ **26** Da sandte ich Boten aus der Wüste Kedemot an Sihon, den König von Heschbon, mit friedlicher Botschaft und ließ ihm sagen:

27 Ich will durch dein Land ziehen. Nur wo die Straße geht, will ich gehen; ich will weder zur Rechten noch zur Linken vom Weg abweichen.

28 Speise sollst du mir für Geld verkaufen, damit ich zu essen habe, und Wasser sollst du mir für Geld geben, damit ich zu trinken habe. Ich will nur hindurchziehen –

29 wie mir die Söhne Esau gestattet haben, die auf dem Gebirge Seïr wohnen, und die Moabiter, die zu Ar wohnen –, bis ich über den Jordan komme in das Land, das uns der HERR, unser Gott, geben wird.

¶ **30** Aber Sihon, der König von Heschbon, wollte uns nicht hindurchziehen lassen; denn der HERR, dein Gott, verhärtete seinen Sinn und verstockte ihm sein Herz, um ihn in deine Hände zu geben, so wie es heute ist.

31 Und der HERR sprach zu mir: Siehe, ich habe angefangen, Sihon mit seinem Lande vor deinen Augen dahinzugeben; fangt ihr an, sein Land in Besitz zu nehmen.

32 Und Sihon zog aus uns entgegen mit seinem ganzen Kriegsvolk zum Kampf nach Jahaz.

33 Aber der HERR, unser Gott, gab ihn vor unsern Augen dahin, dass wir ihn schlugen mit seinen Söhnen und seinem ganzen Kriegsvolk.

34 Da nahmen wir zu der Zeit alle seine Städte ein und vollstreckten den Bann an allen Städten, an Männern, Frauen und Kindern, und ließen niemand übrig bleiben.

35 Nur das Vieh raubten wir für uns und die Beute aus den Städten, die wir eingenommen hatten.

23 As for the Avvim, who lived in villages as far as Gaza, the Caphtorim, who came from Caphtor, destroyed them and settled in their place.)

24 'Rise up, set out on your journey and go over the Valley of the Arnon. Behold, I have given into your hand Sihon the Amorite, king of Heshbon, and his land. Begin to take possession, and contend with him in battle.

25 This day I will begin to put the dread and fear of you on the peoples who are under the whole heaven, who shall hear the report of you and shall tremble and be in anguish because of you.'

The Defeat of King Sihon

¶ **26** "So I sent messengers from the wilderness of Kedemoth to Sihon the king of Heshbon, with words of peace, saying,

27 'Let me pass through your land. I will go only by the road; I will turn aside neither to the right nor to the left.

28 You shall sell me food for money, that I may eat, and give me water for money, that I may drink. Only let me pass through on foot,

29 as the sons of Esau who live in Seir and the Moabites who live in Ar did for me, until I go over the Jordan into the land that the LORD our God is giving to us.'

30 But Sihon the king of Heshbon would not let us pass by him, for the LORD your God hardened his spirit and made his heart obstinate, that he might give him into your hand, as he is this day.

31 And the LORD said to me, 'Behold, I have begun to give Sihon and his land over to you. Begin to take possession, that you may occupy his land.'

32 Then Sihon came out against us, he and all his people, to battle at Jahaz.

33 And the LORD our God gave him over to us, and we defeated him and his sons and all his people.

34 And we captured all his cities at that time and devoted to destruction[2] every city, men, women, and children. We left no survivors.

35 Only the livestock we took as spoil for ourselves, with the plunder of the cities that we captured.

36 Von Aroër an, das am Ufer des Arnon liegt, und von der Stadt im Bachtal bis nach Gilead war keine Stadt, die sich vor uns schützen konnte; der HERR, unser Gott, gab alles vor unsern Augen dahin.

37 Nur zu dem Lande der Ammoniter kamst du nicht, weder zum Ufer des Jabbok noch zu den Städten auf dem Gebirge, ganz wie uns der HERR, unser Gott, geboten hatte.

Sieg über Og von Baschan

3 Und wir wandten uns und zogen hinauf den Weg nach Baschan. Und Og, der König von Baschan, zog aus uns entgegen mit seinem ganzen Kriegsvolk, um bei Edreï zu kämpfen.

2 Aber der HERR sprach zu mir: Fürchte dich nicht vor ihm, denn ich habe ihn und sein ganzes Kriegsvolk mit seinem Land in deine Hände gegeben. Und du sollst mit ihm tun, wie du mit Sihon, dem König der Amoriter, getan hast, der zu Heschbon herrschte.

3 So gab der HERR, unser Gott, auch den König Og von Baschan in unsere Hände mit seinem ganzen Kriegsvolk, dass wir ihn schlugen, bis ihm keiner übrig blieb.

4 Da nahmen wir zu der Zeit alle seine Städte ein und es gab keine Stadt, die wir ihnen nicht nahmen: sechzig Städte, die ganze Gegend von Argob, das Königreich Ogs von Baschan,

5 lauter Städte, die befestigt waren mit hohen Mauern, Toren und Riegeln, außerdem sehr viele offene Städte.

6 Und wir vollstreckten den Bann an ihnen, gleichwie wir an Sihon, dem König von Heschbon, taten. An allen Städten vollstreckten wir den Bann, an Männern, Frauen und Kindern.

7 Aber alles Vieh und die Beute aus den Städten raubten wir für uns.

¶ **8** So nahmen wir zu der Zeit den beiden Königen der Amoriter das Land jenseits des Jordans, von dem Fluss Arnon bis an den Berg Hermon

9 – die Sidonier nennen ihn Sirjon, aber die Amoriter nennen ihn Senir –,

10 alle Städte auf der Hochebene und das ganze Gilead und das ganze Baschan bis nach Salcha und Edreï, die Städte des Königreichs Ogs von Baschan.

36 From Aroer, which is on the edge of the Valley of the Arnon, and from the city that is in the valley, as far as Gilead, there was not a city too high for us. The LORD our God gave all into our hands.

37 Only to the land of the sons of Ammon you did not draw near, that is, to all the banks of the river Jabbok and the cities of the hill country, whatever the LORD our God had forbidden us.

The Defeat of King Og

3 "Then we turned and went up the way to Bashan. And Og the king of Bashan came out against us, he and all his people, to battle at Edrei.

2 But the LORD said to me, 'Do not fear him, for I have given him and all his people and his land into your hand. And you shall do to him as you did to Sihon the king of the Amorites, who lived at Heshbon.'

3 So the LORD our God gave into our hand Og also, the king of Bashan, and all his people, and we struck him down until he had no survivor left.

4 And we took all his cities at that time— there was not a city that we did not take from them—sixty cities, the whole region of Argob, the kingdom of Og in Bashan.

5 All these were cities fortified with high walls, gates, and bars, besides very many unwalled villages.

6 And we devoted them to destruction,[1] as we did to Sihon the king of Heshbon, devoting to destruction every city, men, women, and children.

7 But all the livestock and the spoil of the cities we took as our plunder.

8 So we took the land at that time out of the hand of the two kings of the Amorites who were beyond the Jordan, from the Valley of the Arnon to Mount Hermon

9 (the Sidonians call Hermon Sirion, while the Amorites call it Senir),

10 all the cities of the tableland and all Gilead and all Bashan, as far as Salecah and Edrei, cities of the kingdom of Og in Bashan.

11 Denn allein der König Og von Baschan war noch übrig von den Riesen. Siehe, in Rabba, der Stadt der Ammoniter, ist sein steinerner Sarg, neun Ellen lang und vier Ellen breit nach gewöhnlicher Elle.

Die Verteilung des Ostjordanlandes
(vgl. 4.Mose 32,1-42)

12 Dies Land nahmen wir damals ein. Von Aroër an, das am Fluss Arnon liegt, gab ich's den Rubenitern und Gaditern samt dem halben Gebirge Gilead mit seinen Städten.

13 Aber das übrige Gilead und das ganze Baschan, das Königreich Ogs, gab ich dem halben Stamm Manasse, die ganze Gegend von Argob. Dies ganze Baschan heißt »Land der Riesen«.

14 Jaïr, der Sohn Manasses, bekam die ganze Gegend von Argob bis an die Grenze der Geschuriter und Maachatiter und nannte Baschan nach seinem Namen »Dörfer Jaïrs« bis auf den heutigen Tag.

15 Machir aber gab ich Gilead.

16 Und den Rubenitern und Gaditern gab ich ein Gebiet von Gilead bis zum Arnon, bis zur Mitte des Flusses mit seinem Uferland, und bis zum Jabbok, dem Grenzfluss der Ammoniter;

17 dazu das Jordantal mit dem Jordan und seinem Uferland, von Kinneret bis an das Meer am Jordantal, das ist das Salzmeer, am Fuße des Gebirges Pisga, alles, was nach Osten zu liegt.

¶ **18** Und ich gebot ihnen zu der Zeit: Der HERR, euer Gott, hat euch dies Land gegeben, um es einzunehmen. So zieht nun gerüstet vor euren Brüdern, den Israeliten, her, all ihr Kriegsleute.

19 Nur eure Frauen und Kinder und euer Vieh – denn ich weiß, dass ihr viel Vieh habt – lasst in euren Städten bleiben, die ich euch gegeben habe,

20 bis der HERR eure Brüder auch zur Ruhe bringt wie euch, dass sie auch das Land einnehmen, das ihnen der HERR, euer Gott, geben wird jenseits des Jordans. Danach sollt ihr dann zurückkehren zu eurem Besitz, den ich euch gegeben habe.

21 Und Josua gebot ich zur selben Zeit und sprach: Deine Augen haben alles gesehen, was der HERR, euer Gott, mit diesen beiden Königen getan hat. So wird der HERR auch mit allen Königreichen tun, in die du ziehst.

22 Fürchtet euch nicht vor ihnen; denn der HERR, euer Gott, streitet für euch.

11 (For only Og the king of Bashan was left of the remnant of the Rephaim. Behold, his bed was a bed of iron. Is it not in Rabbah of the Ammonites? Nine cubits[2] was its length, and four cubits its breadth, according to the common cubit.[3])

¶ **12** "When we took possession of this land at that time, I gave to the Reubenites and the Gadites the territory beginning at Aroer, which is on the edge of the Valley of the Arnon, and half the hill country of Gilead with its cities.

13 The rest of Gilead, and all Bashan, the kingdom of Og, that is, all the region of Argob, I gave to the half-tribe of Manasseh. (All that portion of Bashan is called the land of Rephaim.

14 Jair the Manassite took all the region of Argob, that is, Bashan, as far as the border of the Geshurites and the Maacathites, and called the villages after his own name, Havvoth-jair, as it is to this day.)

15 To Machir I gave Gilead,

16 and to the Reubenites and the Gadites I gave the territory from Gilead as far as the Valley of the Arnon, with the middle of the valley as a border, as far over as the river Jabbok, the border of the Ammonites;

17 the Arabah also, with the Jordan as the border, from Chinnereth as far as the Sea of the Arabah, the Salt Sea, under the slopes of Pisgah on the east.

¶ **18** "And I commanded you at that time, saying, 'The LORD your God has given you this land to possess. All your men of valor shall cross over armed before your brothers, the people of Israel.

19 Only your wives, your little ones, and your livestock (I know that you have much livestock) shall remain in the cities that I have given you,

20 until the LORD gives rest to your brothers, as to you, and they also occupy the land that the LORD your God gives them beyond the Jordan. Then each of you may return to his possession which I have given you.'

21 And I commanded Joshua at that time, 'Your eyes have seen all that the LORD your God has done to these two kings. So will the LORD do to all the kingdoms into which you are crossing.

22 You shall not fear them, for it is the LORD your God who fights for you.'

Mose soll nicht in das gelobte Land kommen

23 Und ich bat den HERRN zur selben Zeit und sprach:

24 Herr HERR, du hast angefangen, deinem Knecht zu offenbaren deine Herrlichkeit und deine starke Hand. Denn wo ist ein Gott im Himmel und auf Erden, der es deinen Werken und deiner Macht gleichtun könnte?

25 Lass mich hinübergehen und sehen das gute Land jenseits des Jordans, dies gute Bergland und den Libanon.

26 Aber der HERR war erzürnt auf mich um euretwillen und erhörte mich nicht, sondern sprach zu mir: Lass es genug sein! Rede mir davon nicht mehr!

27 Steige auf den Gipfel des Gebirges Pisga und hebe deine Augen auf nach Westen und nach Norden und nach Süden und nach Osten und sieh es mit deinen Augen; denn du wirst nicht über den Jordan hier gehen.

28 Und gebiete dem Josua, dass er getrost und unverzagt sei; denn er soll über den Jordan ziehen vor dem Volk her und soll ihnen das Land austeilen, das du sehen wirst.

29 So blieben wir im Tal gegenüber Bet-Peor.

Ermahnung zum Gehorsam gegen das Gesetz

4 Und nun höre, Israel, die Gebote und Rechte, die ich euch lehre, dass ihr sie tun sollt, auf dass ihr lebt und hineinkommt und das Land einnehmt, das euch der HERR, der Gott eurer Väter, gibt.

2 Ihr sollt nichts dazutun zu dem, was ich euch gebiete, und sollt auch nichts davontun, auf dass ihr bewahrt die Gebote des HERRN, eures Gottes, die ich euch gebiete.

3 Eure Augen haben gesehen, was der HERR getan hat wider den Baal-Peor; denn alle, die dem Baal-Peor folgten, hat der HERR, dein Gott, vertilgt unter euch.

4 Aber ihr, die ihr dem HERRN, eurem Gott, anhinget, lebt alle heute noch.

5 Sieh, ich hab euch gelehrt Gebote und Rechte, wie mir der HERR, mein Gott, geboten hat, dass ihr danach tun sollt im Lande, in das ihr kommen werdet, um es einzunehmen.

6 So haltet sie nun und tut sie! Denn dadurch werdet ihr als weise und verständig gelten bei allen Völkern, dass, wenn sie alle diese Gebote hören, sie sagen müssen: Ei, was für weise und verständige Leute sind das, ein herrliches Volk!

7 Denn wo ist so ein herrliches Volk, dem ein Gott so nahe ist wie uns der HERR, unser Gott, sooft wir ihn anrufen?

Moses Forbidden to Enter the Land

¶ **23** "And I pleaded with the LORD at that time, saying,

24 'O Lord GOD, you have only begun to show your servant your greatness and your mighty hand. For what god is there in heaven or on earth who can do such works and mighty acts as yours?

25 Please let me go over and see the good land beyond the Jordan, that good hill country and Lebanon.'

26 But the LORD was angry with me because of you and would not listen to me. And the LORD said to me, 'Enough from you; do not speak to me of this matter again.

27 Go up to the top of Pisgah and lift up your eyes westward and northward and southward and eastward, and look at it with your eyes, for you shall not go over this Jordan.

28 But charge Joshua, and encourage and strengthen him, for he shall go over at the head of this people, and he shall put them in possession of the land that you shall see.'

29 So we remained in the valley opposite Beth-peor.

Moses Commands Obedience

4 "And now, O Israel, listen to the statutes and the rules[1] that I am teaching you, and do them, that you may live, and go in and take possession of the land that the LORD, the God of your fathers, is giving you.

2 You shall not add to the word that I command you, nor take from it, that you may keep the commandments of the LORD your God that I command you.

3 Your eyes have seen what the LORD did at Baal-peor, for the LORD your God destroyed from among you all the men who followed the Baal of Peor.

4 But you who held fast to the LORD your God are all alive today.

5 See, I have taught you statutes and rules, as the LORD my God commanded me, that you should do them in the land that you are entering to take possession of it.

6 Keep them and do them, for that will be your wisdom and your understanding in the sight of the peoples, who, when they hear all these statutes, will say, 'Surely this great nation is a wise and understanding people.'

7 For what great nation is there that has a god so near to it as the LORD our God is to us, whenever we call upon him?

8 Und wo ist so ein großes Volk, das so gerechte Ordnungen und Gebote hat wie dies ganze Gesetz, das ich euch heute vorlege?

9 Hüte dich nur und bewahre deine Seele gut, dass du nicht vergisst, was deine Augen gesehen haben, und dass es nicht aus deinem Herzen kommt dein ganzes Leben lang. Und du sollst deinen Kindern und Kindeskindern kundtun

10 den Tag, da du vor dem HERRN, deinem Gott, standest an dem Berge Horeb, als der HERR zu mir sagte: Versammle mir das Volk, dass sie meine Worte hören und so mich fürchten lernen alle Tage ihres Lebens auf Erden und ihre Kinder lehren.

11 Da tratet ihr herzu und standet unten an dem Berge; der Berg aber stand in Flammen bis in den Himmel hinein, und da war Finsternis, Wolken und Dunkel.

12 Und der HERR redete mit euch mitten aus dem Feuer. Seine Worte hörtet ihr, aber ihr saht keine Gestalt, nur eine Stimme war da.

13 Und er verkündigte euch seinen Bund, den er euch gebot zu halten, nämlich die Zehn Worte, und schrieb sie auf zwei steinerne Tafeln.

14 Und der HERR gebot mir zur selben Zeit, euch Gebote und Rechte zu lehren, dass ihr danach tun sollt in dem Lande, in das ihr zieht, es einzunehmen.

¶ **15** So hütet euch nun wohl – denn ihr habt keine Gestalt gesehen an dem Tage, da der HERR mit euch redete aus dem Feuer auf dem Berge Horeb –,

16 dass ihr euch nicht versündigt und euch irgendein Bildnis macht, das gleich sei einem Mann oder einer Frau,

17 einem Tier auf dem Land oder Vogel unter dem Himmel,

18 dem Gewürm auf der Erde oder einem Fisch im Wasser unter der Erde.

19 Hebe auch nicht deine Augen auf gen Himmel, dass du die Sonne sehest und den Mond und die Sterne, das ganze Heer des Himmels, und fallest ab und betest sie an und dienest ihnen. Denn der HERR, dein Gott, hat sie zugewiesen allen andern Völkern unter dem ganzen Himmel;

20 euch aber hat der HERR angenommen und aus dem glühenden Ofen, nämlich aus Ägypten, geführt, dass ihr das Volk sein sollt, das allein ihm gehört, wie ihr es jetzt seid.

8 And what great nation is there, that has statutes and rules so righteous as all this law that I set before you today?

¶ **9** "Only take care, and keep your soul diligently, lest you forget the things that your eyes have seen, and lest they depart from your heart all the days of your life. Make them known to your children and your children's children—

10 how on the day that you stood before the LORD your God at Horeb, the LORD said to me, 'Gather the people to me, that I may let them hear my words, so that they may learn to fear me all the days that they live on the earth, and that they may teach their children so.'

11 And you came near and stood at the foot of the mountain, while the mountain burned with fire to the heart of heaven, wrapped in darkness, cloud, and gloom.

12 Then the LORD spoke to you out of the midst of the fire. You heard the sound of words, but saw no form; there was only a voice.

13 And he declared to you his covenant, which he commanded you to perform, that is, the Ten Commandments,[2] and he wrote them on two tablets of stone.

14 And the LORD commanded me at that time to teach you statutes and rules, that you might do them in the land that you are going over to possess.

Idolatry Forbidden

¶ **15** "Therefore watch yourselves very carefully. Since you saw no form on the day that the LORD spoke to you at Horeb out of the midst of the fire,

16 beware lest you act corruptly by making a carved image for yourselves, in the form of any figure, the likeness of male or female,

17 the likeness of any animal that is on the earth, the likeness of any winged bird that flies in the air,

18 the likeness of anything that creeps on the ground, the likeness of any fish that is in the water under the earth.

19 And beware lest you raise your eyes to heaven, and when you see the sun and the moon and the stars, all the host of heaven, you be drawn away and bow down to them and serve them, things that the LORD your God has allotted to all the peoples under the whole heaven.

20 But the LORD has taken you and brought you out of the iron furnace, out of Egypt, to be a people of his own inheritance, as you are this day.

21 Und der HERR war so erzürnt über mich um eures Tuns willen, dass er schwor, ich sollte nicht über den Jordan gehen noch in das gute Land kommen, das dir der HERR, dein Gott, zum Erbteil geben wird,

22 sondern ich muss in diesem Lande sterben und werde nicht über den Jordan gehen. Ihr aber werdet hinübergehen und dies gute Land einnehmen.

23 So hütet euch nun, dass ihr den Bund des HERRN, eures Gottes, nicht vergesst, den er mit euch geschlossen hat, und nicht ein Bildnis macht von irgendeiner Gestalt, wie es der HERR, dein Gott, geboten hat.

24 Denn der HERR, dein Gott, ist ein verzehrendes Feuer und ein eifernder Gott.

¶ **25** Wenn ihr nun Kinder zeugt und Kindeskinder und im Lande wohnt und versündigt euch und macht euch Bildnisse von irgendeiner Gestalt, sodass ihr übel tut vor dem HERRN, eurem Gott, und ihn erzürnt,

26 so rufe ich heute Himmel und Erde zu Zeugen über euch, dass ihr bald weggerafft werdet aus dem Lande, in das ihr geht über den Jordan, um es einzunehmen. Ihr werdet nicht lange darin bleiben, sondern werdet vertilgt werden.

27 Und der HERR wird euch zerstreuen unter die Völker, und es wird von euch nur eine geringe Zahl übrig bleiben unter den Heiden, zu denen euch der HERR wegführen wird.

28 Dort wirst du dienen den Götzen, die das Werk von Menschenhänden sind, Holz und Stein, die weder sehen noch hören noch essen noch riechen können.

29 Wenn du aber dort den HERRN, deinen Gott, suchen wirst, so wirst du ihn finden, wenn du ihn von ganzem Herzen und von ganzer Seele suchen wirst.

30 Wenn du geängstet sein wirst und dich das alles treffen wird in künftigen Zeiten, so wirst du dich bekehren zu dem HERRN, deinem Gott, und seiner Stimme gehorchen.

31 Denn der HERR, dein Gott, ist ein barmherziger Gott; er wird dich nicht verlassen noch verderben, wird auch den Bund nicht vergessen, den er deinen Vätern geschworen hat.

¶ **32** Denn frage nach den früheren Zeiten, die vor dir gewesen sind, von dem Tage an, da Gott den Menschen auf Erden geschaffen hat, und von einem Ende des Himmels zum andern, ob je so Großes geschehen oder desgleichen je gehört sei,

21 Furthermore, the LORD was angry with me because of you, and he swore that I should not cross the Jordan, and that I should not enter the good land that the LORD your God is giving you for an inheritance.

22 For I must die in this land; I must not go over the Jordan. But you shall go over and take possession of that good land.

23 Take care, lest you forget the covenant of the LORD your God, which he made with you, and make a carved image, the form of anything that the LORD your God has forbidden you.

24 For the LORD your God is a consuming fire, a jealous God.

¶ **25** "When you father children and children's children, and have grown old in the land, if you act corruptly by making a carved image in the form of anything, and by doing what is evil in the sight of the LORD your God, so as to provoke him to anger,

26 I call heaven and earth to witness against you today, that you will soon utterly perish from the land that you are going over the Jordan to possess. You will not live long in it, but will be utterly destroyed.

27 And the LORD will scatter you among the peoples, and you will be left few in number among the nations where the LORD will drive you.

28 And there you will serve gods of wood and stone, the work of human hands, that neither see, nor hear, nor eat, nor smell.

29 But from there you will seek the LORD your God and you will find him, if you search after him with all your heart and with all your soul.

30 When you are in tribulation, and all these things come upon you in the latter days, you will return to the LORD your God and obey his voice.

31 For the LORD your God is a merciful God. He will not leave you or destroy you or forget the covenant with your fathers that he swore to them.

The LORD Alone Is God

¶ **32** "For ask now of the days that are past, which were before you, since the day that God created man on the earth, and ask from one end of heaven to the other, whether such a great thing as this has ever happened or was ever heard of.

33 dass ein Volk die Stimme Gottes aus dem Feuer hat reden hören, wie du sie gehört hast, und dennoch am Leben blieb?

34 Oder ob je ein Gott versucht hat, hinzugehen und sich ein Volk mitten aus einem Volk herauszuholen durch Machtproben, durch Zeichen, durch Wunder, durch Krieg und durch seine mächtige Hand und durch seinen ausgereckten Arm und durch große Schrecken, wie das alles der HERR, euer Gott, für euch getan hat in Ägypten vor deinen Augen?

35 Du aber hast's gesehen, auf dass du wissest, dass der HERR allein Gott ist und sonst keiner.

36 Vom Himmel hat er dich seine Stimme hören lassen, um dich zurechtzubringen; und auf Erden hat er dir gezeigt sein großes Feuer, und seine Worte hast du aus dem Feuer gehört.

37 Weil er deine Väter geliebt und ihre Nachkommen erwählt hat, hat er dich herausgeführt mit seinem Angesicht durch seine große Kraft aus Ägypten,

38 damit er vor dir her Völker vertriebe, die größer und stärker sind als du, und dich hineinbrächte, um dir ihr Land zum Erbteil zu geben, wie es jetzt ist.

39 So sollst du nun heute wissen und zu Herzen nehmen, dass der HERR Gott ist oben im Himmel und unten auf Erden und sonst keiner,

40 und sollst halten seine Rechte und Gebote, die ich dir heute gebiete; so wird's dir und deinen Kindern nach dir wohlgehen und dein Leben lange währen in dem Lande, das dir der HERR, dein Gott, gibt für immer.

Freistädte im Ostjordanland

41 Da sonderte Mose drei Städte aus jenseits des Jordans gegen Sonnenaufgang,

42 damit dorthin fliehen konnte, wer seinen Nächsten totschlägt ohne Vorsatz und ihm zuvor nicht feind gewesen ist; der soll in eine dieser Städte fliehen, damit er am Leben bleibe:

43 Bezer auf der Hochebene für die Rubeniter und Ramot in Gilead für die Gaditer und Golan in Baschan für die Manassiter.

Überleitung zum Gesetz

44 Dies ist das Gesetz, das Mose den Israeliten vorlegte.

45 Dies sind die Ermahnungen und Gebote und Rechte, die Mose den Israeliten kundtat, als sie aus Ägypten gezogen waren,

33 Did any people ever hear the voice of a god speaking out of the midst of the fire, as you have heard, and still live?

34 Or has any god ever attempted to go and take a nation for himself from the midst of another nation, by trials, by signs, by wonders, and by war, by a mighty hand and an outstretched arm, and by great deeds of terror, all of which the LORD your God did for you in Egypt before your eyes?

35 To you it was shown, that you might know that the LORD is God; there is no other besides him.

36 Out of heaven he let you hear his voice, that he might discipline you. And on earth he let you see his great fire, and you heard his words out of the midst of the fire.

37 And because he loved your fathers and chose their offspring after them[3] and brought you out of Egypt with his own presence, by his great power,

38 driving out before you nations greater and mightier than yourselves, to bring you in, to give you their land for an inheritance, as it is this day,

39 know therefore today, and lay it to your heart, that the LORD is God in heaven above and on the earth beneath; there is no other.

40 Therefore you shall keep his statutes and his commandments, which I command you today, that it may go well with you and with your children after you, and that you may prolong your days in the land that the LORD your God is giving you for all time."

Cities of Refuge

¶ **41** Then Moses set apart three cities in the east beyond the Jordan,

42 that the manslayer might flee there, anyone who kills his neighbor unintentionally, without being at enmity with him in time past; he may flee to one of these cities and save his life:

43 Bezer in the wilderness on the tableland for the Reubenites, Ramoth in Gilead for the Gadites, and Golan in Bashan for the Manassites.

Introduction to the Law

¶ **44** This is the law that Moses set before the people of Israel.

45 These are the testimonies, the statutes, and the rules, which Moses spoke to the people of Israel when they came out of Egypt,

46 jenseits des Jordans im Tal gegenüber Bet-Peor, im Lande Sihons, des Königs der Amoriter, der zu Heschbon herrschte. Den schlugen Mose und die Israeliten, als sie aus Ägypten gezogen waren,

47 und nahmen sein Land ein, dazu das Land Ogs, des Königs von Baschan, der beiden Könige der Amoriter, die jenseits des Jordans waren gegen Sonnenaufgang,

48 von Aroër an, das am Ufer des Arnon liegt, bis an den Berg Sion, das ist der Hermon,

49 und das ganze Jordantal östlich des Jordans gegen Aufgang der Sonne bis an das Meer am Jordantal am Fuße des Gebirges Pisga.

Wiederholung der Zehn Gebote
(vgl. 2.Mose 20,1-17)

5 Und Mose rief ganz Israel zusammen und sprach zu ihnen: Höre, Israel, die Gebote und Rechte, die ich heute vor euren Ohren rede, und lernt sie und bewahrt sie, dass ihr danach tut!

¶ **2** Der HERR, unser Gott, hat einen Bund mit uns geschlossen am Horeb.

3 und hat nicht mit unsern Vätern diesen Bund geschlossen, sondern mit uns, die wir heute hier sind und alle leben.

4 Er hat von Angesicht zu Angesicht mit euch aus dem Feuer auf dem Berge geredet.

5 Ich stand zu derselben Zeit zwischen dem HERRN und euch, um euch des HERRN Wort zu verkündigen; denn ihr fürchtet euch vor dem Feuer und gingt nicht auf den Berg. Und er sprach:

¶ **6** Ich bin der HERR, dein Gott, der dich aus Ägyptenland geführt hat, aus der Knechtschaft.

7 Du sollst keine anderen Götter haben neben mir.

8 Du sollst dir kein Bildnis machen in irgendeiner Gestalt, weder von dem, was oben im Himmel, noch von dem, was unten auf Erden, noch von dem, was im Wasser unter der Erde ist.

9 Du sollst sie nicht anbeten noch ihnen dienen. Denn ich, der HERR, dein Gott, bin ein eifernder Gott, der die Missetat der Väter heimsucht bis ins dritte und vierte Glied an den Kindern derer, die mich hassen,

10 aber Barmherzigkeit erweist an vielen Tausenden, die mich lieben und meine Gebote halten.

---

46 beyond the Jordan in the valley opposite Beth-peor, in the land of Sihon the king of the Amorites, who lived at Heshbon, whom Moses and the people of Israel defeated when they came out of Egypt.

47 And they took possession of his land and the land of Og, the king of Bashan, the two kings of the Amorites, who lived to the east beyond the Jordan;

48 from Aroer, which is on the edge of the Valley of the Arnon, as far as Mount Sirion[4] (that is, Hermon),

49 together with all the Arabah on the east side of the Jordan as far as the Sea of the Arabah, under the slopes of Pisgah.

The Ten Commandments

5 And Moses summoned all Israel and said to them, "Hear, O Israel, the statutes and the rules that I speak in your hearing today, and you shall learn them and be careful to do them.

2 The LORD our God made a covenant with us in Horeb.

3 Not with our fathers did the LORD make this covenant, but with us, who are all of us here alive today.

4 The LORD spoke with you face to face at the mountain, out of the midst of the fire,

5 while I stood between the LORD and you at that time, to declare to you the word of the LORD. For you were afraid because of the fire, and you did not go up into the mountain. He said:

¶ **6** "I am the LORD your God, who brought you out of the land of Egypt, out of the house of slavery.

¶ **7** "You shall have no other gods before[1] me.

¶ **8** "You shall not make for yourself a carved image, or any likeness of anything that is in heaven above, or that is on the earth beneath, or that is in the water under the earth.

9 You shall not bow down to them or serve them; for I the LORD your God am a jealous God, visiting the iniquity of the fathers on the children to the third and fourth generation of those who hate me,

10 but showing steadfast love to thousands[2] of those who love me and keep my commandments.

¶ 11 Du sollst den Namen des HERRN, deines Gottes, nicht missbrauchen; denn der HERR wird den nicht ungestraft lassen, der seinen Namen missbraucht.

¶ 12 Den Sabbattag sollst du halten, dass du ihn heiligest, wie dir der HERR, dein Gott, geboten hat.

13 Sechs Tage sollst du arbeiten und alle deine Werke tun.

14 Aber am siebenten Tag ist der Sabbat des HERRN, deines Gottes. Da sollst du keine Arbeit tun, auch nicht dein Sohn, deine Tochter, dein Knecht, deine Magd, dein Rind, dein Esel, all dein Vieh, auch nicht dein Fremdling, der in deiner Stadt lebt, auf dass dein Knecht und deine Magd ruhen gleichwie du.

15 Denn du sollst daran denken, dass auch du Knecht in Ägyptenland warst und der HERR, dein Gott, dich von dort herausgeführt hat mit mächtiger Hand und ausgerecktem Arm. Darum hat dir der HERR, dein Gott, geboten, dass du den Sabbattag halten sollst.

¶ 16 Du sollst deinen Vater und deine Mutter ehren, wie dir der HERR, dein Gott, geboten hat, auf dass du lange lebest und dir's wohlgehe in dem Lande, das dir der HERR, dein Gott, geben wird.

¶ 17 Du sollst nicht töten.

¶ 18 Du sollst nicht ehebrechen.

¶ 19 Du sollst nicht stehlen.

¶ 20 Du sollst nicht falsch Zeugnis reden wider deinen Nächsten.

¶ 21 Du sollst nicht begehren deines Nächsten Frau.

¶ Du sollst nicht begehren deines Nächsten Haus, Acker, Knecht, Magd, Rind, Esel noch alles, was sein ist.

¶ 22 Das sind die Worte, die der HERR redete zu eurer ganzen Gemeinde auf dem Berge, aus dem Feuer und der Wolke und dem Dunkel mit großer Stimme, und tat nichts hinzu und schrieb sie auf zwei steinerne Tafeln und gab sie mir.

Mose als Mittler zwischen Gott und Israel

23 Als ihr aber die Stimme aus der Finsternis hörtet und den Berg im Feuer brennen saht, tratet ihr zu mir, alle eure Stammeshäupter und eure Ältesten,

24 und spracht: Siehe, der HERR, unser Gott, hat uns sehen lassen seine Herrlichkeit und seine Majestät, und wir haben seine Stimme aus dem Feuer gehört. Heute haben wir zwar gesehen, dass Gott mit Menschen redet und sie am Leben bleiben.

¶ 11 "'You shall not take the name of the LORD your God in vain, for the LORD will not hold him guiltless who takes his name in vain.

¶ 12 "'Observe the Sabbath day, to keep it holy, as the LORD your God commanded you.

13 Six days you shall labor and do all your work,

14 but the seventh day is a Sabbath to the LORD your God. On it you shall not do any work, you or your son or your daughter or your male servant or your female servant, or your ox or your donkey or any of your livestock, or the sojourner who is within your gates, that your male servant and your female servant may rest as well as you.

15 You shall remember that you were a slave[3] in the land of Egypt, and the LORD your God brought you out from there with a mighty hand and an outstretched arm. Therefore the LORD your God commanded you to keep the Sabbath day.

¶ 16 "'Honor your father and your mother, as the LORD your God commanded you, that your days may be long, and that it may go well with you in the land that the LORD your God is giving you.

¶ 17 "'You shall not murder.[4]

¶ 18 "'And you shall not commit adultery.

¶ 19 "'And you shall not steal.

¶ 20 "'And you shall not bear false witness against your neighbor.

¶ 21 "'And you shall not covet your neighbor's wife. And you shall not desire your neighbor's house, his field, or his male servant, or his female servant, his ox, or his donkey, or anything that is your neighbor's.'

¶ 22 "These words the LORD spoke to all your assembly at the mountain out of the midst of the fire, the cloud, and the thick darkness, with a loud voice; and he added no more. And he wrote them on two tablets of stone and gave them to me.

23 And as soon as you heard the voice out of the midst of the darkness, while the mountain was burning with fire, you came near to me, all the heads of your tribes, and your elders.

24 And you said, 'Behold, the LORD our God has shown us his glory and greatness, and we have heard his voice out of the midst of the fire. This day we have seen God speak with man, and man still live.

25 Aber nun, warum sollen wir sterben? Dies große Feuer wird uns noch verzehren! Wenn wir des HERRN, unseres Gottes, Stimme weiter hören, so müssen wir sterben.

26 Denn welcher Mensch kann die Stimme des lebendigen Gottes aus dem Feuer reden hören wie wir und doch am Leben bleiben?

27 Tritt du hinzu und höre alles, was der HERR, unser Gott, sagt, und sage es uns. Alles, was der HERR, unser Gott, mit dir reden wird, das wollen wir hören und tun.

¶ **28** Als aber der HERR eure Worte hörte, die ihr mit mir redetet, sprach er zu mir: Ich habe gehört die Worte dieses Volks, die sie mit dir geredet haben; es ist alles gut, was sie geredet haben.

29 Ach dass sie ein solches Herz hätten, mich zu fürchten und zu halten alle meine Gebote ihr Leben lang, auf dass es ihnen und ihren Kindern wohlginge ewiglich!

30 Geh hin und sage ihnen: Geht heim in eure Zelte!

31 Du aber sollst hier vor mir stehen bleiben, damit ich dir verkündige das ganze Gesetz, die Gebote und Rechte, die du sie lehren sollst, dass sie danach tun in dem Lande, das ich ihnen geben werde, um es einzunehmen.

32 So habt nun acht, dass ihr tut, wie euch der HERR, euer Gott, geboten hat, und weicht nicht, weder zur Rechten noch zur Linken,

33 sondern wandelt in allen Wegen, die euch der HERR, euer Gott, geboten hat, damit ihr leben könnt und es euch wohlgeht und ihr lange lebt in dem Lande, das ihr einnehmen werdet.

Ermahnung zur Liebe und zum Gehorsam gegen den HERRN

6 Dies sind die Gesetze und Gebote und Rechte, die der HERR, euer Gott, geboten hat, dass ihr sie lernen und tun sollt in dem Lande, in das ihr zieht, es einzunehmen,

2 damit du dein Leben lang den HERRN, deinen Gott, fürchtest und alle seine Rechte und Gebote hältst, die ich dir gebiete, du und deine Kinder und deine Kindeskinder, auf dass du lange lebest.

3 Israel, du sollst es hören und festhalten, dass du es tust, auf dass dir's wohlgehe und du groß an Zahl werdest, wie der HERR, der Gott deiner Väter, dir zugesagt hat, in dem Lande, darin Milch und Honig fließt.

¶ **4** Höre, Israel, der HERR ist unser Gott, der HERR allein.

25 Now therefore why should we die? For this great fire will consume us. If we hear the voice of the LORD our God any more, we shall die.

26 For who is there of all flesh, that has heard the voice of the living God speaking out of the midst of fire as we have, and has still lived?

27 Go near and hear all that the LORD our God will say and speak to us all that the LORD our God will speak to you, and we will hear and do it.'

¶ **28** "And the LORD heard your words, when you spoke to me. And the LORD said to me, 'I have heard the words of this people, which they have spoken to you. They are right in all that they have spoken.

29 Oh that they had such a mind as this always, to fear me and to keep all my commandments, that it might go well with them and with their descendants[5] forever!

30 Go and say to them, "Return to your tents."

31 But you, stand here by me, and I will tell you the whole commandment and the statutes and the rules that you shall teach them, that they may do them in the land that I am giving them to possess.'

32 You shall be careful therefore to do as the LORD your God has commanded you. You shall not turn aside to the right hand or to the left.

33 You shall walk in all the way that the LORD your God has commanded you, that you may live, and that it may go well with you, and that you may live long in the land that you shall possess.

The Greatest Commandment

6 "Now this is the commandment, the statutes and the rules[1] that the LORD your God commanded me to teach you, that you may do them in the land to which you are going over, to possess it,

2 that you may fear the LORD your God, you and your son and your son's son, by keeping all his statutes and his commandments, which I command you, all the days of your life, and that your days may be long.

3 Hear therefore, O Israel, and be careful to do them, that it may go well with you, and that you may multiply greatly, as the LORD, the God of your fathers, has promised you, in a land flowing with milk and honey.

¶ **4** "Hear, O Israel: The LORD our God, the LORD is one.[2]

5 Und du sollst den Herrn, deinen Gott, lieb haben von ganzem Herzen, von ganzer Seele und mit all deiner Kraft.

6 Und diese Worte, die ich dir heute gebiete, sollst du zu Herzen nehmen

7 und sollst sie deinen Kindern einschärfen und davon reden, wenn du in deinem Hause sitzt oder unterwegs bist, wenn du dich niederlegst oder aufstehst.

8 Und du sollst sie binden zum Zeichen auf deine Hand, und sie sollen dir ein Merkzeichen zwischen deinen Augen sein,

9 und du sollst sie schreiben auf die Pfosten deines Hauses und an die Tore.

¶ **10** Wenn dich nun der Herr, dein Gott, in das Land bringen wird, von dem er deinen Vätern Abraham, Isaak und Jakob geschworen hat, es dir zu geben – große und schöne Städte, die du nicht gebaut hast,

11 und Häuser voller Güter, die du nicht gefüllt hast, und ausgehauene Brunnen, die du nicht ausgehauen hast, und Weinberge und Ölbäume, die du nicht gepflanzt hast –, und wenn du nun isst und satt wirst,

12 so hüte dich, dass du nicht den Herrn vergisst, der dich aus Ägyptenland, aus der Knechtschaft, geführt hat,

13 sondern du sollst den Herrn, deinen Gott, fürchten und ihm dienen und bei seinem Namen schwören.

14 Und du sollst nicht andern Göttern nachfolgen, den Göttern der Völker, die um euch her sind

15 – denn der Herr, dein Gott, ist ein eifernder Gott in deiner Mitte –, dass nicht der Zorn des Herrn, deines Gottes, über dich entbrenne und dich vertilge von der Erde.

16 Ihr sollt den Herrn, euren Gott, nicht versuchen, wie ihr ihn versucht habt in Massa,

17 sondern sollt halten die Gebote des Herrn, eures Gottes, seine Vermahnungen und seine Rechte, die er dir geboten hat,

18 dass du tust, was recht und gut ist vor den Augen des Herrn, auf dass dir's wohlgehe und du hineinkommest und einnehmest das gute Land, von dem der Herr deinen Vätern geschworen hat,

19 dass er verjagen wolle alle deine Feinde vor dir, wie der Herr es zugesagt hat.

¶ **20** Wenn dich nun dein Sohn morgen fragen wird: Was sind das für Vermahnungen, Gebote und Rechte, die euch der Herr, unser Gott, geboten hat?,

5 You shall love the Lord your God with all your heart and with all your soul and with all your might.

6 And these words that I command you today shall be on your heart.

7 You shall teach them diligently to your children, and shall talk of them when you sit in your house, and when you walk by the way, and when you lie down, and when you rise.

8 You shall bind them as a sign on your hand, and they shall be as frontlets between your eyes.

9 You shall write them on the doorposts of your house and on your gates.

¶ **10** "And when the Lord your God brings you into the land that he swore to your fathers, to Abraham, to Isaac, and to Jacob, to give you—with great and good cities that you did not build,

11 and houses full of all good things that you did not fill, and cisterns that you did not dig, and vineyards and olive trees that you did not plant—and when you eat and are full,

12 then take care lest you forget the Lord, who brought you out of the land of Egypt, out of the house of slavery.

13 It is the Lord your God you shall fear. Him you shall serve and by his name you shall swear.

14 You shall not go after other gods, the gods of the peoples who are around you—

15 for the Lord your God in your midst is a jealous God—lest the anger of the Lord your God be kindled against you, and he destroy you from off the face of the earth.

¶ **16** "You shall not put the Lord your God to the test, as you tested him at Massah.

17 You shall diligently keep the commandments of the Lord your God, and his testimonies and his statutes, which he has commanded you.

18 And you shall do what is right and good in the sight of the Lord, that it may go well with you, and that you may go in and take possession of the good land that the Lord swore to give to your fathers

19 by thrusting out all your enemies from before you, as the Lord has promised.

¶ **20** "When your son asks you in time to come, 'What is the meaning of the testimonies and the statutes and the rules that the Lord our God has commanded you?'

21 so sollst du deinem Sohn sagen: Wir waren Knechte des Pharao in Ägypten, und der HERR führte uns aus Ägypten mit mächtiger Hand;

22 und der HERR tat große und furchtbare Zeichen und Wunder an Ägypten und am Pharao und an seinem ganzen Hause vor unsern Augen

23 und führte uns von dort weg, um uns hineinzubringen und uns das Land zu geben, wie er unsern Vätern geschworen hatte.

24 Und der HERR hat uns geboten, nach all diesen Rechten zu tun, dass wir den HERRN, unsern Gott, fürchten, auf dass es uns wohlgehe unser Leben lang, so wie es heute ist.

25 Und das wird unsere Gerechtigkeit sein, dass wir alle diese Gebote tun und halten vor dem HERRN, unserm Gott, wie er uns geboten hat.

Warnung vor Gemeinschaft mit den Heiden

7 Wenn dich der HERR, dein Gott, ins Land bringt, in das du kommen wirst, es einzunehmen, und er ausrottet viele Völker vor dir her, die Hetiter, Girgaschiter, Amoriter, Kanaaniter, Perisiter, Hiwiter und Jebusiter, sieben Völker, die größer und stärker sind als du,

2 und wenn sie der HERR, dein Gott, vor dir dahingibt, dass du sie schlägst, so sollst du an ihnen den Bann vollstrecken. Du sollst keinen Bund mit ihnen schließen und keine Gnade gegen sie üben

3 und sollst dich mit ihnen nicht verschwägern; eure Töchter sollt ihr nicht geben ihren Söhnen und ihre Töchter sollt ihr nicht nehmen für eure Söhne.

4 Denn sie werden eure Söhne mir abtrünnig machen, dass sie andern Göttern dienen; so wird dann des HERRN Zorn entbrennen über euch und euch bald vertilgen.

5 Sondern so sollt ihr mit ihnen tun: Ihre Altäre sollt ihr einreißen, ihre Steinmale zerbrechen, ihre heiligen Pfähle abhauen und ihre Götzenbilder mit Feuer verbrennen.

¶ **6** Denn du bist ein heiliges Volk dem HERRN, deinem Gott. Dich hat der HERR, dein Gott, erwählt zum Volk des Eigentums aus allen Völkern, die auf Erden sind.

7 Nicht hat euch der HERR angenommen und euch erwählt, weil ihr größer wäret als alle Völker – denn du bist das kleinste unter allen Völkern –,

21 then you shall say to your son, 'We were Pharaoh's slaves in Egypt. And the LORD brought us out of Egypt with a mighty hand.

22 And the LORD showed signs and wonders, great and grievous, against Egypt and against Pharaoh and all his household, before our eyes.

23 And he brought us out from there, that he might bring us in and give us the land that he swore to give to our fathers.

24 And the LORD commanded us to do all these statutes, to fear the LORD our God, for our good always, that he might preserve us alive, as we are this day.

25 And it will be righteousness for us, if we are careful to do all this commandment before the LORD our God, as he has commanded us.'

A Chosen People

7 "When the LORD your God brings you into the land that you are entering to take possession of it, and clears away many nations before you, the Hittites, the Girgashites, the Amorites, the Canaanites, the Perizzites, the Hivites, and the Jebusites, seven nations more numerous and mightier than yourselves,

2 and when the LORD your God gives them over to you, and you defeat them, then you must devote them to complete destruction.[1] You shall make no covenant with them and show no mercy to them.

3 You shall not intermarry with them, giving your daughters to their sons or taking their daughters for your sons,

4 for they would turn away your sons from following me, to serve other gods. Then the anger of the LORD would be kindled against you, and he would destroy you quickly.

5 But thus shall you deal with them: you shall break down their altars and dash in pieces their [n]pillars and chop down their [n]Asherim and burn their carved images with fire.

¶ **6** "For you are a people holy to the LORD your God. The LORD your God has chosen you to be [p]a people for his treasured possession, out of all the peoples who are on the face of the earth.

7 It was not because you were more in number than any other people that the LORD set his love on you and chose you, for you were the fewest of all peoples,

8 sondern weil er euch geliebt hat und damit er seinen Eid hielte, den er euren Vätern geschworen hat. Darum hat er euch herausgeführt mit mächtiger Hand und hat dich erlöst von der Knechtschaft, aus der Hand des Pharao, des Königs von Ägypten.

9 So sollst du nun wissen, dass der HERR, dein Gott, allein Gott ist, der treue Gott, der den Bund und die Barmherzigkeit bis ins tausendste Glied hält denen, die ihn lieben und seine Gebote halten,

10 und vergilt ins Angesicht denen, die ihn hassen, und bringt sie um und säumt nicht, zu vergelten ins Angesicht denen, die ihn hassen.

11 So halte nun die Gebote und Gesetze und Rechte, die ich dir heute gebiete, dass du danach tust.

Verheißung des göttlichen Segens

12 Und wenn ihr diese Rechte hört und sie haltet und danach tut, so wird der HERR, dein Gott, auch halten den Bund und die Barmherzigkeit, wie er deinen Vätern geschworen hat,

13 und wird dich lieben und segnen und mehren, und er wird segnen die Frucht deines Leibes und den Ertrag deines Ackers, dein Getreide, Wein und Öl, und das Jungvieh deiner Kühe und deiner Schafe in dem Lande, das er dir geben wird, wie er deinen Vätern geschworen hat.

14 Gesegnet wirst du sein vor allen Völkern. Es wird niemand unter dir unfruchtbar sein, auch nicht eins deiner Tiere.

15 Der HERR wird von dir nehmen alle Krankheit und wird dir keine von all den bösen Seuchen der Ägypter auflegen, die du kennst, sondern wird sie allen deinen Hassern auflegen.

16 Du wirst alle Völker vertilgen, die der HERR, dein Gott, dir geben wird. Du sollst sie nicht schonen und ihren Göttern nicht dienen; denn das würde dir zum Fallstrick werden.

¶ **17** Wirst du aber in deinem Herzen sagen: Diese Völker sind größer als ich; wie kann ich sie vertreiben?,

18 so fürchte dich nicht vor ihnen. Denke daran, was der HERR, dein Gott, dem Pharao und allen Ägyptern getan hat

8 but it is because the LORD loves you and is keeping the oath that he swore to your fathers, that the LORD has brought you out with a mighty hand and redeemed you from the house of slavery, from the hand of Pharaoh king of Egypt.

9 Know therefore that the LORD your God is God, the faithful God who keeps covenant and steadfast love with those who love him and keep his commandments, to a thousand generations,

10 and repays to their face those who hate him, by destroying them. He will not be slack with one who hates him. He will repay him to his face.

11 You shall therefore be careful to do the commandment and the statutes and the rules that I command you today.

¶ **12** "And because you listen to these rules and keep and do them, the LORD your God will keep with you the covenant and the steadfast love that he swore to your fathers.

13 He will love you, bless you, and multiply you. He will also bless the fruit of your womb and the fruit of your ground, your grain and your wine and your oil, the increase of your herds and the young of your flock, in the land that he swore to your fathers to give you.

14 You shall be blessed above all peoples. There shall not be male or female barren among you or among your livestock.

15 And the LORD will take away from you all sickness, and none of the evil diseases of Egypt, which you knew, will he inflict on you, but he will lay them on all who hate you.

16 And you shall consume all the peoples that the LORD your God will give over to you. Your eye shall not pity them, neither shall you serve their gods, for that would be a snare to you.

¶ **17** "If you say in your heart, 'These nations are greater than I. How can I dispossess them?'

18 you shall not be afraid of them but you shall remember what the LORD your God did to Pharaoh and to all Egypt,

19 durch große Machtproben, die du mit eigenen Augen gesehen hast, und durch Zeichen und Wunder, durch mächtige Hand und ausgereckten Arm, womit dich der HERR, dein Gott, herausführte. So wird der HERR, dein Gott, allen Völkern tun, vor denen du dich fürchtest.

20 Dazu wird der HERR, dein Gott, Angst und Schrecken unter sie senden, bis umgebracht sein wird, was übrig ist und sich verbirgt vor dir.

21 Lass dir nicht grauen vor ihnen; denn der HERR, dein Gott, ist in deiner Mitte, der große und schreckliche Gott.

22 Er, der HERR, dein Gott, wird diese Leute ausrotten vor dir, einzeln nacheinander. Du kannst sie nicht auf einmal vertilgen, damit sich nicht die wilden Tiere wider dich vermehren.

23 Der HERR, dein Gott, wird sie vor dir dahingeben und wird eine große Verwirrung über sie bringen, bis er sie vertilgt hat,

24 und wird ihre Könige in deine Hände geben und du sollst ihren Namen auslöschen unter dem Himmel. Es wird dir niemand widerstehen, bis du sie vertilgt hast.

25 Die Bilder ihrer Götter sollst du mit Feuer verbrennen und sollst nicht begehren das Silber oder Gold, das daran ist, oder es zu dir nehmen, damit du dich nicht darin verstrickst; denn das ist dem HERRN, deinem Gott, ein Gräuel.

26 Darum sollst du solchen Gräuel nicht in dein Haus bringen, damit du nicht dem Bann verfällst wie jene, sondern du sollst Ekel und Abscheu davor haben; denn es steht unter dem Bann.

Ermahnung zur Dankbarkeit gegen den HERRN

8 Alle Gebote, die ich dir heute gebiete, sollt ihr halten, dass ihr danach tut, damit ihr lebt und zahlreich werdet und hineinkommt und das Land einnehmt, das der HERR euren Vätern zugeschworen hat.

2 Und gedenke des ganzen Weges, den dich der HERR, dein Gott, geleitet hat diese vierzig Jahre in der Wüste, auf dass er dich demütigte und versuchte, damit kundwürde, was in deinem Herzen wäre, ob du seine Gebote halten würdest oder nicht.

3 Er demütigte dich und ließ dich hungern und speiste dich mit Manna, das du und deine Väter nie gekannt hatten, auf dass er dir kundtäte, dass der Mensch nicht lebt vom Brot allein, sondern von allem, was aus dem Mund des HERRN geht.

19 the great trials that your eyes saw, the signs, the wonders, the mighty hand, and the outstretched arm, by which the LORD your God brought you out. So will the LORD your God do to all the peoples of whom you are afraid.

20 Moreover, the LORD your God will send hornets among them, until those who are left and hide themselves from you are destroyed.

21 You shall not be in dread of them, for the LORD your God is in your midst, a great and awesome God.

22 The LORD your God will clear away these nations before you little by little. You may not make an end of them at once,[2] lest the wild beasts grow too numerous for you.

23 But the LORD your God will give them over to you and throw them into great confusion, until they are destroyed.

24 And he will give their kings into your hand, and you shall make their name perish from under heaven. No one shall be able to stand against you until you have destroyed them.

25 The carved images of their gods you shall burn with fire. You shall not covet the silver or the gold that is on them or take it for yourselves, lest you be ensnared by it, for it is an abomination to the LORD your God.

26 And you shall not bring an abominable thing into your house and become devoted to destruction[3] like it. You shall utterly detest and abhor it, for it is devoted to destruction.

Remember the LORD Your God

8 "The whole commandment that I command you today you shall be careful to do, that you may live and multiply, and go in and possess the land that the LORD swore to give to your fathers.

2 And you shall remember the whole way that the LORD your God has led you these forty years in the wilderness, that he might humble you, testing you to know what was in your heart, whether you would keep his commandments or not.

3 And he humbled you and let you hunger and fed you with manna, which you did not know, nor did your fathers know, that he might make you know that man does not live by bread alone, but man lives by every word[1] that comes from the mouth of the LORD.

4 Deine Kleider sind nicht zerrissen an dir, und deine Füße sind nicht geschwollen diese vierzig Jahre.

5 So erkennst du ja in deinem Herzen, dass der HERR, dein Gott, dich erzogen hat, wie ein Mann seinen Sohn erzieht.

6 So halte nun die Gebote des HERRN, deines Gottes, dass du in seinen Wegen wandelst und ihn fürchtest.

7 Denn der HERR, dein Gott, führt dich in ein gutes Land, ein Land, darin Bäche und Brunnen und Seen sind, die an den Bergen und in den Auen fließen,

8 ein Land, darin Weizen, Gerste, Weinstöcke, Feigenbäume und Granatäpfel wachsen, ein Land, darin es Ölbäume und Honig gibt,

9 ein Land, wo du Brot genug zu essen hast, wo dir nichts mangelt, ein Land, in dessen Steinen Eisen ist, wo du Kupfererz aus den Bergen haust.

10 Und wenn du gegessen hast und satt bist, sollst du den HERRN, deinen Gott, loben für das gute Land, das er dir gegeben hat.

¶ **11** So hüte dich nun davor, den HERRN, deinen Gott, zu vergessen, sodass du seine Gebote und seine Gesetze und Rechte, die ich dir heute gebiete, nicht hältst.

12 Wenn du nun gegessen hast und satt bist und schöne Häuser erbaust und darin wohnst

13 und deine Rinder und Schafe und Silber und Gold und alles, was du hast, sich mehrt,

14 dann hüte dich, dass dein Herz sich nicht überhebt und du den HERRN, deinen Gott, vergisst, der dich aus Ägyptenland geführt hat, aus der Knechtschaft,

15 und dich geleitet hat durch die große und furchtbare Wüste, wo feurige Schlangen und Skorpione und lauter Dürre und kein Wasser war, und ließ dir Wasser aus dem harten Felsen hervorgehen

16 und speiste dich mit Manna in der Wüste, von dem deine Väter nichts gewusst haben, auf dass er dich demütigte und versuchte, damit er dir hernach wohltäte.

17 Du könntest sonst sagen in deinem Herzen: Meine Kräfte und meiner Hände Stärke haben mir diesen Reichtum gewonnen.

18 Sondern gedenke an den HERRN, deinen Gott; denn er ist's, der dir Kräfte gibt, Reichtum zu gewinnen, auf dass er hielte seinen Bund, den er deinen Vätern geschworen hat, so wie es heute ist.

4 Your clothing did not wear out on you and your foot did not swell these forty years.

5 Know then in your heart that, as a man disciplines his son, the LORD your God disciplines you.

6 So you shall keep the commandments of the LORD your God by walking in his ways and by fearing him.

7 For the LORD your God is bringing you into a good land, a land of brooks of water, of fountains and springs, flowing out in the valleys and hills,

8 a land of wheat and barley, of vines and fig trees and pomegranates, a land of olive trees and honey,

9 a land in which you will eat bread without scarcity, in which you will lack nothing, a land whose stones are iron, and out of whose hills you can dig copper.

10 And you shall eat and be full, and you shall bless the LORD your God for the good land he has given you.

¶ **11** "Take care lest you forget the LORD your God by not keeping his commandments and his rules and his statutes, which I command you today,

12 lest, when you have eaten and are full and have built good houses and live in them,

13 and when your herds and flocks multiply and your silver and gold is multiplied and all that you have is multiplied,

14 then your heart be lifted up, and you forget the LORD your God, who brought you out of the land of Egypt, out of the house of slavery,

15 who led you through the great and terrifying wilderness, with its fiery serpents and scorpions and thirsty ground where there was no water, who brought you water out of the flinty rock,

16 who fed you in the wilderness with manna that your fathers did not know, that he might humble you and test you, to do you good in the end.

17 Beware lest you say in your heart, 'My power and the might of my hand have gotten me this wealth.'

18 You shall remember the LORD your God, for it is he who gives you power to get wealth, that he may confirm his covenant that he swore to your fathers, as it is this day.

¶ **19** Wirst du aber den Herrn, deinen Gott, vergessen und andern Göttern nachfolgen und ihnen dienen und sie anbeten, so bezeuge ich euch heute, dass ihr umkommen werdet;

20 eben wie die Heiden, die der Herr umbringt vor eurem Angesicht, so werdet ihr auch umkommen, weil ihr nicht gehorsam seid der Stimme des Herrn, eures Gottes.

Ermahnung zur Demut

9 Höre, Israel, du wirst heute über den Jordan gehen, damit du hineinkommst, das Land der Völker einzunehmen, die größer und stärker sind als du, große Städte, ummauert bis an den Himmel,

2 ein großes, hochgewachsenes Volk, die Anakiter, die du kennst, von denen du auch hast sagen hören: Wer kann wider die Anakiter bestehen?

3 So sollst du nun heute wissen, dass der Herr, dein Gott, vor dir hergeht, ein verzehrendes Feuer. Er wird sie vertilgen und wird sie demütigen vor dir, und du wirst sie vertreiben und bald vernichten, wie dir der Herr zugesagt hat.

4 Wenn nun der Herr, dein Gott, sie ausgestoßen hat vor dir her, so sprich nicht in deinem Herzen: Der Herr hat mich hereingeführt, dies Land einzunehmen, um meiner Gerechtigkeit willen –, da doch der Herr diese Völker vertreibt vor dir her um ihres gottlosen Treibens willen.

5 Denn du kommst nicht herein, ihr Land einzunehmen, um deiner Gerechtigkeit und deines aufrichtigen Herzens willen, sondern der Herr, dein Gott, vertreibt diese Völker um ihres gottlosen Treibens willen, damit er das Wort halte, das er geschworen hat deinen Vätern Abraham, Isaak und Jakob.

6 So wisse nun, dass der Herr, dein Gott, dir nicht um deiner Gerechtigkeit willen dies gute Land zum Besitz gibt, da du doch ein halsstarriges Volk bist.

Erinnerung an Israels Untreue

7 Denke daran und vergiss nicht, wie du den Herrn, deinen Gott, erzürntest in der Wüste. Von dem Tage an, als du aus Ägyptenland zogst, bis ihr gekommen seid an diesen Ort, seid ihr ungehorsam gewesen dem Herrn.

8 Denn am Horeb erzürntet ihr den Herrn so, dass er vor Zorn euch vertilgen wollte,

19 And if you forget the Lord your God and go after other gods and serve them and worship them, I solemnly warn you today that you shall surely perish.

20 Like the nations that the Lord makes to perish before you, so shall you perish, because you would not obey the voice of the Lord your God.

Not Because of Righteousness

9 "Hear, O Israel: you are to cross over the Jordan today, to go in to dispossess nations greater and mightier than yourselves, cities great and fortified up to heaven,

2 a people great and tall, the sons of the Anakim, whom you know, and of whom you have heard it said, 'Who can stand before the sons of Anak?'

3 Know therefore today that he who goes over before you as a consuming fire is the Lord your God. He will destroy them and subdue them before you. So you shall drive them out and make them perish quickly, as the Lord has promised you.

¶ **4** "Do not say in your heart, after the Lord your God has thrust them out before you, 'It is because of my righteousness that the Lord has brought me in to possess this land,' whereas it is because of the wickedness of these nations that the Lord is driving them out before you.

5 Not because of your righteousness or the uprightness of your heart are you going in to possess their land, but because of the wickedness of these nations the Lord your God is driving them out from before you, and that he may confirm the word that the Lord swore to your fathers, to Abraham, to Isaac, and to Jacob.

¶ **6** "Know, therefore, that the Lord your God is not giving you this good land to possess because of your righteousness, for you are a stubborn people.

7 Remember and do not forget how you provoked the Lord your God to wrath in the wilderness. From the day you came out of the land of Egypt until you came to this place, you have been rebellious against the Lord.

8 Even at Horeb you provoked the Lord to wrath, and the Lord was so angry with you that he was ready to destroy you.

9 als ich auf den Berg gegangen war, die steinernen Tafeln zu empfangen, die Tafeln des Bundes, den der Herr mit euch schloss, und ich vierzig Tage und vierzig Nächte auf dem Berge blieb und kein Brot aß und kein Wasser trank

10 und mir der Herr die zwei steinernen Tafeln gab, mit dem Finger Gottes beschrieben, und darauf alle Worte, die der Herr mit euch aus dem Feuer auf dem Berge geredet hatte am Tage der Versammlung.

11 Und nach den vierzig Tagen und vierzig Nächten gab mir der Herr die zwei steinernen Tafeln des Bundes

12 und sprach zu mir: Mach dich auf, geh eilends hinab von hier; denn dein Volk, das du aus Ägypten geführt hast, hat sich versündigt. Sie sind schnell abgewichen von dem Wege, den ich ihnen geboten habe; sie haben sich ein gegossenes Bild gemacht.

13 Und der Herr sprach zu mir: Ich sehe, dass dies Volk ein halsstarriges Volk ist.

14 Lass ab von mir, damit ich sie vertilge und ihren Namen austilge unter dem Himmel; aber aus dir will ich ein stärkeres und größeres Volk machen als dieses.

¶ **15** Und als ich mich wandte und von dem Berge herabging, der im Feuer brannte, und die zwei Tafeln des Bundes in meinen beiden Händen hatte,

16 da sah ich, und siehe, da hattet ihr euch an dem Herrn, eurem Gott, versündigt und euch ein gegossenes Kalb gemacht und wart schnell von dem Wege abgewichen, den euch der Herr geboten hatte.

17 Da fasste ich beide Tafeln und warf sie aus meinen Händen und zerbrach sie vor euren Augen

18 und fiel nieder vor dem Herrn wie das erste Mal, vierzig Tage und vierzig Nächte, und aß kein Brot und trank kein Wasser um all eurer Sünde willen, die ihr getan hattet, als ihr solches Unrecht tatet vor dem Herrn, um ihn zu erzürnen.

19 Denn ich fürchtete mich vor dem Zorn und Grimm, mit dem der Herr über euch erzürnt war, sodass er euch vertilgen wollte. Aber der Herr erhörte mich auch diesmal.

20 Auch war der Herr sehr zornig über Aaron, sodass er ihn vertilgen wollte; aber ich bat auch für Aaron zur selben Zeit.

9 When I went up the mountain to receive the tablets of stone, the tablets of the covenant that the Lord made with you, I remained on the mountain forty days and forty nights. I neither ate bread nor drank water.

10 And the Lord gave me the two tablets of stone written with the finger of God, and on them were all the words that the Lord had spoken with you on the mountain out of the midst of the fire on the day of the assembly.

11 And at the end of forty days and forty nights the Lord gave me the two tablets of stone, the tablets of the covenant.

12 Then the Lord said to me, 'Arise, go down quickly from here, for your people whom you have brought from Egypt have acted corruptly. They have turned aside quickly out of the way that I commanded them; they have made themselves a metal image.'

The Golden Calf

¶ **13** "Furthermore, the Lord said to me, 'I have seen this people, and behold, it is a stubborn people.

14 Let me alone, that I may destroy them and blot out their name from under heaven. And I will make of you a nation mightier and greater than they.'

15 So I turned and came down from the mountain, and the mountain was burning with fire. And the two tablets of the covenant were in my two hands.

16 And I looked, and behold, you had sinned against the Lord your God. You had made yourselves a golden[1] calf. You had turned aside quickly from the way that the Lord had commanded you.

17 So I took hold of the two tablets and threw them out of my two hands and broke them before your eyes.

18 Then I lay prostrate before the Lord as before, forty days and forty nights. I neither ate bread nor drank water, because of all the sin that you had committed, in doing what was evil in the sight of the Lord to provoke him to anger.

19 For I was afraid of the anger and hot displeasure that the Lord bore against you, so that he was ready to destroy you. But the Lord listened to me that time also.

20 And the Lord was so angry with Aaron that he was ready to destroy him. And I prayed for Aaron also at the same time.

21 Aber eure Sünde, das Kalb, das ihr gemacht hattet, nahm ich und verbrannte es mit Feuer und zerschlug es und zermalmte es, bis es Staub ward, und warf den Staub in den Bach, der vom Berge fließt.

¶ **22** So erzürntet ihr den Herrn auch in Tabera und in Massa und bei den Lustgräbern.

23 Und als er euch aus Kadesch-Barnea sandte und sprach: Geht hinauf und nehmt das Land ein, das ich euch gegeben habe!, da wart ihr ungehorsam dem Mund des Herrn, eures Gottes, und glaubtet nicht an ihn und gehorchtet seiner Stimme nicht.

24 So seid ihr dem Herrn ungehorsam gewesen, solange ich euch gekannt habe.

¶ **25** Ich aber fiel nieder und lag vor dem Herrn vierzig Tage und vierzig Nächte; denn der Herr sprach, er wolle euch vertilgen.

26 Und ich bat den Herrn und sprach: Herr Herr, verdirb dein Volk und dein Erbe nicht, das du durch deine große Kraft erlöst und mit mächtiger Hand aus Ägypten geführt hast!

27 Gedenke an deine Knechte Abraham, Isaak und Jakob! Sieh nicht an die Halsstarrigkeit und das gottlose Treiben und die Sünde dieses Volks,

28 damit das Land, aus dem du uns geführt hast, nicht sage: Der Herr konnte sie nicht in das Land bringen, das er ihnen zugesagt hatte, und hat sie darum herausgeführt, weil er ihnen gram war, um sie zu töten in der Wüste.

29 Denn sie sind dein Volk und dein Erbe, das du mit deiner großen Kraft und mit deinem ausgereckten Arm herausgeführt hast.

Die neuen Tafeln des Gesetzes

10 Zu derselben Zeit sprach der Herr zu mir: Haue dir zwei steinerne Tafeln zu wie die ersten und komm zu mir auf den Berg und mache dir eine hölzerne Lade,

2 so will ich auf die Tafeln die Worte schreiben, die auf den ersten waren, die du zerbrochen hast; und du sollst sie in die Lade legen.

3 So machte ich eine Lade aus Akazienholz und hieb zwei steinerne Tafeln zu, wie die ersten waren, und ging auf den Berg und hatte die beiden Tafeln in meinen Händen.

4 Da schrieb er auf die Tafeln, wie die erste Schrift war, die Zehn Worte, die der Herr zu euch geredet hatte mitten aus dem Feuer auf dem Berge zur Zeit der Versammlung; und der Herr gab sie mir.

21 Then I took the sinful thing, the calf that you had made, and burned it with fire and crushed it, grinding it very small, until it was as fine as dust. And I threw the dust of it into the brook that ran down from the mountain.

¶ **22** "At Taberah also, and at Massah and at Kibroth-hattaavah you provoked the Lord to wrath.

23 And when the Lord sent you from Kadesh-barnea, saying, 'Go up and take possession of the land that I have given you,' then you rebelled against the commandment of the Lord your God and did not believe him or obey his voice.

24 You have been rebellious against the Lord from the day that I knew you.

¶ **25** "So I lay prostrate before the Lord for these forty days and forty nights, because the Lord had said he would destroy you.

26 And I prayed to the Lord, 'O Lord God, do not destroy your people and your heritage, whom you have redeemed through your greatness, whom you have brought out of Egypt with a mighty hand.

27 Remember your servants, Abraham, Isaac, and Jacob. Do not regard the stubbornness of this people, or their wickedness or their sin,

28 lest the land from which you brought us say, "Because the Lord was not able to bring them into the land that he promised them, and because he hated them, he has brought them out to put them to death in the wilderness."

29 For they are your people and your heritage, whom you brought out by your great power and by your outstretched arm.'

New Tablets of Stone

10 "At that time the Lord said to me, 'Cut for yourself two tablets of stone like the first, and come up to me on the mountain and make an ark of wood.

2 And I will write on the tablets the words that were on the first tablets that you broke, and you shall put them in the ark.'

3 So I made an ark of acacia wood, and cut two tablets of stone like the first, and went up the mountain with the two tablets in my hand.

4 And he wrote on the tablets, in the same writing as before, the Ten Commandments[1] that the Lord had spoken to you on the mountain out of the midst of the fire on the day of the assembly. And the Lord gave them to me.

5 Und ich wandte mich und ging vom Berge herab und legte die Tafeln in die Lade, die ich gemacht hatte, und sie blieben darin, wie mir der HERR geboten hatte.

Aarons Tod. Aussonderung der Leviten

6 Und die Israeliten zogen aus von Beerot-Bene-Jaakan nach Moser. Dort starb Aaron und wurde daselbst begraben. Und sein Sohn Eleasar wurde Priester an seiner statt.

7 Von da zogen sie aus nach Gudgoda, von Gudgoda nach Jotbata, in ein Land mit Wasserbächen.

¶ **8** Zur selben Zeit sonderte der HERR den Stamm Levi aus, die Lade des Bundes des HERRN zu tragen und zu stehen vor dem HERRN, ihm zu dienen und in seinem Namen zu segnen bis auf diesen Tag.

9 Darum werden die Leviten weder Anteil noch Erbe haben mit ihren Brüdern. Denn der HERR ist ihr Erbteil, wie der HERR, dein Gott, ihnen zugesagt hat.

Was der Herr von Israel fordert

10 Ich aber stand auf dem Berge wie das erste Mal, vierzig Tage und vierzig Nächte, und der HERR erhörte mich auch diesmal und wollte dich nicht verderben.

11 Er sprach zu mir: Mach dich auf, geh hin und zieh vor dem Volk her, damit sie hineinkommen und das Land einnehmen, das ich ihnen geben will, wie ich ihren Vätern geschworen habe.

¶ **12** Nun, Israel, was fordert der HERR, dein Gott, noch von dir, als dass du den HERRN, deinen Gott, fürchtest, dass du in allen seinen Wegen wandelst und ihn liebst und dem HERRN, deinem Gott, dienst von ganzem Herzen und von ganzer Seele,

13 dass du die Gebote des HERRN hältst und seine Rechte, die ich dir heute gebiete, auf dass dir's wohlgehe?

14 Siehe, der Himmel und aller Himmel Himmel und die Erde und alles, was darinnen ist, das ist des HERRN, deines Gottes.

15 Und doch hat er nur deine Väter angenommen, dass er sie liebte, und hat ihre Nachkommen, nämlich euch, erwählt aus allen Völkern, so wie es heute ist.

¶ **16** So beschneidet nun eure Herzen und seid hinfort nicht halsstarrig.

17 Denn der HERR, euer Gott, ist der Gott aller Götter und der Herr über alle Herren, der große Gott, der Mächtige und der Schreckliche, der die Person nicht ansieht und kein Geschenk nimmt

5 Then I turned and came down from the mountain and put the tablets in the ark that I had made. And there they are, as the LORD commanded me."

¶ **6** (The people of Israel journeyed from Beeroth Bene-jaakan[2] to Moserah. There Aaron died, and there he was buried. And his son Eleazar ministered as priest in his place.

7 From there they journeyed to Gudgodah, and from Gudgodah to Jotbathah, a land with brooks of water.

8 At that time the LORD set apart the tribe of Levi to carry the ark of the covenant of the LORD to stand before the LORD to minister to him and to bless in his name, to this day.

9 Therefore Levi has no portion or inheritance with his brothers. The LORD is his inheritance, as the LORD your God said to him.)

¶ **10** "I myself stayed on the mountain, as at the first time, forty days and forty nights, and the LORD listened to me that time also. The LORD was unwilling to destroy you.

11 And the LORD said to me, 'Arise, go on your journey at the head of the people, so that they may go in and possess the land, which I swore to their fathers to give them.'

Circumcise Your Heart

¶ **12** "And now, Israel, what does the LORD your God require of you, but to fear the LORD your God, to walk in all his ways, to love him, to serve the LORD your God with all your heart and with all your soul,

13 and to keep the commandments and statutes of the LORD, which I am commanding you today for your good?

14 Behold, to the LORD your God belong heaven and the heaven of heavens, the earth with all that is in it.

15 Yet the LORD set his heart in love on your fathers and chose their offspring after them, you above all peoples, as you are this day.

16 Circumcise therefore the foreskin of your heart, and be no longer stubborn.

17 For the LORD your God is God of gods and Lord of lords, the great, the mighty, and the awesome God, who is not partial and takes no bribe.

18 und schafft Recht den Waisen und Witwen und hat die Fremdlinge lieb, dass er ihnen Speise und Kleider gibt.

19 Darum sollt ihr auch die Fremdlinge lieben; denn ihr seid auch Fremdlinge gewesen in Ägyptenland.

¶ **20** Den HERRN, deinen Gott, sollst du fürchten, ihm sollst du dienen, ihm sollst du anhangen und bei seinem Namen schwören.

21 Er ist dein Ruhm und dein Gott, der bei dir solche großen und schrecklichen Dinge getan hat, die deine Augen gesehen haben.

22 Deine Väter zogen hinab nach Ägypten mit siebzig Seelen; aber nun hat dich der HERR, dein Gott, zahlreich gemacht wie die Sterne am Himmel.

Erinnerung an Gottes Wohltaten

11 So sollst du nun den HERRN, deinen Gott, lieben und sein Gesetz, seine Ordnungen, seine Rechte und seine Gebote halten dein Leben lang.

2 Und erkennt heute, was eure Kinder nicht wissen noch gesehen haben, nämlich die Erziehung durch den HERRN, euren Gott, dazu seine Herrlichkeit, seine mächtige Hand und seinen ausgereckten Arm

3 und seine Zeichen und Werke, die er getan hat unter den Ägyptern, an dem Pharao, dem König von Ägypten, und an seinem ganzen Lande;

4 und was er an der Heeresmacht der Ägypter getan hat, an ihren Rossen und Wagen, wie er das Wasser des Schilfmeers über sie brachte, als sie euch nachjagten und sie der HERR umkommen ließ, bis auf diesen Tag;

5 und was er euch getan hat in der Wüste, bis ihr an diesen Ort gekommen seid,

6 was er Datan und Abiram getan hat, den Söhnen Eliabs, des Sohnes Rubens, wie die Erde ihren Mund auftat und sie verschlang mit all ihren Leuten und ihren Zelten und allem ihrem Gut, das sie erworben hatten, mitten unter ganz Israel.

7 Denn eure Augen haben die großen Werke des HERRN gesehen, die er getan hat.

Segen des Gehorsams – Fluch des Ungehorsams

8 Darum sollt ihr alle die Gebote halten, die ich dir heute gebiete, auf dass ihr stark werdet, hineinzukommen und das Land einzunehmen, dahin ihr zieht, es einzunehmen,

9 und dass du lange lebest in dem Lande, das der HERR, wie er euren Vätern geschworen hat, ihnen und ihren Nachkommen geben will, ein Land, darin Milch und Honig fließt.

18 He executes justice for the fatherless and the widow, and loves the sojourner, giving him food and clothing.

19 Love the sojourner, therefore, for you were sojourners in the land of Egypt.

20 You shall fear the LORD your God. You shall serve him and hold fast to him, and by his name you shall swear.

21 He is your praise. He is your God, who has done for you these great and terrifying things that your eyes have seen.

22 Your fathers went down to Egypt seventy persons, and now the LORD your God has made you as numerous as the stars of heaven.

Love and Serve the LORD

11 "You shall therefore love the LORD your God and keep his charge, his statutes, his rules, and his commandments always.

2 And consider today (since I am not speaking to your children who have not known or seen it), consider the discipline[1] of the LORD your God, his greatness, his mighty hand and his outstretched arm,

3 his signs and his deeds that he did in Egypt to Pharaoh the king of Egypt and to all his land,

4 and what he did to the army of Egypt, to their horses and to their chariots, how he made the water of the Red Sea flow over them as they pursued after you, and how the LORD has destroyed them to this day,

5 and what he did to you in the wilderness, until you came to this place,

6 and what he did to Dathan and Abiram the sons of Eliab, son of Reuben, how the earth opened its mouth and swallowed them up, with their households, their tents, and every living thing that followed them, in the midst of all Israel.

7 For your eyes have seen all the great work of the LORD that he did.

¶ **8** "You shall therefore keep the whole commandment that I command you today, that you may be strong, and go in and take possession of the land that you are going over to possess,

9 and that you may live long in the land that the LORD swore to your fathers to give to them and to their offspring, a land flowing with milk and honey.

10 Denn das Land, in das du kommst, es einzunehmen, ist nicht wie Ägyptenland, von dem ihr ausgezogen seid, wo du deinen Samen säen und selbst tränken musstest wie einen Garten,

11 sondern es hat Berge und Auen, die der Regen vom Himmel tränkt, –

12 ein Land, auf das der HERR, dein Gott, achthat und die Augen des HERRN, deines Gottes, immerdar sehen vom Anfang des Jahres bis an sein Ende.

¶ **13** Werdet ihr nun auf meine Gebote hören, die ich euch heute gebiete, dass ihr den HERRN, euren Gott, liebt und ihm dient von ganzem Herzen und von ganzer Seele,

14 so will ich eurem Lande Regen geben zu seiner Zeit, Frühregen und Spätregen, dass du einsammelst dein Getreide, deinen Wein und dein Öl,

15 und will deinem Vieh Gras geben auf deinem Felde, dass ihr esst und satt werdet.

16 Hütet euch aber, dass sich euer Herz nicht betören lasse, dass ihr abfallt und dient andern Göttern und betet sie an,

17 und dass dann der Zorn des HERRN entbrenne über euch und schließe den Himmel zu, sodass kein Regen kommt und die Erde ihr Gewächs nicht gibt und ihr bald ausgetilgt werdet aus dem guten Lande, das euch der HERR gegeben hat.

¶ **18** So nehmt nun diese Worte zu Herzen und in eure Seele und bindet sie zum Zeichen auf eure Hand und macht sie zum Merkzeichen zwischen euren Augen

19 und lehrt sie eure Kinder, dass du davon redest, wenn du in deinem Hause sitzt oder unterwegs bist, wenn du dich niederlegst und wenn du aufstehst.

20 Und schreibe sie an die Pfosten deines Hauses und an deine Tore,

21 auf dass ihr und eure Kinder lange lebt in dem Lande, das der HERR, wie er deinen Vätern geschworen hat, ihnen geben will, solange die Tage des Himmels über der Erde währen.

22 Denn wenn ihr diese Gebote alle halten werdet, die ich euch gebiete, und danach tut, dass ihr den HERRN, euren Gott, liebt und wandelt in allen seinen Wegen und ihm anhangt,

23 so wird der HERR alle diese Völker vor euch her vertreiben, dass ihr größere und stärkere Völker beerbt, als ihr es seid.

24 Alles Land, darauf eure Fußsohle tritt, soll euer sein: von der Wüste bis an den Berg Libanon und von dem Strom Euphrat bis ans Meer im Westen soll euer Gebiet sein.

10 For the land that you are entering to take possession of it is not like the land of Egypt, from which you have come, where you sowed your seed and irrigated it,[2] like a garden of vegetables.

11 But the land that you are going over to possess is a land of hills and valleys, which drinks water by the rain from heaven,

12 a land that the LORD your God cares for. The eyes of the LORD your God are always upon it, from the beginning of the year to the end of the year.

¶ **13** "And if you will indeed obey my commandments that I command you today, to love the LORD your God, and to serve him with all your heart and with all your soul,

14 he[3] will give the rain for your land in its season, the early rain and the later rain, that you may gather in your grain and your wine and your oil.

15 And he will give grass in your fields for your livestock, and you shall eat and be full.

16 Take care lest your heart be deceived, and you turn aside and serve other gods and worship them;

17 then the anger of the LORD will be kindled against you, and he will shut up the heavens, so that there will be no rain, and the land will yield no fruit, and you will perish quickly off the good land that the LORD is giving you.

¶ **18** "You shall therefore lay up these words of mine in your heart and in your soul, and you shall bind them as a sign on your hand, and they shall be as frontlets between your eyes.

19 You shall teach them to your children, talking of them when you are sitting in your house, and when you are walking by the way, and when you lie down, and when you rise.

20 You shall write them on the doorposts of your house and on your gates,

21 that your days and the days of your children may be multiplied in the land that the LORD swore to your fathers to give them, as long as the heavens are above the earth.

22 For if you will be careful to do all this commandment that I command you to do, loving the LORD your God, walking in all his ways, and holding fast to him,

23 then the LORD will drive out all these nations before you, and you will dispossess nations greater and mightier than yourselves.

24 Every place on which the sole of your foot treads shall be yours. Your territory shall be from the wilderness to[4] the Lebanon and from the River, the river Euphrates, to the western sea.

25 Niemand wird euch widerstehen können. Furcht und Schrecken vor euch wird der HERR über alles Land kommen lassen, das ihr betretet, wie er euch zugesagt hat.

¶ **26** Siehe, ich lege euch heute vor den Segen und den Fluch:

27 den Segen, wenn ihr gehorcht den Geboten des HERRN, eures Gottes, die ich euch heute gebiete;

28 den Fluch aber, wenn ihr nicht gehorchen werdet den Geboten des HERRN, eures Gottes, und abweicht von dem Wege, den ich euch heute gebiete, dass ihr andern Göttern nachwandelt, die ihr nicht kennt.

29 Wenn dich nun der HERR, dein Gott, in das Land bringt, in das du kommen sollst, es einzunehmen, so sollst du den Segen sprechen lassen auf dem Berge Garizim und den Fluch auf dem Berge Ebal,

30 die jenseits des Jordans liegen an der Straße gegen Sonnenuntergang im Lande der Kanaaniter, die im Jordantal wohnen, Gilgal gegenüber bei der Eiche More.

31 Denn ihr werdet über den Jordan gehen, dass ihr hineinkommt, das Land einzunehmen, das euch der HERR, euer Gott, gegeben hat, damit ihr's einnehmt und darin wohnt.

32 So habt nun acht, dass ihr tut nach allen Geboten und Rechten, die ich euch heute vorlege.

MOSE VERKÜNDIGT DIE GESETZE (KAPITEL 12–26)

Die von Gott erwählte Opferstätte

12 Dies sind die Gebote und Rechte, die ihr halten sollt, dass ihr danach tut im Lande, das der HERR, der Gott deiner Väter, dir gegeben hat, es einzunehmen, solange du im Lande lebst:

2 Zerstört alle heiligen Stätten, wo die Heiden, die ihr vertreiben werdet, ihren Göttern gedient haben, es sei auf hohen Bergen, auf Hügeln oder unter grünen Bäumen,

3 und reißt um ihre Altäre und zerbrecht ihre Steinmale und verbrennt mit Feuer ihre heiligen Pfähle, zerschlagt die Bilder ihrer Götzen und vertilgt ihren Namen von jener Stätte.

¶ **4** Ihr sollt dem HERRN, eurem Gott, so nicht dienen,

5 sondern die Stätte, die der HERR, euer Gott, erwählen wird aus allen euren Stämmen, dass er seinen Namen daselbst wohnen lässt, sollt ihr aufsuchen und dahin kommen.

25 No one shall be able to stand against you. The LORD your God will lay the fear of you and the dread of you on all the land that you shall tread, as he promised you.

¶ **26** "See, I am setting before you today a blessing and a curse:

27 the blessing, if you obey the commandments of the LORD your God, which I command you today,

28 and the curse, if you do not obey the commandments of the LORD your God, but turn aside from the way that I am commanding you today, to go after other gods that you have not known.

29 And when the LORD your God brings you into the land that you are entering to take possession of it, you shall set the blessing on Mount Gerizim and the curse on Mount Ebal.

30 Are they not beyond the Jordan, west of the road, toward the going down of the sun, in the land of the Canaanites who live in the Arabah, opposite Gilgal, beside the oak[5] of Moreh?

31 For you are to cross over the Jordan to go in to take possession of the land that the LORD your God is giving you. And when you possess it and live in it,

32 you shall be careful to do all the statutes and the rules that I am setting before you today.

The LORD's Chosen Place of Worship

12 "These are the statutes and rules that you shall be careful to do in the land that the LORD, the God of your fathers, has given you to possess, all the days that you live on the earth.

2 You shall surely destroy all the places where the nations whom you shall dispossess served their gods, on the high mountains and on the hills and under every green tree.

3 You shall tear down their altars and dash in pieces their pillars and burn their Asherim with fire. You shall chop down the carved images of their gods and destroy their name out of that place.

4 You shall not worship the LORD your God in that way.

5 But you shall seek the place that the LORD your God will choose out of all your tribes to put his name and make his habitation[1] there. There you shall go,

6 Dorthin sollt ihr bringen eure Brandopfer und eure Schlachtopfer, eure Zehnten und eure heiligen Abgaben, eure Gelübdeopfer, eure freiwilligen Opfer und die Erstgeburt eurer Rinder und Schafe.

7 Und ihr und euer Haus sollt dort vor dem HERRN, eurem Gott, essen und fröhlich sein über alles, was eure Hand erworben hat, womit euch der HERR, euer Gott, gesegnet hat.

8 Ihr sollt es nicht so halten, wie wir es heute hier tun, ein jeder, was ihm recht dünkt.

9 Denn ihr seid bisher noch nicht zur Ruhe und zu dem Erbteil gekommen, das dir der HERR, dein Gott, geben wird.

10 Ihr werdet aber über den Jordan gehen und in dem Lande wohnen, das euch der HERR, euer Gott, zum Erbe austeilen wird, und er wird euch Ruhe geben vor allen euren Feinden um euch her, und ihr werdet sicher wohnen.

11 Wenn nun der HERR, dein Gott, eine Stätte erwählt, dass sein Name daselbst wohne, sollt ihr dahin bringen alles, was ich euch gebiete: eure Brandopfer, eure Schlachtopfer, eure Zehnten, eure heiligen Abgaben und alle eure auserlesenen Gelübdeopfer, die ihr dem HERRN geloben werdet.

12 Und ihr sollt fröhlich sein vor dem HERRN, eurem Gott, ihr und eure Söhne und eure Töchter, eure Knechte und eure Mägde und die Leviten, die in euren Städten wohnen; denn sie haben weder Anteil noch Erbe mit euch.

13 Hüte dich, dass du deine Brandopfer nicht an jeder Stätte opferst, die du siehst;

14 sondern an der Stätte, die der HERR erwählt in einem deiner Stämme, da sollst du dein Brandopfer opfern und alles tun, was ich dir gebiete.

15 Doch darfst du in allen deinen Städten ganz nach Herzenslust schlachten und Fleisch essen nach dem Segen des HERRN, deines Gottes, den er dir gegeben hat. Der Reine wie der Unreine dürfen davon essen, so wie man Reh oder Hirsch isst.

16 Nur das Blut sollst du nicht essen, sondern auf die Erde gießen wie Wasser.

17 Du darfst aber nicht essen in deinen Städten vom Zehnten deines Getreides, deines Weins, deines Öls, auch nicht von der Erstgeburt deiner Rinder und deiner Schafe oder von irgendeiner Gabe, die du gelobt hast, oder von deinem freiwilligen Opfer oder von deiner heiligen Abgabe,

6 and there you shall bring your burnt offerings and your sacrifices, your tithes and the contribution that you present, your vow offerings, your freewill offerings, and the firstborn of your herd and of your flock.

7 And there you shall eat before the LORD your God, and you shall rejoice, you and your households, in all that you undertake, in which the LORD your God has blessed you.

8 "You shall not do according to all that we are doing here today, everyone doing whatever is right in his own eyes,

9 for you have not as yet come to the rest and to the inheritance that the LORD your God is giving you.

10 But when you go over the Jordan and live in the land that the LORD your God is giving you to inherit, and when he gives you rest from all your enemies around, so that you live in safety,

11 then to the place that the LORD your God will choose, to make his name dwell there, there you shall bring all that I command you: your burnt offerings and your sacrifices, your tithes and the contribution that you present, and all your finest vow offerings that you vow to the LORD.

12 And you shall rejoice before the LORD your God, you and your sons and your daughters, your male servants and your female servants, and the Levite that is within your towns, since he has no portion or inheritance with you.

13 Take care that you do not offer your burnt offerings at any place that you see,

14 but at the place that the LORD will choose in one of your tribes, there you shall offer your burnt offerings, and there you shall do all that I am commanding you.

15 "However, you may slaughter and eat meat within any of your towns, as much as you desire, according to the blessing of the LORD your God that he has given you. The unclean and the clean may eat of it, as of the gazelle and as of the deer.

16 Only you shall not eat the blood; you shall pour it out on the earth like water.

17 You may not eat within your towns the tithe of your grain or of your wine or of your oil, or the firstborn of your herd or of your flock, or any of your vow offerings that you vow, or your freewill offerings or the contribution that you present,

18 sondern vor dem Herrn, deinem Gott, sollst du das alles essen an der Stätte, die der Herr, dein Gott, erwählt, du und deine Söhne, deine Töchter, deine Knechte, deine Mägde und der Levit, der in deiner Stadt lebt, und sollst fröhlich sein vor dem Herrn, deinem Gott, über alles, was deine Hand erworben hat.

19 Und hüte dich, dass du den Leviten nicht leer ausgehen lässt, solange du in deinem Lande lebst.

¶ **20** Wenn aber der Herr, dein Gott, dein Gebiet erweitern wird, wie er dir zugesagt hat, und du sprichst: Ich will Fleisch essen –, weil es dich gelüstet, Fleisch zu essen, so iss Fleisch ganz nach Herzenslust.

21 Ist aber die Stätte fern von dir, die der Herr, dein Gott, erwählt hat, dass er seinen Namen daselbst wohnen lasse, so schlachte von deinen Rindern oder Schafen, die dir der Herr gegeben hat, wie ich dir geboten habe, und iss es in deiner Stadt ganz nach Herzenslust.

22 So wie man Reh oder Hirsch isst, darfst du es essen; der Reine wie der Unreine dürfen's beide essen.

23 Allein achte darauf, dass du das Blut nicht isst; denn das Blut ist das Leben; darum sollst du nicht zugleich mit dem Fleisch das Leben essen,

24 sondern du sollst das Blut auf die Erde gießen wie Wasser

25 und sollst es nicht essen, auf dass dir's wohlgehe und deinen Kindern nach dir, weil du getan hast, was recht ist vor dem Herrn.

26 Aber deine heiligen Gaben, die dir geboten sind, und was du gelobst, das sollst du aufladen und an die Stätte bringen, die der Herr erwählt hat,

27 und sollst dein Brandopfer mit Fleisch und Blut legen auf den Altar des Herrn, deines Gottes. Das Blut deiner Schlachtopfer soll gegossen werden auf den Altar des Herrn, deines Gottes, aber das Fleisch sollst du essen.

28 Sieh zu und höre auf alle diese Worte, die ich dir gebiete, auf dass dir's wohlgehe und deinen Kindern nach dir ewiglich, weil du getan hast, was recht und wohlgefällig ist vor dem Herrn, deinem Gott.

¶ **29** Wenn der Herr, dein Gott, vor dir her die Völker ausrottet, zu denen du kommst, ihr Land einzunehmen, und du es eingenommen hast und darin wohnst,

18 but you shall eat them before the Lord your God in the place that the Lord your God will choose, you and your son and your daughter, your male servant and your female servant, and the Levite who is within your towns. And you shall rejoice before the Lord your God in all that you undertake.

19 Take care that you do not neglect the Levite as long as you live in your land.

¶ **20** "When the Lord your God enlarges your territory, as he has promised you, and you say, 'I will eat meat,' because you crave meat, you may eat meat whenever you desire.

21 If the place that the Lord your God will choose to put his name there is too far from you, then you may kill any of your herd or your flock, which the Lord has given you, as I have commanded you, and you may eat within your towns whenever you desire.

22 Just as the gazelle or the deer is eaten, so you may eat of it. The unclean and the clean alike may eat of it.

23 Only be sure that you do not eat the blood, for the blood is the life, and you shall not eat the life with the flesh.

24 You shall not eat it; you shall pour it out on the earth like water.

25 You shall not eat it, that all may go well with you and with your children after you, when you do what is right in the sight of the Lord.

26 But the holy things that are due from you, and your vow offerings, you shall take, and you shall go to the place that the Lord will choose,

27 and offer your burnt offerings, the flesh and the blood, on the altar of the Lord your God. The blood of your sacrifices shall be poured out on the altar of the Lord your God, but the flesh you may eat.

28 Be careful to obey all these words that I command you, that it may go well with you and with your children after you forever, when you do what is good and right in the sight of the Lord your God.

Warning Against Idolatry

¶ **29** "When the Lord your God cuts off before you the nations whom you go in to dispossess, and you dispossess them and dwell in their land,

30 so hüte dich, dass du dich nicht verführen lässt, es ihnen nachzutun, nachdem sie vertilgt sind vor dir, und dass du nicht fragst nach ihren Göttern und sprichst: Wie haben diese Völker ihren Göttern gedient? Ebenso will auch ich es tun!

31 So sollst du dem HERRN, deinem Gott, nicht dienen; denn sie haben ihren Göttern alles getan, was dem HERRN ein Gräuel ist und was er hasst; denn sie haben ihren Göttern sogar ihre Söhne und Töchter mit Feuer verbrannt.

Strafe für falsche Propheten und Verführer zum Götzendienst

13 Alles, was ich euch gebiete, das sollt ihr halten und danach tun. Ihr sollt nichts dazutun und nichts davontun.

2 Wenn ein Prophet oder Träumer unter euch aufsteht und dir ein Zeichen oder Wunder ankündigt

3 und das Zeichen oder Wunder trifft ein, von dem er dir gesagt hat, und er spricht: Lass uns andern Göttern folgen, die ihr nicht kennt, und ihnen dienen,

4 so sollst du nicht gehorchen den Worten eines solchen Propheten oder Träumers; denn der HERR, euer Gott, versucht euch, um zu erfahren, ob ihr ihn von ganzem Herzen und von ganzer Seele lieb habt.

5 Dem HERRN, eurem Gott, sollt ihr folgen und ihn fürchten und seine Gebote halten und seiner Stimme gehorchen und ihm dienen und ihm anhangen.

6 Der Prophet aber oder der Träumer soll sterben, weil er euch gelehrt hat abzufallen von dem HERRN, eurem Gott, der euch aus Ägyptenland geführt und dich aus der Knechtschaft erlöst hat, und weil er dich von dem Wege abbringen wollte, auf dem du wandeln sollst, wie der HERR, dein Gott, geboten hat –, auf dass du das Böse aus deiner Mitte wegtust.

¶ **7** Wenn dich dein Bruder, deiner Mutter Sohn, oder dein Sohn oder deine Tochter oder deine Frau in deinen Armen oder dein Freund, der dir so lieb ist wie dein Leben, heimlich überreden würde und sagen: Lass uns hingehen und andern Göttern dienen, die du nicht kennst noch deine Väter,

8 von den Göttern der Völker, die um euch her sind, sie seien dir nah oder fern, von einem Ende der Erde bis ans andere,

30 take care that you be not ensnared to follow them, after they have been destroyed before you, and that you do not inquire about their gods, saying, 'How did these nations serve their gods?—that I also may do the same.'

31 You shall not worship the LORD your God in that way, for every abominable thing that the LORD hates they have done for their gods, for they even burn their sons and their daughters in the fire to their gods.

¶**32**[2] "Everything that I command you, you shall be careful to do. You shall not add to it or take from it.

13 "If a prophet or a dreamer of dreams arises among you and gives you a sign or a wonder,

2 and the sign or wonder that he tells you comes to pass, and if he says, 'Let us go after other gods,' which you have not known, 'and let us serve them,'

3 you shall not listen to the words of that prophet or that dreamer of dreams. For the LORD your God is testing you, to know whether you love the LORD your God with all your heart and with all your soul.

4 You shall walk after the LORD your God and fear him and keep his commandments and obey his voice, and you shall serve him and hold fast to him.

5 But that prophet or that dreamer of dreams shall be put to death, because he has taught rebellion against the LORD your God, who brought you out of the land of Egypt and redeemed you out of the house of slavery, to make you leave the way in which the LORD your God commanded you to walk. So you shall purge the evil[1] from your midst.

¶ **6** "If your brother, the son of your mother, or your son or your daughter or the wife you embrace[2] or your friend who is as your own soul entices you secretly, saying, 'Let us go and serve other gods,' which neither you nor your fathers have known,

7 some of the gods of the peoples who are around you, whether near you or far off from you, from the one end of the earth to the other,

9 so willige nicht ein und gehorche ihm nicht. Auch soll dein Auge ihn nicht schonen, und du sollst dich seiner nicht erbarmen und seine Schuld nicht verheimlichen,

10 sondern sollst ihn zum Tode bringen. Deine Hand soll die erste wider ihn sein, ihn zu töten, und danach die Hand des ganzen Volks.

11 Man soll ihn zu Tode steinigen, denn er hat dich abbringen wollen von dem HERRN, deinem Gott, der dich aus Ägyptenland, aus der Knechtschaft, geführt hat,

12 auf dass ganz Israel aufhorche und sich fürchte und man nicht mehr solch Böses tue unter euch.

¶ **13** Wenn du von irgendeiner Stadt, die dir der HERR, dein Gott, gegeben hat, darin zu wohnen, sagen hörst:

14 Es sind etliche heillose Leute aufgetreten aus deiner Mitte und haben die Bürger ihrer Stadt verführt und gesagt: Lasst uns hingehen und andern Göttern dienen, die ihr nicht kennt,

15 so sollst du gründlich suchen, forschen und fragen. Und wenn sich findet, dass es gewiss ist, dass solch ein Gräuel unter euch geschehen ist,

16 so sollst du die Bürger dieser Stadt erschlagen mit der Schärfe des Schwerts und an ihr den Bann vollstrecken, an allem, was darin ist, auch an ihrem Vieh, mit der Schärfe des Schwerts.

17 Und alles, was in ihr erbeutet wird, sollst du sammeln mitten auf dem Marktplatz und mit Feuer verbrennen die Stadt und alle ihre Beute als ein Ganzopfer für den HERRN, deinen Gott, dass sie in Trümmern liege für immer und nie wieder aufgebaut werde.

18 Und lass nichts von dem, was dem Bann verfallen ist, an deiner Hand kleben, auf dass der HERR von seinem grimmigen Zorn abgewendet werde und gebe dir Barmherzigkeit und erbarme sich deiner und mehre dich, wie er deinen Vätern geschworen hat,

19 wenn du der Stimme des HERRN, deines Gottes, gehorchst und alle seine Gebote hältst, die ich dir heute gebiete, dass du tust, was recht ist vor den Augen des HERRN, deines Gottes.

Verbot heidnischer Trauergebräuche. Reine und unreine Speisen

(vgl. 3.Mose 11,1-47)

14 Ihr seid Kinder des HERRN, eures Gottes. Ihr sollt euch um eines Toten willen nicht wund ritzen noch kahl scheren über den Augen.

8 you shall not yield to him or listen to him, nor shall your eye pity him, nor shall you spare him, nor shall you conceal him.

9 But you shall kill him. Your hand shall be first against him to put him to death, and afterward the hand of all the people.

10 You shall stone him to death with stones, because he sought to draw you away from the LORD your God, who brought you out of the land of Egypt, out of the house of slavery.

11 And all Israel shall hear and fear and never again do any such wickedness as this among you.

¶ **12** "If you hear in one of your cities, which the LORD your God is giving you to dwell there,

13 that certain worthless fellows have gone out among you and have drawn away the inhabitants of their city, saying, 'Let us go and serve other gods,' which you have not known,

14 then you shall inquire and make search and ask diligently. And behold, if it be true and certain that such an abomination has been done among you,

15 you shall surely put the inhabitants of that city to the sword, devoting it to destruction,[3] all who are in it and its cattle, with the edge of the sword.

16 You shall gather all its spoil into the midst of its open square and burn the city and all its spoil with fire, as a whole burnt offering to the LORD your God. It shall be a heap forever. It shall not be built again.

17 None of the devoted things shall stick to your hand, that the LORD may turn from the fierceness of his anger and show you mercy and have compassion on you and multiply you, as he swore to your fathers,

18 if you obey the voice of the LORD your God, keeping all his commandments that I am commanding you today, and doing what is right in the sight of the LORD your God.

Clean and Unclean Food

14 "You are the sons of the LORD your God. You shall not cut yourselves or make any baldness on your foreheads for the dead.

2 Denn du bist ein heiliges Volk dem HERRN, deinem Gott, und der HERR hat dich erwählt, dass du sein Eigentum seist, aus allen Völkern, die auf Erden sind.

¶ **3** Du sollst nichts essen, was dem Herrn ein Gräuel ist.

4 Dies aber sind die Tiere, die ihr essen dürft: Rind, Schaf, Ziege,

5 Hirsch, Reh, Damhirsch, Steinbock, Gämse, Auerochs und Antilope.

6 Jedes Tier, das gespaltene Klauen hat, ganz durchgespalten, und das wiederkäut, dürft ihr essen.

¶ **7** Diese Tiere aber sollt ihr nicht essen unter denen, die wiederkäuen und die gespaltene Klauen haben: das Kamel, den Hasen und den Klippdachs, die wiederkäuen, deren Klauen aber nicht ganz durchgespalten sind; darum sollen sie euch unrein sein.

8 Das Schwein, das zwar durchgespaltene Klauen hat, aber nicht wiederkäut, soll euch darum unrein sein. Ihr Fleisch sollt ihr nicht essen und ihr Aas sollt ihr nicht anrühren.

¶ **9** Dies ist, was ihr essen dürft von allem, was im Wasser lebt: Alles, was Flossen und Schuppen hat, dürft ihr essen.

10 Was aber weder Flossen noch Schuppen hat, sollt ihr nicht essen; denn es ist euch unrein.

¶ **11** Alle reinen Vögel esst.

12 Diese aber sind es, die ihr nicht essen sollt: der Adler, der Habicht, der Fischaar,

13 der Taucher, die Weihe, der Geier mit seinen Arten

14 und alle Raben mit ihren Arten,

15 der Strauß, die Nachteule, der Kuckuck, der Sperber mit seinen Arten,

16 das Käuzchen, der Uhu, die Fledermaus,

17 die Rohrdommel, der Storch, der Schwan,

18 der Reiher, der Häher mit seinen Arten, der Wiedehopf, die Schwalbe.

19 Auch alles, was Flügel hat und kriecht, soll euch unrein sein und ihr sollt es nicht essen.

20 Die reinen Vögel dürft ihr essen.

¶ **21** Ihr sollt kein Aas essen; dem Fremdling in deiner Stadt darfst du's geben, dass er's esse oder dass er's verkaufe einem Ausländer; denn du bist ein heiliges Volk dem HERRN, deinem Gott. Du sollst das Böcklein nicht kochen in der Milch seiner Mutter.

2 For you are a people holy to the LORD your God, and the LORD has chosen you to be a people for his treasured possession, out of all the peoples who are on the face of the earth.

¶ **3** "You shall not eat any abomination.

4 These are the animals you may eat: the ox, the sheep, the goat,

5 the deer, the gazelle, the roebuck, the wild goat, the ibex,[1] the antelope, and the mountain sheep.

6 Every animal that parts the hoof and has the hoof cloven in two and chews the cud, among the animals, you may eat.

7 Yet of those that chew the cud or have the hoof cloven you shall not eat these: the camel, the hare, and the rock badger, because they chew the cud but do not part the hoof, are unclean for you.

8 And the pig, because it parts the hoof but does not chew the cud, is unclean for you. Their flesh you shall not eat, and their carcasses you shall not touch.

¶ **9** "Of all that are in the waters you may eat these: whatever has fins and scales you may eat.

10 And whatever does not have fins and scales you shall not eat; it is unclean for you.

¶ **11** "You may eat all clean birds.

12 But these are the ones that you shall not eat: the eagle,[2] the bearded vulture, the black vulture,

13 the kite, the falcon of any kind;

14 every raven of any kind;

15 the ostrich, the nighthawk, the sea gull, the hawk of any kind;

16 the little owl and the short-eared owl, the barn owl

17 and the tawny owl, the carrion vulture and the cormorant,

18 the stork, the heron of any kind; the hoopoe and the bat.

19 And all winged insects are unclean for you; they shall not be eaten.

20 All clean winged things you may eat.

¶ **21** "You shall not eat anything that has died naturally. You may give it to the sojourner who is within your towns, that he may eat it, or you may sell it to a foreigner. For you are a people holy to the LORD your God.

¶ "You shall not boil a young goat in its mother's milk.

Abgabe des Zehnten

22 Du sollst alle Jahre den Zehnten absondern von allem Ertrag deiner Saat, der aus deinem Acker kommt,

23 und sollst davon essen vor dem HERRN, deinem Gott, an der Stätte, die er erwählt, dass sein Name daselbst wohne, nämlich vom Zehnten deines Getreides, deines Weins, deines Öls und von der Erstgeburt deiner Rinder und deiner Schafe, auf dass du fürchten lernst den HERRN, deinen Gott, dein Leben lang.

¶ **24** Wenn aber der Weg zu weit ist für dich, dass du's nicht hintragen kannst, weil die Stätte dir zu fern ist, die der HERR, dein Gott, erwählt hat, dass er seinen Namen daselbst wohnen lasse, wenn der HERR, dein Gott, dich gesegnet hat,

25 so mache es zu Geld und nimm das Geld in deine Hand und geh an die Stätte, die der HERR, dein Gott, erwählt hat,

26 und gib das Geld für alles, woran dein Herz Lust hat, es sei für Rinder, Schafe, Wein, starkes Getränk oder für alles, was dein Herz wünscht, und iss dort vor dem HERRN, deinem Gott, und sei fröhlich, du und dein Haus

27 und der Levit, der in deiner Stadt lebt; den sollst du nicht leer ausgehen lassen, denn er hat weder Anteil noch Erbe mit dir.

¶ **28** Alle drei Jahre sollst du aussondern den ganzen Zehnten vom Ertrag dieses Jahres und sollst ihn hinterlegen in deiner Stadt.

29 Dann soll kommen der Levit, der weder Anteil noch Erbe mit dir hat, und der Fremdling und die Waise und die Witwe, die in deiner Stadt leben, und sollen essen und sich sättigen, auf dass dich der HERR, dein Gott, segne in allen Werken deiner Hand, die du tust.

Das Erlassjahr

15 Alle sieben Jahre sollst du ein Erlassjahr halten.

2 So aber soll's zugehen mit dem Erlassjahr: Wenn einer seinem Nächsten etwas geborgt hat, der soll's ihm erlassen und soll's nicht eintreiben von seinem Nächsten oder von seinem Bruder; denn man hat ein Erlassjahr ausgerufen dem HERRN.

3 Von einem Ausländer darfst du es eintreiben; aber dem, der dein Bruder ist, sollst du es erlassen.

¶ **4** Es sollte überhaupt kein Armer unter euch sein; denn der HERR wird dich segnen in dem Lande, das dir der HERR, dein Gott, zum Erbe geben wird,

Tithes

¶ **22** "You shall tithe all the yield of your seed that comes from the field year by year.

23 And before the LORD your God, in the place that he will choose, to make his name dwell there, you shall eat the tithe of your grain, of your wine, and of your oil, and the firstborn of your herd and flock, that you may learn to fear the LORD your God always.

24 And if the way is too long for you, so that you are not able to carry the tithe, when the LORD your God blesses you, because the place is too far from you, which the LORD your God chooses, to set his name there,

25 then you shall turn it into money and bind up the money in your hand and go to the place that the LORD your God chooses

26 and spend the money for whatever you desire—oxen or sheep or wine or strong drink, whatever your appetite craves. And you shall eat there before the LORD your God and rejoice, you and your household.

27 And you shall not neglect the Levite who is within your towns, for he has no portion or inheritance with you.

¶ **28** "At the end of every three years you shall bring out all the tithe of your produce in the same year and lay it up within your towns.

29 And the Levite, because he has no portion or inheritance with you, and the sojourner, the fatherless, and the widow, who are within your towns, shall come and eat and be filled, that the LORD your God may bless you in all the work of your hands that you do.

The Sabbatical Year

15 "At the end of every seven years you shall grant a release.

2 And this is the manner of the release: every creditor shall release what he has lent to his neighbor. He shall not exact it of his neighbor, his brother, because the LORD's release has been proclaimed.

3 Of a foreigner you may exact it, but whatever of yours is with your brother your hand shall release.

4 But there will be no poor among you; for the LORD will bless you in the land that the LORD your God is giving you for an inheritance to possess—

5 wenn du nur der Stimme des HERRN, deines Gottes, gehorchst und alle diese Gebote hältst, die ich dir heute gebiete, dass du danach tust!

6 Denn der HERR, dein Gott, wird dich segnen, wie er dir zugesagt hat. Dann wirst du vielen Völkern leihen, doch du wirst von niemand borgen; du wirst über viele Völker herrschen, doch über dich wird niemand herrschen.

¶ **7** Wenn einer deiner Brüder arm ist in irgendeiner Stadt in deinem Lande, das der HERR, dein Gott, dir geben wird, so sollst du dein Herz nicht verhärten und deine Hand nicht zuhalten gegenüber deinem armen Bruder,

8 sondern sollst sie ihm auftun und ihm leihen, soviel er Mangel hat.

9 Hüte dich, dass nicht in deinem Herzen ein arglistiger Gedanke aufsteige, dass du sprichst: Es naht das siebente Jahr, das Erlassjahr –, und dass du deinen armen Bruder nicht unfreundlich ansiehst und ihm nichts gibst; sonst wird er wider dich zu dem HERRN rufen und bei dir wird Sünde sein.

10 Sondern du sollst ihm geben und dein Herz soll sich's nicht verdrießen lassen, dass du ihm gibst; denn dafür wird dich der HERR, dein Gott, segnen in allen deinen Werken und in allem, was du unternimmst.

¶ **11** Es werden allezeit Arme sein im Lande; darum gebiete ich dir und sage, dass du deine Hand auftust deinem Bruder, der bedrängt und arm ist in deinem Lande.

Über die Freilassung hebräischer Sklaven
(vgl. 2.Mose 21,1-6)

12 Wenn sich dein Bruder, ein Hebräer oder eine Hebräerin, dir verkauft, so soll er dir sechs Jahre dienen; im siebenten Jahr sollst du ihn als frei entlassen.

13 Und wenn du ihn freigibst, sollst du ihn nicht mit leeren Händen von dir gehen lassen,

14 sondern du sollst ihm aufladen von deinen Schafen, von deiner Tenne, von deiner Kelter, sodass du gibst von dem, womit dich der HERR, dein Gott, gesegnet hat,

15 und sollst daran denken, dass du auch Knecht warst in Ägyptenland und der HERR, dein Gott, dich erlöst hat; darum gebiete ich dir solches heute.

16 Wird er aber zu dir sprechen: Ich will nicht fortgehen von dir, denn ich habe dich und dein Haus lieb – weil ihm wohl bei dir ist –,

17 so nimm einen Pfriemen und durchbohre ihm sein Ohr an dem Pfosten der Tür und lass ihn für immer deinen Knecht sein. Mit deiner Magd sollst du ebenso tun.

5 if only you will strictly obey the voice of the LORD your God, being careful to do all this commandment that I command you today.

6 For the LORD your God will bless you, as he promised you, and you shall lend to many nations, but you shall not borrow, and you shall rule over many nations, but they shall not rule over you.

¶ **7** "If among you, one of your brothers should become poor, in any of your towns within your land that the LORD your God is giving you, you shall not harden your heart or shut your hand against your poor brother,

8 but you shall open your hand to him and lend him sufficient for his need, whatever it may be.

9 Take care lest there be an unworthy thought in your heart and you say, 'The seventh year, the year of release is near,' and your eye look grudgingly[1] on your poor brother, and you give him nothing, and he cry to the LORD against you, and you be guilty of sin.

10 You shall give to him freely, and your heart shall not be grudging when you give to him, because for this the LORD your God will bless you in all your work and in all that you undertake.

11 For there will never cease to be poor in the land. Therefore I command you, 'You shall open wide your hand to your brother, to the needy and to the poor, in your land.'

¶ **12** "If your brother, a Hebrew man or a Hebrew woman, is sold[2] to you, he shall serve you six years, and in the seventh year you shall let him go free from you.

13 And when you let him go free from you, you shall not let him go empty-handed.

14 You shall furnish him liberally out of your flock, out of your threshing floor, and out of your winepress. As the LORD your God has blessed you, you shall give to him.

15 You shall remember that you were a slave in the land of Egypt, and the LORD your God redeemed you; therefore I command you this today.

16 But if he says to you, 'I will not go out from you,' because he loves you and your household, since he is well-off with you,

17 then you shall take an awl, and put it through his ear into the door, and he shall be your slave forever. And to your female slave you shall do the same.

18 Und lass dir's nicht schwer fallen, dass du ihn freilässt, denn er hat dir sechs Jahre wie zwei Tagelöhner gedient; so wird der HERR, dein Gott, dich segnen in allem, was du tust.

Heiligung der Erstgeburt

19 Alle Erstgeburt, die unter deinen Rindern und Schafen geboren wird, sollst du, wenn sie männlich ist, dem HERRN, deinem Gott, heiligen. Du sollst nicht ackern mit dem Erstling deiner Rinder und nicht scheren die Erstlinge deiner Schafe.

20 Vor dem HERRN, deinem Gott, sollst du sie essen jährlich an der Stätte, die der HERR erwählt, du und dein Haus.

21 Wenn's aber einen Fehler hat, dass es hinkt oder blind ist oder sonst irgendeinen bösen Fehler hat, so sollst du es nicht opfern dem HERRN, deinem Gott;

22 sondern in deiner Stadt sollst du es essen, du seist unrein oder rein, wie man Reh und Hirsch isst,

23 nur dass du sein Blut nicht isst, sondern es auf die Erde gießt wie Wasser!

Von den drei jährlichen Hauptfesten
(vgl. 2.Mose 23,14-17; 34,18-24; 3.Mose 23,1-44)

16 Achte auf den Monat Abib, dass du Passa hältst dem HERRN, deinem Gott; denn im Monat Abib hat dich der HERR, dein Gott, bei Nacht aus Ägypten geführt.

2 Und du sollst dem HERRN, deinem Gott, das Passa schlachten, Schafe und Rinder, an der Stätte, die der HERR erwählen wird, dass sein Name daselbst wohne.

3 Du sollst kein Gesäuertes dazu essen. Sieben Tage sollst du Ungesäuertes essen, Brot des Elends – denn in Hast bist du aus Ägyptenland geflohen –, auf dass du des Tages deines Auszugs aus Ägyptenland gedenkst dein Leben lang.

4 Es soll sieben Tage lang kein Sauerteig gesehen werden in deinem ganzen Lande und soll auch nichts vom Fleisch, das am Abend des ersten Tages geschlachtet ist, über Nacht bleiben bis zum Morgen.

¶ **5** Du darfst nicht Passa schlachten in irgendeiner deiner Städte, die dir der HERR, dein Gott, gegeben hat,

6 sondern an der Stätte, die der HERR, dein Gott, erwählen wird, dass sein Name daselbst wohne. Da sollst du das Passa schlachten am Abend, wenn die Sonne untergegangen ist, zu der Zeit, als du aus Ägypten zogst,

18 It shall not seem hard to you when you let him go free from you, for at half the cost of a hired servant he has served you six years. So the LORD your God will bless you in all that you do.

¶ **19** "All the firstborn males that are born of your herd and flock you shall dedicate to the LORD your God. You shall do no work with the firstborn of your herd, nor shear the firstborn of your flock.

20 You shall eat it, you and your household, before the LORD your God year by year at the place that the LORD will choose.

21 But if it has any blemish, if it is lame or blind or has any serious blemish whatever, you shall not sacrifice it to the LORD your God.

22 You shall eat it within your towns. The unclean and the clean alike may eat it, as though it were a gazelle or a deer.

23 Only you shall not eat its blood; you shall pour it out on the ground like water.

Passover

16 "Observe the month of Abib and keep the Passover to the LORD your God, for in the month of Abib the LORD your God brought you out of Egypt by night.

2 And you shall offer the Passover sacrifice to the LORD your God, from the flock or the herd, at the place that the LORD will choose, to make his name dwell there.

3 You shall eat no leavened bread with it. Seven days you shall eat it with unleavened bread, the bread of affliction—for you came out of the land of Egypt in haste—that all the days of your life you may remember the day when you came out of the land of Egypt.

4 No leaven shall be seen with you in all your territory for seven days, nor shall any of the flesh that you sacrifice on the evening of the first day remain all night until morning.

5 You may not offer the Passover sacrifice within any of your towns that the LORD your God is giving you,

6 but at the place that the LORD your God will choose, to make his name dwell in it, there you shall offer the Passover sacrifice, in the evening at sunset, at the time you came out of Egypt.

7 und sollst es kochen und essen an der Stätte, die der HERR, dein Gott, erwählen wird, und sollst am Morgen umkehren und heimgehen in deine Wohnung.

8 Sechs Tage sollst du Ungesäuertes essen, und am siebenten Tag ist Festversammlung für den HERRN, deinen Gott; da sollst du keine Arbeit tun.

¶ **9** Sieben Wochen sollst du zählen und damit anfangen, wenn man zuerst die Sichel an die Halme legt,

10 und sollst das Wochenfest halten dem HERRN, deinem Gott, und eine freiwillige Gabe deiner Hand geben je nachdem, wie dich der HERR, dein Gott, gesegnet hat.

11 Und sollst fröhlich sein vor dem HERRN, deinem Gott, du und dein Sohn, deine Tochter, dein Knecht, deine Magd und der Levit, der in deiner Stadt lebt, der Fremdling, die Waise und die Witwe, die in deiner Mitte sind, an der Stätte, die der HERR, dein Gott, erwählen wird, dass sein Name da wohne.

12 Denke daran, dass du Knecht in Ägypten gewesen bist, und beachte und halte diese Gebote.

¶ **13** Das Laubhüttenfest sollst du halten sieben Tage, wenn du eingesammelt hast von deiner Tenne und von deiner Kelter,

14 und du sollst fröhlich sein an deinem Fest, du und dein Sohn, deine Tochter, dein Knecht, deine Magd, der Levit, der Fremdling, die Waise und die Witwe, die in deiner Stadt leben.

15 Sieben Tage sollst du dem HERRN, deinem Gott, das Fest halten an der Stätte, die der HERR erwählen wird. Denn der HERR, dein Gott, wird dich segnen in deiner ganzen Ernte und in allen Werken deiner Hände; darum sollst du fröhlich sein.

¶ **16** Dreimal im Jahr soll alles, was männlich ist in deiner Mitte, vor dem HERRN, deinem Gott, erscheinen an der Stätte, die der HERR erwählen wird: zum Fest der Ungesäuerten Brote, zum Wochenfest und zum Laubhüttenfest. Sie sollen aber nicht mit leeren Händen vor dem HERRN erscheinen,

17 sondern ein jeder mit dem, was er zu geben vermag, nach dem Segen, den dir der HERR, dein Gott, gegeben hat.

7 And you shall cook it and eat it at the place that the LORD your God will choose. And in the morning you shall turn and go to your tents.

8 For six days you shall eat unleavened bread, and on the seventh day there shall be a solemn assembly to the LORD your God. You shall do no work on it.

The Feast of Weeks

¶ **9** "You shall count seven weeks. Begin to count the seven weeks from the time the sickle is first put to the standing grain.

10 Then you shall keep the Feast of Weeks to the LORD your God with the tribute of a freewill offering from your hand, which you shall give as the LORD your God blesses you.

11 And you shall rejoice before the LORD your God, you and your son and your daughter, your male servant and your female servant, the Levite who is within your towns, the sojourner, the fatherless, and the widow who are among you, at the place that the LORD your God will choose, to make his name dwell there.

12 You shall remember that you were a slave in Egypt; and you shall be careful to observe these statutes.

The Feast of Booths

¶ **13** "You shall keep the Feast of Booths seven days, when you have gathered in the produce from your threshing floor and your winepress.

14 You shall rejoice in your feast, you and your son and your daughter, your male servant and your female servant, the Levite, the sojourner, the fatherless, and the widow who are within your towns.

15 For seven days you shall keep the feast to the LORD your God at the place that the LORD will choose, because the LORD your God will bless you in all your produce and in all the work of your hands, so that you will be altogether joyful.

¶ **16** "Three times a year all your males shall appear before the LORD your God at the place that he will choose: at the Feast of Unleavened Bread, at the Feast of Weeks, and at the Feast of Booths. They shall not appear before the LORD empty-handed.

17 Every man shall give as he is able, according to the blessing of the LORD your God that he has given you.

Von den Richtern und Amtleuten

18 Richter und Amtleute sollst du dir bestellen in allen Toren deiner Städte, die dir der HERR, dein Gott, geben wird, in jedem deiner Stämme, dass sie das Volk richten mit gerechtem Gericht.

19 Du sollst das Recht nicht beugen und sollst auch die Person nicht ansehen und keine Geschenke nehmen; denn Geschenke machen die Weisen blind und verdrehen die Sache der Gerechten.

20 Was recht ist, dem sollst du nachjagen, damit du leben und das Land einnehmen kannst, das dir der HERR, dein Gott, geben wird.

Reinheit des Gottesdienstes. Strafe für Götzendienst

21 Du sollst dir keinen Holzpfahl als Ascherabild errichten bei dem Altar des HERRN, deines Gottes, den du dir machst.

22 Du sollst dir kein Steinmal aufrichten; denn das hasst der HERR, dein Gott.

17 Du sollst dem HERRN, deinem Gott, kein Rind oder Schaf opfern, das einen Fehler oder irgendetwas Schlimmes an sich hat; denn das ist dem HERRN, deinem Gott, ein Gräuel.

¶ **2** Wenn bei dir in einer deiner Städte, die dir der HERR, dein Gott, geben wird, jemand gefunden wird, Mann oder Frau, der da tut, was dem HERRN, deinem Gott, missfällt, dass er seinen Bund übertritt

3 und hingeht und dient andern Göttern und betet sie an, es sei Sonne oder Mond oder das ganze Heer des Himmels, was ich nicht geboten habe,

4 und es wird dir angezeigt und du hörst es, so sollst du gründlich danach forschen. Und wenn du findest, dass es gewiss wahr ist, dass solch ein Gräuel in Israel geschehen ist,

5 so sollst du den Mann oder die Frau, die eine solche Übeltat begangen haben, hinausführen zu deinem Tor und sollst sie zu Tode steinigen.

¶ **6** Auf zweier oder dreier Zeugen Mund soll sterben, wer des Todes wert ist, aber auf nur **eines** Zeugen Mund soll er nicht sterben.

7 Die Hand der Zeugen soll die erste sein, ihn zu töten, und danach die Hand des ganzen Volks, dass du das Böse aus deiner Mitte wegtust.

Justice

¶ **18** "You shall appoint judges and officers in all your towns that the LORD your God is giving you, according to your tribes, and they shall judge the people with righteous judgment.

19 You shall not pervert justice. You shall not show partiality, and you shall not accept a bribe, for a bribe blinds the eyes of the wise and subverts the cause of the righteous.

20 Justice, and only justice, you shall follow, that you may live and inherit the land that the LORD your God is giving you.

Forbidden Forms of Worship

¶ **21** "You shall not plant any tree as an Asherah beside the altar of the LORD your God that you shall make.

22 And you shall not set up a pillar, which the LORD your God hates.

17 "You shall not sacrifice to the LORD your God an ox or a sheep in which is a blemish, any defect whatever, for that is an abomination to the LORD your God.

¶ **2** "If there is found among you, within any of your towns that the LORD your God is giving you, a man or woman who does what is evil in the sight of the LORD your God, in transgressing his covenant,

3 and has gone and served other gods and worshiped them, or the sun or the moon or any of the host of heaven, which I have forbidden,

4 and it is told you and you hear of it, then you shall inquire diligently, and if it is true and certain that such an abomination has been done in Israel,

5 then you shall bring out to your gates that man or woman who has done this evil thing, and you shall stone that man or woman to death with stones.

6 On the evidence of two witnesses or of three witnesses the one who is to die shall be put to death; a person shall not be put to death on the evidence of one witness.

7 The hand of the witnesses shall be first against him to put him to death, and afterward the hand of all the people. So you shall purge[1] the evil[2] from your midst.

Einsetzung eines Obergerichtes

8 Wenn eine Sache vor Gericht dir zu schwer sein wird, es gehe um Blutschuld, um Schaden, um Gewalttat oder was sonst Streitsachen sind in deinen Toren, so sollst du dich aufmachen und hinaufgehen zu der Stätte, die der HERR, dein Gott, erwählen wird,

9 und zu den levitischen Priestern kommen und zu dem Richter, der zu der Zeit sein wird, und sie befragen. Die sollen dir das Urteil sagen.

10 Und du sollst tun nach dem, was sie dir sagen an der Stätte, die der HERR erwählen wird, und sollst es halten, dass du tust nach allem, was sie dich lehren werden.

11 An die Weisung, die sie dir geben, und an das Urteil, das sie dir sagen, sollst du dich halten, sodass du davon nicht abweichst weder zur Rechten noch zur Linken.

12 Und wenn jemand vermessen handeln würde, dass er dem Priester nicht gehorcht, der dort im Dienst des HERRN, deines Gottes, steht, oder dem Richter, der soll sterben, und du sollst das Böse aus Israel wegtun,

13 auf dass alles Volk aufhorche und sich fürchte und nicht mehr vermessen sei.

Das Königsgesetz

14 Wenn du in das Land kommst, das dir der HERR, dein Gott, geben wird, und es einnimmst und darin wohnst und dann sagst: Ich will einen König über mich setzen, wie ihn alle Völker um mich her haben,

15 so sollst du den zum König über dich setzen, den der HERR, dein Gott, erwählen wird. Du sollst aber einen aus deinen Brüdern zum König über dich setzen. Du darfst nicht irgendeinen Ausländer, der nicht dein Bruder ist, über dich setzen.

16 Nur dass er nicht viele Rosse halte und führe das Volk nicht wieder nach Ägypten, um die Zahl seiner Rosse zu mehren, weil der HERR euch gesagt hat, dass ihr hinfort nicht wieder diesen Weg gehen sollt.

17 Er soll auch nicht viele Frauen nehmen, dass sein Herz nicht abgewandt werde, und soll auch nicht viel Silber und Gold sammeln.

18 Und wenn er nun sitzen wird auf dem Thron seines Königreichs, soll er eine Abschrift dieses Gesetzes, wie es den levitischen Priestern vorliegt, in ein Buch schreiben lassen.

Legal Decisions by Priests and Judges

¶ **8** "If any case arises requiring decision between one kind of homicide and another, one kind of legal right and another, or one kind of assault and another, any case within your towns that is too difficult for you, then you shall arise and go up to the place that the LORD your God will choose.

9 And you shall come to the Levitical priests and to the judge who is in office in those days, and you shall consult them, and they shall declare to you the decision.

10 Then you shall do according to what they declare to you from that place that the LORD will choose. And you shall be careful to do according to all that they direct you.

11 According to the instructions that they give you, and according to the decision which they pronounce to you, you shall do. You shall not turn aside from the verdict that they declare to you, either to the right hand or to the left.

12 The man who acts presumptuously by not obeying the priest who stands to minister there before the LORD your God, or the judge, that man shall die. So you shall purge the evil from Israel.

13 And all the people shall hear and fear and not act presumptuously again.

Laws Concerning Israel's Kings

¶ **14** "When you come to the land that the LORD your God is giving you, and you possess it and dwell in it and then say, 'I will set a king over me, like all the nations that are around me,'

15 you may indeed set a king over you whom the LORD your God will choose. One from among your brothers you shall set as king over you. You may not put a foreigner over you, who is not your brother.

16 Only he must not acquire many horses for himself or cause the people to return to Egypt in order to acquire many horses, since the LORD has said to you, 'You shall never return that way again.'

17 And he shall not acquire many wives for himself, lest his heart turn away, nor shall he acquire for himself excessive silver and gold.

¶ **18** "And when he sits on the throne of his kingdom, he shall write for himself in a book a copy of this law, approved by[3] the Levitical priests.

19 Das soll bei ihm sein und er soll darin lesen sein Leben lang, damit er den HERRN, seinen Gott, fürchten lernt, dass er halte alle Worte dieses Gesetzes und diese Rechte und danach tue.

20 Sein Herz soll sich nicht erheben über seine Brüder und soll nicht weichen von dem Gebot weder zur Rechten noch zur Linken, auf dass er verlängere die Tage seiner Herrschaft, er und seine Söhne, in Israel.

Recht der Priester und Leviten

18 Die levitischen Priester, der ganze Stamm Levi, sollen weder Anteil noch Erbe haben mit Israel. Von den Feueropfern des HERRN und dem, was ihm gebührt, sollen sie essen.

2 Darum sollen sie kein Erbe unter ihren Brüdern haben; der HERR ist ihr Erbteil, wie er ihnen zugesagt hat.

¶ **3** Das soll aber das Recht der Priester sein an das Volk, an die, die ein Schlachtopfer darbringen, es sei Rind oder Schaf, dass man dem Priester gebe die Vorderkeule und beide Kinnbacken und den Magen

4 und die Erstlinge deines Korns, deines Weins und deines Öls und die Erstlinge von der Schur deiner Schafe.

5 Denn der HERR, dein Gott, hat ihn erwählt aus allen deinen Stämmen, dass er stehe im Dienst im Namen des HERRN, er und seine Söhne für alle Zeit.

¶ **6** Wenn ein Levit kommt aus einer deiner Städte aus ganz Israel, wo er ein Gast ist, und kommt ganz nach seines Herzens Wunsch an die Stätte, die der HERR erwählen wird,

7 so soll er dienen im Namen des HERRN, seines Gottes, wie alle seine Brüder, die Leviten, die dort vor dem HERRN stehen.

8 Sie sollen gleichen Anteil zu essen haben außer dem, was einer hat von dem verkauften Gut seiner Väter.

Von falscher und rechter Prophetie

9 Wenn du in das Land kommst, das dir der HERR, dein Gott, geben wird, so sollst du nicht lernen, die Gräuel dieser Völker zu tun,

10 dass nicht jemand unter dir gefunden werde, der seinen Sohn oder seine Tochter durchs Feuer gehen lässt oder Wahrsagerei, Hellseherei, geheime Künste oder Zauberei treibt

11 oder Bannungen oder Geisterbeschwörungen oder Zeichendeuterei vornimmt oder die Toten befragt.

19 And it shall be with him, and he shall read in it all the days of his life, that he may learn to fear the LORD his God by keeping all the words of this law and these statutes, and doing them,

20 that his heart may not be lifted up above his brothers, and that he may not turn aside from the commandment, either to the right hand or to the left, so that he may continue long in his kingdom, he and his children, in Israel.

Provision for Priests and Levites

18 "The Levitical priests, all the tribe of Levi, shall have no portion or inheritance with Israel. They shall eat the LORD's food offerings[1] as their[2] inheritance.

2 They shall have no inheritance among their brothers; the LORD is their inheritance, as he promised them.

3 And this shall be the priests' due from the people, from those offering a sacrifice, whether an ox or a sheep: they shall give to the priest the shoulder and the two cheeks and the stomach.

4 The firstfruits of your grain, of your wine and of your oil, and the first fleece of your sheep, you shall give him.

5 For the LORD your God has chosen him out of all your tribes to stand and minister in the name of the LORD, him and his sons for all time.

¶ **6** "And if a Levite comes from any of your towns out of all Israel, where he lives—and he may come when he desires[3]—to the place that the LORD will choose,

7 and ministers in the name of the LORD his God, like all his fellow Levites who stand to minister there before the LORD,

8 then he may have equal portions to eat, besides what he receives from the sale of his patrimony.[4]

Abominable Practices

¶ **9** "When you come into the land that the LORD your God is giving you, you shall not learn to follow the abominable practices of those nations.

10 There shall not be found among you anyone who burns his son or his daughter as an offering,[5] anyone who practices divination or tells fortunes or interprets omens, or a sorcerer

11 or a charmer or a medium or a necromancer or one who inquires of the dead,

12 Denn wer das tut, der ist dem Herrn ein Gräuel, und um solcher Gräuel willen vertreibt der Herr, dein Gott, die Völker vor dir.

13 Du aber sollst untadelig sein vor dem Herrn, deinem Gott.

¶ **14** Denn diese Völker, deren Land du einnehmen wirst, hören auf Zeichendeuter und Wahrsager; dir aber hat der Herr, dein Gott, so etwas verwehrt.

15 Einen Propheten wie mich wird dir der Herr, dein Gott, erwecken aus dir und aus deinen Brüdern; dem sollt ihr gehorchen.

16 Ganz so wie du es von dem Herrn, deinem Gott, erbeten hast am Horeb am Tage der Versammlung und sprachst: Ich will hinfort nicht mehr hören die Stimme des Herrn, meines Gottes, und dies große Feuer nicht mehr sehen, damit ich nicht sterbe.

17 Und der Herr sprach zu mir: Sie haben recht geredet.

18 Ich will ihnen einen Propheten, wie du bist, erwecken aus ihren Brüdern und meine Worte in seinen Mund geben; der soll zu ihnen reden alles, was ich ihm gebieten werde.

19 Doch wer meine Worte nicht hören wird, die er in meinem Namen redet, von dem will ich's fordern.

¶ **20** Doch wenn ein Prophet so vermessen ist, dass er redet in meinem Namen, was ich ihm nicht geboten habe, und wenn einer redet in dem Namen anderer Götter, dieser Prophet soll sterben.

21 Wenn du aber in deinem Herzen sagen würdest: Wie kann ich merken, welches Wort der Herr nicht geredet hat? –

22 wenn der Prophet redet in dem Namen des Herrn und es wird nichts daraus und es tritt nicht ein, dann ist das ein Wort, das der Herr nicht geredet hat. Der Prophet hat's aus Vermessenheit geredet; darum scheue dich nicht vor ihm.

Aussonderung von Freistädten als Asyl

19 Wenn der Herr, dein Gott, die Völker ausgerottet hat, deren Land dir der Herr, dein Gott, geben wird, dass du es einnimmst und in ihren Städten und Häusern wohnst,

2 sollst du dir drei Städte aussondern im Lande, das dir der Herr, dein Gott, geben wird, es einzunehmen.

12 for whoever does these things is an abomination to the Lord. And because of these abominations the Lord your God is driving them out before you.

13 You shall be blameless before the Lord your God,

14 for these nations, which you are about to dispossess, listen to fortune-tellers and to diviners. But as for you, the Lord your God has not allowed you to do this.

A New Prophet like Moses

¶ **15** "The Lord your God will raise up for you a prophet like me from among you, from your brothers—it is to him you shall listen—

16 just as you desired of the Lord your God at Horeb on the day of the assembly, when you said, 'Let me not hear again the voice of the Lord my God or see this great fire any more, lest I die.'

17 And the Lord said to me, 'They are right in what they have spoken.

18 I will raise up for them a prophet like you from among their brothers. And I will put my words in his mouth, and he shall speak to them all that I command him.

19 And whoever will not listen to my words that he shall speak in my name, I myself will require it of him.

20 But the prophet who presumes to speak a word in my name that I have not commanded him to speak, or[6] who speaks in the name of other gods, that same prophet shall die.'

21 And if you say in your heart, 'How may we know the word that the Lord has not spoken?'—

22 when a prophet speaks in the name of the Lord, if the word does not come to pass or come true, that is a word that the Lord has not spoken; the prophet has spoken it presumptuously. You need not be afraid of him.

Laws Concerning Cities of Refuge

19 "When the Lord your God cuts off the nations whose land the Lord your God is giving you, and you dispossess them and dwell in their cities and in their houses,

2 you shall set apart three cities for yourselves in the land that the Lord your God is giving you to possess.

3 Und du sollst den Weg dahin herrichten und das Gebiet deines Landes, das dir der HERR, dein Gott, zu eigen geben wird, in drei Kreise teilen, damit dahin fliehen kann, wer einen Totschlag getan hat.

¶ **4** Und in diesem Fall soll ein Totschläger, der dahin flieht, am Leben bleiben: Wenn jemand seinen Nächsten erschlägt, nicht vorsätzlich, und hat vorher keinen Hass gegen ihn gehabt,

5 etwa wenn jemand mit seinem Nächsten in den Wald ginge, Holz zu hauen, und seine Hand holte mit der Axt aus, das Holz abzuhauen, und das Eisen führe vom Stiel und träfe seinen Nächsten, sodass er stirbt: der soll in eine dieser Städte fliehen, damit er am Leben bleibt;

6 auf dass nicht der Bluträcher dem Totschläger nachjage in der Hitze seines Zornes und ihn einhole, weil der Weg so weit ist, und ihn totschlage, wo er doch nicht des Todes schuldig ist, weil er vorher keinen Hass gegen ihn gehabt hat.

7 Darum gebiete ich dir, dass du drei Städte aussonderst.

¶ **8** Und wenn der HERR, dein Gott, dein Gebiet erweitern wird, wie er deinen Vätern geschworen hat, und dir alles Land gibt, das er zugesagt hat, deinen Vätern zu geben

9 – wenn du nur alle diese Gebote halten wirst, dass du danach tust, die ich dir heute gebiete, dass du den HERRN, deinen Gott, liebst und in seinen Wegen wandelst dein Leben lang –, so sollst du noch drei Städte zu diesen dreien hinzutun,

10 auf dass nicht unschuldiges Blut in deinem Lande vergossen werde, das dir der HERR, dein Gott, zum Erbe gibt, und so Blutschuld auf dich komme.

¶ **11** Wenn aber jemand Hass trägt gegen seinen Nächsten und lauert auf ihn und macht sich über ihn her und schlägt ihn tot und flieht in eine dieser Städte,

12 so sollen die Ältesten seiner Stadt hinschicken und ihn von da holen lassen und ihn in die Hände des Bluträchers geben, dass er sterbe.

13 Deine Augen sollen ihn nicht schonen, und du sollst das unschuldig vergossene Blut aus Israel wegtun, dass dir's wohlgehe.

Gegen Landraub und falsches Zeugnis

14 Du sollst deines Nächsten Grenze, die die Vorfahren festgesetzt haben, nicht verrücken in deinem Erbteil, das du erbst, im Lande, das dir der HERR, dein Gott, gegeben hat, es einzunehmen.

3 You shall measure the distances[1] and divide into three parts the area of the land that the LORD your God gives you as a possession, so that any manslayer can flee to them.

¶ **4** "This is the provision for the manslayer, who by fleeing there may save his life. If anyone kills his neighbor unintentionally without having hated him in the past—

5 as when someone goes into the forest with his neighbor to cut wood, and his hand swings the axe to cut down a tree, and the head slips from the handle and strikes his neighbor so that he dies—he may flee to one of these cities and live,

6 lest the avenger of blood in hot anger pursue the manslayer and overtake him, because the way is long, and strike him fatally, though the man did not deserve to die, since he had not hated his neighbor in the past.

7 Therefore I command you, You shall set apart three cities.

8 And if the LORD your God enlarges your territory, as he has sworn to your fathers, and gives you all the land that he promised to give to your fathers—

9 provided you are careful to keep all this commandment, which I command you today, by loving the LORD your God and by walking ever in his ways—then you shall add three other cities to these three,

10 lest innocent blood be shed in your land that the LORD your God is giving you for an inheritance, and so the guilt of bloodshed be upon you.

¶ **11** "But if anyone hates his neighbor and lies in wait for him and attacks him and strikes him fatally so that he dies, and he flees into one of these cities,

12 then the elders of his city shall send and take him from there, and hand him over to the avenger of blood, so that he may die.

13 Your eye shall not pity him, but you shall purge the guilt of innocent blood[2] from Israel, so that it may be well with you.

Property Boundaries

¶ **14** "You shall not move your neighbor's landmark, which the men of old have set, in the inheritance that you will hold in the land that the LORD your God is giving you to possess.

¶ **15** Es soll kein einzelner Zeuge gegen jemand auftreten wegen irgendeiner Missetat oder Sünde, was für eine Sünde es auch sei, die man tun kann, sondern durch zweier oder dreier Zeugen Mund soll eine Sache gültig sein.

¶ **16** Wenn ein frevelhafter Zeuge gegen jemand auftritt, um ihn einer Übertretung zu beschuldigen,

17 so sollen die beiden Männer, die eine Sache miteinander haben, vor den HERRN treten, vor die Priester und Richter, die zu jener Zeit sein werden,

18 und die Richter sollen gründlich nachforschen. Und wenn der falsche Zeuge ein falsches Zeugnis wider seinen Bruder gegeben hat,

19 so sollt ihr mit ihm tun, wie er gedachte, seinem Bruder zu tun, damit du das Böse aus deiner Mitte wegtust,

20 auf dass die andern aufhorchen, sich fürchten und hinfort nicht mehr solche bösen Dinge tun in deiner Mitte.

21 Dein Auge soll ihn nicht schonen: Leben um Leben, Auge um Auge, Zahn um Zahn, Hand um Hand, Fuß um Fuß.

Kriegsgesetze

20 Wenn du in einen Krieg ziehst gegen deine Feinde und siehst Rosse und Wagen eines Heeres, das größer ist als du, so fürchte dich nicht vor ihnen; denn der HERR, dein Gott, der dich aus Ägyptenland geführt hat, ist mit dir.

2 Wenn ihr nun auszieht zum Kampf, so soll der Priester herzutreten und mit dem Volk reden

3 und zu ihnen sprechen: Israel, höre zu! Ihr zieht heute in den Kampf gegen eure Feinde. Euer Herz verzage nicht, fürchtet euch nicht und erschreckt nicht und lasst euch nicht grauen vor ihnen;

4 denn der HERR, euer Gott, geht mit euch, dass er für euch streite mit euren Feinden, um euch zu helfen.

¶ **5** Und die Amtleute sollen mit dem Volk reden und sagen: Wer ein neues Haus gebaut hat und hat's noch nicht eingeweiht, der mache sich auf und kehre heim, auf dass er nicht sterbe im Krieg und ein anderer es einweihe.

6 Wer einen Weinberg gepflanzt hat und hat seine Früchte noch nicht genossen, der mache sich auf und kehre heim, dass er nicht im Kriege sterbe und ein anderer seine Früchte genieße.

¶ **15** "A single witness shall not suffice against a person for any crime or for any wrong in connection with any offense that he has committed. Only on the evidence of two witnesses or of three witnesses shall a charge be established.

16 If a malicious witness arises to accuse a person of wrongdoing,

17 then both parties to the dispute shall appear before the LORD, before the priests and the judges who are in office in those days.

18 The judges shall inquire diligently, and if the witness is a false witness and has accused his brother falsely,

19 then you shall do to him as he had meant to do to his brother. So you shall purge the evil[3] from your midst.

20 And the rest shall hear and fear, and shall never again commit any such evil among you.

21 Your eye shall not pity. It shall be life for life, eye for eye, tooth for tooth, hand for hand, foot for foot.

Laws Concerning Warfare

20 "When you go out to war against your enemies, and see horses and chariots and an army larger than your own, you shall not be afraid of them, for the LORD your God is with you, who brought you up out of the land of Egypt.

2 And when you draw near to the battle, the priest shall come forward and speak to the people

3 and shall say to them, 'Hear, O Israel, today you are drawing near for battle against your enemies: let not your heart faint. Do not fear or panic or be in dread of them,

4 for the LORD your God is he who goes with you to fight for you against your enemies, to give you the victory.'

5 Then the officers shall speak to the people, saying, 'Is there any man who has built a new house and has not dedicated it? Let him go back to his house, lest he die in the battle and another man dedicate it.

6 And is there any man who has planted a vineyard and has not enjoyed its fruit? Let him go back to his house, lest he die in the battle and another man enjoy its fruit.

7 Wer mit einem Mädchen verlobt ist und hat es noch nicht heimgeholt, der mache sich auf und kehre heim, dass er nicht im Krieg sterbe und ein anderer hole es heim.

8 Und die Amtleute sollen weiter mit dem Volk reden und sprechen: Wer sich fürchtet und ein verzagtes Herz hat, der mache sich auf und kehre heim, auf dass er nicht auch das Herz seiner Brüder feige mache, wie sein Herz ist.

9 Und wenn die Amtleute dies alles zu dem Volk geredet haben, so sollen sie Heerführer an die Spitze des Volks stellen.

¶ **10** Wenn du vor eine Stadt ziehst, um gegen sie zu kämpfen, so sollst du ihr zuerst den Frieden anbieten.

11 Antwortet sie dir friedlich und tut dir ihre Tore auf, so soll das ganze Volk, das darin gefunden wird, dir fronpflichtig sein und dir dienen.

12 Will sie aber nicht Frieden machen mit dir, sondern mit dir Krieg führen, so belagere sie.

13 Und wenn sie der HERR, dein Gott, dir in die Hand gibt, so sollst du alles, was männlich darin ist, mit der Schärfe des Schwerts erschlagen.

14 Nur die Frauen, die Kinder und das Vieh und alles, was in der Stadt ist, und alle Beute sollst du unter dir austeilen und sollst essen von der Beute deiner Feinde, die dir der HERR, dein Gott, gegeben hat.

15 So sollst du mit allen Städten tun, die sehr fern von dir liegen und nicht zu den Städten dieser Völker hier gehören.

¶ **16** Aber in den Städten dieser Völker hier, die dir der HERR, dein Gott, zum Erbe geben wird, sollst du nichts leben lassen, was Odem hat,

17 sondern sollst an ihnen den Bann vollstrecken, nämlich an den Hetitern, Amoritern, Kanaanitern, Perisitern, Hiwitern und Jebusitern, wie dir der HERR, dein Gott, geboten hat,

18 damit sie euch nicht lehren, all die Gräuel zu tun, die sie im Dienst ihrer Götter treiben, und ihr euch so versündigt an dem HERRN, eurem Gott.

¶ **19** Wenn du vor einer Stadt lange Zeit liegen musst, gegen die du kämpfst, um sie zu erobern, so sollst du ihre Bäume nicht verderben und mit Äxten umhauen, denn du kannst davon essen; darum sollst du sie nicht fällen. Die Bäume auf dem Felde sind doch nicht Menschen, dass du sie belagern müsstest!

7 And is there any man who has betrothed a wife and has not taken her? Let him go back to his house, lest he die in the battle and another man take her.'

8 And the officers shall speak further to the people, and say, 'Is there any man who is fearful and fainthearted? Let him go back to his house, lest he make the heart of his fellows melt like his own.'

9 And when the officers have finished speaking to the people, then commanders shall be appointed at the head of the people.

¶ **10** "When you draw near to a city to fight against it, offer terms of peace to it.

11 And if it responds to you peaceably and it opens to you, then all the people who are found in it shall do forced labor for you and shall serve you.

12 But if it makes no peace with you, but makes war against you, then you shall besiege it.

13 And when the LORD your God gives it into your hand, you shall put all its males to the sword,

14 but the women and the little ones, the livestock, and everything else in the city, all its spoil, you shall take as plunder for yourselves. And you shall enjoy the spoil of your enemies, which the LORD your God has given you.

15 Thus you shall do to all the cities that are very far from you, which are not cities of the nations here.

16 But in the cities of these peoples that the LORD your God is giving you for an inheritance, you shall save alive nothing that breathes,

17 but you shall devote them to complete destruction,[1] the Hittites and the Amorites, the Canaanites and the Perizzites, the Hivites and the Jebusites, as the LORD your God has commanded,

18 that they may not teach you to do according to all their abominable practices that they have done for their gods, and so you sin against the LORD your God.

¶ **19** "When you besiege a city for a long time, making war against it in order to take it, you shall not destroy its trees by wielding an axe against them. You may eat from them, but you shall not cut them down. Are the trees in the field human, that they should be besieged by you?

20 Die Bäume aber, von denen du weißt, dass man nicht davon isst, die darfst du verderben und fällen und ein Bollwerk daraus bauen gegen die Stadt, die mit dir Krieg führt, bis du sie besiegt hast.

Sühnung eines Mordes von unbekannter Hand

21 Wenn man einen Erschlagenen findet in dem Lande, das dir der HERR, dein Gott, geben wird, es einzunehmen, und er liegt auf freiem Felde und man weiß nicht, wer ihn erschlagen hat,

2 so sollen deine Ältesten und Richter hinausgehen und den Weg abmessen von dem Erschlagenen bis zu den umliegenden Städten.

3 Welche Stadt am nächsten liegt, deren Älteste sollen eine junge Kuh nehmen, mit der man noch nicht gearbeitet und die noch nicht am Joch gezogen hat,

4 und sollen sie hinabführen in einen Talgrund, der weder bearbeitet noch besät ist, und dort im Talgrund ihr das Genick brechen.

5 Und die Priester, die Leviten, sollen herzutreten, denn der HERR, dein Gott, hat sie erwählt, dass sie ihm dienen und in seinem Namen segnen, und nach ihrem Urteil sollen alle Sachen und alle Schäden gerichtet werden.

6 Und alle Ältesten der Stadt, die dem Erschlagenen am nächsten liegt, sollen ihre Hände waschen über der jungen Kuh, der im Talgrund das Genick gebrochen ist.

7 Und sie sollen anheben und sagen: Unsere Hände haben dies Blut nicht vergossen, und unsere Augen haben's nicht gesehen.

8 Entsühne dein Volk Israel, das du, der HERR, erlöst hast; lege nicht das unschuldig vergossene Blut auf dein Volk Israel! So wird für sie die Blutschuld gesühnt sein.

9 So sollst du das unschuldig vergossene Blut aus deiner Mitte wegtun, damit du handelst, wie es recht ist vor den Augen des HERRN.

Ehe mit kriegsgefangenen Frauen

10 Wenn du in einen Krieg ziehst gegen deine Feinde und der HERR, dein Gott, gibt sie dir in deine Hände, dass du Gefangene von ihnen wegführst,

11 und siehst unter den Gefangenen ein schönes Mädchen und gewinnst sie lieb, dass du sie zur Frau nimmst,

12 so führe sie in dein Haus und lass sie ihr Haar abscheren und ihre Nägel beschneiden

20 Only the trees that you know are not trees for food you may destroy and cut down, that you may build siegeworks against the city that makes war with you, until it falls.

Atonement for Unsolved Murders

21 "If in the land that the LORD your God is giving you to possess someone is found slain, lying in the open country, and it is not known who killed him,

2 then your elders and your judges shall come out, and they shall measure the distance to the surrounding cities.

3 And the elders of the city that is nearest to the slain man shall take a heifer that has never been worked and that has not pulled in a yoke.

4 And the elders of that city shall bring the heifer down to a valley with running water, which is neither plowed nor sown, and shall break the heifer's neck there in the valley.

5 Then the priests, the sons of Levi, shall come forward, for the LORD your God has chosen them to minister to him and to bless in the name of the LORD, and by their word every dispute and every assault shall be settled.

6 And all the elders of that city nearest to the slain man shall wash their hands over the heifer whose neck was broken in the valley,

7 and they shall testify, 'Our hands did not shed this blood, nor did our eyes see it shed.

8 Accept atonement, O LORD, for your people Israel, whom you have redeemed, and do not set the guilt of innocent blood in the midst of your people Israel, so that their blood guilt be atoned for.'

9 So you shall purge the guilt of innocent blood from your midst, when you do what is right in the sight of the LORD.

Marrying Female Captives

¶ **10** "When you go out to war against your enemies, and the LORD your God gives them into your hand and you take them captive,

11 and you see among the captives a beautiful woman, and you desire to take her to be your wife,

12 and you bring her home to your house, she shall shave her head and pare her nails.

13 und die Kleider ablegen, in denen sie gefangen genommen wurde, und lass sie in deinem Hause sein und einen Monat lang ihren Vater und ihre Mutter beweinen. Danach geh zu ihr und nimm sie zur Ehe und lass sie deine Frau sein.

14 Wenn du aber kein Gefallen mehr an ihr hast, so sollst du sie gehen lassen, wohin sie will; du sollst sie aber nicht um Geld verkaufen oder als Sklavin behandeln, weil du zu ihr eingegangen bist.

Vom Recht des Erstgeborenen

15 Wenn jemand zwei Frauen hat, eine, die er lieb hat, und eine, die er nicht lieb hat, und beide ihm Kinder gebären, die Frau die er lieb hat, und die ungeliebte, und der Erstgeborene ist von der ungeliebten Frau

16 und die Zeit kommt, dass er seinen Söhnen das Erbe austeile, so kann er nicht den Sohn der Frau, die er lieb hat, zum erstgeborenen Sohn machen vor dem erstgeborenen Sohn der ungeliebten;

17 sondern er soll den Sohn der ungeliebten Frau als den ersten Sohn anerkennen und ihm zwei Teile geben von allem, was vorhanden ist; denn dieser ist der Erstling seiner Kraft, und sein ist das Recht der Erstgeburt.

Todesstrafe für ungeratene Söhne

18 Wenn jemand einen widerspenstigen und ungehorsamen Sohn hat, der der Stimme seines Vaters und seiner Mutter nicht gehorcht und auch, wenn sie ihn züchtigen, ihnen nicht gehorchen will,

19 so sollen ihn Vater und Mutter ergreifen und zu den Ältesten der Stadt führen und zu dem Tor des Ortes

20 und zu den Ältesten der Stadt sagen: Dieser unser Sohn ist widerspenstig und ungehorsam und gehorcht unserer Stimme nicht und ist ein Prasser und Trunkenbold.

21 So sollen ihn steinigen alle Leute seiner Stadt, dass er sterbe, und du sollst so das Böse aus deiner Mitte wegtun, dass ganz Israel aufhorche und sich fürchte.

Bestattung eines Aufgehängten

22 Wenn jemand eine Sünde getan hat, die des Todes würdig ist, und wird getötet und man hängt ihn an ein Holz,

23 so soll sein Leichnam nicht über Nacht an dem Holz bleiben, sondern du sollst ihn am selben Tage begraben – denn ein Aufgehängter ist verflucht bei Gott –, auf dass du dein Land nicht unrein machst, das dir der HERR, dein Gott, zum Erbe gibt.

13 And she shall take off the clothes in which she was captured and shall remain in your house and lament her father and her mother a full month. After that you may go in to her and be her husband, and she shall be your wife.

14 But if you no longer delight in her, you shall let her go where she wants. But you shall not sell her for money, nor shall you treat her as a slave, since you have humiliated her.

Inheritance Rights of the Firstborn

¶ **15** "If a man has two wives, the one loved and the other unloved, and both the loved and the unloved have borne him children, and if the firstborn son belongs to the unloved,[1]

16 then on the day when he assigns his possessions as an inheritance to his sons, he may not treat the son of the loved as the firstborn in preference to the son of the unloved, who is the firstborn,

17 but he shall acknowledge the firstborn, the son of the unloved, by giving him a double portion of all that he has, for he is the firstfruits of his strength. The right of the firstborn is his.

A Rebellious Son

¶ **18** "If a man has a stubborn and rebellious son who will not obey the voice of his father or the voice of his mother, and, though they discipline him, will not listen to them,

19 then his father and his mother shall take hold of him and bring him out to the elders of his city at the gate of the place where he lives,

20 and they shall say to the elders of his city, 'This our son is stubborn and rebellious; he will not obey our voice; he is a glutton and a drunkard.'

21 Then all the men of the city shall stone him to death with stones. So you shall purge the evil from your midst, and all Israel shall hear, and fear.

A Man Hanged on a Tree Is Cursed

¶ **22** "And if a man has committed a crime punishable by death and he is put to death, and you hang him on a tree,

23 his body shall not remain all night on the tree, but you shall bury him the same day, for a hanged man is cursed by God. You shall not defile your land that the LORD your God is giving you for an inheritance.

Verschiedene Vorschriften

22 Wenn du deines Bruders Rind oder Schaf irregehen siehst, so sollst du dich ihrer annehmen und sie wieder zu deinem Bruder führen.

2 Wenn aber dein Bruder nicht nahe bei dir wohnt und du kennst ihn nicht, so sollst du sie in dein Haus nehmen, dass sie bei dir bleiben, bis sie dein Bruder sucht, und sollst sie ihm dann wiedergeben.

3 So sollst du tun mit seinem Esel, mit seinem Kleid und mit allem Verlorenen, das dein Bruder verliert und du findest; du darfst dich dem nicht entziehen.

¶ 4 Wenn du deines Bruders Esel oder Rind unterwegs fallen siehst, so sollst du dich ihrer annehmen und ihnen aufhelfen.

¶ 5 Eine Frau soll nicht Männersachen tragen und ein Mann soll nicht Frauenkleider anziehen; denn wer das tut, der ist dem HERRN, deinem Gott, ein Gräuel.

¶ 6 Wenn du unterwegs ein Vogelnest findest auf einem Baum oder auf der Erde mit Jungen oder mit Eiern und die Mutter sitzt auf den Jungen oder auf den Eiern, so sollst du nicht die Mutter mit den Jungen nehmen,

7 sondern du darfst die Jungen nehmen, aber die Mutter sollst du fliegen lassen, auf dass dir's wohlgehe und du lange lebest.

¶ 8 Wenn du ein neues Haus baust, so mache ein Geländer ringsum auf deinem Dache, damit du nicht Blutschuld auf dein Haus lädst, wenn jemand herabfällt.

¶ 9 Du sollst deinen Weinberg nicht mit Zweierlei bepflanzen, damit dem Heiligtum nicht das Ganze verfalle: der Same, den du gesät hast, und der Ertrag des Weinbergs.

10 Du sollst nicht ackern zugleich mit einem Rind und einem Esel.

11 Du sollst nicht anziehen ein Kleid, das aus Wolle und Leinen zugleich gemacht ist.

¶ 12 Du sollst dir Quasten machen an den vier Zipfeln deines Mantels, mit dem du dich bedeckst.

Gesetze zum Schutz der Verleumdeten und Vergewaltigten

13 Wenn jemand ein Mädchen zur Frau nimmt und wird ihrer überdrüssig, nachdem er zu ihr gegangen ist,

14 und legt ihr etwas Schändliches zur Last und bringt ein böses Gerücht über sie auf und spricht: Dies Mädchen hab ich geheiratet und als ich zu ihr ging, fand ich sie nicht als Jungfrau,

Various Laws

22 "You shall not see your brother's ox or his sheep going astray and ignore them. You shall take them back to your brother.

2 And if he does not live near you and you do not know who he is, you shall bring it home to your house, and it shall stay with you until your brother seeks it. Then you shall restore it to him.

3 And you shall do the same with his donkey or with his garment, or with any lost thing of your brother's, which he loses and you find; you may not ignore it.

4 You shall not see your brother's donkey or his ox fallen down by the way and ignore them. You shall help him to lift them up again.

¶ 5 "A woman shall not wear a man's garment, nor shall a man put on a woman's cloak, for whoever does these things is an abomination to the LORD your God.

¶ 6 "If you come across a bird's nest in any tree or on the ground, with young ones or eggs and the mother sitting on the young or on the eggs, you shall not take the mother with the young.

7 You shall let the mother go, but the young you may take for yourself, that it may go well with you, and that you may live long.

¶ 8 "When you build a new house, you shall make a parapet for your roof, that you may not bring the guilt of blood upon your house, if anyone should fall from it.

¶ 9 "You shall not sow your vineyard with two kinds of seed, lest the whole yield be forfeited,[1] the crop that you have sown and the yield of the vineyard.

10 You shall not plow with an ox and a donkey together.

11 You shall not wear cloth of wool and linen mixed together.

¶ 12 "You shall make yourself tassels on the four corners of the garment with which you cover yourself.

Laws Concerning Sexual Immorality

¶ 13 "If any man takes a wife and goes in to her and then hates her

14 and accuses her of misconduct and brings a bad name upon her, saying, 'I took this woman, and when I came near her, I did not find in her evidence of virginity,'

15 so sollen Vater und Mutter des Mädchens die Zeichen ihrer Jungfräulichkeit nehmen und vor die Ältesten der Stadt im Tor bringen.

16 Und der Vater des Mädchens soll zu den Ältesten sagen: Ich habe diesem Mann meine Tochter zur Frau gegeben; nun ist er ihrer überdrüssig geworden

17 und legt ihr Schändliches zur Last und spricht: Ich habe deine Tochter nicht als Jungfrau gefunden. Hier aber sind die Zeichen der Jungfräulichkeit meiner Tochter. Und sie sollen die Decke vor den Ältesten der Stadt ausbreiten.

18 Und die Ältesten der Stadt sollen den Mann nehmen und züchtigen

19 und ihm eine Buße von hundert Silberstücken auferlegen und sie dem Vater des Mädchens geben, weil er über eine Jungfrau in Israel ein böses Gerücht aufgebracht hat. Und er soll sie als Frau behalten und darf sie sein Leben lang nicht entlassen.

20 Ist's aber die Wahrheit, dass das Mädchen nicht mehr Jungfrau war,

21 so soll man sie heraus vor die Tür des Hauses ihres Vaters führen, und die Leute der Stadt sollen sie zu Tode steinigen, weil sie eine Schandtat in Israel begangen und in ihres Vaters Hause Hurerei getrieben hat; so sollst du das Böse aus deiner Mitte wegtun.

¶ **22** Wenn jemand dabei ergriffen wird, dass er einer Frau beiwohnt, die einen Ehemann hat, so sollen sie beide sterben, der Mann und die Frau, der er beigewohnt hat; so sollst du das Böse aus Israel wegtun.

¶ **23** Wenn eine Jungfrau verlobt ist und ein Mann trifft sie innerhalb der Stadt und wohnt ihr bei,

24 so sollt ihr sie alle beide zum Stadttor hinausführen und sollt sie beide steinigen, dass sie sterben, die Jungfrau, weil sie nicht geschrien hat, obwohl sie doch in der Stadt war, den Mann, weil er seines Nächsten Braut geschändet hat; so sollst du das Böse aus deiner Mitte wegtun.

¶ **25** Wenn aber jemand ein verlobtes Mädchen auf freiem Felde trifft und ergreift sie und wohnt ihr bei, so soll der Mann allein sterben, der ihr beigewohnt hat,

26 aber dem Mädchen sollst du nichts tun, denn sie hat keine Sünde getan, die des Todes wert ist; sondern dies ist so, wie wenn jemand sich gegen seinen Nächsten erhöbe und ihn totschlüge.

27 Denn er fand sie auf freiem Felde und das verlobte Mädchen schrie und niemand war da, der ihr half.

15 then the father of the young woman and her mother shall take and bring out the evidence of her virginity to the elders of the city in the gate.

16 And the father of the young woman shall say to the elders, 'I gave my daughter to this man to marry, and he hates her;

17 and behold, he has accused her of misconduct, saying, "I did not find in your daughter evidence of virginity." And yet this is the evidence of my daughter's virginity.' And they shall spread the cloak before the elders of the city.

18 Then the elders of that city shall take the man and whip² him,

19 and they shall fine him a hundred shekels³ of silver and give them to the father of the young woman, because he has brought a bad name upon a virgin⁴ of Israel. And she shall be his wife. He may not divorce her all his days.

20 But if the thing is true, that evidence of virginity was not found in the young woman,

21 then they shall bring out the young woman to the door of her father's house, and the men of her city shall stone her to death with stones, because she has done an outrageous thing in Israel by whoring in her father's house. So you shall purge the evil from your midst.

¶ **22** "If a man is found lying with the wife of another man, both of them shall die, the man who lay with the woman, and the woman. So you shall purge the evil from Israel.

¶ **23** "If there is a betrothed virgin, and a man meets her in the city and lies with her,

24 then you shall bring them both out to the gate of that city, and you shall stone them to death with stones, the young woman because she did not cry for help though she was in the city, and the man because he violated his neighbor's wife. So you shall purge the evil from your midst.

¶ **25** "But if in the open country a man meets a young woman who is betrothed, and the man seizes her and lies with her, then only the man who lay with her shall die.

26 But you shall do nothing to the young woman; she has committed no offense punishable by death. For this case is like that of a man attacking and murdering his neighbor,

27 because he met her in the open country, and though the betrothed young woman cried for help there was no one to rescue her.

¶ **28** Wenn jemand eine Jungfrau trifft, die nicht verlobt ist, und ergreift sie und wohnt ihr bei und wird dabei betroffen,

29 so soll, der ihr beigewohnt hat, ihrem Vater fünfzig Silberstücke geben und soll sie zur Frau haben, weil er ihr Gewalt angetan hat; er darf sie nicht entlassen sein Leben lang.

23 Niemand soll seines Vaters Frau nehmen und aufdecken seines Vaters Decke.

Wer in die Gemeinde des Herrn nicht aufgenommen werden darf

2 Kein Entmannter oder Verschnittener soll in die Gemeinde des HERRN kommen.

¶ **3** Es soll auch kein Mischling in die Gemeinde des HERRN kommen; auch seine Nachkommenschaft bis ins zehnte Glied soll nicht in die Gemeinde des HERRN kommen.

¶ **4** Die Ammoniter und Moabiter sollen nicht in die Gemeinde des HERRN kommen, auch nicht ihre Nachkommen bis ins zehnte Glied; sie sollen nie hineinkommen,

5 weil sie euch nicht entgegenkamen mit Brot und Wasser auf dem Wege, als ihr aus Ägypten zogt, vielmehr gegen euch den Bileam dingten, den Sohn Beors aus Petor in Mesopotamien, dass er dich verfluchen sollte.

6 Aber der HERR, dein Gott, wollte Bileam nicht hören und wandelte dir den Fluch in Segen um, weil dich der HERR, dein Gott, lieb hatte.

7 Du sollst nie ihren Frieden noch ihr Bestes suchen dein Leben lang.

¶ **8** Den Edomiter sollst du nicht verabscheuen; er ist dein Bruder. Den Ägypter sollst du auch nicht verabscheuen; denn du bist ein Fremdling in seinem Lande gewesen.

9 Die Kinder, die sie im dritten Glied zeugen, dürfen in die Gemeinde des HERRN kommen.

Reinhaltung des Kriegslagers

10 Wenn du ausziehst gegen deine Feinde und ein Lager aufschlägst, so hüte dich vor allem Bösen.

11 Wenn jemand unter dir ist, der nicht rein ist, weil ihm des Nachts etwas widerfahren ist, der soll hinaus vor das Lager gehen und nicht wieder hineinkommen,

12 bis er vor dem Abend sich mit Wasser gewaschen hat; und wenn die Sonne untergegangen ist, soll er wieder ins Lager gehen.

¶ **28** "If a man meets a virgin who is not betrothed, and seizes her and lies with her, and they are found,

29 then the man who lay with her shall give to the father of the young woman fifty shekels of silver, and she shall be his wife, because he has violated her. He may not divorce her all his days.

¶**30**[5] "A man shall not take his father's wife, so that he does not uncover his father's nakedness.[6]

Those Excluded from the Assembly

23 "No one whose testicles are crushed or whose male organ is cut off shall enter the assembly of the LORD.

¶ **2** "No one born of a forbidden union may enter the assembly of the LORD. Even to the tenth generation, none of his descendants may enter the assembly of the LORD.

¶ **3** "No Ammonite or Moabite may enter the assembly of the LORD. Even to the tenth generation, none of them may enter the assembly of the LORD forever,

4 because they did not meet you with bread and with water on the way, when you came out of Egypt, and because they hired against you Balaam the son of Beor from Pethor of Mesopotamia, to curse you.

5 But the LORD your God would not listen to Balaam; instead the LORD your God turned the curse into a blessing for you, because the LORD your God loved you.

6 You shall not seek their peace or their prosperity all your days forever.

¶ **7** "You shall not abhor an Edomite, for he is your brother. You shall not abhor an Egyptian, because you were a sojourner in his land.

8 Children born to them in the third generation may enter the assembly of the LORD.

Uncleanness in the Camp

¶ **9** "When you are encamped against your enemies, then you shall keep yourself from every evil thing.

¶ **10** "If any man among you becomes unclean because of a nocturnal emission, then he shall go outside the camp. He shall not come inside the camp,

11 but when evening comes, he shall bathe himself in water, and as the sun sets, he may come inside the camp.

¶ **13** Und du sollst draußen vor dem Lager einen Platz haben, wohin du zur Notdurft hinausgehst.

14 Und du sollst eine Schaufel haben und wenn du dich draußen setzen willst, sollst du damit graben; und wenn du gesessen hast, sollst du zuscharren, was von dir gegangen ist.

15 Denn der HERR, dein Gott, zieht mit dir inmitten deines Lagers, um dich zu erretten und deine Feinde vor dir dahinzugeben. Darum soll dein Lager heilig sein, dass nichts Schändliches unter dir gesehen werde und er sich von dir wende.

Gebote für das Leben des Volkes

16 Du sollst den Knecht nicht seinem Herrn ausliefern, der von ihm zu dir geflüchtet ist.

17 Er soll bei dir bleiben an dem Ort, den er erwählt, in einer deiner Städte, wo es ihm gefällt. Du sollst ihn nicht bedrücken.

¶ **18** Es soll keine Tempeldirne sein unter den Töchtern Israel und kein Tempelhurer unter den Söhnen Israel.

19 Du sollst keinen Hurenlohn noch Hundegeld in das Haus des HERRN, deines Gottes, bringen aus irgendeinem Gelübde; denn das ist dem HERRN, deinem Gott, beides ein Gräuel.

¶ **20** Du sollst von deinem Bruder nicht Zinsen nehmen, weder für Geld noch für Speise noch für alles, wofür man Zinsen nehmen kann.

21 Von dem Ausländer darfst du Zinsen nehmen, aber nicht von deinem Bruder, auf dass dich der HERR, dein Gott, segne in allem, was du unternimmst in dem Lande, dahin du kommst, es einzunehmen.

¶ **22** Wenn du dem HERRN, deinem Gott, ein Gelübde tust, so sollst du nicht zögern, es zu erfüllen; denn der HERR, dein Gott, wird's von dir fordern und es wird Schuld auf dich fallen.

23 Wenn du das Geloben unterlässt, so wird keine Schuld auf dich fallen.

24 Aber was über deine Lippen gegangen ist, sollst du halten und danach tun, wie du dem HERRN, deinem Gott, freiwillig gelobt und mit deinem Mund geredet hast.

¶ **25** Wenn du in deines Nächsten Weinberg gehst, so darfst du Trauben essen nach deinem Wunsch, bis du satt bist, aber du sollst nichts in dein Gefäß tun.

26 Wenn du in das Kornfeld deines Nächsten gehst, so darfst du mit der Hand Ähren abrupfen, aber mit der Sichel sollst du nicht dreinfahren.

¶ **12** "You shall have a place outside the camp, and you shall go out to it.

13 And you shall have a trowel with your tools, and when you sit down outside, you shall dig a hole with it and turn back and cover up your excrement.

14 Because the LORD your God walks in the midst of your camp, to deliver you and to give up your enemies before you, therefore your camp must be holy, so that he may not see anything indecent among you and turn away from you.

Miscellaneous Laws

¶ **15** "You shall not give up to his master a slave who has escaped from his master to you.

16 He shall dwell with you, in your midst, in the place that he shall choose within one of your towns, wherever it suits him. You shall not wrong him.

¶ **17** "None of the daughters of Israel shall be a cult prostitute, and none of the sons of Israel shall be a cult prostitute.

18 You shall not bring the fee of a prostitute or the wages of a dog[1] into the house of the LORD your God in payment for any vow, for both of these are an abomination to the LORD your God.

¶ **19** "You shall not charge interest on loans to your brother, interest on money, interest on food, interest on anything that is lent for interest.

20 You may charge a foreigner interest, but you may not charge your brother interest, that the LORD your God may bless you in all that you undertake in the land that you are entering to take possession of it.

¶ **21** "If you make a vow to the LORD your God, you shall not delay fulfilling it, for the LORD your God will surely require it of you, and you will be guilty of sin.

22 But if you refrain from vowing, you will not be guilty of sin.

23 You shall be careful to do what has passed your lips, for you have voluntarily vowed to the LORD your God what you have promised with your mouth.

¶ **24** "If you go into your neighbor's vineyard, you may eat your fill of grapes, as many as you wish, but you shall not put any in your bag.

25 If you go into your neighbor's standing grain, you may pluck the ears with your hand, but you shall not put a sickle to your neighbor's standing grain.

Weitere Ehegesetze

24 Wenn jemand eine Frau zur Ehe nimmt und sie nicht Gnade findet vor seinen Augen, weil er etwas Schändliches an ihr gefunden hat, und er einen Scheidebrief schreibt und ihr in die Hand gibt und sie aus seinem Hause entlässt

2 und wenn sie dann aus seinem Hause gegangen ist und hingeht und wird eines andern Frau

3 und dieser andere Mann ihrer auch überdrüssig wird und einen Scheidebrief schreibt und ihr in die Hand gibt und sie aus seinem Hause entlässt oder wenn dieser andere Mann stirbt, der sie sich zur Frau genommen hatte,

4 so kann sie ihr erster Mann, der sie entließ, nicht wieder zur Frau nehmen, nachdem sie unrein geworden ist – denn solches ist ein Gräuel vor dem Herrn –, damit du nicht Sünde über das Land bringst, das dir der Herr, dein Gott, zum Erbe gegeben hat.

¶ **5** Wenn jemand sich kurz vorher eine Frau genommen hat, soll er nicht mit dem Heer ausziehen und man soll ihm nichts auferlegen. Er soll frei in seinem Hause sein ein Jahr lang, dass er fröhlich sei mit seiner Frau, die er genommen hat.

Das Recht der Schwachen und Armen

6 Du sollst nicht zum Pfande nehmen den unteren und oberen Mühlstein; denn damit hättest du das Leben zum Pfand genommen.

¶ **7** Wenn jemand ergriffen wird, der von seinen Brüdern, den Israeliten, einen Menschen raubt und ihn gewalttätig behandelt oder ihn verkauft: Solch ein Dieb soll sterben, dass du das Böse aus deiner Mitte wegtust.

¶ **8** Hüte dich beim Auftreten von Aussatz, dass du alles genau hältst und tust, was dich die levitischen Priester lehren; wie ich ihnen geboten habe, so sollt ihr's halten und danach tun.

9 Bedenke, was der Herr, dein Gott, mit Mirjam tat auf dem Wege, als ihr aus Ägypten zogt.

¶ **10** Wenn du deinem Nächsten irgendetwas borgst, so sollst du nicht in sein Haus gehen und ihm ein Pfand nehmen,

11 sondern du sollst draußen stehen und er, dem du borgst, soll sein Pfand zu dir herausbringen.

12 Ist er aber bedürftig, so sollst du dich nicht schlafen legen mit seinem Pfand,

Laws Concerning Divorce

24 "When a man takes a wife and marries her, if then she finds no favor in his eyes because he has found some indecency in her, and he writes her a certificate of divorce and puts it in her hand and sends her out of his house, and she departs out of his house,

2 and if she goes and becomes another man's wife,

3 and the latter man hates her and writes her a certificate of divorce and puts it in her hand and sends her out of his house, or if the latter man dies, who took her to be his wife,

4 then her former husband, who sent her away, may not take her again to be his wife, after she has been defiled, for that is an abomination before the Lord. And you shall not bring sin upon the land that the Lord your God is giving you for an inheritance.

Miscellaneous Laws

¶ **5** "When a man is newly married, he shall not go out with the army or be liable for any other public duty. He shall be free at home one year to be happy with his wife whom he has taken.

¶ **6** "No one shall take a mill or an upper millstone in pledge, for that would be taking a life in pledge.

¶ **7** "If a man is found stealing one of his brothers of the people of Israel, and if he treats him as a slave or sells him, then that thief shall die. So you shall purge the evil from your midst.

¶ **8** "Take care, in a case of leprous[1] disease, to be very careful to do according to all that the Levitical priests shall direct you. As I commanded them, so you shall be careful to do.

9 Remember what the Lord your God did to Miriam on the way as you came out of Egypt.

¶ **10** "When you make your neighbor a loan of any sort, you shall not go into his house to collect his pledge.

11 You shall stand outside, and the man to whom you make the loan shall bring the pledge out to you.

12 And if he is a poor man, you shall not sleep in his pledge.

13 sondern sollst ihm sein Pfand wiedergeben, wenn die Sonne untergeht, dass er in seinem Mantel schlafe und dich segne. So wird das deine Gerechtigkeit sein vor dem HERRN, deinem Gott.

¶ **14** Dem Tagelöhner, der bedürftig und arm ist, sollst du seinen Lohn nicht vorenthalten, er sei von deinen Brüdern oder den Fremdlingen, die in deinem Land und in deinen Städten sind,

15 sondern du sollst ihm seinen Lohn am selben Tage geben, dass die Sonne nicht darüber untergehe – denn er ist bedürftig und verlangt danach –, damit er nicht wider dich den HERRN anrufe und es dir zur Sünde werde.

¶ **16** Die Väter sollen nicht für die Kinder noch die Kinder für die Väter sterben, sondern ein jeder soll für seine Sünde sterben.

¶ **17** Du sollst das Recht des Fremdlings und der Waise nicht beugen und sollst der Witwe nicht das Kleid zum Pfand nehmen.

18 Denn du sollst daran denken, dass du Knecht in Ägypten gewesen bist und der HERR, dein Gott, dich von dort erlöst hat. Darum gebiete ich dir, dass du solches tust.

¶ **19** Wenn du auf deinem Acker geerntet und eine Garbe vergessen hast auf dem Acker, so sollst du nicht umkehren, sie zu holen, sondern sie soll dem Fremdling, der Waise und der Witwe zufallen, auf dass dich der HERR, dein Gott, segne in allen Werken deiner Hände.

20 Wenn du deine Ölbäume geschüttelt hast, so sollst du nicht nachschütteln; es soll dem Fremdling, der Waise und der Witwe zufallen.

21 Wenn du deinen Weinberg abgelesen hast, so sollst du nicht nachlesen; es soll dem Fremdling, der Waise und der Witwe zufallen.

22 Denn du sollst daran denken, dass du Knecht in Ägyptenland gewesen bist. Darum gebiete ich dir, dass du solches tust.

Weitere Schutzbestimmungen

25 Wenn eine Streitsache zwischen Männern ist und sie vor Gericht kommen und man sie richtet, so soll man den, der im Recht ist, gerecht sprechen und den Schuldigen schuldig sprechen.

2 Und wenn der Schuldige Schläge verdient hat, soll ihn der Richter hinlegen lassen, und man soll ihm vor dem Richter eine Anzahl Schläge geben nach dem Maß seiner Schuld.

13 You shall restore to him the pledge as the sun sets, that he may sleep in his cloak and bless you. And it shall be righteousness for you before the LORD your God.

¶ **14** "You shall not oppress a hired servant who is poor and needy, whether he is one of your brothers or one of the sojourners who are in your land within your towns.

15 You shall give him his wages on the same day, before the sun sets (for he is poor and counts on it), lest he cry against you to the LORD, and you be guilty of sin.

¶ **16** "Fathers shall not be put to death because of their children, nor shall children be put to death because of their fathers. Each one shall be put to death for his own sin.

¶ **17** "You shall not pervert the justice due to the sojourner or to the fatherless, or take a widow's garment in pledge,

18 but you shall remember that you were a slave in Egypt and the LORD your God redeemed you from there; therefore I command you to do this.

¶ **19** "When you reap your harvest in your field and forget a sheaf in the field, you shall not go back to get it. It shall be for the sojourner, the fatherless, and the widow, that the LORD your God may bless you in all the work of your hands.

20 When you beat your olive trees, you shall not go over them again. It shall be for the sojourner, the fatherless, and the widow.

21 When you gather the grapes of your vineyard, you shall not strip it afterward. It shall be for the sojourner, the fatherless, and the widow.

22 You shall remember that you were a slave in the land of Egypt; therefore I command you to do this.

25 "If there is a dispute between men and they come into court and the judges decide between them, acquitting the innocent and condemning the guilty,

2 then if the guilty man deserves to be beaten, the judge shall cause him to lie down and be beaten in his presence with a number of stripes in proportion to his offense.

3 Wenn man ihm vierzig Schläge gegeben hat, soll man nicht weiter schlagen, damit, wenn man mehr Schläge gibt, er nicht zu viel geschlagen werde und dein Bruder entehrt werde in deinen Augen.

¶ **4** Du sollst dem Ochsen, der da drischt, nicht das Maul verbinden.

¶ **5** Wenn Brüder beieinander wohnen und einer stirbt ohne Söhne, so soll seine Witwe nicht die Frau eines Mannes aus einer andern Sippe werden, sondern ihr Schwager soll zu ihr gehen und sie zur Frau nehmen und mit ihr die Schwagerehe schließen.

6 Und der erste Sohn, den sie gebiert, soll gelten als der Sohn seines verstorbenen Bruders, damit dessen Name nicht ausgetilgt werde aus Israel.

7 Gefällt es aber dem Mann nicht, seine Schwägerin zu nehmen, so soll sie, seine Schwägerin, hingehen ins Tor vor die Ältesten und sagen: Mein Schwager weigert sich, seinem Bruder seinen Namen zu erhalten in Israel, und will mich nicht ehelichen.

8 Dann sollen ihn die Ältesten der Stadt zu sich rufen und mit ihm reden. Wenn er aber darauf besteht und spricht: Es gefällt mir nicht, sie zu nehmen –,

9 so soll seine Schwägerin zu ihm treten vor den Ältesten und ihm den Schuh vom Fuß ziehen und ihm ins Gesicht speien und soll antworten und sprechen: So soll man tun einem jeden Mann, der seines Bruders Haus nicht bauen will!

10 Und sein Name soll in Israel heißen »des Barfüßers Haus«.

¶ **11** Wenn zwei Männer gegeneinander handgreiflich werden und des einen Frau läuft hinzu, um ihren Mann zu erretten von der Hand dessen, der ihn schlägt, und sie streckt ihre Hand aus und ergreift ihn bei seiner Scham,

12 so sollst du ihr die Hand abhauen, und dein Auge soll sie nicht schonen.

¶ **13** Du sollst nicht zweierlei Gewicht, groß und klein, in deinem Beutel haben,

14 und in deinem Hause soll nicht zweierlei Maß, groß und klein, sein.

15 Du sollst ein volles und rechtes Gewicht und ein volles und rechtes Maß haben, auf dass dein Leben lange währe in dem Lande, das dir der HERR, dein Gott, geben wird.

3 Forty stripes may be given him, but not more, lest, if one should go on to beat him with more stripes than these, your brother be degraded in your sight.

¶ **4** "You shall not muzzle an ox when it is treading out the grain.

Laws Concerning Levirate Marriage

¶ **5** "If brothers dwell together, and one of them dies and has no son, the wife of the dead man shall not be married outside the family to a stranger. Her husband's brother shall go in to her and take her as his wife and perform the duty of a husband's brother to her.

6 And the first son whom she bears shall succeed to the name of his dead brother, that his name may not be blotted out of Israel.

7 And if the man does not wish to take his brother's wife, then his brother's wife shall go up to the gate to the elders and say, 'My husband's brother refuses to perpetuate his brother's name in Israel; he will not perform the duty of a husband's brother to me.'

8 Then the elders of his city shall call him and speak to him, and if he persists, saying, 'I do not wish to take her,'

9 then his brother's wife shall go up to him in the presence of the elders and pull his sandal off his foot and spit in his face. And she shall answer and say, 'So shall it be done to the man who does not build up his brother's house.'

10 And the name of his house[1] shall be called in Israel, 'The house of him who had his sandal pulled off.'

Miscellaneous Laws

¶ **11** "When men fight with one another and the wife of the one draws near to rescue her husband from the hand of him who is beating him and puts out her hand and seizes him by the private parts,

12 then you shall cut off her hand. Your eye shall have no pity.

¶ **13** "You shall not have in your bag two kinds of weights, a large and a small.

14 You shall not have in your house two kinds of measures, a large and a small.

15 A full and fair[2] weight you shall have, a full and fair measure you shall have, that your days may be long in the land that the LORD your God is giving you.

16 Denn wer das tut, der ist dem HERRN, deinem Gott, ein Gräuel, ein jeder, der übel tut.

Amaleks Schuld darf nicht vergessen werden

17 Denke daran, was dir die Amalekiter taten auf dem Wege, als ihr aus Ägypten zogt:
18 wie sie dich unterwegs angriffen und deine Nachzügler erschlugen, alle die Schwachen, die hinter dir zurückgeblieben waren, als du müde und matt warst, und wie sie Gott nicht fürchteten.
19 Wenn nun der HERR, dein Gott, dich vor allen deinen Feinden ringsumher zur Ruhe bringt im Lande, das dir der HERR, dein Gott, zum Erbe gibt, es einzunehmen, so sollst du die Erinnerung an die Amalekiter austilgen unter dem Himmel. Das vergiss nicht!

Darbringung der Erstlingsfrüchte und des Zehnten

26 Wenn du in das Land kommst, das dir der HERR, dein Gott, zum Erbe geben wird, und es einnimmst und darin wohnst,

2 so sollst du nehmen die Erstlinge aller Feldfrüchte, die du von deinem Lande einbringst, das der HERR, dein Gott, dir gibt, und sollst sie in einen Korb legen und hingehen an die Stätte, die der HERR, dein Gott, erwählen wird, dass sein Name daselbst wohne,
3 und sollst zu dem Priester kommen, der zu der Zeit sein wird, und zu ihm sagen: Ich bekenne heute dem HERRN, deinem Gott, dass ich gekommen bin in das Land, das der HERR, wie er unsern Vätern geschworen hat, uns geben wollte.
4 Und der Priester soll den Korb aus deiner Hand nehmen und ihn vor dem Altar des HERRN, deines Gottes, niedersetzen.
¶ **5** Dann sollst du anheben und sagen vor dem HERRN, deinem Gott: Mein Vater war ein Aramäer, dem Umkommen nahe, und zog hinab nach Ägypten und war dort ein Fremdling mit wenig Leuten und wurde dort ein großes, starkes und zahlreiches Volk.
6 Aber die Ägypter behandelten uns schlecht und bedrückten uns und legten uns einen harten Dienst auf.
7 Da schrien wir zu dem HERRN, dem Gott unserer Väter. Und der HERR erhörte unser Schreien und sah unser Elend, unsere Angst und Not
8 und führte uns aus Ägypten mit mächtiger Hand und ausgerecktem Arm und mit großem Schrecken, durch Zeichen und Wunder,

16 For all who do such things, all who act dishonestly, are an abomination to the LORD your God.

¶ **17** "Remember what Amalek did to you on the way as you came out of Egypt,
18 how he attacked you on the way when you were faint and weary, and cut off your tail, those who were lagging behind you, and he did not fear God.
19 Therefore when the LORD your God has given you rest from all your enemies around you, in the land that the LORD your God is giving you for an inheritance to possess, you shall blot out the memory of Amalek from under heaven; you shall not forget.

Offerings of Firstfruits and Tithes

26 "When you come into the land that the LORD your God is giving you for an inheritance and have taken possession of it and live in it,
2 you shall take some of the first of all the fruit of the ground, which you harvest from your land that the LORD your God is giving you, and you shall put it in a basket, and you shall go to the place that the LORD your God will choose, to make his name to dwell there.
3 And you shall go to the priest who is in office at that time and say to him, 'I declare today to the LORD your God that I have come into the land that the LORD swore to our fathers to give us.'
4 Then the priest shall take the basket from your hand and set it down before the altar of the LORD your God.
¶ **5** "And you shall make response before the LORD your God, 'A wandering Aramean was my father. And he went down into Egypt and sojourned there, few in number, and there he became a nation, great, mighty, and populous.
6 And the Egyptians treated us harshly and humiliated us and laid on us hard labor.
7 Then we cried to the LORD, the God of our fathers, and the LORD heard our voice and saw our affliction, our toil, and our oppression.
8 And the LORD brought us out of Egypt with a mighty hand and an outstretched arm, with great deeds of terror,[1] with signs and wonders.

9 und brachte uns an diese Stätte und gab uns dies Land, darin Milch und Honig fließt.

10 Nun bringe ich die Erstlinge der Früchte des Landes, das du, Herr, mir gegeben hast. – Und du sollst sie niederlegen vor dem Herrn, deinem Gott, und anbeten vor dem Herrn, deinem Gott,

11 und sollst fröhlich sein über alles Gut, das der Herr, dein Gott, dir und deinem Hause gegeben hat, du und der Levit und der Fremdling, der bei dir lebt.

¶ **12** Wenn du den Zehnten deines ganzen Ertrages zusammengebracht hast im dritten Jahr, das ist das Zehnten-Jahr, so sollst du ihn dem Leviten, dem Fremdling, der Waise und der Witwe geben, dass sie in deiner Stadt essen und satt werden.

13 Und du sollst sprechen vor dem Herrn, deinem Gott: Ich hab aus meinem Hause gebracht, was geheiligt ist, und hab's gegeben den Leviten, den Fremdlingen, den Waisen und den Witwen ganz nach deinem Gebot, das du mir geboten hast. Ich habe deine Gebote nicht übertreten noch vergessen.

14 Ich habe nichts davon gegessen, als ich in Trauer war; ich habe nichts davon weggebracht, als ich unrein war; ich habe nichts davon gegeben als Gabe für die Toten. Ich bin der Stimme des Herrn, meines Gottes, gehorsam gewesen und habe alles getan, wie du es mir geboten hast.

15 Sieh nun herab von deiner heiligen Wohnung, vom Himmel, und segne dein Volk Israel und das Land, das du uns gegeben hast, wie du unsern Vätern geschworen hast, ein Land, darin Milch und Honig fließt.

Die Bundeszusagen

16 Heute gebietet dir der Herr, dein Gott, dass du tust nach allen diesen Geboten und Rechten, dass du sie hältst und danach tust von ganzem Herzen und von ganzer Seele.

17 Du hast dir heute vom Herrn sagen lassen, dass er dein Gott sein wolle und dass du sollest in allen seinen Wegen wandeln und halten seine Gesetze, Gebote und Rechte und seiner Stimme gehorchen.

18 Und der Herr hat dich heute sagen lassen, dass du sein eigenes Volk sein wollest, wie er dir zugesagt hat, und alle seine Gebote halten wollest

9 And he brought us into this place and gave us this land, a land flowing with milk and honey.

10 And behold, now I bring the first of the fruit of the ground, which you, O Lord, have given me.' And you shall set it down before the Lord your God and worship before the Lord your God.

11 And you shall rejoice in all the good that the Lord your God has given to you and to your house, you, and the Levite, and the sojourner who is among you.

¶ **12** "When you have finished paying all the tithe of your produce in the third year, which is the year of tithing, giving it to the Levite, the sojourner, the fatherless, and the widow, so that they may eat within your towns and be filled,

13 then you shall say before the Lord your God, 'I have removed the sacred portion out of my house, and moreover, I have given it to the Levite, the sojourner, the fatherless, and the widow, according to all your commandment that you have commanded me. I have not transgressed any of your commandments, nor have I forgotten them.

14 I have not eaten of the tithe while I was mourning, or removed any of it while I was unclean, or offered any of it to the dead. I have obeyed the voice of the Lord my God. I have done according to all that you have commanded me.

15 Look down from your holy habitation, from heaven, and bless your people Israel and the ground that you have given us, as you swore to our fathers, a land flowing with milk and honey.'

¶ **16** "This day the Lord your God commands you to do these statutes and rules. You shall therefore be careful to do them with all your heart and with all your soul.

17 You have declared today that the Lord is your God, and that you will walk in his ways, and keep his statutes and his commandments and his rules, and will obey his voice.

18 And the Lord has declared today that you are a people for his treasured possession, as he has promised you, and that you are to keep all his commandments,

19 und dass er dich zum höchsten über alle Völker machen werde, die er geschaffen hat, und du gerühmt, gepriesen und geehrt werdest, damit du dem HERRN, deinem Gott, ein heiliges Volk seist, wie er zugesagt hat.

Die Denksteine mit dem Gesetz

27 Und Mose samt den Ältesten Israels gebot dem Volk und sprach: Haltet alle Gebote, die ich euch heute gebiete.

2 Und zu der Zeit, wenn ihr über den Jordan geht in das Land, das dir der HERR, dein Gott, geben wird, sollst du große Steine aufrichten und sie mit Kalk tünchen

3 und darauf schreiben alle Worte dieses Gesetzes. Das sollst du tun, wenn du hinübergehst, auf dass du kommest in das Land, das der HERR, dein Gott, dir geben wird, ein Land, darin Milch und Honig fließt, wie der HERR, der Gott deiner Väter, dir zugesagt hat.

4 Wenn ihr nun über den Jordan geht, so sollt ihr, wie ich euch heute gebiete, diese Steine auf dem Berge Ebal aufrichten und mit Kalk tünchen.

5 Und dort sollst du dem HERRN, deinem Gott, einen Altar bauen aus Steinen, die kein Eisen berührt hat.

6 Von unbehauenen Steinen sollst du diesen Altar dem HERRN, deinem Gott, bauen und Brandopfer darauf opfern dem HERRN, deinem Gott,

7 und Dankopfer darbringen und dort essen und fröhlich sein vor dem HERRN, deinem Gott.

8 Und du sollst auf die Steine alle Worte dieses Gesetzes schreiben, klar und deutlich.

¶ **9** Und Mose und die levitischen Priester redeten mit ganz Israel und sprachen: Merke auf und höre, Israel! Am heutigen Tage bist du ein Volk des HERRN, deines Gottes, geworden,

10 dass du der Stimme des HERRN, deines Gottes, gehorsam seist und tust nach seinen Geboten und Rechten, die ich dir heute gebiete.

Die zwölf Fluchworte

11 Und Mose gebot dem Volk an diesem Tage und sprach:

12 Diese sollen stehen auf dem Berge Garizim, um das Volk zu segnen, wenn ihr über den Jordan gegangen seid: Simeon, Levi, Juda, Issachar, Josef und Benjamin.

The Altar on Mount Ebal

27 Now Moses and the elders of Israel commanded the people, saying, "Keep the whole commandment that I command you today.

2 And on the day you cross over the Jordan to the land that the LORD your God is giving you, you shall set up large stones and plaster them with plaster.

3 And you shall write on them all the words of this law, when you cross over to enter the land that the LORD your God is giving you, a land flowing with milk and honey, as the LORD, the God of your fathers, has promised you.

4 And when you have crossed over the Jordan, you shall set up these stones, concerning which I command you today, on Mount Ebal, and you shall plaster them with plaster.

5 And there you shall build an altar to the LORD your God, an altar of stones. You shall wield no iron tool on them;

6 you shall build an altar to the LORD your God of uncut[1] stones. And you shall offer burnt offerings on it to the LORD your God,

7 and you shall sacrifice peace offerings and shall eat there, and you ˣshall rejoice before the LORD your God.

8 And you shall write on the stones all the words of this law very plainly."

Curses from Mount Ebal

¶ **9** Then Moses and the Levitical priests said to all Israel, "Keep silence and hear, O Israel: this day you have become the people of the LORD your God.

10 You shall therefore obey the voice of the LORD your God, keeping his commandments and his statutes, which I command you today."

¶ **11** That day Moses charged the people, saying,

12 "When you have crossed over the Jordan, these shall stand on Mount Gerizim to bless the people: Simeon, Levi, Judah, Issachar, Joseph, and Benjamin.

13 Und diese sollen stehen auf dem Berge Ebal, um zu verfluchen: Ruben, Gad, Asser, Sebulon, Dan und Naftali.

¶ **14** Und die Leviten sollen anheben und zu allen Männern Israels mit lauter Stimme sagen:

15 Verflucht sei, wer einen Götzen oder ein gegossenes Bild macht, einen Gräuel für den HERRN, ein Werk von den Händen der Werkmeister, und es heimlich aufstellt! Und alles Volk soll antworten und sagen: Amen.

¶ **16** Verflucht sei, wer seinen Vater oder seine Mutter verunehrt! Und alles Volk soll sagen: Amen.

¶ **17** Verflucht sei, wer seines Nächsten Grenze verrückt! Und alles Volk soll sagen: Amen.

¶ **18** Verflucht sei, wer einen Blinden irreführt auf dem Wege! Und alles Volk soll sagen: Amen.

¶ **19** Verflucht sei, wer das Recht des Fremdlings, der Waise und der Witwe beugt! Und alles Volk soll sagen: Amen.

¶ **20** Verflucht sei, wer bei der Frau seines Vaters liegt, denn er hat die Decke seines Vaters aufgedeckt! Und alles Volk soll sagen: Amen.

¶ **21** Verflucht sei, wer bei irgendeinem Tier liegt! Und alles Volk soll sagen: Amen.

¶ **22** Verflucht sei, wer bei seiner Schwester liegt, die seines Vaters oder seiner Mutter Tochter ist! Und alles Volk soll sagen: Amen.

¶ **23** Verflucht sei, wer bei seiner Schwiegermutter liegt! Und alles Volk soll sagen: Amen.

¶ **24** Verflucht sei, wer seinen Nächsten heimlich erschlägt! Und alles Volk soll sagen: Amen.

¶ **25** Verflucht sei, wer Geschenke nimmt, dass er unschuldiges Blut vergieße! Und alles Volk soll sagen: Amen.

¶ **26** Verflucht sei, wer nicht alle Worte dieses Gesetzes erfüllt, dass er danach tue! Und alles Volk soll sagen: Amen.

Ankündigung von Segen und Fluch

28 Wenn du nun der Stimme des HERRN, deines Gottes, gehorchen wirst, dass du hältst und tust alle seine Gebote, die ich dir heute gebiete, so wird dich der HERR, dein Gott, zum höchsten über alle Völker auf Erden machen,

13 And these shall stand on Mount Ebal for the curse: Reuben, Gad, Asher, Zebulun, Dan, and Naphtali.

14 And the Levites shall declare to all the men of Israel in a loud voice:

¶ **15** "'Cursed be the man who makes a carved or cast metal image, an abomination to the LORD, a thing made by the hands of a craftsman, and sets it up in secret.' And all the people shall answer and say, 'Amen.'

¶ **16** "'Cursed be anyone who dishonors his father or his mother.' And all the people shall say, 'Amen.'

¶ **17** "'Cursed be anyone who moves his neighbor's landmark.' And all the people shall say, 'Amen.'

¶ **18** "'Cursed be anyone who misleads a blind man on the road.' And all the people shall say, 'Amen.'

¶ **19** "'Cursed be anyone who perverts the justice due to the sojourner, the fatherless, and the widow.' And all the people shall say, 'Amen.'

¶ **20** "'Cursed be anyone who lies with his father's wife, because he has uncovered his father's nakedness.'[2] And all the people shall say, 'Amen.'

¶ **21** "'Cursed be anyone who lies with any kind of animal.' And all the people shall say, 'Amen.'

¶ **22** "'Cursed be anyone who lies with his sister, whether the daughter of his father or the daughter of his mother.' And all the people shall say, 'Amen.'

¶ **23** "'Cursed be anyone who lies with his mother-in-law.' And all the people shall say, 'Amen.'

¶ **24** "'Cursed be anyone who strikes down his neighbor in secret.' And all the people shall say, 'Amen.'

¶ **25** "'Cursed be anyone who takes a bribe to shed innocent blood.' And all the people shall say, 'Amen.'

¶ **26** "'Cursed be anyone who does not confirm the words of this law by doing them.' And all the people shall say, 'Amen.'

Blessings for Obedience

28 "And if you faithfully obey the voice of the LORD your God, being careful to do all his commandments that I command you today, the LORD your God will set you high above all the nations of the earth.

2 und weil du der Stimme des HERRN, deines Gottes, gehorsam gewesen bist, werden über dich kommen und dir zuteilwerden alle diese Segnungen:

¶ **3** Gesegnet wirst du sein in der Stadt, gesegnet wirst du sein auf dem Acker.

4 Gesegnet wird sein die Frucht deines Leibes, der Ertrag deines Ackers und die Jungtiere deines Viehs, deiner Rinder und deiner Schafe.

5 Gesegnet wird sein dein Korb und dein Backtrog.

6 Gesegnet wirst du sein bei deinem Eingang und gesegnet bei deinem Ausgang.

¶ **7** Und der HERR wird deine Feinde, die sich gegen dich erheben, vor dir schlagen. Auf **einem** Weg sollen sie ausziehen wider dich und auf **sieben** Wegen vor dir fliehen.

8 Der HERR wird gebieten dem Segen, dass er mit dir sei in dem, was du besitzt, und in allem, was du unternimmst, und wird dich segnen in dem Land, das dir der HERR, dein Gott, gegeben hat.

9 Der HERR wird dich zum heiligen Volk für sich erheben, wie er dir geschworen hat, weil du die Gebote des HERRN, deines Gottes, hältst und in seinen Wegen wandelst.

10 Und alle Völker auf Erden werden sehen, dass über dir der Name des HERRN genannt ist, und werden sich vor dir fürchten.

11 Und der HERR wird machen, dass du Überfluss an Gutem haben wirst, an Frucht deines Leibes, an Jungtieren deines Viehs, an Ertrag deines Ackers, in dem Lande, das der HERR deinen Vätern geschworen hat, dir zu geben.

12 Und der HERR wird dir seinen guten Schatz auftun, den Himmel, dass er deinem Land Regen gebe zur rechten Zeit und dass er segne alle Werke deiner Hände. Und du wirst vielen Völkern leihen, aber von niemand borgen.

13 Und der HERR wird dich zum Kopf machen und nicht zum Schwanz, und du wirst immer aufwärtssteigen und nicht heruntersinken, weil du gehorsam bist den Geboten des HERRN, deines Gottes, die ich dir heute gebiete zu halten und zu tun,

14 und nicht abweichst von all den Worten, die ich euch heute gebiete, weder zur Rechten noch zur Linken, und nicht andern Göttern nachwandelst, um ihnen zu dienen.

2 And all these blessings shall come upon you and overtake you, if you obey the voice of the LORD your God.

3 Blessed shall you be in the city, and blessed shall you be in the field.

4 Blessed shall be the fruit of your womb and the fruit of your ground and the fruit of your cattle, the increase of your herds and the young of your flock.

5 Blessed shall be your basket and your kneading bowl.

6 Blessed shall you be when you come in, and blessed shall you be when you go out.

¶ **7** "The LORD will cause your enemies who rise against you to be defeated before you. They shall come out against you one way and flee before you seven ways.

8 The LORD will command the blessing on you in your barns and in all that you undertake. And he will bless you in the land that the LORD your God is giving you.

9 The LORD will establish you as a people holy to himself, as he has sworn to you, if you keep the commandments of the LORD your God and walk in his ways.

10 And all the peoples of the earth shall see that you are called by the name of the LORD, and they shall be afraid of you.

11 And the LORD will make you abound in prosperity, in the fruit of your womb and in the fruit of your livestock and in the fruit of your ground, within the land that the LORD swore to your fathers to give you.

12 The LORD will open to you his good treasury, the heavens, to give the rain to your land in its season and to bless all the work of your hands. And you shall lend to many nations, but you shall not borrow.

13 And the LORD will make you the head and not the tail, and you shall only go up and not down, if you obey the commandments of the LORD your God, which I command you today, being careful to do them,

14 and if you do not turn aside from any of the words that I command you today, to the right hand or to the left, to go after other gods to serve them.

¶ **15** Wenn du aber nicht gehorchen wirst der Stimme des Herrn, deines Gottes, und wirst nicht halten und tun alle seine Gebote und Rechte, die ich dir heute gebiete, so werden alle diese Flüche über dich kommen und dich treffen:

¶ **16** Verflucht wirst du sein in der Stadt, verflucht wirst du sein auf dem Acker.

17 Verflucht wird sein dein Korb und dein Backtrog.

18 Verflucht wird sein die Frucht deines Leibes, der Ertrag deines Ackers, das Jungvieh deiner Rinder und Schafe.

19 Verflucht wirst du sein bei deinem Eingang und verflucht bei deinem Ausgang.

¶ **20** Der Herr wird unter dich senden Unfrieden, Unruhe und Unglück in allem, was du unternimmst, bis du vertilgt bist und bald untergegangen bist um deines bösen Treibens willen, weil du mich verlassen hast.

21 Der Herr wird dir die Pest anhängen, bis er dich vertilgt hat in dem Lande, in das du kommst, es einzunehmen.

22 Der Herr wird dich schlagen mit Auszehrung, Entzündung und hitzigem Fieber, Getreidebrand und Dürre; die werden dich verfolgen, bis du umkommst.

23 Der Himmel, der über deinem Haupt ist, wird ehern werden und die Erde unter dir eisern.

24 Statt des Regens für dein Land wird der Herr Staub und Asche vom Himmel auf dich geben, bis du vertilgt bist.

¶ **25** Der Herr wird dich vor deinen Feinden schlagen. Auf **einem** Weg wirst du wider sie ausziehen, und auf **sieben** Wegen wirst du vor ihnen fliehen und wirst zum Entsetzen werden für alle Reiche auf Erden.

26 Deine Leichname werden zum Fraß werden allen Vögeln des Himmels und allen Tieren des Landes und niemand wird sie verscheuchen.

27 Der Herr wird dich schlagen mit ägyptischem Geschwür, mit Pocken, mit Grind und Krätze, dass du nicht geheilt werden kannst.

28 Der Herr wird dich schlagen mit Wahnsinn, Blindheit und Verwirrung des Geistes.

29 Und du wirst tappen am Mittag, wie ein Blinder tappt im Dunkeln, und wirst auf deinem Wege kein Glück haben und wirst Gewalt und Unrecht leiden müssen dein Leben lang und niemand wird dir helfen.

Curses for Disobedience

¶ **15** "But if you will not obey the voice of the Lord your God or be careful to do all his commandments and his statutes that I command you today, then all these curses shall come upon you and overtake you.

16 Cursed shall you be in the city, and cursed shall you be in the field.

17 Cursed shall be your basket and your kneading bowl.

18 Cursed shall be the fruit of your womb and the fruit of your ground, the increase of your herds and the young of your flock.

19 Cursed shall you be when you come in, and cursed shall you be when you go out.

¶ **20** "The Lord will send on you curses, confusion, and frustration in all that you undertake to do, until you are destroyed and perish quickly on account of the evil of your deeds, because you have forsaken me.

21 The Lord will make the pestilence stick to you until he has consumed you off the land that you are entering to take possession of it.

22 The Lord will strike you with wasting disease and with fever, inflammation and fiery heat, and with drought[1] and with blight and with mildew. They shall pursue you until you perish.

23 And the heavens over your head shall be bronze, and the earth under you shall be iron.

24 The Lord will make the rain of your land powder. From heaven dust shall come down on you until you are destroyed.

¶ **25** "The Lord will cause you to be defeated before your enemies. You shall go out one way against them and flee seven ways before them. And you shall be a horror to all the kingdoms of the earth.

26 And your dead body shall be food for all birds of the air and for the beasts of the earth, and there shall be no one to frighten them away.

27 The Lord will strike you with the boils of Egypt, and with tumors and scabs and itch, of which you cannot be healed.

28 The Lord will strike you with madness and blindness and confusion of mind,

29 and you shall grope at noonday, as the blind grope in darkness, and you shall not prosper in your ways.[2] And you shall be only oppressed and robbed continually, and there shall be no one to help you.

¶ **30** Mit einem Mädchen wirst du dich verloben; aber ein anderer wird es sich nehmen. Ein Haus wirst du bauen; aber du wirst nicht darin wohnen. Einen Weinberg wirst du pflanzen; aber du wirst seine Früchte nicht genießen.

31 Dein Rind wird vor deinen Augen geschlachtet werden; aber du wirst nicht davon essen. Dein Esel wird vor deinem Angesicht mit Gewalt genommen und dir nicht wiedergegeben werden. Dein Schaf wird deinen Feinden gegeben werden und niemand wird dir helfen.

32 Deine Söhne und deine Töchter werden einem andern Volk gegeben werden, dass deine Augen zusehen müssen und täglich vor Verlangen nach ihnen vergehen, und in deinen Händen wird keine Kraft sein.

33 Den Ertrag deines Ackers und alle deine Arbeit wird ein Volk verzehren, das du nicht kennst, und du wirst geplagt und geschunden werden dein Leben lang

34 und wirst wahnsinnig werden bei dem, was deine Augen sehen müssen.

¶ **35** Der HERR wird dich schlagen mit bösen Geschwüren an den Knien und Waden, dass du nicht geheilt werden kannst, von den Fußsohlen bis zum Scheitel.

36 Der HERR wird dich und deinen König, den du über dich gesetzt hast, unter ein Volk treiben, das du nicht kennst noch deine Väter, und du wirst dort andern Göttern dienen: Holz und Steinen.

37 Und du wirst zum Entsetzen, zum Sprichwort und zum Spott werden unter allen Völkern, zu denen der HERR dich treibt.

¶ **38** Du wirst viel Samen auf das Feld säen, aber wenig einsammeln; denn die Heuschrecken werden's abfressen.

39 Weinberge wirst du pflanzen und bauen, aber weder Wein trinken noch Trauben lesen; denn die Würmer werden's verzehren.

40 Ölbäume wirst du haben in deinem ganzen Gebiet, aber du wirst dich nicht salben mit Öl; denn dein Ölbaum wird seine Frucht abwerfen.

41 Söhne und Töchter wirst du zeugen und doch nicht behalten; denn sie werden gefangen weggeführt werden.

42 Alle Bäume und Früchte deines Landes wird das Ungeziefer fressen.

43 Der Fremdling, der bei dir ist, wird immer höher über dich emporsteigen; du aber wirst immer tiefer heruntersinken.

44 Er wird dir leihen, du aber wirst ihm nicht leihen können; er wird der Kopf sein und du wirst der Schwanz sein.

30 You shall betroth a wife, but another man shall ravish her. You shall build a house, but you shall not dwell in it. You shall plant a vineyard, but you shall not enjoy its fruit.

31 Your ox shall be slaughtered before your eyes, but you shall not eat any of it. Your donkey shall be seized before your face, but shall not be restored to you. Your sheep shall be given to your enemies, but there shall be no one to help you.

32 Your sons and your daughters shall be given to another people, while your eyes look on and fail with longing for them all day long, but you shall be helpless.

33 A nation that you have not known shall eat up the fruit of your ground and of all your labors, and you shall be only oppressed and crushed continually,

34 so that you are driven mad by the sights that your eyes see.

35 The LORD will strike you on the knees and on the legs with grievous boils of which you cannot be healed, from the sole of your foot to the crown of your head.

¶ **36** "The LORD will bring you and your king whom you set over you to a nation that neither you nor your fathers have known. And there you shall serve other gods of wood and stone.

37 And you shall become a horror, a proverb, and a byword among all the peoples where the LORD will lead you away.

38 You shall carry much seed into the field and shall gather in little, for the locust shall consume it.

39 You shall plant vineyards and dress them, but you shall neither drink of the wine nor gather the grapes, for the worm shall eat them.

40 You shall have olive trees throughout all your territory, but you shall not anoint yourself with the oil, for your olives shall drop off.

41 You shall father sons and daughters, but they shall not be yours, for they shall go into captivity.

42 The cricket[3] shall possess all your trees and the fruit of your ground.

43 The sojourner who is among you shall rise higher and higher above you, and you shall come down lower and lower.

44 He shall lend to you, and you shall not lend to him. He shall be the head, and you shall be the tail.

¶ 45 Alle diese Flüche werden über dich kommen und dich verfolgen und treffen, bis du vertilgt bist, weil du der Stimme des HERRN, deines Gottes, nicht gehorcht und seine Gebote und Rechte nicht gehalten hast, die er dir geboten hat.

46 Und diese Flüche werden Zeichen und Wunder sein an dir und an deinen Nachkommen immerdar,

47 weil du dem HERRN, deinem Gott, nicht gedient hast mit Freude und Lust deines Herzens, obwohl du Überfluss hattest an allem.

¶ 48 Und du wirst deinem Feinde, den der HERR gegen dich schicken wird, dienen in Hunger und Durst, in Blöße und allerlei Mangel, und er wird ein eisernes Joch auf deinen Hals legen, bis er dich vertilgt hat.

49 Der HERR wird ein Volk über dich schicken von ferne, vom Ende der Erde, wie ein Adler fliegt, ein Volk, dessen Sprache du nicht verstehst,

50 ein freches Volk, das nicht Rücksicht nimmt auf die Alten und die Jungen nicht schont.

51 Es wird verzehren die Jungtiere deines Viehs und den Ertrag deines Ackers, bis du vertilgt bist, und wird dir nichts übrig lassen vom Korn, Wein und Öl und vom Jungvieh deiner Rinder und Schafe, bis es dich umgebracht hat.

52 Es wird dich ängstigen in allen deinen Städten, bis es dich niedergeworfen hat deine hohen und festen Mauern, auf die du dich verlässt, in deinem ganzen Lande; und du wirst geängstigt werden in allen deinen Städten, in deinem ganzen Lande, das dir der HERR, dein Gott, gegeben hat.

¶ 53 Du wirst die Frucht deines Leibes, das Fleisch deiner Söhne und deiner Töchter, die dir der HERR, dein Gott, gegeben hat, essen in der Angst und Not, mit der dich dein Feind bedrängen wird.

54 Ein Mann unter euch, der zuvor verwöhnt und in Üppigkeit gelebt hat, wird seinem Bruder und der Frau in seinen Armen und dem Sohn, der noch übrig ist von seinen Söhnen, nichts gönnen

55 von dem Fleisch seiner Söhne, das er isst, weil ihm nichts übrig geblieben ist von allem Gut in der Angst und Not, mit der dich dein Feind bedrängen wird in allen deinen Städten.

¶ 45 "All these curses shall come upon you and pursue you and overtake you till you are destroyed, because you did not obey the voice of the LORD your God, to keep his commandments and his statutes that he commanded you.

46 They shall be a sign and a wonder against you and your offspring forever.

47 Because you did not serve the LORD your God with joyfulness and gladness of heart, because of the abundance of all things,

48 therefore you shall serve your enemies whom the LORD will send against you, in hunger and thirst, in nakedness, and lacking everything. And he will put a yoke of iron on your neck until he has destroyed you.

49 The LORD will bring a nation against you from far away, from the end of the earth, swooping down like the eagle, a nation whose language you do not understand,

50 a hard-faced nation who shall not respect the old or show mercy to the young.

51 It shall eat the offspring of your cattle and the fruit of your ground, until you are destroyed; it also shall not leave you grain, wine, or oil, the increase of your herds or the young of your flock, until they have caused you to perish.

¶ 52 "They shall besiege you in all your towns, until your high and fortified walls, in which you trusted, come down throughout all your land. And they shall besiege you in all your towns throughout all your land, which the LORD your God has given you.

53 And you shall eat the fruit of your womb, the flesh of your sons and daughters, whom the LORD your God has given you, in the siege and in the distress with which your enemies shall distress you.

54 The man who is the most tender and refined among you will begrudge food to his brother, to the wife he embraces,[4] and to the last of the children whom he has left,

55 so that he will not give to any of them any of the flesh of his children whom he is eating, because he has nothing else left, in the siege and in the distress with which your enemy shall distress you in all your towns.

56 Eine Frau unter euch, die zuvor so verwöhnt und in Üppigkeit gelebt hat, dass sie nicht einmal versucht hat, ihre Fußsohle auf die Erde zu setzen, vor Verwöhnung und Wohlleben, die wird dem Mann in ihren Armen und ihrem Sohn und ihrer Tochter nicht gönnen

57 die Nachgeburt, die von ihr ausgegangen ist, und ihr Kind, das sie geboren hat; denn sie wird beides vor Mangel an allem heimlich essen in der Angst und Not, mit der dich dein Feind bedrängen wird in deinen Städten.

¶ **58** Wenn du nicht darauf hältst, dass du alle Worte dieses Gesetzes tust, die in diesem Buch geschrieben sind, und nicht fürchtest diesen herrlichen und heiligen Namen, den HERRN, deinen Gott,

59 so wird der HERR schrecklich mit dir umgehen und dich und deine Nachkommen schlagen mit großen und anhaltenden Plagen, mit bösen und anhaltenden Krankheiten.

60 Und er wird auch alle Seuchen Ägyptens über dich bringen, vor denen du dich fürchtest, und sie werden dich nicht loslassen;

61 dazu wird der HERR alle Krankheiten und alle Plagen, die nicht geschrieben sind in dem Buch dieses Gesetzes, über dich kommen lassen, bis du vertilgt bist.

¶ **62** Und nur wenige werden übrig bleiben von euch, die ihr zuvor zahlreich gewesen seid wie die Sterne am Himmel, weil du nicht gehorcht hast der Stimme des HERRN, deines Gottes.

63 Und wie sich der HERR zuvor freute, euch Gutes zu tun und euch zu mehren, so wird er sich nun freuen, euch umzubringen und zu vertilgen, und ihr werdet herausgerissen werden aus dem Lande, in das du jetzt ziehst, es einzunehmen.

64 Denn der HERR wird dich zerstreuen unter alle Völker von einem Ende der Erde bis ans andere, und du wirst dort andern Göttern dienen, die du nicht kennst noch deine Väter: Holz und Steinen.

¶ **65** Dazu wirst du unter jenen Völkern keine Ruhe haben, und deine Füße werden keine Ruhestatt finden. Denn der HERR wird dir dort ein bebendes Herz geben und erlöschende Augen und eine verzagende Seele,

66 und dein Leben wird immerdar in Gefahr schweben; Nacht und Tag wirst du dich fürchten und deines Lebens nicht sicher sein.

56 The most tender and refined woman among you, who would not venture to set the sole of her foot on the ground because she is so delicate and tender, will begrudge to the husband she embraces,[5] to her son and to her daughter,

57 her afterbirth that comes out from between her feet and her children whom she bears, because lacking everything she will eat them secretly, in the siege and in the distress with which your enemy shall distress you in your towns.

¶ **58** "If you are not careful to do all the words of this law that are written in this book, that you may fear this glorious and awesome name, the LORD your God,

59 then the LORD will bring on you and your offspring extraordinary afflictions, afflictions severe and lasting, and sicknesses grievous and lasting.

60 And he will bring upon you again all the diseases of Egypt, of which you were afraid, and they shall cling to you.

61 Every sickness also and every affliction that is not recorded in the book of this law, the LORD will bring upon you, until you are destroyed.

62 Whereas you were as numerous as the stars of heaven, you shall be left few in number, because you did not obey the voice of the LORD your God.

63 And as the LORD took delight in doing you good and multiplying you, so the LORD will take delight in bringing ruin upon you and destroying you. And you shall be plucked off the land that you are entering to take possession of it.

¶ **64** "And the LORD will scatter you among all peoples, from one end of the earth to the other, and there you shall serve other gods of wood and stone, which neither you nor your fathers have known.

65 And among these nations you shall find no respite, and there shall be no resting place for the sole of your foot, but the LORD will give you there a trembling heart and failing eyes and a languishing soul.

66 Your life shall hang in doubt before you. Night and day you shall be in dread and have no assurance of your life.

67 Morgens wirst du sagen: Ach dass es Abend wäre!, und abends wirst du sagen: Ach dass es Morgen wäre!, vor Furcht deines Herzens, die dich schrecken wird, und vor dem, was du mit deinen Augen sehen wirst.

68 Und der HERR wird dich mit Schiffen wieder nach Ägypten führen, auf dem Wege, von dem ich dir gesagt habe: Du sollst ihn nicht mehr sehen. Und ihr werdet dort euren Feinden als Knechte und Mägde verkauft werden, aber es wird kein Käufer da sein.

Der Bund des Herrn mit Israel im Lande Moab

69 Dies sind die Worte des Bundes, den der HERR dem Mose geboten hat, mit Israel zu schließen im Lande Moab, neben dem Bund, den er mit ihnen geschlossen hatte am Horeb.

29 Und Mose berief ganz Israel und sprach zu ihnen: Ihr habt alles gesehen, was der HERR vor euren Augen in Ägypten dem Pharao und allen seinen Großen und seinem ganzen Lande getan hat,

2 die gewaltigen Proben seiner Macht, die deine Augen gesehen haben, die großen Zeichen und Wunder.

3 Und der HERR hat euch bis auf diesen heutigen Tag noch nicht ein Herz gegeben, das verständig wäre, Augen, die da sähen, und Ohren, die da hörten.

4 Er hat euch vierzig Jahre in der Wüste wandern lassen. Eure Kleider sind euch nicht zerrissen, auch deine Schuhe nicht an deinen Füßen;

5 ihr habt kein Brot gegessen und keinen Wein getrunken und kein starkes Getränk, auf dass ihr erkennen solltet, dass ich der HERR, euer Gott, bin.

6 Und als ihr kamt an diesen Ort, zogen aus der König Sihon von Heschbon und der König Og von Baschan uns entgegen, mit uns zu kämpfen. Und wir haben sie geschlagen

7 und ihr Land eingenommen und zum Erbteil gegeben den Rubenitern und Gaditern und dem halben Stamm Manasse.

8 So haltet nun die Worte dieses Bundes und tut danach, auf dass ihr glücklich ausrichten könnt all euer Tun.

¶ **9** Ihr steht heute alle vor dem HERRN, eurem Gott, die Häupter eurer Stämme, eure Ältesten, eure Amtleute, jeder Mann in Israel,

67 In the morning you shall say, 'If only it were evening!' and at evening you shall say, 'If only it were morning!' because of the dread that your heart shall feel, and the sights that your eyes shall see.

68 And the LORD will bring you back in ships to Egypt, a journey that I promised that you should never make again; and there you shall offer yourselves for sale to your enemies as male and female slaves, but there will be no buyer."

The Covenant Renewed in Moab

29 ¹ These are the words of the covenant that the LORD commanded Moses to make with the people of Israel in the land of Moab, besides the covenant that he had made with them at Horeb.

¶ **2**² And Moses summoned all Israel and said to them: "You have seen all that the LORD did before your eyes in the land of Egypt, to Pharaoh and to all his servants and to all his land,

3 the great trials that your eyes saw, the signs, and those great wonders.

4 But to this day the LORD has not given you a heart to understand or eyes to see or ears to hear.

5 I have led you forty years in the wilderness. Your clothes have not worn out on you, and your sandals have not worn off your feet.

6 You have not eaten bread, and you have not drunk wine or strong drink, that you may know that I am the LORD your God.

7 And when you came to this place, Sihon the king of Heshbon and Og the king of Bashan came out against us to battle, but we defeated them.

8 We took their land and gave it for an inheritance to the Reubenites, the Gadites, and the half-tribe of the Manassites.

9 Therefore keep the words of this covenant and do them, that you may prosper³ in all that you do.

¶ **10** "You are standing today all of you before the LORD your God: the heads of your tribes,⁴ your elders, and your officers, all the men of Israel,

10 eure Kinder, eure Frauen, dein Fremdling, der in deinem Lager ist, dein Holzhauer und dein Wasserschöpfer,

11 damit du trittst in den Bund des HERRN, deines Gottes, und unter den Eid, den der HERR, dein Gott, dir heute auflegt,

12 dass er dich heute zum Volk für sich erhebe und er dein Gott sei, wie er dir zugesagt hat und wie er deinen Vätern Abraham, Isaak und Jakob geschworen hat.

13 Denn ich schließe diesen Bund und diesen Eid nicht mit euch allein,

14 sondern mit euch, die ihr heute hier seid und mit uns steht vor dem HERRN, unserm Gott, wie auch mit denen, die heute nicht mit uns sind.

¶ **15** Denn ihr wisst, wie wir in Ägyptenland gewohnt haben und mitten durch die Völker gezogen sind, durch deren Land ihr zogt.

16 Ihr saht ihre Gräuel und ihre Götzen, die bei ihnen waren, Holz und Stein, Silber und Gold.

17 Lasst ja nicht einen Mann oder eine Frau, ein Geschlecht oder einen Stamm unter euch sein, dessen Herz sich heute abwendet von dem HERRN, unserm Gott, dass jemand hingehe und diene den Göttern dieser Völker. Lasst unter euch nicht eine Wurzel aufwachsen, die da Gift und Wermut hervorbringt.

18 Lasst niemand, der die Worte dieses Fluches hört, sich dennoch in seinem Herzen segnen und sprechen: Mir wird es wohlgehen, auch wenn ich wandle nach meinem verstockten Herzen –, damit nicht fortgerafft werde das wasserreiche mit dem dürren Land!

19 Einem solchen Mann wird der HERR nicht gnädig sein, sondern sein Zorn und Eifer wird entbrennen gegen ihn, und es werden sich auf ihn legen alle Flüche, die in diesem Buch geschrieben sind, und seinen Namen wird der HERR austilgen unter dem Himmel

20 und wird ihn zum Unheil absondern aus allen Stämmen Israels nach allen Flüchen des Bundes, der in dem Buch dieses Gesetzes geschrieben ist.

¶ **21** Dann werden sagen künftige Geschlechter, eure Kinder, die nach euch aufkommen, und die Fremden, die aus fernen Landen kommen, wenn sie die Plagen dieses Landes sehen und die Krankheiten, mit denen der HERR es beladen hat

11 your little ones, your wives, and the sojourner who is in your camp, from the one who chops your wood to the one who draws your water,

12 so that you may enter into the sworn covenant of the LORD your God, which the LORD your God is making with you today,

13 that he may establish you today as his people, and that he may be your God, as he promised you, and as he swore to your fathers, to Abraham, to Isaac, and to Jacob.

14 It is not with you alone that I am making this sworn covenant,

15 but with whoever is standing here with us today before the LORD our God, and with whoever is not here with us today.

¶ **16** "You know how we lived in the land of Egypt, and how we came through the midst of the nations through which you passed.

17 And you have seen their detestable things, their idols of wood and stone, of silver and gold, which were among them.

18 Beware lest there be among you a man or woman or clan or tribe whose heart is turning away today from the LORD our God to go and serve the gods of those nations. Beware lest there be among you a root bearing poisonous and bitter fruit,

19 one who, when he hears the words of this sworn covenant, blesses himself in his heart, saying, 'I shall be safe, though I walk in the stubbornness of my heart.' This will lead to the sweeping away of moist and dry alike.

20 The LORD will not be willing to forgive him, but rather the anger of the LORD and his jealousy will smoke against that man, and the curses written in this book will settle upon him, and the LORD will blot out his name from under heaven.

21 And the LORD will single him out from all the tribes of Israel for calamity, in accordance with all the curses of the covenant written in this Book of the Law.

22 And the next generation, your children who rise up after you, and the foreigner who comes from a far land, will say, when they see the afflictions of that land and the sicknesses with which the LORD has made it sick—

22 – all ihr Land hat er mit Schwefel und Salz verbrannt, dass es weder besät werden kann noch etwas wächst noch Kraut darin aufgeht, gleichwie Sodom und Gomorra, Adma und Zebojim zerstört sind, die der HERR in seinem Zorn und Grimm zerstört hat –,

23 ja, alle Völker werden sagen: Warum hat der HERR an diesem Lande so gehandelt? Was ist das für ein großer, grimmiger Zorn?

24 Dann wird man sagen: Darum, weil sie den Bund des HERRN, des Gottes ihrer Väter, verlassen haben, den er mit ihnen schloss, als er sie aus Ägyptenland führte,

25 und sind hingegangen und haben andern Göttern gedient und sie angebetet, Götter, die sie nicht kennen und die er ihnen nicht zugewiesen hat,

26 darum ist des HERRN Zorn entbrannt gegen dies Land, dass er über sie hat kommen lassen alle Flüche, die in diesem Buch geschrieben stehen.

27 Und der HERR hat sie aus ihrem Lande gestoßen in großem Zorn, Grimm und ohne Erbarmen und hat sie in ein anderes Land geworfen, so wie es heute ist.

¶ **28** Was verborgen ist, ist des HERRN, unseres Gottes; was aber offenbart ist, das gilt uns und unsern Kindern ewiglich, dass wir tun sollen alle Worte dieses Gesetzes.

Die Wahl zwischen Leben und Tod

30 Wenn nun dies alles über dich kommt, es sei der Segen oder der Fluch, die ich dir vorgelegt habe, und du es zu Herzen nimmst, wenn du unter den Heiden bist, unter die dich der HERR, dein Gott, verstoßen hat,

2 und du dich bekehrst zu dem HERRN, deinem Gott, dass du seiner Stimme gehorchst, du und deine Kinder, von ganzem Herzen und von ganzer Seele in allem, was ich dir heute gebiete,

3 so wird der HERR, dein Gott, deine Gefangenschaft wenden und sich deiner erbarmen und wird dich wieder sammeln aus allen Völkern, unter die dich der HERR, dein Gott, verstreut hat.

4 Wenn du bis ans Ende des Himmels verstoßen wärst, so wird dich doch der HERR, dein Gott, von dort sammeln und dich von dort holen

5 und wird dich in das Land bringen, das deine Väter besessen haben, und du wirst es einnehmen, und er wird dir Gutes tun und dich zahlreicher machen, als deine Väter waren.

23 the whole land burned out with brimstone and salt, nothing sown and nothing growing, where no plant can sprout, an overthrow like that of Sodom and Gomorrah, Admah, and Zeboiim, which the LORD overthrew in his anger and wrath—

24 all the nations will say, 'Why has the LORD done thus to this land? What caused the heat of this great anger?'

25 Then people will say, 'It is because they abandoned the covenant of the LORD, the God of their fathers, which he made with them when he brought them out of the land of Egypt,

26 and went and served other gods and worshiped them, gods whom they had not known and whom he had not allotted to them.

27 Therefore the anger of the LORD was kindled against this land, bringing upon it all the curses written in this book,

28 and the LORD uprooted them from their land in anger and fury and great wrath, and cast them into another land, as they are this day.'

¶ **29** "The secret things belong to the LORD our God, but the things that are revealed belong to us and to our children forever, that we may do all the words of this law.

Repentance and Forgiveness

30 "And when all these things come upon you, the blessing and the curse, which I have set before you, and you call them to mind among all the nations where the LORD your God has driven you,

2 and return to the LORD your God, you and your children, and obey his voice in all that I command you today, with all your heart and with all your soul,

3 then the LORD your God will restore your fortunes and have compassion on you, and he will gather you again from all the peoples where the LORD your God has scattered you.

4 If your outcasts are in the uttermost parts of heaven, from there the LORD your God will gather you, and from there he will take you.

5 And the LORD your God will bring you into the land that your fathers possessed, that you may possess it. And he will make you more prosperous and numerous than your fathers.

6 Und der HERR, dein Gott, wird dein Herz beschneiden und das Herz deiner Nachkommen, damit du den HERRN, deinen Gott, liebst von ganzem Herzen und von ganzer Seele, auf dass du am Leben bleibst.

¶ **7** Aber alle diese Flüche wird der HERR, dein Gott, auf deine Feinde legen und auf die, die dich hassen und verfolgen.

8 Du aber wirst umkehren und der Stimme des HERRN gehorchen, dass du tust alle seine Gebote, die ich dir heute gebiete.

9 Und der HERR, dein Gott, wird dir Glück geben zu allen Werken deiner Hände, zu der Frucht deines Leibes, zu den Jungtieren deines Viehs, zum Ertrag deines Ackers, dass dir's zugutekomme. Denn der HERR wird sich wieder über dich freuen, dir zugut, wie er sich über deine Väter gefreut hat,

10 weil du der Stimme des HERRN, deines Gottes, gehorchst und hältst seine Gebote und Rechte, die geschrieben stehen im Buch dieses Gesetzes, wenn du dich bekehrst zu dem HERRN, deinem Gott, von ganzem Herzen und von ganzer Seele.

¶ **11** Denn das Gebot, das ich dir heute gebiete, ist dir nicht zu hoch und nicht zu fern.

12 Es ist nicht im Himmel, dass du sagen müsstest: Wer will für uns in den Himmel fahren und es uns holen, dass wir's hören und tun?

13 Es ist auch nicht jenseits des Meeres, dass du sagen müsstest: Wer will für uns über das Meer fahren und es uns holen, dass wir's hören und tun?

14 Denn es ist das Wort ganz nahe bei dir, in deinem Munde und in deinem Herzen, dass du es tust.

¶ **15** Siehe, ich habe dir heute vorgelegt das Leben und das Gute, den Tod und das Böse.

16 Wenn du gehorchst den Geboten des HERRN, deines Gottes, die ich dir heute gebiete, dass du den HERRN, deinen Gott, liebst und wandelst in seinen Wegen und seine Gebote, Gesetze und Rechte hältst, so wirst du leben und dich mehren, und der HERR, dein Gott, wird dich segnen in dem Lande, in das du ziehst, es einzunehmen.

17 Wendet sich aber dein Herz und du gehorchst nicht, sondern lässt dich verführen, dass du andere Götter anbetest und ihnen dienst,

6 And the LORD your God will circumcise your heart and the heart of your offspring, so that you will love the LORD your God with all your heart and with all your soul, that you may live.

7 And the LORD your God will put all these curses on your foes and enemies who persecuted you.

8 And you shall again obey the voice of the LORD and keep all his commandments that I command you today.

9 The LORD your God will make you abundantly prosperous in all the work of your hand, in the fruit of your womb and in the fruit of your cattle and in the fruit of your ground. For the LORD will again take delight in prospering you, as he took delight in your fathers,

10 when you obey the voice of the LORD your God, to keep his commandments and his statutes that are written in this Book of the Law, when you turn to the LORD your God with all your heart and with all your soul.

The Choice of Life and Death

¶ **11** "For this commandment that I command you today is not too hard for you, neither is it far off.

12 It is not in heaven, that you should say, 'Who will ascend to heaven for us and bring it to us, that we may hear it and do it?'

13 Neither is it beyond the sea, that you should say, 'Who will go over the sea for us and bring it to us, that we may hear it and do it?'

14 But the word is very near you. It is in your mouth and in your heart, so that you can do it.

¶ **15** "See, I have set before you today life and good, death and evil.

16 If you obey the commandments of the LORD your God[1] that I command you today, by loving the LORD your God, by walking in his ways, and by keeping his commandments and his statutes and his rules,[2] then you shall live and multiply, and the LORD your God will bless you in the land that you are entering to take possession of it.

17 But if your heart turns away, and you will not hear, but are drawn away to worship other gods and serve them,

18 so verkünde ich euch heute, dass ihr umkommen und nicht lange in dem Lande bleiben werdet, in das du über den Jordan ziehst, es einzunehmen.

¶ **19** Ich nehme Himmel und Erde heute über euch zu Zeugen: Ich habe euch Leben und Tod, Segen und Fluch vorgelegt, damit du das Leben erwählst und am Leben bleibst, du und deine Nachkommen,

20 indem ihr den Herrn, euren Gott, liebt und seiner Stimme gehorcht und ihm anhangt. Denn das bedeutet für dich, dass du lebst und alt wirst und wohnen bleibst in dem Lande, das der Herr deinen Vätern Abraham, Isaak und Jakob geschworen hat, ihnen zu geben.

Mose setzt Josua zu seinem Nachfolger ein

31 Und Mose ging hin und redete diese Worte mit ganz Israel

2 und sprach zu ihnen:
¶ Ich bin heute hundertundzwanzig Jahre alt, ich kann nicht mehr aus- und eingehen. Dazu hat der Herr zu mir gesagt: Den Jordan hier sollst du nicht überschreiten!

3 Der Herr, dein Gott, wird selber vor dir hergehen. Er selber wird diese Völker vor dir her vertilgen, damit du ihr Land einnehmen kannst. Josua, der soll vor dir hinübergehen, wie der Herr zugesagt hat.

4 Und der Herr wird mit ihnen tun, wie er getan hat mit Sihon und Og, den Königen der Amoriter, und ihrem Lande, die er vertilgt hat.

5 Wenn sie nun der Herr vor euren Augen dahingeben wird, so sollt ihr mit ihnen tun ganz nach dem Gebot, das ich euch gegeben habe.

6 Seid getrost und unverzagt, fürchtet euch nicht und lasst euch nicht vor ihnen grauen; denn der Herr, dein Gott, wird selber mit dir ziehen und wird die Hand nicht abtun und dich nicht verlassen.

¶ **7** Und Mose rief Josua und sprach zu ihm vor den Augen von ganz Israel: Sei getrost und unverzagt; denn du wirst dies Volk in das Land bringen, das der Herr ihren Vätern geschworen hat, ihnen zu geben, und du wirst es unter sie austeilen.

8 Der Herr aber, der selber vor euch hergeht, der wird mit dir sein und wird die Hand nicht abtun und dich nicht verlassen. Fürchte dich nicht und erschrick nicht!

18 I declare to you today, that you shall surely perish. You shall not live long in the land that you are going over the Jordan to enter and possess.

19 I call heaven and earth to witness against you today, that I have set before you life and death, blessing and curse. Therefore choose life, that you and your offspring may live,

20 loving the Lord your God, obeying his voice and holding fast to him, for he is your life and length of days, that you may dwell in the land that the Lord swore to your fathers, to Abraham, to Isaac, and to Jacob, to give them."

Joshua to Succeed Moses

31 So Moses continued to speak these words to all Israel.

2 And he said to them, "I am 120 years old today. I am no longer able to go out and come in. The Lord has said to me, 'You shall not go over this Jordan.'

3 The Lord your God himself will go over before you. He will destroy these nations before you, so that you shall dispossess them, and Joshua will go over at your head, as the Lord has spoken.

4 And the Lord will do to them as he did to Sihon and Og, the kings of the Amorites, and to their land, when he destroyed them.

5 And the Lord will give them over to you, and you shall do to them according to the whole commandment that I have commanded you.

6 Be strong and courageous. Do not fear or be in dread of them, for it is the Lord your God who goes with you. He will not leave you or forsake you."

¶ **7** Then Moses summoned Joshua and said to him in the sight of all Israel, "Be strong and courageous, for you shall go with this people into the land that the Lord has sworn to their fathers to give them, and you shall put them in possession of it.

8 It is the Lord who goes before you. He will be with you; he will not leave you or forsake you. Do not fear or be dismayed."

Alle sieben Jahre soll das Gesetz öffentlich verlesen werden

9 Und Mose schrieb dies Gesetz und gab's den Priestern, den Söhnen Levi, die die Lade des Bundes des HERRN trugen, und allen Ältesten Israels

10 und gebot ihnen und sprach: Jeweils nach sieben Jahren, zur Zeit des Erlassjahrs, am Laubhüttenfest,

11 wenn ganz Israel kommt, zu erscheinen vor dem Angesicht des HERRN, deines Gottes, an der Stätte, die er erwählen wird, sollst du dies Gesetz vor ganz Israel ausrufen lassen vor ihren Ohren.

12 Versammle das Volk, die Männer, Frauen und Kinder und den Fremdling, der in deinen Städten lebt, damit sie es hören und lernen und den HERRN, euren Gott, fürchten und alle Worte dieses Gesetzes halten und tun

13 und dass ihre Kinder, die es nicht kennen, es auch hören und lernen, den HERRN, euren Gott, zu fürchten alle Tage, die ihr in dem Lande lebt, in das ihr zieht über den Jordan, um es einzunehmen.

Gottes Befehl, das Lied des Mose aufzuschreiben

14 Und der HERR sprach zu Mose: Siehe, deine Zeit ist herbeigekommen, dass du sterben musst. Rufe Josua und tretet hin zur Stiftshütte, dass ich ihm Befehl gebe. Mose ging hin mit Josua und sie traten hin zur Stiftshütte.

15 Der HERR aber erschien in der Hütte in einer Wolkensäule, und die Wolkensäule stand in der Tür der Hütte.

16 Und der HERR sprach zu Mose: Siehe, du wirst schlafen bei deinen Vätern, und dies Volk wird sich erheben und nachlaufen den fremden Göttern des Landes, in das sie kommen, und wird mich verlassen und den Bund brechen, den ich mit ihm geschlossen habe.

17 Da wird mein Zorn entbrennen über sie zur selben Zeit, und ich werde sie verlassen und mein Antlitz vor ihnen verbergen, sodass sie völlig verzehrt werden. Und wenn sie dann viel Unglück und Angst treffen wird, werden sie sagen: Hat mich nicht dies Übel alles getroffen, weil mein Gott nicht mit mir ist?

18 Ich aber werde mein Antlitz verborgen halten zu der Zeit um all des Bösen willen, das sie getan haben, weil sie sich zu andern Göttern wandten.

¶ **19** So schreibt euch nun dies Lied auf und lehrt es die Israeliten und legt es in ihren Mund, dass mir das Lied ein Zeuge sei unter den Israeliten.

The Reading of the Law

¶ **9** Then Moses wrote this law and gave it to the priests, the sons of Levi, who carried the ark of the covenant of the LORD, and to all the elders of Israel.

10 And Moses commanded them, "At the end of every seven years, at the set time in the year of release, at the Feast of Booths,

11 when all Israel comes to appear before the LORD your God at the place that he will choose, you shall read this law before all Israel in their hearing.

12 Assemble the people, men, women, and little ones, and the sojourner within your towns, that they may hear and learn to fear the LORD your God, and be careful to do all the words of this law,

13 and that their children, who have not known it, may hear and learn to fear the LORD your God, as long as you live in the land that you are going over the Jordan to possess."

Joshua Commissioned to Lead Israel

¶ **14** And the LORD said to Moses, "Behold, the days approach when you must die. Call Joshua and present yourselves in the tent of meeting, that I may commission him." And Moses and Joshua went and presented themselves in the tent of meeting.

15 And the LORD appeared in the tent in a pillar of cloud. And the pillar of cloud stood over the entrance of the tent.

¶ **16** And the LORD said to Moses, "Behold, you are about to lie down with your fathers. Then this people will rise and whore after the foreign gods among them in the land that they are entering, and they will forsake me and break my covenant that I have made with them.

17 Then my anger will be kindled against them in that day, and I will forsake them and hide my face from them, and they will be devoured. And many evils and troubles will come upon them, so that they will say in that day, 'Have not these evils come upon us because our God is not among us?'

18 And I will surely hide my face in that day because of all the evil that they have done, because they have turned to other gods.

¶ **19** "Now therefore write this song and teach it to the people of Israel. Put it in their mouths, that this song may be a witness for me against the people of Israel.

20 Denn ich will sie in das Land bringen, das ich ihren Vätern zu geben geschworen habe, darin Milch und Honig fließt. Und wenn sie essen und satt und fett werden, so werden sie sich zu andern Göttern wenden und ihnen dienen, mich aber lästern und meinen Bund brechen.

21 Und wenn sie dann viel Unglück und Angst treffen wird, so soll dies Lied vor ihnen als Zeuge reden; denn es soll nicht vergessen werden im Mund ihrer Nachkommen. Denn ich weiß ihre Gedanken, mit denen sie schon jetzt umgehen, ehe ich sie in das Land bringe, wie ich geschworen habe.

22 Also schrieb Mose dies Lied zur selben Zeit auf und lehrte es die Israeliten.

¶ **23** Und der Herr befahl Josua, dem Sohn Nuns, und sprach: Sei getrost und unverzagt, denn du sollst die Israeliten in das Land führen, wie ich ihnen geschworen habe, und ich will mit dir sein.

Die Aufbewahrung des Gesetzbuches

24 Als nun Mose damit fertig war, die Worte dieses Gesetzes vollständig in ein Buch zu schreiben,

25 gebot er den Leviten, die die Lade des Bundes des HERRN trugen, und sprach:

26 Nehmt das Buch dieses Gesetzes und legt es neben die Lade des Bundes des HERRN, eures Gottes, dass es dort ein Zeuge sei wider dich.

27 Denn ich kenne deinen Ungehorsam und deine Halsstarrigkeit. Siehe, jetzt schon, während ich noch bei euch lebe, seid ihr ungehorsam gewesen gegen den HERRN; wie viel mehr nach meinem Tode!

Aufforderung an Israel, das Lied des Mose zu hören

28 Versammelt vor mir alle Ältesten eurer Stämme und eure Amtleute, dass ich diese Worte vor ihren Ohren rede und Himmel und Erde wider sie zu Zeugen nehme.

29 Denn ich weiß, dass ihr euch nach meinem Tode sehr versündigen werdet und von dem Wege abweichen, den ich euch geboten habe. So wird euch am Ende der Tage das Unheil treffen, weil ihr tut, was böse ist in den Augen des HERRN, und ihn erzürnt durch eurer Hände Werk.

¶ **30** Und Mose trug vor den Ohren der ganzen Gemeinde Israel dies Lied bis zum letzten Wort vor:

20 For when I have brought them into the land flowing with milk and honey, which I swore to give to their fathers, and they have eaten and are full and grown fat, they will turn to other gods and serve them, and despise me and break my covenant.

21 And when many evils and troubles have come upon them, this song shall confront them as a witness (for it will live unforgotten in the mouths of their offspring). For I know what they are inclined to do even today, before I have brought them into the land that I swore to give."

22 So Moses wrote this song the same day and taught it to the people of Israel.

¶ **23** And the LORD commissioned Joshua the son of Nun and said, "Be strong and courageous, for you shall bring the people of Israel into the land that I swore to give them. I will be with you."

¶ **24** When Moses had finished writing the words of this law in a book to the very end,

25 Moses commanded the Levites who carried the ark of the covenant of the LORD,

26 "Take this Book of the Law and put it by the side of the ark of the covenant of the LORD your God, that it may be there for a witness against you.

27 For I know how rebellious and stubborn you are. Behold, even today while I am yet alive with you, you have been rebellious against the LORD. How much more after my death!

28 Assemble to me all the elders of your tribes and your officers, that I may speak these words in their ears and call heaven and earth to witness against them.

29 For I know that after my death you will surely act corruptly and turn aside from the way that I have commanded you. And in the days to come evil will befall you, because you will do what is evil in the sight of the LORD, provoking him to anger through the work of your hands."

The Song of Moses

¶ **30** Then Moses spoke the words of this song until they were finished, in the ears of all the assembly of Israel:

Das Lied des Mose

32 Merkt auf, ihr Himmel, ich will reden,
   und die Erde höre die Rede meines
      Mundes.

2 Meine Lehre rinne wie der Regen,
   und meine Rede riesele wie Tau,
   wie der Regen auf das Gras
   und wie die Tropfen auf das Kraut.
3 Denn ich will den Namen des HERRN
      preisen.
   Gebt unserm Gott allein die Ehre!

4 Er ist ein Fels. Seine Werke sind
      vollkommen;
   denn alles, was er tut, das ist recht.
   Treu ist Gott und kein Böses an ihm,
   gerecht und wahrhaftig ist er.
5 Das verkehrte und böse Geschlecht hat
      gesündigt wider ihn;
   sie sind Schandflecken und nicht seine
      Kinder.

6 Dankst du so dem HERRN, deinem Gott,
   du tolles und törichtes Volk?
   Ist er nicht dein Vater und dein Herr?
   Ist's nicht er allein, der dich gemacht
      und bereitet hat?

7 Gedenke der vorigen Zeiten
   und hab acht auf die Jahre von
      Geschlecht zu Geschlecht.
   Frage deinen Vater, der wird dir's
      verkünden,
   deine Ältesten, die werden dir's sagen.
8 Als der Höchste den Völkern Land
      zuteilte
   und der Menschen Kinder voneinan-
      der schied,
   da setzte er die Grenzen der Völker
   nach der Zahl der Söhne Israels.
9 Denn des HERRN Teil ist sein Volk,
   Jakob ist sein Erbe.

10 Er fand ihn in der Wüste,
   in der dürren Einöde sah er ihn.
   Er umfing ihn und hatte acht auf ihn.
   Er behütete ihn wie seinen Augapfel.

11 Wie ein Adler ausführt seine Jungen
   und über ihnen schwebt,
   so breitete er seine Fittiche aus
   und nahm ihn und trug ihn auf seinen
      Flügeln.
12 Der HERR allein leitete ihn,
   und kein fremder Gott war mit ihm.

32 " Give ear, O heavens, and I will
      speak,
   and let the earth hear the words of my
      mouth.

2 May my teaching drop as the rain,
   my speech distill as the dew,
   like gentle rain upon the tender grass,
   and like showers upon the herb.
3 For I will proclaim the name of the
      LORD;
   ascribe greatness to our God!

4 "The Rock, his work is perfect,
   for all his ways are justice.
   A God of faithfulness and without
      iniquity,
   just and upright is he.
5 They have dealt corruptly with him;
   they are no longer his children
      because they are blemished;
   they are a crooked and twisted
      generation.

6 Do you thus repay the LORD,
   you foolish and senseless people?
   Is not he your father, who created you,
   who made you and established you?

7 Remember the days of old;
   consider the years of many
      generations;
   ask your father, and he will show you,
   your elders, and they will tell you.

8 When the Most High gave to the nations
      their inheritance,
   when he divided mankind,
   he fixed the borders[1] of the peoples
      according to the number of the sons of
      God.[2]
9 But the LORD's portion is his people,
   Jacob his allotted heritage.

10 "He found him in a desert land,
   and in the howling waste of the
      wilderness;
   he encircled him, he cared for him,
   he kept him as the apple of his eye.

11 Like an eagle that stirs up its nest,
   that flutters over its young,
   spreading out its wings, catching them,
   bearing them on its pinions,

12 the LORD alone guided him,
   no foreign god was with him.

13 Er ließ ihn einherfahren über die Höhen
der Erde
und nährte ihn mit den Früchten des
Feldes
und ließ ihn Honig saugen aus dem
Felsen
und Öl aus hartem Gestein,

14 Butter von den Kühen und Milch von
den Schafen
samt dem Fett von den Lämmern,
feiste Widder und Böcke und das Beste
vom Weizen
und tränkte ihn mit edlem
Traubenblut.

15 Als aber Jeschurun fett ward, wurde er
übermütig.
Er ist fett und dick und feist geworden
und hat den Gott verworfen, der ihn
gemacht hat.
Er hat den Fels seines Heils gering
geachtet

16 und hat ihn zur Eifersucht gereizt durch
fremde Götter;
durch Gräuel hat er ihn erzürnt.

17 Sie haben den bösen Geistern geopfert
und nicht ihrem Gott,
den Göttern, die sie nicht kannten,
den neuen, die vor Kurzem erst aufge-
kommen sind,
die eure Väter nicht geehrt haben.

18 Deinen Fels, der dich gezeugt hat,
hast du außer Acht gelassen
und hast vergessen den Gott,
der dich gemacht hat.

19 Und als es der HERR sah,
ward er zornig über seine Söhne und
Töchter,

20 und er sprach: Ich will mein Antlitz vor
ihnen verbergen,
will sehen, was ihnen zuletzt widerfahren wird;
denn es ist ein verkehrtes Geschlecht,
es sind untreue Kinder.

21 Sie haben mich gereizt durch einen
Nicht-Gott,
durch ihre Abgötterei haben sie mich
erzürnt.
Ich aber will sie wieder reizen durch ein
Nicht-Volk,
durch ein gottloses Volk will ich sie
erzürnen.

13 He made him ride on the high places of
the land,
and he ate the produce of the field,
and he suckled him with honey out of
the rock,
and oil out of the flinty rock.

14 Curds from the herd, and milk from the
flock,
with fat[3] of lambs,
rams of Bashan and goats,
with the very finest[4] of the wheat—
and you drank foaming wine made
from the blood of the grape.

15 "But Jeshurun grew fat, and kicked;
you grew fat, stout, and sleek;
then he forsook God who made him
and scoffed at the Rock of his
salvation.

16 They stirred him to jealousy with
strange gods;
with abominations they provoked him
to anger.

17 They sacrificed to demons that were no
gods,
to gods they had never known,
to new gods that had come recently,
whom your fathers had never dreaded.

18 You were unmindful of the Rock that
bore[5] you,
and you forgot the God who gave you
birth.

19 "The LORD saw it and spurned them,
because of the provocation of his sons
and his daughters.

20 And he said, 'I will hide my face from
them;
I will see what their end will be,
For they are a perverse generation,
children in whom is no faithfulness.

21 They have made me jealous with what is
no god;
they have provoked me to anger with
their idols.
So I will make them jealous with those
who are no people;
I will provoke them to anger with a
foolish nation.

22 Denn ein Feuer ist entbrannt durch meinen Zorn
und wird brennen bis in die unterste
Tiefe
und wird verzehren das Land mit seinem Gewächs
und wird anzünden die Grundfesten
der Berge.

23 Ich will alles Unglück über sie häufen,
ich will alle meine Pfeile auf sie
schießen.

24 Vor Hunger sollen sie verschmachten
und verzehrt werden vom Fieber und
von jähem Tod.
Ich will der Tiere Zähne unter sie
schicken
und der Schlangen Gift.

25 Draußen wird das Schwert ihre Kinder
rauben
und drinnen der Schrecken
den jungen Mann wie das Mädchen,
den Säugling wie den Greis.

26 Ich hätte gesagt: Es soll aus sein mit
ihnen,
ich will ihren Namen tilgen unter den
Menschen –,

27 wenn ich nicht den Spott der Feinde
gescheut hätte;
ihre Widersacher hätten es nicht
erkannt
und gesagt: Unsere Macht ist groß,
und nicht der HERR hat dies alles
getan.

28 Denn Israel ist ein Volk, dem man nicht
mehr raten kann,
und kein Verstand wohnt in ihnen.

29 O dass sie weise wären und dies
verstünden,
dass sie merkten, was ihnen hernach
begegnen wird!

30 Wie geht's zu, dass einer tausend verjagt
und zwei sogar zehntausend flüchtig
machen?
Kommt's nicht daher, dass ihr Fels sie
verkauft hat
und der HERR sie dahingegeben hat?

31 Denn unserer Feinde Fels ist nicht wie
unser Fels;
so müssen sie selber urteilen.

32 Denn ihr Weinstock stammt von
Sodoms Weinstock
und von dem Weinberg Gomorras;
ihre Trauben sind Gift,
sie haben bittere Beeren,

22 For a fire is kindled by my anger,
    and it burns to the depths of Sheol,
devours the earth and its increase,
    and sets on fire the foundations of the
        mountains.

23 "'And I will heap disasters upon
        them;
    I will spend my arrows on them;

24 they shall be wasted with hunger,
    and devoured by plague
        and poisonous pestilence;
I will send the teeth of beasts against
        them,
    with the venom of things that crawl in
        the dust.

25 Outdoors the sword shall bereave,
    and indoors terror,
for young man and woman alike,
    the nursing child with the man of gray
        hairs.

26 I would have said, "I will cut them to
        pieces;
    I will wipe them from human
        memory,"

27 had I not feared provocation by the
        enemy,
    lest their adversaries should
        misunderstand,
    lest they should say, "Our hand is
        triumphant,
        it was not the LORD who did all this."'

28 "For they are a nation void of counsel,
    and there is no understanding in
        them.

29 If they were wise, they would under-
        stand this;
    they would discern their latter end!

30 How could one have chased a thousand,
    and two have put ten thousand to
        flight,
unless their Rock had sold them,
    and the LORD had given them up?

31 For their rock is not as our Rock;
    our enemies are by themselves.

32 For their vine comes from the vine of
        Sodom
    and from the fields of Gomorrah;
their grapes are grapes of poison;
    their clusters are bitter;

33 ihr Wein ist Drachengift
und verderbliches Gift der Ottern.

34 Ist dies nicht bei mir verwahrt
und versiegelt in meinen
Schatzkammern?

35 Die Rache ist mein, ich will vergelten
zur Zeit, da ihr Fuß gleitet;
denn die Zeit ihres Unglücks ist nahe,
und was über sie kommen soll, eilt
herzu.

36 Denn der HERR wird seinem Volk Recht
schaffen,
und über seine Knechte wird er sich
erbarmen.
Denn er wird sehen, dass ihre Macht
dahin ist
und es aus ist mit ihnen ganz und gar.

37 Und er wird sagen: Wo sind ihre Götter,
ihr Fels, auf den sie trauten,

38 die das Fett ihrer Schlachtopfer essen
sollten
und trinken den Wein ihrer
Trankopfer?
Lasst sie aufstehen und euch helfen
und euch schützen!

39 Sehet nun, dass ich's allein bin
und ist kein Gott neben mir!
Ich kann töten und lebendig machen,
ich kann schlagen und kann heilen,
und niemand ist da, der aus meiner Hand errettet.

40 Denn ich will meine Hand zum Himmel
heben
und will sagen: So wahr ich ewig lebe:

41 Wenn ich mein blitzendes Schwert
schärfe
und meine Hand zur Strafe greift,
so will ich mich rächen an meinen
Feinden
und denen, die mich hassen, vergelten.

42 Ich will meine Pfeile mit Blut trunken
machen,
und mein Schwert soll Fleisch fressen,
mit Blut von Erschlagenen und
Gefangenen,
von den Köpfen streitbarer Feinde!

33 their wine is the poison of serpents
and the cruel venom of asps.

34 "Is not this laid up in store with
me,
sealed up in my treasuries?

35 Vengeance is mine, and recompense,[6]
for the time when their foot shall slip;
for the day of their calamity is at hand,
and their doom comes swiftly.'

36 For the LORD will vindicate[7] his people
and have compassion on his servants,
when he sees that their power is gone
and there is none remaining, bond or
free.

37 Then he will say, 'Where are their gods,
the rock in which they took refuge,

38 who ate the fat of their sacrifices
and drank the wine of their drink
offering?
Let them rise up and help you;
let them be your protection!

39 "'See now that I, even I, am he,
and there is no god beside me;
I kill and I make alive;
I wound and I heal;
and there is none that can deliver out
of my hand.

40 For I lift up my hand to heaven
and swear, As I live forever,

41 if I sharpen my flashing sword[8]
and my hand takes hold on judgment,
I will take vengeance on my adversaries
and will repay those who hate me.

42 I will make my arrows drunk with
blood,
and my sword shall devour flesh—
with the blood of the slain and the
captives,
from the long-haired heads of the
enemy.'

43 Preiset, ihr Heiden, sein Volk;
  denn er wird das Blut seiner Knechte
    rächen
  und wird an seinen Feinden Rache
    nehmen
  und entsühnen das Land seines Volks!

Moses letzte Mahnung an das Volk

44 Und Mose kam und redete alle Worte dieses Liedes vor den Ohren des Volks, er und Josua, der Sohn Nuns.

45 Als nun Mose das alles zu Ende geredet hatte vor ganz Israel,

46 sprach er zu ihnen: Nehmt zu Herzen alle Worte, die ich euch heute bezeuge, dass ihr euren Kindern befehlt, alle Worte dieses Gesetzes zu halten und zu tun.

47 Denn **es ist nicht ein leeres Wort an euch, sondern es ist euer Leben,** und durch dies Wort werdet ihr lange leben in dem Lande, in das ihr zieht über den Jordan, um es einzunehmen.

Gott bereitet Mose auf seinen Tod vor

48 Und der HERR redete mit Mose am selben Tage und sprach:

49 Geh auf das Gebirge Abarim, auf den Berg Nebo, der da liegt im Lande Moab gegenüber Jericho, und schaue das Land Kanaan, das ich den Israeliten zum Eigentum geben werde.

50 Dann stirb auf dem Berge, auf den du hinaufgestiegen bist, und lass dich zu deinem Volk versammeln, wie dein Bruder Aaron starb auf dem Berge Hor und zu seinem Volk versammelt wurde;

51 denn ihr habt euch an mir versündigt unter den Israeliten bei dem Haderwasser zu Kadesch in der Wüste Zin, weil ihr mich nicht heiligtet inmitten der Israeliten.

52 Denn du sollst das Land vor dir sehen, das ich den Israeliten gebe, aber du sollst nicht hineinkommen.

Mose segnet die Stämme Israels

(vgl. 1.Mose 49,1–28)

33 Dies ist der Segen, mit dem Mose, der Mann Gottes, die Israeliten vor seinem Tode segnete.

43 "Rejoice with him, O heavens;
  bow down to him, all gods,[9]
  for he avenges the blood of his
    children[10]
  and takes vengeance on his
    adversaries.
  He repays those who hate him[11]
  and cleanses[12] his people's land."[13]

¶ **44** Moses came and recited all the words of this song in the hearing of the people, he and Joshua[14] the son of Nun.

45 And when Moses had finished speaking all these words to all Israel,

46 he said to them, "Take to heart all the words by which I am warning you today, that you may command them to your children, that they may be careful to do all the words of this law.

47 For it is no empty word for you, but your very life, and by this word you shall live long in the land that you are going over the Jordan to possess."

Moses' Death Foretold

¶ **48** That very day the LORD spoke to Moses,

49 "Go up this mountain of the Abarim, Mount Nebo, which is in the land of Moab, opposite Jericho, and view the land of Canaan, which I am giving to the people of Israel for a possession.

50 And die on the mountain which you go up, and be gathered to your people, as Aaron your brother died in Mount Hor and was gathered to his people,

51 because you broke faith with me in the midst of the people of Israel at the waters of Meribah-kadesh, in the wilderness of Zin, and because you did not treat me as holy in the midst of the people of Israel.

52 For you shall see the land before you, but you shall not go there, into the land that I am giving to the people of Israel."

Moses' Final Blessing on Israel

33 This is the blessing with which Moses the man of God blessed the people of Israel before his death.

2 Er sprach: Der HERR ist vom Sinai gekommen und ist ihnen aufgeleuchtet von Seïr her. Er ist erschienen vom Berge Paran her und ist gezogen nach Meribat-Kadesch; in seiner Rechten ist ein feuriges Gesetz für sie.

3 Wie hat er sein Volk so lieb! Alle Heiligen sind in deiner Hand. Sie werden sich setzen zu deinen Füßen und werden lernen von deinen Worten.

4 Mose hat uns das Gesetz geboten, das Erbe der Gemeinde Jakobs.

5 Und der Herr ward König über Jeschurun, als sich versammelten die Häupter des Volks samt den Stämmen Israels.

¶ **6** Ruben lebe und sterbe nicht; seine Mannschaft gewinne an Zahl!

¶ **7** Dies ist der Segen über Juda. Und er sprach: HERR, erhöre die Stimme Judas und bringe ihn zu seinem Volk; lass seine Macht groß werden und sei ihm Hilfe wider seine Feinde!

¶ **8** Und über Levi sprach er: Deine Lose »Licht und Recht« sollen bleiben bei deinem Getreuen, den du versucht hast zu Massa, für den du gestritten hast am Haderwasser,

9 der von seinem Vater und von seiner Mutter spricht: »Ich sehe ihn nicht«, und von seinem Bruder: »Ich kenne ihn nicht«, und von seinem Sohn: »Ich weiß nichts von ihm«. Die hüten dein Wort und bewahren deinen Bund;

10 sie lehren Jakob deine Rechte und Israel dein Gesetz; sie bringen Räucherwerk vor dein Angesicht und Ganzopfer auf deinen Altar.

11 HERR, segne seine Macht und lass dir gefallen die Werke seiner Hände! Zerschlage den Rücken derer, die sich wider ihn auflehnen, und derer, die ihn hassen, dass sie nicht aufkommen!

2 He said,

"The LORD came from Sinai
    and dawned from Seir upon us;[1]
he shone forth from Mount Paran;
    he came from the ten thousands of holy
        ones,
    with flaming fire[2] at his right hand.

3 Yes, he loved his people,[3]
    all his holy ones were in his[4] hand;
so they followed[5] in your steps,
    receiving direction from you,

4 when Moses commanded us a law,
    as a possession for the assembly of
        Jacob.

5 Thus the LORD became king in
        Jeshurun,
    when the heads of the people were
        gathered,
    all the tribes of Israel together.

6 "Let Reuben live, and not die,
    but let his men be few."

7 And this he said of Judah:

"Hear, O LORD, the voice of Judah,
    and bring him in to his people.
With your hands contend[6] for him,
    and be a help against his adversaries."

8 And of Levi he said,

"Give to Levi[7] your Thummim,
    and your Urim to your godly one,
whom you tested at Massah,
    with whom you quarreled at the
        waters of Meribah;

9 who said of his father and mother,
    'I regard them not';
he disowned his brothers
    and ignored his children.
For they observed your word
    and kept your covenant.

10 They shall teach Jacob your rules
    and Israel your law;
they shall put incense before you
    and whole burnt offerings on your
        altar.

11 Bless, O LORD, his substance,
    and accept the work of his hands;
crush the loins of his adversaries,
    of those who hate him, that they rise
        not again."

¶ **12** Und über **Benjamin** sprach er: Der Geliebte des HERRN wird sicher wohnen; allezeit wird Er die Hand über ihm halten und wird zwischen seinen Höhen wohnen.

¶ **13** Und über **Josef** sprach er: Gesegnet vom HERRN ist sein Land mit dem Köstlichsten vom Himmel droben, dem Tau, und mit der Flut, die drunten liegt,

14 mit dem Köstlichsten, was die Sonne hervorbringt, und mit dem Köstlichsten, was die Monde erzeugen,

15 mit dem Besten uralter Berge und mit dem Köstlichsten der ewigen Hügel,

16 mit dem Köstlichsten der Erde und ihrer Fülle. Die Gnade dessen, der in dem Dornbusch wohnte, komme auf das Haupt Josefs, auf den Scheitel des Geweihten unter seinen Brüdern.

17 Sein erstgeborener Stier ist voll Herrlichkeit, und seine Hörner sind wie die Hörner wilder Stiere; mit ihnen wird er die Völker stoßen bis an die Enden der Erde. Das sind die Zehntausende **Ephraims** und die Tausende **Manasses**.

¶ **18** Und über **Sebulon** sprach er: Sebulon, freue dich deiner Fahrten; und **Issachar**, freue dich deiner Zelte.

19 Sie werden die Stämme auf den Berg rufen und daselbst opfern rechte Opfer. Denn sie werden den Reichtum des Meeres gewinnen und die verborgenen Schätze im Sande.

¶ **20** Und über **Gad** sprach er: Gelobt sei, der Gad Raum schafft! Gad liegt da wie ein Löwe und zerreißt Schenkel und Scheitel.

12 Of Benjamin he said,

   "The beloved of the LORD dwells in safety.
     The High God[8] surrounds him all day
       long,
     and dwells between his shoulders."

13 And of Joseph he said,

   "Blessed by the LORD be his land,
     with the choicest gifts of heaven
       above,[9]
     and of the deep that crouches beneath,

14 with the choicest fruits of the sun
     and the rich yield of the months,

15 with the finest produce of the ancient
       mountains
     and the abundance of the everlasting
       hills,

16 with the best gifts of the earth and its
       fullness
     and the favor of him who dwells in the
       bush.
   May these rest on the head of Joseph,
     on the pate of him who is prince
       among his brothers.

17 A firstborn bull[10]—he has majesty,
     and his horns are the horns of a wild
       ox;
   with them he shall gore the peoples,
     all of them, to the ends of the earth;
   they are the ten thousands of Ephraim,
     and they are the thousands of
       Manasseh."

18 And of Zebulun he said,

   "Rejoice, Zebulun, in your going out,
     and Issachar, in your tents.

19 They shall call peoples to their
       mountain;
     there they offer right sacrifices;
   for they draw from the abundance of the
       seas
     and the hidden treasures of the sand."

20 And of Gad he said,

   "Blessed be he who enlarges Gad!
     Gad crouches like a lion;
     he tears off arm and scalp.

21 Und er ersah sich ein Erstlingserbe; denn daselbst war für ihn eines Anführers Teil. Und es versammelten sich die Häupter des Volks und er vollstreckte die Gerechtigkeit des HERRN und seine Gerichte zusammen mit Israel.

¶ 22 Und über **Dan** sprach er: Dan ist ein junger Löwe, der hervorspringt aus Baschan.

¶ 23 Und über **Naftali** sprach er: Naftali hat viel Gnade und ist voll Segens des HERRN; gegen Westen und Süden hat er Besitz.

¶ 24 Und über **Asser** sprach er: Asser ist gesegnet unter den Söhnen. Er sei der Liebling seiner Brüder und tauche seinen Fuß in Öl.

25 Von Eisen und Erz sei der Riegel deiner Tore; dein Alter sei wie deine Jugend!

¶ 26 Es ist kein Gott wie der Gott Jeschuruns, der am Himmel daherfährt dir zur Hilfe und in seiner Hoheit auf den Wolken.

27 **Zuflucht ist bei dem alten Gott und unter den ewigen Armen.** Er hat vor dir her deinen Feind vertrieben und geboten: Vertilge!

28 Israel wohnt sicher, der Brunnquell Jakobs unbehelligt in dem Lande, da Korn und Wein ist, dessen Himmel von Tau trieft.

29 Wohl dir, Israel! Wer ist dir gleich? Du Volk, das sein Heil empfängt durch den HERRN, der deiner Hilfe Schild und das Schwert deines Sieges ist! Deine Feinde werden dir huldigen und du wirst auf ihren Höhen einherschreiten.

Moses Tod

34 Und Mose stieg aus dem Jordantal der Moabiter auf den Berg Nebo, den Gipfel des Gebirges Pisga, gegenüber Jericho. Und der HERR zeigte ihm das ganze Land: Gilead bis nach Dan

---

21 He chose the best of the land for
    himself,
  for there a commander's portion was
    reserved;
and he came with the heads of the
    people,
  with Israel he executed the justice of
    the LORD,
and his judgments for Israel."

22 And of Dan he said,

"Dan is a lion's cub
  that leaps from Bashan."

23 And of Naphtali he said,

"O Naphtali, sated with favor,
  and full of the blessing of the LORD,
possess the lake[11] and the south."

24 And of Asher he said,

"Most blessed of sons be Asher;
  let him be the favorite of his brothers,
  and let him dip his foot in oil.
25 Your bars shall be iron and bronze,
  and as your days, so shall your
    strength be.
26 "There is none like God, O Jeshurun,
  who rides through the heavens to your
    help,
  through the skies in his majesty.
27 The eternal God is your dwelling
    place,[12]
  and underneath are the everlasting
    arms.[13]
  And he thrust out the enemy before you
    and said, Destroy.
28 So Israel lived in safety,
  Jacob lived alone,[14]
in a land of grain and wine,
  whose heavens drop down dew.
29 Happy are you, O Israel! Who is like
    you,
  a people saved by the LORD,
the shield of your help,
  and the sword of your triumph!
Your enemies shall come fawning to
    you,
  and you shall tread upon their backs."

The Death of Moses

34 Then Moses went up from the plains of Moab to Mount Nebo, to the top of Pisgah, which is opposite Jericho. And the LORD showed him all the land, Gilead as far as Dan,

2 und das ganze Naftali und das ganze Land Ephraim und Manasse und das ganze Land Juda bis an das Meer im Westen

3 und das Südland und die Gegend am Jordan, die Ebene von Jericho, der Palmenstadt, bis nach Zoar.

4 Und der HERR sprach zu ihm: Dies ist das Land, von dem ich Abraham, Isaak und Jakob geschworen habe: Ich will es deinen Nachkommen geben. – Du hast es mit deinen Augen gesehen, aber du sollst nicht hinübergehen.

¶ **5** So starb Mose, der Knecht des HERRN, daselbst im Lande Moab nach dem Wort des HERRN.

6 Und er begrub ihn im Tal, im Lande Moab gegenüber Bet-Peor. Und niemand hat sein Grab erfahren bis auf den heutigen Tag.

7 Und Mose war hundertundzwanzig Jahre alt, als er starb. Seine Augen waren nicht schwach geworden und seine Kraft war nicht verfallen.

8 Und die Israeliten beweinten Mose im Jordantal der Moabiter dreißig Tage, bis die Zeit des Weinens und Klagens über Mose vollendet war.

¶ **9** Josua aber, der Sohn Nuns, wurde erfüllt mit dem Geist der Weisheit; denn Mose hatte seine Hände auf ihn gelegt. Und die Israeliten gehorchten ihm und taten, wie der HERR es Mose geboten hatte.

¶ **10** Und es stand hinfort kein Prophet in Israel auf wie Mose, den der HERR erkannt hätte von Angesicht zu Angesicht,

11 mit all den Zeichen und Wundern, mit denen der HERR ihn gesandt hatte, dass er sie täte in Ägyptenland am Pharao und an allen seinen Großen und an seinem ganzen Lande,

12 und mit all der mächtigen Kraft und den großen Schreckenstaten, die Mose vollbrachte vor den Augen von ganz Israel.

2 all Naphtali, the land of Ephraim and Manasseh, all the land of Judah as far as the western sea,

3 the Negeb, and the Plain, that is, the Valley of Jericho the city of palm trees, as far as Zoar.

4 And the LORD said to him, "This is the land of which I swore to Abraham, to Isaac, and to Jacob, 'I will give it to your offspring.' I have let you see it with your eyes, but you shall not go over there."

5 So Moses the servant of the LORD died there in the land of Moab, according to the word of the LORD,

6 and he buried him in the valley in the land of Moab opposite Beth-peor; but no one knows the place of his burial to this day.

7 Moses was 120 years old when he died. His eye was undimmed, and his vigor unabated.

8 And the people of Israel wept for Moses in the plains of Moab thirty days. Then the days of weeping and mourning for Moses were ended.

¶ **9** And Joshua the son of Nun was full of the spirit of wisdom, for Moses had laid his hands on him. So the people of Israel obeyed him and did as the LORD had commanded Moses.

10 And there has not arisen a prophet since in Israel like Moses, whom the LORD knew face to face,

11 none like him for all the signs and the wonders that the LORD sent him to do in the land of Egypt, to Pharaoh and to all his servants and to all his land,

12 and for all the mighty power and all the great deeds of terror that Moses did in the sight of all Israel.

DAS BUCH JOSUA

JOSHUA

Zurüstung für den Einzug in das verheißene Land

1 Nachdem Mose, der Knecht des HERRN, gestorben war, sprach der HERR zu Josua, dem Sohn Nuns, Moses Diener:

2 Mein Knecht Mose ist gestorben; so mach dich nun auf und zieh über den Jordan, du und dies ganze Volk, in das Land, das ich ihnen, den Israeliten, gegeben habe.

3 Jede Stätte, auf die eure Fußsohlen treten werden, habe ich euch gegeben, wie ich Mose zugesagt habe.

4 Von der Wüste bis zum Libanon und von dem großen Strom Euphrat bis an das große Meer gegen Sonnenuntergang, das ganze Land der Hetiter, soll euer Gebiet sein.

5 Es soll dir niemand widerstehen dein Leben lang. Wie ich mit Mose gewesen bin, so will ich auch mit dir sein. Ich will dich nicht verlassen noch von dir weichen.

6 Sei getrost und unverzagt; denn du sollst diesem Volk das Land austeilen, das ich ihnen zum Erbe geben will, wie ich ihren Vätern geschworen habe.

¶ 7 Sei nur getrost und ganz unverzagt, dass du hältst und tust in allen Dingen nach dem Gesetz, das dir Mose, mein Knecht, geboten hat. Weiche nicht davon, weder zur Rechten noch zur Linken, damit du es recht ausrichten kannst, wohin du auch gehst.

8 Und lass das Buch dieses Gesetzes nicht von deinem Munde kommen, sondern betrachte es Tag und Nacht, dass du hältst und tust in allen Dingen nach dem, was darin geschrieben steht. Dann wird es dir auf deinen Wegen gelingen und du wirst es recht ausrichten.

9 Siehe, ich habe dir geboten, dass du getrost und unverzagt seist. Lass dir nicht grauen und entsetze dich nicht; denn der HERR, dein Gott, ist mit dir in allem, was du tun wirst.

¶ 10 Da gebot Josua den Amtleuten des Volks und sprach:

11 Geht durch das Lager und gebietet dem Volk und sprecht: Schafft euch Vorrat; denn nach drei Tagen werdet ihr hier über den Jordan gehen, dass ihr hineinkommt und das Land einnehmt, das euch der HERR, euer Gott, geben wird.

God Commissions Joshua

1 After the death of Moses the servant of the LORD, the LORD said to Joshua the son of Nun, Moses' assistant,

2 "Moses my servant is dead. Now therefore arise, go over this Jordan, you and all this people, into the land that I am giving to them, to the people of Israel.

3 Every place that the sole of your foot will tread upon I have given to you, just as I promised to Moses.

4 From the wilderness and this Lebanon as far as the great river, the river Euphrates, all the land of the Hittites to the Great Sea toward the going down of the sun shall be your territory.

5 No man shall be able to stand before you all the days of your life. Just as I was with Moses, so I will be with you. I will not leave you or forsake you.

6 Be strong and courageous, for you shall cause this people to inherit the land that I swore to their fathers to give them.

7 Only be strong and very courageous, being careful to do according to all the law that Moses my servant commanded you. Do not turn from it to the right hand or to the left, that you may have good success[1] wherever you go.

8 This Book of the Law shall not depart from your mouth, but you shall meditate on it day and night, so that you may be careful to do according to all that is written in it. For then you will make your way prosperous, and then you will have good success.

9 Have I not commanded you? Be strong and courageous. Do not be frightened, and do not be dismayed, for the LORD your God is with you wherever you go."

Joshua Assumes Command

¶ 10 And Joshua commanded the officers of the people,

11 "Pass through the midst of the camp and command the people, 'Prepare your provisions, for within three days you are to pass over this Jordan to go in to take possession of the land that the LORD your God is giving you to possess.'"

¶ **12** Und zu den Rubenitern, Gaditern und dem halben Stamm Manasse sprach Josua:

13 Denkt an das Wort, das euch Mose, der Knecht des HERRN, geboten hat: Der HERR, euer Gott, hat euch zur Ruhe gebracht und euch dies Land gegeben.

14 Eure Frauen und Kinder und euer Vieh lasst im Land bleiben, das euch Mose gegeben hat, diesseits des Jordans. Ihr aber sollt, so viele von euch streitbare Männer sind, vor euren Brüdern gerüstet hinüberziehen und ihnen helfen,

15 bis der HERR eure Brüder auch zur Ruhe bringt wie euch, dass auch sie einnehmen das Land, das ihnen der HERR, euer Gott, geben wird. Dann sollt ihr wieder zurückkehren in euer Land, das euch Mose, der Knecht des HERRN, zum Besitz gegeben hat diesseits des Jordans, gegen den Aufgang der Sonne.

16 Und sie antworteten Josua und sprachen: Alles, was du uns geboten hast, das wollen wir tun, und wo du uns hinsendest, da wollen wir hingehen.

17 Wie wir Mose gehorsam gewesen sind, so wollen wir auch dir gehorsam sein; nur, dass der HERR, dein Gott, mit dir sei, wie er mit Mose war!

18 Wer deinem Mund ungehorsam ist und nicht gehorcht deinen Worten in allem, was du uns gebietest, der soll sterben. Sei nur getrost und unverzagt!

Die Kundschafter in Jericho

2 Josua aber, der Sohn Nuns, sandte von Schittim zwei Männer heimlich als Kundschafter aus und sagte ihnen: Geht hin, seht das Land an, auch Jericho. Die gingen hin und kamen in das Haus einer Hure, die hieß Rahab, und kehrten dort ein.

2 Da wurde dem König von Jericho angesagt: Siehe, es sind in dieser Nacht Männer von Israel hereingekommen, um das Land zu erkunden.

3 Da sandte der König von Jericho zu Rahab und ließ ihr sagen: Gib die Männer heraus, die zu dir in dein Haus gekommen sind; denn sie sind gekommen, um das ganze Land zu erkunden.

4 Aber die Frau verbarg die beiden Männer und sprach: Ja, es sind Männer zu mir hereingekommen, aber ich wusste nicht, woher sie waren.

¶ **12** And to the Reubenites, the Gadites, and the half-tribe of Manasseh Joshua said,

13 "Remember the word that Moses the servant of the LORD commanded you, saying, 'The LORD your God is providing you a place of rest and will give you this land.'

14 Your wives, your little ones, and your livestock shall remain in the land that Moses gave you beyond the Jordan, but all the men of valor among you shall pass over armed before your brothers and shall help them,

15 until the LORD gives rest to your brothers as he has to you, and they also take possession of the land that the LORD your God is giving them. Then you shall return to the land of your possession and shall possess it, the land that Moses the servant of the LORD gave you beyond the Jordan toward the sunrise."

¶ **16** And they answered Joshua, "All that you have commanded us we will do, and wherever you send us we will go.

17 Just as we obeyed Moses in all things, so we will obey you. Only may the LORD your God be with you, as he was with Moses!

18 Whoever rebels against your commandment and disobeys your words, whatever you command him, shall be put to death. Only be strong and courageous."

Rahab Hides the Spies

2 And Joshua the son of Nun sent[1] two men secretly from Shittim as spies, saying, "Go, view the land, especially Jericho." And they went and came into the house of a prostitute whose name was Rahab and lodged there.

2 And it was told to the king of Jericho, "Behold, men of Israel have come here tonight to search out the land."

3 Then the king of Jericho sent to Rahab, saying, "Bring out the men who have come to you, who entered your house, for they have come to search out all the land."

4 But the woman had taken the two men and hidden them. And she said, "True, the men came to me, but I did not know where they were from.

5 Und als man die Stadttore zuschließen wollte, als es finster wurde, gingen sie hinaus, und ich weiß nicht, wo sie hingegangen sind. Jagt ihnen eilends nach, dann werdet ihr sie ergreifen.

6 Sie aber hatte sie auf das Dach steigen lassen und unter den Flachsstängeln versteckt, die sie auf dem Dach ausgebreitet hatte.

7 Die aber jagten den Männern nach auf dem Wege zum Jordan bis an die Furten, und man schloss das Tor zu, als die draußen waren, die ihnen nachjagten.

¶ **8** Und ehe die Männer sich schlafen legten, stieg sie zu ihnen hinauf auf das Dach

9 und sprach zu ihnen: Ich weiß, dass der HERR euch das Land gegeben hat; denn ein Schrecken vor euch ist über uns gefallen, und alle Bewohner des Landes sind vor euch feige geworden.

10 Denn wir haben gehört, wie der HERR das Wasser im Schilfmeer ausgetrocknet hat vor euch her, als ihr aus Ägypten zogt, und was ihr den beiden Königen der Amoriter, Sihon und Og, jenseits des Jordans getan habt, wie ihr an ihnen den Bann vollstreckt habt.

11 Und seitdem wir das gehört haben, ist unser Herz verzagt und es wagt keiner mehr, vor euch zu atmen; denn der HERR, euer Gott, ist Gott oben im Himmel und unten auf Erden.

12 So schwört mir nun bei dem HERRN, weil ich an euch Barmherzigkeit getan habe, dass auch ihr an meines Vaters Hause Barmherzigkeit tut, und gebt mir ein sicheres Zeichen,

13 dass ihr leben lasst meinen Vater, meine Mutter, meine Brüder und meine Schwestern und alles, was sie haben, und uns vom Tode errettet.

14 Die Männer sprachen zu ihr: Tun wir nicht Barmherzigkeit und Treue an dir, wenn uns der HERR das Land gibt, so wollen wir selbst des Todes sein, sofern du unsere Sache nicht verrätst.

¶ **15** Da ließ Rahab sie an einem Seil durchs Fenster hernieder; denn ihr Haus war an der Stadtmauer, und sie wohnte an der Mauer.

16 Und sie sprach zu ihnen: Geht auf das Gebirge, dass euch nicht begegnen, die euch nachjagen, und verbergt euch dort drei Tage, bis sie zurückkommen, die euch nachjagen; danach geht eure Straße.

17 Die Männer aber sprachen zu ihr: Wir wollen den Eid so einlösen, den du uns hast schwören lassen:

5 And when the gate was about to be closed at dark, the men went out. I do not know where the men went. Pursue them quickly, for you will overtake them."

6 But she had brought them up to the roof and hid them with the stalks of flax that she had laid in order on the roof.

7 So the men pursued after them on the way to the Jordan as far as the fords. And the gate was shut as soon as the pursuers had gone out.

¶ **8** Before the men² lay down, she came up to them on the roof

9 and said to the men, "I know that the LORD has given you the land, and that the fear of you has fallen upon us, and that all the inhabitants of the land melt away before you.

10 For we have heard how the LORD dried up the water of the Red Sea before you when you came out of Egypt, and what you did to the two kings of the Amorites who were beyond the Jordan, to Sihon and Og, whom you devoted to destruction.³

11 And as soon as we heard it, our hearts melted, and there was no spirit left in any man because of you, for the LORD your God, he is God in the heavens above and on the earth beneath.

12 Now then, please swear to me by the LORD that, as I have dealt kindly with you, you also will deal kindly with my father's house, and give me a sure sign

13 that you will save alive my father and mother, my brothers and sisters, and all who belong to them, and deliver our lives from death."

14 And the men said to her, "Our life for yours even to death! If you do not tell this business of ours, then when the LORD gives us the land we will deal kindly and faithfully with you."

¶ **15** Then she let them down by a rope through the window, for her house was built into the city wall, so that she lived in the wall.

16 And she said⁴ to them, "Go into the hills, or the pursuers will encounter you, and hide there three days until the pursuers have returned. Then afterward you may go your way."

17 The men said to her, "We will be guiltless with respect to this oath of yours that you have made us swear.

18 Wenn wir ins Land kommen, so sollst du dies rote Seil in das Fenster knüpfen, durch das du uns herniedergelassen hast, und zu dir ins Haus versammeln deinen Vater, deine Mutter, deine Brüder und deines Vaters ganzes Haus.

19 Und wer zur Tür deines Hauses herausgeht, dessen Blut komme über ihn, aber wir seien unschuldig; doch das Blut aller, die in deinem Hause sind, soll über uns kommen, wenn Hand an sie gelegt wird.

20 Und wenn du etwas von dieser unserer Sache verrätst, so sind wir des Eides los, den du uns hast schwören lassen.

21 Sie sprach: Es sei, wie ihr sagt!, und ließ sie gehen. Und sie gingen weg. Und sie knüpfte das rote Seil ins Fenster.

¶ **22** Sie aber gingen weg und kamen aufs Gebirge und blieben drei Tage dort, bis die zurückgekommen waren, die ihnen nachjagten. Denn sie hatten sie gesucht auf allen Straßen und doch nicht gefunden.

23 Da kehrten die beiden Männer um und gingen vom Gebirge herab und setzten über und kamen zu Josua, dem Sohn Nuns, und erzählten ihm alles, was ihnen begegnet war,

24 und sprachen zu Josua: Der HERR hat uns das ganze Land in unsere Hände gegeben, und es sind auch alle Bewohner des Landes vor uns feige geworden.

Israel geht durch den Jordan

3 Und Josua machte sich früh auf und sie zogen aus Schittim und kamen an den Jordan, er und alle Israeliten, und blieben dort über Nacht, ehe sie hinüberzogen.

2 Nach drei Tagen aber gingen die Amtleute durchs Lager

3 und geboten dem Volk: Wenn ihr die Lade des Bundes des HERRN, eures Gottes, seht und wie die Priester aus dem Stamm Levi sie tragen, so brecht auf von eurem Ort und folgt ihr nach;

4 doch dass zwischen euch und ihr ein Abstand sei von ungefähr zweitausend Ellen! Ihr sollt ihr nicht zu nahe kommen. Aber ihr müsst ja wissen, auf welchem Wege ihr gehen sollt; denn ihr seid den Weg bisher noch nicht gegangen.

5 Und Josua sprach zum Volk: Heiligt euch, denn morgen wird der HERR Wunder unter euch tun.

6 Und zu den Priestern sprach er: Hebt die Bundeslade auf und geht vor dem Volk her! Da hoben sie die Bundeslade auf und gingen vor dem Volk her.

18 Behold, when we come into the land, you shall tie this scarlet cord in the window through which you let us down, and you shall gather into your house your father and mother, your brothers, and all your father's household.

19 Then if anyone goes out of the doors of your house into the street, his blood shall be on his own head, and we shall be guiltless. But if a hand is laid on anyone who is with you in the house, his blood shall be on our head.

20 But if you tell this business of ours, then we shall be guiltless with respect to your oath that you have made us swear."

21 And she said, "According to your words, so be it." Then she sent them away, and they departed. And she tied the scarlet cord in the window.

¶ **22** They departed and went into the hills and remained there three days until the pursuers returned, and the pursuers searched all along the way and found nothing.

23 Then the two men returned. They came down from the hills and passed over and came to Joshua the son of Nun, and they told him all that had happened to them.

24 And they said to Joshua, "Truly the LORD has given all the land into our hands. And also, all the inhabitants of the land melt away because of us."

Israel Crosses the Jordan

3 Then Joshua rose early in the morning and they set out from Shittim. And they came to the Jordan, he and all the people of Israel, and lodged there before they passed over.

2 At the end of three days the officers went through the camp

3 and commanded the people, "As soon as you see the ark of the covenant of the LORD your God being carried by the Levitical priests, then you shall set out from your place and follow it.

4 Yet there shall be a distance between you and it, about 2,000 cubits[1] in length. Do not come near it, in order that you may know the way you shall go, for you have not passed this way before."

5 Then Joshua said to the people, "Consecrate yourselves, for tomorrow the LORD will do wonders among you."

6 And Joshua said to the priests, "Take up the ark of the covenant and pass on before the people." So they took up the ark of the covenant and went before the people.

7 Und der HERR sprach zu Josua: Heute will ich anfangen, dich groß zu machen vor ganz Israel, damit sie wissen: Wie ich mit Mose gewesen bin, so werde ich auch mit dir sein.

8 Und du gebiete den Priestern, die die Bundeslade tragen, und sprich: Wenn ihr an das Wasser des Jordans herankommt, so bleibt im Jordan stehen.

¶ **9** Und Josua sprach zu den Israeliten: Herzu! Hört die Worte des HERRN, eures Gottes!

10 Daran sollt ihr merken, dass ein lebendiger Gott unter euch ist und dass er vor euch vertreiben wird die Kanaaniter, Hetiter, Hiwiter, Perisiter, Girgaschiter, Amoriter und Jebusiter:

11 Siehe, die Lade des Bundes des Herrschers über alle Welt wird vor euch hergehen in den Jordan.

12 So nehmt nun zwölf Männer aus den Stämmen Israels, aus jedem Stamm einen.

13 Wenn dann die Fußsohlen der Priester, die die Lade des HERRN, des Herrschers über alle Welt, tragen, in dem Wasser des Jordans stillstehen, so wird das Wasser des Jordans, das von oben herabfließt, nicht weiterlaufen, sondern stehen bleiben wie ein einziger Wall.

¶ **14** Als nun das Volk aus seinen Zelten auszog, um durch den Jordan zu gehen, und als die Priester die Bundeslade vor dem Volk hertrugen

15 und an den Jordan kamen und ihre Füße vorn ins Wasser tauchten – der Jordan aber war die ganze Zeit der Ernte über alle seine Ufer getreten –,

16 da stand das Wasser, das von oben herniederkam, aufgerichtet wie ein einziger Wall, sehr fern, bei der Stadt Adam, die zur Seite von Zaretan liegt; aber das Wasser, das zum Meer hinunterlief, zum Salzmeer, das nahm ab und floss ganz weg. So ging das Volk hindurch gegenüber von Jericho.

17 Und die Priester, die die Lade des Bundes des HERRN trugen, standen still im Trockenen mitten im Jordan. Und ganz Israel ging auf trockenem Boden hindurch, bis das ganze Volk über den Jordan gekommen war.

Denksteine des Durchzugs

4 Als nun das Volk ganz über den Jordan gegangen war, sprach der HERR zu Josua:
2 Nehmt euch aus dem Volk zwölf Männer, aus jedem Stamm einen,

¶ **7** The LORD said to Joshua, "Today I will begin to exalt you in the sight of all Israel, that they may know that, as I was with Moses, so I will be with you.

8 And as for you, command the priests who bear the ark of the covenant, 'When you come to the brink of the waters of the Jordan, you shall stand still in the Jordan.'"

9 And Joshua said to the people of Israel, "Come here and listen to the words of the LORD your God."

10 And Joshua said, "Here is how you shall know that the living God is among you and that he will without fail drive out from before you the Canaanites, the Hittites, the Hivites, the Perizzites, the Girgashites, the Amorites, and the Jebusites.

11 Behold, the ark of the covenant of the Lord of all the earth[2] is passing over before you into the Jordan.

12 Now therefore take twelve men from the tribes of Israel, from each tribe a man.

13 And when the soles of the feet of the priests bearing the ark of the LORD, the Lord of all the earth, shall rest in the waters of the Jordan, the waters of the Jordan shall be cut off from flowing, and the waters coming down from above shall stand in one heap."

¶ **14** So when the people set out from their tents to pass over the Jordan with the priests bearing the ark of the covenant before the people,

15 and as soon as those bearing the ark had come as far as the Jordan, and the feet of the priests bearing the ark were dipped in the brink of the water (now the Jordan overflows all its banks throughout the time of harvest),

16 the waters coming down from above stood and rose up in a heap very far away, at Adam, the city that is beside Zarethan, and those flowing down toward the Sea of the Arabah, the Salt Sea, were completely cut off. And the people passed over opposite Jericho.

17 Now the priests bearing the ark of the covenant of the LORD stood firmly on dry ground in the midst of the Jordan, and all Israel was passing over on dry ground until all the nation finished passing over the Jordan.

Twelve Memorial Stones from the Jordan

4 When all the nation had finished passing over the Jordan, the LORD said to Joshua,
2 "Take twelve men from the people, from each tribe a man,

3 und gebietet ihnen: Hebt mitten aus dem Jordan zwölf Steine auf von der Stelle, wo die Füße der Priester stillstehen, und bringt sie mit euch hinüber und legt sie in dem Lager nieder, wo ihr diese Nacht bleiben werdet.

4 Da rief Josua die zwölf Männer, die er bestellt hatte aus Israel, aus jedem Stamm einen,

5 und sprach zu ihnen: Geht hinüber vor der Lade des HERRN, eures Gottes, mitten in den Jordan und ein jeder hebe einen Stein auf seine Schulter, nach der Zahl der Stämme Israels,

6 damit sie ein Zeichen seien unter euch. Wenn eure Kinder später einmal fragen: Was bedeuten euch diese Steine?,

7 so sollt ihr ihnen sagen: Weil das Wasser des Jordans weggeflossen ist vor der Lade des Bundes des HERRN, als sie durch den Jordan ging, sollen diese Steine für Israel ein ewiges Andenken sein.

8 Da taten die Israeliten, wie ihnen Josua geboten hatte, und trugen zwölf Steine mitten aus dem Jordan, wie der HERR zu Josua gesagt hatte, nach der Zahl der Stämme Israels, und brachten sie mit sich hinüber in das Lager und legten sie dort nieder.

¶ **9** Und Josua richtete zwölf Steine auf mitten im Jordan, wo die Füße der Priester gestanden hatten, die die Bundeslade trugen; diese sind noch dort bis auf den heutigen Tag.

¶ **10** Die Priester aber, die die Lade trugen, standen mitten im Jordan, bis alles ausgerichtet war, was der HERR dem Josua geboten hatte, dem Volk zu sagen, genau wie Mose dem Josua geboten hatte. Und das Volk ging eilends hinüber.

11 Als nun das Volk ganz hinübergegangen war, da ging die Lade des HERRN auch hinüber und die Priester vor dem Volk her.

12 Und die Rubeniter und Gaditer und der halbe Stamm Manasse gingen gerüstet vor den Israeliten her, wie Mose zu ihnen geredet hatte.

13 An vierzigtausend zum Krieg gerüstete Männer gingen vor dem HERRN her zum Kampf ins Jordantal von Jericho.

14 An diesem Tage machte der HERR den Josua groß vor ganz Israel. Und sie fürchteten ihn, wie sie Mose gefürchtet hatten, sein Leben lang.

¶ **15** Und der HERR sprach zu Josua:

3 and command them, saying, 'Take twelve stones from here out of the midst of the Jordan, from the very place where the priests' feet stood firmly, and bring them over with you and lay them down in the place where you lodge tonight.'"

4 Then Joshua called the twelve men from the people of Israel, whom he had appointed, a man from each tribe.

5 And Joshua said to them, "Pass on before the ark of the LORD your God into the midst of the Jordan, and take up each of you a stone upon his shoulder, according to the number of the tribes of the people of Israel,

6 that this may be a sign among you. When your children ask in time to come, 'What do those stones mean to you?'

7 then you shall tell them that the waters of the Jordan were cut off before the ark of the covenant of the LORD. When it passed over the Jordan, the waters of the Jordan were cut off. So these stones shall be to the people of Israel a memorial forever."

¶ **8** And the people of Israel did just as Joshua commanded and took up twelve stones out of the midst of the Jordan, according to the number of the tribes of the people of Israel, just as the LORD told Joshua. And they carried them over with them to the place where they lodged and laid them down[1] there.

9 And Joshua set up twelve stones in the midst of the Jordan, in the place where the feet of the priests bearing the ark of the covenant had stood; and they are there to this day.

10 For the priests bearing the ark stood in the midst of the Jordan until everything was finished that the LORD commanded Joshua to tell the people, according to all that Moses had commanded Joshua.

¶   The people passed over in haste.

11 And when all the people had finished passing over, the ark of the LORD and the priests passed over before the people.

12 The sons of Reuben and the sons of Gad and the half-tribe of Manasseh passed over armed before the people of Israel, as Moses had told them.

13 About 40,000 ready for war passed over before the LORD for battle, to the plains of Jericho.

14 On that day the LORD exalted Joshua in the sight of all Israel, and they stood in awe of him just as they had stood in awe of Moses, all the days of his life.

¶ **15** And the LORD said to Joshua,

16 Gebiete den Priestern, die die Lade mit dem Gesetz tragen, dass sie aus dem Jordan heraufsteigen.

17 Da gebot Josua den Priestern: Steigt herauf aus dem Jordan!

18 Und als die Priester, die die Lade des Bundes des HERRN trugen, aus dem Jordan heraufstiegen und mit ihren Fußsohlen aufs Trockene traten, kam das Wasser des Jordans wieder an seine Stätte und floss wie vorher über alle seine Ufer.

19 Es war aber der zehnte Tag des ersten Monats, als das Volk aus dem Jordan heraufstieg. Und sie lagerten sich in Gilgal, östlich der Stadt Jericho.

¶ **20** Und die zwölf Steine, die sie aus dem Jordan genommen hatten, richtete Josua auf in Gilgal

21 und sprach zu Israel: Wenn eure Kinder später einmal ihre Väter fragen: Was bedeuten diese Steine?,

22 so sollt ihr ihnen kundtun und sagen: Israel ging auf trockenem Boden durch den Jordan,

23 als der HERR, euer Gott, den Jordan vor euch austrocknete, bis ihr hinübergegangen wart, wie der HERR, euer Gott, am Schilfmeer getan hatte, das er vor uns austrocknete, bis wir hindurchgegangen waren;

24 damit alle Völker auf Erden die Hand des HERRN erkennen, wie mächtig sie ist, und den HERRN, euren Gott, fürchten allezeit.

5 Als nun alle Könige der Amoriter, die jenseits des Jordans nach Westen zu wohnten, und alle Könige der Kanaaniter am Meer hörten, wie der HERR das Wasser des Jordans ausgetrocknet hatte vor den Israeliten, bis sie hinübergegangen waren, da verzagte ihr Herz und es wagte keiner mehr zu atmen vor Israel.

Beschneidung und Feier des Passa in Kanaan

2 Zu dieser Zeit sprach der HERR zu Josua: Mache dir steinerne Messer und beschneide die Israeliten wie schon früher.

3 Da machte sich Josua steinerne Messer und beschnitt die Israeliten auf dem Hügel der Vorhäute.

¶ **4** Und das ist der Grund, warum Josua sie beschnitten hat: Das ganze Volk, das aus Ägypten gezogen war, die Männer, alle Kriegsleute, waren unterwegs in der Wüste gestorben, als sie aus Ägypten zogen.

16 "Command the priests bearing the ark of the testimony to come up out of the Jordan."

17 So Joshua commanded the priests, "Come up out of the Jordan."

18 And when the priests bearing the ark of the covenant of the LORD came up from the midst of the Jordan, and the soles of the priests' feet were lifted up on dry ground, the waters of the Jordan returned to their place and overflowed all its banks, as before.

¶ **19** The people came up out of the Jordan on the tenth day of the first month, and they encamped at Gilgal on the east border of Jericho.

20 And those twelve stones, which they took out of the Jordan, Joshua set up at Gilgal.

21 And he said to the people of Israel, "When your children ask their fathers in times to come, 'What do these stones mean?'

22 then you shall let your children know, 'Israel passed over this Jordan on dry ground.'

23 For the LORD your God dried up the waters of the Jordan for you until you passed over, as the LORD your God did to the Red Sea, which he dried up for us until we passed over,

24 so that all the peoples of the earth may know that the hand of the LORD is mighty, that you may fear the LORD your God forever."[2]

The New Generation Circumcised

5 As soon as all the kings of the Amorites who were beyond the Jordan to the west, and all the kings of the Canaanites who were by the sea, heard that the LORD had dried up the waters of the Jordan for the people of Israel until they had crossed over, their hearts melted and there was no longer any spirit in them because of the people of Israel.

¶ **2** At that time the LORD said to Joshua, "Make flint knives and circumcise the sons of Israel a second time."

3 So Joshua made flint knives and circumcised the sons of Israel at Gibeath-haaraloth.[1]

4 And this is the reason why Joshua circumcised them: all the males of the people who came out of Egypt, all the men of war, had died in the wilderness on the way after they had come out of Egypt.

5 Und das ganze Volk, das auszog, war beschnitten gewesen; aber das ganze Volk, das unterwegs in der Wüste geboren war, als sie aus Ägypten zogen, das war nicht beschnitten.

6 Denn die Israeliten wanderten vierzig Jahre in der Wüste, bis es mit dem ganzen Volk, den Kriegsmännern, die aus Ägypten gezogen waren, zu Ende gegangen war, weil sie der Stimme des Herrn nicht gehorcht hatten; wie denn der Herr ihnen geschworen hatte, sie sollten das Land nicht sehen, das der Herr, wie er ihren Vätern geschworen hatte, uns geben wollte, ein Land, darin Milch und Honig fließt.

7 Ihre Söhne, die er an ihrer statt hatte aufwachsen lassen, beschnitt Josua; denn sie waren noch unbeschnitten und unterwegs nicht beschnitten worden.

8 Und als das ganze Volk beschnitten war, blieben sie an ihrem Ort im Lager, bis sie genesen waren.

9 Und der Herr sprach zu Josua: Heute habe ich die Schande Ägyptens von euch abgewälzt. Und diese Stätte wurde Gilgal genannt bis auf diesen Tag.

¶ **10** Und als die Israeliten in Gilgal das Lager aufgeschlagen hatten, hielten sie Passa am vierzehnten Tage des Monats am Abend im Jordantal von Jericho

11 und aßen vom Getreide des Landes am Tag nach dem Passa, nämlich ungesäuertes Brot und geröstete Körner. An eben diesem Tage

12 hörte das Manna auf, weil sie jetzt vom Getreide des Landes aßen, sodass Israel vom nächsten Tag an kein Manna mehr hatte. Sie aßen schon von der Ernte des Landes Kanaan in diesem Jahr.

Der Fürst über das Heer des Herrn erscheint dem Josua

13 Und es begab sich, als Josua bei Jericho war, dass er seine Augen aufhob und gewahr wurde, dass ein Mann ihm gegenüberstand und ein bloßes Schwert in seiner Hand hatte. Und Josua ging zu ihm und sprach zu ihm: Gehörst du zu uns oder zu unsern Feinden?

14 Er sprach: Nein, sondern ich bin der Fürst über das Heer des Herrn und bin jetzt gekommen. Da fiel Josua auf sein Angesicht zur Erde nieder, betete an und sprach zu ihm: Was sagt mein Herr seinem Knecht?

15 Und der Fürst über das Heer des Herrn sprach zu Josua: Zieh deine Schuhe von deinen Füßen; denn die Stätte, darauf du stehst, ist heilig. Und so tat Josua.

5 Though all the people who came out had been circumcised, yet all the people who were born on the way in the wilderness after they had come out of Egypt had not been circumcised.

6 For the people of Israel walked forty years in the wilderness, until all the nation, the men of war who came out of Egypt, perished, because they did not obey the voice of the Lord; the Lord swore to them that he would not let them see the land that the Lord had sworn to their fathers to give to us, a land flowing with milk and honey.

7 So it was their children, whom he raised up in their place, that Joshua circumcised. For they were uncircumcised, because they had not been circumcised on the way.

¶ **8** When the circumcising of the whole nation was finished, they remained in their places in the camp until they were healed.

9 And the Lord said to Joshua, "Today I have rolled away the reproach of Egypt from you." And so the name of that place is called Gilgal[2] to this day.

First Passover in Canaan

¶ **10** While the people of Israel were encamped at Gilgal, they kept the Passover on the fourteenth day of the month in the evening on the plains of Jericho.

11 And the day after the Passover, on that very day, they ate of the produce of the land, unleavened cakes and parched grain.

12 And the manna ceased the day after they ate of the produce of the land. And there was no longer manna for the people of Israel, but they ate of the fruit of the land of Canaan that year.

The Commander of the Lord's Army

¶ **13** When Joshua was by Jericho, he lifted up his eyes and looked, and behold, a man was standing before him with his drawn sword in his hand. And Joshua went to him and said to him, "Are you for us, or for our adversaries?"

14 And he said, "No; but I am the commander of the army of the Lord. Now I have come." And Joshua fell on his face to the earth and worshiped and said to him, "What does my lord say to his servant?"

15 And the commander of the Lord's army said to Joshua, "Take off your sandals from your feet, for the place where you are standing is holy." And Joshua did so.

Jericho wird erobert und zerstört

6 Jericho aber war verschlossen und verwahrt vor den Israeliten, sodass niemand heraus- oder hineinkommen konnte.

2 Aber der HERR sprach zu Josua: Sieh, ich habe Jericho samt seinem König und seinen Kriegsleuten in deine Hand gegeben.

3 Lass alle Kriegsmänner rings um die Stadt herumgehen **einmal** und tu so sechs Tage lang.

4 Und lass sieben Priester sieben Posaunen tragen vor der Lade her, und am siebenten Tage zieht siebenmal um die Stadt und lass die Priester die Posaunen blasen.

5 Und wenn man die Posaune bläst und es lange tönt, so soll das ganze Kriegsvolk ein großes Kriegsgeschrei erheben, wenn ihr den Schall der Posaune hört. Dann wird die Stadtmauer einfallen und das Kriegsvolk soll hinaufsteigen, ein jeder stracks vor sich hin.

¶ **6** Da rief Josua, der Sohn Nuns, die Priester und sprach zu ihnen: Bringt die Bundeslade und sieben Priester sollen sieben Posaunen tragen vor der Lade des HERRN.

7 Zum Volk aber sprach er: Geht hin und zieht um die Stadt; und die Kriegsleute sollen vor der Lade des HERRN hergehen.

8 Als Josua das dem Volk gesagt hatte, trugen die sieben Priester sieben Posaunen vor der Lade des HERRN her und gingen und bliesen die Posaunen, und die Lade des Bundes des HERRN folgte ihnen nach.

9 Und die Kriegsleute gingen vor den Priestern her, die die Posaunen bliesen, und das übrige Volk folgte der Lade nach und man blies immerfort die Posaunen.

10 Josua aber gebot dem Kriegsvolk und sprach: Ihr sollt kein Kriegsgeschrei erheben noch eure Stimmen hören lassen, noch soll ein Wort aus eurem Munde gehen bis auf den Tag, an dem ich zu euch sage: »Macht ein Kriegsgeschrei!« Dann sollt ihr das Kriegsgeschrei erheben.

¶ **11** So ließ er die Lade des HERRN rings um die Stadt ziehen **einmal** und sie kamen zurück in das Lager und blieben darin über Nacht.

12 Und Josua machte sich früh am Morgen auf und die Priester trugen die Lade des HERRN.

The Fall of Jericho

6 Now Jericho was shut up inside and outside because of the people of Israel. None went out, and none came in.

2 And the LORD said to Joshua, "See, I have given Jericho into your hand, with its king and mighty men of valor.

3 You shall march around the city, all the men of war going around the city once. Thus shall you do for six days.

4 Seven priests shall bear seven trumpets of rams' horns before the ark. On the seventh day you shall march around the city seven times, and the priests shall blow the trumpets.

5 And when they make a long blast with the ram's horn, when you hear the sound of the trumpet, then all the people shall shout with a great shout, and the wall of the city will fall down flat,[1] and the people shall go up, everyone straight before him."

6 So Joshua the son of Nun called the priests and said to them, "Take up the ark of the covenant and let seven priests bear seven trumpets of rams' horns before the ark of the LORD."

7 And he said to the people, "Go forward. March around the city and let the armed men pass on before the ark of the LORD."

¶ **8** And just as Joshua had commanded the people, the seven priests bearing the seven trumpets of rams' horns before the LORD went forward, blowing the trumpets, with the ark of the covenant of the LORD following them.

9 The armed men were walking before the priests who were blowing the trumpets, and the rear guard was walking after the ark, while the trumpets blew continually.

10 But Joshua commanded the people, "You shall not shout or make your voice heard, neither shall any word go out of your mouth, until the day I tell you to shout. Then you shall shout."

11 So he caused the ark of the LORD to circle the city, going about it once. And they came into the camp and spent the night in the camp.

¶ **12** Then Joshua rose early in the morning, and the priests took up the ark of the LORD.

13 So trugen die sieben Priester die sieben Posaunen vor der Lade des HERRN her und bliesen immerfort die Posaunen; und die Kriegsleute gingen vor ihnen her, und das übrige Volk folgte der Lade des HERRN und man blies immerfort die Posaunen.

14 Am zweiten Tage gingen sie auch einmal um die Stadt und kamen zurück ins Lager. So taten sie sechs Tage.

¶ **15** Am siebenten Tage aber, als die Morgenröte aufging, machten sie sich früh auf und zogen in derselben Weise siebenmal um die Stadt; nur an diesem Tag zogen sie siebenmal um die Stadt.

16 Und beim siebenten Mal, als die Priester die Posaunen bliesen, sprach Josua zum Volk: Macht ein Kriegsgeschrei! Denn der HERR hat euch die Stadt gegeben.

17 Aber diese Stadt und alles, was darin ist, soll dem Bann des HERRN verfallen sein. Nur die Hure Rahab soll am Leben bleiben und alle, die mit ihr im Hause sind; denn sie hat die Boten verborgen, die wir aussandten.

18 Allein hütet euch vor dem Gebannten und lasst euch nicht gelüsten, etwas von dem Gebannten zu nehmen und das Lager Israels in Bann und Unglück zu bringen.

19 Aber alles Silber und Gold samt dem kupfernen und eisernen Gerät soll dem HERRN geheiligt sein, dass es zum Schatz des HERRN komme.

¶ **20** Da erhob das Volk ein Kriegsgeschrei und man blies die Posaunen. Und als das Volk den Hall der Posaunen hörte, erhob es ein großes Kriegsgeschrei. Da fiel die Mauer um und das Volk stieg zur Stadt hinauf, ein jeder stracks vor sich hin. So eroberten sie die Stadt

21 und vollstreckten den Bann an allem, was in der Stadt war, mit der Schärfe des Schwerts, an Mann und Weib, Jung und Alt, Rindern, Schafen und Eseln.

¶ **22** Aber Josua sprach zu den beiden Männern, die das Land erkundet hatten: Geht in das Haus der Hure und führt die Frau von da heraus mit allem, was sie hat, wie ihr es ihr geschworen habt.

23 Da gingen die Männer, die Kundschafter, hinein und führten Rahab heraus samt ihrem Vater und ihrer Mutter und ihren Brüdern und alles, was sie hatte, und ihr ganzes Geschlecht und brachten sie außerhalb des Lagers Israels unter.

13 And the seven priests bearing the seven trumpets of rams' horns before the ark of the LORD walked on, and they blew the trumpets continually. And the armed men were walking before them, and the rear guard was walking after the ark of the LORD, while the trumpets blew continually.

14 And the second day they marched around the city once, and returned into the camp. So they did for six days.

¶ **15** On the seventh day they rose early, at the dawn of day, and marched around the city in the same manner seven times. It was only on that day that they marched around the city seven times.

16 And at the seventh time, when the priests had blown the trumpets, Joshua said to the people, "Shout, for the LORD has given you the city.

17 And the city and all that is within it shall be devoted to the LORD for destruction.[2] Only Rahab the prostitute and all who are with her in her house shall live, because she hid the messengers whom we sent.

18 But you, keep yourselves from the things devoted to destruction, lest when you have devoted them you take any of the devoted things and make the camp of Israel a thing for destruction and bring trouble upon it.

19 But all silver and gold, and every vessel of bronze and iron, are holy to the LORD; they shall go into the treasury of the LORD."

20 So the people shouted, and the trumpets were blown. As soon as the people heard the sound of the trumpet, the people shouted a great shout, and the wall fell down flat, so that the people went up into the city, every man straight before him, and they captured the city.

21 Then they devoted all in the city to destruction, both men and women, young and old, oxen, sheep, and donkeys, with the edge of the sword.

¶ **22** But to the two men who had spied out the land, Joshua said, "Go into the prostitute's house and bring out from there the woman and all who belong to her, as you swore to her."

23 So the young men who had been spies went in and brought out Rahab and her father and mother and brothers and all who belonged to her. And they brought all her relatives and put them outside the camp of Israel.

24 Aber die Stadt verbrannten sie mit Feuer und alles, was darin war. Nur das Silber und Gold und die kupfernen und eisernen Geräte taten sie zum Schatz in das Haus des Herrn.

25 Rahab aber, die Hure, samt dem Hause ihres Vaters und alles, was sie hatte, ließ Josua leben. Und sie blieb in Israel wohnen bis auf diesen Tag, weil sie die Boten verborgen hatte, die Josua gesandt hatte, um Jericho auszukundschaften.

¶ **26** Zu dieser Zeit ließ Josua schwören: Verflucht vor dem Herrn sei der Mann, der sich aufmacht und diese Stadt Jericho wieder aufbaut! Wenn er ihren Grund legt, das koste ihn seinen erstgeborenen Sohn, und wenn er ihre Tore setzt, das koste ihn seinen jüngsten Sohn!

27 So war der Herr mit Josua, dass man ihn rühmte im ganzen Lande.

Achans Diebstahl

7 Aber die Israeliten vergriffen sich an dem Gebannten; denn Achan, der Sohn Karmis, des Sohnes Sabdis, des Sohnes Serachs, vom Stamm Juda, nahm etwas vom Gebannten. Da entbrannte der Zorn des Herrn über die Israeliten.

¶ **2** Und Josua sandte Männer aus von Jericho nach Ai, das bei Bet-Awen liegt östlich von Bethel, und sprach zu ihnen: Geht hinauf und erkundet das Land. Und als sie hinaufgegangen waren und Ai erkundet hatten,

3 kamen sie zu Josua zurück und sprachen zu ihm: Lass nicht das ganze Kriegsvolk hinaufziehen, sondern etwa zwei- oder dreitausend Mann sollen hinaufziehen und Ai schlagen, damit nicht das ganze Volk sich dorthin bemühe; denn ihrer sind wenige.

4 So zogen hinauf vom Volk etwa dreitausend Mann; aber sie flohen vor den Männern von Ai.

5 Und die Männer von Ai erschlugen von ihnen etwa sechsunddreißig Mann; sie hatten sie nämlich von dem Tor bis zu den Steinbrüchen gejagt und am Abhang erschlagen. Da verzagte das Herz des Volks und ward zu Wasser.

¶ **6** Josua aber zerriss seine Kleider und fiel auf sein Angesicht zur Erde vor der Lade des Herrn bis zum Abend samt den Ältesten Israels, und sie warfen Staub auf ihr Haupt.

24 And they burned the city with fire, and everything in it. Only the silver and gold, and the vessels of bronze and of iron, they put into the treasury of the house of the Lord.

25 But Rahab the prostitute and her father's household and all who belonged to her, Joshua saved alive. And she has lived in Israel to this day, because she hid the messengers whom Joshua sent to spy out Jericho.

¶ **26** Joshua laid an oath on them at that time, saying, "Cursed before the Lord be the man who rises up and rebuilds this city, Jericho.

> "At the cost of his firstborn shall he
>   lay its foundation,
>   and at the cost of his youngest son
>   shall he set up its gates."

¶ **27** So the Lord was with Joshua, and his fame was in all the land.

Israel Defeated at Ai

7 But the people of Israel broke faith in regard to the devoted things, for Achan the son of Carmi, son of Zabdi, son of Zerah, of the tribe of Judah, took some of the devoted things. And the anger of the Lord burned against the people of Israel.

¶ **2** Joshua sent men from Jericho to Ai, which is near Beth-aven, east of Bethel, and said to them, "Go up and spy out the land." And the men went up and spied out Ai.

3 And they returned to Joshua and said to him, "Do not have all the people go up, but let about two or three thousand men go up and attack Ai. Do not make the whole people toil up there, for they are few."

4 So about 3,000 men went up there from the people. And they fled before the men of Ai,

5 and the men of Ai killed about thirty-six of their men and chased them before the gate as far as Shebarim and struck them at the descent. And the hearts of the people melted and became as water.

¶ **6** Then Joshua tore his clothes and fell to the earth on his face before the ark of the Lord until the evening, he and the elders of Israel. And they put dust on their heads.

7 Und Josua sprach: Ach, Herr HERR, warum hast du dies Volk über den Jordan geführt und gibst uns in die Hände der Amoriter, um uns umzubringen? O dass wir doch jenseits des Jordans geblieben wären!

8 Ach, Herr, was soll ich sagen, nachdem Israel seinen Feinden den Rücken gekehrt hat?

9 Wenn das die Kanaaniter und alle Bewohner des Landes hören, so werden sie uns umringen und unsern Namen ausrotten von der Erde. Was willst du dann für deinen großen Namen tun?

¶ **10** Da sprach der HERR zu Josua: Steh auf! Warum liegst du da auf deinem Angesicht?

11 Israel hat sich versündigt, sie haben meinen Bund übertreten, den ich ihnen geboten habe, und haben von dem Gebannten genommen und gestohlen und haben's verheimlicht und zu ihren Geräten gelegt.

12 Darum kann Israel nicht bestehen vor seinen Feinden, sondern sie müssen ihren Feinden den Rücken kehren; denn sie sind dem Bann verfallen. Ich werde hinfort nicht mit euch sein, wenn ihr nicht das Gebannte aus eurer Mitte tilgt.

13 Steh auf, heilige das Volk und sprich: Heiligt euch auf morgen! Denn so spricht der HERR, der Gott Israels: Es ist Gebanntes in deiner Mitte, Israel; darum kannst du nicht bestehen vor deinen Feinden, bis ihr das Gebannte von euch tut.

14 Und morgen früh sollt ihr herzutreten, ein Stamm nach dem andern; und welchen Stamm der HERR treffen wird, der soll herzutreten, ein Geschlecht nach dem andern; und welches Geschlecht der HERR treffen wird, das soll herzutreten, ein Haus nach dem andern; und welches Haus der HERR treffen wird, das soll herzutreten, Mann für Mann.

15 Und wer so mit dem Gebannten angetroffen wird, den soll man mit Feuer verbrennen mit allem, was er hat, weil er den Bund des HERRN übertreten und einen Frevel in Israel begangen hat.

¶ **16** Da machte sich Josua früh am Morgen auf und ließ Israel herzutreten, einen Stamm nach dem andern; und es wurde getroffen der Stamm Juda.

17 Und als er die Geschlechter Judas herzutreten ließ, wurde getroffen das Geschlecht der Serachiter. Und als er das Geschlecht der Serachiter herzutreten ließ, wurde Sabdi getroffen.

7 And Joshua said, "Alas, O Lord GOD, why have you brought this people over the Jordan at all, to give us into the hands of the Amorites, to destroy us? Would that we had been content to dwell beyond the Jordan!

8 O Lord, what can I say, when Israel has turned their backs before their enemies!

9 For the Canaanites and all the inhabitants of the land will hear of it and will surround us and cut off our name from the earth. And what will you do for your great name?"

The Sin of Achan

¶ **10** The LORD said to Joshua, "Get up! Why have you fallen on your face?

11 Israel has sinned; they have transgressed my covenant that I commanded them; they have taken some of the devoted things; they have stolen and lied and put them among their own belongings.

12 Therefore the people of Israel cannot stand before their enemies. They turn their backs before their enemies, because they have become devoted for destruction.[1] I will be with you no more, unless you destroy the devoted things from among you.

13 Get up! Consecrate the people and say, 'Consecrate yourselves for tomorrow; for thus says the LORD, God of Israel, "There are devoted things in your midst, O Israel. You cannot stand before your enemies until you take away the devoted things from among you."

14 In the morning therefore you shall be brought near by your tribes. And the tribe that the LORD takes by lot shall come near by clans. And the clan that the LORD takes shall come near by households. And the household that the LORD takes shall come near man by man.

15 And he who is taken with the devoted things shall be burned with fire, he and all that he has, because he has transgressed the covenant of the LORD, and because he has done an outrageous thing in Israel.'"

¶ **16** So Joshua rose early in the morning and brought Israel near tribe by tribe, and the tribe of Judah was taken.

17 And he brought near the clans of Judah, and the clan of the Zerahites was taken. And he brought near the clan of the Zerahites man by man, and Zabdi was taken.

18 Und als er sein Haus herzutreten ließ, Mann für Mann, wurde getroffen Achan, der Sohn Karmis, des Sohnes Sabdis, des Sohnes Serachs, aus dem Stamm Juda.

19 Und Josua sprach zu Achan: Mein Sohn, gib dem HERRN, dem Gott Israels, die Ehre und bekenne es ihm und sage mir, was du getan hast, und verhehle mir nichts.

20 Da antwortete Achan Josua und sprach: Wahrlich, ich habe mich versündigt an dem HERRN, dem Gott Israels. So habe ich getan:

21 Ich sah unter der Beute einen kostbaren babylonischen Mantel und zweihundert Lot Silber und eine Stange von Gold, fünfzig Lot schwer; danach gelüstete mich und ich nahm es. Und siehe, es ist verscharrt in der Erde in meinem Zelt und das Silber darunter.

¶ 22 Da sandte Josua Boten hin, die liefen zum Zelt; und siehe, es war verscharrt in seinem Zelt und das Silber darunter.

23 Und sie nahmen's aus dem Zelt und brachten's zu Josua und zu allen Israeliten und legten's nieder vor dem HERRN.

24 Da nahmen Josua und ganz Israel mit ihm Achan, den Sohn Serachs, samt dem Silber, dem Mantel und der Stange von Gold, seine Söhne und Töchter, seine Rinder und Esel und Schafe, sein Zelt und alles, was er hatte, und führten sie hinauf ins Tal Achor.

25 Und Josua sprach: Weil du uns betrübt hast, so betrübe dich der HERR an diesem Tage. Und ganz Israel steinigte ihn und verbrannte sie mit Feuer. Und als sie sie gesteinigt hatten,

26 machten sie über ihm einen großen Steinhaufen; der ist geblieben bis auf diesen Tag. So kehrte sich der HERR ab von dem Grimm seines Zorns. Daher nennt man diesen Ort »Tal Achor« bis auf diesen Tag.

Eroberung der Stadt Ai

8 Und der HERR sprach zu Josua: Fürchte dich nicht und verzage nicht! Nimm mit dir das ganze Kriegsvolk und mache dich auf und zieh hinauf nach Ai! Sieh, ich habe den König von Ai samt seinem Volk in seiner Stadt und seinem Land in deine Hände gegeben.

2 Und du sollst mit Ai und seinem König tun, wie du mit Jericho und seinem König getan hast, nur dass ihr die Beute und das Vieh unter euch teilen sollt. Lege einen Hinterhalt hinter die Stadt!

18 And he brought near his household man by man, and Achan the son of Carmi, son of Zabdi, son of Zerah, of the tribe of Judah, was taken.

19 Then Joshua said to Achan, "My son, give glory to the LORD God of Israel and give praise[2] to him. And tell me now what you have done; do not hide it from me."

20 And Achan answered Joshua, "Truly I have sinned against the LORD God of Israel, and this is what I did:

21 when I saw among the spoil a beautiful cloak from Shinar, and 200 shekels of silver, and a bar of gold weighing 50 shekels,[3] then I coveted them and took them. And see, they are hidden in the earth inside my tent, with the silver underneath."

¶ 22 So Joshua sent messengers, and they ran to the tent; and behold, it was hidden in his tent with the silver underneath.

23 And they took them out of the tent and brought them to Joshua and to all the people of Israel. And they laid them down before the LORD.

24 And Joshua and all Israel with him took Achan the son of Zerah, and the silver and the cloak and the bar of gold, and his sons and daughters and his oxen and donkeys and sheep and his tent and all that he had. And they brought them up to the Valley of Achor.

25 And Joshua said, "Why did you bring trouble on us? The LORD brings trouble on you today." And all Israel stoned him with stones. They burned them with fire and stoned them with stones.

26 And they raised over him a great heap of stones that remains to this day. Then the LORD turned from his burning anger. Therefore, to this day the name of that place is called the Valley of Achor.[4]

The Fall of Ai

8 And the LORD said to Joshua, "Do not fear and do not be dismayed. Take all the fighting men with you, and arise, go up to Ai. See, I have given into your hand the king of Ai, and his people, his city, and his land.

2 And you shall do to Ai and its king as you did to Jericho and its king. Only its spoil and its livestock you shall take as plunder for yourselves. Lay an ambush against the city, behind it."

¶ **3** Da machte sich Josua auf und das ganze Kriegsvolk, um nach Ai hinaufzuziehen. Und Josua erwählte dreißigtausend streitbare Männer und sandte sie aus bei Nacht

4 und gebot ihnen: Seht zu, ihr sollt der Hinterhalt sein hinter der Stadt. Entfernt euch aber nicht allzu weit von der Stadt und seid allesamt bereit!

5 Ich aber und das ganze Kriegsvolk, das bei mir ist, wollen nahe an die Stadt heranrücken. Und wenn sie ausziehen uns entgegen wie das erste Mal, so wollen wir vor ihnen fliehen,

6 damit sie uns nachjagen, bis wir sie von der Stadt weglocken. Denn sie werden denken, wir fliehen vor ihnen wie das erste Mal. Und wenn wir vor ihnen fliehen,

7 sollt ihr hervorbrechen aus dem Hinterhalt und die Stadt einnehmen; denn der HERR, euer Gott, wird sie in eure Hände geben.

8 Wenn ihr aber die Stadt eingenommen habt, so steckt sie mit Feuer an und tut nach dem Wort des HERRN. Siehe, ich hab's euch geboten.

¶ **9** So sandte sie Josua hin. Und sie zogen in den Hinterhalt und lagerten sich zwischen Bethel und Ai, westlich von Ai. Josua aber blieb die Nacht unter dem Volk

10 und machte sich früh am Morgen auf und ordnete das Volk und zog hinauf mit den Ältesten Israels vor dem Volk her nach Ai.

11 Und das ganze Kriegsvolk, das bei ihm war, zog hinauf, und sie kamen nahe vor die Stadt und lagerten sich nördlich von Ai, sodass nur ein Tal war zwischen ihnen und Ai.

12 Er hatte aber etwa fünftausend Mann genommen und in den Hinterhalt gelegt zwischen Bethel und Ai westlich von der Stadt.

13 Und sie stellten das Volk des ganzen Lagers, das nördlich vor der Stadt war, so auf, dass sein Ende reichte bis westlich von der Stadt. Und Josua zog hin in dieser Nacht mitten in das Tal.

¶ **14** Als aber der König von Ai das sah, machten die Männer der Stadt sich eilends früh auf und zogen aus an einen bestimmten Ort nach dem Jordantal zu, um Israel zum Kampf zu begegnen, er mit seinem ganzen Kriegsvolk. Denn er wusste nicht, dass ihm ein Hinterhalt gelegt war auf der andern Seite der Stadt.

15 Josua aber und ganz Israel stellten sich, als würden sie vor ihnen geschlagen, und flohen auf dem Wege zur Wüste.

¶ **3** So Joshua and all the fighting men arose to go up to Ai. And Joshua chose 30,000 mighty men of valor and sent them out by night.

4 And he commanded them, "Behold, you shall lie in ambush against the city, behind it. Do not go very far from the city, but all of you remain ready.

5 And I and all the people who are with me will approach the city. And when they come out against us just as before, we shall flee before them.

6 And they will come out after us, until we have drawn them away from the city. For they will say, 'They are fleeing from us, just as before.' So we will flee before them.

7 Then you shall rise up from the ambush and seize the city, for the LORD your God will give it into your hand.

8 And as soon as you have taken the city, you shall set the city on fire. You shall do according to the word of the LORD. See, I have commanded you."

9 So Joshua sent them out. And they went to the place of ambush and lay between Bethel and Ai, to the west of Ai, but Joshua spent that night among the people.

¶ **10** Joshua arose early in the morning and mustered the people and went up, he and the elders of Israel, before the people to Ai.

11 And all the fighting men who were with him went up and drew near before the city and encamped on the north side of Ai, with a ravine between them and Ai.

12 He took about 5,000 men and set them in ambush between Bethel and Ai, to the west of the city.

13 So they stationed the forces, the main encampment that was north of the city and its rear guard west of the city. But Joshua spent that night in the valley.

14 And as soon as the king of Ai saw this, he and all his people, the men of the city, hurried and went out early to the appointed place[1] toward the Arabah to meet Israel in battle. But he did not know that there was an ambush against him behind the city.

15 And Joshua and all Israel pretended to be beaten before them and fled in the direction of the wilderness.

16 Da wurde das ganze Volk in der Stadt zusammengerufen, um ihnen nachzujagen. Und sie jagten Josua nach und wurden von der Stadt weggelockt,

17 sodass nicht **ein** Mann in Ai und Bethel zurückblieb, der nicht ausgezogen wäre, um Israel nachzujagen, und ließen die Stadt offen stehen und jagten Israel nach.

¶ **18** Da sprach der HERR zu Josua: Strecke die Lanze in deiner Hand aus auf Ai zu; denn ich will es in deine Hand geben. Und als Josua die Lanze in seiner Hand gegen die Stadt ausstreckte,

19 da brach der Hinterhalt eilends auf aus seinem Versteck und sie liefen, nachdem er seine Hand ausgestreckt hatte, und kamen in die Stadt und nahmen sie ein und eilten und steckten sie mit Feuer an.

20 Und die Männer von Ai wandten sich um und sahen hinter sich und sahen den Rauch der Stadt aufsteigen gen Himmel und vermochten nicht zu fliehen, weder hierhin noch dorthin. Denn das Volk, das zur Wüste floh, kehrte um gegen die, die ihnen nachjagten.

21 Und als Josua und ganz Israel sahen, dass der Hinterhalt die Stadt eingenommen hatte, weil von der Stadt Rauch aufstieg, kehrten sie um und schlugen die Männer von Ai.

22 Und die in der Stadt kamen auch heraus ihnen entgegen, und die Männer von Ai gerieten mitten unter Israel, von hierher und von dorther. Und sie erschlugen sie, bis niemand mehr von ihnen übrig blieb noch entrinnen konnte,

23 und ergriffen den König von Ai lebendig und brachten ihn zu Josua.

24 Und als Israel alle Einwohner von Ai getötet hatte auf dem Felde und in der Wüste, wohin sie ihnen nachgejagt waren, und alle durch die Schärfe des Schwerts gefallen und umgekommen waren, da kehrte sich ganz Israel gegen Ai und schlug es mit der Schärfe des Schwerts.

25 Und alle, die an diesem Tage fielen, Männer und Frauen, waren zwölftausend, alle Leute von Ai.

¶ **26** Josua aber zog nicht eher seine Hand zurück, mit der er die Lanze ausgestreckt hatte, bis der Bann vollstreckt war an allen Einwohnern von Ai.

27 Nur das Vieh und die Beute der Stadt teilte Israel unter sich nach dem Wort des HERRN, das er Josua geboten hatte.

28 Und Josua brannte Ai nieder und machte es zu einem Schutthaufen für immer, der noch heute daliegt,

16 So all the people who were in the city were called together to pursue them, and as they pursued Joshua they were drawn away from the city.

17 Not a man was left in Ai or Bethel who did not go out after Israel. They left the city open and pursued Israel.

¶ **18** Then the LORD said to Joshua, "Stretch out the javelin that is in your hand toward Ai, for I will give it into your hand." And Joshua stretched out the javelin that was in his hand toward the city.

19 And the men in the ambush rose quickly out of their place, and as soon as he had stretched out his hand, they ran and entered the city and captured it. And they hurried to set the city on fire.

20 So when the men of Ai looked back, behold, the smoke of the city went up to heaven, and they had no power to flee this way or that, for the people who fled to the wilderness turned back against the pursuers.

21 And when Joshua and all Israel saw that the ambush had captured the city, and that the smoke of the city went up, then they turned back and struck down the men of Ai.

22 And the others came out from the city against them, so they were in the midst of Israel, some on this side, and some on that side. And Israel struck them down, until there was left none that survived or escaped.

23 But the king of Ai they took alive, and brought him near to Joshua.

¶ **24** When Israel had finished killing all the inhabitants of Ai in the open wilderness where they pursued them, and all of them to the very last had fallen by the edge of the sword, all Israel returned to Ai and struck it down with the edge of the sword.

25 And all who fell that day, both men and women, were 12,000, all the people of Ai.

26 But Joshua did not draw back his hand with which he stretched out the javelin until he had devoted all the inhabitants of Ai to destruction.[2]

27 Only the livestock and the spoil of that city Israel took as their plunder, according to the word of the LORD that he commanded Joshua.

28 So Joshua burned Ai and made it forever a heap of ruins, as it is to this day.

29 und ließ den König von Ai an einen Baum hängen bis zum Abend. Als aber die Sonne untergegangen war, gebot er, dass man seinen Leichnam vom Baum nehmen sollte, und sie warfen ihn unter das Stadttor und machten einen großen Steinhaufen über ihm, der bis auf diesen Tag da ist.

Altarbau und Verkündigung des Gesetzes

30 Damals baute Josua dem HERRN, dem Gott Israels, einen Altar auf dem Berge Ebal,

31 wie Mose, der Knecht des HERRN, den Israeliten geboten hatte, wie geschrieben steht im Gesetzbuch des Mose: einen Altar von unversehrten Steinen, die mit keinem Eisen behauen waren. Und sie opferten dem HERRN darauf Brandopfer und brachten Dankopfer dar,

32 und er schrieb dort auf die Steine eine Abschrift des Gesetzes, das Mose vor den Augen der Israeliten geschrieben hatte.

33 Und ganz Israel stand mit seinen Ältesten und Amtleuten und Richtern zu beiden Seiten der Lade gegenüber den Priestern aus dem Stamm Levi, die die Lade des Bundes des HERRN trugen, die Fremdlinge sowohl als auch die Einheimischen, die eine Hälfte zum Berge Garizim hin und die andere Hälfte zum Berge Ebal hin, wie Mose, der Knecht des HERRN, vormals geboten hatte, das Volk Israel zu segnen.

34 Danach ließ er ausrufen alle Worte des Gesetzes, den Segen und den Fluch, ganz wie es geschrieben steht im Gesetzbuch.

35 Es war kein Wort, das Mose geboten hatte, das Josua nicht hätte ausrufen lassen vor der ganzen Gemeinde Israel und vor den Frauen und Kindern und Fremdlingen, die mit ihnen zogen.

Die List der Gibeoniter

9 Als das nun alle Könige hörten, die jenseits des Jordans waren auf dem Gebirge und im Hügelland und am ganzen Ufer des großen Meeres nach dem Libanon hin, nämlich die Hetiter, Amoriter, Kanaaniter, Perisiter, Hiwiter und Jebusiter,

2 fanden sie sich zusammen, um einmütig gegen Josua und gegen Israel zu kämpfen.

¶ **3** Aber die Bürger von Gibeon hörten, was Josua mit Jericho und Ai getan hatte.

4 Da erdachten auch sie eine List, gingen hin und versahen sich mit Speise und nahmen alte Säcke auf ihre Esel und alte, zerrissene, geflickte Weinschläuche

29 And he hanged the king of Ai on a tree until evening. And at sunset Joshua commanded, and they took his body down from the tree and threw it at the entrance of the gate of the city and raised over it a great heap of stones, which stands there to this day.

Joshua Renews the Covenant

¶ **30** At that time Joshua built an altar to the LORD, the God of Israel, on Mount Ebal,

31 just as Moses the servant of the LORD had commanded the people of Israel, as it is written in the Book of the Law of Moses, "an altar of uncut stones, upon which no man has wielded an iron tool." And they offered on it burnt offerings to the LORD and sacrificed peace offerings.

32 And there, in the presence of the people of Israel, he wrote on the stones a copy of the law of Moses, which he had written.

33 And all Israel, sojourner as well as native born, with their elders and officers and their judges, stood on opposite sides of the ark before the Levitical priests who carried the ark of the covenant of the LORD, half of them in front of Mount Gerizim and half of them in front of Mount Ebal, just as Moses the servant of the LORD had commanded at the first, to bless the people of Israel.

34 And afterward he read all the words of the law, the blessing and the curse, according to all that is written in the Book of the Law.

35 There was not a word of all that Moses commanded that Joshua did not read before all the assembly of Israel, and the women, and the little ones, and the sojourners who lived[3] among them.

The Gibeonite Deception

9 As soon as all the kings who were beyond the Jordan in the hill country and in the lowland all along the coast of the Great Sea toward Lebanon, the Hittites, the Amorites, the Canaanites, the Perizzites, the Hivites, and the Jebusites, heard of this,

2 they gathered together as one to fight against Joshua and Israel.

¶ **3** But when the inhabitants of Gibeon heard what Joshua had done to Jericho and to Ai,

4 they on their part acted with cunning and went and made ready provisions and took worn-out sacks for their donkeys, and wineskins, worn-out and torn and mended,

5 und alte, geflickte Schuhe an ihre Füße und zogen alte Kleider an, und alles Brot, das sie mit sich nahmen, war hart und zerbröckelt.

6 Und sie gingen zu Josua ins Lager nach Gilgal und sprachen zu ihm und zu den Männern Israels: Wir kommen aus fernen Landen; so schließt nun einen Bund mit uns.

7 Da sprachen die Männer Israels zu den Hiwitern: Vielleicht wohnt ihr mitten unter uns; wie könnten wir dann einen Bund mit euch schließen?

¶ **8** Sie aber sprachen zu Josua: Wir sind deine Knechte. Josua sprach zu ihnen: Wer seid ihr und woher kommt ihr?

9 Sie sprachen: Deine Knechte sind aus sehr fernen Landen gekommen um des Namens des HERRN, deines Gottes, willen; denn wir haben von ihm gehört alles, was er in Ägypten getan hat,

10 und alles, was er den beiden Königen der Amoriter jenseits des Jordans getan hat, Sihon, dem König von Heschbon, und Og, dem König von Baschan, der zu Aschtarot wohnte.

11 Darum sprachen unsere Ältesten und alle Bewohner unseres Landes zu uns: Nehmt Speise mit euch auf die Reise und geht ihnen entgegen und sprecht zu ihnen: Wir sind eure Knechte. So schließt nun einen Bund mit uns!

12 Dies unser Brot, das wir aus unsern Häusern zu unserer Speise mitnahmen, war noch warm, als wir zu euch auszogen, nun aber, siehe, ist es hart und zerbröckelt;

13 und diese Weinschläuche waren neu, als wir sie füllten, und siehe, sie sind zerrissen; und diese unsere Kleider und Schuhe sind alt geworden über der sehr langen Reise.

14 Da nahmen die Obersten von ihrer Speise, aber befragten den Mund des HERRN nicht.

15 Und Josua machte Frieden mit ihnen und schloss einen Bund mit ihnen, dass sie am Leben bleiben sollten. Und die Obersten der Gemeinde schworen es ihnen.

¶ **16** Aber drei Tage nachdem sie mit ihnen einen Bund geschlossen hatten, kam es vor sie, dass jene aus ihrer Nähe wären und mitten unter ihnen wohnten.

17 Denn als die Israeliten weiterzogen, kamen sie am dritten Tage zu ihren Städten; die hießen Gibeon, Kefira, Beerot und Kirjat-Jearim.

18 Aber die Israeliten erschlugen sie nicht, weil ihnen die Obersten der Gemeinde geschworen hatten bei dem HERRN, dem Gott Israels. Als aber die ganze Gemeinde gegen die Obersten murrte,

5 with worn-out, patched sandals on their feet, and worn-out clothes. And all their provisions were dry and crumbly.

6 And they went to Joshua in the camp at Gilgal and said to him and to the men of Israel, "We have come from a distant country, so now make a covenant with us."

7 But the men of Israel said to the Hivites, "Perhaps you live among us; then how can we make a covenant with you?"

8 They said to Joshua, "We are your servants." And Joshua said to them, "Who are you? And where do you come from?"

9 They said to him, "From a very distant country your servants have come, because of the name of the LORD your God. For we have heard a report of him, and all that he did in Egypt,

10 and all that he did to the two kings of the Amorites who were beyond the Jordan, to Sihon the king of Heshbon, and to Og king of Bashan, who lived in Ashtaroth.

11 So our elders and all the inhabitants of our country said to us, 'Take provisions in your hand for the journey and go to meet them and say to them, "We are your servants. Come now, make a covenant with us."'

12 Here is our bread. It was still warm when we took it from our houses as our food for the journey on the day we set out to come to you, but now, behold, it is dry and crumbly.

13 These wineskins were new when we filled them, and behold, they have burst. And these garments and sandals of ours are worn out from the very long journey."

14 So the men took some of their provisions, but did not ask counsel from the LORD.

15 And Joshua made peace with them and made a covenant with them, to let them live, and the leaders of the congregation swore to them.

¶ **16** At the end of three days after they had made a covenant with them, they heard that they were their neighbors and that they lived among them.

17 And the people of Israel set out and reached their cities on the third day. Now their cities were Gibeon, Chephirah, Beeroth, and Kiriath-jearim.

18 But the people of Israel did not attack them, because the leaders of the congregation had sworn to them by the LORD, the God of Israel. Then all the congregation murmured against the leaders.

19 sprachen alle Obersten zu der ganzen Gemeinde: Wir haben ihnen geschworen bei dem HERRN, dem Gott Israels; darum können wir sie nicht antasten.

20 Aber das wollen wir tun: Lasst sie leben, dass nicht ein Zorn über uns komme um des Eides willen, den wir ihnen geschworen haben.

21 Und die Obersten sprachen weiter zu ihnen: Lasst sie leben, damit sie Holzhauer und Wasserschöpfer seien für die ganze Gemeinde, wie ihnen die Obersten gesagt haben.

¶ **22** Da rief sie Josua und redete mit ihnen und sprach: Warum habt ihr uns betrogen und gesagt: »Wir sind sehr fern von euch«, wo ihr doch mitten unter uns wohnt?

23 Darum sollt ihr verflucht sein und sollt nicht aufhören, Knechte zu sein, die Holz hauen und Wasser schöpfen für das Haus meines Gottes.

24 Sie antworteten Josua: Es wurde deinen Knechten angesagt, dass der HERR, dein Gott, seinem Knecht Mose geboten habe, dass er euch das ganze Land geben und vor euch her alle Bewohner des Landes vertilgen wolle. Da fürchteten wir sehr für unser Leben und haben das so gemacht.

25 Nun aber, siehe, wir sind in deinen Händen; was dich gut und recht dünkt, mit uns zu tun, das tu.

26 Und so tat er mit ihnen und errettete sie aus der Hand der Israeliten, dass sie sie nicht töteten.

27 So machte sie Josua an diesem Tage zu Holzhauern und Wasserschöpfern für die Gemeinde und den Altar des HERRN bis auf diesen Tag, an der Stätte, die er erwählen würde.

Josuas Sieg bei Gibeon und Eroberung des südlichen Kanaan

10 Als aber Adoni-Zedek, der König von Jerusalem, hörte, dass Josua Ai erobert und an ihm den Bann vollstreckt und mit Ai samt seinem König getan hatte, wie er mit Jericho und seinem König getan hatte, und dass die von Gibeon Frieden mit Israel gemacht hätten und mitten unter ihnen wohnten,

2 fürchteten sie sich sehr; denn Gibeon war eine große Stadt wie eine der Königsstädte und größer als Ai und alle seine Bürger streitbare Männer.

19 But all the leaders said to all the congregation, "We have sworn to them by the LORD, the God of Israel, and now we may not touch them.

20 This we will do to them: let them live, lest wrath be upon us, because of the oath that we swore to them."

21 And the leaders said to them, "Let them live." So they became cutters of wood and drawers of water for all the congregation, just as the leaders had said of them.

¶ **22** Joshua summoned them, and he said to them, "Why did you deceive us, saying, 'We are very far from you,' when you dwell among us?

23 Now therefore you are cursed, and some of you shall never be anything but servants, cutters of wood and drawers of water for the house of my God."

24 They answered Joshua, "Because it was told to your servants for a certainty that the LORD your God had commanded his servant Moses to give you all the land and to destroy all the inhabitants of the land from before you—so we feared greatly for our lives because of you and did this thing.

25 And now, behold, we are in your hand. Whatever seems good and right in your sight to do to us, do it."

26 So he did this to them and delivered them out of the hand of the people of Israel, and they did not kill them.

27 But Joshua made them that day cutters of wood and drawers of water for the congregation and for the altar of the LORD, to this day, in the place that he should choose.

The Sun Stands Still

10 As soon as Adoni-zedek, king of Jerusalem, heard how Joshua had captured Ai and had devoted it to destruction,[1] doing to Ai and its king as he had done to Jericho and its king, and how the inhabitants of Gibeon had made peace with Israel and were among them,

2 he[2] feared greatly, because Gibeon was a great city, like one of the royal cities, and because it was greater than Ai, and all its men were warriors.

3 Und Adoni-Zedek, der König von Jerusalem, sandte zu Hoham, dem König von Hebron, und zu Piram, dem König von Jarmut, und zu Jafia, dem König von Lachisch, und zu Debir, dem König von Eglon, und ließ ihnen sagen:

4 Kommt herauf zu mir und helft mir, dass wir Gibeon schlagen; denn es hat mit Josua und den Israeliten Frieden gemacht.

5 Da sammelten sich und zogen hinauf die fünf Könige der Amoriter, der König von Jerusalem, der König von Hebron, der König von Jarmut, der König von Lachisch, der König von Eglon, mit ihrem ganzen Kriegsvolk und belagerten Gibeon und kämpften gegen die Stadt.

¶ **6** Aber die von Gibeon sandten zu Josua ins Lager nach Gilgal und ließen ihm sagen: Zieh deine Hand nicht ab von deinen Knechten; komm eilends zu uns herauf, rette und hilf uns! Denn es haben sich gegen uns versammelt alle Könige der Amoriter, die auf dem Gebirge wohnen.

7 Da zog Josua hinauf von Gilgal und das ganze Kriegsvolk mit ihm und alle streitbaren Männer.

8 Und der HERR sprach zu Josua: Fürchte dich nicht vor ihnen; denn ich habe sie in deine Hände gegeben. Niemand unter ihnen wird vor dir bestehen können.

9 So kam Josua plötzlich über sie; denn die ganze Nacht war er heraufgezogen von Gilgal.

10 Und der HERR erschreckte sie vor Israel, dass sie eine große Schlacht schlugen bei Gibeon, und sie jagten ihnen nach, den Weg hinab nach Bet-Horon, und schlugen sie bis nach Aseka und Makkeda hin.

11 Und als sie vor Israel flohen den Weg hinab nach Bet-Horon, ließ der HERR große Steine vom Himmel auf sie fallen bis Aseka, dass sie starben. Und von ihnen starben viel mehr durch die Hagelsteine, als die Israeliten mit dem Schwert töteten.

¶ **12** Damals redete Josua mit dem HERRN an dem Tage, da der HERR die Amoriter vor den Israeliten dahingab, und er sprach in Gegenwart Israels: Sonne, steh still zu Gibeon, und Mond, im Tal Ajalon!

3 So Adoni-zedek king of Jerusalem sent to Hoham king of Hebron, to Piram king of Jarmuth, to Japhia king of Lachish, and to Debir king of Eglon, saying,

4 "Come up to me and help me, and let us strike Gibeon. For it has made peace with Joshua and with the people of Israel."

5 Then the five kings of the Amorites, the king of Jerusalem, the king of Hebron, the king of Jarmuth, the king of Lachish, and the king of Eglon, gathered their forces and went up with all their armies and encamped against Gibeon and made war against it.

¶ **6** And the men of Gibeon sent to Joshua at the camp in Gilgal, saying, "Do not relax your hand from your servants. Come up to us quickly and save us and help us, for all the kings of the Amorites who dwell in the hill country are gathered against us."

7 So Joshua went up from Gilgal, he and all the people of war with him, and all the mighty men of valor.

8 And the LORD said to Joshua, "Do not fear them, for I have given them into your hands. Not a man of them shall stand before you."

9 So Joshua came upon them suddenly, having marched up all night from Gilgal.

10 And the LORD threw them into a panic before Israel, who[3] struck them with a great blow at Gibeon and chased them by the way of the ascent of Beth-horon and struck them as far as Azekah and Makkedah.

11 And as they fled before Israel, while they were going down the ascent of Beth-horon, the LORD threw down large stones from heaven on them as far as Azekah, and they died. There were more who died because of the hailstones than the sons of Israel killed with the sword.

¶ **12** At that time Joshua spoke to the LORD in the day when the LORD gave the Amorites over to the sons of Israel, and he said in the sight of Israel,

"Sun, stand still at Gibeon,
    and moon, in the Valley of Aijalon."

13 Da stand die Sonne still und der Mond blieb stehen, bis sich das Volk an seinen Feinden gerächt hatte. Ist dies nicht geschrieben im Buch des Redlichen? So blieb die Sonne stehen mitten am Himmel und beeilte sich nicht unterzugehen fast einen ganzen Tag.

14 Und es war kein Tag diesem gleich, weder vorher noch danach, dass der HERR so auf die Stimme eines Menschen hörte; denn der HERR stritt für Israel.

15 Josua aber kehrte ins Lager nach Gilgal zurück und ganz Israel mit ihm.

¶ **16** Aber die fünf Könige waren geflohen und hatten sich versteckt in der Höhle bei Makkeda.

17 Da wurde Josua angesagt: Wir haben die fünf Könige gefunden, verborgen in der Höhle bei Makkeda.

18 Josua sprach: So wälzt große Steine vor den Eingang der Höhle und stellt Männer davor, die sie bewachen;

19 ihr aber, bleibt nicht stehen, sondern jagt euren Feinden nach und fasst sie von hinten; lasst sie nicht in ihre Städte entrinnen; denn der HERR, euer Gott, hat sie in eure Hände gegeben.

¶ **20** Und als Josua und Israel sie ganz geschlagen hatten in dieser sehr großen Schlacht – was übrig blieb von ihnen, entkam in die festen Städte –,

21 da kam das ganze Volk ins Lager zurück zu Josua nach Makkeda mit Frieden, und es wagte niemand, gegen Israel seine Zunge zu regen.

22 Josua aber sprach: Macht den Eingang der Höhle auf und bringt die fünf Könige heraus zu mir!

23 Sie taten so und brachten die fünf Könige zu ihm aus der Höhle: den König von Jerusalem, den König von Hebron, den König von Jarmut, den König von Lachisch, den König von Eglon.

24 Als aber die fünf Könige zu ihm herausgebracht waren, rief Josua alle Männer Israels zu sich und sprach zu den Obersten des Kriegsvolks, die mit ihm zogen: Kommt her und setzt eure Füße auf den Nacken dieser Könige. Und sie kamen und setzten ihre Füße auf ihren Nacken.

13 And the sun stood still, and the moon stopped,
until the nation took vengeance on their enemies.

Is this not written in the Book of Jashar? The sun stopped in the midst of heaven and did not hurry to set for about a whole day.

14 There has been no day like it before or since, when the LORD heeded the voice of a man, for the LORD fought for Israel.

¶ **15** So Joshua returned, and all Israel with him, to the camp at Gilgal.

Five Amorite Kings Executed

¶ **16** These five kings fled and hid themselves in the cave at Makkedah.

17 And it was told to Joshua, "The five kings have been found, hidden in the cave at Makkedah."

18 And Joshua said, "Roll large stones against the mouth of the cave and set men by it to guard them,

19 but do not stay there yourselves. Pursue your enemies; attack their rear guard. Do not let them enter their cities, for the LORD your God has given them into your hand."

20 When Joshua and the sons of Israel had finished striking them with a great blow until they were wiped out, and when the remnant that remained of them had entered into the fortified cities,

21 then all the people returned safe to Joshua in the camp at Makkedah. Not a man moved his tongue against any of the people of Israel.

¶ **22** Then Joshua said, "Open the mouth of the cave and bring those five kings out to me from the cave."

23 And they did so, and brought those five kings out to him from the cave, the king of Jerusalem, the king of Hebron, the king of Jarmuth, the king of Lachish, and the king of Eglon.

24 And when they brought those kings out to Joshua, Joshua summoned all the men of Israel and said to the chiefs of the men of war who had gone with him, "Come near; put your feet on the necks of these kings." Then they came near and put their feet on their necks.

25 Und Josua sprach zu ihnen: Fürchtet euch nicht und erschreckt nicht, seid getrost und unverzagt; denn ebenso wird der HERR allen euren Feinden tun, gegen die ihr kämpft.

26 Und Josua schlug sie danach tot und hängte sie an fünf Bäume, und sie hingen an den Bäumen bis zum Abend.

27 Als aber die Sonne untergegangen war, gebot er, dass man sie von den Bäumen nehmen und in die Höhle werfen sollte, in die sie sich verkrochen hatten. Und sie legten große Steine vor den Eingang der Höhle. Die sind noch da bis auf diesen Tag.

¶ **28** An diesem Tag eroberte Josua auch Makkeda und schlug es mit der Schärfe des Schwerts samt seinem König und vollstreckte den Bann an der Stadt und an allen, die darin waren, und ließ niemand übrig und tat mit dem König von Makkeda, wie er mit dem König von Jericho getan hatte.

¶ **29** Da zogen Josua und ganz Israel mit ihm von Makkeda nach Libna und kämpften gegen Libna.

30 Und der HERR gab auch dieses mit seinem König in die Hand Israels; und er schlug die Stadt mit der Schärfe des Schwerts und alle, die darin waren, und ließ niemand darin übrig und tat mit ihrem König, wie er mit dem König von Jericho getan hatte.

¶ **31** Danach zogen Josua und ganz Israel mit ihm von Libna nach Lachisch, und er belagerte die Stadt und kämpfte gegen sie.

32 Und der HERR gab auch Lachisch in die Hände Israels, dass sie es am nächsten Tag eroberten und es schlugen mit der Schärfe des Schwerts und alle, die darin waren, ganz wie sie mit Libna getan hatten.

¶ **33** Zu dieser Zeit zog Horam, der König von Geser, hinauf, um Lachisch zu helfen; aber Josua schlug ihn und sein Kriegsvolk, bis niemand übrig blieb.

34 Und Josua zog von Lachisch mit ganz Israel nach Eglon und belagerte die Stadt und kämpfte gegen sie;

35 und sie eroberten sie an diesem Tag und schlugen sie mit der Schärfe des Schwerts, und Josua vollstreckte den Bann an allen, die darin waren, an diesem Tage, ganz wie er mit Lachisch getan hatte.

¶ **36** Danach zog Josua hinauf mit ganz Israel von Eglon nach Hebron, und sie kämpften gegen die Stadt

25 And Joshua said to them, "Do not be afraid or dismayed; be strong and courageous. For thus the LORD will do to all your enemies against whom you fight."

26 And afterward Joshua struck them and put them to death, and he hanged them on five trees. And they hung on the trees until evening.

27 But at the time of the going down of the sun, Joshua commanded, and they took them down from the trees and threw them into the cave where they had hidden themselves, and they set large stones against the mouth of the cave, which remain to this very day.

¶ **28** As for Makkedah, Joshua captured it on that day and struck it, and its king, with the edge of the sword. He devoted to destruction every person in it; he left none remaining. And he did to the king of Makkedah just as he had done to the king of Jericho.

Conquest of Southern Canaan

¶ **29** Then Joshua and all Israel with him passed on from Makkedah to Libnah and fought against Libnah.

30 And the LORD gave it also and its king into the hand of Israel. And he struck it with the edge of the sword, and every person in it; he left none remaining in it. And he did to its king as he had done to the king of Jericho.

¶ **31** Then Joshua and all Israel with him passed on from Libnah to Lachish and laid siege to it and fought against it.

32 And the LORD gave Lachish into the hand of Israel, and he captured it on the second day and struck it with the edge of the sword, and every person in it, as he had done to Libnah.

¶ **33** Then Horam king of Gezer came up to help Lachish. And Joshua struck him and his people, until he left none remaining.

¶ **34** Then Joshua and all Israel with him passed on from Lachish to Eglon. And they laid siege to it and fought against it.

35 And they captured it on that day, and struck it with the edge of the sword. And he devoted every person in it to destruction that day, as he had done to Lachish.

¶ **36** Then Joshua and all Israel with him went up from Eglon to Hebron. And they fought against it

37 und eroberten sie und schlugen sie mit der Schärfe des Schwerts, samt ihrem König und allen ihren Städten und allen, die darin waren; und er ließ niemand übrig, ganz wie er mit Eglon getan hatte, und vollstreckte an ihm den Bann und an allen, die darin waren.

¶ 38 Da kehrte Josua um mit ganz Israel nach Debir und kämpfte gegen die Stadt

39 und eroberte sie samt ihrem König und allen ihren Städten, und sie schlugen sie mit der Schärfe des Schwerts und vollstreckten den Bann an allen, die darin waren, und er ließ niemand übrig. Wie er mit Hebron getan hatte und wie er mit Libna und seinem König getan hatte, so tat er auch mit Debir und seinem König.

¶ 40 So schlug Josua das ganze Land auf dem Gebirge und im Süden und im Hügelland und an den Abhängen mit allen seinen Königen und ließ niemand übrig und vollstreckte den Bann an allem, was Odem hatte, wie der HERR, der Gott Israels, geboten hatte.

41 Und er schlug sie von Kadesch-Barnea an bis Gaza und das ganze Land Goschen bis Gibeon

42 und unterwarf alle diese Könige mit ihrem Lande auf einmal; denn der HERR, der Gott Israels, stritt für Israel.

¶ 43 Und Josua kehrte ins Lager nach Gilgal zurück mit ganz Israel.

Sieg am Wasser von Merom und Eroberung des nördlichen Kanaan

11 Als aber Jabin, der König von Hazor, das hörte, sandte er zu Jobab, dem König von Madon, und zum König von Schimron und zum König von Achschaf

2 und zu den Königen, die im Norden auf dem Gebirge und im Jordantal südlich von Kinneret und im Hügelland und auf den Hügeln von Dor am Meer wohnten,

3 zu den Kanaanitern im Osten und Westen, den Amoritern, Hetitern, Perisitern und Jebusitern auf dem Gebirge, dazu den Hiwitern am Fuße des Berges Hermon, im Lande Mizpe.

4 Diese zogen aus mit ihrem ganzen Heer, ein großes Volk, so viel wie der Sand am Meer, und sehr viele Rosse und Wagen.

5 Alle diese Könige versammelten sich und kamen und lagerten sich gemeinsam am Wasser von Merom, um mit Israel zu kämpfen.

37 and captured it and struck it with the edge of the sword, and its king and its towns, and every person in it. He left none remaining, as he had done to Eglon, and devoted it to destruction and every person in it.

¶ 38 Then Joshua and all Israel with him turned back to Debir and fought against it

39 and he captured it with its king and all its towns. And they struck them with the edge of the sword and devoted to destruction every person in it; he left none remaining. Just as he had done to Hebron and to Libnah and its king, so he did to Debir and to its king.

¶ 40 So Joshua struck the whole land, the hill country and the Negeb and the lowland and the slopes, and all their kings. He left none remaining, but devoted to destruction all that breathed, just as the LORD God of Israel commanded.

41 And Joshua struck them from Kadesh-barnea as far as Gaza, and all the country of Goshen, as far as Gibeon.

42 And Joshua captured all these kings and their land at one time, because the LORD God of Israel fought for Israel.

43 Then Joshua returned, and all Israel with him, to the camp at Gilgal.

Conquests in Northern Canaan

11 When Jabin, king of Hazor, heard of this, he sent to Jobab king of Madon, and to the king of Shimron, and to the king of Achshaph,

2 and to the kings who were in the northern hill country, and in the Arabah south of Chinneroth, and in the lowland, and in Naphoth-dor on the west,

3 to the Canaanites in the east and west, the Amorites, the Hittites, the Perizzites, and the Jebusites in the hill country, and the Hivites under Hermon in the land of Mizpah.

4 And they came out with all their troops, a great horde, in number like the sand that is on the seashore, with very many horses and chariots.

5 And all these kings joined their forces and came and encamped together at the waters of Merom to fight against Israel.

¶ **6** Und der HERR sprach zu Josua: Fürchte dich nicht vor ihnen! Denn morgen um diese Zeit will ich sie alle vor Israel dahingeben und sie erschlagen; ihre Rosse sollst du lähmen und ihre Wagen mit Feuer verbrennen.

7 Da kamen Josua und das ganze Kriegsvolk mit ihm plötzlich über sie am Wasser von Merom und überfielen sie.

8 Und der HERR gab sie in die Hände Israels, und sie schlugen sie und jagten ihnen nach bis Sidon, der großen Stadt, und bis Misrefot-Majim und bis an die Ebene von Mizpe im Osten und erschlugen sie, bis niemand mehr unter ihnen übrig blieb.

¶ **9** Da tat Josua mit ihnen, wie der HERR ihm gesagt hatte, und lähmte ihre Rosse und verbrannte ihre Wagen

10 und kehrte um zu dieser Zeit und eroberte Hazor und erschlug seinen König mit dem Schwert; denn Hazor war vorher die Hauptstadt aller dieser Königreiche.

11 Und sie erschlugen alle, die darin waren, mit der Schärfe des Schwerts und vollstreckten den Bann an ihnen, und nichts blieb übrig, was Odem hatte, und er verbrannte Hazor mit Feuer.

12 Dazu eroberte Josua alle Städte dieser Könige mit ihren Königen und erschlug sie mit der Schärfe des Schwerts und vollstreckte den Bann an ihnen, wie Mose, der Knecht des HERRN, geboten hatte.

13 Doch die Städte, die auf ihren Hügeln standen, verbrannte Israel nicht; sondern Hazor allein verbrannte Josua.

14 Und die ganze Beute dieser Städte und das Vieh teilten die Israeliten unter sich; aber alle Menschen erschlugen sie mit der Schärfe des Schwerts, bis sie vertilgt waren, und ließen nichts übrig, was Odem hatte.

15 Wie der HERR dem Mose, seinem Knecht, und Mose dem Josua geboten hatte, so tat Josua, dass nichts fehlte an allem, was der HERR dem Mose geboten hatte.

Das ganze Land in der Hand Israels

16 So nahm Josua dies ganze Land ein, das Gebirge und alles, was im Süden liegt, und das ganze Land Goschen und das Hügelland und das Jordantal und das Gebirge Israel mit seinem Hügelland,

17 von dem kahlen Gebirge an, das aufsteigt nach Seïr hin, bis nach Baal-Gad in der Ebene beim Gebirge Libanon, am Fuße des Berges Hermon. Alle ihre Könige nahm er gefangen und schlug sie nieder und tötete sie.

18 Er kämpfte aber eine lange Zeit mit diesen Königen.

¶ **6** And the LORD said to Joshua, "Do not be afraid of them, for tomorrow at this time I will give over all of them, slain, to Israel. You shall hamstring their horses and burn their chariots with fire."

7 So Joshua and all his warriors came suddenly against them by the waters of Merom and fell upon them.

8 And the LORD gave them into the hand of Israel, who struck them and chased them as far as Great Sidon and Misrephoth-maim, and eastward as far as the Valley of Mizpeh. And they struck them until he left none remaining.

9 And Joshua did to them just as the LORD said to him: he hamstrung their horses and burned their chariots with fire.

¶ **10** And Joshua turned back at that time and captured Hazor and struck its king with the sword, for Hazor formerly was the head of all those kingdoms.

11 And they struck with the sword all who were in it, devoting them to destruction;[1] there was none left that breathed. And he burned Hazor with fire.

12 And all the cities of those kings, and all their kings, Joshua captured, and struck them with the edge of the sword, devoting them to destruction, just as Moses the servant of the LORD had commanded.

13 But none of the cities that stood on mounds did Israel burn, except Hazor alone; that Joshua burned.

14 And all the spoil of these cities and the livestock, the people of Israel took for their plunder. But every man they struck with the edge of the sword until they had destroyed them, and they did not leave any who breathed.

15 Just as the LORD had commanded Moses his servant, so Moses commanded Joshua, and so Joshua did. He left nothing undone of all that the LORD had commanded Moses.

¶ **16** So Joshua took all that land, the hill country and all the Negeb and all the land of Goshen and the lowland ᶻand the Arabah and the hill country of Israel and its lowland

17 from Mount Halak, which rises toward Seir, as far as Baal-gad in the Valley of Lebanon below Mount Hermon. And he captured all their kings and struck them and put them to death.

18 Joshua made war a long time with all those kings.

19 Es war keine Stadt, die Frieden machte mit den Israeliten, ausgenommen die Hiwiter, die in Gibeon wohnten; sondern sie eroberten sie alle im Kampf.

20 So geschah es von dem HERRN, dass ihr Herz verstockt wurde, im Kampf Israel zu begegnen, damit sie mit dem Bann geschlagen würden und ihnen keine Gnade widerführe, sondern sie vertilgt würden, wie der HERR dem Mose geboten hatte.

¶ **21** Zu der Zeit kam Josua und rottete aus die Anakiter von dem Gebirge, von Hebron, von Debir, von Anab und vom ganzen Gebirge Juda und vom ganzen Gebirge Israel, und er vollstreckte an ihnen den Bann mit ihren Städten

22 und ließ keine Anakiter übrig im Lande der Israeliten außer in Gaza, in Gat, in Aschdod; dort blieben einige von ihnen übrig.

¶ **23** So nahm Josua das ganze Land ein, ganz so, wie der HERR zu Mose geredet hatte, und gab es Israel zum Besitz, einem jeden Stamm sein Teil. Und das Land war zur Ruhe gekommen vom Kriege.

Liste der besiegten Könige

12 Dies sind die Könige des Landes, die die Israeliten schlugen und deren Land sie einnahmen jenseits des Jordans gegen Sonnenaufgang von dem Arnonfluss an bis an den Berg Hermon und das ganze Jordantal im Osten:

¶ **2** Sihon, der König der Amoriter, der in Heschbon wohnte und herrschte von Aroër an, das am Ufer des Arnonflusses liegt, und von der Mitte des Tals an und über das halbe Gilead bis an den Jabbokfluss, die Grenze der Ammoniter,

3 und über das Jordantal bis an die Ostseite des Sees Kinneret und bis an die Ostseite des Meeres im Jordantal – das ist das Salzmeer – auf Bet-Jeschimot zu und im Süden bis unten an die Abhänge des Gebirges Pisga.

4 Dazu das Gebiet des Königs Og von Baschan, der noch von den Riesen übrig geblieben war und in Aschtarot und Edreï wohnte

5 und herrschte über den Berg Hermon, über Salcha und über ganz Baschan bis an das Gebiet der Geschuriter und Maachatiter und über das halbe Gilead bis zum Gebiet Sihons, des Königs von Heschbon.

6 Mose, der Knecht des HERRN, und die Israeliten hatten sie geschlagen. Und Mose, der Knecht des HERRN, hatte ihr Land den Rubenitern, Gaditern und dem halben Stamm Manasse zum Besitz gegeben.

19 There was not a city that made peace with the people of Israel except the Hivites, the inhabitants of Gibeon. They took them all in battle.

20 For it was the LORD's doing to harden their hearts that they should come against Israel in battle, in order that they should be devoted to destruction and should receive no mercy but be destroyed, just as the LORD commanded Moses.

¶ **21** And Joshua came at that time and cut off the Anakim from the hill country, from Hebron, from Debir, from Anab, and from all the hill country of Judah, and from all the hill country of Israel. Joshua devoted them to destruction with their cities.

22 There was none of the Anakim left in the land of the people of Israel. Only in Gaza, in Gath, and in Ashdod did some remain.

23 So Joshua took the whole land, according to all that the LORD had spoken to Moses. And Joshua gave it for an inheritance to Israel according to their tribal allotments. And the land had rest from war.

Kings Defeated by Moses

12 Now these are the kings of the land whom the people of Israel defeated and took possession of their land beyond the Jordan toward the sunrise, from the Valley of the Arnon to Mount Hermon, with all the Arabah eastward:

2 Sihon king of the Amorites who lived at Heshbon and ruled from Aroer, which is on the edge of the Valley of the Arnon, and from the middle of the valley as far as the river Jabbok, the boundary of the Ammonites, that is, half of Gilead,

3 and the Arabah to the Sea of Chinneroth eastward, and in the direction of Beth-jeshimoth, to the Sea of the Arabah, the Salt Sea, southward to the foot of the slopes of Pisgah;

4 and Og[1] king of Bashan, one of the remnant of the Rephaim, who lived at Ashtaroth and at Edrei

5 and ruled over Mount Hermon and Salecah and all Bashan to the boundary of the Geshurites and the Maacathites, and over half of Gilead to the boundary of Sihon king of Heshbon.

6 Moses, the servant of the LORD, and the people of Israel defeated them. And Moses the servant of the LORD gave their land for a possession to the Reubenites and the Gadites and the half-tribe of Manasseh.

¶ **7** Dies sind die Könige des Landes, die Josua und die Israeliten schlugen, diesseits des Jordans im Westen, von Baal-Gad im Tal beim Gebirge Libanon bis an das kahle Gebirge, das ansteigt nach Seïr. Und Josua gab das Land den Stämmen Israels zum Besitz, einem jeden sein Teil,

8 was auf den Gebirgen, im Hügelland, im Jordantal, an den Abhängen, in der Wüste und im Süden war, die Hetiter, Amoriter, Kanaaniter, Perisiter, Hiwiter und Jebusiter:

9 der König von Jericho, der König von Ai, das zur Seite von Bethel liegt,

10 der König von Jerusalem, der König von Hebron,

11 der König von Jarmut, der König von Lachisch,

12 der König von Eglon, der König von Geser,

13 der König von Debir, der König von Geder,

14 der König von Horma, der König von Arad,

15 der König von Libna, der König von Adullam,

16 der König von Makkeda, der König von Bethel,

17 der König von Tappuach, der König von Hefer,

18 der König von Afek, der König von Scharon,

19 der König von Madon, der König von Hazor,

20 der König von Schimron-Meron, der König von Achschaf,

21 der König von Taanach, der König von Megiddo,

22 der König von Kedesch, der König von Jokneam am Karmel,

23 der König von Dor, das an den Hügeln von Dor liegt, der König von Völkern in Galiläa,

24 der König von Tirza. Das sind zusammen einunddreißig Könige.

Die Verteilung des Landes wird angeordnet

13 Als nun Josua alt war und hochbetagt, sprach der HERR zu ihm: Du bist alt geworden und hochbetagt, und vom Lande bleibt noch sehr viel einzunehmen,

2 nämlich alle Gebiete der Philister und ganz Geschur,

Kings Defeated by Joshua

¶ **7** And these are the kings of the land whom Joshua and the people of Israel defeated on the west side of the Jordan, from Baal-gad in the Valley of Lebanon to Mount Halak, that rises toward Seir (and Joshua gave their land to the tribes of Israel as a possession according to their allotments,

8 in the hill country, in the lowland, in the Arabah, in the slopes, in the wilderness, and in the Negeb, the land of the Hittites, the Amorites, the Canaanites, the Perizzites, the Hivites, and the Jebusites):

9 the king of Jericho, one; the king of Ai, which is beside Bethel, one;

10 the king of Jerusalem, one; *j* the king of Hebron, one;

11 the king of Jarmuth, one; *j* the king of Lachish, one;

12 the king of Eglon, one; the king of Gezer, one;

13 the king of Debir, one; the king of Geder, one;

14 the king of Hormah, one; the king of Arad, one;

15 the king of Libnah, one; the king of Adullam, one;

16 the king of Makkedah, one; the king of Bethel, one;

17 the king of Tappuah, one; the king of Hepher, one;

18 the king of Aphek, one; the king of Lasharon, one;

19 the king of Madon, one; the king of Hazor, one;

20 the king of Shimron-meron, one; *p* the king of Achshaph, one;

21 the king of Taanach, one; *r* the king of Megiddo, one;

22 the king of Kedesh, one; the king of Jokneam in Carmel, one;

23 the king of Dor in Naphath-dor, one; the king of Goiim in Galilee,[2] one;

24 the king of Tirzah, one: in all, thirty-one kings.

Land Still to Be Conquered

13 Now Joshua was old and advanced in years, and the LORD said to him, "You are old and advanced in years, and there remains yet very much land to possess.

2 This is the land that yet remains: all the regions of the Philistines, and all those of the Geshurites

3 vom Schihor an, der vor Ägypten fließt, bis zum Gebiet Ekrons nach Norden, das den Kanaanitern zugerechnet wird, fünf Fürsten der Philister, nämlich von Gaza, Aschdod, Aschkelon, Gat und Ekron, und dazu die Awiter

4 im Süden; das ganze Land der Kanaaniter und Meara, das den Sidoniern gehört, bis Afek, bis an die Grenze der Amoriter;

5 dazu das Land der Gebaliter und der ganze Libanon gegen Sonnenaufgang, von Baal-Gad am Fuße des Gebirges Hermon bis dorthin, wo es nach Hamat geht.

6 Alle, die auf dem Gebirge wohnen, vom Libanon an bis nach Misrefot-Majim, alle Sidonier: Ich will sie vertreiben vor den Israeliten; wirf nur das Los darum, um sie auszuteilen unter Israel, wie ich dir geboten habe.

¶ **7** So teile nun dies Land zum Besitz unter die neun Stämme und unter den halben Stamm Manasse.

8 Denn die Rubeniter und Gaditer haben mit dem andern halben Stamm Manasse ihr Erbteil empfangen, das ihnen Mose gab jenseits des Jordans im Osten, wie es ihnen Mose, der Knecht des HERRN, gegeben hatte

9 von Aroër an, das am Ufer des Arnonflusses liegt, und von der Stadt mitten im Tal und die ganze Ebene von Medeba bis Dibon

10 und alle Städte Sihons, des Königs der Amoriter, der in Heschbon herrschte, bis an die Grenze der Ammoniter,

11 dazu Gilead und das Gebiet von Geschur und Maacha und das ganze Gebirge Hermon und ganz Baschan bis Salcha,

12 das ganze Reich Ogs von Baschan, der in Aschtarot und Edreï herrschte und der noch übrig geblieben war von den Riesen. Mose aber hatte sie geschlagen und vertrieben.

13 Die Israeliten vertrieben aber die von Geschur und von Maacha nicht, sondern es wohnten beide, Geschur und Maacha, mitten unter Israel bis auf diesen Tag.

14 Aber dem Stamm der Leviten gab er kein Erbteil; denn die Feueropfer des HERRN, des Gottes Israels, gehören ihnen; er selbst ist ihr Erbteil, wie er ihnen zugesagt hat.

Die Verteilung im Ostjordanland

15 So gab Mose dem Stamm der Söhne Ruben für ihre Geschlechter

3 (from the Shihor, which is east of Egypt, northward to the boundary of Ekron, it is counted as Canaanite; there are five rulers of the Philistines, those of Gaza, Ashdod, Ashkelon, Gath, and Ekron), and those of the Avvim,

4 in the south, all the land of the Canaanites, and Mearah that belongs to the Sidonians, to Aphek, to the boundary of the Amorites,

5 and the land of the Gebalites, and all Lebanon, toward the sunrise, from Baal-gad below Mount Hermon to Lebo-hamath,

6 all the inhabitants of the hill country from Lebanon to Misrephoth-maim, even all the Sidonians. I myself will drive them out from before the people of Israel. Only allot the land to Israel for an inheritance, as I have commanded you.

7 Now therefore divide this land for an inheritance to the nine tribes and half the tribe of Manasseh."

The Inheritance East of the Jordan

¶ **8** With the other half of the tribe of Manasseh[1] the Reubenites and the Gadites received their inheritance, which Moses gave them, beyond the Jordan eastward, as Moses the servant of the LORD gave them:

9 from Aroer, which is on the edge of the Valley of the Arnon, and the city that is in the middle of the valley, and all the tableland of Medeba as far as Dibon;

10 and all the cities of Sihon king of the Amorites, who reigned in Heshbon, as far as the boundary of the Ammonites;

11 and Gilead, and the region of the Geshurites and Maacathites, and all Mount Hermon, and [n]all Bashan to Salecah;

12 all the kingdom of Og in Bashan, who reigned in Ashtaroth and in Edrei (he alone was left of [n]the remnant of the Rephaim); these Moses had struck and driven out.

13 Yet the people of Israel did not drive out the Geshurites or the Maacathites, but Geshur and Maacath dwell in the midst of Israel to this day.

¶ **14** To the tribe of Levi alone Moses gave no inheritance. The offerings by fire to the LORD God of Israel are their inheritance, as he said to him.

¶ **15** And Moses gave an inheritance to the tribe of the people of Reuben according to their clans.

16 als ihr Gebiet: das Land von Aroër an, das am Ufer des Arnonflusses liegt, und die Stadt mitten im Tal mit allem ebenen Felde bis Medeba;

17 Heschbon und alle seine Städte, die im ebenen Felde liegen, Dibon, Bamot-Baal und Bet-Baal-Meon,

18 Jahaz, Kedemot, Mefaat.

19 Kirjatajim, Sibma, Zeret-Schahar auf dem Berge in der Talebene,

20 Bet-Peor, die Abhänge am Pisga und Bet-Jeschimot

21 und alle Städte der Ebene und das ganze Reich Sihons, des Königs der Amoriter, der in Heschbon herrschte und den Mose schlug samt den Fürsten Midians – Ewi, Rekem, Zur, Hur und Reba –, den Gewaltigen des Königs Sihon, die im Lande wohnten.

22 Dazu töteten die Israeliten Bileam, den Sohn Beors, den Wahrsager, mit dem Schwert außer den schon von ihnen Erschlagenen.

23 Und die Grenze der Söhne Ruben war der Jordan. Das ist das Erbteil der Söhne Ruben für ihre Geschlechter, die Städte mit ihren Gehöften.

¶ **24** Dem Stamm der Söhne Gad für ihre Geschlechter gab Mose

25 als ihr Gebiet: Jaser und alle Städte in Gilead und das halbe Land der Ammoniter bis Aroër, das östlich von Rabba liegt,

26 und von Heschbon bis Ramat-Mizpe und Betonim und von Mahanajim bis zum Gebiet von Lo-Dabar,

27 im Tal aber Bet-Haram, Bet-Nimra, Sukkot und Zafon, was übrig war von dem Reich Sihons, des Königs von Heschbon, den Jordan und sein Gebiet bis ans Ende des Sees Kinneret, jenseits des Jordans im Osten.

28 Das ist das Erbteil der Söhne Gad für ihre Geschlechter, die Städte mit ihren Gehöften.

¶ **29** Dem halben Stamm der Söhne Manasse für ihre Geschlechter gab Mose

30 als ihr Gebiet: ganz Baschan, von Mahanajim an, das ganze Reich Ogs, des Königs von Baschan, und alle Dörfer Jaïrs, die in Baschan liegen, nämlich sechzig Städte.

16 So their territory was from Aroer, which is on the edge of the Valley of the Arnon, and the city that is in the middle of the valley, and all the tableland by Medeba;

17 with Heshbon, and all its cities that are in the tableland; Dibon, and Bamoth-baal, and Beth-baal-meon,

18 and Jahaz, and Kedemoth, and Mephaath,

19 and Kiriathaim, and ᵘSibmah, and Zereth-shahar on the hill of the valley,

20 and Beth-peor, and the slopes of Pisgah, and ʷBeth-jeshimoth,

21 that is, all the cities of the tableland, and all the kingdom of Sihon king of the Amorites, who reigned in Heshbon, whom Moses defeated with the leaders of Midian, Evi and Rekem and Zur and Hur and Reba, the princes of Sihon, who lived in the land.

22 Balaam also, the son of Beor, the one who practiced divination, was killed with the sword by the people of Israel among the rest of their slain.

23 And the border of the people of Reuben was the Jordan as a boundary. This was the inheritance of the people of Reuben, according to their clans with their cities and villages.

¶ **24** Moses gave an inheritance also to the tribe of Gad, to the people of Gad, according to their clans.

25 Their territory was Jazer, and all the cities of Gilead, and half the land of the Ammonites, to Aroer, which is east of Rabbah,

26 and from Heshbon to Ramath-mizpeh and Betonim, and from Mahanaim to the territory of Debir,²

27 and in the valley Beth-haram, Beth-nimrah, Succoth, and Zaphon, the rest of the kingdom of Sihon king of Heshbon, having the Jordan as a boundary, to the lower end of the Sea of Chinnereth, eastward beyond the Jordan.

28 This is the inheritance of the people of Gad according to their clans, with their cities and villages.

¶ **29** And Moses gave an inheritance to the half-tribe of Manasseh. It was allotted to the half-tribe of the people of Manasseh according to their clans.

30 Their region extended from Mahanaim, through all Bashan, the whole kingdom of Og king of Bashan, and all the towns of Jair, which are in Bashan, sixty cities,

31 Und das halbe Gilead, Aschtarot, Edreï, die Königstädte Ogs von Baschan, gab er den Söhnen Machirs, des Sohnes Manasses, – nämlich der Hälfte der Söhne Machir – für ihre Geschlechter.

¶ **32** Das sind die Gebiete, die Mose ausgeteilt hat in dem Jordantal der Moabiter, jenseits des Jordans östlich von Jericho.

33 Aber dem Stamm Levi gab Mose kein Erbteil; denn der HERR, der Gott Israels, ist selbst ihr Erbteil, wie er ihnen zugesagt hat.

Beginn der Verteilung des Westjordanlandes

14 Dies aber sind die Gebiete, die die Israeliten als Erbteil erhielten im Lande Kanaan, die unter sie ausgeteilt haben der Priester Eleasar und Josua, der Sohn Nuns, und die Häupter der Sippen unter den Stämmen Israels.

2 Sie teilten diese Gebiete durchs Los unter sie, wie der HERR durch Mose geboten hatte, sie den neuneinhalb Stämmen zu geben.

3 Denn den zweieinhalb Stämmen hatte Mose Erbteil gegeben jenseits des Jordans; den Leviten aber hatte er kein Erbteil unter ihnen gegeben.

4 Denn die Söhne Josef bestanden aus zwei Stämmen, Manasse und Ephraim. Den Leviten aber gab man keinen Anteil am Lande, sondern Städte zum Wohnen samt Weideplätzen für ihr Vieh, das sie besaßen.

5 Wie der HERR dem Mose geboten hatte, so taten die Israeliten und verteilten das Land.

Kalebs Erbteil

6 Da traten herzu die von Juda zu Josua in Gilgal; und Kaleb, der Sohn Jefunnes, der Kenasiter, sprach zu ihm: Du weißt, was der HERR zu Mose, dem Mann Gottes, sagte meinet- und deinetwegen in Kadesch-Barnea.

7 Ich war vierzig Jahre alt, als mich Mose, der Knecht des HERRN, aussandte von Kadesch-Barnea, um das Land zu erkunden, und ich ihm Bericht gab nach bestem Wissen.

8 Aber meine Brüder, die mit mir hinaufgezogen waren, machten dem Volk das Herz verzagt; ich aber folgte dem HERRN, meinem Gott, treulich.

9 Da schwor Mose an jenem Tage und sprach: Das Land, das dein Fuß betreten hat, soll dein und deiner Nachkommen Erbteil sein für immer, weil du dem HERRN, meinem Gott, treulich gefolgt bist.

31 and half Gilead, and Ashtaroth, and Edrei, the cities of the kingdom of Og in Bashan. These were allotted to the people of Machir the son of Manasseh for the half of the people of Machir according to their clans.

¶ **32** These are the inheritances that Moses distributed in the plains of Moab, beyond the Jordan east of Jericho.

33 But to the tribe of Levi Moses gave no inheritance; the LORD God of Israel is their inheritance, ᵏjust as he said to them.

The Inheritance West of the Jordan

14 These are the inheritances that the people of Israel received in the land of Canaan, which Eleazar the priest and Joshua the son of Nun and the heads of the fathers' houses of the tribes of the people of Israel gave them to inherit.

2 Their inheritance was by lot, just as the LORD had commanded by the hand of Moses for the nine and one-half tribes.

3 For Moses had given an inheritance to the two and one-half tribes beyond the Jordan, but to the Levites he gave no inheritance among them.

4 For the people of Joseph were two tribes, Manasseh and Ephraim. And no portion was given to the Levites in the land, but only cities to dwell in, with their pasturelands for their livestock and their substance.

5 The people of Israel did as the LORD commanded Moses; they allotted the land.

Caleb's Request and Inheritance

¶ **6** Then the people of Judah came to Joshua at Gilgal. And Caleb the son of Jephunneh the Kenizzite said to him, "You know what the LORD said to Moses the man of God in Kadesh-barnea concerning you and me.

7 I was forty years old when Moses the servant of the LORD sent me from Kadesh-barnea to spy out the land, and I brought him word again as it was in my heart.

8 But my brothers who went up with me made the heart of the people melt; yet I wholly followed the LORD my God.

9 And Moses swore on that day, saying, 'Surely the land on which your foot has trodden shall be an inheritance for you and your children forever, because you have wholly followed the LORD my God.'

10 Und nun siehe, der HERR hat mich am Leben gelassen, wie er mir zugesagt hat. Es sind nun fünfundvierzig Jahre her, dass der HERR dies zu Mose sagte, als Israel in der Wüste umherzog. Und nun siehe, ich bin heute fünfundachtzig Jahre alt

11 und bin noch heute so stark, wie ich war an dem Tage, da mich Mose aussandte. Wie meine Kraft damals war, so ist sie noch jetzt, zu kämpfen und aus- und einzuziehen.

12 So gib mir nun dies Gebirge, von dem der HERR geredet hat an jenem Tage; denn du hast's gehört am selben Tage, dass dort die Anakiter wohnen und große und feste Städte sind. Vielleicht wird der HERR mit mir sein, damit ich sie vertreibe, wie der HERR zugesagt hat.

¶ **13** Da segnete ihn Josua und gab Kaleb, dem Sohn Jefunnes, Hebron zum Erbteil.

14 Daher wurde Hebron das Erbteil Kalebs, des Sohnes Jefunnes, des Kenasiters, bis auf diesen Tag, weil er dem HERRN, dem Gott Israels, treulich gefolgt war.

15 Aber Hebron hieß vorzeiten Stadt des Arba, der der größte Mensch war unter den Anakitern. Und das Land war zur Ruhe gekommen vom Kriege.

Grenzen des Stammes Juda

15 Das Los des Stammes Juda für seine Geschlechter lag gegen die Grenze Edoms hin, nach der Wüste Zin zu im äußersten Süden.

2 Seine Südgrenze ging vom Ende des Salzmeers, von seiner südlichen Spitze,

3 und geht dann südwärts vom Skorpionensteig und geht weiter nach Zin und führt hinauf südlich von Kadesch-Barnea bis hinüber nach Hezron und führt hinauf nach Addar und biegt um nach Karka

4 und berührt Azmon und läuft aus am Bach Ägyptens, sodass das Ende der Grenze das Meer wird. Das sei eure Grenze nach Süden.

¶ **5** Die Ostgrenze ist das Salzmeer bis dort, wo der Jordan hineinfließt. Die Nordgrenze beginnt am Meer dort, wo der Jordan hineinfließt,

6 und führt hinauf nach Bet-Hogla und zieht sich hin nördlich von Bet-Araba und kommt herauf zum Stein Bohans, des Sohnes Rubens,

10 And now, behold, the LORD has kept me alive, just as he said, these forty-five years since the time that the LORD spoke this word to Moses, while Israel walked in the wilderness. And now, behold, I am this day ʸ eighty-five years old.

11 I am still as strong today as I was in the day that Moses sent me; my strength now is as my strength was then, for war and for going and coming.

12 So now give me this hill country of which the LORD spoke on that day, for you heard on that day how the Anakim were there, with great fortified cities. It may be that the LORD will be with me, and I shall drive them out just as the LORD said."

¶ **13** Then Joshua blessed him, and he gave Hebron to Caleb the son of Jephunneh for an inheritance.

14 Therefore Hebron became the inheritance of Caleb the son of Jephunneh the Kenizzite to this day, because he wholly followed the LORD, the God of Israel.

15 Now the name of Hebron formerly was Kiriath-arba.[1] (Arba[2] was the greatest man among the Anakim.) And the land had rest from war.

The Allotment for Judah

15 The allotment for the tribe of the people of Judah according to their clans reached southward to the boundary of Edom, to the wilderness of Zin at the farthest south.

2 And their south boundary ran from the end of the Salt Sea, from the bay that faces southward.

3 It goes out southward of the ascent of Akrabbim, passes along to Zin, and goes up south of Kadesh-barnea, along by Hezron, up to Addar, turns about to Karka,

4 passes along to Azmon, goes out by the Brook of Egypt, and comes to its end at the sea. This shall be your south boundary.

5 And the east boundary is the Salt Sea, to the mouth of the Jordan. And the boundary on the north side runs from the bay of the sea at the mouth of the Jordan.

6 And the boundary goes up to Bethhoglah and passes along north of Beth-arabah. And the boundary goes up to the stone of Bohan the son of Reuben.

7 und führt hinauf nach Debir vom Tal Achor und wendet sich nordwärts nach Gelilot, gegenüber der Steige von Adummim, die südlich vom Bachtal liegt. Danach geht sie zu dem Wasser von En-Schemesch und läuft aus zur Quelle Rogel.

8 Danach führt sie hinauf zum Tal des Sohnes Hinnoms südlich des Berghangs der Jebusiter – das ist Jerusalem – und kommt hinauf auf den Gipfel des Berges, der westlich vor dem Tal Hinnom liegt und an der Nordecke der Ebene Refaïm.

9 Danach kommt sie von dem Berggipfel zur Quelle Neftoach und läuft aus zu den Städten des Gebirges Efron und neigt sich nach Baala – das ist Kirjat-Jearim –

10 und biegt um von Baala nach Westen zum Gebirge Seïr und geht an der Nordseite des Gebirges Jearim – das ist Kesalon – und kommt herab nach Bet-Schemesch und geht durch Timna

11 und kommt heraus am Nordhang des Berges Ekron und zieht sich nach Schikkaron und geht hinüber zum Berge von Baala und kommt heraus bei Jabneel, sodass ihr Ende das Meer ist.

¶ **12** Die Westgrenze aber ist das große Meer und sein Gestade. Das ist die Grenze von Juda ringsumher für seine Geschlechter.

Kaleb erhält Hebron. Otniël erobert Debir

13 Kaleb aber, dem Sohn Jefunnes, wurde sein Teil gegeben mitten unter Juda, wie der HERR dem Josua befahl, nämlich die Stadt des Arba, des Vaters Anaks, das ist Hebron.

14 Und Kaleb vertrieb von dort die drei Söhne Anaks: Scheschai, Ahiman und Talmai, die Nachkommen Anaks,

15 und zog von dort hinauf gegen die Einwohner von Debir. Debir aber hieß vorzeiten Kirjat-Sefer.

16 Und Kaleb sprach: Wer Kirjat-Sefer schlägt und erobert, dem will ich meine Tochter Achsa zur Frau geben.

17 Da eroberte es Otniël, der Sohn des Kenas, des Bruders Kalebs. Und Kaleb gab ihm seine Tochter Achsa zur Frau.

18 Und es begab sich, als sie zu ihm kam, beredete er sie, einen Acker zu fordern von ihrem Vater. Und sie stieg vom Esel. Da sprach Kaleb zu ihr: Was willst du?

7 And the boundary goes up to Debir from the Valley of Achor, and so northward, turning toward Gilgal, which is opposite the ascent of Adummim, which is on the south side of the valley. And the boundary passes along to the waters of *p*En-shemesh and ends at En-rogel.

8 Then the boundary goes up by the Valley of the Son of Hinnom at the southern shoulder of the Jebusite (that is, Jerusalem). And the boundary goes up to the top of the mountain that lies over against the Valley of Hinnom, on the west, at the northern end of the Valley of Rephaim.

9 Then the boundary extends from the top of the mountain to the spring of the waters of Nephtoah, and from there to the cities of Mount Ephron. Then the boundary bends around to Baalah (that is, Kiriath-jearim).

10 And the boundary circles west of Baalah to Mount Seir, passes along to the northern shoulder of Mount Jearim (that is, Chesalon), and goes down to Beth-shemesh and passes along by Timnah.

11 The boundary goes out to the shoulder of the hill north of Ekron, then the boundary bends around to Shikkeron and passes along to Mount Baalah and goes out to Jabneel. Then the boundary comes to an end at the sea.

12 And the west boundary was the Great Sea with its coastline. This is the boundary around the people of Judah according to their clans.

¶ **13** According to the commandment of the LORD to Joshua, he gave to Caleb the son of Jephunneh a portion among the people of Judah, Kiriath-arba, that is, *b*Hebron (Arba was the father of Anak).

14 And Caleb drove out from there the three sons of Anak, Sheshai and Ahiman and Talmai, the descendants of Anak.

15 And he went up from there against the inhabitants of Debir. Now the name of Debir formerly was Kiriath-sepher.

16 And Caleb said, "Whoever strikes Kiriath-sepher and captures it, to him will I give Achsah my daughter as wife."

17 And Othniel the son of Kenaz, the brother of Caleb, captured it. And he gave him Achsah his daughter as wife.

18 When she came to him, she urged him to ask her father for a field. And she got off her donkey, and Caleb said to her, "What do you want?"

19 Sie sprach: Gib mir eine Segensgabe! Denn du hast mich nach dem dürren Südland gegeben; gib mir auch Wasserquellen! Da gab er ihr die oberen und die unteren Quellen.

19 She said to him, "Give me a blessing. Since you have given me the land of the Negeb, give me also springs of water." And he gave her the upper springs and the lower springs.

Die Städte des Stammes Juda

20 Dies ist das Erbteil des Stammes Juda für seine Geschlechter.

21 Und die Städte des Stammes Juda nach der Grenze von Edom zu, im Südland, waren diese: Kabzeel, Eder, Jagur,

¶ **20** This is the inheritance of the tribe of the people of Judah according to their clans.

21 The cities belonging to the tribe of the people of Judah in the extreme south, toward the boundary of Edom, were Kabzeel, Eder, Jagur,

22 Kina, Dimona, Adada,
23 Kedesch, Hazor, Jitnan,
24 Sif, Telem, Bealot,
25 Hazor-Hadatta, Kerijot-Hezron – das ist Hazor –,
26 Amam, Schema, Molada,
27 Hazar-Gadda, Heschmon, Bet-Pelet,
28 Hazar-Schual, Beerscheba und seine Ortschaften,
29 Baala, Ijim, Ezem,
30 Eltolad, Kesil, Horma,
31 Ziklag, Madmanna, Sansanna,
32 Bet-Lebaot, Schilhim, En-Rimmon. Das sind neunundzwanzig Städte mit ihren Gehöften.

¶ **33** Im Hügelland aber waren Eschtaol, Zora, Aschna,
34 Sanoach, En-Gannim, Tappuach, Enam,
35 Jarmut, Adullam, Socho, Aseka,
36 Schaarajim, Aditajim, Gedera und Gederotajim. Das sind vierzehn Städte mit ihren Gehöften.

¶ **37** Zenan, Hadascha, Migdal-Gad,
38 Dilan, Mizpe, Jokteel,
39 Lachisch, Bozkat, Eglon,
40 Kabbon, Lachmas, Kitlisch,
41 Gederot, Bet-Dagon, Naama, Makkeda. Das sind sechzehn Städte mit ihren Gehöften.

¶ **42** Libna, Eter, Aschan,
43 Jiftach, Aschna, Nezib,
44 Keïla, Achsib, Marescha. Das sind neun Städte mit ihren Gehöften.

¶ **45** Ekron mit seinen Ortschaften und Gehöften.

46 Von Ekron nach dem Meere zu alles, was nach der Seite von Aschdod und seinen Gehöften liegt:

47 Aschdod mit seinen Ortschaften und Gehöften, Gaza mit seinen Ortschaften und Gehöften bis an den Bach Ägyptens und die Grenze ist das große Meer und sein Gestade.

¶ **48** Auf dem Gebirge aber waren Schamir, Jattir, Socho,

49 Danna, Kirjat-Sanna – das ist Debir –,

22 Kinah, Dimonah, Adadah,
23 Kedesh, Hazor, Ithnan,
24 Ziph, Telem, Bealoth,
25 Hazor-hadattah, Kerioth-hezron (that is, Hazor),
26 Amam, Shema, Moladah,
27 Hazar-gaddah, Heshmon, Beth-pelet,
28 Hazar-shual, Beersheba, Biziothiah,
29 Baalah, Iim, Ezem,
30 Eltolad, Chesil, Hormah,
31 Ziklag, Madmannah, Sansannah,
32 Lebaoth, Shilhim, Ain, and Rimmon: in all, twenty-nine cities with their villages.

¶ **33** And in the lowland, Eshtaol, Zorah, Ashnah,
34 Zanoah, En-gannim, Tappuah, Enam,
35 Jarmuth, Adullam, Socoh, ⁿAzekah,
36 Shaaraim, Adithaim, Gederah, Gederothaim: fourteen cities with their villages.

¶ **37** Zenan, Hadashah, Migdal-gad,
38 Dilean, Mizpeh, Joktheel,
39 Lachish, Bozkath, Eglon,
40 Cabbon, Lahmam, Chitlish,
41 Gederoth, Beth-dagon, Naamah, and Makkedah: sixteen cities with their villages.

¶ **42** Libnah, Ether, Ashan,
43 Iphtah, Ashnah, Nezib,
44 Keilah, Achzib, and Mareshah: nine cities with their villages.

¶ **45** Ekron, with its towns and its villages;

46 from Ekron to the sea, all that were by the side of Ashdod, with their villages.

¶ **47** Ashdod, its towns and its villages; ᵗGaza, its towns and its villages; to the Brook of Egypt, and the Great Sea with its coastline.

¶ **48** And in the hill country, Shamir, Jattir, Socoh,

49 Dannah, Kiriath-sannah (that is, Debir),

50 Anab, Eschtemoa, Anim,
51 Goschen, Holon, Gilo. Das sind elf Städte mit ihren Gehöften.
¶ **52** Arab, Duma, Eschan,
53 Janum, Bet-Tappuach, Afeka,
54 Humta, Kirjat-Arba – das ist Hebron –, Zior. Das sind neun Städte mit ihren Gehöften.
¶ **55** Maon, Karmel, Sif, Jutta,
56 Jesreel, Jokdeam, Sanoach,
57 Kajin, Gibea, Timna. Das sind zehn Städte mit ihren Gehöften.
¶ **58** Halhul, Bet-Zur, Gedor,
59 Maarat, Bet-Anot, Eltekon. Das sind sechs Städte mit ihren Gehöften.
¶ Tekoa, Efrata – das ist Bethlehem –, Peor, Etam, Kulon, Tatam, Schoresch, Kerem, Gallim, Bet-Ter, Manocho. Das sind elf Städte mit ihren Gehöften.
¶ **60** Kirjat-Baal – das ist Kirjat-Jearim –, Rabba; zwei Städte mit ihren Gehöften.
¶ **61** In der Wüste aber waren Bet-Araba, Middin, Sechacha,
62 Nibschan und die Salzstadt und En-Gedi. Das sind sechs Städte mit ihren Gehöften.
¶ **63** Die Jebusiter aber wohnten in Jerusalem und Juda konnte sie nicht vertreiben. So blieben die Jebusiter mit denen von Juda in Jerusalem wohnen bis auf diesen Tag.

Erbteil der Josefstämme

16 Das Los des Stammes **Josef** nahm seinen Anfang am Jordan bei Jericho, an den Wassern von Jericho im Osten. Von Jericho an geht die Grenze durch die Wüste auf das Gebirge nach Bethel.
2 und kommt von Bethel heraus nach Lus und geht durch zum Gebiet der Arkiter nach Atarot
3 und zieht sich hernieder westwärts zu dem Gebiet der Jafletiter bis an das Gebiet des unteren Bet-Horon und bis nach Geser und ihr Ende ist am Meer.
¶ **4** Und die Söhne Josefs, **Manasse** und **Ephraim**, erhielten ihr Erbteil.
5 Das Gebiet des Stammes **Ephraim** für seine Geschlechter: Die Grenze seines Erbteils ostwärts war Atrot-Addar bis zum oberen Bet-Horon
6 und läuft aus bis zum Meer; bei Michmetat, das im Norden liegt, biegt sie um ostwärts nach Taanat-Silo und geht da hindurch östlich von Janoach
7 und kommt herab von Janoach nach Atarot und Naara und stößt an Jericho und läuft aus am Jordan.

50 Anab, Eshtemoh, Anim,
51 Goshen, Holon, and Giloh: eleven cities with their villages.
¶ **52** Arab, Dumah, Eshan,
53 Janim, Beth-tappuah, Aphekah,
54 Humtah, Kiriath-arba (that is, ᶻHebron), and Zior: nine cities with their villages.
¶ **55** Maon, ªCarmel, Ziph, Juttah,
56 Jezreel, Jokdeam, Zanoah,
57 Kain, Gibeah, and Timnah: ten cities with their villages.
¶ **58** Halhul, Beth-zur, Gedor,
59 Maarath, Beth-anoth, and Eltekon: six cities with their villages.

¶ **60** Kiriath-baal (that is, Kiriath-jearim), and Rabbah: two cities with their villages.
¶ **61** In the wilderness, Beth-arabah, Middin, Secacah,
62 Nibshan, the City of Salt, and Engedi: six cities with their villages.
¶ **63** But the Jebusites, the inhabitants of Jerusalem, the people of Judah could not drive out, ʰso the Jebusites dwell with the people of Judah at Jerusalem to this day.

The Allotment for Ephraim and Manasseh

16 The allotment of the people of Joseph went from the Jordan by Jericho, east of the waters of Jericho, into the wilderness, going up from Jericho into the hill country to Bethel.
2 Then going from Bethel to Luz, it passes along to Ataroth, the territory of the Archites.
3 Then it goes down westward to the territory of the Japhletites, as far as the territory of Lower Beth-horon, then to Gezer, and it ends at the sea.
¶ **4** The people of Joseph, Manasseh and Ephraim, received their inheritance.
¶ **5** The territory of the people of Ephraim by their clans was as follows: the boundary of their inheritance on the east was Atarothaddar as far as Upper Beth-horon,
6 and the boundary goes from there to the sea. On the north is Michmethath. Then on the east the boundary turns around toward Taanath-shiloh and passes along beyond it on the east to Janoah,
7 then it goes down from Janoah to Ataroth and to Naarah, and touches Jericho, ending at the Jordan.

8 Von Tappuach geht die Grenze westwärts zum Bach Kana und ihr Ende ist am Meer. Das ist das Erbteil des Stammes Ephraim für seine Geschlechter;

9 dazu alle Städte mit ihren Gehöften, die für Ephraim ausgesondert waren mitten unter dem Erbteil des Stammes Manasse.

10 Und sie vertrieben die Kanaaniter nicht, die in Geser wohnten. So blieben die Kanaaniter mitten unter Ephraim bis auf diesen Tag und wurden fronpflichtig.

17 Und das Los fiel für den Stamm **Manasse**, denn er ist Josefs erstgeborener Sohn, und es fiel auf Machir, den erstgeborenen Sohn Manasses, den Vater Gileads, denn er war ein Kriegsmann, und es wurden ihm zuteil Gilead und Baschan.

2 Auf die andern Söhne Manasses aber nach ihren Geschlechtern fiel das Los auch, nämlich auf die Söhne Abiësers, die Söhne Heleks, die Söhne Asriëls, die Söhne Sichems, die Söhne Hefers und die Söhne Schemidas. Das sind die Nachkommen Manasses, des Sohnes Josefs, die Männer nach ihren Geschlechtern.

¶ **3** Aber Zelofhad, der Sohn Hefers, des Sohnes Gileads, des Sohnes Machirs, des Sohnes Manasses, hatte keine Söhne, sondern nur Töchter und ihre Namen sind diese: Machla, Noa, Hogla, Milka, Tirza.

4 Und sie traten vor den Priester Eleasar und vor Josua, den Sohn Nuns, und vor die Obersten und sprachen: Der HERR hat Mose geboten, dass er uns solle Erbteil geben unter unsern Brüdern. Und man gab ihnen Erbteil unter den Brüdern ihres Vaters nach dem Befehl des HERRN.

5 Es fielen aber auf Manasse zehn Erbteile außer dem Lande Gilead und Baschan, das jenseits des Jordans liegt;

6 denn die Töchter Manasses empfingen Erbteil unter seinen Söhnen. Das Land Gilead aber wurde den andern Söhnen Manasses zuteil.

¶ **7** Und die Grenze Manasses war von Asser an nach Michmetat, das östlich von Sichem liegt, und reicht rechts an das Gebiet von En-Tappuach;

8 das Land von Tappuach wurde dem Manasse zuteil, aber Tappuach selbst an der Grenze Manasses wurde Ephraim zuteil.

8 From Tappuah the boundary goes westward to the brook Kanah and ends at the sea. Such is the inheritance of the tribe of Ephraim by their clans,

9 together with the towns that were set apart for the people of Ephraim within the inheritance of the Manassites, all those towns with their villages.

10 However, they did not drive out the Canaanites who lived in Gezer, so the Canaanites have lived in the midst of Ephraim to this day but have been made to do forced labor.

17 Then allotment was made to the people of Manasseh, for he was the firstborn of Joseph. To Machir the firstborn of Manasseh, the father of Gilead, were allotted Gilead and Bashan, because he was a man of war.

2 And allotments were made to the rest of the people of Manasseh by their clans, Abiezer, Helek, Asriel, Shechem, Hepher, and Shemida. These were the male descendants of Manasseh the son of Joseph, by their clans.

¶ **3** Now Zelophehad the son of Hepher, son of Gilead, son of Machir, son of Manasseh, had no sons, but only daughters, and these are the names of his daughters: ×Mahlah, Noah, Hoglah, Milcah, and Tirzah.

4 They approached Eleazar the priest and Joshua the son of Nun and the leaders and said, "The LORD commanded Moses to give us an inheritance along with our brothers." So according to the mouth of the LORD he gave them an inheritance among the brothers of their father.

5 Thus there fell to Manasseh ten portions, besides the land of Gilead and Bashan, which is on the other side of the Jordan,

6 because the daughters of Manasseh received an inheritance along with his sons. The land of Gilead was allotted to the rest of the people of Manasseh.

¶ **7** The territory of Manasseh reached from Asher to Michmethath, which is east of Shechem. Then the boundary goes along southward to the inhabitants of En-tappuah.

8 The land of Tappuah belonged to Manasseh, but the town of Tappuah on the boundary of Manasseh belonged to the people of Ephraim.

9 Danach kommt sie herab zum Bach Kana an der Südseite des Baches; diese Städte gehören Ephraim inmitten der Städte Manasses. Die Grenze Manasses aber geht weiter an der Nordseite des Baches und endet am Meer;

10 Ephraim lag südwärts, Manasse nordwärts und das Meer ist die Grenze. Manasse stößt an Asser im Norden und an Issachar im Osten.

¶ **11** Es hatte aber Manasse im Gebiet von Issachar und Asser: Bet-Schean und seine Ortschaften, Jibleam und seine Ortschaften und die Einwohner von Dor und seine Ortschaften und die von En-Dor und seine Ortschaften, die von Taanach und seine Ortschaften und die von Megiddo und seine Ortschaften samt den drei Höhen.

12 Und der Stamm Manasse konnte diese Städte nicht erobern, sondern die Kanaaniter vermochten im Lande zu bleiben.

13 Als aber die Israeliten mächtig wurden, machten sie die Kanaaniter fronpflichtig; aber sie vertrieben sie nicht völlig.

¶ **14** Da redeten die Nachkommen Josefs mit Josua und sprachen: Warum hast du mir nur ein Los und ein Erbteil gegeben? Ich bin doch ein großes Volk, da mich der Herr so gesegnet hat.

15 Da sprach Josua zu ihnen: Weil du ein großes Volk bist, so geh hinauf ins Waldgebirge und rode dort für dich im Lande der Perisiter und Refaïter, wenn dir das Gebirge Ephraim zu eng ist.

16 Da sprachen die Nachkommen Josefs: Das Gebirge wird nicht Raum genug für uns haben; dazu gibt es eiserne Wagen bei allen Kanaanitern, die im ebenen Land wohnen, bei denen zu Bet-Schean und seinen Ortschaften und bei denen in der Ebene Jesreel.

17 Josua sprach zum Hause Josef, zu Ephraim und Manasse: Du bist ein großes Volk und weil du so stark bist, sollst du nicht nur ein Los haben,

18 sondern das Gebirge soll dein sein, wo der Wald ist; dort kannst du roden und er soll dein sein, so weit er reicht; dann wirst du die Kanaaniter vertreiben, obwohl sie eiserne Wagen haben, denn du wirst mächtiger sein als sie.

9 Then the boundary went down to the brook Kanah. These cities, to the south of the brook, among the cities of Manasseh, belong to Ephraim. Then the boundary of Manasseh goes on the north side of the brook and ends at the sea,

10 the land to the south being Ephraim's and that to the north being Manasseh's, with the sea forming its boundary. On the north Asher is reached, and on the east Issachar.

11 Also in Issachar and in Asher Manasseh had Beth-shean and its villages, and Ibleam and its villages, and the inhabitants of ^{d}Dor and its villages, and the inhabitants of En-dor and its villages, and the inhabitants of ^{d}Taanach and its villages, and the inhabitants of ^{d}Megiddo and its villages; the third is Naphath.^{1}

12 Yet the people of Manasseh could not take possession of those cities, but the Canaanites persisted in dwelling in that land.

13 Now when the people of Israel grew strong, they put the Canaanites to forced labor, but did not utterly drive them out.

¶ **14** Then the people of Joseph spoke to Joshua, saying, "Why have you given me but one lot and one portion as an inheritance, although I am a numerous people, since all along the Lord has blessed me?"

15 And Joshua said to them, "If you are a numerous people, go up by yourselves to the forest, and there clear ground for yourselves in the land of the Perizzites and the Rephaim, since the hill country of Ephraim is too narrow for you."

16 The people of Joseph said, "The hill country is not enough for us. Yet all the Canaanites who dwell in the plain have chariots of iron, both those in Beth-shean and its villages and those in the Valley of Jezreel."

17 Then Joshua said to the house of Joseph, to Ephraim and Manasseh, "You are a numerous people and have great power. You shall not have one allotment only,

18 but the hill country shall be yours, for though it is a forest, you shall clear it and possess it to its farthest borders. For you shall drive out the Canaanites, though they have chariots of iron, and though they are strong."

18 Und es versammelte sich die ganze Gemeinde der Israeliten in Silo und richtete dort die Stiftshütte auf, und das Land war ihnen unterworfen.

¶ **2** Und es waren noch sieben Stämme von Israel, die ihr Erbteil nicht erhalten hatten.

3 Und Josua sprach zu Israel: Wie lange seid ihr so lässig, dass ihr nicht hingeht, das Land einzunehmen, das euch der HERR, der Gott eurer Väter, gegeben hat?

4 Nehmt euch aus jedem Stamm drei Männer, damit ich sie sende und sie sich aufmachen und durchs Land gehen und es aufschreiben nach ihren Erbteilen und wieder zu mir kommen.

5 Teilt das Land in sieben Teile! Juda soll bleiben auf seinem Gebiet im Süden, und das Haus Josef soll bleiben auf seinem Gebiet im Norden.

6 Ihr aber, schreibt die sieben Teile des Landes auf und tut mir's kund; dann will ich für euch das Los werfen hier vor dem HERRN, unserm Gott.

7 Denn die Leviten erhalten keinen Anteil unter euch, sondern das Priestertum des HERRN ist ihr Erbteil. Gad aber und Ruben und der halbe Stamm Manasse haben ihr Teil bekommen jenseits des Jordans im Osten, das ihnen Mose, der Knecht des HERRN, gegeben hat.

¶ **8** Da machten sich die Männer auf und gingen hin. Und Josua gebot ihnen, als sie auszogen, das Land aufzuschreiben, und sprach: Geht hin und durchwandert das Land; schreibt es auf und kehrt zu mir zurück, damit ich für euch hier das Los werfe vor dem HERRN in Silo.

9 So gingen die Männer hin und durchzogen das Land und schrieben's auf in ein Buch, Stadt für Stadt, in sieben Teilen, und kamen wieder zu Josua ins Lager nach Silo.

10 Da warf Josua das Los für sie in Silo vor dem HERRN und verteilte dort das Land unter die Israeliten, einem jeden Stamm sein Teil.

¶ **11** Da fiel das Los des Stammes **Benjamin** für seine Geschlechter, und sein Gebiet war zwischen Juda und Josef.

12 Und seine Grenze war an der Nordseite vom Jordan an und geht hinauf auf den Hang nördlich von Jericho und kommt aufs Gebirge westwärts und geht aus nach der Wüste von Bet-Awen

Allotment of the Remaining Land

18 Then the whole congregation of the people of Israel assembled at Shiloh and set up the tent of meeting there. The land lay subdued before them.

¶ **2** There remained among the people of Israel seven tribes whose inheritance had not yet been apportioned.

3 So Joshua said to the people of Israel, "How long will you put off going in to take possession of the land, which the LORD, the God of your fathers, has given you?

4 Provide three men from each tribe, and I will send them out that they may set out and go up and down the land. They shall write a description of it with a view to their inheritances, and then come to me.

5 They shall divide it into seven portions. Judah shall continue in his territory on the south, and the house of Joseph shall continue in their territory on the north.

6 And you shall describe the land in seven divisions and bring the description here to me. And I will cast lots for you here before the LORD our God.

7 The Levites have no portion among you, for the priesthood of the LORD is their heritage. And Gad and Reuben and half the tribe of Manasseh have received their inheritance beyond the Jordan eastward, which Moses the servant of the LORD gave them."

¶ **8** So the men arose and went, and Joshua charged those who went to write the description of the land, saying, "Go up and down in the land and write a description and return to me. And I will cast lots for you here before the LORD in Shiloh."

9 So the men went and passed up and down in the land and wrote in a book a description of it by towns in seven divisions. Then they came to Joshua to the camp at Shiloh,

10 and Joshua cast lots for them in Shiloh before the LORD. And there Joshua apportioned the land to the people of Israel, to each his portion.

The Inheritance for Benjamin

¶ **11** The lot of the tribe of the people of Benjamin according to its clans came up, and the territory allotted to it fell between the people of Judah and the people of Joseph.

12 On the north side their boundary began at the Jordan. Then the boundary goes up to the shoulder north of Jericho, then up through the hill country westward, and it ends at the wilderness of Beth-aven.

13 und geht von da nach Lus – das ist Beth-el – an den Abhang südwärts von Lus und kommt hinab nach Atrot-Addar an den Berg, der südwärts liegt von dem unteren Bet-Horon.

14 Danach neigt sie sich und biegt in ihrem westlichen Teil nach Süden um von dem Berge an, der südlich vor Bet-Horon liegt, und endet bei Kirjat-Baal – das ist Kirjat-Jearim –, einer Stadt in Juda. Das ist die Seite nach Westen.

15 Aber auf der Seite nach Süden läuft die Grenze von Kirjat-Jearim an und geht zuerst nach Westen und läuft dann hin zur Quelle Neftoach

16 und geht hinab an den Fuß des Berges, der vor dem Tal des Sohnes Hinnoms liegt, an der Nordecke der Ebene Refaïm, und geht herab durchs Tal Hinnom am Südhang der Jebusiterstadt und kommt hinab zur Quelle Rogel

17 und zieht sich nordwärts und läuft hin nach En-Schemesch und läuft hin nach Gelilot gegenüber der Steige von Adummim und kommt hinab zum Stein Bohans, des Sohnes Rubens,

18 und geht zu dem Hang nördlich von Bet-Araba und kommt hinab nach Bet-Araba

19 und geht zu dem Hang nördlich von Bet-Hogla und ihr Ende ist am nördlichen Ufer des Salzmeers, dort, wo der Jordan hineinfließt. Das ist die Südgrenze.

20 Aber die Seite nach Osten soll der Jordan begrenzen. Das ist das Erbteil Benjamins in seinen Grenzen ringsumher für seine Geschlechter.

¶ **21** Die Städte aber des Stammes Benjamin für seine Geschlechter sind diese: Jericho, Bet-Hogla, Emek-Keziz,

22 Bet-Araba, Zemarajim, Bethel,

23 Awim, Para, Ofra,

24 Kefar-Ammoni, Ofni, Geba. Das sind zwölf Städte mit ihren Gehöften.

¶ **25** Gibeon, Rama, Beerot,

26 Mizpe, Kefira, Moza,

27 Rekem, Jirpeel, Tarala,

28 Zela, Elef und die Stadt der Jebusiter – das ist Jerusalem –, Gibea, Kirjat-Jearim; vierzehn Städte mit ihren Gehöften. Das ist das Erbteil des Stammes Benjamin für seine Geschlechter.

13 From there the boundary passes along southward in the direction of Luz, to the shoulder of Luz (that is, Bethel), then the boundary goes down to Ataroth-addar, on the mountain that lies south of Lower Beth-horon.

14 Then the boundary goes in another direction, turning on the western side southward from the mountain that lies to the south, opposite Beth-horon, and it ends at Kiriath-baal (that is, Kiriath-jearim), a city belonging to the people of Judah. This forms the western side.

15 And the southern side begins at the outskirts of Kiriath-jearim. And the boundary goes from there to Ephron,[1] to the spring of the waters of Nephtoah.

16 Then the boundary goes down to the border of the mountain that overlooks the Valley of the Son of Hinnom, which is at the north end of the Valley of Rephaim. And it then goes down the [h]Valley of Hinnom, south of the shoulder of the Jebusites, and downward to En-rogel.

17 Then it bends in a northerly direction going on to En-shemesh, and from there goes to Geliloth, which is opposite the ascent of Adummim. Then it goes down to the stone of Bohan the son of Reuben,

18 and passing on to the north of the shoulder of Beth-arabah[2] it goes down to [i]the Arabah.

19 Then the boundary passes on to the north of the shoulder of Beth-hoglah. And the boundary ends at the northern bay of the Salt Sea, at the south end of the Jordan: this is the southern border.

20 The Jordan forms its boundary on the eastern side. This is the inheritance of the people of Benjamin, according to their clans, boundary by boundary all around.

¶ **21** Now the cities of the tribe of the people of Benjamin according to their clans were Jericho, Beth-hoglah, Emek-keziz,

22 Beth-arabah, Zemaraim, Bethel,

23 Avvim, Parah, Ophrah,

24 Chephar-ammoni, Ophni, Geba—twelve cities with their villages:

25 Gibeon, Ramah, Beeroth,

26 Mizpeh, Chephirah, Mozah,

27 Rekem, Irpeel, Taralah,

28 Zela, Haeleph, Jebus[3] (that is, Jerusalem), Gibeah[4] and Kiriath-jearim[5]—fourteen cities with their villages. This is the inheritance of the people of Benjamin according to its clans.

Das Erbteil der übrigen sechs Stämme

19 Danach fiel das zweite Los auf den Stamm **Simeon** für seine Geschlechter; und ihr Erbteil war inmitten des Erbteils von Juda.

2 Und es ward ihnen zum Erbteil Beerscheba, Schema, Molada,

3 Hazar-Schual, Baala, Ezem,

4 Eltolad, Betul, Horma,

5 Ziklag, Bet-Markabot, Hazar-Susa,

6 Bet-Lebaot, Scharuhen. Das sind dreizehn Städte mit ihren Gehöften.

7 Ajin, Rimmon, Eter, Aschan. Das sind vier Städte mit ihren Gehöften,

8 dazu alle Gehöfte, die um diese Städte liegen, bis Baalat-Beer; das ist Rama im Südland. Das ist das Erbteil des Stammes Simeon für seine Geschlechter.

9 Denn das Erbteil des Stammes Simeon ist von dem Anteil des Stammes Juda genommen. Weil der Anteil des Stammes Juda zu groß für ihn war, darum erbte der Stamm Simeon mitten in dessen Erbteil.

¶ **10** Das dritte Los fiel auf den Stamm **Sebulon** für seine Geschlechter. Und die Grenze seines Erbteils war bis Sarid

11 und geht hinauf westwärts nach Marala und stößt an Dabbeschet und dann an den Bach, der gegenüber von Jokneam fließt,

12 und wendet sich von Sarid gegen Sonnenaufgang bis an das Gebiet Kislot-Tabor und läuft hin nach Daberat und reicht hinauf nach Jafia.

13 Und von da geht sie gegen Osten nach Gat-Hefer und Et-Kazin und läuft hin nach Rimmon, neigt sich nach Nea

14 und biegt um im Norden nach Hannaton und endet im Tal von Jiftach-El.

15 Dazu Kattat, Nahalal, Schimron, Jidala und Bethlehem. Das sind zwölf Städte mit ihren Gehöften.

16 Das ist das Erbteil des Stammes Sebulon für seine Geschlechter; das sind seine Städte und Gehöfte.

¶ **17** Das vierte Los fiel auf den Stamm **Issachar** für seine Geschlechter.

The Inheritance for Simeon

19 The second lot came out for Simeon, for the tribe of the people of Simeon, according to their clans, and their inheritance was in the midst of the inheritance of the people of Judah.

2 And they had for their inheritance Beersheba, Sheba, Moladah,

3 Hazar-shual, Balah, Ezem,

4 Eltolad, Bethul, Hormah,

5 Ziklag, Beth-marcaboth, Hazar-susah,

6 Beth-lebaoth, and Sharuhen—thirteen cities with their villages;

7 Ain, Rimmon, Ether, and Ashan—four cities with their villages,

8 together with all the villages around these cities as far as Baalath-beer, Ramah of the Negeb. This was the inheritance of the tribe of the people of Simeon according to their clans.

9 The inheritance of the people of Simeon formed part of the territory of the people of Judah. Because the portion of the people of Judah was too large for them, the people of Simeon obtained an inheritance in the midst of their inheritance.

The Inheritance for Zebulun

¶ **10** The third lot came up for the people of Zebulun, according to their clans. And the territory of their inheritance reached as far as Sarid.

11 Then their boundary goes up westward and on to Mareal and touches Dabbesheth, then the brook that is east of Jokneam.

12 From Sarid it goes in the other direction eastward toward the sunrise to the boundary of Chisloth-tabor. From there it goes to Daberath, then up to Japhia.

13 From there it passes along on the east toward the sunrise to Gath-hepher, to Ethkazin, and going on to Rimmon it bends toward Neah,

14 then on the north the boundary turns about to Hannathon, and it ends at the Valley of Iphtahel,

15 and Kattath, Nahalal, Shimron, Idalah, and Bethlehem—twelve cities with their villages.

16 This is the inheritance of the people of Zebulun, according to their clans—these cities with their villages.

The Inheritance for Issachar

¶ **17** The fourth lot came out for Issachar, for the people of Issachar, according to their clans.

18 Und sein Gebiet war Jesreel, Kesullot, Schunem,

19 Hafarajim, Schion, Anaharat,

20 Rabbit, Kischjon, Ebez,

21 Remet, EnGannim, En-Hadda, Bet-Pazzez;

22 und die Grenze stößt an Tabor, Schahazajim, Bet-Schemesch und ihr Ende ist am Jordan. Sechzehn Städte mit ihren Gehöften.

23 Das ist das Erbteil des Stammes Issachar für seine Geschlechter, die Städte mit ihren Gehöften.

¶ 24 Das fünfte Los fiel auf den Stamm **Asser** für seine Geschlechter.

25 Und sein Gebiet war Helkat, Hali, Beten, Achschaf,

26 Alammelech, Amad, Mischal, und die Grenze stößt im Westen an den Karmel und an den Fluss Libnat

27 und wendet sich gegen Osten nach Bet-Dagon und stößt an Sebulon und an das Tal Jiftach-El nordwärts, stößt an Bet-Emek, Negiël und läuft hin nach Kabul zur Linken,

28 Abdon, Rehob, Hammon, Kana bis nach Sidon, der großen Stadt,

29 und wendet sich nach Rama bis zu der festen Stadt Tyrus und wendet sich nach Hosa und endet am Meer. Dazu Mahaleb, Achsib,

30 Umma, Afek, Rehob. Zweiundzwanzig Städte mit ihren Gehöften.

31 Das ist das Erbteil des Stammes Asser für seine Geschlechter, die Städte mit ihren Gehöften.

¶ 32 Das sechste Los fiel auf den Stamm **Naftali** für seine Geschlechter.

33 Und seine Grenze war von Helef, von der Eiche bei Zaanannim an, dazu Adami-Nekeb und Jabneel, bis Lakkum und endet am Jordan;

34 und die Grenze wendet sich westwärts nach Asnot-Tabor und läuft von da nach Hukkok und stößt nach Sebulon im Süden und an Asser im Westen und an den Jordan im Osten.

35 Und feste Städte sind: Ziddim, Zer, Hammat, Rakkat, Kinneret,

36 Adama, Rama, Hazor,

37 Kedesch, Edreï, EnHazor,

18 Their territory included Jezreel, Chesulloth, Shunem,

19 Hapharaim, Shion, Anaharath,

20 Rabbith, Kishion, Ebez,

21 Remeth, En-gannim, En-haddah, Beth-pazzez.

22 The boundary also touches Tabor, Shahazumah, and Beth-shemesh, and its boundary ends at the Jordan—sixteen cities with their villages.

23 This is the inheritance of the tribe of the people of Issachar, according to their clans—the cities with their villages.

The Inheritance for Asher

¶ 24 The fifth lot came out for the tribe of the people of Asher according to their clans.

25 Their territory included Helkath, Hali, Beten, Achshaph,

26 Allammelech, Amad, and Mishal. On the west it touches Carmel and Shihor-libnath,

27 then it turns eastward, it goes to Beth-dagon, and touches Zebulun and the Valley of Iphtahel northward to Beth-emek and Neiel. Then it continues in the north to Cabul,

28 Ebron, Rehob, Hammon, Kanah, as far as Sidon the Great.

29 Then the boundary turns to Ramah, reaching to the fortified city of Tyre. Then the boundary turns to Hosah, and it ends at the sea; Mahalab,[1] Achzib,

30 Ummah, Aphek and Rehob—twenty-two cities with their villages.

31 This is the inheritance of the tribe of the people of Asher according to their clans—these cities with their villages.

The Inheritance for Naphtali

¶ 32 The sixth lot came out for the people of Naphtali, for the people of Naphtali, according to their clans.

33 And their boundary ran from Heleph, from the oak in Zaanannim, and Adami-nekeb, and Jabneel, as far as Lakkum, and it ended at the Jordan.

34 Then the boundary turns westward to Aznoth-tabor and goes from there to Hukkok, touching Zebulun at the south and Asher on the west and Judah on the east at the Jordan.

35 The fortified cities are Ziddim, Zer, Hammath, Rakkath, Chinnereth,

36 Adamah, Ramah, Hazor,

37 Kedesh, Edrei, En-hazor,

38 Jiron, Migdal-El, Horem, Bet-Anat, Bet-Schemesch. Neunzehn Städte mit ihren Gehöften.

39 Das ist das Erbteil des Stammes Naftali für seine Geschlechter, die Städte mit ihren Gehöften.

¶ 40 Das siebente Los fiel auf den Stamm **Dan** für seine Geschlechter.

41 Und das Gebiet seines Erbteils war Zora, Eschtaol, Ir-Schemesch,

42 Schaalbim, Ajalon, Jitla,

43 Elon, Timna, Ekron,

44 Elteke, Gibbeton, Baalat,

45 Jehud, Bene-Berak, Gat-Rimmon,

46 Me-Jarkon, Rakkon mit dem Gebiet bei Jafo.

47 Dem Stamm Dan aber ging sein Gebiet verloren, und er zog hinauf und kämpfte gegen Leschem und eroberte und schlug es mit der Schärfe des Schwerts und nahm es ein und wohnte darin und nannte es Dan nach seines Vaters Namen.

48 Das ist das Erbteil des Stammes Dan für seine Geschlechter, die Städte mit ihren Gehöften.

¶ 49 Und als sie das ganze Land ausgeteilt hatten nach seinen Gebieten, gaben die Israeliten dem Josua, dem Sohn Nuns, ein Erbteil in ihrer Mitte

50 und gaben ihm nach dem Befehl des HERRN die Stadt, die er forderte, nämlich Timnat-Serach auf dem Gebirge Ephraim. Dann baute er die Stadt auf und wohnte darin.

¶ 51 Das sind die Erbteile, die Eleasar, der Priester, und Josua, der Sohn Nuns, und die Häupter der Sippen unter den Stämmen Israels durchs Los austeilten in Silo vor dem HERRN, vor der Tür der Stiftshütte; und sie vollendeten so die Verteilung des Landes.

Bestimmung von Freistädten

20 Und der HERR redete mit Josua und sprach:

2 Sage den Israeliten: Bestimmt unter euch Freistädte, von denen ich euch durch Mose gesagt habe.

3 Dahin kann ein Totschläger fliehen, der jemand aus Versehen und ohne Vorsatz erschlägt, damit sie euch eine Freistatt sind vor dem Bluträcher.

38 Yiron, Migdal-el, Horem, Beth-anath, and Beth-shemesh—nineteen cities with their villages.

39 This is the inheritance of the tribe of the people of Naphtali according to their clans—the cities with their villages.

The Inheritance for Dan

¶ 40 The seventh lot came out for the tribe of the people of Dan, according to their clans.

41 And the territory of its inheritance included Zorah, Eshtaol, Ir-shemesh,

42 Shaalabbin, ᵈAijalon, Ithlah,

43 Elon, Timnah, Ekron,

44 Eltekeh, Gibbethon, Baalath,

45 Jehud, Bene-berak, Gath-rimmon,

46 and Me-jarkon and Rakkon with the territory over against Joppa.

47 When the territory of the people of Dan was lost to them, the people of Dan went up and fought against Leshem, and after capturing it and striking it with the sword they took possession of it and settled in it, calling Leshem, Dan, after the name of Dan their ancestor.

48 This is the inheritance of the tribe of the people of Dan, according to their clans—these cities with their villages.

The Inheritance for Joshua

¶ 49 When they had finished distributing the several territories of the land as inheritances, the people of Israel gave an inheritance among them to Joshua the son of Nun.

50 By command of the LORD they gave him the city that he asked, Timnath-serah in the hill country of Ephraim. And he rebuilt the city and settled in it.

¶ 51 These are the inheritances that Eleazar the priest and Joshua the son of Nun and the heads of the fathers' houses of the tribes of the people of Israel distributed by lot at Shiloh before the LORD, at the entrance of the tent of meeting. So they finished dividing the land.

The Cities of Refuge

20 Then the LORD said to Joshua,

2 "Say to the people of Israel, 'Appoint the cities of refuge, of which I spoke to you through Moses,

3 that the manslayer who strikes any person without intent or unknowingly may flee there. They shall be for you a refuge from the avenger of blood.

4 Und wer zu einer dieser Städte flieht, soll draußen vor dem Stadttor stehen bleiben und vor den Ältesten der Stadt seine Sache vorbringen; dann sollen sie ihn zu sich in die Stadt nehmen und ihm Raum geben, bei ihnen zu wohnen.

5 Und wenn der Bluträcher ihm nachjagt, sollen sie den Totschläger nicht in seine Hände übergeben, weil er ohne Vorsatz seinen Nächsten erschlagen hat und ihm vorher nicht feind gewesen ist.

6 So soll er in der Stadt wohnen, bis er vor der Gemeinde vor Gericht gestanden hat und bis der Hohepriester gestorben ist, der zu jener Zeit im Amt sein wird. Dann darf der Totschläger zurückkommen in seine Stadt und in sein Haus, zur Stadt, aus der er geflohen ist.

¶ **7** Da weihten sie Kedesch in Galiläa auf dem Gebirge Naftali und Sichem auf dem Gebirge Ephraim und Kirjat-Arba – das ist Hebron – auf dem Gebirge Juda;

8 und jenseits des Jordans, im Osten von Jericho, bestimmten sie Bezer in der Wüste auf der Ebene im Gebiet des Stammes Ruben und Ramot in Gilead im Gebiet des Stammes Gad und Golan in Baschan im Gebiet des Stammes Manasse.

9 Das waren die Städte, bestimmt für alle Israeliten und die Fremdlinge, die in ihrer Mitte wohnten, dass dahin fliehen könne, wer jemand aus Versehen erschlägt, damit er nicht stirbt durch den Bluträcher, bis er vor der Gemeinde gestanden hat.

Wohnstätten der Leviten
(vgl. 1.Chr 6,39-66)

21 Da traten herzu die Häupter der Sippen unter den **Leviten** zu dem Priester Eleasar und zu Josua, dem Sohn Nuns, und zu den Häuptern der Sippen unter den Stämmen Israels

2 und redeten mit ihnen in Silo im Lande Kanaan und sprachen: Der HERR hat geboten durch Mose, dass man uns Städte geben solle, um darin zu wohnen, und dazu Weideplätze für unser Vieh.

3 Da gaben die Israeliten den Leviten von ihren Erbteilen nach dem Befehl des HERRN diese Städte und ihre Weideplätze.

¶ **4** Und das Los fiel auf die Geschlechter der Kehatiter, und es wurden unter den Leviten den Söhnen des Priesters Aaron durchs Los zugeteilt dreizehn Städte von dem Stamm Juda, von dem Stamm Simeon und von dem Stamm Benjamin.

4 He shall flee to one of these cities and shall stand at the entrance of the gate of the city and explain his case to the elders of that city. Then they shall take him into the city and give him a place, and he shall remain with them.

5 And if the avenger of blood pursues him, they shall not give up the manslayer into his hand, because he struck his neighbor unknowingly, and did not hate him in the past.

6 And he shall remain in that city until he has stood before the congregation for judgment, until the death of him who is high priest at the time. Then the manslayer may return to his own town and his own home, to the town from which he fled.'"

¶ **7** So they set apart Kedesh in Galilee in the hill country of Naphtali, and Shechem in the hill country of Ephraim, and Kiriath-arba (that is, Hebron) in the hill country of Judah.

8 And beyond the Jordan east of Jericho, they appointed Bezer in the wilderness on the tableland, from the tribe of Reuben, and Ramoth in Gilead, from the tribe of Gad, and Golan in Bashan, from the tribe of Manasseh.

9 These were the cities designated for all the people of Israel and for the stranger sojourning among them, that anyone who killed a person without intent could flee there, so that he might not die by the hand of the avenger of blood, till he stood before the congregation.

Cities and Pasturelands Allotted to Levi

21 Then the heads of the fathers' houses of the Levites came to Eleazar the priest and to Joshua the son of Nun and to the heads of the fathers' houses of the tribes of the people of Israel.

2 And they said to them at Shiloh in the land of Canaan, "The LORD commanded through Moses that we be given cities to dwell in, along with their pasturelands for our livestock."

3 So by command of the LORD the people of Israel gave to the Levites the following cities and pasturelands out of their inheritance.

¶ **4** The lot came out for the clans of the Kohathites. So those Levites who were descendants of Aaron the priest received by lot from the tribes of Judah, Simeon, and Benjamin, thirteen cities.

5 Den übrigen Söhnen Kehat aber wurden durchs Los zugeteilt zehn Städte von den Geschlechtern des Stammes Ephraim, von dem Stamm Dan und von dem halben Stamm Manasse.

6 Aber den Söhnen Gerschon wurden durchs Los zugeteilt dreizehn Städte von den Geschlechtern des Stammes Issachar, von dem Stamm Asser und von dem Stamm Naftali und von dem halben Stamm Manasse in Baschan.

7 Den Söhnen Merari wurden für ihre Geschlechter zugeteilt zwölf Städte von dem Stamm Ruben, von dem Stamm Gad und von dem Stamm Sebulon.

8 So gaben die Israeliten den Leviten durchs Los diese Städte und ihre Weideplätze, wie der HERR durch Mose geboten hatte.

¶ **9** Von dem Stamm Juda und von dem Stamm Simeon gaben sie diese Städte, die sie mit Namen nannten;

10 den Söhnen Aaron vom Geschlecht der Kehatiter aus den Leviten; denn das erste Los war ihnen zuteilgeworden.

11 Sie gaben ihnen die Stadt des Arba, des Vaters Anaks, – das ist Hebron – auf dem Gebirge Juda und ihre Weideplätze um sie her.

12 Aber das Ackerland der Stadt mit ihren Gehöften gaben sie Kaleb, dem Sohn Jefunnes, zu seinem Besitz.

13 Sie gaben den Söhnen des Priesters Aaron die Freistadt für die Totschläger: Hebron und seine Weideplätze, Libna und seine Weideplätze,

14 Jattir und seine Weideplätze, Eschtemoa und seine Weideplätze,

15 Holon und seine Weideplätze, Debir und seine Weideplätze,

16 Ajin und seine Weideplätze, Jutta und seine Weideplätze, Bet-Schemesch und seine Weideplätze, neun Städte von diesen zwei Stämmen.

¶ **17** Von dem Stamm Benjamin aber gaben sie vier Städte: Gibeon und seine Weideplätze, Geba und seine Weideplätze,

18 Anatot und seine Weideplätze, Alemet und seine Weideplätze,

19 sodass alle Städte der Söhne Aaron, der Priester, waren dreizehn mit ihren Weideplätzen.

¶ **20** Die Geschlechter der übrigen Söhne Kehat, die Leviten, erhielten als ihren Losanteil von dem Stamm Ephraim vier Städte:

¶ **5** And the rest of the Kohathites received by lot from the clans of the tribe of Ephraim, from the tribe of Dan and the half-tribe of Manasseh, ten cities.

¶ **6** The Gershonites received by lot from the clans of the tribe of Issachar, from the tribe of Asher, from the tribe of Naphtali, and from the half-tribe of Manasseh in Bashan, thirteen cities.

¶ **7** The Merarites according to their clans received from the tribe of Reuben, the tribe of Gad, and the tribe of Zebulun, twelve cities.

¶ **8** These cities and their pasturelands the people of Israel gave by lot to the Levites, as the LORD had commanded through Moses.

¶ **9** Out of the tribe of the people of Judah and the tribe of the people of Simeon they gave the following cities mentioned by name,

10 which went to the descendants of Aaron, one of the clans of the Kohathites who belonged to the people of Levi; since the lot fell to them first.

11 They gave them Kiriath-arba (Arba being the father of Anak), that is Hebron, in the hill country of Judah, along with the pasturelands around it.

12 But the fields of the city and its villages had been given to Caleb the son of Jephunneh as his possession.

¶ **13** And to the descendants of Aaron the priest they gave Hebron, the city of refuge for the manslayer, with its pasturelands, Libnah with its pasturelands,

14 Jattir with its pasturelands, Eshtemoa with its pasturelands,

15 Holon with its pasturelands, Debir with its pasturelands,

16 Ain with its pasturelands, Juttah with its pasturelands, Beth-shemesh with its pasturelands—nine cities out of these two tribes;

17 then out of the tribe of Benjamin, Gibeon with its pasturelands, Geba with its pasturelands,

18 Anathoth with its pasturelands, and Almon with its pasturelands—four cities.

19 The cities of the descendants of Aaron, the priests, were in all thirteen cities with their pasturelands.

¶ **20** As to the rest of the Kohathites belonging to the Kohathite clans of the Levites, the cities allotted to them were out of the tribe of Ephraim.

21 Sie gaben ihnen die Freistadt für die Totschläger: Sichem und seine Weideplätze auf dem Gebirge Ephraim, ferner Geser und seine Weideplätze,

22 Kibzajim und seine Weideplätze, Bet-Horon und seine Weideplätze.

23 Von dem Stamm Dan vier Städte: Elteke und seine Weideplätze, Gibbeton und seine Weideplätze,

24 Ajalon und seine Weideplätze, Gat-Rimmon und seine Weideplätze.

25 Von dem halben Stamm Manasse zwei Städte: Taanach und seine Weideplätze, Gat-Rimmon und seine Weideplätze,

26 sodass alle Städte der Geschlechter der übrigen Söhne Kehat waren zehn mit ihren Weideplätzen.

¶ **27** Den Söhnen Gerschon aber aus den Geschlechtern der Leviten wurden gegeben von dem halben Stamm Manasse zwei Städte: die Freistadt für die Totschläger: Golan in Baschan und seine Weideplätze, ferner Beëschtera und seine Weideplätze.

28 Von dem Stamm Issachar vier Städte: Kischjon und seine Weideplätze, Daberat und seine Weideplätze,

29 Jarmut und seine Weideplätze, En-Gannim und seine Weideplätze.

30 Von dem Stamm Asser vier Städte: Mischal und seine Weideplätze, Abdon und seine Weideplätze,

31 Helkat und seine Weideplätze, Rehob und seine Weideplätze.

32 Von dem Stamm Naftali drei Städte: die Freistadt für die Totschläger: Kedesch in Galiläa und seine Weideplätze, ferner Hammot-Dor und seine Weideplätze, Kartan und seine Weideplätze,

33 sodass alle Städte des Geschlechts der Gerschoniter waren dreizehn mit ihren Weideplätzen.

¶ **34** Den Geschlechtern der Söhne Merari aber, den noch übrigen Leviten, wurden gegeben von dem Stamm Sebulon vier Städte: Jokneam und seine Weideplätze, Karta und seine Weideplätze,

35 Dimna und seine Weideplätze, Nahalal und seine Weideplätze.

36 Von dem Stamm Ruben vier Städte: die Freistadt für die Totschläger: Bezer und seine Weideplätze, ferner Jahaz und seine Weideplätze,

37 Kedemot und seine Weideplätze, Mefaat und seine Weideplätze.

21 To them were given Shechem, the city of refuge for the manslayer, with its pasturelands in the hill country of Ephraim, Gezer with its pasturelands,

22 Kibzaim with its pasturelands, Beth-horon with its pasturelands—four cities;

23 and out of the tribe of Dan, Elteke with its pasturelands, Gibbethon with its pasturelands,

24 Aijalon with its pasturelands, Gath-rimmon with its pasturelands—four cities;

25 and out of the half-tribe of Manasseh, Taanach with its pasturelands, and Gath-rimmon with its pasturelands—two cities.

26 The cities of the clans of the rest of the Kohathites were ten in all with their pasturelands.

¶ **27** And to the Gershonites, one of the clans of the Levites, were given out of the half-tribe of Manasseh, Golan in Bashan with its pasturelands, the city of refuge for the manslayer, and Beeshterah with its pasturelands—two cities;

28 and out of the tribe of Issachar, Kishion with its pasturelands, Daberath with its pasturelands,

29 Jarmuth with its pasturelands, En-gannim with its pasturelands—four cities;

30 and out of the tribe of Asher, Mishal with its pasturelands, Abdon with its pasturelands,

31 Helkath with its pasturelands, and Rehob with its pasturelands—four cities;

32 and out of the tribe of Naphtali, Kedesh in Galilee with its pasturelands, the city of refuge for the manslayer, Hammoth-dor with its pasturelands, and Kartan with its pasturelands—three cities.

33 The cities of the several clans of the Gershonites were in all thirteen cities with their pasturelands.

¶ **34** And to the rest of the Levites, the Merarite clans, were given out of the tribe of Zebulun, Jokneam with its pasturelands, Kartah with its pasturelands,

35 Dimnah with its pasturelands, Nahalal with its pasturelands—four cities;

36 and out of the tribe of Reuben, Bezer with its pasturelands, Jahaz with its pasturelands,

37 Kedemoth with its pasturelands, and Mephaath with its pasturelands—four cities;

38 Von dem Stamm Gad vier Städte: die Freistadt für die Totschläger: Ramot in Gilead und seine Weideplätze,

39 ferner Mahanajim und seine Weideplätze, Heschbon und seine Weideplätze, Jaser und seine Weideplätze,

40 sodass alle Städte der Söhne Merari nach ihren Geschlechtern, der noch übrigen Leviten, waren zwölf nach ihrem Los.

¶ 41 Alle Städte der Leviten unter dem Erbe Israels waren achtundvierzig mit ihren Weideplätzen.

42 Und jede von diesen Städten hatte ihren Weideplatz um sich her, eine wie die andere.

Ruhe für das ganze Land

43 So hat der HERR Israel das ganze Land gegeben, das er geschworen hatte, ihren Vätern zu geben, und sie nahmen's ein und wohnten darin.

44 Und der HERR gab ihnen Ruhe ringsumher, ganz wie er ihren Vätern geschworen hatte; und keiner ihrer Feinde widerstand ihnen, sondern alle ihre Feinde gab er in ihre Hände.

45 Es war nichts dahingefallen von all dem guten Wort, das der HERR dem Hause Israel verkündigt hatte. Es war alles gekommen.

Josua entlässt die zweieinhalb Stämme in ihre Heimat

22 Da rief Josua die Rubeniter und Gaditer und den halben Stamm Manasse

2 und sprach zu ihnen: Ihr habt alles gehalten, was euch Mose, der Knecht des HERRN, geboten hat, und habt gehorcht meiner Stimme in allem, was ich euch geboten habe.

3 Ihr habt eure Brüder diese lange Zeit bis zum heutigen Tag nicht verlassen und habt festgehalten an dem Gebot des HERRN, eures Gottes.

4 Weil nun der HERR, euer Gott, eure Brüder zur Ruhe gebracht hat, wie er ihnen zugesagt hat, so wendet euch nun und zieht hin zu euren Wohnstätten in das Land eures Erbes, das euch Mose, der Knecht des HERRN, gegeben hat jenseits des Jordans.

5 Achtet aber nur genau darauf, dass ihr tut nach dem Gebot und Gesetz, das euch Mose, der Knecht des HERRN, geboten hat, dass ihr den HERRN, euren Gott, liebt und wandelt in allen seinen Wegen und seine Gebote haltet und ihm anhangt und ihm dient von ganzem Herzen und von ganzer Seele.

38 and out of the tribe of Gad, Ramoth in Gilead with its pasturelands, the city of refuge for the manslayer, Mahanaim with its pasturelands,

39 Heshbon with its pasturelands, Jazer with its pasturelands—four cities in all.

40 As for the cities of the several Merarite clans, that is, the remainder of the clans of the Levites, those allotted to them were in all twelve cities.

¶ 41 The cities of the Levites in the midst of the possession of the people of Israel were in all forty-eight cities with their pasturelands.

42 These cities each had its pasturelands around it. So it was with all these cities.

¶ 43 Thus the LORD gave to Israel all the land that he swore to give to their fathers. And they took possession of it, and they settled there.

44 And the LORD gave them rest on every side just as he had sworn to their fathers. Not one of all their enemies had withstood them, for the LORD had given all their enemies into their hands.

45 Not one word of all the good promises that the LORD had made to the house of Israel had failed; all came to pass.

The Eastern Tribes Return Home

22 At that time Joshua summoned the Reubenites and the Gadites and the half-tribe of Manasseh,

2 and said to them, "You have kept all that Moses the servant of the LORD commanded you and have obeyed my voice in all that I have commanded you.

3 You have not forsaken your brothers these many days, down to this day, but have been careful to keep the charge of the LORD your God.

4 And now the LORD your God has given rest to your brothers, as he promised them. Therefore turn and go to your tents in the land where your possession lies, which Moses the servant of the LORD gave you on the other side of the Jordan.

5 Only be very careful to observe the commandment and the law that Moses the servant of the LORD commanded you, to love the LORD your God, and to walk in all his ways and to keep his commandments and to cling to him and to serve him with all your heart and with all your soul."

6 So segnete sie Josua und ließ sie gehen, und sie gingen zu ihren Wohnstätten.

¶ **7** Dem einen halben Stamm Manasse hatte Mose Erbteil gegeben in Baschan, der andern Hälfte gab Josua ihr Erbteil unter ihren Brüdern diesseits des Jordans nach Westen zu. Und als er sie gehen ließ zu ihren Wohnstätten und sie gesegnet hatte,

8 sprach er zu ihnen: Ihr kommt wieder heim mit großem Gut zu euren Wohnstätten, mit sehr viel Vieh, Silber, Gold, Kupfer, Eisen und Kleidern. So teilt nun die Beute eurer Feinde mit euren Brüdern.

Errichtung eines Altars am Jordan

9 Da kehrten zurück die Söhne Ruben, die Söhne Gad und der halbe Stamm Manasse und gingen von den Israeliten weg aus Silo, das im Lande Kanaan liegt, damit sie ins Land Gilead zögen zum Lande ihres Erbes, das sie nach dem Befehl des HERRN durch Mose geerbt hatten.

10 Und als sie zu den Steinkreisen des Jordans kamen, die noch im Lande Kanaan liegen, bauten die Söhne Ruben, die Söhne Gad und der halbe Stamm Manasse dort am Jordan einen Altar, groß und ansehnlich.

11 Als aber die Israeliten sagen hörten: Siehe, der Stamm Ruben, der Stamm Gad und der halbe Stamm Manasse haben einen Altar gebaut an den Grenzen des Landes Kanaan, bei den Steinkreisen des Jordans, an der Grenze des Gebiets von Israel,

12 da versammelte sich die ganze Gemeinde Israel in Silo, um gegen sie zu Felde zu ziehen.

¶ **13** Und Israel sandte zu ihnen ins Land Gilead den Pinhas, den Sohn Eleasars, den Priester,

14 und mit ihm zehn Fürsten, aus jeder Sippe der Stämme Israels einen, und jeder war Haupt seiner Sippe über tausend in Israel.

15 Und als sie zu ihnen ins Land Gilead kamen, redeten sie mit ihnen und sprachen:

16 So lässt euch sagen die ganze Gemeinde des HERRN: Wie versündigt ihr euch an dem Gott Israels, dass ihr euch heute abkehrt von dem HERRN und dass ihr euch einen Altar baut und von dem HERRN abfallt?

6 So Joshua blessed them and sent them away, and they went to their tents.

¶ **7** Now to the one half of the tribe of Manasseh Moses had given a possession in Bashan, but to the other half Joshua had given a possession beside their brothers in the land west of the Jordan. And when Joshua sent them away to their homes and blessed them,

8 he said to them, "Go back to your tents with much wealth and with very much livestock, with silver, gold, bronze, and iron, and with much clothing. Divide the spoil of your enemies with your brothers."

9 So the people of Reuben and the people of Gad and the half-tribe of Manasseh returned home, parting from the people of Israel at Shiloh, which is in the land of Canaan, to go to the land of Gilead, their own land of which they had possessed themselves by command of the LORD through Moses.

The Eastern Tribes' Altar of Witness

¶ **10** And when they came to the region of the Jordan that is in the land of Canaan, the people of Reuben and the people of Gad and the half-tribe of Manasseh built there an altar by the Jordan, an altar of imposing size.

11 And the people of Israel heard it said, "Behold, the people of Reuben and the people of Gad and the half-tribe of Manasseh have built the altar at the frontier of the land of Canaan, in the region about the Jordan, on the side that belongs to the people of Israel."

12 And when the people of Israel heard of it, the whole assembly of the people of Israel gathered at Shiloh to make war against them.

¶ **13** Then the people of Israel sent to the people of Reuben and the people of Gad and the half-tribe of Manasseh, in the land of Gilead, Phinehas the son of Eleazar the priest,

14 and with him ten chiefs, one from each of the tribal families of Israel, every one of them the head of a family among the clans of Israel.

15 And they came to the people of Reuben, the people of Gad, and the half-tribe of Manasseh, in the land of Gilead, and they said to them,

16 "Thus says the whole congregation of the LORD, 'What is this breach of faith that you have committed against the God of Israel in turning away this day from following the LORD by building yourselves an altar this day in rebellion against the LORD?

17 Ist's nicht genug mit der Schuld von Peor, von der wir bis zum heutigen Tag noch nicht gereinigt sind und um derentwillen eine Plage unter die Gemeinde des HERRN kam?

18 Und ihr wendet euch heute von dem HERRN weg. Dann wird es geschehen: Heute lehnt ihr euch auf gegen den HERRN, und morgen wird er über die ganze Gemeinde Israel zürnen.

19 Haltet ihr das Land eures Erbes für unrein, so kommt herüber ins Land, das dem HERRN gehört, wo die Wohnung des HERRN steht, und empfangt Erbteil unter uns; aber lehnt euch nicht auf gegen den HERRN und gegen uns, dass ihr euch einen Altar baut außer dem Altar des HERRN, unseres Gottes.

20 Versündigte sich nicht Achan, der Sohn Serachs, am Gebannten, und kam nicht der Zorn über die ganze Gemeinde Israel, obgleich er nur ein einzelner Mann war? Ging er nicht zugrunde wegen seiner Missetat?

¶ **21** Da antworteten die Söhne Ruben und die Söhne Gad und der halbe Stamm Manasse und sagten zu den Obersten über tausend in Israel:

22 Der starke Gott, der HERR, der starke Gott, der HERR, weiß es; so wisse es auch Israel: Fallen wir ab oder lehnen wir uns auf gegen den HERRN, so helfe er uns heute nicht!

23 Und wenn wir darum den Altar gebaut haben, dass wir uns von dem HERRN abwenden wollten, um Brandopfer oder Speisopfer darauf zu opfern oder Dankopfer darauf darzubringen, so suche es der HERR heim!

24 Haben wir es nicht vielmehr aus Sorge darum getan, dass wir dachten: Künftig könnten eure Söhne zu unsern Söhnen sagen: Was geht euch der HERR, der Gott Israels, an?

25 Der HERR hat den Jordan zur Grenze gesetzt zwischen uns und euch, ihr Söhne Ruben und Gad, ihr habt kein Teil am HERRN. Damit würden eure Nachkommen unsere Nachkommen von der Furcht des HERRN abwenden.

¶ **26** Darum sprachen wir: Lasst uns einen Altar bauen, nicht zum Brandopfer noch zum Schlachtopfer,

27 sondern damit er ein Zeuge sei zwischen uns und euch und unsern Nachkommen, dass wir dem HERRN Dienst tun wollen vor ihm mit unsern Brandopfern, Dankopfern und Schlachtopfern, und eure Söhne künftig nicht sagen dürfen zu unsern Söhnen: Ihr habt kein Teil an dem HERRN.

17 Have we not had enough of the sin at Peor from which even yet we have not cleansed ourselves, and for which there came a plague upon the congregation of the LORD,

18 that you too must turn away this day from following the LORD? And if you too rebel against the LORD today then tomorrow he will be angry with the whole congregation of Israel.

19 But now, if the land of your possession is unclean, pass over into the LORD's land where the LORD's tabernacle stands, and take for yourselves a possession among us. Only do not rebel against the LORD or make us as rebels by building for yourselves an altar other than the altar of the LORD our God.

20 Did not Achan the son of Zerah break faith in the matter of the devoted things, and wrath fell upon all the congregation of Israel? And he did not perish alone for his iniquity.'"

¶ **21** Then the people of Reuben, the people of Gad, and the half-tribe of Manasseh said in answer to the heads of the families of Israel,

22 "The Mighty One, God, the LORD! The Mighty One, God, the LORD! He knows; and let Israel itself know! If it was in rebellion or in breach of faith against the LORD, do not spare us today

23 for building an altar to turn away from following the LORD. Or if we did so to offer burnt offerings or grain offerings or peace offerings on it, may the LORD himself take vengeance.

24 No, but we did it from fear that in time to come your children might say to our children, 'What have you to do with the LORD, the God of Israel?

25 For the LORD has made the Jordan a boundary between us and you, you people of Reuben and people of Gad. You have no portion in the LORD.' So your children might make our children cease to worship the LORD.

26 Therefore we said, 'Let us now build an altar, not for burnt offering, nor for sacrifice,

27 but to be a witness between us and you, and between our generations after us, that we do perform the service of the LORD in his presence with our burnt offerings and sacrifices and peace offerings, so your children will not say to our children in time to come, "You have no portion in the LORD."'

28 Und wir sagten uns: Wenn sie künftig zu uns oder zu unsern Nachkommen so reden würden, so könnten wir sagen: Seht, wie der Altar des Herrn gebaut ist, den unsere Väter gemacht haben, nicht zum Brandopfer noch zum Schlachtopfer, sondern zum Zeugen zwischen uns und euch.

29 Das sei ferne von uns, dass wir uns auflehnen gegen den Herrn und uns heute von ihm abwenden und einen Altar bauen zum Brandopfer und zum Speisopfer und zum Schlachtopfer außer dem Altar des Herrn, unseres Gottes, der vor seiner Wohnung steht.

¶ **30** Als aber Pinhas, der Priester, und die Fürsten der Gemeinde, die Obersten über tausend in Israel, die bei ihm waren, diese Worte hörten, die die Söhne Ruben, Gad und Manasse sagten, gefielen sie ihnen gut.

31 Und Pinhas, der Sohn Eleasars, der Priester, sprach zu den Söhnen Ruben, Gad und Manasse: Heute erkennen wir, dass der Herr unter uns ist, weil ihr euch nicht an dem Herrn versündigt habt mit dieser Tat. Nun habt ihr die Israeliten errettet aus der Hand des Herrn.

32 Da kehrten Pinhas, der Sohn Eleasars, der Priester, und die Obersten aus dem Land Gilead von den Söhnen Ruben und Gad ins Land Kanaan zu den Israeliten zurück und sagten's ihnen an.

33 Das gefiel den Israeliten gut, und sie lobten Gott und sagten, dass sie nicht mehr gegen sie zu Felde ziehen wollten, um das Land zu verderben, darin die Söhne Ruben und Gad wohnten.

34 Und die Söhne Ruben und Gad benannten den Altar*; denn »Zeuge ist er zwischen uns, dass der Herr Gott ist«.

Josuas letzte Vermahnung

23 Und nach langer Zeit, als der Herr Israel Ruhe gegeben hatte vor allen seinen Feinden ringsumher und Josua nun alt und hochbetagt war,

2 berief er ganz Israel, seine Ältesten, Häupter, Richter und Amtleute und sprach zu ihnen: Ich bin alt und hochbetagt,

3 und ihr habt alles gesehen, was der Herr, euer Gott, getan hat an allen diesen Völkern vor euch her; denn der Herr, euer Gott, hat selber für euch gestritten.

28 And we thought, If this should be said to us or to our descendants in time to come, we should say, 'Behold, the copy of the altar of the Lord, which our fathers made, not for burnt offerings, nor for sacrifice, but to be a witness between us and you.'

29 Far be it from us that we should rebel against the Lord and turn away this day from following the Lord ʷby building an altar for burnt offering, grain offering, or sacrifice, other than the altar of the Lord our God that stands before his tabernacle!"

¶ **30** When Phinehas the priest and the chiefs of the congregation, the heads of the families of Israel who were with him, heard the words that the people of Reuben and the people of Gad and the people of Manasseh spoke, it was good in their eyes.

31 And Phinehas the son of Eleazar the priest said to the people of Reuben and the people of Gad and the people of Manasseh, "Today we know that the Lord is in our midst, because you have not committed this breach of faith against the Lord. Now you have delivered the people of Israel from the hand of the Lord."

¶ **32** Then Phinehas the son of Eleazar the priest, and the chiefs, returned from the people of Reuben and the people of Gad in the land of Gilead to the land of Canaan, to the people of Israel, and brought back word to them.

33 And the report was good in the eyes of the people of Israel. And the people of Israel blessed God and spoke no more of making war against them to destroy the land where the people of Reuben and the people of Gad were settled.

34 The people of Reuben and the people of Gad called the altar Witness, "For," they said, "it is a witness between us that the Lord is God."

Joshua's Charge to Israel's Leaders

23 A long time afterward, when the Lord had given rest to Israel from all their surrounding enemies, and Joshua was old and well advanced in years,

2 Joshua summoned all Israel, its elders and heads, its judges and officers, and said to them, "I am now old and well advanced in years.

3 And you have seen all that the Lord your God has done to all these nations for your sake, for it is the Lord your God who has fought for you.

4 Seht, ich hab euch diese Völker, die noch übrig waren, durchs Los zugeteilt, einem jeden Stamm sein Erbteil, alle Völker, die ich ausgerottet habe vom Jordan an bis zum großen Meer, wo die Sonne untergeht.

5 Und der HERR, euer Gott, wird sie vor euch ausstoßen und vor euch vertreiben, und ihr werdet ihr Land einnehmen, wie euch der HERR, euer Gott, zugesagt hat.

6 So haltet nun ganz fest daran, dass ihr alles tut, was geschrieben steht im Gesetzbuch des Mose, und nicht davon weicht, weder zur Rechten noch zur Linken,

7 damit ihr euch nicht mengt unter diese Völker, die noch übrig sind bei euch, und nicht anruft und schwört bei dem Namen ihrer Götter noch ihnen dient noch sie anbetet,

8 sondern dem HERRN, eurem Gott, anhangt, wie ihr bis auf diesen Tag getan habt.

9 Der HERR hat vor euch große und mächtige Völker vertrieben, und niemand hat euch widerstanden bis auf diesen Tag.

10 Einer von euch jagt tausend; denn der HERR, euer Gott, streitet für euch, wie er euch zugesagt hat.

11 Darum achtet ernstlich darauf um euer selbst willen, dass ihr den HERRN, euren Gott, lieb habt.

12 Denn wenn ihr euch abwendet und diesen Völkern, die noch übrig sind, anhangt und euch mit ihnen verheiratet, dass ihr zu ihnen eingeht und sie zu euch,

13 so wisst, dass der HERR, euer Gott, nicht mehr alle diese Völker vor euch vertreiben wird, sondern sie werden euch zum Fallstrick und Netz werden und zur Geißel für euren Rücken und zum Stachel in euren Augen, bis ihr ausgerottet seid aus dem guten Land, das euch der HERR, euer Gott, gegeben hat.

¶ 14 Siehe, ich gehe heute dahin wie alle Welt; und ihr sollt wissen von ganzem Herzen und von ganzer Seele, dass nichts dahingefallen ist von all den guten Worten, die der HERR, euer Gott, euch verkündigt hat. Es ist alles gekommen und nichts dahingefallen.

15 Wie nun all das gute Wort gekommen ist, das der HERR, euer Gott, euch verkündigt hat, so wird der HERR auch über euch kommen lassen all das böse Wort, bis er euch vertilgt hat aus diesem guten Lande, das euch der HERR, euer Gott, gegeben hat.

4 Behold, I have allotted to you as an inheritance for your tribes those nations that remain, along with all the nations that I have already cut off, from the Jordan to the Great Sea in the west.

5 The LORD your God will push them back before you and drive them out of your sight. And you shall possess their land, just as the LORD your God promised you.

6 Therefore, be very strong to keep and to do all that is written in the Book of the Law of Moses, turning aside from it neither to the right hand nor to the left,

7 that you may not mix with these nations remaining among you or make mention of the names of their gods or swear by them or serve them or bow down to them,

8 but you shall cling to the LORD your God just as you have done to this day.

9 For the LORD has driven out before you great and strong nations. And as for you, no man has been able to stand before you to this day.

10 One man of you puts to flight a thousand, since it is the LORD your God who fights for you, just as he promised you.

11 Be very careful, therefore, to love the LORD your God.

12 For if you turn back and cling to the remnant of these nations remaining among you and make marriages with them, so that you associate with them and they with you,

13 know for certain that the LORD your God will no longer drive out these nations before you, but they shall be a snare and a trap for you, a whip on your sides and thorns in your eyes, until you perish from off this good ground that the LORD your God has given you.

¶ 14 "And now I am about to go the way of all the earth, and you know in your hearts and souls, all of you, that not one word has failed of all the good things[1] that the LORD your God promised concerning you. All have come to pass for you; not one of them has failed.

15 But just as all the good things that the LORD your God promised concerning you have been fulfilled for you, so the LORD will bring upon you all the evil things, until he has destroyed you from off this good land that the LORD your God has given you,

16 Wenn ihr übertretet den Bund des Herrn, eures Gottes, den er euch geboten hat, und hingeht und andern Göttern dient und sie anbetet, so wird der Zorn des Herrn über euch entbrennen, und ihr werdet bald ausgerottet sein aus dem guten Land, das er euch gegeben hat.

Josuas Landtag zu Sichem

24 Josua versammelte alle Stämme Israels nach Sichem und berief die Ältesten von Israel, seine Obersten, Richter und Amtleute. Und als sie vor Gott getreten waren,

2 sprach er zum ganzen Volk: So spricht der Herr, der Gott Israels: Eure Väter wohnten vorzeiten jenseits des Euphratstroms, Terach, Abrahams und Nahors Vater, und dienten andern Göttern.

3 Da nahm ich euren Vater Abraham von jenseits des Stroms und ließ ihn umherziehen im ganzen Land Kanaan und mehrte sein Geschlecht und gab ihm Isaak.

4 Und Isaak gab ich Jakob und Esau und gab Esau das Gebirge Seïr zum Besitz. Jakob aber und seine Söhne zogen hinab nach Ägypten.

5 Da sandte ich Mose und Aaron und plagte Ägypten, wie ich unter ihnen getan habe.

6 Danach führte ich euch und eure Väter aus Ägypten. Und als ihr ans Meer kamt und die Ägypter euren Vätern nachjagten mit Wagen und Gespannen ans Schilfmeer,

7 da schrien sie zum Herrn. Der setzte eine Finsternis zwischen euch und die Ägypter und ließ das Meer über sie kommen und es bedeckte sie. Eure Augen haben gesehen, was ich in Ägypten getan habe. Und ihr habt gewohnt in der Wüste eine lange Zeit.

8 Und ich habe euch gebracht in das Land der Amoriter, die jenseits des Jordans wohnten. Und als sie gegen euch kämpften, gab ich sie in eure Hände, sodass ihr ihr Land einnahmt, und vertilgte sie vor euch her.

9 Da machte sich auf Balak, der Sohn Zippors, der König der Moabiter, und kämpfte mit Israel und sandte hin und ließ rufen Bileam, den Sohn Beors, um euch zu verfluchen.

10 Aber ich wollte ihn nicht hören, sondern er musste euch segnen, und ich errettete euch aus seinen Händen.

16 if you transgress the covenant of the Lord your God, which he commanded you, and go and serve other gods and bow down to them. Then the anger of the Lord will be kindled against you, and you shall perish quickly from off the good land that he has given to you."

The Covenant Renewal at Shechem

24 Joshua gathered all the tribes of Israel to Shechem and summoned the elders, the heads, the judges, and the officers of Israel. And they presented themselves before God.

2 And Joshua said to all the people, "Thus says the Lord, the God of Israel, 'Long ago, your fathers lived beyond the Euphrates, Terah, the father of Abraham and of Nahor; and they served other gods.

3 Then I took your father Abraham from beyond the River and led him through all the land of Canaan, and made his offspring many. I gave him Isaac.

4 And to Isaac I gave Jacob and Esau. And I gave Esau the hill country of Seir to possess, but Jacob and his children went down to Egypt.

5 And I sent Moses and Aaron, and I plagued Egypt with what I did in the midst of it, and afterward I brought you out.

¶ **6** "Then I brought your fathers out of Egypt, and you came to the sea. And the Egyptians pursued your fathers with chariots and horsemen to the Red Sea.

7 And when they cried to the Lord, he put darkness between you and the Egyptians and made the sea come upon them and cover them; and your eyes saw what I did in Egypt. And you lived in the wilderness a long time.

8 Then I brought you to the land of the Amorites, who lived on the other side of the Jordan. They fought with you, and I gave them into your hand, and you took possession of their land, and I destroyed them before you.

9 Then Balak the son of Zippor, king of Moab, arose and fought against Israel. And he sent and invited Balaam the son of Beor to curse you,

10 but I would not listen to Balaam. ª Indeed, he blessed you. So I delivered you out of his hand.

11 Und als ihr über den Jordan gingt und nach Jericho kamt, kämpften gegen euch die Bürger von Jericho, die Amoriter, Perisiter, Kanaaniter, Hetiter, Girgaschiter, Hiwiter und Jebusiter; aber ich gab sie in eure Hände.

12 Und ich sandte Angst und Schrecken vor euch her; die trieben sie vor euch weg, die beiden Könige der Amoriter, und nicht dein Schwert noch dein Bogen.

13 Und ich habe euch ein Land gegeben, um das ihr euch nicht gemüht habt, und Städte, die ihr nicht gebaut habt, um darin zu wohnen, und ihr esst von Weinbergen und Ölbäumen, die ihr nicht gepflanzt habt.

¶ **14** So fürchtet nun den HERRN und dient ihm treulich und rechtschaffen und lasst fahren die Götter, denen eure Väter gedient haben jenseits des Euphratstroms und in Ägypten, und dient dem HERRN.

15 Gefällt es euch aber nicht, dem HERRN zu dienen, so wählt euch heute, wem ihr dienen wollt: den Göttern, denen eure Väter gedient haben jenseits des Stroms, oder den Göttern der Amoriter, in deren Land ihr wohnt. **Ich aber und mein Haus wollen dem HERRN dienen.**

¶ **16** Da antwortete das Volk und sprach: Das sei ferne von uns, dass wir den HERRN verlassen und andern Göttern dienen!

17 Denn der HERR, unser Gott, hat uns und unsere Väter aus Ägyptenland geführt, aus der Knechtschaft, und hat vor unsern Augen diese großen Zeichen getan und uns behütet auf dem ganzen Wege, den wir gezogen sind, und unter allen Völkern, durch die wir gegangen sind,

18 und hat ausgestoßen vor uns her alle Völker und die Amoriter, die im Lande wohnten. Darum wollen wir auch dem HERRN dienen; denn er ist unser Gott.

¶ **19** Josua sprach zum Volk: Ihr könnt dem HERRN nicht dienen; denn er ist ein heiliger Gott, ein eifernder Gott, der eure Übertretungen und Sünden nicht vergeben wird.

20 Wenn ihr den HERRN verlasst und fremden Göttern dient, so wird er sich abwenden und euch plagen und euch ausrotten, nachdem er euch Gutes getan hatte.

21 Das Volk aber sprach zu Josua: Nein, sondern wir wollen dem HERRN dienen.

¶ **22** Da sprach Josua zum Volk: Ihr seid Zeugen gegen euch selbst, dass ihr euch den HERRN erwählt habt, um ihm zu dienen. Und sie sprachen: Ja! –

11 And you went over the Jordan and came to Jericho, and the leaders of Jericho fought against you, and also ʿthe Amorites, the Perizzites, the Canaanites, the Hittites, the Girgashites, the Hivites, and the Jebusites. And I gave them into your hand.

12 And I sent the hornet before you, which drove them out before you, the two kings of the Amorites; it was not by your sword or by your bow.

13 I gave you a land on which you had not labored and cities that you had not built, and you dwell in them. You eat the fruit of vineyards and olive orchards that you did not plant.ʾ

Choose Whom You Will Serve

¶ **14** "Now therefore fear the LORD and serve him in sincerity and in faithfulness. Put away the gods that your fathers served beyond the River and in Egypt, and serve the LORD.

15 And if it is evil in your eyes to serve the LORD, choose this day whom you will serve, whether the gods your fathers served in the region beyond the River, or the gods of the Amorites in whose land you dwell. But as for me and my house, we will serve the LORD."

¶ **16** Then the people answered, "Far be it from us that we should forsake the LORD to serve other gods,

17 for it is the LORD our God who brought us and our fathers up from the land of Egypt, out of the house of slavery, and who did those great signs in our sight and preserved us in all the way that we went, and among all the peoples through whom we passed.

18 And the LORD drove out before us all the peoples, the Amorites who lived in the land. Therefore we also will serve the LORD, for he is our God."

¶ **19** But Joshua said to the people, "You are not able to serve the LORD, for he is a holy God. He is a jealous God; he will not forgive your transgressions or your sins.

20 If you forsake the LORD and serve foreign gods, then he will turn and do you harm and consume you, after having done you good."

¶ **21** And the people said to Joshua, "No, but we will serve the LORD."

22 Then Joshua said to the people, "You are witnesses against yourselves that you have chosen the LORD, to serve him." And they said, "We are witnesses."

23 So tut nun von euch die fremden Götter, die unter euch sind, und neigt euer Herz zu dem HERRN, dem Gott Israels.

24 Und das Volk sprach zu Josua: Wir wollen dem HERRN, unserm Gott, dienen und seiner Stimme gehorchen.

¶ **25** So schloss Josua an diesem Tag einen Bund für das Volk und legte ihnen Gesetze und Rechte vor in Sichem.

26 Und Josua schrieb dies alles ins Buch des Gesetzes Gottes und nahm einen großen Stein und richtete ihn dort auf unter einer Eiche, die bei dem Heiligtum des HERRN war,

27 und sprach zum ganzen Volk: Siehe, dieser Stein soll Zeuge sein unter uns, denn er hat gehört alle Worte des HERRN, die er mit uns geredet hat, und soll ein Zeuge unter euch sein, dass ihr euren Gott nicht verleugnet.

28 So entließ Josua das Volk, einen jeden in sein Erbteil.

Josuas und Eleasars Tod. Bestattung der Gebeine Josefs

29 Und es begab sich nach diesen Geschichten, dass Josua, der Sohn Nuns, der Knecht des HERRN, starb, als er hundertundzehn Jahre alt war.

30 Und man begrub ihn in dem Gebiet seines Erbteils in Timnat-Serach, das auf dem Gebirge Ephraim liegt, nördlich vom Berge Gaasch.

31 Und Israel diente dem HERRN, solange Josua lebte und die Ältesten, die noch lange Zeit nach Josua lebten und alle Werke des HERRN kannten, die er an Israel getan hatte.

¶ **32** Die Gebeine Josefs, die die Israeliten aus Ägypten gebracht hatten, begruben sie zu Sichem auf dem Stück Feld, das Jakob von den Söhnen Hamors, des Vaters von Sichem, für hundert Goldstücke gekauft hatte und das als Erbteil der Söhne Josef ward.

33 Auch Eleasar, der Sohn Aarons, starb und sie begruben ihn in Gibea, der Stadt seines Sohnes Pinhas, die ihm gegeben war auf dem Gebirge Ephraim.

23 He said, "Then put away the foreign gods that are among you, and incline your heart to the LORD, the God of Israel."

24 And the people said to Joshua, "The LORD our God we will serve, and his voice we will obey."

25 So Joshua made a covenant with the people that day, and put in place statutes and rules for them at Shechem.

26 And Joshua wrote these words in the Book of the Law of God. And he took a large stone and set it up there under the terebinth that was by the sanctuary of the LORD.

27 And Joshua said to all the people, "Behold, this stone shall be a witness against us, for it has heard all the words of the LORD that he spoke to us. Therefore it shall be a witness against you, lest you deal falsely with your God."

28 So Joshua sent the people away, every man to his inheritance.

Joshua's Death and Burial

¶ **29** After these things Joshua the son of Nun, the servant of the LORD, died, being 110 years old.

30 And they buried him in his own inheritance at Timnath-serah, which is in the hill country of Ephraim, north of the mountain of Gaash.

¶ **31** Israel served the LORD all the days of Joshua, and all the days of the elders who outlived Joshua and had known all the work that the LORD did for Israel.

¶ **32** As for the bones of Joseph, which the people of Israel brought up from Egypt, they buried them at Shechem, in the piece of land that Jacob bought from the sons of Hamor the father of Shechem for a hundred pieces of money.[1] It became an inheritance of the descendants of Joseph.

¶ **33** And Eleazar the son of Aaron died, and they buried him at Gibeah, the town of Phinehas his son, which had been given him in the hill country of Ephraim.

DAS BUCH DER RICHTER

JUDGES

Israels Kämpfe bei der Einwanderung

1 Nach dem Tod Josuas befragten die Israeliten den HERRN und sprachen: Wer soll unter uns zuerst hinaufziehen, Krieg zu führen gegen die Kanaaniter?

2 Der HERR sprach: Juda soll hinaufziehen. Siehe, ich habe das Land in seine Hand gegeben.

3 Da sprach Juda zu seinem Bruder Simeon: Zieh mit mir hinauf in mein Erbteil und lass uns mit den Kanaanitern kämpfen, dann will auch ich mit dir ziehen in dein Erbteil. So zog Simeon mit ihm.

¶ **4** Als nun Juda hinaufzog, gab der HERR die Kanaaniter und Perisiter in ihre Hände, und sie schlugen bei Besek zehntausend Mann

5 und fanden den Adoni-Besek zu Besek und kämpften mit ihm und schlugen die Kanaaniter und Perisiter.

6 Aber Adoni-Besek floh und sie jagten ihm nach. Und als sie ihn ergriffen, hieben sie ihm die Daumen ab an seinen Händen und Füßen.

7 Da sprach Adoni-Besek: Siebzig Könige mit abgehauenen Daumen an Händen und Füßen lasen auf unter meinem Tisch. Wie ich getan habe, so hat mir Gott vergolten. Und man brachte ihn nach Jerusalem; dort starb er.

8 Aber Juda kämpfte gegen Jerusalem und eroberte es und schlug es mit der Schärfe des Schwerts und zündete die Stadt an.

¶ **9** Danach zog Juda hinab, um gegen die Kanaaniter zu kämpfen, die auf dem Gebirge und im Südland und im Hügelland wohnten.

10 Und Juda zog gegen die Kanaaniter, die in Hebron wohnten – Hebron aber hieß vorzeiten Kirjat-Arba –, und sie erschlugen den Scheschai und Ahiman und Talmai

11 und zogen von dort gegen die Einwohner von Debir. Debir aber hieß vorzeiten Kirjat-Sefer.

12 Und Kaleb sprach: Wer Kirjat-Sefer schlägt und erobert, dem will ich meine Tochter Achsa zur Frau geben.

The Continuing Conquest of Canaan

1 After the death of Joshua, the people of Israel inquired of the LORD, "Who shall go up first for us against the Canaanites, to fight against them?"

2 The LORD said, "Judah shall go up; behold, I have given the land into his hand."

3 And Judah said to Simeon his brother, "Come up with me into the territory allotted to me, that we may fight against the Canaanites. And I likewise will go with you into the territory allotted to you." So Simeon went with him.

4 Then Judah went up and the LORD gave the Canaanites and the Perizzites into their hand, and they defeated 10,000 of them at Bezek.

5 They found Adoni-bezek at Bezek and fought against him and defeated the Canaanites and the Perizzites.

6 Adoni-bezek fled, but they pursued him and caught him and cut off his thumbs and his big toes.

7 And Adoni-bezek said, "Seventy kings with their thumbs and their big toes cut off used to pick up scraps under my table. As I have done, so God has repaid me." And they brought him to Jerusalem, and he died there.

¶ **8** And the men of Judah fought against Jerusalem and captured it and struck it with the edge of the sword and set the city on fire.

9 And afterward the men of Judah went down to fight against the Canaanites who lived in the hill country, in the Negeb, and in gthe lowland.

10 And Judah went against the Canaanites who lived in Hebron (now the name of Hebron was formerly Kiriath-arba), and they defeated Sheshai and Ahiman and Talmai.

¶ **11** From there they went against the inhabitants of Debir. The name of Debir was formerly Kiriath-sepher.

12 And Caleb said, "He who attacks Kiriath-sepher and captures it, I will give him Achsah my daughter for a wife."

13 Da eroberte es Otniël, der Sohn des Kenas, des jüngsten Bruders von Kaleb. Und Kaleb gab ihm seine Tochter Achsa zur Frau.

14 Und es begab sich, als sie zu ihm kam, beredete er sie, ein Stück Land zu fordern von ihrem Vater. Und sie stieg vom Esel. Da sprach Kaleb zu ihr: Was willst du?

15 Sie sprach: Gib mir eine Segensgabe! Denn du hast mich nach dem dürren Südland gegeben; gib mir auch Wasserquellen! Da gab er ihr die oberen und unteren Quellen.

¶ **16** Und die Nachkommen des Keniters Hobab, mit dem Mose verschwägert war, zogen herauf aus der Palmenstadt mit den Männern von Juda in die Wüste Juda, die im Süden von Arad liegt, und gingen hin und wohnten mitten unter dem Volk.

¶ **17** Und Juda zog hin mit seinem Bruder Simeon, und sie erschlugen die Kanaaniter in Zefat und vollstreckten den Bann an ihnen und nannten die Stadt Horma.

18 Doch eroberte Juda nicht Gaza mit seinem Gebiet und Aschkelon mit seinem Gebiet und Ekron mit seinem Gebiet.

19 Dennoch war der HERR mit Juda, dass es das Gebirge einnahm; es konnte aber die Bewohner der Ebene nicht vertreiben, weil sie eiserne Wagen hatten.

20 Und sie gaben dem Kaleb Hebron, wie Mose gesagt hatte, und er vertrieb daraus die drei Söhne des Anak.

¶ **21** Aber Benjamin vertrieb die Jebusiter nicht, die in Jerusalem wohnten, sondern die Jebusiter wohnten bei denen von Benjamin in Jerusalem bis auf diesen Tag.

¶ **22** Auch das Haus Josef zog hinauf nach Bethel und der HERR war mit ihnen.

23 Und das Haus Josef ließ Bethel auskundschaften; die Stadt hieß vorzeiten Lus.

24 Und die Späher sahen einen Mann aus der Stadt gehen und sprachen zu ihm: Zeige uns, wo wir in die Stadt kommen, so wollen wir Barmherzigkeit an dir tun.

25 Und als er ihnen zeigte, wo sie in die Stadt kämen, schlugen sie die Stadt mit der Schärfe des Schwerts; aber den Mann und sein ganzes Geschlecht ließen sie gehen.

26 Da zog der Mann ins Land der Hetiter und baute eine Stadt und nannte sie Lus; die heißt noch heutigentags so.

13 And Othniel the son of Kenaz, Caleb's younger brother, captured it. And he gave him Achsah his daughter for a wife.

14 When she came to him, she urged him to ask her father for a field. And she dismounted from her donkey, and Caleb said to her, "What do you want?"

15 She said to him, "Give me a blessing. Since you have set me in the land of the Negeb, give me also springs of water." And Caleb gave her the upper springs and the lower springs.

¶ **16** And the descendants of the Kenite, Moses' father-in-law, went up with the people of Judah from the city of palms into the wilderness of Judah, which lies in the Negeb near Arad, and they went and settled with the people.

17 And Judah went with Simeon his brother, and they defeated the Canaanites who inhabited Zephath and devoted it to destruction. So the name of the city was called Hormah.[1]

18 Judah also captured Gaza with its territory, and Ashkelon with its territory, and Ekron with its territory.

19 And the LORD was with Judah, and he took possession of the hill country, but he could not drive out the inhabitants of the plain because they had chariots of iron.

20 And Hebron was given to Caleb, as Moses had said. And he drove out from it the three sons of Anak.

21 But the people of Benjamin did not drive out the Jebusites who lived in Jerusalem, so the Jebusites have lived with the people of Benjamin in Jerusalem to this day.

¶ **22** The house of Joseph also went up against Bethel, and the LORD was with them.

23 And the house of Joseph scouted out Bethel. (Now the name of the city was formerly Luz.)

24 And the spies saw a man coming out of the city, and they said to him, "Please show us the way into the city, and we will deal kindly with you."

25 And he showed them the way into the city. And they struck the city with the edge of the sword, but they let the man and all his family go.

26 And the man went to the land of the Hittites and built a city and called its name Luz. That is its name to this day.

¶ **27** Und Manasse vertrieb nicht Bet-Schean und seine Ortschaften noch Taanach und seine Ortschaften noch die Einwohner von Dor und seinen Ortschaften noch die Einwohner von Jibleam und seinen Ortschaften noch die Einwohner von Megiddo und seinen Ortschaften. So blieben die Kanaaniter dort im Lande wohnen.

28 Als aber Israel mächtig wurde, machte es die Kanaaniter fronpflichtig, vertrieb sie jedoch nicht.

29 Auch Ephraim vertrieb die Kanaaniter nicht, die in Geser wohnten, sondern die Kanaaniter wohnten mitten unter ihnen in Geser.

¶ **30** Auch Sebulon vertrieb nicht die Einwohner von Kitron und Nahalol, sondern die Kanaaniter wohnten mitten unter ihnen und waren fronpflichtig.

31 Asser vertrieb nicht die Einwohner von Akko noch die Einwohner von Sidon, von Mahaleb, von Achsib, von Helba, von Afek und von Rehob;

32 sondern die von Asser saßen mitten unter den Kanaanitern, die im Land wohnten, denn sie vertrieben sie nicht.

¶ **33** Naftali vertrieb die Einwohner nicht von Bet-Schemesch noch von Bet-Anat, sondern saß mitten unter den Kanaanitern, die im Lande wohnten. Aber die von Bet-Schemesch und von Bet-Anat wurden fronpflichtig.

¶ **34** Und die Amoriter drängten die Daniter aufs Gebirge und ließen nicht zu, dass sie herunter in die Ebene kämen.

35 Und die Amoriter blieben wohnen auf dem Gebirge Heres, in Ajalon und in Schaalbim. Doch wurde ihnen die Hand des Hauses Josef zu schwer und sie wurden fronpflichtig.

¶ **36** Und das Gebiet der Edomiter ging vom Skorpionensteig, von der Felsenstadt und weiter hinauf.

Der Engel des HERRN droht Israel

2 Es kam aber der Engel des HERRN herauf von Gilgal nach Bochim und sprach: Ich habe euch aus Ägypten heraufgeführt und ins Land gebracht, das ich euren Vätern zu geben geschworen habe, und gesprochen, ich wollte meinen Bund mit euch nicht brechen ewiglich.

Failure to Complete the Conquest

¶ **27** Manasseh did not drive out the inhabitants of Beth-shean and its villages, or Taanach and its villages, or the inhabitants of Dor and its villages, or the inhabitants of Ibleam and its villages, or the inhabitants of Megiddo and its villages, for the Canaanites persisted in dwelling in that land.

28 When Israel grew strong, they put the Canaanites to forced labor, but did not drive them out completely.

¶ **29** And Ephraim did not drive out the Canaanites who lived in Gezer, so the Canaanites lived in Gezer among them.

¶ **30** Zebulun did not drive out the inhabitants of Kitron, or the inhabitants of Nahalol, so the Canaanites lived among them, but became subject to forced labor.

¶ **31** Asher did not drive out the inhabitants of Acco, or the inhabitants of Sidon or of Ahlab or of Achzib or of Helbah or of Aphik or of Rehob,

32 so the Asherites lived among the Canaanites, the inhabitants of the land, for they did not drive them out.

¶ **33** Naphtali did not drive out the inhabitants of Beth-shemesh, or the inhabitants of Beth-anath, so they lived among the Canaanites, the inhabitants of the land. Nevertheless, the inhabitants of Beth-shemesh and of Beth-anath became subject to forced labor for them.

¶ **34** The Amorites pressed the people of Dan back into the hill country, for they did not allow them to come down to the plain.

35 The Amorites persisted in dwelling in Mount Heres, in Aijalon, and in Shaalbim, but the hand of the house of Joseph rested heavily on them, and they became subject to forced labor.

36 And the border of the Amorites ran from the ascent of Akrabbim, from Sela and upward.

Israel's Disobedience

2 Now the angel of the LORD went up from Gilgal to Bochim. And he said, "I brought you up from Egypt and brought you into the land that I swore to give to your fathers. I said, 'I will never break my covenant with you,

2 Ihr aber solltet keinen Bund schließen mit den Bewohnern dieses Landes und ihre Altäre zerbrechen. Aber ihr habt meiner Stimme nicht gehorcht. Warum habt ihr das getan?

3 Da sprach ich: Ich will sie nicht vor euch vertreiben, damit sie euch zum Fangstrick werden und ihre Götter zur Falle.

4 Und als der Engel des HERRN diese Worte zu ganz Israel geredet hatte, erhob das Volk seine Stimme und weinte.

5 Und sie nannten die Stätte Bochim und opferten dort dem HERRN.

Israels Untreue gegen Gott während der Richterzeit

6 Als Josua das Volk entlassen hatte und die Israeliten hingezogen waren, ein jeder in sein Erbteil, um das Land einzunehmen,

7 diente das Volk dem HERRN, solange Josua lebte und die Ältesten, die noch lange nach Josua lebten und alle die großen Werke des HERRN gesehen hatten, die er an Israel getan hatte.

8 Da starb Josua, der Sohn Nuns, der Knecht des HERRN, als er hundertundzehn Jahre alt war.

9 Und sie begruben ihn im Gebiet seines Erbteils in Timnat-Heres auf dem Gebirge Ephraim, nördlich vom Berge Gaasch.

¶ 10 Als auch alle, die zu der Zeit gelebt hatten, zu ihren Vätern versammelt waren, kam nach ihnen ein anderes Geschlecht auf, das den HERRN nicht kannte noch die Werke, die er an Israel getan hatte.

11 Da taten die Israeliten, was dem HERRN missfiel, und dienten den Baalen

12 und verließen den HERRN, den Gott ihrer Väter, der sie aus Ägyptenland geführt hatte, und folgten andern Göttern nach von den Göttern der Völker, die um sie her wohnten, und beteten sie an und erzürnten den HERRN.

13 Denn sie verließen je und je den HERRN und dienten dem Baal und den Astarten.

14 So entbrannte denn der Zorn des HERRN über Israel und er gab sie in die Hand von Räubern, die sie beraubten, und verkaufte sie in die Hände ihrer Feinde ringsumher. Und sie konnten nicht mehr ihren Feinden widerstehen,

2 and you shall make no covenant with the inhabitants of this land; you shall break down their altars.' But you have not obeyed my voice. What is this you have done?

3 So now I say, I will not drive them out before you, but they shall become thorns in your sides,[1] and their gods shall be a snare to you."

4 As soon as the angel of the LORD spoke these words to all the people of Israel, the people lifted up their voices and wept.

5 And they called the name of that place Bochim.[2] And they sacrificed there to the LORD.

The Death of Joshua

¶ 6 When Joshua dismissed the people, the people of Israel went each to his inheritance to take possession of the land.

7 And the people served the LORD all the days of Joshua, and all the days of the elders who outlived Joshua, who had seen all the great work that the LORD had done for Israel.

8 And Joshua the son of Nun, the servant of the LORD, died at the age of 110 years.

9 And they buried him within the boundaries of his inheritance in Timnath-heres, in the hill country of Ephraim, north of the mountain of Gaash.

10 And all that generation also were gathered to their fathers. And there arose another generation after them who did not know the LORD or the work that he had done for Israel.

Israel's Unfaithfulness

¶ 11 And the people of Israel did what was evil in the sight of the LORD and served the Baals.

12 And they abandoned the LORD, the God of their fathers, who had brought them out of the land of Egypt. They went after other gods, from among the gods of the peoples who were around them, and bowed down to them. And they provoked the LORD to anger.

13 They abandoned the LORD and served the Baals and the Ashtaroth.

14 So the anger of the LORD was kindled against Israel, and he gave them over to plunderers, who plundered them. And he sold them into the hand of their surrounding enemies, so that they could no longer withstand their enemies.

15 sondern sooft sie auszogen, war des HERRN Hand wider sie zum Unheil, wie denn der HERR ihnen gesagt und geschworen hatte. Und sie wurden hart bedrängt.

16 Wenn dann der HERR Richter erweckte, die ihnen halfen aus der Hand der Räuber,

17 so gehorchten sie den Richtern auch nicht, sondern liefen andern Göttern nach und beteten sie an und wichen bald von dem Wege, auf dem ihre Väter gegangen waren, als sie des HERRN Geboten gehorchten; sie jedoch taten nicht wie diese.

18 Wenn aber der HERR ihnen Richter erweckte, so war der HERR mit dem Richter und errettete sie aus der Hand ihrer Feinde, solange der Richter lebte. Denn es jammerte den HERRN ihr Wehklagen über die, die sie unterdrückten und bedrängten.

19 Wenn aber der Richter gestorben war, so fielen sie wieder ab und trieben es ärger als ihre Väter, indem sie andern Göttern folgten, ihnen zu dienen und sie anzubeten. Sie ließen nicht von ihrem Tun noch von ihrem halsstarrigen Wandel.

20 Darum entbrannte der Zorn des HERRN über Israel und er sprach: Weil dies Volk meinen Bund übertreten hat, den ich ihren Vätern geboten habe, und gehorcht meiner Stimme nicht,

21 so will ich auch hinfort die Völker nicht vertreiben, die Josua übrig gelassen hat, als er starb,

22 damit ich Israel durch sie prüfe, ob sie auf dem Wege des HERRN bleiben und darauf wandeln, wie ihre Väter geblieben sind, oder nicht.

23 So ließ der HERR diese Völker, die er nicht in Josuas Hand gegeben hatte, übrig, ohne sie sogleich zu vertreiben.

Die in Kanaan übrig gebliebenen Völker

3 Dies sind die Völker, die der HERR übrig ließ – damit er durch sie Israel prüfte, alle, die nichts wussten von den Kriegen um Kanaan,

2 und die Geschlechter Israels Krieg führen lehrte, die früher nichts davon wussten –,

3 nämlich die fünf Fürsten der Philister und alle Kanaaniter und Sidonier und Hiwiter, die am Gebirge Libanon wohnten, vom Berg Baal-Hermon an bis dorthin, wo man nach Hamat kommt.

15 Whenever they marched out, the hand of the LORD was against them for harm, as the LORD had warned, and as the LORD had sworn to them. And they were in terrible distress.

The LORD Raises Up Judges

16 Then the LORD raised up judges, who saved them out of the hand of those who plundered them.

17 Yet they did not listen to their judges, for they whored after other gods and bowed down to them. They soon turned aside from the way in which their fathers had walked, who had obeyed the commandments of the LORD, and they did not do so.

18 Whenever the LORD raised up judges for them, the LORD was with the judge, and he saved them from the hand of their enemies all the days of the judge. For the LORD was moved to pity by their groaning because of those who afflicted and oppressed them.

19 But whenever the judge died, they turned back and were more corrupt than their fathers, going after other gods, serving them and bowing down to them. They did not drop any of their practices or their stubborn ways.

20 So the anger of the LORD was kindled against Israel, and he said, "Because this people has transgressed my covenant that I commanded their fathers and have not obeyed my voice,

21 I will no longer drive out before them any of the nations that Joshua left when he died,

22 in order to test Israel by them, whether they will take care to walk in the way of the LORD as their fathers did, or not."

23 So the LORD left those nations, not driving them out quickly, and he did not give them into the hand of Joshua.

3 Now these are the nations that the LORD left, to test Israel by them, that is, all in Israel who had not experienced all the wars in Canaan.

2 It was only in order that the generations of the people of Israel might know war, to teach war to those who had not known it before.

3 These are the nations: the five lords of the Philistines and all the Canaanites and the Sidonians and the Hivites who lived on Mount Lebanon, from Mount Baal-hermon as far as Lebo-hamath.

4 Diese blieben, um Israel durch sie zu prüfen, damit es kundwürde, ob sie den Geboten des HERRN gehorchten, die er ihren Vätern durch Mose geboten hatte.

5 Als nun die Israeliten wohnten unter den Kanaanitern, Hetitern, Amoritern, Perisitern, Hiwitern und Jebusitern,

6 nahmen sie deren Töchter zu Frauen und gaben ihre Töchter deren Söhnen und dienten deren Göttern.

Der Richter Otniël

7 Und die Israeliten taten, was dem HERRN missfiel, und vergaßen den HERRN, ihren Gott, und dienten den Baalen und den Ascheren.

8 Da entbrannte der Zorn des HERRN über Israel und er verkaufte sie in die Hand Kuschan-Rischatajims, des Königs von Mesopotamien; und so diente Israel dem Kuschan-Rischatajim acht Jahre.

9 Da schrien die Israeliten zu dem HERRN, und der HERR erweckte ihnen einen Retter, der sie errettete, Otniël, den Sohn des Kenas, des jüngsten Bruders von Kaleb.

10 Und der Geist des HERRN kam auf ihn, und er wurde Richter in Israel und zog aus zum Kampf. Und der HERR gab den König von Mesopotamien Kuschan-Rischatajim in seine Hand, sodass seine Hand über ihn stark wurde.

11 Da hatte das Land Ruhe vierzig Jahre. Und Otniël, der Sohn des Kenas, starb.

Die Richter Ehud und Schamgar

12 Aber die Israeliten taten wiederum, was dem HERRN missfiel. Da machte der HERR den Eglon, den König der Moabiter, stark gegen Israel, weil sie taten, was dem HERRN missfiel.

13 Und er sammelte zu sich die Ammoniter und die Amalekiter und zog hin und schlug Israel und nahm die Palmenstadt ein.

14 Und die Israeliten dienten Eglon, dem König der Moabiter, achtzehn Jahre.

15 Da schrien sie zu dem HERRN, und der HERR erweckte ihnen einen Retter, Ehud, den Sohn Geras, den Benjaminiter; der war linkshändig.

¶ Und als die Israeliten durch ihn Tribut sandten an Eglon, den König der Moabiter,

16 machte sich Ehud einen zweischneidigen Dolch, eine Hand lang, und gürtete ihn unter sein Kleid auf seine rechte Hüfte

4 They were for the testing of Israel, to know whether Israel would obey the commandments of the LORD, which he commanded their fathers by the hand of Moses.

5 So the people of Israel lived among the Canaanites, the Hittites, the Amorites, the Perizzites, the Hivites, and the Jebusites.

6 And their daughters they took to themselves for wives, and their own daughters they gave to their sons, and they served their gods.

Othniel

¶ **7** And the people of Israel did what was evil in the sight of the LORD. They forgot the LORD their God and served the Baals and the Asheroth.

8 Therefore the anger of the LORD was kindled against Israel, and he sold them into the hand of Cushan-rishathaim king of Mesopotamia. And the people of Israel served Cushan-rishathaim eight years.

9 But when the people of Israel cried out to the LORD, the LORD raised up a deliverer for the people of Israel, who saved them, Othniel the son of Kenaz, Caleb's younger brother.

10 The Spirit of the LORD was upon him, and he judged Israel. He went out to war, and the LORD gave Cushan-rishathaim king of Mesopotamia into his hand. And his hand prevailed over Cushan-rishathaim.

11 So the land had rest forty years. Then Othniel the son of Kenaz died.

Ehud

¶ **12** And the people of Israel again did what was evil in the sight of the LORD, and the LORD strengthened Eglon the king of Moab against Israel, because they had done what was evil in the sight of the LORD.

13 He gathered to himself the Ammonites and the Amalekites, and went and defeated Israel. And they took possession of the city of palms.

14 And the people of Israel served Eglon the king of Moab eighteen years.

¶ **15** Then the people of Israel cried out to the LORD, and the LORD raised up for them [h]a deliverer, Ehud, the son of Gera, the Benjaminite, a left-handed man. The people of Israel sent tribute by him to Eglon the king of Moab.

16 And Ehud made for himself a sword with two edges, a cubit[1] in length, and he bound it on his right thigh under his clothes.

17 und brachte Eglon, dem König der Moabiter, den Tribut. Eglon aber war ein sehr fetter Mann.

18 Und als er den Tribut übergeben hatte, entließ er die Leute, die den Tribut getragen hatten.

19 Er selbst aber kehrte um bei den Steinbildern zu Gilgal und ließ sagen: Ich habe, o König, dir heimlich etwas zu sagen. Der aber gebot: Hinaus! Da gingen hinaus von ihm alle, die um ihn standen.

20 Und Ehud kam zu ihm hinein. Er aber saß in dem kühlen Obergemach, das für ihn allein bestimmt war. Und Ehud sprach: Ich habe ein Wort von Gott an dich. Da stand er auf von seinem Thron.

21 Ehud aber streckte seine linke Hand aus und nahm den Dolch von seiner rechten Hüfte und stieß ihm den in den Bauch,

22 dass nach der Schneide noch der Griff hineinfuhr und das Fett die Schneide umschloss; denn er zog den Dolch nicht aus seinem Bauch.

23 Aber Ehud ging zum Nebenraum hinaus, machte die Tür des Obergemachs hinter sich zu und verschloss sie.

¶ **24** Als er nun hinausgegangen war, kamen die Leute des Königs und sahen, dass die Tür verschlossen war, und sprachen: Er ist vielleicht austreten gegangen in die Kammer am Obergemach.

25 Als sie aber allzu lange gewartet hatten und niemand die Tür des Gemachs auftat, nahmen sie den Schlüssel und schlossen auf. Siehe, da lag ihr Herr auf der Erde tot.

26 Ehud aber war entronnen, während sie gewartet hatten, und ging an den Steinbildern vorüber und entkam bis nach Seïra.

27 Und als er hineinkam, blies er die Posaune auf dem Gebirge Ephraim. Und die Israeliten zogen mit ihm vom Gebirge und vor ihnen her,

28 und er sprach zu ihnen: Schnell mir nach! Denn der HERR hat die Moabiter, eure Feinde, in eure Hände gegeben! Und sie jagten ihm nach und besetzten die Furten am Jordan, die nach Moab gehen, und ließen niemand hinüber

29 und erschlugen zu jener Zeit die Moabiter, etwa zehntausend Mann, alles starke und streitbare Männer, sodass auch nicht einer entrann.

30 So wurden die Moabiter zu jener Zeit unter die Hand Israels gedemütigt. Und das Land hatte Ruhe achtzig Jahre.

17 And he presented the tribute to Eglon king of Moab. Now Eglon was a very fat man.

18 And when Ehud had finished presenting the tribute, he sent away the people who carried the tribute.

19 But he himself turned back at the idols near Gilgal and said, "I have a secret message for you, O king." And he commanded, "Silence." And all his attendants went out from his presence.

20 And Ehud came to him as he was sitting alone in his cool roof chamber. And Ehud said, "I have a message from God for you." And he arose from his seat.

21 And Ehud reached with his left hand, took the sword from his right thigh, and thrust it into his belly.

22 And the hilt also went in after the blade, and the fat closed over the blade, for he did not pull the sword out of his belly; and the dung came out.

23 Then Ehud went out into the porch[2] and closed the doors of the roof chamber behind him and locked them.

¶ **24** When he had gone, the servants came, and when they saw that the doors of the roof chamber were locked, they thought, "Surely he is relieving himself in the closet of the cool chamber."

25 And they waited till they were embarrassed. But when he still did not open the doors of the roof chamber, they took the key and opened them, and there lay their lord dead on the floor.

¶ **26** Ehud escaped while they delayed, and he passed beyond the idols and escaped to Seirah.

27 When he arrived, he sounded the trumpet in the hill country of Ephraim. Then the people of Israel went down with him from the hill country, and he was their leader.

28 And he said to them, "Follow after me, for the LORD has given your enemies the Moabites into your hand." So they went down after him and seized the fords of the Jordan against the Moabites and did not allow anyone to pass over.

29 And they killed at that time about 10,000 of the Moabites, all strong, able-bodied men; not a man escaped.

30 So Moab was subdued that day under the hand of Israel. And the land had rest for eighty years.

¶ **31** Nach ihm kam Schamgar, der Sohn Anats. Der erschlug sechshundert Philister mit einem Ochsenstecken und auch er errettete Israel.

Die Richterin Debora und Barak besiegen Sisera

4 Aber die Israeliten taten wiederum, was dem HERRN missfiel, als Ehud gestorben war.

2 Und der HERR verkaufte sie in die Hand Jabins, des Königs von Kanaan, der zu Hazor herrschte, und sein Feldhauptmann war Sisera; der wohnte in Haroschet der Heiden.

3 Und die Israeliten schrien zum HERRN, denn Jabin hatte neunhundert eiserne Wagen und unterdrückte die Israeliten mit Gewalt zwanzig Jahre.

¶ **4** Zu der Zeit war Richterin in Israel die Prophetin Debora, die Frau Lappidots.

5 Sie hatte ihren Sitz unter der Palme Deboras zwischen Rama und Bethel auf dem Gebirge Ephraim. Und die Israeliten kamen zu ihr hinauf zum Gericht.

6 Und sie sandte hin und ließ rufen Barak, den Sohn Abinoams aus Kedesch in Naftali, und ließ ihm sagen: Hat dir nicht der HERR, der Gott Israels, geboten: Geh hin und zieh auf den Berg Tabor und nimm zehntausend Mann mit dir von Naftali und Sebulon?

7 Ich aber will Sisera, den Feldhauptmann Jabins, dir zuführen an den Bach Kischon mit seinen Wagen und mit seinem Heer und will ihn in deine Hände geben.

¶ **8** Barak sprach zu ihr: Wenn du mit mir ziehst, so will auch ich ziehen; ziehst du aber nicht mit mir, so will auch ich nicht ziehen.

9 Sie sprach: Ich will mit dir ziehen; aber der Ruhm wird nicht dein sein auf diesem Kriegszug, den du unternimmst, sondern der HERR wird Sisera in die Hand einer Frau geben. So machte sich Debora auf und zog mit Barak nach Kedesch.

10 Da rief Barak Sebulon und Naftali nach Kedesch; und es zogen hinauf ihm nach zehntausend Mann. Debora zog auch mit ihm.

11 Heber aber, der Keniter, war von den Kenitern, vom Geschlecht Hobabs, mit dem Mose verschwägert war, weggezogen und hatte sein Zelt aufgeschlagen bei der Eiche in Zaanannim bei Kedesch.

¶ **12** Da wurde Sisera angesagt, dass Barak, der Sohn Abinoams, auf den Berg Tabor gezogen wäre.

Shamgar

¶ **31** After him was Shamgar the son of Anath, who killed 600 of the Philistines with an oxgoad, and he also saved Israel.

Deborah and Barak

4 And the people of Israel again did what was evil in the sight of the LORD after Ehud died.

2 And the LORD sold them into the hand of Jabin king of Canaan, who reigned in ᶻHazor. The commander of his army was Sisera, who lived in Harosheth-hagoyim.

3 Then the people of Israel cried out to the LORD for help, for he had 900 chariots of iron and he oppressed the people of Israel cruelly for twenty years.

¶ **4** Now Deborah, a prophetess, the wife of Lappidoth, was judging Israel at that time.

5 She used to sit under the palm of Deborah between Ramah and Bethel in the hill country of Ephraim, and the people of Israel came up to her for judgment.

6 She sent and summoned Barak the son of Abinoam from Kedesh-naphtali and said to him, "Has not the LORD, the God of Israel, commanded you, 'Go, gather your men at Mount Tabor, taking 10,000 from the people of Naphtali and the people of Zebulun.

7 And I will draw out Sisera, the general of Jabin's army, to meet you by the river Kishon with his chariots and his troops, and I will give him into your hand'?"

8 Barak said to her, "If you will go with me, I will go, but if you will not go with me, I will not go."

9 And she said, "I will surely go with you. Nevertheless, the road on which you are going will not lead to your glory, for the LORD will sell Sisera into the hand of a woman." Then Deborah arose and went with Barak to Kedesh.

10 And Barak called out Zebulun and Naphtali to Kedesh. And 10,000 men went up at his heels, and Deborah went up with him.

¶ **11** Now Heber the Kenite had separated from the Kenites, the descendants of Hobab the father-in-law of Moses, and had pitched his tent as far away as the oak in Zaanannim, which is near Kedesh.

¶ **12** When Sisera was told that Barak the son of Abinoam had gone up to Mount Tabor,

13 Und er rief alle seine Kriegswagen zusammen, neunhundert eiserne Wagen, und das ganze Volk, das mit ihm war, aus Haroschet der Heiden an den Bach Kischon.

14 Debora aber sprach zu Barak: Auf! Das ist der Tag, an dem dir der HERR den Sisera in deine Hand gegeben hat, denn der HERR ist ausgezogen vor dir her. So zog Barak von dem Berge Tabor hinab und die zehntausend Mann ihm nach.

15 Und der HERR erschreckte den Sisera samt allen seinen Wagen und dem ganzen Heer vor der Schärfe von Baraks Schwert, sodass Sisera von seinem Wagen sprang und zu Fuß floh.

16 Barak aber jagte den Wagen und dem Heer nach bis Haroschet der Heiden. Und Siseras ganzes Heer fiel durch die Schärfe des Schwerts, sodass auch nicht einer übrig blieb.

¶ **17** Sisera aber floh zu Fuß in das Zelt Jaëls, der Frau des Keniters Heber. Denn der König Jabin von Hazor und das Haus Hebers, des Keniters, lebten miteinander im Frieden.

18 Jaël aber ging hinaus Sisera entgegen und sprach zu ihm: Kehre ein, mein Herr, kehre ein bei mir und fürchte dich nicht! Und er kehrte bei ihr ein in ihr Zelt und sie deckte ihn mit einer Decke zu.

19 Er aber sprach zu ihr: Gib mir doch ein wenig Wasser zu trinken, denn ich habe Durst. Da öffnete sie den Schlauch mit Milch und gab ihm zu trinken und deckte ihn wieder zu.

20 Und er sprach zu ihr: Tritt in die Tür des Zeltes, und wenn einer kommt und fragt, ob jemand hier sei, so sprich: Niemand.

21 Da nahm Jaël, die Frau Hebers, einen Pflock von dem Zelt und einen Hammer in ihre Hand und ging leise zu ihm hinein und schlug ihm den Pflock durch seine Schläfe, dass er in die Erde drang. Er aber war ermattet in einen tiefen Schlaf gesunken. So starb er.

22 Als aber Barak Sisera nachjagte, ging ihm Jaël entgegen und sprach zu ihm: Komm her! Ich will dir den Mann zeigen, den du suchst. Und als er zu ihr hereinkam, lag Sisera tot da und der Pflock steckte in seiner Schläfe.

¶ **23** So demütigte Gott zu der Zeit Jabin, den König von Kanaan, vor Israel.

24 Und die Hand der Israeliten legte sich immer härter auf Jabin, den König von Kanaan, bis sie ihn vernichteten.

13 Sisera called out all his chariots, 900 chariots of iron, and all the men who were with him, from Harosheth-hagoyim to the river Kishon.

14 And Deborah said to Barak, "Up! For this is the day in which the LORD has given Sisera into your hand. Does not the LORD go out before you?" So Barak went down from Mount Tabor with 10,000 men following him.

15 And the LORD routed Sisera and all his chariots and all his army before Barak by the edge of the sword. And Sisera got down from his chariot and fled away on foot.

16 And Barak pursued the chariots and the army to Harosheth-hagoyim, and all the army of Sisera fell by the edge of the sword; not a man was left.

¶ **17** But Sisera fled away on foot to the tent of Jael, the wife of Heber the Kenite, for there was peace between Jabin the king of Hazor and the house of Heber the Kenite.

18 And Jael came out to meet Sisera and said to him, "Turn aside, my lord; turn aside to me; do not be afraid." So he turned aside to her into the tent, and she covered him with a rug.

19 And he said to her, "Please give me a little water to drink, for I am thirsty." So she opened a skin of milk and gave him a drink and covered him.

20 And he said to her, "Stand at the opening of the tent, and if any man comes and asks you, 'Is anyone here?' say, 'No.'"

21 But Jael the wife of Heber took a tent peg, and took a hammer in her hand. Then she went softly to him and drove the peg into his temple until it went down into the ground while he was lying fast asleep from weariness. So he died.

22 And behold, as Barak was pursuing Sisera, Jael went out to meet him and said to him, "Come, and I will show you the man whom you are seeking." So he went in to her tent, and there lay Sisera dead, with the tent peg in his temple.

¶ **23** So on that day God subdued Jabin the king of Canaan before the people of Israel.

24 And the hand of the people of Israel pressed harder and harder against Jabin the king of Canaan, until they destroyed Jabin king of Canaan.

Deboras Siegeslied

5 Da sangen Debora und Barak, der Sohn Abinoams, zu jener Zeit:

2 Lobet den HERRN, dass man sich in Israel zum Kampf rüstete und das Volk willig dazu gewesen ist.

3 Hört zu, ihr Könige, und merkt auf, ihr Fürsten! Ich will singen, dem HERRN will ich singen, dem HERRN, dem Gott Israels, will ich spielen.

4 HERR, als du von Seïr auszogst und einhergingst vom Gefilde Edoms, da erzitterte die Erde, der Himmel troff, und die Wolken troffen von Wasser.

5 Die Berge wankten vor dem HERRN, der Sinai vor dem HERRN, dem Gott Israels.

6 Zu den Zeiten Schamgars, des Sohnes Anats, zu den Zeiten Jaëls waren verlassen die Wege, und die da auf Straßen gehen sollten, die wanderten auf ungebahnten Wegen.

7 Still war's bei den Bauern, ja still in Israel, bis du, Debora, aufstandest, bis du aufstandest, eine Mutter in Israel.

8 Man erwählte sich neue Götter; es gab kein Brot in den Toren. Es war kein Schild noch Speer unter vierzigtausend in Israel zu sehen.

9 Mein Herz ist mit den Gebietern Israels, mit denen, die willig waren unter dem Volk. Lobet den HERRN!

10 Die ihr auf weißen Eselinnen reitet, die ihr auf Teppichen sitzt und die ihr auf dem Wege geht: Singet!

11 Horch, wie sie jubeln zwischen den Tränkrinnen! Da sage man von der Gerechtigkeit des HERRN, von der Gerechtigkeit an seinen Bauern in Israel, als des HERRN Volk herabzog zu den Toren.

12 Auf, auf, Debora! Auf, auf und singe ein Lied! Mach dich auf, Barak, und fange, die dich fingen, du Sohn Abinoams!

The Song of Deborah and Barak

5 Then sang Deborah and Barak the son of Abinoam on that day:

2 "That the leaders took the lead in Israel,
that the people offered themselves willingly,
bless the LORD!

3 "Hear, O kings; give ear, O princes;
to the LORD I will sing;
I will make melody to the LORD, the God of Israel.

4 LORD, when you went out from Seir,
when you marched from the region of Edom,
the earth trembled
and the heavens dropped,
yes, the clouds dropped water.

5 The mountains quaked before the LORD,
even Sinai before the LORD, the God of Israel.

6 "In the days of Shamgar, son of Anath,
in the days of Jael, the highways were abandoned,
and travelers kept to the byways.

7 The villagers ceased in Israel;
they ceased to be until I arose;
I, Deborah, arose as a mother in Israel.

8 When new gods were chosen,
then war was in the gates.
Was shield or spear to be seen
among forty thousand in Israel?

9 My heart goes out to the commanders of Israel
who offered themselves willingly
among the people.
Bless the LORD.

10 "Tell of it, you who ride on white donkeys,
you who sit on rich carpets[1]
and you who walk by the way.

11 To the sound of musicians[2] at the watering places,
there they repeat the righteous triumphs of the LORD,
the righteous triumphs of his villagers in Israel.

"Then down to the gates marched the people of the LORD.

12 "Awake, awake, Deborah!
Awake, awake, break out in a song!
Arise, Barak, lead away your captives,
O son of Abinoam.

13 Da zog herab, was übrig war von Herrlichen im Volk. Der HERR zog mit mir herab unter den Helden:

14 Aus Ephraim zogen sie herab ins Tal und nach ihm Benjamin mit seinem Volk. Von Machir zogen Gebieter herab und von Sebulon, die den Führerstab halten,

15 und die Fürsten in Issachar mit Debora, wie Issachar so Barak; ins Tal folgte er ihm auf dem Fuß. An Rubens Bächen überlegten sie lange.

16 Warum saßest du zwischen den Sattelkörben, zu hören bei den Herden das Flötenspiel? An Rubens Bächen überlegten sie lange.

17 Gilead blieb jenseits des Jordans. Und warum dient Dan auf fremden Schiffen? Asser saß am Ufer des Meeres und blieb ruhig an seinen Buchten.

18 Sebulons Volk aber wagte sein Leben in den Tod, Naftali auch auf der Höhe des Gefildes.

19 Könige kamen und stritten; damals stritten die Könige Kanaans zu Taanach am Wasser Megiddos, aber Silber gewannen sie dabei nicht.

20 Vom Himmel her kämpften die Sterne, von ihren Bahnen stritten sie wider Sisera.

21 Der Bach Kischon riss sie hinweg, der uralte Bach, der Bach Kischon. Tritt einher, meine Seele, mit Kraft!

22 Da stampften die Hufe der Rosse, ein Jagen ihrer mächtigen Renner.

23 Fluchet der Stadt Meros, sprach der Engel des HERRN, fluchet, fluchet ihren Bürgern, dass sie nicht kamen dem HERRN zu Hilfe, zu Hilfe dem HERRN unter den Helden!

24 Gepriesen sei unter den Frauen Jaël, die Frau Hebers, des Keniters; gepriesen sei sie im Zelt unter den Frauen!

13 Then down marched the remnant of the noble;
   the people of the LORD marched down for me against the mighty.

14 From Ephraim their root they marched down into the valley,[3]
   following you, Benjamin, with your kinsmen;
from Machir marched down the commanders,
   and from Zebulun those who bear the lieutenant's[4] staff;

15 the princes of Issachar came with Deborah,
   and Issachar faithful to Barak;
   into the valley they rushed at his heels.
Among the clans of Reuben
   there were great searchings of heart.

16 Why did you sit still among the sheepfolds,
   to hear the whistling for the flocks?
Among the clans of Reuben
   there were great searchings of heart.

17 Gilead stayed beyond the Jordan;
   and Dan, why did he stay with the ships?
Asher sat still at the coast of the sea,
   staying by his landings.

18 Zebulun is a people who risked their lives to the death;
   [t] Naphtali, too, on the heights of the field.

19 "The kings came, they fought;
   then fought the kings of Canaan,
at Taanach, by the waters of Megiddo;
   they got no spoils of silver.

20 From heaven the stars fought,
   from their courses they fought against Sisera.

21 The torrent Kishon swept them away,
   the ancient torrent, the torrent Kishon.
March on, my soul, with might!

22 "Then loud beat the horses' hoofs
   with the galloping, galloping of his steeds.

23 "Curse Meroz, says the angel of the LORD,
   curse its inhabitants thoroughly,
because they did not come to the help of the LORD,
   to the help of the LORD against the mighty.

24 "Most blessed of women be Jael,
   the wife of Heber the Kenite,
   of tent-dwelling women most blessed.

25 Milch gab sie, als er Wasser forderte, Sahne reichte sie dar in einer herrlichen Schale.

26 Sie griff mit ihrer Hand den Pflock und mit ihrer Rechten den Schmiedehammer und zerschlug Siseras Haupt und zermalmte und durchbohrte seine Schläfe.

27 Zu ihren Füßen krümmte er sich, fiel nieder und lag da. Er krümmte sich, fiel nieder zu ihren Füßen; wie er sich krümmte, so lag er erschlagen da.

28 Die Mutter Siseras spähte zum Fenster hinaus und klagte durchs Gitter: Warum zögert sein Wagen, dass er nicht kommt? Warum säumen die Hufe seiner Rosse?

29 Die weisesten unter ihren Fürstinnen antworten, und sie selbst wiederholt ihre Worte:

30 Sie werden wohl Beute finden und verteilen, eine Frau, zwei Frauen für jeden Mann und für Sisera bunte gestickte Kleider zur Beute, gewirkte bunte Tücher um den Hals als Beute.

31 So sollen umkommen, HERR, alle deine Feinde! Die ihn aber lieb haben, sollen sein wie die Sonne aufgeht in ihrer Pracht! Und das Land hatte Ruhe vierzig Jahre.

Israel von den Midianitern bedrängt

6 Und als die Israeliten taten, was dem HERRN missfiel, gab sie der HERR in die Hand der Midianiter sieben Jahre.

2 Und als die Hand der Midianiter zu stark wurde über Israel, machten sich die Israeliten in den Bergen Schluchten zurecht und Höhlen und Festungen.

3 Und immer, wenn Israel gesät hatte, kamen die Midianiter und Amalekiter und die aus dem Osten herauf über sie

4 und lagerten sich gegen sie und vernichteten die Ernte im Land bis hin nach Gaza und ließen nichts übrig an Nahrung in Israel, weder Schafe noch Rinder noch Esel.

25 He asked water and she gave him milk;
  she brought him curds in a noble's
    bowl.

26 She sent her hand to the tent peg
  and her right hand to the workmen's
    mallet;
  she struck Sisera;
    she crushed his head;
      she shattered and pierced his temple.

27 Between her feet
  he sank, he fell, he lay still;
    between her feet
  he sank, he fell;
  where he sank,
    there he fell—dead.

28 "Out of the window she peered,
  the mother of Sisera wailed through
    the lattice:
  'Why is his chariot so long in coming?
    Why tarry the hoofbeats of his
      chariots?'

29 Her wisest princesses answer,
  indeed, she answers herself,

30 'Have they not found and divided the
    spoil?—
  A womb or two for every man;
    spoil of dyed materials for Sisera,
      spoil of dyed materials embroidered,
        two pieces of dyed work embroidered
          for the neck as spoil?'

31 "So may all your enemies perish, O
    LORD!
  But your friends be like the sun as he
    rises in his might."

And the land had rest for forty years.

Midian Oppresses Israel

6 The people of Israel did what was evil in the sight of the LORD, and the LORD gave them into the hand of Midian seven years.

2 And the hand of Midian overpowered Israel, and because of Midian the people of Israel made for themselves the dens that are in the mountains and the caves and the strongholds.

3 For whenever the Israelites planted crops, the Midianites and the Amalekites and the people of the East would come up against them.

4 They would encamp against them and devour the produce of the land, as far as Gaza, and leave no sustenance in Israel and no sheep or ox or donkey.

5 Denn sie kamen herauf mit ihrem Vieh und ihren Zelten wie eine große Menge Heuschrecken, sodass weder sie noch ihre Kamele zu zählen waren, und fielen ins Land, um es zu verderben.

6 So wurde Israel sehr schwach vor den Midianitern. Da schrien die Israeliten zum HERRN.

¶ **7** Als sie aber zum HERRN schrien um der Midianiter willen,

8 sandte der HERR einen Propheten zu ihnen, der sprach zu ihnen: So spricht der HERR, der Gott Israels: Ich habe euch aus Ägypten geführt und aus der Knechtschaft gebracht

9 und habe euch errettet aus der Hand der Ägypter und aus der Hand aller, die euch bedrängten, und habe sie vor euch her ausgestoßen und ihr Land euch gegeben

10 und zu euch gesprochen: Ich bin der HERR, euer Gott! Ihr sollt nicht fürchten die Götter der Amoriter, in deren Land ihr wohnt. Aber ihr habt meiner Stimme nicht gehorcht.

Gideon zum Richter berufen

11 Und der Engel des HERRN kam und setzte sich unter die Eiche bei Ofra; die gehörte Joasch, dem Abiësriter. Und sein Sohn Gideon drosch Weizen in der Kelter, damit er ihn berge vor den Midianitern.

12 Da erschien ihm der Engel des HERRN und sprach zu ihm: Der HERR mit dir, du streitbarer Held!

13 Gideon aber sprach zu ihm: Ach, mein Herr! Ist der HERR mit uns, warum ist uns dann das alles widerfahren? Und wo sind alle seine Wunder, die uns unsere Väter erzählten und sprachen: Der HERR hat uns aus Ägypten geführt? Nun aber hat uns der HERR verstoßen und in die Hände der Midianiter gegeben.

14 Der HERR aber wandte sich zu ihm und sprach: Geh hin in dieser deiner Kraft; du sollst Israel erretten aus den Händen der Midianiter. Siehe, ich habe dich gesandt!

15 Er aber sprach zu ihm: Ach, mein Herr, womit soll ich Israel erretten? Siehe, mein Geschlecht ist das geringste in Manasse, und ich bin der Jüngste in meines Vaters Hause.

16 Der HERR aber sprach zu ihm: Ich will mit dir sein, dass du die Midianiter schlagen sollst wie **einen** Mann.

¶ **17** Er aber sprach zu ihm: Hab ich Gnade vor dir gefunden, so mach mir doch ein Zeichen, dass du es bist, der mit mir redet.

18 Geh nicht fort, bis ich wieder zu dir komme und bringe meine Gabe und lege sie vor dir hin. Er sprach: Ich will bleiben, bis du wiederkommst.

5 For they would come up with their livestock and their tents; they would come like locusts in number—both they and their camels could not be counted—so that they laid waste the land as they came in.

6 And Israel was brought very low because of Midian. And the people of Israel cried out for help to the LORD.

¶ **7** When the people of Israel cried out to the LORD on account of the Midianites,

8 the LORD sent a prophet to the people of Israel. And he said to them, "Thus says the LORD, the God of Israel: I led you up from Egypt and brought you out of the house of bondage.

9 And I delivered you from the hand of the Egyptians and from the hand of all who oppressed you, and drove them out before you and gave you their land.

10 And I said to you, 'I am the LORD your God; you shall not fear the gods of the Amorites in whose land you dwell.' But you have not obeyed my voice."

The Call of Gideon

¶ **11** Now the angel of the LORD came and sat under the terebinth at Ophrah, which belonged to Joash the Abiezrite, while his son Gideon was beating out wheat in the winepress to hide it from the Midianites.

12 And the angel of the LORD appeared to him and said to him, "The LORD is with you, O mighty man of valor."

13 And Gideon said to him, "Please, sir,[1] if the LORD is with us, why then has all this happened to us? And where are all his wonderful deeds that our fathers recounted to us, saying, 'Did not the LORD bring us up from Egypt?' But now the LORD has forsaken us and given us into the hand of Midian."

14 And the LORD[2] turned to him and said, "Go in this might of yours and save Israel from the hand of Midian; do not I send you?"

15 And he said to him, "Please, Lord, how can I save Israel? Behold, my clan is the weakest in Manasseh, and I am the least in my father's house."

16 And the LORD said to him, "But I will be with you, and you shall strike the Midianites as one man."

17 And he said to him, "If now I have found favor in your eyes, then show me a sign that it is you who speak with me.

18 Please do not depart from here until I come to you and bring out my present and set it before you." And he said, "I will stay till you return."

19 Und Gideon ging hin und richtete ein Ziegenböcklein zu und ungesäuerte Brote von einem Scheffel Mehl und legte das Fleisch in einen Korb und tat die Brühe in einen Topf und brachte es zu ihm hinaus unter die Eiche und trat hinzu.

20 Aber der Engel Gottes sprach zu ihm: Nimm das Fleisch und die Brote und lege es hin auf den Fels hier und gieß die Brühe darüber. Und er tat es.

21 Da streckte der Engel des HERRN den Stab aus, den er in der Hand hatte, und berührte mit der Spitze das Fleisch und die Brote. Da fuhr Feuer aus dem Fels und verzehrte das Fleisch und die Brote. Und der Engel des HERRN entschwand seinen Augen.

¶ **22** Als nun Gideon sah, dass es der Engel des HERRN war, sprach er: Ach, Herr HERR! Habe ich wirklich den Engel des HERRN von Angesicht zu Angesicht gesehen?

23 Aber der HERR sprach zu ihm: Friede sei mit dir! Fürchte dich nicht, du wirst nicht sterben.

24 Da baute Gideon dem HERRN dort einen Altar und nannte ihn »Der HERR ist Friede«. Der steht noch bis auf den heutigen Tag in Ofra, der Stadt der Abiësriter.

Gideons Eifer für Gott

25 Und in derselben Nacht sprach der HERR zu ihm: Nimm einen jungen Stier von den Stieren deines Vaters und einen zweiten Stier, der siebenjährig ist, und reiße nieder den Altar Baals, der deinem Vater gehört, und haue um das Bild der Aschera, das dabei steht,

26 und baue dem HERRN, deinem Gott, oben auf der Höhe dieses Felsens einen Altar und rüste ihn zu und nimm den zweiten Stier und bringe ein Brandopfer dar mit dem Holz des Ascherabildes, das du umgehauen hast.

¶ **27** Da nahm Gideon zehn Mann von seinen Leuten und tat, wie ihm der HERR gesagt hatte. Aber er fürchtete sich vor seines Vaters Haus und vor den Leuten in der Stadt, das am Tage zu tun, und tat's in der Nacht.

28 Als nun die Leute in der Stadt früh am Morgen aufstanden, siehe, da war der Altar Baals niedergerissen und das Ascherabild daneben umgehauen und der zweite Stier als Brandopfer dargebracht auf dem Altar, der gebaut war.

29 Und einer sprach zum andern: Wer hat das getan? Und als sie suchten und nachfragten, wurde gesagt: Gideon, der Sohn des Joasch, hat das getan.

¶ **19** So Gideon went into his house and prepared a young goat and unleavened cakes from an ephah[3] of flour. The meat he put in a basket, and the broth he put in a pot, and brought them to him under the terebinth and presented them.

20 And the angel of God said to him, "Take the meat and the unleavened cakes, and put them on this rock, and pour the broth over them." And he did so.

21 Then the angel of the LORD reached out the tip of the staff that was in his hand and touched the meat and the unleavened cakes. And fire sprang up from the rock and consumed the meat and the unleavened cakes. And the angel of the LORD vanished from his sight.

22 Then Gideon perceived that he was the angel of the LORD. And Gideon said, "Alas, O Lord GOD! For now I have seen the angel of the LORD face to face."

23 But the LORD said to him, "Peace be to you. Do not fear; you shall not die."

24 Then Gideon built an altar there to the LORD and called it, The LORD Is Peace. To this day it still stands at Ophrah, which belongs to the Abiezrites.

¶ **25** That night the LORD said to him, "Take your father's bull, and the second bull seven years old, and pull down the altar of Baal that your father has, and cut down the Asherah that is beside it

26 and build an altar to the LORD your God on the top of the stronghold here, with stones laid in due order. Then take the second bull and offer it as a burnt offering with the wood of the Asherah that you shall cut down."

27 So Gideon took ten men of his servants and did as the LORD had told him. But because he was too afraid of his family and the men of the town to do it by day, he did it by night.

Gideon Destroys the Altar of Baal

¶ **28** When the men of the town rose early in the morning, behold, the altar of Baal was broken down, and the Asherah beside it was cut down, and the second bull was offered on the altar that had been built.

29 And they said to one another, "Who has done this thing?" And after they had searched and inquired, they said, "Gideon the son of Joash has done this thing."

30 Da sprachen die Leute der Stadt zu Joasch: Gib deinen Sohn heraus; er muss sterben, weil er den Altar Baals niedergerissen und das Ascherabild daneben umgehauen hat.

31 Joasch aber sprach zu allen, die bei ihm standen: Wollt ihr für Baal streiten? Wollt ihr ihm helfen? Wer für ihn streitet, der soll noch diesen Morgen sterben. Ist er Gott, so streite er für sich selbst, weil sein Altar niedergerissen ist.

32 Von dem Tag an nannte man Gideon Jerubbaal, das heißt »Baal streite mit ihm«, weil er seinen Altar niedergerissen hat.

Gideons Zurüstung zum Kampf

33 Als nun alle Midianiter und Amalekiter und die aus dem Osten sich versammelt hatten, zogen sie herüber und lagerten sich in der Ebene Jesreel.

34 Da erfüllte der Geist des HERRN den Gideon. Und er ließ die Posaune blasen und rief die Abiësriter auf, ihm zu folgen.

35 Und er sandte Botschaft zu ganz Manasse und rief sie auf, dass auch sie ihm folgten. Er sandte auch Botschaft zu Asser und Sebulon und Naftali; die kamen herauf, ihm entgegen.

36 Und Gideon sprach zu Gott: Willst du Israel durch meine Hand erretten, wie du zugesagt hast,

37 so will ich abgeschorene Wolle auf die Tenne legen: Wird der Tau allein auf der Wolle sein und der ganze Boden umher trocken, so will ich daran erkennen, dass du Israel erretten wirst durch meine Hand, wie du zugesagt hast.

38 Und so geschah es. Und als er am andern Morgen früh aufstand, drückte er den Tau aus der Wolle, eine Schale voll Wasser!

39 Und Gideon sprach zu Gott: Dein Zorn entbrenne nicht gegen mich, wenn ich noch einmal rede. Ich will's nur noch einmal versuchen mit der Wolle: Es sei allein auf der Wolle trocken und Tau auf dem ganzen Boden.

40 Und Gott machte es so in derselben Nacht, dass es trocken war allein auf der Wolle und Tau überall auf dem Boden.

30 Then the men of the town said to Joash, "Bring out your son, that he may die, for he has broken down the altar of Baal and cut down the Asherah beside it."

31 But Joash said to all who stood against him, "Will you contend for Baal? Or will you save him? Whoever contends for him shall be put to death by morning. If he is a god, let him contend for himself, because his altar has been broken down."

32 Therefore on that day Gideon[4] was called Jerubbaal, that is to say, "Let Baal contend against him," because he broke down his altar.

33 Now all the Midianites and the Amalekites and the people of the East came together, and they crossed the Jordan and encamped in the Valley of Jezreel.

34 But the Spirit of the LORD clothed Gideon, and he sounded the trumpet, and the Abiezrites were called out to follow him.

35 And he sent messengers throughout all Manasseh, and they too were called out to follow him. [x]And he sent messengers to Asher, Zebulun, and Naphtali, and they went up to meet them.

The Sign of the Fleece

36 Then Gideon said to God, "If you will save Israel by my hand, as you have said,

37 behold, I am laying a fleece of wool on the threshing floor. If there is dew on the fleece alone, and it is dry on all the ground, then I shall know that you will save Israel by my hand, as you have said."

38 And it was so. When he rose early next morning and squeezed the fleece, he wrung enough dew from the fleece to fill a bowl with water.

39 Then Gideon said to God, "Let not your anger burn against me; let me speak just once more. Please let me test just once more with the fleece. Please let it be dry on the fleece only, and on all the ground let there be dew."

40 And God did so that night; and it was dry on the fleece only, and on all the ground there was dew.

Gideons Sieg über Midian

7 Da machte sich Jerubbaal – das ist Gideon – früh auf und das ganze Kriegsvolk, das mit ihm war, und sie lagerten sich an der Quelle Harod, sodass er das Heerlager der Midianiter nördlich von dem Hügel More im Tal hatte.

2 Der HERR aber sprach zu Gideon: Zu zahlreich ist das Volk, das bei dir ist, als dass ich Midian in seine Hände geben sollte; Israel könnte sich rühmen wider mich und sagen: Meine Hand hat mich errettet.

3 So lass nun ausrufen vor den Ohren des Volks: Wer ängstlich und verzagt ist, der kehre um. So sichtete sie Gideon. Da kehrten vom Kriegsvolk zweiundzwanzigtausend um, sodass nur zehntausend übrig blieben.

¶ **4** Und der HERR sprach zu Gideon: Das Volk ist noch zu zahlreich. Führe sie hinab ans Wasser; dort will ich sie dir sichten. Und von wem ich dir sagen werde, dass er mit dir ziehen soll, der soll mit dir ziehen; von wem ich aber sagen werde, dass er nicht mit dir ziehen soll, der soll nicht mitziehen.

5 Und er führte das Volk hinab ans Wasser. Und der HERR sprach zu Gideon: Wer mit seiner Zunge Wasser leckt, wie ein Hund leckt, den stelle besonders; ebenso, wer niederkniet, um zu trinken.

6 Da war die Zahl derer, die geleckt hatten, dreihundert Mann. Alles übrige Volk hatte kniend getrunken aus der Hand zum Mund.

7 Und der HERR sprach zu Gideon: Durch die dreihundert Mann, die geleckt haben, will ich euch erretten und die Midianiter in deine Hände geben; aber alles übrige Volk lass gehen an seinen Ort.

8 Und sie nahmen die Verpflegung des Volks und ihre Posaunen an sich. Aber die übrigen Israeliten ließ er alle gehen, jeden in sein Zelt; die dreihundert Mann aber behielt er bei sich. Und das Heer der Midianiter lag unten vor ihm in der Ebene.

¶ **9** Und der HERR sprach in derselben Nacht zu Gideon: Steh auf und geh hinab zum Lager; denn ich habe es in deine Hände gegeben.

10 Fürchtest du dich aber hinabzugehen, so lass deinen Diener Pura mit dir hinabgehen zum Lager,

11 damit du hörst, was sie reden. Danach werden deine Hände stark sein und du wirst hinabziehen zum Lager. Da ging Gideon mit seinem Diener Pura hinab bis an den Ort der Schildwache, die im Lager war.

Gideon's Three Hundred Men

7 Then Jerubbaal (that is, Gideon) and all the people who were with him rose early and encamped beside the spring of Harod. And the camp of Midian was north of them, by the hill of Moreh, in the valley.

¶ **2** The LORD said to Gideon, "The people with you are too many for me to give the Midianites into their hand, lest Israel boast over me, saying, 'My own hand has saved me.'

3 Now therefore proclaim in the ears of the people, saying, 'Whoever is fearful and trembling, let him return home and hurry away from Mount Gilead.'" Then 22,000 of the people returned, and 10,000 remained.

¶ **4** And the LORD said to Gideon, "The people are still too many. Take them down to the water, and I will test them for you there, and anyone of whom I say to you, 'This one shall go with you,' shall go with you, and anyone of whom I say to you, 'This one shall not go with you,' shall not go."

5 So he brought the people down to the water. And the LORD said to Gideon, "Every one who laps the water with his tongue, as a dog laps, you shall set by himself. Likewise, every one who kneels down to drink."

6 And the number of those who lapped, putting their hands to their mouths, was 300 men, but all the rest of the people knelt down to drink water.

7 And the LORD said to Gideon, "With the 300 men who lapped I will save you and give the Midianites into your hand, and let all the others go every man to his home."

8 So the people took provisions in their hands, and their trumpets. And he sent all the rest of Israel every man to his tent, but retained the 300 men. And the camp of Midian was below him in the valley.

¶ **9** That same night the LORD said to him, "Arise, go down against the camp, for I have given it into your hand.

10 But if you are afraid to go down, go down to the camp with Purah your servant.

11 And you shall hear what they say, and afterward your hands shall be strengthened to go down against the camp." Then he went down with Purah his servant to the outposts of the armed men who were in the camp.

12 Und die Midianiter und Amalekiter und alle aus dem Osten hatten sich niedergelassen in der Ebene wie eine Menge Heuschrecken, und ihre Kamele waren nicht zu zählen wegen ihrer großen Menge wie der Sand am Ufer des Meeres.

¶ **13** Als nun Gideon kam, siehe, da erzählte einer einem andern einen Traum und sprach: Siehe, ich habe geträumt: Ein Laib Gerstenbrot rollte zum Lager der Midianiter; und er kam an das Zelt, stieß es um, dass es einfiel, und kehrte es um, das Oberste zuunterst, sodass das Zelt am Boden lag.

14 Da antwortete der andere: Das ist nichts anderes als das Schwert Gideons, des Sohnes des Joasch, des Israeliten. Gott hat die Midianiter in seine Hände gegeben mit dem ganzen Heerlager.

15 Als Gideon diesen Traum erzählen hörte und seine Auslegung, fiel er anbetend nieder und kam zurück ins Lager Israels und sprach: Macht euch auf, denn der HERR hat das Lager der Midianiter in eure Hände gegeben!

16 Und er teilte die dreihundert Mann in drei Heerhaufen und gab jedem eine Posaune in die Hand und leere Krüge mit Fackeln darin

17 und sprach zu ihnen: Seht auf mich und tut ebenso; wenn ich nun an das Lager komme – wie ich tue, so tut ihr auch!

18 Wenn ich die Posaune blase und alle, die mit mir sind, so sollt ihr auch die Posaune blasen rings um das ganze Heerlager und rufen: Für den HERRN und für Gideon!

¶ **19** So kam Gideon mit hundert Mann an das Lager zu Anfang der mittleren Nachtwache, als sie eben die Wachen aufgestellt hatten, und sie bliesen die Posaunen und zerschlugen die Krüge in ihren Händen.

20 Da bliesen alle drei Heerhaufen die Posaunen und zerbrachen die Krüge. Sie hielten aber die Fackeln in ihrer linken Hand und die Posaunen in ihrer rechten Hand, um zu blasen, und riefen: Hier Schwert des HERRN und Gideons!

21 Und sie blieben stehen, jeder an seiner Stelle, rings um das Lager her. Da fing das ganze Heer an zu laufen und sie schrien und flohen.

12 And the Midianites and the Amalekites and all the people of the East lay along the valley like locusts in abundance, and their camels were without number, as the sand that is on the seashore in abundance.

13 When Gideon came, behold, a man was telling a dream to his comrade. And he said, "Behold, I dreamed a dream, and behold, a cake of barley bread tumbled into the camp of Midian and came to the tent and struck it so that it fell and turned it upside down, so that the tent lay flat."

14 And his comrade answered, "This is no other than the sword of Gideon the son of Joash, a man of Israel; God has given into his hand Midian and all the camp."

¶ **15** As soon as Gideon heard the telling of the dream and its interpretation, he worshiped. And he returned to the camp of Israel and said, "Arise, for the LORD has given the host of Midian into your hand."

16 And he divided the 300 men into three companies and put trumpets into the hands of all of them and empty jars, with torches inside the jars.

17 And he said to them, "Look at me, and do likewise. When I come to the outskirts of the camp, do as I do.

18 When I blow the trumpet, I and all who are with me, then blow the trumpets also on every side of all the camp and shout, 'For the LORD and for Gideon.'"

Gideon Defeats Midian

¶ **19** So Gideon and the hundred men who were with him came to the outskirts of the camp at the beginning of the middle watch, when they had just set the watch. And they blew the trumpets and smashed the jars that were in their hands.

20 Then the three companies blew the trumpets and broke the jars. They held in their left hands the torches, and in their right hands the trumpets to blow. And they cried out, "A sword for the LORD and for Gideon!"

21 Every man stood in his place around the camp, and all the army ran. They cried out and fled.

22 Und während die dreihundert Mann die Posaunen bliesen, schaffte der Herr, dass im ganzen Heerlager eines jeden Schwert gegen den andern war. Und das Heer floh bis Bet-Schitta auf Zereda zu, bis an die Grenze von Abel-Mehola bei Tabbat.

¶ **23** Und die Männer Israels von Naftali, von Asser und von ganz Manasse wurden zusammengerufen und jagten den Midianitern nach.

24 Und Gideon sandte Botschaft auf das ganze Gebirge Ephraim und ließ sagen: Kommt herab den Midianitern entgegen und nehmt ihnen die Wasserstellen weg bis nach Bet-Bara und auch den Jordan. Da wurden zusammengerufen alle, die von Ephraim waren, und nahmen ihnen die Wasserstellen weg bis nach Bet-Bara und auch den Jordan.

25 Und sie fingen zwei Fürsten der Midianiter, Oreb und Seeb, und erschlugen Oreb am Felsen Oreb* und Seeb bei der Kelter Seeb* und jagten den Midianitern nach und brachten die Häupter Orebs und Seebs zu Gideon über den Jordan.

8 Da sprachen die Männer von Ephraim zu ihm: Warum hast du uns das angetan, dass du uns nicht riefst, als du in den Kampf zogst gegen die Midianiter? Und sie zankten heftig mit ihm.

2 Er aber sprach zu ihnen: Was hab ich jetzt getan, das eurer Tat gleich sei? Ist nicht die Nachlese Ephraims besser als die ganze Weinernte Abiësers?

3 Gott hat die Fürsten der Midianiter, Oreb und Seeb, in eure Hände gegeben. Was hab ich zu tun vermocht gegen das, was ihr getan habt? Als er das sagte, ließ ihr Zorn von ihm ab.

Weitere Taten Gideons und sein Tod

4 Als nun Gideon an den Jordan kam, ging er hinüber mit den dreihundert Mann, die bei ihm waren; die waren müde und jagten den Feinden nach.

5 Da bat er die Leute von Sukkot: Gebt doch dem Volk, das mir auf dem Fuße folgt, Brote; denn sie sind müde und ich muss nachjagen den Königen der Midianiter, Sebach und Zalmunna.

6 Aber die Oberen von Sukkot sprachen: Sind die Fäuste Sebachs und Zalmunnas schon in deinen Händen, dass wir deinem Heer Brot geben sollen?

22 When they blew the 300 trumpets, the Lord set every man's sword against his comrade and against all the army. And the army fled as far as Beth-shittah toward Zererah,[1] as far as the border of Abel-meholah, by Tabbath.

23 And the men of Israel were called out from Naphtali and from Asher and from all Manasseh, and they pursued after Midian.

¶ **24** Gideon sent messengers throughout all the hill country of Ephraim, saying, "Come down against the Midianites and capture the waters against them, as far as Beth-barah, and also the Jordan." So all the men of Ephraim were called out, and they captured the waters as far as Beth-barah, and also the Jordan.

25 And they captured the two princes of Midian, Oreb and Zeeb. They killed Oreb at the rock of Oreb, and Zeeb they killed at the winepress of Zeeb. Then they pursued Midian, and they brought the heads of Oreb and Zeeb to Gideon across the Jordan.

Gideon Defeats Zebah and Zalmunna

8 Then the men of Ephraim said to him, "What is this that you have done to us, not to call us when you went to fight against Midian?" And they accused him fiercely.

2 And he said to them, "What have I done now in comparison with you? Is not the gleaning of the grapes of Ephraim better than the grape harvest of Abiezer?

3 God has given into your hands the princes of Midian, Oreb and Zeeb. What have I been able to do in comparison with you?" Then their anger[1] against him subsided when he said this.

¶ **4** And Gideon came to the Jordan and crossed over, he and the 300 men who were with him, exhausted yet pursuing.

5 So he said to the men of Succoth, "Please give loaves of bread to the people who follow me, for they are exhausted, and I am pursuing after Zebah and Zalmunna, the kings of Midian."

6 And the officials of Succoth said, "Are the hands of Zebah and Zalmunna already in your hand, that we should give bread to your army?"

7 Gideon sprach: Wohlan, wenn der HERR Sebach und Zalmunna in meine Hand gibt, will ich euer Fleisch mit Dornen aus der Wüste und mit Stacheln zerdreschen.

8 Und er zog von dort hinauf nach Pnuël und redete ebenso mit ihnen. Und die Leute von Pnuël antworteten ihm dasselbe wie die von Sukkot.

9 Und er sprach auch zu den Leuten von Pnuël: Komm ich heil wieder, so will ich diese Burg niederreißen.

¶ **10** Sebach aber und Zalmunna waren in Karkor und ihr Heerlager mit ihnen, etwa fünfzehntausend, alle, die übrig geblieben waren vom ganzen Heer derer aus dem Osten; denn hundertundzwanzigtausend waren gefallen, die das Schwert ziehen konnten.

11 Und Gideon zog herauf auf der Straße derer, die in Zelten wohnen, östlich von Nobach und Jogboha, und schlug das Heerlager, während es ohne Sorge lagerte.

12 Und Sebach und Zalmunna flohen; aber er jagte ihnen nach und nahm gefangen die beiden Könige der Midianiter, Sebach und Zalmunna, und setzte das ganze Heerlager in Schrecken.

¶ **13** Als nun Gideon, der Sohn des Joasch, vom Kampf zurückkam, auf der Steige von Heres,

14 griff er sich einen Knaben von den Leuten von Sukkot und fragte ihn aus. Der schrieb ihm auf die Oberen von Sukkot und ihre Ältesten, siebenundsiebzig Mann.

15 Und er kam zu den Leuten von Sukkot und sprach: Siehe, hier sind Sebach und Zalmunna, um derentwillen ihr mich verspottet habt und gesprochen: Ist denn Sebachs und Zalmunnas Faust schon in deinen Händen, dass wir deinen Leuten, die müde sind, Brot geben sollen?

16 Und er nahm die Ältesten der Stadt und holte Dornen aus der Wüste und Stacheln und ließ es die Leute zu Sukkot fühlen.

17 Und die Burg von Pnuël riss er nieder und erschlug die Leute der Stadt.

¶ **18** Und Gideon sprach zu Sebach und Zalmunna: Wie waren die Männer, die ihr am Tabor erschlagen habt? Sie sprachen: Sie waren wie du, jeder anzusehen wie ein Königssohn.

19 Er aber sprach: Es sind meine Brüder, meiner Mutter Söhne, gewesen. So wahr der HERR lebt: Wenn ihr sie am Leben gelassen hättet, würde ich euch nicht töten.

7 So Gideon said, "Well then, when the LORD has given Zebah and Zalmunna into my hand, I will flail your flesh with the thorns of the wilderness and with briers."

8 And from there he went up to Penuel, and spoke to them in the same way, and the men of Penuel answered him as the men of Succoth had answered.

9 And he said to the men of Penuel, "When I come again in peace, I will break down this tower."

¶ **10** Now Zebah and Zalmunna were in Karkor with their army, about 15,000 men, all who were left of all the army of the people of the East, for there had fallen 120,000 men who drew the sword.

11 And Gideon went up by the way of the tent dwellers east of Nobah and Jogbehah and attacked the army, for the army felt secure.

12 And Zebah and Zalmunna fled, and he pursued them and captured the two kings of Midian, Zebah and Zalmunna, and he threw all the army into a panic.

¶ **13** Then Gideon the son of Joash returned from the battle by the ascent of Heres.

14 And he captured a young man of Succoth and questioned him. And he wrote down for him the officials and elders of Succoth, seventy-seven men.

15 And he came to the men of Succoth and said, "Behold Zebah and Zalmunna, about whom you taunted me, saying, 'Are the hands of Zebah and Zalmunna already in your hand, that we should give bread to your men who are exhausted?'"

16 And he took the elders of the city, and he took thorns of the wilderness and briers and with them taught the men of Succoth a lesson.

17 And he broke down the tower of Penuel and killed the men of the city.

¶ **18** Then he said to Zebah and Zalmunna, "Where are the men whom you killed at Tabor?" They answered, "As you are, so were they. Every one of them resembled the son of a king."

19 And he said, "They were my brothers, the sons of my mother. As the LORD lives, if you had saved them alive, I would not kill you."

20 Und er sprach zu seinem erstgeborenen Sohn Jeter: Steh auf und erschlage sie. Aber der Knabe zog sein Schwert nicht; denn er fürchtete sich, weil er noch ein Knabe war.

21 Sebach aber und Zalmunna sprachen: Steh du auf und mache dich an uns; denn wie der Mann ist, so ist auch seine Kraft. Da stand Gideon auf und erschlug Sebach und Zalmunna und nahm die kleinen Monde, die an den Hälsen ihrer Kamele waren.

¶ **22** Da sprachen die Männer von Israel zu Gideon: Sei Herrscher über uns, du und dein Sohn und deines Sohnes Sohn, weil du uns aus der Hand der Midianiter errettet hast.

23 Aber Gideon sprach zu ihnen: Ich will nicht Herrscher über euch sein, und mein Sohn soll auch nicht Herrscher über euch sein, sondern der HERR soll Herrscher über euch sein.

24 Und Gideon sprach zu ihnen: Eins begehre ich von euch: Jeder gebe mir die Ringe, die er als Beute genommen hat. Denn weil es Ismaeliter waren, hatten sie goldene Ringe.

25 Sie sprachen: Die wollen wir geben. Und sie breiteten einen Mantel aus und ein jeder warf die Ringe darauf, die er als Beute genommen hatte.

26 Und die goldenen Ringe, die er gefordert hatte, wogen tausendsiebenhundert Lot Gold ohne die kleinen Monde und Ohrringe und Purpurkleider, die die Könige der Midianiter getragen hatten, und ohne die Spangen ihrer Kamele.

27 Und Gideon machte einen Efod daraus und stellte ihn in seiner Stadt Ofra auf. Und ganz Israel trieb dort mit ihm Abgötterei. Und er wurde Gideon und seinem Hause zum Fallstrick.

¶ **28** So wurden die Midianiter gedemütigt vor den Israeliten und hoben ihren Kopf nicht mehr empor. Und das Land hatte Ruhe vierzig Jahre, solange Gideon lebte.

¶ **29** Und Jerubbaal, der Sohn des Joasch, ging hin und wohnte in seinem Hause.

30 Und Gideon hatte siebzig leibliche Söhne, denn er hatte viele Frauen.

31 Auch seine Nebenfrau, die er in Sichem hatte, gebar ihm einen Sohn; den nannte er Abimelech.

32 Und Gideon, der Sohn des Joasch, starb in hohem Alter und wurde begraben im Grab seines Vaters Joasch in Ofra, der Stadt der Abiësriter.

20 So he said to Jether his firstborn, "Rise and kill them!" But the young man did not draw his sword, for he was afraid, because he was still a young man.

21 Then Zebah and Zalmunna said, "Rise yourself and fall upon us, for as the man is, so is his strength." And Gideon arose and killed Zebah and Zalmunna, and he took the crescent ornaments that were on the necks of their camels.

Gideon's Ephod

¶ **22** Then the men of Israel said to Gideon, "Rule over us, you and your son and your grandson also, for you have saved us from the hand of Midian."

23 Gideon said to them, "I will not rule over you, and my son will not rule over you; the LORD will rule over you."

24 And Gideon said to them, "Let me make a request of you: every one of you give me the earrings from his spoil." (For they had golden earrings, because they were Ishmaelites.)

25 And they answered, "We will willingly give them." And they spread a cloak, and every man threw in it the earrings of his spoil.

26 And the weight of the golden earrings that he requested was 1,700 shekels[2] of gold, besides the crescent ornaments and the pendants and the purple garments worn by the kings of Midian, and besides the collars that were around the necks of their camels.

27 And Gideon made an ephod of it and put it in his city, in Ophrah. And all Israel whored after it there, and it became a snare to Gideon and to his family.

28 So Midian was subdued before the people of Israel, and they raised their heads no more. And the land had rest forty years in the days of Gideon.

The Death of Gideon

¶ **29** Jerubbaal the son of Joash went and lived in his own house.

30 Now Gideon had seventy sons, his own offspring,[3] for he had many wives.

31 And his concubine who was in Shechem also bore him a son, and he called his name Abimelech.

32 And Gideon the son of Joash died in a good old age and was buried in the tomb of Joash his father, at Ophrah of the Abiezrites.

¶ **33** Als aber Gideon gestorben war, kehrten sich die Israeliten ab und liefen den Baalen nach und machten Baal-Berit zu ihrem Gott.

34 Und sie dachten nicht an den HERRN, ihren Gott, der sie errettet hatte aus der Hand aller ihrer Feinde ringsumher,

35 und erzeigten sich nicht dankbar dem Hause des Jerubbaal – das ist Gideon – für alles Gute, das er an Israel getan hatte.

Abimelechs Königtum

9 Abimelech aber, der Sohn Jerubbaals, ging hin nach Sichem zu den Brüdern seiner Mutter und redete mit ihnen und mit dem ganzen Geschlecht des Hauses seiner Mutter und sprach:

2 Redet doch vor den Ohren aller Männer von Sichem: Was ist euch besser, dass siebzig Männer, alle die Söhne Jerubbaals, über euch Herrscher seien oder dass **ein** Mann über euch Herrscher sei? Denkt auch daran, dass ich euer Gebein und Fleisch bin.

¶ **3** Da redeten die Brüder seiner Mutter seinetwegen alle diese Worte vor den Ohren aller Männer von Sichem. Und ihr Herz neigte sich Abimelech zu; denn sie dachten: Er ist unser Bruder.

4 Und sie gaben ihm siebzig Silberstücke aus dem Tempel des Baal-Berit. Und Abimelech warb damit lose, verwegene Männer an, die ihm nachfolgten.

5 Und er kam in das Haus seines Vaters nach Ofra und tötete seine Brüder, die Söhne Jerubbaals, siebzig Mann, auf **einem** Stein. Es blieb aber übrig Jotam, der jüngste Sohn Jerubbaals; denn er hatte sich versteckt.

6 Und es versammelten sich alle Männer von Sichem und alle Bewohner des Millo, gingen hin und machten Abimelech zum König bei der Eiche am Steinmal von Sichem.

¶ **7** Als das dem Jotam angesagt wurde, ging er hin und stellte sich auf den Gipfel des Berges Garizim, erhob seine Stimme, rief und sprach zu ihnen: Höret mich, ihr Männer von Sichem, dass euch Gott auch höre.

¶ **8** Die Bäume gingen hin, um einen König über sich zu salben, und sprachen zum Ölbaum: Sei unser König!

9 Aber der Ölbaum antwortete ihnen: Soll ich meine Fettigkeit lassen, die Götter und Menschen an mir preisen, und hingehen, über den Bäumen zu schweben?

10 Da sprachen die Bäume zum Feigenbaum: Komm du und sei unser König!

¶ **33** As soon as Gideon died, the people of Israel turned again and whored after the Baals and made Baal-berith their god.

34 And the people of Israel did not remember the LORD their God, who had delivered them from the hand of all their enemies on every side,

35 and they did not show steadfast love to the family of Jerubbaal (that is, Gideon) in return for all the good that he had done to Israel.

Abimelech's Conspiracy

9 Now Abimelech the son of Jerubbaal went to Shechem to his mother's relatives and said to them and to the whole clan of his mother's family,

2 "Say in the ears of all the leaders of Shechem, 'Which is better for you, that all seventy of the sons of Jerubbaal rule over you, or that one rule over you?' Remember also that I am your bone and your flesh."

¶ **3** And his mother's relatives spoke all these words on his behalf in the ears of all the leaders of Shechem, and their hearts inclined to follow Abimelech, for they said, "He is our brother."

4 And they gave him seventy pieces of silver out of the house of Baal-berith with which Abimelech hired worthless and reckless fellows, who followed him.

5 And he went to his father's house at Ophrah and killed his brothers the sons of Jerubbaal, seventy men, on one stone. But Jotham the youngest son of Jerubbaal was left, for he hid himself.

6 And all the leaders of Shechem came together, and all Beth-millo, and they went and made Abimelech king, by the oak of the pillar at Shechem.

¶ **7** When it was told to Jotham, he went and stood on top of Mount Gerizim and cried aloud and said to them, "Listen to me, you leaders of Shechem, that God may listen to you.

8 The trees once went out to anoint a king over them, and they said to the olive tree, 'Reign over us.'

9 But the olive tree said to them, 'Shall I leave my abundance, by which gods and men are honored, and go hold sway over the trees?'

10 And the trees said to the fig tree, 'You come and reign over us.'

11 Aber der Feigenbaum sprach zu ihnen: Soll ich meine Süßigkeit und meine gute Frucht lassen und hingehen, über den Bäumen zu schweben?

12 Da sprachen die Bäume zum Weinstock: Komm du und sei unser König!

13 Aber der Weinstock sprach zu ihnen: Soll ich meinen Wein lassen, der Götter und Menschen fröhlich macht, und hingehen, über den Bäumen zu schweben?

14 Da sprachen alle Bäume zum Dornbusch: Komm du und sei unser König!

15 Und der Dornbusch sprach zu den Bäumen: Ist's wahr, dass ihr mich zum König über euch salben wollt, so kommt und bergt euch in meinem Schatten; wenn nicht, so gehe Feuer vom Dornbusch aus und verzehre die Zedern Libanons.

¶ **16** Habt ihr nun recht und redlich getan, dass ihr Abimelech zum König gemacht habt? Und habt ihr wohlgetan an Jerubbaal und an seinem Hause, und habt ihr ihm getan, wie er's um euch verdient hat?

17 Denn mein Vater hat für euch gekämpft und sein Leben gewagt, um euch aus der Hand der Midianiter zu erretten.

18 Aber ihr habt euch heute gegen meines Vaters Haus aufgelehnt und seine Söhne getötet, siebzig Mann auf **einem** Stein, und habt Abimelech, seiner Magd Sohn, zum König über die Männer von Sichem gemacht, weil er euer Bruder ist.

19 Habt ihr nun heute recht und redlich gehandelt an Jerubbaal und an seinem Hause, so seid fröhlich über Abimelech und er sei fröhlich über euch.

20 Wenn nicht, so gehe Feuer aus von Abimelech und verzehre die Männer von Sichem und die Bewohner des Millo, und gehe auch Feuer aus von den Männern von Sichem und von den Bewohnern des Millo und verzehre Abimelech.

21 Und Jotam floh vor seinem Bruder Abimelech und entwich und ging nach Beer und wohnte dort.

¶ **22** Als nun Abimelech drei Jahre über Israel geherrscht hatte,

23 sandte Gott einen bösen Geist zwischen Abimelech und die Männer von Sichem. Und die Männer von Sichem wurden Abimelech untreu,

11 But the fig tree said to them, 'Shall I leave my sweetness and my good fruit and go hold sway over the trees?'

12 And the trees said to the vine, 'You come and reign over us.'

13 But the vine said to them, 'Shall I leave my wine that cheers God and men and go hold sway over the trees?'

14 Then all the trees said to the bramble, 'You come and reign over us.'

15 And the bramble said to the trees, 'If in good faith you are anointing me king over you, then come and take refuge in my shade, but if not, let fire come out of the bramble and devour the cedars of Lebanon.'

¶ **16** "Now therefore, if you acted in good faith and integrity when you made Abimelech king, and if you have dealt well with Jerubbaal and his house and have done to him as his deeds deserved—

17 for my father fought for you and risked his life and delivered you from the hand of Midian,

18 and you have risen up against my father's house this day and have killed his sons, seventy men on one stone, and have made Abimelech, the son of his female servant, king over the leaders of Shechem, because he is your relative—

19 if you then have acted in good faith and integrity with Jerubbaal and with his house this day, then rejoice in Abimelech, and let him also rejoice in you.

20 But if not, let fire come out from Abimelech and devour the leaders of Shechem and Beth-millo; and let fire come out from the leaders of Shechem and from Beth-millo and devour Abimelech."

21 And Jotham ran away and fled and went to Beer and lived there, because of Abimelech his brother.

The Downfall of Abimelech

¶ **22** Abimelech ruled over Israel three years.

23 And God sent an evil spirit between Abimelech and the leaders of Shechem, and the leaders of Shechem dealt treacherously with Abimelech,

24 damit der Frevel an den siebzig Söhnen Jerubbaals und ihr Blut käme auf Abimelech, ihren Bruder, der sie getötet hatte, und auf die Männer von Sichem, die ihm seine Hand dazu gestärkt hatten, dass er seine Brüder tötete.

25 Und die Männer von Sichem legten einen Hinterhalt auf den Höhen der Berge und beraubten alle, die auf der Straße bei ihnen vorüberkamen. Und es wurde Abimelech angesagt.

¶ **26** Es kamen aber Gaal, der Sohn Ebeds, und seine Brüder und zogen in Sichem ein. Und die Männer von Sichem verließen sich auf ihn

27 und zogen hinaus aufs Feld und ernteten ihre Weinberge ab und kelterten und hielten ein Freudenfest und gingen in das Haus ihres Gottes, aßen und tranken und fluchten dem Abimelech.

28 Und Gaal, der Sohn Ebeds, sprach: Wer ist Abimelech und wer ist denn dieser Sichemiter, dass wir ihm dienen sollten? Ist er nicht Jerubbaals Sohn und hat Sebul, seinen Vogt, hergesetzt? Dienet den Leuten Hamors, des Vaters von Sichem! Warum sollten wir jenem dienen?

29 Wollte Gott, das Volk wäre unter meiner Hand, so würde ich den Abimelech vertreiben und ihm sagen: Mehre dein Heer und zieh in den Kampf!

¶ **30** Als aber Sebul, der Stadthauptmann, die Worte Gaals, des Sohnes Ebeds, hörte, entbrannte sein Zorn

31 und er sandte heimlich Botschaft zu Abimelech und ließ ihm sagen: Siehe, Gaal, der Sohn Ebeds, und seine Brüder sind nach Sichem gekommen und machen dir die Stadt aufrührerisch.

32 So mach dich nun auf bei Nacht, du und dein Volk, das bei dir ist, und lege einen Hinterhalt im Felde.

33 Und am Morgen, wenn die Sonne aufgeht, mache dich auf und überfalle die Stadt. Und wenn er und das Volk, das bei ihm ist, gegen dich hinauszieht, so tu mit ihm, wie du es vermagst.

¶ **34** Abimelech machte sich auf bei Nacht und alles Volk, das bei ihm war, und sie legten einen Hinterhalt gegen Sichem mit vier Heerhaufen.

35 Und Gaal, der Sohn Ebeds, zog heraus und trat vor das Stadttor. Aber Abimelech machte sich auf aus dem Hinterhalt samt dem Volk, das mit ihm war.

36 Als nun Gaal das Volk sah, sprach er zu Sebul: Siehe, da kommt Kriegsvolk von der Höhe des Gebirges herab. Sebul aber sprach zu ihm: Du siehst die Schatten der Berge für Leute an.

24 that the violence done to the seventy sons of Jerubbaal might come, and their blood be laid on Abimelech their brother, who killed them, and on the men of Shechem, who strengthened his hands to kill his brothers.

25 And the leaders of Shechem put men in ambush against him on the mountaintops, and they robbed all who passed by them along that way. And it was told to Abimelech.

¶ **26** And Gaal the son of Ebed moved into Shechem with his relatives, and the leaders of Shechem put confidence in him.

27 And they went out into the field and gathered the grapes from their vineyards and trod them and held a festival; and they went into the house of their god and ate and drank and reviled Abimelech.

28 And Gaal the son of Ebed said, "Who is Abimelech, and who are we of Shechem, that we should serve him? Is he not the son of Jerubbaal, and is not Zebul his officer? Serve the men of Hamor the father of Shechem; but why should we serve him?

29 Would that this people were under my hand! Then I would remove Abimelech. I would say[1] to Abimelech, 'Increase your army, and come out.'"

¶ **30** When Zebul the ruler of the city heard the words of Gaal the son of Ebed, his anger was kindled.

31 And he sent messengers to Abimelech secretly,[2] saying, "Behold, Gaal the son of Ebed and his relatives have come to Shechem, and they are stirring up[3] the city against you.

32 Now therefore, go by night, you and the people who are with you, and set an ambush in the field.

33 Then in the morning, as soon as the sun is up, rise early and rush upon the city. And when he and the people who are with him come out against you, you may do to them as your hand finds to do."

¶ **34** So Abimelech and all the men who were with him rose up by night and set an ambush against Shechem in four companies.

35 And Gaal the son of Ebed went out and stood in the entrance of the gate of the city, and Abimelech and the people who were with him rose from the ambush.

36 And when Gaal saw the people, he said to Zebul, "Look, people are coming down from the mountaintops!" And Zebul said to him, "You mistake[4] the shadow of the mountains for men."

37 Gaal redete noch weiter und sprach: Siehe, Kriegsvolk kommt herab vom Nabel der Erde*, und ein Heerhaufe kommt daher auf dem Wege von der Zaubereiche.

38 Da sprach Sebul zu ihm: Wo ist nun dein Maul, das da sagte: Wer ist Abimelech, dass wir ihm dienen sollten? Ist das nicht das Kriegsvolk, das du verachtet hast? Zieh nun hin und kämpfe mit ihm!

¶ **39** Gaal zog aus vor den Männern von Sichem her und kämpfte mit Abimelech.

40 Aber Abimelech jagte ihm nach, dass er vor ihm floh, und viele blieben erschlagen liegen bis an das Tor.

41 Und Abimelech blieb in Aruma. Sebul aber verjagte den Gaal und seine Brüder, sodass sie in Sichem nicht bleiben konnten.

¶ **42** Am Morgen aber ging das Volk heraus aufs Feld. Als das Abimelech angesagt wurde,

43 nahm er das Kriegsvolk, teilte es in drei Heerhaufen und legte einen Hinterhalt im Feld. Als er nun sah, dass das Volk aus der Stadt ging, erhob er sich gegen sie und erschlug sie.

44 Abimelech und der Heerhaufe, der bei ihm war, überfielen sie und stellten sich am Stadttor auf. Die beiden andern Heerhaufen aber überfielen alle, die auf dem Felde waren, und erschlugen sie.

45 So kämpfte Abimelech gegen die Stadt den ganzen Tag und eroberte sie und tötete das Volk, das darin war, und zerstörte die Stadt und streute Salz darauf.

¶ **46** Als das alle Männer der Burg von Sichem hörten, gingen sie in das Gewölbe des Tempels des Baal-Berit.

47 Und als Abimelech hörte, dass sich alle Männer der Burg von Sichem versammelt hatten,

48 ging er auf den Berg Zalmon mit seinem ganzen Kriegsvolk, das bei ihm war, und nahm eine Axt in seine Hand und hieb einen Ast vom Baum und hob ihn auf und legte ihn auf seine Schulter und sprach zu allem Volk, das mit ihm war: Was ihr mich tun seht, das beeilt euch, auch zu tun.

49 Da hieb jeder vom Volk einen Ast ab, und sie folgten Abimelech und legten die Äste auf das Gewölbe und setzten über ihnen das Gewölbe in Brand, sodass auch alle in der Burg von Sichem starben, etwa tausend Männer und Frauen.

Abimelechs Ende

50 Abimelech aber zog nach Tebez, belagerte es und eroberte es.

37 Gaal spoke again and said, "Look, people are coming down from the center of the land, and one company is coming from the direction of the Diviners' Oak."

38 Then Zebul said to him, "Where is your mouth now, you who said, 'Who is Abimelech, that we should serve him?' Are not these the people whom you despised? Go out now and fight with them."

39 And Gaal went out at the head of the leaders of Shechem and fought with Abimelech.

40 And Abimelech chased him, and he fled before him. And many fell wounded, up to the entrance of the gate.

41 And Abimelech lived at Arumah, and Zebul drove out Gaal and his relatives, so that they could not dwell at Shechem.

¶ **42** On the following day, the people went out into the field, and Abimelech was told.

43 He took his people and divided them into three companies and set an ambush in the fields. And he looked and saw the people coming out of the city. So he rose against them and killed them.

44 Abimelech and the company that was with him rushed forward and stood at the entrance of the gate of the city, while the two companies rushed upon all who were in the field and killed them.

45 And Abimelech fought against the city all that day. He captured the city and killed the people who were in it, and he razed the city and sowed it with salt.

¶ **46** When all the leaders of the Tower of Shechem heard of it, they entered the stronghold of the house of El-berith.

47 Abimelech was told that all the leaders of the Tower of Shechem were gathered together.

48 And Abimelech went up to Mount Zalmon, he and all the people who were with him. And Abimelech took an axe in his hand and cut down a bundle of brushwood and took it up and laid it on his shoulder. And he said to the men who were with him, "What you have seen me do, hurry and do as I have done."

49 So every one of the people cut down his bundle and following Abimelech put it against the stronghold, and they set the stronghold on fire over them, so that all the people of the Tower of Shechem also died, about 1,000 men and women.

¶ **50** Then Abimelech went to Thebez and encamped against Thebez and captured it.

51 Es war aber eine starke Burg mitten in der Stadt. Dahin flohen alle Männer und Frauen und alle Bürger der Stadt, schlossen hinter sich zu und stiegen auf das Dach der Burg.

¶ **52** Da kam Abimelech zur Burg und kämpfte gegen sie und näherte sich dem Burgtor, um es mit Feuer zu verbrennen.

53 Aber eine Frau warf einen Mühlstein Abimelech auf den Kopf und zerschmetterte ihm den Schädel.

54 Da rief Abimelech eilends seinen Waffenträger herbei und sprach zu ihm: Zieh dein Schwert und töte mich, dass man nicht von mir sage: Eine Frau hat ihn erschlagen. Da durchstach ihn sein Waffenträger und er starb.

55 Als aber die Israeliten, die mit ihm waren, sahen, dass Abimelech tot war, ging jeder heim.

56 So vergalt Gott dem Abimelech das Böse, das er seinem Vater angetan hatte, als er seine siebzig Brüder tötete.

57 Desgleichen alle bösen Taten der Männer von Sichem vergalt ihnen Gott auf ihren Kopf, und es kam über sie der Fluch Jotams, des Sohnes Jerubbaals.

Die Richter Tola und Jaïr

10 Nach Abimelech stand auf, Israel zu erretten, Tola, ein Mann aus Issachar, ein Sohn Puwas, des Sohnes Dodos. Er wohnte in Schamir auf dem Gebirge Ephraim

2 und richtete Israel dreiundzwanzig Jahre und starb und wurde begraben in Schamir.

¶ **3** Nach ihm stand auf Jaïr, ein Gileaditer, und richtete Israel zweiundzwanzig Jahre.

4 Der hatte dreißig Söhne, die auf dreißig Eseln ritten. Und sie hatten dreißig Städte, die heißen »Dörfer Jaïrs« bis auf diesen Tag und liegen in Gilead.

5 Und Jaïr starb und wurde begraben in Kamon.

Gericht über Israels Untreue

6 Aber die Israeliten taten wiederum, was dem HERRN missfiel, und dienten den Baalen und den Astarten und den Göttern von Aram und den Göttern von Sidon und den Göttern Moabs und den Göttern der Ammoniter und den Göttern der Philister und verließen den HERRN und dienten ihm nicht.

7 Da entbrannte der Zorn des HERRN über Israel und er verkaufte sie unter die Hand der Philister und Ammoniter.

51 But there was a strong tower within the city, and all the men and women and all the leaders of the city fled to it and shut themselves in, and they went up to the roof of the tower.

52 And Abimelech came to the tower and fought against it and drew near to the door of the tower to burn it with fire.

53 And a certain woman threw an upper millstone on Abimelech's head and crushed his skull.

54 Then he called quickly to the young man his armor-bearer and said to him, "Draw your sword and kill me, lest they say of me, 'A woman killed him.'" And his young man thrust him through, and he died.

55 And when the men of Israel saw that Abimelech was dead, everyone departed to his home.

56 Thus God returned the evil of Abimelech, which he committed against his father in killing his seventy brothers.

57 And God also made all the evil of the men of Shechem return on their heads, and upon them came the curse of Jotham the son of Jerubbaal.

Tola and Jair

10 After Abimelech there arose to save Israel Tola the son of Puah, son of Dodo, a man of Issachar, and he lived at Shamir in the hill country of Ephraim.

2 And he judged Israel twenty-three years. Then he died and was buried at Shamir.

¶ **3** After him arose Jair the Gileadite, who judged Israel twenty-two years.

4 And he had thirty sons who rode on thirty donkeys, and they had thirty cities, called Havvoth-jair to this day, which are in the land of Gilead.

5 And Jair died and was buried in Kamon.

Further Disobedience and Oppression

¶ **6** The people of Israel again did what was evil in the sight of the LORD and served the Baals and the Ashtaroth, the gods of Syria, the gods of Sidon, the gods of Moab, the gods of the Ammonites, and the gods of the Philistines. And they forsook the LORD and did not serve him.

7 So the anger of the LORD was kindled against Israel, and he sold them into the hand of the Philistines and into the hand of the Ammonites,

8 Und sie zertraten und zerschlugen Israel zu jener Zeit achtzehn Jahre lang, nämlich ganz Israel jenseits des Jordans im Land der Amoriter, das in Gilead liegt.

9 Dazu zogen die Ammoniter über den Jordan und kämpften gegen Juda, Benjamin und das Haus Ephraim, sodass Israel sehr geängstigt wurde.

¶ **10** Da schrien die Israeliten zu dem Herrn und sprachen: Wir haben an dir gesündigt, denn wir haben unsern Gott verlassen und den Baalen gedient.

11 Aber der Herr sprach zu den Israeliten: Haben euch nicht auch unterdrückt die Ägypter, die Amoriter, die Ammoniter, die Philister,

12 die Sidonier, die Amalekiter und Maoniter? Aber ich half euch aus ihren Händen, als ihr zu mir schriet.

13 Dennoch habt ihr mich verlassen und andern Göttern gedient. Darum will ich euch nicht mehr erretten.

14 Geht hin und schreit zu den Göttern, die ihr erwählt habt; lasst diese euch helfen zur Zeit eurer Bedrängnis!

15 Aber die Israeliten sprachen zum Herrn: Wir haben gesündigt, mache du es mit uns, wie dir's gefällt; nur errette uns heute!

16 Und sie taten von sich die fremden Götter und dienten dem Herrn. Da jammerte es ihn, dass Israel so geplagt wurde.

Der Richter Jeftah

17 Und die Ammoniter wurden aufgeboten und lagerten sich in Gilead; aber Israel versammelte sich und lagerte sich in Mizpa.

18 Und die Oberen des Volks von Gilead sprachen untereinander: Wer ist der Mann, der anfängt, mit den Ammonitern zu kämpfen? Der soll das Haupt sein über alle, die in Gilead wohnen.

11 Jeftah, ein Gileaditer, war ein streitbarer Mann, aber der Sohn einer Hure. Gilead hatte Jeftah gezeugt.

2 Als aber die Ehefrau Gileads ihm Söhne gebar und die Söhne dieser Frau groß wurden, stießen sie Jeftah aus und sprachen zu ihm: Du sollst nicht erben in unserer Familie, denn du bist der Sohn einer andern.

3 Da floh er vor seinen Brüdern und wohnte im Lande Tob. Und es sammelten sich bei ihm lose Leute und zogen mit ihm aus.

8 and they crushed and oppressed the people of Israel that year. For eighteen years they oppressed all the people of Israel who were beyond the Jordan in the land of the Amorites, which is in Gilead.

9 And the Ammonites crossed the Jordan to fight also against Judah and against Benjamin and against the house of Ephraim, so that Israel was severely distressed.

¶ **10** And the people of Israel cried out to the Lord, saying, "We have sinned against you, because we have forsaken our God and have served the Baals."

11 And the Lord said to the people of Israel, "Did I not save you from the Egyptians and from the Amorites, from the Ammonites and from the Philistines?

12 The Sidonians also, and the Amalekites and the Maonites oppressed you, and you cried out to me, and I saved you out of their hand.

13 Yet you have forsaken me and served other gods; therefore I will save you no more.

14 Go and cry out to the gods whom you have chosen; let them save you in the time of your distress."

15 And the people of Israel said to the Lord, "We have sinned; do to us whatever seems good to you. Only please deliver us this day."

16 So they put away the foreign gods from among them and served the Lord, and he became impatient over the misery of Israel.

¶ **17** Then the Ammonites were called to arms, and they encamped in Gilead. And the people of Israel came together, and they encamped at Mizpah.

18 And the people, the leaders of Gilead, said one to another, "Who is the man who will begin to fight against the Ammonites? He shall be head over all the inhabitants of Gilead."

Jephthah Delivers Israel

11 Now Jephthah the Gileadite was a mighty warrior, but he was the son of a prostitute. Gilead was the father of Jephthah.

2 And Gilead's wife also bore him sons. And when his wife's sons grew up, they drove Jephthah out and said to him, "You shall not have an inheritance in our father's house, for you are the son of another woman."

3 Then Jephthah fled from his brothers and lived in the land of Tob, and worthless fellows collected around Jephthah and went out with him.

¶ **4** Und einige Zeit danach kämpften die Ammoniter mit Israel.

5 Als nun die Ammoniter mit Israel kämpften, gingen die Ältesten von Gilead hin, um Jeftah aus dem Lande Tob zu holen,

6 und sprachen zu ihm: Komm und sei unser Hauptmann, damit wir gegen die Ammoniter kämpfen.

7 Aber Jeftah sprach zu den Ältesten von Gilead: Seid ihr es nicht, die mich hassen und aus meiner Familie ausgestoßen haben? Und nun kommt ihr zu mir, weil ihr in Bedrängnis seid?

8 Die Ältesten von Gilead sprachen zu Jeftah: Darum kommen wir nun wieder zu dir, damit du mit uns ziehst und uns hilfst, gegen die Ammoniter zu kämpfen, und unser Haupt seist über alle, die in Gilead wohnen.

9 Jeftah sprach zu den Ältesten von Gilead: Wenn ihr mich wieder holt, um gegen die Ammoniter zu kämpfen, und der HERR sie mir in die Hand gibt, soll ich dann euer Haupt sein?

10 Die Ältesten von Gilead sprachen zu Jeftah: Der HERR sei Ohrenzeuge zwischen uns und strafe uns, wenn wir nicht tun, wie du gesagt hast.

11 So ging Jeftah mit den Ältesten von Gilead und das Volk setzte ihn zum Haupt und Obersten über sich. Und Jeftah redete alles, was er zu sagen hatte, vor dem HERRN in Mizpa.

¶ **12** Dann sandte Jeftah Botschaft zum König der Ammoniter und ließ ihm sagen: Was hast du mit mir zu schaffen, dass du zu mir kommst, um gegen mein Land zu kämpfen?

13 Der König der Ammoniter antwortete den Boten Jeftahs: Weil Israel mein Land genommen hat, als sie aus Ägypten zogen, vom Arnon an bis an den Jabbok und bis an den Jordan, so gib mir's nun gutwillig zurück.

¶ **14** Jeftah aber sandte abermals Boten zum König der Ammoniter;

15 die sprachen zu ihm: So spricht Jeftah: Israel hat kein Land genommen, weder den Moabitern noch den Ammonitern.

16 Denn als sie aus Ägypten heraufkamen, zog Israel durch die Wüste bis ans Schilfmeer und kam nach Kadesch.

17 Da sandte Israel Boten zum König der Edomiter und sprach: Lass mich durch dein Land ziehen. Aber der König der Edomiter hörte nicht auf sie. Auch sandten sie zum König der Moabiter; der wollte auch nicht. So blieb Israel in Kadesch

¶ **4** After a time the Ammonites made war against Israel.

5 And when the Ammonites made war against Israel, the elders of Gilead went to bring Jephthah from the land of Tob.

6 And they said to Jephthah, "Come and be our leader, that we may fight against the Ammonites."

7 But Jephthah said to the elders of Gilead, "Did you not hate me and drive me out of my father's house? Why have you come to me now when you are in distress?"

8 And the elders of Gilead said to Jephthah, "That is why we have turned to you now, that you may go with us and fight against the Ammonites and be our head over all the inhabitants of Gilead."

9 Jephthah said to the elders of Gilead, "If you bring me home again to fight against the Ammonites, and the LORD gives them over to me, I will be your head."

10 And the elders of Gilead said to Jephthah, "The LORD will be witness between us, if we do not do as you say."

11 So Jephthah went with the elders of Gilead, and the people made him head and leader over them. And Jephthah spoke all his words before the LORD at Mizpah.

¶ **12** Then Jephthah sent messengers to the king of the Ammonites and said, "What do you have against me, that you have come to me to fight against my land?"

13 And the king of the Ammonites answered the messengers of Jephthah, "Because Israel on coming up from Egypt took away my land, from the Arnon to the Jabbok and to the Jordan; now therefore restore it peaceably."

14 Jephthah again sent messengers to the king of the Ammonites

15 and said to him, "Thus says Jephthah: Israel did not take away the land of Moab or the land of the Ammonites,

16 but when they came up from Egypt, Israel went through the wilderness to the Red Sea and came to Kadesh.

17 Israel then sent messengers to the king of Edom, saying, 'Please let us pass through your land,' but the king of Edom would not listen. And they sent also to the king of Moab, but he would not consent. So Israel remained at Kadesh.

18 und zog in der Wüste umher. Und sie umgingen das Land der Edomiter und Moabiter und kamen von Sonnenaufgang her an das Land der Moabiter und lagerten sich jenseits des Arnon, aber sie kamen nicht ins Gebiet der Moabiter; denn der Arnon ist die Grenze von Moab.

19 Und Israel sandte Boten zu Sihon, dem König der Amoriter zu Heschbon, und ließ ihm sagen: Lass uns durch dein Land ziehen bis an unsern Ort.

20 Aber Sihon traute Israel nicht und ließ es nicht durch sein Gebiet ziehen, sondern versammelte sein ganzes Kriegsvolk und lagerte sich bei Jahaz und kämpfte mit Israel.

21 Der HERR aber, der Gott Israels, gab Sihon mit seinem ganzen Kriegsvolk in die Hände Israels und sie erschlugen sie. So nahm Israel das ganze Land der Amoriter ein, die in jenem Land wohnten.

22 Sie nahmen das ganze Gebiet der Amoriter ein vom Arnon bis an den Jabbok und von der Wüste bis an den Jordan.

23 So hat nun der HERR, der Gott Israels, die Amoriter vertrieben vor seinem Volk Israel, und du willst ihr Land einnehmen?

24 Du solltest das Land derer einnehmen, die dein Gott Kemosch vertreibt, uns dagegen das Land derer einnehmen lassen, die der HERR, unser Gott, vor uns vertrieben hat.

25 Meinst du, dass du ein besseres Recht hättest als Balak, der Sohn Zippors, der König der Moabiter? Hat dieser auch je mit Israel gerechtet oder gekämpft,

26 obwohl Israel dreihundert Jahre gewohnt hat in Heschbon und in Aroër und ihren Ortschaften und in allen Städten, die am Arnon liegen? Warum habt ihr sie nicht mit Gewalt genommen in dieser Zeit?

27 Ich habe mich nicht an dir versündigt, du aber tust so Böses an mir, dass du mit mir kämpfst. Der HERR, der da Richter ist, richte heute zwischen Israel und den Ammonitern.

¶ 28 Aber der König der Ammoniter hörte nicht auf die Worte Jeftahs, die er ihm sagen ließ.

29 Da kam der Geist des HERRN auf Jeftah, und er zog durch Gilead und Manasse und nach Mizpe, das in Gilead liegt, und von Mizpe, das in Gilead liegt, gegen die Ammoniter.

¶ 18 "Then they journeyed through the wilderness and went around the land of Edom and the land of Moab and arrived on the east side of the land of Moab and camped on the other side of the Arnon. But they did not enter the territory of Moab, for the Arnon was the boundary of Moab.

19 Israel then sent messengers to Sihon king of the Amorites, king of Heshbon, and Israel said to him, 'Please let us pass through your land to our country,'

20 but Sihon did not trust Israel to pass through his territory, so Sihon gathered all his people together and encamped at Jahaz and fought with Israel.

21 And the LORD, the God of Israel, gave Sihon and all his people into the hand of Israel, and they defeated them. So Israel took possession of all the land of the Amorites, who inhabited that country.

22 And they took possession of all the territory of the Amorites from the Arnon to the Jabbok and from the wilderness to the Jordan.

23 So then the LORD, the God of Israel, dispossessed the Amorites from before his people Israel; and are you to take possession of them?

24 Will you not possess what Chemosh your god gives you to possess? And all that the LORD our God has dispossessed before us, we will possess.

25 Now are you any better than Balak the son of Zippor, king of Moab? Did he ever contend against Israel, or did he ever go to war with them?

26 While Israel lived in Heshbon and its villages, and in Aroer and its villages, and in all the cities that are on the banks of the Arnon, 300 years, why did you not deliver them within that time?

27 I therefore have not sinned against you, and you do me wrong by making war on me. The LORD, the Judge, decide this day between the people of Israel and the people of Ammon."

28 But the king of the Ammonites did not listen to the words of Jephthah that he sent to him.

Jephthah's Tragic Vow

¶ 29 Then the Spirit of the LORD was upon Jephthah, and he passed through Gilead and Manasseh and passed on to Mizpah of Gilead, and from Mizpah of Gilead he passed on to the Ammonites.

¶ **30** Und Jeftah gelobte dem HERRN ein Gelübde und sprach: Gibst du die Ammoniter in meine Hand,

31 so soll, was mir aus meiner Haustür entgegengeht, wenn ich von den Ammonitern heil zurückkomme, dem HERRN gehören, und ich will's als Brandopfer darbringen.

32 So zog Jeftah auf die Ammoniter los, um gegen sie zu kämpfen. Und der HERR gab sie in seine Hände.

33 Und er schlug sie mit gewaltigen Schlägen von Aroër an bis hin nach Minnit, zwanzig Städte, und bis nach Abel-Keramim. So wurden die Ammoniter gedemütigt vor den Israeliten.

¶ **34** Als nun Jeftah nach Mizpa zu seinem Hause kam, siehe, da geht seine Tochter heraus ihm entgegen mit Pauken und Reigen; und sie war sein einziges Kind, und er hatte sonst keinen Sohn und keine Tochter.

35 Und als er sie sah, zerriss er seine Kleider und sprach: Ach, meine Tochter, wie beugst du mich und betrübst mich! Denn ich habe meinen Mund aufgetan vor dem HERRN und kann's nicht widerrufen.

36 Sie aber sprach: Mein Vater, hast du deinen Mund aufgetan vor dem HERRN, so tu mit mir, wie dein Mund geredet hat, nachdem der HERR dich gerächt hat an deinen Feinden, den Ammonitern.

¶ **37** Und sie sprach zu ihrem Vater: Du wollest mir das gewähren: Lass mir zwei Monate, dass ich hingehe auf die Berge und meine Jungfrauschaft beweine mit meinen Gespielen.

38 Er sprach: Geh hin!, und ließ sie zwei Monate gehen. Da ging sie hin mit ihren Gespielen und beweinte ihre Jungfrauschaft auf den Bergen.

39 Und nach zwei Monaten kam sie zurück zu ihrem Vater. Und er tat ihr, wie er gelobt hatte, und sie hatte nie einen Mann erkannt. Und es ward Brauch in Israel,

40 dass die Töchter Israel jährlich hingehen, zu klagen um die Tochter Jeftahs, des Gileaditers, vier Tage im Jahr.

Jeftahs Kampf mit Ephraim

12 Und die Männer von Ephraim wurden aufgeboten und zogen nordwärts und sprachen zu Jeftah: Warum bist du in den Kampf gezogen gegen die Ammoniter und hast uns nicht gerufen, damit wir mit dir ziehen? Wir wollen dein Haus samt dir mit Feuer verbrennen.

30 And Jephthah made a vow to the LORD and said, "If you will give the Ammonites into my hand,

31 then whatever[1] comes out from the doors of my house to meet me when I return in peace from the Ammonites shall be the LORD's, and I will offer it[2] up for a burnt offering."

32 So Jephthah crossed over to the Ammonites to fight against them, and the LORD gave them into his hand.

33 And he struck them from Aroer to the neighborhood of Minnith, twenty cities, and as far as Abel-keramim, with a great blow. So the Ammonites were subdued before the people of Israel.

¶ **34** Then Jephthah came to his home at Mizpah. And behold, his daughter came out to meet him with tambourines and with dances. She was his only child; besides her he had neither son nor daughter.

35 And as soon as he saw her, he tore his clothes and said, "Alas, my daughter! You have brought me very low, and you have become the cause of great trouble to me. For I have opened my mouth to the LORD, and I cannot take back my vow."

36 And she said to him, "My father, you have opened your mouth to the LORD; do to me according to what has gone out of your mouth, now that the LORD has avenged you on your enemies, on the Ammonites."

37 So she said to her father, "Let this thing be done for me: leave me alone two months, that I may go up and down on the mountains and weep for my virginity, I and my companions."

38 So he said, "Go." Then he sent her away for two months, and she departed, she and her companions, and wept for her virginity on the mountains.

39 And at the end of two months, she returned to her father, who did with her according to his vow that he had made. She had never known a man, and it became a custom in Israel

40 that the daughters of Israel went year by year to lament the daughter of Jephthah the Gileadite four days in the year.

Jephthah's Conflict with Ephraim

12 The men of Ephraim were called to arms, and they crossed to Zaphon and said to Jephthah, "Why did you cross over to fight against the Ammonites and did not call us to go with you? We will burn your house over you with fire."

2 Jeftah sprach zu ihnen: Ich und mein Volk hatten einen harten Kampf mit den Ammonitern und ich rief euch auf, aber ihr halft mir nicht aus ihren Händen.

3 Als ich nun sah, dass ihr nicht helfen wolltet, wagte ich mein Leben daran und zog gegen die Ammoniter, und der HERR gab sie in meine Hand. Warum kommt ihr nun zu mir herauf, mit mir zu kämpfen?

4 Und Jeftah sammelte alle Männer von Gilead und kämpfte gegen Ephraim.
¶ Und die Männer von Gilead schlugen Ephraim – denn diese hatten gesagt: Ihr seid Flüchtlinge aus Ephraim; denn Gilead liegt mitten in Ephraim und Manasse –;

5 und die Gileaditer besetzten die Furten des Jordans vor Ephraim. Wenn nun einer von den Flüchtlingen Ephraims sprach: Lass mich hinübergehen!, so sprachen die Männer von Gilead zu ihm: Bist du ein Ephraimiter? Wenn er dann antwortete: Nein!,

6 ließen sie ihn sprechen: Schibbolet. Sprach er aber: Sibbolet, weil er's nicht richtig aussprechen konnte, dann ergriffen sie ihn und erschlugen ihn an den Furten des Jordans, sodass zu der Zeit von Ephraim fielen zweiundvierzigtausend.

¶ **7** Jeftah aber richtete Israel sechs Jahre. Und Jeftah, der Gileaditer, starb und wurde begraben in seiner Stadt in Gilead.

Die Richter Ibzan, Elon und Abdon

8 Nach ihm richtete Israel Ibzan aus Bethlehem.

9 Der hatte dreißig Söhne. Und dreißig Töchter gab er nach auswärts und dreißig Töchter nahm er von auswärts für seine Söhne. Er richtete Israel sieben Jahre

10 und starb und wurde begraben in Bethlehem.

¶ **11** Nach ihm richtete Israel Elon, ein Sebuloniter; er richtete Israel zehn Jahre

12 und starb und wurde begraben in Ajalon im Lande Sebulon.

¶ **13** Nach ihm richtete Israel Abdon, ein Sohn Hillels aus Piraton.

14 Der hatte vierzig Söhne und dreißig Enkel, die auf siebzig Eseln ritten. Er richtete Israel acht Jahre

15 und starb und wurde begraben in Piraton im Lande Ephraim auf dem Gebirge der Amalekiter.

2 And Jephthah said to them, "I and my people had a great dispute with the Ammonites, and when I called you, you did not save me from their hand.

3 And when I saw that you would not save me, I took my life in my hand and crossed over against the Ammonites, and the LORD gave them into my hand. Why then have you come up to me this day to fight against me?"

4 Then Jephthah gathered all the men of Gilead and fought with Ephraim. And the men of Gilead struck Ephraim, because they said, "You are fugitives of Ephraim, you Gileadites, in the midst of Ephraim and Manasseh."

5 And the Gileadites captured the fords of the Jordan against the Ephraimites. And when any of the fugitives of Ephraim said, "Let me go over," the men of Gilead said to him, "Are you an Ephraimite?" When he said, "No,"

6 they said to him, "Then say Shibboleth," and he said, "Sibboleth," for he could not pronounce it right. Then they seized him and slaughtered him at the fords of the Jordan. At that time 42,000 of the Ephraimites fell.

¶ **7** Jephthah judged Israel six years. Then Jephthah the Gileadite died and was buried in his city in Gilead.[1]

Ibzan, Elon, and Abdon

¶ **8** After him Ibzan of Bethlehem judged Israel.

9 He had thirty sons, and thirty daughters he gave in marriage outside his clan, and thirty daughters he brought in from outside for his sons. And he judged Israel seven years.

10 Then Ibzan died and was buried at Bethlehem.

¶ **11** After him Elon the Zebulunite judged Israel, and he judged Israel ten years.

12 Then Elon the Zebulunite died and was buried at Aijalon in the land of Zebulun.

¶ **13** After him Abdon the son of Hillel the Pirathonite judged Israel.

14 He had forty sons and thirty grandsons, who rode on seventy donkeys, and he judged Israel eight years.

15 Then Abdon the son of Hillel the Pirathonite died and was buried at Pirathon in the land of Ephraim, in the hill country of the Amalekites.

Simsons Geburt

13 Und die Israeliten taten wiederum, was dem HERRN missfiel, und der HERR gab sie in die Hände der Philister vierzig Jahre.

¶ **2** Es war aber ein Mann in Zora von einem Geschlecht der Daniter, mit Namen Manoach, und seine Frau war unfruchtbar und hatte keine Kinder.

3 Und der Engel des HERRN erschien der Frau und sprach zu ihr: Siehe, du bist unfruchtbar und hast keine Kinder, aber du wirst schwanger werden und einen Sohn gebären.

4 So hüte dich nun, Wein oder starkes Getränk zu trinken und Unreines zu essen;

5 denn du wirst schwanger werden und einen Sohn gebären, dem kein Schermesser aufs Haupt kommen soll. Denn der Knabe wird ein Geweihter Gottes sein von Mutterleibe an; und er wird anfangen, Israel zu erretten aus der Hand der Philister.

¶ **6** Da kam die Frau und sagte es ihrem Mann und sprach: Es kam ein Mann Gottes zu mir, und seine Gestalt war anzusehen wie der Engel Gottes, zum Erschrecken, sodass ich ihn nicht fragte, woher oder wohin; und er sagte mir nicht, wie er hieß.

7 Er sprach aber zu mir: Siehe, du wirst schwanger werden und einen Sohn gebären. So trinke nun keinen Wein oder starkes Getränk und iss nichts Unreines; denn der Knabe soll ein Geweihter Gottes sein von Mutterleibe an bis zum Tag seines Todes.

8 Da bat Manoach den HERRN und sprach: Ach, Herr, lass den Mann Gottes wieder zu uns kommen, den du gesandt hast, damit er uns lehre, was wir mit dem Knaben tun sollen, der geboren werden soll.

9 Und Gott erhörte Manoach und der Engel Gottes kam wieder zu der Frau. Sie saß aber auf dem Felde und ihr Mann Manoach war nicht bei ihr.

10 Da lief sie eilends und sagte es ihrem Mann und sprach zu ihm: Siehe, der Mann ist mir erschienen, der heute Nacht zu mir kam.

¶ **11** Manoach machte sich auf und ging hinter seiner Frau her und kam zu dem Mann und sprach zu ihm: Bist du der Mann, der mit der Frau geredet hat? Er sprach: Ja.

12 Und Manoach sprach: Wenn nun eintrifft, was du gesagt hast: Wie sollen wir's mit dem Knaben halten und tun?

13 Der Engel des HERRN sprach zu Manoach: Vor allem, was ich der Frau gesagt habe, soll sie sich hüten:

The Birth of Samson

13 And the people of Israel again did what was evil in the sight of the LORD, so the LORD gave them into the hand of the Philistines for forty years.

¶ **2** There was a certain man of Zorah, of the tribe of the Danites, whose name was Manoah. And his wife was barren and had no children.

3 And the angel of the LORD appeared to the woman and said to her, "Behold, you are barren and have not borne children, but you shall conceive and bear a son.

4 Therefore be careful and drink no wine or strong drink, and eat nothing unclean,

5 for behold, you shall conceive and bear a son. No razor shall come upon his head, for the child shall be a Nazirite to God from the womb, and he shall begin to save Israel from the hand of the Philistines."

6 Then the woman came and told her husband, "A man of God came to me, and his appearance was like the appearance of the angel of God, very awesome. I did not ask him where he was from, and he did not tell me his name,

7 but he said to me, 'Behold, you shall conceive and bear a son. So then drink no wine or strong drink, and eat nothing unclean, for the child shall be a Nazirite to God from the womb to the day of his death.'"

¶ **8** Then Manoah prayed to the LORD and said, "O Lord, please let the man of God whom you sent come again to us and teach us what we are to do with the child who will be born."

9 And God listened to the voice of Manoah, and the angel of God came again to the woman as she sat in the field. But Manoah her husband was not with her.

10 So the woman ran quickly and told her husband, "Behold, the man who came to me the other day has appeared to me."

11 And Manoah arose and went after his wife and came to the man and said to him, "Are you the man who spoke to this woman?" And he said, "I am."

12 And Manoah said, "Now when your words come true, what is to be the child's manner of life, and what is his mission?"

13 And the angel of the LORD said to Manoah, "Of all that I said to the woman let her be careful.

14 Sie soll nicht essen, was vom Weinstock kommt, und soll keinen Wein oder starkes Getränk trinken und nichts Unreines essen; alles, was ich ihr geboten habe, soll sie halten.

¶ **15** Manoach sprach zum Engel des HERRN: Wir möchten dich gern hierbehalten und dir ein Ziegenböcklein zurichten.

16 Aber der Engel des HERRN antwortete Manoach: Wenn du mich auch hier hältst, so esse ich doch von deiner Speise nicht. Willst du aber dem HERRN ein Brandopfer bringen, so kannst du es opfern. Manoach aber wusste nicht, dass es der Engel des HERRN war.

17 Und Manoach sprach zum Engel des HERRN: Wie heißt du? Denn wir wollen dich ehren, wenn nun eintrifft, was du gesagt hast.

18 Aber der Engel des HERRN sprach zu ihm: Warum fragst du nach meinem Namen, der doch geheimnisvoll ist?

¶ **19** Da nahm Manoach ein Ziegenböcklein und Speisopfer und brachte es auf einem Felsen dem HERRN dar, der geheimnisvolle Dinge tut. Manoach aber und seine Frau sahen zu.

20 Und als die Flamme aufloderte vom Altar gen Himmel, fuhr der Engel des HERRN auf in der Flamme des Altars. Als das Manoach und seine Frau sahen, fielen sie zur Erde auf ihr Angesicht.

¶ **21** Und der Engel des HERRN erschien Manoach und seiner Frau nicht mehr. Damals erkannte Manoach, dass es der Engel des HERRN war,

22 und sprach zu seiner Frau: Wir müssen des Todes sterben, weil wir Gott gesehen haben.

23 Aber seine Frau antwortete ihm: Wenn es dem HERRN gefallen hätte, uns zu töten, so hätte er das Brandopfer und Speisopfer nicht angenommen von unsern Händen. Er hätte uns auch das alles weder sehen noch hören lassen, wie jetzt geschehen ist.

24 Und die Frau gebar einen Sohn und nannte ihn Simson. Und der Knabe wuchs heran und der HERR segnete ihn.

25 Und der Geist des HERRN fing an, ihn umzutreiben im Lager Dans zwischen Zora und Eschtaol.

Simsons Hochzeit

14 Simson ging hinab nach Timna und sah ein Mädchen in Timna unter den Töchtern der Philister.

14 She may not eat of anything that comes from the vine, neither let her drink wine or strong drink, or eat any unclean thing. All that I commanded her let her observe."

¶ **15** Manoah said to the angel of the LORD, "Please let us detain you and prepare a young goat for you."

16 And the angel of the LORD said to Manoah, "If you detain me, I will not eat of your food. But if you prepare a burnt offering, then offer it to the LORD." (For Manoah did not know that he was the angel of the LORD.)

17 And Manoah said to the angel of the LORD, "What is your name, so that, when your words come true, we may honor you?"

18 And the angel of the LORD said to him, "Why do you ask my name, seeing it is wonderful?"

19 So Manoah took the young goat with the grain offering, and offered it on the rock to the LORD, to the one who works[1] wonders, and Manoah and his wife were watching.

20 And when the flame went up toward heaven from the altar, the angel of the LORD went up in the flame of the altar. Now Manoah and his wife were watching, and they fell on their faces to the ground.

¶ **21** The angel of the LORD appeared no more to Manoah and to his wife. Then Manoah knew that he was the angel of the LORD.

22 And Manoah said to his wife, "We shall surely die, for we have seen God."

23 But his wife said to him, "If the LORD had meant to kill us, he would not have accepted a burnt offering and a grain offering at our hands, or shown us all these things, or now announced to us such things as these."

24 And the woman bore a son and called his name Samson. And the young man grew, and the LORD blessed him.

25 And the Spirit of the LORD began to stir him in Mahaneh-dan, between Zorah and Eshtaol.

Samson's Marriage

14 Samson went down to Timnah, and at Timnah he saw one of the daughters of the Philistines.

2 Und als er heraufkam, sagte er's seinem Vater und seiner Mutter und sprach: Ich hab ein Mädchen gesehen in Timna unter den Töchtern der Philister; nehmt mir nun diese zur Frau.

3 Sein Vater und seine Mutter sprachen zu ihm: Ist denn nun kein Mädchen unter den Töchtern deiner Brüder und in deinem ganzen Volk, dass du hingehst und willst eine Frau nehmen von den Philistern, die unbeschnitten sind? Simson sprach zu seinem Vater: Nimm mir diese, denn sie gefällt meinen Augen.

4 Aber sein Vater und seine Mutter wussten nicht, dass es von dem HERRN kam; denn er suchte einen Anlass gegen die Philister. Die Philister aber herrschten zu der Zeit über Israel.

¶ **5** So ging Simson hinab mit seinem Vater und seiner Mutter nach Timna. Und als sie kamen an die Weinberge von Timna, siehe, da kam ein junger Löwe brüllend ihm entgegen.

6 Und der Geist des HERRN geriet über ihn, und er zerriss ihn, wie man ein Böcklein zerreißt, und hatte doch gar nichts in seiner Hand. Er sagte aber seinem Vater und seiner Mutter nicht, was er getan hatte.

7 Als er nun hinkam, redete er mit dem Mädchen und Simson hatte Gefallen an ihr.

¶ **8** Und nach einigen Tagen kam er wieder, um sie zu holen, und bog vom Wege ab, um nach dem Aas des Löwen zu sehen. Siehe, da war ein Bienenschwarm in dem Leibe des Löwen und Honig.

9 Und er nahm davon in seine Hand und aß unterwegs und ging zu seinem Vater und zu seiner Mutter und gab ihnen, dass sie auch aßen. Er sagte ihnen aber nicht, dass er den Honig aus dem Leibe des Löwen genommen hatte.

¶ **10** Und als sein Vater hinkam zu dem Mädchen, machte Simson dort ein Hochzeitsgelage, wie es die jungen Leute zu tun pflegen.

11 Und als sie ihn sahen, gaben sie ihm dreißig Gesellen, die bei ihm sein sollten.

12 Simson aber sprach zu ihnen: Ich will euch ein Rätsel aufgeben. Wenn ihr mir das erratet und trefft in diesen sieben Tagen des Gelages, so will ich euch dreißig Gewänder geben und dreißig Feierkleider.

13 Könnt ihr's aber nicht erraten, so sollt ihr mir dreißig Gewänder und dreißig Feierkleider geben. Und sie sprachen zu ihm: Gib dein Rätsel auf, lass uns hören!

2 Then he came up and told his father and mother, "I saw one of the daughters of the Philistines at Timnah. Now get her for me as my wife."

3 But his father and mother said to him, "Is there not a woman among the daughters of your relatives, or among all our people, that you must go to take a wife from the uncircumcised Philistines?" But Samson said to his father, "Get her for me, for she is right in my eyes."

¶ **4** His father and mother did not know that it was from the LORD, for he was seeking an opportunity against the Philistines. At that time the Philistines ruled over Israel.

¶ **5** Then Samson went down with his father and mother to Timnah, and they came to the vineyards of Timnah. And behold, a young lion came toward him roaring.

6 Then the Spirit of the LORD rushed upon him, and although he had nothing in his hand, he tore the lion in pieces as one tears a young goat. But he did not tell his father or his mother what he had done.

7 Then he went down and talked with the woman, and she was right in Samson's eyes.

¶ **8** After some days he returned to take her. And he turned aside to see the carcass of the lion, and behold, there was a swarm of bees in the body of the lion, and honey.

9 He scraped it out into his hands and went on, eating as he went. And he came to his father and mother and gave some to them, and they ate. But he did not tell them that he had scraped the honey from the carcass of the lion.

¶ **10** His father went down to the woman, and Samson prepared a feast there, for so the young men used to do.

11 As soon as the people saw him, they brought thirty companions to be with him.

12 And Samson said to them, "Let me now put a riddle to you. If you can tell me what it is, within the seven days of the feast, and find it out, then I will give you thirty linen garments and thirty changes of clothes,

13 but if you cannot tell me what it is, then you shall give me thirty linen garments and thirty changes of clothes." And they said to him, "Put your riddle, that we may hear it."

14 Er sprach zu ihnen: Speise ging aus vom Fresser und Süßigkeit vom Starken. Und sie konnten in drei Tagen das Rätsel nicht erraten.

15 Am vierten Tage sprachen sie zu Simsons Frau: Überrede deinen Mann, dass er uns des Rätsels Lösung sagt, oder wir werden dich und deines Vaters Haus mit Feuer verbrennen. Habt ihr uns hierher geladen, um uns arm zu machen?

16 Da weinte Simsons Frau vor ihm und sprach: Du bist meiner überdrüssig und hast mich nicht lieb. Du hast den Söhnen meines Volks ein Rätsel aufgegeben und hast mir's nicht gesagt. Er aber sprach zu ihr: Siehe, ich hab's meinem Vater und meiner Mutter nicht gesagt und sollte dir's sagen?

17 Und sie weinte vor ihm die sieben Tage, die sie feierten; aber am siebenten Tage sagte er es ihr, denn sie drang in ihn. Sie aber sagte des Rätsels Lösung den Söhnen ihres Volks.

18 Da sprachen die Männer der Stadt zu ihm am siebenten Tage, ehe die Sonne unterging: Was ist süßer als Honig? Was ist stärker als der Löwe? Aber er sprach zu ihnen: Wenn ihr nicht mit meinem Kalb gepflügt hättet, so hättet ihr mein Rätsel nicht getroffen.

19 Und der Geist des HERRN geriet über ihn, und er ging hinab nach Aschkelon und erschlug dreißig Mann unter ihnen und nahm ihre Gewänder und gab Feierkleider denen, die das Rätsel erraten hatten. Und sein Zorn entbrannte und er ging hinauf in seines Vaters Haus.

20 Aber Simsons Frau wurde seinem Gesellen gegeben, der sein Brautführer gewesen war.

Simsons Streit mit den Philistern

15 Es begab sich aber nach einigen Tagen, um die Weizenernte, dass Simson seine Frau besuchte mit einem Ziegenböcklein. Und als er dachte: Ich will zu meiner Frau in die Kammer gehen, da wollte ihn ihr Vater nicht hineinlassen

14 And he said to them,

"Out of the eater came something to eat.
Out of the strong came something
    sweet."

And in three days they could not solve the riddle.

15 On the fourth[1] day they said to Samson's wife, "Entice your husband to tell us what the riddle is, lest we burn you and your father's house with fire. Have you invited us here to impoverish us?"

16 And Samson's wife wept over him and said, "You only hate me; you do not love me. You have put a riddle to my people, and you have not told me what it is." And he said to her, "Behold, I have not told my father nor my mother, and shall I tell you?"

17 She wept before him the seven days that their feast lasted, and on the seventh day he told her, because she pressed him hard. Then she told the riddle to her people.

18 And the men of the city said to him on the seventh day before the sun went down,

"What is sweeter than honey?
What is stronger than a lion?"

And he said to them,

"If you had not plowed with my heifer,
    you would not have found out my
        riddle."

19 And the Spirit of the LORD rushed upon him, and he went down to Ashkelon and struck down thirty men of the town and took their spoil and gave the garments to those who had told the riddle. In hot anger he went back to his father's house.

20 And Samson's wife was given to his companion, who had been his best man.

Samson Defeats the Philistines

15 After some days, at the time of wheat harvest, Samson went to visit his wife with a young goat. And he said, "I will go in to my wife in the chamber." But her father would not allow him to go in.

2 und sprach: Ich meinte, du bist ihrer ganz überdrüssig geworden, und ich habe sie deinem Gesellen gegeben. Sie hat aber eine jüngere Schwester, die ist schöner als sie; die nimm statt ihrer.

3 Da sprach Simson zu ihnen: Diesmal bin ich frei von Schuld, wenn ich den Philistern Böses tue.

¶ **4** Und Simson ging hin und fing dreihundert Füchse, nahm Fackeln und kehrte je einen Schwanz zum andern und tat eine Fackel je zwischen zwei Schwänze

5 und zündete die Fackeln an und ließ die Füchse in das Korn der Philister laufen und zündete so die Garben samt dem stehenden Korn an und Weinberge und Ölbäume.

6 Da sprachen die Philister: Wer hat das getan? Da sagte man: Simson, der Schwiegersohn des Timnaïters, weil er ihm seine Frau genommen und seinem Gesellen gegeben hat. Da zogen die Philister hin und verbrannten sie samt ihrer Familie mit Feuer.

7 Simson aber sprach zu ihnen: Wenn ihr das tut, so will ich nicht ruhen, bis ich mich an euch gerächt habe.

8 Und er schlug sie zusammen mit mächtigen Schlägen und zog hinab und wohnte in der Felsenkluft von Etam.

¶ **9** Da zogen die Philister hinauf und lagerten sich in Juda und breiteten sich aus bei Lehi.

10 Aber die von Juda sprachen: Warum seid ihr gegen uns heraufgezogen? Sie antworteten: Wir sind heraufgekommen, Simson zu binden, dass wir ihm tun, wie er uns getan hat.

11 Da zogen dreitausend Mann von Juda hinab in die Felsenkluft zu Etam und sprachen zu Simson: Weißt du nicht, dass die Philister über uns herrschen? Warum hast du uns denn das angetan? Er sprach zu ihnen: Wie sie mir getan haben, so hab ich ihnen wieder getan.

12 Sie sprachen zu ihm: Wir sind herabgekommen, dich zu binden und in die Hände der Philister zu geben. Simson sprach zu ihnen: So schwört mir, dass ihr selber mir nichts antun wollt.

13 Sie antworteten ihm: Nein, sondern wir wollen dich nur binden und in ihre Hände geben und wollen dich nicht töten. Und sie banden ihn mit zwei neuen Stricken und führten ihn aus der Felsenkluft hinauf.

2 And her father said, "I really thought that you utterly hated her, so I gave her to your companion. Is not her younger sister more beautiful than she? Please take her instead."

3 And Samson said to them, "This time I shall be innocent in regard to the Philistines, when I do them harm."

4 So Samson went and caught 300 foxes and took torches. And he turned them tail to tail and put a torch between each pair of tails.

5 And when he had set fire to the torches, he let the foxes go into the standing grain of the Philistines and set fire to the stacked grain and the standing grain, as well as the olive orchards.

6 Then the Philistines said, "Who has done this?" And they said, "Samson, the son-in-law of the Timnite, because he has taken his wife and given her to his companion." And the Philistines came up and burned her and her father with fire.

7 And Samson said to them, "If this is what you do, I swear I will be avenged on you, and after that I will quit."

8 And he struck them hip and thigh with a great blow, and he went down and stayed in the cleft of the rock of Etam.

¶ **9** Then the Philistines came up and encamped in Judah and made a raid on Lehi.

10 And the men of Judah said, "Why have you come up against us?" They said, "We have come up to bind Samson, to do to him as he did to us."

11 Then 3,000 men of Judah went down to the cleft of the rock of Etam, and said to Samson, "Do you not know that the Philistines are rulers over us? What then is this that you have done to us?" And he said to them, "As they did to me, so have I done to them."

12 And they said to him, "We have come down to bind you, that we may give you into the hands of the Philistines." And Samson said to them, "Swear to me that you will not attack me yourselves."

13 They said to him, "No; we will only bind you and give you into their hands. We will surely not kill you." So they bound him with two new ropes and brought him up from the rock.

14 Und als er nach Lehi kam, jauchzten die Philister ihm entgegen. Aber der Geist des HERRN geriet über ihn, und die Stricke an seinen Armen wurden wie Fäden, die das Feuer versengt hat, sodass die Fesseln an seinen Händen zerschmolzen.

15 Und er fand einen frischen Eselskinnbacken. Da streckte er seine Hand aus und nahm ihn und erschlug damit tausend Mann.

16 Und Simson sprach: Mit eines Esels Kinnbacken hab ich sie geschunden; mit eines Esels Kinnbacken hab ich tausend Mann erschlagen.

¶ **17** Und als er das gesagt hatte, warf er den Kinnbacken aus seiner Hand, und man nannte die Stätte Ramat-Lehi.

¶ **18** Als ihn aber sehr dürstete, rief er den HERRN an und sprach: Du hast solch großes Heil gegeben durch die Hand deines Knechts; nun aber muss ich vor Durst sterben und in die Hände der Unbeschnittenen fallen.

19 Da spaltete Gott die Höhlung im Kinnbacken, dass Wasser herausfloss. Und als er trank, kehrte sein Geist zurück und er lebte wieder auf. Darum heißt der Ort »Quelle des Rufenden«; die ist in Lehi bis auf den heutigen Tag.

¶ **20** Und er richtete Israel zu den Zeiten der Philister zwanzig Jahre.

16 Simson ging nach Gaza und sah dort eine Hure und ging zu ihr.

2 Da wurde den Gazatitern gesagt: Simson ist hierher gekommen! Und sie umstellten ihn und ließen auf ihn lauern am Stadttor; aber die ganze Nacht verhielten sie sich still und dachten: Morgen, wenn's licht wird, wollen wir ihn umbringen.

3 Simson aber lag bis Mitternacht. Da stand er auf um Mitternacht und ergriff beide Torflügel am Stadttor samt den beiden Pfosten, hob sie aus mit den Riegeln und legte sie auf seine Schultern und trug sie hinauf auf die Höhe des Berges vor Hebron.

Simsons Fall und Rache

4 Danach gewann er ein Mädchen lieb im Tal Sorek, die hieß Delila.

¶ **14** When he came to Lehi, the Philistines came shouting to meet him. Then the Spirit of the LORD rushed upon him, and the ropes that were on his arms became as flax that has caught fire, and his bonds melted off his hands.

15 And he found a fresh jawbone of a donkey, and put out his hand and took it, and with it he struck 1,000 men.

16 And Samson said,

"With the jawbone of a donkey,
  heaps upon heaps,
with the jawbone of a donkey
  have I struck down a thousand men."

17 As soon as he had finished speaking, he threw away the jawbone out of his hand. And that place was called Ramath-lehi.[1]

¶ **18** And he was very thirsty, and he called upon the LORD and said, "You have granted this great salvation by the hand of your servant, and shall I now die of thirst and fall into the hands of the uncircumcised?"

19 And God split open the hollow place that is at Lehi, and water came out from it. And when he drank, his spirit returned, and he revived. Therefore the name of it was called En-hakkore;[2] it is at Lehi to this day.

20 And he judged Israel in the days of the Philistines twenty years.

Samson and Delilah

16 Samson went to Gaza, and there he saw a prostitute, and he went in to her.

2 The Gazites were told, "Samson has come here." And they surrounded the place and set an ambush for him all night at the gate of the city. They kept quiet all night, saying, "Let us wait till the light of the morning; then we will kill him."

3 But Samson lay till midnight, and at midnight he arose and took hold of the doors of the gate of the city and the two posts, and pulled them up, bar and all, and put them on his shoulders and carried them to the top of the hill that is in front of Hebron.

¶ **4** After this he loved a woman in the Valley of Sorek, whose name was Delilah.

5 Zu der kamen die Fürsten der Philister und sprachen zu ihr: Überrede ihn und sieh, wodurch er so große Kraft hat und womit wir ihn überwältigen können, dass wir ihn binden und bezwingen, so wollen wir dir ein jeder tausendeinhundert Silberstücke geben.

6 Und Delila sprach zu Simson: Sage mir doch, worin deine große Kraft liegt und womit man dich binden muss, um dich zu bezwingen?

7 Simson sprach zu ihr: Wenn man mich bände mit sieben Seilen von frischem Bast, die noch nicht getrocknet sind, so würde ich schwach und wäre wie ein anderer Mensch.

8 Da brachten die Fürsten der Philister ihr sieben Seile von frischem Bast, die noch nicht getrocknet waren, und sie band ihn damit.

9 Man lauerte ihm aber auf bei ihr in der Kammer. Da sprach sie zu ihm: Philister über dir, Simson! Er aber zerriss die Seile, wie eine Flachsschnur zerreißt, wenn sie ans Feuer kommt. Und so wurde nicht kund, worin seine Kraft lag.

¶ **10** Da sprach Delila zu Simson: Siehe, du hast mich getäuscht und mich belogen. So sage mir nun doch, womit kann man dich binden?

11 Er antwortete ihr: Wenn sie mich bänden mit neuen Stricken, mit denen noch nie eine Arbeit getan worden ist, so würde ich schwach und wie ein anderer Mensch.

12 Da nahm Delila neue Stricke und band ihn damit und sprach: Philister über dir, Simson! – man lauerte ihm aber auf im Kammer –, und er riss sie von seinen Armen herunter wie einen Faden.

13 Da sprach Delila zu ihm: Bisher hast du mich getäuscht und mich belogen. Sage mir doch, womit kann man dich binden? Er antwortete ihr: Wenn du die sieben Locken meines Hauptes zusammenflöchtest mit dem Aufzug deines Webstuhls und heftetest sie mit dem Pflock an, so würde ich schwach und wie ein anderer Mensch.

14 Da ließ sie ihn einschlafen und flocht die sieben Locken seines Hauptes zusammen mit dem Gewebe und heftete sie mit dem Pflock an und sprach: Philister über dir, Simson! Er aber wachte auf von seinem Schlaf und riss die geflochtenen Locken mit Pflock und Gewebe heraus.

15 Da sprach sie zu ihm: Wie kannst du sagen, du habest mich lieb, wenn doch dein Herz nicht mit mir ist? Dreimal hast du mich getäuscht und mir nicht gesagt, worin deine große Kraft liegt.

5 And the lords of the Philistines came up to her and said to her, "Seduce him, and see where his great strength lies, and by what means we may overpower him, that we may bind him to humble him. And we will each give you 1,100 pieces of silver."

6 So Delilah said to Samson, "Please tell me where your great strength lies, and how you might be bound, that one could subdue you."

¶ **7** Samson said to her, "If they bind me with seven fresh bowstrings that have not been dried, then I shall become weak and be like any other man."

8 Then the lords of the Philistines brought up to her seven fresh bowstrings that had not been dried, and she bound him with them.

9 Now she had men lying in ambush in an inner chamber. And she said to him, "The Philistines are upon you, Samson!" But he snapped the bowstrings, as a thread of flax snaps when it touches the fire. So the secret of his strength was not known.

¶ **10** Then Delilah said to Samson, "Behold, you have mocked me and told me lies. Please tell me how you might be bound."

11 And he said to her, "If they bind me with new ropes that have not been used, then I shall become weak and be like any other man."

12 So Delilah took new ropes and bound him with them and said to him, "The Philistines are upon you, Samson!" And the men lying in ambush were in an inner chamber. But he snapped the ropes off his arms like a thread.

¶ **13** Then Delilah said to Samson, "Until now you have mocked me and told me lies. Tell me how you might be bound." And he said to her, "If you weave the seven locks of my head with the web and fasten it tight with the pin, then I shall become weak and be like any other man."

14 So while he slept, Delilah took the seven locks of his head and wove them into the web.[1] And she made them tight with the pin and said to him, "The Philistines are upon you, Samson!" But he awoke from his sleep and pulled away the pin, the loom, and the web.

¶ **15** And she said to him, "How can you say, 'I love you,' when your heart is not with me? You have mocked me these three times, and you have not told me where your great strength lies."

¶ **16** Als sie aber mit ihren Worten alle Tage in ihn drang und ihm zusetzte, wurde seine Seele sterbensmatt,

17 und er tat ihr sein ganzes Herz auf und sprach zu ihr: Es ist nie ein Schermesser auf mein Haupt gekommen; denn ich bin ein Geweihter Gottes von Mutterleib an. Wenn ich geschoren würde, so wiche meine Kraft von mir, sodass ich schwach würde und wie alle andern Menschen.

18 Als nun Delila sah, dass er ihr sein ganzes Herz aufgetan hatte, sandte sie hin und ließ die Fürsten der Philister rufen und sagen: Kommt noch einmal her, denn er hat mir sein ganzes Herz aufgetan. Da kamen die Fürsten der Philister zu ihr und brachten das Geld in ihrer Hand mit.

19 Und sie ließ ihn einschlafen in ihrem Schoß und rief einen, der ihm die sieben Locken seines Hauptes abschnitt. Und sie fing an, ihn zu bezwingen – da war seine Kraft von ihm gewichen.

¶ **20** Und sie sprach zu ihm: Philister über dir, Simson! Als er nun von seinem Schlaf erwachte, dachte er: Ich will frei ausgehen, wie ich früher getan habe, und will mich losreißen. Aber er wusste nicht, dass der HERR von ihm gewichen war.

21 Da ergriffen ihn die Philister und stachen ihm die Augen aus, führten ihn hinab nach Gaza und legten ihn in Ketten; und er musste die Mühle drehen im Gefängnis.

22 Aber das Haar seines Hauptes fing wieder an zu wachsen, nachdem es geschoren war.

¶ **23** Als aber die Fürsten der Philister sich versammelten, um ihrem Gott Dagon ein großes Opfer darzubringen und ein Freudenfest zu feiern, sprachen sie: Unser Gott hat uns unsern Feind Simson in unsere Hände gegeben.

25 *Als nun ihr Herz guter Dinge war, sprachen sie: Lasst Simson holen, dass er vor uns seine Späße treibe. Da holten sie Simson aus dem Gefängnis, und er trieb seine Späße vor ihnen und sie stellten ihn zwischen die Säulen.

24 *Als das Volk ihn sah, lobten sie ihren Gott, denn sie sprachen: Unser Gott hat uns unsern Feind in unsere Hände gegeben, der unser Land verwüstete und viele von uns erschlug.

¶ **26** Simson aber sprach zu dem Knaben, der ihn an der Hand führte: Lass mich los, dass ich nach den Säulen taste, auf denen das Haus steht, damit ich mich daran lehne.

16 And when she pressed him hard with her words day after day, and urged him, his soul was vexed to death.

17 And he told her all his heart, and said to her, "A razor has never come upon my head, for I have been a Nazirite to God from my mother's womb. If my head is shaved, then my strength will leave me, and I shall become weak and be like any other man."

¶ **18** When Delilah saw that he had told her all his heart, she sent and called the lords of the Philistines, saying, "Come up again, for he has told me all his heart." Then the lords of the Philistines came up to her and brought the money in their hands.

19 She made him sleep on her knees. And she called a man and had him shave off the seven locks of his head. Then she began to torment him, and his strength left him.

20 And she said, "The Philistines are upon you, Samson!" And he awoke from his sleep and said, "I will go out as at other times and shake myself free." But he did not know that the LORD had left him.

21 And the Philistines seized him and gouged out his eyes and brought him down to Gaza and bound him with bronze shackles. And he ground at the mill in the prison.

22 But the hair of his head began to grow again after it had been shaved.

The Death of Samson

¶ **23** Now the lords of the Philistines gathered to offer a great sacrifice to Dagon their god and to rejoice, and they said, "Our god has given Samson our enemy into our hand."

24 And when the people saw him, they praised their god. For they said, "Our god has given our enemy into our hand, the ravager of our country, who has killed many of us."[2]

25 And when their hearts were merry, they said, "Call Samson, that he may entertain us." So they called Samson out of the prison, and he entertained them. They made him stand between the pillars.

26 And Samson said to the young man who held him by the hand, "Let me feel the pillars on which the house rests, that I may lean against them."

27 Das Haus aber war voller Männer und Frauen. Es waren auch alle Fürsten der Philister da, und auf dem Dach waren etwa dreitausend Männer und Frauen, die zusahen, wie Simson seine Späße trieb.

28 Simson aber rief den HERRN an und sprach: Herr HERR, denke an mich und gib mir Kraft, Gott, noch dies eine Mal, damit ich mich für meine beiden Augen einmal räche an den Philistern!

29 Und er umfasste die zwei Mittelsäulen, auf denen das Haus ruhte, die eine mit seiner rechten und die andere mit seiner linken Hand, und stemmte sich gegen sie

30 und sprach: Ich will sterben mit den Philistern! Und er neigte sich mit aller Kraft. Da fiel das Haus auf die Fürsten und auf alles Volk, das darin war, sodass es mehr Tote waren, die er durch seinen Tod tötete, als die er zu seinen Lebzeiten getötet hatte.

¶ **31** Da kamen seine Brüder herab und das ganze Haus seines Vaters, und sie hoben ihn auf und brachten ihn hinauf und begruben ihn im Grab seines Vaters Manoach zwischen Zora und Eschtaol. Er hatte aber Israel zwanzig Jahre gerichtet.

Michas Gottesbild und sein Priester

17 Es war ein Mann auf dem Gebirge Ephraim mit Namen Micha.

2 Der sprach zu seiner Mutter: Die tausendeinhundert Silberstücke, die dir genommen worden sind und derenthalben du den Fluch gesprochen und ihn auch vor meinen eigenen Ohren gesagt hast – siehe, dies Geld ist bei mir; ich selbst hab's genommen. Da sprach seine Mutter: Gesegnet seist du, mein Sohn, vom HERRN!

3 So gab er seiner Mutter die tausendeinhundert Silberstücke zurück. Und seine Mutter sprach: Ich weihe nun das Geld dem HERRN; es kommt aus meiner Hand für meinen Sohn, damit man ein geschnitztes und gegossenes Bild davon machen soll. Darum gebe ich's dir nun wieder.

4 Aber er gab seiner Mutter das Geld zurück. Da nahm seine Mutter zweihundert Silberstücke und gab sie dem Goldschmied; der machte ein geschnitztes und gegossenes Bild daraus; das kam danach in das Haus Michas.

5 Der Mann Micha hatte nämlich ein Gotteshaus und machte einen Efod und Hausgötzen und füllte einem seiner Söhne die Hand, sodass er sein Priester wurde.

6 Zu der Zeit war kein König in Israel und jeder tat, was ihn recht dünkte.

27 Now the house was full of men and women. All the lords of the Philistines were there, and on the roof there were about 3,000 men and women, who looked on while Samson entertained.

¶ **28** Then Samson called to the LORD and said, "O Lord GOD, please remember me and please strengthen me only this once, O God, that I may be avenged on the Philistines for my two eyes."

29 And Samson grasped the two middle pillars on which the house rested, and he leaned his weight against them, his right hand on the one and his left hand on the other.

30 And Samson said, "Let me die with the Philistines." Then he bowed with all his strength, and the house fell upon the lords and upon all the people who were in it. So the dead whom he killed at his death were more than those whom he had killed during his life.

31 Then his brothers and all his family came down and took him and brought him up and buried him between Zorah and Eshtaol in the tomb of Manoah his father. He had judged Israel twenty years.

Micah and the Levite

17 There was a man of the hill country of Ephraim, whose name was Micah.

2 And he said to his mother, "The 1,100 pieces of silver that were taken from you, about which you uttered a curse, and also spoke it in my ears, behold, the silver is with me; I took it." And his mother said, "Blessed be my son by the LORD."

3 And he restored the 1,100 pieces of silver to his mother. And his mother said, "I dedicate the silver to the LORD from my hand for my son, to make a carved image and a metal image. Now therefore I will restore it to you."

4 So when he restored the money to his mother, his mother took 200 pieces of silver and gave it to the silversmith, who made it into a carved image and a metal image. And it was in the house of Micah.

5 And the man Micah had a shrine, and he made an ephod and household gods, and ordained[1] one of his sons, who became his priest.

6 In those days there was no king in Israel. Everyone did what was right in his own eyes.

¶ **7** Es war aber ein junger Mann von Bethlehem in Juda aus dem Geschlecht Judas; der war ein Levit und war dort fremd.

8 Er zog aber aus der Stadt Bethlehem in Juda, um einen Ort zu finden, wo er bleiben konnte. Als er so seines Weges zog, kam er aufs Gebirge Ephraim zum Hause Michas.

9 Da fragte ihn Micha: Wo kommst du her? Er antwortete ihm: Ich bin ein Levit aus Bethlehem in Juda und wandere, um einen Ort zu finden, wo ich bleiben kann.

10 Micha sprach zu ihm: Bleibe bei mir, du sollst mir Vater und Priester sein. Ich will dir jährlich zehn Silberstücke und deine Kleidung und Nahrung geben.

11 Der Levit willigte ein, bei dem Mann zu bleiben; und der hielt ihn wie einen Sohn.

12 Und Micha füllte dem Leviten die Hand, dass er sein Priester wurde, und so war er im Haus Michas.

13 Und Micha sprach: Nun weiß ich, dass mir der HERR wohltun wird, weil ich einen Leviten zum Priester habe.

Der Stamm Dan gewinnt Wohnsitz und Heiligtum

18 Zu der Zeit war kein König in Israel. Und der Stamm der Daniter suchte sich zu der Zeit ein Erbteil, wo sie wohnen könnten; denn es war ihm bis auf den Tag noch kein Erbe zuteilgeworden unter den Stämmen Israels.

2 Und die Daniter sandten von ihrem Geschlecht aus ihrem Gebiet, aus Zora und Eschtaol, fünf tüchtige Männer aus, um das Land zu erkunden und zu erforschen, und sprachen zu ihnen: Zieht hin und erforscht das Land! Und sie kamen auf das Gebirge Ephraim zum Haus Michas und blieben dort über Nacht.

¶ **3** Und während sie dort bei Michas Leuten waren, fiel ihnen die Stimme des jungen Leviten auf, und sie gingen dorthin und sprachen zu ihm: Wer hat dich hierher gebracht? Was machst du hier? Und was hast du hier vor?

4 Er antwortete ihnen: So und so hat Micha an mir getan und hat mich in Dienst genommen, dass ich sein Priester sei.

5 Sie sprachen zu ihm: Befrage doch Gott, dass wir erfahren, ob unser Weg, den wir gehen, auch zum Ziel führt.

6 Der Priester antwortete ihnen: Zieht hin mit Frieden; euer Weg, den ihr geht, ist dem HERRN vor Augen.

¶ **7** Now there was a young man of Bethlehem in Judah, of the family of Judah, who was a Levite, and he sojourned there.

8 And the man departed from the town of Bethlehem in Judah to sojourn where he could find a place. And as he journeyed, he came to the hill country of Ephraim to the house of Micah.

9 And Micah said to him, "Where do you come from?" And he said to him, "I am a Levite of Bethlehem in Judah, and I am going to sojourn where I may find a place."

10 And Micah said to him, "Stay with me, and be to me a father and a priest, and I will give you ten pieces of silver a year and a suit of clothes and your living." And the Levite went in.

11 And the Levite was content to dwell with the man, and the young man became to him like one of his sons.

12 And Micah ordained the Levite, and the young man became his priest, and was in the house of Micah.

13 Then Micah said, "Now I know that the LORD will prosper me, because I have a Levite as priest."

Danites Take the Levite and the Idol

18 In those days there was no king in Israel. And in those days the tribe of the people of Dan was seeking for itself an inheritance to dwell in, for until then no inheritance among the tribes of Israel had fallen to them.

2 So the people of Dan sent five able men from the whole number of their tribe, from Zorah and from Eshtaol, to spy out the land and to explore it. And they said to them, "Go and explore the land." And they came to the hill country of Ephraim, to the house of Micah, and lodged there.

3 When they were by the house of Micah, they recognized the voice of the young Levite. And they turned aside and said to him, "Who brought you here? What are you doing in this place? What is your business here?"

4 And he said to them, "This is how Micah dealt with me: he has hired me, and I have become his priest."

5 And they said to him, "Inquire of God, please, that we may know whether the journey on which we are setting out will succeed."

6 And the priest said to them, "Go in peace. The journey on which you go is under the eye of the LORD."

7 Da gingen die fünf Männer hin und kamen nach Lajisch und sahen das Volk, das darin war, sicher wohnen in der Weise der Sidonier, ruhig und sicher. Sie waren reich an Besitz, und es fehlte ihnen nichts an alledem, was es auf Erden gibt. Und sie waren ferne von den Sidoniern und hatten mit Aramäern nichts zu tun.

¶ **8** Und sie kamen zu ihren Brüdern nach Zora und Eschtaol und ihre Brüder sprachen zu ihnen: Wie steht's mit euch?

9 Sie sprachen: Auf, lasst uns gegen sie hinaufziehen! Denn wir haben das Land angesehen, und siehe, es ist sehr gut. Und ihr sitzt noch untätig da? Seid doch nicht faul hinzuziehen, dass ihr kommt und das Land einnehmt.

10 Wenn ihr hinzieht, werdet ihr zu einem Volk kommen, das sicher wohnt, und das Land ist weit nach allen Seiten; denn Gott hat's in eure Hände gegeben, einen Ort, an dem nichts von alledem fehlt, was es auf Erden gibt.

¶ **11** Da zogen von dort aus dem Geschlecht Dan, aus Zora und Eschtaol, sechshundert Mann, gerüstet mit ihren Waffen zum Kampf,

12 und sie zogen hinauf und lagerten sich bei Kirjat-Jearim in Juda. Daher heißt die Stätte »Lager Dans« bis auf diesen Tag; es liegt hinter Kirjat-Jearim.

13 Und von dort gingen sie auf das Gebirge Ephraim und kamen zum Hause Michas.

14 Da hoben die fünf Männer an, die ausgezogen waren, um das Land bei Lajisch zu erkunden, und sprachen zu ihren Brüdern: Wisst ihr auch, dass es in diesen Häusern einen Efod und einen Hausgötzen und ein geschnitztes und gegossenes Bild gibt? Bedenkt nun, was ihr zu tun habt.

¶ **15** Da gingen sie dorthin und kamen an das Haus des jungen Leviten in Michas Hause und grüßten ihn freundlich.

16 Während die sechshundert zum Krieg gerüsteten Männer, die von den Danitern waren, vor dem Tor standen,

17 gingen die fünf Männer, die das Land zu erkunden ausgezogen waren, hinauf, drangen dort ein und nahmen das geschnitzte und gegossene Bild, den Efod und den Hausgötzen; unterdessen stand der Priester vor dem Tor bei den sechshundert zum Krieg gerüsteten Männern.

18 Als nun jene in das Haus Michas gekommen waren und das geschnitzte und gegossene Bild, den Efod und den Hausgötzen nahmen, sprach der Priester zu ihnen: Was macht ihr?

¶ **7** Then the five men departed and came to Laish and saw the people who were there, how they lived in security, after the manner of the Sidonians, quiet and unsuspecting, lacking[1] nothing that is in the earth and possessing wealth, and how they were far from the Sidonians and had no dealings with anyone.

8 And when they came to their brothers at Zorah and Eshtaol, their brothers said to them, "What do you report?"

9 They said, "Arise, and let us go up against them, for we have seen the land, and behold, it is very good. And will you do nothing? Do not be slow to go, to enter in and possess the land.

10 As soon as you go, you will come to an unsuspecting people. The land is spacious, for God has given it into your hands, a place where there is no lack of anything that is in the earth."

¶ **11** So 600 men of the tribe of Dan, armed with weapons of war, set out from Zorah and Eshtaol,

12 and went up and encamped at Kiriath-jearim in Judah. On this account that place is called Mahaneh-dan[2] to this day; behold, it is west of Kiriath-jearim.

13 And they passed on from there to the hill country of Ephraim, and came to the house of Micah.

¶ **14** Then the five men who had gone to scout out the country of Laish said to their brothers, "Do you know that in these houses there are an ephod, household gods, a carved image, and a metal image? Now therefore consider what you will do."

15 And they turned aside there and came to the house of the young Levite, at the home of Micah, and asked him about his welfare.

16 Now the 600 men of the Danites, armed with their weapons of war, stood by the entrance of the gate.

17 And the five men who had gone to scout out the land went up and entered and took the carved image, the ephod, the household gods, and the metal image, while the priest stood by the entrance of the gate with the 600 men armed with weapons of war.

18 And when these went into Micah's house and took the carved image, the ephod, the household gods, and the metal image, the priest said to them, "What are you doing?"

19 Sie antworteten ihm: Schweig und halt den Mund und zieh mit uns, dass du uns Vater und Priester seist. Ist es für dich besser, Priester in **eines** Mannes Haus zu sein oder unter einem ganzen Stamm und Geschlecht in Israel?

20 Das gefiel dem Priester gut, und er nahm den Efod, den Hausgötzen und das geschnitzte Bild und schloss sich dem Volk an.

¶ **21** Und sie wandten sich und zogen hin und schickten die Frauen und die Kinder und das Vieh und was sie an wertvollem Gut hatten vor sich her.

22 Als sie sich nun von Michas Haus entfernt hatten, wurden die Männer in den Häusern, die bei Michas Haus waren, zusammengerufen, und sie jagten den Danitern nach

23 und riefen hinter ihnen her. Sie aber wandten sich um und sprachen zu Micha: Was hast du, dass du die Leute zusammengerufen hast?

24 Er antwortete: Ihr habt meine Götter genommen, die ich gemacht hatte, und den Priester und seid fortgezogen. Was hab ich nun noch? Und da fragt ihr, was mir fehlt?

25 Aber die Daniter sprachen zu ihm: Lass deine Stimme nicht weiter bei uns hören, damit nicht etwa zornige Leute über euch herfallen und dein Leben und das Leben deiner Leute hingerafft werde.

26 So gingen die Daniter ihres Weges. Und als Micha sah, dass sie ihm zu stark waren, wandte er sich um und kehrte zurück zu seinem Hause.

¶ **27** Sie aber nahmen, was Micha gemacht hatte, und den Priester, den er hatte, und fielen über Lajisch her, über ein Volk, das ruhig und sicher wohnte, und schlugen es mit der Schärfe des Schwerts und verbrannten die Stadt mit Feuer.

28 Und es war niemand, der sie errettet hätte; denn die Stadt lag fern von Sidon und sie hatten mit den Aramäern nichts zu schaffen; und die Stadt lag in der Ebene bei Bet-Rehob. Dann bauten sie die Stadt wieder auf und wohnten darin

29 und nannten sie Dan nach dem Namen ihres Vaters Dan, der dem Israel geboren war. Vorzeiten aber hieß die Stadt Lajisch.

¶ **30** Und die Daniter richteten für sich das Schnitzbild auf. Und Jonatan, der Sohn Gerschoms, des Sohnes des Mose, und seine Söhne waren Priester im Stamm der Daniter bis auf die Zeit, da sie aus dem Lande gefangen weggeführt wurden.

19 And they said to him, "Keep quiet; put your hand on your mouth and come with us and be to us a father and a priest. Is it better for you to be priest to the house of one man, or to be priest to a tribe and clan in Israel?"

20 And the priest's heart was glad. He took the ephod and the household gods and the carved image and went along with the people.

¶ **21** So they turned and departed, putting the little ones and the livestock and the goods in front of them.

22 When they had gone a distance from the home of Micah, the men who were in the houses near Micah's house were called out, and they overtook the people of Dan.

23 And they shouted to the people of Dan, who turned around and said to Micah, "What is the matter with you, that you come with such a company?"

24 And he said, "You take my gods that I made and the priest, and go away, and what have I left? How then do you ask me, 'What is the matter with you?'"

25 And the people of Dan said to him, "Do not let your voice be heard among us, lest angry fellows fall upon you, and you lose your life with the lives of your household."

26 Then the people of Dan went their way. And when Micah saw that they were too strong for him, he turned and went back to his home.

¶ **27** But the people of Dan took what Micah had made, and the priest who belonged to him, and they came to Laish, to a people quiet and unsuspecting, and struck them with the edge of the sword and burned the city with fire.

28 And there was no deliverer because it was far from Sidon, and they had no dealings with anyone. It was in the valley that belongs to Beth-rehob. Then they rebuilt the city and lived in it.

29 And they named the city Dan, after the name of Dan their ancestor, who was born to Israel; but the name of the city was Laish at the first.

30 And the people of Dan set up the carved image for themselves, and Jonathan the son of Gershom, son of Moses,[3] and his sons were priests to the tribe of the Danites until the day of the captivity of the land.

31 So stellten sie das Schnitzbild, das Micha gemacht hatte, bei sich auf, solange das Haus Gottes zu Silo stand.

Die Schandtat von Gibea in Benjamin

19 Zu der Zeit war kein König in Israel. Und ein Levit wohnte als Fremdling weit hinten im Gebirge Ephraim und hatte sich eine Nebenfrau genommen aus Bethlehem in Juda.

2 Und als sie über ihn erzürnt war, lief sie von ihm fort zu ihres Vaters Hause nach Bethlehem in Juda und war dort vier Monate lang.

3 Da machte sich ihr Mann auf und zog ihr nach, um freundlich mit ihr zu reden und sie zu sich zurückzuholen; und er hatte seinen Knecht und ein Paar Esel bei sich. Und sie führte ihn in ihres Vaters Haus. Als ihn aber der Vater der jungen Frau sah, wurde er froh und ging ihm entgegen.

4 Und sein Schwiegervater, der Vater der jungen Frau, hielt ihn fest, dass er drei Tage bei ihm blieb. Sie aßen und tranken und blieben dort über Nacht.

¶ **5** Am vierten Tag erhoben sie sich früh am Morgen, und er machte sich auf und wollte fortziehen. Da sprach der Vater der jungen Frau zu seinem Schwiegersohn: Labe dich zuvor mit einem Bissen Brot, danach könnt ihr ziehen.

6 Und sie setzten sich und aßen beide miteinander und tranken. Da sprach der Vater der jungen Frau zu dem Mann: Bleib doch über Nacht und lass dein Herz guter Dinge sein.

7 Als aber der Mann aufstand und ziehen wollte, nötigte ihn sein Schwiegervater, dass er noch einmal über Nacht dablieb.

8 Am Morgen des fünften Tages machte er sich früh auf und wollte ziehen. Da sprach der Vater der jungen Frau: Labe dich doch und lass uns warten, bis sich der Tag neigt. Und so aßen die beiden miteinander.

9 Da machte sich der Mann auf und wollte mit seiner Nebenfrau und mit seinem Knecht fortziehen. Aber sein Schwiegervater, der Vater der jungen Frau, sprach zu ihm: Siehe, der Tag hat sich geneigt und es will Abend werden; bleib über Nacht und lass dein Herz guter Dinge sein. Morgen mögt ihr früh aufstehen und eures Weges ziehen zu deinem Zelt.

10 Aber der Mann wollte nicht mehr über Nacht bleiben, sondern machte sich auf und zog hin und kam bis gegenüber von Jebus – das ist Jerusalem – und hatte ein Paar beladene Esel bei sich und seine Nebenfrau und seinen Knecht.

31 So they set up Micah's carved image that he made, as long as the house of God was at Shiloh.

A Levite and His Concubine

19 In those days, when there was no king in Israel, a certain Levite was sojourning in the remote parts of the hill country of Ephraim, who took to himself a concubine from Bethlehem in Judah.

2 And his concubine was unfaithful to[1] him, and she went away from him to her father's house at Bethlehem in Judah, and was there some four months.

3 Then her husband arose and went after her, to speak kindly to her and bring her back. He had with him his servant and a couple of donkeys. And she brought him into her father's house. And when the girl's father saw him, he came with joy to meet him.

4 And his father-in-law, the girl's father, made him stay, and he remained with him three days. So they ate and drank and spent the night there.

5 And on the fourth day they arose early in the morning, and he prepared to go, but the girl's father said to his son-in-law, "Strengthen your heart with a morsel of bread, and after that you may go."

6 So the two of them sat and ate and drank together. And the girl's father said to the man, "Be pleased to spend the night, and let your heart be merry."

7 And when the man rose up to go, his father-in-law pressed him, till he spent the night there again.

8 And on the fifth day he arose early in the morning to depart. And the girl's father said, "Strengthen your heart and wait until the day declines." So they ate, both of them.

9 And when the man and his concubine and his servant rose up to depart, his father-in-law, the girl's father, said to him, "Behold, now the day has waned toward evening. Please, spend the night. Behold, the day draws to its close. Lodge here and let your heart be merry, and tomorrow you shall arise early in the morning for your journey, and go home."

¶ **10** But the man would not spend the night. He rose up and departed and arrived opposite Jebus (that is, Jerusalem). He had with him a couple of saddled donkeys, and his concubine was with him.

¶ **11** Als sie nun nahe bei Jebus waren, dunkelte es schnell; da sprach der Knecht zu seinem Herrn: Komm doch und lass uns in diese Stadt der Jebusiter einkehren und über Nacht dort bleiben.

12 Aber sein Herr sprach zu ihm: Wir wollen nicht in die Stadt der Fremden einkehren, die nicht von den Israeliten sind, sondern wollen hinüber auf Gibea zu.

13 Und er sprach zu seinem Knecht: Geh weiter, damit wir an einen andern Ort kommen und über Nacht in Gibea oder in Rama bleiben.

14 Und sie zogen weiter ihres Weges und die Sonne ging unter, als sie nahe bei Gibea waren, das in Benjamin liegt.

15 Und sie bogen ab vom Wege, um nach Gibea zu kommen und dort über Nacht zu bleiben. Als er aber hineinkam, blieb er auf dem Platze der Stadt; denn es war niemand, der sie die Nacht im Hause beherbergen wollte.

¶ **16** Und siehe, da kam ein alter Mann von seiner Arbeit vom Felde am Abend; der war auch vom Gebirge Ephraim und ein Fremdling in Gibea, aber die Leute des Orts waren Benjaminiter.

17 Und als er seine Augen aufhob, sah er den Wanderer auf dem Platze und sprach zu ihm: Wo willst du hin? Und wo kommst du her?

18 Er aber antwortete ihm: Wir reisen von Bethlehem in Juda weit ins Gebirge Ephraim hinein, wo ich her bin. Ich bin nach Bethlehem in Juda gezogen und kehre jetzt nach Hause zurück, doch niemand will mich beherbergen.

19 Wir haben Stroh und Futter für unsere Esel und Brot und Wein für mich, deinen Knecht, und für deine Magd und den Knecht, der bei mir ist, sodass uns nichts fehlt.

20 Der alte Mann sprach: Friede sei mit dir! Alles, was dir mangelt, findest du bei mir; bleib nur nicht über Nacht auf dem Platze.

21 Und er führte ihn in sein Haus und gab den Eseln Futter, und sie wuschen ihre Füße und aßen und tranken.

¶ **22** Und als ihr Herz nun guter Dinge war, siehe, da kamen die Leute der Stadt, ruchlose Männer, und umstellten das Haus und pochten an die Tür und sprachen zu dem alten Mann, dem Hauswirt: Gib den Mann heraus, der in dein Haus gekommen ist, dass wir uns über ihn hermachen.

11 When they were near Jebus, the day was nearly over, and the servant said to his master, "Come now, let us turn aside to this city of the Jebusites and spend the night in it."

12 And his master said to him, "We will not turn aside into the city of foreigners, who do not belong to the people of Israel, but we will pass on to Gibeah."

13 And he said to his young man, "Come and let us draw near to one of these places and spend the night at Gibeah or at Ramah."

14 So they passed on and went their way. And the sun went down on them near Gibeah, which belongs to Benjamin,

15 and they turned aside there, to go in and spend the night at Gibeah. And he went in and sat down in the open square of the city, for no one took them into his house to spend the night.

¶ **16** And behold, an old man was coming from his work in the field at evening. The man was from the hill country of Ephraim, and he was sojourning in Gibeah. The men of the place were Benjaminites.

17 And he lifted up his eyes and saw the traveler in the open square of the city. And the old man said, "Where are you going? And where do you come from?"

18 And he said to him, "We are passing from Bethlehem in Judah to the remote parts of the hill country of Ephraim, from which I come. I went to Bethlehem in Judah, and I am going to the house of the Lord,[2] but no one has taken me into his house.

19 We have straw and feed for our donkeys, with bread and wine for me and your female servant and the young man with your servants. There is no lack of anything."

20 And the old man said, "Peace be to you; I will care for all your wants. Only, do not spend the night in the square."

21 So he brought him into his house and gave the donkeys feed. And they washed their feet, and ate and drank.

Gibeah's Crime

¶ **22** As they were making their hearts merry, behold, the men of the city, worthless fellows, surrounded the house, beating on the door. And they said to the old man, the master of the house, "Bring out the man who came into your house, that we may know him."

23 Aber der Mann, der Hauswirt, ging zu ihnen hinaus und sprach zu ihnen: Nicht, meine Brüder, tut doch nicht solch ein Unrecht! Nachdem dieser Mann in mein Haus gekommen ist, tut nicht solch eine Schandtat!

24 Siehe, ich habe eine Tochter, noch eine Jungfrau, und dieser hat eine Nebenfrau; die will ich euch herausbringen. Die könnt ihr schänden und mit ihnen tun, was euch gefällt, aber an diesem Mann tut nicht solch eine Schandtat!

25 Aber die Leute wollten nicht auf ihn hören. Da fasste der Mann seine Nebenfrau und brachte sie zu ihnen hinaus. Die machten sich über sie her und trieben ihren Mutwillen mit ihr die ganze Nacht bis an den Morgen. Und als die Morgenröte anbrach, ließen sie sie gehen.

¶ **26** Da kam die Frau, als der Morgen anbrach, und fiel hin vor der Tür des Hauses, in dem ihr Herr war, und lag da, bis es licht wurde.

27 Als nun ihr Herr am Morgen aufstand und die Tür des Hauses auftat und herausging, um seines Weges zu ziehen, siehe, da lag seine Nebenfrau vor der Tür des Hauses, die Hände auf der Schwelle.

28 Er sprach zu ihr: Steh auf, lass uns ziehen! Aber sie antwortete nicht. Da legte er sie auf den Esel, machte sich auf und zog an seinen Ort.

29 Als er nun heimkam, nahm er ein Messer, fasste seine Nebenfrau und zerstückelte sie Glied für Glied in zwölf Stücke und sandte sie in das ganze Gebiet Israels.

30 Wer das sah, der sprach: Solches ist nicht geschehen noch gesehen, seitdem Israel aus Ägyptenland gezogen ist, bis auf diesen Tag. Nun denkt darüber nach, beratet und sprecht!

Strafgericht am Stamm Benjamin

20 Da zogen die Israeliten aus und die Gemeinde versammelte sich wie ein Mann – von Dan bis nach Beerscheba und vom Lande Gilead – vor dem HERRN in Mizpa.

2 Und es traten zusammen die Obersten des ganzen Volks aller Stämme Israels in der Versammlung des Volkes Gottes, vierhunderttausend Mann zu Fuß, die das Schwert führten.

3 Aber die Benjaminiter hörten, dass ganz Israel hinauf nach Mizpa gezogen war.

¶ Und die Israeliten sprachen: Sagt, wie ist die Schandtat zugegangen?

23 And the man, the master of the house, went out to them and said to them, "No, my brothers, do not act so wickedly; since this man has come into my house, do not do this vile thing.

24 Behold, here are my virgin daughter and his concubine. Let me bring them out now. Violate them and do with them what seems good to you, but against this man do not do this outrageous thing."

25 But the men would not listen to him. So the man seized his concubine and made her go out to them. And they knew her and abused her all night until the morning. And as the dawn began to break, they let her go.

26 And as morning appeared, the woman came and fell down at the door of the man's house where her master was, until it was light.

¶ **27** And her master rose up in the morning, and when he opened the doors of the house and went out to go on his way, behold, there was his concubine lying at the door of the house, with her hands on the threshold.

28 He said to her, "Get up, let us be going." But there was no answer. Then he put her on the donkey, and the man rose up and went away to his home.

29 And when he entered his house, he took a knife, and taking hold of his concubine he divided her, limb by limb, into twelve pieces, and sent her throughout all the territory of Israel.

30 And all who saw it said, "Such a thing has never happened or been seen from the day that the people of Israel came up out of the land of Egypt until this day; consider it, take counsel, and speak."

Israel's War with the Tribe of Benjamin

20 Then all the people of Israel came out, from Dan to Beersheba, including the land of Gilead, and the congregation assembled as one man to the LORD at Mizpah.

2 And the chiefs of all the people, of all the tribes of Israel, presented themselves in the assembly of the people of God, 400,000 men on foot that drew the sword.

3 (Now the people of Benjamin heard that the people of Israel had gone up to Mizpah.) And the people of Israel said, "Tell us, how did this evil happen?"

4 Da antwortete der Levit, der Mann der Frau, die getötet worden war, und sprach: Ich kam nach Gibea in Benjamin mit meiner Nebenfrau, um da über Nacht zu bleiben.

5 Da machten sich gegen mich auf die Bürger von Gibea und umstellten meinetwegen das Haus des Nachts. Mich wollten sie töten und meine Nebenfrau haben sie geschändet, sodass sie gestorben ist.

6 Da nahm ich meine Nebenfrau und zerstückelte sie und sandte die Stücke in das ganze Gebiet des Erbbesitzes von Israel; denn sie haben ein Verbrechen und eine Schandtat getan in Israel.

7 Siehe, da seid ihr Israeliten alle. So sprecht und beratet hier!

¶ **8** Da erhob sich alles Volk wie **ein** Mann und sprach: Es soll niemand in sein Zelt gehen und in sein Haus heimkehren,

9 sondern das wollen wir jetzt mit Gibea tun: Auf, lasst uns gegen die Stadt hinaufziehen nach dem Los!

10 Lasst uns nehmen zehn Mann von hundert und hundert von tausend und tausend von zehntausend aus allen Stämmen Israels, damit sie Speise holen für das Volk, das gekommen ist, um Gibea in Benjamin seine große Schandtat zu vergelten, die es in Israel getan hat.

11 So versammelten sich gegen die Stadt alle Männer Israels, geschlossen wie **ein** Mann.

¶ **12** Und die Stämme Israels sandten Männer zu allen Geschlechtern Benjamins und ließen ihnen sagen: Was ist das für eine Untat, die bei euch geschehen ist?

13 So gebt nun heraus die Männer, die ruchlosen Leute von Gibea, dass wir sie töten und das Böse aus Israel austilgen. Aber die Benjaminiter wollten nicht hören auf die Stimme ihrer Brüder, der Israeliten,

14 sondern sie versammelten sich aus den Städten nach Gibea, um in den Kampf gegen die Israeliten auszuziehen.

15 Und es wurden an jenem Tage gezählt von Benjamin aus den Städten sechsundzwanzigtausend Mann, die das Schwert führten, außer den Bürgern von Gibea; von ihnen wurden siebenhundert gezählt, auserlesene Männer.

16 Und unter diesem ganzen Volk waren siebenhundert auserlesene Männer, die linkshändig waren und mit der Schleuder ein Haar treffen konnten, ohne zu fehlen.

17 Aber von Israel – außer denen von Benjamin – wurden gezählt vierhunderttausend Mann, die das Schwert führten, lauter streitbare Männer.

4 And the Levite, the husband of the woman who was murdered, answered and said, "I came to Gibeah that belongs to Benjamin, I and my concubine, to spend the night.

5 And the leaders of Gibeah rose against me and surrounded the house against me by night. They meant to kill me, and they violated my concubine, and she is dead.

6 So I took hold of my concubine and cut her in pieces and sent her throughout all the country of the inheritance of Israel, for they have committed abomination and outrage in Israel.

7 Behold, you people of Israel, all of you, give your advice and counsel here."

¶ **8** And all the people arose as one man, saying, "None of us will go to his tent, and none of us will return to his house.

9 But now this is what we will do to Gibeah: we will go up against it by lot,

10 and we will take ten men of a hundred throughout all the tribes of Israel, and a hundred of a thousand, and a thousand of ten thousand, to bring provisions for the people, that when they come they may repay Gibeah of Benjamin, for all the outrage that they have committed in Israel."

11 So all the men of Israel gathered against the city, united as one man.

¶ **12** And the tribes of Israel sent men through all the tribe of Benjamin, saying, "What evil is this that has taken place among you?

13 Now therefore give up the men, the worthless fellows in Gibeah, that we may put them to death and purge evil from Israel." But the Benjaminites would not listen to the voice of their brothers, the people of Israel.

14 Then the people of Benjamin came together out of the cities to Gibeah to go out to battle against the people of Israel.

15 And the people of Benjamin mustered out of their cities on that day 26,000 men who drew the sword, besides the inhabitants of Gibeah, who mustered 700 chosen men.

16 Among all these were 700 chosen men who were left-handed; every one could sling a stone at a hair and not miss.

17 And the men of Israel, apart from Benjamin, mustered 400,000 men who drew the sword; all these were men of war.

18 Die machten sich auf und zogen hinauf nach Bethel und befragten Gott und sprachen: Wer von uns soll zuerst hinaufziehen in den Kampf gegen Benjamin? Der HERR sprach: Juda soll anfangen.

¶ **19** So machten sich die Israeliten am Morgen auf und lagerten sich vor Gibea.

20 Und die Männer von Israel zogen heraus, um gegen Benjamin zu kämpfen, und stellten sich auf zum Kampf gegen Gibea.

21 Da fielen die Benjaminiter aus Gibea aus und schlugen an dem Tage von Israel zweiundzwanzigtausend zu Boden.

23 *Da zogen die Israeliten hinauf und hielten Klage vor dem HERRN bis zum Abend und befragten den HERRN und sprachen: Sollen wir wieder in den Kampf ziehen gegen die Benjaminiter, unsere Brüder? Der HERR sprach: Zieht hin gegen sie!

22 *Da ermannte sich das Kriegsvolk von Israel und stellte sich abermals auf, um am selben Ort noch weiterzukämpfen, an dem sie sich am vorigen Tag aufgestellt hatten.

24 Und als die Israeliten am andern Tage nahe herankamen an die Benjaminiter,

25 machten die Benjaminiter auch am zweiten Tag einen Ausfall aus Gibea und schlugen von Israel noch achtzehntausend zu Boden, die alle das Schwert führten.

¶ **26** Da zogen alle Israeliten, das ganze Kriegsvolk, hinauf und kamen nach Bethel und hielten Klage und blieben dort vor dem HERRN und fasteten an diesem Tag bis zum Abend und opferten Brandopfer und Dankopfer vor dem HERRN.

27 Und die Israeliten befragten den HERRN. – Es war aber zu jener Zeit die Lade des Bundes Gottes dort

28 und Pinhas, der Sohn Eleasars, des Sohnes Aarons, versah den Dienst vor ihm in jener Zeit. – Und sie sprachen: Sollen wir abermals ausziehen, um gegen die Benjaminiter, unsere Brüder, zu kämpfen, oder sollen wir es lassen? Der HERR sprach: Zieht hinauf; morgen will ich sie in eure Hände geben.

¶ **29** Und Israel legte einen Hinterhalt rings um Gibea her.

30 So zog Israel hinauf am dritten Tage gegen die Benjaminiter und stellte sich auf gegen Gibea wie schon zweimal vorher.

¶ **18** The people of Israel arose and went up to Bethel and inquired of God, "Who shall go up first for us to fight against the people of Benjamin?" And the LORD said, *ᵖ*"Judah shall go up first."

¶ **19** Then the people of Israel rose in the morning and encamped against Gibeah.

20 And the men of Israel went out to fight against Benjamin, and the men of Israel drew up the battle line against them at Gibeah.

21 The people of Benjamin came out of Gibeah and destroyed on that day 22,000 men of the Israelites.

22 But the people, the men of Israel, took courage, and again formed the battle line in the same place where they had formed it on the first day.

23 And the people of Israel went up and wept before the LORD until the evening. And they inquired of the LORD, "Shall we again draw near to fight against our brothers, the people of Benjamin?" And the LORD said, "Go up against them."

¶ **24** So the people of Israel came near against the people of Benjamin the second day.

25 And Benjamin went against them out of Gibeah the second day, and destroyed 18,000 men of the people of Israel. All these were men who drew the sword.

26 Then all the people of Israel, the whole army, went up and came to Bethel and wept. They sat there before the LORD and fasted that day until evening, and offered burnt offerings and peace offerings before the LORD.

27 And the people of Israel inquired of the LORD (for the ark of the covenant of God was there in those days,

28 and Phinehas the son of Eleazar, son of Aaron, ministered before it in those days), saying, "Shall we go out once more to battle against our brothers, the people of Benjamin, or shall we cease?" And the LORD said, "Go up, for tomorrow I will give them into your hand."

¶ **29** So Israel set men in ambush around Gibeah.

30 And the people of Israel went up against the people of Benjamin on the third day and set themselves in array against Gibeah, as at other times.

31 Da machten die Benjaminiter einen Ausfall, dem Kriegsvolk entgegen, und wurden weggezogen von der Stadt und erschlugen anfangs einige vom Kriegsvolk – wie schon zweimal vorher – auf den Straßen, von denen die eine nach Bethel und die andere nach Gibeon führt, auf offenem Feld etwa dreißig Mann von Israel.

32 Da dachten die Benjaminiter: Sie sind geschlagen vor uns wie vorher. Aber die Israeliten hatten verabredet: Lasst uns fliehen, damit wir sie von der Stadt wegziehen auf die beiden Straßen!

33 Da machten sich alle Männer von Israel auf von ihrem Ort und stellten sich bei Baal-Tamar auf. Und der Hinterhalt Israels brach hervor aus seinem Versteck westlich von Geba.

34 Und sie rückten gegen Gibea an, zehntausend Mann, auserlesen aus ganz Israel, sodass der Kampf hart wurde; jene aber wussten nicht, dass sie das Unglück treffen würde.

35 So schlug der HERR die Benjaminiter vor den Männern von Israel, dass die Israeliten an dem Tag umbrachten fünfundzwanzigtausendeinhundert Mann von Benjamin, die alle das Schwert führten.

¶ **36** Denn als die Benjaminiter sahen, dass sie geschlagen waren, gaben ihnen die Männer Israels Raum; denn sie verließen sich auf den Hinterhalt, den sie bei Gibea angelegt hatten.

37 Und der Hinterhalt brach eilends hervor auf Gibea zu und zog hin und schlug die ganze Stadt mit der Schärfe des Schwerts.

38 Sie hatten aber verabredet miteinander, die Männer von Israel und der Hinterhalt, sie sollten eine Rauchsäule von der Stadt aufsteigen lassen.

39 Als nun die Männer von Israel sich im Kampf abgewandt hatten und die Benjaminiter anfangs etwa dreißig Mann von Israel erschlagen hatten, sodass sie dachten: Sie sind vor uns geschlagen wie im vorigen Kampf,

40 da begann eine Rauchsäule von der Stadt gerade empor aufzusteigen. Und die Benjaminiter wandten sich um, und siehe, da ging die Stadt ganz in Flammen auf zum Himmel.

41 Und die Männer von Israel machten kehrt; da erschraken die Männer von Benjamin, denn sie sahen, dass das Unglück sie getroffen hatte,

31 And the people of Benjamin went out against the people and were drawn away from the city. And as at other times they began to strike and kill some of the people in the highways, one of which goes up to Bethel and the other to Gibeah, and in the open country, about thirty men of Israel.

32 And the people of Benjamin said, "They are routed before us, as at the first." But the people of Israel said, "Let us flee and draw them away from the city to the highways."

33 And all the men of Israel rose up out of their place and set themselves in array at Baal-tamar, and the men of Israel who were in ambush rushed out of their place from Maareh-geba.[1]

34 And there came against Gibeah 10,000 chosen men out of all Israel, and the battle was hard, but the Benjaminites did not know that disaster was close upon them.

35 And the LORD defeated Benjamin before Israel, and the people of Israel destroyed 25,100 men of Benjamin that day. All these were men who drew the sword.

36 So the people of Benjamin saw that they were defeated.

¶ The men of Israel gave ground to Benjamin, because they trusted the men in ambush whom they had set against Gibeah.

37 Then the men in ambush hurried and rushed against Gibeah; the men in ambush moved out and struck all the city with the edge of the sword.

38 Now the appointed signal between the men of Israel and the men in the main ambush was that when they made a great cloud of smoke rise up out of the city

39 the men of Israel should turn in battle. Now Benjamin had begun to strike and kill about thirty men of Israel. They said, "Surely they are defeated before us, as in the first battle."

40 But when the signal began to rise out of the city in a column of smoke, the Benjaminites looked behind them, and behold, the whole of the city went up in smoke to heaven.

41 Then the men of Israel turned, and the men of Benjamin were dismayed, for they saw that disaster was close upon them.

42 und wandten sich weg von den Männern Israels auf den Weg zur Steppe. Aber der Kampf folgte ihnen auch dorthin, und die von der Stadt her kamen, vernichteten in ihrer Mitte die Benjaminiter.

43 Sie umringten diese und jagten ihnen nach, ohne ihnen Ruhe zu lassen, und zertraten sie bis östlich von Gibea, gegen Sonnenaufgang.

44 Und es fielen von Benjamin achtzehntausend Mann, lauter streitbare Männer.

¶ **45** Da wandten sie sich um und flohen zur Steppe hin zum Fels Rimmon; aber die Männer von Israel hielten auf den Straßen eine Nachlese von fünftausend Mann und verfolgten sie weiter bis Gidom und erschlugen von ihnen noch zweitausend.

46 So fielen an diesem Tage von Benjamin fünfundzwanzigtausend Mann, die das Schwert führten, lauter streitbare Männer.

47 Nur sechshundert Mann wandten sich um und flohen zur Steppe hin zum Fels Rimmon und blieben auf dem Fels Rimmon vier Monate.

48 Und die Männer Israels kehrten um zu den Benjaminitern und schlugen in der Stadt mit der Schärfe des Schwerts Leute und Vieh und alles, was man fand. Und alle Städte, die man fand, verbrannte man mit Feuer.

Israel verhilft Benjamin zu Frauen

21 Die Männer Israels aber hatten in Mizpa geschworen und gesagt: Niemand soll seine Tochter den Benjaminitern zur Frau geben.

2 Und das Volk kam nach Bethel und saß da bis zum Abend vor Gott, und sie erhoben ihre Stimme und weinten sehr

3 und sprachen: O Herr, Gott Israels, warum ist das geschehen in Israel, dass heute Israel um einen Stamm weniger geworden ist?

¶ **4** Am andern Morgen machte sich das Volk früh auf und baute dort einen Altar und opferte Brandopfer und Dankopfer.

5 Und die Israeliten sprachen: Wer von allen Stämmen Israels ist nicht mit der Gemeinde heraufgekommen zum Herrn? Denn es war ein großer Schwur getan worden, dass, wer nicht hinaufkäme zum Herrn nach Mizpa, der sollte des Todes sterben.

6 Und es tat den Israeliten Leid um ihren Bruder Benjamin und sie sprachen: Heute ist ein Stamm von Israel abgeschlagen.

42 Therefore they turned their backs before the men of Israel in the direction of the wilderness, but the battle overtook them. And those who came out of the cities were destroying them in their midst.

43 Surrounding the Benjaminites, they pursued them and trod them down from Nohah[2] as far as opposite Gibeah on the east.

44 Eighteen thousand men of Benjamin fell, all of them men of valor.

45 And they turned and fled toward the wilderness to the rock of Rimmon. Five thousand men of them were cut down in the highways. And they were pursued hard to Gidom, and 2,000 men of them were struck down.

46 So all who fell that day of Benjamin were 25,000 men who drew the sword, all of them men of valor.

47 But 600 men turned and fled toward the wilderness to the rock of Rimmon and remained at the rock of Rimmon four months.

48 And the men of Israel turned back against the people of Benjamin and struck them with the edge of the sword, the city, men and beasts and all that they found. And all the towns that they found they set on fire.

Wives Provided for the Tribe of Benjamin

21 Now the men of Israel had sworn at Mizpah, "No one of us shall give his daughter in marriage to Benjamin."

2 And the people came to Bethel and sat there till evening before God, and they lifted up their voices and wept bitterly.

3 And they said, "O Lord, the God of Israel, why has this happened in Israel, that today there should be one tribe lacking in Israel?"

4 And the next day the people rose early and built there an altar and offered burnt offerings and peace offerings.

5 And the people of Israel said, "Which of all the tribes of Israel did not come up in the assembly to the Lord?" For they had taken a great oath concerning him who did not come up to the Lord to Mizpah, saying, "He shall surely be put to death."

6 And the people of Israel had compassion for Benjamin their brother and said, "One tribe is cut off from Israel this day.

7 Wie können wir ihnen helfen, dass die übrig gebliebenen Benjaminiter zu Frauen kommen? Denn wir haben geschworen bei dem HERRN, dass wir ihnen von unsern Töchtern keine zu Frauen geben.

8 Und sie sprachen: Ist einer von den Stämmen Israels nicht heraufgekommen zum HERRN nach Mizpa? Und siehe, da war ins Lager der Gemeinde niemand gekommen von Jabesch in Gilead.

9 Denn sie zählten das Volk, und siehe, da war kein Bürger da von Jabesch in Gilead.

¶ **10** Da sandte die Gemeinde zwölftausend streitbare Männer dorthin und gebot ihnen: Geht hin und schlagt mit der Schärfe des Schwerts die Bürger von Jabesch in Gilead mit Weib und Kind.

11 Doch so sollt ihr tun: An allem, was männlich ist, und an allen Frauen, die einem Mann angehört haben, sollt ihr den Bann vollstrecken!

12 Und sie fanden bei den Bürgern von Jabesch in Gilead vierhundert Mädchen, die Jungfrauen waren und keinem Mann angehört hatten. Die brachten sie ins Lager nach Silo, das da liegt im Lande Kanaan.

13 Da sandte die ganze Gemeinde hin und verhandelte mit den Benjaminitern, die auf dem Fels Rimmon waren, und sagten ihnen Frieden zu.

14 So kamen die Benjaminiter zurück zu jener Zeit. Und sie gaben ihnen die Mädchen, die sie am Leben gelassen hatten von den Frauen aus Jabesch in Gilead; aber diese waren noch nicht genug für sie.

¶ **15** Da tat es dem Volk leid um Benjamin, dass der HERR einen Riss gemacht hatte zwischen den Stämmen Israels.

16 Und die Ältesten der Gemeinde sprachen: Was wollen wir tun, dass die übrig gebliebenen Benjaminiter zu Frauen kommen? Denn die Frauen in Benjamin sind ausgerottet.

17 Und sie sprachen: Die Entronnenen von Benjamin müssen doch ihr Erbe behalten, damit nicht ein Stamm ausgetilgt werde von Israel.

18 Wir aber können ihnen unsere Töchter nicht zu Frauen geben; denn die Israeliten haben geschworen und gesagt: Verflucht sei, wer den Benjaminitern Frauen gibt!

19 Und sie sprachen: Siehe, jedes Jahr findet ein Fest des HERRN statt zu Silo, das nördlich von Bethel liegt, östlich von der Straße, die hinaufführt von Bethel nach Sichem, und südlich von Lebona.

7 What shall we do for wives for those who are left, since we have sworn by the LORD that we will not give them any of our daughters for wives?"

¶ **8** And they said, "What one is there of the tribes of Israel that did not come up to the LORD to Mizpah?" And behold, no one had come to the camp from Jabesh-gilead, to the assembly.

9 For when the people were mustered, behold, not one of the inhabitants of Jabesh-gilead was there.

10 So the congregation sent 12,000 of their bravest men there and commanded them, "Go and strike the inhabitants of Jabesh-gilead with the edge of the sword; also the women and the little ones.

11 This is what you shall do: every male and every woman that has lain with a male you shall devote to destruction."

12 And they found among the inhabitants of Jabesh-gilead 400 young virgins who had not known a man by lying with him, and they brought them to the camp at Shiloh, which is in the land of Canaan.

¶ **13** Then the whole congregation sent word to the people of Benjamin who were at the rock of Rimmon and proclaimed peace to them.

14 And Benjamin returned at that time. And they gave them the women whom they had saved alive of the women of Jabesh-gilead, but they were not enough for them.

15 And the people had compassion on Benjamin because the LORD had made a breach in the tribes of Israel.

¶ **16** Then the elders of the congregation said, "What shall we do for wives for those who are left, since the women are destroyed out of Benjamin?"

17 And they said, "There must be an inheritance for the survivors of Benjamin, that a tribe not be blotted out from Israel.

18 Yet we cannot give them wives from our daughters." For the people of Israel had sworn, "Cursed be he who gives a wife to Benjamin."

19 So they said, "Behold, there is the yearly feast of the LORD at Shiloh, which is north of Bethel, on the east of the highway that goes up from Bethel to Shechem, and south of Lebonah."

20 Und sie geboten den Benjaminitern und sprachen: Geht hin und legt euch auf die Lauer in den Weinbergen.

21 Wenn ihr dann seht, dass die Töchter Silos zum Reigentanz herausgehen, so brecht hervor aus den Weinbergen und raubt euch jeder eine Frau von den Töchtern Silos und geht heim ins Land Benjamin.

22 Wenn aber ihre Väter oder ihre Brüder kommen, um mit uns zu rechten, wollen wir zu ihnen sagen: Gönnt sie uns, denn wir haben nicht für jeden eine Frau gewonnen im Kampf; auch habt nicht ihr sie ihnen gegeben, sonst wäret ihr jetzt schuldig.

23 Die Benjaminiter taten das und nahmen sich Frauen nach ihrer Zahl von den Mädchen, die im Reigen tanzten und die sie geraubt hatten, und zogen heim in ihr Erbteil, bauten die Städte wieder auf und wohnten darin.

¶ **24** Auch die Israeliten gingen zu der Zeit von dort auseinander, jeder zu seinem Stamm und zu seinem Geschlecht, und zogen von dort weg, jeder zu seinem Erbteil.

25 Zu der Zeit war kein König in Israel; jeder tat, was ihn recht dünkte.

20 And they commanded the people of Benjamin, saying, "Go and lie in ambush in the vineyards

21 and watch. If the daughters of Shiloh come out to dance in the dances, then come out of the vineyards and snatch each man his wife from the daughters of Shiloh, and go to the land of Benjamin.

22 And when their fathers or their brothers come to complain to us, we will say to them, 'Grant them graciously to us, because we did not take for each man of them his wife in battle, neither did you give them to them, else you would now be guilty.'"

23 And the people of Benjamin did so and took their wives, according to their number, from the dancers whom they carried off. Then they went and returned to their inheritance and rebuilt the towns and lived in them.

24 And the people of Israel departed from there at that time, every man to his tribe and family, and they went out from there every man to his inheritance.

¶ **25** In those days there was no king in Israel. Everyone did what was right in his own eyes.

DAS BUCH RUT

RUTH

Rut zieht mit Noomi nach Bethlehem

1 Zu der Zeit, als die Richter richteten, entstand eine Hungersnot im Lande. Und ein Mann von Bethlehem in Juda zog aus ins Land der Moabiter, um dort als Fremdling zu wohnen, mit seiner Frau und seinen beiden Söhnen.

2 Der hieß Elimelech und seine Frau Noomi und seine beiden Söhne Machlon und Kiljon; die waren Efratiter aus Bethlehem in Juda. Und als sie ins Land der Moabiter gekommen waren, blieben sie dort.

3 Und Elimelech, Noomis Mann, starb und sie blieb übrig mit ihren beiden Söhnen.

4 Die nahmen moabitische Frauen; die eine hieß Orpa, die andere Rut. Und als sie ungefähr einen Jahre dort gewohnt hatten,

5 starben auch die beiden, Machlon und Kiljon, sodass die Frau beide Söhne und ihren Mann überlebte.

¶ **6** Da machte sie sich auf mit ihren beiden Schwiegertöchtern und zog aus dem Land der Moabiter wieder zurück; denn sie hatte erfahren im Moabiterland, dass der HERR sich seines Volkes angenommen und ihnen Brot gegeben hatte.

7 Und sie ging aus von dem Ort, wo sie gewesen war, und ihre beiden Schwiegertöchter mit ihr. Und als sie unterwegs waren, um ins Land Juda zurückzukehren,

8 sprach sie zu ihren beiden Schwiegertöchtern: Geht hin und kehrt um, eine jede ins Haus ihrer Mutter! Der HERR tue an euch Barmherzigkeit, wie ihr an den Toten und an mir getan habt.

9 Der HERR gebe euch, dass ihr Ruhe findet, eine jede in ihres Mannes Hause! Und sie küsste sie. Da erhoben sie ihre Stimme und weinten

10 und sprachen zu ihr: Wir wollen mit dir zu deinem Volk gehen.

11 Aber Noomi sprach: Kehrt um, meine Töchter! Warum wollt ihr mit mir gehen? Wie kann ich noch einmal Kinder in meinem Schoße haben, die eure Männer werden könnten?

Naomi Widowed

1 In the days when the judges ruled there was a famine in the land, and a man of Bethlehem in Judah went to sojourn in the country of Moab, he and his wife and his two sons.

2 The name of the man was Elimelech and the name of his wife Naomi, and the names of his two sons were Mahlon and Chilion. They were Ephrathites from Bethlehem in Judah. They went into the country of Moab and remained there.

3 But Elimelech, the husband of Naomi, died, and she was left with her two sons.

4 These took Moabite wives; the name of the one was Orpah and the name of the other Ruth. They lived there about ten years,

5 and both Mahlon and Chilion died, so that the woman was left without her two sons and her husband.

Ruth's Loyalty to Naomi

¶ **6** Then she arose with her daughters-in-law to return from the country of Moab, for she had heard in the fields of Moab that the LORD had visited his people and given them food.

7 So she set out from the place where she was with her two daughters-in-law, and they went on the way to return to the land of Judah.

8 But Naomi said to her two daughters-in-law, "Go, return each of you to her mother's house. May the LORD deal kindly with you, as you have dealt with the dead and with me.

9 The LORD grant that you may find rest, each of you in the house of her husband!" Then she kissed them, and they lifted up their voices and wept.

10 And they said to her, "No, we will return with you to your people."

11 But Naomi said, "Turn back, my daughters; why will you go with me? Have I yet sons in my womb that they may become your husbands?

12 Kehrt um, meine Töchter, und geht hin; denn ich bin nun zu alt, um wieder einen Mann zu nehmen. Und wenn ich dächte: Ich habe noch Hoffnung!, und diese Nacht einen Mann nehmen und Söhne gebären würde,

13 wolltet ihr warten, bis sie groß würden? Wolltet ihr euch so lange einschließen und keinen Mann nehmen? Nicht doch, meine Töchter! Mein Los ist zu bitter für euch, denn des Herrn Hand ist gegen mich gewesen.

¶ **14** Da erhoben sie ihre Stimme und weinten noch mehr. Und Orpa küsste ihre Schwiegermutter, Rut aber blieb bei ihr.

15 Sie aber sprach: Siehe, deine Schwägerin ist umgekehrt zu ihrem Volk und zu ihrem Gott; kehre auch du um, deiner Schwägerin nach.

16 Rut antwortete: Rede mir nicht ein, dass ich dich verlassen und von dir umkehren sollte. **Wo du hingehst, da will ich auch hingehen; wo du bleibst, da bleibe ich auch. Dein Volk ist mein Volk, und dein Gott ist mein Gott.**

17 **Wo du stirbst, da sterbe ich auch, da will ich auch begraben werden. Der Herr tue mir dies und das, nur der Tod wird mich und dich scheiden.**

¶ **18** Als sie nun sah, dass sie festen Sinnes war, mit ihr zu gehen, ließ sie ab, ihr zuzureden.

19 So gingen die beiden miteinander, bis sie nach Bethlehem kamen. Und als sie nach Bethlehem hineinkamen, erregte sich die ganze Stadt über sie und die Frauen sprachen: Ist das die Noomi?

20 Sie aber sprach zu ihnen: Nennt mich nicht Noomi, sondern Mara; denn der Allmächtige hat mir viel Bitteres angetan.

21 Voll zog ich aus, aber leer hat mich der Herr wieder heimgebracht. Warum nennt ihr mich denn Noomi, da doch der Herr gegen mich gesprochen und der Allmächtige mich betrübt hat?

¶ **22** Es war aber um die Zeit, da die Gerstenernte anging, als Noomi mit ihrer Schwiegertochter Rut, der Moabiterin, zurückkam vom Moabiterland nach Bethlehem.

Rut liest Ähren auf dem Feld des Boas

2 Es war aber ein Mann, ein Verwandter des Mannes der Noomi, von dem Geschlecht Elimelechs, mit Namen Boas; der war ein angesehener Mann.

12 Turn back, my daughters; go your way, for I am too old to have a husband. If I should say I have hope, even if I should have a husband this night and should bear sons,

13 would you therefore wait till they were grown? Would you therefore refrain from marrying? No, my daughters, for it is exceedingly bitter to me for your sake that the hand of the Lord has gone out against me."

14 Then they lifted up their voices and wept again. And Orpah kissed her mother-in-law, but Ruth clung to her.

¶ **15** And she said, "See, your sister-in-law has gone back to her people and to her gods; return after your sister-in-law."

16 But Ruth said, "Do not urge me to leave you or to return from following you. For where you go I will go, and where you lodge I will lodge. Your people shall be my people, and your God my God.

17 Where you die I will die, and there will I be buried. May the Lord do so to me and more also if anything but death parts me from you."

18 And when Naomi saw that she was determined to go with her, she said no more.

Naomi and Ruth Return

¶ **19** So the two of them went on until they came to Bethlehem. And when they came to Bethlehem, the whole town was stirred because of them. And the women said, "Is this Naomi?"

20 She said to them, "Do not call me Naomi;[1] call me Mara,[2] for the Almighty has dealt very bitterly with me.

21 I went away full, and the Lord has brought me back empty. Why call me Naomi, when the Lord has testified against me and the Almighty has brought calamity upon me?"

¶ **22** So Naomi returned, and Ruth the Moabite her daughter-in-law with her, who returned from the country of Moab. And they came to Bethlehem at the beginning of barley harvest.

Ruth Meets Boaz

2 Now Naomi had a relative of her husband's, a worthy man of the clan of Elimelech, whose name was Boaz.

2 Und Rut, die Moabiterin, sprach zu Noomi: Lass mich aufs Feld gehen und Ähren auflesen bei einem, vor dessen Augen ich Gnade finde. Sie aber sprach zu ihr: Geh hin, meine Tochter!

3 Sie ging hin und las auf, den Schnittern nach, auf dem Felde. Und es traf sich, dass dies Feld dem Boas gehörte, der von dem Geschlecht Elimelechs war.

¶ **4** Und siehe, Boas kam eben von Bethlehem und sprach zu den Schnittern: Der HERR sei mit euch! Sie antworteten: Der HERR segne dich!

5 Und Boas sprach zu seinem Knecht, der über die Schnitter gestellt war: Zu wem gehört das Mädchen?

6 Der Knecht, der über die Schnitter gestellt war, antwortete und sprach: Es ist eine Moabiterin, die mit Noomi gekommen ist aus dem Land der Moabiter.

7 Sie hat gesagt: Lasst mich doch auflesen und sammeln hinter den Garben den Schnittern nach, und ist gekommen und dageblieben vom Morgen an bis jetzt und hat nur wenig ausgeruht.

¶ **8** Da sprach Boas zu Rut: Hörst du wohl, meine Tochter? Du sollst nicht auf einen andern Acker gehen, um aufzulesen; geh auch nicht von hier weg, sondern halt dich zu meinen Mägden.

9 Und sieh, wo sie schneiden im Felde, da geh ihnen nach. Ich habe meinen Knechten geboten, dass dich niemand antaste. Und wenn dich dürstet, so geh hin zu den Gefäßen und trinke von dem, was meine Knechte schöpfen.

10 Da fiel sie auf ihr Angesicht und beugte sich nieder zur Erde und sprach zu ihm: Womit hab ich Gnade gefunden vor deinen Augen, dass du mir freundlich bist, die ich doch eine Fremde bin?

11 Boas antwortete und sprach zu ihr: Man hat mir alles angesagt, was du getan hast an deiner Schwiegermutter nach deines Mannes Tod; dass du verlassen hast deinen Vater und deine Mutter und dein Vaterland und zu einem Volk gezogen bist, das du vorher nicht kanntest.

12 Der HERR vergelte dir deine Tat, und dein Lohn möge vollkommen sein bei dem HERRN, dem Gott Israels, zu dem du gekommen bist, dass du unter seinen Flügeln Zuflucht hättest.

13 Sie sprach: Lass mich Gnade vor deinen Augen finden, mein Herr; denn du hast mich getröstet und deine Magd freundlich angesprochen, und ich bin doch nicht einmal wie eine deiner Mägde.

2 And Ruth the Moabite said to Naomi, "Let me go to the field and glean among the ears of grain after him in whose sight I shall find favor." And she said to her, "Go, my daughter."

3 So she set out and went and gleaned in the field after the reapers, and she happened to come to the part of the field belonging to Boaz, who was of the clan of Elimelech.

4 And behold, Boaz came from Bethlehem. And he said to the reapers, "The LORD be with you!" And they answered, "The LORD bless you."

5 Then Boaz said to his young man who was in charge of the reapers, "Whose young woman is this?"

6 And the servant who was in charge of the reapers answered, "She is the young Moabite woman, who came back with Naomi from the country of Moab.

7 She said, 'Please let me glean and gather among the sheaves after the reapers.' So she came, and she has continued from early morning until now, except for a short rest."[1]

¶ **8** Then Boaz said to Ruth, "Now, listen, my daughter, do not go to glean in another field or leave this one, but keep close to my young women.

9 Let your eyes be on the field that they are reaping, and go after them. Have I not charged the young men not to touch you? And when you are thirsty, go to the vessels and drink what the young men have drawn."

10 Then she fell on her face, bowing to the ground, and said to him, "Why have I found favor in your eyes, that you should take notice of me, since I am a foreigner?"

11 But Boaz answered her, "All that you have done for your mother-in-law since the death of your husband has been fully told to me, and how you left your father and mother and your native land and came to a people that you did not know before.

12 The LORD repay you for what you have done, and a full reward be given you by the LORD, the God of Israel, under whose wings you have come to take refuge!"

13 Then she said, "I have found favor in your eyes, my lord, for you have comforted me and spoken kindly to your servant, though I am not one of your servants."

¶ **14** Boas sprach zu ihr, als Essenszeit war: Komm hierher und iss vom Brot und tauche deinen Bissen in den Essigtrank! Und sie setzte sich zur Seite der Schnitter. Er aber legte ihr geröstete Körner vor, und sie aß und wurde satt und ließ noch übrig.

15 Und als sie sich aufmachte zu lesen, gebot Boas seinen Knechten und sprach: Lasst sie auch zwischen den Garben lesen und beschämt sie nicht;

16 auch zieht etwas für sie aus den Garben heraus und lasst es liegen, dass sie es auflese, und niemand schelte sie darum.

17 So las sie bis zum Abend auf dem Felde und klopfte die Ähren aus, die sie aufgelesen hatte, und es war ungefähr ein Scheffel Gerste.

¶ **18** Und sie hob's auf und kam in die Stadt, und ihre Schwiegermutter sah, was sie gelesen hatte. Da zog Rut hervor und gab ihr, was sie übrig behalten hatte, nachdem sie satt geworden war.

19 Da sprach ihre Schwiegermutter zu ihr: Wo hast du heute gelesen und wo hast du gearbeitet? Gesegnet sei, der dir freundlich gewesen ist! Sie aber sagte ihrer Schwiegermutter, bei wem sie gearbeitet hatte, und sprach: Der Mann, bei dem ich heute gearbeitet habe, heißt Boas.

20 Noomi aber sprach zu ihrer Schwiegertochter: Gesegnet sei er vom HERRN, der seine Barmherzigkeit nicht abgewendet hat von den Lebendigen und von den Toten. Und Noomi sprach zu ihr: Der Mann steht uns nahe; er gehört zu unsern Lösern.

¶ **21** Rut, die Moabiterin, sprach: Er sprach auch das zu mir: Du sollst dich zu meinen Leuten halten, bis sie mir alles eingeerntet haben.

22 Noomi sprach zu Rut, ihrer Schwiegertochter: Es ist gut, meine Tochter, dass du mit seinen Mägden hinausgehst, damit dir nicht jemand auf einem andern Acker etwas zuleide tue.

23 So hielt sie sich beim Ährenlesen zu den Mägden des Boas, bis die Gerstenernte und Weizenernte beendet war. Und dann blieb sie bei ihrer Schwiegermutter.

Rut befolgt Noomis Rat

3 Und Noomi, ihre Schwiegermutter, sprach zu ihr: Meine Tochter, ich will dir eine Ruhestatt suchen, dass dir's wohlgehe.

2 Siehe, Boas, unser Verwandter, bei dessen Mägden du gewesen bist, worfelt diese Nacht Gerste auf seiner Tenne.

¶ **14** And at mealtime Boaz said to her, "Come here and eat some bread and dip your morsel in the wine." So she sat beside the reapers, and he passed to her roasted grain. And she ate until she was satisfied, and she had some left over.

15 When she rose to glean, Boaz instructed his young men, saying, "Let her glean even among the sheaves, and do not reproach her.

16 And also pull out some from the bundles for her and leave it for her to glean, and do not rebuke her."

¶ **17** So she gleaned in the field until evening. Then she beat out what she had gleaned, and it was about an ephah[2] of barley.

18 And she took it up and went into the city. Her mother-in-law saw what she had gleaned. She also brought out and gave her what food she had left over after being satisfied.

19 And her mother-in-law said to her, "Where did you glean today? And where have you worked? Blessed be the man who took notice of you." So she told her mother-in-law with whom she had worked and said, "The man's name with whom I worked today is Boaz."

20 And Naomi said to her daughter-in-law, "May he be blessed by the LORD, whose kindness has not forsaken the living or the dead!" Naomi also said to her, "The man is a close relative of ours, one of our redeemers."

21 And Ruth the Moabite said, "Besides, he said to me, 'You shall keep close to my young men until they have finished all my harvest.'"

22 And Naomi said to Ruth, her daughter-in-law, "It is good, my daughter, that you go out with his young women, lest in another field you be assaulted."

23 So she kept close to the young women of Boaz, gleaning until the end of the barley and wheat harvests. And she lived with her mother-in-law.

Ruth and Boaz at the Threshing Floor

3 Then Naomi her mother-in-law said to her, "My daughter, should I not seek rest for you, that it may be well with you?

2 Is not Boaz our relative, with whose young women you were? See, he is winnowing barley tonight at the threshing floor.

3 So bade dich und salbe dich und lege dein Kleid an und geh hinab auf die Tenne. Gib dich dem Mann nicht zu erkennen, bis er gegessen und getrunken hat.

4 Wenn er sich dann schlafen legt, so merke dir die Stelle, wo er sich hinlegt, und geh hin und decke zu seinen Füßen auf und leg dich hin, so wird er dir sagen, was du tun sollst.

5 Sie sprach zu ihr: Alles, was du mir sagst, will ich tun.

6 Sie ging hinab zur Tenne und tat alles, was ihre Schwiegermutter ihr geboten hatte.

¶ **7** Und als Boas gegessen und getrunken hatte, ward sein Herz guter Dinge und er ging hin und legte sich hinter einen Kornhaufen. Und sie kam leise und deckte zu seinen Füßen auf und legte sich hin.

8 Als es nun Mitternacht ward, erschrak der Mann und beugte sich vor; und siehe, eine Frau lag zu seinen Füßen.

9 Und er sprach: Wer bist du? Sie antwortete: Ich bin Rut, deine Magd. Breite den Zipfel deines Gewandes über deine Magd, denn du bist der Löser.

10 Er aber sprach: Gesegnet seist du vom HERRN, meine Tochter! Du hast deine Liebe jetzt noch besser erzeigt als vorher, dass du nicht den jungen Männern nachgegangen bist, weder den reichen noch den armen.

11 Nun, meine Tochter, fürchte dich nicht. Alles, was du sagst, will ich dir tun; denn das ganze Volk in meiner Stadt weiß, dass du eine tugendsame Frau bist.

12 Ja, es ist wahr, dass ich ein Löser bin; aber es ist noch ein Löser da, näher verwandt als ich.

13 Bleib über Nacht hier. Will er dich dann am Morgen lösen, gut, so mag er's tun; hat er aber keine Lust, dich zu lösen, so will ich dich lösen, so wahr der HERR lebt. Schlaf bis zum Morgen!

14 Und sie schlief bis zum Morgen zu seinen Füßen. ¶ Und sie stand auf, ehe einer den andern erkennen konnte. Und er dachte: Wenn nur niemand erfährt, dass eine Frau auf die Tenne gekommen ist.

15 Und er sprach: Nimm das Tuch, das du umhast, und halt es auf. Und sie hielt es hin. Und er maß sechs Maß Gerste hinein und lud ihr's auf. Und er ging in die Stadt.

3 Wash therefore and anoint yourself, and put on your cloak and go down to the threshing floor, but do not make yourself known to the man until he has finished eating and drinking.

4 But when he lies down, observe the place where he lies. Then go and uncover his feet and lie down, and he will tell you what to do."

5 And she replied, "All that you say I will do."

¶ **6** So she went down to the threshing floor and did just as her mother-in-law had commanded her.

7 And when Boaz had eaten and drunk, and his heart was merry, he went to lie down at the end of the heap of grain. Then she came softly and uncovered his feet and lay down.

8 At midnight the man was startled and turned over, and behold, a woman lay at his feet!

9 He said, "Who are you?" And she answered, "I am Ruth, your servant. Spread your wings[1] over your servant, for you are a redeemer."

10 And he said, "May you be blessed by the LORD, my daughter. You have made this last kindness greater than the first in that you have not gone after young men, whether poor or rich.

11 And now, my daughter, do not fear. I will do for you all that you ask, for all my fellow townsmen know that you are a worthy woman.

12 And now it is true that I am a redeemer. Yet there is a redeemer nearer than I.

13 Remain tonight, and in the morning, if he will redeem you, good; let him do it. But if he is not willing to redeem you, then, as the LORD lives, I will redeem you. Lie down until the morning."

¶ **14** So she lay at his feet until the morning, but arose before one could recognize another. And he said, "Let it not be known that the woman came to the threshing floor."

15 And he said, "Bring the garment you are wearing and hold it out." So she held it, and he measured out six measures of barley and put it on her. Then she went into the city.

¶ **16** Sie aber kam zu ihrer Schwiegermutter. Die sprach: Wie steht's mit dir, meine Tochter? Und sie sagte ihr alles, was ihr der Mann getan hatte,

17 und sprach: Diese sechs Maß Gerste gab er mir; denn er sagte: Du sollst nicht mit leeren Händen zu deiner Schwiegermutter kommen.

18 Sie aber sprach: Warte nun ab, meine Tochter, bis du erfährst, wo es hinauswill; denn der Mann wird nicht ruhen, er bringe es denn heute zu Ende.

Die Lösung

4 Boas ging hinauf ins Tor und setzte sich daselbst. Und siehe, als der Löser vorüberging, von dem er geredet hatte, sprach Boas: Komm, mein Lieber, und setze dich hierher! Und er kam herüber und setzte sich dort hin.

2 Und Boas nahm zehn Männer von den Ältesten der Stadt und sprach: Setzt euch hierher! Und sie setzten sich.

3 Da sprach er zu dem Löser: Noomi, die aus dem Lande der Moabiter zurückgekommen ist, bietet feil den Anteil an dem Feld, der unserm Bruder Elimelech gehörte.

4 Darum gedachte ich's vor deine Ohren zu bringen und zu sagen: Willst du es lösen, so kaufe es vor den Bürgern und vor den Ältesten meines Volks; willst du es aber nicht lösen, so sage mir's, dass ich's wisse; denn es ist kein anderer Löser da als du und ich nach dir. Er sprach: Ich will's lösen.

5 Boas sprach: An dem Tage, da du von Noomi das Feld kaufst, musst du auch Rut, die Moabiterin, die Frau des Verstorbenen, nehmen, um den Namen des Verstorbenen zu erhalten auf seinem Erbteil.

6 Da antwortete er: Ich vermag es nicht zu lösen, sonst würde ich mein Erbteil schädigen. Löse dir zugut, was ich hätte lösen sollen; denn ich vermag es nicht zu lösen.

¶ **7** Es war aber von alters her ein Brauch in Israel: Wenn einer eine Sache bekräftigen wollte, die eine Lösung oder einen Tausch betraf, so zog er seinen Schuh aus und gab ihn dem andern; das diente zur Bezeugung in Israel.

8 Und der Löser sprach zu Boas: Kaufe du es!, und zog seinen Schuh aus.

9 Und Boas sprach zu den Ältesten und zu allem Volk: Ihr seid heute Zeugen, dass ich von Noomi alles gekauft habe, was Elimelech, und alles, was Kiljon und Machlon gehört hat.

16 And when she came to her mother-in-law, she said, "How did you fare, my daughter?" Then she told her all that the man had done for her,

17 saying, "These six measures of barley he gave to me, for he said to me, 'You must not go back empty-handed to your mother-in-law.'"

18 She replied, "Wait, my daughter, until you learn how the matter turns out, for the man will not rest but will settle the matter today."

Boaz Redeems Ruth

4 Now Boaz had gone up to the gate and sat down there. And behold, the redeemer, of whom Boaz had spoken, came by. So Boaz said, "Turn aside, friend; sit down here." And he turned aside and sat down.

2 And he took ten men of the elders of the city and said, "Sit down here." So they sat down.

3 Then he said to the redeemer, "Naomi, who has come back from the country of Moab, is selling the parcel of land that belonged to our relative Elimelech.

4 So I thought I would tell you of it and say, 'Buy it in the presence of those sitting here and in the presence of the elders of my people.' If you will redeem it, redeem it. But if you[1] will not, tell me, that I may know, for there is no one besides you to redeem it, and I come after you." And he said, "I will redeem it."

5 Then Boaz said, "The day you buy the field from the hand of Naomi, you also acquire Ruth[2] the Moabite, the widow of the dead, in order to perpetuate the name of the dead in his inheritance."

6 Then the redeemer said, "I cannot redeem it for myself, lest I impair my own inheritance. Take my right of redemption yourself, for I cannot redeem it."

¶ **7** Now this was the custom in former times in Israel concerning redeeming and exchanging: to confirm a transaction, the one drew off his sandal and gave it to the other, and this was the manner of attesting in Israel.

8 So when the redeemer said to Boaz, "Buy it for yourself," he drew off his sandal.

9 Then Boaz said to the elders and all the people, "You are witnesses this day that I have bought from the hand of Naomi all that belonged to Elimelech and all that belonged to Chilion and to Mahlon.

10 Dazu habe ich mir auch Rut, die Moabiterin, die Frau Machlons, zur Frau genommen, dass ich den Namen des Verstorbenen erhalte auf seinem Erbteil und sein Name nicht ausgerottet werde unter seinen Brüdern und aus dem Tor seiner Stadt; dessen seid ihr heute Zeugen.

11 Und alles Volk, das im Tor war, samt den Ältesten sprach: Wir sind Zeugen. Der Herr mache die Frau, die in dein Haus kommt, wie Rahel und Lea, die beide das Haus Israel gebaut haben; sei stark in Efrata, und dein Name werde gepriesen zu Bethlehem.

12 Und dein Haus werde wie das Haus des Perez, den Tamar dem Juda gebar, durch die Nachkommen, die dir der Herr geben wird von dieser jungen Frau.

Boas heiratet Rut, die Stammmutter Davids

13 So nahm Boas die Rut, dass sie seine Frau wurde. Und als er zu ihr einging, gab ihr der Herr, dass sie schwanger ward, und sie gebar einen Sohn.

14 Da sprachen die Frauen zu Noomi: Gelobt sei der Herr, der dir zu dieser Zeit einen Löser nicht versagt hat! Dessen Name werde gerühmt in Israel!

15 Der wird dich erquicken und dein Alter versorgen. Denn deine Schwiegertochter, die dich geliebt hat, hat ihn geboren, die dir mehr wert ist als sieben Söhne.

16 Und Noomi nahm das Kind und legte es auf ihren Schoß und ward seine Wärterin.

17 Und ihre Nachbarinnen gaben ihm einen Namen und sprachen: Noomi ist ein Sohn geboren; und sie nannten ihn Obed. Der ist der Vater Isais, welcher Davids Vater ist.

¶ **18** Dies ist das Geschlecht des Perez: Perez zeugte Hezron;

19 Hezron zeugte Ram; Ram zeugte Amminadab;

20 Amminadab zeugte Nachschon; Nachschon zeugte Salmon;

21 Salmon zeugte Boas; Boas zeugte Obed;

22 Obed zeugte Isai; Isai zeugte David.

10 Also Ruth the Moabite, the widow of Mahlon, I have bought to be my wife, to perpetuate the name of the dead in his inheritance, that the name of the dead may not be cut off from among his brothers and from the gate of his native place. You are witnesses this day."

11 Then all the people who were at the gate and the elders said, "We are witnesses. May the Lord make the woman, who is coming into your house, like Rachel and Leah, who together built up the house of Israel. May you act worthily in Ephrathah and be renowned in Bethlehem,

12 and may your house be like the house of Perez, whom Tamar bore to Judah, because of the offspring that the Lord will give you by this young woman."

Ruth and Boaz Marry

¶ **13** So Boaz took Ruth, and she became his wife. And he went in to her, and the Lord gave her conception, and she bore a son.

14 Then the women said to Naomi, "Blessed be the Lord, who has not left you this day without a redeemer, and may his name be renowned in Israel!

15 He shall be to you a restorer of life and a nourisher of your old age, for your daughter-in-law who loves you, who is more to you than seven sons, has given birth to him."

16 Then Naomi took the child and laid him on her lap and became his nurse.

17 And the women of the neighborhood gave him a name, saying, "A son has been born to Naomi." They named him Obed. He was the father of Jesse, the father of David.

The Genealogy of David

¶ **18** Now these are the generations of Perez: Perez fathered Hezron,

19 Hezron fathered Ram, Ram fathered Amminadab,

20 Amminadab fathered Nahshon, Nahshon fathered Salmon,

21 Salmon fathered Boaz, Boaz fathered Obed,

22 Obed fathered Jesse, and Jesse fathered David.

DAS ERSTE BUCH SAMUEL

1 SAMUEL

Hannas Gebet und Samuels Geburt

1 Es war ein Mann von Ramatajim-Zofim, vom Gebirge Ephraim, der hieß Elkana, ein Sohn Jerohams, des Sohnes Elihus, des Sohnes Tohus, des Sohnes Zufs, ein Ephraimiter.

2 Und er hatte zwei Frauen; die eine hieß Hanna, die andere Peninna. Peninna aber hatte Kinder und Hanna hatte keine Kinder.

3 Dieser Mann ging jährlich hinauf von seiner Stadt, um anzubeten und dem HERRN Zebaoth zu opfern in Silo. Dort aber waren Hofni und Pinhas, die beiden Söhne Elis, Priester des HERRN.

¶ **4** Wenn nun der Tag kam, dass Elkana opferte, gab er seiner Frau Peninna und allen ihren Söhnen und Töchtern Stücke vom Opferfleisch.

5 Aber Hanna gab er **ein** Stück traurig; denn er hatte Hanna lieb, obgleich der HERR ihren Leib verschlossen hatte.

6 Und ihre Widersacherin kränkte und reizte sie sehr, weil der HERR ihren Leib verschlossen hatte.

7 So ging es alle Jahre; wenn sie hinaufzog zum Haus des HERRN, kränkte jene sie. Dann weinte Hanna und aß nichts.

8 Elkana aber, ihr Mann, sprach zu ihr: Hanna, warum weinst du und warum isst du nichts? Und warum ist dein Herz so traurig? Bin ich dir nicht mehr wert als zehn Söhne?

¶ **9** Da stand Hanna auf, nachdem sie in Silo gegessen und getrunken hatten. Eli aber, der Priester, saß auf einem Stuhl am Türpfosten des Tempels des HERRN.

10 Und sie war von Herzen betrübt und betete zum HERRN und weinte sehr

11 und gelobte ein Gelübde und sprach: HERR Zebaoth, wirst du das Elend deiner Magd ansehen und an mich gedenken und deiner Magd nicht vergessen und wirst du deiner Magd einen Sohn geben, so will ich ihn dem HERRN geben sein Leben lang, und es soll kein Schermesser auf sein Haupt kommen.

The Birth of Samuel

1 There was a certain man of Ramathaim-zophim of the hill country of Ephraim whose name was Elkanah the son of Jeroham, son of Elihu, son of Tohu, son of Zuph, an Ephrathite.

2 He had two wives. The name of the one was Hannah, and the name of the other, Peninnah. And Peninnah had children, but Hannah had no children.

¶ **3** Now this man used to go up year by year from his city to worship and to sacrifice to the LORD of hosts at Shiloh, where the two sons of Eli, Hophni and Phinehas, were priests of the LORD.

4 On the day when Elkanah sacrificed, he would give portions to Peninnah his wife and to all her sons and daughters.

5 But to Hannah he gave a double portion, because he loved her, though the LORD had closed her womb.[1]

6 And her rival used to provoke her grievously to irritate her, because the LORD had closed her womb.

7 So it went on year by year. As often as she went up to the house of the LORD, she used to provoke her. Therefore Hannah wept and would not eat.

8 And Elkanah, her husband, said to her, "Hannah, why do you weep? And why do you not eat? And why is your heart sad? Am I not more to you than ten sons?"

¶ **9** After they had eaten and drunk in Shiloh, Hannah rose. Now Eli the priest was sitting on the seat beside the doorpost of the temple of the LORD.

10 She was deeply distressed and prayed to the LORD and wept bitterly.

11 And she vowed a vow and said, "O LORD of hosts, if you will indeed look on the affliction of your servant and remember me and not forget your servant, but will give to your servant a son, then I will give him to the LORD all the days of his life, and no razor shall touch his head."

¶ **12** Und als sie lange betete vor dem Herrn, achtete Eli auf ihren Mund;

13 denn Hanna redete in ihrem Herzen, nur ihre Lippen bewegten sich, ihre Stimme aber hörte man nicht. Da meinte Eli, sie wäre betrunken,

14 und sprach zu ihr: Wie lange willst du betrunken sein? Gib den Wein von dir, den du getrunken hast!

15 Hanna aber antwortete und sprach: Nein, mein Herr! Ich bin eine betrübte Frau; Wein und starkes Getränk hab ich nicht getrunken, sondern mein Herz vor dem Herrn ausgeschüttet.

16 Du wollest deine Magd nicht für eine zuchtlose Frau halten, denn ich hab aus meinem großen Kummer und Herzeleid so lange geredet.

17 Eli antwortete und sprach: Geh hin mit Frieden; der Gott Israels wird dir die Bitte erfüllen, die du an ihn gerichtet hast.

¶ **18** Sie sprach: Lass deine Magd Gnade finden vor deinen Augen. Da ging die Frau ihres Weges und aß und sah nicht mehr so traurig drein.

19 Und am andern Morgen machten sie sich früh auf. Und als sie angebetet hatten vor dem Herrn, kehrten sie wieder um und kamen heim nach Rama. Und Elkana erkannte Hanna, seine Frau, und der Herr gedachte an sie.

20 Und Hanna ward schwanger; und als die Tage um waren, gebar sie einen Sohn und nannte ihn Samuel; denn, so sprach sie, ich hab ihn von dem Herrn erbeten.

¶ **21** Und als der Mann Elkana hinaufzog mit seinem ganzen Hause, um das jährliche Opfer dem Herrn zu opfern und sein Gelübde zu erfüllen,

22 zog Hanna nicht mit hinauf, sondern sprach zu ihrem Mann: Wenn der Knabe entwöhnt ist, will ich ihn bringen, dass er vor dem Herrn erscheine und dort für immer bleibe.

23 Ihr Mann Elkana sprach zu ihr: So tu, wie dir's gefällt! Bleib, bis du ihn entwöhnt hast; der Herr aber bestätige, was er geredet hat. So blieb die Frau und stillte ihren Sohn, bis sie ihn entwöhnt hatte.

¶ **24** Nachdem sie ihn entwöhnt hatte, nahm sie ihn mit sich hinauf nach Silo, dazu einen dreijährigen Stier, einen Scheffel Mehl und einen Krug Wein, und brachte ihn in das Haus des Herrn. Der Knabe war aber noch jung.

25 Und sie schlachteten den Stier und brachten den Knaben zu Eli.

¶ **12** As she continued praying before the Lord, Eli observed her mouth.

13 Hannah was speaking in her heart; only her lips moved, and her voice was not heard. Therefore Eli took her to be a drunken woman.

14 And Eli said to her, "How long will you go on being drunk? Put your wine away from you."

15 But Hannah answered, "No, my lord, I am a woman troubled in spirit. I have drunk neither wine nor strong drink, but I have been pouring out my soul before the Lord.

16 Do not regard your servant as a worthless woman, for all along I have been speaking out of my great anxiety and vexation."

17 Then Eli answered, "Go in peace, and the God of Israel grant your petition that you have made to him."

18 And she said, "Let your servant find favor in your eyes." Then the woman went her way and ate, and her face was no longer sad.

¶ **19** They rose early in the morning and worshiped before the Lord; then they went back to their house at Ramah. And Elkanah knew Hannah his wife, and the Lord remembered her.

20 And in due time Hannah conceived and bore a son, and she called his name Samuel, for she said, "I have asked for him from the Lord."[2]

Samuel Given to the Lord

¶ **21** The man Elkanah and all his house went up to offer to the Lord the yearly sacrifice and to pay his vow.

22 But Hannah did not go up, for she said to her husband, "As soon as the child is weaned, I will bring him, so that he may appear in the presence of the Lord and dwell there forever."

23 Elkanah her husband said to her, "Do what seems best to you; wait until you have weaned him; only, may the Lord establish his word." So the woman remained and nursed her son until she weaned him.

24 And when she had weaned him, she took him up with her, along with a three-year-old bull,[3] an ephah[4] of flour, and a skin of wine, and she brought him to the house of the Lord at Shiloh. And the child was young.

25 Then they slaughtered the bull, and they brought the child to Eli.

26 Und sie sprach: Ach, mein Herr, so wahr du lebst, mein Herr: Ich bin die Frau, die hier bei dir stand, um zum HERRN zu beten.

27 Um diesen Knaben bat ich. Nun hat der HERR mir die Bitte erfüllt, die ich an ihn gerichtet hatte.

28 Darum gebe ich ihn dem HERRN wieder sein Leben lang, weil er vom HERRN erbeten ist. Und sie beteten dort den HERRN an.

Lobgesang der Hanna

2 Und Hanna betete und sprach:
  Mein Herz ist fröhlich in dem HERRN,
    mein Haupt ist erhöht in dem HERRN.
  Mein Mund hat sich weit aufgetan wider
    meine Feinde,
    denn ich freue mich deines Heils.

2 Es ist niemand heilig wie der HERR,
    außer dir ist keiner,
  und ist kein Fels, wie unser Gott ist.

3 Lasst euer großes Rühmen und Trotzen,
    freches Reden gehe nicht aus eurem
    Munde;
  denn der HERR ist ein Gott, der es merkt,
  und von ihm werden Taten gewogen.

4 Der Bogen der Starken ist zerbrochen,
  und die Schwachen sind umgürtet mit
    Stärke.

5 Die da satt waren, müssen um Brot
    dienen,
  und die Hunger litten, hungert nicht
    mehr.
  Die Unfruchtbare hat sieben geboren,
  und die viele Kinder hatte, welkt
    dahin.

6 Der HERR tötet und macht lebendig,
  führt hinab zu den Toten und wieder
    herauf.

7 Der HERR macht arm und macht reich;
  er erniedrigt und erhöht.

8 Er hebt auf den Dürftigen aus dem
    Staub
  und erhöht den Armen aus der Asche,
  dass er ihn setze unter die Fürsten
  und den Thron der Ehre erben lasse.

  Denn der Welt Grundfesten sind des
    HERRN,
  und er hat die Erde darauf gesetzt.

9 Er wird behüten die Füße seiner
    Heiligen,
  aber die Gottlosen sollen zunichte-
    werden in Finsternis;
  denn viel Macht hilft doch niemand.

26 And she said, "Oh, my lord! As you live, my lord, I am the woman who was standing here in your presence, praying to the LORD.

27 For this child I prayed, and the LORD has granted me my petition that I made to him.

28 Therefore I have lent him to the LORD. As long as he lives, he is lent to the LORD."
¶   And he worshiped the LORD there.

Hannah's Prayer

2 And Hannah prayed and said,
  "My heart exults in the LORD;
    my strength[1] is exalted in the LORD.
  My mouth derides my enemies,
    because I rejoice in your salvation.

2 "There is none holy like the LORD;
    there is none besides you;
    there is no rock like our God.

3 Talk no more so very proudly,
    let not arrogance come from your
    mouth;
  for the LORD is a God of knowledge,
    and by him actions are weighed.

4 The bows of the mighty are broken,
    but the feeble bind on strength.

5 Those who were full have hired them-
    selves out for bread,
    but those who were hungry have
    ceased to hunger.
  The barren has borne seven,
    but she who has many children is
    forlorn.

6 The LORD kills and brings to life;
    he brings down to Sheol and raises up.

7 The LORD makes poor and makes rich;
    he brings low and he exalts.

8 He raises up the poor from the dust;
    he lifts the needy from the ash heap
  to make them sit with princes
    and inherit a seat of honor.
  For the pillars of the earth are the
    LORD'S,
    and on them he has set the world.

9 "He will guard the feet of his faithful
    ones,
    but the wicked shall be cut off in
    darkness,
    for not by might shall a man prevail.

10   Die mit dem HERRN hadern, sollen
    zugrunde gehen.
Der Höchste im Himmel wird sie
    zerschmettern,
    der HERR wird richten der Welt Enden.
Er wird Macht geben seinem Könige
    und erhöhen das Haupt seines
    Gesalbten.

11   Und Elkana ging heim nach Rama in
sein Haus; der Knabe aber war des HERRN
Diener vor dem Priester Eli.

Die Bosheit der Söhne Elis

12   Aber die Söhne Elis waren ruchlose
Männer; die fragten nichts nach dem HERRN

13   noch danach, was dem Priester zustände
vom Volk. Wenn jemand ein Opfer bringen
wollte, so kam des Priesters Diener, wenn das
Fleisch kochte, und hatte eine Gabel mit drei
Zacken in seiner Hand

14   und stieß in den Tiegel oder Kessel oder
Pfanne oder Topf, und was er mit der Gabel
hervorzog, das nahm der Priester für sich. So
taten sie allen in Israel, die dorthin kamen
nach Silo.

15   Desgleichen, ehe sie das Fett in Rauch
aufgehen ließen, kam des Priesters Diener und
sprach zu dem, der das Opfer brachte: Gib mir
Fleisch für den Priester zum Braten, denn er
will nicht gekochtes Fleisch von dir nehmen,
sondern rohes.

16   Wenn dann jemand zu ihm sagte: Lass
erst das Fett in Rauch aufgehen und nimm
dann, was dein Herz begehrt, so sprach er zu
ihm: Du sollst mir's jetzt geben; wenn nicht, so
nehme ich's mit Gewalt.

17   So war die Sünde der Männer sehr groß
vor dem HERRN; denn sie verachteten das Opfer
des HERRN.

18   Samuel aber war ein Diener vor dem
HERRN, und der Knabe war umgürtet mit
einem leinenen Priesterschurz.

19   Dazu machte ihm seine Mutter ein kleines Oberkleid und brachte es ihm Jahr für
Jahr, wenn sie mit ihrem Mann hinaufging,
um das jährliche Opfer darzubringen.

20   Und Eli segnete Elkana und seine Frau
und sprach: Der HERR gebe dir Kinder von
dieser Frau anstelle des Erbetenen, den sie vom
HERRN erbeten hat. Und sie gingen zurück an
ihren Ort.

21   Und der HERR suchte Hanna heim, dass
sie schwanger ward, und sie gebar noch drei
Söhne und zwei Töchter. Aber der Knabe
Samuel wuchs auf bei dem HERRN.

10   The adversaries of the LORD shall be bro-
    ken to pieces;
against them he will thunder in
    heaven.
The LORD will judge the ends of the
    earth;
he will give strength to his king
    and exalt the power[2] of his anointed."

11   Then Elkanah went home to Ramah.
And the boy ministered to the LORD in the
presence of Eli the priest.

Eli's Worthless Sons

12   Now the sons of Eli were worthless
men. They did not know the LORD.

13   The custom of the priests with the people was that when any man offered sacrifice,
the priest's servant[3] would come, while the
meat was boiling, with a three-pronged fork
in his hand,

14   and he would thrust it into the pan
or kettle or cauldron or pot. All that the fork
brought up the priest would take for himself. This is what they did at Shiloh to all the
Israelites who came there.

15   Moreover, before the fat was burned, the
priest's servant would come and say to the man
who was sacrificing, "Give meat for the priest
to roast, for he will not accept boiled meat from
you but only raw."

16   And if the man said to him, "Let them
burn the fat first, and then take as much as you
wish," he would say, "No, you must give it now,
and if not, I will take it by force."

17   Thus the sin of the young men was very
great in the sight of the LORD, for the men treated
the offering of the LORD with contempt.

18   Samuel was ministering before the LORD,
a boy clothed with a linen ephod.

19   And his mother used to make for him
a little robe and take it to him each year when
she went up with her husband to offer the
yearly sacrifice.

20   Then Eli would bless Elkanah and his
wife, and say, "May the LORD give you children
by this woman for the petition she asked of
the LORD." So then they would return to their
home.

21   Indeed the LORD visited Hannah, and
she conceived and bore three sons and two
daughters. And the young man Samuel grew
in the presence of the LORD.

¶ **22** Eli aber war sehr alt geworden. Wenn er nun alles erfuhr, was seine Söhne ganz Israel antaten und dass sie bei den Frauen schliefen, die vor der Tür der Stiftshütte dienten,

23 sprach er zu ihnen: Warum tut ihr solche bösen Dinge, von denen ich höre im ganzen Volk?

24 Nicht doch, meine Söhne! Das ist kein gutes Gerücht, von dem ich reden höre in des HERRN Volk.

25 Wenn jemand gegen einen Menschen sündigt, so kann es Gott entscheiden. Wenn aber jemand gegen den HERRN sündigt, wer soll es dann für ihn entscheiden? Aber sie gehorchten der Stimme ihres Vaters nicht; denn der HERR war willens, sie zu töten.

26 Aber der Knabe Samuel nahm immer mehr zu an Alter und Gunst bei dem HERRN und bei den Menschen.

Ankündigung des Gerichts über das Haus Elis

27 Es kam aber ein Mann Gottes zu Eli und sprach zu ihm: So spricht der HERR: Ich habe mich offenbart dem Hause deines Vaters, als die Israeliten noch in Ägypten dem Hause des Pharao gehörten,

28 und hab's mir erwählt aus allen Stämmen Israels zum Priestertum, um auf meinem Altar zu opfern und Räucherwerk zu verbrennen und den Priesterschurz vor mir zu tragen, und ich habe dem Hause deines Vaters alle Feueropfer Israels gegeben.

29 Warum tretet ihr denn mit Füßen meine Schlachtopfer und Speisopfer, die ich für meine Wohnung geboten habe? Und du ehrst deine Söhne mehr als mich, dass ihr euch mästet von dem Besten aller Opfer meines Volkes Israel.

¶ **30** Darum spricht der HERR, der Gott Israels: Ich hatte gesagt, dein Haus und deines Vaters Haus sollten immerdar vor mir einhergehen. Aber nun spricht der HERR: Das sei ferne von mir! Sondern wer mich ehrt, den will ich auch ehren; wer aber mich verachtet, der soll wieder verachtet werden.

31 Siehe, es wird die Zeit kommen, dass ich deinen Arm und den Arm des Hauses deines Vaters abhauen will, dass es keinen Alten geben wird in deinem Hause

32 und dass du deinen Widersacher im Heiligtum sehen wirst bei allem Guten, das Israel geschehen wird, und es wird niemand alt werden in deines Vaters Hause immerdar.

Eli Rebukes His Sons

¶ **22** Now Eli was very old, and he kept hearing all that his sons were doing to all Israel, and how they lay with the women who were serving at the entrance to the tent of meeting.

23 And he said to them, "Why do you do such things? For I hear of your evil dealings from all the people.

24 No, my sons; it is no good report that I hear the people of the LORD spreading abroad.

25 If someone sins against a man, God will mediate for him, but if someone sins against the LORD, who can intercede for him?" But they would not listen to the voice of their father, for it was the will of the LORD to put them to death.

¶ **26** Now the young man Samuel continued to grow both in stature and in favor with the LORD and also with man.

The LORD Rejects Eli's Household

¶ **27** And there came a man of God to Eli and said to him, "Thus the LORD has said, 'Did I indeed reveal myself to the house of your father when they were in Egypt subject to the house of Pharaoh?

28 Did I choose him out of all the tribes of Israel to be my priest, to go up to my altar, to burn incense, to wear an ephod before me? I gave to the house of your father all my offerings by fire from the people of Israel.

29 Why then do you scorn[4] my sacrifices and my offerings that I commanded, and honor your sons above me by fattening yourselves on the choicest parts of every offering of my people Israel?'

30 Therefore the LORD, the God of Israel, declares: 'I promised that your house and the house of your father should go in and out before me forever,' but now the LORD declares: 'Far be it from me, for those who honor me I will honor, and those who despise me shall be lightly esteemed.

31 Behold, the days are coming when I will cut off your strength and the strength of your father's house, so that there will not be an old man in your house.

32 Then in distress you will look with envious eye on all the prosperity that shall be bestowed on Israel, and there shall not be an old man in your house forever.

33 Doch nicht einen jeden will ich dir von meinem Altar ausrotten, dass nicht deine Augen verschmachten und deine Seele sich gräme. Aber der größte Teil deines Hauses soll sterben, wenn sie Männer geworden sind.

34 Und das soll dir ein Zeichen sein, das über deine beiden Söhne, Hofni und Pinhas, kommen wird; an **einem** Tag werden sie beide sterben.

¶ **35** Ich aber will mir einen treuen Priester erwecken, der wird tun, wie es meinem Herzen und meiner Seele gefällt. Dem will ich ein beständiges Haus bauen, dass er vor meinem Gesalbten immerdar einhergehe.

36 Und wer übrig ist von deinem Hause, der wird kommen und vor jenem niederfallen um ein Silberstück oder eine Scheibe Brot und wird sagen: Lass mich doch Anteil haben am Priesteramt, dass ich einen Bissen Brot zu essen habe.

Samuels Berufung

3 Und zu der Zeit, als der Knabe Samuel dem HERRN diente unter Eli, war des HERRN Wort selten, und es gab kaum noch Offenbarung.

2 Und es begab sich zur selben Zeit, dass Eli lag an seinem Ort und seine Augen hatten angefangen, schwach zu werden, sodass er nicht mehr sehen konnte.

3 Die Lampe Gottes war noch nicht verloschen. Und Samuel hatte sich gelegt im Heiligtum des HERRN, wo die Lade Gottes war.

¶ **4** Und der HERR rief Samuel. Er aber antwortete: Siehe, hier bin ich!,

5 und lief zu Eli und sprach: Siehe, hier bin ich! Du hast mich gerufen. Er aber sprach: Ich habe nicht gerufen; geh wieder hin und lege dich schlafen. Und er ging hin und legte sich schlafen.

6 Der HERR rief abermals: Samuel! Und Samuel stand auf und ging zu Eli und sprach: Siehe, hier bin ich! Du hast mich gerufen. Er aber sprach: Ich habe nicht gerufen, mein Sohn; geh wieder hin und lege dich schlafen.

7 Aber Samuel hatte den HERRN noch nicht erkannt, und des HERRN Wort war ihm noch nicht offenbart.

8 Und der HERR rief Samuel wieder, zum dritten Mal. Und er stand auf und ging zu Eli und sprach: Siehe, hier bin ich! Du hast mich gerufen. Da merkte Eli, dass der HERR den Knaben rief,

33 The only one of you whom I shall not cut off from my altar shall be spared to weep his[5] eyes out to grieve his heart, and all the descendants[6] of your house shall die by the sword of men.[7]

34 And this that shall come upon your two sons, Hophni and Phinehas, shall be the sign to you: both of them shall die on the same day.

35 And I will raise up for myself a faithful priest, who shall do according to what is in my heart and in my mind. And I will build him a sure house, and he shall go in and out before my anointed forever.

36 And everyone who is left in your house shall come to implore him for a piece of silver or a loaf of bread and shall say, "Please put me in one of the priests' places, that I may eat a morsel of bread.'"'

The LORD Calls Samuel

3 Now the young man Samuel was ministering to the LORD under Eli. And the word of the LORD was rare in those days; there was no frequent vision.

¶ **2** At that time Eli, whose eyesight had begun to grow dim so that he could not see, was lying down in his own place.

3 The lamp of God had not yet gone out, and Samuel was lying down in the temple of the LORD, where the ark of God was.

¶ **4** Then the LORD called Samuel, and he said, "Here I am!"

5 and ran to Eli and said, "Here I am, for you called me." But he said, "I did not call; lie down again." So he went and lay down.

¶ **6** And the LORD called again, "Samuel!" and Samuel arose and went to Eli and said, "Here I am, for you called me." But he said, "I did not call, my son; lie down again."

7 Now Samuel did not yet know the LORD, and the word of the LORD had not yet been revealed to him.

¶ **8** And the LORD called Samuel again the third time. And he arose and went to Eli and said, "Here I am, for you called me." Then Eli perceived that the LORD was calling the young man.

9 und sprach zu ihm: Geh wieder hin und lege dich schlafen; und wenn du gerufen wirst, so sprich: Rede, HERR, denn dein Knecht hört. Samuel ging hin und legte sich an seinen Ort.

¶ **10** Da kam der HERR und trat herzu und rief wie vorher: Samuel, Samuel! Und Samuel sprach: **Rede, denn dein Knecht hört.**

11 Und der HERR sprach zu Samuel: Siehe, ich werde etwas tun in Israel, wovon jedem, der es hören wird, beide Ohren gellen werden.

12 An dem Tage will ich über Eli kommen lassen, was ich gegen sein Haus geredet habe; ich will es anfangen und vollenden.

13 Denn ich hab's ihm angesagt, dass ich sein Haus für immer richten will um der Schuld willen, dass er wusste, wie sich seine Söhne schändlich verhielten, und ihnen nicht gewehrt hat.

14 Darum habe ich dem Hause Eli geschworen, dass die Schuld des Hauses Eli nicht gesühnt werden solle, weder mit Schlachtopfern noch mit Speisopfern immerdar.

¶ **15** Und Samuel lag bis an den Morgen und tat dann die Türen auf am Hause des HERRN. Samuel aber fürchtete sich, Eli anzusagen, was ihm offenbart worden war.

16 Da rief ihn Eli und sprach: Samuel, mein Sohn! Er antwortete: Siehe, hier bin ich!

17 Er sprach: Was war das für ein Wort, das er dir gesagt hat? Verschweige mir nichts. Gott tue dir dies und das, wenn du mir etwas verschweigst von all den Worten, die er dir gesagt hat.

18 Da sagte ihm Samuel alles und verschwieg ihm nichts. Er aber sprach: Es ist der HERR; er tue, was ihm wohlgefällt.

¶ **19** Samuel aber wuchs heran, und der HERR war mit ihm und ließ keines von allen seinen Worten zur Erde fallen.

20 Und ganz Israel von Dan bis Beerscheba erkannte, dass Samuel damit betraut war, Prophet des HERRN zu sein.

21 Und der HERR erschien weiter zu Silo, denn der HERR offenbarte sich Samuel zu Silo durch sein Wort. Und Samuels Wort erging an ganz Israel.

Die Bundeslade wird Israel genommen

4 Und es begab sich zu der Zeit, dass die Philister sich sammelten zum Kampf gegen Israel. Israel aber zog aus, den Philistern entgegen, in den Kampf und lagerte sich bei Eben-Eser. Die Philister aber hatten sich gelagert bei Afek

9 Therefore Eli said to Samuel, "Go, lie down, and if he calls you, you shall say, 'Speak, LORD, for your servant hears.'" So Samuel went and lay down in his place.

¶ **10** And the LORD came and stood, calling as at other times, "Samuel! Samuel!" And Samuel said, "Speak, for your servant hears."

11 Then the LORD said to Samuel, "Behold, I am about to do a thing in Israel at which the two ears of everyone who hears it will tingle.

12 On that day I will fulfill against Eli all that I have spoken concerning his house, from beginning to end.

13 And I declare to him that I am about to punish his house forever, for the iniquity that he knew, because his sons were blaspheming God,[1] and he did not restrain them.

14 Therefore I swear to the house of Eli that the iniquity of Eli's house shall not be atoned for by sacrifice or offering forever."

¶ **15** Samuel lay until morning; then he opened the doors of the house of the LORD. And Samuel was afraid to tell the vision to Eli.

16 But Eli called Samuel and said, "Samuel, my son." And he said, "Here I am."

17 And Eli said, "What was it that he told you? Do not hide it from me. May God do so to you and more also if you hide anything from me of all that he told you."

18 So Samuel told him everything and hid nothing from him. And he said, "It is the LORD. Let him do what seems good to him."

¶ **19** And Samuel grew, and the LORD was with him and let none of his words fall to the ground.

20 And all Israel from Dan to Beersheba knew that Samuel was established as a prophet of the LORD.

21 And the LORD appeared again at Shiloh, for the LORD revealed himself to Samuel at Shiloh by the word of the LORD.

The Philistines Capture the Ark

4 And the word of Samuel came to all Israel.

¶   Now Israel went out to battle against the Philistines. They encamped at Ebenezer, and the Philistines encamped at Aphek.

2 und stellten sich Israel gegenüber auf. Und der Kampf breitete sich aus und Israel wurde von den Philistern geschlagen. Sie erschlugen in der Feldschlacht etwa viertausend Mann.

¶ **3** Und als das Volk ins Lager kam, sprachen die Ältesten Israels: Warum hat uns der HERR heute vor den Philistern geschlagen? Lasst uns die Lade des Bundes des HERRN zu uns holen von Silo und lasst sie mit uns ziehen, damit er uns errette aus der Hand unserer Feinde.

4 Da sandte das Volk nach Silo und ließ von dort holen die Lade des Bundes des HERRN Zebaoth, der über den Cherubim thront. Es waren aber die beiden Söhne Elis bei der Lade des Bundes Gottes, Hofni und Pinhas.

5 Und als die Lade des Bundes des HERRN in das Lager kam, jauchzte ganz Israel mit gewaltigem Jauchzen, sodass die Erde erdröhnte.

¶ **6** Als aber die Philister das Jauchzen hörten, sprachen sie: Was ist das für ein gewaltiges Jauchzen im Lager der Hebräer? Und als sie erfuhren, dass die Lade des HERRN ins Lager gekommen sei,

7 fürchteten sie sich und sprachen: Gott ist ins Lager gekommen, und riefen: Wehe uns, denn solches ist bisher noch nicht geschehen!

8 Wehe uns! Wer will uns erretten aus der Hand dieser mächtigen Götter? Das sind die Götter, die Ägypten schlugen mit allerlei Plage in der Wüste.

9 So seid nun stark und seid Männer, ihr Philister, damit ihr nicht dienen müsst den Hebräern, wie sie euch gedient haben! Seid Männer und kämpft!

10 Da zogen die Philister in den Kampf und Israel wurde geschlagen und ein jeder floh in sein Zelt. Und die Niederlage war sehr groß und es fielen aus Israel dreißigtausend Mann Fußvolk.

11 Und die Lade Gottes wurde weggenommen und die beiden Söhne Elis, Hofni und Pinhas, kamen um.

Elis Tod

12 Da lief einer von Benjamin aus dem Heerlager und kam am selben Tage nach Silo und hatte seine Kleider zerrissen und Erde auf sein Haupt gestreut.

13 Und siehe, als er hinkam, saß Eli auf seinem Stuhl und gab acht nach der Straße hin; denn sein Herz bangte um die Lade Gottes. Und als der Mann in die Stadt kam, tat er's kund und die ganze Stadt schrie auf.

2 The Philistines drew up in line against Israel, and when the battle spread, Israel was defeated by the Philistines, who killed about four thousand men on the field of battle.

3 And when the troops came to the camp, the elders of Israel said, "Why has the LORD defeated us today before the Philistines? Let us bring the ark of the covenant of the LORD here from Shiloh, that it may come among us and save us from the power of our enemies."

4 So the people sent to Shiloh and brought from there the ark of the covenant of the LORD of hosts, who is enthroned on the cherubim. And the two sons of Eli, Hophni and Phinehas, were there with the ark of the covenant of God.

¶ **5** As soon as the ark of the covenant of the LORD came into the camp, all Israel gave a mighty shout, so that the earth resounded.

6 And when the Philistines heard the noise of the shouting, they said, "What does this great shouting in the camp of the Hebrews mean?" And when they learned that the ark of the LORD had come to the camp,

7 the Philistines were afraid, for they said, "A god has come into the camp." And they said, "Woe to us! For nothing like this has happened before.

8 Woe to us! Who can deliver us from the power of these mighty gods? These are the gods who struck the Egyptians with every sort of plague in the wilderness.

9 Take courage, and be men, O Philistines, lest you become slaves to the Hebrews as they have been to you; be men and fight."

¶ **10** So the Philistines fought, and Israel was defeated, and they fled, every man to his home. And there was a very great slaughter, for there fell of Israel thirty thousand foot soldiers.

11 And the ark of God was captured, and the two sons of Eli, Hophni and Phinehas, died.

The Death of Eli

¶ **12** A man of Benjamin ran from the battle line and came to Shiloh the same day, with his clothes torn and with dirt on his head.

13 When he arrived, Eli was sitting on his seat by the road watching, for his heart trembled for the ark of God. And when the man came into the city and told the news, all the city cried out.

14 Und als Eli das laute Schreien hörte, fragte er: Was ist das für ein großer Lärm? Da kam der Mann eilends und sagte es Eli.

15 Eli aber war achtundneunzig Jahre alt und seine Augen waren so schwach, dass er nicht mehr sehen konnte.

¶ **16** Der Mann aber sprach zu Eli: Ich komme vom Heerlager und bin heute aus der Schlacht geflohen. Er aber sprach: Wie ist's gegangen, mein Sohn?

17 Da antwortete der Bote: Israel ist geflohen vor den Philistern und das Volk ist hart geschlagen und deine beiden Söhne, Hofni und Pinhas, sind tot; und die Lade Gottes ist weggenommen.

18 Als er aber von der Lade Gottes sprach, fiel Eli rücklings vom Stuhl an der Tür und brach seinen Hals und starb, denn er war alt und ein schwerer Mann. Er richtete aber Israel vierzig Jahre.

¶ **19** Seine Schwiegertochter aber, des Pinhas Frau, war schwanger und sollte bald gebären. Als sie davon hörte, dass die Lade Gottes weggenommen und ihr Schwiegervater und ihr Mann tot waren, kauerte sie sich nieder und gebar; denn ihre Wehen überfielen sie.

20 Und als sie im Sterben lag, sprachen die Frauen, die um sie standen: Fürchte dich nicht, du hast einen Sohn geboren! Aber sie antwortete nicht und nahm's auch nicht mehr zu Herzen.

21 Und sie nannte den Knaben Ikabod, das ist »Die Herrlichkeit ist hinweg aus Israel!« – weil die Lade Gottes weggenommen war, und wegen ihres Schwiegervaters und ihres Mannes.

22 Darum sprach sie: Die Herrlichkeit ist hinweg aus Israel; denn die Lade Gottes ist weggenommen.

Die Bundeslade bei den Philistern

5 Die Philister aber hatten die Lade Gottes weggenommen und brachten sie von Eben-Eser nach Aschdod.

2 Dann nahmen sie die Lade Gottes und brachten sie in das Haus Dagons und stellten sie neben Dagon.

3 Und als die Leute von Aschdod am andern Morgen sich früh aufmachten und in das Haus Dagons kamen, sahen sie Dagon auf seinem Antlitz liegen auf der Erde vor der Lade des HERRN. Und sie nahmen Dagon und stellten ihn wieder an seinen Ort.

14 When Eli heard the sound of the outcry, he said, "What is this uproar?" Then the man hurried and came and told Eli.

15 Now Eli was ninety-eight years old and his eyes were set so that he could not see.

16 And the man said to Eli, "I am he who has come from the battle; I fled from the battle today." And he said, "How did it go, my son?"

17 He who brought the news answered and said, "Israel has fled before the Philistines, and there has also been a great defeat among the people. Your two sons also, Hophni and Phinehas, are dead, and the ark of God has been captured."

18 As soon as he mentioned the ark of God, Eli fell over backward from his seat by the side of the gate, and his neck was broken and he died, for the man was old and heavy. He had judged Israel forty years.

¶ **19** Now his daughter-in-law, the wife of Phinehas, was pregnant, about to give birth. And when she heard the news that the ark of God was captured, and that her father-in-law and her husband were dead, she bowed and gave birth, for her pains came upon her.

20 And about the time of her death the women attending her said to her, "Do not be afraid, for you have borne a son." But she did not answer or pay attention.

21 And she named the child Ichabod, saying, "The glory has departed[1] from Israel!" because the ark of God had been captured and because of her father-in-law and her husband.

22 And she said, "The glory has departed from Israel, for the ark of God has been captured."

The Philistines and the Ark

5 When the Philistines captured the ark of God, they brought it from Ebenezer to Ashdod.

2 Then the Philistines took the ark of God and brought it into the house of Dagon and set it up beside Dagon.

3 And when the people of Ashdod rose early the next day, behold, Dagon had fallen face downward on the ground before the ark of the LORD. So they took Dagon and put him back in his place.

4 Aber als sie am andern Morgen sich wieder früh aufmachten, fanden sie Dagon abermals auf seinem Antlitz auf der Erde vor der Lade des HERRN liegen, aber sein Haupt und seine beiden Hände abgeschlagen auf der Schwelle, sodass der Rumpf allein dalag.

5 Darum treten die Priester Dagons und alle, die in Dagons Haus gehen, nicht auf die Schwelle Dagons in Aschdod bis auf diesen Tag.

¶ **6** Aber die Hand des HERRN lag schwer auf den Leuten von Aschdod, und er brachte Verderben über sie und schlug sie mit bösen Beulen, Aschdod und sein Gebiet.

7 Als aber die Leute von Aschdod sahen, dass es so zuging, sprachen sie: Lasst die Lade des Gottes Israels nicht bei uns bleiben; denn seine Hand liegt zu hart auf uns und unserm Gott Dagon.

8 Und sie sandten hin und versammelten alle Fürsten der Philister zu sich und sprachen: Was sollen wir mit der Lade des Gottes Israels machen? Da antworteten sie: Lasst die Lade des Gottes Israels nach Gat tragen. Und sie trugen die Lade des Gottes Israels dorthin.

9 Als sie aber die Lade dahin getragen hatten, entstand in der Stadt ein sehr großer Schrecken durch die Hand des HERRN; denn er schlug die Leute in der Stadt, Klein und Groß, sodass an ihnen Beulen ausbrachen.

¶ **10** Da sandten sie die Lade Gottes nach Ekron. Als aber die Lade Gottes nach Ekron kam, schrien die Leute von Ekron: Sie haben die Lade des Gottes Israels hergetragen zu mir, damit sie mich töte und mein Volk!

11 Da sandten sie hin und versammelten alle Fürsten der Philister und sprachen: Sendet die Lade des Gottes Israels zurück an ihren Ort, damit sie mich und mein Volk nicht töte. Denn es kam ein tödlicher Schrecken über die ganze Stadt; die Hand Gottes lag schwer auf ihr.

12 Und die Leute, die nicht starben, wurden geschlagen mit Beulen und das Geschrei der Stadt stieg auf gen Himmel.

Die Bundeslade kommt zurück

6 So war die Lade des HERRN sieben Monate im Lande der Philister.

2 Und die Philister beriefen ihre Priester und Wahrsager und sprachen: Was sollen wir mit der Lade des HERRN machen? Lasst uns wissen, wie wir sie an ihren Ort senden sollen!

4 But when they rose early on the next morning, behold, Dagon had fallen face downward on the ground before the ark of the LORD, and the head of Dagon and both his hands were lying cut off on the threshold. Only the trunk of Dagon was left to him.

5 This is why the priests of Dagon and all who enter the house of Dagon do not tread on the threshold of Dagon in Ashdod to this day.

¶ **6** The hand of the LORD was heavy against the people of Ashdod, and he terrified and afflicted them with tumors, both Ashdod and its territory.

7 And when the men of Ashdod saw how things were, they said, "The ark of the God of Israel must not remain with us, for his hand is hard against us and against Dagon our god."

8 So they sent and gathered together all the lords of the Philistines and said, "What shall we do with the ark of the God of Israel?" They answered, "Let the ark of the God of Israel be brought around to Gath." So they brought the ark of the God of Israel there.

9 But after they had brought it around, the hand of the LORD was against the city, causing a very great panic, and he afflicted the men of the city, both young and old, so that tumors broke out on them.

10 So they sent the ark of God to Ekron. But as soon as the ark of God came to Ekron, the people of Ekron cried out, "They have brought around to us the ark of the God of Israel to kill us and our people."

11 They sent therefore and gathered together all the lords of the Philistines and said, "Send away the ark of the God of Israel, and let it return to its own place, that it may not kill us and our people." For there was a deathly panic throughout the whole city. The hand of God was very heavy there.

12 The men who did not die were struck with tumors, and the cry of the city went up to heaven.

The Ark Returned to Israel

6 The ark of the LORD was in the country of the Philistines seven months.

2 And the Philistines called for the priests and the diviners and said, "What shall we do with the ark of the LORD? Tell us with what we shall send it to its place."

3 Sie sprachen: Wollt ihr die Lade des Gottes Israels zurücksenden, so sendet sie nicht ohne eine Gabe, sondern gebt ihm eine Sühnegabe; so werdet ihr gesund werden und es wird euch kundwerden, warum seine Hand nicht von euch ablässt.

¶ **4** Sie aber sprachen: Was ist die Sühnegabe, die wir ihm geben sollen? Sie antworteten: Fünf goldene Beulen und fünf goldene Mäuse nach der Zahl der fünf Fürsten der Philister, denn es ist ein und dieselbe Plage gewesen über euch alle und über eure Fürsten.

5 So macht nun Abbilder eurer Beulen und eurer Mäuse, die euer Land zugrunde gerichtet haben, dass ihr dem Gott Israels die Ehre gebt. Vielleicht wird seine Hand leichter werden über euch und über euren Gott und über euer Land.

6 Warum verstockt ihr euer Herz, wie die Ägypter und der Pharao ihr Herz verstockten? Ist's nicht so: Als der HERR seine Macht an ihnen bewies, ließen sie sie ziehen, sodass sie gehen konnten?

7 So lasst nun einen neuen Wagen machen und nehmt zwei säugende Kühe, auf die noch kein Joch gekommen ist; spannt sie an den Wagen und lasst ihre Kälber daheimbleiben.

8 Aber die Lade des HERRN nehmt und stellt sie auf den Wagen, und die Dinge aus Gold, die ihr ihm zur Sühnegabe gebt, tut in ein Kästlein daneben. So sendet sie hin und lasst sie gehen.

9 Und seht zu: Geht sie den Weg hinauf in ihr Land auf Bet-Schemesch zu, so hat Er uns dies große Übel angetan; wenn nicht, so wissen wir, dass nicht seine Hand uns getroffen hat, sondern es uns zufällig widerfahren ist.

¶ **10** So taten die Leute und nahmen zwei säugende Kühe und spannten sie an einen Wagen und behielten ihre Kälber daheim

11 und stellten die Lade des HERRN auf den Wagen, dazu das Kästlein mit den goldenen Mäusen und mit den Abbildern ihrer Beulen.

12 Und die Kühe gingen geradeswegs auf Bet-Schemesch zu, immer auf derselben Straße, und brüllten immerfort und wichen weder zur Rechten noch zur Linken; und die Fürsten der Philister gingen ihnen nach bis zum Gebiet von Bet-Schemesch.

¶ **13** Die Leute von Bet-Schemesch aber schnitten eben den Weizen im Grund, und als sie ihre Augen aufhoben, sahen sie die Lade und freuten sich, sie zu sehen.

3 They said, "If you send away the ark of the God of Israel, do not send it empty, but by all means return him a guilt offering. Then you will be healed, and it will be known to you why his hand does not turn away from you."

4 And they said, "What is the guilt offering that we shall return to him?" They answered, "Five golden tumors and five golden mice, according to the number of the lords of the Philistines, for the same plague was on all of you and on your lords.

5 So you must make images of your tumors and images of your mice that ravage the land, and give glory to the God of Israel. Perhaps he will lighten his hand from off you and your gods and your land.

6 Why should you harden your hearts as the Egyptians and Pharaoh hardened their hearts? After he had dealt severely with them, did they not send the people away, and they departed?

7 Now then, take and prepare a new cart and two milk cows on which there has never come a yoke, and yoke the cows to the cart, but take their calves home, away from them.

8 And take the ark of the LORD and place it on the cart and put in a box at its side the figures of gold, which you are returning to him as a guilt offering. Then send it off and let it go its way

9 and watch. If it goes up on the way to its own land, to Beth-shemesh, then it is he who has done us this great harm, but if not, then we shall know that it is not his hand that struck us; it happened to us by coincidence."

¶ **10** The men did so, and took two milk cows and yoked them to the cart and shut up their calves at home.

11 And they put the ark of the LORD on the cart and the box with the golden mice and the images of their tumors.

12 And the cows went straight in the direction of Beth-shemesh along one highway, lowing as they went. They turned neither to the right nor to the left, and the lords of the Philistines went after them as far as the border of qBeth-shemesh.

13 Now the people of Beth-shemesh were reaping their wheat harvest in the valley. And when they lifted up their eyes and saw the ark, they rejoiced to see it.

14 Der Wagen aber kam auf den Acker Joschuas von Bet-Schemesch und stand dort still. Und dort lag ein großer Stein. Da spalteten sie das Holz des Wagens und opferten die Kühe dem HERRN zum Brandopfer.

15 Die Leviten aber hoben die Lade des HERRN herab samt dem Kästlein, das daneben stand und worin die Dinge aus Gold waren, und stellten sie auf den großen Stein. Und die Leute von Bet-Schemesch opferten dem HERRN am selben Tage Brandopfer und Schlachtopfer.

16 Als aber die fünf Fürsten der Philister das gesehen hatten, zogen sie am selben Tage wieder nach Ekron.

¶ **17** Dies sind die goldenen Beulen, die die Philister dem HERRN als Sühnegabe erstatteten: für Aschdod eine, für Gaza eine, für Aschkelon eine, für Gat eine und für Ekron eine;

18 und goldene Mäuse nach der Zahl aller Städte der Philister unter den fünf Fürsten, der festen Städte und der Dörfer. Und Zeuge ist der große Stein, auf den sie die Lade des HERRN gestellt hatten. Er liegt bis auf diesen Tag auf dem Acker Joschuas von Bet-Schemesch.

Die Lade kommt nach Kirjat-Jearim

19 Aber die Söhne Jechonjas freuten sich nicht mit den Leuten von Bet-Schemesch, dass sie die Lade des HERRN sahen. Und der HERR schlug unter ihnen siebzig Mann. Da trug das Volk Leid, dass er das Volk so hart geschlagen hatte.

20 Und die Leute von Bet-Schemesch sprachen: Wer kann bestehen vor dem HERRN, diesem heiligen Gott? Und zu wem soll er von uns wegziehen?

21 Und sie sandten Boten zu den Bürgern von Kirjat-Jearim und ließen ihnen sagen: Die Philister haben die Lade des HERRN zurückgebracht; kommt herab und holt sie zu euch hinauf.

7 Da kamen die Leute von Kirjat-Jearim und holten die Lade des HERRN herauf und brachten sie ins Haus Abinadabs auf dem Hügel, und seinen Sohn Eleasar weihten sie, dass er über die Lade des HERRN wache.

Samuels Richteramt

2 Aber von dem Tage an, da die Lade des HERRN zu Kirjat-Jearim blieb, verging eine lange Zeit; es wurden zwanzig Jahre. Dann wandte sich das ganze Haus Israel zum HERRN.

14 The cart came into the field of Joshua of Beth-shemesh and stopped there. A great stone was there. And they split up the wood of the cart and offered the cows as a burnt offering to the LORD.

15 And the Levites took down the ark of the LORD and the box that was beside it, in which were the golden figures, and set them upon the great stone. And the men of Beth-shemesh offered burnt offerings and sacrificed sacrifices on that day to the LORD.

16 And when the five lords of the Philistines saw it, they returned that day to Ekron.

¶ **17** These are the golden tumors that the Philistines returned as a guilt offering to the LORD: one for Ashdod, one for Gaza, one for Ashkelon, one for Gath, one for Ekron,

18 and the golden mice, according to the number of all the cities of the Philistines belonging to the five lords, both fortified cities and unwalled villages. The great stone beside which they set down the ark of the LORD is a witness to this day in the field of Joshua of Beth-shemesh.

¶ **19** And he struck some of the men of Beth-shemesh, because they looked upon the ark of the LORD. He struck seventy men of them,[1] and the people mourned because the LORD had struck the people with a great blow.

20 Then the men of Beth-shemesh said, "Who is able to stand before the LORD, this holy God? And to whom shall he go up away from us?"

21 So they sent messengers to the inhabitants of Kiriath-jearim, saying, "The Philistines have returned the ark of the LORD. Come down and take it up to you."

7 And the men of Kiriath-jearim came and took up the ark of the LORD and brought it to the house of Abinadab on the hill. And they consecrated his son Eleazar to have charge of the ark of the LORD.

2 From the day that the ark was lodged at Kiriath-jearim, a long time passed, some twenty years, and all the house of Israel lamented after the LORD.

¶ **3** Samuel aber sprach zum ganzen Hause Israel: Wenn ihr euch von ganzem Herzen zu dem Herrn bekehren wollt, so tut von euch die fremden Götter und die Astarten und richtet euer Herz zu dem Herrn und dient ihm allein, so wird er euch erretten aus der Hand der Philister.

4 Da taten die Israeliten von sich die Baale und Astarten und dienten dem Herrn allein.

5 Samuel aber sprach: Versammelt ganz Israel in Mizpa, dass ich für euch zum Herrn bete.

6 Und sie kamen zusammen in Mizpa und schöpften Wasser und gossen es aus vor dem Herrn und fasteten an demselben Tage und sprachen dort: Wir haben an dem Herrn gesündigt. So richtete Samuel die Israeliten zu Mizpa.

¶ **7** Als aber die Philister hörten, dass die Israeliten zusammengekommen waren in Mizpa, zogen die Fürsten der Philister hinauf gegen Israel. Und die Israeliten hörten es und fürchteten sich vor den Philistern.

8 Und sie sprachen zu Samuel: Lass nicht ab, für uns zu schreien zu dem Herrn, unserm Gott, dass er uns helfe aus der Hand der Philister.

9 Samuel nahm ein Milchlamm und opferte dem Herrn ein Brandopfer – als Ganzopfer – und schrie zum Herrn für Israel und der Herr erhörte ihn.

10 Und während Samuel das Brandopfer opferte, kamen die Philister heran zum Kampf gegen Israel. Aber der Herr ließ donnern mit großem Schall über die Philister am selben Tage und schreckte sie, dass sie vor Israel geschlagen wurden.

11 Da zogen die Männer Israels aus von Mizpa und jagten den Philistern nach und schlugen sie bis unterhalb von Bet-Kar.

12 Da nahm Samuel einen Stein und stellte ihn auf zwischen Mizpa und Schen und nannte ihn »Eben-Eser« und sprach: Bis hierher hat uns der Herr geholfen.

¶ **13** So wurden die Philister gedemütigt und kamen nicht mehr in das Gebiet Israels. Und die Hand des Herrn lag schwer auf den Philistern, solange Samuel lebte.

14 Auch eroberte Israel die Städte zurück, die die Philister ihnen genommen hatten, von Ekron bis Gat samt ihrem Gebiet; die errettete Israel aus der Hand der Philister. Und Israel hatte Frieden mit den Amoritern.

Samuel Judges Israel

¶ **3** And Samuel said to all the house of Israel, "If you are returning to the Lord with all your heart, then put away the foreign gods and the Ashtaroth from among you and direct your heart to the Lord and serve him only, and he will deliver you out of the hand of the Philistines."

4 So the people of Israel put away the Baals and the Ashtaroth, and they served the Lord only.

¶ **5** Then Samuel said, "Gather all Israel at Mizpah, and I will pray to the Lord for you."

6 So they gathered at Mizpah and drew water and poured it out before the Lord and fasted on that day and said there, "We have sinned against the Lord." And Samuel judged the people of Israel at Mizpah.

7 Now when the Philistines heard that the people of Israel had gathered at Mizpah, the lords of the Philistines went up against Israel. And when the people of Israel heard of it, they were afraid of the Philistines.

8 And the people of Israel said to Samuel, "Do not cease to cry out to the Lord our God for us, that he may save us from the hand of the Philistines."

9 So Samuel took a nursing lamb and offered it as a whole burnt offering to the Lord. And Samuel cried out to the Lord for Israel, and the Lord answered him.

10 As Samuel was offering up the burnt offering, the Philistines drew near to attack Israel. But the Lord thundered with a mighty sound that day against the Philistines and threw them into confusion, and they were routed before Israel.

11 And the men of Israel went out from Mizpah and pursued the Philistines and struck them, as far as below Beth-car.

¶ **12** Then Samuel took a stone and set it up between Mizpah and Shen[1] and called its name Ebenezer;[2] for he said, "Till now the Lord has helped us."

13 So the Philistines were subdued and did not again enter the territory of Israel. And the hand of the Lord was against the Philistines all the days of Samuel.

14 The cities that the Philistines had taken from Israel were restored to Israel, from Ekron to Gath, and Israel delivered their territory from the hand of the Philistines. There was peace also between Israel and the Amorites.

¶ **15** Samuel aber richtete Israel sein Leben lang

16 und zog Jahr für Jahr umher und kam nach Bethel und Gilgal und Mizpa. Und wenn er Israel an allen diesen Orten gerichtet hatte,

17 kam er wieder nach Rama – denn da war sein Haus – und dort richtete er Israel. Auch baute er dort dem HERRN einen Altar.

Israel begehrt einen König

8 Als aber Samuel alt geworden war, setzte er seine Söhne als Richter über Israel ein.

2 Sein erstgeborener Sohn hieß Joel und der andere Abija und sie waren Richter zu Beerscheba.

3 Aber seine Söhne wandelten nicht in seinen Wegen, sondern suchten ihren Vorteil und nahmen Geschenke und beugten das Recht.

4 Da versammelten sich alle Ältesten Israels und kamen nach Rama zu Samuel

5 und sprachen zu ihm: Siehe, du bist alt geworden und deine Söhne wandeln nicht in deinen Wegen. So setze nun einen König über uns, der uns richte, wie ihn alle Heiden haben.

¶ **6** Das missfiel Samuel, dass sie sagten: Gib uns einen König, der uns richte. Und Samuel betete zum HERRN.

7 Der HERR aber sprach zu Samuel: Gehorche der Stimme des Volks in allem, was sie zu dir gesagt haben; denn sie haben nicht dich, sondern mich verworfen, dass ich nicht mehr König über sie sein soll.

8 Sie tun dir, wie sie immer getan haben von dem Tage an, da ich sie aus Ägypten führte, bis auf diesen Tag, dass sie mich verlassen und andern Göttern gedient haben.

9 So gehorche nun ihrer Stimme. Doch warne sie und verkünde ihnen das Recht des Königs, der über sie herrschen wird.

¶ **10** Und Samuel sagte alle Worte des HERRN dem Volk, das von ihm einen König forderte,

11 und sprach: Das wird des Königs Recht sein, der über euch herrschen wird: Eure Söhne wird er nehmen für seinen Wagen und seine Gespanne, und dass sie vor seinem Wagen herlaufen,

12 und zu Hauptleuten über tausend und über fünfzig, und dass sie ihm seinen Acker bearbeiten und seine Ernte einsammeln und dass sie seine Kriegswaffen machen und was zu seinen Wagen gehört.

13 Eure Töchter aber wird er nehmen, dass sie Salben bereiten, kochen und backen.

15 Samuel judged Israel all the days of his life.

16 And he went on a circuit year by year to Bethel, Gilgal, and Mizpah. And he judged Israel in all these places.

17 Then he would return to Ramah, for his home was there, and there also he judged Israel. And he built there an altar to the LORD.

Israel Demands a King

8 When Samuel became old, he made his sons judges over Israel.

2 The name of his firstborn son was Joel, and the name of his second, Abijah; they were judges in Beersheba.

3 Yet his sons did not walk in his ways but turned aside after gain. They took bribes and perverted justice.

¶ **4** Then all the elders of Israel gathered together and came to Samuel at Ramah

5 and said to him, "Behold, you are old and your sons do not walk in your ways. Now appoint for us a king to judge us like all the nations."

6 But the thing displeased Samuel when they said, "Give us a king to judge us." And Samuel prayed to the LORD.

7 And the LORD said to Samuel, "Obey the voice of the people in all that they say to you, for they have not rejected you, but they have rejected me from being king over them.

8 According to all the deeds that they have done, from the day I brought them up out of Egypt even to this day, forsaking me and serving other gods, so they are also doing to you.

9 Now then, obey their voice; only you shall solemnly warn them and show them the ways of the king who shall reign over them."

Samuel's Warning Against Kings

¶ **10** So Samuel told all the words of the LORD to the people who were asking for a king from him.

11 He said, "These will be the ways of the king who will reign over you: he will take your sons and appoint them to his chariots and to be his horsemen and to run before his chariots.

12 And he will appoint for himself commanders of thousands and commanders of fifties, and some to plow his ground and to reap his harvest, and to make his implements of war and the equipment of his chariots.

13 He will take your daughters to be perfumers and cooks and bakers.

14 Eure besten Äcker und Weinberge und Ölgärten wird er nehmen und seinen Großen geben.

15 Dazu von euren Kornfeldern und Weinbergen wird er den Zehnten nehmen und seinen Kämmerern und Großen geben.

16 Und eure Knechte und Mägde und eure besten Rinder und eure Esel wird er nehmen und in seinen Dienst stellen.

17 Von euren Herden wird er den Zehnten nehmen und ihr müsst seine Knechte sein.

18 Wenn ihr dann schreien werdet zu der Zeit über euren König, den ihr euch erwählt habt, so wird euch der HERR zu derselben Zeit nicht erhören.

¶ **19** Aber das Volk weigerte sich, auf die Stimme Samuels zu hören, und sie sprachen: Nein, sondern ein König soll über uns sein,

20 dass wir auch seien wie alle Heiden, dass uns unser König richte und vor uns her ausziehe und unsere Kriege führe!

¶ **21** Und als Samuel alle Worte des Volks gehört hatte, sagte er sie vor den Ohren des HERRN.

22 Der HERR aber sprach zu Samuel: Gehorche ihrer Stimme und mache ihnen einen König. Und Samuel sprach zu den Männern Israels: Geht hin, ein jeder in seine Stadt.

Saul sucht Eselinnen und kommt zu Samuel

9 Es war ein Mann von Benjamin, mit Namen Kisch, ein Sohn Abiëls, des Sohnes Zerors, des Sohnes Bechorats, des Sohnes Afiachs, des Sohnes eines Benjaminiters, ein angesehener Mann.

2 Der hatte einen Sohn mit Namen Saul; der war ein junger, schöner Mann und es war niemand unter den Israeliten so schön wie er, eines Hauptes länger als alles Volk.

3 Es hatte aber Kisch, der Vater Sauls, die Eselinnen verloren. Und er sprach zu seinem Sohn Saul: Nimm einen der Knechte mit dir, mach dich auf, geh hin und suche die Eselinnen.

4 Und sie gingen durch das Gebirge Ephraim und durch das Gebiet von Schalischa und fanden sie nicht; sie gingen durch das Gebiet von Schaalim und sie waren nicht da; sie gingen durchs Gebiet von Benjamin und fanden sie nicht.

14 He will take the best of your fields and vineyards and olive orchards and give them to his servants.

15 He will take the tenth of your grain and of your vineyards and give it to his officers and to his servants.

16 He will take your male servants and female servants and the best of your young men[1] and your donkeys, and put them to his work.

17 He will take the tenth of your flocks, and you shall be his slaves.

18 And in that day you will cry out because of your king, whom you have chosen for yourselves, but the LORD will not answer you in that day."

The LORD Grants Israel's Request

¶ **19** But the people refused to obey the voice of Samuel. And they said, "No! But there shall be a king over us,

20 that we also may be like all the nations, and that our king may judge us and go out before us and fight our battles."

21 And when Samuel had heard all the words of the people, he repeated them in the ears of the LORD.

22 And the LORD said to Samuel, "Obey their voice and make them a king." Samuel then said to the men of Israel, "Go every man to his city."

Saul Chosen to Be King

9 There was a man of Benjamin whose name was Kish, the son of Abiel, son of Zeror, son of Becorath, son of Aphiah, a Benjaminite, a man of wealth.

2 And he had a son whose name was Saul, a handsome young man. There was not a man among the people of Israel more handsome than he. From his shoulders upward he was taller than any of the people.

¶ **3** Now the donkeys of Kish, Saul's father, were lost. So Kish said to Saul his son, "Take one of the young men with you, and arise, go and look for the donkeys."

4 And he passed through the hill country of Ephraim and passed through the land of Shalishah, but they did not find them. And they passed through the land of Shaalim, but they were not there. Then they passed through the land of Benjamin, but did not find them.

5 Als sie aber ins Gebiet von Zuf kamen, sprach Saul zu dem Knecht, der bei ihm war: Komm, lass uns wieder heimgehen; mein Vater könnte sich sonst statt um die Eselinnen um uns sorgen.

¶ **6** Der aber sprach: Siehe, es ist ein berühmter Mann Gottes in dieser Stadt; alles, was er sagt, das trifft ein. Nun lass uns dahin gehen; vielleicht sagt er uns unsern Weg, den wir gehen sollen.

7 Saul aber sprach zu seinem Knecht: Wenn wir schon hingehen, was bringen wir dem Mann? Denn das Brot in unserm Sack ist verzehrt und wir haben keine Gabe, die wir dem Mann Gottes bringen könnten. Was haben wir sonst?

8 Der Knecht antwortete Saul abermals und sprach: Siehe, ich hab einen Viertel-Silbertaler bei mir; den wollen wir dem Mann Gottes geben, dass er uns unsern Weg sage.

10 *Saul sprach zu seinem Knecht: Du hast recht geredet; komm, lass uns gehen! Und als sie hingingen nach der Stadt, wo der Mann Gottes war,

11 und den Aufgang zur Stadt hinaufstiegen, trafen sie Mädchen, die herausgingen, um Wasser zu schöpfen. Zu ihnen sprachen sie: Ist der Seher hier? –

9 *Vorzeiten sagte man in Israel, wenn man ging, Gott zu befragen: Kommt, lasst uns zu dem Seher gehen! Denn die man jetzt Propheten nennt, die nannte man vorzeiten Seher. –

¶ **12** Sie antworteten ihnen: Ja, er war gerade vor dir da; eile, denn er ist heute in die Stadt gekommen, weil das Volk heute ein Opferfest hat auf der Höhe.

13 Wenn ihr in die Stadt kommt, so werdet ihr ihn finden, ehe er hinaufgeht auf die Höhe, um zu essen. Denn das Volk wird nicht essen, bis er kommt; er segnet erst das Opfer, danach essen die, die geladen sind. Darum geht hinauf, denn jetzt werdet ihr ihn treffen.

14 Und als sie hinauf zur Stadt kamen und in die Stadt eintraten, siehe, da kam Samuel heraus ihnen entgegen und wollte auf die Höhe gehen.

Samuel salbt Saul zum König

15 Aber der HERR hatte Samuel das Ohr aufgetan, einen Tag bevor Saul kam, und gesagt:

¶ **5** When they came to the land of Zuph, Saul said to his servant[1] who was with him, "Come, let us go back, lest my father cease to care about the donkeys and become anxious about us."

6 But he said to him, "Behold, there is a man of God in this city, and he is a man who is held in honor; all that he says comes true. So now let us go there. Perhaps he can tell us the way we should go."

7 Then Saul said to his servant, "But if we go, what can we bring the man? For the bread in our sacks is gone, and there is no present to bring to the man of God. What do we have?"

8 The servant answered Saul again, "Here, I have with me a quarter of a shekel[2] of silver, and I will give it to the man of God to tell us our way."

9 (Formerly in Israel, when a man went to inquire of God, he said, "Come, let us go to the seer," for today's "prophet" was formerly called a seer.)

10 And Saul said to his servant, "Well said; come, let us go." So they went to the city where the man of God was.

¶ **11** As they went up the hill to the city, they met young women coming out to draw water and said to them, "Is the seer here?"

12 They answered, "He is; behold, he is just ahead of you. Hurry. He has come just now to the city, because the people have a sacrifice today on the high place.

13 As soon as you enter the city you will find him, before he goes up to the high place to eat. For the people will not eat till he comes, since he must bless the sacrifice; afterward those who are invited will eat. Now go up, for you will meet him immediately."

14 So they went up to the city. As they were entering the city, they saw Samuel coming out toward them on his way up to the high place.

¶ **15** Now the day before Saul came, the LORD had revealed to Samuel:

16 Morgen um diese Zeit will ich einen Mann zu dir senden aus dem Lande Benjamin, den sollst du zum Fürsten salben über mein Volk Israel, dass er mein Volk errette aus der Philister Hand. Denn ich habe das Elend meines Volks angesehen, und sein Schreien ist vor mich gekommen.

17 Als nun Samuel Saul sah, tat ihm der HERR kund: Siehe, das ist der Mann, von dem ich dir gesagt habe, dass er über mein Volk herrschen soll.

¶ **18** Da trat Saul auf Samuel zu im Tor und sprach: Sage mir, wo ist hier das Haus des Sehers?

19 Samuel antwortete Saul: Ich bin der Seher. Geh vor mir hinauf auf die Höhe, denn ihr sollt heute mit mir essen; morgen früh will ich dir das Geleit geben und auf alles, was du auf dem Herzen hast, will ich dir Antwort geben.

20 Und um die Eselinnen, die du vor drei Tagen verloren hast, sorge dich jetzt nicht; sie sind gefunden. Wem gehört denn alles, was wertvoll ist in Israel? Gehört es nicht dir und dem ganzen Hause deines Vaters?

21 Saul antwortete: Bin ich nicht ein Benjaminiter und aus einem der kleinsten Stämme Israels, und ist nicht mein Geschlecht das geringste unter allen Geschlechtern des Stammes Benjamin? Warum sagst du mir solches?

22 Samuel aber nahm Saul und seinen Knecht und führte sie in die Halle und setzte sie obenan unter die Geladenen; und das waren etwa dreißig Mann.

23 Und Samuel sprach zu dem Koch: Gib das Stück her, das ich dir gab und dabei befahl, du solltest es bei dir zurückbehalten.

24 Da trug der Koch eine Keule auf und den Fettschwanz. Und er legte sie Saul vor und sprach: Siehe, hier ist das Übriggebliebene, lege es vor dich hin und iss; denn als ich das Volk einlud, ist es für dich aufbewahrt worden für diese Stunde. So aß Saul an jenem Tage mit Samuel.

¶ **25** Und als sie hinabgegangen waren von der Höhe der Stadt, machten sie Saul ein Lager auf dem Dach

26 und er legte sich schlafen. Und als die Morgenröte aufging, rief Samuel zum Dach hinauf und sprach zu Saul: Steh auf, dass ich dich geleite! Und Saul stand auf und die beiden gingen miteinander hinaus, er und Samuel.

16 "Tomorrow about this time I will send to you a man from the land of Benjamin, and you shall anoint him to be prince over my people Israel. He shall save my people from the hand of the Philistines. For I have seen[3] my people, because their cry has come to me."

17 When Samuel saw Saul, the LORD told him, "Here is the man of whom I spoke to you! He it is who shall restrain my people."

18 Then Saul approached Samuel in the gate and said, "Tell me where is the house of the seer?"

19 Samuel answered Saul, "I am the seer. Go up before me to the high place, for today you shall eat with me, and in the morning I will let you go and will tell you all that is on your mind.

20 As for your donkeys that were lost three days ago, do not set your mind on them, for they have been found. And for whom is all that is desirable in Israel? Is it not for you and for all your father's house?"

21 Saul answered, "Am I not a Benjaminite, from the least of the tribes of Israel? And is not my clan the humblest of all the clans of the tribe of Benjamin? Why then have you spoken to me in this way?"

¶ **22** Then Samuel took Saul and his young man and brought them into the hall and gave them a place at the head of those who had been invited, who were about thirty persons.

23 And Samuel said to the cook, "Bring the portion I gave you, of which I said to you, 'Put it aside.'"

24 So the cook took up the leg and what was on it and set them before Saul. And Samuel said, "See, what was kept is set before you. Eat, because it was kept for you until the hour appointed, that you might eat with the guests."[4]

¶   So Saul ate with Samuel that day.

25 And when they came down from the high place into the city, a bed was spread for Saul[5] on the roof, and he lay down to sleep.

26 Then at the break of dawn[6] Samuel called to Saul on the roof, "Up, that I may send you on your way." So Saul arose, and both he and Samuel went out into the street.

27 Und als sie hinabkamen an das Ende der Stadt, sprach Samuel zu Saul: Sage dem Knecht, dass er uns vorangehe – und er ging voran –, du aber steh jetzt still, dass ich dir kundtue, was Gott gesagt hat.

10 Da nahm Samuel den Krug mit Öl und goss es auf sein Haupt und küsste ihn und sprach: Siehe, der Herr hat dich zum Fürsten über sein Erbteil gesalbt.

2 Wenn du jetzt von mir gehst, so wirst du zwei Männer finden bei dem Grabe Rahels an der Grenze Benjamins bei Zelzach; die werden zu dir sagen: Die Eselinnen sind gefunden, die du zu suchen ausgezogen bist; aber siehe, dein Vater hat die Esel nicht mehr im Sinn und sorgt sich um euch und spricht: Was soll ich wegen meines Sohnes tun?

¶ **3** Und wenn du von da weitergehst, wirst du zur Eiche Tabor kommen; dort werden dich drei Männer treffen, die hinaufgehen zu Gott nach Bethel. Einer trägt drei Böcklein, der andere drei Brote, der dritte einen Krug mit Wein.

4 Und sie werden dich freundlich grüßen und dir zwei Brote geben. Die sollst du von ihren Händen annehmen.

5 Danach wirst du nach Gibea Gottes kommen, wo die Wache der Philister ist; und wenn du dort in die Stadt kommst, wird dir eine Schar von Propheten begegnen, die von der Höhe herabkommen, und vor ihnen her Harfe und Pauke und Flöte und Zither und sie werden in Verzückung sein.

6 Und der Geist des Herrn wird über dich kommen, dass du mit ihnen in Verzückung gerätst; da wirst du umgewandelt und ein anderer Mensch werden.

7 Wenn bei dir nun diese Zeichen eintreffen, so tu, was dir vor die Hände kommt; denn Gott ist mit dir.

8 Du sollst aber vor mir hinabgehen nach Gilgal; siehe, da will ich zu dir hinabkommen, um Brandopfer und Dankopfer zu opfern. Sieben Tage sollst du warten, bis ich zu dir komme und dir kundtue, was du tun sollst.

¶ **9** Und als Saul sich wandte, um von Samuel wegzugehen, gab ihm Gott ein anderes Herz, und alle diese Zeichen trafen ein an demselben Tag.

¶ **27** As they were going down to the outskirts of the city, Samuel said to Saul, "Tell the servant to pass on before us, and when he has passed on, stop here yourself for a while, that I may make known to you the word of God."

Saul Anointed King

10 Then Samuel took a flask of oil and poured it on his head and kissed him and said, "Has not the Lord anointed you to be prince over his people Israel? And you shall reign over the people of the Lord and you will save them from the hand of their surrounding enemies. And this shall be the sign to you that the Lord has anointed you to be prince[1] over his heritage.

2 When you depart from me today, you will meet two men by Rachel's tomb in the territory of Benjamin at Zelzah, and they will say to you, 'The donkeys that you went to seek are found, and now your father has ceased to care about the donkeys and is anxious about you, saying, "What shall I do about my son?"'

3 Then you shall go on from there farther and come to the oak of Tabor. Three men going up to God at Bethel will meet you there, one carrying three young goats, another carrying three loaves of bread, and another carrying a skin of wine.

4 And they will greet you and give you two loaves of bread, which you shall accept from their hand.

5 After that you shall come to Gibeathelohim,[2] where there is a garrison of the Philistines. And there, as soon as you come to the city, you will meet a group of prophets coming down from the high place with harp, tambourine, flute, and lyre before them, prophesying.

6 Then the Spirit of the Lord will rush upon you, and you will prophesy with them and be turned into another man.

7 Now when these signs meet you, do what your hand finds to do, for God is with you.

8 Then go down before me to Gilgal. And behold, I am coming to you to offer burnt offerings and to sacrifice peace offerings. Seven days you shall wait, until I come to you and show you what you shall do."

¶ **9** When he turned his back to leave Samuel, God gave him another heart. And all these signs came to pass that day.

10 Und als sie nach Gibea kamen, siehe, da kam ihm eine Prophetenschar entgegen, und der Geist Gottes geriet über ihn, dass er mit ihnen in Verzückung geriet.

11 Als sie sahen, dass er mit den Propheten in Verzückung war, sprachen alle, die ihn früher gekannt hatten, untereinander: Was ist mit dem Sohn des Kisch geschehen? Ist Saul auch unter den Propheten?

12 Und einer von dort sprach: Wer ist denn schon ihr Vater? Daher ist das Sprichwort gekommen: Ist Saul auch unter den Propheten?

¶ **13** Und als seine Verzückung aufgehört hatte, kam er nach Gibea.

14 Es sprach aber Sauls Oheim zu ihm und zu seinem Knecht: Wo seid ihr hingegangen? Er antwortete: Die Eselinnen zu suchen; und als wir sahen, dass sie nicht da waren, gingen wir zu Samuel.

15 Da sprach der Oheim Sauls: Sage mir, was sagte euch Samuel?

16 Saul antwortete seinem Oheim: Er sagte uns, dass die Eselinnen gefunden seien. Aber was Samuel von dem Königtum gesagt hatte, sagte er ihm nicht.

Saul wird als König anerkannt

17 Samuel aber rief das Volk zusammen zum HERRN nach Mizpa

18 und sprach zu den Israeliten: So sagt der HERR, der Gott Israels: Ich habe Israel aus Ägypten geführt und euch aus der Hand der Ägypter errettet und aus der Hand aller Königreiche, die euch bedrängten.

19 Ihr aber habt heute euren Gott verworfen, der euch aus aller eurer Not und Bedrängnis geholfen hat, und habt gesprochen: Nein, setze vielmehr einen König über uns! Wohlan, so tretet nun vor den HERRN nach euren Stämmen und Tausendschaften!

20 Als nun Samuel alle Stämme Israels herantreten ließ, fiel das Los auf den Stamm Benjamin.

21 Und als er den Stamm Benjamin herantreten ließ mit seinen Geschlechtern, fiel das Los auf das Geschlecht Matri, und als er das Geschlecht Matri herantreten ließ, Mann für Mann, fiel das Los auf Saul, den Sohn des Kisch. Und sie suchten ihn, aber sie fanden ihn nicht.

¶ **22** Da befragten sie abermals den HERRN: Ist denn der Mann überhaupt hergekommen? Der HERR antwortete: Siehe, er hat sich bei dem Tross versteckt.

10 When they came to Gibeah,[3] behold, a group of prophets met him, and the Spirit of God rushed upon him, and he prophesied among them.

11 And when all who knew him previously saw how he prophesied with the prophets, the people said to one another, "What has come over the son of Kish? Is Saul also among the prophets?"

12 And a man of the place answered, "And who is their father?" Therefore it became a proverb, "Is Saul also among the prophets?"

13 When he had finished prophesying, he came to the high place.

¶ **14** Saul's uncle said to him and to his servant, "Where did you go?" And he said, "To seek the donkeys. And when we saw they were not to be found, we went to Samuel."

15 And Saul's uncle said, "Please tell me what Samuel said to you."

16 And Saul said to his uncle, "He told us plainly that the donkeys had been found." But about the matter of the kingdom, of which Samuel had spoken, he did not tell him anything.

Saul Proclaimed King

¶ **17** Now Samuel called the people together to the LORD at Mizpah.

18 And he said to the people of Israel, "Thus says the LORD, the God of Israel, 'I brought up Israel out of Egypt, and I delivered you from the hand of the Egyptians and from the hand of all the kingdoms that were oppressing you.'

19 But today you have rejected your God, who saves you from all your calamities and your distresses, and you have said to him, 'Set a king over us.' Now therefore present yourselves before the LORD by your tribes and by your thousands."

¶ **20** Then Samuel brought all the tribes of Israel near, and the tribe of Benjamin was taken by lot.

21 He brought the tribe of Benjamin near by its clans, and the clan of the Matrites was taken by lot;[4] and Saul the son of Kish was taken by lot. But when they sought him, he could not be found.

22 So they inquired again of the LORD, "Is there a man still to come?" and the LORD said, "Behold, he has hidden himself among the baggage."

23 Da liefen sie hin und holten ihn von dort. Und als er unter das Volk trat, war er eines Hauptes länger als alles Volk.

24 Und Samuel sprach zu allem Volk: Da seht ihr, wen der HERR erwählt hat; ihm ist keiner gleich im ganzen Volk. Da jauchzte das ganze Volk und sprach: Es lebe der König!

25 Samuel aber tat dem Volk das Recht des Königtums kund und schrieb's in ein Buch und legte es vor dem HERRN nieder. Und Samuel entließ das ganze Volk, einen jeden in sein Haus.

¶ **26** Auch Saul ging heim nach Gibea und mit ihm gingen die vom Heer, denen Gott das Herz gerührt hatte.

27 Aber einige ruchlose Leute sprachen: Was soll der uns helfen? Und sie verachteten ihn und brachten ihm kein Geschenk. Aber er tat, als hörte er's nicht.

Sauls Sieg über die Ammoniter

11 Es zog aber herauf Nahasch, der Ammoniter, und belagerte Jabesch in Gilead. Und alle Männer von Jabesch sprachen zu Nahasch: Schließ einen Bund mit uns, so wollen wir dir untertan sein.

2 Aber Nahasch, der Ammoniter, antwortete ihnen: Das soll der Bund sein, den ich mit euch schließen will, dass ich euch allen das rechte Auge aussteche und bringe damit Schmach über ganz Israel.

3 Da sprachen zu ihm die Ältesten von Jabesch: Gib uns sieben Tage, dass wir Boten in das ganze Gebiet Israels senden; ist dann niemand da, der uns rette, so wollen wir zu dir hinausgehen.

¶ **4** Da kamen die Boten nach Gibea Sauls und sagten diese Worte vor den Ohren des Volks. Da erhob das ganze Volk seine Stimme und weinte.

5 Und siehe, da kam Saul vom Felde hinter den Rindern her und fragte: Was ist mit dem Volk, dass es weint? Da berichteten sie ihm die Worte der Männer von Jabesch.

6 Da geriet der Geist Gottes über Saul, als er diese Worte hörte, und sein Zorn entbrannte sehr.

7 Und er nahm ein Paar Rinder und zerstückte sie und sandte davon in das ganze Gebiet Israels durch die Boten und ließ sagen: Wer nicht mit Saul und Samuel auszieht, mit dessen Rindern soll man ebenso tun. Da fiel der Schrecken des HERRN auf das Volk, sodass sie auszogen wie ein Mann.

23 Then they ran and took him from there. And when he stood among the people, he was taller than any of the people from his shoulders upward.

24 And Samuel said to all the people, "Do you see him whom the LORD has chosen? There is none like him among all the people." And all the people shouted, "Long live the king!"

¶ **25** Then Samuel told the people the rights and duties of the kingship, and he wrote them in a book and laid it up before the LORD. Then Samuel sent all the people away, each one to his home.

26 Saul also went to his home at Gibeah, and with him went men of valor whose hearts God had touched.

27 But some worthless fellows said, "How can this man save us?" And they despised him and brought him no present. But he held his peace.

Saul Defeats the Ammonites

11 Then Nahash the Ammonite went up and besieged Jabesh-gilead, and all the men of Jabesh said to Nahash, "Make a treaty with us, and we will serve you."

2 But Nahash the Ammonite said to them, "On this condition I will make a treaty with you, that I gouge out all your right eyes, and thus bring disgrace on all Israel."

3 The elders of Jabesh said to him, "Give us seven days' respite that we may send messengers through all the territory of Israel. Then, if there is no one to save us, we will give ourselves up to you."

4 When the messengers came to Gibeah of Saul, they reported the matter in the ears of the people, and all the people wept aloud.

¶ **5** Now, behold, Saul was coming from the field behind the oxen. And Saul said, "What is wrong with the people, that they are weeping?" So they told him the news of the men of Jabesh.

6 And the Spirit of God rushed upon Saul when he heard these words, and his anger was greatly kindled.

7 He took a yoke of oxen and cut them in pieces and sent them throughout all the territory of Israel by the hand of messengers, saying, "Whoever does not come out after Saul and Samuel, so shall it be done to his oxen!" Then the dread of the LORD fell upon the people, and they came out as one man.

8 Und er musterte sie bei Besek und die von Israel waren dreihunderttausend Mann und die Männer Judas dreißigtausend.

¶ **9** Und er sagte den Boten, die gekommen waren: So sagt den Männern von Jabesch in Gilead: Morgen soll euch Hilfe werden, wenn die Sonne beginnt, heiß zu scheinen. Als die Boten heimkamen und das den Männern von Jabesch verkündeten, wurden diese froh.

10 Und die Männer von Jabesch ließen den Ammonitern sagen: Morgen wollen wir zu euch hinausgehen, dass ihr mit uns alles tut, was euch gefällt.

11 Aber am andern Morgen teilte Saul das Volk in drei Heerhaufen, und sie kamen ins Lager um die Zeit der Morgenwache und schlugen die Ammoniter, bis der Tag heiß wurde; die aber übrig blieben, wurden zerstreut, sodass von ihnen nicht zwei beieinanderblieben.

¶ **12** Da sprach das Volk zu Samuel: Wer sind die, die gesagt haben: Sollte Saul über uns herrschen? Gebt sie her, die Männer, dass wir sie töten.

13 Saul aber sprach: Es soll an diesem Tage niemand sterben; denn der HERR hat heute Heil gegeben in Israel.

¶ **14** Samuel sprach zum Volk: Kommt, lasst uns nach Gilgal gehen und dort das Königtum erneuern.

15 Da ging das ganze Volk nach Gilgal, und sie machten Saul dort zum König vor dem HERRN in Gilgal und opferten Dankopfer vor dem HERRN. Saul aber und alle Männer Israels freuten sich dort gar sehr.

Samuel legt sein Richteramt nieder

12 Da sprach Samuel zu ganz Israel: Siehe, ich habe eurer Stimme gehorcht in allem, was ihr mir gesagt habt, und habe einen König über euch gesetzt.

2 Siehe, nun wird euer König vor euch herziehen; ich aber bin alt und grau geworden und meine Söhne sind bei euch. Ich bin vor euch hergegangen von meiner Jugend an bis auf diesen Tag.

3 Hier stehe ich. Nun tretet gegen mich auf vor dem HERRN und seinem Gesalbten! Wessen Rind oder Esel hab ich genommen, wem hab ich Gewalt oder Unrecht getan? Aus wessen Hand hab ich ein Geschenk angenommen, um mir damit die Augen blenden zu lassen? Ich will's euch zurückgeben.

8 When he mustered them at Bezek, the people of Israel were three hundred thousand, and the men of Judah thirty thousand.

9 And they said to the messengers who had come, "Thus shall you say to the men of Jabesh-gilead: 'Tomorrow, by the time the sun is hot, you shall have deliverance.'" When the messengers came and told the men of Jabesh, they were glad.

10 Therefore the men of Jabesh said, "Tomorrow we will give ourselves up to you, and you may do to us whatever seems good to you."

11 And the next day Saul put the people in three companies. And they came into the midst of the camp in the morning watch and struck down the Ammonites until the heat of the day. And those who survived were scattered, so that no two of them were left together.

The Kingdom Is Renewed

¶ **12** Then the people said to Samuel, "Who is it that said, 'Shall Saul reign over us?' Bring the men, that we may put them to death."

13 But Saul said, "Not a man shall be put to death this day, for today the LORD has worked salvation in Israel."

14 Then Samuel said to the people, "Come, let us go to Gilgal and there renew the kingdom."

15 So all the people went to Gilgal, and there they made Saul king before the LORD in Gilgal. There they sacrificed peace offerings before the LORD, and there Saul and all the men of Israel rejoiced greatly.

Samuel's Farewell Address

12 And Samuel said to all Israel, "Behold, I have obeyed your voice in all that you have said to me and have made a king over you.

2 And now, behold, the king walks before you, and I am old and gray; and behold, my sons are with you. I have walked before you from my youth until this day.

3 Here I am; testify against me before the LORD and before his anointed. Whose ox have I taken? Or whose donkey have I taken? Or whom have I defrauded? Whom have I oppressed? Or from whose hand have I taken a bribe to blind my eyes with it? Testify against me[1] and I will restore it to you."

4 Sie sprachen: Du hast uns weder Gewalt noch Unrecht getan und von niemand etwas genommen.

5 Er sprach zu ihnen: Der HERR ist euch gegenüber Zeuge und heute auch sein Gesalbter, dass ihr nichts in meiner Hand gefunden habt. Sie sprachen: Ja, Zeuge sollen sie sein.

¶ **6** Und Samuel sprach zum Volk: Der HERR ist's, der Mose und Aaron eingesetzt und eure Väter aus Ägyptenland geführt hat.

7 So tretet nun her, dass ich mit euch rechte vor dem HERRN wegen aller Wohltaten des HERRN, die er an euch und euren Vätern getan hat.

8 Als Jakob nach Ägypten gekommen war, schrien eure Väter zu dem HERRN, und der HERR sandte Mose und Aaron, um eure Väter aus Ägypten zu führen und sie in diesem Land wohnen zu lassen.

9 Aber als sie den HERRN, ihren Gott, vergaßen, verkaufte er sie in die Hand Siseras, des Feldhauptmanns von Hazor, und in die Hand der Philister und in die Hand des Königs von Moab; die kämpften gegen sie.

10 Und sie schrien zum HERRN und sprachen: Wir haben gesündigt, dass wir den HERRN verlassen und den Baalen und den Astarten gedient haben; nun aber errette uns aus der Hand unserer Feinde, so wollen wir dir dienen.

11 Da sandte der HERR Jerubbaal, Barak, Jeftah und Samuel und errettete euch aus der Hand eurer Feinde ringsum und ließ euch sicher wohnen.

¶ **12** Als ihr aber saht, dass Nahasch, der König der Ammoniter, gegen euch zog, spracht ihr zu mir: Nein, sondern ein König soll über uns herrschen, obwohl doch der HERR, euer Gott, euer König ist.

13 Nun, da ist euer König, den ihr erwählt und erbeten habt; denn siehe, der HERR hat einen König über euch gesetzt.

14 Möchtet ihr doch den HERRN fürchten und ihm dienen und seiner Stimme gehorchen und dem Munde des HERRN nicht ungehorsam sein, und möchtet ihr und euer König, der über euch herrscht, dem HERRN, eurem Gott, folgen!

15 Werdet ihr aber der Stimme des HERRN nicht gehorchen, sondern seinem Munde ungehorsam sein, so wird die Hand des HERRN gegen euch sein wie gegen eure Väter.

¶ **16** So tretet nun herzu und seht, was der HERR Großes vor euren Augen tun wird.

4 They said, "You have not defrauded us or oppressed us or taken anything from any man's hand."

5 And he said to them, "The LORD is witness against you, and his anointed is witness this day, that you have not found anything in my hand." And they said, "He is witness."

¶ **6** And Samuel said to the people, "The LORD is witness,[2] who appointed Moses and Aaron and brought your fathers up out of the land of Egypt.

7 Now therefore stand still that I may plead with you before the LORD concerning all the righteous deeds of the LORD that he performed for you and for your fathers.

8 When Jacob went into Egypt, and the Egyptians oppressed them,[3] then your fathers cried out to the LORD and the LORD sent Moses and Aaron, who brought your fathers out of Egypt and made them dwell in this place.

9 But they forgot the LORD their God. And he sold them into the hand of Sisera, commander of the army of Hazor,[4] and into the hand of the Philistines, and into the hand of the king of Moab. And they fought against them.

10 And they cried out to the LORD and said, 'We have sinned, because we have forsaken the LORD and have served the Baals and the Ashtaroth. But now deliver us out of the hand of our enemies, that we may serve you.'

11 And the LORD sent Jerubbaal and Barak[5] and Jephthah and Samuel and delivered you out of the hand of your enemies on every side, and you lived in safety.

12 And when you saw that Nahash the king of the Ammonites came against you, you said to me, 'No, but a king shall reign over us,' when the LORD your God was your king.

13 And now behold the king whom you have chosen, for whom you have asked; behold, the LORD has set a king over you.

14 If you will fear the LORD and serve him and obey his voice and not rebel against the commandment of the LORD, and if both you and the king who reigns over you will follow the LORD your God, it will be well.

15 But if you will not obey the voice of the LORD, but rebel against the commandment of the LORD, then the hand of the LORD will be against you and your king.[6]

16 Now therefore stand still and see this great thing that the LORD will do before your eyes.

17 Ist nicht jetzt die Weizenernte? Ich will aber den HERRN anrufen, dass er soll donnern und regnen lassen, damit ihr innewerdet und seht, dass ihr getan habt, was dem HERRN missfiel, als ihr euch einen König erbeten habt.

18 Und als Samuel den HERRN anrief, ließ der HERR donnern und regnen an demselben Tage. Da fürchtete das ganze Volk den HERRN und Samuel gar sehr

19 und sprach zu Samuel: Bitte für deine Knechte den HERRN, deinen Gott, dass wir nicht sterben; denn zu allen unsern Sünden haben wir noch das Unrecht getan, dass wir uns einen König erbeten haben.

¶ **20** Samuel aber sprach zum Volk: Fürchtet euch nicht! Ihr habt zwar all das Unrecht getan, doch weicht nicht vom HERRN ab, sondern dient dem HERRN von ganzem Herzen

21 und folgt nicht den nichtigen Götzen nach; denn sie nützen nicht und können nicht erretten, weil sie nichtig sind.

22 Der HERR verstößt sein Volk nicht um seines großen Namens willen; denn es hat dem HERRN gefallen, euch zu seinem Volk zu machen.

23 Es sei aber auch ferne von mir, mich an dem HERRN dadurch zu versündigen, dass ich davon abließe, für euch zu beten und euch zu lehren den guten und richtigen Weg!

24 Nur fürchtet den HERRN und dient ihm treu von ganzem Herzen; denn seht doch, wie große Dinge er an euch getan hat.

25 Werdet ihr aber Unrecht tun, so werdet ihr und euer König verloren sein.

Beginn des Krieges gegen die Philister

13 Saul war ... Jahre alt, als er König wurde, und zwei Jahre* regierte er über Israel.

2 Er erwählte sich dreitausend Mann aus Israel. Zweitausend waren mit Saul in Michmas und auf dem Gebirge von Bethel und eintausend mit Jonatan zu Gibea in Benjamin. Das übrige Volk aber entließ er, einen jeden in sein Zelt.

3 Da erschlug Jonatan die Wache der Philister, die in Gibea war; und die Philister hörten, dass die Hebräer abgefallen waren. Saul aber hatte die Posaune blasen lassen im ganzen Land.

4 Und ganz Israel hörte: Saul hat die Wache der Philister erschlagen und Israel hat sich in Verruf gebracht bei den Philistern. Und alles Volk wurde zusammengerufen, um Saul nach Gilgal zu folgen.

17 Is it not wheat harvest today? I will call upon the LORD, that he may send thunder and rain. And you shall know and see that your wickedness is great, which you have done in the sight of the LORD, in asking for yourselves a king."

18 So Samuel called upon the LORD, and the LORD sent thunder and rain that day, and all the people greatly feared the LORD and Samuel.

¶ **19** And all the people said to Samuel, "Pray for your servants to the LORD your God, that we may not die, for we have added to all our sins this evil, to ask for ourselves a king."

20 And Samuel said to the people, "Do not be afraid; you have done all this evil. Yet do not turn aside from following the LORD, but serve the LORD with all your heart.

21 And do not turn aside after empty things that cannot profit or deliver, for they are empty.

22 For the LORD will not forsake his people, for his great name's sake, because it has pleased the LORD to make you a people for himself.

23 Moreover, as for me, far be it from me that I should sin against the LORD by ceasing to pray for you, and I will instruct you in the good and the right way.

24 Only fear the LORD and serve him faithfully with all your heart. For consider what great things he has done for you.

25 But if you still do wickedly, you shall be swept away, both you and your king."

Saul Fights the Philistines

13 Saul was . . .¹ years old when he began to reign, and he reigned . . . and two² years over Israel.

¶ **2** Saul chose three thousand men of Israel. Two thousand were with Saul in Michmash and the hill country of Bethel, and a thousand were with Jonathan in Gibeah of Benjamin. The rest of the people he sent home, every man to his tent.

3 Jonathan defeated the garrison of the Philistines that was at Geba, and the Philistines heard of it. And Saul blew the trumpet throughout all the land, saying, "Let the Hebrews hear."

4 And all Israel heard it said that Saul had defeated the garrison of the Philistines, and also that Israel had become a stench to the Philistines. And the people were called out to join Saul at Gilgal.

¶ **5** Da sammelten sich die Philister zum Kampf mit Israel, dreitausend Wagen, sechstausend Gespanne und Fußvolk, so viel wie Sand am Ufer des Meeres, und zogen herauf und lagerten sich bei Michmas, östlich von Bet-Awen.

6 Als aber die Männer Israels sahen, dass das Volk in Gefahr und Bedrängnis war, verkrochen sie sich in die Höhlen und Klüfte und Felsen und Gewölbe und Gruben.

7 Es gingen aber auch Hebräer durch die Furten des Jordans ins Land Gad und Gilead. ¶ Saul aber war noch in Gilgal; und alles Volk, das ihm folgte, war voll Angst.

8 Da wartete er sieben Tage bis zu der Zeit, die von Samuel bestimmt war. Und als Samuel nicht nach Gilgal kam, begann das Volk von Saul wegzulaufen.

9 Da sprach er: Bringt mir her das Brandopfer und die Dankopfer. Und er brachte das Brandopfer dar.

10 Als er aber das Brandopfer vollendet hatte, siehe, da kam Samuel. Da ging Saul ihm entgegen, um ihm den Segensgruß zu entbieten.

11 Samuel aber sprach: Was hast du getan? Saul antwortete: Ich sah, dass das Volk von mir wegzulaufen begann, und du kamst nicht zur bestimmten Zeit, während doch die Philister sich schon in Michmas versammelt hatten.

12 Da dachte ich: Nun werden die Philister zu mir herabkommen nach Gilgal, und ich habe die Gnade des HERRN noch nicht gesucht; da wagte ich's und opferte Brandopfer.

¶ **13** Samuel aber sprach zu Saul: Du hast töricht gehandelt und nicht gehalten das Gebot des HERRN, deines Gottes, das er dir geboten hat. Er hätte dein Königtum bestätigt über Israel für und für.

14 Aber nun wird dein Königtum nicht bestehen. Der HERR hat sich einen Mann gesucht nach seinem Herzen, und der HERR hat ihn bestellt zum Fürsten über sein Volk; denn du hast das Gebot des HERRN nicht gehalten.

¶ **15** Und Samuel machte sich auf und ging von Gilgal hinauf und zog seines Weges. Die Übrigen vom Volk aber zogen hinter Saul her dem Kriegsvolk entgegen von Gilgal hinauf nach Gibea in Benjamin. Und Saul musterte das Volk, das bei ihm war, etwa sechshundert Mann.

¶ **5** And the Philistines mustered to fight with Israel, thirty thousand chariots and six thousand horsemen and troops like the sand on the seashore in multitude. They came up and encamped in Michmash, to the east of Beth-aven.

6 When the men of Israel saw that they were in trouble (for the people were hard pressed), the people hid themselves in caves and in holes and in rocks and in tombs and in cisterns,

7 and some Hebrews crossed the fords of the Jordan to the land of Gad and Gilead. Saul was still at Gilgal, and all the people followed him trembling.

Saul's Unlawful Sacrifice

¶ **8** He waited seven days, the time appointed by Samuel. But Samuel did not come to Gilgal, and the people were scattering from him.

9 So Saul said, "Bring the burnt offering here to me, and the peace offerings." And he offered the burnt offering.

10 As soon as he had finished offering the burnt offering, behold, Samuel came. And Saul went out to meet him and greet him.

11 Samuel said, "What have you done?" And Saul said, "When I saw that the people were scattering from me, and that you did not come within the days appointed, and that the Philistines had mustered at Michmash,

12 I said, 'Now the Philistines will come down against me at Gilgal, and I have not sought the favor of the LORD.' So I forced myself, and offered the burnt offering."

13 And Samuel said to Saul, "You have done foolishly. You have not kept the command of the LORD your God, with which he commanded you. For then the LORD would have established your kingdom over Israel forever.

14 But now your kingdom shall not continue. The LORD has sought out a man after his own heart, and the LORD has commanded him to be prince over his people, because you have not kept what the LORD commanded you."

15 And Samuel arose and went up from Gilgal. The rest of the people went up after Saul to meet the army; they went up from Gilgal[3] to Gibeah of Benjamin.

¶ And Saul numbered the people who were present with him, about six hundred men.

16 Und Saul und sein Sohn Jonatan und das Volk, das bei ihnen war, blieben in Geba in Benjamin. Die Philister aber hatten sich gelagert bei Michmas.

17 Da zogen aus dem Lager der Philister drei Heerhaufen, das Land zu verheeren. Einer wandte sich in Richtung auf Ofra ins Gebiet von Schual;

18 der andere wandte sich in Richtung auf Bet-Horon; der dritte wandte sich in Richtung auf das Gebiet, das nach dem Tal Zeboïm der Wüste zu gelegen ist.

¶ **19** Es war aber kein Schmied im ganzen Lande Israel zu finden; denn die Philister dachten, die Hebräer könnten sich Schwert und Spieß machen.

20 Und ganz Israel musste hinabziehen zu den Philistern, wenn jemand eine Pflugschar, Hacke, Beil oder Sense zu schärfen hatte.

21 Das Schärfen aber geschah für ein Zweidrittellot Silber bei Pflugscharen, Hacken, Gabeln, Beilen und um die Stacheln gerade zu machen.

22 Als nun der Tag des Kampfes kam, wurde kein Schwert noch Spieß gefunden in der Hand des ganzen Volks, das mit Saul und Jonatan war; nur Saul und sein Sohn hatten Waffen.

23 Aber eine Wache der Philister zog heran gegen den engen Weg von Michmas.

Jonatans Heldentat und Israels Sieg

14 Es begab sich eines Tages, dass Jonatan, der Sohn Sauls, zu seinem Waffenträger sprach: Komm, lass uns hinübergehen zu der Wache der Philister, die da drüben ist. Aber seinem Vater sagte er nichts.

2 Saul aber saß am Rande des Gebietes von Gibea unter dem Granatapfelbaum, der in Migron steht; und die Leute bei ihm waren etwa sechshundert Mann.

3 Und Ahija, der Sohn Ahitubs, des Bruders Ikabods, des Sohnes des Pinhas, des Sohnes Elis, des Priesters des HERRN zu Silo, trug den Priesterschurz. Das Volk wusste aber nicht, dass Jonatan weggegangen war.

¶ **4** Es waren aber an dem engen Wege, wo Jonatan hinüberzugehen suchte zu der Wache der Philister, zwei Felsklippen, die eine diesseits, die andere jenseits; die eine hieß Bozez, die andere Senne.

5 Die eine Felsklippe stand im Norden gegenüber Michmas und die andere im Süden gegenüber Geba.

16 And Saul and Jonathan his son and the people who were present with them stayed in Geba of Benjamin, but the Philistines encamped in Michmash.

17 And raiders came out of the camp of the Philistines in three companies. One company turned toward Ophrah, to the land of Shual;

18 another company turned toward Bethhoron; and another company turned toward the border that looks down on the Valley of Zeboim toward the wilderness.

¶ **19** Now there was no blacksmith to be found throughout all the land of Israel, for the Philistines said, "Lest the Hebrews make themselves swords or spears."

20 But every one of the Israelites went down to the Philistines to sharpen his plowshare, his mattock, his axe, or his sickle,[4]

21 and the charge was two-thirds of a shekel[5] for the plowshares and for the mattocks, and a third of a shekel[6] for sharpening the axes and for setting the goads.[7]

22 So on the day of the battle there was neither sword nor spear found in the hand of any of the people with Saul and Jonathan, but Saul and Jonathan his son had them.

23 And the garrison of the Philistines went out to the pass of Michmash.

Jonathan Defeats the Philistines

14 One day Jonathan the son of Saul said to the young man who carried his armor, "Come, let us go over to the Philistine garrison on the other side." But he did not tell his father.

2 Saul was staying in the outskirts of Gibeah in the pomegranate cave[1] at Migron. The people who were with him were about six hundred men,

3 including Ahijah the son of Ahitub, Ichabod's brother, son of Phinehas, son of Eli, the priest of the LORD in Shiloh, wearing an ephod. And the people did not know that Jonathan had gone.

4 Within the passes, by which Jonathan sought to go over to the Philistine garrison, there was a rocky crag on the one side and a rocky crag on the other side. The name of the one was Bozez, and the name of the other Seneh.

5 The one crag rose on the north in front of Michmash, and the other on the south in front of Geba.

6 Und Jonatan sprach zu seinem Waffenträger: Komm, lass uns hinübergehen zu der Wache dieser Unbeschnittenen! Vielleicht wird der HERR etwas für uns tun, denn es ist dem HERRN nicht schwer, durch viel oder wenig zu helfen.

7 Da antwortete ihm sein Waffenträger: Tu alles, was in deinem Herzen ist; geh nur hin! Siehe, ich bin mit dir, wie dein Herz will.

8 Jonatan sprach: Wohlan, wir gehen zu den Männern hinüber und zeigen uns ihnen.

9 Werden sie dann zu uns sagen: Steht still, bis wir zu euch herankommen!, so wollen wir an unserm Ort stehen bleiben und nicht zu ihnen hinaufgehen.

10 Werden sie aber sagen: Kommt zu uns herauf!, so wollen wir zu ihnen hinaufsteigen; dann hat sie der HERR in unsere Hände gegeben. Das soll uns zum Zeichen sein.

¶ **11** Als sie sich nun beide der Wache der Philister zeigten, sprachen die Philister: Siehe, die Hebräer sind aus den Löchern hervorgekommen, in die sie sich verkrochen hatten.

12 Und die Männer der Wache riefen Jonatan und seinem Waffenträger zu und sprachen: Kommt herauf zu uns, so wollen wir's euch schon lehren! Da sprach Jonatan zu seinem Waffenträger: Steig mir nach! Der HERR hat sie in die Hände Israels gegeben.

13 Und Jonatan kletterte mit Händen und Füßen hinauf und sein Waffenträger ihm nach. Da fielen sie zu Boden vor Jonatan und sein Waffenträger hinter ihm tötete sie.

14 So traf der erste Schlag, den Jonatan und sein Waffenträger taten, ungefähr zwanzig Mann etwa auf einer halben Hufe Acker, die ein Joch Rinder pflügt.

15 Und es entstand ein Schrecken im Lager und auf dem freien Felde; und das ganze Kriegsvolk, die Wache und die streifenden Rotten erschraken; und die Erde erbebte. Und so geschah ein Gottesschrecken.

¶ **16** Und die Wächter Sauls zu Gibea in Benjamin sahen, wie das Getümmel der Philister hin und her wogte.

17 Da sprach Saul zu dem Volk, das bei ihm war: Zählt und seht, wer von uns weggegangen ist! Und als sie zählten, siehe, da waren Jonatan und sein Waffenträger nicht da.

18 Da sprach Saul zu Ahija: Bringe den Efod herbei! Denn er trug den Efod in jener Zeit vor Israel.

¶ **6** Jonathan said to the young man who carried his armor, "Come, let us go over to the garrison of these uncircumcised. It may be that the LORD will work for us, for nothing can hinder the LORD from saving by many or by few."

7 And his armor-bearer said to him, "Do all that is in your heart. Do as you wish.[2] Behold, I am with you heart and soul."

8 Then Jonathan said, "Behold, we will cross over to the men, and we will show ourselves to them.

9 If they say to us, 'Wait until we come to you,' then we will stand still in our place, and we will not go up to them.

10 But if they say, 'Come up to us,' then we will go up, for the LORD has given them into our hand. And this shall be the sign to us."

11 So both of them showed themselves to the garrison of the Philistines. And the Philistines said, "Look, Hebrews are coming out of the holes where they have hidden themselves."

12 And the men of the garrison hailed Jonathan and his armor-bearer and said, "Come up to us, and we will show you a thing." And Jonathan said to his armor-bearer, "Come up after me, for the LORD has given them into the hand of Israel."

13 Then Jonathan climbed up on his hands and feet, and his armor-bearer after him. And they fell before Jonathan, and his armor-bearer killed them after him.

14 And that first strike, which Jonathan and his armor-bearer made, killed about twenty men within as it were half a furrow's length in an acre[3] of land.

15 And there was a panic in the camp, in the field, and among all the people. The garrison and even the raiders trembled, the earth quaked, and it became a very great panic.

¶ **16** And the watchmen of Saul in Gibeah of Benjamin looked, and behold, the multitude was dispersing here and there.[4]

17 Then Saul said to the people who were with him, "Count and see who has gone from us." And when they had counted, behold, Jonathan and his armor-bearer were not there.

18 So Saul said to Ahijah, "Bring the ark of God here." For the ark of God went at that time with the people[5] of Israel.

19 Und als Saul noch mit dem Priester redete, wurde das Getümmel im Lager der Philister immer größer. Und Saul sprach zum Priester: Lass es sein!

20 Und Saul und das ganze Volk, das bei ihm war, sammelten sich und kamen zum Kampfplatz. Und siehe, da ging eines jeden Schwert gegen den andern und es war ein sehr großes Getümmel.

21 Auch die Hebräer, die vorher bei den Philistern gewesen und mit ihnen ins Feld gezogen waren, gingen über zu denen von Israel, die mit Saul und Jonatan waren.

22 Und als alle Männer von Israel, die sich auf dem Gebirge Ephraim verkrochen hatten, hörten, dass die Philister flohen, jagten sie hinter ihnen her im Kampf.

23 So half der HERR Israel an diesem Tage. Und der Kampf breitete sich aus bis Bet-Awen.

¶ **24** Und als die Männer Israels in Bedrängnis kamen an jenem Tage, belegte Saul das Volk mit seinem Fluch und schwor: Verflucht sei jedermann, der etwas isst bis zum Abend, bis ich mich an meinen Feinden räche! Da aß das ganze Volk nichts.

25 Es waren aber Honigwaben auf dem Felde

26 und als das Volk hinkam zu den Waben, siehe, da floss der Honig. Aber niemand nahm davon etwas mit der Hand in seinen Mund; denn das Volk fürchtete den Schwur.

¶ **27** Jonatan aber hatte nicht gehört, dass sein Vater das Volk mit einem Schwur belegt hatte. Und er streckte seinen Stab aus, den er in seiner Hand hatte, und tauchte die Spitze in den Honigseim und führte seine Hand zum Munde; da strahlten seine Augen.

28 Da hob einer aus dem Volk an und sprach: Dein Vater hat das Volk mit einem Fluch belegt und geschworen: Verflucht sei jedermann, der heute etwas isst! So ist das Volk nun matt geworden.

29 Da sprach Jonatan: Mein Vater bringt das Land ins Unglück; seht, wie strahlend sind meine Augen geworden, weil ich ein wenig von diesem Honig gekostet habe.

30 Fürwahr, hätte doch das Volk heute gegessen von der Beute seiner Feinde, die es gemacht hat! Wäre dann die Niederlage der Philister nicht noch größer geworden?

31 Sie schlugen aber die Philister an jenem Tage von Michmas bis nach Ajalon. Und das Volk wurde sehr matt.

19 Now while Saul was talking to the priest, the tumult in the camp of the Philistines increased more and more. So Saul said to the priest, "Withdraw your hand."

20 Then Saul and all the people who were with him rallied and went into the battle. And behold, every Philistine's sword was against his fellow, and there was very great confusion.

21 Now the Hebrews who had been with the Philistines before that time and who had gone up with them into the camp, even they also turned to be with the Israelites who were with Saul and Jonathan.

22 Likewise, when all the men of Israel who had hidden themselves in the hill country of Ephraim heard that the Philistines were fleeing, they too followed hard after them in the battle.

23 So the LORD saved Israel that day. And the battle passed beyond Beth-aven.

Saul's Rash Vow

¶ **24** And the men of Israel had been hard pressed that day, so Saul had laid an oath on the people, saying, "Cursed be the man who eats food until it is evening and I am avenged on my enemies." So none of the people had tasted food.

25 Now when all the people[6] came to the forest, behold, there was honey on the ground.

26 And when the people entered the forest, behold, the honey was dropping, but no one put his hand to his mouth, for the people feared the oath.

27 But Jonathan had not heard his father charge the people with the oath, so he put out the tip of the staff that was in his hand and dipped it in the honeycomb and put his hand to his mouth, and his eyes became bright.

28 Then one of the people said, "Your father strictly charged the people with an oath, saying, 'Cursed be the man who eats food this day.'" And the people were faint.

29 Then Jonathan said, "My father has troubled the land. See how my eyes have become bright because I tasted a little of this honey.

30 How much better if the people had eaten freely today of the spoil of their enemies that they found. For now the defeat among the Philistines has not been great."

¶ **31** They struck down the Philistines that day from Michmash to Aijalon. And the people were very faint.

¶ **32** Und das Volk fiel über die Beute her und sie nahmen Schafe und Rinder und Kälber und schlachteten sie, dass das Blut auf die Erde floss, und aßen das Fleisch über dem Blut.

33 Da sagte man Saul: Siehe, das Volk versündigt sich am Herrn; denn es isst das Fleisch über dem Blut. Er sprach: Ihr habt gefrevelt; wälzt her zu mir einen großen Stein.

34 Und Saul sprach weiter: Zerstreut euch unter das Volk und sagt ihnen, dass ein jeder seinen Stier und sein Schaf zu mir bringen soll, und schlachtet's hier und esst, damit ihr euch nicht an dem Herrn versündigt mit dem Essen über dem Blut. Da brachte alles Volk, ein jeder, was er hatte, noch in der Nacht herzu und sie schlachteten es dort.

35 Und Saul baute dem Herrn einen Altar. Das war der erste Altar, den er dem Herrn baute.

¶ **36** Und Saul sprach: Lasst uns noch in der Nacht hinabziehen den Philistern nach und sie berauben, bis es lichter Morgen wird, und lasst niemand von ihnen übrig. Sie antworteten: Tu alles, was dir gefällt! Aber der Priester sprach: So lasst uns erst hierher vor Gott treten.

37 Und Saul befragte Gott: Soll ich hinabziehen den Philistern nach? Willst du sie in Israels Hände geben? Aber er antwortete ihm an diesem Tage nicht.

38 Da sprach Saul: Lasst herzutreten alle Obersten des Volks und forscht und seht, an wem heute die Schuld liegt.

39 Denn so wahr der Herr lebt, der Heiland Israels: Auch wenn sie bei meinem Sohn Jonatan wäre, so soll er sterben! Aber niemand aus dem ganzen Volk antwortete ihm.

¶ **40** Und er sprach zu ganz Israel: Tretet ihr auf die eine Seite, ich und mein Sohn Jonatan wollen auf die andere Seite treten. Das Volk sprach zu Saul: Tu, was dir gefällt.

41 Und Saul sprach zum Herrn: Gott Israels, warum hast du deinem Knecht heute nicht geantwortet? Liegt die Schuld bei mir oder bei meinem Sohn Jonatan, Herr, Gott Israels, so gib das Los »Licht«; liegt die Schuld aber an deinem Volk Israel, so gib das Los »Recht«. Da fiel das Los auf Jonatan und Saul, aber das Volk ging frei aus.

42 Saul sprach: Werft das Los über mich und meinen Sohn Jonatan! Da fiel das Los auf Jonatan.

43 Und Saul sprach zu Jonatan: Sage mir, was hast du getan? Jonatan sagte es ihm und sprach: Ich habe ein wenig Honig gekostet mit der Spitze des Stabes, den ich in meiner Hand hatte; siehe, ich bin bereit zu sterben.

32 The people pounced on the spoil and took sheep and oxen and calves and slaughtered them on the ground. And the people ate them with the blood.

33 Then they told Saul, "Behold, the people are sinning against the Lord by eating with the blood." And he said, "You have dealt treacherously; roll a great stone to me here."[7]

34 And Saul said, "Disperse yourselves among the people and say to them, 'Let every man bring his ox or his sheep and slaughter them here and eat, and do not sin against the Lord by eating with the blood.'" So every one of the people brought his ox with him that night and they slaughtered them there.

35 And Saul built an altar to the Lord; it was the first altar that he built to the Lord.

¶ **36** Then Saul said, "Let us go down after the Philistines by night and plunder them until the morning light; let us not leave a man of them." And they said, "Do whatever seems good to you." But the priest said, "Let us draw near to God here."

37 And Saul inquired of God, "Shall I go down after the Philistines? Will you give them into the hand of Israel?" But he did not answer him that day.

38 And Saul said, "Come here, all you leaders of the people, and know and see how this sin has arisen today.

39 For as the Lord lives who saves Israel, though it be in Jonathan my son, he shall surely die." But there was not a man among all the people who answered him.

40 Then he said to all Israel, "You shall be on one side, and I and Jonathan my son will be on the other side." And the people said to Saul, "Do what seems good to you."

41 Therefore Saul said, "O Lord God of Israel, why[8] have you not answered your servant this day? If this guilt is in me or in Jonathan my son, O Lord, God of Israel, give Urim. But if this guilt is in your people Israel, give Thummim." And Jonathan and Saul were taken, but the people escaped.

42 Then Saul said, "Cast the lot between me and my son Jonathan." And Jonathan was taken.

¶ **43** Then Saul said to Jonathan, "Tell me what you have done." And Jonathan told him, "I tasted a little honey with the tip of the staff that was in my hand. Here I am; I will die."

¶ **44** Da sprach Saul: Gott tue mir dies und das; Jonatan, du musst des Todes sterben!

45 Aber das Volk sprach zu Saul: Sollte Jonatan sterben, der dies große Heil in Israel vollbracht hat? Das sei ferne! So wahr der HERR lebt: Es soll kein Haar von seinem Haupt auf die Erde fallen, denn Gott hat heute durch ihn geholfen. Und so löste das Volk Jonatan aus, sodass er nicht sterben musste.

46 Aber Saul ließ von den Philistern ab und zog hinauf und die Philister zogen in ihr Land.

Sauls Kriege. Seine Familie

47 Als Saul die Königsherrschaft über Israel erlangt hatte, kämpfte er gegen alle seine Feinde ringsumher: gegen die Moabiter, die Ammoniter, die Edomiter, gegen die Könige Zobas und gegen die Philister. Und wo er sich hinwandte, da gewann er den Sieg.

48 Und er vollbrachte tapfere Taten und schlug die Amalekiter und errettete Israel aus der Hand aller, die es ausplünderten.

49 Sauls Söhne waren: Jonatan, Jischwi, Malkischua. Und seine zwei Töchter hießen: die erstgeborene Merab und die jüngere Michal.

50 Und Sauls Frau hieß Ahinoam und war eine Tochter des Ahimaaz. Und sein Feldhauptmann hieß Abner, ein Sohn Ners, der Sauls Oheim war.

51 Kisch, Sauls Vater, und Ner, Abners Vater, waren Söhne Abiëls.

¶ **52** Es war aber der Krieg gegen die Philister schwer, solange Saul lebte. Und wo Saul einen tapferen und rüstigen Mann sah, den nahm er in seinen Dienst.

Saul wird verworfen

15 Samuel sprach zu Saul: Der HERR hat mich gesandt, dass ich dich zum König salben sollte über sein Volk Israel; so höre nun auf die Worte des HERRN!

2 So spricht der HERR Zebaoth: Ich habe bedacht, was Amalek Israel angetan und wie es ihm den Weg verlegt hat, als Israel aus Ägypten zog.

3 So zieh nun hin und schlag Amalek und vollstrecke den Bann an ihm und an allem, was es hat; verschone sie nicht, sondern töte Mann und Frau, Kinder und Säuglinge, Rinder und Schafe, Kamele und Esel.

¶ **4** Da bot Saul das Volk auf und er musterte sie zu Telem: zweihunderttausend Mann Fußvolk und zehntausend Mann aus Juda.

44 And Saul said, "God do so to me and more also; you shall surely die, Jonathan."

45 Then the people said to Saul, "Shall Jonathan die, who has worked this great salvation in Israel? Far from it! As the LORD lives, there shall not one hair of his head fall to the ground, for he has worked with God this day." So the people ransomed Jonathan, so that he did not die.

46 Then Saul went up from pursuing the Philistines, and the Philistines went to their own place.

Saul Fights Israel's Enemies

¶ **47** When Saul had taken the kingship over Israel, he fought against all his enemies on every side, against Moab, against the Ammonites, against Edom, against the kings of Zobah, and against the Philistines. Wherever he turned he routed them.

48 And he did valiantly and struck the Amalekites and delivered Israel out of the hands of those who plundered them.

¶ **49** Now the sons of Saul were Jonathan, Ishvi, and Malchi-shua. And the names of his two daughters were these: the name of the firstborn was Merab, and the name of the younger Michal.

50 And the name of Saul's wife was Ahinoam the daughter of Ahimaaz. And the name of the commander of his army was Abner the son of Ner, Saul's uncle.

51 Kish was the father of Saul, and Ner the father of Abner was the son of ᵃAbiel.

¶ **52** There was hard fighting against the Philistines all the days of Saul. And when Saul saw any strong man, or any valiant man, he attached him to himself.

The LORD Rejects Saul

15 And Samuel said to Saul, "The LORD sent me to anoint you king over his people Israel; now therefore listen to the words of the LORD.

2 Thus says the LORD of hosts, 'I have noted what Amalek did to Israel in opposing them on the way when they came up out of Egypt.

3 Now go and strike Amalek and devote to destruction¹ all that they have. Do not spare them, but kill both man and woman, child and infant, ox and sheep, camel and donkey.'"

¶ **4** So Saul summoned the people and numbered them in Telaim, two hundred thousand men on foot, and ten thousand men of Judah.

5 Und als Saul zu der Stadt der Amalekiter kam, legte er einen Hinterhalt im Tal.

6 Und Saul ließ den Kenitern sagen: Geht, weicht und zieht weg von den Amalekitern, dass ich euch nicht mit ihnen aufreibe; denn ihr tatet Barmherzigkeit an allen Israeliten, als sie aus Ägypten zogen. Da zogen die Keniter fort von den Amalekitern.

¶ **7** Da schlug Saul die Amalekiter von Hawila bis nach Schur, das vor Ägypten liegt,

8 und nahm Agag, den König von Amalek, lebendig gefangen, und an allem Volk vollstreckte er den Bann mit der Schärfe des Schwerts.

9 Aber Saul und das Volk verschonten Agag und die besten Schafe und Rinder und das Mastvieh und die Lämmer und alles, was von Wert war, und sie wollten den Bann daran nicht vollstrecken; was aber nichts taugte und gering war, daran vollstreckten sie den Bann.

¶ **10** Da geschah des HERRN Wort zu Samuel:

11 Es reut mich, dass ich Saul zum König gemacht habe; denn er hat sich von mir abgewandt und meine Befehle nicht erfüllt. Darüber wurde Samuel zornig und schrie zu dem HERRN die ganze Nacht.

12 Und Samuel machte sich früh auf, um Saul am Morgen zu begegnen. Und ihm wurde angesagt, dass Saul nach Karmel gekommen sei und sich ein Siegeszeichen aufgerichtet habe und weitergezogen und nach Gilgal hinabgekommen sei.

¶ **13** Als nun Samuel zu Saul kam, sprach Saul zu ihm: Gesegnet seist du vom HERRN! Ich habe des HERRN Wort erfüllt.

14 Samuel antwortete: Und was ist das für ein Blöken von Schafen, das zu meinen Ohren kommt, und ein Brüllen von Rindern, das ich höre?

15 Saul sprach: Von den Amalekitern hat man sie gebracht; denn das Volk verschonte die besten Schafe und Rinder, um sie zu opfern dem HERRN, deinem Gott; an dem andern haben wir den Bann vollstreckt.

16 Samuel aber antwortete Saul: Halt ein, ich will dir sagen, was der HERR mit mir diese Nacht geredet hat. Er sprach: Sag an!

17 Samuel sprach: Ist's nicht so: Obschon du vor dir selbst gering warst, so bist du doch das Haupt der Stämme Israels; denn der HERR hat dich zum König über Israel gesalbt.

18 Und der HERR sandte dich auf den Weg und sprach: Zieh hin und vollstrecke den Bann an den Frevlern, den Amalekitern, und kämpfe mit ihnen, bis du sie vertilgt hast!

5 And Saul came to the city of Amalek and lay in wait in the valley.

6 Then Saul said to the Kenites, "Go, depart; go down from among the Amalekites, lest I destroy you with them. For you showed kindness to all the people of Israel when they came up out of Egypt." So the Kenites departed from among the Amalekites.

7 And Saul defeated the Amalekites from Havilah as far as Shur, which is east of Egypt.

8 And he took Agag the king of the Amalekites alive and devoted to destruction all the people with the edge of the sword.

9 But Saul and the people spared Agag and the best of the sheep and of the oxen and of the fattened calves[2] and the lambs, and all that was good, and would not utterly destroy them. All that was despised and worthless they devoted to destruction.

¶ **10** The word of the LORD came to Samuel:

11 "I regret that I have made Saul king, for he has turned back from following me and has not performed my commandments." And Samuel was angry, and he cried to the LORD all night.

12 And Samuel rose early to meet Saul in the morning. And it was told Samuel, "Saul came to Carmel, and behold, he set up a monument for himself and turned and passed on and went down to Gilgal."

13 And Samuel came to Saul, and Saul said to him, "Blessed be you to the LORD. I have performed the commandment of the LORD."

14 And Samuel said, "What then is this bleating of the sheep in my ears and the lowing of the oxen that I hear?"

15 Saul said, "They have brought them from the Amalekites, for the people spared the best of the sheep and of the oxen to sacrifice to the LORD your God, and the rest we have devoted to destruction."

16 Then Samuel said to Saul, "Stop! I will tell you what the LORD said to me this night." And he said to him, "Speak."

¶ **17** And Samuel said, "Though you are little in your own eyes, are you not the head of the tribes of Israel? The LORD anointed you king over Israel.

18 And the LORD sent you on a mission and said, 'Go, devote to destruction the sinners, the Amalekites, and fight against them until they are consumed.'

19 Warum hast du der Stimme des HERRN nicht gehorcht, sondern hast dich an die Beute gemacht und getan, was dem HERRN missfiel?

¶ **20** Saul antwortete Samuel: Ich habe doch der Stimme des HERRN gehorcht und bin den Weg gezogen, den mich der HERR sandte, und habe Agag, den König von Amalek, hergebracht und an den Amalekitern den Bann vollstreckt.

21 Aber das Volk hat von der Beute genommen Schafe und Rinder, das Beste vom Gebannten, um es dem HERRN, deinem Gott, zu opfern in Gilgal.

22 Samuel aber sprach: Meinst du, dass der HERR Gefallen habe am Brandopfer und Schlachtopfer gleichwie am Gehorsam gegen die Stimme des HERRN? Siehe, **Gehorsam ist besser als Opfer** und Aufmerken besser als das Fett von Widdern.

23 Denn Ungehorsam ist Sünde wie Zauberei, und Widerstreben ist wie Abgötterei und Götzendienst. Weil du des HERRN Wort verworfen hast, hat er dich auch verworfen, dass du nicht mehr König seist.

¶ **24** Da sprach Saul zu Samuel: Ich habe gesündigt, dass ich des HERRN Befehl und deine Worte übertreten habe; denn ich fürchtete das Volk und gehorchte seiner Stimme.

25 Und nun, vergib mir die Sünde und kehre mit mir um, dass ich den HERRN anbete.

26 Samuel sprach zu Saul: Ich will nicht mit dir umkehren; denn du hast des HERRN Wort verworfen, und der HERR hat dich auch verworfen, dass du nicht mehr König über Israel seist.

¶ **27** Und als sich Samuel umwandte, um wegzugehen, ergriff ihn Saul bei einem Zipfel seines Rocks; aber der riss ab.

28 Da sprach Samuel zu ihm: Der HERR hat das Königtum Israels heute von dir gerissen und einem andern gegeben, der besser ist als du.

29 Auch lügt der nicht, der Israels Ruhm ist, und es gereut ihn nicht; denn er ist nicht ein Mensch, dass ihn etwas gereuen könnte.

30 Saul aber sprach: Ich habe gesündigt; aber ehre mich doch jetzt vor den Ältesten meines Volks und vor Israel und kehre mit mir um, dass ich den HERRN, deinen Gott, anbete.

31 Da kehrte Samuel um und folgte Saul und Saul betete den HERRN an.

19 Why then did you not obey the voice of the LORD? Why did you pounce on the spoil and do what was evil in the sight of the LORD?"

20 And Saul said to Samuel, "I have obeyed the voice of the LORD. I have gone on the mission on which the LORD sent me. I have brought Agag the king of Amalek, and I have devoted the Amalekites to destruction.

21 But the people took of the spoil, sheep and oxen, the best of the things devoted to destruction, to sacrifice to the LORD your God in Gilgal."

22 And Samuel said,

"Has the LORD as great delight in burnt offerings and sacrifices,
  as in obeying the voice of the LORD?
Behold, to obey is better than sacrifice,
  and to listen than the fat of rams.

23 For rebellion is as the sin of divination,
  and presumption is as iniquity and idolatry.
Because you have rejected the word of the LORD,
  he has also rejected you from being king."

¶ **24** Saul said to Samuel, "I have sinned, for I have transgressed the commandment of the LORD and your words, because I feared the people and obeyed their voice.

25 Now therefore, please pardon my sin and return with me that I may worship the LORD."

26 And Samuel said to Saul, "I will not return with you. For you have rejected the word of the LORD, and the LORD has rejected you from being king over Israel."

27 As Samuel turned to go away, Saul seized the skirt of his robe, and it tore.

28 And Samuel said to him, "The LORD has torn the kingdom of Israel from you this day and has given it to a neighbor of yours, who is better than you.

29 And also the Glory of Israel will not lie or have regret, for he is not a man, that he should have regret."

30 Then he said, "I have sinned; yet honor me now before the elders of my people and before Israel, and return with me, that I may bow before the LORD your God."

31 So Samuel turned back after Saul, and Saul bowed before the LORD.

¶ **32** Und Samuel sprach: Bringt Agag, den König von Amalek, zu mir! Und Agag ging hin zu ihm zitternd und sprach: Fürwahr, bitter ist der Tod!

33 Samuel aber sprach: Wie dein Schwert Frauen ihrer Kinder beraubt hat, so soll auch deine Mutter der Kinder beraubt sein unter den Frauen. Und Samuel hieb den Agag in Stücke vor dem Herrn in Gilgal.

¶ **34** Und Samuel ging hin nach Rama; Saul aber zog hinauf in sein Haus zu Gibea Sauls.

35 Und Samuel sah Saul fortan nicht mehr bis an den Tag seines Todes. Aber doch trug Samuel Leid um Saul, weil es den Herrn gereut hatte, dass er Saul zum König über Israel gemacht hatte.

David wird zum König gesalbt

16 Und der Herr sprach zu Samuel: Wie lange trägst du Leid um Saul, den ich verworfen habe, dass er nicht mehr König sei über Israel? Fülle dein Horn mit Öl und geh hin: Ich will dich senden zu dem Bethlehemiter Isai; denn unter seinen Söhnen hab ich mir einen zum König ersehen.

2 Samuel aber sprach: Wie kann ich hingehen? Saul wird's erfahren und mich töten. Der Herr sprach: Nimm eine junge Kuh mit dir und sprich: Ich bin gekommen, dem Herrn zu opfern.

3 Und du sollst Isai zum Opfer laden. Da will ich dich wissen lassen, was du tun sollst, dass du mir den salbst, den ich dir nennen werde.

¶ **4** Samuel tat, wie ihm der Herr gesagt hatte, und kam nach Bethlehem. Da entsetzten sich die Ältesten der Stadt und gingen ihm entgegen und sprachen: Bedeutet dein Kommen Heil?

5 Er sprach: Ja, es bedeutet Heil! Ich bin gekommen, dem Herrn zu opfern; heiligt euch und kommt mit mir zum Opfer. Und er heiligte den Isai und seine Söhne und lud sie zum Opfer.

¶ **6** Als sie nun kamen, sah er den Eliab an und dachte: Fürwahr, da steht vor dem Herrn sein Gesalbter.

7 Aber der Herr sprach zu Samuel: Sieh nicht an sein Aussehen und seinen hohen Wuchs; ich habe ihn verworfen. Denn nicht sieht der Herr auf das, worauf ein Mensch sieht. **Ein Mensch sieht, was vor Augen ist; der Herr aber sieht das Herz an.**

8 Da rief Isai den Abinadab und ließ ihn an Samuel vorübergehen. Und er sprach: Auch diesen hat der Herr nicht erwählt.

¶ **32** Then Samuel said, "Bring here to me Agag the king of the Amalekites." And Agag came to him cheerfully.[3] Agag said, "Surely the bitterness of death is past."

33 And Samuel said, "As your sword has made women childless, so shall your mother be childless among women." And Samuel hacked Agag to pieces before the Lord in Gilgal.

¶ **34** Then Samuel went to Ramah, and Saul went up to his house in Gibeah of Saul.

35 And Samuel did not see Saul again until the day of his death, but Samuel grieved over Saul. And the Lord regretted that he had made Saul king over Israel.

David Anointed King

16 The Lord said to Samuel, "How long will you grieve over Saul, since I have rejected him from being king over Israel? Fill your horn with oil, and go. I will send you to Jesse the Bethlehemite, for I have provided for myself a king among his sons."

2 And Samuel said, "How can I go? If Saul hears it, he will kill me." And the Lord said, "Take a heifer with you and say, 'I have come to sacrifice to the Lord.'

3 And invite Jesse to the sacrifice, and I will show you what you shall do. And you shall anoint for me him whom I declare to you."

4 Samuel did what the Lord commanded and came to Bethlehem. The elders of the city came to meet him trembling and said, "Do you come peaceably?"

5 And he said, "Peaceably; I have come to sacrifice to the Lord. Consecrate yourselves, and come with me to the sacrifice." And he consecrated Jesse and his sons and invited them to the sacrifice.

¶ **6** When they came, he looked on Eliab and thought, "Surely the Lord's anointed is before him."

7 But the Lord said to Samuel, "Do not look on his appearance or on the height of his stature, because I have rejected him. For the Lord sees not as man sees: man looks on the outward appearance, but the Lord looks on the heart."

8 Then Jesse called Abinadab and made him pass before Samuel. And he said, "Neither has the Lord chosen this one."

9 Da ließ Isai vorübergehen Schamma. Er aber sprach: Auch diesen hat der HERR nicht erwählt.

10 So ließ Isai seine sieben Söhne an Samuel vorübergehen; aber Samuel sprach zu Isai: Der HERR hat keinen von ihnen erwählt.

¶ **11** Und Samuel sprach zu Isai: Sind das die Knaben alle? Er aber sprach: Es ist noch übrig der jüngste; siehe, er hütet die Schafe. Da sprach Samuel zu Isai: Sende hin und lass ihn holen; denn wir werden uns nicht niedersetzen, bis er hierher kommt.

12 Da sandte er hin und ließ ihn holen. Und er war bräunlich, mit schönen Augen und von guter Gestalt. Und der HERR sprach: Auf, salbe ihn, denn der ist's.

13 Da nahm Samuel sein Ölhorn und salbte ihn mitten unter seinen Brüdern. Und der Geist des HERRN geriet über David von dem Tag an und weiterhin. Samuel aber machte sich auf und ging nach Rama.

David kommt an Sauls Hof

14 Der Geist des HERRN aber wich von Saul und ein böser Geist vom HERRN ängstigte ihn.

15 Da sprachen die Großen Sauls zu ihm: Siehe, ein böser Geist von Gott ängstigt dich.

16 Unser Herr befehle nun seinen Knechten, die vor ihm stehen, dass sie einen Mann suchen, der auf der Harfe gut spielen kann, damit er mit seiner Hand darauf spiele, wenn der böse Geist Gottes über dich kommt, und es besser mit dir werde.

17 Da sprach Saul zu seinen Leuten: Seht euch um nach einem Mann, der des Saitenspiels kundig ist, und bringt ihn zu mir.

18 Da antwortete einer der jungen Männer und sprach: Ich habe gesehen einen Sohn Isais, des Bethlehemiters, der ist des Saitenspiels kundig, ein tapferer Mann und tüchtig zum Kampf, verständig in seinen Reden und schön gestaltet, und der HERR ist mit ihm.

¶ **19** Da sandte Saul Boten zu Isai und ließ ihm sagen: Sende zu mir deinen Sohn David, der bei den Schafen ist.

20 Da nahm Isai einen Esel und Brot und einen Schlauch Wein und ein Ziegenböcklein und sandte es Saul durch seinen Sohn David.

21 So kam David zu Saul und diente vor ihm. Und Saul gewann ihn sehr lieb und er wurde sein Waffenträger.

¶ **22** Und Saul sandte zu Isai und ließ ihm sagen: Lass David mir dienen, denn er hat Gnade gefunden vor meinen Augen.

9 Then Jesse made Shammah pass by. And he said, "Neither has the LORD chosen this one."

10 And Jesse made seven of his sons pass before Samuel. And Samuel said to Jesse, "The LORD has not chosen these."

11 Then Samuel said to Jesse, "Are all your sons here?" And he said, "There remains yet the youngest,[1] but behold, he is keeping the sheep." And Samuel said to Jesse, "Send and get him, for we will not sit down till he comes here."

12 And he sent and brought him in. Now he was ruddy and had beautiful eyes and was handsome. And the LORD said, "Arise, anoint him, for this is he."

13 Then Samuel took the horn of oil and anointed him in the midst of his brothers. And the Spirit of the LORD rushed upon David from that day forward. And Samuel rose up and went to Ramah.

David in Saul's Service

¶ **14** Now the Spirit of the LORD departed from Saul, and a harmful spirit from the LORD tormented him.

15 And Saul's servants said to him, "Behold now, a harmful spirit from God is tormenting you.

16 Let our lord now command your servants who are before you to seek out a man who is skillful in playing the lyre, and when the harmful spirit from God is upon you, he will play it, and you will be well."

17 So Saul said to his servants, "Provide for me a man who can play well and bring him to me."

18 One of the young men answered, "Behold, I have seen a son of Jesse the Bethlehemite, who is skillful in playing, a man of valor, a man of war, prudent in speech, and a man of good presence, and the LORD is with him."

19 Therefore Saul sent messengers to Jesse and said, "Send me David your son, who is with the sheep."

20 And Jesse took a donkey laden with bread and a skin of wine and a young goat and sent them by David his son to Saul.

21 And David came to Saul and entered his service. And Saul loved him greatly, and he became his armor-bearer.

22 And Saul sent to Jesse, saying, "Let David remain in my service, for he has found favor in my sight."

23 Sooft nun der böse Geist von Gott über Saul kam, nahm David die Harfe und spielte darauf mit seiner Hand. So wurde es Saul leichter und es ward besser mit ihm und der böse Geist wich von ihm.

David und Goliat

17 Die Philister sammelten ihre Heere zum Kampf und kamen zusammen bei Socho in Juda und lagerten sich zwischen Socho und Aseka bei Efes-Dammim.

2 Und Saul und die Männer Israels kamen zusammen und lagerten sich im Eichgrund und rüsteten sich zum Kampf gegen die Philister.

3 Und die Philister standen auf einem Berge jenseits und die Israeliten auf einem Berge diesseits, sodass das Tal zwischen ihnen war.

¶ **4** Da trat aus den Reihen der Philister ein Riese* heraus mit Namen Goliat aus Gat, sechs Ellen und eine Handbreit groß.

5 Der hatte einen ehernen Helm auf seinem Haupt und einen Schuppenpanzer an, und das Gewicht seines Panzers war fünftausend Lot Erz,

6 und hatte eherne Schienen an seinen Beinen und einen ehernen Wurfspieß auf seiner Schulter.

7 Und der Schaft seines Spießes war wie ein Weberbaum und die eiserne Spitze seines Spießes wog sechshundert Lot, und sein Schildträger ging vor ihm her.

¶ **8** Und er stellte sich hin und rief dem Heer Israels zu: Was seid ihr ausgezogen, euch zum Kampf zu rüsten? Bin ich nicht ein Philister und ihr Sauls Knechte? Erwählt einen unter euch, der zu mir herabkommen soll.

9 Vermag er gegen mich zu kämpfen und erschlägt er mich, so wollen wir eure Knechte sein; vermag ich aber über ihn zu siegen und erschlage ich ihn, so sollt ihr unsere Knechte sein und uns dienen.

10 Und der Philister sprach: Ich habe heute dem Heere Israels hohngesprochen, als ich sagte: Gebt mir einen Mann und lasst uns miteinander kämpfen.

¶ **11** Als Saul und ganz Israel diese Rede des Philisters hörten, entsetzten sie sich und fürchteten sich sehr.

¶ **12** David aber war der Sohn jenes Efratiters aus Bethlehem in Juda, der Isai hieß. Der hatte acht Söhne und war zu Sauls Zeiten schon zu alt, um unter die Kriegsleute zu gehen.

23 And whenever the harmful spirit from God was upon Saul, David took the lyre and played it with his hand. So Saul was refreshed and was well, and the harmful spirit departed from him.

David and Goliath

17 Now the Philistines gathered their armies for battle. And they were gathered at Socoh, which belongs to Judah, and encamped between Socoh and Azekah, in Ephes-dammim.

2 And Saul and the men of Israel were gathered, and encamped in the Valley of Elah, and drew up in line of battle against the Philistines.

3 And the Philistines stood on the mountain on the one side, and Israel stood on the mountain on the other side, with a valley between them.

4 And there came out from the camp of the Philistines a champion named Goliath of Gath, whose height was six[1] cubits and a span.

5 He had a helmet of bronze on his head, and he was armed with a coat of mail, and the weight of the coat was five thousand shekels[2] of bronze.

6 And he had bronze armor on his legs, and a javelin of bronze slung between his shoulders.

7 The shaft of his spear was like a weaver's beam, and his spear's head weighed six hundred shekels of iron. And his shield-bearer went before him.

8 He stood and shouted to the ranks of Israel, "Why have you come out to draw up for battle? Am I not a Philistine, and are you not servants of Saul? Choose a man for yourselves, and let him come down to me.

9 If he is able to fight with me and kill me, then we will be your servants. But if I prevail against him and kill him, then you shall be our servants and serve us."

10 And the Philistine said, "I defy the ranks of Israel this day. Give me a man, that we may fight together."

11 When Saul and all Israel heard these words of the Philistine, they were dismayed and greatly afraid.

¶ **12** Now David was the son of an Ephrathite of Bethlehem in Judah, named Jesse, who had eight sons. In the days of Saul the man was already old and advanced in years.[3]

13 Aber die drei ältesten Söhne Isais waren mit Saul in den Krieg gezogen und sie hießen: Eliab, der erstgeborene, Abinadab, der zweite, und Schamma, der dritte.

14 Und David war der jüngste; die drei ältesten aber waren Saul gefolgt.

15 Und David ging ab und zu von Saul hinweg nach Bethlehem, um die Schafe seines Vaters zu hüten.

16 Aber der Philister kam heraus frühmorgens und abends und stellte sich hin, vierzig Tage lang.

¶ **17** Isai aber sprach zu seinem Sohn David: Nimm für deine Brüder diesen Scheffel gerösteter Körner und diese zehn Brote und bringe sie eilends ins Lager zu deinen Brüdern;

18 und diese zehn frischen Käse bringe dem Hauptmann und sieh nach deinen Brüdern, ob's ihnen gut geht, und bringe auch ein Unterpfand von ihnen mit.

19 Saul und sie und alle Männer Israels sind im Eichgrund und kämpfen gegen die Philister.

¶ **20** Da machte sich David früh am Morgen auf und überließ die Schafe einem Hüter, lud auf und ging hin, wie ihm Isai geboten hatte, und kam zum Lager. Das Heer aber war ausgezogen und hatte sich aufgestellt zum Kampf und sie erhoben das Kriegsgeschrei.

21 Und Israel und die Philister hatten sich aufgestellt, Schlachtreihe gegen Schlachtreihe.

¶ **22** Da ließ David sein Gepäck, das er trug, bei der Wache des Trosses und lief zu dem Heer, kam hin und fragte seine Brüder, ob's ihnen gut gehe.

23 Und als er noch mit ihnen redete, siehe, da kam herauf der Riese mit Namen Goliat, der Philister von Gat, von dem Heer der Philister und redete dieselben Worte und David hörte es.

24 Und wer von Israel den Mann sah, floh vor ihm und fürchtete sich sehr.

25 Und die Männer von Israel sprachen: Habt ihr den Mann heraufkommen sehen? Er kommt herauf, um Israel hohnzusprechen. Wer ihn erschlägt, den will der König sehr reich machen und ihm seine Tochter geben und will ihm seines Vaters Haus frei machen von Lasten in Israel.

¶ **26** Da sprach David zu den Männern, die bei ihm standen: Was wird man dem geben, der diesen Philister erschlägt und die Schande von Israel abwendet? Denn wer ist dieser unbeschnittene Philister, der das Heer des lebendigen Gottes verhöhnt?

13 The three oldest sons of Jesse had followed Saul to the battle. And the names of his three sons who went to the battle were Eliab the firstborn, and next to him Abinadab, and the third Shammah.

14 David was the youngest. The three eldest followed Saul,

15 but David went back and forth from Saul to feed his father's sheep at Bethlehem.

16 For forty days the Philistine came forward and took his stand, morning and evening.

¶ **17** And Jesse said to David his son, "Take for your brothers an ephah[4] of this parched grain, and these ten loaves, and carry them quickly to the camp to your brothers.

18 Also take these ten cheeses to the commander of their thousand. See if your brothers are well, and bring some token from them."

¶ **19** Now Saul and they and all the men of Israel were in the Valley of Elah, fighting with the Philistines.

20 And David rose early in the morning and left the sheep with a keeper and took the provisions and went, as Jesse had commanded him. And he came to the encampment as the host was going out to the battle line, shouting the war cry.

21 And Israel and the Philistines drew up for battle, army against army.

22 And David left the things in charge of the keeper of the ʳbaggage and ran to the ranks and went and greeted his brothers.

23 As he talked with them, behold, the champion, the Philistine of Gath, Goliath by name, came up out of the ranks of the Philistines and spoke the same words as before. And David heard him.

¶ **24** All the men of Israel, when they saw the man, fled from him and were much afraid.

25 And the men of Israel said, "Have you seen this man who has come up? Surely he has come up to defy Israel. And the king will enrich the man who kills him with great riches and will give him his daughter and make his father's house free in Israel."

26 And David said to the men who stood by him, "What shall be done for the man who kills this Philistine and takes away the reproach from Israel? For who is this uncircumcised Philistine, that he should defy the armies of the living God?"

27 Da sagte ihm das Volk wie vorher: Das und das wird man dem geben, der ihn erschlägt.

28 Und als Eliab, sein ältester Bruder, ihn reden hörte mit den Männern, wurde er zornig über David und sprach: Warum bist du hergekommen? Und wem hast du die wenigen Schafe dort in der Wüste überlassen? Ich kenne deine Vermessenheit wohl und deines Herzens Bosheit. Du bist nur gekommen, um dem Kampf zuzusehen.

29 David antwortete: Was hab ich denn getan? Ich habe doch nur gefragt!

30 Und er wandte sich von ihm zu einem andern und sprach, wie er vorher gesagt hatte. Da antwortete ihm das Volk wie das erste Mal.

¶ **31** Und als sie die Worte hörten, die David sagte, brachten sie es vor Saul und er ließ ihn holen.

32 Und David sprach zu Saul: Seinetwegen lasse keiner den Mut sinken; dein Knecht wird hingehen und mit diesem Philister kämpfen.

33 Saul aber sprach zu David: Du kannst nicht hingehen, um mit diesem Philister zu kämpfen; denn du bist zu jung dazu, dieser aber ist ein Kriegsmann von Jugend auf.

¶ **34** David aber sprach zu Saul: Dein Knecht hütete die Schafe seines Vaters; und kam dann ein Löwe oder ein Bär und trug ein Schaf weg von der Herde,

35 so lief ich ihm nach, schlug auf ihn ein und errettete es aus seinem Maul. Wenn er aber auf mich losging, ergriff ich ihn bei seinem Bart und schlug ihn tot.

36 So hat dein Knecht den Löwen und den Bären erschlagen, und diesem unbeschnittenen Philister soll es ergehen wie einem von ihnen; denn er hat das Heer des lebendigen Gottes verhöhnt.

37 Und David sprach: Der HERR, der mich von dem Löwen und Bären errettet hat, der wird mich auch erretten von diesem Philister. Und Saul sprach zu David: Geh hin, der HERR sei mit dir!

¶ **38** Und Saul legte David seine Rüstung an und setzte ihm einen ehernen Helm auf sein Haupt und legte ihm einen Panzer an.

39 Und David gürtete Sauls Schwert über seine Rüstung und mühte sich vergeblich, damit zu gehen; denn er hatte es noch nie versucht. Da sprach David zu Saul: Ich kann so nicht gehen, denn ich bin's nicht gewohnt; und er legte es ab

27 And the people answered him in the same way, "So shall it be done to the man who kills him."

¶ **28** Now Eliab his eldest brother heard when he spoke to the men. And Eliab's anger was kindled against David, and he said, "Why have you come down? And with whom have you left those few sheep in the wilderness? I know your presumption and the evil of your heart, for you have come down to see the battle."

29 And David said, "What have I done now? Was it not but a word?"

30 And he turned away from him toward another, and spoke in the same way, and the people answered him again as before.

¶ **31** When the words that David spoke were heard, they repeated them before Saul, and he sent for him.

32 And David said to Saul, "Let no man's heart fail because of him. Your servant will go and fight with this Philistine."

33 And Saul said to David, "You are not able to go against this Philistine to fight with him, for you are but a youth, and he has been a man of war from his youth."

34 But David said to Saul, "Your servant used to keep sheep for his father. And when there came a lion, or a bear, and took a lamb from the flock,

35 I went after him and struck him and delivered it out of his mouth. And if he arose against me, I caught him by his beard and struck him and killed him.

36 Your servant has struck down both lions and bears, and this uncircumcised Philistine shall be like one of them, for he has defied the armies of the living God."

37 And David said, "The LORD who delivered me from the paw of the lion and from the paw of the bear will deliver me from the hand of this Philistine." And Saul said to David, "Go, and the LORD be with you!"

¶ **38** Then Saul clothed David with his armor. He put a helmet of bronze on his head and clothed him with a coat of mail,

39 and David strapped his sword over his armor. And he tried in vain to go, for he had not tested them. Then David said to Saul, "I cannot go with these, for I have not tested them." So David put them off.

40 und nahm seinen Stab in die Hand und wählte fünf glatte Steine aus dem Bach und tat sie in die Hirtentasche, die ihm als Köcher diente, und nahm die Schleuder in die Hand und ging dem Philister entgegen.

¶ **41** Der Philister aber kam immer näher an David heran und sein Schildträger ging vor ihm her.

42 Als nun der Philister aufsah und David anschaute, verachtete er ihn; denn er war noch jung und er war bräunlich und schön.

43 Und der Philister sprach zu David: Bin ich denn ein Hund, dass du mit Stecken zu mir kommst? Und der Philister fluchte dem David bei seinem Gott

44 und sprach zu David: Komm her zu mir, ich will dein Fleisch den Vögeln unter dem Himmel geben und den Tieren auf dem Felde.

¶ **45** David aber sprach zu dem Philister: Du kommst zu mir mit Schwert, Lanze und Spieß, ich aber komme zu dir im Namen des HERRN Zebaoth, des Gottes des Heeres Israels, den du verhöhnt hast.

46 Heute wird dich der HERR in meine Hand geben, dass ich dich erschlage und dir den Kopf abhaue und gebe deinen Leichnam und die Leichname des Heeres der Philister heute den Vögeln unter dem Himmel und dem Wild auf der Erde, damit alle Welt innewerde, dass Israel einen Gott hat,

47 und damit diese ganze Gemeinde innewerde, dass der HERR nicht durch Schwert oder Spieß hilft; denn der Krieg ist des HERRN und er wird euch in unsere Hände geben.

¶ **48** Als sich nun der Philister aufmachte und daherging und sich David nahte, lief David eilends von der Schlachtreihe dem Philister entgegen.

49 Und David tat seine Hand in die Hirtentasche und nahm einen Stein daraus und schleuderte ihn und traf den Philister an die Stirn, dass der Stein in seine Stirn fuhr und er zur Erde fiel auf sein Angesicht.

50 So überwand David den Philister mit Schleuder und Stein und traf und tötete ihn. David aber hatte kein Schwert in seiner Hand.

51 Da lief er hin und trat zu dem Philister und nahm dessen Schwert und zog es aus der Scheide und tötete ihn vollends und hieb ihm den Kopf damit ab. Als aber die Philister sahen, dass ihr Stärkster tot war, flohen sie.

40 Then he took his staff in his hand and chose five smooth stones from the brook and put them in his shepherd's pouch. His sling was in his hand, and he approached the Philistine.

¶ **41** And the Philistine moved forward and came near to David, with his shield-bearer in front of him.

42 And when the Philistine looked and saw David, he disdained him, for he was but a youth, ruddy and handsome in appearance.

43 And the Philistine said to David, "Am I a dog, that you come to me with sticks?" And the Philistine cursed David by his gods.

44 The Philistine said to David, "Come to me, and I will give your flesh to the birds of the air and to the beasts of the field."

45 Then David said to the Philistine, "You come to me with a sword and with a spear and with a javelin, but I come to you in the name of the LORD of hosts, the God of the armies of Israel, whom you have defied.

46 This day the LORD will deliver you into my hand, and I will strike you down and cut off your head. And I will give the dead bodies of the host of the Philistines this day to the birds of the air and to the wild beasts of the earth, that all the earth may know that there is a God in Israel,

47 and that all this assembly may know that the LORD saves not with sword and spear. For the battle is the LORD's, and he will give you into our hand."

¶ **48** When the Philistine arose and came and drew near to meet David, David ran quickly toward the battle line to meet the Philistine.

49 And David put his hand in his bag and took out a stone and slung it and struck the Philistine on his forehead. The stone sank into his forehead, and he fell on his face to the ground.

¶ **50** So David prevailed over the Philistine with a sling and with a stone, and struck the Philistine and killed him. There was no sword in the hand of David.

51 Then David ran and stood over the Philistine and took his sword and drew it out of its sheath and killed him and cut off his head with it. When the Philistines saw that their champion was dead, they fled.

¶ **52** Und die Männer Israels und Judas machten sich auf, erhoben das Kampfgeschrei und jagten den Philistern nach bis nach Gat und bis an die Tore Ekrons. Und die Philister blieben erschlagen liegen auf dem Wege von Schaarajim bis nach Gat und Ekron.

53 Und die Israeliten kehrten um von der Verfolgung der Philister und plünderten ihr Lager.

54 David aber nahm des Philisters Haupt und brachte es nach Jerusalem, seine Waffen aber legte er in sein Zelt.

¶ **55** Als Saul aber David dem Philister entgegengehen sah, sprach er zu Abner, seinem Feldhauptmann: Wessen Sohn ist der Junge? Abner sprach: Bei deinem Leben, König: ich weiß es nicht.

56 Der König sprach: So frage danach, wessen Sohn der junge Mann ist.

57 Als nun David zurückkam vom Sieg über den Philister, nahm ihn Abner und brachte ihn vor Saul, und er hatte des Philisters Haupt in seiner Hand.

58 Und Saul sprach zu ihm: Wessen Sohn bist du, mein Junge? David sprach: Ich bin ein Sohn deines Knechts Isai, des Bethlehemiters.

David gewinnt Jonatan zum Freund

18 Als David aufgehört hatte, mit Saul zu reden, verband sich das Herz Jonatans mit dem Herzen Davids, und Jonatan gewann ihn lieb wie sein eigenes Herz.

2 Und Saul nahm ihn an diesem Tage zu sich und ließ ihn nicht wieder in seines Vaters Haus zurückkehren.

3 Und Jonatan schloss mit David einen Bund, denn er hatte ihn lieb wie sein eigenes Herz.

4 Und Jonatan zog seinen Rock aus, den er anhatte, und gab ihn David, dazu seine Rüstung, sein Schwert, seinen Bogen und seinen Gurt.

Sauls Eifersucht auf David

5 Und David zog in den Kampf und richtete alles recht aus, wohin Saul ihn auch sandte. Und Saul setzte ihn über die Kriegsleute und es gefiel allem Volk gut und auch den Großen Sauls.

52 And the men of Israel and Judah rose with a shout and pursued the Philistines as far as Gath[5] and the gates of Ekron, so that the wounded Philistines fell on the way from Shaaraim as far as Gath and Ekron.

53 And the people of Israel came back from chasing the Philistines, and they plundered their camp.

54 And David took the head of the Philistine and brought it to Jerusalem, but he put his armor in his tent.

¶ **55** As soon as Saul saw David go out against the Philistine, he said to Abner, the commander of the army, "Abner, whose son is this youth?" And Abner said, "As your soul lives, O king, I do not know."

56 And the king said, "Inquire whose son the boy is."

57 And as soon as David returned from the striking down of the Philistine, Abner took him, and brought him before Saul with the head of the Philistine in his hand.

58 And Saul said to him, "Whose son are you, young man?" And David answered, "I am the son of your servant Jesse the Bethlehemite."

David and Jonathan's Friendship

18 As soon as he had finished speaking to Saul, the soul of Jonathan was knit to the soul of David, and Jonathan loved him as his own soul.

2 And Saul took him that day and would not let him return to his father's house.

3 Then Jonathan made a covenant with David, because he loved him as his own soul.

4 And Jonathan stripped himself of the robe that was on him and gave it to David, and his armor, and even his sword and his bow and his belt.

5 And David went out and was successful wherever Saul sent him, so that Saul set him over the men of war. And this was good in the sight of all the people and also in the sight of Saul's servants.

¶ **6** Es begab sich aber, als David zurückkam vom Sieg über die Philister, dass die Frauen aus allen Städten Israels herausgingen mit Gesang und Reigen dem König Saul entgegen unter Jauchzen, mit Pauken und mit Zimbeln.

7 Und die Frauen sangen im Reigen und sprachen: Saul hat tausend erschlagen, aber David zehntausend.

8 Da ergrimmte Saul sehr und das Wort missfiel ihm und er sprach: Sie haben David zehntausend gegeben und mir tausend; ihm wird noch das Königtum zufallen.

9 Und Saul sah David scheel an von dem Tage an und hinfort.

¶ **10** Am andern Tage kam der böse Geist von Gott über Saul und er geriet in Raserei in seinem Hause; David aber spielte auf den Saiten mit seiner Hand, wie er täglich zu tun pflegte. Und Saul hatte einen Spieß in der Hand

11 und zückte den Spieß und dachte: Ich will David an die Wand spießen. David aber wich ihm zweimal aus.

¶ **12** Und Saul fürchtete sich vor David; denn der HERR war mit ihm, aber von Saul war er gewichen.

13 Da entfernte ihn Saul aus seiner Nähe und setzte ihn zum Obersten über tausend Mann. Und David zog aus und ein vor dem Kriegsvolk

14 und richtete all sein Tun recht aus, und der HERR war mit ihm.

15 Als nun Saul sah, dass David alles so gut gelang, graute es ihm vor David.

16 Aber ganz Israel und Juda hatte David lieb, denn er zog aus und ein vor ihnen her.

David gewinnt Sauls Tochter zur Frau

17 Und Saul sprach zu David: Siehe, meine älteste Tochter Merab will ich dir zur Frau geben; sei nur ein tapferer Mann und führe des HERRN Kriege. Denn Saul dachte: Meine Hand soll nicht gegen ihn sein, sondern die Hand der Philister.

18 David aber antwortete Saul: Wer bin ich? Und was ist meine Sippe, das Geschlecht meines Vaters, in Israel, dass ich des Königs Schwiegersohn werden soll?

19 Als aber die Zeit kam, dass Merab, die Tochter Sauls, David gegeben werden sollte, wurde sie dem Adriël von Mehola zur Frau gegeben.

Saul's Jealousy of David

¶ **6** As they were coming home, when David returned from striking down the Philistine, the women came out of all the cities of Israel, singing and dancing, to meet King Saul, with tambourines, with songs of joy, and with musical instruments.[1]

7 And the women sang to one another as they celebrated,

> "Saul has struck down his thousands,
>   and David his ten thousands."

8 And Saul was very angry, and this saying displeased him. He said, "They have ascribed to David ten thousands, and to me they have ascribed thousands, and what more can he have but the kingdom?"

9 And Saul eyed David from that day on.

¶ **10** The next day a harmful spirit from God rushed upon Saul, and he raved within his house while David was playing the lyre, as he did day by day. Saul had his spear in his hand.

11 And Saul hurled the spear, for he thought, "I will pin David to the wall." But David evaded him twice.

¶ **12** Saul was afraid of David because the LORD was with him but had departed from Saul.

13 So Saul removed him from his presence and made him a commander of a thousand. And he went out and came in before the people.

14 And David had success in all his undertakings, for the LORD was with him.

15 And when Saul saw that he had great success, he stood in fearful awe of him.

16 But all Israel and Judah loved David, for he went out and came in before them.

David Marries Michal

¶ **17** Then Saul said to David, "Here is my elder daughter Merab. I will give her to you for a wife. Only be valiant for me and fight the LORD's battles." For Saul thought, "Let not my hand be against him, but let the hand of the Philistines be against him."

18 And David said to Saul, "Who am I, and who are my relatives, my father's clan in Israel, that I should be son-in-law to the king?"

19 But at the time when Merab, Saul's daughter, should have been given to David, she was given to Adriel the Meholathite for a wife.

¶ **20** Aber Michal, Sauls Tochter, hatte David lieb. Als das Saul angesagt wurde, war es ihm recht.

21 Und Saul sagte sich: Ich will sie ihm geben, damit sie ihm zum Fallstrick wird und die Hände der Philister gegen ihn sind. Und Saul sprach zu David: Heute in zwei Jahren kannst du mein Schwiegersohn werden.

22 Und Saul gebot seinen Großen: Redet mit David heimlich und sprecht: Siehe, der König hat Gefallen an dir und alle seine Großen lieben dich; so werde nun des Königs Schwiegersohn.

23 Und die Großen Sauls sagten diese Worte vor den Ohren Davids. David aber sprach: Dünkt euch das ein Geringes, des Königs Schwiegersohn zu werden? Ich bin nur ein armer, geringer Mann.

¶ **24** Und die Großen Sauls sagten es ihm weiter und sprachen: Diese Worte hat David gesagt.

25 Saul sprach: So sagt zu David: Der König begehrt keinen andern Brautpreis als hundert Vorhäute von Philistern, um an den Feinden des Königs Vergeltung zu üben. Aber Saul trachtete danach, David umzubringen durch die Hände der Philister.

26 Da sagten seine Großen David diese Worte, und es dünkte David gut, des Königs Schwiegersohn zu werden.

27 Und die Zeit war noch nicht um, da machte sich David auf und zog hin mit seinen Männern und erschlug unter den Philistern zweihundert Mann. Und David brachte ihre Vorhäute dem König in voller Zahl, um des Königs Schwiegersohn zu werden. Da gab ihm Saul seine Tochter Michal zur Frau.

¶ **28** Als aber Saul sah und merkte, dass der HERR mit David war und dass seine Tochter Michal ihn lieb hatte,

29 da fürchtete sich Saul noch mehr vor David und wurde sein Feind sein Leben lang.

30 Und sooft die Fürsten der Philister in den Kampf zogen, richtete David mehr gegen sie aus als alle Großen Sauls, wenn sie auszogen, sodass sein Name hoch gepriesen wurde.

Jonatan rettet David vor Sauls Nachstellungen

19 Saul aber redete mit seinem Sohn Jonatan und mit allen seinen Großen davon, dass er David töten wolle. Aber Jonatan, Sauls Sohn, hatte David sehr lieb

2 und sagte es ihm weiter und sprach: Mein Vater Saul trachtet danach, dich zu töten. Nun, so hüte dich morgen früh und verstecke dich und bleibe verborgen.

¶ **20** Now Saul's daughter Michal loved David. And they told Saul, and the thing pleased him.

21 Saul thought, "Let me give her to him, that she may be a snare for him and that the hand of the Philistines may be against him." Therefore Saul said to David a second time,[2] "You shall now be my son-in-law."

22 And Saul commanded his servants, "Speak to David in private and say, 'Behold, the king has delight in you, and all his servants love you. Now then become the king's son-in-law.'"

23 And Saul's servants spoke those words in the ears of David. And David said, "Does it seem to you a little thing to become the king's son-in-law, since I am a poor man and have no reputation?"

24 And the servants of Saul told him, "Thus and so did David speak."

25 Then Saul said, "Thus shall you say to David, 'The king desires no bride-price except a hundred foreskins of the Philistines, that he may be avenged of the king's enemies.'" Now Saul thought to make David fall by the hand of the Philistines.

26 And when his servants told David these words, it pleased David well to be the king's son-in-law. Before the time had expired,

27 David arose and went, along with his men, and killed two hundred of the Philistines. And David brought their foreskins, which were given in full number to the king, that he might become the king's son-in-law. And Saul gave him his daughter Michal for a wife.

28 But when Saul saw and knew that the LORD was with David, and that Michal, Saul's daughter, loved him,

29 Saul was even more afraid of David. So Saul was David's enemy continually.

¶ **30** Then the princes of the Philistines came out to battle, and as often as they came out David had more success than all the servants of Saul, so that his name was highly esteemed.

Saul Tries to Kill David

19 And Saul spoke to Jonathan his son and to all his servants, that they should kill David. But Jonathan, Saul's son, delighted much in David.

2 And Jonathan told David, "Saul my father seeks to kill you. Therefore be on your guard in the morning. Stay in a secret place and hide yourself.

3 Ich aber will hinausgehen und mich neben meinen Vater stellen auf dem Felde, wo du bist, und über dich mit meinem Vater sprechen; und was ich erfahre, will ich dir kundtun.

¶ **4** Und Jonatan redete das Beste von David mit seinem Vater Saul und sprach zu ihm: Es versündige sich der König nicht an seinem Knechte David, denn er hat sich nicht an dir versündigt und sein Tun ist dir sehr nützlich.

5 Er hat sein Leben gewagt und den Philister erschlagen, und der HERR hat großes Heil für ganz Israel vollbracht. Das hast du gesehen und dich darüber gefreut. Warum willst du dich denn an unschuldigem Blut versündigen, dass du David ohne Grund tötest?

6 Da hörte Saul auf die Stimme Jonatans und schwor: So wahr der HERR lebt: Er soll nicht sterben!

7 Da rief Jonatan David und sagte ihm alle diese Worte und brachte ihn zu Saul; und David diente ihm wie früher.

Michal rettet David

8 Es erhob sich aber wieder ein Kampf und David zog aus und kämpfte gegen die Philister und schlug sie so hart, dass sie vor ihm flohen.

9 Aber der böse Geist vom HERRN kam über Saul und Saul saß in seinem Hause und hatte seinen Spieß in der Hand. David aber spielte mit der Hand auf den Saiten.

10 Und Saul trachtete danach, David mit dem Spieß an die Wand zu spießen. Er aber wich aus vor Saul und der Spieß fuhr in die Wand. David aber floh und entrann.

¶ In jener Nacht aber

11 sandte Saul Boten zu Davids Haus, ihn zu bewachen, um ihn am Morgen zu töten. Doch Michal, Davids Frau, sagte es ihrem Mann und sprach: Wirst du nicht diese Nacht dein Leben retten, so musst du morgen sterben.

12 Da ließ ihn Michal durchs Fenster hinab, dass er floh und entrinnen konnte.

13 Dann nahm Michal das Götzenbild und legte es aufs Bett und ein Geflecht von Ziegenhaaren zu seinen Häupten und deckte ein Kleid darauf.

¶ **14** Da sandte Saul Boten, um David zu holen. Sie aber sprach: Er ist krank.

15 Saul sandte abermals Boten, nach David zu sehen, und sprach: Bringt ihn her zu mir samt dem Bett, dass er getötet werde!

16 Als nun die Boten kamen, siehe, da lag das Götzenbild im Bett und das Geflecht von Ziegenhaaren zu seinen Häupten.

3 And I will go out and stand beside my father in the field where you are, and I will speak to my father about you. And if I learn anything I will tell you."

4 And Jonathan spoke well of David to Saul his father and said to him, "Let not the king sin against his servant David, because he has not sinned against you, and because his deeds have brought good to you.

5 For he took his life in his hand and he struck down the Philistine, and the LORD worked a great salvation for all Israel. You saw it, and rejoiced. Why then will you sin against innocent blood by killing David without cause?"

6 And Saul listened to the voice of Jonathan. Saul swore, "As the LORD lives, he shall not be put to death."

7 And Jonathan called David, and Jonathan reported to him all these things. And Jonathan brought David to Saul, and he was in his presence as before.

¶ **8** And there was war again. And David went out and fought with the Philistines and struck them with a great blow, so that they fled before him.

9 Then a harmful spirit from the LORD came upon Saul, as he sat in his house with his spear in his hand. And David was playing the lyre.

10 And Saul sought to pin David to the wall with the spear, but he eluded Saul, so that he struck the spear into the wall. And David fled and escaped that night.

¶ **11** Saul sent messengers to David's house to watch him, that he might kill him in the morning. But Michal, David's wife, told him, "If you do not escape with your life tonight, tomorrow you will be killed."

12 So Michal let David down through the window, and he fled away and escaped.

13 Michal took an image and laid it on the bed and put a pillow of goats' hair at its head and covered it with the clothes.

14 And when Saul sent messengers to take David, she said, "He is sick."

15 Then Saul sent the messengers to see David, saying, "Bring him up to me in the bed, that I may kill him."

16 And when the messengers came in, behold, the image was in the bed, with the pillow of goats' hair at its head.

17 Da sprach Saul zu Michal: Warum hast du mich betrogen und meinen Feind entrinnen lassen? Michal antwortete Saul: Er sagte zu mir: Lass mich gehen oder ich töte dich!

David flieht zu Samuel

18 David aber floh und konnte entrinnen und kam zu Samuel nach Rama und sagte ihm alles, was ihm Saul angetan hatte. Und er ging mit Samuel und sie blieben zu Najot.

19 Und es wurde Saul angesagt: Siehe, David ist zu Najot in Rama.

¶ **20** Da sandte Saul Boten, um David zu holen. Und sie sahen die Schar der Propheten in Verzückung und Samuel an ihrer Spitze. Da kam der Geist Gottes auf die Boten Sauls, sodass auch sie in Verzückung gerieten.

21 Als das Saul angesagt wurde, sandte er andere Boten; die gerieten auch in Verzückung. Da sandte er die dritten Boten; die gerieten auch in Verzückung.

22 Da ging er selbst nach Rama. Und als er zum großen Brunnen kam, der in Sechu ist, fragte er: Wo sind Samuel und David? Da wurde ihm gesagt: Siehe, zu Najot in Rama.

23 Und er machte sich von dort auf nach Najot in Rama. Und der Geist Gottes kam auch über ihn und er ging einher in Verzückung, bis er nach Najot in Rama kam.

24 Da zog auch er seine Kleider aus und war in Verzückung vor Samuel und fiel hin und lag nackt den ganzen Tag und die ganze Nacht. Daher sagt man: Ist Saul auch unter den Propheten?

David und Jonatan befestigen ihren Freundschaftsbund

20 David aber floh von Najot in Rama und kam und redete vor Jonatan: Was hab ich getan? Was ist meine Schuld? Was hab ich gesündigt vor deinem Vater, dass er mir nach dem Leben trachtet?

2 Er aber sprach zu ihm: Das sei ferne; du sollst nicht sterben. Siehe, mein Vater tut nichts, weder Großes noch Kleines, ohne es mir kundzutun. Warum sollte denn mein Vater dies vor mir verbergen? Es ist nicht so.

3 Da antwortete David und schwor: Dein Vater weiß sehr wohl, dass ich Gnade vor deinen Augen gefunden habe; darum dachte er: Jonatan soll das nicht wissen, es könnte ihn bekümmern. Wahrlich, so wahr der Herr lebt und so wahr du lebst: Es ist nur ein Schritt zwischen mir und dem Tode!

¶ **4** Jonatan sprach zu David: Ich will für dich tun, was dein Herz begehrt.

17 Saul said to Michal, "Why have you deceived me thus and let my enemy go, so that he has escaped?" And Michal answered Saul, "He said to me, 'Let me go. Why should I kill you?'"

¶ **18** Now David fled and escaped, and he came to Samuel at Ramah and told him all that Saul had done to him. And he and Samuel went and lived at Naioth.

19 And it was told Saul, "Behold, David is at Naioth in Ramah."

20 Then Saul sent messengers to take David, and when they saw the company of the prophets prophesying, and Samuel standing as head over them, the Spirit of God came upon the messengers of Saul, and they also prophesied.

21 When it was told Saul, he sent other messengers, and they also prophesied. And Saul sent messengers again the third time, ¹and they also prophesied.

22 Then he himself went to Ramah and came to the great well that is in Secu. And he asked, "Where are Samuel and David?" And one said, "Behold, they are at Naioth in Ramah."

23 And he went there to Naioth in Ramah. And the Spirit of God came upon him also, and as he went he prophesied until he came to Naioth in Ramah.

24 And he too stripped off his clothes, and he too prophesied before Samuel and lay naked all that day and all that night. Thus it is said, "Is Saul also among the prophets?"

Jonathan Warns David

20 Then David fled from Naioth in Ramah and came and said before Jonathan, "What have I done? What is my guilt? And what is my sin before your father, that he seeks my life?"

2 And he said to him, "Far from it! You shall not die. Behold, my father does nothing either great or small without disclosing it to me. And why should my father hide this from me? It is not so."

3 But David vowed again, saying, "Your father knows well that I have found favor in your eyes, and he thinks, 'Do not let Jonathan know this, lest he be grieved.' But truly, as the Lord lives and as your soul lives, there is but a step between me and death."

4 Then Jonathan said to David, "Whatever you say, I will do for you."

5 David sprach zu Jonatan: Siehe, morgen ist Neumond; da sollte ich mit dem König zu Tisch sitzen; aber lass mich, dass ich mich auf dem Felde verberge bis zum Abend des dritten Tages.

6 Wird dein Vater nach mir fragen, so sprich: David bat mich, dass er nach Bethlehem, seiner Stadt, gehen dürfe; denn dort ist das jährliche Opferfest für das ganze Geschlecht.

7 Wird er sagen: Es ist recht, so steht es gut um deinen Knecht; wird er aber ergrimmen, so wirst du merken, dass Böses bei ihm beschlossen ist.

8 So tu nun Barmherzigkeit an deinem Knecht, denn du hast mit deinem Knecht einen Bund im HERRN geschlossen. Liegt aber eine Schuld auf mir, so töte du mich; warum willst du mich zu deinem Vater bringen?

9 Jonatan sprach: Das sei ferne von dir, dass ich es dir nicht sagen sollte, wenn ich merke, dass bei meinem Vater beschlossen ist, Böses über dich zu bringen.

10 David aber sprach zu Jonatan: Wer wird mir's sagen, wenn dir dein Vater etwas Hartes antwortet?

11 Jonatan sprach zu David: Komm, lass uns hinaus aufs Feld gehen! Und sie gingen beide hinaus aufs Feld.

¶ **12** Und Jonatan sprach zu David: Bei dem HERRN, dem Gott Israels: Wenn ich meinen Vater ausforsche morgen und am dritten Tage, dass es gut steht mit David, und wenn ich dann nicht hinsende zu dir und es dir nicht kundtue,

13 so tue der HERR dem Jonatan dies und das. Wenn aber mein Vater Böses gegen dich sinnt, so will ich es dir auch kundtun und dich ziehen lassen, dass du mit Frieden weggehen kannst. Und der HERR sei mit dir, wie er mit meinem Vater gewesen ist.

14 Du aber wollest die Barmherzigkeit des HERRN an mir tun, solange ich lebe, und wenn ich sterbe,

15 so nimm die Barmherzigkeit niemals fort von meinem Hause. Und wenn der HERR die Feinde Davids ausrotten wird, Mann für Mann, aus dem Lande,

16 so möge der Name Jonatans nicht ausgelöscht werden neben dem Hause Davids! Vielmehr möge der HERR Rache nehmen nur an den Feinden Davids!

17 Und Jonatan ließ nun auch David schwören bei seiner Liebe zu ihm; denn er hatte ihn so lieb wie sein eigenes Herz.

¶ **18** Und Jonatan sprach zu ihm: Morgen ist Neumond; da wird man dich vermissen, wenn dein Platz leer bleibt.

5 David said to Jonathan, "Behold, tomorrow is the new moon, and I should not fail to sit at table with the king. But let me go, that I may hide myself in the field till the third day at evening.

6 If your father misses me at all, then say, 'David earnestly asked leave of me to run to Bethlehem his city, for there is a yearly sacrifice there for all the clan.'

7 If he says, 'Good!' it will be well with your servant, but if he is angry, then know that harm is determined by him.

8 Therefore deal kindly with your servant, for you have brought your servant into a covenant of the LORD with you. But if there is guilt in me, kill me yourself, for why should you bring me to your father?"

9 And Jonathan said, "Far be it from you! If I knew that it was determined by my father that harm should come to you, would I not tell you?"

10 Then David said to Jonathan, "Who will tell me if your father answers you roughly?"

11 And Jonathan said to David, "Come, let us go out into the field." So they both went out into the field.

¶ **12** And Jonathan said to David, "The LORD, the God of Israel, be witness![1] When I have sounded out my father, about this time tomorrow, or the third day, behold, if he is well disposed toward David, shall I not then send and disclose it to you?

13 But should it please my father to do you harm, the LORD do so to Jonathan and more also if I do not disclose it to you and send you away, that you may go in safety. May the LORD be with you, as he has been with my father.

14 If I am still alive, show me the steadfast love of the LORD, that I may not die;

15 and do not cut off[2] your steadfast love from my house forever, when the LORD cuts off every one of the enemies of David from the face of the earth."

16 And Jonathan made a covenant with the house of David, saying, "May[3] the LORD take vengeance on David's enemies."

17 And Jonathan made David swear again by his love for him, for he loved him as he loved his own soul.

¶ **18** Then Jonathan said to him, "Tomorrow is the new moon, and you will be missed, because your seat will be empty.

19 Am dritten Tage wirst du erst recht vermisst werden. Du aber komm an den Ort, wo du dich verborgen hattest am Tage jener Tat, und setze dich dort neben den Steinhaufen.

20 So will ich nach seiner Seite drei Pfeile schießen, als ob ich nach dem Ziele schösse.

21 Und ich will den Knaben hinschicken: Geh, suche die Pfeile! Werde ich zum Knaben sagen: Siehe, die Pfeile liegen herwärts von dir, hole sie!, so komm; denn es steht gut um dich und hat keine Gefahr, so wahr der Herr lebt.

22 Sage ich aber zum Knaben: Siehe, die Pfeile liegen hinwärts von dir!, so geh hin; denn der Herr befiehlt dir fortzugehen.

23 Für das Wort aber, das du und ich miteinander geredet haben: siehe, dafür steht der Herr zwischen mir und dir ewiglich.

Sauls Zorn gegen Jonatan um Davids willen

24 David verbarg sich auf dem Felde. Und als der Neumond kam, setzte sich der König zu Tisch, um zu essen.

25 Und der König saß an seinem Platz, wie er gewohnt war, an der Wand und Jonatan saß gegenüber; Abner aber setzte sich an die Seite Sauls. Davids Platz aber war leer.

26 Und Saul sagte an diesem Tage nichts; denn er dachte: Es ist ihm etwas widerfahren, sodass er nicht rein ist.

¶ **27** Am andern Tage aber nach dem Neumond, als Davids Platz leer blieb, sprach Saul zu seinem Sohn Jonatan: Warum ist der Sohn Isais nicht zu Tisch gekommen, weder gestern noch heute?

28 Jonatan antwortete Saul: Er bat mich sehr, dass er nach Bethlehem gehen dürfe,

29 und sprach: Lass mich hingehen, denn unser Geschlecht hat zu opfern in der Stadt, und mein Bruder hat mir's selbst geboten. Hab ich nun Gnade vor deinen Augen gefunden, so lass mich hingehen und meine Brüder sehen. Darum ist er nicht zum Tisch des Königs gekommen.

¶ **30** Da entbrannte der Zorn Sauls über Jonatan und er sprach zu ihm: Du Sohn einer ehrlosen Mutter! Ich weiß sehr wohl, dass du den Sohn Isais erkoren hast, dir und deiner Mutter, die dich geboren hat, zur Schande!

31 Denn solange der Sohn Isais lebt auf Erden, wirst du und auch dein Königtum nicht bestehen. So sende nun hin und lass ihn herholen zu mir, denn er ist ein Kind des Todes.

32 Jonatan antwortete seinem Vater Saul und sprach zu ihm: Warum soll er sterben? Was hat er getan?

19 On the third day go down quickly to the place where you hid yourself when the matter was in hand, and remain beside the stone heap.[4]

20 And I will shoot three arrows to the side of it, as though I shot at a mark.

21 And behold, I will send the young man, saying, 'Go, find the arrows.' If I say to the young man, 'Look, the arrows are on this side of you, take them,' then you are to come, for, as the Lord lives, it is safe for you and there is no danger.

22 But if I say to the youth, 'Look, the arrows are beyond you,' then go, for the Lord has sent you away.

23 And as for the matter of which you and I have spoken, behold, the Lord is between you and me forever."

¶ **24** So David hid himself in the field. And when the new moon came, the king sat down to eat food.

25 The king sat on his seat, as at other times, on the seat by the wall. Jonathan sat opposite,[5] and Abner sat by Saul's side, but David's place was empty.

¶ **26** Yet Saul did not say anything that day, for he thought, "Something has happened to him. He is not clean; surely he is not clean."

27 But on the second day, the day after the new moon, David's place was empty. And Saul said to Jonathan his son, "Why has not the son of Jesse come to the meal, either yesterday or today?"

28 Jonathan answered Saul, "David earnestly asked leave of me to go to Bethlehem.

29 He said, 'Let me go, for our clan holds a sacrifice in the city, and my brother has commanded me to be there. So now, if I have found favor in your eyes, let me get away and see my brothers.' For this reason he has not come to the king's table."

¶ **30** Then Saul's anger was kindled against Jonathan, and he said to him, "You son of a perverse, rebellious woman, do I not know that you have chosen the son of Jesse to your own shame, and to the shame of your mother's nakedness?

31 For as long as the son of Jesse lives on the earth, neither you nor your kingdom shall be established. Therefore send and bring him to me, for he shall surely die."

32 Then Jonathan answered Saul his father, "Why should he be put to death? What has he done?"

33 Da zückte Saul den Spieß nach ihm, um ihn zu durchbohren. Da merkte Jonatan, dass es bei seinem Vater fest beschlossen war, David zu töten,

34 und stand vom Tisch auf in grimmigem Zorn und aß am zweiten Tage nach dem Neumond nichts; denn er war bekümmert um David und dass ihm sein Vater solchen Schimpf antat.

Davids Abschied von Jonatan

35 Am Morgen ging Jonatan hinaus aufs Feld, wohin er David bestellt hatte, und ein Knabe mit ihm.

36 Und er sprach zu dem Knaben: Lauf und suche mir die Pfeile, die ich schieße! Und als der Knabe lief, schoss er einen Pfeil über ihn hin.

37 Und als der Knabe an den Ort kam, wohin Jonatan den Pfeil geschossen hatte, rief ihm Jonatan nach und sprach: Der Pfeil liegt hinwärts von dir.

38 Und Jonatan rief abermals dem Knaben nach: Rasch, eile und halte dich nicht auf! Da las der Knabe Jonatans Pfeil auf und brachte ihn zu seinem Herrn.

39 Der Knabe aber merkte nichts; nur Jonatan und David wussten um die Sache.

40 Da gab Jonatan seine Waffen dem Knaben, den er bei sich hatte, und sprach zu ihm: Geh und trage sie in die Stadt.

¶ **41** Und als der Knabe weggegangen war, stand David auf hinter dem Steinhaufen und fiel auf sein Antlitz zur Erde und beugte sich dreimal nieder, und sie küssten einander und weinten miteinander, David aber am allermeisten.

42 Und Jonatan sprach zu David: Geh hin mit Frieden! Für das, was wir beide geschworen haben im Namen des HERRN, dafür stehe der HERR zwischen mir und dir, zwischen meinen Nachkommen und deinen Nachkommen in Ewigkeit.

21 Und David machte sich auf und ging seines Weges; Jonatan aber ging in die Stadt.

David bei den Priestern von Nob

2 Und als David nach Nob kam zum Priester Ahimelech, entsetzte sich Ahimelech, als er David entgegenging, und sprach zu ihm: Warum kommst du allein und ist kein Mann mit dir?

33 But Saul hurled his spear at him to strike him. So Jonathan knew that his father was determined to put David to death.

34 And Jonathan rose from the table in fierce anger and ate no food the second day of the month, for he was grieved for David, because his father had disgraced him.

¶ **35** In the morning Jonathan went out into the field to the appointment with David, and with him a little boy.

36 And he said to his boy, "Run and find the arrows that I shoot." As the boy ran, he shot an arrow beyond him.

37 And when the boy came to the place of the arrow that Jonathan had shot, Jonathan called after the boy and said, "Is not the arrow beyond you?"

38 And Jonathan called after the boy, "Hurry! Be quick! Do not stay!" So Jonathan's boy gathered up the arrows and came to his master.

39 But the boy knew nothing. Only Jonathan and David knew the matter.

40 And Jonathan gave his weapons to his boy and said to him, "Go and carry them to the city."

41 And as soon as the boy had gone, David rose from beside the stone heap[6] and fell on his face to the ground and bowed three times. And they kissed one another and wept with one another, David weeping the most.

42 Then Jonathan said to David, "Go in peace, because we have sworn both of us in the name of the LORD, saying, 'The LORD shall be between me and you, and between my offspring and your offspring, forever.'" And he rose and departed, and Jonathan went into the city.[7]

David and the Holy Bread

21 [1] Then David came to Nob to Ahimelech the priest. And Ahimelech came to meet David trembling and said to him, "Why are you alone, and no one with you?"

3 David sprach zu dem Priester Ahimelech: Der König hat mir eine Sache befohlen und sprach zu mir: Niemand darf auch nur das Geringste von der Sache wissen, in der ich dich gesandt habe und die ich dir befohlen habe. Darum hab ich meine Leute an den und den Ort beschieden.

4 Hast du nun etwas bei der Hand, etwa fünf Brote oder was sonst vorhanden ist, das gib mir in meine Hand.

¶ **5** Der Priester antwortete David: Ich habe kein gewöhnliches Brot bei der Hand, sondern nur heiliges Brot; nur müssen die Leute sich der Frauen enthalten haben.

6 David antwortete dem Priester: Sicher, Frauen waren uns schon etliche Tage verwehrt. Als ich auszog, war der Leib der Leute nicht unrein, obgleich es nur ein gewöhnliches Vorhaben ging; um wie viel mehr werden sie heute am Leibe rein sein.

7 Da gab ihm der Priester von dem heiligen Brot, weil kein anderes da war als die Schaubrote, die man vor dem HERRN nur hinwegnimmt, um frisches Brot aufzulegen an dem Tage, an dem man das andere wegnimmt.

¶ **8** Es war aber am selben Tage ein Mann von den Großen Sauls dort eingeschlossen vor dem HERRN mit Namen Doëg, ein Edomiter, der über die Hirten Sauls gesetzt war.

9 Und David sprach zu Ahimelech: Ist nicht hier bei dir ein Spieß oder ein Schwert? Ich habe mein Schwert und meine Waffen nicht mit mir genommen, denn die Sache des Königs war eilig.

10 Der Priester sprach: Das Schwert des Philisters Goliat, den du im Eichgrund erschlagen hast, das ist hier, in einen Mantel gewickelt, hinter dem Efod. Willst du das, so nimm es, denn es ist kein anderes hier als dies. David sprach: Seinesgleichen gibt es nicht; gib mir's!

David flieht zum König Achisch von Gat

11 Und David machte sich auf und floh an jenem Tage vor Saul und kam zu Achisch, dem König von Gat.

12 Aber die Großen des Achisch sprachen zu ihm: Ist das nicht David, der König des Landes, von dem sie im Reigen sangen: Saul schlug tausend, David aber zehntausend?

¶ **13** Und David nahm sich die Worte zu Herzen und fürchtete sich sehr vor Achisch, dem König von Gat.

2 And David said to Ahimelech the priest, "The king has charged me with a matter and said to me, 'Let no one know anything of the matter about which I send you, and with which I have charged you.' I have made an appointment with the young men for such and such a place.

3 Now then, what do you have on hand? Give me five loaves of bread, or whatever is here."

4 And the priest answered David, "I have no common bread on hand, but there is holy bread—if the young men have kept themselves from women."

5 And David answered the priest, "Truly women have been kept from us as always when I go on an expedition. The vessels of the young men are holy even when it is an ordinary journey. How much more today will their vessels be holy?"

6 So the priest gave him the holy bread, for there was no bread there but the bread of the Presence, which is removed from before the LORD, to be replaced by hot bread on the day it is taken away.

¶ **7** Now a certain man of the servants of Saul was there that day, detained before the LORD. His name was Doeg the Edomite, the chief of Saul's herdsmen.

¶ **8** Then David said to Ahimelech, "Then have you not here a spear or a sword at hand? For I have brought neither my sword nor my weapons with me, because the king's business required haste."

9 And the priest said, "The sword of Goliath the Philistine, whom you struck down in the Valley of Elah, behold, it is here wrapped in a cloth behind the ephod. If you will take that, take it, for there is none but that here." And David said, "There is none like that; give it to me."

David Flees to Gath

¶ **10** And David rose and fled that day from Saul and went to Achish the king of Gath.

11 And the servants of Achish said to him, "Is not this David the king of the land? Did they not sing to one another of him in dances,

'Saul has struck down his thousands,
   and David his ten thousands'?"

12 And David took these words to heart and was much afraid of Achish the king of Gath.

14 Und er stellte sich wahnsinnig vor ihren Augen und tobte unter ihren Händen und rannte gegen die Pforte des Tores und ließ seinen Speichel in seinen Bart fließen.

15 Da sprach Achisch zu seinen Großen: Ihr seht ja, dass der Mann wahnsinnig ist; warum habt ihr ihn zu mir gebracht?

16 Hab ich zu wenig Wahnsinnige, dass ihr diesen herbrachtet, bei mir zu toben? Sollte der in mein Haus kommen?

David wird Anführer einer Streifschar

22 David ging von da hinweg und rettete sich in die Höhle Adullam. Als das seine Brüder hörten und das ganze Haus seines Vaters, kamen sie zu ihm dahin.

2 Und es sammelten sich bei ihm allerlei Männer, die in Not und Schulden und verbitterten Herzens waren, und er wurde ihr Oberster; und es waren bei ihm etwa vierhundert Mann.

¶ **3** Und David ging von da nach Mizpe ins Land der Moabiter und sprach zum König von Moab: Lass meinen Vater und meine Mutter bei euch bleiben, bis ich erfahre, was Gott mit mir tun wird.

4 Und er brachte sie vor den König von Moab und sie blieben bei ihm, solange David auf der Bergfeste war.

5 Aber der Prophet Gad sprach zu David: Bleib nicht auf der Bergfeste, sondern geh hin ins Land Juda. Da ging David weg und kam nach Jaar-Heret.

Saul nimmt Rache an den Priestern von Nob

6 Und es kam vor Saul, dass David und die Männer, die bei ihm waren, von sich reden machten. Und Saul saß zu Gibea unter dem Tamariskenbaum auf der Höhe, den Spieß in der Hand, und alle seine Großen standen um ihn.

7 Da sprach Saul zu seinen Großen, die um ihn standen: Hört, ihr Benjaminiter! Wird der Sohn Isais euch allen auch Äcker und Weinberge geben und euch alle zu Obersten über tausend und über hundert machen,

8 dass ihr euch alle verschworen habt gegen mich und dass niemand da ist, der es mir zu Ohren brächte, dass mein Sohn sich mit dem Sohn Isais verbunden hat? Ist niemand unter euch, der sich um mich gegrämt und der es mir zu Ohren gebracht hätte, dass mein Sohn meinen Knecht gegen mich aufgereizt hat, dass er mir nachstellt, wie es jetzt am Tage ist?

13 So he changed his behavior before them and pretended to be insane in their hands and made marks on the doors of the gate and let his spittle run down his beard.

14 Then Achish said to his servants, "Behold, you see the man is mad. Why then have you brought him to me?

15 Do I lack madmen, that you have brought this fellow to behave as a madman in my presence? Shall this fellow come into my house?"

David at the Cave of Adullam

22 David departed from there and escaped to the cave of Adullam. And when his brothers and all his father's house heard it, they went down there to him.

2 And everyone who was in distress, and everyone who was in debt, and everyone who was bitter in soul,[1] gathered to him. And he became captain over them. And there were with him about four hundred men.

¶ **3** And David went from there to Mizpeh of Moab. And he said to the king of Moab, "Please let my father and my mother stay[2] with you, till I know what God will do for me."

4 And he left them with the king of Moab, and they stayed with him all the time that David was in the stronghold.

5 Then the prophet Gad said to David, "Do not remain in the stronghold; depart, and go into the land of Judah." So David departed and went into the forest of Hereth.

Saul Kills the Priests at Nob

¶ **6** Now Saul heard that David was discovered, and the men who were with him. Saul was sitting at Gibeah under the tamarisk tree on the height with his spear in his hand, and all his servants were standing about him.

7 And Saul said to his servants who stood about him, "Hear now, people of Benjamin; will the son of Jesse give every one of you fields and vineyards, will he make you all commanders of thousands and commanders of hundreds,

8 that all of you have conspired against me? No one discloses to me when my son makes a covenant with the son of Jesse. None of you is sorry for me or discloses to me that my son has stirred up my servant against me, to lie in wait, as at this day."

9 Da antwortete Doëg, der Edomiter, der unter den Großen Sauls stand, und sprach: Ich sah den Sohn Isais, wie er nach Nob kam zu Ahimelech, dem Sohn Ahitubs.

10 Der befragte den HERRN für ihn und gab ihm Wegzehrung und das Schwert des Philisters Goliat.

¶ **11** Da sandte der König hin und ließ rufen den Priester Ahimelech, den Sohn Ahitubs, und das ganze Haus seines Vaters, die Priester, die zu Nob waren. Und sie kamen alle zum König.

12 Und Saul sprach: Höre, du Sohn Ahitubs! Er sprach: Hier bin ich, mein Herr.

13 Und Saul sprach zu ihm: Warum habt ihr euch verschworen gegen mich, du und der Sohn Isais, dass du ihm Brot und ein Schwert gegeben und Gott für ihn befragt hast, damit er sich gegen mich empöre und mir nachstelle, wie es jetzt am Tage ist?

14 Ahimelech antwortete dem König und sprach: Wer ist unter allen deinen Knechten so treu wie David, dazu des Königs Schwiegersohn und der Oberste deiner Leibwache und geehrt in deinem Hause?

15 Hab ich denn heute erst angefangen, Gott für ihn zu befragen? Das sei ferne von mir! Der König lege solches seinem Knecht nicht zur Last noch meines Vaters ganzem Hause; denn dein Knecht hat von alledem nichts gewusst, weder Kleines noch Großes.

¶ **16** Aber der König sprach: Ahimelech, du musst des Todes sterben, du und deines Vaters ganzes Haus!

17 Und der König sprach zu seiner Leibwache, die um ihn stand: Tretet heran und tötet die Priester des HERRN; denn ihre Hand ist mit David und obwohl sie wussten, dass er auf der Flucht war, haben sie mir's nicht zu Ohren gebracht! Aber die Männer des Königs wollten ihre Hände nicht an die Priester des HERRN legen, sie zu erschlagen.

18 Da sprach der König zu Doëg: Tritt du heran und erschlage die Priester! Doëg, der Edomiter, trat heran und erschlug die Priester, dass an diesem Tage starben fünfundachtzig Männer, die den leinenen Priesterschurz trugen.

19 Auch Nob, die Stadt der Priester, schlug er mit der Schärfe des Schwerts, Mann und Frau, Kinder und Säuglinge, Rinder und Esel und Schafe, mit der Schärfe des Schwerts.

¶ **20** Es entrann aber ein Sohn Ahimelechs, des Sohnes Ahitubs, der hieß Abjatar, und floh zu David

21 und verkündete ihm, dass Saul die Priester des HERRN getötet habe.

9 Then answered Doeg the Edomite, who stood by the servants of Saul, "I saw the son of Jesse coming to Nob, to Ahimelech the son of Ahitub,

10 and he inquired of the LORD for him and gave him provisions and gave him the sword of Goliath the Philistine."

¶ **11** Then the king sent to summon Ahimelech the priest, the son of Ahitub, and all his father's house, the priests who were at Nob, and all of them came to the king.

12 And Saul said, "Hear now, son of Ahitub." And he answered, "Here I am, my lord."

13 And Saul said to him, "Why have you conspired against me, you and the son of Jesse, in that you have given him bread and a sword and have inquired of God for him, so that he has risen against me, to lie in wait, as at this day?"

14 Then Ahimelech answered the king, "And who among all your servants is so faithful as David, who is the king's son-in-law, and captain over[3] your bodyguard, and honored in your house?

15 Is today the first time that I have inquired of God for him? No! Let not the king impute anything to his servant or to all the house of my father, for your servant has known nothing of all this, much or little."

16 And the king said, "You shall surely die, Ahimelech, you and all your father's house."

17 And the king said to the guard who stood about him, "Turn and kill the priests of the LORD, because their hand also is with David, and they knew that he fled and did not disclose it to me." But the servants of the king would not put out their hand to strike the priests of the LORD.

18 Then the king said to Doeg, "You turn and strike the priests." And Doeg the Edomite turned and struck down the priests, and he killed on that day eighty-five persons who wore the linen ephod.

19 And Nob, the city of the priests, he put to the sword; both man and woman, child and infant, ox, donkey and sheep, he put to the sword.

¶ **20** But one of the sons of Ahimelech the son of Ahitub, named Abiathar, escaped and fled after David.

21 And Abiathar told David that Saul had killed the priests of the LORD.

22 David aber sprach zu Abjatar: Ich wusste es schon an dem Tage, als der Edomiter Doëg dort war, dass er's Saul verraten werde. Ich bin schuldig am Leben aller aus deines Vaters Haus.

23 Bleibe bei mir und fürchte dich nicht. Denn der, der mir nach dem Leben trachtet, der trachtet auch dir nach dem Leben; du bist bei mir in Sicherheit.

David in Keïla

23 Und es wurde David angesagt: Siehe, die Philister kämpfen gegen Keïla und berauben die Tennen.

2 Da befragte David den HERRN und sprach: Soll ich hinziehen und diese Philister schlagen? Und der HERR sprach zu David: Zieh hin, du wirst die Philister schlagen und Keïla erretten!

3 Aber die Männer bei David sprachen zu ihm: Siehe, wir fürchten uns schon hier in Juda und wollen nun hinziehen nach Keïla gegen das Heer der Philister?

4 Da befragte David wieder den HERRN und der HERR antwortete ihm: Auf, zieh hin nach Keïla, denn ich will die Philister in deine Hände geben!

5 So zog David mit seinen Männern nach Keïla und kämpfte gegen die Philister und trieb ihnen ihr Vieh weg und schlug sie hart. So errettete David die Leute von Keïla.

¶ **6** Als aber Abjatar, der Sohn Ahimelechs, zu David geflohen war, zog er mit herab nach Keïla und brachte den Efod mit.

7 Da wurde Saul angesagt, dass David nach Keïla gekommen sei, und Saul dachte: Gott hat ihn in meine Hände gegeben, denn er ist eingeschlossen, nun er in eine Stadt mit Toren und Riegeln gekommen ist.

8 Und Saul ließ das ganze Kriegsvolk aufrufen, zum Kampf hinabzuziehen nach Keïla, damit sie David und seine Männer belagerten.

¶ **9** Als aber David merkte, dass Saul Böses gegen ihn im Sinne hatte, sprach er zu dem Priester Abjatar: Bringe den Efod her!

10 Und David sprach: HERR, Gott Israels, dein Knecht hat gehört, dass Saul danach trachtet, nach Keïla zu ziehen, um die Stadt zu verderben um meinetwillen.

11 Werden mich die Bürger von Keïla übergeben in seine Hände? Und wird Saul herabkommen, wie dein Knecht gehört hat? Das verkünde, HERR, Gott Israels, deinem Knecht! Und der HERR sprach: Er wird herabkommen.

22 And David said to Abiathar, "I knew on that day, when Doeg the Edomite was there, that he would surely tell Saul. I have occasioned the death of all the persons of your father's house.

23 Stay with me; do not be afraid, for he who seeks my life seeks your life. With me you shall be in safekeeping."

David Saves the City of Keilah

23 Now they told David, "Behold, the Philistines are fighting against Keilah and are robbing the threshing floors."

2 Therefore David inquired of the LORD, "Shall I go and attack these Philistines?" And the LORD said to David, "Go and attack the Philistines and save Keilah."

3 But David's men said to him, "Behold, we are afraid here in Judah; how much more then if we go to Keilah against the armies of the Philistines?"

4 Then David inquired of the LORD again. And the LORD answered him, "Arise, go down to Keilah, for I will give the Philistines into your hand."

5 And David and his men went to Keilah and fought with the Philistines and brought away their livestock and struck them with a great blow. So David saved the inhabitants of Keilah.

¶ **6** When Abiathar the son of Ahimelech had fled to David to Keilah, he had come down with an ephod in his hand.

7 Now it was told Saul that David had come to Keilah. And Saul said, "God has given him into my hand, for he has shut himself in by entering a town that has gates and bars."

8 And Saul summoned all the people to war, to go down to Keilah, to besiege David and his men.

9 David knew that Saul was plotting harm against him. And he said to Abiathar the priest, "Bring the ephod here."

10 Then said David, "O LORD, the God of Israel, your servant has surely heard that Saul seeks to come to Keilah, to destroy the city on my account.

11 Will the men of Keilah surrender me into his hand? Will Saul come down, as your servant has heard? O LORD, the God of Israel, please tell your servant." And the LORD said, "He will come down."

12 David fragte weiter: Werden die Bürger von Keïla mich und meine Männer übergeben in die Hände Sauls? Der HERR sprach: Ja.

13 Da machte sich David auf samt seinen Männern, etwa sechshundert, und sie zogen fort von Keïla und streiften da und dort umher. Als nun Saul angesagt wurde, dass David aus Keïla entronnen war, stand er ab von seinem Zuge.

David in der Wüste Sif

14 David aber blieb in der Wüste auf den Bergfesten; und zwar blieb er im Gebirge in der Wüste Sif. Und Saul suchte ihn die ganze Zeit; aber Gott gab ihn nicht in seine Hände.

15 Und als David sah, dass Saul ausgezogen war, um ihm nach dem Leben zu trachten, blieb er in der Wüste Sif in Horescha.

¶ **16** Da machte sich Jonatan, Sauls Sohn, auf und ging hin zu David nach Horescha und stärkte sein Vertrauen auf Gott

17 und sprach zu ihm: Fürchte dich nicht! Sauls, meines Vaters, Hand wird dich nicht erreichen und du wirst König werden über Israel, und ich werde der Zweite nach dir sein; auch mein Vater weiß das sehr wohl.

18 Und sie schlossen beide einen Bund miteinander vor dem HERRN. David blieb in Horescha, aber Jonatan zog wieder heim.

¶ **19** Aber die Sifiter zogen zu Saul hinauf nach Gibea und sprachen: David hält sich bei uns verborgen auf den Bergfesten in Horescha in Gibea-Hachila, das südlich liegt von Jeschimon.

20 Ist's nun, König, deines Herzens Verlangen hinabzukommen, so komm; wir wollen ihn in des Königs Hände übergeben.

21 Da sprach Saul: Gesegnet seid ihr vom HERRN, dass ihr euch meiner erbarmt habt!

22 So geht nun und gebt weiter acht, dass ihr wisst und seht, an welchem Ort sein Fuß weilt und wer ihn dort gesehen hat; denn man hat mir gesagt, dass er sehr listig ist.

23 Beobachtet und erkundet jeden versteckten Ort, wo er sich verkriecht, und kommt wieder zu mir, wenn ihr's gewiss seid, so will ich mit euch ziehen. Ist er im Lande, so will ich ihn aufspüren unter allen Tausendschaften Judas.

¶ **24** Da machten sie sich auf und gingen vor Saul her nach Sif. David aber und seine Männer waren in der Wüste Maon, in der Steppe südlich von Jeschimon.

12 Then David said, "Will the men of Keilah surrender me and my men into the hand of Saul?" And the LORD said, "They will surrender you."

13 Then David and his men, who were about six hundred, arose and departed from Keilah, and they went wherever they could go. When Saul was told that David had escaped from Keilah, he gave up the expedition.

14 And David remained in the strongholds in the wilderness, in the hill country of the wilderness of Ziph. And Saul sought him every day, but God did not give him into his hand.

Saul Pursues David

¶ **15** David saw that Saul had come out to seek his life. David was in the wilderness of Ziph at Horesh.

16 And Jonathan, Saul's son, rose and went to David at Horesh, and strengthened his hand in God.

17 And he said to him, "Do not fear, for the hand of Saul my father shall not find you. You shall be king over Israel, and I shall be next to you. Saul my father also knows this."

18 And the two of them made a covenant before the LORD. David remained at Horesh, and Jonathan went home.

¶ **19** Then the Ziphites went up to Saul at Gibeah, saying, "Is not David hiding among us in the strongholds at Horesh, on the hill of Hachilah, which is south of Jeshimon?

20 Now come down, O king, according to all your heart's desire to come down, and our part shall be to surrender him into the king's hand."

21 And Saul said, "May you be blessed by the LORD, for you have had compassion on me.

22 Go, make yet more sure. Know and see the place where his foot is, and who has seen him there, for it is told me that he is very cunning.

23 See therefore and take note of all the lurking places where he hides, and come back to me with sure information. Then I will go with you. And if he is in the land, I will search him out among all the thousands of Judah."

24 And they arose and went to Ziph ahead of Saul.

¶ Now David and his men were in the wilderness of Maon, in the Arabah to the south of Jeshimon.

25 Als nun Saul hinzog mit seinen Männern, David zu suchen, wurde es David angesagt. Und er ging zu dem Felsen hinab, der in der Wüste Maon ist. Als das Saul hörte, jagte er David nach in die Wüste Maon.

26 Und Saul ging auf der einen Seite eines Berges, David mit seinen Männern auf der andern Seite des Berges. David aber eilte, Saul zu entgehen, während Saul samt seinen Männern David und seine Männer umstellte, um sie zu fangen.

¶ **27** Aber es kam ein Bote zu Saul und sprach: Komm eilends, denn die Philister sind ins Land eingefallen.

28 Da ließ Saul davon ab, David nachzujagen, und zog hin, den Philistern entgegen. Daher nennt man den Ort Sela-Machlekot.

David verschont Saul in der Höhle von En-Gedi

24 Und David zog von dort hinauf und blieb in den Bergfesten bei En-Gedi.

2 Als nun Saul zurückkam von der Verfolgung der Philister, wurde ihm gesagt: Siehe, David ist in der Wüste En-Gedi.

3 Und Saul nahm dreitausend auserlesene Männer aus ganz Israel und zog hin, David samt seinen Männern zu suchen, in Richtung auf die Steinbockfelsen.

4 Und als er kam zu den Schafhürden am Wege, war dort eine Höhle und Saul ging hinein, um seine Füße zu decken. David aber und seine Männer saßen hinten in der Höhle.

¶ **5** Da sprachen die Männer Davids zu ihm: Siehe, das ist der Tag, von dem der HERR zu dir gesagt hat: Siehe, ich will deinen Feind in deine Hände geben, dass du mit ihm tust, was dir gefällt. Und David stand auf und schnitt leise einen Zipfel vom Rock Sauls.

6 Aber danach schlug ihm sein Herz, dass er den Zipfel vom Rock Sauls abgeschnitten hatte,

7 und er sprach zu seinen Männern: Das lasse der HERR ferne von mir sein, dass ich das tun sollte und meine Hand legen an meinen Herrn, den Gesalbten des HERRN; denn er ist der Gesalbte des HERRN.

8 Und David wies seine Männer von sich mit harten Worten und ließ sie sich nicht an Saul vergreifen.

¶ Als aber Saul sich aufmachte aus der Höhle und seines Weges ging,

---

25 And Saul and his men went to seek him. And David was told, so he went down to the rock and lived in the wilderness of Maon. And when Saul heard that, he pursued after David in the wilderness of Maon.

26 Saul went on one side of the mountain, and David and his men on the other side of the mountain. And David was hurrying to get away from Saul. As Saul and his men were closing in on David and his men to capture them,

27 a messenger came to Saul, saying, "Hurry and come, for the Philistines have made a raid against the land."

28 So Saul returned from pursuing after David and went against the Philistines. Therefore that place was called the Rock of Escape.[1]

29[2] And David went up from there and lived in the strongholds of Engedi.

David Spares Saul's Life

24 [1] When Saul returned from following the Philistines, he was told, "Behold, David is in the wilderness of Engedi."

2 Then Saul took three thousand chosen men out of all Israel and went to seek David and his men in front of the Wildgoats' Rocks.

3 And he came to the sheepfolds by the way, where there was a cave, and Saul went in to relieve himself.[2] Now David and his men were sitting in the innermost parts of the cave.

4 And the men of David said to him, "Here is the day of which the LORD said to you, 'Behold, I will give your enemy into your hand, and you shall do to him as it shall seem good to you.'" Then David arose and stealthily cut off a corner of Saul's robe.

5 And afterward David's heart struck him, because he had cut off a corner of Saul's robe.

6 He said to his men, "The LORD forbid that I should do this thing to my lord, the LORD's anointed, to put out my hand against him, seeing he is the LORD's anointed."

7 So David persuaded his men with these words and did not permit them to attack Saul. And Saul rose up and left the cave and went on his way.

9 machte sich auch David auf ihm nach und ging aus der Höhle und rief Saul nach und sprach: Mein Herr und König! Saul sah sich um. Und David neigte sein Antlitz zur Erde und fiel nieder.

10 Und David sprach zu Saul: Warum hörst du auf das Geschwätz der Menschen, die da sagen: David sucht dein Unglück?

11 Siehe, heute haben deine Augen gesehen, dass dich der HERR in meine Hand gegeben hat in der Höhle, und man hat mir gesagt, dass ich dich töten sollte. Aber ich habe dich verschont; denn ich dachte: Ich will meine Hand nicht an meinen Herrn legen; denn er ist der Gesalbte des HERRN.

12 Mein Vater, sieh doch hier den Zipfel deines Rocks in meiner Hand! Dass ich den Zipfel von deinem Rock schnitt und dich nicht tötete, daran erkenne und sieh, dass meine Hände rein sind von Bosheit und Empörung. Ich habe mich nicht an dir versündigt; aber du jagst mir nach, um mir das Leben zu nehmen.

13 Der HERR wird Richter sein zwischen mir und dir und mich an dir rächen, aber meine Hand soll dich nicht anrühren;

14 wie man sagt nach dem alten Sprichwort: Von Bösen kommt Böses; aber meine Hand soll dich nicht anrühren.

15 Wem zieht der König von Israel nach? Wem jagst du nach? Einem toten Hund, einem einzelnen Floh!

16 Der HERR sei Richter und richte zwischen mir und dir und sehe darein und führe meine Sache, dass er mir Recht schaffe wider dich!

¶ **17** Als nun David diese Worte zu Saul geredet hatte, sprach Saul: Ist das nicht deine Stimme, mein Sohn David? Und Saul erhob seine Stimme und weinte

18 und sprach zu David: Du bist gerechter als ich, du hast mir Gutes erwiesen; ich aber habe dir Böses erwiesen.

19 Und du hast mir heute gezeigt, wie du Gutes an mir getan hast, als mich der HERR in deine Hände gegeben hatte und du mich doch nicht getötet hast.

20 Wo ist jemand, der seinen Feind findet und lässt ihn mit Frieden seinen Weg gehen? Der HERR vergelte dir Gutes für das, was du heute an mir getan hast!

21 Nun siehe, ich weiß, dass du König werden wirst und das Königtum über Israel durch deine Hand Bestand haben wird.

22 So schwöre mir nun bei dem HERRN, dass du mein Geschlecht nach mir nicht ausrotten und meinen Namen nicht austilgen wirst aus meines Vaters Hause.

¶ **8** Afterward David also arose and went out of the cave, and called after Saul, "My lord the king!" And when Saul looked behind him, David bowed with his face to the earth and paid homage.

9 And David said to Saul, "Why do you listen to the words of men who say, 'Behold, David seeks your harm'?

10 Behold, this day your eyes have seen how the LORD gave you today into my hand in the cave. And some told me to kill you, but I spared you.[3] I said, 'I will not put out my hand against my lord, for he is the LORD's anointed.'

11 See, my father, see the corner of your robe in my hand. For by the fact that I cut off the corner of your robe and did not kill you, you may know and see that there is no wrong or treason in my hands. I have not sinned against you, though you hunt my life to take it.

12 May the LORD judge between me and you, may the LORD avenge me against you, but my hand shall not be against you.

13 As the proverb of the ancients says, 'Out of the wicked comes wickedness.' But my hand shall not be against you.

14 After whom has the king of Israel come out? After whom do you pursue? After a dead dog! After a flea!

15 May the LORD therefore be judge and give sentence between me and you, and see to it and plead my cause and deliver me from your hand."

¶ **16** As soon as David had finished speaking these words to Saul, Saul said, "Is this your voice, my son David?" And Saul lifted up his voice and wept.

17 He said to David, "You are more righteous than I, for you have repaid me good, whereas I have repaid you evil.

18 And you have declared this day how you have dealt well with me, in that you did not kill me when the LORD put me into your hands.

19 For if a man finds his enemy, will he let him go away safe? So may the LORD reward you with good for what you have done to me this day.

20 And now, behold, I know that you shall surely be king, and that the kingdom of Israel shall be established in your hand.

21 Swear to me therefore by the LORD that you will not cut off my offspring after me, and that you will not destroy my name out of my father's house."

23 Und David schwor es Saul. Da zog Saul heim. David aber mit seinen Männern zog hinauf auf die Bergfeste.

Samuels Tod

25 Und Samuel starb und ganz Israel versammelte sich und hielt ihm die Totenklage. Und sie begruben ihn in seinem Hause zu Rama.

David und Abigajil

David aber machte sich auf und zog hinab in die Wüste Maon.

2 Und es war ein Mann in Maon, der hatte seine Tätigkeit in Karmel, und der Mann hatte sehr großes Vermögen und besaß dreitausend Schafe und tausend Ziegen. Und es begab sich, dass er eben seine Schafe schor in Karmel.

3 Der Mann hieß Nabal, seine Frau aber hieß Abigajil. Und sie war eine Frau von Verstand und schön von Angesicht, der Mann aber war roh und boshaft in seinem Tun und war einer von Kaleb.

¶ **4** Als nun David in der Wüste hörte, dass Nabal seine Schafe schor,

5 sandte er zehn seiner Leute aus und sprach zu ihnen: Geht hinauf nach Karmel und wenn ihr zu Nabal kommt, so grüßt ihn freundlich in meinem Namen

6 und sprecht zu meinem Bruder: Friede sei mit dir und deinem Hause und mit allem, was du hast!

7 Ich habe gehört, dass du Schafschur hast. Nun, deine Hirten sind mit uns zusammen gewesen; wir haben ihnen nichts zuleide getan und sie haben nichts vermisst, solange sie in Karmel gewesen sind.

8 Frage deine Leute danach, die werden's dir sagen. Und lass meine Leute Gnade finden vor deinen Augen, denn wir sind an einem Festtag gekommen. Gib deinen Knechten und deinem Sohn David, was du zur Hand hast.

¶ **9** Und als die Leute Davids hingekommen waren und in Davids Namen alle diese Worte mit Nabal geredet hatten und ruhig warteten,

10 antwortete Nabal den Knechten Davids: Wer ist David? Und wer ist der Sohn Isais? Es gibt jetzt viele Knechte, die ihren Herren davongelaufen sind.

11 Sollte ich mein Brot und mein Wasser nehmen und mein Fleisch, das ich für meine Scherer geschlachtet habe, und Leuten geben, von denen ich nicht weiß, wo sie her sind?

12 Da wandten sich die Leute Davids um und gingen ihres Weges. Und als sie zu ihm zurückkamen, sagten sie ihm das alles.

22 And David swore this to Saul. Then Saul went home, but David and his men went up to the stronghold.

The Death of Samuel

25 Now Samuel died. And all Israel assembled and mourned for him, and they buried him in his house at Ramah.

David and Abigail

¶ Then David rose and went down to the wilderness of Paran.

2 And there was a man in Maon whose business was in Carmel. The man was very rich; he had three thousand sheep and a thousand goats. He was shearing his sheep in Carmel.

3 Now the name of the man was Nabal, and the name of his wife Abigail. The woman was discerning and beautiful, but the man was harsh and badly behaved; he was a Calebite.

4 David heard in the wilderness that Nabal was shearing his sheep.

5 So David sent ten young men. And David said to the young men, "Go up to Carmel, and go to Nabal and greet him in my name.

6 And thus you shall greet him: 'Peace be to you, and peace be to your house, and peace be to all that you have.

7 I hear that you have shearers. Now your shepherds have been with us, and we did them no harm, and they missed nothing all the time they were in Carmel.

8 Ask your young men, and they will tell you. Therefore let my young men find favor in your eyes, for we come on a feast day. Please give whatever you have at hand to your servants and to your son David.'"

¶ **9** When David's young men came, they said all this to Nabal in the name of David, and then they waited.

10 And Nabal answered David's servants, "Who is David? Who is the son of Jesse? There are many servants these days who are breaking away from their masters.

11 Shall I take my bread and my water and my meat that I have killed for my shearers and give it to men who come from I do not know where?"

12 So David's young men turned away and came back and told him all this.

13 Da sprach David zu seinen Männern: Gürte sich ein jeder sein Schwert um! Und jeder gürtete sich sein Schwert um und auch David gürtete sich sein Schwert um, und etwa vierhundert Mann zogen ihm nach, aber zweihundert blieben bei dem Tross.

¶ **14** Aber der Abigajil, Nabals Frau, sagte es einer von den Leuten und sprach: Siehe, David hat Boten gesandt aus der Wüste, unsern Herrn zu grüßen, er aber hat sie angeschrien.

15 Aber die Männer sind uns doch sehr nützlich gewesen und haben uns nichts zuleide getan und wir haben nichts vermisst, solange wir mit ihnen umherzogen, wenn wir auf dem Felde waren,

16 sondern sie sind wie Mauern um uns gewesen Tag und Nacht, solange wir die Schafe in ihrer Nähe gehütet haben.

17 So bedenke nun und sieh zu, was du tust; denn es ist gewiss ein Unheil beschlossen über unsern Herrn und über sein ganzes Haus. Er aber ist ein heilloser Mensch, dem niemand etwas zu sagen wagt.

¶ **18** Da eilte Abigajil und nahm zweihundert Brote und zwei Krüge Wein und fünf zubereitete Schafe und fünf Maß Röstkorn und hundert Rosinenkuchen und zweihundert Feigenkuchen und lud alles auf Esel

19 und sprach zu ihren Leuten: Geht vor mir her; siehe, ich will sogleich hinter euch herkommen. Und sie sagte ihrem Mann Nabal nichts davon.

20 Und als sie auf dem Esel ritt und hinabzog im Schutz des Berges, siehe, da kam David mit seinen Männern ihr entgegen, sodass sie auf sie stieß.

21 David aber hatte gedacht: Nun hab ich alles umsonst behütet, was der da in der Wüste hat, sodass nichts vermisst wurde von allem, was er hat; und er vergilt mir Gutes mit Bösem!

22 Gott tue David dies und noch mehr, wenn ich ihm bis zum lichten Morgen **einen** übrig lasse, der männlich ist, von allem, was er hat.

¶ **23** Als nun Abigajil David sah, stieg sie eilends vom Esel und fiel vor David nieder und beugte sich zur Erde

24 und fiel ihm zu Füßen und sprach: Ach, mein Herr, auf mich allein falle die Schuld! Lass deine Magd reden vor deinen Ohren und höre die Worte deiner Magd!

13 And David said to his men, "Every man strap on his sword!" And every man of them strapped on his sword. David also strapped on his sword. And about four hundred men went up after David, [k]while two hundred remained with the baggage.

¶ **14** But one of the young men told Abigail, Nabal's wife, "Behold, David sent messengers out of the wilderness to greet our master, and he railed at them.

15 Yet the men were very good to us, and we suffered no harm, and we did not miss anything when we were in the fields, as long as we went with them.

16 They were a wall to us both by night and by day, all the while we were with them keeping the sheep.

17 Now therefore know this and consider what you should do, for harm is determined against our master and against all his house, and he is such a worthless man that one cannot speak to him."

¶ **18** Then Abigail made haste and took two hundred loaves and two skins of wine and five sheep already prepared and five seahs[1] of parched grain and a hundred clusters of raisins and two hundred cakes of figs, and laid them on donkeys.

19 And she said to her young men, "Go on before me; behold, I come after you." But she did not tell her husband Nabal.

20 And as she rode on the donkey and came down under cover of the mountain, behold, David and his men came down toward her, and she met them.

21 Now David had said, "Surely in vain have I guarded all that this fellow has in the wilderness, so that nothing was missed of all that belonged to him, and he has returned me evil for good.

22 God do so to the enemies of David[2] and more also, if by morning I leave so much as one male of all who belong to him."

¶ **23** When Abigail saw David, she hurried and got down from the donkey and fell before David on her face and bowed to the ground.

24 She fell at his feet and said, "On me alone, my lord, be the guilt. Please let your servant speak in your ears, and hear the words of your servant.

25 Mein Herr errege sich nicht über Nabal, diesen heillosen Menschen; denn wie sein Name, so ist er: Er heißt »Tor« und Torheit ist bei ihm. Ich aber, deine Magd, habe die Leute meines Herrn nicht gesehen, die du gesandt hast.

26 Nun aber, mein Herr, so wahr der HERR lebt und so wahr du selbst lebst: Der HERR hat dich davor bewahrt, in Blutschuld zu geraten und dir mit eigener Hand zu helfen. So sollen deine Feinde und alle, die meinem Herrn übel wollen, wie Nabal werden!

27 Hier ist die Segensgabe, die deine Magd meinem Herrn gebracht hat; das soll den Leuten gegeben werden, die meinem Herrn folgen.

28 Vergib deiner Magd die Anmaßung! Der HERR wird meinem Herrn ein beständiges Haus bauen, denn du führst des HERRN Kriege. Es möge nichts Böses an dir gefunden werden dein Leben lang.

29 Und wenn sich ein Mensch erheben wird, dich zu verfolgen und dir nach dem Leben zu trachten, so soll das Leben meines Herrn eingebunden sein im Bündlein der Lebendigen bei dem HERRN, deinem Gott, aber das Leben deiner Feinde soll er fortschleudern mit der Schleuder.

30 Wenn dann der HERR meinem Herrn all das Gute tun wird, was er dir zugesagt hat, und dich zum Fürsten bestellt hat über Israel,

31 so wird das Herz meines Herrn frei sein von dem Anstoß und Ärgernis, dass du unschuldiges Blut vergossen und dir selber geholfen habest. Und wenn der HERR meinem Herrn wohltun wird, so wollest du an deine Magd denken.

¶ **32** Da sprach David zu Abigajil: Gelobt sei der HERR, der Gott Israels, der dich heute mir entgegengesandt hat,

33 und gesegnet sei deine Klugheit und gesegnet seist du, dass du mich heute davon zurückgehalten hast, in Blutschuld zu geraten und mir mit eigener Hand zu helfen.

34 Wahrlich, so wahr der HERR, der Gott Israels, lebt, der mich davor bewahrt hat, übel an dir zu tun: Wärest du nicht eilends mir begegnet, so wäre dem Nabal bis zum lichten Morgen nicht **einer**, der männlich ist, übrig geblieben.

35 Also nahm David aus ihrer Hand, was sie ihm gebracht hatte, und sprach zu ihr: Zieh mit Frieden hinauf in dein Haus; sieh, ich habe auf deine Stimme gehört und dein Antlitz wieder erhoben.

25 Let not my lord regard this worthless fellow, Nabal, for as his name is, so is he. Nabal[3] is his name, and folly is with him. But I your servant did not see the young men of my lord, whom you sent.

26 Now then, my lord, as the LORD lives, and as your soul lives, because the LORD has restrained you from bloodguilt and from saving with your own hand, now then let your enemies and those who seek to do evil to my lord be as Nabal.

27 And now let this present that your servant has brought to my lord be given to the young men who follow my lord.

28 Please forgive the trespass of your servant. For the LORD will certainly make my lord a sure house, because my lord is fighting the battles of the LORD, and evil shall not be found in you so long as you live.

29 If men rise up to pursue you and to seek your life, the life of my lord shall be bound in the bundle of the living in the care of the LORD your God. And the lives of your enemies he shall sling out as from the hollow of a sling.

30 And when the LORD has done to my lord according to all the good that he has spoken concerning you and has appointed you prince over Israel,

31 my lord shall have no cause of grief or pangs of conscience for having shed blood without cause or for my lord taking vengeance himself. And when the LORD has dealt well with my lord, then remember your servant."

¶ **32** And David said to Abigail, "Blessed be the LORD, the God of Israel, who sent you this day to meet me!

33 Blessed be your discretion, and blessed be you, who have kept me this day from bloodguilt and from avenging myself with my own hand!

34 For as surely as the LORD, the God of Israel, lives, who has restrained me from hurting you, unless you had hurried and come to meet me, truly by morning there had not been left to Nabal so much as one male."

35 Then David received from her hand what she had brought him. And he said to her, "Go up in peace to your house. See, I have obeyed your voice, and I have granted your petition."

¶ **36** Als aber Abigajil zu Nabal kam, siehe, da hatte er ein Mahl zubereitet in seinem Hause wie eines Königs Mahl und sein Herz war guter Dinge und er war sehr betrunken. Sie aber sagte ihm nichts, weder wenig noch viel, bis an den lichten Morgen.

37 Als es aber Morgen geworden und die Betrunkenheit von Nabal gewichen war, sagte ihm seine Frau alles. Da erstarb sein Herz in seinem Leibe und er ward wie ein Stein.

38 Und nach zehn Tagen schlug der HERR den Nabal, dass er starb.

39 Als David hörte, dass Nabal tot war, sprach er: Gelobt sei der HERR, der meine Schmach gerächt hat an Nabal und seinen Knecht abgehalten hat von einer bösen Tat! Der HERR hat dem Nabal seine böse Tat auf seinen Kopf vergolten.

¶ Und David sandte hin und ließ Abigajil sagen, dass er sie zur Frau nehmen wolle.

40 Und als die Knechte Davids zu Abigajil nach Karmel kamen, redeten sie mit ihr und sprachen: David hat uns zu dir gesandt, dass er dich zur Frau nehme.

41 Sie stand auf und fiel nieder auf ihr Angesicht zur Erde und sprach: Siehe, deine Magd ist bereit, den Knechten meines Herrn zu dienen und ihre Füße zu waschen.

42 Und Abigajil machte sich eilends auf und setzte sich auf einen Esel und ihre fünf Mägde gingen hinter ihr her. Und sie zog den Boten Davids nach und wurde seine Frau.

¶ **43** Auch hatte David Ahinoam von Jesreel zur Frau genommen; sie wurden beide seine Frauen.

44 Saul aber hatte seine Tochter Michal, Davids Frau, Palti, dem Sohn des Lajisch aus Gallim, gegeben.

David verschont Saul zum zweiten Mal

26 Die Leute von Sif aber kamen zu Saul nach Gibea und sprachen: David hält sich verborgen auf dem Hügel Hachila, der Jeschimon gegenüberliegt.

2 Da machte sich Saul auf und zog hinab zur Wüste Sif und mit ihm dreitausend auserlesene Männer aus Israel, um David in der Wüste Sif zu suchen.

3 Und Saul lagerte sich auf dem Hügel Hachila, der Jeschimon gegenüberliegt am Wege. David aber hielt sich in der Wüste auf. Und als er merkte, dass Saul ihm nachkam in die Wüste,

4 sandte er Kundschafter aus und erfuhr, dass Saul gewiss gekommen sei.

¶ **36** And Abigail came to Nabal, and behold, he was holding a feast in his house, like the feast of a king. And Nabal's heart was merry within him, for he was very drunk. So she told him nothing at all until the morning light.

37 In the morning, when the wine had gone out of Nabal, his wife told him these things, and his heart died within him, and he became as a stone.

38 And about ten days later the LORD struck Nabal, and he died.

¶ **39** When David heard that Nabal was dead, he said, "Blessed be the LORD who has avenged the insult I received at the hand of Nabal, and has kept back his servant from wrongdoing. The LORD has returned the evil of Nabal on his own head." Then David sent and spoke to Abigail, to take her as his wife.

40 When the servants of David came to Abigail at Carmel, they said to her, "David has sent us to you to take you to him as his wife."

41 And she rose and bowed with her face to the ground and said, "Behold, your handmaid is a servant to wash the feet of the servants of my lord."

42 And Abigail hurried and rose and mounted a donkey, and her five young women attended her. She followed the messengers of David and became his wife.

¶ **43** David also took Ahinoam of Jezreel, and both of them became his wives.

44 Saul had given Michal his daughter, David's wife, to Palti the son of Laish, who was of Gallim.

David Spares Saul Again

26 Then the Ziphites came to Saul at Gibeah, saying, "Is not David hiding himself on the hill of Hachilah, which is on the east of Jeshimon?"

2 So Saul arose and went down to the wilderness of Ziph with three thousand chosen men of Israel to seek David in the wilderness of Ziph.

3 And Saul encamped on the hill of Hachilah, which is beside the road on the east of Jeshimon. But David remained in the wilderness. When he saw that Saul came after him into the wilderness,

4 David sent out spies and learned that Saul had come.

5 Und David machte sich auf und kam an den Ort, wo Saul sein Lager hielt, und sah die Stätte, wo Saul lag mit seinem Feldhauptmann Abner, dem Sohn Ners. Saul aber lag im innersten Lagerring und das Kriegsvolk um ihn her.

¶ **6** Da hob David an und sprach zu Ahimelech, dem Hetiter, und zu Abischai, dem Sohn der Zeruja, dem Bruder Joabs: Wer will mit mir hinab zu Saul ins Lager? Abischai sprach: Ich will mit dir hinab.

7 So kam David mit Abischai in der Nacht zum Lager. Und siehe, Saul lag und schlief im innersten Lagerring und sein Spieß steckte in der Erde zu seinen Häupten. Abner aber und das Volk lagen um ihn her.

¶ **8** Da sprach Abischai zu David: Gott hat deinen Feind heute in deine Hand gegeben; so will ich ihn nun mit seinem Speer an den Boden spießen mit einem Mal, dass es keines zweiten mehr bedarf.

9 David aber sprach zu Abischai: Tu ihm nichts zuleide; denn wer könnte die Hand an den Gesalbten des HERRN legen und ungestraft bleiben?

10 Weiter sprach David: So wahr der HERR lebt: Der HERR wird ihn schlagen, wenn seine Zeit kommt, dass er sterbe, oder er wird in den Krieg ziehen und umkommen.

11 Von mir lasse der HERR fern sein, dass ich meine Hand sollte an den Gesalbten des HERRN legen. Nimm nun den Spieß zu seinen Häupten und den Wasserkrug und lass uns gehen.

12 So nahm David den Spieß und den Wasserkrug zu Häupten Sauls und sie gingen weg, und es war niemand, der es sah oder merkte oder der erwachte, sondern sie schliefen alle; denn es war ein tiefer Schlaf vom HERRN auf sie gefallen.

¶ **13** Als nun David auf die andere Seite hinübergekommen war, stellte er sich auf den Gipfel des Berges von ferne, sodass ein weiter Raum zwischen ihnen war.

14 Und David rief zum Kriegsvolk und zu Abner, dem Sohn Ners, und sprach: Antwortest du nicht, Abner? Und Abner antwortete: Wer bist du, dass du so schreist zum König hin?

15 Und David sprach zu Abner: Bist du nicht ein Mann? Und wer ist dir gleich in Israel? Warum hast du denn deinen Herrn, den König, nicht bewacht? Denn es ist einer vom Volk hineingekommen, deinen Herrn, den König, umzubringen.

5 Then David rose and came to the place where Saul had encamped. And David saw the place where Saul lay, with Abner the son of Ner, the commander of his army. Saul was lying within the encampment, while the army was encamped around him.

¶ **6** Then David said to Ahimelech the Hittite, and to Joab's brother Abishai the son of Zeruiah, "Who will go down with me into the camp to Saul?" And Abishai said, "I will go down with you."

7 So David and Abishai went to the army by night. And there lay Saul sleeping within the encampment, with his spear stuck in the ground at his head, and Abner and the army lay around him.

8 Then said Abishai to David, "God has given your enemy into your hand this day. Now please let me pin him to the earth with one stroke of the spear, and I will not strike him twice."

9 But David said to Abishai, "Do not destroy him, for who can put out his hand against the LORD's anointed and be guiltless?"

10 And David said, "As the LORD lives, the LORD will strike him, or his day will come to die, or he will go down into battle and perish.

11 The LORD forbid that I should put out my hand against the LORD's anointed. But take now the spear that is at his head and the jar of water, and let us go."

12 So David took the spear and the jar of water from Saul's head, and they went away. No man saw it or knew it, nor did any awake, for they were all asleep, because a deep sleep from the LORD had fallen upon them.

¶ **13** Then David went over to the other side and stood far off on the top of the hill, with a great space between them.

14 And David called to the army, and to Abner the son of Ner, saying, "Will you not answer, Abner?" Then Abner answered, "Who are you who calls to the king?"

15 And David said to Abner, "Are you not a man? Who is like you in Israel? Why then have you not kept watch over your lord the king? For one of the people came in to destroy the king your lord.

16 Das war nicht recht, was du getan hast. So wahr der HERR lebt: Ihr seid Kinder des Todes, weil ihr euren Herrn, den Gesalbten des HERRN, nicht bewacht habt! Nun sieh doch nach, wo der Spieß des Königs ist und der Wasserkrug, der zu seinen Häupten war.

¶ **17** Da erkannte Saul die Stimme Davids und sprach: Ist das nicht deine Stimme, mein Sohn David? David sprach: Es ist meine Stimme, mein Herr und König.

18 Und sprach weiter: Warum verfolgt denn mein Herr seinen Knecht? Was hab ich getan? Und was ist Böses in meiner Hand?

19 So höre doch nun mein Herr, der König, die Worte seines Knechts: Reizt dich der HERR gegen mich, so lasse man ihn ein Speisopfer riechen; tun's aber Menschen, so seien sie verflucht vor dem HERRN, weil sie mich heute verstoßen und nicht an dem Erbteil des HERRN teilhaben lassen und sprechen: Geh hin, diene andern Göttern!

20 So fließe nun mein Blut nicht auf die Erde fern vom Angesicht des HERRN! Denn der König von Israel ist ja ausgezogen, zu suchen einen einzelnen Floh, wie man ein Rebhuhn jagt auf den Bergen.

¶ **21** Und Saul sprach: Ich habe gesündigt; komm wieder, mein Sohn David, ich will dir hinfort nichts Böses mehr tun, weil mein Leben heute in deinen Augen teuer gewesen ist. Siehe, ich habe töricht und sehr unrecht getan.

22 David antwortete: Siehe, hier ist der Spieß des Königs; es komme einer von den jungen Leuten herüber und hole ihn.

23 Der HERR aber wird einem jeden seine Gerechtigkeit und Treue vergelten. Denn der HERR hat dich heute in meine Hand gegeben, ich aber wollte meine Hand nicht an den Gesalbten des HERRN legen.

24 Und siehe, wie heute dein Leben in meinen Augen wert geachtet gewesen ist, so werde mein Leben wert geachtet in den Augen des HERRN, und er errette mich aus aller Not!

25 Saul sprach zu David: Gesegnet seist du, mein Sohn David; du wirst's ausführen und vollenden. Und David zog seine Straße; Saul aber kehrte zurück an seinen Ort.

David bei den Philistern

27 David aber dachte in seinem Herzen: Ich werde doch eines Tages Saul in die Hände fallen; es gibt nichts Besseres für mich, als dass ich entrinne ins Philisterland. Dann wird Saul davon ablassen, mich fernerhin zu suchen im ganzen Gebiet Israels, und ich werde seinen Händen entrinnen.

16 This thing that you have done is not good. As the LORD lives, you deserve to die, because you have not kept watch over your lord, the LORD's anointed. And now see where the king's spear is and the jar of water that was at his head."

¶ **17** Saul recognized David's voice and said, "Is this your voice, my son David?" And David said, "It is my voice, my lord, O king."

18 And he said, "Why does my lord pursue after his servant? For what have I done? What evil is on my hands?

19 Now therefore let my lord the king hear the words of his servant. If it is the LORD who has stirred you up against me, may he accept an offering, but if it is men, may they be cursed before the LORD, for they have driven me out this day that I should have no share in the heritage of the LORD, saying, 'Go, serve other gods.'

20 Now therefore, let not my blood fall to the earth away from the presence of the LORD, for the king of Israel has come out to seek a single flea like one who hunts a partridge in the mountains."

¶ **21** Then Saul said, "I have sinned. Return, my son David, for I will no more do you harm, because my life was precious in your eyes this day. Behold, I have acted foolishly, and have made a great mistake."

22 And David answered and said, "Here is the spear, O king! Let one of the young men come over and take it.

23 The LORD rewards every man for his righteousness and his faithfulness, for the LORD gave you into my hand today, and I would not put out my hand against the LORD's anointed.

24 Behold, as your life was precious this day in my sight, so may my life be precious in the sight of the LORD, and may he deliver me out of all tribulation."

25 Then Saul said to David, "Blessed be you, my son David! You will do many things and will succeed in them." So David went his way, and Saul returned to his place.

David Flees to the Philistines

27 Then David said in his heart, "Now I shall perish one day by the hand of Saul. There is nothing better for me than that I should escape to the land of the Philistines. Then Saul will despair of seeking me any longer within the borders of Israel, and I shall escape out of his hand."

2 Und David machte sich auf und zog hin mit den sechshundert Mann, die bei ihm waren, zu Achisch, dem Sohn Maochs, dem König von Gat.

3 Und David blieb bei Achisch in Gat mit seinen Männern, ein jeder mit seinem Hause; David auch mit seinen beiden Frauen, Ahinoam, der Jesreeliterin, und Abigajil, Nabals Frau, der Karmeliterin.

4 Und als Saul angesagt wurde, dass David nach Gat geflohen sei, suchte er ihn nicht mehr.

¶ **5** Und David sprach zu Achisch: Hab ich Gnade vor deinen Augen gefunden, so mag man mir einen Wohnort geben in einer der Städte auf dem Lande, dass ich darin wohne; warum soll dein Knecht in der Königsstadt bei dir wohnen?

6 Da gab ihm Achisch an diesem Tage Ziklag. Daher gehört Ziklag den Königen von Juda bis auf diesen Tag.

7 Die Zeit aber, die David im Philisterlande wohnte, war ein Jahr und vier Monate.

¶ **8** David zog hinauf mit seinen Männern und fiel ins Land der Geschuriter und Girsiter und Amalekiter ein; denn diese waren von alters her die Bewohner des Landes bis hin nach Schur und Ägyptenland.

9 Und sooft David in das Land einfiel, ließ er weder Mann noch Frau leben und nahm mit Schafe, Rinder, Esel, Kamele und Kleider und kehrte wieder zurück. Kam er dann zu Achisch

10 und Achisch sprach: Wo seid ihr heute eingefallen?, so sprach David: In das Südland Judas, oder: In das Südland der Jerachmeeliter, oder: In das Südland der Keniter.

11 David aber ließ weder Mann noch Frau lebend nach Gat kommen; denn er dachte: Sie könnten uns verraten. So tat David und das war seine Art, solange er im Philisterland wohnte.

12 Und Achisch glaubte David; denn er dachte: Er hat sich in Verruf gebracht bei seinem Volk Israel; darum wird er für immer mein Knecht sein.

28 Und es begab sich zu der Zeit, dass die Philister ihr Heer sammelten, um in den Kampf zu ziehen gegen Israel. Und Achisch sprach zu David: Du sollst wissen, dass du und deine Männer mit mir ausziehen sollen im Heer.

2 So David arose and went over, he and the six hundred men who were with him, to Achish the son of Maoch, king of Gath.

3 And David lived with Achish at Gath, he and his men, every man with his household, and David with his two wives, Ahinoam of Jezreel, and Abigail of Carmel, Nabal's widow.

4 And when it was told Saul that David had fled to Gath, he no longer sought him.

¶ **5** Then David said to Achish, "If I have found favor in your eyes, let a place be given me in one of the country towns, that I may dwell there. For why should your servant dwell in the royal city with you?"

6 So that day Achish gave him Ziklag. Therefore Ziklag has belonged to the kings of Judah to this day.

7 And the number of the days that David lived in the country of the Philistines was a year and four months.

¶ **8** Now David and his men went up and made raids against the Geshurites, the Girzites, and the Amalekites, for these were the inhabitants of the land from of old, as far as Shur, to the land of Egypt.

9 And David would strike the land and would leave neither man nor woman alive, but would take away the sheep, the oxen, the donkeys, the camels, and the garments, and come back to Achish.

10 When Achish asked, "Where have you made a raid today?" David would say, "Against the Negeb of Judah," or, "Against the Negeb of the Jerahmeelites," or, "Against the Negeb of the Kenites."

11 And David would leave neither man nor woman alive to bring news to Gath, thinking, "lest they should tell about us and say, 'So David has done.'" Such was his custom all the while he lived in the country of the Philistines.

12 And Achish trusted David, thinking, "He has made himself an utter stench to his people Israel; therefore he shall always be my servant."

Saul and the Medium of En-dor

28 In those days the Philistines gathered their forces for war, to fight against Israel. And Achish said to David, "Understand that you and your men are to go out with me in the army."

2 David sprach zu Achisch: Wohlan, du sollst erfahren, was dein Knecht tun wird. Achisch sprach zu David: So will ich dich zu meinem Leibwächter setzen für die ganze Zeit.

Saul bei der Totenbeschwörerin in En-Dor

3 Samuel aber war gestorben und ganz Israel hatte ihm die Totenklage gehalten und ihn begraben in seiner Stadt Rama. Und Saul hatte die Geisterbeschwörer und Zeichendeuter aus dem Lande vertrieben.

¶ **4** Als nun die Philister sich versammelten und herankamen und sich lagerten bei Schunem, versammelte Saul auch ganz Israel und sie lagerten sich auf dem Gebirge Gilboa.

5 Als aber Saul das Heer der Philister sah, fürchtete er sich, und sein Herz verzagte sehr.

6 Und er befragte den HERRN; aber der HERR antwortete ihm nicht, weder durch Träume noch durch das Los »Licht« noch durch Propheten.

7 Da sprach Saul zu seinen Getreuen: Sucht mir eine Frau, die Tote beschwören kann, dass ich zu ihr gehe und sie befrage. Seine Männer sprachen zu ihm: Siehe, in En-Dor ist eine Frau, die kann Tote beschwören.

8 Und Saul machte sich unkenntlich und zog andere Kleider an und ging hin und zwei Männer mit ihm und sie kamen bei Nacht zu der Frau.

¶ Und Saul sprach: Wahrsage mir, weil du Geister beschwören kannst, und hole mir herauf, wen ich dir nenne.

9 Die Frau sprach zu ihm: Siehe, du weißt doch selbst, was Saul getan hat, wie er die Geisterbeschwörer und Zeichendeuter ausgerottet hat im Lande; warum willst du mir denn eine Falle stellen, dass ich getötet werde?

10 Saul aber schwor ihr bei dem HERRN und sprach: So wahr der HERR lebt: Es soll dich in dieser Sache keine Schuld treffen.

¶ **11** Da sprach die Frau: Wen soll ich dir denn heraufholen? Er sprach: Hol mir Samuel herauf!

12 Als nun die Frau merkte, dass es um Samuel ging, schrie sie laut und sprach zu Saul: Warum hast du mich betrogen? Du bist Saul.

13 Und der König sprach zu ihr: Fürchte dich nicht! Was siehst du? Die Frau sprach zu Saul: Ich sehe einen Geist heraufsteigen aus der Erde.

¶ **3** Now Samuel had died, and all Israel had mourned for him and buried him in Ramah, his own city. And Saul had put the mediums and the necromancers out of the land.

4 The Philistines assembled and came and encamped at Shunem. And Saul gathered all Israel, and they encamped at Gilboa.

5 When Saul saw the army of the Philistines, he was afraid, and his heart trembled greatly.

6 And when Saul inquired of the LORD, the LORD did not answer him, either by dreams, or by Urim, or by prophets.

7 Then Saul said to his servants, "Seek out for me a woman who is a medium, that I may go to her and inquire of her." And his servants said to him, "Behold, there is a medium at En-dor."

¶ **8** So Saul disguised himself and put on other garments and went, he and two men with him. And they came to the woman by night. And he said, "Divine for me by a spirit and bring up for me whomever I shall name to you."

9 The woman said to him, "Surely you know what Saul has done, how he has cut off the mediums and the necromancers from the land. Why then are you laying a trap for my life to bring about my death?"

10 But Saul swore to her by the LORD, "As the LORD lives, no punishment shall come upon you for this thing."

11 Then the woman said, "Whom shall I bring up for you?" He said, "Bring up Samuel for me."

12 When the woman saw Samuel, she cried out with a loud voice. And the woman said to Saul, "Why have you deceived me? You are Saul."

13 The king said to her, "Do not be afraid. What do you see?" And the woman said to Saul, "I see a god coming up out of the earth."

14 Er sprach: Wie ist er gestaltet? Sie sprach: Es kommt ein alter Mann herauf und ist bekleidet mit einem Priesterrock. Da erkannte Saul, dass es Samuel war, und neigte sich mit seinem Antlitz zur Erde und fiel nieder.

¶ **15** Samuel aber sprach zu Saul: Warum hast du meine Ruhe gestört, dass du mich heraufsteigen lässt? Saul sprach: Ich bin in großer Bedrängnis, die Philister kämpfen gegen mich, und Gott ist von mir gewichen und antwortet mir nicht, weder durch Propheten noch durch Träume; darum hab ich dich rufen lassen, dass du mir kundtust, was ich tun soll.

16 Samuel sprach: Warum willst du mich befragen, da doch der HERR von dir gewichen und dein Feind geworden ist?

17 Der HERR hat dir getan, wie er durch mich geredet hat, und hat das Königtum aus deiner Hand gerissen und David, deinem Nächsten, gegeben.

18 Weil du der Stimme des HERRN nicht gehorcht und seinen grimmigen Zorn nicht an Amalek vollstreckt hast, darum hat der HERR dir das jetzt getan.

19 Dazu wird der HERR mit dir auch Israel in die Hände der Philister geben. Morgen wirst du mit deinen Söhnen bei mir sein. Auch wird der HERR das Heer Israels in die Hände der Philister geben.

¶ **20** Da stürzte Saul zur Erde, so lang er war, und geriet in große Furcht über die Worte Samuels. Auch war keine Kraft mehr in ihm; denn er hatte nichts gegessen den ganzen Tag und die ganze Nacht.

21 Und die Frau trat zu Saul und sah, dass er sehr erschrocken war, und sprach zu ihm: Siehe, deine Magd hat deiner Stimme gehorcht, und ich habe mein Leben aufs Spiel gesetzt, als ich die Worte hörte, die du zu mir gesagt hast.

22 So gehorche du nun auch der Stimme deiner Magd! Ich will dir einen Bissen Brot vorsetzen, dass du isst und zu Kräften kommst und deine Straße gehen kannst.

23 Er aber weigerte sich und sprach: Ich will nicht essen. Da nötigten ihn seine Männer und die Frau, bis er auf sie hörte. Und er stand auf von der Erde und setzte sich aufs Bett.

24 Die Frau aber hatte im Haus ein gemästetes Kalb; das schlachtete sie eilends und nahm Mehl und knetete es und backte ungesäuertes Brot

25 und setzte es Saul und seinen Männern vor. Und als sie gegessen hatten, standen sie auf und gingen fort noch in der Nacht.

14 He said to her, "What is his appearance?" And she said, "An old man is coming up, and he is wrapped in a robe." And Saul knew that it was Samuel, and he bowed with his face to the ground and paid homage.

¶ **15** Then Samuel said to Saul, "Why have you disturbed me by bringing me up?" Saul answered, "I am in great distress, for the Philistines are warring against me, and God has turned away from me and answers me no more, either by prophets or by dreams. Therefore I have summoned you to tell me what I shall do."

16 And Samuel said, "Why then do you ask me, since the LORD has turned from you and become your enemy?

17 The LORD has done to you as he spoke by me, for the LORD has torn the kingdom out of your hand and given it to your neighbor, David.

18 Because you did not obey the voice of the LORD and did not carry out his fierce wrath against Amalek, therefore the LORD has done this thing to you this day.

19 Moreover, the LORD will give Israel also with you into the hand of the Philistines, and tomorrow you and your sons shall be with me. The LORD will give the army of Israel also into the hand of the Philistines."

¶ **20** Then Saul fell at once full length on the ground, filled with fear because of the words of Samuel. And there was no strength in him, for he had eaten nothing all day and all night.

21 And the woman came to Saul, and when she saw that he was terrified, she said to him, "Behold, your servant has obeyed you. I have taken my life in my hand and have listened to what you have said to me.

22 Now therefore, you also obey your servant. Let me set a morsel of bread before you; and eat, that you may have strength when you go on your way."

23 He refused and said, "I will not eat." But his servants, together with the woman, urged him, and he listened to their words. So he arose from the earth and sat on the bed.

24 Now the woman had a fattened calf in the house, and she quickly killed it, and she took flour and kneaded it and baked unleavened bread of it,

25 and she put it before Saul and his servants, and they ate. Then they rose and went away that night.

David wird von den Philistern zurückgeschickt

29 Die Philister aber versammelten ihr ganzes Heer bei Afek und Israel lagerte sich an der Quelle bei Jesreel.

2 Und die Fürsten der Philister zogen daher mit ihren Hundertschaften und Tausendschaften. David aber und seine Männer zogen hinterher mit Achisch.

¶ 3 Da sprachen die Obersten der Philister: Was sollen diese Hebräer? Achisch sprach zu ihnen: Das ist David, der Knecht Sauls, des Königs von Israel, der nun bei mir gewesen ist Jahr und Tag; ich habe nichts an ihm gefunden seit der Zeit, da er abgefallen ist, bis heute.

4 Aber die Obersten der Philister wurden zornig auf ihn und sprachen zu ihm: Schick den Mann zurück! Er soll an den Ort zurückkehren, den du ihm angewiesen hast, damit er nicht mit uns hinziehe zum Kampf und unser Widersacher werde im Kampf. Denn womit könnte er seinem Herrn einen größeren Gefallen tun als mit den Köpfen unserer Männer?

5 Ist das denn nicht derselbe David, von dem sie sangen im Reigen: Saul hat tausend geschlagen, David aber zehntausend?

¶ 6 Da rief Achisch David und sprach zu ihm: So wahr der Herr lebt: Ich halte dich für redlich und dass du mit mir aus- und einzögest im Heer, gefiele mir gut, denn ich habe nichts Arges an dir gespürt seit der Zeit, da du zu mir gekommen bist, bis heute; aber du gefällst den Fürsten nicht.

7 So kehre nun um und zieh hin mit Frieden, damit du nicht tust, was den Fürsten der Philister nicht gefällt.

8 David aber sprach zu Achisch: Was hab ich getan und was hast du gespürt an deinem Knecht seit der Zeit, da ich dir gedient habe, bis heute, dass ich nicht mitziehen darf und kämpfen gegen die Feinde meines Herrn, des Königs?

9 Achisch antwortete David: Ich weiß es wohl; denn du bist mir lieb wie ein Engel Gottes. Aber die Obersten der Philister haben gesagt: Lass ihn nicht mit uns hinaufziehen in den Kampf!

10 So mach dich nun früh am Morgen auf mit den Knechten deines Herrn, die mit dir gekommen sind; macht euch früh am Morgen auf und zieht weg, sobald es Tag ist.

The Philistines Reject David

29 Now the Philistines had gathered all their forces at Aphek. And the Israelites were encamped by the spring that is in Jezreel.

2 As the lords of the Philistines were passing on by hundreds and by thousands, and David and his men were passing on in the rear with Achish,

3 the commanders of the Philistines said, "What are these Hebrews doing here?" And Achish said to the commanders of the Philistines, "Is this not David, the servant of Saul, king of Israel, who has been with me now for days and years, and since he deserted to me I have found no fault in him to this day."

4 But the commanders of the Philistines were angry with him. And the commanders of the Philistines said to him, "Send the man back, that he may return to the place to which you have assigned him. He shall not go down with us to battle, lest in the battle he become an adversary to us. For how could this fellow reconcile himself to his lord? Would it not be with the heads of the men here?

5 Is not this David, of whom they sing to one another in dances,

'Saul has struck down his thousands,
    and David his ten thousands'?"

¶ 6 Then Achish called David and said to him, "As the Lord lives, you have been honest, and to me it seems right that you should march out and in with me in the campaign. For I have found nothing wrong in you from the day of your coming to me to this day. Nevertheless, the lords do not approve of you.

7 So go back now; and go peaceably, that you may not displease the lords of the Philistines."

8 And David said to Achish, "But what have I done? What have you found in your servant from the day I entered your service until now, that I may not go and fight against the enemies of my lord the king?"

9 And Achish answered David and said, "I know that you are as blameless in my sight as an angel of God. Nevertheless, the commanders of the Philistines have said, 'He shall not go up with us to the battle.'

10 Now then rise early in the morning with the servants of your lord who came with you, and start early in the morning, and depart as soon as you have light."

¶ **11** Da machten sich David und seine Männer früh am Morgen auf, um wegzuziehen und ins Philisterland zurückzukehren. Die Philister aber zogen hinauf nach Jesreel.

Davids Sieg über die Amalekiter

30 Als nun David mit seinen Männern am dritten Tage nach Ziklag kam, waren die Amalekiter eingefallen ins Südland und in Ziklag und hatten Ziklag eingenommen und mit Feuer verbrannt

2 und hatten die Frauen und alles, was in der Stadt war, Klein und Groß, gefangen genommen. Sie hatten aber niemand getötet, sondern sie weggeführt und waren abgezogen.

3 Als nun David mit seinen Männern zur Stadt kam und sah, dass sie mit Feuer verbrannt war und ihre Frauen, Söhne und Töchter gefangen waren,

4 erhoben David und die Leute, die bei ihm waren, ihre Stimme und weinten, bis sie nicht mehr weinen konnten.

5 Auch die beiden Frauen Davids waren gefangen genommen worden: Ahinoam, die Jesreeliterin, und Abigajil, Nabals, des Karmeliters, Frau.

6 Und David geriet in große Bedrängnis, weil die Leute ihn steinigen wollten; denn die Seele des ganzen Volks war erbittert, ein jeder wegen seiner Söhne und Töchter.
¶   David aber stärkte sich in dem HERRN, seinem Gott,

7 und sprach zu dem Priester Abjatar, dem Sohn Ahimelechs: Bringe mir den Efod her! Und als Abjatar den Efod zu David gebracht hatte,

8 befragte David den HERRN und sprach: Soll ich dieser Schar nachjagen und werde ich sie einholen? Er sprach: Jage ihr nach! Du wirst sie einholen und die Gefangenen befreien.

9 Da zog David hin mit den sechshundert Mann, die bei ihm waren. Und als sie an den Bach Besor kamen, blieben etliche zurück.

10 David aber und vierhundert Mann jagten der Schar nach; die zweihundert Mann aber, die zurückblieben, waren zu müde, um über den Bach Besor zu gehen.
¶ **11** Und sie fanden einen Ägypter auf dem Felde; den führten sie zu David und gaben ihm Brot zu essen und Wasser zu trinken

11 So David set out with his men early in the morning to return to the land of the Philistines. But the Philistines went up to Jezreel.

David's Wives Are Captured

30 Now when David and his men came to Ziklag on the third day, the Amalekites had made a raid against the Negeb and against Ziklag. They had overcome Ziklag and burned it with fire

2 and taken captive the women and all[1] who were in it, both small and great. They killed no one, but carried them off and went their way.

3 And when David and his men came to the city, they found it burned with fire, and their wives and sons and daughters taken captive.

4 Then David and the people who were with him raised their voices and wept until they had no more strength to weep.

5 David's two wives also had been taken captive, Ahinoam of Jezreel and Abigail the widow of Nabal of Carmel.

6 And David was greatly distressed, for the people spoke of stoning him, because all the people were bitter in soul,[2] each for his sons and daughters. But David strengthened himself in the LORD his God.

¶ **7** And David said to Abiathar the priest, the son of Ahimelech, "Bring me the ephod." So Abiathar brought the ephod to David.

8 And David inquired of the LORD, "Shall I pursue after this band? Shall I overtake them?" He answered him, "Pursue, for you shall surely overtake and shall surely rescue."

9 So David set out, and the six hundred men who were with him, and they came to the brook Besor, where those who were left behind stayed.

10 But David pursued, he and four hundred men. Two hundred stayed behind, who were too exhausted to cross the brook Besor.

¶ **11** They found an Egyptian in the open country and brought him to David. And they gave him bread and he ate. They gave him water to drink,

12 und gaben ihm ein Stück Feigenkuchen und zwei Rosinenkuchen. Und als er gegessen hatte, kam er wieder zu sich; denn er hatte in drei Tagen und drei Nächten nichts gegessen und kein Wasser getrunken.

13 David sprach zu ihm: Zu wem gehörst du? Und woher bist du? Er sprach: Ich bin ein junger Ägypter, eines Amalekiters Knecht, und mein Herr hat mich zurückgelassen; denn ich wurde vor drei Tagen krank.

14 Wir sind eingefallen in das Südland der Kreter und in Juda und in das Südland Kalebs und haben Ziklag mit Feuer verbrannt.

¶ **15** David sprach zu ihm: Willst du mich hinführen zu dieser Schar? Er sprach: Schwöre mir bei Gott, dass du mich nicht töten noch in meines Herrn Hand übergeben wirst, so will ich dich hinführen zu dieser Schar.

16 Und er führte ihn hin. Und siehe, sie hatten sich ausgebreitet über das ganze Land, aßen und tranken und feierten ein Fest wegen all der großen Beute, die sie mitgenommen hatten aus dem Philisterland und aus Juda.

¶ **17** Und David schlug sie vom Morgen bis zum Abend des nächsten Tages, sodass keiner von ihnen entrann außer vierhundert jungen Männern; die stiegen auf die Kamele und flohen.

18 So gewann David alles zurück, was die Amalekiter genommen hatten, auch seine beiden Frauen,

19 und es fehlte nichts, weder Klein noch Groß, weder Söhne noch Töchter noch Beute noch alles, was sie sich genommen hatten; David brachte es alles zurück

20 und nahm die Schafe und Rinder, und sie trieben das Vieh vor David her und sprachen: Das ist Davids Beute.

¶ **21** Und als David zu den zweihundert Männern kam, die zu müde gewesen waren, um David zu folgen, und am Bach Besor geblieben waren, gingen sie David entgegen und den Leuten, die mit ihm waren. Und David trat zu ihnen und grüßte sie freundlich.

22 Da sprachen böse und heillose Leute unter den Männern, die mit David gezogen waren: Weil sie nicht mit uns gezogen sind, soll man ihnen nichts geben von der Beute, die wir zurückgewonnen haben; sondern jeder nehme nur seine Frau und seine Kinder mit sich und gehe seines Weges.

12 and they gave him a piece of a cake of figs and two clusters of raisins. And when he had eaten, his spirit revived, for he had not eaten bread or drunk water for three days and three nights.

13 And David said to him, "To whom do you belong? And where are you from?" He said, "I am a young man of Egypt, servant to an Amalekite, and my master left me behind because I fell sick three days ago.

14 We had made a raid against the Negeb of the Cherethites and against that which belongs to Judah and against the Negeb of Caleb, and we burned Ziklag with fire."

15 And David said to him, "Will you take me down to this band?" And he said, "Swear to me by God that you will not kill me or deliver me into the hands of my master, and I will take you down to this band."

David Defeats the Amalekites

¶ **16** And when he had taken him down, behold, they were spread abroad over all the land, eating and drinking and dancing, because of all the great spoil they had taken from the land of the Philistines and from the land of Judah.

17 And David struck them down from twilight until the evening of the next day, and not a man of them escaped, except four hundred young men, who mounted camels and fled.

18 David recovered all that the Amalekites had taken, and David rescued his two wives.

19 Nothing was missing, whether small or great, sons or daughters, spoil or anything that had been taken. David brought back all.

20 David also captured all the flocks and herds, and the people drove the livestock before him,[3] and said, "This is David's spoil."

¶ **21** Then David came to the two hundred men who had been too exhausted to follow David, and who had been left [k]at the brook Besor. And they went out to meet David and to meet the people who were with him. And when David came near to the people he greeted them.

22 Then all the wicked and worthless fellows among the men who had gone with David said, "Because they did not go with us, we will not give them any of the spoil that we have recovered, except that each man may lead away his wife and children, and depart."

¶ 23 Da sprach David: Ihr sollt nicht so tun, meine Brüder, mit dem, was uns der HERR gegeben hat; er hat uns behütet und diese Schar, die über uns gekommen war, in unsere Hände gegeben.

24 Wer sollte in dieser Sache auf euch hören? Wie der Anteil derjenigen, die in den Kampf gezogen sind, so soll auch der Anteil derjenigen sein, die beim Tross geblieben sind; jeder soll den gleichen Anteil haben.

25 Und so blieb es weiterhin von diesem Tag an; und er machte es zu Satzung und Recht für Israel bis auf diesen Tag.

¶ 26 Und als David nach Ziklag kam, sandte er von der Beute den Ältesten in Juda, seinen Freunden, und ließ sagen: Da habt ihr eine Segensgabe aus der Beute der Feinde des HERRN, –

27 nämlich denen zu Betul, denen zu Rama im Südland, denen zu Jattir,

28 denen zu Aroër, denen zu Sifmot, denen zu Eschtemoa,

29 denen zu Karmel, denen in den Städten der Jerachmeeliter, denen in den Städten der Keniter,

30 denen zu Horma, denen zu Bor-Aschan, denen zu Atach,

31 denen zu Hebron und allen Orten, wo David mit seinen Männern aus- und eingegangen war.

Das Ende Sauls und seiner Söhne
(vgl. 1.Chr 10,1-12)

31 Die Philister aber kämpften gegen Israel und die Männer Israels flohen vor den Philistern und blieben erschlagen liegen auf dem Gebirge Gilboa.

2 Und die Philister waren hinter Saul und seinen Söhnen her und erschlugen Jonatan und Abinadab und Malkischua, die Söhne Sauls.

3 Und der Kampf tobte heftig um Saul, und die Bogenschützen fanden ihn und er wurde schwer verwundet von den Schützen.

¶ 4 Da sprach Saul zu seinem Waffenträger: Zieh dein Schwert und erstich mich damit, dass nicht diese Unbeschnittenen kommen und mich erstechen und treiben ihren Spott mit mir. Aber sein Waffenträger wollte nicht, denn er fürchtete sich sehr. Da nahm Saul das Schwert und stürzte sich hinein.

5 Als nun sein Waffenträger sah, dass Saul tot war, stürzte auch er sich in sein Schwert und starb mit ihm.

23 But David said, "You shall not do so, my brothers, with what the LORD has given us. He has preserved us and given into our hand the band that came against us.

24 Who would listen to you in this matter? For as his share is who goes down into the battle, so shall his share be who stays by the baggage. They shall share alike."

25 And he made it a statute and a rule for Israel from that day forward to this day.

¶ 26 When David came to Ziklag, he sent part of the spoil to his friends, the elders of Judah, saying, "Here is a present for you from the spoil of the enemies of the LORD."

27 It was for those in Bethel, in Ramoth of the Negeb, in Jattir,

28 in Aroer, in Siphmoth, in Eshtemoa,

29 in Racal, in the cities of the Jerahmeelites, in the cities of the Kenites,

30 in Hormah, in Bor-ashan, in Athach,

31 in Hebron, for all the places where David and his men had roamed.

The Death of Saul

31 Now the Philistines fought against Israel, and the men of Israel fled before the Philistines and fell slain on Mount Gilboa.

2 And the Philistines overtook Saul and his sons, and the Philistines struck down Jonathan and Abinadab and Malchi-shua, the sons of Saul.

3 The battle pressed hard against Saul, and the archers found him, and he was badly wounded by the archers.

4 Then Saul said to his armor-bearer, "Draw your sword, and thrust me through with it, lest these uncircumcised come and thrust me through, and mistreat me." But his armor-bearer would not, for he feared greatly. Therefore Saul took his own sword and fell upon it.

5 And when his armor-bearer saw that Saul was dead, he also fell upon his sword and died with him.

6 So starben Saul und seine drei Söhne und sein Waffenträger und alle seine Männer miteinander an diesem Tage.

7 Als aber die Männer Israels, die jenseits der Ebene und gegen den Jordan hin wohnten, sahen, dass die Männer Israels geflohen und Saul und seine Söhne tot waren, verließen sie die Städte und flohen auch. Da kamen die Philister und wohnten darin.

¶ **8** Am andern Tage kamen die Philister, um die Erschlagenen auszuplündern, und fanden Saul und seine drei Söhne, wie sie gefallen auf dem Gebirge Gilboa lagen.

9 Da hieben sie ihm sein Haupt ab und nahmen ihm seine Rüstung ab und sandten sie im Philisterland umher, um es zu verkünden im Hause ihrer Götzen und unter dem Volk.

10 Und sie legten seine Rüstung in das Haus der Astarte, aber seinen Leichnam hängten sie auf an der Mauer von Bet-Schean.

¶ **11** Als die Leute von Jabesch in Gilead hörten, was die Philister Saul angetan hatten,

12 machten sich alle streitbaren Männer auf und gingen die ganze Nacht hindurch und nahmen die Leichname Sauls und seiner Söhne von der Mauer zu Bet-Schean und brachten sie nach Jabesch und salbten sie dort.

13 Und sie nahmen ihre Gebeine und begruben sie unter dem Tamariskenbaum bei Jabesch und fasteten sieben Tage.

6 Thus Saul died, and his three sons, and his armor-bearer, and all his men, on the same day together.

7 And when the men of Israel who were on the other side of the valley and those beyond the Jordan saw that the men of Israel had fled and that Saul and his sons were dead, they abandoned their cities and fled. And the Philistines came and lived in them.

¶ **8** The next day, when the Philistines came to strip the slain, they found Saul and his three sons fallen on Mount Gilboa.

9 So they cut off his head and stripped off his armor and sent messengers throughout the land of the Philistines, to carry the good news to the house of their idols and to the people.

10 They put his armor in the temple of Ashtaroth, and they fastened his body to the wall of Beth-shan.

11 But when the inhabitants of Jabesh-gilead heard what the Philistines had done to Saul,

12 all the valiant men arose and went all night and took the body of Saul and the bodies of his sons from the wall of Beth-shan, and they came to Jabesh and burned them there.

13 And they took their bones and buried them under the tamarisk tree in Jabesh and fasted seven days.

DAS ZWEITE BUCH SAMUEL

2 SAMUEL

David lässt den Überbringer von Sauls Krone töten

1 Nach dem Tode Sauls, als David aus der Schlacht mit den Amalekitern zurückgekommen und zwei Tage in Ziklag geblieben war,

2 siehe, da kam am dritten Tage ein Mann aus dem Heer von Saul mit zerrissenen Kleidern und mit Erde auf seinem Haupt. Und als er zu David kam, fiel er nieder zur Erde und huldigte ihm.

3 David aber sprach zu ihm: Wo kommst du her? Er sprach zu ihm: Aus dem Heer Israels bin ich entronnen.

4 David sprach zu ihm: Sage mir, wie steht es? Er sprach: Das Volk ist geflohen aus der Schlacht und es sind viele vom Volk gefallen; dazu ist auch Saul tot und sein Sohn Jonatan.

¶ **5** David sprach zu dem jungen Mann, der ihm das sagte: Woher weißt du, dass Saul und sein Sohn Jonatan tot sind?

6 Der junge Mann, der ihm das sagte, sprach: Ich kam von ungefähr aufs Gebirge Gilboa, und siehe, Saul lehnte sich auf seinen Spieß, und die Wagen mit ihren Kämpfern waren hart an mir.

7 Und er wandte sich um und sah mich und rief mich. Und ich sprach: Hier bin ich.

8 Und er sprach zu mir: Wer bist du? Ich sprach zu ihm: Ich bin ein Amalekiter.

9 Und er sprach zu mir: Tritt her zu mir und töte mich; denn mir wird schwarz vor den Augen, aber mein Leben ist noch ganz in mir.

10 Da trat ich zu ihm und tötete ihn, denn ich wusste, dass er nicht leben könnte nach seinem Fall; und ich nahm die Krone von seinem Haupt und das Armgeschmeide von seinem Arm und habe es hergebracht zu dir, meinem Herrn.

¶ **11** Da fasste David seine Kleider und zerriss sie, und ebenso taten alle Männer, die bei ihm waren,

David Hears of Saul's Death

1 After the death of Saul, when David had returned from striking down the Amalekites, David remained two days in Ziklag.

2 And on the third day, behold, a man came from Saul's camp, with his clothes torn and dirt on his head. And when he came to David, he fell to the ground and paid homage.

3 David said to him, "Where do you come from?" And he said to him, "I have escaped from the camp of Israel."

4 And David said to him, "How did it go? Tell me." And he answered, "The people fled from the battle, and also many of the people have fallen and are dead, and Saul and his son Jonathan are also dead."

5 Then David said to the young man who told him, "How do you know that Saul and his son Jonathan are dead?"

6 And the young man who told him said, "By chance I happened to be on Mount Gilboa, and there was Saul leaning on his spear, and behold, the chariots and the horsemen were close upon him.

7 And when he looked behind him, he saw me, and called to me. And I answered, 'Here I am.'

8 And he said to me, 'Who are you?' I answered him, 'I am an Amalekite.'

9 And he said to me 'Stand beside me and kill me, for anguish has seized me, and yet my life still lingers.'

10 So I stood beside him and killed him, because I was sure that he could not live after he had fallen. And I took the crown that was on his head and the armlet that was on his arm, and I have brought them here to my lord."

¶ **11** Then David took hold of his clothes and tore them, and so did all the men who were with him.

12 und sie hielten Totenklage und weinten und fasteten bis zum Abend um Saul und seinen Sohn Jonatan und um das Volk des HERRN und um das Haus Israel, weil sie durchs Schwert gefallen waren.

¶ **13** Und David sprach zu dem jungen Mann, der es ihm angesagt hatte: Wo bist du her? Er sprach: Ich bin der Sohn eines Fremdlings, eines Amalekiters.

14 David sprach zu ihm: Wie, du hast dich nicht gefürchtet, deine Hand zu erheben gegen den Gesalbten des HERRN, um ihn zu töten?

15 Und David rief einen seiner Leute und sprach: Komm her und schlag ihn nieder! Und er schlug ihn nieder, dass er starb.

16 Und David sprach zu ihm: Dein Blut komme auf dein Haupt; denn dein Mund hat gegen dich selbst geredet, als du sagtest: Ich habe den Gesalbten des HERRN getötet.

Davids Klagelied über Saul und Jonatan

17 Und David sang dies Klagelied über Saul und Jonatan, seinen Sohn,

18 und befahl, man solle die Leute von Juda das Bogenlied lehren. Siehe, es steht geschrieben im Buch des Redlichen:

19 Die Edelsten in Israel sind auf deinen
    Höhen erschlagen.
    Wie sind die Helden gefallen!

20 Sagt's nicht an in Gat,
    verkündet's nicht auf den Gassen in
      Aschkelon,
    dass sich nicht freuen die Töchter der
      Philister,
    dass nicht frohlocken die Töchter der
      Unbeschnittenen.

21 Ihr Berge von Gilboa,
    es soll weder tauen noch regnen auf
      euch, ihr trügerischen Gefilde;
    denn daselbst ist der Helden Schild
      verworfen,
    der Schild Sauls, als sei er nicht gesalbt
      mit Öl.

22 Der Bogen Jonatans hat nie gefehlt,
    und das Schwert Sauls ist nie leer
      zurückgekommen
    von dem Blut der Erschlagenen
    und vom Mark der Helden.

23 Saul und Jonatan, geliebt und einander
    zugetan,
    im Leben und im Tod nicht
      geschieden;
    schneller waren sie als die Adler
    und stärker als die Löwen.

12 And they mourned and wept and fasted until evening for Saul and for Jonathan his son and for the people of the LORD and for the house of Israel, because they had fallen by the sword.

13 And David said to the young man who told him, "Where do you come from?" And he answered, "I am the son of a sojourner, an Amalekite."

14 David said to him, "How is it you were not afraid to put out your hand to destroy the LORD's anointed?"

15 Then David called one of the young men and said, "Go, execute him." And he struck him down so that he died.

16 And David said to him, "Your blood be on your head, for your own mouth has testified against you, saying, 'I have killed the LORD's anointed.'"

David's Lament for Saul and Jonathan

¶ **17** And David lamented with this lamentation over Saul and Jonathan his son,

18 and he said it[1] should be taught to the people of Judah; behold, it is written in the Book of Jashar.[2] He said:

19 "Your glory, O Israel, is slain on your
    high places!
    How the mighty have fallen!

20 Tell it not in Gath,
    publish it not in the streets of
      Ashkelon,
    lest the daughters of the Philistines
      rejoice,
    lest the daughters of the uncircumcised exult.

21 "You mountains of Gilboa,
    let there be no dew or rain upon you,
    nor fields of offerings![3]
    For there the shield of the mighty was
      defiled,
    the shield of Saul, not anointed with
      oil.

22 "From the blood of the slain,
    from the fat of the mighty,
    the bow of Jonathan turned not back,
    and the sword of Saul returned not
      empty.

23 "Saul and Jonathan, beloved and lovely!
    In life and in death they were not
      divided;
    they were swifter than eagles;
    they were stronger than lions.

24 Ihr Töchter Israel, weint über Saul,
    der euch kleidete mit kostbarem
        Purpur
    und euch schmückte mit goldenen
        Kleinoden
    an euren Kleidern.

25 Wie sind die Helden gefallen im Streit!
    Jonatan ist auf deinen Höhen
        erschlagen!

26 Es ist mir leid um dich, mein Bruder
        Jonatan,
    ich habe große Freude und Wonne an
        dir gehabt;
    deine Liebe ist mir wundersamer
        gewesen,
    als Frauenliebe ist.

27 Wie sind die Helden gefallen
    und die Streitbaren umgekommen.

David wird König über Juda, Isch-Boschet über Israel

2 Bald danach befragte David den HERRN
und sprach: Soll ich hinauf in eine der
Städte Judas ziehen? Und der HERR sprach zu
ihm: Zieh hinauf! David sprach: Wohin? Er
sprach: Nach Hebron.

2 So zog David dorthin mit seinen beiden
Frauen, Ahinoam, der Jesreeliterin, und mit
Abigajil, der Frau Nabals, des Karmeliters.

3 Auch die Männer, die bei ihm waren,
führte David hinauf, einen jeden mit seinem
Hause, und sie wohnten in den Städten von
Hebron.

4 Und die Männer Judas kamen und
salbten dort David zum König über das Haus
Juda.

¶ Und als David angesagt wurde, dass die
Männer von Jabesch in Gilead Saul begraben
hatten,

5 sandte er Boten zu ihnen und ließ ihnen
sagen: Gesegnet seid ihr vom HERRN, weil ihr
solche Barmherzigkeit an Saul, eurem Herrn,
getan und ihn begraben habt.

6 So tue nun der HERR an euch Barmherzigkeit und Treue, und auch ich will euch
Gutes tun, weil ihr das getan habt.

7 Seid nun getrosten Mutes und wackere
Männer; denn Saul, euer Herr, ist tot und
mich hat das Haus Juda über sich zum König
gesalbt.

¶ 8 Abner aber, der Sohn Ners, der Sauls
Feldhauptmann war, nahm Isch-Boschet*,
Sauls Sohn, und führte ihn nach Mahanajim

24 "You daughters of Israel, weep over Saul,
    who clothed you luxuriously in scarlet,
    who put ornaments of gold on your
        apparel.

25 "How the mighty have fallen
    in the midst of the battle!

"Jonathan lies slain on your high places.
26 I am distressed for you, my brother
        Jonathan;
    very pleasant have you been to me;
    your love to me was extraordinary,
    surpassing the love of women.

27 "How the mighty have fallen,
    and the weapons of war perished!"

David Anointed King of Judah

2 After this David inquired of the LORD,
"Shall I go up into any of the cities of
Judah?" And the LORD said to him, "Go up."
David said, "To which shall I go up?" And he
said, "To Hebron."

2 So David went up there, and his two
wives also, Ahinoam of Jezreel and Abigail the
widow of Nabal of Carmel.

3 And David brought up his men who
were with him, everyone with his household,
and they lived in the towns of Hebron.

4 And the men of Judah came, and there
they anointed David king over the house of
Judah.

¶ When they told David, "It was the men
of Jabesh-gilead who buried Saul,"

5 David sent messengers to the men of
Jabesh-gilead and said to them, "May you be
blessed by the LORD, because you showed this
loyalty to Saul your lord and buried him.

6 Now may the LORD show steadfast love
and faithfulness to you. And I will do good to
you because you have done this thing.

7 Now therefore let your hands be strong,
and be valiant, for Saul your lord is dead, and
the house of Judah has anointed me king over
them."

Ish-bosheth Made King of Israel

¶ 8 But Abner the son of Ner, commander
of Saul's army, took Ish-bosheth the son of Saul
and brought him over to Mahanaim,

9 und machte ihn zum König über Gilead, Asser, Jesreel, Ephraim, Benjamin und über ganz Israel.

10 Und Isch-Boschet, Sauls Sohn, war vierzig Jahre alt, als er König wurde über Israel, und regierte zwei Jahre. Doch das Haus Juda hielt es mit David.

11 Die Zeit aber, die David König war zu Hebron über das Haus Juda, war sieben Jahre und sechs Monate.

Bruderkrieg zwischen Israel und Juda

12 Und Abner, der Sohn Ners, zog aus mit den Männern Isch-Boschets, des Sohnes Sauls, von Mahanajim nach Gibeon,

13 und Joab, der Sohn der Zeruja, zog aus mit den Männern Davids. Und sie stießen aufeinander am Teich von Gibeon und lagerten sich, die einen auf dieser Seite des Teiches, die andern auf jener.

14 Und Abner sprach zu Joab: Lass die jungen Männer sich aufmachen zum Kampfspiel vor uns! Joab sprach: Es sei!

15 Da machten sich auf und gingen hin zwölf an der Zahl aus Benjamin auf der Seite Isch-Boschets, des Sohnes Sauls, und zwölf von den Männern Davids.

16 Und ein jeder ergriff den andern bei dem Kopf und stieß ihm sein Schwert in die Seite und sie fielen miteinander. Daher wird der Ort »Helkat-Hazzurim*« genannt; er liegt bei Gibeon.

¶ **17** Und es erhob sich ein sehr harter Kampf an diesem Tage. Abner aber und die Männer von Israel wurden geschlagen von den Männern Davids.

18 Es waren aber die drei Söhne der Zeruja dabei, Joab, Abischai und Asaël. Asaël aber war schnellfüßig wie ein Reh auf dem Felde

19 und jagte Abner nach und wich nicht von ihm weder zur Rechten noch zur Linken.

20 Da wandte sich Abner um und sprach: Bist du es, Asaël? Er sprach: Ja.

21 Abner sprach zu ihm: Wende dich zur Rechten oder zur Linken und mach dich an einen der Männer heran und nimm ihm seine Waffen. Aber Asaël wollte nicht von ihm ablassen.

22 Da sprach Abner noch einmal zu Asaël: Lass ab von mir! Warum willst du, dass ich dich zu Boden schlage? Wie dürfte ich dann mein Antlitz aufheben vor deinem Bruder Joab?

9 and he made him king over Gilead and the Ashurites and Jezreel and Ephraim and Benjamin and all Israel.

10 Ish-bosheth, Saul's son, was forty years old when he began to reign over Israel, and he reigned two years. But the house of Judah followed David.

11 And the time that David was king in Hebron over the house of Judah was seven years and six months.

The Battle of Gibeon

¶ **12** Abner the son of Ner, and the servants of Ish-bosheth the son of Saul, went out from Mahanaim to Gibeon.

13 And Joab the son of Zeruiah and the servants of David went out and met them at the pool of Gibeon. And they sat down, the one on the one side of the pool, and the other on the other side of the pool.

14 And Abner said to Joab, "Let the young men arise and compete before us." And Joab said, "Let them arise."

15 Then they arose and passed over by number, twelve for Benjamin and Ish-bosheth the son of Saul, and twelve of the servants of David.

16 And each caught his opponent by the head and thrust his sword in his opponent's side, so they fell down together. Therefore that place was called Helkath-hazzurim,[1] which is at Gibeon.

17 And the battle was very fierce that day. And Abner and the men of Israel were beaten before the servants of David.

¶ **18** And the three sons of Zeruiah were there, Joab, Abishai, and Asahel. Now Asahel was as swift of foot as a wild gazelle.

19 And Asahel pursued Abner, and as he went, he turned neither to the right hand nor to the left from following Abner.

20 Then Abner looked behind him and said, "Is it you, Asahel?" And he answered, "It is I."

21 Abner said to him, "Turn aside to your right hand or to your left, and seize one of the young men and take his spoil." But Asahel would not turn aside from following him.

22 And Abner said again to Asahel, "Turn aside from following me. Why should I strike you to the ground? How then could I lift up my face to your brother Joab?"

23 Aber er weigerte sich, von ihm abzulassen. Da stieß ihn Abner mit dem Schaft des Spießes in den Leib, sodass der Spieß hinten herauskam; und er fiel hin und starb an eben der Stelle. Und wer an die Stelle kam, wo Asaël tot lag, der blieb stehen.

¶ **24** Aber Joab und Abischai jagten Abner nach, bis die Sonne unterging. Und als sie auf den Hügel Amma kamen, der vor Giach liegt auf dem Wege zur Steppe von Geba,

25 versammelten sich die Benjaminiter um Abner und bildeten eine Schar und traten oben auf den Hügel.

26 Und Abner rief Joab zu und sprach: Soll denn das Schwert ohne Ende fressen? Weißt du nicht, dass daraus am Ende nur Jammer kommen wird? Wie lange willst du dem Volk nicht sagen, dass es ablassen soll von seinen Brüdern?

27 Joab sprach: So wahr Gott lebt: Wenn du das eher gesagt hättest, so hätte schon heute Morgen jeder im Volk von seinem Bruder abgelassen.

28 Und Joab ließ die Posaune blasen, und das ganze Volk stand still und jagte Israel nicht mehr nach und kämpfte auch nicht weiter.

¶ **29** Abner aber und seine Männer gingen die ganze Nacht durchs Jordantal und gingen über den Jordan und zogen durchs ganze Bitron, bis sie nach Mahanajim kamen.

30 Joab aber wandte sich von Abner ab und sammelte das ganze Volk, und es fehlten von den Männern Davids neunzehn Mann und Asaël.

31 Aber die Männer Davids hatten von Benjamin und den Männern Abners dreihundertundsechzig Mann erschlagen.

32 Und sie hoben Asaël auf und begruben ihn in seines Vaters Grab in Bethlehem. Und Joab und seine Männer zogen weiter die ganze Nacht, bis ihnen das Tageslicht anbrach in Hebron.

Davids Söhne

3 Und es war ein langer Kampf zwischen dem Hause Sauls und dem Hause Davids. David aber nahm immer mehr zu an Macht und das Haus Sauls nahm immer mehr ab.

¶ **2** Und es wurden David Söhne geboren zu Hebron. Sein erstgeborener Sohn war Amnon, von Ahinoam, der Jesreeliterin;

3 der zweite: Kilab, von Abigajil, der Frau des Karmeliters Nabal; der dritte: Absalom, der Sohn der Maacha, der Tochter Talmais, des Königs von Geschur;

23 But he refused to turn aside. Therefore Abner struck him in the stomach with the butt of his spear, so that the spear came out at his back. And he fell there and died where he was. And all who came to the place where Asahel had fallen and died, stood still.

¶ **24** But Joab and Abishai pursued Abner. And as the sun was going down they came to the hill of Ammah, which lies before Giah on the way to the wilderness of Gibeon.

25 And the people of Benjamin gathered themselves together behind Abner and became one group and took their stand on the top of a hill.

26 Then Abner called to Joab, "Shall the sword devour forever? Do you not know that the end will be bitter? How long will it be before you tell your people to turn from the pursuit of their brothers?"

27 And Joab said, "As God lives, if you had not spoken, surely the men would not have given up the pursuit of their brothers until the morning."

28 So Joab blew the trumpet, and all the men stopped and pursued Israel no more, nor did they fight anymore.

¶ **29** And Abner and his men went all that night through the Arabah. They crossed the Jordan, and marching the whole morning, they came to Mahanaim.

30 Joab returned from the pursuit of Abner. And when he had gathered all the people together, there were missing from David's servants nineteen men besides Asahel.

31 But the servants of David had struck down of Benjamin 360 of Abner's men.

32 And they took up Asahel and buried him in the tomb of his father, which was at Bethlehem. And Joab and his men marched all night, and the day broke upon them at Hebron.

Abner Joins David

3 There was a long war between the house of Saul and the house of David. And David grew stronger and stronger, while the house of Saul became weaker and weaker.

¶ **2** And sons were born to David at Hebron: his firstborn was Amnon, of Ahinoam of Jezreel;

3 and his second, Chileab, of Abigail the widow of Nabal of Carmel; and the third, Absalom the son of Maacah the daughter of Talmai king of Geshur;

4 der vierte: Adonija, der Sohn der Haggit; der fünfte: Schefatja, der Sohn der Abital;

5 der sechste: Jitream, von Egla, der Frau Davids. Diese wurden David geboren zu Hebron.

Abner geht zu David über

6 Solange der Kampf währte zwischen dem Hause Sauls und dem Hause Davids, stärkte Abner das Haus Sauls.

7 Und Saul hatte eine Nebenfrau, die hieß Rizpa, eine Tochter Ajas. Und Isch-Boschet sprach zu Abner: Warum bist du zu meines Vaters Nebenfrau eingegangen?

8 Da wurde Abner sehr zornig über die Worte Isch-Boschets und sprach: Bin ich denn ein Hundskopf aus Juda? Heute erweise ich mich freundlich dem Hause Sauls, deines Vaters, und seinen Brüdern und Freunden und habe dich nicht in Davids Hände gegeben, und du rechnest mir heute eine Schuld an wegen einer Frau?

9 Gott tue Abner dies und das, wenn ich nicht tue, wie der HERR dem David geschworen hat,

10 dass das Königtum vom Hause Sauls genommen und der Thron Davids aufgerichtet werde über Israel und Juda von Dan bis Beerscheba!

11 Da konnte er Abner kein Wort mehr antworten, so fürchtete er sich vor ihm.

¶ **12** Und Abner sandte Boten für sich zu David und ließ ihm sagen: Wem gehört das Land? Schließe du einen Bund mit mir; siehe, meine Hand soll mit dir sein, dass ich dir ganz Israel zuführe.

13 David sprach: Gut, ich will einen Bund mit dir schließen. Aber eins fordere ich von dir: Du sollst mein Angesicht nicht sehen, es sei denn, du bringst Michal, Sauls Tochter, zu mir, wenn du kommst, mein Angesicht zu sehen.

14 Auch sandte David Boten zu Isch-Boschet, dem Sohn Sauls, und ließ ihm sagen: Gib mir meine Frau Michal, die ich mir gewonnen habe mit hundert Vorhäuten der Philister.

15 Isch-Boschet sandte hin und ließ sie wegnehmen ihrem Mann Paltiël, dem Sohn des Lajisch.

16 Und ihr Mann ging mit ihr und weinte hinter ihr her bis Bahurim. Da sprach Abner zu ihm: Kehre um und geh heim! Und er kehrte um.

¶ **17** Und Abner besprach sich mit den Ältesten in Israel und sprach: Ihr habt schon längst danach verlangt, dass David König über euch sei.

4 and the fourth, Adonijah the son of Haggith; and the fifth, Shephatiah the son of Abital;

5 and the sixth, Ithream, of Eglah, David's wife. These were born to David in Hebron.

¶ **6** While there was war between the house of Saul and the house of David, Abner was making himself strong in the house of Saul.

7 Now Saul had a concubine whose name was Rizpah, the daughter of Aiah. And Ish-bosheth said to Abner, "Why have you gone in to my father's concubine?"

8 Then Abner was very angry over the words of Ish-bosheth and said, "Am I a dog's head of Judah? To this day I keep showing steadfast love to the house of Saul your father, to his brothers, and to his friends, and have not given you into the hand of David. And yet you charge me today with a fault concerning a woman.

9 God do so to Abner and more also, if I do not accomplish for David what the LORD has sworn to him,

10 to transfer the kingdom from the house of Saul and set up the throne of David over Israel and over Judah, from Dan to Beersheba."

11 And Ish-bosheth could not answer Abner another word, because he feared him.

¶ **12** And Abner sent messengers to David on his behalf,[1] saying, "To whom does the land belong? Make your covenant with me, and behold, my hand shall be with you to bring over all Israel to you."

13 And he said, "Good; I will make a covenant with you. But one thing I require of you; that is, you shall not see my face unless you first bring Michal, Saul's daughter, when you come to see my face."

14 Then David sent messengers to Ish-bosheth, Saul's son, saying, "Give me my wife Michal, for whom I paid the bridal price of a hundred foreskins of the Philistines."

15 And Ish-bosheth sent and took her from her husband Paltiel the son of Laish.

16 But her husband went with her, weeping after her all the way to Bahurim. Then Abner said to him, "Go, return." And he returned.

¶ **17** And Abner conferred with the elders of Israel, saying, "For some time past you have been seeking David as king over you.

18 So tut's nun, denn der HERR hat von David gesagt: Durch die Hand meines Knechtes David will ich mein Volk Israel erretten aus der Hand der Philister und aller seiner Feinde.

19 Das tat Abner auch Benjamin kund und ging dann hin, um auch David in Hebron alles kundzutun, was Israel und das ganze Haus Benjamin für gut hielten.

20 Als nun Abner nach Hebron zu David kam und mit ihm zwanzig Mann, machte ihnen David ein Mahl.

21 Und Abner sprach zu David: Ich will mich aufmachen und hingehen, um ganz Israel zu meinem Herrn, dem König, zu sammeln, damit sie einen Bund mit dir schließen, auf dass du König seist, wie es dein Herz begehrt. Dann entließ David den Abner, sodass er hinging mit Frieden.

Abners Tod

22 Und siehe, die Männer Davids und Joab kamen von einem Streifzug zurück und brachten eine große Beute mit. Abner aber war nicht mehr bei David in Hebron, sondern er hatte ihn entlassen, sodass er mit Frieden weggegangen war.

23 Als aber Joab und das ganze Heer mit ihm kam, wurde ihm angesagt, dass Abner, der Sohn Ners, zum König gekommen sei und der habe ihn entlassen, sodass er mit Frieden weggegangen war.

24 Da ging Joab zum König hinein und sprach: Was hast du getan? Siehe, Abner ist zu dir gekommen; warum hast du ihn fortgelassen, dass er weggegangen ist?

25 Kennst du Abner, den Sohn Ners, nicht? Er ist gekommen, dich zu überlisten, dass er erkunde dein Kommen und Gehen und alles erfahre, was du tust.

¶ **26** Und als Joab von David wegging, sandte er Abner Boten nach, um ihn zurückzuholen von Bor-Sira; aber David wusste nichts davon.

27 Als nun Abner nach Hebron zurückkam, führte ihn Joab im Tor beiseite, um heimlich mit ihm zu reden, und stach ihn dort in den Leib, dass er starb, um des Blutes seines Bruders Asaël willen.

28 Als David das hernach erfuhr, sprach er: Ich und mein Königtum sind unschuldig vor dem HERRN ewiglich an dem Blut Abners, des Sohnes Ners;

18 Now then bring it about, for the LORD has promised David, saying, 'By the hand of my servant David I will save my people Israel from the hand of the Philistines, and from the hand of all their enemies.'"

19 Abner also spoke to Benjamin. And then Abner went to tell David at Hebron all that Israel and the whole house of Benjamin thought good to do.

¶ **20** When Abner came with twenty men to David at Hebron, David made a feast for Abner and the men who were with him.

21 And Abner said to David, "I will arise and go and will gather all Israel to my lord the king, that they may make a covenant with you, and that you may reign over all that your heart desires." So David sent Abner away, and he went in peace.

¶ **22** Just then the servants of David arrived with Joab from a raid, bringing much spoil with them. But Abner was not with David at Hebron, for he had sent him away, and he had gone in peace.

23 When Joab and all the army that was with him came, it was told Joab, "Abner the son of Ner came to the king, and he has let him go, and he has gone in peace."

24 Then Joab went to the king and said, "What have you done? Behold, Abner came to you. Why is it that you have sent him away, so that he is gone?

25 You know that Abner the son of Ner came to deceive you and to know your going out and your coming in, and to know all that you are doing."

Joab Murders Abner

¶ **26** When Joab came out from David's presence, he sent messengers after Abner, and they brought him back from the cistern of Sirah. But David did not know about it.

27 And when Abner returned to Hebron, Joab took him aside into the midst of the gate to speak with him privately, and there he struck him in the stomach, so that he died, for the blood of Asahel his brother.

28 Afterward, when David heard of it, he said, "I and my kingdom are forever guiltless before the LORD for the blood of Abner the son of Ner.

29 es falle aber auf den Kopf Joabs und auf das ganze Haus seines Vaters, und es soll nicht aufhören im Hause Joabs, dass einer Eiterfluss und Aussatz habe oder am Stabe gehe oder durchs Schwert falle oder an Brot Mangel habe!

30 Joab und sein Bruder Abischai hatten Abner nach dem Leben getrachtet, weil er ihren Bruder Asaël im Kampf bei Gibeon getötet hatte.

¶ **31** David aber sprach zu Joab und allem Volk, das bei ihm war: Zerreißt eure Kleider und gürtet euch den Sack um und haltet die Totenklage um Abner! Und der König folgte der Bahre.

32 Und als sie Abner begruben in Hebron, erhob der König seine Stimme und weinte bei dem Grabe Abners, und auch alles Volk weinte.

33 Und der König klagte um Abner und sprach: Musste Abner sterben, wie ein Gottloser stirbt?

34 Deine Hände waren nicht gebunden, deine Füße waren nicht in Ketten gelegt. Und doch bist du gefallen, wie man vor Ruchlosen fällt.

¶   Da beweinte ihn alles Volk noch mehr.

35 Als nun alles Volk kam, während es noch Tag war, um David zum Essen zu nötigen, schwor David und sprach: Gott tue mir dies und das, wenn ich Brot oder sonst etwas zu mir nehme, ehe die Sonne untergeht!

36 Und alles Volk nahm es wahr und es gefiel ihnen gut, wie alles, was der König tat, dem ganzen Volke wohlgefiel.

37 Und alles Volk und ganz Israel merkten an diesem Tage, dass es nicht vom König ausgegangen war, dass Abner, der Sohn Ners, getötet wurde.

38 Und der König sprach zu seinen Männern: Wisst ihr nicht, dass an diesem Tag ein Fürst und Großer gefallen ist in Israel?

39 Ich aber bin heute noch schwach, obwohl ich zum König gesalbt bin. Aber diese Männer, die Söhne der Zeruja, sind härter als ich. Der HERR vergelte dem, der Böses tut, nach seiner Bosheit.

Isch-Boschets Ende

4 Als aber der Sohn Sauls hörte, dass Abner in Hebron umgekommen war, entfiel ihm der Mut, und ganz Israel erschrak.

29 May it fall upon the head of Joab and upon all his father's house, and may the house of Joab never be without one who has a discharge or who is leprous or who holds a spindle or who falls by the sword or who lacks bread!"

30 So Joab and Abishai his brother killed Abner, because he had put their brother Asahel to death in the battle at Gibeon.

David Mourns Abner

¶ **31** Then David said to Joab and to all the people who were with him, "Tear your clothes and put on sackcloth and mourn before Abner." And King David followed the bier.

32 They buried Abner at Hebron. And the king lifted up his voice and wept at the grave of Abner, and all the people wept.

33 And the king lamented for Abner, saying,

"Should Abner die as a fool dies?

34 Your hands were not bound;
    your feet were not fettered;
as one falls before the wicked
    you have fallen."

And all the people wept again over him.

35 Then all the people came to persuade David to eat bread while it was yet day. But David swore, saying, "God do so to me and more also, if I taste bread or anything else till the sun goes down!"

36 And all the people took notice of it, and it pleased them, as everything that the king did pleased all the people.

37 So all the people and all Israel understood that day that it had not been the king's will to put to death Abner the son of Ner.

38 And the king said to his servants, "Do you not know that a prince and a great man has fallen this day in Israel?

39 And I was gentle today, though anointed king. These men, the sons of Zeruiah, are more severe than I. The LORD repay the evildoer according to his wickedness!"

Ish-bosheth Murdered

4 When Ish-bosheth, Saul's son, heard that Abner had died at Hebron, his courage failed, and all Israel was dismayed.

2 Es hatte aber der Sohn Sauls zwei Männer als Hauptleute der Streifscharen; der eine hieß Baana, der andere Rechab, Söhne Rimmons von Beerot aus dem Stamm Benjamin. Denn Beerot wurde auch zu Benjamin gerechnet;

3 dann aber flohen die Beerotiter nach Gittajim und wohnten dort gastweise bis auf den heutigen Tag.

4 Auch hatte Jonatan, der Sohn Sauls, einen Sohn, der war lahm an beiden Füßen; er war nämlich fünf Jahre alt, als die Kunde von Saul und Jonatan aus Jesreel kam, und seine Amme hatte ihn aufgehoben und war geflohen und während sie eilends floh, fiel er hin und war fortan lahm. Er hieß Mefi-Boschet*.

¶ **5** So gingen nun Rechab und Baana, die Söhne Rimmons von Beerot, hin und kamen zum Hause Isch-Boschets, als der Tag am heißesten war; und er schlief auf seinem Lager am Mittag.

6 Und die Pförtnerin des Hauses hatte Weizen gereinigt und war fest eingeschlafen. Da schlichen sich Rechab und sein Bruder Baana hinein

7 und kamen ins Haus. Da lag er auf seinem Bett in seiner Schlafkammer. Und sie stachen ihn tot und hieben ihm den Kopf ab und nahmen seinen Kopf und gingen durch das Jordantal die ganze Nacht

8 und brachten das Haupt Isch-Boschets zu David nach Hebron und sprachen zum König: Siehe, da ist das Haupt Isch-Boschets, des Sohnes Sauls, deines Feindes, der dir nach dem Leben getrachtet hat. Der HERR hat heute meinen Herrn, den König, gerächt an Saul und an seinem Geschlecht.

¶ **9** Da antwortete ihnen David: So wahr der HERR lebt, der mich aus aller Bedrängnis erlöst hat:

10 Ich habe den, der mir verkündete: Saul ist tot, und meinte, er sei ein guter Bote, ergriffen und getötet in Ziklag, dem ich doch Lohn für eine gute Botschaft hätte geben sollen.

11 Und diese gottlosen Leute haben einen gerechten Mann in seinem Hause auf seinem Lager getötet – sollte ich sein Blut nicht fordern von euren Händen und euch von der Erde vertilgen?

12 Und David gebot seinen Leuten; die schlugen sie nieder und hieben ihnen Hände und Füße ab und hängten sie auf am Teich bei Hebron. Aber das Haupt Isch-Boschets nahmen sie und begruben es in Abners Grab in Hebron.

2 Now Saul's son had two men who were captains of raiding bands; the name of the one was Baanah, and the name of the other Rechab, sons of Rimmon a man of Benjamin from Beeroth (for Beeroth also is counted part of Benjamin;

3 the Beerothites fled to Gittaim and have been sojourners there to this day).

¶ **4** Jonathan, the son of Saul, had a son who was crippled in his feet. He was five years old when the news about Saul and Jonathan came from Jezreel, and his nurse took him up and fled, and as she fled in her haste, he fell and became lame. And his name was Mephibosheth.

¶ **5** Now the sons of Rimmon the Beerothite, Rechab and Baanah, set out, and about the heat of the day they came to the house of Ish-bosheth as he was taking his noonday rest.

6 And they came into the midst of the house as if to get wheat, and they stabbed him in the stomach. Then Rechab and Baanah his brother escaped.[1]

7 When they came into the house, as he lay on his bed in his bedroom, they struck him and put him to death and beheaded him. They took his head and went by the way of the Arabah all night,

8 and brought the head of Ish-bosheth to David at Hebron. And they said to the king, "Here is the head of Ish-bosheth, the son of Saul, your enemy, who sought your life. The LORD has avenged my lord the king this day on Saul and on his offspring."

9 But David answered Rechab and Baanah his brother, the sons of Rimmon the Beerothite, "As the LORD lives, who has redeemed my life out of every adversity,

10 when one told me, 'Behold, Saul is dead,' and thought he was bringing good news, I seized him and killed him at Ziklag, which was the reward I gave him for his news.

11 How much more, when wicked men have killed a righteous man in his own house on his bed, shall I not now require his blood at your hand and destroy you from the earth?"

12 And David commanded his young men, and they killed them and cut off their hands and feet and hanged them beside the pool at Hebron. But they took the head of Ish-bosheth and buried it in the tomb of Abner at Hebron.

David wird König über ganz Israel
(vgl. 1.Chr 11,1-3)

5 Und es kamen alle Stämme Israels zu David nach Hebron und sprachen: Siehe, wir sind von deinem Gebein und deinem Fleisch.

2 Schon früher, als Saul über uns König war, führtest du Israel ins Feld und wieder heim. Dazu hat der HERR dir gesagt: Du sollst mein Volk Israel weiden und sollst Fürst sein über Israel.

3 Und es kamen alle Ältesten in Israel zum König nach Hebron. Und der König David schloss mit ihnen einen Bund in Hebron vor dem HERRN, und sie salbten David zum König über Israel.

¶ **4** Dreißig Jahre war David alt, als er König wurde, und regierte vierzig Jahre.

5 Zu Hebron regierte er sieben Jahre und sechs Monate über Juda, und zu Jerusalem regierte er dreiunddreißig Jahre über ganz Israel und Juda.

David erobert Jerusalem
(vgl. 1.Chr 11,4-9; 14,1-7)

6 Und der König zog mit seinen Männern vor Jerusalem gegen die Jebusiter, die im Lande wohnten. Sie aber sprachen zu David: Du wirst nicht hier hereinkommen, sondern Blinde und Lahme werden dich abwehren. Damit meinten sie, dass David nicht dort hineinkommen könnte.

7 David aber eroberte die Burg Zion; das ist Davids Stadt.

¶ **8** Da sprach David an diesem Tage: Wer die Jebusiter schlägt und durch den Schacht hinaufsteigt und die Lahmen und Blinden erschlägt, die David verhasst sind, der soll Hauptmann und Oberster sein. Da stieg Joab, der Sohn der Zeruja, zuerst hinauf und wurde Hauptmann. Daher spricht man: Lass keinen Blinden und Lahmen ins Haus!

9 So wohnte David auf der Burg und nannte sie »Stadt Davids«. Und David baute ringsumher, vom Millo an nach innen zu.

10 Und Davids Macht nahm immer mehr zu, und der HERR, der Gott Zebaoth, war mit ihm.

¶ **11** Und Hiram, der König von Tyrus, sandte Boten zu David mit Zedernholz, dazu Zimmerleute und Steinmetzen, dass sie David ein Haus bauten.

12 Und David erkannte, dass der HERR ihn zum König über Israel bestätigt und sein Königtum erhöht hatte um seines Volkes Israel willen.

David Anointed King of Israel

5 Then all the tribes of Israel came to David at Hebron and said, "Behold, we are your bone and flesh.

2 In times past, when Saul was king over us, it was you who led out and brought in Israel. And the LORD said to you, 'You shall be shepherd of my people Israel, and you shall be prince over Israel.'"

3 So all the elders of Israel came to the king at Hebron, and King David made a covenant with them at Hebron before the LORD, and they anointed David king over Israel.

4 David was thirty years old when he began to reign, and he reigned forty years.

5 At Hebron he reigned over Judah seven years and six months, and at Jerusalem he reigned over all Israel and Judah thirty-three years.[1]

¶ **6** And the king and his men went to Jerusalem against the Jebusites, the inhabitants of the land, who said to David, "You will not come in here, but the blind and the lame will ward you off"—thinking, "David cannot come in here."

7 Nevertheless, David took the stronghold of Zion, that is, the city of David.

8 And David said on that day, "Whoever would strike the Jebusites, let him get up the water shaft to attack 'the lame and the blind,' who are hated by David's soul." Therefore it is said, "The blind and the lame shall not come into the house."

9 And David lived in the stronghold and called it the city of David. And David built the city all around from the Millo inward.

10 And David became greater and greater, for the LORD, the God of hosts, was with him.

¶ **11** And Hiram king of Tyre sent messengers to David, and cedar trees, also carpenters and masons who built David a house.

12 And David knew that the LORD had established him king over Israel, and that he had exalted his kingdom for the sake of his people Israel.

13 Und David nahm noch mehr Frauen und Nebenfrauen in Jerusalem, nachdem er von Hebron gekommen war, und es wurden ihm noch mehr Söhne und Töchter geboren.

14 Dies sind die Namen der Söhne, die ihm zu Jerusalem geboren sind: Schammua, Schobab, Nathan, Salomo,

15 Jibhar, Elischua, Nefeg, Jafia,

16 Elischama, Eljada, Elifelet.

Davids Sieg über die Philister
(vgl. 1.Chr 14,8-17)

17 Als die Philister hörten, dass man David zum König über Israel gesalbt hatte, zogen sie alle herauf, um sich Davids zu bemächtigen. Sobald das David erfuhr, zog er hinab nach der Bergfeste.

18 Aber die Philister kamen und breiteten sich aus in der Ebene Refaïm.

19 Und David befragte den HERRN und sprach: Soll ich hinaufziehen gegen die Philister? Wirst du sie in meine Hand geben? Der HERR sprach zu David: Zieh hinauf, ich werde die Philister in deine Hand geben.

20 Und David kam nach Baal-Perazim und schlug sie dort und sprach: Der HERR hat meine Feinde vor mir durchbrochen, wie Wasserfluten durchbrechen. Daher nannte man den Ort »Baal-Perazim«.

21 Und sie ließen ihre Götzenbilder dort zurück; David aber und seine Männer nahmen sie mit.

22 Die Philister aber zogen abermals herauf und breiteten sich aus in der Ebene Refaïm.

23 Und David befragte den HERRN; der sprach: Du sollst nicht hinaufziehen ihnen entgegen, sondern komm von hinten über sie, dass du sie angreifst vom Bakawalde her.

24 Und wenn du hörst, wie das Rauschen in den Wipfeln der Bakabäume einhergeht, so eile; denn dann ist der HERR ausgezogen vor dir her, zu schlagen das Heer der Philister.

25 David tat, wie der HERR ihm geboten hatte, und schlug die Philister von Gibeon an bis hin nach Geser.

David holt die Bundeslade nach Jerusalem
(vgl. 1.Chr 13,1-14; 1.Chr 15,1-29; 16,1-6)

6 Und David sammelte abermals die ganze junge Mannschaft in Israel, dreißigtausend Mann,

David Defeats the Philistines

17 When the Philistines heard that David had been anointed king over Israel, all the Philistines went up to search for David. But David heard of it and went down to the stronghold.

18 Now the Philistines had come and spread out in the Valley of Rephaim.

19 And David inquired of the LORD, "Shall I go up against the Philistines? Will you give them into my hand?" And the LORD said to David, "Go up, for I will certainly give the Philistines into your hand."

20 And David came to Baal-perazim, and David defeated them there. And he said, "The LORD has burst through my enemies before me like a bursting flood." Therefore the name of that place is called Baal-perazim.[2]

21 And the Philistines left their idols there, and David and his men carried them away.

22 And the Philistines came up yet again and spread out in the Valley of Rephaim.

23 And when David inquired of the LORD, he said, "You shall not go up; go around to their rear, and come against them opposite the balsam trees.

24 And when you hear the sound of marching in the tops of the balsam trees, then rouse yourself, for then the LORD has gone out before you to strike down the army of the Philistines."

25 And David did as the LORD commanded him, and struck down the Philistines from Geba to Gezer.

The Ark Brought to Jerusalem

6 David again gathered all the chosen men of Israel, thirty thousand.

2 und machte sich auf und zog mit dem ganzen Volk, das bei ihm war, nach Baala in Juda, um die Lade Gottes von dort heraufzuholen; diese ist genannt nach dem Namen des HERRN Zebaoth, der über den Cherubim thront.

3 Und sie setzten die Lade Gottes auf einen neuen Wagen und holten sie aus dem Hause Abinadabs, der auf dem Hügel wohnte. Usa aber und Achjo, die Söhne Abinadabs, führten den neuen Wagen.

4 Und als sie ihn mit der Lade Gottes aus dem Hause Abinadabs führten, der auf dem Hügel wohnte, und Achjo vor der Lade herging,

5 tanzten David und ganz Israel vor dem HERRN her mit aller Macht im Reigen, mit Liedern, mit Harfen und Psaltern und Pauken und Schellen und Zimbeln.

¶ **6** Und als sie zur Tenne Nachons kamen, griff Usa zu und hielt die Lade Gottes fest, denn die Rinder glitten aus.

7 Da entbrannte des HERRN Zorn über Usa und Gott schlug ihn dort, weil er seine Hand nach der Lade ausgestreckt hatte, sodass er dort starb bei der Lade Gottes.

8 Da ergrimmte David, dass der HERR den Usa so wegriss, und man nannte die Stätte »Perez-Usa« bis auf diesen Tag.

9 Und David fürchtete sich vor dem HERRN an diesem Tage und sprach: Wie soll die Lade des HERRN zu mir kommen?

10 Und er wollte sie nicht zu sich bringen lassen in die Stadt Davids, sondern ließ sie bringen ins Haus Obed-Edoms, des Gatiters.

11 So blieb die Lade des HERRN drei Monate im Hause Obed-Edoms, des Gatiters, und der HERR segnete ihn und sein ganzes Haus.

¶ **12** Und es wurde dem König David angesagt, dass der HERR das Haus Obed-Edoms segnete und alles, was er hatte, um der Lade Gottes willen. Da ging er hin und holte die Lade Gottes aus dem Hause Obed-Edoms herauf in die Stadt Davids mit Freuden.

13 Und als die Träger mit der Lade des HERRN sechs Schritte gegangen waren, opferte man einen Stier und ein fettes Kalb.

14 Und David tanzte mit aller Macht vor dem HERRN her und war umgürtet mit einem leinenen Priesterschurz.

2 And David arose and went with all the people who were with him from Baale-judah to bring up from there the ark of God, which is called by the name of the LORD of hosts who sits enthroned on the cherubim.

3 And they carried the ark of God on a new cart and brought it out of the house of Abinadab, which was on the hill. And Uzzah and Ahio,[1] the sons of Abinadab, were driving the new cart,[2]

4 with the ark of God, and Ahio went before the ark.

Uzzah and the Ark

¶ **5** And David and all the house of Israel were making merry before the LORD, with songs[3] and lyres and harps and tambourines and castanets and cymbals.

6 And when they came to the threshing floor of Nacon, Uzzah put out his hand to the ark of God and took hold of it, for the oxen stumbled.

7 And the anger of the LORD was kindled against Uzzah, and God struck him down there because of his error, and he died there beside the ark of God.

8 And David was angry because the LORD had burst forth against Uzzah. And that place is called Perez-uzzah,[4] to this day.

9 And David was afraid of the LORD that day, and he said, "How can the ark of the LORD come to me?"

10 So David was not willing to take the ark of the LORD into the city of David. But David took it aside to the house of Obed-edom the Gittite.

11 And the ark of the LORD remained in the house of Obed-edom the Gittite three months, and the LORD blessed Obed-edom and all his household.

¶ **12** And it was told King David, "The LORD has blessed the household of Obed-edom and all that belongs to him, because of the ark of God." So David went and brought up the ark of God from the house of Obed-edom to the city of David with rejoicing.

13 And when those who bore the ark of the LORD had gone six steps, he sacrificed an ox and a fattened animal.

14 And David danced before the LORD with all his might. And David was wearing a linen ephod.

15 Und David mit dem ganzen Hause Israel führte die Lade des HERRN herauf mit Jauchzen und Posaunenschall.

16 Und als die Lade des HERRN in die Stadt Davids kam, guckte Michal, die Tochter Sauls, durchs Fenster und sah den König David springen und tanzen vor dem HERRN und verachtete ihn in ihrem Herzen.

¶ **17** Als sie die Lade des HERRN hineinbrachten, stellten sie sie an ihren Platz mitten in dem Zelt, das David für sie aufgeschlagen hatte. Und David opferte Brandopfer und Dankopfer vor dem HERRN.

18 Und als David die Brandopfer und Dankopfer beendet hatte, segnete er das Volk in dem Namen des HERRN Zebaoth,

19 und er ließ austeilen allem Volk, der ganzen Menge Israels, Mann und Frau, einem jeden einen Brotkuchen, ein Stück Fleisch und einen Rosinenkuchen. Danach kehrte alles Volk heim, ein jeder in sein Haus.

¶ **20** Als aber David heimkam, seinem Haus den Segensgruß zu bringen, ging Michal, die Tochter Sauls, heraus ihm entgegen und sprach: Wie herrlich ist heute der König von Israel gewesen, als er sich vor den Mägden seiner Männer entblößt hat, wie sich die losen Leute entblößen!

21 David aber sprach zu Michal: Ich will vor dem HERRN tanzen, der mich erwählt hat vor deinem Vater und vor seinem ganzen Hause, um mich zum Fürsten zu bestellen über das Volk des HERRN, über Israel,

22 und ich will noch geringer werden als jetzt und will niedrig sein in meinen Augen; aber bei den Mägden, von denen du geredet hast, will ich zu Ehren kommen.

23 Aber Michal, Sauls Tochter, hatte kein Kind bis an den Tag ihres Todes.

Gottes Verheißung für David und sein Königtum
(vgl. 1.Chr 17,1-14)

7 Als nun der König in seinem Hause saß und der HERR ihm Ruhe gegeben hatte vor allen seinen Feinden umher,

2 sprach er zu dem Propheten Nathan: Sieh doch, ich wohne in einem Zedernhause, und die Lade Gottes wohnt unter Zeltdecken.

3 Nathan sprach zu dem König: Wohlan, alles, was in deinem Herzen ist, das tu, denn der HERR ist mit dir.

¶ **4** In der Nacht aber kam das Wort des HERRN zu Nathan:

15 So David and all the house of Israel brought up the ark of the LORD with shouting and with the sound of the horn.

David and Michal

¶ **16** As the ark of the LORD came into the city of David, Michal the daughter of Saul looked out of the window and saw King David leaping and dancing before the LORD, and she despised him in her heart.

17 And they brought in the ark of the LORD and set it in its place, inside the tent that David had pitched for it. And David offered burnt offerings and peace offerings before the LORD.

18 And when David had finished offering the burnt offerings and the peace offerings, he blessed the people in the name of the LORD of hosts

19 and distributed among all the people, the whole multitude of Israel, both men and women, a cake of bread, a portion of meat,[5] and a cake of raisins to each one. Then all the people departed, each to his house.

¶ **20** And David returned to bless his household. But Michal the daughter of Saul came out to meet David and said, "How the king of Israel honored himself today, uncovering himself today before the eyes of his servants' female servants, as one of the vulgar fellows shamelessly uncovers himself!"

21 And David said to Michal, "It was before the LORD, who chose me above your father and above all his house, to appoint me as prince over Israel, the people of the LORD—-and I will make merry before the LORD.

22 I will make myself yet more contemptible than this, and I will be abased in your[6] eyes. But by the female servants of whom you have spoken, by them I shall be held in honor."

23 And Michal the daughter of Saul had no child to the day of her death.

God's Covenant with David

7 Now when the king lived in his house and the LORD had given him rest from all his surrounding enemies,

2 the king said to Nathan the prophet, "See now, I dwell in a house of cedar, but the ark of God dwells in a tent."

3 And Nathan said to the king, "Go, do all that is in your heart, for the LORD is with you."

¶ **4** But that same night the word of the LORD came to Nathan,

5 Geh hin und sage zu meinem Knecht David: So spricht der HERR: Solltest du mir ein Haus bauen, dass ich darin wohne?

6 Habe ich doch in keinem Hause gewohnt seit dem Tag, da ich die Israeliten aus Ägypten führte, bis auf diesen Tag, sondern ich bin umhergezogen in einem Zelt als Wohnung.

7 Habe ich die ganze Zeit, als ich mit den Israeliten umherzog, je geredet zu einem der Richter Israels, denen ich befohlen hatte, mein Volk Israel zu weiden, und gesagt: Warum baut ihr mir nicht ein Zedernhaus?

¶ **8** Darum sollst du nun so zu meinem Knechte David sagen: So spricht der HERR Zebaoth: Ich habe dich genommen von den Schafhürden, damit du Fürst über mein Volk Israel sein sollst,

9 und bin mit dir gewesen, wo du hingegangen bist, und habe alle deine Feinde vor dir ausgerottet; und ich will dir einen großen Namen machen gleich dem Namen der Großen auf Erden.

10 Und ich will meinem Volk Israel eine Stätte geben und will es pflanzen, dass es dort wohne und sich nicht mehr ängstigen müsse und die Kinder der Bosheit es nicht mehr bedrängen. Und wie vormals,

11 seit der Zeit, da ich Richter über mein Volk Israel bestellt habe, will ich dir Ruhe geben vor allen deinen Feinden.

¶ Und der HERR verkündigt dir, dass der HERR dir ein Haus bauen will.

12 Wenn nun deine Zeit um ist und du dich zu deinen Vätern schlafen legst, will ich dir einen Nachkommen erwecken, der von deinem Leibe kommen wird; dem will ich sein Königtum bestätigen.

13 Der soll meinem Namen ein Haus bauen, und ich will seinen Königsthron bestätigen ewiglich.

14 Ich will sein Vater sein und er soll mein Sohn sein. Wenn er sündigt, will ich ihn mit Menschenruten und mit menschlichen Schlägen strafen;

15 aber meine Gnade soll nicht von ihm weichen, wie ich sie habe weichen lassen von Saul, den ich vor dir weggenommen habe.

16 Aber dein Haus und dein Königtum sollen beständig sein in Ewigkeit vor mir, und dein Thron soll ewiglich bestehen.

¶ **17** Als Nathan alle diese Worte und dies Gesicht David gesagt hatte,

5 "Go and tell my servant David, 'Thus says the LORD: Would you build me a house to dwell in?

6 I have not lived in a house since the day I brought up the people of Israel from Egypt to this day, but I have been moving about in a tent for my dwelling.

7 In all places where I have moved with all the people of Israel, did I speak a word with any of the judges[1] of Israel, whom I commanded to shepherd my people Israel, saying, "Why have you not built me a house of cedar?" '

8 Now, therefore, thus you shall say to my servant David, 'Thus says the LORD of hosts, I took you from the pasture, from following the sheep, that you should be prince over my people Israel.

9 And I have been with you wherever you went and have cut off all your enemies from before you. And I will make for you a great name, like the name of the great ones of the earth.

10 And I will appoint a place for my people Israel and will plant them, so that they may dwell in their own place and be disturbed no more. And violent men shall afflict them no more, as formerly,

11 from the time that I appointed judges over my people Israel. And I will give you rest from all your enemies. Moreover, the LORD declares to you that the LORD will make you a house.

12 When your days are fulfilled and you lie down with your fathers, I will raise up your offspring after you, who shall come from your body, and I will establish his kingdom.

13 He shall build a house for my name, and I will establish the throne of his kingdom forever.

14 I will be to him a father, and he shall be to me a son. When he commits iniquity, I will discipline him with the rod of men, with the stripes of the sons of men,

15 but my steadfast love will not depart from him, as I took it from Saul, whom I put away from before you.

16 And your house and your kingdom shall be made sure forever before me.[2] "Your throne shall be established forever.' "

17 In accordance with all these words, and in accordance with all this vision, Nathan spoke to David.

18 kam der König David und setzte sich vor dem HERRN nieder und sprach: Wer bin ich, Herr HERR, und was ist mein Haus, dass du mich bis hierher gebracht hast?

19 Aber nun hast du das noch für zu wenig gehalten, Herr HERR, und hast dem Hause deines Knechtes sogar für die ferne Zukunft Zusagen gegeben, und das nach Menschenweise, Herr HERR!

20 Und was soll David noch mehr reden mit dir? Du kennst ja deinen Knecht, Herr HERR!

21 Um deines Wortes willen und nach deinem Herzen hast du alle diese großen Dinge getan, um sie deinem Knecht kundzutun.

22 Darum bist du groß, Herr HERR! Denn es ist keiner wie du, und ist kein Gott außer dir nach allem, was wir mit unsern Ohren gehört haben.

23 Und wo ist ein Volk auf Erden wie dein Volk Israel, um dessentwillen Gott hingegangen ist, es zu erlösen, dass es sein Volk sei, und ihm einen Namen zu machen und so große und furchtbare Dinge zu tun, damit du Völker und ihre Götter vertriebest vor deinem Volk, das du dir aus Ägypten erlöst hast?

24 Und du hast dir dein Volk Israel zubereitet, dir zum Volk für ewig, und du, HERR, bist ihr Gott geworden.

¶ **25** So bekräftige nun, HERR, Gott, das Wort in Ewigkeit, das du über deinen Knecht und über sein Haus geredet hast, und tu, wie du geredet hast!

26 So wird dein Name groß werden in Ewigkeit, dass man sagen wird: Der HERR Zebaoth ist Gott über Israel, und das Haus deines Knechtes David wird bestehen vor dir.

27 Denn du, HERR Zebaoth, du Gott Israels, hast das Ohr deines Knechts geöffnet und gesagt: Ich will dir ein Haus bauen. Darum hat dein Knecht sich ein Herz gefasst, dass er dies Gebet zu dir gebetet hat.

28 Nun, Herr HERR, du bist Gott und deine Worte sind Wahrheit. Du hast all dies Gute deinem Knecht zugesagt.

29 So fange nun an, zu segnen das Haus deines Knechts, damit es ewiglich vor dir sei; denn du, Herr HERR, hast's geredet und mit deinem Segen wird deines Knechtes Haus gesegnet sein ewiglich.

David's Prayer of Gratitude

¶ **18** Then King David went in and sat before the LORD and said, "Who am I, O Lord GOD, and what is my house, that you have brought me thus far?

19 And yet this was a small thing in your eyes, O Lord GOD. You have spoken also of your servant's house for a great while to come, and this is instruction for mankind, O Lord GOD!

20 And what more can David say to you? For you know your servant, O Lord GOD!

21 Because of your promise, and according to your own heart, you have brought about all this greatness, to make your servant know it.

22 Therefore you are great, O LORD God. For there is none like you, and there is no God besides you, according to all that we have heard with our ears.

23 And who is like your people Israel, the one nation on earth whom God went to redeem to be his people, making himself a name and doing for them[3] great and awesome things by driving out[4] before your people, whom you redeemed for yourself from Egypt, a nation and its gods?

24 And you established for yourself your people Israel to be your people forever. And you, O LORD, became their God.

25 And now, O LORD God, confirm forever the word that you have spoken concerning your servant and concerning his house, and do as you have spoken.

26 And your name will be magnified forever, saying, 'The LORD of hosts is God over Israel,' and the house of your servant David will be established before you.

27 For you, O LORD of hosts, the God of Israel, have made this revelation to your servant, saying, 'I will build you a house.' Therefore your servant has found courage to pray this prayer to you.

28 And now, O Lord GOD, you are God, and your words are true, and you have promised this good thing to your servant.

29 Now therefore may it please you to bless the house of your servant, so that it may continue forever before you. For you, O Lord GOD, have spoken, and with your blessing shall the house of your servant be blessed forever."

Davids Kriege und Siege
(vgl. 1.Chr 18,1-13)

8 Und es begab sich danach, dass David die Philister schlug und sie unterwarf und dass er den Dienstzaum den Philistern aus der Hand nahm.

2 Er schlug auch die Moabiter und ließ sie sich auf den Boden legen und maß sie mit der Messschnur ab; und er maß zwei Schnurlängen ab, so viele tötete er, und eine volle Schnurlänge, so viele ließ er am Leben. So wurden die Moabiter David untertan, dass sie ihm Abgaben bringen mussten.

¶ **3** David schlug auch Hadad-Eser, den Sohn Rehobs, den König von Zoba, als er hinzog, um seine Macht wieder aufzurichten am Euphratstrom.

4 Und David nahm von ihnen gefangen tausendundsiebenhundert Gespanne und zwanzigtausend Mann Fußvolk und lähmte alle Pferde und behielt hundert übrig.

5 Es kamen aber die Aramäer von Damaskus, um Hadad-Eser, dem König von Zoba, zu helfen. Und David schlug von den Aramäern zweiundzwanzigtausend Mann.

6 Und er setzte Statthalter ein im Aramäerreich von Damaskus. So wurde Aram David untertan, dass sie ihm Abgaben bringen mussten; denn der HERR half David, wo er auch hinzog.

7 Und David nahm die goldenen Schilde, die Hadad-Esers Männer gehabt hatten, und brachte sie nach Jerusalem.

8 Und von Tebach und Berotai, den Städten Hadad-Esers, nahm der König David sehr viel Kupfer.

¶ **9** Als aber Toï, der König von Hamat, hörte, dass David die ganze Streitmacht Hadad-Esers geschlagen hatte,

10 sandte er seinen Sohn Hadoram zum König David, ihm Frieden und Segen zu wünschen, weil er gegen Hadad-Eser gekämpft und ihn geschlagen hatte – denn Toï führte Krieg mit Hadad-Eser –, und Hadoram brachte mit sich silberne, goldene und kupferne Kleinode.

11 Auch diese heiligte der König David dem HERRN samt dem Silber und Gold, das er geheiligt hatte von allen Heiden, die er unterworfen hatte,

12 von Edom, von Moab, von den Ammonitern, von den Philistern, von Amalek und von dem, was er erbeutet hatte von Hadad-Eser, dem Sohn Rehobs, dem König von Zoba.

David's Victories

8 After this David defeated the Philistines and subdued them, and David took Metheg-ammah out of the hand of the Philistines.

¶ **2** And he defeated Moab and he measured them with a line, making them lie down on the ground. Two lines he measured to be put to death, and one full line to be spared. And the Moabites became servants to David and brought tribute.

¶ **3** David also defeated Hadadezer the son of Rehob, king of Zobah, as he went to restore his power at the river Euphrates.

4 And David took from him 1,700 horsemen, and 20,000 foot soldiers. And David hamstrung all the chariot horses but left enough for 100 chariots.

5 And when the Syrians of Damascus came to help Hadadezer king of Zobah, David struck down 22,000 men of the Syrians.

6 Then David put garrisons in Aram of Damascus, and the Syrians became servants to David and brought tribute. And the LORD gave victory to David wherever he went.

7 And David took the shields of gold that were carried by the servants of Hadadezer and brought them to Jerusalem.

8 And from Betah and from Berothai, cities of Hadadezer, King David took very much bronze.

¶ **9** When Toi king of Hamath heard that David had defeated the whole army of Hadadezer,

10 Toi sent his son Joram to King David, to ask about his health and to bless him because he had fought against Hadadezer and defeated him, for Hadadezer had often been at war with Toi. And Joram brought with him articles of silver, of gold, and of bronze.

11 These also King David dedicated to the LORD, together with the silver and gold that he dedicated from all the nations he subdued,

12 from Edom, Moab, the Ammonites, the Philistines, Amalek, and from the spoil of Hadadezer the son of Rehob, king of Zobah.

¶ **13** So machte sich David einen Namen. Als er zurückkam vom Sieg über die Aramäer, schlug er die Edomiter im Salztal, achtzehntausend Mann,

14 und setzte in ganz Edom Statthalter ein und ganz Edom wurde David untertan; denn der HERR half David, wo er auch hinzog.

Davids Beamte
(vgl. 1.Chr 18,14-17)

15 So war David König über ganz Israel, und er schaffte Recht und Gerechtigkeit seinem ganzen Volk.

16 Joab, der Sohn der Zeruja, war über das Heer gesetzt; Joschafat aber, der Sohn Ahiluds, war Kanzler;

17 Zadok, der Sohn Ahitubs, und Ahimelech, der Sohn Abjatars, waren Priester; Seraja war Schreiber;

18 Benaja, der Sohn Jojadas, war über die Kreter und Pleter gesetzt; auch die Söhne Davids sind Priester gewesen.

David holt Mefi-Boschet an seinen Hof

9 Und David sprach: Ist noch jemand übrig geblieben von dem Hause Sauls, damit ich Barmherzigkeit an ihm tue um Jonatans willen?

2 Es war aber ein Knecht vom Hause Sauls, der hieß Ziba; den riefen sie zu David. Und der König sprach zu ihm: Bist du Ziba? Er sprach: Ja, dein Knecht ist es.

3 Der König sprach: Ist da noch jemand vom Hause Sauls, damit ich Gottes Barmherzigkeit an ihm tue? Ziba sprach zum König: Es ist noch ein Sohn Jonatans da, lahm an den Füßen.

4 Der König sprach zu ihm: Wo ist er? Ziba sprach zum König: Siehe, er ist in Lo-Dabar im Hause Machirs, des Sohnes Ammiëls.

¶ **5** Da sandte der König David hin und ließ ihn holen von Lo-Dabar aus dem Hause Machirs, des Sohnes Ammiëls.

6 Als nun Mefi-Boschet, der Sohn Jonatans, des Sohnes Sauls, zu David kam, fiel er auf sein Angesicht und huldigte ihm. David aber sprach: Mefi-Boschet! Er sprach: Hier bin ich, dein Knecht.

7 David sprach zu ihm: Fürchte dich nicht, denn ich will Barmherzigkeit an dir tun um deines Vaters Jonatan willen und will dir den ganzen Besitz deines Vaters Saul zurückgeben; du aber sollst täglich an meinem Tisch essen.

8 Er aber fiel nieder und sprach: Wer bin ich, dein Knecht, dass du dich wendest zu einem toten Hunde, wie ich es bin?

¶ **13** And David made a name for himself when he returned from striking down 18,000 Edomites in the Valley of Salt.

14 Then he put garrisons in Edom; throughout all Edom he put garrisons, and all the Edomites became David's servants. And the LORD gave victory to David wherever he went.

David's Officials

¶ **15** So David reigned over all Israel. And David administered justice and equity to all his people.

16 Joab the son of Zeruiah was over the army, and Jehoshaphat the son of Ahilud was recorder,

17 and Zadok the son of Ahitub and Ahimelech the son of Abiathar were priests, and Seraiah was secretary,

18 and Benaiah the son of Jehoiada was over[1] the Cherethites and the Pelethites, and David's sons were priests.

David's Kindness to Mephibosheth

9 And David said, "Is there still anyone left of the house of Saul, that I may show him kindness for Jonathan's sake?"

2 Now there was a servant of the house of Saul whose name was Ziba, and they called him to David. And the king said to him, "Are you Ziba?" And he said, "I am your servant."

3 And the king said, "Is there not still someone of the house of Saul, that I may show the kindness of God to him?" Ziba said to the king, "There is still a son of Jonathan; he is crippled in his feet."

4 The king said to him, "Where is he?" And Ziba said to the king, "He is in the house of Machir the son of Ammiel, at Lo-debar."

5 Then King David sent and brought him from the house of Machir the son of Ammiel, at Lo-debar.

6 And Mephibosheth the son of Jonathan, son of Saul, came to David and fell on his face and paid homage. And David said, "Mephibosheth!" And he answered, "Behold, I am your servant."

7 And David said to him, "Do not fear, for I will show you kindness for the sake of your father Jonathan, and I will restore to you all the land of Saul your father, and you shall eat at my table always."

8 And he paid homage and said, "What is your servant, that you should show regard for a dead dog such as I?"

¶ **9** Da rief der König den Ziba, den Knecht Sauls, und sprach zu ihm: Alles, was Saul gehört hat und seinem ganzen Hause, hab ich dem Sohn deines Herrn gegeben.

10 So bearbeite ihm nun seinen Acker, du und deine Söhne und deine Knechte, und bring die Ernte ein, damit es das Brot sei des Sohnes deines Herrn und er sich davon nähre; aber Mefi-Boschet, der Sohn deines Herrn, soll täglich an meinem Tisch essen. Ziba aber hatte fünfzehn Söhne und zwanzig Knechte.

11 Und Ziba sprach zum König: Ganz so, wie mein Herr, der König, seinem Knechte geboten hat, wird dein Knecht tun. Und Mefi-Boschet, sprach David, esse an meinem Tische wie einer der Königssöhne.

12 Und Mefi-Boschet hatte einen kleinen Sohn, der hieß Micha. Und alle, die im Hause Zibas wohnten, dienten Mefi-Boschet.

13 Mefi-Boschet aber wohnte hinfort in Jerusalem, denn er aß täglich an des Königs Tisch. Und er war lahm an seinen beiden Füßen.

Davids Kampf mit den Ammonitern
(vgl. 1.Chr 19,1–20,3)

10 Und es begab sich danach, dass der König der Ammoniter starb und sein Sohn Hanun wurde König an seiner statt.

2 Da sprach David: Ich will Hanun, dem Sohn des Nahasch, Freundschaft erweisen, wie sein Vater mir Freundschaft erwiesen hat. Und er sandte hin und ließ ihn durch seine Gesandten über seinen Vater trösten. Als nun die Gesandten Davids ins Land der Ammoniter kamen,

3 sprachen die Obersten der Ammoniter zu ihrem Herrn Hanun: Meinst du, dass David deinen Vater vor deinen Augen ehren wolle, wenn er Tröster zu dir gesandt hat? Meinst du nicht, dass er dazu seine Boten zu dir gesandt hat, damit er die Stadt erforsche und erkunde und zerstöre?

¶ **4** Da nahm Hanun die Gesandten Davids und ließ ihnen den Bart halb abscheren und die Kleider halb abschneiden bis unter den Gürtel und ließ sie gehen.

5 Als das David angesagt wurde, sandte er ihnen Boten entgegen; denn die Männer waren sehr geschändet. Und der König ließ ihnen sagen: Bleibt in Jericho, bis euer Bart gewachsen ist; dann kommt zurück.

¶ **9** Then the king called Ziba, Saul's servant, and said to him, "All that belonged to Saul and to all his house I have given to your master's grandson.

10 And you and your sons and your servants shall till the land for him and shall bring in the produce, that your master's grandson may have bread to eat. But Mephibosheth your master's grandson shall always eat at my table." Now Ziba had fifteen sons and twenty servants.

11 Then Ziba said to the king, "According to all that my lord the king commands his servant, so will your servant do." So Mephibosheth ate at David's[1] table, like one of the king's sons.

12 And Mephibosheth had a young son, whose name was Mica. And all who lived in Ziba's house became Mephibosheth's servants.

13 So Mephibosheth lived in Jerusalem, for he ate always at the king's table. Now he was lame in both his feet.

David Defeats Ammon and Syria

10 After this the king of the Ammonites died, and Hanun his son reigned in his place.

2 And David said, "I will deal loyally[1] with Hanun the son of Nahash, as his father dealt loyally with me." So David sent by his servants to console him concerning his father. And David's servants came into the land of the Ammonites.

3 But the princes of the Ammonites said to Hanun their lord, "Do you think, because David has sent comforters to you, that he is honoring your father? Has not David sent his servants to you to search the city and to spy it out and to overthrow it?"

4 So Hanun took David's servants and shaved off half the beard of each and cut off their garments in the middle, at their hips, and sent them away.

5 When it was told David, he sent to meet them, for the men were greatly ashamed. And the king said, "Remain at Jericho until your beards have grown and then return."

¶ **6** Als aber die Ammoniter sahen, dass sie sich bei David in Verruf gebracht hatten, sandten sie hin und warben an die Aramäer von Bet-Rehob und die Aramäer von Zoba, zwanzigtausend Mann Fußvolk, und von dem König von Maacha tausend Mann und von Tob zwölftausend Mann.

7 Als das David hörte, sandte er Joab mit dem ganzen Heer der Kriegsleute.

8 Und die Ammoniter zogen aus und stellten sich auf zum Kampf vor dem Eingang des Tores. Die Aramäer aber von Zoba, von Rehob, von Tob und von Maacha standen für sich auf freiem Feld.

¶ **9** Als Joab nun sah, dass der Angriff gegen ihn gerichtet war von vorn und von hinten, wählte er aus der ganzen jungen Mannschaft in Israel einen Teil aus und stellte sich den Aramäern entgegen.

10 Und das übrige Kriegsvolk tat er unter die Hand seines Bruders Abischai, dass er sie gegen die Ammoniter aufstelle,

11 und sprach: Werden mir die Aramäer überlegen sein, so komm mir zu Hilfe; werden aber die Ammoniter dir überlegen sein, so will ich dir zu Hilfe kommen.

12 Sei ganz getrost, damit wir die Stärkeren bleiben für unser Volk und die Städte unseres Gottes. Der HERR aber tue, was ihm gefällt.

13 Und Joab rückte an mit dem Volk, das bei ihm war, um gegen die Aramäer zu kämpfen, und sie flohen vor ihm.

14 Und als die Ammoniter sahen, dass die Aramäer flohen, flohen sie auch vor Abischai in die Stadt hinein. Da ließ Joab ab von den Ammonitern und kam nach Jerusalem.

¶ **15** Und als die Aramäer sahen, dass sie von Israel geschlagen waren, sammelten sie sich.

16 Und Hadad-Eser sandte hin und ließ die Aramäer jenseits des Stromes in den Kampf ziehen, und sie kamen nach Helam und Schobach, der Feldhauptmann Hadad-Esers, an ihrer Spitze.

17 Als das David angesagt wurde, sammelte er ganz Israel und zog über den Jordan und kam nach Helam. Und die Aramäer stellten sich gegen David auf, um mit ihm zu kämpfen.

18 Aber die Aramäer flohen vor Israel und David vernichtete von den Aramäern siebenhundert Wagen und vierzigtausend Mann; und Schobach, den Feldhauptmann, erschlug er, dass er dort starb.

¶ **6** When the Ammonites saw that they had become a stench to David, the Ammonites sent and hired the Syrians of Beth-rehob, and the Syrians of Zobah, 20,000 foot soldiers, and the king of Maacah with 1,000 men, and the men of Tob, 12,000 men.

7 And when David heard of it, he sent Joab and all the host of the mighty men.

8 And the Ammonites came out and drew up in battle array at the entrance of the gate, and the Syrians of Zobah and of Rehob and the men of Tob and Maacah were by themselves in the open country.

¶ **9** When Joab saw that the battle was set against him both in front and in the rear, he chose some of the best men of Israel and arrayed them against the Syrians.

10 The rest of his men he put in the charge of Abishai his brother, and he arrayed them against the Ammonites.

11 And he said, "If the Syrians are too strong for me, then you shall help me, but if the Ammonites are too strong for you, then I will come and help you.

12 Be of good courage, and let us be courageous for our people, and for the cities of our God, and may the LORD do what seems good to him."

13 So Joab and the people who were with him drew near to battle against the Syrians, and they fled before him.

14 And when the Ammonites saw that the Syrians fled, they likewise fled before Abishai and entered the city. Then Joab returned from fighting against the Ammonites and came to Jerusalem.

¶ **15** But when the Syrians saw that they had been defeated by Israel, they gathered themselves together.

16 And Hadadezer sent and brought out the Syrians who were beyond the Euphrates.[2] They came to Helam, with Shobach the commander of the army of Hadadezer at their head.

17 And when it was told David, he gathered all Israel together and crossed the Jordan and came to Helam. The Syrians arrayed themselves against David and fought with him.

18 And the Syrians fled before Israel, and David killed of the Syrians the men of 700 chariots, and 40,000 horsemen, and wounded Shobach the commander of their army, so that he died there.

19 Als aber alle Könige, die unter Hadad-Eser waren, sahen, dass sie von Israel geschlagen waren, machten sie Frieden mit Israel und wurden ihm untertan. Und die Aramäer fürchteten sich, den Ammonitern hinfort zu helfen.

Davids Ehebruch und Blutschuld

11 Und als das Jahr um war, zur Zeit, da die Könige ins Feld zu ziehen pflegen, sandte David Joab und seine Männer mit ihm und ganz Israel, damit sie das Land der Ammoniter verheerten und Rabba belagerten. David aber blieb in Jerusalem.

2 Und es begab sich, dass David um den Abend aufstand von seinem Lager und sich auf dem Dach des Königshauses erging; da sah er vom Dach aus eine Frau sich waschen; und die Frau war von sehr schöner Gestalt.

3 Und David sandte hin und ließ nach der Frau fragen und man sagte: Das ist doch Batseba, die Tochter Eliams, die Frau Urias, des Hetiters.

4 Und David sandte Boten hin und ließ sie holen. Und als sie zu ihm kam, wohnte er ihr bei; sie aber hatte sich gerade gereinigt von ihrer Unreinheit. Und sie kehrte in ihr Haus zurück.

5 Und die Frau ward schwanger und sandte hin und ließ David sagen: Ich bin schwanger geworden.

¶ 6 David aber sandte zu Joab: Sende zu mir Uria, den Hetiter. Und Joab sandte Uria zu David.

7 Und als Uria zu ihm kam, fragte David, ob es mit Joab und mit dem Heer und mit dem Krieg gut stünde.

8 Und David sprach zu Uria: Geh hinab in dein Haus und wasch deine Füße. Und als Uria aus des Königs Haus hinausging, wurde ihm ein Geschenk des Königs nachgetragen.

9 Aber Uria legte sich schlafen vor der Tür des Königshauses, wo alle Kriegsleute seines Herrn lagen, und ging nicht hinab in sein Haus.

¶ 10 Als man aber David ansagte: Uria ist nicht hinab in sein Haus gegangen, sprach David zu ihm: Bist du nicht von weit her gekommen? Warum bist du nicht hinab in dein Haus gegangen?

11 Uria aber sprach zu David: Die Lade und Israel und Juda wohnen in Zelten und Joab, mein Herr, und meines Herrn Kriegsleute liegen auf freiem Felde, und ich sollte in mein Haus gehen, um zu essen und zu trinken und bei meiner Frau zu liegen? So wahr der HERR lebt und so wahr du lebst: Ich tue so etwas nicht.

19 And when all the kings who were servants of Hadadezer saw that they had been defeated by Israel, they made peace with Israel and became subject to them. So the Syrians were afraid to save the Ammonites anymore.

David and Bathsheba

11 In the spring of the year, the time when kings go out to battle, David sent Joab, and his servants with him, and all Israel. And they ravaged the Ammonites and besieged Rabbah. But David remained at Jerusalem.

¶ 2 It happened, late one afternoon, when David arose from his couch and was walking on the roof of the king's house, that he saw from the roof a woman bathing; and the woman was very beautiful.

3 And David sent and inquired about the woman. And one said, "Is not this Bathsheba, the daughter of Eliam, the wife of Uriah the Hittite?"

4 So David sent messengers and took her, and she came to him, and he lay with her. (Now she had been purifying herself from her uncleanness.) Then she returned to her house.

5 And the woman conceived, and she sent and told David, "I am pregnant."

¶ 6 So David sent word to Joab, "Send me Uriah the Hittite." And Joab sent Uriah to David.

7 When Uriah came to him, David asked how Joab was doing and how the people were doing and how the war was going.

8 Then David said to Uriah, "Go down to your house and wash your feet." And Uriah went out of the king's house, and there followed him a present from the king.

9 But Uriah slept at the door of the king's house with all the servants of his lord, and did not go down to his house.

10 When they told David, "Uriah did not go down to his house," David said to Uriah, "Have you not come from a journey? Why did you not go down to your house?"

11 Uriah said to David, "The ark and Israel and Judah dwell in booths, and my lord Joab and the servants of my lord are camping in the open field. Shall I then go to my house, to eat and to drink and to lie with my wife? As you live, and as your soul lives, I will not do this thing."

12 David sprach zu Uria: Bleib heute hier, morgen will ich dich gehen lassen. So blieb Uria in Jerusalem an diesem Tage und auch am nächsten.

13 Und David lud ihn ein, sodass er bei ihm aß und trank, und machte ihn betrunken. Aber am Abend ging er hinaus, um sich schlafen zu legen auf sein Lager bei den Männern seines Herrn, und ging nicht hinab in sein Haus.

¶ **14** Am andern Morgen schrieb David einen Brief an Joab und sandte ihn durch Uria.

15 Er schrieb aber in dem Brief: Stellt Uria vornehin, wo der Kampf am härtesten ist, und zieht euch hinter ihm zurück, dass er erschlagen werde und sterbe.

16 Als nun Joab die Stadt belagerte, stellte er Uria dorthin, wo er wusste, dass streitbare Männer standen.

17 Und als die Männer der Stadt einen Ausfall machten und mit Joab kämpften, fielen einige vom Volk, von den Männern Davids, und Uria, der Hetiter, starb auch.

¶ **18** Da sandte Joab hin und ließ David alles sagen, was sich bei dem Kampf begeben hatte,

19 und gebot dem Boten: Wenn du dem König alles bis zu Ende gesagt hast, was sich bei dem Kampf begeben hat,

20 und siehst, dass der König zornig wird und zu dir spricht: Warum seid ihr so nahe an die Stadt herangerückt im Kampf? Wisst ihr nicht, dass von der Mauer geschossen wird?

21 Wer erschlug Abimelech, den Sohn Jerubbaals? Warf nicht eine Frau einen Mühlstein auf ihn von der Mauer, sodass er in Tebez starb? Warum seid ihr so nahe an die Mauer herangerückt?, – so sollst du sagen: Auch dein Knecht Uria, der Hetiter, ist tot.

¶ **22** Der Bote ging hin und kam und sagte David alles, weswegen Joab ihn gesandt hatte.

23 Und der Bote sprach zu David: Die Männer waren uns übermächtig und zogen heraus aufs Feld gegen uns; wir aber gingen gegen sie an bis an den Eingang des Tores.

24 Und die Schützen schossen von der Mauer auf deine Knechte und töteten einige von den Männern des Königs, und auch Uria, dein Knecht, der Hetiter, ist tot.

25 David sprach zum Boten: So sollst du Joab sagen: »Lass dir das nicht leid sein, denn das Schwert frisst bald diesen, bald jenen. Fahre fort mit dem Kampf gegen die Stadt und zerstöre sie.« So sollst du ihm Mut zusprechen.

¶ **26** Und als Urias Frau hörte, dass ihr Mann Uria tot war, hielt sie die Totenklage um ihren Eheherrn.

12 Then David said to Uriah, "Remain here today also, and tomorrow I will send you back." So Uriah remained in Jerusalem that day and the next.

13 And David invited him, and he ate in his presence and drank, so that he made him drunk. And in the evening he went out to lie on his couch with the servants of his lord, but he did not go down to his house.

¶ **14** In the morning David wrote a letter to Joab and sent it by the hand of Uriah.

15 In the letter he wrote, "Set Uriah in the forefront of the hardest fighting, and then draw back from him, that he may be struck down, and die."

16 And as Joab was besieging the city, he assigned Uriah to the place where he knew there were valiant men.

17 And the men of the city came out and fought with Joab, and some of the servants of David among the people fell. Uriah the Hittite also died.

18 Then Joab sent and told David all the news about the fighting.

19 And he instructed the messenger, "When you have finished telling all the news about the fighting to the king,

20 then, if the king's anger rises, and if he says to you, 'Why did you go so near the city to fight? Did you not know that they would shoot from the wall?

21 Who killed Abimelech the son of Jerubbesheth? Did not a woman cast an upper millstone on him from the wall, so that he died at Thebez? Why did you go so near the wall?' then you shall say, 'Your servant Uriah the Hittite is dead also.'"

¶ **22** So the messenger went and came and told David all that Joab had sent him to tell.

23 The messenger said to David, "The men gained an advantage over us and came out against us in the field, but we drove them back to the entrance of the gate.

24 Then the archers shot at your servants from the wall. Some of the king's servants are dead, and your servant Uriah the Hittite is dead also."

25 David said to the messenger, "Thus shall you say to Joab, 'Do not let this matter trouble you, for the sword devours now one and now another. Strengthen your attack against the city and overthrow it.' And encourage him."

¶ **26** When the wife of Uriah heard that Uriah her husband was dead, she lamented over her husband.

27 Sobald sie aber ausgetrauert hatte, sandte David hin und ließ sie in sein Haus holen, und sie wurde seine Frau und gebar ihm einen Sohn. Aber dem HERRN missfiel die Tat, die David getan hatte.

Nathans Strafrede. David bekennt seine Sünde und empfängt Vergebung

12 Und der HERR sandte Nathan zu David. Als der zu ihm kam, sprach er zu ihm: Es waren zwei Männer in einer Stadt, der eine reich, der andere arm.

2 Der Reiche hatte sehr viele Schafe und Rinder;

3 aber der Arme hatte nichts als ein einziges kleines Schäflein, das er gekauft hatte. Und er nährte es, dass es groß wurde bei ihm zugleich mit seinen Kindern. Es aß von seinem Bissen und trank aus seinem Becher und schlief in seinem Schoß und er hielt's wie eine Tochter.

4 Als aber zu dem reichen Mann ein Gast kam, brachte er's nicht über sich, von seinen Schafen und Rindern zu nehmen, um dem Gast etwas zuzurichten, der zu ihm gekommen war, sondern er nahm das Schaf des armen Mannes und richtete es dem Mann zu, der zu ihm gekommen war.

¶ **5** Da geriet David in großen Zorn über den Mann und sprach zu Nathan: So wahr der HERR lebt: Der Mann ist ein Kind des Todes, der das getan hat!

6 Dazu soll er das Schaf vierfach bezahlen, weil er das getan und sein eigenes geschont hat.

¶ **7** Da sprach Nathan zu David: Du bist der Mann! So spricht der HERR, der Gott Israels: Ich habe dich zum König gesalbt über Israel und habe dich errettet aus der Hand Sauls

8 und habe dir deines Herrn Haus gegeben, dazu seine Frauen, und habe dir das Haus Israel und Juda gegeben; und ist das zu wenig, will ich noch dies und das dazutun.

9 Warum hast du denn das Wort des HERRN verachtet, dass du getan hast, was ihm missfiel? Uria, den Hetiter, hast du erschlagen mit dem Schwert, seine Frau hast du dir zur Frau genommen, ihn aber hast du umgebracht durchs Schwert der Ammoniter.

10 Nun, so soll von deinem Hause das Schwert nimmermehr lassen, weil du mich verachtet und die Frau Urias, des Hetiters, genommen hast, dass sie deine Frau sei.

Nathan Rebukes David

27 And when the mourning was over, David sent and brought her to his house, and she became his wife and bore him a son. But the thing that David had done displeased the LORD.

12 And the LORD sent Nathan to David. He came to him and said to him, "There were two men in a certain city, the one rich and the other poor.

2 The rich man had very many flocks and herds,

3 but the poor man had nothing but one little ewe lamb, which he had bought. And he brought it up, and it grew up with him and with his children. It used to eat of his morsel and drink from his cup and lie in his arms,[1] and it was like a daughter to him.

4 Now there came a traveler to the rich man, and he was unwilling to take one of his own flock or herd to prepare for the guest who had come to him, but he took the poor man's lamb and prepared it for the man who had come to him."

¶ **5** Then David's anger was greatly kindled against the man, and he said to Nathan, "As the LORD lives, the man who has done this deserves to die,

6 and he shall restore the lamb fourfold, because he did this thing, and because he had no pity."

¶ **7** Nathan said to David, "You are the man! Thus says the LORD, the God of Israel, 'I anointed you king over Israel, and I delivered you out of the hand of Saul.

8 And I gave you your master's house and your master's wives into your arms and gave you the house of Israel and of Judah. And if this were too little, I would add to you as much more.

9 Why have you despised the word of the LORD, to do what is evil in his sight? You have struck down Uriah the Hittite with the sword and have taken his wife to be your wife and have killed him with the sword of the Ammonites.

10 Now therefore the sword shall never depart from your house, because you have despised me and have taken the wife of Uriah the Hittite to be your wife.'

11 So spricht der HERR: Siehe, ich will Unheil über dich kommen lassen aus deinem eigenen Hause und will deine Frauen nehmen vor deinen Augen und will sie deinem Nächsten geben, dass er bei ihnen liegen soll an der lichten Sonne.

12 Denn du hast's heimlich getan, ich aber will dies tun vor ganz Israel und im Licht der Sonne.

¶ **13** Da sprach David zu Nathan: Ich habe gesündigt gegen den HERRN. Nathan sprach zu David: So hat auch der HERR deine Sünde weggenommen; du wirst nicht sterben.

14 Aber weil du die Feinde des HERRN durch diese Sache zum Lästern gebracht hast, wird der Sohn, der dir geboren ist, des Todes sterben.

15 Und Nathan ging heim.

¶ Und der HERR schlug das Kind, das Urias Frau David geboren hatte, sodass es todkrank wurde.

16 Und David suchte Gott um des Knäbleins willen und fastete, und wenn er heimkam, lag er über Nacht auf der Erde.

17 Da traten herzu die Ältesten seines Hauses und wollten ihn aufrichten von der Erde; er aber wollte nicht und aß auch nicht mit ihnen.

18 Am siebenten Tage aber starb das Kind. Und die Männer Davids fürchteten sich, ihm zu sagen, dass das Kind tot sei; denn sie dachten: Siehe, als das Kind noch am Leben war, redeten wir mit ihm und er hörte nicht auf uns; wie könnten wir ihm nun sagen: Das Kind ist tot! Er könnte ein Unheil anrichten.

¶ **19** Als aber David sah, dass seine Männer leise redeten, merkte er, dass das Kind tot sei, und sprach zu seinen Männern: Ist das Kind tot? Sie sprachen: Ja.

20 Da stand David von der Erde auf und wusch sich und salbte sich und zog andere Kleider an und ging in das Haus des HERRN und betete an. Und als er wieder heimkam, ließ er sich Speise auftragen und aß.

21 Da sprachen seine Männer zu ihm: Was soll das, was du tust? Als das Kind lebte, hast du gefastet und geweint; nun es aber gestorben ist, stehst du auf und isst?

22 Er sprach: Als das Kind noch lebte, fastete ich und weinte; denn ich dachte: Wer weiß, ob mir der HERR nicht gnädig wird und das Kind am Leben bleibt.

11 Thus says the LORD, 'Behold, I will raise up evil against you out of your own house. And I will take your wives before your eyes and give them to your neighbor, and he shall lie with your wives in the sight of this sun.

12 For you did it secretly, but I will do this thing before all Israel and before the sun.'"

13 David said to Nathan, "I have sinned against the LORD." And Nathan said to David, "The LORD also has put away your sin; you shall not die.

14 Nevertheless, because by this deed you have utterly scorned the LORD,[2] the child who is born to you shall die."

15 Then Nathan went to his house.

David's Child Dies

¶ And the LORD afflicted the child that Uriah's wife bore to David, and he became sick.

16 David therefore sought God on behalf of the child. And David fasted and went in and lay all night on the ground.

17 And the elders of his house stood beside him, to raise him from the ground, but he would not, nor did he eat food with them.

18 On the seventh day the child died. And the servants of David were afraid to tell him that the child was dead, for they said, "Behold, while the child was yet alive, we spoke to him, and he did not listen to us. How then can we say to him the child is dead? He may do himself some harm."

19 But when David saw that his servants were whispering together, David understood that the child was dead. And David said to his servants, "Is the child dead?" They said, "He is dead."

20 Then David arose from the earth and washed and anointed himself and changed his clothes. And he went into the house of the LORD and worshiped. He then went to his own house. And when he asked, they set food before him, and he ate.

21 Then his servants said to him, "What is this thing that you have done? You fasted and wept for the child while he was alive; but when the child died, you arose and ate food."

22 He said, "While the child was still alive, I fasted and wept, for I said, 'Who knows whether the LORD will be gracious to me, that the child may live?'

23 Nun es aber tot ist, was soll ich fasten? Kann ich es wieder zurückholen? Ich werde wohl zu ihm fahren; es kommt aber nicht wieder zu mir zurück.

¶ **24** Und als David seine Frau Batseba getröstet hatte, ging er zu ihr hinein und wohnte ihr bei. Und sie gebar einen Sohn, den nannte er Salomo. Und der HERR liebte ihn.

25 Und er tat ihn unter die Hand des Propheten Nathan; der nannte ihn Jedidja um des HERRN willen.

Eroberung der Hauptstadt der Ammoniter
(vgl. 1.Chr 20,1-3)

26 So kämpfte nun Joab gegen Rabba, die Stadt der Ammoniter, und eroberte die Königsstadt

27 und sandte Boten zu David und ließ ihm sagen: Ich habe gekämpft gegen Rabba und schon die Wasserstadt eingenommen.

28 So bring nun das übrige Kriegsvolk zusammen und belagere die Stadt und erobere sie, damit nicht ich sie erobere und mein Name über ihr ausgerufen werde.

¶ **29** So brachte David das ganze Kriegsvolk zusammen und zog hin und kämpfte gegen Rabba und eroberte es

30 und nahm seinem König die Krone vom Haupt; die war an Gewicht einen Zentner Gold schwer und an ihr war ein Edelstein; und sie wurde David aufs Haupt gesetzt. Und er führte aus der Stadt viel Beute weg.

31 Aber das Volk darin führte er heraus und stellte sie als Fronarbeiter an die Sägen, die eisernen Pickel und an die eisernen Äxte und ließ sie an den Ziegelöfen arbeiten. So tat er mit allen Städten der Ammoniter. Danach kehrten David und das ganze Kriegsvolk nach Jerusalem zurück.

Amnons Schandtat an Absaloms Schwester

13 Und es begab sich danach: Absalom, der Sohn Davids, hatte eine schöne Schwester, die Tamar hieß; und Amnon, der Sohn Davids, gewann sie lieb.

2 Und Amnon grämte sich, sodass er fast krank wurde, um seiner Schwester Tamar willen; denn sie war eine Jungfrau, und es schien Amnon unmöglich zu sein, ihr etwas anzutun.

¶ **3** Amnon aber hatte einen Freund, der hieß Jonadab, ein Sohn von Davids Bruder Schamma, und dieser Jonadab war ein sehr erfahrener Mann.

23 But now he is dead. Why should I fast? Can I bring him back again? I shall go to him, but he will not return to me."

Solomon's Birth

¶ **24** Then David comforted his wife, Bathsheba, and went in to her and lay with her, and she bore a son, and he called his name Solomon. And the LORD loved him

25 and sent a message by Nathan the prophet. So he called his name Jedidiah,[3] because of the LORD.

Rabbah Is Captured

¶ **26** Now Joab fought against Rabbah of the Ammonites and took the royal city.

27 And Joab sent messengers to David and said, "I have fought against Rabbah; moreover, I have taken the city of waters.

28 Now then gather the rest of the people together and encamp against the city and take it, lest I take the city and it be called by my name."

29 So David gathered all the people together and went to Rabbah and fought against it and took it.

30 And he took the crown of their king from his head. The weight of it was a talent[4] of gold, and in it was a precious stone, and it was placed on David's head. And he brought out the spoil of the city, a very great amount.

31 And he brought out the people who were in it and set them to labor with saws and iron picks and iron axes and made them toil at[5] the brick kilns. And thus he did to all the cities of the Ammonites. Then David and all the people returned to Jerusalem.

Amnon and Tamar

13 Now Absalom, David's son, had a beautiful sister, whose name was Tamar. And after a time Amnon, David's son, loved her.

2 And Amnon was so tormented that he made himself ill because of his sister Tamar, for she was a virgin, and it seemed impossible to Amnon to do anything to her.

3 But Amnon had a friend, whose name was Jonadab, the son of Shimeah, David's brother. And Jonadab was a very crafty man.

4 Der sprach zu ihm: Warum wirst du so mager von Tag zu Tag, du Königssohn? Willst du mir's nicht sagen? Da sprach Amnon zu ihm: Ich habe Tamar, die Schwester meines Bruders Absalom, lieb gewonnen.

5 Jonadab sprach zu ihm: Lege dich auf dein Bett und stelle dich krank. Wenn dann dein Vater kommt, dich zu besuchen, so sprich zu ihm: Lass doch meine Schwester Tamar kommen, damit sie mir Krankenkost gebe und vor meinen Augen das Essen bereite, dass ich zusehe und von ihrer Hand nehme und esse.

¶ **6** So legte sich Amnon hin und stellte sich krank. Als nun der König kam, ihn zu besuchen, sprach Amnon zum König: Lass doch meine Schwester Tamar kommen, dass sie vor meinen Augen einen Kuchen oder zwei mache und ich von ihrer Hand nehme und esse.

7 Da sandte David zu Tamar ins Haus und ließ ihr sagen: Geh hin ins Haus deines Bruders Amnon und mache ihm eine Krankenspeise.

8 Tamar ging hin ins Haus ihres Bruders Amnon; er aber lag zu Bett. Und sie nahm den Teig und knetete ihn und bereitete ihn vor seinen Augen und backte die Kuchen.

9 Und sie nahm die Pfanne und schüttete sie vor ihm aus; aber er weigerte sich zu essen. Und Amnon sprach: Lasst jedermann von mir hinausgehen. Und es ging jedermann von ihm hinaus.

10 Da sprach Amnon zu Tamar: Bringe die Krankenspeise in die Kammer, damit ich von deiner Hand nehme und esse. Da nahm Tamar die Kuchen, die sie gemacht hatte, und brachte sie zu Amnon, ihrem Bruder, in die Kammer.

¶ **11** Und als sie diese zu ihm brachte, damit er esse, ergriff er Tamar und sprach zu ihr: Komm, meine Schwester, lege dich zu mir!

12 Sie aber sprach zu ihm: Nicht doch, mein Bruder, schände mich nicht; denn so tut man nicht in Israel. Tu nicht solch eine Schandtat!

13 Wo soll ich mit meiner Schande hin? Und du wirst in Israel sein wie ein Ruchloser. Rede aber mit dem König, der wird mich dir nicht versagen.

14 Aber er wollte nicht auf sie hören und ergriff sie und überwältigte sie und wohnte ihr bei.

15 Und Amnon wurde ihrer überdrüssig, sodass sein Widerwille größer war als vorher seine Liebe. Und Amnon sprach zu ihr: Auf, geh deiner Wege!

4 And he said to him, "O son of the king, why are you so haggard morning after morning? Will you not tell me?" Amnon said to him, "I love Tamar, my brother Absalom's sister."

5 Jonadab said to him, "Lie down on your bed and pretend to be ill. And when your father comes to see you, say to him, 'Let my sister Tamar come and give me bread to eat, and prepare the food in my sight, that I may see it and eat it from her hand.'"

6 So Amnon lay down and pretended to be ill. And when the king came to see him, Amnon said to the king, "Please let my sister Tamar come and make a couple of cakes in my sight, that I may eat from her hand."

¶ **7** Then David sent home to Tamar, saying, "Go to your brother Amnon's house and prepare food for him."

8 So Tamar went to her brother Amnon's house, where he was lying down. And she took dough and kneaded it and made cakes in his sight and baked the cakes.

9 And she took the pan and emptied it out before him, but he refused to eat. And Amnon said, "Send out everyone from me." So everyone went out from him.

10 Then Amnon said to Tamar, "Bring the food into the chamber, that I may eat from your hand." And Tamar took the cakes she had made and brought them into the chamber to Amnon her brother.

11 But when she brought them near him to eat, he took hold of her and said to her, "Come, lie with me, my sister."

12 She answered him, "No, my brother, do not violate[1] me, for such a thing is not done in Israel; do not do this outrageous thing.

13 As for me, where could I carry my shame? And as for you, you would be as one of the outrageous fools in Israel. Now therefore, please speak to the king, for he will not withhold me from you."

14 But he would not listen to her, and being stronger than she, he violated her and lay with her.

¶ **15** Then Amnon hated her with very great hatred, so that the hatred with which he hated her was greater than the love with which he had loved her. And Amnon said to her, "Get up! Go!"

16 Sie aber sprach zu ihm: Dass du mich von dir stößt, dies Unrecht ist größer als das andere, das du an mir getan hast. Aber er wollte nicht auf sie hören,

17 sondern rief seinen Diener, der ihm aufwartete, und sprach: Treibe diese von mir hinaus und schließ die Tür hinter ihr zu!

¶ **18** Und sie hatte ein Ärmelkleid an; denn solche Kleider trugen des Königs Töchter, solange sie Jungfrauen waren. Und als sein Diener sie hinausgetrieben und die Tür hinter ihr zugeschlossen hatte,

19 warf Tamar Asche auf ihr Haupt und zerriss das Ärmelkleid, das sie anhatte, und legte ihre Hand auf das Haupt und ging laut schreiend davon.

20 Und ihr Bruder Absalom sprach zu ihr: Ist dein Bruder Amnon bei dir gewesen? Nun, meine Schwester, schweig still; es ist dein Bruder, nimm dir die Sache nicht so zu Herzen. So blieb Tamar einsam im Hause ihres Bruders Absalom.

¶ **21** Und als der König David dies alles hörte, wurde er sehr zornig. Aber er tat seinem Sohn Amnon nichts zuleide, denn er liebte ihn, weil er sein Erstgeborener war. Doch Absalom redete nicht mit Amnon, weder Böses noch Gutes.

22 Denn Absalom hasste Amnon, weil er seine Schwester Tamar geschändet hatte.

Absaloms Rache an Amnon

23 Nach zwei Jahren aber hatte Absalom Schafschur in Baal-Hazor, das bei Ephraim liegt. Und Absalom lud alle Söhne des Königs ein

24 und kam zum König und sprach: Siehe, dein Knecht hat Schafschur; der König und seine Großen mögen mit seinem Knecht hingehen.

25 Der König aber sprach zu Absalom: Nicht doch, mein Sohn, lass uns nicht alle gehen, damit wir dich nicht beschweren. Und obgleich er ihn nötigte, wollte er doch nicht hingehen, sondern entließ ihn mit seinem Segen.

26 Absalom sprach: Soll dann nicht mein Bruder Amnon mit uns gehen? Der König sprach zu ihm: Warum soll er mit dir gehen?

27 Da nötigte ihn Absalom, dass er Amnon und alle Söhne des Königs mit ihm gehen ließ. Und Absalom machte ein Mahl, wie wenn der König ein Mahl gibt.

¶ **28** Absalom aber gebot seinen Leuten: Seht darauf, wenn Amnon guter Dinge wird vom Wein und ich zu euch spreche: Schlagt Amnon nieder!, so sollt ihr ihn töten. Fürchtet euch nicht, denn ich hab's euch geboten; seid nur getrost und geht tapfer dran!

16 But she said to him, "No, my brother, for this wrong in sending me away is greater than the other that you did to me."[2] But he would not listen to her.

17 He called the young man who served him and said, "Put this woman out of my presence and bolt the door after her."

18 Now she was wearing a long robe[3] with sleeves, for thus were the virgin daughters of the king dressed. So his servant put her out and bolted the door after her.

19 And Tamar put ashes on her head and tore the long robe that she wore. And she laid her hand on her head and went away, crying aloud as she went.

¶ **20** And her brother Absalom said to her, "Has Amnon your brother been with you? Now hold your peace, my sister. He is your brother; do not take this to heart." So Tamar lived, a desolate woman, in her brother Absalom's house.

21 When King David heard of all these things, he was very angry.[4]

22 But Absalom spoke to Amnon neither good nor bad, for Absalom hated Amnon, because he had violated his sister Tamar.

Absalom Murders Amnon

¶ **23** After two full years Absalom had sheepshearers at Baal-hazor, which is near Ephraim, and Absalom invited all the king's sons.

24 And Absalom came to the king and said, "Behold, your servant has sheepshearers. Please let the king and his servants go with your servant."

25 But the king said to Absalom, "No, my son, let us not all go, lest we be burdensome to you." He pressed him, but he would not go but gave him his blessing.

26 Then Absalom said, "If not, please let my brother Amnon go with us." And the king said to him, "Why should he go with you?"

27 But Absalom pressed him until he let Amnon and all the king's sons go with him.

28 Then Absalom commanded his servants, "Mark when Amnon's heart is merry with wine, and when I say to you, 'Strike Amnon,' then kill him. Do not fear; have I not commanded you? Be courageous and be valiant."

29 So taten die Leute Absaloms mit Amnon, wie ihnen Absalom geboten hatte. Da sprangen alle Söhne des Königs auf, und jeder setzte sich auf sein Maultier und sie flohen.

¶ **30** Und als sie noch auf dem Wege waren, kam das Gerücht vor David, Absalom habe alle Söhne des Königs erschlagen, dass nicht **einer** von ihnen übrig geblieben sei.

31 Da stand der König auf und zerriss seine Kleider und legte sich auf die Erde, und alle seine Großen, die um ihn her standen, zerrissen ihre Kleider.

32 Da hob Jonadab, der Sohn Schammas, des Bruders Davids, an und sprach: Mein Herr denke nicht, dass alle jungen Männer, die Söhne des Königs, tot sind; sondern Amnon allein wird tot sein. Denn das hatte Absalom im Sinn von dem Tage an, da jener seine Schwester Tamar geschändet hatte.

33 So möge nun mein Herr, der König, nicht meinen, dass alle Söhne des Königs tot seien, sondern Amnon allein ist tot.

¶ **34** Absalom aber floh. Und als der Knecht auf der Warte seine Augen aufhob und ausschaute, siehe, da war viel Volk auf dem Wege nach Horonajim, am Abhang.

35 Da sprach Jonadab zum König: Siehe, die Söhne des Königs kommen; wie dein Knecht gesagt hat, so ist's ergangen.

36 Und nachdem er das gesagt hatte, siehe, da kamen die Söhne des Königs und erhoben ihre Stimme und weinten. Der König und alle seine Großen weinten auch gar sehr.

37 Absalom aber floh und ging zu Talmai, dem Sohn Ammihuds, dem König von Geschur. David aber trug Leid um seinen Sohn alle Tage.

Joab erwirbt Gnade für Absalom

38 Als aber Absalom geflohen und nach Geschur gezogen war, blieb er dort drei Jahre.

39 Und der König David hörte auf, Absalom zu grollen; denn er hatte sich getröstet über Amnon, dass er tot war.

14 Joab aber, der Sohn der Zeruja, merkte, dass des Königs Herz an Absalom hing,

29 So the servants of Absalom did to Amnon as Absalom had commanded. Then all the king's sons arose, and each mounted his mule and fled.

¶ **30** While they were on the way, news came to David, "Absalom has struck down all the king's sons, and not one of them is left."

31 Then the king arose and tore his garments and lay on the earth. And all his servants who were standing by tore their garments.

32 But Jonadab the son of Shimeah, David's brother, said, "Let not my lord suppose that they have killed all the young men, the king's sons, for Amnon alone is dead. For by the command of Absalom this has been determined from the day he violated his sister Tamar.

33 Now therefore let not my lord the king so take it to heart as to suppose that all the king's sons are dead, for Amnon alone is dead."

Absalom Flees to Geshur

¶ **34** But Absalom fled. And the young man who kept the watch lifted up his eyes and looked, and behold, many people were coming from the road behind him[5] by the side of the mountain.

35 And Jonadab said to the king, "Behold, the king's sons have come; as your servant said, so it has come about."

36 And as soon as he had finished speaking, behold, the king's sons came and lifted up their voice and wept. And the king also and all his servants wept very bitterly.

¶ **37** But Absalom fled and went to Talmai the son of Ammihud, king of Geshur. And David mourned for his son day after day.

38 So Absalom fled and went to Geshur, and was there three years.

39 And the spirit of the king[6] longed to go out[7] to Absalom, because he was comforted about Amnon, since he was dead.

Absalom Returns to Jerusalem

14 Now Joab the son of Zeruiah knew that the king's heart went out to Absalom.

2 und sandte hin nach Tekoa und ließ von dort eine kluge Frau holen und sprach zu ihr: Stelle dich wie eine Trauernde und zieh Trauerkleider an und salbe dich nicht mit Öl, sondern stelle dich wie eine Frau, die eine lange Zeit Leid getragen hat um einen Toten.

3 Und du sollst zum König hineingehen und mit ihm reden so und so. Und Joab legte ihr die Worte in den Mund, die sie reden sollte.

¶ **4** Und als die Frau aus Tekoa zum König kam, fiel sie auf ihr Antlitz zur Erde und huldigte ihm und sprach: Hilf mir, König!

5 Der König sprach zu ihr: Was hast du? Sie sprach: Ach, ich bin eine Witwe und mein Mann ist gestorben.

6 Und deine Magd hatte zwei Söhne, die zankten miteinander auf dem Felde, und weil keiner da war, der zwischen ihnen schlichtete, schlug der eine seinen Bruder nieder und tötete ihn.

7 Und siehe, nun steht die ganze Sippe auf gegen deine Magd und sie sagen: Gib den her, der seinen Bruder erschlagen hat, damit wir ihn töten für das Leben seines Bruders, den er umgebracht hat; so wollen sie auch den Erben vertilgen und den Funken auslöschen, der mir noch übrig geblieben ist, sodass meinem Mann kein Name und kein Nachkomme bleibt auf Erden.

¶ **8** Der König sprach zu der Frau: Geh heim, ich will die Sache für dich ordnen.

9 Und die Frau aus Tekoa sprach zum König: Mein Herr und König, die Schuld wird man auf mich und meines Vaters Haus legen, den König aber und seinen Thron ohne Schuld sein lassen.

10 Der König sprach: Wer gegen dich redet, den bringe zu mir; er soll dich nicht mehr antasten.

11 Sie sprach: Der König möge doch den Namen des HERRN, seines Gottes, nennen, damit der Bluträcher nicht noch mehr Verderben anrichte und sie meinen Sohn nicht vertilgen. Er sprach: So wahr der HERR lebt: Es soll kein Haar von deinem Sohn auf die Erde fallen.

¶ **12** Und die Frau sprach: Lass deine Magd meinem Herrn und König etwas sagen. Er sprach: Sage an!

13 Die Frau sprach: Warum bist du so gesinnt gegen Gottes Volk? Denn da der König nun ein solches Urteil gefällt hat, ist er wie ein Schuldiger, wenn er den nicht zurückholen lässt, den er verstoßen hat.

2 And Joab sent to Tekoa and brought from there a wise woman and said to her, "Pretend to be a mourner and put on mourning garments. Do not anoint yourself with oil, but behave like a woman who has been mourning many days for the dead.

3 Go to the king and speak thus to him." So Joab put the words in her mouth.

¶ **4** When the woman of Tekoa came to the king, she fell on her face to the ground and paid homage and said, "Save me, O king."

5 And the king said to her, "What is your trouble?" She answered, "Alas, I am a widow; my husband is dead.

6 And your servant had two sons, and they quarreled with one another in the field. There was no one to separate them, and one struck the other and killed him.

7 And now the whole clan has risen against your servant, and they say, 'Give up the man who struck his brother, that we may put him to death for the life of his brother whom he killed.' And so they would destroy the heir also. Thus they would quench my coal that is left and leave to my husband neither name nor remnant on the face of the earth."

¶ **8** Then the king said to the woman, "Go to your house, and I will give orders concerning you."

9 And the woman of Tekoa said to the king, "On me be the guilt, my lord the king, and on my father's house; let the king and his throne be guiltless."

10 The king said, "If anyone says anything to you, bring him to me, and he shall never touch you again."

11 Then she said, "Please let the king invoke the LORD your God, that the avenger of blood kill no more, and my son be not destroyed." He said, "As the LORD lives, not one hair of your son shall fall to the ground."

¶ **12** Then the woman said, "Please let your servant speak a word to my lord the king." He said, "Speak."

13 And the woman said, "Why then have you planned such a thing against the people of God? For in giving this decision the king convicts himself, inasmuch as the king does not bring his banished one home again.

14 Denn wir sterben des Todes und sind wie Wasser, das auf die Erde gegossen wird und das man nicht wieder sammeln kann; aber Gott will nicht das Leben wegnehmen, sondern er ist darauf bedacht, dass das Verstoßene nicht auch von ihm verstoßen werde.

15 So bin ich nun gekommen, mit meinem Herrn und König solches zu reden; denn das Volk macht mir Angst. Deine Magd dachte: Ich will mit dem König reden; vielleicht wird er tun, was seine Magd sagt.

16 Denn der König wird seine Magd erhören, dass er mich errette aus der Hand aller, die mich samt meinem Sohn vertilgen wollen vom Erbe Gottes.

17 Und deine Magd dachte: Meines Herrn, des Königs, Wort soll mir ein Trost sein; denn mein Herr, der König, ist wie der Engel Gottes, dass er Gutes und Böses unterscheiden kann. Der Herr, dein Gott, möge mit dir sein!

¶ **18** Der König antwortete und sprach zu der Frau: Verhehle mir nicht, was ich dich frage. Die Frau sprach: Mein Herr, der König, rede!

19 Der König sprach: Ist nicht die Hand Joabs mit dir in alledem? Die Frau antwortete: So wahr du lebst, mein Herr und König: Man kann nicht vorüber an dem, was mein Herr und König geredet hat, weder zur Rechten noch zur Linken. Ja, dein Knecht Joab hat mir's geboten, und er hat alle diese Worte deiner Magd in den Mund gelegt.

20 Dass ich diese Sache so wenden sollte, das hat dein Knecht Joab gemacht. Aber mein Herr gleicht an Weisheit dem Engel Gottes, sodass er alles weiß, was auf Erden geschieht.

¶ **21** Da sprach der König zu Joab: Siehe, ich will es tun; so geh hin und bringe meinen Sohn Absalom zurück.

22 Da fiel Joab auf sein Antlitz zur Erde, huldigte und dankte dem König und sprach: Heute erkennt dein Knecht, dass ich Gnade gefunden habe vor deinen Augen, mein Herr und König, da der König tut, was sein Knecht sagt.

23 So machte sich Joab auf und zog nach Geschur und brachte Absalom nach Jerusalem.

24 Aber der König sprach: Lass ihn wieder in sein Haus gehen, doch mein Angesicht soll er nicht sehen. So kam Absalom wieder in sein Haus, doch des Königs Angesicht sah er nicht.

¶ **25** Es war aber in ganz Israel kein Mann so schön wie Absalom und er hatte dieses Lob vor allen; von der Fußsohle bis zum Scheitel war nicht ein Fehl an ihm.

14 We must all die; we are like water spilled on the ground, which cannot be gathered up again. But God will not take away life, and he devises means so that the banished one will not remain an outcast.

15 Now I have come to say this to my lord the king because the people have made me afraid, and your servant thought, 'I will speak to the king; it may be that the king will perform the request of his servant.

16 For the king will hear and deliver his servant from the hand of the man who would destroy me and my son together from the heritage of God.'

17 And your servant thought, 'The word of my lord the king will set me at rest,' for my lord the king is like the angel of God to discern good and evil. The Lord your God be with you!"

¶ **18** Then the king answered the woman, "Do not hide from me anything I ask you." And the woman said, "Let my lord the king speak."

19 The king said, "Is the hand of Joab with you in all this?" The woman answered and said, "As surely as you live, my lord the king, one cannot turn to the right hand or to the left from anything that my lord the king has said. It was your servant Joab who commanded me; it was he who put all these words in the mouth of your servant.

20 In order to change the course of things your servant Joab did this. But my lord has wisdom like the wisdom of the angel of God to know all things that are on the earth."

¶ **21** Then the king said to Joab, "Behold now, I grant this; go, bring back the young man Absalom."

22 And Joab fell on his face to the ground and paid homage and blessed the king. And Joab said, "Today your servant knows that I have found favor in your sight, my lord the king, in that the king has granted the request of his servant."

23 So Joab arose and went to Geshur and brought Absalom to Jerusalem.

24 And the king said, "Let him dwell apart in his own house; he is not to come into my presence." So Absalom lived apart in his own house and did not come into the king's presence.

¶ **25** Now in all Israel there was no one so much to be praised for his handsome appearance as Absalom. From the sole of his foot to the crown of his head there was no blemish in him.

26 Und wenn man sein Haupt schor – das geschah alle Jahre, denn es war ihm zu schwer, sodass man es abscheren musste –, so wog sein Haupthaar zweihundert Lot nach dem königlichen Gewicht.

27 Und Absalom wurden drei Söhne geboren und eine Tochter, die hieß Tamar und sie war ein schönes Mädchen.

¶ **28** Und Absalom wohnte zwei Jahre in Jerusalem, ohne des Königs Angesicht zu sehen.

29 Und Absalom sandte zu Joab, um ihn zum König zu senden; aber Joab wollte nicht zu ihm kommen. Er aber sandte zum zweiten Mal; aber er wollte immer noch nicht kommen.

30 Da sprach er zu seinen Knechten: Seht das Stück Acker Joabs neben meinem; er hat Gerste darauf. So geht hin und steckt's in Brand. Da steckten die Knechte Absaloms das Stück in Brand.

31 Da machte sich Joab auf und kam zu Absalom ins Haus und sprach zu ihm: Warum haben deine Knechte mein Feld in Brand gesteckt?

32 Absalom sprach zu Joab: Siehe, ich sandte zu dir und ließ dir sagen: Komm her, damit ich dich zum König sende und fragen lasse: Warum bin ich von Geschur hierher gekommen? Es wäre mir besser, dass ich noch dort wäre. So lass mich nun das Angesicht des Königs sehen; liegt aber eine Schuld auf mir, so soll er mich töten.

¶ **33** Und Joab ging hinein zum König und sagte es ihm an. Und er rief Absalom, dass er hinein zum König kam; und er fiel nieder vor dem König auf sein Antlitz zur Erde, und der König küsste Absalom.

Absaloms Aufruhr

15 Und es begab sich danach, dass Absalom sich einen Wagen anschaffte und Rosse und fünfzig Mann, die seine Leibwache waren.

2 Auch machte sich Absalom des Morgens auf und trat an den Weg bei dem Tor. Und wenn jemand einen Rechtshandel hatte und deshalb zum König vor Gericht gehen wollte, rief ihn Absalom zu sich und sprach: Aus welcher Stadt bist du? Wenn der dann sprach: Dein Knecht ist aus dem und dem Stamm Israels,

3 so sprach Absalom zu ihm: Siehe, deine Sache ist gut und recht; aber du hast keinen beim König, der dich hört.

26 And when he cut the hair of his head (for at the end of every year he used to cut it; when it was heavy on him, he cut it), he weighed the hair of his head, two hundred shekels[1] by the king's weight.

27 There were born to Absalom three sons, and one daughter whose name was Tamar. She was a beautiful woman.

¶ **28** So Absalom lived two full years in Jerusalem, without coming into the king's presence.

29 Then Absalom sent for Joab, to send him to the king, but Joab would not come to him. And he sent a second time, but Joab would not come.

30 Then he said to his servants, "See, Joab's field is next to mine, and he has barley there; go and set it on fire." So Absalom's servants set the field on fire.[2]

31 Then Joab arose and went to Absalom at his house and said to him, "Why have your servants set my field on fire?"

32 Absalom answered Joab, "Behold, I sent word to you, 'Come here, that I may send you to the king, to ask, "Why have I come from Geshur? It would be better for me to be there still." Now therefore let me go into the presence of the king, and if there is guilt in me, let him put me to death.'"

33 Then Joab went to the king and told him, and he summoned Absalom. So he came to the king and bowed himself on his face to the ground before the king, and the king kissed Absalom.

Absalom's Conspiracy

15 After this Absalom got himself a chariot and horses, and fifty men to run before him.

2 And Absalom used to rise early and stand beside the way of the gate. And when any man had a dispute to come before the king for judgment, Absalom would call to him and say, "From what city are you?" And when he said, "Your servant is of such and such a tribe in Israel,"

3 Absalom would say to him, "See, your claims are good and right, but there is no man designated by the king to hear you."

4 Und Absalom sprach: Oh, wer setzt mich zum Richter im Lande, dass jedermann zu mir käme, der eine Sache und Gerichtshandel hat, damit ich ihm zum Recht hülfe!

5 Und wenn jemand ihm nahte und vor ihm niederfallen wollte, so streckte er seine Hand aus und ergriff ihn und küsste ihn.

6 Auf diese Weise tat Absalom mit ganz Israel, wenn sie vor Gericht kamen zum König. So stahl Absalom das Herz der Männer Israels.

¶ **7** Nach vier Jahren sprach Absalom zum König: Ich will hingehen und mein Gelübde in Hebron erfüllen, das ich dem Herrn gelobt habe.

8 Denn dein Knecht hat ein Gelübde getan, als ich in Geschur in Aram wohnte, und gesprochen: Wenn mich der Herr nach Jerusalem zurückbringt, so will ich dem Herrn einen Gottesdienst halten.

9 Der König sprach zu ihm: Geh hin mit Frieden! Und er machte sich auf und ging nach Hebron.

¶ **10** Absalom aber hatte heimlich Boten ausgesandt in alle Stämme Israels und sagen lassen: Wenn ihr den Schall der Posaune hört, so ruft: Absalom ist König geworden zu Hebron.

11 Es gingen aber mit Absalom zweihundert Mann von Jerusalem, die geladen waren, und sie gingen ohne Argwohn und wussten nichts von der Sache.

12 Als aber Absalom die Opfer darbrachte, sandte er auch zu Ahitofel, dem Giloniter, Davids Ratgeber, und ließ ihn holen aus seiner Stadt Gilo. Und die Verschwörung wurde stark und es sammelte sich immer mehr Volk um Absalom.

David verlässt Jerusalem

13 Da kam einer, der sagte es David an und sprach: Jedermanns Herz in Israel hat sich Absalom zugewandt.

14 David aber sprach zu allen seinen Großen, die bei ihm in Jerusalem waren: Auf, lasst uns fliehen! Denn hier wird kein Entrinnen sein vor Absalom. Eilt, dass wir gehen, damit er uns nicht einholt und uns ergreift und Unheil über uns bringt und die Stadt schlägt mit der Schärfe des Schwerts.

15 Da sprachen die Großen des Königs zu ihm: Ganz wie unser Herr und König will; siehe, wir sind deine Knechte.

16 Und der König zog hinaus und sein ganzes Haus ihm nach. Der König aber ließ zehn Nebenfrauen zurück, um das Haus zu bewahren.

4 Then Absalom would say, "Oh that I were judge in the land! Then every man with a dispute or cause might come to me, and I would give him justice."

5 And whenever a man came near to pay homage to him, he would put out his hand and take hold of him and kiss him.

6 Thus Absalom did to all of Israel who came to the king for judgment. So Absalom stole the hearts of the men of Israel.

¶ **7** And at the end of four[1] years Absalom said to the king, "Please let me go and pay my vow, which I have vowed to the Lord, in Hebron.

8 For your servant vowed a vow while I lived at Geshur in Aram, saying, 'If the Lord will indeed bring me back to Jerusalem, then I will offer worship to[2] the Lord.'"

9 The king said to him, "Go in peace." So he arose and went to Hebron.

10 But Absalom sent secret messengers throughout all the tribes of Israel, saying, "As soon as you hear the sound of the trumpet, then say, 'Absalom is king at Hebron!'"

11 With Absalom went two hundred men from Jerusalem who were invited guests, and they went in their innocence and knew nothing.

12 And while Absalom was offering the sacrifices, he sent for[3] Ahithophel the Gilonite, David's counselor, from his city Giloh. And the conspiracy grew strong, and the people with Absalom kept increasing.

David Flees Jerusalem

¶ **13** And a messenger came to David, saying, "The hearts of the men of Israel have gone after Absalom."

14 Then David said to all his servants who were with him at Jerusalem, "Arise, and let us flee, or else there will be no escape for us from Absalom. Go quickly, lest he overtake us quickly and bring down ruin on us and strike the city with the edge of the sword."

15 And the king's servants said to the king, "Behold, your servants are ready to do whatever my lord the king decides."

16 So the king went out, and all his household after him. And the king left ten concubines to keep the house.

¶ 17 Und als der König und alles Volk, das ihm nachfolgte, hinauskamen, blieben sie stehen beim letzten Hause.

18 Und alle seine Großen blieben an seiner Seite; aber alle Kreter und Pleter, auch alle Gatiter, sechshundert Mann, die von Gat ihm nachgefolgt waren, zogen an dem König vorüber.

¶ 19 Und der König sprach zu Ittai, dem Gatiter: Warum gehst auch du mit uns? Kehre um und bleibe bei dem neuen König, denn du bist ein Ausländer und von deiner Heimat hierher gezogen.

20 Gestern bist du gekommen und heute sollte ich dich mit uns hin und her ziehen lassen? Denn ich muss gehen, wohin ich gehen kann. Kehre um und nimm deine Brüder mit dir; dir widerfahre Barmherzigkeit und Treue.

21 Ittai antwortete dem König und sprach: So wahr der HERR lebt und so wahr mein Herr und König lebt: Wo immer mein Herr, der König, ist, es gerate zum Tod oder zum Leben, da wird dein Knecht auch sein.

22 David sprach zu Ittai: So komm und zieh vorüber! Da zog Ittai, der Gatiter, vorüber und alle seine Männer und der ganze Haufe von Frauen und Kindern, die bei ihm waren.

23 Und das ganze Land weinte mit lauter Stimme, während das ganze Kriegsvolk vorüberzog. Und der König ging über den Bach Kidron und das ganze Kriegsvolk zog weiter auf dem Wege, der zur Wüste geht.

¶ 24 Und siehe, Zadok war auch da und alle Leviten, die bei ihm waren, und sie trugen die Lade des Bundes Gottes und stellten sie nieder. Und Abjatar brachte Opfer dar, bis das ganze Kriegsvolk aus der Stadt vorübergezogen war.

25 Aber der König sprach zu Zadok: Bringe die Lade Gottes in die Stadt zurück. Werde ich Gnade finden vor dem HERRN, so wird er mich zurückbringen, dass ich sie und ihre Stätte wiedersehe.

26 Spricht er aber: Ich habe kein Wohlgefallen an dir – siehe, hier bin ich. Er mach's mit mir, wie es ihm wohlgefällt.

27 Und der König sprach zu dem Priester Zadok: Wohlan, du und Abjatar, kehrt zurück in die Stadt mit Frieden und mit euch eure beiden Söhne, Ahimaaz, dein Sohn, und Jonatan, der Sohn Abjatars!

28 Siehe, ich will warten bei den Furten in der Wüste, bis von euch Botschaft zu mir kommt.

29 So brachten Zadok und Abjatar die Lade Gottes zurück nach Jerusalem und blieben dort.

17 And the king went out, and all the people after him. And they halted at the last house.

¶ 18 And all his servants passed by him, and all the Cherethites, and all the Pelethites, and all the six hundred Gittites who had followed him from Gath, passed on before the king.

19 Then the king said to Ittai the Gittite, "Why do you also go with us? Go back and stay with the king, for you are a foreigner and also an exile from your home.

20 You came only yesterday, and shall I today make you wander about with us, since I go I know not where? Go back and take your brothers with you, and may the LORD show[4] steadfast love and faithfulness to you."

21 But Ittai answered the king, "As the LORD lives, and as my lord the king lives, wherever my lord the king shall be, whether for death or for life, there also will your servant be."

22 And David said to Ittai, "Go then, pass on." So Ittai the Gittite passed on with all his men and all the little ones who were with him.

23 And all the land wept aloud as all the people passed by, and the king crossed the brook Kidron, and all the people passed on toward the wilderness.

¶ 24 And Abiathar came up, and behold, Zadok came also with all the Levites, bearing the ark of the covenant of God. And they set down the ark of God until the people had all passed out of the city.

25 Then the king said to Zadok, "Carry the ark of God back into the city. If I find favor in the eyes of the LORD, he will bring me back and let me see both it and his dwelling place.

26 But if he says, 'I have no pleasure in you,' behold, here I am, let him do to me what seems good to him."

27 The king also said to Zadok the priest, "Are you not a seer? Go back[5] to the city in peace, with your two sons, Ahimaaz your son, and Jonathan the son of Abiathar.

28 See, I will wait at the fords of the wilderness until word comes from you to inform me."

29 So Zadok and Abiathar carried the ark of God back to Jerusalem, and they remained there.

30 David aber ging den Ölberg hinan und weinte, und sein Haupt war verhüllt und er ging barfuß. Auch alle vom Volk, die bei ihm waren, hatten ihr Haupt verhüllt und gingen hinan und weinten.

31 Und als David gesagt wurde, dass Ahitofel im Bund mit Absalom sei, sprach er: HERR, mache den Ratschlag Ahitofels zur Torheit!

32 Und als David auf die Höhe kam, wo man Gott anzubeten pflegte, siehe, da begegnete ihm Huschai, der Arkiter, mit zerrissenem Rock und Erde auf seinem Haupt.

33 Und David sprach zu ihm: Wenn du mit mir gehst, wirst du mir eine Last sein.

34 Wenn du aber in die Stadt zurückkehrst und zu Absalom sprichst: Ich will dein Knecht sein, König; wie ich zuvor deines Vaters Knecht war, will ich nun dein Knecht sein –, so könntest du mir zugut den Ratschlag Ahitofels zunichtemachen.

35 Auch sind die Priester Zadok und Abjatar mit dir. Alles, was du hörst aus des Königs Hause, sollst du den Priestern Zadok und Abjatar sagen.

36 Siehe, es sind bei ihnen ihre beiden Söhne: Ahimaaz, Zadoks Sohn, und Jonatan, Abjatars Sohn. Durch die könnt ihr mir alles zukommen lassen, was ihr hören werdet.

37 So kam Huschai, der Freund Davids, in die Stadt. Und Absalom zog in Jerusalem ein.

David auf der Flucht zum Jordan

16 Und als David ein wenig über die Höhe hinabgegangen war, siehe, da begegnete ihm Ziba, der Knecht Mefi-Boschets, mit einem Paar gesattelter Esel; darauf waren zweihundert Brote und hundert Rosinenkuchen und hundert frische Früchte und ein Schlauch Wein.

2 Da sprach der König zu Ziba: Was willst du damit machen? Ziba sprach: Die Esel sollen für das Haus des Königs sein, um darauf zu reiten, und die Brote und die Früchte sind für die Leute zum Essen und der Wein zum Trinken, wenn sie müde werden in der Wüste.

3 Der König sprach: Wo ist der Sohn deines Herrn? Ziba sprach zum König: Siehe, er blieb in Jerusalem; denn er denkt: Heute wird mir das Haus Israel meines Vaters Königtum zurückgeben.

4 Der König sprach zu Ziba: Siehe, es soll dein sein alles, was Mefi-Boschet hat. Ziba sprach: Ich neige mich; lass mich auch ferner Gnade finden vor dir, mein Herr und König.

30 But David went up the ascent of the Mount of Olives, weeping as he went, barefoot and with his head covered. And all the people who were with him covered their heads, and they went up, weeping as they went.

31 And it was told David, "Ahithophel is among the conspirators with Absalom." And David said, "O LORD, please turn the counsel of Ahithophel into foolishness."

32 While David was coming to the summit, where God was worshiped, behold, Hushai the Archite came to meet him with his coat torn and ⁱdirt on his head.

33 David said to him, "If you go on with me, you will be a burden to me.

34 But if you return to the city and say to Absalom, 'I will be your servant, O king; as I have been your father's servant in time past, so now I will be your servant,' then you will defeat for me the counsel of Ahithophel.

35 Are not Zadok and Abiathar the priests with you there? So whatever you hear from the king's house, tell it to Zadok and Abiathar the priests.

36 Behold, their two sons are with them there, Ahimaaz, Zadok's son, and Jonathan, Abiathar's son, ᵐand by them you shall send to me everything you hear."

37 So Hushai, David's friend, came into the city, just as Absalom was entering Jerusalem.

David and Ziba

16 When David had passed a little beyond the summit, Ziba the servant of Mephibosheth met him, with a couple of donkeys saddled, bearing two hundred loaves of bread, a hundred bunches of raisins, a hundred of summer fruits, and a skin of wine.

2 And the king said to Ziba, "Why have you brought these?" Ziba answered, "The donkeys are for the king's household to ride on, the bread and summer fruit for the young men to eat, and the wine for those who faint in the wilderness to drink."

3 And the king said, "And where is your master's son?" Ziba said to the king, "Behold, he remains in Jerusalem, for he said, 'Today the house of Israel will give me back the kingdom of my father.'"

4 Then the king said to Ziba, "Behold, all that belonged to Mephibosheth is now yours." And Ziba said, "I pay homage; let me ever find favor in your sight, my lord the king."

¶ **5** Als aber der König David nach Bahurim kam, siehe, da kam ein Mann von dort heraus, vom Geschlecht des Hauses Saul, der hieß Schimi, der Sohn Geras; der kam heraus und fluchte

6 und warf mit Steinen nach David und allen Großen des Königs David, obwohl das ganze Kriegsvolk und alle seine Helden zu seiner Rechten und Linken waren.

7 So aber rief Schimi, als er fluchte: Hinaus, hinaus, du Bluthund, du ruchloser Mann!

8 Der HERR hat über dich gebracht alles Blut des Hauses Sauls, an dessen statt du König geworden bist. Jetzt hat der HERR das Königtum gegeben in die Hand deines Sohnes Absalom; und siehe, nun steckst du in deinem Unglück, denn du bist ein Bluthund.

¶ **9** Aber Abischai, der Sohn der Zeruja, sprach zu dem König: Sollte dieser tote Hund meinem Herrn, dem König, fluchen dürfen? Ich will hingehen und ihm den Kopf abhauen.

10 Der König sprach: Ihr Söhne der Zeruja, was hab ich mit euch zu schaffen? Lasst ihn fluchen; denn der HERR hat ihm geboten: Fluche David! Wer darf dann sagen: Warum tust du das?

11 Und David sprach zu Abischai und zu allen seinen Großen: Siehe, mein Sohn, der von meinem Leibe gekommen ist, trachtet mir nach dem Leben; warum nicht auch jetzt der Benjaminiter? Lasst ihn ruhig fluchen, denn der HERR hat's ihm geboten.

12 Vielleicht wird der HERR mein Elend ansehen und mir mit Gutem vergelten sein heutiges Fluchen.

¶ **13** So ging David mit seinen Leuten des Weges; aber Schimi ging am Hang des Berges entlang, ihm gegenüber, und fluchte und warf mit Steinen nach ihm und bewarf ihn mit Erdklumpen.

14 Und der König kam mit allem Volk, das bei ihm war, müde an den Jordan und ruhte dort aus.

Die Ratschläge Huschais und Ahitofels

15 Aber Absalom und alles Volk, die Männer Israels, kamen nach Jerusalem und Ahitofel mit ihm.

16 Als aber Huschai, der Arkiter, Davids Freund, zu Absalom hineinkam, rief er Absalom zu: Es lebe der König! Es lebe der König!

17 Absalom aber sprach zu Huschai: Ist das deine Liebe zu deinem Freunde? Warum bist du nicht mit deinem Freunde gezogen?

Shimei Curses David

¶ **5** When King David came to Bahurim, there came out a man of the family of the house of Saul, whose name was Shimei, the son of Gera, and as he came he cursed continually.

6 And he threw stones at David and at all the servants of King David, and all the people and all the mighty men were on his right hand and on his left.

7 And Shimei said as he cursed, "Get out, get out, you man of blood, you worthless man!

8 The LORD has avenged on you all the blood of the house of Saul, in whose place you have reigned, and the LORD has given the kingdom into the hand of your son Absalom. See, your evil is on you, for you are a man of blood."

¶ **9** Then Abishai the son of Zeruiah said to the king, "Why should this dead dog curse my lord the king? Let me go over and take off his head."

10 But the king said, "What have I to do with you, you sons of Zeruiah? If he is cursing because the LORD has said to him, 'Curse David,' who then shall say, 'Why have you done so?'"

11 And David said to Abishai and to all his servants, "Behold, my own son seeks my life; how much more now may this Benjaminite! Leave him alone, and let him curse, for the LORD has told him to.

12 It may be that the LORD will look on the wrong done to me,[1] and that the LORD will repay me with good for his cursing today."

13 So David and his men went on the road, while Shimei went along on the hillside opposite him and cursed as he went and threw stones at him and flung dust.

14 And the king, and all the people who were with him, arrived weary at the Jordan.[2] And there he refreshed himself.

Absalom Enters Jerusalem

¶ **15** Now Absalom and all the people, the men of Israel, came to Jerusalem, and Ahithophel with him.

16 And when Hushai the Archite, David's friend, came to Absalom, Hushai said to Absalom, "Long live the king! Long live the king!"

17 And Absalom said to Hushai, "Is this your loyalty to your friend? Why did you not go with your friend?"

18 Huschai aber sprach zu Absalom: Nein! Sondern wen der HERR erwählt und dies Volk und alle Männer in Israel, zu dem gehöre ich und bei dem will ich bleiben.

19 Zum andern, wem diene ich? Ist es nicht sein Sohn, dem ich diene? Wie ich deinem Vater gedient habe, so will ich auch vor dir sein.

¶ **20** Und Absalom sprach zu Ahitofel: Gebt euren Rat, was sollen wir tun?

21 Ahitofel sprach zu Absalom: Geh ein zu den Nebenfrauen deines Vaters, die er zurückgelassen hat, um das Haus zu bewahren, so wird ganz Israel hören, dass du dich bei deinem Vater in Verruf gebracht hast; dann werden alle, die zu dir stehen, desto kühner werden.

22 Da machten sie Absalom ein Zelt auf dem Dach und Absalom ging zu den Nebenfrauen seines Vaters vor den Augen ganz Israels.

23 Wenn damals Ahitofel einen Rat gab, dann war das, als wenn man Gott um etwas befragt hätte; so viel galten alle Ratschläge Ahitofels bei David und bei Absalom.

17 Und Ahitofel sprach zu Absalom: Ich will zwölftausend Mann auswählen und mich aufmachen und David nachjagen in dieser Nacht

2 und will ihn überfallen, solange er matt und verzagt ist. Wenn ich ihn dann erschrecke und das ganze Kriegsvolk, das bei ihm ist, flieht, will ich den König allein erschlagen

3 und das ganze Kriegsvolk zu dir zurückbringen, wie die junge Frau zu ihrem Mann zurückkehrt. Du trachtest ja nur einem Mann nach dem Leben, aber das ganze Volk soll in Frieden bleiben.

4 Die Rede gefiel Absalom gut und allen Ältesten in Israel.

¶ **5** Aber Absalom sprach: Lasst doch auch Huschai, den Arkiter, rufen und hören, was er dazu sagt.

6 Und als Huschai hinein zu Absalom kam, sprach Absalom zu ihm: Das und das hat Ahitofel geredet; sage du, sollen wir's tun oder nicht?

¶ **7** Da sprach Huschai zu Absalom: Es ist kein guter Rat, den Ahitofel diesmal gegeben hat.

8 Und Huschai sprach weiter: Du kennst deinen Vater und seine Leute, dass sie stark sind und zornigen Gemüts wie eine Bärin auf dem Felde, der die Jungen geraubt sind. Dazu ist dein Vater ein Kriegsmann und wird seinen Leuten keine Nachtruhe gönnen.

18 And Hushai said to Absalom, "No, for whom the LORD and this people and all the men of Israel have chosen, his I will be, and with him I will remain.

19 And again, whom should I serve? Should it not be his son? As I have served your father, so I will serve you."

¶ **20** Then Absalom said to Ahithophel, "Give your counsel. What shall we do?"

21 Ahithophel said to Absalom, "Go in to your father's concubines, whom he has left to keep the house, and all Israel will hear that you have made yourself a stench to your father, and the hands of all who are with you will be strengthened."

22 So they pitched a tent for Absalom on the roof. And Absalom went in to his father's concubines in the sight of all Israel.

23 Now in those days the counsel that Ahithophel gave was as if one consulted the word of God; so was all the counsel of Ahithophel esteemed, both by David and by Absalom.

Hushai Saves David

17 Moreover, Ahithophel said to Absalom, "Let me choose twelve thousand men, and I will arise and pursue David tonight.

2 I will come upon him while he is weary and discouraged and throw him into a panic, and all the people who are with him will flee. I will strike down only the king,

3 and I will bring all the people back to you as a bride comes home to her husband. You seek the life of only one man,[1] and all the people will be at peace."

4 And the advice seemed right in the eyes of Absalom and all the elders of Israel.

¶ **5** Then Absalom said, "Call Hushai the Archite also, and let us hear what he has to say."

6 And when Hushai came to Absalom, Absalom said to him, "Thus has Ahithophel spoken; shall we do as he says? If not, you speak."

7 Then Hushai said to Absalom, "This time the counsel that Ahithophel has given is not good."

8 Hushai said, "You know that your father and his men are mighty men, and that they are enraged,[2] like a bear robbed of her cubs in the field. Besides, your father is expert in war; he will not spend the night with the people.

9 Siehe, er hat sich jetzt vielleicht verkrochen in irgendeiner Schlucht oder sonst einem Versteck. Wenn's dann geschähe, dass gleich zu Anfang einige unter ihnen fallen, und es käme das Gerücht auf: Das Heer, das Absalom nachfolgt, ist geschlagen worden,

10 so würde jedermann verzagt werden, auch wenn er ein Krieger ist und ein Herz hat wie ein Löwe. Denn es weiß ganz Israel, dass dein Vater ein Held ist und seine Leute tapfere Krieger sind.

11 Darum rate ich, dass du zu dir versammelst ganz Israel von Dan bis Beerscheba, so viel wie der Sand am Meer, und dass du selbst mit ihnen ziehst.

12 So wollen wir ihn überfallen, wo wir ihn finden, und wollen über ihn kommen, wie der Tau auf die Erde fällt, dass wir von ihm und allen seinen Männern nicht einen einzigen übrig lassen.

13 Zieht er sich aber in eine Stadt zurück, so soll ganz Israel Stricke an die Stadt legen und sie ins Tal schleifen, sodass man nicht einen Stein mehr dort finde.

14 Da sprachen Absalom und jedermann in Israel: Der Rat Huschais, des Arkiters, ist besser als Ahitofels Rat. So schickte es der HERR, dass der kluge Rat Ahitofels verhindert wurde, damit der HERR Unheil über Absalom brächte.

¶ **15** Und Huschai sprach zu den Priestern Zadok und Abjatar: So und so hat Ahitofel Absalom und den Ältesten in Israel geraten, ich aber habe so und so geraten.

16 So sendet nun eilends hin und lasst David sagen: Bleibe nicht über Nacht an den Furten der Wüste, sondern geh gleich hinüber, damit der König nicht vernichtet werde und das ganze Volk, das bei ihm ist.

¶ **17** Jonatan aber und Ahimaaz standen bei der Quelle Rogel; und eine Magd ging von Zeit zu Zeit hin und brachte ihnen Nachricht, die sie dem König David weitersagten; denn sie durften sich in der Stadt nicht sehen lassen.

18 Es sah sie aber ein Knabe und sagte es Absalom an. Da gingen die beiden eilends fort und kamen in das Haus eines Mannes in Bahurim; der hatte einen Brunnen in seinem Hofe. Dahinein stiegen sie.

19 Und die Frau nahm eine Decke und breitete sie über das Brunnenloch und schüttete Körner darüber, sodass man nichts merkte.

9 Behold, even now he has hidden himself in one of the pits or in some other place. And as soon as some of the people fall[3] at the first attack, whoever hears it will say, 'There has been a slaughter among the people who follow Absalom.'

10 Then even the valiant man, whose heart is like the heart of a lion, will utterly melt with fear, for all Israel knows that your father is a mighty man, and that those who are with him are valiant men.

11 But my counsel is that all Israel be gathered to you, from Dan to Beersheba, as the sand by the sea for multitude, and that you go to battle in person.

12 So we shall come upon him in some place where he is to be found, and we shall light upon him as the dew falls on the ground, and of him and all the men with him not one will be left.

13 If he withdraws into a city, then all Israel will bring ropes to that city, and we shall drag it into the valley, until not even a pebble is to be found there."

14 And Absalom and all the men of Israel said, "The counsel of Hushai the Archite is better than the counsel of Ahithophel." For the LORD had ordained[4] to defeat the good counsel of Ahithophel, so that the LORD might bring harm upon Absalom.

¶ **15** Then Hushai said to Zadok and Abiathar the priests, "Thus and so did Ahithophel counsel Absalom and the elders of Israel, and thus and so have I counseled.

16 Now therefore send quickly and tell David, 'Do not stay tonight at the fords of the wilderness, but by all means pass over, lest the king and all the people who are with him be swallowed up.'"

17 Now Jonathan and Ahimaaz were waiting at En-rogel. A female servant was to go and tell them, and they were to go and tell King David, for they were not to be seen entering the city.

18 But a young man saw them and told Absalom. So both of them went away quickly and came to the house of a man at Bahurim, who had a well in his courtyard. And they went down into it.

19 And the woman took and spread a covering over the well's mouth and scattered grain on it, and nothing was known of it.

20 Als nun die Leute Absaloms zu der Frau ins Haus kamen, sprachen sie: Wo sind Ahimaaz und Jonatan? Sie sprach zu ihnen: Sie gingen weiter zum Wasser. Und als die Leute Absaloms sie suchten und nicht fanden, kehrten sie nach Jerusalem zurück.

¶ **21** Und als sie weg waren, stiegen jene aus dem Brunnen und gingen hin und sagten's dem König David an und sprachen zu David: Macht euch auf und geht eilends über den Fluss, denn Ahitofel hat gegen euch den und den Rat gegeben.

22 Da machte sich David auf und das ganze Volk, das bei ihm war, und sie gingen über den Jordan, und als es lichter Morgen wurde, fehlte nicht ein Einziger, der nicht über den Jordan gegangen war.

¶ **23** Als aber Ahitofel sah, dass sein Rat nicht ausgeführt wurde, sattelte er seinen Esel, machte sich auf und zog heim in seine Stadt und bestellte sein Haus und erhängte sich und starb und wurde begraben in seines Vaters Grab.

David in Mahanajim

24 Und David kam nach Mahanajim. Aber Absalom zog über den Jordan und alle Männer Israels mit ihm.

25 Und Absalom hatte Amasa an Joabs statt über das Heer gesetzt. Amasa aber war der Sohn eines Mannes mit Namen Jeter, eines Israeliters, der zu Abigal, der Tochter des Nahasch, eingegangen war; diese war eine Schwester der Zeruja, Joabs Mutter.

26 Israel aber und Absalom lagerten sich in Gilead.

¶ **27** Als David nach Mahanajim gekommen war, da brachten Schobi, der Sohn des Nahasch von Rabba, der Stadt der Ammoniter, und Machir, der Sohn Ammiëls von Lo-Dabar, und Barsillai, ein Gileaditer von Roglim,

28 Betten, Becken, irdene Gefäße, Weizen, Gerste, Mehl, geröstete Körner, Bohnen, Linsen,

29 Honig, Butter, Kuh- und Schafkäse, um David und das Volk, das bei ihm war, zu stärken. Denn sie dachten: Das Volk wird hungrig, müde und durstig geworden sein in der Wüste.

Absaloms Ende

18 Und David ordnete das Kriegsvolk, das bei ihm war, und setzte über sie Hauptleute über tausend und über hundert

20 When Absalom's servants came to the woman at the house, they said, "Where are Ahimaaz and Jonathan?" And the woman said to them, "They have gone over the brook⁵ of water." And when they had sought and could not find them, they returned to Jerusalem.

¶ **21** After they had gone, the men came up out of the well, and went and told King David. They said to David, "Arise, and go quickly over the water, for thus and so has Ahithophel counseled against you."

22 Then David arose, and all the people who were with him, and they crossed the Jordan. By daybreak not one was left who had not crossed the Jordan.

¶ **23** When Ahithophel saw that his counsel was not followed, he saddled his donkey and went off home to his own city. He set his house in order and hanged himself, and he died and was buried in the tomb of his father.

¶ **24** Then David came to Mahanaim. And Absalom crossed the Jordan with all the men of Israel.

25 Now Absalom had set Amasa over the army instead of Joab. Amasa was the son of a man named Ithra the Ishmaelite,⁶ who had married Abigal the daughter of Nahash, sister of Zeruiah, Joab's mother.

26 And Israel and Absalom encamped in the land of Gilead.

¶ **27** When David came to Mahanaim, Shobi the son of Nahash from Rabbah of the Ammonites, and Machir the son of Ammiel from Lo-debar, and Barzillai the Gileadite from Rogelim,

28 brought beds, basins, and earthen vessels, wheat, barley, flour, parched grain, beans and lentils,⁷

29 honey and curds and sheep and cheese from the herd, for David and the people with him to eat, for they said, "The people are hungry and weary and thirsty in the wilderness."

Absalom Killed

18 Then David mustered the men who were with him and set over them commanders of thousands and commanders of hundreds.

2 und stellte ein Drittel des Volks unter Joab und ein Drittel unter Abischai, den Sohn der Zeruja, Joabs Bruder, und ein Drittel unter Ittai, den Gatiter. Und der König sprach zum Kriegsvolk: Ich will auch mit euch ausziehen.

3 Aber das Kriegsvolk sprach: Du sollst nicht ausziehen, denn wenn wir fliehen oder die Hälfte von uns stirbt, so werden sie unser nicht achten; aber du bist wie zehntausend von uns. So ist's nun besser, dass du uns von der Stadt aus helfen kannst.

4 Der König sprach zu ihnen: Was euch gefällt, das will ich tun. Und der König trat ans Tor, und das ganze Kriegsvolk zog aus zu hundert und zu tausend.

5 Und der König gebot Joab und Abischai und Ittai und sprach: Verfahrt mir schonend mit meinem Sohn Absalom! Und das ganze Kriegsvolk hörte es, als der König allen Hauptleuten Absaloms wegen diesen Befehl gab.

¶ **6** Und als das Heer hinauskam aufs Feld Israel entgegen, kam es zum Kampf im Walde Ephraim.

7 Und das Heer Israels wurde dort geschlagen von den Männern Davids, sodass an diesem Tag eine große Schlacht geschah – zwanzigtausend Mann.

8 Und der Kampf breitete sich dort aus über die ganze Gegend, und der Wald fraß an diesem Tage viel mehr Volk, als das Schwert fraß.

¶ **9** Und Absalom begegnete den Männern Davids und ritt auf einem Maultier. Und als das Maultier unter eine große Eiche mit dichten Zweigen kam, blieb sein Haupt an der Eiche hängen und er schwebte zwischen Himmel und Erde; denn sein Maultier lief unter ihm weg.

¶ **10** Als das ein Mann sah, tat er's Joab kund und sprach: Siehe, ich sah Absalom an einer Eiche hängen.

11 Und Joab sprach zu dem Mann, der's ihm kundgetan hatte: Wenn du das gesehen hast, warum schlugst du ihn nicht gleich zu Boden? So hätte ich dir zehn Silberstücke und einen Gürtel gegeben.

12 Der Mann sprach zu Joab: Wenn du mir tausend Silberstücke in meine Hand gewogen hättest, so hätte ich dennoch meine Hand nicht an des Königs Sohn gelegt; denn der König gebot dir und Abischai und Ittai vor unsern Ohren: Gebt ja acht auf meinen Sohn Absalom!

2 And David sent out the army, one third under the command of Joab, one third under the command of Abishai the son of Zeruiah, Joab's brother, and one third under the command of Ittai the Gittite. And the king said to the men, "I myself will also go out with you."

3 But the men said, "You shall not go out. For if we flee, they will not care about us. If half of us die, they will not care about us. But you are worth ten thousand of us. Therefore it is better that you send us help from the city."

4 The king said to them, "Whatever seems best to you I will do." So the king stood at the side of the gate, while all the army marched out by hundreds and by thousands.

5 And the king ordered Joab and Abishai and Ittai, "Deal gently for my sake with the young man Absalom." And all the people heard when the king gave orders to all the commanders about Absalom.

¶ **6** So the army went out into the field against Israel, and the battle was fought in the forest of Ephraim.

7 And the men of Israel were defeated there by the servants of David, and the loss there was great on that day, twenty thousand men.

8 The battle spread over the face of all the country, and the forest devoured more people that day than the sword.

¶ **9** And Absalom happened to meet the servants of David. Absalom was riding on his mule, and the mule went under the thick branches of a great oak,[1] and his head caught fast in the oak, and he was suspended between heaven and earth, while the mule that was under him went on.

10 And a certain man saw it and told Joab, "Behold, I saw Absalom hanging in an oak."

11 Joab said to the man who told him, "What, you saw him! Why then did you not strike him there to the ground? I would have been glad to give you ten pieces of silver and a belt."

12 But the man said to Joab, "Even if I felt in my hand the weight of a thousand pieces of silver, I would not reach out my hand against the king's son, for in our hearing the king commanded you and Abishai and Ittai, 'For my sake protect the young man Absalom.'

13 Oder wenn ich etwas Falsches getan hätte unter Lebensgefahr, würdest du selbst dich gegen mich stellen, weil dem König ja nichts verborgen bleibt.

14 Joab sprach: Ich kann nicht so lange bei dir verweilen. Da nahm Joab drei Stäbe in seine Hand und stieß sie Absalom ins Herz, als er noch lebend an der Eiche hing.

15 Und zehn Knappen, Joabs Waffenträger, umringten ihn und schlugen ihn tot.

¶ **16** Da ließ Joab die Posaune blasen und das Volk jagte Israel nicht weiter nach; denn Joab gebot dem Volk Halt.

17 Und sie nahmen Absalom und warfen ihn im Wald in eine große Grube und legten einen sehr großen Haufen Steine auf ihn. Und ganz Israel floh, ein jeder in sein Zelt.

18 Absalom aber hatte sich eine Säule aufgerichtet, als er noch lebte; die steht im Königsgrund. Denn er sprach: Ich habe keinen Sohn, der meinen Namen lebendig erhält. Und er nannte die Säule nach seinem Namen und sie heißt auch bis auf diesen Tag »Absaloms Mal«.

Davids Trauer um Absalom

19 Ahimaaz, der Sohn Zadoks, sprach: Lass mich doch laufen und dem König die gute Botschaft bringen, dass der HERR ihm Recht verschafft hat gegen seine Feinde.

20 Joab aber sprach zu ihm: Du bist heute nicht der Mann für eine gute Botschaft. An einem andern Tag darfst du eine Botschaft bringen, aber heute nicht; denn des Königs Sohn ist tot.

21 Und Joab befahl dem Mohren: Geh hin und sage dem König an, was du gesehen hast. Und der Mohr neigte sich vor Joab und lief hin.

22 Ahimaaz aber, der Sohn Zadoks, sprach abermals zu Joab: Komme, was da will, ich möchte auch laufen, dem Mohren nach. Joab sprach: Was willst du laufen, mein Sohn? Du hast keine gute Botschaft zu bringen.

23 Ahimaaz sprach: Komme, was da will, ich laufe. Er sprach zu ihm: So lauf! Da lief Ahimaaz auf dem Weg durchs Jordantal und kam dem Mohren zuvor.

¶ **24** David aber saß zwischen den beiden Toren. Und der Wächter ging aufs Dach des Tores an der Mauer und hob seine Augen auf und sah einen Mann laufen allein

25 und rief und sagte es dem König an. Der König aber sprach: Ist er allein, so ist eine gute Botschaft in seinem Munde. Und als der Mann immer näher kam,

13 On the other hand, if I had dealt treacherously against his life[2] (and there is nothing hidden from the king), then you yourself would have stood aloof."

14 Joab said, "I will not waste time like this with you." And he took three javelins in his hand and thrust them into the heart of Absalom while he was still alive in the oak.

15 And ten young men, Joab's armor-bearers, surrounded Absalom and struck him and killed him.

¶ **16** Then Joab blew the trumpet, and the troops came back from pursuing Israel, for Joab restrained them.

17 And they took Absalom and threw him into a great pit in the forest and raised over him a very great heap of stones. And all Israel fled every one to his own home.

18 Now Absalom in his lifetime had taken and set up for himself the pillar that is in the King's Valley, for he said, "I have no son to keep my name in remembrance." He called the pillar after his own name, and it is called Absalom's monument[3] to this day.

David Hears of Absalom's Death

¶ **19** Then Ahimaaz the son of Zadok said, "Let me run and carry news to the king that the LORD has delivered him from the hand of his enemies."

20 And Joab said to him, "You are not to carry news today. You may carry news another day, but today you shall carry no news, because the king's son is dead."

21 Then Joab said to the Cushite, "Go, tell the king what you have seen." The Cushite bowed before Joab, and ran.

22 Then Ahimaaz the son of Zadok said again to Joab, "Come what may, let me also run after the Cushite." And Joab said, "Why will you run, my son, seeing that you will have no reward for the news?"

23 "Come what may," he said, "I will run." So he said to him, "Run." Then Ahimaaz ran by the way of the plain, and outran the Cushite.

¶ **24** Now David was sitting between the two gates, and the watchman went up to the roof of the gate by the wall, and when he lifted up his eyes and looked, he saw a man running alone.

25 The watchman called out and told the king. And the king said, "If he is alone, there is news in his mouth." And he drew nearer and nearer.

26 sah der Wächter einen zweiten Mann laufen und rief in das Tor: Siehe, da kommt noch ein Mann allein. Der König aber sprach: Der ist auch ein guter Bote.

27 Der Wächter sprach: Ich sehe den ersten laufen, wie Ahimaaz, der Sohn Zadoks, läuft. Und der König sprach: Es ist ein guter Mann und bringt eine gute Botschaft.

¶ **28** Ahimaaz aber rief und sprach zum König: Friede! Und er fiel nieder vor dem König auf sein Antlitz zur Erde und sprach: Gelobt sei der HERR, dein Gott, der die Leute dahingegeben hat, die ihre Hand gegen meinen Herrn, den König, erhoben haben.

29 Der König aber sprach: Geht es auch meinem Sohn Absalom gut? Ahimaaz sprach: Ich sah ein großes Getümmel, als Joab des Königs Knecht und mich, deinen Knecht, sandte, aber ich weiß nicht, was es war.

30 Der König sprach: Tritt zur Seite und stell dich dahin. Und er trat zur Seite und blieb stehen.

¶ **31** Siehe, da kam der Mohr und sprach: Hier gute Botschaft, mein Herr und König! Der HERR hat dir heute Recht verschafft gegen alle, die sich gegen dich auflehnten.

32 Der König aber sprach zu dem Mohren: Geht es meinem Sohn Absalom auch gut? Der Mohr sprach: Es müsse den Feinden meines Herrn, des Königs, ergehen, wie es dem jungen Mann ergangen ist und auch allen, die sich böswillig gegen dich auflehnen.

19 Da erbebte der König und ging hinauf in das Obergemach des Tores und weinte und im Gehen rief er: Mein Sohn Absalom! Mein Sohn, mein Sohn Absalom! Wollte Gott, ich wäre für dich gestorben! O Absalom, mein Sohn, mein Sohn!

¶ **2** Und es wurde Joab angesagt: Siehe, der König weint und trägt Leid um Absalom.

3 So wurde aus dem Sieg an diesem Tag eine Trauer unter dem ganzen Kriegsvolk; denn das Volk hatte an diesem Tage gehört, dass sich der König um seinen Sohn gräme.

4 Und das Kriegsvolk stahl sich weg an diesem Tage in die Stadt, wie sich Kriegsvolk wegstiehlt, das sich schämen muss, weil es im Kampf geflohen ist.

5 Der König aber hatte sein Angesicht verhüllt und schrie laut: Ach, mein Sohn Absalom! Absalom, mein Sohn, mein Sohn!

26 The watchman saw another man running. And the watchman called to the gate and said, "See, another man running alone!" The king said, "He also brings news."

27 The watchman said, "I think the running of the first is like the running of Ahimaaz the son of Zadok." And the king said, "He is a good man and comes with good news."

¶ **28** Then Ahimaaz cried out to the king, "All is well." And he bowed before the king with his face to the earth and said, "Blessed be the LORD your God, who has delivered up the men who raised their hand against my lord the king."

29 And the king said, "Is it well with the young man Absalom?" Ahimaaz answered, "When Joab sent the king's servant, your servant, I saw a great commotion, but I do not know what it was."

30 And the king said, "Turn aside and stand here." So he turned aside and stood still.

David's Grief

¶ **31** And behold, the Cushite came, and the Cushite said, "Good news for my lord the king! For the LORD has delivered you this day from the hand of all who rose up against you."

32 The king said to the Cushite, "Is it well with the young man Absalom?" And the Cushite answered, "May the enemies of my lord the king and all who rise up against you for evil be like that young man."

33⁴ And the king was deeply moved and went up to the chamber over the gate and wept. And as he went, he said, "O my son Absalom, my son, my son Absalom! Would I had died instead of you, O Absalom, my son, my son!"

Joab Rebukes David

19 It was told Joab, "Behold, the king is weeping and mourning for Absalom."

2 So the victory that day was turned into mourning for all the people, for the people heard that day, "The king is grieving for his son."

3 And the people stole into the city that day as people steal in who are ashamed when they flee in battle.

4 The king covered his face, and the king cried with a loud voice, "O my son Absalom, O Absalom, my son, my son!"

¶ **6** Joab aber kam zum König ins Haus und sprach: Du hast heute schamrot gemacht alle deine Knechte, die dir heute das Leben gerettet haben und deinen Söhnen, deinen Töchtern, deinen Frauen und Nebenfrauen,

7 weil du lieb hast, die dich hassen, und hasst, die dich lieb haben. Denn du lässt heute merken, dass dir nichts gelegen ist an den Obersten und Kriegsleuten. Ja, ich merke heute wohl: wenn nur Absalom lebte und wir heute alle tot wären, das wäre dir recht.

8 So mache dich nun auf und komm heraus und rede mit deinen Knechten freundlich. Denn ich schwöre dir bei dem HERRN: Wirst du nicht herauskommen, so wird kein Mann bei dir bleiben diese Nacht. Das wird für dich ärger sein als alles Übel, das über dich gekommen ist von deiner Jugend auf bis hierher.

9 Da stand der König auf und setzte sich ins Tor. Und man sagte es allem Kriegsvolk: Siehe, der König sitzt im Tor. Da kam alles Volk vor den König.

Davids Rückkehr nach Jerusalem

Als Israel geflohen war, ein jeder in sein Zelt,

10 stritt sich alles Volk in allen Stämmen Israels und sie sprachen: Der König hat uns errettet aus der Hand unserer Feinde und uns erlöst aus der Hand der Philister und hat jetzt aus dem Lande fliehen müssen vor Absalom.

11 Aber Absalom, den wir über uns gesalbt hatten, ist gefallen im Kampf. Warum seid ihr nun so still und holt den König nicht wieder zurück?

12 Es kam aber die Rede ganz Israels vor den König. Und der König sandte zu den Priestern Zadok und Abjatar und ließ ihnen sagen: Redet mit den Ältesten in Juda und sprecht: Warum wollt ihr die Letzten sein, den König zurückzuholen in sein Haus?

13 Ihr seid meine Brüder, von meinem Gebein und Fleisch; warum wollt ihr denn die Letzten sein, den König zurückzuholen?

14 Und zu Amasa sprecht: Bist du nicht von meinem Gebein und Fleisch? Gott tue mir dies und das, wenn du nicht Feldhauptmann sein sollst vor mir dein Leben lang an Joabs statt.

15 Und er wandte das Herz aller Männer Judas wie **eines** Mannes Herz und sie sandten hin zum König: Komm zurück, du und alle deine Leute!

5 Then Joab came into the house to the king and said, "You have today covered with shame the faces of all your servants, who have this day saved your life and the lives of your sons and your daughters and the lives of your wives and your concubines,

6 because you love those who hate you and hate those who love you. For you have made it clear today that commanders and servants are nothing to you, for today I know that if Absalom were alive and all of us were dead today, then you would be pleased.

7 Now therefore arise, go out and speak kindly to your servants, for I swear by the LORD, if you do not go, not a man will stay with you this night, and this will be worse for you than all the evil that has come upon you from your youth until now."

8 Then the king arose and took his seat in the gate. And the people were all told, "Behold, the king is sitting in the gate." And all the people came before the king.

David Returns to Jerusalem

¶ Now Israel had fled every man to his own home.

9 And all the people were arguing throughout all the tribes of Israel, saying, "The king delivered us from the hand of our enemies and saved us from the hand of the Philistines, and now he has fled out of the land from Absalom.

10 But Absalom, whom we anointed over us, is dead in battle. Now therefore why do you say nothing about bringing the king back?"

¶ **11** And King David sent this message to Zadok and Abiathar the priests: "Say to the elders of Judah, 'Why should you be the last to bring the king back to his house, when the word of all Israel has come to the king?[1]

12 You are my brothers; you are my bone and my flesh. Why then should you be the last to bring back the king?'

13 And say to Amasa, 'Are you not my bone and my flesh? God do so to me and more also, if you are not commander of my army from now on in place of Joab.' "

14 And he swayed the heart of all the men of Judah as one man, so that they sent word to the king, "Return, both you and all your servants."

16 So kam der König zurück. Und als er an den Jordan kam, waren die Männer Judas nach Gilgal gekommen, um dem König entgegenzuziehen und den König über den Jordan zu führen.

¶ 17 Und Schimi, der Sohn Geras, der Benjaminiter, der in Bahurim wohnte, zog eilends mit den Männern von Juda hinab dem König David entgegen

18 und mit ihm tausend Mann von Benjamin, dazu auch Ziba, der Knecht des Hauses Saul, mit seinen fünfzehn Söhnen und zwanzig Knechten, und sie gingen durch den Jordan, bevor der König kam,

19 und machten eine Furt durch den Jordan, damit sie das Haus des Königs hinüberführten und täten, was ihm gefiele. Schimi aber, der Sohn Geras, fiel vor dem König nieder, als dieser über den Jordan gehen wollte,

20 und sprach zum König: Mein Herr rechne es mir nicht als Schuld an und denke nicht mehr daran, dass dein Knecht sich an dir vergangen hat an dem Tage, da mein Herr, der König, aus Jerusalem ging, und der König nehme es nicht zu Herzen.

21 Denn dein Knecht erkennt, dass ich gesündigt habe. Und siehe, ich bin heute als Erster vom ganzen Hause Josef gekommen, dass ich meinem Herrn, dem König, entgegenzöge.

¶ 22 Aber Abischai, der Sohn der Zeruja, hob an und sprach: Sollte Schimi nicht sterben, da er doch dem Gesalbten des HERRN geflucht hat?

23 David aber sprach: Was hab ich mit euch zu schaffen, ihr Söhne der Zeruja, dass ihr mir heute zum Satan werden wollt? Sollte heute jemand sterben in Israel? Meinst du, ich wisse nicht, dass ich heute wieder König über Israel geworden bin?

24 Und der König sprach zu Schimi: Du sollst nicht sterben. Und der König schwor es ihm.

¶ 25 Mefi-Boschet, der Enkel Sauls, kam auch herab, dem König entgegen. Und er hatte seine Füße und seinen Bart nicht gereinigt und seine Kleider nicht gewaschen von dem Tage an, da der König weggegangen war, bis zu dem Tag, da er wohlbehalten zurückkäme.

26 Als er nun von Jerusalem kam, dem König zu begegnen, sprach der König zu ihm: Warum bist du nicht mit mir gezogen, Mefi-Boschet?

15 So the king came back to the Jordan, and Judah came to Gilgal to meet the king and to bring the king over the Jordan.

David Pardons His Enemies

¶ 16 And Shimei the son of Gera, the Benjaminite, from Bahurim, hurried to come down with the men of Judah to meet King David.

17 And with him were a thousand men from Benjamin. And Ziba the servant of the house of Saul, with his fifteen sons and his twenty servants, rushed down to the Jordan before the king,

18 and they crossed the ford to bring over the king's household and to do his pleasure. And Shimei the son of Gera fell down before the king, as he was about to cross the Jordan,

19 and said to the king, "Let not my lord hold me guilty or remember how your servant did wrong on the day my lord the king left Jerusalem. Do not let the king take it to heart.

20 For your servant knows that I have sinned. Therefore, behold, I have come this day, the first of all the house of Joseph to come down to meet my lord the king."

21 Abishai the son of Zeruiah answered, "Shall not Shimei be put to death for this, because he cursed the LORD's anointed?"

22 But David said, "What have I to do with you, you sons of Zeruiah, that you should this day be as an adversary to me? Shall anyone be put to death in Israel this day? For do I not know that I am this day king over Israel?"

23 And the king said to Shimei, "You shall not die." And the king gave him his oath.

¶ 24 And Mephibosheth the son of Saul came down to meet the king. He had neither taken care of his feet nor trimmed his beard nor washed his clothes, from the day the king departed until the day he came back in safety.

25 And when he came to Jerusalem to meet the king, the king said to him, "Why did you not go with me, Mephibosheth?"

¶ **27** Und er sprach: Mein Herr und König, mein Knecht hat mich betrogen. Dein Knecht dachte: Ich will einen Esel satteln und darauf reiten und zum König ziehen, denn dein Knecht ist lahm.

28 Dazu hat er deinen Knecht verleumdet vor meinem Herrn, dem König. Aber mein Herr, der König, ist wie der Engel Gottes; tu, was dir wohlgefällt.

29 Meines Vaters ganzes Haus hätte ja den Tod erleiden müssen von meinem Herrn, dem König; du aber hast deinen Knecht gesetzt unter die, die an deinem Tisch essen. Was hab ich weiter für Recht oder Anspruch, zum König um Hilfe zu schreien?

30 Der König sprach zu ihm: Was redest du noch weiter? Nun bestimme ich: Du und Ziba, teilt den Besitz miteinander.

31 Mefi-Boschet sprach zum König: Er nehme ihn auch ganz, nachdem mein Herr und König wohlbehalten heimgekommen ist.

¶ **32** Und Barsillai, der Gileaditer, kam herab von Roglim und zog mit dem König an den Jordan, um ihn über den Jordan zu geleiten.

33 Und Barsillai war sehr alt, wohl achtzig Jahre. Er hatte den König versorgt, als er in Mahanajim war; denn er war ein Mann von großem Vermögen.

34 Und der König sprach zu Barsillai: Du sollst mit mir ziehen, ich will dich versorgen bei mir in Jerusalem.

35 Aber Barsillai sprach zum König: Was ist's noch, das ich zu leben habe, dass ich mit dem König hinaufziehen sollte nach Jerusalem?

36 Ich bin heute achtzig Jahre alt. Wie kann ich noch unterscheiden, was gut und schlecht ist, oder schmecken, was ich esse und trinke, oder hören, was die Sänger und Sängerinnen singen? Warum sollte dein Knecht meinen Herrn, den König, noch beschweren?

37 Dein Knecht wird ein kleines Stück mit dem König über den Jordan gehen. Warum will mir der König so reichlich vergelten?

38 Lass deinen Knecht umkehren, dass ich sterbe in meiner Stadt bei meines Vaters und meiner Mutter Grab. Siehe, da ist dein Knecht Kimham, den lass mit meinem Herrn, dem König, ziehen und tu ihm, was dir wohlgefällt.

¶ **39** Der König sprach: Kimham soll mit mir ziehen und ich will ihm tun, was dir wohlgefällt; auch alles, was du von mir begehrst, will ich dir tun.

26 He answered, "My lord, O king, my servant deceived me, for your servant said to him, 'I will saddle a donkey for myself,[2] that I may ride on it and go with the king.' For your servant is lame.

27 He has slandered your servant to my lord the king. But my lord the king is like the angel of God; do therefore what seems good to you.

28 For all my father's house were but men doomed to death before my lord the king, but you set your servant among those who eat at your table. What further right have I, then, to cry to the king?"

29 And the king said to him, "Why speak any more of your affairs? I have decided: you and Ziba shall divide the land."

30 And Mephibosheth said to the king, "Oh, let him take it all, since my lord the king has come safely home."

¶ **31** Now Barzillai the Gileadite had come down from Rogelim, and he went on with the king to the Jordan, to escort him over the Jordan.

32 Barzillai was a very aged man, eighty years old. He had provided the king with food while he stayed at Mahanaim, for he was a very wealthy man.

33 And the king said to Barzillai, "Come over with me, and I will provide for you with me in Jerusalem."

34 But Barzillai said to the king, "How many years have I still to live, that I should go up with the king to Jerusalem?

35 I am this day eighty years old. Can I discern what is pleasant and what is not? Can your servant taste what he eats or what he drinks? Can I still listen to the voice of singing men and singing women? Why then should your servant be an added burden to my lord the king?

36 Your servant will go a little way over the Jordan with the king. Why should the king repay me with such a reward?

37 Please let your servant return, that I may die in my own city near the grave of my father and my mother. But here is your servant Chimham. Let him go over with my lord the king, and do for him whatever seems good to you."

38 And the king answered, "Chimham shall go over with me, and I will do for him whatever seems good to you, and all that you desire of me I will do for you."

40 Und als das ganze Volk über den Jordan gegangen war und der König auch, küsste der König den Barsillai und segnete ihn. Und er kehrte zurück in seine Heimat.

41 Und der König zog weiter nach Gilgal und Kimham zog mit ihm. Und das ganze Volk von Juda hatte den König hinübergeführt und auch die Hälfte des Volks von Israel.

Streit zwischen Juda und Israel um den König

42 Und siehe, da kamen alle Männer von Israel zum König und sprachen zu ihm: Warum haben dich unsere Brüder, die Männer von Juda, gestohlen und haben den König und sein Haus über den Jordan gebracht und alle Männer Davids mit ihm?

43 Da antworteten alle Männer von Juda denen von Israel: Der König steht uns doch näher; warum zürnt ihr darüber? Meint ihr, dass wir etwa ein Stück vom König aufgegessen oder ihn für uns weggeschleppt hätten?

44 Aber es antworteten die von Israel denen von Juda: Wir haben zehnfachen Anteil am König und sind auch die Erstgeborenen vor euch. Warum habt ihr uns denn so gering geachtet? Und haben wir nicht zuerst davon geredet, uns unsern König zurückzuholen? Aber die von Juda redeten noch heftiger als die von Israel.

Schebas Aufstand

20 Es traf sich aber, dass dort ein ruchloser Mann war, der hieß Scheba, ein Sohn Bichris, ein Benjaminiter. Der blies die Posaune und sprach: Wir haben kein Teil an David noch Erbe am Sohn Isais. Ein jeder gehe in sein Zelt, Israel!

2 Da fiel jedermann in Israel von David ab und sie folgten Scheba, dem Sohn Bichris. Aber die Männer von Juda hingen ihrem König an und geleiteten ihn vom Jordan bis Jerusalem.

¶ **3** Als aber der König David heimkam nach Jerusalem, nahm er die zehn Nebenfrauen, die er zurückgelassen hatte, um das Haus zu bewahren, und tat sie in ein besonderes Haus und versorgte sie; aber er ging nicht ein zu ihnen. Und so waren sie eingeschlossen bis an ihren Tod und lebten wie Witwen.

¶ **4** Und der König sprach zu Amasa: Ruf mir alle Männer von Juda auf den dritten Tag zusammen und du sollst dann auch hier stehen.

39 Then all the people went over the Jordan, and the king went over. And the king kissed Barzillai and blessed him, and he returned to his own home.

40 The king went on to Gilgal, and Chimham went on with him. All the people of Judah, and also half the people of Israel, brought the king on his way.

¶ **41** Then all the men of Israel came to the king and said to the king, "Why have our brothers the men of Judah stolen you away and brought the king and his household over the Jordan, and all David's men with him?"

42 All the men of Judah answered the men of Israel, "Because the king is our close relative. Why then are you angry over this matter? Have we eaten at all at the king's expense? Or has he given us any gift?"

43 And the men of Israel answered the men of Judah, "We have ten shares in the king, and in David also we have more than you. Why then did you despise us? Were we not the first to speak of bringing back our king?" But the words of the men of Judah were fiercer than the words of the men of Israel.

The Rebellion of Sheba

20 Now there happened to be there a worthless man, whose name was Sheba, the son of Bichri, a Benjaminite. And he blew the trumpet and said,

"We have no portion in David,
    and we have no inheritance in the son of
        Jesse;
    every man to his tents, O Israel!"

2 So all the men of Israel withdrew from David and followed Sheba the son of Bichri. But the men of Judah followed their king steadfastly from the Jordan to Jerusalem.

¶ **3** And David came to his house at Jerusalem. And the king took the ten concubines whom he had left to care for the house and put them in a house under guard and provided for them, but did not go in to them. So they were shut up until the day of their death, living as if in widowhood.

¶ **4** Then the king said to Amasa, "Call the men of Judah together to me within three days, and be here yourself."

5 Und Amasa ging hin, um Juda zusammenzurufen; aber er blieb über die Zeit hinaus, die ihm bestimmt war.

6 Da sprach David zu Abischai: Nun wird uns Scheba, der Sohn Bichris, mehr Schaden tun als Absalom. Nimm du die Männer deines Herrn und jage ihm nach, damit er nicht etwa für sich feste Städte gewinne und entreiße sie vor unsern Augen.

7 Da zogen die Männer Joabs aus und folgten Abischai, dazu die Kreter und Pleter und alle Helden. Sie zogen aber aus von Jerusalem, um Scheba, dem Sohn Bichris, nachzujagen.

¶ **8** Als sie aber bei dem großen Stein bei Gibeon waren, war Amasa vor ihnen angekommen. Joab aber trug einen Waffenrock und darüber einen Gürtel mit einem Dolch; der war befestigt an seiner Hüfte in der Scheide, und wenn diese heraustrat, entfiel ihr der Dolch.

9 Und Joab sprach zu Amasa: Friede mit dir, mein Bruder! Und Joab fasste mit seiner rechten Hand Amasa bei dem Bart, um ihn zu küssen.

10 Und Amasa hatte nicht acht auf den Dolch in der linken Hand Joabs. Der stach ihn damit in den Bauch, sodass seine Eingeweide auf die Erde fielen, und gab ihm keinen Stich mehr und er starb. Joab aber und sein Bruder Abischai jagten Scheba, dem Sohn Bichris, nach.

¶ **11** Und es trat ein Mann von den Leuten Joabs neben ihn und rief: Wer's mit Joab hält und für David ist, der folge Joab nach!

12 Amasa aber lag in seinem Blut mitten auf der Straße. Als aber der Mann sah, dass alles Volk da stehen blieb, wälzte er Amasa von der Straße auf den Acker und warf Kleider auf ihn, weil er sah, dass jeder stehen blieb, der an ihm vorbeikam.

¶ **13** Als er nun von der Straße weggeschafft war, folgte jedermann Joab nach, um Scheba, dem Sohn Bichris, nachzujagen.

14 Und der zog durch alle Stämme Israels bis Abel-Bet-Maacha, und es versammelten sich alle Bichriter und folgten ihm nach.

15 Aber die Leute Joabs kamen und belagerten ihn in Abel-Bet-Maacha und schütteten einen Wall gegen die Stadt auf, dass er bis an die Vormauer reichte, und stürmten und wollten die Mauer niederwerfen.

¶ **16** Da rief eine kluge Frau aus der Stadt: Hört her! Hört her! Sprecht zu Joab: Komm hierher, ich will mit dir reden.

5 So Amasa went to summon Judah, but he delayed beyond the set time that had been appointed him.

6 And David said to Abishai, "Now Sheba the son of Bichri will do us more harm than Absalom. Take your lord's servants and pursue him, lest he get himself to fortified cities and escape from us."[1]

7 And there went out after him Joab's men and the Cherethites and the Pelethites, and all the mighty men. They went out from Jerusalem to pursue Sheba the son of Bichri.

8 When they were at the great stone that is in Gibeon, Amasa came to meet them. Now Joab was wearing a soldier's garment, and over it was a belt with a sword in its sheath fastened on his thigh, and as he went forward it fell out.

9 And Joab said to Amasa, "Is it well with you, my brother?" And Joab took Amasa by the beard with his right hand to kiss him.

10 But Amasa did not observe the sword that was in Joab's hand. So Joab struck him with it in the stomach and spilled his entrails to the ground without striking a second blow, and he died.

¶ Then Joab and Abishai his brother pursued Sheba the son of Bichri.

11 And one of Joab's young men took his stand by Amasa and said, "Whoever favors Joab, and whoever is for David, let him follow Joab."

12 And Amasa lay wallowing in his blood in the highway. And anyone who came by, seeing him, stopped. And when the man saw that all the people stopped, he carried Amasa out of the highway into the field and threw a garment over him.

13 When he was taken out of the highway, all the people went on after Joab to pursue Sheba the son of Bichri.

¶ **14** And Sheba passed through all the tribes of Israel to Abel of [n]Beth-maacah,[2] and all the Bichrites[3] assembled and followed him in.

15 And all the men who were with Joab came and besieged him in Abel of Beth-maacah. They cast up a mound against the city, and it stood against the rampart, and they were battering the wall to throw it down.

16 Then a wise woman called from the city, "Listen! Listen! Tell Joab, 'Come here, that I may speak to you.'"

17 Und als er zu ihr kam, sprach die Frau: Bist du Joab? Er sprach: Ja. Sie sprach zu ihm: Höre die Rede deiner Magd. Er sprach: Ich höre.

18 Sie sprach: Vorzeiten sagte man: Man frage doch nach in Abel und in Dan, so geht es gut aus;

19 ich bin eine von den friedsamen und treuen Städten in Israel, und du willst eine Stadt und Mutter in Israel zugrunde richten? Warum willst du das Erbteil des HERRN verderben?

¶ **20** Joab antwortete: Das sei ferne, das sei ferne von mir, dass ich verderben und vernichten will! So steht es nicht!

21 Sondern ein Mann vom Gebirge Ephraim mit Namen Scheba, der Sohn Bichris, hat sich empört gegen den König David. Gebt ihn allein heraus, so will ich von der Stadt abziehen. Die Frau sprach zu Joab: Siehe, sein Kopf soll zu dir über die Mauer geworfen werden.

22 Und die Frau beredete das ganze Volk mit ihrer Klugheit. Und sie hieben Scheba, dem Sohn Bichris, den Kopf ab und warfen ihn zu Joab hinaus. Da blies er die Posaune und sie zogen ab von der Stadt und zerstreuten sich, ein jeder in sein Zelt. Joab aber kam zurück nach Jerusalem zum König.

Beamte in Davids Reich

23 Joab aber war über das ganze Heer Israels gesetzt, Benaja, der Sohn Jojadas, über die Kreter und Pleter.

24 Adoniram war über die Fronarbeiter gesetzt. Joschafat, der Sohn Ahiluds, war Kanzler.

25 Schewa war Schreiber, Zadok und Abjatar waren Priester.

26 Auch Ira, der Jaïriter, war Davids Priester.

Die Vollendung des Gerichts am Hause Sauls

21 Es war eine Hungersnot zu Davids Zeiten drei Jahre nacheinander. Und David suchte das Angesicht des HERRN und der HERR sprach: Auf Saul und auf seinem Hause liegt eine Blutschuld, weil er die Gibeoniter getötet hat.

2 Da ließ der König die Gibeoniter rufen und sprach mit ihnen. Die Gibeoniter aber gehörten nicht zu den Israeliten, sondern waren übrig geblieben von den Amoritern. Und die Israeliten hatten einen Bund mit ihnen geschlossen; jedoch suchte Saul sie auszurotten in seinem Eifer für Israel und Juda.

17 And he came near her, and the woman said, "Are you Joab?" He answered, "I am." Then she said to him, "Listen to the words of your servant." And he answered, "I am listening."

18 Then she said, "They used to say in former times, 'Let them but ask counsel at Abel,' and so they settled a matter.

19 I am one of those who are peaceable and faithful in Israel. You seek to destroy a city that is a mother in Israel. Why will you swallow up the heritage of the LORD?"

20 Joab answered, "Far be it from me, far be it, that I should swallow up or destroy!

21 That is not true. But a man of the hill country of Ephraim, called Sheba the son of Bichri, has lifted up his hand against King David. Give up him alone, and I will withdraw from the city." And the woman said to Joab, "Behold, his head shall be thrown to you over the wall."

22 Then the woman went to all the people in her wisdom. And they cut off the head of Sheba the son of Bichri and threw it out to Joab. So he blew the trumpet, and they dispersed from the city, every man to his home. And Joab returned to Jerusalem to the king.

¶ **23** Now Joab was in command of all the army of Israel; and Benaiah the son of Jehoiada was in command of the Cherethites and the Pelethites;

24 and Adoram was in charge of the forced labor; and Jehoshaphat the son of Ahilud was the recorder;

25 and Sheva was secretary; and Zadok and Abiathar were priests;

26 and Ira the Jairite was also David's priest.

David Avenges the Gibeonites

21 Now there was a famine in the days of David for three years, year after year. And David sought the face of the LORD. And the LORD said, "There is bloodguilt on Saul and on his house, because he put the Gibeonites to death."

2 So the king called the Gibeonites and spoke to them. Now the Gibeonites were not of the people of Israel but of the remnant of the Amorites. Although the people of Israel had sworn to spare them, Saul had sought to strike them down in his zeal for the people of Israel and Judah.

¶ **3** Da sprach David zu den Gibeonitern: Was soll ich für euch tun? Und womit soll ich Sühne schaffen, dass ihr das Erbteil des HERRN segnet?

4 Die Gibeoniter sprachen zu ihm: Es ist uns nicht um Gold noch Silber zu tun bei Saul und seinem Hause, auch steht es uns nicht zu, jemand zu töten in Israel. Er sprach: Was wollt ihr dann, dass ich für euch tun soll?

5 Sie sprachen zum König: Von dem Mann, der uns zunichtegemacht hat und der uns vertilgen wollte, dass uns nichts bleibe in allen Landen Israels –

6 aus seinem Hause gebt uns sieben Männer, damit wir sie aufhängen vor dem HERRN in Gibeon, auf dem Berge des HERRN. Der König sprach: Ich will sie euch herausgeben.

¶ **7** Aber der König verschonte Mefi-Boschet*, den Sohn Jonatans, des Sohnes Sauls, um des Eides willen, den David und Jonatan, der Sohn Sauls, einander vor dem HERRN geschworen hatten.

8 Aber die beiden Söhne der Rizpa, der Tochter Ajas, die sie Saul geboren hatte, Armoni und Mefi-Boschet, dazu die fünf Söhne der Merab, der Tochter Sauls, die sie dem Adriël geboren hatte, dem Sohn Barsillais aus Mehola, nahm der König

9 und gab sie in die Hand der Gibeoniter. Die hängten sie auf dem Berge vor dem HERRN auf. So kamen diese sieben auf einmal um und starben in den ersten Tagen der Ernte, wenn die Gerstenernte anfängt.

David lässt die Gebeine Sauls und seiner Nachkommen bestatten

10 Da nahm Rizpa, die Tochter Ajas, ein Sackgewand und breitete es für sich aus auf dem Fels am Anfang der Ernte, bis Regen vom Himmel auf die Toten troff, und ließ am Tage die Vögel des Himmels nicht an sie kommen noch des Nachts die Tiere des Feldes.

11 Und es wurde David angesagt, was Rizpa, die Tochter Ajas, Sauls Nebenfrau, getan hatte.

12 Und David ging hin und nahm die Gebeine Sauls und die Gebeine seines Sohnes Jonatan von den Bürgern von Jabesch in Gilead. Die hatten sie vom Platz am Tor Bet-Scheans heimlich weggenommen, wohin die Philister sie gehängt hatten zu der Zeit, da die Philister Saul schlugen auf dem Berge Gilboa.

13 Und David brachte sie von dort herauf, und sie sammelten die Gebeine der Gehängten

3 And David said to the Gibeonites, "What shall I do for you? And how shall I make atonement, that you may bless the heritage of the LORD?"

4 The Gibeonites said to him, "It is not a matter of silver or gold between us and Saul or his house; neither is it for us to put any man to death in Israel." And he said, "What do you say that I shall do for you?"

5 They said to the king, "The man who consumed us and planned to destroy us, so that we should have no place in all the territory of Israel,

6 let seven of his sons be given to us, so that we may hang them before the LORD at Gibeah of Saul, the chosen of the LORD." And the king said, "I will give them."

¶ **7** But the king spared Mephibosheth, the son of Saul's son Jonathan, because of the oath of the LORD that was between them, between David and Jonathan the son of Saul.

8 The king took the two sons of Rizpah the daughter of Aiah, whom she bore to Saul, Armoni and Mephibosheth; and the five sons of Merab[1] the daughter of Saul, whom she bore to Adriel the son of Barzillai the Meholathite;

9 and he gave them into the hands of the Gibeonites, and they hanged them on the mountain before the LORD, and the seven of them perished together. They were put to death in the first days of harvest, at the beginning of barley harvest.

¶ **10** Then Rizpah the daughter of Aiah took sackcloth and spread it for herself on the rock, from the beginning of harvest until rain fell upon them from the heavens. And she did not allow the birds of the air to come upon them by day, or the beasts of the field by night.

11 When David was told what Rizpah the daughter of Aiah, the concubine of Saul, had done,

12 David went and took the bones of Saul and the bones of his son Jonathan from the men of Jabesh-gilead, who had stolen them from the public square of Beth-shan, where the Philistines had hanged them, on the day the Philistines killed Saul on Gilboa.

13 And he brought up from there the bones of Saul and the bones of his son Jonathan; and they gathered the bones of those who were hanged.

14 und begruben sie mit den Gebeinen Sauls und seines Sohnes Jonatan im Lande Benjamin in Zela im Grabe seines Vaters Kisch und taten alles, wie der König geboten hatte. Danach wurde Gott dem Lande wieder gnädig.

Heldentaten der Krieger Davids
(vgl. 1.Chr 20,4-8)

15 Es erhob sich aber wieder ein Krieg der Philister mit Israel. Und David zog hinab und seine Männer mit ihm und sie blieben in Gob, um mit den Philistern zu kämpfen. Und David wurde müde.

16 Aber da war einer der Riesensöhne und das Gewicht seines Speers war dreihundert Lot Kupfer, dazu hatte er eine neue Rüstung. Der wollte David erschlagen.

17 Aber Abischai, der Sohn der Zeruja, half David und schlug den Philister tot. Da beschworen David seine Männer und sprachen: Du sollst nicht mehr mit uns ausziehen in den Kampf, damit nicht die Leuchte in Israel verlischt.

¶ **18** Danach erhob sich noch ein Krieg bei Gob mit den Philistern. Da erschlug Sibbechai, der Huschatiter, den Saf, der auch einer vom Geschlecht der Riesen war.

19 Und es erhob sich noch ein Krieg bei Gob mit den Philistern. Da erschlug Elhanan, der Sohn Jaïrs aus Bethlehem, den Goliat, den Gatiter; der hatte einen Spieß, dessen Schaft war wie ein Weberbaum.

¶ **20** Und es erhob sich noch ein Krieg bei Gat. Da war ein langer Mann, der hatte sechs Finger an seinen Händen und sechs Zehen an seinen Füßen, das sind vierundzwanzig an der Zahl, und auch er war vom Geschlecht der Riesen.

21 Und als er Israel hohnsprach, erschlug ihn Jonatan, der Sohn Schammas, der ein Bruder Davids war.

22 Diese vier stammten vom Geschlecht der Riesen in Gat und fielen durch die Hand Davids und seiner Kriegsleute.

Davids Danklied
(Ps 18,1-51)

22 Und David redete vor dem HERRN die Worte dieses Liedes zur Zeit, als ihn der HERR errettet hatte aus der Hand aller seiner Feinde und aus der Hand Sauls, und sprach:

14 And they buried the bones of Saul and his son Jonathan in the land of Benjamin in Zela, in the tomb of Kish his father. And they did all that the king commanded. And after that God responded to the plea for the land.

War with the Philistines

¶ **15** There was war again between the Philistines and Israel, and David went down together with his servants, and they fought against the Philistines. And David grew weary.

16 And Ishbi-benob, one of the descendants of the giants, whose spear weighed three hundred shekels[2] of bronze, and who was armed with a new sword, thought to kill David.

17 But Abishai the son of Zeruiah came to his aid and attacked the Philistine and killed him. Then David's men swore to him, "You shall no longer go out with us to battle, lest you quench the lamp of Israel."

¶ **18** After this there was again war with the Philistines at Gob. Then Sibbecai the Hushathite struck down Saph, who was one of the descendants of the giants.

19 And there was again war with the Philistines at Gob, and Elhanan the son of Jaare-oregim, the Bethlehemite, struck down Goliath the Gittite, the shaft of whose spear was like a weaver's beam.[3]

20 And there was again war at Gath, where there was a man of great stature, who had six fingers on each hand, and six toes on each foot, twenty-four in number, and he also was descended from the giants.

21 And when he taunted Israel, Jonathan the son of Shimei, David's brother, struck him down.

22 These four were descended from the giants in Gath, and they fell by the hand of David and by the hand of his servants.

David's Song of Deliverance

22 And David spoke to the LORD the words of this song on the day when the LORD delivered him from the hand of all his enemies, and from the hand of Saul.

2 Der HERR ist mein Fels und meine Burg
und mein Erretter.

3 Gott ist mein Hort, auf den ich traue,
mein Schild und Berg meines Heils,
mein Schutz und meine Zuflucht,
mein Heiland, der du mir hilfst vor
Gewalt.

4 Ich rufe an den HERRN, den
Hochgelobten,
so werde ich vor meinen Feinden
errettet.

5 Es hatten mich umfangen die Wogen
des Todes,
und die Fluten des Unheils erschreckten mich.

6 Des Totenreichs Bande umfingen mich,
und des Todes Stricke überwältigten
mich.

7 Als mir angst war, rief ich den HERRN an
und schrie zu meinem Gott.
Da erhörte er meine Stimme von seinem
Tempel,
und mein Schreien kam vor ihn zu
seinen Ohren.

8 Die Erde bebte und wankte,
die Grundfesten des Himmels bewegten sich und bebten, da er zornig
war.

9 Rauch stieg auf von seiner Nase
und verzehrend Feuer aus seinem
Munde, Flammen sprühten von
ihm aus.

10 Er neigte den Himmel und fuhr herab,
und Dunkel war unter seinen Füßen.

11 Und er fuhr auf dem Cherub und flog
daher,
und er schwebte auf den Fittichen des
Windes.

12 Er machte Finsternis ringsum zu seinem Zelt
und schwarze, dicke Wolken.

13 Aus dem Glanz vor ihm brach hervor
flammendes Feuer.

14 Der HERR donnerte vom Himmel,
und der Höchste ließ seine Stimme
erschallen.

15 Er schoss seine Pfeile und streute sie aus,
er sandte Blitze und jagte sie dahin.

2 He said,

"The LORD is my rock and my fortress
and my deliverer,

3 my[1] God, my rock, in whom I take
refuge,
my shield, and the horn of my salvation,
my stronghold and my refuge,
my savior; you save me from violence.

4 I call upon the LORD, who is worthy to
be praised,
and I am saved from my enemies.

5 "For the waves of death encompassed
me,
the torrents of destruction assailed
me;[2]

6 the cords of Sheol entangled me;
the snares of death confronted me.

7 "In my distress I called upon the LORD;
to my God I called.
From his temple he heard my voice,
and my cry came to his ears.

8 "Then the earth reeled and rocked;
the foundations of the heavens
trembled
and quaked, because he was angry.

9 Smoke went up from his nostrils,[3]
and devouring fire from his mouth;
glowing coals flamed forth from him.

10 He bowed the heavens and came down;
thick darkness was under his feet.

11 He rode on a cherub and flew;
he was seen on the wings of the wind.

12 He made darkness around him his
canopy,
thick clouds, a gathering of water.

13 Out of the brightness before him
coals of fire flamed forth.

14 The LORD thundered from heaven,
and the Most High uttered his voice.

15 And he sent out arrows and scattered
them;
lightning, and routed them.

16 Da sah man das Bett des Meeres,
und des Erdbodens Grund ward
aufgedeckt
bei dem Schelten des HERRN,
vor dem Odem und Schnauben seines
Zornes.

17 Er streckte seine Hand aus von der Höhe
und fasste mich
und zog mich aus großen Wassern.

18 Er errettete mich von meinen starken
Feinden,
von meinen Hassern, die mir zu
mächtig waren;

19 sie überwältigten mich zur Zeit meines
Unglücks,
aber der HERR ward mein Halt.

20 Er führte mich hinaus ins Weite,
er riss mich heraus; denn er hatte Lust
zu mir.

21 Der HERR tut wohl an mir nach meiner
Gerechtigkeit;
er vergilt mir nach der Reinheit meiner
Hände.

22 Denn ich halte die Wege des HERRN
und bin nicht gottlos wider meinen
Gott.

23 Denn alle seine Rechte hab ich vor
Augen,
und seine Gebote werfe ich nicht von
mir,

24 sondern ich bin ohne Tadel vor ihm
und hüte mich vor Schuld.

25 Darum vergilt mir der HERR nach meiner Gerechtigkeit,
nach der Reinheit meiner Hände vor
seinen Augen.

26 Gegen die Heiligen bist du heilig,
gegen die Treuen bist du treu,

27 gegen die Reinen bist du rein,
und gegen die Verkehrten bist du
verkehrt.

28 Denn du hilfst dem elenden Volk,
und die Augen aller Stolzen erniedri-
gest du.

29 Ja, du, HERR, bist meine Leuchte;
der HERR macht meine Finsternis licht.

30 Denn mit dir kann ich Kriegsvolk
zerschlagen
und mit meinem Gott über Mauern
springen.

16 Then the channels of the sea were seen;
the foundations of the world were laid
bare,
at the rebuke of the LORD,
at the blast of the breath of his nostrils.

17 "He sent from on high, he took me;
he drew me out of many waters.

18 He rescued me from my strong enemy,
from those who hated me,
for they were too mighty for me.

19 They confronted me in the day of my
calamity,
but the LORD was my support.

20 He brought me out into a broad place;
he rescued me, because he delighted in
me.

21 "The LORD dealt with me according to
my righteousness;
according to the cleanness of my
hands he rewarded me.

22 For I have kept the ways of the LORD
and have not wickedly departed from
my God.

23 For all his rules were before me,
and from his statutes I did not turn
aside.

24 I was blameless before him,
and I kept myself from guilt.

25 And the LORD has rewarded me according to my righteousness,
according to my cleanness in his sight.

26 "With the merciful you show yourself
merciful;
with the blameless man you show
yourself blameless;

27 with the purified you deal purely,
and with the crooked you make yourself seem tortuous.

28 You save a humble people,
but your eyes are on the haughty to
bring them down.

29 For you are my lamp, O LORD,
and my God lightens my darkness.

30 For by you I can run against a troop,
and by my God I can leap over a wall.

31 Gottes Wege sind vollkommen,
des HERRN Worte sind durchläutert.
Er ist ein Schild allen, die ihm
vertrauen.

32 Denn wer ist Gott, wenn nicht der
HERR?
Und wer ist ein Fels, wenn nicht unser
Gott?

33 Gott stärkt mich mit Kraft
und weist mir den rechten Weg.

34 Er macht meine Füße gleich den
Hirschen
und stellt mich auf meine Höhen.

35 Er lehrt meine Hände streiten
und meinen Arm den ehernen Bogen
spannen.

36 Du gibst mir den Schild deines Heils,
und deine Huld macht mich groß.

37 Du gibst meinen Schritten weiten Raum,
dass meine Knöchel nicht wanken.

38 Meinen Feinden jagte ich nach und vertilgte sie,
und ich kehre nicht um, bis ich sie
umgebracht habe.

39 Ich brachte sie um und hab sie
zerschmettert,
dass sie nicht mehr aufstehen können; sie sind unter meine Füße
gefallen.

40 Du hast mich gerüstet mit Stärke zum
Streit;
du kannst mir unterwerfen, die sich
gegen mich erheben.

41 Du hast meine Feinde zur Flucht
gewandt,
dass ich vernichte, die mich hassen.

42 Sie sehen sich um – aber da ist kein
Helfer –
nach dem HERRN, aber er antwortet
ihnen nicht.

43 Ich will sie zerstoßen zu Staub der Erde,
wie Dreck auf der Gasse will ich sie
zerstäuben und zertreten.

44 Du hast mir aus dem Aufruhr meines
Volkes geholfen
und machst mich zum Haupt über
Heiden; ein Volk, das ich nicht
kannte, dient mir.

45 Die Söhne der Fremde huldigen mir
und gehorchen mir mit gehorsamen
Ohren.

31 This God—his way is perfect;
the word of the LORD proves true;
he is a shield for all those who take
refuge in him.

32 "For who is God, but the LORD?
And who is a rock, except our God?

33 This God is my strong refuge
and has made my[4] way blameless.[5]

34 He made my feet like the feet of a deer
and set me secure on the heights.

35 He trains my hands for war,
so that my arms can bend a bow of
bronze.

36 You have given me the shield of your
salvation,
and your gentleness made me great.

37 You gave a wide place for my steps
under me,
and my feet[6] did not slip;

38 I pursued my enemies and destroyed
them,
and did not turn back until they were
consumed.

39 I consumed them; I thrust them
through, so that they did not rise;
they fell under my feet.

40 For you equipped me with strength for
the battle;
you made those who rise against me
sink under me.

41 You made my enemies turn their backs
to me,[7]
those who hated me, and I destroyed
them.

42 They looked, but there was none to save;
they cried to the LORD, but he did not
answer them.

43 I beat them fine as the dust of the earth;
I crushed them and stamped them
down like the mire of the streets.

44 "You delivered me from strife with my
people;[8]
you kept me as the head of the
nations;
people whom I had not known served
me.

45 Foreigners came cringing to me;
as soon as they heard of me, they
obeyed me.

46 Die Söhne der Fremde verschmachten
und kommen mit Zittern aus ihren
Burgen.

47 Der HERR lebt, und gelobt sei mein Fels,
und Gott, der Fels meines Heils, sei
hoch erhoben,

48 der Gott, der mir Vergeltung schafft
und mir die Völker unterwirft.

49 Er hilft mir aus von meinen Feinden.
Du erhöhst mich über die, die sich
gegen mich erheben, vor dem
Mann der Gewalttat rettest du
mich.

50 Darum will ich dir danken, HERR, unter
den Heiden
und deinem Namen lobsingen,

51 der seinem Könige großes Heil gibt
und Gnade erweist seinem Gesalbten,
David und seinem Hause
ewiglich.

Davids letzte Worte

23 Dies sind die letzten Worte Davids.
Es spricht David, der Sohn Isais,
es spricht der Mann, der hoch erhoben
ist,
der Gesalbte des Gottes Jakobs,
der Liebling der Lieder Israels:

2 Der Geist des HERRN hat durch mich
geredet,
und sein Wort ist auf meiner Zunge.

3 Es hat der Gott Israels zu mir
gesprochen,
der Fels Israels hat geredet:
Wer gerecht herrscht unter den
Menschen,
wer herrscht in der Furcht Gottes,

4 der ist wie das Licht des Morgens, wenn
die Sonne aufgeht,
am Morgen ohne Wolken.
Und wie das Gras nach dem Regen
aus der Erde bricht,

5 so ist mein Haus fest bei Gott;
denn er hat mir einen ewigen Bund
gesetzt, in allem wohlgeordnet
und gesichert.
All mein Heil und all mein Begehren
wird er gedeihen lassen.

46 Foreigners lost heart
and came trembling[9] out of their
fortresses.

47 "The LORD lives, and blessed be my rock,
and exalted be my God, the rock of
my salvation,

48 the God who gave me vengeance
and brought down peoples under me,

49 who brought me out from my enemies;
you exalted me above those who rose
against me;
you delivered me from men of
violence.

50 "For this I will praise you, O LORD,
among the nations,
and sing praises to your name.

51 Great salvation he brings[10] to his king,
and shows steadfast love to his
anointed,
to David and his offspring forever."

The Last Words of David

23 Now these are the last words of
David:

The oracle of David, the son of Jesse,
the oracle of the man who was raised
on high,
the anointed of the God of Jacob,
the sweet psalmist of Israel:[1]

2 "The Spirit of the LORD speaks by me;
his word is on my tongue.

3 The God of Israel has spoken;
the Rock of Israel has said to me:
When one rules justly over men,
ruling in the fear of God,

4 he dawns on them like the morning
light,
like the sun shining forth on a cloud-
less morning,
like rain[2] that makes grass to sprout
from the earth.

5 "For does not my house stand so with
God?
For he has made with me an everlasting covenant,
ordered in all things and secure.
For will he not cause to prosper
all my help and my desire?

6 Aber die nichtswürdigen Leute sind allesamt wie verwehte Disteln,
die man nicht mit der Hand fassen
kann;
7 sondern wer sie angreifen will, muss
Eisen und Spieß in der Hand
haben;
sie werden mit Feuer verbrannt an
ihrer Stätte.

Die Helden Davids
(vgl. 1.Chr 11,10-47)

8 Dies sind die Namen der Helden Davids:
Jischbaal, der Hachmoniter, der Erste unter den
Dreien; der schwang seinen Spieß über acht-
hundert, die auf einmal erschlagen waren.

9 Nach ihm war unter den drei Helden
Eleasar, der Sohn Dodos, der Ahoachiter.
Er war mit David in Pas-Dammim, als die
Philister dort versammelt waren zum Kampf
und die Männer Israels sich zurückzogen;
10 er aber hielt stand und schlug die
Philister, bis seine Hand müde war und am
Schwert erstarrte. Und der HERR gab großes
Heil an jenem Tage, sodass das Volk sich wieder
umwandte hinter ihm her, um zu plündern.
¶ 11 Nach ihm war Schamma, der Sohn Ages
aus Harar. Als die Philister sich sammelten
in Lehi – es war dort ein Stück Acker mit Linsen – und das Volk vor den Philistern floh,

12 da trat er mitten auf das Stück und entriss es den Philistern und schlug sie, und Gott
gab großes Heil.

¶ 13 Und drei von den dreißig Helden kamen
zu Beginn der Ernte hinab zu David, zu der
Höhle Adullam, und das Lager der Philister lag
in der Ebene Refaïm.
14 David aber war damals in der Bergfeste
und die Wache der Philister lag in Bethlehem.

15 Und David gelüstete es und er sprach:
Wer will mir Wasser zu trinken holen aus dem
Brunnen am Tor in Bethlehem?
16 Da brachen die drei Helden in das
Lager der Philister ein und schöpften Wasser
aus dem Brunnen am Tor in Bethlehem und
trugen's und brachten's zu David. Aber er
wollte es nicht trinken, sondern goss es aus
für den HERRN
17 und sprach: Das lasse der HERR fern von
mir sein, dass ich das tue! Ist's nicht das Blut
der Männer, die ihr Leben gewagt haben und
hingegangen sind? Und er wollte es nicht trinken. Das taten die drei Helden.

6 But worthless men[3] are all like thorns
that are thrown away,
for they cannot be taken with the
hand;
7 but the man who touches them
arms himself with iron and the shaft
of a spear,
and they are utterly consumed with
fire."[4]

David's Mighty Men

¶ 8 These are the names of the mighty
men whom David had: Josheb-basshebeth
a Tahchemonite; he was chief of the three.[5]
He wielded his spear[6] against eight hundred
whom he killed at one time.
¶ 9 And next to him among the three
mighty men was Eleazar the son of Dodo, son
of Ahohi. He was with David when they defied
the Philistines who were gathered there for
battle, and the men of Israel withdrew.
10 He rose and struck down the Philistines
until his hand was weary, and his hand clung
to the sword. And the LORD brought about a
great victory that day, and the men returned
after him only to strip the slain.
¶ 11 And next to him was Shammah, the son
of Agee the Hararite. The Philistines gathered
together at Lehi, where there was a plot of
ground full of lentils, and the men fled from
the Philistines.
12 But he took his stand in the midst of
the plot and defended it and struck down
the Philistines, and the LORD worked a great
victory.
¶ 13 And three of the thirty chief men went
down and came about harvest time to David at
the cave of Adullam, when a band of Philistines
was encamped in the Valley of Rephaim.
14 David was then in the stronghold, and
the garrison of the Philistines was then at
Bethlehem.
15 And David said longingly, "Oh, that
someone would give me water to drink from
the well of Bethlehem that is by the gate!"
16 Then the three mighty men broke
through the camp of the Philistines and drew
water out of the well of Bethlehem that was by
the gate and carried and brought it to David.
But he would not drink of it. He poured it out
to the LORD
17 and said, "Far be it from me, O LORD,
that I should do this. Shall I drink the blood
of the men who went at the risk of their lives?"
Therefore he would not drink it. These things
the three mighty men did.

¶ **18** Abischai, Joabs Bruder, der Sohn der Zeruja, war der Erste der Dreißig. Er schwang seinen Spieß über dreihundert Erschlagenen und war berühmt unter den Dreißig.

19 Er war hochgeehrt unter den Dreißig und war ihr Oberster, aber er kam nicht an jene Drei heran.

¶ **20** Und Benaja, der Sohn Jojadas, ein streitbarer Mann von großen Taten, war aus Kabzeel; der erschlug die beiden »Gotteslöwen« der Moabiter. Er stieg hinab und erschlug einen Löwen in einem Brunnen, als Schnee gefallen war.

21 Er erschlug auch einen ägyptischen Mann, einen Riesen, der hatte einen Spieß in seiner Hand. Er aber ging zu ihm hinab mit einem Stecken und riss dem Ägypter den Spieß aus der Hand und durchbohrte ihn mit dessen eigenem Spieß.

22 Das tat Benaja, der Sohn Jojadas. Er war berühmt unter den Dreißig Helden

23 und war hochgeehrt unter den Dreißig, aber er kam nicht an jene Drei heran. Und David setzte ihn über seine Leibwache.

¶ **24** Asaël, der Bruder Joabs, war unter den Dreißig; auch Elhanan, der Sohn Dodos aus Bethlehem;

25 Schamma, der Haroditer; Elika, der Haroditer;

26 Helez, der Peletiter; Ira, der Sohn des Ikkesch, aus Tekoa;

27 Abiëser, der Anatotiter; Sibbechai, der Huschatiter;

28 Zalmon, der Ahoachiter; Mahrai, der Netofatiter;

29 Heled, der Sohn Baanas, der Netofatiter; Ittai, der Sohn Ribais, aus Gibea in Benjamin;

30 Benaja, der Piratoniter; Hiddai, aus Nahale-Gaasch;

31 Abialbon, der Arbatiter; Asmawet, der Bahurimiter;

32 Eljachba, der Schaalboniter; Jaschen, der Guniter, und Jonatan,

33 der Sohn des Schamma, der Harariter; Ahiam, der Sohn Scharars, der Harariter;

34 Elifelet, der Sohn Ahasbais, der Maachatiter; Eliam, der Sohn Ahitofels, der Giloniter;

35 Hezro, der Karmeliter; Paarai, der Arabiter;

36 Jigal, der Sohn Nathans, aus Zoba; Bani, der Gaditer;

¶ **18** Now Abishai, the brother of Joab, the son of Zeruiah, was chief of the thirty.[7] And he wielded his spear against three hundred men[8] and killed them and won a name beside the three.

19 He was the most renowned of the thirty[9] and became their commander, but he did not attain to the three.

¶ **20** And Benaiah the son of Jehoiada was a valiant man[10] of Kabzeel, a doer of great deeds. He struck down two ariels[11] of Moab. He also went down and struck down a lion in a pit on a day when snow had fallen.

21 And he struck down an Egyptian, a handsome man. The Egyptian had a spear in his hand, but Benaiah went down to him with a staff and snatched the spear out of the Egyptian's hand and killed him with his own spear.

22 These things did Benaiah the son of Jehoiada, and won a name beside the three mighty men.

23 He was renowned among the thirty, but he did not attain to the three. And David set him over his bodyguard.

¶ **24** Asahel the brother of Joab was one of the thirty; Elhanan the son of Dodo of Bethlehem,

25 Shammah of Harod, Elika of Harod,

26 Helez the Paltite, Ira the son of Ikkesh of Tekoa,

27 Abiezer of Anathoth, Mebunnai the Hushathite,

28 Zalmon the Ahohite, Maharai of Netophah,

29 Heleb the son of Baanah of Netophah, Ittai the son of Ribai of Gibeah of the people of Benjamin,

30 Benaiah of Pirathon, Hiddai of the brooks of Gaash,

31 Abi-albon the Arbathite, Azmaveth of Bahurim,

32 Eliahba the Shaalbonite, the sons of Jashen, Jonathan,

33 Shammah the Hararite, Ahiam the son of Sharar the Hararite,

34 Eliphelet the son of Ahasbai of Maacah, Eliam the son of Ahithophel of Gilo,

35 Hezro[12] of Carmel, Paarai the Arbite,

36 Igal the son of Nathan of Zobah, Bani the Gadite,

37 Zelek, der Ammoniter; Nachrai, der Beerotiter, ein Waffenträger Joabs, des Sohnes der Zeruja;

38 Ira, der Jattiriter; Gareb, der Jattiriter;

39 Uria, der Hetiter. Das sind zusammen siebenunddreißig.

Gott lässt David den Tempelplatz finden

(vgl. 1.Chr 21,1-30)

24 Und der Zorn des Herrn entbrannte abermals gegen Israel, und er reizte David gegen das Volk und sprach: Geh hin, zähle Israel und Juda!

2 Und der König sprach zu Joab und zu den Hauptleuten, die bei ihm waren: Geht umher in allen Stämmen Israels von Dan bis Beerscheba und zählt das Kriegsvolk, damit ich weiß, wie viel ihrer sind.

3 Joab sprach zu dem König: Der Herr, dein Gott, tue zu diesem Volk, wie es jetzt ist, noch hundertmal so viel hinzu, dass mein Herr, der König, seiner Augen Lust daran habe; aber warum verlangt es meinen Herrn, den König, solches zu tun?

4 Aber des Königs Wort stand fest gegen Joab und die Hauptleute des Heeres. So zog Joab mit den Hauptleuten des Heeres aus von dem König, um das Volk Israel zu zählen.

¶ **5** Und sie gingen über den Jordan und fingen an bei Aroër und bei der Stadt, die mitten im Bachtal liegt, nach Gad und nach Jaser zu

6 und kamen nach Gilead und zum Land der Hetiter nach Kadesch zu und darauf nach Dan, und von Dan wandten sie sich nach Sidon zu.

7 Dann kamen sie zu der festen Stadt Tyrus und allen Städten der Hiwiter und Kanaaniter und in das Südland Judas nach Beerscheba.

8 So durchzogen sie das ganze Land und kamen nach neun Monaten und zwanzig Tagen nach Jerusalem zurück.

9 Und Joab gab dem König die Summe des Volks an, das gezählt war. Und es waren in Israel achthunderttausend streitbare Männer, die das Schwert trugen, und in Juda fünfhunderttausend Mann.

¶ **10** Aber das Herz schlug David, nachdem das Volk gezählt war. Und David sprach zum Herrn: Ich habe schwer gesündigt, dass ich das getan habe. Und nun, Herr, nimm weg die Schuld deines Knechts; denn ich hab sehr töricht getan.

37 Zelek the Ammonite, Naharai of Beeroth, the armor-bearer of Joab the son of Zeruiah,

38 Ira the Ithrite, Gareb the Ithrite,

39 Uriah the Hittite: thirty-seven in all.

David's Census

24 Again the anger of the Lord was kindled against Israel, and he incited David against them, saying, "Go, number Israel and Judah."

2 So the king said to Joab, the commander of the army,[1] who was with him, "Go through all the tribes of Israel, from Dan to Beersheba, and number the people, that I may know the number of the people."

3 But Joab said to the king, "May the Lord your God add to the people a hundred times as many as they are, while the eyes of my lord the king still see it, but why does my lord the king delight in this thing?"

4 But the king's word prevailed against Joab and the commanders of the army. So Joab and the commanders of the army went out from the presence of the king to number the people of Israel.

5 They crossed the Jordan and began from Aroer,[2] and from the city that is in the middle of the valley, toward Gad and on to Jazer.

6 Then they came to Gilead, and to Kadesh in the land of the Hittites;[3] and they came to Dan, and from Dan[4] they went around to Sidon,

7 and came to the fortress of Tyre and to all the cities of the Hivites and [i] Canaanites; and they went out to the Negeb of Judah at Beersheba.

8 So when they had gone through all the land, they came to Jerusalem at the end of nine months and twenty days.

9 And Joab gave the sum of the numbering of the people to the king: in Israel there were 800,000 valiant men who drew the sword, and the men of Judah were 500,000.

The Lord's Judgment of David's Sin

¶ **10** But David's heart struck him after he had numbered the people. And David said to the Lord, "I have sinned greatly in what I have done. But now, O Lord, please take away the iniquity of your servant, for I have done very foolishly."

¶ **11** Und als David am Morgen aufstand, kam des HERRN Wort zu Gad, dem Propheten, Davids Seher:

12 Geh hin und rede mit David: So spricht der HERR: Dreierlei lege ich dir vor; erwähle dir eins davon, dass ich es dir tue.

13 Gad kam zu David und sagte es ihm an und sprach zu ihm: Willst du, dass drei Jahre lang Hungersnot in dein Land kommt oder dass du drei Monate vor deinen Widersachern fliehen musst und sie dich verfolgen oder dass drei Tage Pest in deinem Lande ist? So bedenke nun wohl, was ich antworten soll dem, der mich gesandt hat.

14 David sprach zu Gad: Es ist mir sehr angst, aber lass uns in die Hand des HERRN fallen, denn seine Barmherzigkeit ist groß; ich will nicht in der Menschen Hand fallen.

15 Da ließ der HERR die Pest über Israel kommen vom Morgen an bis zur bestimmten Zeit, sodass von dem Volk starben von Dan bis Beerscheba siebzigtausend Mann.

¶ **16** Als aber der Engel seine Hand ausstreckte über Jerusalem, um es zu verderben, reute den HERRN das Übel und er sprach zum Engel, der das Verderben anrichtete im Volk: Es ist genug; lass nun deine Hand ab! Der Engel des HERRN aber war bei der Tenne Araunas, des Jebusiters.

17 Als aber David den Engel sah, der das Volk schlug, sprach er zum HERRN: Siehe, **ich** habe gesündigt, **ich** habe die Missetat getan; was haben diese Schafe getan? Lass deine Hand gegen mich und meines Vaters Haus sein!

¶ **18** Und Gad kam zu David an jenem Tage und sprach zu ihm: Geh hinauf und errichte dem HERRN einen Altar auf der Tenne Araunas, des Jebusiters.

19 Da ging David hinauf, wie Gad nach des HERRN Gebot gesagt hatte.

20 Und als Arauna aufschaute, sah er den König mit seinen Großen zu ihm herüberkommen und fiel nieder vor dem König auf sein Angesicht zur Erde

21 und sprach: Warum kommt mein Herr, der König, zu seinem Knecht? David sprach: Um vor dir die Tenne zu kaufen und dem HERRN einen Altar zu bauen, damit die Plage vom Volk weiche.

22 Aber Arauna sprach zu David: Mein Herr, der König, nehme und opfere, wie es ihm gefällt. Siehe, da sind die Rinder zum Brandopfer und auch die Dreschschlitten und das Geschirr der Rinder als Brennholz;

11 And when David arose in the morning, the word of the LORD came to the prophet Gad, David's seer, saying,

12 "Go and say to David, 'Thus says the LORD, Three things I offer⁵ you. Choose one of them, that I may do it to you.'"

13 So Gad came to David and told him, and said to him, "Shall three⁶ years of famine come to you in your land? Or will you flee three months before your foes while they pursue you? Or shall there be three days' pestilence in your land? Now consider, and decide what answer I shall return to him who sent me."

14 Then David said to Gad, "I am in great distress. Let us fall into the hand of the LORD, for his mercy is great; but let me not fall into the hand of man."

¶ **15** So the LORD sent a pestilence on Israel from the morning until the appointed time. And there died of the people from Dan to Beersheba 70,000 men.

16 And when the angel stretched out his hand toward Jerusalem to destroy it, the LORD relented from the calamity and said to the angel ᵘwho was working destruction among the people, "It is enough; now stay your hand." And ᶠthe angel of the LORD was by the threshing floor of Araunah the Jebusite.

17 Then David spoke to the LORD when he saw the angel who was striking the people, and said, "Behold, I have sinned, and I have done wickedly. But these sheep, what have they done? Please let your hand be against me and against my father's house."

David Builds an Altar

¶ **18** And Gad came that day to David and said to him, "Go up, raise an altar to the LORD on the threshing floor of Araunah the Jebusite."

19 So David went up at Gad's word, as the LORD commanded.

20 And when Araunah looked down, he saw the king and his servants coming on toward him. And Araunah went out and paid homage to the king with his face to the ground.

21 And Araunah said, "Why has my lord the king come to his servant?" David said, "To buy the threshing floor from you, in order to build an altar to the LORD, that the plague may be averted from the people."

22 Then Araunah said to David, "Let my lord the king take and offer up what seems good to him. Here are the oxen for the burnt offering and the threshing sledges and the yokes of the oxen for the wood.

23 das alles gibt Arauna dem König. Und Arauna sprach zum König: Der HERR, dein Gott, sei dir gnädig.

¶ **24** Aber der König sprach zu Arauna: Nicht doch, sondern ich will dir's abkaufen für seinen Preis; denn ich will dem HERRN, meinem Gott, nicht Brandopfer darbringen, die ich umsonst habe. So kaufte David die Tenne und die Rinder für fünfzig Lot Silber.

25 Und David baute dort dem HERRN einen Altar und opferte Brandopfer und Dankopfer. Und der HERR wurde dem Land wieder gnädig und die Plage wich von dem Volk Israel.

23 All this, O king, Araunah gives to the king." And Araunah said to the king, "May the LORD your God accept you."

24 But the king said to Araunah, "No, but I will buy it from you for a price. I will not offer burnt offerings to the LORD my God that cost me nothing." So David bought the threshing floor and the oxen for fifty shekels[7] of silver.

25 And David built there an altar to the LORD and offered burnt offerings and peace offerings. So the LORD responded to the plea for the land, and the plague was averted from Israel.

DAS ERSTE BUCH DER KÖNIGE

Salomo wird zum König gesalbt

1 Als aber der König David alt war und hochbetagt, konnte er nicht warm werden, wenn man ihn auch mit Kleidern bedeckte. 2 Da sprachen seine Großen zu ihm: Man suche unserm Herrn, dem König, eine Jungfrau, die vor dem König stehe und ihn umsorge und in seinen Armen schlafe und unsern Herrn, den König, wärme.

3 Und sie suchten ein schönes Mädchen im ganzen Gebiet Israels und fanden Abischag von Schunem und brachten sie dem König.

4 Und sie war ein sehr schönes Mädchen und umsorgte den König und diente ihm. Aber der König erkannte sie nicht.

¶ 5 Adonija aber, der Sohn der Haggit, empörte sich und sprach: Ich will König werden! Und er schaffte sich Wagen und Gespanne an und fünfzig Mann als seine Leibwache.

6 Und sein Vater hatte ihm nie etwas verwehrt sein Leben lang, dass er gesagt hätte: Warum tust du das? Und er war auch ein sehr schöner Mann und war David geboren als der nächste Sohn nach Absalom.

¶ 7 Und er beriet sich mit Joab, dem Sohn der Zeruja, und mit Abjatar, dem Priester; die hielten zu Adonija.

8 Aber Zadok, der Priester, und Benaja, der Sohn Jojadas, und Nathan, der Prophet, und Schimi und Reï und die Helden Davids waren nicht mit Adonija.

9 Und als Adonija Schafe und Rinder und gemästetes Vieh opferte bei dem Stein Sohelet, der neben der Quelle Rogel liegt, lud er alle seine Brüder, des Königs Söhne, ein und alle Männer Judas, die dem König dienten.

10 Aber den Propheten Nathan und Benaja und die Helden und seinen Bruder Salomo lud er nicht ein.

¶ 11 Da sprach Nathan zu Batseba, Salomos Mutter: Hast du nicht gehört, dass Adonija, der Sohn der Haggit, König geworden ist, und David, unser Herr, weiß nichts davon?

1 KINGS

David in His Old Age

1 Now King David was old and advanced in years. And although they covered him with clothes, he could not get warm. 2 Therefore his servants said to him, "Let a young woman be sought for my lord the king, and let her wait on the king and be in his service. Let her lie in your arms,[1] that my lord the king may be warm."

3 So they sought for a beautiful young woman throughout all the territory of Israel, and found Abishag the Shunammite, and brought her to the king.

4 The young woman was very beautiful, and she was of service to the king and attended to him, but the king knew her not.

Adonijah Sets Himself Up as King

¶ 5 Now Adonijah the son of Haggith exalted himself, saying, "I will be king." And he prepared for himself chariots and horsemen, and fifty men to run before him.

6 His father had never at any time displeased him by asking, "Why have you done thus and so?" He was also a very handsome man, and he was born next after Absalom.

7 He conferred with Joab the son of Zeruiah and with Abiathar the priest. And they followed Adonijah and helped him.

8 But Zadok the priest and Benaiah the son of Jehoiada and Nathan the prophet and Shimei and Rei and David's mighty men were not with Adonijah.

¶ 9 Adonijah sacrificed sheep, oxen, and fattened cattle by the Serpent's Stone, which is beside En-rogel, and he invited all his brothers, the king's sons, and all the royal officials of Judah,

10 but he did not invite Nathan the prophet or Benaiah or the mighty men or Solomon his brother.

Nathan and Bathsheba Before David

¶ 11 Then Nathan said to Bathsheba the mother of Solomon, "Have you not heard that Adonijah the son of Haggith has become king and David our lord does not know it?

12 So komm nun, ich will dir einen Rat geben, dass du dein Leben und das Leben deines Sohnes Salomo errettest.

13 Auf, geh zum König David hinein und sprich zu ihm: Hast du nicht, mein Herr und König, deiner Magd geschworen: Dein Sohn Salomo soll nach mir König sein, und er soll auf meinem Thron sitzen? Warum ist dann Adonija König geworden?

14 Siehe, während du noch da bist und mit dem König redest, will ich nach dir hereinkommen und deine Worte zu Ende führen.

¶ **15** Und Batseba ging hinein zum König in das Gemach. Der König aber war sehr alt und Abischag von Schunem diente dem König.

16 Und Batseba neigte sich und fiel vor dem König nieder. Der König aber sprach: Was willst du?

17 Sie sprach zu ihm: Mein Herr, du hast deiner Magd geschworen bei dem HERRN, deinem Gott: Dein Sohn Salomo soll König sein nach mir und auf meinem Thron sitzen.

18 Nun aber siehe, Adonija ist König geworden, und du, mein Herr und König, weißt nichts davon.

19 Er hat Stiere und gemästetes Vieh und viele Schafe geopfert und hat alle Söhne des Königs geladen, dazu Abjatar, den Priester, und Joab, den Feldhauptmann; aber deinen Knecht Salomo hat er nicht geladen.

20 Du aber, mein Herr und König, die Augen von ganz Israel sehen auf dich, dass du ihnen kundtust, wer auf dem Thron meines Herrn und Königs nach ihm sitzen soll.

21 Wenn aber mein Herr und König sich zu seinen Vätern gelegt hat, so werden ich und mein Sohn Salomo als Empörer dastehen.

¶ **22** Während sie noch mit dem König redete, kam der Prophet Nathan.

23 Und sie sagten dem König an: Siehe, da ist der Prophet Nathan. Und als er hinein vor den König kam, fiel er vor dem König nieder auf sein Angesicht zur Erde

24 und sprach: Mein Herr und König, hast du gesagt: Adonija soll nach mir König sein und auf meinem Thron sitzen?

25 Denn er ist heute hinabgegangen und hat geopfert Stiere und Mastvieh und viele Schafe und hat alle Söhne des Königs geladen und die Hauptleute, dazu den Priester Abjatar. Und siehe, sie essen und trinken vor ihm und rufen: Es lebe der König Adonija!

26 Aber mich, deinen Knecht, und Zadok, den Priester, und Benaja, den Sohn Jojadas, und deinen Knecht Salomo hat er nicht geladen.

12 Now therefore come, let me give you advice, that you may save your own life and the life of your son Solomon.

13 Go in at once to King David, and say to him, 'Did you not, my lord the king, swear to your servant, saying, "Solomon your son shall reign after me, and he shall sit on my throne"? Why then is Adonijah king?'

14 Then while you are still speaking with the king, I also will come in after you and confirm[2] your words."

¶ **15** So Bathsheba went to the king in his chamber (now the king was very old, and Abishag the Shunammite was attending to the king).

16 Bathsheba bowed and paid homage to the king, and the king said, "What do you desire?"

17 She said to him, "My lord, you swore to your servant by the LORD your God, saying, 'Solomon your son shall reign after me, and he shall sit on my throne.'

18 And now, behold, Adonijah is king, although you, my lord the king, do not know it.

19 He has sacrificed oxen, fattened cattle, and sheep in abundance, and has invited all the sons of the king, Abiathar the priest, and Joab the commander of the army, but Solomon your servant he has not invited.

20 And now, my lord the king, the eyes of all Israel are on you, to tell them who shall sit on the throne of my lord the king after him.

21 Otherwise it will come to pass, when my lord the king sleeps with his fathers, that I and my son Solomon will be counted offenders."

¶ **22** While she was still speaking with the king, Nathan the prophet came in.

23 And they told the king, "Here is Nathan the prophet." And when he came in before the king, he bowed before the king, with his face to the ground.

24 And Nathan said, "My lord the king, have you said, 'Adonijah shall reign after me, and he shall sit on my throne'?

25 For he has gone down this day and has sacrificed oxen, fattened cattle, and sheep in abundance, and has invited all the king's sons, the commanders[3] of the army, and Abiathar the priest. And behold, they are eating and drinking before him, and saying, 'Long live King Adonijah!'

26 But me, your servant, and Zadok the priest, and Benaiah the son of Jehoiada, and your servant Solomon he has not invited.

27 Ist das von meinem Herrn und König befohlen und du hast deine Großen nicht wissen lassen, wer auf dem Thron meines Herrn und Königs nach ihm sitzen soll?

¶ **28** Der König David antwortete und sprach: Ruft mir Batseba! Und sie kam hinein vor den König. Und als sie vor dem König stand,

29 schwor der König und sprach: So wahr der HERR lebt, der mich erlöst hat aus aller Not:

30 Ich will heute tun, wie ich dir geschworen habe bei dem HERRN, dem Gott Israels, als ich sagte: Salomo, dein Sohn, soll nach mir König sein, und er soll für mich auf meinem Thron sitzen.

31 Da neigte sich Batseba mit ihrem Antlitz zur Erde und fiel vor dem König nieder und sprach: Lang lebe mein Herr, der König David!

¶ **32** Und der König David sprach: Ruft mir den Priester Zadok und den Propheten Nathan und Benaja, den Sohn Jojadas! Und als sie hineinkamen vor den König,

33 sprach der König zu ihnen: Nehmt mit euch die Großen eures Herrn und setzt meinen Sohn Salomo auf mein Maultier und führt ihn hinab zum Gihon.

34 Und der Priester Zadok samt dem Propheten Nathan salbe ihn dort zum König über Israel. Und blast die Posaunen und ruft: Es lebe der König Salomo!

35 Und zieht wieder hinauf hinter ihm her, und er soll kommen und sitzen auf meinem Thron und für mich König sein. Denn ihn setze ich zum Fürsten über Israel und Juda ein.

36 Da antwortete Benaja, der Sohn Jojadas, dem König und sprach: So sei es! Der HERR, der Gott meines Herrn und Königs, bestätige es!

37 Wie der HERR mit meinem Herrn, dem König, gewesen ist, so sei er auch mit Salomo, dass sein Thron größer werde als der Thron meines Herrn, des Königs David!

¶ **38** Da gingen hinab der Priester Zadok und der Prophet Nathan und Benaja, der Sohn Jojadas, und die Kreter und Pleter und setzten Salomo auf das Maultier des Königs David und führten ihn zum Gihon.

39 Und der Priester Zadok nahm das Ölhorn aus dem Zelt und salbte Salomo. Und sie bliesen die Posaunen und alles Volk rief: Es lebe der König Salomo!

40 Und alles Volk zog wieder herauf hinter ihm her, und das Volk blies mit Flöten und war sehr fröhlich, sodass die Erde von ihrem Geschrei erbebte.

27 Has this thing been brought about by my lord the king and you have not told your servants who should sit on the throne of my lord the king after him?"

Solomon Anointed King

¶ **28** Then King David answered, "Call Bathsheba to me." So she came into the king's presence and stood before the king.

29 And the king swore, saying, "As the LORD lives, who has redeemed my soul out of every adversity,

30 as I swore to you by the LORD, the God of Israel, saying, 'Solomon your son shall reign after me, and he shall sit on my throne in my place,' even so will I do this day."

31 Then Bathsheba bowed with her face to the ground and paid homage to the king and said, "May my lord King David live forever!"

¶ **32** King David said, "Call to me Zadok the priest, Nathan the prophet, and Benaiah the son of Jehoiada." So they came before the king.

33 And the king said to them, "Take with you the servants of your lord and have Solomon my son ride on my own mule, and bring him down to Gihon.

34 And let Zadok the priest and Nathan the prophet there anoint him king over Israel. Then blow the trumpet and say, 'Long live King Solomon!'

35 You shall then come up after him, and he shall come and sit on my throne, for he shall be king in my place. And I have appointed him to be ruler over Israel and over Judah."

36 And Benaiah the son of Jehoiada answered the king, "Amen! May the LORD, the God of my lord the king, say so.

37 As the LORD has been with my lord the king, even so may he be with Solomon, and make his throne greater than the throne of my lord King David."

¶ **38** So Zadok the priest, Nathan the prophet, and Benaiah the son of Jehoiada, and the Cherethites and the Pelethites went down and had Solomon ride on King David's mule and brought him to Gihon.

39 There Zadok the priest took the horn of oil from the tent and anointed Solomon. Then they blew the trumpet, and all the people said, "Long live King Solomon!"

40 And all the people went up after him, playing on pipes, and rejoicing with great joy, so that the earth was split by their noise.

¶ **41** Und Adonija hörte es und alle, die er geladen hatte und die bei ihm waren, und sie hatten schon gegessen. Und als Joab den Schall der Posaune hörte, sprach er: Was soll das Geschrei und Getümmel der Stadt?

42 Als er noch redete, siehe, da kam Jonatan, der Sohn des Priesters Abjatar. Und Adonija sprach: Komm her, denn du bist ein redlicher Mann und bringst gute Botschaft.

¶ **43** Jonatan antwortete und sprach zu Adonija: Nein, denn unser Herr, der König David, hat Salomo zum König gemacht

44 und hat mit ihm gesandt den Priester Zadok und den Propheten Nathan und Benaja, den Sohn Jojadas, und die Kreter und Pleter, und sie haben ihn auf des Königs Maultier gesetzt.

45 Und Zadok, der Priester, samt dem Propheten Nathan hat ihn gesalbt zum König beim Gihon, und sie sind von da heraufgezogen mit Freuden, sodass die Stadt voll Getümmel wurde. Das ist das Geschrei, das ihr gehört habt.

46 Und schon sitzt Salomo auf dem königlichen Thron

47 und die Großen des Königs sind hineingegangen, zu segnen unsern Herrn, den König David, und haben gesagt: Dein Gott mache Salomos Namen herrlicher als deinen Namen und lasse seinen Thron größer werden als deinen Thron! Und der König hat sich verneigt auf seinem Lager

48 und hat so gesagt: Gelobt sei der HERR, der Gott Israels, der heute einen meiner Söhne auf meinen Thron gesetzt hat, dass es meine Augen gesehen haben.

¶ **49** Da erschraken alle, die bei Adonija geladen waren, und machten sich auf und gingen hin, jeder seinen Weg.

50 Aber Adonija fürchtete sich vor Salomo und machte sich auf, ging hin und fasste die Hörner des Altars.

¶ **51** Und es wurde Salomo angesagt: Siehe, Adonija fürchtet den König Salomo, und siehe, er fasst die Hörner des Altars und spricht: Der König Salomo schwöre mir heute, dass er seinen Knecht nicht töten wird mit dem Schwert.

52 Salomo sprach: Wird er redlich sein, so soll kein Haar von ihm auf die Erde fallen; wird aber Böses an ihm gefunden, so soll er sterben.

53 Und der König Salomo sandte hin und ließ ihn vom Altar holen. Und als er kam, fiel er vor dem König Salomo nieder. Salomo aber sprach zu ihm: Geh in dein Haus!

¶ **41** Adonijah and all the guests who were with him heard it as they finished feasting. And when Joab heard the sound of the trumpet, he said, "What does this uproar in the city mean?"

42 While he was still speaking, behold, Jonathan the son of Abiathar the priest came. And Adonijah said, "Come in, for you are a worthy man and bring good news."

43 Jonathan answered Adonijah, "No, for our lord King David has made Solomon king,

44 and the king has sent with him Zadok the priest, Nathan the prophet, and Benaiah the son of Jehoiada, and the Cherethites and the Pelethites. And they had him ride on the king's mule.

45 And Zadok the priest and Nathan the prophet have anointed him king at Gihon, and they have gone up from there rejoicing, so that the city is in an uproar. This is the noise that you have heard.

46 Solomon sits on the royal throne.

47 Moreover, the king's servants came to congratulate our lord King David, saying, 'May your God make the name of Solomon more famous than yours, and make his throne greater than your throne.' And the king bowed himself on the bed.

48 And the king also said, 'Blessed be the LORD, the God of Israel, who has granted someone⁴ to sit on my throne this day, my own eyes seeing it.'"

¶ **49** Then all the guests of Adonijah trembled and rose, and each went his own way.

50 And Adonijah feared Solomon. So he arose and went and took hold of the horns of the altar.

51 Then it was told Solomon, "Behold, Adonijah fears King Solomon, for behold, he has laid hold of the horns of the altar, saying, 'Let King Solomon swear to me first that he will not put his servant to death with the sword.'"

52 And Solomon said, "If he will show himself a worthy man, not one of his hairs shall fall to the earth, but if wickedness is found in him, he shall die."

53 So King Solomon sent, and they brought him down from the altar. And he came and paid homage to King Solomon, and Solomon said to him, "Go to your house."

Davids letzter Wille und sein Tod

2 Als nun die Zeit herbeikam, dass David sterben sollte, gebot er seinem Sohn Salomo und sprach:

2 Ich gehe hin den Weg aller Welt. So sei getrost und sei ein Mann

3 und diene dem HERRN, deinem Gott, dass du wandelst in seinen Wegen und hältst seine Satzungen, Gebote, Rechte und Ordnungen, wie geschrieben steht im Gesetz des Mose, damit dir alles gelinge, was du tust und wohin du dich wendest;

4 damit der HERR sein Wort erfülle, das er über mich geredet hat: Werden deine Söhne auf ihre Wege achten, dass sie vor mir in Treue und von ganzem Herzen und von ganzer Seele wandeln, so soll dir's niemals fehlen an einem Mann auf dem Thron Israels.

¶ **5** Auch weißt du sehr wohl, was mir getan hat Joab, der Sohn der Zeruja, was er tat den zwei Feldhauptleuten Israels, Abner, dem Sohn Ners, und Amasa, dem Sohn Jeters, wie er sie ermordet hat und so im Krieg vergossenes Blut im Frieden gerächt und unschuldiges Blut an den Gürtel seiner Lenden und an die Schuhe seiner Füße gebracht hat.

6 Tu nach deiner Weisheit, dass du seine grauen Haare nicht in Frieden hinunter zu den Toten bringst.

7 Aber den Söhnen Barsillais, des Gileaditers, sollst du Barmherzigkeit erweisen, dass sie an deinem Tisch essen. Denn sie taten wohl an mir, als ich vor deinem Bruder Absalom floh.

8 Und siehe, du hast bei dir Schimi, den Sohn Geras, den Benjaminiter von Bahurim, der mir schändlich fluchte zu der Zeit, als ich nach Mahanajim ging. Dann aber kam er mir entgegen am Jordan. Da schwor ich ihm bei dem HERRN und sprach: Ich will dich nicht töten mit dem Schwert.

9 Du aber lass ihn nicht frei ausgehen; denn du bist ein weiser Mann und wirst sehr wohl wissen, was du ihm tun sollst, dass du seine grauen Haare mit Blut hinunter zu den Toten bringst.

¶ **10** Also legte sich David zu seinen Vätern und wurde begraben in der Stadt Davids.

11 Die Zeit aber, die David König gewesen ist über Israel, ist vierzig Jahre: Sieben Jahre war er König zu Hebron und dreiunddreißig Jahre zu Jerusalem.

12 Und Salomo saß auf dem Thron seines Vaters David und seine Herrschaft hatte festen Bestand.

David's Instructions to Solomon

2 When David's time to die drew near, he commanded Solomon his son, saying,

2 "I am about to go the way of all the earth. Be strong, and show yourself a man,

3 and keep the charge of the LORD your God, walking in his ways and keeping his statutes, his commandments, his rules, and his testimonies, as it is written in the Law of Moses, that you may prosper in all that you do and wherever you turn,

4 that the LORD may establish his word that he spoke concerning me, saying, 'If your sons pay close attention to their way, to walk before me in faithfulness with all their heart and with all their soul, you shall not lack[1] a man on the throne of Israel.'

¶ **5** "Moreover, you also know what Joab the son of Zeruiah did to me, how he dealt with the two commanders of the armies of Israel, Abner the son of Ner, and Amasa the son of Jether, whom he killed, avenging[2] in time of peace for blood that had been shed in war, and putting the blood of war[3] on the belt around his[4] waist and on the sandals on his feet.

6 Act therefore according to your wisdom, but do not let his gray head go down to Sheol in peace.

7 But deal loyally with the sons of Barzillai the Gileadite, and let them be among those who eat at your table, for with such loyalty[5] they met me when I fled from Absalom your brother.

8 And there is also with you Shimei the son of Gera, the Benjaminite from Bahurim, who cursed me with a grievous curse on the day when I went to Mahanaim. But when he came down to meet me at the Jordan, I swore to him by the LORD, saying, 'I will not put you to death with the sword.'

9 Now therefore do not hold him guiltless, for you are a wise man. You will know what you ought to do to him, and you shall bring his gray head down with blood to Sheol."

The Death of David

¶ **10** Then David slept with his fathers and was buried in the city of David.

11 And the time that David reigned over Israel was forty years. He reigned seven years in Hebron and thirty-three years in Jerusalem.

12 So Solomon sat on the throne of David his father, and his kingdom was firmly established.

Salomos Maßnahmen beim Antritt der Regierung

13 Aber Adonija, der Sohn der Haggit, kam zu Batseba, der Mutter Salomos. Und sie sprach: Kommst du auch mit Frieden? Er sprach: Ja!

14 Und er sprach: Ich habe mit dir zu reden. Sie sprach: Sage an!

15 Er sprach: Du weißt, dass das Königtum mein war, und ganz Israel hatte sich auf mich gerichtet, dass ich König sein sollte; aber nun hat sich das Königtum gewandt und ist meinem Bruder zuteilgeworden – von dem HERRN ist's ihm zuteilgeworden.

16 Nun bitte ich **eins** von dir; du wollest mich nicht abweisen! Sie sprach zu ihm: Sage an!

17 Er sprach: Rede mit dem König Salomo, denn er wird dich nicht abweisen, dass er mir gebe Abischag von Schunem zur Frau.

18 Batseba sprach: Gut, ich will mit dem König deinetwegen reden.

¶ **19** Und Batseba ging hin zum König Salomo, um mit ihm zu reden Adonijas wegen. Und der König stand auf und ging ihr entgegen und neigte sich vor ihr und setzte sich auf seinen Thron. Und es wurde der Mutter des Königs ein Thron hingestellt und sie setzte sich zu seiner Rechten.

20 Und sie sprach: Ich habe **eine** kleine Bitte an dich; du wollest mich nicht abweisen. Der König sprach zu ihr: Bitte, meine Mutter, ich will dich nicht abweisen.

21 Sie sprach: Gib doch Abischag von Schunem deinem Bruder Adonija zur Frau!

¶ **22** Da antwortete der König Salomo und sprach zu seiner Mutter: Warum bittest du um Abischag von Schunem für Adonija? Erbitte ihm doch auch das Königtum! Denn er ist mein älterer Bruder und zu ihm hält der Priester Abjatar und Joab, der Sohn der Zeruja.

23 Und der König Salomo schwor bei dem HERRN und sprach: Gott tue mir dies und das, diese Bitte soll Adonija sein Leben kosten!

24 Und nun, so wahr der HERR lebt, der mich bestätigt hat und gesetzt auf den Thron meines Vaters David und der mir ein Haus gemacht hat, wie er zugesagt hat: Heute noch soll Adonija sterben!

25 Und der König Salomo sandte hin Benaja, den Sohn Jojadas; der stieß ihn nieder, dass er starb.

Solomon's Reign Established

¶ **13** Then Adonijah the son of Haggith came to Bathsheba the mother of Solomon. And she said, "Do you come peacefully?" He said, "Peacefully."

14 Then he said, "I have something to say to you." She said, "Speak."

15 He said, "You know that the kingdom was mine, and that all Israel fully expected me to reign. However, the kingdom has turned about and become my brother's, for it was his from the LORD.

16 And now I have one request to make of you; do not refuse me." She said to him, "Speak."

17 And he said, "Please ask King Solomon—he will not refuse you—to give me Abishag the Shunammite as my wife."

18 Bathsheba said, "Very well; I will speak for you to the king."

¶ **19** So Bathsheba went to King Solomon to speak to him on behalf of Adonijah. And the king rose to meet her and bowed down to her. Then he sat on his throne and had a seat brought for the king's mother, and she sat on his right.

20 Then she said, "I have one small request to make of you; do not refuse me." And the king said to her, "Make your request, my mother, for I will not refuse you."

21 She said, "Let Abishag the Shunammite be given to Adonijah your brother as his wife."

22 King Solomon answered his mother, "And why do you ask Abishag the Shunammite for Adonijah? Ask for him the kingdom also, for he is my older brother, and on his side are Abiathar[6] the priest and Joab the son of Zeruiah."

23 Then King Solomon swore by the LORD, saying, "God do so to me and more also if this word does not cost Adonijah his life!

24 Now therefore as the LORD lives, who has established me and placed me on the throne of David my father, and who has made me a house, as he promised, Adonijah shall be put to death today."

25 So King Solomon sent Benaiah the son of Jehoiada, and he struck him down, and he died.

26 Und zu dem Priester Abjatar sprach der König: Geh hin nach Anatot zu deinem Besitz, denn du bist des Todes. Aber ich will dich heute nicht töten, denn du hast die Lade Gottes des HERRN vor meinem Vater David getragen und hast alles mitgelitten, was mein Vater gelitten hat.

27 So verstieß Salomo den Abjatar, dass er nicht mehr Priester des HERRN sein durfte, damit erfüllt würde des HERRN Wort, das er über das Haus Elis geredet hatte in Silo.

¶ **28** Und die Kunde davon kam vor Joab; denn Joab hatte Adonija angehangen und nicht Absalom. Da floh Joab in das Zelt des HERRN und fasste die Hörner des Altars.

29 Und es wurde dem König Salomo angesagt: Joab ist zum Zelt des HERRN geflohen, und siehe, er steht am Altar. Da sandte Salomo hin Benaja, den Sohn Jojadas, und sprach: Geh, stoß ihn nieder!

30 Und als Benaja zum Zelt des HERRN kam, sprach er zu Joab: So sagt der König: Geh heraus! Er sprach: Nein, hier will ich sterben. Und Benaja sagte das dem König wieder und sprach: So hat Joab geredet und so hat er mir geantwortet.

¶ **31** Der König sprach zu ihm: Tu, wie er gesagt hat, und stoß ihn nieder und begrabe ihn, damit du das Blut, das Joab ohne Grund vergossen hat, von mir tust und von meines Vaters Hause.

32 Und der HERR lasse das Blut auf sein Haupt kommen, weil er zwei Männer erschlagen hat, die gerechter und besser waren als er, und sie getötet hat mit dem Schwert, ohne dass mein Vater David darum wusste, nämlich Abner, den Sohn Ners, den Feldhauptmann über Israel, und Amasa, den Sohn Jeters, den Feldhauptmann über Juda.

33 Ihr Blut komme auf das Haupt Joabs und seiner Nachkommen für immer; aber David und seine Nachkommen, sein Haus und sein Thron sollen Frieden haben ewiglich von dem HERRN!

34 Und Benaja, der Sohn Jojadas, ging hin und stieß ihn nieder und tötete ihn. Und er wurde begraben in seinem Hause in der Wüste.

35 Und der König setzte Benaja, den Sohn Jojadas, an seiner statt über das Heer, und den Priester Zadok setzte der König an die Stelle Abjatars.

¶ **36** Und der König sandte hin und ließ Schimi rufen und sprach zu ihm: Baue dir ein Haus in Jerusalem und wohne dort und geh von da nicht heraus, weder hierhin noch dahin.

¶ **26** And to Abiathar the priest the king said, "Go to Anathoth, to your estate, for you deserve death. But I will not at this time put you to death, because you carried the ark of the Lord GOD before David my father, and because you shared in all my father's affliction."

27 So Solomon expelled Abiathar from being priest to the LORD, thus fulfilling the word of the LORD that he had spoken concerning the house of Eli in Shiloh.

¶ **28** When the news came to Joab—for Joab had supported Adonijah although he had not supported Absalom—Joab fled to the tent of the LORD and caught hold of the horns of the altar.

29 And when it was told King Solomon, "Joab has fled to the tent of the LORD, and behold, he is beside the altar," Solomon sent Benaiah the son of Jehoiada, saying, "Go, strike him down."

30 So Benaiah came to the tent of the LORD and said to him, "The king commands, 'Come out.'" But he said, "No, I will die here." Then Benaiah brought the king word again, saying, "Thus said Joab, and thus he answered me."

31 The king replied to him, "Do as he has said, strike him down and bury him, and thus take away from me and from my father's house the guilt for the blood that Joab shed without cause.

32 The LORD will bring back his bloody deeds on his own head, because, without the knowledge of my father David, he attacked and killed with the sword two men more righteous and better than himself, Abner the son of Ner, commander of the army of Israel, and Amasa the son of Jether, commander of the army of Judah.

33 So shall their blood come back on the head of Joab and on the head of his descendants forever. But for David and for his descendants and for his house and for his throne there shall be peace from the LORD forevermore."

34 Then Benaiah the son of Jehoiada went up and struck him down and put him to death. And he was buried in his own house in the wilderness.

35 The king put Benaiah the son of Jehoiada over the army in place of Joab, and the king put Zadok the priest in the place of Abiathar.

¶ **36** Then the king sent and summoned Shimei and said to him, "Build yourself a house in Jerusalem and dwell there, and do not go out from there to any place whatever.

37 An dem Tag, an dem du hinausgehen und über den Bach Kidron gehen wirst – so wisse, dass du des Todes sterben musst; dein Blut komme dann auf dein Haupt!

38 Schimi sprach zum König: Das ist recht so; wie mein Herr, der König, geredet hat, so wird dein Knecht tun. So wohnte Schimi in Jerusalem lange Zeit.

¶ **39** Es begab sich aber nach drei Jahren, dass zwei Knechte dem Schimi entliefen zu Achisch, dem Sohn Maachas, dem König von Gat. Und es wurde Schimi angesagt: Siehe, deine Knechte sind in Gat.

40 Da machte sich Schimi auf und sattelte seinen Esel und zog hin nach Gat zu Achisch, um seine Knechte zu suchen. Und als er hinkam, brachte er seine Knechte von Gat zurück.

¶ **41** Und es wurde Salomo angesagt, dass Schimi von Jerusalem nach Gat gezogen und wiedergekommen wäre.

42 Da sandte der König hin und ließ Schimi rufen und sprach zu ihm: Hab ich dich nicht schwören lassen bei dem HERRN und dich gewarnt: An dem Tag, an dem du die Stadt verlässt und hierhin oder dorthin gehst, sollst du wissen, dass du des Todes sterben musst? Und du sprachst zu mir: Es ist recht so; ich habe es gehört.

43 Warum hast du denn nicht gehalten den Schwur vor dem HERRN und das Gebot, das ich dir geboten habe?

44 Und der König sprach zu Schimi: Du weißt all das Böse, dessen dein Herz sich bewusst ist und das du meinem Vater David angetan hast. Nun lässt der HERR dies Böse auf dein Haupt kommen;

45 aber der König Salomo ist gesegnet und der Thron Davids wird fest stehen vor dem HERRN ewiglich.

46 Und der König gebot Benaja, dem Sohn Jojadas; der ging hin und stieß ihn nieder, dass er starb.

¶ Und das Königtum wurde gefestigt durch Salomos Hand.

Salomos Gebet um Weisheit
(vgl. 2.Chr 1,1-12)

3 Und Salomo verschwägerte sich mit dem Pharao, dem König von Ägypten, und nahm eine Tochter des Pharao zur Frau und brachte sie in die Stadt Davids, bis er sein Haus und des HERRN Haus und die Mauer um Jerusalem gebaut hatte.

37 For on the day you go out and cross the brook Kidron, know for certain that you shall die. Your blood shall be on your own head."

38 And Shimei said to the king, "What you say is good; as my lord the king has said, so will your servant do." So Shimei lived in Jerusalem many days.

¶ **39** But it happened at the end of three years that two of Shimei's servants ran away to Achish, son of Maacah, king of Gath. And when it was told Shimei, "Behold, your servants are in Gath,"

40 Shimei arose and saddled a donkey and went to Gath to Achish to seek his servants. Shimei went and brought his servants from Gath.

41 And when Solomon was told that Shimei had gone from Jerusalem to Gath and returned,

42 the king sent and summoned Shimei and said to him, "Did I not make you swear by the LORD and solemnly warn you, saying, 'Know for certain that on the day you go out and go to any place whatever, you shall die'? And you said to me, 'What you say is good; I will obey.'

43 Why then have you not kept your oath to the LORD and the commandment with which I commanded you?"

44 The king also said to Shimei, "You know in your own heart all the harm that you did to David my father. So the LORD will bring back your harm on your own head.

45 But King Solomon shall be blessed, and the throne of David shall be established before the LORD forever."

46 Then the king commanded Benaiah the son of Jehoiada, and he went out and struck him down, and he died.

¶ So the kingdom was established in the hand of Solomon.

Solomon's Prayer for Wisdom

3 Solomon made a marriage alliance with Pharaoh king of Egypt. He took Pharaoh's daughter and brought her into the city of David until he had finished building his own house and the house of the LORD and the wall around Jerusalem.

2 Aber das Volk opferte noch auf den Höhen; denn es war noch kein Haus gebaut dem Namen des HERRN bis auf diese Zeit.

3 Salomo aber hatte den HERRN lieb und wandelte nach den Satzungen seines Vaters David, nur dass er auf den Höhen opferte und räucherte.

4 Und der König ging hin nach Gibeon, um dort zu opfern; denn das war die bedeutendste Höhe. Und Salomo opferte dort tausend Brandopfer auf dem Altar.

¶ **5** Und der HERR erschien Salomo zu Gibeon im Traum des Nachts und Gott sprach: Bitte, was ich dir geben soll!

6 Salomo sprach: Du hast an meinem Vater David, deinem Knecht, große Barmherzigkeit getan, wie er denn vor dir gewandelt ist in Wahrheit und Gerechtigkeit und mit aufrichtigem Herzen vor dir, und hast ihm auch die große Barmherzigkeit erwiesen und ihm einen Sohn gegeben, der auf seinem Thron sitzen sollte, wie es denn jetzt ist.

7 Nun, HERR, mein Gott, du hast deinen Knecht zum König gemacht an meines Vaters David statt. Ich aber bin noch jung, weiß weder aus noch ein.

8 Und dein Knecht steht mitten in deinem Volk, das du erwählt hast, einem Volk, so groß, dass es wegen seiner Menge niemand zählen noch berechnen kann.

9 So wollest du deinem Knecht ein gehorsames Herz geben, damit er dein Volk richten könne und verstehen, was gut und böse ist. Denn wer vermag dies dein mächtiges Volk zu richten?

¶ **10** Das gefiel dem Herrn gut, dass Salomo darum bat.

11 Und Gott sprach zu ihm: Weil du darum bittest und bittest weder um langes Leben noch um Reichtum noch um deiner Feinde Tod, sondern um Verstand, zu hören und recht zu richten,

12 siehe, so tue ich nach deinen Worten. Siehe, ich gebe dir ein weises und verständiges Herz, sodass deinesgleichen vor dir nicht gewesen ist und nach dir nicht aufkommen wird.

13 Und dazu gebe ich dir, worum du nicht gebeten hast, nämlich Reichtum und Ehre, sodass deinesgleichen keiner unter den Königen ist zu deinen Zeiten.

14 Und wenn du in meinen Wegen wandeln wirst, dass du hältst meine Satzungen und Gebote, wie dein Vater David gewandelt ist, so werde ich dir ein langes Leben geben.

2 The people were sacrificing at the high places, however, because no house had yet been built for the name of the LORD.

¶ **3** Solomon loved the LORD, walking in the statutes of David his father, only he sacrificed and made offerings at the high places.

4 And the king went to Gibeon to sacrifice there, for that was the great high place. Solomon used to offer a thousand burnt offerings on that altar.

5 At Gibeon the LORD appeared to Solomon in a dream by night, and God said, "Ask what I shall give you."

6 And Solomon said, "You have shown great and steadfast love to your servant David my father, because he walked before you in faithfulness, in righteousness, and in uprightness of heart toward you. And you have kept for him this great and steadfast love and have given him a son to sit on his throne this day.

7 And now, O LORD my God, you have made your servant king in place of David my father, although I am but a little child. I do not know how to go out or come in.

8 And your servant is in the midst of your people whom you have chosen, a great people, too many to be numbered or counted for multitude.

9 Give your servant therefore an understanding mind to govern your people, that I may discern between good and evil, for who is able to govern this your great people?"

¶ **10** It pleased the Lord that Solomon had asked this.

11 And God said to him, "Because you have asked this, and have not asked for yourself long life or riches or the life of your enemies, but have asked for yourself understanding to discern what is right,

12 behold, I now do according to your word. Behold, I give you a wise and discerning mind, so that none like you has been before you and none like you shall arise after you.

13 I give you also what you have not asked, both riches and honor, so that no other king shall compare with you, all your days.

14 And if you will walk in my ways, keeping my statutes and my commandments, as your father David walked, then I will lengthen your days."

¶ **15** Und als Salomo erwachte, siehe, da war es ein Traum. Und er kam nach Jerusalem und trat vor die Lade des Bundes des Herrn und opferte Brandopfer und Dankopfer und machte ein großes Festmahl für alle seine Großen.

Salomos Urteil

16 Zu der Zeit kamen zwei Huren zum König und traten vor ihn.

17 Und die eine Frau sprach: Ach, mein Herr, ich und diese Frau wohnten in einem Hause und ich gebar bei ihr im Hause.

18 Und drei Tage nachdem ich geboren hatte, gebar auch sie. Und wir waren beieinander und kein Fremder war mit uns im Hause, nur wir beide.

19 Und der Sohn dieser Frau starb in der Nacht; denn sie hatte ihn im Schlaf erdrückt.

20 Und sie stand in der Nacht auf und nahm meinen Sohn von meiner Seite, als deine Magd schlief, und legte ihn in ihren Arm, und ihren toten Sohn legte sie in meinen Arm.

21 Und als ich des Morgens aufstand, um meinen Sohn zu stillen, siehe, da war er tot. Aber am Morgen sah ich ihn genau an, und siehe, es war nicht mein Sohn, den ich geboren hatte.

22 Die andere Frau sprach: Nein, mein Sohn lebt, doch dein Sohn ist tot. Jene aber sprach: Nein, dein Sohn ist tot, doch mein Sohn lebt. Und so redeten sie vor dem König.

¶ **23** Und der König sprach: Diese spricht: Mein Sohn lebt, doch dein Sohn ist tot. Jene spricht: Nein, dein Sohn ist tot, doch mein Sohn lebt.

24 Und der König sprach: Holt mir ein Schwert! Und als das Schwert vor den König gebracht wurde,

25 sprach der König: Teilt das lebendige Kind in zwei Teile und gebt dieser die Hälfte und jener die Hälfte.

26 Da sagte die Frau, deren Sohn lebte, zum König – denn ihr mütterliches Herz entbrannte in Liebe für ihren Sohn – und sprach: Ach, mein Herr, gebt ihr das Kind lebendig und tötet es nicht! Jene aber sprach: Es sei weder mein noch dein; lasst es teilen!

27 Da antwortete der König und sprach: Gebt dieser das Kind lebendig und tötet's nicht; die ist seine Mutter.

¶ **28** Und ganz Israel hörte von dem Urteil, das der König gefällt hatte, und sie fürchteten den König; denn sie sahen, dass die Weisheit Gottes in ihm war, Gericht zu halten.

¶ **15** And Solomon awoke, and behold, it was a dream. Then he came to Jerusalem and stood before the ark of the covenant of the Lord, and offered up burnt offerings and peace offerings, and made a feast for all his servants.

Solomon's Wisdom

¶ **16** Then two prostitutes came to the king and stood before him.

17 The one woman said, "Oh, my lord, this woman and I live in the same house, and I gave birth to a child while she was in the house.

18 Then on the third day after I gave birth, this woman also gave birth. And we were alone. There was no one else with us in the house; only we two were in the house.

19 And this woman's son died in the night, because she lay on him.

20 And she arose at midnight and took my son from beside me, while your servant slept, and laid him at her breast, and laid her dead son at my breast.

21 When I rose in the morning to nurse my child, behold, he was dead. But when I looked at him closely in the morning, behold, he was not the child that I had borne."

22 But the other woman said, "No, the living child is mine, and the dead child is yours." The first said, "No, the dead child is yours, and the living child is mine." Thus they spoke before the king.

¶ **23** Then the king said, "The one says, 'This is my son that is alive, and your son is dead'; and the other says, 'No; but your son is dead, and my son is the living one.'"

24 And the king said, "Bring me a sword." So a sword was brought before the king.

25 And the king said, "Divide the living child in two, and give half to the one and half to the other."

26 Then the woman whose son was alive said to the king, because her heart yearned for her son, "Oh, my lord, give her the living child, and by no means put him to death." But the other said, "He shall be neither mine nor yours; divide him."

27 Then the king answered and said, "Give the living child to the first woman, and by no means put him to death; she is his mother."

28 And all Israel heard of the judgment that the king had rendered, and they stood in awe of the king, because they perceived that the wisdom of God was in him to do justice.

Salomos Beamte und Amtleute

4 So war Salomo König über ganz Israel.

2 Und dies waren seine Großen: Asarja, der Sohn Zadoks, war Priester;

3 Elihoref und Ahija, die Söhne Schischas, waren Schreiber; Joschafat, der Sohn Ahiluds, war Kanzler;

4 Benaja, der Sohn Jojadas, war Feldhauptmann; Zadok und Abjatar waren Priester;

5 Asarja, der Sohn Nathans, stand den Amtleuten vor; Sabud, der Sohn Nathans, war des Königs Freund;

6 Ahischar war Hofmeister; Adoniram, der Sohn Abdas, war Fronvogt.

¶ **7** Und Salomo hatte zwölf Amtleute über ganz Israel, die den König und sein Haus versorgten, und zwar ein jeder im Jahr einen Monat lang.

8 Sie hießen: der Sohn Hurs auf dem Gebirge Ephraim;

9 der Sohn Dekers in Makaz und in Schaalbim und in Bet-Schemesch und in Elon und Bet-Hanan;

10 der Sohn Heseds in Arubbot und hatte dazu Socho und das ganze Land Hefer;

11 der Sohn Abinadabs über das ganze Hügelland von Dor; er hatte Tafat, eine Tochter Salomos, zur Frau;

12 Baana, der Sohn Ahiluds, in Taanach und in Megiddo und über ganz Bet-Schean, das liegt neben Zaretan unterhalb von Jesreel, von Bet-Schean bis Abel-Mehola, bis jenseits von Jokneam;

13 der Sohn Gebers zu Ramot in Gilead; er hatte die Dörfer Jairs, des Sohnes Manasses, in Gilead und die Gegend Argob, die in Baschan liegt, sechzig große Städte, ummauert und mit ehernen Riegeln;

14 Ahinadab, der Sohn Iddos, in Mahanajim;

15 Ahimaaz in Naftali; auch er hatte eine Tochter Salomos, Basemat, zur Frau genommen;

16 Baana, der Sohn Huschais, in Asser und Bealot;

17 Joschafat, der Sohn Paruachs, in Issachar;

18 Schimi, der Sohn Elas, in Benjamin;

19 Geber, der Sohn Uris, im Lande Gilead, im Lande Sihons, des Königs der Amoriter, und Ogs, des Königs in Baschan. **Ein Amtmann war in diesem Lande.**

Solomon's Officials

4 King Solomon was king over all Israel,

2 and these were his high officials: Azariah the son of Zadok was the priest;

3 Elihoreph and Ahijah the sons of Shisha were secretaries; Jehoshaphat the son of Ahilud was recorder;

4 Benaiah the son of Jehoiada was in command of the army; Zadok and Abiathar were priests;

5 Azariah the son of Nathan was over the officers; Zabud the son of Nathan was priest and king's friend;

6 Ahishar was in charge of the palace; and Adoniram the son of Abda was in charge of the forced labor.

¶ **7** Solomon had twelve officers over all Israel, who provided food for the king and his household. Each man had to make provision for one month in the year.

8 These were their names: Ben-hur, in the hill country of Ephraim;

9 Ben-deker, in Makaz, Shaalbim, Beth-shemesh, and Elonbeth-hanan;

10 Ben-hesed, in Arubboth (to him belonged Socoh and all the land of Hepher);

11 Ben-abinadab, in all Naphath-dor (he had Taphath the daughter of Solomon as his wife);

12 Baana the son of Ahilud, in Taanach, Megiddo, and all ¹Beth-shean that is beside Zarethan below Jezreel, and from Beth-shean to Abel-meholah, as far as the other side of Jokmeam;

13 Ben-geber, in Ramoth-gilead (he had the villages of Jair the son of Manasseh, which are in Gilead, and he had the region of Argob, which is in Bashan, sixty great cities with walls and bronze bars);

14 Ahinadab the son of Iddo, in Mahanaim;

15 Ahimaaz, in Naphtali (he had taken Basemath the daughter of Solomon as his wife);

16 Baana the son of Hushai, in Asher and Bealoth;

17 Jehoshaphat the son of Paruah, in Issachar;

18 Shimei the son of Ela, in Benjamin;

19 Geber the son of Uri, in the land of Gilead, the country of Sihon king of the Amorites and of Og king of Bashan. And there was one governor who was over the land.

¶ **20** Juda aber und Israel waren zahlreich wie der Sand am Meer und sie aßen und tranken und waren fröhlich.

Salomos Macht und Weisheit

5 *So war Salomo Herr über alle Königreiche, vom Euphratstrom bis zum Philisterland und bis an die Grenze Ägyptens; die brachten ihm Geschenke und dienten ihm sein Leben lang.

2 Und Salomo musste täglich zur Speisung haben dreißig Sack feinstes Mehl, sechzig Sack anderes Mehl,

3 zehn gemästete Rinder und zwanzig Rinder von der Weide und hundert Schafe, ohne die Hirsche und Gazellen und Rehe und das gemästete Federvieh.

4 Denn er herrschte im ganzen Lande diesseits des Euphrat, von Tifsach bis nach Gaza, über alle Könige diesseits des Euphrat, und hatte Frieden mit allen seinen Nachbarn ringsum,

5 sodass Juda und Israel sicher wohnten, jeder unter seinem Weinstock und unter seinem Feigenbaum, von Dan bis Beerscheba, solange Salomo lebte.

¶ **6** Und Salomo hatte viertausend Gespanne für seine Kriegswagen und zwölftausend Leute für die Pferde.

7 Und die Amtleute versorgten den König Salomo und alles, was zum Tisch des Königs gehörte, jeder in seinem Monat, und ließen es an nichts fehlen.

8 Auch Gerste und Stroh für die Pferde brachten sie an den Ort, wo diese waren, jeder nach seiner Ordnung.

¶ **9** Und Gott gab Salomo sehr große Weisheit und Verstand und einen Geist, so weit, wie Sand am Ufer des Meeres liegt,

10 dass die Weisheit Salomos größer war als die Weisheit von allen, die im Osten wohnen, und als die Weisheit der Ägypter.

11 Und er war weiser als alle Menschen, auch weiser als Etan, der Esrachiter, Heman, Kalkol und Darda, die Söhne Mahols, und war berühmt unter allen Völkern ringsum.

12 Und er dichtete dreitausend Sprüche und tausendundfünf Lieder.

13 Er dichtete von den Bäumen, von der Zeder an auf dem Libanon bis zum Ysop, der aus der Wand wächst. Auch dichtete er von den Tieren des Landes, von Vögeln, vom Gewürm und von Fischen.

Solomon's Wealth and Wisdom

¶ **20** Judah and Israel were as many as the sand by the sea. They ate and drank and were happy.

21[1] Solomon ruled over all the kingdoms from the Euphrates to the land of the Philistines and to the border of Egypt. They brought tribute and served Solomon all the days of his life.

¶ **22** Solomon's provision for one day was thirty cors[2] of fine flour and sixty cors of meal,

23 ten fat oxen, and twenty pasture-fed cattle, a hundred sheep, besides deer, gazelles, roebucks, and fattened fowl.

24 For he had dominion over all the region west of the Euphrates from Tiphsah to Gaza, over all the kings west of the Euphrates. And he had peace on all sides around him.

25 And Judah and Israel lived in safety, from Dan even to Beersheba, every man under his vine and under his fig tree, all the days of Solomon.

26 Solomon also had 40,000 stalls of horses for his chariots, and 12,000 horsemen.

27 And those officers supplied provisions for King Solomon, and for all who came to King Solomon's table, each one in his month. They let nothing be lacking.

28 Barley also and straw for the horses and swift steeds they brought to the place where it was required, each according to his duty.

¶ **29** And God gave Solomon wisdom and understanding beyond measure, and breadth of mind like the sand on the seashore,

30 so that Solomon's wisdom surpassed the wisdom of all the people of the east and all the wisdom of Egypt.

31 For he was wiser than all other men, wiser than Ethan the Ezrahite, and Heman, Calcol, and Darda, the sons of Mahol, and his fame was in all the surrounding nations.

32 He also spoke 3,000 proverbs, and his songs were 1,005.

33 He spoke of trees, from the cedar that is in Lebanon to the hyssop that grows out of the wall. He spoke also of beasts, and of birds, and of reptiles, and of fish.

¶ **14** Und aus allen Völkern kam man, zu hören die Weisheit Salomos, und von allen Königen auf Erden, die von seiner Weisheit gehört hatten.

Salomos Vertrag mit Hiram von Tyrus. Vorbereitung zum Tempelbau
(vgl. 2.Chr 2,1-17)

15 Und Hiram, der König von Tyrus, sandte seine Botschafter zu Salomo; denn er hatte gehört, dass sie ihn zum König gesalbt hatten an seines Vaters statt. Denn Hiram liebte David sein Leben lang.

16 Und Salomo sandte zu Hiram und ließ ihm sagen:

17 Du weißt, dass mein Vater David nicht ein Haus bauen konnte dem Namen des HERRN, seines Gottes, um des Krieges willen, der um ihn her war, bis der HERR seine Feinde unter seine Füße gab.

18 Nun aber hat mir der HERR, mein Gott, Ruhe gegeben ringsum, sodass weder ein Widersacher noch ein böses Hindernis mehr da ist.

19 Siehe, so hab ich gedacht, dem Namen des HERRN, meines Gottes, ein Haus zu bauen, wie der HERR zu meinem Vater David gesagt hat: Dein Sohn, den ich an deiner statt auf deinen Thron setzen werde, der soll meinem Namen das Haus bauen.

20 So befiehl nun, dass man mir Zedern im Libanon fällt, und meine Leute sollen mit deinen Leuten sein. Und den Lohn deiner Leute will ich dir geben, alles, wie du es sagst. Denn du weißt, dass bei uns niemand ist, der Holz zu hauen versteht wie die Sidonier.

¶ **21** Als Hiram aber die Worte Salomos hörte, freute er sich sehr und sprach: Gelobt sei der HERR heute, der David einen weisen Sohn gegeben hat über dies große Volk.

22 Und Hiram sandte zu Salomo und ließ ihm sagen: Ich habe die Botschaft gehört, die du mir gesandt hast. Ich will alle deine Wünsche nach Zedern- und Zypressenholz erfüllen.

23 Meine Leute sollen die Stämme vom Libanon hinabbringen ans Meer, und ich will sie in Flöße zusammenlegen lassen auf dem Meer bis an den Ort, den du mir sagen lassen wirst, und will sie dort zerlegen und du sollst sie holen lassen. Aber du sollst auch meine Wünsche erfüllen und Speise geben für meinen Hof.

¶ **24** So gab Hiram Salomo Zedern- und Zypressenholz nach allen seinen Wünschen.

34 And people of all nations came to hear the wisdom of Solomon, and from all the kings of the earth, who had heard of his wisdom.

Preparations for Building the Temple

5 ¹ Now Hiram king of Tyre sent his servants to Solomon when he heard that they had anointed him king in place of his father, for Hiram always loved David.

2 And Solomon sent word to Hiram,

3 "You know that David my father could not build a house for the name of the LORD his God because of the warfare with which his enemies surrounded him, until the LORD put them under the soles of his feet.

4 But now the LORD my God has given me rest on every side. There is neither adversary nor misfortune.

5 And so I intend to build a house for the name of the LORD my God, as the LORD said to David my father, 'Your son, whom I will set on your throne in your place, shall build the house for my name.'

6 Now therefore command that cedars of Lebanon be cut for me. And my servants will join your servants, and I will pay you for your servants such wages as you set, for you know that there is no one among us who knows how to cut timber like the Sidonians."

¶ **7** As soon as Hiram heard the words of Solomon, he rejoiced greatly and said, "Blessed be the LORD this day, who has given to David a wise son to be over this great people."

8 And Hiram sent to Solomon, saying, "I have heard the message that you have sent to me. I am ready to do all you desire in the matter of cedar and cypress timber.

9 My servants shall bring it down to the sea from Lebanon, and I will make it into rafts to go by sea to the place you direct. And I will have them broken up there, and you shall receive it. And you shall meet my wishes by providing food for my household."

10 So Hiram supplied Solomon with all the timber of cedar and cypress that he desired,

25 Salomo aber gab Hiram zwanzigtausend Sack Weizen zum Unterhalt für seinen Hof und zwanzigtausend Eimer gepresstes Öl. Das gab Salomo jährlich dem Hiram.

26 Und der HERR gab Salomo Weisheit, wie er ihm zugesagt hatte. Und es war Friede zwischen Hiram und Salomo und sie schlossen miteinander einen Vertrag.

¶ **27** Und Salomo hob Fronarbeiter aus von ganz Israel und ihre Zahl war dreißigtausend Mann

28 und sandte sie auf den Libanon, je einen Monat zehntausend, sodass sie einen Monat auf dem Libanon waren und zwei Monate daheim. Und Adoniram war der Fronvogt.

29 Und Salomo hatte siebzigtausend Lastträger und achtzigtausend Steinhauer im Gebirge

30 ohne die Vögte Salomos, die über die Arbeiten gesetzt waren: dreitausenddreihundert, welche den Leuten geboten, die die Arbeit taten.

31 Und der König gebot, große und kostbare Steine auszubrechen, behauene Steine zum Grund des Hauses.

32 Und die Bauleute Salomos und die Bauleute Hirams und die Gebaliter hieben sie zurecht; so bereiteten sie Holz und Steine zu, um das Haus zu bauen.

Der Bau des Tempels
(vgl. 2.Chr 3,1-14)

6 Im vierhundertundachtzigsten Jahr nach dem Auszug Israels aus Ägyptenland, im vierten Jahr der Herrschaft Salomos über Israel, im Monat Siw, das ist der zweite Monat, wurde das Haus dem HERRN gebaut.

¶ **2** Das Haus aber, das der König Salomo dem HERRN baute, war sechzig Ellen lang, zwanzig Ellen breit und dreißig Ellen hoch.

3 Und er baute eine Vorhalle vor der Tempelhalle des Hauses, zwanzig Ellen lang nach der Breite des Hauses und zehn Ellen breit vor dem Hause her.

4 Und er machte am Hause Fenster mit festen Stäben davor.

5 Und er baute einen Umgang an der Wand des Hauses ringsumher, sodass er um die Tempelhalle und um den Chorraum herging, und machte Seitengemächer ringsumher.

11 while Solomon gave Hiram 20,000 cors[2] of wheat as food for his household, and 20,000[3] cors of beaten oil. Solomon gave this to Hiram year by year.

12 And the LORD gave Solomon wisdom, as he promised him. And there was peace between Hiram and Solomon, and the two of them made a treaty.

¶ **13** King Solomon drafted forced labor out of all Israel, and the draft numbered 30,000 men.

14 And he sent them to Lebanon, 10,000 a month in shifts. They would be a month in Lebanon and two months at home. Adoniram was in charge of the draft.

15 Solomon also had 70,000 burden-bearers and 80,000 stonecutters in the hill country,

16 besides Solomon's 3,300 chief officers who were over the work, who had charge of the people who carried on the work.

17 At the king's command they quarried out great, costly stones in order to lay the foundation of the house with dressed stones.

18 So Solomon's builders and Hiram's builders and the men of Gebal did the cutting and prepared the timber and the stone to build the house.

Solomon Builds the Temple

6 In the four hundred and eightieth year after the people of Israel came out of the land of Egypt, in the fourth year of Solomon's reign over Israel, in the month of Ziv, which is the second month, he began to build the house of the LORD.

2 The house that King Solomon built for the LORD was sixty cubits[1] long, twenty cubits wide, and thirty cubits high.

3 The vestibule in front of the nave of the house was twenty cubits long, equal to the width of the house, and ten cubits deep in front of the house.

4 And he made for the house windows with recessed frames.[2]

5 He also built a structure[3] against the wall of the house, running around the walls of the house, both the nave and the inner sanctuary. And he made side chambers all around.

6 Der untere Gang war fünf Ellen weit und der mittlere sechs Ellen weit und der dritte sieben Ellen weit; denn er machte Absätze außen am Hause ringsumher, sodass die Balken nicht in die Wände des Hauses eingriffen.

¶ **7** Und als das Haus gebaut wurde, waren die Steine bereits ganz zugerichtet, sodass man weder Hammer noch Beil noch irgendein eisernes Werkzeug beim Bauen hörte.

8 Die Tür zum unteren Seitengemach war auf der rechten Seite des Hauses, sodass man durch eine Wendeltreppe hinaufging auf die mittleren Seitengemächer und von den mittleren auf die dritten.

9 So baute er das Haus und vollendete es. Und er deckte das Haus mit Balken und Tafelwerk von Zedern.

10 Und er baute Gänge um das ganze Haus herum, je fünf Ellen hoch, und verband sie mit dem Hause durch Balken von Zedernholz.

¶ **11** Und es geschah des HERRN Wort zu Salomo:

12 So sei es mit dem Hause, das du baust: Wirst du in meinen Satzungen wandeln und nach meinen Rechten tun und alle meine Gebote halten und in ihnen wandeln, so will ich mein Wort an dir wahr machen, das ich deinem Vater David gegeben habe,

13 und will wohnen unter Israel und will mein Volk Israel nicht verlassen.

¶ **14** Und Salomo baute das Haus und vollendete es.

15 Er bedeckte die Wände des Hauses innen mit Brettern von Zedernholz. Vom Boden des Hauses bis an die Decke täfelte er es innen mit Holz, und den Boden des Hauses täfelte er mit Brettern von Zypressenholz.

16 Und er baute zwanzig Ellen von der Rückseite des Hauses entfernt eine Wand aus zedernen Brettern vom Boden bis an die Decke und baute so im Innern den Chorraum, das Allerheiligste.

17 Die Tempelhalle vor dem Chorraum war vierzig Ellen lang.

18 Innen war das ganze Haus lauter Zedernholz mit gedrehten Knoten und Blumenwerk, sodass man keinen Stein sah.

19 Den Chorraum machte er im Innern des Hauses, damit man die Lade des Bundes des HERRN dahin stellte.

20 Und vor dem Chorraum, der zwanzig Ellen lang, zwanzig Ellen breit und zwanzig Ellen hoch war und überzogen mit lauterem Gold, machte er den Altar aus Zedernholz.

6 The lowest story[4] was five cubits broad, the middle one was six cubits broad, and the third was seven cubits broad. For around the outside of the house he made offsets on the wall in order that the supporting beams should not be inserted into the walls of the house.

¶ **7** When the house was built, it was with stone prepared at the quarry, so that neither hammer nor axe nor any tool of iron was heard in the house while it was being built.

¶ **8** The entrance for the lowest[5] story was on the south side of the house, and one went up by stairs to the middle story, and from the middle story to the third.

9 So he built the house and finished it, and he made the ceiling of the house of beams and planks of cedar.

10 He built the structure against the whole house, five cubits high, and it was joined to the house with timbers of cedar.

¶ **11** Now the word of the LORD came to Solomon,

12 "Concerning this house that you are building, if you will walk in my statutes and obey my rules and keep all my commandments and walk in them, then I will establish my word with you, which I spoke to David your father.

13 And I will dwell among the children of Israel and will not forsake my people Israel."

¶ **14** So Solomon built the house and finished it.

15 He lined the walls of the house on the inside with boards of cedar. From the floor of the house to the walls of the ceiling, he covered them on the inside with wood, and he covered the floor of the house with boards of cypress.

16 He built twenty cubits of the rear of the house with boards of cedar from the floor to the walls, and he built this within as an inner sanctuary, as the Most Holy Place.

17 The house, that is, the nave in front of the inner sanctuary, was forty cubits long.

18 The cedar within the house was carved in the form of gourds and open flowers. All was cedar; no stone was seen.

19 The inner sanctuary he prepared in the innermost part of the house, to set there the ark of the covenant of the LORD.

20 The inner sanctuary[6] was twenty cubits long, twenty cubits wide, and twenty cubits high, and he overlaid it with pure gold. He also overlaid[7] an altar of cedar.

21 Und Salomo überzog das Haus innen mit lauterem Gold und zog goldene Riegel vor dem Chorraum her, den er mit Gold überzogen hatte,

22 sodass das ganze Haus ganz mit Gold überzogen war. Dazu überzog er auch den ganzen Altar vor dem Chorraum mit Gold.

¶ 23 Er machte im Chorraum zwei Cherubim, zehn Ellen hoch, von Ölbaumholz.

24 Fünf Ellen hatte ein Flügel eines jeden Cherubs, sodass zehn Ellen waren von dem Ende seines einen Flügels bis zum Ende seines andern Flügels.

25 So hatte auch der andere Cherub zehn Ellen und beide Cherubim hatten das gleiche Maß und die gleiche Gestalt.

26 Auch war jeder Cherub zehn Ellen hoch.

27 Und er stellte die Cherubim mitten ins Allerheiligste. Und die Cherubim breiteten ihre Flügel aus, sodass der Flügel des einen Cherubs die eine Wand berührte und der Flügel des andern Cherubs die andere Wand berührte. Aber in der Mitte berührte ein Flügel den andern.

28 Und er überzog die Cherubim mit Gold.

¶ 29 An allen Wänden des Allerheiligsten ließ er ringsum Schnitzwerk machen von Cherubim, Palmen und Blumenwerk, innen und außen.

30 Auch überzog er innen den Boden mit Goldblech.

31 Und an der Tür des Chorraums machte er zwei Türflügel von Ölbaumholz mit fünfeckigen Pfosten

32 und ließ Schnitzwerk darauf machen von Cherubim, Palmen und Blumenwerk und überzog sie mit Goldblech.

33 Ebenso machte er auch an der Tür der Tempelhalle viereckige Pfosten von Ölbaumholz

34 und zwei Türen von Zypressenholz, sodass jede Tür zwei Flügel hatte, die sich drehten,

35 und machte Schnitzwerk darauf von Cherubim, Palmen und Blumenwerk und überzog es mit Gold, genau wie es eingegraben war.

36 Er baute auch den inneren Vorhof von drei Schichten behauener Steine und von einer Schicht Zedernbalken.

21 And Solomon overlaid the inside of the house with pure gold, and he drew chains of gold across, in front of the inner sanctuary, and overlaid it with gold.

22 And he overlaid the whole house with gold, until all the house was finished. Also the whole altar that belonged to the inner sanctuary he overlaid with gold.

¶ 23 In the inner sanctuary he made two cherubim of olivewood, each ten cubits high.

24 Five cubits was the length of one wing of the cherub, and five cubits the length of the other wing of the cherub; it was ten cubits from the tip of one wing to the tip of the other.

25 The other cherub also measured ten cubits; both cherubim had the same measure and the same form.

26 The height of one cherub was ten cubits, and so was that of the other cherub.

27 He put the cherubim in the innermost part of the house. And the wings of the cherubim were spread out so that a wing of one touched the one wall, and a wing of the other cherub touched the other wall; their other wings touched each other in the middle of the house.

28 And he overlaid the cherubim with gold.

¶ 29 Around all the walls of the house he carved engraved figures of cherubim and palm trees and open flowers, in the inner and outer rooms.

30 The floor of the house he overlaid with gold in the inner and outer rooms.

¶ 31 For the entrance to the inner sanctuary he made doors of olivewood; the lintel and the doorposts were five-sided.[8]

32 He covered the two doors of olivewood with carvings of cherubim, palm trees, and open flowers. He overlaid them with gold and spread gold on the cherubim and on the palm trees.

¶ 33 So also he made for the entrance to the nave doorposts of olivewood, in the form of a square,

34 and two doors of cypress wood. The two leaves of the one door were folding, and the two leaves of the other door were folding.

35 On them he carved cherubim and palm trees and open flowers, and he overlaid them with gold evenly applied on the carved work.

36 He built the inner court with three courses of cut stone and one course of cedar beams.

¶ **37** Im vierten Jahr, im Monat Siw, wurde der Grund gelegt zum Hause des HERRN,

38 und im elften Jahr, im Monat Bul, das ist der achte Monat, wurde das Haus vollendet, wie es sein sollte, sodass sie sieben Jahre daran bauten.

Der Bau der königlichen Paläste

7 Aber an seinen Königshäusern baute Salomo dreizehn Jahre, bis er sie ganz vollendet hatte.

2 So baute er das Libanon-Waldhaus, hundert Ellen lang, fünfzig Ellen breit und dreißig Ellen hoch. Auf drei Reihen von Zedernsäulen legte er eine Decke von Zedernbalken

3 und deckte auch mit Zedernholz die Gemächer über den Säulen; und es waren fünfundvierzig Säulen, je fünfzehn in einer Reihe.

4 Und Gebälk lag in drei Reihen und Fenster waren einander gegenüber dreimal.

5 Und alle Türen und Fenster waren viereckig und die Fenster waren einander gegenüber dreimal.

¶ **6** Er baute auch eine Halle von Säulen, fünfzig Ellen lang und dreißig Ellen breit, und noch eine Halle vor diese mit Säulen und einem Aufgang davor;

7 und baute auch die Thronhalle, in der er Gericht hielt, die Gerichtshalle, und täfelte sie vom Boden bis zur Decke mit Zedernholz;

8 dazu sein Haus, in dem er wohnte, im andern Hof, hinten an der Halle, gebaut wie die andern; und baute noch ein Haus wie diese Halle für die Tochter des Pharao, die Salomo zur Frau genommen hatte.

¶ **9** Das alles war von kostbaren Steinen, nach dem Winkeleisen gehauen, mit Sägen geschnitten auf allen Seiten, vom Grund bis an das Dach und von außen bis zum großen Hof.

10 Die Grundsteine waren auch kostbare und große Steine, zehn und acht Ellen lang,

11 und darauf kostbare Steine, nach dem Winkeleisen gehauen, und Zedernholz.

12 Aber der große Hof hatte ringsum drei Schichten behauene Steine und eine Schicht Zedernbalken wie auch der innere Vorhof am Hause des HERRN und die Halle am Hause.

¶ **37** In the fourth year the foundation of the house of the LORD was laid, in the month of Ziv.

38 And in the eleventh year, in the month of Bul, which is the eighth month, the house was finished in all its parts, and according to all its specifications. He was seven years in building it.

Solomon Builds His Palace

7 Solomon was building his own house thirteen years, and he finished his entire house.

¶ **2** He built the House of the Forest of Lebanon. Its length was a hundred cubits[1] and its breadth fifty cubits and its height thirty cubits, and it was built on four[2] rows of cedar pillars, with cedar beams on the pillars.

3 And it was covered with cedar above the chambers that were on the forty-five pillars, fifteen in each row.

4 There were window frames in three rows, and window opposite window in three tiers.

5 All the doorways and windows[3] had square frames, and window was opposite window in three tiers.

¶ **6** And he made the Hall of Pillars; its length was fifty cubits, and its breadth thirty cubits. There was a porch in front with pillars, and a canopy in front of them.

¶ **7** And he made the Hall of the Throne where he was to pronounce judgment, even the Hall of Judgment. It was finished with cedar from floor to rafters.[4]

¶ **8** His own house where he was to dwell, in the other court back of the hall, was of like workmanship. Solomon also made a house like this hall for Pharaoh's daughter whom he had taken in marriage.

¶ **9** All these were made of costly stones, cut according to measure, sawed with saws, back and front, even from the foundation to the coping, and from the outside to the great court.

10 The foundation was of costly stones, huge stones, stones of eight and ten cubits.

11 And above were costly stones, cut according to measurement, and cedar.

12 The great court had three courses of cut stone all around, and a course of cedar beams; so had the inner court of the house of the LORD and the vestibule of the house.

Die beiden Säulen vor dem Tempel und die heiligen Geräte
(vgl. 2.Chr 3,15–5,1)

13 Und der König Salomo sandte hin und ließ holen Hiram von Tyrus

14 – den Sohn einer Witwe aus dem Stamm Naftali, sein Vater aber war aus Tyrus gewesen –; der war ein Kupferschmied, voll Weisheit, Verstand und Kunst in allerlei Kupferarbeit. Der kam zum König Salomo und machte ihm alle seine Werke.

¶ **15** Er goss zwei Säulen aus Kupfer, jede achtzehn Ellen hoch, und eine Schnur von zwölf Ellen war das Maß um jede Säule herum.

16 Und er machte zwei Knäufe, aus Kupfer gegossen, oben auf die Säulen zu setzen; jeder Knauf war fünf Ellen hoch.

17 Und es war an jedem Knauf oben auf den Säulen Gitterwerk, sieben geflochtene Reifen wie Ketten.

18 Und er machte an jedem Knauf zwei Reihen Granatäpfel ringsumher an dem Gitterwerk, mit denen der Knauf bedeckt wurde.

19 Und die Knäufe oben auf den Säulen waren wie Lilien, jeder vier Ellen dick.

20 Und es waren zweihundert Granatäpfel in den Reihen ringsum, oben und unten an dem Gitterwerk, das um die Rundung des Knaufs her ging, an jedem Knauf auf beiden Säulen.

21 Und er richtete die Säulen auf vor der Vorhalle des Tempels; die er zur rechten Hand setzte, nannte er Jachin, und die er zur linken Hand setzte, nannte er Boas.

22 Und oben auf den Säulen war Lilienschmuck. So wurde vollendet das Werk der Säulen.

¶ **23** Und er machte das Meer, gegossen, von einem Rand zum andern zehn Ellen weit rundherum und fünf Ellen hoch, und eine Schnur von dreißig Ellen war das Maß ringsherum.

24 Und um das Meer gingen Knoten an seinem Rand ringsherum, je zehn auf eine Elle; es hatte zwei Reihen Knoten, die beim Guss mitgegossen waren.

25 Und es stand auf zwölf Rindern, von denen drei nach Norden gewandt waren, drei nach Westen, drei nach Süden und drei nach Osten, und das Meer stand obendrauf, und ihre Hinterteile waren alle nach innen gekehrt.

The Temple Furnishings

¶ **13** And King Solomon sent and brought Hiram from Tyre.

14 He was the son of a widow of the tribe of Naphtali, and his father was a man of Tyre, a worker in bronze. And he was full of wisdom, understanding, and skill for making any work in bronze. He came to King Solomon and did all his work.

¶ **15** He cast two pillars of bronze. Eighteen cubits was the height of one pillar, and a line of twelve cubits measured its circumference. It was hollow, and its thickness was four fingers. The second pillar was the same.[5]

16 He also made two capitals of cast bronze to set on the tops of the pillars. The height of the one capital was five cubits, and the height of the other capital was five cubits.

17 There were lattices of checker work with wreaths of chain work for the capitals on the tops of the pillars, a lattice[6] for the one capital and a lattice for the other capital.

18 Likewise he made pomegranates[7] in two rows around the one latticework to cover the capital that was on the top of the pillar, and he did the same with the other capital.

19 Now the capitals that were on the tops of the pillars in the vestibule were of lily-work, four cubits.

20 The capitals were on the two pillars and also above the rounded projection which was beside the latticework. There were two hundred pomegranates in two rows all around, and so with the other capital.

21 He set up the pillars at the vestibule of the temple. He set up the pillar on the south and called its name Jachin, and he set up the pillar on the north and called its name Boaz.

22 And on the tops of the pillars was lily-work. Thus the work of the pillars was finished.

¶ **23** Then he made the sea of cast metal. It was round, ten cubits from brim to brim, and five cubits high, and a line of thirty cubits measured its circumference.

24 Under its brim were gourds, for ten cubits, compassing the sea all around. The gourds were in two rows, cast with it when it was cast.

25 It stood on twelve oxen, three facing north, three facing west, three facing south, and three facing east. The sea was set on them, and all their rear parts were inward.

26 Die Wanddicke des Meeres aber war eine Hand breit und sein Rand war wie der Rand eines Bechers, wie eine aufgegangene Lilie, und es gingen zweitausend Eimer hinein.

¶ **27** Er machte auch zehn Gestelle aus Kupfer, jedes vier Ellen lang und breit und drei Ellen hoch.

28 Es war aber das Gestell so gemacht, dass es Seiten hatte zwischen den Leisten.

29 Und an den Seiten zwischen den Leisten waren Löwen, Rinder und Cherubim, und ebenso auf den Leisten und oberhalb und unterhalb der Löwen und Rinder waren herabhängende Kränze.

30 Und jedes Gestell hatte vier kupferne Räder mit kupfernen Achsen. Und auf den vier Ecken waren Träger gegossen, jeder dem andern gegenüber, unten an den Kessel gegossen.

31 Aber der Hals mitten auf dem Gestell war eine Elle hoch und rund, anderthalb Ellen weit, und es waren Buckel an dem Hals in Feldern, die viereckig waren und nicht rund.

32 Die vier Räder aber waren unten an den Seiten und die Achsen der Räder waren am Gestell. Jedes Rad war anderthalb Ellen hoch.

33 Es waren Räder wie Wagenräder und ihre Achsen, Naben, Speichen und Felgen waren alle gegossen.

34 Und die vier Träger auf den vier Ecken eines jeden Gestells waren auch am Gestell.

35 Und oben auf dem Gestell, eine halbe Elle hoch, rundherum, waren Griffe und Leisten am Gestell.

36 Und er ließ auf die Flächen der Griffe und Leisten eingraben Cherubim, Löwen und Palmenbäume, so viel Platz auf jedem war, und Kränze ringsherum daran.

37 Auf diese Weise machte er zehn Gestelle, alle von einem Guss, einem Maß und einer Gestalt.

¶ **38** Und er machte zehn Kessel aus Kupfer, dass vierzig Eimer in einen Kessel gingen, und jeder war vier Ellen weit und auf jedem Gestell war ein Kessel.

39 Und er stellte fünf Gestelle an die rechte Seite des Hauses und die andern fünf an die linke Seite; aber das Meer stellte er rechts vor das Haus nach Süden hin.

¶ **40** Und Hiram machte auch Töpfe, Schaufeln, Becken; und so vollendete er alle Werke, die der König Salomo am Hause des HERRN machen ließ:

26 Its thickness was a handbreadth,[8] and its brim was made like the brim of a cup, like the flower of a lily. It held two thousand baths.[9]

¶ **27** He also made the ten stands of bronze. Each stand was four cubits long, four cubits wide, and three cubits high.

28 This was the construction of the stands: they had panels, and the panels were set in the frames,

29 and on the panels that were set in the frames were lions, oxen, and cherubim. On the frames, both above and below the lions and oxen, there were wreaths of beveled work.

30 Moreover, each stand had four bronze wheels and axles of bronze, and at the four corners were supports for a basin. The supports were cast with wreaths at the side of each.

31 Its opening was within a crown that projected upward one cubit. Its opening was round, as a pedestal is made, a cubit and a half deep. At its opening there were carvings, and its panels were square, not round.

32 And the four wheels were underneath the panels. The axles of the wheels were of one piece with the stands, and the height of a wheel was a cubit and a half.

33 The wheels were made like a chariot wheel; their axles, their rims, their spokes, and their hubs were all cast.

34 There were four supports at the four corners of each stand. The supports were of one piece with the stands.

35 And on the top of the stand there was a round band half a cubit high; and on the top of the stand its stays and its panels were of one piece with it.

36 And on the surfaces of its stays and on its panels, he carved cherubim, lions, and palm trees, according to the space of each, with wreaths all around.

37 After this manner he made the ten stands. All of them were cast alike, of the same measure and the same form.

¶ **38** And he made ten basins of bronze. Each basin held forty baths, each basin measured four cubits, and there was a basin for each of the ten stands.

39 And he set the stands, five on the south side of the house, and five on the north side of the house. And he set the sea at the southeast corner of the house.

¶ **40** Hiram also made the pots, the shovels, and the basins. So Hiram finished all the work that he did for King Solomon on the house of the LORD:

41 die zwei Säulen und die kugligen Knäufe oben auf den zwei Säulen und die zwei Gitterwerke, die die beiden kugligen Knäufe auf den Säulen bedecken sollten,

42 und die vierhundert Granatäpfel an den zwei Gitterwerken, je zwei Reihen Granatäpfel an **einem** Gitterwerk, die die beiden kugligen Knäufe auf den Säulen bedecken sollten,

43 dazu die zehn Gestelle und zehn Kessel obendrauf

44 und das Meer und die zwölf Rinder unter dem Meer

45 und die Töpfe, Schaufeln und Becken. Und alle diese Geräte, die Hiram dem König Salomo machte für das Haus des HERRN, waren von blankem Kupfer.

46 In der Gegend des unteren Jordans ließ sie der König gießen in der Gießerei von Adama zwischen Sukkot und Zaretan.

47 Und Salomo ließ alle Geräte ungewogen wegen der sehr großen Menge des Kupfers.

¶ **48** Auch ließ Salomo alles Gerät machen, das zum Hause des HERRN gehörte: den goldenen Altar, den goldenen Tisch, auf dem die Schaubrote liegen,

49 fünf Leuchter zur rechten Hand und fünf Leuchter zur linken vor dem Chorraum von lauterem Gold mit goldenen Blumen, Lampen und Lichtscheren;

50 dazu Schalen, Messer, Becken, Löffel und Pfannen von lauterem Gold. Auch waren die Angeln an den Türen zum Allerheiligsten innen im Hause und an den Türen der Tempelhalle von Gold.

¶ **51** So wurde das ganze Werk vollendet, das der König Salomo gemacht hatte am Hause des HERRN. Und Salomo brachte hinein, was sein Vater David geheiligt hatte an Silber und Gold und Geräten, und legte es in den Schatz des Hauses des HERRN.

Einweihung des Tempels. Salomos Gebet und Opfer
(vgl. 2.Chr 5,2–7,10)

8 Da versammelte der König Salomo zu sich die Ältesten in Israel, alle Häupter der Stämme und Obersten der Sippen in Israel nach Jerusalem, um die Lade des Bundes des HERRN heraufzubringen aus der Stadt Davids, das ist Zion.

2 Und es versammelten sich beim König Salomo alle Männer in Israel am Fest im Monat Etanim, das ist der siebente Monat.

41 the two pillars, the two bowls of the capitals that were on the tops of the pillars, and the two latticeworks to cover the two bowls of the capitals that were on the tops of the pillars;

42 and the four hundred pomegranates for the two latticeworks, two rows of pomegranates for each latticework, to cover the two bowls of the capitals that were on the pillars;

43 the ten stands, and the ten basins on the stands;

44 and the one sea, and the twelve oxen underneath the sea.

¶ **45** Now the pots, the shovels, and the basins, all these vessels in the house of the LORD, which Hiram made for King Solomon, were of burnished bronze.

46 In the plain of the Jordan the king cast them, in the clay ground between Succoth and Zarethan.

47 And Solomon left all the vessels unweighed, because there were so many of them; the weight of the bronze was not ascertained.

¶ **48** So Solomon made all the vessels that were in the house of the LORD: the golden altar, the golden table for the bread of the Presence,

49 the lampstands of pure gold, five on the south side and five on the north, before the inner sanctuary; the flowers, the lamps, and the tongs, of gold;

50 the cups, snuffers, basins, dishes for incense, and fire pans, of pure gold; and the sockets of gold, for the doors of the innermost part of the house, the Most Holy Place, and for the doors of the nave of the temple.

¶ **51** Thus all the work that King Solomon did on the house of the LORD was finished. And Solomon brought in the things that David his father had dedicated, the silver, the gold, and the vessels, and stored them in the treasuries of the house of the LORD.

The Ark Brought into the Temple

8 Then Solomon assembled the elders of Israel and all the heads of the tribes, the leaders of the fathers' houses of the people of Israel, before King Solomon in Jerusalem, to bring up the ark of the covenant of the LORD out of the city of David, which is Zion.

2 And all the men of Israel assembled to King Solomon at the feast in the month Ethanim, which is the seventh month.

3 Und als alle Ältesten Israels kamen, hoben die Priester die Lade des HERRN auf

4 und brachten sie hinauf, dazu die Stiftshütte und alles Gerät des Heiligtums, das in der Stiftshütte war. Das taten die Priester und Leviten.

5 Und der König Salomo und die ganze Gemeinde Israel, die sich bei ihm versammelt hatte, ging mit ihm vor der Lade her und opferte Schafe und Rinder, so viel, dass man sie nicht zählen noch berechnen konnte.

¶ **6** So brachten die Priester die Lade des Bundes des HERRN an ihren Platz in den Chorraum des Hauses, in das Allerheiligste, unter die Flügel der Cherubim.

7 Denn die Cherubim breiteten die Flügel aus an dem Ort, wo die Lade stand, und bedeckten die Lade und ihre Stangen von oben her.

8 Und die Stangen waren so lang, dass ihre Enden gesehen wurden in dem Heiligen, das ist die Tempelhalle, vor dem Chorraum; aber von außen sah man sie nicht. Und dort sind sie bis auf diesen Tag.

9 Und es war nichts in der Lade als nur die zwei steinernen Tafeln des Mose, die er hineingelegt hatte an Horeb, die Tafeln des Bundes, den der HERR mit Israel schloss, als sie aus Ägyptenland gezogen waren.

¶ **10** Als aber die Priester aus dem Heiligen gingen, erfüllte die Wolke das Haus des HERRN,

11 sodass die Priester nicht zum Dienst hinzutreten konnten wegen der Wolke; denn die Herrlichkeit des HERRN erfüllte das Haus des HERRN.

¶ **12** Da sprach Salomo: Die Sonne hat der HERR an den Himmel gestellt; er hat aber gesagt, er wolle im Dunkel wohnen.

13 So habe ich nun ein Haus gebaut dir zur Wohnung, eine Stätte, dass du ewiglich da wohnest.

14 Und der König wandte sein Angesicht und segnete die ganze Gemeinde Israel, und die ganze Gemeinde Israel stand.

15 Und er sprach: Gelobt sei der HERR, der Gott Israels, der durch seinen Mund meinem Vater David zugesagt und es durch seine Hand erfüllt hat und gesagt:

3 And all the elders of Israel came, and the priests took up the ark.

4 And they brought up the ark of the LORD, the tent of meeting, and all the holy vessels that were in the tent; the priests and the Levites brought them up.

5 And King Solomon and all the congregation of Israel, who had assembled before him, were with him before the ark, sacrificing so many sheep and oxen that they could not be counted or numbered.

6 Then the priests brought the ark of the covenant of the LORD to its place in the inner sanctuary of the house, in the Most Holy Place, underneath the wings of the cherubim.

7 For the cherubim spread out their wings over the place of the ark, so that the cherubim overshadowed the ark and its poles.

8 And the poles were so long that the ends of the poles were seen from the Holy Place before the inner sanctuary; but they could not be seen from outside. And they are there to this day.

9 There was nothing in the ark except the two tablets of stone that Moses put there at Horeb, where the LORD made a covenant with the people of Israel, when they came out of the land of Egypt.

10 And when the priests came out of the Holy Place, a cloud filled the house of the LORD,

11 so that the priests could not stand to minister because of the cloud, for the glory of the LORD filled the house of the LORD.

Solomon Blesses the LORD

¶ **12** Then Solomon said, "The LORD[1] has said that he would dwell in thick darkness.

13 I have indeed built you an exalted house, a place for you to dwell in forever."

14 Then the king turned around and blessed all the assembly of Israel, while all the assembly of Israel stood.

15 And he said, "Blessed be the LORD, the God of Israel, who with his hand has fulfilled what he promised with his mouth to David my father, saying,

16 Von dem Tage an, als ich mein Volk Israel aus Ägypten führte, hab ich keine Stadt erwählt unter irgendeinem Stamm Israels, dass mir ein Haus gebaut würde, damit mein Name da wäre. Jerusalem hab ich erwählt, dass mein Name da wäre, und David hab ich erwählt, dass er über mein Volk Israel Herr sein sollte.

17 Mein Vater David hatte es zwar im Sinn, dem Namen des HERRN, des Gottes Israels, ein Haus zu bauen,

18 aber der HERR sprach zu meinem Vater David: Dass du im Sinn hast, meinem Namen ein Haus zu bauen, daran hast du wohlgetan, dass du dir das vornahmst.

19 Doch nicht du sollst das Haus bauen, sondern dein Sohn, der dir geboren wird, der soll meinem Namen ein Haus bauen.

20 Und der HERR hat sein Wort wahr gemacht, das er gegeben hat; denn ich bin zur Macht gekommen an meines Vaters David statt und sitze auf dem Thron Israels, wie der HERR zugesagt hat, und habe gebaut ein Haus dem Namen des HERRN, des Gottes Israels,

21 und habe dort eine Stätte zugerichtet der Lade, in der die Tafeln des Bundes sind, den er geschlossen hat mit unsern Vätern, als er sie aus Ägyptenland führte.

¶ **22** Und Salomo trat vor den Altar des HERRN angesichts der ganzen Gemeinde Israel und breitete seine Hände aus gen Himmel

23 und sprach: HERR, Gott Israels, es ist kein Gott weder droben im Himmel noch unten auf Erden dir gleich, der du hältst den Bund und die Barmherzigkeit deinen Knechten, die vor dir wandeln von ganzem Herzen;

24 der du gehalten hast deinem Knecht, meinem Vater David, was du ihm zugesagt hast. Mit deinem Mund hast du es geredet, und mit deiner Hand hast du es erfüllt, wie es offenbar ist an diesem Tage.

25 Nun, HERR, Gott Israels, halt deinem Knecht, meinem Vater David, was du ihm zugesagt hast: Es soll dir nicht fehlen an einem Mann, der vor mir steht, der da sitzt auf dem Thron Israels, wenn nur deine Söhne auf ihren Weg achthaben, dass sie vor mir wandeln, wie du vor mir gewandelt bist.

26 Nun, Gott Israels, lass dein Wort wahr werden, das du deinem Knecht, meinem Vater David, zugesagt hast.

¶ **27** Aber sollte Gott wirklich auf Erden wohnen? Siehe, der Himmel und aller Himmel Himmel können dich nicht fassen – wie sollte es dann dies Haus tun, das ich gebaut habe?

16 'Since the day that I brought my people Israel out of Egypt, I chose no city out of all the tribes of Israel in which to build a house, that my name might be there. But I chose David to be over my people Israel.'

17 Now it was in the heart of David my father to build a house for the name of the LORD, the God of Israel.

18 But the LORD said to David my father, 'Whereas it was in your heart to build a house for my name, you did well that it was in your heart.

19 Nevertheless, you shall not build the house, but your son who shall be born to you shall build the house for my name.'

20 Now the LORD has fulfilled his promise that he made. For I have risen in the place of David my father, and sit on the throne of Israel, as the LORD promised, and I have built the house for the name of the LORD, the God of Israel.

21 And there I have provided a place for the ark, in which is the covenant of the LORD that he made with our fathers, when he brought them out of the land of Egypt."

Solomon's Prayer of Dedication

¶ **22** Then Solomon stood before the altar of the LORD in the presence of all the assembly of Israel and spread out his hands toward heaven,

23 and said, "O LORD, God of Israel, there is no God like you, in heaven above or on earth beneath, keeping covenant and showing steadfast love to your servants who walk before you with all their heart,

24 who have kept with your servant David my father what you declared to him. You spoke with your mouth, and with your hand have fulfilled it this day.

25 Now therefore, O LORD, God of Israel, keep for your servant David my father what you have promised him, saying, 'You shall not lack a man to sit before me on the throne of Israel, if only your sons pay close attention to their way, to walk before me as you have walked before me.'

26 Now therefore, O God of Israel, let your word be confirmed, which you have spoken to your servant David my father.

¶ **27** "But will God indeed dwell on the earth? Behold, heaven and the highest heaven cannot contain you; how much less this house that I have built!

28 Wende dich aber zum Gebet deines Knechts und zu seinem Flehen, HERR, mein Gott, damit du hörst das Flehen und Gebet deines Knechts heute vor dir:

29 Lass deine Augen offen stehen über diesem Hause Nacht und Tag, über der Stätte, von der du gesagt hast: Da soll mein Name sein. Du wollest hören das Gebet, das dein Knecht an dieser Stätte betet,

30 und wollest erhören das Flehen deines Knechts und deines Volkes Israel, wenn sie hier bitten werden an dieser Stätte; und wenn du es hörst in deiner Wohnung, im Himmel, wollest du gnädig sein.

¶ **31** Wenn jemand an seinem Nächsten sündigt und es wird ihm ein Fluch auferlegt, sich selbst zu verfluchen, und er kommt und verflucht sich vor deinem Altar in diesem Hause,

32 so wollest du hören im Himmel und Recht schaffen deinen Knechten, dass du den Frevler als Frevler erkennst und seine Tat auf sein Haupt kommen lässt, den aber, der im Recht ist, gerecht sprichst und ihm gibst nach seiner Gerechtigkeit.

¶ **33** Wenn dein Volk Israel vor dem Feind geschlagen wird, weil sie an dir gesündigt haben, und sie bekehren sich dann zu dir und bekennen deinen Namen und beten und flehen zu dir in diesem Hause,

34 so wollest du hören im Himmel und die Sünde deines Volkes Israel vergeben und sie zurückbringen in das Land, das du ihren Vätern gegeben hast.

¶ **35** Wenn der Himmel verschlossen wird, dass es nicht regnet, weil sie an dir gesündigt haben, und sie beten dann zu dieser Stätte hin und bekennen deinen Namen und bekehren sich von ihren Sünden, weil du sie bedrängst,

36 so wollest du hören im Himmel und vergeben die Sünde deiner Knechte und deines Volkes Israel, dass du ihnen den guten Weg weist, auf dem sie wandeln sollen, und regnen lässt auf das Land, das du deinem Volk zum Erbe gegeben hast.

¶ **37** Wenn eine Hungersnot oder Pest oder Dürre oder Getreidebrand oder Heuschrecken oder Raupen im Lande sein werden oder sein Feind im Lande seine Städte belagert oder irgendeine Plage oder Krankheit da ist –

38 wer dann bittet und fleht, es seien Einzelne oder dein ganzes Volk Israel, die da ihre Plage spüren, jeder in seinem Herzen, und breiten ihre Hände aus zu diesem Hause,

28 Yet have regard to the prayer of your servant and to his plea, O LORD my God, listening to the cry and to the prayer that your servant prays before you this day,

29 that your eyes may be open night and day toward this house, the place of which you have said, 'My name shall be there,' that you may listen to the prayer that your servant offers toward this place.

30 And listen to the plea of your servant and of your people Israel, when they pray toward this place. And listen in heaven your dwelling place, and when you hear, forgive.

¶ **31** "If a man sins against his neighbor and is made to take an oath and comes and swears his oath before your altar in this house,

32 then hear in heaven and act and judge your servants, condemning the guilty by bringing his conduct on his own head, and vindicating the righteous by rewarding him according to his righteousness.

¶ **33** "When your people Israel are defeated before the enemy because they have sinned against you, and if they turn again to you and acknowledge your name and pray and plead with you in this house,

34 then hear in heaven and forgive the sin of your people Israel and bring them again to the land that you gave to their fathers.

¶ **35** "When heaven is shut up and there is no rain because they have sinned against you, if they pray toward this place and acknowledge your name and turn from their sin, when you afflict them,

36 then hear in heaven and forgive the sin of your servants, your people Israel, when you teach them the good way in which they should walk, and grant rain upon your land, which you have given to your people as an inheritance.

¶ **37** "If there is famine in the land, if there is pestilence or blight or mildew or locust or caterpillar, if their enemy besieges them in the land at their gates,[2] whatever plague, whatever sickness there is,

38 whatever prayer, whatever plea is made by any man or by all your people Israel, each knowing the affliction of his own heart and stretching out his hands toward this house,

39 so wollest du hören im Himmel, an dem Ort, wo du wohnst, und gnädig sein und schaffen, dass du jedem gibst, wie er gewandelt ist, wie du sein Herz erkennst – denn du allein kennst das Herz aller Menschenkinder –,

40 damit sie dich fürchten allezeit, solange sie in dem Lande leben, das du unsern Vätern gegeben hast.

¶ **41** Auch wenn ein Fremder, der nicht von deinem Volk Israel ist, aus fernem Lande kommt um deines Namens willen

42 – denn sie werden hören von deinem großen Namen und von deiner mächtigen Hand und von deinem ausgereckten Arm –, wenn er kommt, um zu diesem Hause hin zu beten,

43 so wollest du hören im Himmel, an dem Ort, wo du wohnst, und alles tun, worum der Fremde dich anruft, auf dass alle Völker auf Erden deinen Namen erkennen, damit auch sie dich fürchten wie dein Volk Israel, und dass sie innewerden, dass dein Name über diesem Hause genannt ist, das ich gebaut habe.

¶ **44** Wenn dein Volk auszieht in den Krieg gegen seine Feinde auf dem Weg, den du sie senden wirst, und sie beten werden zum HERRN nach der Stadt hin, die du erwählt hast, und nach dem Hause hin, das ich deinem Namen gebaut habe,

45 so wollest du ihr Gebet und Flehen hören im Himmel und ihnen Recht schaffen.

¶ **46** Wenn sie an dir sündigen werden – denn es gibt keinen Menschen, der nicht sündigt – und du zürnst ihnen und gibst sie dahin vor ihren Feinden, dass sie sie gefangen führen in das Land der Feinde, fern oder nahe,

47 und sie nehmen sich's zu Herzen im Lande, in dem sie gefangen sind, und bekehren sich und flehen zu dir im Lande ihrer Gefangenschaft und sprechen: Wir haben gesündigt und übel getan und sind gottlos gewesen,

48 und bekehren sich zu dir von ganzem Herzen und von ganzer Seele im Lande ihrer Feinde, die sie weggeführt haben, und beten zu dir nach ihrem Lande hin, das du ihren Vätern gegeben hast, nach der Stadt hin, die du erwählt hast, und nach dem Hause hin, das ich deinem Namen gebaut habe:

49 so wollest du ihr Gebet und Flehen hören im Himmel, an dem Ort, wo du wohnst, und ihnen Recht schaffen

39 then hear in heaven your dwelling place and forgive and act and render to each whose heart you know, according to all his ways (for you, you only, know the hearts of all the children of mankind),

40 that they may fear you all the days that they live in the land that you gave to our fathers.

¶ **41** "Likewise, when a foreigner, who is not of your people Israel, comes from a far country for your name's sake

42 (for they shall hear of your great name and your mighty hand, and of your outstretched arm), when he comes and prays toward this house,

43 hear in heaven your dwelling place and do according to all for which the foreigner calls to you, in order that all the peoples of the earth may know your name and fear you, as do your people Israel, and that they may know that this house that I have built is called by your name.

¶ **44** "If your people go out to battle against their enemy, by whatever way you shall send them, and they pray to the LORD toward the city that you have chosen and the house that I have built for your name,

45 then hear in heaven their prayer and their plea, and maintain their cause.

¶ **46** "If they sin against you—for there is no one who does not sin—and you are angry with them and give them to an enemy, so that they are carried away captive to the land of the enemy, far off or near,

47 yet if they turn their heart in the land to which they have been carried captive, and repent and plead with you in the land of their captors, saying, 'We have sinned and have acted perversely and wickedly,'

48 if they repent with all their mind and with all their heart in the land of their enemies, who carried them captive, and pray to you toward their land, which you gave to their fathers, the city that you have chosen, and the house that I have built for your name,

49 then hear in heaven your dwelling place their prayer and their plea, and maintain their cause

50 und wollest vergeben deinem Volk, das an dir gesündigt hat, alle ihre Übertretungen, mit denen sie gegen dich gesündigt haben, und wollest sie Erbarmen finden lassen bei denen, die sie gefangen halten, sodass sie sich ihrer erbarmen.

51 Denn sie sind dein Volk und dein Erbe, die du aus Ägypten, aus dem glühenden Ofen, geführt hast.

¶ **52** Lass deine Augen offen sein für das Flehen deines Knechts und deines Volkes Israel, dass du sie hörst, sooft sie dich anrufen;

53 denn du hast sie dir ausgesondert zum Erbe aus allen Völkern auf Erden, wie du geredet hast durch deinen Knecht Mose, als du unsere Väter aus Ägypten führtest, Herr HERR!

¶ **54** Und als Salomo dies Gebet und Flehen vor dem HERRN vollendet hatte, stand er auf von dem Altar des HERRN und hörte auf zu knien und die Hände zum Himmel auszubreiten

55 und trat hin und segnete die ganze Gemeinde Israel mit lauter Stimme und sprach:

56 Gelobet sei der HERR, der seinem Volk Israel Ruhe gegeben hat, wie er es zugesagt hat. **Es ist nicht eins dahingefallen von allen seinen guten Worten, die er geredet hat durch seinen Knecht Mose.**

57 Der HERR, unser Gott, sei mit uns, wie er mit unsern Vätern gewesen ist. Er verlasse uns nicht und ziehe die Hand nicht ab von uns.

58 Er neige unser Herz zu ihm, dass wir wandeln in allen seinen Wegen und halten seine Gebote, Satzungen und Rechte, die er unsern Vätern geboten hat.

59 Mögen diese Worte, die ich vor dem HERRN gefleht habe, nahe sein dem HERRN, unserm Gott, Tag und Nacht, dass er Recht schaffe seinem Knecht und seinem Volk Israel alle Tage,

60 damit alle Völker auf Erden erkennen, dass der HERR Gott ist und sonst keiner mehr!

61 Und euer Herz sei ungeteilt bei dem HERRN, unserm Gott, dass ihr wandelt in seinen Satzungen und haltet seine Gebote, wie es heute geschieht.

¶ **62** Und der König und ganz Israel opferten vor dem HERRN Opfer.

50 and forgive your people who have sinned against you, and all their transgressions that they have committed against you, and grant them compassion in the sight of those who carried them captive, that they may have compassion on them

51 (for they are your people, and your heritage, which you brought out of Egypt, from the midst of the iron furnace).

52 Let your eyes be open to the plea of your servant and to the plea of your people Israel, giving ear to them whenever they call to you.

53 For you separated them from among all the peoples of the earth to be your heritage, as you declared through Moses your servant, when you brought our fathers out of Egypt, O Lord GOD."

Solomon's Benediction

¶ **54** Now as Solomon finished offering all this prayer and plea to the LORD, he arose from before the altar of the LORD, where he had knelt with hands outstretched toward heaven.

55 And he stood and blessed all the assembly of Israel with a loud voice, saying,

56 "Blessed be the LORD who has given rest to his people Israel, according to all that he promised. Not one word has failed of all his good promise, which he spoke by Moses his servant.

57 The LORD our God be with us, as he was with our fathers. May he not leave us or forsake us,

58 that he may incline our hearts to him, to walk in all his ways and to keep his commandments, his statutes, and his rules, which he commanded our fathers.

59 Let these words of mine, with which I have pleaded before the LORD, be near to the LORD our God day and night, and may he maintain the cause of his servant and the cause of his people Israel, as each day requires,

60 that all the peoples of the earth may know that the LORD is God; there is no other.

61 Let your heart therefore be wholly true to the LORD our God, walking in his statutes and keeping his commandments, as at this day."

Solomon's Sacrifices

¶ **62** Then the king, and all Israel with him, offered sacrifice before the LORD.

63 Und Salomo opferte Dankopfer, die er dem HERRN opferte, zweiundzwanzigtausend Rinder und hundertzwanzigtausend Schafe. So weihten sie das Haus des HERRN ein, der König und ganz Israel.

64 An demselben Tage weihte der König die Mitte des Vorhofes, der vor dem Hause des HERRN war, dadurch, dass er Brandopfer, Speisopfer und das Fett der Dankopfer dort darbrachte. Denn der kupferne Altar, der vor dem HERRN stand, war zu klein für die Brandopfer, Speisopfer und das Fett der Dankopfer.

65 Und Salomo beging zu der Zeit das Fest und ganz Israel mit ihm – eine große Versammlung von der Grenze Hamats bis an den Bach Ägyptens – vor dem HERRN, unserm Gott, sieben Tage und noch sieben Tage, das waren vierzehn Tage.

66 Und er entließ das Volk am achten Tage. Und sie segneten den König und gingen heim fröhlich und guten Mutes über all das Gute, das der HERR an David, seinem Knecht, und an seinem Volk Israel getan hatte.

Gott ermahnt Salomo
(vgl. 2.Chr 7,11-22)

9 Und als Salomo das Haus des HERRN gebaut hatte und das Haus des Königs und alles, was er zu machen gewünscht hatte,

2 erschien ihm der HERR zum zweiten Mal, wie er ihm erschienen war in Gibeon.

3 Und der HERR sprach zu ihm: Ich habe dein Gebet und Flehen gehört, das du vor mich gebracht hast, und habe dies Haus geheiligt, das du gebaut hast, dass ich meinen Namen dort wohnen lasse ewiglich, und meine Augen und mein Herz sollen da sein allezeit.

4 Und du, wenn du vor mir wandelst, wie dein Vater David gewandelt ist, mit rechtschaffenem Herzen und aufrichtig, dass du alles tust, was ich dir geboten habe, und meine Gebote und meine Rechte hältst,

5 so will ich bestätigen den Thron deines Königtums über Israel ewiglich, wie ich deinem Vater David zugesagt habe: Es soll dir nicht fehlen an einem Mann auf dem Thron Israels.
¶ **6** Werdet ihr euch aber von mir abwenden, ihr und eure Kinder, und nicht halten meine Gebote und Rechte, die ich euch vorgelegt habe, und hingehen und andern Göttern dienen und sie anbeten,

63 Solomon offered as peace offerings to the LORD 22,000 oxen and 120,000 sheep. So the king and all the people of Israel dedicated the house of the LORD.

64 The same day the king consecrated the middle of the court that was before the house of the LORD, for there he offered the burnt offering and the grain offering and the fat pieces of the peace offerings, because the bronze altar that was before the LORD was too small to receive the burnt offering and the grain offering and the fat pieces of the peace offerings.

¶ **65** So Solomon held the feast at that time, and all Israel with him, a great assembly, from Lebo-hamath to the Brook of Egypt, before the LORD our God, seven days.[3]

66 On the eighth day he sent the people away, and they blessed the king and went to their homes joyful and glad of heart for all the goodness that the LORD had shown to David his servant and to Israel his people.

The LORD Appears to Solomon

9 As soon as Solomon had finished building the house of the LORD and the king's house and all that Solomon desired to build,

2 the LORD appeared to Solomon a second time, as he had appeared to him at Gibeon.

3 And the LORD said to him, "I have heard your prayer and your plea, which you have made before me. I have consecrated this house that you have built, by putting my name there forever. My eyes and my heart will be there for all time.

4 And as for you, if you will walk before me, as David your father walked, with integrity of heart and uprightness, doing according to all that I have commanded you, and keeping my statutes and my rules,

5 then I will establish your royal throne over Israel forever, as I promised David your father, saying, 'You shall not lack a man on the throne of Israel.'

6 But if you turn aside from following me, you or your children, and do not keep my commandments and my statutes that I have set before you, but go and serve other gods and worship them,

7 so werde ich Israel ausrotten aus dem Lande, das ich ihnen gegeben habe, und das Haus, das ich meinem Namen geheiligt habe, will ich verwerfen von meinem Angesicht; und Israel wird ein Spott und Hohn sein unter allen Völkern.

8 Und dies Haus wird eingerissen werden, sodass alle, die vorübergehen, sich entsetzen werden und höhnen und sagen: Warum hat der HERR diesem Lande und diesem Hause das angetan?

9 Dann wird man antworten: Weil sie den HERRN, ihren Gott, verlassen haben, der ihre Väter aus Ägyptenland führte, und andere Götter angenommen und sie angebetet und ihnen gedient haben – darum hat der HERR all dies Unheil über sie gebracht.

Verschiedene Regierungsmaßnahmen Salomos
(vgl. 2.Chr 8,7-11)

10 Als nun die zwanzig Jahre um waren, in denen Salomo die beiden Häuser baute, des HERRN Haus und des Königs Haus,

11 – dazu hatte Hiram, der König von Tyrus, Salomo Zedernbäume und Zypressen und Gold nach all seinen Wünschen gegeben –, da gab der König Salomo Hiram zwanzig Städte im Lande Galiläa.

12 Und Hiram zog aus von Tyrus, die Städte zu besehen, die ihm Salomo gegeben hatte, und sie gefielen ihm nicht.

13 Und er sprach: Was sind das für Städte, mein Bruder, die du mir gegeben hast? Und man nannte sie das Land Kabul bis auf diesen Tag.

14 Und Hiram hatte dem König hundertundzwanzig Zentner Gold gesandt.

¶ **15** Und so verhielt sich's mit den Fronleuten, die der König Salomo aushob, um zu bauen des HERRN Haus und sein Haus und den Millo und die Mauer Jerusalems und Hazor und Megiddo und Geser –

16 denn der Pharao, der König von Ägypten, war heraufgezogen und hatte Geser eingenommen und mit Feuer verbrannt und die Kanaaniter erschlagen, die in der Stadt wohnten, und hatte seiner Tochter, Salomos Frau, den Ort zum Geschenk gegeben;

17 und Salomo baute Geser wieder auf und das untere Bet-Horon

18 und Baalat und Tamar in der Wüste im Lande Juda

19 und alle Städte mit Kornspeichern, die Salomo hatte, und alle Städte der Wagen und die Städte der Gespanne und was er zu bauen wünschte in Jerusalem, im Libanon und im ganzen Lande seiner Herrschaft –:

7 then I will cut off Israel from the land that I have given them, and the house that I have consecrated for my name I will cast out of my sight, and Israel will become a proverb and a byword among all peoples.

8 And this house will become a heap of ruins.[1] Everyone passing by it will be astonished and will hiss, and they will say, 'Why has the LORD done thus to this land and to this house?'

9 Then they will say, 'Because they abandoned the LORD their God who brought their fathers out of the land of Egypt and laid hold on other gods and worshiped them and served them. Therefore the LORD has brought all this disaster on them.'"

Solomon's Other Acts

¶ **10** At the end of twenty years, in which Solomon had built the two houses, the house of the LORD and the king's house,

11 and Hiram king of Tyre had supplied Solomon with cedar and cypress timber and gold, as much as he desired, King Solomon gave to Hiram twenty cities in the land of Galilee.

12 But when Hiram came from Tyre to see the cities that Solomon had given him, they did not please him.

13 Therefore he said, "What kind of cities are these that you have given me, my brother?" So they are called the land of Cabul to this day.

14 Hiram had sent to the king 120 talents[2] of gold.

¶ **15** And this is the account of the forced labor that King Solomon drafted to build the house of the LORD and his own house and the Millo and the wall of Jerusalem and Hazor and Megiddo and Gezer

16 (Pharaoh king of Egypt had gone up and captured Gezer and burned it with fire, and had killed the Canaanites who lived in the city, and had given it as dowry to his daughter, Solomon's wife;

17 so Solomon rebuilt Gezer) and Lower Beth-horon

18 and Baalath and Tamar in the wilderness, in the land of Judah,[3]

19 and all the store cities that Solomon had, and the cities for his chariots, and the cities for his horsemen, and whatever Solomon desired to build in Jerusalem, in Lebanon, and in all the land of his dominion.

20 Alles Volk, das noch übrig war von den Amoritern, Hetitern, Perisitern, Hiwitern und Jebusitern, die nicht zu den Israeliten gehörten,

21 deren Nachkommen, die übrig geblieben waren im Lande, an denen Israel den Bann nicht hatte vollstrecken können, die machte Salomo zu Fronleuten bis auf diesen Tag.

¶ **22** Aber aus Israel machte er niemand zu Fronleuten, sondern ließ sie Kriegsleute und seine Räte und Oberste und Ritter und Hauptleute über seine Wagen und Gespanne sein.

23 Und die Zahl der obersten Amtleute, die über Salomos Bauarbeiten gesetzt waren, betrug fünfhundertundfünfzig; diese geboten über die Leute, die die Arbeiten taten.

¶ **24** Und die Tochter des Pharao zog herauf von der Stadt Davids in ihr Haus, das Salomo für sie gebaut hatte. Dann baute er auch den Millo.

¶ **25** Und Salomo opferte dreimal im Jahr Brandopfer und Dankopfer auf dem Altar, den er dem HERRN gebaut hatte, und räucherte auf ihm vor dem HERRN. Und so wurde das Haus fertig.

¶ **26** Und Salomo baute auch Schiffe in Ezjon-Geber, das bei Elat liegt am Ufer des Schilfmeers im Lande der Edomiter.

27 Und Hiram sandte auf die Schiffe seine Leute, die gute Schiffsleute und auf dem Meer erfahren waren, zusammen mit den Leuten Salomos.

28 Und sie kamen nach Ofir und holten dort vierhundertundzwanzig Zentner Gold und brachten's dem König Salomo.

Besuch der Königin von Saba
(vgl. 2.Chr 9,1-12)

10 Und als die Königin von Saba die Kunde von Salomo vernahm, kam sie, um Salomo mit Rätselfragen zu prüfen.

2 Und sie kam nach Jerusalem mit einem sehr großen Gefolge, mit Kamelen, die Spezerei trugen und viel Gold und Edelsteine. Und als sie zum König Salomo kam, redete sie mit ihm alles, was sie sich vorgenommen hatte.

3 Und Salomo gab ihr Antwort auf alles und es war dem König nichts verborgen, was er ihr nicht hätte sagen können.

¶ **4** Als aber die Königin von Saba alle Weisheit Salomos sah und das Haus, das er gebaut hatte,

20 All the people who were left of the Amorites, the Hittites, the Perizzites, the Hivites, and the Jebusites, who were not of the people of Israel—

21 their descendants who were left after them in the land, whom the people of Israel were unable to devote to destruction[4]—these Solomon drafted to be slaves, and so they are to this day.

22 But of the people of Israel Solomon made no slaves. They were the soldiers, they were his officials, his commanders, his captains, his chariot commanders and his horsemen.

¶ **23** These were the chief officers who were over Solomon's work: 550 who had charge of the people who carried on the work.

¶ **24** But Pharaoh's daughter went up from the city of David to her own house that Solomon had built for her. Then he built the Millo.

¶ **25** Three times a year Solomon used to offer up burnt offerings and peace offerings on the altar that he built to the LORD, making offerings with it[5] before the LORD. So he finished the house.

¶ **26** King Solomon built a fleet of ships at Ezion-geber, which is near Eloth on the shore of the Red Sea, in the land of Edom.

27 And Hiram sent with the fleet his servants, seamen who were familiar with the sea, together with the servants of Solomon.

28 And they went to Ophir and brought from there gold, 420 talents, and they brought it to King Solomon.

The Queen of Sheba

10 Now when the queen of Sheba heard of the fame of Solomon concerning the name of the LORD, she came to test him with hard questions.

2 She came to Jerusalem with a very great retinue, with camels bearing spices and very much gold and precious stones. And when she came to Solomon, she told him all that was on her mind.

3 And Solomon answered all her questions; there was nothing hidden from the king that he could not explain to her.

4 And when the queen of Sheba had seen all the wisdom of Solomon, the house that he had built,

5 und die Speisen für seinen Tisch und die Rangordnung seiner Großen und das Aufwarten seiner Diener und ihre Kleider und seine Mundschenken und seine Brandopfer, die er in dem Hause des HERRN opferte, geriet sie vor Staunen außer sich

6 und sprach zum König: Es ist wahr, was ich in meinem Lande von deinen Taten und von deiner Weisheit gehört habe.

7 Und ich hab's nicht glauben wollen, bis ich gekommen bin und es mit eigenen Augen gesehen habe. Und siehe, nicht die Hälfte hat man mir gesagt. Du hast mehr Weisheit und Güter, als die Kunde sagte, die ich vernommen habe.

8 Glücklich sind deine Männer und deine Großen, die allezeit vor dir stehen und deine Weisheit hören.

9 Gelobt sei der HERR, dein Gott, der an dir Wohlgefallen hat, sodass er dich auf den Thron Israels gesetzt hat! Weil der HERR Israel lieb hat ewiglich, hat er dich zum König gesetzt, dass du Recht und Gerechtigkeit übst.

10 Und sie gab dem König hundertundzwanzig Zentner Gold und sehr viel Spezerei und Edelsteine. Es kam nie mehr so viel Spezerei ins Land, wie die Königin von Saba dem König Salomo gab.

¶ **11** Auch brachten die Schiffe Hirams, die Gold aus Ofir einführten, sehr viel Sandelholz und Edelsteine.

12 Und der König ließ Pfeiler machen aus dem Sandelholz im Hause des HERRN und im Hause des Königs und Harfen und Zithern für die Sänger. Es kam nie mehr so viel Sandelholz ins Land, wurde auch nicht gesehen bis auf diesen Tag.

¶ **13** Und der König Salomo gab der Königin von Saba alles, was ihr gefiel und was sie erbat, außer dem, was er ihr von sich aus gab. Und sie wandte sich und zog in ihr Land mit ihrem Gefolge.

Salomos Reichtum
(vgl. 2.Chr 9,13-28)

14 Und das Gewicht des Goldes, das für Salomo in einem Jahr einkam, war sechshundertsechsundsechzig Zentner,

15 außer dem, was von den Händlern und vom Gewinn der Kaufleute und von allen Königen Arabiens und von den Statthaltern kam.

¶ **16** Und der König Salomo ließ zweihundert große Schilde vom besten Gold machen – sechshundert Lot Gold nahm er zu einem Schild –

5 the food of his table, the seating of his officials, and the attendance of his servants, their clothing, his cupbearers, and his burnt offerings that he offered at the house of the LORD, there was no more breath in her.

¶ **6** And she said to the king, "The report was true that I heard in my own land of your words and of your wisdom,

7 but I did not believe the reports until I came and my own eyes had seen it. And behold, the half was not told me. Your wisdom and prosperity surpass the report that I heard.

8 Happy are your men! Happy are your servants, who continually stand before you and hear your wisdom!

9 Blessed be the LORD your God, who has delighted in you and set you on the throne of Israel! Because the LORD loved Israel forever, he has made you king, that you may execute justice and righteousness."

10 Then she gave the king 120 talents[1] of gold, and a very great quantity of spices and precious stones. Never again came such an abundance of spices as these that the queen of Sheba gave to King Solomon.

¶ **11** Moreover, the fleet of Hiram, which brought gold from Ophir, brought from Ophir a very great amount of almug wood and precious stones.

12 And the king made of the almug wood supports for the house of the LORD and for the king's house, also lyres and harps for the singers. No such almug wood has come or been seen to this day.

¶ **13** And King Solomon gave to the queen of Sheba all that she desired, whatever she asked besides what was given her by the bounty of King Solomon. So she turned and went back to her own land with her servants.

Solomon's Great Wealth

¶ **14** Now the weight of gold that came to Solomon in one year was 666 talents of gold,

15 besides that which came from the explorers and from the business of the merchants, and from all the kings of the west and from the governors of the land.

16 King Solomon made 200 large shields of beaten gold; 600 shekels[2] of gold went into each shield.

17 und dreihundert kleine Schilde vom besten Gold, je drei Pfund Gold zu einem kleinen Schild. Und der König brachte sie in das Libanon-Waldhaus.

¶ **18** Und der König machte einen großen Thron von Elfenbein und überzog ihn mit dem edelsten Gold.

19 Und der Thron hatte sechs Stufen und hinten am Thron waren Stierköpfe, und es waren Lehnen auf beiden Seiten am Sitz und zwei Löwen standen an den Lehnen.

20 Und zwölf Löwen standen auf den sechs Stufen zu beiden Seiten. Dergleichen ist nie gemacht worden in allen Königreichen.

¶ **21** Alle Trinkgefäße des Königs Salomo waren aus Gold und alle Gefäße im Libanon-Waldhaus waren auch aus lauterem Gold; denn das Silber achtete man zu den Zeiten Salomos für nichts.

22 Denn der König hatte Tarsisschiffe, die auf dem Meer zusammen mit den Schiffen Hirams fuhren. Diese kamen in drei Jahren einmal und brachten Gold, Silber, Elfenbein, Affen und Pfauen.

¶ **23** So war der König Salomo größer an Reichtum und Weisheit als alle Könige auf Erden.

24 Und alle Welt begehrte, Salomo zu sehen, damit sie die Weisheit hörten, die ihm Gott in sein Herz gegeben hatte.

25 Und jedermann brachte ihm jährlich Geschenke, silberne und goldene Geräte, Kleider und Waffen, Spezerei, Rosse und Maultiere.

¶ **26** Und Salomo brachte Wagen und Gespanne zusammen, sodass er tausendvierhundert Wagen und zwölftausend Gespanne hatte, und er legte sie in die Wagenstädte und zum König nach Jerusalem.

27 Und der König brachte es dahin, dass es in Jerusalem so viel Silber gab wie Steine und Zedernholz so viel wie wilde Feigenbäume im Hügelland.

28 Und man brachte Salomo Pferde aus Ägypten und aus Koë; und die Kaufleute des Königs kauften sie aus Koë zu ihrem Preis.

29 Und sie brachten herauf aus Ägypten den Wagen für sechshundert Silberstücke und das Pferd für hundertundfünfzig. Dann führten sie diese wieder aus an alle Könige der Hetiter und an die Könige von Aram.

17 And he made 300 shields of beaten gold; three minas[3] of gold went into each shield. And the king put them in the House of the Forest of Lebanon.

18 The king also made a great ivory throne and overlaid it with the finest gold.

19 The throne had six steps, and at the back of the throne was a calf's head, and on each side of the seat were armrests and two lions standing beside the armrests,

20 while twelve lions stood there, one on each end of a step on the six steps. The like of it was never made in any kingdom.

21 All King Solomon's drinking vessels were of gold, and all the vessels of the House of the Forest of Lebanon were of pure gold. None were of silver; silver was not considered as anything in the days of Solomon.

22 For the king had a fleet of ships of Tarshish at sea with the fleet of Hiram. Once every three years the fleet of ships of Tarshish used to come bringing gold, silver, ivory, apes, and peacocks.[4]

¶ **23** Thus King Solomon excelled all the kings of the earth in riches and in wisdom.

24 And the whole earth sought the presence of Solomon to hear his wisdom, which God had put into his mind.

25 Every one of them brought his present, articles of silver and gold, garments, myrrh, spices, horses, and mules, so much year by year.

¶ **26** And Solomon gathered together chariots and horsemen. He had 1,400 chariots and 12,000 horsemen, whom he stationed in the chariot cities and with the king in Jerusalem.

27 And the king made silver as common in Jerusalem as stone, and he made cedar as plentiful as the sycamore of the Shephelah.

28 And Solomon's import of horses was from Egypt and Kue, and the king's traders received them from Kue at a price.

29 A chariot could be imported from Egypt for 600 shekels of silver and a horse for 150, and so through the king's traders they were exported to all the kings of the Hittites and the kings of Syria.

Salomos heidnische Frauen und seine Abgötterei

11 Aber der König Salomo liebte viele ausländische Frauen: die Tochter des Pharao und moabitische, ammonitische, edomitische, sidonische und hetitische –

2 aus solchen Völkern, von denen der HERR den Israeliten gesagt hatte: Geht nicht zu ihnen und lasst sie nicht zu euch kommen; sie werden gewiss eure Herzen ihren Göttern zuneigen. An diesen hing Salomo mit Liebe.

3 Und er hatte siebenhundert Hauptfrauen und dreihundert Nebenfrauen; und seine Frauen verleiteten sein Herz.

4 Und als er nun alt war, neigten seine Frauen sein Herz fremden Göttern zu, sodass sein Herz nicht ungeteilt bei dem HERRN, seinem Gott, war wie das Herz seines Vaters David.

5 So diente Salomo der Astarte, der Göttin derer von Sidon, und dem Milkom, dem gräulichen Götzen der Ammoniter.

6 Und Salomo tat, was dem HERRN missfiel, und folgte nicht völlig dem HERRN wie sein Vater David.

¶ **7** Damals baute Salomo eine Höhe dem Kemosch, dem gräulichen Götzen der Moabiter, auf dem Berge, der vor Jerusalem liegt, und dem Milkom, dem gräulichen Götzen der Ammoniter.

8 Ebenso tat Salomo für alle seine ausländischen Frauen, die ihren Göttern räucherten und opferten.

¶ **9** Der HERR aber wurde zornig über Salomo, dass er sein Herz von dem HERRN, dem Gott Israels, abgewandt hatte, der ihm zweimal erschienen war

10 und ihm geboten hatte, dass er nicht andern Göttern nachwandelte. Er aber hatte nicht gehalten, was ihm der HERR geboten hatte.

11 Darum sprach der HERR zu Salomo: Weil das bei dir geschehen ist und du meinen Bund und meine Gebote nicht gehalten hast, die ich dir geboten habe, so will ich das Königtum von dir reißen und einem deiner Großen geben.

12 Doch zu deiner Zeit will ich das noch nicht tun um deines Vaters David willen, sondern aus der Hand deines Sohnes will ich's reißen.

13 Doch will ich nicht das ganze Reich losreißen; **einen** Stamm will ich deinem Sohn lassen um Davids willen, meines Knechts, und um Jerusalems willen, das ich erwählt habe.

Solomon Turns from the LORD

11 Now King Solomon loved many foreign women, along with the daughter of Pharaoh: Moabite, Ammonite, Edomite, Sidonian, and Hittite women,

2 from the nations concerning which the LORD had said to the people of Israel, "You shall not enter into marriage with them, neither shall they with you, for surely they will turn away your heart after their gods." Solomon clung to these in love.

3 He had 700 wives, princesses, and 300 concubines. And his wives turned away his heart.

4 For when Solomon was old his wives turned away his heart after other gods, and his heart was not wholly true to the LORD his God, as was the heart of David his father.

5 For Solomon went after Ashtoreth the goddess of the Sidonians, and after Milcom the abomination of the Ammonites.

6 So Solomon did what was evil in the sight of the LORD and did not wholly follow the LORD, as David his father had done.

7 Then Solomon built a high place for Chemosh the abomination of Moab, and for Molech the abomination of the Ammonites, on the mountain east of Jerusalem.

8 And so he did for all his foreign wives, who made offerings and sacrificed to their gods.

The LORD Raises Adversaries

¶ **9** And the LORD was angry with Solomon, because his heart had turned away from the LORD, the God of Israel, who had appeared to him twice

10 and had commanded him concerning this thing, that he should not go after other gods. But he did not keep what the LORD commanded.

11 Therefore the LORD said to Solomon, "Since this has been your practice and you have not kept my covenant and my statutes that I have commanded you, I will surely tear the kingdom from you and will give it to your servant.

12 Yet for the sake of David your father I will not do it in your days, but I will tear it out of the hand of your son.

13 However, I will not tear away all the kingdom, but I will give one tribe to your son, for the sake of David my servant and for the sake of Jerusalem that I have chosen."

Salomos Feinde Hadad und Reson

14 Und der HERR erweckte Salomo einen Widersacher, den Edomiter Hadad, vom königlichen Geschlecht in Edom.

15 Denn als David die Edomiter schlug – damals als der Feldhauptmann Joab hinaufgezogen war, um die Erschlagenen Israels zu begraben, da erschlug er alles, was männlich war in Edom;

16 sechs Monate blieb Joab und ganz Israel dort, bis er ausgerottet hatte alles, was männlich war in Edom –,

17 da floh Hadad und mit ihm einige Edomiter vom Gefolge seines Vaters, um nach Ägypten zu entkommen. Hadad aber war noch ein sehr junger Mann.

18 Und sie machten sich auf von Midian und kamen nach Paran und nahmen Leute mit sich aus Paran und kamen nach Ägypten zum Pharao, dem König von Ägypten. Der gab ihm ein Haus und Nahrung und wies ihm Land an.

¶ 19 Und Hadad fand große Gnade vor dem Pharao, sodass er ihm sogar die Schwester seiner Gemahlin, der Königin Tachpenes, zur Frau gab.

20 Und die Schwester der Tachpenes gebar ihm Genubat, seinen Sohn, und Tachpenes zog ihn auf im Hause des Pharao, sodass Genubat im Hause des Pharao unter den Kindern des Pharao war.

21 Als nun Hadad hörte in Ägypten, dass David sich zu seinen Vätern gelegt hatte und dass der Feldhauptmann Joab tot war, sprach er zum Pharao: Lass mich in mein Land ziehen!

22 Der Pharao sprach zu ihm: Was fehlt dir bei mir, dass du in dein Land ziehen willst? Er sprach: Nichts, aber lass mich ziehen!

25b *Und Hadad kehrte in sein Land zurück und hatte einen Hass auf Israel und wurde König über Edom.

¶ 23 Auch erweckte Gott dem Salomo noch einen Widersacher, Reson, den Sohn Eljadas, der von seinem Herrn, Hadad-Eser, dem König von Zoba, geflohen war.

24 Der hatte Männer um sich gesammelt und war Hauptmann einer Schar geworden – als David die Aramäer schlug –, und er zog nach Damaskus und nahm es ein und wurde König in Damaskus.

25a Und er war Israels Widersacher, solange Salomo lebte. Das kam zu dem Schaden, den Hadad tat.

¶ 14 And the LORD raised up an adversary against Solomon, Hadad the Edomite. He was of the royal house in Edom.

15 For when David was in Edom, and Joab the commander of the army went up to bury the slain, he struck down every male in Edom

16 (for Joab and all Israel remained there six months, until he had cut off every male in Edom).

17 But Hadad fled to Egypt, together with certain Edomites of his father's servants, Hadad still being a little child.

18 They set out from Midian and came to Paran and took men with them from Paran and came to Egypt, to Pharaoh king of Egypt, who gave him a house and assigned him an allowance of food and gave him land.

19 And Hadad found great favor in the sight of Pharaoh, so that he gave him in marriage the sister of his own wife, the sister of Tahpenes the queen.

20 And the sister of Tahpenes bore him Genubath his son, whom Tahpenes weaned in Pharaoh's house. And Genubath was in Pharaoh's house among the sons of Pharaoh.

21 But when Hadad heard in Egypt that David slept with his fathers and that Joab the commander of the army was dead, Hadad said to Pharaoh, "Let me depart, that I may go to my own country."

22 But Pharaoh said to him, "What have you lacked with me that you are now seeking to go to your own country?" And he said to him, "Only let me depart."

¶ 23 God also raised up as an adversary to him, Rezon the son of Eliada, who had fled from his master Hadadezer king of Zobah.

24 And he gathered men about him and became leader of a marauding band, after the killing by David. And they went to Damascus and lived there and made him king in Damascus.

25 He was an adversary of Israel all the days of Solomon, doing harm as Hadad did. And he loathed Israel and reigned over Syria.

Ahijas Verheißung an Jerobeam. Salomos Tod

26 Auch Jerobeam, der Sohn Nebats, ein Ephraimiter von Zereda, Salomos Vogt – seine Mutter hieß Zerua, eine Witwe –, hob die Hand auf gegen den König.

27 Und so ging es zu, als er die Hand gegen den König aufhob: Salomo baute den Millo und schloss damit die Lücke in der Stadt Davids, seines Vaters.

28 Und Jerobeam war ein tüchtiger Mann. Und als Salomo sah, dass der Jüngling viel schaffte, setzte er ihn über alle Fronarbeit des Hauses Josef.

¶ **29** Es begab sich aber zu der Zeit, dass Jerobeam aus Jerusalem hinausging und es traf ihn der Prophet Ahija von Silo auf dem Wege und hatte einen neuen Mantel an, und es waren die beiden allein auf dem Felde.

30 Und Ahija fasste den neuen Mantel, den er anhatte, und riss ihn in zwölf Stücke

31 und sprach zu Jerobeam: Nimm zehn Stücke zu dir! Denn so spricht der HERR, der Gott Israels: Siehe, ich will das Königtum aus der Hand Salomos reißen und dir zehn Stämme geben –

32 einen Stamm soll er haben um meines Knechts David willen und um der Stadt Jerusalem willen, die ich erwählt habe aus allen Stämmen Israels –,

33 weil er mich verlassen hat und angebetet die Astarte, die Göttin der Sidonier, Kemosch, den Gott der Moabiter, und Milkom, den Gott der Ammoniter, und nicht in meinen Wegen gewandelt ist und nicht getan hat, was mir wohlgefällt, meine Gebote und Rechte, wie sein Vater David.

34 Ich will aber aus seiner Hand das Reich noch nicht nehmen, sondern ich will ihn Fürst sein lassen sein Leben lang um meines Knechtes David willen, den ich erwählt habe und der meine Gebote und Rechte gehalten hat.

¶ **35** Aber aus der Hand seines Sohnes will ich das Königtum nehmen und will dir zehn Stämme

36 und seinem Sohn einen Stamm geben, damit mein Knecht David vor mir eine Leuchte habe allezeit in der Stadt Jerusalem, die ich mir erwählt habe, um meinen Namen dort wohnen zu lassen.

37 So will ich nun dich nehmen, dass du regierst über alles, was dein Herz begehrt, und König sein sollst über Israel.

¶ **26** Jeroboam the son of Nebat, an Ephraimite of Zeredah, a servant of Solomon, whose mother's name was Zeruah, a widow, also lifted up his hand against the king.

27 And this was the reason why he lifted up his hand against the king. Solomon built the Millo, and closed up the breach of the city of David his father.

28 The man Jeroboam was very able, and when Solomon saw that the young man was industrious he gave him charge over all the forced labor of the house of Joseph.

29 And at that time, when Jeroboam went out of Jerusalem, the prophet Ahijah the Shilonite found him on the road. Now Ahijah had dressed himself in a new garment, and the two of them were alone in the open country.

30 Then Ahijah laid hold of the new garment that was on him, and tore it into twelve pieces.

31 And he said to Jeroboam, "Take for yourself ten pieces, for thus says the LORD, the God of Israel, 'Behold, I am about to tear the kingdom from the hand of Solomon and will give you ten tribes

32 (but he shall have one tribe, for the sake of my servant David and for the sake of Jerusalem, the city that I have chosen out of all the tribes of Israel),

33 because they have[1] forsaken me and worshiped Ashtoreth the goddess of the Sidonians, Chemosh the god of Moab, and Milcom the god of the Ammonites, and they have not walked in my ways, doing what is right in my sight and keeping my statutes and my rules, as David his father did.

34 Nevertheless, I will not take the whole kingdom out of his hand, but I will make him ruler all the days of his life, for the sake of David my servant whom I chose, who kept my commandments and my statutes.

35 But I will take the kingdom out of his son's hand and will give it to you, ten tribes.

36 Yet to his son I will give one tribe, that David my servant may always have a lamp before me in Jerusalem, the city where I have chosen to put my name.

37 And I will take you, and you shall reign over all that your soul desires, and you shall be king over Israel.

38 Wirst du nun gehorchen allem, was ich dir gebieten werde, und in meinen Wegen wandeln und tun, was mir gefällt, und meine Rechte und Gebote halten, wie mein Knecht David getan hat, so will ich mit dir sein und dir ein beständiges Haus bauen, wie ich es David gebaut habe, und will dir Israel geben

39 und will das Geschlecht Davids deswegen demütigen, doch nicht für alle Zeit.

¶ **40** Salomo aber trachtete danach, Jerobeam zu töten. Da machte sich Jerobeam auf und floh nach Ägypten zu Schischak, dem König von Ägypten, und blieb in Ägypten, bis Salomo starb.

¶ **41** Was mehr von Salomo zu sagen ist und alles, was er getan hat, und seine Weisheit, das steht geschrieben in der Chronik von Salomo.

42 Die Zeit aber, die Salomo König war zu Jerusalem über ganz Israel, ist vierzig Jahre.

43 Und Salomo legte sich zu seinen Vätern und wurde begraben in der Stadt Davids, seines Vaters. Und sein Sohn Rehabeam wurde König an seiner statt.

Abfall der zehn Stämme vom Hause David
(vgl. 2.Chr 10,1-19)

12 Und Rehabeam zog nach Sichem, denn ganz Israel war nach Sichem gekommen, um ihn zum König zu machen.

2 Und Jerobeam, der Sohn Nebats, hörte das, als er noch in Ägypten war, wohin er vor dem König Salomo geflohen war, und kehrte aus Ägypten zurück.

3 Und sie sandten hin und ließen ihn rufen. Und Jerobeam und die ganze Gemeinde Israel kamen und redeten mit Rehabeam und sprachen:

4 Dein Vater hat unser Joch zu hart gemacht. Mache du nun den harten Dienst und das schwere Joch leichter, das er uns aufgelegt hat, so wollen wir dir untertan sein.

¶ **5** Er aber sprach zu ihnen: Geht hin bis zum dritten Tag, dann kommt wieder zu mir. Und das Volk ging hin.

6 Und der König Rehabeam hielt einen Rat mit den Ältesten, die vor seinem Vater Salomo gestanden hatten, als er noch lebte, und sprach: Wie ratet ihr, dass wir diesem Volk Antwort geben?

7 Sie sprachen zu ihm: Wirst du heute diesem Volk einen Dienst tun und ihnen zu Willen sein und sie erhören und ihnen gute Worte geben, so werden sie dir untertan sein dein Leben lang.

38 And if you will listen to all that I command you, and will walk in my ways, and do what is right in my eyes by keeping my statutes and my commandments, as David my servant did, I will be with you and will build you a sure house, as I built for David, and I will give Israel to you.

39 And I will afflict the offspring of David because of this, but not forever.'"

40 Solomon sought therefore to kill Jeroboam. But Jeroboam arose and fled into Egypt, to Shishak king of Egypt, and was in Egypt until the death of Solomon.

¶ **41** Now the rest of the acts of Solomon, and all that he did, and his wisdom, are they not written in the Book of the Acts of Solomon?

42 And the time that Solomon reigned in Jerusalem over all Israel was forty years.

43 And Solomon slept with his fathers and was buried in the city of David his father. And Rehoboam his son reigned in his place.

Rehoboam's Folly

12 Rehoboam went to Shechem, for all Israel had come to Shechem to make him king.

2 And as soon as Jeroboam the son of Nebat heard of it (for he was still in Egypt, where he had fled from King Solomon), then Jeroboam returned from[1] Egypt.

3 And they sent and called him, and Jeroboam and all the assembly of Israel came and said to Rehoboam,

4 "Your father made our yoke heavy. Now therefore lighten the hard service of your father and his heavy yoke on us, and we will serve you."

5 He said to them, "Go away for three days, then come again to me." So the people went away.

¶ **6** Then King Rehoboam took counsel with the old men, who had stood before Solomon his father while he was yet alive, saying, "How do you advise me to answer this people?"

7 And they said to him, "If you will be a servant to this people today and serve them, and speak good words to them when you answer them, then they will be your servants forever."

¶ **8** Aber er kehrte sich nicht an den Rat der Ältesten, den sie ihm gegeben hatten, und hielt einen Rat mit den Jüngeren, die mit ihm aufgewachsen waren und vor ihm standen.

9 Und er sprach zu ihnen: Was ratet ihr, dass wir antworten diesem Volk, das zu mir gesagt hat: Mache das Joch leichter, das dein Vater auf uns gelegt hat?

10 Und die Jüngeren, die mit ihm aufgewachsen waren, sprachen zu ihm: Du sollst zu dem Volk, das zu dir sagt: »Dein Vater hat unser Joch zu schwer gemacht; mache du es uns leichter«, so sagen: Mein kleiner Finger soll dicker sein als meines Vaters Lenden.

11 Nun, mein Vater hat auf euch ein schweres Joch gelegt, ich aber will's euch noch schwerer machen. Mein Vater hat euch mit Peitschen gezüchtigt, ich will euch mit Skorpionen züchtigen.

¶ **12** Als nun Jerobeam und das ganze Volk zu Rehabeam kamen am dritten Tage, wie der König gesagt hatte: Kommt wieder zu mir am dritten Tage,

13 da gab der König dem Volk eine harte Antwort und kehrte sich nicht an den Rat, den ihm die Ältesten gegeben hatten,

14 und redete mit ihnen nach dem Rat der Jüngeren und sprach: Mein Vater hat euer Joch schwer gemacht, ich aber will's euch noch schwerer machen. Mein Vater hat euch mit Peitschen gezüchtigt, ich aber will euch mit Skorpionen züchtigen.

15 So hörte der König nicht auf das Volk; denn so war es bestimmt von dem HERRN, damit er sein Wort wahr machte, das er durch Ahija von Silo geredet hatte zu Jerobeam, dem Sohn Nebats.

¶ **16** Als aber ganz Israel sah, dass der König sie nicht hören wollte, gab das Volk dem König Antwort und sprach: Was haben wir für Teil an David oder Erbe am Sohn Isais? Auf zu deinen Hütten, Israel! So sorge nun du für dein Haus, David! – Da ging Israel heim,

17 sodass Rehabeam nur über die Israeliten regierte, die in den Städten Judas wohnten.

18 Und als der König Rehabeam den Fronvogt Adoniram hinsandte, warf ihn ganz Israel mit Steinen zu Tode. Aber der König Rehabeam stieg eilends auf einen Wagen und floh nach Jerusalem.

19 Also fiel Israel ab vom Hause David bis auf diesen Tag.

8 But he abandoned the counsel that the old men gave him and took counsel with the young men who had grown up with him and stood before him.

9 And he said to them, "What do you advise that we answer this people who have said to me, 'Lighten the yoke that your father put on us'?"

10 And the young men who had grown up with him said to him, "Thus shall you speak to this people who said to you, 'Your father made our yoke heavy, but you lighten it for us,' thus shall you say to them, 'My little finger is thicker than my father's thighs.

11 And now, whereas my father laid on you a heavy yoke, I will add to your yoke. My father disciplined you with whips, but I will discipline you with scorpions.'"

¶ **12** So Jeroboam and all the people came to Rehoboam the third day, as the king said, "Come to me again the third day."

13 And the king answered the people harshly, and forsaking the counsel that the old men had given him,

14 he spoke to them according to the counsel of the young men, saying, "My father made your yoke heavy, but I will add to your yoke. My father disciplined you with whips, but I will discipline you with scorpions."

15 So the king did not listen to the people, for it was a turn of affairs brought about by the LORD that he might fulfill his word, which the LORD spoke by Ahijah the Shilonite to Jeroboam the son of Nebat.

The Kingdom Divided

¶ **16** And when all Israel saw that the king did not listen to them, the people answered the king, "What portion do we have in David? We have no inheritance in the son of Jesse. To your tents, O Israel! Look now to your own house, David." So Israel went to their tents.

17 But Rehoboam reigned over the people of Israel who lived in the cities of Judah.

18 Then King Rehoboam sent Adoram, who was taskmaster over the forced labor, and all Israel stoned him to death with stones. And King Rehoboam hurried to mount his chariot to flee to Jerusalem.

19 So Israel has been in rebellion against the house of David to this day.

Jerobeam wird König über die zehn Stämme.
Seine Abgötterei
(vgl. 2.Chr 11,1-4)

20 Als nun ganz Israel hörte, dass Jerobeam zurückgekommen war, sandten sie hin und ließen ihn rufen zu der Gemeinde und machten ihn zum König über ganz Israel; niemand folgte dem Hause David als der Stamm Juda allein.

¶ **21** Und als Rehabeam nach Jerusalem kam, sammelte er das ganze Haus Juda und den Stamm Benjamin, hundertachtzigtausend streitbare Männer, um gegen das Haus Israel zu kämpfen und das Königtum an Rehabeam, den Sohn Salomos, zurückzubringen.

22 Es kam aber Gottes Wort zu Schemaja, dem Mann Gottes:

23 Sage Rehabeam, dem Sohn Salomos, dem König von Juda, und dem ganzen Hause Juda und Benjamin und dem übrigen Volk und sprich:

24 So spricht der HERR: Ihr sollt nicht hinaufziehen und gegen eure Brüder, die von Israel, kämpfen. Jedermann gehe wieder heim, denn das alles ist von mir geschehen. Und sie gehorchten dem Wort des HERRN, kehrten um und gingen heim, wie der HERR gesagt hatte.

¶ **25** Jerobeam aber baute Sichem auf dem Gebirge Ephraim aus und wohnte darin und zog von da fort und baute Pnuël aus.

26 Und Jerobeam dachte in seinem Herzen: Das Königtum wird nun wieder an das Haus David fallen.

27 Wenn dies Volk hinaufgeht, um Opfer darzubringen im Hause des HERRN zu Jerusalem, so wird sich das Herz dieses Volks wenden zu ihrem Herrn Rehabeam, dem König von Juda, und sie werden mich umbringen und wieder Rehabeam, dem König von Juda, zufallen.

¶ **28** Und der König hielt einen Rat und machte zwei goldene Kälber und sprach zum Volk: Es ist zu viel für euch, dass ihr hinauf nach Jerusalem geht; siehe, da ist dein Gott, Israel, der dich aus Ägyptenland geführt hat.

29 Und er stellte eins in Bethel auf und das andere tat er nach Dan.

30 Und das geriet zur Sünde, denn das Volk ging hin vor das eine in Bethel und vor das andre in Dan.

¶ **31** Er baute auch ein Höhenheiligtum und machte Priester aus allerlei Leuten, die nicht von den Söhnen Levi waren.

20 And when all Israel heard that Jeroboam had returned, they sent and called him to the assembly and made him king over all Israel. There was none that followed the house of David but the tribe of Judah only.

¶ **21** When Rehoboam came to Jerusalem, he assembled all the house of Judah and the tribe of Benjamin, 180,000 chosen warriors, to fight against the house of Israel, to restore the kingdom to Rehoboam the son of Solomon.

22 But the word of God came to Shemaiah the man of God:

23 "Say to Rehoboam the son of Solomon, king of Judah, and to all the house of Judah and Benjamin, and to the rest of the people,

24 'Thus says the LORD, You shall not go up or fight against your relatives the people of Israel. Every man return to his home, for this thing is from me.'" So they listened to the word of the LORD and went home again, according to the word of the LORD.

Jeroboam's Golden Calves

¶ **25** Then Jeroboam built Shechem in the hill country of Ephraim and lived there. And he went out from there and built Penuel.

26 And Jeroboam said in his heart, "Now the kingdom will turn back to the house of David.

27 If this people go up to offer sacrifices in the temple of the LORD at Jerusalem, then the heart of this people will turn again to their lord, to Rehoboam king of Judah, and they will kill me and return to Rehoboam king of Judah."

28 So the king took counsel and made two calves of gold. And he said to the people, "You have gone up to Jerusalem long enough. Behold your gods, O Israel, who brought you up out of the land of Egypt."

29 And he set one in Bethel, and the other he put in Dan.

30 Then this thing became a sin, for the people went as far as Dan to be before one.[2]

31 He also made temples on high places and appointed priests from among all the people, who were not of the Levites.

32 Und er machte ein Fest am fünfzehnten Tag des achten Monats wie das Fest in Juda und opferte auf dem Altar. So tat er in Bethel, dass er den Kälbern opferte, die er gemacht hatte, und bestellte in Bethel Priester für die Höhen, die er gemacht hatte.

Reich Israel: Ein Prophet verkündet Jerobeam eine Strafe für seine Abgötterei

33 Einst opferte Jerobeam auf dem Altar, den er gemacht hatte in Bethel, am fünfzehnten Tage im achten Monat, den er sich in seinem Herzen ausgedacht hatte, und machte den Israeliten ein Fest und stieg auf den Altar, um zu opfern.

13 Und siehe, ein Mann Gottes kam von Juda auf das Wort des HERRN hin nach Bethel, während Jerobeam noch auf dem Altar stand und opferte.

2 Und er rief gegen den Altar auf das Wort des HERRN hin und sprach: Altar, Altar! So spricht der HERR: Siehe, es wird ein Sohn dem Hause David geboren werden mit Namen Josia; der wird auf dir schlachten die Priester der Höhen, die auf dir opfern, und wird Menschengebein auf dir verbrennen.

3 Und er gab an dem Tag ein Wunderzeichen und sprach: Das ist das Zeichen dafür, dass der HERR geredet hat: Siehe, der Altar wird bersten und die Asche verschüttet werden, die darauf ist.

¶ **4** Als aber der König das Wort von dem Mann Gottes hörte, der gegen den Altar in Bethel rief, streckte er seine Hand aus auf dem Altar und sprach: Greift ihn! Und seine Hand verdorrte, die er gegen ihn ausgestreckt hatte, und er konnte sie nicht wieder an sich ziehen.

5 Und der Altar barst und die Asche wurde verschüttet vom Altar nach dem Wunderzeichen, das der Mann Gottes gegeben hatte auf das Wort des HERRN hin.

6 Und der König hob an und sprach zu dem Mann Gottes: Flehe doch den HERRN, deinen Gott, an und bitte für mich, dass ich meine Hand wieder an mich ziehen kann. Da flehte der Mann Gottes den HERRN an und der König konnte seine Hand wieder an sich ziehen, und sie wurde, wie sie vorher war.

¶ **7** Und der König redete mit dem Mann Gottes: Komm mit mir heim und labe dich; ich will dir ein Geschenk geben.

32 And Jeroboam appointed a feast on the fifteenth day of the eighth month like the feast that was in Judah, and he offered sacrifices on the altar. So he did in Bethel, sacrificing to the calves that he made. And he placed in Bethel the priests of the high places that he had made.

33 He went up to the altar that he had made in Bethel on the fifteenth day in the eighth month, in the month that he had devised from his own heart. And he instituted a feast for the people of Israel and went up to the altar to make offerings.

A Man of God Confronts Jeroboam

13 And behold, a man of God came out of Judah by the word of the LORD to Bethel. Jeroboam was standing by the altar to make offerings.

2 And the man cried against the altar by the word of the LORD and said, "O altar, altar, thus says the LORD: 'Behold, a son shall be born to the house of David, Josiah by name, and he shall sacrifice on you the priests of the high places who make offerings on you, and human bones shall be burned on you.'"

3 And he gave a sign the same day, saying, "This is the sign that the LORD has spoken: 'Behold, the altar shall be torn down, and the ashes that are on it shall be poured out.'"

4 And when the king heard the saying of the man of God, which he cried against the altar at Bethel, Jeroboam stretched out his hand from the altar, saying, "Seize him." And his hand, which he stretched out against him, dried up, so that he could not draw it back to himself.

5 The altar also was torn down, and the ashes poured out from the altar, according to the sign that the man of God had given by the word of the LORD.

6 And the king said to the man of God, "Entreat now the favor of the LORD your God, and pray for me, that my hand may be restored to me." And the man of God entreated the LORD, and the king's hand was restored to him and became as it was before.

7 And the king said to the man of God, "Come home with me, and refresh yourself, and I will give you a reward."

8 Aber der Mann Gottes sprach zum König: Wenn du mir auch die Hälfte deiner Habe geben wolltest, so käme ich doch nicht mit dir; denn ich will an diesem Ort kein Brot essen noch Wasser trinken.

9 Denn das ist mir geboten durch des HERRN Wort: Du sollst kein Brot essen und kein Wasser trinken und nicht den Weg zurückgehen, den du gekommen bist.

10 Und er ging einen andern Weg und nicht wieder den Weg, den er nach Bethel gekommen war.

Der Prophet wird für seinen Ungehorsam gestraft

11 Es wohnte aber ein alter Prophet in Bethel; zu dem kamen seine Söhne und erzählten ihm alles, was der Mann Gottes getan hatte an diesem Tag in Bethel, und die Worte, die er zum König geredet hatte.

12 Und ihr Vater sprach zu ihnen: Wo ist der Weg, den er gezogen ist? Und seine Söhne zeigten ihm den Weg, den der Mann Gottes gezogen war, der von Juda gekommen war.

13 Er aber sprach zu seinen Söhnen: Sattelt mir den Esel! Und als sie ihm den Esel gesattelt hatten, ritt er auf ihm

14 und zog dem Mann Gottes nach und fand ihn unter einer Eiche sitzen und sprach zu ihm: Bist du der Mann Gottes, der von Juda gekommen ist? Er sprach: Ja.

15 Er sprach zu ihm: Komm mit mir heim und iss Brot mit mir!

16 Er aber sprach: Ich kann nicht mit dir umkehren und mit dir kommen; ich will auch nicht Brot essen noch Wasser trinken mit dir an diesem Ort.

17 Denn es ist zu mir geredet worden durch das Wort des HERRN: Du sollst dort weder Brot essen noch Wasser trinken; du sollst nicht den Weg zurückgehen, den du gekommen bist.

¶ **18** Er sprach zu ihm: Ich bin auch ein Prophet wie du, und ein Engel hat zu mir geredet auf das Wort des HERRN hin: Führe ihn wieder mit dir heim, dass er Brot esse und Wasser trinke. Er belog ihn aber.

19 Und er führte ihn wieder zurück, dass er Brot aß und Wasser trank in seinem Hause.

20 Und als sie zu Tisch saßen, kam das Wort des HERRN zum Propheten, der ihn zurückgeführt hatte.

21 Und er rief dem Mann Gottes zu, der von Juda gekommen war: So spricht der HERR: Weil du dem Mund des HERRN ungehorsam gewesen bist und nicht gehalten hast das Gebot, das dir der HERR, dein Gott, geboten hat,

8 And the man of God said to the king, "If you give me half your house, I will not go in with you. And I will not eat bread or drink water in this place,

9 for so was it commanded me by the word of the LORD, saying, 'You shall neither eat bread nor drink water nor return by the way that you came.'"

10 So he went another way and did not return by the way that he came to Bethel.

The Prophet's Disobedience

¶ **11** Now an old prophet lived in Bethel. And his sons[1] came and told him all that the man of God had done that day in Bethel. They also told to their father the words that he had spoken to the king.

12 And their father said to them, "Which way did he go?" And his sons showed him the way that the man of God who came from Judah had gone.

13 And he said to his sons, "Saddle the donkey for me." So they saddled the donkey for him and he mounted it.

14 And he went after the man of God and found him sitting under an oak. And he said to him, "Are you the man of God who came from Judah?" And he said, "I am."

15 Then he said to him, "Come home with me and eat bread."

16 And he said, "I may not return with you, or go in with you, neither will I eat bread nor drink water with you in this place,

17 for it was said to me by the word of the LORD, 'You shall neither eat bread nor drink water there, nor return by the way that you came.'"

18 And he said to him, "I also am a prophet as you are, and an angel spoke to me by the word of the LORD, saying, 'Bring him back with you into your house that he may eat bread and drink water.'" But he lied to him.

19 So he went back with him and ate bread in his house and drank water.

¶ **20** And as they sat at the table, the word of the LORD came to the prophet who had brought him back.

21 And he cried to the man of God who came from Judah, "Thus says the LORD, 'Because you have disobeyed the word of the LORD and have not kept the command that the LORD your God commanded you,

22 und umgekehrt bist, Brot gegessen hast und Wasser getrunken an dem Ort, von dem er dir sagte: Du sollst weder Brot essen noch Wasser trinken –, so soll dein Leichnam nicht in deiner Väter Grab kommen.

¶ **23** Und nachdem er gegessen und getrunken hatte, sattelte man für ihn den Esel des Propheten, der ihn zurückgeführt hatte.

24 Und als er seines Weges zog, fand ihn ein Löwe auf dem Wege und tötete ihn. Und sein Leichnam blieb auf dem Wege liegen und der Esel stand neben ihm, und der Löwe stand neben dem Leichnam.

25 Und als Leute vorübergingen, sahen sie den Leichnam auf dem Wege liegen und den Löwen bei dem Leichnam stehen und kamen und sagten es in der Stadt, in der der alte Prophet wohnte.

26 Als das der Prophet hörte, der ihn zurückgeführt hatte, sprach er: Es ist der Mann Gottes, der dem Mund des HERRN ungehorsam gewesen ist. Darum hat ihn der HERR dem Löwen gegeben; der hat ihn zerrissen und getötet nach dem Wort, das ihm der HERR gesagt hat.

¶ **27** Und er sprach zu seinen Söhnen: Sattelt mir den Esel! Und als sie ihn gesattelt hatten,

28 zog er hin und fand den Leichnam auf dem Wege liegen und den Esel und den Löwen neben dem Leichnam stehen. Der Löwe hatte nichts gefressen vom Leichnam und den Esel nicht zerrissen.

29 Da hob der Prophet den Leichnam des Mannes Gottes auf und legte ihn auf den Esel und brachte ihn zurück und kam in seine Stadt, um die Totenklage zu halten und ihn zu begraben.

¶ **30** Und er legte den Leichnam in sein eigenes Grab und sie hielten ihm die Totenklage: Ach, Bruder!

31 Und als sie ihn begraben hatten, sprach er zu seinen Söhnen: Wenn ich sterbe, so begrabt mich in dem Grabe, in dem der Mann Gottes begraben ist, und legt mein Gebein neben sein Gebein.

32 Denn es wird sich erfüllen, was er gerufen hat gegen den Altar in Bethel auf das Wort des HERRN hin und gegen alle Heiligtümer auf den Höhen, die in den Städten Samariens sind.

¶ **33** Aber nach diesem Geschehnis kehrte Jerobeam nicht um von seinem bösen Wege, sondern bestellte wieder Priester für die Höhen aus allem Volk. Wer da wollte, dessen Hand füllte er und der wurde Priester für die Höhen.

22 but have come back and have eaten bread and drunk water in the place of which he said to you, "Eat no bread and drink no water," your body shall not come to the tomb of your fathers.'"

23 And after he had eaten bread and drunk, he saddled the donkey for the prophet whom he had brought back.

24 And as he went away a lion met him on the road and killed him. And his body was thrown in the road, and the donkey stood beside it; the lion also stood beside the body.

25 And behold, men passed by and saw the body thrown in the road and the lion standing by the body. And they came and told it in the city where the old prophet lived.

¶ **26** And when the prophet who had brought him back from the way heard of it, he said, "It is the man of God who disobeyed the word of the LORD; therefore the LORD has given him to the lion, which has torn him and killed him, according to the word that the LORD spoke to him."

27 And he said to his sons, "Saddle the donkey for me." And they saddled it.

28 And he went and found his body thrown in the road, and the donkey and the lion standing beside the body. The lion had not eaten the body or torn the donkey.

29 And the prophet took up the body of the man of God and laid it on the donkey and brought it back to the city[2] to mourn and to bury him.

30 And he laid the body in his own grave. And they mourned over him, saying, "Alas, my brother!"

31 And after he had buried him, he said to his sons, "When I die, bury me in the grave in which the man of God is buried; lay my bones beside his bones.

32 For the saying that he called out by the word of the LORD against the altar in Bethel and against all the houses of the high places that are in the cities of Samaria shall surely come to pass."

¶ **33** After this thing Jeroboam did not turn from his evil way, but made priests for the high places again from among all the people. Any who would, he ordained to be priests of the high places.

34 Und dies geriet zur Sünde dem Hause Jerobeams, sodass es zugrunde gerichtet und von der Erde vertilgt wurde.

Jerobeams Tod

14 Zu der Zeit war Abija, der Sohn Jerobeams, krank.

2 Und Jerobeam sprach zu seiner Frau: Mache dich auf und verkleide dich, damit niemand merkt, dass du Jerobeams Frau bist, und geh hin nach Silo. Siehe, dort ist der Prophet Ahija, der mir zugesagt hat, dass ich König sein sollte über dies Volk.

3 Und nimm mit dir zehn Brote, Kuchen und einen Krug mit Honig und geh zu ihm, damit er dir sagt, wie es dem Knaben ergehen wird.

¶ **4** Und Jerobeams Frau tat das und machte sich auf und ging hin nach Silo und kam ins Haus Ahijas. Ahija aber konnte nicht sehen, denn seine Augen standen starr vor Alter.

5 Aber der HERR sprach zu Ahija: Siehe, Jerobeams Frau kommt, um dich wegen ihres Sohnes zu befragen; denn er ist krank. So rede nun mit ihr so und so. Als sie nun hineinkam, stellte sie sich fremd.

¶ **6** Als aber Ahija das Geräusch ihrer Tritte hörte, wie sie zur Tür hereinkam, sprach er: Komm herein, du Frau Jerobeams! Warum stellst du dich so fremd? Ich bin zu dir gesandt als ein harter Bote.

7 Geh hin und sage Jerobeam: So spricht der HERR, der Gott Israels: Ich habe dich erhoben aus dem Volk und zum Fürsten über mein Volk Israel gesetzt

8 und habe das Königtum von Davids Hause gerissen und dir gegeben. Du aber bist nicht gewesen wie mein Knecht David, der meine Gebote hielt und mir von ganzem Herzen nachwandelte, dass er nur tat, was mir wohlgefiel.

9 Du hast mehr Böses getan als alle, die vor dir gewesen sind, bist hingegangen und hast dir andre Götter gemacht und gegossene Bilder, um mich zum Zorn zu reizen, und hast mir den Rücken gekehrt.

10 Darum siehe, ich will Unheil über das Haus Jerobeam bringen und ausrotten von Jerobeam alles, was männlich ist, bis auf den letzten Mann in Israel und will die Nachkommen des Hauses Jerobeam ausfegen, wie man Unrat ausfegt, bis es ganz mit ihm aus ist.

34 And this thing became sin to the house of Jeroboam, so as to cut it off and to destroy it from the face of the earth.

Prophecy Against Jeroboam

14 At that time Abijah the son of Jeroboam fell sick.

2 And Jeroboam said to his wife, "Arise, and disguise yourself, that it not be known that you are the wife of Jeroboam, and go to Shiloh. Behold, Ahijah the prophet is there, who said of me that I should be king over this people.

3 Take with you ten loaves, some cakes, and a jar of honey, and go to him. He will tell you what shall happen to the child."

¶ **4** Jeroboam's wife did so. She arose and went to Shiloh and came to the house of Ahijah. Now [j]Ahijah could not see, for his eyes were dim because of his age.

5 And the LORD said to Ahijah, "Behold, the wife of Jeroboam is coming to inquire of you concerning her son, for he is sick. Thus and thus shall you say to her."

¶ When she came, she pretended to be another woman.

6 But when Ahijah heard the sound of her feet, as she came in at the door, he said, "Come in, wife of Jeroboam. Why do you pretend to be another? For I am charged with unbearable news for you.

7 Go, tell Jeroboam, 'Thus says the LORD, the God of Israel: "Because I exalted you from among the people and made you leader over my people Israel

8 and tore the kingdom away from the house of David and gave it to you, and yet you have not been like my servant David, who kept my commandments and followed me with all his heart, doing only that which was right in my eyes,

9 but you have done evil above all who were before you and have gone and made for yourself other gods and metal images, provoking me to anger, and have cast me behind your back,

10 therefore behold, I will bring harm upon the house of Jeroboam and will cut off from Jeroboam every male, both bond and free in Israel, and will burn up the house of Jeroboam, as a man burns up dung until it is all gone.

11 Wer von Jerobeam stirbt in der Stadt, den sollen die Hunde fressen; wer aber auf dem Felde stirbt, den sollen die Vögel des Himmels fressen; denn der HERR hat's geredet.

¶ **12** So mache dich nun auf und geh heim; und wenn dein Fuß die Stadt betritt, wird das Kind sterben.

13 Und es wird ihm ganz Israel die Totenklage halten und sie werden ihn begraben; denn dieser allein von Jerobeam wird zu Grabe kommen, weil der HERR, der Gott Israels, etwas Gutes an ihm gefunden hat im Hause Jerobeam.

14 Der HERR aber wird sich einen König über Israel erwecken, der wird das Haus Jerobeam ausrotten – wie es heute ist.

15 Und der HERR wird Israel schlagen, dass es schwankt, wie das Rohr im Wasser bewegt wird, und wird Israel ausreißen aus diesem guten Lande, das er ihren Vätern gegeben hat, und wird sie zerstreuen jenseits des Euphrat, weil sie sich Ascherabilder gemacht haben, den HERRN zu erzürnen.

16 Und er wird Israel dahingeben um der Sünden Jerobeams willen, der da gesündigt hat und Israel sündigen gemacht hat.

¶ **17** Und Jerobeams Frau machte sich auf, ging heim und kam nach Tirza. Und als sie auf die Schwelle des Hauses kam, starb der Knabe.

18 Und sie begruben ihn und ganz Israel hielt ihm die Totenklage nach dem Wort des HERRN, das er geredet hatte durch seinen Knecht Ahija, den Propheten.

¶ **19** Was mehr von Jerobeam zu sagen ist, wie er Krieg geführt und regiert hat, siehe, das steht geschrieben in der Chronik der Könige von Israel.

20 Die Zeit aber, die Jerobeam regierte, sind zweiundzwanzig Jahre. Und er legte sich zu seinen Vätern und sein Sohn Nadab wurde König an seiner statt.

Reich Juda: Rehabeam
(vgl. 2.Chr 12,1-16)

21 Und Rehabeam, der Sohn Salomos, wurde König in Juda. Einundvierzig Jahre alt war Rehabeam, als er König wurde; und er regierte siebzehn Jahre zu Jerusalem, in der Stadt, die der HERR erwählt hatte aus allen Stämmen Israels, damit er dort seinem Namen eine Stätte bereite. Seine Mutter hieß Naama, eine Ammoniterin.

11 Anyone belonging to Jeroboam who dies in the city the dogs shall eat, and anyone who dies in the open country the birds of the heavens shall eat, for the LORD has spoken it."'

12 Arise therefore, go to your house. When your feet enter the city, the child shall die.

13 And all Israel shall mourn for him and bury him, for he only of Jeroboam shall come to the grave, because in him there is found something pleasing to the LORD, the God of Israel, in the house of Jeroboam.

14 Moreover, the LORD will raise up for himself a king over Israel who shall cut off the house of Jeroboam today. And henceforth,

15 the LORD will strike Israel as a reed is shaken in the water, and root up Israel out of this good land that he gave to their fathers and scatter them beyond the Euphrates, because they have made their Asherim, provoking the LORD to anger.

16 And he will give Israel up because of the sins of Jeroboam, which he sinned and made Israel to sin."

¶ **17** Then Jeroboam's wife arose and departed and came to Tirzah. And as she came to the threshold of the house, the child died.

18 And all Israel buried him and mourned for him, according to the word of the LORD, which he spoke by his servant Ahijah the prophet.

The Death of Jeroboam

¶ **19** Now the rest of the acts of Jeroboam, how he warred and how he reigned, behold, they are written in the Book of the Chronicles of the Kings of Israel.

20 And the time that Jeroboam reigned was twenty-two years. And he slept with his fathers, and Nadab his son reigned in his place.

Rehoboam Reigns in Judah

¶ **21** Now Rehoboam the son of Solomon reigned in Judah. Rehoboam was forty-one years old when he began to reign, and he reigned seventeen years in Jerusalem, the city that the LORD had chosen out of all the tribes of Israel, to put his name there. His mother's name was Naamah the Ammonite.

22 Und Juda tat, was dem HERRN missfiel; und sie reizten ihn mehr, als alles ihn reizte, was ihre Väter getan hatten mit ihren Sünden, die sie taten.

23 Denn auch sie machten sich Höhen, Steinmale und Ascherabilder auf allen hohen Hügeln und unter allen grünen Bäumen.

24 Es waren auch Tempelhurer im Lande; und sie taten alle die Gräuel der Heiden, die der HERR vor Israel vertrieben hatte.

¶ **25** Aber im fünften Jahr des Königs Rehabeam zog Schischak, der König von Ägypten, herauf gegen Jerusalem

26 und nahm die Schätze aus dem Hause des HERRN und aus dem Hause des Königs, alles, was zu nehmen war, und nahm alle goldenen Schilde, die Salomo hatte machen lassen.

27 An ihrer statt ließ der König Rehabeam kupferne Schilde machen und gab sie in die Hand der Obersten der Leibwache, die das Tor hüteten am Hause des Königs.

28 Und sooft der König in das Haus des HERRN ging, trug die Leibwache die Schilde und brachte sie wieder in die Wachstube zurück.

¶ **29** Was aber mehr von Rehabeam zu sagen ist und alles, was er getan hat, siehe, das steht geschrieben in der Chronik der Könige von Juda.

30 Es war aber Krieg zwischen Rehabeam und Jerobeam ihr Leben lang.

31 Und Rehabeam legte sich zu seinen Vätern und wurde begraben bei seinen Vätern in der Stadt Davids. Und seine Mutter hieß Naama, eine Ammoniterin. Und sein Sohn Abija wurde König an seiner statt.

Reich Juda: Abija. Asa

15 Im achtzehnten Jahr des Königs Jerobeam, des Sohnes Nebats, wurde Abija König über Juda.

2 und regierte drei Jahre zu Jerusalem. Seine Mutter hieß Maacha, eine Tochter Abischaloms.

¶ **3** Und er wandelte in allen Sünden seines Vaters, die dieser vor ihm getan hatte, und sein Herz war nicht ungeteilt bei dem HERRN, seinem Gott, wie das Herz seines Vaters David.

4 Denn um Davids willen gab der HERR, sein Gott, ihm eine Leuchte zu Jerusalem, dass er seinen Sohn nach ihm erweckte und Jerusalem erhielt,

22 And Judah did what was evil in the sight of the LORD, and they provoked him to jealousy with their sins that they committed, more than all that their fathers had done.

23 For they also built for themselves high places and pillars and Asherim on every high hill and under every green tree,

24 and there were also male cult prostitutes in the land. They did according to all the abominations of the nations that the LORD drove out before the people of Israel.

¶ **25** In the fifth year of King Rehoboam, Shishak king of Egypt came up against Jerusalem.

26 He took away the treasures of the house of the LORD and the treasures of the king's house. He took away everything. He also took away all the shields of gold that Solomon had made,

27 and King Rehoboam made in their place shields of bronze, and committed them to the hands of the officers of the guard, who kept the door of the king's house.

28 And as often as the king went into the house of the LORD, the guard carried them and brought them back to the guardroom.

¶ **29** Now the rest of the acts of Rehoboam and all that he did, are they not written in the Book of the Chronicles of the Kings of Judah?

30 And there was war between Rehoboam and Jeroboam continually.

31 And Rehoboam slept with his fathers and was buried with his fathers in the city of David. His mother's name was Naamah the Ammonite. And Abijam his son reigned in his place.

Abijam Reigns in Judah

15 Now in the eighteenth year of King Jeroboam the son of Nebat, Abijam began to reign over Judah.

2 He reigned for three years in Jerusalem. His mother's name was Maacah the daughter of Abishalom.

¶ **3** And he walked in all the sins that his father did before him, and his heart was not wholly true to the LORD his God, as the heart of David his father.

4 Nevertheless, for David's sake the LORD his God gave him a lamp in Jerusalem, setting up his son after him, and establishing Jerusalem,

5 weil David getan hatte, was dem HERRN wohlgefiel, und nicht gewichen war von allem, was er ihm gebot, sein Leben lang, außer in der Sache mit Uria, dem Hetiter.

6 Es war aber Krieg zwischen Rehabeam und Jerobeam ihr Leben lang.

¶ **7** Was aber mehr von Abija zu sagen ist und alles, was er getan hat, siehe, das steht geschrieben in der Chronik der Könige von Juda. Es war aber Krieg zwischen Abija und Jerobeam.

8 Und Abija legte sich zu seinen Vätern und sie begruben ihn in der Stadt Davids. Und sein Sohn Asa wurde König an seiner statt.

¶ **9** Im zwanzigsten Jahr Jerobeams, des Königs von Israel, wurde Asa König über Juda

10 und regierte einundvierzig Jahre zu Jerusalem. Seine Mutter hieß Maacha, eine Tochter Abischaloms.

11 Und Asa tat, was dem HERRN wohlgefiel, wie sein Vater David.

12 Er tat die Tempelhurer aus dem Lande und entfernte alle Götzenbilder, die seine Väter gemacht hatten.

13 Dazu setzte er auch seine Mutter Maacha ab, dass sie nicht mehr Herrin war, weil sie ein Gräuelbild der Aschera gemacht hatte. Und Asa zerschlug ihr Gräuelbild und verbrannte es am Bach Kidron.

14 Aber die Höhen entfernten sie nicht; jedoch das Herz Asas war ungeteilt bei dem HERRN sein Leben lang.

15 Und das Silber und Gold und die Geräte, die sein Vater geheiligt hatte und was von ihm selbst geheiligt war, brachte er zum Hause des HERRN.

¶ **16** Und es war Krieg zwischen Asa und Bascha, dem König von Israel, ihr Leben lang.

17 Bascha aber, der König von Israel, zog herauf gegen Juda und baute Rama aus, damit niemand aus- und einziehen sollte bei Asa, dem König von Juda.

18 Da nahm Asa alles Silber und Gold, das noch übrig war im Schatz des Hauses des HERRN und im Schatz des Hauses des Königs, und gab's in die Hände seiner Räte und sandte sie zu Ben-Hadad, dem Sohn Tabrimmons, des Sohnes Hesjons, dem König von Aram, der zu Damaskus herrschte, und ließ ihm sagen:

5 because David did what was right in the eyes of the LORD and did not turn aside from anything that he commanded him all the days of his life, except in the matter of Uriah the Hittite.

6 Now there was war between Rehoboam and Jeroboam all the days of his life.

7 The rest of the acts of Abijam and all that he did, are they not written in the Book of the Chronicles of the Kings of Judah? And there was war between Abijam and Jeroboam.

8 And Abijam slept with his fathers, and they buried him in the city of David. And Asa his son reigned in his place.

Asa Reigns In Judah

¶ **9** In the twentieth year of Jeroboam king of Israel, Asa began to reign over Judah,

10 and he reigned forty-one years in Jerusalem. His mother's name was Maacah the daughter of Abishalom.

11 And Asa did what was right in the eyes of the LORD, as David his father had done.

12 He put away the male cult prostitutes out of the land and removed all the idols that his fathers had made.

13 He also removed Maacah his mother from being queen mother because she had made an abominable image for Asherah. And Asa cut down her image and burned it at the brook Kidron.

14 But the high places were not taken away. Nevertheless, the heart of Asa was wholly true to the LORD all his days.

15 And he brought into the house of the LORD the sacred gifts of his father and his own sacred gifts, silver, and gold, and vessels.

¶ **16** And there was war between Asa and Baasha king of Israel all their days.

17 Baasha king of Israel went up against Judah and built Ramah, that he might permit no one to go out or come in to Asa king of Judah.

18 Then Asa took all the silver and the gold that were left in the treasures of the house of the LORD and the treasures of the king's house and gave them into the hands of his servants. And King Asa sent them to Ben-hadad the son of Tabrimmon, the son of Hezion, king of Syria, who lived in Damascus, saying,

19 Es ist ein Bund zwischen mir und dir und zwischen meinem Vater und deinem Vater; darum schicke ich dir ein Geschenk, Silber und Gold, dass du den Bund mit Bascha, dem König von Israel, aufgibst, damit er von mir abzieht.

¶ **20** Ben-Hadad hörte auf die Bitte des Königs Asa und sandte seine Obersten gegen die Städte Israels und schlug Ijon und Dan und Abel-Bet-Maacha, das ganze Kinneret samt dem ganzen Lande Naftali.

21 Als das Bascha hörte, ließ er davon ab, Rama auszubauen, und zog wieder nach Tirza.

22 Der König Asa aber bot ganz Juda auf, niemand ausgenommen, und sie nahmen die Steine und das Holz von Rama weg, womit Bascha gebaut hatte; und der König Asa baute damit Geba in Benjamin und Mizpa aus.

¶ **23** Was aber mehr von Asa zu sagen ist und alle seine tapferen Taten und alles, was er getan hat, und die Städte, die er ausgebaut hat, siehe, das steht geschrieben in der Chronik der Könige von Juda. Nur war er in seinem Alter an seinen Füßen krank.

24 Und Asa legte sich zu seinen Vätern und wurde begraben bei seinen Vätern in der Stadt Davids, seines Vaters. Und sein Sohn Joschafat wurde König an seiner statt.

Reich Israel: Nadab. Bascha

25 Nadab aber, der Sohn Jerobeams, wurde König über Israel im zweiten Jahr Asas, des Königs von Juda, und regierte über Israel zwei Jahre

26 und tat, was dem HERRN missfiel, und wandelte in dem Wege seines Vaters und in seiner Sünde, womit dieser Israel sündigen gemacht hatte.

27 Aber Bascha, der Sohn Ahijas, aus dem Stamme Issachar, machte eine Verschwörung gegen ihn und erschlug ihn zu Gibbeton, das den Philistern gehörte. Denn Nadab und ganz Israel belagerten Gibbeton.

28 So tötete ihn Bascha im dritten Jahr Asas, des Königs von Juda, und wurde König an seiner statt.

29 Als er nun König war, erschlug er das ganze Haus Jerobeam; er ließ auch nicht einen übrig vom Hause Jerobeam, bis er es ganz vertilgt hatte nach dem Wort des HERRN, das er geredet hatte durch seinen Knecht Ahija von Silo,

19 "Let there be a covenant[1] between me and you, as there was between my father and your father. Behold, I am sending to you a present of silver and gold. Go, break your covenant with Baasha king of Israel, that he may withdraw from me."

20 And Ben-hadad listened to King Asa and sent the commanders of his armies against the cities of Israel and conquered Ijon, Dan, Abel-beth-maacah, and all Chinneroth, with all the land of Naphtali.

21 And when Baasha heard of it, he stopped building Ramah, and he lived in Tirzah.

22 Then King Asa made a proclamation to all Judah, none was exempt, and they carried away the stones of Ramah and its timber, with which Baasha had been building, and with them King Asa built Geba of Benjamin and Mizpah.

23 Now the rest of all the acts of Asa, all his might, and all that he did, and the cities that he built, are they not written in the Book of the Chronicles of the Kings of Judah? But in his old age he was diseased in his feet.

24 And Asa slept with his fathers and was buried with his fathers in the city of David his father, and Jehoshaphat his son reigned in his place.

Nadab Reigns in Israel

¶ **25** Nadab the son of Jeroboam began to reign over Israel in the second year of Asa king of Judah, and he reigned over Israel two years.

26 He did what was evil in the sight of the LORD and walked in the way of his father, and in his sin which he made Israel to sin.

¶ **27** Baasha the son of Ahijah, of the house of Issachar, conspired against him. And Baasha struck him down at Gibbethon, which belonged to the Philistines, for Nadab and all Israel were laying siege to Gibbethon.

28 So Baasha killed him in the third year of Asa king of Judah and reigned in his place.

29 And as soon as he was king, he killed all the house of Jeroboam. He left to the house of Jeroboam not one that breathed, until he had destroyed it, according to the word of the LORD that he spoke by his servant Ahijah the Shilonite.

30 um der Sünden Jerobeams willen, die er tat und womit er Israel sündigen machte und den HERRN, den Gott Israels, zum Zorn reizte.

¶ **31** Was aber mehr von Nadab zu sagen ist und alles, was er getan hat, siehe, das steht geschrieben in der Chronik der Könige von Israel.

32 Und es war Krieg zwischen Asa und Bascha, dem König von Israel, ihr Leben lang.

¶ **33** Im dritten Jahr Asas, des Königs von Juda, wurde Bascha, der Sohn Ahijas, König über ganz Israel und regierte zu Tirza vierundzwanzig Jahre.

34 Und er tat, was dem HERRN missfiel, und wandelte in dem Wege Jerobeams und in seiner Sünde, womit er Israel sündigen gemacht hatte.

16 Es kam aber das Wort des HERRN zu Jehu, dem Sohn Hananis, gegen Bascha:

2 Weil ich dich aus dem Staub erhoben habe und zum Fürsten gemacht über mein Volk Israel und du doch wandelst in dem Wege Jerobeams und mein Volk Israel sündigen machst, dass sie mich erzürnen durch ihre Sünde,

3 siehe, so will ich ausrotten Bascha und sein Haus und will dein Haus machen wie das Haus Jerobeams, des Sohnes Nebats:

4 Wer vom Hause Baschas stirbt in der Stadt, den sollen die Hunde fressen; und wer von ihm stirbt auf dem Felde, den sollen die Vögel des Himmels fressen.

¶ **5** Was aber mehr von Bascha zu sagen ist und was er getan hat und seine tapferen Taten, siehe, das steht geschrieben in der Chronik der Könige von Israel.

6 Und Bascha legte sich zu seinen Vätern und wurde begraben zu Tirza. Und sein Sohn Ela wurde König an seiner statt.

¶ **7** Auch war das Wort des HERRN durch den Propheten Jehu, den Sohn Hananis, über Bascha gekommen und über sein Haus wegen all des Unrechts, das er vor dem HERRN tat, ihn zu erzürnen durch die Werke seiner Hände, dass es ihm ergehen sollte wie dem Hause Jerobeam, und weil er dieses ausgetilgt hatte.

Reich Israel: Ela, Simri und Omri

8 Im sechsundzwanzigsten Jahr Asas, des Königs von Juda, wurde Ela, der Sohn Baschas, König über Israel und regierte zu Tirza zwei Jahre.

30 It was for the sins of Jeroboam that he sinned and that he made Israel to sin, and because of the anger to which he provoked the LORD, the God of Israel.

¶ **31** Now the rest of the acts of Nadab and all that he did, are they not written in the Book of the Chronicles of the Kings of Israel?

32 And there was war between Asa and Baasha king of Israel all their days.

Baasha Reigns in Israel

¶ **33** In the third year of Asa king of Judah, Baasha the son of Ahijah began to reign over all Israel at Tirzah, and he reigned twenty-four years.

34 He did what was evil in the sight of the LORD and walked in the way of Jeroboam and in his sin which he made Israel to sin.

16 And the word of the LORD came to Jehu the son of Hanani against Baasha, saying,

2 "Since I exalted you out of the dust and made you leader over my people Israel, and you have walked in the way of Jeroboam and have made my people Israel to sin, provoking me to anger with their sins,

3 behold, I will utterly sweep away Baasha and his house, and I will make your house like the house of Jeroboam the son of Nebat.

4 Anyone belonging to Baasha who dies in the city the dogs shall eat, and anyone of his who dies in the field the birds of the heavens shall eat."

¶ **5** Now the rest of the acts of Baasha and what he did, and his might, are they not written in the Book of the Chronicles of the Kings of Israel?

6 And Baasha slept with his fathers and was buried at Tirzah, and Elah his son reigned in his place.

7 Moreover, the word of the LORD came by the prophet Jehu the son of Hanani against Baasha and his house, both because of all the evil that he did in the sight of the LORD, provoking him to anger with the work of his hands, in being like the house of Jeroboam, and also because he destroyed it.

Elah Reigns in Israel

¶ **8** In the twenty-sixth year of Asa king of Judah, Elah the son of Baasha began to reign over Israel in Tirzah, and he reigned two years.

9 Aber sein Knecht Simri, der Oberste über die Hälfte der Kriegswagen, machte eine Verschwörung gegen ihn. Er aber war in Tirza, trank und wurde trunken im Hause Arzas, des Hofmeisters in Tirza.

10 Und Simri kam hinein und schlug ihn tot im siebenundzwanzigsten Jahr Asas, des Königs von Juda, und wurde König an seiner statt.

11 Und als er König war und auf seinem Thron saß, erschlug er das ganze Haus Bascha und ließ nichts übrig, was männlich war, dazu seine Verwandten und seine Freunde.

12 So vertilgte Simri das ganze Haus Bascha nach dem Wort des HERRN, das er über Bascha geredet hatte durch den Propheten Jehu,

13 um all der Sünden willen Baschas und seines Sohnes Ela, die sie taten und durch die sie Israel sündigen machten, den HERRN, den Gott Israels, zu erzürnen durch ihre Abgötterei.

¶ **14** Was aber mehr von Ela zu sagen ist und alles, was er getan hat, siehe, das steht geschrieben in der Chronik der Könige von Israel.

¶ **15** Im siebenundzwanzigsten Jahr Asas, des Königs von Juda, wurde Simri König und regierte sieben Tage zu Tirza. Und das Volk lag vor Gibbeton, das den Philistern gehörte.

16 Als aber das Volk im Lager sagen hörte, dass Simri eine Verschwörung gemacht und auch den König erschlagen hätte, da machte ganz Israel am selben Tag im Lager Omri, den Feldhauptmann, zum König über Israel.

17 Und Omri zog herauf und ganz Israel mit ihm von Gibbeton und sie belagerten Tirza.

18 Als aber Simri sah, dass die Stadt eingenommen werden würde, ging er in den Burgturm im Hause des Königs und verbrannte sich mit dem Hause des Königs und starb

19 um seiner Sünden willen, die er getan hatte, dadurch dass er tat, was dem HERRN missfiel, und wandelte in dem Wege Jerobeams und in seiner Sünde, die er tat, dass er Israel sündigen machte.

¶ **20** Was aber mehr von Simri zu sagen ist und wie er eine Verschwörung machte, siehe, das steht geschrieben in der Chronik der Könige von Israel.

¶ **21** Damals teilte sich das Volk Israel in zwei Teile. Eine Hälfte hing Tibni an, dem Sohn Ginats, und machte ihn zum König, die andere Hälfte aber hing Omri an.

9 But his servant Zimri, commander of half his chariots, conspired against him. When he was at Tirzah, drinking himself drunk in the house of Arza, who was over the household in Tirzah,

10 Zimri came in and struck him down and killed him, in the twenty-seventh year of Asa king of Judah, and reigned in his place.

¶ **11** When he began to reign, as soon as he had seated himself on his throne, he struck down all the house of Baasha. He did not leave him a single male of his relatives or his friends.

12 Thus Zimri destroyed all the house of Baasha, according to the word of the LORD, which he spoke against Baasha by Jehu the prophet,

13 for all the sins of Baasha and the sins of Elah his son, which they sinned and which they made Israel to sin, provoking the LORD God of Israel to anger with their idols.

14 Now the rest of the acts of Elah and all that he did, are they not written in the Book of the Chronicles of the Kings of Israel?

Zimri Reigns in Israel

¶ **15** In the twenty-seventh year of Asa king of Judah, Zimri reigned seven days in Tirzah. Now the troops were encamped against Gibbethon, which belonged to the Philistines,

16 and the troops who were encamped heard it said, "Zimri has conspired, and he has killed the king." Therefore all Israel made Omri, the commander of the army, king over Israel that day in the camp.

17 So Omri went up from Gibbethon, and all Israel with him, and they besieged Tirzah.

18 And when Zimri saw that the city was taken, he went into the citadel of the king's house and burned the king's house over him with fire and died,

19 because of his sins that he committed, doing evil in the sight of the LORD, walking in the way of Jeroboam, and for his sin which he committed, making Israel to sin.

20 Now the rest of the acts of Zimri, and the conspiracy that he made, are they not written in the Book of the Chronicles of the Kings of Israel?

Omri Reigns in Israel

¶ **21** Then the people of Israel were divided into two parts. Half of the people followed Tibni the son of Ginath, to make him king, and half followed Omri.

22 Aber das Volk, das Omri anhing, wurde stärker als das Volk, das Tibni anhing, dem Sohn Ginats. Und Tibni starb; da wurde Omri König.

¶ **23** Im einunddreißigsten Jahr Asas, des Königs von Juda, wurde Omri König über Israel und regierte zwölf Jahre und davon zu Tirza sechs Jahre.

24 Er kaufte den Berg Samaria von Schemer für zwei Zentner Silber und baute auf dem Berg eine Stadt und nannte sie Samaria nach dem Namen Schemers, dem der Berg gehört hatte.

25 Und Omri tat, was dem HERRN missfiel, und trieb es ärger als alle, die vor ihm gewesen waren,

26 und wandelte in allen Wegen Jerobeams, des Sohnes Nebats, und in seiner Sünde, durch die dieser Israel sündigen machte, dass sie den HERRN, den Gott Israels, erzürnten durch ihre Abgötterei.

¶ **27** Was aber mehr von Omri zu sagen ist und alles, was er getan hat, und seine tapferen Taten, siehe, das steht geschrieben in der Chronik der Könige von Israel.

28 Und Omri legte sich zu seinen Vätern und wurde begraben zu Samaria. Und sein Sohn Ahab wurde König an seiner statt.

Reich Israel: Ahab

29 Im achtunddreißigsten Jahr Asas, des Königs von Juda, wurde Ahab, der Sohn Omris, König über Israel und regierte über Israel zu Samaria zweiundzwanzig Jahre

30 und tat, was dem HERRN missfiel, mehr als alle, die vor ihm gewesen waren.

31 Es war noch das Geringste, dass er wandelte in der Sünde Jerobeams, des Sohnes Nebats; er nahm sogar Isebel, die Tochter Etbaals, des Königs der Sidonier, zur Frau und ging hin und diente Baal und betete ihn an

32 und richtete ihm einen Altar auf im Tempel Baals, den er ihm zu Samaria baute,

33 und machte ein Bild der Aschera, sodass Ahab mehr tat, den HERRN, den Gott Israels, zu erzürnen, als alle Könige von Israel, die vor ihm gewesen waren.

¶ **34** Zur selben Zeit baute Hiël von Bethel Jericho wieder auf. Es kostete ihn seinen erstgeborenen Sohn Abiram, als er den Grund legte, und seinen jüngsten Sohn Segub, als er die Tore einsetzte, nach dem Wort des HERRN, das er geredet hatte durch Josua, den Sohn Nuns.

22 But the people who followed Omri overcame the people who followed Tibni the son of Ginath. So Tibni died, and Omri became king.

23 In the thirty-first year of Asa king of Judah, Omri began to reign over Israel, and he reigned for twelve years; six years he reigned in Tirzah.

24 He bought the hill of Samaria from Shemer for two talents[1] of silver, and he fortified the hill and called the name of the city that he built Samaria, after the name of Shemer, the owner of the hill.

¶ **25** Omri did what was evil in the sight of the LORD, and did more evil than all who were before him.

26 For he walked in all the way of Jeroboam the son of Nebat, and in the sins that he made Israel to sin, provoking the LORD, the God of Israel, to anger by their idols.

27 Now the rest of the acts of Omri that he did, and the might that he showed, are they not written in the Book of the Chronicles of the Kings of Israel?

28 And Omri slept with his fathers and was buried in Samaria, and Ahab his son reigned in his place.

Ahab Reigns in Israel

¶ **29** In the thirty-eighth year of Asa king of Judah, Ahab the son of Omri began to reign over Israel, and Ahab the son of Omri reigned over Israel in Samaria twenty-two years.

30 And Ahab the son of Omri did evil in the sight of the LORD, more than all who were before him.

31 And as if it had been a light thing for him to walk in the sins of Jeroboam the son of Nebat, he took for his wife Jezebel the daughter of Ethbaal king of the Sidonians, and went and served Baal and worshiped him.

32 He erected an altar for Baal in the house of Baal, which he built in Samaria.

33 And Ahab made an Asherah. Ahab did more to provoke the LORD, the God of Israel, to anger than all the kings of Israel who were before him.

34 In his days Hiel of Bethel built Jericho. He laid its foundation at the cost of Abiram his firstborn, and set up its gates at the cost of his youngest son Segub, according to the word of the LORD, which he spoke by Joshua the son of Nun.

Elia am Bach Krit und bei der Witwe zu Zarpat

17 Und es sprach Elia, der Tischbiter, aus Tischbe in Gilead zu Ahab: So wahr der HERR, der Gott Israels, lebt, vor dem ich stehe: Es soll diese Jahre weder Tau noch Regen kommen, ich sage es denn.

¶ **2** Da kam das Wort des HERRN zu ihm:

3 Geh weg von hier und wende dich nach Osten und verbirg dich am Bach Krit, der zum Jordan fließt.

4 Und du sollst aus dem Bach trinken und ich habe den Raben geboten, dass sie dich dort versorgen sollen.

5 Er aber ging hin und tat nach dem Wort des HERRN und setzte sich nieder am Bach Krit, der zum Jordan fließt.

6 Und die Raben brachten ihm Brot und Fleisch des Morgens und des Abends und er trank aus dem Bach.

7 Und es geschah nach einiger Zeit, dass der Bach vertrocknete; denn es war kein Regen im Lande.

8 Da kam das Wort des HERRN zu ihm:

9 Mach dich auf und geh nach Zarpat, das bei Sidon liegt, und bleibe dort; denn ich habe dort einer Witwe geboten, dich zu versorgen.

¶ **10** Und er machte sich auf und ging nach Zarpat. Und als er an das Tor der Stadt kam, siehe, da war eine Witwe, die las Holz auf. Und er rief ihr zu und sprach: Hole mir ein wenig Wasser im Gefäß, dass ich trinke!

11 Und als sie hinging zu holen, rief er ihr nach und sprach: Bringe mir auch einen Bissen Brot mit!

12 Sie sprach: So wahr der HERR, dein Gott, lebt: Ich habe nichts Gebackenes, nur eine Hand voll Mehl im Topf und ein wenig Öl im Krug. Und siehe, ich hab ein Scheit Holz oder zwei aufgelesen und gehe heim und will mir und meinem Sohn zurichten, dass wir essen – und sterben.

¶ **13** Elia sprach zu ihr: Fürchte dich nicht! Geh hin und mach's, wie du gesagt hast. Doch mache zuerst mir etwas Gebackenes davon und bringe mir's heraus; dir aber und deinem Sohn sollst du danach auch etwas backen.

14 Denn so spricht der HERR, der Gott Israels: **Das Mehl im Topf soll nicht verzehrt werden, und dem Ölkrug soll nichts mangeln bis auf den Tag, an dem der HERR regnen lassen wird auf Erden.**

15 Sie ging hin und tat, wie Elia gesagt hatte. Und er aß und sie auch und ihr Sohn Tag um Tag.

Elijah Predicts a Drought

17 Now Elijah the Tishbite, of Tishbe[1] in Gilead, said to Ahab, "As the LORD, the God of Israel, lives, before whom I stand, there shall be neither dew nor rain these years, except by my word."

2 And the word of the LORD came to him:

3 "Depart from here and turn eastward and hide yourself by the brook Cherith, which is east of the Jordan.

4 You shall drink from the brook, and I have commanded the ravens to feed you there."

5 So he went and did according to the word of the LORD. He went and lived by the brook Cherith that is east of the Jordan.

6 And the ravens brought him bread and meat in the morning, and bread and meat in the evening, and he drank from the brook.

7 And after a while the brook dried up, because there was no rain in the land.

The Widow of Zarephath

¶ **8** Then the word of the LORD came to him,

9 "Arise, go to Zarephath, which belongs to Sidon, and dwell there. Behold, I have commanded a widow there to feed you."

10 So he arose and went to Zarephath. And when he came to the gate of the city, behold, a widow was there gathering sticks. And he called to her and said, "Bring me a little water in a vessel, that I may drink."

11 And as she was going to bring it, he called to her and said, "Bring me a morsel of bread in your hand."

12 And she said, "As the LORD your God lives, I have nothing baked, only a handful of flour in a jar and a little oil in a jug. And now I am gathering a couple of sticks that I may go in and prepare it for myself and my son, that we may eat it and die."

13 And Elijah said to her, "Do not fear; go and do as you have said. But first make me a little cake of it and bring it to me, and afterward make something for yourself and your son.

14 For thus says the LORD, the God of Israel, 'The jar of flour shall not be spent, and the jug of oil shall not be empty, until the day that the LORD sends rain upon the earth.'"

15 And she went and did as Elijah said. And she and he and her household ate for many days.

16 Das Mehl im Topf wurde nicht verzehrt, und dem Ölkrug mangelte nichts nach dem Wort des HERRN, das er durch Elia geredet hatte.

¶ **17** Und nach diesen Geschichten wurde der Sohn seiner Hauswirtin krank und seine Krankheit wurde so schwer, dass kein Odem mehr in ihm blieb.

18 Und sie sprach zu Elia: Was hab ich mit dir zu schaffen, du Mann Gottes? Du bist zu mir gekommen, dass meiner Sünde gedacht und mein Sohn getötet würde.

¶ **19** Er sprach zu ihr: Gib mir deinen Sohn! Und er nahm ihn von ihrem Schoß und ging hinauf ins Obergemach, wo er wohnte, und legte ihn auf sein Bett

20 und rief den HERRN an und sprach: HERR, mein Gott, tust du sogar der Witwe, bei der ich ein Gast bin, so Böses an, dass du ihren Sohn tötest?

21 Und er legte sich auf das Kind drei Mal und rief den HERRN an und sprach: HERR, mein Gott, lass sein Leben in dies Kind zurückkehren!

22 Und der HERR erhörte die Stimme Elias und das Leben kehrte in das Kind zurück, und es wurde wieder lebendig.

¶ **23** Und Elia nahm das Kind und brachte es hinab vom Obergemach ins Haus und gab es seiner Mutter und sprach: Sieh da, dein Sohn lebt!

24 Und die Frau sprach zu Elia: Nun erkenne ich, dass du ein Mann Gottes bist, und des HERRN Wort in deinem Munde ist Wahrheit.

Das Gottesurteil auf dem Karmel

18 Nach einer langen Zeit kam das Wort des HERRN zu Elia, im dritten Jahr: Geh hin und zeige dich Ahab, denn ich will regnen lassen auf die Erde.

2 Und Elia ging hin, um sich Ahab zu zeigen.

¶   Es war aber eine große Hungersnot in Samaria.

3 Und Ahab rief Obadja, seinen Hofmeister – Obadja aber fürchtete den HERRN sehr;

4 denn als Isebel die Propheten des HERRN ausrottete, nahm Obadja hundert Propheten und versteckte sie in Höhlen, hier fünfzig und da fünfzig, und versorgte sie mit Brot und Wasser –;

16 The jar of flour was not spent, neither did the jug of oil become empty, according to the word of the Lord that he spoke by Elijah.

Elijah Raises the Widow's Son

¶ **17** After this the son of the woman, the mistress of the house, became ill. And his illness was so severe that there was no breath left in him.

18 And she said to Elijah, "What have you against me, O man of God? You have come to me to bring my sin to remembrance and to cause the death of my son!"

19 And he said to her, "Give me your son." And he took him from her arms and carried him up into the upper chamber where he lodged, and laid him on his own bed.

20 And he cried to the Lord, "O Lord my God, have you brought calamity even upon the widow with whom I sojourn, by killing her son?"

21 Then he stretched himself upon the child three times and cried to the Lord, "O Lord my God, let this child's life[2] come into him again."

22 And the Lord listened to the voice of Elijah. And the life of the child came into him again, and he revived.

23 And Elijah took the child and brought him down from the upper chamber into the house and delivered him to his mother. And Elijah said, "See, your son lives."

24 And the woman said to Elijah, "Now I know that you are a man of God, and that the word of the Lord in your mouth is truth."

Elijah Confronts Ahab

18 After many days the word of the Lord came to Elijah, in the third year, saying, "Go, show yourself to Ahab, and I will send rain upon the earth."

2 So Elijah went to show himself to Ahab. Now the famine was severe in Samaria.

3 And Ahab called Obadiah, who was over the household. (Now Obadiah feared the Lord greatly,

4 and when Jezebel cut off the prophets of the Lord, Obadiah took a hundred prophets and hid them by fifties in a cave and fed them with bread and water.)

5 und Ahab sprach zu Obadja: Wohlan, wir wollen durchs Land ziehen zu allen Wasserquellen und Bächen, ob wir Gras finden und die Rosse und Maultiere erhalten könnten, damit nicht alles Vieh umkommt.

6 Und sie teilten sich ins Land, dass sie es durchzogen. Ahab zog allein auf dem einen Weg und Obadja auch allein auf dem andern Weg.

¶ **7** Als nun Obadja auf dem Wege war, siehe, da begegnete ihm Elia. Und als er ihn erkannte, fiel er auf sein Antlitz und sprach: Bist du es nicht, Elia, mein Herr?

8 Er sprach: Ja! Geh hin und sage deinem Herrn: Siehe, Elia ist da!

9 Obadja aber sprach: Was hab ich gesündigt, dass du deinen Knecht in die Hände Ahabs geben willst, dass er mich tötet?

10 So wahr der HERR, dein Gott, lebt: Es gibt kein Volk noch Königreich, wohin mein Herr nicht gesandt hat, dich zu suchen. Und wenn sie sprachen: Er ist nicht hier, nahm er einen Eid von dem Königreich und Volk, dass man dich nicht gefunden hätte.

11 Und nun sprichst du: Geh hin, sage deinem Herrn: Siehe, Elia ist da!

12 Wenn ich nun hinginge von dir, so könnte dich der Geist des HERRN entführen und ich wüsste nicht wohin; und wenn ich dann käme und sagte es Ahab an und er fände dich nicht, so tötete er mich. Und doch fürchtet dein Knecht den HERRN von seiner Jugend auf.

13 Ist's meinem Herrn Elia nicht angesagt, was ich getan habe, als Isebel die Propheten des HERRN tötete? Dass ich von den Propheten des HERRN hundert versteckte, hier fünfzig und da fünfzig, in Höhlen und versorgte sie mit Brot und Wasser?

14 Und nun sprichst du: Geh hin, sage deinem Herrn: Elia ist da! Dann wird er mich töten.

15 Elia sprach: So wahr der HERR Zebaoth lebt, vor dem ich stehe: Ich will mich ihm heute zeigen.

¶ **16** Da ging Obadja hin Ahab entgegen und sagte es ihm an. Und Ahab ging hin Elia entgegen.

17 Und als Ahab Elia sah, sprach Ahab zu ihm: Bist du nun da, der Israel ins Unglück stürzt?

18 Er aber sprach: Nicht ich stürze Israel ins Unglück, sondern du und deines Vaters Haus dadurch, dass ihr des HERRN Gebote verlassen habt und wandelt den Baalen nach.

5 And Ahab said to Obadiah, "Go through the land to all the springs of water and to all the valleys. Perhaps we may find grass and save the horses and mules alive, and not lose some of the animals."

6 So they divided the land between them to pass through it. Ahab went in one direction by himself, and Obadiah went in another direction by himself.

¶ **7** And as Obadiah was on the way, behold, Elijah met him. And Obadiah recognized him and fell on his face and said, "Is it you, my lord Elijah?"

8 And he answered him, "It is I. Go, tell your lord, 'Behold, Elijah is here.'"

9 And he said, "How have I sinned, that you would give your servant into the hand of Ahab, to kill me?

10 As the LORD your God lives, there is no nation or kingdom where my lord has not sent to seek you. And when they would say, 'He is not here,' he would take an oath of the kingdom or nation, that they had not found you.

11 And now you say, 'Go, tell your lord, "Behold, Elijah is here."'

12 And as soon as I have gone from you, the Spirit of the LORD will carry you I know not where. And so, when I come and tell Ahab and he cannot find you, he will kill me, although I your servant have feared the LORD from my youth.

13 Has it not been told my lord what I did when Jezebel killed the prophets of the LORD, how I hid a hundred men of the LORD's prophets by fifties in a cave and fed them with bread and water?

14 And now you say, 'Go, tell your lord, "Behold, Elijah is here"'; and he will kill me."

15 And Elijah said, "As the LORD of hosts lives, before whom I stand, I will surely show myself to him today."

16 So Obadiah went to meet Ahab, and told him. And Ahab went to meet Elijah.

¶ **17** When Ahab saw Elijah, Ahab said to him, "Is it you, you troubler of Israel?"

18 And he answered, "I have not troubled Israel, but you have, and your father's house, because you have abandoned the commandments of the LORD and followed the Baals.

19 Wohlan, so sende nun hin und versammle zu mir ganz Israel auf den Berg Karmel und die vierhundertundfünfzig Propheten Baals, auch die vierhundert Propheten der Aschera, die vom Tisch Isebels essen.

20 So sandte Ahab hin zu ganz Israel und versammelte die Propheten auf den Berg Karmel.

¶ **21** Da trat Elia zu allem Volk und sprach: **Wie lange hinkt ihr auf beiden Seiten? Ist der HERR Gott, so wandelt ihm nach, ist's aber Baal, so wandelt ihm nach. Und das Volk antwortete ihm nichts.**

22 Da sprach Elia zum Volk: Ich bin allein übrig geblieben als Prophet des HERRN, aber die Propheten Baals sind vierhundertundfünfzig Mann.

23 So gebt uns nun zwei junge Stiere und lasst sie wählen **einen** Stier und ihn zerstücken und aufs Holz legen, aber kein Feuer daran legen; dann will ich den andern Stier nehmen und aufs Holz legen und auch kein Feuer daran legen.

24 Und ruft ihr den Namen eures Gottes an, aber ich will den Namen des HERRN anrufen. Welcher Gott nun mit Feuer antworten wird, der ist wahrhaftig Gott. Und das ganze Volk antwortete und sprach: Das ist recht.

¶ **25** Und Elia sprach zu den Propheten Baals: Wählt ihr einen Stier und richtet zuerst zu, denn ihr seid viele, und ruft den Namen eures Gottes an, aber legt kein Feuer daran.

26 Und sie nahmen den Stier, den man ihnen gab, und richteten zu und riefen den Namen Baals an vom Morgen bis zum Mittag und sprachen: Baal, erhöre uns! Aber es war da keine Stimme noch Antwort. Und sie hinkten um den Altar, den sie gemacht hatten.

27 Als es nun Mittag wurde, verspottete sie Elia und sprach: Ruft laut! Denn er ist ja ein Gott; er ist in Gedanken oder hat zu schaffen oder ist über Land oder schläft vielleicht, dass er aufwache.

28 Und sie riefen laut und ritzten sich mit Messern und Spießen nach ihrer Weise, bis ihr Blut herabfloss.

29 Als aber der Mittag vergangen war, waren sie in Verzückung bis um die Zeit, zu der man das Speisopfer darbringt; aber da war keine Stimme noch Antwort noch einer, der aufmerkte.

¶ **30** Da sprach Elia zu allem Volk: Kommt her zu mir! Und als alles Volk zu ihm trat, baute er den Altar des HERRN wieder auf, der zerbrochen war,

19 Now therefore send and gather all Israel to me at Mount Carmel, and the 450 prophets of Baal and the 400 prophets of Asherah, who eat at Jezebel's table."

The Prophets of Baal Defeated

¶ **20** So Ahab sent to all the people of Israel and gathered the prophets together at Mount Carmel.

21 And Elijah came near to all the people and said, "How long will you go limping between two different opinions? If the LORD is God, follow him; but if Baal, then follow him." And the people did not answer him a word.

22 Then Elijah said to the people, "I, even I only, am left a prophet of the LORD, but Baal's prophets are 450 men.

23 Let two bulls be given to us, and let them choose one bull for themselves and cut it in pieces and lay it on the wood, but put no fire to it. And I will prepare the other bull and lay it on the wood and put no fire to it.

24 And you call upon the name of your god, and I will call upon the name of the LORD, and the God who answers by fire, he is God." And all the people answered, "It is well spoken."

25 Then Elijah said to the prophets of Baal, "Choose for yourselves one bull and prepare it first, for you are many, and call upon the name of your god, but put no fire to it."

26 And they took the bull that was given them, and they prepared it and called upon the name of Baal from morning until noon, saying, "O Baal, answer us!" But there was no voice, and no one answered. And they limped around the altar that they had made.

27 And at noon Elijah mocked them, saying, "Cry aloud, for he is a god. Either he is musing, or he is relieving himself, or he is on a journey, or perhaps he is asleep and must be awakened."

28 And they cried aloud and cut themselves after their custom with swords and lances, until the blood gushed out upon them.

29 And as midday passed, they raved on until the time of the offering of the oblation, but there was no voice. No one answered; no one paid attention.

¶ **30** Then Elijah said to all the people, "Come near to me." And all the people came near to him. And he repaired the altar of the LORD that had been thrown down.

31 und nahm zwölf Steine nach der Zahl der Stämme der Söhne Jakobs – zu dem das Wort des Herrn ergangen war: Du sollst Israel heißen –

32 und baute von den Steinen einen Altar im Namen des Herrn und machte um den Altar her einen Graben, so breit wie für zwei Kornmaß Aussaat,

33 und richtete das Holz zu und zerstückte den Stier und legte ihn aufs Holz.

34 Und Elia sprach: Holt vier Eimer voll Wasser und gießt es auf das Brandopfer und aufs Holz! Und er sprach: Tut's noch einmal! Und sie taten's noch einmal. Und er sprach: Tut's zum dritten Mal! Und sie taten's zum dritten Mal.

35 Und das Wasser lief um den Altar her und der Graben wurde auch voll Wasser.

¶ **36** Und als es Zeit war, das Speisopfer zu opfern, trat der Prophet Elia herzu und sprach: Herr, Gott Abrahams, Isaaks und Israels, lass heute kundwerden, dass du Gott in Israel bist und ich dein Knecht und dass ich das alles nach deinem Wort getan habe!

37 Erhöre mich, Herr, erhöre mich, damit dies Volk erkennt, dass du, Herr, Gott bist und ihr Herz wieder zu dir kehrst!

¶ **38** Da fiel das Feuer des Herrn herab und fraß Brandopfer, Holz, Steine und Erde und leckte das Wasser auf im Graben.

39 Als das alles Volk sah, fielen sie auf ihr Angesicht und sprachen: Der Herr ist Gott, der Herr ist Gott!

40 Elia aber sprach zu ihnen: Greift die Propheten Baals, dass keiner von ihnen entrinne! Und sie ergriffen sie. Und Elia führte sie hinab an den Bach Kischon und tötete sie daselbst.

¶ **41** Und Elia sprach zu Ahab: Zieh hinauf, iss und trink; denn es rauscht, als wollte es sehr regnen.

42 Und als Ahab hinaufzog, um zu essen und zu trinken, ging Elia auf den Gipfel des Karmel und bückte sich zur Erde und hielt sein Haupt zwischen seine Knie

43 und sprach zu seinem Diener: Geh hinauf und schaue zum Meer! Er ging hinauf und schaute und sprach: Es ist nichts da. Elia sprach: Geh wieder hin, und der Diener ging wieder hin, siebenmal.

31 Elijah took twelve stones, according to the number of the tribes of the sons of Jacob, to whom the word of the Lord came, saying, "Israel shall be your name,"

32 and with the stones he built an altar in the name of the Lord. And he made a trench about the altar, as great as would contain two seahs[1] of seed.

33 And he put the wood in order and cut the bull in pieces and laid it on the wood. And he said, "Fill four jars with water and pour it on the burnt offering and on the wood."

34 And he said, "Do it a second time." And they did it a second time. And he said, "Do it a third time." And they did it a third time.

35 And the water ran around the altar and filled the trench also with water.

¶ **36** And at the time of the offering of the oblation, Elijah the prophet came near and said, "O Lord, God of Abraham, Isaac, and Israel, let it be known this day that you are God in Israel, and that I am your servant, and that I have done all these things at your word.

37 Answer me, O Lord, answer me, that this people may know that you, O Lord, are God, and that you have turned their hearts back."

38 Then the fire of the Lord fell and consumed the burnt offering and the wood and the stones and the dust, and licked up the water that was in the trench.

39 And when all the people saw it, they fell on their faces and said, "The Lord, he is God; the Lord, he is God."

40 And Elijah said to them, "Seize the prophets of Baal; let not one of them escape." And they seized them. And Elijah brought them down to the brook Kishon and slaughtered them there.

The Lord Sends Rain

¶ **41** And Elijah said to Ahab, "Go up, eat and drink, for there is a sound of the rushing of rain."

42 So Ahab went up to eat and to drink. And Elijah went up to the top of Mount Carmel. And he bowed himself down on the earth and put his face between his knees.

43 And he said to his servant, "Go up now, look toward the sea." And he went up and looked and said, "There is nothing." And he said, "Go again," seven times.

44 Und beim siebenten Mal sprach er: Siehe, es steigt eine kleine Wolke auf aus dem Meer wie eines Mannes Hand. Elia sprach: Geh hin und sage Ahab: Spann an und fahre hinab, damit dich der Regen nicht aufhält!

45 Und ehe man sich's versah, wurde der Himmel schwarz von Wolken und Wind und es kam ein großer Regen. Ahab aber fuhr hinab nach Jesreel.

46 Und die Hand des HERRN kam über Elia, und er gürtete seine Lenden und lief vor Ahab hin, bis er kam nach Jesreel.

Elia am Horeb

19 Und Ahab sagte Isebel alles, was Elia getan hatte und wie er alle Propheten Baals mit dem Schwert umgebracht hatte.

2 Da sandte Isebel einen Boten zu Elia und ließ ihm sagen: Die Götter sollen mir dies und das tun, wenn ich nicht morgen um diese Zeit dir tue, wie du diesen getan hast!

3 Da fürchtete er sich, machte sich auf und lief um sein Leben und kam nach Beerscheba in Juda und ließ seinen Diener dort.

4 Er aber ging hin in die Wüste eine Tagereise weit und kam und setzte sich unter einen Wacholder und wünschte sich zu sterben und sprach: Es ist genug, so nimm nun, HERR, meine Seele; ich bin nicht besser als meine Väter.

¶ 5 Und er legte sich hin und schlief unter dem Wacholder. Und siehe, ein Engel rührte ihn an und sprach zu ihm: Steh auf und iss!

6 Und er sah sich um, und siehe, zu seinen Häupten lag ein geröstetes Brot und ein Krug mit Wasser. Und als er gegessen und getrunken hatte, legte er sich wieder schlafen.

7 Und der Engel des HERRN kam zum zweiten Mal wieder und rührte ihn an und sprach: Steh auf und iss! Denn du hast einen weiten Weg vor dir.

8 Und er stand auf und aß und trank und ging durch die Kraft der Speise vierzig Tage und vierzig Nächte bis zum Berg Gottes, dem Horeb.

¶ 9 Und er kam dort in eine Höhle und blieb dort über Nacht. Und siehe, das Wort des HERRN kam zu ihm: Was machst du hier, Elia?

44 And at the seventh time he said, "Behold, a little cloud like a man's hand is rising from the sea." And he said, "Go up, say to Ahab, 'Prepare your chariot and go down, lest the rain stop you.'"

45 And in a little while the heavens grew black with clouds and wind, and there was a great rain. And Ahab rode and went to Jezreel.

46 And the hand of the LORD was on Elijah, and he gathered up his garment and ran before Ahab to the entrance of Jezreel.

Elijah Flees Jezebel

19 Ahab told Jezebel all that Elijah had done, and how he had killed all the prophets with the sword.

2 Then Jezebel sent a messenger to Elijah, saying, "So may the gods do to me and more also, if I do not make your life as the life of one of them by this time tomorrow."

3 Then he was afraid, and he arose and ran for his life and came to Beersheba, which belongs to Judah, and left his servant there.

¶ 4 But he himself went a day's journey into the wilderness and came and sat down under a broom tree. And he asked that he might die, saying, "It is enough; now, O LORD, take away my life, for I am no better than my fathers."

5 And he lay down and slept under a broom tree. And behold, an angel touched him and said to him, "Arise and eat."

6 And he looked, and behold, there was at his head a cake baked on hot stones and a jar of water. And he ate and drank and lay down again.

7 And the angel of the LORD came again a second time and touched him and said, "Arise and eat, for the journey is too great for you."

8 And he arose and ate and drank, and went in the strength of that food forty days and forty nights to Horeb, the mount of God.

The LORD Speaks to Elijah

¶ 9 There he came to a cave and lodged in it. And behold, the word of the LORD came to him, and he said to him, "What are you doing here, Elijah?"

10 Er sprach: Ich habe geeifert für den HERRN, den Gott Zebaoth; denn Israel hat deinen Bund verlassen und deine Altäre zerbrochen und deine Propheten mit dem Schwert getötet und ich bin allein übrig geblieben, und sie trachten danach, dass sie mir mein Leben nehmen.

¶ **11** Der Herr sprach: Geh heraus und tritt hin auf den Berg vor den HERRN! Und siehe, der HERR wird vorübergehen. Und ein großer, starker Wind, der die Berge zerriss und die Felsen zerbrach, kam vor dem HERRN her; der HERR aber war nicht im Winde. Nach dem Wind aber kam ein Erdbeben; aber der HERR war nicht im Erdbeben.

12 Und nach dem Erdbeben kam ein Feuer; aber der HERR war nicht im Feuer. Und nach dem Feuer kam ein stilles, sanftes Sausen.

13 Als das Elia hörte, verhüllte er sein Antlitz mit seinem Mantel und ging hinaus und trat in den Eingang der Höhle.

¶ Und siehe, da kam eine Stimme zu ihm und sprach: Was hast du hier zu tun, Elia?

14 Er sprach: Ich habe für den HERRN, den Gott Zebaoth, geeifert; denn Israel hat deinen Bund verlassen, deine Altäre zerbrochen, deine Propheten mit dem Schwert getötet und ich bin allein übrig geblieben, und sie trachten danach, dass sie mir das Leben nehmen.

15 Aber der HERR sprach zu ihm: Geh wieder deines Weges durch die Wüste nach Damaskus und geh hinein und salbe Hasaël zum König über Aram

16 und Jehu, den Sohn Nimschis, zum König über Israel und Elisa, den Sohn Schafats, von Abel-Mehola zum Propheten an deiner statt.

17 Und es soll geschehen: Wer dem Schwert Hasaëls entrinnt, den soll Jehu töten, und wer dem Schwert Jehus entrinnt, den soll Elisa töten.

18 Und ich will übrig lassen siebentausend in Israel, alle Knie, die sich nicht gebeugt haben vor Baal, und jeden Mund, der ihn nicht geküsst hat.

¶ **19** Und Elia ging von dort weg und fand Elisa, den Sohn Schafats, als er pflügte mit zwölf Jochen vor sich her, und er war selbst bei dem zwölften. Und Elia ging zu ihm und warf seinen Mantel über ihn.

20 Und er verließ die Rinder und lief Elia nach und sprach: Lass mich meinen Vater und meine Mutter küssen, dann will ich dir nachfolgen. Er sprach zu ihm: Wohlan, kehre um! Bedenke, was ich dir getan habe!

10 He said, "I have been very jealous for the LORD, the God of hosts. For the people of Israel have forsaken your covenant, thrown down your altars, and killed your prophets with the sword, and I, even I only, am left, and they seek my life, to take it away."

11 And he said, "Go out and stand on the mount before the LORD." And behold, the LORD passed by, and a great and strong wind tore the mountains and broke in pieces the rocks before the LORD, but the LORD was not in the wind. And after the wind an earthquake, but the LORD was not in the earthquake.

12 And after the earthquake a fire, but the LORD was not in the fire. And after the fire the sound of a low whisper.[1]

13 And when Elijah heard it, he wrapped his face in his cloak and went out and stood at the entrance of the cave. And behold, there came a voice to him and said, "What are you doing here, Elijah?"

14 He said, "I have been very jealous for the LORD, the God of hosts. For the people of Israel have forsaken your covenant, thrown down your altars, and killed your prophets with the sword, and I, even I only, am left, and they seek my life, to take it away."

15 And the LORD said to him, "Go, return on your way to the wilderness of Damascus. And when you arrive, you shall anoint Hazael to be king over Syria.

16 And Jehu the son of Nimshi you shall anoint to be king over Israel, and Elisha the son of Shaphat of Abel-meholah you shall anoint to be prophet in your place.

17 And the one who escapes from the sword of Hazael shall Jehu put to death, and the one who escapes from the sword of Jehu shall Elisha put to death.

18 Yet I will leave seven thousand in Israel, all the knees that have not bowed to Baal, and every mouth that has not kissed him."

The Call of Elisha

¶ **19** So he departed from there and found Elisha the son of Shaphat, who was plowing with twelve yoke of oxen in front of him, and he was with the twelfth. Elijah passed by him and cast his cloak upon him.

20 And he left the oxen and ran after Elijah and said, "Let me kiss my father and my mother, and then I will follow you." And he said to him, "Go back again, for what have I done to you?"

21 Und Elisa wandte sich von ihm weg und nahm ein Joch Rinder und opferte es, und mit den Jochen der Rinder kochte er das Fleisch und gab's den Leuten, dass sie aßen. Und er machte sich auf und folgte Elia nach und diente ihm.

Ahabs Kriege mit dem König Ben-Hadad

20 Und Ben-Hadad, der König von Aram, versammelte seine ganze Streitmacht, und es waren zweiunddreißig Könige mit ihm und Ross und Wagen. Und er zog herauf und belagerte Samaria und kämpfte gegen die Stadt

2 und sandte Boten zu Ahab, dem König von Israel, in die Stadt und ließ ihm sagen:

3 So spricht Ben-Hadad: Dein Silber und dein Gold ist mein und deine Frauen und deine besten Söhne sind auch mein.

4 Der König von Israel antwortete und sprach: Mein Herr und König, wie du geredet hast! Ich bin dein und alles, was ich habe.

5 Aber die Boten kamen zurück und sprachen: So spricht Ben-Hadad: Ich habe zu dir gesandt und sagen lassen: Dein Silber und dein Gold, deine Frauen und deine Söhne sollst du mir geben.

6 Doch will ich morgen um diese Zeit meine Leute zu dir senden, dass sie dein Haus und die Häuser deiner Untertanen durchsuchen, und was ihnen gefällt, sollen sie nehmen und wegtragen.

¶ 7 Da rief der König von Israel alle Ältesten des Landes zu sich und sprach: Merkt doch und seht, wie böse er's meint! Er hat zu mir gesandt um meine Frauen und Söhne, Silber und Gold, und ich hab ihm nichts verweigert.

8 Da sprachen zu ihm alle Ältesten und alles Volk: Du sollst nicht gehorchen und nicht einwilligen.

9 Und Ahab sprach zu den Boten Ben-Hadads: Sagt meinem Herrn, dem König: Alles, was du zuerst deinem Knecht entboten hast, will ich tun; aber dies kann ich nicht tun. Und die Boten gingen hin und sagten ihm das wieder.

10 Da sandte Ben-Hadad zu ihm und ließ ihm sagen: Die Götter sollen mir dies und das tun, wenn der Staub Samarias genug sein sollte, die Hände der Leute zu füllen, die mit mir ziehen!

11 Aber der König von Israel antwortete: Sagt ihm: Wer den Harnisch anlegt, soll sich nicht rühmen wie der, der ihn abgelegt hat.

21 And he returned from following him and took the yoke of oxen and sacrificed them and boiled their flesh with the yokes of the oxen and gave it to the people, and they ate. Then he arose and went after Elijah and assisted him.

Ahab's Wars with Syria

20 Ben-hadad the king of Syria gathered all his army together. Thirty-two kings were with him, and horses and chariots. And he went up and closed in on Samaria and fought against it.

2 And he sent messengers into the city to Ahab king of Israel and said to him, "Thus says Ben-hadad:

3 'Your silver and your gold are mine; your best wives and children also are mine.'"

4 And the king of Israel answered, "As you say, my lord, O king, I am yours, and all that I have."

5 The messengers came again and said, "Thus says Ben-hadad: 'I sent to you, saying, "Deliver to me your silver and your gold, your wives and your children."

6 Nevertheless I will send my servants to you tomorrow about this time, and they shall search your house and the houses of your servants and lay hands on whatever pleases you and take it away.'"

¶ 7 Then the king of Israel called all the elders of the land and said, "Mark, now, and see how this man is seeking trouble, for he sent to me for my wives and my children, and for my silver and my gold, and I did not refuse him."

8 And all the elders and all the people said to him, "Do not listen or consent."

9 So he said to the messengers of Ben-hadad, "Tell my lord the king, 'All that you first demanded of your servant I will do, but this thing I cannot do.'" And the messengers departed and brought him word again.

10 Ben-hadad sent to him and said, "The gods do so to me and more also, if the dust of Samaria shall suffice for handfuls for all the people who follow me."

11 And the king of Israel answered, "Tell him, 'Let not him who straps on his armor boast himself as he who takes it off.'"

12 Als das Ben-Hadad hörte, der gerade mit den Königen in den Zelten trank, sprach er zu seinen Leuten: Greift an! Und sie griffen die Stadt an.

¶ **13** Und siehe, ein Prophet trat zu Ahab, dem König von Israel, und sprach: So spricht der HERR: Siehst du diese große Menge? Wahrlich, ich will sie heute in deine Hand geben, dass du wissen sollst: Ich bin der HERR.

14 Ahab sprach: Durch wen soll's geschehen? Er sprach: So spricht der HERR: Durch die Leute der Landvögte. Ahab sprach: Wer soll die Schlacht beginnen? Er sprach: Du.

15 Da zählte Ahab die Leute der Landvögte und es waren zweihundertzweiunddreißig; und nach ihnen zählte er das ganze Volk Israel und es waren siebentausend Mann.

16 Und sie zogen aus am Mittag.
¶   Ben-Hadad aber trank und war trunken im Zeltlager samt den zweiunddreißig Königen, die ihm zu Hilfe gekommen waren.

17 Und die Leute der Landvögte zogen zuerst aus. Ben-Hadad aber hatte Leute ausgesandt; die brachten ihm Botschaft und sprachen: Es ziehen Männer aus Samaria heran.

18 Er sprach: Greift sie lebendig, ob sie nun zum Frieden oder zum Kampf ausgezogen sind!

19 Als aber die Leute der Landvögte aus der Stadt herausgezogen waren und das Heer ihnen nach,

20 erschlug jeder den, der vor ihn kam. Und die Aramäer flohen und Israel jagte ihnen nach. Aber Ben-Hadad, der König von Aram, entrann auf einem Ross und Gespanne mit ihm.

21 Und der König von Israel zog aus und schlug Ross und Wagen. So schlug er die Aramäer in einer großen Schlacht.

¶ **22** Da trat der Prophet zum König von Israel und sprach zu ihm: Wohlan, rüste dich und merke auf und sieh zu, was du tust! Denn der König von Aram wird gegen dich heraufziehen, wenn das Jahr um ist.

¶ **23** Aber die Großen des Königs von Aram sprachen zu ihm: Ihre Götter sind Berggötter, darum haben sie uns überwunden. Aber wenn wir mit ihnen in der Ebene kämpfen könnten – was gilt's, wir wollten sie überwinden!

24 Tu nun das: Setze die Könige alle ab und setze Statthalter an ihre Stelle

12 When Ben-hadad heard this message as he was drinking with the kings in the booths, he said to his men, "Take your positions." And they took their positions against the city.

Ahab Defeats Ben-hadad

¶ **13** And behold, a prophet came near to Ahab king of Israel and said, "Thus says the LORD, Have you seen all this great multitude? Behold, I will give it into your hand this day, and you shall know that I am the LORD."

14 And Ahab said, "By whom?" He said, "Thus says the LORD, By the servants of the governors of the districts." Then he said, "Who shall begin the battle?" He answered, "You."

15 Then he mustered the servants of the governors of the districts, and they were 232. And after them he mustered all the people of Israel, seven thousand.

¶ **16** And they went out at noon, while Ben-hadad was drinking himself drunk in the booths, he and the thirty-two kings who helped him.

17 The servants of the governors of the districts went out first. And Ben-hadad sent out scouts, and they reported to him, "Men are coming out from Samaria."

18 He said, "If they have come out for peace, take them alive. Or if they have come out for war, take them alive."

¶ **19** So these went out of the city, the servants of the governors of the districts and the army that followed them.

20 And each struck down his man. The Syrians fled, and Israel pursued them, but Ben-hadad king of Syria escaped on a horse with horsemen.

21 And the king of Israel went out and struck the horses and chariots, and struck the Syrians with a great blow.

¶ **22** Then the prophet came near to the king of Israel and said to him, "Come, strengthen yourself, and consider well what you have to do, for in the spring the king of Syria will come up against you."

¶ **23** And the servants of the king of Syria said to him, "Their gods are gods of the hills, and so they were stronger than we. But let us fight against them in the plain, and surely we shall be stronger than they.

24 And do this: remove the kings, each from his post, and put commanders in their places,

25 und schaffe dir ein Heer, wie das Heer war, das du verloren hast, und ebenso viele Rosse und Wagen wie zuvor, und lass uns gegen sie kämpfen in der Ebene – was gilt's, wir werden sie überwinden! Er gehorchte ihrer Stimme und tat das.

26 Als nun das Jahr um war, bot Ben-Hadad die Aramäer auf und zog herauf nach Afek, um gegen Israel zu kämpfen.

27 Und Israel wurde auch aufgeboten, versorgte sich und zog hin ihnen entgegen und lagerte sich ihnen gegenüber wie zwei kleine Herden Ziegen. Von den Aramäern aber war das Land voll.

¶ 28 Und es trat der Mann Gottes herzu und sprach zum König von Israel: So spricht der HERR: Weil die Aramäer gesagt haben, der HERR sei ein Gott der Berge und nicht ein Gott der Täler, so habe ich diese große Menge in deine Hand gegeben, damit ihr erkennt: Ich bin der HERR.

29 Und sie lagen einander gegenüber sieben Tage. Am siebenten Tage zogen sie in den Kampf und Israel schlug von den Aramäern hunderttausend Mann Fußvolk an **einem** Tag.

30 Und die Übrigen flohen nach Afek in die Stadt und die Mauer fiel auf die Übriggebliebenen, siebenundzwanzigtausend Mann.

¶ Und auch Ben-Hadad floh in die Stadt und verkroch sich von einer Kammer in die andere.

31 Da sprachen seine Großen zu ihm: Siehe, wir haben gehört, dass die Könige des Hauses Israel barmherzige Könige sind. So lasst uns Säcke um unsere Lenden tun und Stricke um unsere Köpfe und zum König von Israel hinausgehen; vielleicht lässt er dich am Leben.

32 Und sie gürteten Säcke um ihre Lenden und Stricke um ihre Köpfe und kamen zum König von Israel und sprachen: Dein Knecht Ben-Hadad lässt dir sagen: Lass mich doch am Leben! Er aber sprach: Lebt er noch? Er ist mein Bruder!

33 Und die Männer nahmen es als ein gutes Zeichen und sprachen: Ja, Ben-Hadad ist dein Bruder. Er sprach: Geht und bringt ihn! Da ging Ben-Hadad zu ihm heraus. Und Ahab ließ ihn auf den Wagen steigen.

25 and muster an army like the army that you have lost, horse for horse, and chariot for chariot. Then we will fight against them in the plain, and surely we shall be stronger than they." And he listened to their voice and did so.

Ahab Defeats Ben-hadad Again

¶ 26 In the spring, Ben-hadad mustered the Syrians and went up to Aphek to fight against Israel.

27 And the people of Israel were mustered and were provisioned and went against them. The people of Israel encamped before them like two little flocks of goats, but the Syrians filled the country.

28 And a man of God came near and said to the king of Israel, "Thus says the LORD, 'Because the Syrians have said, "The LORD is a god of the hills but he is not a god of the valleys," therefore I will give all this great multitude into your hand, and you shall know that I am the LORD.'"

29 And they encamped opposite one another seven days. Then on the seventh day the battle was joined. And the people of Israel struck down of the Syrians 100,000 foot soldiers in one day.

30 And the rest fled into the city of Aphek, and the wall fell upon 27,000 men who were left.

¶ Ben-hadad also fled and entered an inner chamber in the city.

31 And his servants said to him, "Behold now, we have heard that the kings of the house of Israel are merciful kings. Let us put sackcloth around our waists and ropes on our heads and go out to the king of Israel. Perhaps he will spare your life."

32 So they tied sackcloth around their waists and put ropes on their heads and went to the king of Israel and said, "Your servant Ben-hadad says, 'Please, let me live.'" And he said, "Does he still live? He is my brother."

33 Now the men were watching for a sign, and they quickly took it up from him and said, "Yes, your brother Ben-hadad." Then he said, "Go and bring him." Then Ben-hadad came out to him, and he caused him to come up into the chariot.

34 Und Ben-Hadad sprach zu ihm: Die Städte, die mein Vater deinem Vater genommen hat, will ich dir zurückgeben, und mache du dir Märkte in Damaskus, wie mein Vater in Samaria getan hat. Und Ahab sprach: Ich will dich auf diesen Bund hin ziehen lassen. Da schloss er mit ihm den Bund und ließ ihn ziehen.

35 Da sprach ein Mann von den Prophetenjüngern zu seinem Nächsten auf des HERRN Gebot: Schlage mich! Er aber weigerte sich, ihn zu schlagen.

36 Da sprach er zu ihm: Weil du der Stimme des HERRN nicht gehorcht hast, siehe, so wird dich ein Löwe schlagen, wenn du von mir gehst. Und als er von ihm ging, fand ihn ein Löwe und schlug ihn.

37 Und der Prophet fand einen andern Mann und sprach: Schlage mich! Und der Mann schlug ihn wund.

38 Da ging der Prophet hin, trat an den Weg, den der König zog, und verhüllte sein Angesicht mit einer Binde.

39 Und als der König vorüberzog, rief er den König an und sprach: Dein Knecht war ausgezogen in die Schlacht. Und siehe, ein Mann trat zu mir und brachte mir einen und sprach: Bewache diesen Mann; wenn man ihn vermissen wird, so soll dein Leben für sein Leben einstehen oder du sollst einen Zentner Silber zahlen.

40 Und als dein Knecht hier und da zu tun hatte, war der Mann nicht mehr da. Der König von Israel sprach zu ihm: Das ist dein Urteil; du hast's selbst gefällt.

41 Da tat er eilends die Binde von seinem Angesicht und der König von Israel erkannte, dass er einer der Propheten war.

42 Und er sprach zu ihm: So spricht der HERR: Weil du den Mann, auf dem mein Bann lag, von dir gelassen hast, so soll dein Leben für sein Leben einstehen und dein Volk für sein Volk.

43 Aber der König von Israel zog heim, voller Unmut und zornig, und kam nach Samaria.

Nabots Weinberg

21 Nach diesen Geschichten begab es sich: Nabot, ein Jesreeliter, hatte einen Weinberg in Jesreel, bei dem Palast Ahabs, des Königs von Samaria.

---

34 And Ben-hadad said to him, "The cities that my father took from your father I will restore, and you may establish bazaars for yourself in Damascus, as my father did in Samaria." And Ahab said, "I will let you go on these terms." So he made a covenant with him and let him go.

A Prophet Condemns Ben-hadad's Release

35 And a certain man of the sons of the prophets said to his fellow at the command of the LORD, "Strike me, please." But the man refused to strike him.

36 Then he said to him, "Because you have not obeyed the voice of the LORD, behold, as soon as you have gone from me, a lion shall strike you down." And as soon as he had departed from him, a lion met him and struck him down.

37 Then he found another man and said, "Strike me, please." And the man struck him—struck him and wounded him.

38 So the prophet departed and waited for the king by the way, disguising himself with a bandage over his eyes.

39 And as the king passed, he cried to the king and said, "Your servant went out into the midst of the battle, and behold, a soldier turned and brought a man to me and said, 'Guard this man; if by any means he is missing, your life shall be for his life, or else you shall pay a talent[1] of silver.'

40 And as your servant was busy here and there, he was gone." The king of Israel said to him, "So shall your judgment be; you yourself have decided it."

41 Then he hurried to take the bandage away from his eyes, and the king of Israel recognized him as one of the prophets.

42 And he said to him, "Thus says the LORD, 'Because you have let go out of your hand the man whom I had devoted to destruction,[2] therefore your life shall be for his life, and your people for his people.'"

43 And the king of Israel went to his house vexed and sullen and came to Samaria.

Naboth's Vineyard

21 Now Naboth the Jezreelite had a vineyard in Jezreel, beside the palace of Ahab king of Samaria.

2 Und Ahab redete mit Nabot und sprach: Gib mir deinen Weinberg; ich will mir einen Kohlgarten daraus machen, weil er so nahe an meinem Hause liegt. Ich will dir einen besseren Weinberg dafür geben oder, wenn dir's gefällt, will ich dir Silber dafür geben, soviel er wert ist.

3 Aber Nabot sprach zu Ahab: Das lasse der HERR fern von mir sein, dass ich dir meiner Väter Erbe geben sollte!

¶ **4** Da kam Ahab heim voller Unmut und zornig um des Wortes willen, das Nabot, der Jesreeliter, zu ihm gesagt hatte: Ich will dir meiner Väter Erbe nicht geben. Und er legte sich auf sein Bett und wandte sein Antlitz ab und aß nicht.

5 Da kam seine Frau Isebel zu ihm hinein und redete mit ihm: Was ist's, dass dein Geist so voller Unmut ist und dass du nicht isst?

6 Er sprach zu ihr: Ich habe mit Nabot, dem Jesreeliter, geredet und gesagt: Gib mir deinen Weinberg für Geld oder, wenn es dir lieber ist, will ich dir einen andern dafür geben. Er aber sprach: Ich will dir meinen Weinberg nicht geben.

7 Da sprach seine Frau Isebel zu ihm: Du bist doch König über Israel! Steh auf und iss und sei guten Mutes! Ich werde dir den Weinberg Nabots, des Jesreeliters, verschaffen.

¶ **8** Und sie schrieb Briefe unter Ahabs Namen und versiegelte sie mit seinem Siegel und sandte sie zu den Ältesten und Oberen, die mit Nabot in seiner Stadt wohnten.

9 Und schrieb in den Briefen: Lasst ein Fasten ausrufen und setzt Nabot obenan im Volk

10 und stellt ihm zwei ruchlose Männer gegenüber, die da zeugen und sprechen: Du hast Gott und den König gelästert! Und führt ihn hinaus und steinigt ihn, dass er stirbt.

¶ **11** Und die Ältesten und Oberen, die mit ihm in seiner Stadt wohnten, taten, wie ihnen Isebel entboten hatte, wie sie in den Briefen geschrieben hatte, die sie zu ihnen sandte,

12 und sie ließen ein Fasten ausrufen und ließen Nabot obenan im Volk sitzen.

13 Da kamen die zwei ruchlosen Männer und stellten sich ihm gegenüber und verklagten Nabot vor dem Volk und sprachen: Nabot hat Gott und den König gelästert! Da führten sie ihn vor die Stadt hinaus und steinigten ihn, dass er starb.

14 Und sie sandten zu Isebel und ließen ihr sagen: Nabot ist gesteinigt und tot.

2 And after this Ahab said to Naboth, "Give me your vineyard, that I may have it for a vegetable garden, because it is near my house, and I will give you a better vineyard for it; or, if it seems good to you, I will give you its value in money."

3 But Naboth said to Ahab, "The LORD forbid that I should give you the inheritance of my fathers."

4 And Ahab went into his house vexed and sullen because of what Naboth the Jezreelite had said to him, for he had said, "I will not give you the inheritance of my fathers." And he lay down on his bed and turned away his face and would eat no food.

¶ **5** But Jezebel his wife came to him and said to him, "Why is your spirit so vexed that you eat no food?"

6 And he said to her, "Because I spoke to Naboth the Jezreelite and said to him, 'Give me your vineyard for money, or else, if it please you, I will give you another vineyard for it.' And he answered, 'I will not give you my vineyard.'"

7 And Jezebel his wife said to him, "Do you now govern Israel? Arise and eat bread and let your heart be cheerful; I will give you the vineyard of Naboth the Jezreelite."

¶ **8** So she wrote letters in Ahab's name and sealed them with his seal, and she sent the letters to the elders and the leaders who lived with Naboth in his city.

9 And she wrote in the letters, "Proclaim a fast, and set Naboth at the head of the people.

10 And set two worthless men opposite him, and let them bring a charge against him, saying, 'You have cursed[1] God and the king.' Then take him out and stone him to death."

11 And the men of his city, the elders and the leaders who lived in his city, did as Jezebel had sent word to them. As it was written in the letters that she had sent to them,

12 they proclaimed a fast and set Naboth at the head of the people.

13 And the two worthless men came in and sat opposite him. And the worthless men brought a charge against Naboth in the presence of the people, saying, "Naboth cursed God and the king." So they took him outside the city and stoned him to death with stones.

14 Then they sent to Jezebel, saying, "Naboth has been stoned; he is dead."

¶ **15** Als aber Isebel hörte, dass Nabot gesteinigt und tot war, sprach sie zu Ahab: Steh auf und nimm in Besitz den Weinberg Nabots, des Jesreeliters, der sich geweigert hat, ihn dir für Geld zu geben; denn Nabot lebt nicht mehr, sondern ist tot.

16 Als Ahab hörte, dass Nabot tot war, stand er auf, um hinabzugehen zum Weinberge Nabots, des Jesreeliters, und ihn in Besitz zu nehmen.

¶ **17** Aber das Wort des HERRN kam zu Elia, dem Tischbiter:

18 Mach dich auf und geh hinab Ahab, dem König von Israel zu Samaria, entgegen – siehe, er ist im Weinberge Nabots, wohin er hinabgegangen ist, um ihn in Besitz zu nehmen –

19 und rede mit ihm und sprich: So spricht der HERR: Du hast gemordet, dazu auch fremdes Erbe geraubt! An der Stätte, wo Hunde das Blut Nabots geleckt haben, sollen Hunde auch dein Blut lecken.

¶ **20** Und Ahab sprach zu Elia: Hast du mich gefunden, mein Feind? Er aber sprach: Ja, ich habe dich gefunden, weil du dich verkauft hast, Unrecht zu tun vor dem HERRN.

21 Siehe, ich will Unheil über dich bringen und dich vertilgen samt deinen Nachkommen und will von Ahab ausrotten, was männlich ist, bis auf den letzten Mann in Israel

22 und will dein Haus machen wie das Haus Jerobeams, des Sohnes Nebats, und wie das Haus Baschas, des Sohnes Ahijas, um des Zornes willen, dass du mich erzürnt und Israel sündigen gemacht hast.

23 Und auch über Isebel hat der HERR geredet und gesprochen: Die Hunde sollen Isebel fressen an der Mauer Jesreels.

24 Wer von Ahab stirbt in der Stadt, den sollen die Hunde fressen, und wer auf dem Felde stirbt, den sollen die Vögel unter dem Himmel fressen.

¶ **25** Es war niemand, der sich so verkauft hätte, Unrecht zu tun vor dem HERRN, wie Ahab, den seine Frau Isebel verführte.

26 Und er versündigte sich dadurch über die Maßen, dass er den Götzen nachwandelte, ganz wie die Amoriter getan hatten, die der HERR vor Israel vertrieben hatte.

¶ **27** Als aber Ahab diese Worte hörte, zerriss er seine Kleider und legte ein härenes Tuch um seinen Leib und fastete und schlief darin und ging bedrückt einher.

¶ **15** As soon as Jezebel heard that Naboth had been stoned and was dead, Jezebel said to Ahab, "Arise, take possession of the vineyard of Naboth the Jezreelite, which he refused to give you for money, for Naboth is not alive, but dead."

16 And as soon as Ahab heard that Naboth was dead, Ahab arose to go down to the vineyard of Naboth the Jezreelite, to take possession of it.

The LORD Condemns Ahab

¶ **17** Then the word of the LORD came to Elijah the Tishbite, saying,

18 "Arise, go down to meet Ahab king of Israel, who is in Samaria; behold, he is in the vineyard of Naboth, where he has gone to take possession.

19 And you shall say to him, 'Thus says the LORD, "Have you killed and also taken possession?"' And you shall say to him, 'Thus says the LORD: "In the place where dogs licked up the blood of Naboth shall dogs lick your own blood."'"

¶ **20** Ahab said to Elijah, "Have you found me, O my enemy?" He answered, "I have found you, because you have sold yourself to do what is evil in the sight of the LORD.

21 Behold, I will bring disaster upon you. I will utterly burn you up, and will cut off from Ahab every male, bond or free, in Israel.

22 And I will make your house like the house of Jeroboam the son of Nebat, and like the house of Baasha the son of Ahijah, for the anger to which you have provoked me, and because you have made Israel to sin.

23 And of Jezebel the LORD also said, 'The dogs shall eat Jezebel within the walls of Jezreel.'

24 Anyone belonging to Ahab who dies in the city the dogs shall eat, and anyone of his who dies in the open country the birds of the heavens shall eat."

Ahab's Repentance

¶ **25** (There was none who sold himself to do what was evil in the sight of the LORD like Ahab, whom Jezebel his wife incited.

26 He acted very abominably in going after idols, as the Amorites had done, whom the LORD cast out before the people of Israel.)

¶ **27** And when Ahab heard those words, he tore his clothes and put sackcloth on his flesh and fasted and lay in sackcloth and went about dejectedly.

28 Und das Wort des HERRN kam zu Elia, dem Tischbiter:

29 Hast du nicht gesehen, wie sich Ahab vor mir gedemütigt hat? Weil er sich nun vor mir gedemütigt hat, will ich das Unheil nicht kommen lassen zu seinen Lebzeiten, aber zu seines Sohnes Lebzeiten will ich das Unheil über sein Haus bringen.

Ahabs Krieg gegen die Aramäer, Michas Weissagung und Ahabs Untergang

(vgl. 2.Chr 18,1-34)

22 Und es vergingen drei Jahre, dass kein Krieg war zwischen den Aramäern und Israel.

2 Im dritten Jahr aber zog Joschafat, der König von Juda, hinab zum König von Israel.

3 Und der König von Israel sprach zu seinen Großen: Wisst ihr nicht, dass Ramot in Gilead unser ist, und wir sitzen still und nehmen es nicht dem König von Aram ab?

4 Und er sprach zu Joschafat: Willst du mit mir ziehen in den Kampf gegen Ramot in Gilead? Joschafat sprach zum König von Israel: Ich will sein wie du und mein Volk wie dein Volk und meine Rosse wie deine Rosse.

¶ **5** Und Joschafat sprach zum König von Israel: Frage doch zuerst nach dem Wort des HERRN!

6 Da versammelte der König von Israel Propheten, etwa vierhundert Mann, und sprach zu ihnen: Soll ich gegen Ramot in Gilead in den Kampf ziehen oder soll ich's lassen? Sie sprachen: Zieh hinauf! Der Herr wird's in die Hand des Königs geben.

7 Joschafat aber sprach: Ist hier kein Prophet des HERRN mehr, dass wir durch ihn den Herrn befragen?

8 Der König von Israel sprach zu Joschafat: Es ist noch **einer** hier, Micha, der Sohn Jimlas, durch den man den HERRN befragen kann. Aber ich bin ihm gram; denn er weissagt mir nichts Gutes, sondern nur Böses. Joschafat sprach: Der König rede so nicht!

9 Da rief der König von Israel einen Kämmerer und sprach: Bringe eilends her Micha, den Sohn Jimlas!

¶ **10** Der König von Israel aber und Joschafat, der König von Juda, saßen jeder auf seinem Thron in ihren königlichen Kleidern auf dem Platz vor dem Tor Samarias, und alle Propheten fingen an, vor ihnen zu weissagen.

11 Und Zidkija, der Sohn Kenaanas, hatte sich eiserne Hörner gemacht und sprach: So spricht der HERR: Hiermit wirst du die Aramäer niederstoßen, bis du sie vernichtest.

28 And the word of the LORD came to Elijah the Tishbite, saying,

29 "Have you seen how Ahab has humbled himself before me? Because he has humbled himself before me, I will not bring the disaster in his days; but in his son's days I will bring the disaster upon his house."

Ahab and the False Prophets

22 For three years Syria and Israel continued without war.

2 But in the third year Jehoshaphat the king of Judah came down to the king of Israel.

3 And the king of Israel said to his servants, "Do you know that Ramoth-gilead belongs to us, and we keep quiet and do not take it out of the hand of the king of Syria?"

4 And he said to Jehoshaphat, "Will you go with me to battle at Ramoth-gilead?" And Jehoshaphat said to the king of Israel, "I am as you are, my people as your people, my horses as your horses."

¶ **5** And Jehoshaphat said to the king of Israel, "Inquire first for the word of the LORD."

6 Then the king of Israel gathered the prophets together, about four hundred men, and said to them, "Shall I go to battle against Ramoth-gilead, or shall I refrain?" And they said, "Go up, for the Lord will give it into the hand of the king."

7 But Jehoshaphat said, "Is there not here another prophet of the LORD of whom we may inquire?"

8 And the king of Israel said to Jehoshaphat, "There is yet one man by whom we may inquire of the LORD, Micaiah the son of Imlah, but I hate him, for he never prophesies good concerning me, but evil." And Jehoshaphat said, "Let not the king say so."

9 Then the king of Israel summoned an officer and said, "Bring quickly Micaiah the son of Imlah."

10 Now the king of Israel and Jehoshaphat the king of Judah were sitting on their thrones, arrayed in their robes, at the threshing floor at the entrance of the gate of Samaria, and all the prophets were prophesying before them.

11 And Zedekiah the son of Chenaanah made for himself horns of iron and said, "Thus says the LORD, 'With these you shall push the Syrians until they are destroyed.'"

12 Und alle Propheten weissagten ebenso und sprachen: Zieh hin gegen Ramot in Gilead; es wird dir gelingen! Der HERR wird's in die Hand des Königs geben.

¶ **13** Und der Bote, der hingegangen war, um Micha zu rufen, sprach zu ihm: Siehe, die Worte der Propheten sind einmütig gut für den König; so lass nun auch dein Wort wie ihr Wort sein und rede Gutes.

14 Micha sprach: So wahr der HERR lebt: Ich will reden, was der HERR mir sagen wird.

¶ **15** Und als er zum König kam, sprach der König zu ihm: Micha, sollen wir gegen Ramot in Gilead in den Kampf ziehen oder sollen wir's lassen? Er sprach zu ihm: Ja, zieh hinauf, es soll dir gelingen! Der HERR wird's in die Hand des Königs geben.

16 Der König entgegnete ihm: Wie oft soll ich dich beschwören, dass du mir im Namen des HERRN nichts als die Wahrheit sagst!

17 Micha sprach: Ich sah ganz Israel zerstreut auf den Bergen wie Schafe, die keinen Hirten haben. Der HERR aber sprach: Diese haben keinen Herrn; ein jeder kehre wieder heim mit Frieden.

¶ **18** Da sprach der König von Israel zu Joschafat: Hab ich dir nicht gesagt, dass er mir nichts Gutes weissagt, sondern nur Böses?

19 Micha sprach: Darum höre nun das Wort des HERRN! Ich sah den HERRN sitzen auf seinem Thron und das ganze himmlische Heer neben ihm stehen zu seiner Rechten und Linken.

20 Und der HERR sprach: Wer will Ahab betören, dass er hinaufzieht und vor Ramot in Gilead fällt? Und einer sagte dies, der andere das.

21 Da trat ein Geist vor und stellte sich vor den HERRN und sprach: Ich will ihn betören. Der HERR sprach zu ihm: Womit?

22 Er sprach: Ich will ausgehen und will ein Lügengeist sein im Munde aller seiner Propheten. Er sprach: Du sollst ihn betören und sollst es ausrichten; geh aus und tu das!

23 Nun siehe, der HERR hat einen Lügengeist gegeben in den Mund aller deiner Propheten; und der HERR hat Unheil gegen dich geredet.

¶ **24** Da trat herzu Zidkija, der Sohn Kenaanas, und schlug Micha auf die Backe und sprach: Wie? Ist der Geist des HERRN von mir gewichen, dass er mit dir redet?

12 And all the prophets prophesied so and said, "Go up to Ramoth-gilead and triumph; the LORD will give it into the hand of the king."

Micaiah Prophesies Against Ahab

¶ **13** And the messenger who went to summon Micaiah said to him, "Behold, the words of the prophets with one accord are favorable to the king. Let your word be like the word of one of them, and speak favorably."

14 But Micaiah said, "As the LORD lives, what the LORD says to me, that I will speak."

15 And when he had come to the king, the king said to him, "Micaiah, shall we go to Ramoth-gilead to battle, or shall we refrain?" And he answered him, "Go up and triumph; the LORD will give it into the hand of the king."

16 But the king said to him, "How many times shall I make you swear that you speak to me nothing but the truth in the name of the LORD?"

17 And he said, "I saw all Israel scattered on the mountains, as sheep that have no shepherd. And the LORD said, 'These have no master; let each return to his home in peace.'"

18 And the king of Israel said to Jehoshaphat, "Did I not tell you that he would not prophesy good concerning me, but evil?"

19 And Micaiah said, "Therefore hear the word of the LORD: I saw the LORD sitting on his throne, and all the host of heaven standing beside him on his right hand and on his left;

20 and the LORD said, 'Who will entice Ahab, that he may go up and fall at Ramoth-gilead?' And one said one thing, and another said another.

21 Then a spirit came forward and stood before the LORD, saying, 'I will entice him.'

22 And the LORD said to him, 'By what means?' And he said, 'I will go out, and will be a lying spirit in the mouth of all his prophets.' And he said, 'You are to entice him, and you shall succeed; go out and do so.'

23 Now therefore behold, the LORD has put a lying spirit in the mouth of all these your prophets; the LORD has declared disaster for you."

¶ **24** Then Zedekiah the son of Chenaanah came near and struck Micaiah on the cheek and said, "How did the Spirit of the LORD go from me to speak to you?"

25 Micha sprach: Wahrlich, an dem Tage wirst du's sehen, wenn du von einer Kammer in die andere gehst, um dich zu verkriechen.

26 Der König von Israel sprach: Nimm Micha und bring ihn zu Amon, dem Stadthauptmann, und zu Joasch, dem Sohn des Königs,

27 und sprich: So spricht der König: Diesen werft in den Kerker und speist ihn nur kärglich mit Brot und Wasser, bis ich mit Frieden wiederkomme.

28 Micha sprach: Kommst du mit Frieden wieder, so hat der HERR nicht durch mich geredet. Und er sprach: Höret, alle Völker!

¶ **29** So zogen der König von Israel und Joschafat, der König von Juda, hinauf gegen Ramot in Gilead.

30 Und der König von Israel sprach zu Joschafat: Ich will mich verkleiden und in den Kampf ziehen, du aber behalte deine königlichen Kleider an. Und der König von Israel verkleidete sich und zog in den Kampf.

31 Aber der König von Aram gebot den Obersten über seine Wagen – es waren zweiunddreißig – und sprach: Ihr sollt nicht kämpfen gegen Geringe und Hohe, sondern allein gegen den König von Israel.

32 Und als die Obersten der Wagen Joschafat sahen, meinten sie, er wäre der König von Israel, und wandten sich gegen ihn zum Kampf, aber Joschafat schrie.

33 Als aber die Obersten der Wagen merkten, dass er nicht der König von Israel war, wandten sie sich von ihm ab.

¶ **34** Ein Mann aber spannte den Bogen in aller Einfalt und schoss den König von Israel zwischen Panzer und Wehrgehänge. Da sprach er zu seinem Wagenlenker: Wende um und führe mich aus dem Kampf, denn ich bin verwundet!

35 Aber der Kampf nahm immer mehr zu an demselben Tage, und der König blieb im Wagen stehen gegenüber den Aramäern bis zum Abend und das Blut floss von der Wunde mitten in den Wagen. Und er starb am Abend.

36 Und man ließ ausrufen im Heer, als die Sonne unterging: Ein jeder gehe in seine Stadt und in sein Land;

37 denn der König ist tot! Und sie gingen nach Samaria und begruben den König in Samaria.

25 And Micaiah said, "Behold, you shall see on that day when you go into an inner chamber to hide yourself."

26 And the king of Israel said, "Seize Micaiah, and take him back to Amon the governor of the city and to Joash the king's son,

27 and say, 'Thus says the king, "Put this fellow in prison and feed him meager rations of bread and water, until I come in peace."'"

28 And Micaiah said, "If you return in peace, the LORD has not spoken by me." And he said, "Hear, all you peoples!"

Ahab Killed in Battle

¶ **29** So the king of Israel and Jehoshaphat the king of Judah went up to Ramoth-gilead.

30 And the king of Israel said to Jehoshaphat, "I will disguise myself and go into battle, but you wear your robes." And the king of Israel disguised himself and went into battle.

31 Now the king of Syria had commanded the thirty-two captains of his chariots, "Fight with neither small nor great, but only with the king of Israel."

32 And when the captains of the chariots saw Jehoshaphat, they said, "It is surely the king of Israel." So they turned to fight against him. And Jehoshaphat cried out.

33 And when the captains of the chariots saw that it was not the king of Israel, they turned back from pursuing him.

34 But a certain man drew his bow at random[1] and struck the king of Israel between the scale armor and the breastplate. Therefore he said to the driver of his chariot, "Turn around and carry me out of the battle, for I am wounded."

35 And the battle continued that day, and the king was propped up in his chariot facing the Syrians, until at evening he died. And the blood of the wound flowed into the bottom of the chariot.

36 And about sunset a cry went through the army, "Every man to his city, and every man to his country!"

¶ **37** So the king died, and was brought to Samaria. And they buried the king in Samaria.

38 Und als sie den Wagen wuschen bei dem Teich Samarias, leckten die Hunde sein Blut – und die Huren wuschen sich darin – nach dem Wort des Herrn, das er geredet hatte.

¶ **39** Was mehr von Ahab zu sagen ist und alles, was er getan hat, und das Elfenbeinhaus, das er baute, und alle Städte, die er ausgebaut hat, siehe, das steht geschrieben in der Chronik der Könige von Israel.

¶ **40** Also legte sich Ahab zu seinen Vätern und sein Sohn Ahasja wurde König an seiner statt.

Reich Juda: Joschafat
(vgl. 2.Chr 20,31–21,1)

41 Und Joschafat, der Sohn Asas, wurde König über Juda im vierten Jahr Ahabs, des Königs von Israel,

42 und war fünfunddreißig Jahre alt, als er König wurde; und er regierte fünfundzwanzig Jahre zu Jerusalem. Seine Mutter hieß Asuba, eine Tochter Schilhis.

43 Und er wandelte in allen Wegen seines Vaters Asa und wich nicht davon ab und tat, was dem Herrn wohlgefiel.

44 Doch entfernte er nicht die Höhen, und das Volk opferte und räucherte noch auf den Höhen.

45 Und er hatte Frieden mit dem König von Israel.

¶ **46** Was aber mehr von Joschafat zu sagen ist und seine tapferen Taten, die er getan hat, und wie er Kriege geführt hat, siehe, das steht geschrieben in der Chronik der Könige von Juda.

47 Auch tat er aus dem Lande, was noch übrig war an Tempelhurern, die zur Zeit seines Vaters Asa übrig geblieben waren.

¶ **48** Und es war kein König in Edom; ein Statthalter war im Lande.

49 Und Joschafat hatte Tarsisschiffe machen lassen, die nach Ofir fahren sollten, um Gold zu holen. Aber sie fuhren nicht, denn sie zerschellten bei Ezjon-Geber.

50 Damals sprach Ahasja, der Sohn Ahabs, zu Joschafat: Lass meine Leute mit deinen Leuten auf den Schiffen fahren! Joschafat aber wollte nicht.

51 Und Joschafat legte sich zu seinen Vätern und wurde begraben bei seinen Vätern in der Stadt Davids, seines Vaters. Und sein Sohn Joram wurde König an seiner statt.

38 And they washed the chariot by the pool of Samaria, and the dogs licked up his blood, and the prostitutes washed themselves in it, according to the word of the Lord that he had spoken.

39 Now the rest of the acts of Ahab and all that he did, and the ivory house that he built and all the cities that he built, are they not written in the Book of the Chronicles of the Kings of Israel?

40 So Ahab slept with his fathers, and Ahaziah his son reigned in his place.

Jehoshaphat Reigns in Judah

¶ **41** Jehoshaphat the son of Asa began to reign over Judah in the fourth year of Ahab king of Israel.

42 Jehoshaphat was thirty-five years old when he began to reign, and he reigned twenty-five years in Jerusalem. His mother's name was Azubah the daughter of Shilhi.

43 He walked in all the way of Asa his father. He did not turn aside from it, doing what was right in the sight of the Lord. Yet the high places were not taken away, and the people still sacrificed and made offerings on the high places.

44 Jehoshaphat also made peace with the king of Israel.

¶ **45** Now the rest of the acts of Jehoshaphat, and his might that he showed, and how he warred, are they not written in the Book of the Chronicles of the Kings of Judah?

46 And from the land he exterminated the remnant of the male cult prostitutes who remained in the days of his father Asa.

¶ **47** There was no king in Edom; a deputy was king.

48 Jehoshaphat made ships of Tarshish to go to Ophir for gold, but they did not go, for the ships were wrecked at Ezion-geber.

49 Then Ahaziah the son of Ahab said to Jehoshaphat, "Let my servants go with your servants in the ships," but Jehoshaphat was not willing.

50 And Jehoshaphat slept with his fathers and was buried with his fathers in the city of David his father, and Jehoram his son reigned in his place.

Reich Israel: Ahasja

52 Ahasja, der Sohn Ahabs, wurde König über Israel zu Samaria im siebzehnten Jahr Joschafats, des Königs von Juda, und regierte über Israel zwei Jahre.

53 Und er tat, was dem HERRN missfiel, und wandelte in den Wegen seines Vaters und seiner Mutter und in dem Wege Jerobeams, des Sohnes Nebats, der Israel sündigen machte,

54 und diente dem Baal und betete ihn an und erzürnte den HERRN, den Gott Israels, wie sein Vater tat.

Ahaziah Reigns in Israel

¶ **51** Ahaziah the son of Ahab began to reign over Israel in Samaria in the seventeenth year of Jehoshaphat king of Judah, and he reigned two years over Israel.

52 He did what was evil in the sight of the LORD and walked in the way of his father and in the way of his mother and in the way of Jeroboam the son of Nebat, who made Israel to sin.

53 He served Baal and worshiped him and provoked the LORD, the God of Israel, to anger in every way that his father had done.

DAS ZWEITE BUCH DER KÖNIGE

2 KINGS

Reich Israel: Ahasja und der Prophet Elia

1 Es fielen aber die Moabiter ab von Israel, als Ahab tot war.

2 Und Ahasja fiel durch das Gitter in seinem Obergemach in Samaria und wurde krank. Und er sandte Boten und sprach zu ihnen: Geht hin und befragt Baal-Sebub, den Gott von Ekron, ob ich von dieser Krankheit genesen werde.

3 Aber der Engel des HERRN redete mit Elia, dem Tischbiter: Auf und geh den Boten des Königs von Samaria entgegen und sprich zu ihnen: Ist denn nun kein Gott in Israel, dass ihr hingeht, zu befragen Baal-Sebub, den Gott von Ekron?

4 Darum spricht der HERR: Du sollst nicht mehr von dem Bett herunterkommen, auf das du dich gelegt hast, sondern sollst des Todes sterben. Und Elia ging.

¶ **5** Und als die Boten zum König zurückkamen, sprach er zu ihnen: Warum kommt ihr zurück?

6 Sie sprachen zu ihm: Es kam ein Mann herauf uns entgegen und sprach zu uns: Geht wieder hin zu dem König, der euch gesandt hat, und sprecht zu ihm: So spricht der HERR: Ist denn kein Gott in Israel, dass du hinsendest, zu befragen Baal-Sebub, den Gott von Ekron? Darum sollst du nicht mehr herunterkommen von dem Bett, auf das du dich gelegt hast, sondern sollst des Todes sterben.

7 Er sprach zu ihnen: Von welcher Art war denn der Mann, der euch begegnete und das zu euch sagte?

8 Sie sprachen zu ihm: Er hatte langes Haar und einen Ledergurt um seine Lenden. Er aber sprach: Es ist Elia, der Tischbiter.

¶ **9** Und der König sandte zu Elia einen Hauptmann über fünfzig samt seinen fünfzig Mann. Und als der zu ihm hinaufkam, siehe, da saß er oben auf dem Berge. Er aber sprach zu ihm: Du Mann Gottes, der König sagt: Du sollst herabkommen!

Elijah Denounces Ahaziah

1 After the death of Ahab, Moab rebelled against Israel.

¶ **2** Now Ahaziah fell through the lattice in his upper chamber in Samaria, and lay sick; so he sent messengers, telling them, "Go, inquire of Baal-zebub, the god of Ekron, whether I shall recover from this sickness."

3 But the angel of the LORD said to Elijah the Tishbite, "Arise, go up to meet the messengers of the king of Samaria, and say to them, 'Is it because there is no God in Israel that you are going to inquire of Baal-zebub, the god of Ekron?

4 Now therefore thus says the LORD, You shall not come down from the bed to which you have gone up, but you shall surely die.'" So Elijah went.

¶ **5** The messengers returned to the king, and he said to them, "Why have you returned?"

6 And they said to him, "There came a man to meet us, and said to us, 'Go back to the king who sent you, and say to him, Thus says the LORD, Is it because there is no God in Israel that you are sending to inquire of Baal-zebub, the god of Ekron? Therefore you shall not come down from the bed to which you have gone up, but you shall surely die.'"

7 He said to them, "What kind of man was he who came to meet you and told you these things?"

8 They answered him, "He wore a garment of hair, with a belt of leather about his waist." And he said, "It is Elijah the Tishbite."

¶ **9** Then the king sent to him a captain of fifty men with his fifty. He went up to Elijah, who was sitting on the top of a hill, and said to him, "O man of God, the king says, 'Come down.'"

10 Elia antwortete dem Hauptmann über fünfzig: Bin ich ein Mann Gottes, so falle Feuer vom Himmel und fresse dich und deine fünfzig Mann. Da fiel Feuer vom Himmel und fraß ihn und seine fünfzig Mann.

¶ **11** Und der König sandte wiederum einen andern Hauptmann über fünfzig zu ihm samt seinen fünfzig Mann. Der kam zu ihm hinauf und sprach zu ihm: Du Mann Gottes, so spricht der König: Komm eilends herab!

12 Elia antwortete: Bin ich ein Mann Gottes, so falle Feuer vom Himmel und fresse dich und deine fünfzig Mann. Da fiel das Feuer Gottes vom Himmel und fraß ihn und seine fünfzig Mann.

¶ **13** Da sandte der König wiederum den dritten Hauptmann über fünfzig samt seinen fünfzig Mann. Als der zu ihm hinaufkam, beugte er seine Knie vor Elia und flehte ihn an und sprach zu ihm: Du Mann Gottes, lass mein Leben und das Leben deiner Knechte, dieser fünfzig, vor dir etwas gelten!

14 Siehe, Feuer ist vom Himmel gefallen und hat die ersten zwei Hauptleute über fünfzig mit ihren fünfzig Mann gefressen; nun aber lass mein Leben etwas gelten vor dir.

¶ **15** Da sprach der Engel des Herrn zu Elia: Geh mit ihm hinab und fürchte dich nicht vor ihm! Und er machte sich auf und ging mit ihm hinab zum König.

16 Und er sprach zu ihm: So spricht der Herr: Weil du Boten hingesandt hast und hast befragen lassen Baal-Sebub, den Gott von Ekron, als wäre kein Gott in Israel, dessen Wort man erfragen könnte, so sollst du von dem Bett nicht mehr herunterkommen, auf das du dich gelegt hast, sondern sollst des Todes sterben.

¶ **17** So starb Ahasja nach dem Wort des Herrn, das Elia geredet hatte. Und Joram wurde König an seiner statt im zweiten Jahr Jorams, des Sohnes Joschafats, des Königs von Juda; denn Ahasja hatte keinen Sohn.

18 Was aber mehr von Ahasja zu sagen ist, was er getan hat, siehe, das steht geschrieben in der Chronik der Könige von Israel.

Elia wird entrückt und Elisa tritt seine Nachfolge an

2 Als aber der Herr Elia im Wetter gen Himmel holen wollte, gingen Elia und Elisa von Gilgal weg.

2 Und Elia sprach zu Elisa: Bleibe du hier, denn der Herr hat mich nach Bethel gesandt. Elisa aber sprach: So wahr der Herr lebt und du lebst: Ich verlasse dich nicht. Und als sie hinab nach Bethel kamen,

10 But Elijah answered the captain of fifty, "If I am a man of God, let fire come down from heaven and consume you and your fifty." Then fire came down from heaven and consumed him and his fifty.

¶ **11** Again the king sent to him another captain of fifty men with his fifty. And he answered and said to him, "O man of God, this is the king's order, 'Come down quickly!'"

12 But Elijah answered them, "If I am a man of God, let fire come down from heaven and consume you and your fifty." Then the fire of God came down from heaven and consumed him and his fifty.

¶ **13** Again the king sent the captain of a third fifty with his fifty. And the third captain of fifty went up and came and fell on his knees before Elijah and entreated him, "O man of God, please let my life, and the life of these fifty servants of yours, be precious in your sight.

14 Behold, fire came down from heaven and consumed the two former captains of fifty men with their fifties, but now let my life be precious in your sight."

15 Then the angel of the Lord said to Elijah, "Go down with him; do not be afraid of him." So he arose and went down with him to the king

16 and said to him, "Thus says the Lord, 'Because you have sent messengers to inquire of Baal-zebub, the god of Ekron—is it because there is no God in Israel to inquire of his word?—therefore you shall not come down from the bed to which you have gone up, but you shall surely die.'"

¶ **17** So he died according to the word of the Lord that Elijah had spoken. Jehoram became king in his place in the second year of Jehoram the son of Jehoshaphat, king of Judah, because Ahaziah had no son.

18 Now the rest of the acts of Ahaziah that he did, are they not written in the Book of the Chronicles of the Kings of Israel?

Elijah Taken to Heaven

2 Now when the Lord was about to take Elijah up to heaven by a whirlwind, Elijah and Elisha were on their way from Gilgal.

2 And Elijah said to Elisha, "Please stay here, for the Lord has sent me as far as Bethel." But Elisha said, "As the Lord lives, and as you yourself live, I will not leave you." So they went down to Bethel.

3 gingen die Prophetenjünger, die in Bethel waren, heraus zu Elisa und sprachen zu ihm: Weißt du auch, dass der HERR heute deinen Herrn von dir hinwegnehmen wird? Er aber sprach: Auch ich weiß es wohl; schweigt nur still.

4 Und Elia sprach zu ihm: Elisa, bleib du hier, denn der HERR hat mich nach Jericho gesandt. Er aber sprach: So wahr der HERR lebt und du lebst: Ich verlasse dich nicht.

¶ Und als sie nach Jericho kamen,

5 traten die Prophetenjünger, die in Jericho waren, zu Elisa und sprachen zu ihm: Weißt du auch, dass der HERR heute deinen Herrn von dir hinwegnehmen wird? Er aber sprach: Auch ich weiß es wohl; schweigt nur still.

6 Und Elia sprach zu ihm: Bleib du hier, denn der HERR hat mich an den Jordan gesandt. Er aber sprach: So wahr der HERR lebt und du lebst: Ich verlasse dich nicht. Und es gingen die beiden miteinander.

7 Und fünfzig von den Prophetenjüngern gingen hin und standen von ferne; aber die beiden standen am Jordan.

¶ **8** Da nahm Elia seinen Mantel und wickelte ihn zusammen und schlug ins Wasser; das teilte sich nach beiden Seiten, sodass die beiden auf trockenem Boden hinübergingen.

9 Und als sie hinüberkamen, sprach Elia zu Elisa: Bitte, was ich dir tun soll, ehe ich von dir genommen werde. Elisa sprach: Dass mir zwei Anteile von deinem Geiste zufallen.

10 Er sprach: Du hast Schweres erbeten. Doch wenn du mich sehen wirst, wie ich von dir genommen werde, so wird's geschehen; wenn nicht, so wird's nicht sein.

¶ **11** Und als sie miteinander gingen und redeten, siehe, da kam ein feuriger Wagen mit feurigen Rossen, die schieden die beiden voneinander. Und Elia fuhr im Wetter gen Himmel.

12 Elisa aber sah es und schrie: Mein Vater, mein Vater, du Wagen Israels und sein Gespann!, und sah ihn nicht mehr.

¶ Da fasste er seine Kleider, zerriss sie in zwei Stücke

13 und hob den Mantel auf, der Elia entfallen war, und kehrte um und trat wieder an das Ufer des Jordans.

14 Und er nahm den Mantel, der Elia entfallen war, und schlug ins Wasser und sprach: Wo ist nun der HERR, der Gott Elias?, und schlug ins Wasser. Da teilte es sich nach beiden Seiten, und Elisa ging hindurch.

3 And the sons of the prophets who were in Bethel came out to Elisha and said to him, "Do you know that today the LORD will take away your master from over you?" And he said, "Yes, I know it; keep quiet."

¶ **4** Elijah said to him, "Elisha, please stay here, for the LORD has sent me to Jericho." But he said, "As the LORD lives, and as yourself live, I will not leave you." So they came to Jericho.

5 The sons of the prophets who were at Jericho drew near to Elisha and said to him, "Do you know that today the LORD will take away your master from over you?" And he answered, "Yes, I know it; keep quiet."

¶ **6** Then Elijah said to him, "Please stay here, for the LORD has sent me to the Jordan." But he said, "As the LORD lives, and as you yourself live, I will not leave you." So the two of them went on.

7 Fifty men of the sons of the prophets also went and stood at some distance from them, as they both were standing by the Jordan.

8 Then Elijah took his cloak and rolled it up and struck the water, and the water was parted to the one side and to the other, till the two of them could go over on dry ground.

¶ **9** When they had crossed, Elijah said to Elisha, "Ask what I shall do for you, before I am taken from you." And Elisha said, "Please let there be a double portion of your spirit on me."

10 And he said, "You have asked a hard thing; yet, if you see me as I am being taken from you, it shall be so for you, but if you do not see me, it shall not be so."

11 And as they still went on and talked, behold, chariots of fire and horses of fire separated the two of them. And Elijah went up by a whirlwind into heaven.

12 And Elisha saw it and he cried, "My father, my father! The chariots of Israel and its horsemen!" And he saw him no more.

¶ Then he took hold of his own clothes and tore them in two pieces.

13 And he took up the cloak of Elijah that had fallen from him and went back and stood on the bank of the Jordan.

14 Then he took the cloak of Elijah that had fallen from him and struck the water, saying, "Where is the LORD, the God of Elijah?" And when he had struck the water, the water was parted to the one side and to the other, and Elisha went over.

¶ **15** Und als das die Prophetenjünger sahen, die gegenüber bei Jericho waren, sprachen sie: Der Geist Elias ruht auf Elisa, und sie gingen ihm entgegen und fielen vor ihm nieder zur Erde

16 und sprachen zu ihm: Siehe, es sind unter deinen Knechten fünfzig starke Männer, die lass gehen und deinen Herrn suchen. Vielleicht hat ihn der Geist des HERRN genommen und auf irgendeinen Berg oder in irgendein Tal geworfen. Er aber sprach: Lasst sie nicht gehen!

17 Aber sie nötigten ihn, bis er nachgab und sprach: Lasst sie hingehen! Und sie sandten hin fünfzig Männer und diese suchten Elia drei Tage; aber sie fanden ihn nicht.

18 Und sie kamen zu Elisa zurück, als er noch in Jericho war, und er sprach zu ihnen: Sagte ich euch nicht, ihr solltet nicht hingehen?

Elisa macht eine Quelle gesund und straft die spottenden Knaben

19 Und die Männer der Stadt sprachen zu Elisa: Siehe, es ist gut wohnen in dieser Stadt, wie mein Herr sieht; aber es ist böses Wasser und es macht unfruchtbar.

20 Er sprach: Bringt mir her eine neue Schale und tut Salz hinein! Und sie brachten's ihm.

21 Da ging er hinaus zu der Wasserquelle und warf das Salz hinein und sprach: So spricht der HERR: Ich habe dies Wasser gesund gemacht; es soll hinfort weder Tod noch Unfruchtbarkeit von ihm kommen.

22 So wurde das Wasser gesund bis auf diesen Tag nach dem Wort Elisas, das er sprach.

¶ **23** Und er ging hinauf nach Bethel. Und als er den Weg hinanging, kamen kleine Knaben zur Stadt heraus und verspotteten ihn und sprachen zu ihm: Kahlkopf, komm herauf! Kahlkopf, komm herauf!

24 Und er wandte sich um, und als er sie sah, verfluchte er sie im Namen des HERRN. Da kamen zwei Bären aus dem Walde und zerrissen zweiundvierzig von den Kindern.

25 Von da ging er auf den Berg Karmel und kehrte von da nach Samaria zurück.

Reich Israel: Jorams Krieg gegen die Moabiter und Elisas Hilfe

3 Joram, der Sohn Ahabs, wurde König über Israel zu Samaria im achtzehnten Jahr Joschafats, des Königs von Juda, und regierte zwölf Jahre.

Elisha Succeeds Elijah

¶ **15** Now when the sons of the prophets who were at Jericho saw him opposite them, they said, "The spirit of Elijah rests on Elisha." And they came to meet him and bowed to the ground before him.

16 And they said to him, "Behold now, there are with your servants fifty strong men. Please let them go and seek your master. It may be that the Spirit of the LORD has caught him up and cast him upon some mountain or into some valley." And he said, "You shall not send."

17 But when they urged him till he was ashamed, he said, "Send." They sent therefore fifty men. And for three days they sought him but did not find him.

18 And they came back to him while he was staying at Jericho, and he said to them, "Did I not say to you, 'Do not go'?"

¶ **19** Now the men of the city said to Elisha, "Behold, the situation of this city is pleasant, as my lord sees, but the water is bad, and the land is unfruitful."

20 He said, "Bring me a new bowl, and put salt in it." So they brought it to him.

21 Then he went to the spring of water and threw salt in it and said, "Thus says the LORD, I have healed this water; from now on neither death nor miscarriage shall come from it."

22 So the water has been healed to this day, according to the word that Elisha spoke.

¶ **23** He went up from there to Bethel, and while he was going up on the way, some small boys came out of the city and jeered at him, saying, "Go up, you baldhead! Go up, you baldhead!"

24 And he turned around, and when he saw them, he cursed them in the name of the LORD. And two she-bears came out of the woods and tore forty-two of the boys.

25 From there he went on to Mount Carmel, and from there he returned to Samaria.

Moab Rebels Against Israel

3 In the eighteenth year of Jehoshaphat king of Judah, Jehoram the son of Ahab became king over Israel in Samaria, and he reigned twelve years.

2 Und er tat, was dem HERRN missfiel, doch nicht wie sein Vater und seine Mutter. Denn er entfernte das Steinmal Baals, das sein Vater hatte machen lassen;

3 aber er blieb hangen an den Sünden Jerobeams, des Sohnes Nebats, der Israel sündigen machte, und ließ nicht ab davon.

¶ **4** Mescha aber, der König der Moabiter, besaß viele Schafe und hatte dem König von Israel Wolle zu entrichten von hunderttausend Lämmern und von hunderttausend Widdern.

5 Als aber Ahab tot war, fiel der König der Moabiter ab vom König von Israel.

6 Und alsbald zog der König Joram aus von Samaria und bot ganz Israel auf

7 und sandte hin zu Joschafat, dem König von Juda, und ließ ihm sagen: Der König der Moabiter ist von mir abgefallen; komm mit mir, um gegen die Moabiter zu kämpfen! Er sprach: Ich will kommen; ich bin wie du und mein Volk wie dein Volk und meine Rosse wie deine Rosse.

¶ **8** Und Joram sprach: Welchen Weg wollen wir hinaufziehen? Joschafat sprach: Den Weg durch die Wüste Edom.

9 So zogen hin der König von Israel, der König von Juda und der König von Edom. Und als sie sieben Tagereisen weit gezogen waren, hatte das Heer und das Vieh, das bei ihnen war, kein Wasser.

10 Da sprach der König von Israel: O weh! Der HERR hat diese drei Könige hergerufen, um sie in die Hände der Moabiter zu geben!

¶ **11** Joschafat aber sprach: Ist kein Prophet des HERRN hier, damit wir den HERRN durch ihn befragen? Da antwortete einer unter den Männern des Königs von Israel und sprach: Hier ist Elisa, der Sohn Schafats, der Elia Wasser auf die Hände goss.

12 Joschafat sprach: Des HERRN Wort ist bei ihm. So zogen zu ihm hinab der König von Israel und Joschafat und der König von Edom.

13 Elisa aber sprach zum König von Israel: Was habe ich mit dir zu schaffen? Geh hin zu den Propheten deines Vaters und zu den Propheten deiner Mutter! Der König von Israel sprach zu ihm: Nicht doch! Denn der HERR hat diese drei Könige hergerufen, um sie in die Hände der Moabiter zu geben.

14 Elisa sprach: So wahr der HERR Zebaoth lebt, vor dem ich stehe: Wenn ich nicht Joschafat, den König von Juda, ehrte, ich wollte dich nicht ansehen noch achten.

15 So bringt mir nun einen Spielmann! ¶ Und als der Spielmann auf den Saiten spielte, kam die Hand des HERRN auf Elisa

2 He did what was evil in the sight of the LORD, though not like his father and mother, for he put away the pillar of Baal that his father had made.

3 Nevertheless, he clung to the sin of Jeroboam the son of Nebat, which he made Israel to sin; he did not depart from it.

¶ **4** Now Mesha king of Moab was a sheep breeder, and he had to deliver to the king of Israel 100,000 lambs and the wool of 100,000 rams.

5 But when Ahab died, the king of Moab rebelled against the king of Israel.

6 So King Jehoram marched out of Samaria at that time and mustered all Israel.

7 And he went and sent word to Jehoshaphat king of Judah, "The king of Moab has rebelled against me. Will you go with me to battle against Moab?" And he said, "I will go. I am as you are, my people as your people, my horses as your horses."

8 Then he said, "By which way shall we march?" Jehoram answered, "By the way of the wilderness of Edom."

¶ **9** So the king of Israel went with the king of Judah and the king of Edom. And when they had made a circuitous march of seven days, there was no water for the army or for the animals that followed them.

10 Then the king of Israel said, "Alas! The LORD has called these three kings to give them into the hand of Moab."

11 And Jehoshaphat said, "Is there no prophet of the LORD here, through whom we may inquire of the LORD?" Then one of the king of Israel's servants answered, "Elisha the son of Shaphat is here, who poured water on the hands of Elijah."

12 And Jehoshaphat said, "The word of the LORD is with him." So the king of Israel and Jehoshaphat and the king of Edom went down to him.

¶ **13** And Elisha said to the king of Israel, "What have I to do with you? Go to the prophets of your father and to the prophets of your mother." But the king of Israel said to him, "No; it is the LORD who has called these three kings to give them into the hand of Moab."

14 And Elisha said, "As the LORD of hosts lives, before whom I stand, were it not that I have regard for Jehoshaphat the king of Judah, I would neither look at you nor see you.

15 But now bring me a musician." And when the musician played, the hand of the LORD came upon him.

16 und er sprach: So spricht der HERR: Macht hier und da Gruben in diesem Tal.

17 Denn so spricht der HERR: Ihr werdet weder Wind noch Regen sehen; dennoch soll das Tal voll Wasser werden, dass ihr und euer Heer und euer Vieh trinken könnt.

18 Und das ist noch ein Geringes vor dem HERRN; er wird auch die Moabiter in eure Hände geben,

19 sodass ihr wüste machen werdet alle festen Städte und alle auserwählten Städte und fällen alle guten Bäume und verstopfen alle Wasserbrunnen und alle guten Äcker mit Steinen verderben.

20 Aber am nächsten Morgen, zur Zeit, da man Speisopfer opfert, siehe, da kam Wasser von Edom her und füllte das Land mit Wasser.

¶ **21** Als aber alle Moabiter hörten, dass die Könige heraufzogen, um gegen sie zu kämpfen, riefen sie alle auf, die zur Rüstung alt genug und darüber waren, und stellten sich an der Grenze auf.

22 Und als sie sich früh am Morgen aufmachten und die Sonne aufging über dem Gewässer, schien den Moabitern das Gewässer in der Ferne rot zu sein wie Blut.

23 Und sie sprachen: Das ist Blut! Die Könige haben sich mit dem Schwert umgebracht und einer wird den andern erschlagen haben. Ha, Moab, mach dich nun auf zur Beute!

24 Aber als sie zum Lager Israels kamen, machte sich Israel auf und schlug die Moabiter und sie flohen vor ihnen. Aber Israel jagte ihnen nach und schlug Moab.

25 Die Städte zerstörten sie und jeder warf einen Stein auf alle guten Äcker und sie machten sie voll davon und verstopften alle Wasserbrunnen und fällten alle guten Bäume, bis nur Kir-Heres übrig blieb. Aber die Schleuderer umringten die Stadt und schossen auf sie.

¶ **26** Als aber der König der Moabiter sah, dass ihm der Kampf zu stark war, nahm er siebenhundert Mann mit sich, die das Schwert führten, um beim König von Edom durchzubrechen; aber sie konnten's nicht.

27 Da nahm er seinen erstgeborenen Sohn, der an seiner statt König werden sollte, und opferte ihn zum Brandopfer auf der Mauer. Da kam ein großer Zorn über Israel, sodass sie von ihm abzogen und in ihr Land zurückkehrten.

16 And he said, "Thus says the LORD, 'I will make this dry streambed full of pools.'

17 For thus says the LORD, 'You shall not see wind or rain, but that streambed shall be filled with water, so that you shall drink, you, your livestock, and your animals.'

18 This is a light thing in the sight of the LORD. He will also give the Moabites into your hand,

19 and you shall attack every fortified city and every choice city, and shall fell every good tree and stop up all springs of water and ruin every good piece of land with stones."

20 The next morning, about the time of offering the sacrifice, behold, water came from the direction of Edom, till the country was filled with water.

¶ **21** When all the Moabites heard that the kings had come up to fight against them, all who were able to put on armor, from the youngest to the oldest, were called out and were drawn up at the border.

22 And when they rose early in the morning and the sun shone on the water, the Moabites saw the water opposite them as red as blood.

23 And they said, "This is blood; the kings have surely fought together and struck one another down. Now then, Moab, to the spoil!"

24 But when they came to the camp of Israel, the Israelites rose and struck the Moabites, till they fled before them. And they went forward, striking the Moabites as they went.[1]

25 And they overthrew the cities, and on every good piece of land every man threw a stone until it was covered. They stopped every spring of water and felled all the good trees, till only its stones were left in Kir-hareseth, and the slingers surrounded and attacked it.

26 When the king of Moab saw that the battle was going against him, he took with him 700 swordsmen to break through, opposite the king of Edom, but they could not.

27 Then he took his oldest son who was to reign in his place and offered him for a burnt offering on the wall. And there came great wrath against Israel. And they withdrew from him and returned to their own land.

Elisa mehrt das Öl der Witwe

4 Und es schrie eine Frau unter den Frauen der Prophetenjünger zu Elisa und sprach: Dein Knecht, mein Mann, ist gestorben; und du weißt ja, dass dein Knecht den HERRN fürchtete. Nun kommt der Schuldherr und will meine beiden Kinder nehmen zu leibeigenen Knechten.

2 Elisa sprach zu ihr: Was soll ich dir tun? Sage mir, was hast du im Hause? Sie sprach: Deine Magd hat nichts im Hause als einen Ölkrug.

3 Er sprach: Geh hin und erbitte draußen von allen deinen Nachbarinnen leere Gefäße, aber nicht zu wenig,

4 und geh ins Haus und schließ die Tür zu hinter dir und deinen Söhnen und gieß in alle Gefäße; und wenn du sie gefüllt hast, so stelle sie beiseite.

¶ **5** Sie ging hin und tat so und schloss die Tür zu hinter sich und ihren Söhnen; diese brachten ihr die Gefäße herbei und sie goss ein.

6 Und als die Gefäße voll waren, sprach sie zu ihrem Sohn: Reiche mir noch ein Gefäß her! Er sprach zu ihr: Es ist kein Gefäß mehr hier. Da stand das Öl.

7 Und sie ging hin und sagte es dem Mann Gottes an. Er sprach: Geh hin, verkaufe das Öl und bezahle deinen Schuldherrn; du aber und deine Söhne, nährt euch von dem Übrigen.

Elisa verheißt der Schunemiterin einen Sohn und erweckt das tote Kind

8 Und es begab sich eines Tages, dass Elisa nach Schunem ging. Dort war eine reiche Frau; die nötigte ihn, dass er bei ihr aß. Und sooft er dort durchkam, kehrte er bei ihr ein und aß bei ihr.

9 Und sie sprach zu ihrem Mann: Siehe, ich merke, dass dieser Mann Gottes heilig ist, der immer hier durchkommt.

10 Lass uns ihm eine kleine Kammer oben machen und Bett, Tisch, Stuhl und Leuchter hinstellen, damit er dort einkehren kann, wenn er zu uns kommt.

¶ **11** Und es begab sich eines Tages, dass Elisa dort einkehrte und sich oben in die Kammer legte und darin schlief.

12 Danach sprach er zu seinem Diener Gehasi: Ruf die Schunemiterin! Und als Gehasi sie rief, trat sie vor ihn.

Elisha and the Widow's Oil

4 Now the wife of one of the sons of the prophets cried to Elisha, "Your servant my husband is dead, and you know that your servant feared the LORD, but the creditor has come to take my two children to be his slaves."

2 And Elisha said to her, "What shall I do for you? Tell me; what have you in the house?" And she said, "Your servant has nothing in the house except a jar of oil."

3 Then he said, "Go outside, borrow vessels from all your neighbors, empty vessels and not too few.

4 Then go in and shut the door behind yourself and your sons and pour into all these vessels. And when one is full, set it aside."

5 So she went from him and shut the door behind herself and her sons. And as she poured they brought the vessels to her.

6 When the vessels were full, she said to her son, "Bring me another vessel." And he said to her, "There is not another." Then the oil stopped flowing.

7 She came and told the man of God, and he said, "Go, sell the oil and pay your debts, and you and your sons can live on the rest."

Elisha and the Shunammite Woman

¶ **8** One day Elisha went on to Shunem, where a wealthy woman lived, who urged him to eat some food. So whenever he passed that way, he would turn in there to eat food.

9 And she said to her husband, "Behold now, I know that this is a holy man of God who is continually passing our way.

10 Let us make a small room on the roof with walls and put there for him a bed, a table, a chair, and a lamp, so that whenever he comes to us, he can go in there."

¶ **11** One day he came there, and he turned into the chamber and rested there.

12 And he said to Gehazi his servant, "Call this Shunammite." When he had called her, she stood before him.

13 Elisa aber hatte zu Gehasi gesprochen: Sage ihr: Siehe, du hast uns all diesen Dienst getan; was soll ich dir tun? Brauchst du Fürsprache beim König oder beim Feldhauptmann? Sie sprach: Ich wohne sicher unter meinen Leuten.

14 Elisa sprach: Was soll ich dir dann tun? Gehasi sprach: Ach, sie hat keinen Sohn und ihr Mann ist alt.

¶ **15** Er sprach: Ruf sie her! Und als er sie rief, trat sie in die Tür.

16 Und er sprach: Um diese Zeit übers Jahr sollst du einen Sohn herzen. Sie sprach: Ach nicht, mein Herr, du Mann Gottes! Täusche deine Magd nicht!

17 Und die Frau ward schwanger und gebar einen Sohn um dieselbe Zeit übers Jahr, wie ihr Elisa zugesagt hatte.

¶ **18** Als aber das Kind groß wurde, begab es sich, dass es hinaus zu seinem Vater zu den Schnittern ging

19 und sprach zu seinem Vater: O mein Kopf, mein Kopf! Er sprach zu einem Knecht: Bringe ihn zu seiner Mutter!

20 Und der nahm ihn und brachte ihn hinein zu seiner Mutter und sie setzte ihn auf ihren Schoß bis zum Mittag; da starb er.

¶ **21** Und sie ging hinauf und legte ihn aufs Bett des Mannes Gottes, schloss zu und ging hinaus

22 und rief ihren Mann und sprach: Schicke mir einen der Knechte und eine Eselin; ich will eilends zu dem Mann Gottes und bald zurückkommen.

23 Er sprach: Warum willst du zu ihm? Ist doch heute weder Neumond noch Sabbat. Sie sprach: Lass es gut sein!

24 Und sie sattelte die Eselin und sprach zum Knecht: Treib und halte mich nicht auf beim Reiten, bis ich dir's sage!

25 So zog sie hin und kam zu dem Mann Gottes auf den Berg Karmel.

¶ Als aber der Mann Gottes sie kommen sah, sprach er zu seinem Diener Gehasi: Siehe, die Schunemiterin ist da!

26 So lauf ihr nun entgegen und frage sie, ob es ihr, ihrem Mann und ihrem Sohn gut gehe. Sie sprach: Gut!

27 Als sie aber zu dem Mann Gottes auf den Berg kam, umfing sie seine Füße; Gehasi aber trat herzu, um sie wegzustoßen. Aber der Mann Gottes sprach: Lass sie, denn ihre Seele ist betrübt, und der Herr hat mir's verborgen und nicht kundgetan!

13 And he said to him, "Say now to her, 'See, you have taken all this trouble for us; what is to be done for you? Would you have a word spoken on your behalf to the king or to the commander of the army?'" She answered, "I dwell among my own people."

14 And he said, "What then is to be done for her?" Gehazi answered, "Well, she has no son, and her husband is old."

15 He said, "Call her." And when he had called her, she stood in the doorway.

16 And he said, "At this season, about this time next year, you shall embrace a son." And she said, "No, my lord, O man of God; do not lie to your servant."

17 But the woman conceived, and she bore a son about that time the following spring, as Elisha had said to her.

Elisha Raises the Shunammite's Son

¶ **18** When the child had grown, he went out one day to his father among the reapers.

19 And he said to his father, "Oh, my head, my head!" The father said to his servant, "Carry him to his mother."

20 And when he had lifted him and brought him to his mother, the child sat on her lap till noon, and then he died.

21 And she went up and laid him on the bed of the man of God and shut the door behind him and went out.

22 Then she called to her husband and said, "Send me one of the servants and one of the donkeys, that I may quickly go to the man of God and come back again."

23 And he said, "Why will you go to him today? It is neither new moon nor Sabbath." She said, "All is well."

24 Then she saddled the donkey, and she said to her servant, "Urge the animal on; do not slacken the pace for me unless I tell you."

25 So she set out and came to the man of God at Mount Carmel.

¶ When the man of God saw her coming, he said to Gehazi his servant, "Look, there is the Shunammite.

26 Run at once to meet her and say to her, 'Is all well with you? Is all well with your husband? Is all well with the child?'" And she answered, "All is well."

27 And when she came to the mountain to the man of God, she caught hold of his feet. And Gehazi came to push her away. But the man of God said, "Leave her alone, for she is in bitter distress, and the Lord has hidden it from me and has not told me."

28 Sie sprach: Wann hab ich einen Sohn erbeten von meinem Herrn? Sagte ich nicht, du solltest mich nicht täuschen?

¶ **29** Er sprach zu Gehasi: Gürte deine Lenden und nimm meinen Stab in deine Hand und geh hin, und wenn dir jemand begegnet, so grüße ihn nicht, und grüßt dich jemand, so danke ihm nicht, und lege meinen Stab auf des Knaben Antlitz.

30 Aber die Mutter des Knaben sprach: So wahr der HERR lebt und so wahr du lebst: Ich lasse nicht von dir! Da machte er sich auf und ging ihr nach.

31 Gehasi aber ging vor ihnen hin und legte den Stab dem Knaben aufs Antlitz: da war aber keine Stimme und kein Empfinden. Und er ging zurück Elisa entgegen und sagte ihm: Der Knabe ist nicht aufgewacht.

¶ **32** Und als Elisa ins Haus kam, siehe, da lag der Knabe tot auf seinem Bett.

33 Und er ging hinein und schloss die Tür hinter sich zu und betete zu dem HERRN.

34 und stieg aufs Bett und legte sich auf das Kind und legte seinen Mund auf des Kindes Mund und seine Augen auf dessen Augen und seine Hände auf dessen Hände und breitete sich so über ihn; da wurde des Kindes Leib warm.

35 Er aber stand wieder auf und ging im Haus einmal hierhin und dahin und stieg wieder aufs Bett und breitete sich über ihn. Da nieste der Knabe sieben Mal; danach tat der Knabe seine Augen auf.

¶ **36** Und Elisa rief Gehasi und sprach: Ruf die Schunemiterin! Und als er sie rief, kam sie hinein zu ihm. Er sprach: Da, nimm hin deinen Sohn!

37 Da kam sie und fiel nieder zu seinen Füßen und neigte sich zur Erde und nahm ihren Sohn und ging hinaus.

Elisa macht schädliche Speise gesund und speist viele mit zwanzig Broten

38 Als aber Elisa wieder nach Gilgal kam, war Hungersnot im Lande. Und als die Prophetenjünger vor ihm saßen, sprach er zu seinem Diener: Setze einen großen Topf auf und koche ein Gemüse für die Prophetenjünger!

39 Da ging einer aufs Feld, um Kraut zu sammeln, und fand ein Rankengewächs und pflückte sein Kleid voll mit wilden Gurken. Und als er kam, schnitt er's in den Topf zum Gemüse – sie kannten's aber nicht –

40 und legte es den Männern zum Essen vor. Als sie nun von dem Gemüse aßen, schrien sie und sprachen: O Mann Gottes, der Tod im Topf! Denn sie konnten's nicht essen.

28 Then she said, "Did I ask my lord for a son? Did I not say, 'Do not deceive me?'"

29 He said to Gehazi, "Tie up your garment and take my staff in your hand and go. If you meet anyone, do not greet him, and if anyone greets you, do not reply. And ᵘlay my staff on the face of the child."

30 Then the mother of the child said, "As the LORD lives and as you yourself live, I will not leave you." So he arose and followed her.

31 Gehazi went on ahead and laid the staff on the face of the child, but there was no sound or sign of life. Therefore he returned to meet him and told him, "The child has not awakened."

¶ **32** When Elisha came into the house, he saw the child lying dead on his bed.

33 So he went in and shut the door behind the two of them and prayed to the LORD.

34 Then he went up and lay on the child, putting his mouth on his mouth, his eyes on his eyes, and his hands on his hands. And as he stretched himself upon him, the flesh of the child became warm.

35 Then he got up again and walked once back and forth in the house, and went up and stretched himself upon him. The child sneezed seven times, and the child opened his eyes.

36 Then he summoned Gehazi and said, "Call this Shunammite." So he called her. And when she came to him, he said, "Pick up your son."

37 She came and fell at his feet, bowing to the ground. Then she picked up her son and went out.

Elisha Purifies the Deadly Stew

¶ **38** And Elisha came again to Gilgal when there was a famine in the land. And as the sons of the prophets were sitting before him, he said to his servant, "Set on the large pot, and boil stew for the sons of the prophets."

39 One of them went out into the field to gather herbs, and found a wild vine and gathered from it his lap full of wild gourds, and came and cut them up into the pot of stew, not knowing what they were.

40 And they poured out some for the men to eat. But while they were eating of the stew, they cried out, "O man of God, there is death in the pot!" And they could not eat it.

41 Er aber sprach: Bringt Mehl her! Und er tat's in den Topf und sprach: Lege es den Leuten vor, dass sie essen! Da war nichts Böses mehr in dem Topf.

¶ **42** Es kam aber ein Mann von Baal-Schalischa und brachte dem Mann Gottes Erstlingsbrot, nämlich zwanzig Gerstenbrote, und neues Getreide in seinem Kleid. Er aber sprach: Gib's den Leuten, dass sie essen!

43 Sein Diener sprach: Wie soll ich davon hundert Mann geben? Er sprach: Gib den Leuten, dass sie essen! Denn so spricht der HERR: Man wird essen und es wird noch übrig bleiben.

44 Und er legte es ihnen vor, dass sie aßen; und es blieb noch übrig nach dem Wort des HERRN.

Elisa heilt den aramäischen Feldhauptmann Naaman und bestraft den Gehasi

5 Naaman, der Feldhauptmann des Königs von Aram, war ein trefflicher Mann vor seinem Herrn und wert gehalten; denn durch ihn gab der HERR den Aramäern Sieg. Und er war ein gewaltiger Mann, jedoch aussätzig.

2 Aber die Kriegsleute der Aramäer waren ausgezogen und hatten ein junges Mädchen weggeführt aus dem Lande Israel; die war im Dienst der Frau Naamans.

3 Die sprach zu ihrer Herrin: Ach, dass mein Herr wäre bei dem Propheten in Samaria! Der könnte ihn von seinem Aussatz befreien.

¶ **4** Da ging Naaman hinein zu seinem Herrn und sagte es ihm an und sprach: So und so hat das Mädchen aus dem Lande Israel geredet.

5 Der König von Aram sprach: So zieh hin, ich will dem König von Israel einen Brief schreiben. Und er zog hin und nahm mit sich zehn Zentner Silber und sechstausend Goldgulden und zehn Feierkleider

6 und brachte den Brief dem König von Israel; der lautete: Wenn dieser Brief zu dir kommt, siehe, so wisse, ich habe meinen Knecht Naaman zu dir gesandt, damit du ihn von seinem Aussatz befreist.

7 Und als der König von Israel den Brief las, zerriss er seine Kleider und sprach: Bin ich denn Gott, dass ich töten und lebendig machen könnte, dass er zu mir schickt, ich solle den Mann von seinem Aussatz befreien? Merkt und seht, wie er Streit mit mir sucht!

41 He said, "Then bring flour." And he threw it into the pot and said, "Pour some out for the men, that they may eat." And there was no harm in the pot.

¶ **42** A man came from Baal-shalishah, bringing the man of God bread of the firstfruits, twenty loaves of barley and fresh ears of grain in his sack. And Elisha said, "Give to the men, that they may eat."

43 But his servant said, "How can I set this before a hundred men?" So he repeated, "Give them to the men, that they may eat, for thus says the LORD, 'They shall eat and have some left.'"

44 So he set it before them. And they ate and had some left, according to the word of the LORD.

Naaman Healed of Leprosy

5 Naaman, commander of the army of the king of Syria, was a great man with his master and in high favor, because by him the LORD had given victory to Syria. He was a mighty man of valor, but he was a leper.[1]

2 Now the Syrians on one of their raids had carried off a little girl from the land of Israel, and she worked in the service of Naaman's wife.

3 She said to her mistress, "Would that my lord were with the prophet who is in Samaria! He would cure him of his leprosy."

4 So Naaman went in and told his lord, "Thus and so spoke the girl from the land of Israel."

5 And the king of Syria said, "Go now, and I will send a letter to the king of Israel."
¶ So he went, taking with him ten talents of silver, six thousand shekels[2] of gold, and ten changes of clothing.

6 And he brought the letter to the king of Israel, which read, "When this letter reaches you, know that I have sent to you Naaman my servant, that you may cure him of his leprosy."

7 And when the king of Israel read the letter, he tore his clothes and said, "Am I God, to kill and to make alive, that this man sends word to me to cure a man of his leprosy? Only consider, and see how he is seeking a quarrel with me."

¶ **8** Als Elisa, der Mann Gottes, hörte, dass der König von Israel seine Kleider zerrissen hatte, sandte er zu ihm und ließ ihm sagen: Warum hast du deine Kleider zerrissen? Lass ihn zu mir kommen, damit er innewerde, dass ein Prophet in Israel ist.

9 So kam Naaman mit Rossen und Wagen und hielt vor der Tür am Hause Elisas.

10 Da sandte Elisa einen Boten zu ihm und ließ ihm sagen: Geh hin und wasche dich siebenmal im Jordan, so wird dir dein Fleisch wieder heil und du wirst rein werden.

¶ **11** Da wurde Naaman zornig und zog weg und sprach: Ich meinte, er selbst sollte zu mir herauskommen und hertreten und den Namen des Herrn, seines Gottes, anrufen und seine Hand hin zum Heiligtum erheben und mich so von dem Aussatz befreien.

12 Sind nicht die Flüsse von Damaskus, Abana und Parpar, besser als alle Wasser in Israel, sodass ich mich in ihnen waschen und rein werden könnte? Und er wandte sich und zog weg im Zorn.

13 Da machten sich seine Diener an ihn heran, redeten mit ihm und sprachen: Lieber Vater, wenn dir der Prophet etwas Großes geboten hätte, hättest du es nicht getan? Wie viel mehr, wenn er zu dir sagt: Wasche dich, so wirst du rein!

14 Da stieg er ab und tauchte unter im Jordan siebenmal, wie der Mann Gottes geboten hatte. Und sein Fleisch wurde wieder heil wie das Fleisch eines jungen Knaben und er wurde rein.

¶ **15** Und er kehrte zurück zu dem Mann Gottes mit allen seinen Leuten. Und als er hinkam, trat er vor ihn und sprach: Siehe, nun weiß ich, dass kein Gott ist in allen Landen, außer in Israel; so nimm nun eine Segensgabe von deinem Knecht.

16 Elisa aber sprach: So wahr der Herr lebt, vor dem ich stehe: Ich nehme es nicht. Und er nötigte ihn, dass er es nehme; aber er wollte nicht.

17 Da sprach Naaman: Wenn nicht, so könnte doch deinem Knecht gegeben werden von dieser Erde eine Last, so viel zwei Maultiere tragen! Denn dein Knecht will nicht mehr andern Göttern opfern und Brandopfer darbringen, sondern allein dem Herrn.

¶ **8** But when Elisha the man of God heard that the king of Israel had torn his clothes, he sent to the king, saying, "Why have you torn your clothes? Let him come now to me, that he may know that there is a prophet in Israel."

9 So Naaman came with his horses and chariots and stood at the door of Elisha's house.

10 And Elisha sent a messenger to him, saying, "Go and wash in the Jordan seven times, and your flesh shall be restored, and you shall be clean."

11 But Naaman was angry and went away, saying, "Behold, I thought that he would surely come out to me and stand and call upon the name of the Lord his God, and wave his hand over the place and cure the leper.

12 Are not Abana[3] and Pharpar, the rivers of Damascus, better than all the waters of Israel? Could I not wash in them and be clean?" So he turned and went away in a rage.

13 But his servants came near and said to him, "My father, it is a great word the prophet has spoken to you; will you not do it? Has he actually said to you, 'Wash, and be clean'?"

14 So he went down and dipped himself seven times in the Jordan, according to the word of the man of God, and his flesh was restored like the flesh of a little child, and he was clean.

Gehazi's Greed and Punishment

¶ **15** Then he returned to the man of God, he and all his company, and he came and stood before him. And he said, "Behold, I know that there is no God in all the earth but in Israel; so accept now a present from your servant."

16 But he said, "As the Lord lives, before whom I stand, I will receive none." And he urged him to take it, but he refused.

17 Then Naaman said, "If not, please let there be given to your servant two mules' load of earth, for from now on your servant will not offer burnt offering or sacrifice to any god but the Lord.

18 Nur darin wolle der HERR deinem Knecht gnädig sein: Wenn mein König in den Tempel Rimmons geht, um dort anzubeten, und er sich auf meinen Arm lehnt und ich auch anbete im Tempel Rimmons, dann möge der HERR deinem Knecht vergeben.

19 Er sprach zu ihm: Zieh hin mit Frieden!

¶ Und als er von ihm eine Strecke Weges fortgezogen war,

20 sagte sich Gehasi, der Diener Elisas, des Mannes Gottes: Siehe, mein Herr hat diesen Aramäer Naaman verschont, dass er nichts von ihm genommen hat, was er gebracht hat. So wahr der HERR lebt: Ich will ihm nachlaufen und mir etwas von ihm geben lassen.

21 So jagte Gehasi dem Naaman nach. Und als Naaman sah, dass er ihm nachlief, stieg er vom Wagen, ging ihm entgegen und sprach: Geht's gut?

22 Er sprach: Ja. Aber mein Herr hat mich gesandt und lässt dir sagen: Siehe, jetzt sind zu mir gekommen vom Gebirge Ephraim zwei von den Prophetenjüngern. Gib ihnen doch einen Zentner Silber und zwei Feierkleider!

23 Naaman sprach: Nimm zwei Zentner! Und er nötigte ihn und band zwei Zentner Silber in zwei Beutel und zwei Feierkleider und gab's seinen beiden Dienern; die trugen's vor ihm her.

24 Und als Gehasi an den Hügel kam, nahm er's von ihren Händen und legte es beiseite im Hause und ließ die Männer gehen.

¶ **25** Und als sie weggegangen waren, trat er vor seinen Herrn. Und Elisa sprach zu ihm: Woher, Gehasi? Er sprach: Dein Knecht ist weder hierhin noch dorthin gegangen.

26 Er aber sprach zu ihm: Bin ich nicht im Geist mit dir gegangen, als der Mann sich umwandte von seinem Wagen dir entgegen? Wohlan, du hast nun das Silber und die Kleider genommen und wirst dir schaffen Ölgärten, Weinberge, Schafe, Rinder, Knechte und Mägde.

27 Aber der Aussatz Naamans wird dir anhangen und deinen Nachkommen allezeit. Da ging Gehasi von ihm hinaus, aussätzig wie Schnee.

Elisa macht Eisen schwimmen

6 Die Prophetenjünger sprachen zu Elisa: Siehe, der Raum, wo wir vor dir wohnen, ist uns zu eng.

18 In this matter may the LORD pardon your servant: when my master goes into the house of Rimmon to worship there, leaning on my arm, and I bow myself in the house of Rimmon, when I bow myself in the house of Rimmon, the LORD pardon your servant in this matter."

19 He said to him, "Go in peace."

¶ But when Naaman had gone from him a short distance,

20 Gehazi, the servant of Elisha the man of God, said, "See, my master has spared this Naaman the Syrian, in not accepting from his hand what he brought. As the LORD lives, I will run after him and get something from him."

21 So Gehazi followed Naaman. And when Naaman saw someone running after him, he got down from the chariot to meet him and said, "Is all well?"

22 And he said, "All is well. My master has sent me to say, 'There have just now come to me from the hill country of Ephraim two young men of the sons of the prophets. Please give them a talent of silver and two changes of clothing.'"

23 And Naaman said, "Be pleased to accept two talents." And he urged him and tied up two talents of silver in two bags, with two changes of clothing, and laid them on two of his servants. And they carried them before Gehazi.

24 And when he came to the hill, he took them from their hand and put them in the house, and he sent the men away, and they departed.

25 He went in and stood before his master, and Elisha said to him, "Where have you been, Gehazi?" And he said, "Your servant went nowhere."

26 But he said to him, "Did not my heart go when the man turned from his chariot to meet you? Was it a time to accept money and garments, olive orchards and vineyards, sheep and oxen, male servants and female servants?

27 Therefore the leprosy of Naaman shall cling to you and to your descendants forever." So he went out from his presence a leper, like snow.

The Axe Head Recovered

6 Now the sons of the prophets said to Elisha, "See, the place where we dwell under your charge is too small for us.

2 Lass uns an den Jordan gehen und jeder von uns soll dort einen Stamm holen, damit wir uns eine Stätte bauen, wo wir wohnen können. Er sprach: Geht hin!

3 Und einer sprach: Geh doch mit deinen Knechten! Er sprach: Ich will mitgehen.

¶ **4** Und er ging mit ihnen. Und als sie an den Jordan kamen, hieben sie Bäume um.

5 Und als einer einen Stamm fällte, fiel ihm das Eisen ins Wasser. Und er schrie: O weh, mein Herr! Und dazu ist's noch entliehen!

6 Aber der Mann Gottes sprach: Wo ist's hingefallen? Und als er ihm die Stelle zeigte, schnitt er einen Stock ab und stieß dahin. Da schwamm das Eisen.

7 Und er sprach: Heb's auf! Da streckte er seine Hand aus und nahm es.

Die Aramäer werden mit Blindheit geschlagen

8 Und der König von Aram führte Krieg mit Israel und beriet sich mit seinen Obersten und sprach: Wir wollen da und da einen Hinterhalt legen.

9 Aber der Mann Gottes sandte zum König von Israel und ließ ihm sagen: Hüte dich, dass du nicht an diesem Ort vorüberziehst, denn die Aramäer lauern dort.

10 So sandte denn der König von Israel hin an den Ort, den ihm der Mann Gottes gesagt und vor dem er ihn gewarnt hatte, und war dort auf der Hut; und tat das nicht nur einmal oder zweimal.

¶ **11** Da wurde das Herz des Königs von Aram voller Unmut darüber und er rief seine Obersten und sprach zu ihnen: Wollt ihr mir denn nicht sagen, wer von den Unsern es mit dem König von Israel hält?

12 Da sprach einer seiner Obersten: Nicht doch, mein Herr und König, sondern Elisa, der Prophet in Israel, sagt alles dem König von Israel, auch was du in der Kammer redest, wo dein Lager ist.

13 Er sprach: So geht hin und seht, wo er ist, damit ich hinsende und ihn holen lasse. Und sie sagten es ihm an und sprachen: Siehe, er ist in Dotan.

14 Da sandte er hin Rosse und Wagen und ein großes Heer. Und als sie bei Nacht hinkamen, umstellten sie die Stadt.

¶ **15** Und der Diener des Mannes Gottes stand früh auf und trat heraus, und siehe, da lag ein Heer um die Stadt mit Rossen und Wagen. Da sprach sein Diener zu ihm: O weh, mein Herr! Was sollen wir nun tun?

2 Let us go to the Jordan and each of us get there a log, and let us make a place for us to dwell there." And he answered, "Go."

3 Then one of them said, "Be pleased to go with your servants." And he answered, "I will go."

4 So he went with them. And when they came to the Jordan, they cut down trees.

5 But as one was felling a log, his axe head fell into the water, and he cried out, "Alas, my master! It was borrowed."

6 Then the man of God said, "Where did it fall?" When he showed him the place, he cut off a stick and threw it in there and made the iron float.

7 And he said, "Take it up." So he reached out his hand and took it.

Horses and Chariots of Fire

¶ **8** Once when the king of Syria was warring against Israel, he took counsel with his servants, saying, "At such and such a place shall be my camp."

9 But the man of God sent word to the king of Israel, "Beware that you do not pass this place, for the Syrians are going down there."

10 And the king of Israel sent to the place about which the man of God told him. Thus he used to warn him, so that he saved himself there more than once or twice.

¶ **11** And the mind of the king of Syria was greatly troubled because of this thing, and he called his servants and said to them, "Will you not show me who of us is for the king of Israel?"

12 And one of his servants said, "None, my lord, O king; but Elisha, the prophet who is in Israel, tells the king of Israel the words that you speak in your bedroom."

13 And he said, "Go and see where he is, that I may send and seize him." It was told him, "Behold, he is in Dothan."

14 So he sent there horses and chariots and a great army, and they came by night and surrounded the city.

¶ **15** When the servant of the man of God rose early in the morning and went out, behold, an army with horses and chariots was all around the city. And the servant said, "Alas, my master! What shall we do?"

16 Er sprach: Fürchte dich nicht, denn derer sind mehr, die bei uns sind, als derer, die bei ihnen sind!

17 Und Elisa betete und sprach: HERR, öffne ihm die Augen, dass er sehe! Da öffnete der HERR dem Diener die Augen und er sah, und siehe, da war der Berg voll feuriger Rosse und Wagen um Elisa her.

¶ **18** Und als die Aramäer zu ihm herabkamen, betete Elisa und sprach: HERR, schlage dies Volk mit Blindheit! Und er schlug sie mit Blindheit nach dem Wort Elisas.

19 Und Elisa sprach zu ihnen: Dies ist nicht der Weg und nicht die Stadt. Folgt mir nach! Ich will euch führen zu dem Mann, den ihr sucht. Und er führte sie nach Samaria.

20 Und als sie nach Samaria kamen, sprach Elisa: HERR, öffne diesen die Augen, dass sie sehen! Und der HERR öffnete ihnen die Augen und sie sahen, und siehe, da waren sie mitten in Samaria.

¶ **21** Und als der König von Israel sie sah, sprach er zu Elisa: Mein Vater, soll ich sie töten?

22 Er sprach: Du sollst sie nicht töten. Erschlägst du denn die, die du mit Schwert und Bogen gefangen hast? Setze ihnen Brot und Wasser vor, dass sie essen und trinken, und lass sie zu ihrem Herrn ziehen!

23 Da wurde ein großes Mahl bereitet. Und als sie gegessen und getrunken hatten, ließ er sie gehen, dass sie zu ihrem Herrn zogen. Seitdem kamen streifende Rotten der Aramäer nicht mehr ins Land Israel.

Belagerung und Errettung Samarias

24 Danach begab es sich, dass Ben-Hadad, der König von Aram, sein ganzes Heer versammelte und heraufzog und Samaria belagerte.

25 Und es war eine große Hungersnot in Samaria. Sie aber belagerten die Stadt, bis ein Eselskopf achtzig Silberstücke und eine Handvoll Taubenmist* fünf Silberstücke galt.

¶ **26** Und als der König von Israel auf der Mauer einherging, schrie ihn eine Frau an und sprach: Hilf mir, mein Herr und König!

27 Er sprach: Hilft dir der HERR nicht, woher soll ich dir helfen? Von der Tenne oder von der Kelter?

28 Und der König sprach zu ihr: Was ist dir? Sie sprach: Diese Frau da sprach zu mir: Gib deinen Sohn her, dass wir ihn heute essen; morgen wollen wir meinen Sohn essen.

16 He said, "Do not be afraid, for those who are with us are more than those who are with them."

17 Then Elisha prayed and said, "O LORD, please open his eyes that he may see." So the LORD opened the eyes of the young man, and he saw, and behold, the mountain was full of horses and chariots of fire all around Elisha.

18 And when the Syrians came down against him, Elisha prayed to the LORD and said, "Please strike this people with blindness." So he struck them with blindness in accordance with the prayer of Elisha.

19 And Elisha said to them, "This is not the way, and this is not the city. Follow me, and I will bring you to the man whom you seek." And he led them to Samaria.

¶ **20** As soon as they entered Samaria, Elisha said, "O LORD, open the eyes of these men, that they may see." So the LORD opened their eyes and they saw, and behold, they were in the midst of Samaria.

21 As soon as the king of Israel saw them, he said to Elisha, "My father, shall I strike them down? Shall I strike them down?"

22 He answered, "You shall not strike them down. Would you strike down those whom you have taken captive with your sword and with your bow? Set bread and water before them, that they may eat and drink and go to their master."

23 So he prepared for them a great feast, and when they had eaten and drunk, he sent them away, and they went to their master. And the Syrians did not come again on raids into the land of Israel.

Ben-hadad's Siege of Samaria

¶ **24** Afterward Ben-hadad king of Syria mustered his entire army and went up and besieged Samaria.

25 And there was a great famine in Samaria, as they besieged it, until a donkey's head was sold for eighty shekels of silver, and the fourth part of a kab[1] of dove's dung for five shekels of silver.

26 Now as the king of Israel was passing by on the wall, a woman cried out to him, saying, "Help, my lord, O king!"

27 And he said, "If the LORD will not help you, how shall I help you? From the threshing floor, or from the winepress?"

28 And the king asked her, "What is your trouble?" She answered, "This woman said to me, 'Give your son, that we may eat him today, and we will eat my son tomorrow.'

29 So haben wir meinen Sohn gekocht und gegessen. Und ich sprach zu ihr am nächsten Tage: Gib deinen Sohn her und lass uns ihn essen! Aber sie hat ihren Sohn versteckt.

30 Als der König die Worte der Frau hörte, zerriss er seine Kleider, während er auf der Mauer ging. Da sah alles Volk, dass er darunter ein härenes Tuch um seinen Leib geschlungen hatte.

31 Und er sprach: Gott tue mir dies und das, wenn das Haupt Elisas, des Sohnes Schafats, heute auf ihm bleiben wird!

¶ **32** Elisa aber saß in seinem Hause und die Ältesten saßen bei ihm. Und der König sandte einen Mann vor sich her. Aber ehe der Bote zu ihm kam, sprach Elisa zu den Ältesten: Habt ihr gesehen, wie dieser Mörder hergesandt hat, dass er mir das Haupt abschlage? Seht zu, wenn der Bote eintritt, dass ihr die Tür zuschließt und ihn gegen die Tür stoßt. Siehe, ich höre schon das Geräusch der Tritte seines Herrn hinter ihm her.

33 Als er noch so mit ihnen redete, siehe, da kam schon der König zu ihm hinab und sprach: Siehe, dies Übel kommt von dem Herrn! Was soll ich noch von dem Herrn erwarten?

7 Elisa aber sprach: Hört des Herrn Wort! So spricht der Herr: Morgen um diese Zeit wird ein Maß feinstes Mehl ein Silberstück gelten und zwei Maß Gerste ein Silberstück im Tor von Samaria.

2 Da antwortete der Ritter, auf dessen Arm sich der König lehnte, dem Mann Gottes und sprach: Und wenn der Herr Fenster am Himmel machte, wie könnte das geschehen? Er sprach: Siehe, mit deinen Augen wirst du es sehen, doch du wirst nicht davon essen!

¶ **3** Und es waren vier aussätzige Männer vor dem Tor und einer sprach zum andern: Was sollen wir hierbleiben, bis wir sterben?

4 Wenn wir auch in die Stadt gehen wollten, so ist Hungersnot in der Stadt und wir müssten doch dort sterben. Bleiben wir aber hier, so müssen wir auch sterben. So lasst uns nun hingehen und zu dem Heer der Aramäer laufen. Lassen sie uns leben, so leben wir, töten sie uns, so sind wir tot.

5 Und sie machten sich in der Dämmerung auf, um zum Heer der Aramäer zu kommen. Und als sie vorn an das Lager kamen, siehe, da war niemand mehr da.

29 So we boiled my son and ate him. And on the next day I said to her, 'Give your son, that we may eat him.' But she has hidden her son."

30 When the king heard the words of the woman, he tore his clothes—now he was passing by on the wall—and the people looked, and behold, ᵃhe had sackcloth beneath on his body—

31 and he said, "May God do so to me and more also, if the head of Elisha the son of Shaphat remains on his shoulders today."

¶ **32** Elisha was sitting in his house, and the elders were sitting with him. Now the king had dispatched a man from his presence, but before the messenger arrived Elisha said to the elders, "Do you see how this murderer has sent to take off my head? Look, when the messenger comes, shut the door and hold the door fast against him. Is not the sound of his master's feet behind him?"

33 And while he was still speaking with them, the messenger came down to him and said, "This trouble is from the Lord! Why should I wait for the Lord any longer?"

Elisha Promises Food

7 But Elisha said, "Hear the word of the Lord: thus says the Lord, Tomorrow about this time a seah[1] of fine flour shall be sold for a shekel,[2] and two seahs of barley for a shekel, at the gate of Samaria."

2 Then the captain on whose hand the king leaned said to the man of God, "If the Lord himself should make windows in heaven, could this thing be?" But he said, "You shall see it with your own eyes, but you shall not eat of it."

The Syrians Flee

¶ **3** Now there were four men who were lepers[3] at the entrance to the gate. And they said to one another, "Why are we sitting here until we die?

4 If we say, 'Let us enter the city,' the famine is in the city, and we shall die there. And if we sit here, we die also. So now come, let us go over to the camp of the Syrians. If they spare our lives we shall live, and if they kill us we shall but die."

5 So they arose at twilight to go to the camp of the Syrians. But when they came to the edge of the camp of the Syrians, behold, there was no one there.

6 Denn der Herr hatte die Aramäer hören lassen ein Getümmel von Rossen, Wagen und großer Heeresmacht, sodass sie untereinander sprachen: Siehe, der König von Israel hat sich gegen uns verbündet mit den Königen der Hetiter und den Königen der Ägypter, dass sie über uns kommen sollen.

7 Und sie machten sich auf und flohen in der Dämmerung und ließen ihre Zelte, Rosse und Esel im Lager, wie es stand, und flohen, um ihr Leben zu retten.

¶ **8** Als nun die Aussätzigen vorn an das Lager kamen, gingen sie in eins der Zelte, aßen und tranken und nahmen Silber, Gold und Kleider und gingen hin und verbargen's und kamen wieder und gingen in ein anderes Zelt und nahmen daraus und gingen hin und verbargen's.

9 Aber einer sprach zum andern: Lasst uns so nicht tun; dieser Tag ist ein Tag guter Botschaft. Wenn wir das verschweigen und warten, bis es lichter Morgen wird, so wird uns Schuld treffen. So lasst uns nun hingehen und es dem Hause des Königs ansagen.

10 Und als sie kamen, riefen sie die Torhüter der Stadt und sagten's ihnen an und sprachen: Wir sind zum Lager der Aramäer gekommen, und siehe, da ist niemand mehr und keine Menschenstimme, sondern Rosse und Esel angebunden und die Zelte, wie sie dastehen.

11 Da riefen es die Torhüter aus und man sagte es drinnen im Hause des Königs an.

¶ **12** Und der König stand auf, als es noch dunkel war, und sprach zu seinen Obersten: Lasst euch sagen, wie es die Aramäer mit uns machen. Sie wissen, dass wir Hunger leiden, und sind aus dem Lager gegangen, um sich im Felde zu verbergen, und denken: Wenn sie aus der Stadt gehen, wollen wir sie lebendig ergreifen und in die Stadt eindringen.

13 Da antwortete einer seiner Obersten: Man nehme fünf Rosse von denen, die noch in der Stadt übrig geblieben sind – ihnen wird es ja doch gehen wie der ganzen Menge, die hier noch übrig geblieben oder schon dahin ist. Die lasst uns senden, um nachzusehen.

14 Da nahmen sie zwei Wagen mit Rossen, und der König sandte sie dem Heer der Aramäer nach und sprach: Zieht hin und seht nach!

15 Und als sie ihnen nachzogen bis an den Jordan, siehe, da lag der Weg voll von Kleidern und Geräten, die die Aramäer in der Eile weggeworfen hatten. Und als die Boten zurückkamen und es dem König ansagten,

6 For the Lord had made the army of the Syrians hear the sound of chariots and of horses, the sound of a great army, so that they said to one another, "Behold, the king of Israel has hired against us the kings of the Hittites and the kings of Egypt to come against us."

7 So they fled away in the twilight and abandoned their tents, their horses, and their donkeys, leaving the camp as it was, and fled for their lives.

8 And when these lepers came to the edge of the camp, they went into a tent and ate and drank, and they carried off silver and gold and clothing and went and hid them. Then they came back and entered another tent and carried off things from it and went and hid them.

¶ **9** Then they said to one another, "We are not doing right. This day is a day of good news. If we are silent and wait until the morning light, punishment will overtake us. Now therefore come; let us go and tell the king's household."

10 So they came and called to the gatekeepers of the city and told them, "We came to the camp of the Syrians, and behold, there was no one to be seen or heard there, nothing but the horses tied and the donkeys tied and the tents as they were."

11 Then the gatekeepers called out, and it was told within the king's household.

12 And the king rose in the night and said to his servants, "I will tell you what the Syrians have done to us. They know that we are hungry. Therefore they have gone out of the camp to hide themselves in the open country, thinking, 'When they come out of the city, we shall take them alive and get into the city.'"

13 And one of his servants said, "Let some men take five of the remaining horses, seeing that those who are left here will fare like the whole multitude of Israel who have already perished. Let us send and see."

14 So they took two horsemen, and the king sent them after the army of the Syrians, saying, "Go and see."

15 So they went after them as far as the Jordan, and behold, all the way was littered with garments and equipment that the Syrians had thrown away in their haste. And the messengers returned and told the king.

16 ging das Volk hinaus und plünderte das Lager der Aramäer. Und es galt ein Maß feinstes Mehl ein Silberstück und zwei Maß Gerste auch ein Silberstück nach dem Wort des HERRN.

¶ **17** Aber der König bestellte den Ritter, auf dessen Arm er sich lehnte, in das Tor. Und das Volk zertrat ihn im Tor, sodass er starb, wie der Mann Gottes gesagt hatte, als der König zu ihm hinabkam.

18 Und es geschah, wie der Mann Gottes dem König gesagt hatte, als er sprach: Morgen um diese Zeit werden zwei Maß Gerste ein Silberstück gelten und ein Maß feinstes Mehl ein Silberstück im Tor von Samaria.

19 Und der Ritter hatte dem Mann Gottes geantwortet: Und siehe, wenn der HERR Fenster am Himmel machte, wie könnte das geschehen? Elisa aber hatte gesprochen: Siehe, mit deinen Augen wirst du es sehen, doch du wirst nicht davon essen!

20 Und genau so erging es ihm; denn das Volk zertrat ihn im Tor, sodass er starb.

Die Schunemiterin erhält ihren Besitz zurück

8 Elisa redete mit der Frau, deren Sohn er lebendig gemacht hatte, und sprach: Mach dich auf und zieh fort mit deinem Hause und wohne in der Fremde, wo du kannst; denn der HERR wird eine Hungersnot rufen, die wird ins Land kommen sieben Jahre lang.

2 Die Frau machte sich auf und tat, wie der Mann Gottes sagte, und zog hin mit ihrem Hause und wohnte im Land der Philister sieben Jahre.

3 Als aber die sieben Jahre um waren, kam die Frau aus dem Land der Philister zurück. Und sie ging hin, den König anzurufen wegen ihres Hauses und ihres Ackers.

¶ **4** Der König aber redete mit Gehasi, dem Diener des Mannes Gottes, und sprach: Erzähle mir alle großen Taten, die Elisa getan hat!

5 Und während er dem König erzählte, dass er einen Toten lebendig gemacht hätte, siehe, da kam eben die Frau dazu, deren Sohn er lebendig gemacht hatte, und rief den König an wegen ihres Hauses und ihres Ackers. Da sprach Gehasi: Mein Herr und König, dies ist die Frau und dies ist ihr Sohn, den Elisa lebendig gemacht hat.

6 Und der König fragte die Frau und sie erzählte es ihm. Da gab ihr der König einen Kämmerer mit und sprach: Verschaffe ihr alles wieder, was ihr gehört, dazu allen Ertrag des Ackers seit der Zeit, da sie das Land verlassen hat, bis jetzt!

¶ **16** Then the people went out and plundered the camp of the Syrians. So a seah of fine flour was sold for a shekel, and two seahs of barley for a shekel, according to the word of the LORD.

17 Now the king had appointed the captain on whose hand he leaned to have charge of the gate. And the people trampled him in the gate, so that he died, as the man of God had said when the king came down to him.

18 For when the man of God had said to the king, "Two seahs of barley shall be sold for a shekel, and a seah of fine flour for a shekel, about this time tomorrow in the gate of Samaria,"

19 the captain had answered the man of God, "If the LORD himself should make windows in heaven, could such a thing be?" And he had said, "You shall see it with your own eyes, but you shall not eat of it."

20 And so it happened to him, for the people trampled him in the gate and he died.

The Shunammite's Land Restored

8 Now Elisha had said to the woman whose son he had restored to life, "Arise, and depart with your household, and sojourn wherever you can, for the LORD has called for a famine, and it will come upon the land for seven years."

2 So the woman arose and did according to the word of the man of God. She went with her household and sojourned in the land of the Philistines seven years.

3 And at the end of the seven years, when the woman returned from the land of the Philistines, she went to appeal to the king for her house and her land.

4 Now the king was talking with Gehazi the servant of the man of God, saying, "Tell me all the great things that Elisha has done."

5 And while he was telling the king how Elisha had restored the dead to life, behold, the woman whose son he had restored to life appealed to the king for her house and her land. And Gehazi said, "My lord, O king, here is the woman, and here is her son whom Elisha restored to life."

6 And when the king asked the woman, she told him. So the king appointed an official for her, saying, "Restore all that was hers, together with all the produce of the fields from the day that she left the land until now."

Ben-Hadads Tod. Hasaël wird König von Aram

7 Und Elisa kam nach Damaskus. Da lag Ben-Hadad, der König von Aram, krank und man sagte ihm: Der Mann Gottes ist hierher gekommen.

8 Da sprach der König zu Hasaël: Nimm Geschenke mit dir und geh dem Mann Gottes entgegen und befrage den Herrn durch ihn, ob ich von dieser Krankheit genesen könne.

9 Hasaël ging ihm entgegen und nahm Geschenke mit sich und allerlei kostbare Dinge von Damaskus, eine Last für vierzig Kamele. Und als er hinkam, trat er vor Elisa und sprach: Dein Sohn Ben-Hadad, der König von Aram, hat mich zu dir gesandt und lässt dir sagen: Kann ich von dieser Krankheit genesen?

¶ 10 Elisa sprach zu ihm: Geh hin und sage ihm: Du wirst genesen! – Aber der Herr hat mir gezeigt, dass er des Todes sterben wird.

11 Und der Mann Gottes schaute starr und lange vor sich hin und weinte.

12 Da sprach Hasaël: Warum weint mein Herr? Er sprach: Ich weiß, was du den Israeliten antun wirst: Du wirst ihre festen Städte mit Feuer verbrennen und ihre junge Mannschaft mit dem Schwert erschlagen und ihre jungen Kinder töten und ihre schwangeren Frauen aufschlitzen.

13 Hasaël sprach: Was ist dein Knecht, der Hund, dass er so große Dinge tun sollte? Elisa sprach: Der Herr hat mir gezeigt, dass du König über Aram sein wirst.

¶ 14 Und er ging weg von Elisa und kam zu seinem Herrn. Der sprach zu ihm: Was sagte dir Elisa? Er sprach: Er sagte mir: Du wirst genesen.

15 Am andern Tage aber nahm er die Decke und tauchte sie in Wasser und breitete sie über des Königs Angesicht. Da starb er und Hasaël wurde König an seiner statt.

Reich Juda: Joram. Ahasja

(vgl. 2.Chr 21,1; 2.Chr 21,5-10; 22,1-6)

16 Im fünften Jahr Jorams, des Sohnes Ahabs, des Königs von Israel, wurde – Joschafat war noch König von Juda – Joram, der Sohn Joschafats, König von Juda.

17 Zweiunddreißig Jahre alt war er, als er König wurde, und er regierte acht Jahre zu Jerusalem

18 und wandelte auf dem Wege der Könige von Israel, wie das Haus Ahab tat; denn Ahabs Tochter war seine Frau. Und er tat, was dem Herrn missfiel.

Hazael Murders Ben-hadad

¶ 7 Now Elisha came to Damascus. Ben-hadad the king of Syria was sick. And when it was told him, "The man of God has come here,"

8 the king said to Hazael, "Take a present with you and go to meet the man of God, and inquire of the Lord through him, saying, 'Shall I recover from this sickness?'"

9 So Hazael went to meet him, and took a present with him, all kinds of goods of Damascus, forty camel loads. When he came and stood before him, he said, "Your son Ben-hadad king of Syria has sent me to you, saying, 'Shall I recover from this sickness?'"

10 And Elisha said to him, "Go, say to him, 'You shall certainly recover,' but the Lord has shown me that he shall certainly die."

11 And he fixed his gaze and stared at him, until he was embarrassed. And the man of God wept.

12 And Hazael said, "Why does my lord weep?" He answered, "Because I know the evil that you will do to the people of Israel. You will set on fire their fortresses, and you will kill their young men with the sword and dash in pieces their little ones and rip open their pregnant women."

13 And Hazael said, "What is your servant, who is but a dog, that he should do this great thing?" Elisha answered, "The Lord has shown me that you are to be king over Syria."

14 Then he departed from Elisha and came to his master, who said to him, "What did Elisha say to you?" And he answered, "He told me that you would certainly recover."

15 But the next day he took the bed cloth[1] and dipped it in water and spread it over his face, till he died. And Hazael became king in his place.

Jehoram Reigns in Judah

¶ 16 In the fifth year of Joram the son of Ahab, king of Israel, when Jehoshaphat was king of Judah,[2] Jehoram the son of Jehoshaphat, king of Judah, began to reign.

17 He was thirty-two years old when he became king, and he reigned eight years in Jerusalem.

18 And he walked in the way of the kings of Israel, as the house of Ahab had done, for the daughter of Ahab was his wife. And he did what was evil in the sight of the Lord.

19 Aber der HERR wollte Juda nicht verderben um seines Knechtes David willen, wie er ihm zugesagt hatte, ihm eine Leuchte zu geben und seinen Söhnen immerdar.

¶ **20** Zu seiner Zeit fielen die Edomiter von Juda ab und setzten einen König über sich.

21 Da zog Joram nach Zaïr und alle Wagen mit ihm, und er machte sich des Nachts auf und schlug die Edomiter, die ihn umringt hatten, dazu die Obersten über die Wagen, sodass das Volk in seine Wohnungen floh.

22 Doch blieben die Edomiter abtrünnig von Juda bis auf diesen Tag. Auch fiel zur selben Zeit Libna ab.

¶ **23** Was aber mehr von Joram zu sagen ist und alles, was er getan hat, siehe, das steht geschrieben in der Chronik der Könige von Juda.

24 Und Joram legte sich zu seinen Vätern und wurde begraben bei seinen Vätern in der Stadt Davids. Und sein Sohn Ahasja wurde König an seiner statt.

¶ **25** Im zwölften Jahr Jorams, des Sohnes Ahabs, des Königs von Israel, wurde Ahasja, der Sohn Jorams, König von Juda.

26 Zweiundzwanzig Jahre alt war Ahasja, als er König wurde, und er regierte ein Jahr zu Jerusalem. Seine Mutter hieß Atalja, eine Tochter Omris, des Königs von Israel.

27 Und er wandelte auf dem Wege des Hauses Ahab und tat, was dem HERRN missfiel, wie das Haus Ahab; denn er war verwandt mit dem Hause Ahab.

¶ **28** Und er zog mit Joram, dem Sohn Ahabs, in den Kampf um Ramot in Gilead gegen Hasaël, den König von Aram; aber die Aramäer verwundeten Joram.

29 Da kehrte der König Joram zurück, um sich in Jesreel von den Wunden heilen zu lassen, die ihm die Aramäer bei Rama geschlagen hatten, als er mit Hasaël, dem König von Aram, kämpfte. Und Ahasja, der Sohn Jorams, der König von Juda, kam hinab, um in Jesreel Joram, den Sohn Ahabs, zu besuchen; denn er lag krank.

Reich Israel: Jehu, zum König gesalbt, tötet Joram, Ahasja und Isebel

9 Aber der Prophet Elisa rief einen der Prophetenjünger und sprach zu ihm: Gürte deine Lenden und nimm diesen Krug mit Öl mit dir und geh hin nach Ramot in Gilead.

19 Yet the LORD was not willing to destroy Judah, for the sake of David his servant, since he promised to give a lamp to him and to his sons forever.

¶ **20** In his days Edom revolted from the rule of Judah and set up a king of their own.

21 Then Joram[3] passed over to Zair with all his chariots and rose by night, and he and his chariot commanders struck the Edomites who had surrounded him, but his army fled home.

22 So Edom revolted from the rule of Judah to this day. Then Libnah revolted at the same time.

23 Now the rest of the acts of Joram, and all that he did, are they not written in the Book of the Chronicles of the Kings of Judah?

24 So Joram slept with his fathers and was buried with his fathers in the city of David, and Ahaziah his son reigned in his place.

Ahaziah Reigns in Judah

¶ **25** In the twelfth year of Joram the son of Ahab, king of Israel, Ahaziah the son of Jehoram, king of Judah, began to reign.

26 Ahaziah was twenty-two years old when he began to reign, and he reigned one year in Jerusalem. His mother's name was Athaliah; she was a granddaughter of Omri king of Israel.

27 He also walked in the way of the house of Ahab and did what was evil in the sight of the LORD, as the house of Ahab had done, for he was son-in-law to the house of Ahab.

¶ **28** He went with Joram the son of Ahab to make war against Hazael king of Syria at Ramoth-gilead, and the Syrians wounded Joram.

29 And King Joram returned to be healed in Jezreel of the wounds that the Syrians had given him at Ramah, when he fought against Hazael king of Syria. And Ahaziah the son of Jehoram king of Judah went down to see Joram the son of Ahab in Jezreel, because he was sick.

Jehu Anointed King of Israel

9 Then Elisha the prophet called one of the sons of the prophets and said to him, "Tie up your garments, and take this flask of oil in your hand, and go to Ramoth-gilead.

2 Und wenn du dahin kommst, wirst du dort Jehu sehen, den Sohn Joschafats, des Sohnes Nimschis. Und geh hinein und lass ihn aufstehen unter seinen Gefährten und führe ihn in die innerste Kammer

3 und nimm den Krug mit Öl und gieß es auf sein Haupt und sprich: So sagt der Herr: Ich habe dich zum König über Israel gesalbt! – und dann sollst du die Tür auftun und fliehen und nicht zögern.

¶ **4** Und der Prophetenjünger ging hin nach Ramot in Gilead.

5 Und als er hinkam, siehe, da saßen die Hauptleute des Heeres beisammen. Und er sprach: Ich habe dir, Hauptmann, etwas zu sagen. Jehu sprach: Wem von uns allen? Er sprach: Dir, Hauptmann!

6 Da stand er auf und ging hinein. Er aber goss das Öl auf sein Haupt und sagte zu ihm: So spricht der Herr, der Gott Israels: Ich habe dich zum König gesalbt über Israel, das Volk des Herrn.

7 Und du sollst das Haus Ahabs, deines Herrn, schlagen, dass ich das Blut meiner Knechte, der Propheten, und das Blut aller Knechte des Herrn räche, das die Hand Isebels vergossen hat,

8 sodass das ganze Haus Ahab umkomme. Und ich will von Ahab ausrotten, was männlich ist, bis auf den letzten Mann in Israel,

9 und will das Haus Ahab machen wie das Haus Jerobeams, des Sohnes Nebats, und wie das Haus Baschas, des Sohnes Ahijas.

10 Und die Hunde sollen Isebel fressen auf dem Acker in Jesreel, und niemand soll sie begraben. Und er tat die Tür auf und floh.

¶ **11** Und als Jehu herausging zu den Leuten seines Herrn, sprach man zu ihm: Steht es gut? Warum ist dieser Rasende zu dir gekommen? Er sprach zu ihnen: Ihr kennt doch den Mann und sein Geschwätz.

12 Sie sprachen: Das ist nicht wahr; sage es uns an! Er sprach: So und so hat er mit mir geredet und gesagt: So spricht der Herr: Ich habe dich zum König über Israel gesalbt.

13 Da nahm jeder eilends sein Kleid und legte es vor ihn hin auf die hohen Stufen, und sie bliesen die Posaune und riefen: Jehu ist König geworden!

14 So machte Jehu, der Sohn Joschafats, des Sohnes Nimschis, gegen Joram eine Verschwörung.

¶   Joram aber hatte mit ganz Israel vor Ramot in Gilead gelegen wider Hasaël, den König von Aram.

2 And when you arrive, look there for Jehu the son of Jehoshaphat, son of Nimshi. And go in and have him rise from among his fellows, and lead him to an inner chamber.

3 Then take the flask of oil and pour it on his head and say, 'Thus says the Lord, I anoint you king over Israel.' Then open the door and flee; do not linger."

¶ **4** So the young man, the servant of the prophet, went to Ramoth-gilead.

5 And when he came, behold, the commanders of the army were in council. And he said, "I have a word for you, O commander." And Jehu said, "To which of us all?" And he said, "To you, O commander."

6 So he arose and went into the house. And the young man poured the oil on his head, saying to him, "Thus says the Lord, the God of Israel, I anoint you king over the people of the Lord, over Israel.

7 And you shall strike down the house of Ahab your master, so that I may avenge on Jezebel the blood of my servants the prophets, and the blood of all the servants of the Lord.

8 For the whole house of Ahab shall perish, and I will cut off from Ahab every male, bond or free, in Israel.

9 And I will make the house of Ahab like the house of Jeroboam the son of Nebat, and like the house of Baasha the son of Ahijah.

10 And the dogs shall eat Jezebel in the territory of Jezreel, and none shall bury her." Then he opened the door and fled.

¶ **11** When Jehu came out to the servants of his master, they said to him, "Is all well? Why did this mad fellow come to you?" And he said to them, "You know the fellow and his talk."

12 And they said, "That is not true; tell us now." And he said, "Thus and so he spoke to me, saying, 'Thus says the Lord, I anoint you king over Israel.'"

13 Then in haste every man of them took his garment and put it under him on the bare[1] steps, and they blew the trumpet and proclaimed, "Jehu is king."

Jehu Assassinates Joram and Ahaziah

¶ **14** Thus Jehu the son of Jehoshaphat the son of Nimshi conspired against Joram. (Now Joram with all Israel had been on guard at Ramoth-gilead against Hazael king of Syria,

15 Und der König Joram war zurückgekommen, um sich in Jesreel heilen zu lassen von den Wunden, die ihm die Aramäer geschlagen hatten, als er mit Hasaël kämpfte, dem König von Aram.

¶ Und Jehu sprach: Wenn ihr wollt, dann soll niemand aus der Stadt entrinnen, dass er hingehen und es in Jesreel ansagen könne.

16 Und er stieg auf seinen Wagen und fuhr nach Jesreel, denn Joram lag dort. Und Ahasja, der König von Juda, war hinabgezogen, um Joram zu besuchen.

¶ **17** Aber der Wächter, der auf dem Turm in Jesreel stand, sah die Staubwolke, als Jehu herankam, und sprach: Ich sehe eine Staubwolke. Da sprach Joram: Nimm einen Reiter, den sende ihnen entgegen und lass ihn fragen: Ist's Friede?

18 Und der Reiter ritt hin ihm entgegen und sprach: So sagt der König: Ist's Friede? Jehu sprach: Was geht dich der Friede an? Wende um, folge mir! Der Wächter verkündete und sprach: Der Bote ist bei ihnen angekommen und kommt nicht zurück.

19 Da sandte Joram einen zweiten Reiter. Als der zu ihnen kam, sprach er: So spricht der König: Ist's Friede? Jehu sprach: Was geht dich der Friede an? Wende um, folge mir!

20 Das verkündete der Wächter und sprach: Er ist bei ihnen angekommen und kommt nicht zurück. Und es ist ein Jagen wie das Jagen Jehus, des Sohnes Nimschis; denn er jagt, wie wenn er unsinnig wäre.

¶ **21** Da sprach Joram: Spannt an! Und man spannte seinen Wagen an. Und sie zogen aus, Joram, der König von Israel, und Ahasja, der König von Juda, jeder auf seinem Wagen, um Jehu entgegenzufahren; und sie trafen ihn auf dem Acker Nabots, des Jesreeliters.

22 Und als Joram Jehu sah, sprach er: Jehu, ist's Friede? Er aber sprach: Was, Friede? Deiner Mutter Isebel Abgötterei und ihre viele Zauberei haben noch kein Ende!

23 Da wandte Joram um und floh und sprach zu Ahasja: Verräterei, Ahasja!

24 Aber Jehu fasste den Bogen und schoss Joram zwischen die Arme, dass der Pfeil durch sein Herz fuhr und Joram in seinem Wagen zusammenbrach.

¶ **25** Und Jehu sprach zu seinem Ritter Bidkar: Nimm und wirf ihn auf den Acker Nabots, des Jesreeliters! Denn ich denke daran, wie du mit mir auf einem Wagen seinem Vater Ahab nachfuhrst, als der HERR diese Last auf ihn legte:

15 but King Joram had returned to be healed in Jezreel of the wounds that the Syrians had given him, when he fought with Hazael king of Syria.) So Jehu said, "If this is your decision, then let no one slip out of the city to go and tell the news in Jezreel."

16 Then Jehu mounted his chariot and went to Jezreel, for Joram lay there. And Ahaziah king of Judah had come down to visit Joram.

¶ **17** Now the watchman was standing on the tower in Jezreel, and he saw the company of Jehu as he came and said, "I see a company." And Joram said, "Take a horseman and send to meet them, and let him say, 'Is it peace?'"

18 So a man on horseback went to meet him and said, "Thus says the king, 'Is it peace?'" And Jehu said, "What do you have to do with peace? Turn around and ride behind me." And the watchman reported, saying, "The messenger reached them, but he is not coming back."

19 Then he sent out a second horseman, who came to them and said, "Thus the king has said, 'Is it peace?'" And Jehu answered, "What do you have to do with peace? Turn around and ride behind me."

20 Again the watchman reported, "He reached them, but he is not coming back. And the driving is like the driving of Jehu the son of Nimshi, for he drives furiously."

¶ **21** Joram said, "Make ready." And they made ready his chariot. Then Joram king of Israel and Ahaziah king of Judah set out, each in his chariot, and went to meet Jehu, and met him at the property of Naboth the Jezreelite.

22 And when Joram saw Jehu, he said, "Is it peace, Jehu?" He answered, "What peace can there be, so long as the whorings and the sorceries of your mother Jezebel are so many?"

23 Then Joram reined about and fled, saying to Ahaziah, "Treachery, O Ahaziah!"

24 And Jehu drew his bow with his full strength, and shot Joram between the shoulders, so that the arrow pierced his heart, and he sank in his chariot.

25 Jehu said to Bidkar his aide, "Take him up and throw him on the plot of ground belonging to Naboth the Jezreelite. For remember, when you and I rode side by side behind Ahab his father, how the LORD made this pronouncement against him:

26 Fürwahr, ich will dir das Blut Nabots und seiner Kinder, das ich gestern gesehen habe, vergelten auf diesem Acker! – So nimm ihn nun und wirf ihn auf den Acker nach dem Wort des HERRN.

¶ **27** Als das Ahasja, der König von Juda, sah, floh er auf Bet-Gan zu. Jehu aber jagte ihm nach und ließ auch ihn töten auf dem Wagen, und sie schossen auf ihn auf der Höhe von Gur, die bei Jibleam liegt. Und er floh nach Megiddo und starb dort.

28 Und seine Männer brachten ihn nach Jerusalem und begruben ihn in seinem Grabe bei seinen Vätern in der Stadt Davids.

29 Ahasja aber war König geworden über Juda im elften Jahr Jorams, des Sohnes Ahabs.

¶ **30** Und als Jehu nach Jesreel kam und Isebel das erfuhr, schminkte sie ihr Angesicht und schmückte ihr Haupt und schaute zum Fenster hinaus.

31 Und als Jehu unter das Tor kam, sprach sie: Geht's gut, du Simri, der seinen Herrn erschlug?

32 Und er hob sein Angesicht auf zum Fenster und sprach: Wer hält's hier mit mir? Da sahen zwei oder drei Kämmerer zu ihm heraus.

33 Er sprach: Stürzt sie hinab! Und sie stürzten Isebel hinab, sodass die Wand und die Rosse mit ihrem Blut besprengt wurden; und sie wurde zertreten.

¶ **34** Und als er hineinkam und gegessen und getrunken hatte, sprach er: Seht doch nach der Verfluchten und begrabt sie; denn sie ist eines Königs Tochter!

35 Als sie aber hingingen, um sie zu begraben, fanden sie nichts von ihr als den Schädel und die Füße und ihre Hände.

36 Und sie kamen zurück und sagten's Jehu an. Er aber sprach: Das ist's, was der HERR geredet hat durch seinen Knecht Elia, den Tischbiter, als er sprach: Auf dem Acker von Jesreel sollen die Hunde das Fleisch Isebels fressen,

37 und der Leichnam Isebels soll wie Mist auf dem Felde sein im Gefilde von Jesreel, dass man nicht sagen könne: Das ist Isebel.

Jehu rottet das Haus Ahab aus

10 Ahab aber hatte siebzig Söhne in Samaria. Und Jehu schrieb Briefe und sandte sie nach Samaria, zu den Obersten der Stadt, zu den Ältesten und Vormündern der Söhne Ahabs; die lauteten:

26 'As surely as I saw yesterday the blood of Naboth and the blood of his sons—declares the LORD—I will repay you on this plot of ground.' Now therefore take him up and throw him on the plot of ground, in accordance with the word of the LORD."

¶ **27** When Ahaziah the king of Judah saw this, he fled in the direction of Beth-haggan. And Jehu pursued him and said, "Shoot him also." And they shot him[2] in the chariot at the ascent of Gur, which is by Ibleam. And he fled to [h]Megiddo and died there.

28 His servants carried him in a chariot to Jerusalem, and buried him in his tomb with his fathers in the city of David.

¶ **29** In the eleventh year of Joram the son of Ahab, Ahaziah began to reign over Judah.

Jehu Executes Jezebel

¶ **30** When Jehu came to Jezreel, Jezebel heard of it. And she painted her eyes and adorned her head and looked out of the window.

31 And as Jehu entered the gate, she said, "Is it peace, you Zimri, murderer of your master?"

32 And he lifted up his face to the window and said, "Who is on my side? Who?" Two or three eunuchs looked out at him.

33 He said, "Throw her down." So they threw her down. And some of her blood spattered on the wall and on the horses, and they trampled on her.

34 Then he went in and ate and drank. And he said, "See now to this cursed woman and bury her, for she is a king's daughter."

35 But when they went to bury her, they found no more of her than the skull and the feet and the palms of her hands.

36 When they came back and told him, he said, "This is the word of the LORD, which he spoke by his servant Elijah the Tishbite, 'In the territory of Jezreel the dogs shall eat the flesh of Jezebel,

37 and the corpse of Jezebel shall be as dung on the face of the field in the territory of Jezreel, so that no one can say, This is Jezebel.'"

Jehu Slaughters Ahab's Descendants

10 Now Ahab had seventy sons in Samaria. So Jehu wrote letters and sent them to Samaria, to the rulers of the city,[1] to the elders, and to the guardians of the sons[2] of Ahab, saying,

2 Wenn dieser Brief zu euch kommt, bei denen eures Herrn Söhne sind und Wagen, Rosse, feste Städte und Rüstung,

3 so seht, welcher der beste und geschickteste sei unter den Söhnen eures Herrn, und setzt ihn auf seines Vaters Thron und kämpft für eures Herrn Haus.

4 Sie aber fürchteten sich gar sehr und sprachen: Siehe, zwei Könige konnten ihm nicht widerstehen; wie könnten wir ihm dann widerstehen?

5 Und der Hofmeister und der Stadtvogt und die Ältesten und Vormünder sandten hin zu Jehu und ließen ihm sagen: Wir sind deine Knechte. Wir wollen alles tun, was du uns sagst; wir wollen niemand zum König machen. Tu, was dir gefällt.

¶ **6** Da schrieb er einen zweiten Brief an sie, der lautete: Wenn ihr zu mir haltet und meiner Stimme gehorcht, so nehmt die Köpfe der Söhne eures Herrn und bringt sie zu mir morgen um diese Zeit nach Jesreel. Es waren aber siebzig Söhne des Königs und die Großen der Stadt erzogen sie.

7 Als nun der Brief zu ihnen kam, nahmen sie des Königs Söhne und töteten die siebzig und legten ihre Köpfe in Körbe und schickten sie zu Jehu nach Jesreel.

¶ **8** Und als der Bote kam und ihm sagte: Sie haben die Köpfe der Söhne des Königs gebracht, sprach er: Legt sie in zwei Haufen vor das Tor bis morgen.

9 Und am Morgen, als er ausging, trat er hin und sprach zu allem Volk: Ihr seid ohne Schuld. Siehe, ich habe gegen meinen Herrn eine Verschwörung gemacht und ihn getötet. Wer aber hat denn diese alle erschlagen?

10 So erkennt denn, dass kein Wort des HERRN auf die Erde gefallen ist, das der HERR geredet hat gegen das Haus Ahab. Der HERR hat getan, wie er geredet hat durch seinen Knecht Elia.

11 So erschlug Jehu alle Übriggebliebenen vom Hause Ahab in Jesreel, alle seine Großen, seine Verwandten und seine Priester, bis nicht ein Einziger übrig blieb.

¶ **12** Und Jehu machte sich auf und zog auf Samaria zu. Aber als er unterwegs nach Bet-Eked der Hirten kam,

13 da traf Jehu die Brüder Ahasjas, des Königs von Juda, und sprach: Wer seid ihr? Sie sprachen: Wir sind Brüder Ahasjas und ziehen hin, um die Söhne des Königs und die Söhne der Königinmutter zu grüßen.

2 "Now then, as soon as this letter comes to you, seeing your master's sons are with you, and there are with you chariots and horses, fortified cities also, and weapons,

3 select the best and fittest of your master's sons and set him on his father's throne and fight for your master's house."

4 But they were exceedingly afraid and said, "Behold, the two kings could not stand before him. How then can we stand?"

5 So he who was over the palace, and he who was over the city, together with the elders and the guardians, sent to Jehu, saying, "We are your servants, and we will do all that you tell us. We will not make anyone king. Do whatever is good in your eyes."

6 Then he wrote to them a second letter, saying, "If you are on my side, and if you are ready to obey me, take the heads of the men, your master's sons, and come to me at Jezreel tomorrow at this time." Now the king's sons, seventy persons, were with the great men of the city, who were bringing them up.

7 And as soon as the letter came to them, they took the king's sons and slaughtered them, seventy persons, and put their heads in baskets and sent them to him at Jezreel.

8 When the messenger came and told him, "They have brought the heads of the king's sons," he said, "Lay them in two heaps at the entrance of the gate until the morning."

9 Then in the morning, when he went out, he stood and said to all the people, "You are innocent. It was I who conspired against my master and killed him, but who struck down all these?

10 Know then that there shall fall to the earth nothing of the word of the LORD, which the LORD spoke concerning the house of Ahab, for the LORD has done what he said by his servant Elijah."

11 So Jehu struck down all who remained of the house of Ahab in Jezreel, all his great men and his close friends and his priests, until he left him none remaining.

¶ **12** Then he set out and went to Samaria. On the way, when he was at Beth-eked of the Shepherds,

13 Jehu met the relatives of Ahaziah king of Judah, and he said, "Who are you?" And they answered, "We are the relatives of Ahaziah, and we came down to visit the royal princes and the sons of the queen mother."

14 Er aber sprach: Ergreift sie lebendig! Und sie ergriffen sie lebendig und töteten sie bei dem Brunnen von Bet-Eked, zweiundvierzig Mann, und er ließ nicht einen Einzigen von ihnen übrig.

Jehu rottet den Baalsdienst aus. Sein Tod

15 Und als er von dort weiterzog, traf er Jonadab, den Sohn Rechabs, der ihm begegnete. Und er grüßte ihn und sprach zu ihm: Ist dein Herz aufrichtig gegen mich wie mein Herz gegen dein Herz? Jonadab sprach: Ja. Da sprach Jehu: Wenn es so ist, dann gib mir deine Hand! Und Jonadab gab ihm seine Hand. Und Jehu ließ ihn zu sich auf den Wagen steigen

16 und sprach: Komm mit mir und sieh meinen Eifer für den HERRN! Und er ließ ihn mit sich fahren auf seinem Wagen.

17 Und als er nach Samaria kam, erschlug er alles, was übrig war von Ahab in Samaria, bis er sein Haus vertilgt hatte nach dem Wort des HERRN, das er zu Elia geredet hatte.

¶ **18** Und Jehu versammelte alles Volk und ließ ihnen sagen: Ahab hat Baal wenig gedient; Jehu will ihm besser dienen.

19 So lasst nun zu mir rufen alle Propheten Baals, die in seinem Dienst stehen, und alle seine Priester, dass man niemand vermisse; denn ich habe ein großes Opfer dem Baal zu bringen. Wen man vermissen wird, der soll nicht am Leben bleiben. Aber Jehu tat dies mit Hinterlist, um die Diener Baals umzubringen.

¶ **20** Und Jehu sprach: Feiert dem Baal ein heiliges Fest! Und sie ließen es ausrufen.

21 Auch sandte Jehu umher in ganz Israel und ließ alle Diener Baals kommen, dass niemand übrig war, der nicht gekommen wäre. Und sie gingen in das Haus Baals, sodass das Haus Baals voll wurde an allen Enden.

22 Da sprach er zu denen, die über die Kleiderkammer gesetzt waren: Bringt allen Dienern Baals Feierkleider heraus! Und sie brachten die Kleider heraus.

23 Und Jehu ging in das Haus Baals mit Jonadab, dem Sohn Rechabs, und sprach zu den Dienern Baals: Forscht und seht zu, dass hier nicht jemand unter euch sei von den Knechten des HERRN, sondern allein Baals Diener.

24 Und sie kamen hinein, um Schlachtopfer und Brandopfer darzubringen. Jehu aber stellte außen achtzig Mann auf und sprach: Wenn einer der Männer entrinnt, die ich in eure Hände gebe, so soll euer Leben für sein Leben sein!

14 He said, "Take them alive." And they took them alive and slaughtered them at the pit of Beth-eked, forty-two persons, and he spared none of them.

¶ **15** And when he departed from there, he met Jehonadab the son of Rechab coming to meet him. And he greeted him and said to him, "Is your heart true to my heart as mine is to yours?" And Jehonadab answered, "It is." Jehu said,[3] "If it is, give me your hand." So he gave him his hand. And Jehu took him up with him into the chariot.

16 And he said, "Come with me, and see my zeal for the LORD." So he[4] had him ride in his chariot.

17 And when he came to Samaria, he struck down all who remained to Ahab in Samaria, till he had wiped them out, according to the word of the LORD that he spoke to Elijah.

Jehu Strikes Down the Prophets of Baal

¶ **18** Then Jehu assembled all the people and said to them, "Ahab served Baal a little, but Jehu will serve him much.

19 Now therefore call to me all the prophets of Baal, all his worshipers and all his priests. Let none be missing, for I have a great sacrifice to offer to Baal. Whoever is missing shall not live." But Jehu did it with cunning in order to destroy the worshipers of Baal.

20 And Jehu ordered, "Sanctify a solemn assembly for Baal." So they proclaimed it.

21 And Jehu sent throughout all Israel, and all the worshipers of Baal came, so that there was not a man left who did not come. And they entered the house of Baal, and the house of Baal was filled from one end to the other.

22 He said to him who was in charge of the wardrobe, "Bring out the vestments for all the worshipers of Baal." So he brought out the vestments for them.

23 Then Jehu went into the house of Baal with Jehonadab the son of Rechab, and he said to the worshipers of Baal, "Search, and see that there is no servant of the LORD here among you, but only the worshipers of Baal."

24 Then they[5] went in to offer sacrifices and burnt offerings.

¶   Now Jehu had stationed eighty men outside and said, "The man who allows any of those whom I give into your hands to escape shall forfeit his life."

¶ **25** Als er nun die Brandopfer vollendet hatte, sprach Jehu zu der Leibwache und den Rittern: Geht hinein und erschlagt jedermann; lasst niemand entkommen! Und sie schlugen sie mit der Schärfe des Schwerts. Und die Leibwache und die Ritter warfen die Leichname hinaus und drangen in das Innere des Hauses Baals

26 und brachten hinaus die Bilder der Aschera aus dem Hause Baals und verbrannten sie

27 und zerbrachen die Steinmale Baals samt dem Hause Baals und machten Stätten des Unrats daraus bis auf diesen Tag.

¶ **28** So vertilgte Jehu den Baal aus Israel;

29 aber von den Sünden Jerobeams, des Sohnes Nebats, der Israel sündigen machte, ließ Jehu nicht ab, von den goldenen Kälbern in Bethel und in Dan.

¶ **30** Und der HERR sprach zu Jehu: Weil du willig gewesen bist, zu tun, was mir gefallen hat, und am Hause Ahab alles getan hast, was in meinem Herzen war, sollen dir auf dem Thron Israels sitzen deine Söhne bis ins vierte Glied.

31 Aber doch hielt Jehu nicht das Gesetz des HERRN, des Gottes Israels, dass er darin wandelte von ganzem Herzen; denn er ließ nicht ab von den Sünden Jerobeams, der Israel sündigen gemacht hatte.

¶ **32** Zur selben Zeit fing der HERR an, Stücke von Israel abzutrennen; denn Hasaël schlug sie im ganzen Gebiet Israels

33 vom Jordan gegen der Sonne Aufgang, das ganze Land Gilead, die Gaditer, Rubeniter und Manassiter, von Aroër an, das am Arnon liegt, Gilead und Baschan.

¶ **34** Was aber mehr von Jehu zu sagen ist und alles, was er getan hat, und alle seine tapferen Taten, siehe, das steht geschrieben in der Chronik der Könige von Israel.

35 Und Jehu legte sich zu seinen Vätern und sie begruben ihn zu Samaria. Und sein Sohn Joahas wurde König an seiner statt.

36 Die Zeit aber, die Jehu über Israel regiert hat zu Samaria, sind achtundzwanzig Jahre.

Reich Juda: Herrschaft der Atalja. Joasch wird König
(vgl. 2.Chr 22,10–23,21)

11 Als aber Atalja, Ahasjas Mutter, sah, dass ihr Sohn tot war, machte sie sich auf und brachte alle aus dem königlichen Geschlecht um.

25 So as soon as he had made an end of offering the burnt offering, Jehu said to the guard and to the officers, "Go in and strike them down; let not a man escape." So when they put them to the sword, the guard and the officers cast them out and went into the inner room of the house of Baal,

26 and they brought out the pillar that was in the house of Baal and burned it.

27 And they demolished the pillar of Baal, and demolished the house of Baal, and made it a latrine to this day.

Jehu Reigns in Israel

¶ **28** Thus Jehu wiped out Baal from Israel.

29 But Jehu did not turn aside from the sins of Jeroboam the son of Nebat, which he made Israel to sin—that is, the golden calves that were in Bethel and in Dan.

30 And the LORD said to Jehu, "Because you have done well in carrying out what is right in my eyes, and have done to the house of Ahab according to all that was in my heart, your sons of the fourth generation shall sit on the throne of Israel."

31 But Jehu was not careful to walk in the law of the LORD, the God of Israel, with all his heart. He did not turn from the sins of Jeroboam, which he made Israel to sin.

¶ **32** In those days the LORD began to cut off parts of Israel. Hazael defeated them throughout the territory of Israel:

33 from the Jordan eastward, all the land of Gilead, the Gadites, and the Reubenites, and the Manassites, from Aroer, which is by the Valley of the Arnon, that is, Gilead and Bashan.

34 Now the rest of the acts of Jehu and all that he did, and all his might, are they not written in the Book of the Chronicles of the Kings of Israel?

35 So Jehu slept with his fathers, and they buried him in Samaria. And Jehoahaz his son reigned in his place.

36 The time that Jehu reigned over Israel in Samaria was twenty-eight years.

Athaliah Reigns in Judah

11 Now when Athaliah the mother of Ahaziah saw that her son was dead, she arose and destroyed all the royal family.

2 Aber Joscheba, die Tochter des Königs Joram, Ahasjas Schwester, nahm Joasch, den Sohn Ahasjas, und stahl ihn aus der Mitte der Söhne des Königs, die getötet wurden, und brachte ihn mit seiner Amme in die Bettenkammer und verbarg ihn vor Atalja, sodass er nicht getötet wurde.

3 Und er war bei Joscheba versteckt im Hause des HERRN sechs Jahre lang. Atalja aber war Königin über das Land.

¶ **4** Im siebenten Jahr aber sandte Jojada hin und nahm die Hauptleute über hundert von der Garde und der Leibwache und ließ sie zu sich ins Haus des HERRN kommen und schloss einen Bund mit ihnen und nahm einen Eid von ihnen im Hause des HERRN und zeigte ihnen den Sohn des Königs

5 und gebot ihnen: Das ist's, was ihr tun sollt: Ein Drittel von euch, die ihr am Sabbat antretet, soll Wache halten im Haus des Königs

6 und ein Drittel soll Wache halten am Tor Sur und ein Drittel am Tor hinter dem Haus der Leibwache; so sollt ihr Wache halten rings um das Haus.

7 Aber zwei Abteilungen von euch, die am Sabbat abtreten, sollen Wache halten im Hause des HERRN um den König her,

8 und ihr sollt euch rings um den König stellen, jeder mit seiner Waffe in der Hand, und wer hereinkommt zwischen die Reihen, der soll sterben. Und ihr sollt um den König sein, wenn er aus- und eingeht.

¶ **9** Und die Hauptleute über hundert taten alles, was ihnen der Priester Jojada geboten hatte, und nahmen zu sich ihre Männer, die am Sabbat antraten, mit denen, die am Sabbat abtraten, und kamen zu dem Priester Jojada.

10 Und der Priester gab den Hauptleuten die Spieße und Schilde, die dem König David gehört hatten und in dem Hause des HERRN waren.

11 Und die Leibwache stand, jeder mit seiner Waffe in der Hand, von der Seite des Tempels im Süden bis zur Seite im Norden, vor dem Altar und dem Tempel, rings um den König herum.

12 Und Jojada ließ den Sohn des Königs hervortreten und setzte ihm die Krone auf und gab ihm die Ordnung, machte ihn zum König und salbte ihn, und sie klatschten in die Hände und riefen: Es lebe der König!

2 But Jehosheba, the daughter of King Joram, sister of Ahaziah, took Joash the son of Ahaziah and stole him away from among the king's sons who were being put to death, and she put[1] him and his nurse in a bedroom. Thus they[2] hid him from Athaliah, so that he was not put to death.

3 And he remained with her six years, hidden in the house of the LORD, while Athaliah reigned over the land.

Joash Anointed King in Judah

¶ **4** But in the seventh year Jehoiada sent and brought the captains of the Carites and of the guards, and had them come to him in the house of the LORD. And he made a covenant with them and put them under oath in the house of the LORD, and he showed them the king's son.

5 And he commanded them, "This is the thing that you shall do: one third of you, those who come off duty on the Sabbath and guard the king's house

6 (another third being at the gate Sur and a third at the gate behind the guards) shall guard the palace.[3]

7 And the two divisions of you, which come on duty in force on the Sabbath and guard the house of the LORD on behalf of the king,

8 shall surround the king, each with his weapons in his hand. And whoever approaches the ranks is to be put to death. Be with the king when he goes out and when he comes in."

¶ **9** The captains did according to all that Jehoiada the priest commanded, and they each brought his men who were to go off duty on the Sabbath, with those who were to come on duty on the Sabbath, and came to Jehoiada the priest.

10 And the priest gave to the captains the spears and shields that had been King David's, which were in the house of the LORD.

11 And the guards stood, every man with his weapons in his hand, from the south side of the house to the north side of the house, around the altar and the house on behalf of the king.

12 Then he brought out the king's son and put the crown on him and gave him the testimony. And they proclaimed him king and anointed him, and they clapped their hands and said, "Long live the king!"

13 Und als Atalja das Geschrei des Volks hörte, das herzulief, kam sie zum Volk in das Haus des HERRN

14 und sah, und siehe, da stand der König an der Säule, wie es Brauch war, und die Hauptleute und die Trompeter bei dem König. Und alles Volk des Landes war fröhlich und blies die Trompeten. Atalja aber zerriss ihre Kleider und rief: Aufruhr, Aufruhr!

15 Aber der Priester Jojada gebot den Hauptleuten über hundert, die über das Heer gesetzt waren, und sprach zu ihnen: Führt sie zwischen den Reihen hinaus und wer ihr folgt, der sterbe durchs Schwert! Denn der Priester hatte gesagt, sie sollte nicht im Hause des HERRN getötet werden.

16 Und sie legten die Hände an Atalja, und sie ging hin den Weg, wo die Rosse zum Hause des Königs gehen, und wurde dort getötet.

17 Und Jojada schloss einen Bund zwischen dem HERRN und dem König samt dem Volk, dass sie des HERRN Volk sein sollten; desgleichen auch zwischen dem König und dem Volk.

18 Da ging alles Volk des Landes in das Haus Baals und brach seine Altäre ab, und sie zerschlugen alle seine Götzenbilder und töteten Mattan, den Priester Baals, vor den Altären. ¶ Der Priester Jojada aber bestellte die Wachen am Hause des HERRN

19 und nahm die Hauptleute über hundert und die Garde und die Leibwache und alles Volk des Landes, und sie führten den König hinab vom Hause des HERRN und kamen durchs Tor der Leibwache zum Hause des Königs. Und er setzte sich auf den königlichen Thron.

20 Und alles Volk des Landes war fröhlich, aber die Stadt blieb still. Atalja aber töteten sie mit dem Schwert bei des Königs Hause.

Joasch. Ausbesserung des Tempels
(vgl. 2.Chr 24,1-27)

12 Und Joasch war sieben Jahre alt, als er König wurde.

2 Im siebenten Jahr Jehus wurde Joasch König und regierte vierzig Jahre zu Jerusalem. Seine Mutter hieß Zibja, aus Beerscheba.

3 Und Joasch tat, was recht war und dem HERRN wohlgefiel, solange ihn der Priester Jojada lehrte,

4 nur, dass die Höhen nicht entfernt wurden; denn das Volk opferte und räucherte noch auf den Höhen.

13 When Athaliah heard the noise of the guard and of the people, she went into the house of the LORD to the people.

14 And when she looked, there was the king standing by the pillar, according to the custom, and the captains and the trumpeters beside the king, and all the people of the land rejoicing and blowing trumpets. And Athaliah tore her clothes and cried, "Treason! Treason!"

15 Then Jehoiada the priest commanded the captains who were set over the army, "Bring her out between the ranks, and put to death with the sword anyone who follows her." For the priest said, "Let her not be put to death in the house of the LORD."

16 So they laid hands on her; and she went through the horses' entrance to the king's house, and there she was put to death.

17 And Jehoiada made a covenant between the LORD and the king and people, that they should be the LORD's people, and also between the king and the people.

18 Then all the people of the land went to the house of Baal and tore it down; his altars and his images they broke in pieces, and they killed Mattan the priest of Baal before the altars. And the priest posted watchmen over the house of the LORD.

19 And he took the captains, the Carites, the guards, and all the people of the land, and they brought the king down from the house of the LORD, marching through the gate of the guards to the king's house. And he took his seat on the throne of the kings.

20 So all the people of the land rejoiced, and the city was quiet after Athaliah had been put to death with the sword at the king's house.

Jehoash Reigns in Judah

21[4] Jehoash[5] was seven years old when he began to reign.

12 In the seventh year of Jehu, Jehoash[1] began to reign, and he reigned forty years in Jerusalem. His mother's name was Zibiah of Beersheba.

2 And Jehoash did what was right in the eyes of the LORD all his days, because Jehoiada the priest instructed him.

3 Nevertheless, the high places were not taken away; the people continued to sacrifice and make offerings on the high places.

¶ **5** Und Joasch sprach zu den Priestern: Alles für das Heiligtum bestimmte Geld, das in das Haus des HERRN gebracht wird – Geld, wie es gang und gäbe ist –, nämlich das Geld, das jedermann gibt, wie er geschätzt wird, und alles Geld, das jedermann aus freiem Herzen opfert, dass er's in das Haus des HERRN bringe,

6 das sollen die Priester zu sich nehmen, jeder von seinem Bekannten. Davon sollen sie ausbessern, was baufällig ist am Hause, wo sie finden, dass es baufällig ist.

¶ **7** Als aber die Priester bis ins dreiundzwanzigste Jahr des Königs Joasch nicht ausgebessert hatten, was baufällig war am Hause,

8 rief der König Joasch den Priester Jojada samt den Priestern und sprach zu ihnen: Warum bessert ihr nicht aus, was baufällig ist am Hause? Darum sollt ihr nun nicht mehr das Geld an euch nehmen, jeder von seinen Bekannten, sondern sollt's geben zur Ausbesserung für das, was baufällig ist am Hause.

9 Und die Priester willigten ein, dass sie vom Volk kein Geld mehr nehmen sollten, aber auch das Baufällige am Hause nicht mehr auszubessern brauchten.

¶ **10** Da nahm der Priester Jojada eine Lade und bohrte oben ein Loch hinein und stellte sie auf zur rechten Hand neben dem Altar, wo man in das Haus des HERRN geht. Und die Priester, die an der Schwelle wachten, taten alles Geld hinein, das zu dem Hause des HERRN gebracht wurde.

11 Wenn sie dann sahen, dass viel Geld in der Lade war, kam der Schreiber des Königs mit dem Hohenpriester herauf, und sie zählten das Geld, das sich in dem Hause des HERRN vorfand, und banden es zusammen.

12 Und man übergab das Geld abgezählt den Werkmeistern, die bestellt waren für das Haus des HERRN, und sie gaben es aus an die Zimmerleute und Bauleute, die am Hause des HERRN arbeiteten,

13 nämlich an die Maurer und Steinmetzen und an die, die Holz und gehauene Steine kaufen sollten, dass das Baufällige am Hause des HERRN ausgebessert werde, und für alles, was Not war, um am Hause auszubessern.

¶ **14** Doch ließ man nicht machen silberne Schalen, Messer, Becken, Trompeten, auch kein goldenes oder silbernes Gerät im Hause des HERRN von dem Geld, das zu des HERRN Hause gebracht wurde,

Jehoash Repairs the Temple

¶ **4** Jehoash said to the priests, "All the money of the holy things that is brought into the house of the LORD, the money for which each man is assessed—the money from the assessment of persons—and the money that a man's heart prompts him to bring into the house of the LORD,

5 let the priests take, each from his donor, and let them repair the house wherever any need of repairs is discovered."

6 But by the twenty-third year of King Jehoash, the priests had made no repairs on the house.

7 Therefore King Jehoash summoned Jehoiada the priest and the other priests and said to them, "Why are you not repairing the house? Now therefore take no more money from your donors, but hand it over for the repair of the house."

8 So the priests agreed that they should take no more money from the people, and that they should not repair the house.

¶ **9** Then Jehoiada the priest took a chest and bored a hole in the lid of it and set it beside the altar on the right side as one entered the house of the LORD. And the priests who guarded the threshold put in it all the money that was brought into the house of the LORD.

10 And whenever they saw that there was much money in the chest, the king's secretary and the high priest came up and they bagged and counted the money that was found in the house of the LORD.

11 Then they would give the money that was weighed out into the hands of the workmen who had the oversight of the house of the LORD. And they paid it out to the carpenters and the builders who worked on the house of the LORD,

12 and to the masons and the stonecutters, as well as to buy timber and quarried stone for making repairs on the house of the LORD, and for any outlay for the repairs of the house.

13 But there were not made for the house of the LORD basins of silver, snuffers, bowls, trumpets, or any vessels of gold, or of silver, from the money that was brought into the house of the LORD,

15 sondern man gab's den Arbeitern, dass sie damit das Baufällige am Hause des Herrn ausbesserten.

16 Auch brauchten die Männer nicht Rechnung zu legen, denen man das Geld übergab, dass sie es den Arbeitern gäben, sondern sie handelten auf Treu und Glauben.

17 Aber das Geld von Schuldopfern und Sündopfern kam nicht für das Haus des Herrn ein, denn es gehörte den Priestern.

¶ **18** Zu der Zeit zog Hasaël, der König von Aram, herauf und kämpfte gegen Gat und eroberte es. Und als Hasaël sich wandte, um gegen Jerusalem hinaufzuziehen,

19 nahm Joasch, der König von Juda, alle heiligen Gaben, die seine Väter Joschafat, Joram und Ahasja, die Könige von Juda, geheiligt hatten, und was er selbst geheiligt hatte, dazu alles Gold, das man fand im Schatz des Hauses des Herrn und im Hause des Königs, und schickte es Hasaël, dem König von Aram. Da zog er von Jerusalem ab.

¶ **20** Was aber mehr von Joasch zu sagen ist und alles, was er getan hat, das steht geschrieben in der Chronik der Könige von Juda.

21 Und seine Großen empörten sich und machten eine Verschwörung und erschlugen ihn im Haus des Millo, wo man hinabgeht nach Silla.

22 Josachar, der Sohn Schimats, und Josabad, der Sohn Schomers, seine Großen, schlugen ihn tot. Und man begrub ihn bei seinen Vätern in der Stadt Davids. Und sein Sohn Amazja wurde König an seiner statt.

Reich Israel: Joahas. Joasch

13 Im dreiundzwanzigsten Jahr des Joasch, des Sohnes Ahasjas, des Königs von Juda, wurde Joahas, der Sohn Jehus, König über Israel und regierte zu Samaria siebzehn Jahre.

2 Und er tat, was dem Herrn missfiel, und wandelte nach den Sünden Jerobeams, des Sohnes Nebats, der Israel sündigen machte, und ließ nicht davon ab.

3 Und des Herrn Zorn entbrannte über Israel und er gab sie in die Hand Hasaëls, des Königs von Aram, und Ben-Hadads, des Sohnes Hasaëls, die ganze Zeit.

¶ **4** Aber Joahas flehte zum Herrn und der Herr erhörte ihn; denn er sah den Jammer Israels an, wie der König von Aram es bedrängte.

14 for that was given to the workmen who were repairing the house of the Lord with it.

15 And they did not ask an accounting from the men into whose hand they delivered the money to pay out to the workmen, for they dealt honestly.

16 The money from the guilt offerings and the money from the sin offerings was not brought into the house of the Lord; it belonged to the priests.

¶ **17** At that time Hazael king of Syria went up and fought against Gath and took it. But when Hazael set his face to go up against Jerusalem,

18 Jehoash king of Judah took all the sacred gifts that Jehoshaphat and Jehoram and Ahaziah his fathers, the kings of Judah, had dedicated, and his own sacred gifts, and all the gold that was found in the treasuries of the house of the Lord and of the king's house, and sent these to Hazael king of Syria. Then Hazael went away from Jerusalem.

The Death of Joash

¶ **19** Now the rest of the acts of Joash and all that he did, are they not written in the Book of the Chronicles of the Kings of Judah?

20 His servants arose and made a conspiracy and struck down Joash in the house of Millo, on the way that goes down to Silla.

21 It was Jozacar the son of Shimeath and Jehozabad the son of [k]Shomer, his servants, who struck him down, so that he died. And they buried him with his fathers in the city of David, and Amaziah his son reigned in his place.

Jehoahaz Reigns in Israel

13 In the twenty-third year of Joash the son of Ahaziah, king of Judah, Jehoahaz the son of Jehu began to reign over Israel in Samaria, and he reigned seventeen years.

2 He did what was evil in the sight of the Lord and followed the sins of Jeroboam the son of Nebat, which he made Israel to sin; he did not depart from them.

3 And the anger of the Lord was kindled against Israel, and he gave them continually into the hand of Hazael king of Syria and into the hand of Ben-hadad the son of Hazael.

4 Then Jehoahaz sought the favor of the Lord, and the Lord listened to him, for he saw the oppression of Israel, how the king of Syria oppressed them.

5 Und der HERR gab Israel einen Retter, der sie aus der Gewalt der Aramäer befreite, dass die Israeliten in ihren Häusern wohnen konnten wie zuvor.

6 Doch ließen sie nicht ab von der Sünde des Hauses Jerobeams, der Israel sündigen machte, sondern wandelten darin. Auch blieb das Bild der Aschera zu Samaria stehen.

¶ **7** Denn es waren vom Kriegsvolk des Joahas nicht mehr übrig geblieben als fünfzig Gespannpferde, zehn Wagen und zehntausend Mann Fußvolk; denn der König von Aram hatte sie umgebracht und sie gemacht wie Staub beim Dreschen.

8 Was aber mehr von Joahas zu sagen ist und alles, was er getan hat, und seine tapferen Taten, siehe, das steht geschrieben in der Chronik der Könige von Israel.

9 Und Joahas legte sich zu seinen Vätern und man begrub ihn zu Samaria. Und sein Sohn Joasch wurde König an seiner statt.

¶ **10** Im siebenunddreißigsten Jahr des Joasch, des Königs von Juda, wurde Joasch, der Sohn des Joahas, König über Israel und regierte zu Samaria sechzehn Jahre.

11 Und er tat, was dem HERRN missfiel, und ließ nicht ab von allen Sünden Jerobeams, des Sohnes Nebats, der Israel sündigen machte, sondern wandelte darin.

12 Was aber mehr von Joasch zu sagen ist und was er getan hat und seine tapferen Taten, wie er mit Amazja, dem König von Juda, gekämpft hat, siehe, das steht geschrieben in der Chronik der Könige von Israel.

13 Und Joasch legte sich zu seinen Vätern und auf seinen Thron setzte sich Jerobeam. Joasch aber wurde begraben zu Samaria bei den Königen von Israel.

Elisas Tod. Joaschs Siege über Ben-Hadad

14 Als aber Elisa an der Krankheit erkrankte, an der er sterben sollte, kam Joasch, der König von Israel, zu ihm hinab und weinte vor ihm und sprach: Mein Vater, mein Vater! Du Wagen Israels und sein Gespann!

15 Elisa aber sprach zu ihm: Nimm Bogen und Pfeile! Und als er den Bogen und die Pfeile nahm,

16 sprach er zum König von Israel: Spanne mit deiner Hand den Bogen! Und er spannte ihn mit seiner Hand. Und Elisa legte seine Hand auf des Königs Hand

5 (Therefore the LORD gave Israel a savior, so that they escaped from the hand of the Syrians, and the people of Israel lived in their homes as formerly.

6 Nevertheless, they did not depart from the sins of the house of Jeroboam, which he made Israel to sin, but walked[1] in them; and the Asherah also remained in Samaria.)

7 For there was not left to Jehoahaz an army of more than fifty horsemen and ten chariots and ten thousand footmen, for the king of Syria had destroyed them and made them like the dust at threshing.

8 Now the rest of the acts of Jehoahaz and all that he did, and his might, are they not written in the Book of the Chronicles of the Kings of Israel?

9 So Jehoahaz slept with his fathers, and they buried him in Samaria, and Joash his son reigned in his place.

Jehoash Reigns in Israel

¶ **10** In the thirty-seventh year of Joash king of Judah, Jehoash[2] the son of Jehoahaz began to reign over Israel in Samaria, and he reigned sixteen years.

11 He also did what was evil in the sight of the LORD. He did not depart from all the sins of Jeroboam the son of Nebat, which he made Israel to sin, but he walked in them.

12 Now the rest of the acts of Joash and all that he did, and the might with which he fought against Amaziah king of Judah, are they not written in the Book of the Chronicles of the Kings of Israel?

13 So Joash slept with his fathers, and Jeroboam sat on his throne. And Joash was buried in Samaria with the kings of Israel.

The Death of Elisha

¶ **14** Now when Elisha had fallen sick with the illness of which he was to die, Joash king of Israel went down to him and wept before him, crying, "My father, my father! The chariots of Israel and its horsemen!"

15 And Elisha said to him, "Take a bow and arrows." So he took a bow and arrows.

16 Then he said to the king of Israel, "Draw the bow," and he drew it. And Elisha laid his hands on the king's hands.

17 und sprach: Tu das Fenster auf nach Osten! Und er tat's auf. Und Elisa sprach: Schieß! Und er schoss. Elisa aber rief: Ein Pfeil des Siegs vom HERRN, ein Pfeil des Siegs gegen Aram! Du wirst die Aramäer schlagen bei Afek, bis sie aufgerieben sind.

¶ **18** Und er sprach: Nimm die Pfeile! Und als er sie nahm, sprach er zum König von Israel: Schlag auf die Erde! Und er schlug dreimal und hielt inne.

19 Da wurde der Mann Gottes zornig auf ihn und sprach: Hättest du fünf- oder sechsmal geschlagen, so hättest du die Aramäer geschlagen, bis sie aufgerieben wären; nun aber wirst du sie nur dreimal schlagen.

¶ **20** Als aber Elisa gestorben war und man ihn begraben hatte, fielen streifende Rotten der Moabiter ins Land Jahr um Jahr.

21 Und es begab sich, dass man einen Mann zu Grabe trug. Als man aber einige Leute von ihnen sah, warf man den Mann in Elisas Grab. Und als er die Gebeine Elisas berührte, wurde er lebendig und trat auf seine Füße.

¶ **22** Hasaël, der König von Aram, bedrängte Israel, solange Joahas lebte.

23 Aber der HERR gab ihnen Gnade und erbarmte sich ihrer und wandte sich ihnen wieder zu um seines Bundes willen mit Abraham, Isaak und Jakob und wollte sie nicht verderben, verwarf sie auch nicht von seinem Angesicht bis auf diese Stunde.

24 Und Hasaël, der König von Aram, starb und sein Sohn Ben-Hadad wurde König an seiner statt.

25 Joasch aber gewann die Städte zurück aus der Hand Ben-Hadads, des Sohnes Hasaëls, die er im Kampf seinem Vater Joahas genommen hatte. Dreimal schlug ihn Joasch und gewann so die Städte Israels zurück.

Reich Juda und Israel: Amazja von Juda und Joasch von Israel

(vgl. 2.Chr 25,1-28)

14 Im zweiten Jahr des Joasch, des Sohnes des Joahas, des Königs von Israel, wurde Amazja König, der Sohn des Joasch, des Königs von Juda.

2 Fünfundzwanzig Jahre alt war er, als er König wurde; und er regierte neunundzwanzig Jahre zu Jerusalem. Seine Mutter hieß Joaddan, aus Jerusalem.

3 Und er tat, was dem HERRN wohlgefiel, doch nicht wie sein Vater David, sondern wie sein Vater Joasch tat auch er.

17 And he said, "Open the window eastward," and he opened it. Then Elisha said, "Shoot," and he shot. And he said, "The LORD's arrow of victory, the arrow of victory over Syria! For you shall fight the Syrians in Aphek until you have made an end of them."

18 And he said, "Take the arrows," and he took them. And he said to the king of Israel, "Strike the ground with them." And he struck three times and stopped.

19 Then the man of God was angry with him and said, "You should have struck five or six times; then you would have struck down Syria until you had made an end of it, but now you will strike down Syria only three times."

¶ **20** So Elisha died, and they buried him. Now bands of Moabites used to invade the land in the spring of the year.

21 And as a man was being buried, behold, a marauding band was seen and the man was thrown into the grave of Elisha, and as soon as the man touched the bones of Elisha, he revived and stood on his feet.

¶ **22** Now Hazael king of Syria oppressed Israel all the days of Jehoahaz.

23 But the LORD was gracious to them and had compassion on them, and he turned toward them, because of his covenant with Abraham, Isaac, and Jacob, and would not destroy them, nor has he cast them from his presence until now.

¶ **24** When Hazael king of Syria died, Benhadad his son became king in his place.

25 Then Jehoash the son of Jehoahaz took again from Ben-hadad the son of Hazael the cities that he had taken from Jehoahaz his father in war. Three times Joash defeated him and recovered the cities of Israel.

Amaziah Reigns in Judah

14 In the second year of Joash the son of Joahaz, king of Israel, Amaziah the son of Joash, king of Judah, began to reign.

2 He was twenty-five years old when he began to reign, and he reigned twenty-nine years in Jerusalem. His mother's name was Jehoaddin of Jerusalem.

3 And he did what was right in the eyes of the LORD, yet not like David his father. He did in all things as Joash his father had done.

4 Denn die Höhen wurden nicht entfernt, sondern das Volk opferte und räucherte noch auf den Höhen.

5 Als er nun das Königtum fest in seiner Hand hatte, brachte er die Großen um, die seinen Vater, den König, erschlagen hatten.

6 Aber die Söhne der Totschläger tötete er nicht, wie es denn geschrieben steht im Gesetzbuch des Mose, wo der HERR geboten hat: Die Väter sollen nicht um der Söhne willen sterben, und die Söhne sollen nicht um der Väter willen sterben, sondern jeder soll um seiner Sünde willen sterben.

7 Er schlug auch die Edomiter im Salztal, zehntausend Mann, und eroberte die Stadt Sela im Kampf und nannte sie Jokteel bis auf diesen Tag.

¶ **8** Und Amazja sandte Boten zu Joasch, dem Sohn des Joahas, des Sohnes Jehus, dem König von Israel, und ließ ihm sagen: Komm her, wir wollen uns miteinander messen!

9 Aber Joasch, der König von Israel, sandte zu Amazja, dem König von Juda, und antwortete ihm: Der Dornstrauch, der im Libanon ist, sandte zur Zeder im Libanon und ließ ihr sagen: Gib deine Tochter meinem Sohn zur Frau! Aber das Wild auf dem Libanon lief über den Dornstrauch und zertrat ihn.

10 Du hast die Edomiter geschlagen; darüber erhebt sich dein Herz. Habe den Ruhm und bleib daheim! Warum suchst du dein Unglück, dass du zu Fall kommst und Juda mit dir?

11 Aber Amazja hörte nicht darauf. Da zog Joasch, der König von Israel, herauf und sie maßen sich miteinander, er und Amazja, der König von Juda, bei Bet-Schemesch, das in Juda liegt.

12 Aber Juda wurde vor Israel her geschlagen und sie flohen, jeder in sein Haus.

13 Und Joasch, der König von Israel, nahm Amazja gefangen, den Sohn des Joasch, des Sohnes des Ahasja, den König von Juda, in Bet-Schemesch und kam nach Jerusalem und riss die Mauer Jerusalems ein von dem Tor Ephraim bis an das Ecktor, vierhundert Ellen lang,

14 und er nahm alles Gold und Silber und Gerät, das gefunden wurde im Hause des HERRN und im Schatz des Königshauses, dazu die Geiseln, und zog nach Samaria zurück.

¶ **15** Was aber mehr von Joasch zu sagen ist, was er getan hat, und seine tapferen Taten und wie er mit Amazja, dem König von Juda, gekämpft hat, siehe, das steht geschrieben in der Chronik der Könige von Israel.

4 But the high places were not removed; the people still sacrificed and made offerings on the high places.

5 And as soon as the royal power was firmly in his hand, he struck down his servants who had struck down the king his father.

6 But he did not put to death the children of the murderers, according to what is written in the Book of the Law of Moses, where the LORD commanded, "Fathers shall not be put to death because of their children, nor shall children be put to death because of their fathers. But each one shall die for his own sin."

¶ **7** He struck down ten thousand Edomites in the Valley of Salt and took Sela by storm, and called it Joktheel, which is its name to this day.

¶ **8** Then Amaziah sent messengers to Jehoash[1] the son of Jehoahaz, son of Jehu, king of Israel, saying, "Come, let us look one another in the face."

9 And Jehoash king of Israel sent word to Amaziah king of Judah, "A thistle on Lebanon sent to a cedar on Lebanon, saying, 'Give your daughter to my son for a wife,' and a wild beast of Lebanon passed by and trampled down the thistle.

10 You have indeed struck down Edom, and your heart has lifted you up. Be content with your glory, and stay at home, for why should you provoke trouble so that you fall, you and Judah with you?"

¶ **11** But Amaziah would not listen. So Jehoash king of Israel went up, and he and Amaziah king of Judah faced one another in battle at Beth-shemesh, which belongs to Judah.

12 And Judah was defeated by Israel, and every man fled to his home.

13 And Jehoash king of Israel captured Amaziah king of Judah, the son of Jehoash, son of Ahaziah, at Beth-shemesh, and came to Jerusalem and broke down the wall of Jerusalem for four hundred cubits,[2] from the Ephraim Gate to the Corner Gate.

14 And he seized all the gold and silver, and all the vessels that were found in the house of the LORD and in the treasuries of the king's house, also hostages, and he returned to Samaria.

¶ **15** Now the rest of the acts of Jehoash that he did, and his might, and how he fought with Amaziah king of Judah, are they not written in the Book of the Chronicles of the Kings of Israel?

16 Und Joasch legte sich zu seinen Vätern und wurde begraben zu Samaria bei den Königen von Israel. Und sein Sohn Jerobeam wurde König an seiner statt.

¶ **17** Amazja aber, der Sohn des Joasch, des Königs von Juda, lebte nach dem Tod des Joasch, des Sohnes des Joahas, des Königs von Israel, noch fünfzehn Jahre.

18 Was aber mehr von Amazja zu sagen ist, das steht geschrieben in der Chronik der Könige von Juda.

19 Und sie machten eine Verschwörung gegen ihn in Jerusalem; er aber floh nach Lachisch. Und sie sandten hin, ihm nach, bis nach Lachisch und töteten ihn dort.

20 Und sie brachten ihn auf Rossen und er wurde begraben zu Jerusalem bei seinen Vätern in der Stadt Davids.

¶ **21** Und das ganze Volk von Juda nahm Asarja in seinem sechzehnten Jahr und machte ihn zum König anstatt seines Vaters Amazja.

22 Er baute Elat aus und brachte es wieder an Juda, nachdem der König sich zu seinen Vätern gelegt hatte.

Reich Israel: Jerobeam der Zweite

23 Im fünfzehnten Jahr Amazjas, des Sohnes des Joasch, des Königs von Juda, wurde Jerobeam, der Sohn des Joasch, König über Israel und regierte zu Samaria einundvierzig Jahre.

24 Und er tat, was dem HERRN missfiel, und ließ nicht ab von allen Sünden Jerobeams, des Sohnes Nebats, der Israel sündigen machte.

¶ **25** Er stellte wieder her das Gebiet Israels von Hamat bis ans Salzmeer nach dem Wort des HERRN, des Gottes Israels, das er geredet hatte durch seinen Knecht Jona, den Sohn Amittais, den Propheten, der von Gat-Hefer war.

26 Denn der HERR sah den bitteren Jammer Israels an, dass sie allesamt dahin waren und kein Helfer in Israel war.

27 Und der HERR hatte nicht gesagt, dass er den Namen Israels austilgen wollte unter dem Himmel, und errettete sie durch Jerobeam, den Sohn des Joasch.

28 Was aber mehr von Jerobeam zu sagen ist und alles, was er getan hat, und seine tapferen Taten, wie er gekämpft hat und wie er Damaskus und Hamat wieder an Israel gebracht hat, siehe, das steht geschrieben in der Chronik der Könige von Israel.

16 And Jehoash slept with his fathers and was buried in Samaria with the kings of Israel, and Jeroboam his son reigned in his place.

¶ **17** Amaziah the son of Joash, king of Judah, lived fifteen years after the death of Jehoash son of Jehoahaz, king of Israel.

18 Now the rest of the deeds of Amaziah, are they not written in the Book of the Chronicles of the Kings of Judah?

19 And they made a conspiracy against him in Jerusalem, and he fled to Lachish. But they sent after him to Lachish and put him to death there.

20 And they brought him on horses; and he was buried in Jerusalem with his fathers in the city of David.

21 And all the people of Judah took Azariah, who was sixteen years old, and made him king instead of his father Amaziah.

22 He built Elath and restored it to Judah, after the king slept with his fathers.

Jeroboam II Reigns in Israel

¶ **23** In the fifteenth year of Amaziah the son of Joash, king of Judah, Jeroboam the son of Joash, king of Israel, began to reign in Samaria, and he reigned forty-one years.

24 And he did what was evil in the sight of the LORD. He did not depart from all the sins of Jeroboam the son of Nebat, which he made Israel to sin.

25 He restored the border of Israel from Lebo-hamath as far as the Sea of the Arabah, according to the word of the LORD, the God of Israel, which he spoke by his servant Jonah the son of Amittai, the prophet, who was from Gath-hepher.

26 For the LORD saw that the affliction of Israel was very bitter, for there was none left, bond or free, and there was none to help Israel.

27 But the LORD had not said that he would blot out the name of Israel from under heaven, so he saved them by the hand of Jeroboam the son of Joash.

¶ **28** Now the rest of the acts of Jeroboam and all that he did, and his might, how he fought, and how he restored Damascus and Hamath to Judah in Israel, are they not written in the Book of the Chronicles of the Kings of Israel?

29 Und Jerobeam legte sich zu seinen Vätern, den Königen von Israel. Und sein Sohn Secharja wurde König an seiner statt.

Reich Juda: Asarja (Usija)

15 Im siebenundzwanzigsten Jahr Jerobeams, des Königs von Israel, wurde Asarja* König, der Sohn Amazjas, des Königs von Juda.

2 Sechzehn Jahre war er alt, als er König wurde, und er regierte zweiundfünfzig Jahre zu Jerusalem. Seine Mutter hieß Jecholja, aus Jerusalem.

3 Und er tat, was dem HERRN wohlgefiel, ganz wie sein Vater Amazja,

4 nur, dass die Höhen nicht entfernt wurden; denn das Volk opferte und räucherte noch auf den Höhen.

5 Der HERR aber plagte den König, dass er aussätzig war bis an seinen Tod, und er wohnte in einem besonderen Hause. Jotam aber, der Sohn des Königs, stand dem Hause des Königs vor und richtete das Volk des Landes.

¶ **6** Was aber mehr von Asarja zu sagen ist und alles, was er getan hat, siehe, das steht geschrieben in der Chronik der Könige von Juda.

7 Und Asarja legte sich zu seinen Vätern und man begrub ihn bei seinen Vätern in der Stadt Davids. Und sein Sohn Jotam wurde König an seiner statt.

Reich Israel: Secharja. Schallum. Menahem. Pekachja. Pekach. Anfang der assyrischen Gefangenschaft

8 Im achtunddreißigsten Jahr Asarjas, des Königs von Juda, wurde Secharja, der Sohn Jerobeams, König über Israel und regierte zu Samaria sechs Monate.

9 Und er tat, was dem HERRN missfiel, wie seine Väter getan hatten. Er ließ nicht ab von den Sünden Jerobeams, des Sohnes Nebats, der Israel sündigen machte.

10 Und Schallum, der Sohn des Jabesch, machte eine Verschwörung gegen ihn und schlug ihn tot und wurde König an seiner statt.

¶ **11** Was aber mehr von Secharja zu sagen ist, siehe, das steht geschrieben in der Chronik der Könige von Israel.

12 Und das ist's, was der HERR zu Jehu geredet hatte: Dir sollen Söhne auf dem Thron Israels sitzen bis ins vierte Glied. Und so ist es geschehen.

29 And Jeroboam slept with his fathers, the kings of Israel, and Zechariah his son reigned in his place.

Azariah Reigns in Judah

15 In the twenty-seventh year of Jeroboam king of Israel, Azariah the son of Amaziah, king of Judah, began to reign.

2 He was sixteen years old when he began to reign, and he reigned fifty-two years in Jerusalem. His mother's name was Jecoliah of Jerusalem.

3 And he did what was right in the eyes of the LORD, according to all that his father Amaziah had done.

4 Nevertheless, the high places were not taken away. The people still sacrificed and made offerings on the high places.

5 And the LORD touched the king, so that he was a leper[1] to the day of his death, and he lived in a separate house.[2] And Jotham the king's son was over the household, governing the people of the land.

6 Now the rest of the acts of Azariah, and all that he did, are they not written in the Book of the Chronicles of the Kings of Judah?

7 And Azariah slept with his fathers, and they buried him with his fathers in the city of David, and Jotham his son reigned in his place.

Zechariah Reigns in Israel

¶ **8** In the thirty-eighth year of Azariah king of Judah, Zechariah the son of Jeroboam reigned over Israel in Samaria six months.

9 And he did what was evil in the sight of the LORD, as his fathers had done. He did not depart from the sins of Jeroboam the son of Nebat, which he made Israel to sin.

10 Shallum the son of Jabesh conspired against him and struck him down at Ibleam and put him to death and reigned in his place.

11 Now the rest of the deeds of Zechariah, behold, they are written in the Book of the Chronicles of the Kings of Israel.

12 (This was the promise of the LORD that he gave to Jehu, "Your sons shall sit on the throne of Israel to the fourth generation." And so it came to pass.)

¶ **13** Schallum aber, der Sohn des Jabesch, wurde König im neununddreißigsten Jahr Usijas, des Königs von Juda, und regierte einen Monat zu Samaria.

14 Denn Menahem, der Sohn Gadis, zog herauf von Tirza und kam nach Samaria und schlug Schallum, den Sohn des Jabesch, in Samaria tot und wurde König an seiner statt.

15 Was aber mehr von Schallum zu sagen ist und seine Verschwörung, die er gemacht hat, siehe, das steht geschrieben in der Chronik der Könige von Israel.

16 Damals schlug Menahem die Stadt Tifsach und alle, die darin waren, und ihr Gebiet von Tirza aus, weil sie ihn nicht einlassen wollten, und schlug sie, und alle ihre Schwangeren ließ er aufschlitzen.

¶ **17** Im neununddreißigsten Jahr Asarjas, des Königs von Juda, wurde Menahem, der Sohn Gadis, König über Israel und regierte zehn Jahre zu Samaria.

18 Und er tat, was dem HERRN missfiel. Er ließ sein Leben lang nicht ab von den Sünden Jerobeams, des Sohnes Nebats, der Israel sündigen machte.

19 Und es kam Pul, der König von Assyrien*, ins Land. Und Menahem gab Pul tausend Zentner Silber, damit er's mit ihm hielte und sein Königtum befestigte.

20 Und Menahem legte eine Steuer auf die Reichsten in Israel, fünfzig Silberstücke auf jeden Mann, um es dem König von Assyrien zu geben. So zog der König von Assyrien wieder heim und blieb nicht im Lande.

¶ **21** Was aber mehr von Menahem zu sagen ist und alles, was er getan hat, siehe, das steht geschrieben in der Chronik der Könige von Israel.

22 Und Menahem legte sich zu seinen Vätern und sein Sohn Pekachja wurde König an seiner statt.

¶ **23** Im fünfzigsten Jahr Asarjas, des Königs von Juda, wurde Pekachja, der Sohn Menahems, König über Israel und regierte zu Samaria zwei Jahre.

24 Und er tat, was dem HERRN missfiel, denn er ließ nicht ab von der Sünde Jerobeams, des Sohnes Nebats, der Israel sündigen machte.

Shallum Reigns in Israel

¶ **13** Shallum the son of Jabesh began to reign in the thirty-ninth year of Uzziah[3] king of Judah, and he reigned one month in Samaria.

14 Then Menahem the son of Gadi came up from Tirzah and came to Samaria, and he struck down Shallum the son of Jabesh in Samaria and put him to death and reigned in his place.

15 Now the rest of the deeds of Shallum, and the conspiracy that he made, behold, they are written in the Book of the Chronicles of the Kings of Israel.

16 At that time Menahem sacked Tiphsah and all who were in it and its territory from Tirzah on, because they did not open it to him. Therefore he sacked it, and he ripped open all the women in it who were pregnant.

Menahem Reigns in Israel

¶ **17** In the thirty-ninth year of Azariah king of Judah, Menahem the son of Gadi began to reign over Israel, and he reigned ten years in Samaria.

18 And he did what was evil in the sight of the LORD. He did not depart all his days from all the sins of Jeroboam the son of Nebat, which he made Israel to sin.

19 Pul[4] the king of Assyria came against the land, and Menahem gave [j]Pul a thousand talents[5] of silver, that he might help him to confirm his hold on the royal power.

20 Menahem exacted the money from Israel, that is, from all the wealthy men, fifty shekels[6] of silver from every man, to give to the king of Assyria. So the king of Assyria turned back and did not stay there in the land.

21 Now the rest of the deeds of Menahem and all that he did, are they not written in the Book of the Chronicles of the Kings of Israel?

22 And Menahem slept with his fathers, and Pekahiah his son reigned in his place.

Pekahiah Reigns in Israel

¶ **23** In the fiftieth year of Azariah king of Judah, Pekahiah the son of Menahem began to reign over Israel in Samaria, and he reigned two years.

24 And he did what was evil in the sight of the LORD. He did not turn away from the sins of Jeroboam the son of Nebat, which he made Israel to sin.

25 Und es machte Pekach, der Sohn Remaljas, sein Ritter, eine Verschwörung gegen ihn – und mit ihm waren fünfzig Mann von den Gileaditern – und schlug ihn tot in Samaria im Burgturm des Königshauses samt Argob und Arje und wurde König an seiner statt.

¶ **26** Was aber mehr von Pekachja zu sagen ist und alles, was er getan hat, siehe, das steht geschrieben in der Chronik der Könige von Israel.

¶ **27** Im zweiundfünfzigsten Jahr Asarjas, des Königs von Juda, wurde Pekach, der Sohn Remaljas, König über Israel und regierte zu Samaria zwanzig Jahre.

28 Und er tat, was dem HERRN missfiel, denn er ließ nicht ab von der Sünde Jerobeams, des Sohnes Nebats, der Israel sündigen machte.

29 Zu der Zeit Pekachs, des Königs von Israel, kam Tiglat-Pileser, der König von Assyrien, und nahm Ijon, Abel-Bet-Maacha, Janoach, Kedesch, Hazor, Gilead und von Galiläa das ganze Land Naftali und führte sie weg nach Assyrien.

30 Und Hoschea, der Sohn Elas, machte eine Verschwörung gegen Pekach, den Sohn Remaljas, und schlug ihn tot und wurde König an seiner statt im zwanzigsten Jahr Jotams, des Sohnes Usijas.

¶ **31** Was aber mehr von Pekach zu sagen ist und alles, was er getan hat, siehe, das steht geschrieben in der Chronik der Könige von Israel.

Reich Juda: Jotam

32 Im zweiten Jahr Pekachs, des Sohnes Remaljas, des Königs von Israel, wurde Jotam König, der Sohn Usijas, des Königs von Juda.

33 Er war fünfundzwanzig Jahre alt, als er König wurde; und er regierte sechzehn Jahre zu Jerusalem. Seine Mutter hieß Jeruscha, eine Tochter Zadoks.

34 Und er tat, was dem HERRN wohlgefiel, ganz wie sein Vater Usija getan hatte,

35 nur, dass die Höhen nicht entfernt wurden; denn das Volk opferte und räucherte noch auf den Höhen. Er baute das obere Tor am Hause des HERRN.

¶ **36** Was aber mehr von Jotam zu sagen ist und alles, was er getan hat, siehe, das steht geschrieben in der Chronik der Könige von Juda.

25 And Pekah the son of Remaliah, his captain, conspired against him with fifty men of the people of Gilead, and struck him down in Samaria, in the citadel of the king's house with Argob and Arieh; he put him to death and reigned in his place.

26 Now the rest of the deeds of Pekahiah and all that he did, behold, they are written in the Book of the Chronicles of the Kings of Israel.

Pekah Reigns in Israel

¶ **27** In the fifty-second year of Azariah king of Judah, Pekah the son of Remaliah began to reign over Israel in Samaria, and he reigned twenty years.

28 And he did what was evil in the sight of the LORD. He did not depart from the sins of Jeroboam the son of Nebat, which he made Israel to sin.

¶ **29** In the days of Pekah king of Israel, Tiglath-pileser king of Assyria came and captured Ijon, Abel-beth-maacah, Janoah, Kedesh, Hazor, Gilead, and Galilee, all the land of Naphtali, and he carried the people captive to Assyria.

30 Then Hoshea the son of Elah made a conspiracy against Pekah the son of Remaliah and struck him down and put him to death and reigned in his place, in the twentieth year of Jotham the son of Uzziah.

31 Now the rest of the acts of Pekah and all that he did, behold, they are written in the Book of the Chronicles of the Kings of Israel.

Jotham Reigns in Judah

¶ **32** In the second year of Pekah the son of Remaliah, king of Israel, Jotham the son of Uzziah, king of Judah, began to reign.

33 He was twenty-five years old when he began to reign, and he reigned sixteen years in Jerusalem. His mother's name was Jerusha the daughter of Zadok.

34 And he did what was right in the eyes of the LORD, according to all that his father Uzziah had done.

35 Nevertheless, the high places were not removed. The people still sacrificed and made offerings on the high places. He built the upper gate of the house of the LORD.

36 Now the rest of the acts of Jotham and all that he did, are they not written in the Book of the Chronicles of the Kings of Judah?

37 Zu der Zeit begann der HERR, gegen Juda zu senden Rezin, den König von Aram, und Pekach, den Sohn Remaljas.

38 Und Jotam legte sich zu seinen Vätern und wurde begraben bei seinen Vätern in der Stadt Davids, seines Vaters. Und sein Sohn Ahas wurde König an seiner statt.

Reich Juda: Ahas stellt einen heidnischen Altar auf und baut den Tempel um

16 Im siebzehnten Jahr Pekachs, des Sohnes Remaljas, wurde Ahas König, der Sohn Jotams, des Königs von Juda.

2 Zwanzig Jahre war Ahas alt, als er König wurde; und er regierte sechzehn Jahre zu Jerusalem. Und er tat nicht, was dem HERRN, seinem Gott, wohlgefiel, wie sein Vater David,

3 denn er wandelte auf dem Wege der Könige von Israel. Dazu ließ er seinen Sohn durchs Feuer gehen nach den gräulichen Sitten der Heiden, die der HERR vor den Israeliten vertrieben hatte,

4 und brachte Opfer dar und räucherte auf den Höhen und auf den Hügeln und unter allen grünen Bäumen.

¶ **5** Damals zogen Rezin, der König von Aram, und Pekach, der Sohn Remaljas, der König von Israel, hinauf, um gegen Jerusalem zu kämpfen, und belagerten Ahas in der Stadt; aber sie konnten sie nicht erobern.

6 Zu dieser Zeit brachte Rezin, der König von Aram, Elat wieder an Edom und vertrieb die Judäer aus Elat. Danach kamen die Edomiter und wohnten darin bis auf diesen Tag.

¶ **7** Aber Ahas sandte Boten zu Tiglat-Pileser, dem König von Assyrien, und ließ ihm sagen: Ich bin dein Knecht und dein Sohn. Komm herauf und hilf mir aus der Hand des Königs von Aram und des Königs von Israel, die sich gegen mich aufgemacht haben!

8 Und Ahas nahm das Silber und Gold, das sich in dem Hause des HERRN und in den Schätzen des Königshauses fand, und sandte dem König von Assyrien Geschenke.

9 Und der König von Assyrien hörte auf ihn und zog herauf gegen Damaskus und eroberte es und führte die Einwohner weg nach Kir und tötete Rezin.

¶ **10** Und der König Ahas zog Tiglat-Pileser entgegen, dem König von Assyrien, nach Damaskus. Und als er den Altar sah, der in Damaskus war, sandte der König Ahas zum Priester Uria Maße und Abbild des Altars, ganz wie dieser gemacht war.

Ahaz Reigns in Judah

37 In those days the LORD began to send Rezin the king of Syria and ˣPekah the son of Remaliah against Judah.

38 Jotham slept with his fathers and was buried with his fathers in the city of David his father, and Ahaz his son reigned in his place.

16 In the seventeenth year of Pekah the son of Remaliah, Ahaz the son of Jotham, king of Judah, began to reign.

2 Ahaz was twenty years old when he began to reign, and he reigned sixteen years in Jerusalem. And he did not do what was right in the eyes of the LORD his God, as his father David had done,

3 but he walked in the way of the kings of Israel. He even burned his son as an offering,[j] according to the despicable practices of the nations whom the LORD drove out before the people of Israel.

4 And he sacrificed and made offerings on the high places and on the hills and under every green tree.

¶ **5** Then Rezin king of Syria and ᵈPekah the son of Remaliah, king of Israel, came up to wage war on Jerusalem, and they besieged Ahaz but could not conquer him.

6 At that time Rezin the king of Syria recovered Elath for Syria and drove the men of Judah from ʲElath, and the Edomites came to Elath, where they dwell to this day.

7 So Ahaz sent messengers to Tiglath-pileser king of Assyria, saying, "I am your servant and your son. Come up and rescue me from the hand of the king of Syria and from the hand of the king of Israel, who are attacking me."

8 Ahaz also took the silver and gold that was found in the house of the LORD and in the treasures of the king's house and sent a present to the king of Assyria.

9 And the king of Assyria listened to him. The king of Assyria marched up against Damascus and took it, carrying its people captive to Kir, and he killed Rezin.

¶ **10** When King Ahaz went to Damascus to meet Tiglath-pileser king of Assyria, he saw the altar that was at Damascus. And King Ahaz sent to Uriah the priest a model of the altar, and its pattern, exact in all its details.

11 Und der Priester Uria baute einen Altar und machte ihn so, wie der König Ahas zu ihm gesandt hatte von Damaskus, bis er selbst von Damaskus kam.

12 Und als der König aus Damaskus zurückkam und den Altar sah, trat er heran, stieg hinauf

13 und verbrannte darauf sein Brandopfer und Speisopfer und goss darauf sein Trankopfer und sprengte das Blut der Dankopfer, die er opferte, an den Altar.

14 Aber den kupfernen Altar, der vor dem HERRN stand, tat er weg, damit er nicht stehe zwischen dem Altar und dem Hause des HERRN, sondern setzte ihn an die Seite des neuen Altars gegen Norden.

¶ 15 Und der König Ahas gebot dem Priester Uria: Auf dem großen Altar sollst du anzünden die Brandopfer des Morgens und die Speisopfer des Abends und die Brandopfer des Königs und sein Speisopfer und die Brandopfer des ganzen Volks samt ihrem Speisopfer und Trankopfer; und alles Blut der Brandopfer und das Blut der Schlachtopfer sollst du daran sprengen. Aber wegen des kupfernen Altars will ich bedenken, was ich mache.

16 Der Priester Uria tat alles, was ihm der König Ahas geboten hatte.

¶ 17 Und der König Ahas brach die Leisten der Gestelle ab und nahm die Kessel von ihnen herunter. Und das Meer nahm er von den kupfernen Rindern herunter, die darunter waren, und setzte es auf ein steinernes Pflaster.

18 Auch die bedeckte Sabbathalle, die am Tempel gebaut war, und den äußeren Königseingang am Hause des HERRN änderte er, dem König von Assyrien zuliebe.

¶ 19 Was aber mehr von Ahas zu sagen ist, was er getan hat, siehe, das steht geschrieben in der Chronik der Könige von Juda.

20 Und Ahas legte sich zu seinen Vätern und wurde begraben bei seinen Vätern in der Stadt Davids. Und sein Sohn Hiskia wurde König an seiner statt.

Reich Israel: Hoschea letzter König. Eroberung Samarias. Die assyrische Gefangenschaft

17 Im zwölften Jahr des Ahas, des Königs von Juda, wurde Hoschea, der Sohn Elas, König über Israel und regierte zu Samaria neun Jahre.

2 Und er tat, was dem HERRN missfiel, doch nicht wie die Könige von Israel, die vor ihm waren.

11 And Uriah the priest built the altar; in accordance with all that King Ahaz had sent from Damascus, so Uriah the priest made it, before King Ahaz arrived from Damascus.

12 And when the king came from Damascus, the king viewed the altar. Then the king drew near to the altar and went up on it

13 and burned his burnt offering and his grain offering and poured his drink offering and threw the blood of his peace offerings on the altar.

14 And the bronze altar that was before the LORD he removed from the front of the house, from the place between his altar and the house of the LORD, and put it on the north side of ʰhis altar.

15 And King Ahaz commanded Uriah the priest, saying, "On the great altar burn the morning burnt offering and the evening grain offering and the king's burnt offering and his grain offering, with the burnt offering of all the people of the land, and their grain offering and their drink offering. And throw on it all the blood of the burnt offering and all the blood of the sacrifice, but the bronze altar shall be for me to inquire by."

16 Uriah the priest did all this, as King Ahaz commanded.

¶ 17 And King Ahaz cut off the frames of the stands and removed the basin from them, and he took down the sea[2] from off the bronze oxen that were under it and put it on a stone pedestal.

18 And the covered way for the Sabbath that had been built inside the house and the outer entrance for the king he caused to go around the house of the LORD, because of the king of Assyria.

19 Now the rest of the acts of Ahaz that he did, are they not written in the Book of the Chronicles of the Kings of Judah?

20 And Ahaz slept with his fathers and was buried with his fathers in the city of David, and Hezekiah his son reigned in his place.

17 In the twelfth year of Ahaz king of Judah, Hoshea the son of Elah began to reign in Samaria over Israel, and he reigned nine years.

2 And he did what was evil in the sight of the LORD, yet not as the kings of Israel who were before him.

¶ **3** Gegen ihn zog herauf Salmanassar, der König von Assyrien. Und Hoschea wurde ihm untertan und brachte ihm Abgaben.

4 Als aber der König von Assyrien innewurde, dass Hoschea eine Verschwörung gemacht und Boten gesandt hatte zu So, dem König von Ägypten, und keine Abgaben dem König von Assyrien brachte wie alle Jahre, nahm er ihn fest und legte ihn ins Gefängnis.

5 Und der König von Assyrien zog durch das ganze Land und gegen Samaria und belagerte es drei Jahre lang.

6 Und im neunten Jahr Hoscheas eroberte der König von Assyrien Samaria und führte Israel weg nach Assyrien und ließ sie wohnen in Halach und am Habor, dem Fluss von Gosan, und in den Städten der Meder.

Der Grund für die Verwerfung des Reiches Israel

7 Denn die Israeliten hatten gegen den HERRN, ihren Gott, gesündigt, der sie aus Ägyptenland geführt hatte, aus der Hand des Pharao, des Königs von Ägypten, und fürchteten andere Götter

8 und wandelten nach den Satzungen der Heiden, die der HERR vor Israel vertrieben hatte, und taten wie die Könige von Israel.

9 Und die Israeliten ersannen, was nicht recht war gegen den HERRN, ihren Gott, sodass sie sich Höhen bauten in allen Orten, von den Wachttürmen bis zu den festen Städten,

10 und richteten Steinmale auf und Ascherabilder auf allen hohen Hügeln und unter allen grünen Bäumen

11 und opferten auf allen Höhen wie die Heiden, die der HERR vor ihnen weggetrieben hatte, und trieben böse Dinge, womit sie den HERRN erzürnten,

12 und dienten den Götzen, von denen der HERR zu ihnen gesagt hatte: Das sollt ihr nicht tun!

¶ **13** Und doch hatte der HERR Israel und Juda gewarnt durch alle Propheten und alle Seher und ihnen sagen lassen: Kehrt um von euren bösen Wegen und haltet meine Gebote und Rechte nach dem ganzen Gesetz, das ich euren Vätern geboten habe und das ich zu euch gesandt habe durch meine Knechte, die Propheten.

14 Aber sie gehorchten nicht, sondern versteiften ihren Nacken wie ihre Väter, die nicht an den HERRN, ihren Gott, glaubten.

3 Against him came up Shalmaneser king of Assyria. And Hoshea became his vassal and paid him tribute.

4 But the king of Assyria found treachery in Hoshea, for he had sent messengers to So, king of Egypt, and offered no tribute to the king of Assyria, as he had done year by year. Therefore the king of Assyria shut him up and bound him in prison.

5 Then the king of Assyria invaded all the land and came to Samaria, and for three years he besieged it.

The Fall of Israel

¶ **6** In the ninth year of Hoshea, the king of Assyria captured Samaria, and he carried the Israelites away to Assyria and placed them in Halah, and on the Habor, the river of Gozan, and in the cities of the Medes.

Exile Because of Idolatry

¶ **7** And this occurred because the people of Israel had sinned against the LORD their God, who had brought them up out of the land of Egypt from under the hand of Pharaoh king of Egypt, and had feared other gods

8 and walked in the customs of the nations whom the LORD drove out before the people of Israel, and in the customs that the kings of Israel had practiced.

9 And the people of Israel did secretly against the LORD their God things that were not right. They built for themselves high places in all their towns, from watchtower to fortified city.

10 They set up for themselves pillars and Asherim on every high hill and under every green tree,

11 and there they made offerings on all the high places, as the nations did whom the LORD carried away before them. And they did wicked things, provoking the LORD to anger,

12 and they served idols, of which the LORD had said to them, "You shall not do this."

13 Yet the LORD warned Israel and Judah by every prophet and every seer, saying, "Turn from your evil ways and keep my commandments and my statutes, in accordance with all the Law that I commanded your fathers, and that I sent to you by my servants the prophets."

¶ **14** But they would not listen, but were stubborn, as their fathers had been, who did not believe in the LORD their God.

15 Dazu verachteten sie seine Gebote und seinen Bund, den er mit ihren Vätern geschlossen hatte, und seine Warnungen, die er ihnen gab, und wandelten ihren nichtigen Götzen nach und trieben Nichtiges. Sie taten wie die Heiden um sie her, von denen der HERR ihnen geboten hatte, sie sollten nicht wie diese tun.

16 Aber sie verließen alle Gebote des HERRN, ihres Gottes, und machten sich zwei gegossene Kälber und ein Bild der Aschera und beteten alles Heer des Himmels an und dienten Baal

17 und ließen ihre Söhne und Töchter durchs Feuer gehen und gingen mit Wahrsagen und Zauberei um und verkauften sich, zu tun, was dem HERRN missfiel, um ihn zu erzürnen.

¶ **18** Da wurde der HERR sehr zornig über Israel und tat es von seinem Angesicht weg, sodass nichts übrig blieb als der Stamm Juda allein. –

19 Auch Juda hielt nicht die Gebote des HERRN, seines Gottes, sondern wandelte nach den Satzungen, nach denen Israel gelebt hatte. –

20 Darum verwarf der HERR das ganze Geschlecht Israel und bedrängte sie und gab sie in die Hände der Räuber, bis er sie von seinem Angesicht wegstieß.

21 Denn der Herr riss Israel vom Hause David los, und sie machten zum König Jerobeam, den Sohn Nebats. Der wandte Israel ab vom HERRN und machte, dass sie schwer sündigten.

22 So wandelte Israel in allen Sünden Jerobeams, die er getan hatte, und sie ließen nicht davon ab,

23 bis der HERR Israel von seinem Angesicht wegtat, wie er geredet hatte durch alle seine Knechte, die Propheten. So wurde Israel aus seinem Lande weggeführt nach Assyrien bis auf diesen Tag.

Die Entstehung des Volkes der Samaritaner

24 Der König von Assyrien aber ließ Leute von Babel kommen, von Kuta, von Awa, von Hamat und Sefarwajim und ließ sie wohnen in den Städten von Samarien an Israels statt. Und sie nahmen Samarien ein und wohnten in seinen Städten.

25 Als sie aber anfingen, dort zu wohnen, und den HERRN nicht fürchteten, sandte der HERR unter sie Löwen, die töteten sie.

15 They despised his statutes and his covenant that he made with their fathers and the warnings that he gave them. They went after false idols and became false, and they followed the nations that were around them, concerning whom the LORD had commanded them that they should not do like them.

16 And they abandoned all the commandments of the LORD their God, and made for themselves metal images of two calves; and they made an Asherah and worshiped all the host of heaven and served Baal.

17 And they burned their sons and their daughters as offerings[1] and used divination and omens and sold themselves to do evil in the sight of the LORD, provoking him to anger.

18 Therefore the LORD was very angry with Israel and removed them out of his sight. None was left but the tribe of Judah only.

¶ **19** Judah also did not keep the commandments of the LORD their God, but walked in the customs that Israel had introduced.

20 And the LORD rejected all the descendants of Israel and afflicted them and gave them into the hand of plunderers, until he had cast them out of his sight.

¶ **21** When he had torn Israel from the house of David, they made Jeroboam the son of Nebat king. And Jeroboam drove Israel from following the LORD and made them commit great sin.

22 The people of Israel walked in all the sins that Jeroboam did. They did not depart from them,

23 until the LORD removed Israel out of his sight, as he had spoken by all his servants the prophets. So Israel was exiled from their own land to Assyria until this day.

Assyria Resettles Samaria

¶ **24** And the king of Assyria brought people from Babylon, Cuthah, Avva, Hamath, and Sepharvaim, and placed them in the cities of Samaria instead of the people of Israel. And they took possession of Samaria and lived in its cities.

25 And at the beginning of their dwelling there, they did not fear the LORD. Therefore the LORD sent lions among them, which killed some of them.

26 Und man ließ dem König von Assyrien sagen: Die Völker, die du hergebracht und mit denen du die Städte Samariens besetzt hast, wissen nichts von der Verehrung des Gottes dieses Landes. Darum hat er Löwen unter sie gesandt, und siehe, diese töten sie, weil sie nichts wissen von der Verehrung des Gottes dieses Landes.

¶ **27** Der König von Assyrien gebot: Bringt dorthin einen der Priester, die von dort weggeführt sind; er ziehe hin und wohne dort und lehre sie die Verehrung des Gottes des Landes.

28 Da kam einer der Priester, die von Samarien weggeführt waren, und wohnte in Bethel und lehrte sie, wie sie den HERRN fürchten sollten.

¶ **29** Aber jedes Volk machte sich seinen Gott und tat ihn in die Heiligtümer auf den Höhen, die die Samaritaner gemacht hatten, jedes Volk in seinen Städten, in denen es wohnte.

30 Die von Babel machten sich Sukkot-Benot, die von Kuta machten sich Nergal, die von Hamat machten sich Aschima,

31 die von Awa machten sich Nibhas und Tartak; die von Sefarwajim verbrannten ihre Söhne dem Adrammelech und Anammelech, den Göttern derer von Sefarwajim.

32 Und weil sie auch den HERRN fürchteten, bestellten sie sich Priester auf den Höhen aus allem Volk unter ihnen; die opferten für sie in den Heiligtümern auf den Höhen.

33 So fürchteten sie den HERRN, dienten aber auch den Göttern nach dem Brauch der Völker, von denen man sie hergebracht hatte.

¶ **34** Und bis auf diesen Tag tun sie nach den früheren Bräuchen: Sie fürchten weder den HERRN noch halten sie Satzungen und Rechte nach dem Gesetz und Gebot, das der HERR geboten hat den Söhnen Jakobs, dem er den Namen Israel gab;

35 hatte doch der HERR einen Bund mit ihnen geschlossen und ihnen geboten: Fürchtet keine andern Götter und betet sie nicht an und dient ihnen nicht und opfert ihnen nicht,

36 sondern den HERRN, der euch aus Ägyptenland geführt hat mit großer Kraft und ausgestrecktem Arm, den fürchtet, den betet an und dem opfert.

37 Und die Satzungen, Rechte, Gesetze und Gebote, die er euch hat aufschreiben lassen, die haltet, dass ihr danach tut allezeit, und fürchtet nicht andere Götter.

26 So the king of Assyria was told, "The nations that you have carried away and placed in the cities of Samaria do not know the law of the god of the land. Therefore he has sent lions among them, and behold, they are killing them, because they do not know the law of the god of the land."

27 Then the king of Assyria commanded, "Send there one of the priests whom you carried away from there, and let him[2] go and dwell there and teach them the law of the god of the land."

28 So one of the priests whom they had carried away from Samaria came and lived in Bethel and taught them how they should fear the LORD.

¶ **29** But every nation still made gods of its own and put them in the shrines of the high places that the Samaritans had made, every nation in the cities in which they lived.

30 The men of Babylon made Succoth-benoth, the men of Cuth made Nergal, the men of Hamath made Ashima,

31 and the Avvites made Nibhaz and Tartak; and the Sepharvites burned their children in the fire to Adrammelech and Anammelech, the gods of Sepharvaim.

32 They also feared the LORD and appointed from among themselves all sorts of people as priests of the high places, who sacrificed for them in the shrines of the high places.

33 So they feared the LORD but also served their own gods, after the manner of the nations from among whom they had been carried away.

¶ **34** To this day they do according to the former manner. They do not fear the LORD, and they do not follow the statutes or the rules or the law or the commandment that the LORD commanded the children of Jacob, whom he named Israel.

35 The LORD made a covenant with them and commanded them, "You shall not fear other gods or bow yourselves to them or serve them or sacrifice to them,

36 but you shall fear the LORD, who brought you out of the land of Egypt with great power and with an outstretched arm. You shall bow yourselves to him, and to him you shall sacrifice.

37 And the statutes and the rules and the law and the commandment that he wrote for you, you shall always be careful to do. You shall not fear other gods,

38 Und vergesst nicht den Bund, den er mit euch geschlossen hat, und fürchtet nicht andere Götter,

39 sondern fürchtet den HERRN, euren Gott; der wird euch erretten von allen euren Feinden.

¶ **40** Aber sie gehorchten nicht, sondern taten nach ihren früheren Bräuchen.

41 So fürchteten diese Völker den HERRN und dienten zugleich ihren Götzen. Auch ihre Kinder und Kindeskinder tun, wie ihre Väter getan haben, bis auf diesen Tag.

Reich Juda: Hiskia
(vgl. 2.Chr 29,1–31,21)

18 Im dritten Jahr Hoscheas, des Sohnes Elas, des Königs von Israel, wurde Hiskia König, der Sohn des Ahas, des Königs von Juda.

2 Er war fünfundzwanzig Jahre alt, als er König wurde; und er regierte neunundzwanzig Jahre zu Jerusalem. Seine Mutter hieß Abi, eine Tochter Secharjas.

3 Und er tat, was dem HERRN wohlgefiel, ganz wie sein Vater David.

¶ **4** Er entfernte die Höhen und zerbrach die Steinmale und hieb das Bild der Aschera um und zerschlug die eherne Schlange, die Mose gemacht hatte. Denn bis zu dieser Zeit hatte ihr Israel geräuchert und man nannte sie Nehuschtan.

5 Er vertraute dem HERRN, dem Gott Israels, sodass unter allen Königen von Juda seinesgleichen nach ihm nicht war noch vor ihm gewesen ist.

6 Er hing dem HERRN an und wich nicht von ihm ab und hielt seine Gebote, die der HERR dem Mose geboten hatte.

7 Und der HERR war mit ihm und alles, was er sich vornahm, gelang ihm. Und er wurde abtrünnig vom König von Assyrien und war ihm nicht mehr untertan.

8 Er schlug auch die Philister bis nach Gaza und seinem Gebiet, von den Wachttürmen bis zu den festen Städten.

¶ **9** Im vierten Jahr Hiskias, des Königs von Juda – das war das siebente Jahr Hoscheas, des Sohnes Elas, des Königs von Israel –, zog Salmanassar, der König von Assyrien, herauf gegen Samaria und belagerte es

10 und nahm es ein nach drei Jahren. Im sechsten Jahr Hiskias, das ist im neunten Jahr Hoscheas, des Königs von Israel, wurde Samaria eingenommen.

38 and you shall not forget the covenant that I have made with you. You shall not fear other gods,

39 but you shall fear the LORD your God, and he will deliver you out of the hand of all your enemies."

40 However, they would not listen, but they did according to their former manner.

¶ **41** So these nations feared the LORD and also served their carved images. Their children did likewise, and their children's children—as their fathers did, so they do to this day.

Hezekiah Reigns in Judah

18 In the third year of Hoshea son of Elah, king of Israel, Hezekiah the son of Ahaz, king of Judah, began to reign.

2 He was twenty-five years old when he began to reign, and he reigned twenty-nine years in Jerusalem. His mother's name was Abi the daughter of Zechariah.

3 And he did what was right in the eyes of the LORD, according to all that David his father had done.

4 He removed the high places and broke the pillars and cut down the Asherah. And he broke in pieces the bronze serpent that Moses had made, for until those days the people of Israel had made offerings to it (it was called Nehushtan).[1]

5 He trusted in the LORD, the God of Israel, so that there was none like him among all the kings of Judah after him, nor among those who were before him.

6 For he held fast to the LORD. He did not depart from following him, but kept the commandments that the LORD commanded Moses.

7 And the LORD was with him; wherever he went out, he prospered. He rebelled against the king of Assyria and would not serve him.

8 He struck down the Philistines as far as Gaza and its territory, from watchtower to fortified city.

¶ **9** In the fourth year of King Hezekiah, which was the seventh year of Hoshea son of Elah, king of Israel, Shalmaneser king of Assyria came up against Samaria and besieged it,

10 and at the end of three years he took it. In the sixth year of Hezekiah, which was the ninth year of Hoshea king of Israel, Samaria was taken.

11 Und der König von Assyrien führte Israel weg nach Assyrien und ließ sie wohnen in Halach und am Habor, dem Fluss von Gosan, und in den Städten der Meder,

12 weil sie nicht gehorcht hatten der Stimme des Herrn, ihres Gottes, und seinen Bund übertreten hatten und alles, was Mose, der Knecht des Herrn, geboten hatte; sie hatten nicht gehorcht und nicht danach getan.

Sanherib zieht gegen Jerusalem
(vgl. 2.Chr 32,1-19; Jes 36,1-22)

13 Im vierzehnten Jahr des Königs Hiskia zog herauf Sanherib, der König von Assyrien, gegen alle festen Städte Judas und nahm sie ein.

14 Da sandte Hiskia, der König von Juda, zum König von Assyrien nach Lachisch und ließ ihm sagen: Ich hab Unrecht getan, zieh weg von mir. Was du mir auferlegst, will ich tragen. Da legte der König von Assyrien Hiskia, dem König von Juda, dreihundert Zentner Silber auf und dreißig Zentner Gold.

15 So gab Hiskia all das Silber, das sich im Hause des Herrn und in den Schätzen des Hauses des Königs fand.

16 Zur selben Zeit zerbrach Hiskia, der König von Juda, die Türen am Tempel des Herrn und das Goldblech, das er selbst hatte darüberziehen lassen, und gab es dem König von Assyrien.

¶ **17** Und der König von Assyrien sandte den Tartan und den Rabsaris und den Rabschake von Lachisch zum König Hiskia mit großer Heeresmacht nach Jerusalem und sie zogen hinauf. Und als sie hinkamen, hielten sie an der Wasserleitung des oberen Teiches, der an der Straße bei dem Acker des Walkers liegt.

18 Und sie riefen nach dem Könige. Da kamen zu ihnen heraus der Hofmeister Eljakim, der Sohn Hilkijas, und der Schreiber Schebna und der Kanzler Joach, der Sohn Asafs.

¶ **19** Und der Rabschake sprach zu ihnen: Sagt doch dem König Hiskia: So spricht der große König, der König von Assyrien: Was ist das für ein Vertrauen, das du da hast?

20 Meinst du, bloße Worte seien schon Rat und Macht zum Kämpfen? Auf wen verlässt du dich denn, dass du von mir abtrünnig geworden bist?

21 Siehe, verlässt du dich auf diesen zerbrochenen Rohrstab, auf Ägypten, der jedem, der sich darauf stützt, in die Hand dringen und sie durchbohren wird? So ist der Pharao, der König von Ägypten, für alle, die sich auf ihn verlassen.

11 The king of Assyria carried the Israelites away to Assyria and put them in Halah, and on the [y]Habor, [y]the river of Gozan, and in the cities of the Medes,

12 because they did not obey the voice of the Lord their God but transgressed his covenant, even all that Moses the servant of the Lord commanded. They neither listened nor obeyed.

Sennacherib Attacks Judah

¶ **13** In the fourteenth year of King Hezekiah, Sennacherib king of Assyria came up against all the fortified cities of Judah and took them.

14 And Hezekiah king of Judah sent to the king of Assyria at Lachish, saying, "I have done wrong; withdraw from me. Whatever you impose on me I will bear." And the king of Assyria required of Hezekiah king of Judah three hundred talents[2] of silver and thirty talents of gold.

15 And Hezekiah gave him all the silver that was found in the house of the Lord and in the treasuries of the king's house.

16 At that time Hezekiah stripped the gold from the doors of the temple of the Lord and from the doorposts that Hezekiah king of Judah had overlaid and gave it to the king of Assyria.

17 And the king of Assyria sent the Tartan, the Rab-saris, and the Rabshakeh with a great army from Lachish to King Hezekiah at Jerusalem. And they went up and came to Jerusalem. When they arrived, they came and stood by the conduit of the upper pool, which is on the highway to the Washer's Field.

18 And when they called for the king, there came out to them Eliakim the son of Hilkiah, who was over the household, and Shebnah the secretary, and Joah the son of Asaph, the recorder.

¶ **19** And the Rabshakeh said to them, "Say to Hezekiah, 'Thus says the great king, the king of Assyria: On what do you rest this trust of yours?

20 Do you think that mere words are strategy and power for war? In whom do you now trust, that you have rebelled against me?

21 Behold, you are trusting now in Egypt, that broken reed of a staff, which will pierce the hand of any man who leans on it. Such is Pharaoh king of Egypt to all who trust in him.

22 Oder wollt ihr zu mir sagen: Wir verlassen uns auf den HERRN, unsern Gott! Ist er es denn nicht, dessen Höhen und Altäre Hiskia entfernt und zu Juda und zu Jerusalem gesagt hat: Nur vor diesem Altar, der in Jerusalem ist, sollt ihr anbeten?

23 Wohlan, nimm eine Wette an mit meinem Herrn, dem König von Assyrien: Ich will dir zweitausend Rosse geben, ob du Reiter dazu stellen kannst?

24 Wie willst du denn zurücktreiben auch nur einen der geringsten von meines Herrn Untertanen? Und du verlässt dich auf Ägypten um der Wagen und Gespanne willen.

25 Meinst du aber, ich sei ohne den HERRN heraufgezogen, dass ich diese Stätte verderbe? Der HERR hat mir's geboten: Zieh hinauf in dies Land und verdirb es!

¶ **26** Da sprachen Eljakim, der Sohn Hilkijas, und Schebna und Joach zum Rabschake: Rede mit deinen Knechten aramäisch, denn wir verstehen's, und rede nicht mit uns hebräisch vor den Ohren des Volks, das auf der Mauer ist.

27 Aber der Rabschake sprach zu ihnen: Hat mich denn mein Herr zu deinem Herrn oder zu dir gesandt, dass ich solche Worte rede, und nicht vielmehr zu den Männern, die auf der Mauer sitzen, dass sie mit euch ihren eigenen Mist fressen und ihren Harn saufen?

¶ **28** Da trat der Rabschake hin und rief mit lauter Stimme auf Hebräisch und sprach: Hört das Wort des großen Königs, des Königs von Assyrien!

29 So spricht der König: Lasst euch von Hiskia nicht betrügen, denn er vermag euch nicht zu erretten aus meiner Hand.

30 Und lasst euch von Hiskia nicht vertrösten auf den HERRN, wenn er sagt: Der HERR wird uns erretten und diese Stadt wird nicht in die Hände des Königs von Assyrien gegeben werden.

31 Hört nicht auf Hiskia! Denn so spricht der König von Assyrien: Schließt Freundschaft mit mir und kommt zu mir heraus, so soll jedermann von seinem Weinstock und seinem Feigenbaum essen und von seinem Brunnen trinken,

32 bis ich komme und euch hole in ein Land, das eurem Lande gleich ist, darin Korn, Wein, Brot, Weinberge, Ölbäume und Honig sind; dann werdet ihr am Leben bleiben und nicht sterben. Hört nicht auf Hiskia, denn er verführt euch, wenn er spricht: Der HERR wird uns erretten.

22 But if you say to me, "We trust in the LORD our God," is it not he whose high places and altars Hezekiah has removed, saying to Judah and to Jerusalem, "You shall worship before this altar in Jerusalem"?

23 Come now, make a wager with my master the king of Assyria: I will give you two thousand horses, if you are able on your part to set riders on them.

24 How then can you repulse a single captain among the least of my master's servants, when you trust in Egypt for chariots and for horsemen?

25 Moreover, is it without the LORD that I have come up against this place to destroy it? The LORD said to me, Go up against this land, and destroy it.' "

¶ **26** Then Eliakim the son of Hilkiah, and Shebnah, and Joah, said to the Rabshakeh, "Please speak to your servants in Aramaic, for we understand it. Do not speak to us in the language of Judah within the hearing of the people who are on the wall."

27 But the Rabshakeh said to them, "Has my master sent me to speak these words to your master and to you, and not to the men sitting on the wall, who are doomed with you to eat their own dung and to drink their own urine?"

¶ **28** Then the Rabshakeh stood and called out in a loud voice in the language of Judah: "Hear the word of the great king, the king of Assyria!

29 Thus says the king: 'Do not let Hezekiah deceive you, for he will not be able to deliver you out of my[3] hand.

30 Do not let Hezekiah make you trust in the LORD by saying, The LORD will surely deliver us, and this city will not be given into the hand of the king of Assyria.'

31 Do not listen to Hezekiah, for thus says the king of Assyria: 'Make your peace with me[4] and come out to me. Then each one of you will eat of his own vine, and each one of his own fig tree, and each one of you will drink the water of his own cistern,

32 until I come and take you away to a land like your own land, a land of grain and wine, a land of bread and vineyards, a land of olive trees and honey, that you may live, and not die. And do not listen to Hezekiah when he misleads you by saying, The LORD will deliver us.

33 Haben etwa die Götter der andern Völker ihr Land errettet aus der Hand des Königs von Assyrien?

34 Wo sind die Götter von Hamat und Arpad? Wo sind die Götter von Sefarwajim, Hena und Awa? Wo sind die Götter des Landes Samarien? Haben sie Samaria errettet aus meiner Hand?

35 Wo ist ein Gott unter den Göttern aller Länder, der sein Land aus meiner Hand errettet hätte, dass allein der HERR Jerusalem aus meiner Hand erretten sollte?

¶ **36** Das Volk aber schwieg still und antwortete ihm nichts, denn der König hatte geboten: Antwortet ihm nichts.

37 Da kamen der Hofmeister Eljakim, der Sohn Hilkijas, und der Schreiber Schebna und der Kanzler Joach, der Sohn Asafs, zu Hiskia mit zerrissenen Kleidern und sagten ihm die Worte des Rabschake an.

Hiskias Gebet. Jesaja verheißt Rettung
(vgl. 2.Chr 32,20-23; Jes 37,1-35)

19 Als der König Hiskia das hörte, zerriss er seine Kleider und legte einen Sack an und ging in das Haus des HERRN.

2 Und er sandte den Hofmeister Eljakim und den Schreiber Schebna samt den Ältesten der Priester, mit Säcken angetan, zu dem Propheten Jesaja, dem Sohn des Amoz.

3 Und sie sprachen zu ihm: So sagt Hiskia: Das ist ein Tag der Not, der Strafe und der Schmach – wie wenn Kinder eben geboren werden sollen, aber die Kraft fehlt, sie zu gebären.

4 Vielleicht hört der HERR, dein Gott, alle Worte des Rabschake, den sein Herr, der König von Assyrien, gesandt hat, um hohnzusprechen dem lebendigen Gott, und straft die Worte, die der HERR, dein Gott, gehört hat. So erhebe dein Gebet für die Übriggebliebenen, die noch vorhanden sind.

¶ **5** Und als die Großen des Königs Hiskia zu Jesaja kamen,

6 sprach Jesaja zu ihnen: So sagt eurem Herrn: So spricht der HERR: Fürchte dich nicht vor den Worten, die du gehört hast, mit denen mich die Knechte des Königs von Assyrien gelästert haben.

7 Siehe, ich will einen Geist über ihn bringen, dass er ein Gerücht hören und in sein Land zurückziehen wird, und will ihn durchs Schwert fällen in seinem Lande.

33 Has any of the gods of the nations ever delivered his land out of the hand of the king of Assyria?

34 Where are the gods of Hamath and Arpad? Where are the gods of Sepharvaim, Hena, and Ivvah? Have they delivered Samaria out of my hand?

35 Who among all the gods of the lands have delivered their lands out of my hand, that the LORD should deliver Jerusalem out of my hand?'"

¶ **36** But the people were silent and answered him not a word, for the king's command was, "Do not answer him."

37 Then Eliakim the son of Hilkiah, who was over the household, and Shebna the secretary, and Joah the son of Asaph, the recorder, came to Hezekiah with their clothes torn and told him the words of the Rabshakeh.

Isaiah Reassures Hezekiah

19 As soon as King Hezekiah heard it, he tore his clothes and covered himself with sackcloth and went into the house of the LORD.

2 And he sent Eliakim, who was over the household, and Shebna the secretary, and the senior priests, covered with sackcloth, to the prophet Isaiah the son of Amoz.

3 They said to him, "Thus says Hezekiah, This day is a day of distress, of rebuke, and of disgrace; children have come to the point of birth, and there is no strength to bring them forth.

4 It may be that the LORD your God heard all the words of the Rabshakeh, whom his master the king of Assyria has sent to mock the living God, and will rebuke the words that the LORD your God has heard; therefore lift up your prayer for the remnant that is left."

5 When the servants of King Hezekiah came to Isaiah,

6 Isaiah said to them, "Say to your master, 'Thus says the LORD: Do not be afraid because of the words that you have heard, with which the servants of the king of Assyria have reviled me.

7 Behold, I will put a spirit in him, so that he shall hear a rumor and return to his own land, and I will make him fall by the sword in his own land.'"

¶ **8** Und als der Rabschake zurückkam, fand er den König von Assyrien gegen Libna kämpfen, denn er hatte gehört, dass er von Lachisch abgezogen war.

9 Der König von Assyrien hatte nämlich gehört über Tirhaka, den König von Kusch: Siehe, er ist ausgezogen, mit dir zu kämpfen.
¶ Da sandte er abermals Boten zu Hiskia und ließ ihm sagen:

10 So sprecht zu Hiskia, dem König von Juda: Lass dich von deinem Gott nicht betrügen, auf den du dich verlässt und sprichst: Jerusalem wird nicht in die Hand des Königs von Assyrien gegeben werden.

11 Siehe, du hast gehört, was die Könige von Assyrien allen Ländern getan haben, dass sie den Bann an ihnen vollstreckten, und du allein solltest errettet werden?

12 Haben die Götter der Völker, die von meinen Vätern vernichtet sind, sie errettet: Gosan, Haran, Rezef und die Leute von Eden, die zu Telassar waren?

13 Wo ist der König von Hamat, der König von Arpad und der König der Stadt Sefarwajim, von Hena und Awa?

¶ **14** Als Hiskia den Brief von den Boten empfangen und gelesen hatte, ging er hinauf zum Hause des HERRN und breitete ihn aus vor dem HERRN

15 und betete vor dem HERRN und sprach: HERR, Gott Israels, der du über den Cherubim thronst, du bist allein Gott über alle Königreiche auf Erden, du hast Himmel und Erde gemacht.

16 HERR, neige deine Ohren und höre, tu deine Augen auf und sieh und höre die Worte Sanheribs, der hergesandt hat, um dem lebendigen Gott hohnzusprechen.

17 Es ist wahr, HERR, die Könige von Assyrien haben die Völker mit dem Schwert umgebracht und ihre Länder verwüstet

18 und haben ihre Götter ins Feuer geworfen, denn es waren nicht Götter, sondern Werk von Menschenhänden, Holz und Stein; darum haben sie sie vertilgt.

19 Nun aber, HERR, unser Gott, errette uns aus seiner Hand, damit alle Königreiche auf Erden erkennen, dass du, HERR, allein Gott bist.

Sennacherib Defies the LORD

¶ **8** The Rabshakeh returned, and found the king of Assyria fighting against Libnah, for he heard that the king had left Lachish.

9 Now the king heard concerning Tirhakah king of Cush, "Behold, he has set out to fight against you." So he sent messengers again to Hezekiah, saying,

10 "Thus shall you speak to Hezekiah king of Judah: 'Do not let your God in whom you trust deceive you by promising that Jerusalem will not be given into the hand of the king of Assyria.

11 Behold, you have heard what the kings of Assyria have done to all lands, devoting them to destruction. And shall you be delivered?

12 Have the gods of the nations delivered them, the nations that my fathers destroyed, Gozan, Haran, Rezeph, and the people of Eden who were in Telassar?

13 Where is the king of Hamath, the king of Arpad, the king of the city of Sepharvaim, the king of Hena, or the king of Ivvah?'"

Hezekiah's Prayer

¶ **14** Hezekiah received the letter from the hand of the messengers and read it; and Hezekiah went up to the house of the LORD and spread it before the LORD.

15 And Hezekiah prayed before the LORD and said: "O LORD, the God of Israel, enthroned above the cherubim, you are the God, you alone, of all the kingdoms of the earth; you have made heaven and earth.

16 Incline your ear, O LORD, and hear; open your eyes, O LORD, and see; and hear the words of Sennacherib, which he has sent to mock the living God.

17 Truly, O LORD, the kings of Assyria have laid waste the nations and their lands

18 and have cast their gods into the fire, for they were not gods, but the work of men's hands, wood and stone. Therefore they were destroyed.

19 So now, O LORD our God, save us, please, from his hand, that all the kingdoms of the earth may know that you, O LORD, are God alone."

¶ **20** Da sandte Jesaja, der Sohn des Amoz, zu Hiskia und ließ ihm sagen: So spricht der HERR, der Gott Israels: Was du zu mir gebetet hast um Sanheribs willen, des Königs von Assyrien, das habe ich gehört.

21 Das ist's, was der HERR gegen ihn geredet hat: Die Jungfrau, die Tochter Zion, verachtet dich und spottet deiner. Die Tochter Jerusalem schüttelt ihr Haupt hinter dir her.

22 Wen hast du gehöhnt und gelästert? Über wen hast du deine Stimme erhoben? Du hast deine Augen erhoben wider den Heiligen Israels!

23 Du hast den HERRN durch deine Boten verhöhnt und gesagt: Ich bin mit der Menge meiner Wagen auf die Höhen der Berge gestiegen, in den innersten Libanon. Ich habe seine hohen Zedern und auserlesenen Zypressen abgehauen und bin gekommen bis zur äußersten Herberge darin im dichtesten Walde.

24 Ich habe gegraben und getrunken die fremden Wasser und werde austrocknen mit meinen Fußsohlen alle Flüsse Ägyptens.

¶ **25** Hast du nicht gehört, dass ich es lange zuvor bereitet und von Anfang an geplant habe? Nun aber habe ich's kommen lassen, dass du feste Städte zerstörtest zu wüsten Steinhaufen.

26 Und die darin wohnen, wurden ohne Kraft und fürchteten sich und wurden zuschanden. Sie wurden wie das Gras auf dem Felde und wie das grüne Kraut, wie Gras auf den Dächern, das verdorrt, ehe es reif wird.

¶ **27** Ich weiß von deinem Aufstehen und Sitzen, deinem Ausziehen und Einziehen und dass du tobst gegen mich.

¶ **20** Then Isaiah the son of Amoz sent to Hezekiah, saying, "Thus says the LORD, the God of Israel: Your prayer to me about Sennacherib king of Assyria I have heard.

21 This is the word that the LORD has spoken concerning him:

"She despises you, she scorns you—
  the virgin daughter of Zion;
she wags her head behind you—
  the daughter of Jerusalem.

22 "Whom have you mocked and reviled?
  Against whom have you raised your
    voice
and lifted your eyes to the heights?
  Against the Holy One of Israel!

23 By your messengers you have mocked
    the Lord,
  and you have said, 'With my many
    chariots
I have gone up the heights of the
    mountains,
  to the far recesses of Lebanon;
I felled its tallest cedars,
  its choicest cypresses;
I entered its farthest lodging place,
  its most fruitful forest.

24 I dug wells
  and drank foreign waters,
and I dried up with the sole of my foot
  all the streams of Egypt.'

25 "Have you not heard
  that I determined it long ago?
I planned from days of old
  what now I bring to pass,
that you should turn fortified cities
  into heaps of ruins,

26 while their inhabitants, shorn of
    strength,
  are dismayed and confounded,
and have become like plants of the field
  and like tender grass,
like grass on the housetops,
  blighted before it is grown.

27 "But I know your sitting down
  and your going out and coming in,
  and your raging against me.

28 Weil du denn gegen mich tobst und dein Übermut vor meine Ohren gekommen ist, so will ich dir meinen Ring in deine Nase legen und meinen Zaum in dein Maul und will dich den Weg wieder zurückführen, den du hergekommen bist.

¶ **29** Und das sei dir, Hiskia, ein Zeichen: In diesem Jahr iss, was von selber nachwächst, im nächsten Jahr, was auch dann noch wächst, im dritten Jahr sät und erntet und pflanzt Weinberge und esst ihre Früchte.

30 Und was vom Hause Juda errettet und übrig geblieben ist, wird von Neuem nach unten Wurzeln schlagen und oben Frucht tragen.

31 Denn von Jerusalem werden ausgehen, die übrig geblieben sind, und die Erretteten vom Berge Zion. Der Eifer des HERRN Zebaoth wird solches tun.

¶ **32** Darum spricht der HERR über den König von Assyrien: Er soll nicht in diese Stadt kommen und keinen Pfeil hineinschießen und mit keinem Schild davor kommen und soll keinen Wall gegen sie aufschütten,

33 sondern er soll den Weg wieder zurückziehen, den er gekommen ist, und soll in diese Stadt nicht kommen; der HERR sagt's.

34 Und ich will diese Stadt beschirmen, dass ich sie errette um meinetwillen und um meines Knechtes David willen.

¶ **35** Und in dieser Nacht fuhr aus der Engel des HERRN und schlug im Lager von Assyrien hundertfünfundachtzigtausend Mann. Und als man sich früh am Morgen aufmachte, siehe, da lag alles voller Leichen.

36 So brach Sanherib, der König von Assyrien, auf und zog ab, kehrte um und blieb zu Ninive.

37 Und als er anbetete im Haus seines Gottes Nisroch, erschlugen ihn mit dem Schwert seine Söhne Adrammelech und Sarezer, und sie entkamen ins Land Ararat. Und sein Sohn Asarhaddon wurde König an seiner statt.

Hiskias Krankheit und Genesung
(vgl. 2.Chr 32,24-26; Jes 38,1-8)

20 Zu dieser Zeit wurde Hiskia todkrank. Und der Prophet Jesaja, der Sohn des Amoz, kam zu ihm und sprach zu ihm: So spricht der HERR: Bestelle dein Haus, denn du wirst sterben und nicht am Leben bleiben.

2 Er aber wandte sein Antlitz zur Wand und betete zum HERRN und sprach:

28 Because you have raged against me
and your complacency has come into my ears,
I will put my hook in your nose
and my bit in your mouth,
and I will turn you back on the way
by which you came.

¶ **29** "And this shall be the sign for you: this year eat what grows of itself, and in the second year what springs of the same. Then in the third year sow and reap and plant vineyards, and eat their fruit.

30 And the surviving remnant of the house of Judah shall again take root downward and bear fruit upward.

31 For out of Jerusalem shall go a remnant, and out of Mount Zion a band of survivors. The zeal of the LORD will do this.

¶ **32** "Therefore thus says the LORD concerning the king of Assyria: He shall not come into this city or shoot an arrow there, or come before it with a shield or cast up a siege mound against it.

33 By the way that he came, by the same he shall return, and he shall not come into this city, declares the LORD.

34 For I will defend this city to save it, for my own sake and for the sake of my servant David."

¶ **35** And that night the angel of the LORD went out and struck down 185,000 in the camp of the Assyrians. And when people arose early in the morning, behold, these were all dead bodies.

36 Then Sennacherib king of Assyria departed and went home and lived at Nineveh.

37 And as he was worshiping in the house of Nisroch his god, Adrammelech and Sharezer, his sons, struck him down with the sword and escaped into the land of Ararat. And Esarhaddon his son reigned in his place.

Hezekiah's Illness and Recovery

20 In those days Hezekiah became sick and was at the point of death. And Isaiah the prophet the son of Amoz came to him and said to him, "Thus says the LORD, 'Set your house in order, for you shall die; you shall not recover.'"

2 Then Hezekiah turned his face to the wall and prayed to the LORD, saying,

3 Ach, HERR, gedenke doch, dass ich vor dir in Treue und mit rechtschaffenem Herzen gewandelt bin und getan habe, was dir wohlgefällt. Und Hiskia weinte sehr.

¶ **4** Als aber Jesaja noch nicht zum mittleren Hof hinausgegangen war, kam des HERRN Wort zu ihm:

5 Kehre um und sage Hiskia, dem Fürsten meines Volks: So spricht der HERR, der Gott deines Vaters David: Ich habe dein Gebet gehört und deine Tränen gesehen. Siehe, ich will dich gesund machen – am dritten Tage wirst du hinauf in das Haus des HERRN gehen –,

6 und ich will fünfzehn Jahre zu deinem Leben hinzutun und dich und diese Stadt erretten vor dem König von Assyrien und diese Stadt beschirmen um meinetwillen und um meines Knechtes David willen.

7 Und Jesaja sprach: Bringt her ein Pflaster von Feigen! Und als sie das brachten, legten sie es auf das Geschwür und er wurde gesund.

¶ **8** Hiskia aber sprach zu Jesaja: Was ist das Zeichen, dass mich der HERR gesund machen wird und ich in des HERRN Haus hinaufgehen werde am dritten Tage?

9 Jesaja sprach: Dies Zeichen wirst du vom HERRN haben, dass der HERR tun wird, was er zugesagt hat: Soll der Schatten an der Sonnenuhr zehn Striche vorwärts gehen oder zehn Striche zurückgehen?

10 Hiskia sprach: Es ist leicht, dass der Schatten zehn Striche vorwärts gehe. Das will ich nicht, sondern dass er zehn Striche zurückgehe.

11 Da rief der Prophet Jesaja den HERRN an, und der Herr ließ den Schatten an der Sonnenuhr des Ahas zehn Striche zurückgehen, die er vorwärts gegangen war.

Gesandtschaft des Königs von Babel
(vgl. 2.Chr 32,31; Jes 39,1-8)

12 Zu dieser Zeit sandte Merodach-Baladan, der Sohn Baladans, der König von Babel, Brief und Geschenke an Hiskia; denn er hatte gehört, dass Hiskia krank gewesen war.

13 Hiskia aber freute sich über die Boten und zeigte ihnen das ganze Schatzhaus, Silber, Gold, Spezerei und das beste Öl und das Zeughaus und alles, was an Schätzen vorhanden war. Es war nichts in seinem Hause und in seiner ganzen Herrschaft, was ihnen Hiskia nicht gezeigt hätte.

14 Da kam der Prophet Jesaja zum König Hiskia und sprach zu ihm: Was haben diese Leute gesagt? Und woher sind sie zu dir gekommen? Hiskia sprach: Sie sind aus fernen Landen zu mir gekommen, aus Babel.

3 "Now, O LORD, please remember how I have walked before you in faithfulness and with a whole heart, and have done what is good in your sight." And Hezekiah wept bitterly.

4 And before Isaiah had gone out of the middle court, the word of the LORD came to him:

5 "Turn back, and say to Hezekiah the leader of my people, Thus says the LORD, the God of David your father: I have heard your prayer; I have seen your tears. Behold, I will heal you. On the third day you shall go up to the house of the LORD,

6 and I will add fifteen years to your life. I will deliver you and this city out of the hand of the king of Assyria, and I will defend this city for my own sake and for my servant David's sake."

7 And Isaiah said, "Bring a cake of figs. And let them take and lay it on the boil, that he may recover."

¶ **8** And Hezekiah said to Isaiah, "What shall be the sign that the LORD will heal me, and that I shall go up to the house of the LORD on the third day?"

9 And Isaiah said, "This shall be the sign to you from the LORD, that the LORD will do the thing that he has promised: shall the shadow go forward ten steps, or go back ten steps?"

10 And Hezekiah answered, "It is an easy thing for the shadow to lengthen ten steps. Rather let the shadow go back ten steps."

11 And Isaiah the prophet called to the LORD, and he brought the shadow back ten steps, by which it had gone down on the steps of Ahaz.

Hezekiah and the Babylonian Envoys

¶ **12** At that time Merodach-baladan the son of Baladan, king of Babylon, sent envoys with letters and a present to Hezekiah, for he heard that Hezekiah had been sick.

13 And Hezekiah welcomed them, and he showed them all his treasure house, the silver, the gold, the spices, the precious oil, his armory, all that was found in his storehouses. There was nothing in his house or in all his realm that Hezekiah did not show them.

14 Then Isaiah the prophet came to King Hezekiah, and said to him, "What did these men say? And from where did they come to you?" And Hezekiah said, "They have come from a far country, from Babylon."

15 Er sprach: Was haben sie gesehen in deinem Hause? Hiskia sprach: Sie haben alles gesehen, was in meinem Hause ist, und es gibt von meinen Schätzen nichts, was ich ihnen nicht gezeigt hätte.

¶ **16** Da sprach Jesaja zu Hiskia: Höre des HERRN Wort:

17 Siehe, es kommt die Zeit, dass alles nach Babel weggeführt werden wird, was in deinem Hause ist und was deine Väter gesammelt haben bis auf diesen Tag, und es wird nichts übrig gelassen werden, spricht der HERR.

18 Dazu werden von den Söhnen, die von dir kommen, die du zeugen wirst, einige genommen werden, dass sie Kämmerer seien im Palast des Königs von Babel.

19 Hiskia aber sprach zu Jesaja: Das Wort ist gut, das der HERR geredet hat durch dich; denn er dachte: Es wird doch Friede und Sicherheit sein zu meinen Zeiten.

¶ **20** Was mehr von Hiskia zu sagen ist und alle seine tapferen Taten und wie er den Teich und die Wasserleitung gebaut hat, durch die er Wasser in die Stadt geleitet hat, siehe, das steht geschrieben in der Chronik der Könige von Juda.

21 Und Hiskia legte sich zu seinen Vätern. Und sein Sohn Manasse wurde König an seiner statt.

Reich Juda: Manasse. Amon
(vgl. 2.Chr 33,1-25)

21 Manasse war zwölf Jahre alt, als er König wurde; und er regierte fünfundfünfzig Jahre zu Jerusalem. Seine Mutter hieß Hefzi-Bah.

2 Und er tat, was dem HERRN missfiel, nach den gräulichen Sitten der Heiden, die der HERR vor Israel vertrieben hatte,

3 und baute wieder die Höhen auf, die sein Vater Hiskia zerstört hatte, und richtete dem Baal Altäre auf und machte ein Bild der Aschera, wie Ahab, der König von Israel, getan hatte, und betete alles Heer des Himmels an und diente ihnen.

¶ **4** Und er baute Altäre im Hause des HERRN, von dem der HERR gesagt hatte: Ich will meinen Namen zu Jerusalem wohnen lassen,

5 und er baute allem Heer des Himmels Altäre in beiden Vorhöfen am Hause des HERRN.

15 He said, "What have they seen in your house?" And Hezekiah answered, "They have seen all that is in my house; there is nothing in my storehouses that I did not show them."

¶ **16** Then Isaiah said to Hezekiah, "Hear the word of the LORD:

17 Behold, the days are coming, when all that is in your house, and that which your fathers have stored up till this day, shall be carried to Babylon. Nothing shall be left, says the LORD.

18 And some of your own sons, who shall be born to you, shall be taken away, and they shall be eunuchs in the palace of the king of Babylon."

19 Then said Hezekiah to Isaiah, "The word of the LORD that you have spoken is good." For he thought, "Why not, if there will be peace and security in my days?"

¶ **20** The rest of the deeds of Hezekiah and all his might and how he made the pool and the conduit and brought water into the city, are they not written in the Book of the Chronicles of the Kings of Judah?

21 And Hezekiah slept with his fathers, and Manasseh his son reigned in his place.

Manasseh Reigns in Judah

21 Manasseh was twelve years old when he began to reign, and he reigned fifty-five years in Jerusalem. His mother's name was Hephzibah.

2 And he did what was evil in the sight of the LORD, according to the despicable practices of the nations whom the LORD drove out before the people of Israel.

3 For he rebuilt the high places that Hezekiah his father had destroyed, and he erected altars for Baal and made an Asherah, as Ahab king of Israel had done, and worshiped all the host of heaven and served them.

4 And he built altars in the house of the LORD, of which the LORD had said, "In Jerusalem will I put my name."

5 And he built altars for all the host of heaven in the two courts of the house of the LORD.

6 Und er ließ seinen Sohn durchs Feuer gehen und achtete auf Vogelgeschrei und Zeichen und hielt Geisterbeschwörer und Zeichendeuter; so tat er viel von dem, was dem HERRN missfiel, um ihn zu erzürnen.

7 Er stellte auch das Bild der Aschera, das er gemacht hatte, in das Haus, von dem der HERR zu David und zu seinem Sohn Salomo gesagt hatte: In diesem Hause und in Jerusalem, das ich erwählt habe aus allen Stämmen Israels, will ich meinen Namen wohnen lassen ewiglich,

8 und ich will den Fuß Israels nicht mehr weichen lassen von dem Lande, das ich ihren Vätern gegeben habe, sofern sie alles halten und tun, was ich geboten habe, das ganze Gesetz, das mein Knecht Mose ihnen geboten hat.

9 Aber sie gehorchten nicht, sondern Manasse verführte sie, dass sie es ärger trieben als die Heiden, die der HERR vor Israel vertilgt hatte.

¶ **10** Da redete der HERR durch seine Knechte, die Propheten, und sprach:

11 Weil Manasse, der König von Juda, diese Gräuel getan hat, die ärger sind als alle Gräuel, die die Amoriter getan haben, die vor ihm gewesen sind, und weil er auch Juda sündigen gemacht hat mit seinen Götzen,

12 darum spricht der HERR, der Gott Israels: Siehe, ich will Unheil über Jerusalem und Juda bringen, sodass dem, der es hören wird, beide Ohren gellen sollen.

13 Und ich will an Jerusalem die Messschnur anlegen wie an Samaria und das Lot wie ans Haus Ahab und will Jerusalem auswischen, wie man Schüsseln auswischt, und will's umstürzen.

14 Und wer von meinem Erbteil übrig bleiben wird, den will ich verstoßen und will sie geben in die Hände ihrer Feinde, dass sie Raub und Beute aller ihrer Feinde werden,

15 weil sie getan haben, was mir missfällt, und mich erzürnt haben von dem Tage an, da ihre Väter aus Ägypten gezogen sind, bis auf diesen Tag.

¶ **16** Auch vergoss Manasse sehr viel unschuldiges Blut, bis Jerusalem ganz voll davon war – außer der Sünde, durch die er Juda sündigen machte, dass sie taten, was dem HERRN missfiel.

17 Was aber mehr von Manasse zu sagen ist und alles, was er getan hat, und seine Sünde, die er tat, siehe, das steht geschrieben in der Chronik der Könige von Juda.

6 And he burned his son as an offering[1] and used fortune-telling and omens and dealt with mediums and with necromancers. He did much evil in the sight of the LORD, provoking him to anger.

7 And the carved image of Asherah that he had made he set in the house of which the LORD said to David and to Solomon his son, "In this house, and in Jerusalem, which I have chosen out of all the tribes of Israel, I will put my name forever.

8 And I will not cause the feet of Israel to wander anymore out of the land that I gave to their fathers, if only they will be careful to do according to all that I have commanded them, and according to all the Law that my servant Moses commanded them."

9 But they did not listen, and Manasseh led them astray to do more evil than the nations had done whom the LORD destroyed before the people of Israel.

Manasseh's Idolatry Denounced

¶ **10** And the LORD said by his servants the prophets,

11 "Because Manasseh king of Judah has committed these abominations and has done things more evil than all that the Amorites did, who were before him, and has made Judah also to sin with his idols,

12 therefore thus says the LORD, the God of Israel: Behold, I am bringing upon Jerusalem and Judah such disaster[2] that the ears of everyone who hears of it will tingle.

13 And I will stretch over Jerusalem the measuring line of Samaria, and the plumb line of the house of Ahab, and I will wipe Jerusalem as one wipes a dish, wiping it and turning it upside down.

14 And I will forsake the remnant of my heritage and give them into the hand of their enemies, and they shall become a prey and a spoil to all their enemies,

15 because they have done what is evil in my sight and have provoked me to anger, since the day their fathers came out of Egypt, even to this day."

¶ **16** Moreover, Manasseh shed very much innocent blood, till he had filled Jerusalem from one end to another, besides the sin that he made Judah to sin so that they did what was evil in the sight of the LORD.

¶ **17** Now the rest of the acts of Manasseh and all that he did, and the sin that he committed, are they not written in the Book of the Chronicles of the Kings of Judah?

18 Und Manasse legte sich zu seinen Vätern und wurde begraben im Garten an seinem Hause, im Garten Usas. Und sein Sohn Amon wurde König an seiner statt.

19 Zweiundzwanzig Jahre alt war Amon, als er König wurde; und er regierte zwei Jahre zu Jerusalem. Seine Mutter hieß Meschullemet, eine Tochter des Haruz aus Jotba.

20 Und er tat, was dem HERRN missfiel, wie sein Vater Manasse getan hatte,

21 und wandelte ganz in dem Wege, den sein Vater gewandelt war, und diente den Götzen, denen sein Vater gedient hatte, und betete sie an

22 und verließ den HERRN, den Gott seiner Väter, und wandelte nicht im Wege des HERRN.

23 Und seine Großen machten eine Verschwörung gegen Amon und töteten den König in seinem Hause.

24 Aber das Volk des Landes erschlug alle, die die Verschwörung gegen den König Amon gemacht hatten. Und das Volk des Landes machte seinen Sohn Josia zum König an seiner statt.

25 Was aber Amon mehr getan hat, siehe, das steht geschrieben in der Chronik der Könige von Juda.

26 Und man begrub ihn in seinem Grabe im Garten Usas. Und sein Sohn Josia wurde König an seiner statt.

Reich Juda: Josia und die Auffindung des Gesetzbuches

(vgl. 2.Chr 34,1-28)

22 Josia war acht Jahre alt, als er König wurde; und er regierte einunddreißig Jahre zu Jerusalem. Seine Mutter hieß Jedida, eine Tochter Adajas aus Bozkat.

2 Und er tat, was dem HERRN wohlgefiel, und wandelte ganz in dem Wege seines Vaters David und wich nicht davon ab, weder zur Rechten noch zur Linken.

3 Und im achtzehnten Jahr des Königs Josia sandte der König den Schreiber Schafan, den Sohn Azaljas, des Sohnes Meschullams, in das Haus des HERRN und sprach:

4 Geh hinauf zu dem Hohenpriester Hilkija, dass er abgebe alles Geld, was zum Hause des HERRN gebracht ist, das die Hüter an der Schwelle gesammelt haben vom Volk,

18 And Manasseh slept with his fathers and was buried in the garden of his house, in the garden of Uzza, and Amon his son reigned in his place.

Amon Reigns in Judah

19 Amon was twenty-two years old when he began to reign, and he reigned two years in Jerusalem. His mother's name was Meshullemeth the daughter of Haruz of Jotbah.

20 And he did what was evil in the sight of the LORD, as Manasseh his father had done.

21 He walked in all the way in which his father walked and served the idols that his father served and worshiped them.

22 He abandoned the LORD, the God of his fathers, and did not walk in the way of the LORD.

23 And the servants of Amon conspired against him and put the king to death in his house.

24 But the people of the land struck down all those who had conspired against King Amon, and the people of the land made Josiah his son king in his place.

25 Now the rest of the acts of Amon that he did, are they not written in the Book of the Chronicles of the Kings of Judah?

26 And he was buried in his tomb in the garden of Uzza, and Josiah his son reigned in his place.

Josiah Reigns in Judah

22 Josiah was eight years old when he began to reign, and he reigned thirty-one years in Jerusalem. His mother's name was Jedidah the daughter of Adaiah of Bozkath.

2 And he did what was right in the eyes of the LORD and walked in all the way of David his father, and he did not turn aside to the right or to the left.

Josiah Repairs the Temple

3 In the eighteenth year of King Josiah, the king sent Shaphan the son of Azaliah, son of Meshullam, the secretary, to the house of the LORD, saying,

4 "Go up to Hilkiah the high priest, that he may count the money that has been brought into the house of the LORD, which the keepers of the threshold have collected from the people.

5 damit man es gebe den Werkmeistern, die bestellt sind im Hause des HERRN, und sie es geben den Arbeitern am Hause des HERRN, damit sie ausbessern, was baufällig ist am Hause,

6 nämlich den Zimmerleuten und Bauleuten und Maurern und denen, die Holz und gehauene Steine kaufen sollen, um das Haus auszubessern;

7 doch dass sie keine Rechnung zu legen brauchten von dem Geld, das ihnen gegeben wird, sondern dass sie auf Treu und Glauben handeln.

¶ **8** Und der Hohepriester Hilkija sprach zu dem Schreiber Schafan: Ich habe dies Gesetzbuch gefunden im Hause des HERRN. Und Hilkija gab das Buch Schafan und der las es.

9 Und der Schreiber Schafan kam zum König und gab ihm Bericht und sprach: Deine Knechte haben das Geld ausgeschüttet, das im Hause des Herrn gesammelt ist, und haben's den Werkmeistern gegeben, die bestellt sind am Hause des HERRN.

10 Dazu sagte der Schreiber Schafan dem König: Der Priester Hilkija gab mir ein Buch. Und Schafan las es vor dem König.

¶ **11** Als aber der König die Worte des Gesetzbuches hörte, zerriss er seine Kleider.

12 Und der König gebot dem Priester Hilkija und Ahikam, dem Sohn Schafans, und Achbor, dem Sohn Michajas, und Schafan, dem Schreiber, und Asaja, dem Kämmerer des Königs, und sprach:

13 Geht hin und befragt den HERRN für mich, für das Volk und für ganz Juda über die Worte dieses Buches, das gefunden ist; denn groß ist der Grimm des HERRN, der über uns entbrannt ist, weil unsere Väter nicht den Worten dieses Buches gehorcht haben und nicht alles taten, was darin geschrieben ist.

¶ **14** Da gingen hin der Priester Hilkija, Ahikam, Achbor, Schafan und Asaja zu der Prophetin Hulda, der Frau Schallums, des Sohnes Tikwas, des Sohnes des Harhas, des Hüters der Kleider, und sie wohnte in Jerusalem im zweiten Bezirk der Stadt; und sie redeten mit ihr.

15 Sie aber sprach zu ihnen: So spricht der HERR, der Gott Israels: Sagt dem Mann, der euch zu mir gesandt hat:

16 So spricht der HERR: Siehe, ich will Unheil über diese Stätte und ihre Einwohner bringen, alle Worte des Buches, das der König von Juda hat lesen lassen,

5 And let it be given into the hand of the workmen who have the oversight of the house of the LORD, and let them give it to the workmen who are at the house of the LORD, repairing the house

6 (that is, to the carpenters, and to the builders, and to the masons), and let them use it for buying timber and quarried stone to repair the house.

7 But no accounting shall be asked from them for the money that is delivered into their hand, for they deal honestly."

Hilkiah Finds the Book of the Law

¶ **8** And Hilkiah the high priest said to Shaphan the secretary, "I have found the Book of the Law in the house of the LORD." And Hilkiah gave the book to Shaphan, and he read it.

9 And Shaphan the secretary came to the king, and reported to the king, "Your servants have emptied out the money that was found in the house and have delivered it into the hand of the workmen who have the oversight of the house of the LORD."

10 Then Shaphan the secretary told the king, "Hilkiah the priest has given me a book." And Shaphan read it before the king.

¶ **11** When the king heard the words of the Book of the Law, he tore his clothes.

12 And the king commanded Hilkiah the priest, and Ahikam the son of Shaphan, and Achbor the son of [1]Micaiah, and Shaphan the secretary, and Asaiah the king's servant, saying,

13 "Go, inquire of the LORD for me, and for the people, and for all Judah, concerning the words of this book that has been found. For great is the wrath of the LORD that is kindled against us, because our fathers have not obeyed the words of this book, to do according to all that is written concerning us."

¶ **14** So Hilkiah the priest, and Ahikam, and Achbor, and Shaphan, and Asaiah went to Huldah the prophetess, the wife of Shallum the son of Tikvah, son of [n]Harhas, keeper of the wardrobe (now she lived in Jerusalem in the Second Quarter), and they talked with her.

15 And she said to them, "Thus says the LORD, the God of Israel: Tell the man who sent you to me,

16 Thus says the LORD, Behold, I will bring disaster upon this place and upon its inhabitants, all the words of the book that the king of Judah has read.

17 weil sie mich verlassen und andern Göttern geopfert haben, mich zu erzürnen mit allen Werken ihrer Hände; darum wird mein Grimm gegen diese Stätte entbrennen und nicht ausgelöscht werden.

¶ **18** Aber dem König von Juda, der euch gesandt hat, den HERRN zu befragen, sollt ihr sagen: So spricht der HERR, der Gott Israels: Was die Worte angeht, die du gehört hast:

19 Weil du im Herzen betroffen bist und dich gedemütigt hast vor dem HERRN, als du hörtest, was ich geredet habe gegen diese Stätte und ihre Einwohner, dass sie sollen zum Entsetzen und zum Fluch werden, und weil du deine Kleider zerrissen hast und vor mir geweint hast, so habe ich's auch erhört, spricht der HERR.

20 Darum will ich dich zu deinen Vätern versammeln, damit du mit Frieden in dein Grab kommst und deine Augen nicht sehen all das Unheil, das ich über diese Stätte bringen will. Und sie sagten es dem König wieder.

Josia erneuert den Bund mit Gott und schafft den Götzendienst ab
(vgl. 2.Chr 34,29–35,25)

23 Und der König sandte hin und es versammelten sich bei ihm alle Ältesten Judas und Jerusalems.

2 Und der König ging hinauf ins Haus des HERRN und alle Männer Judas und alle Einwohner von Jerusalem mit ihm, Priester und Propheten und alles Volk, Klein und Groß. Und man las vor ihren Ohren alle Worte aus dem Buch des Bundes, das im Hause des HERRN gefunden war.

3 Und der König trat an die Säule und schloss einen Bund vor dem HERRN, dass sie dem HERRN nachwandeln sollten und seine Gebote, Ordnungen und Rechte halten von ganzem Herzen und von ganzer Seele, um zu erfüllen die Worte dieses Bundes, die geschrieben stehen in diesem Buch. Und alles Volk trat in den Bund.

¶ **4** Und der König gebot dem Hohenpriester Hilkija und dem zweitobersten Priester und den Hütern der Schwelle, dass sie aus dem Tempel des HERRN hinaustun sollten alle Geräte, die dem Baal und der Aschera und allem Heer des Himmels gemacht waren. Und er ließ sie verbrennen draußen vor Jerusalem im Tal Kidron und ihre Asche nach Bethel bringen.

17 Because they have forsaken me and have made offerings to other gods, that they might provoke me to anger with all the work of their hands, therefore my wrath will be kindled against this place, and it will not be quenched.

18 But to the king of Judah, who sent you to inquire of the LORD, thus shall you say to him, Thus says the LORD, the God of Israel: Regarding the words that you have heard,

19 because your heart was penitent, and you humbled yourself before the LORD, when you heard how I spoke against this place and against its inhabitants, that they should become a desolation and a curse, and you have torn your clothes and wept before me, I also have heard you, declares the LORD.

20 Therefore, behold, I will gather you to your fathers, and you shall be gathered to your grave in peace, and your eyes shall not see all the disaster that I will bring upon this place.'" And they brought back word to the king.

Josiah's Reforms

23 Then the king sent, and all the elders of Judah and Jerusalem were gathered to him.

2 And the king went up to the house of the LORD, and with him all the men of Judah and all the inhabitants of Jerusalem and the priests and the prophets, all the people, both small and great. And he read in their hearing all the words of the Book of the Covenant that had been found in the house of the LORD.

3 And the king stood by the pillar and made a covenant before the LORD, to walk after the LORD and to keep his commandments and his testimonies and his statutes with all his heart and all his soul, to perform the words of this covenant that were written in this book. And all the people joined in the covenant.

¶ **4** And the king commanded Hilkiah the high priest and the priests of the second order and the keepers of the threshold to bring out of the temple of the LORD all the vessels made for Baal, for Asherah, and for all the host of heaven. He burned them outside Jerusalem in the fields of the Kidron and carried their ashes to Bethel.

5 Und er setzte die Götzenpriester ab, die die Könige von Juda eingesetzt hatten, um auf den Höhen zu opfern in den Städten Judas und um Jerusalem her; auch die dem Baal geopfert hatten, der Sonne und dem Mond und den Planeten und allem Heer am Himmel.

6 Und er ließ das Bild der Aschera aus dem Hause des HERRN bringen hinaus vor Jerusalem an den Bach Kidron und verbrennen am Bach Kidron und zu Staub mahlen und den Staub auf die Gräber des einfachen Volks werfen.

7 Und er brach ab die Häuser der Tempelhurer, die an dem Hause des HERRN waren, in denen die Frauen Gewänder für die Aschera wirkten.

¶ **8** Und er ließ kommen alle Priester aus den Städten Judas und machte unrein die Höhen, wo die Priester opferten, von Geba an bis nach Beerscheba und brach ab die Höhe der Feldgeister, die vor dem Tore Joschuas, des Stadtvogts, war zur Linken, wenn man zum Tor der Stadt hineingeht.

9 Doch durften die Priester der Höhen nicht opfern auf dem Altar des HERRN in Jerusalem, sondern aßen ungesäuertes Brot unter ihren Brüdern.

¶ **10** Er machte auch unrein das Tofet im Tal Ben-Hinnom, damit niemand seinen Sohn oder seine Tochter dem Moloch durchs Feuer gehen ließe.

11 Und er schaffte die Rosse ab, die die Könige von Juda für den Dienst der Sonne bestimmt hatten am Eingang des Hauses des HERRN, bei der Kammer Netan-Melechs, des Kämmerers, die am Parwarhause war, und die Wagen der Sonne verbrannte er mit Feuer.

12 Und die Altäre auf dem Dach, dem Obergemach des Ahas, die die Könige von Juda gemacht hatten, und die Altäre, die Manasse gemacht hatte in den beiden Vorhöfen des Hauses des HERRN, brach der König ab und ging hin und warf ihren Staub in den Bach Kidron.

13 Auch die Höhen, die östlich von Jerusalem waren, zur Rechten am Berge des Verderbens, die Salomo, der König von Israel, gebaut hatte der Astarte, dem gräulichen Götzen von Sidon, und Kemosch, dem gräulichen Götzen von Moab, und Milkom, dem gräulichen Götzen der Ammoniter, machte der König unrein

14 und zerbrach die Steinmale und hieb die Ascherabilder um und füllte ihre Stätte mit Menschenknochen.

5 And he deposed the priests whom the kings of Judah had ordained to make offerings in the high places at the cities of Judah and around Jerusalem; those also who burned incense to Baal, to the sun and the moon and the constellations and all the host of the heavens.

6 And he brought out the Asherah from the house of the LORD, outside Jerusalem, to the brook Kidron, and burned it at the brook Kidron and beat it to dust and cast the dust of it upon the graves of the common people.

7 And he broke down the houses of the male cult prostitutes who were in the house of the LORD, where the women wove hangings for the Asherah.

8 And he brought all the priests out of the cities of Judah, and defiled the high places where the priests had made offerings, from Geba to Beersheba. And he broke down the high places of the gates that were at the entrance of the gate of Joshua the governor of the city, which were on one's left at the gate of the city.

9 However, the priests of the high places did not come up to the altar of the LORD in Jerusalem, but they ate unleavened bread among their brothers.

10 And he defiled Topheth, which is in the Valley of the Son of Hinnom, that no one might burn his son or his daughter as an offering to Molech.[1]

11 And he removed the horses that the kings of Judah had dedicated to the sun, at the entrance to the house of the LORD, by the chamber of Nathan-melech the chamberlain, which was in the precincts.[2] And he burned the chariots of the sun with fire.

12 And the altars on the roof of the upper chamber of Ahaz, which the kings of Judah had made, and the altars that Manasseh had made in the two courts of the house of the LORD, he pulled down and broke in pieces[3] and cast the dust of them into the brook Kidron.

13 And the king defiled the high places that were east of Jerusalem, to the south of the mount of corruption, which Solomon the king of Israel had built for Ashtoreth the abomination of the Sidonians, and for Chemosh the abomination of Moab, and for Milcom the abomination of the Ammonites.

14 And he broke in pieces the pillars and cut down the Asherim and filled their places with the bones of men.

15 Auch den Altar in Bethel, die Höhe, die Jerobeam gemacht hatte, der Sohn Nebats, der Israel sündigen machte, diesen Altar brach er ab, zerschlug seine Steine und machte sie zu Staub und verbrannte das Bild der Aschera.

¶ **16** Und Josia wandte sich um und sah die Gräber, die auf dem Berge waren, und sandte hin und ließ die Knochen aus den Gräbern holen und verbrannte sie auf dem Altar und machte ihn unrein nach dem Wort des HERRN, das der Mann Gottes ausgerufen hatte, als er es verkündete.

17 Und er sprach: Was ist das für ein Grabmal, das ich sehe? Und die Leute in der Stadt sprachen zu ihm: Es ist das Grab des Mannes Gottes, der von Juda kam und ausrief, was du getan hast an dem Altar in Bethel.

18 Und er sprach: Lasst ihn liegen, niemand rühre seine Gebeine an! Und so blieben mit seinen Gebeinen auch die Gebeine des Propheten unberührt, der von Samaria gekommen war.

¶ **19** Und er entfernte auch alle Heiligtümer auf den Höhen in den Städten Samariens, die die Könige von Israel gemacht hatten, um den HERRN zu erzürnen, und tat mit ihnen, ganz wie er in Bethel getan hatte.

20 Und er ließ alle Priester der Höhen, die dort waren, schlachten auf den Altären und verbrannte Menschengebeine darauf und kam nach Jerusalem zurück.

¶ **21** Und der König gebot dem Volk: Haltet dem HERRN, eurem Gott, Passa, wie es geschrieben steht in diesem Buch des Bundes!

22 Denn es war kein Passa so gehalten worden wie dies von der Zeit der Richter an, die Israel gerichtet haben, und in allen Zeiten der Könige von Israel und der Könige von Juda,

23 sondern im achtzehnten Jahr des Königs Josia wurde in Jerusalem dies Passa gehalten dem HERRN.

¶ **24** Auch rottete Josia aus alle Geisterbeschwörer, Zeichendeuter, Abgötter und Götzen und alle Gräuel, die im Lande Juda und in Jerusalem zu sehen waren, damit er erfüllte die Worte des Gesetzes, die geschrieben standen in dem Buch, das der Priester Hilkija im Hause des HERRN gefunden hatte.

¶ **25** Seinesgleichen war vor ihm kein König gewesen, der so von ganzem Herzen, von ganzer Seele, von allen Kräften sich zum HERRN bekehrte, ganz nach dem Gesetz des Mose, und nach ihm kam seinesgleichen nicht auf.

¶ **15** Moreover, the altar at Bethel, the high place erected by Jeroboam the son of Nebat, who made Israel to sin, that altar with the high place he pulled down and burned,[4] reducing it to dust. He also burned the Asherah.

16 And as Josiah turned, he saw the tombs there on the mount. And he sent and took the bones out of the tombs and burned them on the altar and defiled it, according to the word of the LORD that the man of God proclaimed, who had predicted these things.

17 Then he said, "What is that monument that I see?" And the men of the city told him, "It is the tomb of the man of God who came from Judah and predicted[5] these things that you have done against the altar at Bethel."

18 And he said, "Let him be; let no man move his bones." So they let his bones alone, with the bones of the prophet who came out of Samaria.

19 And Josiah removed all the shrines also of the high places that were in the cities of Samaria, which kings of Israel had made, provoking the LORD to anger. He did to them according to all that he had done at Bethel.

20 And he sacrificed all the priests of the high places who were there, on the altars, and burned human bones on them. Then he returned to Jerusalem.

Josiah Restores the Passover

¶ **21** And the king commanded all the people, "Keep the Passover to the LORD your God, as it is written in this Book of the Covenant."

22 For no such Passover had been kept since the days of the judges who judged Israel, or during all the days of the kings of Israel or of the kings of Judah.

23 But in the eighteenth year of King Josiah this Passover was kept to the LORD in Jerusalem.

¶ **24** Moreover, Josiah put away the mediums and the necromancers and the household gods and the idols and all the abominations that were seen in the land of Judah and in Jerusalem, that he might establish the words of the law that were written in the book that Hilkiah the priest found in the house of the LORD.

25 Before him there was no king like him, who turned to the LORD with all his heart and with all his soul and with all his might, according to all the Law of Moses, nor did any like him arise after him.

26 Doch kehrte sich der HERR nicht ab von dem Grimm seines großen Zorns, mit dem er über Juda erzürnt war um all der Ärgernisse willen, durch die ihn Manasse erzürnt hatte.

27 Und der HERR sprach: Ich will auch Juda von meinem Angesicht tun, wie ich Israel weggetan habe, und will diese Stadt verwerfen, die ich erwählt hatte, Jerusalem, und das Haus, von dem ich gesagt hatte: Mein Name soll dort sein.

¶ **28** Was aber mehr von Josia zu sagen ist und alles, was er getan hat, siehe, das steht geschrieben in der Chronik der Könige von Juda.

¶ **29** Zu seiner Zeit zog der Pharao Necho, der König von Ägypten, herauf gegen den König von Assyrien an den Strom Euphrat. Und der König Josia zog ihm entgegen, aber Necho tötete ihn in Megiddo, als er ihn sah.

30 Und seine Männer brachten den Toten von Megiddo und führten ihn nach Jerusalem und begruben ihn in seinem Grabe. Und das Volk des Landes nahm Joahas, den Sohn Josias, und sie salbten ihn und machten ihn zum König an seines Vaters statt.

Reich Juda: Joahas. Jojakim
(vgl. 2.Chr 36,1-8)

31 Dreiundzwanzig Jahre war Joahas alt, als er König wurde; und er regierte drei Monate zu Jerusalem. Seine Mutter hieß Hamutal, eine Tochter Jirmejas aus Libna.

32 Und er tat, was dem HERRN missfiel, wie seine Väter getan hatten.

¶ **33** Aber der Pharao Necho legte ihn ins Gefängnis in Ribla im Lande Hamat, damit er nicht mehr in Jerusalem regieren sollte, und legte eine Geldbuße aufs Land von hundert Zentnern Silber und einem Zentner Gold.

34 Und der Pharao Necho machte Eljakim, den Sohn Josias, zum König anstatt seines Vaters Josia und wandelte seinen Namen um in Jojakim. Aber Joahas nahm er und brachte ihn nach Ägypten; dort starb er.

¶ **35** Und Jojakim gab das Silber und Gold dem Pharao. Doch legte er eine Steuer auf das Land, um das Geld aufzubringen, auf Befehl des Pharao. Von jedem unter dem Volk des Landes trieb er Silber und Gold ein, je nach seinem Vermögen, um es dem Pharao Necho zu geben.

¶ **26** Still the LORD did not turn from the burning of his great wrath, by which his anger was kindled against Judah, because of all the provocations with which Manasseh had provoked him.

27 And the LORD said, "I will remove Judah also out of my sight, as I have removed Israel, and I will cast off this city that I have chosen, Jerusalem, and the house of which I said, My name shall be there."

Josiah's Death in Battle

¶ **28** Now the rest of the acts of Josiah and all that he did, are they not written in the Book of the Chronicles of the Kings of Judah?

29 In his days Pharaoh Neco king of Egypt went up to the king of Assyria to the river Euphrates. King Josiah went to meet him, and Pharaoh Neco killed him at Megiddo, as soon as he saw him.

30 And his servants carried him dead in a chariot from Megiddo and brought him to Jerusalem, and buried him in his own tomb. And the people of the land took Jehoahaz the son of Josiah, and anointed him, and made him king in his father's place.

Jehoahaz's Reign and Captivity

¶ **31** Jehoahaz was twenty-three years old when he began to reign, and he reigned three months in Jerusalem. His mother's name was Hamutal the daughter of Jeremiah of Libnah.

32 And he did what was evil in the sight of the LORD, according to all that his fathers had done.

33 And Pharaoh Neco put him in bonds at Riblah in the land of Hamath, that he might not reign in Jerusalem, and laid on the land a tribute of a hundred talents[6] of silver and a talent of gold.

34 And Pharaoh Neco made Eliakim the son of Josiah king in the place of Josiah his father, and changed his name to Jehoiakim. But he took Jehoahaz away, and he came to Egypt and died there.

35 And Jehoiakim gave the silver and the gold to Pharaoh, but he taxed the land to give the money according to the command of Pharaoh. He exacted the silver and the gold of the people of the land, from everyone according to his assessment, to give it to Pharaoh Neco.

36 Fünfundzwanzig Jahre alt war Jojakim, als er König wurde; und er regierte elf Jahre zu Jerusalem. Seine Mutter hieß Sebuda, eine Tochter Pedajas aus Ruma.

37 Und er tat, was dem HERRN missfiel, wie seine Väter getan hatten.

24 Zu seiner Zeit zog herauf Nebukadnezar, der König von Babel, und Jojakim war ihm untertan drei Jahre. Aber er wurde wieder abtrünnig von ihm.

2 Da ließ der HERR über ihn Scharen von Kriegsleuten kommen aus Chaldäa, aus Aram, aus Moab und aus Ammon und sandte sie gegen Juda, dass sie ihn vernichteten nach dem Wort des HERRN, das er geredet hatte durch seine Knechte, die Propheten.

3 Aber das geschah Juda nach dem Wort des HERRN, dass er es von seinem Angesicht täte um der Sünden Manasses willen, die er getan hatte,

4 auch um das unschuldigen Blutes willen, das er vergoss, sodass er Jerusalem mit unschuldigem Blut erfüllte. Das wollte der HERR nicht vergeben.

¶ 5 Was aber mehr zu sagen ist von Jojakim und alles, was er getan hat, siehe, das steht geschrieben in der Chronik der Könige von Juda.

6 Und Jojakim legte sich zu seinen Vätern und sein Sohn Jojachin wurde König an seiner statt.

¶ 7 Und der König von Ägypten zog nicht mehr aus seinem Lande; denn der König von Babel hatte ihm alles genommen, was dem König von Ägypten gehörte, vom Bach Ägyptens bis an den Strom Euphrat.

Reich Juda: Jojachin und die erste Wegführung nach Babel
(vgl. 2.Chr 36,9-10)

8 Achtzehn Jahre alt war Jojachin, als er König wurde; und er regierte drei Monate zu Jerusalem. Seine Mutter hieß Nehuschta, eine Tochter Elnatans aus Jerusalem.

9 Und er tat, was dem HERRN missfiel, wie sein Vater getan hatte.

¶ 10 Zu der Zeit zogen herauf die Kriegsleute Nebukadnezars, des Königs von Babel, gegen Jerusalem und belagerten die Stadt.

Jehoiakim Reigns in Judah

¶ 36 Jehoiakim was twenty-five years old when he began to reign, and he reigned eleven years in Jerusalem. His mother's name was Zebidah the daughter of Pedaiah of Rumah.

37 And he did what was evil in the sight of the LORD, according to all that his fathers had done.

24 In his days, Nebuchadnezzar king of Babylon came up, and Jehoiakim became his servant three years. Then he turned and rebelled against him.

2 And the LORD sent against him bands of the Chaldeans and bands of the Syrians and bands of the Moabites and bands of the Ammonites, and sent them against Judah to destroy it, according to the word of the LORD that he spoke by his servants the prophets.

3 Surely this came upon Judah at the command of the LORD, to remove them out of his sight, for the sins of Manasseh, according to all that he had done,

4 and also for the innocent blood that he had shed. For he filled Jerusalem with innocent blood, and the LORD would not pardon.

5 Now the rest of the deeds of Jehoiakim and all that he did, are they not written in the Book of the Chronicles of the Kings of Judah?

6 So Jehoiakim slept with his fathers, and Jehoiachin his son reigned in his place.

7 And the king of Egypt did not come again out of his land, for the king of Babylon had taken all that belonged to the king of Egypt from the Brook of Egypt to the river Euphrates.

Jehoiachin Reigns in Judah

¶ 8 Jehoiachin was eighteen years old when he became king, and he reigned three months in Jerusalem. His mother's name was Nehushta the daughter of Elnathan of Jerusalem.

9 And he did what was evil in the sight of the LORD, according to all that his father had done.

Jerusalem Captured

¶ 10 At that time the servants of Nebuchadnezzar king of Babylon came up to Jerusalem, and the city was besieged.

11 Und Nebukadnezar kam zur Stadt, als seine Kriegsleute sie belagerten.

12 Aber Jojachin, der König von Juda, ging hinaus zum König von Babel mit seiner Mutter, mit seinen Großen, mit seinen Obersten und Kämmerern. Und der König von Babel nahm ihn gefangen im achten Jahr seiner Herrschaft.

13 Und er nahm von dort weg alle Schätze im Hause des HERRN und im Hause des Königs und zerschlug alle goldenen Gefäße, die Salomo, der König von Israel, gemacht hatte im Tempel des HERRN, wie denn der HERR geredet hatte.

¶ **14** Und er führte weg das ganze Jerusalem, alle Obersten, alle Kriegsleute, zehntausend Gefangene und alle Zimmerleute und alle Schmiede und ließ nichts übrig als geringes Volk des Landes.

15 Und er führte weg nach Babel Jojachin und die Mutter des Königs, die Frauen des Königs und seine Kämmerer; dazu die Mächtigen im Lande führte er auch gefangen von Jerusalem nach Babel.

16 Und von den besten Leuten siebentausend und von den Zimmerleuten und Schmieden tausend, lauter starke Kriegsmänner, die brachte der König von Babel gefangen nach Babel.

¶ **17** Und der König von Babel machte Mattanja, Jojachins Oheim, zum König an seiner statt und wandelte seinen Namen um in Zedekia.

Reich Juda: Zedekia letzter König. Zerstörung Jerusalems. Wegführung nach Babel
(vgl. 2.Chr 36,11-21; Jer 52,1-30)

18 Einundzwanzig Jahre alt war Zedekia, als er König wurde; und er regierte elf Jahre zu Jerusalem. Seine Mutter hieß Hamutal, eine Tochter Jirmejas aus Libna.

19 Und er tat, was dem HERRN missfiel, wie Jojakim getan hatte.

20 Denn so geschah es mit Jerusalem und Juda um des Zornes des HERRN willen, bis er sie von seinem Angesicht wegstieß.
¶ Und Zedekia wurde abtrünnig vom König von Babel.

11 And Nebuchadnezzar king of Babylon came to the city while his servants were besieging it,

12 and Jehoiachin the king of Judah gave himself up to the king of Babylon, himself and his mother and his servants and his officials and his palace officials. The king of Babylon took him prisoner in the eighth year of his reign

13 and carried off all the treasures of the house of the LORD and the treasures of the king's house, and cut in pieces all the vessels of gold in the temple of the LORD, which Solomon king of Israel had made, as the LORD had foretold.

14 He carried away all Jerusalem and all the officials and all the mighty men of valor, 10,000 captives, and all the craftsmen and the smiths. None remained, except the poorest people of the land.

15 And he carried away Jehoiachin to Babylon. The king's mother, the king's wives, his officials, and the chief men of the land he took into captivity from Jerusalem to Babylon.

16 And the king of Babylon brought captive to Babylon all the men of valor, 7,000, and the craftsmen and the metal workers, 1,000, all of them strong and fit for war.

17 And the king of Babylon made Mattaniah, Jehoiachin's uncle, king in his place, and changed his name to Zedekiah.

Zedekiah Reigns in Judah

¶ **18** Zedekiah was twenty-one years old when he became king, and he reigned eleven years in Jerusalem. His mother's name was Hamutal the daughter of Jeremiah of Libnah.

19 And he did what was evil in the sight of the LORD, according to all that Jehoiakim had done.

20 For because of the anger of the LORD it came to the point in Jerusalem and Judah that he cast them out from his presence.
¶ And Zedekiah rebelled against the king of Babylon.

Fall and Captivity of Judah

25 Im neunten Jahr seiner Herrschaft, am zehnten Tag des zehnten Monats, zog heran Nebukadnezar, der König von Babel, mit seiner ganzen Macht gegen Jerusalem und sie belagerten die Stadt und bauten Bollwerke um sie her.

2 So wurde die Stadt belagert bis ins elfte Jahr des Königs Zedekia.

3 Aber am neunten Tage des vierten Monats wurde der Hunger stark in der Stadt, sodass das Volk des Landes nichts mehr zu essen hatte.

4 Da brach man in die Stadt ein. Und der König und alle Kriegsmänner flohen bei Nacht durch das Tor zwischen den zwei Mauern auf dem Wege, der zu dem Garten des Königs geht. Aber die Chaldäer lagen um die Stadt. Und der König floh zum Jordantal hin.

¶ **5** Aber die Kriegsleute der Chaldäer jagten dem König nach und sie holten ihn ein im Jordantal von Jericho, und alle Kriegsleute, die bei ihm waren, zerstreuten sich von ihm.

6 Die Chaldäer aber nahmen den König gefangen und führten ihn hinauf zum König von Babel nach Ribla, und sie sprachen das Urteil über ihn.

7 Und sie erschlugen die Söhne Zedekias vor seinen Augen und blendeten Zedekia die Augen und legten ihn in Ketten und führten ihn nach Babel.

¶ **8** Am siebenten Tage des fünften Monats, das ist das neunzehnte Jahr Nebukadnezars, des Königs von Babel, kam Nebusaradan, der Oberste der Leibwache, als Feldhauptmann des Königs von Babel nach Jerusalem

9 und verbrannte das Haus des HERRN und das Haus des Königs und alle Häuser in Jerusalem; alle großen Häuser verbrannte er mit Feuer.

10 Und die ganze Heeresmacht der Chaldäer, die dem Obersten der Leibwache unterstand, riss die Mauern Jerusalems nieder.

11 Das Volk aber, das übrig war in der Stadt, und die zum König von Babel abgefallen waren und was übrig war von den Werkleuten, führte Nebusaradan, der Oberste der Leibwache, weg;

12 aber von den Geringen im Lande ließ er Weingärtner und Ackerleute zurück.

25 And in the ninth year of his reign, in the tenth month, on the tenth day of the month, Nebuchadnezzar king of Babylon came with all his army against Jerusalem and laid siege to it. And they built siegeworks all around it.

2 So the city was besieged till the eleventh year of King Zedekiah.

3 On the ninth day of the fourth month the famine was so severe in the city that there was no food for the people of the land.

4 Then a breach was made in the city, and all the men of war fled by night by the way of the gate between the two walls, by the king's garden, though the Chaldeans were around the city. And they went in the direction of the Arabah.

5 But the army of the Chaldeans pursued the king and overtook him in the plains of Jericho, and all his army was scattered from him.

6 Then they captured the king and brought him up to the king of Babylon at Riblah, and they passed sentence on him.

7 They slaughtered the sons of Zedekiah before his eyes, and put out the eyes of Zedekiah and bound him in chains and took him to Babylon.

¶ **8** In the fifth month, on the seventh day of the month—that was the nineteenth year of King Nebuchadnezzar, king of Babylon—Nebuzaradan, the captain of the bodyguard, a servant of the king of Babylon, came to Jerusalem.

9 And he burned the house of the LORD and the king's house and all the houses of Jerusalem; every great house he burned down.

10 And all the army of the Chaldeans, who were with the captain of the guard, broke down the walls around Jerusalem.

11 And the rest of the people who were left in the city and the deserters who had deserted to the king of Babylon, together with the rest of the multitude, Nebuzaradan the captain of the guard carried into exile.

12 But the captain of the guard left some of the poorest of the land to be vinedressers and plowmen.

¶ **13** Die kupfernen Säulen am Hause des HERRN und die Gestelle und das kupferne Meer, das am Hause des HERRN war, zerbrachen die Chaldäer und brachten das Kupfer nach Babel.

14 Und die Töpfe, Schaufeln, Messer, Löffel und alle kupfernen Gefäße, die man beim Opferdienst brauchte, nahmen sie weg.

15 Dazu nahm der Oberste der Leibwache die Pfannen und Becken, alles, was golden und silbern war,

16 die beiden Säulen, das Meer und die Gestelle, die Salomo gemacht hatte für das Haus des HERRN. Das Kupfer aller dieser Gefäße aber war nicht zu wägen.

17 Achtzehn Ellen hoch war eine Säule, und ihr Knauf darauf war auch aus Kupfer und drei Ellen hoch, und das Gitterwerk und die Granatäpfel an dem Knauf umher, alles war aus Kupfer. Genauso war auch die andere Säule mit ihrem Gitterwerk.

¶ **18** Und der Oberste der Leibwache nahm den obersten Priester Seraja und Zefanja, den zweitobersten Priester, und die drei Hüter an der Schwelle

19 und aus der Stadt einen Kämmerer, der über die Kriegsmänner gesetzt war, und fünf Männer, die stets vor dem König waren, die sich in der Stadt fanden, und den Schreiber des Feldhauptmanns, der das Volk des Landes zum Heere aufbot, und sechzig Mann vom Volk des Landes, die in der Stadt sich fanden, –

20 diese alle nahm Nebusaradan, der Oberste der Leibwache, und brachte sie zum König von Babel nach Ribla.

21 Und der König von Babel schlug sie tot in Ribla im Lande Hamat. So wurde Juda weggeführt aus seinem Lande.

Gedalja als Statthalter
(vgl. Jer 40,5–41,3)

22 Aber über das Volk, das übrig war im Lande Juda, das Nebukadnezar, der König von Babel, übrig gelassen hatte, setzte er Gedalja, den Sohn Ahikams, des Sohnes Schafans.

23 Als nun alle Hauptleute des Kriegsvolkes und ihre Männer hörten, dass der König von Babel Gedalja eingesetzt hatte, kamen sie zu Gedalja nach Mizpa, nämlich Jischmael, der Sohn Netanjas, und Johanan, der Sohn Kareachs, und Seraja, der Sohn Tanhumets, der Netofatiter, und Jaasanja, der Sohn eines Maachatiters, samt ihren Männern.

¶ **13** And the pillars of bronze that were in the house of the LORD, and the stands and the bronze sea that were in the house of the LORD, the Chaldeans broke in pieces and carried the bronze to Babylon.

14 And they took away the pots and the shovels and the snuffers and the dishes for incense and all the vessels of bronze used in the temple service,

15 the fire pans also and the bowls. What was of gold the captain of the guard took away as gold, and what was of silver, as silver.

16 As for the two pillars, the one sea, and the stands that Solomon had made for the house of the LORD, the bronze of all these vessels was beyond weight.

17 The height of the one pillar was eighteen cubits,[1] and on it was a capital of bronze. The height of the capital was three cubits. A latticework and pomegranates, all of bronze, were all around the capital. And the second pillar had the same, with the latticework.

¶ **18** And the captain of the guard took Seraiah the chief priest and Zephaniah the second priest and the three keepers of the threshold,

19 and from the city he took an officer who had been in command of the men of war, and five men of the king's council who were found in the city, and the secretary of the commander of the army who mustered the people of the land, and sixty men of the people of the land who were found in the city.

20 And Nebuzaradan the captain of the guard took them and brought them to the king of Babylon at Riblah.

21 And the king of Babylon struck them down and put them to death at Riblah in the land of Hamath. So Judah was taken into exile out of its land.

Gedaliah Made Governor of Judah

¶ **22** And over the people who remained in the land of Judah, whom Nebuchadnezzar king of Babylon had left, he appointed Gedaliah the son of Ahikam, son of Shaphan, governor.

23 Now when all the captains and their men heard that the king of Babylon had appointed Gedaliah governor, they came with their men to Gedaliah at Mizpah, namely, Ishmael the son of Nethaniah, and Johanan the son of Kareah, and Seraiah the son of Tanhumeth the Netophathite, and Jaazaniah the son of the Maacathite.

24 Und Gedalja schwor ihnen und ihren Männern und sprach zu ihnen: Fürchtet euch nicht vor den Chaldäern; bleibt im Lande und seid dem König von Babel untertan, so wird's euch gut gehen.

¶ **25** Aber im siebenten Monat kam Jischmael, der Sohn Netanjas, des Sohnes Elischamas, von königlichem Geschlecht, und zehn Männer mit ihm und schlugen Gedalja tot, dazu die Judäer und Chaldäer, die bei ihm waren in Mizpa.

26 Da machte sich das ganze Volk auf, Klein und Groß, und die Obersten des Kriegsvolkes und zogen nach Ägypten; denn sie fürchteten sich vor den Chaldäern.

Jojachin wird begnadigt
(vgl. Jer 52,31-34)

27 Aber im siebenunddreißigsten Jahr, nachdem Jojachin, der König von Juda, weggeführt war, am siebenundzwanzigsten Tage des zwölften Monats ließ Ewil-Merodach, der König von Babel, im ersten Jahr seiner Herrschaft Jojachin, den König von Juda, aus dem Kerker kommen

28 und redete freundlich mit ihm und setzte seinen Sitz über die Sitze der Könige, die bei ihm waren zu Babel.

29 Und Jojachin legte die Kleider seiner Gefangenschaft ab und er aß alle Tage bei dem König sein Leben lang.

30 Und es wurde ihm vom König sein ständiger Unterhalt bestimmt, man ihm gab an jedem Tag sein ganzes Leben lang.

24 And Gedaliah swore to them and their men, saying, "Do not be afraid because of the Chaldean officials. Live in the land and serve the king of Babylon, and it shall be well with you."

25 But in the seventh month, Ishmael the son of Nethaniah, son of Elishama, of the royal family, came with ten men and struck down Gedaliah and put him to death along with the Jews and the Chaldeans who were with him at Mizpah.

26 Then all the people, both small and great, and the captains of the forces arose and went to Egypt, for they were afraid of the Chaldeans.

Jehoiachin Released from Prison

¶ **27** And in the thirty-seventh year of the exile of Jehoiachin king of Judah, in the twelfth month, on the twenty-seventh day of the month, Evil-merodach king of Babylon, in the year that he began to reign, graciously freed[2] Jehoiachin king of Judah from prison.

28 And he spoke kindly to him and gave him a seat above the seats of the kings who were with him in Babylon.

29 So Jehoiachin put off his prison garments. And every day of his life he dined regularly at the king's table,

30 and for his allowance, a regular allowance was given him by the king, according to his daily needs, as long as he lived.

DAS ERSTE BUCH DER CHRONIK

Stammbaum von Adam bis Abraham

1 Adam, Set, Enosch,

2 Kenan, Mahalalel, Jered,
3 Henoch, Metuschelach, Lamech,
4 Noah, Sem, Ham, Jafet.
¶ **5** Die Söhne Jafets sind diese: Gomer, Magog, Madai, Jawan, Tubal, Meschech, Tiras.
6 Die Söhne Gomers aber sind: Aschkenas, Rifat, Togarma.
7 Die Söhne Jawans sind: Elischa, Tarsis, die Kittäer, die Rodaniter.
¶ **8** Die Söhne Hams sind: Kusch, Mizrajim, Put, Kanaan.
9 Die Söhne von Kusch aber sind: Seba, Hawila, Sabta, Ragma, Sabtecha. Die Söhne Ragmas aber sind: Saba und Dedan.
10 Kusch aber zeugte Nimrod; der war der Erste, der Macht gewann auf Erden.
11 Mizrajim zeugte die Luditer, die Anamiter, die Lehabiter, die Naftuhiter,
12 die Patrositer, die Kasluhiter und die Kaftoriter, von denen die Philister ausgegangen sind.
13 Kanaan aber zeugte Sidon, seinen Erstgeborenen, und Het
14 und den Jebusiter, den Amoriter, den Girgaschiter,
15 den Hiwiter, den Arkiter, den Siniter,
16 den Arwaditer, den Zemariter und den Hamatiter.
¶ **17** Die Söhne Sems sind diese: Elam, Assur, Arpachschad, Lud, Aram. Und die Söhne Arams sind: Uz, Hul, Geter und Masch.
18 Arpachschad aber zeugte Schelach, Schelach zeugte Eber.
19 Eber aber wurden zwei Söhne geboren: der eine hieß Peleg, weil zu seiner Zeit die Erde zerteilt wurde; und sein Bruder hieß Joktan.
20 Joktan aber zeugte Almodad, Schelef, Hazarmawet, Jerach,
21 Hadoram, Usal, Dikla,
22 Obal, Abimaël, Saba,
23 Ofir, Hawila und Jobab. Diese alle sind Söhne Joktans.
¶ **24** Sem, Arpachschad, Schelach,
25 Eber, Peleg, Regu,

1 CHRONICLES

From Adam to Abraham

1 [1] Adam, Seth, Enosh;

2 Kenan, Mahalalel, Jared;
3 Enoch, Methuselah, Lamech;
4 Noah, Shem, Ham, and Japheth.
¶ **5** The sons of Japheth: Gomer, Magog, Madai, Javan, Tubal, Meshech, and Tiras.
6 The sons of Gomer: Ashkenaz, Riphath,[2] and Togarmah.
7 The sons of Javan: Elishah, Tarshish, Kittim, and Rodanim.
¶ **8** The sons of Ham: Cush, Egypt, Put, and Canaan.
9 The sons of Cush: Seba, Havilah, Sabta, Raamah, and Sabteca. The sons of Raamah: Sheba and Dedan.
10 Cush fathered Nimrod. He was the first on earth to be a mighty man.[3]
¶ **11** Egypt fathered Ludim, Anamim, Lehabim, Naphtuhim,
12 Pathrusim, Casluhim (from whom the Philistines came), and Caphtorim.
¶ **13** Canaan fathered Sidon his firstborn and Heth,
14 and the Jebusites, the Amorites, the Girgashites,
15 the Hivites, the Arkites, the Sinites,
16 the Arvadites, the Zemarites, and the Hamathites.
¶ **17** The sons of Shem: Elam, Asshur, Arpachshad, Lud, and Aram. And the sons of Aram:[4] Uz, Hul, Gether, and Meshech.
18 Arpachshad fathered Shelah, and Shelah fathered Eber.
19 To Eber were born two sons: the name of the one was Peleg[5] (for in his days the earth was divided), and his brother's name was Joktan.
20 Joktan fathered Almodad, Sheleph, Hazarmaveth, Jerah,
21 Hadoram, Uzal, Diklah,
22 Obal,[6] Abimael, Sheba,
23 Ophir, Havilah, and Jobab; all these were the sons of Joktan.
¶ **24** Shem, Arpachshad, Shelah;
25 Eber, Peleg, Reu;

26 Serug, Nahor, Terach,

27 Abram, das ist Abraham.

¶ **28** Die Söhne Abrahams aber sind: Isaak und Ismael.

Die Geschlechter der Söhne Abrahams

29 Und dies ist ihr Geschlecht:

¶   der Erstgeborene Ismaels Nebajot, ferner Kedar, Adbeel, Mibsam,

30 Mischma, Duma, Massa, Hadad, Tema,

31 Jetur, Nafisch, Kedma. Das sind die Söhne Ismaels.

¶ **32** Aber die Söhne Keturas, der Nebenfrau Abrahams: Sie gebar Simran, Jokschan, Medan, Midian, Jischbak, Schuach. Die Söhne Jokschans aber sind: Saba und Dedan.

33 Und die Söhne Midians sind: Efa, Efer, Henoch, Abida, Eldaa. Diese alle sind Söhne der Ketura.

¶ **34** Abraham zeugte Isaak. Die Söhne Isaaks aber sind: Esau und Israel.

¶ **35** Die Söhne Esaus sind: Elifas, Reguël, Jëusch, Jalam, Korach.

36 Die Söhne des Elifas sind: Teman, Omar, Zefo, Gatam, Kenas, Timna, Amalek.

37 Die Söhne Reguëls sind: Nahat, Serach, Schamma und Misa.

38 Die Söhne Seïrs sind: Lotan, Schobal, Zibon, Ana, Dischon, Ezer, Dischan.

39 Die Söhne Lotans sind: Hori, Hemam; und Timna war eine Schwester Lotans.

40 Die Söhne Schobals sind: Alwan, Manahat, Ebal, Schefi, Onam. Die Söhne Zibons sind: Aja und Ana.

41 Der Sohn Anas: Dischon. Die Söhne Dischons sind: Hemdan, Eschban, Jitran, Keran.

42 Die Söhne Ezers sind: Bilhan, Saawan, Akan. Die Söhne Dischans sind: Uz und Aran.

¶ **43** Dies sind die Könige, die im Lande Edom regiert haben, ehe in Israel ein König regierte: Bela, der Sohn Beors, und seine Stadt hieß Dinhaba.

44 Und als Bela starb, wurde König an seiner statt Jobab, der Sohn Serachs von Bozra.

45 Und als Jobab starb, wurde König an seiner statt Huscham aus dem Lande der Temaniter.

46 Als Huscham starb, wurde König an seiner statt Hadad, der Sohn Bedads, der die Midianiter schlug auf dem Felde der Moabiter, und seine Stadt hieß Awit.

47 Als Hadad starb, wurde König an seiner statt Samla von Masreka.

26 Serug, Nahor, Terah;

27 Abram, that is, Abraham.

From Abraham to Jacob

¶ **28** The sons of Abraham: Isaac and Ishmael.

29 These are their genealogies: the first-born of Ishmael, Nebaioth, and Kedar, Adbeel, Mibsam,

30 Mishma, Dumah, Massa, Hadad, Tema,

31 Jetur, Naphish, and Kedemah. These are the sons of Ishmael.

32 The sons of Keturah, Abraham's concubine: she bore Zimran, Jokshan, Medan, Midian, Ishbak, and Shuah. The sons of Jokshan: Sheba and Dedan.

33 The sons of Midian: Ephah, Epher, Hanoch, Abida, and Eldaah. All these were the descendants of Keturah.

¶ **34** Abraham fathered Isaac. The sons of Isaac: Esau and Israel.

35 The sons of Esau: Eliphaz, Reuel, Jeush, Jalam, and Korah.

36 The sons of Eliphaz: Teman, Omar, Zepho, Gatam, Kenaz, and of Timna,[7] Amalek.

37 The sons of Reuel: Nahath, Zerah, Shammah, and Mizzah.

¶ **38** The sons of Seir: Lotan, Shobal, Zibeon, Anah, Dishon, Ezer, and Dishan.

39 The sons of Lotan: Hori and Hemam;[8] and Lotan's sister was Timna.

40 The sons of Shobal: Alvan,[9] Manahath, Ebal, Shepho,[10] and Onam. The sons of Zibeon: Aiah and Anah.

41 The son[11] of Anah: Dishon. The sons of Dishon: Hemdan,[12] Eshban, Ithran, and Cheran.

42 The sons of Ezer: Bilhan, Zaavan, and Akan.[13] The sons of Dishan: Uz and Aran.

¶ **43** These are the kings who reigned in the land of Edom before any king reigned over the people of Israel: Bela the son of Beor, the name of his city being Dinhabah.

44 Bela died, and Jobab the son of Zerah of Bozrah reigned in his place.

45 Jobab died, and Husham of the land of the Temanites reigned in his place.

46 Husham died, and Hadad the son of Bedad, who defeated Midian in the country of Moab, reigned in his place, the name of his city being Avith.

47 Hadad died, and Samlah of Masrekah reigned in his place.

48 Als Samla starb, wurde König an seiner statt Schaul von Rehobot am Strom.

49 Als Schaul starb, wurde König an seiner statt Baal-Hanan, der Sohn Achbors.

50 Als Baal-Hanan starb, wurde König an seiner statt Hadad und seine Stadt hieß Pagu; und seine Frau hieß Mehetabel, eine Tochter Matreds, die Me-Sahabs Tochter war.

¶ **51** Und als Hadad starb, waren Fürsten von Edom: Fürst Timna, Fürst Alwa, Fürst Jetet,

52 Fürst Oholibama, Fürst Ela, Fürst Pinon,

53 Fürst Kenas, Fürst Teman, Fürst Mibzar,

54 Fürst Magdiël, Fürst Iram. Das sind die Fürsten von Edom.

2 Dies sind die Söhne Israels: Ruben, Simeon, Levi, Juda, Issachar, Sebulon,

2 Dan, Josef, Benjamin, Naftali, Gad, Asser.

Die Geschlechter Judas
(vgl. Kap 4,1-23)

3 Die Söhne Judas sind: Er, Onan, Schela. Diese drei wurden ihm geboren von der Kanaaniterin, der Tochter Schuas. Er aber, der Erstgeborene Judas, war böse vor dem HERRN; darum ließ er ihn sterben.

4 Tamar aber, seine Schwiegertochter, gebar ihm Perez und Serach, sodass die Söhne Judas zusammen fünf waren.

5 Die Söhne des Perez sind: Hezron und Hamul.

6 Die Söhne Serachs aber sind: Simri, Etan, Heman, Kalkol, Darda. Das sind zusammen fünf.

7 Der Sohn Karmis ist: Achan, der Israel ins Unglück brachte, als er sich am Gebannten vergriff.

8 Der Sohn Etans ist: Asarja.

¶ **9** Die Söhne Hezrons aber, die ihm geboren wurden, sind: Jerachmeel, Ram, Kaleb.

10 Ram aber zeugte Amminadab. Amminadab zeugte Nachschon, den Fürsten von Juda.

11 Nachschon zeugte Salmon. Salmon zeugte Boas.

12 Boas zeugte Obed. Obed zeugte Isai.

13 Isai zeugte seinen Erstgeborenen Eliab, Abinadab als zweiten Sohn, Schamma als dritten,

14 Netanel als vierten, Raddai als fünften,

15 Ozem als sechsten, David als siebenten.

48 Samlah died, and Shaul of Rehoboth on the Euphrates reigned in his place.

49 Shaul died, and Baal-hanan, the son of Achbor, reigned in his place.

50 Baal-hanan died, and Hadad reigned in his place, the name of his city being Pai; and his wife's name was Mehetabel, the daughter of Matred, the daughter of Mezahab.

51 And Hadad died.

¶ The chiefs of Edom were: chiefs Timna, Alvah, Jetheth,

52 Oholibamah, Elah, Pinon,

53 Kenaz, Teman, Mibzar,

54 Magdiel, and Iram; these are the chiefs of Edom.

A Genealogy of David

2 These are the sons of Israel: Reuben, Simeon, Levi, Judah, Issachar, Zebulun,

2 Dan, Joseph, Benjamin, Naphtali, Gad, and Asher.

3 The sons of Judah: Er, Onan and Shelah; these three Bath-shua the Canaanite bore to him. Now Er, Judah's firstborn, was evil in the sight of the LORD, and he put him to death.

4 His daughter-in-law Tamar also bore him Perez and Zerah. Judah had five sons in all.

¶ **5** The sons of Perez: Hezron and Hamul.

6 The sons of Zerah: Zimri, Ethan, Heman, Calcol, and Dara, five in all.

7 The son[1] of Carmi: Achan, the troubler of Israel, who broke faith in the matter of the devoted thing;

8 and Ethan's son was Azariah.

¶ **9** The sons of Hezron that were born to him: Jerahmeel, Ram, and Chelubai.

10 Ram fathered Amminadab, and Amminadab fathered Nahshon, prince of the sons of Judah.

11 Nahshon fathered Salmon,[2] Salmon fathered Boaz.

12 Boaz fathered Obed, Obed fathered Jesse.

13 Jesse fathered Eliab his firstborn, Abinadab the second, Shimea the third,

14 Nethanel the fourth, Raddai the fifth,

15 Ozem the sixth, David the seventh.

16 Und ihre Schwestern waren: Zeruja und Abigal. Die Söhne der Zeruja sind: Abischai, Joab, Asaël, diese drei.

17 Abigal aber gebar Amasa. Der Vater Amasas aber war Jeter, ein Ismaeliter.

¶ **18** Kaleb, der Sohn Hezrons, zeugte mit Asuba, seiner Frau, die Jeriot. Und dies sind ihre Söhne: Jescher, Schobab und Ardon.

19 Als aber Asuba starb, nahm Kaleb Efrata; die gebar ihm Hur.

20 Hur zeugte Uri. Uri zeugte Bezalel.

¶ **21** Danach kam Hezron zu der Tochter Machirs, des Vaters* Gileads, und er nahm sie, als er sechzig Jahre alt war, und sie gebar ihm Segub.

22 Segub aber zeugte Jaïr. Der hatte dreiundzwanzig Städte im Lande Gilead.

23 Aber die Geschuriter und Aramäer nahmen ihnen die »Dörfer Jaïrs«, dazu Kenat mit seinen Ortschaften, sechzig Städte. Diese alle sind Söhne Machirs, des Vaters Gileads.

24 Nach dem Tode Hezrons kam Kaleb zu Efrata, der Frau Hezrons, seines Vaters, und sie gebar ihm Aschhur, den Vater Tekoas.

¶ **25** Jerachmeel, der Erstgeborene Hezrons, hatte Söhne: den Erstgeborenen Ram, ferner Buna, Oren, Ozem, Ahija.

26 Und Jerachmeel hatte noch eine andere Frau, die hieß Atara; die ist die Mutter Onams.

¶ **27** Die Söhne Rams, des Erstgeborenen Jerachmeels, sind: Maaz, Jamin und Eker.

28 Aber Onam hatte Söhne: Schammai und Jada. Die Söhne Schammais aber sind: Nadab und Abischur.

29 Die Frau Abischurs aber hieß Abihajil; die gebar ihm Achban und Molid.

30 Die Söhne Nadabs aber sind: Seled und Appajim. Und Seled starb ohne Söhne.

31 Der Sohn Appajims ist Jischi. Der Sohn Jischis ist Scheschan. Der Sohn Scheschans ist Achlai.

32 Aber die Söhne Jadas, des Bruders Schammais, sind: Jeter und Jonatan. Jeter aber starb ohne Söhne.

33 Die Söhne Jonatans aber sind: Pelet und Sasa. Das sind die Söhne Jerachmeels.

¶ **34** Scheschan aber hatte keine Söhne, sondern nur Töchter. Und Scheschan hatte einen ägyptischen Knecht, der hieß Jarha.

35 Und Scheschan gab seinem Knecht Jarha seine Tochter zur Frau; die gebar ihm Attai.

36 Attai zeugte Nathan. Nathan zeugte Sabad.

37 Sabad zeugte Eflal. Eflal zeugte Obed.

16 And their sisters were Zeruiah and Abigail. The sons of Zeruiah: Abishai, Joab, and Asahel, three.

17 Abigail bore Amasa, and the father of Amasa was qJether the Ishmaelite.

¶ **18** Caleb the son of Hezron fathered children by his wife Azubah, and by Jerioth; and these were her sons: Jesher, Shobab, and Ardon.

19 When Azubah died, Caleb married Ephrath, who bore him Hur.

20 Hur fathered Uri, and Uri fathered Bezalel.

¶ **21** Afterward Hezron went in to the daughter of Machir the father of Gilead, whom he married when he was sixty years old, and she bore him Segub.

22 And Segub fathered Jair, who had twenty-three cities in the land of Gilead.

23 But Geshur and Aram took from them Havvoth-jair, Kenath, and its villages, sixty towns. All these were descendants of Machir, the father of Gilead.

24 After the death of Hezron, Caleb went in to Ephrathah,³ the wife of Hezron his father, and she bore him Ashhur, the father of Tekoa.

¶ **25** The sons of Jerahmeel, the firstborn of Hezron: Ram, his firstborn, Bunah, Oren, Ozem, and Ahijah.

26 Jerahmeel also had another wife, whose name was Atarah; she was the mother of Onam.

27 The sons of Ram, the firstborn of Jerahmeel: Maaz, Jamin, and Eker.

28 The sons of Onam: Shammai and Jada. The sons of Shammai: Nadab and Abishur.

29 The name of Abishur's wife was Abihail, and she bore him Ahban and Molid.

30 The sons of Nadab: Seled and Appaim; and Seled died childless.

31 The son⁴ of Appaim: Ishi. The son of Ishi: Sheshan. The son of Sheshan: Ahlai.

32 The sons of Jada, Shammai's brother: Jether and Jonathan; and Jether died childless.

33 The sons of Jonathan: Peleth and Zaza. These were the descendants of Jerahmeel.

34 Now Sheshan had no sons, only daughters, but Sheshan had an Egyptian slave whose name was Jarha.

35 So Sheshan gave his daughter in marriage to Jarha his slave, and she bore him Attai.

36 Attai fathered Nathan, and Nathan fathered Zabad.

37 Zabad fathered Ephlal, and Ephlal fathered Obed.

38 Obed zeugte Jehu. Jehu zeugte Asarja.

39 Asarja zeugte Helez. Helez zeugte Elasa.

40 Elasa zeugte Sismai. Sismai zeugte Schallum.

41 Schallum zeugte Jekamja. Jekamja zeugte Elischama.

¶ **42** Die Söhne Kalebs, des Bruders Jerachmeels, sind: Mescha, sein Erstgeborener, der Vater Sifs, und die Söhne Mareschas, des Vaters Hebrons.

43 Die Söhne Hebrons aber sind: Korach, Tappuach, Rekem und Schema.

44 Schema aber zeugte Raham, den Vater Jorkoams. Rekem zeugte Schammai.

45 Der Sohn Schammais aber hieß Maon und Maon war der Vater Bet-Zurs.

46 Efa aber, die Nebenfrau Kalebs, gebar Haran, Moza und Gases. Haran aber zeugte Gases.

47 Die Söhne Jahdais aber sind: Regem, Jotam, Geschan, Pelet, Efa und Schaaf.

48 Maacha aber, die Nebenfrau Kalebs, gebar Scheber und Tirhana

49 und gebar auch Schaaf, den Vater Madmannas, und Schewa, den Vater Machbenas und den Vater Gibeas. Aber Achsa war Kalebs Tochter.

50 Dies waren die Söhne Kalebs.
¶   Die Söhne Hurs, des Erstgeborenen von der Efrata, waren: Schobal, der Vater Kirjat-Jearims,

51 Salmon, der Vater Bethlehems, Haref, der Vater BetGaders.

52 Und Schobal, der Vater KirjatJearims, hatte Söhne: Reaja und die Hälfte der Manahatiter.

53 Die Geschlechter von Kirjat-Jearim aber waren: die Jeteriter, Putiter, Schumatiter und Mischraiter. Von diesen sind ausgegangen die Zoratiter und Eschtaoliter.

¶ **54** Die Söhne Salmons sind: Bethlehem und die Netofatiter, Atrot-Bet-Joab und die Hälfte der Manahatiter, das sind die Zoratiter.

55 Und die Geschlechter der Schreiber, die in Jabez wohnten, sind die Tiratiter, Schimatiter, Suchatiter. Das sind die Kiniter, die da gekommen sind von Hammat, dem Vater des Hauses Rechab.

38 Obed fathered Jehu, and Jehu fathered Azariah.

39 Azariah fathered Helez, and Helez fathered Eleasah.

40 Eleasah fathered Sismai, and Sismai fathered Shallum.

41 Shallum fathered Jekamiah, and Jekamiah fathered Elishama.

¶ **42** The sons of Caleb the brother of Jerahmeel: Mareshah[5] his firstborn, who fathered Ziph. The son[6] of Mareshah: Hebron.[7]

43 The sons of Hebron: Korah, Tappuah, Rekem and Shema.

44 Shema fathered Raham, the father of Jorkeam; and Rekem fathered Shammai.

45 The son of Shammai: Maon; and Maon fathered Beth-zur.

46 Ephah also, Caleb's concubine, bore Haran, Moza, and Gazez; and Haran fathered Gazez.

47 The sons of Jahdai: Regem, Jotham, Geshan, Pelet, Ephah, and Shaaph.

48 Maacah, Caleb's concubine, bore Sheber and Tirhanah.

49 She also bore Shaaph the father of Madmannah, Sheva the father of Machbenah and the father of Gibea; and the daughter of Caleb was Achsah.

50 These were the descendants of Caleb.
¶   The sons[8] of Hur the firstborn of Ephrathah: Shobal the father of Kiriath-jearim,

51 Salma, the father of Bethlehem, and Hareph the father of Beth-gader.

52 Shobal the father of Kiriath-jearim had other sons: Haroeh, half of the Menuhoth.

53 And the clans of Kiriath-jearim: the Ithrites, the Puthites, the Shumathites, and the Mishraites; from these came the Zorathites and the Eshtaolites.

54 The sons of Salma: Bethlehem, the Netophathites, Atroth-beth-joab and half of the Manahathites, the Zorites.

55 The clans also of the scribes who lived at Jabez: the Tirathites, the Shimeathites and the Sucathites. These are the Kenites who came from Hammath, the father of the house of Rechab.

Die Söhne Davids, die Könige Judas, die Nachkommen Jechonjas (Jojachins)

3 Dies sind die Söhne Davids, die ihm zu Hebron geboren sind: der Erstgeborene Amnon, von Ahinoam, der Jesreeliterin; der zweite Daniel, von Abigajil, der Karmeliterin;

2 der dritte Absalom, der Sohn der Maacha, der Tochter Talmais, des Königs von Geschur; der vierte Adonija, der Sohn der Haggit;

3 der fünfte Schefatja, von der Abital; der sechste Jitream, von seiner Frau Egla.

4 Diese sechs sind ihm geboren zu Hebron; denn er regierte dort sieben Jahre und sechs Monate.

¶ Aber zu Jerusalem regierte er dreiunddreißig Jahre.

5 Und diese sind ihm geboren zu Jerusalem: Schammua, Schobab, Nathan, Salomo, diese vier von Batseba, der Tochter Eliams;

6 dazu Jibhar, Elischama, Elifelet,

7 Nogah, Nefeg, Jafia,

8 Elischama, Eljada, Elifelet, diese neun.

9 Das sind alles Söhne Davids, außer den Söhnen der Nebenfrauen. Und Tamar war ihre Schwester.

¶ 10 Salomos Sohn war Rehabeam; dessen Sohn war Abija; dessen Sohn war Asa; dessen Sohn war Joschafat;

11 dessen Sohn war Joram; dessen Sohn war Ahasja; dessen Sohn war Joasch;

12 dessen Sohn war Amazja; dessen Sohn war Asarja; dessen Sohn war Jotam;

13 dessen Sohn war Ahas; dessen Sohn war Hiskia; dessen Sohn war Manasse;

14 dessen Sohn war Amon; dessen Sohn war Josia.

15 Josias Söhne aber waren: der Erstgeborene Johanan, der zweite Sohn Jojakim, der dritte Zedekia, der vierte Schallum.

16 Aber die Söhne Jojakims waren: Jechonja und Zedekia.

¶ 17 Die Söhne Jechonjas, der gefangen wurde, waren: Schealtiël,

18 Malkiram, Pedaja, Schenazzar, Jekamja, Hoschama, Nedabja.

19 Die Söhne Pedajas waren: Serubbabel und Schimi. Die Söhne Serubbabels waren: Meschullam und Hananja und ihre Schwester war Schelomit;

20 ferner Haschuba, Ohel, Berechja, Hasadja, Juschab-Hesed, diese fünf.

21 Die Söhne Hananjas aber waren: Pelatja, Jeschaja, Refaja, Arnan, Obadja, Schechanja.

Descendants of David

3 These are the sons of David who were born to him in Hebron: the firstborn, Amnon, by Ahinoam the Jezreelite; the second, Daniel, by Abigail the Carmelite,

2 the third, Absalom, whose mother was Maacah, the daughter of Talmai, king of Geshur; the fourth, Adonijah, whose mother was Haggith;

3 the fifth, Shephatiah, by Abital; the sixth, Ithream, by his wife Eglah;

4 six were born to him in Hebron, where he reigned for seven years and six months. And he reigned thirty-three years in Jerusalem.

5 These were born to him in Jerusalem: Shimea, Shobab, Nathan and Solomon, four by Bath-shua, the daughter of ᵘAmmiel;

6 then Ibhar, Elishama, Eliphelet,

7 Nogah, Nepheg, Japhia,

8 Elishama, Eliada, and Eliphelet, nine.

9 All these were David's sons, besides the sons of the concubines, and Tamar was their sister.

¶ 10 The son of Solomon was Rehoboam, Abijah his son, Asa his son, Jehoshaphat his son,

11 Joram his son, Ahaziah his son, Joash his son,

12 Amaziah his son, Azariah his son, Jotham his son,

13 Ahaz his son, Hezekiah his son, Manasseh his son,

14 Amon his son, Josiah his son.

15 The sons of Josiah: Johanan the firstborn, the second Jehoiakim, the third Zedekiah, the fourth Shallum.

16 The descendants of Jehoiakim: Jeconiah his son, Zedekiah his son;

17 and the sons of Jeconiah, the captive: Shealtiel his son,

18 Malchiram, Pedaiah, Shenazzar, Jekamiah, Hoshama and Nedabiah;

19 and the sons of Pedaiah: Zerubbabel and Shimei; and the sons of ᵛZerubbabel: Meshullam and Hananiah, and Shelomith was their sister;

20 and Hashubah, Ohel, Berechiah, Hasadiah, and Jushab-hesed, five.

21 The sons of Hananiah: Pelatiah and Jeshaiah, his son[1] Rephaiah, his son Arnan, his son Obadiah, his son Shecaniah.

22 Die Söhne Schechanjas aber waren: Schemaja, Hattusch, Jigal, Bariach, Nearja, Schafat, diese sechs.

23 Die Söhne Nearjas aber waren: Eljoënai, Hiskija, Asrikam, diese drei.

24 Die Söhne Eljoënais aber waren: Hodawja, Eljaschib, Pelaja, Akkub, Johanan, Delaja, Anani, diese sieben.

Die Geschlechter Judas

4 Die Söhne Judas waren: Perez, Hezron, Karmi, Hur und Schobal.

2 Reaja aber, der Sohn Schobals, zeugte Jahat, Jahat zeugte Ahumai und Lahad. Das sind die Geschlechter der Zoratiter.

3 Und dies sind die Söhne Hurs, des Vaters Etams: Jesreel, Jischma, Jidbasch; und ihre Schwester hieß Hazlelponi,

4 und Pnuël, der Vater Gedors, und Eser, der Vater Huschas. Das sind die Söhne Hurs, des Erstgeborenen der Efrata, des Vaters* Bethlehems.

¶ **5** Aschhur aber, der Vater Tekoas, hatte zwei Frauen: Hela und Naara.

6 Und Naara gebar ihm Ahusam, Hefer, Temni und den Ahaschtariter. Das sind die Söhne Naaras.

7 Aber die Söhne Helas waren: Zeret, Sohar, Etnan und Koz.

8 Koz aber zeugte Anub und Zobeba.
¶ Die Geschlechter Aharhels, des Sohnes Harums:

9 Jabez war angesehener als seine Brüder. Und seine Mutter nannte ihn Jabez; denn sie sprach: Ich habe ihn mit Kummer geboren.

10 Und Jabez rief den Gott Israels an und sprach: Ach dass du mich segnetest und mein Gebiet mehrtest und deine Hand mit mir wäre und schafftest, dass mich kein Übel bekümmere! Und Gott ließ kommen, worum er bat.

¶ **11** Kelub aber, der Bruder Schuhas, zeugte Mehir; der ist der Vater Eschtons.

12 Eschton aber zeugte Bet-Rafa, Paseach und Tehinna, den Vater der Stadt Nahasch. Das sind die Männer von Recha.

13 Die Söhne des Kenas waren: Otniël und Seraja. Die Söhne Otniëls aber waren: Hatat und Meonotai.

14 Und Meonotai zeugte Ofra. Und Seraja zeugte Joab, den Vater des Tals der Zimmerleute; denn sie waren Zimmerleute.

¶ **15** Die Söhne Kalebs, des Sohnes Jefunnes, aber waren: Iru, Ela und Naam; und der Sohn des Ela: Kenas.

22 The son[2] of Shecaniah: Shemaiah. And the sons of Shemaiah: Hattush, Igal, Bariah, Neariah, and Shaphat, six.

23 The sons of Neariah: Elioenai, Hizkiah, and Azrikam, three.

24 The sons of Elioenai: Hodaviah, Eliashib, Pelaiah, Akkub, Johanan, Delaiah, and Anani, seven.

Descendants of Judah

4 The sons of Judah: Perez, Hezron, Carmi, Hur, and Shobal.

2 Reaiah the son of Shobal fathered Jahath, and Jahath fathered Ahumai and Lahad. These were the clans of the Zorathites.

3 These were the sons[1] of Etam: Jezreel, Ishma, and Idbash; and the name of their sister was Hazzelelponi,

4 and Penuel fathered Gedor, and Ezer fathered Hushah. These were the sons of Hur, the firstborn of Ephrathah, the father of Bethlehem.

5 Ashhur, the father of Tekoa, had two wives, Helah and Naarah;

6 Naarah bore him Ahuzzam, Hepher, Temeni, and Haahashtari. These were the sons of Naarah.

7 The sons of Helah: Zereth, Izhar, and Ethnan.

8 Koz fathered Anub, Zobebah, and the clans of Aharhel, the son of Harum.

9 Jabez was more honorable than his brothers; and his mother called his name Jabez, saying, "Because I bore him in pain."[2]

10 Jabez called upon the God of Israel, saying, "Oh that you would bless me and enlarge my border, and that your hand might be with me, and that you would keep me from harm[3] so that it might not bring me pain!" And God granted what he asked.

11 Chelub, the brother of Shuhah, fathered Mehir, who fathered Eshton.

12 Eshton fathered Beth-rapha, Paseah, and Tehinnah, the father of Ir-nahash. These are the men of Recah.

13 The sons of Kenaz: Othniel and Seraiah; and the sons of Othniel: Hathath and Meonothai.[4]

14 Meonothai fathered Ophrah; and Seraiah fathered Joab, the father of Ge-harashim,[5] so-called because they were craftsmen.

15 The sons of Caleb the son of Jephunneh: Iru, Elah, and Naam; and the son[6] of Elah: Kenaz.

16 Die Söhne Jehallelels aber waren: Sif, Sifa, Tirja und Asarel.

17 Die Söhne Esras aber waren: Jeter, Mered, Efer und Jalon. Und Jeter zeugte Mirjam, Schammai, Jischbach, den Vater Echtemoas.

18 Und seine judäische Frau gebar Jered, den Vater Gedors, Heber, den Vater Sochos, Jekutiël, den Vater Sanoachs. Auch Bitja, die Tochter des Pharao, die Mered nahm, hatte Söhne.

¶ **19** Die Söhne der Frau des Hodija, der Schwester Nahams, des Vaters Keïlas, waren: der Garmiter und Eschtemoa, der Maachatiter.

20 Die Söhne Schimons waren: Amnon und Rinna, Ben-Hanan und Tilon. Die Söhne Jischis waren: Sohet und Ben-Sohet.

21 Die Söhne Schelas aber, des Sohnes Judas, waren: Er, der Vater Lechas, Lada, der Vater Mareschas, und die Geschlechter der Leinweber von Bet-Aschbea,

22 dazu Jokim und die Männer von Koseba und Joasch und Saraf, die da Herren waren über Moab, und sie kehrten nach Bethlehem zurück, wie die alte Rede lautet.

23 Sie waren Töpfer und wohnten in Netaim und Gedera bei dem König; in seinem Dienst wohnten sie dort.

Die Geschlechter Simeons

24 Die Söhne Simeons waren: Jemuël, Jamin, Jarib, Serach, Schaul.

25 Dessen Sohn war Schallum, dessen Sohn war Mibsam, dessen Sohn war Mischma.

26 Die Söhne Mischmas aber waren: Hammuël, Sakkur, Schimi.

27 Und Schimi hatte sechzehn Söhne und sechs Töchter; aber seine Brüder hatten nicht viel Kinder und ihr ganzes Geschlecht mehrte sich nicht so wie die Söhne Judas.

¶ **28** Sie wohnten aber zu Beerscheba, Molada, Hazar-Schual,

29 Baala, Ezem, Eltolad,

30 Betuël, Horma, Ziklag,

31 Bet-Markabot, Hazar-Susa, Bet-Biri, Schaarajim. Das waren ihre Städte bis auf den König David:

32 Etam, Ajin, Rimmon, Tochen, Aschan, die fünf Orte, dazu ihre Gehöfte,

33 und alle Gehöfte, die um diese Orte her lagen bis nach Baal. Dort wohnten sie und sie hatten ihr eigenes Geschlechtsregister.

¶ **34** Und Meschobab, Jamlech, Joscha, der Sohn Amazjas,

16 The sons of Jehallelel: Ziph, Ziphah, Tiria, and Asarel.

17 The sons of Ezrah: Jether, Mered, Epher, and Jalon. These are the sons of Bithiah, the daughter of Pharaoh, whom Mered married;[7] and she conceived and bore[8] Miriam, Shammai, and Ishbah, the father of Eshtemoa.

18 And his Judahite wife bore Jered the father of Gedor, Heber the father of Soco, and Jekuthiel the father of Zanoah.

19 The sons of the wife of Hodiah, the sister of Naham, were the fathers of Keilah the Garmite and Eshtemoa the Maacathite.

20 The sons of Shimon: Amnon, Rinnah, Ben-hanan, and Tilon. The sons of Ishi: Zoheth and Ben-zoheth.

21 The sons of Shelah the son of Judah: Er the father of Lecah, Laadah the father of Mareshah, and the clans of the house of linen workers at Beth-ashbea;

22 and Jokim, and the men of Cozeba, and Joash, and Saraph, who ruled in Moab and returned to Lehem[9] (now the records[10] are ancient).

23 These were the potters who were inhabitants of Netaim and Gederah. They lived there in the king's service.

Descendants of Simeon

¶ **24** The sons of Simeon: Nemuel, Jamin, Jarib, Zerah, Shaul;

25 Shallum was his son, Mibsam his son, Mishma his son.

26 The sons of Mishma: Hammuel his son, Zaccur his son, Shimei his son.

27 Shimei had sixteen sons and six daughters; but his brothers did not have many children, nor did all their clan multiply like the men of Judah.

28 They lived in Beersheba, Moladah, Hazar-shual,

29 Bilhah, Ezem, Tolad,

30 Bethuel, Hormah, Ziklag,

31 Beth-marcaboth, Hazar-susim, [Beth-biri, and [Shaaraim. These were their cities until David reigned.

32 And their villages were Etam, Ain, Rimmon, Tochen, and Ashan, five cities,

33 along with all their villages that were around these cities as far as Baal. These were their settlements, and they kept a genealogical record.

¶ **34** Meshobab, Jamlech, Joshah the son of Amaziah,

35 Joel, Jehu, der Sohn Joschibjas, des Sohnes Serajas, des Sohnes Asiëls,

36 Eljoënai, Jaakoba, Jeschohaja, Asaja, Adiël, Jesimiël und Benaja,

37 Sisa, der Sohn Schifis, des Sohnes Allons, des Sohnes Jedajas, des Sohnes Schimris, des Sohnes Schemajas:

38 Diese, die mit Namen genannt sind, waren Fürsten in ihren Geschlechtern und ihre Sippen breiteten sich sehr aus.

39 Und sie zogen hin nach Gedor bis östlich des Tals, um Weide zu suchen für ihre Schafe,

40 und fanden fette und gute Weide und ein Land weit an Raum, still und ruhig; denn früher wohnten dort die von Ham.

41 Und diese mit Namen Genannten kamen zur Zeit Hiskias, des Königs von Juda, und fielen her über die Zelte Hams und über die Mëuniter, die sie dort fanden, und vollstreckten den Bann an ihnen bis auf diesen Tag und wohnten an ihrer statt; denn dort war Weide für ihre Schafe.

¶ **42** Auch gingen von ihnen, von den Söhnen Simeons, fünfhundert Männer zum Gebirge Seïr: Pelatja, Nearja, Refaja und Usiël, die Söhne Jischis, an ihrer Spitze,

43 und sie erschlugen die übrig gebliebenen waren von den Entronnenen der Amalekiter und wohnten dort bis auf diesen Tag.

Die Geschlechter Rubens, Gads und des halben Stammes Manasse

5 Die Söhne Rubens, des Erstgeborenen Israels – denn er war zwar der Erstgeborene, aber weil er seines Vaters Bett entweihte, wurde sein Erstgeburtsrecht gegeben den Söhnen Josefs, des Sohnes Israels, doch wurde er nicht in das Geschlechtsregister als Erstgeborener aufgezeichnet;

2 denn Juda war mächtig unter seinen Brüdern und einem aus seinem Stamm wurde das Fürstentum gegeben, Josef aber erhielt das Erstgeburtsrecht –

3 die Söhne Rubens, des Erstgeborenen Israels, sind: Henoch, Pallu, Hezron und Karmi.

¶ **4** Die Söhne Joels aber waren: Schemaja, dessen Sohn war Gog, dessen Sohn war Schimi,

5 dessen Sohn war Micha, dessen Sohn war Reaja, dessen Sohn war Baal,

6 dessen Sohn war Beera, den Tiglat-Pileser, der König von Assur, gefangen wegführte. Er aber war ein Fürst der Rubeniter.

35 Joel, Jehu the son of Joshibiah, son of Seraiah, son of Asiel,

36 Elioenai, Jaakobah, Jeshohaiah, Asaiah, Adiel, Jesimiel, Benaiah,

37 Ziza the son of Shiphi, son of Allon, son of Jedaiah, son of Shimri, son of Shemaiah—

38 these mentioned by name were princes in their clans, and their fathers' houses increased greatly.

39 They journeyed to the entrance of Gedor, to the east side of the valley, to seek pasture for their flocks,

40 where they found rich, good pasture, and the land was very broad, quiet, and peaceful, for the former inhabitants there belonged to Ham.

41 These, registered by name, came in the days of Hezekiah, king of Judah, and destroyed their tents and the Meunites who were found there, and marked them for destruction to this day, and settled in their place, because there was pasture there for their flocks.

42 And some of them, five hundred men of the Simeonites, went to Mount Seir, having as their leaders Pelatiah, Neariah, Rephaiah, and Uzziel, the sons of Ishi.

43 And they defeated the remnant of the Amalekites who had escaped, and they have lived to this day.

Descendants of Reuben

5 The sons of Reuben the firstborn of Israel (for he was the firstborn, but because he defiled his father's couch, his birthright was given to the sons of Joseph the son of Israel, so that he could not be enrolled as the oldest son;

2 though Judah became strong among his brothers and a chief came from him, yet the birthright belonged to Joseph),

3 the sons of Reuben, the firstborn of Israel: Hanoch, Pallu, Hezron, and Carmi.

4 The sons of Joel: Shemaiah his son, Gog his son, Shimei his son,

5 Micah his son, Reaiah his son, Baal his son,

6 Beerah his son, whom Tiglath-pileser[1] king of Assyria carried away into exile; he was a chief of the Reubenites.

7 Aber seine Brüder nach ihren Geschlechtern, wie sie in das Geschlechtsregister aufgezeichnet wurden, waren: Jëiël, der erste, und Secharja

8 und Bela, der Sohn des Asas, des Sohnes Schemas, des Sohnes Joels. Der wohnte zu Aroër und bis nach Nebo und Baal-Meon

9 und wohnte nach Osten zu bis an die Wüste am Euphratstrom; denn sie hatten viel Vieh im Lande Gilead.

10 Und zur Zeit Sauls führten sie Krieg gegen die Hagariter und diese fielen durch ihre Hand, und sie wohnten in deren Zelten auf der ganzen Ostgrenze von Gilead.

¶ **11** Die Söhne Gad aber wohnten ihnen gegenüber im Lande Baschan bis nach Salcha:

12 Joel, der erste, und Schafam, der zweite, ferner Janai und Schafat in Baschan.

13 Und ihre Brüder nach ihren Sippen waren: Michael, Meschullam, Scheba, Jorai, Jakan, Sia und Eber, diese sieben.

14 Das sind die Söhne Abihajils, des Sohnes Huris, des Sohnes Jaroachs, des Sohnes Gileads, des Sohnes Michaels, des Sohnes Jeschischais, des Sohnes Jachdos, des Sohnes des Bus.

15 Ahi, der Sohn Abdiëls, des Sohnes Gunis, war eins ihrer Sippenhäupter.

16 Und sie wohnten zu Gilead in Baschan und in seinen Ortschaften und in allen Fluren Scharons bis an ihre Enden.

17 Diese wurden alle aufgezeichnet zur Zeit Jotams, des Königs von Juda, und Jerobeams, des Königs von Israel.

¶ **18** Von den Rubenitern, den Gaditern und dem halben Stamm Manasse zählten die streitbaren Männer, die Schild und Schwert führen und Bogen spannen konnten und kriegskundig waren, 44760, die in den Kampf ziehen konnten.

19 Und sie kämpften gegen die Hagariter und gegen Jetur, Nafisch und Nodab.

20 Und es wurde ihnen geholfen gegen sie, und die Hagariter wurden in ihre Hände gegeben und alle, die mit ihnen waren. Denn sie schrien zu Gott im Kampf und er ließ sich erbitten; denn sie vertrauten ihm.

21 Und sie führten weg ihr Vieh, 50000 Kamele, 250000 Schafe, 2000 Esel, und 100000 Menschen.

22 Dazu waren viele erschlagen liegen geblieben, denn der Krieg war von Gott. Und sie wohnten an ihrer statt bis zur Zeit, wo sie gefangen weggeführt wurden.

7 And his kinsmen by their clans, when the genealogy of their generations was recorded: the chief, Jeiel, and Zechariah,

8 and Bela the son of Azaz, son of Shema, son of Joel, who lived in Aroer, as far as Nebo and Baal-meon.

9 He also lived to the east as far as the entrance of the desert this side of the Euphrates, because their livestock had multiplied in the land of Gilead.

10 And in the days of Saul they waged war against the Hagrites, who fell into their hand. And they lived in their tents throughout all the region east of Gilead.

Descendants of Gad

¶ **11** The sons of Gad lived over against them in the land of Bashan as far as Salecah:

12 Joel the chief, Shapham the second, Janai, and Shaphat in Bashan.

13 And their kinsmen according to their fathers' houses: Michael, Meshullam, Sheba, Jorai, Jacan, Zia and Eber, seven.

14 These were the sons of Abihail the son of Huri, son of Jaroah, son of Gilead, son of Michael, son of Jeshishai, son of Jahdo, son of Buz.

15 Ahi the son of Abdiel, son of Guni, was chief in their fathers' houses,

16 and they lived in Gilead, in Bashan and in its towns, and in all the pasturelands of Sharon to their limits.

17 All of these were recorded in genealogies in the days of Jotham king of Judah, and in the days of Jeroboam king of Israel.

¶ **18** The Reubenites, the Gadites, and the half-tribe of Manasseh had valiant men who carried shield and sword, and drew the bow, expert in war, 44,760, able to go to war.

19 They waged war against the Hagrites, Jetur, Naphish, and Nodab.

20 And when they prevailed over them, the Hagrites and all who were with them were given into their hands, for they cried out to God in the battle, and he granted their urgent plea because they trusted in him.

21 They carried off their livestock: 50,000 of their camels, 250,000 sheep, 2,000 donkeys, and 100,000 men alive.

22 For many fell, because the war was of God. And they lived in their place until the exile.

¶ **23** Der halbe Stamm Manasse aber wohnte im Lande von Baschan bis Baal-Hermon und bis zum Senir und bis zum Berg Hermon. Und ihrer waren viele.

24 Und dies waren die Häupter ihrer Sippen: Efer, Jischi, Eliël, Asriël, Jirmeja, Hodawja, Jachdiël, gewaltige Männer und berühmte Sippenhäupter.

25 Da sie sich aber an dem Gott ihrer Väter versündigten und abfielen zu den Götzen der Völker des Landes, die Gott vor ihnen vertilgt hatte,

26 erweckte der Gott Israels den Geist des Pul*, des Königs von Assyrien, und den Geist Tiglat-Pilesers*, des Königs von Assyrien, und er führte weg die Rubeniter, Gaditer und den halben Stamm Manasse und brachte sie nach Halach und an den Habor und nach Hara und an den Fluss Gosan bis auf diesen Tag.

Die Geschlechter Levis

27 Die Söhne Levis waren: Gerschon, Kehat und Merari.

28 Die Söhne Kehats aber waren: Amram, Jizhar, Hebron und Usiël.

29 Die Söhne Amrams waren: Aaron und Mose; dazu Mirjam. Die Söhne Aarons waren: Nadab, Abihu, Eleasar und Itamar.

¶ **30** Eleasar zeugte Pinhas. Pinhas zeugte Abischua.

31 Abischua zeugte Bukki. Bukki zeugte Usi.

32 Usi zeugte Serachja. Serachja zeugte Merajot.

33 Merajot zeugte Amarja. Amarja zeugte Ahitub.

34 Ahitub zeugte Zadok. Zadok zeugte Ahimaaz.

35 Ahimaaz zeugte Asarja. Asarja zeugte Johanan.

36 Johanan zeugte Asarja; das ist der, der Priester war im Tempel, den Salomo gebaut hatte zu Jerusalem.

37 Asarja zeugte Amarja. Amarja zeugte Ahitub.

38 Ahitub zeugte Zadok. Zadok zeugte Schallum.

39 Schallum zeugte Hilkija. Hilkija zeugte Asarja.

40 Asarja zeugte Seraja. Seraja zeugte Jozadak.

41 Jozadak aber wurde mit weggeführt, als der HERR Juda und Jerusalem durch Nebukadnezar gefangen wegführen ließ.

The Half-Tribe of Manasseh

¶ **23** The members of the half-tribe of Manasseh lived in the land. They were very numerous from Bashan to Baal-hermon, Senir, and Mount Hermon.

24 These were the heads of their fathers' houses: Epher,[2] Ishi, Eliel, Azriel, Jeremiah, Hodaviah, and Jahdiel, mighty warriors, famous men, heads of their fathers' houses.

25 But they broke faith with the God of their fathers, and whored after the gods of the peoples of the land, whom God had destroyed before them.

26 So the God of Israel stirred up the spirit of Pul king of Assyria, the spirit of Tiglath-pileser king of Assyria, and he took them into exile, namely, the Reubenites, the Gadites, and the half-tribe of Manasseh, and brought them to Halah, [g]Habor, Hara, and [g]the river Gozan, to this day.

Descendants of Levi

6 [1] The sons of Levi: Gershon, Kohath, and Merari.

2 The sons of Kohath: Amram, Izhar, Hebron, and Uzziel.

3 The children of Amram: Aaron, Moses, and Miriam. The sons of Aaron: Nadab, Abihu, Eleazar, and Ithamar.

4 Eleazar fathered Phinehas, Phinehas fathered Abishua,

5 Abishua fathered Bukki, Bukki fathered Uzzi,

6 Uzzi fathered Zerahiah, Zerahiah fathered Meraioth,

7 Meraioth fathered Amariah, Amariah fathered Ahitub,

8 Ahitub fathered Zadok, Zadok fathered Ahimaaz,

9 Ahimaaz fathered Azariah, Azariah fathered Johanan,

10 and Johanan fathered Azariah (it was he who served as priest in the house that Solomon built in Jerusalem).

11 Azariah fathered Amariah, Amariah fathered Ahitub,

12 Ahitub fathered Zadok, Zadok fathered Shallum,

13 Shallum fathered Hilkiah, Hilkiah fathered Azariah,

14 Azariah fathered Seraiah, Seraiah fathered Jehozadak;

15 and Jehozadak went into exile when the LORD sent Judah and Jerusalem into exile by the hand of Nebuchadnezzar.

6 Die Söhne Levis sind diese: Gerschon, Kehat, Merari.

2 So heißen aber die Söhne Gerschons: Libni und Schimi.

3 Aber die Söhne Kehats heißen: Amram, Jizhar, Hebron und Usiël.

4 Die Söhne Meraris heißen: Machli und Muschi. Das sind die Geschlechter der Leviten nach ihren Sippen.

¶ **5** Gerschons Sohn war Libni, dessen Sohn war Jahat, dessen Sohn war Simma.

6 Dessen Sohn war Joach, dessen Sohn war Iddo, dessen Sohn war Serach, dessen Sohn war Jeotrai.

¶ **7** Kehats Sohn aber war Amminadab, dessen Sohn war Korach, dessen Sohn war Assir,

8 dessen Sohn war Elkana, dessen Sohn war Abiasaf, dessen Sohn war Assir,

9 dessen Sohn war Tahat, dessen Sohn war Uriël, dessen Sohn war Usija, dessen Sohn war Schaul.

¶ **10** Die Söhne Elkanas waren: Amasai und Ahimot,

11 dessen Sohn war Elkana, dessen Sohn war Zuf, dessen Sohn war Nahat,

12 dessen Sohn war Eliab, dessen Sohn war Jeroham, dessen Sohn war Elkana, dessen Sohn war Samuel.

13 Und die Söhne Samuels waren: der Erstgeborene Joel und der zweite Sohn Abija.

¶ **14** Meraris Sohn war Machli, dessen Sohn war Libni, dessen Sohn war Schimi, dessen Sohn war Usa,

15 dessen Sohn war Schima, dessen Sohn war Haggija, dessen Sohn war Asaja.

Die levitischen Sängerfamilien

16 Dies sind aber die, welche David bestellte, um im Hause des HERRN zu singen, als die Lade zur Ruhe gekommen war,

17 und sie dienten vor der Wohnung der Stiftshütte mit Singen, bis Salomo das Haus des HERRN baute zu Jerusalem, und taten ihren Dienst nach ihrer Ordnung.

18 Diese sind es, die des Amtes walteten, und ihre Söhne: Von den Söhnen Kehat war Heman, der Sänger, der Sohn Joels, des Sohnes Samuels,

19 des Sohnes Elkanas, des Sohnes Jerohams, des Sohnes Eliëls, des Sohnes Tohus,

20 des Sohnes Zufs, des Sohnes Elkanas, des Sohnes Mahats, des Sohnes Amasais,

21 des Sohnes Elkanas, des Sohnes Joels, des Sohnes Asarjas, des Sohnes Zefanjas,

¶ **16**[2] The sons of Levi: Gershom, Kohath, and Merari.

17 And these are the names of the sons of Gershom: Libni and Shimei.

18 The sons of Kohath: Amram, Izhar, Hebron and Uzziel.

19 The sons of Merari: Mahli and Mushi. These are the clans of the Levites according to their fathers.

20 Of Gershom: Libni his son, Jahath his son, Zimmah his son,

21 Joah his son, Iddo his son, Zerah his son, Jeatherai his son.

22 The sons of Kohath: Amminadab his son, Korah his son, Assir his son,

23 Elkanah his son, Ebiasaph his son, Assir his son,

24 Tahath his son, Uriel his son, Uzziah his son, and Shaul his son.

25 The sons of Elkanah: Amasai and Ahimoth,

26 Elkanah his son, Zophai his son, Nahath his son,

27 Eliab his son, Jeroham his son, Elkanah his son.

28 The sons of Samuel: Joel[3] his firstborn, the second Abijah.[4]

29 The sons of Merari: Mahli, Libni his son, Shimei his son, Uzzah his son,

30 Shimea his son, Haggiah his son, and Asaiah his son.

¶ **31** These are the men whom David put in charge of the service of song in the house of the LORD after the ark rested there.

32 They ministered with song before the tabernacle of the tent of meeting until Solomon built the house of the LORD in Jerusalem, and they performed their service according to their order.

33 These are the men who served and their sons. Of the sons of the Kohathites: Heman the singer the son of Joel, son of Samuel,

34 son of Elkanah, son of Jeroham, son of Eliel, son of Toah,

35 son of Zuph, son of Elkanah, son of Mahath, son of Amasai,

36 son of Elkanah, son of Joel, son of Azariah, son of Zephaniah,

22 des Sohnes Tahats, des Sohnes Assirs, des Sohnes Abiasafs, des Sohnes Korachs,

23 des Sohnes Jizhars, des Sohnes Kehats, des Sohnes Levis, des Sohnes Israels.

¶ **24** Und sein Bruder Asaf stand zu seiner Rechten. Und er, Asaf, war ein Sohn Berechjas, des Sohnes Schimas,

25 des Sohnes Michaels, des Sohnes Maasejas, des Sohnes Malkijas,

26 des Sohnes Etnis, des Sohnes Serachs, des Sohnes Adajas,

27 des Sohnes Etans, des Sohnes Simmas, des Sohnes Schimis,

28 des Sohnes Jahats, des Sohnes Gerschons, des Sohnes Levis.

¶ **29** Ihre Brüder aber, die Söhne Merari, standen zur Linken: nämlich Etan, der Sohn Kuschajas, des Sohnes Abdis, des Sohnes Malluchs,

30 des Sohnes Haschabjas, des Sohnes Amazjas, des Sohnes Hilkijas,

31 des Sohnes Amzis, des Sohnes Banis, des Sohnes Schemers,

32 des Sohnes Machlis, des Sohnes Muschis, des Sohnes Meraris, des Sohnes Levis.

Der Dienst Aarons und seine Nachkommen

33 Ihre Brüder aber, die Leviten, waren bestellt zu allem Dienst an der Wohnung des Hauses Gottes.

34 Aaron dagegen und seine Söhne waren verordnet zum Dienst am Brandopferaltar und am Räucheraltar und zu allem Dienst im Allerheiligsten und Sühne zu schaffen für Israel, wie Mose, der Knecht Gottes, geboten hatte.

¶ **35** Dies sind aber die Söhne Aarons: Eleasar, sein Sohn, dessen Sohn war Pinhas, dessen Sohn war Abischua,

36 dessen Sohn war Bukki, dessen Sohn war Usi, dessen Sohn war Serachja,

37 dessen Sohn war Merajot, dessen Sohn war Amarja, dessen Sohn war Ahitub,

38 dessen Sohn war Zadok, dessen Sohn war Ahimaaz.

Die Wohnsitze der levitischen Geschlechter
(vgl. Jos 21,1-42)

39 Und dies sind ihre Wohnsitze nach ihren Zeltdörfern in ihrem Gebiet, nämlich der Söhne Aaron vom Geschlecht der Kehatiter, denn das Los fiel ihnen zuerst zu

40 und man gab ihnen Hebron im Lande Juda mit seinem Weideland ringsumher.

41 Aber die Felder der Stadt und ihre Dörfer gaben sie Kaleb, dem Sohn Jefunnes.

37 son of Tahath, son of Assir, son of Ebiasaph, son of Korah,

38 son of Izhar, son of Kohath, son of Levi, son of Israel;

39 and his brother Asaph, who stood on his right hand, namely, Asaph the son of Berechiah, son of Shimea,

40 son of Michael, son of Baaseiah, son of Malchijah,

41 son of Ethni, son of Zerah, son of Adaiah,

42 son of Ethan, son of Zimmah, son of Shimei,

43 son of Jahath, son of Gershom, son of Levi.

44 On the left hand were their brothers, the sons of Merari: Ethan the son of Kishi, son of Abdi, son of Malluch,

45 son of Hashabiah, son of Amaziah, son of Hilkiah,

46 son of Amzi, son of Bani, son of Shemer,

47 son of Mahli, son of Mushi, son of Merari, son of Levi.

48 And their brothers the Levites were appointed for all the service of the tabernacle of the house of God.

¶ **49** But Aaron and his sons made offerings on the altar of burnt offering and on the altar of incense for all the work of the Most Holy Place, and to make atonement for Israel, according to all that Moses the servant of God had commanded.

50 These are the sons of Aaron: Eleazar his son, Phinehas his son, Abishua his son,

51 Bukki his son, Uzzi his son, Zerahiah his son,

52 Meraioth his son, Amariah his son, Ahitub his son,

53 Zadok his son, Ahimaaz his son.

¶ **54** These are their dwelling places according to their settlements within their borders: to the sons of Aaron of the clans of Kohathites, for theirs was the first lot,

55 to them they gave Hebron in the land of Judah and its surrounding pasturelands,

56 but the fields of the city and its villages they gave to Caleb the son of Jephunneh.

42 So gaben sie nun den Söhnen Aaron die Freistädte Hebron und Libna mit ihrem Weideland, Jattir und Eschtemoa mit ihrem Weideland,

43 Holon, Debir,

44 Aschan und Bet-Schemesch mit ihrem Weideland;

45 und aus dem Stamm Benjamin: Geba, Alemet und Anatot mit ihrem Weideland, sodass die Zahl aller Städte in ihren Geschlechtern dreizehn war.

¶ **46** Aber den andern Söhnen Kehat nach ihren Geschlechtern wurden durchs Los aus dem Stamm Ephraim, aus dem Stamm Dan und aus dem halben Stamm Manasse zehn Städte gegeben.

¶ **47** Den Söhnen Gerschon nach ihren Geschlechtern wurden aus dem Stamm Issachar und aus dem Stamm Asser und aus dem Stamm Naftali und aus dem Stamm Manasse in Baschan dreizehn Städte gegeben.

¶ **48** Den Söhnen Merari nach ihren Geschlechtern wurden durchs Los aus dem Stamm Ruben und aus dem Stamm Gad und aus dem Stamm Sebulon zwölf Städte gegeben.

¶ **49** Und Israel gab den Leviten die Städte mit ihrem Weideland,

50 nämlich durchs Los aus dem Stamm Juda und aus dem Stamm Simeon und aus dem Stamm Benjamin diese Städte, die sie mit Namen bestimmten.

¶ **51** Aber den Geschlechtern der Söhne Kehat wurden Städte ihres Gebiets aus dem Stamm Ephraim gegeben.

52 So gaben sie nun dem Geschlecht der andern Söhne Kehat die Freistädte: Sichem auf dem Gebirge Ephraim, Geser,

53 Kibzajim, Bet-Horon,

54 Ajalon und Gat-Rimmon mit ihrem Weideland.

55 Dazu aus dem halben Stamm Manasse: Taanach und Jibleam mit ihrem Weideland.

¶ **56** Aber den Söhnen Gerschon nach ihren Geschlechtern gaben sie aus dem halben Stamm Manasse: Golan in Baschan und Aschtarot mit ihrem Weideland;

57 aus dem Stamm Issachar: Kedesch, Daberat,

58 Ramot und En-Gannim mit ihrem Weideland;

57 To the sons of Aaron they gave the cities of refuge: Hebron, Libnah with its pasturelands, Jattir, Eshtemoa with its pasturelands,

58 Hilen with its pasturelands, Debir with its pasturelands,

59 Ashan with its pasturelands, and Beth-shemesh with its pasturelands;

60 and from the tribe of Benjamin, Gibeon,[5] Geba with its pasturelands, Alemeth with its pasturelands, and Anathoth with its pasturelands. All their cities throughout their clans were thirteen.

¶ **61** To the rest of the Kohathites were given by lot out of the clan of the tribe, out of the half-tribe, the half of Manasseh, ten cities.

62 To the Gershomites according to their clans were allotted thirteen cities out of the tribes of Issachar, Asher, Naphtali and Manasseh in Bashan.

63 To the Merarites according to their clans were allotted twelve cities out of the tribes of Reuben, Gad, and Zebulun.

64 So the people of Israel gave the Levites the cities with their pasturelands.

65 They gave by lot out of the tribes of Judah, Simeon, and Benjamin these cities that are mentioned by name.

¶ **66** And some of the clans of the sons of Kohath had cities of their territory out of the tribe of Ephraim.

67 They were given the cities of refuge: Shechem with its pasturelands in the hill country of Ephraim, Gezer with its pasturelands,

68 Jokmeam with its pasturelands, Beth-horon with its pasturelands,

69 Aijalon with its pasturelands, Gath-rimmon with its pasturelands,

70 and out of the half-tribe of Manasseh, Aner with its pasturelands, and Bileam with its pasturelands, for the rest of the clans of the Kohathites.

¶ **71** To the Gershomites were given out of the clan of the half-tribe of Manasseh: Golan in Bashan with its pasturelands and Ashtaroth with its pasturelands;

72 and out of the tribe of Issachar: Kedesh with its pasturelands, Daberath with its pasturelands,

73 Ramoth with its pasturelands, and Anem with its pasturelands;

59 aus dem Stamm Asser: Mischal, Abdon,

60 Helkat und Rehob mit ihrem Weideland;

61 aus dem Stamm Naftali: Kedesch in Galiläa, Hammon und Kirjatajim mit ihrem Weideland.

¶ **62** Den andern Söhnen Merari gaben sie aus dem Stamm Sebulon: Rimmon und Tabor mit ihrem Weideland;

63 und jenseits des Jordans gegenüber Jericho, östlich vom Jordan, aus dem Stamm Ruben: Bezer in der Wüste, Jahaz,

64 Kedemot und Mefaat mit ihrem Weideland;

65 aus dem Stamm Gad: Ramot in Gilead, Mahanajim,

66 Heschbon und Jaser mit ihrem Weideland.

Die Geschlechter von Issachar, Benjamin, Naftali, Halb-Manasse, Ephraim und Asser

7 Die Söhne Issachars waren: Tola, Puwa, Jaschub und Schimron, diese vier.

2 Die Söhne Tolas aber waren: Usi, Refaja, Jeriël, Jachmai, Jibsam und Schemuël, Sippenhäupter von Tola und gewaltige Männer; nach dem Geschlechtsregister an Zahl zu Davids Zeiten 22600.

3 Der Sohn Usis war: Jisrachja. Und die Söhne Jisrachjas waren: Michael, Obadja, Joel und Jischija, diese fünf; sie waren alle Sippenhäupter.

4 Und nach ihrem Geschlechtsregister, nach ihren Sippen waren unter ihnen zum Kampf gerüstetes Heervolk 36000; denn sie hatten viele Frauen und Kinder.

5 Und ihre Brüder in allen Geschlechtern Issachars waren gewaltige Männer, 87000, und wurden alle aufgezeichnet.

¶ **6** Die Söhne Benjamins waren: Bela, Becher und Jediaël, diese drei.

7 Aber die Söhne Belas waren: Ezbon, Usi, Usiël, Jerimot und Ir, diese fünf, Sippenhäupter, gewaltige Männer. Und es wurden aufgezeichnet 22034.

8 Die Söhne Bechers waren: Semira, Joasch, Eliëser, Eljoënai, Omri, Jerimot, Abija, Anatot und Alemet; die waren alle Söhne des Becher

74 out of the tribe of Asher: Mashal with its pasturelands, Abdon with its pasturelands,

75 Hukok with its pasturelands, and Rehob with its pasturelands;

76 and out of the tribe of Naphtali: Kedesh in Galilee with its pasturelands, Hammon with its pasturelands, and Kiriathaim with its pasturelands.

77 To the rest of the Merarites were allotted out of the tribe of Zebulun: Rimmono with its pasturelands, ᶜTabor with its pasturelands,

78 and beyond the Jordan at Jericho, on the east side of the Jordan, out of the tribe of Reuben: Bezer in the wilderness with its pasturelands, Jahzah with its pasturelands,

79 Kedemoth with its pasturelands, and Mephaath with its pasturelands;

80 and out of the tribe of Gad: Ramoth in Gilead with its pasturelands, Mahanaim with its pasturelands,

81 Heshbon with its pasturelands, and Jazer with its pasturelands.

Descendants of Issachar

7 The sons[1] of Issachar: Tola, Puah, Jashub, and Shimron, four.

2 The sons of Tola: Uzzi, Rephaiah, Jeriel, Jahmai, Ibsam, and Shemuel, heads of their fathers' houses, namely of Tola, mighty warriors of their generations, their number in the days of David being 22,600.

3 The son[2] of Uzzi: Izrahiah. And the sons of Izrahiah: Michael, Obadiah, Joel, and Isshiah, all five of them were chief men.

4 And along with them, by their generations, according to their fathers' houses, were units of the army for war, 36,000, for they had many wives and sons.

5 Their kinsmen belonging to all the clans of Issachar were in all 87,000 mighty warriors, enrolled by genealogy.

Descendants of Benjamin

¶ **6** The sons of Benjamin: Bela, Becher, and Jediael, three.

7 The sons of Bela: Ezbon, Uzzi, Uzziel, Jerimoth, and Iri, five, heads of fathers' houses, mighty warriors. And their enrollment by genealogies was 22,034.

8 The sons of Becher: Zemirah, Joash, Eliezer, Elioenai, Omri, Jeremoth, Abijah, Anathoth, and Alemeth. All these were the sons of Becher.

9 und wurden aufgezeichnet in ihren Geschlechtern nach ihren Sippenhäuptern, gewaltige Männer, 20200.

10 Der Sohn Jediaëls aber war: Bilhan. Bilhans Söhne aber waren: Jëusch, Benjamin, Ehud, Kenaana, Setan, Tarsis und Ahischahar.

11 Die waren alle Söhne Jediaëls, Sippenhäupter, gewaltige Männer, 17200, die als Heer ausziehen konnten zum Kampf.

12 Und Schuppim und Huppim waren Söhne Irs; Huschim aber war ein Sohn Ahers.

¶ **13** Die Söhne Naftalis waren: Jachzeel, Guni, Jezer und Schillem, Söhne der Bilha.

¶ **14** Die Söhne Manasses waren diese: Asriël, den seine aramäische Nebenfrau geboren hatte; auch gebar sie Machir, den Vater Gileads.

15 Und Machir gab Huppim und Schuppim Frauen; und seine Schwester hieß Maacha. Sein anderer Sohn hieß Zelofhad und Zelofhad hatte nur Töchter.

16 Und Maacha, Machirs Frau, gebar einen Sohn; den nannte sie Peresch. Und sein Bruder hieß Scheresch und dessen Söhne waren Ulam und Rekem.

17 Ulams Sohn aber war Bedan. Das sind die Söhne Gileads, des Sohnes Machirs, des Sohnes Manasses.

18 Und seine Schwester Molechet gebar Ischhod, Abiëser und Machla.

19 Und Schemida hatte diese Söhne: Achjan, Sichem, Likhi und Aniam.

¶ **20** Die Söhne Ephraims waren diese: Schutelach – dessen Sohn war Bered, dessen Sohn war Tahat, dessen Sohn war Elada, dessen Sohn war Tahat,

21 dessen Sohn war Sabad, dessen Sohn war Schutelach – und Eser und Elad.

¶ Und die Männer von Gat, die Einheimischen im Lande, töteten sie, weil sie hinabgezogen waren, ihnen das Vieh wegzunehmen.

22 Und ihr Vater Ephraim trug Leid lange Zeit und seine Brüder kamen, ihn zu trösten.

23 Und er ging ein zu seiner Frau; die ward schwanger und gebar einen Sohn, den nannte er Beria, weil in seinem Hause Unglück war.

24 Seine Tochter aber war Scheera, die baute das untere und obere Bet-Horon und Usen-Scheera.

25 Sein Sohn war Refach, auch Reschef, dessen Sohn war Telach, dessen Sohn war Tahan,

9 And their enrollment by genealogies, according to their generations, as heads of their fathers' houses, mighty warriors, was 20,200.

10 The son of Jediael: Bilhan. And the sons of Bilhan: Jeush, Benjamin, Ehud, Chenaanah, Zethan, Tarshish, and Ahishahar.

11 All these were the sons of Jediael according to the heads of their fathers' houses, mighty warriors, 17,200, able to go to war.

12 And Shuppim and Huppim were the sons of Ir, Hushim the son of Aher.

Descendants of Naphtali

¶ **13** The sons of Naphtali: Jahziel, Guni, Jezer and Shallum, the descendants of Bilhah.

Descendants of Manasseh

¶ **14** The sons of Manasseh: Asriel, whom his Aramean concubine bore; she bore Machir the father of Gilead.

15 And Machir took a wife for Huppim and for Shuppim. The name of his sister was Maacah. And the name of the second was Zelophehad, and Zelophehad had daughters.

16 And Maacah the wife of Machir bore a son, and she called his name Peresh; and the name of his brother was Sheresh; and his sons were Ulam and Rakem.

17 The son of Ulam: Bedan. These were the sons of Gilead the son of Machir, son of Manasseh.

18 And his sister Hammolecheth bore Ishhod, Abiezer and Mahlah.

19 The sons of Shemida were Ahian, Shechem, Likhi, and Aniam.

Descendants of Ephraim

¶ **20** The sons of Ephraim: Shuthelah, and Bered his son, Tahath his son, Eleadah his son, Tahath his son,

21 Zabad his son, Shuthelah his son, and Ezer and Elead, whom the men of Gath who were born in the land killed, because they came down to raid their livestock.

22 And Ephraim their father mourned many days, and his brothers came to comfort him.

23 And Ephraim went in to his wife, and she conceived and bore a son. And he called his name Beriah, because disaster had befallen his house.[3]

24 His daughter was Sheerah, who built both Lower and Upper Beth-horon, and Uzzen-sheerah.

25 Rephah was his son, Resheph his son, Telah his son, Tahan his son,

26 dessen Sohn war Ladan, dessen Sohn war Ammihud, dessen Sohn war Elischama, **27** dessen Sohn war Nun, dessen Sohn war Josua.

¶ **28** Und ihr Besitz und ihre Wohnung war Bethel und seine Ortschaften und gegen Osten Naara und gegen Westen Geser und seine Ortschaften, Sichem und seine Ortschaften bis nach Aja und seinen Ortschaften, **29** und an der Seite der Söhne Manasses Bet-Schean und seine Ortschaften, Taanach und seine Ortschaften, Megiddo und seine Ortschaften, Dor und seine Ortschaften. In diesen wohnten die Söhne Josefs, des Sohnes Israels.

¶ **30** Die Söhne Assers waren diese: Jimna, Jischwa, Jischwi, Beria; und Serach war ihre Schwester.

31 Die Söhne Berias waren: Heber und Malkiël; das ist der Vater Birsajits.

32 Heber aber zeugte Jaflet, Schemer, Hotam und ihre Schwester Schua.

33 Die Söhne Jaflets waren: Pasach, Bimhal und Aschwat; das waren die Söhne Jaflets.

34 Die Söhne Schemers waren: Ahi, Rohga, Hubba und Aram.

35 Und die Söhne seines Bruders Hotam waren: Zofach, Jimna, Schelesch und Amal.

36 Die Söhne Zofachs waren: Suach, Harnefer, Schual, Beri, Jimra, **37** Bezer, Hod, Schamma, Schilscha, Jitran und Beera.

38 Die Söhne Jeters waren: Jefunne, Pispa und Ara.

39 Die Söhne Ullas waren: Arach, Hanniël und Rizja.

40 Diese alle waren Söhne Assers, Sippenhäupter, auserlesene, gewaltige Männer und Erste der Fürsten. Und sie wurden aufgezeichnet als Kriegsleute; ihre Zahl war 26000 Mann.

Die Geschlechter Benjamins. Die Sippe Sauls

8 Benjamin aber zeugte Bela, seinen Erstgeborenen, Aschbel als zweiten Sohn, Achrach als dritten, **2** Noha als vierten, Rafa als fünften.

¶ **3** Und Bela hatte Söhne: Ard, Gera, Abihud, **4** Abischua, Naaman, Ahoach, **5** Gera, Schefufan und Huram.

¶ **6** Dies sind die Söhne Ehuds, die Sippenhäupter waren unter den Bürgern zu Geba, und man führte sie gefangen weg nach Manahat,

26 Ladan his son, Ammihud his son, Elishama his son, **27** Nun[4] his son, Joshua his son.

28 Their possessions and settlements were Bethel and its towns, and to the east Naaran, and to the west Gezer and its towns, Shechem and its towns, and Ayyah and its towns; **29** also in possession of the Manassites, Beth-shean and its towns, Taanach and its towns, Megiddo and its towns, Dor and its towns. In these lived the sons of Joseph the son of Israel.

Descendants of Asher

¶ **30** The sons of Asher: Imnah, Ishvah, Ishvi, Beriah, and their sister Serah.

31 The sons of Beriah: Heber and Malchiel, who fathered Birzaith.

32 Heber fathered Japhlet, Shomer, Hotham, and their sister Shua.

33 The sons of Japhlet: Pasach, Bimhal, and Ashvath. These are the sons of Japhlet.

34 The sons of Shemer his brother: Rohgah, Jehubbah, and Aram.

35 The sons of Helem his brother: Zophah, Imna, Shelesh, and Amal.

36 The sons of Zophah: Suah, Harnepher, Shual, Beri, Imrah, **37** Bezer, Hod, Shamma, Shilshah, Ithran, and Beera.

38 The sons of Jether: Jephunneh, Pispa, and Ara.

39 The sons of Ulla: Arah, Hanniel, and Rizia.

40 All of these were men of Asher, heads of fathers' houses, approved, mighty warriors, chiefs of the princes. Their number enrolled by genealogies, for service in war, was 26,000 men.

A Genealogy of Saul

8 Benjamin fathered Bela his firstborn, Ashbel the second, Aharah the third, **2** Nohah the fourth, and Rapha the fifth.

3 And Bela had sons: Addar, Gera, Abihud, **4** Abishua, Naaman, Ahoah, **5** Gera, Shephuphan, and Huram.

6 These are the sons of Ehud (they were heads of fathers' houses of the inhabitants of Geba, and they were carried into exile to Manahath):

7 nämlich: Naaman, Ahija und Gera, dieser führte sie weg; und er zeugte Usa und Ahihud.

¶ **8** Und Schaharajim zeugte im Lande Moab, als er seine Frauen Huschim und Baara entlassen hatte,

9 und er zeugte mit seiner Frau Hodesch: Jobab, Zibja, Mescha, Malkam,

10 Jëuz, Sacheja und Mirma. Das sind seine Söhne, Sippenhäupter.

11 Mit Huschim aber hatte er Abitub und Elpaal gezeugt.

12 Die Söhne Elpaals aber waren: Eber, Mischam und Schemed. Dieser baute Ono und Lod und ihre Ortschaften.

¶ **13** Und Beria und Schema waren Sippenhäupter unter den Bürgern von Ajalon; sie verjagten die Einwohner von Gat.

14 Und ihre Brüder waren: Elpaal, Schaschak, Jeremot,

15 Sebadja, Arad, Eder,

16 Michael, Jischpa und Joha; das sind die Söhne Berias.

17 Sebadja, Meschullam, Hiski, Heber,

18 Jischmerai, Jislia, Jobab; das sind die Söhne Elpaals.

19 Jakim, Sichri, Sabdi,

20 Eliënai, Zilletai, Eliël,

21 Adaja, Beraja und Schimrat; das sind die Söhne Schimis.

22 Jischpan, Eber, Eliël,

23 Abdon, Sichri, Hanan,

24 Hananja, Elam, Antotija,

25 Jifdeja und Pnuël; das sind die Söhne Schaschaks.

26 Schamscherai, Scheharja, Atalja,

27 Jaareschja, Elija und Sichri; das sind die Söhne Jerohams.

28 Das sind die Sippenhäupter ihrer Geschlechter, die in Jerusalem wohnten.

¶ **29** Aber in Gibeon wohnte Jëiël, der Vater Gibeons, und seine Frau hieß Maacha.

30 Und sein Erstgeborener war Abdon, ferner Zur, Kisch, Baal, Ner, Nadab,

31 Gedor, Achjo, Secher und Miklot.

32 Miklot aber zeugte Schima. Und auch sie wohnten mit ihren Brüdern in Jerusalem, ihnen gegenüber.

¶ **33** Ner zeugte Abner und Kisch zeugte Saul. Saul zeugte Jonatan, Malkischua, Abinadab und Eschbaal.

34 Der Sohn Jonatans aber war Merib-Baal. Merib-Baal zeugte Micha.

35 Die Söhne Michas waren: Piton, Melech, Tachrea und Ahas.

7 Naaman,[1] Ahijah, and Gera, that is, Heglam,[2] who fathered Uzza and Ahihud.

8 And Shaharaim fathered sons in the country of Moab after he had sent away Hushim and Baara his wives.

9 He fathered sons by Hodesh his wife: Jobab, Zibia, Mesha, Malcam,

10 Jeuz, Sachia, and Mirmah. These were his sons, heads of fathers' houses.

11 He also fathered sons by Hushim: Abitub and Elpaal.

12 The sons of Elpaal: Eber, Misham, and Shemed, who built Ono and Lod with its towns,

13 and Beriah and Shema (they were heads of fathers' houses of the inhabitants of Aijalon, who caused the inhabitants of Gath to flee);

14 and Ahio, Shashak, and Jeremoth.

15 Zebadiah, Arad, Eder,

16 Michael, Ishpah, and Joha were sons of Beriah.

17 Zebadiah, Meshullam, Hizki, Heber,

18 Ishmerai, Izliah, and Jobab were the sons of Elpaal.

19 Jakim, Zichri, Zabdi,

20 Elienai, Zillethai, Eliel,

21 Adaiah, Beraiah, and Shimrath were the sons of Shimei.

22 Ishpan, Eber, Eliel,

23 Abdon, Zichri, Hanan,

24 Hananiah, Elam, Anthothijah,

25 Iphdeiah, and Penuel were the sons of Shashak.

26 Shamsherai, Shehariah, Athaliah,

27 Jaareshiah, Elijah, and Zichri were the sons of Jeroham.

28 These were the heads of fathers' houses, according to their generations, chief men. These lived in Jerusalem.

¶ **29** Jeiel[3] the father of Gibeon lived in Gibeon, and the name of his wife was Maacah.

30 His firstborn son: Abdon, then Zur, Kish, Baal, Nadab,

31 Gedor, Ahio, Zecher,

32 and Mikloth (he fathered Shimeah). Now these also lived opposite their kinsmen in Jerusalem, with their kinsmen.

33 Ner was the father of Kish, Kish of Saul, Saul of Jonathan, Malchi-shua, Abinadab and Eshbaal;

34 and the son of Jonathan was Merib-baal; and Merib-baal was the father of Micah.

35 The sons of Micah: Pithon, Melech, Tarea, and Ahaz.

36 Ahas aber zeugte Joadda. Joadda zeugte Alemet, Asmawet und Simri. Simri zeugte Moza.

37 Moza zeugte Bina; dessen Sohn war Refaja, dessen Sohn war Elasa, dessen Sohn war Azel.

38 Azel aber hatte sechs Söhne, die hießen: Asrikam, Bochru, Jischmael, Schearja, Obadja, Hanan. Die waren alle Söhne Azels.

39 Die Söhne seines Bruders Eschek waren: Ulam, sein Erstgeborener, Jëusch, der zweite Sohn, Elifelet, der dritte.

40 Die Söhne Ulams aber waren gewaltige Leute und geschickt mit Bogen und hatten viele Söhne und Enkel, hundertundfünfzig. Diese alle sind von den Söhnen Benjamin.

9 Und ganz Israel wurde im Geschlechtsregister aufgezeichnet, und siehe, sie sind aufgeschrieben im Buch der Könige von Israel.

Die Einwohner Jerusalems nach der Verbannung

Und Juda wurde weggeführt nach Babel um seines Treubruchs willen.

2 Und die zuerst auf ihrem Besitz und in ihren Städten wohnten, waren Israeliten, Priester, Leviten und Tempelsklaven.

¶ **3** Und in Jerusalem wohnten einige der Söhne Juda, einige der Söhne Benjamin, einige der Söhne Ephraim und Manasse.

4 Von den Söhnen Juda: Utai, der Sohn Ammihuds, des Sohnes Omris, des Sohnes Imris, des Sohnes Banis von den Nachkommen des Perez, des Sohnes Judas;

5 von den Schelanitern aber Asaja, der Erstgeborene, und seine Söhne;

6 von den Söhnen Serach: Jëuël und seine Brüder, 690.

¶ **7** Von den Söhnen Benjamin: Sallu, der Sohn Meschullams, des Sohnes Hodawjas, des Sohnes Senuas,

8 und Jibneja, der Sohn Jerohams, und Ela, der Sohn Usis, des Sohnes Michris, und Meschullam, der Sohn Schefatjas, des Sohnes Reguëls, des Sohnes Jibnijas.

9 Dazu ihre Brüder nach ihren Geschlechtern, 956. Alle diese Männer waren Sippenhäupter.

¶ **10** Von den Priestern aber: Jedaja, Jojarib, Jachin

11 und Asarja, der Sohn Hilkijas, des Sohnes Meschullams, des Sohnes Zadoks, des Sohnes Merajots, des Sohnes Ahitubs, der Vorsteher im Hause Gottes,

36 Ahaz fathered Jehoaddah, and Jehoaddah fathered Alemeth, Azmaveth, and Zimri. Zimri fathered Moza.

37 Moza fathered Binea; Raphah was his son, Eleasah his son, Azel his son.

38 Azel had six sons, and these are their names: Azrikam, Bocheru, Ishmael, Sheariah, Obadiah, and Hanan. All these were the sons of Azel.

39 The sons of Eshek his brother: Ulam his firstborn, Jeush the second, and Eliphelet the third.

40 The sons of Ulam were men who were mighty warriors, bowmen, having many sons and grandsons, 150. All these were Benjaminites.

A Genealogy of the Returned Exiles

9 So all Israel was recorded in genealogies, and these are written in the Book of the Kings of Israel. And Judah was taken into exile in Babylon because of their breach of faith.

2 Now the first to dwell again in their possessions in their cities were Israel, the priests, the Levites, and the temple servants.

3 And some of the people of Judah, Benjamin, Ephraim, and Manasseh lived in Jerusalem:

4 Uthai the son of Ammihud, son of Omri, son of Imri, son of Bani, from the sons of Perez the son of Judah.

5 And of the Shilonites: Asaiah the firstborn, and his sons.

6 Of the sons of Zerah: Jeuel and their kinsmen, 690.

7 Of the Benjaminites: Sallu the son of Meshullam, son of Hodaviah, son of Hassenuah,

8 Ibneiah the son of Jeroham, Elah the son of Uzzi, son of Michri, and Meshullam the son of Shephatiah, son of Reuel, son of Ibnijah;

9 and their kinsmen according to their generations, 956. All these were heads of fathers' houses according to their fathers' houses.

¶ **10** Of the priests: Jedaiah, Jehoiarib, Jachin,

11 and Azariah the son of Hilkiah, son of Meshullam, son of Zadok, son of Meraioth, son of Ahitub, the chief officer of the house of God;

12 und Adaja, der Sohn Jerohams, des Sohnes Paschhurs, des Sohnes Malkijas, und Masai, der Sohn Adiëls, des Sohnes Jachseras, des Sohnes Meschullams, des Sohnes Meschillemots, des Sohnes Immers,

13 dazu ihre Brüder, Sippenhäupter, 1760, tüchtige Leute im Dienst des Amtes im Hause Gottes.

¶ **14** Von den Leviten aber aus den Söhnen Merari: Schemaja, der Sohn Haschubs, des Sohnes Asrikams, des Sohnes Haschabjas,

15 und Bakbukja, Heresch und Galal und Mattanja, der Sohn Michas, des Sohnes Sichris, des Sohnes Asafs,

16 und Abda, der Sohn Schammuas, des Sohnes Galals, des Sohnes Jedutuns, und Berechja, der Sohn Asas, des Sohnes Elkanas, der in den Gehöften der Netofatiter wohnte.

Die Ämter der Leviten

17 Die Torhüter aber waren: Schallum, Akkub, Talmon, Ahiman; und ihr Bruder Schallum war der Vorsteher

18 und er steht bis jetzt am Tor des Königs im Osten. Das waren die Torhüter in den Lagern der Leviten.

19 Und Schallum, der Sohn Kores, des Sohnes Abiasafs, des Sohnes Korachs, und seine Brüder aus seiner Sippe, die Korachiter, waren im Dienst des Amtes, dass sie hüteten die Schwelle der Stiftshütte, wie auch ihre Väter im Lager des HERRN den Eingang gehütet hatten.

20 Pinhas aber, der Sohn Eleasars, – der HERR sei mit ihm! – war vorzeiten Vorsteher über sie.

21 Secharja aber, der Sohn Meschelemjas, war Hüter am Tor der Stiftshütte.

¶ **22** Alle diese waren auserlesen zu Hütern an der Schwelle, zweihundertzwölf; diese waren zwar aufgezeichnet in ihren Gehöften, aber David und Samuel, der Seher, hatten sie in ihr Amt eingesetzt,

23 dass sie und ihre Söhne als Wächter hüten sollten die Tore am Hause des HERRN, nämlich an der Stiftshütte.

24 Es waren aber diese Torhüter nach den vier Himmelsrichtungen aufgestellt: nach Osten, nach Westen, nach Norden und Süden.

25 Ihre Brüder aber waren auf ihren Gehöften und mussten zur verordneten Zeit für jeweils sieben Tage hereinkommen, um mit ihnen Dienst zu tun.

12 and Adaiah the son of Jeroham, son of Pashhur, son of Malchijah, and Maasai the son of Adiel, son of Jahzerah, son of Meshullam, son of Meshillemith, son of Immer;

13 besides their kinsmen, heads of their fathers' houses, 1,760, mighty men for the work of the service of the house of God.

¶ **14** Of the Levites: Shemaiah the son of Hasshub, son of Azrikam, son of Hashabiah, of the sons of Merari;

15 and Bakbakkar, Heresh, Galal and Mattaniah the son of Mica, son of Zichri, son of Asaph;

16 and Obadiah the son of Shemaiah, son of Galal, son of Jeduthun, and Berechiah the son of Asa, son of Elkanah, who lived in the villages of the Netophathites.

¶ **17** The gatekeepers were Shallum, Akkub, Talmon, Ahiman, and their kinsmen (Shallum was the chief);

18 until then they were in the king's gate on the east side as the gatekeepers of the camps of the Levites.

19 Shallum the son of Kore, son of Ebiasaph, son of Korah, and his kinsmen of his fathers' house, the Korahites, were in charge of the work of the service, keepers of the thresholds of the tent, as their fathers had been in charge of the camp of the LORD, keepers of the entrance.

20 And Phinehas the son of Eleazar was the chief officer over them in time past; the LORD was with him.

21 Zechariah the son of Meshelemiah was gatekeeper at the entrance of the tent of meeting.

22 All these, who were chosen as gatekeepers at the thresholds, were 212. They were enrolled by genealogies in their villages. David and Samuel the seer established them in their office of trust.

23 So they and their sons were in charge of the gates of the house of the LORD, that is, the house of the tent, as guards.

24 The gatekeepers were on the four sides, east, west, north, and south.

25 And their kinsmen who were in their villages were obligated to come in every seven days, in turn, to be with these,

26 Denn die vier obersten Torhüter standen immerfort im Amt.

¶ Und einige von den Leviten waren über die Kammern und Schätze im Hause Gottes gesetzt.

27 Auch blieben sie die Nacht über um das Haus Gottes, denn sie mussten Wache halten und alle Morgen die Türen auftun.

28 Und einige von ihnen waren gesetzt über die Geräte für den Dienst; denn sie mussten sie abgezählt heraus- und hineintragen.

29 Und einige von ihnen waren bestellt über die Gefäße und über alle heiligen Geräte, über Feinmehl, über Wein, über Öl, über Weihrauch, über Spezerei.

30 Und einige der Söhne der Priester machten Salböl aus der Spezerei.

31 Und Mattitja von den Leviten, dem Erstgeborenen Schallums, des Korachiters, waren die Pfannen anvertraut.

32 Von den Kehatitern aber, ihren Brüdern, waren einige bestellt über die Schaubrote, sie zuzurichten auf alle Sabbate.

¶ **33** Das sind die Sänger, die Sippenhäupter der Leviten, die in den Kammern keinen Dienst hatten, denn Tag und Nacht waren sie in ihrem Amt.

34 Das sind die Sippenhäupter unter den Leviten nach ihren Geschlechtern. Diese wohnten in Jerusalem.

Die Sippe Sauls
(vgl. Kap 8,29-38)

35 In Gibeon wohnten Jëiël, der Vater Gibeons; seine Frau hieß Maacha

36 und sein Erstgeborener Abdon; ferner Zur, Kisch, Baal, Ner, Nadab,

37 Gedor, Achjo, Secher, Miklot.

38 Miklot aber zeugte Schima. Auch sie wohnten mit ihren Brüdern in Jerusalem, ihnen gegenüber.

¶ **39** Ner aber zeugte Abner. Kisch zeugte Saul. Saul zeugte Jonatan, Malkischua, Abinadab, Eschbaal.

40 Der Sohn Jonatans aber war Merib-Baal. Merib-Baal aber zeugte Micha.

¶ **41** Die Söhne Michas waren: Piton, Melech, Tachrea und Ahas.

42 Ahas zeugte Joadda. Joadda zeugte Alemet, Asmawet und Simri. Simri zeugte Moza.

43 Moza zeugte Bina; dessen Sohn war Refaja, dessen Sohn war Elasa, dessen Sohn war Azel.

26 for the four chief gatekeepers, who were Levites, were entrusted to be over the chambers and the treasures of the house of God.

27 And they lodged around the house of God, for on them lay the duty of watching, and they had charge of opening it every morning.

¶ **28** Some of them had charge of the utensils of service, for they were required to count them when they were brought in and taken out.

29 Others of them were appointed over the furniture and over all the holy utensils, also over the fine flour, the wine, the oil, the incense, and the spices.

30 Others, of the sons of the priests, prepared the mixing of the spices,

31 and Mattithiah, one of the Levites, the firstborn of Shallum the Korahite, was entrusted with making the flat cakes.

32 Also some of their kinsmen of the Kohathites had charge of the showbread, to prepare it every Sabbath.

¶ **33** Now these, the singers, the heads of fathers' houses of the Levites, were in the chambers of the temple free from other service, for they were on duty day and night.

34 These were heads of fathers' houses of the Levites, according to their generations, leaders. These lived in Jerusalem.

Saul's Genealogy Repeated

¶ **35** In Gibeon lived the father of Gibeon, Jeiel, and the name of his wife was Maacah,

36 and his firstborn son Abdon, then Zur, Kish, Baal, Ner, Nadab,

37 Gedor, Ahio, Zechariah, and Mikloth;

38 and Mikloth was the father of Shimeam; and these also lived opposite their kinsmen in Jerusalem, with their kinsmen.

39 Ner fathered Kish, Kish fathered Saul, Saul fathered Jonathan, Malchi-shua, Abinadab, and Eshbaal.

40 And the son of Jonathan was Meribbaal, and Merib-baal fathered Micah.

41 The sons of Micah: Pithon, Melech, Tahrea, and Ahaz.[1]

42 And Ahaz fathered Jarah, and Jarah fathered Alemeth, Azmaveth, and Zimri. And Zimri fathered Moza.

43 Moza fathered Binea, and Rephaiah was his son, Eleasah his son, Azel his son.

44 Azel aber hatte sechs Söhne; die hießen: Asrikam, Bochru, Jischmael, Schearja, Obadja, Hanan. Das sind die Söhne Azels.

Sauls Untergang
(vgl. 1.Sam 31,1-13)

10 Die Philister kämpften gegen Israel und die Männer Israels flohen vor den Philistern und blieben erschlagen liegen auf dem Gebirge Gilboa.

2 Aber die Philister waren hinter Saul und seinen Söhnen her und erschlugen Jonatan, Abinadab und Malkischua, die Söhne Sauls.

¶ **3** Und der Kampf tobte heftig um Saul, und die Bogenschützen fanden ihn und er wurde verwundet von den Schützen.

4 Da sprach Saul zu seinem Waffenträger: Zieh dein Schwert und erstich mich damit, dass nicht diese Unbeschnittenen kommen und treiben ihren Spott mit mir. Aber sein Waffenträger wollte nicht; denn er fürchtete sich sehr. Da nahm Saul sein Schwert und stürzte sich hinein.

5 Als aber sein Waffenträger sah, dass Saul tot war, stürzte auch er sich ins Schwert und starb.

6 So starben Saul und zugleich seine drei Söhne und sein ganzes Haus.

7 Als aber die Männer Israels, die in der Ebene wohnten, sahen, dass sie geflohen waren und dass Saul und seine Söhne tot waren, verließen sie ihre Städte und flohen, und die Philister kamen und wohnten darin.

¶ **8** Am andern Tage kamen die Philister, um die Erschlagenen auszuplündern, und fanden Saul und seine Söhne, wie sie gefallen auf dem Gebirge Gilboa lagen.

9 Da plünderten sie ihn aus und nahmen sein Haupt und seine Rüstung und sandten sie im Land der Philister umher und ließen's verkünden vor ihren Götzen und dem Volk.

10 Und sie legten seine Rüstung nieder im Haus ihres Gottes und seinen Schädel hefteten sie ans Haus Dagons.

¶ **11** Als aber jedermann von Jabesch in Gilead hörte, was die Philister Saul alles angetan hatten,

12 machten sie sich auf, alle streitbaren Männer, und nahmen die Leichname Sauls und seiner Söhne und brachten sie nach Jabesch und begruben ihre Gebeine unter der Eiche bei Jabesch und fasteten sieben Tage.

44 Azel had six sons and these are their names: Azrikam, Bocheru, Ishmael, Sheariah, Obadiah, and Hanan; these were the sons of Azel.

The Death of Saul and His Sons

10 Now the Philistines fought against Israel, and the men of Israel fled before the Philistines and fell slain on Mount Gilboa.

2 And the Philistines overtook Saul and his sons, and the Philistines struck down Jonathan and Abinadab and Malchi-shua, the sons of Saul.

3 The battle pressed hard against Saul, and the archers found him, and he was wounded by the archers.

4 Then Saul said to his armor-bearer, "Draw your sword and thrust me through with it, lest these uncircumcised come and mistreat me." But his armor-bearer would not, for he feared greatly. Therefore Saul took his own sword and fell upon it.

5 And when his armor-bearer saw that Saul was dead, he also fell upon his sword and died.

6 Thus Saul died; he and his three sons and all his house died together.

7 And when all the men of Israel who were in the valley saw that the army[1] had fled and that Saul and his sons were dead, they abandoned their cities and fled, and the Philistines came and lived in them.

¶ **8** The next day, when the Philistines came to strip the slain, they found Saul and his sons fallen on Mount Gilboa.

9 And they stripped him and took his head and his armor, and sent messengers throughout the land of the Philistines to carry the good news to their idols and to the people.

10 And they put his armor in the temple of their gods and fastened his head in the temple of Dagon.

11 But when all Jabesh-gilead heard all that the Philistines had done to Saul,

12 all the valiant men arose and took away the body of Saul and the bodies of his sons, and brought them to Jabesh. And they buried their bones under the oak in Jabesh and fasted seven days.

13 So starb Saul um seines Treubruchs willen, mit dem er sich an dem HERRN versündigt hatte, weil er das Wort des HERRN nicht hielt, auch weil er die Wahrsagerin befragt,

14 den HERRN aber nicht befragt hatte. Darum ließ er ihn sterben und wandte das Königtum David, dem Sohn Isais, zu.

David wird zum König gesalbt und erobert Jerusalem
(vgl. 2.Sam 5,1-10)

11 Und ganz Israel sammelte sich bei David in Hebron und sprach: Siehe, wir sind dein Gebein und dein Fleisch.

2 Schon damals, als Saul König war, führtest du Israel aus und ein. Und der HERR, dein Gott, hat zu dir geredet: Du sollst mein Volk Israel weiden, und du sollst Fürst sein über mein Volk Israel.

3 Und alle Ältesten Israels kamen zum König nach Hebron. Und David schloss einen Bund mit ihnen in Hebron vor dem HERRN. Und sie salbten David zum König über Israel nach dem Wort des HERRN durch Samuel.

¶ **4** Und David und ganz Israel zogen hin nach Jerusalem, das ist Jebus; denn die Jebusiter wohnten dort im Lande.

5 Und die Bürger von Jebus sprachen zu David: Du wirst nicht hereinkommen. David aber eroberte die Burg Zion, das ist Davids Stadt.

6 Und David sprach: Wer die Jebusiter zuerst schlägt, der soll Hauptmann und Oberster sein. Da stieg Joab, der Sohn der Zeruja, zuerst hinauf und wurde Hauptmann.

7 David aber wohnte auf der Burg, daher nennt man sie »Stadt Davids«.

8 Und er baute die Stadt ringsum, vom Millo an rundumher. Joab aber stellte die übrige Stadt wieder her.

9 Und David nahm immer mehr zu an Macht und der HERR Zebaoth war mit ihm.

Die Helden Davids und ihre Taten
(vgl. 2.Sam 23,8-39)

10 Dies sind die Helden Davids, die sich treu zu ihm hielten in seinem Königtum mit ganz Israel, dass man ihn zum König machte nach dem Wort des HERRN über Israel.

11 Und dies ist die Zahl der Helden Davids: Joschobam, der Sohn Hachmonis, der Erste unter den Dreien; er schwang seinen Spieß und erschlug dreihundert auf einmal.

¶ **13** So Saul died for his breach of faith. He broke faith with the LORD in that he did not keep the command of the LORD, and also consulted a medium, seeking guidance.

14 He did not seek guidance from the LORD. Therefore the LORD put him to death and turned the kingdom over to David the son of Jesse.

David Anointed King

11 Then all Israel gathered together to David at Hebron and said, "Behold, we are your bone and flesh.

2 In times past, even when Saul was king, it was you who led out and brought in Israel. And the LORD your God said to you, 'You shall be shepherd of my people Israel, and you shall be prince over my people Israel.'"

3 So all the elders of Israel came to the king at Hebron, and David made a covenant with them at Hebron before the LORD. And they anointed David king over Israel, according to the word of the LORD by Samuel.

David Takes Jerusalem

¶ **4** And David and all Israel went to Jerusalem, that is, Jebus, where the Jebusites were, the inhabitants of the land.

5 The inhabitants of Jebus said to David, "You will not come in here." Nevertheless, David took the stronghold of Zion, that is, the city of David.

6 And David said, "Whoever strikes the Jebusites first shall be chief and commander." And Joab the son of Zeruiah went up first, so he became chief.

7 And David lived in the stronghold; therefore it was called the city of David.

8 And he built the city all around from the Millo in complete circuit, and Joab repaired the rest of the city.

9 And David became greater and greater, for the LORD of hosts was with him.

David's Mighty Men

¶ **10** Now these are the chiefs of David's mighty men, who gave him strong support in his kingdom, together with all Israel, to make him king, according to the word of the LORD concerning Israel.

11 This is an account of David's mighty men: Jashobeam, a [n]Hachmonite, was chief of the three.[1] He wielded his spear against 300 whom he killed at one time.

12 Nach ihm war Eleasar, der Sohn Dodos, der Ahoachiter; er war unter den drei Helden.

13 Dieser war mit David in Pas-Dammim, als die Philister sich dort zum Kampf versammelt hatten. Dort war ein Stück Acker mit Gerste. Und das Volk floh vor den Philistern.

14 Und er trat mitten aufs Feld, sicherte es und schlug die Philister. Und der HERR gab großes Heil.

¶ **15** Und drei aus den dreißig Helden zogen hinab zum Felsen zu David in die Höhle Adullam. Aber das Lager der Philister lag in der Ebene Refaïm.

16 David aber war in der Bergfeste; und die Wache der Philister war damals in Bethlehem.

17 Und David gelüstete es und er sprach: Wer will mir Wasser zu trinken geben aus dem Brunnen am Tor in Bethlehem?

18 Da brachen die Drei in das Lager der Philister ein und schöpften Wasser aus dem Brunnen am Tor in Bethlehem und trugen's und brachten's zu David. Er aber wollte es nicht trinken, sondern goss es aus für den HERRN als Trankopfer

19 und sprach: Das lasse mein Gott fern von mir sein, dass ich solches tue und trinke das Blut dieser Männer, die sich der Gefahr ausgesetzt haben; denn sie haben das Wasser unter Lebensgefahr hergebracht. Darum wollte er's nicht trinken. Das taten die drei Helden.

¶ **20** Abischai, der Bruder Joabs, war der Erste unter den Dreißig und schwang seinen Spieß und erschlug dreihundert. Und er war unter den Dreißig berühmt

21 und hochgeehrt unter den Dreißig und war ihr Oberster, aber an jene Drei kam er nicht heran.

¶ **22** Benaja, der Sohn Jojadas, ein streitbarer Mann von großen Taten, war aus Kabzeel. Er erschlug die beiden »Gotteslöwen« der Moabiter. Er stieg hinab und erschlug einen Löwen in einem Brunnen, als Schnee gefallen war.

23 Er erschlug auch einen ägyptischen Mann, der war fünf Ellen groß und hatte einen Spieß in der Hand, der war wie ein Weberbaum. Aber er ging zu ihm hinab mit einem Stecken und nahm ihm den Spieß aus der Hand und tötete ihn mit dessen eigenem Spieß.

24 Das tat Benaja, der Sohn Jojadas, und er war berühmt unter den dreißig Helden

25 und hochgeehrt unter den Dreißig, aber an jene Drei kam er nicht heran. David aber setzte ihn über seine Leibwache.

¶ **12** And next to him among the three mighty men was Eleazar the son of Dodo, the Ahohite.

13 He was with David at Pas-dammim when the Philistines were gathered there for battle. There was a plot of ground full of barley, and the men fled from the Philistines.

14 But he took his[2] stand in the midst of the plot and defended it and killed the Philistines. And the LORD saved them by a great victory.

¶ **15** Three of the thirty chief men went down to the rock to David at the cave of Adullam, when the army of Philistines was encamped in the Valley of Rephaim.

16 David was then in the stronghold, and the garrison of the Philistines was then at Bethlehem.

17 And David said longingly, "Oh that someone would give me water to drink from the well of Bethlehem that is by the gate!"

18 Then the three mighty men broke through the camp of the Philistines and drew water out of the well of Bethlehem that was by the gate and took it and brought it to David. But David would not drink it. He poured it out to the LORD

19 and said, "Far be it from me before my God that I should do this. Shall I drink the life-blood of these men? For at the risk of their lives they brought it." Therefore he would not drink it. These things did the three mighty men.

¶ **20** Now Abishai, the brother of Joab, was chief of the thirty.[3] And he wielded his spear against 300 men and killed them and won a name beside the three.

21 He was the most renowned[4] of the thirty[5] and became their commander, but he did not attain to the three.

¶ **22** And Benaiah the son of Jehoiada was a valiant man[6] of Kabzeel, a doer of great deeds. He struck down two heroes of Moab. He also went down and struck down a lion in a pit on a day when snow had fallen.

23 And he struck down an Egyptian, a man of great stature, five cubits[7] tall. The Egyptian had in his hand a spear like a weaver's beam, but Benaiah went down to him with a staff and snatched the spear out of the Egyptian's hand and killed him with his own spear.

24 These things did Benaiah the son of Jehoiada and won a name beside the three mighty men.

25 He was renowned among the thirty, but he did not attain to the three. And David set him over his bodyguard.

¶ **26** Die streitbaren Helden waren diese: Asaël, der Bruder Joabs; Elhanan, der Sohn Dodos aus Bethlehem;

27 Schammot, der Haroditer; Helez, der Peletiter;

28 Ira, der Sohn des Ikkesch, aus Tekoa; Abiëser, der Anatotiter;

29 Sibbechai, der Huschatiter; Ilai, der Ahoachiter;

30 Mahrai, der Netofatiter; Heled, der Sohn Baanas, der Netofatiter;

31 Ittai, der Sohn Ribais, von Gibea in Benjamin; Benaja, der Piratoniter;

32 Hiddai, von Nahale-Gaasch; Abiël, der Arbatiter;

33 Asmawet, der Bahurimiter; Eljachba, der Schaalboniter;

34 Jaschen, der Guniter; Jonatan, der Sohn Schages, der Harariter;

35 Ahiam, der Sohn Sachars, der Harariter; Elifal, der Sohn Urs;

36 Hefer, der Mecheratiter; Ahija, der Paloniter;

37 Hezro, der Karmeliter; Naarai, der Sohn Esbais;

38 Joel, der Bruder Nathans; Mibhar, der Sohn Hagris;

39 Zelek, der Ammoniter; Nachrai, der Beerotiter, ein Waffenträger Joabs, des Sohnes der Zeruja;

40 Ira, der Jattiriter; Gareb, der Jattiriter;

41 Uria, der Hetiter; Sabad, der Sohn Achlais;

42 Adina, der Sohn Schisas, der Rubeniter, ein Hauptmann der Rubeniter, und dreißig Mann waren bei ihm;

43 Hanan, der Sohn Maachas; Joschafat, der Mitniter;

44 Usija, der Aschtarotiter; Schama und Jehiël, die Söhne Hotams, des Aroëriters;

45 Jediaël, der Sohn Schimris; Joha, sein Bruder, der Tiziter;

46 Eliël, der Mahawiter; Jeribai und Joschawja, die Söhne Elnaams; Jitma, der Moabiter;

47 Eliël, Obed, Jaasiël aus Zoba.

Davids Mitkämpfer in Ziklag zur Zeit Sauls

12 Dies sind die Männer, die zu David nach Ziklag kamen, als er sich von Saul, dem Sohn des Kisch, fernhalten musste; und sie gehörten auch zu den Helden, den Helfern im Kampf,

¶ **26** The mighty men were Asahel the brother of Joab, Elhanan the son of Dodo of Bethlehem,

27 Shammoth of Harod,[8] Helez the Pelonite,

28 Ira the son of Ikkesh of Tekoa, Abiezer of Anathoth,

29 Sibbecai the Hushathite, Ilai the Ahohite,

30 Maharai of Netophah, Heled the son of Baanah of Netophah,

31 Ithai the son of Ribai of Gibeah of the people of Benjamin, Benaiah of Pirathon,

32 Hurai of the brooks of Gaash, Abiel the Arbathite,

33 Azmaveth of Baharum, Eliahba the Shaalbonite,

34 Hashem[9] the Gizonite, Jonathan the son of Shagee the Hararite,

35 Ahiam the son of Sachar the Hararite, Eliphal the son of Ur,

36 Hepher the Mecherathite, Ahijah the Pelonite,

37 Hezro of Carmel, Naarai the son of Ezbai,

38 Joel the brother of Nathan, Mibhar the son of Hagri,

39 Zelek the Ammonite, Naharai of Beeroth, the armor-bearer of Joab the son of Zeruiah,

40 Ira the Ithrite, Gareb the Ithrite,

41 Uriah the Hittite, Zabad the son of Ahlai,

42 Adina the son of Shiza the Reubenite, a leader of the Reubenites, and thirty with him,

43 Hanan the son of Maacah, and Joshaphat the Mithnite,

44 Uzzia the Ashterathite, Shama and Jeiel the sons of Hotham the Aroerite,

45 Jediael the son of Shimri, and Joha his brother, the Tizite,

46 Eliel the Mahavite, and Jeribai, and Joshaviah, the sons of Elnaam, and Ithmah the Moabite,

47 Eliel, and Obed, and Jaasiel the Mezobaite.

The Mighty Men Join David

12 Now these are the men who came to David at Ziklag, while he could not move about freely because of Saul the son of Kish. And they were among the mighty men who helped him in war.

2 mit Bogen gerüstet, geschickt mit beiden Händen, Steine zu schleudern und Pfeile zu schießen.

¶ Von den Stammesbrüdern Sauls, die aus Benjamin waren:

3 der erste Ahiëser und Joasch, die Söhne Schemaas, des Gibeatiters; Jesiël und Pelet, die Söhne Asmawets; Beracha und Jehu, der Anatotiter;

4 Jischmaja, der Gibeoniter, gewaltig unter den Dreißig und über die Dreißig;

5 Jirmeja, Jahasiël, Johanan, Josabad, der Gederatiter;

6 Elusai, Jerimot, Bealja, Schemarja, Schefatja, der Harufiter;

7 Elkana, Jischija, Asarel, Joëser, Joschobam, die Korachiter;

8 Joëla und Sebadja, die Söhne Jerohams von Gedor.

¶ **9** Von den Gaditern gingen über zu David nach der Bergfeste in der Wüste starke Helden und Kriegsleute, die Schild und Spieß führten, und ihr Angesicht war wie das der Löwen und sie waren schnell wie Rehe auf den Bergen:

10 der erste Eser, der zweite Obadja, der dritte Eliab,

11 der vierte Mischmanna, der fünfte Jirmeja,

12 der sechste Attai, der siebente Eliël,

13 der achte Johanan, der neunte Elsabad,

14 der zehnte Jirmeja, der elfte Machbannai.

15 Diese waren von den Gaditern, Hauptleute im Heer, der Geringste über hundert und der Größte über tausend.

16 Die sind es, die über den Jordan gingen im ersten Monat, als er voll war bis zu beiden Ufern und alle Täler gegen Osten und Westen abriegelte.

¶ **17** Es kamen aber auch Männer von Benjamin und Juda zu David in die Bergfeste.

18 David aber ging heraus zu ihnen und sprach zu ihnen: Kommt ihr im Frieden zu mir und um mir zu helfen, so soll mein Herz mit euch sein; kommt ihr aber mit List und um gegen mich zu sein, da doch kein Frevel an mir ist, so sehe der Gott unserer Väter drein und strafe es!

2 They were bowmen and could shoot arrows and sling stones with either the right or the left hand; they were Benjaminites, Saul's kinsmen.

3 The chief was Ahiezer, then Joash, both sons of Shemaah of Gibeah; also Jeziel and Pelet, the sons of Azmaveth; Beracah, Jehu of Anathoth,

4 Ishmaiah of Gibeon, a mighty man among the thirty and a leader over the thirty; Jeremiah,[1] Jahaziel, Johanan, Jozabad of Gederah,

5 Eluzai,[2] Jerimoth, Bealiah, Shemariah, Shephatiah the Haruphite;

6 Elkanah, Isshiah, Azarel, Joezer, and Jashobeam, the Korahites;

7 And Joelah and Zebadiah, the sons of Jeroham of Gedor.

¶ **8** From the Gadites there went over to David at the stronghold in the wilderness mighty and experienced warriors, expert with shield and spear, whose faces were like the faces of lions and who were swift as gazelles upon the mountains:

9 Ezer the chief, Obadiah second, Eliab third,

10 Mishmannah fourth, Jeremiah fifth,

11 Attai sixth, Eliel seventh,

12 Johanan eighth, Elzabad ninth,

13 Jeremiah tenth, Machbannai eleventh.

14 These Gadites were officers of the army; the least was a match for a hundred men and the greatest for a thousand.

15 These are the men who crossed the Jordan in the first month, when it was overflowing all its banks, and put to flight all those in the valleys, to the east and to the west.

¶ **16** And some of the men of Benjamin and Judah came to the stronghold to David.

17 David went out to meet them and said to them, "If you have come to me in friendship to help me, my heart will be joined to you; but if to betray me to my adversaries, although there is no wrong in my hands, then may the God of our fathers see and rebuke you."

19 Aber der Geist ergriff Amasai, den Ersten der Dreißig, und er sprach: Dein sind wir, David, und mit dir halten wir's, du Sohn Isais! Friede, Friede sei mit dir! Friede sei mit deinen Helfern, denn dein Gott hilft dir! Da nahm David sie an und setzte sie zu Hauptleuten über die Streifschar.

¶ **20** Und von Manasse gingen einige zu David über, als er mit den Philistern auszog gegen Saul zum Kampf. Er aber half ihnen nicht, denn die Fürsten der Philister hielten Rat und schickten ihn weg und sprachen: Wenn er wieder zu Saul, seinem Herrn, überginge, so könnte es uns den Hals kosten.

21 Als er nun nach Ziklag zog, fielen ihm zu von Manasse: Adnach, Josabad, Jediaël, Michael, Josabad, Elihu, Zilletai, Oberste über tausend in Manasse.

22 Und sie halfen David gegen streifende Rotten; denn sie waren alle streitbare Helden und wurden Hauptleute über das Heer.

23 So kamen alle Tage einige zu David, ihm zu helfen, bis es ein großes Heer wurde wie ein Heer Gottes.

Die Krieger, die zu David nach Hebron kamen

24 Und dies ist die Zahl der zum Heeresdienst gerüsteten Männer, die zu David nach Hebron kamen, um das Königtum Sauls ihm zuzuwenden nach dem Wort des Herrn:

¶ **25** Der Männer von Juda, die Schild und Spieß trugen, waren 6800, gerüstet zum Heeresdienst;

26 der Männer von Simeon waren streitbare Helden für den Heeresdienst 7100;

27 der Männer von Levi 4600;

28 und Jojada, der Vorsteher über das Haus Aaron, mit 3700;

29 und Zadok, ein junger streitbarer Held, mit seiner Sippe, 22 Hauptleute;

30 der Männer von Benjamin, Sauls Brüder, 3000, denn bis zu dieser Zeit hielten noch viele von ihnen zum Hause Sauls;

31 der Männer von Ephraim 20800, streitbare Helden und berühmte Männer in ihren Sippen;

32 vom halben Stamm Manasse 18000, die namentlich bestimmt waren, dass sie kämen und David zum König machten;

33 der Männer von Issachar, die erkannten und rieten, was Israel zu jeder Zeit tun sollte, 200 Hauptleute, und alle ihre Brüder folgten ihrem Befehl;

18 Then the Spirit clothed Amasai, chief of the thirty, and he said,

"We are yours, O David,
and with you, O son of Jesse!
Peace, peace to you,
and peace to your helpers!
For your God helps you."

Then David received them and made them officers of his troops.

¶ **19** Some of the men of Manasseh deserted to David when he came with the Philistines for the battle against Saul. (Yet he did not help them, for the rulers of the Philistines took counsel and sent him away, saying, "At peril to our heads he will desert to his master Saul.")

20 As he went to Ziklag, these men of Manasseh deserted to him: Adnah, Jozabad, Jediael, Michael, Jozabad, Elihu, and Zillethai, chiefs of thousands in Manasseh.

21 They helped David against the band of raiders, for they were all mighty men of valor and were commanders in the army.

22 For from day to day men came to David to help him, until there was a great army, like an army of God.

¶ **23** These are the numbers of the divisions of the armed troops who came to David in Hebron to turn the kingdom of Saul over to him, according to the word of the Lord.

24 The men of Judah bearing shield and spear were 6,800 armed troops.

25 Of the Simeonites, mighty men of valor for war, 7,100.

26 Of the Levites 4,600.

27 The prince Jehoiada, of the house of Aaron, and with him 3,700.

28 Zadok, a young man mighty in valor, and twenty-two commanders from his own fathers' house.

29 Of the Benjaminites, the kinsmen of Saul, 3,000, of whom the majority had to that point kept their allegiance to the house of Saul.

30 Of the Ephraimites 20,800, mighty men of valor, famous men in their fathers' houses.

31 Of the half-tribe of Manasseh 18,000, who were expressly named to come and make David king.

32 Of Issachar, men who had understanding of the times, to know what Israel ought to do, 200 chiefs, and all their kinsmen under their command.

34 von Sebulon wehrfähige Männer, zum Kampf gerüstet mit allerlei Waffen, 50000, David einmütig zu helfen;

35 von Naftali 1000 Hauptleute und mit ihnen 37000 mit Schild und Spieß;

36 von Dan, zum Kampf gerüstet, 28600;

37 von Asser wehrfähige Männer, gerüstet zum Kampf, 40000;

38 von jenseits des Jordans, von den Rubenitern, Gaditern und dem halben Stamm Manasse, 120000 mit allerlei Waffen zum Kampf.

¶ **39** Alle diese Kriegsleute, in Heeresordnung, kamen von ganzem Herzen nach Hebron, um David zum König zu machen über ganz Israel. Auch war das ganze übrige Israel eines Herzens, dass man David zum König machte.

40 Und sie waren dort bei David drei Tage, aßen und tranken; denn ihre Brüder hatten für sie gesorgt.

41 Auch die, die ihnen nahe waren, bis nach Issachar, Sebulon und Naftali, brachten Nahrung auf Eseln, Kamelen, Maultieren und Rindern: Brot, Kuchen von Feigen und Rosinen, Wein, Öl, dazu Rinder und Schafe in Menge; denn Freude war in Israel.

David holt die Bundeslade und bringt sie in das Haus Obed-Edoms
(vgl. 2.Sam 6,1-11)

13 Und David hielt einen Rat mit den Hauptleuten über tausend und über hundert und mit allen Anführern

2 und sprach zu der ganzen Gemeinde Israel: Gefällt es euch und ist's dem HERRN, unserm Gott, angenehm, so lasst uns hinschicken zu unsern Brüdern in allen Landen Israels, dazu auch zu den Priestern und Leviten in ihren Wohnstätten, dass sie sich bei uns versammeln.

3 Und lasst uns die Lade unseres Gottes wieder zu uns holen; denn zu Sauls Zeiten fragten wir nicht nach ihr.

4 Da sprach die ganze Gemeinde, man solle das tun; denn es gefiel allem Volk gut.

¶ **5** So versammelte David ganz Israel, vom Schihor Ägyptens an bis dorthin, wo es nach Hamat geht, um die Lade Gottes von Kirjat-Jearim zu holen.

33 Of Zebulun 50,000 seasoned troops, equipped for battle with all the weapons of war, to help David[3] with singleness of purpose.

34 Of Naphtali 1,000 commanders with whom were 37,000 men armed with shield and spear.

35 Of the Danites 28,600 men equipped for battle.

36 Of Asher 40,000 seasoned troops [z] ready for battle.

37 Of the Reubenites and Gadites and the half-tribe of Manasseh from beyond the Jordan, 120,000 men armed with all the weapons of war.

¶ **38** All these, men of war, arrayed in battle order, came to Hebron with full intent to make David king over all Israel. Likewise, all the rest of Israel were of a single mind to make David king.

39 And they were there with David for three days, eating and drinking, for their brothers had made preparation for them.

40 And also their relatives, from as far as Issachar and Zebulun and Naphtali, came bringing food on donkeys and on camels and on mules and on oxen, abundant provisions of flour, cakes of figs, clusters of raisins, and wine and oil, oxen and sheep, for there was joy in Israel.

The Ark Brought from Kiriath-Jearim

13 David consulted with the commanders of thousands and of hundreds, with every leader.

2 And David said to all the assembly of Israel, "If it seems good to you and from the LORD our God, let us send abroad to our brothers who remain in all the lands of Israel, as well as to the priests and Levites in the cities that have pasturelands, that they may be gathered to us.

3 Then let us bring again the ark of our God to us, for we did not seek it[1] in the days of Saul."

4 All the assembly agreed to do so, for the thing was right in the eyes of all the people.

Uzzah and the Ark

¶ **5** So David assembled all Israel from the Nile[2] of Egypt to Lebo-hamath, to bring the ark of God from Kiriath-jearim.

6 Und David zog hin mit ganz Israel nach Baala, das ist Kirjat-Jearim, das in Juda liegt, um von da heraufzubringen die Lade Gottes, des HERRN, der über den Cherubim thront, wo sein Name angerufen wird.

7 Und sie ließen die Lade Gottes auf einem neuen Wagen aus dem Hause Abinadabs fahren. Usa aber und sein Bruder lenkten den Wagen.

8 David aber und ganz Israel tanzten mit aller Macht vor Gott her, mit Liedern, mit Harfen, mit Psaltern, mit Pauken, mit Zimbeln und mit Trompeten.

¶ **9** Als sie aber zur Tenne Kidons kamen, streckte Usa seine Hand aus, um die Lade zu halten; denn die Rinder glitten aus.

10 Da entbrannte der Grimm des HERRN über Usa und er schlug ihn, weil er seine Hand nach der Lade ausgestreckt hatte, sodass er dort starb vor Gott.

11 Da ergrimmte David, dass der HERR den Usa so wegriss, und man nannte die Stätte »Perez-Usa« bis auf diesen Tag.

12 Und an jenem Tage fürchtete sich David vor Gott und sprach: Wie darf ich da noch die Lade Gottes zu mir bringen?

13 Darum ließ er die Lade Gottes nicht zu sich bringen in die Stadt Davids, sondern ließ sie hinbringen ins Haus Obed-Edoms, des Gatiters.

14 So blieb die Lade Gottes bei Obed-Edom in seinem Hause drei Monate. Und der HERR segnete das Haus Obed-Edoms und alles, was er hatte.

Davids weitere Söhne. Seine Siege über die Philister

(vgl. 2.Sam 5,11-25)

14 Und Hiram, der König von Tyrus, sandte Boten zu David und Zedernholz, Steinmetzen und Zimmerleute, dass sie ihm ein Haus bauten.

2 Und David erkannte, dass der HERR ihn zum König über Israel bestätigt hatte; denn sein Königtum war hoch erhoben worden um seines Volkes Israel willen.

3 Und David nahm noch mehr Frauen zu Jerusalem und zeugte noch mehr Söhne und Töchter.

4 Die Söhne, die ihm zu Jerusalem geboren wurden, hießen: Schammua, Schobab, Nathan, Salomo,

5 Jibhar, Elischua, Elpelet,

6 Nogah, Nefeg, Jafia,

7 Elischama, Beeljada, Elifelet.

6 And David and all Israel went up to Baalah, that is, to Kiriath-jearim that belongs to Judah, to bring up from there the ark of God, which is called by the name of the LORD who sits enthroned above the cherubim.

7 And they carried the ark of God on a new cart, from the house of Abinadab, and Uzzah and Ahio[3] were driving the cart.

8 And David and all Israel were rejoicing before God with all their might, with song and lyres and harps and tambourines and cymbals and trumpets.

¶ **9** And when they came to the threshing floor of Chidon, Uzzah put out his hand to take hold of the ark, for the oxen stumbled.

10 And the anger of the LORD was kindled against Uzzah, and he struck him down because he put out his hand to the ark, and he died there before God.

11 And David was angry because the LORD had broken out against Uzzah. And that place is called Perez-uzza[4] to this day.

12 And David was afraid of God that day, and he said, "How can I bring the ark of God home to me?"

13 So David did not take the ark home into the city of David, but took it aside to the house of Obed-edom the Gittite.

14 And the ark of God remained with the household of Obed-edom in his house three months. And the LORD blessed the household of Obed-edom and all that he had.

David's Wives and Children

14 And Hiram king of Tyre sent messengers to David, and cedar trees, also masons and carpenters to build a house for him.

2 And David knew that the LORD had established him as king over Israel, and that his kingdom was highly exalted for the sake of his people Israel.

¶ **3** And David took more wives in Jerusalem, and David fathered more sons and daughters.

4 These are the names of the children born to him in Jerusalem: Shammua, Shobab, Nathan, Solomon,

5 Ibhar, Elishua, Elpelet,

6 Nogah, Nepheg, Japhia,

7 Elishama, Beeliada and Eliphelet.

8 Als aber die Philister hörten, dass David zum König gesalbt war über ganz Israel, zogen sie alle herauf, um sich Davids zu bemächtigen. Als das David hörte, zog er aus gegen sie.

9 Und die Philister kamen und ließen sich nieder in der Ebene Refaïm.

10 David aber befragte Gott und sprach: Soll ich hinaufziehen gegen die Philister und willst du sie in meine Hand geben? Der HERR sprach zu ihm: Zieh hinauf! Ich will sie in deine Hände geben.

11 Und als sie hinaufzogen nach Baal-Perazim, schlug sie David dort. Und David sprach: Gott hat durch meine Hand die Reihen meiner Feinde durchbrochen, wie das Wasser einen Damm durchbricht. Daher nannte man die Stätte »Baal-Perazim«.

12 Und sie ließen ihre Götter dort zurück; die befahl David mit Feuer zu verbrennen.

13 Aber die Philister kamen wieder und ließen sich nieder in der Ebene.

14 Und David befragte Gott abermals und Gott sprach zu ihm: Du sollst nicht hinaufziehen hinter ihnen her, sondern umgehe sie, dass du an sie herankommst von den Bakabäumen her.

15 Wenn du dann hören wirst, wie das Rauschen oben in den Bakabäumen einhergeht, so brich hervor zum Kampf; denn Gott ist dann vor dir ausgezogen, zu schlagen das Heer der Philister.

16 Und David tat, wie ihm Gott geboten hatte, und sie schlugen das Heer der Philister von Gibeon an bis Geser.

17 Und Davids Name ging aus in alle Lande, und der HERR ließ Furcht vor ihm über alle Völker kommen.

Die Bundeslade wird nach Jerusalem gebracht
(vgl. 2.Sam 6,12-16)

15 Und David baute sich Häuser in der Stadt Davids und bereitete der Lade Gottes eine Stätte und richtete ein Zelt für sie auf.

2 Damals sprach David: Die Lade Gottes soll niemand tragen außer den Leviten; denn diese hat der HERR erwählt, dass sie die Lade des HERRN tragen und ihm dienen allezeit.

3 Da versammelte David ganz Israel nach Jerusalem, damit sie die Lade des HERRN hinaufbrächten an die Stätte, die er dazu bereitet hatte.

4 Und David brachte zusammen die Söhne Aaron und die Leviten:

Philistines Defeated

8 When the Philistines heard that David had been anointed king over all Israel, all the Philistines went up to search for David. But David heard of it and went out against them.

9 Now the Philistines had come and made a raid in the Valley of Rephaim.

10 And David inquired of God, "Shall I go up against the Philistines? Will you give them into my hand?" And the LORD said to him, "Go up, and I will give them into your hand."

11 And he went up to Baal-perazim, and David struck them down there. And David said, "God has broken through[1] my enemies by my hand, like a bursting flood." Therefore the name of that place is called Baal-perazim.

12 And they left their gods there, and David gave command, and they were burned.

13 And the Philistines yet again made a raid in the valley.

14 And when David again inquired of God, God said to him, "You shall not go up after them; go around and come against them opposite the balsam trees.

15 And when you hear the sound of marching in the tops of the balsam trees, then go out to battle, for God has gone out before you to strike down the army of the Philistines."

16 And David did as God commanded him, and they struck down the Philistine army from Gibeon to Gezer.

17 And the fame of David went out into all lands, and the LORD brought the fear of him upon all nations.

The Ark Brought to Jerusalem

15 David[1] built houses for himself in the city of David. And he prepared a place for the ark of God and pitched a tent for it.

2 Then David said that no one but the Levites may carry the ark of God, for the LORD had chosen them to carry the ark of the LORD and to minister to him forever.

3 And David assembled all Israel at Jerusalem to bring up the ark of the LORD to its place, which he had prepared for it.

4 And David gathered together the sons of Aaron and the Levites:

5 von den Söhnen Kehat: Uriël, den Obersten, samt seinen Brüdern, 120;

6 von den Söhnen Merari: Asaja, den Obersten, samt seinen Brüdern, 220;

7 von den Söhnen Gerschon: Joel, den Obersten, samt seinen Brüdern, 130;

8 von den Söhnen Elizafan: Schemaja, den Obersten, samt seinen Brüdern, 200;

9 von den Söhnen Hebron: Eliël, den Obersten, samt seinen Brüdern, 80;

10 von den Söhnen Usiël: Amminadab, den Obersten, samt seinen Brüdern, 112.

¶ **11** Und David rief die Priester Zadok und Abjatar und die Leviten, nämlich Uriël, Asaja, Joel, Schemaja, Eliël, Amminadab,

12 und sprach zu ihnen: Ihr seid die Häupter der Sippen unter den Leviten; so heiligt nun euch und eure Brüder, dass ihr die Lade des HERRN, des Gottes Israels, heraufbringt an den Ort, den ich ihr bereitet habe.

13 Denn das erste Mal, als ihr nicht da wart, machte der HERR, unser Gott, einen Riss unter uns, weil wir ihn nicht befragt hatten, wie sich's gebührt.

14 So heiligten sich die Priester und Leviten, damit sie die Lade des HERRN, des Gottes Israels, heraufbrächten.

15 Und die Leviten trugen die Lade Gottes auf ihren Schultern mit den Stangen, wie Mose geboten hatte nach dem Wort des HERRN.

¶ **16** Und David befahl den Obersten der Leviten, dass sie ihre Brüder, die Sänger, bestellen sollten mit Saitenspielen, mit Psaltern, Harfen und hellen Zimbeln, dass sie laut sängen und mit Freuden.

17 Da bestellten die Leviten Heman, Sohn Joels, und von seinen Brüdern Asaf, den Sohn Berechjas, und von den Söhnen Merari, ihren Brüdern, Etan, den Sohn Kuschajas,

18 und mit ihnen ihre Brüder der zweiten Ordnung: Secharja, Jaasiël, Schemiramot, Jehiël, Unni, Eliab, Benaja, Maaseja, Mattitja, Elifelehu, Mikneja, Obed-Edom, Jëiël, die Torhüter.

19 Denn Heman, Asaf und Etan waren Sänger mit kupfernen, hell klingenden Zimbeln;

20 Secharja aber, Jaasiël, Schemiramot, Jehiël, Unni, Eliab, Maaseja und Benaja mit Psaltern zu spielen;

21 Mattitja aber, Elifelehu, Mikneja, Obed-Edom, Jëiël und Asaja mit Harfen von acht Saiten zu spielen;

22 Kenanja aber, der Leviten Oberster, der Singmeister, unterwies sie im Singen; denn er verstand sich darauf.

5 of the sons of Kohath, Uriel the chief, with 120 of his brothers;

6 of the sons of Merari, Asaiah the chief, with 220 of his brothers;

7 of the sons of Gershom, Joel the chief, with 130 of his brothers;

8 of the sons of Elizaphan, Shemaiah the chief, with 200 of his brothers;

9 of the sons of Hebron, Eliel the chief, with 80 of his brothers;

10 of the sons of Uzziel, Amminadab the chief, with 112 of his brothers.

11 Then David summoned the priests Zadok and Abiathar, and the Levites Uriel, Asaiah, Joel, Shemaiah, Eliel, and Amminadab,

12 and said to them, "You are the heads of the fathers' houses of the Levites. Consecrate yourselves, you and your brothers, so that you may bring up the ark of the LORD, the God of Israel, to the place that I have prepared for it.

13 Because you did not carry it the first time, the LORD our God broke out against us, because we did not seek him according to the rule."

14 So the priests and the Levites consecrated themselves to bring up the ark of the LORD, the God of Israel.

15 And the Levites carried the ark of God on their shoulders with the poles, as Moses had commanded according to the word of the LORD.

¶ **16** David also commanded the chiefs of the Levites to appoint their brothers as the singers who should play loudly on musical instruments, on harps and lyres and cymbals, to raise sounds of joy.

17 So the Levites appointed Heman the son of Joel; and of his brothers Asaph the son of Berechiah; and of the sons of Merari, their brothers, Ethan the son of Kushaiah;

18 and with them their brothers of the second order, Zechariah, Jaaziel, Shemiramoth, Jehiel, Unni, Eliab, Benaiah, Maaseiah, Mattithiah, Eliphelehu, and Mikneiah, and the gatekeepers Obed-edom and Jeiel.

19 The singers, Heman, Asaph, and Ethan, were to sound bronze cymbals;

20 Zechariah, Aziel, Shemiramoth, Jehiel, Unni, Eliab, Maaseiah, and Benaiah were to play harps according to Alamoth;

21 but Mattithiah, Eliphelehu, Mikneiah, Obed-edom, Jeiel, and Azaziah were to lead with lyres according to the Sheminith.

22 Chenaniah, leader of the Levites in music, should direct the music, for he understood it.

23 Und Berechja und Elkana waren Torhüter bei der Lade.

24 Aber Schebanja, Joschafat, Netanel, Amasai, Secharja, Benaja, Eliëser, die Priester, bliesen mit Trompeten vor der Lade Gottes; und Obed-Edom und Jehija waren Torhüter bei der Lade.

¶ **25** So zogen David und die Ältesten Israels und die Obersten über tausend hin, um die Lade des Bundes des HERRN heraufzuholen aus dem Hause Obed-Edoms mit Freuden.

26 Und weil Gott den Leviten half, die die Lade des Bundes des HERRN trugen, opferten sie sieben junge Stiere und sieben Widder.

27 Und David hatte ein Obergewand aus feinem Leinen an, desgleichen alle Leviten, die die Lade trugen, und die Sänger und Kenanja, der Oberste beim Gesang der Sänger; auch trug David den leinenen Priesterschurz.

28 So brachte ganz Israel die Lade des Bundes des HERRN hinauf mit Jauchzen, Posaunen, Trompeten und hellen Zimbeln, mit Psaltern und Harfen.

29 Als nun die Lade des Bundes des HERRN in die Stadt Davids kam, sah Michal, die Tochter Sauls, zum Fenster hinaus und als sie den König David tanzen und spielen sah, verachtete sie ihn in ihrem Herzen.

Aufstellung der Bundeslade und Ordnung des Dienstes
(vgl. 2.Sam 6,17-19)

16 Und als sie die Lade Gottes hineinbrachten, setzte man sie in das Zelt, das David für sie aufgerichtet hatte, und opferte Brandopfer und Dankopfer vor Gott.

2 Und als David die Brandopfer und Dankopfer beendet hatte, segnete er das Volk im Namen des HERRN

3 und teilte aus an jedermann in Israel, an Männer und Frauen, ein Brot, ein Stück Fleisch und einen Rosinenkuchen.

4 Und er bestellte einige Leviten zu Dienern vor der Lade des HERRN, dass sie priesen, dankten und lobten den HERRN, den Gott Israels,

5 nämlich Asaf als Vorsteher, Secharja als Zweiten, Jaasiël, Schemiramot, Jehiël, Mattitja, Eliab, Benaja, Obed-Edom und Jëiël mit Psaltern und Harfen, Asaf aber mit hellen Zimbeln,

6 die Priester Benaja und Jahasiël aber, allezeit mit Trompeten zu blasen vor der Lade des Bundes Gottes.

23 Berechiah and Elkanah were to be gatekeepers for the ark.

24 Shebaniah, Joshaphat, Nethanel, Amasai, Zechariah, Benaiah, and Eliezer, the priests, should blow the trumpets before the ark of God. Obed-edom and Jehiah were to be gatekeepers for the ark.

¶ **25** So David and the elders of Israel and the commanders of thousands went to bring up the ark of the covenant of the LORD from the house of Obed-edom with rejoicing.

26 And because God helped the Levites who were carrying the ark of the covenant of the LORD, they sacrificed seven bulls and seven rams.

27 David was clothed with a robe of fine linen, as also were all the Levites who were carrying the ark, and the singers and Chenaniah the leader of the music of the singers. And David wore a linen ephod.

28 So all Israel brought up the ark of the covenant of the LORD with shouting, to the sound of the horn, trumpets, and cymbals, and made loud music on harps and lyres.

¶ **29** And as the ark of the covenant of the LORD came to the city of David, Michal the daughter of Saul looked out of the window and saw King David dancing and rejoicing, and she despised him in her heart.

The Ark Placed in a Tent

16 And they brought in the ark of God and set it inside the tent that David had pitched for it, and they offered burnt offerings and peace offerings before God.

2 And when David had finished offering the burnt offerings and the peace offerings, he blessed the people in the name of the LORD

3 and distributed to all Israel, both men and women, to each a loaf of bread, a portion of meat,[1] and a cake of raisins.

¶ **4** Then he appointed some of the Levites as ministers before the ark of the LORD, to invoke, to thank, and to praise the LORD, the God of Israel.

5 Asaph was the chief, and second to him were Zechariah, Jeiel, Shemiramoth, Jehiel, Mattithiah, Eliab, Benaiah, Obed-edom, and Jeiel, who were to play harps and lyres; Asaph was to sound the cymbals,

6 and Benaiah and Jahaziel the priests were to blow trumpets regularly before the ark of the covenant of God.

Davids Danklied
(vgl. Ps 105,1-15; Ps 96,1-13; Ps 106,1; 106,47-48)

7 Zu der Zeit ließ David zum ersten Mal dem HERRN danken durch Asaf und seine Brüder:

8 Danket dem HERRN, ruft seinen Namen an,
tut kund unter den Völkern sein Tun!

9 Singet und spielet ihm,
redet von allen seinen Wundern!

10 Rühmet seinen heiligen Namen;
es freue sich das Herz derer, die den HERRN suchen!

11 Fraget nach dem HERRN und nach seiner Macht,
suchet sein Angesicht allezeit!

12 Gedenket seiner Wunder, die er getan hat,
seiner Zeichen und der Urteile seines Mundes,

13 ihr, das Geschlecht Israels, seines Knechts,
ihr Söhne Jakobs, seine Auserwählten!

14 Er ist der HERR, unser Gott,
er richtet in aller Welt.

15 Gedenket ewig seines Bundes,
des Wortes, das er verheißen hat
für tausend Geschlechter,

16 den er gemacht hat mit Abraham,
und seines Eides, den er Isaak geschworen hat,

17 den er Jakob gesetzt hat zur Satzung
und Israel zum ewigen Bund

18 und sprach: Dir will ich das Land Kanaan geben,
das Los eures Erbteils.

19 Als sie noch gering an Zahl waren,
wenige und Fremdlinge im Lande,

20 da zogen sie von einem Volk zum andern
und von einem Königreich zum andern.

21 Er ließ niemand ihnen Schaden tun
und wies Könige zurecht um ihretwillen:

22 Tastet meine Gesalbten nicht an,
und tut meinen Propheten kein Leid!

23 Singet dem HERRN, alle Lande,
verkündiget täglich sein Heil!

7 Then on that day David first appointed that thanksgiving be sung to the LORD by Asaph and his brothers.

David's Song of Thanks

8 Oh give thanks to the LORD; call upon his name;
make known his deeds among the peoples!

9 Sing to him; sing praises to him;
tell of all his wondrous works!

10 Glory in his holy name;
let the hearts of those who seek the LORD rejoice!

11 Seek the LORD and his strength;
seek his presence continually!

12 Remember the wondrous works that he has done,
his miracles and the judgments he uttered,

13 O offspring of Israel his servant,
sons of Jacob, his chosen ones!

14 He is the LORD our God;
his judgments are in all the earth.

15 Remember his covenant forever,
the word that he commanded, for a thousand generations,

16 the covenant that he made with Abraham,
his sworn promise to Isaac,

17 which he confirmed as a statute to Jacob,
as an everlasting covenant to Israel,

18 saying, "To you I will give the land of Canaan,
as your portion for an inheritance."

19 When you were few in number,
and of little account, and sojourners in it,

20 wandering from nation to nation,
from one kingdom to another people,

21 he allowed no one to oppress them;
he rebuked kings on their account,

22 saying, "Touch not my anointed ones,
do my prophets no harm!"

23 Sing to the LORD, all the earth!
Tell of his salvation from day to day.

24 Erzählet unter den Heiden seine
   Herrlichkeit
   und unter allen Völkern seine
   Wunder!
25 Denn der HERR ist groß und hoch zu
   loben
   und mehr zu fürchten als alle Götter.

26 Denn aller Heiden Götter sind Götzen,
   der HERR aber hat den Himmel
   gemacht.
27 Hoheit und Pracht sind vor ihm,
   Macht und Freude in seinem
   Heiligtum.

28 Bringet dar dem HERRN, ihr Völker,
   bringet dar dem HERRN Ehre und
   Macht!
29 Bringet dar dem HERRN die Ehre seines
   Namens,
   bringet Geschenke und kommt vor
   ihn und betet den HERRN an in
   heiligem Schmuck!

30 Es fürchte ihn alle Welt.
   Er hat den Erdkreis gegründet,
   dass er nicht wankt.

31 Es freue sich der Himmel, und die Erde
   sei fröhlich,
   und man sage unter den Heiden, dass
   der HERR regiert!
32 Das Meer brause und was darinnen ist,
   und das Feld sei fröhlich und alles,
   was darauf ist.
33 Es sollen jauchzen alle Bäume im Wald
   vor dem HERRN; denn er kommt, zu
   richten die Erde.

34 Danket dem HERRN, denn er ist
   freundlich,
   und seine Güte währet ewiglich.

35 Und sprecht: Hilf uns, Gott, unser
   Heiland,
   und sammle uns und errette uns von
   den Heiden,
   dass wir deinen heiligen Namen preisen
   und dir Lob sagen!

36 Gelobt sei der HERR, der Gott Israels,
   von Ewigkeit zu Ewigkeit!
¶   Und alles Volk sagte: Amen!, und: Lobe
den HERRN!

24 Declare his glory among the nations,
   his marvelous works among all the
   peoples!
25 For great is the LORD, and greatly to be
   praised,
   and he is to be held in awe above all
   gods.
26 For all the gods of the peoples are idols,
   but the LORD made the heavens.
27 Splendor and majesty are before him;
   strength and joy are in his place.

28 Ascribe to the LORD, O clans of the
   peoples,
   ascribe to the LORD glory and strength!
29 Ascribe to the LORD the glory due his
   name;
   bring an offering and come before
   him!
   Worship the LORD in the splendor of
   holiness;[2]
30 tremble before him, all the earth;
   yes, the world is established; it shall
   never be moved.

31 Let the heavens be glad, and let the
   earth rejoice,
   and let them say among the nations,
   "The LORD reigns!"
32 Let the sea roar, and all that fills it;
   let the field exult, and everything in it!
33 Then shall the trees of the forest sing for
   joy
   before the LORD, for he comes to judge
   the earth.

34 Oh give thanks to the LORD, for he is
   good;
   for his steadfast love endures forever!

35 Say also:

   "Save us, O God of our salvation,
   and gather and deliver us from among
   the nations,
   that we may give thanks to your holy
   name,
   and glory in your praise.
36 Blessed be the LORD, the God of Israel,
   from everlasting to everlasting!"

Then all the people said, "Amen!" and praised
the LORD.

¶ **37** Und David ließ dort vor der Lade des Bundes des HERRN den Asaf und seine Brüder, damit sie Dienst täten vor der Lade allezeit, wie es jeder Tag erforderte;

38 dazu Obed-Edom und seine Brüder, achtundsechzig Mann, und Obed-Edom, den Sohn Jedutuns, und Hosa als Torhüter.

39 Und den Priester Zadok und seine Brüder, die Priester, bestellte er bei der Wohnung des HERRN auf der Höhe bei Gibeon,

40 dass sie dem HERRN täglich Brandopfer darbrächten auf dem Brandopferaltar, am Morgen und am Abend, wie geschrieben steht im Gesetz des HERRN, das er Israel geboten hat,

41 und mit ihnen Heman und Jedutun und die andern Erwählten, die namentlich bestimmt waren, um dem HERRN zu danken, dass seine Güte ewiglich währt,

42 mit Trompeten und hell klingenden Zimbeln und mit Saitenspiel zur Ehre Gottes. Die Söhne Jedutuns aber machte er zu Torhütern.

43 Und alles Volk zog hin, ein jeder in sein Haus, und David kehrte auch heim, sein Haus zu segnen.

Das Haus Davids wird in das Königtum Gottes eingesetzt
(vgl. 2.Sam 7,1-16)

17 Es begab sich, als David in seinem Hause wohnte, sprach er zu dem Propheten Nathan: Siehe, ich wohne in einem Zedernhause, und die Lade des Bundes des HERRN ist unter Zeltdecken.

2 Nathan sprach zu David: Alles, was in deinem Herzen ist, das tu; denn Gott ist mit dir.

¶ **3** Aber in derselben Nacht kam das Wort Gottes zu Nathan:

4 Geh hin und sage meinem Knecht David: So spricht der HERR: Nicht du sollst mir ein Haus bauen zur Wohnung.

5 Denn ich habe in keinem Hause gewohnt von dem Tage an, als ich Israel herausführte, bis auf diesen Tag, sondern ich bin umhergezogen von Zelt zu Zelt und von Wohnung zu Wohnung.

6 Habe ich jemals, solange ich mit ganz Israel umherzog, zu einem der Richter in Israel, denen ich gebot zu weiden mein Volk, ein Wort gesagt und gesprochen: Warum baut ihr mir nicht ein Zedernhaus?

Worship Before the Ark

¶ **37** So David left Asaph and his brothers there before the ark of the covenant of the LORD to minister regularly before the ark as each day required,

38 and also Obed-edom and his[3] sixty-eight brothers, while [h]Obed-edom, the son of Jeduthun, and Hosah were to be gatekeepers.

39 And he left Zadok the priest and his brothers the priests before the tabernacle of the LORD in the high place that was at Gibeon

40 to offer burnt offerings to the LORD on the altar of burnt offering regularly morning and evening, to do all that is written in the Law of the LORD that he commanded Israel.

41 With them were Heman and Jeduthun and the rest of those chosen and expressly named to give thanks to the LORD, for his steadfast love endures forever.

42 Heman and Jeduthun had trumpets and cymbals for the music and instruments for sacred song. The sons of Jeduthun were appointed to the gate.

¶ **43** Then all the people departed each to his house, and David went home to bless his household.

The LORD's Covenant with David

17 Now when David lived in his house, David said to Nathan the prophet, "Behold, I dwell in a house of cedar, but the ark of the covenant of the LORD is under a tent."

2 And Nathan said to David, "Do all that is in your heart, for God is with you."

¶ **3** But that same night the word of the LORD came to Nathan,

4 "Go and tell my servant David, 'Thus says the LORD: It is not you who will build me a house to dwell in.

5 For I have not lived in a house since the day I brought up Israel to this day, but I have gone from tent to tent and from dwelling to dwelling.

6 In all places where I have moved with all Israel, did I speak a word with any of the judges of Israel, whom I commanded to shepherd my people, saying, "Why have you not built me a house of cedar?"'

7 So sprich nun zu meinem Knecht David: So spricht der HERR Zebaoth: Ich habe dich von der Weide hinter den Schafen weggenommen, dass du ein Fürst über mein Volk Israel sein solltest,

8 und ich bin mit dir gewesen, wo du hingegangen bist, und habe deine Feinde ausgerottet vor dir und dir einen Namen gemacht, wie die Großen auf Erden Namen haben.

9 Und ich will meinem Volk Israel eine Stätte geben und will es pflanzen, dass es dort wohnen soll, und es soll sich nicht mehr ängstigen, und die Gewalttätigen sollen es nicht mehr bedrängen wie vormals

10 und zu den Zeiten, als ich Richter über mein Volk Israel verordnete. Und ich will alle deine Feinde demütigen und verkündige dir, dass der HERR dir ein Haus bauen will.

11 Wenn aber deine Tage um sind, dass du zu deinen Vätern hingehst, so will ich dir einen Nachkommen, einen deiner Söhne, erwecken; dem will ich sein Königtum bestätigen.

12 Der soll mir ein Haus bauen, und ich will seinen Thron bestätigen ewiglich.

13 Ich will sein Vater sein und er soll mein Sohn sein. Und ich will meine Gnade nicht von ihm wenden, wie ich sie von dem gewandt habe, der vor dir war,

14 sondern ich will ihn einsetzen in mein Haus und in mein Königtum ewiglich, dass sein Thron beständig sei ewiglich.

Davids Dankgebet
(vgl. 2.Sam 7,17-29)

15 Und als Nathan nach all diesen Worten und diesem Gesicht mit David geredet hatte,

16 kam der König David, ließ sich vor dem HERRN nieder und sprach:
¶ Wer bin ich, HERR, Gott, und was ist mein Haus, dass du mich bis hierher gebracht hast?

17 Aber das war dir noch zu wenig, Gott, und du hast über das Haus deines Knechtes auch von ferner Zukunft geredet. Du hast mich schauen lassen, wie ein Mensch ein Gesicht empfängt, und hast mich hoch erhöht, HERR, Gott.

18 Was kann David noch mehr zu dir sagen, da du deinen Knecht so herrlich machst? Du kennst deinen Knecht.

7 Now, therefore, thus shall you say to my servant David, 'Thus says the LORD of hosts, I took you from the pasture, from following the sheep, to be prince over my people Israel,

8 and I have been with you wherever you have gone and have cut off all your enemies from before you. And I will make for you a name, like the name of the great ones of the earth.

9 And I will appoint a place for my people Israel and will plant them, that they may dwell in their own place and be disturbed no more. And violent men shall waste them no more, as formerly,

10 from the time that I appointed judges over my people Israel. And I will subdue all your enemies. Moreover, I declare to you that the LORD will build you a house.

11 When your days are fulfilled to walk with your fathers, I will raise up your offspring after you, one of your own sons, and I will establish his kingdom.

12 He shall build a house for me, and I will establish his throne forever.

13 I will be to him a father, and he shall be to me a son. I will not take my steadfast love from him, as I took it from him who was before you,

14 but I will confirm him in my house and in my kingdom forever, and his throne shall be established forever.' "

15 In accordance with all these words, and in accordance with all this vision, Nathan spoke to David.

David's Prayer

¶ **16** Then King David went in and sat before the LORD and said, "Who am I, O LORD God, and what is my house, that you have brought me thus far?

17 And this was a small thing in your eyes, O God. You have also spoken of your servant's house for a great while to come, and have shown me future generations,[1] O LORD God!

18 And what more can David say to you for honoring your servant? For you know your servant.

19 HERR, um deines Knechtes willen hast du nach deinem Herzen all diese großen Dinge getan, dass du kundtätest alle Herrlichkeit.

20 HERR, keiner ist dir gleich, und es ist kein Gott außer dir, nach allem, was wir mit unsern Ohren gehört haben.

21 Und wo ist ein Volk auf Erden wie dein Volk Israel, um dessentwillen Gott hingegangen ist, sich ein Volk zu erlösen, sich selbst einen Namen zu machen durch große und schreckliche Dinge und Völker auszutreiben vor deinem Volk her, das du aus Ägypten erlöst hast?

22 Du hast dir dein Volk Israel zum Volk gemacht für ewig und du, HERR, bist ihr Gott geworden.

23 Nun, HERR, das Wort, das du über deinen Knecht und über sein Haus geredet hast, werde wahr in Ewigkeit, und tu, wie du geredet hast!

24 Und dein Name werde wahr und groß ewiglich, dass man sage: Der HERR Zebaoth, der Gott Israels, ist Gott in Israel; und das Haus deines Knechtes David sei beständig vor dir.

25 Denn du, mein Gott, hast das Ohr deines Knechtes geöffnet und gesagt, dass du ihm ein Haus bauen willst. Darum hat dein Knecht den Mut gefunden, dass er vor dir betet.

26 Nun, HERR, du bist Gott und hast deinem Knecht dies Gute zugesagt.

27 So fange nun an zu segnen das Haus deines Knechtes, dass es ewiglich vor dir sei; denn was du, HERR, segnest, das ist gesegnet ewiglich.

Davids Kriegsbeute wird für den Tempelbau bestimmt
(vgl. 2.Sam 8,1-14)

18 Danach schlug David die Philister und demütigte sie und nahm Gat und seine Ortschaften aus der Philister Hand.

2 Auch schlug er die Moabiter, sodass die Moabiter David untertan wurden und Abgaben brachten.

¶ **3** Er schlug auch Hadad-Eser, den König von Zoba, bis Hamat hin, als er auszog, seine Macht aufzurichten am Euphratstrom.

4 Und David gewann ihm ab tausend Wagen, siebentausend Reiter und zwanzigtausend Mann zu Fuß. Und David ließ alle Wagenpferde lähmen und behielt hundert übrig.

19 For your servant's sake, O LORD, and according to your own heart, you have done all this greatness, in making known all these great things.

20 There is none like you, O LORD, and there is no God besides you, according to all that we have heard with our ears.

21 And who is like your people Israel, the one[2] nation on earth whom God went to redeem to be his people, making for yourself a name for great and awesome things, in driving out nations before your people whom you redeemed from Egypt?

22 And you made your people Israel to be your people forever, and you, O LORD, became their God.

23 And now, O LORD, let the word that you have spoken concerning your servant and concerning his house be established forever, and do as you have spoken,

24 and your name will be established and magnified forever, saying, 'The LORD of hosts, the God of Israel, is Israel's God,' and the house of your servant David will be established before you.

25 For you, my God, have revealed to your servant that you will build a house for him. Therefore your servant has found courage to pray before you.

26 And now, O LORD, you are God, and you have promised this good thing to your servant.

27 Now you have been pleased to bless the house of your servant, that it may continue forever before you, for it is you, O LORD, who have blessed, and it is blessed forever."

David Defeats His Enemies

18 After this David defeated the Philistines and subdued them, and he took Gath and its villages out of the hand of the Philistines.

¶ **2** And he defeated Moab, and the Moabites became servants to David and brought tribute.

¶ **3** David also defeated Hadadezer king of Zobah-Hamath, as he went to set up his monument[1] at the river Euphrates.

4 And David took from him 1,000 chariots, 7,000 horsemen, and 20,000 foot soldiers. And David hamstrung all the chariot horses, but left enough for 100 chariots.

¶ **5** Und die Aramäer von Damaskus kamen, um Hadad-Eser, dem König von Zoba, zu helfen. Aber David schlug von den Aramäern zweiundzwanzigtausend Mann

6 und setzte Statthalter ein im Aramäerreich von Damaskus, und so wurden die Aramäer David untertan und gaben ihm Tribut; denn der HERR half David, wo er auch hinzog.

7 Und David nahm die goldenen Schilde, die Hadad-Esers Gefolge gehabt hatte, und brachte sie nach Jerusalem.

8 Auch nahm David aus den Städten Hadad-Esers, Tibhat und Kun, sehr viel Kupfer. Davon machte Salomo das kupferne Meer und die Säulen und kupfernen Gefäße.

¶ **9** Als aber Toï, der König von Hamat, hörte, dass David die ganze Streitmacht Hadad-Esers, des Königs von Zoba, geschlagen hatte,

10 sandte er seinen Sohn Hadoram zum König David und ließ ihn grüßen und ihm Segen wünschen, dass er mit Hadad-Eser gekämpft und ihn geschlagen hatte, denn Toï führte Krieg mit Hadad-Eser; und Hadoram brachte mit allerlei goldene, silberne und kupferne Gefäße.

11 Auch diese heiligte der König David dem HERRN wie auch das Silber und Gold, das er den Heiden genommen hatte, den Edomitern, Moabitern, Ammonitern, Philistern und Amalekitern.

¶ **12** Und Abischai, der Sohn der Zeruja, schlug die Edomiter im Salztal, achtzehntausend Mann,

13 und David setzte Statthalter in Edom ein, sodass alle Edomiter David untertan waren; denn der HERR half David, wo er auch hinzog.

Davids Beamte
(vgl. 2.Sam 8,15-18)

14 So regierte David über ganz Israel und schaffte Recht und Gerechtigkeit seinem ganzen Volk.

15 Joab, der Sohn der Zeruja, war über das Heer gesetzt, Joschafat, der Sohn Ahiluds, war Kanzler.

16 Zadok, der Sohn Ahitubs, und Abimelech, der Sohn Abjatars, waren Priester. Schawscha war Schreiber.

17 Benaja, der Sohn Jojadas, war über die Kreter und Pleter gesetzt. Und die Söhne Davids waren die Ersten an der Seite des Königs.

5 And when the Syrians of Damascus came to help Hadadezer king of Zobah, David struck down 22,000 men of the Syrians.

6 Then David put garrisons[2] in Syria of Damascus, and the Syrians became servants to David and brought tribute. And the LORD gave victory to David[3] wherever he went.

7 And David took the shields of gold that were carried by the servants of Hadadezer and brought them to Jerusalem.

8 And from Tibhath and from Cun, cities of Hadadezer, David took a large amount of bronze. With it Solomon made the bronze sea and the pillars and the vessels of bronze.

¶ **9** When Tou king of Hamath heard that David had defeated the whole army of Hadadezer, king of Zobah,

10 he sent his son Hadoram to King David, to ask about his health and to bless him because he had fought against Hadadezer and defeated him; for [b]Hadadezer had often been at war with Tou. And he sent all sorts of articles of gold, of silver, and of bronze.

11 These also King David dedicated to the LORD, together with the silver and gold that he had carried off from all the nations, from Edom, Moab, the Ammonites, the Philistines, and Amalek.

¶ **12** And Abishai, the son of Zeruiah, killed 18,000 Edomites in the Valley of Salt.

13 Then he put garrisons in Edom, and all the Edomites became David's servants. And the LORD gave victory to David wherever he went.

David's Administration

¶ **14** So David reigned over all Israel, and he administered justice and equity to all his people.

15 And Joab the son of Zeruiah was over the army; and Jehoshaphat the son of Ahilud was recorder;

16 and Zadok the son of Ahitub and Ahimelech the son of Abiathar were priests; and Shavsha was secretary;

17 and Benaiah the son of Jehoiada was over the Cherethites and the Pelethites; and David's sons were the chief officials in the service of the king.

Davids Kampf mit den Ammonitern
(vgl. 2.Sam 10,1-19; 2.Sam 11,1; 12,26-31)

19 Und danach starb Nahasch, der König der Ammoniter, und sein Sohn wurde König an seiner statt.

2 Da dachte David: Ich will Hanun, dem Sohn des Nahasch, Freundschaft erweisen, denn sein Vater hat mir Freundschaft erwiesen, und sandte Boten hin, ihn zu trösten über seinen Vater.

¶ Und als die Gesandten Davids ins Land der Ammoniter kamen zu Hanun, ihn zu trösten,

3 sprachen die Obersten der Ammoniter zu Hanun: Meinst du, dass David deinen Vater vor deinen Augen ehren wolle, wenn er Tröster zu dir gesandt hat? Sind seine Gesandten nicht vielmehr zu dir gekommen, um das Land zu erforschen, zu erkunden und auszuspähen?

4 Da nahm Hanun die Gesandten Davids und schor sie und schnitt ihre Kleider halb ab bis an die Lenden und ließ sie gehen.

5 Und sie gingen weg und man berichtete David über die Männer. Er aber sandte ihnen entgegen, denn die Männer waren sehr geschändet. Und der König ließ ihnen sagen: Bleibt in Jericho, bis euer Bart gewachsen ist; dann kommt zurück.

¶ **6** Als aber die Ammoniter sahen, dass sie bei David in Verruf gekommen waren, sandten Hanun und die Ammoniter tausend Zentner Silber, um Männer mit Streitwagen und Reiter anzuwerben in Mesopotamien, im Aramäerland von Maacha und in Zoba.

7 Und sie warben zweiunddreißigtausend Männer mit Streitwagen an und den König von Maacha mit seinem Volk. Die kamen und lagerten sich vor Medeba. Und die Ammoniter sammelten sich auch aus ihren Städten und kamen zum Kampf.

8 Als das David hörte, sandte er Joab hin mit dem ganzen Heer der Helden.

9 Die Ammoniter aber waren ausgezogen und stellten sich zum Kampf auf vor dem Tor der Stadt. Die Könige aber, die gekommen waren, standen für sich auf freiem Feld.

¶ **10** Als nun Joab sah, dass vor und hinter ihm sich der Kampf gegen ihn richtete, erwählte er aus der ganzen jungen Mannschaft in Israel einen Teil und stellte sich gegen die Aramäer.

11 Das übrige Kriegsvolk aber tat er unter die Hand seines Bruders Abischai, dass sie sich gegen die Ammoniter stellten,

The Ammonites Disgrace David's Men

19 Now after this Nahash the king of the Ammonites died, and his son reigned in his place.

2 And David said, "I will deal kindly with Hanun the son of Nahash, for his father dealt kindly with me." So David sent messengers to console him concerning his father. And David's servants came to the land of the Ammonites to Hanun to console him.

3 But the princes of the Ammonites said to Hanun, "Do you think, because David has sent comforters to you, that he is honoring your father? Have not his servants come to you to search and to overthrow and to spy out the land?"

4 So Hanun took David's servants and shaved them and cut off their garments in the middle, at their hips, and sent them away;

5 and they departed. When David was told concerning the men, he sent messengers to meet them, for the men were greatly ashamed. And the king said, "Remain at Jericho until your beards have grown and then return."

¶ **6** When the Ammonites saw that they had become a stench to David, Hanun and the Ammonites sent 1,000 talents[1] of silver to hire chariots and horsemen from Mesopotamia, from Aram-maacah, and from Zobah.

7 They hired 32,000 chariots and the king of Maacah with his army, who came and encamped before Medeba. And the Ammonites were mustered from their cities and came to battle.

8 When David heard of it, he sent Joab and all the army of the mighty men.

9 And the Ammonites came out and drew up in battle array at the entrance of the city, and the kings who had come were by themselves in the open country.

Ammonites and Syrians Defeated

¶ **10** When Joab saw that the battle was set against him both in front and in the rear, he chose some of the best men of Israel and arrayed them against the Syrians.

11 The rest of his men he put in the charge of Abishai his brother, and they were arrayed against the Ammonites.

12 und sprach: Wenn mir die Aramäer zu stark werden, so komm mir zu Hilfe; wenn aber die Ammoniter dir zu stark werden, will ich dir helfen.

13 Sei getrost und lass uns getrost handeln für unser Volk und für die Städte unseres Gottes. Der HERR tue, was ihm gefällt!

14 Und Joab rückte vor mit dem Volk, das bei ihm war, gegen die Aramäer zu kämpfen, und sie flohen vor ihm.

15 Als aber die Ammoniter sahen, dass die Aramäer flohen, flohen sie auch vor seinem Bruder Abischai und zogen in die Stadt. Joab aber kam nach Jerusalem.

¶ **16** Als aber die Aramäer sahen, dass sie von Israel geschlagen waren, sandten sie Boten hin und ließen auch die Aramäer jenseits des Stromes in den Kampf ziehen. Und Schobach, der Feldhauptmann Hadad-Esers, zog vor ihnen her.

17 Als das David angesagt wurde, sammelte er ganz Israel und zog über den Jordan. Und als er an sie herankam, rüstete er sich gegen sie. Und David stellte sich gegen die Aramäer zum Kampf und sie kämpften mit ihm.

18 Aber die Aramäer flohen vor Israel. Und David vernichtete von den Aramäern siebentausend Wagen und tötete vierzigtausend Mann zu Fuß; dazu tötete er Schobach, den Feldhauptmann.

19 Als aber die Großen Hadad-Esers sahen, dass sie von Israel geschlagen waren, schlossen sie Frieden mit David und wurden ihm untertan. Und die Aramäer wollten den Ammonitern nicht mehr helfen.

20 Und als das Jahr um war, zur Zeit, wenn die Könige ausziehen, führte Joab die Heeresmacht aus und verwüstete das Land der Ammoniter und kam und belagerte Rabba. David aber blieb in Jerusalem. Und Joab schlug Rabba und zerstörte es.

2 Und David nahm ihrem König die Krone vom Haupt – und es fand sich, dass sie einen Zentner Gold wog und an ihr ein Edelstein war –, und sie wurde auf Davids Haupt gesetzt. Auch führte er aus der Stadt sehr viel Beute weg.

3 Aber das Volk darin führte er heraus und ließ sie mit Sägen und eisernen Hacken und Äxten Frondienste leisten. So tat David mit allen Städten der Ammoniter. Und David zog samt dem Kriegsvolk wieder nach Jerusalem.

12 And he said, "If the Syrians are too strong for me, then you shall help me, but if the Ammonites are too strong for you, then I will help you.

13 Be strong, and let us use our strength for our people and for the cities of our God, and may the LORD do what seems good to him."

14 So Joab and the people who were with him drew near before the Syrians for battle, and they fled before him.

15 And when the Ammonites saw that the Syrians fled, they likewise fled before Abishai, Joab's brother, and entered the city. Then Joab came to Jerusalem.

¶ **16** But when the Syrians saw that they had been defeated by Israel, they sent messengers and brought out the Syrians who were beyond the Euphrates, with Shophach the commander of the army of Hadadezer at their head.

17 And when it was told to David, he gathered all Israel together and crossed the Jordan and came to them and drew up his forces against them. And when David set the battle in array against the Syrians, they fought with him.

18 And the Syrians fled before Israel, and David killed of the Syrians the men of 7,000 chariots and 40,000 ˣfoot soldiers, and put to death also Shophach the commander of their army.

19 And when the servants of Hadadezer saw that they had been defeated by Israel, they made peace with David and became subject to him. So the Syrians were not willing to save the Ammonites anymore.

The Capture of Rabbah

20 In the spring of the year, the time when kings go out to battle, Joab led out the army and ravaged the country of the Ammonites and came and besieged Rabbah. But David remained at Jerusalem. And Joab struck down Rabbah and overthrew it.

2 And David took the crown of their king from his head. He found that it weighed a talent[1] of gold, and in it was a precious stone. And it was placed on David's head. And he brought out the spoil of the city, a very great amount.

3 And he brought out the people who were in it and set them to labor[2] with saws and iron picks and axes.[3] And thus David did to all the cities of the Ammonites. Then David and all the people returned to Jerusalem.

Heldentaten in den Philisterkämpfen

(vgl. 2.Sam 21,18-22)

4 Danach erhob sich ein Krieg bei Geser mit den Philistern. Damals erschlug Sibbechai, der Huschatiter, den Saf, der vom Geschlecht der Riesen war, und sie wurden gedemütigt.

5 Und es erhob sich noch ein Krieg mit den Philistern. Da erschlug Elhanan, der Sohn Jaïrs, den Lachmi, den Bruder Goliats, den Gatiter, dessen Spießschaft wie ein Weberbaum war.

¶ **6** Abermals erhob sich ein Krieg bei Gat. Da war ein großer Mann, der hatte je sechs Finger und sechs Zehen, die machen zusammen vierundzwanzig, und auch er war vom Geschlecht der Riesen.

7 Der sprach Israel Hohn, aber Jonatan, der Sohn Schammas, der ein Bruder Davids war, erschlug ihn.

8 Diese stammten vom Geschlecht der Riesen in Gat und fielen durch die Hand Davids und seiner Kriegsleute.

Gott lässt David den Tempelplatz finden

(vgl. 2.Sam 24,1-25)

21 Und der Satan stellte sich gegen Israel und reizte David, dass er Israel zählen ließe.

2 Und David sprach zu Joab und zu den Obersten des Volks: Geht hin, zählt Israel von Beerscheba bis Dan und bringt mir Kunde, damit ich weiß, wie viel ihrer sind.

3 Joab sprach: Der HERR tue zu seinem Volk, wie es jetzt ist, hundertmal so viel hinzu! Aber, mein Herr und König, sind sie nicht alle meinem Herrn untertan? Warum fragt denn mein Herr danach? Warum soll eine Schuld auf Israel kommen?

¶ **4** Aber des Königs Wort blieb fest gegenüber Joab. Und Joab ging hin und zog durch ganz Israel und kam nach Jerusalem zurück

5 und gab David die Zahl des gezählten Volks an. Es waren von ganz Israel elfmal 100000 Mann, die das Schwert trugen, und von Juda 470000 Mann, die das Schwert trugen.

6 Levi aber und Benjamin zählte er nicht mit; denn Joab war des Königs Wort ein Gräuel.

¶ **7** Dies alles aber missfiel Gott sehr und er schlug Israel.

8 Da sprach David zu Gott: Ich habe schwer gesündigt, dass ich das getan habe. Nun aber nimm weg die Schuld deines Knechts; denn ich habe sehr töricht getan.

Philistine Giants Killed

¶ **4** And after this there arose war with the Philistines at Gezer. Then Sibbecai the Hushathite struck down Sippai, who was one of the descendants of the giants, and the Philistines were subdued.

5 And there was again war with the Philistines, and Elhanan the son of Jair struck down Lahmi ᵈthe brother of Goliath the Gittite, the shaft of whose spear was like a weaver's beam.

6 And there was again war at Gath, where there was a man of great stature, who had six fingers on each hand and six toes on each foot, twenty-four in number, and he also was descended from the giants.

7 And when he taunted Israel, Jonathan the son of Shimea, David's brother, struck him down.

8 These were descended from the giants in Gath, and they fell by the hand of David and by the hand of his servants.

David's Census Brings Pestilence

21 Then Satan stood against Israel and incited David to number Israel.

2 So David said to Joab and the commanders of the army, "Go, number Israel, from Beersheba to Dan, and bring me a report, that I may know their number."

3 But Joab said, "May the LORD add to his people a hundred times as many as they are! Are they not, my lord the king, all of them my lord's servants? Why then should my lord require this? Why should it be a cause of guilt for Israel?"

4 But the king's word prevailed against Joab. So Joab departed and went throughout all Israel and came back to Jerusalem.

5 And Joab gave the sum of the numbering of the people to David. In all Israel there were 1,100,000 men who drew the sword, and in Judah ʰ470,000 who drew the sword.

6 But he did not include Levi and Benjamin in the numbering, for the king's command was abhorrent to Joab.

¶ **7** But God was displeased with this thing, and he struck Israel.

8 And David said to God, "I have sinned greatly in that I have done this thing. But now, please take away the iniquity of your servant, for I have acted very foolishly."

9 Und der HERR redete mit Gad, dem Seher Davids, und sprach:

10 Geh hin, rede mit David und sprich: So spricht der HERR: Dreierlei lege ich dir vor; erwähle dir eins davon, dass ich es dir tue.

11 Und als Gad zu David kam, sprach er zu ihm: So spricht der HERR: Erwähle dir

12 entweder drei Jahre Hungersnot oder drei Monate Flucht vor deinen Widersachern und vor dem Schwert deiner Feinde, dass es dich ergreife, oder drei Tage das Schwert des HERRN und Pest im Lande, dass der Engel des HERRN Verderben anrichte im ganzen Gebiet Israels. So sieh nun zu, was ich antworten soll dem, der mich gesandt hat.

¶ **13** David sprach zu Gad: Mir ist sehr angst, doch ich will in die Hand des HERRN fallen, denn seine Barmherzigkeit ist sehr groß; aber ich will nicht in Menschenhände fallen.

14 Da ließ der HERR eine Pest über Israel kommen, sodass siebzigtausend Menschen aus Israel starben.

¶ **15** Und Gott sandte den Engel nach Jerusalem, es zu verderben. Aber während des Verderbens sah der HERR darein und es reute ihn das Übel. Und er sprach zum Engel, der das Verderben anrichtete: Es ist genug; lass deine Hand ab! Der Engel des HERRN aber stand bei der Tenne Araunas, des Jebusiters.

16 Und David hob seine Augen auf und sah den Engel des HERRN stehen zwischen Himmel und Erde und ein bloßes Schwert in seiner Hand ausgestreckt über Jerusalem. Da fielen David und die Ältesten, mit Säcken angetan, auf ihr Antlitz.

17 Und David sprach zu Gott: Bin ich's nicht, der das Volk zählen ließ? Ich bin's doch, der gesündigt und das Übel getan hat; diese Schafe aber, was haben sie getan? HERR, mein Gott, lass deine Hand gegen mich und meines Vaters Haus sein und nicht gegen dein Volk, es zu plagen.

¶ **18** Und der Engel des HERRN sprach zu Gad, er solle David sagen, dass David hinaufgehe und dem HERRN einen Altar aufrichte auf der Tenne Araunas, des Jebusiters.

19 Da ging David hinauf nach dem Wort Gads, das dieser geredet hatte in des HERRN Namen.

¶ **20** Arauna aber wandte sich um und sah den Engel und versteckte sich und seine vier Söhne mit ihm. Arauna aber drosch Weizen.

9 And the LORD spoke to Gad, David's seer, saying,

10 "Go and say to David, 'Thus says the LORD, Three things I offer you; choose one of them, that I may do it to you.'"

11 So Gad came to David and said to him, "Thus says the LORD, 'Choose what you will:

12 either three years of famine, or three months of devastation by your foes while the sword of your enemies overtakes you, or else three days of the sword of the LORD, pestilence on the land, with the angel of the LORD destroying throughout all the territory of Israel.' Now decide what answer I shall return to him who sent me."

13 Then David said to Gad, "I am in great distress. Let me fall into the hand of the LORD, for his mercy is very great, but do not let me fall into the hand of man."

¶ **14** So the LORD sent a pestilence on Israel, and 70,000 men of Israel fell.

15 And God sent the angel to Jerusalem to destroy it, but as he was about to destroy it, the LORD saw, and he relented from the calamity. And he said to the angel who was working destruction, "It is enough; now stay your hand." And the angel of the LORD was standing by the threshing floor of Ornan the Jebusite.

16 And David lifted his eyes and saw the angel of the LORD standing between earth and heaven, and in his hand a drawn sword stretched out over Jerusalem. Then David and the elders, clothed in sackcloth, fell upon their faces.

17 And David said to God, "Was it not I who gave command to number the people? It is I who have sinned and done great evil. But these sheep, what have they done? Please let your hand, O LORD my God, be against me and against my father's house. But do not let the plague be on your people."

David Builds an Altar

¶ **18** Now the angel of the LORD had commanded Gad to say to David that David should go up and raise an altar to the LORD on the threshing floor of Ornan the Jebusite.

19 So David went up at Gad's word, which he had spoken in the name of the LORD.

20 Now Ornan was threshing wheat. He turned and saw the angel, and his four sons who were with him hid themselves.

21 Als nun David zu Arauna kam, sah Arauna auf und ward David gewahr. Und er ging von der Tenne weg und fiel vor David zur Erde nieder auf sein Antlitz.

22 Und David sprach zu Arauna: Gib mir den Platz der Tenne, dass ich dem HERRN einen Altar darauf baue; für den vollen Preis sollst du ihn mir geben, damit die Plage unter dem Volk aufhöre.

23 Arauna aber sprach zu David: Nimm ihn dir und mache, mein Herr und König, wie dir's gefällt. Siehe, ich gebe die Rinder zum Brandopfer und die Dreschschlitten als Brennholz und Weizen zum Speisopfer; das alles gebe ich.

24 Aber der König David sprach zu Arauna: Nicht doch! Sondern für den vollen Preis will ich's kaufen; denn ich will nicht, was dein ist, für den HERRN nehmen und will's nicht umsonst zum Brandopfer haben.

25 So gab David dem Arauna für den Platz Gold im Gewicht von sechshundert Lot.

¶ **26** Und David baute dem HERRN dort einen Altar und opferte Brandopfer und Dankopfer. Und als er den HERRN anrief, erhörte er ihn durch das Feuer, das vom Himmel fiel auf den Altar mit dem Opfer.

27 Und der HERR gebot dem Engel, dass er sein Schwert in seine Scheide stecke.

28 Damals, als David sah, dass ihn der HERR erhört hatte auf der Tenne Araunas, des Jebusiters, und er dort Opfer darbrachte –

29 aber die Wohnung des HERRN, die Mose in der Wüste gemacht hatte, und der Brandopferaltar waren zu der Zeit auf der Höhe bei Gibeon;

30 David aber konnte nicht hingehen und vor ihn treten, um Gott zu befragen, so erschrocken war er vor dem Schwert des Engels des HERRN –,

22 da sprach David: Hier soll das Haus Gottes, des HERRN, sein und dies der Altar für die Brandopfer Israels.

David überträgt Salomo den Bau des Tempels

2 Und David ließ die Fremdlinge versammeln, die im Land Israel waren, und bestellte Steinmetzen, Steine zu hauen, um das Haus Gottes zu bauen.

3 Und David schaffte viel Eisen herbei zu Nägeln für die Türen der Tore und zu Klammern und so viel Kupfer, dass es nicht zu wiegen war,

4 auch Zedernholz ohne Zahl; denn die von Sidon und Tyrus brachten viel Zedernholz zu David.

21 As David came to Ornan, Ornan looked and saw David and went out from the threshing floor and paid homage to David with his face to the ground.

22 And David said to Ornan, "Give me the site of the threshing floor that I may build on it an altar to the LORD—give it to me at its full price—that the plague may be averted from the people."

23 Then Ornan said to David, "Take it, and let my lord the king do what seems good to him. See, I give the oxen for burnt offerings and the threshing sledges for the wood and the wheat for a grain offering; I give it all."

24 But King David said to Ornan, "No, but I will buy them for the full price. I will not take for the LORD what is yours, nor offer burnt offerings that cost me nothing."

25 So David paid Ornan 600 shekels[1] of gold by weight for the site.

26 And David built there an altar to the LORD and presented burnt offerings and peace offerings and called on the LORD, and the LORD[2] answered him with fire from heaven upon the altar of burnt offering.

27 Then the LORD commanded the angel, and he put his sword back into its sheath.

¶ **28** At that time, when David saw that the LORD had answered him at the threshing floor of Ornan the Jebusite, he sacrificed there.

29 For the tabernacle of the LORD, which Moses had made in the wilderness, and the altar of burnt offering were at that time in the high place at Gibeon,

30 but David could not go before it to inquire of God, for he was afraid of the sword of the angel of the LORD.

22 Then David said, "Here shall be the house of the LORD God and here the altar of burnt offering for Israel."

David Prepares for Temple Building

¶ **2** David commanded to gather together the resident aliens who were in the land of Israel, and he set stonecutters to prepare dressed stones for building the house of God.

3 David also provided great quantities of iron for nails for the doors of the gates and for clamps, as well as bronze in quantities beyond weighing,

4 and cedar timbers without number, for the Sidonians and Tyrians brought great quantities of cedar to David.

5 Denn David dachte: Mein Sohn Salomo ist noch jung und zart; das Haus aber, das dem HERRN gebaut werden soll, soll groß sein, dass sein Name und Ruhm erhoben werde in allen Landen. Darum will ich ihm Vorrat schaffen. So schaffte David viel Vorrat vor seinem Tod.

¶ **6** Und er rief seinen Sohn Salomo und gebot ihm, dem HERRN, dem Gott Israels, ein Haus zu bauen,

7 und sprach zu ihm: Mein Sohn, ich hatte im Sinn, dem Namen des HERRN, meines Gottes, ein Haus zu bauen,

8 aber das Wort des HERRN kam zu mir: Du hast viel Blut vergossen und große Kriege geführt; darum sollst du meinem Namen nicht ein Haus bauen, weil du vor mir so viel Blut auf die Erde vergossen hast.

9 Siehe, der Sohn, der dir geboren werden soll, der wird ein Mann der Ruhe sein; denn ich will ihm Ruhe schaffen vor allen seinen Feinden ringsumher. Er soll Salomo heißen; denn ich will Israel Frieden und Ruhe geben, solange er lebt.

10 Der soll meinem Namen ein Haus bauen. Er soll mein Sohn sein und ich will sein Vater sein. Und ich will seinen königlichen Thron über Israel bestätigen ewiglich.

¶ **11** So wird nun, mein Sohn, der HERR mit dir sein und es wird dir gelingen, dass du dem HERRN, deinem Gott, ein Haus baust, wie er von dir gesagt hat.

12 Auch wird der HERR dir geben Klugheit und Verstand und wird dich bestellen über Israel, dass du haltest das Gesetz des HERRN, deines Gottes.

13 Dann aber wird es dir gelingen, wenn du die Gebote und Rechte befolgst, die der HERR dem Mose für Israel geboten hat. Sei getrost und unverzagt, fürchte dich nicht und lass dich nicht erschrecken!

14 Siehe, ich habe in meiner Mühsal herbeigeschafft für das Haus des HERRN hunderttausend Zentner Gold und tausendmal tausend Zentner Silber, dazu Kupfer und Eisen, das nicht zu wiegen ist, denn es ist zu viel; auch Holz und Steine habe ich herbeigeschafft, davon kannst du noch mehr anschaffen.

15 Auch hast du viel Arbeiter, Steinmetzen und Leute, die in Stein und Holz arbeiten, und allerlei Meister für jede Arbeit

16 in Gold, Silber, Kupfer und Eisen, ohne Zahl. So mache dich auf und richte es aus! Der HERR wird mit dir sein.

5 For David said, "Solomon my son is young and inexperienced, and the house that is to be built for the LORD must be exceedingly magnificent, of fame and glory throughout all lands. I will therefore make preparation for it." So David provided materials in great quantity before his death.

Solomon Charged to Build the Temple

¶ **6** Then he called for Solomon his son and charged him to build a house for the LORD, the God of Israel.

7 David said to Solomon, "My son, I had it in my heart to build a house to the name of the LORD my God.

8 But the word of the LORD came to me, saying, 'You have shed much blood and have waged great wars. You shall not build a house to my name, because you have shed so much blood before me on the earth.

9 Behold, a son shall be born to you who shall be a man of rest. I will give him rest from all his surrounding enemies. For his name shall be Solomon, and I will give peace and quiet to Israel in his days.

10 He shall build a house for my name. He shall be my son, and I will be his father, and I will establish his royal throne in Israel forever.'

¶ **11** "Now, my son, the LORD be with you, so that you may succeed in building the house of the LORD your God, as he has spoken concerning you.

12 Only, may the LORD grant you discretion and understanding, that when he gives you charge over Israel you may keep the law of the LORD your God.

13 Then you will prosper if you are careful to observe the statutes and the rules that the LORD commanded Moses for Israel. Be strong and courageous. Fear not; do not be dismayed.

14 With great pains I have provided for the house of the LORD 100,000 talents[1] of gold, a million talents of silver, and bronze and iron beyond weighing, for there is so much of it; timber and stone, too, I have provided. To these you must add.

15 You have an abundance of workmen: stonecutters, masons, carpenters, and all kinds of craftsmen without number, skilled in working

16 gold, silver, bronze, and iron. Arise and work! The LORD be with you!"

¶ **17** Und David gebot allen Oberen Israels, seinem Sohn Salomo zu helfen.

18 Ist nicht der HERR, euer Gott, mit euch und hat euch Ruhe gegeben ringsumher? Denn er hat die Bewohner des Landes in meine Hand gegeben, und das Land ist unterworfen dem HERRN und seinem Volk.

19 So richtet nun euer Herz und euren Sinn darauf, den HERRN, euren Gott, zu suchen. Und macht euch auf und baut Gott, dem HERRN, ein Heiligtum, dass man die Lade des Bundes des HERRN und die heiligen Geräte Gottes in das Haus bringe, das dem Namen des HERRN gebaut werden soll.

Die Leviten, ihre Abteilungen und Ämter

23 Als David alt und lebenssatt war, machte er seinen Sohn Salomo zum König über Israel

2 und versammelte alle Oberen Israels und die Priester und Leviten.

¶ **3** Und man zählte die Leviten von dreißig Jahren an und darüber, und die Zahl der Männer, nach Köpfen abgezählt, betrug 38000.

4 Von diesen wurden 24000 für die Arbeit am Hause des HERRN verordnet und 6000 zu Amtleuten und Richtern

5 und 4000 zu Torhütern und 4000 zu Sängern des HERRN mit den Instrumenten, die David zum Lobgesang hatte machen lassen.

¶ **6** Und David teilte sie in Ordnungen ein, nach den Söhnen Levis: Gerschon, Kehat und Merari.

7 Die Gerschoniter waren Ladan und Schimi.

8 Die Söhne Ladans waren: Jehiël, der erste, ferner Setam und Joel, diese drei.

9 Söhne Schimis waren: Schelomit, Hasiël und Haran, diese drei. Diese waren die Häupter der Sippen von Ladan.

10 Schimis Söhne waren: Jahat, Sisa, Jëusch und Beria. Diese vier waren Schimis Söhne.

11 Jahat aber war der erste, Sisa der zweite. Aber Jëusch und Beria hatten nicht viele Söhne, darum galten sie als **eine** Sippe, eine Dienstgruppe.

¶ **12** Die Söhne Kehats waren: Amram, Jizhar, Hebron und Usiël, diese vier.

¶ **17** David also commanded all the leaders of Israel to help Solomon his son, saying,

18 "Is not the LORD your God with you? And has he not given you peace on every side? For he has delivered the inhabitants of the land into my hand, and the land is subdued before the LORD and his people.

19 Now set your mind and heart to seek the LORD your God. Arise and build the sanctuary of the LORD God, so that the ark of the covenant of the LORD and the holy vessels of God may be brought into a house built for the name of the LORD."

David Organizes the Levites

23 When David was old and full of days, he made Solomon his son king over Israel.

¶ **2** David[1] assembled all the leaders of Israel and the priests and the Levites.

3 The Levites, thirty years old and upward, were numbered, and the total was 38,000 men.

4 "Twenty-four thousand of these," David said,[2] "shall have charge of the work in the house of the LORD, 6,000 shall be officers and judges,

5 4,000 gatekeepers, and 4,000 shall offer praises to the LORD with the instruments that I have made for praise."

6 And David organized them in divisions corresponding to the sons of Levi: Gershon, Kohath, and Merari.

¶ **7** The sons of Gershon[3] were Ladan and Shimei.

8 The sons of Ladan: Jehiel the chief, and Zetham, and Joel, three.

9 The sons of Shimei: Shelomoth, Haziel, and Haran, three. These were the heads of the fathers' houses of Ladan.

10 And the sons of Shimei: Jahath, Zina, and Jeush and Beriah. These four were the sons of Shimei.

11 Jahath was the chief, and Zizah the second; but Jeush and Beriah did not have many sons, therefore they became counted as a single father's house.

¶ **12** The sons of Kohath: Amram, Izhar, Hebron, and Uzziel, four.

13 Die Söhne Amrams waren: Aaron und Mose. Aaron aber wurde ausgesondert, dass er heilige das Hochheilige, er und seine Söhne für alle Zeiten, zu opfern vor dem HERRN und ihm zu dienen und zu segnen im Namen des Herrn für alle Zeiten.

14 Aber die Söhne des Mose, des Mannes Gottes, wurden gerechnet zum Stamm der Leviten.

15 Die Söhne des Mose waren: Gerschom und Eliëser.

16 Der Sohn Gerschoms war: Schubaël, der erste.

17 Der Sohn Eliësers war: Rehabja, der erste. Und Eliëser hatte keine andern Söhne. Aber die Söhne Rehabjas waren überaus viele.

18 Der Sohn Jizhars war: Schelomit, der erste.

19 Die Söhne Hebrons waren: Jerija, der erste, Amarja, der zweite Sohn, Jahasiël, der dritte, und Jekamam, der vierte.

20 Die Söhne Usiëls waren: Micha, der erste, und Jischija, der zweite Sohn.

¶ **21** Die Söhne Meraris waren: Machli und Muschi. Die Söhne Machlis waren: Eleasar und Kisch.

22 Eleasar aber starb und hatte keine Söhne, sondern nur Töchter; und die Söhne des Kisch, ihre Vettern, nahmen sie zu Frauen.

23 Die Söhne Muschis waren: Machli, Eder und Jeremot, diese drei.

¶ **24** Das sind die Söhne Levi nach ihren Sippen, nämlich die Häupter der Sippen, gemustert und Mann für Mann nach den Namen aufgezählt, die das Amt im Hause des HERRN verrichteten, von zwanzig Jahren an und darüber.

25 Denn David sprach: Der HERR, der Gott Israels, hat seinem Volk Ruhe gegeben und wird zu Jerusalem wohnen ewiglich.

¶ **26** So brauchten auch die Söhne Levi die Wohnung nicht mehr zu tragen mit allem Gerät für ihren Dienst –

27 denn nach den späteren Ordnungen Davids wurden die Leviten gezählt von zwanzig Jahren an und darüber –,

28 sondern sie sollten stehen zur Seite der Söhne Aaron zum Dienst im Hause des HERRN in den Vorhöfen und Kammern und zur Reinigung alles Heiligen und zu allem Dienst im Hause Gottes,

29 für Schaubrote, für feinstes Mehl zum Speisopfer, für die ungesäuerten Fladen, für die Pfanne, fürs Rösten und für alles Gewicht und Maß.

13 The sons of Amram: Aaron and Moses. Aaron was set apart to dedicate the most holy things, that he and his sons forever should make offerings before the LORD and minister to him and pronounce blessings in his name forever.

14 But the sons of Moses the man of God were named among the tribe of Levi.

15 The sons of Moses: Gershom and Eliezer.

16 The sons of Gershom: Shebuel the chief.

17 The sons of Eliezer: Rehabiah the chief. Eliezer had no other sons, but the sons of Rehabiah were very many.

18 The sons of Izhar: Shelomith the chief.

19 The sons of Hebron: Jeriah the chief, Amariah the second, Jahaziel the third, and Jekameam the fourth.

20 The sons of Uzziel: Micah the chief and Isshiah the second.

¶ **21** The sons of Merari: Mahli and Mushi. The sons of Mahli: Eleazar and Kish.

22 Eleazar died having no sons, but only daughters; their kinsmen, the sons of Kish, married them.

23 The sons of Mushi: Mahli, Eder, and Jeremoth, three.

¶ **24** These were the sons of Levi by their fathers' houses, the heads of fathers' houses as they were listed according to the number of the names of the individuals from twenty years old and upward who were to do the work for the service of the house of the LORD.

25 For David said, "The LORD, the God of Israel, has given rest to his people, and he dwells in Jerusalem forever.

26 And so the Levites no longer need to carry the tabernacle or any of the things for its service."

27 For by the last words of David the sons of Levi were numbered from twenty years old and upward.

28 For their duty was to assist the sons of Aaron for the service of the house of the LORD, having the care of the courts and the chambers, the cleansing of all that is holy, and any work for the service of the house of God.

29 Their duty was also to assist with the showbread, the flour for the grain offering, the wafers of unleavened bread, the baked offering, the offering mixed with oil, and all measures of quantity or size.

30 Und an jedem Morgen sollten sie stehen, den Herrn zu loben und ihm zu danken, und ebenso an jedem Abend,

31 und alle Brandopfer dem Herrn zu opfern an den Sabbaten, Neumonden und Festen nach der vorgeschriebenen Zahl, täglich vor dem Herrn;

32 so sollten sie den Dienst versehen an der Stiftshütte, am Heiligtum sowie an den Söhnen Aaron, ihren Brüdern, damit zu dienen im Hause des Herrn.

Die vierundzwanzig Abteilungen der Priester

24 Dies waren die Ordnungen der Söhne Aaron. Die Söhne Aarons waren: Nadab, Abihu, Eleasar und Itamar.

2 Aber Nadab und Abihu starben vor ihrem Vater und hatten keine Söhne. Und Eleasar und Itamar wurden Priester.

¶ 3 Und David zusammen mit Zadok von den Söhnen Eleasar und mit Ahimelech von den Söhnen Itamar teilte sie ein nach ihrer Dienstgruppe und ihrem Amt.

4 Und es fand sich bei den Söhnen Eleasar eine größere Zahl an Männern als bei den Söhnen Itamar. Und sie teilten sie ein: von den Söhnen Eleasar sechzehn Sippenhäupter und von den Söhnen Itamar acht Sippenhäupter.

5 Und sie teilten sie beide durchs Los; denn es waren Oberste im Heiligtum und Oberste vor Gott unter den Söhnen Eleasar und unter den Söhnen Itamar.

6 Und der Schreiber Schemaja, der Sohn Netanels, ein Levit, schrieb sie auf vor dem König und vor den Oberen und vor dem Priester Zadok und vor Ahimelech, dem Sohn Abjatars, und vor den Sippenhäuptern der Priester und Leviten, nämlich je zwei Sippen für Eleasar und eine für Itamar.

¶ 7 Und das erste Los fiel auf Jojarib, das zweite auf Jedaja,

8 das dritte auf Harim, das vierte auf Seorim,

9 das fünfte auf Malkija, das sechste auf Mijamin,

10 das siebente auf Hakkoz, das achte auf Abija,

11 das neunte auf Jeschua, das zehnte auf Schechanja,

12 das elfte auf Eljaschib, das zwölfte auf Jakim,

13 das dreizehnte auf Huppa, das vierzehnte auf Jeschebab,

14 das fünfzehnte auf Bilga, das sechzehnte auf Immer,

30 And they were to stand every morning, thanking and praising the Lord, and likewise at evening,

31 and whenever burnt offerings were offered to the Lord on Sabbaths, new moons, and feast days, according to the number required of them, regularly before the Lord.

32 Thus they were to keep charge of the tent of meeting and the sanctuary, and to attend the sons of Aaron, their brothers, for the service of the house of the Lord.

David Organizes the Priests

24 The divisions of the sons of Aaron were these. The sons of Aaron: Nadab, Abihu, Eleazar, and Ithamar.

2 But Nadab and Abihu died before their father and had no children, so Eleazar and Ithamar became the priests.

3 With the help of Zadok of the sons of Eleazar, and Ahimelech of the sons of Ithamar, David organized them according to the appointed duties in their service.

4 Since more chief men were found among the sons of Eleazar than among the sons of Ithamar, they organized them under sixteen heads of fathers' houses of the sons of Eleazar, and eight of the sons of Ithamar.

5 They divided them by lot, all alike, for there were sacred officers and officers of God among both the sons of Eleazar and the sons of Ithamar.

6 And the scribe Shemaiah, the son of Nethanel, a Levite, recorded them in the presence of the king and the princes and Zadok the priest and Ahimelech the son of Abiathar and the heads of the fathers' houses of the priests and of the Levites, one father's house being chosen for Eleazar and one chosen for Ithamar.

¶ 7 The first lot fell to Jehoiarib, the second to Jedaiah,

8 the third to Harim, the fourth to Seorim,

9 the fifth to Malchijah, the sixth to Mijamin,

10 the seventh to Hakkoz, the eighth to Abijah,

11 the ninth to Jeshua, the tenth to Shecaniah,

12 the eleventh to Eliashib, the twelfth to Jakim,

13 the thirteenth to Huppah, the fourteenth to Jeshebeab,

14 the fifteenth to Bilgah, the sixteenth to Immer,

15 das siebzehnte auf Hesir, das achtzehnte auf Pizez,

16 das neunzehnte auf Petachja, das zwanzigste auf Jeheskel,

17 das einundzwanzigste auf Jachin, das zweiundzwanzigste auf Gamul,

18 das dreiundzwanzigste auf Delaja, das vierundzwanzigste auf Maasja.

¶ **19** Das sind ihre Dienstgruppen nach ihrem Amt, in das Haus des HERRN zu gehen nach der Vorschrift, die ihnen ihr Vater Aaron gegeben hat, wie ihm der HERR, der Gott Israels, geboten hatte.

Die Familien der Leviten

20 Von den andern Söhnen Levi waren da: von den Söhnen Amram: Schubaël, von den Söhnen Schubaëls: Jechdeja;

21 von den Söhnen Rehabjas war der erste Jischija;

22 von den Jizharitern: Schelomit; von den Söhnen Schelomits: Jahat.

23 Die Söhne Hebrons waren: Jerija, der erste, Amarja, der zweite Sohn, Jahasiël, der dritte, Jekamam, der vierte;

24 die Söhne Usiëls waren: Micha, von den Söhnen Michas: Schamir.

25 Der Bruder Michas war Jischija, von den Söhnen Jischijas: Secharja.

26 Die Söhne Merari waren: Machli und Muschi und die Söhne Jaasijas, seines Sohnes.

27 Die Söhne Merari von Jaasija, seinem Sohn, waren: Schoham, Sakkur und Ibri,

28 von Machli: Eleasar; der hatte keine Söhne.

29 Von Kisch, von den Söhnen des Kisch war: Jerachmeel.

30 Die Söhne Muschis waren: Machli, Eder und Jeremot.

¶ Das sind die Leviten nach ihren Sippen.

31 Und man warf auch für sie das Los wie für ihre Brüder, die Söhne Aaron, vor König David und vor Zadok und Ahimelech und vor den Sippenhäuptern der Priester und Leviten, für den jüngsten Bruder ebenso wie für das Sippenhaupt.

Die vierundzwanzig Abteilungen der Sänger

25 Und David und die Feldhauptleute sonderten aus zum Dienst die Söhne Asafs, Hemans und Jedutuns, prophetische Männer, die auf Harfen, Psaltern und Zimbeln spielen sollten. Und es war die Zahl derer, die Dienst taten in ihrem Amt:

15 the seventeenth to Hezir, the eighteenth to Happizzez,

16 the nineteenth to Pethahiah, the twentieth to Jehezkel,

17 the twenty-first to Jachin, the twenty-second to Gamul,

18 the twenty-third to Delaiah, the twenty-fourth to Maaziah.

19 These had as their appointed duty in their service to come into the house of the LORD according to the procedure established for them by Aaron their father, as the LORD God of Israel had commanded him.

¶ **20** And of the rest of the sons of Levi: of the sons of Amram, Shubael; of the sons of Shubael, Jehdeiah.

21 Of Rehabiah: of the sons of Rehabiah, Isshiah the chief.

22 Of the Izharites, Shelomoth; of the sons of Shelomoth, Jahath.

23 The sons of Hebron:[1] Jeriah the chief,[2] Amariah the second, Jahaziel the third, Jekameam the fourth.

24 The sons of Uzziel, Micah; of the sons of Micah, Shamir.

25 The brother of Micah, Isshiah; of the sons of Isshiah, Zechariah.

26 The sons of Merari: Mahli and Mushi. The sons of Jaaziah: Beno.[3]

27 The sons of Merari: of Jaaziah, Beno, Shoham, Zaccur, and Ibri.

28 Of Mahli: Eleazar, who had no sons.

29 Of Kish, the sons of Kish: Jerahmeel.

30 The sons of Mushi: Mahli, Eder, and Jerimoth. These were the sons of the Levites according to their fathers' houses.

31 These also, the head of each father's house and his younger brother alike, cast lots, just as their brothers the sons of Aaron, in the presence of King David, Zadok, Ahimelech, and the heads of fathers' houses of the priests and of the Levites.

David Organizes the Musicians

25 David and the chiefs of the service also set apart for the service the sons of Asaph, and of Heman, and of Jeduthun, who prophesied with lyres, with harps, and with cymbals. The list of those who did the work and of their duties was:

2 von den Söhnen Asafs: Sakkur, Josef, Netanja, Asarela, Söhne Asafs, unter der Leitung Asafs, der als prophetischer Mann nach Anweisung des Königs spielte.

3 Von Jedutun: Jedutuns Söhne: Gedalja, Zeri, Jeschaja, Haschabja, Mattitja, Schimi, diese sechs, unter der Leitung ihres Vaters Jedutun, der als prophetischer Mann auf der Harfe spielte, dem Herrn zu danken und ihn zu loben.

4 Von Heman: Hemans Söhne: Bukkija, Mattanja, Usiël, Schubaël, Jerimot, Hananja, Hanani, Eliata, Giddalti, Romamti-Eser, Joschbekascha, Malloti, Hotir und Mahasiot.

5 Diese alle waren Söhne Hemans, des Sehers des Königs nach der Zusage Gottes, sein Haupt zu erhöhen; denn Gott hatte Heman vierzehn Söhne und drei Töchter gegeben.

¶ **6** Diese alle sangen unter der Leitung ihrer Väter Asaf, Jedutun und Heman im Hause des Herrn mit Zimbeln, Psaltern und Harfen für den Dienst im Hause Gottes nach Anweisung des Königs.

7 Und es war ihre Zahl mit ihren Brüdern, die im Gesang des Herrn geübt waren, allesamt Meister, zweihundertachtundachtzig.

¶ **8** Und sie warfen das Los um ihre Ämter, für den Jüngeren wie für den Älteren, für den Meister wie für den Schüler.

¶ **9** Und das erste Los fiel unter Asaf auf Josef. Das zweite auf Gedalja samt seinen Brüdern und Söhnen; ihrer waren zwölf.

¶ **10** Das dritte auf Sakkur samt seinen Söhnen und Brüdern; ihrer waren zwölf.

¶ **11** Das vierte auf Zeri samt seinen Söhnen und Brüdern; ihrer waren zwölf.

¶ **12** Das fünfte auf Netanja samt seinen Söhnen und Brüdern; ihrer waren zwölf.

¶ **13** Das sechste auf Bukkija samt seinen Söhnen und Brüdern; ihrer waren zwölf.

¶ **14** Das siebente auf Asarela samt seinen Söhnen und Brüdern; ihrer waren zwölf.

¶ **15** Das achte auf Jeschaja samt seinen Söhnen und Brüdern; ihrer waren zwölf.

¶ **16** Das neunte auf Mattanja samt seinen Söhnen und Brüdern; ihrer waren zwölf.

¶ **17** Das zehnte auf Schimi samt seinen Söhnen und Brüdern; ihrer waren zwölf.

¶ **18** Das elfte auf Asarel samt seinen Söhnen und Brüdern; ihrer waren zwölf.

¶ **19** Das zwölfte auf Haschabja samt seinen Söhnen und Brüdern; ihrer waren zwölf.

¶ **20** Das dreizehnte auf Schubaël samt seinen Söhnen und Brüdern; ihrer waren zwölf.

¶ **21** Das vierzehnte auf Mattitja samt seinen Söhnen und Brüdern; ihrer waren zwölf.

2 Of the sons of Asaph: Zaccur, Joseph, Nethaniah, and Asharelah, sons of Asaph, under the direction of Asaph, who prophesied under the direction of the king.

3 Of Jeduthun, the sons of Jeduthun: Gedaliah, Zeri, Jeshaiah, Shimei,[1] Hashabiah, and Mattithiah, six, under the direction of their father Jeduthun, who prophesied with the lyre in thanksgiving and praise to the Lord.

4 Of Heman, the sons of Heman: Bukkiah, Mattaniah, Uzziel, Shebuel and Jerimoth, Hananiah, Hanani, Eliathah, Giddalti, and Romamti-ezer, Joshbekashah, Mallothi, Hothir, Mahazioth.

5 All these were the sons of Heman the king's seer, according to the promise of God to exalt him, for God had given Heman fourteen sons and three daughters.

6 They were all under the direction of their father in the music in the house of the Lord with cymbals, harps, and lyres for the service of the house of God. Asaph, Jeduthun, and Heman were under the order of the king.

7 The number of them along with their brothers, who were trained in singing to the Lord, all who were skillful, was 288.

8 And they cast lots for their duties, small and great, teacher and pupil alike.

¶ **9** The first lot fell for Asaph to Joseph; the second to Gedaliah, to him and his brothers and his sons, twelve;

10 the third to Zaccur, his sons and his brothers, twelve;

11 the fourth to Izri, his sons and his brothers, twelve;

12 the fifth to Nethaniah, his sons and his brothers, twelve;

13 the sixth to Bukkiah, his sons and his brothers, twelve;

14 the seventh to Jesharelah, his sons and his brothers, twelve;

15 the eighth to Jeshaiah, his sons and his brothers, twelve;

16 the ninth to Mattaniah, his sons and his brothers, twelve;

17 the tenth to Shimei, his sons and his brothers, twelve;

18 the eleventh to Azarel, his sons and his brothers, twelve;

19 the twelfth to Hashabiah, his sons and his brothers, twelve;

20 to the thirteenth, Shubael, his sons and his brothers, twelve;

21 to the fourteenth, Mattithiah, his sons and his brothers, twelve;

¶ **22** Das fünfzehnte auf Jeremot samt seinen Söhnen und Brüdern; ihrer waren zwölf.

¶ **23** Das sechzehnte auf Hananja samt seinen Söhnen und Brüdern; ihrer waren zwölf.

¶ **24** Das siebzehnte auf Joschbekascha samt seinen Söhnen und Brüdern; ihrer waren zwölf.

¶ **25** Das achtzehnte auf Hanani samt seinen Söhnen und Brüdern; ihrer waren zwölf.

¶ **26** Das neunzehnte auf Malloti samt seinen Söhnen und Brüdern; ihrer waren zwölf.

¶ **27** Das zwanzigste auf Eliata samt seinen Söhnen und Brüdern; ihrer waren zwölf.

¶ **28** Das einundzwanzigste auf Hotir samt seinen Söhnen und Brüdern; ihrer waren zwölf.

¶ **29** Das zweiundzwanzigste auf Giddalti samt seinen Söhnen und Brüdern; ihrer waren zwölf.

¶ **30** Das dreiundzwanzigste auf Mahasiot samt seinen Söhnen und Brüdern; ihrer waren zwölf.

¶ **31** Das vierundzwanzigste auf Romamti-Eser samt seinen Söhnen und Brüdern; ihrer waren zwölf.

Bestellung der Torhüter

26 Von den Ordnungen der Torhüter.

¶ Von den Korachitern: Meschelemja, der Sohn des Kore, von den Söhnen Abiasafs.

2 Die Söhne Meschelemjas waren diese: der Erstgeborene Secharja, der zweite Sohn Jediaël, der dritte Sebadja, der vierte Jatniël,

3 der fünfte Elam, der sechste Johanan, der siebente Eljoënai.

¶ **4** Die Söhne Obed-Edoms waren diese: der Erstgeborene Schemaja, der zweite Sohn Josabad, der dritte Joach, der vierte Sachar, der fünfte Netanel,

5 der sechste Ammiël, der siebente Issachar, der achte Pëulletai; denn Gott hatte ihn gesegnet.

6 Und seinem Sohn Schemaja wurden auch Söhne geboren, die in ihren Sippen herrschten; denn es waren angesehene Männer.

7 Die Söhne Schemajas waren: Otni, Refaël, Obed und Elsabad und seine Brüder, angesehene Männer, Elihu und Semachja.

8 Diese alle gehörten zu den Söhnen Obed-Edoms. Sie samt ihren Söhnen und Brüdern, angesehene Männer, geschickt zu Ämtern, waren zweiundsechzig von Obed-Edom.

9 Meschelemjas Söhne und Brüder, angesehene Männer, waren achtzehn.

22 to the fifteenth, to Jeremoth, his sons and his brothers, twelve;

23 to the sixteenth, to Hananiah, his sons and his brothers, twelve;

24 to the seventeenth, to Joshbekashah, his sons and his brothers, twelve;

25 to the eighteenth, to Hanani, his sons and his brothers, twelve;

26 to the nineteenth, to Mallothi, his sons and his brothers, twelve;

27 to the twentieth, to Eliathah, his sons and his brothers, twelve;

28 to the twenty-first, to Hothir, his sons and his brothers, twelve;

29 to the twenty-second, to Giddalti, his sons and his brothers, twelve;

30 to the twenty-third, to Mahazioth, his sons and his brothers, twelve;

31 to the twenty-fourth, to Romamti-ezer, his sons and his brothers, twelve.

Divisions of the Gatekeepers

26 As for the divisions of the gatekeepers: of the Korahites, Meshelemiah the son of Kore, of the sons of Asaph.

2 And Meshelemiah had sons: Zechariah the firstborn, Jediael the second, Zebadiah the third, Jathniel the fourth,

3 Elam the fifth, Jehohanan the sixth, Eliehoenai the seventh.

4 And Obed-edom had sons: Shemaiah the firstborn, Jehozabad the second, Joah the third, Sachar the fourth, Nethanel the fifth,

5 Ammiel the sixth, Issachar the seventh, Peullethai the eighth, for God blessed him.

6 Also to his son Shemaiah were sons born who were rulers in their fathers' houses, for they were men of great ability.

7 The sons of Shemaiah: Othni, Rephael, Obed and Elzabad, whose brothers were able men, Elihu and Semachiah.

8 All these were of the sons of Obed-edom with their sons and brothers, able men qualified for the service; sixty-two of Obed-edom.

9 And Meshelemiah had sons and brothers, able men, eighteen.

10 Die Söhne Hosas, der zu den Söhnen Merari gehörte, waren: der erste Schimri – denn der Erstgeborene war nicht mehr da, daher machte ihn sein Vater zum ersten –,

11 der zweite Sohn Hilkija, der dritte Tebalja, der vierte Secharja. Alle Söhne und Brüder Hosas waren dreizehn.

12 Diesen, den Ordnungen der Torhüter, fiel nach der Zahl der Männer das Amt zu wie ihren Brüdern, zu dienen im Hause des HERRN.

¶ **13** Und das Los wurde geworfen für die kleinen wie für die großen Sippen über ein jedes Tor.

14 Das Los für den Osten fiel auf Meschelemja. Auch für seinen Sohn Secharja, der ein kluger Ratgeber war, warf man das Los und es fiel für ihn auf den Norden;

15 für Obed-Edom aber auf den Süden und für seine Söhne auf das Vorratshaus;

16 für Schuppim und Hosa auf den Westen beim Tor Schallechet, wo die Straße hinaufgeht. Jede Wache umfasste:

17 im Osten für den Tag sechs, im Norden für den Tag vier, im Süden für den Tag vier, beim Vorratshause aber je zwei.

18 am Parbar aber im Westen: vier an der Straße und zwei am Parbar selbst.

19 Dies sind die Ordnungen der Torhüter aus den Korachitern und den Meraritern.

Die levitischen Schatzmeister

20 Von den Leviten, ihren Brüdern, die über die Schätze des Hauses Gottes gesetzt waren und über die Schätze, die geheiligt wurden, waren da:

21 die Söhne Ladan, die Nachkommen des Gerschoniters Ladan. Sie waren Häupter der Sippen der Jehiëliter.

22 Die Söhne der Jehiëliter, Setam und sein Bruder Joel, waren über die Schätze des Hauses des HERRN gesetzt.

23 Von den Amramitern, Jizharitern, Hebronitern und Usiëlitern

24 war Schubaël, der Sohn Gerschoms, des Sohnes des Mose, Vorsteher der Schätze.

¶ **25** Sein Bruder Eliëser hatte einen Sohn Rehabja; dessen Sohn war Jeschaja, dessen Sohn war Joram, dessen Sohn war Sichri, dessen Sohn war Schelomit.

10 And Hosah, of the sons of Merari, had sons: Shimri the chief (for though he was not the firstborn, his father made him chief),

11 Hilkiah the second, Tebaliah the third, Zechariah the fourth: all the sons and brothers of Hosah were thirteen.

¶ **12** These divisions of the gatekeepers, corresponding to their chief men, had duties, just as their brothers did, ministering in the house of the LORD.

13 And they cast lots by fathers' houses, small and great alike, for their gates.

14 The lot for the east fell to Shelemiah. They cast lots also for his son Zechariah, a shrewd counselor, and his lot came out for the north.

15 Obed-edom's came out for the south, and to his sons was allotted the gatehouse.

16 For Shuppim and Hosah it came out for the west, at the gate of Shallecheth on the road that goes up. Watch corresponded to watch.

17 On the east there were six each day,[1] on the north four each day, on the south four each day, as well as two and two at the gatehouse.

18 And for the colonnade[2] on the west there were four at the road and two at the colonnade.

19 These were the divisions of the gatekeepers among the Korahites and the sons of Merari.

Treasurers and Other Officials

¶ **20** And of the Levites, Ahijah had charge of the treasuries of the house of God and the treasuries of the dedicated gifts.

21 The sons of Ladan, the sons of the Gershonites belonging to Ladan, the heads of the fathers' houses belonging to Ladan the Gershonite: Jehieli.[3]

¶ **22** The sons of Jehieli, Zetham, and Joel his brother, were in charge of the treasuries of the house of the LORD.

23 Of the Amramites, the Izharites, the Hebronites, and the Uzzielites—

24 and Shebuel the son of Gershom, son of Moses, was chief officer in charge of the treasuries.

25 His brothers: from Eliezer were his son Rehabiah, and his son Jeshaiah, and his son Joram, and his son Zichri, and his son Shelomoth.

26 Dieser Schelomit und seine Brüder waren gesetzt über alle Schätze der geheiligten Gaben, die geheiligt hatten der König David und die Häupter der Sippen, die Obersten über tausend und über hundert und die Obersten im Heer.

27 Aus der Kriegsbeute hatten sie's geheiligt, um das Haus des HERRN zu errichten.

28 Auch alles, was Samuel, der Seher, und Saul, der Sohn des Kisch, und Abner, der Sohn des Ner, und Joab, der Sohn der Zeruja, geheiligt hatten, alle diese geheiligten Gaben waren unter der Hand Schelomits und seiner Brüder.

Die levitischen Amtleute und Richter

29 Von den Jizharitern waren Kenanja und seine Söhne draußen in Israel zum Dienst als Amtleute und Richter bestellt.

30 Von den Hebronitern waren Haschabja und seine Brüder, angesehene Männer, 1700 zur Verwaltung Israels westlich des Jordans bestellt für alle Geschäfte des HERRN und zum Dienst des Königs.

31 Von den Hebronitern bestellte David auch Jerija, den Ersten, – unter den Nachkommen Hebrons wurden in seinen Geschlechtern und Sippen im vierzigsten Jahr der Herrschaft Davids angesehene Männer gesucht und gefunden zu Jaser in Gilead –

32 und seine Brüder, angesehene Männer, 2700, Häupter der Sippen, über die Rubeniter, Gaditer und den halben Stamm Manasse zu allem Dienst Gottes und des Königs.

Die Führer der Abteilungen des Heeres, die Stammesfürsten und die königlichen Beamten

27 Dies sind die Männer Israels nach ihrer Zahl, die Häupter der Sippen und die Obersten über tausend und über hundert und die Amtleute, die dem König dienten. Von allen Ordnungen, die ab- und zuzogen, jeden Monat eine, in allen Monaten des Jahres, hatte jede 24000.

¶ **2** Über die erste Ordnung, für den ersten Monat, war gesetzt Joschobam, der Sohn Sabdiëls, und in seiner Ordnung waren 24000.

3 Er war von den Söhnen Perez und war der Erste aller Hauptleute des Heeres im ersten Monat.

¶ **4** Über die Ordnung des zweiten Monats war gesetzt Dodai, der Ahoachiter, und Miklot war der Vorsteher seiner Ordnung und in seiner Ordnung waren 24000.

26 This Shelomoth and his brothers were in charge of all the treasuries of the dedicated gifts that David the king and the heads of the fathers' houses and the officers of the thousands and the hundreds and the commanders of the army had dedicated.

27 From spoil won in battles they dedicated gifts for the maintenance of the house of the LORD.

28 Also all that Samuel the seer and Saul the son of Kish and Abner the son of Ner and Joab the son of Zeruiah had dedicated—all dedicated gifts were in the care of Shelomoth[4] and his brothers.

¶ **29** Of the Izharites, Chenaniah and his sons were appointed to external duties for Israel, as officers and judges.

30 Of the Hebronites, Hashabiah and his brothers, 1,700 men of ability, had the oversight of Israel westward of the Jordan for all the work of the LORD and for the service of the king.

31 Of the Hebronites, Jerijah was chief of the Hebronites of whatever genealogy or fathers' houses. (In the fortieth year of David's reign search was made and men of great ability among them were found at Jazer in Gilead.)

32 King David appointed him and his brothers, 2,700 men of ability, heads of fathers' houses, to have the oversight of the Reubenites, the Gadites and the half-tribe of the Manassites for everything pertaining to God and for the affairs of the king.

Military Divisions

27 This is the number of the people of Israel, the heads of fathers' houses, the commanders of thousands and hundreds, and their officers who served the king in all matters concerning the divisions that came and went, month after month throughout the year, each division numbering 24,000:

¶ **2** Jashobeam the son of Zabdiel was in charge of the first division in the first month; in his division were 24,000.

3 He was a descendant of Perez and was chief of all the commanders. He served for the first month.

4 Dodai the Ahohite[1] was in charge of the division of the second month; in his division were 24,000.

¶ **5** Der dritte Feldhauptmann, für den dritten Monat, war Benaja, der Sohn des Hohenpriesters Jojada, und in seiner Ordnung waren 24000.

6 Das ist der Benaja, der Held der Dreißig und über die Dreißig, und seine Ordnung war unter seinem Sohn Ammisabad.

¶ **7** Der vierte, für den vierten Monat, war Asaël, Joabs Bruder, und nach ihm sein Sohn Sebadja und in seiner Ordnung waren 24000.

¶ **8** Der fünfte, für den fünften Monat, war Schamhut, der Serachiter, und in seiner Ordnung waren 24000.

¶ **9** Der sechste, für den sechsten Monat, war Ira, der Sohn des Ikkesch, aus Tekoa und in seiner Ordnung waren 24000.

¶ **10** Der siebente, für den siebenten Monat, war Helez, der Peletiter, von den Söhnen Ephraim und in seiner Ordnung waren 24000.

¶ **11** Der achte, für den achten Monat, war Sibbechai, der Huschatiter, aus den Serachitern und in seiner Ordnung waren 24000.

¶ **12** Der neunte, für den neunten Monat, war Abiëser, der Anatotiter, von den Söhnen Benjamin und in seiner Ordnung waren 24000.

¶ **13** Der zehnte, für den zehnten Monat, war Mahrai, der Netofatiter, aus den Serachitern und in seiner Ordnung waren 24000.

¶ **14** Der elfte, für den elften Monat, war Benaja, der Piratoniter, von den Söhnen Ephraim und in seiner Ordnung waren 24000.

¶ **15** Der zwölfte, für den zwölften Monat, war Heldai, der Netofatiter, von den Nachkommen Otniëls und in seiner Ordnung waren 24000.

¶ **16** Über die Stämme Israels waren diese gesetzt: Bei den Rubenitern war Fürst: Eliëser, der Sohn Sichris; bei den Simeonitern Schefatja, der Sohn Maachas;

17 bei den Leviten Haschabja, der Sohn Kemuëls; bei den Aaronitern Zadok;

18 bei Juda Elihu, einer der Brüder Davids; bei Issachar Omri, der Sohn Michaels;

19 bei Sebulon Jischmaja, der Sohn Obadjas; bei Naftali Jeremot, der Sohn Asriëls;

20 bei den Söhnen Ephraim Hoschea, der Sohn Asasjas; beim halben Stamm Manasse Joel, der Sohn Pedajas;

21 beim halben Stamm Manasse in Gilead Jiddo, der Sohn Secharjas; bei Benjamin Jaasiël, der Sohn Abners;

5 The third commander, for the third month, was Benaiah, the son of Jehoiada the chief priest; in his division were 24,000.

6 This is the Benaiah who was a mighty man of the thirty and in command of the thirty; Ammizabad his son was in charge of his division.[2]

7 Asahel the brother of Joab was fourth, for the fourth month, and his son Zebadiah after him; in his division were 24,000.

8 The fifth commander, for the fifth month, was Shamhuth the Izrahite; in his division were 24,000.

9 Sixth, for the sixth month, was Ira, the son of Ikkesh the Tekoite; in his division were 24,000.

10 Seventh, for the seventh month, was Helez the Pelonite, of the sons of Ephraim; in his division were 24,000.

11 Eighth, for the eighth month, was Sibbecai the Hushathite, of the Zerahites; in his division were 24,000.

12 Ninth, for the ninth month, was Abiezer of Anathoth, a Benjaminite; in his division were 24,000.

13 Tenth, for the tenth month, was Maharai of Netophah, of the Zerahites; in his division were 24,000.

14 Eleventh, for the eleventh month, was Benaiah of Pirathon, of the sons of Ephraim; in his division were 24,000.

15 Twelfth, for the twelfth month, was Heldai the Netophathite, of Othniel; in his division were 24,000.

Leaders of Tribes

¶ **16** Over the tribes of Israel, for the Reubenites, Eliezer the son of Zichri was chief officer; for the Simeonites, Shephatiah the son of Maacah;

17 for Levi, Hashabiah the son of Kemuel; for Aaron, Zadok;

18 for Judah, Elihu, one of David's brothers; for Issachar, Omri the son of Michael;

19 for Zebulun, Ishmaiah the son of Obadiah; for Naphtali, Jeremoth the son of Azriel;

20 for the Ephraimites, Hoshea the son of Azaziah; for the half-tribe of Manasseh, Joel the son of Pedaiah;

21 for the half-tribe of Manasseh in Gilead, Iddo the son of Zechariah; for Benjamin, Jaasiel the son of Abner;

22 bei Dan Asarel, der Sohn Jerohams.
¶ Das sind die Fürsten der Stämme Israels.

¶ **23** Aber David nahm die Zahl derer nicht auf, die zwanzig Jahre und darunter waren; denn der HERR hatte zugesagt, Israel zu mehren wie die Sterne am Himmel.

24 Joab, der Sohn der Zeruja, hatte angefangen zu zählen, aber er vollendete es nicht; denn deswegen kam ein Zorn über Israel. Darum kam die Zahl nicht in die Chronik des Königs David.

¶ **25** Über die Vorräte des Königs war gesetzt Asmawet, der Sohn Adiëls, und über die Vorräte auf dem Lande, in den Städten, Dörfern und Türmen war gesetzt Jonatan, der Sohn Usijas;

26 über die Ackerleute, die das Land bebauten, war gesetzt Esri, der Sohn Kelubs;

27 über die Weinberge Schimi, der Ramatiter; über die Vorräte an Wein in den Weinbergen Sabdi, der Schifmiter;

28 über die Ölbäume und Maulbeerbäume im Hügelland Baal-Hanan, der Gederiter; über die Ölvorräte Joasch;

29 über die Rinder in der Scharon-Ebene Schitrai, der Scharoniter, aber über die Rinder in den Tälern Schafat, der Sohn Adlais;

30 über die Kamele Obil, der Ismaeliter; über die Esel Jechdeja, der Meronotiter;

31 über die Schafe Jasis, der Hagariter. Diese alle waren Vorsteher über die Güter des Königs David.

¶ **32** Jonatan aber, Davids Oheim, war Ratgeber, ein verständiger und schriftkundiger Mann. Und Jehiël, der Sohn Hachmonis, war bei den Söhnen des Königs.

33 Ahitofel war auch Ratgeber des Königs. Huschai, der Arkiter, war des Königs Freund.
34 Nach Ahitofel waren es Jojada, der Sohn Benajas, und Abjatar. Joab aber war Feldhauptmann des Königs.

22 for Dan, Azarel the son of Jeroham. These were the leaders of the tribes of Israel.

23 David did not count those below twenty years of age, for the LORD had promised to make Israel as many as the stars of heaven.

24 Joab the son of Zeruiah began to count, but did not finish. Yet wrath came upon Israel for this, and the number was not entered in the chronicles of King David.

25 Over the king's treasuries was Azmaveth the son of Adiel; and over the treasuries in the country, in the cities, in the villages, and in the towers, was Jonathan the son of Uzziah;

26 and over those who did the work of the field for tilling the soil was Ezri the son of Chelub;

27 and over the vineyards was Shimei the Ramathite; and over the produce of the vineyards for the wine cellars was Zabdi the Shiphmite.

28 Over the olive and sycamore trees in the Shephelah was Baal-hanan the Gederite; and over the stores of oil was Joash.

29 Over the herds that pastured in Sharon was Shitrai the Sharonite; over the herds in the valleys was Shaphat the son of Adlai.

30 Over the camels was Obil the Ishmaelite; and over the donkeys was Jehdeiah the Meronothite. Over the flocks was Jaziz the Hagrite.

31 All these were stewards of King David's property.

¶ **32** Jonathan, David's uncle, was a counselor, being a man of understanding and a scribe. He and Jehiel the son of Hachmoni attended the king's sons.

33 Ahithophel was the king's counselor, and Hushai the Archite was the king's friend.
34 Ahithophel was succeeded by Jehoiada the son of Benaiah, and Abiathar. Joab was commander of the king's army.

David stellt dem Volk Salomo als seinen Nachfolger vor

28 Und David versammelte nach Jerusalem alle Oberen Israels, nämlich die Fürsten der Stämme, die Obersten über die Ordnungen, die dem König dienten, die Obersten über tausend und über hundert, die Vorsteher über die Güter und Herden des Königs und seiner Söhne sowie die Kämmerer, die Helden und alle angesehenen Männer.

¶ **2** Und der König David stand auf und sprach: Hört mir zu, meine Brüder und mein Volk! Ich hatte mir vorgenommen, ein Haus zu bauen als Ruhestätte für die Lade des Bundes des HERRN und für den Schemel der Füße unseres Gottes, und hatte mich angeschickt, es zu bauen.

3 Aber Gott ließ mir sagen: Nicht du sollst meinem Namen ein Haus bauen; denn du bist ein Kriegsmann und hast Blut vergossen.

4 Nun hat der HERR, der Gott Israels, mich erwählt aus meines Vaters ganzem Hause, dass ich König über Israel sein sollte immerdar. Denn er hat Juda erwählt zum Fürsten und im Stamm Juda meines Vaters Haus, und unter meines Vaters Söhnen hat er an mir Gefallen gehabt, dass er mich zum König machte über ganz Israel.

5 Und von allen meinen Söhnen – denn der HERR hat mir viele Söhne gegeben – hat er meinen Sohn Salomo erwählt, dass er sitzen soll auf dem Thron des Königtums des HERRN über Israel,

6 und er hat zu mir gesagt: Dein Sohn Salomo soll mein Haus und meine Vorhöfe bauen; denn ich habe ihn mir erwählt zum Sohn und ich will sein Vater sein

7 und will sein Königtum bestätigen ewiglich, wenn er daran festhält, zu tun nach meinen Geboten und Rechten, wie es heute geschieht.

8 Nun denn – vor den Augen ganz Israels, der Gemeinde des HERRN, und vor den Ohren unseres Gottes –: Haltet und sucht alle Gebote des HERRN, eures Gottes, damit ihr das gute Land besitzt und auf eure Kinder nach euch für alle Zeiten vererbt!

9 Und du, mein Sohn Salomo, erkenne den Gott deines Vaters und diene ihm mit ganzem Herzen und mit williger Seele. Denn der HERR erforscht alle Herzen und versteht alles Dichten und Trachten der Gedanken. Wirst du ihn suchen, so wirst du ihn finden; wirst du ihn aber verlassen, so wird er dich verwerfen ewiglich!

David's Charge to Israel

28 David assembled at Jerusalem all the officials of Israel, the officials of the tribes, the officers of the divisions that served the king, the commanders of thousands, the commanders of hundreds, the stewards of all the property and livestock of the king and his sons, together with the palace officials, the mighty men and all the seasoned warriors.

2 Then King David rose to his feet and said: "Hear me, my brothers and my people. I had it in my heart to build a house of rest for the ark of the covenant of the LORD and for the footstool of our God, and I made preparations for building.

3 But God said to me, 'You may not build a house for my name, for you are a man of war and have shed blood.'

4 Yet the LORD God of Israel chose me from all my father's house to be king over Israel forever. For he chose Judah as leader, and in the house of Judah my father's house, and among my father's sons he took pleasure in me to make me king over all Israel.

5 And of all my sons (for the LORD has given me many sons) he has chosen Solomon my son to sit on the throne of the kingdom of the LORD over Israel.

6 He said to me, 'It is Solomon your son who shall build my house and my courts, for I have chosen him to be my son, and I will be his father.

7 I will establish his kingdom forever if he continues strong in keeping my commandments and my rules, as he is today.'

8 Now therefore in the sight of all Israel, the assembly of the LORD, and in the hearing of our God, observe and seek out all the commandments of the LORD your God, that you may possess this good land and leave it for an inheritance to your children after you forever.

David's Charge to Solomon

¶ **9** "And you, Solomon my son, know the God of your father and serve him with a whole heart and with a willing mind, for the LORD searches all hearts and understands every plan and thought. If you seek him, he will be found by you, but if you forsake him, he will cast you off forever.

10 So sieh nun zu, denn der HERR hat dich erwählt, dass du ein Haus baust als Heiligtum. Sei getrost und richte es aus!

David gibt Salomo den Entwurf des Tempels

11 Und David gab seinem Sohn Salomo einen Entwurf für die Vorhalle des Tempels und für seinen Bau, seine Gemächer und Obergemächer und inneren Kammern und für den Raum des Gnadenthrones;

12 dazu Entwürfe für alles, was ihm durch den Geist in den Sinn gekommen war: für die Vorhöfe am Hause des HERRN und alle Gemächer ringsum, bestimmt für die Schätze im Hause Gottes und für die Schätze der geheiligten Gaben

13 und für die Ordnungen der Priester und Leviten und für alle Geschäfte und Geräte des Dienstes im Hause des HERRN.

14 Und er setzte fest das Goldgewicht für alle Geräte je nach ihrem Zweck und alles Silbergewicht für alle Geräte je nach ihrem Zweck

15 und das Gewicht für die goldenen Leuchter und goldenen Lampen, für jeden Leuchter und seine Lampen sein Gewicht, auch für die silbernen Leuchter, für jeden Leuchter und seine Lampen, nach dem Zweck eines jeden Leuchters.

16 Auch setzte er das Goldgewicht fest für die Tische der Schaubrote, für jeden Tisch sein Gewicht; ebenso auch das des Silbers für die silbernen Tische;

17 und für die Gabeln, Becken und Kannen von lauterem Gold und für die goldenen Becher, für jeden Becher sein Gewicht, und für die silbernen Becher, für jeden Becher sein Gewicht,

18 und für den Räucheraltar vom allerlautersten Gold sein Gewicht. Auch gab er einen Entwurf des Thronwagens mit den goldenen Cherubim, die sich ausbreiteten und oben die Lade des Bundes des HERRN bedeckten.

19 – Das alles steht in einer Schrift, gegeben von der Hand des HERRN, der mich unterwies über alle Werke des Entwurfes.

¶ **20** Und David sprach zu seinem Sohn Salomo: Sei getrost und unverzagt und richte es aus! Fürchte dich nicht und lass dich nicht erschrecken! Gott der HERR, mein Gott, wird mit dir sein und wird die Hand nicht abziehen und dich nicht verlassen, bis du jedes Werk für den Dienst im Hause des HERRN vollendet hast.

10 Be careful now, for the LORD has chosen you to build a house for the sanctuary; be strong and do it."

¶ **11** Then David gave Solomon his son the plan of the vestibule of the temple,[1] and of its houses, its treasuries, its upper rooms, and its inner chambers, and of the room for the mercy seat;

12 and the plan of all that he had in mind for the courts of the house of the LORD, all the surrounding chambers, the treasuries of the house of God, and the treasuries for dedicated gifts;

13 for the divisions of the priests and of the Levites, and all the work of the service in the house of the LORD; for all the vessels for the service in the house of the LORD,

14 the weight of gold for all golden vessels for each service, the weight of silver vessels for each service,

15 the weight of the golden lampstands and their lamps, the weight of gold for each lampstand and its lamps, the weight of silver for a lampstand and its lamps, according to the use of each lampstand in the service,

16 the weight of gold for each table for the showbread, the silver for the silver tables,

17 and pure gold for the forks, the basins and the cups; for the golden bowls and the weight of each; for the silver bowls and the weight of each;

18 for the altar of incense made of refined gold, and its weight; also his plan for the golden chariot of the cherubim that spread their wings and covered the ark of the covenant of the LORD.

19 "All this he made clear to me in writing from the hand of the LORD, all the work to be done according to the plan."

¶ **20** Then David said to Solomon his son, "Be strong and courageous and do it. Do not be afraid and do not be dismayed, for the LORD God, even my God, is with you. He will not leave you or forsake you, until all the work for the service of the house of the LORD is finished.

21 Siehe, da sind die Ordnungen der Priester und Leviten zu jedem Dienst im Hause Gottes; auch hast du zu jedem Werk Leute, die willig und weise sind zu jedem Dienst, dazu auch die Fürsten und alles Volk zu allem, was du tun wirst.

Reiche Beisteuer zum Tempelbau und Davids Dankgebet

29 Und der König David sprach zu der ganzen Gemeinde: Gott hat Salomo, einen meiner Söhne, erwählt, der noch jung und zart ist. Das Werk aber ist groß; denn es ist nicht die Wohnung eines Menschen, sondern Gottes, des HERRN.

2 Ich aber habe aus allen meinen Kräften herbeigeschafft zum Hause Gottes Gold zu goldenem, Silber zu silbernem, Kupfer zu kupfernem, Eisen zu eisernem, Holz zu hölzernem Gerät, Onyxsteine und eingefasste Steine, Rubine und bunte Steine und mancherlei Edelsteine und Marmorsteine die Menge.

3 Aus Wohlgefallen am Hause meines Gottes aber und da ich noch eigenes Gut an Gold und Silber habe,

4 gebe ich für das Haus meines Gottes außer allem, was ich schon zum heiligen Hause beschafft habe, dreitausend Zentner Ofirgold und siebentausend Zentner lauteres Silber, um die Wände des Hauses zu überziehen,

5 dass golden werde, was golden, und silbern, was silbern sein soll, und zu allem Werk durch die Hand der Werkmeister. Und wer ist nun willig, heute seine Hand mit einer Gabe für den HERRN zu füllen?

¶ **6** Da waren die Häupter der Sippen, die Fürsten der Stämme Israels, die Obersten über tausend und über hundert und die Vorsteher über des Königs Besitzungen willig,

7 und sie gaben zur Arbeit am Hause Gottes fünftausend Zentner Gold und zehntausend Gulden und zehntausend Zentner Silber, achtzehntausend Zentner Kupfer und hunderttausend Zentner Eisen.

8 Und wer immer bei sich edle Steine hatte, der gab sie zum Schatz des Hauses des HERRN unter die Hand Jehiëls, des Gerschoniters.

¶ **9** Und das Volk war fröhlich, dass sie so willig waren; denn sie gaben's dem HERRN freiwillig von ganzem Herzen. Und der König David war hocherfreut

21 And behold the divisions of the priests and the Levites for all the service of the house of God; and with you in all the work will be every willing man who has skill for any kind of service; also the officers and all the people will be wholly at your command."

Offerings for the Temple

29 And David the king said to all the assembly, "Solomon my son, whom alone God has chosen, is young and inexperienced, and the work is great, for the palace will not be for man but for the LORD God.

2 So I have provided for the house of my God, so far as I was able, the gold for the things of gold, the silver for the things of silver, and the bronze for the things of bronze, the iron for the things of iron, and wood for the things of wood, besides great quantities of onyx and stones for setting, antimony, colored stones, all sorts of precious stones and marble.

3 Moreover, in addition to all that I have provided for the holy house, I have a treasure of my own of gold and silver, and because of my devotion to the house of my God I give it to the house of my God:

4 3,000 talents[1] of gold, of the gold of Ophir, and 7,000 talents of refined silver, for overlaying the walls of the house,[2]

5 and for all the work to be done by craftsmen, gold for the things of gold and silver for the things of silver. Who then will offer willingly, consecrating himself[3] today to the LORD?"

¶ **6** Then the leaders of fathers' houses made their freewill offerings, as did also the leaders of the tribes, the commanders of thousands and of hundreds, and the officers over the king's work.

7 They gave for the service of the house of God 5,000 talents and 10,000 darics[4] of gold, 10,000 talents of silver, 18,000 talents of bronze and 100,000 talents of iron.

8 And whoever had precious stones gave them to the treasury of the house of the LORD, in the care of Jehiel the Gershonite.

9 Then the people rejoiced because they had given willingly, for with a whole heart they had offered freely to the LORD. David the king also rejoiced greatly.

10 und er lobte den HERRN vor der ganzen Gemeinde und sprach:

¶ Gelobt seist du, HERR, Gott Israels, unseres Vaters, von Ewigkeit zu Ewigkeit!

11 Dein, HERR, ist die Majestät und Gewalt, Herrlichkeit, Sieg und Hoheit. Denn alles, was im Himmel und auf Erden ist, das ist dein. Dein, HERR, ist das Reich, und du bist erhöht zum Haupt über alles.

12 Reichtum und Ehre kommt von dir, du herrschst über alles. In deiner Hand steht Kraft und Macht, in deiner Hand steht es, jedermann groß und stark zu machen.

13 Nun, unser Gott, wir danken dir und rühmen deinen herrlichen Namen.

14 Denn was bin ich? Was ist mein Volk, dass wir freiwillig so viel zu geben vermochten? Von dir ist alles gekommen, und von deiner Hand haben wir dir's gegeben.

15 Denn wir sind Fremdlinge und Gäste vor dir wie unsere Väter alle. Unser Leben auf Erden ist wie ein Schatten und bleibet nicht.

16 HERR, unser Gott, all dies Viele, das wir herbeigebracht haben, dir ein Haus zu bauen, deinem heiligen Namen, ist von deiner Hand gekommen, es ist alles dein.

17 Ich weiß, mein Gott, dass du das Herz prüfst, und Aufrichtigkeit ist dir angenehm. Darum habe ich dies alles aus aufrichtigem Herzen freiwillig gegeben und habe jetzt mit Freuden gesehen, wie dein Volk, das hier vor dir steht, dir alles freiwillig gegeben hat.

18 HERR, Gott Abrahams, Isaaks und Israels, unserer Väter, bewahre für immer solchen Sinn und solche Gedanken im Herzen deines Volks und richte ihre Herzen auf dich!

19 Und meinem Sohn Salomo gib ein rechtschaffenes Herz, dass er halte deine Gebote, Ordnungen und Rechte und dass er alles ausführe und diese Wohnung baue, die ich vorbereitet habe.

¶ **20** Und David sprach zur ganzen Gemeinde: Lobet den HERRN, euren Gott! Und die ganze Gemeinde lobte den HERRN, den Gott ihrer Väter, und sie neigten sich und fielen nieder vor dem HERRN und vor dem König

21 und opferten dem HERRN Schlachtopfer. Und am andern Morgen opferten sie dem HERRN Brandopfer, tausend junge Stiere, tausend Widder, tausend Lämmer, und ihre Trankopfer sowie Schlachtopfer in Menge für ganz Israel.

David Prays in the Assembly

¶ **10** Therefore David blessed the LORD in the presence of all the assembly. And David said: "Blessed are you, O LORD, the God of Israel our father, forever and ever.

11 Yours, O LORD, is the greatness and the power and the glory and the victory and the majesty, for all that is in the heavens and in the earth is yours. Yours is the kingdom, O LORD, and you are exalted as head above all.

12 Both riches and honor come from you, and you rule over all. In your hand are power and might, and in your hand it is to make great and to give strength to all.

13 And now we thank you, our God, and praise your glorious name.

¶ **14** "But who am I, and what is my people, that we should be able thus to offer willingly? For all things come from you, and of your own have we given you.

15 For we are strangers before you and sojourners, as all our fathers were. Our days on the earth are like a shadow, and there is no abiding.[5]

16 O LORD our God, all this abundance that we have provided for building you a house for your holy name comes from your hand and is all your own.

17 I know, my God, that you test the heart and have pleasure in uprightness. In the uprightness of my heart I have freely offered all these things, and now I have seen your people, who are present here, offering freely and joyously to you.

18 O LORD, the God of Abraham, Isaac, and Israel, our fathers, keep forever such purposes and thoughts in the hearts of your people, and direct their hearts toward you.

19 Grant to Solomon my son a whole heart that he may keep your commandments, your testimonies, and your statutes, performing all, and that he may build the palace for which I have made provision."

¶ **20** Then David said to all the assembly, "Bless the LORD your God." And all the assembly blessed the LORD, the God of their fathers, and bowed their heads and paid homage to the LORD and to the king.

21 And they offered sacrifices to the LORD, and on the next day offered burnt offerings to the LORD, 1,000 bulls, 1,000 rams, and 1,000 lambs, with their drink offerings, and sacrifices in abundance for all Israel.

22 Und sie aßen und tranken am selben Tage vor dem Herrn mit großen Freuden und machten zum zweiten Mal Salomo, den Sohn Davids, zum König und salbten ihn dem Herrn zum Fürsten und Zadok zum Priester.

Salomo wird König. Davids Tod

23 So setzte sich Salomo auf den Thron des Herrn als König an seines Vaters David statt und fand Anerkennung. Und ganz Israel wurde ihm gehorsam.

24 Und alle Obersten und Helden, auch alle Söhne des Königs David, stellten sich unter den König Salomo.

25 Und der Herr machte Salomo immer größer vor ganz Israel und gab ihm ein herrliches Königreich, wie es keiner vor ihm über Israel gehabt hatte.

¶ **26** So ist nun David, der Sohn Isais, König gewesen über ganz Israel.

27 Die Zeit aber, die er König über Israel gewesen ist, ist vierzig Jahre. Zu Hebron regierte er sieben Jahre und zu Jerusalem dreiunddreißig Jahre.

28 Und er starb in gutem Alter, satt an Leben, Reichtum und Ehre. Und sein Sohn Salomo wurde König an seiner statt.

29 Die Geschichte aber des Königs David, die frühere und die spätere, siehe, die steht geschrieben in der Geschichte Samuels, des Sehers, und in der Geschichte des Propheten Nathan und in der Geschichte Gads, des Sehers,

30 dazu auch seine Regierung und seine tapferen Taten sowie die Geschehnisse, die über ihn und Israel und über die Königreiche in allen Landen dahingegangen sind.

22 And they ate and drank before the Lord on that day with great gladness.

Solomon Anointed King

¶ And they made Solomon the son of David king the second time, and they anointed him as prince for the Lord, and Zadok as priest.

¶ **23** Then Solomon sat on the throne of the Lord as king in place of David his father. And he prospered, and all Israel obeyed him.

24 All the leaders and the mighty men, and also all the sons of King David, pledged their allegiance to King Solomon.

25 And the Lord made Solomon very great in the sight of all Israel and bestowed on him such royal majesty as had not been on any king before him in Israel.

The Death of David

¶ **26** Thus David the son of Jesse reigned over all Israel.

27 The time that he reigned over Israel was forty years. He reigned seven years in Hebron and thirty-three years in Jerusalem.

28 Then he died at a good age, full of days, riches, and honor. And Solomon his son reigned in his place.

29 Now the acts of King David, from first to last, are written in the Chronicles of Samuel the seer, and in the Chronicles of Nathan the prophet, and in the Chronicles of Gad the seer,

30 with accounts of all his rule and his might and of the circumstances that came upon him and upon Israel and upon all the kingdoms of the countries.

DAS ZWEITE BUCH DER CHRONIK

2 CHRONICLES

Salomos Opfer und sein Gebet um Weisheit
(vgl. 1.Kön 3,1-15)

1 Und Salomo, der Sohn Davids, wurde mächtig in seinem Königtum und der HERR, sein Gott, war mit ihm und machte ihn immer größer.

2 Und Salomo redete mit ganz Israel, mit den Obersten über tausend und über hundert, mit den Richtern und mit allen Fürsten in Israel, mit den Häuptern der Sippen,

3 dass sie hingingen, Salomo und die ganze Gemeinde mit ihm, zu der Höhe, die bei Gibeon war; denn dort war die Stiftshütte Gottes, die Mose, der Knecht des HERRN, in der Wüste gemacht hatte.

4 – Nur die Lade Gottes hatte David heraufgebracht von Kirjat-Jearim an den Ort, den er ihr bereitet hatte; denn er hatte ihr ein Zelt aufgeschlagen zu Jerusalem. –

5 Auch der kupferne Altar, den Bezalel, der Sohn Uris, des Sohnes Hurs, gemacht hatte, war dort vor der Wohnung des HERRN. Und Salomo und die Gemeinde pflegten ihn aufzusuchen.

6 Und Salomo opferte vor dem HERRN tausend Brandopfer auf dem kupfernen Altar, der vor der Stiftshütte stand.

¶ 7 In derselben Nacht aber erschien Gott dem Salomo und sprach zu ihm: Bitte, was ich dir geben soll.

8 Und Salomo sprach zu Gott: Du hast große Barmherzigkeit an meinem Vater David getan und hast mich an seiner statt zum König gemacht.

9 So lass nun, HERR, Gott, dein Wort an meinen Vater David wahr werden; denn du hast mich zum König gemacht über ein Volk, das so viel ist wie Staub auf Erden.

10 So gib mir nun Weisheit und Erkenntnis, dass ich vor diesem Volk aus- und eingehe; denn wer kann dies dein großes Volk richten?

Solomon Worships at Gibeon

1 Solomon the son of David established himself in his kingdom, and the LORD his God was with him and made him exceedingly great.

¶ 2 Solomon spoke to all Israel, to the commanders of thousands and of hundreds, to the judges, and to all the leaders in all Israel, the heads of fathers' houses.

3 And Solomon, and all the assembly with him, went to the high place that was at Gibeon, for the tent of meeting of God, which Moses the servant of the LORD had made in the wilderness, was there.

4 (But David had brought up the ark of God from Kiriath-jearim to the place that David had prepared for it, for he had pitched a tent for it in Jerusalem.)

5 Moreover, the bronze altar that Bezalel the son of Uri, son of Hur, had made, was there before the tabernacle of the LORD. And Solomon and the assembly sought it[1] out.

6 And Solomon went up there to the bronze altar before the LORD, which was at the tent of meeting, and offered a thousand burnt offerings on it.

Solomon Prays for Wisdom

¶ 7 In that night God appeared to Solomon, and said to him, "Ask what I shall give you."

8 And Solomon said to God, "You have shown great and steadfast love to David my father, and have made me king in his place.

9 O LORD God, let your word to David my father be now fulfilled, for you have made me king over a people as numerous as the dust of the earth.

10 Give me now wisdom and knowledge to go out and come in before this people, for who can govern this people of yours, which is so great?"

11 Da sprach Gott zu Salomo: Weil du dies im Sinn hast und nicht gebeten um Reichtum noch um Gut noch um Ehre noch um deiner Feinde Tod noch um langes Leben, sondern hast um Weisheit und Erkenntnis gebeten, mein Volk zu richten, über das ich dich zum König gemacht habe,

12 so sei dir Weisheit und Erkenntnis gegeben. Dazu will ich dir Reichtum, Gut und Ehre geben, wie sie die Könige vor dir nicht gehabt haben und auch die nach dir nicht haben werden.

13 So kam Salomo von der Höhe, die bei Gibeon war, von der Stiftshütte, nach Jerusalem und regierte über Israel.

Salomos Heeresmacht und Reichtum
(vgl. 1.Kön 10,26-29)

14 Und Salomo brachte Wagen und Reiter zusammen, sodass er 1400 Wagen und 12000 Reiter hatte, und legte sie in die Wagenstädte und zum König nach Jerusalem.

15 Und der König brachte es dahin, dass es in Jerusalem so viel Silber und Gold gab wie Steine und so viele Zedern wie Maulbeerbäume im Hügelland.

16 Und man brachte Salomo Pferde aus Ägypten und aus Koë; die Kaufleute des Königs kauften sie aus Koë zu ihrem Preis;

17 aus Ägypten aber brachten sie herauf den Wagen für sechshundert Silberstücke und das Pferd für hundertfünfzig. Dann führten sie diese wieder aus an alle Könige der Hetiter und an die Könige von Aram.

Salomos Vertrag mit Hiram von Tyrus
(vgl. 1.Kön 5,15-32)

18 Und Salomo gedachte dem Namen des HERRN ein Haus zu bauen und auch ein Haus für sich als König.

2 Und Salomo zählte 70000 ab, die Lasten tragen, und 80000, die im Gebirge Steine hauen sollten, und 3600 Aufseher über sie.

2 Und Salomo sandte zu Hiram, dem König von Tyrus, und ließ ihm sagen: Wie du mit meinem Vater David tatest und ihm Zedern sandtest, dass er sich ein Haus baute, in dem er wohnte, –

3 siehe, ich will dem Namen des HERRN, meines Gottes, ein Haus bauen, das ihm geheiligt werde, um gutes Räucherwerk vor ihm darzubringen und ständig Schaubrote zuzurichten und Brandopfer am Morgen und am Abend, an den Sabbaten und Neumonden und an den Festen des HERRN, unseres Gottes, wie es allezeit für Israel gilt.

11 God answered Solomon, "Because this was in your heart, and you have not asked possessions, wealth, honor, or the life of those who hate you, and have not even asked long life, but have asked wisdom and knowledge for yourself that you may govern my people over whom I have made you king,

12 wisdom and knowledge are granted to you. I will also give you riches, possessions, and honor, such as none of the kings had who were before you, and none after you shall have the like."

13 So Solomon came from[2] the high place at Gibeon, from before the tent of meeting, to Jerusalem. And he reigned over Israel.

Solomon Given Wealth

¶ 14 Solomon gathered together chariots and horsemen. He had 1,400 chariots and 12,000 horsemen, whom he stationed in the chariot cities and with the king in Jerusalem.

15 And the king made silver and gold as common in Jerusalem as stone, and he made cedar as plentiful as the sycamore of the Shephelah.

16 And Solomon's import of horses was from Egypt and Kue, and the king's traders would buy them from Kue for a price.

17 They imported a chariot from Egypt for 600 shekels[3] of silver, and a horse for 150. Likewise through them these were exported to all the kings of the Hittites and the kings of Syria.

Preparing to Build the Temple

2 [1] Now Solomon purposed to build a temple for the name of the LORD, and a royal palace for himself.

2 [2] And Solomon assigned 70,000 men to bear burdens and 80,000 to quarry in the hill country, and 3,600 to oversee them.

3 And Solomon sent word to Hiram the king of Tyre: "As you dealt with David my father and sent him cedar to build himself a house to dwell in, so deal with me.

4 Behold, I am about to build a house for the name of the LORD my God and dedicate it to him for the burning of incense of sweet spices before him, and for the regular arrangement of the showbread, and for burnt offerings morning and evening, on the Sabbaths and the new moons and the appointed feasts of the LORD our God, as ordained forever for Israel.

4 Und das Haus, das ich bauen will, soll groß sein; denn unser Gott ist größer als alle Götter.

5 Aber wer vermag es, ihm ein Haus zu bauen? Denn der Himmel und aller Himmel Himmel können ihn nicht fassen. Wer bin ich denn, dass ich ihm ein Haus baue, es sei denn, um vor ihm zu opfern?

6 So sende mir nun einen tüchtigen Mann, der mit Gold, Silber, Kupfer, Eisen, rotem Purpur, Scharlach und blauem Purpur arbeiten kann und der Bildwerk zu schnitzen versteht zusammen mit den Meistern, die bei mir in Juda und Jerusalem sind und die mein Vater David bestellt hat.

7 Und sende mir Zedern-, Zypressen- und Sandelholz vom Libanon; denn ich weiß, dass deine Leute verstehen, das Holz auf dem Libanon zu hauen. Und siehe, meine Leute sollen mit deinen Leuten sein,

8 dass man mir viel Holz zubereite; denn das Haus, das ich bauen will, soll groß und prächtig sein.

9 Und siehe, ich will den Holzhauern, deinen Leuten, die das Holz behauen, 200000 Scheffel Weizen und 200000 Scheffel Gerste und 20000 Eimer Wein und 20000 Eimer Öl zur Speise geben.

¶ **10** Da antwortete Hiram, der König von Tyrus, in einem Brief und sandte zu Salomo: Da der HERR sein Volk liebt, hat er dich zum König über sie gemacht.

11 Und Hiram schrieb weiter: Gelobt sei der HERR, der Gott Israels, der Himmel und Erde gemacht hat, dass er dem König David einen weisen, klugen und verständigen Sohn gegeben hat, der dem HERRN ein Haus bauen will und auch ein Haus für sich als König!

12 So sende ich nun einen tüchtigen und verständigen Mann, Hiram, meinen Berater;

13 er ist der Sohn einer Frau von den Töchtern Dan und sein Vater ist ein Tyrer gewesen. Der versteht zu arbeiten mit Gold, Silber, Kupfer, Eisen, Steinen, Holz, rotem und blauem Purpur, feiner Leinwand und Scharlach, und Bildwerk zu schnitzen und alles, was man ihm aufgibt, kunstreich zu machen mit deinen Meistern und mit den Meistern meines Herrn, des Königs David, deines Vaters.

14 Mein Herr sende nun seinen Leuten, wie er gesagt hat, Weizen, Gerste, Öl und Wein,

15 so wollen wir das Holz hauen auf dem Libanon, so viel du bedarfst, und wollen es auf Flößen übers Meer nach Jafo bringen. Von da musst du es hinauf nach Jerusalem schaffen.

5 The house that I am to build will be great, for our God is greater than all gods.

6 But who is able to build him a house, since [h] heaven, even highest heaven, cannot contain him? Who am I to build a house for him, except as a place to make offerings before him?

7 So now send me a man skilled to work in gold, silver, bronze, and iron, and in purple, crimson, and blue fabrics, trained also in engraving, to be with the skilled workers who are with me in Judah and Jerusalem, whom David my father provided.

8 Send me also cedar, cypress, and algum timber from Lebanon, for I know that your servants know how to cut timber in Lebanon. And my servants will be with your servants,

9 to prepare timber for me in abundance, for the house I am to build will be great and wonderful.

10 I will give for your servants, the woodsmen who cut timber, 20,000 cors[3] of crushed wheat, 20,000 cors of barley, 20,000 baths[4] of wine, and 20,000 baths of oil."

¶ **11** Then Hiram the king of Tyre answered in a letter that he sent to Solomon, "Because the LORD loves his people, he has made you king over them."

12 Hiram also said, "Blessed be the LORD God of Israel, who made heaven and earth, who has given King David a wise son, who has discretion and understanding, who will build a temple for the LORD and a royal palace for himself.

¶ **13** "Now I have sent a skilled man, who has understanding, Huram-abi,

14 the son of a woman of the daughters of Dan, and his father was a man of Tyre. He is trained to work in gold, silver, bronze, iron, stone, and wood, and in purple, blue, and crimson fabrics and fine linen, and to do all sorts of engraving and execute any design that may be assigned him, with your craftsmen, the craftsmen of my lord, David your father.

15 Now therefore the wheat and barley, oil and wine, of which my lord has spoken, let him send to his servants.

16 And we will cut whatever timber you need from Lebanon and bring it to you in rafts by sea to Joppa, so that you may take it up to Jerusalem."

16 Und Salomo ließ alle Fremdlinge im Lande Israel zählen, nachdem schon sein Vater David sie gezählt hatte, und es fanden sich 153600.

17 Und er machte von ihnen 70000 zu Trägern und 80000 zu Steinhauern im Gebirge und 3600 zu Aufsehern, die die Leute zum Dienst anhielten.

Der Bau des Tempels
(vgl. 1.Kön 6,1-38)

3 Und Salomo fing an, das Haus des HERRN zu bauen in Jerusalem auf dem Berge Morija, wo der HERR seinem Vater David erschienen war, an der Stätte, die David auf der Tenne Araunas, des Jebusiters, zubereitet hatte.

2 Im zweiten Monat am zweiten Tage im vierten Jahr seiner Herrschaft fing er an zu bauen.

3 Und dies sind die Maße, nach denen Salomo das Haus Gottes baute: die Länge sechzig Ellen nach altem Maß, die Breite zwanzig Ellen.

4 Und die Vorhalle, die sich davor befand, war nach der Breite des Hauses zwanzig Ellen lang, die Höhe aber war hundertzwanzig* Ellen, und er überzog sie innen mit lauterem Gold.

5 Die große Halle aber täfelte er mit Zypressenholz und überzog sie mit dem besten Gold und brachte darauf Palmen und Blumenwerk an.

6 Und er zierte die Halle mit edlen Steinen zum Schmuck, das Gold aber war Parwajim-Gold.

7 Und er überzog die Halle, die Balken und die Schwellen samt ihren Wänden und Türen mit Gold und ließ auf die Wände Cherubim schnitzen.

8 Er machte auch den Raum des Allerheiligsten. Dessen Länge war zwanzig Ellen nach der Breite des Baues und seine Breite war auch zwanzig Ellen, und er überzog ihn mit dem besten Gold, an sechshundert Zentner;

9 und er gab auch für die Nägel fünfzig Lot Gold an Gewicht und überzog die Obergemächer mit Gold.

10 Er machte auch im Raum des Allerheiligsten zwei Cherubim, kunstreiche Werke, und überzog sie mit Gold.

11 Und die Länge der Flügel der Cherubim war zwanzig Ellen, sodass ein Flügel fünf Ellen hatte und die Wand des Hauses berührte und der andere Flügel auch fünf Ellen hatte und den Flügel des andern Cherubs berührte.

17 Then Solomon counted all the resident aliens who were in the land of Israel, after the census of them that David his father had taken, and there were found 153,600.

18 Seventy thousand of them he assigned to bear burdens, 80,000 to quarry in the hill country, and 3,600 as overseers to make the people work.

Solomon Builds the Temple

3 Then Solomon began to build the house of the LORD[1] had appeared to David his father, at the place that David had appointed, on the threshing floor of Ornan the Jebusite.

2 He began to build in the second month of the fourth year of his reign.

3 These are Solomon's measurements[2] for building the house of God: the length, in cubits[3] of the old standard, was sixty cubits, and the breadth twenty cubits.

4 The vestibule in front of the nave of the house was twenty cubits long, equal to the width of the house,[4] and its height was 120 cubits. He overlaid it on the inside with pure gold.

5 The nave he lined with cypress and covered it with fine gold and made palms and chains on it.

6 He adorned the house with settings of precious stones. The gold was gold of Parvaim.

7 So he lined the house with gold—its beams, its thresholds, its walls, and its doors—and he carved cherubim on the walls.

8 And he made the Most Holy Place. Its length, corresponding to the breadth of the house, was twenty cubits, and its breadth was twenty cubits. He overlaid it with 600 talents[5] of fine gold.

9 The weight of gold for the nails was fifty shekels.[6] And he overlaid the upper chambers with gold.

10 In the Most Holy Place he made two cherubim of wood[7] and overlaid[8] them with gold.

11 The wings of the cherubim together extended twenty cubits: one wing of the one, of five cubits, touched the wall of the house, and its other wing, of five cubits, touched the wing of the other cherub;

12 So hatte auch der eine Flügel des andern Cherubs fünf Ellen und berührte die Wand des Hauses, und sein anderer Flügel hatte auch fünf Ellen und berührte den Flügel des andern Cherubs,

13 sodass diese Flügel der Cherubim zwanzig Ellen weit ausgebreitet waren. Und sie standen auf ihren Füßen und ihr Antlitz war zur Halle hingewandt.

14 Er machte auch einen Vorhang von blauem und rotem Purpur, von Scharlach und feiner Leinwand und brachte Cherubim darauf an.

Die beiden Säulen vor dem Tempel
(vgl. 1.Kön 7,15-22)

15 Und er machte vor dem Hause zwei Säulen, fünfunddreißig Ellen hoch, und den Knauf oben darauf fünf Ellen

16 und machte Ketten zum Gitterwerk und tat sie oben an die Säulen und machte hundert Granatäpfel und tat sie an die Ketten

17 und richtete die Säulen auf vor dem Tempel, eine zur Rechten und die andere zur Linken, und nannte die zur Rechten Jachin und die zur Linken Boas.

Beschreibung einzelner Geräte des Tempels
(vgl. 1.Kön 7,23-51)

4 Er machte auch einen kupfernen Altar, zwanzig Ellen lang und breit und zehn Ellen hoch.

¶ **2** Und er machte das Meer, gegossen, von einem Rand zum andern zehn Ellen breit, ganz rund, fünf Ellen hoch, und eine Schnur von dreißig Ellen konnte es umspannen.

3 Und unter ihm umgaben es ringsum Gestalten, Rindern vergleichbar; und es waren um das Meer her zehn Knoten je Elle; zwei Reihen bildeten die Knoten, die bei dem Guss mit angegossen waren.

4 Es stand aber auf zwölf Rindern, von denen drei nach Norden gewandt waren, drei nach Westen, drei nach Süden und drei nach Osten, und das Meer stand oben auf ihnen; und ihre Hinterteile waren alle nach innen gekehrt.

5 Die Stärke seiner Wand war eine Hand breit und sein Rand war wie eines Bechers Rand, wie eine aufgegangene Lilie, und es fasste dreitausend Eimer.

12 and of this cherub, one wing, of five cubits, touched the wall of the house, and the other wing, also of five cubits, was joined to the wing of the first cherub.

13 The wings of these cherubim extended twenty cubits. The cherubim[9] stood on their feet, facing the nave.

14 And he made the veil of blue and purple and crimson fabrics and fine linen, and he worked cherubim on it.

¶ **15** In front of the house he made two pillars thirty-five cubits high, with a capital of five cubits on the top of each.

16 He made chains like a necklace[10] and put them on the tops of the pillars, and he made a hundred pomegranates and put them on the chains.

17 He set up the pillars in front of the temple, one on the south, the other on the north; that on the south he called Jachin, and that on the north Boaz.

The Temple's Furnishings

4 He made an altar of bronze, twenty cubits[1] long and twenty cubits wide and ten cubits high.

2 Then he made the sea of cast metal. It was round, ten cubits from brim to brim, and five cubits high, and a line of thirty cubits measured its circumference.

3 Under it were figures of gourds,[2] for ten cubits, compassing the sea all around. The gourds were in two rows, cast with it when it was cast.

4 It stood on twelve oxen, three facing north, three facing west, three facing south, and three facing east. The sea was set on them, and all their rear parts were inward.

5 Its thickness was a handbreadth.[3] And its brim was made like the brim of a cup, like the flower of a lily. It held 3,000 baths.[4]

¶ **6** Und er machte zehn Kessel. Von ihnen stellte er fünf zur Rechten und fünf zur Linken, um in ihnen zu waschen – nämlich was zum Brandopfer gehört, sollte man darin abspülen –; das Meer aber stellte er auf, dass sich die Priester darin waschen sollten.

¶ **7** Er machte auch zehn goldene Leuchter, wie sie sein sollten, und stellte sie in die Tempelhalle, fünf zur Rechten und fünf zur Linken,

8 und machte zehn Tische und tat sie in die Tempelhalle, fünf zur Rechten und fünf zur Linken, und machte hundert goldene Schalen.

¶ **9** Er machte auch einen Vorhof für die Priester und einen großen Vorhof und Türen für den Vorhof und überzog die Türen mit Kupfer

10 und setzte das Meer rechts vor das Haus nach Süden hin.

¶ **11** Und Hiram machte Töpfe, Schaufeln und Becken.

¶ Danach vollendete Hiram die Arbeit, die er für den König Salomo tat am Hause Gottes,

12 nämlich die zwei Säulen mit den kugligen Knäufen oben auf beiden Säulen und die zwei Gitterwerke, zu bedecken beide kugligen Knäufe oben auf den Säulen,

13 und die vierhundert Granatäpfel an den beiden Gitterwerken, zwei Reihen Granatäpfel an jedem Gitterwerk, zu bedecken beide kugligen Knäufe, die oben auf den Säulen waren.

14 Auch machte er die Gestelle und die Kessel auf den Gestellen

15 und das Meer und die zwölf Rinder darunter;

16 dazu machte Hiram, sein Berater, dem König Salomo Töpfe, Schaufeln, Gabeln samt allen Gefäßen für das Haus des HERRN von geglättetem Kupfer.

17 In der Gegend des unteren Jordans ließ sie der König gießen in der Gießerei von Adama zwischen Sukkot und Zereda.

18 Und Salomo machte sehr viele von allen diesen Geräten, sodass das Gewicht des Kupfers nicht zu erforschen war.

¶ **19** Und Salomo machte alles Gerät für das Haus Gottes, nämlich den goldenen Altar und die Tische mit den Schaubroten darauf,

20 die Leuchter mit ihren Lampen von lauterem Gold, dass sie brennen vor dem Chorraum nach der Ordnung.

21 Und die Blumen und die Lampen und die Scheren waren golden, das war alles ganz aus Gold;

6 He also made ten basins in which to wash, and set five on the south side, and five on the north side. In these they were to rinse off what was used for the burnt offering, and the sea was for the priests to wash in.

¶ **7** And he made ten golden lampstands as prescribed, and set them in the temple, five on the south side and five on the north.

8 He also made ten tables and placed them in the temple, five on the south side and five on the north. And he made a hundred basins of gold.

9 He made the court of the priests and the great court and doors for the court and overlaid their doors with bronze.

10 And he set the sea at the southeast corner of the house.

¶ **11** Hiram also made the pots, the shovels, and the basins. ᵘSo Hiram finished the work that he did for King Solomon on the house of God:

12 the two pillars, the bowls, and the two capitals on the top of the pillars; and the two latticeworks to cover the two bowls of the capitals that were on the top of the pillars;

13 and the 400 pomegranates for the two latticeworks, two rows of pomegranates for each latticework, to cover the two bowls of the capitals that were on the pillars.

14 He made the stands also, and the basins on the stands,

15 and the one sea, and the twelve oxen underneath it.

16 The pots, the shovels, the forks, and all the equipment for these Huram-abi made of burnished bronze for King Solomon for the house of the LORD.

17 In the plain of the Jordan the king cast them, in the clay ground between Succoth and Zeredah.⁵

18 Solomon made all these things in great quantities, for the weight of the bronze was not sought.

¶ **19** So Solomon made all the vessels that were in the house of God: the golden altar, the tables for the bread of the Presence,

20 the lampstands and their lamps of pure gold to burn before the inner sanctuary, as prescribed;

21 the flowers, the lamps, and the tongs, of purest gold;

22 auch die Messer, Schalen, Löffel und Pfannen waren von lauterem Gold. Und an den Eingängen des Hauses waren die inneren Türen zum Allerheiligsten und die Türen zur Tempelhalle aus Gold.

5 Also wurde alle Arbeit vollbracht, die Salomo am Hause des HERRN tat. Und Salomo brachte hinein alles, was sein Vater David geheiligt hatte, und legte das Silber und Gold und alle Geräte in den Schatz im Hause Gottes.

Einweihung des Tempels
(vgl. 1.Kön 8,1-11)

2 Da versammelte Salomo alle Ältesten Israels, alle Häupter der Stämme und die Fürsten der Sippen Israels in Jerusalem, damit sie die Lade des Bundes des HERRN hinaufbrächten aus der Stadt Davids, das ist Zion.

3 Und es versammelten sich beim König alle Männer Israels zum Fest, das im siebenten Monat gefeiert wird.

4 Und es kamen alle Ältesten Israels, und die Leviten hoben die Lade auf

5 und brachten sie hinauf samt der Stiftshütte und allem heiligen Gerät, das in der Stiftshütte war; es brachten sie hinauf die Priester und Leviten.

6 Aber der König Salomo und die ganze Gemeinde Israel, die bei ihm vor der Lade versammelt war, opferten Schafe und Rinder, so viel, dass es niemand zählen noch berechnen konnte.

¶ 7 So brachten die Priester die Lade des Bundes des HERRN an ihre Stätte, in den Chorraum des Hauses, in das Allerheiligste, unter die Flügel der Cherubim,

8 dass die Cherubim ihre Flügel ausbreiteten über die Stätte der Lade. Und die Cherubim bedeckten die Lade und ihre Stangen von oben her.

9 Die Stangen aber waren so lang, dass man ihre Enden vor dem Chorraum in der Tempelhalle sah, aber von außen sah man sie nicht. Und sie war dort bis auf diesen Tag.

10 Und es war nichts in der Lade außer den zwei Tafeln, die Mose am Horeb hineingelegt hatte, die Tafeln des Bundes, den der HERR mit Israel geschlossen hatte, als sie aus Ägypten zogen.

¶ 11 Und die Priester gingen heraus aus dem Heiligtum – denn alle Priester, die sich eingefunden hatten, hatten sich geheiligt, ohne dass sie sich an die Ordnungen hielten –,

22 the snuffers, basins, dishes for incense, and fire pans, of pure gold, and the sockets[6] of the temple, for the inner doors to the Most Holy Place and for the doors of the nave of the temple were of gold.

5 Thus all the work that Solomon did for the house of the LORD was finished. And Solomon brought in the things that David his father had dedicated, and stored the silver, the gold, and all the vessels in the treasuries of the house of God.

The Ark Brought to the Temple

¶ 2 Then Solomon assembled the elders of Israel and all the heads of the tribes, the leaders of the fathers' houses of the people of Israel, in Jerusalem, to bring up the ark of the covenant of the LORD out of the city of David, which is Zion.

3 And all the men of Israel assembled before the king at the feast that is in the seventh month.

4 And all the elders of Israel came, and the Levites took up the ark.

5 And they brought up the ark, the tent of meeting, and all the holy vessels that were in the tent; the Levitical priests brought them up.

6 And King Solomon and all the congregation of Israel, who had assembled before him, were before the ark, sacrificing so many sheep and oxen that they could not be counted or numbered.

7 Then the priests brought the ark of the covenant of the LORD to its place, in the inner sanctuary of the house, in the Most Holy Place, underneath the wings of the cherubim.

8 The cherubim spread out their wings over the place of the ark, so that the cherubim made a covering above the ark and its poles.

9 And the poles were so long that the ends of the poles were seen from the Holy Place before the inner sanctuary, but they could not be seen from outside. And they are[1] there to this day.

10 There was nothing in the ark except the two tablets that Moses put there at Horeb, where the LORD made a covenant with the people of Israel, when they came out of Egypt.

11 And when the priests came out of the Holy Place (for all the priests who were present had consecrated themselves, without regard to their divisions,

12 und alle Leviten, die Sänger waren, nämlich Asaf, Heman und Jedutun und ihre Söhne und Brüder, angetan mit feiner Leinwand, standen östlich vom Altar mit Zimbeln, Psaltern und Harfen und bei ihnen hundertundzwanzig Priester, die mit Trompeten bliesen.

13 Und es war, als wäre es einer, der trompetete und sänge, als hörte man eine Stimme loben und danken dem HERRN. Und als sich die Stimme der Trompeten, Zimbeln und Saitenspiele erhob und man den HERRN lobte: »Er ist gütig, und seine Barmherzigkeit währt ewig«, da wurde das Haus des HERRN erfüllt mit einer Wolke,

14 sodass die Priester nicht zum Dienst hinzutreten konnten wegen der Wolke; denn die Herrlichkeit des HERRN erfüllte das Haus Gottes.

Salomos Gebet bei der Einweihung des Tempels
(vgl. 1.Kön 8,12-53)

6 Da sprach Salomo: Der HERR hat gesagt, er wolle im Dunkel wohnen.

2 So habe ich nun ein Haus gebaut dir zur Wohnung und einen Sitz, da du ewiglich wohnest.

¶ **3** Und der König wandte sein Antlitz und segnete die ganze Gemeinde Israel, während sie stand,

4 und sprach: Gelobt sei der HERR, der Gott Israels, der durch seinen Mund meinem Vater David zugesagt und es mit seiner Hand erfüllt hat, als er sagte:

5 Seit der Zeit, da ich mein Volk aus Ägyptenland geführt habe, habe ich keine Stadt erwählt aus allen Stämmen Israels, ein Haus zu bauen, dass mein Name daselbst sein sollte, und habe auch keinen Mann erwählt, dass er Fürst sein sollte über mein Volk Israel;

6 aber Jerusalem habe ich erwählt, dass mein Name daselbst sei, und David habe ich erwählt, dass er über mein Volk Israel Herr sei.

7 Und als mein Vater David im Sinn hatte, dem Namen des HERRN, des Gottes Israels, ein Haus zu bauen,

8 sprach der HERR zu meinem Vater David: Du hast wohlgetan, dass du im Sinn hast, meinem Namen ein Haus zu bauen.

9 Doch nicht du sollst das Haus bauen, sondern dein Sohn, der von dir kommen wird, soll meinem Namen das Haus bauen.

12 and all the Levitical singers, Asaph, Heman, and Jeduthun, their sons and kinsmen, arrayed in fine linen, with cymbals, harps, and lyres, stood east of the altar with 120 priests who were trumpeters;

13 and it was the duty of the trumpeters and singers to make themselves heard in unison in praise and thanksgiving to the LORD), and when the song was raised, with trumpets and cymbals and other musical instruments, in praise to the LORD,

"For he is good,
for his steadfast love endures forever,"

the house, the house of the LORD, was filled with a cloud,

14 so that the priests could not stand to minister because of the cloud, for the glory of the LORD filled the house of God.

Solomon Blesses the People

6 Then Solomon said, "The LORD has said that he would dwell in thick darkness.

2 But I have built you an exalted house, a place for you to dwell in forever."

3 Then the king turned around and blessed all the assembly of Israel, while all the assembly of Israel stood.

4 And he said, "Blessed be the LORD, the God of Israel, who with his hand has fulfilled what he promised with his mouth to David my father, saying,

5 'Since the day that I brought my people out of the land of Egypt, I chose no city out of all the tribes of Israel in which to build a house, that my name might be there, and I chose no man as prince over my people Israel;

6 but I have chosen Jerusalem that my name may be there, and I have chosen David to be over my people Israel.'

7 Now it was in the heart of David my father to build a house for the name of the LORD, the God of Israel.

8 But the LORD said to David my father, 'Whereas it was in your heart to build a house for my name, you did well that it was in your heart.

9 Nevertheless, it is not you who shall build the house, but your son who shall be born to you shall build the house for my name.'

10 So hat nun der HERR sein Wort wahr gemacht, das er geredet hat; denn ich bin zur Macht gekommen an meines Vaters David statt und sitze auf dem Thron Israels, wie der HERR zugesagt hat, und habe den Namen des HERRN, des Gottes Israels, ein Haus gebaut

11 und habe die Lade hineingebracht, in der die Tafeln des Bundes des HERRN sind, den er mit den Israeliten geschlossen hat.

¶ **12** Und er trat vor den Altar des HERRN angesichts der ganzen Gemeinde Israel und breitete seine Hände aus

13 – aber Salomo hatte eine Kanzel aus Kupfer gemacht und mitten in den Vorhof gestellt, fünf Ellen lang und breit und drei Ellen hoch; auf diese trat er und fiel nieder auf seine Knie angesichts der ganzen Gemeinde Israel und breitete seine Hände aus gen Himmel –

14 und sprach: HERR, Gott Israels, es ist kein Gott dir gleich weder im Himmel noch auf Erden, der du hältst den Bund und die Barmherzigkeit deinen Knechten, die vor dir wandeln von ganzem Herzen.

15 Du hast deinem Knecht David, meinem Vater, gehalten, was du ihm zugesagt hast; mit deinem Mund hast du es geredet, und mit deiner Hand hast du es erfüllt, so wie es heute ist.

16 Nun, HERR, Gott Israels, halte deinem Knecht David, meinem Vater, was du ihm zugesagt hast: Es soll dir nicht fehlen an einem Mann, der vor mir steht, der auf dem Thron Israels sitzt, sofern deine Söhne ihren Weg bewahren, dass sie wandeln in meinem Gesetz, wie du vor mir gewandelt bist.

17 Nun, HERR, Gott Israels, lass dein Wort wahr werden, das du deinem Knecht David zugesagt hast.

¶ **18** Aber sollte Gott wirklich bei den Menschen auf Erden wohnen? Siehe, der Himmel und aller Himmel Himmel können dich nicht fassen; wie sollte es dann dies Haus tun, das ich gebaut habe?

19 Wende dich aber, HERR, mein Gott, zu dem Gebet deines Knechts und zu seinem Flehen, dass du erhörest das Bitten und Beten deines Knechtes vor dir!

20 Lass deine Augen offen sein über diesem Hause Tag und Nacht, über der Stätte, von der du gesagt hast, du wollest deinen Namen daselbst wohnen lassen, dass du hörest das Gebet, das dein Knecht an dieser Stätte beten wird.

10 Now the LORD has fulfilled his promise that he made. For I have risen in the place of David my father and sit on the throne of Israel, as the LORD promised, and I have built the house for the name of the LORD, the God of Israel.

11 And there I have set the ark, in which is the covenant of the LORD that he made with the people of Israel."

Solomon's Prayer of Dedication

¶ **12** Then Solomon stood before the altar of the LORD in the presence of all the assembly of Israel and spread out his hands.

13 Solomon had made a bronze platform five cubits[1] long, five cubits wide, and three cubits high, and had set it in the court, and he stood on it. Then he knelt on his knees in the presence of all the assembly of Israel, and spread out his hands toward heaven,

14 and said, "O LORD, God of Israel, there is no God like you, in heaven or on earth, keeping covenant and showing steadfast love to your servants who walk before you with all their heart,

15 who have kept with your servant David my father what you declared to him. You spoke with your mouth, and with your hand have fulfilled it this day.

16 Now therefore, O LORD, God of Israel, keep for your servant David my father what you have promised him, saying, 'You shall not lack a man to sit before me on the throne of Israel, if only your sons pay close attention to their way, to walk in my law as you have walked before me.'

17 Now therefore, O LORD, God of Israel, let your word be confirmed, which you have spoken to your servant David.

¶ **18** "But will God indeed dwell with man on the earth? Behold, heaven and the highest heaven cannot contain you, how much less this house that I have built!

19 Yet have regard to the prayer of your servant and to his plea, O LORD my God, listening to the cry and to the prayer that your servant prays before you,

20 that your eyes may be open day and night toward this house, the place where you have promised to set your name, that you may listen to the prayer that your servant offers toward this place.

21 So höre nun das Flehen deines Knechts und deines Volkes Israel, wenn sie bitten werden an dieser Stätte; höre es von der Stätte deiner Wohnung, vom Himmel her, und wenn du es hörst, wollest du gnädig sein!

¶ **22** Wenn jemand an seinem Nächsten sündigt und es wird ihm ein Fluch auferlegt, sich selbst zu verfluchen, und er kommt und verflucht sich vor deinem Altar in diesem Hause,

23 so wollest du hören im Himmel und Recht schaffen deinen Knechten, dass du den Frevler als Frevler erkennen und seine Tat auf sein Haupt kommen lässt, den aber, der im Recht ist, gerecht sprichst und ihm gibst nach seiner Gerechtigkeit.

¶ **24** Wenn dein Volk Israel vor dem Feind geschlagen wird, weil sie an dir gesündigt haben, und sie bekehren sich dann und bekennen deinen Namen, bitten und flehen vor dir in diesem Hause,

25 so wollest du hören vom Himmel her und vergeben die Sünde deines Volkes Israel und sie in das Land zurückbringen, das du ihnen und ihren Vätern gegeben hast.

¶ **26** Wenn der Himmel verschlossen ist, dass es nicht regnet, weil sie an dir gesündigt haben, und sie beten dann an dieser Stätte und bekennen deinen Namen und bekehren sich von ihren Sünden, weil du sie bedrängt hast,

27 so wollest du hören im Himmel und vergeben die Sünde deiner Knechte und deines Volkes Israel, dass du sie den guten Weg lehrst, auf dem sie wandeln sollen, und regnen lässt auf dein Land, das du deinem Volk zum Erbe gegeben hast.

¶ **28** Wenn eine Hungersnot im Lande sein wird oder Pest oder Dürre, Getreidebrand, Heuschrecken, Raupen oder wenn sein Feind im Lande seine Städte belagert oder irgendeine Plage oder Krankheit da ist, –

29 wer dann bittet oder fleht, es seien einzelne Menschen oder dein ganzes Volk Israel, wenn jemand seine Plage und Schmerzen fühlt und seine Hände ausbreitet zu diesem Hause,

30 so wollest du hören vom Himmel her, vom Sitz deiner Wohnung, und gnädig sein und jedermann geben nach all seinem Wandel, wie du sein Herz erkennst – denn du allein erkennst das Herz der Menschenkinder –,

31 damit sie dich fürchten und wandeln in deinen Wegen alle Tage, solange sie in dem Lande leben, das du unsern Vätern gegeben hast.

21 And listen to the pleas of your servant and of your people Israel, when they pray toward this place. And listen from heaven your dwelling place, and when you hear, forgive.

¶ **22** "If a man sins against his neighbor and is made to take an oath and comes and swears his oath before your altar in this house,

23 then hear from heaven and act and judge your servants, repaying the guilty by bringing his conduct on his own head, and vindicating the righteous by rewarding him according to his righteousness.

¶ **24** "If your people Israel are defeated before the enemy because they have sinned against you, and they turn again and acknowledge your name and pray and plead with you in this house,

25 then hear from heaven and forgive the sin of your people Israel and bring them again to the land that you gave to them and to their fathers.

¶ **26** "When heaven is shut up and there is no rain because they have sinned against you, if they pray toward this place and acknowledge your name and turn from their sin, when you afflict[2] them,

27 then hear in heaven and forgive the sin of your servants, your people Israel, when you teach them the good way[3] in which they should walk, and grant rain upon your land, which you have given to your people as an inheritance.

¶ **28** "If there is famine in the land, if there is pestilence or blight or mildew or locust or caterpillar, if their enemies besiege them in the land at their gates, whatever plague, whatever sickness there is,

29 whatever prayer, whatever plea is made by any man or by all your people Israel, each knowing his own affliction and his own sorrow and stretching out his hands toward this house,

30 then hear from heaven your dwelling place and forgive and render to each whose heart you know, according to all his ways, for you, you only, know the hearts of the children of mankind,

31 that they may fear you and walk in your ways all the days that they live in the land that you gave to our fathers.

¶ **32** Auch wenn ein Fremder, der nicht von deinem Volk Israel ist, aus fernen Landen kommt um deines großen Namens und deiner mächtigen Hand und deines ausgereckten Arms willen und zu diesem Hause hin betet,

33 so wollest du hören vom Himmel her, vom Sitz deiner Wohnung, und alles tun, worum er dich anruft, auf dass alle Völker auf Erden deinen Namen erkennen und dich fürchten wie dein Volk Israel und innewerden, dass dein Name über diesem Hause genannt ist, das ich gebaut habe.

¶ **34** Wenn dein Volk auszieht in den Krieg gegen seine Feinde auf dem Wege, den du sie senden wirst, und sie zu dir beten nach dieser Stadt hin, die du erwählt hast, und nach dem Hause hin, das ich deinem Namen gebaut habe,

35 so wollest du ihr Gebet und Flehen hören vom Himmel her und ihnen zu ihrem Recht helfen.

¶ **36** Wenn sie an dir sündigen werden – denn es gibt keinen Menschen, der nicht sündigt – und du über sie zürnst und sie vor ihren Feinden dahingibst und diese sie gefangen wegführen in ein fernes oder nahes Land

37 und sie nehmen es sich dann zu Herzen in dem Lande, in dem sie gefangen sind, und bekehren sich und flehen zu dir im Lande ihrer Feinde und sprechen: »Wir haben gesündigt, übel getan und sind gottlos gewesen«,

38 und sich von ganzem Herzen und von ganzer Seele zu dir bekehren im Lande ihrer Feinde, in dem man sie gefangen hält, und sie beten nach ihrem Lande hin, das du ihren Vätern gegeben hast, und nach der Stadt hin, die du erwählt hast, und nach dem Hause hin, das ich deinem Namen gebaut habe,

39 so wollest du ihr Gebet und Flehen hören vom Himmel her, vom Sitz deiner Wohnung, und ihnen zu ihrem Recht helfen und deinem Volk vergeben, das an dir gesündigt hat.

¶ **40** So lass nun, mein Gott, deine Augen offen sein und deine Ohren aufmerken auf das Gebet an dieser Stätte.

41 Und nun mache dich auf, HERR, Gott, zu deiner Ruhe, du und die Lade deiner Macht. Lass deine Priester, HERR, Gott, mit Heil angetan werden und deine Heiligen sich freuen des Guten.

¶ **32** "Likewise, when a foreigner, who is not of your people Israel, comes from a far country for the sake of your great name and your mighty hand and your outstretched arm, when he comes and prays toward this house,

33 hear from heaven your dwelling place and do according to all for which the foreigner calls to you, in order that all the peoples of the earth may know your name and fear you, as do your people Israel, and that they may know that this house that I have built is called by your name.

¶ **34** "If your people go out to battle against their enemies, by whatever way you shall send them, and they pray to you toward this city that you have chosen and the house that I have built for your name,

35 then hear from heaven their prayer and their plea, and maintain their cause.

¶ **36** "If they sin against you—for there is no one who does not sin—and you are angry with them and give them to an enemy, so that they are carried away captive to a land far or near,

37 yet if they turn their heart in the land to which they have been carried captive, and repent and plead with you in the land of their captivity, saying, 'We have sinned and have acted perversely and wickedly,'

38 if they repent with all their mind and with all their heart in the land of their captivity to which they were carried captive, and pray toward their land, which you gave to their fathers, the city that you have chosen and the house that I have built for your name,

39 then hear from heaven your dwelling place their prayer and their pleas, and maintain their cause and forgive your people who have sinned against you.

40 Now, O my God, let your eyes be open and your ears attentive to the prayer of this place.

41 "And now arise, O LORD God, and go to
your resting place,
    you and the ark of your might.
Let your priests, O LORD God, be
    clothed with salvation,
and let your saints rejoice in your
    goodness.

42 Du, HERR, Gott, weise nicht ab das Antlitz deines Gesalbten! Gedenk an die Gnaden, die du deinem Knechte David verheißen hast.

Salomos Festopfer
(vgl. 1.Kön 8,54-66)

7 Und als Salomo sein Gebet vollendet hatte, fiel Feuer vom Himmel und verzehrte das Brandopfer und die Schlachtopfer, und die Herrlichkeit des HERRN erfüllte das Haus,

2 sodass die Priester nicht ins Haus des HERRN hineingehen konnten, weil des HERRN Herrlichkeit das Haus des HERRN füllte.

3 Und alle Israeliten sahen das Feuer herabfallen und die Herrlichkeit des HERRN über dem Hause, und sie fielen auf ihre Knie mit dem Antlitz zur Erde aufs Pflaster und beteten an und dankten dem HERRN, dass er gütig ist und seine Barmherzigkeit ewiglich währt.

¶ **4** Der König aber und das ganze Volk opferten vor dem HERRN;

5 zweiundzwanzigtausend Rinder und hundertzwanzigtausend Schafe opferte der König Salomo. Und so weihten der König und das ganze Volk das Haus Gottes ein.

6 Die Priester aber übten ihren Dienst aus und die Leviten standen dabei mit den Saitenspielen des HERRN, die der König David hatte machen lassen, dem HERRN zu danken, dass seine Barmherzigkeit ewiglich währt, mit den Psalmen Davids, die sie sangen. Und die Priester bliesen Trompeten ihnen gegenüber, und ganz Israel stand.

7 Und Salomo weihte die Mitte des Vorhofes, der vor dem Hause des HERRN war; denn er hatte dort Brandopfer und das Fett der Dankopfer dargebracht. Denn der kupferne Altar, den Salomo hatte machen lassen, konnte nicht alle Brandopfer, Speisopfer und das Fett fassen.

¶ **8** Und Salomo hielt damals das Fest sieben Tage lang und ganz Israel mit ihm, eine sehr große Gemeinde, von Hamat an bis an den Bach Ägyptens.

9 Am achten Tage aber hielten sie eine Versammlung; denn die Einweihung des Altars hielten sie sieben Tage und das Fest auch sieben Tage.

10 So ließ er am dreiundzwanzigsten Tage des siebenten Monats das Volk fröhlich heimgehen und guten Mutes über all das Gute, das der HERR an David, Salomo und seinem Volk Israel getan hatte.

42 O LORD God, do not turn away the face of your anointed one!
Remember your steadfast love for David your servant."

Fire from Heaven

7 As soon as Solomon finished his prayer, fire came down from heaven and consumed the burnt offering and the sacrifices, and the glory of the LORD filled the temple.

2 And the priests could not enter the house of the LORD, because the glory of the LORD filled the LORD's house.

3 When all the people of Israel saw the fire come down and the glory of the LORD on the temple, they bowed down with their faces to the ground on the pavement and worshiped and gave thanks to the LORD, saying, "For he is good, for his steadfast love endures forever."

The Dedication of the Temple

¶ **4** Then the king and all the people offered sacrifice before the LORD.

5 King Solomon offered as a sacrifice 22,000 oxen and 120,000 sheep. So the king and all the people dedicated the house of God.

6 The priests stood at their posts; the Levites also, with the instruments for music to the LORD that King David had made for giving thanks to the LORD—for his steadfast love endures forever—whenever David offered praises by their ministry;[1] opposite them the priests sounded trumpets, and all Israel stood.

¶ **7** And Solomon consecrated the middle of the court that was before the house of the LORD, for there he offered the burnt offering and the fat of the peace offerings, because the bronze altar Solomon had made could not hold the burnt offering and the grain offering and the fat.

¶ **8** At that time Solomon held the feast for seven days, and all Israel with him, a very great assembly, from Lebo-hamath to the Brook of Egypt.

9 And on the eighth day they held a solemn assembly, for they had kept the dedication of the altar seven days and the feast seven days.

10 On the twenty-third day of the seventh month he sent the people away to their homes, joyful and glad of heart for the prosperity that the LORD had granted to David and to Solomon and to Israel his people.

11 So vollendete Salomo das Haus des HERRN und das Haus des Königs. Und es gelang ihm, alles, was ihm in den Sinn gekommen war, am Hause des HERRN und an seinem Hause auszuführen.

Gottes Antwort auf Salomos Gebet
(vgl. 1.Kön 9,1-9)

12 Und der HERR erschien Salomo des Nachts und sprach zu ihm: Ich habe dein Gebet erhört und diese Stätte mir zum Opferhaus erwählt.

13 Siehe, wenn ich den Himmel verschließe, dass es nicht regnet, oder die Heuschrecken das Land fressen oder eine Pest unter mein Volk kommen lasse

14 und dann mein Volk, über das mein Name genannt ist, sich demütigt, dass sie beten und mein Angesicht suchen und sich von ihren bösen Wegen bekehren, so will ich vom Himmel her hören und ihre Sünde vergeben und ihr Land heilen.

15 So sollen nun meine Augen offen sein und meine Ohren aufmerken auf das Gebet an dieser Stätte.

16 So habe ich nun dies Haus erwählt und geheiligt, dass mein Name dort sein soll ewiglich, und meine Augen und mein Herz sollen dort sein allezeit.

17 Und wenn du vor mir wandelst, wie dein Vater David gewandelt ist, dass du alles tust, was ich dich heiße, und meine Gebote und Rechte hältst,

18 so will ich den Thron deines Königtums bestätigen, wie ich mit deinem Vater David einen Bund geschlossen habe und gesagt: Es soll dir nicht fehlen an einem Mann, der über Israel Herr sei.

¶ **19** Werdet ihr euch aber abkehren und meine Rechte und Gebote, die ich euch vorgelegt habe, verlassen und hingehen und andern Göttern dienen und sie anbeten,

20 so werde ich Israel ausreißen aus meinem Lande, das ich ihnen gegeben habe, und dies Haus, das ich meinem Namen geheiligt habe, werde ich von meinem Angesicht verwerfen und werde es zum Hohn machen und zum Spott unter allen Völkern.

21 Und vor diesem Hause, das so hoch erhoben wurde, werden sich entsetzen alle, die vorübergehen, und sagen: Warum ist der HERR mit diesem Lande und mit diesem Hause so verfahren?

If My People Pray

¶ **11** Thus Solomon finished the house of the LORD and the king's house. All that Solomon had planned to do in the house of the LORD and in his own house he successfully accomplished.

12 Then the LORD appeared to Solomon in the night and said to him: "I have heard your prayer and have chosen this place for myself as a house of sacrifice.

13 When I shut up the heavens so that there is no rain, or command the locust to devour the land, or send pestilence among my people,

14 if my people who are called by my name humble themselves, and pray and seek my face and turn from their wicked ways, then I will hear from heaven and will forgive their sin and heal their land.

15 Now my eyes will be open and my ears attentive to the prayer that is made in this place.

16 For now I have chosen and consecrated this house that my name may be there forever. My eyes and my heart will be there for all time.

17 And as for you, if you will walk before me as David your father walked, doing according to all that I have commanded you and keeping my statutes and my rules,

18 then I will establish your royal throne, as I covenanted with David your father, saying, 'You shall not lack a man to rule Israel.'

¶ **19** "But if you[2] turn aside and forsake my statutes and my commandments that I have set before you, and go and serve other gods and worship them,

20 then I will pluck you[3] up from my land that I have given you, and this house that I have consecrated for my name, I will cast out of my sight, and I will make it a proverb and a byword among all peoples.

21 And at this house, which was exalted, everyone passing by will be astonished and say, 'Why has the LORD done thus to this land and to this house?'

22 Und man wird sagen: Weil sie den HERRN, den Gott ihrer Väter, verlassen haben, der sie aus Ägyptenland geführt hat, und sie sich an andere Götter gehängt und sie angebetet und ihnen gedient haben, darum hat er all dies Unheil über sie gebracht.

Salomos weitere Maßnahmen
(vgl. 1.Kön 9,10-28)

8 Und nach zwanzig Jahren, in denen Salomo des HERRN Haus und sein Haus gebaut hatte

2 – er hatte auch die Städte, die Hiram Salomo gegeben hatte, ausgebaut und ließ die Israeliten darin wohnen –,

3 da zog Salomo gegen Hamat-Zoba und eroberte es.

4 Er baute Tadmor in der Wüste aus und alle Städte mit Kornspeichern, die er in Hamat angelegt hatte;

5 auch das obere und untere Bet-Horon, dass sie feste Städte wurden mit Mauern, Toren und Riegeln;

6 dazu Baalat und alle Städte mit Kornspeichern, die Salomo hatte, und alle Wagen- und Reiterstädte und alles, was Salomo in Jerusalem und auf dem Libanon und im ganzen Lande seiner Herrschaft zu bauen wünschte.

7 Alles Volk, das noch übrig war von den Hetitern, Amoritern, Perisitern, Hiwitern und Jebusitern, die nicht zu Israel gehörten

8 – ihre Nachkommen, die im Lande übrig geblieben waren, die Israel nicht vertilgt hatte –, machte Salomo zu Fronarbeitern bis auf diesen Tag.

9 Aber von den Israeliten machte Salomo keinen zum Knecht für sein Werk, sondern sie waren Kriegsleute, seine Obersten und Ritter und Hauptleute über seine Wagen und Reiter.

10 Und es waren zweihundertundfünfzig oberste Amtleute des Königs Salomo, die über die Leute geboten.

11 Und Salomo führte die Tochter des Pharao herauf aus der Stadt Davids in das Haus, das er für sie gebaut hatte. Denn er sprach: Eine Frau soll mir nicht wohnen im Hause Davids, des Königs von Israel; denn es ist geheiligt, weil die Lade des HERRN hineingekommen ist.

12 Von da an opferte Salomo dem HERRN Brandopfer auf dem Altar des HERRN, den er gebaut hatte vor der Vorhalle,

22 Then they will say, 'Because they abandoned the LORD, the God of their fathers who brought them out of the land of Egypt and laid hold on other gods and worshiped them and served them. Therefore he has brought all this disaster on them.'"

Solomon's Accomplishments

8 At the end of twenty years, in which Solomon had built the house of the LORD and his own house,

2 Solomon rebuilt the cities that Hiram had given to him, and settled the people of Israel in them.

3 And Solomon went to Hamath-zobah and took it.

4 He built Tadmor in the wilderness and all the store cities that he built in Hamath.

5 He also built Upper Beth-horon and Lower Beth-horon, fortified cities *with walls, gates, and bars,

6 and Baalath, and all the store cities that Solomon had and all the cities for his chariots and the cities for his horsemen, and whatever Solomon desired to build in Jerusalem, in Lebanon, and in all the land of his dominion.

7 All the people who were left of the Hittites, the Amorites, the Perizzites, the Hivites, and the Jebusites, who were not of Israel,

8 from their descendants who were left after them in the land, whom the people of Israel had not destroyed—these Solomon drafted as forced labor, and so they are to this day.

9 But of the people of Israel Solomon made no slaves for his work; they were soldiers, and his officers, the commanders of his chariots, and his horsemen.

10 And these were the chief officers of King Solomon, 250, who exercised authority over the people.

11 Solomon brought Pharaoh's daughter up from the city of David to the house that he had built for her, for he said, "My wife shall not live in the house of David king of Israel, for the places to which the ark of the LORD has come are holy."

12 Then Solomon offered up burnt offerings to the LORD on the altar of the LORD that he had built before the vestibule,

13 wie es vorgeschrieben war im Gesetz des Mose, zu opfern an jedem Tag, an den Sabbaten, Neumonden und Festen des Jahres dreimal, nämlich am Fest der Ungesäuerten Brote, am Wochenfest und am Laubhüttenfest.

14 Und er bestellte die Ordnungen der Priester zu ihrem Amt, wie es sein Vater David bestimmt hatte, und die Leviten zu ihrem Dienst, dass sie lobten und dienten vor den Priestern, wie es jeder Tag erforderte, und die Torhüter nach ihren Ordnungen, jede an ihrem Tor. Denn so hatte es David, der Mann Gottes, befohlen.

15 Und man wich in keiner Hinsicht vom Gebot des Königs über die Priester und Leviten, auch nicht bei den Schätzen.

16 So wurde alles Werk Salomos ausgeführt von dem Tage an, da des HERRN Haus gegründet wurde, bis er das Haus des HERRN ganz vollendet hatte.

¶ **17** Zu der Zeit zog Salomo nach Ezjon-Geber und nach Elat am Ufer des Meeres im Lande Edom.

18 Und Hiram sandte ihm durch seine Leute Schiffe und auch Leute, die des Meeres kundig waren, und sie fuhren mit den Leuten Salomos nach Ofir und holten von da vierhundertundfünfzig Zentner Gold und brachten's dem König Salomo.

Besuch der Königin von Saba
(vgl. 1.Kön 10,1-13)

9 Und als die Königin von Saba die Kunde von Salomo vernahm, kam sie mit einem sehr großen Gefolge nach Jerusalem, mit Kamelen, die viel Spezerei und Gold trugen und Edelsteine, um Salomo mit Rätselfragen zu prüfen. Und als sie zu Salomo kam, redete sie mit ihm alles, was sie sich vorgenommen hatte.

2 Und der König gab ihr Antwort auf alles, was sie fragte, und es war Salomo nichts verborgen, was er ihr nicht hätte sagen können.

¶ **3** Und als die Königin von Saba die Weisheit Salomos sah und das Haus, das er gebaut hatte,

4 die Speisen für seinen Tisch, die Rangordnung seiner Großen, das Aufwarten seiner Diener und ihre Kleider, seine Mundschenken mit ihren Kleidern und seine Brandopfer, die er im Hause des HERRN darbrachte, da geriet sie vor Staunen außer sich

5 und sprach zum König: Es ist wahr, was ich in meinem Lande von deinen Taten und von deiner Weisheit gehört habe.

13 as the duty of each day required, offering according to the commandment of Moses for the Sabbaths, the new moons, and the three annual feasts—the Feast of Unleavened Bread, the Feast of Weeks, and the Feast of Booths.

14 According to the ruling of David his father, he appointed the divisions of the priests for their service, and the Levites for their offices of praise and ministry before the priests as the duty of each day required, and the gatekeepers in their divisions at each gate, for so David the man of God had commanded.

15 And they did not turn aside from what the king had commanded the priests and Levites concerning any matter and concerning the treasuries.

¶ **16** Thus was accomplished all the work of Solomon from[1] the day the foundation of the house of the LORD was laid until it was finished. So the house of the LORD was completed.

¶ **17** Then Solomon went to Ezion-geber and Eloth on the shore of the sea, in the land of Edom.

18 And Hiram sent to him by the hand of his servants ships and servants familiar with the sea, and they went to Ophir together with the servants of Solomon and brought from there 450 talents[2] of gold and brought it to King Solomon.

The Queen of Sheba

9 Now when the queen of Sheba heard of the fame of Solomon, she came to Jerusalem to test him with hard questions, having a very great retinue and camels bearing spices and very much gold and precious stones. And when she came to Solomon, she told him all that was on her mind.

2 And Solomon answered all her questions. There was nothing hidden from Solomon that he could not explain to her.

3 And when the queen of Sheba had seen the wisdom of Solomon, the house that he had built,

4 the food of his table, the seating of his officials, and the attendance of his servants, and their clothing, his cupbearers, and their clothing, and his burnt offerings that he offered at the house of the LORD, there was no more breath in her.

¶ **5** And she said to the king, "The report was true that I heard in my own land of your words and of your wisdom,

6 Ich aber wollte es nicht glauben, bis ich gekommen bin und es mit meinen Augen gesehen habe. Und siehe, nicht die Hälfte von deiner großen Weisheit hat man mir gesagt. Du bist größer, als die Kunde sagte, die ich vernommen habe.

7 Glücklich sind deine Männer und glücklich diese deine Großen, die allezeit vor dir stehen und deine Weisheit hören.

8 Der HERR, dein Gott, sei gelobt, der dich lieb hat, dass er dich auf seinen Thron gesetzt hat zum König des HERRN, deines Gottes. Weil dein Gott Israel lieb hat, auf dass er es ewiglich bestehen lasse, darum hat er dich über sie zum König gesetzt, dass du Recht und Gerechtigkeit übst.

¶ **9** Und sie gab dem König hundertzwanzig Zentner Gold und sehr viel Spezerei und Edelsteine. Es gab keine Spezerei wie diese, die die Königin von Saba dem König Salomo gab.

¶ **10** Die Leute Hirams und die Leute Salomos, die Gold aus Ofir einführten, brachten auch Sandelholz und Edelsteine.

11 Und Salomo ließ aus dem Sandelholz Treppen im Hause des HERRN und im Hause des Königs machen und Harfen und Zithern für die Sänger. Solches Holz hatte man früher im Lande Juda nie gesehen.

¶ **12** Und der König Salomo gab der Königin von Saba alles, was ihr gefiel und was sie erbat, mehr als die Gastgeschenke, die sie dem König gebracht hatte. Und sie wandte sich und zog in ihr Land mit ihrem Gefolge.

Salomos Reichtum

(vgl. 1.Kön 10,14-29)

13 Und es war das Gewicht des Goldes, das Salomo in einem Jahr gebracht wurde, 666 Zentner,

14 außer dem, was die Händler und Kaufleute brachten. Auch alle Könige der Araber und die Statthalter brachten Gold und Silber zu Salomo.

¶ **15** Daraus machte der König Salomo zweihundert große Schilde von bestem Gold, sodass sechshundert Lot Gold auf einen Schild kam,

16 und dreihundert kleine Schilde von bestem Gold, sodass dreihundert Lot Gold auf einen kleinen Schild kam. Und der König brachte sie in das Libanon-Waldhaus.

¶ **17** Und der König machte einen großen elfenbeinernen Thron und überzog ihn mit lauterem Gold.

6 but I did not believe the[1] reports until I came and my own eyes had seen it. And behold, half the greatness of your wisdom was not told me; you surpass the report that I heard.

7 Happy are your wives![2] Happy are these your servants, who continually stand before you and hear your wisdom!

8 Blessed be the LORD your God, who has delighted in you and set you on his throne as king for the LORD your God! Because your God loved Israel and would establish them forever, he has made you king over them, that you may execute justice and righteousness."

9 Then she gave the king 120 talents[3] of gold, and a very great quantity of spices, and precious stones. There were no spices such as those that the queen of Sheba gave to King Solomon.

¶ **10** Moreover, the servants of Hiram and the servants of Solomon, who brought gold from Ophir, brought algum wood and precious stones.

11 And the king made from the algum wood supports for the house of the LORD and for the king's house, lyres also and harps for the singers. There never was seen the like of them before in the land of Judah.

¶ **12** And King Solomon gave to the queen of Sheba all that she desired, whatever she asked besides what she had brought to the king. So she turned and went back to her own land with her servants.

Solomon's Wealth

¶ **13** Now the weight of gold that came to Solomon in one year was 666 talents of gold,

14 besides that which the explorers and merchants brought. And all the kings of Arabia and the governors of the land brought gold and silver to Solomon.

15 King Solomon made 200 large shields of beaten gold; 600 shekels[4] of beaten gold went into each shield.

16 And he made 300 shields of beaten gold; 300 shekels of gold went into each shield; and the king put them in the House of the Forest of Lebanon.

17 The king also made a great ivory throne and overlaid it with pure gold.

18 Und der Thron hatte sechs Stufen und einen goldenen Fußschemel am Thron, und er hatte Lehnen auf beiden Seiten am Sitz und zwei Löwen standen neben den Lehnen.

19 Und zwölf Löwen standen auf den sechs Stufen zu beiden Seiten. Dergleichen ist nicht gemacht worden in irgendeinem Königreich.

¶ **20** Und alle Trinkgefäße des Königs Salomo waren aus Gold und alle Gefäße des Libanon-Waldhauses waren aus lauterem Gold – denn das Silber wurde zur Zeit Salomos für nichts geachtet.

21 Denn die Schiffe des Königs, die mit den Leuten Hirams nach Tarsis fuhren, kamen in drei Jahren **einmal** und brachten Gold, Silber, Elfenbein, Affen und Pfauen.

¶ **22** So wurde der König Salomo größer an Reichtum und Weisheit als alle Könige auf Erden.

23 Und alle Könige auf Erden begehrten, Salomo zu sehen, um seine Weisheit zu hören, die ihm Gott in sein Herz gegeben hatte.

24 Und sie brachten ihm jährlich ein jeder sein Geschenk, silberne und goldene Gefäße, Kleider, Waffen, Spezerei, Rosse und Maultiere.

¶ **25** Und Salomo hatte viertausend Pferde und Wagen und zwölftausend Reiter, und man legte sie in die Wagenstädte und zu dem König nach Jerusalem.

26 Und er war ein Herr über alle Könige vom Euphrat an bis zu dem Land der Philister und bis zu der Grenze Ägyptens.

27 Und der König brachte es dahin, dass es in Jerusalem so viel Silber gab wie Steine und so viele Zedern wie Maulbeerbäume im Hügelland.

28 Und man führte für Salomo Rosse ein aus Ägypten und aus allen Ländern.

Salomos Tod
(vgl. 1.Kön 11,41-43)

29 Was aber mehr von Salomo zu sagen ist, das Frühere und das Spätere, siehe, das steht geschrieben in der Geschichte des Propheten Nathan sowie in den Prophezeiungen Ahijas von Silo und in den Gesichten des Sehers Jedo gegen Jerobeam, den Sohn Nebats.

30 Und Salomo regierte zu Jerusalem über ganz Israel vierzig Jahre.

31 Und Salomo legte sich zu seinen Vätern und man begrub ihn in der Stadt Davids, seines Vaters. Und sein Sohn Rehabeam wurde König an seiner statt.

18 The throne had six steps and a footstool of gold, which were attached to the throne, and on each side of the seat were armrests and two lions standing beside the armrests,

19 while twelve lions stood there, one on each end of a step on the six steps. Nothing like it was ever made for any kingdom.

20 All King Solomon's drinking vessels were of gold, and all the vessels of the House of the Forest of Lebanon were of pure gold. Silver was not considered as anything in the days of Solomon.

21 For the king's ships went to Tarshish with the servants of Hiram. Once every three years the ships of Tarshish used to come bringing gold, silver, ivory, apes, and peacocks.[5]

¶ **22** Thus King Solomon excelled all the kings of the earth in riches and in wisdom.

23 And all the kings of the earth sought the presence of Solomon to hear his wisdom, which God had put into his mind.

24 Every one of them brought his present, articles of silver and of gold, garments, myrrh, spices, horses, and mules, so much year by year.

25 And Solomon had 4,000 stalls for horses and chariots, and 12,000 horsemen, whom he stationed in the chariot cities and with the king in Jerusalem.

26 And he ruled over all the kings from the Euphrates to the land of the Philistines and to the border of Egypt.

27 And the king made silver as common in Jerusalem as stone, and he made cedar as plentiful as the sycamore of the Shephelah.

28 And horses were imported for Solomon from Egypt and from all lands.

Solomon's Death

¶ **29** Now the rest of the acts of Solomon, from first to last, are they not written in the history of Nathan the prophet, and in the prophecy of Ahijah the Shilonite, and in the visions of Iddo the seer concerning Jeroboam the son of Nebat?

30 Solomon reigned in Jerusalem over all Israel forty years.

31 And Solomon slept with his fathers and was buried in the city of David his father, and Rehoboam his son reigned in his place.

Israels Abfall vom Hause David
(vgl. 1.Kön 12,1-24)

10 Rehabeam zog nach Sichem; denn ganz Israel war nach Sichem gekommen, um ihn zum König zu machen.

¶ **2** Und als das Jerobeam hörte, der Sohn Nebats, der in Ägypten war, wohin er vor dem König Salomo geflohen war, kam er aus Ägypten zurück.

3 Und sie sandten hin und ließen ihn rufen. Und Jerobeam kam mit ganz Israel und sie redeten mit Rehabeam und sprachen:

4 Dein Vater hat unser Joch zu hart gemacht. So erleichtere nun du den harten Dienst deines Vaters und das schwere Joch, das er auf uns gelegt hat, so wollen wir dir untertan sein.

5 Er sprach zu ihnen: Kommt nach drei Tagen wieder zu mir! Und das Volk ging hin.

6 Und der König Rehabeam hielt einen Rat mit den Ältesten, die vor seinem Vater Salomo gestanden hatten, als er noch am Leben war, und sprach: Wie ratet ihr, dass ich diesem Volk Antwort gebe?

7 Sie sprachen zu ihm: Wirst du zu diesem Volk freundlich sein und sie gütig behandeln und ihnen gute Worte geben, so werden sie dir untertan sein allezeit.

¶ **8** Er aber ließ außer Acht den Rat der Ältesten, den sie ihm gegeben hatten, und hielt einen Rat mit den Jüngeren, die mit ihm aufgewachsen waren und vor ihm standen,

9 und sprach zu ihnen: Was ratet ihr, dass wir diesem Volk antworten, das zu mir gesagt hat: Erleichtere das Joch, das dein Vater auf uns gelegt hat?

10 Die Jüngeren aber, die mit ihm aufgewachsen waren, sprachen zu ihm: So sollst du sagen zu dem Volk, das zu dir gesprochen hat: »Dein Vater hat unser Joch zu schwer gemacht; mach du unser Joch leichter« – so sollst du zu ihnen sagen: Mein kleiner Finger soll dicker sein als meines Vaters Lenden.

11 Hat nun mein Vater auf euch ein schweres Joch gelegt, so will ich euer Joch noch schwerer machen. Mein Vater hat euch mit Peitschen gezüchtigt, ich will euch mit Skorpionen züchtigen.

¶ **12** Als nun Jerobeam und alles Volk am dritten Tage zu Rehabeam kam, wie der König gesagt hatte: »Kommt wieder zu mir am dritten Tage«,

13 antwortete ihnen der König hart. Und der König Rehabeam ließ außer Acht den Rat der Ältesten

The Revolt Against Rehoboam

10 Rehoboam went to Shechem, for all Israel had come to Shechem to make him king.

2 And as soon as Jeroboam the son of Nebat heard of it (for he was in Egypt, where he had fled from King Solomon), then Jeroboam returned from Egypt.

3 And they sent and called him. And Jeroboam and all Israel came and said to Rehoboam,

4 "Your father made our yoke heavy. Now therefore lighten the hard service of your father and his heavy yoke on us, and we will serve you."

5 He said to them, "Come to me again in three days." So the people went away.

¶ **6** Then King Rehoboam took counsel with the old men,[1] who had stood before Solomon his father while he was yet alive, saying, "How do you advise me to answer this people?"

7 And they said to him, "If you will be good to this people and please them and speak good words to them, then they will be your servants forever."

8 But he abandoned the counsel that the old men gave him, and took counsel with the young men who had grown up with him and stood before him.

9 And he said to them, "What do you advise that we answer this people who have said to me, 'Lighten the yoke that your father put on us'?"

10 And the young men who had grown up with him said to him, "Thus shall you speak to the people who said to you, 'Your father made our yoke heavy, but you lighten it for us'; thus shall you say to them, 'My little finger is thicker than my father's thighs.

11 And now, whereas my father laid on you a heavy yoke, I will add to your yoke. My father disciplined you with whips, but I will discipline you with scorpions.'"

¶ **12** So Jeroboam and all the people came to Rehoboam the third day, as the king said, "Come to me again the third day."

13 And the king answered them harshly; and forsaking the counsel of the old men,

14 und redete mit ihnen nach dem Rat der Jüngeren und sprach: Hat mein Vater euer Joch schwer gemacht, so will ich's noch schwerer machen. Mein Vater hat euch mit Peitschen gezüchtigt, ich aber will euch mit Skorpionen züchtigen.

15 So hörte der König nicht auf das Volk; denn es war so von Gott bestimmt, damit der HERR sein Wort wahr machte, das er durch Ahija von Silo zu Jerobeam, dem Sohn Nebats, gesagt hatte.

¶ **16** Als aber ganz Israel sah, dass der König nicht auf es hörte, antwortete das Volk dem König und sprach: Was haben wir für Teil an David oder Erbe am Sohn Isais? Jedermann von Israel, auf zu seiner Hütte! So sorge nun du für dein Haus, David! – Und ganz Israel ging heim,

17 sodass Rehabeam nur über die Israeliten regierte, die in den Städten Judas wohnten.

18 Und als der König Rehabeam den Fronvogt Adoniram sandte, steinigten ihn die von Israel zu Tode. Aber der König Rehabeam stieg eilends auf seinen Wagen und floh nach Jerusalem.

19 Also fiel Israel ab vom Hause David bis auf diesen Tag.

11 Und als Rehabeam nach Jerusalem kam, sammelte er das Haus Juda und Benjamin, hundertundachtzigtausend streitbare Männer, um gegen Israel zu kämpfen, damit sie das Königtum an Rehabeam zurückbrächten.

2 Aber des HERRN Wort kam zu Schemaja, dem Mann Gottes:

3 Sage Rehabeam, dem Sohn Salomos, dem König von Juda, und all denen von Israel, die in Juda und Benjamin wohnen:

4 So spricht der HERR: Ihr sollt nicht hinaufziehen und gegen eure Brüder kämpfen. Ein jeder gehe wieder heim; denn das ist von mir geschehen! – Sie gehorchten den Worten des HERRN, kehrten um und zogen nicht gegen Jerobeam.

Rehabeams erste Regierungsjahre

5 Rehabeam aber wohnte in Jerusalem und baute Städte in Juda zu Festungen aus,

6 nämlich: Bethlehem, Etam, Tekoa,

7 Bet-Zur, Socho, Adullam,

8 Gat, Marescha, Sif,

9 Adorajim, Lachisch, Aseka,

10 Zora, Ajalon und Hebron. Das waren die festen Städte in Juda und Benjamin.

14 King Rehoboam spoke to them according to the counsel of the young men, saying, "My father made your yoke heavy, but I will add to it. My father disciplined you with whips, but I will discipline you with scorpions."

15 So the king did not listen to the people, for it was a turn of affairs brought about by God that the LORD might fulfill his word, which he spoke by Ahijah the Shilonite to Jeroboam the son of Nebat.

¶ **16** And when all Israel saw that the king did not listen to them, the people answered the king, "What portion have we in David? We have no inheritance in the son of Jesse. Each of you to your tents, O Israel! Look now to your own house, David." So all Israel went to their tents.

17 But Rehoboam reigned over the people of Israel who lived in the cities of Judah.

18 Then King Rehoboam sent Hadoram,[2] who was taskmaster over the forced labor, and the people of Israel stoned him to death with stones. And King Rehoboam quickly mounted his chariot to flee to Jerusalem.

19 So Israel has been in rebellion against the house of David to this day.

Rehoboam Secures His Kingdom

11 When Rehoboam came to Jerusalem, he assembled the house of Judah and Benjamin, 180,000 chosen warriors, to fight against Israel, to restore the kingdom to Rehoboam.

2 But the word of the LORD came to Shemaiah the man of God:

3 "Say to Rehoboam the son of Solomon, king of Judah, and to all Israel in Judah and Benjamin,

4 'Thus says the LORD, You shall not go up or fight against your relatives. Return every man to his home, for this thing is from me.'" So they listened to the word of the LORD and returned and did not go against Jeroboam.

¶ **5** Rehoboam lived in Jerusalem, and he built cities for defense in Judah.

6 He built Bethlehem, Etam, Tekoa,

7 Beth-zur, Soco, Adullam,

8 Gath, Mareshah, Ziph,

9 Adoraim, Lachish, Azekah,

10 Zorah, Aijalon, and Hebron, fortified cities that are in Judah and in Benjamin.

11 Und er machte die Festungen stark und setzte Hauptleute über sie und legte Vorrat von Speise, Öl und Wein

12 sowie Schilde und Spieße in alle Städte; so machte er sie sehr stark. Und Juda und Benjamin waren ihm untertan.

¶ **13** Die Priester aber und die Leviten von ganz Israel hielten sich zu ihm aus ihrem ganzen Gebiet;

14 denn die Leviten verließen ihre Ortschaften und ihre Habe und kamen nach Juda und Jerusalem. – Denn Jerobeam und seine Söhne hatten sie verstoßen, dass sie das Priesteramt vor dem HERRN nicht mehr ausüben konnten,

15 und er bestellte sich Priester für die Höhen und die Feldgeister und für die Kälber, die er machen ließ. –

16 Und die den HERRN, den Gott Israels, von Herzen suchten, folgten den Leviten aus allen Stämmen Israels nach Jerusalem, dass sie opferten dem HERRN, dem Gott ihrer Väter.

17 So machten sie das Königreich Juda mächtig und stärkten Rehabeam, den Sohn Salomos, für drei Jahre; denn drei Jahre wandelten sie in dem Wege Davids und Salomos.

¶ **18** Und Rehabeam nahm zur Frau Mahalat, die Tochter Jerimots, des Sohnes Davids, und der Abihajil, der Tochter Eliabs, des Sohnes Isais.

19 Die gebar ihm diese Söhne: Jëusch, Schemarja und Saham.

20 Nach ihr nahm er Maacha, die Tochter Abischaloms, zur Frau; die gebar ihm Abija, Attai, Sisa und Schelomit.

21 Aber Rehabeam hatte Maacha, die Tochter Abischaloms, lieber als alle seine Frauen und Nebenfrauen; denn er hatte achtzehn Frauen und sechzig Nebenfrauen und zeugte achtundzwanzig Söhne und sechzig Töchter.

22 Und Rehabeam setzte Abija, den Sohn der Maacha, als Ersten unter seinen Brüdern, als Thronfolger, ein; denn er gedachte, ihn zum König zu machen.

23 Und er handelte klug und verteilte alle seine Söhne in die Gebiete von Juda und Benjamin, in alle festen Städte, und gab ihnen Nahrung in Menge und verschaffte ihnen viele Frauen.

11 He made the fortresses strong, and put commanders in them, and stores of food, oil, and wine.

12 And he put shields and spears in all the cities and made them very strong. So he held Judah and Benjamin.

Priests and Levites Come to Jerusalem

¶ **13** And the priests and the Levites who were in all Israel presented themselves to him from all places where they lived.

14 For the Levites left their common lands and their holdings and came to Judah and Jerusalem, because Jeroboam and his sons cast them out from serving as priests of the LORD,

15 and he appointed his own priests for the high places and for the goat idols and for the calves that he had made.

16 And those who had set their hearts to seek the LORD God of Israel came after them from all the tribes of Israel to Jerusalem to sacrifice to the LORD, the God of their fathers.

17 They strengthened the kingdom of Judah, and for three years they made Rehoboam the son of Solomon secure, for they walked for three years in the way of David and Solomon.

Rehoboam's Family

¶ **18** Rehoboam took as wife Mahalath the daughter of Jerimoth the son of David, and of Abihail the daughter of Eliab the son of Jesse,

19 and she bore him sons, Jeush, Shemariah, and Zaham.

20 After her he took Maacah the daughter of Absalom, who bore him Abijah, Attai, Ziza, and Shelomith.

21 Rehoboam loved Maacah the daughter of Absalom above all his wives and concubines (he took eighteen wives and sixty concubines, and fathered twenty-eight sons and sixty daughters).

22 And Rehoboam appointed Abijah the son of Maacah as chief prince among his brothers, for he intended to make him king.

23 And he dealt wisely and distributed some of his sons through all the districts of Judah and Benjamin, in all the fortified cities, and he gave them abundant provisions and procured wives for them.[1]

Rehabeams Demütigung vor Gott
(vgl. 1.Kön 14,25-31)

12 Als aber das Königtum Rehabeams sich gefestigt hatte und er mächtig war, verließ er das Gesetz des HERRN und ganz Israel mit ihm.

2 Da zog im fünften Jahr des Königs Rehabeam herauf Schischak, der König von Ägypten, gegen Jerusalem – denn sie hatten sich am HERRN versündigt –

3 mit tausendzweihundert Wagen und mit sechzigtausend Reitern; und das Volk war nicht zu zählen, das mit ihm aus Ägypten kam, Libyer, Sukkijiter und Kuschiter.

4 Und er nahm die festen Städte ein, die in Juda waren, und kam bis vor Jerusalem.

¶ **5** Da kam der Prophet Schemaja zu Rehabeam und zu den Obersten Judas, die sich in Jerusalem aus Furcht vor Schischak versammelt hatten, und sprach zu ihnen: So spricht der HERR: Ihr habt mich verlassen; darum habe ich euch auch verlassen und in Schischaks Hand gegeben.

6 Da demütigten sich die Obersten in Israel mit dem König und sprachen: Der HERR ist gerecht.

7 Als aber der HERR sah, dass sie sich demütigten, kam das Wort des HERRN zu Schemaja: Sie haben sich gedemütigt; darum will ich sie nicht verderben, sondern ich will sie in Kürze erretten, dass mein Grimm sich nicht durch Schischak auf Jerusalem ergieße.

8 Doch sollen sie ihm untertan sein, damit sie innewerden, was es heißt, mir zu dienen oder den Königreichen der Länder.

¶ **9** So zog Schischak, der König von Ägypten, gegen Jerusalem herauf und nahm die Schätze im Hause des HERRN und die Schätze im Hause des Königs; alles nahm er weg, auch die goldenen Schilde, die Salomo hatte machen lassen.

10 An ihrer statt ließ der König Rehabeam kupferne Schilde machen und übergab sie den Obersten der Leibwache, die das Tor am Haus des Königs bewachte.

11 Und sooft der König in des HERRN Haus ging, kam die Leibwache und trug sie und brachte sie dann wieder in ihre Kammer.

12 Und weil er sich demütigte, wandte sich des HERRN Zorn von ihm, dass er ihn nicht ganz verdarb; denn auch in Juda war noch manches Gute.

Egypt Plunders Jerusalem

12 When the rule of Rehoboam was established and he was strong, he abandoned the law of the LORD, and all Israel with him.

2 In the fifth year of King Rehoboam, because they had been unfaithful to the LORD, Shishak king of Egypt came up against Jerusalem

3 with 1,200 chariots and 60,000 horsemen. And the people were without number who came with him from Egypt—Libyans, Sukkiim, and Ethiopians.

4 And he took the fortified cities of Judah and came as far as Jerusalem.

5 Then Shemaiah the prophet came to Rehoboam and to the princes of Judah, who had gathered at Jerusalem because of Shishak, and said to them, "Thus says the LORD, 'You abandoned me, so I have abandoned you to the hand of Shishak.'"

6 Then the princes of Israel and the king humbled themselves and said, "The LORD is righteous."

7 When the LORD saw that they humbled themselves, the word of the LORD came to Shemaiah: "They have humbled themselves. I will not destroy them, but I will grant them some deliverance, and my wrath shall not be poured out on Jerusalem by the hand of Shishak.

8 Nevertheless, they shall be servants to him, that they may know my service and the service of the kingdoms of the countries."

¶ **9** So Shishak king of Egypt came up against Jerusalem. He took away the treasures of the house of the LORD and the treasures of the king's house. He took away everything. He also took away the shields of gold that Solomon had made,

10 and King Rehoboam made in their place shields of bronze and committed them to the hands of the officers of the guard, who kept the door of the king's house.

11 And as often as the king went into the house of the LORD, the guard came and carried them and brought them back to the guardroom.

12 And when he humbled himself the wrath of the LORD turned from him, so as not to make a complete destruction. Moreover, conditions were good[1] in Judah.

13 Und der König Rehabeam wurde wieder mächtig in Jerusalem und regierte weiter.

¶ Einundvierzig Jahre alt war Rehabeam, als er König wurde, und regierte siebzehn Jahre zu Jerusalem, in der Stadt, die der Herr erwählt hatte aus allen Stämmen Israels, dass er seinen Namen daselbst wohnen lasse. Seine Mutter hieß Naama, eine Ammoniterin.

14 Aber er tat übel und richtete sein Herz nicht darauf, dass er den Herrn suchte.

15 Die Geschichte Rehabeams aber, die frühere und die spätere, steht geschrieben in den Geschichten des Propheten Schemaja und des Sehers Iddo, ebenso auch die Kriege zwischen Rehabeam und Jerobeam, die sie ihr Leben lang führten.

16 Und Rehabeam legte sich zu seinen Vätern und wurde begraben in der Stadt Davids. Und sein Sohn Abija wurde König an seiner statt.

Abija
(vgl. 1.Kön 15,1-8)

13 Im achtzehnten Jahr des Königs Jerobeam wurde Abija König über Juda

2 und regierte drei Jahre zu Jerusalem. Seine Mutter hieß Michaja, eine Tochter Uriëls, aus Gibea. Es war aber Krieg zwischen Abija und Jerobeam.

3 Und Abija rüstete sich zum Kampf mit einem Heer von Kriegsleuten, vierhunderttausend Mann, auserlesenen Leuten. Jerobeam aber rüstete sich, gegen ihn zu kämpfen, mit achthunderttausend auserlesenen Leuten, streitbaren Männern.

¶ **4** Und Abija stellte sich hin oben auf den Berg Zemarajim, der im Gebirge Ephraim liegt, und sprach: Hört mir zu, Jerobeam und ganz Israel!

5 Wisst ihr nicht, dass der Herr, der Gott Israels, das Königtum über Israel David gegeben hat ewiglich, ihm und seinen Söhnen durch einen Salzbund?

6 Aber Jerobeam, der Sohn Nebats, der Knecht Salomos, des Sohnes Davids, erhob sich und wurde seinem Herrn abtrünnig.

7 Und es schlugen sich auf seine Seite ruchlose Leute, böse Menschen, und wurden mächtiger als Rehabeam, der Sohn Salomos; denn Rehabeam war noch jung und zaghaft, sodass er sich nicht gegen sie wehrte.

¶ **13** So King Rehoboam grew strong in Jerusalem and reigned. Rehoboam was forty-one years old when he began to reign, and he reigned seventeen years in Jerusalem, the city that the Lord had chosen out of all the tribes of Israel to put his name there. His mother's name was Naamah the Ammonite.

14 And he did evil, for he did not set his heart to seek the Lord.

¶ **15** Now the acts of Rehoboam, from first to last, are they not written in the chronicles of Shemaiah the prophet and of Iddo the seer?[2] There were continual wars between Rehoboam and Jeroboam.

16 And Rehoboam slept with his fathers and was buried in the city of David, and Abijah[3] his son reigned in his place.

Abijah Reigns in Judah

13 In the eighteenth year of King Jeroboam, Abijah began to reign over Judah.

2 He reigned for three years in Jerusalem. His mother's name was Micaiah[1] the daughter of Uriel of Gibeah.

¶ Now there was war between Abijah and Jeroboam.

3 Abijah went out to battle, having an army of valiant men of war, 400,000 chosen men. And Jeroboam drew up his line of battle against him with 800,000 chosen mighty warriors.

4 Then Abijah stood up on Mount Zemaraim that is in the hill country of Ephraim and said, "Hear me, O Jeroboam and all Israel!

5 Ought you not to know that the Lord God of Israel gave the kingship over Israel forever to David and his sons by a covenant of salt?

6 Yet Jeroboam the son of Nebat, a servant of Solomon the son of David, rose up and rebelled against his lord,

7 and certain worthless scoundrels gathered about him and defied Rehoboam the son of Solomon, when Rehoboam was young and irresolute[2] and could not withstand them.

8 Nun denkt ihr euch zu empören gegen das Königtum des HERRN, das in der Hand der Söhne Davids ist, weil ihr ein großer Haufe seid und die goldenen Kälber bei euch habt, die euch Jerobeam zu Göttern gemacht hat.

9 Habt ihr nicht die Priester des HERRN, die Söhne Aaron, und die Leviten verstoßen und euch eigene Priester gemacht wie sonst die Völker in den Ländern? Wer da kam mit einem jungen Stier und sieben Widdern, um sich die Hand füllen zu lassen, der wurde Priester derer, die nicht Götter sind.

10 Wir aber sind gewiss: Der HERR ist unser Gott; ihn haben wir nicht verlassen; denn die Priester, die dem HERRN dienen, sind die Söhne Aaron, und die Leviten stehen in ihrem Amt,

11 um dem HERRN alle Morgen und alle Abende Brandopfer darzubringen, dazu das gute Räucherwerk, und Brote aufzulegen auf den Tisch aus reinem Gold und den goldenen Leuchter anzuzünden mit seinen Lampen alle Abende; denn wir halten die Gebote des HERRN, unseres Gottes, ihr aber habt ihn verlassen.

12 Siehe, mit uns ist an der Spitze Gott und seine Priester und die Kriegstrompeten, um sie gegen euch zu blasen. Ihr Israeliten, streitet nicht gegen den HERRN, den Gott eurer Väter; denn es wird euch nicht gelingen!

¶ **13** Aber Jerobeam legte einen Hinterhalt, dass er ihnen in den Rücken fiele, sodass sie vor Juda waren und der Hinterhalt hinter Juda.

14 Als sich nun Juda umwandte, siehe, da wurden sie von vorn und von hinten angegriffen. Da schrien sie zum HERRN und die Priester bliesen die Trompeten

15 und die Männer von Juda erhoben das Kriegsgeschrei. Und als sie schrien, schlug Gott Jerobeam und ganz Israel vor Abija und Juda.

16 Und Israel floh vor Juda und Gott gab sie in ihre Hände,

17 sodass Abija mit seinem Volk sie hart schlug, und es blieben von Israel erschlagen liegen fünfhunderttausend auserlesene Leute.

18 Also wurden die Männer von Israel zu der Zeit gedemütigt, aber die Männer von Juda blieben unverzagt; denn sie verließen sich auf den HERRN, den Gott ihrer Väter.

19 Und Abija jagte Jerobeam nach und gewann ihm Städte ab: Bethel mit seinen Ortschaften, Jeschana mit seinen Ortschaften und Efron mit seinen Ortschaften,

20 sodass Jerobeam keine Macht mehr hatte, solange Abija lebte. Und der HERR schlug ihn, dass er starb.

¶ **8** "And now you think to withstand the kingdom of the LORD in the hand of the sons of David, because you are a great multitude and have with you the golden calves that Jeroboam made you for gods.

9 Have you not driven out the priests of the LORD, the sons of Aaron, and the Levites, and made priests for yourselves like the peoples of other lands? Whoever comes for ordination[3] with a young bull or seven rams becomes a priest of what are no gods.

10 But as for us, the LORD is our God, and we have not forsaken him. We have priests ministering to the LORD who are sons of Aaron, and Levites for their service.

11 They offer to the LORD every morning and every evening burnt offerings and incense of sweet spices, set out the showbread on the table of pure gold, and care for the golden lampstand that its lamps may burn every evening. For we keep the charge of the LORD our God, but you have forsaken him.

12 Behold, God is with us at our head, and his priests with their battle trumpets to sound the call to battle against you. O sons of Israel, do not fight against the LORD, the God of your fathers, for you cannot succeed."

¶ **13** Jeroboam had sent an ambush around to come upon them from behind. Thus his troops[4] were in front of Judah, and the ambush was behind them.

14 And when Judah looked, behold, the battle was in front of and behind them. And they cried to the LORD, and the priests blew the trumpets.

15 Then the men of Judah raised the battle shout. And when the men of Judah shouted, God defeated Jeroboam and all Israel before Abijah and Judah.

16 The men of Israel fled before Judah, and God gave them into their hand.

17 Abijah and his people struck them with great force, so there fell slain of Israel 500,000 chosen men.

18 Thus the men of Israel were subdued at that time, and the men of Judah prevailed, because they relied on the LORD, the God of their fathers.

19 And Abijah pursued Jeroboam and took cities from him, Bethel with its villages and Jeshanah with its villages and Ephron[5] with its villages.

20 Jeroboam did not recover his power in the days of Abijah. And the LORD struck him down, and he died.

¶ 21 Abija aber wurde mächtig. Und er nahm vierzehn Frauen und zeugte zweiundzwanzig Söhne und sechzehn Töchter.

22 Was aber mehr von Abija zu sagen ist, sein Wandel und seine Worte, das steht geschrieben in der Geschichte des Propheten Iddo.

23 Und Abija legte sich zu seinen Vätern und sie begruben ihn in der Stadt Davids. Und sein Sohn Asa wurde König an seiner statt. Zu dessen Zeiten hatte das Land zehn Jahre Ruhe.

Asas erste Regierungsmaßnahmen
(vgl. 1.Kön 15,9-12)

14 Und Asa tat, was recht war und dem HERRN, seinem Gott, wohlgefiel,

2 und entfernte die Altäre der fremden Götter und die Opferhöhen und zerbrach die Steinmale und hieb die Bilder der Aschera um

3 und gebot Juda, dass sie den HERRN, den Gott ihrer Väter, suchten und täten nach dem Gesetz und Gebot.

4 Und er entfernte aus allen Städten Judas die Opferhöhen und die Rauchopfersäulen; und das Königreich hatte Ruhe unter ihm.

5 Und er baute feste Städte in Juda, weil das Land Ruhe hatte und in diesen Jahren kein Krieg gegen ihn war; denn der HERR hatte ihm Ruhe gegeben.

6 Und er sprach zu Juda: Lasst uns diese Städte ausbauen und um sie Mauern herumführen mit Türmen, Toren und Riegeln, solange das Land noch unser ist; denn wir haben den HERRN, unsern Gott, gesucht und er hat uns Ruhe gegeben ringsumher.

¶ Also bauten sie und es ging glücklich vonstatten.

7 Und Asa hatte eine Heeresmacht, aus Juda 300000, die große Schilde und Spieße trugen, und aus Benjamin 280000, die kleine Schilde trugen und mit dem Bogen schießen konnten; und diese alle waren starke Kriegsleute.

Asas Sieg über die Kuschiter

8 Es zog aber gegen sie Serach, der Kuschiter, mit einer Heeresmacht von tausendmal tausend, dazu dreihundert Wagen, und sie kamen bis nach Marescha.

9 Und Asa zog ihm entgegen; und sie rüsteten sich zum Kampf im Tal Zefata bei Marescha.

21 But Abijah grew mighty. And he took fourteen wives and had twenty-two sons and sixteen daughters.

22 The rest of the acts of Abijah, his ways and his sayings, are written in the story of the prophet Iddo.

Asa Reigns in Judah

14 ¹ Abijah slept with his fathers, and they buried him in the city of David. And Asa his son reigned in his place. In his days the land had rest for ten years.

2² And Asa did what was good and right in the eyes of the LORD his God.

3 He took away the foreign altars and the high places and broke down the pillars and cut down the Asherim

4 and commanded Judah to seek the LORD, the God of their fathers, and to keep the law and the commandment.

5 He also took out of all the cities of Judah the high places and the incense altars. And the kingdom had rest under him.

6 He built fortified cities in Judah, for the land had rest. He had no war in those years, for the LORD gave him peace.

7 And he said to Judah, "Let us build these cities and surround them with walls and towers, gates and bars. The land is still ours, because we have sought the LORD our God. We have sought him, and he has given us peace on every side." So they built and prospered.

8 And Asa had an army of 300,000 from Judah, armed with large shields and spears, and 280,000 men from Benjamin that carried shields and drew bows. All these were mighty men of valor.

¶ 9 Zerah the Ethiopian came out against them with an army of a million men and 300 chariots, and came as far as Mareshah.

10 And Asa went out to meet him, and they drew up their lines of battle in the Valley of Zephathah at Mareshah.

10 Und Asa rief den HERRN, seinen Gott, an und sprach: HERR, es ist dir nicht schwer, dem Schwachen gegen den Starken zu helfen. Hilf uns, HERR, unser Gott; denn wir verlassen uns auf dich, und in deinem Namen sind wir gekommen gegen diese Menge. HERR, du bist unser Gott, gegen dich vermag kein Mensch etwas.

¶ **11** Und der HERR schlug die Kuschiter vor Asa und vor Juda, sodass sie flohen.

12 Und Asa samt dem Volk, das bei ihm war, jagte ihnen nach bis nach Gerar. Und die Kuschiter fielen, sodass keiner von ihnen am Leben blieb, sondern sie wurden zerschlagen vor dem HERRN und vor seinem Heer. Und Juda trug sehr viel Beute davon.

13 Und sie schlugen alle Städte um Gerar her; denn der Schrecken des HERRN kam über sie. Und sie plünderten alle Städte; denn es war viel Beute darin.

14 Auch schlugen sie die Zeltlager der Hirten und führten eine Menge Schafe und Kamele weg und kamen wieder nach Jerusalem.

Der Prophet Asarja und Asas Reformen

15 Und auf Asarja, den Sohn Odeds, kam der Geist Gottes.

2 Da zog er hinaus Asa entgegen und sprach zu ihm: Hört mir zu, Asa und ganz Juda und Benjamin! Der HERR ist mit euch, weil ihr mit ihm seid; und wenn ihr ihn sucht, wird er sich von euch finden lassen. Werdet ihr ihn aber verlassen, so wird er euch auch verlassen.

3 Lange Zeit hindurch war Israel ohne rechten Gott, ohne Priester, der da lehrte, und ohne Gesetz.

4 Als sie sich aber in ihrer Not zu dem HERRN, dem Gott Israels, bekehrten und ihn suchten, ließ er sich von ihnen finden.

5 Zu der Zeit gab es keine Sicherheit für den, der aus und ein ging; denn es war große Verwirrung bei allen, die in diesen Ländern wohnten.

6 Denn ein Volk zerschlug das andere und eine Stadt die andere; denn Gott erschreckte sie mit Ängsten aller Art.

7 Ihr aber, seid getrost und lasst eure Hände nicht sinken; denn euer Werk hat seinen Lohn.

11 And Asa cried to the LORD his God, "O LORD, there is none like you to help, between the mighty and the weak. Help us, O LORD our God, for we rely on you, and in your name we have come against this multitude. O LORD, you are our God; let not man prevail against you."

12 So the LORD defeated the Ethiopians before Asa and before Judah, and the Ethiopians fled.

13 Asa and the people who were with him pursued them as far as Gerar, and the Ethiopians fell until none remained alive, for they were broken before the LORD and his army. The men of Judah[3] carried away very much spoil.

14 And they attacked all the cities around Gerar, for the fear of the LORD was upon them. They plundered all the cities, for there was much plunder in them.

15 And they struck down the tents of those who had livestock and carried away sheep in abundance and camels. Then they returned to Jerusalem.

Asa's Religious Reforms

15 The Spirit of God came upon Azariah the son of Oded,

2 and he went out to meet Asa and said to him, "Hear me, Asa, and all Judah and Benjamin: The LORD is with you while you are with him. If you seek him, he will be found by you, but if you forsake him, he will forsake you.

3 For a long time Israel was without the true God, and without a teaching priest and without law,

4 but when in their distress they turned to the LORD, the God of Israel, and sought him, he was found by them.

5 In those times there was no peace to him who went out or to him who came in, for great disturbances afflicted all the inhabitants of the lands.

6 They were broken in pieces. Nation was crushed by nation and city by city, for God troubled them with every sort of distress.

7 But you, take courage! Do not let your hands be weak, for your work shall be rewarded."

¶ **8** Als aber Asa diese Worte hörte und die Weissagung, die der Prophet Asarja, der Sohn Odeds, gesprochen hatte, ward er getrost und er tat weg die gräulichen Götzen aus dem ganzen Lande Juda und Benjamin und aus den Städten, die er auf dem Gebirge Ephraim erobert hatte, und erneuerte den Altar des HERRN, der vor der Vorhalle des HERRN stand.

9 Und er versammelte ganz Juda und Benjamin und alle aus Ephraim, Manasse und Simeon, die bei ihnen wohnten; denn es fiel ihm eine große Menge aus Israel zu, als sie sahen, dass der HERR, sein Gott, mit ihm war.

¶ **10** Und sie versammelten sich in Jerusalem im dritten Monat des fünfzehnten Jahres der Herrschaft Asas

11 und opferten dem HERRN am selben Tage von der Beute, die sie hergebracht hatten, siebenhundert Rinder und siebentausend Schafe.

12 Und sie traten in den Bund, den HERRN, den Gott ihrer Väter, zu suchen von ganzem Herzen und von ganzer Seele.

13 Wer aber den HERRN, den Gott Israels, nicht suchen würde, sollte sterben, Klein und Groß, Mann und Frau.

14 Und sie schworen dem HERRN mit lauter Stimme, unter Freudengeschrei und unter Trompeten- und Posaunenschall.

15 Und ganz Juda war fröhlich über den Schwur; denn sie hatten geschworen von ganzem Herzen, und sie suchten den Herrn mit ganzem Willen und er ließ sich von ihnen finden. Und der HERR gab ihnen Ruhe ringsumher.

¶ **16** Auch setzte der König Asa seine Mutter Maacha ab, dass sie nicht mehr Herrin war, weil sie der Aschera ein Gräuelbild gemacht hatte. Und Asa zerschlug ihr Gräuelbild und zermalmte es und verbrannte es am Bach Kidron.

17 Aber die Opferhöhen in Israel wurden nicht entfernt; doch war das Herz Asas rechtschaffen sein Leben lang.

18 Und er brachte ins Haus Gottes, was sein Vater geheiligt und was er geheiligt hatte, Silber, Gold und Gefäße.

19 Und es war kein Krieg bis in das fünfunddreißigste Jahr der Herrschaft Asas.

Asas Abfall und Tod
(vgl. 1.Kön 15,16-24)

16 Im sechsunddreißigsten Jahr der Herrschaft Asas zog Bascha, der König von Israel, herauf gegen Juda und baute Rama aus, damit niemand bei Asa, dem König von Juda, aus und ein gehen sollte.

¶ **8** As soon as Asa heard these words, the prophecy of Azariah the son of Oded, he took courage and put away the detestable idols from all the land of Judah and Benjamin and from the cities that he had taken in the hill country of Ephraim, and he repaired the altar of the LORD that was in front of the vestibule of the house of the LORD.[1]

9 And he gathered all Judah and Benjamin, and those from Ephraim, Manasseh, and Simeon who were residing with them, for great numbers had deserted to him from Israel when they saw that the LORD his God was with him.

10 They were gathered at Jerusalem in the third month of the fifteenth year of the reign of Asa.

11 They sacrificed to the LORD on that day from the spoil that they had brought 700 oxen and 7,000 sheep.

12 And they entered into a covenant to seek the LORD, the God of their fathers, with all their heart and with all their soul,

13 but that whoever would not seek the LORD, the God of Israel, should be put to death, whether young or old, man or woman.

14 They swore an oath to the LORD with a loud voice and with shouting and with trumpets and with horns.

15 And all Judah rejoiced over the oath, for they had sworn with all their heart and had sought him with their whole desire, and he was found by them, and the LORD gave them rest all around.

¶ **16** Even Maacah, his mother, King Asa removed from being queen mother because she had made a detestable image for Asherah. Asa cut down her image, crushed it, and burned it at the brook Kidron.

17 But the high places were not taken out of Israel. Nevertheless, the heart of Asa was wholly true all his days.

18 And he brought into the house of God the sacred gifts of his father and his own sacred gifts, silver, and gold, and vessels.

19 And there was no more war until the thirty-fifth year of the reign of Asa.

Asa's Last Years

16 In the thirty-sixth year of the reign of Asa, Baasha king of Israel went up against Judah and built Ramah, that he might permit no one to go out or come in to Asa king of Judah.

2 Aber Asa nahm aus dem Schatz im Hause des HERRN und aus dem Schatz im Hause des Königs Silber und Gold und sandte zu Ben-Hadad, dem König von Aram, der zu Damaskus herrschte, und ließ ihm sagen:

3 Es ist ein Bund zwischen mir und dir, zwischen meinem und deinem Vater. Darum schicke ich dir Silber und Gold, dass du den Bund mit Bascha, dem König von Israel, aufgibst, damit er von mir abzieht.

4 Ben-Hadad hörte auf die Bitte des Königs Asa und sandte seine Obersten gegen die Städte Israels; die schlugen Ijon, Dan und Abel-Majim und von Naftali alle Städte mit Kornspeichern.

5 Als Bascha das hörte, ließ er ab, Rama auszubauen, und hörte auf mit seinem Werk.

6 Aber der König Asa bot ganz Juda auf und sie nahmen die Steine und das Holz von Rama weg, womit Bascha gebaut hatte, und er baute damit Geba und Mizpa aus.

¶ **7** Zu der Zeit kam der Seher Hanani zu Asa, dem König von Juda, und sprach zu ihm: Weil du dich auf den König von Aram verlassen hast und nicht auf den HERRN, deinen Gott, darum ist das Heer des Königs von Aram deiner Hand entronnen.

8 Hatten nicht die Kuschiter und Libyer eine große Heeresmacht mit sehr viel Wagen und Reitern? Doch der HERR gab sie in deine Hand, da du dich auf ihn verließest.

9 Denn des HERRN Augen schauen alle Lande, dass er stärke, die mit ganzem Herzen bei ihm sind. Du hast töricht getan, darum wirst du auch von nun an Krieg haben.

10 Aber Asa wurde zornig über den Seher und legte ihn ins Gefängnis; denn er grollte ihm darüber. Auch bedrückte er zu dieser Zeit einige vom Volk.

¶ **11** Die Geschichte Asas aber, die frühere und die spätere, siehe, die steht geschrieben im Buch der Könige von Juda und Israel.

12 Und Asa wurde krank an seinen Füßen im neununddreißigsten Jahr seiner Herrschaft und seine Krankheit nahm sehr zu; und er suchte auch in seiner Krankheit nicht den HERRN, sondern die Ärzte.

13 So legte sich Asa zu seinen Vätern und starb im einundvierzigsten Jahr seiner Herrschaft.

2 Then Asa took silver and gold from the treasures of the house of the LORD and the king's house and sent them to Ben-hadad king of Syria, who lived in Damascus, saying,

3 "There is a covenant[1] between me and you, as there was between my father and your father. Behold, I am sending to you silver and gold. Go, break your covenant with Baasha king of Israel, that he may withdraw from me."

4 And Ben-hadad listened to King Asa and sent the commanders of his armies against the cities of Israel, and they conquered Ijon, Dan, Abel-maim, and all the store cities of Naphtali.

5 And when Baasha heard of it, he stopped building Ramah and let his work cease.

6 Then King Asa took all Judah, and they carried away the stones of Ramah and its timber, with which Baasha had been building, and with them he built Geba and Mizpah.

¶ **7** At that time Hanani the seer came to Asa king of Judah and said to him, "Because you relied on the king of Syria, and did not rely on the LORD your God, the army of the king of Syria has escaped you.

8 Were not the Ethiopians and the Libyans a huge army with very many chariots and horsemen? Yet because you relied on the LORD, he gave them into your hand.

9 For the eyes of the LORD run to and fro throughout the whole earth, to give strong support to those whose heart is blameless toward him. You have done foolishly in this, for from now on you will have wars."

10 Then Asa was angry with the seer and put him in the stocks in prison, for he was in a rage with him because of this. And Asa inflicted cruelties upon some of the people at the same time.

¶ **11** The acts of Asa, from first to last, are written in the Book of the Kings of Judah and Israel.

12 In the thirty-ninth year of his reign Asa was diseased in his feet, and his disease became severe. Yet even in his disease he did not seek the LORD, but sought help from physicians.

13 And Asa slept with his fathers, dying in the forty-first year of his reign.

14 Und man begrub ihn in seinem Grabe, das er sich in der Stadt Davids hatte aushauen lassen. Und sie legten ihn auf sein Lager, das man mit gutem Räucherwerk und allerlei kunstvoll zubereiteter Spezerei gefüllt hatte, und sie machten ihm zu Ehren einen sehr großen Brand.

Joschafats Regierung

17 Und sein Sohn Joschafat wurde König an seiner statt und wurde mächtig gegenüber Israel.

2 Er legte Kriegsvolk in alle festen Städte Judas und setzte Amtleute ein im Lande Juda und in den Städten Ephraims, die sein Vater Asa erobert hatte.

3 Und der Herr war mit Joschafat; denn er wandelte wie vormals sein Vater David und suchte nicht die Baale,

4 sondern den Gott seines Vaters und wandelte in seinen Geboten und nicht so wie Israel.

5 Darum stärkte der Herr das Königtum in seiner Hand. Und ganz Juda gab Joschafat Geschenke und er hatte großen Reichtum und viel Ehre.

6 Und als er in den Wegen des Herrn noch mutiger wurde, entfernte er wieder die Opferhöhen und die Ascherabilder aus Juda.

¶ **7** Im dritten Jahr seiner Herrschaft sandte er seine Oberen Ben-Hajil, Obadja, Secharja, Netanel und Michaja, dass sie in den Städten Judas lehren sollten,

8 und mit ihnen die Leviten Schemaja, Netanja, Sebadja, Asaël, Schemiramot, Jonatan, Adonija, Tobija und Tob-Adonija und mit ihnen die Priester Elischama und Joram.

9 Und sie lehrten in Juda und hatten das Gesetzbuch des Herrn bei sich und zogen in allen Städten Judas umher und lehrten das Volk.

¶ **10** Da kam der Schrecken des Herrn über alle Königreiche der Länder, die um Juda herum lagen, sodass sie nicht gegen Joschafat kämpften.

11 Sogar einige von den Philistern brachten Joschafat Geschenke und Silber als Abgabe; auch die Araber brachten ihm siebentausendundsiebenhundert Widder und siebentausendundsiebenhundert Böcke.

¶ **12** So wurde Joschafat immer mächtiger. Und er baute in Juda Burgen und Städte mit Kornspeichern

14 They buried him in the tomb that he had cut for himself in the city of David. They laid him on a bier that had been filled with various kinds of spices prepared by the perfumer's art, and they made a very great fire in his honor.

Jehoshaphat Reigns in Judah

17 Jehoshaphat his son reigned in his place and strengthened himself against Israel.

2 He placed forces in all the fortified cities of Judah and set garrisons in the land of Judah, and in the cities of Ephraim that Asa his father had captured.

3 The Lord was with Jehoshaphat, because he walked in the earlier ways of his father David. He did not seek the Baals,

4 but sought the God of his father and walked in his commandments, and not according to the practices of Israel.

5 Therefore the Lord established the kingdom in his hand. And all Judah brought tribute to Jehoshaphat, and he had great riches and honor.

6 His heart was courageous in the ways of the Lord. And furthermore, he took the high places and the Asherim out of Judah.

¶ **7** In the third year of his reign he sent his officials, Ben-hail, Obadiah, Zechariah, Nethanel, and Micaiah, to teach in the cities of Judah;

8 and with them the Levites, Shemaiah, Nethaniah, Zebadiah, Asahel, Shemiramoth, Jehonathan, Adonijah, Tobijah, and Tobadonijah; and with these Levites, the priests Elishama and Jehoram.

9 And they taught in Judah, having the Book of the Law of the Lord with them. They went about through all the cities of Judah and taught among the people.

¶ **10** And the fear of the Lord fell upon all the kingdoms of the lands that were around Judah, and they made no war against Jehoshaphat.

11 Some of the Philistines brought Jehoshaphat presents and silver for tribute, and the Arabians also brought him 7,700 rams and 7,700 goats.

12 And Jehoshaphat grew steadily greater. He built in Judah fortresses and store cities,

13 und hatte viel Vorrat in den Städten Judas und Kriegsleute, streitbare Männer, zu Jerusalem.

14 Und dies war ihre Ordnung nach ihren Sippen: In Juda waren Oberste über tausend: Adna, der Oberste, und unter ihm 300000 streitbare Männer;

15 neben ihm Johanan, der Oberste, und unter ihm 280000;

16 neben ihm Amasja, der Sohn Sichris, der sich freiwillig in den Dienst des HERRN gestellt hatte, und unter ihm 200000 streitbare Männer;

17 und aus Benjamin: Eljada, ein streitbarer Mann, und unter ihm 200000, die mit Bogen und Schild gerüstet waren;

18 neben ihm Josabad und unter ihm 180000 zum Kampf gerüstete Männer.

19 Diese alle dienten dem König außer denen, die der König in die festen Städte von ganz Juda gelegt hatte.

Joschafats Verbindung mit Ahab von Israel
(vgl. 1.Kön 22,1-40)

18 Und Joschafat hatte großen Reichtum und viel Ehre und verschwägerte sich mit Ahab.

2 Und nach einigen Jahren zog er hinab zu Ahab nach Samaria. Und Ahab ließ für ihn und für das Volk, das bei ihm war, viele Schafe und Rinder schlachten. Und er beredete ihn, dass er hinaufzöge nach Ramot in Gilead.

3 Ahab, der König von Israel, sprach zu Joschafat, dem König von Juda: Willst du mit mir nach Ramot in Gilead ziehen? Er sprach zu ihm: Ich bin wie du und mein Volk wie dein Volk; wir wollen mit dir in den Kampf.

¶ 4 Aber Joschafat sprach zum König von Israel: Frage doch zuerst nach dem Wort des HERRN!

5 Und der König von Israel versammelte vierhundert Propheten und sprach zu ihnen: Sollen wir nach Ramot in Gilead in den Kampf ziehen oder soll ich's lassen? Sie sprachen: Zieh hinauf! Gott wird es in des Königs Hand geben.

6 Joschafat aber sprach: Ist nicht noch irgendein Prophet des HERRN hier, dass wir durch ihn den Herrn befragen?

7 Der König von Israel sprach zu Joschafat: Es ist noch **ein** Mann hier, durch den man den HERRN befragen kann; aber ich bin ihm gram, denn er weissagt über mich nichts Gutes, sondern immer nur Böses, nämlich Micha, der Sohn Jimlas. Joschafat sprach: Der König rede so nicht.

13 and he had large supplies in the cities of Judah. He had soldiers, mighty men of valor, in Jerusalem.

14 This was the muster of them by fathers' houses: Of Judah, the commanders of thousands: Adnah the commander, with 300,000 mighty men of valor;

15 and next to him Jehohanan the commander, with 280,000;

16 and next to him Amasiah the son of Zichri, a volunteer for the service of the LORD, with 200,000 mighty men of valor.

17 Of Benjamin: Eliada, a mighty man of valor, with 200,000 men armed with bow and shield;

18 and next to him Jehozabad with 180,000 armed for war.

19 These were in the service of the king, besides those whom the king had placed in the fortified cities throughout all Judah.

Jehoshaphat Allies with Ahab

18 Now Jehoshaphat had great riches and honor, and he made a marriage alliance with Ahab.

2 After some years he went down to Ahab in Samaria. And Ahab killed an abundance of sheep and oxen for him and for the people who were with him, and induced him to go up against Ramoth-gilead.

3 Ahab king of Israel said to Jehoshaphat king of Judah, "Will you go with me to Ramoth-gilead?" He answered him, "I am as you are, my people as your people. We will be with you in the war."

¶ 4 And Jehoshaphat said to the king of Israel, "Inquire first for the word of the LORD."

5 Then the king of Israel gathered the prophets together, four hundred men, and said to them, "Shall we go to battle against Ramoth-gilead, or shall I refrain?" And they said, "Go up, for God will give it into the hand of the king."

6 But Jehoshaphat said, "Is there not here another prophet of the LORD of whom we may inquire?"

7 And the king of Israel said to Jehoshaphat, "There is yet one man by whom we may inquire of the LORD, Micaiah the son of Imlah; but I hate him, for he never prophesies good concerning me, but always evil." And Jehoshaphat said, "Let not the king say so."

¶ **8** Und der König von Israel rief einen seiner Kämmerer und sprach: Bringe eilends her Micha, den Sohn Jimlas!

9 Und der König von Israel und Joschafat, der König von Juda, saßen ein jeder auf seinem Thron, mit ihren königlichen Kleidern angetan. Sie saßen aber auf dem Platz vor dem Tor von Samaria, und alle Propheten fingen an, vor ihnen zu weissagen.

10 Und Zidkija, der Sohn Kenaanas, machte sich eiserne Hörner und sprach: So spricht der HERR: Hiermit wirst du die Aramäer niederstoßen, bis du sie aufreibst.

11 Und alle Propheten weissagten ebenso und sprachen: Zieh hinauf nach Ramot in Gilead! Es wird dir gelingen, der HERR wird es in des Königs Hand geben.

12 Und der Bote, der hingegangen war, um Micha zu rufen, sprach zu ihm: Siehe, die Worte der Propheten sind einmütig gut für den König. Lass doch auch dein Wort wie ihr Wort sein und rede Gutes.

13 Micha aber sprach: So wahr der HERR lebt: Was mein Gott sagen wird, das will ich reden.

¶ **14** Und als er zum König kam, sprach der König zu ihm: Micha, sollen wir nach Ramot in Gilead in den Kampf ziehen oder soll ich's lassen? Er sprach: Ja, zieht hinauf! Es wird euch gelingen, sie werden in eure Hände gegeben werden.

15 Aber der König sprach zu ihm: Wie oft soll ich dich beschwören, dass du mir im Namen des HERRN nichts als die Wahrheit sagst!

16 Da sprach er: Ich sah ganz Israel zerstreut auf den Bergen wie Schafe, die keinen Hirten haben. Und der HERR sprach: Diese haben keinen Herrn. Ein jeder kehre wieder heim mit Frieden!

¶ **17** Da sprach der König von Israel zu Joschafat: Sagte ich dir nicht: Er weissagt nichts Gutes über mich, sondern nur Böses?

18 Micha aber sprach: Darum höret des HERRN Wort! Ich sah den HERRN sitzen auf seinem Thron, und das ganze himmlische Heer stand zu seiner Rechten und zu seiner Linken.

19 Und der HERR sprach: Wer will Ahab, den König von Israel, betören, dass er hinaufziehe und falle bei Ramot in Gilead? Und als dieser so und jener anders redete,

20 trat ein Geist vor und stellte sich vor den HERRN und sprach: Ich will ihn betören. Der HERR aber sprach zu ihm: Womit?

8 Then the king of Israel summoned an officer and said, "Bring quickly Micaiah the son of Imlah."

9 Now the king of Israel and Jehoshaphat the king of Judah were sitting on their thrones, arrayed in their robes. And they were sitting at the threshing floor at the entrance of the gate of Samaria, and all the prophets were prophesying before them.

10 And Zedekiah the son of Chenaanah made for himself horns of iron and said, "Thus says the LORD, 'With these you shall push the Syrians until they are destroyed.'"

11 And all the prophets prophesied so and said, "Go up to Ramoth-gilead and triumph. The LORD will give it into the hand of the king."

¶ **12** And the messenger who went to summon Micaiah said to him, "Behold, the words of the prophets with one accord are favorable to the king. Let your word be like the word of one of them, and speak favorably."

13 But Micaiah said, "As the LORD lives, what my God says, that I will speak."

14 And when he had come to the king, the king said to him, "Micaiah, shall we go to Ramoth-gilead to battle, or shall I refrain?" And he answered, "Go up and triumph; they will be given into your hand."

15 But the king said to him, "How many times shall I make you swear that you speak to me nothing but the truth in the name of the LORD?"

16 And he said, "I saw all Israel scattered on the mountains, as sheep that have no shepherd. And the LORD said, 'These have no master; let each return to his home in peace.'"

17 And the king of Israel said to Jehoshaphat, "Did I not tell you that he would not prophesy good concerning me, but evil?"

18 And Micaiah said, "Therefore hear the word of the LORD: I saw the LORD sitting on his throne, and all the host of heaven standing on his right hand and on his left.

19 And the LORD said, 'Who will entice Ahab the king of Israel, that he may go up and fall at Ramoth-gilead?' And one said one thing, and another said another.

20 Then a spirit came forward and stood before the LORD, saying, 'I will entice him.' And the LORD said to him, 'By what means?'

21 Er sprach: Ich will ausfahren und ein Lügengeist sein in aller seiner Propheten Mund. Und der Herr sprach: Du wirst ihn betören und wirst es ausrichten; fahr hin und tu das!

22 Nun siehe, der Herr hat einen Lügengeist in den Mund dieser deiner Propheten gegeben, und der Herr hat Unheil gegen dich geredet.

¶ **23** Da trat herzu Zidkija, der Sohn Kenaanas, und schlug Micha auf die Backe und sprach: Auf welchem Wege sollte der Geist des Herrn von mir gewichen sein, um nun durch dich zu reden?

24 Micha sprach: Wahrlich, an jenem Tage wirst du's sehen, wenn du von einer Kammer in die andere gehst, um dich zu verstecken.

¶ **25** Aber der König von Israel sprach: Nehmt Micha und bringt ihn zu Amon, dem Stadthauptmann, und zu Joasch, dem Sohn des Königs,

26 und sagt: So spricht der König: Legt diesen ins Gefängnis und speist ihn nur kärglich mit Brot und Wasser, bis ich wiederkomme mit Frieden!

27 Micha sprach: Kommst du mit Frieden wieder, so hat der Herr nicht durch mich geredet. Und er sprach: Höret, alle Völker!

¶ **28** So zogen der König von Israel und Joschafat, der König von Juda, hinauf nach Ramot in Gilead.

29 Und der König von Israel sprach zu Joschafat: Ich will mich verkleiden und in den Kampf ziehen, du aber behalte deine königlichen Kleider an! Und der König von Israel verkleidete sich und sie zogen in den Kampf.

30 Aber der König von Aram hatte den Obersten über seine Wagen geboten: Ihr sollt nicht kämpfen gegen Geringe und Hohe, sondern allein gegen den König von Israel.

¶ **31** Als nun die Obersten der Wagen Joschafat sahen, dachten sie, es sei der König von Israel, und umringten ihn, um gegen ihn zu kämpfen. Aber Joschafat schrie und der Herr half ihm und Gott lockte sie von ihm weg.

32 Denn als die Obersten der Wagen merkten, dass er nicht der König von Israel war, wandten sie sich von ihm ab.

33 Es spannte aber ein Mann seinen Bogen von ungefähr und schoss den König von Israel zwischen Panzer und Wehrgehänge. Da sprach er zu seinem Wagenlenker: Wende um und führe mich aus dem Kampf; denn ich bin verwundet!

21 And he said, 'I will go out, and will be a lying spirit in the mouth of all his prophets.' And he said, 'You are to entice him, and you shall succeed; go out and do so.'

22 Now therefore behold, the Lord has put a lying spirit in the mouth of these your prophets. The Lord has declared disaster concerning you."

¶ **23** Then Zedekiah the son of Chenaanah came near and struck Micaiah on the cheek and said, "Which way did the Spirit of the Lord go from me to speak to you?"

24 And Micaiah said, "Behold, you shall see on that day when you go into an inner chamber to hide yourself."

25 And the king of Israel said, "Seize Micaiah and take him back to Amon the governor of the city and to Joash the king's son,

26 and say, 'Thus says the king, Put this fellow in prison and feed him with meager rations of bread and water until I return in peace.'"

27 And Micaiah said, "If you return in peace, the Lord has not spoken by me." And he said, "Hear, all you peoples!"

The Defeat and Death of Ahab

¶ **28** So the king of Israel and Jehoshaphat the king of Judah went up to Ramoth-gilead.

29 And the king of Israel said to Jehoshaphat, "I will disguise myself and go into battle, but you wear your robes." And the king of Israel disguised himself, and they went into battle.

30 Now the king of Syria had commanded the captains of his chariots, "Fight with neither small nor great, but only with the king of Israel."

31 As soon as the captains of the chariots saw Jehoshaphat, they said, "It is the king of Israel." So they turned to fight against him. And Jehoshaphat cried out, and the Lord helped him; God drew them away from him.

32 For as soon as the captains of the chariots saw that it was not the king of Israel, they turned back from pursuing him.

33 But a certain man drew his bow at random[1] and struck the king of Israel between the scale armor and the breastplate. Therefore he said to the driver of his chariot, "Turn around and carry me out of the battle, for I am wounded."

34 Aber der Kampf nahm immer mehr zu an jenem Tage, und der König von Israel blieb in seinem Wagen stehen gegenüber den Aramäern bis zum Abend; und er starb, als die Sonne unterging.

19 Joschafat aber, der König von Juda, kam wieder heim mit Frieden nach Jerusalem.

2 Und es ging ihm der Seher Jehu, der Sohn Hananis, entgegen und sprach zum König Joschafat: Sollst du so dem Gottlosen helfen und die lieben, die den HERRN hassen? Darum kommt über dich der Zorn vom HERRN.

3 Etwas Gutes ist aber doch an dir gefunden, dass du die Bilder der Aschera aus dem Lande ausgetilgt und dein Herz darauf gerichtet hast, Gott zu suchen.

Joschafat ordnet die Rechtsprechung

4 Und Joschafat blieb in Jerusalem. Und er zog wieder im Volk umher von Beerscheba an bis auf das Gebirge Ephraim und brachte sie zurück zu dem HERRN, dem Gott ihrer Väter.

5 Und er bestellte Richter im Lande in allen festen Städten Judas, Stadt für Stadt,

6 und sprach zu den Richtern: Seht zu, was ihr tut! Denn ihr haltet Gericht nicht im Namen von Menschen, sondern im Namen des HERRN, und er ist bei euch, wenn ihr Recht sprecht.

7 Darum lasst die Furcht des HERRN bei euch sein, haltet und tut das Recht; denn bei dem HERRN, unserm Gott, ist kein Unrecht, weder Ansehen der Person noch Annehmen von Geschenken.

¶ 8 Auch bestellte Joschafat in Jerusalem einige aus den Leviten und Priestern und Sippenhäuptern Israels für das Gericht des HERRN und für die Streitfälle der Einwohner Jerusalems.

9 Ihnen gebot er und sprach: Tut also in der Furcht des HERRN, in Treue und mit ganzem Herzen!

10 In allen Streitfällen, die vor euch kommen von euren Brüdern, die in ihren Städten wohnen, es gehe um Bluttat, um Gesetz und Gebot, um Satzungen und Rechte, da sollt ihr sie unterrichten, dass sie sich nicht am HERRN verschulden und ein Zorn über euch und eure Brüder komme. Tut also, so werdet ihr euch nicht verschulden.

34 And the battle continued that day, and the king of Israel was propped up in his chariot facing the Syrians until evening. Then at sunset he died.

Jehoshaphat's Reforms

19 Jehoshaphat the king of Judah returned in safety to his house in Jerusalem.

2 But Jehu the son of Hanani the seer went out to meet him and said to King Jehoshaphat, "Should you help the wicked and love those who hate the LORD? Because of this, wrath has gone out against you from the LORD.

3 Nevertheless, some good is found in you, for you destroyed the Asherahs out of the land, and have set your heart to seek God."

¶ 4 Jehoshaphat lived at Jerusalem. And he went out again among the people, from Beersheba to the hill country of Ephraim, and brought them back to the LORD, the God of their fathers.

5 He appointed judges in the land in all the fortified cities of Judah, city by city,

6 and said to the judges, "Consider what you do, for you judge not for man but for the LORD. He is with you in giving judgment.

7 Now then, let the fear of the LORD be upon you. Be careful what you do, for there is no injustice with the LORD our God, or partiality or taking bribes."

¶ 8 Moreover, in Jerusalem Jehoshaphat appointed certain Levites and priests and heads of families of Israel, to give judgment for the LORD and to decide disputed cases. They had their seat at Jerusalem.

9 And he charged them: "Thus you shall do in the fear of the LORD, in faithfulness, and with your whole heart:

10 whenever a case comes to you from your brothers who live in their cities, concerning bloodshed, law or commandment, statutes or rules, then you shall warn them, that they may not incur guilt before the LORD and wrath may not come upon you and your brothers. Thus you shall do, and you will not incur guilt.

11 Siehe, der Hohepriester Amarja ist über euch bestellt in allen Sachen des HERRN und Sebadja, der Sohn Jischmaels, der Vorsteher im Hause Juda, in allen Sachen des Königs; und als Amtleute habt ihr die Leviten bei euch. Geht unverzagt ans Werk und der HERR wird mit dem Guten sein.

Joschafats Sieg über die Ammoniter und Moabiter

20 Danach kamen die Moabiter, die Ammoniter und mit ihnen auch Meuniter, um gegen Joschafat zu kämpfen.

2 Und man kam und sagte zu Joschafat: Es kommt gegen dich eine große Menge von jenseits des Salzmeeres, von Edom, und siehe, sie sind schon in Hazezon-Tamar, das ist En-Gedi.

3 Joschafat aber fürchtete sich und richtete sein Angesicht darauf, den HERRN zu suchen; und er ließ in ganz Juda ein Fasten ausrufen.

4 Und Juda kam zusammen, den HERRN zu suchen; auch aus allen Städten Judas kamen sie, den HERRN zu suchen.

¶ **5** Und Joschafat trat hin unter die Gemeinde Judas und Jerusalems im Hause des HERRN vorn im neuen Vorhof

6 und sprach: HERR, du Gott unserer Väter, bist du nicht Gott im Himmel und Herrscher über alle Königreiche der Heiden? Und in deiner Hand ist Kraft und Macht, und es ist niemand, der dir zu widerstehen vermag.

7 Hast du, unser Gott, nicht die Bewohner dieses Landes vertrieben vor deinem Volk Israel und hast es den Nachkommen Abrahams, deines Freundes, gegeben für immer?

8 Und sie wohnten darin und haben dir ein Heiligtum für deinen Namen gebaut und gesagt:

9 Wenn Unglück, Schwert, Strafe, Pest oder Hungersnot über uns kommen, werden wir vor diesem Hause und vor dir stehen – denn dein Name ist in diesem Hause – und zu dir schreien in unserer Not und du wirst hören und helfen.

10 Nun siehe, die Ammoniter, Moabiter und die vom Gebirge Seïr, durch die du Israel nicht hindurchziehen ließest, als sie aus Ägyptenland kamen – sondern sie mussten vor ihnen weichen und durften sie nicht ausrotten –,

11 siehe, sie lassen uns das entgelten und kommen, uns auszutreiben aus deinem Eigentum, das du uns gegeben hast.

11 And behold, Amariah the chief priest is over you in all matters of the LORD; and Zebadiah the son of Ishmael, the governor of the house of Judah, in all the king's matters, and the Levites will serve you as officers. Deal courageously, and may the LORD be with the upright!"[1]

Jehoshaphat's Prayer

20 After this the Moabites and Ammonites, and with them some of the Meunites,[1] came against Jehoshaphat for battle.

2 Some men came and told Jehoshaphat, "A great multitude is coming against you from Edom,[2] from beyond the sea; and, behold, they are in Hazazon-tamar" (that is, Engedi).

3 Then Jehoshaphat was afraid and set his face to seek the LORD, and proclaimed a fast throughout all Judah.

4 And Judah assembled to seek help from the LORD; from all the cities of Judah they came to seek the LORD.

¶ **5** And Jehoshaphat stood in the assembly of Judah and Jerusalem, in the house of the LORD, before the new court,

6 and said, "O LORD, God of our fathers, are you not God in heaven? You rule over all the kingdoms of the nations. In your hand are power and might, so that none is able to withstand you.

7 Did you not, our God, drive out the inhabitants of this land before your people Israel, and give it forever to the descendants of Abraham your friend?

8 And they have lived in it and have built for you in it a sanctuary for your name, saying,

9 'If disaster comes upon us, the sword, judgment,[3] or pestilence, or famine, we will stand before this house and before you—for your name is in this house—and cry out to you in our affliction, and you will hear and save.'

10 And now behold, the men of Ammon and Moab and Mount Seir, whom you would not let Israel invade when they came from the land of Egypt, and whom they avoided and did not destroy—

11 behold, they reward us by coming to drive us out of your possession, which you have given us to inherit.

12 Unser Gott, willst du sie nicht richten? Denn in uns ist keine Kraft gegen dies große Heer, das gegen uns kommt. Wir wissen nicht, was wir tun sollen, sondern unsere Augen sehen nach dir.

¶ **13** Und ganz Juda stand vor dem HERRN mit seinen Alten, Frauen und Kindern.

14 Aber der Geist des HERRN kam mitten in der Gemeinde auf Jahasiël, den Sohn Secharjas, des Sohnes Benajas, des Sohnes Jehiëls, des Sohnes Mattanjas, den Leviten aus den Söhnen Asaf.

15 Und Jahasiël sprach: Merkt auf, ganz Juda und ihr Einwohner von Jerusalem und du, König Joschafat! So spricht der HERR zu euch: Ihr sollt euch nicht fürchten und nicht verzagen vor diesem großen Heer; denn nicht ihr kämpft, sondern Gott.

16 Morgen sollt ihr gegen sie hinabziehen. Wenn sie den Höhenweg von Ziz heraufkommen, werdet ihr auf sie treffen, wo das Tal endet, vor der Wüste Jeruël.

17 Aber nicht ihr werdet dabei kämpfen; tretet nur hin und steht und seht die Hilfe des HERRN, der mit euch ist, Juda und Jerusalem! Fürchtet euch nicht und verzagt nicht! Morgen zieht ihnen entgegen! Der HERR ist mit euch.

¶ **18** Da beugte sich Joschafat mit seinem Antlitz zur Erde, und ganz Juda und die Einwohner von Jerusalem fielen vor dem HERRN nieder und beteten den HERRN an.

19 Und die Leviten von den Söhnen Kehat und von den Söhnen Korach schickten sich an, den HERRN, den Gott Israels, zu loben mit laut schallender Stimme.

¶ **20** Und sie machten sich früh am Morgen auf und zogen aus zur Wüste Tekoa. Und als sie auszogen, trat Joschafat hin und sprach: Hört mir zu, Juda und ihr Einwohner von Jerusalem! Glaubt an den HERRN, euren Gott, so werdet ihr sicher sein, und glaubt seinen Propheten, so wird es euch gelingen.

21 Und er beriet sich mit dem Volk und bestellte Sänger für den HERRN, dass sie in heiligem Schmuck Loblieder sängen und vor den Kriegsleuten herzögen und sprächen: Danket dem HERRN; denn seine Barmherzigkeit währet ewiglich.

22 Und als sie anfingen mit Danken und Loben, ließ der HERR einen Hinterhalt kommen über die Ammoniter und Moabiter und die vom Gebirge Seïr, die gegen Juda ausgezogen waren, und sie wurden geschlagen.

12 O our God, will you not execute judgment on them? For we are powerless against this great horde that is coming against us. We do not know what to do, but our eyes are on you."

¶ **13** Meanwhile all Judah stood before the LORD, with their little ones, their wives, and their children.

14 And the Spirit of the LORD came upon Jahaziel the son of Zechariah, son of Benaiah, son of Jeiel, son of Mattaniah, a Levite of the sons of Asaph, in the midst of the assembly.

15 And he said, "Listen, all Judah and inhabitants of Jerusalem and King Jehoshaphat: Thus says the LORD to you, 'Do not be afraid and do not be dismayed at this great horde, for the battle is not yours but God's.

16 Tomorrow go down against them. Behold, they will come up by the ascent of Ziz. You will find them at the end of the valley, east of the wilderness of Jeruel.

17 You will not need to fight in this battle. Stand firm, hold your position, and see the salvation of the LORD on your behalf, O Judah and Jerusalem.' Do not be afraid and do not be dismayed. Tomorrow go out against them, and the LORD will be with you."

¶ **18** Then Jehoshaphat bowed his head with his face to the ground, and all Judah and the inhabitants of Jerusalem fell down before the LORD, worshiping the LORD.

19 And the Levites, of the Kohathites and the Korahites, stood up to praise the LORD, the God of Israel, with a very loud voice.

¶ **20** And they rose early in the morning and went out into the wilderness of Tekoa. And when they went out, Jehoshaphat stood and said, "Hear me, Judah and inhabitants of Jerusalem! Believe in the LORD your God, and you will be established; believe his prophets, and you will succeed."

21 And when he had taken counsel with the people, he appointed those who were to sing to the LORD and praise him in holy attire, as they went before the army, and say,

"Give thanks to the LORD,
for his steadfast love endures forever."

22 And when they began to sing and praise, the LORD set an ambush against the men of Ammon, Moab, and Mount Seir, who had come against Judah, so that they were routed.

23 Es stellten sich die Ammoniter und Moabiter gegen die Leute vom Gebirge Seïr, um sie auszurotten und zu vertilgen. Und als sie die Leute vom Gebirge Seïr alle aufgerieben hatten, kehrte sich einer gegen den andern und sie wurden einander zum Verderben.

¶ **24** Als aber Juda an den Ort kam, wo man in die Wüste sehen kann, und sie sich gegen das Heer wenden wollten, siehe, da lagen nur Leichname auf der Erde; keiner war entronnen.

25 Und Joschafat kam mit seinem Volk, die Beute auszuteilen, und sie fanden Vieh in Menge und Güter und Kleider und kostbare Geräte und nahmen sich so viel weg, dass es kaum zu tragen war, und teilten drei Tage die Beute aus; denn es war viel.

26 Am vierten Tage aber kamen sie zusammen im Lobetal; denn dort lobten sie den HERRN. Daher heißt die Stätte »Lobetal« bis auf diesen Tag.

¶ **27** So kehrte jedermann von Juda und Jerusalem wieder um und Joschafat an der Spitze, dass sie nach Jerusalem zögen mit Freuden; denn der HERR hatte ihnen Freude gegeben an ihren Feinden.

28 Und sie zogen in Jerusalem ein mit Psaltern, Harfen und Trompeten zum Hause des HERRN.

29 Und der Schrecken Gottes kam über alle Königreiche der Länder, als sie hörten, dass der HERR gegen die Feinde Israels gestritten hatte.

30 Also hatte das Königreich Joschafats Frieden, und sein Gott gab ihm Ruhe ringsumher.

Joschafats Vertrag mit Ahasja von Israel
(vgl. 1.Kön 22,41-50)

31 Und Joschafat regierte über Juda; er war fünfunddreißig Jahre alt, als er König wurde; und er regierte fünfundzwanzig Jahre zu Jerusalem. Seine Mutter hieß Asuba, eine Tochter Schilhis.

32 Und er wandelte in dem Wege seines Vaters Asa und ließ nicht davon ab und tat, was dem HERRN wohlgefiel.

33 Nur die Opferhöhen wurden nicht entfernt; denn das Volk hatte sein Herz noch nicht ganz zu dem Gott seiner Väter gewandt.

34 Was aber mehr von Joschafat zu sagen ist, die frühere und die spätere Geschichte, siehe, das steht geschrieben in den Geschichten Jehus, des Sohnes Hananis, die aufgenommen sind in das Buch der Könige von Israel.

23 For the men of Ammon and Moab rose against the inhabitants of Mount Seir, devoting them to destruction, and when they had made an end of the inhabitants of Seir, they all helped to destroy one another.

The LORD Delivers Judah

¶ **24** When Judah came to the watchtower of the wilderness, they looked toward the horde, and behold, there⁴ were dead bodies lying on the ground; none had escaped.

25 When Jehoshaphat and his people came to take their spoil, they found among them, in great numbers, goods, clothing, and precious things, which they took for themselves until they could carry no more. They were three days in taking the spoil, it was so much.

26 On the fourth day they assembled in the Valley of Beracah,⁵ for there they blessed the LORD. Therefore the name of that place has been called the Valley of Beracah to this day.

27 Then they returned, every man of Judah and Jerusalem, and Jehoshaphat at their head, returning to Jerusalem with joy, for the LORD had made them rejoice over their enemies.

28 They came to Jerusalem with harps and lyres and trumpets, to the house of the LORD.

29 And the fear of God came on all the kingdoms of the countries when they heard that the LORD had fought against the enemies of Israel.

30 So the realm of Jehoshaphat was quiet, for his God gave him rest all around.

¶ **31** Thus Jehoshaphat reigned over Judah. He was thirty-five years old when he began to reign, and he reigned twenty-five years in Jerusalem. His mother's name was Azubah the daughter of Shilhi.

32 He walked in the way of Asa his father and did not turn aside from it, doing what was right in the sight of the LORD.

33 The high places, however, were not taken away; the people had not yet set their hearts upon the God of their fathers.

¶ **34** Now the rest of the acts of Jehoshaphat, from first to last, are written in the chronicles of Jehu the son of Hanani, which are recorded in the Book of the Kings of Israel.

¶ 35 Danach schloss Joschafat, der König von Juda, einen Vertrag mit Ahasja, dem König von Israel, der gottlos war in seinem Tun.

36 Er kam mit ihm überein, Schiffe zu bauen, um nach Tarsis zu fahren; und sie bauten die Schiffe in Ezjon-Geber.

37 Aber Eliëser, der Sohn Dodawas von Marescha, weissagte gegen Joschafat und sprach: Weil du mit Ahasja übereingekommen bist, zerstört der Herr dein Werk. Und die Schiffe zerschellten und konnten nicht nach Tarsis fahren.

Jorams gottlose Regierung
(vgl. 1.Kön 22,51; 2.Kön 8,16-22)

21 Und Joschafat legte sich zu seinen Vätern und wurde begraben bei seinen Vätern in der Stadt Davids. Und sein Sohn Joram wurde König an seiner statt.

¶ 2 Und Joram hatte Brüder, Joschafats Söhne: Asarja, Jehiël, Secharja, Asarja, Michael und Schefatja; diese alle waren Söhne Joschafats, des Königs von Juda.

3 Und ihr Vater gab ihnen viele Gaben an Silber, Gold und Kleinoden, dazu feste Städte in Juda; aber das Königtum gab er Joram; denn der war der Erstgeborene.

4 Als aber Joram das Königtum seines Vaters übernommen hatte und mächtig wurde, erschlug er alle seine Brüder mit dem Schwert, dazu auch einige Obere in Israel.

¶ 5 Zweiunddreißig Jahre alt war Joram, als er König wurde; und er regierte acht Jahre zu Jerusalem

6 und wandelte in dem Wege der Könige von Israel, wie das Haus Ahab getan hatte; denn Ahabs Tochter war seine Frau. Und er tat, was dem Herrn missfiel.

7 Aber der Herr wollte das Haus David nicht verderben um des Bundes willen, den er mit David geschlossen hatte, und wie er ihm zugesagt hatte, ihm eine Leuchte zu geben und seinen Söhnen immerdar.

¶ 8 Zu seiner Zeit fielen die Edomiter von Juda ab und setzten einen König über sich.

9 Da zog Joram hin mit seinen Obersten und alle Wagen mit ihm, und er machte sich des Nachts auf und schlug die Edomiter, die ihn umringt hatten, und die Obersten über die Wagen.

10 Doch blieben die Edomiter abtrünnig von Juda bis auf diesen Tag. Zur selben Zeit fiel Libna auch von ihm ab; denn er hatte den Herrn, den Gott seiner Väter, verlassen.

The End of Jehoshaphat's Reign

¶ 35 After this Jehoshaphat king of Judah joined with Ahaziah king of Israel, who acted wickedly.

36 He joined him in building ships to go to Tarshish, and they built the ships in Ezion-geber.

37 Then Eliezer the son of Dodavahu of Mareshah prophesied against Jehoshaphat, saying, "Because you have joined with Ahaziah, the Lord will destroy what you have made." And the ships were wrecked and were not able to go to Tarshish.

Jehoram Reigns in Judah

21 Jehoshaphat slept with his fathers and was buried with his fathers in the city of David, and Jehoram his son reigned in his place.

2 He had brothers, the sons of Jehoshaphat: Azariah, Jehiel, Zechariah, Azariah, Michael, and Shephatiah; all these were the sons of Jehoshaphat king of Israel.[1]

3 Their father gave them great gifts of silver, gold, and valuable possessions, together with fortified cities in Judah, but he gave the kingdom to Jehoram, because he was the firstborn.

4 When Jehoram had ascended the throne of his father and was established, he killed all his brothers with the sword, and also some of the princes of Israel.

5 Jehoram was thirty-two years old when he became king, and he reigned eight years in Jerusalem.

6 And he walked in the way of the kings of Israel, as the house of Ahab had done, for the daughter of Ahab was his wife. And he did what was evil in the sight of the Lord.

7 Yet the Lord was not willing to destroy the house of David, because of the covenant that he had made with David, and since he had promised to give a lamp to him and to his sons forever.

¶ 8 In his days Edom revolted from the rule of Judah and set up a king of their own.

9 Then Jehoram passed over with his commanders and all his chariots, and he rose by night and struck the Edomites who had surrounded him and his chariot commanders.

10 So Edom revolted from the rule of Judah to this day. At that time Libnah also revolted from his rule, because he had forsaken the Lord, the God of his fathers.

¶ **11** Auch machte er Opferhöhen in den Städten Judas und verleitete die Einwohner von Jerusalem zur Abgötterei und verführte Juda.

¶ **12** Es kam aber ein Brief zu ihm von dem Propheten Elia, der lautete: So spricht der HERR, der Gott deines Vaters David: Weil du nicht gewandelt bist in den Wegen deines Vaters Joschafat und nicht in den Wegen Asas, des Königs von Juda,

13 sondern wandelst in dem Wege der Könige von Israel und verleitest Juda und die Bewohner von Jerusalem zur Abgötterei nach der Abgötterei des Hauses Ahab und weil du dazu erschlagen hast deine Brüder, deines Vaters Haus, die besser waren als du,

14 siehe, so wird dich der HERR mit einer großen Plage schlagen an deinem Volk, an deinen Kindern, an deinen Frauen und an aller deiner Habe.

15 Du aber wirst viel Krankheit haben in deinen Eingeweiden, bis über Jahr und Tag deine Eingeweide vor Krankheit heraustreten.

¶ **16** Und der HERR erweckte gegen Joram den Geist der Philister und Araber, die neben den Kuschitern wohnen.

17 Und sie zogen herauf und brachen in Juda ein und führten alle Habe weg, die vorhanden war im Hause des Königs, dazu seine Söhne und seine Frauen, sodass ihm kein Sohn übrig blieb außer Joahas, seinem jüngsten Sohn.

¶ **18** Und nach dem allen plagte ihn der HERR mit einer Krankheit in seinen Eingeweiden; die war nicht zu heilen.

19 Und als das über Jahr und Tag währte, bis die Zeit von zwei Jahren um war, traten in seiner Krankheit seine Eingeweide heraus und er starb unter schlimmen Schmerzen. Und man machte keinen Brand ihm zu Ehren, wie man seinen Vätern getan hatte.

20 Zweiunddreißig Jahre alt war er, als er König wurde; und er regierte acht Jahre zu Jerusalem und ging dahin unbedauert. Und sie begruben ihn in der Stadt Davids, aber nicht in den Gräbern der Könige.

¶ **11** Moreover, he made high places in the hill country of Judah and led the inhabitants of Jerusalem into whoredom and made Judah go astray.

12 And a letter came to him from Elijah the prophet, saying, "Thus says the LORD, the God of David your father, 'Because you have not walked in the ways of Jehoshaphat your father, or in the ways of Asa king of Judah,

13 but have walked in the way of the kings of Israel and have enticed Judah and the inhabitants of Jerusalem into whoredom, as the house of Ahab led Israel into whoredom, and also you have killed your brothers, of your father's house, who were better than yourself,

14 behold, the LORD will bring a great plague on your people, your children, your wives, and all your possessions,

15 and you yourself will have a severe sickness with a disease of your bowels, until your bowels come out because of the disease, day by day.' "

¶ **16** And the LORD stirred up against Jehoram the anger[2] of the Philistines and of the Arabians who are near the Ethiopians.

17 And they came up against Judah and invaded it and carried away all the possessions they found that belonged to the king's house, and also his sons and his wives, so that no son was left to him except Jehoahaz, his youngest son.

¶ **18** And after all this the LORD struck him in his bowels with an incurable disease.

19 In the course of time, at the end of two years, his bowels came out because of the disease, and he died in great agony. His people made no fire in his honor, like the fires made for his fathers.

20 He was thirty-two years old when he began to reign, and he reigned eight years in Jerusalem. And he departed with no one's regret. They buried him in the city of David, but not in the tombs of the kings.

Ahasjas gottlose Regierung
(vgl. 2.Kön 8,25-29)

22 Und die Einwohner von Jerusalem machten Ahasja, Jorams jüngsten Sohn, zum König an seiner statt; denn die streifende Rotte, die mit den Arabern ins Lager gekommen war, hatte die älteren Söhne alle erschlagen. Darum wurde Ahasja König, der Sohn Jorams, des Königs von Juda.

2 Zweiundzwanzig Jahre alt war Ahasja, als er König wurde; und er regierte ein Jahr zu Jerusalem. Seine Mutter hieß Atalja, die Tochter Omris.

3 Und auch er wandelte in den Wegen des Hauses Ahab; denn seine Mutter hielt ihn dazu an, gottlos zu sein.

4 Darum tat er, was dem HERRN missfiel, wie das Haus Ahab; denn sie waren seine Ratgeber nach seines Vaters Tod, ihm zum Verderben.

¶ **5** Er wandelte nach ihrem Rat; denn er zog hin mit Joram, dem Sohn Ahabs, dem König von Israel, in den Kampf nach Ramot in Gilead gegen Hasaël, den König von Aram. Aber die Aramäer verwundeten Joram,

6 sodass er umkehrte, um sich in Jesreel heilen zu lassen von den Wunden, die ihm bei Rama geschlagen waren, als er mit Hasaël, dem König von Aram, kämpfte. Und Ahasja, der Sohn Jorams, der König von Juda, zog hinab, um Joram, den Sohn Ahabs, in Jesreel zu besuchen, weil er krank lag;

7 denn es war von Gott über Ahasja zu seinem Verderben beschlossen, dass er zu Joram käme. Und als er kam, zog er mit Joram aus gegen Jehu, den Sohn Nimschis, den der HERR gesalbt hatte, um das Haus Ahab auszurotten.

8 Als nun Jehu die Strafe am Hause Ahab vollzog, traf er auf einige Obere aus Juda und auf die Söhne der Brüder Ahasjas, die Ahasja dienten, und er tötete sie.

9 Und er suchte Ahasja und man fing ihn in Samaria, wo er sich versteckt hatte, und er wurde zu Jehu gebracht. Der tötete ihn und man begrub ihn; denn sie sprachen: Er ist Joschafats Sohn, der von ganzem Herzen den HERRN suchte. Und es war niemand mehr aus dem Hause Ahasjas, der zum Königtum tüchtig war.

Joasch wird gegen Atalja zum König erhoben
(vgl. 2.Kön 11,1-20)

10 Als aber Atalja, die Mutter Ahasjas, sah, dass ihr Sohn tot war, machte sie sich auf und brachte um alle vom königlichen Geschlecht im Hause Juda.

Ahaziah Reigns in Judah

22 And the inhabitants of Jerusalem made Ahaziah, his youngest son, king in his place, for the band of men that came with the Arabians to the camp had killed all the older sons. So Ahaziah the son of Jehoram king of Judah reigned.

2 Ahaziah was twenty-two years old when he began to reign, and he reigned one year in Jerusalem. His mother's name was Athaliah, the granddaughter of Omri.

3 He also walked in the ways of the house of Ahab, for his mother was his counselor in doing wickedly.

4 He did what was evil in the sight of the LORD, as the house of Ahab had done. For after the death of his father they were his counselors, to his undoing.

5 He even followed their counsel and went with Jehoram the son of Ahab king of Israel to make war against Hazael king of Syria at Ramoth-gilead. And the Syrians wounded Joram,

6 and he returned to be healed in Jezreel of the wounds that he had received at Ramah, when he fought against Hazael king of Syria. And Ahaziah the son of Jehoram king of Judah went down to see Joram the son of Ahab in Jezreel, because he was wounded.

¶ **7** But it was ordained by God that the downfall of Ahaziah should come about through his going to visit Joram. For when he came there, he went out with Jehoram to meet Jehu the son of Nimshi, whom the LORD had anointed to destroy the house of Ahab.

8 And when Jehu was executing judgment on the house of Ahab, he met the princes of Judah and the sons of Ahaziah's brothers, who attended Ahaziah, and he killed them.

9 He searched for Ahaziah, and he was captured while hiding in Samaria, and he was brought to Jehu and put to death. They buried him, for they said, "He is the grandson of Jehoshaphat, who sought the LORD with all his heart." And the house of Ahaziah had no one able to rule the kingdom.

Athaliah Reigns in Judah

¶ **10** Now when Athaliah the mother of Ahaziah saw that her son was dead, she arose and destroyed all the royal family of the house of Judah.

11 Aber Joscheba, eine Königstochter, nahm Joasch, den Sohn Ahasjas, und stahl ihn aus der Mitte der Söhne des Königs, die getötet wurden, und brachte ihn mit seiner Amme in die Bettenkammer. So verbarg ihn Joscheba, die Tochter des Königs Joram, die Frau des Priesters Jojada, – denn sie war Ahasjas Schwester – vor Atalja, sodass er nicht getötet wurde.

12 Und er war bei ihnen im Hause Gottes versteckt sechs Jahre, solange Atalja im Lande Königin war.

23 Aber im siebenten Jahr fasste Jojada Mut und schloss einen Bund mit den Hauptleuten über hundert, nämlich mit Asarja, dem Sohn Jerohams, Jischmael, dem Sohn Johanans, Asarja, dem Sohn Obeds, Maaseja, dem Sohn Adajas, und Elischafat, dem Sohn Sichris.

2 Die zogen umher in Juda und brachten die Leviten aus allen Städten Judas zusammen und die Häupter der Sippen in Israel, dass sie nach Jerusalem kämen.

3 Und die ganze Gemeinde schloss einen Bund im Hause Gottes mit dem König. Und Jojada sprach zu ihnen: Siehe, des Königs Sohn soll König sein, wie der HERR den Söhnen David zugesagt hat.

4 So sollt ihr nun tun: Ein Drittel von euch, den Priestern und Leviten, die am Sabbat ihren Dienst antreten, soll Wache halten an den Toren

5 und ein Drittel im Hause des Königs und ein Drittel am Grundtor; aber alles Volk soll in den Vorhöfen am Hause des HERRN sein.

6 Und dass niemand in das Haus des HERRN gehe! Nur die Priester und die Leviten, die Dienst tun, die sollen hineingehen, denn sie sind heilig; und alles Volk tue nach dem Gebot des HERRN.

7 Und die Leviten sollen sich rings um den König herumstellen, ein jeder mit seiner Waffe in der Hand. Und wer in das Haus des Herrn geht, der sei des Todes! Und sie sollen um den König sein, wenn er aus und ein geht.

¶ **8** Und die Leviten und ganz Juda taten, wie der Priester Jojada geboten hatte, und ein jeder nahm seine Leute, die am Sabbat antraten, samt denen, die am Sabbat abtraten. Denn der Priester Jojada ließ die Abteilungen nicht auseinandergehen.

11 But Jehoshabeath,[1] the daughter of the king, took Joash the son of Ahaziah and stole him away from among the king's sons who were about to be put to death, and she put him and his nurse in a bedroom. Thus Jehoshabeath, the daughter of King Jehoram and wife of Jehoiada the priest, because she was a sister of Ahaziah, hid him[2] from Athaliah, so that she did not put him to death.

12 And he remained with them six years, hidden in the house of God, while Athaliah reigned over the land.

Joash Made King

23 But in the seventh year Jehoiada took courage and entered into a covenant with the commanders of hundreds, Azariah the son of Jeroham, Ishmael the son of Jehohanan, Azariah the son of Obed, Maaseiah the son of Adaiah, and Elishaphat the son of Zichri.

2 And they went about through Judah and gathered the Levites from all the cities of Judah, and the heads of fathers' houses of Israel, and they came to Jerusalem.

3 And all the assembly made a covenant with the king in the house of God. And Jehoiada[1] said to them, "Behold, the king's son! Let him reign, as the LORD spoke concerning the sons of David.

4 This is the thing that you shall do: of you priests and Levites who come off duty on the Sabbath, one third shall be gatekeepers,

5 and one third shall be at the king's house and one third at the Gate of the Foundation. And all the people shall be in the courts of the house of the LORD.

6 Let no one enter the house of the LORD except the priests and ministering Levites. They may enter, for they are holy, but all the people shall keep the charge of the LORD.

7 The Levites shall surround the king, each with his weapons in his hand. And whoever enters the house shall be put to death. Be with the king when he comes in and when he goes out."

¶ **8** The Levites and all Judah did according to all that Jehoiada the priest commanded, and they each brought his men, who were to go off duty on the Sabbath, with those who were to come on duty on the Sabbath, for Jehoiada the priest did not dismiss the divisions.

9 Und der Priester Jojada gab den Hauptleuten über hundert die Spieße und Schilde und Waffen des Königs David, die im Hause Gottes waren,

10 und stellte alles Volk auf, einen jeden mit seiner Waffe in der Hand, von der rechten Seite des Hauses im Süden bis zur linken Seite im Norden vor dem Altar und dem Hause um den König herum.

11 Und sie führten den Sohn des Königs heraus und setzten ihm die Krone auf und gaben ihm die Ordnung und machten ihn zum König. Und Jojada und seine Söhne salbten ihn und sprachen: Es lebe der König!

¶ **12** Als aber Atalja das Geschrei des Volks hörte, das herzulief und den König umjubelte, ging sie zum Volk in das Haus des Herrn.

13 Und sie sah, und siehe, der König stand an seiner Stätte im Eingang und die Oberen und die Trompeter um den König, und alles Volk des Landes war fröhlich und man blies die Trompeten und die Sänger mit allerlei Saitenspiel standen da und gaben das Zeichen zum Jubel. Da zerriss Atalja ihre Kleider und rief: Aufruhr, Aufruhr!

14 Aber der Priester Jojada gebot den Hauptleuten über hundert, die über das Heer gesetzt waren: Führt sie zwischen den Reihen hinaus, und wer ihr nachfolgt, den soll man mit dem Schwert töten! Denn der Priester hatte befohlen, man sollte sie nicht töten im Hause des Herrn.

15 Und sie legten die Hände an sie und als sie zum Eingang des Rosstors kam am Hause des Königs, töteten sie sie dort.

¶ **16** Und Jojada schloss einen Bund zwischen dem Herrn und dem ganzen Volk und dem König, dass sie des Herrn Volk sein sollten.

17 Da ging das ganze Volk in das Haus Baals und brach es ab, und seine Altäre und Bilder zerbrachen sie und töteten Mattan, den Priester Baals, vor den Altären.

¶ **18** Und Jojada bestellte die Ämter am Hause des Herrn aus den Priestern und den Leviten, die David für das Haus des Herrn verordnet hatte, dem Herrn Brandopfer zu bringen, wie es geschrieben steht im Gesetz des Mose, mit Freuden und mit Liedern, nach Davids Weisung,

19 und er stellte Wachen an die Tore am Hause des Herrn, dass niemand hineinkäme, der sich an irgendetwas unrein gemacht hatte.

9 And Jehoiada the priest gave to the captains the spears and the large and small shields that had been King David's, which were in the house of God.

10 And he set all the people as a guard for the king, every man with his weapon in his hand, from the south side of the house to the north side of the house, around the altar and the house.

11 Then they brought out the king's son and put the crown on him and gave him the testimony. And they proclaimed him king, and Jehoiada and his sons anointed him, and they said, "Long live the king."

Athaliah Executed

¶ **12** When Athaliah heard the noise of the people running and praising the king, she went into the house of the Lord to the people.

13 And when she looked, there was the king standing by his pillar at the entrance, and the captains and the trumpeters beside the king, and all the people of the land rejoicing and blowing trumpets, and the singers with their musical instruments leading in the celebration. And Athaliah tore her clothes and cried, "Treason! Treason!"

14 Then Jehoiada the priest brought out the captains who were set over the army, saying to them, "Bring her out between the ranks, and anyone who follows her is to be put to death with the sword." For the priest said, "Do not put her to death in the house of the Lord."

15 So they laid hands on her,[2] and she went into the entrance of the horse gate of the king's house, and they put her to death there.

Jehoiada's Reforms

¶ **16** And Jehoiada made a covenant between himself and all the people and the king that they should be the Lord's people.

17 Then all the people went to the house of Baal and tore it down; his altars and his images they broke in pieces, and they killed Mattan the priest of Baal before the altars.

18 And Jehoiada posted watchmen for the house of the Lord under the direction of the Levitical priests and the Levites whom David had organized to be in charge of the house of the Lord, to offer burnt offerings to the Lord, as it is written in the Law of Moses, with rejoicing and with singing, according to the order of David.

19 He stationed the gatekeepers at the gates of the house of the Lord so that no one should enter who was in any way unclean.

20 Und er nahm die Hauptleute über hundert und die Mächtigen und die Herren im Volk und alles Volk des Landes und führte den König vom Hause des HERRN hinab; und sie zogen durch das obere Tor in das Haus des Königs und ließen den König sich auf den königlichen Thron setzen.

21 Und alles Volk des Landes war fröhlich, aber die Stadt blieb still, obwohl Atalja mit dem Schwert erschlagen war.

Joaschs Sorge für den Tempel
(vgl. 2.Kön 12,1-17)

24 Joasch war sieben Jahre alt, als er König wurde; und er regierte vierzig Jahre zu Jerusalem. Seine Mutter hieß Zibja, aus Beerscheba.

2 Und Joasch tat, was dem HERRN wohlgefiel, solange der Priester Jojada lebte.

3 Und Jojada nahm zwei Frauen für Joasch und er zeugte Söhne und Töchter.

¶ **4** Danach nahm sich Joasch vor, das Haus des HERRN zu erneuern,

5 und versammelte die Priester und Leviten und sprach zu ihnen: Zieht hin in alle Städte Judas und sammelt Geld aus ganz Israel, um jährlich das Haus eures Gottes auszubessern, und eilt, solches zu tun! Aber die Leviten eilten nicht.

6 Da rief der König den Hohenpriester Jojada und sprach zu ihm: Warum hast du nicht acht auf die Leviten, dass sie von Juda und Jerusalem die Steuer einbringen, die Mose, der Knecht des HERRN, und die Gemeinde für die Stiftshütte zu sammeln Israel geboten haben?

7 Denn die gottlose Atalja und ihre Söhne haben das Haus Gottes verfallen lassen, und alles, was dem Hause des HERRN geheiligt war, haben sie an die Baale gebracht.

¶ **8** Da befahl der König, dass man eine Lade machte, und man stellte sie außen ins Tor am Hause des HERRN;

9 und sie ließen in Juda und Jerusalem ausrufen, dass man dem HERRN die Steuer bringen solle, die in der Wüste von Mose, dem Knecht Gottes, auf Israel gelegt war.

10 Da freuten sich alle Oberen und alles Volk und brachten's und warfen's in die Lade, bis sie voll wurde.

20 And he took the captains, the nobles, the governors of the people, and all the people of the land, and they brought the king down from the house of the LORD, marching through the upper gate to the king's house. And they set the king on the royal throne.

21 So all the people of the land rejoiced, and the city was quiet after Athaliah had been put to death with the sword.

Joash Repairs the Temple

24 Joash[1] was seven years old when he began to reign, and he reigned forty years in Jerusalem. His mother's name was Zibiah of Beersheba.

2 And Joash did what was right in the eyes of the LORD all the days of Jehoiada the priest.

3 Jehoiada got for him two wives, and he had sons and daughters.

¶ **4** After this Joash decided to restore the house of the LORD.

5 And he gathered the priests and the Levites and said to them, "Go out to the cities of Judah and gather from all Israel money to repair the house of your God from year to year, and see that you act quickly." But the Levites did not act quickly.

6 So the king summoned Jehoiada the chief and said to him, "Why have you not required the Levites to bring in from Judah and Jerusalem the tax levied by Moses, the servant of the LORD, and the congregation of Israel for the tent of testimony?"

7 For the sons of Athaliah, that wicked woman, had broken into the house of God, and had also used all the dedicated things of the house of the LORD for the Baals.

¶ **8** So the king commanded, and they made a chest and set it outside the gate of the house of the LORD.

9 And proclamation was made throughout Judah and Jerusalem to bring in for the LORD the tax that Moses the servant of God laid on Israel in the wilderness.

10 And all the princes and all the people rejoiced and brought their tax and dropped it into the chest until they had finished.[2]

11 Und wenn man die Lade durch die Leviten zur Verwaltung des Königs brachte und man sah, dass viel Geld darin war, so kam der Schreiber des Königs und der Beauftragte des Hohenpriesters, und man schüttete die Lade aus und sie trugen sie wieder hin an ihren Ort. So taten sie alle Tage und brachten viel Geld zusammen.

¶ **12** Und der König und Jojada gaben es den Werkmeistern, die am Hause des HERRN arbeiteten. Diese stellten Steinmetzen und Zimmerleute an, um das Haus des HERRN zu erneuern, und auch Meister in Eisen und Kupfer, um das Haus des HERRN auszubessern.

13 Und die Werkmeister sorgten dafür, dass durch sie die Ausbesserung fortschritt, und so stellten sie das Haus Gottes nach seinem alten Maß wieder her.

14 Und als sie es vollendet hatten, brachten sie das übrige Geld vor den König und Jojada. Davon machte man Geräte für das Haus des HERRN, Geräte für den Dienst und für die Brandopfer, Löffel und goldene und silberne Geräte. Und sie opferten Brandopfer im Hause des HERRN allezeit, solange Jojada lebte.

¶ **15** Und Jojada ward alt und lebenssatt und starb und war hundertunddreißig Jahre alt, als er starb.

16 Und sie begruben ihn in der Stadt Davids bei den Königen, weil er an Israel und an Gott und seinem Hause wohlgetan hatte.

Joaschs Abfall und Ende

17 Und nach dem Tode Jojadas kamen die Oberen Judas und huldigten dem König; da hörte der König auf sie.

18 Und sie verließen das Haus des HERRN, des Gottes ihrer Väter, und dienten den Bildern der Aschera und den Götzen. Da kam der Zorn über Juda und Jerusalem um dieser ihrer Schuld willen.

19 Der HERR aber sandte Propheten zu ihnen, dass sie sich zum HERRN bekehren sollten, und sie ermahnten sie, aber sie nahmen's nicht zu Ohren.

¶ **20** Und der Geist Gottes ergriff Secharja, den Sohn des Priesters Jojada. Der trat vor das Volk und sprach zu ihnen: So spricht Gott: Warum übertretet ihr die Gebote des HERRN, sodass ihr kein Gelingen habt? Denn ihr habt den HERRN verlassen, darum wird er euch auch verlassen.

11 And whenever the chest was brought to the king's officers by the Levites, when they saw that there was much money in it, the king's secretary and the officer of the chief priest would come and empty the chest and take it and return it to its place. Thus they did day after day, and collected money in abundance.

12 And the king and Jehoiada gave it to those who had charge of the work of the house of the LORD, and they hired masons and carpenters to restore the house of the LORD, and also workers in iron and bronze to repair the house of the LORD.

13 So those who were engaged in the work labored, and the repairing went forward in their hands, and they restored the house of God to its proper condition and strengthened it.

14 And when they had finished, they brought the rest of the money before the king and Jehoiada, and with it were made utensils for the house of the LORD, both for the service and for the burnt offerings, and dishes for incense and vessels of gold and silver. And they offered burnt offerings in the house of the LORD regularly all the days of Jehoiada.

¶ **15** But Jehoiada grew old and full of days, and died. He was 130 years old at his death.

16 And they buried him in the city of David among the kings, because he had done good in Israel, and toward God and his house.

¶ **17** Now after the death of Jehoiada the princes of Judah came and paid homage to the king. Then the king listened to them.

18 And they abandoned the house of the LORD, the God of their fathers, and served the Asherim and the idols. And wrath came upon Judah and Jerusalem for this guilt of theirs.

19 Yet he sent prophets among them to bring them back to the LORD. These testified against them, but they would not pay attention.

Joash's Treachery

¶ **20** Then the Spirit of God clothed Zechariah the son of Jehoiada the priest, and he stood above the people, and said to them, "Thus says God, 'Why do you break the commandments of the LORD, so that you cannot prosper? Because you have forsaken the LORD, he has forsaken you.'"

21 Aber sie machten eine Verschwörung gegen ihn und steinigten ihn auf Befehl des Königs im Vorhof am Hause des HERRN.

22 Und der König Joasch gedachte nicht an die Barmherzigkeit, die Jojada, der Vater Secharjas, an ihm getan hatte, sondern tötete seinen Sohn. Der aber sprach, als er starb: Der HERR wird es sehen und strafen.

¶ **23** Und als das Jahr um war, zog herauf das Heer der Aramäer, und sie kamen nach Juda und Jerusalem und brachten alle Oberen im Volk um, und all ihren Raub sandten sie dem König von Damaskus.

24 Denn obwohl das Heer der Aramäer mit wenigen Männern kam, gab der HERR ein sehr großes Heer in ihre Hand, weil Juda den HERRN, den Gott ihrer Väter, verlassen hatte. Damit vollzogen sie an Joasch die Strafe.

¶ **25** Und als sie von ihm zogen, ließen sie ihn in großer Krankheit zurück. Es machten aber seine Großen eine Verschwörung gegen ihn um der Blutschuld willen an dem Sohn des Priesters Jojada und töteten ihn auf seinem Bett und er starb. Und man begrub ihn in der Stadt Davids, aber nicht in den Gräbern der Könige.

26 Diese aber machten die Verschwörung gegen ihn: Josachar, der Sohn der Schimat, der Ammoniterin, und Josabad, der Sohn der Schomer, der Moabiterin.

27 Aber seine Söhne und die Menge der Steuern, die er veranlasste, und der Bau des Hauses Gottes, siehe, das steht geschrieben in den Geschichten im Buch der Könige. Und sein Sohn Amazja wurde König an seiner statt.

Amazja
(vgl. 2.Kön 14,1-20)

25 Fünfundzwanzig Jahre alt war Amazja, als er König wurde; und er regierte neunundzwanzig Jahre zu Jerusalem. Seine Mutter hieß Joaddan, aus Jerusalem.

2 Und er tat, was dem HERRN wohlgefiel, doch nicht von ganzem Herzen.

3 Als er nun das Königtum fest in der Hand hatte, tötete er seine Großen, die den König, seinen Vater, erschlagen hatten.

4 Aber ihre Söhne tötete er nicht; denn so steht es geschrieben im Gesetz, im Buch des Mose, wo der HERR gebietet: Die Väter sollen nicht sterben für die Kinder und die Kinder nicht für die Väter, sondern ein jeder soll nur um seiner Sünde willen sterben.

21 But they conspired against him, and by command of the king they stoned him with stones in the court of the house of the LORD.

22 Thus Joash the king did not remember the kindness that Jehoiada, Zechariah's father, had shown him, but killed his son. And when he was dying, he said, "May the LORD see and avenge!"[3]

Joash Assassinated

¶ **23** At the end of the year the army of the Syrians came up against Joash. They came to Judah and Jerusalem and destroyed all the princes of the people from among the people and sent all their spoil to the king of Damascus.

24 Though the army of the Syrians had come with few men, the LORD delivered into their hand a very great army, because Judah[4] had forsaken the LORD, the God of their fathers. Thus they executed judgment on Joash.

¶ **25** When they had departed from him, leaving him severely wounded, his servants conspired against him because of the blood of the son[5] of Jehoiada the priest, and killed him on his bed. So he died, and they buried him in the city of David, but they did not bury him in the tombs of the kings.

26 Those who conspired against him were Zabad the son of Shimeath the Ammonite, and Jehozabad the son of Shimrith the Moabite.

27 Accounts of his sons and of the many oracles against him and of the rebuilding[6] of the house of God are written in the Story of the Book of the Kings. And Amaziah his son reigned in his place.

Amaziah Reigns in Judah

25 Amaziah was twenty-five years old when he began to reign, and he reigned twenty-nine years in Jerusalem. His mother's name was Jehoaddan of Jerusalem.

2 And he did what was right in the eyes of the LORD, yet not with a whole heart.

3 And as soon as the royal power was firmly his, he killed his servants who had struck down the king his father.

4 But he did not put their children to death, according to what is written in the Law, in the Book of Moses, where the LORD commanded, "Fathers shall not die because of their children, nor children die because of their fathers, but each one shall die for his own sin."

¶ **5** Und Amazja bot Juda auf und ordnete sie, ganz Juda und Benjamin, nach ihren Sippen unter die Obersten über tausend und unter die Hauptleute über hundert und musterte sie von zwanzig Jahren an und darüber, und es fanden sich dreihunderttausend auserlesene Leute, die in den Krieg ziehen und Spieß und Schild führen konnten.

6 Dazu warb er aus Israel hunderttausend Kriegsleute für hundert Zentner Silber.

¶ **7** Es kam aber ein Mann Gottes zu ihm und sprach: König, lass nicht das Heer Israels mit dir ziehen, denn der HERR ist nicht mit Israel, mit allen Männern von Ephraim;

8 denn wenn du denkst, mit ihnen stark zu sein zum Kampf, so wird Gott dich vor den Feinden fallen lassen. Denn bei Gott steht die Kraft zu helfen und fallen zu lassen.

9 Amazja sprach zu dem Mann Gottes: Was soll man dann tun mit den hundert Zentnern, die ich den Kriegsleuten aus Israel gegeben habe? Der Mann Gottes sprach: Es steht beim HERRN, dir mehr zu geben als dies.

10 Da sonderte Amazja die Kriegsleute ab, die zu ihm aus Ephraim gekommen waren, dass sie wieder heimkehrten. Da entbrannte ihr Zorn sehr gegen Juda und sie zogen zurück an ihren Ort mit grimmigem Zorn.

¶ **11** Und Amazja ward getrost und führte sein Volk aus und zog ins Salztal und erschlug zehntausend Männer von Seïr.

12 Und die Männer von Juda fingen zehntausend von ihnen lebendig; die führten sie auf die Spitze eines Felsens und stürzten sie von der Spitze des Felsens, dass sie alle zerschellten.

13 Aber die Kriegsleute, die Amazja hatte ziehen lassen, dass sie nicht mit seinem Volk in den Kampf zögen, fielen in die Städte Judas ein von Samaria bis nach Bet-Horon und erschlugen dreitausend Mann von ihnen und gewannen viel Beute.

¶ **14** Und als Amazja vom Siege über die Edomiter wiederkam, brachte er die Götter der Leute von Seïr mit und stellte sie sich als Götter auf und betete sie an und opferte ihnen.

15 Da entbrannte der Zorn des HERRN über Amazja und er sandte einen Propheten zu ihm. Der sprach zu ihm: Warum suchst du die Götter des Volks, die ihr Volk nicht aus deiner Hand erretten konnten?

Amaziah's Victories

¶ **5** Then Amaziah assembled the men of Judah and set them by fathers' houses under commanders of thousands and of hundreds for all Judah and Benjamin. He mustered those twenty years old and upward, and found that they were 300,000 choice men, fit for war, able to handle spear and shield.

6 He hired also 100,000 mighty men of valor from Israel for 100 talents[1] of silver.

7 But a man of God came to him and said, "O king, do not let the army of Israel go with you, for the LORD is not with Israel, with all these Ephraimites.

8 But go, act, be strong for the battle. Why should you suppose that God will cast you down before the enemy? For God has power to help or to cast down."

9 And Amaziah said to the man of God, "But what shall we do about the hundred talents that I have given to the army of Israel?" The man of God answered, "The LORD is able to give you much more than this."

10 Then Amaziah discharged the army that had come to him from Ephraim to go home again. And they became very angry with Judah and returned home in fierce anger.

11 But Amaziah took courage and led out his people and went to the Valley of Salt and struck down 10,000 men of Seir.

12 The men of Judah captured another 10,000 alive and took them to the top of a rock and threw them down from the top of the rock, and they were all dashed to pieces.

13 But the men of the army whom Amaziah sent back, not letting them go with him to battle, raided the cities of Judah, from Samaria to Beth-horon, and struck down 3,000 people in them and took much spoil.

Amaziah's Idolatry

¶ **14** After Amaziah came from striking down the Edomites, he brought the gods of the men of Seir and set them up as his gods and worshiped them, making offerings to them.

15 Therefore the LORD was angry with Amaziah and sent to him a prophet, who said to him, "Why have you sought the gods of a people who did not deliver their own people from your hand?"

16 Und als er so mit ihm redete, sprach der König zu ihm: Hat man dich zu des Königs Ratgeber gemacht? Höre auf! Warum willst du getötet werden? Da hörte der Prophet auf und sprach: Ich merke wohl, dass Gott beschlossen hat, dich zu verderben, weil du solches getan und auf meinen Rat nicht gehört hast.

¶ **17** Und Amazja, der König von Juda, entschloss sich hinzusenden zu Joasch, dem Sohn des Joahas, des Sohnes Jehus, dem König von Israel, und ließ ihm sagen: Komm, wir wollen uns miteinander messen!

18 Aber Joasch, der König von Israel, sandte zu Amazja, dem König von Juda, und antwortete ihm: Der Dornstrauch im Libanon sandte zur Zeder im Libanon und ließ ihr sagen: Gib deine Tochter meinem Sohn zur Frau! Aber das Wild im Libanon lief über den Dornstrauch und zertrat ihn.

19 Du denkst: Siehe, ich habe die Edomiter geschlagen. Darüber erhebt sich dein Herz und du suchst noch mehr Ruhm. Bleib doch daheim. Warum suchst du dein Unglück, dass du zu Fall kommst und Juda mit dir?

¶ **20** Aber Amazja hörte nicht darauf; denn es geschah von Gott, um sie in die Hand des Joasch zu geben, weil sie die Götter der Edomiter gesucht hatten.

21 Da zog Joasch, der König von Israel, herauf und sie maßen sich miteinander, er und Amazja, der König von Juda, bei Bet-Schemesch, das in Juda liegt.

22 Aber Juda wurde vor Israel her geschlagen und sie flohen, ein jeder in sein Haus.

23 Aber Amazja, den Sohn des Joasch, den König von Juda, nahm Joasch, der Sohn des Joahas, der König von Israel, bei Bet-Schemesch gefangen und brachte ihn nach Jerusalem und riss die Mauer von Jerusalem ein vom Tor Ephraim bis an das Ecktor, vierhundert Ellen lang.

24 Und alles Gold und Silber und alle Geräte, die im Hause Gottes unter der Obhut von Obed-Edom vorhanden waren, und die Schätze im Hause des Königs und die Geiseln nahm er mit sich nach Samaria.

¶ **25** Und Amazja, der Sohn des Joasch, der König von Juda, lebte nach dem Tode des Joasch, des Sohnes des Joahas, des Königs von Israel, noch fünfzehn Jahre.

26 Was aber mehr von Amazja zu sagen ist, die frühere und die spätere Geschichte, siehe, das steht geschrieben im Buch der Könige von Juda und Israel.

16 But as he was speaking, the king said to him, "Have we made you a royal counselor? Stop! Why should you be struck down?" So the prophet stopped, but said, "I know that God has determined to destroy you, because you have done this and have not listened to my counsel."

Israel Defeats Amaziah

¶ **17** Then Amaziah king of Judah took counsel and sent to Joash the son of Jehoahaz, son of Jehu, king of Israel, saying, "Come, let us look one another in the face."

18 And Joash the king of Israel sent word to Amaziah king of Judah, "A thistle on Lebanon sent to a cedar on Lebanon, saying, 'Give your daughter to my son for a wife,' and a wild beast of Lebanon passed by and trampled down the thistle.

19 You say, 'See, I[2] have struck down Edom,' and your heart has lifted you up in boastfulness. But now stay at home. Why should you provoke trouble so that you fall, you and Judah with you?"

¶ **20** But Amaziah would not listen, for it was of God, in order that he might give them into the hand of their enemies, because they had sought the gods of Edom.

21 So Joash king of Israel went up, and he and Amaziah king of Judah faced one another in battle at Beth-shemesh, which belongs to Judah.

22 And Judah was defeated by Israel, and every man fled to his home.

23 And Joash king of Israel captured Amaziah king of Judah, the son of Joash, son of Ahaziah, at Beth-shemesh, and brought him to Jerusalem and broke down the wall of Jerusalem for 400 cubits,[3] from the Ephraim Gate to the Corner Gate.

24 And he seized all the gold and silver, and all the vessels that were found in the house of God, in the care of Obed-edom. He seized also the treasuries of the king's house, also hostages, and he returned to Samaria.

¶ **25** Amaziah the son of Joash, king of Judah, lived fifteen years after the death of Joash the son of Jehoahaz, king of Israel.

26 Now the rest of the deeds of Amaziah, from first to last, are they not written in the Book of the Kings of Judah and Israel?

27 Und von der Zeit an, da Amazja von dem HERRN wich, machten sie eine Verschwörung gegen ihn in Jerusalem. Er aber floh nach Lachisch. Da sandten sie hinter ihm her nach Lachisch und töteten ihn dort.

28 Und sie brachten ihn auf Rossen und begruben ihn bei seinen Vätern in der Stadt Davids.

Usija
(vgl. 2.Kön 14,21-22; 15,1-7)

26 Da nahm das ganze Volk von Juda den Usija – der war sechzehn Jahre alt –, und sie machten ihn zum König an seines Vaters Amazja statt.

2 Der baute Elat aus und brachte es wieder an Juda, nachdem der König sich zu seinen Vätern gelegt hatte.

3 Sechzehn Jahre alt war Usija, als er König wurde; und er regierte zweiundfünfzig Jahre zu Jerusalem. Seine Mutter hieß Jecholja, aus Jerusalem.

4 Und er tat, was dem HERRN wohlgefiel, ganz wie sein Vater Amazja getan hatte.

5 Und er suchte Gott, solange Secharja lebte, der ihn unterwies in der Furcht Gottes; und solange er den HERRN suchte, ließ es ihm Gott gelingen.

¶ **6** Er zog aus und kämpfte gegen die Philister und riss nieder die Mauer von Gat und die Mauer von Jabne und die Mauer von Aschdod und baute Festungen um Aschdod und im Philisterland;

7 denn Gott half ihm gegen die Philister, gegen die Araber, die in Gur-Baal wohnten, und gegen die Mëuniter.

8 Und die Ammoniter gaben Usija Geschenke und er wurde berühmt bis hin nach Ägypten; denn er wurde immer mächtiger.

9 Und Usija baute Türme in Jerusalem am Ecktor und am Taltor und am Winkel und befestigte sie.

10 Er baute auch Türme in der Wüste und grub viele Brunnen; denn er hatte viel Vieh sowohl im Hügelland wie in der Ebene, auch Ackerleute und Weingärtner auf den Bergen und am Karmel; denn er hatte Lust am Ackerbau.

¶ **11** Und Usija hatte ein kriegstüchtiges Heer, das in Abteilungen in den Kampf zog, nach seiner Zahl aufgestellt durch den Schreiber Jeïël und den Amtmann Maaseja unter dem Befehl Hananjas, eines der Obersten des Königs.

12 Und die Zahl der Häupter der Sippen unter den Kriegern war 2600

27 From the time when he turned away from the LORD they made a conspiracy against him in Jerusalem, and he fled to Lachish. But they sent after him to Lachish and put him to death there.

28 And they brought him upon horses, and he was buried with his fathers in the city of David.[4]

Uzziah Reigns in Judah

26 And all the people of Judah took Uzziah, who was sixteen years old, and made him king instead of his father Amaziah.

2 He built Eloth and restored it to Judah, after the king slept with his fathers.

3 Uzziah was sixteen years old when he began to reign, and he reigned fifty-two years in Jerusalem. His mother's name was Jecoliah of Jerusalem.

4 And he did what was right in the eyes of the LORD, according to all that his father Amaziah had done.

5 He set himself to seek God in the days of Zechariah, who instructed him in the fear of God, and as long as he sought the LORD, God made him prosper.

¶ **6** He went out and made war against the Philistines and broke through the wall of Gath and the wall of Jabneh and the wall of Ashdod, and he built cities in the territory of Ashdod and elsewhere among the Philistines.

7 God helped him against the Philistines and against the Arabians who lived in Gurbaal and against the Meunites.

8 The Ammonites paid tribute to Uzziah, and his fame spread even to the border of Egypt, for he became very strong.

9 Moreover, Uzziah built towers in Jerusalem at the Corner Gate and at the Valley Gate and at the Angle, and fortified them.

10 And he built towers in the wilderness and cut out many cisterns, for he had large herds, both in the Shephelah and in the plain, and he had farmers and vinedressers in the hills and in the fertile lands, for he loved the soil.

11 Moreover, Uzziah had an army of soldiers, fit for war, in divisions according to the numbers in the muster made by Jeiel the secretary and Maaseiah the officer, under the direction of Hananiah, one of the king's commanders.

12 The whole number of the heads of fathers' houses of mighty men of valor was 2,600.

13 und unter ihrem Befehl stand eine Heeresmacht von 307500 sehr kriegstüchtigen Männern, um dem König gegen die Feinde zu helfen.

14 Und Usija beschaffte für das ganze Heer Schilde, Spieße, Helme, Panzer, Bogen und Schleudersteine

15 und machte in Jerusalem kunstvolle Geschütze, die auf den Türmen und Ecken stehen sollten, um mit Pfeilen und großen Steinen zu schießen. Und sein Name drang weit hinaus, weil ihm wunderbar geholfen wurde, bis er sehr mächtig war.

¶ **16** Und als er mächtig geworden war, überhob sich sein Herz zu seinem Verderben; denn er verging sich gegen den HERRN, seinen Gott, und ging in das Haus des HERRN, um auf dem Räucheraltar zu räuchern.

17 Aber der Priester Asarja ging ihm nach und achtzig Priester des HERRN mit ihm, zuverlässige Leute,

18 und sie traten Usija, dem König, entgegen und sprachen zu ihm: Es gebührt nicht dir, Usija, dem HERRN zu räuchern, sondern den Priestern, den Söhnen Aaron, die geweiht sind zu räuchern. Geh hinaus aus dem Heiligtum; denn du vergehst dich und es wird dir keine Ehre bringen vor Gott, dem HERRN.

¶ **19** Da wurde Usija zornig, als er bereits ein Räuchergefäß in der Hand hatte, um zu räuchern; und wie er so über die Priester zornig wurde, brach der Aussatz aus an seiner Stirn vor den Augen der Priester im Hause des HERRN am Räucheraltar.

20 Und der Hohepriester Asarja wandte das Angesicht ihm zu und alle Priester, und siehe, da war der König aussätzig an seiner Stirn. Und sie stießen ihn fort und er eilte auch selbst hinauszugehen; denn seine Plage war vom HERRN.

21 So war der König Usija aussätzig bis an seinen Tod und wohnte als Aussätziger in einem besonderen Hause; denn er war verstoßen vom Hause des HERRN. Jotam aber, sein Sohn, stand dem Hause des Königs vor und richtete das Volk des Landes.

¶ **22** Was aber mehr von Usija zu sagen ist, die frühere und die spätere Geschichte, hat beschrieben der Prophet Jesaja, der Sohn des Amoz.

23 Und Usija legte sich zu seinen Vätern und sie begruben ihn bei seinen Vätern auf dem Felde neben der Grabstätte der Könige; denn sie sprachen: Er ist aussätzig. Und sein Sohn Jotam wurde König an seiner statt.

13 Under their command was an army of 307,500, who could make war with mighty power, to help the king against the enemy.

14 And Uzziah prepared for all the army shields, spears, helmets, coats of mail, bows, and stones for slinging.

15 In Jerusalem he made engines, invented by skillful men, to be on the towers and the corners, to shoot arrows and great stones. And his fame spread far, for he was marvelously helped, till he was strong.

Uzziah's Pride and Punishment

¶ **16** But when he was strong, he grew proud, to his destruction. For he was unfaithful to the LORD his God and entered the temple of the LORD to burn incense on the altar of incense.

17 But Azariah the priest went in after him, with eighty priests of the LORD who were men of valor,

18 and they withstood King Uzziah and said to him, "It is not for you, Uzziah, to burn incense to the LORD, but for the priests, the sons of Aaron, who are consecrated to burn incense. Go out of the sanctuary, for you have done wrong, and it will bring you no honor from the LORD God."

19 Then Uzziah was angry. Now he had a censer in his hand to burn incense, and when he became angry with the priests, leprosy[1] broke out on his forehead in the presence of the priests in the house of the LORD, by the altar of incense.

20 And Azariah the chief priest and all the priests looked at him, and behold, he was leprous in his forehead! And they rushed him out quickly, and he himself hurried to go out, because the LORD had struck him.

21 And King Uzziah was a leper to the day of his death, and being a leper lived in a separate house, for he was excluded from the house of the LORD. And Jotham his son was over the king's household, governing the people of the land.

¶ **22** Now the rest of the acts of Uzziah, from first to last, Isaiah the prophet the son of Amoz wrote.

23 And Uzziah slept with his fathers, and they buried him with his fathers in the burial field that belonged to the kings, for they said, "He is a leper." And Jotham his son reigned in his place.

Jotam

(vgl. 2.Kön 15,32-38)

27 Jotam war fünfundzwanzig Jahre alt, als er König wurde; und er regierte sechzehn Jahre zu Jerusalem. Seine Mutter hieß Jeruscha, eine Tochter Zadoks.

2 Und er tat, was dem HERRN wohlgefiel, ganz wie sein Vater Usija getan hatte, nur drang er nicht in den Tempel des HERRN ein. Das Volk aber handelte noch immer böse.

¶ **3** Er baute das obere Tor am Hause des HERRN, und an der Mauer des Ofel baute er viel

4 und baute Städte auf dem Gebirge Juda, und in den Wäldern baute er Burgen und Türme.

5 Auch kämpfte er mit dem König der Ammoniter und unterwarf sie, sodass ihm die Ammoniter in diesem Jahr hundert Zentner Silber, hunderttausend Scheffel Weizen und hunderttausend Scheffel Gerste gaben. So viel gaben ihm die Ammoniter auch im zweiten und im dritten Jahr.

6 So wurde Jotam mächtig; denn er wandelte recht vor dem HERRN, seinem Gott.

¶ **7** Was aber mehr von Jotam zu sagen ist und alle seine Kriege und wie er wandelte, siehe, das steht geschrieben im Buch der Könige von Israel und Juda.

8 Fünfundzwanzig Jahre alt war er, als er König wurde; und er regierte sechzehn Jahre zu Jerusalem.

9 Und Jotam legte sich zu seinen Vätern und sie begruben ihn in der Stadt Davids. Und sein Sohn Ahas wurde König an seiner statt.

Ahas

(vgl. 2.Kön 16,1-20)

28 Ahas war zwanzig Jahre alt, als er König wurde; und er regierte sechzehn Jahre zu Jerusalem. Er tat nicht, was dem HERRN wohlgefiel, wie sein Vater David,

2 sondern wandelte in den Wegen der Könige von Israel. Dazu machte er den Baalen gegossene Bilder

3 und opferte im Tal Ben-Hinnom und verbrannte seine Söhne im Feuer nach den gräulichen Sitten der Heiden, die der HERR vor den Israeliten vertrieben hatte,

4 und opferte und räucherte auf den Höhen und auf den Hügeln und unter allen grünen Bäumen.

27 Jotham was twenty-five years old when he began to reign, and he reigned sixteen years in Jerusalem. His mother's name was Jerushah the daughter of Zadok.

2 And he did what was right in the eyes of the LORD according to all that his father Uzziah had done, except he did not enter the temple of the LORD. But the people still followed corrupt practices.

3 He built the upper gate of the house of the LORD and did much building on the wall of Ophel.

4 Moreover, he built cities in the hill country of Judah, and forts and towers on the wooded hills.

5 He fought with the king of the Ammonites and prevailed against them. And the Ammonites gave him that year 100 talents[1] of silver, and 10,000 cors[2] of wheat and 10,000 of barley. The Ammonites paid him the same amount in the second and the third years.

6 So Jotham became mighty, because he ordered his ways before the LORD his God.

7 Now the rest of the acts of Jotham, and all his wars and his ways, behold, they are written in the Book of the Kings of Israel and Judah.

8 He was twenty-five years old when he began to reign, and he reigned sixteen years in Jerusalem.

9 And Jotham slept with his fathers, and they buried him in the city of David, and Ahaz his son reigned in his place.

Ahaz Reigns in Judah

28 Ahaz was twenty years old when he began to reign, and he reigned sixteen years in Jerusalem. And he did not do what was right in the eyes of the LORD, as his father David had done,

2 but he walked in the ways of the kings of Israel. He even made metal images for the Baals,

3 and he made offerings in the Valley of the Son of Hinnom and burned his sons as an offering,[1] according to the abominations of the nations whom the LORD drove out before the people of Israel.

4 And he sacrificed and made offerings on the high places and on the hills and under every green tree.

Judah Defeated

¶ **5** Darum gab ihn der Herr, sein Gott, in die Hand des Königs von Aram, dass sie ihn schlugen und eine große Menge der Seinen gefangen wegführten und nach Damaskus brachten. Auch wurde er in die Hand des Königs von Israel gegeben; der schlug ihn hart;

6 denn Pekach, der Sohn Remaljas, schlug in Juda 120000 streitbare Männer auf einen Tag, weil sie den Herrn, den Gott ihrer Väter, verlassen hatten.

7 Und Sichri, ein Kriegsmann aus Ephraim, erschlug Maaseja, den Königssohn, und Asrikam, den Vorsteher des Königshauses, und Elkana, den Ersten nach dem König.

8 Und die von Israel führten von ihren Brüdern 200000 Frauen, Söhne und Töchter gefangen weg und nahmen dazu große Beute von ihnen und brachten sie nach Samaria.

¶ **9** Es war aber dort ein Prophet des Herrn, der hieß Oded. Der ging hinaus dem Heer entgegen, das nach Samaria kam, und sprach zu ihnen: Siehe, weil der Herr, der Gott eurer Väter, über Juda zornig ist, hat er sie in eure Hände gegeben; ihr aber habt sie mit solcher Wut erschlagen, dass es gen Himmel schreit.

10 Nun gedenkt ihr, die Leute von Juda und Jerusalem zu unterwerfen, dass sie eure Sklaven und Sklavinnen seien. Ist denn das nicht Schuld bei euch gegenüber dem Herrn, eurem Gott?

11 So hört nun auf mich und bringt die Gefangenen wieder hin, die ihr aus euren Brüdern weggeführt habt; denn des Herrn Zorn ist über euch entbrannt.

¶ **12** Da traten auf einige Sippenhäupter von Ephraim – Asarja, der Sohn Johanans, Berechja, der Sohn Meschillemots, Jehiskija, der Sohn Schallums, und Amasa, der Sohn Hadlais – gegen die, die aus dem Kampf kamen,

13 und sprachen zu ihnen: Ihr sollt die Gefangenen nicht hierher bringen; denn ihr bringt Schuld vor dem Herrn über uns, sodass ihr unsere Sünde und Schuld nur noch größer macht. Es ist schon genug der Schuld und der Zorn des Herrn ist über Israel entbrannt.

14 Da gaben die Kriegsleute die Gefangenen und die Beute frei vor den Obersten und vor der ganzen Gemeinde.

¶ **5** Therefore the Lord his God gave him into the hand of the king of Syria, who defeated him and took captive a great number of his people and brought them to Damascus. He was also given into the hand of the king of Israel, who struck him with great force.

6 For Pekah the son of Remaliah killed 120,000 from Judah in one day, all of them men of valor, because they had forsaken the Lord, the God of their fathers.

7 And Zichri, a mighty man of Ephraim, killed Maaseiah the king's son and Azrikam the commander of the palace and Elkanah the next in authority to the king.

8 The men of Israel took captive 200,000 of their relatives, women, sons, and daughters. They also took much spoil from them and brought the spoil to Samaria.

9 But a prophet of the Lord was there, whose name was Oded, and he went out to meet the army that came to Samaria and said to them, "Behold, because the Lord, the God of your fathers, was angry with Judah, he gave them into your hand, but you have killed them in a rage that has reached up to heaven.

10 And now you intend to subjugate the people of Judah and Jerusalem, male and female, as your slaves. Have you not sins of your own against the Lord your God?

11 Now hear me, and send back the captives from your relatives whom you have taken, for the fierce wrath of the Lord is upon you."

¶ **12** Certain chiefs also of the men of Ephraim, Azariah the son of Johanan, Berechiah the son of Meshillemoth, Jehizkiah the son of Shallum, and Amasa the son of Hadlai, stood up against those who were coming from the war

13 and said to them, "You shall not bring the captives in here, for you propose to bring upon us guilt against the Lord in addition to our present sins and guilt. For our guilt is already great, and there is fierce wrath against Israel."

14 So the armed men left the captives and the spoil before the princes and all the assembly.

15 Und jene Männer, die mit Namen genannt sind, nahmen die Gefangenen und bekleideten alle, die bloß unter ihnen waren, mit Kleidern aus der Beute und zogen ihnen Schuhe an und gaben ihnen zu essen und zu trinken und salbten sie, und alle, die schwach waren, führten sie auf Eseln und brachten sie nach Jericho, zur Palmenstadt, zu ihren Brüdern und kehrten nach Samaria zurück.

¶ **16** Zu derselben Zeit sandte der König Ahas zu dem König von Assur, dass er ihm helfe.

17 Und es kamen abermals die Edomiter und schlugen Juda und führten einige weg.

18 Auch die Philister fielen ein in die Städte im Hügelland und im Südlande Judas und eroberten Bet-Schemesch, Ajalon, Gederot und Socho mit seinen Ortschaften und Timna mit seinen Ortschaften und Gimso mit seinen Ortschaften und wohnten darin;

19 denn der HERR demütigte Juda um des Ahas willen, des Königs von Juda, weil er in Juda ein zuchtloses Wesen aufkommen ließ und sich am HERRN versündigte.

20 So zog auch gegen ihn Tiglat-Pileser, der König von Assur; der bedrängte ihn und half ihm nicht;

21 denn obwohl Ahas das Haus des HERRN und das Haus des Königs und die Häuser der Oberen plünderte und es dem König von Assur gab, half es ihm nichts.

¶ **22** Dazu versündigte sich der König Ahas in seiner Not noch mehr am HERRN

23 und opferte den Göttern von Damaskus, die ihn geschlagen hatten, und sprach: Die Götter der Könige von Aram helfen ihnen; darum will ich ihnen opfern, dass sie mir auch helfen. Aber diese brachten ihn und ganz Israel zu Fall.

24 Und Ahas brachte die Geräte des Hauses Gottes zusammen und zerschlug sie und schloss die Türen zu am Hause des HERRN und machte sich Altäre in allen Winkeln Jerusalems.

25 Und in den Städten Judas hin und her machte er Höhen, um andern Göttern zu opfern, und reizte den HERRN, den Gott seiner Väter.

¶ **26** Was aber mehr von ihm zu sagen ist und sein ganzer Wandel, der frühere und der spätere, siehe, das steht geschrieben im Buch der Könige von Juda und Israel.

15 And the men who have been mentioned by name rose and took the captives, and with the spoil they clothed all who were naked among them. They clothed them, gave them sandals, provided them with food and drink, and anointed them, and carrying all the feeble among them on donkeys, they brought them to their kinsfolk at Jericho, the city of palm trees. Then they returned to Samaria.

¶ **16** At that time King Ahaz sent to the king[2] of Assyria for help.

17 For the Edomites had again invaded and defeated Judah and carried away captives.

18 And the Philistines had made raids on the cities in the Shephelah and the Negeb of Judah, and had taken Beth-shemesh, Aijalon, Gederoth, Soco with its villages, Timnah with its villages, and Gimzo with its villages. And they settled there.

19 For the LORD humbled Judah because of Ahaz king of Israel, for he had made Judah act sinfully[3] and had been very unfaithful to the LORD.

20 So Tiglath-pileser[4] king of Assyria came against him and afflicted him instead of strengthening him.

21 For Ahaz took a portion from the house of the LORD and the house of the king and of the princes, and gave tribute to the king of Assyria, but it did not help him.

Ahaz's Idolatry

¶ **22** In the time of his distress he became yet more faithless to the LORD—this same King Ahaz.

23 For he sacrificed to the gods of Damascus that had defeated him and said, "Because the gods of the kings of Syria helped them, I will sacrifice to them that they may help me." But they were the ruin of him and of all Israel.

24 And Ahaz gathered together the vessels of the house of God and cut in pieces the vessels of the house of God, and he shut up the doors of the house of the LORD, and he made himself altars in every corner of Jerusalem.

25 In every city of Judah he made high places to make offerings to other gods, provoking to anger the LORD, the God of his fathers.

26 Now the rest of his acts and all his ways, from first to last, behold, they are written in the Book of the Kings of Judah and Israel.

27 Und Ahas legte sich zu seinen Vätern und sie begruben ihn in der Stadt, in Jerusalem; denn sie brachten ihn nicht in die Gräber der Könige von Israel. Und sein Sohn Hiskia wurde König an seiner statt.

Hiskia stellt den rechten Gottesdienst wieder her
(vgl. 2.Kön 18,1-6)

29 Hiskia war fünfundzwanzig Jahre alt, als er König wurde; und er regierte neunundzwanzig Jahre zu Jerusalem. Seine Mutter hieß Abi, eine Tochter Secharjas.

2 Und er tat, was dem HERRN wohlgefiel, wie sein Vater David.

¶ **3** Er tat auf die Türen am Hause des HERRN im ersten Monat des ersten Jahres seiner Herrschaft und besserte sie aus

4 und ließ die Priester und Leviten kommen und versammelte sie auf dem Platz im Osten

5 und sprach zu ihnen: Hört mir zu, ihr Leviten! Heiligt euch nun, dass ihr weiht das Haus des HERRN, des Gottes eurer Väter, und tut heraus den Unrat aus dem Heiligtum.

6 Denn unsere Väter haben sich versündigt und getan, was dem HERRN, unserm Gott, missfällt, und haben ihn verlassen und haben ihr Angesicht von der Wohnung des HERRN abgewandt und ihr den Rücken zugekehrt;

7 sie haben sogar die Türen an der Vorhalle zugeschlossen und die Lampen ausgelöscht und kein Räucherwerk geräuchert und dem Gott Israels kein Brandopfer im Heiligtum dargebracht.

8 Daher ist der Zorn des HERRN über Juda und Jerusalem gekommen und er hat sie dahingegeben zum Entsetzen und zum Erschrecken, dass man sie verspottet, wie ihr mit euren Augen seht;

9 denn siehe, um dessentwillen sind unsere Väter durchs Schwert gefallen und unsere Söhne, Töchter und Frauen weggeführt.

10 Nun habe ich im Sinn, einen Bund zu schließen mit dem HERRN, dem Gott Israels, dass sein Zorn und Grimm sich von uns wende.

11 Nun, meine Söhne, seid nicht lässig; denn euch hat der HERR erwählt, dass ihr zum Dienst vor ihm stehen sollt und dass ihr seine Diener seid und ihm Opfer bringt!

27 And Ahaz slept with his fathers, and they buried him in the city, in Jerusalem, for they did not bring him into the tombs of the kings of Israel. And Hezekiah his son reigned in his place.

Hezekiah Reigns in Judah

29 Hezekiah began to reign when he was twenty-five years old, and he reigned twenty-nine years in Jerusalem. His mother's name was Abijah[1] the daughter of Zechariah.

2 And he did what was right in the eyes of the LORD, according to all that David his father had done.

Hezekiah Cleanses the Temple

¶ **3** In the first year of his reign, in the first month, he opened the doors of the house of the LORD and repaired them.

4 He brought in the priests and the Levites and assembled them in the square on the east

5 and said to them, "Hear me, Levites! Now consecrate yourselves, and consecrate the house of the LORD, the God of your fathers, and carry out the filth from the Holy Place.

6 For our fathers have been unfaithful and have done what was evil in the sight of the LORD our God. They have forsaken him and have turned away their faces from the habitation of the LORD and turned their backs.

7 They also shut the doors of the vestibule and put out the lamps and have not burned incense or offered burnt offerings in the Holy Place to the God of Israel.

8 Therefore the wrath of the LORD came on Judah and Jerusalem, and he has made them an object of horror, of astonishment, and of hissing, as you see with your own eyes.

9 For behold, our fathers have fallen by the sword, and our sons and our daughters and our wives are in captivity for this.

10 Now it is in my heart to make a covenant with the LORD, the God of Israel, in order that his fierce anger may turn away from us.

11 My sons, do not now be negligent, for the LORD has chosen you to stand in his presence, to minister to him and to be his ministers and make offerings to him."

¶ 12 Da machten sich auf die Leviten Mahat, der Sohn Amasais, und Joel, der Sohn Asarjas, aus den Söhnen Kehat; aus den Söhnen Merari aber Kisch, der Sohn Abdis, und Asarja, der Sohn Jehallelels; und aus den Söhnen Gerschon Joach, der Sohn Simmas, und Eden, der Sohn Joachs;

13 aus den Söhnen Elizafan Schimri und Jeïel; aus den Söhnen Asaf Secharja und Mattanja;

14 aus den Söhnen Heman Jehiël und Schimi; aus den Söhnen Jedutun Schemaja und Usiël.

15 Sie versammelten ihre Brüder und heiligten sich und gingen hinein, um das Haus des Herrn zu reinigen, wie der König nach dem Wort des Herrn geboten hatte.

16 Die Priester aber gingen ins Innere des Hauses des Herrn, um es zu reinigen, und taten alles Unreine, das im Tempel des Herrn gefunden wurde, auf den Vorhof am Hause des Herrn, und die Leviten nahmen es auf und trugen es hinaus an den Bach Kidron.

17 Mit der Weihe aber fingen sie am ersten Tage des ersten Monats an, und am achten Tage des Monats gingen sie in die Vorhalle des Herrn und weihten das Haus des Herrn acht Tage lang, und am sechzehnten Tage des ersten Monats vollendeten sie das Werk.

18 Und sie gingen hin zum König Hiskia und sprachen: Wir haben gereinigt das ganze Haus des Herrn, den Brandopferaltar und alle seine Geräte, den Tisch der Schaubrote und alle seine Geräte;

19 und alle Geräte, die der König Ahas, als er König war, hatte wegwerfen lassen, als er sich versündigte, die haben wir wieder aufgestellt und geweiht; siehe, sie sind vor dem Altar des Herrn.

¶ 20 Da machte sich der König Hiskia früh auf und versammelte die Oberen der Stadt und ging hinauf zum Hause des Herrn.

21 Und sie brachten herzu sieben junge Stiere, sieben Widder, sieben Lämmer und sieben Ziegenböcke zum Sündopfer für das Königreich, für das Heiligtum und für Juda, und er sprach zu den Priestern, den Söhnen Aaron, dass sie auf dem Altar des Herrn opfern sollten.

22 Da schlachteten sie die Rinder und die Priester nahmen das Blut und sprengten es an den Altar, und sie schlachteten die Widder und sprengten das Blut an den Altar, und sie schlachteten die Lämmer und sprengten das Blut an den Altar.

¶ 12 Then the Levites arose, Mahath the son of Amasai, and Joel the son of Azariah, of the sons of the Kohathites; and of the sons of ˣMerari, Kish the son of Abdi, and Azariah the son of Jehallelel; and of the ˣGershonites, Joah the son of Zimmah, and Eden the son of Joah;

13 and of the sons of Elizaphan, Shimri and Jeuel; and of the sons of Asaph, Zechariah and Mattaniah;

14 and of the sons of Heman, Jehuel and Shimei; and of the sons of Jeduthun, Shemaiah and Uzziel.

15 They gathered their brothers and consecrated themselves and went in as the king had commanded, by the words of the Lord, to cleanse the house of the Lord.

16 The priests went into the inner part of the house of the Lord to cleanse it, and they brought out all the uncleanness that they found in the temple of the Lord into the court of the house of the Lord. And the Levites took it and carried it out to the brook Kidron.

17 They began to consecrate on the first day of the first month, and on the eighth day of the month they came to the vestibule of the Lord. Then for eight days they consecrated the house of the Lord, and on the sixteenth day of the first month they finished.

18 Then they went in to Hezekiah the king and said, "We have cleansed all the house of the Lord, the altar of burnt offering and all its utensils, and the table for the showbread and all its utensils.

19 All the utensils that King Ahaz discarded in his reign when he was faithless, we have made ready and consecrated, and behold, they are before the altar of the Lord."

Hezekiah Restores Temple Worship

¶ 20 Then Hezekiah the king rose early and gathered the officials of the city and went up to the house of the Lord.

21 And they brought seven bulls, seven rams, seven lambs, and seven male goats for a sin offering for the kingdom and for the sanctuary and for Judah. And he commanded the priests, the sons of Aaron, to offer them on the altar of the Lord.

22 So they slaughtered the bulls, and the priests received the blood and threw it against the altar. And they slaughtered the rams, and their blood was thrown against the altar. And they slaughtered the lambs, and their blood was thrown against the altar.

23 Und sie brachten die Böcke zum Sündopfer vor den König und die Gemeinde und legten ihre Hände auf sie;

24 und die Priester schlachteten sie und taten ihr Blut zur Entsündigung an den Altar, um Sühne zu schaffen für ganz Israel; denn der König hatte befohlen, Brandopfer und Sündopfer darzubringen für ganz Israel.

¶ **25** Und er stellte die Leviten auf im Hause des HERRN mit Zimbeln, Psaltern und Harfen, wie es David befohlen hatte und Gad, der Seher des Königs, und der Prophet Nathan; denn es war des HERRN Gebot durch seine Propheten.

26 Und so standen die Leviten mit den Saitenspielen Davids und die Priester mit den Trompeten.

¶ **27** Und Hiskia gebot, das Brandopfer auf dem Altar darzubringen. Und um die Zeit, da das Brandopfer anfing, begann auch der Gesang für den HERRN und die Trompeten und dazu die mancherlei Saitenspiele Davids, des Königs von Israel.

28 Und die ganze Gemeinde betete an und der Gesang erscholl und die Trompeten ertönten; und das alles währte so lange, bis das Brandopfer vollendet war.

29 Als nun das Brandopfer verrichtet war, beugten der König und alle, die sich bei ihm befanden, die Knie und beteten an.

30 Und der König Hiskia samt den Oberen gebot den Leviten, den HERRN zu loben mit den Liedern Davids und des Sehers Asaf. Und sie lobten mit Freuden und neigten sich und beteten an.

¶ **31** Und Hiskia hob an und sprach: Nun habt ihr für den HERRN eure Hände gefüllt. Tretet herzu und bringt die Schlachtopfer und Lobopfer zum Hause des HERRN! Und die Gemeinde brachte herzu Schlachtopfer und Lobopfer, dazu jeder, der willigen Herzens war, Brandopfer.

32 Und die Zahl der Brandopfer, die die Gemeinde brachte, war siebzig Rinder, hundert Widder und zweihundert Lämmer, dies alles zum Brandopfer für den HERRN.

33 Es waren aber der geweihten Tiere sechshundert Rinder und dreitausend Schafe.

34 Aber die Priester waren zu wenig, um allen Brandopfern die Haut abziehen zu können. Darum halfen ihnen ihre Brüder, die Leviten, bis die Arbeit verrichtet war und bis sich die Priester geheiligt hatten; denn die Leviten waren williger gewesen als die Priester, sich zu heiligen.

23 Then the goats for the sin offering were brought to the king and the assembly, and they laid their hands on them,

24 and the priests slaughtered them and made a sin offering with their blood on the altar, to make atonement for all Israel. For the king commanded that the burnt offering and the sin offering should be made for all Israel.

¶ **25** And he stationed the Levites in the house of the LORD with cymbals, harps, and lyres, according to the commandment of David and of Gad the king's seer and of Nathan the prophet, for the commandment was from the LORD through his prophets.

26 The Levites stood with the instruments of David, and the priests with the trumpets.

27 Then Hezekiah commanded that the burnt offering be offered on the altar. And when the burnt offering began, the song to the LORD began also, and the trumpets, accompanied by the instruments of David king of Israel.

28 The whole assembly worshiped, and the singers sang, and the trumpeters sounded. All this continued until the burnt offering was finished.

29 When the offering was finished, the king and all who were present with him bowed themselves and worshiped.

30 And Hezekiah the king and the officials commanded the Levites to sing praises to the LORD with the words of David and of Asaph the seer. And they sang praises with gladness, and they bowed down and worshiped.

¶ **31** Then Hezekiah said, "You have now consecrated yourselves to[2] the LORD. Come near; bring sacrifices and thank offerings to the house of the LORD." And the assembly brought sacrifices and thank offerings, and all who were of a willing heart brought burnt offerings.

32 The number of the burnt offerings that the assembly brought was 70 bulls, 100 rams, and 200 lambs; all these were for a burnt offering to the LORD.

33 And the consecrated offerings were 600 bulls and 3,000 sheep.

34 But the priests were too few and could not flay all the burnt offerings, so until other priests had consecrated themselves, their brothers the Levites helped them, until the work was finished—for the Levites were more upright in heart than the priests in consecrating themselves.

35 Auch waren es viele Brandopfer mit dem Fett der Dankopfer und mit den Trankopfern zu den Brandopfern.

¶ So wurde der Dienst am Hause des HERRN geordnet.

36 Und Hiskia freute sich samt allem Volk über das, was Gott dem Volke bereitet hatte; denn es war unvermutet schnell gekommen.

Hiskias Erneuerung des Passafestes

30 Und Hiskia sandte hin zu ganz Israel und Juda und schrieb Briefe an Ephraim und Manasse, dass sie zum Hause des HERRN nach Jerusalem kommen sollten, Passa zu halten dem HERRN, dem Gott Israels.

2 Und der König beriet sich mit seinen Oberen und der ganzen Gemeinde in Jerusalem, das Passa erst im zweiten Monat zu halten;

3 denn sie konnten's nicht zur rechten Zeit halten, weil sich nicht genug Priester geheiligt hatten und das Volk noch nicht nach Jerusalem zusammengekommen war.

4 Das gefiel dem König und der ganzen Gemeinde gut

5 und so beschlossen sie, durch ganz Israel von Beerscheba an bis nach Dan auszurufen, dass man kommen sollte, dem HERRN, dem Gott Israels, Passa zu halten in Jerusalem; denn es war nicht von der ganzen Menge gehalten worden, wie es geschrieben steht.

¶ **6** Und die Läufer gingen hin mit den Briefen von der Hand des Königs und seiner Oberen durch ganz Israel und Juda nach dem Befehl des Königs und sprachen: Ihr Israeliten, kehrt um zu dem HERRN, dem Gott Abrahams, Isaaks und Israels, so wird er sich zu den Erretteten kehren, die die Könige von Assur von euch übrig gelassen haben;

7 und seid nicht wie eure Väter und Brüder, die sich am HERRN, dem Gott ihrer Väter, versündigt haben, sodass er sie in die Verwüstung dahingab, wie ihr selber seht.

8 So seid nun nicht halsstarrig wie eure Väter, sondern gebt eure Hand dem HERRN und kommt zu seinem Heiligtum, das er geheiligt hat für alle Zeit, und dient dem HERRN, eurem Gott, so wird sich sein grimmiger Zorn von euch wenden;

9 denn wenn ihr euch bekehrt zu dem HERRN, so werden eure Brüder und Kinder Barmherzigkeit finden bei denen, die sie gefangen halten, sodass sie in dies Land zurückkehren. Denn der HERR, euer Gott, ist gnädig und barmherzig und wird sein Angesicht nicht von euch wenden, wenn ihr euch zu ihm bekehrt.

35 Besides the great number of burnt offerings, there was the fat of the peace offerings, and there were the drink offerings for the burnt offerings. Thus the service of the house of the LORD was restored.

36 And Hezekiah and all the people rejoiced because God had prepared for the people, for the thing came about suddenly.

Passover Celebrated

30 Hezekiah sent to all Israel and Judah, and wrote letters also to Ephraim and Manasseh, that they should come to the house of the LORD at Jerusalem to keep the Passover to the LORD, the God of Israel.

2 For the king and his princes and all the assembly in Jerusalem had taken counsel to keep the Passover in the second month—

3 for they could not keep it at that time because the priests had not consecrated themselves in sufficient number, nor had the people assembled in Jerusalem—

4 and the plan seemed right to the king and all the assembly.

5 So they decreed to make a proclamation throughout all Israel, from Beersheba to Dan, that the people should come and keep the Passover to the LORD, the God of Israel, at Jerusalem, for they had not kept it as often as prescribed.

6 So couriers went throughout all Israel and Judah with letters from the king and his princes, as the king had commanded, saying, "O people of Israel, return to the LORD, the God of Abraham, Isaac, and Israel, that he may turn again to the remnant of you who have escaped from the hand of the kings of Assyria.

7 Do not be like your fathers and your brothers, who were faithless to the LORD God of their fathers, so that he made them a desolation, as you see.

8 Do not now be stiff-necked as your fathers were, but yield yourselves to the LORD and come to his sanctuary, which he has consecrated forever, and serve the LORD your God, that his fierce anger may turn away from you.

9 For if you return to the LORD, your brothers and your children will find compassion with their captors and return to this land. For the LORD your God is gracious and merciful and will not turn away his face from you, if you return to him."

¶ **10** Und die Läufer gingen von einer Stadt zur andern im Lande Ephraim und Manasse und bis nach Sebulon. Aber die verlachten und verspotteten sie.

11 Doch einige von Asser und Manasse und Sebulon demütigten sich und kamen nach Jerusalem.

12 Auch war Gottes Hand über Juda, dass er ihnen einerlei Sinn gab zu tun, wie der König und die Oberen geboten hatten nach dem Wort des HERRN.

¶ **13** Und es kam viel Volk in Jerusalem zusammen, um im zweiten Monat das Fest der Ungesäuerten Brote zu halten, eine sehr große Gemeinde.

14 Und sie machten sich auf und entfernten die Altäre, die in Jerusalem waren; und alles, was man zum Räuchern braucht, taten sie weg und warfen es hin an den Bach Kidron.

15 Und sie schlachteten das Passa am vierzehnten Tage des zweiten Monats. Und die Priester und Leviten bekannten ihre Schuld und heiligten sich und brachten die Brandopfer zum Hause des HERRN

16 und stellten sich an ihren Platz, wie sich's gebührt nach dem Gesetz des Mose, des Mannes Gottes. Und die Priester nahmen das Blut aus der Hand der Leviten und sprengten es;

17 denn es waren viele in der Gemeinde, die sich nicht geheiligt hatten; darum schlachteten die Leviten das Passa für alle, die nicht rein waren, dass sie dem HERRN geheiligt würden.

18 Denn eine Menge Volk, vor allem von Ephraim, Manasse, Issachar und Sebulon, hatte sich nicht gereinigt und aß das Passa nicht so, wie geschrieben steht. Doch Hiskia betete für sie und sprach: Der HERR, der gütig ist, wolle gnädig sein

19 allen, die ihr Herz darauf richten, Gott zu suchen, den HERRN, den Gott ihrer Väter, auch wenn sie nicht die für das Heiligtum nötige Reinheit haben.

20 Und der HERR erhörte Hiskia und vergab dem Volk.

¶ **21** So hielten die Israeliten, die in Jerusalem versammelt waren, das Fest der Ungesäuerten Brote sieben Tage lang mit großer Freude. Und die Leviten und Priester lobten den HERRN alle Tage mit den mächtigen Saitenspielen des HERRN.

¶ **10** So the couriers went from city to city through the country of Ephraim and Manasseh, and as far as Zebulun, but they laughed them to scorn and mocked them.

11 However, some men of Asher, of Manasseh, and of Zebulun humbled themselves and came to Jerusalem.

12 The hand of God was also on Judah to give them one heart to do what the king and the princes commanded by the word of the LORD.

¶ **13** And many people came together in Jerusalem to keep the Feast of Unleavened Bread in the second month, a very great assembly.

14 They set to work and removed the altars that were in Jerusalem, and all the altars for burning incense they took away and threw into the Kidron Valley.

15 And they slaughtered the Passover lamb on the fourteenth day of the second month. And the priests and the Levites were ashamed, so that they consecrated themselves and brought burnt offerings into the house of the LORD.

16 They took their accustomed posts according to the Law of Moses the man of God. The priests threw the blood that they received from the hand of the Levites.

17 For there were many in the assembly who had not consecrated themselves. Therefore the Levites had to slaughter the Passover lamb for everyone who was not clean, to consecrate it to the LORD.

18 For a majority of the people, many of them from Ephraim, Manasseh, Issachar, and Zebulun, had not cleansed themselves, yet they ate the Passover otherwise than as prescribed. For Hezekiah had prayed for them, saying, "May the good LORD pardon everyone

19 who sets his heart to seek God, the LORD, the God of his fathers, even though not according to the sanctuary's rules of cleanness."[1]

20 And the LORD heard Hezekiah and healed the people.

21 And the people of Israel who were present at Jerusalem kept the Feast of Unleavened Bread seven days with great gladness, and the Levites and the priests praised the LORD day by day, singing with all their might[2] to the LORD.

22 Und Hiskia redete herzlich zu allen Leviten, die sich gut auf den Dienst des HERRN verstanden hatten. Und sie aßen das Fest über, sieben Tage lang, und opferten Dankopfer und dankten dem HERRN, dem Gott ihrer Väter.

¶ **23** Und die ganze Gemeinde beschloss, noch weitere sieben Tage zu halten, und sie hielten auch diese sieben Tage mit Freuden.

24 Denn Hiskia, der König von Juda, spendete für die Gemeinde tausend junge Stiere und siebentausend Schafe. Die Oberen aber spendeten für die Gemeinde tausend junge Stiere und zehntausend Schafe. Auch von den Priestern hatten sich viele geheiligt.

25 Und es freute sich die ganze Gemeinde Judas, die Priester und die Leviten und die ganze Gemeinde, die aus Israel gekommen war, und die Fremdlinge, die aus dem Lande Israel gekommen waren, und die, die in Juda wohnten.

26 Und es war eine große Freude in Jerusalem; denn seit der Zeit Salomos, des Sohnes Davids, des Königs von Israel, war solches in Jerusalem nicht geschehen.

27 Und die Priester und die Leviten standen auf und segneten das Volk, und ihre Stimme wurde erhört, und ihr Gebet kam in Gottes heilige Wohnung im Himmel.

31 Und als dies alles vollendet war, zog ganz Israel, soweit es sich versammelt hatte, in die Städte Judas, und sie zerbrachen die Steinmale und hieben die Bilder der Aschera um und brachen ab die Opferhöhen und Altäre in ganz Juda, Benjamin, Ephraim und Manasse, bis sie alles vernichtet hatten. Und die Israeliten zogen alle wieder heim zu ihrem Besitz in ihre Städte.

Hiskia ordnet die Versorgung der Priester und Leviten

2 Hiskia aber stellte die Priester und Leviten nach ihren Ordnungen auf, einen jeden nach seinem Amt, Priester und Leviten, für die Brandopfer und Dankopfer, dass sie dienten, dankten und lobten in den Toren des Lagers des HERRN.

3 Und der König gab von seiner Habe seinen Anteil für die Brandopfer am Morgen und am Abend und für die Brandopfer an den Sabbaten und an den Neumonden und Festen, wie es geschrieben steht im Gesetz des HERRN.

22 And Hezekiah spoke encouragingly to all the Levites who showed good skill in the service of the LORD. So they ate the food of the festival for seven days, sacrificing peace offerings and giving thanks to the LORD, the God of their fathers.

¶ **23** Then the whole assembly agreed together to keep the feast for another seven days. So they kept it for another seven days with gladness.

24 For Hezekiah king of Judah gave the assembly 1,000 bulls and 7,000 sheep for offerings, and the princes gave the assembly 1,000 bulls and 10,000 sheep. And the priests consecrated themselves in great numbers.

25 The whole assembly of Judah, and the priests and the Levites, and the whole assembly that came out of Israel, and the sojourners who came out of the land of Israel, and the sojourners who lived in Judah, rejoiced.

26 So there was great joy in Jerusalem, for since the time of Solomon the son of David king of Israel there had been nothing like this in Jerusalem.

27 Then the priests and the Levites arose and blessed the people, and their voice was heard, and their prayer came to his holy habitation in heaven.

Hezekiah Organizes the Priests

31 Now when all this was finished, all Israel who were present went out to the cities of Judah and broke in pieces the pillars and cut down the Asherim and broke down the high places and the altars throughout all Judah and Benjamin, and in Ephraim and Manasseh, until they had destroyed them all. Then all the people of Israel returned to their cities, every man to his possession.

¶ **2** And Hezekiah appointed the divisions of the priests and of the Levites, division by division, each according to his service, the priests and the Levites, for burnt offerings and peace offerings, to minister in the gates of the camp of the LORD and to give thanks and praise.

3 The contribution of the king from his own possessions was for the burnt offerings: the burnt offerings of morning and evening, and the burnt offerings for the Sabbaths, the new moons, and the appointed feasts, as it is written in the Law of the LORD.

4 Und er sagte dem Volk, das in Jerusalem wohnte, dass auch sie ihr Teil den Priestern und Leviten geben sollten, damit diese umso besser sich an das Gesetz des Herrn halten könnten.

¶ **5** Und als dies Wort erging, gaben die Israeliten reichlich die Erstlinge von Getreide, Wein, Öl, Honig und allem Ertrag des Feldes; und auch den Zehnten von allem brachten sie in Menge.

6 Und die von Israel und Juda, die in den Städten Judas wohnten, brachten auch den Zehnten von Rindern und Schafen und den Zehnten von dem Geweihten, das sie dem Herrn, ihrem Gott, geweiht hatten, und legten es in Haufen zusammen.

7 Im dritten Monat fingen sie an es aufzuhäufen und im siebenten Monat vollendeten sie's.

¶ **8** Und als Hiskia mit den Oberen hinging und sie die Haufen sahen, lobten sie den Herrn und sein Volk Israel.

9 Und Hiskia befragte die Priester und Leviten wegen der Haufen.

10 Und der Priester Asarja, der Erste im Hause Zadok, sprach zu ihm: Seit der Zeit, da man angefangen hat, die Abgaben ins Haus des Herrn zu bringen, haben wir gegessen und sind satt geworden und es ist noch viel übrig geblieben; denn der Herr hat sein Volk gesegnet, darum ist so viel übrig geblieben.

¶ **11** Da befahl der König, dass man Kammern herrichten sollte am Hause des Herrn. Und sie richteten sie her

12 und taten die Abgaben, die Zehnten und das Geweihte gewissenhaft hinein. Und Vorsteher darüber wurde der Levit Konanja und als zweiter sein Bruder Schimi.

13 Und Jehiël, Asasja, Nahat, Asaël, Jerimot, Josabad, Eliël, Jismachja, Mahat und Benaja wurden Aufseher unter Konanja und seinem Bruder Schimi nach dem Befehl des Königs Hiskia und Asarjas, des Vorstehers im Hause Gottes.

¶ **14** Und der Levit Kore, der Sohn Jimnas, der Torhüter am Osttor, wurde über die freiwilligen Gaben für Gott gesetzt, dass er ausgebe die Abgaben für den Herrn und das Hochheilige.

15 Und ihm zur Seite standen Eden, Minjamin, Jeschua, Schemaja, Amarja und Schechanja in den Städten der Priester, um ihren Brüdern nach ihren Ordnungen gewissenhaft auszugeben, dem Kleinen wie dem Großen,

4 And he commanded the people who lived in Jerusalem to give the portion due to the priests and the Levites, that they might give themselves to the Law of the Lord.

5 As soon as the command was spread abroad, the people of Israel gave in abundance the firstfruits of grain, wine, oil, honey, and of all the produce of the field. And they brought in abundantly the tithe of everything.

6 And the people of Israel and Judah who lived in the cities of Judah also brought in the tithe of cattle and sheep, and the tithe of the dedicated things that had been dedicated to the Lord their God, and laid them in heaps.

7 In the third month they began to pile up the heaps, and finished them in the seventh month.

8 When Hezekiah and the princes came and saw the heaps, they blessed the Lord and his people Israel.

9 And Hezekiah questioned the priests and the Levites about the heaps.

10 Azariah the chief priest, who was of the house of Zadok, answered him, "Since they began to bring the contributions into the house of the Lord, we have eaten and had enough and have plenty left, for the Lord has blessed his people, so that we have this large amount left."

¶ **11** Then Hezekiah commanded them to prepare chambers in the house of the Lord, and they prepared them.

12 And they faithfully brought in the contributions, the tithes, and the dedicated things. The chief officer in charge of them was Conaniah the Levite, with Shimei his brother as second,

13 while Jehiel, Azaziah, Nahath, Asahel, Jerimoth, Jozabad, Eliel, Ismachiah, *b*Mahath, and Benaiah were overseers assisting Conaniah and Shimei his brother, by the appointment of Hezekiah the king and Azariah the chief officer of the house of God.

14 And Kore the son of Imnah the Levite, keeper of the east gate, was over the freewill offerings to God, to apportion the contribution reserved for the Lord and the most holy offerings.

15 Eden, Miniamin, Jeshua, Shemaiah, Amariah, and Shecaniah were faithfully assisting him in the cities of the priests, to distribute the portions to their brothers, old and young alike, by divisions,

16 allen denen, die aufgezeichnet waren als männlich, drei Jahre alt und darüber, allen, die in das Haus des HERRN gingen, je an ihrem Tage zu ihrem Amt in ihrem Dienst nach ihren Ordnungen. –

17 Die Priester waren aufgezeichnet nach ihren Sippen und die Leviten von zwanzig Jahren an und darüber nach ihrem Dienst in ihren Ordnungen. –

18 Und man zeichnete sie auf mit allen Alten, Frauen, Söhnen und Töchtern für die ganze Gemeinde; denn in ihrer Treue heiligten sie sich für das Heilige.

¶ **19** Auch waren Männer namentlich bestellt für die Söhne Aaron, die Priester, in dem Gebiet ihrer Städte, für jede Stadt, dass sie Anteile ausgäben allem, was männlich war unter den Priestern, und allen, die als Leviten aufgezeichnet waren.

20 So tat Hiskia in ganz Juda; er tat, was gut, recht und wahrhaftig war vor dem HERRN, seinem Gott.

21 Und alles, was er anfing für den Dienst des Hauses Gottes nach dem Gesetz und Gebot, seinen Gott zu suchen, tat er von ganzem Herzen und es gelang ihm.

Jerusalem wird von Sanherib belagert und wunderbar errettet
(vgl. 2.Kön 18,13–19,37; Jes 36,1–37,38)

32 Nach solch treuem Verhalten kam Sanherib, der König von Assur, und zog heran gegen Juda und lagerte sich vor die festen Städte und gedachte, sie an sich zu reißen.

2 Und als Hiskia sah, dass Sanherib kam und willens war, gegen Jerusalem zu kämpfen,

3 beriet er sich mit seinen Obersten und Kriegshelden, ob man die Wasserquellen verdecken sollte, die draußen vor der Stadt waren; und sie stimmten ihm zu.

4 Und es versammelte sich viel Volk, und sie verdeckten alle Quellen und den Bach, der durch die Erde geleitet wird, und sprachen: Dass die Könige von Assur nur kein Wasser finden, wenn sie kommen!

¶ **5** Und Hiskia ward getrost und besserte alle Mauern aus, wo sie Lücken hatten, und führte Türme auf und baute draußen noch eine andere Mauer und befestigte den Millo an der Stadt Davids und machte viele Waffen und Schilde

16 except those enrolled by genealogy, males from three years old and upward—all who entered the house of the LORD as the duty of each day required—for their service according to their offices, by their divisions.

17 The enrollment of the priests was according to their fathers' houses; that of the Levites from twenty years old and upward was according to their offices, by their divisions.

18 They were enrolled with all their little children, their wives, their sons, and their daughters, the whole assembly, for they were faithful in keeping themselves holy.

19 And for the sons of Aaron, the priests, who were in the fields of common land belonging to their cities, there were men in the several cities who were designated by name to distribute portions to every male among the priests and to everyone among the Levites who was enrolled.

¶ **20** Thus Hezekiah did throughout all Judah, and he did what was good and right and faithful before the LORD his God.

21 And every work that he undertook in the service of the house of God and in accordance with the law and the commandments, seeking his God, he did with all his heart, and prospered.

Sennacherib Invades Judah

32 After these things and these acts of faithfulness, Sennacherib king of Assyria came and invaded Judah and encamped against the fortified cities, thinking to win them for himself.

2 And when Hezekiah saw that Sennacherib had come and intended to fight against Jerusalem,

3 he planned with his officers and his mighty men to stop the water of the springs that were outside the city; and they helped him.

4 A great many people were gathered, and they stopped all the springs and the brook that flowed through the land, saying, "Why should the kings of Assyria come and find much water?"

5 He set to work resolutely and built up all the wall that was broken down and raised towers upon it,[1] and outside it he built another wall, and he strengthened the Millo in the city of David. He also made weapons and shields in abundance.

6 und setzte Hauptleute über das Kriegsvolk und sammelte sie zu sich auf dem Platz am Tor der Stadt und redete ihnen zu Herzen und sprach:

7 Seid getrost und unverzagt, fürchtet euch nicht und verzagt nicht vor dem König von Assur noch vor dem ganzen Heer, das bei ihm ist; denn mit uns ist ein Größerer als mit ihm.

8 Mit ihm ist ein fleischlicher Arm, mit uns aber ist der HERR, unser Gott, dass er uns helfe und führe unsern Streit. Und das Volk verließ sich auf die Worte Hiskias, des Königs von Juda.

¶ **9** Danach sandte Sanherib, der König von Assur, seine Großen nach Jerusalem – denn er lag vor Lachisch und seine ganze Heeresmacht mit ihm – zu Hiskia, dem König von Juda, und zu ganz Juda, das in Jerusalem war, und ließ ihm sagen:

10 So spricht Sanherib, der König von Assur: Worauf wollt ihr euch verlassen, die ihr in dem belagerten Jerusalem wohnt?

11 Hiskia verführt euch und gibt euch in den Tod durch Hunger und Durst, wenn er spricht: Der HERR, unser Gott, wird uns erretten aus der Hand des Königs von Assur.

¶ **12** Ist das nicht der Hiskia, der die Opferhöhen und Altäre seines Gottes entfernt und zu Juda und Jerusalem gesagt hat: Vor **einem** Altar sollt ihr anbeten und darauf opfern?

13 Wisst ihr nicht, was ich und meine Väter getan haben allen Völkern in den Ländern? Haben die Götter der Völker in den Ländern ihr Land erretten können aus meiner Hand?

14 Wo ist einer unter allen Göttern dieser Völker, die meine Väter mit dem Bann geschlagen haben, der sein Volk hätte erretten können aus meiner Hand, dass euer Gott euch aus meiner Hand sollte erretten können?

15 So lasst euch nun von Hiskia nicht betrügen und lasst euch dadurch nicht verführen und glaubt ihm nicht; denn wenn kein Gott eines Volkes und Königreichs sein Volk aus meiner und meiner Väter Hand hat erretten können, so wird euch auch euer Gott nicht erretten aus meiner Hand.

16 Dazu redeten seine Großen noch mehr gegen Gott, den HERRN, und gegen seinen Knecht Hiskia.

6 And he set combat commanders over the people and gathered them together to him in the square at the gate of the city and spoke encouragingly to them, saying,

7 "Be strong and courageous. Do not be afraid or dismayed before the king of Assyria and all the horde that is with him, for there are more with us than with him.

8 With him is an arm of flesh, but with us is the LORD our God, to help us and to fight our battles." And the people took confidence from the words of Hezekiah king of Judah.

Sennacherib Blasphemes

¶ **9** After this, Sennacherib king of Assyria, who was besieging Lachish with all his forces, sent his servants to Jerusalem to Hezekiah king of Judah and to all the people of Judah who were in Jerusalem, saying,

10 "Thus says Sennacherib king of Assyria, 'On what are you trusting, that you endure the siege in Jerusalem?

11 Is not Hezekiah misleading you, that he may give you over to die by famine and by thirst, when he tells you, "The LORD our God will deliver us from the hand of the king of Assyria"?

12 Has not this same Hezekiah taken away his high places and his altars and commanded Judah and Jerusalem, "Before one altar you shall worship, and on it you shall burn your sacrifices"?

13 Do you not know what I and my fathers have done to all the peoples of other lands? Were the gods of the nations of those lands at all able to deliver their lands out of my hand?

14 Who among all the gods of those nations that my fathers devoted to destruction was able to deliver his people from my hand, that your God should be able to deliver you from my hand?

15 Now, therefore, do not let Hezekiah deceive you or mislead you in this fashion, and do not believe him, for no god of any nation or kingdom has been able to deliver his people from my hand or from the hand of my fathers. How much less will your God deliver you out of my hand!'"

¶ **16** And his servants said still more against the LORD God and against his servant Hezekiah.

¶ **17** Auch schrieb er einen Brief, um dem HERRN, dem Gott Israels, hohnzusprechen, und redete gegen ihn: Wie die Götter der Völker in den Ländern ihr Volk nicht aus meiner Hand errettet haben, so wird auch der Gott Hiskias sein Volk nicht erretten aus meiner Hand.

¶ **18** Und sie riefen mit lauter Stimme auf Hebräisch zum Volk von Jerusalem, das auf der Mauer war, um sie furchtsam zu machen und zu erschrecken, damit sie die Stadt eroberten,

19 und redeten gegen den Gott Jerusalems wie gegen die Götter der Völker auf Erden, die doch Werke von Menschenhänden waren.

¶ **20** Aber der König Hiskia und der Prophet Jesaja, der Sohn des Amoz, beteten gegen solche Lästerung und schrien gen Himmel.

21 Und der HERR sandte einen Engel; der vertilgte alle Kriegsleute und Obersten und Hauptleute im Lager des Königs von Assur, dass er mit Schanden wieder in sein Land zog. Und als er in seines Gottes Haus ging, fällten ihn dort durchs Schwert seine Söhne, die von seinem eigenen Leibe gekommen waren.

¶ **22** So half der HERR dem Hiskia und denen zu Jerusalem aus der Hand Sanheribs, des Königs von Assur, und aus der Hand aller andern und gab ihnen Ruhe ringsumher,

23 dass viele dem HERRN Geschenke brachten nach Jerusalem und Kleinode für Hiskia, den König von Juda. Und er wurde danach hoch erhoben vor allen Heiden.

Das Ende der Regierung Hiskias
(vgl. 2.Kön 20,1-21; Jes 38,1–39,8)

24 Zu dieser Zeit wurde Hiskia todkrank; und er betete zum HERRN. Der redete mit ihm und tat an ihm ein Wunder.

25 Aber Hiskia vergalt nicht nach dem, was ihm geschehen war; denn sein Herz überhob sich. Darum kam der Zorn über ihn und über Juda und Jerusalem.

26 Da demütigte sich Hiskia darüber, dass sein Herz sich überhoben hatte, samt denen in Jerusalem. Darum kam der Zorn des HERRN nicht mehr über sie, solange Hiskia lebte.

¶ **27** Und Hiskia hatte sehr großen Reichtum und Ehre und sammelte sich Schätze von Silber, Gold, Edelsteinen, Spezerei, Schilden und allerlei kostbarem Gerät

17 And he wrote letters to cast contempt on the LORD, the God of Israel, and to speak against him, saying, "Like the gods of the nations of the lands who have not delivered their people from my hands, so the God of Hezekiah will not deliver his people from my hand."

18 And they shouted it with a loud voice in the language of Judah to the people of Jerusalem who were on the wall, to frighten and terrify them, in order that they might take the city.

19 And they spoke of the God of Jerusalem as they spoke of the gods of the peoples of the earth, which are the work of men's hands.

The LORD Delivers Jerusalem

¶ **20** Then Hezekiah the king and Isaiah the prophet, the son of Amoz, prayed because of this and cried to heaven.

21 And the LORD sent an angel, who cut off all the mighty warriors and commanders and officers in the camp of the king of Assyria. So he returned with shame of face to his own land. And when he came into the house of his god, some of his own sons struck him down there with the sword.

22 So the LORD saved Hezekiah and the inhabitants of Jerusalem from the hand of Sennacherib king of Assyria and from the hand of all his enemies, and he provided for them on every side.

23 And many brought gifts to the LORD to Jerusalem and precious things to Hezekiah king of Judah, so that he was exalted in the sight of all nations from that time onward.

Hezekiah's Pride and Achievements

¶ **24** In those days Hezekiah became sick and was at the point of death, and he prayed to the LORD, and he answered him and gave him a sign.

25 But Hezekiah did not make return according to the benefit done to him, for his heart was proud. Therefore wrath came upon him and Judah and Jerusalem.

26 But Hezekiah humbled himself for the pride of his heart, both he and the inhabitants of Jerusalem, so that the wrath of the LORD did not come upon them in the days of Hezekiah.

¶ **27** And Hezekiah had very great riches and honor, and he made for himself treasuries for silver, for gold, for precious stones, for spices, for shields, and for all kinds of costly vessels;

28 und baute Vorratshäuser für den Ertrag an Getreide, Wein und Öl und Ställe für die verschiedenen Arten von Vieh und Hürden für die Schafe.

29 Und er baute sich Städte und hatte Vieh die Menge an Schafen und Rindern; denn Gott gab ihm sehr großes Gut.

30 Das ist der Hiskia, der die obere Wasserquelle des Gihon verschloss und sie hinunterleitete westwärts zur Stadt Davids; denn es gelangen Hiskia alle seine Werke.

31 Als aber die Botschafter der Fürsten von Babel zu ihm gesandt waren, um nach dem Wunder zu fragen, das im Lande geschehen war, verließ ihn Gott, um ihn zu versuchen, damit kundwürde alles, was in seinem Herzen war.

¶ **32** Was aber mehr von Hiskia zu sagen ist und seine barmherzigen Taten, siehe, das steht geschrieben in den Geschichten des Propheten Jesaja, des Sohnes des Amoz, im Buch der Könige von Juda und Israel.

33 Und Hiskia legte sich zu seinen Vätern und sie begruben ihn über den Gräbern der Söhne Davids. Und ganz Juda und die Einwohner von Jerusalem gaben ihm Ehre bei seinem Tod. Und sein Sohn Manasse wurde König an seiner statt.

Manasse
(vgl. 2.Kön 21,1-18)

33 Manasse war zwölf Jahre alt, als er König wurde; und er regierte fünfundfünfzig Jahre zu Jerusalem

2 und tat, was dem HERRN missfiel, nach den gräulichen Sitten der Heiden, die der HERR vor den Israeliten vertrieben hatte.

3 Er baute die Opferhöhen wieder auf, die sein Vater Hiskia zerstört hatte, und errichtete den Baalen Altäre und machte Bilder der Aschera und betete das ganze Heer des Himmels an und diente ihnen.

4 Er baute auch Altäre im Hause des HERRN, von dem doch der HERR gesagt hatte: Zu Jerusalem soll mein Name sein ewiglich,

5 und baute Altäre dem ganzen Heer des Himmels in beiden Vorhöfen am Hause des HERRN.

6 Und er ließ seine Söhne durchs Feuer gehen im Tal Ben-Hinnom und achtete auf Zeichen und Vogelgeschrei und trieb Zauberei und bestellte Geisterbeschwörer und Zeichendeuter und tat viel, was dem HERRN missfiel, um ihn zu erzürnen.

28 storehouses also for the yield of grain, wine, and oil; and stalls for all kinds of cattle, and sheepfolds.

29 He likewise provided cities for himself, and flocks and herds in abundance, for God had given him very great possessions.

30 This same Hezekiah closed the upper outlet of the waters of Gihon and directed them down to the west side of the city of David. And Hezekiah prospered in all his works.

31 And so in the matter of the envoys of the princes of Babylon, who had been sent to him to inquire about the sign that had been done in the land, God left him to himself, in order to test him and to know all that was in his heart.

¶ **32** Now the rest of the acts of Hezekiah and his good deeds, behold, they are written in the vision of Isaiah the prophet the son of Amoz, in the Book of the Kings of Judah and Israel.

33 And Hezekiah slept with his fathers, and they buried him in the upper part of the tombs of the sons of David, and all Judah and the inhabitants of Jerusalem did him honor at his death. And Manasseh his son reigned in his place.

Manasseh Reigns in Judah

33 Manasseh was twelve years old when he began to reign, and he reigned fifty-five years in Jerusalem.

2 And he did what was evil in the sight of the LORD, according to the abominations of the nations whom the LORD drove out before the people of Israel.

3 For he rebuilt the high places that his father Hezekiah had broken down, and he erected altars to the Baals, and made Asherahs, and worshiped all the host of heaven and served them.

4 And he built altars in the house of the LORD, of which the LORD had said, "In Jerusalem shall my name be forever."

5 And he built altars for all the host of heaven in the two courts of the house of the LORD.

6 And he burned his sons as an offering in the Valley of the Son of Hinnom, and used fortune-telling and omens and sorcery, and dealt with mediums and with necromancers. He did much evil in the sight of the LORD, provoking him to anger.

7 Er stellte auch das Bild des Götzen, das er machen ließ, ins Haus Gottes, von dem Gott zu David gesagt hatte und zu seinem Sohn Salomo: In diesem Hause zu Jerusalem, das ich erwählt habe vor allen Stämmen Israels, will ich meinen Namen wohnen lassen ewiglich

8 und will nicht mehr den Fuß Israels weichen lassen von dem Lande, das ich ihren Vätern bestimmt habe, sofern sie halten und alles tun, was ich ihnen durch Mose geboten habe, nach dem ganzen Gesetz, den Geboten und Rechten.

¶ **9** Aber Manasse verführte Juda und die Einwohner von Jerusalem, dass sie es ärger trieben als die Heiden, die der HERR vor den Israeliten vertilgt hatte.

10 Und wenn der HERR zu Manasse und seinem Volk reden ließ, merkten sie nicht darauf.

11 Darum ließ der HERR über sie kommen die Obersten des Heeres des Königs von Assur; die nahmen Manasse gefangen mit Fesseln und legten ihn in Ketten und brachten ihn nach Babel.

12 Und als er in Angst war, flehte er zu dem HERRN, seinem Gott, und demütigte sich vor dem Gott seiner Väter.

13 Und als er bat, ließ sich der HERR erbitten und erhörte sein Flehen und brachte ihn wieder nach Jerusalem in sein Königreich. Da erkannte Manasse, dass der HERR Gott ist.

¶ **14** Danach baute er die äußere Mauer an der Stadt Davids westwärts zum Gihon hin im Tal und wo man zum Fischtor hineingeht und führte sie um den Ofel und machte sie sehr hoch. Und er legte Hauptleute in alle festen Städte Judas.

15 Er entfernte die fremden Götter und den Götzen aus dem Hause des HERRN und alle Altäre, die er gebaut hatte auf dem Berge des Hauses des HERRN und in Jerusalem, und warf sie hinaus vor die Stadt.

16 Und er stellte den Altar des HERRN wieder her und opferte darauf Dankopfer und Lobopfer und befahl Juda, dass sie dem HERRN, dem Gott Israels, dienen sollten.

17 Aber das Volk opferte noch auf den Höhen, jedoch dem HERRN, ihrem Gott.

¶ **18** Was aber mehr von Manasse zu sagen ist und sein Gebet zu seinem Gott und die Reden der Seher, die zu ihm redeten im Namen des HERRN, des Gottes Israels, siehe, das alles steht in den Geschichten der Könige von Israel.

7 And the carved image of the idol that he had made he set in the house of God, of which God said to David and to Solomon his son, "In this house, and in Jerusalem, which I have chosen out of all the tribes of Israel, I will put my name forever,

8 and I will no more remove the foot of Israel from the land that I appointed for your fathers, if only they will be careful to do all that I have commanded them, all the law, the statutes, and the rules given through Moses."

9 Manasseh led Judah and the inhabitants of Jerusalem astray, to do more evil than the nations whom the LORD destroyed before the people of Israel.

Manasseh's Repentance

¶ **10** The LORD spoke to Manasseh and to his people, but they paid no attention.

11 Therefore the LORD brought upon them the commanders of the army of the king of Assyria, who captured Manasseh with hooks and bound him with chains of bronze and brought him to Babylon.

12 And when he was in distress, he entreated the favor of the LORD his God and humbled himself greatly before the God of his fathers.

13 He prayed to him, and God was moved by his entreaty and heard his plea and brought him again to Jerusalem into his kingdom. Then Manasseh knew that the LORD was God.

¶ **14** Afterward he built an outer wall for the city of David west of Gihon, in the valley, and for the entrance into the Fish Gate, and carried it around Ophel, and raised it to a very great height. He also put commanders of the army in all the fortified cities in Judah.

15 And he took away the foreign gods and the idol from the house of the LORD, and all the altars that he had built on the mountain of the house of the LORD and in Jerusalem, and he threw them outside of the city.

16 He also restored the altar of the LORD and offered on it sacrifices of peace offerings and of thanksgiving, and he commanded Judah to serve the LORD, the God of Israel.

17 Nevertheless, the people still sacrificed at the high places, but only to the LORD their God.

¶ **18** Now the rest of the acts of Manasseh, and his prayer to his God, and the words of the seers who spoke to him in the name of the LORD, the God of Israel, behold, they are in the Chronicles of the Kings of Israel.

19 Und sein Gebet und wie der HERR ihn erhörte und alle seine Sünde und Missetat und die Stätten, wo er die Opferhöhen baute und die Bilder der Aschera und Götzenbilder aufstellte, ehe er sich demütigte, siehe, das steht geschrieben in den Geschichten der Seher.

20 Und Manasse legte sich zu seinen Vätern und sie begruben ihn in seinem Hause. Und sein Sohn Amon wurde König an seiner statt.

Amon
(vgl. 2.Kön 21,19-26)

21 Zweiundzwanzig Jahre alt war Amon, als er König wurde; und er regierte zwei Jahre zu Jerusalem

22 und tat, was dem HERRN missfiel, wie sein Vater Manasse getan hatte. Und Amon opferte allen Götzen, die sein Vater Manasse gemacht hatte, und diente ihnen.

23 Aber er demütigte sich nicht vor dem HERRN, wie sich sein Vater Manasse gedemütigt hatte, sondern häufte noch mehr Schuld auf.

24 Und seine Großen machten eine Verschwörung gegen ihn und töteten ihn in seinem Hause.

25 Da erschlug das Volk des Landes alle, die die Verschwörung gegen den König Amon gemacht hatten. Und das Volk des Landes machte seinen Sohn Josia zum König an seiner statt.

Josia rottet den Götzendienst aus
(vgl. 2.Kön 22,1-2; 23,4-14)

34 Acht Jahre alt war Josia, als er König wurde; und er regierte einunddreißig Jahre zu Jerusalem

2 und tat, was dem HERRN wohlgefiel, und wandelte in den Wegen seines Vaters David und wich weder zur Rechten noch zur Linken.

¶ 3 Im achten Jahr seiner Herrschaft fing er an, obwohl er noch jung war, den Gott seines Vaters David zu suchen, und im zwölften Jahr fing er an, Juda und Jerusalem zu reinigen von den Opferhöhen und den Bildern der Aschera, von den Götzen und gegossenen Bildern.

4 Und er ließ vor seinen Augen abbrechen die Altäre der Baale und die Rauchopfersäulen oben darauf hieb er ab, und die Bilder der Aschera und die geschnitzten und gegossenen Götzenbilder zerbrach er und machte sie zu Staub und streute ihn auf die Gräber derer, die ihnen geopfert hatten,

5 und verbrannte die Gebeine der Priester auf ihren Altären und reinigte so Juda und Jerusalem.

19 And his prayer, and how God was moved by his entreaty, and all his sin and his faithlessness, and the sites on which he built high places and set up the [i]Asherim and the images, before he humbled himself, behold, they are written in the Chronicles of the Seers.[1]

20 So Manasseh slept with his fathers, and they buried him in his house, and Amon his son reigned in his place.

Amon's Reign and Death

¶ 21 Amon was twenty-two years old when he began to reign, and he reigned two years in Jerusalem.

22 And he did what was evil in the sight of the LORD, as Manasseh his father had done. Amon sacrificed to all the images that Manasseh his father had made, and served them.

23 And he did not humble himself before the LORD, as Manasseh his father had humbled himself, but this Amon incurred guilt more and more.

24 And his servants conspired against him and put him to death in his house.

25 But the people of the land struck down all those who had conspired against King Amon. And the people of the land made Josiah his son king in his place.

Josiah Reigns in Judah

34 Josiah was eight years old when he began to reign, and he reigned thirty-one years in Jerusalem.

2 And he did what was right in the eyes of the LORD, and walked in the ways of David his father; and he did not turn aside to the right hand or to the left.

3 For in the eighth year of his reign, while he was yet a boy, he began to seek the God of David his father, and in the twelfth year he began to purge Judah and Jerusalem of the high places, the Asherim, and the carved and the metal images.

4 And they chopped down the altars of the Baals in his presence, and he cut down the incense altars that stood above them. And he broke in pieces the Asherim and the carved and the metal images, and he made dust of them and [o]scattered it over the graves of those who had sacrificed to them.

5 He also burned the bones of the priests on their altars and cleansed Judah and Jerusalem.

6 So tat er auch ringsumher in den Städten Manasses, Ephraims, Simeons und bis nach Naftali auf ihren Plätzen.

7 Und als er im ganzen Lande Israel die Altäre und Bilder der Aschera abgebrochen und die Götzenbilder zertrümmert und zermalmt und alle Rauchopfersäulen umgehauen hatte, kehrte er zurück nach Jerusalem.

Das Gesetzbuch wird gefunden und das Volk darauf verpflichtet

(vgl. 2. Kön 22,3-20; 23,1-3)

8 Im achtzehnten Jahr seiner Herrschaft, als er das Land und das Haus des Herrn gereinigt hatte, sandte er Schafan, den Sohn Azaljas, und den Stadthauptmann Maaseja und den Kanzler Joach, den Sohn des Joahas, das Haus des Herrn, seines Gottes, auszubessern.

9 Und sie kamen zu dem Hohenpriester Hilkija und man gab ihnen das Geld, das zum Hause Gottes gebracht war und das die Leviten, die an der Schwelle Wache hielten, von Manasse, Ephraim und von allen in Israel Übriggebliebenen gesammelt hatten und von ganz Juda und Benjamin und von denen, die in Jerusalem wohnten.

10 Und sie gaben's in die Hände der Werkmeister, die bestellt waren am Hause des Herrn; und diese, die da arbeiteten am Hause des Herrn, dass sie das Haus ausbesserten und instand setzten,

11 gaben's den Zimmerleuten und Bauleuten, um gehauene Steine zu kaufen und Holz zu Klammern und Balken für die Gebäude, die die Könige von Juda hatten verfallen lassen.

12 Und die Männer arbeiteten am Werk auf Treu und Glauben.

¶ Und es waren über sie gesetzt als Aufseher Jahat und Obadja, die Leviten von den Söhnen Merari, Secharja und Meschullam von den Söhnen der Kehatiter. Und die Leviten – alle waren kundig des Saitenspiels –

13 waren über die Lastträger gesetzt und waren auch Aufseher über die Arbeiter bei jedem Werk; einige der Leviten waren Schreiber, Amtleute und Torhüter.

¶ **14** Und als sie das Geld herausnahmen, das zum Hause des Herrn gebracht worden war, fand der Priester Hilkija das Buch des Gesetzes des Herrn, das durch Mose gegeben war.

15 Und Hilkija hob an und sprach zu dem Schreiber Schafan: Ich habe dies Gesetzbuch gefunden im Hause des Herrn. Und Hilkija gab das Buch Schafan.

6 And in the cities of Manasseh, Ephraim, and Simeon, and as far as Naphtali, in their ruins[1] all around,

7 he broke down the altars and beat the Asherim and the images into powder and cut down all the incense altars throughout all the land of Israel. Then he returned to Jerusalem.

The Book of the Law Found

¶ **8** Now in the eighteenth year of his reign, when he had cleansed the land and the house, he sent Shaphan the son of Azaliah, and Maaseiah the governor of the city, and Joah the son of Joahaz, the recorder, to repair the house of the Lord his God.

9 They came to Hilkiah the high priest and gave him the money that had been brought into the house of God, which the Levites, the keepers of the threshold, had collected from Manasseh and Ephraim and from all the remnant of Israel and from all Judah and Benjamin and from the inhabitants of Jerusalem.

10 And they gave it to the workmen who were working in the house of the Lord. And the workmen who were working in the house of the Lord gave it for repairing and restoring the house.

11 They gave it to the carpenters and the builders to buy quarried stone, and timber for binders and beams for the buildings that the kings of Judah had let go to ruin.

12 And the men did the work faithfully. Over them were set Jahath and Obadiah the Levites, of the sons of Merari, and Zechariah and Meshullam, of the sons of the Kohathites, to have oversight. The Levites, all who were skillful with instruments of music,

13 were over the burden-bearers and directed all who did work in every kind of service, and some of the Levites were scribes and officials and gatekeepers.

¶ **14** While they were bringing out the money that had been brought into the house of the Lord, Hilkiah the priest found the Book of the Law of the Lord given through Moses.

15 Then Hilkiah answered and said to Shaphan the secretary, "I have found the Book of the Law in the house of the Lord." And Hilkiah gave the book to Shaphan.

16 Schafan aber brachte es zum König und gab ihm Bericht und sprach: Alles, was deinen Knechten befohlen ist, tun sie.

17 Sie haben das Geld ausgeschüttet, das im Hause des HERRN gesammelt ist, und haben's denen gegeben, die bestellt sind, und den Arbeitern.

18 Und der Schreiber Schafan sagte dem König: Der Priester Hilkija hat mir ein Buch gegeben. Und Schafan las vor dem König daraus vor.

¶ **19** Und als der König die Worte des Gesetzes hörte, zerriss er seine Kleider.

20 Und der König gebot Hilkija und Ahikam, dem Sohn Schafans, und Achbor, dem Sohn Michajas, und Schafan, dem Schreiber, und Asaja, dem Kämmerer des Königs, und sprach:

21 Geht hin, befragt den HERRN für mich und für die Übriggebliebenen von Israel und Juda über die Worte des Buches, das gefunden ist; denn groß ist der Grimm des HERRN, der über uns entbrannt ist, weil unsere Väter nicht gehalten haben das Wort des HERRN und nicht alles taten, was geschrieben steht in diesem Buch.

¶ **22** Da ging Hilkija samt den andern, die der König gesandt hatte, hin zu der Prophetin Hulda, der Frau Schallums, des Sohnes Tokhats, des Sohnes Harhas, des Kleiderhüters, die in Jerusalem wohnte im zweiten Bezirk der Stadt, und sagten ihr dies.

23 Und sie sprach zu ihnen: So spricht der HERR, der Gott Israels:

¶ Sagt dem Mann, der euch zu mir gesandt hat:

24 So spricht der HERR: Siehe, ich will Unheil bringen über diesen Ort und seine Einwohner, alle die Flüche, die geschrieben stehen in dem Buch, aus dem man vor dem König von Juda gelesen hat,

25 weil sie mich verlassen und andern Göttern geopfert haben, um mich zu erzürnen mit allen Werken ihrer Hände. Und mein Grimm soll über diesen Ort entbrennen und nicht ausgelöscht werden.

¶ **26** Und zum König von Juda, der euch gesandt hat, den HERRN zu befragen, sollt ihr so sagen: So spricht der HERR, der Gott Israels: Was die Worte angeht, die du gehört hast:

16 Shaphan brought the book to the king, and further reported to the king, "All that was committed to your servants they are doing.

17 They have emptied out the money that was found in the house of the LORD and have given it into the hand of the overseers and the workmen."

18 Then Shaphan the secretary told the king, "Hilkiah the priest has given me a book." And Shaphan read from it before the king.

¶ **19** And when the king heard the words of the Law, he tore his clothes.

20 And the king commanded Hilkiah, Ahikam the son of Shaphan, Abdon the son of Micah, Shaphan the secretary, and Asaiah the king's servant, saying,

21 "Go, inquire of the LORD for me and for those who are left in Israel and in Judah, concerning the words of the book that has been found. For great is the wrath of the LORD that is poured out on us, because our fathers have not kept the word of the LORD, to do according to all that is written in this book."

Huldah Prophesies Disaster

¶ **22** So Hilkiah and those whom the king had sent[2] went to Huldah the prophetess, the wife of Shallum the son of Tokhath, son of Hasrah, keeper of the wardrobe (now she lived in Jerusalem in the Second Quarter) and spoke to her to that effect.

23 And she said to them, "Thus says the LORD, the God of Israel: 'Tell the man who sent you to me,

24 Thus says the LORD, Behold, I will bring disaster upon this place and upon its inhabitants, all the curses that are written in the book that was read before the king of Judah.

25 Because they have forsaken me and have made offerings to other gods, that they might provoke me to anger with all the works of their hands, therefore my wrath will be poured out on this place and will not be quenched.

26 But to the king of Judah, who sent you to inquire of the LORD, thus shall you say to him, Thus says the LORD, the God of Israel: Regarding the words that you have heard,

27 Weil du im Herzen betroffen bist und dich gedemütigt hast vor Gott, als du seine Worte hörtest gegen diesen Ort und gegen seine Einwohner, und dich vor mir gedemütigt hast und deine Kleider zerrissen und vor mir geweint, so habe ich dich auch erhört, spricht der HERR.

28 Siehe, ich will dich versammeln zu deinen Vätern, dass du mit Frieden in dein Grab kommst und deine Augen nicht sehen all das Unheil, das ich über diesen Ort und seine Einwohner bringen will. – Und sie sagten's dem König wieder.

¶ **29** Da sandte der König hin und ließ zusammenkommen alle Ältesten Judas und Jerusalems.

30 Und der König ging hinauf ins Haus des HERRN und alle Männer Judas und die Einwohner von Jerusalem, die Priester, die Leviten und alles Volk, Klein und Groß, und es wurden vor ihren Ohren gelesen alle Worte aus dem Buch des Bundes, das im Hause des HERRN gefunden war.

31 Und der König trat an seinen Platz und schloss einen Bund vor dem HERRN, dass man dem HERRN nachwandeln und seine Gebote, Ordnungen und Rechte von ganzem Herzen und von ganzer Seele halten wolle, zu tun nach allen Worten des Bundes, die geschrieben stehen in diesem Buch.

32 Und er ließ hintreten alle, die in Jerusalem und in Benjamin waren. Und die Einwohner von Jerusalem taten nach dem Bund Gottes, des Gottes ihrer Väter.

33 Und Josia entfernte alle gräulichen Götzen aus allen Gebieten Israels und brachte es dahin, dass alle in Israel dem HERRN, ihrem Gott, dienten. Solange Josia lebte, wichen sie nicht von dem HERRN, dem Gott ihrer Väter.

Josia hält Passa nach dem Gesetz Gottes
(vgl. 2.Kön 23,21-23)

35 Und Josia hielt dem HERRN Passa in Jerusalem und sie schlachteten das Passa am vierzehnten Tage des ersten Monats.
2 Und er bestellte die Priester zu ihrem Dienst und ermutigte sie zu ihrem Amt im Hause des HERRN

27 because your heart was tender and you humbled yourself before God when you heard his words against this place and its inhabitants, and you have humbled yourself before me and have torn your clothes and wept before me, I also have heard you, declares the LORD.

28 Behold, I will gather you to your fathers, and you shall be gathered to your grave in peace, and your eyes shall not see all the disaster that I will bring upon this place and its inhabitants.'" And they brought back word to the king.

¶ **29** Then the king sent and gathered together all the elders of Judah and Jerusalem.

30 And the king went up to the house of the LORD, with all the men of Judah and the inhabitants of Jerusalem and the priests and the Levites, all the people both great and small. And he read in their hearing all the words of the Book of the Covenant that had been found in the house of the LORD.

31 And the king stood in his place and made a covenant before the LORD, to walk after the LORD and to keep his commandments and his testimonies and his statutes, with all his heart and all his soul, to perform the words of the covenant that were written in this book.

32 Then he made all who were present in Jerusalem and in Benjamin join in it. And the inhabitants of Jerusalem did according to the covenant of God, the God of their fathers.

33 And Josiah took away all the abominations from all the territory that belonged to the people of Israel and made all who were present in Israel serve the LORD their God. All his days they did not turn away from following the LORD, the God of their fathers.

Josiah Keeps the Passover

35 Josiah kept a Passover to the LORD in Jerusalem. And they slaughtered the Passover lamb on the fourteenth day of the first month.
2 He appointed the priests to their offices and encouraged them in the service of the house of the LORD.

3 und sprach zu den Leviten, die ganz Israel lehrten und dem HERRN geheiligt waren: Bringt die heilige Lade ins Haus, das Salomo, der Sohn Davids, des Königs von Israel, gebaut hat. Nun sollt ihr sie nicht mehr auf den Schultern tragen. So dient nun dem HERRN, eurem Gott, und seinem Volk Israel

4 und seid bereit nach euren Sippen in euren Ordnungen, wie sie aufgeschrieben sind von David, dem König von Israel, und seinem Sohn Salomo,

5 und stellt euch im Heiligtum auf, entsprechend den Abteilungen der Sippen eurer Brüder aus dem Volk je eine Abteilung einer Sippe der Leviten,

6 und schlachtet das Passa und heiligt euch und bereitet es für eure Brüder, dass sie tun nach dem Wort des HERRN durch Mose.

¶ **7** Und Josia gab als Opfergabe für das Volk Lämmer und junge Ziegen – alles zu dem Passa für alle, die sich versammelt hatten – an Zahl dreißigtausend, und dreitausend Rinder, alles von dem Gut des Königs.

8 Seine Oberen aber gaben als Opfergabe freiwillig für das Volk und für die Priester und Leviten. Hilkija, Secharja und Jehiël, die Vorsteher im Hause Gottes, gaben den Priestern zum Passa zweitausendsechshundert Lämmer und Ziegen, dazu dreihundert Rinder.

9 Konanja aber und seine Brüder, Schemaja und Netanel, sowie Haschabja, Jeïël und Josabad, die Vorsteher der Leviten, gaben als Opfergabe den Leviten zum Passa fünftausend Lämmer und Ziegen und dazu fünfhundert Rinder.

¶ **10** So wurde der Gottesdienst geordnet. Und die Priester standen an ihren Plätzen und die Leviten in ihren Abteilungen nach dem Gebot des Königs.

11 Und sie schlachteten das Passa und die Priester nahmen das Blut aus der Hand der Leviten und sprengten, und die Leviten zogen die Haut ab.

12 Und die Brandopfer sonderten sie ab, um sie den Abteilungen der Sippen des Volkes zu geben, damit diese dem HERRN opferten, wie es geschrieben steht im Buch des Mose. So taten sie auch mit den Rindern.

13 Und sie kochten das Passa am Feuer, wie sich's gebührt. Aber was geheiligt war, kochten sie in Töpfen, Kesseln und Schüsseln und brachten es schnell allem Volk.

3 And he said to the Levites who taught all Israel and who were holy to the LORD, "Put the holy ark in the house that Solomon the son of David, king of Israel, built. You need not carry it on your shoulders. Now serve the LORD your God and his people Israel.

4 Prepare yourselves according to your fathers' houses by your divisions, as prescribed in the writing of David king of Israel and the document of Solomon his son.

5 And stand in the Holy Place according to the groupings of the fathers' houses of your brothers the lay people, and according to the division of the Levites by fathers' household.

6 And slaughter the Passover lamb, and consecrate yourselves, and prepare for your brothers, to do according to the word of the LORD by Moses."

¶ **7** Then Josiah contributed to the lay people, as Passover offerings for all who were present, lambs and young goats from the flock to the number of 30,000, and 3,000 bulls; these were from the king's possessions.

8 And his officials contributed willingly to the people, to the priests, and to the Levites. Hilkiah, Zechariah, and Jehiel, the chief officers of the house of God, gave to the priests for the Passover offerings 2,600 Passover lambs and 300 bulls.

9 Conaniah also, and Shemaiah and Nethanel his brothers, and Hashabiah and Jeiel and Jozabad, the chiefs of the Levites, gave to the Levites for the Passover offerings 5,000 lambs and young goats and 500 bulls.

¶ **10** When the service had been prepared for, the priests stood in their place, and the Levites in their divisions according to the king's command.

11 And they slaughtered the Passover lamb, and the priests threw the blood that they received from them while the Levites flayed the sacrifices.

12 And they set aside the burnt offerings that they might distribute them according to the groupings of the fathers' houses of the lay people, to offer to the LORD, as it is written in the Book of Moses. And so they did with the bulls.

13 And they roasted the Passover lamb with fire according to the rule; and they boiled the holy offerings in pots, in cauldrons, and in pans, and carried them quickly to all the lay people.

14 Danach aber bereiteten sie auch für sich und für die Priester; denn die Priester, die Söhne Aaron, hatten mit dem Brandopfer und dem Fett bis in die Nacht zu tun; darum mussten die Leviten für sich und für die Priester, die Söhne Aaron, zubereiten.

15 Und die Sänger, die Söhne Asaf, standen an ihren Plätzen nach dem Gebot Davids und Asafs und Hemans und Jedutuns, die Seher des Königs waren, und die Torhüter an allen Toren, und sie wichen nicht von ihrem Dienst; denn die Leviten, ihre Brüder, bereiteten auch für sie zu.

¶ **16** So wurde geordnet aller Gottesdienst des HERRN an diesem Tage, um hinfort Passa zu halten und Brandopfer darzubringen auf dem Altar des HERRN nach dem Gebot des Königs Josia.

17 So hielten die Israeliten, die sich versammelt hatten, zu dieser Zeit das Passa und das Fest der Ungesäuerten Brote sieben Tage lang.

18 Man hatte aber kein Passa gehalten in Israel wie dies von der Zeit des Propheten Samuel an, und kein König in Israel hatte das Passa so gehalten, wie Josia Passa hielt, mit den Priestern, Leviten, ganz Juda und allen, die von Israel sich versammelt hatten, und den Einwohnern von Jerusalem.

19 Im achtzehnten Jahr der Herrschaft Josias wurde dies Passa gehalten.

Josias Tod im Kampf gegen den Pharao Necho
(vgl. 2.Kön 23,28-30)

20 Nachdem aber Josia das Haus des Herrn hergerichtet hatte, zog Necho, der König von Ägypten, herauf, um Krieg zu führen bei Karkemisch am Euphrat. Und Josia zog aus ihm entgegen.

21 Aber Necho sandte Boten zu ihm und ließ ihm sagen: Was hab ich mit dir zu tun, König von Juda? Ich komme jetzt nicht gegen dich, sondern gegen das Königreich, mit dem ich Krieg habe, und Gott hat gesagt, ich soll eilen. Vergreif dich nicht an Gott, der mit mir ist, dass er dich nicht verderbe!

¶ **22** Aber Josia ließ nicht ab von ihm, sondern schickte sich an, mit ihm zu kämpfen, und hörte nicht auf die Worte Nechos, die Gott zu ihm gesprochen hatte, und kam, mit ihm zu kämpfen in der Ebene von Megiddo.

23 Aber die Schützen schossen auf den König Josia und der König sprach zu seinen Männern: Führt mich fort; denn ich bin schwer verwundet!

14 And afterward they prepared for themselves and for the priests, because the priests, the sons of Aaron, were offering the burnt offerings and the fat parts until night; so the Levites prepared for themselves and for the priests, the sons of Aaron.

15 The singers, the sons of Asaph, were in their place according to the command of David, and Asaph, and Heman, and Jeduthun the king's seer; and the gatekeepers were at each gate. They did not need to depart from their service, for their brothers the Levites prepared for them.

¶ **16** So all the service of the LORD was prepared that day, to keep the Passover and to offer burnt offerings on the altar of the LORD, according to the command of King Josiah.

17 And the people of Israel who were present kept the Passover at that time, and the Feast of Unleavened Bread seven days.

18 No Passover like it had been kept in Israel since the days of Samuel the prophet. None of the kings of Israel had kept such a Passover as was kept by Josiah, and the priests and the Levites, and all Judah and Israel who were present, and the inhabitants of Jerusalem.

19 In the eighteenth year of the reign of Josiah this Passover was kept.

Josiah Killed in Battle

¶ **20** After all this, when Josiah had prepared the temple, Neco king of Egypt went up to fight at Carchemish on the Euphrates, and Josiah went out to meet him.

21 But he sent envoys to him, saying, "What have we to do with each other, king of Judah? I am not coming against you this day, but against the house with which I am at war. And God has commanded me to hurry. Cease opposing God, who is with me, lest he destroy you."

22 Nevertheless, Josiah did not turn away from him, but disguised himself in order to fight with him. He did not listen to the words of Neco from the mouth of God, but came to fight in the plain of Megiddo.

23 And the archers shot King Josiah. And the king said to his servants, "Take me away, for I am badly wounded."

24 Und seine Männer hoben ihn von dem Wagen und brachten ihn auf einen von seinen andern Wagen und führten ihn nach Jerusalem. Und er starb und wurde begraben in den Gräbern seiner Väter. Und ganz Juda und Jerusalem trugen Leid um Josia.

25 Und Jeremia sang ein Klagelied über Josia und alle Sänger und Sängerinnen klagten in ihren Liedern über Josia bis auf diesen Tag, und das wurde zum festen Brauch in Israel. Siehe, diese Lieder stehen geschrieben unter den Klageliedern.

¶ **26** Was aber mehr von Josia zu sagen ist und seine barmherzigen Taten, wie sie dem Gesetz des HERRN entsprachen,

27 und seine Geschichte, die frühere und die spätere, siehe, das alles steht geschrieben im Buch der Könige von Israel und Juda.

Joahas, Jojakim, Jojachin
(vgl. 2.Kön 23,30–24,17)

36 Und das Volk des Landes nahm Joahas, den Sohn Josias, und machte ihn zum König an seines Vaters statt zu Jerusalem.

2 Dreiundzwanzig Jahre alt war Joahas, als er König wurde; und er regierte drei Monate zu Jerusalem;

3 denn der König von Ägypten setzte ihn ab in Jerusalem und legte eine Geldbuße auf das Land von hundert Zentnern Silber und einem Zentner Gold.

4 Und der König von Ägypten machte Eljakim, seinen Bruder, zum König über Juda und Jerusalem und wandelte seinen Namen um in Jojakim. Aber seinen Bruder Joahas nahm Necho und brachte ihn nach Ägypten.

¶ **5** Fünfundzwanzig Jahre alt war Jojakim, als er König wurde; und er regierte elf Jahre zu Jerusalem und tat, was dem HERRN, seinem Gott, missfiel.

6 Und Nebukadnezar, der König von Babel, zog gegen ihn herauf und legte ihn in Ketten, um ihn nach Babel zu führen.

7 Auch brachte Nebukadnezar einige Geräte des Hauses des HERRN nach Babel und tat sie in seinen Tempel in Babel.

8 Was aber mehr von Jojakim zu sagen ist, und seine Gräueltaten, die er tat, und was ihm sonst widerfuhr, siehe, das steht geschrieben im Buch der Könige von Israel und Juda. Und sein Sohn Jojachin wurde König an seiner statt.

¶ **9** Achtzehn Jahre alt war Jojachin, als er König wurde; und er regierte drei Monate und zehn Tage zu Jerusalem und tat, was dem HERRN missfiel.

24 So his servants took him out of the chariot and carried him in his second chariot and brought him to Jerusalem. And he died and was buried in the tombs of his fathers. All Judah and Jerusalem mourned for Josiah.

25 Jeremiah also uttered a lament for Josiah; and all the singing men and singing women have spoken of Josiah in their laments to this day. They made these a rule in Israel; behold, they are written in the Laments.

26 Now the rest of the acts of Josiah, and his good deeds according to what is written in the Law of the LORD,

27 and his acts, first and last, behold, they are written in the Book of the Kings of Israel and Judah.

Judah's Decline

36 The people of the land took Jehoahaz the son of Josiah and made him king in his father's place in Jerusalem.

2 Jehoahaz was twenty-three years old when he began to reign, and he reigned three months in Jerusalem.

3 Then the king of Egypt deposed him in Jerusalem and laid on the land a tribute of a hundred talents of silver and a talent[1] of gold.

4 And the king of Egypt made Eliakim his brother king over Judah and Jerusalem, and changed his name to Jehoiakim. But Neco took Jehoahaz his brother and carried him to Egypt.

¶ **5** Jehoiakim was twenty-five years old when he began to reign, and he reigned eleven years in Jerusalem. He did what was evil in the sight of the LORD his God.

6 Against him came up Nebuchadnezzar king of Babylon and bound him in chains to take him to Babylon.

7 Nebuchadnezzar also carried part of the vessels of the house of the LORD to Babylon and put them in his palace in Babylon.

8 Now the rest of the acts of Jehoiakim, and the abominations that he did, and what was found against him, behold, they are written in the Book of the Kings of Israel and Judah. And Jehoiachin his son reigned in his place.

¶ **9** Jehoiachin was eighteen[2] years old when he became king, and he reigned three months and ten days in Jerusalem. He did what was evil in the sight of the LORD.

10 Als aber das Jahr zu Ende ging, sandte Nebukadnezar hin und ließ ihn nach Babel holen mit den kostbaren Geräten aus dem Hause des Herrn und machte seinen Bruder Zedekia zum König über Juda und Jerusalem.

Zedekia und die Wegführung nach Babel
(vgl. 2.Kön 24,18–25,21; Jer 52,1-30)

11 Einundzwanzig Jahre alt war Zedekia, als er König wurde; und er regierte elf Jahre zu Jerusalem

12 und tat, was dem Herrn, seinem Gott, missfiel, und demütigte sich nicht vor der Propheten Jeremia, der da redete, wie der Herr zu ihm gesprochen hatte.

13 Auch wurde er abtrünnig von Nebukadnezar, dem König von Babel, der einen Eid bei Gott von ihm genommen hatte, und wurde halsstarrig und verstockte sein Herz, sodass er sich nicht bekehrte zu dem Herrn, dem Gott Israels.

14 Auch alle Oberen Judas und die Priester und das Volk versündigten sich noch mehr mit all den gräulichen Sitten der Heiden und machten unrein das Haus des Herrn, das er geheiligt hatte in Jerusalem.

15 Und der Herr, der Gott ihrer Väter, ließ immer wieder gegen sie reden durch seine Boten; denn er hatte Mitleid mit seinem Volk und seiner Wohnung.

16 Aber sie verspotteten die Boten Gottes und verachteten seine Worte und verhöhnten seine Propheten, bis der Grimm des Herrn über sein Volk wuchs und es kein Vergeben mehr gab.

¶ **17** Da führte er gegen sie heran den König der Chaldäer und ließ ihre junge Mannschaft mit dem Schwert erschlagen im Hause ihres Heiligtums und verschonte weder die Jünglinge noch die Jungfrauen, weder die Alten noch die Greise; alle gab er sie in seine Hand.

18 Und alle Geräte im Hause Gottes, große und kleine, die Schätze im Hause des Herrn und die Schätze des Königs und seiner Oberen, alles ließ er nach Babel führen.

19 Und sie verbrannten das Haus Gottes und rissen die Mauer Jerusalems ein und alle ihre Burgtürme brannten sie mit Feuer aus, sodass alle ihre kostbaren Geräte zunichtewurden.

20 Und er führte weg nach Babel alle, die das Schwert übrig gelassen hatte, und sie wurden seine und seiner Söhne Knechte, bis das Königtum der Perser zur Herrschaft kam,

10 In the spring of the year King Nebuchadnezzar sent and brought him to Babylon, with the precious vessels of the house of the Lord, and made his brother Zedekiah king over Judah and Jerusalem.

¶ **11** Zedekiah was twenty-one years old when he began to reign, and he reigned eleven years in Jerusalem.

12 He did what was evil in the sight of the Lord his God. He did not humble himself before Jeremiah the prophet, who spoke from the mouth of the Lord.

13 He also rebelled against King Nebuchadnezzar, who had made him swear by God. He stiffened his neck and hardened his heart against turning to the Lord, the God of Israel.

14 All the officers of the priests and the people likewise were exceedingly unfaithful, following all the abominations of the nations. And they polluted the house of the Lord that he had made holy in Jerusalem.

¶ **15** The Lord, the God of their fathers, sent persistently to them by his messengers, because he had compassion on his people and on his dwelling place.

16 But they kept mocking the messengers of God, despising his words and scoffing at his prophets, until the wrath of the Lord rose against his people, until there was no remedy.

Jerusalem Captured and Burned

¶ **17** Therefore he brought up against them the king of the Chaldeans, who killed their young men with the sword in the house of their sanctuary and had no compassion on young man or virgin, old man or aged. He gave them all into his hand.

18 And all the vessels of the house of God, great and small, and the treasures of the house of the Lord, and the treasures of the king and of his princes, all these he brought to Babylon.

19 And they burned the house of God and broke down the wall of Jerusalem and burned all its palaces with fire and destroyed all its precious vessels.

20 He took into exile in Babylon those who had escaped from the sword, and they became servants to him and to his sons until the establishment of the kingdom of Persia,

21 damit erfüllt würde das Wort des HERRN durch den Mund Jeremias. Das Land hatte die ganze Zeit über, da es wüste lag, Sabbat, bis es an seinen Sabbaten genug hatte, auf dass siebzig Jahre voll wurden.

Ende der babylonischen Gefangenschaft
(vgl. Esra 1,1-3)

22 Aber im ersten Jahr des Kyrus, des Königs von Persien, erweckte der HERR – damit erfüllt würde das Wort des HERRN durch den Mund Jeremias – den Geist des Kyrus, des Königs von Persien, dass er in seinem ganzen Königreich mündlich und auch schriftlich verkünden ließ:

23 So spricht Kyrus, der König von Persien: Der HERR, der Gott des Himmels, hat mir alle Königreiche der Erde gegeben und hat mir befohlen, ihm ein Haus zu bauen zu Jerusalem in Juda. Wer nun unter euch von seinem Volk ist, mit dem sei der HERR, sein Gott, und er ziehe hinauf!

21 to fulfill the word of the LORD by the mouth of Jeremiah, until the land had enjoyed its Sabbaths. All the days that it lay desolate it kept Sabbath, to fulfill seventy years.

The Proclamation of Cyrus

¶ **22** Now in the first year of Cyrus king of Persia, that the word of the LORD by the mouth of Jeremiah might be fulfilled, the LORD stirred up the spirit of Cyrus king of Persia, so that he made a proclamation throughout all his kingdom and also put it in writing:

23 "Thus says Cyrus king of Persia, 'The LORD, the God of heaven, has given me all the kingdoms of the earth, and he has charged me to build him a house at Jerusalem, which is in Judah. Whoever is among you of all his people, may the LORD his God be with him. Let him go up.'"

DAS BUCH ESRA

EZRA

Erlaubnis zur Heimkehr und zum Tempelbau
(vgl. 2.Chr 36,22-23)

1 Im ersten Jahr des Kyrus, des Königs von Persien, erweckte der HERR – damit erfüllt würde das Wort des HERRN, das durch den Mund Jeremias gesprochen war – den Geist des Kyrus, des Königs von Persien, dass er in seinem ganzen Königreich mündlich und auch schriftlich verkünden ließ:

¶ **2** So spricht Kyrus, der König von Persien: Der HERR, der Gott des Himmels, hat mir alle Königreiche der Erde gegeben, und er hat mir befohlen, ihm ein Haus zu Jerusalem in Juda zu bauen.

3 Wer nun unter euch von seinem Volk ist, mit dem sei sein Gott, und er ziehe hinauf nach Jerusalem in Juda und baue das Haus des HERRN, des Gottes Israels; das ist der Gott, der zu Jerusalem ist.

4 Und wo auch immer einer übrig geblieben ist, dem sollen die Leute des Orts, an dem er als Fremdling gelebt hat, helfen mit Silber und Gold, Gut und Vieh außer dem, was sie aus freiem Willen für das Haus Gottes zu Jerusalem geben.

¶ **5** Da machten sich auf die Häupter der Sippen aus Juda und Benjamin und die Priester und Leviten, alle, deren Geist Gott erweckt hatte, um hinaufzuziehen und das Haus des HERRN zu Jerusalem zu bauen.

6 Und alle, die um sie her wohnten, halfen ihnen mit allem, mit Silber und Gold, mit Gut und Vieh und Kleinoden außer dem, was sie freiwillig gaben.

¶ **7** Und der König Kyrus gab heraus die Geräte des Hauses des HERRN, die Nebukadnezar aus Jerusalem genommen und in das Haus seines Gottes gebracht hatte.

8 Und Kyrus, der König von Persien, übergab sie dem Schatzmeister Mitredat; der zählte sie Scheschbazar, dem Fürsten Judas, vor.

9 Und dies war ihre Zahl: 30 goldene Becken und 1029 silberne Becken,

10 30 goldene Becher und 410 silberne Becher und 1000 andere Geräte.

The Proclamation of Cyrus

1 In the first year of Cyrus king of Persia, that the word of the LORD by the mouth of Jeremiah might be fulfilled, the LORD stirred up the spirit of Cyrus king of Persia, so that he made a proclamation throughout all his kingdom and also put it in writing:

¶ **2** "Thus says Cyrus king of Persia: The LORD, the God of heaven, has given me all the kingdoms of the earth, and he has charged me to build him a house at Jerusalem, which is in Judah.

3 Whoever is among you of all his people, may his God be with him, and let him go up to Jerusalem, which is in Judah, and rebuild the house of the LORD, the God of Israel—he is the God who is in Jerusalem.

4 And let each survivor, in whatever place he sojourns, be assisted by the men of his place with silver and gold, with goods and with beasts, besides freewill offerings for the house of God that is in Jerusalem."

¶ **5** Then rose up the heads of the fathers' houses of Judah and Benjamin, and the priests and the Levites, everyone whose spirit God had stirred to go up to rebuild the house of the LORD that is in Jerusalem.

6 And all who were about them aided them with vessels of silver, with gold, with goods, with beasts, and with costly wares, besides all that was freely offered.

7 Cyrus the king also brought out the vessels of the house of the LORD that Nebuchadnezzar had carried away from Jerusalem and placed in the house of his gods.

8 Cyrus king of Persia brought these out in the charge of Mithredath the treasurer, who counted them out to Sheshbazzar the prince of Judah.

9 And this was the number of them: 30 basins of gold, 1,000 basins of silver, 29 censers,

10 30 bowls of gold, 410 bowls of silver, and 1,000 other vessels;

11 Alle Geräte, goldene und silberne, waren 5400*. Alles brachte Scheschbazar hinauf, als man aus der Gefangenschaft von Babel nach Jerusalem hinaufzog.

Verzeichnis der Heimkehrer
(vgl. Neh 7,5-72)

2 Dies sind die Leute der Landschaft Juda, die heraufzogen aus der Gefangenschaft, die Nebukadnezar, der König von Babel, nach Babel weggeführt hatte und die nach Jerusalem und Juda zurückkehrten, ein jeder in seine Stadt.

2 Sie kamen mit Serubbabel, Jeschua, Nehemja, Seraja, Reelaja, Mordochai, Bilschan, Misperet, Bigwai, Rehum und Baana.

¶   Dies ist die Zahl der Männer des Volkes Israel:

3 die Söhne Parosch 2172;
4 die Söhne Schefatja 372;
5 die Söhne Arach 775;
6 die Söhne Pahat-Moab, nämlich die Söhne Jeschua und die Söhne Joab, 2812;
7 die Söhne Elam 1254;
8 die Söhne Sattu 945;
9 die Söhne Sakkai 760;
10 die Söhne Bani 642;
11 die Söhne Bebai 623;
12 die Söhne Asgad 1222;
13 die Söhne Adonikam 666;
14 die Söhne Bigwai 2056;
15 die Söhne Adin 454;
16 die Söhne Ater, nämlich die Söhne Hiskija, 98;
17 die Söhne Bezai 323;
18 die Söhne Jorah 112;
19 die Söhne Haschum 223;
20 die Söhne Gibbar 95;
21 die Männer von Bethlehem 123;
22 die Männer von Netofa 56;
23 die Männer von Anatot 128;
24 die Männer von Bet-Asmawet 42;
25 die Männer von Kirjat-Jearim, Kefira und Beerot 743;
26 die Männer von Rama und Geba 621;
27 die Männer von Michmas 122;
28 die Männer von Bethel und Ai 223;
29 die Söhne Nebo 52;
30 die Söhne Magbisch 156;
31 die Söhne des andern Elam 1254;
32 die Söhne Harim 320;
33 die Männer von Lod, Hadid und Ono 725;
34 die Männer von Jericho 345;
35 die Söhne Senaa 3630.

11 all the vessels of gold and of silver were 5,400. All these did Sheshbazzar bring up, when the exiles were brought up from Babylonia to Jerusalem.

The Exiles Return

2 Now these were the people of the province who came up out of the captivity of those exiles whom Nebuchadnezzar the king of Babylon had carried captive to Babylonia. They returned to Jerusalem and Judah, each to his own town.

2 They came with Zerubbabel, Jeshua, Nehemiah, Seraiah, Reelaiah, Mordecai, Bilshan, Mispar, Bigvai, Rehum, and Baanah.

¶   The number of the men of the people of Israel:

3 the sons of Parosh, 2,172.
4 The sons of Shephatiah, 372.
5 The sons of Arah, 775.
6 The sons of Pahath-moab, namely the sons of Jeshua and Joab, 2,812.
7 The sons of Elam, 1,254.
8 The sons of Zattu, 945.
9 The sons of Zaccai, 760.
10 The sons of Bani, 642.
11 The sons of Bebai, 623.
12 The sons of Azgad, 1,222.
13 The sons of Adonikam, 666.
14 The sons of Bigvai, 2,056.
15 The sons of Adin, 454.
16 The sons of Ater, namely of Hezekiah, 98.
17 The sons of Bezai, 323.
18 The sons of Jorah, 112.
19 The sons of Hashum, 223.
20 The sons of Gibbar, 95.
21 The sons of Bethlehem, 123.
22 The men of Netophah, 56.
23 The men of Anathoth, 128.
24 The sons of Azmaveth, 42.
25 The sons of Kiriath-arim, Chephirah, and Beeroth, 743.
26 The sons of Ramah and Geba, 621.
27 The men of Michmas, 122.
28 The men of Bethel and Ai, 223.
29 The sons of Nebo, 52.
30 The sons of Magbish, 156.
31 The sons of the other Elam, 1,254.
32 The sons of Harim, 320.
33 The sons of Lod, Hadid, and Ono, 725.
34 The sons of Jericho, 345.
35 The sons of Senaah, 3,630.

¶ **36** Die Zahl der Priester: die Söhne Jedaja, nämlich das Haus Jeschua, 973;

37 die Söhne Immer 1052;

38 die Söhne Paschhur 1247;

39 die Söhne Harim 1017.

¶ **40** Die Zahl der Leviten: die Söhne Jeschua, nämlich Kadmiël, Binnui und Hodawja, 74.

¶ **41** Die Zahl der Sänger: die Söhne Asaf 128.

¶ **42** Die Zahl der Torhüter: die Söhne Schallum, die Söhne Ater, die Söhne Talmon, die Söhne Akkub, die Söhne Hatita und die Söhne Schobai, insgesamt 139.

¶ **43** Die Zahl der Tempelsklaven: die Söhne Ziha, die Söhne Hasufa, die Söhne Tabbaot,

44 die Söhne Keros, die Söhne Sia, die Söhne Padon,

45 die Söhne Lebana, die Söhne Hagaba, die Söhne Akkub,

46 die Söhne Hagab, die Söhne Salmai, die Söhne Hanan,

47 die Söhne Giddel, die Söhne Gahar, die Söhne Reaja,

48 die Söhne Rezin, die Söhne Nekoda, die Söhne Gasam,

49 die Söhne Usa, die Söhne Paseach, die Söhne Besai,

50 die Söhne Asna, die Söhne der Meüniter, die Söhne der Nefusiter,

51 die Söhne Bakbuk, die Söhne Hakufa, die Söhne Harhur,

52 die Söhne Bazlut, die Söhne Mehida, die Söhne Harscha,

53 die Söhne Barkos, die Söhne Sisera, die Söhne Temach,

54 die Söhne Neziach, die Söhne Hatifa.

¶ **55** Die Zahl der Nachkommen der Sklaven Salomos: die Söhne Sotai, die Söhne Soferet, die Söhne Peruda,

56 die Söhne Jaala, die Söhne Darkon, die Söhne Giddel,

57 die Söhne Schefatja, die Söhne Hattil, die Söhne Pocheret-Zebajim, die Söhne Amon.

58 Alle Tempelsklaven und Nachkommen der Sklaven Salomos waren zusammen 392.

¶ **59** Und von denen, die heraufzogen aus Tel-Melach, Tel-Harscha, Kerub-Addon und Immer, konnten nicht angeben, ob ihre Sippe und ihre Nachkommen aus Israel stammten:

60 die Söhne Delaja, die Söhne Tobija, die Söhne Nekoda, 652.

¶ **36** The priests: the sons of Jedaiah, of the house of Jeshua, 973.

37 The sons of Immer, 1,052.

38 The sons of Pashhur, 1,247.

39 The sons of Harim, 1,017.

¶ **40** The Levites: the sons of Jeshua and Kadmiel, of the sons of Hodaviah, 74.

41 The singers: the sons of Asaph, 128.

42 The sons of the gatekeepers: the sons of Shallum, the sons of Ater, the sons of Talmon, the sons of Akkub, the sons of Hatita, and the sons of Shobai, in all 139.

¶ **43** The temple servants: the sons of Ziha, the sons of Hasupha, the sons of Tabbaoth,

44 the sons of Keros, the sons of Siaha, the sons of Padon,

45 the sons of Lebanah, the sons of Hagabah, the sons of Akkub,

46 the sons of Hagab, the sons of Shamlai, the sons of Hanan,

47 the sons of Giddel, the sons of Gahar, the sons of Reaiah,

48 the sons of Rezin, the sons of Nekoda, the sons of Gazzam,

49 the sons of Uzza, the sons of Paseah, the sons of Besai,

50 the sons of Asnah, the sons of Meunim, the sons of Nephisim,

51 the sons of Bakbuk, the sons of Hakupha, the sons of Harhur,

52 the sons of Bazluth, the sons of Mehida, the sons of Harsha,

53 the sons of Barkos, the sons of Sisera, the sons of Temah,

54 the sons of Neziah, and the sons of Hatipha.

¶ **55** The sons of Solomon's servants: the sons of Sotai, the sons of Hassophereth, the sons of Peruda,

56 the sons of Jaalah, the sons of Darkon, the sons of Giddel,

57 the sons of Shephatiah, the sons of Hattil, the sons of Pochereth-hazzebaim, and the sons of Ami.

¶ **58** All the temple servants and the sons of Solomon's servants were 392.

¶ **59** The following were those who came up from Tel-melah, Tel-harsha, Cherub, Addan, and Immer, though they could not prove their fathers' houses or their descent, whether they belonged to Israel:

60 the sons of Delaiah, the sons of Tobiah, and the sons of Nekoda, 652.

¶ **61** Und von den Priestern: die Söhne Habaja, die Söhne Hakkoz, die Söhne Barsillai, deren Urahn eine von den Töchtern des Gileaditers Barsillai zur Frau genommen hatte und nach dessen Namen genannt wurde.

62 Die suchten ihre Geschlechtsregister und fanden sie nicht; darum wurden sie für das Priestertum als untauglich erklärt.

63 Und der Statthalter gebot ihnen, sie sollten nicht essen vom Hochheiligen, bis ein Priester für die heiligen Lose »Licht und Recht« aufstände.

¶ **64** Die ganze Gemeinde zählte insgesamt 42 360,

65 ausgenommen ihre Knechte und Mägde; diese waren 7337; dazu 200 Sänger und Sängerinnen.

66 Und sie hatten 736 Rosse, 245 Maultiere,

67 435 Kamele und 6720 Esel.

¶ **68** Und als einige Häupter der Sippen zum Hause des HERRN in Jerusalem kamen, gaben sie freiwillig für das Haus Gottes, damit man's an seiner früheren Stätte erbaue,

69 und gaben nach ihrem Vermögen zum Schatz für das Werk 61 000 Gulden und 5000 Pfund Silber und 100 Priesterkleider.

¶ **70** So ließen sich die Priester und die Leviten und einige andere Leute in Jerusalem nieder und die Sänger und die Torhüter und die Tempelsklaven in ihren Städten und alle Übrigen aus Israel in ihren Städten.

Errichtung des Brandopferaltars und Beginn des Opferdienstes

3 Und als der siebente Monat herbeikam und die Israeliten nun in ihren Städten waren, versammelte sich das ganze Volk wie ein Mann in Jerusalem.

2 Und es machten sich auf Jeschua, der Sohn Jozadaks, und seine Brüder, die Priester, und Serubbabel, der Sohn Schealtiëls, und seine Brüder und bauten den Altar des Gottes Israels, um Brandopfer darauf zu opfern, wie es geschrieben steht im Gesetz des Mose, des Mannes Gottes.

3 Und sie richteten den Altar wieder her an seiner früheren Stätte – denn es war Furcht über sie gekommen vor den Völkern des Landes – und opferten dem HERRN Brandopfer darauf des Morgens und des Abends.

61 Also, of the sons of the priests: the sons of Habaiah, the sons of Hakkoz, and the sons of Barzillai (who had taken a wife from the daughters of Barzillai the Gileadite, and was called by their name).

62 These sought their registration among those enrolled in the genealogies, but they were not found there, and so they were excluded from the priesthood as unclean.

63 The governor told them that they were not to partake of the most holy food, until there should be a priest to consult Urim and Thummim.

¶ **64** The whole assembly together was 42,360,

65 besides their male and female servants, of whom there were 7,337, and they had 200 male and female singers.

66 Their horses were 736, their mules were 245,

67 their camels were 435, and their donkeys were 6,720.

¶ **68** Some of the heads of families, when they came to the house of the LORD that is in Jerusalem, made freewill offerings for the house of God, to erect it on its site.

69 According to their ability they gave to the treasury of the work 61,000 darics[1] of gold, 5,000 minas[2] of silver, and 100 priests' garments.

¶ **70** Now the priests, the Levites, some of the people, the singers, the gatekeepers, and the temple servants lived in their towns, and all the rest of Israel[3] in their towns.

Rebuilding the Altar

3 When the seventh month came, and the children of Israel were in the towns, the people gathered as one man to Jerusalem.

2 Then arose Jeshua the son of Jozadak, with his fellow priests, and Zerubbabel the son of Shealtiel with his kinsmen, and they built the altar of the God of Israel, to offer burnt offerings on it, as it is written in the Law of Moses the man of God.

3 They set the altar in its place, for fear was on them because of the peoples of the lands, and they offered burnt offerings on it to the LORD, burnt offerings morning and evening.

¶ **4** Und sie hielten das Laubhüttenfest, wie geschrieben steht, und brachten Brandopfer dar alle Tage nach der Zahl, wie sich's gebührt und jeder Tag es erforderte,

5 danach auch das tägliche Brandopfer und die Opfer für die Neumonde und alle heiligen Festtage des HERRN und was sonst einer dem HERRN freiwillig darbrachte.

¶ **6** Am ersten Tage des siebenten Monats fingen sie an, dem HERRN Brandopfer zu bringen. Aber der Grund des Tempels des HERRN war noch nicht gelegt.

7 Und sie gaben Geld den Steinmetzen und Zimmerleuten und Speise und Trank und Öl den Leuten von Sidon und Tyrus, damit sie Zedernholz vom Libanon zur See nach Jafo brächten, wie es ihnen Kyrus, der König von Persien, erlaubt hatte.

Beginn des Tempelbaus

8 Im zweiten Jahr nach ihrer Ankunft beim Hause Gottes in Jerusalem, im zweiten Monat, begannen Serubbabel, der Sohn Schealtiëls, und Jeschua, der Sohn Jozadaks, und die übrigen ihrer Brüder, Priester und Leviten, und alle, die aus der Gefangenschaft nach Jerusalem gekommen waren, die Leviten von zwanzig Jahren an und darüber zu bestellen, damit sie die Arbeit am Hause des HERRN leiteten.

9 Und Jeschua mit seinen Söhnen und seinen Brüdern Kadmiël, Binnui und Hodawja traten einmütig an, um die Arbeiter am Hause Gottes anzuleiten, dazu die Söhne Henadads mit ihren Söhnen und ihren Brüdern, die Leviten.

¶ **10** Und als die Bauleute den Grund legten zum Tempel des HERRN, stellten sich die Priester auf in ihren Amtskleidern mit Trompeten und die Leviten, die Söhne Asaf, mit Zimbeln, um den HERRN zu loben nach der Ordnung Davids, des Königs von Israel.

11 Und sie stimmten den Lobpreis an und dankten dem HERRN: Denn er ist gütig, und seine Barmherzigkeit währt ewiglich über Israel. Und das ganze Volk jauchzte laut beim Lobe des HERRN, weil der Grund zum Hause des HERRN gelegt war.

4 And they kept the Feast of Booths, as it is written, and offered the daily burnt offerings by number according to the rule, as each day required,

5 and after that the regular burnt offerings, the offerings at the new moon and at all the appointed feasts of the LORD, and the offerings of everyone who made a freewill offering to the LORD.

6 From the first day of the seventh month they began to offer burnt offerings to the LORD. But the foundation of the temple of the LORD was not yet laid.

7 So they gave money to the masons and the carpenters, and food, drink, and oil to the Sidonians and the Tyrians to bring cedar trees from Lebanon to the sea, to Joppa, according to the grant that they had from Cyrus king of Persia.

Rebuilding the Temple

¶ **8** Now in the second year after their coming to the house of God at Jerusalem, in the second month, Zerubbabel the son of Shealtiel and ᶻJeshua the son of Jozadak made a beginning, together with the rest of their kinsmen, the priests and the Levites and all who had come to Jerusalem from the captivity. They appointed the Levites, from twenty years old and upward, to supervise the work of the house of the LORD.

9 And Jeshua with his sons and his brothers, and Kadmiel and his sons, the sons of Judah, together supervised the workmen in the house of God, along with the sons of Henadad and the Levites, their sons and brothers.

¶ **10** And when the builders laid the foundation of the temple of the LORD, the priests in their vestments came forward with trumpets, and the Levites, the sons of Asaph, with cymbals, to praise the LORD, according to the directions of David king of Israel.

11 And they sang responsively, praising and giving thanks to the LORD,

"For he is good,
   for his steadfast love endures forever
      toward Israel."

And all the people shouted with a great shout when they praised the LORD, because the foundation of the house of the LORD was laid.

12 Und viele von den betagten Priestern, Leviten und Sippenhäuptern, die das frühere Haus noch gesehen hatten, weinten laut, als nun dies Haus vor ihren Augen gegründet wurde. Viele aber jauchzten mit Freuden, sodass das Geschrei laut erscholl.

13 Und man konnte das Jauchzen mit Freuden und das laute Weinen im Volk nicht unterscheiden; denn das Volk jauchzte laut, sodass man den Schall weithin hörte.

Behinderung des Tempelbaus

4 Als aber die Widersacher Judas und Benjamins hörten, dass die, die aus der Gefangenschaft zurückgekommen waren, dem Herrn, dem Gott Israels, den Tempel bauten,

2 kamen sie zu Serubbabel, Jeschua und den Sippenhäuptern und sprachen zu ihnen: Wir wollen mit euch bauen; denn auch wir suchen euren Gott und haben ihm geopfert seit der Zeit Asarhaddons, des Königs von Assur, der uns hierher gebracht hat.

3 Aber Serubbabel und Jeschua und die andern Häupter der Sippen in Israel antworteten ihnen: Es ziemt sich nicht, dass ihr und wir miteinander das Haus unseres Gottes bauen, sondern wir allein wollen bauen dem Herrn, dem Gott Israels, wie uns Kyrus, der König von Persien, geboten hat.

4 Da machte das Volk des Landes die Juden mutlos und schreckte sie vom Bauen ab.

5 Und sie dingten Ratgeber gegen sie und hinderten ihr Vorhaben, solange Kyrus, der König von Persien, lebte, bis zur Herrschaft des Darius, des Königs von Persien.

¶ **6** Und als Ahasveros* König war, im Anfang seiner Herrschaft, schrieb man eine Anklage gegen die Bewohner von Juda und Jerusalem.

¶ **7** Und zu den Zeiten Artahsastas* schrieben Bischlam, Mitredat, Tabeel und ihre andern Genossen an Artahsasta, den König von Persien. Der Brief war in aramäischer Schrift geschrieben und ins Aramäische übertragen.

8 Der Kanzler Rehum und der Schreiber Schimschai schrieben einen Brief gegen Jerusalem an den König Artahsasta:

¶ **9** Wir, Rehum, der Kanzler, und Schimschai, der Schreiber, und die andern Genossen, die Richter, die Befehlshaber, die Schreiber, die Beamten, die Männer von Erech, von Babel, von Susa, das sind die Elamiter,

12 But many of the priests and Levites and heads of fathers' houses, old men who had seen the first house, wept with a loud voice when they saw the foundation of this house being laid, though many shouted aloud for joy,

13 so that the people could not distinguish the sound of the joyful shout from the sound of the people's weeping, for the people shouted with a great shout, and the sound was heard far away.

Adversaries Oppose the Rebuilding

4 Now when the adversaries of Judah and Benjamin heard that the returned exiles were building a temple to the Lord, the God of Israel,

2 they approached Zerubbabel and the heads of fathers' houses and said to them, "Let us build with you, for we worship your God as you do, and we have been sacrificing to him ever since the days of Esarhaddon king of Assyria who brought us here."

3 But Zerubbabel, Jeshua, and the rest of the heads of fathers' houses in Israel said to them, "You have nothing to do with us in building a house to our God; but we alone will build to the Lord, the God of Israel, as King Cyrus the king of Persia has commanded us."

¶ **4** Then the people of the land discouraged the people of Judah and made them afraid to build

5 and bribed counselors against them to frustrate their purpose, all the days of Cyrus king of Persia, even until the reign of Darius king of Persia.

¶ **6** And in the reign of Ahasuerus, in the beginning of his reign, they wrote an accusation against the inhabitants of Judah and Jerusalem.

The Letter to King Artaxerxes

¶ **7** In the days of Artaxerxes, Bishlam and Mithredath and Tabeel and the rest of their associates wrote to Artaxerxes king of Persia. The letter was written in Aramaic and translated.[1]

8 Rehum the commander and Shimshai the scribe wrote a letter against Jerusalem to Artaxerxes the king as follows:

9 Rehum the commander, Shimshai the scribe, and the rest of their associates, the judges, the governors, the officials, the Persians, the men of Erech, the Babylonians, the men of Susa, that is, the Elamites,

10 und die andern Völker, die der große und berühmte Asenappar* hergebracht und in den Städten Samariens und in den andern Orten jenseits des Euphrat angesiedelt hat.

¶ **11** Und dies ist die Abschrift des Briefes, den sie an ihn sandten:
¶ An König Artahsasta, deine Knechte, die Männer jenseits des Euphrat.

12 Und nun sei dem König kundgetan, dass die Juden, die von dir heraufgezogen und zu uns nach Jerusalem gekommen sind, die aufrührerische und böse Stadt wieder aufbauen wollen; sie haben begonnen, die Mauern zu errichten, und die Fundamente sind schon gelegt.

13 So sei nun dem König kundgetan: Wenn diese Stadt wieder aufgebaut wird und die Mauern wieder errichtet werden, so werden sie Steuern, Abgaben und Zoll nicht mehr geben, und zuletzt wird es den Königen Schaden bringen.

14 Weil wir aber das Salz des Königshauses essen und die Schmach des Königs nicht länger sehen wollen, darum schicken wir hin und lassen es den König wissen.

15 Man lasse in den Chroniken deiner Väter suchen, so wirst du in den Chroniken finden und erfahren, dass diese Stadt aufrührerisch ist und Königen und Ländern Schaden gebracht hat und man in ihr auch von alters her Aufruhr gemacht hat, – darum ist diese Stadt auch zerstört worden.

16 Und nun tun wir dem König kund, dass du hernach nichts behalten wirst von dem, was jenseits des Euphrat liegt, wenn diese Stadt wieder aufgebaut wird und ihre Mauern wieder errichtet werden.

¶ **17** Da sandte der König folgende Antwort:
¶ An Rehum, den Kanzler, und Schimschai, den Schreiber, und ihre andern Genossen, die in Samaria wohnen und in den andern Orten jenseits des Euphrat: Friede zuvor!

18 Und nun, der Brief, den ihr uns zugeschickt habt, ist mir Wort für Wort vorgelesen worden.

19 Und auf meinen Befehl hat man nachgeforscht und man fand bestätigt, dass diese Stadt von alters her gegen die Könige sich empört hat und Aufruhr und Abfall in ihr geschehen ist.

20 Auch hat es mächtige Könige zu Jerusalem gegeben, die geherrscht haben über alles, was jenseits des Euphrat ist, sodass ihnen Steuern, Abgaben und Zoll gegeben wurden.

10 and the rest of the nations whom the great and noble Osnappar deported and settled in the cities of Samaria and in the rest of the province Beyond the River.

11 (This is a copy of the letter that they sent.) "To Artaxerxes the king: Your servants, the men of the province Beyond the River, send greeting. And now

12 be it known to the king that the Jews who came up from you to us have gone to Jerusalem. They are rebuilding that rebellious and wicked city. They are finishing the walls and repairing the foundations.

13 Now be it known to the king that if this city is rebuilt and the walls finished, they will not pay tribute, custom, or toll, and the royal revenue will be impaired.

14 Now because we eat the salt of the palace and it is not fitting for us to witness the king's dishonor, therefore we send and inform the king,

15 in order that search may be made in the book of the records of your fathers. You will find in the book of the records and learn that this city is a rebellious city, hurtful to kings and provinces, and that sedition was stirred up in it from of old. That was why this city was laid waste.

16 We make known to the king that if this city is rebuilt and its walls finished, you will then have no possession in the province Beyond the River."

The King Orders the Work to Cease

¶ **17** The king sent an answer: "To Rehum the commander and Shimshai the scribe and the rest of their associates who live in Samaria and in the rest of the province Beyond the River, greeting. And now

18 the letter that you sent to us has been plainly read before me.

19 And I made a decree, and search has been made, and it has been found that this city from of old has risen against kings, and that rebellion and sedition have been made in it.

20 And mighty kings have been over Jerusalem, who ruled over the whole province Beyond the River, to whom tribute, custom, and toll were paid.

21 So gebt nun den Befehl, dass man diesen Männern wehre, damit die Stadt nicht wieder aufgebaut werde, bis von mir der Befehl gegeben wird!

22 Seht euch vor, dass ihr nicht lässig hierin seid, damit nicht den Königen großer Schaden entstehe!

¶ **23** Als nun der Brief des Königs Arthasasta gelesen wurde von Rehum und dem Schreiber Schimschai und von ihren andern Genossen, zogen sie eilends hin nach Jerusalem zu den Juden und wehrten ihnen mit Gewalt.

24 Da hörte die Arbeit am Hause Gottes in Jerusalem auf und blieb liegen bis ins zweite Jahr des Darius, des Königs von Persien.

Wiederaufnahme des Tempelbaus

5 Es weissagten aber die Propheten Haggai und Sacharja, der Sohn Iddos, den Juden, die in Juda und Jerusalem wohnten, im Namen des Gottes Israels, der über ihnen war.

2 Da machten sich auf Serubbabel, der Sohn Schealtiëls, und Jeschua, der Sohn Jozadaks, und fingen an, das Haus Gottes zu Jerusalem aufzubauen, und mit ihnen die Propheten Gottes, die sie stärkten.

¶ **3** Zu der Zeit kamen zu ihnen Tattenai, der Statthalter des Gebietes jenseits des Euphrat, und Schetar-Bosnai und ihre Genossen und sprachen: Wer hat euch befohlen, dies Haus aufzubauen und diese Mauern zu errichten?

4 Dann sagten sie zu ihnen: Wie heißen die Männer, die diesen Bau aufführen?

5 Aber das Auge ihres Gottes war über den Ältesten der Juden, sodass ihnen nicht gewehrt wurde, bis man den Bericht an Darius gelangen ließe und darüber ein Brief käme.

¶ **6** Dies ist die Abschrift des Briefes Tattenais, des Statthalters jenseits des Euphrat, und Schetar-Bosnais und ihrer Genossen, der Beamten, die jenseits des Euphrat waren, an den König Darius.

7 Die Botschaft, die sie ihm sandten, lautete:

¶   Dem König Darius allen Frieden!

8 Es sei dem König kundgetan, dass wir ins jüdische Land gekommen sind zu dem Hause des großen Gottes; dies baute man mit behauenen Steinen und legte Balken in die Wände, und die Arbeit ging unter ihrer Hand frisch vonstatten.

21 Therefore make a decree that these men be made to cease, and that this city be not rebuilt, until a decree is made by me.

22 And take care not to be slack in this matter. Why should damage grow to the hurt of the king?"

¶ **23** Then, when the copy of King Artaxerxes' letter was read before Rehum and Shimshai the scribe and their associates, they went in haste to the Jews at Jerusalem and by force and power made them cease.

24 Then the work on the house of God that is in Jerusalem stopped, and it ceased until the second year of the reign of Darius king of Persia.

Rebuilding Begins Anew

5 Now the prophets, Haggai and Zechariah the son of Iddo, prophesied to the Jews who were in Judah and Jerusalem, in the name of the God of Israel who was over them.

2 Then Zerubbabel the son of Shealtiel and Jeshua the son of Jozadak arose and began to rebuild the house of God that is in Jerusalem, and the prophets of God were with them, supporting them.

¶ **3** At the same time Tattenai the governor of the province Beyond the River and Shethar-bozenai and their associates came to them and spoke to them thus: "Who gave you a decree to build this house and to finish this structure?"

4 They[1] also asked them this: "What are the names of the men who are building this building?"

5 But the eye of their God was on the elders of the Jews, and they did not stop them until the report should reach Darius and then an answer be returned by letter concerning it.

Tattenai's Letter to King Darius

¶ **6** This is a copy of the letter that Tattenai the governor of the province Beyond the River and Shethar-bozenai and his associates, the governors who were in the province Beyond the River, sent to Darius the king.

7 They sent him a report, in which was written as follows: "To Darius the king, all peace.

8 Be it known to the king that we went to the province of Judah, to the house of the great God. It is being built with huge stones, and timber is laid in the walls. This work goes on diligently and prospers in their hands.

9 Wir aber haben die Ältesten gefragt und zu ihnen gesagt: Wer hat euch befohlen, dies Haus zu bauen und diese Mauern zu errichten?

10 Auch fragten wir, wie sie hießen, damit wir es dir kundtäten und die Namen der Männer aufschrieben, die an ihrer Spitze stehen.

11 Sie aber gaben uns dies zur Antwort: Wir sind Knechte des Gottes des Himmels und der Erde und bauen das Haus wieder auf, das einst vor vielen Jahren hier gestanden und das ein großer König Israels gebaut und vollendet hat.

12 Aber als unsere Väter den Gott des Himmels erzürnten, gab er sie in die Hand Nebukadnezars, des Königs von Babel, des Chaldäers; der zerstörte dies Haus und führte das Volk weg nach Babel.

13 Aber im ersten Jahr des Kyrus, des Königs von Babel, befahl der König Kyrus, dies Haus Gottes wieder zu bauen.

14 Auch die goldenen und silbernen Geräte im Hause Gottes, die Nebukadnezar aus dem Tempel zu Jerusalem genommen und in den Tempel zu Babel gebracht hatte, nahm der König Kyrus aus dem Tempel zu Babel und gab sie Scheschbazar, den er zum Statthalter einsetzte,

15 und sprach zu ihm: Nimm diese Geräte, zieh hin und bringe sie in den Tempel zu Jerusalem, und das Haus Gottes soll gebaut werden an seiner früheren Stätte.

16 Da kam jener Scheschbazar und legte den Grund zum Hause Gottes zu Jerusalem. Seit der Zeit baut man und es ist noch nicht vollendet.

17 Gefällt es nun dem König, so lasse er in Babel im Schatzhaus des Königs suchen, ob es von dem König Kyrus befohlen sei, das Haus Gottes zu Jerusalem wieder aufzubauen, und man sende uns des Königs Meinung darüber.

Der Erlass des Kyrus über den Tempelbau

6 Da befahl der König Darius, dass man in Babel in den Schatzhäusern, in denen die Bücher aufbewahrt wurden, nachforschen sollte.

2 Da fand man in der Festung Achmeta, die in Medien liegt, eine Schriftrolle, auf der geschrieben stand:
¶　Aufzeichnung.

9 Then we asked those elders and spoke to them thus: 'Who gave you a decree to build this house and to finish this structure?'

10 We also asked them their names, for your information, that we might write down the names of their leaders.[2]

11 And this was their reply to us: 'We are the servants of the God of heaven and earth, and we are rebuilding the house that was built many years ago, which a great king of Israel built and finished.

12 But because our fathers had angered the God of heaven, he gave them into the hand of Nebuchadnezzar king of Babylon, the Chaldean, who destroyed this house and carried away the people to Babylonia.

13 However, in the first year of Cyrus king of Babylon, Cyrus the king made a decree that this house of God should be rebuilt.

14 And the gold and silver vessels of the house of God, which Nebuchadnezzar had taken out of the temple that was in Jerusalem and brought into the temple of Babylon, these Cyrus the king took out of the temple of Babylon, and they were delivered to one whose name was Sheshbazzar, whom he had made governor;

15 and he said to him, "Take these vessels, go and put them in the temple that is in Jerusalem, and let the house of God be rebuilt on its site."

16 Then this Sheshbazzar came and laid the foundations of the house of God that is in Jerusalem, and from that time until now it has been in building, and it is not yet finished.'

17 Therefore, if it seems good to the king, let search be made in the royal archives there in Babylon, to see whether a decree was issued by Cyrus the king for the rebuilding of this house of God in Jerusalem. And let the king send us his pleasure in this matter."

The Decree of Darius

6 Then Darius the king made a decree, and search was made in Babylonia, in the house of the archives where the documents were stored.

2 And in Ecbatana, the capital that is in the province of Media, a scroll was found on which this was written: "A record.

3 Im ersten Jahr des Königs Kyrus befahl der König Kyrus, das Haus Gottes in Jerusalem wieder aufzubauen als eine Stätte, an der man opfert, und seinen Grund zu legen: seine Höhe sechzig Ellen und seine Breite auch sechzig Ellen

4 und drei Schichten von behauenen Steinen und eine Schicht von Holz, und die Mittel sollen vom Hause des Königs gegeben werden.

5 Auch soll man zurückgeben die goldenen und silbernen Geräte des Hauses Gottes, die Nebukadnezar aus dem Tempel zu Jerusalem weggenommen und nach Babel gebracht hat; man soll sie zurückbringen in den Tempel zu Jerusalem an ihre Stätte im Hause Gottes.

Vollendung des Tempelbaus unter Darius

6 So haltet euch nun fern von dieser Sache, du, Tattenai, Statthalter jenseits des Euphrat, und Schetar-Bosnai mit euren Genossen, ihr Beamten, die ihr jenseits des Euphrat seid!

7 Lasst sie arbeiten am Hause Gottes, damit der Statthalter der Juden und ihre Ältesten das Haus Gottes an seiner früheren Stätte wieder aufbauen.

8 Auch ist von mir befohlen worden, was ihr den Ältesten der Juden darreichen sollt, um das Haus Gottes zu bauen, nämlich dass man aus des Königs Schatz von dem, was einkommt aus der Landschaft jenseits des Euphrat, mit Sorgfalt nehme und gebe den Leuten regelmäßig, was sie bedürfen.

9 Und was sie bedürfen an Stieren, Widdern und Lämmern zum Brandopfer für den Gott des Himmels, an Weizen, Salz, Wein und Öl nach dem Wort der Priester in Jerusalem, das soll man ihnen täglich geben und es soll nicht lässig geschehen,

10 damit sie opfern zum lieblichen Geruch dem Gott des Himmels und bitten für das Leben des Königs und seiner Söhne.

11 Ferner wird von mir befohlen: Wenn irgendjemand diesen Erlass übertritt, so soll ein Balken aus seinem Haus herausgerissen und er daran aufrecht angeschlagen werden, und sein Haus soll um seiner Tat willen zum Schutthaufen gemacht werden.

12 Der Gott aber, der seinen Namen dort wohnen lässt, bringe jeden König um und jedes Volk, das seine Hand ausreckt, diesen Erlass zu übertreten und das Haus Gottes in Jerusalem zu zerstören. Ich, Darius, habe diesen Befehl gegeben, damit er sorgfältig befolgt werde.

3 In the first year of Cyrus the king, Cyrus the king issued a decree: Concerning the house of God at Jerusalem, let the house be rebuilt, the place where sacrifices were offered, and let its foundations be retained. Its height shall be sixty cubits[1] and its breadth sixty cubits,

4 with three layers of great stones and one layer of timber. Let the cost be paid from the royal treasury.

5 And also let the gold and silver vessels of the house of God, which Nebuchadnezzar took out of the temple that is in Jerusalem and brought to Babylon, be restored and brought back to the temple that is in Jerusalem, each to its place. You shall put them in the house of God."

¶ **6** "Now therefore, Tattenai, governor of the province Beyond the River, Shethar-bozenai, and your associates the governors who are in the province Beyond the River, keep away.

7 Let the work on this house of God alone. Let the governor of the Jews and the elders of the Jews rebuild this house of God on its site.

8 Moreover, I make a decree regarding what you shall do for these elders of the Jews for the rebuilding of this house of God. The cost is to be paid to these men in full and without delay from the royal revenue, the tribute of the province from Beyond the River.

9 And whatever is needed—bulls, rams, or sheep for burnt offerings to the God of heaven, wheat, salt, wine, or oil, as the priests at Jerusalem require—let that be given to them day by day without fail,

10 that they may offer pleasing sacrifices to the God of heaven and pray for the life of the king and his sons.

11 Also I make a decree that if anyone alters this edict, a beam shall be pulled out of his house, and he shall be impaled on it, and his house shall be made a dunghill.

12 May the God who has caused his name to dwell there overthrow any king or people who shall put out a hand to alter this, or to destroy this house of God that is in Jerusalem. I Darius make a decree; let it be done with all diligence."

The Temple Finished and Dedicated

¶ 13 Da taten Tattenai, der Statthalter jenseits des Euphrat, und Schetar-Bosnai und ihre Genossen sorgfältig nach dem, was der König Darius ihnen befohlen hatte.

¶ 13 Then, according to the word sent by Darius the king, Tattenai, the governor of the province Beyond the River, Shethar-bozenai, and their associates did with all diligence what Darius the king had ordered.

14 Und die Ältesten der Juden bauten und es ging vonstatten durch die Weissagung der Propheten Haggai und Sacharja, des Sohnes Iddos, und sie bauten und vollendeten es nach dem Befehl des Gottes Israels und nach dem Befehl des Kyrus, Darius und Artahsasta, der Könige von Persien,

14 And the elders of the Jews built and prospered through the prophesying of Haggai the prophet and Zechariah the son of Iddo. They finished their building by decree of the God of Israel and by decree of Cyrus and Darius and Artaxerxes king of Persia;

15 und sie vollendeten das Haus bis zum dritten Tag des Monats Adar im sechsten Jahr der Herrschaft des Königs Darius.

15 and this house was finished on the third day of the month of Adar, in the sixth year of the reign of Darius the king.

¶ 16 Und die Israeliten, die Priester, die Leviten und die andern, die aus der Gefangenschaft zurückgekommen waren, hielten die Einweihung des Hauses Gottes mit Freuden

¶ 16 And the people of Israel, the priests and the Levites, and the rest of the returned exiles, celebrated the dedication of this house of God with joy.

17 und opferten zur Einweihung des Hauses Gottes hundert Stiere, zweihundert Widder, vierhundert Lämmer und zum Sündopfer für ganz Israel zwölf Ziegenböcke nach der Zahl der Stämme Israels

17 They offered at the dedication of this house of God 100 bulls, 200 rams, 400 lambs, and as a sin offering for all Israel 12 male goats, according to the number of the tribes of Israel.

18 und bestellten die Priester nach ihren Abteilungen und die Leviten nach ihren Ordnungen zum Dienst am Hause Gottes in Jerusalem, wie es im Buch des Mose geschrieben steht.

18 And they set the priests in their divisions and the Levites in their divisions, for the service of God at Jerusalem, as it is written in the Book of Moses.

Feier des Passafestes

Passover Celebrated

19 Und die, die aus der Gefangenschaft zurückgekommen waren, hielten Passa am vierzehnten Tage des ersten Monats.

¶ 19 On the fourteenth day of the first month, the returned exiles kept the Passover.

20 Denn die Leviten hatten sich gereinigt Mann für Mann, sodass sie alle rein waren, und schlachteten das Passa für alle, die aus der Gefangenschaft zurückgekommen waren, und für ihre Brüder, die Priester, und für sich.

20 For the priests and the Levites had purified themselves together; all of them were clean. So they slaughtered the Passover lamb for all the returned exiles, for their fellow priests, and for themselves.

21 Und es aßen das Passa die Israeliten, die aus der Gefangenschaft zurückgekommen waren, und alle, die sich zu ihnen abgesondert hatten von der Unreinheit der Heiden im Lande, um den HERRN, den Gott Israels, zu suchen.

21 It was eaten by the people of Israel who had returned from exile, and also by every one who had joined them and separated himself from the uncleanness of the peoples of the land to worship the LORD, the God of Israel.

22 Und sie hielten das Fest der Ungesäuerten Brote sieben Tage lang mit Freuden; denn der HERR hatte sie fröhlich gemacht und das Herz des Königs von Assur* ihnen zugewandt, damit sie gestärkt würden zur Arbeit am Hause des Gottes, der der Gott Israels ist.

22 And they kept the Feast of Unleavened Bread seven days with joy, for the LORD had made them joyful and had turned the heart of the king of Assyria to them, so that he aided them in the work of the house of God, the God of Israel.

Esras Beauftragung durch Artaxerxes

7 Nach diesen Geschichten zog unter der Regierung des Artahsasta*, des Königs von Persien, Esra herauf, der Sohn Serajas, des Sohnes Asarjas, des Sohnes Hilkijas,

2 des Sohnes Schallums, des Sohnes Zadoks, des Sohnes Ahitubs,

3 des Sohnes Amarjas, des Sohnes Asarjas, des Sohnes Merajots,

4 des Sohnes Serachjas, des Sohnes Usis, des Sohnes Bukkis,

5 des Sohnes Abischuas, des Sohnes des Pinhas, des Sohnes Eleasars, des Sohnes Aarons, des Hohenpriesters.

6 Dieser Esra zog von Babel herauf. Er war ein Schriftgelehrter, kundig im Gesetz des Mose, das der Herr, der Gott Israels, gegeben hatte. Und der König gab ihm alles, was er erbat, weil die Hand des Herrn, seines Gottes, über ihm war.

¶ **7** Und mit ihm zogen herauf einige von den Israeliten und von den Priestern und Leviten, von den Sängern, Torhütern und Tempelsklaven nach Jerusalem im siebenten Jahr des Königs Artahsasta.

8 Und er kam nach Jerusalem im fünften Monat, im siebenten Jahr des Königs.

9 Am ersten Tage des ersten Monats nämlich hatte er beschlossen, von Babel heraufzuziehen, und am ersten Tage des fünften Monats kam er nach Jerusalem, weil die gnädige Hand Gottes über ihm war.

10 Denn Esra richtete sein Herz darauf, das Gesetz des Herrn zu erforschen und danach zu tun und Gebote und Rechte in Israel zu lehren.

Erlass des Königs Artaxerxes über Esras Vollmacht

11 Und dies ist die Abschrift des Schreibens, das der König Artahsasta Esra gab, dem Priester und Schriftgelehrten, der kundig war in den Worten der Gebote und Satzungen des Herrn für Israel:

¶ **12** Artahsasta, der König aller Könige, an Esra, den Priester und Beauftragten für das Gesetz des Gottes des Himmels: Friede zuvor!

13 Und nun, von mir ist befohlen worden, dass alle, die von dem Volk Israel und den Priestern und Leviten in meinem Reich willig sind, nach Jerusalem zu ziehen, mit dir ziehen können,

14 weil du vom König und seinen sieben Räten gesandt bist, um aufgrund des Gesetzes deines Gottes, das in deiner Hand ist, nachzuforschen, wie es in Juda und Jerusalem steht,

Ezra Sent to Teach the People

7 Now after this, in the reign of ᵛArtaxerxes king of Persia, Ezra the son of Seraiah, son of Azariah, son of Hilkiah,

2 son of Shallum, son of Zadok, son of Ahitub,

3 son of Amariah, son of Azariah, son of Meraioth,

4 son of Zerahiah, son of Uzzi, son of Bukki,

5 son of Abishua, son of Phinehas, son of Eleazar, son of Aaron the chief priest—

6 this Ezra went up from Babylonia. He was a scribe skilled in the Law of Moses that the Lord, the God of Israel, had given, and the king granted him all that he asked, for the hand of the Lord his God was on him.

¶ **7** And there went up also to Jerusalem, in the seventh year of Artaxerxes the king, some of the people of Israel, and some of the priests and Levites, the singers and gatekeepers, and the temple servants.

8 And Ezra¹ came to Jerusalem in the fifth month, which was in the seventh year of the king.

9 For on the first day of the first month he began to go up from Babylonia, and on the first day of the fifth month he came to Jerusalem, for the good hand of his God was on him.

10 For Ezra had set his heart to study the Law of the Lord, and to do it and to teach his statutes and rules in Israel.

¶ **11** This is a copy of the letter that King Artaxerxes gave to Ezra the priest, the scribe, a man learned in matters of the commandments of the Lord and his statutes for Israel:

12 "Artaxerxes, king of kings, to Ezra the priest, the scribe of the Law of the God of heaven.² And now

13 I make a decree that anyone of the people of Israel or their priests or Levites in my kingdom, who freely offers to go to Jerusalem, may go with you.

14 For you are sent by the king and his seven counselors to make inquiries about Judah and Jerusalem according to the Law of your God, which is in your hand,

15 und hinzubringen Silber und Gold, das der König und seine Räte freiwillig geben dem Gott Israels, dessen Wohnung zu Jerusalem ist,

16 und was du sonst an Silber und Gold erhältst in der ganzen Landschaft Babel samt dem, was das Volk und die Priester freiwillig geben für das Haus ihres Gottes zu Jerusalem.

17 Alles das nimm und kaufe mit Sorgfalt von diesem Geld Stiere, Widder, Lämmer und Speisopfer und Trankopfer dazu, damit man sie opfere auf dem Altar des Hauses eures Gottes zu Jerusalem.

18 Dazu, was dir und deinen Brüdern mit dem übrigen Gelde zu tun gefällt, das tut nach dem Willen eures Gottes.

19 Und die Geräte, die dir gegeben sind zum Dienst im Hause deines Gottes, übergib alle vor Gott in Jerusalem.

20 Auch was du sonst noch brauchst für das Haus deines Gottes, was du ausgeben musst, das bekommst du aus den Schatzhäusern des Königs.

¶ **21** Ich, König Artahsasta, habe allen Schatzmeistern jenseits des Euphrat befohlen: Alles, was Esra, der Priester und Beauftragte für das Gesetz des Gottes des Himmels, von euch fordert, das tut mit Sorgfalt,

22 bis zu hundert Zentner Silber und hundert Sack Weizen und hundert Eimer Wein und hundert Eimer Öl und Salz in jeder Menge.

23 Alles, was dir Gott befohlen hat, dass es gegeben werde, das soll für das Haus des Gottes des Himmels mit Hingabe geleistet werden, damit nicht der Zorn über das Reich des Königs und seiner Söhne komme.

24 Und euch sei kundgetan, dass ihr nicht Macht habt, Steuern, Abgaben und Zoll zu legen auf irgendeinen Priester, Leviten, Sänger, Torhüter, Tempelsklaven, auf alle, die im Hause dieses Gottes Dienst tun.

25 Du aber, Esra, setze nach der Weisheit deines Gottes, die in deiner Hand ist, Richter und Rechtspfleger ein, die allem Volk Recht sprechen, das jenseits des Euphrat wohnt, nämlich allen, die das Gesetz deines Gottes kennen; und wer es nicht kennt, den sollt ihr es lehren.

26 Aber jeder, der nicht sorgfältig das Gesetz deines Gottes und das Gesetz des Königs hält, der soll sein Urteil empfangen, es sei Tod oder Acht oder Buße an Hab und Gut oder Gefängnis.

15 and also to carry the silver and gold that the king and his counselors have freely offered to the God of Israel, whose dwelling is in Jerusalem,

16 with all the silver and gold that you shall find in the whole province of Babylonia, and with the freewill offerings of the people and the priests, vowed willingly for the house of their God that is in Jerusalem.

17 With this money, then, you shall with all diligence buy bulls, rams, and lambs, with their grain offerings and their drink offerings, and you shall offer them on the altar of the house of your God that is in Jerusalem.

18 Whatever seems good to you and your brothers to do with the rest of the silver and gold, you may do, according to the will of your God.

19 The vessels that have been given you for the service of the house of your God, you shall deliver before the God of Jerusalem.

20 And whatever else is required for the house of your God, which it falls to you to provide, you may provide it out of the king's treasury.

¶ **21** "And I, Artaxerxes the king, make a decree to all the treasurers in the province Beyond the River: Whatever Ezra the priest, the scribe of the Law of the God of heaven, requires of you, let it be done with all diligence,

22 up to 100 talents[3] of silver, 100 cors[4] of wheat, 100 baths[5] of wine, 100 baths of oil, and salt without prescribing how much.

23 Whatever is decreed by the God of heaven, let it be done in full for the house of the God of heaven, lest his wrath be against the realm of the king and his sons.

24 We also notify you that it shall not be lawful to impose tribute, custom, or toll on anyone of the priests, the Levites, the singers, the doorkeepers, the temple servants, or other servants of this house of God.

¶ **25** "And you, Ezra, according to the wisdom of your God that is in your hand, appoint magistrates and judges who may judge all the people in the province Beyond the River, all such as know the laws of your God. And those who do not know them, you shall teach.

26 Whoever will not obey the law of your God and the law of the king, let judgment be strictly executed on him, whether for death or for banishment or for confiscation of his goods or for imprisonment."

¶ **27** Gelobt sei der HERR, der Gott unserer Väter, der solches dem König eingegeben hat, dass er das Haus des HERRN in Jerusalem so herrlich mache,

28 und der mir die Gunst des Königs und seiner Räte und aller mächtigen Oberen des Königs zugewandt hat! Und ich ward getrost, weil die Hand des HERRN, meines Gottes, über mir war, und sammelte aus Israel Sippenhäupter, dass sie mit mir hinaufzögen.

Verzeichnis der mit Esra Zurückgekehrten

8 Dies sind die Häupter der Sippen mit ihren Geschlechtsregistern, die mit mir heraufzogen von Babel zur Zeit, als der König Artahsasta regierte.

¶ **2** Von den Söhnen Pinhas: Gerschom; von den Söhnen Itamar: Daniel; von den Söhnen David: Hattusch, der Sohn Schechanjas;

3 von den Söhnen Parosch: Secharja und mit ihm verzeichnet hundertundfünfzig Männer;

4 von den Söhnen Pahat-Moab: Eljoënai, der Sohn Serachjas, und mit ihm zweihundert Männer;

5 von den Söhnen Sattu: Schechanja, der Sohn Jahasiëls, und mit ihm dreihundert Männer;

6 von den Söhnen Adin: Ebed, der Sohn Jonatans, und mit ihm fünfzig Männer;

7 von den Söhnen Elam: Jeschaja, der Sohn Ataljas, und mit ihm siebzig Männer;

8 von den Söhnen Schefatja: Sebadja, der Sohn Michaels, und mit ihm achtzig Männer;

9 von den Söhnen Joab: Obadja, der Sohn Jehiëls, und mit ihm zweihundertundachtzehn Männer;

10 von den Söhnen Bani: Schelomit, der Sohn Josifjas, und mit ihm hundertundsechzig Männer;

11 von den Söhnen Bebai: Secharja, der Sohn Bebais, und mit ihm achtundzwanzig Männer;

12 von den Söhnen Asgad: Johanan, der Sohn Katans, und mit ihm hundertundzehn Männer;

13 von den Söhnen Adonikam: die Letzten, und sie hießen: Elifelet, Jeïël und Schemaja, und mit ihnen sechzig Männer;

14 von den Söhnen Bigwai: Utai, der Sohn Sabbuds, und mit ihm siebzig Männer.

Vorbereitung zum Aufbruch nach Jerusalem

15 Und ich versammelte sie am Fluss, der nach Ahawa fließt, und wir blieben dort drei Tage. Und ich sah wohl Volk und Priester, aber ich fand keine Leviten.

¶ **27** Blessed be the LORD, the God of our fathers, who put such a thing as this into the heart of the king, to beautify the house of the LORD that is in Jerusalem,

28 and who extended to me his steadfast love before the king and his counselors, and before all the king's mighty officers. I took courage, for the hand of the LORD my God was on me, and I gathered leading men from Israel to go up with me.

Genealogy of Those Who Returned with Ezra

8 These are the heads of their fathers' houses, and this is the genealogy of those who went up with me from Babylonia, in the reign of Artaxerxes the king:

2 Of the sons of Phinehas, Gershom. Of the sons of Ithamar, Daniel. Of the sons of David, Hattush.

3 Of the sons of Shecaniah, who was of the sons of Parosh, Zechariah, with whom were registered 150 men.

4 Of the sons of Pahath-moab, Eliehoenai the son of Zerahiah, and with him 200 men.

5 Of the sons of Zattu,[1] Shecaniah the son of Jahaziel, and with him 300 men.

6 Of the sons of Adin, Ebed the son of Jonathan, and with him 50 men.

7 Of the sons of Elam, Jeshaiah the son of Athaliah, and with him 70 men.

8 Of the sons of Shephatiah, Zebadiah the son of Michael, and with him 80 men.

9 Of the sons of Joab, Obadiah the son of Jehiel, and with him 218 men.

10 Of the sons of Bani,[2] Shelomith the son of Josiphiah, and with him 160 men.

11 Of the sons of Bebai, Zechariah, the son of Bebai, and with him 28 men.

12 Of the sons of Azgad, Johanan the son of Hakkatan, and with him 110 men.

13 Of the sons of Adonikam, those who came later, their names being Eliphelet, Jeuel, and Shemaiah, and with them 60 men.

14 Of the sons of Bigvai, Uthai and Zaccur, and with him 70 men.

Ezra Sends for Levites

¶ **15** I gathered them to the river that runs to Ahava, and there we camped three days. As I reviewed the people and the priests, I found there none of the sons of Levi.

16 Da sandte ich hin Eliëser, Ariël, Schemaja, Elnatan, Jarib, Elnatan, Nathan, Secharja und Meschullam, verständige Sippenhäupter,

17 und schickte sie zu Iddo, dem Vorsteher in Kasifja, damit sie uns Diener für das Haus unseres Gottes holten. Und ich legte ihnen in den Mund, was sie reden sollten mit Iddo und seinen Brüdern, die in Kasifja waren.

18 Und sie brachten uns, weil die gnädige Hand unseres Gottes über uns war, einen klugen Mann von den Söhnen Machlis, des Sohnes Levis, des Sohnes Israels, nämlich Scherebja mit seinen Söhnen und Brüdern, achtzehn;

19 und Haschabja und Jeschaja, seinen Bruder, von den Söhnen Merari und ihre Söhne, zwanzig;

20 und von den Tempelsklaven, die David und die Oberen bestimmt hatten, den Leviten zu dienen, zweihundertundzwanzig. Sie alle sind mit Namen aufgezeichnet.

¶ **21** Und ich ließ dort am Fluss bei Ahawa ein Fasten ausrufen, damit wir uns vor unserm Gott demütigten, um von ihm eine Reise ohne Gefahren zu erbitten für uns und unsere Kinder und alle unsere Habe.

22 Denn ich schämte mich, vom König Geleit und Reiter zu fordern, um uns auf dem Wege vor Feinden zu helfen. Denn wir hatten dem König gesagt: **Die Hand unseres Gottes ist zum Besten über allen, die ihn suchen, und seine Stärke und sein Zorn gegen alle, die ihn verlassen.**

23 So fasteten wir und erbaten solches von unserm Gott; und er erhörte uns.

¶ **24** Und ich sonderte zwölf der obersten Priester aus, dazu Scherebja und Haschabja und mit ihnen zehn von ihren Brüdern,

25 und wog ihnen dar das Silber und Gold und die Geräte als Abgabe für das Haus unseres Gottes, die der König und seine Räte und Oberen und ganz Israel, so viel ihrer waren, gegeben hatten.

26 Ich wog ihnen dar und gab in ihre Hand sechshundertundfünfzig Zentner Silber und an silbernen Geräten hundert Zentner und an Gold hundert Zentner,

27 zwanzig goldene Becher, tausend Gulden wert, und zwei schöne Gefäße aus goldglänzendem Kupfer, so kostbar wie Gold,

16 Then I sent for Eliezer, Ariel, Shemaiah, Elnathan, Jarib, Elnathan, Nathan, Zechariah, and Meshullam, leading men, and for Joiarib and Elnathan, who were men of insight,

17 and sent them to Iddo, the leading man at the place Casiphia, telling them what to say to Iddo and his brothers and[3] the temple servants at the place Casiphia, namely, to send us ministers for the house of our God.

18 And by the good hand of our God on us, they brought us a man of discretion, of the sons of Mahli the son of Levi, son of Israel, namely Sherebiah with his sons and kinsmen, 18;

19 also Hashabiah, and with him Jeshaiah of the sons of Merari, with his kinsmen and their sons, 20;

20 besides 220 of the temple servants, whom David and his officials had set apart to attend the Levites. These were all mentioned by name.

Fasting and Prayer for Protection

¶ **21** Then I proclaimed a fast there, at the river Ahava, that we might humble ourselves before our God, to seek from him a safe journey for ourselves, our children, and all our goods.

22 For I was ashamed to ask the king for a band of soldiers and horsemen to protect us against the enemy on our way, since we had told the king, "The hand of our God is for good on all who seek him, and the power of his wrath is against all who forsake him."

23 So we fasted and implored our God for this, and he listened to our entreaty.

Priests to Guard Offerings

¶ **24** Then I set apart twelve of the leading priests: Sherebiah, [e]Hashabiah, and ten of their kinsmen with them.

25 And I weighed out to them the silver and the gold and the vessels, the offering for the house of our God that the king and his counselors and his lords and all Israel there present had offered.

26 I weighed out into their hand 650 talents[4] of silver, and silver vessels worth 200 talents,[5] and 100 talents of gold,

27 20 bowls of gold worth 1,000 darics,[6] and two vessels of fine bright bronze as precious as gold.

28 und sprach zu ihnen: Ihr seid heilig dem HERRN und die Geräte sind heilig, und das Silber und Gold sind eine freiwillige Gabe für den HERRN, den Gott eurer Väter.

29 Seid nun wachsam und bewahrt es, bis ihr es darwägt in Jerusalem in den Kammern des Hauses des HERRN vor den obersten Priestern und Leviten und den Sippenhäuptern in Israel.

30 Da nahmen die Priester und Leviten das dargewogene Silber und Gold und die Geräte, um sie nach Jerusalem zum Hause unseres Gottes zu bringen.

Ankunft in Jerusalem

31 Dann brachen wir auf von dem Fluss bei Ahawa am zwölften Tage des ersten Monats, um nach Jerusalem zu ziehen. Und die Hand unseres Gottes war über uns und errettete uns vor Feinden und vor solchen, die uns auf dem Wege nachstellten.

32 Und wir kamen nach Jerusalem und ruhten dort drei Tage aus.

33 Aber am vierten Tage wurden im Hause unseres Gottes das Silber und Gold und die Geräte dargewogen dem Priester Meremot, dem Sohn Urias, und mit ihm Eleasar, dem Sohn des Pinhas, und mit ihnen den Leviten Josabad, dem Sohn Jeschuas, und Noadja, dem Sohn Binnuis,

34 nach Zahl und Gewicht eines jeden Stückes; und das ganze Gewicht wurde aufgeschrieben.

35 Zu dieser Zeit opferten die Leute, die aus der Gefangenschaft gekommen waren, Brandopfer dem Gott Israels, zwölf junge Stiere für ganz Israel, sechsundneunzig Widder, siebenundsiebzig Lämmer, zwölf Böcke zum Sündopfer, alles zum Brandopfer für den HERRN.

¶ 36 Und sie übergaben die Befehle des Königs den Amtleuten des Königs und den Statthaltern jenseits des Euphrat. Und diese halfen dem Volk und dem Hause Gottes.

Esras Bußgebet wegen der Mischehen

9 Als das alles ausgerichtet war, traten die Oberen zu mir und sprachen: Das Volk Israel und die Priester und Leviten haben sich nicht abgesondert von den Völkern des Landes mit ihren Gräueln, nämlich von den Kanaanitern, Hetitern, Perisitern, Jebusitern, Ammonitern, Moabitern, Ägyptern und Amoritern;

28 And I said to them, "You are holy to the LORD, and the vessels are holy, and the silver and the gold are a freewill offering to the LORD, the God of your fathers.

29 Guard them and keep them until you weigh them before the chief priests and the Levites and the heads of fathers' houses in Israel at Jerusalem, within the chambers of the house of the LORD."

30 So the priests and the Levites took over the weight of the silver and the gold and the vessels, to bring them to Jerusalem, to the house of our God.

¶ 31 Then we departed from the river Ahava on the twelfth day of the first month, to go to Jerusalem. The hand of our God was on us, and he delivered us from the hand of the enemy and from ambushes by the way.

32 We came to Jerusalem, and there we remained three days.

33 On the fourth day, within the house of our God, the silver and the gold and the vessels were weighed into the hands of Meremoth the priest, son of Uriah, and with him was Eleazar the son of Phinehas, and with them were the Levites, Jozabad the son of Jeshua and Noadiah the son of Binnui.

34 The whole was counted and weighed, and the weight of everything was recorded.

¶ 35 At that time those who had come from captivity, the returned exiles, offered burnt offerings to the God of Israel, twelve bulls for all Israel, ninety-six rams, seventy-seven lambs, and as a sin offering twelve male goats. All this was a burnt offering to the LORD.

36 They also delivered the king's commissions to the king's satraps[7] and to the governors of the province Beyond the River, and they aided the people and the house of God.

Ezra Prays About Intermarriage

9 After these things had been done, the officials approached me and said, "The people of Israel and the priests and the Levites have not separated themselves from the peoples of the lands with their abominations, from the Canaanites, the Hittites, the Perizzites, the Jebusites, the Ammonites, the Moabites, the Egyptians, and the Amorites.

2 denn sie haben deren Töchter genommen für sich und für ihre Söhne und das heilige Volk hat sich vermischt mit den Völkern des Landes. Und die Oberen und Ratsherren waren die Ersten bei diesem Treubruch.

¶ **3** Als ich dies hörte, zerriss ich mein Kleid und meinen Mantel und raufte mir Haupthaar und Bart und setzte mich bestürzt hin.

4 Und es versammelten sich bei mir alle, die über die Worte des Gottes Israels erschrocken waren wegen des Treubruchs derer, die aus der Gefangenschaft gekommen waren; und ich saß bestürzt da bis zum Abendopfer.

¶ **5** Und um das Abendopfer fasste ich mich und stand auf in meinem zerrissenen Kleid und Mantel, fiel auf meine Knie und breitete meine Hände aus zu dem HERRN, meinem Gott,

6 und sprach: Mein Gott, ich schäme mich und scheue mich, meine Augen aufzuheben zu dir, mein Gott; denn unsere Missetat ist über unser Haupt gewachsen, und unsere Schuld ist groß bis an den Himmel.

7 Von der Zeit unserer Väter an sind wir in großer Schuld gewesen bis auf diesen Tag, und um unserer Missetat willen sind wir und unsere Könige und Priester in die Hand der Könige der Länder gegeben worden, ins Schwert, ins Gefängnis, zum Raub und zur Schmach, so wie es heute ist.

8 Nun aber ist uns einen kleinen Augenblick Gnade vor dem HERRN, unserm Gott, geschehen, dass er uns noch Errettete übrig gelassen und uns einen festen Halt an seiner heiligen Stätte gegeben hat, um unsere Augen aufleuchten und uns ein wenig aufleben zu lassen in unserer Knechtschaft.

9 Denn wir sind Knechte, aber unser Gott hat uns nicht verlassen in unserer Knechtschaft und hat uns die Gunst der Könige von Persien zugewandt, dass er uns wieder aufleben lässt, um das Haus unseres Gottes aufzubauen und es aus seinen Trümmern wieder aufzurichten, damit er uns ein Bollwerk in Juda und Jerusalem gebe.

¶ **10** Und nun, unser Gott, was sollen wir nach alledem sagen? Wir haben deine Gebote verlassen,

11 die du durch deine Knechte, die Propheten, gegeben hast, als sie sagten: Das Land, in das ihr kommt, um es in Besitz zu nehmen, ist ein unreines Land durch die Unreinheit der Völker des Landes mit ihren Gräueln, mit denen sie es von einem Ende bis zum andern Ende in ihrer Unreinheit angefüllt haben.

2 For they have taken some of their daughters to be wives for themselves and for their sons, so that the holy race[1] has mixed itself with the peoples of the lands. And in this faithlessness the hand of the officials and chief men has been foremost."

3 As soon as I heard this, I tore my garment and my cloak and pulled hair from my head and beard and sat appalled.

4 Then all who trembled at the words of the God of Israel, because of the faithlessness of the returned exiles, gathered around me while I sat appalled until the evening sacrifice.

5 And at the evening sacrifice I rose from my fasting, with my garment and my cloak torn, and fell upon my knees and spread out my hands to the LORD my God,

6 saying:

¶ "O my God, I am ashamed and blush to lift my face to you, my God, for our iniquities have risen higher than our heads, and our guilt has mounted up to the heavens.

7 From the days of our fathers to this day we have been in great guilt. And for our iniquities we, our kings, and our priests have been given into the hand of the kings of the lands, to the sword, to captivity, to plundering, and to utter shame, as it is today.

8 But now for a brief moment favor has been shown by the LORD our God, to leave us a remnant and to give us a secure hold[2] within his holy place, that our God may brighten our eyes and grant us a little reviving in our slavery.

9 For we are slaves. Yet our God has not forsaken us in our slavery, but has extended to us his steadfast love before the kings of Persia, to grant us some reviving to set up the house of our God, to repair its ruins, and to give us protection[3] in Judea and Jerusalem.

¶ **10** "And now, O our God, what shall we say after this? For we have forsaken your commandments,

11 which you commanded by your servants the prophets, saying, 'The land that you are entering, to take possession of it, is a land impure with the impurity of the peoples of the lands, with their abominations that have filled it from end to end with their uncleanness.

12 So sollt ihr nun eure Töchter nicht ihren Söhnen geben, und ihre Töchter sollt ihr nicht für eure Söhne nehmen. Und lasst sie nicht zu Frieden und Wohlstand kommen ewiglich, damit ihr mächtig werdet und das Gut des Landes esst und es euren Kindern vererbt auf ewige Zeiten.

¶ **13** Aber nach allem, was über uns gekommen ist um unserer bösen Werke und großen Schuld willen – und du, unser Gott, hast unsere Missetat nicht bestraft, wie wir's verdient hätten, und hast uns diese Schar von Erretteten gegeben –,

14 sollten wir wiederum deine Gebote übertreten, dass wir uns vermischten mit den Völkern, die diese Gräuel tun? Wirst du nicht über uns zürnen, bis es ganz aus ist, sodass es weder einen Rest noch Entronnene gibt?

15 HERR, Gott Israels, du bist getreu; denn wir sind übrig geblieben als Errettete, wie es heute ist. Siehe, hier sind wir vor dir in unserer Schuld; darum können wir nicht bestehen vor deinem Angesicht.

Auflösung der Mischehen

10 Und wie nun Esra vor dem Hause Gottes auf den Knien lag und weinend betete und bekannte, sammelte sich um ihn aus Israel eine sehr große Gemeinde von Männern, Frauen und Kindern; denn das Volk weinte sehr.

2 Und Schechanja, der Sohn Jehiëls, von den Söhnen Elam, hob an und sprach zu Esra: Wir haben unserm Gott die Treue gebrochen, als wir uns fremde Frauen von den Völkern des Landes genommen haben. Nun, es ist trotz allem noch Hoffnung für Israel!

3 So lasst uns nun mit unserm Gott einen Bund schließen, dass wir alle fremden Frauen und die Kinder, die von ihnen geboren sind, hinaustun nach dem Rat meines Herrn und derer, die die Gebote unseres Gottes fürchten, dass man tue nach dem Gesetz.

4 So steh nun auf! Denn dir gebührt's zu handeln und wir wollen mit dir sein. Sei getrost und tu es!

¶ **5** Da stand Esra auf und nahm einen Eid von den obersten Priestern, den Leviten und ganz Israel, dass sie nach diesem Wort tun sollten. Und sie schworen.

12 Therefore do not give your daughters to their sons, neither take their daughters for your sons, and never seek their peace or prosperity, that you may be strong and eat the good of the land and leave it for an inheritance to your children forever.'

13 And after all that has come upon us for our evil deeds and for our great guilt, seeing that you, our God, have punished us less than our iniquities deserved and have given us such a remnant as this,

14 shall we break your commandments again and intermarry with the peoples who practice these abominations? Would you not be angry with us until you consumed us, so that there should be no remnant, nor any to escape?

15 O LORD, the God of Israel, you are just, for we are left a remnant that has escaped, as it is today. Behold, we are before you in our guilt, for none can stand before you because of this."

The People Confess Their Sin

10 While Ezra prayed and made confession, weeping and casting himself down before the house of God, a very great assembly of men, women, and children, gathered to him out of Israel, for the people wept bitterly.

2 And Shecaniah the son of Jehiel, of the sons of Elam, addressed Ezra: "We have broken faith with our God and have married foreign women from the peoples of the land, but even now there is hope for Israel in spite of this.

3 Therefore let us make a covenant with our God to put away all these wives and their children, according to the counsel of my lord[1] and of those who tremble at the commandment of our God, and let it be done according to the Law.

4 Arise, for it is your task, and we are with you; be strong and do it."

5 Then Ezra arose and made the leading priests and Levites and all Israel take oath that they would do as had been said. So they took the oath.

6 Und Esra ging fort von dem Platz vor dem Hause Gottes und ging in die Kammer Johanans, des Sohnes Eljaschibs. Und er blieb dort über Nacht, aß kein Brot und trank kein Wasser; denn er trug Leid um den Treubruch derer, die aus der Gefangenschaft gekommen waren.

¶ **7** Und man ließ ausrufen in Juda und Jerusalem für alle, die in der Gefangenschaft gewesen waren, dass sie sich in Jerusalem versammeln sollten;

8 und wer nicht in drei Tagen nach dem Ratschluss der Oberen und Ältesten käme, dessen ganze Habe sollte dem Bann verfallen und er selbst ausgeschlossen sein aus der Gemeinde derer, die aus der Gefangenschaft gekommen waren.

9 Da versammelten sich alle Männer von Juda und Benjamin in Jerusalem auf den dritten Tag, den zwanzigsten im neunten Monat. Und alles Volk saß auf dem Platz vor dem Hause Gottes, zitternd wegen der Sache und des strömenden Regens.

10 Und Esra, der Priester, stand auf und sprach zu ihnen: Ihr habt dem Herrn die Treue gebrochen, als ihr euch fremde Frauen genommen und so die Schuld Israels gemehrt habt.

11 Bekennt sie nun dem HERRN, dem Gott eurer Väter, und tut seinen Willen und scheidet euch von den Völkern des Landes und von den fremden Frauen.

¶ **12** Da antwortete die ganze Gemeinde und sprach mit lauter Stimme: Es geschehe, wie du uns gesagt hast!

13 Aber es ist viel Volk hier, und es ist Regenzeit und man kann nicht draußen stehen; auch ist es nicht in ein oder zwei Tagen getan, denn wir haben in dieser Sache viel gesündigt.

14 Unsere Oberen sollen die ganze Gemeinde vertreten, dass alle, die sich in unsern Städten fremde Frauen genommen haben, zu bestimmten Zeiten kommen und mit ihnen die Ältesten einer jeden Stadt und ihre Richter, bis der Zorn unseres Gottes um dieser Sache willen von uns gewendet werde.

¶ **15** Nur Jonatan, der Sohn Asaëls, und Jachseja, der Sohn Tikwas, widersetzten sich und Meschullam und Schabbetai, der Levit, halfen ihnen.

16 Doch die aus der Gefangenschaft gekommen waren, taten, wie sie versprochen hatten. Und der Priester Esra sonderte sich Männer aus, die Häupter ihrer Sippen, alle namentlich genannt, und sie traten zusammen am ersten Tage des zehnten Monats, um diese Sache zu untersuchen.

¶ **6** Then Ezra withdrew from before the house of God and went to the chamber of Jehohanan the son of Eliashib, where he spent the night,[2] neither eating bread nor drinking water, for he was mourning over the faithlessness of the exiles.

7 And a proclamation was made throughout Judah and Jerusalem to all the returned exiles that they should assemble at Jerusalem,

8 and that if anyone did not come within three days, by order of the officials and the elders all his property should be forfeited, and he himself banned from the congregation of the exiles.

¶ **9** Then all the men of Judah and Benjamin assembled at Jerusalem within the three days. It was the ninth month, on the twentieth day of the month. And all the people sat in the open square before the house of God, trembling because of this matter and because of the heavy rain.

10 And Ezra the priest stood up and said to them, "You have broken faith and married foreign women, and so increased the guilt of Israel.

11 Now then make confession to the LORD, the God of your fathers and do his will. Separate yourselves from the peoples of the land and from the foreign wives."

12 Then all the assembly answered with a loud voice, "It is so; we must do as you have said.

13 But the people are many, and it is a time of heavy rain; we cannot stand in the open. Nor is this a task for one day or for two, for we have greatly transgressed in this matter.

14 Let our officials stand for the whole assembly. Let all in our cities who have taken foreign wives come at appointed times, and with them the elders and judges of every city, until the fierce wrath of our God over this matter is turned away from us."

¶ **15** Only Jonathan the son of Asahel and Jahzeiah the son of Tikvah opposed this, and Meshullam and Shabbethai the Levite supported them.

¶ **16** Then the returned exiles did so. Ezra the priest selected men,[3] heads of fathers' houses, according to their fathers' houses, each of them designated by name. On the first day of the tenth month they sat down to examine the matter;

17 Und sie brachten's zum Abschluss bei allen Männern, die fremde Frauen hatten, bis zum ersten Tage des ersten Monats.

¶ **18** Und es wurden gefunden unter den Priestern, die sich fremde Frauen genommen hatten:

¶ bei den Söhnen Jeschuas, des Sohnes Jozadaks, und seinen Brüdern: Maaseja, Eliëser, Jarib und Gedalja,

19 und sie gaben die Hand darauf, dass sie ihre Frauen ausstoßen und einen Widder für ihre Schuld als Schuldopfer geben wollten;

20 bei den Söhnen Immer: Hanani und Sebadja;

21 bei den Söhnen Harim: Maaseja, Elija, Schemaja, Jehiël und Usija;

22 bei den Söhnen Paschhur: Eljoënai, Maaseja, Jischmael, Netanel, Josabad und Elasa;

23 unter den Leviten: Josabad, Schimi und Kelaja, das ist Kelita, Petachja, Juda und Eliëser;

24 unter den Sängern: Eljaschib; unter den Torhütern: Schallum, Telem und Uri.

¶ **25** Unter den übrigen Israeliten: bei den Söhnen Parosch: Ramja, Jisija, Malkija, Mijamin, Eleasar, Haschabja und Benaja;

26 bei den Söhnen Elam: Mattanja, Secharja, Jehiël, Abdi, Jeremot und Elija;

27 bei den Söhnen Sattu: Eljoënai, Eljaschib, Mattanja, Jeremot, Sabad und Asisa;

28 bei den Söhnen Bebai: Johanan, Hananja, Sabbai und Atlai;

29 bei den Söhnen Bani: Meschullam, Malluch, Adaja, Jaschub, Scheal und Jeremot;

30 bei den Söhnen Pahat-Moab: Adna, Kelal, Benaja, Maaseja, Mattanja, Bezalel, Binnui und Manasse;

31 bei den Söhnen Harim: Eliëser, Jischija, Malkija, Schemaja, Simeon,

32 Benjamin, Malluch und Schemarja;

33 bei den Söhnen Haschum: Mattenai, Mattatta, Sabad, Elifelet, Jeremai, Manasse und Schimi;

34 bei den Söhnen Bigwai: Maadai, Amram, Uël,

35 Benaja, Bedja, Keluhi,

36 Wanja, Meremot, Eljaschib,

37 Mattanja, Mattenai, Jaasai;

38 bei den Söhnen Binnui: Schimi,

39 Schelemja, Nathan, Adaja,

40 Machnadbai, Schaschai, Scharai,

41 Asarel, Schelemja, Schemarja,

42 Schallum, Amarja und Josef;

17 and by the first day of the first month they had come to the end of all the men who had married foreign women.

Those Guilty of Intermarriage

¶ **18** Now there were found some of the sons of the priests who had married foreign women: Maaseiah, Eliezer, Jarib, and Gedaliah, some of the sons of Jeshua the son of Jozadak and his brothers.

19 They pledged themselves to put away their wives, and their guilt offering was a ram of the flock for their guilt.[4]

20 Of the sons of Immer: Hanani and Zebadiah.

21 Of the sons of Harim: Maaseiah, Elijah, Shemaiah, Jehiel, and Uzziah.

22 Of the sons of Pashhur: Elioenai, Maaseiah, Ishmael, Nethanel, Jozabad, and Elasah.

¶ **23** Of the Levites: Jozabad, Shimei, Kelaiah (that is, Kelita), Pethahiah, Judah, and Eliezer.

24 Of the singers: Eliashib. Of the gatekeepers: Shallum, Telem, and Uri.

¶ **25** And of Israel: of the sons of Parosh: Ramiah, Izziah, Malchijah, Mijamin, Eleazar, Hashabiah,[5] and Benaiah.

26 Of the sons of Elam: Mattaniah, Zechariah, Jehiel, Abdi, Jeremoth, and Elijah.

27 Of the sons of Zattu: Elioenai, Eliashib, Mattaniah, Jeremoth, Zabad, and Aziza.

28 Of the sons of Bebai were Jehohanan, Hananiah, Zabbai, and Athlai.

29 Of the sons of Bani were Meshullam, Malluch, Adaiah, Jashub, Sheal, and Jeremoth.

30 Of the sons of Pahath-moab: Adna, Chelal, Benaiah, Maaseiah, Mattaniah, Bezalel, Binnui, and Manasseh.

31 Of the sons of Harim: Eliezer, Isshijah, Malchijah, Shemaiah, Shimeon,

32 Benjamin, Malluch, and Shemariah.

33 Of the sons of Hashum: Mattenai, Mattattah, Zabad, Eliphelet, Jeremai, Manasseh, and Shimei.

34 Of the sons of Bani: Maadai, Amram, Uel,

35 Benaiah, Bedeiah, Cheluhi,

36 Vaniah, Meremoth, Eliashib,

37 Mattaniah, Mattenai, Jaasu.

38 Of the sons of Binnui:[6] Shimei,

39 Shelemiah, Nathan, Adaiah,

40 Machnadebai, Shashai, Sharai,

41 Azarel, Shelemiah, Shemariah,

42 Shallum, Amariah, and Joseph.

43 bei den Söhnen Nebo: Jeïêl, Mattitja, Sabad, Sebina, Jaddai, Joel und Benaja.

¶ **44** Diese alle hatten sich fremde Frauen genommen; und nun entließen sie Frauen und Kinder.

43 Of the sons of Nebo: Jeiel, Mattithiah, Zabad, Zebina, Jaddai, Joel, and Benaiah.

44 All these had married foreign women, and some of the women had even borne children.⁷

DAS BUCH NEHEMIA

NEHEMIAH

Nehemias Trauer um Jerusalem und sein Gebet

1 Dies ist die Geschichte Nehemias, des Sohnes Hachaljas.

¶ Es geschah im Monat Kislew des zwanzigsten Jahres*, als ich in der Festung Susa war,

2 da kam Hanani, einer meiner Brüder, mit einigen Männern aus Juda. Und ich fragte sie, wie es den Juden ginge, den Entronnenen, die aus der Gefangenschaft zurückgekehrt waren, und wie es Jerusalem ginge.

3 Und sie sprachen zu mir: Die Entronnenen, die zurückgekehrt sind aus der Gefangenschaft, sind dort im Lande in großem Unglück und in Schmach; die Mauern Jerusalems liegen zerbrochen und seine Tore sind mit Feuer verbrannt.

¶ **4** Als ich aber diese Worte hörte, setzte ich mich nieder und weinte und trug Leid tagelang und fastete und betete vor dem Gott des Himmels

5 und sprach: Ach, HERR, Gott des Himmels, du großer und furchtbarer Gott, der da hält den Bund und die Treue denen, die ihn lieben und seine Gebote halten!

6 Lass doch deine Ohren aufmerken und deine Augen offen sein, dass du das Gebet deines Knechtes hörst, das ich jetzt vor dir bete Tag und Nacht für die Israeliten, deine Knechte, und bekenne die Sünden der Israeliten, die wir an dir getan haben; und ich und meines Vaters Haus haben auch gesündigt.

7 Wir haben übel an dir getan, dass wir nicht gehalten haben die Gebote, Befehle und Rechte, die du geboten hast deinem Knecht Mose.

8 Gedenke aber doch des Wortes, das du deinem Knecht Mose gebotest und sprachst: Wenn ihr mir die Treue brecht, so will ich euch unter die Völker zerstreuen.

9 Wenn ihr euch aber zu mir bekehrt und meine Gebote haltet und sie tut, so will ich, auch wenn ihr versprengt wäret bis an des Himmels Ende, euch doch von da sammeln und will euch bringen an den Ort, den ich erwählt habe, damit mein Name dort wohne.

Report from Jerusalem

1 The words of Nehemiah the son of Hacaliah.

¶ Now it happened in the month of Chislev, in the twentieth year, as I was in Susa the capital,[1]

2 that Hanani, one of my brothers, came with certain men from Judah. And I asked them concerning the Jews who escaped, who had survived the exile, and concerning Jerusalem.

3 And they said to me, "The remnant there in the province who had survived the exile is in great trouble and shame. The wall of Jerusalem is broken down, and its gates are destroyed by fire."

Nehemiah's Prayer

¶ **4** As soon as I heard these words I sat down and wept and mourned for days, and I continued fasting and praying before the God of heaven.

5 And I said, "O LORD God of heaven, the great and awesome God who keeps covenant and steadfast love with those who love him and keep his commandments,

6 let your ear be attentive and your eyes open, to hear the prayer of your servant that I now pray before you day and night for the people of Israel your servants, confessing the sins of the people of Israel, which we have sinned against you. Even I and my father's house have sinned.

7 We have acted very corruptly against you and have not kept the commandments, the statutes, and the rules that you commanded your servant Moses.

8 Remember the word that you commanded your servant Moses, saying, 'If you are unfaithful, I will scatter you among the peoples,

9 but if you return to me and keep my commandments and do them, though your outcasts are in the uttermost parts of heaven, from there I will gather them and bring them to the place that I have chosen, to make my name dwell there.'

10 Sie sind ja doch deine Knechte und dein Volk, das du erlöst hast durch deine große Kraft und deine mächtige Hand.

11 Ach, Herr, lass deine Ohren aufmerken auf das Gebet deines Knechtes und auf das Gebet deiner Knechte, die von Herzen deinen Namen fürchten. Und lass es deinem Knecht heute gelingen und gib ihm Gnade vor diesem Mann! – Denn ich war des Königs Mundschenk.

Nehemia erlangt vom König die Erlaubnis, nach Jerusalem zu reisen

2 Im Monat Nisan des zwanzigsten Jahres des Königs Artahsasta*, als Wein vor ihm stand, nahm ich den Wein und gab ihn dem König, und ich stand traurig vor ihm.

2 Da sprach der König zu mir: Warum siehst du so traurig drein? Du bist doch nicht krank? Das ist's nicht, sondern sicher bedrückt dich etwas. Ich aber fürchtete mich sehr

3 und sprach zum König: Der König lebe ewig! Sollte ich nicht traurig dreinsehen? Die Stadt, in der meine Väter begraben sind, liegt wüst und ihre Tore sind vom Feuer verzehrt.

4 Da sprach der König zu mir: Was begehrst du denn? Da betete ich zu dem Gott des Himmels

5 und sprach zum König: Gefällt es dem König und hat dein Knecht Gnade gefunden vor dir, so wollest du mich nach Juda reisen lassen, in die Stadt, wo meine Väter begraben sind, damit ich sie wieder aufbaue.

¶ **6** Und der König sprach zu mir, während die Königin neben ihm saß: Wie lange wird deine Reise dauern und wann wirst du wiederkommen? Und als es dem König gefiel, mich reisen zu lassen, nannte ich ihm eine bestimmte Zeit

7 und sprach zum König: Gefällt es dem König, so gebe man mir Briefe an die Statthalter jenseits des Euphrat, damit sie mir Geleit geben, bis ich nach Juda komme,

8 und auch Briefe an Asaf, den obersten Aufseher über die Wälder des Königs, damit er mir Holz gebe zu Balken für die Pforten der Burg beim Tempel und für die Stadtmauer und für das Haus, in das ich einziehen soll. Und der König gab sie mir, weil die gnädige Hand meines Gottes über mir war.

¶ **9** Und als ich zu den Statthaltern jenseits des Euphrat kam, gab ich ihnen die Briefe des Königs. Der König hatte aber Hauptleute und Reiter mit mir gesandt.

10 They are your servants and your people, whom you have redeemed by your great power and by your strong hand.

11 O Lord, let your ear be attentive to the prayer of your servant, and to the prayer of your servants who delight to fear your name, and give success to your servant today, and grant him mercy in the sight of this man." ¶ Now I was cupbearer to the king.

Nehemiah Sent to Judah

2 In the month of Nisan, in the twentieth year of King Artaxerxes, when wine was before him, I took up the wine and gave it to the king. Now I had not been sad in his presence.

2 And the king said to me, "Why is your face sad, seeing you are not sick? This is nothing but sadness of the heart." Then I was very much afraid.

3 I said to the king, "Let the king live forever! Why should not my face be sad, when the city, the place of my fathers' graves, lies in ruins, and its gates have been destroyed by fire?"

4 Then the king said to me, "What are you requesting?" So I prayed to the God of heaven.

5 And I said to the king, "If it pleases the king, and if your servant has found favor in your sight, that you send me to Judah, to the city of my fathers' graves, that I may rebuild it."

6 And the king said to me (the queen sitting beside him), "How long will you be gone, and when will you return?" So it pleased the king to send me when I had given him a time.

7 And I said to the king, "If it pleases the king, let letters be given me to the governors of the province Beyond the River, that they may let me pass through until I come to Judah,

8 and a letter to Asaph, the keeper of the king's forest, that he may give me timber to make beams for the gates of the fortress of the temple, and for the wall of the city, and for the house that I shall occupy." And the king granted me what I asked, for the good hand of my God was upon me.

Nehemiah Inspects Jerusalem's Walls

¶ **9** Then I came to the governors of the province Beyond the River and gave them the king's letters. Now the king had sent with me officers of the army and horsemen.

10 Als das hörten Sanballat, der Horoniter, und Tobija, der ammonitische Knecht, verdross es sie sehr, dass einer gekommen war, der für die Israeliten Gutes suchte.

Nehemia untersucht den Zustand der Mauern Jerusalems

11 Und als ich nach Jerusalem kam und drei Tage da gewesen war,

12 machte ich mich in der Nacht auf und wenige Männer mit mir; denn ich hatte keinem Menschen gesagt, was mir mein Gott eingegeben hatte, für Jerusalem zu tun; und es war kein Tier bei mir außer dem, auf dem ich ritt.

13 Und ich ritt zum Taltor hinaus bei Nacht und am Drachenquell vorbei und an das Misttor und forschte genau, wo die Mauern Jerusalems eingerissen waren und die Tore vom Feuer verzehrt.

14 Und ich ritt hinüber zu dem Quelltor und zu des Königs Teich und es war da kein Raum, dass mein Tier mit mir weiterkommen konnte.

15 Da stieg ich bei Nacht das Bachtal hinauf und achtete genau auf die Mauern und kehrte um und kam durch das Taltor wieder heim.

¶ **16** Und die Ratsherren wussten nicht, wohin ich gegangen war und was ich gemacht hatte; denn ich hatte bis dahin den Juden, nämlich den Priestern, den Vornehmen und den Ratsherren und den andern, die am Werk arbeiten sollten, nichts gesagt.

17 Und ich sprach zu ihnen: Ihr seht das Unglück, in dem wir sind, dass Jerusalem wüst liegt und seine Tore mit Feuer verbrannt sind. Kommt, lasst uns die Mauern Jerusalems wieder aufbauen, damit wir nicht weiter ein Gespött seien!

18 Und ich sagte ihnen, wie gnädig die Hand meines Gottes über mir gewesen war, dazu auch die Worte des Königs, die er mir gesagt hatte. Und sie sprachen: Auf, lasst uns bauen! Und sie nahmen das gute Werk in die Hand.

¶ **19** Als das aber Sanballat, der Horoniter, und Tobija, der ammonitische Knecht, und Geschem, der Araber, hörten, verspotteten und verhöhnten sie uns und sprachen: Was ist das, was ihr da macht? Wollt ihr von dem König abfallen?

20 Da antwortete ich ihnen: Der Gott des Himmels wird es uns gelingen lassen; denn wir, seine Knechte, haben uns aufgemacht und bauen wieder auf. Für euch gibt es keinen Anteil, kein Anrecht noch Gedenken in Jerusalem.

10 But when Sanballat the Horonite and Tobiah the Ammonite servant heard this, it displeased them greatly that someone had come to seek the welfare of the people of Israel.

¶ **11** So I went to Jerusalem and was there three days.

12 Then I arose in the night, I and a few men with me. And I told no one what my God had put into my heart to do for Jerusalem. There was no animal with me but the one on which I rode.

13 I went out by night by the Valley Gate to the Dragon Spring and to the Dung Gate, and I inspected the walls of Jerusalem that were broken down and its gates that had been destroyed by fire.

14 Then I went on to the Fountain Gate and to the King's Pool, but there was no room for the animal that was under me to pass.

15 Then I went up in the night by the valley and inspected the wall, and I turned back and entered by the Valley Gate, and so returned.

16 And the officials did not know where I had gone or what I was doing, and I had not yet told the Jews, the priests, the nobles, the officials, and the rest who were to do the work.

¶ **17** Then I said to them, "You see the trouble we are in, how Jerusalem lies in ruins with its gates burned. Come, let us build the wall of Jerusalem, that we may no longer suffer derision."

18 And I told them of the hand of my God that had been upon me for good, and also of the words that the king had spoken to me. And they said, "Let us rise up and build." So they strengthened their hands for the good work.

19 But when Sanballat the Horonite and Tobiah the Ammonite servant and Geshem the Arab heard of it, they jeered at us and despised us and said, "What is this thing that you are doing? Are you rebelling against the king?"

20 Then I replied to them, "The God of heaven will make us prosper, and we his servants will arise and build, but you have no portion or right or claim[1] in Jerusalem."

Der Bau der Stadtmauer und die Liste der Bauleute

3 Und Eljaschib, der Hohepriester, machte sich mit seinen Brüdern, den Priestern, auf und sie bauten das Schaftor. Sie deckten es und setzten seine Türen ein. Sie bauten aber weiter bis an den Turm Mea und bis an den Turm Hananel.

2 Neben ihnen bauten die Männer von Jericho. Und daneben baute Sakkur, der Sohn Imris.

3 Aber das Fischtor bauten die Söhne Senaa; sie deckten es und setzten seine Türen ein, seine Schlösser und Riegel.

4 Neben ihnen baute Meremot, der Sohn Urias, des Sohnes des Hakkoz. Neben ihm baute Meschullam, der Sohn Berechjas, des Sohnes Meschesabels. Neben ihm baute Zadok, der Sohn Baanas.

5 Neben ihm bauten die Leute von Tekoa, aber ihre Vornehmen beugten ihren Nacken nicht zum Dienst für ihre Herren.

6 Das alte Tor baute Jojada, der Sohn Paseachs; und Meschullam, der Sohn Besodjas; sie deckten es und setzten seine Türen ein, seine Schlösser und Riegel.

7 Neben ihnen bauten Melatja von Gibeon und Jadon von Meronot, die Männer von Gibeon und von Mizpa, die unter die Herrschaft des Statthalters jenseits des Euphrat gehörten.

8 Daneben baute Usiël, der Sohn Harhajas, der Goldschmied. Neben ihm baute Hananja, der zu den Salbenbereitern gehört. Sie bauten in Jerusalem bis an die breite Mauer.

9 Neben ihnen baute Refaja, der Sohn Hurs, der Vorsteher des halben Bezirkes von Jerusalem.

10 Neben ihm baute Jedaja, der Sohn Harumafs, gegenüber seinem Hause. Neben ihm baute Hattusch, der Sohn Haschabnejas.

11 Aber Malkija, der Sohn Harims, und Haschub, der Sohn Pahat-Moabs, bauten ein weiteres Stück bis zum Ofenturm.

12 Daneben baute Schallum, der Sohn des Lohesch, der Vorsteher des andern halben Bezirkes von Jerusalem, er und seine Töchter.

13 Das Taltor bauten Hanun und die Bürger von Sanoach; sie bauten es und setzten seine Türen ein, seine Schlösser und Riegel – und tausend Ellen an der Mauer bis an das Misttor.

14 Das Misttor aber baute Malkija, der Sohn Rechabs, der Vorsteher des Bezirkes von Bet-Kerem; er baute es und setzte seine Türen ein, seine Schlösser und Riegel.

Rebuilding the Wall

3 Then Eliashib the high priest rose up with his brothers the priests, and they built the Sheep Gate. They consecrated it and set its doors. They consecrated it as far as the Tower of the Hundred, as far as the Tower of Hananel.

2 And next to him the men of Jericho built. And next to them[1] Zaccur the son of Imri built.

¶ **3** The sons of Hassenaah built the Fish Gate. They laid its beams and set its doors, its bolts, and its bars.

4 And next to them Meremoth the son of Uriah, son of Hakkoz repaired. And next to them Meshullam the son of Berechiah, son of Meshezabel repaired. And next to them Zadok the son of Baana repaired.

5 And next to them the Tekoites repaired, but their nobles would not stoop to serve their Lord.[2]

¶ **6** Joiada the son of Paseah and Meshullam the son of Besodeiah repaired the Gate of Yeshanah.[3] They laid its beams and set its doors, its bolts, and its bars.

7 And next to them repaired Melatiah the Gibeonite and Jadon the Meronothite, the men of Gibeon and of Mizpah, the seat of the governor of the province Beyond the River.

8 Next to them Uzziel the son of Harhaiah, goldsmiths, repaired. Next to him Hananiah, one of the perfumers, repaired, and they restored Jerusalem as far as the Broad Wall.

9 Next to them Rephaiah the son of Hur, ruler of half the district of[4] Jerusalem, repaired.

10 Next to them Jedaiah the son of Harumaph repaired opposite his house. And next to him Hattush the son of Hashabneiah repaired.

11 Malchijah the son of Harim and Hasshub the son of Pahath-moab repaired another section and the Tower of the Ovens.

12 Next to him Shallum the son of Hallohesh, ruler of half the district of Jerusalem, repaired, he and his daughters.

¶ **13** Hanun and the inhabitants of Zanoah repaired the Valley Gate. They rebuilt it and set its doors, its bolts, and its bars, and repaired a thousand cubits[5] of the wall, as far as the Dung Gate.

¶ **14** Malchijah the son of Rechab, ruler of the district of Beth-haccherem, repaired the Dung Gate. He rebuilt it and set its doors, its bolts, and its bars.

15 Aber das Quelltor baute Schallun, der Sohn Kolhoses, der Vorsteher des Bezirkes von Mizpa; er baute es und deckte es und setzte seine Türen ein, seine Schlösser und Riegel, dazu die Mauer am Teich der Wasserleitung bei dem Garten des Königs bis an die Stufen, die von der Stadt Davids hinabführen.

16 Nach ihm baute Nehemja, der Sohn Asbuks, der Vorsteher des halben Bezirkes von Bet-Zur, bis gegenüber den Gräbern Davids und bis an den Teich, den man angelegt hatte, und bis an das Haus der Kriegsleute.

¶ **17** Nach ihm bauten die Leviten: Rehum, der Sohn Banis. Neben ihm baute Haschabja, der Vorsteher des halben Bezirkes von Keïla, für seinen Bezirk.

18 Nach ihm bauten ihre Brüder unter Binnui, dem Sohn Henadads, dem Vorsteher des andern halben Bezirkes von Keïla.

19 Neben ihm baute Eser, der Sohn Jeschuas, der Vorsteher von Mizpa, ein weiteres Stück an dem Winkel gegenüber dem Aufgang zum Zeughaus.

20 Nach ihm zum Berge hin baute Baruch, der Sohn Sabbais, ein weiteres Stück vom Winkel bis an die Haustür Eljaschibs, des Hohenpriesters.

21 Nach ihm baute Meremot, der Sohn Urias, des Sohnes des Hakkoz, ein weiteres Stück von der Haustür Eljaschibs bis an das Ende des Hauses Eljaschibs.

22 Nach ihm bauten die Priester, die Männer aus der Gegend am Jordan.

23 Nach ihnen bauten Benjamin und Haschub gegenüber ihrem Hause. Nach ihnen baute Asarja, der Sohn Maasejas, des Sohnes Ananjas, neben seinem Hause.

24 Nach ihm baute Binnui, der Sohn Henadads, ein weiteres Stück vom Hause Asarjas bis an den Winkel und bis an die Ecke.

25 Palal, der Sohn Usais, baute gegenüber dem Winkel und dem oberen Turm, der vom Königshause hervortritt bei dem Wachthof. Nach ihm baute Pedaja, der Sohn des Parosch,

26b bis gegenüber dem Wassertor im Osten und dem Turm, der hervortritt.

26a *Am Ofel wohnten die Tempelsklaven.

¶ **28** Aber oberhalb des Rosstors bauten die Priester, ein jeder gegenüber seinem Hause.

¶ **15** And Shallum the son of Col-hozeh, ruler of the district of Mizpah, repaired the Fountain Gate. He rebuilt it and covered it and set its doors, its bolts, and its bars. And he built the wall of the Pool of Shelah of the king's garden, as far as the stairs that go down from the city of David.

16 After him Nehemiah the son of Azbuk, ruler of half the district of Beth-zur, repaired to a point opposite the tombs of David, as far as the artificial pool, and as far as the house of the mighty men.

17 After him the Levites repaired: Rehum the son of Bani. Next to him Hashabiah, ruler of half the district of Keilah, repaired for his district.

18 After him their brothers repaired: Bavvai the son of Henadad, ruler of half the district of Keilah.

19 Next to him Ezer the son of Jeshua, ruler of Mizpah, repaired another section opposite the ascent to the armory at the buttress.[6]

20 After him Baruch the son of Zabbai repaired another section from the buttress to the door of the house of Eliashib the high priest.

21 After him Meremoth the son of Uriah, son of Hakkoz repaired another section from the door of the house of Eliashib to the end of the house of Eliashib.

22 After him the priests, the men of the surrounding area, repaired.

23 After them Benjamin and Hasshub repaired opposite their house. After them Azariah the son of Maaseiah, son of Ananiah repaired beside his own house.

24 After him Binnui the son of Henadad repaired another section, from the house of Azariah to the buttress

25 and to the corner. Palal the son of Uzai repaired opposite the buttress and the tower projecting from the upper house of the king at the court of the guard. After him Pedaiah the son of Parosh

26 and the temple servants living on Ophel repaired to a point opposite the Water Gate on the east and the projecting tower.

27 After him the Tekoites repaired another section opposite the great projecting tower as far as the wall of Ophel.

¶ **28** Above the Horse Gate the priests repaired, each one opposite his own house.

29 Nach ihnen baute Zadok, der Sohn Immers, gegenüber seinem Hause. Nach ihm baute Schemaja, der Sohn Schechanjas, der Torhüter des Osttors.

30 Nach ihm bauten Hananja, der Sohn Schelemjas, und Hanun, der sechste Sohn Zalafs, ein weiteres Stück. Nach ihnen baute Meschullam, der Sohn Berechjas, gegenüber seiner Kammer.

31 Nach ihm baute Malkija, der zu den Goldschmieden gehört, bis an das Haus der Tempelsklaven und der Händler gegenüber dem Wachttor und bis an das Obergemach an der Mauerecke.

32 Und zwischen dem Obergemach an der Ecke und dem Schaftor bauten die Goldschmiede und die Händler.

Maßnahmen zum Schutz des Mauerbaus

33 Als aber Sanballat hörte, dass wir die Mauer bauten, wurde er zornig und sehr entrüstet und spottete über die Juden

34 und sprach vor seinen Brüdern und den Kriegsleuten in Samaria: Was machen die ohnmächtigen Juden? Wird man sie gewähren lassen? Werden sie es mit Opfern einweihen? Werden sie es in diesen Tagen schon vollenden? Werden sie aus den Schutthaufen die Steine lebendig machen, die doch verbrannt sind?

35 Aber Tobija, der Ammoniter, stand neben ihm und sprach: Lass sie nur bauen; wenn ein Fuchs auf ihre steinerne Mauer hinaufspringt, reißt er sie ein.

¶ **36** Höre, unser Gott, wie verachtet sind wir! Lass ihren Hohn auf ihren Kopf kommen, dass du sie der Plünderung preisgibst in einem Land, in das man sie gefangen führt!

37 Decke ihre Missetat nicht zu, und ihre Sünde tilge nicht vor dir; denn sie haben die Bauleute gelästert!

¶ **38** Aber wir bauten die Mauer und schlossen sie bis zur halben Höhe. Und das Volk gewann neuen Mut zu arbeiten.

4 Als aber Sanballat und Tobija und die Araber und Ammoniter und Aschdoditer hörten, dass die Mauern Jerusalems ausgebessert wurden, weil die Lücken angefangen hatten sich zu schließen, wurden sie sehr zornig

2 und verschworen sich alle miteinander hinzuziehen, um gegen Jerusalem zu streiten und bei uns Verwirrung anzurichten.

29 After them Zadok the son of Immer repaired opposite his own house. After him Shemaiah the son of Shecaniah, the keeper of the East Gate, repaired.

30 After him Hananiah the son of Shelemiah and Hanun the sixth son of Zalaph repaired another section. After him Meshullam the son of Berechiah repaired opposite his chamber.

31 After him Malchijah, one of the goldsmiths, repaired as far as the house of the temple servants and of the merchants, opposite the Muster Gate,[7] and to the upper chamber of the corner.

32 And between the upper chamber of the corner and the Sheep Gate the goldsmiths and the merchants repaired.

Opposition to the Work

4 [1] Now when Sanballat heard that we were building the wall, he was angry and greatly enraged, and he jeered at the Jews.

2 And he said in the presence of his brothers and of the army of Samaria, "What are these feeble Jews doing? Will they restore it for themselves?[2] Will they sacrifice? Will they finish up in a day? Will they revive the stones out of the heaps of rubbish, and burned ones at that?"

3 Tobiah the Ammonite was beside him, and he said, "Yes, what they are building—if a fox goes up on it he will break down their stone wall!"

4 Hear, O our God, for we are despised. Turn back their taunt on their own heads and give them up to be plundered in a land where they are captives.

5 Do not cover their guilt, and let not their sin be blotted out from your sight, for they have provoked you to anger in the presence of the builders.

¶ **6** So we built the wall. And all the wall was joined together to half its height, for the people had a mind to work.

¶ **7**[3] But when Sanballat and Tobiah and the Arabs and the Ammonites and the Ashdodites heard that the repairing of the walls of Jerusalem was going forward and that the breaches were beginning to be closed, they were very angry.

8 And they all plotted together to come and fight against Jerusalem and to cause confusion in it.

3 Wir aber beteten zu unserm Gott und stellten gegen sie Tag und Nacht Wachen auf zum Schutz vor ihnen.

4 Und das Volk von Juda sprach: Die Kraft der Träger ist zu schwach und der Schutt ist zu viel; wir können an der Mauer nicht weiterbauen.

5 Unsere Widersacher aber dachten: Sie sollen's nicht erfahren noch sehen, bis wir mitten unter sie kommen und sie töten und dem Werk ein Ende machen.

¶ **6** Als nun die Juden, die nahe bei ihnen wohnten, kamen und uns wohl zehnmal sagten: Aus allen Orten, wo sie um uns wohnen, ziehen sie gegen uns heran, –

7 da stellte man sich auf unten hinter der Mauer an den offenen Stellen, und ich ließ das Volk antreten nach seinen Geschlechtern mit Schwertern, Spießen und Bogen.

8 Und als ich ihre Furcht sah, machte ich mich auf und sprach zu den Vornehmen und Ratsherren und dem übrigen Volk: Fürchtet euch nicht vor ihnen; gedenkt an den Herrn, der groß und furchtbar ist, und streitet für eure Brüder, Söhne, Töchter, Frauen und Häuser!

¶ **9** Als aber unsere Feinde hörten, dass es uns kundgeworden war und Gott so ihren Rat zunichtegemacht hatte, kehrten wir alle wieder zur Mauer zurück, ein jeder zu seiner Arbeit.

10 Und es geschah hinfort, dass die Hälfte meiner Leute am Bau arbeitete, die andere Hälfte aber hielt Spieße, Schilde, Bogen und Panzer bereit und stand hinter dem ganzen Hause Juda,

11 das an der Mauer baute. Die da Lasten trugen, arbeiteten so: Mit der einen Hand taten sie die Arbeit und mit der andern hielten sie die Waffe.

12 Und ein jeder, der baute, hatte sein Schwert um die Lenden gegürtet und baute so; und der die Posaune zu blasen hatte, stand neben mir.

¶ **13** Und ich sprach zu den Vornehmen und Ratsherren und zum übrigen Volk: Das Werk ist groß und weit und wir sind auf der Mauer weit verstreut und fern voneinander.

14 Woher ihr nun die Posaune tönen hört, dorthin sammelt euch zu uns. Unser Gott wird für uns streiten.

15 So arbeiteten wir am Bau, während die Hälfte die Spieße bereithielt, vom Aufgang der Morgenröte, bis die Sterne hervorkamen.

9 And we prayed to our God and set a guard as a protection against them day and night.

¶ **10** In Judah it was said,[4] "The strength of those who bear the burdens is failing. There is too much rubble. By ourselves we will not be able to rebuild the wall."

11 And our enemies said, "They will not know or see till we come among them and kill them and stop the work."

12 At that time the Jews who lived near them came from all directions and said to us ten times, "You must return to us."[5]

13 So in the lowest parts of the space behind the wall, in open places, I stationed the people by their clans, with their swords, their spears, and their bows.

14 And I looked and arose and said to the nobles and to the officials and to the rest of the people, "Do not be afraid of them. Remember the Lord, who is great and awesome, and fight for your brothers, your sons, your daughters, your wives, and your homes."

The Work Resumes

¶ **15** When our enemies heard that it was known to us and that God had frustrated their plan, we all returned to the wall, each to his work.

16 From that day on, half of my servants worked on construction, and half held the spears, shields, bows, and coats of mail. And the leaders stood behind the whole house of Judah,

17 who were building on the wall. Those who carried burdens were loaded in such a way that each labored on the work with one hand and held his weapon with the other.

18 And each of the builders had his sword strapped at his side while he built. The man who sounded the trumpet was beside me.

19 And I said to the nobles and to the officials and to the rest of the people, "The work is great and widely spread, and we are separated on the wall, far from one another.

20 In the place where you hear the sound of the trumpet, rally to us there. Our God will fight for us."

¶ **21** So we labored at the work, and half of them held the spears from the break of dawn until the stars came out.

¶ **16** Auch sprach ich damals zum Volk: Ein jeder bleibe mit seinen Leuten über Nacht in Jerusalem, damit wir in der Nacht für die Wache Leute haben und am Tage für die Arbeit.

17 Aber ich und meine Brüder und meine Leute und die Wache, die mir folgte, wir zogen unsere Kleider nicht aus; ein jeder hatte seinen Spieß zur Rechten.

Nehemia beseitigt die Beschwerden der Armen

5 Und es erhob sich ein großes Geschrei der Leute aus dem Volk und ihrer Frauen gegen ihre jüdischen Brüder.

2 Die einen sprachen: Unsere Söhne und Töchter müssen wir verpfänden, um Getreide zu kaufen, damit wir essen und leben können.

3 Die andern sprachen: Unsere Äcker, Weinberge und Häuser müssen wir versetzen, damit wir Getreide kaufen können in dieser Hungerzeit.

4 Und wieder andere sprachen: Wir haben auf unsere Äcker und Weinberge Geld aufnehmen müssen, um dem König Steuern zahlen zu können.

5 Nun sind wir doch wie unsere Brüder, von gleichem Fleisch und Blut, und unsere Kinder sind wie ihre Kinder; und siehe, wir müssen unsere Söhne und Töchter als Sklaven dienen lassen, und schon sind einige unserer Töchter erniedrigt worden und wir können nichts dagegen tun, und unsere Äcker und Weinberge gehören andern.

¶ **6** Als ich aber ihr Schreien und diese Worte hörte, wurde ich sehr zornig.

7 Und ich hielt Rat mit mir selbst und schalt die Vornehmen und die Ratsherren und sprach zu ihnen: Wollt ihr einer gegen den andern Wucher treiben? Und ich brachte eine große Versammlung gegen sie zusammen

8 und sprach zu ihnen: Wir haben unsere jüdischen Brüder losgekauft, die den Heiden verkauft waren, soweit es uns möglich war; wollt ihr nun eure Brüder verkaufen, damit wir sie wieder zurückkaufen müssen? Da schwiegen sie und fanden nichts zu antworten.

¶ **9** Und ich sprach: Es ist nicht gut, was ihr tut. Solltet ihr nicht in der Furcht Gottes wandeln um des Hohnes der Heiden willen, die ja unsere Feinde sind?

10 Ich und meine Brüder und meine Leute haben unsern Brüdern auch Geld geliehen und Getreide; wir wollen ihnen doch diese Schuld erlassen!

22 I also said to the people at that time, "Let every man and his servant pass the night within Jerusalem, that they may be a guard for us by night and may labor by day."

23 So neither I nor my brothers nor my servants nor the men of the guard who followed me, none of us took off our clothes; each kept his weapon at his right hand.[6]

Nehemiah Stops Oppression of the Poor

5 Now there arose a great outcry of the people and of their wives against their Jewish brothers.

2 For there were those who said, "With our sons and our daughters, we are many. So let us get grain, that we may eat and keep alive."

3 There were also those who said, "We are mortgaging our fields, our vineyards, and our houses to get grain because of the famine."

4 And there were those who said, "We have borrowed money for the king's tax on our fields and our vineyards.

5 Now our flesh is as the flesh of our brothers, our children are as their children. Yet we are forcing our sons and our daughters to be slaves, and some of our daughters have already been enslaved, but it is not in our power to help it, for other men have our fields and our vineyards."

¶ **6** I was very angry when I heard their outcry and these words.

7 I took counsel with myself, and I brought charges against the nobles and the officials. I said to them, "You are exacting interest, each from his brother." And I held a great assembly against them

8 and said to them, "We, as far as we are able, have bought back our Jewish brothers who have been sold to the nations, but you even sell your brothers that they may be sold to us!" They were silent and could not find a word to say.

9 So I said, "The thing that you are doing is not good. Ought you not to walk in the fear of our God to prevent the taunts of the nations our enemies?

10 Moreover, I and my brothers and my servants are lending them money and grain. Let us abandon this exacting of interest.

11 Gebt ihnen noch heute ihre Äcker, Weinberge, Ölgärten und Häuser zurück und erlasst ihnen die Schuld an Geld, Getreide, Wein und Öl, die ihr von ihnen zu fordern habt.

12 Da sprachen sie: Wir wollen es zurückgeben und wollen nichts von ihnen fordern und wollen tun, wie du gesagt hast. Und ich rief die Priester und nahm einen Eid von ihnen, dass sie so tun sollten.

13 Auch schüttelte ich mein Gewand aus und sprach: So schüttle Gott einen jeden aus seinem Hause und aus seinem Besitz, der dies Wort nicht hält: so sei er ausgeschüttelt und leer! Und die ganze Gemeinde sprach »Amen« und lobte den Herrn. Und das Volk tat so.

Nehemias Uneigennützigkeit

14 Und von der Zeit an, als mir befohlen wurde, ihr Statthalter zu sein im Lande Juda, nämlich vom zwanzigsten Jahr an bis in das zweiunddreißigste Jahr des Königs Arthasasta, das sind zwölf Jahre, verzichtete ich für mich und meine Brüder auf meine Einkünfte als Statthalter.

15 Denn die früheren Statthalter, die vor mir gewesen waren, hatten das Volk belastet und hatten für Brot und Wein täglich vierzig Silberstücke von ihnen genommen; auch ihre Leute waren gewalttätig mit dem Volk umgegangen. Ich aber tat nicht so um der Furcht Gottes willen.

16 Auch arbeitete ich an der Mauer und kaufte keinen Acker und alle meine Leute mussten sich dort zur Arbeit versammeln.

17 Dazu waren von den Juden, nämlich den Ratsherren, hundertfünfzig an meinem Tisch und auch die, die zu uns kamen aus den Völkern, die um uns her wohnten.

18 Und dafür brauchte man täglich einen Stier und sechs auserlesene Schafe und Geflügel und jeweils für zehn Tage eine bestimmte Menge Wein. Dennoch forderte ich nicht die Einkünfte eines Statthalters; denn der Dienst lag schon schwer genug auf dem Volk.

¶ **19** Gedenke, mein Gott, zu meinem Besten an alles, was ich für dies Volk getan habe!

Nehemia begegnet den Nachstellungen seiner Feinde

6 Und als Sanballat, Tobija und Geschem, der Araber, und unsere andern Feinde erfuhren, dass ich die Mauer gebaut hätte und keine Lücke mehr darin sei, wiewohl ich die Türen zu der Zeit noch nicht in die Tore gehängt hatte,

11 Return to them this very day their fields, their vineyards, their olive orchards, and their houses, and the percentage of money, grain, wine, and oil that you have been exacting from them."

12 Then they said, "We will restore these and require nothing from them. We will do as you say." And I called the priests and made them swear to do as they had promised.

13 I also shook out the fold[1] of my garment and said, "So may God shake out every man from his house and from his labor who does not keep this promise. So may he be shaken out and emptied." And all the assembly said "Amen" and praised the Lord. And the people did as they had promised.

Nehemiah's Generosity

¶ **14** Moreover, from the time that I was appointed to be their governor in the land of Judah, from the twentieth year to the thirty-second year of Artaxerxes the king, twelve years, neither I nor my brothers ate the food allowance of the governor.

15 The former governors who were before me laid heavy burdens on the people and took from them for their daily ration[2] forty shekels[3] of silver. Even their servants lorded it over the people. But I did not do so, because of the fear of God.

16 I also persevered in the work on this wall, and we acquired no land, and all my servants were gathered there for the work.

17 Moreover, there were at my table 150 men, Jews and officials, besides those who came to us from the nations that were around us.

18 Now what was prepared at my expense[4] for each day was one ox and six choice sheep and birds, and every ten days all kinds of wine in abundance. Yet for all this I did not demand the food allowance of the governor, because the service was too heavy on this people.

19 Remember for my good, O my God, all that I have done for this people.

Conspiracy Against Nehemiah

6 Now when Sanballat and Tobiah and Geshem the Arab and the rest of our enemies heard that I had built the wall and that there was no breach left in it (although up to that time I had not set up the doors in the gates),

2 sandten Sanballat und Geschem zu mir und ließen mir sagen: Komm und lass uns in Kefirim im Tal Ono zusammenkommen! Sie gedachten mir aber Böses anzutun.

3 Ich aber sandte Boten zu ihnen und ließ ihnen sagen: Ich hab ein großes Werk auszurichten, ich kann nicht hinabkommen; es könnte das Werk liegen bleiben, wenn ich die Hand abtäte und zu euch hinabkäme.

4 Sie sandten aber viermal zu mir in dieser Weise und ich antwortete ihnen in der gleichen Weise.

¶ **5** Da sandte Sanballat zum fünften Mal seinen Diener zu mir mit einem offenen Brief in seiner Hand.

6 Darin war geschrieben: Unter den Leuten geht das Gerücht und Geschem hat's gesagt, dass du und die Juden abfallen wollen, dass du darum auch die Mauer baust, und du wollest ihr König werden;

7 und du habest dir Propheten bestellt, die in Jerusalem von dir ausrufen und sagen sollen: Er ist der König in Juda! Nun, das wird vor den König kommen. So komm nun und lass uns miteinander Rat halten!

¶ **8** Ich aber sandte zu ihm und ließ ihm sagen: Es ist nichts von dem geschehen, was du da sagst; du hast es dir in deinem Herzen ausgedacht.

9 Denn sie alle wollten uns furchtsam machen und dachten: Sie sollen die Hand abtun vom Werk, damit es nicht fertig werde. Da stärkte ich umso mehr meine Hände.

¶ **10** Und ich kam ins Haus Schemajas, des Sohnes Delajas, des Sohnes Mehetabels, der gerade behindert war, und er sprach: Lass uns zusammenkommen im Hause Gottes, im Innern des Tempels, und die Türen des Tempels zuschließen; denn sie werden kommen, dich zu töten, in der Nacht werden sie kommen, damit sie dich töten.

11 Ich aber sprach: Sollte ein Mann wie ich fliehen? Sollte ein Mann wie ich in den Tempel gehen, um am Leben zu bleiben? Ich will nicht hineingehen.

12 Denn ich merkte, dass nicht Gott ihn gesandt hatte. Denn er sagte die Weissagung über mich, weil Tobija und Sanballat ihm Geld gegeben hatten,

13 damit ich mich fürchten und so handeln und mich verfehlen sollte, dass ein böses Gerücht aufkäme, damit sie mich verhöhnen könnten.

¶ **14** Gedenke, mein Gott, des Tobija und Sanballat nach diesem ihrem Tun, auch der Prophetin Noadja und der andern Propheten, die mich abschrecken wollten.

2 Sanballat and Geshem sent to me, saying, "Come and let us meet together at Hakkephirim in the plain of Ono." But they intended to do me harm.

3 And I sent messengers to them, saying, "I am doing a great work and I cannot come down. Why should the work stop while I leave it and come down to you?"

4 And they sent to me four times in this way, and I answered them in the same manner.

5 In the same way Sanballat for the fifth time sent his servant to me with an open letter in his hand.

6 In it was written, "It is reported among the nations, and Geshem[1] also says it, that you and the Jews intend to rebel; that is why you are building the wall. And according to these reports you wish to become their king.

7 And you have also set up prophets to proclaim concerning you in Jerusalem, 'There is a king in Judah.' And now the king will hear of these reports. So now come and let us take counsel together."

8 Then I sent to him, saying, "No such things as you say have been done, for you are inventing them out of your own mind."

9 For they all wanted to frighten us, thinking, "Their hands will drop from the work, and it will not be done." But now, O God,[2] strengthen my hands.

¶ **10** Now when I went into the house of Shemaiah the son of Delaiah, son of Mehetabel, who was confined to his home, he said, "Let us meet together in the house of God, within the temple. Let us close the doors of the temple, for they are coming to kill you. They are coming to kill you by night."

11 But I said, "Should such a man as I run away? And what man such as I could go into the temple and live?[3] I will not go in."

12 And I understood and saw that God had not sent him, but he had pronounced the prophecy against me because Tobiah and Sanballat had hired him.

13 For this purpose he was hired, that I should be afraid and act in this way and sin, and so they could give me a bad name in order to taunt me.

14 Remember Tobiah and Sanballat, O my God, according to these things that they did, and also the prophetess Noadiah and the rest of the prophets who wanted to make me afraid.

Vollendung des Mauerbaus

15 Und die Mauer wurde am fünfundzwanzigsten Tage des Monats Elul in zweiundfünfzig Tagen fertig.

16 Und als alle unsere Feinde das hörten, fürchteten sich alle Völker, die um uns her wohnten, und der Mut entfiel ihnen; denn sie merkten, dass dies Werk von Gott war.

17 Auch sandten viele Vornehme aus Juda in jenen Tagen Briefe an Tobija und von Tobija kamen Briefe zu ihnen.

18 Es gab nämlich viele in Juda, die sich ihm verschworen hatten; denn er war ein Schwiegersohn Schechanjas, des Sohnes Arachs, und sein Sohn Johanan hatte zur Frau die Tochter Meschullams, des Sohnes Berechjas.

19 Und sie sagten vor mir Gutes von ihm und trugen ihm meine Worte zu. Da sandte Tobija Briefe, um mich abzuschrecken.

Sicherung der Stadt

7 Als wir nun die Mauer gebaut hatten, hängte ich die Türen ein, und es wurden die Torhüter, Sänger und Leviten eingesetzt.

2 Und ich setzte über Jerusalem meinen Bruder Hanani und den Burgvogt Hananja, der ein treuer Mann war und gottesfürchtig vor vielen andern.

3 Und ich sprach zu ihnen: Man soll die Tore Jerusalems nicht auftun, ehe die Sonne heiß scheint; und während sie noch am Himmel steht, soll man die Tore schließen und verriegeln. Und man soll Wachen aufstellen aus den Bürgern Jerusalems, die einen bei ihrer Wachmannschaft, die andern ihrem Hause gegenüber.

Verzeichnis der aus Babel Zurückgekehrten
(vgl. Esra 2,1-67)

4 Die Stadt aber war weit und groß, aber wenig Volk darinnen und Häuser waren noch nicht wieder gebaut.

5 Und mein Gott gab mir ins Herz, dass ich die Vornehmen und die Ratsherren und das Volk versammelte, um sie aufzuzeichnen nach Geschlechtern. Und ich fand das Geschlechtsregister derer, die zuerst heimgekehrt waren, und fand darin geschrieben:

The Wall Is Finished

¶ **15** So the wall was finished on the twenty-fifth day of the month Elul, in fifty-two days.

16 And when all our enemies heard of it, all the nations around us were afraid and fell greatly in their own esteem, for they perceived that this work had been accomplished with the help of our God.

17 Moreover, in those days the nobles of Judah sent many letters to Tobiah, and Tobiah's letters came to them.

18 For many in Judah were bound by oath to him, because he was the son-in-law of Shecaniah the son of Arah: and his son Jehohanan had taken the daughter of Meshullam the son of Berechiah as his wife.

19 Also they spoke of his good deeds in my presence and reported my words to him. And Tobiah sent letters to make me afraid.

7 Now when the wall had been built and I had set up the doors, and the gatekeepers, the singers, and the Levites had been appointed,

2 I gave my brother Hanani and Hananiah the governor of the castle charge over Jerusalem, for he was a more faithful and God-fearing man than many.

3 And I said to them, "Let not the gates of Jerusalem be opened until the sun is hot. And while they are still standing guard, let them shut and bar the doors. Appoint guards from among the inhabitants of Jerusalem, some at their guard posts and some in front of their own homes."

4 The city was wide and large, but the people within it were few, and no houses had been rebuilt.

Lists of Returned Exiles

¶ **5** Then my God put it into my heart to assemble the nobles and the officials and the people to be enrolled by genealogy. And I found the book of the genealogy of those who came up at the first, and I found written in it:

¶ **6** Dies sind die Leute der Landschaft Juda, die aus der Gefangenschaft heraufgezogen sind, die Nebukadnezar, der König von Babel, weggeführt hatte und die wieder nach Jerusalem und nach Juda zurückkehrten, ein jeder in seine Stadt,

7 und die gekommen sind mit Serubbabel, Jeschua, Nehemja, Asarja, Raamja, Nahamani, Mordochai, Bilschan, Misperet, Bigwai, Rehum und Baana.

¶ Dies ist die Zahl der Männer vom Volk Israel:

8 die Söhne Parosch 2172;

9 die Söhne Schefatja 372;

10 die Söhne Arach 652;

11 die Söhne Pahat-Moab, nämlich die Söhne Jeschua und die Söhne Joab, 2818;

12 die Söhne Elam 1254;

13 die Söhne Sattu 845;

14 die Söhne Sakkai 760;

15 die Söhne Binnui 648;

16 die Söhne Bebai 628;

17 die Söhne Asgad 2322;

18 die Söhne Adonikam 667;

19 die Söhne Bigwai 2067;

20 die Söhne Adin 655;

21 die Söhne Ater, nämlich die Söhne Hiskija, 98;

22 die Söhne Haschum 328;

23 die Söhne Bezai 324;

24 die Söhne Harif 112;

25 die Männer von Gibeon 95;

26 die Männer von Bethlehem und Netofa 188;

27 die Männer von Anatot 128;

28 die Männer von Bet-Asmawet 42;

29 die Männer von Kirjat-Jearim, Kefira und Beerot 743;

30 die Männer von Rama und Geba 621;

31 die Männer von Michmas 122;

32 die Männer von Bethel und Ai 123;

33 die Söhne des andern Nebo 52;

34 die Söhne des andern Elam 1254;

35 die Söhne Harim 320;

36 die Männer von Jericho 345;

37 die Männer von Lod, Hadid und Ono 721;

38 die Söhne Senaa 3930.

¶ **39** Die Priester: die Söhne Jedaja, nämlich das Haus Jeschua, 973;

40 die Söhne Immer 1052;

41 die Söhne Paschhur 1247;

42 die Söhne Harim 1017.

¶ **43** Die Leviten: die Söhne Jeschua, nämlich Kadmiël, Binnui und Hodawja, 74.

¶ **44** Die Sänger: die Söhne Asaf 148.

¶ **6** These were the people of the province who came up out of the captivity of those exiles whom Nebuchadnezzar the king of Babylon had carried into exile. They returned to Jerusalem and Judah, each to his town.

7 They came with Zerubbabel, Jeshua, Nehemiah, Azariah, Raamiah, Nahamani, Mordecai, Bilshan, Mispereth, Bigvai, Nehum, Baanah.

¶ The number of the men of the people of Israel:

8 the sons of Parosh, 2,172.

9 The sons of Shephatiah, 372.

10 The sons of Arah, 652.

11 The sons of Pahath-moab, namely the sons of Jeshua and Joab, 2,818.

12 The sons of Elam, 1,254.

13 The sons of Zattu, 845.

14 The sons of Zaccai, 760.

15 The sons of Binnui, 648.

16 The sons of Bebai, 628.

17 The sons of Azgad, 2,322.

18 The sons of Adonikam, 667.

19 The sons of Bigvai, 2,067.

20 The sons of Adin, 655.

21 The sons of Ater, namely of Hezekiah, 98.

22 The sons of Hashum, 328.

23 The sons of Bezai, 324.

24 The sons of Hariph, 112.

25 The sons of Gibeon, 95.

26 The men of Bethlehem and Netophah, 188.

27 The men of Anathoth, 128.

28 The men of Beth-azmaveth, 42.

29 The men of Kiriath-jearim, Chephirah, and Beeroth, 743.

30 The men of Ramah and Geba, 621.

31 The men of Michmas, 122.

32 The men of Bethel and Ai, 123.

33 The men of the other Nebo, 52.

34 The sons of the other Elam, 1,254.

35 The sons of Harim, 320.

36 The sons of Jericho, 345.

37 The sons of Lod, Hadid, and Ono, 721.

38 The sons of Senaah, 3,930.

¶ **39** The priests: the sons of Jedaiah, namely the house of Jeshua, 973.

40 The sons of Immer, 1,052.

41 The sons of Pashhur, 1,247.

42 The sons of Harim, 1,017.

¶ **43** The Levites: the sons of Jeshua, namely of Kadmiel of the sons of Hodevah, 74.

44 The singers: the sons of Asaph, 148.

¶ **45** Die Torhüter: die Söhne Schallum, die Söhne Ater, die Söhne Talmon, die Söhne Akkub, die Söhne Hatita, die Söhne Schobai, insgesamt 138.

¶ **46** Die Tempelsklaven: die Söhne Ziha, die Söhne Hasufa, die Söhne Tabbaot,

47 die Söhne Keros, die Söhne Sia, die Söhne Padon,

48 die Söhne Lebana, die Söhne Hagaba, die Söhne Salmai,

49 die Söhne Hanan, die Söhne Giddel, die Söhne Gahar,

50 die Söhne Reaja, die Söhne Rezin, die Söhne Nekoda,

51 die Söhne Gasam, die Söhne Usa, die Söhne Paseach,

52 die Söhne Besai, die Söhne der Mëuniter, die Söhne der Nefusiter,

53 die Söhne Bakbuk, die Söhne Hakufa, die Söhne Harhur,

54 die Söhne Bazlut, die Söhne Mehida, die Söhne Harscha,

55 die Söhne Barkos, die Söhne Sisera, die Söhne Temach,

56 die Söhne Neziach, die Söhne Hatifa.

¶ **57** Die Nachkommen der Sklaven Salomos: die Söhne Sotai, die Söhne Soferet, die Söhne Peruda,

58 die Söhne Jaala, die Söhne Darkon, die Söhne Giddel,

59 die Söhne Schefatja, die Söhne Hattil, die Söhne Pocheret-Zebajim, die Söhne Amon.

60 Alle Tempelsklaven und Nachkommen der Sklaven Salomos waren 392.

¶ **61** Und dies sind die Leute, die auch mit heraufzogen von Tel-Melach, Tel-Harscha, Kerub-Addon und Immer, aber nicht angeben konnten, ob ihre Sippe und deren Nachkommen aus Israel stammten:

62 die Söhne Delaja, die Söhne Tobija und die Söhne Nekoda 642.

¶ **63** Und von den Priestern: die Söhne Habaja, die Söhne Hakkoz, die Söhne Barsillai, deren Urahn eine von den Töchtern des Gileaditers Barsillai zur Frau genommen hatte und nach dessen Namen genannt wurde.

¶ **64** Diese suchten ihr Geschlechtsregister und als sie es nicht fanden, wurden sie für das Priestertum als untauglich erklärt.

65 Und der Statthalter gebot ihnen, sie sollten nicht essen vom Hochheiligen, bis ein Priester für die heiligen Lose »Licht und Recht« aufstände.

45 The gatekeepers: the sons of Shallum, the sons of Ater, the sons of Talmon, the sons of Akkub, the sons of Hatita, the sons of Shobai, 138.

¶ **46** The temple servants: the sons of Ziha, the sons of Hasupha, the sons of Tabbaoth,

47 the sons of Keros, the sons of Sia, the sons of Padon,

48 the sons of Lebana, the sons of Hagaba, the sons of ⁱShalmai,

49 the sons of Hanan, the sons of Giddel, the sons of Gahar,

50 the sons of Reaiah, the sons of Rezin, the sons of Nekoda,

51 the sons of Gazzam, the sons of Uzza, the sons of Paseah,

52 the sons of Besai, the sons of Meunim, the sons of Nephushesim,

53 the sons of Bakbuk, the sons of Hakupha, the sons of Harhur,

54 the sons of Bazlith, the sons of Mehida, the sons of Harsha,

55 the sons of Barkos, the sons of Sisera, the sons of Temah,

56 the sons of Neziah, the sons of Hatipha.

¶ **57** The sons of Solomon's servants: the sons of Sotai, the sons of Sophereth, the sons of Perida,

58 the sons of Jaala, the sons of Darkon, the sons of Giddel,

59 the sons of Shephatiah, the sons of Hattil, the sons of Pochereth-hazzebaim, the sons of Amon.

¶ **60** All the temple servants and the sons of Solomon's servants were 392.

¶ **61** The following were those who came up from Tel-melah, Tel-harsha, Cherub, Addon, and Immer, but they could not prove their fathers' houses nor their descent, whether they belonged to Israel:

62 the sons of Delaiah, the sons of Tobiah, the sons of Nekoda, 642.

63 Also, of the priests: the sons of Hobaiah, the sons of Hakkoz, the sons of Barzillai (who had taken a wife of the daughters of Barzillai the Gileadite and was called by their name).

64 These sought their registration among those enrolled in the genealogies, but it was not found there, so they were excluded from the priesthood as unclean.

65 The governor told them that they were not to partake of the most holy food until a priest with Urim and Thummim should arise.

¶ **66** Die ganze Gemeinde zählte insgesamt 42360,

67 ausgenommen ihre Sklaven und Sklavinnen; die waren 7337, dazu 245 Sänger und Sängerinnen.

68 Und sie hatten 736 Rosse, 245 Maultiere, 435 Kamele, 6720 Esel.

Freiwillige Beiträge zum Tempelbau
(vgl. Esra 2,68-69)

69 Und einige Häupter der Sippen gaben für das Werk. Der Statthalter gab zum Schatz 1000 Gulden, 50 Becken, 530 Priesterkleider.

70 Und einige Häupter der Sippen gaben zum Schatz für das Werk 20000 Gulden, 2200 Pfund Silber.

71 Und das übrige Volk gab 20000 Gulden und 2000 Pfund Silber und 67 Priesterkleider.

72 Und die Priester und die Leviten, die Torhüter, die Sänger und einige andere Leute und die Tempelsklaven und ganz Israel ließen sich in ihren Städten nieder.

Vorlesung des Gesetzes durch Esra

Als nun der siebente Monat herangekommen war und die Israeliten in ihren Städten waren,

8 versammelte sich das ganze Volk wie ein Mann auf dem Platz vor dem Wassertor und sie sprachen zu Esra, dem Schriftgelehrten, er solle das Buch des Gesetzes des Mose holen, das der HERR Israel geboten hat.

2 Und Esra, der Priester, brachte das Gesetz vor die Gemeinde, Männer und Frauen und alle, die es verstehen konnten, am ersten Tage des siebenten Monats

3 und las daraus auf dem Platz vor dem Wassertor vom lichten Morgen an bis zum Mittag vor Männern und Frauen und wer's verstehen konnte. Und die Ohren des ganzen Volks waren dem Gesetzbuch zugekehrt.

4 Und Esra, der Schriftgelehrte, stand auf einer hölzernen Kanzel, die sie dafür gemacht hatten, und es standen neben ihm Mattitja, Schema, Anaja, Uria, Hilkija und Maaseja zu seiner Rechten, aber zu seiner Linken Pedaja, Mischaël, Malkija, Haschum, Haschbaddana, Secharja und Meschullam.

Totals of People and Gifts

¶ **66** The whole assembly together was 42,360,

67 besides their male and female servants, of whom there were 7,337. And they had 245 singers, male and female.

68 Their horses were 736, their mules 245,[1]

69 their camels 435, and their donkeys 6,720.

¶ **70** Now some of the heads of fathers' houses gave to the work. The governor gave to the treasury 1,000 darics[2] of gold, 50 basins, 30 priests' garments and 500 minas[3] of silver.[4]

71 And some of the heads of fathers' houses gave into the treasury of the work 20,000 darics of gold and 2,200 minas of silver.

72 And what the rest of the people gave was 20,000 darics of gold, 2,000 minas of silver, and 67 priests' garments.

¶ **73** So the priests, the Levites, the gatekeepers, the singers, some of the people, the temple servants, and all Israel, lived in their towns.

¶ And when the seventh month had come, the people of Israel were in their towns.

Ezra Reads the Law

8 And all the people gathered as one man into the square before the Water Gate. And they told Ezra the scribe to bring the Book of the Law of Moses that the LORD had commanded Israel.

2 So Ezra the priest brought the Law before the assembly, both men and women and all who could understand what they heard, on the first day of the seventh month.

3 And he read from it facing the square before the Water Gate from early morning until midday, in the presence of the men and the women and those who could understand. And the ears of all the people were attentive to the Book of the Law.

4 And Ezra the scribe stood on a wooden platform that they had made for the purpose. And beside him stood Mattithiah, Shema, Anaiah, Uriah, Hilkiah, and Maaseiah on his right hand, and Pedaiah, Mishael, Malchijah, Hashum, Hashbaddanah, Zechariah, and Meshullam on his left hand.

¶ **5** Und Esra tat das Buch auf vor aller Augen, denn er überragte alles Volk; und als er's auftat, stand alles Volk auf.

6 Und Esra lobte den HERRN, den großen Gott. Und alles Volk antwortete: »Amen! Amen!«, und sie hoben ihre Hände empor und neigten sich und beteten den HERRN an mit dem Antlitz zur Erde.

7 Und die Leviten Jeschua, Bani, Scherebja, Jamin, Akkub, Schabbetai, Hodija, Maaseja, Kelita, Asarja, Josabad, Hanan, Pelaja unterwiesen das Volk im Gesetz und das Volk stand auf seinem Platz.

8 Und sie legten das Buch des Gesetzes Gottes klar und verständlich aus, sodass man verstand, was gelesen worden war.

¶ **9** Und Nehemia, der Statthalter, und Esra, der Priester und Schriftgelehrte, und die Leviten, die das Volk unterwiesen, sprachen zu allem Volk: Dieser Tag ist heilig dem HERRN, eurem Gott; darum seid nicht traurig und weint nicht! Denn alles Volk weinte, als sie die Worte des Gesetzes hörten.

10 Darum sprach er zu ihnen: Geht hin und esst fette Speisen und trinkt süße Getränke und sendet davon auch denen, die nichts für sich bereitet haben; denn dieser Tag ist heilig unserm Herrn. Und seid nicht bekümmert; denn **die Freude am HERRN ist eure Stärke.**

11 Und die Leviten trösteten alles Volk und sprachen: Seid still, denn der Tag ist heilig; seid nicht bekümmert!

12 Und alles Volk ging hin, um zu essen, zu trinken und davon auszuteilen und ein großes Freudenfest zu machen; denn sie hatten die Worte verstanden, die man ihnen kundgetan hatte.

Feier des Laubhüttenfestes

13 Und am zweiten Tage versammelten sich die Häupter der Sippen des ganzen Volks und die Priester und Leviten bei Esra, dem Schriftgelehrten, damit er sie in den Worten des Gesetzes unterrichte.

14 Und sie fanden im Gesetz geschrieben, dass der HERR durch Mose geboten hatte, dass die Israeliten am Fest im siebenten Monat in Laubhütten wohnen sollten.

15 Da ließen sie es kundtun und ausrufen in allen ihren Städten und in Jerusalem und sagen: Geht hinaus auf die Berge und holt Ölzweige, Balsamzweige, Myrtenzweige, Palmenzweige und Zweige von Laubbäumen, dass man Laubhütten mache, wie es geschrieben steht.

5 And Ezra opened the book in the sight of all the people, for he was above all the people, and as he opened it all the people stood.

6 And Ezra blessed the LORD, the great God, and all the people answered, "Amen, Amen," lifting up their hands. And they bowed their heads and worshiped the LORD with their faces to the ground.

7 Also Jeshua, Bani, Sherebiah, Jamin, Akkub, Shabbethai, Hodiah, Maaseiah, Kelita, Azariah, Jozabad, Hanan, Pelaiah, the Levites,[1] helped the people to understand the Law, while the people remained in their places.

8 They read from the book, from the Law of God, clearly,[2] and they gave the sense, so that the people understood the reading.

This Day Is Holy

¶ **9** And Nehemiah, who was the governor, and Ezra the priest and scribe, and the Levites who taught the people said to all the people, "This day is holy to the LORD your God; do not mourn or weep." For all the people wept as they heard the words of the Law.

10 Then he said to them, "Go your way. Eat the fat and drink sweet wine and send portions to anyone who has nothing ready, for this day is holy to our Lord. And do not be grieved, for the joy of the LORD is your strength."

11 So the Levites calmed all the people, saying, "Be quiet, for this day is holy; do not be grieved."

12 And all the people went their way to eat and drink and to send portions and to make great rejoicing, because they had understood the words that were declared to them.

Feast of Booths Celebrated

¶ **13** On the second day the heads of fathers' houses of all the people, with the priests and the Levites, came together to Ezra the scribe in order to study the words of the Law.

14 And they found it written in the Law that the LORD had commanded by Moses that the people of Israel should dwell in booths[3] during the feast of the seventh month,

15 and that they should proclaim it and publish it in all their towns and in Jerusalem, "Go out to the hills and bring branches of olive, wild olive, myrtle, palm, and other leafy trees to make booths, as it is written."

¶ **16** Und das Volk ging hinaus und holte sie und machte sich Laubhütten, ein jeder auf seinem Dach und in seinem Hof und in den Vorhöfen am Hause Gottes und auf dem Platz am Wassertor und auf dem Platz am Tor Ephraim.

17 Und die ganze Gemeinde derer, die aus der Gefangenschaft wiedergekommen waren, machte Laubhütten und wohnte darin. Denn dies hatten die Israeliten seit der Zeit Josuas, des Sohnes Nuns, bis auf diesen Tag nicht mehr getan. Und es war eine sehr große Freude.

18 Und es wurde jeden Tag aus dem Buch des Gesetzes Gottes vorgelesen, vom ersten Tag an bis zum letzten. Und sie hielten das Fest sieben Tage und am achten Tage die Versammlung, wie sich's gebührt.

Bußgebet des Volkes

9 Am vierundzwanzigsten Tage dieses Monats kamen die Israeliten zu einem Fasten zusammen, in Säcke gehüllt und mit Erde auf ihren Häuptern.

2 Und es sonderten sich die Nachkommen Israels von allem fremden Volk ab und traten hin und bekannten ihre Sünden und die Missetaten ihrer Väter.

3 Und sie standen an ihrem Platz auf und man las vor aus dem Buch des Gesetzes des HERRN, ihres Gottes, drei Stunden lang, und drei Stunden bekannten sie und beteten zum HERRN, ihrem Gott.

4 Und auf dem erhöhten Platz für die Leviten standen Jeschua, Bani, Kadmiël, Schebanja, Bunni, Scherebja, Bani und Kenani und schrien laut zu dem HERRN, ihrem Gott.

5 Und die Leviten Jeschua, Kadmiël, Bani, Haschabneja, Scherebja, Hodija, Schebanja, Petachja sprachen: Auf! Lobet den HERRN, euren Gott, von Ewigkeit zu Ewigkeit! Und man lobe seinen herrlichen Namen, der erhaben ist über allen Preis und Ruhm!

¶ **6** HERR, du bist's allein, du hast gemacht den Himmel und aller Himmel Himmel mit ihrem ganzen Heer, die Erde und alles, was darauf ist, die Meere und alles, was darinnen ist; du machst alles lebendig und das himmlische Heer betet dich an.

7 HERR, du bist Gott, der du Abram erwählt hast und ihn aus Ur in Chaldäa geführt und Abraham genannt hast

16 So the people went out and brought them and made booths for themselves, each on his roof, and in their courts and in the courts of the house of God, and in the square at the Water Gate and in the square at the Gate of Ephraim.

17 And all the assembly of those who had returned from the captivity made booths and lived in the booths, for from the days of Jeshua the son of Nun to that day the people of Israel had not done so. And there was very great rejoicing.

18 And day by day, from the first day to the last day, he read from the Book of the Law of God. They kept the feast seven days, and on the eighth day there was a solemn assembly, according to the rule.

The People of Israel Confess Their Sin

9 Now on the twenty-fourth day of this month the people of Israel were assembled with fasting and in sackcloth, and with earth on their heads.

2 And the Israelites separated themselves from all foreigners and stood and confessed their sins and the iniquities of their fathers.

3 And they stood up in their place and read from the Book of the Law of the LORD their God for a quarter of the day; for another quarter of it they made confession and worshiped the LORD their God.

4 On the stairs of the Levites stood Jeshua, Bani, Kadmiel, Shebaniah, Bunni, Sherebiah, Bani, and Chenani; and they cried with a loud voice to the LORD their God.

5 Then the Levites, Jeshua, Kadmiel, Bani, Hashabneiah, Sherebiah, Hodiah, Shebaniah, and Pethahiah, said, "Stand up and bless the LORD your God from everlasting to everlasting. Blessed be your glorious name, which is exalted above all blessing and praise.

¶ **6**[1] "You are the LORD, you alone. You have made heaven, the heaven of heavens, with all their host, ᵉthe earth and all that is on it, the seas and all that is in them; and you preserve all of them; and the host of heaven worships you.

7 You are the LORD, the God who chose Abram and brought him out of Ur of the Chaldeans and gave him the name Abraham.

8 und hast sein Herz treu erfunden vor dir und einen Bund mit ihm geschlossen, seinen Nachkommen zu geben das Land der Kanaaniter, Hetiter, Amoriter, Perisiter, Jebusiter und Girgaschiter, und hast dein Wort gehalten; denn du bist gerecht.

9 Und du hast das Elend unserer Väter in Ägypten angesehen und ihr Schreien am Schilfmeer erhört

10 und Zeichen und Wunder getan am Pharao und allen seinen Großen und an dem ganzen Volk seines Landes – denn du erkanntest, dass sie gegen Israel vermessen waren – und hast dir einen Namen gemacht, so wie er heute ist.

11 Und du hast das Meer vor ihnen zerteilt, sodass sie mitten durchs Meer trocken hindurchgingen, und hast ihre Verfolger in die Tiefe geworfen wie Steine in mächtige Wasser

12 und hast sie geführt am Tage in einer Wolkensäule und des Nachts in einer Feuersäule, um ihnen zu leuchten auf dem Wege, den sie zogen.

13 Und du bist herabgestiegen auf den Berg Sinai und hast mit ihnen vom Himmel her geredet und ein wahrhaftiges Recht und rechte Gesetze und gute Satzungen und Gebote ihnen gegeben

14 und hast deinen heiligen Sabbat ihnen kundgetan und Gebote, Satzungen und Gesetz ihnen geboten durch deinen Knecht Mose

15 und hast ihnen Brot vom Himmel gegeben, als sie hungerte, und Wasser aus dem Felsen fließen lassen, als sie dürstete, und ihnen geboten, sie sollten hingehen und das Land einnehmen, über das du deine Hand zum Schwur erhobst, um es ihnen zu geben.

¶ **16** Aber unsere Väter wurden stolz und halsstarrig, sodass sie deinen Geboten nicht gehorchten,

17 und weigerten sich zu hören und gedachten auch nicht an deine Wunder, die du an ihnen tatest, sondern sie wurden halsstarrig und nahmen sich fest vor, zu ihrer Knechtschaft in Ägypten zurückzukehren. Aber du, mein Gott, vergabst und warst gnädig, barmherzig, geduldig und von großer Güte und verließest sie nicht.

18 Und obwohl sie ein gegossenes Kalb machten und sprachen: »Das ist dein Gott, der dich aus Ägyptenland geführt hat«, und große Lästerungen redeten,

8 You found his heart faithful before you, and made with him the covenant to give to his offspring the land of the Canaanite, the Hittite, the Amorite, the Perizzite, the Jebusite, and the Girgashite. And you have kept your promise, for you are righteous.

¶ **9** "And you saw the affliction of our fathers in Egypt and heard their cry at the Red Sea,

10 and performed signs and wonders against Pharaoh and all his servants and all the people of his land, for you knew that they acted arrogantly against our fathers. And you made a name for yourself, as it is to this day.

11 And you divided the sea before them, so that they went through the midst of the sea on dry land, and you cast their pursuers into the depths, as a stone into mighty waters.

12 By a pillar of cloud you led them in the day, and by a pillar of fire in the night to light for them the way in which they should go.

13 You came down on Mount Sinai and spoke with them from heaven and gave them right rules and true laws, good statutes and commandments,

14 and you made known to them your holy Sabbath and commanded them commandments and statutes and a law by Moses your servant.

15 You gave them bread from heaven for their hunger and brought water for them out of the rock for their thirst, and you told them to go in to possess the land that you had sworn to give them.

¶ **16** "But they and our fathers acted presumptuously and stiffened their neck and did not obey your commandments.

17 They refused to obey and were not mindful of the wonders that you performed among them, but they stiffened their neck and appointed a leader to return to their slavery in Egypt. But you are a God ready to forgive, gracious and merciful, slow to anger and abounding in steadfast love, and did not forsake them.

18 Even when they had made for themselves a golden[2] calf and said, 'This is your God who brought you up out of Egypt,' and had committed great blasphemies,

19 verließest du sie doch nicht in der Wüste nach deiner großen Barmherzigkeit, und die Wolkensäule wich nicht von ihnen am Tage, um sie auf dem Wege zu führen, noch die Feuersäule in der Nacht, um ihnen auf dem Wege zu leuchten, den sie zogen.

20 Und du gabst ihnen deinen guten Geist, um sie zu unterweisen, und dein Manna versagtest du nicht ihrem Munde und gabst ihnen Wasser, als sie dürstete.

21 Vierzig Jahre versorgtest du sie in der Wüste, sodass ihnen nichts mangelte. Ihre Kleider zerfielen nicht und ihre Füße schwollen nicht an.

22 Und du gabst ihnen Königreiche und Völker und teiltest sie ihnen zu, dass sie das Land Sihons, des Königs von Heschbon, einnahmen und das Land Ogs, des Königs von Baschan.

23 Und du mehrtest ihre Kinder wie die Sterne am Himmel und brachtest sie ins Land, das du ihren Vätern zugesagt hast, dass sie dort einziehen und es einnehmen sollten.

24 Und die Kinder zogen hinein und nahmen das Land ein. Und du demütigtest vor ihnen die Bewohner des Landes, die Kanaaniter, und gabst sie in ihre Hände, ihre Könige und die Völker im Lande, dass sie mit ihnen täten nach ihrem Willen.

25 Und sie eroberten feste Städte und ein fettes Land und nahmen Häuser voller Güter in Besitz, ausgehauene Brunnen, Weinberge, Ölgärten und Obstbäume in Fülle, und sie aßen und wurden satt und fett und lebten in Wonne durch deine große Güte.

¶ **26** Aber sie wurden ungehorsam und widerstrebten dir und warfen dein Gesetz hinter sich und töteten deine Propheten, die sie vermahnten, dass sie sich zu dir bekehren sollten, und redeten große Lästerungen.

27 Darum gabst du sie in die Hand ihrer Feinde, die sie ängsteten. Und zur Zeit ihrer Angst schrien sie zu dir und du erhörtest sie vom Himmel, und durch deine große Barmherzigkeit gabst du ihnen Retter, die ihnen aus der Hand ihrer Feinde halfen.

28 Wenn sie aber zur Ruhe kamen, taten sie wieder übel vor dir. Da gabst du sie dahin in ihrer Feinde Hand, dass die über sie herrschten. So schrien sie dann wieder zu dir und du erhörtest sie vom Himmel her und errettetest sie nach deiner großen Barmherzigkeit viele Male.

19 you in your great mercies did not forsake them in the wilderness. The pillar of cloud to lead them in the way did not depart from them by day, [k]nor the pillar of fire by night to light for them the way by which they should go.

20 You gave your good Spirit to instruct them and did not withhold your manna from their mouth and gave them water for their thirst.

21 Forty years you sustained them in the wilderness, and they lacked nothing. Their clothes did not wear out and their feet did not swell.

¶ **22** "And you gave them kingdoms and peoples and allotted to them every corner. So they took possession of the land of Sihon king of Heshbon and the land of Og king of Bashan.

23 You multiplied their children as the stars of heaven, and you brought them into the land that you had told their fathers to enter and possess.

24 So the descendants went in and possessed the land, and you subdued before them the inhabitants of the land, the Canaanites, and gave them into their hand, with their kings and the peoples of the land, that they might do with them as they would.

25 And they captured fortified cities and a rich land, and took possession of houses full of all good things, cisterns already hewn, vineyards, olive orchards and fruit trees in abundance. So they ate and were filled and became fat and delighted themselves in your great goodness.

¶ **26** "Nevertheless, they were disobedient and rebelled against you and cast your law behind their back and killed your prophets, who had warned them in order to turn them back to you, and they committed great blasphemies.

27 Therefore you gave them into the hand of their enemies, who made them suffer. And in the time of their suffering they cried out to you and you heard them from heaven, and according to your great mercies you gave them saviors who saved them from the hand of their enemies.

28 But after they had rest they did evil again before you, and you abandoned them to the hand of their enemies, so that they had dominion over them. Yet when they turned and cried to you, you heard from heaven, and many times you delivered them according to your mercies.

29 Und du vermahntest sie, um sie zu deinem Gesetz zurückzuführen. Aber sie waren stolz und gehorchten deinen Geboten nicht und sündigten an deinen Rechten, durch die der Mensch lebt, wenn er sie tut, und kehrten dir den Rücken zu und wurden halsstarrig und gehorchten nicht.

30 Und du hattest viele Jahre Geduld mit ihnen und warntest sie durch deinen Geist in deinen Propheten, aber sie nahmen's nicht zu Ohren. Darum hast du sie gegeben in die Hand der Völker in den Ländern.

31 Aber nach deiner großen Barmherzigkeit hast du mit ihnen nicht ein Ende gemacht noch sie verlassen; denn du bist ein gnädiger und barmherziger Gott.

¶ **32** Nun, unser Gott, du großer Gott, du Mächtiger und Furchtbarer, der du Bund und Treue hältst, achte all das Elend nicht gering, das uns getroffen hat, unsere Könige, Fürsten, Priester, Propheten, Väter und dein ganzes Volk seit der Zeit der Könige von Assur bis auf diesen Tag.

33 Du bist gerecht in allem, was du über uns gebracht hast; denn du hast recht getan, wir aber sind gottlos gewesen.

34 Und unsere Könige, Fürsten, Priester und Väter haben nicht nach deinem Gesetz getan und nicht achtgehabt auf deine Gebote und Ordnungen, die du ihnen hast bezeugen lassen.

35 Und sie haben dir nicht gedient zur Zeit ihrer Macht bei all deiner großen Güte, die du ihnen erwiesen hast, in dem weiten und fetten Lande, das du ihnen gegeben hast, und haben sich von ihrem bösen Tun nicht bekehrt.

36 Siehe, wir sind heute Knechte; und in dem Lande, das du unsern Vätern gegeben hast, seine Früchte und Güter zu genießen, siehe, in ihm sind wir Knechte.

37 Und all sein Ertrag bringt den Königen großen Gewinn, die du über uns gesetzt hast um unserer Sünden willen; und sie herrschen über unsere Leiber und unser Vieh nach ihrem Willen, und wir sind in großer Not.

Das Volk verpflichtet sich zur Beobachtung des Gesetzes

10 Und darum wollen wir eine feste Abmachung treffen, sie aufschreiben, und unsere Fürsten, Leviten und Priester sollen sie versiegeln und unterschreiben:

29 And you warned them in order to turn them back to your law. Yet they acted presumptuously and did not obey your commandments, but sinned against your rules, which if a person does them, he shall live by them, and they turned a stubborn shoulder and stiffened their neck and would not obey.

30 Many years you bore with them and warned them by your Spirit through your prophets. Yet they would not give ear. Therefore you gave them into the hand of the peoples of the lands.

31 Nevertheless, in your great mercies you did not make an end of them or forsake them, for you are a gracious and merciful God.

¶ **32** "Now, therefore, our God, the great, the mighty, and the awesome God, who keeps covenant and steadfast love, let not all the hardship seem little to you that has come upon us, upon our kings, our princes, our priests, our prophets, our fathers, and all your people, since the time of the kings of Assyria until this day.

33 Yet you have been righteous in all that has come upon us, for you have dealt faithfully and we have acted wickedly.

34 Our kings, our princes, our priests, and our fathers have not kept your law or paid attention to your commandments and your warnings that you gave them.

35 Even in their own kingdom, and amid your great goodness that you gave them, and in the large and ʸrich land that you set before them, they did ʸnot serve you or turn from their wicked works.

36 Behold, we are slaves this day; in the land that you gave to our fathers to enjoy its fruit and its good gifts, behold, we are slaves.

37 And its rich yield goes to the kings whom you have set over us because of our sins. They rule over our bodies and over our livestock as they please, and we are in great distress.

¶ **38**³ "Because of all this we make a firm covenant in writing; on the sealed document are the names of⁴ our princes, our Levites, and our priests.

2 nämlich Nehemia, der Statthalter, der Sohn Hachaljas, und Zidkija,

3 Seraja, Asarja, Jirmeja,
4 Paschhur, Amarja, Malkija,
5 Hattusch, Schebanja, Malluch,
6 Harim, Meremot, Obadja,
7 Daniel, Ginneton, Baruch,
8 Meschullam, Abija, Mijamin,
9 Maasja, Bilga und Schemaja; das sind die Priester.

¶ 10 Die Leviten aber sind: Jeschua, der Sohn Asanjas, Binnui von den Söhnen Henadads, Kadmiël,

11 und ihre Brüder: Schechanja, Hodija, Kelita, Pelaja, Hanan,
12 Micha, Rehob, Haschabja,
13 Sakkur, Scherebja, Schebanja,
14 Hodija, Bani und Beninu.

¶ 15 Die Oberen des Volks sind: Parosch, Pahat-Moab, Elam, Sattu, Bani,

16 Bunni, Asgad, Bebai,
17 Adonija, Bigwai, Adin,
18 Ater, Hiskija, Asur,
19 Hodija, Haschum, Bezai,
20 Harif, Anatot, Nebai,
21 Magpiasch, Meschullam, Hesir,
22 Meschesabel, Zadok, Jaddua,
23 Pelatja, Hanan, Anaja,
24 Hoschea, Hananja, Haschub,
25 Lohesch, Pilha, Schobek,
26 Rehum, Haschabna, Maaseja,
27 Ahija, Hanan, Anan,
28 Malluch, Harim und Baana.

¶ 29 Und das übrige Volk, Priester, Leviten, Torhüter, Sänger, Tempelsklaven und alle, die sich von den Völkern der Länder abgesondert haben und sich zum Gesetz Gottes halten, samt ihren Frauen, Söhnen und Töchtern, alle, die es verstehen können:

30 Sie sollen sich ihren Brüdern, den Mächtigen unter ihnen, anschließen und der Abmachung beitreten und sich mit einem Eid verpflichten, zu wandeln im Gesetz Gottes, das durch Mose, den Knecht Gottes, gegeben ist, und alle Gebote, Rechte und Satzungen des HERRN, unseres Herrschers, zu halten und zu tun.

¶ 31 Wir wollen unsere Töchter nicht den Völkern des Landes geben und ihre Töchter nicht für unsere Söhne nehmen;

The People Who Sealed the Covenant

10 [1] "On the seals are the names of[2] Nehemiah the governor, the son of Hacaliah, Zedekiah,

2 Seraiah, Azariah, Jeremiah,
3 Pashhur, Amariah, Malchijah,
4 Hattush, Shebaniah, Malluch,
5 Harim, Meremoth, Obadiah,
6 Daniel, Ginnethon, Baruch,
7 Meshullam, Abijah, Mijamin,
8 Maaziah, Bilgai, Shemaiah; these are the priests.

9 And the Levites: Jeshua the son of Azaniah, Binnui of the sons of Henadad, Kadmiel;

10 and their brothers, Shebaniah, Hodiah, Kelita, Pelaiah, Hanan,
11 Mica, Rehob, Hashabiah,
12 Zaccur, Sherebiah, Shebaniah,
13 Hodiah, Bani, Beninu.

14 The chiefs of the people: Parosh, Pahath-moab, Elam, Zattu, Bani,

15 Bunni, Azgad, Bebai,
16 Adonijah, Bigvai, Adin,
17 Ater, Hezekiah, Azzur,
18 Hodiah, Hashum, Bezai,
19 Hariph, Anathoth, Nebai,
20 Magpiash, Meshullam, Hezir,
21 Meshezabel, Zadok, Jaddua,
22 Pelatiah, Hanan, Anaiah,
23 Hoshea, Hananiah, Hasshub,
24 Hallohesh, Pilha, Shobek,
25 Rehum, Hashabnah, Maaseiah,
26 Ahiah, Hanan, Anan,
27 Malluch, Harim, Baanah.

The Obligations of the Covenant

¶ 28 "The rest of the people, the priests, the Levites, the gatekeepers, the singers, the temple servants, and all who have separated themselves from the peoples of the lands to the Law of God, their wives, their sons, their daughters, all who have knowledge and understanding,

29 join with their brothers, their nobles, and enter into a curse and an oath to walk in God's Law that was given by Moses the servant of God, and to observe and do all the commandments of the LORD our Lord and his rules and his statutes.

30 We will not give our daughters to the peoples of the land or take their daughters for our sons.

¶ **32** wir wollen nicht von den Völkern des Landes am Sabbat und an den heiligen Tagen Waren und allerlei Getreide nehmen, wenn sie diese am Sabbattag zum Verkauf bringen;
¶ wir wollen auf die Abgaben in jedem siebenten Jahr und auf Schuldforderungen jeder Art verzichten;

¶ **33** wir wollen uns das Gebot auferlegen, jährlich den dritten Teil eines Silberstücks zum Dienst im Hause unseres Gottes zu geben,

34 nämlich für die Schaubrote, für das tägliche Speisopfer, für das tägliche Brandopfer, für die Opfer am Sabbat und Neumond, für die Festtage, für das Hochheilige und für das Sündopfer, womit für Israel Sühne geschafft wird, und für alle Arbeit im Hause unseres Gottes;

¶ **35** wir wollen das Los unter den Priestern, den Leviten und dem Volk werfen, in welcher Reihenfolge unsere Sippen jedes Jahr das Brennholz für das Haus unseres Gottes zur bestimmten Zeit geben sollen, damit man es auf dem Altar des Herrn, unseres Gottes, verbrenne, wie es im Gesetz geschrieben steht;

¶ **36** wir wollen alljährlich die Erstlinge unseres Landes und die Erstlinge aller Früchte von allen Bäumen zum Hause des Herrn bringen;

¶ **37** wir wollen die Erstgeburt unserer Söhne und unseres Viehs, wie es im Gesetz geschrieben steht, und die Erstgeburt unserer Rinder und unserer Schafe zum Hause unseres Gottes zu den Priestern bringen, die im Hause unseres Gottes dienen;

¶ **38** wir wollen den ersten Teil von unserm Brotteig und unsere Abgaben und Früchte von allen Bäumen, von Wein und Öl für die Priester in die Kammern am Hause unseres Gottes bringen und den Zehnten unseres Landes für die Leviten; die sollen den Zehnten einnehmen aus allen unsern Orten mit Ackerland.

39 Und ein Priester, ein Sohn Aarons, soll bei den Leviten sein, wenn sie den Zehnten einnehmen, und die Leviten sollen den Zehnten ihrer Zehnten heraufbringen zum Hause unseres Gottes in die Kammern im Vorratshaus.

40 Denn die Israeliten und die Leviten sollen die Abgaben von Getreide, Wein und Öl herauf in die Kammern bringen. Dort sind die heiligen Geräte und die Priester, die da dienen, und die Torhüter und Sänger. So wollen wir es im Haus unseres Gottes an nichts fehlen lassen.

31 And if the peoples of the land bring in goods or any grain on the Sabbath day to sell, we will not buy from them on the Sabbath or on a holy day. And we will forego the crops of the seventh year and the exaction of every debt.

¶ **32** "We also take on ourselves the obligation to give yearly a third part of a shekel[3] for the service of the house of our God:

33 for the showbread, the regular grain offering, ᵂ the regular burnt offering, the Sabbaths, the new moons, the appointed feasts, the holy things, and the sin offerings to make atonement for Israel, and for all the work of the house of our God.

34 We, the priests, the Levites, and the people, have likewise cast lots for the wood offering, to bring it into the house of our God, according to our fathers' houses, at times appointed, year by year, to burn on the altar of the Lord our God, as it is written in the Law.

35 We obligate ourselves to bring the firstfruits of our ground and the firstfruits of all fruit of every tree, year by year, to the house of the Lord;

36 also to bring to the house of our God, to the priests who minister in the house of our God, the firstborn of our sons and of our cattle, as it is written in the Law, and the firstborn of our herds and of our flocks;

37 and to bring the first of our dough, and our contributions, the fruit of every tree, the wine and the oil, to the priests, to the chambers of the house of our God; and to bring to the Levites the tithes from our ground, for it is the Levites who collect the tithes in all our towns where we labor.

38 And the priest, the son of Aaron, shall be with the Levites when the Levites receive the tithes. And the Levites shall bring up the tithe of the tithes to the house of our God, to the chambers of the storehouse.

39 For the people of Israel and the sons of Levi shall bring the contribution of grain, wine, and oil to the chambers, where the vessels of the sanctuary are, as well as the priests who minister, and the gatekeepers and the singers. We will not neglect the house of our God."

Verzeichnis der Einwohner Jerusalems und der Landbewohner
(vgl. 1.Chr 9,2-17)

11 Und die Oberen des Volks wohnten in Jerusalem. Das übrige Volk aber warf das Los darum, wer von jeweils zehn nach Jerusalem, in die heilige Stadt, ziehen sollte, um dort zu wohnen, und die neun in den andern Städten.

2 Und das Volk segnete alle die Männer, die freiwillig in Jerusalem wohnen wollten.

¶ 3 Dies sind die Oberen der Landschaft Juda, die in Jerusalem und in den Städten Judas wohnten; sie wohnten aber jeder in seinem Eigentum in ihren Städten: Israeliten, Priester, Leviten, Tempelsklaven und die Nachkommen der Sklaven Salomos.

¶ 4 In Jerusalem wohnten einige von den Söhnen Juda und einige von den Söhnen Benjamin. Von den Söhnen Juda: Ataja, der Sohn Usijas, des Sohnes Secharjas, des Sohnes Amarjas, des Sohnes Schefatjas, des Sohnes Mahalalels, von den Söhnen Perez;

5 und Maaseja, der Sohn Baruchs, des Sohnes Kolhoses, des Sohnes Hasajas, des Sohnes Adajas, des Sohnes Jojaribs, des Sohnes Secharjas, von den Söhnen Schela.

6 Alle Nachkommen des Perez, die in Jerusalem wohnten, waren 468, angesehene Männer.

7 Von den Söhnen Benjamin: Sallu, der Sohn Meschullams, des Sohnes Joëds, des Sohnes Pedajas, des Sohnes Kolajas, des Sohnes Maasejas, des Sohnes Itiëls, des Sohnes Jeschajas,

8 und seine Brüder Gabbai, Sallai, 928.

9 Und Joel, der Sohn Sichris, war ihr Vorsteher und Juda, der Sohn Senuas, war als Zweiter über die Stadt gesetzt.

¶ 10 Von den Priestern: Jedaja, Jojarib, Jachin

11 und Seraja, der Sohn Hilkijas, des Sohnes Meschullams, des Sohnes Zadoks, des Sohnes Merajots, des Sohnes Ahitubs, der Vorsteher im Hause Gottes,

12 und ihre Brüder, die am Hause Gottes Dienst taten, 822; und Adaja, der Sohn Jerohams, des Sohnes Pelaljas, des Sohnes Amzis, des Sohnes Secharjas, des Sohnes Paschhurs, des Sohnes Malkijas,

13 und seine Brüder, Häupter der Sippen, 242; und Amaschsai, der Sohn Asarels, des Sohnes Achsais, des Sohnes Meschillemots, des Sohnes Immers,

11 Now the leaders of the people lived in Jerusalem. And the rest of the people cast lots to bring one out of ten to live in Jerusalem the holy city, while nine out of ten[1] remained in the other towns.

2 And the people blessed all the men who willingly offered to live in Jerusalem.

¶ 3 These are the chiefs of the province who lived in Jerusalem; but in the towns of Judah everyone lived on his property in their towns: Israel, the priests, the Levites, the temple servants, and the descendants of Solomon's servants.

4 And in Jerusalem lived certain of the sons of Judah and of the sons of Benjamin. Of the sons of Judah: Athaiah the son of Uzziah, son of Zechariah, son of Amariah, son of Shephatiah, son of Mahalalel, of the sons of Perez;

5 and Maaseiah the son of Baruch, son of Col-hozeh, son of Hazaiah, son of Adaiah, son of Joiarib, son of Zechariah, son of the Shilonite.

6 All the sons of Perez who lived in Jerusalem were 468 valiant men.

¶ 7 And these are the sons of Benjamin: Sallu the son of Meshullam, son of Joed, son of Pedaiah, son of Kolaiah, son of Maaseiah, son of Ithiel, son of Jeshaiah,

8 and his brothers, men of valor, 928.[2]

9 Joel the son of Zichri was their overseer; and Judah the son of Hassenuah was second over the city.

¶ 10 Of the priests: Jedaiah the son of Joiarib, Jachin,

11 Seraiah the son of Hilkiah, son of Meshullam, son of Zadok, son of Meraioth, son of Ahitub, ruler of the house of God,

12 and their brothers who did the work of the house, 822; and Adaiah the son of Jeroham, son of Pelaliah, son of Amzi, son of Zechariah, son of Pashhur, son of Malchijah,

13 and his brothers, heads of fathers' houses, 242; and Amashsai, the son of Azarel, son of Ahzai, son of Meshillemoth, son of Immer,

14 und ihre Brüder, tüchtige Männer, 128; und ihr Vorsteher war Sabdiël, der Sohn Haggedolims.

¶ **15** Von den Leviten: Schemaja, der Sohn Haschubs, des Sohnes Asrikams, des Sohnes Haschabjas, des Sohnes Bunnis,

16 und Schabbetai und Josabad von den Häuptern der Leviten für den äußeren Dienst am Hause Gottes,

17 und Mattanja, der Sohn Michas, des Sohnes Sabdis, des Sohnes Asafs, hatte beim Gebet den Lobgesang anzustimmen, und Bakbukja war unter seinen Brüdern der Zweite in diesem Dienst, – und Abda, der Sohn Schammuas, des Sohnes Galals, des Sohnes Jedutuns.

18 Alle Leviten in der heiligen Stadt waren 284.

¶ **19** Und die Torhüter: Akkub und Talmon und ihre Brüder, die an den Toren Wache hielten, 172.

¶ **20** Das übrige Israel aber, Priester und Leviten, blieb in allen Städten Judas, ein jeder auf seinem Erbteil.

21 Und die Tempelsklaven wohnten am Ofel und Ziha und Gischpa waren über die Tempelsklaven gesetzt.

¶ **22** Der Vorsteher der Leviten aber in Jerusalem war Usi, der Sohn Banis, des Sohnes Haschabjas, des Sohnes Mattanjas, des Sohnes Michas, von den Söhnen Asaf, die beim Dienst im Hause Gottes zu singen hatten.

23 Denn es gab ein Gebot des Königs für sie und eine feste Abmachung, an welchem Tag jeder zu singen hatte.

¶ **24** Und Petachja, der Sohn Meschesabels, von den Söhnen Serachs, des Sohnes Judas, stand dem König zur Seite in allem, was das Volk betraf.

¶ **25** Und einige von den Söhnen Juda wohnten draußen in Höfen auf ihren Fluren in Kirjat-Arba und seinen Ortschaften und in Dimona und seinen Ortschaften und in Kabzeel und seinen Gehöften

26 und in Jeschua, Molada, Bet-Pelet,

27 Hazar-Schual, Beerscheba und seinen Ortschaften

28 und in Ziklag und Mechona und seinen Ortschaften

29 und in En-Rimmon, Zora, Jarmut,

30 Sanoach, Adullam und ihren Gehöften, in Lachisch und seinen Fluren, in Aseka und seinen Ortschaften. So ließen sie sich nieder von Beerscheba bis zum Tal Hinnom.

14 and their brothers, mighty men of valor, 128; their overseer was Zabdiel the son of Haggedolim.

¶ **15** And of the Levites: Shemaiah the son of Hasshub, son of Azrikam, son of Hashabiah, son of Bunni;

16 and Shabbethai and Jozabad, of the chiefs of the Levites, who were over the outside work of the house of God;

17 and Mattaniah the son of Mica, son of Zabdi, son of Asaph, who was the leader of the praise,[3] who gave thanks, and Bakbukiah, the second among his brothers; and Abda the son of Shammua, son of Galal, son of Jeduthun.

18 All the Levites in the holy city were 284.

¶ **19** The gatekeepers, Akkub, Talmon and their brothers, who kept watch at the gates, were 172.

20 And the rest of Israel, and of the priests and the Levites, were in all the towns of Judah, every one in his inheritance.

21 But the temple servants lived on Ophel; and Ziha and Gishpa were over the temple servants.

¶ **22** The overseer of the Levites in Jerusalem was Uzzi the son of Bani, son of Hashabiah, son of Mattaniah, son of Mica, of the sons of Asaph, the singers, over the work of the house of God.

23 For there was a command from the king concerning them, and a fixed provision for the singers, as every day required.

24 And Pethahiah the son of Meshezabel, of the sons of Zerah the son of Judah, was at the king's side[4] in all matters concerning the people.

Villages Outside Jerusalem

¶ **25** And as for the villages, with their fields, some of the people of Judah lived in Kiriath-arba and its villages, and in Dibon and its villages, and in Jekabzeel and its villages,

26 and in Jeshua and in Moladah and Beth-pelet,

27 in Hazar-shual, in Beersheba and its villages,

28 in Ziklag, in Meconah and its villages,

29 in En-rimmon, in Zorah, in Jarmuth,

30 Zanoah, Adullam, and their villages, Lachish and its fields, and Azekah and its villages. So they encamped from Beersheba to the Valley of Hinnom.

¶ **31** Die Söhne Benjamin aber wohnten in Geba, Michmas, Aja, Bethel und seinen Ortschaften

32 und in Anatot, Nob, Ananja,

33 Hazor, Rama, Gittajim,

34 Hadid, Zeboïm, Neballat,

35 Lod und Ono und im Tal der Zimmerleute.

¶ **36** Und von den Leviten wohnten Ordnungen auch in Juda und in Benjamin.

Listen von Priestern und Leviten

12 Dies sind die Priester und Leviten, die mit Serubbabel, dem Sohn Schealtiëls, und Jeschua zurückgekehrt waren: Seraja, Jirmeja, Esra,

2 Amarja, Malluch, Hattusch,

3 Schechanja, Rehum, Meremot,

4 Iddo, Ginneton, Abija,

5 Mijamin, Maadja, Bilga,

6 Schemaja, Jojarib, Jedaja,

7 Sallu, Amok, Hilkija und Jedaja. Das waren die Häupter der Priester und ihrer Brüder zur Zeit Jeschuas.

¶ **8** Die Leviten aber waren diese: Jeschua, Binnui, Kadmiël, Scherebja, Juda und Mattanja; er und seine Brüder waren für die Danklieder eingesetzt,

9 Bakbukja aber, Unni und ihre Brüder standen ihnen gegenüber beim Dienst.

¶ **10** Jeschua zeugte Jojakim, Jojakim zeugte Eljaschib, Eljaschib zeugte Jojada,

11 Jojada zeugte Johanan, Johanan zeugte Jaddua.

¶ **12** Und zur Zeit Jojakims waren diese die Häupter der Sippen unter den Priestern: nämlich von der Sippe Seraja: Meraja; von Jirmeja: Hananja;

13 von Esra: Meschullam; von Amarja: Johanan;

14 von Malluch: Jonatan; von Schebanja: Josef;

15 von Harim: Adna; von Meremot: Helkai;

16 von Iddo: Sacharja; von Ginneton: Meschullam;

17 von Abija: Sichri; von Mijamin: ... *; von Maadja: Piltai;

18 von Bilga: Schammua; von Schemaja: Jonatan;

19 von Jojarib: Mattenai; von Jedaja: Usi;

20 von Sallu: Kallai; von Amok: Eber;

21 von Hilkija: Haschabja; von Jedaja: Netanel.

31 The people of Benjamin also lived from Geba onward, at Michmash, Aija, Bethel and its villages,

32 Anathoth, Nob, Ananiah,

33 Hazor, Ramah, Gittaim,

34 Hadid, Zeboim, Neballat,

35 Lod, and Ono, the valley of craftsmen.

36 And certain divisions of the Levites in Judah were assigned to Benjamin.

Priests and Levites

12 These are the priests and the Levites who came up with Zerubbabel the son of Shealtiel, and Jeshua: Seraiah, Jeremiah, Ezra,

2 Amariah, Malluch, Hattush,

3 Shecaniah, Rehum, Meremoth,

4 Iddo, Ginnethoi, Abijah,

5 Mijamin, Maadiah, Bilgah,

6 Shemaiah, Joiarib, Jedaiah,

7 Sallu, Amok, Hilkiah, Jedaiah. These were the chiefs of the priests and of their brothers in the days of Jeshua.

8 And the Levites: Jeshua, Binnui, Kadmiel, Sherebiah, Judah, and Mattaniah, who with his brothers was in charge of the songs of thanksgiving.

9 And Bakbukiah and Unni and their brothers stood opposite them in the service.

10 And Jeshua was the father of Joiakim, Joiakim the father of Eliashib, Eliashib the father of Joiada,

11 Joiada the father of Jonathan, and Jonathan the father of Jaddua.

12 And in the days of Joiakim were priests, heads of fathers' houses: of Seraiah, Meraiah; of Jeremiah, Hananiah;

13 of Ezra, Meshullam; of Amariah, Jehohanan;

14 of Malluchi, Jonathan; of Shebaniah, Joseph;

15 of Harim, Adna; of Meraioth, Helkai;

16 of Iddo, Zechariah; of Ginnethon, Meshullam;

17 of Abijah, Zichri; of Miniamin, Moadiah, Piltai;

18 of Bilgah, Shammua; of Shemaiah, Jehonathan;

19 of Joiarib, Mattenai; of Jedaiah, Uzzi;

20 of Sallai, Kallai; of Amok, Eber;

21 of Hilkiah, Hashabiah; of Jedaiah, Nethanel.

¶ **22** Und zur Zeit Eljaschibs, Jojadas, Johanans und Jadduas wurden aufgezeichnet die Häupter der Sippen unter den Leviten und die Priester bis zur Herrschaft des Darius, des Königs von Persien.

23 Es wurden aber von den Leviten die Häupter der Sippen aufgezeichnet in einer Chronik bis zur Zeit Johanans, des Sohnes Eljaschibs.

24 Und dies waren die Häupter der Leviten: Haschabja, Scherebja und Jeschua, Binnui, Kadmiël; und ihre Brüder standen ihnen gegenüber, zu loben und zu danken, wie es David, der Mann Gottes, geboten hatte, Chor um Chor,

25 nämlich Mattanja, Bakbukja und Obadja. Aber Meschullam, Talmon und Akkub, die Torhüter, hatten die Wache an den Vorratskammern der Tore.

¶ **26** Diese lebten zur Zeit Jojakims, des Sohnes Jeschuas, des Sohnes Jozadaks, und zur Zeit des Statthalters Nehemia und des Priesters Esra, des Schriftgelehrten.

Einweihung der Stadtmauer

27 Und bei der Einweihung der Mauer Jerusalems holte man die Leviten aus allen ihren Orten nach Jerusalem, um Einweihung zu halten mit Freuden, mit Danken und Singen, mit Zimbeln, Psaltern und Harfen.

28 Und es versammelten sich die Sänger aus der Gegend um Jerusalem und von den Gehöften der Netofatiter

29 und von Bet-Gilgal und von den Fluren um Geba und Bet-Asmawet; denn die Sänger hatten sich rings um Jerusalem her Gehöfte gebaut.

30 Und die Priester und Leviten reinigten sich und reinigten das Volk, die Tore und die Mauer.

¶ **31** Und ich ließ die Oberen von Juda oben auf die Mauer steigen und stellte zwei große Dankchöre auf. Die einen gingen zur Rechten oben auf der Mauer zum Misttor hin,

32 und hinter ihnen her gingen Hoschaja und die Hälfte der Oberen von Juda

33 und Asarja, Esra, Meschullam,

34 Juda, Benjamin, Schemaja und Jirmeja

35 und einige der Priester mit Trompeten, nämlich Secharja, der Sohn Jonatans, des Sohnes Schemajas, des Sohnes Mattanjas, des Sohnes Michajas, des Sohnes Sakkurs, des Sohnes Asafs,

¶ **22** In the days of Eliashib, Joiada, Johanan, and Jaddua, the Levites were recorded as heads of fathers' houses; so too were the priests in the reign of Darius the Persian.

23 As for the sons of Levi, their heads of fathers' houses were written in the Book of the Chronicles until the days of Johanan the son of Eliashib.

24 And the chiefs of the Levites: Hashabiah, Sherebiah, and Jeshua the son of Kadmiel, with their brothers who stood opposite them, to praise and to give thanks, according to the commandment of David the man of God, watch by watch.

25 Mattaniah, Bakbukiah, Obadiah, Meshullam, Talmon, and Akkub were gatekeepers standing guard at the storehouses of the gates.

26 These were in the days of Joiakim the son of Jeshua son of Jozadak, and in the days of Nehemiah the governor and of ᵖEzra, the priest and scribe.

Dedication of the Wall

¶ **27** And at the dedication of the wall of Jerusalem they sought the Levites in all their places, to bring them to Jerusalem to celebrate the dedication with gladness, with thanksgivings and with singing, with cymbals, harps, and lyres.

28 And the sons of the singers gathered together from the district surrounding Jerusalem and from the villages of the Netophathites;

29 also from Beth-gilgal and from the region of Geba and Azmaveth, for the singers had built for themselves villages around Jerusalem.

30 And the priests and the Levites purified themselves, and they purified the people and the gates and the wall.

¶ **31** Then I brought the leaders of Judah up onto the wall and appointed two great choirs that gave thanks. One went to the south on the wall to the Dung Gate.

32 And after them went Hoshaiah and half of the leaders of Judah,

33 and Azariah, Ezra, Meshullam,

34 Judah, Benjamin, Shemaiah, and Jeremiah,

35 and certain of the priests' sons with trumpets: Zechariah the son of Jonathan, son of Shemaiah, son of Mattaniah, son of Micaiah, son of Zaccur, son of Asaph;

36 und seine Brüder, Schemaja, Asarel, Milalai, Gilalai, Maai, Netanel und Juda, Hanani, mit den Saitenspielen Davids, des Mannes Gottes; Esra aber, der Schriftgelehrte, ging vor ihnen her.

37 Und sie zogen zum Quelltor hin und stiegen geradeaus die Stufen zur Stadt Davids hinauf, wo die Mauer oberhalb des Hauses Davids bis an das Wassertor im Osten verläuft.

38 Der andere Dankchor ging zur Linken hin, und ich ging hinter ihm her und die andere Hälfte der Oberen des Volks oben auf der Mauer oberhalb des Ofenturms bis an die breite Mauer

39 und oberhalb des Tores Ephraim zum alten Tor und zum Fischtor und zum Turm Hananel und zum Turm Mea bis an das Schaftor, und sie blieben am Wachttor stehen.

¶ **40** So standen die beiden Dankchöre am Hause Gottes und ich und die Hälfte der Ratsherren mit mir

41 und die Priester, nämlich Eljakim, Maaseja, Mijamin, Michaja, Eljoënai, Secharja, Hananja mit Trompeten,

42 und Maaseja, Schemaja, Eleasar, Usi, Johanan, Malkija, Elam und Eser. Und die Sänger sangen laut und Jisrachja stand ihnen vor.

43 Und es wurden an diesem Tage große Opfer dargebracht und sie waren fröhlich, denn Gott hatte ihnen eine große Freude gemacht, sodass sich auch Frauen und Kinder freuten, und man hörte die Freude Jerusalems schon von ferne.

Bestellung von Amtleuten für die Abgaben an die Priester und Leviten

44 Zu der Zeit wurden Männer über die Kammern bestellt für die Vorräte, für die Abgaben, Erstlinge und Zehnten, um in ihnen die Anteile von den Äckern um die Städte her zu sammeln, die nach dem Gesetz für die Priester und Leviten bestimmt waren; denn Juda hatte seine Freude an den Priestern und Leviten, die im Amt standen,

45 dass sie den Dienst Gottes und den Dienst der Reinigung versahen. Und auch die Sänger und Torhüter taten nach dem Gebot Davids und seines Sohnes Salomo.

46 Denn schon zu den Zeiten Davids und Asafs wurden die Vorsteher der Sänger eingesetzt, um Gott zu loben und zu danken.

36 and his relatives, Shemaiah, Azarel, Milalai, Gilalai, Maai, Nethanel, Judah, and Hanani, with the musical instruments of David the man of God. And Ezra the scribe went before them.

37 At the Fountain Gate they went up straight before them by the stairs of the city of David, at the ascent of the wall, above the house of David, to the Water Gate on the east.

¶ **38** The other choir of those who gave thanks went to the north, and I followed them with half of the people, on the wall, above the Tower of the Ovens, to the Broad Wall,

39 and above the Gate of Ephraim, and by the Gate of Yeshanah,[1] and by the Fish Gate and the Tower of Hananel and [h]the Tower of the Hundred, to the Sheep Gate; and they came to a halt at the Gate of the Guard.

40 So both choirs of those who gave thanks stood in the house of God, and I and half of the officials with me;

41 and the priests Eliakim, Maaseiah, Miniamin, Micaiah, Elioenai, Zechariah, and Hananiah, with trumpets;

42 and Maaseiah, Shemaiah, Eleazar, Uzzi, Jehohanan, Malchijah, Elam, and Ezer. And the singers sang with Jezrahiah as their leader.

43 And they offered great sacrifices that day and rejoiced, for God had made them rejoice with great joy; the women and children also rejoiced. And the joy of Jerusalem was heard far away.

Service at the Temple

¶ **44** On that day men were appointed over the storerooms, the contributions, the first-fruits, and the tithes, to gather into them the portions required by the Law for the priests and for the Levites according to the fields of the towns, for Judah rejoiced over the priests and the Levites who ministered.

45 And they performed the service of their God and the service of purification, as did the singers and the gatekeepers, according to the command of David and his son Solomon.

46 For long ago in the days of David and Asaph there were directors of the singers, and there were songs[2] of praise and thanksgiving to God.

47 Und zur Zeit Serubbabels und zur Zeit Nehemias gab ganz Israel den Sängern und Torhütern Anteil an den heiligen Gaben Tag für Tag; denn Israel gab das Geheiligte den Leviten, die Leviten aber gaben davon den heiligen Anteil den Söhnen Aaron.

Alle Fremden werden aus dem Gottesvolk ausgeschieden

13 Und in dieser Zeit las man aus dem Buch des Mose vor den Ohren des Volks und fand darin geschrieben, dass die Ammoniter und Moabiter niemals in die Gemeinde Gottes kommen dürften,

2 weil sie den Israeliten nicht mit Brot und Wasser entgegenkamen und gegen sie Bileam dingten, damit er sie verfluche; aber unser Gott wandte den Fluch in Segen.

3 Als sie nun dies Gesetz hörten, schieden sie alles fremde Volk aus Israel aus.

Nehemia beseitigt Missstände im Tempel

4 Und es hatte einst der Priester Eljaschib, der über die Kammern bestellt war am Hause unseres Gottes, ein Verwandter des Tobija,

5 diesem eine große Kammer gegeben, in die man früher die Speisopfer gelegt hatte, den Weihrauch, die Geräte und den Zehnten vom Getreide, Wein und Öl, die Gebühr für die Leviten, Sänger und Torhüter, dazu die Abgaben für die Priester.

6 Aber bei alledem war ich nicht in Jerusalem; denn im zweiunddreißigsten Jahr Arthsastas, des Königs von Babel, war ich zum König gereist und hatte erst nach längerer Zeit den König gebeten, dass er mich wieder ziehen ließe.

7 Und als ich nach Jerusalem kam, merkte ich, dass es Unrecht war, was Eljaschib für Tobija getan hatte, als er ihm eine Kammer im Vorhof des Hauses Gottes gab.

8 Und es verdross mich sehr und ich warf allen Hausrat des Tobija hinaus vor die Kammer

9 und befahl, dass sie die Kammer reinigten. Und ich brachte wieder hinein, was zum Hause Gottes gehörte, Speisopfer und Weihrauch.

¶ **10** Und ich erfuhr, dass die Anteile der Leviten nicht eingegangen waren und deshalb die Leviten und Sänger, die den Dienst ausrichten sollten, fortgegangen waren, ein jeder auf sein Land.

47 And all Israel in the days of Zerubbabel and in the days of Nehemiah gave the daily portions for the singers and the gatekeepers; and they set apart that which was for the Levites; and the Levites set apart that which was for the sons of Aaron.

Nehemiah's Final Reforms

13 On that day they read from the Book of Moses in the hearing of the people. And in it was found written that no Ammonite or Moabite should ever enter the assembly of God,

2 for they did not meet the people of Israel with bread and water, but hired Balaam against them to curse them—yet our God turned the curse into a blessing.

3 As soon as the people heard the law, they separated from Israel all those of foreign descent.

¶ **4** Now before this, Eliashib the priest, who was appointed over the chambers of the house of our God, and who was related to Tobiah,

5 prepared for Tobiah a large chamber where they had previously put the grain offering, the frankincense, the vessels, and the tithes of grain, wine, and oil, which were given by commandment to the Levites, singers, and gatekeepers, and the contributions for the priests.

6 While this was taking place, I was not in Jerusalem, for in the thirty-second year of Artaxerxes king of Babylon I went to the king. And after some time I asked leave of the king

7 and came to Jerusalem, and I then discovered the evil that Eliashib had done for Tobiah, preparing for him a chamber in the courts of the house of God.

8 And I was very angry, and I threw all the household furniture of Tobiah out of the chamber.

9 Then I gave orders, and they cleansed the chambers, and I brought back there the vessels of the house of God, with the grain offering and the frankincense.

¶ **10** I also found out that the portions of the Levites had not been given to them, so that the Levites and the singers, who did the work, had fled each to his field.

11 Da schalt ich die Ratsherren und sprach: Warum wird das Haus Gottes vernachlässigt? Und ich holte sie zurück und stellte sie wieder in ihren Dienst.

12 Da brachte ganz Juda den Zehnten vom Getreide, Wein und Öl in die Vorratskammern.

13 Und ich bestellte über die Vorräte den Priester Schelemja und Zadok, den Schreiber, und von den Leviten Pedaja und ihnen zur Hand Hanan, den Sohn Sakkurs, des Sohnes Mattanjas; denn sie galten als zuverlässig und ihnen wurde befohlen, ihren Brüdern auszuteilen.

¶ **14** Gedenke, mein Gott, um dessentwillen an mich und lösche nicht aus, was ich in Treue am Hause meines Gottes und für den Dienst in ihm getan habe!

Nehemia setzt die Heiligung des Sabbats durch

15 Zur selben Zeit sah ich in Juda, dass man am Sabbat die Kelter trat und Getreide herbeibrachte und auf Esel lud und auch Wein, Trauben, Feigen und allerlei Last nach Jerusalem brachte am Sabbattag. Und ich verwarnte sie an dem Tage, als sie die Nahrung verkauften.

16 Es wohnten auch Tyrer dort; die brachten Fische und allerlei Ware und verkauften sie am Sabbat den Leuten in Juda und in Jerusalem.

17 Da schalt ich die Vornehmen von Juda und sprach zu ihnen: Was ist das für eine böse Sache, die ihr da tut und entheiligt den Sabbattag?

18 Taten das nicht auch eure Väter und unser Gott brachte all das Unheil über uns und über diese Stadt? Und ihr bringt noch mehr Zorn über Israel dadurch, dass ihr den Sabbat entheiligt!

¶ **19** Und vor dem Anbruch des Sabbats, als es in den Toren Jerusalems dunkel wurde, ließ ich die Tore schließen und befahl, man sollte sie erst nach dem Sabbat auftun. Und ich stellte einige meiner Leute an die Tore, damit man keine Last hereinbringe am Sabbattag.

20 Da blieben die Händler und Verkäufer von allerlei Ware über Nacht draußen vor Jerusalem, ein- oder zweimal.

21 Da verwarnte ich sie und sprach zu ihnen: Warum bleibt ihr über Nacht vor der Mauer? Werdet ihr das noch einmal tun, so werde ich Hand an euch legen. Von der Zeit an kamen sie am Sabbat nicht mehr.

11 So I confronted the officials and said, "Why is the house of God forsaken?" And I gathered them together and set them in their stations.

12 Then all Judah brought the tithe of the grain, wine, and oil into the storehouses.

13 And I appointed as treasurers over the storehouses Shelemiah the priest, Zadok the scribe, and Pedaiah of the Levites, and as their assistant Hanan the son of Zaccur, son of Mattaniah, for they were considered reliable, and their duty was to distribute to their brothers.

14 Remember me, O my God, concerning this, and do not wipe out my good deeds that I have done for the house of my God and for his service.

¶ **15** In those days I saw in Judah people treading winepresses on the Sabbath, and bringing in heaps of grain and loading them on donkeys, and also wine, grapes, figs, and all kinds of loads, which they brought into Jerusalem on the Sabbath day. And I warned them on the day when they sold food.

16 Tyrians also, who lived in the city, brought in fish and all kinds of goods and sold them on the Sabbath to the people of Judah, in Jerusalem itself!

17 Then I confronted the nobles of Judah and said to them, "What is this evil thing that you are doing, profaning the Sabbath day?

18 Did not your fathers act in this way, and did not our God bring all this disaster[1] on us and on this city? Now you are bringing more wrath on Israel by profaning the Sabbath."

¶ **19** As soon as it began to grow dark at the gates of Jerusalem before the Sabbath, I commanded that the doors should be shut and gave orders that they should not be opened until after the Sabbath. And I stationed some of my servants at the gates, that no load might be brought in on the Sabbath day.

20 Then the merchants and sellers of all kinds of wares lodged outside Jerusalem once or twice.

21 But I warned them and said to them, "Why do you lodge outside the wall? If you do so again, I will lay hands on you." From that time on they did not come on the Sabbath.

22 Und ich befahl den Leviten, dass sie sich reinigten und kämen und die Tore bewachten, um den Sabbattag zu heiligen.

¶ Mein Gott, gedenke auch um dessentwillen an mich und sei mir gnädig nach deiner großen Barmherzigkeit!

Nehemia verbietet die Ehe mit ausländischen Frauen

23 Zu dieser Zeit sah ich auch Juden, die sich Frauen genommen hatten aus Aschdod, Ammon und Moab.

24 Und die Hälfte ihrer Kinder sprach aschdodisch oder in der Sprache eines der andern Völker, aber jüdisch konnten sie nicht sprechen.

25 Und ich schalt sie und fluchte ihnen und schlug einige Männer und packte sie bei den Haaren und beschwor sie bei Gott: Ihr sollt eure Töchter nicht ihren Söhnen geben noch ihre Töchter für eure Söhne oder euch selbst nehmen.

26 Hat nicht Salomo, der König von Israel, gerade damit gesündigt? Und es war doch unter vielen Völkern kein König ihm gleich, und er war seinem Gott lieb und Gott setzte ihn zum König über ganz Israel. Dennoch verleiteten ihn die ausländischen Frauen zur Sünde.

27 Und von euch muss man das hören, dass ihr ein so großes Unrecht tut und unserm Gott die Treue brecht damit, dass ihr euch ausländische Frauen nehmt?

¶ **28** Und einer von den Söhnen Jojadas, des Sohnes Eljaschibs, des Hohenpriesters, war der Schwiegersohn des Horoniters Sanballat; aber ich jagte ihn von mir.

¶ **29** Gedenke ihrer, mein Gott, dass sie das Priestertum befleckt und den Bund des Priestertums und der Leviten gebrochen haben!

¶ **30** So reinigte ich sie von allem Ausländischen und ordnete die Ämter der Priester und Leviten, für einen jeden nach seinem Dienst,

31 und die Lieferung von Brennholz zu bestimmten Zeiten und die Abgabe der Erstlinge.

¶ Gedenke mir's, mein Gott, zum Besten!

22 Then I commanded the Levites that they should purify themselves and come and guard the gates, to keep the Sabbath day holy. Remember this also in my favor, O my God, and spare me according to the greatness of your steadfast love.

¶ **23** In those days also I saw the Jews who had married women of Ashdod, Ammon, and ˣMoab.

24 And half of their children spoke the language of Ashdod, and they could not speak the language of Judah, but only the language of each people.

25 And I confronted them and cursed them and beat some of them and pulled out their hair. And I made them take oath in the name of God, saying, "You shall not give your daughters to their sons, or take their daughters for your sons or for yourselves.

26 Did not Solomon king of Israel sin on account of such women? Among the many nations there was no king like him, and he was beloved by his God, and God made him king over all Israel. Nevertheless, foreign women made even him to sin.

27 Shall we then listen to you and do all this great evil and act treacherously against our God by marrying foreign women?"

¶ **28** And one of the sons of Jehoiada, the son of Eliashib the high priest, was the son-in-law of Sanballat the Horonite. Therefore I chased him from me.

29 Remember them, O my God, because they have desecrated the priesthood and the covenant of the priesthood and the Levites.

¶ **30** Thus I cleansed them from everything foreign, and I established the duties of the priests and Levites, each in his work;

31 and I provided for the wood offering at appointed times, and for the firstfruits.

¶ Remember me, O my God, for good.

DAS BUCH ESTER

ESTHER

Der König Ahasveros verstößt seine Gemahlin

1 Zu den Zeiten des Ahasveros, der König war vom Indus bis zum Nil über hundertundsiebenundzwanzig Länder,

2 als er auf seinem königlichen Thron saß in der Festung Susa,

3 im dritten Jahr seiner Herrschaft, machte er ein Festmahl für alle seine Fürsten und Großen, die Heerführer von Persien und Medien, die Edlen und Obersten in seinen Ländern,

4 damit er sehen ließe den herrlichen Reichtum seines Königtums und die köstliche Pracht seiner Majestät viele Tage lang, hundertundachtzig Tage.

¶ 5 Und als die Tage um waren, machte der König ein Festmahl für alles Volk, das in der Festung Susa war, vom Größten bis zum Kleinsten, sieben Tage lang im Hofe des Gartens beim königlichen Palast.

6 Da hingen weiße, rote und blaue Tücher, mit leinenen und scharlachroten Schnüren eingefasst, in silbernen Ringen an Marmorsäulen. Da waren Polster, golden und silbern, auf grünem, weißem, gelbem und schwarzem Marmor.

7 Und die Getränke trug man auf in goldenen Gefäßen, von denen keins wie das andere war, königlichen Wein in Menge nach königlicher Weise.

8 Und man schrieb niemand vor, was er trinken sollte; denn der König hatte allen Vorstehern in seinem Palast befohlen, dass jeder tun sollte, wie es ihm wohlgefiele.

9 Und die Königin Waschti machte auch ein Festmahl für die Frauen im königlichen Palast des Königs Ahasveros.

¶ 10 Und am siebenten Tage, als der König guter Dinge war vom Wein, befahl er Mehuman, Biseta, Harbona, Bigta, Abagta, Setar und Karkas, den sieben Kämmerern, die vor dem König Ahasveros dienten,

11 dass sie die Königin Waschti mit ihrer königlichen Krone holen sollten vor den König, um dem Volk und den Fürsten ihre Schönheit zu zeigen; denn sie war schön.

The King's Banquets

1 Now in the days of Ahasuerus, the Ahasuerus who reigned from India to Ethiopia over 127 provinces,

2 in those days when King Ahasuerus sat on his royal throne in Susa, the capital,[1]

3 in the third year of his reign he gave a feast for all his officials and servants. The army of Persia and Media and the nobles and governors of the provinces were before him,

4 while he showed the riches of his royal glory and the splendor and pomp of his greatness for many days, 180 days.

5 And when these days were completed, the king gave for all the people present in Susa, the citadel, both great and small, a feast lasting for seven days in the court of the garden of the king's palace.

6 There were white cotton curtains and violet hangings fastened with cords of fine linen and purple to silver rods[2] and marble pillars, and also couches of gold and silver on a mosaic pavement of porphyry, marble, mother-of-pearl and precious stones.

7 Drinks were served in golden vessels, vessels of different kinds, and the royal wine was lavished according to the bounty of the king.

8 And drinking was according to this edict: "There is no compulsion." For the king had given orders to all the staff of his palace to do as each man desired.

9 Queen Vashti also gave a feast for the women in the palace that belonged to King Ahasuerus.

Queen Vashti's Refusal

¶ 10 On the seventh day, when the heart of the king was merry with wine, he commanded Mehuman, Biztha, Harbona, Bigtha and Abagtha, Zethar and Carkas, the seven eunuchs who served in the presence of King Ahasuerus,

11 to bring Queen Vashti before the king with her royal crown,[3] in order to show the peoples and the princes her beauty, for she was lovely to look at.

12 Aber die Königin Waschti wollte nicht kommen, wie der König durch seine Kämmerer geboten hatte.

¶ Da wurde der König sehr zornig, und sein Grimm entbrannte in ihm.

13 Und der König sprach zu den Weisen, die sich auf die Gesetze verstanden – denn des Königs Sachen mussten vor alle kommen, die sich auf Recht und Gesetz verstanden;

14 unter ihnen aber waren ihm am nächsten Karschena, Schetar, Admata, Tarsis, Meres, Marsena und Memuchan, die sieben Fürsten der Perser und Meder, die das Angesicht des Königs sehen durften und obenan saßen im Königreich –:

15 Was soll man nach dem Gesetz mit der Königin Waschti tun, weil sie nicht getan hat, wie der König durch seine Kämmerer geboten hatte?

¶ **16** Da sprach Memuchan vor dem König und den Fürsten: Die Königin Waschti hat sich nicht allein an dem König verfehlt, sondern auch an allen Fürsten und an allen Völkern in allen Ländern des Königs Ahasveros.

17 Denn es wird diese Tat der Königin allen Frauen bekannt werden, sodass sie ihre Männer verachten und sagen: Der König Ahasveros gebot der Königin Waschti, vor ihn zu kommen; aber sie wollte nicht.

18 Dann werden die Fürstinnen in Persien und Medien auch so sagen zu allen Fürsten des Königs, wenn sie von dieser Tat der Königin hören; und es wird Verachtung und Zorn genug geben.

19 Gefällt es dem König, so lasse man ein königliches Gebot von ihm ausgehen und unter die Gesetze der Perser und Meder aufnehmen, sodass man es nicht aufheben darf, dass Waschti nicht mehr vor den König Ahasveros kommen dürfe und der König ihre königliche Würde einer andern geben solle, die besser ist als sie.

20 Und wenn dieser Erlass des Königs, den er geben wird, bekannt würde in seinem ganzen Reich, welches groß ist, so würden alle Frauen ihre Männer in Ehren halten bei Hoch und Niedrig.

¶ **21** Das gefiel dem König und den Fürsten und der König tat nach dem Wort Memuchans.

22 Da wurden Schreiben ausgesandt in alle Länder des Königs, in jedes Land nach seiner Schrift und zu jedem Volk nach seiner Sprache, dass ein jeder Mann der Herr in seinem Hause sei.

12 But Queen Vashti refused to come at the king's command delivered by the eunuchs. At this the king became enraged, and his anger burned within him.

¶ **13** Then the king said to the wise men who knew the times (for this was the king's procedure toward all who were versed in law and judgment,

14 the men next to him being Carshena, Shethar, Admatha, Tarshish, Meres, Marsena, and Memucan, the seven princes of Persia and Media, who saw the king's face, and sat first in the kingdom):

15 "According to the law, what is to be done to Queen Vashti, because she has not performed the command of King Ahasuerus delivered by the eunuchs?"

16 Then Memucan said in the presence of the king and the officials, "Not only against the king has Queen Vashti done wrong, but also against all the officials and all the peoples who are in all the provinces of King Ahasuerus.

17 For the queen's behavior will be made known to all women, causing them to look at their husbands with contempt, since they will say, 'King Ahasuerus commanded Queen Vashti to be brought before him, and she did not come.'

18 This very day the noble women of Persia and Media who have heard of the queen's behavior will say the same to all the king's officials, and there will be contempt and wrath in plenty.

19 If it please the king, let a royal order go out from him, and let it be written among the laws of the Persians and the Medes so that it may not be repealed, that Vashti is never again to come before King Ahasuerus. And let the king give her royal position to another who is better than she.

20 So when the decree made by the king is proclaimed throughout all his kingdom, for it is vast, all women will give honor to their husbands, high and low alike."

21 This advice pleased the king and the princes, and the king did as Memucan proposed.

22 He sent letters to all the royal provinces, to every province in its own script and to every people in its own language, that every man be master in his own household and speak according to the language of his people.

Der König sucht eine neue Gemahlin

2 Nach diesen Geschichten, als der Grimm des Königs Ahasveros sich gelegt hatte, dachte er an das, was Waschti getan hatte und was über sie beschlossen war.

2 Da sprachen die Männer des Königs, die ihm dienten: Man suche dem König schöne Jungfrauen,

3 und der König bestelle Männer in allen Ländern seines Königreichs, dass sie alle schönen Jungfrauen zusammenbringen auf das Schloss zu Susa ins Frauenhaus unter die Hand Hegais, des königlichen Kämmerers, des Hüters der Frauen, und dass man ihre Schönheit pflege;

4 und das Mädchen, das dem König gefällt, werde Königin an Waschtis statt. Das gefiel dem König und er tat so.

¶ **5** Es war ein jüdischer Mann im Schloss zu Susa, der hieß Mordechai, ein Sohn Jaïrs, des Sohnes Schimis, des Sohnes des Kisch, ein Benjaminiter,

6 der mit weggeführt war von Jerusalem, als Jechonja*, der König von Juda, durch Nebukadnezar, den König von Babel, in die Gefangenschaft geführt wurde.

7 Und er war der Pflegevater der Hadassa, das ist Ester, einer Tochter seines Oheims; denn sie hatte weder Vater noch Mutter. Und sie war ein schönes und feines Mädchen. Und als ihr Vater und ihre Mutter starben, nahm sie Mordechai als Tochter an.

¶ **8** Als nun das Gebot und Gesetz des Königs bekannt wurde und viele Jungfrauen zusammengebracht wurden auf das Schloss zu Susa unter die Hand Hegais, wurde auch Ester in des Königs Palast geholt unter die Hand Hegais, des Hüters der Frauen.

9 Und das Mädchen gefiel Hegai und sie fand Gunst bei ihm. Und er beeilte sich, ihre Schönheit zu pflegen und ihr genügend Speise zu geben und dazu sieben auserlesene Dienerinnen aus dem Palast des Königs. Und er brachte sie mit ihren Dienerinnen an den besten Ort im Frauenhaus.

10 Aber Ester sagte ihm nichts von ihrem Volk und ihrer Herkunft; denn Mordechai hatte ihr geboten, sie solle es nicht sagen.

11 Und Mordechai kam alle Tage am Hof des Frauenhauses vorbei, um zu erfahren, ob's Ester gut gehe und was mit ihr geschehen würde.

Esther Chosen Queen

2 After these things, when the anger of King Ahasuerus had abated, he remembered Vashti and what she had done and what had been decreed against her.

2 Then the king's young men who attended him said, "Let beautiful young virgins be sought out for the king.

3 And let the king appoint officers in all the provinces of his kingdom to gather all the beautiful young virgins to the harem in Susa the capital, under custody of Hegai, the king's eunuch, who is in charge of the women. Let their cosmetics be given them.

4 And let the young woman who pleases the king be queen instead of Vashti." This pleased the king, and he did so.

¶ **5** Now there was a Jew in Susa the citadel whose name was Mordecai, the son of Jair, son of Shimei, son of Kish, a Benjaminite,

6 who had been carried away from Jerusalem among the captives carried away with Jeconiah king of Judah, whom Nebuchadnezzar king of Babylon had carried away.

7 He was bringing up Hadassah, that is Esther, the daughter of his uncle, for she had neither father nor mother. The young woman had a beautiful figure and was lovely to look at, and when her father and her mother died, Mordecai took her as his own daughter.

8 So when the king's order and his edict were proclaimed, and when many young women were gathered in Susa the citadel in custody of Hegai, Esther also was taken into the king's palace and put in custody of Hegai, who had charge of the women.

9 And the young woman pleased him and won his favor. And he quickly provided her with her cosmetics and her portion of food, and with seven chosen young women from the king's palace, and advanced her and her young women to the best place in the harem.

10 Esther had not made known her people or kindred, for Mordecai had commanded her not to make it known.

11 And every day Mordecai walked in front of the court of the harem to learn how Esther was and what was happening to her.

¶ **12** Wenn aber die bestimmte Zeit für eine jede Jungfrau kam, dass sie zum König Ahasveros kommen sollte, nachdem sie zwölf Monate nach der Vorschrift für die Frauen gepflegt worden war – denn ihre Pflege brauchte so viel Zeit, nämlich sechs Monate mit Balsam und Myrrhe und sechs Monate mit kostbarer Spezerei und was sonst zur weiblichen Pflege gehört –,

13 dann ging die Jungfrau zum König, und alles, was sie wollte, musste man ihr geben, dass sie damit vom Frauenhaus in den Palast des Königs ginge.

14 Und wenn sie am Abend hineingegangen war, ging sie am Morgen von ihm in das andere Frauenhaus, unter die Hand des Schaaschgas, des königlichen Kämmerers, des Hüters der Nebenfrauen. Und sie durfte nicht wieder zum König kommen, es sei denn, sie gefiele dem König und er ließe sie mit Namen rufen.

Ester wird Königin

15 Als nun für Ester, die Tochter Abihajils, des Oheims Mordechais, die er als Tochter angenommen hatte, die Zeit herankam, dass sie zum König kommen sollte, begehrte sie nichts, als was Hegai, des Königs Kämmerer, der Hüter der Frauen, sagte. Und Ester fand Gunst bei allen, die sie sahen.

16 Es wurde aber Ester zum König Ahasveros gebracht in den königlichen Palast im zehnten Monat, der da heißt Tebet, im siebenten Jahr seiner Herrschaft.

17 Und der König gewann Ester lieber als alle Frauen und sie fand Gnade und Gunst bei ihm vor allen Jungfrauen. Und er setzte die königliche Krone auf ihr Haupt und machte sie zur Königin an Waschtis statt.

18 Und der König machte ein großes Festmahl für alle seine Fürsten und Großen, das Festmahl Esters, und gewährte den Ländern Steuererlass und teilte königliche Geschenke aus.

Mordechai entdeckt eine Verschwörung gegen den König

19 Und als man nun die übrigen Jungfrauen in das andere Frauenhaus brachte, saß Mordechai im Tor des Königs.

20 Und Ester hatte noch nichts gesagt von ihrer Herkunft und von ihrem Volk, wie ihr Mordechai geboten hatte; denn Ester tat nach dem Wort Mordechais wie zur Zeit, als er ihr Pflegevater war.

¶ **12** Now when the turn came for each young woman to go in to King Ahasuerus, after being twelve months under the regulations for the women, since this was the regular period of their beautifying, six months with oil of myrrh and six months with spices and ointments for women—

13 when the young woman went in to the king in this way, she was given whatever she desired to take with her from the harem to the king's palace.

14 In the evening she would go in, and in the morning she would return to the second harem in custody of Shaashgaz, the king's eunuch, who was in charge of the concubines. She would not go in to the king again, unless the king delighted in her and she was summoned by name.

¶ **15** When the turn came for Esther the daughter of Abihail the uncle of Mordecai, who had taken her as his own daughter, to go in to the king, she asked for nothing except what Hegai the king's eunuch, who had charge of the women, advised. Now Esther was winning favor in the eyes of all who saw her.

16 And when Esther was taken to King Ahasuerus, into his royal palace, in the tenth month, which is the month of Tebeth, in the seventh year of his reign,

17 the king loved Esther more than all the women, and she won grace and favor in his sight more than all the virgins, so that he set the royal crown[1] on her head and made her queen instead of Vashti.

18 Then the king gave a great feast for all his officials and servants; it was Esther's feast. He also granted a remission of taxes to the provinces and gave gifts with royal generosity.

Mordecai Discovers a Plot

¶ **19** Now when the virgins were gathered together the second time, Mordecai was sitting at the king's gate.

20 Esther had not made known her kindred or her people, as Mordecai had commanded her, for Esther obeyed Mordecai just as when she was brought up by him.

21 In jenen Tagen, als Mordechai im Tor des Königs saß, gerieten zwei Kämmerer des Königs, Bigtan und Teresch, die die Tür hüteten, in Zorn und trachteten danach, Hand an den König Ahasveros zu legen.

22 Als das Mordechai zu wissen bekam, sagte er es der Königin Ester und Ester sagte es dem König in Mordechais Namen.

23 Und als man nachforschte, wurde es als richtig befunden, und sie wurden beide an den Galgen gehängt. Und es wurde aufgezeichnet im Buch der täglichen Meldungen für den König.

Hamans Anschlag zur Vertilgung der Juden

3 Nach diesen Geschichten erhob der König Ahasveros den Haman, den Sohn Hammedatas, den Agagiter, und machte ihn groß und setzte seinen Stuhl über alle Fürsten, die bei ihm waren.

2 Und alle Großen des Königs, die im Tor des Königs waren, beugten die Knie und fielen vor Haman nieder; denn der König hatte es so geboten. Aber Mordechai beugte die Knie nicht und fiel nicht nieder.

3 Da sprachen die Großen des Königs, die im Tor des Königs waren, zu Mordechai: Warum übertrittst du des Königs Gebot?

4 Und als sie das täglich zu ihm sagten und er nicht auf sie hörte, sagten sie es Haman, damit sie sähen, ob solch ein Tun Mordechais bestehen würde; denn er hatte ihnen gesagt, dass er ein Jude sei.

¶ **5** Und als Haman sah, dass Mordechai nicht die Knie beugte noch vor ihm niederfiel, wurde er voll Grimm.

6 Aber es war ihm zu wenig, dass er nur an Mordechai die Hand legen sollte, denn sie hatten ihm gesagt, von welchem Volk Mordechai sei; sondern er trachtete danach, das Volk Mordechais, alle Juden, die im ganzen Königreich des Ahasveros waren, zu vertilgen.

¶ **7** Im ersten Monat, das ist der Monat Nisan, im zwölften Jahr des Königs Ahasveros, wurde das Pur, das ist das Los, geworfen vor Haman, von einem Tage zum andern und von Monat zu Monat, und das Los fiel auf den dreizehnten Tag im zwölften Monat, das ist der Monat Adar.

8 Und Haman sprach zum König Ahasveros: Es gibt ein Volk, zerstreut und abgesondert unter allen Völkern in allen Ländern deines Königreichs, und ihr Gesetz ist anders als das aller Völker und sie tun nicht nach des Königs Gesetzen. Es ziemt dem König nicht, sie gewähren zu lassen.

21 In those days, as Mordecai was sitting at the king's gate, Bigthan and Teresh, two of the king's eunuchs, who guarded the threshold, became angry and sought to lay hands on King Ahasuerus.

22 And this came to the knowledge of Mordecai, and he told it to Queen Esther, and Esther told the king in the name of Mordecai.

23 When the affair was investigated and found to be so, the men were both hanged on the gallows.[2] And it was recorded in the book of the chronicles in the presence of the king.

Haman Plots Against the Jews

3 After these things King Ahasuerus promoted Haman the Agagite, the son of Hammedatha, and advanced him and set his throne above all the officials who were with him.

2 And all the king's servants who were at the king's gate bowed down and paid homage to Haman, for the king had so commanded concerning him. But Mordecai did not bow down or pay homage.

3 Then the king's servants who were at the king's gate said to Mordecai, "Why do you transgress the king's command?"

4 And when they spoke to him day after day and he would not listen to them, they told Haman, in order to see whether Mordecai's words would stand, for he had told them that he was a Jew.

5 And when Haman saw that Mordecai did not bow down or pay homage to him, Haman was filled with fury.

6 But he disdained to lay hands on Mordecai alone. So, as they had made known to him the people of Mordecai, Haman sought to destroy all the Jews, the people of Mordecai, throughout the whole kingdom of Ahasuerus.

¶ **7** In the first month, which is the month of Nisan, in the twelfth year of King Ahasuerus, they cast Pur (that is, they cast lots) before Haman day after day; and they cast it month after month till the twelfth month, which is the month of Adar.

8 Then Haman said to King Ahasuerus, "There is a certain people scattered abroad and dispersed among the peoples in all the provinces of your kingdom. Their laws are different from those of every other people, and they do not keep the king's laws, so that it is not to the king's profit to tolerate them.

9 Gefällt es dem König, so lasse er schreiben, dass man sie umbringe; so will ich zehntausend Zentner Silber darwägen in die Hand der Amtleute, dass man's bringe in die Schatzkammer des Königs.

¶ **10** Da tat der König seinen Ring von der Hand und gab ihn Haman, dem Sohn Hammedatas, dem Agagiter, dem Feind der Juden.

11 Und der König sprach zu Haman: Das Silber sei dir gegeben, dazu das Volk, dass du mit ihm tust, was dir gefällt.

¶ **12** Da rief man die Schreiber des Königs am dreizehnten Tage des ersten Monats; und es wurde geschrieben, wie Haman befahl, an die Fürsten des Königs und an die Statthalter hin und her in den Ländern und an die Obersten eines jeden Volks in den Ländern hin und her in der Schrift eines jeden Volks und in seiner Sprache, im Namen des Königs Ahasveros und mit des Königs Ring gesiegelt.

13 Und die Schreiben wurden gesandt durch die Läufer in alle Länder des Königs, man solle vertilgen, töten und umbringen alle Juden, Jung und Alt, Kinder und Frauen, auf **einen** Tag, nämlich am dreizehnten Tag des zwölften Monats, das ist der Monat Adar, und ihr Hab und Gut plündern.

14 Eine Abschrift des Schreibens sollte als Gesetz erlassen werden in allen Ländern, um allen Völkern zu eröffnen, dass sie sich auf diesen Tag bereithalten sollten.

15 Und die Läufer gingen eilends aus nach des Königs Wort und in der Festung Susa wurde das Gesetz angeschlagen. Und der König und Haman saßen und tranken; aber die Stadt Susa war bestürzt.

Mordechai bestimmt Ester, beim König für die Juden einzutreten

4 Als Mordechai alles erfuhr, was geschehen war, zerriss er seine Kleider und legte den Sack an und tat Asche aufs Haupt und ging hinaus mitten in die Stadt und schrie laut klagend

2 und kam bis vor das Tor des Königs; denn es durfte niemand in das Tor des Königs eintreten, der einen Sack anhatte.

3 Und in allen Ländern, wohin des Königs Wort und Gebot gelangte, war ein großes Klagen unter den Juden, und viele fasteten, weinten, trugen Leid und lagen in Sack und Asche.

9 If it please the king, let it be decreed that they be destroyed, and I will pay 10,000 talents[1] of silver into the hands of those who have charge of the king's business, that they may put it into the king's treasuries."

10 So the king took his signet ring from his hand and gave it to Haman the Agagite, the son of Hammedatha, the enemy of the Jews.

11 And the king said to Haman, "The money is given to you, the people also, to do with them as it seems good to you."

¶ **12** Then the king's scribes were summoned on the thirteenth day of the first month, and an edict, according to all that Haman commanded, was written to the king's satraps and to the governors over all the provinces and to the officials of all the peoples, to every province in its own script and every people in its own language. It was written in the name of King Ahasuerus and sealed with the king's signet ring.

13 Letters were sent by couriers to all the king's provinces with instruction to destroy, to kill, and to annihilate all Jews, young and old, women and children, in one day, the thirteenth day of the twelfth month, which is the month of Adar, and to plunder their goods.

14 A copy of the document was to be issued as a decree in every province by proclamation to all the peoples to be ready for that day.

15 The couriers went out hurriedly by order of the king, and the decree was issued in Susa the citadel. And the king and Haman sat down to drink, but the city of Susa was thrown into confusion.

Esther Agrees to Help the Jews

4 When Mordecai learned all that had been done, Mordecai tore his clothes and put on sackcloth and ashes, and went out into the midst of the city, and he cried out with a loud and bitter cry.

2 He went up to the entrance of the king's gate, for no one was allowed to enter the king's gate clothed in sackcloth.

3 And in every province, wherever the king's command and his decree reached, there was great mourning among the Jews, with fasting and weeping and lamenting, and many of them lay in sackcloth and ashes.

4 Da kamen die Dienerinnen Esters und ihre Kämmerer und erzählten ihr davon. Da erschrak die Königin sehr. Und sie sandte Kleider, dass Mordechai sie anzöge und den Sack ablegte; er aber nahm sie nicht an.

¶ **5** Da rief Ester Hatach, einen von des Königs Kämmerern, der ihr diente, und gab ihm Befehl wegen Mordechai, um zu erfahren, was das sei und warum er so tue.

6 Da ging Hatach hinaus zu Mordechai auf den Platz der Stadt, der vor dem Tor des Königs war.

7 Und Mordechai sagte ihm alles, was ihm begegnet war, auch die Summe des Silbers, das Haman versprochen hatte in des Königs Schatzkammer darzuwägen, wenn die Juden vertilgt würden,

8 und gab ihm eine Abschrift des Gesetzes, das in Susa angeschlagen war, sie zu vertilgen, damit er's Ester zeige und es ihr sage und ihr gebiete, dass sie zum König hineingehe und zu ihm flehe und bei ihm Fürbitte tue für ihr Volk.

¶ **9** Und als Hatach hineinkam und Ester die Worte Mordechais sagte,

10 sprach Ester zu Hatach und gebot ihm, Mordechai zu sagen:

11 Es wissen alle Großen des Königs und das Volk in den Ländern des Königs, dass jeder, der ungerufen zum König hineingeht in den inneren Hof, Mann oder Frau, nach dem Gesetz sterben muss, es sei denn der König strecke ihm das goldene Zepter gegen ihn aus, damit er am Leben bleibe. Ich aber bin nun seit dreißig Tagen nicht gerufen worden, zum König hineinzukommen.

¶ **12** Und als Esters Worte Mordechai gesagt wurden,

13 ließ Mordechai Ester antworten: Denke nicht, dass du dein Leben errettest, weil du im Palast des Königs bist, du allein von allen Juden.

14 Denn wenn du zu dieser Zeit schweigen wirst, so wird eine Hilfe und Errettung von einem andern Ort her den Juden erstehen, du aber und deines Vaters Haus, ihr werdet umkommen. Und wer weiß, ob du nicht gerade um dieser Zeit willen zur königlichen Würde gekommen bist?

15 Ester ließ Mordechai antworten:

¶ **4** When Esther's young women and her eunuchs came and told her, the queen was deeply distressed. She sent garments to clothe Mordecai, so that he might take off his sackcloth, but he would not accept them.

5 Then Esther called for Hathach, one of the king's eunuchs, who had been appointed to attend her, and ordered him to go to Mordecai to learn what this was and why it was.

6 Hathach went out to Mordecai in the open square of the city in front of the king's gate,

7 and Mordecai told him all that had happened to him, and the exact sum of money that Haman had promised to pay into the king's treasuries for the destruction of the Jews.

8 Mordecai also gave him a copy of the written decree issued in Susa for their destruction, that he might show it to Esther and explain it to her and command her to go to the king to beg his favor and plead with him on behalf of her people.

9 And Hathach went and told Esther what Mordecai had said.

10 Then Esther spoke to Hathach and commanded him to go to Mordecai and say,

11 "All the king's servants and the people of the king's provinces know that if any man or woman goes to the king inside the inner court without being called, there is but one law—to be put to death, except the one to whom the king holds out the golden scepter so that he may live. But as for me, I have not been called to come in to the king these thirty days."

¶ **12** And they told Mordecai what Esther had said.

13 Then Mordecai told them to reply to Esther, "Do not think to yourself that in the king's palace you will escape any more than all the other Jews.

14 For if you keep silent at this time, relief and deliverance will rise for the Jews from another place, but you and your father's house will perish. And who knows whether you have not come to the kingdom for such a time as this?"

15 Then Esther told them to reply to Mordecai,

16 So geh hin und versammle alle Juden, die in Susa sind, und fastet für mich, dass ihr nicht esst und trinkt drei Tage lang, weder Tag noch Nacht. Auch ich und meine Dienerinnen wollen so fasten. Und dann will ich zum König hineingehen entgegen dem Gesetz. Komme ich um, so komme ich um.

17 Mordechai ging hin und tat alles, was ihm Ester geboten hatte.

Ester geht zum König und lädt ihn und Haman zum Mahle

5 Und am dritten Tage zog sich Ester königlich an und trat in den inneren Hof am Palast des Königs gegenüber dem Palast des Königs. Und der König saß auf seinem königlichen Thron im königlichen Saale gegenüber dem Tor des Palastes.

2 Und als der König die Königin Ester im Hofe stehen sah, fand sie Gnade vor seinen Augen. Und der König streckte das goldene Zepter in seiner Hand gegen Ester aus. Da trat Ester herzu und rührte die Spitze des Zepters an.

¶ **3** Da sprach der König zu ihr: Was hast du, Ester, Königin? Und was begehrst du? Auch die Hälfte des Königreichs soll dir gegeben werden.

4 Ester sprach: Gefällt es dem König, so komme der König mit Haman heute zu dem Mahl, das ich bereitet habe.

5 Der König sprach: Eilt und holt Haman, damit geschehe, was Ester gesagt hat!

¶ Als nun der König und Haman zu dem Mahl kamen, das Ester bereitet hatte,

6 sprach der König zu Ester, als er Wein getrunken hatte: Was bittest du, Ester? Es soll dir gegeben werden. Und was begehrst du? Wäre es auch die Hälfte des Königreichs, es soll geschehen.

7 Da antwortete Ester: Meine Bitte und mein Begehren ist:

8 Hab ich Gnade gefunden vor dem König und gefällt es dem König, meine Bitte zu gewähren und zu tun nach meinem Begehren, so komme der König mit Haman zu dem Mahl, das ich für sie bereiten will. Morgen will ich dann tun, was der König gesagt hat.

Haman beschließt, sich an Mordechai zu rächen

9 Da ging Haman an dem Tage hinaus fröhlich und guten Mutes. Aber als er Mordechai im Tor des Königs sah, wie er nicht aufstand und sich nicht vor ihm fürchtete, wurde er voll Zorn über Mordechai.

16 "Go, gather all the Jews to be found in Susa, and hold a fast on my behalf, and do not eat or drink for three days, night or day. I and my young women will also fast as you do. Then I will go to the king, though it is against the law, and if I perish, I perish."

17 Mordecai then went away and did everything as Esther had ordered him.

Esther Prepares a Banquet

5 On the third day Esther put on her royal robes and stood in the inner court of the king's palace, in front of the king's quarters, while the king was sitting on his royal throne inside the throne room opposite the entrance to the palace.

2 And when the king saw Queen Esther standing in the court, she won favor in his sight, and he held out to Esther the golden scepter that was in his hand. Then Esther approached and touched the tip of the scepter.

3 And the king said to her, "What is it, Queen Esther? What is your request? It shall be given you, even to the half of my kingdom."

4 And Esther said, "If it please the king, let the king and Haman come today to a feast that I have prepared for the king."

5 Then the king said, "Bring Haman quickly, so that we may do as Esther has asked." So the king and Haman came to the feast that Esther had prepared.

6 And as they were drinking wine after the feast, the king said to Esther, "What is your wish? It shall be granted you. And what is your request? Even to the half of my kingdom, it shall be fulfilled."

7 Then Esther answered, "My wish and my request is:

8 If I have found favor in the sight of the king, and if it please the king to grant my wish and fulfill my request, let the king and Haman come to the feast that I will prepare for them, and tomorrow I will do as the king has said."

Haman Plans to Hang Mordecai

¶ **9** And Haman went out that day joyful and glad of heart. But when Haman saw Mordecai in the king's gate, that he neither rose nor trembled before him, he was filled with wrath against Mordecai.

10 Aber er hielt an sich. Und als er heimkam, sandte er hin und ließ seine Freunde holen und seine Frau Seresch

11 und zählte ihnen auf die Herrlichkeit seines Reichtums und die Menge seiner Söhne und alles, wie ihn der König so groß gemacht habe und dass er über die Fürsten und Großen des Königs erhoben sei.

12 Auch sprach Haman: Und die Königin Ester hat niemand kommen lassen mit dem König zum Mahl, das sie bereitet hat, als nur mich, und auch morgen bin ich zu ihr geladen mit dem König.

13 Aber das alles ist mir nicht genug, solange ich den Juden Mordechai sitzen sehe im Tor des Königs.

14 Da sprachen zu ihm seine Frau Seresch und alle seine Freunde: Man mache einen Galgen, fünfzig Ellen hoch, und morgen früh sage dem König, dass man Mordechai daran aufhänge. Dann geh du mit dem König fröhlich zum Mahl. Das gefiel Haman gut und er ließ einen Galgen aufrichten.

Haman muss Mordechai ehren

6 In derselben Nacht konnte der König nicht schlafen und ließ sich das Buch mit den täglichen Meldungen bringen. Als diese dem König vorgelesen wurden,

2 fand sich's geschrieben, dass Mordechai angezeigt hatte, wie die zwei Kämmerer des Königs, Bigtan und Teresch, die an der Schwelle die Wache hielten, danach getrachtet hatten, Hand an den König Ahasveros zu legen.

3 Und der König sprach: Welche Ehre und Würde hat Mordechai dafür bekommen? Da sprachen die Diener des Königs, die um ihn waren: Er hat nichts bekommen.

4 Und der König sprach: Wer ist im Vorhof? Haman aber war in den Vorhof gekommen draußen vor des Königs Palast, um dem König zu sagen, dass man Mordechai an den Galgen hängen sollte, den er für ihn aufgerichtet hatte.

5 Und des Königs Diener sprachen zu ihm: Siehe, Haman steht im Vorhof. Der König sprach: Lasst ihn hereintreten.

¶ **6** Und als Haman hereinkam, sprach der König zu ihm: Was soll man dem Mann tun, den der König gern ehren will? Haman aber dachte in seinem Herzen: Wen anders sollte der König gern ehren wollen als mich?

7 Und Haman sprach zum König: Dem Mann, den der König gern ehren will,

10 Nevertheless, Haman restrained himself and went home, and he sent and brought his friends and his wife Zeresh.

11 And Haman recounted to them the splendor of his riches, the number of his sons, all the promotions with which the king had honored him, and how he had advanced him above the officials and the servants of the king.

12 Then Haman said, "Even Queen Esther let no one but me come with the king to the feast she prepared. And tomorrow also I am invited by her together with the king.

13 Yet all this is worth nothing to me, so long as I see Mordecai the Jew sitting at the king's gate."

14 Then his wife Zeresh and all his friends said to him, "Let a gallows[1] fifty cubits[2] high be made, and in the morning tell the king to have Mordecai hanged upon it. Then go joyfully with the king to the feast." This idea pleased Haman, and he had the gallows made.

The King Honors Mordecai

6 On that night the king could not sleep. And he gave orders to bring the book of memorable deeds, the chronicles, and they were read before the king.

2 And it was found written how Mordecai had told about Bigthana and Teresh, two of the king's eunuchs, who guarded the threshold, and who had sought to lay hands on King Ahasuerus.

3 And the king said, "What honor or distinction has been bestowed on Mordecai for this?" The king's young men who attended him said, "Nothing has been done for him."

4 And the king said, "Who is in the court?" Now Haman had just entered the outer court of the king's palace to speak to the king about having Mordecai hanged on the gallows[1] that he had prepared for him.

5 And the king's young men told him, "Haman is there, standing in the court." And the king said, "Let him come in."

6 So Haman came in, and the king said to him, "What should be done to the man whom the king delights to honor?" And Haman said to himself, "Whom would the king delight to honor more than me?"

7 And Haman said to the king, "For the man whom the king delights to honor,

8 soll man königliche Kleider bringen, die der König zu tragen pflegt, und ein Ross, darauf der König reitet und dessen Kopf königlichen Schmuck trägt,

9 und man soll Kleid und Ross einem Fürsten des Königs geben, dass er den Mann bekleide, den der König gern ehren will, und ihn auf dem Ross über den Platz der Stadt führen und vor ihm her ausrufen lassen: So tut man dem Mann, den der König gern ehren will.

10 Der König sprach zu Haman: Eile und nimm Kleid und Ross, wie du gesagt hast, und tu so mit Mordechai, dem Juden, der im Tor des Königs sitzt, und lass nichts fehlen an allem, was du gesagt hast.

¶ **11** Da nahm Haman Kleid und Ross und zog Mordechai an und führte ihn über den Platz der Stadt und rief aus vor ihm her: So geschieht dem Mann, den der König gern ehren will.

12 Und Mordechai kam wieder zum Tor des Königs. Haman aber eilte nach Hause, traurig und mit verhülltem Haupt,

13 und erzählte seiner Frau Seresch und allen seinen Freunden alles, was ihm begegnet war. Da sprachen zu ihm seine Freunde und seine Frau Seresch: Ist Mordechai, vor dem du zu fallen angefangen hast, vom Geschlecht der Juden, so vermagst du nichts gegen ihn, sondern du wirst vor ihm vollends zu Fall kommen.

¶ **14** Als sie aber noch mit ihm redeten, kamen des Königs Kämmerer und geleiteten Haman eilends zu dem Mahl, das Ester bereitet hatte.

Haman wird an den Galgen gehängt

7 Und als der König mit Haman zu dem Mahl kam, das die Königin Ester bereitet hatte,

2 sprach der König zu Ester auch an diesem zweiten Tage, als er Wein getrunken hatte: Was bittest du, Königin Ester, das man dir geben soll? Und was begehrst du? Wäre es auch das halbe Königreich, es soll geschehen.

3 Die Königin Ester antwortete: Hab ich Gnade vor dir gefunden, o König, und gefällt es dem König, so gib mir mein Leben um meiner Bitte willen und mein Volk um meines Begehrens willen.

8 let royal robes be brought, which the king has worn, and the horse that the king has ridden, and on whose head a royal crown[2] is set.

9 And let the robes and the horse be handed over to one of the king's most noble officials. Let them dress the man whom the king delights to honor, and let them lead him on the horse through the square of the city, proclaiming before him: 'Thus shall it be done to the man whom the king delights to honor.'"

10 Then the king said to Haman, "Hurry; take the robes and the horse, as you have said, and do so to Mordecai the Jew, who sits at the king's gate. Leave out nothing that you have mentioned."

11 So Haman took the robes and the horse, and he dressed Mordecai and led him through the square of the city, proclaiming before him, "Thus shall it be done to the man whom the king delights to honor."

¶ **12** Then Mordecai returned to the king's gate. But Haman hurried to his house, mourning and with his head covered.

13 And Haman told his wife Zeresh and all his friends everything that had happened to him. Then his wise men and his wife Zeresh said to him, "If Mordecai, before whom you have begun to fall, is of the Jewish people, you will not overcome him but will surely fall before him."

Esther Reveals Haman's Plot

¶ **14** While they were yet talking with him, the king's eunuchs arrived and hurried to bring Haman to the feast that Esther had prepared.

7 So the king and Haman went in to feast with Queen Esther.

2 And on the second day, as they were drinking wine after the feast, the king again said to Esther, "What is your wish, Queen Esther? It shall be granted you. And what is your request? Even to the half of my kingdom, it shall be fulfilled."

3 Then Queen Esther answered, "If I have found favor in your sight, O king, and if it please the king, let my life be granted me for my wish, and my people for my request.

4 Denn wir sind verkauft, ich und mein Volk, dass wir vertilgt, getötet und umgebracht werden. Wären wir nur zu Knechten und Mägden verkauft, so wollte ich schweigen; denn die Bedrängnis wäre nicht so groß, dass man den König darum belästigen müsste.

5 Der König Ahasveros antwortete und sprach zu der Königin Ester: Wer ist der oder wo ist der, der sich hat in den Sinn kommen lassen, solches zu tun?

6 Ester sprach: Der Feind und Widersacher ist dieser niederträchtige Haman! Haman aber erschrak vor dem König und der Königin.

¶ **7** Und der König stand auf vom Weingelage in seinem Grimm und ging in den Garten am Palast. Aber Haman trat vor und bat die Königin Ester um sein Leben; denn er sah, dass sein Unglück vom König schon beschlossen war.

8 Und als der König zurückkam aus dem Garten am Palast in den Saal, wo man gegessen hatte, lag Haman vor dem Lager, auf dem Ester ruhte. Da sprach der König: Will er auch der Königin Gewalt antun bei mir im Palast? Als das Wort aus des Königs Munde gekommen war, verhüllten sie Haman das Antlitz.

9 Und Harbona, einer der Kämmerer vor dem König, sprach: Siehe, es steht ein Galgen beim Hause Hamans, fünfzig Ellen hoch, den er für Mordechai aufgerichtet hat, der doch zum Wohl des Königs geredet hat. Der König sprach: Hängt ihn daran auf!

10 So hängte man Haman an den Galgen, den er für Mordechai aufgerichtet hatte. Da legte sich des Königs Zorn.

Die Wendung zugunsten der Juden

8 An dem Tage schenkte der König Ahasveros der Königin Ester das Haus Hamans, des Judenfeindes. Und Mordechai wurde vom König empfangen; denn Ester hatte ihm gesagt, wie er mit ihr verwandt sei.

2 Und der König tat ab seinen Fingerreif, den er Haman genommen hatte, und gab ihn Mordechai. Und Ester setzte Mordechai über das Haus Hamans.

¶ **3** Und Ester redete noch einmal vor dem König und fiel ihm zu Füßen und weinte und flehte ihn an, dass er zunichtemache die Bosheit Hamans, des Agagiters, und seine Anschläge, die er gegen die Juden erdacht hatte.

4 Und der König streckte das goldene Zepter gegen Ester aus. Da stand Ester auf und trat vor den König

4 For we have been sold, I and my people, to be destroyed, to be killed, and to be annihilated. If we had been sold merely as slaves, men and women, I would have been silent, for our affliction is not to be compared with the loss to the king."

5 Then King Ahasuerus said to Queen Esther, "Who is he, and where is he, who has dared[1] to do this?"

6 And Esther said, "A foe and enemy! This wicked Haman!" Then Haman was terrified before the king and the queen.

Haman Is Hanged

¶ **7** And the king arose in his wrath from the wine-drinking and went into the palace garden, but Haman stayed to beg for his life from Queen Esther, for he saw that harm was determined against him by the king.

8 And the king returned from the palace garden to the place where they were drinking wine, as Haman was falling on the couch where Esther was. And the king said, "Will he even assault the queen in my presence, in my own house?" As the word left the mouth of the king, they covered Haman's face.

9 Then Harbona, one of the eunuchs in attendance on the king, said, "Moreover, the gallows[2] that Haman has prepared for Mordecai, whose word saved the king, is standing at Haman's house, fifty cubits[3] high."

10 And the king said, "Hang him on that." So they hanged Haman on the gallows that he had prepared for Mordecai. Then the wrath of the king abated.

Esther Saves the Jews

8 On that day King Ahasuerus gave to Queen Esther the house of Haman, the enemy of the Jews. And Mordecai came before the king, for Esther had told what he was to her.

2 And the king took off his signet ring, which he had taken from Haman, and gave it to Mordecai. And Esther set Mordecai over the house of Haman.

¶ **3** Then Esther spoke again to the king. She fell at his feet and wept and pleaded with him to avert the evil plan of Haman the Agagite and the plot that he had devised against the Jews.

4 When the king held out the golden scepter to Esther,

5 und sprach: Gefällt es dem König und habe ich Gnade gefunden vor ihm, und dünkt es den König recht und gefalle ich ihm, so möge man die Schreiben mit den Anschlägen Hamans, des Sohnes Hammedatas, des Agagiters, widerrufen, die er geschrieben hat, um die Juden umzubringen in allen Ländern des Königs.

6 Denn wie kann ich dem Unheil zusehen, das mein Volk treffen würde? Und wie kann ich zusehen, dass mein Geschlecht umkäme?

¶ **7** Da sprach der König Ahasveros zur Königin Ester und zu Mordechai, dem Juden: Siehe, ich habe Ester das Haus Hamans geschenkt, und ihn hat man an einen Galgen gehängt, weil er seine Hand an die Juden gelegt hat.

8 So schreibt nun ihr wegen der Juden, wie es euch gefällt, in des Königs Namen und siegelt's mit des Königs Ring. Denn ein Schreiben, das in des Königs Namen geschrieben und mit des Königs Ring gesiegelt war, durfte niemand widerrufen.

¶ **9** Da wurden gerufen des Königs Schreiber zu jener Zeit im dritten Monat, das ist der Monat Siwan, am dreiundzwanzigsten Tage, und es wurde geschrieben, wie Mordechai gebot, an die Juden und an die Fürsten, Statthalter und Obersten in den Ländern vom Indus bis zum Nil, hundertundsiebenundzwanzig Ländern, einem jeden Lande in seiner Schrift, einem jeden Volk in seiner Sprache und auch den Juden in ihrer Schrift und Sprache.

10 Und es wurde geschrieben in des Königs Ahasveros Namen und mit des Königs Ring gesiegelt. Und man sandte die Schreiben durch reitende Boten auf den besten Pferden.

¶ **11** Darin gab der König den Juden, in welchen Städten sie auch waren, die Erlaubnis, sich zu versammeln und ihr Leben zu verteidigen und alle Macht des Volks und Landes, die sie angreifen würden, zu vertilgen, zu töten und umzubringen samt den Kindern und Frauen und ihr Hab und Gut zu plündern

12 an einem Tag in allen Ländern des Königs Ahasveros, nämlich am dreizehnten Tage des zwölften Monats, das ist der Monat Adar.

13 Eine Abschrift des Schreibens aber sollte als Gesetz erlassen werden in allen Ländern, um allen Völkern zu eröffnen, dass die Juden sich für diesen Tag bereithalten würden, sich zu rächen an ihren Feinden.

5 Esther rose and stood before the king. And she said, "If it please the king, and if I have found favor in his sight, and if the thing seems right before the king, and I am pleasing in his eyes, let an order be written to revoke the letters devised by Haman the Agagite, the son of Hammedatha, which he wrote to destroy the Jews who are in all the provinces of the king.

6 For how can I bear to see the calamity that is coming to my people? Or how can I bear to see the destruction of my kindred?"

7 Then King Ahasuerus said to Queen Esther and to Mordecai the Jew, "Behold, I have given Esther the house of Haman, and they have hanged him on the gallows,[1] because he intended to lay hands on the Jews.

8 But you may write as you please with regard to the Jews, in the name of the king, and seal it with the king's ring, for an edict written in the name of the king and sealed with the king's ring cannot be revoked."

¶ **9** The king's scribes were summoned at that time, in the third month, which is the month of Sivan, on the twenty-third day. And an edict was written, according to all that Mordecai commanded concerning the Jews, to the satraps and the governors and the officials of the provinces from India to Ethiopia, [b] 127 provinces, to each province in its own script and to each people in its own language, and also to the Jews in their script and their language.

10 And he wrote in the name of King Ahasuerus and sealed it with the king's signet ring. Then he sent the letters by mounted couriers riding on swift horses that were used in the king's service, bred from the royal stud,

11 saying that the king allowed the Jews who were in every city to gather and defend their lives, to destroy, to kill, and to annihilate any armed force of any people or province that might attack them, children and women included, and to plunder their goods,

12 on one day throughout all the provinces of King Ahasuerus, on the thirteenth day of the twelfth month, which is the month of Adar.

13 A copy of what was written was to be issued as a decree in every province, being publicly displayed to all peoples, and the Jews were to be ready on that day to take vengeance on their enemies.

¶ **14** Und die reitenden Boten auf den besten Pferden ritten aus schnell und eilends nach dem Wort des Königs, und das Gesetz wurde in der Festung Susa angeschlagen.

¶ **15** Mordechai aber ging hinaus von dem König in königlichen Kleidern, blau und weiß, und mit einer großen goldenen Krone, angetan mit einem Mantel aus Leinen und Purpurwolle. Und die Stadt Susa jauchzte und war fröhlich.

16 Für die Juden aber war Licht und Freude und Wonne und Ehre gekommen.

17 Und in allen Ländern und Städten, an welchen Ort auch immer des Königs Wort und Gesetz gelangte, da war Freude und Wonne unter den Juden, Gastmahl und Festtag; und viele aus den Völkern im Lande wurden Juden; denn die Furcht vor den Juden war über sie gekommen.

Die Juden rächen sich an ihren Feinden

9 Im zwölften Monat, das ist der Monat Adar, am dreizehnten Tage, als des Königs Wort und Gesetz ausgeführt werden sollte, eben an dem Tage, als die Feinde der Juden hofften, sie zu überwältigen, und sich's wandte, dass nun die Juden ihre Feinde überwältigen sollten,

2 da versammelten sich die Juden in ihren Städten in allen Ländern des Königs Ahasveros, um Hand anzulegen an die, die ihnen übel wollten. Und niemand konnte ihnen widerstehen; denn die Furcht vor ihnen war über alle Völker gekommen.

3 Auch alle Obersten in den Ländern und die Fürsten und Statthalter und Amtleute des Königs halfen den Juden; denn die Furcht vor Mordechai war über sie gekommen.

4 Denn Mordechai war groß am Hof des Königs und die Kunde von ihm erscholl in allen Ländern, wie er immer mächtiger werde.

¶ **5** So schlugen die Juden alle ihre Feinde mit dem Schwert und töteten und brachten um und taten nach ihrem Gefallen an denen, die ihnen feind waren.

6 Und in der Festung Susa töteten und brachten die Juden um fünfhundert Mann.

7 Dazu töteten sie Parschandata, Dalfon, Aspata,

8 Porata, Adalja, Aridata,

9 Parmaschta, Arisai, Aridai und Wajesata,

10 die zehn Söhne Hamans, des Sohnes Hammedatas, des Judenfeindes. Aber an die Güter legten sie ihre Hände nicht.

14 So the couriers, mounted on their swift horses that were used in the king's service, rode out hurriedly, urged by the king's command. And the decree was issued in Susa the citadel.

¶ **15** Then Mordecai went out from the presence of the king in royal robes of blue and white, with a great golden crown[2] and a robe of fine linen and purple, and the city of Susa shouted and rejoiced.

16 The Jews had light and gladness and joy and honor.

17 And in every province and in every city, wherever the king's command and his edict reached, there was gladness and joy among the Jews, a feast and a holiday. And many from the peoples of the country declared themselves Jews, for fear of the Jews had fallen on them.

The Jews Destroy Their Enemies

9 Now in the twelfth month, which is the month of Adar, on the thirteenth day of the same, when the king's command and edict were about to be carried out, on the very day when the enemies of the Jews hoped to gain the mastery over them, the reverse occurred: the Jews gained mastery over those who hated them.

2 The Jews gathered in their cities throughout all the provinces of King Ahasuerus to lay hands on those who sought their harm. And no one could stand against them, for the fear of them had fallen on all peoples.

3 All the officials of the provinces and the satraps and the governors and the royal agents also helped the Jews, for the fear of Mordecai had fallen on them.

4 For Mordecai was great in the king's house, and his fame spread throughout all the provinces, for the man Mordecai grew more and more powerful.

5 The Jews struck all their enemies with the sword, killing and destroying them, and did as they pleased to those who hated them.

6 In Susa the citadel itself the Jews killed and destroyed 500 men,

7 and also killed Parshandatha and Dalphon and Aspatha

8 and Poratha and Adalia and Aridatha

9 and Parmashta and Arisai and Aridai and Vaizatha,

10 the ten sons of Haman the son of Hammedatha, the enemy of the Jews, but they laid no hand on the plunder.

¶ **11** Zu derselben Zeit kam die Zahl der Getöteten in der Festung Susa vor den König.

12 Und der König sprach zu der Königin Ester: Die Juden haben in der Festung Susa fünfhundert Mann getötet und umgebracht, auch die zehn Söhne Hamans; was werden sie getan haben in den andern Ländern des Königs? Was bittest du, dass man dir's gebe? Und was begehrst du mehr, dass man's tue?

13 Ester sprach: Gefällt's dem König, so lasse er auch morgen die Juden in Susa tun nach dem Gesetz für den heutigen Tag, aber die zehn Söhne Hamans soll man an den Galgen hängen.

14 Und der König befahl, so zu tun. Und das Gesetz wurde zu Susa gegeben, und die zehn Söhne Hamans wurden gehängt.

¶ **15** Und die Juden in Susa versammelten sich auch am vierzehnten Tage des Monats Adar und töteten in Susa dreihundert Mann; aber an ihre Güter legten sie die Hände nicht.

16 Auch die andern Juden in den Ländern des Königs kamen zusammen, um ihr Leben zu verteidigen und sich vor ihren Feinden Ruhe zu verschaffen, und töteten fünfundsiebzigtausend von ihren Feinden; aber an die Güter legten sie die Hände nicht.

Die Stiftung des Purimfestes

17 Das geschah am dreizehnten Tage des Monats Adar und sie ruhten am vierzehnten Tage desselben Monats. Den machten sie zum Tage des Festmahls und der Freude.

18 Aber die Juden in Susa waren zusammengekommen am dreizehnten und vierzehnten Tage und ruhten am fünfzehnten Tage, und diesen Tag machten sie zum Tage des Festmahls und der Freude.

19 Darum machen die Juden, die in den Dörfern und Höfen wohnen, den vierzehnten Tag des Monats Adar zum Tag des Festmahls und der Freude und senden einer dem andern Geschenke.

¶ **20** Und Mordechai schrieb diese Geschichten auf und sandte Schreiben an alle Juden, die in allen Ländern des Königs Ahasveros waren, nah und fern,

21 sie sollten als Feiertage den vierzehnten und fünfzehnten Tag des Monats Adar annehmen und jährlich halten

¶ **11** That very day the number of those killed in Susa the citadel was reported to the king.

12 And the king said to Queen Esther, "In Susa the citadel the Jews have killed and destroyed 500 men and also the ten sons of Haman. What then have they done in the rest of the king's provinces! Now what is your wish? It shall be granted you. And what further is your request? It shall be fulfilled."

13 And Esther said, "If it please the king, let the Jews who are in Susa be allowed tomorrow also to do according to this day's edict. And let the ten sons of Haman be hanged on the gallows."[1]

14 So the king commanded this to be done. A decree was issued in Susa, and the ten sons of Haman were hanged.

15 The Jews who were in Susa gathered also on the fourteenth day of the month of Adar and they killed 300 men in Susa, but they laid no hands on the plunder.

¶ **16** Now the rest of the Jews who were in the king's provinces also gathered to defend their lives, and got relief from their enemies and killed 75,000 of those who hated them, but they laid no hands on the plunder.

17 This was on the thirteenth day of the month of Adar, and on the fourteenth day they rested and made that a day of feasting and gladness.

18 But the Jews who were in Susa gathered on the thirteenth day and on the fourteenth, and rested on the fifteenth day, making that a day of feasting and gladness.

19 Therefore the Jews of the villages, who live in the rural towns, hold the fourteenth day of the month of Adar as a day for gladness and feasting, as a holiday, and as a day on which they send gifts of food to one another.

The Feast of Purim Inaugurated

¶ **20** And Mordecai recorded these things and sent letters to all the Jews who were in all the provinces of King Ahasuerus, both near and far,

21 obliging them to keep the fourteenth day of the month Adar and also the fifteenth day of the same, year by year,

22 als die Tage, an denen die Juden zur Ruhe gekommen waren vor ihren Feinden, und als den Monat, in dem sich ihre Schmerzen in Freude und ihr Leid in Festtage verwandelt hatten: dass sie diese halten sollten als Tage des Festmahls und der Freude und einer dem andern Geschenke und den Armen Gaben schicke.

¶ **23** Und die Juden nahmen es an als Brauch, was sie angefangen hatten zu tun und was Mordechai an sie geschrieben hatte:

24 wie Haman, der Sohn Hammedatas, der Agagiter, der Feind aller Juden, gedacht hatte, alle Juden umzubringen, und wie er das Pur, das ist das Los, hatte werfen lassen, um sie zu schrecken und umzubringen;

25 und wie aber Ester zum König gegangen war und dieser durch Schreiben geboten hatte, dass die bösen Anschläge, die Haman gegen die Juden erdacht, auf seinen Kopf zurückfielen, und wie man ihn und seine Söhne an den Galgen gehängt hatte.

26 Daher nannten sie diese Tage Purim nach dem Worte Pur. Und nach allen Worten dieses Schreibens und nach dem, was sie selbst gesehen hatten und was sie getroffen hatte,

27 beschlossen die Juden und nahmen es an als Brauch für sich und für ihre Nachkommen und für alle, die sich zu ihnen halten würden, dass sie nicht unterlassen wollten, diese zwei Tage jährlich zu halten, wie sie vorgeschrieben und bestimmt waren,

28 dass diese Tage nicht zu vergessen, sondern zu halten seien bei Kindeskindern, bei allen Geschlechtern, in allen Ländern und Städten. Es sind die Purimtage, die nicht übergangen werden sollen unter den Juden, und ihr Andenken soll nicht untergehen bei ihren Nachkommen.

¶ **29** Und die Königin Ester, die Tochter Abihails, und Mordechai, der Jude, schrieben mit ganzem Ernst ein zweites Schreiben über das Purimfest, um es zu bestätigen.

30 Und man sandte die Schreiben allen Juden in den 127 Ländern des Königreichs des Ahasveros mit Grußworten des Friedens und der Treue:

31 dass sie annähmen die Purimtage auf ihre bestimmte Zeit, wie sie Mordechai, der Jude, und die Königin Ester für sie festgesetzt hatten und wie sie für sich selbst und für ihre Nachkommen die Einsetzung der Fasten und ihrer Klage festgesetzt hatten.

32 Und der Befehl der Ester bestätigte die Einsetzung dieser Purimtage. Und es wurde in ein Buch geschrieben.

22 as the days on which the Jews got relief from their enemies, and as the month that had been turned for them from sorrow into gladness, and from mourning into a holiday; that they should make them days of feasting and gladness, days for sending gifts of food to one another and gifts to the poor.

¶ **23** So the Jews accepted what they had started to do, and what Mordecai had written to them.

24 For Haman the Agagite, the son of Hammedatha, the enemy of all the Jews, had plotted against the Jews to destroy them, and had cast Pur (that is, cast lots), to crush and to destroy them.

25 But when it came before the king, he gave orders in writing that his evil plan that he had devised against the Jews should return on his own head, and that he and his sons should be hanged on the gallows.[2]

26 Therefore they called these days Purim, after the term Pur. Therefore, because of all that was written in this letter, and of what they had faced in this matter, and of what had happened to them,

27 the Jews firmly obligated themselves and their offspring and all who joined them, that without fail they would keep these two days according to what was written and at the time appointed every year,

28 that these days should be remembered and kept throughout every generation, in every clan, province, and city, and that these days of Purim should never fall into disuse among the Jews, nor should the commemoration of these days cease among their descendants.

¶ **29** Then Queen Esther, the daughter of Abihail, and Mordecai the Jew gave full written authority, confirming this second letter about Purim.

30 Letters were sent to all the Jews, to the 127 provinces of the kingdom of Ahasuerus, in words of peace and truth,

31 that these days of Purim should be observed at their appointed seasons, as Mordecai the Jew and Queen Esther obligated them, and as they had obligated themselves and their offspring, with regard to their fasts and their lamenting.

32 The command of Queen Esther confirmed these practices of Purim, and it was recorded in writing.

Mordechais Ansehen bei Persern und Juden

10 Und der König Ahasveros legte eine Steuer aufs Land und auf die Inseln im Meer.

2 Aber alle Taten seiner Herrschaft und Macht und die große Herrlichkeit Mordechais, die ihm der König gab, siehe, das ist geschrieben in der Chronik der Könige von Medien und Persien.

3 Denn Mordechai, der Jude, war der Erste nach dem König Ahasveros und groß unter den Juden und beliebt unter der Menge seiner Brüder, weil er für sein Volk Gutes suchte und redete, was seinem ganzen Geschlecht zum Besten diente.

The Greatness of Mordecai

10 King Ahasuerus imposed tax on the land and on the coastlands of the sea.

2 And all the acts of his power and might, and the full account of the high honor of Mordecai, to which the king advanced him, are they not written in the Book of the Chronicles of the kings of Media and Persia?

3 For Mordecai the Jew was second in rank to King Ahasuerus, and he was great among the Jews and popular with the multitude of his brothers, for he sought the welfare of his people and spoke peace to all his people.

DAS BUCH HIOB (IJOB)

JOB

Hiobs Frömmigkeit und Glück

1 Es war ein Mann im Lande Uz, der hieß Hiob. Der war fromm und rechtschaffen, gottesfürchtig und mied das Böse.

2 Und er zeugte sieben Söhne und drei Töchter,

3 und er besaß siebentausend Schafe, dreitausend Kamele, fünfhundert Joch Rinder und fünfhundert Eselinnen und sehr viel Gesinde, und er war reicher als alle, die im Osten wohnten.

4 Und seine Söhne gingen hin und machten ein Festmahl, ein jeder in seinem Hause an seinem Tag, und sie sandten hin und luden ihre drei Schwestern ein, mit ihnen zu essen und zu trinken.

5 Und wenn die Tage des Mahles um waren, sandte Hiob hin und heiligte sie und machte sich früh am Morgen auf und opferte Brandopfer nach ihrer aller Zahl; denn Hiob dachte: Meine Söhne könnten gesündigt und Gott abgesagt haben in ihrem Herzen. So tat Hiob allezeit.

Hiob bewährt sich in schwerer Prüfung

6 Es begab sich aber eines Tages, da die Gottessöhne* kamen und vor den HERRN traten, kam auch der Satan unter ihnen.

7 Der HERR aber sprach zu dem Satan: Wo kommst du her? Der Satan antwortete dem HERRN und sprach: Ich habe die Erde hin und her durchzogen.

8 Der HERR sprach zum Satan: Hast du achtgehabt auf meinen Knecht Hiob? Denn es ist seinesgleichen nicht auf Erden, fromm und rechtschaffen, gottesfürchtig und meidet das Böse.

¶ **9** Der Satan antwortete dem HERRN und sprach: Meinst du, dass Hiob Gott umsonst fürchtet?

10 Hast du doch ihn, sein Haus und alles, was er hat, ringsumher beschützt. Du hast das Werk seiner Hände gesegnet, und sein Besitz hat sich ausgebreitet im Lande.

11 Aber strecke deine Hand aus und taste alles an, was er hat: was gilt's, er wird dir ins Angesicht absagen!

Job's Character and Wealth

1 There was a man in the land of Uz whose name was Job, and that man was blameless and upright, one who feared God and turned away from evil.

2 There were born to him seven sons and three daughters.

3 He possessed 7,000 sheep, 3,000 camels, 500 yoke of oxen, and 500 female donkeys, and very many servants, so that this man was the greatest of all the people of the east.

4 His sons used to go and hold a feast in the house of each one on his day, and they would send and invite their three sisters to eat and drink with them.

5 And when the days of the feast had run their course, Job would send and consecrate them, and he would rise early in the morning and offer burnt offerings according to the number of them all. For Job said, "It may be that my children have sinned, and cursed[1] God in their hearts." Thus Job did continually.

Satan Allowed to Test Job

¶ **6** Now there was a day when the sons of God came to present themselves before the LORD, and Satan[2] also came among them.

7 The LORD said to Satan, "From where have you come?" Satan answered the LORD and said, "From going to and fro on the earth, and from walking up and down on it."

8 And the LORD said to Satan, "Have you considered my servant Job, that there is none like him on the earth, a blameless and upright man, who fears God and turns away from evil?"

9 Then Satan answered the LORD and said, "Does Job fear God for no reason?

10 Have you not put a hedge around him and his house and all that he has, on every side? You have blessed the work of his hands, and his possessions have increased in the land.

11 But stretch out your hand and touch all that he has, and he will curse you to your face."

12 Der HERR sprach zum Satan: Siehe, alles, was er hat, sei in deiner Hand; nur an ihn selbst lege deine Hand nicht. Da ging der Satan hinaus von dem HERRN.

¶ **13** An dem Tage aber, da seine Söhne und Töchter aßen und Wein tranken im Hause ihres Bruders, des Erstgeborenen,
14 kam ein Bote zu Hiob und sprach: Die Rinder pflügten und die Eselinnen gingen neben ihnen auf der Weide,
15 da fielen die aus Saba ein und nahmen sie weg und erschlugen die Knechte mit der Schärfe des Schwerts, und ich allein bin entronnen, dass ich dir's ansagte.
¶ **16** Als der noch redete, kam ein anderer und sprach: Feuer Gottes fiel vom Himmel und traf Schafe und Knechte und verzehrte sie, und ich allein bin entronnen, dass ich dir's ansagte.

17 Als der noch redete, kam einer und sprach: Die Chaldäer machten drei Abteilungen und fielen über die Kamele her und nahmen sie weg und erschlugen die Knechte mit der Schärfe des Schwerts, und ich allein bin entronnen, dass ich dir's ansagte.
18 Als der noch redete, kam einer und sprach: Deine Söhne und Töchter aßen und tranken im Hause ihres Bruders, des Erstgeborenen,
19 und siehe, da kam ein großer Wind von der Wüste her und stieß an die vier Ecken des Hauses; da fiel es auf die jungen Leute, dass sie starben, und ich allein bin entronnen, dass ich dir's ansagte.
¶ **20** Da stand Hiob auf und zerriss sein Kleid und schor sein Haupt und fiel auf die Erde und neigte sich tief
21 und sprach: Ich bin nackt von meiner Mutter Leibe gekommen, nackt werde ich wieder dahinfahren. **Der** HERR hat's gegeben, der HERR hat's genommen; der Name des HERRN sei gelobt! –
22 In diesem allen sündigte Hiob nicht und tat nichts Törichtes wider Gott.

Hiob bewährt sich erneut in schwerer Prüfung

2 Es begab sich aber eines Tages, da die Gottessöhne kamen und vor den HERRN traten, dass auch der Satan unter ihnen kam und vor den HERRN trat.
2 Da sprach der HERR zu dem Satan: Wo kommst du her? Der Satan antwortete dem HERRN und sprach: Ich habe die Erde hin und her durchzogen.

12 And the LORD said to Satan, "Behold, all that he has is in your hand. Only against him do not stretch out your hand." So Satan went out from the presence of the LORD.

Satan Takes Job's Property and Children

¶ **13** Now there was a day when his sons and daughters were eating and drinking wine in their oldest brother's house,
14 and there came a messenger to Job and said, "The oxen were plowing and the donkeys feeding beside them,
15 and the Sabeans fell upon them and took them and struck down the servants[3] with the edge of the sword, and I alone have escaped to tell you."
16 While he was yet speaking, there came another and said, "The fire of God fell from heaven and burned up the sheep and the servants and consumed them, and I alone have escaped to tell you."
17 While he was yet speaking, there came another and said, "The Chaldeans formed three groups and made a raid on the camels and took them and struck down the servants with the edge of the sword, and I alone have escaped to tell you."
18 While he was yet speaking, there came another and said, "Your sons and daughters were eating and drinking wine in their oldest brother's house,
19 and behold, a great wind came across the wilderness and struck the four corners of the house, and it fell upon the young people, and they are dead, and I alone have escaped to tell you."
¶ **20** Then Job arose and tore his robe and shaved his head and fell on the ground and worshiped.
21 And he said, "Naked I came from my mother's womb, and naked shall I return. The LORD gave, and the LORD has taken away; blessed be the name of the LORD."
¶ **22** In all this Job did not sin or charge God with wrong.

Satan Attacks Job's Health

2 Again there was a day when the sons of God came to present themselves before the LORD, and Satan also came among them to present himself before the LORD.
2 And the LORD said to Satan, "From where have you come?" Satan answered the LORD and said, "From going to and fro on the earth, and from walking up and down on it."

3 Der HERR sprach zu dem Satan: Hast du acht auf meinen Knecht Hiob gehabt? Denn es ist seinesgleichen auf Erden nicht, fromm und rechtschaffen, gottesfürchtig und meidet das Böse und hält noch fest an seiner Frömmigkeit; du aber hast mich bewogen, ihn ohne Grund zu verderben.

¶ **4** Der Satan antwortete dem HERRN und sprach: Haut für Haut! Und alles, was ein Mann hat, lässt er für sein Leben.

5 Aber strecke deine Hand aus und taste sein Gebein und Fleisch an: was gilt's, er wird dir ins Angesicht absagen!

6 Der HERR sprach zu dem Satan: Siehe da, er sei in deiner Hand, doch schone sein Leben!

¶ **7** Da ging der Satan hinaus vom Angesicht des HERRN und schlug Hiob mit bösen Geschwüren von der Fußsohle an bis auf seinen Scheitel.

8 Und er nahm eine Scherbe und schabte sich und saß in der Asche.

9 Und seine Frau sprach zu ihm: Hältst du noch fest an deiner Frömmigkeit? Sage Gott ab und stirb!

10 Er aber sprach zu ihr: Du redest, wie die törichten Frauen reden. **Haben wir Gutes empfangen von Gott und sollten das Böse nicht auch annehmen?** In diesem allen versündigte sich Hiob nicht mit seinen Lippen.

Hiob wird von drei Freunden besucht

11 Als aber die drei Freunde Hiobs all das Unglück hörten, das über ihn gekommen war, kamen sie, ein jeder aus seinem Ort: Elifas von Teman, Bildad von Schuach und Zofar von Naama. Denn sie waren eins geworden hinzugehen, um ihn zu beklagen und zu trösten.

12 Und als sie ihre Augen aufhoben von ferne, erkannten sie ihn nicht und erhoben ihre Stimme und weinten, und ein jeder zerriss sein Kleid und sie warfen Staub gen Himmel auf ihr Haupt

13 und saßen mit ihm auf der Erde sieben Tage und sieben Nächte und redeten nichts mit ihm; denn sie sahen, dass der Schmerz sehr groß war.

Hiobs Klage

3 Danach tat Hiob seinen Mund auf und verfluchte seinen Tag.

2 Und Hiob sprach:

3 And the LORD said to Satan, "Have you considered my servant Job, that there is none like him on the earth, a blameless and upright man, who fears God and turns away from evil? He still holds fast his integrity, although you incited me against him to destroy him without reason."

4 Then Satan answered the LORD and said, "Skin for skin! All that a man has he will give for his life.

5 But stretch out your hand and touch his bone and his flesh, and he will curse you to your face."

6 And the LORD said to Satan, "Behold, he is in your hand; only spare his life."

¶ **7** So Satan went out from the presence of the LORD and struck Job with loathsome sores from the sole of his foot to the crown of his head.

8 And he took a piece of broken pottery with which to scrape himself while he sat in the ashes.

¶ **9** Then his wife said to him, "Do you still hold fast your integrity? Curse God and die."

10 But he said to her, "You speak as one of the foolish women would speak. Shall we receive good from God, and shall we not receive evil?"[1] In all this Job did not sin with his lips.

Job's Three Friends

¶ **11** Now when Job's three friends heard of all this evil that had come upon him, they came each from his own place, Eliphaz the Temanite, Bildad the Shuhite, and Zophar the Naamathite. They made an appointment together to come to show him sympathy and comfort him.

12 And when they saw him from a distance, they did not recognize him. And they raised their voices and wept, and they tore their robes and sprinkled dust on their heads toward heaven.

13 And they sat with him on the ground seven days and seven nights, and no one spoke a word to him, for they saw that his suffering was very great.

Job Laments His Birth

3 After this Job opened his mouth and cursed the day of his birth.

2 And Job said:

¶ **3** Ausgelöscht sei der Tag, an dem ich geboren bin, und die Nacht, da man sprach: Ein Knabe kam zur Welt!

4 Jener Tag soll finster sein und Gott droben frage nicht nach ihm! Kein Glanz soll über ihm scheinen!

5 Finsternis und Dunkel sollen ihn überwältigen und düstere Wolken über ihm bleiben, und Verfinsterung am Tage mache ihn schrecklich!

6 Jene Nacht – das Dunkel nehme sie hinweg, sie soll sich nicht unter den Tagen des Jahres freuen noch in die Zahl der Monde kommen!

7 Siehe, jene Nacht sei unfruchtbar und kein Jauchzen darin!

8 Es sollen sie verfluchen, die einen Tag verfluchen können, und die da kundig sind, den Leviatan* zu wecken!

9 Ihre Sterne sollen finster sein in ihrer Dämmerung. Die Nacht hoffe aufs Licht, doch es komme nicht, und sie sehe nicht die Wimpern der Morgenröte,

10 weil sie nicht verschlossen hat den Leib meiner Mutter und nicht verborgen das Unglück vor meinen Augen!

¶ **11** Warum bin ich nicht gestorben bei meiner Geburt? Warum bin ich nicht umgekommen, als ich aus dem Mutterleib kam?

12 Warum hat man mich auf den Schoß genommen? Warum bin ich an den Brüsten gesäugt?

13 Dann läge ich da und wäre still, dann schliefe ich und hätte Ruhe

14 mit den Königen und Ratsherren auf Erden, die sich Grüfte erbauten,

15 oder mit den Fürsten, die Gold hatten und deren Häuser voll Silber waren;

16 wie eine Fehlgeburt, die man verscharrt hat, hätte ich nie gelebt, wie Kinder, die das Licht nie gesehen haben.

17 Dort haben die Gottlosen aufgehört mit Toben; dort ruhen, die viel Mühe gehabt haben.

18 Da haben die Gefangenen allesamt Frieden und hören nicht die Stimme des Treibers.

19 Da sind Klein und Groß gleich und der Knecht ist frei von seinem Herrn.

¶ **20** Warum gibt Gott das Licht dem Mühseligen und das Leben den betrübten Herzen

3 "Let the day perish on which I was born,
and the night that said,
'A man is conceived.'

4 Let that day be darkness!
May God above not seek it,
nor light shine upon it.

5 Let gloom and deep darkness claim it.
Let clouds dwell upon it;
let the blackness of the day terrify it.

6 That night—let thick darkness seize it!
Let it not rejoice among the days of the year;
let it not come into the number of the months.

7 Behold, let that night be barren;
let no joyful cry enter it.

8 Let those curse it who curse the day,
who are ready to rouse up Leviathan.

9 Let the stars of its dawn be dark;
let it hope for light, but have none,
nor see the eyelids of the morning,

10 because it did not shut the doors of my mother's womb,
nor hide trouble from my eyes.

11 "Why did I not die at birth,
come out from the womb and expire?

12 Why did the knees receive me?
Or why the breasts, that I should nurse?

13 For then I would have lain down and been quiet;
I would have slept; then I would have been at rest,

14 with kings and counselors of the earth
who rebuilt ruins for themselves,

15 or with princes who had gold,
who filled their houses with silver.

16 Or why was I not as a hidden stillborn child,
as infants who never see the light?

17 There the wicked cease from troubling,
and there the weary are at rest.

18 There the prisoners are at ease together;
they hear not the voice of the taskmaster.

19 The small and the great are there,
and the slave is free from his master.

20 "Why is light given to him who is in misery,
and life to the bitter in soul,

21 – die auf den Tod warten, und er kommt nicht, und nach ihm suchen mehr als nach Schätzen,

22 die sich sehr freuten und fröhlich wären, wenn sie ein Grab bekämen –,

23 dem Mann, dessen Weg verborgen ist, dem Gott den Pfad ringsum verzäunt hat?

24 Denn wenn ich essen soll, muss ich seufzen, und mein Schreien fährt heraus wie Wasser.

25 Denn was ich gefürchtet habe, ist über mich gekommen, und wovor mir graute, hat mich getroffen.

26 Ich hatte keinen Frieden, keine Rast, keine Ruhe, da kam schon wieder ein Ungemach!

HIOBS GESPRÄCHE MIT SEINEN FREUNDEN (KAPITEL 4,1–27,23)

Des Elifas erste Rede

4 Da hob Elifas von Teman an und sprach:

¶ 2 Du hast's vielleicht nicht gern, wenn man versucht, mit dir zu reden; aber Worte zurückhalten, wer kann's?

3 Siehe, du hast viele unterwiesen und matte Hände gestärkt;

4 deine Rede hat die Strauchelnden aufgerichtet, und die bebenden Knie hast du gekräftigt.

5 Nun es aber an dich kommt, wirst du weich, und nun es dich trifft, erschrickst du!

6 Ist nicht deine Gottesfurcht dein Trost, und die Unsträflichkeit deiner Wege deine Hoffnung?

¶ 7 Bedenke doch: Wo ist ein Unschuldiger umgekommen? Oder wo wurden die Gerechten je vertilgt?

8 Wohl aber habe ich gesehen: Die da Frevel pflügten und Unheil säten, ernteten es auch ein.

9 Durch den Odem Gottes sind sie umgekommen und vom Schnauben seines Zorns vertilgt.

10 Das Brüllen der Löwen und die Stimme der Leuen und die Zähne der jungen Löwen sind dahin.

21 who long for death, but it comes not,
　　and dig for it more than for hidden
　　　treasures,

22 who rejoice exceedingly
　　and are glad when they find the grave?

23 Why is light given to a man whose way
　　is hidden,
　　whom God has hedged in?

24 For my sighing comes instead of[1] my
　　bread,
　　and my groanings are poured out like
　　　water.

25 For the thing that I fear comes upon me,
　　and what I dread befalls me.

26 I am not at ease, nor am I quiet;
　　I have no rest, but trouble comes."

Eliphaz Speaks: The Innocent Prosper

4 Then Eliphaz the Temanite answered and
　said:

2 "If one ventures a word with you, will
　　you be impatient?
　　Yet who can keep from speaking?

3 Behold, you have instructed many,
　　and you have strengthened the weak
　　　hands.

4 Your words have upheld him who was
　　stumbling,
　　and you have made firm the feeble
　　　knees.

5 But now it has come to you, and you are
　　impatient;
　　it touches you, and you are dismayed.

6 Is not your fear of God[1] your confidence,
　　and the integrity of your ways your
　　　hope?

7 "Remember: who that was innocent ever
　　perished?
　　Or where were the upright cut off?

8 As I have seen, those who plow iniquity
　　and sow trouble reap the same.

9 By the breath of God they perish,
　　and by the blast of his anger they are
　　　consumed.

10 The roar of the lion, the voice of the
　　fierce lion,
　　the teeth of the young lions are
　　　broken.

11 Der Löwe kommt um, wenn er keine Beute hat, und die Jungen der Löwin werden zerstreut.

¶ **12** Zu mir ist heimlich ein Wort gekommen, und von ihm hat mein Ohr ein Flüstern empfangen

13 beim Nachsinnen über Gesichte in der Nacht, wenn tiefer Schlaf auf die Leute fällt;

14 da kam mich Furcht und Zittern an, und alle meine Gebeine erschraken.

15 Und ein Hauch fuhr an mir vorüber; es standen mir die Haare zu Berge an meinem Leibe.

16 Da stand ein Gebilde vor meinen Augen, doch ich erkannte seine Gestalt nicht; es war eine Stille und ich hörte eine Stimme:

¶ **17** Wie kann ein Mensch gerecht sein vor Gott oder ein Mann rein sein vor dem, der ihn gemacht hat?

18 Siehe, seinen Dienern traut er nicht, und seinen Boten wirft er Torheit vor:

19 wie viel mehr denen, die in Lehmhäusern wohnen und auf Staub gegründet sind und wie Motten zerdrückt werden!

20 Es währt vom Morgen bis zum Abend, so werden sie zerschlagen, und ehe man's gewahr wird, sind sie ganz dahin.

21 Ihr Zelt wird abgebrochen, und sie sterben unversehens.

5 Rufe doch, ob einer dir antwortet! Und an welchen von den Heiligen willst du dich wenden?

2 Denn einen Toren tötet der Unmut, und den Unverständigen bringt der Eifer um.

3 Ich sah einen Toren Wurzel schlagen, doch plötzlich schwand er von seiner Stätte dahin.

4 Seinen Kindern bleibt Hilfe fern, und sie werden zerschlagen im Tor; denn kein Erretter ist da.

5 Seine Ernte verzehrt der Hungrige, und auch aus den Hecken holt er sie, und nach seinem Gut lechzen die Durstigen.

6 Denn Frevel geht nicht aus der Erde hervor, und Unheil wächst nicht aus dem Acker;

11 The strong lion perishes for lack of prey,
and the cubs of the lioness are scattered.

12 "Now a word was brought to me stealthily;
my ear received the whisper of it.

13 Amid thoughts from visions of the night,
when ^{k}deep sleep falls on men,

14 dread came upon me, and trembling,
which made all my bones shake.

15 A spirit glided past my face;
the hair of my flesh stood up.

16 It stood still,
but I could not discern its appearance.
A form was before my eyes;
there was silence, then I heard a voice:

17 'Can mortal man be in the right before^2 God?
Can a man be pure before his Maker?

18 Even in his servants he puts no trust,
and his angels he charges with error;

19 how much more those who dwell in houses of clay,
whose foundation is in the dust,
who are crushed like the moth.

20 Between morning and evening they are beaten to pieces;
they perish forever without anyone regarding it.

21 Is not their tent-cord plucked up within them,
do they not die, and that without wisdom?'

5 "Call now; is there anyone who will answer you?
To which of the holy ones will you turn?

2 Surely vexation kills the fool,
and jealousy slays the simple.

3 I have seen the fool taking root,
but suddenly I cursed his dwelling.

4 His children are far from safety;
they are crushed in the gate,
and there is no one to deliver them.

5 The hungry eat his harvest,
and he takes it even out of thorns,^{1}
and the thirsty pant^2 after his^3 wealth.

6 For affliction does not come from the dust,
nor does trouble sprout from the ground,

7 sondern der Mensch erzeugt sich selbst das Unheil, wie Funken hoch emporfliegen.

¶ **8** Ich aber würde mich zu Gott wenden und meine Sache vor ihn bringen,

9 der große Dinge tut, die nicht zu erforschen sind, und Wunder, die nicht zu zählen sind,

10 der den Regen aufs Land gibt und Wasser kommen lässt auf die Gefilde,

11 der die Niedrigen erhöht und den Betrübten emporhilft.

12 Er macht zunichte die Pläne der Klugen, sodass ihre Hand sie nicht ausführen kann.

13 Er fängt die Weisen in ihrer Klugheit und stürzt den Rat der Verkehrten,

14 dass sie am Tage in Finsternis laufen und tappen am Mittag wie in der Nacht.

15 Er hilft dem Armen vom Schwert und den Elenden von der Hand des Mächtigen.

16 Dem Armen wird Hoffnung zuteil, und die Bosheit muss ihren Mund zuhalten.

¶ **17** Siehe, selig ist der Mensch, den Gott zurechtweist; darum widersetze dich der Zucht des Allmächtigen nicht.

18 Denn er verletzt und verbindet; er zerschlägt und seine Hand heilt.

19 In sechs Trübsalen wird er dich erretten, und in sieben wird dich kein Übel anrühren.

20 In der Hungersnot wird er dich vom Tod erlösen und im Kriege von des Schwertes Gewalt.

21 Er wird dich verbergen vor der Geißel der Zunge, dass du dich nicht fürchten musst, wenn Verderben kommt.

¶ **22** Über Verderben und Hunger wirst du lachen und dich vor den wilden Tieren im Lande nicht fürchten.

23 Denn dein Bund wird sein mit den Steinen auf dem Felde, und die wilden Tiere werden Frieden mit dir halten,

24 und du wirst erfahren, dass deine Hütte Frieden hat, und wirst deine Stätte überschauen und nichts vermissen,

7 but man is born to trouble
as the sparks fly upward.

8 "As for me, I would seek God,
and to God would I commit my cause,

9 who does great things and unsearchable,
marvelous things without number:

10 he gives rain on the earth
and sends waters on the fields;

11 he sets on high those who are lowly,
and those who mourn are lifted to safety.

12 He frustrates the devices of the crafty,
so that their hands achieve no success.

13 He catches the wise in their own craftiness,
and the schemes of the wily are brought to a quick end.

14 They meet with darkness in the daytime
and grope at noonday as in the night.

15 But he saves the needy from the sword of their mouth
and from the hand of the mighty.

16 So the poor have hope,
and injustice shuts her mouth.

17 "Behold, blessed is the one whom God reproves;
therefore despise not the discipline of the Almighty.

18 For he wounds, but he binds up;
he shatters, but his hands heal.

19 He will deliver you from six troubles;
in seven no evil[4] shall touch you.

20 In famine he will redeem you from death,
and in war from the power of the sword.

21 You shall be hidden from the lash of the tongue,
and shall not fear destruction when it comes.

22 At destruction and famine you shall laugh,
and shall not fear the beasts of the earth.

23 For you shall be in league with the stones of the field,
and the beasts of the field shall be at peace with you.

24 You shall know that your tent is at peace,
and you shall inspect your fold and miss nothing.

25 und du wirst erfahren, dass deine Kinder sich mehren und deine Nachkommen wie das Gras auf Erden sind,

26 und du wirst im Alter zu Grabe kommen, wie Garben eingebracht werden zur rechten Zeit.

27 Siehe, das haben wir erforscht, so ist es; darauf höre und merke du dir's.

Hiobs erste Antwort an Elifas

6 Hiob antwortete und sprach:

¶ **2** Wenn man doch meinen Kummer wägen und mein Leiden zugleich auf die Waage legen wollte!

3 Denn nun ist es schwerer als Sand am Meer; darum sind meine Worte noch unbedacht.

4 Denn die Pfeile des Allmächtigen stecken in mir; mein Geist muss ihr Gift trinken, und die Schrecknisse Gottes sind auf mich gerichtet.

5 Schreit denn der Wildesel, wenn er Gras hat, oder brüllt der Stier, wenn er sein Futter hat?

6 Isst man denn Fades, ohne es zu salzen, oder hat Eiweiß Wohlgeschmack?

7 Meine Seele sträubt sich, es anzurühren; es ist, als wäre mein Brot unrein.

¶ **8** Könnte meine Bitte doch geschehen und Gott mir geben, was ich hoffe!

9 Dass mich doch Gott erschlagen wollte und seine Hand ausstreckte und mir den Lebensfaden abschnitte!

10 So hätte ich noch diesen Trost und wollte fröhlich springen – ob auch der Schmerz mich quält ohne Erbarmen –, dass ich nicht verleugnet habe die Worte des Heiligen.

¶ **11** Was ist meine Kraft, dass ich ausharren könnte; und welches Ende wartet auf mich, dass ich geduldig sein sollte?

12 Ist doch meine Kraft nicht aus Stein und mein Fleisch nicht aus Erz.

13 Hab ich denn keine Hilfe mehr, und gibt es keinen Rat mehr für mich?

¶ **14** Wer Barmherzigkeit seinem Nächsten verweigert, der gibt die Furcht vor dem Allmächtigen auf.

25 You shall know also that your offspring shall be many,
and your descendants as the grass of the earth.

26 You shall come to your grave in ripe old age,
like a sheaf gathered up in its season.

27 Behold, this we have searched out; it is true.
Hear, and know it for your good."[5]

Job Replies: My Complaint Is Just

6 Then Job answered and said:

2 "Oh that my vexation were weighed,
and all my calamity laid in the balances!

3 For then it would be heavier than the sand of the sea;
therefore my words have been rash.

4 For the arrows of the Almighty are in me;
my spirit drinks their poison;
the terrors of God are arrayed against me.

5 Does the wild donkey bray when he has grass,
or the ox low over his fodder?

6 Can that which is tasteless be eaten without salt,
or is there any taste in the juice of the mallow?[1]

7 My appetite refuses to touch them;
they are as food that is loathsome to me.[2]

8 "Oh that I might have my request,
and that God would fulfill my hope,

9 that it would please God to crush me,
that he would let loose his hand and cut me off!

10 This would be my comfort;
I would even exult[3] in pain unsparing,
for I have not denied the words of the Holy One.

11 What is my strength, that I should wait?
And what is my end, that I should be patient?

12 Is my strength the strength of stones, or is my flesh bronze?

13 Have I any help in me,
when resource is driven from me?

14 "He who withholds[4] kindness from a friend
forsakes the fear of the Almighty.

15 Meine Brüder trügen wie ein Bach, wie das Bett der Bäche, die versickern,

16 die erst trübe sind vom Eis, darin der Schnee sich birgt,

17 doch zur Zeit, wenn die Hitze kommt, versiegen sie; wenn es heiß wird, vergehen sie von ihrer Stätte:

18 Ihr Weg windet sich dahin und verläuft, sie gehen hin ins Nichts und verschwinden.

19 Die Karawanen von Tema blickten aus auf sie, die Karawanen von Saba hofften auf sie;

20 aber sie wurden zuschanden über ihrer Hoffnung und waren betrogen, als sie dahin kamen.

21 So seid ihr jetzt für mich geworden; weil ihr Schrecknisse seht, fürchtet ihr euch.

22 Hab ich denn gesagt: Schenkt mir etwas und bezahlt für mich von eurem Vermögen

23 und errettet mich aus der Hand des Feindes und kauft mich los von der Hand der Gewalttätigen?

¶ **24** Belehrt mich, so will ich schweigen, und worin ich geirrt habe, darin unterweist mich!

25 Wie kräftig sind doch redliche Worte! Aber euer Tadeln, was beweist das?

26 Gedenkt ihr, Worte zu rügen? Aber die Rede eines Verzweifelnden verhallt im Wind.

27 Ihr freilich könntet wohl über eine arme Waise das Los werfen und euren Nächsten verschachern.

28 Nun aber hebt doch an und seht auf mich, ob ich euch ins Angesicht lüge.

29 Kehrt doch um, damit nicht Unrecht geschehe! Kehrt um! Noch habe ich recht darin!

30 Ist denn auf meiner Zunge Unrecht, oder sollte mein Gaumen Böses nicht merken?

7 Muss nicht der Mensch immer im Dienst stehen auf Erden, und sind seine Tage nicht wie die eines Tagelöhners?

15 My brothers are treacherous as a torrent-bed,
as torrential streams that pass away,

16 which are dark with ice,
and where the snow hides itself.

17 When they melt, they disappear;
when it is hot, they vanish from their place.

18 The caravans turn aside from their course;
they go up into the waste and perish.

19 The caravans of Tema look,
the travelers of Sheba hope.

20 They are ashamed because they were confident;
they come there and are ᵐdisappointed.

21 For you have now become nothing;
you see my calamity and are afraid.

22 Have I said, 'Make me a gift'?
Or, 'From your wealth offer a bribe for me'?

23 Or, 'Deliver me from the adversary's hand'?
Or, 'Redeem me from the hand of the ruthless'?

24 "Teach me, and I will be silent;
make me understand how I have gone astray.

25 How forceful are upright words!
But what does reproof from you reprove?

26 Do you think that you can reprove words,
when the speech of a despairing man is wind?

27 You would even cast lots over the fatherless,
and bargain over your friend.

28 "But now, be pleased to look at me,
for I will not lie to your face.

29 Please turn; let no injustice be done.
Turn now; my vindication is at stake.

30 Is there any injustice on my tongue?
Cannot my palate discern the cause of calamity?

Job Continues: My Life Has No Hope

7 "Has not man a hard service on earth,
and are not his days like the days of a hired hand?

2 Wie ein Knecht sich sehnt nach dem Schatten und ein Tagelöhner auf seinen Lohn wartet,

3 so hab ich wohl ganze Monate vergeblich gearbeitet, und viele elende Nächte sind mir geworden.

4 Wenn ich mich niederlegte, sprach ich: Wann werde ich aufstehen? Bin ich aufgestanden, so wird mir's lang bis zum Abend, und mich quälte die Unruhe bis zur Dämmerung.

5 Mein Fleisch ist um und um eine Beute des Gewürms und faulig, meine Haut ist verschrumpft und voller Eiter.

6 Meine Tage sind schneller dahingeflogen als ein Weberschiffchen und sind vergangen ohne Hoffnung.

¶ **7** Bedenke, dass mein Leben ein Hauch ist und meine Augen nicht wieder Gutes sehen werden.

8 Und kein lebendiges Auge wird mich mehr schauen; sehen deine Augen nach mir, so bin ich nicht mehr.

9 Eine Wolke vergeht und fährt dahin: so kommt nicht wieder herauf, wer zu den Toten hinunterfährt;

10 er kommt nicht zurück, und seine Stätte kennt ihn nicht mehr.

¶ **11** Darum will auch ich meinem Munde nicht wehren. Ich will reden in der Angst meines Herzens und will klagen in der Betrübnis meiner Seele.

12 Bin ich denn das Meer oder der Drache, dass du eine Wache gegen mich aufstellst?

13 Wenn ich dachte, mein Bett soll mich trösten, mein Lager soll mir meinen Jammer erleichtern,

14 so erschrecktest du mich mit Träumen und machtest mir Grauen durch Gesichte,

15 dass ich mir wünschte, erwürgt zu sein, und den Tod lieber hätte als meine Schmerzen.

16 Ich vergehe! Ich leb' ja nicht ewig. Lass ab von mir, denn meine Tage sind nur noch ein Hauch.

¶ **17** Was ist der Mensch, dass du ihn groß achtest und dich um ihn bekümmerst?

18 Jeden Morgen suchst du ihn heim und prüfst ihn alle Stunden.

2 Like a slave who longs for the shadow,
and like a hired hand who looks for his wages,

3 so I am allotted months of emptiness,
and nights of misery are apportioned to me.

4 When I lie down I say, 'When shall I arise?'
But the night is long,
and I am full of tossing till the dawn.

5 My flesh is clothed with worms and dirt;
my skin hardens, then breaks out afresh.

6 My days are swifter than a weaver's shuttle
and come to their end without hope.

7 "Remember that my life is a breath;
my eye will never again see good.

8 The eye of him who sees me will behold me no more;
while your eyes are on me, I shall be gone.

9 As the cloud fades and vanishes,
so he who goes down to Sheol does not come up;

10 he returns no more to his house,
nor does his place know him anymore.

11 "Therefore I will not restrain my mouth;
I will speak in the anguish of my spirit;
I will complain in the bitterness of my soul.

12 Am I the sea, or a sea monster,
that you set a guard over me?

13 When I say, 'My bed will comfort me,
my couch will ease my complaint,'

14 then you scare me with dreams
and terrify me with visions,

15 so that I would choose strangling
and death rather than my bones.

16 I loathe my life; I would not live forever.
Leave me alone, for my days are a breath.

17 What is man, that you make so much of him,
and that you set your heart on him,

18 visit him every morning
and test him every moment?

19 Warum blickst du nicht einmal von mir weg und lässt mir keinen Atemzug Ruhe?

20 Hab ich gesündigt, was tue ich dir damit an, du Menschenhüter? Warum machst du mich zum Ziel deiner Anläufe, dass ich mir selbst eine Last bin?

21 Und warum vergibst du mir meine Sünde nicht oder lässt meine Schuld hingehen? Denn nun werde ich mich in die Erde legen, und wenn du mich suchst, werde ich nicht mehr da sein.

Bildads erste Rede

8 Da hob Bildad von Schuach an und sprach:

¶ 2 Wie lange willst du so reden und sollen die Reden deines Mundes so ungestüm daherfahren?

3 Meinst du, dass Gott unrecht richtet oder der Allmächtige das Recht verkehrt?

4 Haben deine Söhne vor ihm gesündigt, so hat er sie verstoßen um ihrer Sünde willen.

5 Wenn du aber dich beizeiten zu Gott wendest und zu dem Allmächtigen flehst,

6 wenn du rein und fromm bist, so wird er deinetwegen aufwachen und wird wieder aufrichten deine Wohnung, wie es dir zusteht.

7 Und was du zuerst wenig gehabt hast, wird hernach sehr zunehmen.

¶ 8 Denn frage die früheren Geschlechter und merke auf das, was ihre Väter erforscht haben,

9 denn wir sind von gestern her und wissen nichts; unsere Tage sind ein Schatten auf Erden.

10 Sie werden dich's lehren und dir sagen und ihre Rede aus ihrem Herzen hervorbringen:

11 »Kann auch Rohr aufwachsen, wo es nicht feucht ist, oder Schilf wachsen ohne Wasser?

12 Noch steht's in Blüte, bevor man es schneidet, da verdorrt es schon vor allem Gras.

---

19 How long will you not look away from me,
   nor leave me alone till I swallow my spit?

20 If I sin, what do I do to you, you watcher of mankind?
   Why have you made me your mark?
   Why have I become a burden to you?

21 Why do you not pardon my transgression
   and take away my iniquity?
   For now I shall lie in the earth;
   you will seek me, but I shall not be."

Bildad Speaks: Job Should Repent

8 Then Bildad the Shuhite answered and said:

2 "How long will you say these things,
   and the words of your mouth be a great wind?

3 Does God pervert justice?
   Or does the Almighty pervert the right?

4 If your children have sinned against him,
   he has delivered them into the hand of their transgression.

5 If you will seek God
   and plead with the Almighty for mercy,

6 if you are pure and upright,
   surely then he will rouse himself for you
   and restore your rightful habitation.

7 And though your beginning was small,
   your latter days will be very great.

8 "For inquire, please, of bygone ages,
   and consider what the fathers have searched out.

9 For we are but of yesterday and know nothing,
   for our days on earth are a shadow.

10 Will they not teach you and tell you
   and utter words out of their understanding?

11 "Can papyrus grow where there is no marsh?
   Can reeds flourish where there is no water?

12 While yet in flower and not cut down,
   they wither before any other plant.

13 So geht es jedem, der Gott vergisst, und die Hoffnung des Ruchlosen wird verloren sein.
14 Denn seine Zuversicht vergeht, und seine Hoffnung ist ein Spinnweb.
15 Er verlässt sich auf sein Haus, aber es hält nicht stand; er hält sich daran, aber es bleibt nicht stehen.

16 Er steht voll Saft im Sonnenschein, und seine Reiser wachsen hinaus über seinen Garten.
17 Über Steinhaufen schlingen sich seine Wurzeln und halten sich zwischen Steinen fest.
18 Wenn man ihn aber vertilgt von seiner Stätte, so wird sie ihn verleugnen, als kennte sie ihn nicht.
19 Siehe, das ist das Glück seines Lebens, und aus dem Staube werden andre wachsen.«

¶ **20** Siehe, Gott verwirft die Frommen nicht und hält die Hand der Boshaften nicht fest,

21 bis er deinen Mund voll Lachens mache und deine Lippen voll Jauchzens.

22 Die dich aber hassen, müssen sich in Schmach kleiden, und die Hütte der Gottlosen wird nicht bestehen.

Hiobs erste Antwort an Bildad

9 Hiob antwortete und sprach:

¶ **2** Ja, ich weiß sehr gut, dass es so ist und dass ein Mensch nicht recht behalten kann gegen Gott.

3 Hat er Lust, mit ihm zu streiten, so kann er ihm auf tausend nicht **eins** antworten.

4 Gott ist weise und mächtig; wem ist's je gelungen, der sich gegen ihn gestellt hat?

¶ **5** Er versetzt Berge, ehe sie es innewerden; er kehrt sie um in seinem Zorn.

6 Er bewegt die Erde von ihrem Ort, dass ihre Pfeiler zittern.

7 Er spricht zur Sonne, so geht sie nicht auf, und versiegelt die Sterne.

8 Er allein breitet den Himmel aus und geht auf den Wogen des Meers.

13 Such are the paths of all who forget God; the hope of the godless shall perish.
14 His confidence is severed, and his trust is a spider's web.[1]
15 He leans against his house, but it does not stand; he lays hold of it, but it does not endure.

16 He is a lush plant before the sun, and his shoots spread over his garden.
17 His roots entwine the stone heap; he looks upon a house of stones.
18 If he is destroyed from his place, then it will deny him, saying, 'I have never seen you.'
19 Behold, this is the joy of his way, and out of the soil others will spring.

20 "Behold, God will not reject a blameless man, nor take the hand of evildoers.
21 He will yet fill your mouth with laughter, and your lips with shouting.
22 Those who hate you will be clothed with shame, and the tent of the wicked will be no more."

Job Replies: There Is No Arbiter

9 Then Job answered and said:

2 "Truly I know that it is so: But how can a man be in the right before God?
3 If one wished to contend with him, one could not answer him once in a thousand times.
4 He is wise in heart and mighty in strength
—who has hardened himself against him, and succeeded?—
5 he who removes mountains, and they know it not, when he overturns them in his anger,
6 who shakes the earth out of its place, and its pillars tremble;
7 who commands the sun, and it does not rise; who seals up the stars;
8 who alone stretched out the heavens and trampled the waves of the sea;

9 Er macht den Wagen am Himmel und den Orion und das Siebengestirn und die Sterne des Südens.

10 Er tut große Dinge, die nicht zu erforschen, und Wunder, die nicht zu zählen sind.

¶ **11** Siehe, er geht an mir vorüber, ohne dass ich's gewahr werde, und wandelt vorbei, ohne dass ich's merke.

12 Siehe, wenn er wegrafft, wer will ihm wehren? Wer will zu ihm sagen: Was machst du?

13 Gott wehrt seinem Zorn nicht; unter ihn mussten sich beugen die Helfer Rahabs*.

14 Wie sollte dann ich ihm antworten und Worte finden vor ihm?

15 Wenn ich auch recht habe, so kann ich ihm doch nicht antworten, sondern ich müsste um mein Recht flehen.

¶ **16** Wenn ich ihn auch anrufe, dass er mir antwortet, so glaube ich nicht, dass er meine Stimme hört,

17 vielmehr greift er nach mir im Wettersturm und schlägt mir viele Wunden ohne Grund.

18 Er lässt mich nicht Atem schöpfen, sondern sättigt mich mit Bitternis.

19 Geht es um Macht und Gewalt: Er hat sie. Geht es um Recht: Wer will ihn vorladen?

20 Wäre ich gerecht, so müsste mich doch mein Mund verdammen; wäre ich unschuldig, so würde er mich doch schuldig sprechen.

¶ **21** Ich bin unschuldig! Ich möchte nicht mehr leben; ich verachte mein Leben.

22 Es ist eins, darum sage ich: Er bringt den Frommen um wie den Gottlosen.

23 Wenn seine Geißel plötzlich tötet, so spottet er über die Verzweiflung der Unschuldigen.

24 Er hat die Erde unter gottlose Hände gegeben, und das Antlitz ihrer Richter verhüllt er. Wenn nicht er, wer anders sollte es tun?

¶ **25** Meine Tage sind schneller gewesen als ein Läufer; sie sind dahingeflohen und haben nichts Gutes erlebt.

9 who made the Bear and Orion,
    the Pleiades and the chambers of the south;
10 who does great things beyond searching out,
    and marvelous things beyond number.
11 Behold, he passes by me, and I see him not;
    he moves on, but I do not perceive him.
12 Behold, he snatches away; who can turn him back?
    Who will say to him, 'What are you doing?'
13 "God will not turn back his anger;
    beneath him bowed the helpers of Rahab.
14 How then can I answer him,
    choosing my words with him?
15 Though I am in the right, I cannot answer him;
    I must appeal for mercy to my accuser.[1]
16 If I summoned him and he answered me,
    I would not believe that he was listening to my voice.
17 For he crushes me with a tempest
    and multiplies my wounds without cause;
18 he will not let me get my breath,
    but fills me with bitterness.
19 If it is a contest of strength, behold, he is mighty!
    If it is a matter of justice, who can summon him?[2]
20 Though I am in the right, my own mouth would condemn me;
    though I am blameless, he would prove me perverse.
21 I am blameless; I regard not myself;
    I loathe my life.
22 It is all one; therefore I say,
    He destroys both the blameless and the wicked.
23 When disaster brings sudden death,
    he mocks at the calamity[3] of the innocent.
24 The earth is given into the hand of the wicked;
    he covers the faces of its judges—
    if it is not he, who then is it?
25 "My days are swifter than a runner;
    they flee away; they see no good.

26 Sie sind dahingefahren wie schnelle Schiffe, wie ein Adler herabstößt auf die Beute.

27 Wenn ich denke: Ich will meine Klage vergessen und mein Angesicht ändern und heiter bleiben,

28 so fürchte ich doch wieder alle meine Schmerzen, weil ich weiß, dass du mich nicht unschuldig sprechen wirst.

29 Ich soll ja doch schuldig sein! Warum mühe ich mich denn so vergeblich?

30 Wenn ich mich auch mit Schneewasser wüsche und reinigte meine Hände mit Lauge,

31 so wirst du mich doch eintauchen in die Grube, dass sich meine Kleider vor mir ekeln.

¶ **32** Denn er ist nicht ein Mensch wie ich, dem ich antworten könnte, dass wir miteinander vor Gericht gingen.

33 Dass es doch zwischen uns einen Schiedsmann gäbe, der seine Hand auf uns beide legte!

34 Dass er seine Rute von mir nehme und mich nicht mehr ängstige!

35 So wollte ich reden und mich nicht vor ihm fürchten, denn ich bin mir keiner Schuld bewusst.

10 Mich ekelt mein Leben an. Ich will meiner Klage ihren Lauf lassen und reden in der Betrübnis meiner Seele

2 und zu Gott sagen: Verdamme mich nicht! Lass mich wissen, warum du mich vor Gericht ziehst.

3 Gefällt dir's, dass du Gewalt tust und verwirfst mich, den deine Hände gemacht haben, und bringst der Gottlosen Vorhaben zu Ehren?

4 Hast du denn Menschenaugen, oder siehst du, wie ein Sterblicher sieht?

5 Oder ist deine Zeit wie eines Menschen Zeit oder deine Jahre wie eines Mannes Jahre,

6 dass du nach meiner Schuld fragst und nach meiner Sünde suchst,

7 wo du doch weißt, dass ich nicht schuldig bin und niemand da ist, der aus deiner Hand erretten kann?

¶ **8** Deine Hände haben mich gebildet und bereitet; danach hast du dich abgewandt und willst mich verderben?

9 Bedenke doch, dass du mich aus Erde gemacht hast, und lässt mich wieder zum Staub zurückkehren?

10 Hast du mich nicht wie Milch hingegossen und wie Käse gerinnen lassen?

26 They go by like skiffs of reed, like an eagle swooping on the prey.

27 If I say, 'I will forget my complaint, I will put off my sad face, and be of good cheer,'

28 I become afraid of all my suffering, for I know you will not hold me innocent.

29 I shall be condemned; why then do I labor in vain?

30 If I wash myself with snow and cleanse my hands with lye,

31 yet you will plunge me into a pit, and my own clothes will abhor me.

32 For he is not a man, as I am, that I might answer him, that we should come to trial together.

33 There is no⁴ arbiter between us, who might lay his hand on us both.

34 Let him take his rod away from me, and let not dread of him terrify me.

35 Then I would speak without fear of him, for I am not so in myself.

Job Continues: A Plea to God

10 "I loathe my life; I will give free utterance to my complaint; I will speak in the bitterness of my soul.

2 I will say to God, Do not condemn me; let me know why you contend against me.

3 Does it seem good to you to oppress, to despise the work of your hands and favor the designs of the wicked?

4 Have you eyes of flesh? Do you see as man sees?

5 Are your days as the days of man, or your years as a man's years,

6 that you seek out my iniquity and search for my sin,

7 although you know that I am not guilty, and there is none to deliver out of your hand?

8 Your hands fashioned and made me, and now you have destroyed me altogether.

9 Remember that you have made me like clay; and will you return me to the dust?

10 Did you not pour me out like milk and curdle me like cheese?

11 Du hast mir Haut und Fleisch angezogen; mit Knochen und Sehnen hast du mich zusammengefügt;

12 Leben und Wohltat hast du an mir getan, und deine Obhut hat meinen Odem bewahrt.

13 Aber du verbargst in deinem Herzen – ich weiß, du hattest das im Sinn –,

14 dass du darauf achten wolltest, wenn ich sündigte, und mich von meiner Schuld nicht lossprechen.

15 Wäre ich schuldig, dann wehe mir! Und wäre ich schuldlos, so dürfte ich doch mein Haupt nicht erheben, gesättigt mit Schmach und getränkt mit Elend.

16 Und wenn ich es aufrichtete, so würdest du mich jagen wie ein Löwe und wiederum erschreckend an mir handeln.

17 Du würdest immer neue Zeugen gegen mich stellen und deinen Zorn auf mich noch mehren und immer neue Heerhaufen gegen mich senden.

¶ **18** Warum hast du mich aus meiner Mutter Leib kommen lassen? Ach dass ich umgekommen wäre und mich nie ein Auge gesehen hätte!

19 So wäre ich wie die, die nie gewesen sind, vom Mutterleib weg zum Grabe gebracht.

20 Ist denn mein Leben nicht kurz? So höre auf und lass ab von mir, dass ich ein wenig erquickt werde,

21 ehe denn ich hingehe – und komme nicht zurück – ins Land der Finsternis und des Dunkels,

22 ins Land, wo es stockfinster ist und dunkel ohne alle Ordnung, und wenn's hell wird, so ist es immer noch Finsternis.

Zofars erste Rede

11 Da hob Zofar von Naama an und sprach:

¶ **2** Muss langes Gerede ohne Antwort bleiben? Muss denn ein Schwätzer immer recht haben?

3 Müssen Männer zu deinem leeren Gerede schweigen, dass du spottest und niemand dich beschämt?

4 Du sprichst: »Meine Rede ist rein, und lauter bin ich vor deinen Augen.«

5 Ach, dass Gott mit dir redete und täte seine Lippen auf

11 You clothed me with skin and flesh,
and knit me together with bones and sinews.

12 You have granted me life and steadfast love,
and your care has preserved my spirit.

13 Yet these things you hid in your heart;
I know that this was your purpose.

14 If I sin, you watch me
and do not acquit me of my iniquity.

15 If I am guilty, woe to me!
If I am in the right, I cannot lift up my head,
for I am filled with disgrace
and look on my affliction.

16 And were my head lifted up,[1] you would hunt me like a lion
and again work wonders against me.

17 You renew your witnesses against me
and increase your vexation toward me;
you bring fresh troops against me.

18 "Why did you bring me out from the womb?
Would that I had died before any eye had seen me

19 and were as though I had not been,
carried from the womb to the grave.

20 Are not my days few?
Then cease, and leave me alone, that I may find a little cheer

21 before I go—and I shall not return—
to the land of darkness and deep shadow,

22 the land of gloom like thick darkness,
like deep shadow without any order,
where light is as thick darkness."

Zophar Speaks: You Deserve Worse

11 Then Zophar the Naamathite answered and said:

2 "Should a multitude of words go unanswered,
and a man full of talk be judged right?

3 Should your babble silence men,
and when you mock, shall no one shame you?

4 For you say, 'My doctrine is pure,
and I am clean in God's[1] eyes.'

5 But oh, that God would speak
and open his lips to you,

6 und zeigte dir die Tiefen der Weisheit – denn sie ist zu wunderbar für jede Erkenntnis –, damit du weißt, dass er noch nicht an alle deine Sünden denkt.

¶ **7** Meinst du, dass du weißt, was Gott weiß, oder kannst du alles so vollkommen treffen wie der Allmächtige?

8 Die Weisheit ist höher als der Himmel: was willst du tun?, tiefer als die Hölle: was kannst du wissen?,

9 länger als die Erde und breiter als das Meer:

10 wenn er daherfährt und gefangen legt und Gericht hält – wer will's ihm wehren?

11 Denn er kennt die heillosen Leute; er sieht den Frevel und sollte es nicht merken?

¶ **12** Kann ein Hohlkopf verständig werden, kann ein junger Wildesel als Mensch zur Welt kommen?

13 Wenn aber du dein Herz auf ihn richtest und deine Hände zu ihm ausbreitest,

14 wenn du den Frevel in deiner Hand von dir wegtust, dass in deiner Hütte kein Unrecht bliebe:

15 so könntest du dein Antlitz aufheben ohne Tadel und würdest fest sein und dich nicht fürchten.

16 Dann würdest du alle Mühsal vergessen und so wenig daran denken wie an Wasser, das verrinnt,

17 und dein Leben würde aufgehen wie der Mittag, und das Finstre würde ein lichter Morgen werden,

18 und du dürftest dich trösten, dass Hoffnung da ist, würdest rings um dich blicken und dich in Sicherheit schlafen legen,

19 würdest ruhen und niemand würde dich aufschrecken, und viele würden deine Gunst erbitten.

20 Aber die Augen der Gottlosen werden verschmachten, und sie werden nicht entrinnen können, und als ihre Hoffnung bleibt, die Seele auszuhauchen.

6 and that he would tell you the secrets of wisdom!
For he is manifold in understanding.[2]
Know then that God exacts of you less than your guilt deserves.

7 "Can you find out the deep things of God?
Can you find out the limit of the Almighty?

8 It is higher than heaven[3]—what can you do?
Deeper than Sheol—what can you know?

9 Its measure is longer than the earth and broader than the sea.

10 If he passes through and imprisons and summons the court, who can turn him back?

11 For he knows worthless men;
when he sees iniquity, will he not consider it?

12 But a stupid man will get understanding when a wild donkey's colt is born a man!

13 "If you prepare your heart,
you will stretch out your hands toward him.

14 If iniquity is in your hand, put it far away,
and let not injustice dwell in your tents.

15 Surely then you will lift up your face without blemish;
you will be secure and will not fear.

16 You will forget your misery;
you will remember it as waters that have passed away.

17 And your life will be brighter than the noonday;
its darkness will be like the morning.

18 And you will feel secure, because there is hope;
you will look around and take your rest in security.

19 You will lie down, and none will make you afraid;
many will court your favor.

20 But the eyes of the wicked will fail;
all way of escape will be lost to them,
and their hope is to breathe their last."

12

Hiobs erste Antwort an Zofar

12
Da antwortete Hiob und sprach:

¶ **2** Ja, ihr seid die Leute, mit euch wird die Weisheit sterben!

3 Ich hab ebenso Verstand wie ihr und bin nicht geringer als ihr; wer wüsste das nicht?

4 Ich muss von meinem Nächsten verlacht sein, der ich Gott anrief und den er erhörte. Der Gerechte und Fromme muss verlacht sein.

5 Dem Unglück gebührt Verachtung, so meint der Sichere; ein Stoß denen, deren Fuß schon wankt!

6 Die Hütten der Verwüster stehen ganz sicher, und Ruhe haben, die wider Gott toben, die Gott in ihrer Faust führen.

¶ **7** Frage doch das Vieh, das wird dich's lehren, und die Vögel unter dem Himmel, die werden dir's sagen,

8 oder die Sträucher der Erde, die werden dich's lehren, und die Fische im Meer werden dir's erzählen.

9 Wer erkennte nicht an dem allen, dass des HERRN Hand das gemacht hat,

10 dass in seiner Hand ist die Seele von allem, was lebt, und der Lebensodem aller Menschen?

11 Prüft nicht das Ohr die Rede, wie der Mund die Speise schmeckt?

12 Bei den Großvätern nur soll Weisheit sein und Verstand nur bei den Alten?

¶ **13** Bei Gott ist Weisheit und Gewalt, sein ist Rat und Verstand.

14 Siehe, wenn er zerbricht, so hilft kein Bauen; wenn er jemand einschließt, kann niemand aufmachen.

15 Siehe, wenn er das Wasser zurückhält, so wird alles dürr, und wenn er's loslässt, so wühlt es das Land um.

16 Bei ihm ist Kraft und Einsicht. Sein ist, der da irrt und der irreführt.

17 Er führt die Ratsherren gefangen und macht die Richter zu Toren.

18 Er macht frei von den Banden der Könige und umgürtet ihre Lenden mit einem Gurt.

Job Replies: The LORD Has Done This

12
Then Job answered and said:

2 "No doubt you are the people,
and wisdom will die with you.

3 But I have understanding as well as you;
I am not inferior to you.
Who does not know such things as these?

4 I am a laughingstock to my friends;
I, who called to God and he answered me,
a just and blameless man, am a laughingstock.

5 In the thought of one who is at ease
there is contempt for misfortune;
it is ready for those whose feet slip.

6 The tents of robbers are at peace,
and those who provoke God are secure,
who bring their god in their hand.[1]

7 "But ask the beasts, and they will teach you;
the birds of the heavens, and they will tell you;

8 or the bushes of the earth,[2] and they will teach you;
and the fish of the sea will declare to you.

9 Who among all these does not know
that the hand of the LORD has done this?

10 In his hand is the life of every living thing
and the breath of all mankind.

11 Does not the ear test words
as the palate tastes food?

12 Wisdom is with the aged,
and understanding in length of days.

13 "With God[3] are wisdom and might;
he has counsel and understanding.

14 If he tears down, none can rebuild;
if he shuts a man in, none can open.

15 If he withholds the waters, they dry up;
if he sends them out, they overwhelm the land.

16 With him are strength and sound wisdom;
the deceived and the deceiver are his.

17 He leads counselors away stripped,
and judges he makes fools.

18 He looses the bonds of kings
and binds a waistcloth on their hips.

19 Er führt die Priester barfuß davon und bringt zu Fall die alten Geschlechter.

20 Er entzieht die Sprache den Verlässlichen und nimmt weg den Verstand der Alten.

21 Er schüttet Verachtung auf die Fürsten und zieht den Gewaltigen die Rüstung aus.

22 Er öffnet die finstern Schluchten und bringt heraus das Dunkel ans Licht.

23 Er macht Völker groß und bringt sie wieder um; er breitet ein Volk aus und treibt's wieder weg.

24 Er nimmt den Häuptern des Volks im Lande den Mut und führt sie irre, wo kein Weg ist,

25 dass sie in der Finsternis tappen ohne Licht, und macht sie irre wie die Trunkenen.

13 Siehe, das hat alles mein Auge gesehen und mein Ohr gehört, und ich hab's verstanden.

2 Was ihr wisst, das weiß ich auch, und ich bin nicht geringer als ihr.

3 Doch ich wollte gern zu dem Allmächtigen reden und wollte rechten mit Gott.

4 Aber ihr seid Lügentüncher und seid alle unnütze Ärzte.

5 Wollte Gott, dass ihr geschwiegen hättet, so wäret ihr weise geblieben.

¶ **6** Hört doch, wie ich mich verantworte, und merkt auf die Streitsache, von der ich rede!

7 Wollt ihr Gott verteidigen mit Unrecht und Trug für ihn reden?

8 Wollt ihr für ihn Partei nehmen? Wollt ihr Gottes Sache vertreten?

9 Wird's euch auch wohlgehen, wenn er euch verhören wird? Meint ihr, dass ihr ihn täuschen werdet, wie man einen Menschen täuscht?

10 Er wird euch hart zurechtweisen, wenn ihr heimlich Partei ergreift.

11 Werdet ihr euch nicht entsetzen, wenn er sich erhebt, und wird sein Schrecken nicht über euch fallen?

12 Was ihr zu bedenken gebt, sind Sprüche aus Asche; eure Bollwerke werden zu Lehmhaufen.

13 Schweigt still und lasst mich reden; es komme über mich, was da will.

19 He leads priests away stripped and overthrows the mighty.

20 He deprives of speech those who are trusted and takes away the discernment of the elders.

21 He pours contempt on princes and loosens the belt of the strong.

22 He uncovers the deeps out of darkness and brings deep darkness to light.

23 He makes nations great, and he destroys them; he enlarges nations, and leads them away.

24 He takes away understanding from the chiefs of the people of the earth and makes them wander in a pathless waste.

25 They grope in the dark without light, and he makes them stagger like a drunken man.

Job Continues: Still I Will Hope in God

13 "Behold, my eye has seen all this, my ear has heard and understood it.

2 What you know, I also know; I am not inferior to you.

3 But I would speak to the Almighty, and I desire to argue my case with God.

4 As for you, you whitewash with lies; worthless physicians are you all.

5 Oh that you would keep silent, and it would be your wisdom!

6 Hear now my argument and listen to the pleadings of my lips.

7 Will you speak falsely for God and speak ᶦdeceitfully for him?

8 Will you show partiality toward him? Will you plead the case for God?

9 Will it be well with you when he searches you out? Or can you deceive him, as one deceives a man?

10 He will surely rebuke you if in secret you show partiality.

11 Will not his majesty terrify you, and the dread of him fall upon you?

12 Your maxims are proverbs of ashes; your defenses are defenses of clay.

13 "Let me have silence, and I will speak, and let come on me what may.

¶ **14** Was soll ich mein Fleisch mit meinen Zähnen festhalten und mein Leben aufs Spiel setzen?

15 Siehe, er wird mich doch umbringen, und ich habe nichts zu hoffen; doch will ich meine Wege vor ihm verantworten.

16 Auch das muss mir zum Heil sein; denn es kommt kein Ruchloser vor ihn.

¶ **17** Hört meine Rede und was ich darlege mit euren Ohren!

18 Siehe, ich bin zum Rechtsstreit gerüstet; ich weiß, dass ich recht behalten werde.

19 Wer ist, der mit mir rechten könnte? Denn dann wollte ich schweigen und zugrunde gehen.

20 Nur zweierlei tu mir nicht, so will ich mich vor dir nicht verbergen:

21 Lass deine Hand fern von mir sein, und dein Schrecken erschrecke mich nicht;

22 dann rufe, ich will dir antworten, oder ich will reden, dann antworte du mir!

¶ **23** Wie groß ist meine Schuld und Sünde? Lass mich wissen meine Übertretung und Sünde.

24 Warum verbirgst du dein Antlitz und hältst mich für deinen Feind?

25 Willst du ein verwehendes Blatt schrecken und einen dürren Halm verfolgen,

26 dass du so Bitteres über mich verhängst und über mich bringst die Sünden meiner Jugend?

27 Du hast meinen Fuß in den Block gelegt und hast acht auf alle meine Pfade und siehst auf die Fußtapfen meiner Füße,

28 der ich doch wie Moder vergehe und wie ein Kleid, das die Motten fressen.

14 Der Mensch, vom Weibe geboren, lebt kurze Zeit und ist voll Unruhe,

2 geht auf wie eine Blume und fällt ab, flieht wie ein Schatten und bleibt nicht.

3 Doch du tust deine Augen über einen solchen auf, dass du mich vor dir ins Gericht ziehst.

4 Kann wohl ein Reiner kommen von Unreinen? Auch nicht einer!

14 Why should I take my flesh in my teeth
and put my life in my hand?

15 Though he slay me, I will hope in him;[1]
yet I will argue my ways to his face.

16 This will be my salvation,
that the godless shall not come before him.

17 Keep listening to my words,
and let my declaration be in your ears.

18 Behold, I have prepared my case;
I know that I shall be in the right.

19 Who is there who will contend with me?
For then I would be silent and die.

20 Only grant me two things,
then I will not hide myself from your face:

21 withdraw your hand far from me,
and let not dread of you terrify me.

22 Then call, and I will answer;
or let me speak, and you reply to me.

23 How many are my iniquities and my sins?
Make me know my transgression and my sin.

24 Why do you hide your face
and count me as your enemy?

25 Will you frighten a driven leaf
and pursue dry chaff?

26 For you write bitter things against me
and make me inherit the iniquities of my youth.

27 You put my feet in the stocks
and watch all my paths;
you set a limit for[2] the soles of my feet.

28 Man[3] wastes away like a rotten thing,
like a garment that is moth-eaten.

Job Continues: Death Comes Soon to All

14 "Man who is born of a woman
is few of days and full of trouble.

2 He comes out like a flower and withers;
he flees like a shadow and continues not.

3 And do you open your eyes on such a one
and bring me into judgment with you?

4 Who can bring a clean thing out of an unclean?
There is not one.

5 Sind seine Tage bestimmt, steht die Zahl seiner Monde bei dir und hast du ein Ziel gesetzt, das er nicht überschreiten kann:

6 so blicke doch weg von ihm, damit er Ruhe hat, bis sein Tag kommt, auf den er sich wie ein Tagelöhner freut.

¶ **7** Denn ein Baum hat Hoffnung, auch wenn er abgehauen ist; er kann wieder ausschlagen, und seine Schösslinge bleiben nicht aus.

8 Ob seine Wurzel in der Erde alt wird und sein Stumpf im Boden erstirbt,

9 so grünt er doch wieder vom Geruch des Wassers und treibt Zweige wie eine junge Pflanze.

10 Stirbt aber ein Mann, so ist er dahin; kommt ein Mensch um – wo ist er?

11 Wie Wasser ausläuft aus dem See, und wie ein Strom versiegt und vertrocknet,

12 so ist ein Mensch, wenn er sich niederlegt, er wird nicht wieder aufstehen; er wird nicht aufwachen, solange der Himmel bleibt, noch von seinem Schlaf erweckt werden.

¶ **13** Ach dass du mich im Totenreich verwahren und verbergen wolltest, bis dein Zorn sich legt, und mir ein Ziel setzen und dann an mich denken wolltest!

14 Meinst du, ein toter Mensch wird wieder leben? Alle Tage meines Dienstes wollte ich harren, bis meine Ablösung kommt.

15 Du würdest rufen und ich dir antworten; es würde dich verlangen nach dem Werk deiner Hände.

16 Dann würdest du meine Schritte zählen, aber hättest doch nicht acht auf meine Sünden.

17 Du würdest meine Übertretung in ein Bündlein versiegeln und meine Schuld übertünchen.

¶ **18** Ein Berg kann zerfallen und vergehen und ein Fels von seiner Stätte weichen,

19 Wasser wäscht Steine weg, und seine Fluten schwemmen die Erde weg: so machst du die Hoffnung des Menschen zunichte.

5 Since his days are determined,
  and the number of his months is with you,
  and you have appointed his limits that he cannot pass,
6 look away from him and leave him alone,[1]
  that he may enjoy, like a hired hand, his day.

7 "For there is hope for a tree,
  if it be cut down, that it will sprout again,
  and that its shoots will not cease.
8 Though its root grow old in the earth,
  and its stump die in the soil,
9 yet at the scent of water it will bud
  and put out branches like a young plant.
10 But a man dies and is laid low;
  man breathes his last, and where is he?
11 As waters fail from a lake
  and a river wastes away and dries up,
12 so a man lies down and rises not again;
  till the heavens are no more he will not awake
  or be roused out of his sleep.
13 Oh that you would hide me in Sheol,
  that you would ᵈconceal me until your wrath be past,
  that you would appoint me a set time, and remember me!
14 If a man dies, shall he live again?
  All the days of my service I would wait,
  till my renewal[2] should come.
15 You would call, and I would answer you;
  you would long for the work of your hands.
16 For then you would number my steps;
  you would not keep watch over my sin;
17 my transgression would be sealed up in a bag,
  and you would cover over my iniquity.
18 "But the mountain falls and crumbles away,
  and the rock is removed from its place;
19 the waters wear away the stones;
  the torrents wash away the soil of the earth;
  so you destroy the hope of man.

20 Du überwältigst ihn für immer, dass er davonmuss, entstellst sein Antlitz und lässt ihn dahinfahren.

21 Sind seine Kinder in Ehren, das weiß er nicht, oder ob sie verachtet sind, das wird er nicht gewahr.

22 Nur sein eigenes Fleisch macht ihm Schmerzen, und nur um ihn selbst trauert seine Seele.

Des Elifas zweite Rede

15 Da antwortete Elifas von Teman und sprach:

¶ **2** Soll ein weiser Mann so aufgeblasene Worte reden und seinen Bauch so blähen mit leeren Reden?

3 Du verantwortest dich mit Worten, die nichts taugen, und dein Reden ist nichts nütze.

4 Du selbst zerstörst die Gottesfurcht und raubst dir die Andacht vor Gott.

5 Denn deine Schuld lehrt deinen Mund, und du hast erwählt eine listige Zunge.

6 Dein Mund verdammt dich und nicht ich, deine Lippen zeugen gegen dich.

¶ **7** Bist du als der erste Mensch geboren? Kamst du vor den Hügeln zur Welt?

8 Hast du im heimlichen Rat Gottes zugehört und die Weisheit an dich gerissen?

9 Was weißt du, das wir nicht wissen? Was verstehst du, das uns nicht bekannt ist?

10 Es sind Ergraute und Alte unter uns, die länger gelebt haben als dein Vater.

¶ **11** Gelten Gottes Tröstungen so gering bei dir und ein Wort, das sanft mit dir verfuhr?

12 Was reißt dein Herz dich fort? Was funkeln deine Augen,

13 dass sich dein Mut wider Gott richtet und du solche Reden aus deinem Munde lässt?

14 Was ist der Mensch, dass er rein sein sollte, und dass der gerecht sein sollte, der vom Weibe geboren ist?

---

20 You prevail forever against him, and he passes;
      you change his countenance, and send him away.

21 His sons come to honor, and he does not know it;
      they are brought low, and he perceives it not.

22 He feels only the pain of his own body, and he mourns only for himself."

Eliphaz Accuses: Job Does Not Fear God

15 Then Eliphaz the Temanite answered and said:

2 "Should a wise man answer with windy knowledge,
      and fill his belly with the east wind?

3 Should he argue in unprofitable talk,
      or in words with which he can do no good?

4 But you are doing away with the fear of God[1]
      and hindering meditation before God.

5 For your iniquity teaches your mouth,
      and you choose the tongue of the crafty.

6 Your own mouth condemns you, and not I;
      your own lips testify against you.

7 "Are you the first man who was born?
      Or were you brought forth before the hills?

8 Have you listened in the council of God?
      And do you limit wisdom to yourself?

9 What do you know that we do not know?
      What do you understand that is not clear to us?

10 Both the gray-haired and the aged are among us,
      older than your father.

11 Are the comforts of God too small for you,
      or the word that deals gently with you?

12 Why does your heart carry you away,
      and why do your eyes flash,

13 that you turn your spirit against God
      and bring such words out of your mouth?

14 What is man, that he can be pure?
      Or he who is born of a woman, that he can be righteous?

15 Siehe, seinen Heiligen traut Gott nicht, und selbst die Himmel sind nicht rein vor ihm.

16 Wie viel weniger der Mensch, der gräulich und verderbt ist, der Unrecht säuft wie Wasser!

¶ **17** Ich will dir's zeigen, höre mir zu, und ich will dir erzählen, was ich gesehen habe,

18 was die Weisen gesagt und ihre Väter ihnen nicht verborgen haben,

19 denen allein das Land gegeben war, sodass kein Fremder unter ihnen umherzog:

20 Der Gottlose bebt sein Leben lang, und dem Tyrannen ist die Zahl seiner Jahre verborgen.

21 Stimmen des Schreckens hört sein Ohr, und mitten im Frieden kommt der Verderber über ihn.

22 Er glaubt nicht, dass er dem Dunkel entrinnen könne, und fürchtet immer das Schwert.

23 Er zieht hin und her nach Brot und weiß, dass ihm der Tag der Finsternis bereitet ist.

24 Angst und Not schrecken ihn und schlagen ihn nieder wie ein König, der angreift.

25 Denn er hat seine Hand gegen Gott ausgereckt und dem Allmächtigen getrotzt.

26 Er läuft mit dem Kopf gegen ihn an und ficht halsstarrig wider ihn.

27 Er brüstet sich wie ein fetter Wanst und macht sich feist und dick.

28 Er wohnt in zerstörten Städten, in Häusern, wo man nicht bleiben soll, die zu Steinhaufen bestimmt sind.

¶ **29** Doch wird er nicht reich bleiben, und sein Gut wird nicht bestehen, und sein Besitz wird sich nicht ausbreiten im Lande.

30 Er wird der Finsternis nicht entrinnen. Die Flamme wird seine Zweige verdorren, und Gott wird ihn durch den Hauch seines Mundes wegraffen.

31 Er traue nicht auf Trug, sonst wird er betrogen sein, und Trug wird sein Lohn werden.

32 Er wird ihm voll ausgezahlt werden noch vor der Zeit, und sein Zweig wird nicht mehr grünen.

15 Behold, God[2] puts no trust in his holy ones,
    and the heavens are not pure in his sight;

16 how much less one who is abominable and corrupt,
    a man who drinks injustice like water!

17 "I will show you; hear me,
    and what I have seen I will declare

18 (what wise men have told,
    without hiding it from their fathers,

19 to whom alone the land was given,
    and no stranger passed among them).

20 The wicked man writhes in pain all his days,
    through all the years that are laid up for the ruthless.

21 Dreadful sounds are in his ears;
    in prosperity the destroyer will come upon him.

22 He does not believe that he will return out of darkness,
    and he is marked for the sword.

23 He wanders abroad for bread, saying, 'Where is it?'
    He knows that a day of darkness is ready at his hand;

24 distress and anguish terrify him;
    they prevail against him, like a king ready for battle.

25 Because he has stretched out his hand against God
    and defies the Almighty,

26 running stubbornly against him
    with a thickly bossed shield;

27 because he has covered his face with his fat
    and gathered fat upon his waist

28 and has lived in desolate cities,
    in houses that none should inhabit,
    which were ready to become heaps of ruins;

29 he will not be rich, and his wealth will not endure,
    nor will his possessions spread over the earth;[3]

30 he will not depart from darkness;
    the flame will dry up his shoots,
    and by the breath of his mouth he will depart.

31 Let him not trust in emptiness, deceiving himself,
    for emptiness will be his payment.

32 It will be paid in full before his time,
    and his branch will not be green.

33 Er gleicht dem Weinstock, der die Trauben unreif abstößt, und dem Ölbaum, der seine Blüte abwirft.

34 Denn die Rotte der Ruchlosen wird unfruchtbar bleiben, und das Feuer wird die Hütten der Bestechlichen fressen.

35 Sie gehen schwanger mit Mühsal und gebären Unglück, und ihr Schoß bringt Trug zur Welt.

Hiobs zweite Antwort an Elifas

16 Hiob antwortete und sprach:

¶ **2** Ich habe das schon oft gehört. Ihr seid allzumal leidige Tröster!

3 Wollen die leeren Worte kein Ende haben? Oder was reizt dich, so zu reden?

4 Auch ich könnte wohl reden wie ihr, wärt ihr an meiner Stelle. Auch ich könnte Worte gegen euch zusammenbringen und mein Haupt über euch schütteln.

5 Ich würde euch stärken mit dem Munde und mit meinen Lippen trösten.

6 Aber wenn ich schon redete, so würde mich mein Schmerz nicht verschonen; hörte ich auf zu reden, so bliebe er dennoch bei mir.

¶ **7** Nun aber hat Er mich müde gemacht und alles verstört, was um mich ist.

8 Er hat mich runzlig gemacht, das zeugt wider mich, und mein Siechtum steht wider mich auf und verklagt mich ins Angesicht.

9 Sein Grimm hat mich zerrissen, und er war mir feind; er knirschte mit den Zähnen gegen mich; mein Widersacher funkelt mich mit seinen Augen an.

10 Sie haben ihren Mund aufgesperrt wider mich und haben mich schmählich auf meine Backen geschlagen. Sie haben ihren Mut miteinander an mir gekühlt.

11 Gott hat mich übergeben dem Ungerechten und hat mich in die Hände der Gottlosen kommen lassen.

12 Ich war in Frieden, aber er hat mich zunichtegemacht; er hat mich beim Genick genommen und zerschmettert. Er hat mich als seine Zielscheibe aufgerichtet;

33 He will shake off his unripe grape like the vine,
  and cast off his blossom like the olive tree.

34 For the company of the godless is barren,
  and fire consumes the tents of bribery.

35 They conceive trouble and give birth to evil,
  and their womb prepares deceit."

Job Replies: Miserable Comforters Are You

16 Then Job answered and said:

2 "I have heard many such things;
  miserable comforters are you all.

3 Shall windy words have an end?
  Or what provokes you that you answer?

4 I also could speak as you do,
  if you were in my place;
  I could join words together against you
  and shake my head at you.

5 I could strengthen you with my mouth,
  and the solace of my lips would assuage your pain.

6 "If I speak, my pain is not assuaged,
  and if I forbear, how much of it leaves me?

7 Surely now God has worn me out;
  he has[1] made desolate all my company.

8 And he has shriveled me up,
  which is a witness against me,
  and my leanness has risen up against me;
  it testifies to my face.

9 He has torn me in his wrath and hated me;
  he has gnashed his teeth at me;
  my adversary sharpens his eyes against me.

10 Men have gaped at me with their mouth;
  they have struck me insolently on the cheek;
  they mass themselves together against me.

11 God gives me up to the ungodly
  and casts me into the hands of the wicked.

12 I was at ease, and he broke me apart;
  he seized me by the neck and dashed me to pieces;
  he set me up as his target;

13 seine Pfeile schwirren um mich her. Er hat meine Nieren durchbohrt und nicht verschont; er hat meine Galle auf die Erde geschüttet.

14 Er schlägt in mich eine Bresche nach der andern; er läuft gegen mich an wie ein Kriegsmann.

15 Ich habe einen Sack um meinen Leib gelegt und mein Haupt in den Staub gebeugt.

16 Mein Antlitz ist gerötet vom Weinen, auf meinen Wimpern liegt Dunkelheit,

17 obwohl kein Frevel in meiner Hand und mein Gebet rein ist.

¶ **18** Ach Erde, bedecke mein Blut nicht, und mein Schreien finde keine Ruhestatt!

19 Siehe, auch jetzt noch ist mein Zeuge im Himmel, und mein Fürsprecher ist in der Höhe.

20 Meine Freunde verspotten mich; unter Tränen blickt mein Auge zu Gott auf,

21 dass er Recht verschaffe dem Mann bei Gott, dem Menschen vor seinem Freund.

22 Denn nur wenige Jahre noch und ich gehe den Weg, den ich nicht wiederkommen werde.

17 Mein Geist ist zerbrochen, meine Tage sind ausgelöscht; das Grab ist da.

2 Fürwahr, Gespött umgibt mich, und auf ihrem Hadern muss mein Auge weilen.

3 Sei du selbst mein Bürge bei dir – wer will mich sonst vertreten?

4 Denn du hast ihrem Herzen den Verstand verborgen, darum wirst du ihnen den Sieg nicht geben.

5 Zum Teilen lädt einer Freunde ein, doch die Augen seiner Kinder müssen verschmachten.

¶ **6** Er hat mich zum Sprichwort unter den Leuten gemacht, und ich muss mir ins Angesicht speien lassen.

7 Mein Auge ist dunkel geworden vor Trauern, und alle meine Glieder sind wie ein Schatten.

13 his archers surround me. He slashes open my kidneys and does not spare; he pours out my gall on the ground.

14 He breaks me with breach upon breach; he runs upon me like a warrior.

15 I have sewed sackcloth upon my skin and have laid my strength in the dust.

16 My face is red with weeping, and on my eyelids is deep darkness,

17 although there is no violence in my hands, and my prayer is pure.

18 "O earth, cover not my blood, and let my cry find no resting place.

19 Even now, behold, my witness is in heaven, and he who testifies for me is on high.

20 My friends scorn me; my eye pours out tears to God,

21 that he would argue the case of a man with God, as² a son of man does with his neighbor.

22 For when a few years have come I shall go the way from which I shall not return.

Job Continues: Where Then Is My Hope?

17 "My spirit is broken; my days are extinct; the graveyard is ready for me.

2 Surely there are mockers about me, and my eye dwells on their provocation.

3 "Lay down a pledge for me with yourself; who is there who will put up security for me?

4 Since you have closed their hearts to understanding, therefore you will not let them triumph.

5 He who informs against his friends to get a share of their property— the eyes of his children will fail.

6 "He has made me a byword of the peoples, and I am one before whom men spit.

7 My eye has grown dim from vexation, and all my members are like a shadow.

8 Darüber entsetzen sich die Gerechten, und die Unschuldigen entrüsten sich über die Ruchlosen.

9 Aber der Gerechte hält fest an seinem Weg, und wer reine Hände hat, nimmt an Stärke zu.

¶ **10** Wohlan, kehrt euch alle wieder her und kommt; ich werde dennoch keinen Weisen unter euch finden!

11 Meine Tage sind vergangen; zerrissen sind meine Pläne, die mein Herz besessen haben.

12 Nacht will man mir zum Tag machen: Licht sei näher als Finsternis.

13 Wenn ich auch lange warte, so ist doch bei den Toten mein Haus, und in der Finsternis ist mein Bett gemacht.

14 Das Grab nenne ich meinen Vater und die Würmer meine Mutter und meine Schwester.

15 Worauf soll ich denn hoffen? Und wer sieht noch Hoffnung für mich?

16 Hinunter zu den Toten wird sie fahren, wenn alle miteinander im Staub liegen.

Bildads zweite Rede

18 Da antwortete Bildad von Schuach und sprach:

¶ **2** Wie lange wollt ihr auf Worte Jagd machen? Habt doch Einsicht; danach wollen wir reden!

3 Warum werden wir geachtet wie Vieh und sind so töricht in euren Augen?

4 Willst du vor Zorn bersten? Soll um deinetwillen die Erde veröden und der Fels von seiner Stätte weichen?

¶ **5** Dennoch wird das Licht der Gottlosen verlöschen, und der Funke seines Feuers wird nicht leuchten.

6 Das Licht wird finster werden in seiner Hütte und seine Leuchte über ihm verlöschen.

7 Seine kräftigen Schritte werden kürzer, und sein eigener Plan wird ihn fällen.

8 Ins Garn bringen ihn seine Füße, und über Fanggruben führt sein Weg.

9 Das Netz wird seine Ferse festhalten, und die Schlinge wird ihn fangen.

10 Sein Strick ist versteckt in der Erde und seine Falle auf seinem Weg.

8 The upright are appalled at this, and the innocent stirs himself up against the godless.

9 Yet the righteous holds to his way, and he who has clean hands grows stronger and stronger.

10 But you, come on again, all of you, and I shall not find a wise man among you.

11 My days are past; my plans are broken off, the desires of my heart.

12 They make night into day: 'The light,' they say, 'is near to the darkness.'[1]

13 If I hope for Sheol as my house, if I make my bed in darkness,

14 if I say to the pit, 'You are my father,' and to the worm, 'My mother,' or 'My sister,'

15 where then is my hope? Who will see my hope?

16 Will it go down to the bars of Sheol? Shall we descend together into the dust?"

Bildad Speaks: God Punishes the Wicked

18 Then Bildad the Shuhite answered and said:

2 "How long will you hunt for words? Consider, and then we will speak.

3 Why are we counted as cattle? Why are we stupid in your sight?

4 You who tear yourself in your anger, shall the earth be forsaken for you, or the rock be removed out of its place?

5 "Indeed, the light of the wicked is put out, and the flame of his fire does not shine.

6 The light is dark in his tent, and his lamp above him is put out.

7 His strong steps are shortened, and his own schemes throw him down.

8 For he is cast into a net by his own feet, and he walks on its mesh.

9 A trap seizes him by the heel; a snare lays hold of him.

10 A rope is hidden for him in the ground, a trap for him in the path.

11 Um und um schreckt ihn jähe Angst, dass er nicht weiß, wo er hinaus soll.

12 Unheil hungert nach ihm, und Unglück steht bereit zu seinem Sturz.

13 Die Glieder seines Leibes werden verzehrt; seine Glieder wird verzehren der Erstgeborene des Todes.

14 Er wird aus seiner Hütte verjagt, auf die er vertraute, und hingetrieben zum König des Schreckens.

15 In seiner Hütte wird wohnen, was nicht zu ihm gehört; über seine Stätte wird Schwefel gestreut.

16 Unten verdorren seine Wurzeln, und oben verwelken seine Zweige.

17 Sein Andenken wird vergehen im Lande, und er wird keinen Namen haben auf der Gasse.

18 Er wird vom Licht in die Finsternis vertrieben und vom Erdboden verstoßen werden.

19 Er wird keine Kinder haben und keine Enkel unter seinem Volk; es wird ihm keiner übrig bleiben in seinen Wohnungen.

20 Die im Westen werden sich über seinen Gerichtstag entsetzen, und die im Osten wird Furcht ankommen.

21 Ja, so geht's der Wohnung des Ungerechten und der Stätte dessen, der Gott nicht achtet.

Hiobs zweite Antwort an Bildad

19 Hiob antwortete und sprach:

¶ **2** Wie lange plagt ihr doch meine Seele und peinigt mich mit Worten!

3 Ihr habt mich nun zehnmal verhöhnt und schämt euch nicht, mir so zuzusetzen.

4 Habe ich wirklich geirrt, so trage ich meinen Irrtum selbst.

5 Wollt ihr euch wahrlich über mich erheben und wollt mir meine Schande beweisen?

¶ **6** So merkt doch endlich, dass Gott mir unrecht getan hat und mich mit seinem Jagdnetz umgeben hat.

7 Siehe, ich schreie »Gewalt!« und werde doch nicht gehört; ich rufe, aber kein Recht ist da.

8 Er hat meinen Weg vermauert, dass ich nicht hinüberkann, und hat Finsternis auf meinen Steig gelegt.

11 Terrors frighten him on every side, and chase him at his heels.

12 His strength is famished, and calamity is ready for his stumbling.

13 It consumes the parts of his skin; the firstborn of death consumes his limbs.

14 He is torn from the tent in which he trusted and is brought to the king of terrors.

15 In his tent dwells that which is none of his; sulfur is scattered over his habitation.

16 His roots dry up beneath, and his branches wither above.

17 His memory perishes from the earth, and he has no name in the street.

18 He is thrust from light into darkness, and driven out of the world.

19 He has no posterity or progeny among his people, and no survivor where he used to live.

20 They of the west are appalled at his day, and horror seizes them of the east.

21 Surely such are the dwellings of the unrighteous, such is the place of him who knows not God."

Job Replies: My Redeemer Lives

19 Then Job answered and said:

2 "How long will you torment me and break me in pieces with words?

3 These ten times you have cast reproach upon me; are you not ashamed to wrong me?

4 And even if it be true that I have erred, my error remains with myself.

5 If indeed you magnify yourselves against me and make my disgrace an argument against me,

6 know then that God has put me in the wrong and closed his net about me.

7 Behold, I cry out, 'Violence!' but I am not answered; I call for help, but there is no justice.

8 He has walled up my way, so that I cannot pass, and he has set darkness upon my paths.

9 Er hat mir mein Ehrenkleid ausgezogen und die Krone von meinem Haupt genommen.

10 Er hat mich zerbrochen um und um, dass ich dahinfuhr, und hat meine Hoffnung ausgerissen wie einen Baum.

11 Sein Zorn ist über mich entbrannt, und er achtet mich seinen Feinden gleich.

12 Vereint kommen seine Kriegsscharen und haben ihren Weg gegen mich gebaut und sich um meine Hütte her gelagert.

¶ **13** Er hat meine Brüder von mir entfernt, und meine Verwandten sind mir fremd geworden.

14 Meine Nächsten haben sich zurückgezogen, und meine Freunde haben mich vergessen.

15 Meinen Hausgenossen und meinen Mägden gelte ich als Fremder; ich bin ein Unbekannter in ihren Augen.

16 Ich rief meinen Knecht und er antwortete mir nicht; ich musste ihn anflehen mit eigenem Munde.

17 Mein Odem ist zuwider meiner Frau, und den Söhnen meiner Mutter ekelt's vor mir.

18 Selbst die Kinder geben nichts auf mich; stelle ich mich gegen sie, so geben sie mir böse Worte.

19 Alle meine Getreuen verabscheuen mich, und die ich lieb hatte, haben sich gegen mich gewandt.

20 Mein Gebein hängt nur noch an Haut und Fleisch, und nur das nackte Leben brachte ich davon.

21 Erbarmt euch über mich, erbarmt euch, meine Freunde; denn die Hand Gottes hat mich getroffen!

22 Warum verfolgt ihr mich wie Gott und könnt nicht satt werden von meinem Fleisch?

¶ **23** Ach dass meine Reden aufgeschrieben würden! Ach dass sie aufgezeichnet würden als Inschrift,

24 mit einem eisernen Griffel in Blei geschrieben, zu ewigem Gedächtnis in einen Fels gehauen!

25 Aber **ich weiß, dass mein Erlöser lebt,** und als der Letzte wird er über dem Staub sich erheben.

9 He has stripped from me my glory
  and taken the crown from my head.

10 He breaks me down on every side, and I
    am gone,
  and my hope has he pulled up like a
    tree.

11 He has kindled his wrath against me
  and counts me as his adversary.

12 His troops come on together;
  they have cast up their siege ramp[1]
    against me
  and encamp around my tent.

13 "He has put my brothers far from me,
  and those who knew me are wholly
    estranged from me.

14 My relatives have failed me,
  my close friends have forgotten me.

15 The guests in my house and my maid-
    servants count me as a stranger;
  I have become a foreigner in their eyes.

16 I call to my servant, but he gives me no
    answer;
  I must plead with him with my mouth
    for mercy.

17 My breath is strange to my wife,
  and I am a stench to the children of
    my own mother.

18 Even young children despise me;
  when I rise they talk against me.

19 All my intimate friends abhor me,
  and those whom I loved have turned
    against me.

20 My bones stick to my skin and to my
    flesh,
  and I have escaped by the skin of my
    teeth.

21 Have mercy on me, have mercy on me,
    O you my friends,
  for the hand of God has touched me!

22 Why do you, like God, pursue me?
  Why are you not satisfied with my
    flesh?

23 "Oh that my words were written!
  Oh that they were inscribed in a book!

24 Oh that with an iron pen and lead
  they were engraved in the rock
    forever!

25 For I know that my Redeemer lives,
  and at the last he will stand upon the
    earth.[2]

26 Und ist meine Haut noch so zerschlagen und mein Fleisch dahingeschwunden, so werde ich doch Gott sehen.

27 Ich selbst werde ihn sehen, meine Augen werden ihn schauen und kein Fremder. Danach sehnt sich mein Herz in meiner Brust.

28 Wenn ihr sprecht: Wie wollen wir ihn verfolgen und eine Sache gegen ihn finden!,

29 so fürchtet euch selbst vor dem Schwert; denn das sind Missetaten, die das Schwert straft, damit ihr wisst, dass es ein Gericht gibt.

Zofars zweite Rede

(vgl. Kap 15,1-35; 18,1-21)

20 Da antwortete Zofar von Naama und sprach:

¶ **2** Darum muss ich antworten, und deswegen kann ich nicht schweigen;

3 denn ich muss hören, wie man mich schmäht und tadelt, aber der Geist aus meiner Einsicht lehrt mich antworten.

4 Weißt du nicht, dass es allezeit so gegangen ist, seitdem Menschen auf Erden gewesen sind,

5 dass das Frohlocken der Gottlosen nicht lange währt und die Freude des Ruchlosen nur einen Augenblick?

6 Wenn auch sein Scheitel in den Himmel reicht und sein Haupt an die Wolken rührt,

7 so wird er doch für immer vergehen wie sein Kot, und die ihn gesehen haben, werden sagen: Wo ist er?

8 Wie ein Traum wird er verfliegen und nicht mehr zu finden sein und wie ein Nachtgesicht verschwinden.

9 Das Auge, das ihn gesehen hat, wird ihn nicht mehr sehen, und seine Stätte wird ihn nicht mehr schauen.

10 Seine Söhne werden bei den Armen betteln gehen, und seine Hände müssen seine Habe wieder hergeben.

11 Sind auch seine Gebeine voll Jugendkraft, so muss sie sich doch mit ihm in den Staub legen.

¶ **12** Wenn ihm auch das Böse in seinem Munde wohlschmeckt, dass er es birgt unter seiner Zunge,

26 And after my skin has been thus destroyed,
  yet in[3] my flesh I shall see God,
27 whom I shall see for myself,
  and my eyes shall behold, and not another.
  My heart faints within me!
28 If you say, 'How we will pursue him!'
  and, 'The root of the matter is found in him,'
29 be afraid of the sword,
  for wrath brings the punishment of the sword,
  that you may know there is a judgment."

Zophar Speaks: The Wicked Will Suffer

20 Then Zophar the Naamathite answered and said:

2 "Therefore my thoughts answer me,
  because of my haste within me.
3 I hear censure that insults me,
  and out of my understanding a spirit answers me.
4 Do you not know this from of old,
  since man was placed on earth,
5 that the exulting of the wicked is short,
  and the joy of the godless but for a moment?
6 Though his height mount up to the heavens,
  and his head reach to the clouds,
7 he will perish forever like his own dung;
  those who have seen him will say, 'Where is he?'
8 He will fly away like a dream and not be found;
  he will be chased away like a vision of the night.
9 The eye that saw him will see him no more,
  nor will his place any more behold him.
10 His children will seek the favor of the poor,
  and his hands will give back his wealth.
11 His bones are full of his youthful vigor,
  but it will lie down with him in the dust.
12 "Though evil is sweet in his mouth,
  though he hides it under his tongue,

13 dass er es hegt und nicht loslässt und es zurückhält in seinem Gaumen,

14 so wird sich doch seine Speise verwandeln in seinem Leibe und wird Otterngift in seinem Bauch.

15 Die Güter, die er verschlungen hat, muss er wieder ausspeien, und Gott treibt sie aus seinem Bauch heraus.

16 Er wird Otterngift saugen, und die Zunge der Schlange wird ihn töten.

17 Er wird nicht sehen die Ströme noch die Bäche, die mit Honig und Milch fließen.

18 Er wird erwerben und doch nichts davon genießen und über seine eingetauschten Güter nicht froh werden.

19 Denn er hat unterdrückt und verlassen den Armen; er hat Häuser an sich gerissen, die er nicht erbaut hat.

20 Denn sein Wanst konnte nicht voll genug werden; mit seinem köstlichen Gut wird er nicht entrinnen.

21 Nichts entging seiner Fressgier; darum wird sein gutes Leben keinen Bestand haben.

22 Wenn er auch die Fülle und genug hat, wird ihm doch angst werden; alle Gewalt der Mühsal wird über ihn kommen.

¶ **23** Es soll geschehen: Damit er genug bekommt, wird Gott den Grimm seines Zorns über ihn senden und wird über ihn regnen lassen seine Schrecknisse.

24 Flieht er vor dem eisernen Harnisch, so wird ihn der eherne Bogen durchbohren!

25 Es dringt das Geschoss aus seinem Rücken, der Blitz des Pfeiles aus seiner Galle; Schrecken fahren über ihn hin.

26 Alle Finsternis ist für ihn aufgespart. Es wird ihn ein Feuer verzehren, das keiner angezündet hat, und wer übrig geblieben ist in seiner Hütte, dem wird's schlimm ergehen.

27 Der Himmel wird seine Schuld enthüllen, und die Erde wird sich gegen ihn erheben.

28 Seine Ernte wird weggeführt werden, zerstreut am Tage seines Zorns.

13 though he is loath to let it go
and holds it in his mouth,

14 yet his food is turned in his stomach;
it is the venom of cobras within him.

15 He swallows down riches and vomits
them up again;
God casts them out of his belly.

16 He will suck the poison of cobras;
the tongue of a viper will kill him.

17 He will not look upon the rivers,
the streams flowing with honey and
curds.

18 He will give back the fruit of his toil
and will not swallow it down;
from the profit of his trading
he will get no enjoyment.

19 For he has crushed and abandoned the
poor;
he has seized a house that he did not
build.

20 "Because he knew no contentment in his
belly,
he will not let anything in which he
delights escape him.

21 There was nothing left after he had
eaten;
therefore his prosperity will not
endure.

22 In the fullness of his sufficiency he will
be in distress;
the hand of everyone in misery will
come against him.

23 To fill his belly to the full,
God[1] will send his burning anger
against him
and rain it upon him into his body.

24 He will flee from an iron weapon;
a bronze arrow will strike him
through.

25 It is drawn forth and comes out of his
body;
the glittering point comes out of his
gallbladder;
terrors come upon him.

26 Utter darkness is laid up for his
treasures;
a fire not fanned will devour him;
what is left in his tent will be
consumed.

27 The heavens will reveal his iniquity,
and the earth will rise up against him.

28 The possessions of his house will be carried away,
dragged off in the day of God's[2] wrath.

¶ **29** Das ist der Lohn eines gottlosen Menschen bei Gott und das Erbe, das Gott ihm zugesprochen hat.

Hiobs zweite Antwort an Zofar

21 Hiob antwortete und sprach:

¶ **2** Hört doch meiner Rede zu und lasst mir das eure Tröstung sein!

3 Ertragt mich, dass ich rede, und danach spottet über mich!

4 Geht denn gegen einen Menschen meine Klage, oder warum sollte ich nicht ungeduldig sein?

5 Kehrt euch her zu mir; ihr werdet erstarren und die Hand auf den Mund legen müssen.

6 Wenn ich daran denke, so erschrecke ich, und Zittern kommt meinen Leib an.

¶ **7** Warum bleiben die Gottlosen am Leben, werden alt und nehmen zu an Kraft?

8 Ihr Geschlecht ist sicher um sie her, und ihre Nachkommen sind bei ihnen.

9 Ihr Haus hat Frieden ohne Furcht, und Gottes Rute ist nicht über ihnen.

10 Ihr Stier bespringt und es missrät nicht; ihre Kuh kalbt und wirft nicht fehl.

11 Ihre kleinen Kinder lassen sie hinaus wie eine Herde, und ihre Knaben springen umher.

12 Sie jauchzen mit Pauken und Harfen und sind fröhlich mit Flöten.

13 Sie werden alt bei guten Tagen, und in Ruhe fahren sie hinab zu den Toten,

14 und doch sagen sie zu Gott: »Weiche von uns, wir wollen von deinen Wegen nichts wissen!

15 Wer ist der Allmächtige, dass wir ihm dienen sollten? Oder was nützt es uns, wenn wir ihn anrufen?«

16 »Doch siehe, ihr Glück steht nicht in ihren Händen, und der Rat der Gottlosen ist ferne von mir.«

¶ **17** Wie oft geschieht's denn, dass die Leuchte der Gottlosen verlischt und ihr Unglück über sie kommt, dass Gott Herzeleid über sie austeilt in seinem Zorn,

29 This is the wicked man's portion from God,
   j the heritage decreed for him by God."

Job Replies: The Wicked Do Prosper

21 Then Job answered and said:

2 "Keep listening to my words,
   and let this be your comfort.

3 Bear with me, and I will speak,
   and after I have spoken, mock on.

4 As for me, is my complaint against man?
   Why should I not be impatient?

5 Look at me and be appalled,
   and lay your hand over your mouth.

6 When I remember, I am dismayed,
   and shuddering seizes my flesh.

7 Why do the wicked live,
   reach old age, and grow mighty in power?

8 Their offspring are established in their presence,
   and their descendants before their eyes.

9 Their houses are safe from fear,
   and no rod of God is upon them.

10 Their bull breeds without fail;
   their cow calves and does not miscarry.

11 They send out their little boys like a flock,
   and their children dance.

12 They sing to the tambourine and the lyre
   and rejoice to the sound of v the pipe.

13 They spend their days in prosperity,
   and in peace they go down to Sheol.

14 They say to God, 'Depart from us!
   We do not desire the knowledge of your ways.

15 What is the Almighty, that we should serve him?
   And what profit do we get if we pray to him?'

16 Behold, is not their prosperity in their hand?
   The counsel of the wicked is far from me.

17 "How often is it that the lamp of the wicked is put out?
   That their calamity comes upon them?
   That God l distributes pains in his anger?

18 dass sie werden wie Stroh vor dem Winde und wie Spreu, die der Sturmwind wegführt?

19 »Gott spart das Unglück des Gottlosen auf für dessen Kinder.« Er vergelte es ihm selbst, dass er's spüre!

20 Seine Augen mögen sein Verderben sehen, und vom Grimm des Allmächtigen möge er trinken!

21 Denn was liegt ihm an seinem Hause nach seinem Tode, wenn die Zahl seiner Monde zu Ende ist?

¶ **22** Wer will Gott Weisheit lehren, der auch die Hohen richtet?

23 Der eine stirbt frisch und gesund in allem Reichtum und voller Genüge,

24 sein Melkfass ist voll Milch, und sein Gebein wird gemästet mit Mark;

25 der andere aber stirbt mit verbitterter Seele und hat nie vom Glück gekostet –

26 und doch liegen beide miteinander in der Erde, und Gewürm deckt sie zu.

¶ **27** Siehe, ich kenne eure Gedanken und eure Ränke, mit denen ihr mir Unrecht antut.

28 Denn ihr sprecht: »Wo ist das Haus des Fürsten, und wo ist die Hütte, in der die Gottlosen wohnten?«

29 Habt ihr nicht befragt, die des Weges kommen, und nicht auf ihre Zeichen geachtet,

30 dass nämlich der Böse erhalten wird am Tage des Verderbens und am Tage des Grimms bleibt?

31 Wer sagt ihm ins Angesicht, was er verdient? Wer vergilt ihm, was er getan hat?

32 Wird er doch zu Grabe geleitet, und man hält Wache über seinem Hügel!

33 Süß sind ihm die Schollen des Grabes, und alle Menschen ziehen ihm nach, und die ihm vorangehen, sind nicht zu zählen.

¶ **34** Wie tröstet ihr mich mit Nichtigkeiten, und von euren Antworten bleibt nichts als Trug!

18 That they are like straw before the wind, and like chaff that the storm carries away?

19 You say, 'God stores up their iniquity for their children.'
Let him pay it out to them, that they may know it.

20 Let their own eyes see their destruction, and let them drink of the wrath of the Almighty.

21 For what do they care for their houses after them,
when the number of their months is cut off?

22 Will any teach God knowledge,
seeing that he judges those who are on high?

23 One dies in his full vigor,
being wholly at ease and secure,

24 his pails[2] full of milk
and the marrow of his bones moist.

25 Another dies in bitterness of soul,
never having tasted of prosperity.

26 They lie down alike in the dust,
and the worms cover them.

27 "Behold, I know your thoughts
and your schemes to wrong me.

28 For you say, 'Where is the house of the prince?
Where is the tent in which the wicked lived?'

29 Have you not asked those who travel the roads,
and do you not accept their testimony

30 that the evil man is spared in the day of calamity,
that he is rescued in the day of wrath?

31 Who declares his way to his face,
and who repays him for what he has done?

32 When he is carried to the grave,
watch is kept over his tomb.

33 The clods of the valley are sweet to him;
all mankind follows after him,
and those who go before him are innumerable.

34 How then will you comfort me with empty nothings?
There is nothing left of your answers but falsehood."

Des Elifas letzte Rede

22 Da antwortete Elifas von Teman und sprach:

¶ **2** Kann denn ein Mann Gott etwas nützen? Nur sich selber nützt ein Kluger.

3 Meinst du, der Allmächtige habe Vorteil davon, dass du gerecht bist? Was hilft's ihm, selbst wenn deine Wege ohne Tadel sind?

4 Meinst du: er wird dich wegen deiner Gottesfurcht zurechtweisen und mit dir ins Gericht gehen?
5 Ist deine Bosheit nicht zu groß, und sind deine Missetaten nicht ohne Ende?
6 Du hast deinem Bruder ein Pfand abgenommen ohne Grund, du hast den Nackten die Kleider entrissen;

7 du hast die Durstigen nicht getränkt mit Wasser und hast dem Hungrigen dein Brot versagt;

8 dem Mächtigen gehört das Land, und sein Günstling darf darin wohnen;

9 die Witwen hast du leer weggehen lassen und die Arme der Waisen zerbrochen.

10 Darum bist du von Schlingen umgeben, und Entsetzen hat dich plötzlich erschreckt.
11 Dein Licht ist Finsternis, sodass du nicht sehen kannst, und die Wasserflut bedeckt dich.

¶ **12** Ist Gott nicht hoch wie der Himmel? Sieh die Sterne an, wie hoch sie sind!

13 Du sprichst zwar: »Was weiß Gott? Sollte er durchs Gewölk hindurch richten können?

14 Die Wolken sind seine Hülle, dass er nicht sehen kann; er wandelt am Rande des Himmels.«
15 Hältst du den Weg der Vorzeit ein, auf dem die Ungerechten gegangen sind,
16 die fortgerafft wurden, ehe es Zeit war, und das Wasser hat ihren Grund weggewaschen,
17 die zu Gott sprachen: »Heb dich von uns!«? Was sollte der Allmächtige ihnen antun können?
18 Hat er doch ihr Haus mit Gütern gefüllt. Aber: »Der Rat der Gottlosen ist ferne von mir.«

Eliphaz Speaks: Job's Wickedness Is Great

22 Then Eliphaz the Temanite answered and said:

2 "Can a man be profitable to God?
  Surely he who is wise is profitable to himself.
3 Is it any pleasure to the Almighty if you are in the right,
  or is it gain to him if you make your ways blameless?
4 Is it for your fear of him that he reproves you
  and enters into judgment with you?
5 Is not your evil abundant?
  There is no end to your iniquities.
6 For you have exacted pledges of your brothers for nothing
  and stripped the naked of their clothing.
7 You have given no water to the weary to drink,
  and you have withheld bread from the hungry.
8 The man with power possessed the land,
  and the favored man lived in it.
9 You have sent widows away empty,
  and the arms of the fatherless were crushed.
10 Therefore snares are all around you,
  and sudden terror overwhelms you,
11 or darkness, so that you cannot see,
  and a flood of water covers you.
12 "Is not God high in the heavens?
  See the highest stars, how lofty they are!
13 But you say, 'What does God know?
  Can he judge through the deep darkness?
14 Thick clouds veil him, so that he does not see,
  and he walks on the vault of heaven.'
15 Will you keep to the old way
  that wicked men have trod?
16 They were snatched away before their time;
  their foundation was washed away.
17 They said to God, 'Depart from us,'
  and 'What can the Almighty do to us?'[1]
18 Yet he filled their houses with good things—
  but the counsel of the wicked is far from me.

19 Die Gerechten werden's sehen und sich freuen, und der Unschuldige wird sie verspotten:

20 »Ja, unser Widersacher ist vertilgt, und was er hinterließ, hat das Feuer verzehrt.«

¶ **21** So vertrage dich nun mit Gott und mache Frieden; daraus wird dir viel Gutes kommen.

22 Nimm doch Weisung an von seinem Munde, und fasse seine Worte in dein Herz.

23 Bekehrst du dich zum Allmächtigen und demütigst du dich und tust das Unrecht weit weg von deiner Hütte

24 – wirf in den Staub dein Gold und zu den Steinen der Bäche das Gold von Ofir –,

25 so wird der Allmächtige dein Gold sein und wie Silber, das dir zugehäuft wird.

26 Dann wirst du deine Lust haben an dem Allmächtigen und dein Antlitz zu Gott erheben.

27 Wenn du ihn bitten wirst, wird er dich hören, und du wirst deine Gelübde erfüllen.

28 Was du dir vornimmst, lässt er dir gelingen, und das Licht wird auf deinen Wegen scheinen.

29 Denn er erniedrigt die Hochmütigen; aber wer seine Augen niederschlägt, dem hilft er.

30 Auch wer nicht unschuldig ist, wird errettet werden; er wird errettet um der Reinheit deiner Hände willen.

Hiobs dritte Antwort an Elifas

23 Hiob antwortete und sprach:

¶ **2** Auch heute lehnt sich meine Klage auf; seine Hand drückt schwer, dass ich seufzen muss.

3 Ach dass ich wüsste, wie ich ihn finden und zu seinem Thron kommen könnte!

4 So würde ich ihm das Recht darlegen und meinen Mund mit Beweisen füllen

5 und erfahren die Reden, die er mir antworten, und vernehmen, was er mir sagen würde.

6 Würde er mit großer Macht mit mir rechten? Nein, er selbst würde achthaben auf mich.

19 The righteous see it and are glad;
　　the innocent one mocks at them,

20 saying, 'Surely our adversaries are cut off,
　　and what they left the fire has consumed.'

21 "Agree with God, and be at peace;
　　thereby good will come to you.

22 Receive instruction from his mouth,
　　and lay up his words in your heart.

23 If you return to the Almighty you will be built up;
　　if you remove injustice far from your tents,

24 if you lay gold in the dust,
　　and gold of Ophir among the stones of the torrent-bed,

25 then the Almighty will be your gold
　　and your precious silver.

26 For then you will delight yourself in the Almighty
　　and lift up your face to God.

27 You will make your prayer to him, and he will hear you,
　　and you will pay your vows.

28 You will decide on a matter, and it will be established for you,
　　and light will shine on your ways.

29 For when they are humbled you say, 'It is because of pride';[2]
　　but he saves the lowly.

30 He delivers even the one who is not innocent,[3]
　　who will be delivered through the cleanness of your hands."

Job Replies: Where Is God?

23 Then Job answered and said:

2 "Today also my complaint is bitter;[1]
　　my hand is heavy on account of my groaning.

3 Oh, that I knew where I might find him,
　　that I might come even to his seat!

4 I would lay my case before him
　　and fill my mouth with arguments.

5 I would know what he would answer me
　　and understand what he would say to me.

6 Would he contend with me in the greatness of his power?
　　No; he would pay attention to me.

7 Dann würde ein Redlicher mit ihm rechten, und für immer würde ich entrinnen meinem Richter!

8 Aber gehe ich nun vorwärts, so ist er nicht da; gehe ich zurück, so spüre ich ihn nicht.

9 Ist er zur Linken, so schaue ich ihn nicht; verbirgt er sich zur Rechten, so sehe ich ihn nicht.

¶ **10** Er aber kennt meinen Weg gut. Er prüfe mich, so will ich erfunden werden wie das Gold.

11 Denn ich hielt meinen Fuß auf seiner Bahn und bewahrte seinen Weg und wich nicht ab

12 und übertrat nicht das Gebot seiner Lippen und bewahrte die Reden seines Mundes bei mir.

13 Doch er ist der Eine – wer will ihm wehren? Und er macht's, wie er will.

14 Ja, er wird vollenden, was mir bestimmt ist, und hat noch mehr derart im Sinn.

15 Darum erschrecke ich vor seinem Angesicht, und wenn ich darüber nachdenke, so fürchte ich mich vor ihm.

16 Gott ist's, der mein Herz mutlos gemacht, und der Allmächtige, der mich erschreckt hat;

17 denn nicht der Finsternis wegen muss ich schweigen, und nicht, weil Dunkel mein Angesicht deckt.

24 Warum sind von dem Allmächtigen nicht Zeiten vorbehalten, und warum sehen, die ihn kennen, seine Tage nicht?

2 Die Gottlosen verrücken die Grenzen, rauben die Herde und weiden sie.

3 Sie treiben den Esel der Waisen weg und nehmen das Rind der Witwe zum Pfande.

4 Sie stoßen die Armen vom Wege, und die Elenden im Lande müssen sich verkriechen.

¶ **5** Siehe, sie sind wie Wildesel: In der Wüste gehen sie an ihr Werk und suchen Nahrung in der Einöde als Speise für ihre Kinder.

7 There an upright man could argue with him,
and I would be acquitted forever by my judge.

8 "Behold, I go forward, but he is not there, and backward, but I do not perceive him;

9 on the left hand when he is working, I do not behold him;
he turns to the right hand, but I do not see him.

10 But he knows the way that I take; when he has tried me, I shall come out as gold.

11 My foot has held fast to his steps; I have kept his way and have not turned aside.

12 I have not departed from the commandment of his lips;
I have treasured the words of his mouth more than my portion of food.

13 But he is unchangeable,[2] and who can turn him back?
What he desires, that he does.

14 For he will complete what he appoints for me,
and many such things are in his mind.

15 Therefore I am terrified at his presence; when I consider, I am in dread of him.

16 God has made my heart faint; the Almighty has terrified me;

17 yet I am not silenced because of the darkness,
nor because thick darkness covers my face.

24 "Why are not times of judgment kept by the Almighty,
and why do those who know him never see his days?

2 Some move landmarks; they seize flocks and pasture them.

3 They drive away the donkey of the fatherless;
they take the widow's ox for a pledge.

4 They thrust the poor off the road; the poor of the earth all hide themselves.

5 Behold, like wild donkeys in the desert the poor[1] go out to their toil, seeking game;
the wasteland yields food for their children.

6 Sie ernten des Nachts auf dem Acker und halten Nachlese im Weinberg des Gottlosen.

7 Sie liegen in der Nacht nackt ohne Gewand und haben keine Decke im Frost.

8 Sie triefen vom Regen in den Bergen; sie müssen sich an die Felsen drücken, weil sie sonst keine Zuflucht haben.

9 Man reißt das Waisenkind von der Mutterbrust und nimmt den Säugling der Armen zum Pfande.

10 Nackt gehen sie einher ohne Kleider, und hungrig tragen sie Garben.

11 Gleich in den Gärten pressen sie Öl, sie treten die Kelter und leiden doch Durst.

12 Fern der Stadt seufzen Sterbende, und die Seele der Säuglinge schreit. Doch Gott achtet nicht darauf!

¶ **13** Sie sind Feinde des Lichts geworden, kennen Gottes Weg nicht und bleiben nicht auf seinen Pfaden.

14 Wenn der Tag anbricht, steht der Mörder auf und erwürgt den Elenden und Armen, und des Nachts schleicht der Dieb.

15 Das Auge des Ehebrechers lauert auf das Dunkel, und er denkt: »Mich sieht kein Auge!«, und verdeckt sein Antlitz.

16 Im Finstern bricht man in die Häuser ein; am Tage verbergen sie sich und scheuen alle das Licht.

17 Ja, als Morgen gilt ihnen allen die Finsternis, denn sie sind bekannt mit den Schrecken der Finsternis.

¶ **18** Er fährt leicht wie auf dem Wasser dahin, verflucht wird sein Acker im Lande, und man wendet sich seinem Weinberg nicht zu.

19 Der Tod nimmt weg, die da sündigen, wie die Hitze und Dürre das Schneewasser verzehrt.

20 Der Mutterschoß vergisst ihn; die Würmer laben sich an ihm. An ihn denkt man nicht mehr; so zerbricht Frevel wie Holz.

6 They gather their[2] fodder in the field,
and they glean the vineyard of the wicked man.

7 They lie all night naked, without clothing,
and have no covering in the cold.

8 They are wet with the rain of the mountains
and cling to the rock for lack of shelter.

9 (There are those who snatch the fatherless child from the breast,
and they take a pledge against the poor.)

10 They go about naked, without clothing;
hungry, they carry the sheaves;

11 among the olive rows of the wicked[3] they make oil;
they tread the winepresses, but suffer thirst.

12 From out of the city the dying groan,
and the soul of the wounded cries for help;
yet God charges no one with wrong.

13 "There are those who rebel against the light,
who are not acquainted with its ways,
and do not stay in its paths.

14 The murderer rises before it is light,
that he may kill the poor and needy,
and in the night he is like a thief.

15 The eye of the adulterer also waits for the twilight,
saying, 'No eye will see me';
and he veils his face.

16 In the dark they dig through houses;
by day they shut themselves up;
they do not know the light.

17 For deep darkness is morning to all of them;
for they are friends with the terrors of deep darkness.

18 "You say, 'Swift are they on the face of the waters;
their portion is cursed in the land;
no treader turns toward their vineyards.

19 Drought and heat snatch away the snow waters;
so does Sheol those who have sinned.

20 The womb forgets them;
the worm finds them sweet;
they are no longer remembered,
so wickedness is broken like a tree.'

21 Er hat bedrückt die Unfruchtbare, die nicht gebar, und hat der Witwe nichts Gutes getan.

¶ 22 Gott rafft die Gewalttätigen hin durch seine Kraft; steht er auf, so müssen sie am Leben verzweifeln.

23 Er gibt ihnen, dass sie sicher sind und eine Stütze haben, doch seine Augen wachen über ihren Wegen.

24 Sie sind hoch erhöht; aber nach einer kleinen Weile sind sie nicht mehr da; sie sinken hin und werden hinweggerafft wie alle; wie die Spitzen der Ähren werden sie abgeschnitten.

25 Ist's nicht so? Wer will mich Lügen strafen und erweisen, dass meine Rede nichts sei?

Bildads letzte Rede

25 Da antwortete Bildad von Schuach und sprach:

¶ 2 Herrschaft und Schrecken ist bei ihm, der Frieden schafft in seinen Höhen.

3 Wer will seine Scharen zählen? Und über wem geht sein Licht nicht auf?

4 Und wie kann ein Mensch gerecht sein vor Gott? Und wie kann rein sein ein vom Weibe Geborener?

5 Siehe, auch der Mond scheint nicht hell, und die Sterne sind nicht rein vor seinen Augen –

6 wie viel weniger der Mensch, eine Made, und das Menschenkind, ein Wurm!

Hiobs dritte Antwort an Bildad

26 Hiob antwortete und sprach:

¶ 2 Wie sehr stehst du dem bei, der keine Kraft hat, hilfst du dem, der keine Stärke in den Armen hat!

3 Wie gibst du Rat dem, der keine Weisheit hat, und lehrst ihn Einsicht in Fülle!

4 Mit wessen Hilfe redest du? Und wessen Geist geht von dir aus?

¶ 5 Die Schatten drunten erbeben, das Wasser und die darin wohnen.

6 Das Totenreich ist aufgedeckt vor ihm, und der Abgrund hat keine Decke.

7 Er spannt den Norden aus über dem Leeren und hängt die Erde über das Nichts.

21 "They wrong the barren, childless woman,
and do no good to the widow.
22 Yet God[4] prolongs the life of the mighty by his power;
they rise up when they despair of life.
23 He gives them security, and they are supported,
and his eyes are upon their ways.
24 They are exalted a little while, and then are gone;
they are brought low and gathered up like all others;
they are cut off like the heads of grain.
25 If it is not so, who will prove me a liar and show that there is nothing in what I say?"

Bildad Speaks: Man Cannot Be Righteous

25 Then Bildad the Shuhite answered and said:

2 "Dominion and fear are with God;[1]
he makes peace in his high heaven.
3 Is there any number to his armies?
Upon whom does his light not arise?
4 How then can man be in the right before God?
How can he who is born of woman be pure?
5 Behold, even the moon is not bright,
and the stars are not pure in his eyes;
6 how much less man, who is a maggot,
and the son of man, who is a worm!"

Job Replies: God's Majesty Is Unsearchable

26 Then Job answered and said:

2 "How you have helped him who has no power!
How you have saved the arm that has no strength!
3 How you have counseled him who has no wisdom,
and plentifully declared sound knowledge!
4 With whose help have you uttered words,
and whose breath has come out from you?
5 The dead tremble
under the waters and their inhabitants.
6 Sheol is naked before God,[1]
and Abaddon has no covering.
7 He stretches out the north over the void
and hangs the earth on nothing.

8 Er fasst das Wasser zusammen in seine Wolken, und die Wolken zerreißen darunter nicht.

9 Er verhüllt seinen Thron und breitet seine Wolken davor.

10 Er hat am Rande des Wassers eine Grenze gezogen, wo Licht und Finsternis sich scheiden.

11 Die Säulen des Himmels zittern und entsetzen sich vor seinem Schelten.

12 Durch seine Kraft hat er das Meer erregt, und durch seine Einsicht hat er Rahab* zerschmettert.

13 Am Himmel wurde es schön durch seinen Wind, und seine Hand durchbohrte die flüchtige Schlange.

14 Siehe, das sind nur die Enden seiner Wege, und nur ein leises Wörtlein davon haben wir vernommen. Wer will aber den Donner seiner Macht verstehen?

27 Und Hiob fuhr fort mit seinem Spruch und sprach:

¶ **2** So wahr Gott lebt, der mir mein Recht verweigert, und der Allmächtige, der meine Seele betrübt

3 – solange noch mein Odem in mir ist und der Hauch von Gott in meiner Nase –:

4 Meine Lippen reden nichts Unrechtes, und meine Zunge sagt keinen Betrug.

5 Das sei ferne von mir, dass ich euch recht gebe; bis mein Ende kommt, will ich nicht weichen von meiner Unschuld.

6 An meiner Gerechtigkeit halte ich fest und lasse sie nicht; mein Gewissen beißt mich nicht wegen eines meiner Tage.

¶ **7** Meinem Feind soll es gehen wie dem Gottlosen und dem, der sich gegen mich auflehnt, wie dem Ungerechten.

8 Denn was ist die Hoffnung des Ruchlosen, wenn Gott mit ihm ein Ende macht und seine Seele von ihm fordert?

9 Meinst du, dass Gott sein Schreien hören wird, wenn die Angst über ihn kommt?

10 Oder kann er an dem Allmächtigen seine Lust haben und Gott allezeit anrufen?

8 He binds up the waters in his thick clouds,
and the cloud is not split open under them.

9 He covers the face of the full moon[2]
and spreads over it his cloud.

10 He has inscribed a circle on the face of the waters
at the boundary between light and darkness.

11 The pillars of heaven tremble
and are astounded at his rebuke.

12 By his power he stilled the sea;
by his understanding he shattered Rahab.

13 By his wind the heavens were made fair;
his hand pierced the fleeing serpent.

14 Behold, these are but the outskirts of his ways,
and how small a whisper do we hear of him!
But the thunder of his power who can understand?"

Job Continues: I Will Maintain My Integrity

27 And Job again took up his discourse, and said:

2 "As God lives, who has taken away my right,
and the Almighty, who has made my soul bitter,

3 as long as my breath is in me,
and the spirit of God is in my nostrils,

4 my lips will not speak falsehood,
and my tongue will not utter ᵗdeceit.

5 Far be it from me to say that you are right;
till I die I will not put away my integrity from me.

6 I hold fast my righteousness and will not let it go;
my heart does not reproach me for any of my days.

7 "Let my enemy be as the wicked,
and let him who rises up against me be as the unrighteous.

8 For what is the hope of the godless when God cuts him off,
when God takes away his life?

9 Will God hear his cry
when distress comes upon him?

10 Will he take delight in the Almighty?
Will he call upon God at all times?

¶ **11** Ich will euch über Gottes Tun belehren, und wie der Allmächtige gesinnt ist, will ich nicht verhehlen.

12 Siehe, ihr habt es selber gesehen; warum bringt ihr dann so unnütze Dinge vor?

13 Das ist der Lohn eines gottlosen Menschen bei Gott und das Erbe der Tyrannen, das sie vom Allmächtigen bekommen:

14 Werden seine Söhne groß, so werden sie eine Beute des Schwerts; und seine Nachkommen werden an Brot nicht satt.

15 Die ihm übrig bleiben, wird der Tod ins Grab bringen, und seine Witwen werden nicht weinen.

16 Wenn er Geld zusammenbringt wie Staub und schafft Kleider an, wie man Lehm aufhäuft,

17 so wird er's zwar anschaffen, aber der Gerechte wird's anziehen, und dem Unschuldigen wird das Geld zuteil.

18 Er baut sein Haus wie eine Spinne und wie ein Wächter eine Hütte macht.

19 Reich legt er sich nieder, aber wird's nicht noch einmal tun können; tut er seine Augen auf, dann ist nichts mehr da.

20 Es wird ihn Schrecken überfallen wie Wasserfluten; des Nachts nimmt ihn der Sturmwind fort.

21 Der Ostwind wird ihn wegführen, dass er dahinfährt, und wird ihn von seinem Ort hinwegwehen.

22 Das wird er über ihn bringen und ihn nicht schonen; vor seiner Gewalt muss er immer wieder fliehen.

23 Man wird über ihn mit den Händen klatschen und über ihn zischen, wo er gewesen ist.

Das Lied von der Weisheit Gottes

28 Es hat das Silber seine Gänge und das Gold seinen Ort, wo man es läutert.

2 Eisen bringt man aus der Erde, und aus dem Gestein schmilzt man Kupfer.

3 Man macht der Finsternis ein Ende, und bis ins Letzte erforscht man das Gestein, das im Dunkel tief verborgen liegt.

11 I will teach you concerning the hand of God;
　what is with the Almighty I will not conceal.

12 Behold, all of you have seen it yourselves;
　why then have you become altogether vain?

13 "This is the portion of a wicked man with God,
　and the heritage that oppressors receive from the Almighty:

14 If his children are multiplied, it is for the sword,
　and his descendants have not enough bread.

15 Those who survive him the pestilence buries,
　and his widows do not weep.

16 Though he heap up silver like dust,
　and pile up clothing like clay,

17 he may pile it up, but the righteous will wear it,
　and the innocent will divide the silver.

18 He builds his house like a moth's,
　like a booth that a watchman makes.

19 He goes to bed rich, but will do so no more;
　he opens his eyes, and his wealth is gone.

20 Terrors overtake him like a flood;
　in the night a whirlwind carries him off.

21 The east wind lifts him up and he is gone;
　it sweeps him out of his place.

22 It[1] hurls at him without pity;
　he flees from its[2] power in headlong flight.

23 It claps its hands at him
　and hisses at him from its place.

Job Continues: Where Is Wisdom?

28 "Surely there is a mine for silver,
　and a place for gold that they refine.

2 Iron is taken out of the earth,
　and copper is smelted from the ore.

3 Man puts an end to darkness
　and searches out to the farthest limit
　the ore in gloom and deep darkness.

4 Man bricht einen Schacht fern von da, wo man wohnt; vergessen, ohne Halt für den Fuß, hängen und schweben sie, fern von den Menschen.

5 Man zerwühlt wie Feuer unten die Erde, auf der doch oben das Brot wächst.

6 Man findet Saphir in ihrem Gestein, und es birgt Goldstaub.

7 Den Steig dahin hat kein Geier erkannt und kein Falkenauge gesehen.
8 Das stolze Wild hat ihn nicht betreten, und kein Löwe ist darauf gegangen.

9 Auch legt man die Hand an die Felsen und gräbt die Berge von Grund aus um.
10 Man bricht Stollen durch die Felsen, und alles, was kostbar ist, sieht das Auge.
11 Man wehrt dem Tröpfeln des Wassers und bringt, was verborgen ist, ans Licht.

12 Wo will man aber die Weisheit finden? Und wo ist die Stätte der Einsicht?

¶ **13** Niemand weiß, was sie wert ist, und sie wird nicht gefunden im Lande der Lebendigen.
14 Die Tiefe spricht: »In mir ist sie nicht«; und das Meer spricht: »Bei mir ist sie auch nicht.«
15 Man kann nicht Gold für sie geben noch Silber darwägen, sie zu bezahlen.
16 Ihr gleicht nicht Gold von Ofir oder kostbarer Onyx und Saphir.
17 Gold und edles Glas kann man ihr nicht gleichachten noch sie eintauschen um güldnes Kleinod.
18 Korallen und Kristall achtet man gegen sie nicht; wer Weisheit erwirbt, hat mehr als Perlen.
19 Topas aus Kusch wird ihr nicht gleichgeschätzt, und das reinste Gold wiegt sie nicht auf.

20 Woher kommt denn die Weisheit? Und wo ist die Stätte der Einsicht?

¶ **21** Sie ist verhüllt vor den Augen aller Lebendigen, auch verborgen den Vögeln unter dem Himmel.
22 Der Abgrund und der Tod sprechen: »Wir haben mit unsern Ohren nur ein Gerücht von ihr gehört.«

4 He opens shafts in a valley away from where anyone lives;
 they are forgotten by travelers;
 they hang in the air, far away from mankind; they swing to and fro.
5 As for the earth, out of it comes bread, but underneath it is turned up as by fire.
6 Its stones are the place of sapphires,[1] and it has dust of gold.

7 "That path no bird of prey knows, and the falcon's eye has not seen it.
8 The proud beasts have not trodden it; the lion has not passed over it.

9 "Man puts his hand to the flinty rock and overturns mountains by the roots.
10 He cuts out channels in the rocks, and his eye sees every precious thing.
11 He dams up the streams so that they do not trickle,
 and the thing that is hidden he brings out to light.

12 "But where shall wisdom be found? And where is the place of understanding?
13 Man does not know its worth, and it is not found in the land of the living.
14 The deep says, 'It is not in me,' and the sea says, 'It is not with me.'
15 It cannot be bought for gold, and silver cannot be weighed as its price.
16 It cannot be valued in the gold of Ophir, in precious onyx or sapphire.
17 Gold and glass cannot equal it, nor can it be exchanged for jewels of fine gold.
18 No mention shall be made of coral or of crystal;
 the price of wisdom is above pearls.
19 The topaz of Ethiopia cannot equal it, nor can it be valued in pure gold.

20 "From where, then, does wisdom come? And where is the place of understanding?
21 It is hidden from the eyes of all living and concealed from the birds of the air.
22 Abaddon and Death say,
 'We have heard a rumor of it with our ears.'

23 Gott weiß den Weg zu ihr, er allein kennt ihre Stätte.

24 Denn er sieht die Enden der Erde und schaut alles, was unter dem Himmel ist.

25 Als er dem Wind sein Gewicht gegeben und dem Wasser sein Maß gesetzt,

26 als er dem Regen ein Gesetz gegeben hat und dem Blitz und Donner den Weg:

27 damals schon sah er sie und verkündigte sie, bereitete sie und ergründete sie

28 und sprach zum Menschen: Siehe, die **Furcht des Herrn, das ist Weisheit, und meiden das Böse, das ist Einsicht.**

Hiobs früheres Glück

29 Und Hiob hob abermals an mit seinem Spruch und sprach:

¶ **2** O dass ich wäre wie in den früheren Monden, in den Tagen, da Gott mich behütete,

3 da seine Leuchte über meinem Haupt schien und ich bei seinem Licht durch die Finsternis ging!

4 Wie war ich in der Blüte meines Lebens, als Gottes Freundschaft über meiner Hütte war,

5 als der Allmächtige noch mit mir war und meine Kinder um mich her,

6 als ich meine Tritte wusch in Milch und die Felsen Ölbäche ergossen!

¶ **7** Wenn ich ausging zum Tor der Stadt und meinen Platz auf dem Markt einnahm,

8 dann sahen mich die Jungen und verbargen sich scheu, und die Alten standen vor mir auf,

9 die Oberen hörten auf zu reden und legten ihre Hand auf ihren Mund,

10 die Fürsten hielten ihre Stimme zurück, und ihre Zunge klebte an ihrem Gaumen.

11 Denn wessen Ohr mich hörte, der pries mich glücklich, und wessen Auge mich sah, der rühmte mich.

¶ **12** Denn ich errettete den Armen, der da schrie, und die Waise, die keinen Helfer hatte.

23 "God understands the way to it,
and he knows its place.

24 For he looks to the ends of the earth
and sees everything under the
heavens.

25 When he gave to the wind its weight
and apportioned the waters by
measure,

26 when he made a decree for the rain
and a way for the lightning of the
thunder,

27 then he saw it and declared it;
he established it, and searched it out.

28 And he said to man,
'Behold, the fear of the Lord, that is
wisdom,
and to turn away from evil is
understanding.'"

Job's Summary Defense

29 And Job again took up his discourse,
and said:

2 "Oh, that I were as in the months of old,
as in the days when God watched over
me,

3 when his lamp shone upon my head,
and by his light I walked through
darkness,

4 as I was in my prime,[1]
when the friendship of God was upon
my tent,

5 when the Almighty was yet with me,
when my children were all around me,

6 when my steps were washed with butter,
and the rock poured out for me
streams of oil!

7 When I went out to the gate of the city,
when I prepared my seat in the square,

8 the young men saw me and withdrew,
and the aged rose and stood;

9 the princes refrained from talking
and laid their hand on their mouth;

10 the voice of the nobles was hushed,
and their tongue stuck to the roof of
their mouth.

11 When the ear heard, it called me
blessed,
and when the eye saw, it approved,

12 because I delivered the poor who cried
for help,
and the fatherless who had none to
help him.

13 Der Segen des Verlassenen kam über mich, und ich erfreute das Herz der Witwe.

14 Gerechtigkeit war mein Kleid, das ich anzog, und mein Recht war mir Mantel und Kopfbund.

15 Ich war des Blinden Auge und des Lahmen Fuß.

16 Ich war ein Vater der Armen, und der Sache des Unbekannten nahm ich mich an.

17 Ich zerbrach die Kinnbacken des Ungerechten und riss ihm den Raub aus den Zähnen.

18 Ich dachte: Ich werde in meinem Nest verscheiden und meine Tage so zahlreich machen wie Sand am Meer;

19 meine Wurzel reiche zum Wasser hin, und der Tau bleibe auf meinen Zweigen;

20 meine Ehre bleibe immer frisch bei mir, und mein Bogen sei immer stark in meiner Hand.

¶ **21** Sie hörten mir zu und schwiegen und warteten auf meinen Rat.

22 Nach meinen Worten redete niemand mehr, und meine Rede troff auf sie nieder.

23 Sie warteten auf mich wie auf den Regen und sperrten ihren Mund auf wie nach Spätregen.

24 Wenn ich ihnen zulachte, so fassten sie Vertrauen, und das Licht meines Angesichts tröstete die Trauernden.

25 Wenn ich zu ihnen kommen wollte, so musste ich obenan sitzen und thronte wie ein König unter der Schar.

Hiobs jetziges Unglück

30 Jetzt aber verlachen mich, die jünger sind als ich, deren Väter ich nicht wert geachtet hätte, sie zu meinen Hunden bei der Herde zu stellen,

2 deren Stärke ich für nichts hielt, denen die Kraft dahinschwand;

3 die vor Hunger und Mangel erschöpft sind, die das dürre Land abnagen, die Wüste und Einöde;

13 The blessing of him who was about to perish came upon me,
  and I caused the widow's heart to sing for joy.

14 I put on righteousness, and it clothed me;
  my justice was like a robe and a turban.

15 I was eyes to the blind
  and feet to the lame.

16 I was a father to the needy,
  and I searched out the cause of him whom I did not know.

17 I broke the fangs of the unrighteous
  and made him drop his prey from his teeth.

18 Then I thought, 'I shall die in my nest,
  and I shall multiply my days as the sand,

19 my roots spread out to the waters,
  with the dew all night on my branches,

20 my glory fresh with me,
  and my bow ever new in my hand.'

21 "Men listened to me and waited
  and kept silence for my counsel.

22 After I spoke they did not speak again,
  and my word dropped upon them.

23 They waited for me as for the rain,
  and they opened their mouths as for the spring rain.

24 I smiled on them when they had no confidence,
  and the light of my face they did not cast down.

25 I chose their way and sat as chief,
  and I lived like a king among his troops,
  like one who comforts mourners.

30 "But now they laugh at me,
  men who are younger than I,
  whose fathers I would have disdained to set with the dogs of my flock.

2 What could I gain from the strength of their hands,
  men whose vigor is gone?

3 Through want and hard hunger
  they gnaw the dry ground by night in waste and desolation;

4 die da Melde sammeln bei den Büschen, und Ginsterwurzel ist ihre Speise.

5 Aus der Menschen Mitte werden sie weggetrieben; man schreit ihnen nach wie einem Dieb;
6 an den Hängen der Täler wohnen sie, in den Löchern der Erde und in Steinklüften;

7 zwischen den Büschen schreien sie, und unter den Disteln sammeln sie sich –
8 gottloses Volk und Leute ohne Namen, die man aus dem Lande weggejagt hatte.

¶ **9** Jetzt bin ich ihr Spottlied geworden und muss ihnen zum Gerede dienen.
10 Sie verabscheuen mich und halten sich ferne von mir und scheuen sich nicht, vor meinem Angesicht auszuspeien.

11 Er hat mein Seil gelöst und mich gedemütigt und den Zaum weggetan, an dem er mich hielt.

12 Zur Rechten hat sich eine Schar gegen mich erhoben, sie haben meinen Fuß weggestoßen und haben gegen mich Wege angelegt, mich zu verderben.
13 Sie haben meine Pfade aufgerissen, zu meinem Fall helfen sie; keiner gebietet ihnen Einhalt.
14 Sie kommen wie durch eine breite Bresche herein, wälzen sich unter den Trümmern heran.
15 Schrecken hat sich gegen mich gekehrt und hat verjagt wie der Wind meine Herrlichkeit, und wie eine Wolke zog mein Glück vorbei.

¶ **16** Jetzt aber zerfließt meine Seele in mir, und Tage des Elends haben mich ergriffen.

17 Des Nachts bohrt es in meinem Gebein, und die Schmerzen, die an mir nagen, schlafen nicht.
18 Mit aller Gewalt wird mein Kleid entstellt, wie der Kragen meines Hemdes würgt es mich.

19 Man hat mich in den Dreck geworfen, dass ich gleich bin dem Staub und der Asche.
¶ **20** Ich schreie zu dir, aber du antwortest mir nicht; ich stehe da, aber du achtest nicht auf mich.

4 they pick saltwort and the leaves of bushes,
and the roots of the broom tree for their food.[1]
5 They are driven out from human company;
they shout after them as after a thief.
6 In the gullies of the torrents they must dwell,
in holes of the earth and of the rocks.
7 Among the bushes they bray;
under the nettles they huddle together.
8 A senseless, a nameless brood,
they have been whipped out of the land.

9 "And now I have become their song;
I am a byword to them.
10 They abhor me; they keep aloof from me;
they do not hesitate to spit at the sight of me.
11 Because God has loosed my cord and humbled me,
they have cast off restraint[2] in my presence.
12 On my right hand the rabble rise;
they push away my feet;
they cast up against me their ways of destruction.
13 They break up my path;
they promote my calamity;
they need no one to help them.
14 As through a wide breach they come;
amid the crash they roll on.
15 Terrors are turned upon me;
my honor is pursued as by the wind,
and my prosperity has passed away like a cloud.
16 "And now my soul is poured out within me;
days of affliction have taken hold of me.
17 The night racks my bones,
and the pain that gnaws me takes no rest.
18 With great force my garment is disfigured;
it binds me about like the collar of my tunic.
19 God[3] has cast me into the mire,
and I have become like dust and ashes.
20 I cry to you for help and you do not answer me;
I stand, and you only look at me.

21 Du hast dich mir verwandelt in einen Grausamen und streitest gegen mich mit der Stärke deiner Hand.

22 Du hebst mich auf und lässt mich auf dem Winde dahinfahren und vergehen im Sturm.

23 Denn ich weiß, du wirst mich zum Tod gehen lassen, zum Haus, da alle Lebendigen zusammenkommen.

¶ **24** Aber wird man nicht die Hand ausstrecken unter Trümmern und nicht schreien in der Not?

25 Ich weinte ja über die harte Zeit, und meine Seele grämte sich über das Elend.

26 Ich wartete auf das Gute, und es kam das Böse; ich hoffte auf Licht, und es kam Finsternis.

27 In mir kocht es und hört nicht auf; mich haben überfallen Tage des Elends.

28 Ich gehe schwarz einher, doch nicht von der Sonne; ich stehe auf in der Gemeinde und schreie.

29 Ich bin ein Bruder der Schakale geworden und ein Geselle der Strauße.

30 Meine Haut ist schwarz geworden und löst sich ab von mir, und meine Gebeine sind verdorrt vor hitzigem Fieber.

31 Mein Harfenspiel ist zur Klage geworden und mein Flötenspiel zum Trauerlied.

Hiobs Reinigungseid und Appell an Gott

31 Ich hatte einen Bund gemacht mit meinen Augen, dass ich nicht lüstern blickte auf eine Jungfrau.

2 Was gäbe sonst mir Gott als Teil von oben und was für ein Erbe der Allmächtige aus der Höhe?

3 Wäre es nicht Verderben für den Ungerechten und Unglück für den Übeltäter?

4 Sieht er nicht meine Wege und zählt alle meine Schritte?

5 Bin ich gewandelt in Falschheit, oder ist mein Fuß geeilt zum Betrug?

6 Gott möge mich wiegen auf rechter Waage, so wird er erkennen meine Unschuld!

21 You have turned cruel to me;
with the might of your hand you persecute me.

22 You lift me up on the wind; you make me ride on it,
and you toss me about in the roar of the storm.

23 For I know that you will bring me to death
and to the house appointed for all living.

24 "Yet does not one in a heap of ruins stretch out his hand,
and in his disaster cry for help?⁴

25 Did not I weep for him whose day was hard?
Was not my soul grieved for the needy?

26 But when I hoped for good, evil came,
and when I waited for light, darkness came.

27 My inward parts are in turmoil and never still;
days of affliction come to meet me.

28 I go about darkened, but not by the sun;
I stand up in the assembly and cry for help.

29 I am a brother of jackals
and a companion of ostriches.

30 My skin turns black and falls from me,
and my bones burn with heat.

31 My lyre is turned to mourning,
and my ᶻpipe to the voice of those who weep.

Job's Final Appeal

31 "I have made a covenant with my eyes;
how then could I gaze at a virgin?

2 What would be my portion from God above
and ᶜmy heritage from the Almighty on high?

3 Is not calamity for the unrighteous,
and disaster for the workers of iniquity?

4 Does not he see my ways
and number all my steps?

5 "If I have walked with falsehood
and my foot has hastened to deceit;

6 (Let me be weighed in a just balance,
and let God know my integrity!)

¶ **7** Ist mein Gang gewichen vom Wege und mein Herz meinen Augen nachgefolgt und blieb etwas hängen an meinen Händen,

8 so will ich säen, aber ein anderer soll es essen, und was mir gewachsen ist, soll entwurzelt werden.

¶ **9** Hat sich mein Herz betören lassen um einer Frau willen und hab ich an meines Nächsten Tür gelauert,

10 so soll meine Frau einem andern mahlen, und andere sollen sich über sie beugen.

11 Denn das ist eine Schandtat und eine Schuld, die vor die Richter gehört.

12 Ja, das ist ein Feuer, das bis in den Abgrund frisst und all meine Habe bis auf die Wurzel vernichtet.

¶ **13** Hab ich missachtet das Recht meines Knechts oder meiner Magd, wenn sie eine Sache wider mich hatten,

14 was wollte ich tun, wenn Gott sich erhebt, und was würde ich antworten, wenn er nachforscht?

15 Hat nicht auch ihn erschaffen, der mich im Mutterleibe schuf, hat nicht der **Eine** uns im Mutterschoß bereitet?

¶ **16** Hab ich den Bedürftigen ihr Begehren versagt und die Augen der Witwe verschmachten lassen?

17 Hab ich meinen Bissen allein gegessen, und hat nicht die Waise auch davon gegessen?

18 Nein, ich habe sie von Jugend auf gehalten wie ein Vater, und ich habe sie von Mutterleib an geleitet.

19 Hab ich zugesehen, wie jemand ohne Kleid verkommen ist, und den Armen ohne Decke gehen lassen?

20 Hat er mich nicht gesegnet, wenn er von der Wolle meiner Lämmer erwärmt wurde?

21 Hab ich meine Hand gegen eine Waise erhoben, weil ich sah, dass ich im Tor Helfer hatte,

22 so falle meine Schulter vom Nacken und mein Arm breche aus dem Gelenk!

7 if my step has turned aside from the way
and my heart has gone after my eyes,
and if any spot has stuck to my hands,

8 then let me sow, and another eat,
and let what grows for me[1] be rooted out.

9 "If my heart has been enticed toward a woman,
and I have lain in wait at my neighbor's door,

10 then let my wife grind for another,
and let others bow down on her.

11 For that would be a heinous crime;
that would be an iniquity to be punished by the judges;

12 for that would be a fire that consumes as far as Abaddon,
and it would burn to the root all my increase.

13 "If I have rejected the cause of my manservant or my maidservant,
when they brought a complaint against me,

14 what then shall I do when God rises up?
When he makes inquiry, what shall I answer him?

15 Did not he who made me in the womb make him?
And did not one fashion us in the womb?

16 "If I have withheld anything that the poor desired,
or have caused the eyes of the widow to fail,

17 or have eaten my morsel alone,
and the fatherless has not eaten of it

18 (for from my youth the fatherless[2] grew up with me as with a father,
and from my mother's womb I guided the widow[3]),

19 if I have seen anyone perish for lack of clothing,
or the needy without [covering,

20 if his body has not blessed me,[4]
and if he was not warmed with the fleece of my sheep,

21 if I have raised my hand against the fatherless,
because I saw my help in the gate,

22 then let my shoulder blade fall from my shoulder,
and let my arm be broken from its socket.

23 Denn ich müsste Gottes Strafe über mich fürchten und könnte seine Hoheit nicht ertragen.

¶ **24** Hab ich das Gold zu meiner Zuversicht gemacht und zum Feingold gesagt: »Mein Trost«?

25 Hab ich mich gefreut, dass ich großes Gut besaß und meine Hand so viel erworben hatte?

26 Hab ich das Licht angesehen, wenn es hell leuchtete, und den Mond, wenn er herrlich dahinzog,

27 dass mich mein Herz heimlich betört hätte, ihnen Küsse zuzuwerfen mit meiner Hand?

28 Das wäre auch eine Missetat, die vor die Richter gehört; denn damit hätte ich verleugnet Gott in der Höhe.

¶ **29** Hab ich mich gefreut, wenn's meinem Feinde übel ging, und mich erhoben, weil ihn Unglück getroffen hatte?

30 Nein, ich ließ meinen Mund nicht sündigen, dass ich verwünschte mit einem Fluch seine Seele.

31 Haben nicht die Männer in meinem Zelt sagen müssen: »Wo ist einer, der nicht satt geworden wäre von seinem Fleisch?«

32 Kein Fremder durfte draußen zur Nacht bleiben, sondern meine Tür tat ich dem Wanderer auf.

¶ **33** Hab ich meine Übertretungen, wie Menschen tun, zugedeckt, um heimlich meine Schuld zu verbergen,

34 weil ich mir grauen ließ vor der großen Menge und die Verachtung der Sippen mich abgeschreckt hat, sodass ich still blieb und nicht zur Tür hinausging?

¶ **38** *Hat mein Acker wider mich geschrien und haben miteinander seine Furchen geweint,

39 hab ich seine Früchte unbezahlt gegessen und seinen Ackerleuten das Leben sauer gemacht,

40a so sollen mir Disteln wachsen statt Weizen und Unkraut statt Gerste.

23 For I was in terror of calamity from God,
    and I could not have faced his ˣmajesty.

24 "If I have made gold my trust
    or called fine gold my confidence,

25 if I have rejoiced because my wealth was abundant
    or because my hand had found much,

26 if I have looked at the sun⁵ when it shone,
    or the moon moving in splendor,

27 and my heart has been secretly enticed,
    and my mouth has kissed my hand,

28 this also would be an iniquity to be punished by the judges,
    for I would have been false to God above.

29 "If I have rejoiced at the ruin of him who hated me,
    or exulted when evil overtook him

30 (I have not let my mouth sin
    by asking for his life with a curse),

31 if the men of my tent have not said,
    'Who is there that has not been filled with his meat?'

32 (the sojourner has not lodged in the street;
    I have opened my doors to the traveler),

33 if I have concealed my transgressions as others do⁶
    by hiding my iniquity in my bosom,

34 because I stood in great fear of the multitude,
    and the contempt of families terrified me,
    so that I kept silence, and did not go out of doors—

35 Oh, that I had one to hear me!
    (Here is my signature! Let the Almighty answer me!)
    Oh, that I had the indictment written by my adversary!

36 Surely I would carry it on my shoulder;
    I would bind it on me as a crown;

37 I would give him an account of all my steps;
    like a prince I would approach him.

¶ **35** O hätte ich einen, der mich anhört – hier meine Unterschrift! Der Allmächtige antworte mir! –, oder die Schrift, die mein Verkläger geschrieben!

36 Wahrlich, dann wollte ich sie auf meine Schulter nehmen und wie eine Krone tragen.

37 Ich wollte alle meine Schritte ihm ansagen und wie ein Fürst ihm nahen.

¶ **40b** Die Worte Hiobs haben ein Ende.

DIE REDEN DES ELIHU (KAPITEL 32,1–37,24)

Elihus erste Rede

32 Da hörten die drei Männer auf, Hiob zu antworten, weil er sich für gerecht hielt.

¶ **2** Aber Elihu, der Sohn Barachels des Busiters, aus dem Geschlecht Ram, ward zornig. Er ward zornig über Hiob, weil er sich selber für gerechter hielt als Gott.

3 Auch ward er zornig über seine drei Freunde, weil sie keine Antwort fanden und doch Hiob verdammten.

4 Elihu aber hatte gewartet, bis sie mit Hiob geredet hatten, weil sie älter waren als er.

5 Als Elihu nun sah, dass keine Antwort war im Munde der drei Männer, ward er zornig.

6 Und Elihu, der Sohn Barachels des Busiters, hob an und sprach:

¶ Ich bin jung an Jahren, ihr aber seid alt; darum hab ich mich gescheut und gefürchtet, mein Wissen euch kundzutun.

7 Ich dachte: Lass das Alter reden, und die Menge der Jahre lass Weisheit beweisen.

8 Aber der Geist ist es in den Menschen und der Odem des Allmächtigen, der sie verständig macht.

9 Die Betagten sind nicht die Weisesten, und die Alten verstehen nicht, was das Rechte ist.

10 Darum sage ich: Hört mir zu; auch ich will mein Wissen kundtun.

¶ **11** Siehe, ich habe gewartet, bis ihr geredet hattet; ich habe aufgemerkt auf eure Einsicht, bis ihr die rechten Worte treffen würdet,

12 und habe achtgehabt auf euch; aber siehe, da war keiner unter euch, der Hiob zurechtwies oder seiner Rede antwortete.

13 Sagt nur nicht: »Wir haben Weisheit gefunden; Gott muss ihn schlagen und nicht ein Mensch.«

38 "If my land has cried out against me
and its furrows have wept together,

39 if I have eaten its yield without payment
and made its owners breathe their last,

40 let thorns grow instead of wheat,
and foul weeds instead of barley."

¶ The words of Job are ended.

Elihu Rebukes Job's Three Friends

32 So these three men ceased to answer Job, because he was righteous in his own eyes.

2 Then Elihu the son of Barachel the Buzite, of the family of Ram, burned with anger. He burned with anger at Job because he justified himself rather than God.

3 He burned with anger also at Job's three friends because they had found no answer, although they had declared Job to be in the wrong.

4 Now Elihu had waited to speak to Job because they were older than he.

5 And when Elihu saw that there was no answer in the mouth of these three men, he burned with anger.

¶ **6** And Elihu the son of Barachel the Buzite answered and said:

"I am young in years,
and you are aged;
therefore I was timid and afraid
to declare my opinion to you.

7 I said, 'Let days speak,
and many years teach wisdom.'

8 But it is the spirit in man,
the breath of the Almighty, that makes
him understand.

9 It is not the old[1] who are wise,
nor the aged who understand what is
right.

10 Therefore I say, 'Listen to me;
let me also declare my opinion.'

11 "Behold, I waited for your words,
I listened for your wise sayings,
while you searched out what to say.

12 I gave you my attention,
and, behold, there was none among
you who refuted Job
or who answered his words.

13 Beware lest you say, 'We have found
wisdom;
God may vanquish him, not a man.'

14 Mich haben seine Worte nicht getroffen, und mit euren Reden will ich ihm nicht antworten.

¶ 15 Ach! Betroffen stehen sie da und können nicht mehr antworten; sie wissen nichts mehr zu sagen.

16 Und da soll ich warten, weil sie nicht mehr reden, weil sie dastehen und nicht mehr antworten?

17 Auch ich will mein Teil antworten und will mein Wissen kundtun!

18 Denn ich bin voll von Worten, weil mich der Geist in meinem Inneren bedrängt.

19 Siehe, mein Inneres ist wie der Most, den man nicht herauslässt und der die neuen Schläuche zerreißt.

20 Ich muss reden, dass ich mir Luft mache, ich muss meine Lippen auftun und antworten.

21 Vor mir soll kein Ansehen der Person gelten, und ich will keinem Menschen schmeicheln.

22 Denn ich weiß nicht zu schmeicheln; sonst würde mich mein Schöpfer bald dahinraffen.

33 Höre doch, Hiob, meine Rede und merke auf alle meine Worte!

2 Siehe, ich tue meinen Mund auf, und meine Zunge redet in meinem Munde.

3 Mein Herz spricht aufrichtige Worte, und meine Lippen reden lautere Erkenntnis.

4 Der Geist Gottes hat mich gemacht, und der Odem des Allmächtigen hat mir das Leben gegeben.

5 Kannst du, so antworte mir; rüste dich gegen mich und stelle dich.

6 Siehe, vor Gott bin ich wie du, und aus Erde bin auch ich gemacht.

7 Siehe, du brauchst vor mir nicht zu erschrecken, und mein Drängen soll nicht auf dir lasten.

¶ 8 Du hast geredet vor meinen Ohren, den Ton deiner Reden höre ich noch:

9 »Ich bin rein, ohne Missetat, unschuldig und habe keine Sünde.«

14 He has not directed his words against me,
  and I will not answer him with your speeches.

15 "They are dismayed; they answer no more;
  they have not a word to say.

16 And shall I wait, because they do not speak,
  because they stand there, and answer no more?

17 I also will answer with my share;
  I also will declare my opinion.

18 For I am full of words;
  the spirit within me constrains me.

19 Behold, my belly is like wine that has no vent;
  like new wineskins ready to burst.

20 I must speak, that I may find relief;
  I must open my lips and answer.

21 I will not show partiality to any man
  or use flattery toward any person.

22 For I do not know how to flatter,
  else my Maker would soon take me away.

Elihu Rebukes Job

33 "But now, hear my speech, O Job,
  and listen to all my words.

2 Behold, I open my mouth;
  the tongue in my mouth speaks.

3 My words declare the uprightness of my heart,
  and what my lips know they speak sincerely.

4 The Spirit of God has made me,
  and the breath of the Almighty gives me life.

5 Answer me, if you can;
  set your words in order before me;
  take your stand.

6 Behold, I am toward God as you are;
  I too was pinched off from a piece of clay.

7 Behold, no fear of me need terrify you;
  my pressure will not be heavy upon you.

8 "Surely you have spoken in my ears,
  and I have heard the sound of your words.

9 You say, 'I am pure, without transgression;
  I am clean, and there is no iniquity in me.

10 Siehe, Gott erfindet Vorwürfe wider mich, er betrachtet mich als seinen Feind;
11 er hat meine Füße in den Block gelegt und hat acht auf alle meine Wege.«

12 Siehe, darin hast du nicht recht, muss ich dir antworten; denn Gott ist mehr als ein Mensch.
13 Warum willst du mit ihm hadern, weil er auf Menschenworte nicht Antwort gibt?

¶ **14** Denn auf eine Weise redet Gott und auf eine zweite; nur beachtet man's nicht.

15 Im Traum, im Nachtgesicht, wenn der Schlaf auf die Menschen fällt, wenn sie schlafen auf dem Bett,
16 da öffnet er das Ohr der Menschen und schreckt sie auf und warnt sie,
17 damit er den Menschen von seinem Vorhaben abwende und von ihm die Hoffart tilge
18 und bewahre seine Seele vor dem Verderben und sein Leben vor des Todes Geschoss.

19 Auch warnt er ihn durch Schmerzen auf seinem Bett und durch heftigen Kampf in seinen Gliedern
20 und richtet ihm sein Leben so zu, dass ihm vor der Speise ekelt, und seine Seele, dass sie nicht Lust hat zu essen.
21 Sein Fleisch schwindet dahin, dass man's nicht ansehen kann, und seine Knochen stehen heraus, dass man lieber wegsieht;

22 so nähert er sich der Grube und sein Leben den Toten.
¶ **23** Kommt dann zu ihm ein Engel, ein Mittler, einer aus tausend, kundzutun dem Menschen, was für ihn recht ist,

24 so wird er ihm gnädig sein und sagen: »Erlöse ihn, dass er nicht hinunterfahre zu den Toten; denn ich habe ein Lösegeld gefunden.

25 Sein Fleisch blühe wieder wie in der Jugend, und er soll wieder jung werden.«

26 Er wird Gott bitten und der wird ihm Gnade erweisen und wird ihn sein Antlitz sehen lassen mit Freuden und wird dem Menschen seine Gerechtigkeit zurückgeben.

27 Er wird vor den Leuten lobsingen und sagen: »Ich hatte gesündigt und das Recht verkehrt, aber es ist mir nicht vergolten worden.

10 Behold, he finds occasions against me, he counts me as his enemy,
11 he puts my feet in the stocks and watches all my paths.'

12 "Behold, in this you are not right. I will answer you, for God is greater than man.
13 Why do you contend against him, saying, 'He will answer none of man's[1] words'?[2]

14 For God speaks in one way, and in two, though man does not perceive it.

15 In a dream, in a vision of the night, when ᶜdeep sleep falls on men, while they slumber on their beds,
16 then he opens the ears of men and terrifies them with warnings,
17 that he may turn man aside from his deed and conceal pride from a man;
18 he keeps back his soul from the pit, his life from perishing by the sword.

19 "Man is also rebuked with pain on his bed and with continual strife in his bones,
20 so that his life loathes bread, and his appetite the choicest food.
21 His flesh is so wasted away that it cannot be seen, and his bones that were not seen stick out.
22 His soul draws near the pit, and his life to those who bring death.
23 If there be for him an angel, a mediator, one of the thousand, to declare to man what is right for him,
24 and he is merciful to him, and says, 'Deliver him from going down into the pit; I have found a ransom;
25 let his flesh become fresh with youth; let him return to the days of his youthful vigor';
26 then man[3] prays to God, and he accepts him; he sees his face with a shout of joy, and he restores to man his righteousness.
27 He sings before men and says: 'I sinned and perverted what was right, and it was not repaid to me.

28 Gott hat mich erlöst, dass ich nicht hinfahre zu den Toten, sondern mein Leben das Licht sieht.«

¶ **29** Siehe, das alles tut Gott zwei- oder dreimal mit einem jeden,

30 dass er sein Leben zurückhole von den Toten und erleuchte ihn mit dem Licht der Lebendigen.

¶ **31** Merk auf, Hiob, und höre mir zu und schweige, damit ich reden kann!

32 Hast du aber etwas zu sagen, so antworte mir. Sage an, ich will dir gern recht geben!

33 Hast du aber nichts, so höre mir zu und schweige; ich will dich Weisheit lehren.

Elihus zweite Rede

34 Und Elihu hob an und sprach:

¶ **2** Höret, ihr Weisen, meine Rede, und ihr Verständigen, merkt auf mich!

3 Denn das Ohr prüft die Rede, wie der Gaumen die Speise schmeckt.

4 Lasst uns ein Urteil finden, dass wir miteinander erkennen, was gut ist.

5 Denn Hiob hat gesagt: »Ich bin gerecht, doch Gott verweigert mir mein Recht;

6 ich soll lügen, obwohl ich recht habe, und mich quält der Pfeil, der mich traf, obwohl ich doch ohne Schuld bin.«

7 Wo ist so ein Mann wie Hiob, der Hohn trinkt wie Wasser

8 und auf dem Wege geht mit den Übeltätern und wandelt mit den gottlosen Leuten?

9 Denn er hat gesagt: »Es nützt dem Menschen nichts, wenn er Gottes Wohlgefallen sucht.«

¶ **10** Darum hört mir zu, ihr weisen Männer: Es sei ferne, dass Gott sollte gottlos handeln und der Allmächtige ungerecht;

11 sondern **er vergilt dem Menschen, wie er verdient hat, und trifft einen jeden nach seinem Tun.**

12 Ohne Zweifel, **Gott tut niemals Unrecht, und der Allmächtige beugt das Recht nicht.**

¶ **13** Wer hat ihm die Erde anvertraut? Und wer hat den ganzen Erdkreis hingestellt?

28 He has redeemed my soul from going down into the pit,
and my life shall look upon the light.'

29 "Behold, God does all these things,
twice, three times, with a man,

30 to bring back his soul from the pit,
that he may be lighted with the light of life.

31 Pay attention, O Job, listen to me;
be silent, and I will speak.

32 If you have any words, answer me;
speak, for I desire to justify you.

33 If not, listen to me;
be silent, and I will teach you wisdom."

Elihu Asserts God's Justice

34 Then Elihu answered and said:

2 "Hear my words, you wise men,
and give ear to me, you who know;

3 for the ear tests words
as the palate tastes food.

4 Let us choose what is right;
let us know among ourselves what is good.

5 For Job has said, 'I am in the right,
and God has taken away my right;

6 in spite of my right I am counted a liar;
my wound is incurable, though I am without transgression.'

7 What man is like Job,
who drinks up scoffing like water,

8 who travels in company with evildoers
and walks with wicked men?

9 For he has said, 'It profits a man nothing
that he should take delight in God.'

10 "Therefore, hear me, you men of understanding:
far be it from God that he should do wickedness,
and from the Almighty that he should do wrong.

11 For according to the work of a man he will repay him,
and according to his ways he will make it befall him.

12 Of a truth, God will not do wickedly,
and the Almighty will not pervert justice.

13 Who gave him charge over the earth,
and who laid on him[1] the whole world?

14 Wenn er nur an sich dächte, seinen Geist und Odem an sich zöge,

15 so würde alles Fleisch miteinander vergehen, und der Mensch würde wieder zu Staub werden.

¶ **16** Hast du nun Verstand, so höre das und merke auf die Stimme meiner Reden!

17 Kann denn regieren, wer das Recht hasst? Oder willst du den verdammen, der gerecht und allmächtig ist,

18 der zum König sagt: »Du heilloser Mann«, und zu den Fürsten: »Ihr Gottlosen«,

19 der nicht ansieht die Person der Fürsten und achtet den Vornehmen nicht mehr als den Armen? Denn sie sind alle seiner Hände Werk.

¶ **20** Plötzlich müssen die Leute sterben und zu Mitternacht erschrecken und vergehen; die Mächtigen werden weggenommen ohne Menschenhand.

21 Denn seine Augen sehen auf eines jeden Weg, und er schaut auf alle ihre Schritte.

22 Es gibt keine Finsternis und kein Dunkel, wo sich verbergen könnten die Übeltäter.

23 Denn es wird niemand gesagt, wann er vor Gott zum Gericht erscheinen muss.

24 Er bringt die Stolzen um, ohne sie erst zu verhören, und stellt andere an ihre Stelle;

25 denn er kennt ihre Werke und er stürzt sie des Nachts, dass sie zerschlagen werden.

26 Er urteilt sie ab wie die Gottlosen an einem Ort, wo viele es sehen,

27 weil sie von ihm gewichen sind und verstanden keinen seiner Wege,

28 sodass das Schreien der Armen vor ihn kommen musste und er das Schreien der Elenden hörte.

29 – Wenn er sich aber ruhig hält, wer will ihn verdammen? Und wenn er das Antlitz verbirgt, wer kann ihn schauen unter allen Völkern und Leuten? –

30 So lässt er denn nicht einen Gottlosen regieren, der ein Fallstrick ist für das Volk.

¶ **31** Wenn einer zu Gott sagt: »Ich hab's getragen*, ich will kein Unrecht mehr tun;

14 If he should set his heart to it
    and gather to himself his spirit and his
    breath,
15 all flesh would perish together,
    and man would return to dust.

16 "If you have understanding, hear this;
    listen to what I say.
17 Shall one who hates justice govern?
    Will you condemn him who is righteous and mighty,
18 who says to a king, 'Worthless one,'
    and to nobles, 'Wicked man,'
19 who shows no partiality to princes,
    nor regards the rich more than the
    poor,
    for they are all the work of his hands?
20 In a moment they die;
    at midnight the people are shaken and
    pass away,
    and the mighty are taken away by no
    human hand.

21 "For his eyes are on the ways of a man,
    and he sees all his ^{j}steps.
22 There is no gloom or deep darkness
    where evildoers may hide themselves.
23 For God² has no need to consider a man
    further,
    that he should go before God in
    judgment.
24 He shatters the mighty without
    investigation
    and sets others in their place.
25 Thus, knowing their works,
    he overturns them in the night, and
    they are crushed.
26 He strikes them for their wickedness
    in a place for all to see,
27 because they turned aside from following him
    and had no regard for any of his ways,
28 so that they caused the cry of the poor
    to come to him,
    and he heard the cry of the afflicted—
29 When he is quiet, who can condemn?
    When he hides his face, who can
    behold him,
    whether it be a nation or a man?—
30 that a godless man should not reign,
    that he should not ensnare the people.

31 "For has anyone said to God,
    'I have borne punishment; I will not
    offend any more;

32 was ich nicht sehe, das lehre du mich; hab ich unrecht gehandelt, ich will's nicht mehr tun«,

33 soll er dann nach deinem Sinn vergelten, weil du ja widerrufen hast? Denn du hast zu wählen und nicht ich, und was du erkannt, sage an!

¶ **34** Verständige Leute werden zu mir sagen und ein weiser Mann, der mir zuhört:

35 »Hiob redet mit Unverstand, und seine Worte sind nicht klug.«

36 Oh, Hiob sollte bis zum Äußersten geprüft werden, weil er Antworten gibt wie freche Sünder.

37 Denn zu seiner Sünde fügt er noch Frevel hinzu. Er treibt Spott unter uns und macht viele Worte wider Gott.

Elihus dritte Rede

35 Und Elihu hob an und sprach:

¶ **2** Hältst du das für recht, nennst du das »meine Gerechtigkeit vor Gott«,

3 dass du sprichst: »Was nützt sie mir? Was habe ich davon, dass ich nicht sündige?«

4 Ich will dir antworten ein Wort und deinen Freunden mit dir.

¶ **5** Schau gen Himmel und sieh; und schau die Wolken an hoch über dir!

6 Sündigst du, was kannst du ihm schaden? Und wenn deine Missetaten viel sind, was kannst du ihm tun?

7 Und wenn du gerecht wärst, was kannst du ihm geben oder was wird er von deinen Händen nehmen?

8 Nur einem Menschen wie dir kann deine Bosheit etwas tun und einem Menschenkind deine Gerechtigkeit.

¶ **9** Man schreit, dass viel Gewalt geschieht, und ruft um Hilfe vor dem Arm der Großen;

10 aber man fragt nicht: »Wo ist Gott, mein Schöpfer, der Lobgesänge gibt in der Nacht,

11 der uns klüger macht als die Tiere auf Erden und weiser als die Vögel unter dem Himmel?«

32 teach me what I do not see; if I have done iniquity, I will do it no more'?

33 Will he then make repayment to suit you, because you reject it? For you must choose, and not I; therefore declare what you know.[3]

34 Men of understanding will say to me, and the wise man who hears me will say:

35 'Job speaks without knowledge; his words are without insight.'

36 Would that Job were tried to the end, because he answers like wicked men.

37 For he adds rebellion to his sin; he claps his hands among us and multiplies his words against God."

Elihu Condemns Job

35 And Elihu answered and said:

2 "Do you think this to be just? Do you say, 'It is my right before God,'

3 that you ask, 'What advantage have I? How am I better off than if I had sinned?'

4 I will answer you and your friends with you.

5 Look at the heavens, and see; and behold the clouds, which are higher than you.

6 If you have sinned, what do you accomplish against him? And if your transgressions are multiplied, what do you do to him?

7 If you are righteous, what do you give to him? Or what does he receive from your hand?

8 Your wickedness concerns a man like yourself, and your righteousness a son of man.

9 "Because of the multitude of oppressions people cry out; they call for help because of the arm of the mighty.[1]

10 But none says, 'Where is God my Maker, who gives songs in the night,

11 who teaches us more than the beasts of the earth and makes us wiser than the birds of the heavens?'

12 Da schreien sie über den Hochmut der Bösen, doch er erhört sie nicht.

13 Denn Gott wird Nichtiges nicht erhören, und der Allmächtige wird es nicht ansehen.

14 Nun gar, wenn du sprichst, du könntest ihn nicht sehen – der Rechtsstreit liegt ihm vor, harre nur seiner!

15 Aber nun, da sein Zorn nicht heimsucht und er sich um Frevel nicht viel kümmert,

16 sperrt Hiob seinen Mund auf um nichts und hält stolze Reden mit Unverstand.

Elihus letzte Rede

36 Elihu hob noch einmal an und sprach:

¶ **2** Warte noch ein wenig, ich will dich lehren; denn ich habe noch etwas für Gott zu sagen.

3 Ich will mein Wissen weit herholen und meinem Schöpfer Recht verschaffen.

4 Meine Reden sind wahrlich nicht falsch; vor dir steht einer, der es wirklich weiß.

¶ **5** Siehe, Gott ist mächtig und verwirft niemand; er ist mächtig an Kraft des Herzens.

6 Den Gottlosen erhält er nicht am Leben, sondern hilft dem Elenden zum Recht.

7 Er wendet seine Augen nicht von dem Gerechten, sondern mit Königen auf dem Thron lässt er sie sitzen immerdar, dass sie groß werden.

8 Und wenn sie gefangen liegen in Ketten und elend, gebunden mit Stricken,

9 so hält er ihnen vor, was sie getan haben, und ihre Sünden, dass sie sich überhoben haben,

10 und öffnet ihnen das Ohr zur Warnung und sagt ihnen, dass sie sich von dem Unrecht bekehren sollen.

11 Gehorchen sie und dienen ihm, so werden sie bei guten Tagen alt werden und glücklich leben.

12 Gehorchen sie nicht, so werden sie dahinfahren durch des Todes Geschoss und vergehen in Unverstand.

12 There they cry out, but he does not answer,
because of the pride of evil men.

13 Surely God does not hear an empty cry,
nor does the Almighty regard it.

14 How much less when you say that you do not see him,
that the case is before him, and you are waiting for him!

15 And now, because his anger does not punish,
and he does not take much note of transgression,[2]

16 Job opens his mouth in empty talk;
he multiplies words without knowledge."

Elihu Extols God's Greatness

36 And Elihu continued, and said:

2 "Bear with me a little, and I will show you,
for I have yet something to say on God's behalf.

3 I will get my knowledge from afar
and ascribe righteousness to my Maker.

4 For truly my words are not false;
one who is perfect in knowledge is with you.

5 "Behold, God is mighty, and does not despise any;
he is mighty in strength of understanding.

6 He does not keep the wicked alive,
but gives the afflicted their right.

7 He does not withdraw his eyes from the righteous,
but with kings on the throne
he sets them forever, and they are exalted.

8 And if they are bound in chains
and caught in the cords of affliction,

9 then he declares to them their work
and their transgressions, that they are behaving arrogantly.

10 He opens their ears to instruction
and commands that they return from iniquity.

11 If they listen and serve him,
they complete their days in prosperity,
and their years in pleasantness.

12 But if they do not listen, they perish by the sword
and die without knowledge.

13 Die Ruchlosen verhärten sich im Zorn. Sie flehen nicht, auch wenn er sie gefangen legt;

14 so wird ihre Seele in der Jugend sterben und ihr Leben unter den Hurern im Tempel.

15 Aber den Elenden wird er durch sein Elend erretten und ihm das Ohr öffnen durch Trübsal.

¶ **16** So reißt er auch dich aus dem Rachen der Angst in einen weiten Raum, wo keine Bedrängnis mehr ist; und an deinem Tische, voll von allem Guten, wirst du Ruhe haben.

17 Wenn du aber richtest wie ein Gottloser, so halten dich Gericht und Recht fest.

18 Sieh zu, dass nicht dein Zorn dich verlockt oder die Menge des Lösegeldes dich verleitet.

19 Wird dein Geschrei dich aus der Not bringen oder alle kräftigen Anstrengungen?

20 Sehne dich nicht nach der Nacht, die Völker wegnimmt von ihrer Stätte!

21 Hüte dich und kehre dich nicht zum Unrecht, denn Unrecht wählst du lieber als Elend!

¶ **22** Siehe, Gott ist groß in seiner Kraft; wo ist ein Lehrer, wie er ist?

23 Wer will ihm weisen seinen Weg, und wer will zu ihm sagen: »Du tust Unrecht«?

24 Denk daran, dass du sein Werk preisest, von dem die Menschen singen.

25 Denn alle Menschen schauen danach aus, aber sie sehen's nur von ferne.

26 Siehe, Gott ist groß und unbegreiflich; die Zahl seiner Jahre kann niemand erforschen.

¶ **27** Er zieht empor die Wassertropfen und treibt seine Wolken zusammen zum Regen,

28 dass die Wolken überfließen und Regen senden auf die Menge der Menschen.

29 Wer versteht, wie er die Wolken türmt und donnern lässt aus seinem Gezelt?

30 Siehe, er breitet sein Licht um sich und bedeckt alle Tiefen des Meeres.

31 Denn damit regiert er die Völker und gibt Speise die Fülle.

13 "The godless in heart cherish anger;
they do not cry for help when he binds them.

14 They die in youth,
and their life ends among the cult prostitutes.

15 He delivers the afflicted by their affliction
and opens their ear by adversity.

16 He also allured you out of distress
into a broad place where there was no cramping,
and what was set on your table was full of fatness.

17 "But you are full of the judgment on the wicked;
judgment and justice seize you.

18 Beware lest wrath entice you into scoffing,
and let not the greatness of the ransom turn you aside.

19 Will your cry for help avail to keep you from distress,
or all the force of your strength?

20 Do not long for the night,
when peoples vanish in their place.

21 Take care; do not turn to iniquity,
for this you have chosen rather than affliction.

22 Behold, God is exalted in his power;
who is a teacher like him?

23 Who has prescribed for him his way,
or who can say, 'You have done wrong'?

24 "Remember to extol his work,
of which men have sung.

25 All mankind has looked on it;
man beholds it from afar.

26 Behold, God is great, and we know him not;
the number of his years is unsearchable.

27 For he draws up the drops of water;
they distill his mist in rain,

28 which the skies pour down
and drop on mankind abundantly.

29 Can anyone understand the spreading of the clouds,
the thunderings of his pavilion?

30 Behold, he scatters his lightning about him
and covers the roots of the sea.

31 For by these he judges peoples;
he gives food in abundance.

32 Er bedeckt seine Hände mit Blitzen und bietet sie auf gegen den, der ihn angreift.

33 Ihn kündet an sein Donnern, wenn er mit Zorn eifert gegen den Frevel.

37 Darüber entsetzt sich mein Herz und fährt bebend hoch.

2 O hört doch, wie sein Donner rollt und was für Gedröhn aus seinem Munde geht!

3 Er lässt ihn hinfahren unter dem ganzen Himmel und seinen Blitz über die Enden der Erde.

4 Ihm nach brüllt der Donner, und er donnert mit seinem großen Schall; und wenn sein Donner gehört wird, hält er die Blitze nicht zurück.

5 Gott donnert mit seinem Donner wunderbar und tut große Dinge, die wir nicht begreifen.

6 Er spricht zum Schnee: »Falle zur Erde!«, und zum Platzregen, so ist der Platzregen da mit Macht.

7 So legt er alle Menschen unter Siegel, dass die Leute erkennen, was er tun kann.

8 Die wilden Tiere gehen in die Höhle und legen sich auf ihr Lager.

9 Aus seinen Kammern kommt der Sturm und von Norden her die Kälte.

10 Vom Odem Gottes kommt Eis, und die weiten Wasser liegen erstarrt.

11 Die Wolken beschwert er mit Wasser, und aus der Wolke bricht sein Blitz.

12 Er kehrt die Wolken, wohin er will, dass sie alles tun, was er ihnen gebietet auf dem Erdkreis:

13 Zur Züchtigung für ein Land oder zum Segen lässt er sie kommen.

¶ **14** Das vernimm, Hiob, steh still und merke auf die Wunder Gottes!

15 Weißt du, wie Gott ihnen Weisung gibt und wie er das Licht aus seinen Wolken hervorbrechen lässt?

16 Weißt du, wie die Wolken schweben, die Wunder des Allwissenden?

32 He covers his hands with the lightning and commands it to strike the mark.

33 Its crashing declares his presence;[1] the cattle also declare that he rises.

Elihu Proclaims God's Majesty

37 "At this also my heart trembles and leaps out of its place.

2 Keep listening to the thunder of his voice
and the rumbling that comes from his mouth.

3 Under the whole heaven he lets it go, and his lightning to the corners of the earth.

4 After it his voice roars; he thunders with his majestic voice, and he does not restrain the lightnings[1] when his voice is heard.

5 God thunders wondrously with his voice; he does great things that we cannot comprehend.

6 For to the snow he says, 'Fall on the earth,' likewise to the downpour, his mighty downpour.

7 He seals up the hand of every man, that all men whom he made may know it.

8 Then the beasts go into their lairs, and remain in their dens.

9 From its chamber comes the whirlwind, and cold from the scattering winds.

10 By the breath of God ice is given, and the broad waters are frozen fast.

11 He loads the thick cloud with moisture; the clouds scatter his lightning.

12 They turn around and around by his guidance,
[z] to accomplish all that he commands them
on the face of the habitable world.

13 Whether for correction or for his land or for love, he causes it to happen.

14 "Hear this, O Job; stop and consider the wondrous works of God.

15 Do you know how God lays his command upon them
and causes the lightning of his cloud to shine?

16 Do you know the balancings[2] of the clouds,
the wondrous works of him who is perfect in knowledge,

17 Du, dem schon die Kleider heiß werden, wenn das Land still liegt unterm Südwind,

18 kannst du gleich ihm die Wolkendecke ausbreiten, die fest ist wie ein gegossener Spiegel?

19 Zeige uns, was wir ihm sagen sollen; denn wir können nichts vorbringen vor Finsternis.

20 Wenn jemand redet, muss es ihm gesagt werden? Hat je ein Mensch gesagt, er wolle vernichtet werden?

21 Eben sah man das Licht nicht, das hinter den Wolken hell leuchtet; als aber der Wind daherfuhr, da wurde es klar.

22 Von Norden kommt goldener Schein; um Gott her ist schrecklicher Glanz.
23 Den Allmächtigen erreichen wir nicht, der so groß ist an Kraft und reich an Gerechtigkeit. Das Recht beugt er nicht.

24 Darum sollen ihn die Menschen fürchten, und er sieht keinen an, wie weise sie auch sind.

DIE ANTWORT GOTTES (KAPITEL 38,1–42,17)

Die erste Rede des Herrn aus dem Wettersturm

38 Und der HERR antwortete Hiob aus dem Wettersturm und sprach:

¶ **2** Wer ist's, der den Ratschluss verdunkelt mit Worten ohne Verstand?
3 Gürte deine Lenden wie ein Mann! Ich will dich fragen, lehre mich!

¶ **4** Wo warst du, als ich die Erde gründete? Sage mir's, wenn du so klug bist!

5 Weißt du, wer ihr das Maß gesetzt hat oder wer über sie die Richtschnur gezogen hat?
6 Worauf sind ihre Pfeiler eingesenkt, oder wer hat ihren Eckstein gelegt,
7 als mich die Morgensterne miteinander lobten und jauchzten alle Gottessöhne?

¶ **8** Wer hat das Meer mit Toren verschlossen, als es herausbrach wie aus dem Mutterschoß,
9 als ich's mit Wolken kleidete und in Dunkel einwickelte wie in Windeln,

---

17 you whose garments are hot when the earth is still because of the south wind?

18 Can you, like him, spread out the skies, hard as a cast metal mirror?

19 Teach us what we shall say to him; we cannot draw up our case because of darkness.

20 Shall it be told him that I would speak? Did a man ever wish that he would be swallowed up?

21 "And now no one looks on the light when it is bright in the skies, when the wind has passed and cleared them.

22 Out of the north comes golden splendor; God is clothed with awesome majesty.
23 The Almighty—we cannot find him; he is great in power; justice and abundant righteousness he will not violate.
24 Therefore men fear him; he does not regard any who are wise in their own conceit."[3]

The LORD Answers Job

38 Then the LORD answered Job out of the whirlwind and said:

2 "Who is this that darkens counsel by words without knowledge?
3 Dress for action[1] like a man; I will question you, and you make it known to me.

4 "Where were you when I laid the foundation of the earth? Tell me, if you have understanding.
5 Who determined its measurements— surely you know! Or who stretched the line upon it?
6 On what were its bases sunk, or who laid its cornerstone,
7 when the morning stars sang together and all the sons of God shouted for joy?

8 "Or who shut in the sea with doors when it burst out from the womb,
9 when I made clouds its garment and thick darkness its swaddling band,

10 als ich ihm seine Grenze bestimmte mit meinem Damm und setzte ihm Riegel und Tore

11 und sprach: »Bis hierher sollst du kommen und nicht weiter; hier sollen sich legen deine stolzen Wellen!«?

¶ **12** Hast du zu deiner Zeit dem Morgen geboten und der Morgenröte ihren Ort gezeigt,

13 damit sie die Ecken der Erde fasste und die Gottlosen herausgeschüttelt würden?

14 Sie wandelt sich wie Ton unter dem Siegel und färbt sich bunt wie ein Kleid.

15 Und den Gottlosen wird ihr Licht genommen und der erhobene Arm zerbrochen werden.

¶ **16** Bist du zu den Quellen des Meeres gekommen und auf dem Grund der Tiefe gewandelt?

17 Haben sich dir des Todes Tore je aufgetan, oder hast du gesehen die Tore der Finsternis?

18 Hast du erkannt, wie breit die Erde ist? Sage an, weißt du das alles?

19 Welches ist der Weg dahin, wo das Licht wohnt, und welches ist die Stätte der Finsternis,

20 dass du sie zu ihrem Gebiet bringen könntest und kennen die Pfade zu ihrem Hause?

21 Du weißt es ja, denn zu der Zeit wurdest du geboren, und deine Tage sind sehr viel!

¶ **22** Bist du gewesen, wo der Schnee herkommt, oder hast du gesehen, wo der Hagel herkommt,

23 die ich verwahrt habe für die Zeit der Trübsal und für den Tag des Streites und Krieges?

24 Welches ist der Weg dahin, wo das Licht sich teilt und der Ostwind hinfährt über die Erde?

25 Wer hat dem Platzregen seine Bahn gebrochen und den Weg dem Blitz und Donner,

10 and prescribed limits for it
  and set bars and doors,

11 and said, 'Thus far shall you come, and no farther,
  and here shall your proud waves be stayed'?

12 "Have you commanded the morning since your days began,
  and caused the dawn to know its place,

13 that it might take hold of the skirts of the earth,
  and the wicked be shaken out of it?

14 It is changed like clay under the seal,
  and its features stand out like a garment.

15 From the wicked their light is withheld,
  and their uplifted arm is broken.

16 "Have you entered into the springs of the sea,
  or walked in the recesses of the deep?

17 Have the gates of death been revealed to you,
  or have you seen the gates of deep darkness?

18 Have you comprehended the expanse of the earth?
  Declare, if you know all this.

19 "Where is the way to the dwelling of light,
  and where is the place of darkness,

20 that you may take it to its territory
  and that you may discern the paths to its home?

21 You know, for you were born then,
  and the number of your days is great!

22 "Have you entered the storehouses of the snow,
  or have you seen ^{m}the storehouses of the hail,

23 which I have reserved for the time of trouble,
  ^{n} for the day of battle and war?

24 What is the way to the place where the light is distributed,
  or where the east wind is scattered upon the earth?

25 "Who has cleft a channel for the torrents of rain
  and a way for the thunderbolt,

26 dass es regnet aufs Land, wo niemand ist, in der Wüste, wo kein Mensch ist,

27 damit Einöde und Wildnis gesättigt werden und das Gras wächst?

28 Wer ist des Regens Vater? Wer hat die Tropfen des Taus gezeugt?

29 Aus wessen Schoß geht das Eis hervor, und wer hat den Reif unter dem Himmel gezeugt,

30 dass Wasser sich zusammenzieht wie Stein und der Wasserspiegel gefriert?

¶ **31** Kannst du die Bande des Siebengestirns zusammenbinden oder den Gürtel des Orion auflösen?

32 Kannst du die Sterne des Tierkreises aufgehen lassen zur rechten Zeit oder die Bärin samt ihren Jungen heraufführen?

33 Weißt du des Himmels Ordnungen, oder bestimmst du seine Herrschaft über die Erde?

¶ **34** Kannst du deine Stimme zu der Wolke erheben, damit dich die Menge des Wassers überströme?

35 Kannst du die Blitze aussenden, dass sie hinfahren und sprechen zu dir: »Hier sind wir«?

36 Wer gibt die Weisheit in das Verborgene? Wer gibt verständige Gedanken?

37 Wer ist so weise, dass er die Wolken zählen könnte? Wer kann die Wasserschläuche am Himmel ausschütten,

38 wenn der Erdboden hart wird, als sei er gegossen, und die Schollen fest aneinanderkleben?

¶ **39** Kannst du der Löwin ihren Raub zu jagen geben und die jungen Löwen sättigen,

40 wenn sie sich legen in ihren Höhlen und lauern in ihrem Versteck?

41 Wer bereitet dem Raben die Speise, wenn seine Jungen zu Gott rufen und irrefliegen, weil sie nichts zu essen haben?

26 to bring rain on a land where no man is, on the desert in which there is no man,

27 to satisfy the waste and desolate land, and to make the ground sprout with grass?

28 "Has the rain a father, or who has begotten the drops of dew?

29 From whose womb did the ice come forth, and who has given birth to 'the frost of heaven?

30 The waters become hard like stone, and the face of the deep is frozen.

31 "Can you bind the chains of the Pleiades or loose the cords of ᵛOrion?

32 Can you lead forth the Mazzaroth² in their season, or can you guide the Bear with its children?

33 Do you know the ordinances of the heavens? Can you establish their rule on the earth?

34 "Can you lift up your voice to the clouds, that a flood of waters may cover you?

35 Can you send forth lightnings, that they may go and say to you, 'Here we are'?

36 Who has put wisdom in the inward parts³ or given understanding to the mind?⁴

37 Who can number the clouds by wisdom? Or who can tilt the waterskins of the heavens,

38 when the dust runs into a mass and the clods stick fast together?

39 "Can you hunt the prey for the lion, or satisfy the appetite of the young lions,

40 when they crouch in their dens or lie in wait in their thicket?

41 Who provides for the raven its prey, when its young ones cry to God for help, and wander about for lack of food?

39 Weißt du die Zeit, wann die Gämsen gebären, oder hast du aufgemerkt, wann die Hirschkühe kreißen?

2 Zählst du die Monde, die sie erfüllen müssen, oder weißt du die Zeit, wann sie gebären?

3 Sie kauern sich nieder, werfen ihre Jungen und werden los ihre Wehen.

4 Ihre Jungen werden stark und groß im Freien und gehen davon und kommen nicht wieder zu ihnen.

¶ **5** Wer hat dem Wildesel die Freiheit gegeben, wer hat die Bande des Flüchtigen gelöst,

6 dem ich die Steppe zum Hause gegeben habe und die Salzwüste zur Wohnung?

7 Er verlacht das Lärmen der Stadt, die Schreie des Treibers hört er nicht;
8 er durchstreift die Berge, wo seine Weide ist, und sucht, wo es grün ist.

¶ **9** Meinst du, der Wildstier wird dir dienen wollen und wird bleiben an deiner Krippe?

10 Kannst du ihm das Seil anknüpfen, um Furchen zu machen, oder wird er hinter dir in den Tälern den Pflug ziehen?
11 Kannst du dich auf ihn verlassen, weil er so stark ist, und überlässt du ihm, was du erarbeitet hast?
12 Kannst du ihm trauen, dass er dein Korn einbringt und in deine Scheune sammelt?

¶ **13** Der Fittich der Straußin hebt sich fröhlich; aber ist's ein Gefieder, das sorgsam birgt?

14 Lässt sie doch ihre Eier auf der Erde liegen zum Ausbrüten auf dem Boden

15 und vergisst, dass ein Fuß sie zertreten und ein wildes Tier sie zerbrechen kann!

16 Sie ist so hart gegen ihre Jungen, als wären es nicht ihre; es kümmert sie nicht, dass ihre Mühe umsonst war.

17 Denn Gott hat ihr die Weisheit versagt und hat ihr keinen Verstand zugeteilt.

18 Doch wenn sie aufgescheucht wird, verlacht sie Ross und Reiter.

39 "Do you know when the mountain goats give birth?
Do you observe the calving of the does?
2 Can you number the months that they fulfill,
and do you know the time when they give birth,
3 when they crouch, bring forth their offspring,
and are delivered of their young?
4 Their young ones become strong; they grow up in the open;
they go out and do not return to them.

5 "Who has let the wild donkey go free?
Who has loosed the bonds of the swift donkey,
6 to whom I have given the arid plain for his home
and the salt land for his dwelling place?
7 He scorns the tumult of the city;
he hears not the shouts of the driver.
8 He ranges the mountains as his pasture,
and he searches after every green thing.

9 "Is the wild ox willing to serve you?
Will he spend the night at your manger?
10 Can you bind him in the furrow with ropes,
or will he harrow the valleys after you?
11 Will you depend on him because his strength is great,
and will you leave to him your labor?
12 Do you have faith in him that he will return your grain
and gather it to your threshing floor?

13 "The wings of the ostrich wave proudly,
but are they the pinions and plumage of love?[1]
14 For she leaves her eggs to the earth
and lets them be warmed on the ground,
15 forgetting that a foot may crush them
and that the wild beast may trample them.
16 She deals cruelly with her young, as if they were not hers;
though her labor be in vain, yet she has no fear,
17 because God has made her forget wisdom
and given her no share in understanding.
18 When she rouses herself to flee,[2]
she laughs at the horse and his rider.

¶ **19** Kannst du dem Ross Kräfte geben oder seinen Hals zieren mit einer Mähne?

20 Kannst du es springen lassen wie die Heuschrecken? Schrecklich ist sein prächtiges Schnauben.

21 Es stampft auf den Boden und freut sich, mit Kraft zieht es aus, den Geharnischten entgegen.

22 Es spottet der Furcht und erschrickt nicht und flieht nicht vor dem Schwert.

23 Auf ihm klirrt der Köcher und glänzen Spieß und Lanze.

24 Mit Donnern und Tosen fliegt es über die Erde dahin und lässt sich nicht halten beim Schall der Trompete.

25 Sooft die Trompete erklingt, wiehert es »Hui!« und wittert den Kampf von ferne, das Rufen der Fürsten und Kriegsgeschrei.

¶ **26** Fliegt der Falke empor dank deiner Einsicht und breitet seine Flügel aus, dem Süden zu?

27 Fliegt der Adler auf deinen Befehl so hoch und baut sein Nest in der Höhe?

28 Auf Felsen wohnt er und nächtigt auf Zacken der Felsen und steilen Klippen.

29 Von dort schaut er aus nach Beute, und seine Augen sehen sie von ferne.

30 Seine Jungen gieren nach Blut, und wo Erschlagene liegen, da ist er.

Hiobs erste Antwort an den Herrn

40 Und der HERR antwortete Hiob und sprach:

2 Wer mit dem Allmächtigen rechtet, kann der ihm etwas vorschreiben? Wer Gott zurechtweist, der antworte!

¶ **3** Hiob aber antwortete dem HERRN und sprach:

4 Siehe, ich bin zu gering, was soll ich antworten? Ich will meine Hand auf meinen Mund legen.

5 Einmal hab ich geredet und will nicht mehr antworten, ein zweites Mal geredet und will's nicht wieder tun.

19 "Do you give the horse his might? Do you clothe his neck with a mane?

20 Do you make him leap like the locust? His majestic snorting is terrifying.

21 He paws[3] in the valley and exults in his strength; he goes out to meet the weapons.

22 He laughs at fear and is not dismayed; he does not turn back from the sword.

23 Upon him rattle the quiver, the flashing spear, and the javelin.

24 With fierceness and rage he swallows the ground; he cannot stand still at the sound of the trumpet.

25 When the trumpet sounds, he says 'Aha!' He smells the battle from afar, the thunder of the captains, and the shouting.

26 "Is it by your understanding that the hawk soars and spreads his wings toward the south?

27 Is it at your command that the eagle mounts up and makes his nest on high?

28 On the rock he dwells and makes his home, on the rocky crag and stronghold.

29 From there he spies out the prey; his eyes behold it from far away.

30 His young ones suck up blood, and where the slain are, there is he."

40 And the LORD said to Job:

2 "Shall a faultfinder contend with the Almighty? He who argues with God, let him answer it."

Job Promises Silence

¶ **3** Then Job answered the LORD and said:

4 "Behold, I am of small account; what shall I answer you? I lay my hand on my mouth.

5 I have spoken once, and I will not answer; [b] twice, but I will proceed no further."

Zweite Rede des Herrn aus dem Wettersturm

6 Und der HERR antwortete Hiob aus dem Wettersturm und sprach:

¶ **7** Gürte wie ein Mann deine Lenden! Ich will dich fragen; lehre mich!

8 Willst du mein Urteil zunichtemachen und mich schuldig sprechen, dass du recht behältst?

9 Hast du einen Arm wie Gott, und kannst du mit gleicher Stimme donnern wie er?

10 Schmücke dich mit Pracht und Hoheit; zieh Majestät und Herrlichkeit an!

11 Streu aus den Zorn deines Grimmes; schau an alle Hochmütigen und demütige sie!

12 Ja, schau alle Hochmütigen an und beuge sie und zertritt die Gottlosen in Grund und Boden!

13 Verscharre sie miteinander in der Erde, und versenke sie ins Verborgene,
14 so will auch ich dich preisen, dass dir deine rechte Hand helfen kann.

¶ **15** Siehe da den Behemot*, den ich geschaffen habe wie auch dich! Er frisst Gras wie ein Rind.

16 Siehe, welch eine Kraft ist in seinen Lenden und welch eine Stärke in den Muskeln seines Bauchs!
17 Sein Schwanz streckt sich wie eine Zeder; die Sehnen seiner Schenkel sind dicht geflochten.
18 Seine Knochen sind wie eherne Röhren, seine Gebeine wie eiserne Stäbe.

19 Er ist das erste der Werke Gottes; der ihn gemacht hat, gab ihm sein Schwert.

20 Die Berge tragen Futter für ihn, und alle wilden Tiere spielen dort.
21 Er liegt unter Lotosbüschen, im Rohr und im Schlamm verborgen.

22 Lotosbüsche bedecken ihn mit Schatten, und die Bachweiden umgeben ihn.

23 Siehe, der Strom schwillt gewaltig an: er dünkt sich sicher, auch wenn ihm der Jordan ins Maul dringt.

The Lord Challenges Job

¶ **6** Then the LORD answered Job out of the whirlwind and said:

7 "Dress for action[1] like a man;
I will question you, and you make it known to me.
8 Will you even put me in the wrong?
Will you condemn me that you may be in the right?
9 Have you an arm like God,
and can you thunder with a voice like his?

10 "Adorn yourself with majesty and dignity;
clothe yourself with glory and splendor.
11 Pour out the overflowings of your anger,
and look on everyone who is proud and abase him.
12 Look on everyone who is proud and bring him low
and tread down the wicked where they stand.
13 Hide them all in the dust together;
bind their faces in the world below.[2]
14 Then will I also acknowledge to you
that your own right hand can save you.

15 "Behold, Behemoth,[3]
which I made as I made you;
he eats grass like an ox.
16 Behold, his strength in his loins,
and his power in the muscles of his belly.
17 He makes his tail stiff like a cedar;
the sinews of his thighs are knit together.
18 His bones are tubes of bronze,
his limbs like bars of iron.

19 "He is the first of the works[4] of God;
let him who made him bring near his sword!
20 For the mountains yield food for him
where all the wild beasts play.
21 Under the lotus plants he lies,
in the shelter of the reeds and in the marsh.
22 For his shade the lotus trees cover him;
the willows of the brook surround him.
23 Behold, if the river is turbulent he is not frightened;
he is confident though Jordan rushes against his mouth.

24 Kann man ihn fangen Auge in Auge und ihm einen Strick durch seine Nase ziehen?

¶ **25** Kannst du den Leviatan* fangen mit der Angel und seine Zunge mit einer Fangschnur fassen?
26 Kannst du ihm ein Binsenseil an die Nase legen und mit einem Haken ihm die Backen durchbohren?
27 Meinst du, er wird dich lang um Gnade bitten oder dir süße Worte geben?
28 Meinst du, er wird einen Bund mit dir schließen, dass du ihn für immer zum Knecht bekommst?
29 Kannst du mit ihm spielen wie mit einem Vogel oder ihn für deine Mädchen anbinden?

30 Meinst du, die Zunftgenossen werden um ihn feilschen und die Händler ihn verteilen?

31 Kannst du mit Spießen spicken seine Haut und mit Fischerhaken seinen Kopf?
32 Lege deine Hand an ihn! An **den** Kampf wirst du denken und es nicht wieder tun!

41 Siehe, jede Hoffnung wird an ihm zuschanden; schon wenn einer ihn sieht, stürzt er zu Boden.
2 Niemand ist so kühn, dass er ihn zu reizen wagt. – Wer ist denn, der vor mir bestehen könnte?

3 Wer kann mir entgegentreten und ich lasse ihn unversehrt? Unter dem ganzen Himmel ist keiner!

¶ **4** Ich will nicht schweigen von seinen Gliedern, wie groß, wie mächtig und wohlgeschaffen er ist.

5 Wer kann ihm den Panzer ausziehen, und wer darf es wagen, ihm zwischen die Zähne zu greifen?
6 Wer kann die Tore seines Rachens auftun? Um seine Zähne herum herrscht Schrecken.
7 Stolz stehen sie wie Reihen von Schilden, geschlossen und eng aneinandergefügt.
8 Einer reiht sich an den andern, dass nicht ein Lufthauch hindurchgeht.
9 Es haftet einer am andern, sie schließen sich zusammen und lassen sich nicht trennen.

10 Sein Niesen lässt Licht aufleuchten; seine Augen sind wie die Wimpern der Morgenröte.

24 Can one take him by his eyes,[5] or pierce his nose with a snare?

41 [1] "Can you draw out Leviathan[2] with a fishhook or press down his tongue with a cord?
2 Can you put a rope in his nose or pierce his jaw with [v]a hook?
3 Will he make many pleas to you? Will he speak to you soft words?
4 Will he make a covenant with you to take him for your servant forever?

5 Will you play with him as with a bird, or will you put him on a leash for your girls?
6 Will traders bargain over him? Will they divide him up among the merchants?
7 Can you fill his skin with harpoons or his head with fishing spears?
8 Lay your hands on him; remember the battle—you will not do it again!

9 [3] Behold, the hope of a man is false; he is laid low even at the sight of him.

10 No one is so fierce that he dares to stir him up. Who then is he who can stand before me?
11 Who has first given to me, that I should repay him? Whatever is under the whole heaven is mine.

12 "I will not keep silence concerning his limbs, or his mighty strength, or his goodly frame.
13 Who can strip off his outer garment? Who would come near him with a bridle?
14 Who can open the doors of his face? Around his teeth is terror.
15 His back is made of[4] rows of shields, shut up closely as with a seal.
16 One is so near to another that no air can come between them.
17 They are joined one to another; they clasp each other and cannot be separated.
18 His sneezings flash forth light, and his eyes are like the eyelids of the dawn.

11 Aus seinem Rachen fahren Fackeln, und feurige Funken schießen heraus.

12 Aus seinen Nüstern fährt Rauch wie von einem siedenden Kessel und Binsenfeuer.

13 Sein Odem ist wie lichte Lohe, und aus seinem Rachen schlagen Flammen.

14 Auf seinem Nacken wohnt die Stärke, und vor ihm her tanzt die Angst.

15 Die Wampen seines Fleisches haften an ihm, fest angegossen, ohne sich zu bewegen.

16 Sein Herz ist so hart wie ein Stein und so fest wie der untere Mühlstein.

¶ **17** Wenn er sich erhebt, so entsetzen sich die Starken, und vor Schrecken wissen sie nicht aus noch ein.

18 Trifft man ihn mit dem Schwert, so richtet es nichts aus, auch nicht Spieß, Geschoss und Speer.

19 Er achtet Eisen wie Stroh und Erz wie faules Holz.

20 Kein Pfeil wird ihn verjagen; die Schleudersteine sind ihm wie Spreu.

21 Die Keule achtet er wie einen Strohhalm; er spottet der sausenden Lanze.

22 Unter seinem Bauch sind scharfe Spitzen; er fährt wie ein Dreschschlitten über den Schlamm.

23 Er macht, dass die Tiefe brodelt wie ein Topf, und rührt das Meer um, wie man Salbe mischt.

24 Er lässt hinter sich eine leuchtende Bahn; man denkt, die Flut sei Silberhaar.

25 Auf Erden ist nicht seinesgleichen; er ist ein Geschöpf ohne Furcht.

26 Er sieht allem ins Auge, was hoch ist; er ist König über alle stolzen Tiere.

Hiobs letzte Antwort an den Herrn

42 Und Hiob antwortete dem HERRN und sprach:

¶ **2** Ich erkenne, dass du alles vermagst, und nichts, das du dir vorgenommen, ist dir zu schwer.

3 »Wer ist der, der den Ratschluss verhüllt mit Worten ohne Verstand?« Darum hab ich unweise geredet, was mir zu hoch ist und ich nicht verstehe.

19 Out of his mouth go flaming torches; sparks of fire leap forth.

20 Out of his nostrils comes forth smoke, as from a boiling pot and burning rushes.

21 His breath kindles coals, and a flame comes forth from his mouth.

22 In his neck abides strength, and terror dances before him.

23 The folds of his flesh stick together, firmly cast on him and immovable.

24 His heart is hard as a stone, hard as the lower millstone.

25 When he raises himself up the mighty[5] are afraid; at the crashing they are beside themselves.

26 Though the sword reaches him, it does not avail, nor the spear, the dart, or the javelin.

27 He counts iron as straw, and bronze as rotten wood.

28 The arrow cannot make him flee; for him sling stones are turned to stubble.

29 Clubs are counted as stubble; he laughs at the rattle of javelins.

30 His underparts are like sharp potsherds; he spreads himself like a threshing sledge on the mire.

31 He makes the deep boil like a pot; he makes the sea like a pot of ointment.

32 Behind him he leaves a shining wake; one would think the deep to be white-haired.

33 On earth there is not his like, a creature without fear.

34 He sees everything that is high; he is king over all the sons of pride."

Job's Confession and Repentance

42 Then Job answered the LORD and said:

2 "I know that you can do all things, and that no purpose of yours can be thwarted.

3 'Who is this that hides counsel without knowledge?' Therefore I have uttered what I did not understand, things too wonderful for me, which I did not know.

4 »So höre nun, lass mich reden; ich will dich fragen, lehre mich!«

5 Ich hatte von dir nur vom Hörensagen vernommen; aber nun hat mein Auge dich gesehen.

6 Darum spreche ich mich schuldig und tue Buße in Staub und Asche.

Gott rechtfertigt Hiob gegenüber seinen Freunden

7 Als nun der HERR diese Worte mit Hiob geredet hatte, sprach er zu Elifas von Teman: Mein Zorn ist entbrannt über dich und über deine beiden Freunde; denn ihr habt nicht recht von mir geredet wie mein Knecht Hiob.

8 So nehmt nun sieben junge Stiere und sieben Widder und geht hin zu meinem Knecht Hiob und opfert Brandopfer für euch; aber mein Knecht Hiob soll für euch Fürbitte tun; denn ihn will ich erhören, dass ich nicht töricht an euch handle. Denn ihr habt nicht recht von mir geredet wie mein Knecht Hiob.

9 Da gingen hin Elifas von Teman, Bildad von Schuach und Zofar von Naama und taten, wie der HERR ihnen gesagt hatte. Und der HERR erhörte Hiob.

Hiobs gesegnetes Ende

10 Und der HERR wandte das Geschick Hiobs, als er für seine Freunde Fürbitte tat. Und der HERR gab Hiob doppelt so viel, wie er gehabt hatte.

11 Und es kamen zu ihm alle seine Brüder und alle seine Schwestern und alle, die ihn früher gekannt hatten, und aßen mit ihm in seinem Hause und sprachen ihm zu und trösteten ihn über alles Unglück, das der HERR über ihn hatte kommen lassen. Und ein jeder gab ihm ein Goldstück und einen goldenen Ring.

12 Und der HERR segnete Hiob fortan mehr als einst, sodass er vierzehntausend Schafe kriegte und sechstausend Kamele und tausend Joch Rinder und tausend Eselinnen.

13 Und er bekam sieben Söhne und drei Töchter

14 und nannte die erste Jemima, die zweite Kezia und die dritte Keren-Happuch.

15 Und es gab keine so schönen Frauen im ganzen Lande wie die Töchter Hiobs. Und ihr Vater gab ihnen Erbteil unter ihren Brüdern.

16 Und Hiob lebte danach hundertundvierzig Jahre und sah Kinder und Kindeskinder bis in das vierte Glied.

17 Und Hiob starb alt und lebenssatt.

4 'Hear, and I will speak;
     I will question you, and you make it
       known to me.'

5 I had heard of you by the hearing of the
     ear,
     but now my eye sees you;

6 therefore I despise myself,
     and repent[1] in dust and ashes."

The LORD Rebukes Job's Friends

7 After the LORD had spoken these words to Job, the LORD said to Eliphaz the Temanite: "My anger burns against you and against your two friends, for you have not spoken of me what is right, as my servant Job has.

8 Now therefore take seven bulls and seven rams and go to my servant Job and offer up a burnt offering for yourselves. And my servant Job shall pray for you, for I will accept his prayer not to deal with you according to your folly. For you have not spoken of me what is right, as my servant Job has."

9 So Eliphaz the Temanite and Bildad the Shuhite and Zophar the Naamathite went and did what the LORD had told them, and the LORD accepted Job's prayer.

The LORD Restores Job's Fortunes

10 And the LORD restored the fortunes of Job, when he had prayed for his friends. And the LORD gave Job twice as much as he had before.

11 Then came to him all his brothers and sisters and all who had 'known him before, and ate bread with him in his house. And they showed him sympathy and comforted him for all the evil[2] that the LORD had brought upon him. And each of them gave him a piece of money[3] and a ring of gold.

12 And the LORD blessed the latter days of Job more than his beginning. And he had 14,000 sheep, 6,000 camels, 1,000 yoke of oxen, and 1,000 female donkeys.

13 He had also seven sons and three daughters.

14 And he called the name of the first daughter Jemimah, and the name of the second Keziah, and the name of the third Keren-happuch.

15 And in all the land there were no women so beautiful as Job's daughters. And their father gave them an inheritance among their brothers.

16 And after this Job lived 140 years, and saw his sons, and his sons' sons, four generations.

17 And Job died, an old man, and full of days.

DER PSALTER

ERSTES BUCH

Der Weg des Frommen – der Weg des Gottlosen

1 Wohl dem, der nicht wandelt im Rat der
 Gottlosen /
noch tritt auf den Weg der Sünder
 noch sitzt, wo die Spötter sitzen,

2 sondern hat Lust am Gesetz des HERRN
 und sinnt über seinem Gesetz Tag und
 Nacht!

3 Der ist wie ein Baum, gepflanzt an den
 Wasserbächen, /
der seine Frucht bringt zu seiner Zeit,
 und seine Blätter verwelken nicht.
 Und was er macht, das gerät wohl.

4 Aber so sind die Gottlosen nicht,
 sondern wie Spreu, die der Wind
 verstreut.

5 Darum bestehen die Gottlosen nicht im
 Gericht
noch die Sünder in der Gemeinde der
 Gerechten.

6 Denn **der** HERR kennt den Weg der
 Gerechten,
aber der Gottlosen Weg vergeht.

Gottes Sieg und die Herrschaft seines Sohnes

2 Warum toben die Heiden
und murren die Völker so vergeblich?

2 Die Könige der Erde lehnen sich auf, /
 und die Herren halten Rat miteinander
 wider den HERRN und seinen
 Gesalbten:

3 »Lasset uns zerreißen ihre Bande
 und von uns werfen ihre Stricke!«

4 Aber der im Himmel wohnt, lachet
 ihrer,
und der Herr spottet ihrer.

5 Einst wird er mit ihnen reden in seinem
 Zorn,
und mit seinem Grimm wird er sie
 schrecken:

6 »Ich aber habe meinen König eingesetzt
 auf meinem heiligen Berg Zion.«

THE PSALMS

BOOK ONE

The Way of the Righteous and the Wicked

1 Blessed is the man[1]
 who walks not in the counsel of the
 wicked,
nor stands in the way of sinners,
 nor sits in the seat of scoffers;

2 but his delight is in the law[2] of the LORD,
 and on his law he meditates day and
 night.

3 He is like a tree
 planted by streams of water
that yields its fruit in its season,
 and its leaf does not wither.
 In all that he does, he prospers.

4 The wicked are not so,
 but are like chaff that the wind drives
 away.

5 Therefore the wicked will not stand in
 the judgment,
nor sinners in the congregation of the
 righteous;

6 for the LORD knows the way of the
 righteous,
but the way of the wicked will perish.

The Reign of the LORD's Anointed

2 Why do the nations rage[1]
and the peoples plot in vain?

2 The kings of the earth set themselves,
 and the rulers take counsel together,
against the LORD and against his
 Anointed, saying,

3 "Let us burst their bonds apart
 and cast away their cords from us."

4 He who sits in the heavens laughs;
 the Lord holds them in derision.

5 Then he will speak to them in his
 wrath,
and terrify them in his fury, saying,

6 "As for me, I have set my King
 on Zion, my holy hill."

7 Kundtun will ich den Ratschluss des
HERRN. Er hat zu mir gesagt:
**»Du bist mein Sohn, heute habe ich
dich gezeugt.**

8 Bitte mich, so will ich dir Völker zum
Erbe geben
und der Welt Enden zum Eigentum.

9 Du sollst sie mit einem eisernen Zepter
zerschlagen,
wie Töpfe sollst du sie zerschmeißen.«

10 So seid nun verständig, ihr Könige,
und lasst euch warnen, ihr Richter auf
Erden!

11 Dienet dem HERRN mit Furcht
und küsst seine Füße mit Zittern,

12 dass er nicht zürne
und ihr umkommt auf dem Wege;
denn sein Zorn wird bald entbrennen.
Wohl allen, die auf ihn trauen!

Morgenlied in böser Zeit

3 EIN PSALM DAVIDS, ALS ER VOR SEINEM SOHN
ABSALOM FLOH.

2 Ach HERR, wie sind meiner Feinde so
viel
und erheben sich so viele gegen mich!

3 Viele sagen von mir:
Er hat keine Hilfe bei Gott.   SELA.

4 Aber du, HERR, bist der Schild für mich,
du bist meine Ehre und hebst mein
Haupt empor.

5 Ich rufe mit meiner Stimme zum HERRN,
so erhört er mich von seinem heiligen
Berge.   SELA.

6 Ich liege und schlafe und erwache;
denn der HERR hält mich.

7 Ich fürchte mich nicht vor vielen
Tausenden,
die sich ringsum wider mich legen.

8 Auf, HERR, und hilf mir, mein Gott! /
Denn du schlägst alle meine Feinde auf
die Backe
und zerschmetterst der Gottlosen
Zähne.

9 Bei dem HERRN findet man Hilfe.
Dein Segen komme über dein Volk!
SELA.

7 I will tell of the decree:
The LORD said to me, "You are my Son;
today I have begotten you.

8 Ask of me, and I will make the nations
your heritage,
and the ends of the earth your
possession.

9 You shall break[2] them with a rod of iron
and dash them in pieces like a potter's
vessel."

10 Now therefore, O kings, be wise;
be warned, O rulers of the earth.

11 Serve the LORD with fear,
and rejoice with [h]trembling.

12 Kiss the Son,
lest he be angry, and you perish in the
way,
for his wrath is quickly kindled.
Blessed are all who take refuge in him.

Save Me, O My God

3 A PSALM OF DAVID, WHEN HE FLED FROM
ABSALOM HIS SON.

1 O LORD, how many are my foes!
Many are rising against me;

2 many are saying of my soul,
there is no salvation for him in God.
Selah[1]

3 But you, O LORD, are a shield about me,
my glory, and the lifter of my head.

4 I cried aloud to the LORD,
and he answered me from his holy
hill.   *Selah*

5 I lay down and slept;
I woke again, for the LORD sustained
me.

6 I will not be afraid of many thousands
of people
who have set themselves against me all
around.

7 Arise, O LORD!
Save me, O my God!
For you strike all my enemies on the
cheek;
you break the teeth of the wicked.

8 Salvation belongs to the LORD;
your blessing be on your people! *Selah*

Ein Abendgebet

4 EIN PSALM DAVIDS, VORZUSINGEN, BEIM SAITENSPIEL.

2 Erhöre mich, wenn ich rufe,
   Gott meiner Gerechtigkeit,
   der du mich tröstest in Angst;
   sei mir gnädig und erhöre mein Gebet!

3 Ihr Herren, wie lange soll meine Ehre
   geschändet werden?
   Wie habt ihr das Eitle so lieb und die
   Lüge so gern!   SELA.

4 Erkennet doch, dass der HERR seine
   Heiligen wunderbar führt;
   der HERR hört, wenn ich ihn anrufe.

5 Zürnet ihr, so sündiget nicht;
   redet in eurem Herzen auf eurem
   Lager und seid stille.   SELA.

6 Opfert, was recht ist,
   und hoffet auf den HERRN.

7 Viele sagen: »Wer wird uns Gutes sehen
   lassen?«
   HERR, lass leuchten über uns das Licht
   deines Antlitzes!

8 Du erfreust mein Herz,
   ob jene auch viel Wein und Korn
   haben.

9 Ich liege und schlafe ganz mit Frieden;
   denn allein du, HERR, hilfst mir, dass
   ich sicher wohne.

Gebet um Leitung und Bewahrung

5 EIN PSALM DAVIDS, VORZUSINGEN, ZUM FLÖTENSPIEL.

2 HERR, höre meine Worte,
   merke auf mein Reden!

3 Vernimm mein Schreien, mein König
   und mein Gott;
   denn ich will zu dir beten.

4 HERR, frühe wollest du meine Stimme
   hören,
   frühe will ich mich zu dir wenden und
   aufmerken.

5 Denn du bist nicht ein Gott, dem gottloses Wesen gefällt;
   wer böse ist, bleibt nicht vor dir.

6 Die Ruhmredigen bestehen nicht vor
   deinen Augen;
   du bist feind allen Übeltätern.

7 Du bringst die Lügner um;
   dem HERRN sind ein Gräuel die
   Blutgierigen und Falschen.

Answer Me When I Call

4 TO THE CHOIRMASTER: WITH ᵉ STRINGED INSTRUMENTS. A PSALM OF DAVID.

1 Answer me when I call, O God of my
   righteousness!
   You have given me relief when I was
   in distress.
   Be gracious to me and hear my prayer!

2 O men,[1] how long shall my honor be
   turned into shame?
   How long will you love vain words
   and seek after lies?   Selah

3 But know that the LORD has set apart the
   godly for himself;
   the LORD hears when I call to him.

4 Be angry,[2] and do not sin;
   ponder in your own hearts on your
   beds, and be silent.   Selah

5 Offer right sacrifices,
   and put your trust in the LORD.

6 There are many who say, "Who will
   show us some good?
   Lift up the light of your face upon us,
   O LORD!"

7 You have put more joy in my heart
   than they have when their grain and
   wine abound.

8 In peace I will both lie down and sleep;
   for you alone, O LORD, make me dwell
   in safety.

Lead Me in Your Righteousness

5 TO THE CHOIRMASTER: FOR THE FLUTES. A PSALM OF DAVID.

1 Give ear to my words, O LORD;
   consider my groaning.

2 Give attention to the sound of my cry,
   my King and my God,
   for to you do I pray.

3 O LORD, in the morning you hear my
   voice;
   in the morning I prepare a sacrifice for
   you[1] and watch.

4 For you are not a God who delights in
   wickedness;
   evil may not dwell with you.

5 The boastful shall not stand before your
   eyes;
   you hate all evildoers.

6 You destroy those who speak lies;
   the LORD abhors the bloodthirsty and
   deceitful man.

8 Ich aber darf in dein Haus gehen durch
    deine große Güte
  und anbeten vor deinem heiligen
    Tempel in deiner Furcht.

9 HERR, leite mich in deiner Gerechtigkeit
    um meiner Feinde willen;
  ebne vor mir deinen Weg!

10 Denn in ihrem Munde ist nichts
    Verlässliches;
  ihr Inneres ist Bosheit.
  Ihr Rachen ist ein offenes Grab;
    mit ihren Zungen heucheln sie.

11 Sprich sie schuldig, Gott,
    dass sie zu Fall kommen durch ihre
    Ränke.
  Stoße sie aus um ihrer vielen
    Übertretungen willen;
  denn sie sind widerspenstig gegen
    dich.

12 Lass sich freuen alle, die auf dich trauen;
    ewiglich lass sie rühmen, denn du
    beschirmest sie.
  Fröhlich lass sein in dir,
    die deinen Namen lieben!

13 Denn du, HERR, segnest die Gerechten,
    du deckest sie mit Gnade wie mit
    einem Schilde.

Bußgebet in Anfechtung (Der erste Bußpsalm)

6 EIN PSALM DAVIDS, VORZUSINGEN, BEIM SAITEN-
  SPIEL AUF ACHT SAITEN.

2 Ach HERR, strafe mich nicht in deinem
    Zorn
  und züchtige mich nicht in deinem
    Grimm!

3 HERR, sei mir gnädig, denn ich bin
    schwach;
  heile mich, HERR, denn meine Gebeine
    sind erschrocken

4 und meine Seele ist sehr erschrocken.
  Ach du, HERR, wie lange!

5 Wende dich, HERR, und errette mich,
  hilf mir um deiner Güte willen!

6 Denn im Tode gedenkt man deiner
    nicht;
  wer wird dir bei den Toten danken?

7 But I, through the abundance of your
    steadfast love,
  will enter your house.
  I will bow down toward your holy
    temple
    in the fear of you.

8 Lead me, O LORD, in your righteousness
    because of my enemies;
  make your way straight before me.

9 For there is no truth in their mouth;
    their inmost self is destruction;
  their throat is an open grave;
    they flatter with their tongue.

10 Make them bear their guilt, O God;
    let them fall by their own counsels;
  because of the abundance of their trans-
    gressions cast them out,
  for they have rebelled against you.

11 But let all who take refuge in you rejoice;
    let them ever sing for joy,
  and spread your protection over them,
    that those who love your name may
    exult in you.

12 For you bless the righteous, O LORD;
    you cover him with favor as with a
    shield.

O LORD, Deliver My Life

6 TO THE CHOIRMASTER: WITH STRINGED INSTRU-
  MENTS; ACCORDING TO THE SHEMINITH.[1] A
  PSALM OF DAVID.

1 O LORD, rebuke me not in your anger,
    nor discipline me in your wrath.

2 Be gracious to me, O LORD, for I am
    languishing;
  heal me, O LORD, for my bones are
    troubled.

3 My soul also is greatly troubled.
    But you, O LORD—how long?

4 Turn, O LORD, deliver my life;
    save me for the sake of your steadfast
    love.

5 For in death there is no remembrance of
    you;
  in Sheol who will give you praise?

7 Ich bin so müde vom Seufzen; /
ich schwemme mein Bett die ganze
Nacht
und netze mit meinen Tränen mein
Lager.

8 Mein Auge ist trübe geworden vor Gram
und matt, weil meiner Bedränger so
viele sind.

9 Weichet von mir, alle Übeltäter;
denn der Herr hört mein Weinen.

10 Der Herr hört mein Flehen;
mein Gebet nimmt der Herr an.

11 Es sollen alle meine Feinde zuschanden
werden und sehr erschrecken;
sie sollen umkehren und zuschanden
werden plötzlich.

Gebet eines unschuldig Verfolgten

7 Ein Klagelied Davids, das er dem Herrn
sang wegen der Worte des Kusch, des
Benjaminiters.

2 Auf dich, Herr, mein Gott, traue ich!
Hilf mir von allen meinen Verfolgern
und errette mich,

3 dass sie nicht wie Löwen mich packen
und zerreißen, weil kein Retter da ist.

4 Herr, mein Gott, hab ich solches getan
und ist Unrecht an meinen Händen,

5 hab ich Böses vergolten denen, die
friedlich mit mir lebten,
oder geschädigt, die mir ohne Ursache
feind waren,

6 so verfolge mich der Feind und ergreife
mich /
und trete mein Leben zu Boden
und lege meine Ehre in den Staub. SELA

7 Steh auf, Herr, in deinem Zorn,
erhebe dich wider den Grimm meiner
Feinde!
Wache auf, mir zu helfen,
der du Gericht verordnet hast,

8 so werden die Völker sich um dich
sammeln;
du aber throne über ihnen in der
Höhe!

9 Der Herr ist Richter über die Völker.
Schaffe mir Recht, Herr, nach meiner
Gerechtigkeit und Unschuld!

6 I am weary with my moaning;
every night I flood my bed with tears;
I drench my couch with my weeping.

7 My eye wastes away because of grief;
it grows weak because of all my foes.

8 Depart from me, all you workers of evil,
for the Lord has heard the sound of
my weeping.

9 The Lord has heard my plea;
the Lord accepts my prayer.

10 All my enemies shall be ashamed and
greatly troubled;
they shall turn back and be put to
shame in a moment.

In You Do I Take Refuge

7 A Shiggaion[1] of David, which he sang to
the Lord concerning the words of Cush,
a Benjaminite.

1 O Lord my God, in you do I take refuge;
save me from all my pursuers and
deliver me,

2 lest like a lion they tear my soul apart,
rending it in pieces, with none to
deliver.

3 O Lord my God, if I have done this,
if there is wrong in my hands,

4 if I have repaid my friend[2] with evil
or plundered my enemy without
cause,

5 let the enemy pursue my soul and overtake it,
and let him trample my life to the
ground
and lay my glory in the dust.   *Selah*

6 Arise, O Lord, in your anger;
lift yourself up against the fury of my
enemies;
awake for me; you have appointed a
judgment.

7 Let the assembly of the peoples be gathered about you;
over it return on high.

8 The Lord judges the peoples;
judge me, O Lord, according to my
righteousness
and according to the integrity that is in
me.

10 Lass der Gottlosen Bosheit ein Ende
    nehmen,
      aber die Gerechten lass bestehen;
      denn du, gerechter Gott,
      prüfest Herzen und Nieren.
11 Gott ist der Schild über mir,
      er, der den frommen Herzen hilft.
12 Gott ist ein gerechter Richter
      und ein Gott, der täglich strafen kann.

13 Wahrlich, wieder hat einer sein Schwert
    gewetzt
      und seinen Bogen gespannt und zielt.
14 Doch sich selber hat er tödliche Waffen
    gerüstet
      und feurige Pfeile bereitet.
15 Siehe, er hat Böses im Sinn,
      mit Unrecht ist er schwanger und wird
      Lüge gebären.
16 Er hat eine Grube gegraben und ausge-
    höhlt –
      und ist in die Grube gefallen, die er
      gemacht hat.
17 Sein Unrecht wird auf seinen Kopf
    kommen
      und sein Frevel auf seinen Scheitel
      fallen.

18 Ich danke dem Herrn um seiner
    Gerechtigkeit willen
      und will loben den Namen des Herrn,
      des Allerhöchsten.

Offenbarung der Herrlichkeit Gottes am Menschen

8 Ein Psalm Davids, vorzusingen, auf der
    Gittit.
  2 Herr, unser Herrscher, wie herrlich ist
      dein Name in allen Landen,
      der du zeigst deine Hoheit am
      Himmel!

  3 Aus dem Munde der jungen Kinder und
      Säuglinge /
      hast du eine Macht zugerichtet um
      deiner Feinde willen,
      dass du vertilgest den Feind und den
      Rachgierigen.

  4 Wenn ich sehe die Himmel, deiner
      Finger Werk,
      den Mond und die Sterne, die du be-
      reitet hast:
  5 was ist der Mensch, dass du seiner
      gedenkst,
      und des Menschen Kind, dass du dich
      seiner annimmst?

9 Oh, let the evil of the wicked come to an
    end,
      and may you establish the righteous—
      you who test the minds and hearts,[3]
      O righteous God!
10 My shield is with God,
      who saves the upright in heart.
11 God is a righteous judge,
      and a God who feels indignation every
      day.

12 If a man[4] does not repent, God[5] will
    whet his sword;
      he has bent and readied his bow;
13 he has prepared for him his deadly
    weapons,
      making his arrows fiery shafts.
14 Behold, the wicked man conceives evil
      and is [1]pregnant with mischief
      and gives birth to lies.
15 He makes a pit, digging it out,
      and falls into the hole that he has
      made.

16 His mischief returns upon his own
    head,
      and on his own skull his violence
      descends.

17 I will give to the Lord the thanks due to
    his righteousness,
      and I will sing praise to the name of
      the Lord, the Most High.

How Majestic Is Your Name

8 To the choirmaster: according to The
    Gittith.[1] A Psalm of David.
  1 O Lord, our Lord,
      how majestic is your name in all the
      earth!
      You have set your glory above the
      heavens.

  2 Out of the mouth of babies and
      infants,
      you have established strength because of
      your foes,
      to still the enemy and the avenger.

  3 When I look at your heavens, the work
      of your fingers,
      the moon and the stars, which you
      have set in place,
  4 what is man that you are mindful of
      him,
      and the son of man that you care for
      him?

6 Du hast ihn wenig niedriger gemacht als
    Gott,
  mit Ehre und Herrlichkeit hast du ihn
    gekrönt.
7 Du hast ihn zum Herrn gemacht über
    deiner Hände Werk,
  alles hast du unter seine Füße getan:
8 Schafe und Rinder allzumal,
  dazu auch die wilden Tiere,
9 die Vögel unter dem Himmel und die
    Fische im Meer
  und alles, was die Meere durchzieht.

10 HERR, unser Herrscher,
  wie herrlich ist dein Name in allen
    Landen!

Danklied für Rettung aus Bedrängnis

9 EIN PSALM DAVIDS, VORZUSINGEN, NACH DER
    WEISE »SCHÖNE JUGEND«.

2 Ich danke dem HERRN von ganzem
    Herzen
  und erzähle alle deine Wunder.

3 Ich freue mich und bin fröhlich in dir
  und lobe deinen Namen, du
    Allerhöchster,

4 dass meine Feinde zurückweichen
    mussten;
  sie sind gestürzt und umgekommen
    vor dir.

5 Denn du führst mein Recht und meine
    Sache,
  du sitzest auf dem Thron, ein rechter
    Richter.

6 Du schiltst die Heiden und bringst die
    Gottlosen um;
  ihren Namen vertilgst du auf immer
    und ewig.

7 Der Feind ist vernichtet, zertrümmert
    für immer,
  die Städte hast du zerstört; jedes
    Gedenken an sie ist vergangen.

8 Der HERR aber bleibt ewiglich;
  er hat seinen Thron bereitet zum
    Gericht,

9 er wird den Erdkreis richten mit
    Gerechtigkeit
  und die Völker regieren, wie es recht
    ist.

5 Yet you have made him a little lower
    than the heavenly beings[2]
  and crowned him with glory and
    honor.
6 You have given him dominion over the
    works of your hands;
  you have put all things under his feet,
7 all sheep and oxen,
  and also the beasts of the field,
8 the birds of the heavens, and the fish of
    the sea,
  whatever passes along the paths of the
    seas.

9 O LORD, our Lord,
  how majestic is your name in all the
    earth!

I Will Recount Your Wonderful Deeds

9[1] TO THE CHOIRMASTER: ACCORDING TO MUTH-
    LABBEN.[2] A PSALM OF DAVID.

1 I will give thanks to the LORD with my
    whole heart;
  I will recount all of your wonderful
    deeds.
2 I will be glad and exult in you;
  I will sing praise to your name, O
    Most High.

3 When my enemies turn back,
  they stumble and perish before[3] your
    presence.

4 For you have maintained my just cause;
  you have sat on the throne, giving
    righteous judgment.

5 You have rebuked the nations; you have
    made the wicked perish;
  you have blotted out their name for-
    ever and ever.
6 The enemy came to an end in everlast-
    ing ruins;
  their cities you rooted out;
  the very memory of them has
    perished.

7 But the LORD sits enthroned forever;
  he has established his throne for
    justice,
8 and he judges the world with
    righteousness;
  he judges the peoples with
    uprightness.

10 Der HERR ist des Armen Schutz,
  ein Schutz in Zeiten der Not.

11 Darum hoffen auf dich, die deinen
    Namen kennen;
  denn du verlässest nicht, die dich,
    HERR, suchen.

12 Lobet den HERRN, der zu Zion wohnt;
  verkündigt unter den Völkern sein
    Tun!

13 Denn der nach Blutschuld fragt, gedenkt
    der Elenden
  und vergisst nicht ihr Schreien.

14 HERR, sei mir gnädig; /
  sieh an mein Elend unter meinen
    Feinden,
  der du mich erhebst aus den Toren des
    Todes,

15 dass ich erzähle all deinen Ruhm,
  in den Toren der Tochter Zion fröhlich
    sei über deine Hilfe.

16 Die Heiden sind versunken in der
    Grube, die sie gegraben,
  ihr Fuß ist gefangen im Netz, das sie
    gestellt hatten.

17 Der HERR hat sich kundgetan und
    Gericht gehalten.
  Der Gottlose ist verstrickt in dem
    Werk seiner Hände.
                    ZWISCHENSPIEL.
                    SELA.

18 Die Gottlosen sollen zu den Toten
    fahren,
  alle Heiden, die Gott vergessen!

19 Denn er wird den Armen nicht für
    immer vergessen;
  die Hoffnung der Elenden wird nicht
    ewig verloren sein.

20 HERR, steh auf, dass nicht Menschen die
    Oberhand gewinnen;
  lass alle Heiden vor dir gerichtet
    werden!

21 Lege, HERR, einen Schrecken auf sie,
  dass die Heiden erkennen, dass sie
    Menschen sind.   SELA.

Klage und Zuversicht beim Übermut der Gottlosen

10 HERR, warum stehst du so ferne,
  verbirgst dich zur Zeit der Not?

---

9 The LORD is a stronghold for the
    oppressed,
  a stronghold in times of trouble.

10 And those who know your name put
    their trust in you,
  for you, O LORD, have not forsaken
    those who seek you.

11 Sing praises to the LORD, who sits
    enthroned in Zion!
  Tell among the peoples his deeds!

12 For he who avenges blood is mindful of
    them;
  he does not forget the cry of the
    afflicted.

13 Be gracious to me, O LORD!
  See my affliction from those who hate
    me,
  O you who lift me up from the gates of
    death,

14 that I may recount all your praises,
  that in the gates of the daughter of
    Zion
  I may rejoice in your salvation.

15 The nations have sunk in the pit that
    they made;
  in the net that they hid, their own foot
    has been caught.

16 The LORD has made himself known; he
    has executed judgment;
  the wicked are snared in the work of
    their own hands. *Higgaion.*[4] *Selah*

17 The wicked shall return to Sheol,
  all the nations that forget God.

18 For the needy shall not always be
    forgotten,
  and the hope of the poor shall not per-
    ish forever.

19 Arise, O LORD! Let not man prevail;
  let the nations be judged before you!

20 Put them in fear, O LORD!
  Let the nations know that they are but
    men!   *Selah*

Why Do You Hide Yourself?

10 Why, O LORD, do you stand far away?
  Why do you hide yourself in times of
    trouble?

2 Weil der Gottlose Übermut treibt, müssen die Elenden leiden;
sie werden gefangen in den Ränken, die er ersann.

3 Denn der Gottlose rühmt sich seines Mutwillens,
und der Habgierige sagt dem HERRN ab und lästert ihn.

4 Der Gottlose meint in seinem Stolz, Gott frage nicht danach.
»Es ist kein Gott«, sind alle seine Gedanken.

5 Er fährt fort in seinem Tun immerdar. /
Deine Gerichte sind ferne von ihm,
er handelt gewaltsam an allen seinen Feinden.

6 Er spricht in seinem Herzen: »Ich werde nimmermehr wanken,
es wird für und für keine Not haben.«

7 Sein Mund ist voll Fluchens, voll Lug und Trug;
seine Zunge richtet Mühsal und Unheil an.

8 Er sitzt und lauert in den Höfen, /
er mordet die Unschuldigen heimlich,
seine Augen spähen nach den Armen.

9 Er lauert im Verborgenen wie ein Löwe im Dickicht, /
er lauert, dass er den Elenden fange;
er fängt ihn und zieht ihn in sein Netz.

10 Er duckt sich, kauert nieder,
und durch seine Gewalt fallen die Unglücklichen.

11 Er spricht in seinem Herzen: »Gott hat's vergessen,
er hat sein Antlitz verborgen, er wird's nimmermehr sehen.«

12 Steh auf, HERR! Gott, erhebe deine Hand!
Vergiss die Elenden nicht!

13 Warum soll der Gottlose Gott lästern und in seinem Herzen sprechen: »Du fragst doch nicht danach«?

14 Du siehst es doch, /
denn du schaust das Elend und den Jammer;
es steht in deinen Händen.
Die Armen befehlen es dir;
du bist der Waisen Helfer.

15 Zerbrich den Arm des Gottlosen und Bösen /
und suche seine Bosheit heim,
dass man nichts mehr davon finde.

2 In arrogance the wicked hotly pursue the poor;
let them be caught in the schemes that they have devised.

3 For the wicked boasts of the desires of his soul,
and the one greedy for gain curses[1] and renounces the LORD.

4 In the pride of his face[2] the wicked does not seek him;[3]
all his thoughts are, "There is no God."

5 His ways prosper at all times;
your judgments are on high, out of his sight;
as for all his foes, he puffs at them.

6 He says in his heart, "I shall not be moved;
throughout all generations I shall not meet adversity."

7 His mouth is filled with cursing and deceit and oppression;
under his tongue are mischief and iniquity.

8 He sits in ambush in the villages;
in hiding places he murders the innocent.
His eyes stealthily watch for the helpless;

9 he lurks in ambush like a lion in his thicket;
he lurks that he may seize the poor;
he seizes the poor when he draws him into his net.

10 The helpless are crushed, sink down,
and fall by his might.

11 He says in his heart, "God has forgotten,
he has hidden his face, he will never see it."

12 Arise, O LORD; O God, lift up your hand;
forget not the afflicted.

13 Why does the wicked renounce God and say in his heart, "You will not call to account"?

14 But you do see, for you note mischief and vexation,
that you may take it into your hands;
to you the helpless commits himself;
you have been the helper of the fatherless.

15 Break the arm of the wicked and evildoer;
call his wickedness to account till you find none.

16 Der HERR ist König immer und ewig;
die Heiden sollen aus seinem Lande
verschwinden.
17 Das Verlangen der Elenden hörst du,
HERR;
du machst ihr Herz gewiss,
dein Ohr merkt darauf,
18 dass du Recht schaffest den Waisen und
Armen,
dass der Mensch nicht mehr trotze auf
Erden.

Vertrauen auf Gottes Gerechtigkeit

11 VON DAVID, VORZUSINGEN.
Ich traue auf den HERRN. Wie sagt ihr
denn zu mir:
»Flieh wie ein Vogel auf die Berge!
2 Denn siehe, die Gottlosen spannen den
Bogen /
und legen ihre Pfeile auf die Sehnen,
damit heimlich zu schießen auf die
Frommen.
3 Ja, sie reißen die Grundfesten um;
was kann da der Gerechte
ausrichten?«

4 Der HERR ist in seinem heiligen Tempel,
des HERRN Thron ist im Himmel.
Seine Augen sehen herab,
seine Blicke prüfen die
Menschenkinder.
5 Der HERR prüft den Gerechten und den
Gottlosen;
wer Unrecht liebt, den hasst seine
Seele.
6 Er wird regnen lassen über die
Gottlosen Feuer und Schwefel
und Glutwind ihnen zum Lohne
geben.

7 Denn der HERR ist gerecht und hat
Gerechtigkeit lieb.
Die Frommen werden schauen sein
Angesicht.

Klage über die Macht der Bösen

12 EIN PSALM DAVIDS, VORZUSINGEN, AUF ACHT
SAITEN.

2 Hilf, HERR! Die Heiligen haben
abgenommen,
und gläubig sind wenige unter den
Menschenkindern.
3 Einer redet mit dem andern Lug und
Trug,
sie heucheln und reden aus zwiespälti-
gem Herzen.

16 The LORD is king forever and ever;
the nations perish from his land.
17 O LORD, you hear the desire of the
afflicted;
you will strengthen their heart; you
will incline your ear
18 to do justice to the fatherless and the
oppressed,
so that man who is of the earth may
strike terror no more.

The LORD Is in His Holy Temple

11 TO THE CHOIRMASTER. OF DAVID.
In the LORD I take refuge;
how can you say to my soul,
"Flee like a bird to your mountain,
2 for behold, the wicked bend the bow;
they have fitted their arrow to the
string
to shoot in the dark at the upright in
heart;
3 if the foundations are destroyed,
what can the righteous do?"[1]

4 The LORD is in his holy temple;
the LORD's throne is in heaven;
his eyes see, his eyelids test the children of man.
5 The LORD tests the righteous,
but his soul hates the wicked and the
one who loves violence.
6 Let him rain coals on the wicked;
fire and sulfur and a scorching wind
shall be the portion of their cup.

7 For the LORD is righteous;
he loves righteous deeds;
the upright shall behold his face.

The Faithful Have Vanished

12 TO THE CHOIRMASTER: ACCORDING TO THE
SHEMINITH.[1] A PSALM OF DAVID.

1 Save, O LORD, for the godly one is gone;
for the faithful have vanished from
among the children of man.

2 Everyone utters lies to his neighbor;
with flattering lips and a double heart
they speak.

4 Der HERR wolle ausrotten alle Heuchelei
und die Zunge, die hoffärtig redet,

5 die da sagen: »Durch unsere Zunge sind
wir mächtig,
uns gebührt zu reden! Wer ist unser
Herr?«

6 »Weil die Elenden Gewalt leiden
und die Armen seufzen,
will ich jetzt aufstehen«, spricht der
HERR,
»ich will Hilfe schaffen dem, der sich
danach sehnt.«

7 Die Worte des HERRN sind lauter wie
Silber,
im Tiegel geschmolzen, geläutert
siebenmal.

8 Du, HERR, wollest sie bewahren
und uns behüten vor diesem
Geschlecht ewiglich!

9 Denn Gottlose gehen allenthalben
einher,
weil Gemeinheit herrscht unter den
Menschenkindern.

Hilferuf eines Angefochtenen

13 EIN PSALM DAVIDS, VORZUSINGEN.

2 HERR, wie lange willst du mich so ganz
vergessen?
Wie lange verbirgst du dein Antlitz vor
mir?

3 Wie lange soll ich sorgen in meiner Seele /
und mich ängsten in meinem Herzen
täglich?
Wie lange soll sich mein Feind über
mich erheben?

4 Schaue doch und erhöre mich, HERR,
mein Gott!
Erleuchte meine Augen, dass ich nicht
im Tode entschlafe,

5 dass nicht mein Feind sich rühme, er sei
meiner mächtig geworden,
und meine Widersacher sich freuen,
dass ich wanke.

6 Ich aber traue darauf, dass du so gnädig
bist; /
**mein Herz freut sich, dass du so gerne
hilfst.
Ich will dem HERRN singen, dass er
so wohl an mir tut.**

3 May the LORD cut off all flattering lips,
the tongue that makes great boasts,

4 those who say, "With our tongue we
will prevail,
our lips are with us; who is master
over us?"

5 "Because the poor are plundered, because
the needy groan,
I will now arise," says the LORD;
"I will place him in the safety for which
he longs."

6 The words of the LORD are pure words,
like silver refined in a furnace on the
ground,
purified seven times.

7 You, O LORD, will keep them;
you will guard us[2] from this generation forever.

8 On every side the wicked prowl,
as vileness is exalted among the children of man.

How Long, O LORD?

13 TO THE CHOIRMASTER. A PSALM OF
DAVID.

1 How long, O LORD? Will you forget me
forever?
How long will you hide your face from
me?

2 How long must I take counsel in my
soul
and have sorrow in my heart all the
day?
How long shall my enemy be exalted
over me?

3 Consider and answer me, O LORD my
God;
light up my eyes, lest I sleep the sleep
of death,

4 lest my enemy say, "I have prevailed
over him,"
lest my foes rejoice because I am
shaken.

5 But I have trusted in your steadfast love;
my heart shall rejoice in your
salvation.

6 I will sing to the LORD,
because he has dealt bountifully with
me.

Die Torheit der Gottlosen
(vgl. Ps 53,1-7)

14 VON DAVID, VORZUSINGEN.
Die Toren sprechen in ihrem Herzen:
»Es ist kein Gott.«
Sie taugen nichts; ihr Treiben ist ein
Gräuel;
da ist keiner, der Gutes tut.

2 Der HERR schaut vom Himmel auf die
Menschenkinder,
dass er sehe, ob jemand klug sei und
nach Gott frage.

3 Aber sie sind alle abgewichen und allesamt verdorben;
da ist keiner, der Gutes tut, auch nicht
einer.

4 Will denn das keiner der Übeltäter
begreifen, /
die mein Volk fressen, dass sie sich
nähren,
aber den HERRN rufen sie nicht an?

5 Da erschrecken sie sehr;
denn Gott ist bei dem Geschlecht der
Gerechten.

6 Euer Anschlag wider den Armen wird
zuschanden werden;
denn der HERR ist seine Zuversicht.

7 Ach dass die Hilfe aus Zion über Israel
käme /
und der HERR sein gefangenes Volk
erlöste!
So würde Jakob fröhlich sein und
Israel sich freuen.

Wen nimmt Gott an?
(vgl. Ps 24,3-6; Jes 33,14-16)

15 EIN PSALM DAVIDS.
HERR, wer darf weilen in deinem Zelt?
Wer darf wohnen auf deinem heiligen
Berge?

2 Wer untadelig lebt und tut, was recht ist,
und die Wahrheit redet von Herzen,

3 wer mit seiner Zunge nicht verleumdet, /
wer seinem Nächsten nichts Arges tut
und seinen Nachbarn nicht schmäht;

The Fool Says, There Is No God

14 TO THE CHOIRMASTER. OF DAVID.
The fool says in his heart, "There is no
God."
They are corrupt, they do abominable
deeds,
there is none who does good.

2 The LORD looks down from heaven on
the children of man,
to see if there are any who
understand,[1]
who seek after God.

3 They have all turned aside; together they
have become corrupt;
there is none who does good,
not even one.

4 Have they no knowledge, all the
evildoers
who eat up my people as they eat
bread
and do not call upon the LORD?

5 There they are in great terror,
for God is with the generation of the
righteous.

6 You would shame the plans of the poor,
but[2] the LORD is his refuge.

7 Oh, that salvation for Israel would come
out of Zion!
When the LORD restores the fortunes
of his people,
let Jacob rejoice, let Israel be glad.

Who Shall Dwell on Your Holy Hill?

15 A PSALM OF DAVID.
O LORD, who shall sojourn in your
tent?
Who shall dwell on your holy hill?

2 He who walks blamelessly and does
what is right
and speaks truth in his heart;

3 who does not slander with his tongue
and does no evil to his neighbor,
nor takes up a reproach against his
friend;

4 wer die Verworfenen für nichts achtet, /
aber ehrt die Gottesfürchtigen;
wer seinen Eid hält, auch wenn es ihm
schadet;

5 wer sein Geld nicht auf Zinsen gibt /
und nimmt nicht Geschenke wider den
Unschuldigen.

Wer das tut, wird nimmermehr
wanken.

Das schöne Erbteil

16 EIN GÜLDENES KLEINOD DAVIDS.
Bewahre mich, Gott; denn ich traue
auf dich. /

2 Ich habe gesagt zu dem HERRN: Du bist
ja der Herr!
Ich weiß von keinem Gut außer dir.

3 An den Heiligen, die auf Erden sind,
an den Herrlichen hab ich all mein
Gefallen.

4 Aber jene, die einem andern nachlaufen,
werden viel Herzeleid haben.
Ich will das Blut ihrer Trankopfer nicht
opfern
noch ihren Namen in meinem Munde
führen.

5 Der HERR ist mein Gut und mein Teil;
du erhältst mir mein Erbteil.

6 Das Los ist mir gefallen auf liebliches
Land;
mir ist ein schönes Erbteil geworden.

7 Ich lobe den HERRN, der mich beraten
hat;
auch mahnt mich mein Herz des
Nachts.

8 Ich habe den HERRN allezeit vor Augen;
steht er mir zur Rechten, so werde ich
festbleiben.

9 Darum freut sich mein Herz, und meine
Seele ist fröhlich;
auch mein Leib wird sicher liegen.

10 Denn du wirst mich nicht dem Tode
überlassen
und nicht zugeben, dass dein Heiliger
die Grube sehe.*

11 Du tust mir kund den Weg zum Leben:
Vor dir ist Freude die Fülle
und Wonne zu deiner Rechten
ewiglich.

4 in whose eyes a vile person is despised,
but who honors those who fear the
LORD;
who swears to his own hurt and does
not change;

5 who does not put out his money at
interest
and does not take a bribe against the
innocent.
He who does these things shall never be
moved.

You Will Not Abandon My Soul

16 A MIKTAM[1] OF DAVID.
Preserve me, O God, for in you I take
refuge.

2 I say to the LORD, "You are my Lord;
I have no good apart from you."

3 As for the saints in the land, they are the
excellent ones,
in whom is all my delight.[2]

4 The sorrows of those who run after[3]
another god shall multiply;
their drink offerings of blood I will not
pour out
or take their names on my lips.

5 The LORD is my chosen portion and my
cup;
you hold my lot.

6 The lines have fallen for me in pleasant
places;
indeed, I have a beautiful inheritance.

7 I bless the LORD who gives me counsel;
in the night also my heart instructs
me.[4]

8 I have set the LORD always before me;
because he is at my right hand, I shall
not be shaken.

9 Therefore my heart is glad, and my
whole being[5] rejoices;
my flesh also dwells secure.

10 For you will not abandon my soul to
Sheol,
or let your holy one see corruption.[6]

11 You make known to me the path of life;
in your presence there is fullness of
joy;
at your right hand are pleasures
forevermore.

Hilferuf eines Unschuldigen

17 EIN GEBET DAVIDS.
HERR, höre die gerechte Sache,
  merk auf mein Schreien,
vernimm mein Gebet
  von Lippen, die nicht trügen.

2 Sprich du in meiner Sache;
  deine Augen sehen, was recht ist.

3 Du prüfst mein Herz und suchst es
  heim bei Nacht;
du läuterst mich und findest nichts.
Ich habe mir vorgenommen,
  dass mein Mund sich nicht vergehe.

4 Im Treiben der Menschen bewahre ich
  mich /
vor gewaltsamen Wegen
  durch das Wort deiner Lippen.

5 Erhalte meinen Gang auf deinen Wegen,
  dass meine Tritte nicht gleiten.

6 Ich rufe zu dir, denn du, Gott, wirst
  mich erhören;
neige deine Ohren zu mir, höre meine
  Rede!

7 Beweise deine wunderbare Güte, du
  Heiland derer,
die dir vertrauen gegenüber denen,
die sich gegen deine rechte Hand
  erheben.

8 Behüte mich wie einen Augapfel im
  Auge,
beschirme mich unter dem Schatten
  deiner Flügel

9 vor den Gottlosen, die mir Gewalt
  antun,
vor meinen Feinden, die mir von allen
  Seiten nach dem Leben trachten.

10 Ihr Herz haben sie verschlossen,
  mit ihrem Munde reden sie stolz.

11 Wo wir auch gehen, da umgeben sie
  uns;
ihre Augen richten sie darauf, dass sie
  uns zu Boden stürzen,

12 gleichwie ein Löwe, der nach Raub
  lechzt,
wie ein junger Löwe, der im Versteck
  sitzt.

13 HERR, mache dich auf, tritt ihm entgegen
  und demütige ihn!
Errette mich vor dem Gottlosen mit
  deinem Schwert,

In the Shadow of Your Wings

17 A PRAYER OF DAVID.
Hear a just cause, O LORD; attend to
  my cry!
Give ear to my prayer from lips free of
  deceit!

2 From your presence let my vindication
  come!
Let your eyes behold the right!

3 You have tried my heart, you have visited me by night,
you have tested me, and you will find
  nothing;
I have purposed that my mouth will
  not transgress.

4 With regard to the works of man, by the
  word of your lips
I have avoided the ways of the violent.

5 My steps have held fast to your paths;
  my feet have not slipped.

6 I call upon you, for you will answer me,
  O God;
incline your ear to me; hear my words.

7 Wondrously show[1] your steadfast love,
  O Savior of those who seek refuge
from their adversaries at your right
  hand.

8 Keep me as the apple of your eye;
  hide me in the shadow of your wings,

9 from the wicked who do me violence,
  my deadly enemies who surround me.

10 They close their hearts to pity;
  with their mouths they speak
  arrogantly.

11 They have now surrounded our steps;
  they set their eyes to cast us to the
  ground.

12 He is like a lion eager to tear,
  as a young lion lurking in ambush.

13 Arise, O LORD! Confront him, subdue
  him!
Deliver my soul from the wicked by
  your sword,

14 vor den Leuten, HERR, mit deiner Hand,
vor den Leuten dieser Welt,
die ihr Teil haben schon im Leben,
denen du den Bauch füllst mit deinen
Gütern,
deren Söhne auch noch satt werden
und ihren Kindern ein Übriges
hinterlassen.

15 Ich aber will schauen dein Antlitz in
Gerechtigkeit,
ich will satt werden, wenn ich erwache, an deinem Bilde.

Dank des Königs für Rettung und Sieg
(vgl. 2.Sam 22,1-51)

18 VON DAVID, DEM KNECHT DES HERRN,
DER ZUM HERRN DIE WORTE DIESES LIE-
DES REDETE, ALS IHN DER HERR ERRETTET
HATTE VON DER HAND ALLER SEINER FEINDE
UND VON DER HAND SAULS; VORZUSINGEN.
2 UND ER SPRACH:

Herzlich lieb habe ich dich, HERR,
meine Stärke!

3 HERR, mein Fels, meine Burg, mein
Erretter;
mein Gott, mein Hort, auf den ich
traue,
mein Schild und Berg meines Heiles
und mein Schutz!

4 Ich rufe an den HERRN, den
Hochgelobten,
so werde ich vor meinen Feinden
errettet.

5 Es umfingen mich des Todes Bande,
und die Fluten des Verderbens
erschreckten mich.

6 Des Totenreichs Bande umfingen mich,
und des Todes Stricke überwältigten
mich.

7 Als mir angst war, rief ich den HERRN an
und schrie zu meinem Gott.
Da erhörte er meine Stimme von seinem
Tempel,
und mein Schreien kam vor ihn zu
seinen Ohren.

8 Die Erde bebte und wankte,
und die Grundfesten der Berge
bewegten sich und bebten, da er
zornig war.

---

14 from men by your hand, O LORD,
from men of the world whose portion
is in this life.[2]
You fill their womb with treasure;[3]
they are satisfied with children,
and they leave their abundance to
their infants.

15 As for me, I shall behold your face in
righteousness;
when I awake, I shall be satisfied with
your likeness.

The LORD Is My Rock and My Fortress

18 TO THE CHOIRMASTER. A PSALM OF
DAVID, THE SERVANT OF THE LORD, WHO
ADDRESSED THE WORDS OF THIS SONG TO
THE LORD ON THE DAY WHEN THE LORD
RESCUED HIM FROM THE HAND OF ALL HIS
ENEMIES, AND FROM THE HAND OF SAUL.
HE SAID:

1 I love you, O LORD, my strength.

2 The LORD is my rock and my fortress
and my deliverer,
my God, my [i]rock, in whom I take
refuge,
my shield, and the horn of my salvation, my stronghold.

3 I call upon the LORD, who is worthy to
be praised,
and I am saved from my enemies.

4 The cords of death encompassed me;
the torrents of destruction assailed
me;[1]

5 the cords of Sheol entangled me;
the snares of death confronted me.

6 In my distress I called upon the LORD;
to my God I cried for help.
From his temple he heard my voice,
and my cry to him reached his ears.

7 Then the earth reeled and rocked;
the foundations also of the mountains
trembled
and quaked, because he was angry.

9 Rauch stieg auf von seiner Nase /
   und verzehrend Feuer aus seinem
      Munde;
      Flammen sprühten von ihm aus.

10 Er neigte den Himmel und fuhr herab,
   und Dunkel war unter seinen Füßen.

11 Und er fuhr auf dem Cherub und flog
      daher,
   er schwebte auf den Fittichen des
      Windes.

12 Er machte Finsternis ringsum zu
      seinem Zelt;
   in schwarzen, dicken Wolken war er
      verborgen.

13 Aus dem Glanz vor ihm zogen seine
      Wolken dahin
   mit Hagel und Blitzen.

14 Der HERR donnerte im Himmel,
   und der Höchste ließ seine Stimme
      erschallen mit Hagel und Blitzen.

15 Er schoss seine Pfeile und streute sie aus,
   sandte Blitze in Menge und jagte sie
      dahin.

16 Da sah man die Tiefen der Wasser,
   und des Erdbodens Grund ward
      aufgedeckt
   vor deinem Schelten, HERR,
      vor dem Odem und Schnauben deines
      Zornes.

17 Er streckte seine Hand aus von der Höhe
      und fasste mich
   und zog mich aus großen Wassern.

18 Er errettete mich von meinen starken
      Feinden,
   von meinen Hassern, die mir zu
      mächtig waren;

19 sie überwältigten mich zur Zeit meines
      Unglücks;
   aber der HERR ward meine Zuversicht.

20 Er führte mich hinaus ins Weite,
   er riss mich heraus; denn er hatte Lust
      zu mir.

21 Der HERR tut wohl an mir nach meiner
      Gerechtigkeit,
   er vergilt mir nach der Reinheit meiner
      Hände.

22 Denn ich halte die Wege des HERRN
   und bin nicht gottlos wider meinen
      Gott.

23 Denn alle seine Rechte hab ich vor
      Augen,
   und seine Gebote werfe ich nicht von
      mir,

8 Smoke went up from his nostrils,[2]
   and devouring fire from his mouth;
   glowing coals flamed forth from him.

9 He bowed the heavens and came down;
   thick darkness was under his feet.

10 He rode on a cherub and flew;
   he came swiftly on the wings of the
      wind.

11 He made darkness his covering, his
      canopy around him,
   thick clouds dark with water.

12 Out of the brightness before him
   hailstones and coals of fire broke
      through his clouds.

13 The LORD also thundered in the
      heavens,
   and the Most High uttered his voice,
   hailstones and coals of fire.

14 And he sent out his arrows and scattered
      them;
   he flashed forth lightnings and routed
      them.

15 Then the channels of the sea were seen,
   and the foundations of the world were
      laid bare
   at your rebuke, O LORD,
      at the blast of the breath of your
      nostrils.

16 He sent from on high, he took me;
   he drew me out of many waters.

17 He rescued me from my strong enemy
   and from those who hated me,
   for they were too mighty for me.

18 They confronted me in the day of my
      calamity,
   but the LORD was my support.

19 He brought me out into a broad place;
   he rescued me, because he delighted in
      me.

20 The LORD dealt with me according to
      my righteousness;
   according to the cleanness of my
      hands he rewarded me.

21 For I have kept the ways of the LORD,
   and have not wickedly departed from
      my God.

22 For all his rules[3] were before me,
   and his statutes I did not put away
      from me.

24 sondern ich bin ohne Tadel vor ihm
　　und hüte mich vor Schuld.

25 Darum vergilt mir der HERR nach
　　meiner Gerechtigkeit,
　　　nach der Reinheit meiner Hände vor
　　seinen Augen.

26 Gegen die Heiligen bist du heilig,
　　und gegen die Treuen bist du treu,

27 gegen die Reinen bist du rein,
　　und gegen die Verkehrten bist du
　　verkehrt.

28 Denn du hilfst dem elenden Volk,
　　aber stolze Augen erniedrigst du.

29 Ja, du machst hell meine Leuchte,
　　der HERR, mein Gott, macht meine
　　Finsternis licht.

30 Denn mit dir kann ich Kriegsvolk
　　zerschlagen
　　　und mit meinem Gott über Mauern
　　springen.

31 Gottes Wege sind vollkommen, /
　　die Worte des HERRN sind durchläutert.
　　Er ist ein Schild allen, die ihm
　　vertrauen.

32 Denn wer ist Gott, wenn nicht der HERR,
　　oder ein Fels, wenn nicht unser Gott?

33 Gott rüstet mich mit Kraft
　　und macht meine Wege ohne Tadel.

34 Er macht meine Füße gleich den
　　Hirschen
　　und stellt mich auf meine Höhen.

35 Er lehrt meine Hände streiten
　　und meinen Arm den ehernen Bogen
　　spannen.

36 Du gibst mir den Schild deines Heils, /
　　und deine Rechte stärkt mich,
　　und deine Huld macht mich groß.

37 Du gibst meinen Schritten weiten Raum,
　　dass meine Knöchel nicht wanken.

38 Ich will meinen Feinden nachjagen und
　　sie ergreifen
　　und nicht umkehren, bis ich sie umge-
　　bracht habe.

39 Ich will sie zerschmettern, dass sie nicht
　　mehr aufstehen können;
　　sie müssen unter meine Füße fallen.

23 I was blameless before him,
　　and I kept myself from my guilt.

24 So the LORD has rewarded me according
　　to my righteousness,
　　according to the cleanness of my
　　hands in his sight.

25 With the merciful you show yourself
　　merciful;
　　with the blameless man you show
　　yourself blameless;

26 with the purified you show yourself
　　pure;
　　and with the crooked you make your-
　　self seem tortuous.

27 For you save a humble people,
　　but the haughty eyes you bring down.

28 For it is you who light my lamp;
　　the LORD my God lightens my
　　darkness.

29 For by you I can run against a troop,
　　and by my God I can leap over a wall.

30 This God—his way is perfect;[4]
　　the word of the LORD proves true;
　　he is a shield for all those who take
　　refuge in him.

31 For who is God, but the LORD?
　　And who is a rock, except our God?—

32 the God who equipped me with
　　strength
　　and made my way blameless.

33 He made my feet like the feet of a deer
　　and set me secure on the heights.

34 He trains my hands for war,
　　so that my arms can bend a bow of
　　bronze.

35 You have given me the shield of your
　　salvation,
　　and your right hand supported me,
　　and your gentleness made me great.

36 You gave a wide place for my steps
　　under me,
　　and my feet did not slip.

37 I pursued my enemies and overtook
　　them,
　　and did not turn back till they were
　　consumed.

38 I thrust them through, so that they were
　　not able to rise;
　　they fell under my feet.

40 Du rüstest mich mit Stärke zum Streit;
du wirfst unter mich, die sich
gegen mich erheben.

41 Du treibst meine Feinde in die Flucht,
dass ich vernichte, die mich hassen.

42 Sie rufen – aber da ist kein Helfer –
zum HERRN, aber er antwortet ihnen
nicht.

43 Ich will sie zerstoßen zu Staub vor dem
Winde,
ich werfe sie weg wie Unrat auf die
Gassen.

44 Du hilfst mir aus dem Streit des Volkes /
und machst mich zum Haupt über
Heiden;
ein Volk, das ich nicht kannte, dient
mir.

45 Es gehorcht mir mit gehorsamen Ohren;
Söhne der Fremde müssen mir
huldigen.

46 Die Söhne der Fremde verschmachten
und kommen mit Zittern aus ihren
Burgen.

47 Der HERR lebt! Gelobt sei mein Fels!
Der Gott meines Heils sei hoch
erhoben,

48 der Gott, der mir Vergeltung schafft
und zwingt die Völker unter mich,

49 der mich errettet von meinen Feinden. /
Du erhöhst mich über die, die sich
gegen mich erheben;
du hilfst mir von den Frevlern.

50 Darum will ich dir danken, HERR, unter
den Heiden
und deinem Namen lobsingen,

51 der seinem Könige großes Heil gibt /
und Gnade erweist seinem Gesalbten,
David, und seinem Hause ewiglich.

39 For you equipped me with strength for
the battle;
you made those who rise against me
sink under me.

40 You made my enemies turn their backs
to me,[5]
and those who hated me I destroyed.

41 They cried for help, but there was none
to save;
they cried to the LORD, but he did not
answer them.

42 I beat them fine as dust before the wind;
I cast them out like the mire of the
streets.

43 You delivered me from strife with the
people;
you made me the head of the nations;
people whom I had not known served
me.

44 As soon as they heard of me they
obeyed me;
foreigners came cringing to me.

45 Foreigners lost heart
and came trembling out of their
fortresses.

46 The LORD lives, and blessed be my rock,
and exalted be the God of my
salvation—

47 the God who gave me vengeance
and subdued peoples under me,

48 who delivered me from my enemies;
yes, you exalted me above those who
rose against me;
you rescued me from the man of
violence.

49 For this I will praise you, O LORD,
among the nations,
and sing to your name.

50 Great salvation he brings to his king,
and shows steadfast love to his
anointed,
to David and his offspring forever.

Gottes Herrlichkeit in seiner Schöpfung und in seinem Gesetz

19 EIN PSALM DAVIDS, VORZUSINGEN.

2 Die Himmel erzählen die Ehre Gottes,
und die Feste verkündigt seiner
Hände Werk.

3 Ein Tag sagt's dem andern,
und eine Nacht tut's kund der andern,

The Law of the LORD Is Perfect

19 TO THE CHOIRMASTER. A PSALM OF
DAVID.

1 The heavens declare the glory of God,
and the sky above[1] proclaims his
handiwork.

2 Day to day pours out speech,
and night to night reveals knowledge.

4 ohne Sprache und ohne Worte;
  unhörbar ist ihre Stimme.

5 Ihr Schall geht aus in alle Lande
  und ihr Reden bis an die Enden der
    Welt.

  Er hat der Sonne ein Zelt am Himmel
    gemacht; /
6 sie geht heraus wie ein Bräutigam aus
    seiner Kammer
  und freut sich wie ein Held, zu laufen
    ihre Bahn.

7 Sie geht auf an einem Ende des
    Himmels /
  und läuft um bis wieder an sein Ende,
  und nichts bleibt vor ihrer Glut
    verborgen.

8 Das Gesetz des HERRN ist vollkommen
  und erquickt die Seele.
  Das Zeugnis des HERRN ist gewiss
  und macht die Unverständigen weise.

9 Die Befehle des HERRN sind richtig
  und erfreuen das Herz.
  Die Gebote des HERRN sind lauter
  und erleuchten die Augen.

10 Die Furcht des HERRN ist rein und bleibt
    ewiglich.
  Die Rechte des HERRN sind Wahrheit,
    allesamt gerecht.

11 Sie sind köstlicher als Gold und viel
    feines Gold,
  sie sind süßer als Honig und
    Honigseim.

12 Auch lässt dein Knecht sich durch sie
    warnen;
  und wer sie hält, der hat großen Lohn.

13 Wer kann merken, wie oft er fehlet?
  Verzeihe mir die verborgenen
    Sünden!

14 Bewahre auch deinen Knecht vor den
    Stolzen,
  dass sie nicht über mich herrschen;
  so werde ich ohne Tadel sein
  und rein bleiben von großer Missetat.

15 Lass dir wohlgefallen die Rede meines
    Mundes /
  und das Gespräch meines Herzens vor
    dir,
  HERR, mein Fels und mein Erlöser.

3 There is no speech, nor are there words,
  whose voice is not heard.

4 Their voice[2] goes out through all the
    earth,
  and their words to the end of the
    world.
  In them he has set a tent for the sun,

5 which comes out like a bridegroom
    leaving his chamber,
  and, like a strong man, runs its course
    with joy.

6 Its rising is from the end of the heavens,
  and its circuit to the end of them,
  and there is nothing hidden from its
    heat.

7 The law of the LORD is perfect,[3]
  reviving the soul;
  the testimony of the LORD is sure,
  making wise the simple;

8 the precepts of the LORD are right,
  rejoicing the heart;
  the commandment of the LORD is pure,
  enlightening the eyes;

9 the fear of the LORD is clean,
  enduring forever;
  the rules[4] of the LORD are true,
  and righteous altogether.

10 More to be desired are they than gold,
  even much fine gold;
  sweeter also than honey
  and drippings of the honeycomb.

11 Moreover, by them is your servant
    warned;
  in keeping them there is great reward.

12 Who can discern his errors?
  Declare me innocent from hidden
    faults.

13 Keep back your servant also from pre-
    sumptuous sins;
  let them not have dominion over me!
  Then I shall be blameless,
  and innocent of great transgression.

14 Let the words of my mouth and the
    meditation of my heart
  be acceptable in your sight,
  O LORD, my rock and my redeemer.

Gebet des Volkes für seinen König in Kriegsnot

20 EIN PSALM DAVIDS, VORZUSINGEN.

2 Der HERR erhöre dich in der Not,
der Name des Gottes Jakobs schütze
dich!

3 Er sende dir Hilfe vom Heiligtum
und stärke dich aus Zion!

4 Er gedenke all deiner Speisopfer,
und dein Brandopfer sei ihm
angenehm!   SELA.

5 Er gebe dir, was dein Herz begehrt,
und erfülle alles, was du vorhast!

6 Dann wollen wir jubeln, weil er dir hilft, /
im Namen unsres Gottes erheben wir
das Banner.
Der HERR gewähre dir alle deine
Bitten!

7 Nun weiß ich, dass der HERR seinem
Gesalbten hilft /
und ihn erhört von seinem heiligen
Himmel,
seine rechte Hand hilft mit Macht.

8 Jene verlassen sich auf Wagen und
Rosse;
wir aber denken an den Namen des
HERRN, unsres Gottes.

9 Sie sind niedergestürzt und gefallen,
wir aber stehen und halten stand.

10 Hilf, HERR, du König!
Er wird uns erhören, wenn wir rufen.

Gottes Hilfe für den König

21 EIN PSALM DAVIDS, VORZUSINGEN.

2 HERR, der König freut sich in deiner
Kraft,
und wie sehr fröhlich ist er über deine
Hilfe!

3 Du erfüllst ihm seines Herzens Wunsch
und verweigerst nicht, was sein Mund
bittet.   SELA.

4 Denn du überschüttest ihn mit gutem
Segen,
du setzest eine goldene Krone auf sein
Haupt.

5 Er bittet dich um Leben; du gibst es
ihm,
langes Leben für immer und ewig.

Trust in the Name of the LORD Our God

20 TO THE CHOIRMASTER. A PSALM OF
DAVID.

1 May the LORD answer you in the day of
trouble!
May the name of the God of Jacob
protect you!

2 May he send you help from the
sanctuary
and give you support from Zion!

3 May he remember all your offerings
and regard with favor your burnt sacrifices!   Selah

4 May he grant you your heart's desire
and fulfill all your plans!

5 May we shout for joy over your
salvation,
and in the name of our God set up our
banners!
May the LORD fulfill all your petitions!

6 Now I know that the LORD saves his
anointed;
he will answer him from his holy
heaven
with the saving might of his right
hand.

7 Some trust in chariots and some in
horses,
but we trust in the name of the LORD
our God.

8 They collapse and fall,
but we rise and stand upright.

9 O LORD, save the king!
May he answer us when we call.

The King Rejoices in the LORD's Strength

21 TO THE CHOIRMASTER. A PSALM OF
DAVID.

1 O LORD, in your strength the king
rejoices,
and in your salvation how greatly he
exults!

2 You have given him his heart's desire
and have not withheld the request of
his lips.   Selah

3 For you meet him with rich blessings;
you set a crown of fine gold upon his
head.

4 He asked life of you; you gave it to him,
length of days forever and ever.

6 Er hat große Herrlichkeit durch deine
   Hilfe;
      Pracht und Hoheit legst du auf ihn.

7 Denn du setzest ihn zum Segen
   ewiglich,
      du erfreust ihn mit Freude vor deinem
      Antlitz.

8 Denn der König hofft auf den HERRN
   und wird durch die Güte des
   Höchsten festbleiben.

9 Deine Hand wird finden alle deine
   Feinde,
      deine Rechte wird finden, die dich
      hassen.

10 Du wirst es mit ihnen machen wie im
   Feuerofen,
      wenn du erscheinen wirst.
   Der HERR wird sie verschlingen in
   seinem Zorn;
      Feuer wird sie fressen.

11 Ihre Nachkommen wirst du tilgen vom
   Erdboden
      und ihre Kinder aus der Zahl der
      Menschen.

12 Denn sie gedachten dir Übles zu tun,
      und machten Anschläge, die sie nicht
      ausführen konnten.

13 Denn du wirst machen, dass sie den
   Rücken kehren;
      mit deinem Bogen wirst du auf ihr
      Antlitz zielen.

14 HERR, erhebe dich in deiner Kraft,
      so wollen wir singen und loben deine
      Macht.

Leiden und Herrlichkeit des Gerechten
(Jesu Leidenspsalm; vgl. Jes 53,1-12; Mt 27,35-46)

22 EIN PSALM DAVIDS, VORZUSINGEN, NACH
DER WEISE »DIE HIRSCHKUH, DIE FRÜH
GEJAGT WIRD«.

2 Mein Gott, mein Gott, warum hast du
   mich verlassen?
      Ich schreie, aber meine Hilfe ist ferne.

3 Mein Gott, des Tages rufe ich, doch antwortest du nicht,
      und des Nachts, doch finde ich keine
      Ruhe.

4 Du aber bist heilig,
      der du thronst über den Lobgesängen
      Israels.

5 His glory is great through your salvation;
      splendor and majesty you bestow on
      him.

6 For you make him most blessed forever;[1]
      you make him glad with the joy of
      your presence.

7 For the king trusts in the LORD,
      and through the steadfast love of the
         Most High he shall not be moved.

8 Your hand will find out all your
      enemies;
      your right hand will find out those
         who hate you.

9 You will make them as a blazing oven
      when you appear.
   The LORD will swallow them up in his
   wrath,
      and fire will consume them.

10 You will destroy their descendants from
      the earth,
      and their offspring from among the
         children of man.

11 Though they plan evil against you,
      though they devise mischief, they will
         not succeed.

12 For you will put them to flight;
      you will aim at their faces with your
      bows.

13 Be exalted, O LORD, in your strength!
   We will sing and praise your power.

Why Have You Forsaken Me?

22 TO THE CHOIRMASTER: ACCORDING TO THE
DOE OF THE DAWN. A PSALM OF DAVID.

1 My God, my God, why have you forsaken me?
      Why are you so far from saving me,
         from the words of my groaning?

2 O my God, I cry by day, but you do not
   answer,
      and by night, but I find no rest.

3 Yet you are holy,
      enthroned on the praises[1] of Israel.

5 Unsere Väter hofften auf dich;
  und da sie hofften, halfst du ihnen
  heraus.

6 Zu dir schrien sie und wurden errettet,
  sie hofften auf dich und wurden nicht
  zuschanden.

7 Ich aber bin ein Wurm und kein
  Mensch,
  ein Spott der Leute und verachtet vom
  Volke.

8 Alle, die mich sehen, verspotten mich,
  sperren das Maul auf und schütteln
  den Kopf:

9 »Er klage es dem HERRN, der helfe ihm
  heraus
  und rette ihn, hat er Gefallen an ihm.«

10 Du hast mich aus meiner Mutter Leibe
  gezogen;
  du ließest mich geborgen sein an der
  Brust meiner Mutter.

11 Auf dich bin ich geworfen von
  Mutterleib an,
  du bist mein Gott von meiner Mutter
  Schoß an.

12 Sei nicht ferne von mir, denn Angst ist
  nahe;
  denn es ist hier kein Helfer.

13 Gewaltige Stiere haben mich umgeben,
  mächtige Büffel haben mich umringt.

14 Ihren Rachen sperren sie gegen mich auf
  wie ein brüllender und reißender
  Löwe.

15 Ich bin ausgeschüttet wie Wasser, /
  alle meine Knochen haben sich voneinander gelöst;
  mein Herz ist in meinem Leibe wie
  zerschmolzenes Wachs.

16 Meine Kräfte sind vertrocknet wie eine
  Scherbe, /
  und meine Zunge klebt mir am
  Gaumen,
  und du legst mich in des Todes Staub.

17 Denn Hunde haben mich umgeben, /
  und der Bösen Rotte hat mich umringt;
  sie haben meine Hände und Füße
  durchgraben.

18 Ich kann alle meine Knochen zählen;
  sie aber schauen zu und sehen auf
  mich herab.

19 Sie teilen meine Kleider unter sich
  und werfen das Los um mein
  Gewand.

4 In you our fathers trusted;
  they trusted, and you delivered them.

5 To you they cried and were rescued;
  in you they trusted and were not put
  to shame.

6 But I am a worm and not a man,
  scorned by mankind and despised by
  the people.

7 All who see me mock me;
  they make mouths at me; they wag
  their heads;

8 "He trusts in the LORD; let him deliver
  him;
  let him rescue him, for he delights in
  him!"

9 Yet you are he who took me from the
  womb;
  you made me trust you at my mother's
  breasts.

10 On you was I cast from my birth,
  and from my mother's womb you have
  been my God.

11 Be not far from me,
  for trouble is near,
  and there is none to help.

12 Many bulls encompass me;
  strong bulls of Bashan surround me;

13 they open wide their mouths at me,
  like a ravening and roaring lion.

14 I am poured out like water,
  and all my bones are out of joint;
  my heart is like wax;
  it is melted within my breast;

15 my strength is dried up like a potsherd,
  and my tongue sticks to my jaws;
  you lay me in the dust of death.

16 For dogs encompass me;
  a company of evildoers encircles me;
  they have pierced my hands and
  feet[2]—

17 I can count all my bones—
  they stare and gloat over me;

18 they divide my garments among them,
  and for my clothing they cast lots.

20 Aber du, HERR, sei nicht ferne;
     meine Stärke, eile, mir zu helfen!

21 Errette meine Seele vom Schwert,
     mein Leben von den Hunden!

22 Hilf mir aus dem Rachen des Löwen /
     und vor den Hörnern wilder Stiere –
     du hast mich erhört!

23 Ich will deinen Namen kundtun meinen
     Brüdern,
     ich will dich in der Gemeinde
     rühmen:

24 Rühmet den HERRN, die ihr ihn fürchtet;
     ehret ihn, ihr alle vom Hause Jakob,
     und vor ihm scheuet euch,
     ihr alle vom Hause Israel!

25 Denn er hat nicht verachtet noch
     verschmäht
     das Elend des Armen
     und sein Antlitz vor ihm nicht
     verborgen;
     und als er zu ihm schrie, hörte er's.

26 Dich will ich preisen in der großen
     Gemeinde,
     ich will mein Gelübde erfüllen vor
     denen, die ihn fürchten.

27 Die Elenden sollen essen, dass sie satt
     werden; /
     und die nach dem HERRN fragen, werden
     ihn preisen;
     euer Herz soll ewiglich leben.

28 Es werden gedenken und sich zum
     HERRN bekehren aller Welt Enden
     und vor ihm anbeten alle Geschlechter
     der Heiden.

29 Denn des HERRN ist das Reich,
     und er herrscht unter den Heiden.

30 Ihn allein werden anbeten alle,
     die in der Erde schlafen;
     vor ihm werden die Knie beugen alle, /
     die zum Staube hinabfuhren
     und ihr Leben nicht konnten erhalten.

31 Er wird Nachkommen haben, die ihm
     dienen;
     vom Herrn wird man verkündigen
     Kind und Kindeskind.

32 Sie werden kommen und seine
     Gerechtigkeit predigen
     dem Volk, das geboren wird. Denn er
     hat's getan.

19 But you, O LORD, do not be far off!
     O you my help, come quickly to my
     aid!

20 Deliver my soul from the sword,
     my precious life from the power of the
     dog!

21 Save me from the mouth of the lion!
     You have rescued[3] me from the horns of
     the wild oxen!

22 I will tell of your name to my brothers;
     in the midst of the congregation I will
     praise you:

23 You who fear the LORD, praise him!
     All you offspring of Jacob, glorify him,
     and stand in awe of him, all you off-
     spring of Israel!

24 For he has not despised or abhorred
     the affliction of the afflicted,
     and he has not hidden his face from
     him,
     but has heard, when he cried to him.

25 From you comes my praise in the great
     congregation;
     my vows I will perform before those
     who fear him.

26 The afflicted[4] shall eat and be satisfied;
     those who seek him shall praise the
     LORD!
     May your hearts live forever!

27 All the ends of the earth shall remember
     and turn to the LORD,
     and all the families of the nations
     shall worship before you.

28 For kingship belongs to the LORD,
     and he rules over the nations.

29 All the prosperous of the earth eat and
     worship;
     before him shall bow all who go down
     to the dust,
     even the one who could not keep him-
     self alive.

30 Posterity shall serve him;
     it shall be told of the Lord to the com-
     ing generation;

31 they shall come and proclaim his righ-
     teousness to a people yet unborn,
     that he has done it.

Der gute Hirte

23 EIN PSALM DAVIDS.
Der HERR ist mein Hirte,
mir wird nichts mangeln.

2 Er weidet mich auf einer grünen Aue
und führet mich zum frischen
Wasser.

3 Er erquicket meine Seele.
Er führet mich auf rechter Straße um
seines Namens willen.

4 Und ob ich schon wanderte im finstern
Tal,
fürchte ich kein Unglück;
denn du bist bei mir,
dein Stecken und Stab trösten mich.

5 Du bereitest vor mir einen Tisch
im Angesicht meiner Feinde.
Du salbest mein Haupt mit Öl
und schenkest mir voll ein.

6 Gutes und Barmherzigkeit werden mir
folgen mein Leben lang,
und ich werde bleiben im Hause des
HERRN immerdar.

Einzug in das Heiligtum

24 EIN PSALM DAVIDS.
Die Erde ist des HERRN und was darinnen ist,
der Erdkreis und die darauf wohnen.

2 Denn er hat ihn über den Meeren
gegründet
und über den Wassern bereitet.

3 Wer darf auf des HERRN Berg gehen,
und wer darf stehen an seiner heiligen
Stätte?

4 Wer unschuldige Hände hat
und reinen Herzens ist,
wer nicht bedacht ist auf Lug und Trug
und nicht falsche Eide schwört:

5 der wird den Segen vom HERRN
empfangen
und Gerechtigkeit von dem Gott
seines Heiles.

6 Das ist das Geschlecht, das nach ihm
fragt,
das da sucht dein Antlitz, Gott Jakobs.
SELA.

The LORD Is My Shepherd

23 A PSALM OF DAVID.
The LORD is my shepherd; I shall not
want.

2 He makes me lie down in green
pastures.
He leads me beside still waters.[1]

3 He restores my soul.
He leads me in paths of righteousness[2]
for his name's sake.

4 Even though I walk through the valley
of the shadow of death,[3]
I will fear no evil,
for you are with me;
your rod and your staff,
they comfort me.

5 You prepare a table before me
in the presence of my enemies;
you anoint my head with oil;
my cup overflows.

6 Surely[4] goodness and mercy[5] shall follow me
all the days of my life,
and I shall dwell[6] in the house of the
LORD
forever.[7]

The King of Glory

24 A PSALM OF DAVID.
The earth is the LORD's and the fullness thereof,[1]
the world and those who dwell
therein,

2 for he has founded it upon the seas
and established it upon the rivers.

3 Who shall ascend the hill of the LORD?
And who shall stand in his holy place?

4 He who has clean hands and a pure
heart,
who does not lift up his soul to what is
false
and does not swear deceitfully.

5 He will receive blessing from the LORD
and righteousness from the God of his
salvation.

6 Such is the generation of those who seek
him,
who seek the face of the God of
Jacob.[2]   *Selah*

7 Machet die Tore weit und die Türen in
    der Welt hoch,
    dass der König der Ehre einziehe!

8 Wer ist der König der Ehre?
    Es ist der HERR, stark und mächtig,
    der HERR, mächtig im Streit.

9 Machet die Tore weit und die Türen in
    der Welt hoch,
    dass der König der Ehre einziehe!

10 Wer ist der König der Ehre?
    Es ist der HERR Zebaoth; er ist der
    König der Ehre.   SELA.

Gebet um Gottes Vergebung und Leitung

25 VON DAVID.
    Nach dir, HERR, verlanget mich.

2 Mein Gott, ich hoffe auf dich;
    lass mich nicht zuschanden werden,
    dass meine Feinde nicht frohlocken
    über mich.

3 Denn keiner wird zuschanden, der auf
    dich harret;
    aber zuschanden werden die leichtfer-
    tigen Verächter.

4 HERR, zeige mir deine Wege
    und lehre mich deine Steige!

5 Leite mich in deiner Wahrheit und lehre
    mich!
    Denn du bist der Gott, der mir hilft;
    täglich harre ich auf dich.

6 Gedenke, HERR, an deine Barmherzigkeit
    und an deine Güte,
    die von Ewigkeit her gewesen sind.

7 Gedenke nicht der Sünden meiner
    Jugend
    und meiner Übertretungen,
    gedenke aber meiner nach deiner
    Barmherzigkeit,
    HERR, um deiner Güte willen!

8 Der HERR ist gut und gerecht;
    darum weist er Sündern den Weg.

9 Er leitet die Elenden recht
    und lehrt die Elenden seinen Weg.

10 Die Wege des HERRN sind lauter Güte
    und Treue
    für alle, die seinen Bund und seine
    Gebote halten.

11 Um deines Namens willen, HERR,
    vergib mir meine Schuld, die so groß
    ist!

7 Lift up your heads, O gates!
    And be lifted up, O ancient doors,
    that the King of glory may come in.

8 Who is this King of glory?
    The LORD, strong and mighty,
    the LORD, mighty in battle!

9 Lift up your heads, O gates!
    And lift them up, O ancient doors,
    that the King of glory may come in.

10 Who is this King of glory?
    The LORD of hosts,
    he is the King of glory!   *Selah*

Teach Me Your Paths

25 [1] OF DAVID.
    To you, O LORD, I lift up my soul.

2 O my God, in you I trust;
    let me not be put to shame;
    let not my enemies exult over me.

3 Indeed, none who wait for you shall be
    put to shame;
    they shall be ashamed who are wan-
    tonly treacherous.

4 Make me to know your ways, O LORD;
    teach me your paths.

5 Lead me in your truth and teach me,
    for you are the God of my salvation;
    for you I wait all the day long.

6 Remember your mercy, O LORD, and
    your steadfast love,
    for they have been from of old.

7 Remember not the sins of my youth or
    my transgressions;
    according to your steadfast love
    remember me,
    for the sake of your goodness, O LORD!

8 Good and upright is the LORD;
    therefore he instructs sinners in the
    way.

9 He leads the humble in what is right,
    and teaches the humble his way.

10 All the paths of the LORD are steadfast
    love and faithfulness,
    for those who keep his covenant and
    his testimonies.

11 For your name's sake, O LORD,
    pardon my guilt, for it is great.

12 Wer ist der Mann, der den Herrn
   fürchtet?
   Er wird ihm den Weg weisen, den er
      wählen soll.
13 Er wird im Guten wohnen,
   und sein Geschlecht wird das Land
      besitzen.
14 Der Herr ist denen Freund, die ihn
      fürchten;
   und seinen Bund lässt er sie wissen.
15 Meine Augen sehen stets auf den Herrn;
   denn er wird meinen Fuß aus dem
      Netze ziehen.
16 Wende dich zu mir und sei mir gnädig;
   denn ich bin einsam und elend.
17 Die Angst meines Herzens ist groß;
   führe mich aus meinen Nöten!
18 Sieh an meinen Jammer und mein Elend
   und vergib mir alle meine Sünden!
19 Sieh, wie meiner Feinde so viel sind
   und zu Unrecht mich hassen.
20 Bewahre meine Seele und errette mich;
   lass mich nicht zuschanden werden,
      denn ich traue auf dich!
21 Unschuld und Redlichkeit mögen mich
      behüten;
   denn ich harre auf dich.
22 Gott, erlöse Israel
   aus aller seiner Not!

Bekenntnis und Bitte eines Unschuldigen

26 von David.
   Herr, schaffe mir Recht, denn ich bin
      unschuldig!
   Ich hoffe auf den Herrn, darum werde
      ich nicht fallen.
2 Prüfe mich, Herr, und erprobe mich,
   erforsche meine Nieren und mein
      Herz!

3 Denn deine Güte ist mir vor Augen,
   und ich wandle in deiner Wahrheit.

4 Ich sitze nicht bei heillosen Leuten
   und habe nicht Gemeinschaft mit den
      Falschen.
5 Ich hasse die Versammlung der
      Boshaften
   und sitze nicht bei den Gottlosen.

6 Ich wasche meine Hände in Unschuld
   und halte mich, Herr, zu deinem
      Altar,

12 Who is the man who fears the Lord?
   Him will he instruct in the way that
      he should choose.
13 His soul shall abide in well-being,
   and his offspring shall inherit the land.
14 The friendship[2] of the Lord is for those
      who fear him,
   and he makes known to them his
      covenant.
15 My eyes are ever toward the Lord,
   for he will pluck my feet out of the net.
16 Turn to me and be gracious to me,
   for I am lonely and afflicted.
17 The troubles of my heart are enlarged;
   bring me out of my distresses.
18 Consider my affliction and my trouble,
   and forgive all my sins.
19 Consider how many are my foes,
   and with what violent hatred they hate
      me.
20 Oh, guard my soul, and deliver me!
   Let me not be put to shame, for I take
      refuge in you.
21 May integrity and uprightness preserve
      me,
   for I wait for you.
22 Redeem Israel, O God,
   out of all his troubles.

I Will Bless the Lord

26 Of David.
   Vindicate me, O Lord,
   for I have walked in my integrity,
   and I have trusted in the Lord without
      wavering.
2 Prove me, O Lord, and try me;
   test my heart and my mind.[1]

3 For your steadfast love is before my eyes,
   and I walk in your ᵛfaithfulness.

4 I do not sit with men of falsehood,
   nor do I consort with hypocrites.

5 I hate the assembly of evildoers,
   and I will not sit with the wicked.

6 I wash my hands in innocence
   and go around your altar, O Lord,

7 dir zu danken mit lauter Stimme
und zu verkündigen alle deine
Wunder.

8 HERR, ich habe lieb die Stätte deines
Hauses
und den Ort, da deine Ehre wohnt.

9 Raffe meine Seele nicht hin mit den
Sündern
noch mein Leben mit den
Blutdürstigen,

10 an deren Händen Schandtat klebt
und die gern Geschenke nehmen.

11 Ich aber gehe meinen Weg in Unschuld.
Erlöse mich und sei mir gnädig!

12 Mein Fuß steht fest auf rechtem Grund.
Ich will den HERRN loben in den
Versammlungen.

Gemeinschaft mit Gott

27 VON DAVID.
Der HERR ist mein Licht und mein
Heil;
vor wem sollte ich mich fürchten?
Der HERR ist meines Lebens Kraft;
vor wem sollte mir grauen?

2 Wenn die Übeltäter an mich wollen,
um mich zu verschlingen,
meine Widersacher und Feinde,
sollen sie selber straucheln und fallen.

3 Wenn sich auch ein Heer wider mich
lagert,
so fürchtet sich dennoch mein Herz
nicht;
wenn sich Krieg wider mich erhebt,
so verlasse ich mich auf ihn.

4 Eines bitte ich vom HERRN, das hätte ich
gerne:
dass ich im Hause des HERRN bleiben
könne mein Leben lang,
zu schauen die schönen Gottesdienste
des HERRN*
und seinen Tempel zu betrachten.

5 Denn er deckt mich in seiner Hütte zur
bösen Zeit, /
er birgt mich im Schutz seines Zeltes
und erhöht mich auf einen Felsen.

7 proclaiming thanksgiving aloud,
and telling all your wondrous deeds.

8 O LORD, I love the habitation of your
house
and the place where your glory dwells.

9 Do not sweep my soul away with
sinners,
nor my life with bloodthirsty men,

10 in whose hands are evil devices,
and whose right hands are full of
bribes.

11 But as for me, I shall walk in my
integrity;
redeem me, and be gracious to me.

12 My foot stands on level ground;
in the great assembly I will bless the
LORD.

The LORD Is My Light and My Salvation

27 OF DAVID.
The LORD is my light and my
salvation;
whom shall I fear?
The LORD is the stronghold[1] of my life;
of whom shall I be afraid?

2 When evildoers assail me
to eat up my flesh,
my adversaries and foes,
it is they who stumble and fall.

3 Though an army encamp against me,
my heart shall not fear;
though war arise against me,
yet[2] I will be confident.

4 One thing have I asked of the LORD,
that will I seek after:
that I may dwell in the house of the
LORD
all the days of my life,
to gaze upon the beauty of the LORD
and to inquire[3] in his temple.

5 For he will hide me in his shelter
in the day of trouble;
he will conceal me under the cover of
his tent;
he will lift me high upon a rock.

6 Und nun erhebt sich mein Haupt
über meine Feinde, die um mich her
sind;
darum will ich Lob opfern in seinem
Zelt,
ich will singen und Lob sagen dem
HERRN.

7 HERR, höre meine Stimme, wenn ich
rufe;
sei mir gnädig und erhöre mich!

8 Mein Herz hält dir vor dein Wort: /
»Ihr sollt mein Antlitz suchen.«
Darum suche ich auch, HERR,
dein Antlitz.

9 Verbirg dein Antlitz nicht vor mir,
verstoße nicht im Zorn deinen
Knecht!
Denn du bist meine Hilfe; verlass mich
nicht
und tu die Hand nicht von mir ab,
Gott, mein Heil!

10 Denn mein Vater und meine Mutter verlassen mich,
aber der HERR nimmt mich auf.

11 HERR, weise mir deinen Weg
und leite mich auf ebener Bahn um
meiner Feinde willen.

12 Gib mich nicht preis dem Willen meiner
Feinde!
Denn es stehen falsche Zeugen wider
mich auf und tun mir Unrecht
ohne Scheu.

13 Ich glaube aber doch, dass ich sehen
werde
die Güte des HERRN im Lande der
Lebendigen.

14 Harre des HERRN!
Sei getrost und unverzagt und harre
des HERRN!

Bitte um Verschonung – Dank für Errettung

28 VON DAVID.
Wenn ich rufe zu dir, HERR, mein Fels,
so schweige doch nicht,
dass ich nicht, wenn du schweigst,
gleich werde denen, die in die Grube
fahren.

2 Höre die Stimme meines Flehens, wenn
ich zu dir schreie,
wenn ich meine Hände aufhebe
zu deinem heiligen Tempel.

6 And now my head shall be lifted up
above my enemies all around me,
and I will offer in his tent
sacrifices with shouts of joy;
I will sing and make melody to the
LORD.

7 Hear, O LORD, when I cry aloud;
be gracious to me and answer me!

8 You have said, "Seek[4] my face."
My heart says to you,
"Your face, LORD, do I seek."[5]

9 Hide not your face from me.
Turn not your servant away in anger,
O you who have been my help.
Cast me not off; forsake me not,
O God of my salvation!

10 For my father and my mother have forsaken me,
but the LORD will take me in.

11 Teach me your way, O LORD,
and lead me on a level path
because of my enemies.

12 Give me not up to the will of my
adversaries;
for false witnesses have risen against
me,
and they breathe out violence.

13 I believe[6] that I shall look upon the
goodness of the LORD
in the land of the living!

14 Wait for the LORD;
be strong, and let your heart take
courage;
wait for the LORD!

The LORD Is My Strength and My Shield

28 OF DAVID.
To you, O LORD, I call;
my rock, be not deaf to me,
lest, if you be silent to me,
I become like those who go down to
the pit.

2 Hear the voice of my pleas for mercy,
when I cry to you for help,
when I lift up my hands
toward your most holy sanctuary.[1]

3 Raffe mich nicht hin mit den Gottlosen
und mit den Übeltätern,
die freundlich reden mit ihrem
Nächsten
und haben Böses im Herzen.
4 Gib ihnen nach ihrem Tun
und nach ihren bösen Taten;
gib ihnen nach den Werken ihrer
Hände;
vergilt ihnen, wie sie es verdienen.

5 Denn sie wollen nicht achten auf das
Tun des Herrn
noch auf die Werke seiner Hände;
darum wird er sie niederreißen
und nicht wieder aufbauen.

6 Gelobt sei der Herr; denn er hat erhört
die Stimme meines Flehens.

7 Der Herr ist meine Stärke und mein
Schild;
auf ihn hofft mein Herz und mir ist
geholfen.
Nun ist mein Herz fröhlich,
und ich will ihm danken mit meinem
Lied.

8 Der Herr ist seines Volkes Stärke,
Hilfe und Stärke für seinen Gesalbten.
9 Hilf deinem Volk und segne dein Erbe
und weide und trage sie ewiglich!

Der große Lobpreis der Herrlichkeit Gottes

29 EIN PSALM DAVIDS.
Bringet dar dem Herrn, ihr
Himmlischen,
bringet dar dem Herrn Ehre und
Stärke!
2 Bringet dar dem Herrn die Ehre seines
Namens,
betet an den Herrn in heiligem
Schmuck!

3 Die Stimme des Herrn erschallt über
den Wassern,
der Gott der Ehre donnert, der Herr,
über großen Wassern.
4 Die Stimme des Herrn ergeht mit
Macht,
die Stimme des Herrn ergeht herrlich.

5 Die Stimme des Herrn zerbricht die
Zedern,
der Herr zerbricht die Zedern des
Libanon.

3 Do not drag me off with the wicked,
with the workers of evil,
who speak peace with their neighbors
while evil is in their hearts.
4 Give to them according to their work
and according to the evil of their
deeds;
give to them according to the work of
their hands;
render them their due reward.
5 Because they do not regard the works of
the Lord
or the work of his hands,
he will tear them down and build them
up no more.

6 Blessed be the Lord!
For he has heard the voice of my pleas
for mercy.
7 The Lord is my strength and my shield;
in him my heart trusts, and I am
helped;
my heart exults,
and with my song I give thanks to
him.

8 The Lord is the strength of his people;[2]
he is the saving refuge of his anointed.
9 Oh, save your people and bless your
heritage!
Be their shepherd and carry them
forever.

Ascribe to the Lord Glory

29 A Psalm of David.
Ascribe to the Lord, O heavenly
beings,[1]
ascribe to the Lord glory and strength.

2 Ascribe to the Lord the glory due his
name;
worship the Lord in the splendor of
holiness.[2]

3 The voice of the Lord is over the waters;
the God of glory thunders,
the Lord, over many waters.
4 The voice of the Lord is powerful;
the voice of the Lord is full of majesty.

5 The voice of the Lord breaks the cedars;
the Lord breaks the cedars of
Lebanon.

6 Er lässt hüpfen wie ein Kalb den
    Libanon,
    den Sirjon wie einen jungen Wildstier.

7 Die Stimme des Herrn sprüht
    Feuerflammen; /
8 die Stimme des Herrn lässt die Wüste
    erbeben;
    der Herr lässt erbeben die Wüste
    Kadesch.

9 Die Stimme des Herrn lässt Eichen wir-
    beln* /
    und reißt Wälder kahl.
    In seinem Tempel ruft alles: »Ehre!«

10 Der Herr hat seinen Thron über der
    Flut;
    der Herr bleibt ein König in Ewigkeit.
11 Der Herr wird seinem Volk Kraft geben;
    der Herr wird sein Volk segnen mit
    Frieden.

Dank für Rettung aus Todesnot

30 EIN PSALM DAVIDS, EIN LIED ZUR EINWEI-
HUNG DES TEMPELS.

2 Ich preise dich, Herr; denn du hast
    mich aus der Tiefe gezogen
    und lässest meine Feinde sich nicht
    über mich freuen.
3 Herr, mein Gott, als ich schrie zu dir,
    da machtest du mich gesund.
4 Herr, du hast mich von den Toten
    heraufgeholt;
    du hast mich am Leben erhalten,
    aber sie mussten in die Grube fahren.

5 Lobsinget dem Herrn, ihr seine
    Heiligen,
    und preiset seinen heiligen Namen!
6 Denn sein Zorn währet einen
    Augenblick
    und lebenslang seine Gnade.
    Den Abend lang währet das Weinen,
    aber des Morgens ist Freude.

7 Ich aber sprach, als es mir gut ging:
    Ich werde nimmermehr wanken.
8 Denn, Herr, durch dein Wohlgefallen /
    hattest du mich auf einen hohen Fels
    gestellt.
    Aber als du dein Antlitz verbargest,
    erschrak ich.

9 Zu dir, Herr, rief ich,
    und zum Herrn flehte ich:

6 He makes Lebanon to skip like a calf,
    and Sirion like a young wild ox.

7 The voice of the Lord flashes forth
    flames of fire.
8 The voice of the Lord shakes the
    wilderness;
    the Lord shakes the wilderness of
    Kadesh.

9 The voice of the Lord makes the deer
    give birth[3]
    and strips the forests bare,
    and in his temple all cry, "Glory!"

10 The Lord sits enthroned over the flood;
    the Lord sits enthroned as king
    forever.
11 May the Lord give strength to his
    people!
    May the Lord bless[4] his people with
    peace!

Joy Comes with the Morning

30 A Psalm of David. A song at the dedication of the temple.

1 I will extol you, O Lord, for you have
    drawn me up
    and have not let my foes rejoice over
    me.
2 O Lord my God, I cried to you for help,
    and you have healed me.
3 O Lord, you have brought up my soul
    from Sheol;
    you restored me to life from among
    those who go down to the pit.[1]

4 Sing praises to the Lord, O you his
    saints,
    and give thanks to his holy name.[2]
5 For his anger is but for a moment,
    and his favor is for a lifetime.[3]
    Weeping may tarry for the night,
    but joy comes with the morning.

6 As for me, I said in my prosperity,
    "I shall never be moved."
7 By your favor, O Lord,
    you made my mountain stand strong;
    you hid your face;
    I was dismayed.

8 To you, O Lord, I cry,
    and to the Lord I plead for mercy:

10 Was nützt dir mein Blut, wenn ich zur
   Grube fahre?
   Wird dir auch der Staub danken und
   deine Treue verkündigen?

11 HERR, höre und sei mir gnädig!
   HERR, sei mein Helfer!

12 Du hast mir meine Klage verwandelt in
   einen Reigen,
   du hast mir den Sack der Trauer
   ausgezogen und mich mit Freude
   gegürtet,

13 dass ich dir lobsinge und nicht stille
   werde.
   HERR, mein Gott, ich will dir danken
   in Ewigkeit.

In Gottes Händen geborgen

31 EIN PSALM DAVIDS, VORZUSINGEN.

2 HERR, auf dich traue ich, /
   lass mich nimmermehr zuschanden
   werden,
   errette mich durch deine
   Gerechtigkeit!

3 Neige deine Ohren zu mir, hilf mir
   eilends!
   Sei mir ein starker Fels und eine Burg,
   dass du mir helfest!

4 Denn du bist mein Fels und meine Burg,
   und um deines Namens willen wollest
   du mich leiten und führen.

5 Du wollest mich aus dem Netze ziehen, /
   das sie mir heimlich stellten;
   denn du bist meine Stärke.

6 In deine Hände befehle ich meinen
   Geist;
   du hast mich erlöst, HERR, du treuer
   Gott.

7 Ich hasse, die sich halten an nichtige
   Götzen;
   ich aber hoffe auf den HERRN.

8 Ich freue mich und bin fröhlich über
   deine Güte,
   dass du mein Elend ansiehst und
   nimmst dich meiner an in Not

9 und übergibst mich nicht in die Hände
   des Feindes;
   du stellst meine Füße auf weiten
   Raum.

9 "What profit is there in my death,[4]
   if I go down to the pit?[5]
   Will the dust praise you?
   Will it tell of your faithfulness?

10 Hear, O LORD, and be merciful to me!
   O LORD, be my helper!"

11 You have turned for me my mourning
   into dancing;
   you have loosed my sackcloth
   and clothed me with gladness,

12 that my glory may sing your praise and
   not be silent.
   O LORD my God, I will give thanks to
   you forever!

Into Your Hand I Commit My Spirit

31 TO THE CHOIRMASTER. A PSALM OF
DAVID.

1 In you, O LORD, do I take refuge;
   let me never be put to shame;
   in your righteousness deliver me!

2 Incline your ear to me;
   rescue me speedily!
   Be a rock of refuge for me,
   a strong fortress to save me!

3 For you are my rock and my fortress;
   and for your name's sake you lead me
   and guide me;

4 you take me out of the net they have
   hidden for me,
   for you are my refuge.

5 Into your hand I commit my spirit;
   you have redeemed me, O LORD, faithful God.

6 I hate[1] those who pay regard to worthless idols,
   but I trust in the LORD.

7 I will rejoice and be glad in your steadfast love,
   because you have seen my affliction;
   you have known the distress of my
   soul,

8 and you have not delivered me into the
   hand of the enemy;
   you have set my feet in a broad place.

10 Herr, sei mir gnädig, denn mir ist angst!
    Mein Auge ist trübe geworden vor
        Gram, matt meine Seele und mein
        Leib.
11 Denn mein Leben ist hingeschwunden
        in Kummer
    und meine Jahre in Seufzen.
    Meine Kraft ist verfallen durch meine
        Missetat,
    und meine Gebeine sind
        verschmachtet.

12 Vor all meinen Bedrängern bin ich ein
        Spott geworden,
    eine Last meinen Nachbarn
        und ein Schrecken meinen
        Bekannten.
    Die mich sehen auf der Gasse,
        fliehen vor mir.
13 Ich bin vergessen in ihrem Herzen wie
        ein Toter;
    ich bin geworden wie ein zerbrochenes
        Gefäß.
14 Denn ich höre, wie viele über mich
        lästern:
    Schrecken ist um und um!
    Sie halten Rat miteinander über mich
    und trachten danach, mir das Leben
        zu nehmen.

15 Ich aber, Herr, hoffe auf dich
    und spreche: Du bist mein Gott!
16 **Meine Zeit steht in deinen Händen.**
    Errette mich von der Hand meiner
        Feinde und von denen, die mich
        verfolgen.
17 Lass leuchten dein Antlitz über deinem
        Knecht;
    hilf mir durch deine Güte!
18 Herr, lass mich nicht zuschanden
        werden;
    denn ich rufe dich an.
    Die Gottlosen sollen zuschanden
        werden
    und hinabfahren zu den Toten und
        schweigen.
19 Verstummen sollen die Lügenmäuler,
    die da reden wider den Gerechten
        frech, stolz und höhnisch.

20 Wie groß ist deine Güte, Herr,
    die du bewahrt hast denen, die dich
        fürchten,
    und erweisest vor den Leuten
    denen, die auf dich trauen!

9 Be gracious to me, O Lord, for I am in
        distress;
    my eye is wasted from grief;
    my soul and my body also.
10 For my life is spent with sorrow,
    and my years with sighing;
    my strength fails because of my iniquity,
    and my bones waste away.

11 Because of all my adversaries I have
        become a reproach,
    especially to my neighbors,
    and an object of dread to my
        acquaintances;
    those who see me in the street flee
        from me.
12 I have been forgotten like one who is
        dead;
    I have become like a broken vessel.

13 For I hear the whispering of many—
        terror on every side!—
    as they scheme together against me,
    as they plot to take my life.

14 But I trust in you, O Lord;
    I say, "You are my God."
15 My times are in your hand;
    rescue me from the hand of my ene-
        mies and from my persecutors!

16 Make your face shine on your servant;
    save me in your steadfast love!

17 O Lord, let me not be put to shame,
    for I call upon you;
    let the wicked be put to shame;
    let them go silently to Sheol.

18 Let the lying lips be mute,
    which speak insolently against the
        righteous
    in pride and contempt.

19 Oh, how abundant is your goodness,
    which you have stored up for those
        who fear you
    and worked for those who take refuge in
        you,
    in the sight of the children of
        mankind!

21 Du birgst sie in deinem Schutz vor den
  Rotten der Leute,
  du deckst sie in der Hütte vor den zänkischen Zungen.

22 Gelobt sei der HERR; denn er hat seine
  wunderbare Güte
  mir erwiesen in einer festen Stadt.

23 Ich sprach wohl in meinem Zagen:
  Ich bin von deinen Augen verstoßen.
  Doch du hörtest die Stimme meines
  Flehens,
  als ich zu dir schrie.

24 Liebet den HERRN, alle seine Heiligen!
  Die Gläubigen behütet der HERR
  und vergilt reichlich dem, der
  Hochmut übt.

25 Seid getrost und unverzagt alle,
  die ihr des HERRN harret!

Vom Segen der Sündenvergebung (Der zweite Bußpsalm)

32 EINE UNTERWEISUNG DAVIDS.
  Wohl dem, dem die Übertretungen
  vergeben sind,
  dem die Sünde bedeckt ist!

2 Wohl dem Menschen, dem der HERR
  die Schuld nicht zurechnet,
  in dessen Geist kein Trug ist!

3 Denn als ich es wollte verschweigen,
  verschmachteten meine Gebeine
  durch mein tägliches Klagen.

4 Denn deine Hand lag Tag und Nacht
  schwer auf mir,
  dass mein Saft vertrocknete, wie es im
  Sommer dürre wird. SELA.

5 Darum bekannte ich dir meine Sünde,
  und meine Schuld verhehlte ich nicht.
  Ich sprach: Ich will dem HERRN meine
  Übertretungen bekennen.
  Da vergabst du mir die Schuld meiner
  Sünde. SELA.

6 Deshalb werden alle Heiligen zu dir
  beten
  zur Zeit der Angst.
  Darum, wenn große Wasserfluten
  kommen,
  werden sie nicht an sie gelangen.

20 In the cover of your presence you hide
  them
  from the plots of men;
  you store them in your shelter
  from the strife of tongues.

21 Blessed be the LORD,
  for he has wondrously shown his
  steadfast love to me
  when I was in a besieged city.

22 I had said in my alarm,[2]
  "I am cut off from your sight."
  But you heard the voice of my pleas for
  mercy
  when I cried to you for help.

23 Love the LORD, all you his saints!
  The LORD preserves the faithful
  but abundantly repays the one who
  acts in pride.

24 Be strong, and let your heart take
  courage,
  all you who wait for the LORD!

Blessed Are the Forgiven

32 A MASKIL[1] OF DAVID.
  Blessed is the one whose transgression
  is forgiven,
  whose sin is covered.

2 Blessed is the man against whom the
  LORD counts no iniquity,
  and in whose spirit there is no deceit.

3 For when I kept silent, my bones wasted
  away
  through my groaning all day long.

4 For day and night your hand was heavy
  upon me;
  my strength was dried up[2] as by the
  heat of summer. Selah

5 I acknowledged my sin to you,
  and I did not cover my iniquity;
  I said, "I will confess my transgressions
  to the LORD,"
  and you forgave the iniquity of my sin.
  Selah

6 Therefore let everyone who is godly
  offer prayer to you at a time when you
  may be found;
  surely in the rush of great waters,
  they shall not reach him.

7 Du bist mein Schirm, du wirst mich vor
  Angst behüten,
   dass ich errettet gar fröhlich rühmen
   kann.   SELA.

8 »Ich will dich unterweisen und dir den
  Weg zeigen, /
   den du gehen sollst;
   ich will dich mit meinen Augen
   leiten.«
9 Seid nicht wie Rosse und Maultiere,
   die ohne Verstand sind,
   denen man Zaum und Gebiss anlegen
   muss;
   sie werden sonst nicht zu dir kommen.

10 Der Gottlose hat viel Plage;
   wer aber auf den HERRN hofft, den
   wird die Güte umfangen.
11 Freuet euch des HERRN und seid
   fröhlich, ihr Gerechten,
   und jauchzet, alle ihr Frommen.

Ein Loblied auf Gottes Allmacht und Hilfe

33 Freuet euch des HERRN, ihr Gerechten;
   die Frommen sollen ihn recht preisen.

2 Danket dem HERRN mit Harfen;
   lobsinget ihm zum Psalter von zehn
   Saiten!
3 Singet ihm ein neues Lied;
   spielt schön auf den Saiten mit fröhlichem Schall!

4 Denn des HERRN Wort ist wahrhaftig,
   und was er zusagt, das hält er gewiss.

5 Er liebt Gerechtigkeit und Recht;
   die Erde ist voll der Güte des HERRN.

6 Der Himmel ist durch das Wort des
   HERRN gemacht
   und all sein Heer durch den Hauch
   seines Mundes.
7 Er hält die Wasser des Meeres zusammen wie in einem Schlauch
   und sammelt in Kammern die Fluten.

8 Alle Welt fürchte den HERRN,
   und vor ihm scheue sich alles, was auf
   dem Erdboden wohnet.
9 Denn wenn er spricht, so geschieht's;
   wenn er gebietet, so steht's da.

10 Der HERR macht zunichte der Heiden
   Rat
   und wehrt den Gedanken der Völker.

---

7 You are a hiding place for me;
   you preserve me from trouble;
   you surround me with shouts of deliverance.   *Selah*

8 I will instruct you and teach you in the
   way you should go;
   I will counsel you with my eye upon
   you.

9 Be not like a horse or a mule, without
   understanding,
   which must be curbed with bit and
   bridle,
   or it will not stay near you.

10 Many are the sorrows of the wicked,
   but steadfast love surrounds the one
   who trusts in the LORD.
11 Be glad in the LORD, and rejoice, O
   righteous,
   and shout for joy, all you upright in
   heart!

The Steadfast Love of the LORD

33 Shout for joy in the LORD, O you
   righteous!
   Praise befits the upright.
2 Give thanks to the LORD with the lyre;
   make melody to him with ʲthe harp of
   ten strings!
3 Sing to him a new song;
   play skillfully on the strings, with loud
   shouts.

4 For the word of the LORD is upright,
   and all his work is done in
   faithfulness.
5 He loves righteousness and justice;
   the earth is full of the steadfast love of
   the LORD.

6 By the word of the LORD the heavens
   were made,
   and by the breath of his mouth all
   their host.
7 He gathers the waters of the sea as a
   heap;
   he puts the deeps in storehouses.

8 Let all the earth fear the LORD;
   let all the inhabitants of the world
   stand in awe of him!
9 For he spoke, and it came to be;
   he commanded, and it stood firm.

10 The LORD brings the counsel of the
   nations to nothing;
   he frustrates the plans of the peoples.

11 Aber der Ratschluss des Herrn bleibt
ewiglich,
seines Herzens Gedanken für und für.

12 Wohl dem Volk, dessen Gott der Herr
ist,
dem Volk, das er zum Erbe erwählt
hat!

13 Der Herr schaut vom Himmel
und sieht alle Menschenkinder.

14 Von seinem festen Thron sieht er auf
alle,
die auf Erden wohnen.

15 Er lenkt ihnen allen das Herz,
er gibt acht auf alle ihre Werke.

16 Einem König hilft nicht seine große
Macht;
ein Held kann sich nicht retten durch
seine große Kraft.

17 Rosse helfen auch nicht; da wäre man
betrogen;
und ihre große Stärke errettet nicht.

18 Siehe, des Herrn Auge achtet auf alle,
die ihn fürchten,
die auf seine Güte hoffen,

19 dass er sie errette vom Tode
und sie am Leben erhalte in
Hungersnot.

20 Unsre Seele harrt auf den Herrn;
er ist uns Hilfe und Schild.

21 Denn unser Herz freut sich seiner,
und wir trauen auf seinen heiligen
Namen.

22 Deine Güte, Herr, sei über uns,
wie wir auf dich hoffen.

Unter Gottes Schutz

34 VON DAVID, ALS ER SICH WAHNSINNIG
STELLTE VOR ABIMELECH UND DIESER IHN
VON SICH TRIEB UND ER WEGGING.

2 Ich will den Herrn loben allezeit;
sein Lob soll immerdar in meinem
Munde sein.

3 Meine Seele soll sich rühmen des Herrn,
dass es die Elenden hören und sich
freuen.

4 Preiset mit mir den Herrn
und lasst uns miteinander seinen
Namen erhöhen!

11 The counsel of the Lord stands forever,
the plans of his heart to all
generations.

12 Blessed is the nation whose God is the
Lord,
the people whom he has chosen as his
heritage!

13 The Lord looks down from heaven;
he sees all the children of man;

14 from where he sits enthroned he looks
out
on all the inhabitants of the earth,

15 he who fashions the hearts of them all
and observes all their deeds.

16 The king is not saved by his great army;
a warrior is not delivered by his great
strength.

17 The war horse is a false hope for
salvation,
and by its great might it cannot rescue.

18 Behold, the eye of the Lord is on those
who fear him,
on those who hope in his steadfast
love,

19 that he may deliver their soul from
death
and keep them alive in famine.

20 Our soul waits for the Lord;
he is our help and our shield.

21 For our heart is glad in him,
because we trust in his holy name.

22 Let your steadfast love, O Lord, be upon
us,
even as we hope in you.

Taste and See That the Lord Is Good

34 [1] OF DAVID, WHEN HE CHANGED HIS BEHAV-
IOR BEFORE ABIMELECH, SO THAT HE DROVE
HIM OUT, AND HE WENT AWAY.

1 I will bless the Lord at all times;
his praise shall continually be in my
mouth.

2 My soul makes its boast in the Lord;
let the humble hear and be glad.

3 Oh, magnify the Lord with me,
and let us exalt his name together!

5 Als ich den HERRN suchte, antwortete
er mir
und errettete mich aus aller meiner
Furcht.

6 Die auf ihn sehen, werden strahlen vor
Freude,
und ihr Angesicht soll nicht schamrot
werden.

7 Als einer im Elend rief, hörte der HERR
und half ihm aus allen seinen Nöten.

8 Der Engel des HERRN lagert sich um die
her,
die ihn fürchten, und hilft ihnen
heraus.

9 Schmecket und sehet, wie freundlich
der HERR ist.
Wohl dem, der auf ihn trauet!

10 Fürchtet den HERRN, ihr seine Heiligen!
Denn die ihn fürchten, haben keinen
Mangel.

11 Reiche müssen darben und hungern;
aber die den HERRN suchen, haben
keinen Mangel an irgendeinem
Gut.

12 Kommt her, ihr Kinder, höret mir zu!
Ich will euch die Furcht des HERRN
lehren.

13 Wer möchte gern gut leben
und schöne Tage sehen?

14 Behüte deine Zunge vor Bösem
und deine Lippen, dass sie nicht Trug
reden.

15 Lass ab vom Bösen und tu Gutes;
suche Frieden und jage ihm nach!

16 Die Augen des HERRN merken auf die
Gerechten
und seine Ohren auf ihr Schreien.

17 Das Angesicht des HERRN steht wider
alle, die Böses tun,
dass er ihren Namen ausrotte von der
Erde.

18 Wenn die Gerechten schreien, so hört
der HERR
und errettet sie aus all ihrer Not.

19 Der HERR ist nahe denen, die zerbrochenen Herzens sind,
und hilft denen, die ein zerschlagenes
Gemüt haben.

20 Der Gerechte muss viel erleiden,
aber aus alledem hilft ihm der HERR.

4 I sought the LORD, and he answered me
and delivered me from all my fears.

5 Those who look to him are radiant,
and their faces shall never be ashamed.

6 This poor man cried, and the LORD
heard him
and saved him out of all his troubles.

7 The angel of the LORD encamps
around those who fear him, and delivers them.

8 Oh, taste and see that the LORD is good!
Blessed is the man who takes refuge in
him!

9 Oh, fear the LORD, you his saints,
for those who fear him have no lack!

10 The young lions suffer want and hunger;
but those who seek the LORD lack no
good thing.

11 Come, O children, listen to me;
I will teach you the fear of the LORD.

12 What man is there who desires life
and loves many days, that he may see
good?

13 Keep your tongue from evil
and your lips from speaking deceit.

14 Turn away from evil and do good;
seek peace and pursue it.

15 The eyes of the LORD are toward the
righteous
and his ears toward their cry.

16 The face of the LORD is against those
who do evil,
to cut off the memory of them from
the earth.

17 When the righteous cry for help, the
LORD hears
and delivers them out of all their
troubles.

18 The LORD is near to the brokenhearted
and saves the crushed in spirit.

19 Many are the afflictions of the righteous,
but the LORD delivers him out of them
all.

21 Er bewahrt ihm alle seine Gebeine,
      dass nicht eines zerbrochen wird.
22 Den Gottlosen wird das Unglück töten,
      und die den Gerechten hassen, fallen
      in Schuld.
23 Der HERR erlöst das Leben seiner
      Knechte,
      und alle, die auf ihn trauen, werden
      frei von Schuld.

Gebet um Errettung von boshaften Feinden

35 VON DAVID.
      HERR, führe meine Sache wider meine
            Widersacher,
      bekämpfe, die mich bekämpfen!

2 Ergreife Schild und Waffen
      und mache dich auf, mir zu helfen!
3 Zücke Speer und Streitaxt wider meine
      Verfolger!
      Sprich zu mir: Ich bin deine Hilfe!

4 Es sollen sich schämen und zum Spott
      werden,
      die mir nach dem Leben trachten;
      es sollen zurückweichen und zuschan-
            den werden,
      die mein Unglück wollen.
5 Sie sollen werden wie Spreu vor dem
      Winde,
      und der Engel des HERRN stoße sie
            weg.
6 Ihr Weg soll finster und schlüpfrig
      werden,
      und der Engel des HERRN verfolge sie.

7 Denn ohne Grund haben sie mir ihr
      Netz gestellt,
      ohne Grund mir eine Grube gegraben.

8 Unversehens soll ihn Unheil überfallen; /
      sein Netz, das er gestellt hat, fange ihn
            selber,
      zum eigenen Unheil stürze er hinein.

9 Aber meine Seele soll sich freuen des
      HERRN
      und fröhlich sein über seine Hilfe.
10 Alle meine Gebeine sollen sagen:
      HERR, wer ist dir gleich?
      Der du den Elenden rettest /
      vor dem, der ihm zu stark ist,
      und den Elenden und Armen vor
            seinen Räubern.

20 He keeps all his bones;
      not one of them is broken.
21 Affliction will slay the wicked,
      and those who hate the righteous will
      be condemned.
22 The LORD redeems the life of his
      servants;
      none of those who take refuge in him
      will be condemned.

Great Is the LORD

35 OF DAVID.
      Contend, O LORD, with those who
            contend with me;
      fight against those who fight against
            me!
2 Take hold of shield and buckler
      and rise for my help!
3 Draw the spear and javelin[1]
      against my pursuers!
      Say to my soul,
      "I am your salvation!"

4 Let them be put to shame and dishonor
      who seek after my life!
      Let them be turned back and
            disappointed
      who devise evil against me!
5 Let them be like chaff before the wind,
      with the angel of the LORD driving
            them away!
6 Let their way be dark and slippery,
      with the angel of the LORD pursuing
            them!

7 For without cause they hid their net for
      me;
      without cause they dug a pit for my
      life.[2]

8 Let destruction come upon him when
      he does not know it!
      And let the net that he hid ensnare him;
      let him fall into it—to his destruction!

9 Then my soul will rejoice in the LORD,
      exulting in his salvation.
10 All my bones shall say,
      "O LORD, who is like you,
      delivering the poor
      from him who is too strong for him,
      the poor and needy from him who
            robs him?"

11 Es treten falsche Zeugen auf;
   sie fordern von mir, wovon ich nichts
      weiß.

12 Sie vergelten mir Gutes mit Bösem,
   um mich in Herzeleid zu bringen.

13 Ich aber zog einen Sack an, wenn sie
      krank waren, /
   tat mir wehe mit Fasten
   und betete immer wieder von Herzen.

14 Als wäre es mein Freund und Bruder,
      so ging ich einher;
   wie einer Leid trägt über seine Mutter,
   so beugte ich mich in Trauer.

15 Sie aber freuen sich, wenn ich wanke,
      und rotten sich zusammen;
   sie rotten sich heimlich zum Schlag
      wider mich,
   sie lästern und hören nicht auf.

16 Sie lästern und spotten immerfort
   und knirschen wider mich mit ihren
      Zähnen.

17 Herr, wie lange willst du zusehen?
   Errette doch meine Seele vor ihrem
      Unheil, mein Leben vor den jun-
      gen Löwen!

18 Ich will dir danken in großer Gemeinde;
   unter vielem Volk will ich dich
      rühmen.

19 Lass sich nicht über mich freuen, die
      mir zu Unrecht feind sind;
   lass nicht mit den Augen spotten, die
      mich ohne Grund hassen!

20 Denn sie reden nicht, was zum Frieden
      dient,
   und ersinnen falsche Anklagen wider
      die Stillen im Lande.

21 Sie sperren das Maul weit auf wider
      mich
   und sprechen: »Da, da, wir haben es
      gesehen!«

22 Herr, du hast es gesehen, schweige
      nicht;
   Herr, sei nicht ferne von mir!

23 Wache auf, werde wach, mir Recht zu
      schaffen
   und meine Sache zu führen, mein Gott
      und Herr!

24 Herr, mein Gott, verhilf mir zum Recht
      nach deiner Gerechtigkeit,
   dass sie sich nicht über mich freuen.

25 Lass sie nicht sagen in ihrem Herzen:
   »Da, da! Das wollten wir.«
   Lass sie nicht sagen: »Wir haben ihn
      verschlungen.«

11 Malicious[3] witnesses rise up;
   they ask me of things that I do not
      know.

12 They repay me evil for good;
   my soul is bereft.[4]

13 But I, when they were sick—
   I wore sackcloth;
   I afflicted myself with fasting;
   I prayed with head bowed[5] on my chest.

14 I went about as though I grieved for
      my friend or my brother;
   as one who laments his mother,
   I bowed down in mourning.

15 But at my stumbling they rejoiced and
      gathered;
   they gathered together against me;
   wretches whom I did not know
   tore at me without ceasing;

16 like profane mockers at a feast,[6]
   they gnash at me with their teeth.

17 How long, O Lord, will you look on?
   Rescue me from their destruction,
   my precious life from the lions!

18 I will thank you in the great
      congregation;
   in the mighty throng I will praise you.

19 Let not those rejoice over me
   who are wrongfully my foes,
   and let not those wink the eye
   who hate me without cause.

20 For they do not speak peace,
   but against those who are quiet in the
      land
   they devise words of deceit.

21 They open wide their mouths against
      me;
   they say, "Aha, Aha!
   Our eyes have seen it!"

22 You have seen, O Lord; be not silent!
   O Lord, be not far from me!

23 Awake and rouse yourself for my
      vindication,
   for my cause, my God and my Lord!

24 Vindicate me, O Lord, my God,
   according to your righteousness,
   and let them not rejoice over me!

25 Let them not say in their hearts,
   "Aha, our heart's desire!"
   Let them not say, "We have swallowed
      him up."

26 Sie sollen sich schämen und zuschanden
werden,
alle, die sich meines Unglücks freuen;
sie sollen in Schmach und Schande sich
kleiden,
die sich wider mich rühmen.

27 Jubeln und freuen sollen sich,
die mir gönnen, dass ich recht
behalte,
und immer sagen: Der HERR sei hoch
gelobt,
der seinem Knecht so wohl will!

28 Und meine Zunge soll reden von deiner
Gerechtigkeit
und dich täglich preisen.

Der Reichtum der Güte Gottes

36 VON DAVID, DEM KNECHT DES HERRN,
VORZUSINGEN.

2 Es sinnen die Übertreter auf gottloses
Treiben /
im Grund ihres Herzens.
Es ist keine Gottesfurcht bei ihnen.

3 Und doch hat Gott den Weg vor ihnen
geebnet,
um ihre Schuld aufzufinden und zu
hassen.

4 Alle ihre Worte sind falsch und erlogen,
verständig und gut handeln sie nicht
mehr.

5 Sie trachten auf ihrem Lager nach
Schaden
und stehen fest auf dem bösen Weg
und scheuen kein Arges.

6 HERR, deine Güte reicht, so weit der
Himmel ist,
und deine Wahrheit, so weit die
Wolken gehen.

7 Deine Gerechtigkeit steht wie die Berge
Gottes /
und dein Recht wie die große Tiefe.
HERR, du hilfst Menschen und Tieren.

8 Wie köstlich ist deine Güte, Gott,
dass Menschenkinder unter dem
Schatten deiner Flügel Zuflucht
haben!

9 Sie werden satt von den reichen Gütern
deines Hauses,
und du tränkst sie mit Wonne wie mit
einem Strom.

26 Let them be put to shame and disap-
pointed altogether
who rejoice at my calamity!
Let them be clothed with shame and
dishonor
who magnify themselves against me!

27 Let those who delight in my
righteousness
shout for joy and be glad
and say evermore,
"Great is the LORD,
who delights in the welfare of his
servant!"

28 Then my tongue shall tell of your
righteousness
and of your praise all the day long.

How Precious Is Your Steadfast Love

36 TO THE CHOIRMASTER. OF DAVID, THE
SERVANT OF THE LORD.

1 Transgression speaks to the wicked
deep in his heart;[1]
there is no fear of God
before his eyes.

2 For he flatters himself in his own eyes
that his iniquity cannot be found out
and hated.

3 The words of his mouth are trouble and
deceit;
he has ceased to act wisely and do
good.

4 He plots trouble while on his bed;
he sets himself in a way that is not
good;
he does not reject evil.

5 Your steadfast love, O LORD, extends to
the heavens,
your faithfulness to the clouds.

6 Your righteousness is like the mountains
of God;
your judgments are like the great deep;
man and beast you save, O LORD.

7 How precious is your steadfast love, O
God!
The children of mankind take refuge
in the shadow of your wings.

8 They feast on the abundance of your
house,
and you give them drink from the
river of your delights.

10 Denn bei dir ist die Quelle des Lebens,
und in deinem Lichte sehen wir das
Licht.

11 Breite deine Güte über die, die dich
kennen,
und deine Gerechtigkeit über die
Frommen.

12 Lass mich nicht kommen unter den Fuß
der Stolzen,
und die Hand der Gottlosen vertreibe
mich nicht!

13 Sieh da, sie sind gefallen, die Übeltäter,
sind gestürzt und können nicht wieder
aufstehen.

Das scheinbare Glück der Gottlosen

37 VON DAVID.
Entrüste dich nicht über die Bösen,
sei nicht neidisch auf die Übeltäter.

2 Denn wie das Gras werden sie bald
verdorren,
und wie das grüne Kraut werden sie
verwelken.

3 Hoffe auf den HERRN und tu Gutes,
bleibe im Lande und nähre dich
redlich.

4 Habe deine Lust am HERRN;
der wird dir geben, was dein Herz
wünscht.

5 Befiehl dem HERRN deine Wege
und hoffe auf ihn, er wird's
wohlmachen

6 und wird deine Gerechtigkeit heraufführen wie das Licht
und dein Recht wie den Mittag.

7 Sei stille dem HERRN und warte auf ihn.
Entrüste dich nicht über den,
dem es gut geht,
der seinen Mutwillen treibt.

8 Steh ab vom Zorn und lass den Grimm,
entrüste dich nicht, damit du nicht
Unrecht tust.

9 Denn die Bösen werden ausgerottet;
die aber des HERRN harren, werden das
Land erben.

10 Noch eine kleine Zeit, so ist der Gottlose
nicht mehr da;
und wenn du nach seiner Stätte siehst,
ist er weg.

9 For with you is the fountain of life;
in your light do we see light.

10 Oh, continue your steadfast love to those
who know you,
and your righteousness to the upright
of heart!

11 Let not the foot of arrogance come upon
me,
nor the hand of the wicked drive me
away.

12 There the evildoers lie fallen;
they are thrust down, unable to rise.

He Will Not Forsake His Saints

37[1] OF DAVID.
Fret not yourself because of evildoers;
be not envious of wrongdoers!

2 For they will soon fade like the grass
and wither like the green herb.

3 Trust in the LORD, and do good;
dwell in the land and befriend
faithfulness.[2]

4 Delight yourself in the LORD,
and he will give you the desires of
your heart.

5 Commit your way to the LORD;
trust in him, and he will act.

6 He will bring forth your righteousness
as the light,
and your justice as the noonday.

7 Be still before the LORD and wait
patiently for him;
fret not yourself over the one who
prospers in his way,
over the man who carries out evil
devices!

8 Refrain from anger, and forsake wrath!
Fret not yourself; it tends only to evil.

9 For the evildoers shall be cut off,
but those who wait for the LORD shall
inherit the land.

10 In just a little while, the wicked will be
no more;
though you look carefully at his place,
he will not be there.

11 Aber die Elenden werden das Land
   erben
   und ihre Freude haben an großem
   Frieden.

12 Der Gottlose droht dem Gerechten
   und knirscht mit seinen Zähnen wider
   ihn.
13 Aber der Herr lacht seiner;
   denn er sieht, dass sein Tag kommt.

14 Die Gottlosen ziehen das Schwert
   und spannen ihren Bogen,
   dass sie fällen den Elenden und Armen
   und morden die Frommen.
15 Aber ihr Schwert wird in ihr eigenes
   Herz dringen,
   und ihr Bogen wird zerbrechen.

16 Das Wenige, das ein Gerechter hat,
   ist besser als der Überfluss vieler
   Gottloser.
17 Denn der Gottlosen Arm wird
   zerbrechen,
   aber der HERR erhält die Gerechten.

18 Der HERR kennt die Tage der Frommen,
   und ihr Gut wird ewiglich bleiben.

19 Sie werden nicht zuschanden in böser
   Zeit,
   und in der Hungersnot werden sie
   genug haben.

20 Denn die Gottlosen werden
   umkommen;
   und die Feinde des HERRN,
   wenn sie auch sind wie prächtige Auen,
   werden sie doch vergehen, wie der
   Rauch vergeht.

21 Der Gottlose muss borgen und bezahlt
   nicht,
   aber der Gerechte ist barmherzig und
   kann geben.
22 Denn die Gesegneten des HERRN erben
   das Land;
   aber die er verflucht, werden
   ausgerottet.

23 Von dem HERRN kommt es, wenn eines
   Mannes Schritte fest werden,
   und er hat Gefallen an seinem Wege.
24 Fällt er, so stürzt er doch nicht;
   denn der HERR hält ihn fest an der
   Hand.

11 But the meek shall inherit the land
   and delight themselves in abundant
   peace.

12 The wicked plots against the righteous
   and gnashes his teeth at him,

13 but the Lord laughs at the wicked,
   for he sees that his day is coming.

14 The wicked draw the sword and bend
   their bows
   to bring down the poor and needy,
   to slay those whose way is upright;
15 their sword shall enter their own heart,
   and their bows shall be broken.

16 Better is the little that the righteous has
   than the abundance of many wicked.

17 For the arms of the wicked shall be
   broken,
   but the LORD upholds the righteous.

18 The LORD knows the days of the
   blameless,
   and their heritage will remain forever;
19 they are not put to shame in evil times;
   in the days of famine they have
   abundance.

20 But the wicked will perish;
   the enemies of the LORD are like the
   glory of the pastures;
   they vanish—like smoke they vanish
   away.

21 The wicked borrows but does not pay
   back,
   but the righteous is generous and
   gives;
22 for those blessed by the LORD[3] shall
   inherit the land,
   but those cursed by him shall be cut
   off.

23 The steps of a man are established by
   the LORD,
   when he delights in his way;
24 though he fall, he shall not be cast
   headlong,
   for the LORD upholds his hand.

25 Ich bin jung gewesen und alt geworden
und habe noch nie den Gerechten verlassen gesehen
und seine Kinder um Brot betteln.
26 Er ist allezeit barmherzig und leiht
gerne,
und sein Geschlecht wird zum Segen
sein.

27 Lass ab vom Bösen und tu Gutes,
so bleibst du wohnen immerdar.
28 Denn der HERR hat das Recht lieb
und verlässt seine Heiligen nicht.
Ewiglich werden sie bewahrt,
aber das Geschlecht der Gottlosen
wird ausgerottet.
29 Die Gerechten werden das Land ererben
und darin wohnen allezeit.

30 Der Mund des Gerechten redet Weisheit,
und seine Zunge lehrt das Recht.
31 Das Gesetz seines Gottes ist in seinem
Herzen;
seine Tritte gleiten nicht.

32 Der Gottlose lauert dem Gerechten auf
und gedenkt, ihn zu töten.
33 Aber der HERR lässt ihn nicht in seinen
Händen
und lässt ihn vor Gericht nicht zum
Schuldigen werden.

34 Harre auf den HERRN und halte dich auf
seinem Weg, /
so wird er dich erhöhen,
dass du das Land erbest;
du wirst es sehen, dass die Gottlosen
ausgerottet werden.

35 Ich sah einen Gottlosen, der pochte auf
Gewalt
und machte sich breit und grünte wie
eine Zeder.
36 Dann kam ich wieder vorbei; siehe, da
war er dahin.
Ich fragte nach ihm; doch ward er nirgends gefunden.

37 Bleibe fromm und halte dich recht;
denn einem solchen wird es zuletzt
gut gehen.

38 Die Übertreter aber werden miteinander
vertilgt,
und die Gottlosen werden zuletzt
ausgerottet.

25 I have been young, and now am old,
yet I have not seen the righteous
forsaken
or his children begging for bread.
26 He is ever lending generously,
and his children become a blessing.

27 Turn away from evil and do good;
so shall you dwell forever.
28 For the LORD loves justice;
he will not forsake his saints.
They are preserved forever,
but the children of the wicked shall be
cut off.
29 The righteous shall inherit the land
and dwell upon it forever.

30 The mouth of the righteous utters
wisdom,
and his tongue speaks justice.
31 The law of his God is in his heart;
his steps do not slip.

32 The wicked watches for the righteous
and seeks to put him to death.
33 The LORD will not abandon him to his
power
or let him be condemned when he is
brought to trial.

34 Wait for the LORD and keep his way,
and he will exalt you to inherit the
land;
you will look on when the wicked are
cut off.

35 I have seen a wicked, ruthless man,
spreading himself like a green laurel
tree.[4]
36 But he passed away,[5] and behold, he
was no more;
though I sought him, he could not be
found.

37 Mark the blameless and behold the
upright,
for there is a future for the man of
peace.
38 But transgressors shall be altogether
destroyed;
the future of the wicked shall be cut
off.

39 Aber der HERR hilft den Gerechten,
er ist ihre Stärke in der Not.

40 Und der HERR wird ihnen beistehen und
sie erretten;
er wird sie von den Gottlosen erretten
und ihnen helfen; denn sie trauen
auf ihn.

In schwerer Heimsuchung (Der dritte Bußpsalm)

38 EIN PSALM DAVIDS, ZUM GEDENKOPFER.

2 HERR, strafe mich nicht in deinem Zorn
und züchtige mich nicht in deinem
Grimm!
3 Denn deine Pfeile stecken in mir,
und deine Hand drückt mich.

4 Es ist nichts Gesundes an meinem Leibe
wegen deines Drohens
und ist nichts Heiles an meinen
Gebeinen wegen meiner Sünde.
5 Denn meine Sünden gehen über mein
Haupt;
wie eine schwere Last sind sie mir zu
schwer geworden.

6 Meine Wunden stinken und eitern
um meiner Torheit willen.
7 Ich gehe krumm und sehr gebückt;
den ganzen Tag gehe ich traurig
einher.
8 Denn meine Lenden sind ganz verdorrt;
es ist nichts Gesundes an meinem
Leibe.
9 Ich bin matt geworden und ganz
zerschlagen;
ich schreie vor Unruhe meines
Herzens.

10 Herr, du kennst all mein Begehren,
und mein Seufzen ist dir nicht
verborgen.
11 Mein Herz erbebt, meine Kraft hat mich
verlassen,
und das Licht meiner Augen ist auch
dahin.
12 Meine Lieben und Freunde scheuen
zurück vor meiner Plage,
und meine Nächsten halten sich ferne.

13 Die mir nach dem Leben trachten, stellen mir nach; /
und die mein Unglück suchen, bereden,
wie sie mir schaden;
sie sinnen auf Trug den ganzen Tag.

39 The salvation of the righteous is from
the LORD;
he is their stronghold in the time of
trouble.

40 The LORD helps them and delivers them;
he delivers them from the wicked and
saves them,
because they take refuge in him.

Do Not Forsake Me, O LORD

38 A PSALM OF DAVID, FOR THE MEMORIAL
OFFERING.

1 O LORD, rebuke me not in your anger,
nor discipline me in your wrath!

2 For your arrows have sunk into me,
and your hand has come down on me.

3 There is no soundness in my flesh
because of your indignation;
there is no health in my bones
because of my sin.
4 For my iniquities have gone over my
head;
like a heavy burden, they are too
heavy for me.

5 My wounds stink and fester
because of my foolishness,
6 I am utterly bowed down and prostrate;
all the day I go about mourning.

7 For my sides are filled with burning,
and there is no soundness in my flesh.

8 I am feeble and crushed;
I groan because of the tumult of my
heart.

9 O Lord, all my longing is before you;
my sighing is not hidden from you.

10 My heart throbs; my strength fails me,
and the light of my eyes—it also has
gone from me.

11 My friends and companions stand aloof
from my plague,
and my nearest kin stand far off.

12 Those who seek my life lay their snares;
those who seek my hurt speak of ruin
and meditate treachery all day long.

14 Ich bin wie taub und höre nicht,
und wie ein Stummer, der seinen
Mund nicht auftut.
15 Ich muss sein wie einer, der nicht hört
und keine Widerrede in seinem
Munde hat.

16 Aber ich harre, HERR, auf dich;
du, Herr, mein Gott, wirst erhören.

17 Denn ich denke: Dass sie sich ja nicht
über mich freuen!
Wenn mein Fuß wankte, würden sie
sich hoch rühmen wider mich.

18 Denn ich bin dem Fallen nahe,
und mein Schmerz ist immer vor mir

19 So bekenne ich denn meine Missetat
und sorge mich wegen meiner Sünde.

20 Aber meine Feinde leben und sind
mächtig;
die mich zu Unrecht hassen, derer
sind viele.

21 Die mir Gutes mit Bösem vergelten, feinden mich an,
weil ich mich an das Gute halte.

22 Verlass mich nicht, HERR,
mein Gott, sei nicht ferne von mir!

23 Eile, mir beizustehen,
Herr, du meine Hilfe!

Bittruf angesichts der menschlichen Vergänglichkeit

39 EIN PSALM DAVIDS, VORZUSINGEN, FÜR
JEDUTUN.

2 Ich habe mir vorgenommen: Ich will
mich hüten,
dass ich nicht sündige mit meiner
Zunge;
ich will meinem Mund einen Zaum
anlegen,
solange ich den Gottlosen vor mir
sehen muss.

3 Ich bin verstummt und still und
schweige fern der Freude
und muss mein Leid in mich fressen.

4 Mein Herz ist entbrannt in meinem
Leibe; /
wenn ich daran denke, brennt es wie
Feuer.
So rede ich denn mit meiner Zunge:

5 »HERR, lehre mich doch, /
dass es ein Ende mit mir haben muss
und mein Leben ein Ziel hat und ich
davonmuss.

13 But I am like a deaf man; I do not hear,
like a mute man who does not open
his mouth.
14 I have become like a man who does not
hear,
and in whose mouth are no rebukes.

15 But for you, O LORD, do I wait;
it is you, O Lord my God, who will
answer.

16 For I said, "Only let them not rejoice
over me,
who boast against me when my foot
slips!"

17 For I am ready to fall,
and my pain is ever before me.

18 I confess my iniquity;
I am sorry for my sin.

19 But my foes are vigorous, they are
mighty,
and many are those who hate me
wrongfully.

20 Those who render me evil for good
accuse me because I follow after good.

21 Do not forsake me, O LORD!
O my God, be not far from me!

22 Make haste to help me,
O Lord, my salvation!

What Is the Measure of My Days?

39 TO THE CHOIRMASTER: TO JEDUTHUN. A
PSALM OF DAVID.

1 I said, "I will guard my ways,
that I may not sin with my tongue;
I will guard my mouth with a muzzle,
so long as the wicked are in my
presence."

2 I was mute and silent;
I held my peace to no avail,
and my distress grew worse.

3 My heart became hot within me.
As I mused, the fire burned;
then I spoke with my tongue:

4 "O LORD, make me know my end
and what is the measure of my days;
let me know how fleeting I am!

6 Siehe, meine Tage sind eine Handbreit
    bei dir,
  und mein Leben ist wie nichts vor dir.
  Wie gar nichts sind alle Menschen,
    die doch so sicher leben!   Sela.

7 Sie gehen daher wie ein Schatten /
  und machen sich viel vergebliche
    Unruhe;
  sie sammeln und wissen nicht, wer es
    einbringen wird.«

8 Nun, Herr, wessen soll ich mich trösten?
  Ich hoffe auf dich.

9 Errette mich aus aller meiner Sünde
  und lass mich nicht den Narren zum
    Spott werden.

10 Ich will schweigen und meinen Mund
    nicht auftun;
  denn du hast es getan.

11 Wende deine Plage von mir;
  ich vergehe, weil deine Hand nach mir
    greift.

12 Wenn du den Menschen züchtigst um
    der Sünde willen, /
  so verzehrst du seine Schönheit wie
    Motten ein Kleid.
  Wie gar nichts sind doch alle
    Menschen.   Sela.

13 Höre mein Gebet, Herr, und vernimm
    mein Schreien,
  schweige nicht zu meinen Tränen;
  denn ich bin ein Gast bei dir,
  ein Fremdling wie alle meine Väter.

14 Lass ab von mir, dass ich mich erquicke,
  ehe ich dahinfahre und nicht mehr
    bin.

Dank und Bitte

40 EIN PSALM DAVIDS, VORZUSINGEN.

2 Ich harrte des Herrn,
  und er neigte sich zu mir und hörte
    mein Schreien.

3 Er zog mich aus der grausigen Grube,
  aus lauter Schmutz und Schlamm,
  und stellte meine Füße auf einen Fels,
  dass ich sicher treten kann;

4 er hat mir ein neues Lied in meinen
    Mund gegeben,
  zu loben unsern Gott.
  Das werden viele sehen und sich
    fürchten
  und auf den Herrn hoffen.

5 Behold, you have made my days a few
    handbreadths,
  and my lifetime is as nothing before
    you.
  Surely all mankind stands as a mere
    breath!   *Selah*

6 Surely a man goes about as a shadow!
  Surely for nothing[1] they are in turmoil;
  man heaps up wealth and does not
    know who will gather!

7 "And now, O Lord, for what do I wait?
  My hope is in you.

8 Deliver me from all my transgressions.
  Do not make me the scorn of the fool!

9 I am mute; I do not open my mouth,
  for it is you who have done it.

10 Remove your stroke from me;
  I am spent by the hostility of your
    hand.

11 When you discipline a man
  with rebukes for sin,
  you consume like a moth what is dear
    to him;
  surely all mankind is a mere breath!
             Selah

12 "Hear my prayer, O Lord,
  and give ear to my cry;
  hold not your peace at my tears!
  For I am a sojourner with you,
  q a guest, like all my fathers.

13 Look away from me, that I may smile
    again,
  before I depart and am no more!"

My Help and My Deliverer

40 To the choirmaster. A Psalm of
David.

1 I waited patiently for the Lord;
  he inclined to me and heard my cry.

2 He drew me up from the pit of
    destruction,
  out of the miry bog,
  and set my feet upon a rock,
  making my steps secure.

3 He put a new song in my mouth,
  a song of praise to our God.
  Many will see and fear,
  and put their trust in the Lord.

5 Wohl dem, der seine Hoffnung setzt auf
  den HERRN
  und sich nicht wendet zu den
    Hoffärtigen und denen, die mit
    Lügen umgehen!

6 HERR, mein Gott, groß sind deine
  Wunder /
  und deine Gedanken, die du an uns
    beweisest;
    dir ist nichts gleich!
  Ich will sie verkündigen und davon
    sagen,
  wiewohl sie nicht zu zählen sind.

7 Schlachtopfer und Speisopfer gefallen dir
  nicht, /
  aber die Ohren hast du mir aufgetan.
  Du willst weder Brandopfer noch
    Sündopfer.

8 Da sprach ich: Siehe, ich komme;
  im Buch ist von mir geschrieben:

9 Deinen Willen, mein Gott, tue ich gern,
  und dein Gesetz hab ich in meinem
    Herzen.

10 Ich verkündige Gerechtigkeit in der
    großen Gemeinde.
  Siehe, ich will mir meinen Mund nicht
    stopfen lassen;
  HERR, das weißt du.

11 Deine Gerechtigkeit verberge ich nicht
    in meinem Herzen;
  von deiner Wahrheit und von deinem
    Heil rede ich.
  Ich verhehle deine Güte und Treue nicht
    vor der großen Gemeinde.

12 Du aber, HERR, wollest deine
    Barmherzigkeit nicht von mir
    wenden;
  lass deine Güte und Treue allewege
    mich behüten.

13 Denn es haben mich umgeben Leiden
    ohne Zahl.
  Meine Sünden haben mich ereilt;
  ich kann sie nicht überblicken.
  Ihrer sind mehr als Haare auf meinem
    Haupt,
  und mein Herz ist verzagt.

14 Lass dir's gefallen, HERR, mich zu
    erretten;
  eile, HERR, mir zu helfen!

4 Blessed is the man who makes
  the LORD his trust,
  who does not turn to the proud,
  to those who go astray after a lie!

5 You have multiplied, O LORD my God,
  your wondrous deeds and your
    thoughts toward us;
  none can compare with you!
  I will proclaim and tell of them,
  yet they are more than can be told.

6 In sacrifice and offering you have not
    delighted,
  but you have given me an open ear.[1]
  Burnt offering and sin offering
  you have not required.

7 Then I said, "Behold, I have come;
  in the scroll of the book it is written of
    me:

8 I delight to do your will, O my God;
  your law is within my heart."

9 I have told the glad news of deliverance[2]
    in the great congregation;
  behold, I have not restrained my lips,
  as you know, O LORD.

10 I have not hidden your deliverance
    within my heart;
  I have spoken of your faithfulness and
    your salvation;
  I have not concealed your steadfast love
    and your faithfulness
  from the great congregation.

11 As for you, O LORD, you will not restrain
    your mercy from me;
  your steadfast love and your faithfulness
    will
  ever preserve me!

12 For evils have encompassed me
    beyond number;
  my iniquities have overtaken me,
    and I cannot see;
  they are more than the hairs of my head;
  my heart fails me.

13 Be pleased, O LORD, to deliver me!
  O LORD, make haste to help me!

15 Schämen sollen sich und zuschanden
werden,
die mir nach dem Leben trachten,
mich umzubringen.
Es sollen zurückweichen und zuschanden werden,
die mir mein Unglück gönnen.

16 Sie sollen in ihrer Schande erschrecken,
die über mich schreien: Da, da!

17 Lass deiner sich freuen und fröhlich sein
alle, die nach dir fragen;
und die dein Heil lieben, lass allewege
sagen:
Der HERR sei hochgelobt!

18 Denn ich bin arm und elend;
der Herr aber sorgt für mich.
Du bist mein Helfer und Erretter;
mein Gott, säume doch nicht!

Gebet in Krankheit

41 EIN PSALM DAVIDS, VORZUSINGEN.

2 Wohl dem, der sich des Schwachen
annimmt!
Den wird der HERR erretten zur bösen
Zeit.

3 Der HERR wird ihn bewahren und beim
Leben erhalten /
und es ihm lassen wohlgehen auf Erden
und ihn nicht preisgeben dem Willen
seiner Feinde.

4 Der HERR wird ihn erquicken auf seinem
Lager;
du hilfst ihm auf von aller seiner
Krankheit.

5 Ich sprach: HERR, sei mir gnädig! Heile
mich;
denn ich habe an dir gesündigt.

6 Meine Feinde reden Arges wider mich:
»Wann wird er sterben und sein Name
vergehen?«

7 Sie kommen, nach mir zu schauen,
und meinen's doch nicht von Herzen;
sondern sie suchen etwas, dass sie
lästern können,
gehen hin und tragen's hinaus auf die
Gasse.

8 Alle, die mich hassen, flüstern miteinander über mich
und denken Böses über mich:

14 Let those be put to shame and disap-
pointed altogether
who seek to snatch away my life;
let those be turned back and brought to
dishonor
who delight in my hurt!

15 Let those be appalled because of their
shame
who say to me, "Aha, Aha!"

16 But may all who seek you
rejoice and be glad in you;
may those who love your salvation
say continually, "Great is the LORD!"

17 As for me, I am poor and needy,
but the Lord takes thought for me.
You are my help and my deliverer;
do not delay, O my God!

O LORD, Be Gracious to Me

41 TO THE CHOIRMASTER. A PSALM OF
DAVID.

1 Blessed is the one who considers the
poor![1]
In the day of trouble the LORD delivers
him;

2 the LORD protects him and keeps him
alive;
he is called blessed in the land;
you do not give him up to the will of
his enemies.

3 The LORD sustains him on his sickbed;
in his illness you restore him to full
health.[2]

4 As for me, I said, "O LORD, be gracious
to me;
heal me,[3] for I have sinned against
you!"

5 My enemies say of me in malice,
"When will he die, and his name
perish?"

6 And when one comes to see me, he
utters empty words,
while his heart gathers iniquity;
when he goes out, he tells it abroad.

7 All who hate me whisper together about
me;
they imagine the worst for me.[4]

9 »Unheil ist über ihn ausgegossen;
　　wer so daliegt, wird nicht wieder
　　aufstehen.«

10 Auch mein Freund, dem ich vertraute,
　　der mein Brot aß, tritt mich mit
　　Füßen.

11 Du aber, HERR, sei mir gnädig und hilf
　　mir auf,
　　so will ich ihnen vergelten.

12 Daran merke ich, dass du Gefallen an
　　mir hast,
　　dass mein Feind über mich nicht
　　frohlocken wird.

13 Mich aber hältst du um meiner
　　Frömmigkeit willen
　　und stellst mich vor dein Angesicht für
　　ewig.

14 Gelobt sei der HERR, der Gott Israels,
　　von Ewigkeit zu Ewigkeit! Amen!
　　Amen!

ZWEITES BUCH

Verlangen nach Gott aus fremdem Land

42 EINE UNTERWEISUNG DER SÖHNE KORACH,
VORZUSINGEN.

2 Wie der Hirsch lechzt nach frischem
　　Wasser,
　　so schreit meine Seele, Gott, zu dir.

3 Meine Seele dürstet nach Gott,
　　nach dem lebendigen Gott.
　　Wann werde ich dahin kommen,
　　dass ich Gottes Angesicht schaue?

4 Meine Tränen sind meine Speise Tag
　　und Nacht,
　　weil man täglich zu mir sagt: Wo ist
　　nun dein Gott?

5 Daran will ich denken
　　und ausschütten mein Herz bei mir
　　selbst:
　　wie ich einherzog in großer Schar,
　　mit ihnen zu wallen zum Hause
　　Gottes
　　mit Frohlocken und Danken
　　in der Schar derer, die da feiern.

6 WAS BETRÜBST DU DICH, MEINE SEELE,
　　UND BIST SO UNRUHIG IN MIR?
　　HARRE AUF GOTT; DENN ICH WERDE IHM
　　　NOCH DANKEN,
　　　DASS ER MEINES ANGESICHTS HILFE UND
　　　MEIN GOTT IST.

8 They say, "A deadly thing is poured out[5]
　　on him;
　　he will not rise again from where he
　　lies."

9 Even my close friend in whom I trusted,
　　who ate my bread, has lifted his heel
　　against me.

10 But you, O LORD, be gracious to me,
　　and raise me up, that I may repay
　　them!

11 By this I know that you delight in me:
　　my enemy will not shout in triumph
　　over me.

12 But you have upheld me because of my
　　integrity,
　　and set me in your presence forever.

13 Blessed be the LORD, the God of Israel,
　　from everlasting to everlasting!
　　Amen and Amen.

BOOK TWO

Why Are You Cast Down, O My Soul?

42 TO THE CHOIRMASTER. A MASKIL[1] OF THE
SONS OF KORAH.

1 As a deer pants for flowing streams,
　　so pants my soul for you, O God.

2 My soul thirsts for God,
　　for the living God.
　　When shall I come and appear before
　　God?[2]

3 My tears have been my food
　　day and night,
　　while they say to me all the day long,
　　"Where is your God?"

4 These things I remember,
　　as I pour out my soul:
　　how I would go with the throng
　　and lead them in procession to the
　　house of God
　　with glad shouts and songs of praise,
　　a multitude keeping festival.

5 Why are you cast down, O my soul,
　　and why are you in turmoil within
　　me?
　　Hope in God; for I shall again praise
　　him,
　　my salvation[3]

7 Mein Gott, betrübt ist meine Seele in
      mir, /
   darum gedenke ich an dich
      aus dem Land am Jordan und
      Hermon, vom Berge Misar.

8 Deine Fluten rauschen daher, /
   und eine Tiefe ruft die andere;
      alle deine Wasserwogen und Wellen
      gehen über mich.

9 Am Tage sendet der HERR seine Güte,
   und des Nachts singe ich ihm
   und bete zu dem Gott meines Lebens.

10 Ich sage zu Gott, meinem Fels:
    Warum hast du mich vergessen?
    Warum muss ich so traurig gehen,
      wenn mein Feind mich dränget?

11 Es ist wie Mord in meinen Gebeinen, /
    wenn mich meine Feinde schmähen
      und täglich zu mir sagen: Wo ist nun
      dein Gott?

12 WAS BETRÜBST DU DICH, MEINE SEELE,
      UND BIST SO UNRUHIG IN MIR?
    HARRE AUF GOTT; DENN ICH WERDE IHM
       NOCH DANKEN,
      DASS ER MEINES ANGESICHTS HILFE UND
      MEIN GOTT IST.

43 Gott, schaffe mir Recht /
      und führe meine Sache wider das
         unheilige Volk
      und errette mich von den falschen und
         bösen Leuten!

2 Denn du bist der Gott meiner Stärke:
   Warum hast du mich verstoßen?
   Warum muss ich so traurig gehen,
      wenn mein Feind mich dränget?

3 Sende dein Licht und deine Wahrheit,
   dass sie mich leiten
   und bringen zu deinem heiligen Berg
      und zu deiner Wohnung,

4 dass ich hineingehe zum Altar Gottes, /
   zu dem Gott, der meine Freude und
      Wonne ist,
   und dir, Gott, auf der Harfe danke,
      mein Gott.

6 and my God.

   My soul is cast down within me;
      therefore I remember you
   from the land of Jordan and of Hermon,
      from Mount Mizar.

7 Deep calls to deep
      at the roar of your waterfalls;
   all your breakers and your waves
      have gone over me.

8 By day the LORD commands his stead-
      fast love,
   and at night his song is with me,
      a prayer to the God of my life.

9 I say to God, my rock:
   "Why have you forgotten me?
   Why do I go mourning
      because of the oppression of the
         enemy?"

10 As with a deadly wound in my bones,
    my adversaries taunt me,
   while they say to me all the day long,
    "Where is your God?"

11 Why are you cast down, O my soul,
      and why are you in turmoil within
         me?
   Hope in God; for I shall again praise
      him,
      my salvation and my God.

Send Out Your Light and Your Truth

43 Vindicate me, O God, and defend my
      cause
   against an ungodly people,
   from the deceitful and unjust man
      deliver me!

2 For you are the God in whom I take
      refuge;
   why have you rejected me?
   Why do I go about mourning
      because of the oppression of the
         enemy?

3 Send out your light and your truth;
   let them lead me;
   let them bring me to your holy hill
      and to your dwelling!

4 Then I will go to the altar of God,
   to God my exceeding joy,
   and I will praise you with the lyre,
      O God, my God.

5 Was betrübst du dich, meine Seele,
und bist so unruhig in mir?
Harre auf Gott; denn ich werde ihm
noch danken,
dass er meines Angesichts Hilfe und
mein Gott ist.

5 Why are you cast down, O my soul,
and why are you in turmoil within
me?
Hope in God; for I shall again praise
him,
my salvation and my God.

Hat Gott sein Volk verstoßen?

44 Eine Unterweisung der Söhne Korach,
vorzusingen.

2 Gott, wir haben mit unsern Ohren
gehört, /
unsre Väter haben's uns erzählt,
was du getan hast zu ihren Zeiten, in
alten Tagen.

3 Du hast mit deiner Hand die Heiden
vertrieben,
sie aber hast du eingesetzt;
du hast die Völker zerschlagen,
sie aber hast du ausgebreitet.

4 Denn sie haben das Land nicht
eingenommen durch ihr Schwert,
und ihr Arm half ihnen nicht,
sondern deine Rechte, dein Arm und
das Licht deines Angesichts;
denn du hattest Wohlgefallen an
ihnen.

5 Du bist es, mein König und mein Gott,
der du Jakob Hilfe verheißest.

6 Durch dich wollen wir unsre Feinde zu
Boden stoßen,
in deinem Namen niedertreten, die
sich gegen uns erheben.

7 Denn ich verlasse mich nicht auf
meinen Bogen,
und mein Schwert kann mir nicht
helfen;

8 sondern du hilfst uns von unsern
Feinden
und machst zuschanden, die uns
hassen.

9 Täglich rühmen wir uns Gottes
und preisen deinen Namen ewiglich.
                                    SELA.

10 Warum verstößest du uns denn nun /
und lässest uns zuschanden werden
und ziehst nicht aus mit unserm Heer?

11 Du lässest uns fliehen vor unserm
Feind,
dass uns berauben, die uns hassen.

Come to Our Help

44 To the choirmaster. A Maskil[1] of the
Sons of Korah.

1 O God, we have heard with our ears,
our fathers have told us,
what deeds you performed in their days,
in the days of old:

2 you with your own hand drove out the
nations,
but them you planted;
you afflicted the peoples,
but them you set free;

3 for not by their own sword did they win
the land,
nor did their own arm save them,
but your right hand and your arm,
and the light of your face,
for you delighted in them.

4 You are my King, O God;
ordain salvation for Jacob!

5 Through you we push down our foes;
through your name we tread down
those who rise up against us.

6 For not in my bow do I trust,
nor can my sword save me.

7 But you have saved us from our foes
and have put to shame those who hate
us.

8 In God we have boasted continually,
and we will give thanks to your name
forever.   *Selah*

9 But you have rejected us and disgraced
us
and have not gone out with our
armies.

10 You have made us turn back from the
foe,
and those who hate us have gotten
spoil.

12 Du gibst uns dahin wie Schlachtschafe
und zerstreust uns unter die Heiden.

13 Du verkaufst dein Volk um ein Nichts
und hast mit ihrem Kaufgeld nichts
gewonnen.
14 Du machst uns zur Schmach bei unsern
Nachbarn,
zu Spott und Hohn bei denen, die um
uns her sind.
15 Du machst uns zum Sprichwort unter
den Heiden,
lässt die Völker das Haupt über uns
schütteln.
16 Täglich ist meine Schmach mir vor
Augen,
und mein Antlitz ist voller Scham,
17 weil ich sie höhnen und lästern höre
und muss die Feinde und
Rachgierigen sehen.

18 Dies alles ist über uns gekommen;
und wir haben doch dich nicht vergessen, an deinem Bund nicht
untreu gehandelt.
19 Unser Herz ist nicht abgefallen
noch unser Schritt gewichen von
deinem Weg,
20 dass du uns so zerschlägst am Ort der
Schakale
und bedeckst uns mit Finsternis.

21 Wenn wir den Namen unsres Gottes
vergessen hätten
und unsre Hände aufgehoben zum
fremden Gott:
22 würde das Gott nicht erforschen?
Er kennt ja unsres Herzens Grund.
23 Doch um deinetwillen werden wir
täglich getötet
und sind geachtet wie Schlachtschafe.

24 Wache auf, Herr! Warum schläfst du?
Werde wach und verstoß uns nicht für
immer!
25 Warum verbirgst du dein Antlitz,
vergissest unser Elend und unsre
Drangsal?
26 Denn unsre Seele ist gebeugt zum
Staube,
unser Leib liegt am Boden.
27 Mache dich auf, hilf uns
und erlöse uns um deiner Güte willen!

11 You have made us like sheep for
slaughter
and have scattered us among the
nations.
12 You have sold your people for a trifle,
demanding no high price for them.
13 You have made us the taunt of our
neighbors,
the derision and scorn of those around
us.
14 You have made us a byword among the
nations,
a laughingstock[2] among the peoples.

15 All day long my disgrace is before me,
and shame has covered my face
16 at the sound of the taunter and reviler,
at the sight of the enemy and the
avenger.

17 All this has come upon us,
though we have not forgotten you,
and we have not been false to your
covenant.
18 Our heart has not turned back,
nor have our steps departed from your
way;
19 yet you have broken us in the place of
jackals
and covered us with the shadow of
death.
20 If we had forgotten the name of our God
or spread out our hands to a foreign
god,

21 would not God discover this?
For he knows the secrets of the heart.
22 Yet for your sake we are killed all the
day long;
we are regarded as sheep to be
slaughtered.

23 Awake! Why are you sleeping, O Lord?
Rouse yourself! Do not reject us
forever!
24 Why do you hide your face?
Why do you forget our affliction and
oppression?
25 For our soul is bowed down to the dust;
our belly clings to the ground.

26 Rise up; come to our help!
Redeem us for the sake of your steadfast love!

Lied zur Hochzeit des Königs

45 EINE UNTERWEISUNG DER SÖHNE KORACH, VORZUSINGEN, NACH DER WEISE »LILIEN«, EIN BRAUTLIED.

2 Mein Herz dichtet ein feines Lied, /
    einem König will ich es singen;
      meine Zunge ist ein Griffel eines guten
      Schreibers:

3 Du bist der Schönste unter den
    Menschenkindern, /
    voller Huld sind deine Lippen;
      wahrlich, Gott hat dich gesegnet für
      ewig.

4 Gürte dein Schwert an die Seite, du
    Held, /
    und schmücke dich herrlich!

5 Es möge dir gelingen in deiner
    Herrlichkeit.
    Zieh einher für die Wahrheit /
    in Sanftmut und Gerechtigkeit,
      so wird deine rechte Hand Wunder
      vollbringen.

6 Scharf sind deine Pfeile, dass Völker vor
    dir fallen;
      sie dringen ins Herz der Feinde des
      Königs.

7 Gott, dein Thron bleibt immer und
    ewig;
      das Zepter deines Reichs ist ein
      gerechtes Zepter.

8 Du liebst Gerechtigkeit
    und hassest gottloses Treiben;
      darum hat dich der Herr, dein Gott,
      gesalbt
      mit Freudenöl wie keinen
      deinesgleichen.

9 Deine Kleider sind lauter Myrrhe, Aloe
    und Kassia;
      aus Elfenbeinpalästen erfreut dich
      Saitenspiel.

10 In deinem Schmuck gehen Töchter von
     Königen;
       die Braut steht zu deiner Rechten in
       Goldschmuck aus Ofir.

11 Höre, Tochter, sieh und neige dein Ohr:
       Vergiss dein Volk und dein Vaterhaus!

12 Den König verlangt nach deiner
     Schönheit;
       denn er ist dein Herr und du sollst
       ihm huldigen.

Your Throne, O God, Is Forever

45 TO THE CHOIRMASTER: ACCORDING TO LILIES. A MASKIL[1] OF THE SONS OF KORAH; A LOVE SONG.

1 My heart overflows with a pleasing
    theme;
    I address my verses to the king;
      my tongue is like the pen of a ready
      scribe.

2 You are the most handsome of the sons
    of men;
      grace is poured upon your lips;
      therefore God has blessed you forever.

3 Gird your sword on your thigh, O
    mighty one,
    in your splendor and majesty!

4 In your majesty ride out victoriously
    for the cause of truth and meekness
      and righteousness;
    let your right hand teach you awesome
      deeds!

5 Your arrows are sharp
    in the heart of the king's enemies;
      the peoples fall under you.

6 Your throne, O God, is forever and ever.
    The scepter of your kingdom is a scep-
      ter of uprightness;

7 you have loved righteousness and
    hated wickedness.
    Therefore God, your God, has anointed
      you
    with the oil of gladness beyond your
      companions;

8 your robes are all fragrant with myrrh
    and aloes and cassia.
    From ivory palaces stringed instruments
      make you glad;

9 daughters of kings are among your
    ladies of honor;
      at your right hand stands the queen in
      gold of Ophir.

10 Hear, O daughter, and consider, and
     incline your ear:
       forget your people and your father's
       house,

11 and the king will desire your beauty.
       Since he is your lord, bow to him.

13 Die Tochter Tyrus kommt mit
        Geschenken;
    die Reichen im Volk suchen deine
        Gunst.

14 Die Königstochter ist mit Perlen
        geschmückt;
    sie ist mit goldenen Gewändern
        bekleidet.

15 Man führt sie in gestickten Kleidern
        zum König;
    Jungfrauen folgen ihr, ihre
        Gespielinnen führt man zu dir.

16 Man führt sie hin mit Freude und Jubel;
    sie ziehen ein in des Königs Palast.

17 An deiner Väter statt werden deine
        Söhne sein;
    die wirst du zu Fürsten setzen in aller
        Welt.

18 Ich will deinen Namen kundmachen
        von Kind zu Kindeskind;
    darum werden dir danken die Völker
        immer und ewig.

Ein feste Burg ist unser Gott

46 EIN LIED DER SÖHNE KORACH, VORZUSIN-
       GEN, NACH DER WEISE »JUNGFRAUEN«.

2 Gott ist unsre Zuversicht und Stärke,
    eine Hilfe in den großen Nöten,
    die uns getroffen haben.

3 Darum fürchten wir uns nicht, wenn-
        gleich die Welt unterginge
    und die Berge mitten ins Meer sänken,

4 wenngleich das Meer wütete und wallte
    und von seinem Ungestüm die Berge
        einfielen.   SELA.*

5 Dennoch soll die Stadt Gottes fein lustig
        bleiben
    mit ihren Brünnlein, da die heiligen
        Wohnungen des Höchsten sind.

6 Gott ist bei ihr drinnen, darum wird sie
        festbleiben;
    Gott hilft ihr früh am Morgen.

7 Die Heiden müssen verzagen und die
        Königreiche fallen,
    das Erdreich muss vergehen, wenn er
        sich hören lässt.

8 DER HERR ZEBAOTH IST MIT UNS,
    DER GOTT JAKOBS IST UNSER SCHUTZ.
                                    SELA

12 The people[2] of Tyre will seek your
        favor with gifts,
    the richest of the people.[3]

13 All glorious is the princess in her cham-
        ber, with robes interwoven with
        gold.

14 In many-colored robes she is led to the
        king,
    with her virgin companions following
        behind her.

15 With joy and gladness they are led along
    as they enter the palace of the king.

16 In place of your fathers shall be your
        sons;
    you will make them princes in all the
        earth.

17 I will cause your name to be remem-
        bered in all generations;
    therefore nations will praise you for-
        ever and ever.

God Is Our Fortress

46 TO THE CHOIRMASTER. OF THE SONS OF
       KORAH. ACCORDING TO ALAMOTH.[1] A
       SONG.

1 God is our refuge and strength,
    a very present[2] help in trouble.

2 Therefore we will not fear though the
        earth gives way,
    though the mountains be moved into
        the heart of the sea,

3 though its waters roar and foam,
    though the mountains tremble at its
        swelling.   *Selah*

4 There is a river whose streams make
        glad the city of God,
    the holy habitation of the Most High.

5 God is in the midst of her; she shall not
        be moved;
    God will help her when morning
        dawns.

6 The nations rage, the kingdoms totter;
    he utters his voice, the earth melts.

7 The LORD of hosts is with us;
    the God of Jacob is our fortress. *Selah*

9 Kommt her und schauet die Werke des
   HERRN,
   der auf Erden solch ein Zerstören
   anrichtet,
10 der den Kriegen steuert in aller Welt,
   der Bogen zerbricht, Spieße zerschlägt
   und Wagen mit Feuer verbrennt.

11 Seid stille und erkennet, dass ich Gott
   bin!
   Ich will der Höchste sein unter den
   Heiden, der Höchste auf Erden.
12 DER HERR ZEBAOTH IST MIT UNS,
   DER GOTT JAKOBS IST UNSER SCHUTZ. SELA.

Gott ist König über alle Völker

47 EIN PSALM DER SÖHNE KORACH,
   VORZUSINGEN.

2 Schlagt froh in die Hände, alle Völker,
   und jauchzet Gott mit fröhlichem
   Schall!
3 Denn der HERR, der Allerhöchste, ist
   heilig,
   ein großer König über die ganze Erde.
4 Er beugt die Völker unter uns
   und Völkerschaften unter unsere
   Füße.
5 Er erwählt uns unser Erbteil,
   die Herrlichkeit Jakobs, den er lieb hat.
                              SELA.

6 Gott fährt auf unter Jauchzen,
   der HERR beim Hall der Posaune.
7 Lobsinget, lobsinget Gott,
   lobsinget, lobsinget unserm
   Könige!
8 Denn Gott ist König über die ganze
   Erde;
   lobsinget ihm mit Psalmen!

9 Gott ist König über die Völker,
   Gott sitzt auf seinem heiligen Thron.
10 Die Fürsten der Völker sind versammelt
   als Volk des Gottes Abrahams;
   denn Gott gehören die Starken auf
   Erden;
   er ist hoch erhaben.

Gottes Stadt

48 EIN PSALMLIED DER SÖHNE KORACH.

2 Groß ist der HERR und hoch zu rühmen
   in der Stadt unsres Gottes, auf seinem
   heiligen Berge.

8 Come, behold the works of the LORD,
   how he has brought desolations on the
   earth.

9 He makes wars cease to the end of the
   earth;
   he breaks the bow and shatters the
   spear;
   he burns the chariots with fire.
10 "Be still, and know that I am God.
   I will be exalted among the nations,
   I will be exalted in the earth!"

11 The LORD of hosts is with us;
   the God of Jacob is our fortress. *Selah*

God Is King over All the Earth

47 TO THE CHOIRMASTER. A PSALM OF THE
   SONS OF KORAH.

1 Clap your hands, all peoples!
   Shout to God with loud songs of joy!
2 For the LORD, the Most High, is to be
   feared,
   a great king over all the earth.
3 He subdued peoples under us,
   and nations under our feet.
4 He chose our heritage for us,
   the pride of Jacob whom he loves. *Selah*

5 God has gone up with a shout,
   the LORD with the sound of a trumpet.
6 Sing praises to God, sing praises!
   Sing praises to our King, sing praises!
7 For God is the King of all the earth;
   sing praises with a psalm![1]

8 God reigns over the nations;
   God sits on his holy throne.
9 The princes of the peoples gather
   as the people of the God of Abraham.
   For the shields of the earth belong to
   God;
   he is highly exalted!

Zion, the City of Our God

48 A SONG. A PSALM OF THE SONS OF
   KORAH.

1 Great is the LORD and greatly to be
   praised
   in the city of our God!
   His holy mountain,

3 Schön ragt empor der Berg Zion,
   daran sich freut die ganze Welt,
   der Gottesberg fern im Norden,
   die Stadt des großen Königs.

4 Gott ist in ihren Palästen,
   er ist bekannt als Schutz.

5 Denn siehe, Könige waren versammelt
   und miteinander herangezogen.

6 Sie haben sich verwundert, als sie
      solches sahen;
   sie haben sich entsetzt und sind
      davongestürzt.

7 Zittern hat sie da erfasst,
   Angst wie eine Gebärende.

8 Du zerbrichst die großen Schiffe
   durch den Sturm vom Osten.

9 Wie wir es gehört haben, so sehen
      wir es
      an der Stadt des HERRN Zebaoth,
   an der Stadt unsres Gottes:
   Gott erhält sie ewiglich.   SELA.

10 Gott, wir gedenken deiner Güte
   in deinem Tempel.

11 Gott, wie dein Name, so ist auch dein
      Ruhm
   bis an der Welt Enden.
   Deine Rechte ist voll Gerechtigkeit.

12 Dessen freue sich der Berg Zion,
   und die Töchter Juda seien fröhlich,
   weil du recht richtest.

13 Ziehet um Zion herum und umschreitet
      es,
   zählt seine Türme;

14 habt gut acht auf seine Mauern, /
   durchwandert seine Paläste,
   dass ihr den Nachkommen davon
      erzählt:

15 Wahrlich, das ist Gott, unser Gott für
      immer und ewig.
   Er ist's, der uns führet.

Die Herrlichkeit der Reichen ist Trug und Schein

49 EIN PSALM DER SÖHNE KORACH, VORZUSIN-
   GEN, NACH DER WEISE »JUGEND«.

2 Höret zu, alle Völker;
   merket auf, alle, die in dieser Zeit
      leben,

3 einfache Leute und Herren,
   Reich und Arm, miteinander!

---

2 beautiful in elevation,
   is the joy of all the earth,
   Mount Zion, in the far north,
   the city of the great King.

3 Within her citadels God
   has made himself known as a fortress.

4 For behold, the kings assembled;
   they came on together.

5 As soon as they saw it, they were
      astounded;
   they were in panic; they took to flight.

6 Trembling took hold of them there,
   anguish as of a woman in labor.

7 By the east wind you shattered
   the ships of Tarshish.

8 As we have heard, so have we seen
   in the city of the LORD of hosts,
   in the city of our God,
   which God will establish forever. *Selah*

9 We have thought on your steadfast love,
      O God,
   in the midst of your temple.

10 As your name, O God,
   so your praise reaches to the ends of
      the earth.
   Your right hand is filled with
      righteousness.

11 Let Mount Zion be glad!
   Let *b*the daughters of Judah rejoice
   because of your judgments!

12 Walk about Zion, go around her,
   number her towers,

13 consider well her ramparts,
   go through her citadels,
   that you may tell the next generation

14 that this is God,
   our God forever and ever.
   He will guide us forever.[1]

Why Should I Fear in Times of Trouble?

49 TO THE CHOIRMASTER. A PSALM OF THE
   SONS OF KORAH.

1 Hear this, all peoples!
   Give ear, all inhabitants of the world,

2 both low and high,
   rich and poor together!

4 Mein Mund soll Weisheit reden,
und was mein Herz sagt, soll verständig sein.

5 Ich will einem Spruch mein Ohr neigen
und mein Rätselwort kundtun
beim Klang der Harfe.

6 Warum sollte ich mich fürchten in bösen Tagen,
wenn mich die Missetat meiner Widersacher umgibt,

7 die sich verlassen auf Hab und Gut
und pochen auf ihren großen Reichtum?

8 Kann doch keiner einen andern auslösen
oder für ihn an Gott ein Sühnegeld geben

9 – denn es kostet zu viel, ihr Leben auszulösen;
er muss davon abstehen ewiglich –,

10 damit er immer weiterlebe
und die Grube nicht sehe.

11 Nein, er wird sehen: Auch die Weisen sterben, /
so wie die Toren und Narren umkommen;
sie müssen ihr Gut andern lassen.

12 Gräber sind ihr Haus immerdar, ihre Wohnung für und für,
und doch hatten sie große Ehre auf Erden.

13 Ein Mensch in seiner Herrlichkeit kann nicht bleiben,
sondern muss davon wie das Vieh.

14 Dies ist der Weg derer, die so voll Torheit sind,
und das Ende aller, denen ihr Gerede so wohl gefällt.   Sela.

15 Sie liegen bei den Toten wie Schafe, der Tod weidet sie;
aber die Frommen werden gar bald über sie herrschen,
und ihr Trotz muss vergehen;
bei den Toten müssen sie bleiben.

16 Aber Gott wird mich erlösen aus des Todes Gewalt;
denn er nimmt mich auf.   Sela.

17 Lass es dich nicht anfechten, wenn einer reich wird,
wenn die Herrlichkeit seines Hauses groß wird.

3 My mouth shall speak wisdom;
the meditation of my heart shall be understanding.

4 I will incline my ear to a proverb;
I will solve my riddle to the music of the lyre.

5 Why should I fear in times of trouble,
when the iniquity of those who cheat me surrounds me,

6 those who trust in their wealth
and boast of the abundance of their riches?

7 Truly no man can ransom another,
or give to God the price of his life,

8 for the ransom of their life is costly
and can never suffice,

9 that he should live on forever
and never see the pit.

10 For he sees that even the wise die;
the fool and the stupid alike must perish
and leave their wealth to others.

11 Their graves are their homes forever,[1]
their dwelling places to all generations,
though they called lands by their own names.

12 Man in his pomp will not remain;
he is like the beasts that perish.

13 This is the path of those who have foolish confidence;
yet after them people approve of their boasts.[2]   *Selah*

14 Like sheep they are appointed for Sheol;
death shall be their shepherd,
and the upright shall rule over them in the morning.
Their form shall be consumed in Sheol, with no place to dwell.

15 But God will ransom my soul from the power of Sheol,
for he will receive me.   *Selah*

16 Be not afraid when a man becomes rich,
when the glory of his house increases.

18 Denn er wird nichts bei seinem Sterben
mitnehmen,
und seine Herrlichkeit wird ihm nicht
nachfahren.

19 Er freut sich wohl dieses guten Lebens,
und man preist dich, wenn es dir gut
geht.

20 Aber doch fahren sie ihren Vätern nach
und sehen das Licht nimmermehr.

21 EIN MENSCH IN SEINER HERRLICHKEIT KANN
NICHT BLEIBEN,
SONDERN MUSS DAVON WIE DAS VIEH.

Der rechte Gottesdienst

50 EIN PSALM ASAFS.
Gott, der HERR, der Mächtige, redet
und ruft der Welt zu
vom Aufgang der Sonne bis zu ihrem
Niedergang.

2 Aus Zion bricht an der schöne Glanz
Gottes.

3 Unser Gott kommt und schweiget
nicht.
Fressendes Feuer geht vor ihm her
und um ihn her ein mächtiges Wetter.

4 Er ruft Himmel und Erde zu,
dass er sein Volk richten wolle:

5 »Versammelt mir meine Heiligen,
die den Bund mit mir schlossen beim
Opfer.«

6 Und die Himmel werden seine
Gerechtigkeit verkünden;
denn Gott selbst ist Richter.   SELA.

7 »Höre, mein Volk, lass mich reden; /
Israel, ich will wider dich zeugen:
Ich, Gott, bin dein Gott.

8 Nicht deiner Opfer wegen klage ich dich
an
– sind doch deine Brandopfer täglich
vor mir.

9 Ich will von deinem Hause Stiere nicht
nehmen
noch Böcke aus deinen Ställen.

10 Denn alles Wild im Walde ist mein
und die Tiere auf den Bergen zu
Tausenden.

11 Ich kenne alle Vögel auf den Bergen;
und was sich regt auf dem Felde, ist
mein.

17 For when he dies he will carry nothing
away;
his glory will not go down after him.

18 For though, while he lives, he counts
himself blessed
—and though you get praise when
you do well for yourself—

19 his soul will go to the generation of his
fathers,
who will never again see light.

20 Man in his pomp yet without understanding is like the beasts that
perish.

God Himself Is Judge

50 A Psalm of Asaph.
The Mighty One, God the LORD,
speaks and summons the earth
from the rising of the sun to its setting.

2 Out of Zion, the perfection of beauty,
God shines forth.

3 Our God comes; he does not keep
silence;[1]
before him is a devouring fire,
around him a mighty tempest.

4 He calls to the heavens above
and to the earth, that he may judge his
people:

5 "Gather to me my faithful ones,
who made a covenant with me by
sacrifice!"

6 The heavens declare his righteousness,
for God himself is judge!   *Selah*

7 "Hear, O my people, and I will speak;
O Israel, I will testify against you.
I am God, your God.

8 Not for your sacrifices do I rebuke you;
your burnt offerings are continually
before me.

9 I will not accept a bull from your house
or goats from your folds.

10 For every beast of the forest is mine,
the cattle on a thousand hills.

11 I know all the birds of the hills,
and all that moves in the field is mine.

12 Wenn mich hungerte, wollte ich dir
  nicht davon sagen;
  denn der Erdkreis ist mein und alles,
  was darauf ist.
13 Meinst du, dass ich Fleisch von Stieren
  essen wolle
  oder Blut von Böcken trinken?
14 Opfere Gott Dank
  und erfülle dem Höchsten deine
  Gelübde,
15 und **rufe mich an in der Not,**
  so will ich dich erretten und du sollst
  mich preisen.«

16 Aber zum Gottlosen spricht Gott: /
  »Was hast du von meinen Geboten zu
  reden
  und nimmst meinen Bund in deinen
  Mund,
17 da du doch Zucht hassest
  und wirfst meine Worte hinter dich?
18 Wenn du einen Dieb siehst, so läufst du
  mit ihm
  und hast Gemeinschaft mit den
  Ehebrechern.

19 Deinen Mund lässest du Böses reden,
  und deine Zunge treibt Falschheit.
20 Du sitzest und redest wider deinen
  Bruder;
  deiner Mutter Sohn verleumdest du.
21 Das tust du und ich schweige;
  da meinst du, ich sei so wie du.
  Aber ich will dich zurechtweisen
  und es dir vor Augen stellen.

22 Begreift es doch, die ihr Gott vergesset,
  damit ich nicht hinraffe, und kein
  Retter ist da!
23 Wer Dank opfert, der preiset mich,
  und da ist der Weg, dass ich ihm zeige
  das Heil Gottes.«

Gott, sei mir Sünder gnädig! (Der vierte Bußpsalm)

51 EIN PSALM DAVIDS, VORZUSINGEN, **2** ALS
DER PROPHET NATHAN ZU IHM KAM, NACH-
DEM ER ZU BATSEBA EINGEGANGEN WAR.

3 Gott, sei mir gnädig nach deiner Güte,
  und tilge meine Sünden nach deiner
  großen Barmherzigkeit.

4 Wasche mich rein von meiner Missetat,
  und reinige mich von meiner Sünde;

12 "If I were hungry, I would not tell you,
  for the world and its fullness are mine.

13 Do I eat the flesh of bulls
  or drink the blood of goats?

14 Offer to God a sacrifice of thanksgiving,[2]
  and perform your vows to the Most
  High,
15 and call upon me in the day of trouble;
  I will deliver you, and you shall glorify
  me."

16 But to the wicked God says:
  "What right have you to recite my
  statutes
  or take my covenant on your lips?

17 For you hate discipline,
  and you cast my words behind you.
18 If you see a thief, you are pleased with
  him,
  and you keep company with
  adulterers.

19 "You give your mouth free rein for evil,
  and your tongue frames deceit.
20 You sit and speak against your brother;
  you slander your own mother's son.
21 These things you have done, and I have
  been silent;
  you thought that I[3] was one like
  yourself.
  But now I rebuke you and lay the charge
  before you.

22 "Mark this, then, you who forget God,
  lest I tear you apart, and there be none
  to deliver!
23 The one who offers thanksgiving as his
  sacrifice glorifies me;
  to one who orders his way rightly
  I will show the salvation of God!"

Create in Me a Clean Heart, O God

51 TO THE CHOIRMASTER. A PSALM OF DAVID,
WHEN NATHAN THE PROPHET WENT TO HIM,
AFTER HE HAD GONE IN TO BATHSHEBA.

1 Have mercy on me,[1] O God,
  according to your steadfast love;
  according to your abundant mercy
  blot out my transgressions.
2 Wash me thoroughly from my iniquity,
  and cleanse me from my sin!

5 denn ich erkenne meine Missetat,
und meine Sünde ist immer
vor mir.

6 An dir allein habe ich gesündigt
und übel vor dir getan,
auf dass du recht behaltest in deinen
Worten
und rein dastehst, wenn du richtest.

7 Siehe, ich bin als Sünder geboren,
und meine Mutter hat mich in Sünden
empfangen.

8 Siehe, dir gefällt Wahrheit, die im
Verborgenen liegt,
und im Geheimen tust du mir
Weisheit kund.

9 Entsündige mich mit Ysop, dass ich rein
werde;
wasche mich, dass ich schneeweiß
werde.

10 Lass mich hören Freude und Wonne,
dass die Gebeine fröhlich werden, die
du zerschlagen hast.

11 Verbirg dein Antlitz vor meinen Sünden,
und tilge alle meine Missetat.

12 **Schaffe in mir, Gott, ein reines Herz,
und gib mir einen neuen, beständigen
Geist.**

13 **Verwirf mich nicht von deinem
Angesicht,
und nimm deinen Heiligen Geist
nicht von mir.**

14 **Erfreue mich wieder mit deiner Hilfe,
und mit einem willigen Geist rüste
mich aus.**

15 Ich will die Übertreter deine Wege
lehren,
dass sich die Sünder zu dir bekehren.

16 Errette mich von Blutschuld, /
Gott, der du mein Gott und Heiland
bist,
dass meine Zunge deine Gerechtigkeit
rühme.

17 Herr, tu meine Lippen auf,
dass mein Mund deinen Ruhm
verkündige.

18 Denn Schlachtopfer willst du nicht, /
ich wollte sie dir sonst geben,
und Brandopfer gefallen dir nicht.

19 Die Opfer, die Gott gefallen, sind ein
geängsteter Geist,
ein geängstetes, zerschlagenes Herz
wirst du, Gott, nicht verachten.

3 For I know my transgressions,
and my sin is ever before me.

4 Against you, you only, have I sinned
and done what is evil in your sight,
so that you may be justified in your
words
and blameless in your judgment.

5 Behold, I was brought forth in iniquity,
and in sin did my mother conceive me.

6 Behold, you delight in truth in the
inward being,
and you teach me wisdom in the
secret heart.

7 Purge me with hyssop, and I shall be
clean;
wash me, and I shall be whiter than
snow.

8 Let me hear joy and gladness;
let the bones that you have broken
rejoice.

9 Hide your face from my sins,
and blot out all my iniquities.

10 Create in me a clean heart, O God,
and renew a right[2] spirit within me.

11 Cast me not away from your presence,
and take not your Holy Spirit from me.

12 Restore to me the joy of your salvation,
and uphold me with a willing spirit.

13 Then I will teach transgressors your
ways,
and sinners will return to you.

14 Deliver me from bloodguiltiness, O God,
O God of my salvation,
and my tongue will sing aloud of your
righteousness.

15 O Lord, open my lips,
and my mouth will declare your
praise.

16 For you will not delight in sacrifice, or I
would give it;
you will not be pleased with a burnt
offering.

17 The sacrifices of God are a broken spirit;
a broken and contrite heart, O God,
you will not despise.

20 Tu wohl an Zion nach deiner Gnade,
baue die Mauern zu Jerusalem.
21 Dann werden dir gefallen rechte Opfer, /
Brandopfer und Ganzopfer;
dann wird man Stiere auf deinem
Altar opfern.

Trostpsalm gegen einen Gewalttäter

52 EINE UNTERWEISUNG DAVIDS, VORZUSIN-
GEN, **2** ALS DOËG, DER EDOMITER, KAM UND
ZEIGTE ES SAUL AN UND SPRACH: DAVID IST
IN AHIMELECHS HAUS GEKOMMEN.

3 Was rühmst du dich der Bosheit, du
Tyrann,
da doch Gottes Güte noch täglich
währt?
4 Deine Zunge trachtet nach Schaden
wie ein scharfes Schermesser, du
Betrüger!
5 Du liebst das Böse mehr als das Gute
und redest lieber Falsches als Rechtes.
SELA.
6 Du redest gern alles, was zum
Verderben dient,
mit falscher Zunge.

7 Darum wird dich auch Gott für immer
zerstören, /
dich zerschlagen und aus deinem Zelte
reißen
und aus dem Lande der Lebendigen
ausrotten. SELA.
8 Und die Gerechten werden es sehen und
sich fürchten
und werden seiner lachen:
9 »Siehe, das ist der Mann,
der nicht auf Gott sein Vertrauen
setzte,
sondern verließ sich auf seinen großen
Reichtum
und war mächtig,
Schaden zu tun.«

10 Ich aber werde bleiben wie ein
grünender Ölbaum im Hause
Gottes;
ich verlasse mich auf Gottes Güte
immer und ewig.
11 Ich will dir danken ewiglich,
denn du hast es getan.
Ich will harren auf deinen Namen vor
deinen Heiligen,
denn du bist gütig.

18 Do good to Zion in your good pleasure;
build up the walls of Jerusalem;
19 then will you delight in right sacrifices,
in burnt offerings and whole burnt
offerings;
then bulls will be offered on your altar.

The Steadfast Love of God Endures

52 TO THE CHOIRMASTER. A MASKIL[1] OF
DAVID, WHEN DOEG, THE EDOMITE, CAME
AND TOLD SAUL, "DAVID HAS COME TO
THE HOUSE OF AHIMELECH."

1 Why do you boast of evil, O mighty
man?
The steadfast love of God endures all
the day.
2 Your tongue plots destruction,
like a sharp razor, you worker of
deceit.
3 You love evil more than good,
and lying more than speaking what is
right. *Selah*
4 You love all words that devour,
O deceitful tongue.

5 But God will break you down forever;
he will snatch and tear you from your
tent;
he will uproot you from the land of
the living. *Selah*

6 The righteous shall see and fear,
and shall laugh at him, saying,

7 "See the man who would not make
God his refuge,
but trusted in the abundance of his
riches
and sought refuge in his own
destruction!"[2]

8 But I am like a green olive tree
in the house of God.
I trust in the steadfast love of God
forever and ever.
9 I will thank you forever,
because you have done it.
I will wait for your name, for it is good,
in the presence of the godly.

Die Torheit der Gottlosen
(vgl. Ps 14,1-7)

53 EINE UNTERWEISUNG DAVIDS, VORZUSIN-
GEN, ZUM REIGENTANZ.

2 Die Toren sprechen in ihrem Herzen:
»Es ist kein Gott.«
Sie taugen nichts; ihr Freveln ist ein
Gräuel;
da ist keiner, der Gutes tut.

3 Gott schaut vom Himmel auf die
Menschenkinder,
dass er sehe, ob jemand klug sei und
nach Gott frage.

4 Aber sie sind alle abgefallen und allesamt verdorben;
da ist keiner, der Gutes tut, auch nicht
einer.

5 Wollen denn die Übeltäter sich nichts
sagen lassen,
die mein Volk fressen, dass sie sich
nähren, Gott aber rufen sie nicht
an?

6 Sie fürchten sich da,
wo nichts zu fürchten ist;
doch Gott zerstreut die Gebeine derer,
die dich bedrängen.
Du machst sie zuschanden,
denn Gott hat sie verworfen.

7 Ach dass die Hilfe aus Zion über Israel
käme /
und Gott sein gefangenes Volk erlöste!
So würde Jakob sich freuen und Israel
fröhlich sein.

Hilferuf eines Bedrohten

54 EINE UNTERWEISUNG DAVIDS, VORZUSIN-
GEN, BEIM SAITENSPIEL, 2 ALS DIE MÄNNER
VON SIF KAMEN UND ZU SAUL SPRACHEN:
DAVID HÄLT SICH BEI UNS VERBORGEN.

3 Hilf mir, Gott, durch deinen Namen
und schaffe mir Recht durch deine
Kraft.

4 Gott, erhöre mein Gebet,
vernimm die Rede meines Mundes.

5 Denn Stolze erheben sich gegen mich, /
und Gewalttäter trachten mir nach dem
Leben;
sie haben Gott nicht vor Augen. SELA.

6 Siehe, Gott steht mir bei,
der Herr erhält mein Leben.

There Is None Who Does Good

53 TO THE CHOIRMASTER: ACCORDING TO
MAHALATH. A MASKIL[1] OF DAVID.

1 The fool says in his heart, "There is no
God."
They are corrupt, doing abominable
iniquity;
there is none who does good.

2 God looks down from heaven
on the children of man
to see if there are any who understand,[2]
who seek after God.

3 They have all fallen away;
together they have become corrupt;
there is none who does good,
not even one.

4 Have those who work evil no
knowledge,
who eat up my people as they eat
bread,
and do not call upon God?

5 There they are, in great terror,
where there is no terror!
For God scatters the bones of him who
encamps against you;
you put them to shame, for God has
rejected them.

6 Oh, that salvation for Israel would come
out of Zion!
When God restores the fortunes of his
people,
let Jacob rejoice, let Israel be glad.

The LORD Upholds My Life

54 TO THE CHOIRMASTER: WITH STRINGED
INSTRUMENTS. A MASKIL[1] OF DAVID,
WHEN THE ZIPHITES WENT AND TOLD
SAUL, "IS NOT DAVID HIDING AMONG US?"

1 O God, save me by your name,
and vindicate me by your might.

2 O God, hear my prayer;
give ear to the words of my mouth.

3 For strangers[2] have risen against me;
ruthless men seek my life;
they do not set God before themselves.
Selah

4 Behold, God is my helper;
the Lord is the upholder of my life.

7 Er wird die Bosheit meinen Feinden
　　vergelten.
　　Vertilge sie um deiner Treue willen!

8 So will ich dir ein Freudenopfer bringen
　　und deinen Namen, HERR, preisen,
　　dass er so tröstlich ist.

9 Denn du errettest mich aus aller meiner
　　Not,
　　dass mein Auge auf meine Feinde
　　herabsieht.

Klage über falsche Brüder

55 EINE UNTERWEISUNG DAVIDS, VORZUSIN-
GEN, BEIM SAITENSPIEL.

2 Gott, höre mein Gebet
　　und verbirg dich nicht vor meinem
　　Flehen.

3 Merke auf mich und erhöre mich,
　　wie ich so ruhelos klage und heule,

4 da der Feind so schreit
　　und der Gottlose mich bedrängt;
　　denn sie wollen Unheil über mich
　　bringen
　　und sind mir heftig gram.

5 Mein Herz ängstet sich in meinem
　　Leibe,
　　und Todesfurcht ist auf mich gefallen.

6 Furcht und Zittern ist über mich
　　gekommen,
　　und Grauen hat mich überfallen.

7 Ich sprach: O hätte ich Flügel wie
　　Tauben,
　　dass ich wegflöge und Ruhe fände!

8 Siehe, so wollte ich in die Ferne fliehen
　　und in der Wüste bleiben.　　SELA.

9 Ich wollte eilen, dass ich entrinne
　　vor dem Sturmwind und Wetter.

10 Mache ihre Zunge uneins, Herr, und
　　verwirre sie;
　　denn ich sehe Frevel und Hader in der
　　Stadt.

11 Das geht Tag und Nacht um auf ihren
　　Mauern,
　　und Mühsal und Unheil ist drinnen.

12 Verderbnis regiert darin,
　　Lügen und Trügen weicht nicht aus
　　ihren Gassen.

5 He will return the evil to my enemies;
　　in your faithfulness put an end to
　　them.

6 With a freewill offering I will sacrifice to
　　you;
　　I will give thanks to your name, O
　　LORD, for it is good.

7 For he has delivered me from every
　　trouble,
　　and my eye has looked in triumph on
　　my enemies.

Cast Your Burden on the LORD

55 TO THE CHOIRMASTER: WITH STRINGED
INSTRUMENTS. A MASKIL[1] OF DAVID.

1 Give ear to my prayer, O God,
　　and hide not yourself from my plea for
　　mercy!

2 Attend to me, and answer me;
　　I am restless in my complaint and I
　　moan,

3 because of the noise of the enemy,
　　because of the oppression of the
　　wicked.
　　For they drop trouble upon me,
　　and in anger they bear a grudge
　　against me.

4 My heart is in anguish within me;
　　the terrors of death have fallen upon
　　me.

5 Fear and trembling come upon me,
　　and horror overwhelms me.

6 And I say, "Oh, that I had wings like a
　　dove!
　　I would fly away and be at rest;

7 yes, I would wander far away;
　　I would lodge in the wilderness; *Selah*

8 I would hurry to find a shelter
　　from the raging wind and tempest."

9 Destroy, O Lord, divide their tongues;
　　for I see violence and strife in the city.

10 Day and night they go around it
　　on its walls,
　　and iniquity and trouble are within it;

11 ruin is in its midst;
　　oppression and fraud
　　do not depart from its marketplace.

13 Wenn mein **Feind** mich schmähte,
wollte ich es ertragen;
wenn einer, der mich hasst, großtut
wider mich,
wollte ich mich vor ihm verbergen.

14 Aber nun bist du es, mein Gefährte,
mein Freund und mein Vertrauter,

15 die wir freundlich miteinander waren,
die wir in Gottes Haus gingen inmitten der Menge!

16 Der Tod übereile sie, dass sie lebendig
zu den Toten fahren;
denn es ist lauter Bosheit bei ihnen.

17 Ich aber will zu Gott rufen
und der HERR wird mir helfen.

18 Abends und morgens und mittags will
ich klagen und heulen;
so wird er meine Stimme hören.

19 Er erlöst mich von denen, die an mich
wollen,
und schafft mir Ruhe; denn ihrer sind
viele wider mich.

20 Gott wird hören und sie demütigen,
der allewege bleibet.   SELA.
Denn sie werden nicht anders
und wollen Gott nicht fürchten.

21 Sie legen ihre Hände an ihre Freunde
und entheiligen ihren Bund.

22 Ihr Mund ist glatter als Butter
und haben doch Krieg im Sinn;
ihre Worte sind linder als Öl
und sind doch gezückte Schwerter.

23 Wirf dein Anliegen auf den HERRN; /
der wird dich versorgen
und wird den Gerechten in Ewigkeit
nicht wanken lassen.

24 Und du, Gott, wirst sie hinunterstoßen
in die tiefe Grube. /
Die Blutgierigen und Falschen werden
ihr Leben nicht bis zur Hälfte
bringen.
Ich aber hoffe auf dich.

12 For it is not an enemy who taunts me—
then I could bear it;
it is not an adversary who deals insolently with me—
then I could hide from him.

13 But it is you, a man, my equal,
my companion, my familiar friend.

14 We used to take sweet counsel together;
within God's house we walked in the
throng.

15 Let death steal over them;
let them go down to Sheol alive;
for evil is in their dwelling place and in
their heart.

16 But I call to God,
and the LORD will save me.

17 Evening and morning and at noon
I utter my complaint and moan,
and he hears my voice.

18 He redeems my soul in safety
from the battle that I wage,
for many are arrayed against me.

19 God will give ear and humble them,
he who is enthroned from of old, *Selah*
because they do not change
and do not fear God.

20 My companion[2] stretched out his hand
against his friends;
he violated his covenant.

21 His speech was smooth as butter,
yet war was in his heart;
his words were softer than oil,
yet they were drawn swords.

22 Cast your burden on the LORD,
and he will sustain you;
he will never permit
the righteous to be moved.

23 But you, O God, will cast them down
into the pit of destruction;
men of blood and treachery
shall not live out half their days.
But I will trust in you.

Getrostes Vertrauen in schwerer Not

56 EIN GÜLDENES KLEINOD DAVIDS, VORZUSIN-
GEN, NACH DER WEISE »DIE STUMME TAUBE
UNTER DEN FREMDEN«, ALS IHN DIE PHILIS-
TER IN GAT ERGRIFFEN HATTEN.

In God I Trust

56 TO THE CHOIRMASTER: ACCORDING TO
THE DOVE ON FAR-OFF TEREBINTHS.
A MIKTAM[1] OF DAVID, WHEN THE
PHILISTINES SEIZED HIM IN GATH.

2 Gott, sei mir gnädig, denn Menschen
stellen mir nach;
　täglich bekämpfen und bedrängen sie
mich.

3 Meine Feinde stellen mir täglich nach;
denn viele kämpfen gegen mich voll
Hochmut.

4 Wenn ich mich fürchte,
so hoffe ich auf dich.

5 ICH WILL GOTTES WORT RÜHMEN; /
AUF GOTT WILL ICH HOFFEN UND MICH
NICHT FÜRCHTEN.
WAS KÖNNEN MIR MENSCHEN TUN?

6 Täglich fechten sie meine Sache an;
alle ihre Gedanken suchen mir Böses
zu tun.

7 Sie rotten sich zusammen, sie lauern /
und haben acht auf meine Schritte,
wie sie mir nach dem Leben trachten.

8 Sollten sie mit ihrer Bosheit entrinnen?
Gott, stoß diese Leute ohne alle Gnade
hinunter!

9 Zähle die Tage meiner Flucht, /
sammle meine Tränen in deinen Krug;
ohne Zweifel, du zählst sie.

10 Dann werden meine Feinde zurückweichen, /
wenn ich dich anrufe.
Das weiß ich, dass du mein Gott bist.

11 ICH WILL RÜHMEN GOTTES WORT;
ICH WILL RÜHMEN DES HERRN WORT.

12 AUF GOTT HOFFE ICH UND FÜRCHTE MICH
NICHT;
WAS KÖNNEN MIR MENSCHEN TUN?

13 Ich habe dir, Gott, gelobt,
dass ich dir danken will.

14 Denn du hast mich vom Tode errettet,
meine Füße vom Gleiten,
dass ich wandeln kann vor Gott
im Licht der Lebendigen.

Vertrauensvolle Bitte in der Anfechtung

57 EIN GÜLDENES KLEINOD DAVIDS, VORZUSIN-
GEN, NACH DER WEISE »VERTILGE NICHT«,
ALS ER VOR SAUL IN DIE HÖHLE FLOH.

2 Sei mir gnädig, Gott, sei mir gnädig!
Denn auf dich traut meine Seele,
und unter dem Schatten deiner Flügel
habe ich Zuflucht,
bis das Unglück vorübergehe.

1 Be gracious to me, O God, for man
tramples on me;
all day long an attacker oppresses me;

2 my enemies trample on me all day long,
for many attack me proudly.

3 When I am afraid,
I put my trust in you.

4 In God, whose word I praise,
in God I trust; I shall not be afraid.
What can flesh do to me?

5 All day long they injure my cause;[2]
all their thoughts are against me for
evil.

6 They stir up strife, they lurk;
they watch my steps,
as they have waited for my life.

7 For their crime will they escape?
In wrath cast down the peoples, O
God!

8 You have kept count of my tossings;[3]
put my tears in your bottle.
Are they not in your book?

9 Then my enemies will turn back
in the day when I call.
This I know, that[4] God is for me.

10 In God, whose word I praise,
in the LORD, whose word I praise,

11 in God I trust; I shall not be afraid.
What can man do to me?

12 I must perform my vows to you, O God;
I will render thank offerings to you.

13 For you have delivered my soul from
death,
yes, my feet from falling,
that I may walk before God
in the light of life.

Let Your Glory Be over All the Earth

57 TO THE CHOIRMASTER: ACCORDING TO DO
NOT DESTROY. A MIKTAM[1] OF DAVID,
WHEN HE FLED FROM SAUL, IN THE CAVE.

1 Be merciful to me, O God, be merciful
to me,
for in you my soul takes refuge;
in the shadow of your wings I will take
refuge,
till the storms of destruction pass by.

3 Ich rufe zu Gott, dem Allerhöchsten,
   zu Gott, der meine Sache zum guten
      Ende führt.
4 Er sende vom Himmel und helfe mir /
   von der Schmähung dessen, der mir
      nachstellt.   SELA.
   Gott sende seine Güte und Treue.

5 Ich liege mitten unter Löwen;
   verzehrende Flammen sind die
      Menschen,
   ihre Zähne sind Spieße und Pfeile
   und ihre Zungen scharfe Schwerter.

6 Erhebe dich, Gott, über den Himmel
   und deine Herrlichkeit über alle
      Welt!

7 Sie haben meinen Schritten ein Netz
      gestellt
   und meine Seele gebeugt;
   sie haben vor mir eine Grube gegraben –
   und fallen doch selbst hinein.   SELA.
8 Mein Herz ist bereit, Gott,
   mein Herz ist bereit, dass ich singe
      und lobe.
9 Wach auf, meine Seele, wach auf, Psalter
      und Harfe,
   ich will das Morgenrot wecken!
10 Herr, ich will dir danken unter den
      Völkern,
   ich will dir lobsingen unter den
      Leuten.
11 Denn deine Güte reicht, so weit der
      Himmel ist,
   und deine Wahrheit, so weit die
      Wolken gehen.

12 Erhebe dich, Gott, über den Himmel
   und deine Herrlichkeit über alle
      Welt!

Gott ist noch Richter auf Erden

58 Ein güldenes Kleinod Davids, vorzusingen, nach der Weise »Vertilge nicht«.

2 Sprecht ihr in Wahrheit Recht, ihr
      Mächtigen?
   Richtet ihr in Gerechtigkeit die
      Menschenkinder?
3 Nein, mutwillig tut ihr Unrecht im
      Lande,
   und eure Hände treiben Frevel.

4 Die Gottlosen sind abtrünnig vom
      Mutterschoß an,
   die Lügner gehen irre von Mutterleib
      an.

2 I cry out to God Most High,
   to God who fulfills his purpose for me.

3 He will send from heaven and save me;
   he will put to shame him who tram-
      ples on me.   *Selah*
   God will send out his steadfast love and
      his faithfulness!

4 My soul is in the midst of lions;
   I lie down amid fiery beasts—
   the children of man, whose teeth are
      spears and arrows,
   whose tongues are sharp swords.

5 Be exalted, O God, above the heavens!
   Let your glory be over all the earth!

6 They set a net for my steps;
   my soul was bowed down.
   They dug a pit in my way,
   but they have fallen into it themselves.
                                    Selah
7 My heart is steadfast, O God,
   my heart is steadfast!
   I will sing and make melody!
8 Awake, my glory![2]
   Awake, O harp and lyre!
   I will awake the dawn!
9 I will give thanks to you, O Lord,
      among the peoples;
   I will sing praises to you among the
      nations.
10 For your steadfast love is great to the
      heavens,
   your faithfulness to the clouds.

11 Be exalted, O God, above the heavens!
   Let your glory be over all the earth!

God Who Judges the Earth

58 To the choirmaster: according to Do
   Not Destroy. A Miktam[1] of David.

1 Do you indeed decree what is right, you
      gods?[2]
   Do you judge the children of man
      uprightly?
2 No, in your hearts you devise wrongs;
   your hands deal out violence on earth.

3 The wicked are estranged from the
      womb;
   they go astray from birth, speaking
      lies.

5 Sie sind voller Gift wie eine giftige
    Schlange,
    wie eine taube Otter, die ihr Ohr
    verschließt,
6 dass sie nicht höre die Stimme des
    Zauberers,
    des Beschwörers, der gut beschwören
    kann.

7 Gott, zerbrich ihnen die Zähne im Maul,
    zerschlage, HERR, das Gebiss der jun-
    gen Löwen!
8 Sie werden vergehen wie Wasser, das
    verrinnt.
    Zielen sie mit ihren Pfeilen,
    so werden sie ihnen zerbrechen.
9 Sie gehen dahin, wie Wachs zerfließt,
    wie eine Fehlgeburt, die die Sonne
    nicht sieht.

10 Ehe eure Töpfe das Dornfeuer spüren,
    reißt alles der brennende Zorn hinweg.

11 Der Gerechte wird sich freuen, wenn er
    solche Vergeltung sieht,
    und wird seine Füße baden in des
    Gottlosen Blut;
12 und die Leute werden sagen: /
    Ja, der Gerechte empfängt seine Frucht,
    ja, Gott ist noch Richter auf Erden.

Gebet mitten unter den Feinden

59 EIN GÜLDENES KLEINOD DAVIDS, VORZUSIN-
    GEN, NACH DER WEISE »VERTILGE NICHT«,
    ALS SAUL HINSANDTE UND SEIN HAUS BEWA-
    CHEN LIESS, UM IHN ZU TÖTEN.

2 Errette mich, mein Gott, von meinen
    Feinden
    und schütze mich vor meinen
    Widersachern.
3 Errette mich von den Übeltätern
    und hilf mir von den Blutgierigen!

4 Denn siehe, HERR, sie lauern mir auf;
    Starke rotten sich wider mich zusam-
    men ohne meine Schuld und
    Missetat.
5 Ich habe nichts verschuldet; /
    sie aber laufen herzu und machen sich
    bereit.
    Erwache, komm herbei und sieh
    darein!

4 They have venom like the venom of a
    serpent,
    like the deaf adder that stops its ear,
5 so that it does not hear the voice of
    charmers
    or of the cunning enchanter.

6 O God, break the teeth in their mouths;
    tear out the fangs of the young lions, O
    LORD!
7 Let them vanish like water that runs
    away;
    when he aims his arrows, let them be
    blunted.
8 Let them be like the snail that dissolves
    into slime,
    like the stillborn child who never sees
    the sun.
9 Sooner than your pots can feel the heat
    of thorns,
    whether green or ablaze, may he
    sweep them away![3]

10 The righteous will rejoice when he sees
    the vengeance;
    he will bathe his feet in the blood of
    the wicked.
11 Mankind will say, "Surely there is a
    reward for the righteous;
    surely there is a God who judges on
    earth."

Deliver Me from My Enemies

59 TO THE CHOIRMASTER: ACCORDING TO DO
    NOT DESTROY. A MIKTAM[1] OF DAVID,
    WHEN SAUL SENT MEN TO WATCH HIS
    HOUSE IN ORDER TO KILL HIM.

1 Deliver me from my enemies, O my
    God;
    protect me from those who rise up
    against me;
2 deliver me from those who work evil,
    and save me from bloodthirsty men.

3 For behold, they lie in wait for my life;
    fierce men stir up strife against me.
    For no transgression or sin of mine, O
    LORD,
4 for no fault of mine, they run and
    make ready.
    Awake, come to meet me, and see!

6 Du, HERR, Gott Zebaoth, Gott Israels,
   wache auf und suche heim alle Völker!
Sei keinem von ihnen gnädig,
   die so verwegene Übeltäter sind. SELA.

7 Jeden Abend kommen sie wieder,
   heulen wie die Hunde und laufen in
      der Stadt umher.
8 Siehe, sie geifern mit ihrem Maul;
   Schwerter sind auf ihren Lippen: »Wer
      sollte es hören?«

9 Aber du, HERR, wirst ihrer lachen
   und aller Völker spotten.
10 MEINE STÄRKE, ZU DIR WILL ICH MICH
      HALTEN;
   DENN GOTT IST MEIN SCHUTZ.

11 Gott erzeigt mir reichlich seine Güte,
   Gott lässt mich auf meine Feinde
      herabsehen.

12 Bringe sie nicht um,
   dass es mein Volk nicht vergesse;
zerstreue sie aber mit deiner Macht,
      Herr, unser Schild,
   und stoß sie hinunter!
13 Das Wort ihrer Lippen ist nichts als
      Sünde;
   darum sollen sie sich fangen in ihrer
      Hoffart mit all ihren Flüchen und
      Lügen.
14 Vertilge sie ohne alle Gnade, vertilge sie,
   dass sie nicht mehr da sind!
Lass sie innewerden, dass Gott
      Herrscher ist in Jakob,
   bis an die Enden der Erde.   SELA.

15 Jeden Abend kommen sie wieder,
   heulen wie die Hunde und laufen in
      der Stadt umher.
16 Sie laufen hin und her nach Speise
   und murren, wenn sie nicht satt
      werden.

17 Ich aber will von deiner Macht singen /
   und des Morgens rühmen deine Güte;
denn du bist mir Schutz und Zuflucht
   in meiner Not.

18 MEINE STÄRKE, DIR WILL ICH LOBSINGEN;
   DENN GOTT IST MEIN SCHUTZ, MEIN GNÄ-
      DIGER GOTT.

5 You, LORD God of hosts, are God of
   Israel.
Rouse yourself to punish all the nations;
   spare none of those who treacherously
      plot evil.   *Selah*

6 Each evening they come back,
   howling like dogs
   and prowling about the city.
7 There they are, bellowing with their
      mouths
   with swords in their lips—
   for "Who," they think,[2] "will hear
      us?"

8 But you, O LORD, laugh at them;
   you hold all the nations in derision.
9 O my Strength, I will watch for you,
   for you, O God, are my fortress.

10 My God in his steadfast love[3] will meet
      me;
   God will let me look in triumph on
      my enemies.

11 Kill them not, lest my people forget;
   make them totter[4] by your power and
      bring them down,
   O Lord, our shield!

12 For the sin of their mouths, the words of
      their lips,
   let them be trapped in their pride.
For the cursing and lies that they utter,
13   consume them in wrath;
   consume them till they are no more,
   that they may know that God rules over
      Jacob
   to the ends of the earth.   *Selah*

14 Each evening they come back,
   howling like dogs
   and prowling about the city.
15 They wander about for food
   and growl if they do not get their fill.

16 But I will sing of your strength;
   I will sing aloud of your steadfast love
      in the morning.
For you have been to me a fortress
   and a refuge in the day of my distress.
17 O my Strength, I will sing praises to
      you,
   for you, O God, are my fortress,
   the God who shows me steadfast love.

Gebet des verstoßenen Volkes

60 EIN GÜLDENES KLEINOD DAVIDS, VORZUSIN- GEN, NACH DER WEISE »LILIE DES ZEUG- NISSES«, ZUR BELEHRUNG, **2** ALS ER MIT DEN ARAMÄERN VON MESOPOTAMIEN UND MIT DEN ARAMÄERN VON ZOBA KRIEG FÜHRTE; ALS JOAB UMKEHRTE UND DIE EDOMITER IM SALZTAL SCHLUG, ZWÖLFTAUSEND MANN.

3 Gott, der du uns verstoßen und zer-
     streut hast
  und zornig warst, tröste uns wieder;
4 der du die Erde erschüttert und zerris-
     sen hast,
  heile ihre Risse; denn sie wankt.
5 Du ließest deinem Volk Hartes
     widerfahren,
  du gabst uns einen Wein zu trinken,
     dass wir taumelten.

6 Du hast doch ein Zeichen gegeben
     denen, die dich fürchten,
  damit sie fliehen können vor dem
     Bogen.   SELA.
7 Dass deine Freunde errettet werden,
  dazu hilf mit deiner Rechten und
     erhöre uns!

8 Gott hat in seinem Heiligtum geredet:
     Ich will frohlocken;
  ich will Sichem verteilen
  und das Tal Sukkot ausmessen;
9 Gilead ist mein, mein ist Manasse, /
  Ephraim ist der Schutz meines Hauptes,
  Juda ist mein Zepter.
10 Moab ist mein Waschbecken, /
  meinen Schuh werfe ich auf Edom,
  Philisterland, jauchze mir zu!

11 Wer wird mich führen in die feste Stadt?
  Wer geleitet mich nach Edom?
12 Wirst du es nicht tun, Gott, der du uns
     verstoßen hast,
  und ziehst nicht aus, Gott, mit unserm
     Heer?
13 Schaff uns Beistand in der Not;
  denn Menschenhilfe ist nichts nütze.
14 Mit Gott wollen wir Taten tun.
  Er wird unsre Feinde niedertreten.

Bitte und Fürbitte aus der Ferne

61 VON DAVID, VORZUSINGEN, BEIM SAITENSPIEL.

2 Höre, Gott, mein Schreien
  und merke auf mein Gebet!

He Will Tread Down Our Foes

60 TO THE CHOIRMASTER: ACCORDING TO SHUSHAN EDUTH. A MIKTAM[1] OF DAVID; FOR INSTRUCTION; WHEN HE STROVE WITH ARAM-NAHARAIM AND WITH ARAM-ZOBAH, AND WHEN JOAB ON HIS RETURN STRUCK DOWN TWELVE THOUSAND OF EDOM IN THE VALLEY OF SALT.

1 O God, you have rejected us, broken our
     defenses;
  you have been angry; oh, restore us.
2 You have made the land to quake; you
     have torn it open;
  repair its breaches, for it totters.
3 You have made your people see hard
     things;
  you have given us wine to drink that
     made us stagger.

4 You have set up a banner for those who
     fear you,
  that they may flee to it from the bow.[2]
                              Selah
5 That your beloved ones may be
     delivered,
  give salvation by your right hand and
     answer us!

6 God has spoken in his holiness:[3]
  "With exultation I will divide up
     Shechem
  and portion out the Vale of Succoth.
7 Gilead is mine; Manasseh is mine;
  Ephraim is my helmet;
  Judah is my scepter.
8 Moab is my washbasin;
  upon Edom I cast my shoe;
  over Philistia I shout in triumph."[4]

9 Who will bring me to the fortified city?
  Who will lead me to Edom?
10 Have you not rejected us, O God?
  You do not go forth, O God, with our
     armies.

11 Oh, grant us help against the foe,
  for vain is the salvation of man!
12 With God we shall do valiantly;
  it is he who will tread down our foes.

Lead Me to the Rock

61 TO THE CHOIRMASTER: WITH STRINGED INSTRUMENTS. OF DAVID.

1 Hear my cry, O God,
  listen to my prayer;

3 Vom Ende der Erde rufe ich zu dir, denn
   mein Herz ist in Angst;
   du wollest mich führen auf einen
   hohen Felsen.

4 Denn du bist meine Zuversicht,
   ein starker Turm vor meinen Feinden.

5 Lass mich wohnen in deinem Zelte
   ewiglich
   und Zuflucht haben unter deinen
   Fittichen.   SELA.

6 Denn du, Gott, hörst mein Gelübde
   und gibst mir teil am Erbe derer, die
   deinen Namen fürchten.

7 Du wollest dem König langes Leben
   geben,
   dass seine Jahre währen für und für,

8 dass er immer throne vor Gott.
   Lass Güte und Treue ihn behüten!

9 So will ich deinem Namen lobsingen
   ewiglich,
   dass ich meine Gelübde erfülle täglich.

Stille zu Gott

62 EIN PSALM DAVIDS, VORZUSINGEN, FÜR
   JEDUTUN.

2 MEINE SEELE IST STILLE
   ZU GOTT, DER MIR HILFT.

3 DENN ER IST MEIN FELS, MEINE HILFE, MEIN
   SCHUTZ,
   DASS ICH GEWISS NICHT FALLEN WERDE.

4 Wie lange stellt ihr alle einem nach,
   wollt alle ihn morden,
   als wäre er eine hangende Wand
   und eine rissige Mauer?

5 Sie denken nur, wie sie ihn stürzen,
   haben Gefallen am Lügen;
   mit dem Munde segnen sie,
   aber im Herzen fluchen sie.   SELA.

6 ABER SEI NUR STILLE ZU GOTT, MEINE SEELE;
   DENN ER IST MEINE HOFFNUNG.

7 ER IST MEIN FELS, MEINE HILFE UND MEIN
   SCHUTZ,
   DASS ICH NICHT FALLEN WERDE.

8 Bei Gott ist mein Heil und meine Ehre, /
   der Fels meiner Stärke,
   meine Zuversicht ist bei Gott.

2 from the end of the earth I call to you
   when my heart is faint.
   Lead me to the rock
   that is higher than I,

3 for you have been my refuge,
   a strong tower against the enemy.

4 Let me dwell in your tent forever!
   Let me take refuge under the shelter of
   your wings!   Selah

5 For you, O God, have heard my vows;
   you have given me the heritage of
   those who fear your name.

6 Prolong the life of the king;
   may his years endure to all
   generations!

7 May he be enthroned forever before
   God;
   appoint steadfast love and faithfulness
   to watch over him!

8 So will I ever sing praises to your name,
   as I perform my vows day after day.

My Soul Waits for God Alone

62 TO THE CHOIRMASTER: ACCORDING TO
   JEDUTHUN. A PSALM OF DAVID.

1 For God alone my soul waits in silence;
   from him comes my salvation.

2 He only is my rock and my salvation,
   my fortress; I shall not be greatly
   shaken.

3 How long will all of you attack a man
   to batter him,
   like a leaning wall, a tottering fence?

4 They only plan to thrust him down
   from his high position.
   They take pleasure in falsehood.
   They bless with their mouths,
   but inwardly they curse.   Selah

5 For God alone, O my soul, wait in
   silence,
   for my hope is from him.

6 He only is my rock and my salvation,
   my fortress; I shall not be shaken.

7 On God rests my salvation and my
   glory;
   my mighty rock, my refuge is God.

9 Hoffet auf ihn allezeit, liebe Leute, /
schüttet euer Herz vor ihm aus;
Gott ist unsre Zuversicht.   SELA.

10 Aber Menschen sind ja nichts, große
Leute täuschen auch;
sie wiegen weniger als nichts,
so viel ihrer sind.

11 Verlasst euch nicht auf Gewalt
und setzt auf Raub nicht eitle
Hoffnung;
fällt euch Reichtum zu,
so hängt euer Herz nicht daran.

12 Eines hat Gott geredet,
ein Zweifaches habe ich gehört:
Gott allein ist mächtig,

13   und du, Herr, bist gnädig;
denn du vergiltst einem jeden,
wie er's verdient hat.

Sehnsucht nach Gott

63 EIN PSALM DAVIDS, ALS ER IN DER WÜSTE
JUDA WAR.

2 Gott, du bist mein Gott, den ich suche.
Es dürstet meine Seele nach dir,
mein ganzer Mensch verlangt nach dir
aus trockenem, dürrem Land, wo kein
Wasser ist.

3 So schaue ich aus nach dir in deinem
Heiligtum,
wollte gerne sehen deine Macht und
Herrlichkeit.

4 Denn deine Güte ist besser als Leben;
meine Lippen preisen dich.

5 So will ich dich loben mein Leben lang
und meine Hände in deinem Namen
aufheben.

6 Das ist meines Herzens Freude und
Wonne,
wenn ich dich mit fröhlichem Munde
loben kann;

7 **wenn ich mich zu Bette lege, so denke
ich an dich,
wenn ich wach liege, sinne ich über
dich nach.**

8 Denn du bist mein Helfer,
und unter dem Schatten deiner Flügel
frohlocke ich.

9 Meine Seele hängt an dir;
deine rechte Hand hält mich.

8 Trust in him at all times, O people;
pour out your heart before him;
God is a refuge for us.   *Selah*

9 Those of low estate are but a breath;
those of high estate are a delusion;
in the balances they go up;
[k] they are together lighter than a breath.

10 Put no trust in extortion;
set no vain hopes on robbery;
if riches increase, set not your heart on
them.

11 Once God has spoken;
[o] twice have I heard this:
that power belongs to God,

12   and that to you, O Lord, belongs steadfast love.
For you will render to a man
according to his work.

My Soul Thirsts for You

63 A PSALM OF DAVID, WHEN HE WAS IN THE
WILDERNESS OF JUDAH.

1 O God, you are my God; earnestly I
seek you;
my soul thirsts for you;
my flesh faints for you,
as in a dry and weary land where
there is no water.

2 So I have looked upon you in the
sanctuary,
beholding your power and glory.

3 Because your steadfast love is better than
life,
my lips will praise you.

4 So I will bless you as long as I live;
in your name I will lift up my hands.

5 My soul will be satisfied as with fat and
rich food,
and my mouth will praise you with
joyful lips,

6 when I remember you upon my bed,
and meditate on you in [c]the watches of
the night;

7 for you have been my help,
and in the shadow of your wings I will
sing for joy.

8 My soul clings to you;
your right hand upholds me.

10 Sie aber trachten mir nach dem Leben,
mich zu verderben;
sie werden in die Tiefen der Erde
hinunterfahren.
11 Sie werden dem Schwert dahingegeben
und den Schakalen zur Beute werden.

12 Aber der König freut sich in Gott. /
Wer bei ihm schwört, der darf sich
rühmen;
denn die Lügenmäuler sollen verstopft
werden.

Bitte um Schutz vor bösen Anschlägen

64 EIN PSALM DAVIDS, VORZUSINGEN.

2 Höre, Gott, meine Stimme in meiner
Klage,
behüte mein Leben vor dem schrecklichen Feinde.
3 Verbirg mich vor den Anschlägen der
Bösen,
vor dem Toben der Übeltäter,
4 die ihre Zunge schärfen wie ein Schwert,
mit ihren giftigen Worten zielen wie
mit Pfeilen,
5 dass sie heimlich schießen auf den
Frommen;
plötzlich schießen sie auf ihn ohne alle
Scheu.

6 Sie verstehen sich auf ihre bösen
Anschläge /
und reden davon, wie sie Stricke legen
wollen,
und sprechen: Wer kann sie sehen?
7 Sie haben Böses im Sinn und halten's
geheim,
sind verschlagen und haben Ränke im
Herzen.

8 Da trifft sie Gott mit dem Pfeil,
plötzlich sind sie zu Boden geschlagen.
9 Ihre eigene Zunge bringt sie zu Fall,
dass ihrer spotten wird, wer sie siehet.

10 Und alle Menschen werden sich
fürchten /
und sagen: Das hat Gott getan!,
und erkennen, dass es sein Werk ist.

11 Die Gerechten werden sich des HERRN
freuen /
und auf ihn trauen,
und alle frommen Herzen werden sich
seiner rühmen.

9 But those who seek to destroy my life
shall go down into the depths of the
earth;

10 they shall be given over to the power of
the sword;
they shall be a portion for jackals.
11 But the king shall rejoice in God;
all who swear by him shall exult,
for the mouths of liars will be stopped.

Hide Me from the Wicked

64 TO THE CHOIRMASTER. A PSALM OF
DAVID.

1 Hear my voice, O God, in my complaint;
preserve my life from dread of the
enemy.

2 Hide me from the secret plots of the
wicked,
from the throng of evildoers,
3 who whet their tongues like swords,
who aim bitter words like arrows,

4 shooting from ambush at the blameless,
shooting at him suddenly and without
fear.

5 They hold fast to their evil purpose;
they talk of laying snares secretly,
thinking, "Who can see them?"

6 They search out injustice,
saying, "We have accomplished a diligent search."
For the inward mind and heart of a
man are deep!

7 But God shoots his arrow at them;
they are wounded suddenly.
8 They are brought to ruin, with their
own tongues turned against them;
all who see them will wag their heads.
9 Then all mankind fears;
they tell what God has brought about
and ponder what he has done.

10 Let the righteous one rejoice in the LORD
and take refuge in him!
Let all the upright in heart exult!

Danklied für geistlichen und leiblichen Segen

65 EIN PSALMLIED DAVIDS, VORZUSINGEN.

2 Gott, man lobt dich in der Stille zu
     Zion,
     und dir hält man Gelübde.

3 Du erhörst Gebet;
     darum kommt alles Fleisch zu dir.

4 Unsre Missetat drückt uns hart;
     du wollest unsre Sünde vergeben.

5 Wohl dem, den du erwählst und zu dir
     lässest,
     dass er in deinen Vorhöfen wohne;
     der hat reichen Trost von deinem Hause,
     deinem heiligen Tempel.

6 Erhöre uns nach der wunderbaren
     Gerechtigkeit, Gott, unser Heil,
     der du bist die Zuversicht aller auf
     Erden und fern am Meer;

7 der du die Berge festsetzest in deiner
     Kraft
     und gerüstet bist mit Macht;

8 der du stillst das Brausen des Meeres,
     das Brausen seiner Wellen und das
     Toben der Völker,

9 dass sich entsetzen, die an den Enden
     wohnen, vor deinen Zeichen.
     Du machst fröhlich, was da lebet im
     Osten wie im Westen.

10 Du suchst das Land heim und bewäs-
     serst es /
     und machst es sehr reich;
     Gottes Brünnlein hat Wasser die Fülle.
     Du lässest ihr Getreide gut geraten;
     denn so baust du das Land.

11 Du tränkst seine Furchen und feuchtest
     seine Schollen;
     mit Regen machst du es weich
     und segnest sein Gewächs.

12 Du krönst das Jahr mit deinem Gut,
     und deine Fußtapfen triefen von
     Segen.

13 Es triefen auch die Auen in der Steppe,
     und die Hügel sind erfüllt mit Jubel.

14 Die Anger sind voller Schafe,
     und die Auen stehen dick mit Korn,
     dass man jauchzet und singet.

O God of Our Salvation

65 TO THE CHOIRMASTER. A PSALM OF DAVID.
A SONG.

1 Praise is due to you,[1] O God, in Zion,
     and to you shall vows be performed.

2 O you who hear prayer,
     to you shall all flesh come.

3 When iniquities prevail against me,
     you atone for our transgressions.

4 Blessed is the one you choose and bring
     near,
     to dwell in your courts!
     We shall be satisfied with the goodness
     of your house,
     the holiness of your temple!

5 By awesome deeds you answer us with
     righteousness,
     O God of our salvation,
     the hope of all the ends of the earth
     and of the farthest seas;

6 the one who by his strength established
     the mountains,
     being girded with might;

7 who stills the roaring of the seas,
     the roaring of their waves,
     the tumult of the peoples,

8 so that those who dwell at the ends of
     the earth are in awe at your signs.
     You make the going out of the morning
     and the evening to shout for joy.

9 You visit the earth and water it;[2]
     you greatly enrich it;
     the river of God is full of water;
     you provide their grain,
     for so you have prepared it.

10 You water its furrows abundantly,
     settling its ridges,
     softening it with showers,
     and blessing its growth.

11 You crown the year with your bounty;
     your wagon tracks overflow with
     abundance.

12 The pastures of the wilderness overflow,
     the hills gird themselves with joy,

13 the meadows clothe themselves with
     flocks,
     the valleys deck themselves with
     grain,
     they shout and sing together for joy.

Danklied für Gottes wunderbare Führung

66 EIN PSALMLIED, VORZUSINGEN.
Jauchzet Gott, alle Lande! /

2 Lobsinget zur Ehre seines Namens;
rühmet ihn herrlich!

3 Sprecht zu Gott: Wie wunderbar sind
deine Werke!
Deine Feinde müssen sich beugen vor
deiner großen Macht.

4 Alles Land bete dich an und lobsinge
dir,
lobsinge deinem Namen.   SELA.

5 Kommt her und sehet an die Werke
Gottes,
der so wunderbar ist in seinem Tun an
den Menschenkindern.

6 Er verwandelte das Meer in trockenes
Land, /
sie konnten zu Fuß durch den Strom
gehen.
Darum freuen wir uns seiner.

7 Er herrscht mit seiner Gewalt ewiglich, /
seine Augen schauen auf die Völker.
Die Abtrünnigen können sich nicht
erheben.   SELA.

8 Lobet, ihr Völker, unsern Gott,
lasst seinen Ruhm weit erschallen,

9 der unsre Seelen am Leben erhält
und lässt unsere Füße nicht gleiten.

10 Denn, Gott, du hast uns geprüft und
geläutert,
wie das Silber geläutert wird;

11 du hast uns in den Turm werfen lassen,
du hast auf unsern Rücken eine Last
gelegt,

12 du hast Menschen über unser Haupt
kommen lassen, /
wir sind in Feuer und Wasser geraten.
Aber du hast uns herausgeführt und
uns erquickt.

13 Darum will ich in dein Haus gehen mit
Brandopfern
und dir meine Gelübde erfüllen,

14 wie ich meine Lippen aufgetan habe
und mein Mund geredet hat in meiner
Not.

15 Ich will dir Brandopfer bringen von
fetten Schafen /
mit dem Opferrauch von Widdern;
ich will opfern Rinder mit Böcken.
        SELA.

How Awesome Are Your Deeds

66 TO THE CHOIRMASTER. A SONG. A PSALM.
Shout for joy to God, all the earth;

2 sing the glory of his name;
give to him glorious praise!

3 Say to God, "How awesome are your
deeds!
So great is your power that your
enemies come cringing to you.

4 All the earth worships you
and sings praises to you;
they sing praises to your name." *Selah*

5 Come and see what God has done:
he is awesome in his deeds toward the
children of man.

6 He turned the sea into dry land;
they passed through the river on foot.
There did we rejoice in him,

7 who rules by his might forever,
whose eyes keep watch on the nations—
let not the rebellious exalt themselves.
Selah

8 Bless our God, O peoples;
let the sound of his praise be heard,

9 who has kept our soul among the living
and has not let our feet slip.

10 For you, O God, have tested us;
you have tried us as silver is tried.

11 You brought us into the net;
you laid a crushing burden on our
backs;

12 you let men ride over our heads;
we went through fire and through
water;
yet you have brought us out to a place of
abundance.

13 I will come into your house with burnt
offerings;
I will perform my vows to you,

14 that which my lips uttered
and my mouth promised when I was
in trouble.

15 I will offer to you burnt offerings of fattened animals,
with the smoke of the sacrifice of
rams;
I will make an offering of bulls and
goats.   *Selah*

16 Kommt her, höret zu, alle, die ihr Gott
      fürchtet;
   ich will erzählen, was er an mir getan
      hat.
17 Zu ihm rief ich mit meinem Munde
   und pries ihn mit meiner Zunge.
18 Wenn ich Unrechtes vorgehabt hätte in
      meinem Herzen,
   so hätte der Herr nicht gehört.
19 Aber Gott hat mich erhört
   und gemerkt auf mein Flehen.

20 Gelobt sei Gott, der mein Gebet nicht
      verwirft
   noch seine Güte von mir wendet.

Gottes Segen über alle Welt

67 EIN PSALMLIED, VORZUSINGEN, BEIM
      SAITENSPIEL.

2 Gott sei uns gnädig und segne uns,
   er lasse uns sein Antlitz leuchten, –
                              SELA –
3 dass man auf Erden erkenne seinen
      Weg,
   unter allen Heiden sein Heil.
4 ES DANKEN DIR, GOTT, DIE VÖLKER,
   ES DANKEN DIR ALLE VÖLKER.

5 Die Völker freuen sich und jauchzen,
   dass du die Menschen recht richtest
   und regierst die Völker auf Erden. SELA.
6 ES DANKEN DIR, GOTT, DIE VÖLKER,
   ES DANKEN DIR ALLE VÖLKER.

7 Das Land gibt sein Gewächs;
   es segne uns Gott, unser Gott!
8 Es segne uns Gott,
   und alle Welt fürchte ihn!

Der Sieg Gottes

68 EIN PSALMLIED DAVIDS, VORZUSINGEN.

2 Gott steht auf; so werden seine Feinde
      zerstreut,
   und die ihn hassen, fliehen vor ihm.

3 Wie Rauch verweht, so verwehen sie;
   wie Wachs zerschmilzt vor dem Feuer,
   so kommen die Gottlosen um
      vor Gott.
4 Die Gerechten aber freuen sich /
   und sind fröhlich vor Gott
   und freuen sich von Herzen.

16 Come and hear, all you who fear God,
   and I will tell what he has done for my
      soul.
17 I cried to him with my mouth,
   and high praise was on[1] my tongue.[2]
18 If I had cherished iniquity in my heart,
   the Lord would not have listened.

19 But truly God has listened;
   he has attended to the voice of my
      prayer.

20 Blessed be God,
   because he has not rejected my prayer
   or removed his steadfast love from me!

Make Your Face Shine upon Us

67 TO THE CHOIRMASTER: WITH STRINGED
      INSTRUMENTS. A PSALM. A SONG.

1 May God be gracious to us and bless us
   and make his face to shine upon us,
                              Selah
2 that your way may be known on earth,
   your saving power among all nations.

3 Let the peoples praise you, O God;
   let all the peoples praise you!

4 Let the nations be glad and sing for joy,
   for you judge the peoples with equity
   and guide the nations upon earth. *Selah*
5 Let the peoples praise you, O God;
   let all the peoples praise you!

6 The earth has yielded its increase;
   God, our God, shall bless us.
7 God shall bless us;
   let all the ends of the earth fear him!

God Shall Scatter His Enemies

68 TO THE CHOIRMASTER. A PSALM OF DAVID.
      A SONG.

1 God shall arise, his enemies shall be
      scattered;
   and those who hate him shall flee
      before him!
2 As smoke is driven away, so you shall
      drive them away;
   as wax melts before fire,
   so the wicked shall perish before God!
3 But the righteous shall be glad;
   they shall exult before God;
   they shall be jubilant with joy!

5 Singet Gott, lobsinget seinem Namen! /
   Macht Bahn dem, der durch die Wüste
   einherfährt;
   er heißt HERR. Freuet euch vor ihm!

6 Ein Vater der Waisen und ein Helfer der
   Witwen
   ist Gott in seiner heiligen Wohnung,

7 ein Gott, der die Einsamen nach Hause
   bringt, /
   der die Gefangenen herausführt, dass es
   ihnen wohlgehe;
   aber die Abtrünnigen lässt er bleiben
   in dürrem Lande.

8 Gott, als du vor deinem Volk herzogst,
   als du einhergingst in der Wüste,
                              – SELA –

9 da bebte die Erde, /
   und die Himmel troffen vor Gott – am
   Sinai –,
   vor Gott, dem Gott Israels.

10 Du gabst, Gott, einen gnädigen Regen,
   und dein Erbe, das dürre war, erquick-
   test du,

11 dass deine Herde darin wohnen konnte.
   Gott, du labst die Elenden in deiner
   Güte.

12 Der Herr gibt ein Wort –
   der Freudenbotinnen ist eine große
   Schar –:

13 Die Könige der Heerscharen fliehen, sie
   fliehen,
   und die Frauen teilen die Beute aus.

14 Wenn ihr zu Felde liegt, /
   glänzt es wie Flügel der Tauben,
   die wie Silber und Gold schimmern.

15 Als der Allmächtige dort Könige
   zerstreute,
   damals fiel Schnee auf dem Zalmon.

16 Ein Gottesberg ist Baschans Gebirge,
   ein Gebirge, reich an Gipfeln, ist
   Baschans Gebirge.

17 Was seht ihr scheel, ihr Berge, ihr Gipfel, /
   auf den Berg, wo es Gott gefällt zu
   wohnen?
   Ja, dort wird der HERR immerdar
   wohnen.

4 Sing to God, sing praises to his name;
   lift up a song to him who rides
       through the deserts;
   his name is the LORD;
   exult before him!

5 Father of the fatherless and protector of
       widows
   is God in his holy habitation.

6 God settles the solitary in a home;
   he leads out the prisoners to
       prosperity,
   but the rebellious dwell in a parched
       land.

7 O God, when you went out before your
       people,
   when you marched through the wil-
       derness,   *Selah*

8 the earth quaked, the heavens poured
       down rain,
   before God, the One of Sinai,
   before God, the God of Israel.

9 Rain in abundance, O God, you shed
       abroad;
   you restored your inheritance as it
       languished;

10 your flock[1] found a dwelling in it;
   in your goodness, O God, you pro-
       vided for the needy.

11 The Lord gives the word;
   the women who announce the news
       are a great host:

12 "The kings of the armies—they flee,
       they flee!"
   The women at home divide the spoil—

13 though you men lie among the
       sheepfolds—
   the wings of a dove covered with silver,
       its pinions with shimmering gold.

14 When the Almighty scatters kings there,
   let snow fall on Zalmon.

15 O mountain of God, mountain of
       Bashan;
   O many-peaked[2] mountain, mountain
       of Bashan!

16 Why do you look with hatred, O many-
       peaked mountain,
   at the mount that God desired for his
       abode,
   yes, where the LORD will dwell forever?

18 Gottes Wagen sind vieltausendmal
    tausend;
    der Herr zieht ein ins Heiligtum vom
    Sinai her.

19 Du bist aufgefahren zur Höhe
    und führtest Gefangne gefangen;
    du hast Gaben empfangen unter den
    Menschen;
    auch die Abtrünnigen müssen sich,
    Gott, vor dir bücken.

20 Gelobt sei der Herr täglich.
    **Gott legt uns eine Last auf, aber er
    hilft uns auch.**   SELA.

21 Wir haben einen Gott, der da hilft,
    und den HERRN, der vom Tode errettet.

22 Ja, Gott wird den Kopf seiner Feinde
    zerschmettern,
    den Schädel der Gottlosen, die da fort-
    fahren in ihrer Sünde.

23 Der Herr hat gesagt: Aus Baschan will
    ich sie wieder holen,
    aus der Tiefe des Meeres will ich sie
    holen,

24 dass du deinen Fuß im Blut der Feinde
    badest
    und deine Hunde es lecken.

25 Man sieht, Gott, wie du einherziehst,
    wie du, mein Gott und König, einher-
    ziehst im Heiligtum.

26 Die Sänger gehen voran, am Ende die
    Spielleute,
    in der Mitte die Jungfrauen, die da
    Pauken schlagen.

27 »Lobet Gott in den Versammlungen,
    den HERRN, die ihr von Israel
    herstammt.«

28 Benjamin, der Jüngste, geht ihnen voran, /
    die Fürsten Judas mit ihren Scharen,
    die Fürsten Sebulons, die Fürsten
    Naftalis.

29 Entbiete, Gott, deine Macht,
    die Macht, Gott, die du an uns be-
    wiesen hast

30 von deinem Tempel her; um Jerusalems
    willen
    werden dir Könige Geschenke
    bringen.

17 The chariots of God are twice ten
    thousand,
    thousands upon thousands;
    the Lord is among them; Sinai is now
    in the sanctuary.

18 You ascended on high,
    leading a host of captives in your train
    and receiving gifts among men,
    even among the rebellious, that the
    LORD God may dwell there.

19 Blessed be the Lord,
    who daily bears us up;
    God is our salvation.   *Selah*

20 Our God is a God of salvation,
    and to GOD, the Lord, belong deliver-
    ances from death.

21 But God will strike the heads of his
    enemies,
    the hairy crown of him who walks in
    his guilty ways.

22 The Lord said,
    "I will bring them back from Bashan,
    I will bring them back from the depths
    of the sea,

23 that you may strike your feet in their
    blood,
    that the tongues of your dogs may
    have their portion from the foe."

24 Your procession is[3] seen, O God,
    the procession of my God, my King,
    into the sanctuary—

25 the singers in front, the musicians last,
    between them virgins playing
    tambourines:

26 "Bless God in the great congregation,
    the LORD, O you[4] who are of Israel's
    fountain!"

27 There is Benjamin, the least of them, in
    the lead,
    the princes of Judah in their throng,
    the princes of Zebulun, the princes of
    Naphtali.

28 Summon your power, O God,[5]
    the power, O God, by which you have
    worked for us.

29 Because of your temple at Jerusalem
    kings shall bear gifts to you.

31 Bedrohe das Tier im Schilf,
die Rotte der Mächtigen, die Gebieter
der Völker;
tritt nieder, die das Silber lieb haben,
zerstreue die Völker, die gerne Krieg
führen.

32 Aus Ägypten werden Gesandte
kommen;
Mohrenland wird seine Hände ausstrecken zu Gott.

33 Ihr Königreiche auf Erden, singet Gott,
lobsinget dem Herrn!   SELA.
34 Er fährt einher durch die Himmel,
die von Anbeginn sind.
Siehe, er lässt seine Stimme erschallen,
eine gewaltige Stimme.
35 Gebt Gott die Macht! Seine Herrlichkeit
ist über Israel
und seine Macht in den Wolken.
36 Wundersam ist Gott in seinem
Heiligtum; /
er ist Israels Gott.
Er wird dem Volke Macht und Kraft
geben.
Gelobt sei Gott!

In Anfechtung und Schmach

69 VON DAVID, VORZUSINGEN, NACH DER WEISE
»LILIEN«.

2 Gott, hilf mir!
Denn das Wasser geht mir bis an die
Kehle.
3 Ich versinke in tiefem Schlamm,
wo kein Grund ist;
ich bin in tiefe Wasser geraten,
und die Flut will mich ersäufen.
4 Ich habe mich müde geschrien,
mein Hals ist heiser.
Meine Augen sind trübe geworden,
weil ich so lange harren muss auf
meinen Gott.

5 Die mich ohne Grund hassen,
sind mehr, als ich Haare auf dem
Haupte habe.
Die mir zu Unrecht feind sind /
und mich verderben wollen, sind
mächtig.
Ich soll zurückgeben, was ich nicht
geraubt habe.

6 Gott, du kennst meine Torheit,
und meine Schuld ist dir nicht
verborgen.

30 Rebuke the beasts that dwell among the
reeds,
the herd of bulls with the calves of the
peoples.
Trample underfoot those who lust after
tribute;
scatter the peoples who delight in war.[6]
31 Nobles shall come from Egypt;
Cush shall hasten to stretch out her
hands to God.

32 O kingdoms of the earth, sing to God;
sing praises to the Lord,   *Selah*
33 to him who rides in the heavens, the
ancient heavens;
behold, he sends out his voice, his
mighty voice.
34 Ascribe power to God,
whose majesty is over Israel,
and whose power is in the skies.
35 Awesome is God from his[7] sanctuary;
the God of Israel—he is the one who
gives power and strength to his
people.
Blessed be God!

Save Me, O God

69 TO THE CHOIRMASTER: ACCORDING TO
LILIES. OF DAVID.

1 Save me, O God!
For the waters have come up to my
neck.[1]
2 I sink in deep mire,
where there is no foothold;
I have come into deep waters,
and the flood sweeps over me.
3 I am weary with my crying out;
my throat is parched.
My eyes grow dim
with waiting for my God.

4 More in number than the hairs of my
head
are those who hate me without cause;
mighty are those who would destroy
me,
those who attack me with lies.
What I did not steal
must I now restore?

5 O God, you know my folly;
the wrongs I have done are not hidden
from you.

7 Lass an mir nicht zuschanden werden,
   die deiner harren, Herr, HERR Zebaoth!
   Lass an mir nicht schamrot werden,
   die dich suchen, Gott Israels!

8 Denn um deinetwillen trage ich
   Schmach,
   mein Angesicht ist voller Schande.

9 Ich bin fremd geworden meinen
   Brüdern
   und unbekannt den Kindern meiner
   Mutter;

10 denn der Eifer um dein Haus hat mich
   gefressen,
   und die Schmähungen derer, die dich
   schmähen, sind auf mich gefallen.

11 Ich weine bitterlich und faste,
   und man spottet meiner dazu.

12 Ich habe einen Sack angezogen,
   aber sie treiben ihren Spott mit mir.

13 Die im Tor sitzen, schwatzen von mir,
   und beim Zechen singt man von mir.

14 Ich aber bete zu dir, HERR, zur Zeit der
   Gnade;
   Gott, nach deiner großen Güte erhöre
   mich mit deiner treuen Hilfe.

15 Errette mich aus dem Schlamm,
   dass ich nicht versinke,
   dass ich errettet werde vor denen, die
   mich hassen,
   und aus den tiefen Wassern;

16 dass mich die Flut nicht ersäufe /
   und die Tiefe nicht verschlinge
   und das Loch des Brunnens sich nicht
   über mir schließe.

17 Erhöre mich, HERR, denn deine Güte ist
   tröstlich;
   wende dich zu mir nach deiner
   großen Barmherzigkeit

18 und verbirg dein Angesicht nicht vor
   deinem Knechte,
   denn mir ist angst; erhöre mich
   eilends.

19 Nahe dich zu meiner Seele und erlöse
   sie,
   erlöse mich um meiner Feinde willen.

6 Let not those who hope in you be put to
   shame through me,
   O Lord GOD of hosts;
   let not those who seek you be brought to
   dishonor through me,
   O God of Israel.

7 For it is for your sake that I have borne
   reproach,
   that dishonor has covered my face.

8 I have become a stranger to my brothers,
   an alien to my mother's sons.

9 For zeal for your house has consumed
   me,
   and the reproaches of those who
   reproach you have fallen on me.

10 When I wept and humbled[2] my soul
   with fasting,
   it became my reproach.

11 When I made sackcloth my clothing,
   I became a byword to them.

12 I am the talk of those who sit in the gate,
   and the drunkards make songs about
   me.

13 But as for me, my prayer is to you, O
   LORD.
   At an acceptable time, O God,
   in the abundance of your steadfast
   love answer me in your saving
   faithfulness.

14 Deliver me
   from sinking in the mire;
   let me be delivered from my enemies
   and from the deep waters.

15 Let not the flood sweep over me,
   or the deep swallow me up,
   or the pit close its mouth over me.

16 Answer me, O LORD, for your steadfast
   love is good;
   according to your abundant mercy,
   turn to me.

17 Hide not your face from your servant;
   for I am in distress; make haste to
   answer me.

18 Draw near to my soul, redeem me;
   ransom me because of my enemies!

20 Du kennst meine Schmach, meine
     Schande und Scham;
     meine Widersacher sind dir alle vor
     Augen.
21 Die Schmach bricht mir mein Herz
     und macht mich krank.
     Ich warte, ob jemand Mitleid habe, aber
     da ist niemand,
     und auf Tröster, aber ich finde keine.
22 Sie geben mir Galle zu essen
     und Essig zu trinken für meinen
     Durst.

23 Ihr Tisch werde ihnen zur Falle,
     zur Vergeltung und zum Strick.

24 Ihre Augen sollen finster werden, dass
     sie nicht sehen,
     und ihre Hüften lass immerfort
     wanken.
25 Gieß deine Ungnade über sie aus,
     und dein grimmiger Zorn ergreife sie.

26 Ihre Wohnstatt soll verwüstet werden,
     und niemand wohne in ihren Zelten.
27 Denn sie verfolgen, den du geschlagen
     hast,
     und reden gern von dem Schmerz des-
     sen, den du hart getroffen hast.
28 Lass sie aus einer Schuld in die andre
     fallen,
     dass sie nicht kommen zu deiner
     Gerechtigkeit.
29 Tilge sie aus dem Buch des Lebens,
     dass sie nicht geschrieben stehen bei
     den Gerechten.

30 Ich aber bin elend und voller
     Schmerzen.
     Gott, deine Hilfe schütze mich!

31 Ich will den Namen Gottes loben mit
     einem Lied
     und will ihn hoch ehren mit Dank.
32 Das wird dem HERRN besser gefallen
     als ein Stier, der Hörner und Klauen
     hat.
33 Die Elenden sehen es und freuen sich,
     und die Gott suchen, denen wird das
     Herz aufleben.

34 Denn der HERR hört die Armen
     und verachtet seine Gefangenen nicht.

19 You know my reproach,
     and my shame and my dishonor;
     my foes are all known to you.

20 Reproaches have broken my heart,
     so that I am in despair.
     I looked for pity, but there was none,
     and for comforters, but I found none.

21 They gave me poison for food,
     and for my thirst they gave me sour
     wine to drink.

22 Let their own table before them become
     a snare;
     and when they are at peace, let it
     become a trap.³
23 Let their eyes be darkened, so that they
     cannot see,
     and make their loins tremble
     continually.
24 Pour out your indignation upon them,
     and let your burning anger overtake
     them.
25 May their camp be a desolation;
     let no one dwell in their tents.
26 For they persecute him whom you have
     struck down,
     and they recount the pain of those you
     have wounded.
27 Add to them punishment upon
     punishment;
     may they have no acquittal from you.⁴
28 Let them be blotted out of the book of
     the living;
     let them not be enrolled among the
     righteous.

29 But I am afflicted and in pain;
     let your salvation, O God, set me on
     high!
30 I will praise the name of God with a
     song;
     I will magnify him with thanksgiving.
31 This will please the LORD more than an
     ox
     or a bull with horns and hoofs.
32 When the humble see it they will be
     glad;
     you who seek God, ᵃlet your hearts
     revive.
33 For the LORD hears the needy
     and does not despise his own people
     who are prisoners.

35 Es lobe ihn Himmel und Erde,
die Meere mit allem, was sich darin
regt.

36 Denn Gott wird Zion helfen /
und die Städte Judas bauen,
dass man dort wohne und sie besitze.

37 Und die Kinder seiner Knechte werden
sie erben,
und die seinen Namen lieben, werden
darin bleiben.

Hilferuf gegen Widersacher
(vgl. Ps 40,14-18)

70 VON DAVID, VORZUSINGEN, ZUM
GEDENKOPFER.

2 Eile, Gott, mich zu erretten,
HERR, mir zu helfen!

3 Es sollen sich schämen und zuschanden
werden,
die mir nach dem Leben trachten;
sie sollen zurückweichen und zum Spott
werden,
die mir Übles wünschen;

4 sie sollen umkehren um ihrer Schande
willen,
die über mich schreien: Da, da!

5 Lass deiner sich freuen und fröhlich sein
alle, die nach dir fragen;
und die dein Heil lieben, lass allewege
sagen:
Hochgelobt sei Gott!

6 Ich aber bin elend und arm; Gott, eile zu
mir!
Du bist mein Helfer und Erretter;
HERR, säume nicht!

Bitte um Gottes Hilfe im Alter

71 HERR, ich traue auf dich,
lass mich nimmermehr zuschanden
werden.

2 Errette mich durch deine Gerechtigkeit
und hilf mir heraus,
neige deine Ohren zu mir und hilf
mir!

3 Sei mir ein starker Hort, zu dem ich
immer fliehen kann, /
der du zugesagt hast, mir zu helfen;
denn du bist mein Fels und meine
Burg.

4 Mein Gott, hilf mir aus der Hand des
Gottlosen,
aus der Hand des Ungerechten und
Tyrannen.

34 Let heaven and earth praise him,
the seas and everything that moves in
them.

35 For God will save Zion
and build up the cities of Judah,
and people shall dwell there and possess
it;

36 the offspring of his servants shall
inherit it,
and those who love his name shall
dwell in it.

O LORD, Do Not Delay

70 TO THE CHOIRMASTER. OF DAVID, FOR THE
MEMORIAL OFFERING.

1 Make haste, O God, to deliver me!
O LORD, make haste to help me!

2 Let them be put to shame and confusion
who seek my life!
Let them be turned back and brought to
dishonor
who delight in my hurt!

3 Let them turn back because of their
shame
who say, "Aha, Aha!"

4 May all who seek you
rejoice and be glad in you!
May those who love your salvation
say evermore, "God is great!"

5 But I am poor and needy;
hasten to me, O God!
You are my help and my deliverer;
O LORD, do not delay!

Forsake Me Not When My Strength Is Spent

71 In you, O LORD, do I take refuge;
let me never be put to shame!

2 In your righteousness deliver me and
rescue me;
incline your ear to me, and save me!

3 Be to me a rock of refuge,
to which I may continually come;
you have given the command to save
me,
for you are my rock and my fortress.

4 Rescue me, O my God, from the hand
of the wicked,
from the grasp of the unjust and cruel
man.

5 Denn du bist meine Zuversicht, Herr,
  mein Gott,
    meine Hoffnung von meiner Jugend
      an.

6 Auf dich habe ich mich verlassen vom
  Mutterleib an; /
    du hast mich aus meiner Mutter Leibe
      gezogen.
    Dich rühme ich immerdar.

7 Ich bin für viele wie ein Zeichen;
    aber du bist meine starke Zuversicht.

8 Lass meinen Mund deines Ruhmes
    und deines Preises voll sein täglich.

9 Verwirf mich nicht in meinem Alter,
    verlass mich nicht, wenn ich schwach
      werde.

10 Denn meine Feinde reden über mich,
     und die auf mich lauern, beraten sich
       miteinander

11 und sprechen: Gott hat ihn verlassen;
     jagt ihm nach und ergreift ihn, denn
       da ist kein Erretter!

12 Gott, sei nicht ferne von mir;
     mein Gott, eile, mir zu helfen!

13 Schämen sollen sich und umkommen,
     die meiner Seele feind sind;
     mit Schimpf und Schande sollen über-
       schüttet werden,
     die mein Unglück suchen.

14 Ich aber will immer harren
     und mehren all deinen Ruhm.

15 Mein Mund soll verkündigen deine
     Gerechtigkeit,
     täglich deine Wohltaten, die ich nicht
       zählen kann.

16 Ich gehe einher in der Kraft Gottes des
     Herrn;
     ich preise deine Gerechtigkeit allein.

17 Gott, du hast mich von Jugend auf
     gelehrt,
     und noch jetzt verkündige ich deine
       Wunder.

18 Auch im Alter, Gott, verlass mich nicht,
     und wenn ich grau werde,
     bis ich deine Macht verkündige
       Kindeskindern
     und deine Kraft allen, die noch kom-
       men sollen.

5 For you, O Lord, are my hope,
    my trust, O Lord, from my youth.

6 Upon you I have leaned from before my
    birth;
    you are he who took me from my
      mother's womb.
    My praise is continually of you.

7 I have been as a portent to many,
    but you are my strong refuge.

8 My mouth is filled with your praise,
    and with your glory all the day.

9 Do not cast me off in the time of old age;
    forsake me not when my strength is
      spent.

10 For my enemies speak concerning me;
     those who watch for my life consult
       together

11 and say, "God has forsaken him;
     pursue and seize him,
     for there is none to deliver him."

12 O God, be not far from me;
     O my God, make haste to help me!

13 May my accusers be put to shame and
       consumed;
     with scorn and disgrace may they be
       covered
     who seek my hurt.

14 But I will hope continually
     and will praise you yet more and
       more.

15 My mouth will tell of your righteous
       acts,
     of your deeds of salvation all the day,
     for their number is past my
       knowledge.

16 With the mighty deeds of the Lord God
     I will come;
     I will remind them of your righteous-
       ness, yours alone.

17 O God, from my youth you have taught
       me,
     and I still proclaim your wondrous
       deeds.

18 So even to old age and gray hairs,
     O God, do not forsake me,
     until I proclaim your might to another
       generation,
     your power to all those to come.

19 Gott, deine Gerechtigkeit reicht bis zum
    Himmel;
       der du große Dinge tust, Gott, wer ist
       dir gleich?
20 Du lässest mich erfahren viele und
    große Angst
       und machst mich wieder lebendig
    und holst mich wieder herauf
       aus den Tiefen der Erde.
21 Du machst mich sehr groß
    und tröstest mich wieder.

22 So will auch ich dir danken mit
    Saitenspiel
       für deine Treue, mein Gott;
    ich will dir zur Harfe lobsingen,
       du Heiliger Israels.
23 Meine Lippen und meine Seele, die du
    erlöst hast,
       sollen fröhlich sein und dir lobsingen.

24 Auch meine Zunge soll täglich reden
    von deiner Gerechtigkeit;
       denn zu Schmach und Schande werden,
    die mein Unglück suchen.

Der Friedefürst und sein Reich

72 VON SALOMO.
    Gott, gib dein Gericht dem König
    und deine Gerechtigkeit dem
       Königssohn,
2 dass er dein Volk richte mit
    Gerechtigkeit
       und deine Elenden rette.
3 Lass die Berge Frieden bringen für das
    Volk
       und die Hügel Gerechtigkeit.

4 Er soll den Elenden im Volk Recht
    schaffen
       und den Armen helfen und die
       Bedränger zermalmen.

5 Er soll leben, solange die Sonne scheint
    und solange der Mond währt, von
       Geschlecht zu Geschlecht.

6 Er soll herabfahren wie der Regen auf
    die Aue,
       wie die Tropfen, die das Land
       feuchten.
7 Zu seinen Zeiten soll blühen die
    Gerechtigkeit
       und großer Friede sein, bis der Mond
       nicht mehr ist.

19 Your righteousness, O God,
    reaches the high heavens.
       You who have done great things,
    O God, who is like you?
20 You who have made me see many
    troubles and calamities
       will revive me again;
    from the depths of the earth
       you will bring me up again.
21 You will increase my greatness
    and comfort me again.

22 I will also praise you with the harp
    for your faithfulness, O my God;
       I will sing praises to you with the lyre,
    O Holy One of Israel.
23 My lips will shout for joy,
    when I sing praises to you;
       my soul also, which you have
       redeemed.

24 And my tongue will talk of your righ-
    teous help all the day long,
       for they have been put to shame and
       disappointed
       who sought to do me hurt.

Give the King Your Justice

72 OF SOLOMON.
    Give the king your justice, O God,
    and your righteousness to the royal
       son!
2 May he judge your people with
    righteousness,
       and your poor with justice!
3 Let the mountains bear prosperity for
    the people,
       and the hills, in righteousness!

4 May he defend the cause of the poor of
    the people,
       give deliverance to the children of the
       needy,
    and crush the oppressor!

5 May they fear you[1] while the sun
    endures,
       and as long as the moon, throughout
    all generations!
6 May he be like rain that falls on the
    mown grass,
       like showers that water the earth!

7 In his days may the righteous flourish,
    and peace abound, till the moon be no
    more!

8 Er soll herrschen von einem Meer bis
     ans andere
   und von dem Strom* bis zu den Enden
     der Erde.

9 Vor ihm sollen sich neigen die Söhne der
     Wüste,
   und seine Feinde sollen Staub lecken.

10 Die Könige von Tarsis und auf den
      Inseln
    sollen Geschenke bringen,
    die Könige aus Saba und Seba
    sollen Gaben senden.

11 Alle Könige sollen vor ihm niederfallen
    und alle Völker ihm dienen.

12 Denn er wird den Armen erretten, der
      um Hilfe schreit,
    und den Elenden, der keinen Helfer
      hat.

13 Er wird gnädig sein den Geringen
      und Armen,
    und den Armen wird er helfen.

14 Er wird sie aus Bedrückung und Frevel
      erlösen,
    und ihr Blut ist wert geachtet vor ihm.

15 Er soll leben und man soll ihm geben
      vom Gold aus Saba.
    Man soll immerdar für ihn beten
    und ihn täglich segnen.

16 Voll stehe das Getreide im Land bis
      oben auf den Bergen;
    wie am Libanon rausche seine Frucht.
    In den Städten sollen sie grünen
    wie das Gras auf Erden.

17 Sein Name bleibe ewiglich;
      solange die Sonne währt, blühe sein
        Name.
    Und durch ihn sollen gesegnet sein alle
      Völker,
    und sie werden ihn preisen.

18 Gelobt sei Gott der HERR, der Gott
      Israels,
    der allein Wunder tut!

19 Gelobt sei sein herrlicher Name
      ewiglich,
    und alle Lande sollen seiner Ehre voll
      werden!
    Amen! Amen!

20 ZU ENDE SIND DIE GEBETE DAVIDS, DES SOH-
     NES ISAIS.

8 May he have dominion from sea to sea,
   and from *b*the River² to the ends of the
     earth!

9 May desert tribes bow down before him,
   and his enemies lick the dust!

10 May the kings of Tarshish and of the
        coastlands
    render him tribute;
    may the kings of Sheba and Seba
    bring gifts!

11 May all kings fall down before him,
    all nations serve him!

12 For he delivers the needy when he calls,
    the poor and him who has no helper.

13 He has pity on the weak and the needy,
    and saves the lives of the needy.

14 From oppression and violence he
        redeems their life,
    and precious is their blood in his sight.

15 Long may he live;
      may gold of Sheba be given to him!
    May prayer be made for him continually,
    and blessings invoked for him all the
        day!

16 May there be abundance of grain in the
        land;
      on the tops of the mountains may it
        wave;
      may its fruit be like Lebanon;
    and may people blossom in the cities
      like the grass of the field!

17 May his name endure forever,
      his fame continue as long as the sun!
    May people be blessed in him,
      all nations call him blessed!

18 Blessed be the LORD, the God of Israel,
    who alone does wondrous things.

19 Blessed be his glorious name forever;
      may the whole earth be filled with his
        glory!
          Amen and Amen!

20 The prayers of David, the son of Jesse,
    are ended.

DRITTES BUCH

Anfechtung und Trost beim Glück des Gottlosen

73 EIN PSALM ASAFS.
Gott ist dennoch Israels Trost
für alle, die reinen Herzens sind.

2 Ich aber wäre fast gestrauchelt mit
meinen Füßen;
mein Tritt wäre beinahe geglitten.

3 Denn ich ereiferte mich über die
Ruhmredigen,
als ich sah, dass es den Gottlosen so
gut ging.

4 Denn für sie gibt es keine Qualen,
gesund und feist ist ihr Leib.

5 Sie sind nicht in Mühsal wie sonst die
Leute
und werden nicht wie andere
Menschen geplagt.

6 Darum prangen sie in Hoffart
und hüllen sich in Frevel.

7 Sie brüsten sich wie ein fetter Wanst,
sie tun, was ihnen einfällt.

8 Sie achten alles für nichts und reden
böse,
sie reden und lästern hoch her.

9 Was sie reden, das soll vom Himmel
herab geredet sein;
was sie sagen, das soll gelten auf
Erden.

10 Darum fällt ihnen der Pöbel zu
und läuft ihnen zu in Haufen wie
Wasser.

11 Sie sprechen: Wie sollte Gott es wissen?
Wie sollte der Höchste etwas merken?

12 Siehe, das sind die Gottlosen;
die sind glücklich in der Welt und
werden reich.

13 Soll es denn umsonst sein, dass ich
mein Herz rein hielt
und meine Hände in Unschuld
wasche?

14 Ich bin doch täglich geplagt,
und meine Züchtigung ist alle Morgen
da.

15 Hätte ich gedacht: Ich will reden wie sie,
siehe, dann hätte ich das Geschlecht
deiner Kinder verleugnet.

16 So sann ich nach, ob ich's begreifen
könnte,
aber es war mir zu schwer,

17 bis ich ging in das Heiligtum Gottes
und merkte auf ihr Ende.

BOOK THREE

God Is My Strength and Portion Forever

73 A PSALM OF ASAPH.
Truly God is good to Israel,
to those who are pure in heart.

2 But as for me, my feet had almost
stumbled,
my steps had nearly slipped.

3 For I was envious of the arrogant
when I saw the prosperity of the
wicked.

4 For they have no pangs until death;
their bodies are fat and sleek.

5 They are not in trouble as others are;
they are not stricken like the rest of
mankind.

6 Therefore pride is their necklace;
violence covers them as a garment.

7 Their eyes swell out through fatness;
their hearts overflow with follies.

8 They scoff and speak with malice;
loftily they threaten oppression.

9 They set their mouths against the
heavens,
and their tongue struts through the
earth.

10 Therefore his people turn back to them,
and find no fault in them.[1]

11 And they say, "How can God know?
Is there knowledge in the Most High?"

12 Behold, these are the wicked;
always at ease, they increase in riches.

13 All in vain have I kept my heart clean
and washed my hands in innocence.

14 For all the day long I have been stricken
and rebuked every morning.

15 If I had said, "I will speak thus,"
I would have betrayed the generation
of your children.

16 But when I thought how to understand
this,
it seemed to me a wearisome task,

17 until I went into the sanctuary of God;
then I discerned their end.

18 Ja, du stellst sie auf schlüpfrigen Grund
und stürzest sie zu Boden.

19 Wie werden sie so plötzlich zunichte!
Sie gehen unter und nehmen ein Ende
mit Schrecken.

20 Wie ein Traum verschmäht wird, wenn
man erwacht,
so verschmähst du, Herr, ihr Bild,
wenn du dich erhebst.

21 Als es mir wehe tat im Herzen
und mich stach in meinen Nieren,

22 da war ich ein Narr und wusste nichts,
ich war wie ein Tier vor dir.

23 Dennoch bleibe ich stets an dir;
denn du hältst mich bei meiner rechten Hand.

24 du leitest mich nach deinem Rat
und nimmst mich am Ende mit
Ehren an.

25 Wenn ich nur dich habe,
so frage ich nichts nach Himmel und
Erde.

26 Wenn mir gleich Leib und Seele
verschmachtet,
so bist du doch, Gott, allezeit meines
Herzens Trost und mein Teil.

27 Denn siehe, die von dir weichen, werden
umkommen;
du bringst um alle, die dir die Treue
brechen.

28 Aber das ist meine Freude, dass ich
mich zu Gott halte /
und meine Zuversicht setze auf Gott,
den Herrn,
dass ich verkündige all dein Tun.

Klage vor dem entweihten Heiligtum

74 Eine Unterweisung Asafs.
Gott, warum verstößest du uns für
immer
und bist so zornig über die Schafe
deiner Weide?

2 Gedenke an deine Gemeinde,
die du vorzeiten erworben
und dir zum Erbteil erlöst hast,
an den Berg Zion, auf dem du
wohnest.

3 Richte doch deine Schritte zu dem, /
was so lange wüste liegt.
Der Feind hat alles verheert im
Heiligtum.

18 Truly you set them in slippery places;
you make them fall to ruin.

19 How they are destroyed in a moment,
swept away utterly by terrors!

20 Like a dream when one awakes,
O Lord, when you rouse yourself, you
despise them as phantoms.

21 When my soul was embittered,
when I was pricked in heart,

22 I was brutish and ignorant;
I was like a beast toward you.

23 Nevertheless, I am continually with you;
you hold my right hand.

24 You guide me with your counsel,
and afterward you will receive me to
glory.

25 Whom have I in heaven but you?
And there is nothing on earth that I
desire besides you.

26 My flesh and my heart may fail,
but God is the strength[2] of my heart
and my portion forever.

27 For behold, those who are far from you
shall perish;
you put an end to everyone who is
unfaithful to you.

28 But for me it is good to be near God;
I have made the Lord God my refuge,
that I may tell of all your works.

Arise, O God, Defend Your Cause

74 A Maskil[1] of Asaph.
O God, why do you cast us off
forever?
Why does your anger smoke against
the sheep of your pasture?

2 Remember your congregation, which
you have purchased of old,
which you have redeemed to be the
tribe of your heritage!
Remember Mount Zion, where you
have dwelt.

3 Direct your steps to the perpetual ruins;
the enemy has destroyed everything in
the sanctuary!

4 Deine Widersacher brüllen in deinem
   Hause
   und stellen ihre Zeichen darin auf.
5 Hoch sieht man Äxte sich heben
   wie im Dickicht des Waldes.
6 Sie zerschlagen all sein Schnitzwerk
   mit Beilen und Hacken.

7 Sie verbrennen dein Heiligtum,
   bis auf den Grund entweihen sie die
   Wohnung deines Namens.

8 Sie sprechen in ihrem Herzen: /
   Lasst uns sie ganz unterdrücken!
   Sie verbrennen alle Gotteshäuser im
   Lande.

9 Unsere Zeichen sehen wir nicht, /
   kein Prophet ist mehr da,
   und keiner ist bei uns, der etwas weiß.

10 Ach, Gott, wie lange soll der
   Widersacher noch schmähen
   und der Feind deinen Namen immerfort lästern?
11 Warum ziehst du deine Hand zurück?
   Nimm deine Rechte aus dem Gewand
   und mach ein Ende!

12 Gott ist ja mein König von alters her,
   der alle Hilfe tut, die auf Erden
   geschieht.
13 Du hast das Meer gespalten durch deine
   Kraft,
   zerschmettert die Köpfe der Drachen
   im Meer.
14 Du hast dem Leviatan die Köpfe
   zerschlagen
   und ihn zum Fraß gegeben dem
   wilden Getier.
15 Du hast Quellen und Bäche hervorbrechen lassen
   und ließest starke Ströme versiegen.
16 Dein ist der Tag und dein ist die Nacht;
   du hast Gestirn und Sonne die Bahn
   gegeben.
17 Du hast dem Land seine Grenze gesetzt;
   Sommer und Winter hast du gemacht.

18 So gedenke doch, HERR, wie der Feind
   schmäht
   und ein törichtes Volk deinen Namen
   lästert.

4 Your foes have roared in the midst of
   your meeting place;
   they set up their own signs for signs.
5 They were like those who swing axes
   in a forest of trees.[2]
6 And all its carved wood
   they broke down with hatchets and
   hammers.
7 They set your sanctuary on fire;
   they profaned the dwelling place of
   your name,
   bringing it down to the ground.
8 They said to themselves, "We will
   utterly subdue them";
   they burned all the meeting places of
   God in the land.

9 We do not see our signs;
   there is no longer any prophet,
   and there is none among us who
   knows how long.

10 How long, O God, is the foe to scoff?
   Is the enemy to revile your name
   forever?
11 Why do you hold back your hand, your
   right hand?
   Take it from the fold of your garment[3]
   and destroy them!

12 Yet God my King is from of old,
   working salvation in the midst of the
   earth.
13 You divided the sea by your might;
   you broke the heads of the sea mon-
   sters[4] on the waters.
14 You crushed the heads of Leviathan;
   you gave him as food for the creatures
   of the wilderness.
15 You split open springs and brooks;
   you dried up ever-flowing streams.

16 Yours is the day, yours also the night;
   you have established the heavenly
   lights and the sun.
17 You have fixed all the boundaries of the
   earth;
   you have made summer and winter.

18 Remember this, O LORD, how the enemy
   scoffs,
   and a foolish people reviles your name.

19 Gib deine Taube* nicht den Tieren preis;
   das Leben deiner Elenden vergiss nicht
   für immer.

20 Gedenke an den Bund;
   denn die dunklen Winkel des Landes
   sind voll Frevel.

21 Lass den Geringen nicht beschämt
   davongehen,
   lass die Armen und Elenden rühmen
   deinen Namen.

22 Mach dich auf, Gott, und führe deine
   Sache;
   denk an die Schmach, die dir täglich
   von den Toren widerfährt.

23 Vergiss nicht das Geschrei deiner
   Feinde;
   das Toben deiner Widersacher wird je
   länger, je größer.

Gott ist Richter über die Stolzen

75 EIN PSALMLIED ASAFS, VORZUSINGEN, NACH
   DER WEISE »VERTILGE NICHT«.

2 Wir danken dir, Gott, wir danken dir
   und verkündigen deine Wunder, dass
   dein Name so nahe ist.

3 »Wenn meine Zeit gekommen ist,
   werde ich recht richten.

4 Die Erde mag wanken und alle, die
   darauf wohnen,
   aber ich halte ihre Säulen fest.« SELA.

5 Ich sprach zu den Ruhmredigen: Rühmt
   euch nicht so!,
   und zu den Gottlosen: Pochet nicht
   auf Gewalt!

6 Pocht nicht so hoch auf eure Gewalt,
   redet nicht so halsstarrig!

7 Denn es kommt nicht vom Aufgang und
   nicht vom Niedergang,
   nicht von der Wüste und nicht von
   den Bergen,

8 sondern Gott ist Richter,
   der diesen erniedrigt und jenen
   erhöht.

9 Denn der HERR hat einen Becher in der
   Hand,
   mit starkem Wein voll eingeschenkt.
   Er schenkt daraus ein, /
   und die Gottlosen auf Erden müssen alle
   trinken
   und sogar die Hefe schlürfen.

19 Do not deliver the soul of your dove to
   the wild beasts;
   do not forget the life of your poor
   forever.

20 Have regard for the covenant,
   for the dark places of the land are full
   of the habitations of violence.

21 Let not the downtrodden turn back in
   shame;
   let the poor and needy praise your
   name.

22 Arise, O God, defend your cause;
   remember how the foolish scoff at you
   all the day!

23 Do not forget the clamor of your foes,
   the uproar of those who rise against
   you, which goes up continually!

God Will Judge with Equity

75 TO THE CHOIRMASTER: ACCORDING TO DO
   NOT DESTROY. A PSALM OF ASAPH. A
   SONG.

1 We give thanks to you, O God;
   we give thanks, for your name is near.
   We[1] recount your wondrous deeds.

2 "At the set time that I appoint
   I will judge with equity.

3 When the earth totters, and all its
   inhabitants,
   it is I who keep steady its pillars. Selah

4 I say to the boastful, 'Do not boast,'
   and to the wicked, 'Do not lift up your
   horn;

5 do not lift up your horn on high,
   or speak with haughty neck.'"

6 For not from the east or from the west
   and not from the wilderness comes
   lifting up,

7 but it is God who executes judgment,
   putting down one and lifting up
   another.

8 For in the hand of the LORD there is a
   cup
   with foaming wine, well mixed,
   and he pours out from it,
   and all the wicked of the earth
   shall drain it down to the dregs.

10 Ich aber will verkündigen ewiglich
und lobsingen dem Gott Jakobs:

11 Er wird alle Gewalt der Gottlosen
zerbrechen,
dass die Gewalt des Gerechten erhöht
werde.

Gott, der furchtbare Richter

76 EIN PSALMLIED ASAFS, VORZUSINGEN, BEIM
SAITENSPIEL.

2 Gott ist in Juda bekannt,
in Israel ist sein Name herrlich.

3 So erstand in Salem sein Zelt
und seine Wohnung in Zion.

4 Dort zerbricht er die Pfeile des Bogens,
Schild, Schwert und Streitmacht. SELA.

5 Du bist herrlicher und mächtiger
als die ewigen Berge.

6 Beraubt sind die Stolzen und in Schlaf
gesunken,
und allen Kriegern versagen die
Hände.

7 Von deinem Schelten, Gott Jakobs,
sinken in Schlaf Ross und Wagen.

8 Furchtbar bist du!
Wer kann vor dir bestehen, wenn du
zürnest?

9 Wenn du das Urteil lässest hören vom
Himmel,
erschrickt das Erdreich und wird still,

10 wenn Gott sich aufmacht zu richten,
dass er helfe allen Elenden auf Erden.
SELA.

11 Wenn Menschen wider dich wüten,
bringt es dir Ehre;
und wenn sie noch mehr wüten,
bist du auch noch gerüstet.

12 Tut Gelübde dem HERRN, eurem Gott,
und haltet sie!
Alle, die ihr um ihn her seid, bringt
Geschenke dem Furchtbaren,

13 der den Fürsten den Mut nimmt
und furchtbar ist unter den Königen
auf Erden.

9 But I will declare it forever;
I will sing praises to the God of Jacob.

10 All the horns of the wicked I will cut off,
but the horns of the righteous shall be
lifted up.

Who Can Stand Before You?

76 TO THE CHOIRMASTER: WITH STRINGED
INSTRUMENTS. A PSALM OF ASAPH. A
SONG.

1 In Judah God is known;
his name is great in Israel.

2 His abode has been established in
Salem,
his dwelling place in Zion.

3 There he broke the flashing arrows,
the shield, the sword, and the weapons
of war. *Selah*

4 Glorious are you, more majestic
than the mountains of prey.

5 The stouthearted were stripped of their
spoil;
they sank into sleep;
all the men of war
were unable to use their hands.

6 At your rebuke, O God of Jacob,
both rider and horse lay stunned.

7 But you, you are to be feared!
Who can stand before you
when once your anger is roused?

8 From the heavens you uttered judgment;
the earth feared and was still,

9 when God arose to establish judgment,
to save all the humble of the earth.
Selah

10 Surely the wrath of man shall praise
you;
the remnant[1] of wrath you will put on
like a belt.

11 Make your vows to the LORD your God
and perform them;
let all around him bring gifts
to him who is to be feared,

12 who cuts off the spirit of princes,
who is to be feared by the kings of the
earth.

Trost aus Gottes früheren Taten

77 EIN PSALM ASAFS, VORZUSINGEN, FÜR JEDUTUN.

2 Ich rufe zu Gott und schreie um Hilfe,
zu Gott rufe ich und er erhört mich.

3 In der Zeit meiner Not suche ich den Herrn; /
meine Hand ist des Nachts ausgereckt und lässt nicht ab;
denn meine Seele will sich nicht trösten lassen.

4 Ich denke an Gott – und bin betrübt;
ich sinne nach – und mein Herz ist in Ängsten.   SELA.

5 Meine Augen hältst du, dass sie wachen müssen;
ich bin so voll Unruhe, dass ich nicht reden kann.

6 Ich gedenke der alten Zeit,
der vergangenen Jahre.

7 Ich denke und sinne des Nachts /
und rede mit meinem Herzen,
mein Geist muss forschen.

8 Wird denn der Herr auf ewig verstoßen und keine Gnade mehr erweisen?

9 Ist's denn ganz und gar aus mit seiner Güte,
und hat die Verheißung für immer ein Ende?

10 Hat Gott vergessen, gnädig zu sein,
oder sein Erbarmen im Zorn verschlossen?   SELA.

11 Ich sprach: Darunter leide ich,
dass die rechte Hand des Höchsten sich so ändern kann.

12 Darum denke ich an die Taten des HERRN,
ja, ich denke an deine früheren Wunder

13 und sinne über alle deine Werke und denke deinen Taten nach.

14 **Gott, dein Weg ist heilig.**
Wo ist ein so mächtiger Gott, wie du, Gott, bist?

15 Du bist der Gott, der Wunder tut,
du hast deine Macht bewiesen unter den Völkern.

16 Du hast dein Volk erlöst mit Macht,
die Kinder Jakobs und Josefs.   SELA.

In the Day of Trouble I Seek the Lord

77 TO THE CHOIRMASTER: ACCORDING TO JEDUTHUN. A PSALM OF ASAPH.

1 I cry aloud to God,
aloud to God, and he will hear me.

2 In the day of my trouble I seek the Lord;
in the night my hand is stretched out without wearying;
my soul refuses to be comforted.

3 When I remember God, I moan;
when I meditate, my spirit faints. *Selah*

4 You hold my eyelids open;
I am so troubled that I cannot speak.

5 I consider the days of old,
the years long ago.

6 I said,[1] "Let me remember my song in the night;
let me meditate in my heart."
Then my spirit made a diligent search:

7 "Will the Lord spurn forever,
and never again be favorable?

8 Has his steadfast love forever ceased?
Are his promises at an end for all time?

9 Has God forgotten to be gracious?
Has he in anger shut up his compassion?"   *Selah*

10 Then I said, "I will appeal to this,
to the years of the right hand of the Most High."[2]

11 I will remember the deeds of the LORD;
yes, I will remember your wonders of old.

12 I will ponder all your work,
and meditate on your mighty deeds.

13 Your way, O God, is holy.
What god is great like our God?

14 You are the God who works wonders;
you have made known your might among the peoples.

15 You with your arm redeemed your people,
the children of Jacob and Joseph. *Selah*

17 Die Wasser sahen dich, Gott,
die Wasser sahen dich und ängstigten
sich,
ja, die Tiefen tobten.
18 Wasser ergossen sich aus dem Gewölk, /
die Wolken donnerten,
und deine Pfeile fuhren einher.
19 Dein Donner rollte, Blitze erhellten den
Erdkreis,
die Erde erbebte und wankte.

20 Dein Weg ging durch das Meer /
und dein Pfad durch große Wasser;
doch niemand sah deine Spur.
21 Du führtest dein Volk wie eine Herde
durch die Hand des Mose und Aaron.

Schuld, Gericht und Gnade in Israels Geschichte
(vgl. Ps 106,1-48)

78 EINE UNTERWEISUNG ASAFS.
Höre, mein Volk, meine
Unterweisung,
neiget eure Ohren zu der Rede meines
Mundes!
2 Ich will meinen Mund auftun zu einem
Spruch
und Geschichten verkünden aus alter
Zeit.
3 Was wir gehört haben und wissen
und unsre Väter uns erzählt haben,
4 das wollen wir nicht verschweigen ihren
Kindern;
wir verkündigen dem kommenden
Geschlecht
den Ruhm des HERRN und seine Macht
und seine Wunder, die er getan hat.

5 Er richtete ein Zeugnis auf in Jakob
und gab ein Gesetz in Israel
und gebot unsern Vätern,
es ihre Kinder zu lehren,
6 damit es die Nachkommen lernten,
die Kinder, die noch geboren würden;
die sollten aufstehen
und es auch ihren Kindern
verkündigen,
7 dass sie setzten auf Gott ihre Hoffnung /
und nicht vergäßen die Taten Gottes,
sondern seine Gebote hielten
8 und nicht würden wie ihre Väter,
ein abtrünniges und ungehorsames
Geschlecht,
dessen Herz nicht fest war
und dessen Geist sich nicht treu an
Gott hielt,

16 When the waters saw you, O God,
when the waters saw you, they were
afraid;
indeed, the deep trembled.
17 The clouds poured out water;
the skies gave forth thunder;
your arrows flashed on every side.
18 The crash of your thunder was in the
whirlwind;
your lightnings lighted up the world;
the earth trembled and shook.
19 Your way was through the sea,
your path through the great waters;
yet your footprints were unseen.[3]
20 You led your people like a flock
by the hand of Moses and Aaron.

Tell the Coming Generation

78 A MASKIL[1] OF ASAPH.
Give ear, O my people, to my
teaching;
incline your ears to the words of my
mouth!
2 I will open my mouth in a parable;
I will utter dark sayings from of old,

3 things that we have heard and known,
that our fathers have told us.
4 We will not hide them from their
children,
but tell to the coming generation
the glorious deeds of the LORD, and his
might,
and the wonders that he has done.

5 He established a testimony in Jacob
and appointed a law in [q]Israel,
which he commanded our fathers
to teach to their children,
6 that the next generation might know
them,
the children yet unborn,
and arise and tell them to their children,

7 so that they should set their hope in
God
and not forget the works of God,
but keep his commandments;
8 and that they should not be like their
fathers,
a stubborn and rebellious generation,
a generation whose heart was not
steadfast,
whose spirit was not faithful to God.

9 wie die Söhne Ephraim, die den Bogen
      führten,
   abfielen zur Zeit des Streits;

10 sie hielten den Bund Gottes nicht
      und wollten nicht in seinem Gesetz
      wandeln

11 und vergaßen seine Taten und seine
      Wunder,
   die er ihnen erwiesen hatte.

12 Vor ihren Vätern tat er Wunder
   in Ägyptenland, im Gefilde von Zoan.

13 Er zerteilte das Meer und ließ sie
      hindurchziehen
   und stellte das Wasser fest wie eine
      Mauer.

14 Er leitete sie am Tage mit einer Wolke
   und die ganze Nacht mit einem hellen
      Feuer.

15 Er spaltete die Felsen in der Wüste
   und tränkte sie mit Wasser in Fülle;

16 er ließ Bäche aus den Felsen kommen,
   dass sie hinabflossen wie
      Wasserströme.

17 Dennoch sündigten sie weiter wider ihn
   und empörten sich in der Wüste gegen
      den Höchsten;

18 sie versuchten Gott in ihrem Herzen,
   als sie Speise forderten für ihr Gelüste,

19 und redeten wider Gott und sprachen:
   Kann Gott wohl einen Tisch bereiten
      in der Wüste?

20 Siehe, er hat wohl den Felsen
      geschlagen,
   dass Wasser strömten und Bäche sich
      ergossen;
   kann er aber auch Brot geben
   und seinem Volk Fleisch verschaffen?

21 Da der HERR das hörte, entbrannte er im
      Grimm,
   und Feuer brach aus in Jakob,
      und Zorn kam über Israel,

22 weil sie nicht glaubten an Gott
   und nicht hofften auf seine Hilfe.

23 Und er gebot den Wolken droben
   und tat auf die Türen des Himmels

24 und ließ Manna auf sie regnen zur
      Speise
   und gab ihnen Himmelsbrot.

25 Brot der Engel aßen sie alle,
   er sandte ihnen Speise in Fülle.

9 The Ephraimites, armed with[2] the bow,
   turned back on the day of battle.

10 They did not keep God's covenant,
   but refused to walk according to his
      law.

11 They forgot his works
   and the wonders that he had shown
      them.

12 In the sight of their fathers he performed
      wonders
   in the land of Egypt, in the fields of
      Zoan.

13 He divided the sea and let them pass
      through it,
   and made the waters stand like a heap.

14 In the daytime he led them with a
      cloud,
   and all the night with a fiery light.

15 He split rocks in the wilderness
   and gave them drink abundantly as
      from the deep.

16 He made streams come out of the rock
   and caused waters to flow down like
      rivers.

17 Yet they sinned still more against him,
   rebelling against the Most High in the
      desert.

18 They tested God in their heart
   by demanding the food they craved.

19 They spoke against God, saying,
   "Can God spread a table in the
      wilderness?

20 He struck the rock so that water gushed
      out
   and streams overflowed.
   Can he also give bread
   or provide meat for his people?"

21 Therefore, when the LORD heard, he was
      full of wrath;
   a fire was kindled against Jacob;
      his anger rose against Israel,

22 because they did not believe in God
   and did not trust his saving power.

23 Yet he commanded the skies above
   and opened the doors of heaven,

24 and he rained down on them manna to
      eat
   and gave them the grain of heaven.

25 Man ate of the bread of the angels;
   he sent them food in abundance.

26 Er ließ wehen den Ostwind unter dem
  Himmel
  und erregte durch seine Stärke den
  Südwind

27 und ließ Fleisch auf sie regnen wie Staub
  und Vögel wie Sand am Meer;

28 mitten in das Lager fielen sie ein,
  rings um seine Wohnung her.

29 Da aßen sie und wurden sehr satt;
  und was sie verlangten, gewährte er
  ihnen.

30 Sie hatten ihr Verlangen noch nicht
  gestillt,
  ihre Speise war noch in ihrem Munde,

31 da kam der Zorn Gottes über sie /
  und brachte ihre Vornehmsten um
  und schlug die Besten in Israel nieder.

32 Zu dem allen sündigten sie noch mehr
  und glaubten nicht an seine Wunder.

33 Darum ließ er ihre Tage dahinschwinden ins Nichts
  und ihre Jahre in Schrecken.

34 Wenn er den Tod unter sie brachte,
  suchten sie Gott
  und fragten wieder nach ihm

35 und dachten daran, dass Gott ihr Hort
  ist
  und Gott, der Höchste,
  ihr Erlöser.

36 Doch betrogen sie ihn mit ihrem Munde
  und belogen ihn mit ihrer Zunge.

37 Ihr Herz hing nicht fest an ihm,
  und sie hielten nicht treu an seinem
  Bunde.

38 Er aber war barmherzig und vergab die
  Schuld
  und vertilgte sie nicht
  und wandte oft seinen Zorn ab
  und ließ nicht seinen ganzen Grimm
  an ihnen aus.

39 Denn er dachte daran, dass sie Fleisch
  sind,
  ein Hauch, der dahinfährt und nicht
  wiederkommt.

40 Wie oft trotzten sie ihm in der Wüste
  und betrübten ihn in der Einöde!

41 Sie versuchten Gott immer wieder
  und kränkten den Heiligen Israels.

26 He caused the east wind to blow in the
  heavens,
  and by his power he led out the south
  wind;

27 he rained meat on them like dust,
  winged birds like the sand of the seas;

28 he let them fall in the midst of their
  camp,
  all around their dwellings.

29 And they ate and were well filled,
  for he gave them what they craved.

30 But before they had satisfied their
  craving,
  while the food was still in their
  mouths,

31 the anger of God rose against them,
  and he killed the strongest of them
  and laid low the young men of Israel.

32 In spite of all this, they still sinned;
  despite his wonders, they did not
  believe.

33 So he made their days vanish like[3] a
  breath,[4]
  and their years in terror.

34 When he killed them, they sought him;
  they repented and sought God
  earnestly.

35 They remembered that God was their
  rock,
  the Most High God their redeemer.

36 But they flattered him with their
  mouths;
  they lied to him with their tongues.

37 Their heart was not steadfast toward
  him;
  they were not faithful to his covenant.

38 Yet he, being compassionate,
  atoned for their iniquity
  and did not destroy them;
  he restrained his anger often
  and did not stir up all his wrath.

39 He remembered that they were but
  flesh,
  a wind that passes and comes not
  again.

40 How often they rebelled against him in
  the wilderness
  and grieved him in the desert!

41 They tested God again and again
  and provoked the Holy One of Israel.

42 Sie dachten nicht an die Taten seiner
Hand,
an den Tag, als er sie erlöste von den
Feinden,
43 wie er seine Zeichen in Ägypten getan
hatte
und seine Wunder im Lande Zoan;
44 als er ihre Ströme in Blut verwandelte,
dass sie aus ihren Flüssen nicht
trinken konnten;
45 als er Ungeziefer unter sie schickte, das
sie fraß,
und Frösche, die ihnen Verderben
brachten,
46 und ihr Gewächs den Raupen gab
und ihre Saat den Heuschrecken;

47 als er ihre Weinstöcke mit Hagel schlug
und ihre Maulbeerbäume mit
Schloßen;
48 als er ihr Vieh preisgab dem Hagel
und ihre Herden dem Wetterstrahl;
49 als er die Glut seines Zornes unter sie
sandte,
Grimm und Wut und Drangsal,
eine Schar Verderben bringender
Engel;
50 als er seinem Zorn freien Lauf ließ /
und ihre Seele vor dem Tode nicht
bewahrte
und ihr Leben preisgab der Pest;
51 als er alle Erstgeburt in Ägypten schlug,
die Erstlinge ihrer Kraft in den Zelten
Hams.

52 Er ließ sein Volk ausziehen wie Schafe
und führte sie wie eine Herde in der
Wüste;
53 und er leitete sie sicher, /
dass sie sich nicht fürchteten;
aber ihre Feinde bedeckte das Meer.

54 Er brachte sie zu seinem heiligen Lande,
zu diesem Berge, den seine Rechte
erworben hat,
55 und vertrieb vor ihnen her die Völker /
und verteilte ihr Land als Erbe
und ließ in ihren Zelten die Stämme
Israels wohnen.

56 Aber sie versuchten Gott und trotzten
dem Höchsten
und hielten seine Gebote nicht;
57 sie wichen zurück und waren treulos
wie ihre Väter
und versagten wie ein schlaffer Bogen;

42 They did not remember his power[5]
or the day when he redeemed them
from the foe,
43 when he performed his signs in Egypt
and his marvels in the fields of Zoan.
44 He turned their rivers to blood,
so that they could not drink of their
streams.
45 He sent among them swarms of flies,
which devoured them,
and frogs, which destroyed them.
46 He gave their crops to the destroying
locust
and the fruit of their labor to the
locust.

47 He destroyed their vines with hail
and their sycamores with frost.
48 He gave over their cattle to the hail
and their flocks to thunderbolts.
49 He let loose on them his burning anger,
wrath, indignation, and distress,
a company of destroying angels.
50 He made a path for his anger;
he did not spare them from death,
but gave their lives over to the plague.

51 He struck down every firstborn in
Egypt,
the firstfruits of their strength in the
tents of Ham.
52 Then he led out his people like sheep
and guided them in the wilderness
like a flock.
53 He led them in safety, so that they were
not afraid,
but the sea overwhelmed their
enemies.
54 And he brought them to his holy land,
to the mountain which his right hand
had won.
55 He drove out nations before them;
he apportioned them for a possession
and settled the tribes of Israel in their
tents.

56 Yet they tested and rebelled against the
Most High God
and did not keep his testimonies,
57 but turned away and acted treacherously
like their fathers;
they twisted like a deceitful bow.

58 sie erzürnten ihn mit ihren Höhen
und reizten ihn zum Zorn mit ihren
Götzen.

59 Als das Gott hörte, entbrannte sein
Grimm,
und er verwarf Israel so sehr,

60 dass er seine Wohnung in Silo dahingab,
das Zelt, in dem er unter Menschen
wohnte;

61 er gab seine Macht* in Gefangenschaft
und seine Herrlichkeit* in die Hand
des Feindes;

62 er übergab sein Volk dem Schwert
und ergrimmte über sein Erbe.

63 Ihre junge Mannschaft fraß das Feuer,
und ihre Jungfrauen mussten ungefreit
bleiben.

64 Ihre Priester fielen durchs Schwert,
und die Witwen konnten die Toten
nicht beweinen.

65 Da erwachte der Herr wie ein
Schlafender,
wie ein Starker, der beim Wein
fröhlich war,

66 und schlug seine Feinde hinten
und hängte ihnen ewige Schande an.

67 Er verwarf das Zelt Josefs
und erwählte nicht den Stamm
Ephraim,

68 sondern erwählte den Stamm Juda,
den Berg Zion, den er lieb hat.

69 Er baute sein Heiligtum wie
Himmelshöhen,
wie die Erde, die er gegründet hat für
immer,

70 und erwählte seinen Knecht David
und nahm ihn von den Schafhürden;

71 von den säugenden Schafen holte er ihn,
dass er sein Volk Jakob weide und sein
Erbe Israel.

72 Und er weidete sie mit aller Treue
und leitete sie mit kluger Hand.

Gebet des Volkes Gottes in schwerer Kriegsnot

79 EIN PSALM ASAFS.
Gott, es sind Heiden in dein Erbe
eingefallen; /
die haben deinen heiligen Tempel
entweiht
und aus Jerusalem einen Steinhaufen
gemacht.

58 For they provoked him to anger with
their high places;
they moved him to jealousy with their
idols.

59 When God heard, he was full of wrath,
and he utterly rejected Israel.

60 He forsook his dwelling at Shiloh,
the tent where he dwelt among
mankind,

61 and delivered his power to captivity,
his glory to the hand of the foe.

62 He gave his people over to the sword
and vented his wrath on his heritage.

63 Fire devoured their young men,
and their young women had no marriage song.

64 Their priests fell by the sword,
and their widows made no
lamentation.

65 Then the Lord awoke as from sleep,
like a strong man shouting because of
wine.

66 And he put his adversaries to rout;
he put them to everlasting shame.

67 He rejected the tent of Joseph;
he did not choose the tribe of
Ephraim,

68 but he chose the tribe of Judah,
Mount Zion, which he loves.

69 He built his sanctuary like the high
heavens,
like the earth, which he has founded
forever.

70 He chose David his servant
and took him from the sheepfolds;

71 from following the nursing ewes he
brought him
to shepherd Jacob his people,
Israel his inheritance.

72 With upright heart he shepherded them
and guided them with his skillful
hand.

How Long, O Lord?

79 A PSALM OF ASAPH.
O God, the nations have come into
your inheritance;
they have defiled your holy temple;
they have laid Jerusalem in ruins.

2 Sie haben die Leichname deiner Knechte /
den Vögeln unter dem Himmel zu fressen gegeben
und das Fleisch deiner Heiligen den
Tieren im Lande.

3 Sie haben ihr Blut vergossen um
Jerusalem her wie Wasser,
und da war niemand, der sie begrub.

4 Wir sind bei unsern Nachbarn eine
Schmach geworden,
zu Spott und Hohn bei denen, die um
uns her sind.

5 HERR, wie lange willst du so sehr zürnen
und deinen Eifer brennen lassen wie
Feuer?

6 Schütte deinen Grimm auf die Völker,
die dich nicht kennen,
und auf die Königreiche, die deinen
Namen nicht anrufen.

7 Denn sie haben Jakob gefressen
und seine Stätte verwüstet.

8 Rechne uns die Schuld der Väter nicht
an,
erbarme dich unser bald, denn wir
sind sehr elend.

9 Hilf du uns, Gott, unser Helfer,
um deines Namens Ehre willen!
Errette uns und vergib uns unsre
Sünden
um deines Namens willen!

10 Warum lässt du die Heiden sagen:
»Wo ist nun ihr Gott?«
Lass unter den Heiden vor unsern
Augen kundwerden
die Vergeltung für das Blut deiner
Knechte, das vergossen ist.

11 Lass vor dich kommen das Seufzen der
Gefangenen;
durch deinen starken Arm erhalte die
Kinder des Todes

12 und vergilt unsern Nachbarn siebenfach
auf ihr Haupt
ihr Schmähen, mit dem sie dich, Herr,
geschmäht haben.

13 Wir aber, dein Volk, die Schafe deiner
Weide,
danken dir ewiglich und verkünden
deinen Ruhm für und für.

2 They have given the bodies of your
servants
to the birds of the heavens for food,
the flesh of your faithful to the beasts
of the earth.

3 They have poured out their blood like
water
all around Jerusalem,
and there was no one to bury them.

4 We have become a taunt to our
neighbors,
[h] mocked and derided by those around
us.

5 How long, O LORD? Will you be angry
forever?
Will your jealousy burn like fire?

6 Pour out your anger on the nations
that do not know you,
and on the kingdoms
that do not call upon your name!

7 For they have devoured Jacob
and laid waste his habitation.

8 Do not remember against us our former
iniquities;[i]
let your compassion come speedily to
meet us,
for we are brought very low.

9 Help us, O God of our salvation,
for the glory of your name;
deliver us, and atone for our sins,
for your name's sake!

10 Why should the nations say,
"Where is their God?"
Let the avenging of the outpoured blood
of your servants
be known among the nations before
our eyes!

11 Let the groans of the prisoners come
before you;
according to your great power, preserve those doomed to die!

12 Return sevenfold into the lap of our
neighbors
the taunts with which they have
taunted you, O Lord!

13 But we your people, the sheep of your
pasture,
will give thanks to you forever;
from generation to generation we will
recount your praise.

Gebet für den zerstörten »Weinstock Gottes«

80 EIN PSALM ASAFS, VORZUSINGEN, NACH DER
WEISE »LILIEN DES ZEUGNISSES«.

2 Du Hirte Israels, höre, /
der du Josef hütest wie Schafe!
Erscheine, der du thronst über den
Cherubim,

3 vor Ephraim, Benjamin und Manasse!
Erwecke deine Kraft
und komm uns zu Hilfe!

4 GOTT, TRÖSTE UNS WIEDER
UND LASS LEUCHTEN DEIN ANTLITZ, SO
GENESEN WIR.

5 HERR, Gott Zebaoth, wie lange willst du
zürnen,
während dein Volk zu dir betet?

6 Du speisest sie mit Tränenbrot
und tränkest sie mit einem großen
Krug voll Tränen.

7 Du lässest unsre Nachbarn sich um uns
streiten,
und unsre Feinde verspotten uns.

8 GOTT ZEBAOTH, TRÖSTE UNS WIEDER;
LASS LEUCHTEN DEIN ANTLITZ, SO GENESEN
WIR.

9 Du hast einen Weinstock aus Ägypten
geholt,
hast vertrieben die Völker und ihn
eingepflanzt.

10 Du hast vor ihm Raum gemacht /
und hast ihn lassen einwurzeln,
dass er das Land erfüllt hat.

11 Berge sind mit seinem Schatten bedeckt
und mit seinen Reben die Zedern
Gottes.

12 Du hast seine Ranken ausgebreitet bis
an das Meer
und seine Zweige bis an den Strom.

13 Warum hast du denn seine Mauer
zerbrochen,
dass jeder seine Früchte abreißt, der
vorübergeht?

14 Es haben ihn zerwühlt die wilden Säue
und die Tiere des Feldes ihn
abgeweidet.

15 Gott Zebaoth, wende dich doch! /
Schaue vom Himmel und sieh darein,
nimm dich dieses Weinstocks an!

Restore Us, O God

80 TO THE CHOIRMASTER: ACCORDING TO
LILIES. A TESTIMONY. OF ASAPH, A
PSALM.

1 Give ear, O Shepherd of Israel,
you who lead Joseph like a flock!
You who are enthroned upon the cherubim, shine forth.

2 Before Ephraim and Benjamin and
Manasseh,
stir up your might
and come to save us!

3 Restore us,[1] O God;
let your face shine, that we may be
saved!

4 O LORD God of hosts,
how long will you be angry with your
people's prayers?

5 You have fed them with the bread of
tears
and given them tears to drink in full
measure.

6 You make us an object of contention for
our ᶜneighbors,
and our enemies laugh among
themselves.

7 Restore us, O God of hosts;
let your face shine, that we may be
saved!

8 You brought a vine out of Egypt;
you drove out the nations and planted
it.

9 You cleared the ground for it;
it took deep root and filled the land.

10 The mountains were covered with its
shade,
the mighty cedars with its branches.

11 It sent out its branches to the sea
and its shoots to ᵂthe River.[2]

12 Why then have you broken down its
walls,
so that all who pass along the way
pluck its fruit?

13 The boar from the forest ravages it,
and all that move in the field feed on
it.

14 Turn again, O God of hosts!
Look down from heaven, and see;
have regard for this vine,

16 Schütze doch, was deine Rechte gepflanzt hat,
den Sohn, den du dir großgezogen
hast!

17 Sie haben ihn mit Feuer verbrannt wie
Kehricht;
vor dem Drohen deines Angesichts
sollen sie umkommen.

18 Deine Hand schütze den Mann deiner
Rechten,
den Sohn, den du dir großgezogen
hast.

19 So wollen wir nicht von dir weichen.
Lass uns leben, so wollen wir deinen
Namen anrufen.

20 HERR, GOTT ZEBAOTH, TRÖSTE UNS WIEDER;
LASS LEUCHTEN DEIN ANTLITZ, SO GENESEN
WIR.

Die wahre Festfeier

81 VON ASAF, VORZUSINGEN, AUF DER GITTIT.

2 Singet fröhlich Gott, der unsre Stärke ist,
jauchzet dem Gott Jakobs!

3 Hebt an mit Psalmen und lasst hören die
Pauken,
liebliche Zithern und Harfen!

4 Blaset am Neumond die Posaune,
am Vollmond, am Tag unsres Festes!

5 Denn das ist eine Satzung für Israel
und eine Ordnung des Gottes Jakobs.

6 Das hat er zum Zeugnis gesetzt für Josef,
als Er auszog wider Ägyptenland.

Eine Sprache höre ich, die ich bisher
nicht kannte:

7 Ich habe ihre Schultern von der
Last befreit und ihre Hände vom
Tragkorb erlöset.

8 Als du mich in der Not anriefst, half ich
dir heraus
und antwortete dir aus der
Wetterwolke und prüfte dich am
Haderwasser.   SELA.

9 Höre, mein Volk, ich will dich
ermahnen.
Israel, du sollst mich hören!

10 Kein andrer Gott sei unter dir,
und einen fremden Gott sollst du nicht
anbeten!

---

15 the stock that your right hand planted,
and for the son whom you made
strong for yourself.

16 They have burned it with fire; they have
[a]cut it down;
may they perish at the rebuke of your
face!

17 But let your hand be on the man of your
right hand,
the son of man whom you have made
strong for yourself!

18 Then we shall not turn back from you;
give us life, and we will call upon your
name!

19 Restore us, O LORD God of hosts!
Let your face shine, that we may be
saved!

Oh, That My People Would Listen to Me

81 TO THE CHOIRMASTER: ACCORDING TO THE GITTITH.[1] OF ASAPH.

1 Sing aloud to God our strength;
shout for joy to the God of Jacob!

2 Raise a song; sound the tambourine,
the sweet lyre with [k]the harp.

3 Blow the trumpet at the new moon,
at the full moon, on our feast day.

4 For it is a statute for Israel,
a rule[2] of the God of Jacob.

5 He made it a decree in Joseph
when he went out over[3] the land of
Egypt.
I hear a language I had not known:

6 "I relieved your[4] shoulder of the burden;
your hands were freed from the
basket.

7 In distress you called, and I delivered
you;
I answered you in the secret place of
thunder;
I tested you at the waters of Meribah.
Selah

8 Hear, O my people, while I admonish
you!
O Israel, if you would but listen to me!

9 There shall be no strange god among
you;
you shall not bow down to a foreign
god.

11 Ich bin der HERR, dein Gott, /
  der dich aus Ägyptenland geführt hat:
   Tu deinen Mund weit auf, lass mich
    ihn füllen!

12 Aber mein Volk gehorcht nicht meiner
    Stimme,
  und Israel will mich nicht.

13 So hab ich sie dahingegeben in die
    Verstocktheit ihres Herzens,
  dass sie wandeln nach eigenem Rat.

14 Wenn doch mein Volk mir gehorsam
    wäre
  und Israel auf meinem Wege ginge!

15 Dann wollte ich seine Feinde bald
    demütigen
  und meine Hand gegen seine
    Widersacher wenden!

16 Und die den HERRN hassen, müssten
    sich vor ihm beugen,
  aber Israels Zeit würde ewiglich
    währen,

17 und ich würde es mit dem besten
    Weizen speisen
  und mit Honig aus dem Felsen
    sättigen.

Der höchste Richter

82 EIN PSALM ASAFS.
  Gott steht in der Gottesgemeinde
   und ist Richter unter den Göttern.

2 »Wie lange wollt ihr unrecht richten
  und die Gottlosen vorziehen?   SELA.

3 Schaffet Recht dem Armen und der
    Waise
  und helft dem Elenden und
    Bedürftigen zum Recht.

4 Errettet den Geringen und Armen
  und erlöst ihn aus der Gewalt der
    Gottlosen.«

5 Sie lassen sich nichts sagen und sehen
    nichts ein, /
  sie tappen dahin im Finstern.
   Darum wanken alle Grundfesten der
    Erde.

6 »Wohl habe ich gesagt: Ihr seid Götter
  und allzumal Söhne des Höchsten;

7 aber ihr werdet sterben wie Menschen
  und wie ein Tyrann zugrunde gehen.«

---

10 I am the LORD your God,
  who brought you up out of the land of
    Egypt.
   Open your mouth wide, and I will fill
    it.

11 "But my people did not listen to my voice;
  Israel would not submit to me.

12 So I gave them over to their stubborn
    hearts,
  to follow their own counsels.

13 Oh, that my people would listen to me,
  that Israel would walk in my ways!

14 I would soon subdue their enemies
  and turn my hand against their foes.

15 Those who hate the LORD would cringe
    toward him,
  and their fate would last forever.

16 But he would feed you[5] with the finest of
    the wheat,
  and with honey from the rock I would
    satisfy you."

Rescue the Weak and Needy

82 A PSALM OF ASAPH.
  God has taken his place in the divine
    council;
   in the midst of the gods he holds
    judgment:

2 "How long will you judge unjustly
  and show partiality to the wicked?
   Selah

3 Give justice to the weak and the
    fatherless;
  maintain the right of the afflicted and
    the destitute.

4 Rescue the weak and the needy;
  deliver them from the hand of the
    wicked."

5 They have neither knowledge nor
    understanding,
  they walk about in darkness;
   all the foundations of the earth are
    shaken.

6 I said, "You are gods,
  sons of the Most High, all of you;

7 nevertheless, like men you shall die,
  and fall like any prince."[1]

8 Gott, mache dich auf und richte die
   Erde;
   denn du bist Erbherr über alle Heiden!

**Gebet gegen einen Bund von Feinden des Gottes-
volkes**

83 EIN PSALMLIED ASAFS.

2 Gott, schweige doch nicht!
   Gott, bleib nicht so still und ruhig!

3 Denn siehe, deine Feinde toben,
   und die dich hassen, erheben das
   Haupt.

4 Sie machen listige Anschläge wider dein
   Volk
   und halten Rat wider die, die bei dir
   sich bergen.

5 »Wohlan!«, sprechen sie, »Lasst uns sie
   ausrotten, /
   dass sie kein Volk mehr seien
   und des Namens Israel nicht mehr
   gedacht werde!«

6 Denn sie sind miteinander eins
   geworden
   und haben einen Bund wider dich
   gemacht:

7 die in den Zelten von Edom und Ismael
   wohnen,
   Moab und die Hagariter,

8 Gebal, Ammon und Amalek,
   die Philister mit denen von Tyrus;

9 auch Assur hat sich zu ihnen
   geschlagen,
   sie helfen den Söhnen Lot.   SELA.

10 Mach's mit ihnen wie mit Midian,
   wie mit Sisera, mit Jabin am Bach
   Kischon,

11 die vertilgt wurden bei En-Dor
   und wurden zu Mist auf dem Acker.

12 Mache ihre Fürsten wie Oreb und Seeb,
   alle ihre Edlen wie Sebach und
   Zalmunna,

13 die auch einmal sagten:
   Wir wollen das Land Gottes
   einnehmen.

14 Mein Gott, mache sie wie verwehende
   Blätter,
   wie Spreu vor dem Winde.

15 Wie ein Feuer den Wald verbrennt
   und wie eine Flamme die Berge
   versengt,

8 Arise, O God, judge the earth;
   for you shall inherit all the nations!

O God, Do Not Keep Silence

83 A Song. A Psalm of Asaph.
   O God, do not keep silence;
   do not hold your peace or be still, O
   God!

2 For behold, your enemies make an
   uproar;
   those who hate you have raised their
   heads.

3 They lay crafty plans against your
   people;
   they consult together against your
   treasured ones.

4 They say, "Come, let us wipe them out
   as a nation;
   let the name of Israel be remembered
   no more!"

5 For they conspire with one accord;
   against you they make a covenant—

6 the tents of Edom and the Ishmaelites,
   Moab and the Hagrites,

7 Gebal and Ammon and Amalek,
   Philistia with the inhabitants of Tyre;

8 Asshur also has joined them;
   they are the strong arm of the children
   of Lot.   *Selah*

9 Do to them as you did to Midian,
   as to Sisera and Jabin at the river
   Kishon,

10 who were destroyed at En-dor,
   who became dung for the ground.

11 Make their nobles like Oreb and Zeeb,
   all their princes like Zebah and
   Zalmunna,

12 who said, "Let us take possession for
   ourselves
   of the pastures of God."

13 O my God, make them like whirling
   dust,[1]
   like chaff before the wind.

14 As fire consumes the forest,
   as the flame sets the mountains ablaze,

16 so verfolge sie mit deinem Sturm
und erschrecke sie mit deinem
Ungewitter.

17 Bedecke ihr Angesicht mit Schande,
dass sie, HERR, nach deinem Namen
fragen müssen.

18 Schämen sollen sie sich und erschrecken
für immer
und zuschanden werden und
umkommen.

19 So werden sie erkennen, /
dass du allein HERR heißest
und der Höchste bist in aller Welt.

Freude am Hause Gottes

84 EIN PSALM DER SÖHNE KORACH, VORZUSIN-
GEN, AUF DER GITTIT.

2 Wie lieb sind mir deine Wohnungen,
HERR Zebaoth!

3 Meine Seele verlangt und sehnt sich
nach den Vorhöfen des HERRN;
mein Leib und Seele freuen sich
in dem lebendigen Gott.

4 Der Vogel hat ein Haus gefunden
und die Schwalbe ein Nest für ihre
Jungen –
deine Altäre, HERR Zebaoth,
mein König und mein Gott.

5 Wohl denen, die in deinem Hause
wohnen;
die loben dich immerdar.   SELA.

6 Wohl den Menschen, die dich für ihre
Stärke halten
und von Herzen dir nachwandeln!

7 Wenn sie durchs dürre Tal ziehen, /
wird es ihnen zum Quellgrund,
und Frühregen hüllt es in Segen.

8 Sie gehen von einer Kraft zur andern
und schauen den wahren Gott in Zion.

9 HERR, Gott Zebaoth, höre mein Gebet;
vernimm es, Gott Jakobs!   SELA.

10 Gott, unser Schild, schaue doch;
sieh doch an das Antlitz deines
Gesalbten!

11 Denn **ein Tag in deinen Vorhöfen
ist besser als sonst tausend.**
Ich will lieber die Tür hüten in meines
Gottes Hause
als wohnen in der Gottlosen Hütten.

15 so may you pursue them with your
tempest
and terrify them with your hurricane!

16 Fill their faces with shame,
that they may seek your name, O
LORD.

17 Let them be put to shame and dismayed
forever;
let them perish in disgrace,

18 that they may know that you alone,
whose name is the LORD,
are the Most High over all the earth.

My Soul Longs for the Courts of the LORD

84 TO THE CHOIRMASTER: ACCORDING TO
THE GITTITH.[1] A PSALM OF THE SONS OF
KORAH.

1 How lovely is your dwelling place,
O LORD of hosts!

2 My soul longs, yes, faints
for the courts of the LORD;
my heart and flesh sing for joy
to the living God.

3 Even the sparrow finds a home,
and the swallow a nest for herself,
where she may lay her young,
at your altars, O LORD of hosts,
my King and my God.

4 Blessed are those who dwell in your
house,
ever singing your praise!   *Selah*

5 Blessed are those whose strength is in
you,
in whose heart are the highways to
Zion.[2]

6 As they go through the Valley of Baca
they make it a place of springs;
the early rain also covers it with pools.

7 They go from strength to strength;
each one appears before God in Zion.

8 O LORD God of hosts, hear my prayer;
give ear, O God of Jacob!   *Selah*

9 Behold our shield, O God;
look on the face of your anointed!

10 For a day in your courts is better
than a thousand elsewhere.
I would rather be a doorkeeper in the
house of my God
than dwell in the tents of wickedness.

12 Denn Gott der HERR ist Sonne und
  Schild; /
  der HERR gibt Gnade und Ehre.
  Er wird kein Gutes mangeln lassen
  den Frommen.
13 HERR Zebaoth, wohl dem Menschen,
  der sich auf dich verlässt!

Bitte um neuen Segen

85 EIN PSALM DER SÖHNE KORACH,
  VORZUSINGEN.

2 HERR, der du bist vormals gnädig
  gewesen deinem Lande
  und hast erlöst die Gefangenen Jakobs;
3 der du die Missetat vormals vergeben
  hast deinem Volk
  und alle seine Sünde bedeckt hast;
  — SELA —
4 der du vormals hast all deinen Zorn
  fahren lassen
  und dich abgewandt von der Glut
  deines Zorns:
5 hilf uns, Gott, unser Heiland,
  und lass ab von deiner Ungnade über
  uns!
6 Willst du denn ewiglich über uns
  zürnen
  und deinen Zorn walten lassen für
  und für?
7 Willst du uns denn nicht wieder
  erquicken,
  dass dein Volk sich über dich freuen
  kann?
8 HERR, erweise uns deine Gnade
  und gib uns dein Heil!
9 Könnte ich doch hören,
  was Gott der HERR redet,
  dass er Frieden zusagte seinem Volk
  und seinen Heiligen,
  damit sie nicht in Torheit geraten.
10 Doch ist ja seine Hilfe nahe denen, die
  ihn fürchten,
  dass in unserm Lande Ehre wohne;
11 dass Güte und Treue einander
  begegnen,
  Gerechtigkeit und Friede sich küssen;
12 dass Treue auf der Erde wachse
  und Gerechtigkeit vom Himmel
  schaue;
13 dass uns auch der HERR Gutes tue
  und unser Land seine Frucht gebe;

11 For the LORD God is a sun and shield;
  the LORD bestows favor and honor.
  No good thing does he withhold
  from those who walk uprightly.
12 O LORD of hosts,
  blessed is the one who trusts in you!

Revive Us Again

85 TO THE CHOIRMASTER. A PSALM OF THE
  SONS OF KORAH.

1 LORD, you were favorable to your land;
  you restored the fortunes of Jacob.
2 You forgave the iniquity of your people;
  you ᑫcovered all their sin.   *Selah*
3 You withdrew all your wrath;
  you turned from your hot anger.
4 Restore us again, O God of our
  salvation,
  and put away your indignation toward
  us!
5 Will you be angry with us forever?
  Will you prolong your anger to all
  generations?
6 Will you not revive us again,
  that your people may rejoice in you?
7 Show us your steadfast love, O LORD,
  and grant us your salvation.
8 Let me hear what God the LORD will
  speak,
  for he will speak peace to his people,
  to his saints;
  but let them not turn back to folly.
9 Surely his salvation is near to those who
  fear him,
  that glory may dwell in our land.
10 Steadfast love and faithfulness meet;
  righteousness and peace kiss each
  other.
11 Faithfulness springs up from the
  ground,
  and righteousness looks down from
  the sky.
12 Yes, the LORD will give what is good,
  and our land will yield its increase.

14 dass Gerechtigkeit vor ihm her gehe
und seinen Schritten folge.

Gebet in Bedrängnis

86 EIN GEBET DAVIDS.
HERR, neige deine Ohren und erhöre
mich;
denn ich bin elend und arm.

2 Bewahre meine Seele, denn ich bin dein.
Hilf du, mein Gott, deinem Knechte,
der sich verlässt auf dich.

3 Herr, sei mir gnädig;
denn ich rufe täglich zu dir.

4 Erfreue die Seele deines Knechts;
denn nach dir, Herr, verlangt mich.

5 Denn du, Herr, bist gut und gnädig,
von großer Güte allen, die dich
anrufen.

6 Vernimm, HERR, mein Gebet
und merke auf die Stimme meines
Flehens!

7 In der Not rufe ich dich an;
du wollest mich erhören!

8 Herr, es ist dir keiner gleich unter den
Göttern,
und niemand kann tun, was du tust.

9 Alle Völker, die du gemacht hast,
werden kommen
und vor dir anbeten, Herr, und deinen
Namen ehren,

10 dass du so groß bist und Wunder tust
und du allein Gott bist.

11 **Weise mir, HERR, deinen Weg,
dass ich wandle in deiner Wahrheit;
erhalte mein Herz bei dem einen,
dass ich deinen Namen fürchte.**

12 Ich danke dir, Herr, mein Gott, von ganzem Herzen
und ehre deinen Namen ewiglich.

13 Denn deine Güte ist groß gegen mich,
du hast mich errettet aus der Tiefe des
Todes.

14 Gott, es erheben sich die Stolzen gegen
mich, /
und eine Rotte von Gewalttätern trachtet
mir nach dem Leben
und haben dich nicht vor Augen.

15 Du aber, Herr, Gott, bist barmherzig
und gnädig,
geduldig und von großer Güte und
Treue.

---

13 Righteousness will go before him
and make his footsteps a way.

Great Is Your Steadfast Love

86 A PRAYER OF DAVID.
Incline your ear, O LORD, and answer
me,
for I am poor and needy.

2 Preserve my life, for I am godly;
save your servant, who trusts in you—
you are my God.

3 Be gracious to me, O Lord,
for to you do I cry all the day.

4 Gladden the soul of your servant,
for to you, O Lord, do I lift up my soul.

5 For you, O Lord, are good and forgiving,
abounding in steadfast love to all who
call upon you.

6 Give ear, O LORD, to my prayer;
listen to my plea for grace.

7 In the day of my trouble I call upon you,
for you answer me.

8 There is none like you among the gods,
O Lord,
nor are there any works like yours.

9 All the nations you have made shall
come
and worship before you, O Lord,
and shall glorify your name.

10 For you are great and do wondrous
things;
you alone are God.

11 Teach me your way, O LORD,
that I may walk in your truth;
unite my heart to fear your name.

12 I give thanks to you, O Lord my God,
with my whole heart,
and I will glorify your name forever.

13 For great is your steadfast love toward
me;
you have delivered my soul from the
depths of Sheol.

14 O God, insolent men have risen up
against me;
a band of ruthless men seeks my life,
and they do not set you before them.

15 But you, O Lord, are a God merciful and
gracious,
slow to anger and abounding in steadfast love and faithfulness.

16 Wende dich zu mir und sei mir gnädig;
  stärke deinen Knecht mit deiner Kraft
    und hilf dem Sohn deiner Magd!
17 Tu ein Zeichen an mir,
    dass du's gut mit mir meinst,
  dass es sehen, die mich hassen, und sich
    schämen,
  weil du mir beistehst, HERR, und mich
    tröstest.

Zion wird die Mutter der Völker

87 EIN PSALMLIED DER SÖHNE KORACH.

  Sie ist fest gegründet auf den heiligen
    Bergen.
2 Der HERR liebt die Tore Zions mehr als
    alle Wohnungen in Jakob.

3 Herrliche Dinge werden in dir gepredigt,
    du Stadt Gottes.   SELA.

4 Ich zähle Ägypten und Babel
    zu denen, die mich kennen,
  auch die Philister und Tyrer samt den
    Mohren:
  »Die sind hier geboren.«
5 Doch von Zion wird man sagen: /
  »Mann für Mann ist darin geboren«;
  und er selbst, der Höchste, erhält es.

6 Der HERR spricht, wenn er aufschreibt
    die Völker:
  »Die sind hier geboren.«   SELA.

7 Und sie singen beim Reigen:
  Alle meine Quellen sind in dir!

Gebet in großer Verlassenheit und Todesnähe

88 EIN PSALMLIED DER SÖHNE KORACH, VOR-ZUSINGEN, ZUM REIGENTANZ IM WECH-SEL, EINE UNTERWEISUNG HEMANS, DES ESRAHITERS.

2 HERR, Gott, mein Heiland,
  ich schreie Tag und Nacht vor dir.
3 Lass mein Gebet vor dich kommen,
  neige deine Ohren zu meinem
    Schreien.

4 Denn meine Seele ist übervoll an Leiden,
  und mein Leben ist nahe dem Tode.
5 Ich bin denen gleich geachtet, die in die
    Grube fahren,
  ich bin wie ein Mann, der keine Kraft
    mehr hat.

Glorious Things of You Are Spoken

87 A PSALM OF THE SONS OF KORAH. A SONG.

1 On the holy mount stands the city he
    founded;
2 the LORD loves the gates of Zion
  more than all the dwelling places of
    Jacob.

3 Glorious things of you are spoken,
  O city of God.   *Selah*

4 Among those who know me I mention
    Rahab and Babylon;
  behold, Philistia and Tyre, with
    Cush[1]—
  "This one was born there," they say.
5 And of Zion it shall be said,
  "This one and that one were born in
    her";
  for the Most High himself will estab-
    lish her.

6 The LORD records as he registers the
    peoples,
  "This one was born there."   *Selah*

7 Singers and dancers alike say,
  "All my springs are in you."

I Cry Out Day and Night Before You

88 A SONG. A PSALM OF THE SONS OF KORAH. TO THE CHOIRMASTER: ACCORDING TO MAHALATH LEANNOTH. A MASKIL[1] OF HEMAN THE EZRAHITE.

1 O LORD, God of my salvation;
  I cry out day and night before you.
2 Let my prayer come before you;
  incline your ear to my cry!

3 For my soul is full of troubles,
  and my life draws near to Sheol.
4 I am counted among those who go
    down to the pit;
  I am a man who has no strength,

6 Ich liege unter den Toten verlassen,
  wie die Erschlagenen, die im Grabe
    liegen,
  derer du nicht mehr gedenkst
  und die von deiner Hand geschieden
    sind.

7 Du hast mich hinunter in die Grube
    gelegt,
  in die Finsternis und in die Tiefe.

8 Dein Grimm drückt mich nieder,
  du bedrängst mich mit allen deinen
    Fluten.   SELA.

9 Meine Freunde hast du mir entfremdet,
  du hast mich ihnen zum Abscheu
    gemacht.
  Ich liege gefangen und kann nicht
    heraus,

10 mein Auge sehnt sich aus dem Elend.
  HERR, ich rufe zu dir täglich;
  ich breite meine Hände aus zu dir.

11 Wirst du an den Toten Wunder tun,
  oder werden die Verstorbenen auf-
    stehen und dir danken?   SELA.

12 Wird man im Grabe erzählen deine
    Güte
  und deine Treue bei den Toten?

13 Werden denn deine Wunder in der
    Finsternis erkannt
  oder deine Gerechtigkeit im Lande des
    Vergessens?

14 Aber ich schreie zu dir, HERR,
  und mein Gebet kommt frühe vor
    dich:

15 Warum verstößt du, HERR, meine Seele
  und verbirgst dein Antlitz vor mir?

16 Ich bin elend und dem Tode nahe von
    Jugend auf;
  ich erleide deine Schrecken, dass ich
    fast verzage.

17 Dein Grimm geht über mich,
  deine Schrecken vernichten mich.

18 Sie umgeben mich täglich wie Fluten
  und umringen mich allzumal.

19 Meine Freunde und Nächsten hast du
    mir entfremdet,
  und meine Verwandten hältst du fern
    von mir.

5 like one set loose among the dead,
  like the slain that lie in the grave,
  like those whom you remember no
    more,
  for they are cut off from your hand.

6 You have put me in the depths of the pit,
  in the regions dark and deep.

7 Your wrath lies heavy upon me,
  and you overwhelm me with all your
    waves.   *Selah*

8 You have caused my companions to
    shun me;
  you have made me a horror[2] to them.
  I am shut in so that I cannot escape;

9 my eye grows dim through sorrow.
  Every day I call upon you, O LORD;
  I spread out my hands to you.

10 Do you work wonders for the dead?
  Do the departed rise up to praise you?
                                        Selah

11 Is your steadfast love declared in the
    grave,
  or your faithfulness in Abaddon?

12 Are your wonders known in the
    darkness,
  or your righteousness in the land of
    forgetfulness?

13 But I, O LORD, cry to you;
  in the morning my prayer comes
    before you.

14 O LORD, why do you cast my soul away?
  Why do you hide your face from me?

15 Afflicted and close to death from my
    youth up,
  I suffer your terrors; I am helpless.[3]

16 Your wrath has swept over me;
  your dreadful assaults destroy me.

17 They surround me like a flood all day
    long;
  they close in on me together.

18 You have caused my beloved and my
    friend to shun me;
  my companions have become
    darkness.[4]

Israels Not und die Verheißung an David

89 EINE UNTERWEISUNG ETANS, DES ESRACHITERS.

2 Ich will singen von der Gnade des HERRN ewiglich
und seine Treue verkünden mit meinem Munde für und für;

3 denn ich sage: Für ewig steht die Gnade fest;
du gibst deiner Treue sicheren Grund im Himmel.

4 »Ich habe einen Bund geschlossen mit meinem Auserwählten,
ich habe David, meinem Knechte, geschworen:

5 Ich will deinem Geschlecht festen Grund geben auf ewig
und deinen Thron bauen für und für.«
SELA.

6 Und die Himmel werden, HERR, deine Wunder preisen
und deine Treue in der Gemeinde der Heiligen.

7 Denn wer in den Wolken könnte dem HERRN gleichen
und dem HERRN gleich sein unter den Himmlischen?

8 Gott ist gefürchtet in der Versammlung der Heiligen,
groß und furchtbar über alle, die um ihn sind.

9 HERR, Gott Zebaoth, wer ist wie du?
Mächtig bist du, HERR, und deine Treue ist um dich her.

10 Du herrschest über das ungestüme Meer,
du stillest seine Wellen, wenn sie sich erheben.

11 Du hast Rahab* zu Tode geschlagen
und deine Feinde zerstreut mit deinem starken Arm.

12 Himmel und Erde sind dein,
du hast gegründet den Erdkreis und was darinnen ist.

13 Nord und Süd hast du geschaffen,
Tabor und Hermon jauchzen über deinen Namen.

14 Du hast einen gewaltigen Arm,
stark ist deine Hand, und hoch ist deine Rechte.

I Will Sing of the Steadfast Love of the LORD

89 A MASKIL[1] OF ETHAN THE EZRAHITE.
I will sing of the steadfast love of the LORD, forever;
with my mouth I will make known your faithfulness to all generations.

2 For I said, "Steadfast love will be built up forever;
in the heavens you will establish your faithfulness."

3 You have said, "I have made a covenant with my chosen one;
I have sworn to David my servant:

4 'I will establish your offspring forever,
and build your throne for all generations.'"   *Selah*

5 Let the heavens praise your wonders, O LORD,
your faithfulness in the assembly of the holy ones!

6 For who in the skies can be compared to the LORD?
Who among the heavenly beings[2] is like the LORD,

7 a God greatly to be feared in the council of the holy ones,
and awesome above all who are around him?

8 O LORD God of hosts,
who is mighty as you are, O LORD,
with your faithfulness all around you?

9 You rule the raging of the sea;
when its waves rise, you still them.

10 You crushed Rahab like a carcass;
you scattered your enemies with your mighty arm.

11 The heavens are yours; the earth also is yours;
the world and all that is in it, you have founded them.

12 The north and the south, you have created them;
Tabor and Hermon joyously praise your name.

13 You have a mighty arm;
strong is your hand, high your right hand.

15 Gerechtigkeit und Gericht sind deines
Thrones Stütze,
Gnade und Treue gehen vor dir einher.

16 Wohl dem Volk, das jauchzen kann!
HERR, sie werden im Licht deines
Antlitzes wandeln;

17 sie werden über deinen Namen täglich
fröhlich sein
und in deiner Gerechtigkeit herrlich
sein.

18 Denn du bist der Ruhm ihrer Stärke,
und durch deine Gnade wirst du
unser Haupt erhöhen.

19 Denn dem HERRN gehört unser Schild*
und dem Heiligen in Israel unser
König.

20 Damals hast du geredet durch ein
Gesicht
zu deinem Heiligen und gesagt:
Ich habe einen Helden erweckt, der
helfen soll,
ich habe erhöht einen Auserwählten
aus dem Volk.

21 Ich habe gefunden meinen Knecht
David,
ich habe ihn gesalbt mit meinem heiligen Öl.

22 Meine Hand soll ihn erhalten,
und mein Arm soll ihn stärken.

23 Die Feinde sollen ihn nicht überwältigen
und die Ungerechten ihn nicht
demütigen;

24 sondern ich will seine Widersacher vor
ihm zerschlagen
und, die ihn hassen, zu Boden stoßen.

25 Aber meine Treue und Gnade soll bei
ihm sein,
und sein Haupt soll erhöht sein in
meinem Namen.

26 Seine Hand lass ich herrschen über das
Meer
und seine Rechte über die Ströme.

27 Er wird mich nennen: Du bist mein
Vater,
mein Gott und Hort, der mir hilft.

28 Und ich will ihn zum erstgeborenen
Sohn machen,
zum Höchsten unter den Königen auf
Erden.

14 Righteousness and justice are the foundation of your throne;
steadfast love and faithfulness go
before you.

15 Blessed are the people who know the
festal shout,
who walk, O LORD, in the light of your
face,

16 who exult in your name all the day
and in your righteousness are exalted.

17 For you are the glory of their strength;
by your favor our horn is exalted.

18 For our shield belongs to the LORD,
our king to the Holy One of Israel.

19 Of old you spoke in a vision to your
godly one,³ and said:
"I have granted help to one who is
mighty;
I have exalted one chosen from the
people.

20 I have found David, my servant;
with my holy oil I have anointed him,

21 so that my hand shall be established
with him;
my arm also shall strengthen him.

22 The enemy shall not outwit him;
the wicked shall not humble him.

23 I will crush his foes before him
and strike down those who hate him.

24 My faithfulness and my ᵈsteadfast love
shall be with him,
and in my name shall his horn be
exalted.

25 I will set his hand on the sea
and his right hand on ᶠthe rivers.

26 He shall cry to me, 'You are my Father,
my God, and the Rock of my
salvation.'

27 And I will make him the firstborn,
the highest of the kings of the earth.

29 Ich will ihm ewiglich bewahren meine
Gnade,
und mein Bund soll ihm festbleiben.

30 Ich will ihm ewiglich Nachkommen
geben
und seinen Thron erhalten, solange
der Himmel währt.

31 Wenn aber seine Söhne mein Gesetz
verlassen
und in meinen Rechten nicht
wandeln,

32 wenn sie meine Ordnungen entheiligen
und meine Gebote nicht halten,

33 so will ich ihre Sünde mit der Rute
heimsuchen
und ihre Missetat mit Plagen;

34 aber meine Gnade will ich nicht von
ihm wenden
und meine Treue nicht brechen.

35 Ich will meinen Bund nicht entheiligen
und nicht ändern, was aus meinem
Munde gegangen ist.

36 Ich habe **einmal** geschworen bei meiner
Heiligkeit
und will David nicht belügen:

37 »Sein Geschlecht soll ewig bestehen
und sein Thron vor mir wie die Sonne,

38 wie der Mond, der ewiglich bleibt,
und wie der treue Zeuge in den
Wolken.«   SELA.

39 Aber nun hast du verstoßen und
verworfen
und zürnst mit deinem Gesalbten!

40 Du hast zerbrochen den Bund mit
deinem Knecht
und seine Krone entweiht in den
Staub.

41 Du hast eingerissen alle seine Mauern
und hast zerstört seine Festungen.

42 Es berauben ihn alle, die vorübergehen;
er ist seinen Nachbarn ein Spott
geworden.

43 Du erhöhst die Rechte seiner
Widersacher
und erfreust alle seine Feinde.

44 Auch hast du die Kraft seines Schwerts
weggenommen
und lässest ihn nicht siegen im Streit.

45 Du hast seinem Glanz ein Ende
gemacht
und seinen Thron zu Boden geworfen.

28 My steadfast love I will keep for him
forever,
and my covenant will stand firm[4] for
him.

29 I will establish his offspring forever
and his [1]throne as the days of the
heavens.

30 If his children forsake my law
and do not walk according to my
rules,[5]

31 if they violate my statutes
and do not keep my commandments,

32 then I will punish their transgression
with the rod
and their iniquity with stripes,

33 but I will not remove from him my
steadfast love
or be false to my faithfulness.

34 I will not violate my covenant
or alter the word that went forth from
my lips.

35 Once for all I have sworn by my
holiness;
I will not lie to David.

36 His offspring shall endure forever,
his [1]throne as long as the sun before
me.

37 Like the moon it shall be established
forever,
a faithful witness in the skies." *Selah*

38 But now you have cast off and rejected;
you are full of wrath against your
anointed.

39 You have renounced the covenant with
your servant;
you have defiled his crown in the dust.

40 You have breached all his walls;
you have laid his strongholds in ruins.

41 All who pass by plunder him;
he has become the scorn of his
neighbors.

42 You have exalted the right hand of his
foes;
you have made all his enemies rejoice.

43 You have also turned back the edge of
his sword,
and you have not made him stand in
battle.

44 You have made his splendor to cease
and cast his throne to the ground.

46 Du hast die Tage seiner Jugend verkürzt
und ihn bedeckt mit Schande.   SELA.

47 HERR, wie lange willst du dich so
verbergen
und deinen Grimm wie Feuer brennen
lassen?

48 Gedenke, wie kurz mein Leben ist,
wie vergänglich du alle Menschen
geschaffen hast!

49 Wo ist jemand, der da lebt und den Tod
nicht sähe,
der seine Seele errette aus des Todes
Hand?   SELA.

50 Herr, wo ist deine Gnade von einst,
die du David geschworen hast in
deiner Treue?

51 Gedenke, Herr, an die Schmach deiner
Knechte,
die ich trage in meinem Herzen von all
den vielen Völkern,

52 mit der, HERR, deine Feinde dich
schmähen,
mit der sie schmähen hinter deinem
Gesalbten her!

53 Gelobt sei der HERR ewiglich!
Amen! Amen!

VIERTES BUCH

Zuflucht in unserer Vergänglichkeit

90 EIN GEBET DES MOSE, DES MANNES
GOTTES.

Herr, du bist unsre Zuflucht für und
für. /

2 Ehe denn die Berge wurden und die
Erde und die Welt geschaffen
wurden,
bist du, Gott, von Ewigkeit zu
Ewigkeit.

3 Der du die Menschen lässest sterben
und sprichst: Kommt wieder,
Menschenkinder!

4 Denn tausend Jahre sind vor dir /
wie der Tag, der gestern vergangen ist,
und wie eine Nachtwache.

5 Du lässest sie dahinfahren wie einen
Strom, /
sie sind wie ein Schlaf,
wie ein Gras, das am Morgen noch
sprosst,

45 You have cut short the days of his youth;
you have covered him with shame.
Selah

46 How long, O LORD? Will you hide yourself forever?
How long will your wrath burn like
fire?

47 Remember how short my time is!
For what vanity you have created all
the children of man!

48 What man can live and never see death?
Who can deliver his soul from the
power of Sheol?   *Selah*

49 Lord, where is your steadfast love of old,
which by your ᵐfaithfulness you swore
to David?

50 Remember, O Lord, how your servants
are mocked,
and how I bear in my heart the
insults[6] of all the many nations,

51 with which your enemies mock, O
LORD,
with which they mock the footsteps of
your anointed.

52 Blessed be the LORD forever!
Amen and Amen.

BOOK FOUR

From Everlasting to Everlasting

90 A PRAYER OF MOSES, THE MAN OF GOD.

Lord, you have been our dwelling
place[1]
in all generations.

2 Before the mountains were brought
forth,
or ever you had formed the earth and
the world,
from everlasting to everlasting you are
God.

3 You return man to dust
and say, "Return, O children of man!"[2]

4 For a thousand years in your sight
are but as yesterday when it is past,
or as a watch in the night.

5 You sweep them away as with a flood;
they are like a dream,
like grass that is renewed in the
morning:

6 das am Morgen blüht und sprosst
und des Abends welkt und verdorrt.

7 Das macht dein Zorn, dass wir so
vergehen,
und dein Grimm, dass wir so plötzlich
dahinmüssen.

8 Denn unsre Missetaten stellst du vor
dich,
unsre unerkannte Sünde ins Licht vor
deinem Angesicht.

9 Darum fahren alle unsre Tage dahin
durch deinen Zorn,
wir bringen unsre Jahre zu wie ein
Geschwätz.

10 Unser Leben währet siebzig Jahre,
und wenn's hoch kommt, so sind's
achtzig Jahre,
und was daran köstlich scheint,
ist doch nur vergebliche Mühe;
denn es fähret schnell dahin,
als flögen wir davon.

11 Wer glaubt's aber, dass du so sehr
zürnest,
und wer fürchtet sich vor dir in
deinem Grimm?

12 Lehre uns bedenken, dass wir sterben
müssen,
auf dass wir klug werden.

13 HERR, kehre dich doch endlich wieder
zu uns
und sei deinen Knechten gnädig!

14 Fülle uns frühe mit deiner Gnade,
so wollen wir rühmen und fröhlich
sein unser Leben lang.

15 Erfreue uns nun wieder, nachdem du
uns so lange plagest,
nachdem wir so lange Unglück leiden.

16 Zeige deinen Knechten deine Werke
und deine Herrlichkeit ihren Kindern.

17 Und der Herr, unser Gott, sei uns
freundlich /
und fördere das Werk unsrer Hände bei
uns.
Ja, das Werk unsrer Hände wollest du
fördern!

6 in the morning it flourishes and is
renewed;
in the evening it fades and withers.

7 For we are brought to an end by your
anger;
by your wrath we are dismayed.

8 You have set our iniquities before you,
our secret sins in the light of your
presence.

9 For all our days pass away under your
wrath;
we bring our years to an end like a
sigh.

10 The years of our life are seventy,
or even by reason of strength eighty;
yet their span[3] is but toil and trouble;
they are soon gone, and we fly away.

11 Who considers the power of your anger,
and your wrath according to the fear
of you?

12 So teach us to number our days
that we may get a heart of wisdom.

13 Return, O LORD! How long?
Have pity on your servants!

14 Satisfy us in the morning with your
steadfast love,
that we may rejoice and be glad all our
days.

15 Make us glad for as many days as you
have afflicted us,
and for as many years as we have seen
evil.

16 Let your work be shown to your
servants,
and your glorious power to their
children.

17 Let the favor[4] of the Lord our God be
upon us,
and establish the work of our hands
upon us;
yes, establish the work of our hands!

Unter Gottes Schutz

91 Wer unter dem Schirm des Höchsten sitzt
und unter dem Schatten des Allmächtigen bleibt,

2 der spricht zu dem HERRN: /
Meine Zuversicht und meine Burg,
mein Gott, auf den ich hoffe.

3 Denn er errettet dich vom Strick des Jägers
und von der verderblichen Pest.

4 Er wird dich mit seinen Fittichen decken, /
und Zuflucht wirst du haben unter seinen Flügeln.
Seine Wahrheit ist Schirm und Schild,

5 dass du nicht erschrecken musst vor dem Grauen der Nacht,
vor den Pfeilen, die des Tages fliegen,

6 vor der Pest, die im Finstern schleicht,
vor der Seuche, die am Mittag Verderben bringt.

7 Wenn auch tausend fallen zu deiner Seite /
und zehntausend zu deiner Rechten,
so wird es doch dich nicht treffen.

8 Ja, du wirst es mit eigenen Augen sehen
und schauen, wie den Gottlosen vergolten wird.

9 Denn der HERR ist deine Zuversicht,
der Höchste ist deine Zuflucht.

10 Es wird dir kein Übel begegnen,
und keine Plage wird sich deinem Hause nahen.

11 Denn er hat seinen Engeln befohlen,
dass sie dich behüten auf allen deinen Wegen,

12 dass sie dich auf den Händen tragen
und du deinen Fuß nicht an einen Stein stoßest.

13 Über Löwen und Ottern wirst du gehen
und junge Löwen und Drachen niedertreten.

14 »Er liebt mich, darum will ich ihn erretten;
er kennt meinen Namen, darum will ich ihn schützen.

My Refuge and My Fortress

91 He who dwells in the shelter of the Most High
will abide in the shadow of the Almighty.

2 I will say[1] to the LORD, "My refuge and my fortress,
my God, in whom I trust."

3 For he will deliver you from the snare of the fowler
and from the deadly pestilence.

4 He will cover you with his pinions,
and under his wings you will find refuge;
his faithfulness is a shield and buckler.

5 You will not fear the terror of the night,
nor the arrow that flies by day,

6 nor the pestilence that stalks in darkness,
nor the destruction that wastes at noonday.

7 A thousand may fall at your side,
ten thousand at your right hand,
but it will not come near you.

8 You will only look with your eyes
and see the recompense of the wicked.

9 Because you have made the LORD your dwelling place—
the Most High, who is my refuge[2]—

10 no evil shall be allowed to befall you,
no plague come near your tent.

11 For he will command his angels concerning you
to guard you in all your ways.

12 On their hands they will bear you up,
lest you strike your foot against a stone.

13 You will tread on the lion and the adder;
the young lion and the serpent you will trample underfoot.

14 "Because he holds fast to me in love, I will deliver him;
I will protect him, because he knows my name.

15 Er ruft mich an, darum will ich ihn
   erhören; /
   ich bin bei ihm in der Not,
     ich will ihn herausreißen und zu
     Ehren bringen.
16 Ich will ihn sättigen mit langem Leben
   und will ihm zeigen mein Heil.«

Freude am Lob Gottes

92
EIN PSALMLIED FÜR DEN SABBATTAG.

2 **Das ist ein köstlich Ding, dem HERRN
   danken
   und lobsingen deinem Namen, du
   Höchster,**
3 **des Morgens deine Gnade
   und des Nachts deine Wahrheit
   verkündigen**
4 **auf dem Psalter mit zehn Saiten,
   mit Spielen auf der Harfe.**
5 **Denn, HERR, du lässest mich fröhlich
   singen von deinen Werken,
   und ich rühme die Taten deiner
   Hände.**

6 HERR, wie sind deine Werke so groß!
   Deine Gedanken sind sehr tief.
7 Ein Törichter glaubt das nicht,
   und ein Narr begreift es nicht.

8 Die Gottlosen grünen wie das Gras, /
   und die Übeltäter blühen alle –
   nur um vertilgt zu werden für immer!
9 Aber du, HERR, bist der Höchste
   und bleibest ewiglich.

10 Denn siehe, deine Feinde, HERR, /
   siehe, deine Feinde werden umkommen,
   und alle Übeltäter sollen zerstreut
   werden.

11 Aber mich machst du stark wie den
   Wildstier
   und salbst mich mit frischem Öl.
12 Mit Freude sieht mein Auge auf meine
   Feinde herab
   und hört mein Ohr von den Boshaften,
   die sich gegen mich erheben.

13 Der Gerechte wird grünen wie ein
   Palmbaum,
   er wird wachsen wie eine Zeder auf
   dem Libanon.
14 Die gepflanzt sind im Hause des HERRN,
   werden in den Vorhöfen unsres Gottes
   grünen.

15 When he calls to me, I will answer
   him;
   I will be with him in trouble;
   I will rescue him and honor him.

16 With long life I will satisfy him
   and show him my salvation."

How Great Are Your Works

92
A PSALM. A SONG FOR THE SABBATH.
   It is good to give thanks to the LORD,
   to sing praises to your name, O Most
   High;

2 to declare your steadfast love in the
   morning,
   and your [h]faithfulness by [i]night,
3 to the music of the lute and [j]the harp,
   to the melody of [j]the lyre.
4 For you, O LORD, have made me glad by
   your work;
   at the works of your hands I sing for
   joy.

5 How great are your works, O LORD!
   Your thoughts are very deep!
6 The stupid man cannot know;
   the fool cannot understand this:

7 that though the wicked sprout like grass
   and all evildoers flourish,
   they are doomed to destruction forever;
8 but you, O LORD, are on high forever.

9 For behold, your enemies, O LORD,
   for behold, your enemies shall perish;
   all evildoers shall be scattered.

10 But you have exalted my horn like that
   of the wild ox;
   you have poured over me[l] fresh oil.
11 My eyes have seen the downfall of my
   enemies;
   my ears have heard the doom of my
   evil assailants.

12 The righteous flourish like the palm tree
   and grow like a cedar in Lebanon.
13 They are planted in the house of the
   LORD;
   they flourish in the courts of our God.

15 Und wenn sie auch alt werden, / werden sie dennoch blühen, fruchtbar und frisch sein,	**14** They still bear fruit in old age; they are ever full of sap and green,
16 dass sie verkünden, wie der Herr es recht macht; er ist mein Fels und kein Unrecht ist an ihm.	**15** to declare that the Lord is upright; he is my rock, and there is no unrighteousness in him.

Der ewige König

93

Der Herr ist König und herrlich geschmückt; /
der Herr ist geschmückt und umgürtet mit Kraft.
Er hat den Erdkreis gegründet, dass er nicht wankt.

2 Von Anbeginn steht dein Thron fest;
du bist ewig.

3 Herr, die Wasserströme erheben sich, /
die Wasserströme erheben ihr Brausen,
die Wasserströme heben empor die Wellen;

4 die Wasserwogen im Meer sind groß
und brausen mächtig;
der Herr aber ist noch größer in der Höhe.

5 Dein Wort ist wahrhaftig und gewiss;
Heiligkeit ist die Zierde deines Hauses,
Herr, für alle Zeit.

The Lord Reigns

93

The Lord reigns; he is robed in majesty;
the Lord is robed; he has put on strength as his belt.
Yes, the world is established; it shall never be moved.

2 Your throne is established from of old;
you are from everlasting.

3 The floods have lifted up, O Lord,
the floods have lifted up their voice;
the floods lift up their roaring.

4 Mightier than the thunders of many waters,
mightier than the waves of the sea,
the Lord on high is mighty!

5 Your decrees are very trustworthy;
holiness befits your house,
O Lord, forevermore.

Hilferuf gegen die Unterdrücker des Volkes Gottes

94

Herr, du Gott der Vergeltung,
du Gott der Vergeltung, erscheine!

2 Erhebe dich, du Richter der Welt;
vergilt den Hoffärtigen, was sie verdienen!

3 Herr, wie lange sollen die Gottlosen,
wie lange sollen die Gottlosen prahlen?

4 Es reden so trotzig daher,
es rühmen sich alle Übeltäter.

5 Herr, sie zerschlagen dein Volk
und plagen dein Erbe.

6 Witwen und Fremdlinge bringen sie um
und töten die Waisen

7 und sagen: Der Herr sieht's nicht,
und der Gott Jakobs beachtet's nicht.

8 Merkt doch auf, ihr Narren im Volk!
Und ihr Toren, wann wollt ihr klug werden?

9 Der das Ohr gepflanzt hat, sollte der nicht hören?
Der das Auge gemacht hat, sollte der nicht sehen?

The Lord Will Not Forsake His People

94

O Lord, God of vengeance,
O God of vengeance, shine forth!

2 Rise up, O judge of the earth;
repay to the proud what they deserve!

3 O Lord, how long shall the wicked,
how long shall the wicked exult?

4 They pour out their arrogant words;
all the evildoers boast.

5 They crush your people, O Lord,
and afflict your heritage.

6 They kill the widow and the sojourner,
and murder ᶻthe fatherless;

7 and they say, "The Lord does not see;
the God of Jacob does not perceive."

8 Understand, O dullest of the people!
Fools, when will you be wise?

9 He who planted the ear, does he not hear?
He who formed the eye, does he not see?

10 Der die Völker in Zucht hält, /
 sollte der nicht Rechenschaft fordern –
 er, der die Menschen Erkenntnis lehrt?

11 Aber der HERR kennt die Gedanken der
 Menschen:
 Sie sind nur ein Hauch!

12 Wohl dem, den du, HERR, in Zucht
 nimmst
 und lehrst ihn durch dein Gesetz,

13 ihm Ruhe zu schaffen vor bösen Tagen,
 bis dem Gottlosen die Grube gegraben
 ist.

14 Denn der HERR wird sein Volk nicht
 verstoßen
 noch sein Erbe verlassen.

15 Denn **Recht muss doch Recht bleiben,
 und ihm werden alle frommen
 Herzen zufallen.**

16 Wer steht mir bei wider die Boshaften?
 Wer tritt zu mir wider die Übeltäter?

17 Wenn der HERR mir nicht hülfe,
 läge ich bald am Orte des Schweigens.

18 Wenn ich sprach: Mein Fuß ist
 gestrauchelt,
 so hielt mich, HERR, deine Gnade.

19 Ich hatte viel Kummer in meinem
 Herzen,
 aber deine Tröstungen erquickten
 meine Seele.

20 Du hast ja nicht Gemeinschaft mit dem
 Richterstuhl der Bösen,
 die das Gesetz missbrauchen und
 Unheil schaffen.

21 Sie rotten sich zusammen wider den
 Gerechten
 und verurteilen unschuldiges Blut.

22 Aber der HERR ist mein Schutz,
 mein Gott ist der Hort meiner
 Zuversicht.

23 Und er wird ihnen ihr Unrecht
 vergelten /
 und sie um ihrer Bosheit willen
 vertilgen;
 der HERR, unser Gott, wird sie
 vertilgen.

10 He who disciplines the nations, does he
 not rebuke?
 He who teaches man knowledge—

11 the LORD—knows the thoughts of
 man,
 that they are but a breath.[1]

12 Blessed is the man whom you discipline,
 O LORD,
 and whom you teach out of your law,

13 to give him rest from days of trouble,
 until a pit is dug for the wicked.

14 For the LORD will not forsake his people;
 he will not abandon his "heritage;

15 for justice will return to the righteous,
 and all the upright in heart will follow
 it.

16 Who rises up for me against the wicked?
 Who stands up for me against
 evildoers?

17 If the LORD had not been my help,
 my soul would soon have lived in the
 land of silence.

18 When I thought, "My foot slips,"
 your steadfast love, O LORD, held me
 up.

19 When the cares of my heart are many,
 your consolations cheer my soul.

20 Can wicked rulers be allied with you,
 those who frame injustice by statute?

21 They band together against the life of the
 righteous
 and condemn the innocent to death.[2]

22 But the LORD has become my
 stronghold,
 and my God the rock of my refuge.

23 He will bring back on them their
 iniquity
 and wipe them out for their
 wickedness;
 the LORD our God will wipe them out.

Aufruf zur Anbetung und zum Gehorsam

95 Kommt herzu, lasst uns dem HERRN
 frohlocken
 und jauchzen dem Hort unsres Heils!

Let Us Sing Songs of Praise

95 Oh come, let us sing to the LORD;
 let us make a joyful noise to the rock
 of our salvation!

2 Lasst uns mit Danken vor sein
Angesicht kommen
und mit Psalmen ihm jauchzen!

3 Denn der Herr ist ein großer Gott
und ein großer König über alle Götter.

4 Denn in seiner Hand sind die Tiefen der
Erde,
und die Höhen der Berge sind auch
sein.

5 Denn sein ist das Meer, und er hat's
gemacht,
und seine Hände haben das Trockene
bereitet.

6 Kommt, lasst uns anbeten und knien
und niederfallen vor dem Herrn, der
uns gemacht hat.

7 Denn er ist unser Gott
und wir das Volk seiner Weide und
Schafe seiner Hand.

Wenn ihr doch heute auf seine Stimme
hören wolltet:

8 »Verstocket euer Herz nicht, wie zu
Meriba geschah, wie zu Massa in
der Wüste,

9 wo mich eure Väter versuchten und
prüften
und hatten doch mein Werk gesehen.

10 Vierzig Jahre war dies Volk mir zuwider,
dass ich sprach: /
Es sind Leute, deren Herz immer den
Irrweg will
und die meine Wege nicht lernen
wollen,

11 sodass ich schwor in meinem Zorn:
Sie sollen nicht zu meiner Ruhe
kommen.«

Der Schöpfer und Richter aller Welt
(vgl. 1.Chr 16,23-33)

96
Singet dem Herrn ein neues Lied;
singet dem Herrn, alle Welt!

2 Singet dem Herrn und lobet seinen
Namen,
verkündet von Tag zu Tag sein Heil!

3 Erzählet unter den Heiden von seiner
Herrlichkeit,
unter allen Völkern von seinen
Wundern!

4 Denn der Herr ist groß und hoch zu
loben,
mehr zu fürchten als alle Götter.

2 Let us come into his presence with
thanksgiving;
let us make a joyful noise to him with
songs of praise!

3 For the Lord is a great God,
and a great King above all gods.

4 In his hand are the depths of the earth;
the heights of the mountains are his
also.

5 The sea is his, for he made it,
and his hands formed ᵏthe dry land.

6 Oh come, let us worship and bow down;
let us kneel before the Lord, our
Maker!

7 For he is our God,
and we are the people of his pasture,
and the sheep of his hand.
Today, if you hear his voice,

8 do not harden your hearts, as at
Meribah,
as on the day at Massah in the
wilderness,

9 when your fathers put me to the test
and put me to the proof, though they
had seen my work.

10 For forty years I loathed that generation
and said, "They are a people who go
astray in their heart,
and they have not known my ways."

11 Therefore I swore in my wrath,
"They shall not enter my rest."

Worship in the Splendor of Holiness

96
Oh sing to the Lord a new song;
sing to the Lord, all the earth!

2 Sing to the Lord, bless his name;
tell of his salvation from day to day.

3 Declare his glory among the nations,
his marvelous works among all the
peoples!

4 For great is the Lord, and greatly to be
praised;
he is to be feared above all gods.

5 Denn alle Götter der Völker sind
   Götzen;
   aber der HERR hat den Himmel
   gemacht.
6 Hoheit und Pracht sind vor ihm,
   Macht und Herrlichkeit in seinem
   Heiligtum.
7 Ihr Völker, bringet dar dem HERRN,
   bringet dar dem HERRN Ehre und
   Macht!
8 Bringet dar dem HERRN die Ehre seines
   Namens,
   bringet Geschenke und kommt in
   seine Vorhöfe!
9 Betet an den HERRN in heiligem
   Schmuck;
   es fürchte ihn alle Welt!

10 Sagt unter den Heiden: Der HERR ist
   König.
   Er hat den Erdkreis gegründet, dass
   er nicht wankt. Er richtet die
   Völker recht.

11 Der Himmel freue sich, und die Erde sei
   fröhlich,
   das Meer brause und was darinnen ist;
12 das Feld sei fröhlich und alles, was
   darauf ist;
   es sollen jauchzen alle Bäume im
   Walde
13 vor dem HERRN; denn er kommt,
   denn er kommt, zu richten das
   Erdreich.
   Er wird den Erdkreis richten mit
   Gerechtigkeit
   und die Völker mit seiner Wahrheit.

Freude am Königtum Gottes

97 Der HERR ist König; des freue sich das
   Erdreich
   und seien fröhlich die Inseln, so viel
   ihrer sind.
2 Wolken und Dunkel sind um ihn her,
   Gerechtigkeit und Gericht sind seines
   Thrones Stütze.

3 Feuer geht vor ihm her
   und verzehrt ringsum seine Feinde.

4 Seine Blitze erleuchten den Erdkreis,
   das Erdreich sieht es und erschrickt.

5 Berge zerschmelzen wie Wachs vor dem
   HERRN,
   vor dem Herrscher der ganzen Erde.

5 For all the gods of the peoples are
   worthless idols,
   but the LORD made the heavens.

6 Splendor and majesty are before him;
   strength and beauty are in his
   sanctuary.

7 Ascribe to the LORD, O families of the
   peoples,
   ascribe to the LORD glory and strength!
8 Ascribe to the LORD the glory due his
   name;
   bring an offering, and come into his
   courts!
9 Worship the LORD in the splendor of
   holiness;[1]
   tremble before him, all the earth!

10 Say among the nations, "The LORD
   reigns!
   Yes, the world is established; it shall
   never be moved;
   he will judge the peoples with equity."

11 Let the heavens be glad, and let the
   earth rejoice;
   let the sea roar, and all that fills it;
12 let the field exult, and everything in it!
   Then shall all the trees of the forest sing
   for joy

13 before the LORD, for he comes,
   for he comes to judge the earth.
   He will judge the world in
   righteousness,
   and the peoples in his faithfulness.

The LORD Reigns

97 The LORD reigns, let the earth rejoice;
   let the many coastlands be glad!

2 Clouds and thick darkness are all
   around him;
   righteousness and justice are the foundation of his throne.

3 Fire goes before him
   and burns up his adversaries all
   around.

4 His lightnings light up the world;
   the earth sees and trembles.

5 The mountains melt like wax before the
   LORD,
   before the Lord of all the earth.

6 Die Himmel verkündigen seine
Gerechtigkeit,
und seine Herrlichkeit sehen alle
Völker.

7 Schämen sollen sich alle, die den Bildern
dienen /
und sich der Götzen rühmen.
Betet ihn an, alle Götter!

8 Zion hört es und ist froh,
und die Töchter Juda sind fröhlich,
weil du, HERR, recht regierest.

9 Denn du, HERR, bist der Höchste über
allen Landen,
du bist hoch erhöht über alle Götter.

10 Die ihr den HERRN liebet, hasset das
Arge!
Der Herr bewahrt die Seelen seiner
Heiligen; aus der Hand der
Gottlosen wird er sie erretten.

11 Dem Gerechten muss das Licht immer
wieder aufgehen
und Freude den frommen Herzen.

12 Ihr Gerechten, freut euch des HERRN
und danket ihm und preiset seinen
heiligen Namen!

Der königliche Richter aller Welt

98 EIN PSALM.
Singet dem HERRN ein neues Lied,
denn er tut Wunder.
Er schafft Heil mit seiner Rechten
und mit seinem heiligen Arm.

2 Der HERR lässt sein Heil kundwerden;
vor den Völkern macht er seine
Gerechtigkeit offenbar.

3 Er gedenkt an seine Gnade und Treue
für das Haus Israel,
aller Welt Enden sehen das Heil
unsres Gottes.

4 Jauchzet dem HERRN, alle Welt,
singet, rühmet und lobet!

5 Lobet den HERRN mit Harfen,
mit Harfen und mit Saitenspiel!

6 Mit Trompeten und Posaunen
jauchzet vor dem HERRN, dem König!

6 The heavens proclaim his righteousness,
and all the peoples see his glory.

7 All worshipers of images are put to
shame,
who make their boast in worthless
idols;
worship him, all you gods!

8 Zion hears and is glad,
and the daughters of Judah rejoice,
because of your judgments, O LORD.

9 For you, O LORD, are most high over all
the earth;
you are exalted far above all gods.

10 O you who love the LORD, hate evil!
He preserves the lives of his saints;
he delivers them from the hand of the
wicked.

11 Light is sown[1] for the righteous,
and joy for the upright in heart.

12 Rejoice in the LORD, O you righteous,
and give thanks to his holy name!

Make a Joyful Noise to the LORD

98 A PSALM.
Oh sing to the LORD a new song,
for he has done marvelous things!
His right hand and his holy arm
have worked salvation for him.

2 The LORD has made known his
salvation;
he has revealed his righteousness in
the sight of the nations.

3 He has remembered his steadfast love
and faithfulness
to the house of Israel.
All the ends of the earth have seen
the salvation of our God.

4 Make a joyful noise to the LORD, all the
earth;
break forth into joyous song and sing
praises!

5 Sing praises to the LORD with the lyre,
with the lyre and the sound of
melody!

6 With trumpets and the sound of the
horn
make a joyful noise before the King,
the LORD!

7 Das Meer brause und was darinnen ist,
 der Erdkreis und die darauf wohnen.
8 Die Ströme sollen frohlocken,
 und alle Berge seien fröhlich
9 vor dem HERRN; denn er kommt, das
 Erdreich zu richten.
 Er wird den Erdkreis richten mit
 Gerechtigkeit und die Völker, wie
 es recht ist.

Der heilige Gott

99 Der HERR ist König, darum zittern die
 Völker;
 er sitzt über den Cherubim, darum
 bebt die Welt.
2 Der HERR ist groß in Zion
 und erhaben über alle Völker.
3 Preisen sollen sie deinen großen und
 wunderbaren Namen,
 − DENN ER IST HEILIG −,
4 und die Macht des Königs,
 der das Recht lieb hat.
 Du hast bestimmt, was richtig ist,
 du schaffest Gericht und Gerechtigkeit
 in Jakob.
5 ERHEBET DEN HERRN, UNSERN GOTT, /
 BETET AN VOR DEM SCHEMEL SEINER FÜSSE;
 DENN ER IST HEILIG.

6 Mose und Aaron unter seinen Priestern /
 und Samuel unter denen, die seinen
 Namen anrufen,
 die riefen den HERRN an und er erhörte
 sie.
7 Er redete mit ihnen in der Wolkensäule;
 sie hielten seine Gesetze und Gebote,
 die er ihnen gab.

8 HERR, du bist unser Gott, du erhörtest
 sie;
 du, Gott, vergabst ihnen und straftest
 ihr Tun.
9 ERHEBET DEN HERRN, UNSERN GOTT, /
 UND BETET AN AUF SEINEM HEILIGEN BERGE;
 DENN DER HERR, UNSER GOTT, IST HEILIG.

Ein Aufruf zum Lobe Gottes

100 EIN PSALM ZUM DANKOPFER.
 Jauchzet dem HERRN, alle Welt!

2 Dienet dem HERRN mit Freuden,
 kommt vor sein Angesicht mit
 Frohlocken!

7 Let the sea roar, and all that fills it;
 ⁰ the world and those who dwell in it!
8 Let the rivers clap their hands;
 let the hills sing for joy together
9 before the LORD, for he comes
 to judge the earth.
 He will judge the world with
 righteousness,
 and the peoples with equity.

The LORD Our God Is Holy

99 The LORD reigns; let the peoples
 tremble!
 He sits enthroned upon the cherubim;
 let the earth quake!
2 The LORD is great in Zion;
 he is exalted over all the peoples.
3 Let them praise your great and awesome
 name!
 Holy is he!

4 The King in his might loves justice.[1]
 You have established equity;
 you have executed justice
 and righteousness in Jacob.
5 Exalt the LORD our God;
 worship at his footstool!
 Holy is he!

6 Moses and Aaron were among his
 priests,
 Samuel also was among those who
 called upon his name.
 They called to the LORD, and he
 answered them.
7 In the pillar of the cloud he spoke to
 them;
 they kept his testimonies
 and the statute that he gave them.

8 O LORD our God, you answered them;
 you were a forgiving God to them,
 but an avenger of their wrongdoings.

9 Exalt the LORD our God,
 and worship at his holy mountain;
 for the LORD our God is holy!

His Steadfast Love Endures Forever

100 A PSALM FOR GIVING THANKS.
 Make a joyful noise to the LORD,
 all the earth!

2 Serve the LORD with gladness!
 Come into his presence with singing!

3 Erkennet, dass der HERR Gott ist!/
Er hat uns gemacht und nicht wir selbst
zu seinem Volk und zu Schafen seiner
Weide.

4 Gehet zu seinen Toren ein mit Danken, /
zu seinen Vorhöfen mit Loben;
danket ihm, lobet seinen Namen!

5 Denn der HERR ist freundlich, /
und seine Gnade währet ewig
und seine Wahrheit für und für.

Regentenspiegel

101 EIN PSALM DAVIDS.
Von Gnade und Recht will ich
singen
und dir, HERR, Lob sagen.

2 Ich handle umsichtig und redlich, /
dass du mögest zu mir kommen;
ich wandle mit redlichem Herzen in
meinem Hause.

3 Ich nehme mir keine böse Sache vor;
ich hasse den Übertreter und lasse ihn
nicht bei mir bleiben.

4 Ein falsches Herz muss von mir
weichen.
Den Bösen kann ich nicht leiden.

5 Wer seinen Nächsten heimlich
verleumdet,
den bring ich zum Schweigen.
Ich mag den nicht, der stolze Gebärde
und hoffärtige Art hat.

6 Meine Augen sehen nach den Treuen im
Lande, /
dass sie bei mir wohnen;
ich habe gerne fromme Diener.

7 Falsche Leute dürfen in meinem Hause
nicht bleiben,
die Lügner gedeihen nicht bei mir.

8 Jeden Morgen bring ich zum Schweigen
alle Gottlosen im Lande,
dass ich alle Übeltäter ausrotte
aus der Stadt des HERRN.

Gebet um Wiederherstellung Zions (Der fünfte Bußpsalm)

102 EIN GEBET FÜR DEN ELENDEN, WENN
ER VERZAGT IST UND SEINE KLAGE VOR
DEM HERRN AUSSCHÜTTET.

---

3 Know that the LORD, he is God!
It is he who made us, and we are his;[1]
we are his people, and the sheep of his
pasture.

4 Enter his gates with thanksgiving,
and his courts with praise!
Give thanks to him; bless his name!

5 For the LORD is good;
his steadfast love endures forever,
and his faithfulness to all generations.

I Will Walk with Integrity

101 A PSALM OF DAVID.
I will sing of steadfast love and
justice;
to you, O LORD, I will make music.

2 I will ponder the way that is blameless.
Oh when will you come to me?
I will walk with integrity of heart
within my house;

3 I will not set before my eyes
anything that is worthless.
I hate the work of those who fall away;
it shall not cling to me.

4 A perverse heart shall be far from me;
I will know nothing of evil.

5 Whoever slanders his neighbor secretly
I will destroy.
Whoever has a haughty look and an
arrogant heart
I will not endure.

6 I will look with favor on the faithful in
the land,
that they may dwell with me;
he who walks in the way that is
blameless
shall minister to me.

7 No one who practices deceit
shall dwell in my house;
no one who utters lies
shall continue before my eyes.

8 Morning by morning I will destroy
all the wicked in the land,
cutting off all the evildoers
from the city of the LORD.

Do Not Hide Your Face from Me

102 A PRAYER OF ONE AFFLICTED, WHEN
HE IS FAINT AND POURS OUT HIS COM-
PLAINT BEFORE THE LORD.

2 Herr, höre mein Gebet
und lass mein Schreien zu dir
kommen!
3 Verbirg dein Antlitz nicht vor mir in der
Not, /
neige deine Ohren zu mir;
wenn ich dich anrufe, so erhöre mich
bald!

4 Denn meine Tage sind vergangen wie
ein Rauch,
und meine Gebeine sind verbrannt
wie von Feuer.
5 Mein Herz ist geschlagen und verdorrt
wie Gras,
dass ich sogar vergesse, mein Brot zu
essen.
6 Mein Gebein klebt an meiner Haut
vor Heulen und Seufzen.
7 Ich bin wie die Eule in der Einöde,
wie das Käuzchen in den Trümmern.
8 Ich wache und klage
wie ein einsamer Vogel auf dem
Dache.

9 Täglich schmähen mich meine Feinde,
und die mich verspotten, fluchen mit
meinem Namen.
10 Denn ich esse Asche wie Brot
und mische meinen Trank mit Tränen
11 vor deinem Drohen und Zorn,
weil du mich hochgehoben und zu
Boden geworfen hast.
12 Meine Tage sind dahin wie ein Schatten,
und ich verdorre wie Gras.

13 Du aber, Herr, bleibst ewiglich
und dein Name für und für.

14 Du wollest dich aufmachen und über
Zion erbarmen;
denn es ist Zeit, dass du ihm gnädig seist, und die Stunde ist
gekommen
15 – denn deine Knechte wollten gerne,
dass es gebaut würde,
und es jammert sie, dass es in
Trümmern liegt –,
16 dass die Heiden den Namen des Herrn
fürchten
und alle Könige auf Erden deine
Herrlichkeit.

17 Ja, der Herr baut Zion wieder
und erscheint in seiner Herrlichkeit.
18 Er wendet sich zum Gebet der
Verlassenen
und verschmäht ihr Gebet nicht.

1 Hear my prayer, O Lord;
let my cry come to you!
2 Do not hide your face from me
in the day of my distress!
Incline your ear to me;
answer me speedily in the day when I
call!
3 For my days pass away like smoke,
and my bones burn like a furnace.
4 My heart is struck down like grass and
has withered;
I forget to eat my bread.
5 Because of my loud groaning
my bones cling to my flesh.
6 I am like a desert owl of the wilderness,
like an owl[1] of the waste places;
7 I lie awake;
I am like a lonely sparrow on the
housetop.
8 All the day my enemies taunt me;
those who deride me use my name for
a curse.
9 For I eat ashes like bread
and mingle tears with my drink,
10 because of your indignation and anger;
for you have taken me up and thrown
me down.
11 My days are like an evening shadow;
I wither away like grass.

12 But you, O Lord, are enthroned forever;
you are remembered throughout all
generations.
13 You will arise and have pity on Zion;
it is the time to favor her;
the appointed time has come.

14 For your servants hold her stones dear
and have pity on her dust.

15 Nations will fear the name of the Lord,
and all the kings of the earth will fear
your glory.

16 For the Lord builds up Zion;
he appears in his glory;
17 he regards the prayer of the destitute
and does not despise their prayer.

19 Das werde geschrieben für die
      Nachkommen;
      und das Volk, das er schafft, wird den
      HERRN loben.

20 Denn er schaut von seiner heiligen
      Höhe,
      der HERR sieht vom Himmel auf die
      Erde,

21 dass er das Seufzen der Gefangenen
      höre
      und losmache die Kinder des Todes,

22 dass sie in Zion verkünden den Namen
      des HERRN
      und sein Lob in Jerusalem,

23 wenn die Völker zusammenkommen
      und die Königreiche, dem HERRN zu
      dienen.

24 Er demütigt auf dem Wege meine Kraft,
      er verkürzt meine Tage.

25 Ich sage: Mein Gott, nimm mich nicht
      weg /
      in der Hälfte meiner Tage!
      Deine Jahre währen für und für.

26 Du hast vorzeiten die Erde gegründet,
      und die Himmel sind deiner Hände
      Werk.

27 Sie werden vergehen, du aber bleibst;
      sie werden alle veralten wie ein
      Gewand;
      wie ein Kleid wirst du sie wechseln,
      und sie werden verwandelt werden.

28 Du aber bleibst, wie du bist,
      und deine Jahre nehmen kein Ende.

29 Die Söhne deiner Knechte bleiben
      wohnen,
      und ihr Geschlecht wird vor dir
      gedeihen.

Das Hohelied der Barmherzigkeit Gottes

103 VON DAVID.
Lobe den HERRN, meine Seele,
      und was in mir ist, seinen heiligen
      Namen!

2 Lobe den HERRN, meine Seele,
      und vergiss nicht, was er dir Gutes
      getan hat:

3 der dir alle deine Sünde vergibt
      und heilet alle deine Gebrechen,

4 der dein Leben vom Verderben erlöst,
      der dich krönet mit Gnade und
      Barmherzigkeit,

18 Let this be recorded for a generation to
      come,
      so that a people yet to be created may
      praise the LORD:

19 that he looked down from his holy
      height;
      from heaven the LORD looked at the
      earth,

20 to hear the groans of the prisoners,
      to set free those who were doomed to
      die,

21 that they may declare in Zion the name
      of the LORD,
      and in Jerusalem his praise,

22 when peoples gather together,
      and kingdoms, to worship the LORD.

23 He has broken my strength in
      midcourse;
      he has shortened my days.

24 "O my God," I say, "take me not away
      in the midst of my days—
      you whose years endure
      throughout all generations!"

25 Of old you laid the foundation of the
      earth,
      and the heavens are the work of your
      hands.

26 They will perish, but you will remain;
      they will all wear out like a garment.
      You will change them like a robe, and
      they will pass away,

27 but you are the same, and your years
      have no end.

28 The children of your servants shall dwell
      secure;
      their offspring shall be established
      before you.

Bless the LORD, O My Soul

103 OF DAVID.
Bless the LORD, O my soul,
      and all that is within me,
      bless his holy name!

2 Bless the LORD, O my soul,
      and forget not all his benefits,

3 who forgives all your iniquity,
      who heals all your diseases,

4 who redeems your life from the pit,
      who crowns you with steadfast love
      and mercy,

5 der deinen Mund fröhlich macht
und du wieder jung wirst wie ein
Adler.

6 Der HERR schafft Gerechtigkeit und
Recht
allen, die Unrecht leiden.

7 Er hat seine Wege Mose wissen lassen,
die Kinder Israel sein Tun.

8 Barmherzig und gnädig ist der HERR,
geduldig und von großer Güte.

9 Er wird nicht für immer hadern
noch ewig zornig bleiben.

10 Er handelt nicht mit uns nach unsern
Sünden
und vergilt uns nicht nach unsrer
Missetat.

11 Denn so hoch der Himmel über der
Erde ist,
lässt er seine Gnade walten über
denen, die ihn fürchten.

12 So fern der Morgen ist vom Abend,
lässt er unsre Übertretungen von uns
sein.

13 Wie sich ein Vater über Kinder
erbarmt,
so erbarmt sich der HERR über die,
die ihn fürchten.

14 Denn er weiß, was für ein Gebilde wir
sind;
er gedenkt daran, dass wir Staub sind.

15 Ein Mensch ist in seinem Leben wie
Gras,
er blüht wie eine Blume auf dem Felde;

16 wenn der Wind darüber geht, so ist sie
nimmer da,
und ihre Stätte kennet sie nicht mehr.

17 Die Gnade aber des HERRN währt von
Ewigkeit zu Ewigkeit
über denen, die ihn fürchten,
und seine Gerechtigkeit auf Kindeskind

18 bei denen, die seinen Bund halten
und gedenken an seine Gebote,
dass sie danach tun.

19 Der HERR hat seinen Thron im Himmel
errichtet,
und sein Reich herrscht über alles.

20 Lobet den HERRN, ihr seine Engel, /
ihr starken Helden, die ihr seinen Befehl
ausrichtet,
dass man höre auf die Stimme seines
Wortes!

5 who satisfies you with good
so that your youth is renewed like the
eagle's.

6 The LORD works righteousness
and justice for all who are oppressed.

7 He made known his ways to Moses,
his acts to the people of Israel.

8 The LORD is merciful and gracious,
slow to anger and abounding in steadfast love.

9 He will not always chide,
nor will he keep his anger forever.

10 He does not deal with us according to
our sins,
nor repay us according to our
iniquities.

11 For as high as the heavens are above the
earth,
so great is his steadfast love toward
those who fear him;

12 as far as the east is from the west,
so far does he remove our transgressions from us.

13 As a father shows compassion to his
children,
so the LORD shows compassion to
those who fear him.

14 For he knows our frame;[1]
he remembers that we are dust.

15 As for man, his days are like grass;
he flourishes like a flower of the field;

16 for the wind passes over it, and it is
gone,
and its place knows it no more.

17 But the steadfast love of the LORD is
from everlasting to everlasting on
those who fear him,
and his righteousness to children's
children,

18 to those who keep his covenant
and remember to do his
commandments.

19 The LORD has established his throne in
the heavens,
and his kingdom rules over all.

20 Bless the LORD, O you his angels,
you mighty ones who do his word,
obeying the voice of his word!

21 Lobet den H<small>ERRN</small>, alle seine
 Heerscharen,
 seine Diener, die ihr seinen Willen tut!

22 Lobet den H<small>ERRN</small>, alle seine Werke, /
 an allen Orten seiner Herrschaft!

Lobe den H<small>ERRN</small>, meine Seele!

Lob des Schöpfers

104 Lobe den H<small>ERRN</small>, meine Seele!
 H<small>ERR</small>, mein Gott, du bist sehr
 herrlich;
 du bist schön und prächtig geschmückt.

2 Licht ist dein Kleid, das du anhast.
 Du breitest den Himmel aus wie einen
 Teppich;

3 du baust deine Gemächer über den
 Wassern.
 Du fährst auf den Wolken wie auf einem
 Wagen
 und kommst daher auf den Fittichen
 des Windes,

4 der du machst Winde zu deinen Boten
 und Feuerflammen zu deinen
 Dienern;

5 der du das Erdreich gegründet hast auf
 festen Boden,
 dass es bleibt immer und ewiglich.

6 Mit Fluten decktest du es wie mit einem
 Kleide,
 und die Wasser standen über den
 Bergen.

7 Aber vor deinem Schelten flohen sie,
 vor deinem Donner fuhren sie dahin.

8 Die Berge stiegen hoch empor,
 und die Täler senkten sich herunter
 zum Ort, den du ihnen gegründet
 hast.

9 Du hast eine Grenze gesetzt, darüber
 kommen sie nicht
 und dürfen nicht wieder das Erdreich
 bedecken.

10 Du lässest Wasser in den Tälern quellen,
 dass sie zwischen den Bergen
 dahinfließen,

11 dass alle Tiere des Feldes trinken
 und das Wild seinen Durst lösche.

12 Darüber sitzen die Vögel des Himmels
 und singen unter den Zweigen.

21 Bless the L<small>ORD</small>, all his hosts,
 his ministers, who do his will!

22 Bless the L<small>ORD</small>, all his works,
 in all places of his dominion.
 Bless the L<small>ORD</small>, O my soul!

O L<small>ORD</small> My God, You Are Very Great

104 Bless the L<small>ORD</small>, O my soul!
 O L<small>ORD</small> my God, you are very
 great!
 You are clothed with splendor and
 majesty,

2 covering yourself with light as with a
 garment,
 stretching out the heavens like a tent.

3 He lays the beams of his chambers on
 the waters;
 he makes the clouds his chariot;
 he rides on the wings of the wind;

4 he makes his messengers winds,
 his ministers a flaming fire.

5 He set the earth on its foundations,
 so that it should never be moved.

6 You covered it with the deep as with a
 garment;
 the waters stood above the mountains.

7 At your rebuke they fled;
 at the sound of your thunder they took
 to flight.

8 The mountains rose, the valleys sank
 down
 to the place that you appointed for
 them.

9 You set a boundary that they may not
 pass,
 so that they might not again cover the
 earth.

10 You make springs gush forth in the
 valleys;
 they flow between the hills;

11 they give drink to every beast of the
 field;
 the wild donkeys quench their thirst.

12 Beside them the birds of the heavens
 dwell;
 they sing among the branches.

13 Du feuchtest die Berge von oben her, / du machst das Land voll Früchte, die / du schaffest.	**13** From your lofty abode you water the / mountains; / the earth is satisfied with the fruit of / your work.

14 Du lässest Gras wachsen für das Vieh
und Saat zu Nutz den Menschen,
dass du Brot aus der Erde hervorbringst,

15 dass der Wein erfreue des Menschen
Herz
und sein Antlitz schön werde vom Öl
und das Brot des Menschen Herz
stärke.

16 Die Bäume des HERRN stehen voll Saft,
die Zedern des Libanon, die er gepflanzt hat.

17 Dort nisten die Vögel,
und die Reiher wohnen in den
Wipfeln.

18 Die hohen Berge geben dem Steinbock
Zuflucht
und die Felsklüfte dem Klippdachs.

19 Du hast den Mond gemacht, das Jahr
danach zu teilen;
die Sonne weiß ihren Niedergang.

20 Du machst Finsternis, dass es Nacht
wird;
da regen sich alle wilden Tiere,

21 die jungen Löwen, die da brüllen nach
Raub
und ihre Speise suchen von Gott.

22 Wenn aber die Sonne aufgeht, heben sie
sich davon
und legen sich in ihre Höhlen.

23 So geht dann der Mensch aus an seine
Arbeit
und an sein Werk bis an den Abend.

24 **HERR, wie sind deine Werke so groß**
und viel!
Du hast sie alle weise geordnet, und
die Erde ist voll deiner Güter.

25 Da ist das Meer, das so groß und weit
ist,
da wimmelt's ohne Zahl, große und
kleine Tiere.

26 Dort ziehen Schiffe dahin;
da sind große Fische, die du gemacht
hast, damit zu spielen.

27 **Es warten alle auf dich,**
dass du ihnen Speise gebest zur rech-
ten Zeit.

14 You cause the grass to grow for the
livestock
and plants for man to cultivate,
that he may bring forth food from the
earth

15 and wine to gladden the heart of man,
oil to make his face shine
and bread to strengthen man's heart.

16 The trees of the LORD are watered
abundantly,
the cedars of Lebanon that he planted.

17 In them the birds build their nests;
the stork has her home in the fir trees.

18 The high mountains are for the wild
goats;
the rocks are a refuge for the rock
badgers.

19 He made the moon to mark the
seasons;[1]
the sun knows its time for setting.

20 You make darkness, and it is night,
when all the beasts of the forest creep
about.

21 The young lions roar for their prey,
seeking their food from God.

22 When the sun rises, they steal away
and lie down in their dens.

23 Man goes out to his work
and to his labor until the evening.

24 O LORD, how manifold are your works!
In wisdom have you made them all;
the earth is full of your creatures.

25 Here is the sea, great and wide,
which teems with creatures
innumerable,
living things both small and great.

26 There go the ships,
and Leviathan, which you formed to
play in it.[2]

27 These all look to you,
to give them their food in due season.

28 Wenn du ihnen gibst, so sammeln sie;
    wenn du deine Hand auftust,
    so werden sie mit Gutem gesättigt.

29 Verbirgst du dein Angesicht, so
    erschrecken sie;
    nimmst du weg ihren Odem, so verge-
    hen sie und werden wieder Staub.

30 Du sendest aus deinen Odem, so
    werden sie geschaffen,
    und du machst neu die Gestalt der
    Erde.

31 Die Herrlichkeit des HERRN bleibe
    ewiglich,
    der HERR freue sich seiner
    Werke!

32 Er schaut die Erde an, so bebt sie;
    er rührt die Berge an, so rauchen sie.

33 Ich will dem HERRN singen mein Leben
    lang
    und meinen Gott loben, solange ich
    bin.

34 Mein Reden möge ihm wohlgefallen.
    Ich freue mich des HERRN.

35 Die Sünder sollen ein Ende nehmen auf
    Erden /
    und die Gottlosen nicht mehr sein.

    Lobe den HERRN, meine Seele!
    Halleluja!

Lob Gottes für seine Heilstaten in Israels Frühzeit

105 Danket dem HERRN und rufet an
    seinen Namen;
    verkündigt sein Tun unter den
    Völkern!

2 Singet und spielet ihm,
    redet von allen seinen Wundern!

3 Rühmet seinen heiligen Namen;
    es freue sich das Herz derer, die den
    HERRN suchen!

4 Fraget nach dem HERRN und nach seiner
    Macht,
    suchet sein Antlitz allezeit!

5 Gedenket seiner Wunderwerke, die er
    getan hat,
    seiner Zeichen und der Urteile seines
    Mundes,

6 du Geschlecht Abrahams, seines
    Knechts,
    ihr Söhne Jakobs, seine Auserwählten!

7 Er ist der HERR, unser Gott,
    er richtet in aller Welt.

28 When you give it to them, they gather it
    up;
    when you open your hand, they are
    filled with good things.

29 When you hide your face, they are
    dismayed;
    when you take away their breath, they
    die
    and return to their dust.

30 When you send forth your Spirit,[3] they
    are created,
    and you renew the face of the ground.

31 May the glory of the LORD endure
    forever;
    may the LORD rejoice in his works,

32 who looks on the earth and it trembles,
    who touches the mountains and they
    smoke!

33 I will sing to the LORD as long as I live;
    I will sing praise to my God while I
    have being.

34 May my meditation be pleasing to him,
    for I rejoice in the LORD.

35 Let sinners be consumed from the earth,
    and let the wicked be no more!

    Bless the LORD, O my soul!
    Praise the LORD!

Tell of All His Wonderful Works

105 Oh give thanks to the LORD; call
    upon his name;
    make known his deeds among the
    peoples!

2 Sing to him, sing praises to him;
    tell of all his wondrous works!

3 Glory in his holy name;
    let the hearts of those who seek the
    LORD rejoice!

4 Seek the LORD and his strength;
    seek his presence continually!

5 Remember the wondrous works that he
    has done,
    his miracles, and the judgments he
    uttered,

6 O offspring of Abraham, his servant,
    children of Jacob, his chosen ones!

7 He is the LORD our God;
    his judgments are in all the earth.

8 Er gedenkt ewiglich an seinen Bund,
   an das Wort, das er verheißen hat für
   tausend Geschlechter,
9 an den Bund, den er geschlossen hat mit
   Abraham,
   und an den Eid, den er Isaak geschworen hat.
10 Er stellte ihn auf für Jakob als Satzung
   und für Israel als ewigen Bund
11 und sprach: »Dir will ich das Land
   Kanaan geben,
   das Los eures Erbteils«,
12 als sie noch gering waren an Zahl,
   nur wenige und Fremdlinge im Lande.
13 Und sie zogen von Volk zu Volk,
   von einem Königreich zum andern.
14 Er ließ keinen Menschen ihnen Schaden
   tun
   und wies Könige zurecht um
   ihretwillen:
15 »Tastet meine Gesalbten nicht an,
   und tut meinen Propheten kein Leid!«
16 Und er ließ eine Hungersnot ins Land
   kommen
   und nahm weg allen Vorrat an Brot.
17 Er sandte einen Mann vor ihnen hin;
   Josef wurde als Knecht verkauft.
18 Sie zwangen seine Füße in Fesseln,
   sein Leib musste in Eisen liegen,
19 bis sein Wort eintraf
   und die Rede des Herrn ihm recht
   gab.
20 Da sandte der König hin und ließ ihn
   losgeben,
   der Herr über Völker, er gab ihn frei.
21 Er setzte ihn zum Herrn über sein Haus,
   zum Herrscher über alle seine Güter,
22 dass er seine Fürsten unterwiese nach
   seinem Willen
   und seine Ältesten Weisheit lehrte.

23 Und Israel zog nach Ägypten,
   und Jakob ward ein Fremdling im
   Lande Hams.
24 Und der Herr ließ sein Volk sehr
   wachsen
   und machte sie mächtiger als ihre
   Feinde.
25 Diesen verwandelte er das Herz, /
   dass sie seinem Volk gram wurden
   und Arglist übten an seinen Knechten.
26 Er sandte seinen Knecht Mose
   und Aaron, den er erwählt hatte.

8 He remembers his covenant forever,
   the word that he commanded, for a
   thousand generations,
9 the covenant that he made with
   Abraham,
   his sworn promise to Isaac,
10 which he confirmed to Jacob as a
   statute,
   to Israel as an everlasting covenant,
11 saying, "To you I will give the land of
   Canaan
   as your portion for an inheritance."
12 When they were few in number,
   of little account, and sojourners in it,
13 wandering from nation to nation,
   from one kingdom to another people,
14 he allowed no one to oppress them;
   he rebuked kings on their account,
15 saying, "Touch not my anointed ones,
   do my prophets no harm!"
16 When he summoned a famine on the
   land
   and broke all supply[1] of bread,
17 he had sent a man ahead of them,
   Joseph, who was sold as a slave.
18 His feet were hurt with fetters;
   his neck was put in a collar of iron;
19 until what he had said came to pass,
   the word of the Lord tested him.
20 The king sent and released him;
   the ruler of the peoples set him free;
21 he made him lord of his house
   and ruler of all his possessions,
22 to bind[2] his princes at his pleasure
   and to teach his elders wisdom.

23 Then Israel came to Egypt;
   Jacob sojourned in the land of Ham.
24 And the Lord made his people very
   fruitful
   and made them stronger than their
   foes.
25 He turned their hearts to hate his
   people,
   to deal craftily with his servants.
26 He sent Moses, his servant,
   and Aaron, whom he had chosen.

27 Die taten seine Zeichen unter ihnen
   und seine Wunder im Lande Hams.
28 Er ließ Finsternis kommen und machte
   es finster;
   doch sie blieben ungehorsam seinen
   Worten.
29 Er verwandelte ihre Wasser in Blut
   und tötete ihre Fische.
30 Ihr Land wimmelte von Fröschen
   bis in die Kammern ihrer Könige.
31 Er gebot, da kam Ungeziefer,
   Stechmücken in all ihr Gebiet.

32 Er gab ihnen Hagel statt Regen,
   Feuerflammen in ihrem Lande

33 und schlug ihre Weinstöcke und
   Feigenbäume
   und zerbrach die Bäume in ihrem
   Gebiet.
34 Er gebot, da kamen Heuschrecken
   geflogen
   und gekrochen ohne Zahl;
35 sie fraßen alles, was da wuchs in ihrem
   Lande,
   und fraßen auch die Frucht ihres
   Ackers.
36 Er schlug alle Erstgeburt in Ägypten,
   alle Erstlinge ihrer Kraft.

37 Er führte sie heraus mit Silber und Gold;
   es war kein Gebrechlicher unter ihren
   Stämmen.

38 Ägypten wurde froh, dass sie auszogen;
   denn Furcht vor ihnen war auf sie
   gefallen.

39 Er breitete eine Wolke aus, sie zu
   decken,
   und ein Feuer, des Nachts zu leuchten.
40 Sie baten, da ließ er Wachteln kommen,
   und er sättigte sie mit Himmelsbrot.

41 Er öffnete den Felsen, da flossen Wasser
   heraus,
   dass Bäche liefen in der dürren Wüste.

42 Denn er gedachte an sein heiliges Wort
   und an Abraham, seinen Knecht.

43 So führte er sein Volk in Freuden heraus
   und seine Auserwählten mit Jubel
44 und gab ihnen die Länder der Heiden,
   dass sie die Güter der Völker
   gewannen,

27 They performed his signs among them
   and miracles in the land of Ham.
28 He sent darkness, and made the land
   dark;
   they did not rebel[3] against his words.

29 He turned their waters into blood
   and caused their fish to die.
30 Their land swarmed with frogs,
   even in the chambers of their kings.
31 He spoke, and there came swarms of
   flies,
   and gnats throughout their country.
32 He gave them hail for rain,
   and fiery lightning bolts through their
   land.
33 He struck down their vines and fig trees,
   and shattered the trees of their
   country.

34 He spoke, and the locusts came,
   young locusts without number,

35 which devoured all the vegetation in
   their land
   and ate up the fruit of their ground.

36 He struck down all the firstborn in their
   land,
   [5] the firstfruits of all their strength.

37 Then he brought out Israel with silver
   and gold,
   and there was none among his tribes
   who stumbled.
38 Egypt was glad when they departed,
   for dread of them had fallen upon it.

39 He spread a cloud for a covering,
   and fire to give light by night.
40 They asked, and he brought quail,
   and gave them bread from heaven in
   abundance.
41 He opened the rock, and water gushed
   out;
   it flowed through the desert like a
   river.
42 For he remembered his holy promise,
   and Abraham, his servant.

43 So he brought his people out with joy,
   his chosen ones with singing.
44 And he gave them the lands of the
   nations,
   and they took possession of the fruit of
   the peoples' toil,

45 damit sie seine Gebote hielten
und seine Gesetze bewahrten.
Halleluja!

Gottes Gnade und Israels Undank

106 Halleluja!
**Danket dem HERRN; denn er ist
freundlich,
und seine Güte währet ewiglich.**

2 Wer kann die großen Taten des HERRN
alle erzählen
und sein Lob genug verkündigen?

3 Wohl denen, die das Gebot halten
und tun immerdar recht!

4 HERR, gedenke meiner nach der Gnade,
die du deinem Volk verheißen hast;
erweise an uns deine Hilfe,

5 dass wir sehen das Heil deiner
Auserwählten
und uns freuen, dass es deinem Volke so
gut geht,
und uns rühmen mit denen, die dein
Eigen sind.

6 Wir haben gesündigt samt unsern
Vätern,
wir haben unrecht getan und sind
gottlos gewesen.

7 Unsre Väter in Ägypten
wollten deine Wunder nicht verstehen.
Sie gedachten nicht an deine große Güte
und waren ungehorsam am Meer, am
Schilfmeer.

8 Er aber half ihnen um seines Namens
willen,
dass er seine Macht beweise.

9 Er schalt das Schilfmeer, da wurde es
trocken,
und führte sie durch die Tiefen wie
durch trockenes Land

10 und half ihnen aus der Hand dessen, der
sie hasste,
und erlöste sie von der Hand des
Feindes.

11 Und die Wasser ersäuften ihre
Widersacher,
dass nicht **einer** übrig blieb.

12 Da glaubten sie an seine Worte
und sangen sein Lob.

13 Aber sie vergaßen bald seine Werke,
sie warteten nicht auf seinen Rat.

14 Und sie wurden lüstern in der Wüste
und versuchten Gott in der Einöde.

---

45 that they might keep his statutes
and observe his laws.
Praise the LORD!

Give Thanks to the LORD, for He Is Good

106 Praise the LORD!
Oh give thanks to the LORD, for he
is good,
for his steadfast love endures forever!

2 Who can utter the mighty deeds of the
LORD,
or declare all his praise?

3 Blessed are they who observe justice,
who do righteousness at all times!

4 Remember me, O LORD, when you show
favor to your people;
help me when you save them,[1]

5 that I may look upon the prosperity of
your chosen ones,
that I may rejoice in the gladness of
your nation,
that I may glory with your inheritance.

6 Both we and our fathers have sinned;
we have committed iniquity; we have
done wickedly.

7 Our fathers, when they were in Egypt,
did not consider your wondrous
works;
they did not remember the abundance
of your steadfast love,
but rebelled by the sea, at the Red Sea.

8 Yet he saved them for his name's sake,
that he might make known his mighty
power.

9 He rebuked the Red Sea, and it became
dry,
and he led them through the deep as
through a desert.

10 So he saved them from the hand of the
foe
and redeemed them from the power of
the enemy.

11 And the waters covered their
adversaries;
not one of them was left.

12 Then they believed his words;
they sang his praise.

13 But they soon forgot his works;
they did not wait for his counsel.

14 But they had a wanton craving in the
wilderness,
and put God to the test in the desert;

15 Er aber gab ihnen, was sie erbaten,
und sandte ihnen genug, bis ihnen
davor ekelte.

16 Und sie empörten sich wider Mose im
Lager,
wider Aaron, den Heiligen des HERRN.

17 Die Erde tat sich auf und verschlang
Datan
und deckte zu die Rotte Abirams,

18 und Feuer wurde unter ihrer Rotte
angezündet,
die Flamme verbrannte die Gottlosen.

19 Sie machten ein Kalb am Horeb
und beteten das gegossene Bild an

20 und verwandelten die Herrlichkeit ihres
Gottes
in das Bild eines Ochsen, der Gras
frisst.

21 Sie vergaßen Gott, ihren Heiland,
der so große Dinge in Ägypten getan
hatte,

22 Wunder im Lande Hams
und schreckliche Taten am Schilfmeer.

23 Und er gedachte, sie zu vertilgen,
wäre nicht Mose gewesen, sein
Auserwählter;
der trat vor ihm in die Bresche,
seinen Grimm abzuwenden, dass er
sie nicht verderbe.

24 Und sie achteten das köstliche Land
gering;
sie glaubten seinem Worte nicht

25 und murrten in ihren Zelten;
sie gehorchten der Stimme des HERRN
nicht.

26 Da erhob er seine Hand wider sie,
dass er sie niederschlüge in der Wüste

27 und würfe ihre Nachkommen unter die
Heiden
und zerstreute sie in die Länder.

28 Und sie hängten sich an den Baal-Peor
und aßen von den Opfern für die
Toten

29 und erzürnten den Herrn mit ihrem
Tun.
Da brach die Plage herein über sie.

30 Da trat Pinhas hinzu und vollzog das
Gericht;
da wurde der Plage gewehrt;

15 he gave them what they asked,
but sent a wasting disease among
them.

16 When men in the camp were jealous of
Moses
and Aaron, the holy one of the LORD,

17 the earth opened and swallowed up
Dathan,
and covered the company of Abiram.

18 Fire also broke out in their company;
the flame burned up the wicked.

19 They made a calf in Horeb
and worshiped a metal image.

20 They exchanged the glory of God
for the image of an ox that eats grass.

21 They forgot God, their Savior,
who had done great things in Egypt,

22 wondrous works in the land of Ham,
and awesome deeds by the Red Sea.

23 Therefore he said he would destroy
them—
had not Moses, his chosen one,
stood in the breach before him,
to turn away his wrath from destroying them.

24 Then they despised the pleasant land,
having no faith in his promise.

25 They murmured in their tents,
and did not obey the voice of the LORD.

26 Therefore he raised his hand and swore
to them
that he would make them fall in the
wilderness,

27 and would make their offspring fall
among the nations,
scattering them among the lands.

28 Then they yoked themselves to the *a*Baal
of Peor,
and ate sacrifices offered to the dead;

29 they provoked the LORD to anger with
their deeds,
and a plague broke out among them.

30 Then Phinehas stood up and intervened,
and the plague was stayed.

31 das wurde ihm gerechnet zur
  Gerechtigkeit
  von Geschlecht zu Geschlecht
  ewiglich.

32 Und sie erzürnten den Herrn am
  Haderwasser,
  und Mose ging es übel um ihretwillen;

33 denn sie erbitterten sein Herz,
  dass ihm unbedachte Worte
  entfuhren.

34 Auch vertilgten sie die Völker nicht,
  wie ihnen der Herr doch geboten
  hatte,

35 sondern sie ließen sich ein mit den
  Heiden
  und lernten ihre Werke

36 und dienten ihren Götzen;
  die wurden ihnen zum Fallstrick.

37 Und sie opferten ihre Söhne
  und ihre Töchter den bösen Geistern

38 und vergossen unschuldig Blut,
  das Blut ihrer Söhne und Töchter,
  die sie opferten den Götzen Kanaans,
  sodass das Land mit Blutschuld
  befleckt war.

39 Sie machten sich unrein mit ihren
  Werken
  und wurden abtrünnig durch ihr Tun.

40 Da entbrannte der Zorn des Herrn über
  sein Volk,
  und sein Erbe wurde ihm zum
  Abscheu.

41 Er gab sie in die Hand der Heiden,
  dass über sie herrschten, die ihnen
  gram waren.

42 Und ihre Feinde ängsteten sie,
  und sie wurden gedemütigt unter ihre
  Hand.

43 Er rettete sie oftmals; /
  aber sie erzürnten ihn mit ihrem
  Vorhaben
  und schwanden dahin um ihrer
  Missetat willen.

44 Da sah er ihre Not an,
  als er ihre Klage hörte,

45 und gedachte an seinen Bund mit ihnen,
  und es reute ihn nach seiner großen
  Güte.

46 Und er ließ sie Barmherzigkeit finden
  bei allen, die sie gefangen hielten.

31 And that was counted to him as
  righteousness
  from generation to generation forever.

32 They angered him at the waters of
  Meribah,
  and it went ill with Moses on their
  account,

33 for they made his spirit bitter,[2]
  and he spoke rashly with his lips.

34 They did not destroy the peoples,
  as the Lord commanded them,

35 but they mixed with the nations
  and learned to do as they did.

36 They served their idols,
  which became a snare to them.

37 They sacrificed their sons
  and their daughters to the demons;

38 they poured out innocent blood,
  the blood of their sons and daughters,
  whom they sacrificed to the idols of
  Canaan,
  and the land was polluted with blood.

39 Thus they became unclean by their acts,
  and played the whore in their deeds.

40 Then the anger of the Lord was kindled
  against his people,
  and he abhorred his [r] heritage;

41 he gave them into the hand of the
  nations,
  so that those who hated them ruled
  over them.

42 Their enemies oppressed them,
  and they were brought into subjection
  under their power.

43 Many times he delivered them,
  but they were rebellious in their
  purposes
  and were brought low through their
  iniquity.

44 Nevertheless, he looked upon their
  distress,
  when he heard their cry.

45 For their sake he remembered his
  covenant,
  and relented according to the abundance of his steadfast love.

46 He caused them to be pitied
  by all those who held them captive.

47 Hilf uns, HERR, unser Gott,
und bring uns zusammen aus den
Heiden,
dass wir preisen deinen heiligen Namen
und uns rühmen, dass wir dich loben
können!

48 Gelobt sei der HERR, der Gott Israels,
von Ewigkeit zu Ewigkeit,
und alles Volk spreche: Amen!
Halleluja!

FÜNFTES BUCH

Danklied der Erlösten

107 Danket dem HERRN; denn er ist
freundlich,
und seine Güte währet ewiglich.

2 So sollen sagen, die erlöst sind durch
den HERRN,
die er aus der Not erlöst hat,

3 die er aus den Ländern zusammengebracht hat
von Osten und Westen, von Norden
und Süden.

4 Die irregingen in der Wüste, auf unge-
bahntem Wege,
und fanden keine Stadt, in der sie
wohnen konnten,

5 die hungrig und durstig waren
und deren Seele verschmachtete,

6 DIE DANN ZUM HERRN RIEFEN IN IHRER NOT
UND ER ERRETTETE SIE AUS IHREN ÄNGSTEN

7 und führte sie den richtigen Weg,
dass sie kamen zur Stadt, in der sie
wohnen konnten:

8 DIE SOLLEN DEM HERRN DANKEN FÜR SEINE
GÜTE /
UND FÜR SEINE WUNDER,
die er an den Menschenkindern tut,

9 dass er sättigt die durstige Seele
und die Hungrigen füllt mit Gutem.

10 Die da sitzen mussten in Finsternis und
Dunkel,
gefangen in Zwang und Eisen,

11 weil sie Gottes Geboten ungehorsam
waren
und den Ratschluss des Höchsten
verachtet hatten,

12 sodass er ihr Herz durch Unglück
beugte
und sie dalagen und ihnen niemand
half,

47 Save us, O LORD our God,
and gather us from among the nations,
that we may give thanks to your holy
name
and glory in your praise.

48 Blessed be the LORD, the God of Israel,
from everlasting to everlasting!
e And let all the people say, "Amen!"
Praise the LORD!

BOOK FIVE

Let the Redeemed of the LORD Say So

107 Oh give thanks to the LORD, for he
is good,
for his steadfast love endures forever!

2 Let the redeemed of the LORD say so,
whom he has redeemed from trouble[1]

3 and gathered in from the lands,
from the east and from the west,
from the north and from the south.

4 Some wandered in desert wastes,
finding no way to a city to dwell in;

5 hungry and thirsty,
their soul fainted within them.

6 Then they cried to the LORD in their
trouble,
and he delivered them from their
distress.

7 He led them by a straight way
till they reached a city to dwell in.

8 Let them thank the LORD for his steadfast love,
for his wondrous works to the children of man!

9 For he satisfies the longing soul,
and the hungry soul he fills with good
things.

10 Some sat in darkness and in the shadow
of death,
prisoners in affliction and in irons,

11 for they had rebelled against the words
of God,
and spurned the counsel of the Most
High.

12 So he bowed their hearts down with
hard labor;
they fell down, with none to help.

13 DIE DANN ZUM HERRN RIEFEN IN IHRER NOT
UND ER HALF IHNEN AUS IHREN ÄNGSTEN

14 und führte sie aus Finsternis und
Dunkel
und zerriss ihre Bande:
15 DIE SOLLEN DEM HERRN DANKEN FÜR SEINE
GÜTE /
UND FÜR SEINE WUNDER,
DIE ER AN DEN MENSCHENKINDERN TUT,
16 dass er zerbricht eherne Türen
und zerschlägt eiserne Riegel.

17 Die Toren, die geplagt waren um ihrer
Übertretung
und um ihrer Sünde willen,

18 dass ihnen ekelte vor aller Speise
und sie todkrank wurden,

19 DIE DANN ZUM HERRN RIEFEN IN IHRER NOT
UND ER HALF IHNEN AUS IHREN ÄNGSTEN,

20 er sandte sein Wort und machte sie
gesund
und errettete sie, dass sie nicht starben:
21 DIE SOLLEN DEM HERRN DANKEN FÜR SEINE
GÜTE /
UND FÜR SEINE WUNDER,
DIE ER AN DEN MENSCHENKINDERN TUT,
22 und sollen Dank opfern
und seine Werke erzählen mit
Freuden.

23 Die mit Schiffen auf dem Meere fuhren
und trieben ihren Handel auf großen
Wassern,
24 die des HERRN Werke erfahren haben
und seine Wunder auf dem Meer,
25 wenn er sprach und einen Sturmwind
erregte,
der die Wellen erhob,
26 und sie gen Himmel fuhren und in den
Abgrund sanken,
dass ihre Seele vor Angst verzagte,

27 dass sie taumelten und wankten wie ein
Trunkener
und wussten keinen Rat mehr,

28 DIE DANN ZUM HERRN SCHRIEN IN IHRER NOT
UND ER FÜHRTE SIE AUS IHREN ÄNGSTEN

29 und stillte das Ungewitter,
dass die Wellen sich legten

13 Then they cried to the LORD in their
trouble,
and he delivered them from their
distress.
14 He brought them out of darkness and
the shadow of death,
and burst their bonds apart.
15 Let them thank the LORD for his steadfast love,
for his wondrous works to the children of man!
16 For he shatters the doors of bronze
and cuts in two the bars of iron.

17 Some were fools through their sinful
ways,
and because of their iniquities suffered
affliction;
18 they loathed any kind of food,
and they drew near to the gates of
death.
19 Then they cried to the LORD in their
trouble,
and he delivered them from their
distress.
20 He sent out his word and healed them,
and delivered them from their
destruction.
21 Let them thank the LORD for his steadfast love,
for his wondrous works to the children of man!
22 And let them offer sacrifices of
thanksgiving,
and tell of his deeds in songs of joy!

23 Some went down to the sea in ships,
doing business on the great waters;

24 they saw the deeds of the LORD,
his wondrous works in the deep.
25 For he commanded and raised the
stormy wind,
which lifted up the waves of the sea.
26 They mounted up to heaven; they went
down to the depths;
their courage melted away in their evil
plight;
27 they reeled and staggered like drunken
men
and were at their wits' end.[2]
28 Then they cried to the LORD in their
trouble,
and he delivered them from their
distress.
29 He made the storm be still,
and the waves of the sea were hushed.

30 und sie froh wurden, dass es still
geworden war
und er sie zum erwünschten Lande
brachte:

31 DIE SOLLEN DEM HERRN DANKEN FÜR SEINE
GÜTE /
UND FÜR SEINE WUNDER,
DIE ER AN DEN MENSCHENKINDERN TUT,

32 und ihn in der Gemeinde preisen
und bei den Alten rühmen.

33 Er machte Bäche trocken
und ließ Wasserquellen versiegen,

34 dass fruchtbares Land zur Salzwüste
wurde
wegen der Bosheit derer, die dort
wohnten.

35 Er machte das Trockene wieder
wasserreich
und gab dem dürren Lande
Wasserquellen

36 und ließ die Hungrigen dort bleiben,
dass sie eine Stadt bauten, in der sie
wohnen konnten,

37 und Äcker besäten und Weinberge
pflanzten,
die jährlich Früchte trugen.

38 Und er segnete sie, dass sie sich sehr
mehrten,
und gab ihnen viel Vieh.

39 Aber sie wurden gering an Zahl und
geschwächt
von der Last des Unglücks und des
Kummers.

40 Er schüttete Verachtung aus auf die
Fürsten
und ließ sie irren in der Wüste, wo
kein Weg ist;

41 aber die Armen schützte er vor Elend
und mehrte ihr Geschlecht wie eine
Herde.

42 Das werden die Frommen sehen und
sich freuen,
und aller Bosheit wird das Maul
gestopft werden.

43 Wer ist weise und behält dies?
Der wird merken, wie viel Wohltaten
der HERR erweist.

30 Then they were glad that the waters[3]
were quiet,
and he brought them to their desired
haven.

31 Let them thank the LORD for his steadfast love,
for his wondrous works to the children of man!

32 Let them extol him in the congregation
of the people,
and praise him in the assembly of the
elders.

33 He turns rivers into a desert,
springs of water into thirsty ground,

34 a fruitful land into a salty waste,
because of the evil of its inhabitants.

35 He turns a desert into pools of water,
a parched land into springs of water.

36 And there he lets the hungry dwell,
and they establish a city to live in;

37 they sow fields and plant vineyards
and get a fruitful yield.

38 By his blessing they multiply greatly,
and he does not let their livestock
diminish.

39 When they are diminished and brought
low
through oppression, evil, and sorrow,

40 he pours contempt on princes
and makes them wander in trackless
wastes;

41 but he raises up the needy out of
affliction
and makes their families like flocks.

42 The upright see it and are glad,
and all wickedness shuts its mouth.

43 Whoever is wise, let him attend to these
things;
let them consider the steadfast love of
the LORD.

Lob Gottes und Zuversicht in Kriegsnot

108 EIN PSALMLIED DAVIDS.

2 Gott, mein Herz ist bereit,
   ich will singen und spielen. Wach auf,
   meine Seele!

3 Wach auf, Psalter und Harfe!
   Ich will das Morgenrot wecken.

4 Ich will dir danken, HERR, unter den
   Völkern,
   ich will dir lobsingen unter den
   Leuten.

5 Denn **deine Gnade reicht, so weit der
   Himmel ist,
   und deine Treue, so weit die Wolken
   gehen.**

6 Erhebe dich, Gott, über den Himmel
   und deine Herrlichkeit über alle
   Lande!

7 Lass deine Freunde errettet werden,
   dazu hilf mit deiner Rechten und
   erhöre uns!

8 Gott hat in seinem Heiligtum geredet:
   Ich will frohlocken;
   ich will Sichem verteilen
   und das Tal Sukkot ausmessen.

9 Gilead ist mein, Manasse ist auch mein, /
   und Ephraim ist der Schutz meines
   Haupts,
   Juda ist mein Zepter.

10 Moab ist mein Waschbecken, /
   ich will meinen Schuh auf Edom
   werfen,
   über die Philister will ich jauchzen.

11 Wer wird mich führen in die feste Stadt?
   Wer wird mich nach Edom leiten?

12 Wirst du es nicht tun, Gott, der du uns
   verstoßen hast,
   und ziehst nicht aus, Gott, mit unserm
   Heer?

13 Schaff uns Beistand vor dem Feind;
   denn Menschenhilfe ist nichts nütze.

14 Mit Gott wollen wir Taten tun.
   Er wird unsre Feinde niedertreten.

With God We Shall Do Valiantly

108 A SONG. A PSALM OF DAVID.

My heart is steadfast, O God!
I will sing and make melody with all
my being![1]

2 Awake, O harp and lyre!
   I will awake the dawn!

3 I will give thanks to you, O LORD,
   among the peoples;
   I will sing praises to you among the
   nations.

4 For your steadfast love is great above the
   heavens;
   your faithfulness reaches to the clouds.

5 Be exalted, O God, above the heavens!
   Let your glory be over all the earth!

6 That your beloved ones may be
   delivered,
   give salvation by your right hand and
   answer me!

7 God has promised in his holiness:[2]
   "With exultation I will divide up
   Shechem
   and portion out the Valley of Succoth.

8 Gilead is mine; Manasseh is mine;
   Ephraim is my helmet,
   Judah my scepter.

9 Moab is my washbasin;
   upon Edom I cast my shoe;
   over Philistia I shout in triumph."

10 Who will bring me to the fortified city?
   Who will lead me to Edom?

11 Have you not rejected us, O God?
   You do not go out, O God, with our
   armies.

12 Oh grant us help against the foe,
   for vain is the salvation of man!

13 With God we shall do valiantly;
   it is he who will tread down our foes.

Ein Ruf zu Gott gegen erbarmungslose Widersacher

109 EIN PSALM DAVIDS, VORZUSINGEN.
Gott, mein Ruhm, schweige nicht!

2 Denn sie haben ihr gottloses
      Lügenmaul wider mich aufgetan.
    Sie reden wider mich mit falscher
      Zunge /
3 und reden giftig wider mich allent-
      halben
    und streiten wider mich ohne Grund.
4 Dafür, dass ich sie liebe, feinden sie mich
      an;
    ich aber bete.
5 Sie erweisen mir Böses für Gutes
    und Hass für Liebe.

6 Gib ihm einen Gottlosen zum Gegner,
    und ein Verkläger stehe zu seiner
      Rechten.
7 Wenn er gerichtet wird, soll er schuldig
      gesprochen werden,
    und sein Gebet werde zur Sünde.
8 Seiner Tage sollen wenige werden,
    und sein Amt soll ein andrer
      empfangen.
9 Seine Kinder sollen Waisen werden
    und seine Frau eine Witwe.
10 Seine Kinder sollen umherirren und
      betteln
    und vertrieben werden aus ihren
      Trümmern.
11 Es soll der Wucherer alles fordern, was
      er hat,
    und Fremde sollen seine Güter rauben.
12 Und niemand soll ihm Gutes tun,
    und niemand erbarme sich seiner
      Waisen.
13 Seine Nachkommen sollen ausgerottet
      werden,
    ihr Name soll schon im zweiten Glied
      getilgt werden.
14 Der Schuld seiner Väter soll gedacht
      werden vor dem HERRN,
    und seiner Mutter Sünde soll nicht
      getilgt werden.
15 Der HERR soll sie nie mehr aus den
      Augen lassen,
    und ihr Andenken soll ausgerottet
      werden auf Erden,
16 weil er so gar keine Barmherzigkeit übte,
    sondern verfolgte den Elenden und
      Armen und den Betrübten, ihn zu
      töten.

Help Me, O LORD My God

109 TO THE CHOIRMASTER. A PSALM OF
DAVID.

1 Be not silent, O God of my praise!
2 For wicked and deceitful mouths are
      opened against me,
    speaking against me with lying
      tongues.
3 They encircle me with words of hate,
    and attack me without cause.

4 In return for my love they accuse me,
    but I give myself to prayer.[1]
5 So they reward me evil for good,
    and hatred for my love.

6 Appoint a wicked man against him;
    let an accuser stand at his right hand.
7 When he is tried, let him come forth
      guilty;
    let his prayer be counted as sin!
8 May his days be few;
    may another take his office!
9 May his children be fatherless
    and his wife a widow!
10 May his children wander about and beg,
    seeking food far from the ruins they
      inhabit!
11 May the creditor seize all that he has;
    may [k]strangers plunder the fruits of
      his toil!
12 Let there be none to extend kindness to
      him,
    nor any to pity his fatherless children!
13 May his posterity be cut off;
    may his name be blotted out in the
      second generation!
14 May the iniquity of his fathers be
      remembered before the LORD,
    and let not the sin of his mother be
      blotted out!
15 Let them be before the LORD continually,
    that he may cut off the memory of
      them from the earth!

16 For he did not remember to show
      kindness,
    but pursued the poor and needy
    and the brokenhearted, to put them to
      death.

17 Er liebte den Fluch,
  so komme er auch über ihn;
  er wollte den Segen nicht,
  so bleibe er auch fern von ihm.
18 Er zog den Fluch an wie sein Hemd;
  der dringe in ihn hinein wie Wasser
  und wie Öl in seine Gebeine;

19 er werde ihm wie ein Kleid, das er
    anhat,
  und wie ein Gürtel, mit dem er allezeit
    sich gürtet.
20 So geschehe denen vom HERRN, die
    wider mich sind
  und die Böses reden wider mich.

21 Aber du, HERR, /
  sei du mit mir um deines Namens
    willen;
  denn deine Gnade ist mein Trost:
    Errette mich!
22 Denn ich bin arm und elend;
  mein Herz ist zerschlagen in mir.
23 Ich fahre dahin wie ein Schatten, der
    schwindet,
  und werde abgeschüttelt wie
    Heuschrecken.
24 Meine Knie sind schwach vom Fasten,
  und mein Leib ist mager und hat kein
    Fett.
25 Ich bin ihnen zum Spott geworden;
  wenn sie mich sehen, schütteln sie den
    Kopf.

26 Steh mir bei, HERR, mein Gott!
  Hilf mir nach deiner Gnade,

27 und lass sie innewerden, dass dies deine
    Hand ist
  und du, HERR, das tust.
28 Fluchen sie, so segne du. /
  Erheben sie sich gegen mich, so sollen
    sie zuschanden werden;
  aber dein Knecht soll sich freuen.
29 Meine Widersacher sollen mit
    Schmach angezogen
  und mit ihrer Schande bekleidet
    werden wie mit einem Mantel.

30 Ich will dem HERRN sehr danken mit
    meinem Munde
  und ihn rühmen vor der Menge.

31 Denn er steht dem Armen zur Rechten,
  dass er ihm helfe von denen, die ihn
    verurteilen.

17 He loved to curse; let curses come[2] upon
    him!
  He did not delight in blessing; may it
    be far[3] from him!
18 He clothed himself with cursing as his
    coat;
  may it soak[4] into his body like water,
    like oil into his bones!
19 May it be like a garment that he wraps
    around him,
  like a belt that he puts on every day!

20 May this be the reward of my accusers
    from the LORD,
  of those who speak evil against my
    life!

21 But you, O GOD my Lord,
  deal on my behalf for your name's
    sake;
  because your steadfast love is good,
    deliver me!
22 For I am poor and needy,
  and my heart is stricken within me.
23 I am gone like a shadow at evening;
  I am shaken off like a locust.

24 My knees are weak through fasting;
  my body has become gaunt, with no
    fat.
25 I am an object of scorn to my accusers;
  when they see me, they wag their
    heads.

26 Help me, O LORD my God!
  Save me according to your steadfast
    love!
27 Let them know that this is your hand;
  you, O LORD, have done it!

28 Let them curse, but you will bless!
  They arise and are put to shame, but
    your servant will be glad!
29 May my accusers be clothed with
    dishonor;
  may they be wrapped in their own
    shame as in a cloak!

30 With my mouth I will give great thanks
    to the LORD;
  I will praise him in the midst of the
    throng.
31 For he stands at the right hand of the
    needy one,
  to save him from those who condemn
    his soul to death.

Der ewige König und Priester

EIN PSALM DAVIDS.

110 Der HERR sprach zu meinem Herrn: /
»Setze dich zu meiner Rechten,
bis ich deine Feinde zum Schemel
deiner Füße mache.«

2 Der HERR wird das Zepter deiner Macht
ausstrecken aus Zion.
Herrsche mitten unter deinen
Feinden!

3 Wenn du dein Heer aufbietest, wird dir
dein Volk
willig folgen in heiligem Schmuck.
Deine Söhne werden dir geboren
wie der Tau aus der Morgenröte.

4 Der HERR hat geschworen und es wird
ihn nicht gereuen:
»Du bist ein Priester ewiglich nach der
Weise Melchisedeks.«

5 Der Herr zu deiner Rechten wird
zerschmettern
die Könige am Tage seines Zorns.

6 Er wird richten unter den Heiden, /
wird viele erschlagen,
wird Häupter zerschmettern auf
weitem Gefilde.

7 Er wird trinken vom Bach auf dem
Wege,
darum wird er das Haupt
emporheben.

Preis der Gottesgnade

111 Halleluja!
Ich danke dem HERRN von ganzem
Herzen
im Rate der Frommen und in der
Gemeinde.

2 Groß sind die Werke des HERRN;
wer sie erforscht, der hat Freude
daran.

3 Was er tut, das ist herrlich und prächtig,
und seine Gerechtigkeit bleibt
ewiglich.

4 Er hat ein Gedächtnis gestiftet seiner
Wunder,
der gnädige und barmherzige HERR.

5 Er gibt Speise denen, die ihn fürchten;
er gedenkt ewig an seinen Bund.

Sit at My Right Hand

A PSALM OF DAVID.

110 The LORD says to my Lord:
"Sit at my right hand,
until I make your enemies your
footstool."

2 The LORD sends forth from Zion
your mighty scepter.
Rule in the midst of your enemies!

3 Your people will offer themselves freely
on the day of your power,[1]
in holy garments;[2]
from the womb of the morning,
the dew of your youth will be yours.[3]

4 The LORD has sworn
and will not change his mind,
"You are a priest forever
after the order of Melchizedek."

5 The Lord is at your right hand;
he will shatter kings on the day of his
wrath.

6 He will execute judgment among the
nations,
filling them with corpses;
he will shatter chiefs[4]
over the wide earth.

7 He will drink from the brook by the
way;
therefore he will lift up his head.

Great Are the LORD's Works

111[1] Praise the LORD!
I will give thanks to the LORD with
my whole heart,
in the company of the upright, in the
congregation.

2 Great are the works of the LORD,
studied by all who delight in them.

3 Full of splendor and majesty is his work,
and his righteousness endures forever.

4 He has caused his wondrous works to
be remembered;
the LORD is gracious and merciful.

5 He provides food for those who fear
him;
he remembers his covenant forever.

6 Er lässt verkündigen seine gewaltigen
Taten seinem Volk,
dass er ihnen gebe das Erbe der
Heiden.

7 Die Werke seiner Hände sind Wahrheit
und Recht;
alle seine Ordnungen sind beständig.

8 Sie stehen fest für immer und ewig;
sie sind recht und verlässlich.

9 Er sendet eine Erlösung seinem Volk; /
er verheißt, dass sein Bund ewig bleiben
soll.
Heilig und hehr ist sein Name.

10 Die Furcht des HERRN ist der Weisheit
Anfang. /
Klug sind alle, die danach tun.
Sein Lob bleibet ewiglich.

Preis der Gottesfurcht

112 Halleluja!
Wohl dem, der den HERRN
fürchtet,
der große Freude hat an seinen
Geboten!

2 Sein Geschlecht wird gewaltig sein im
Lande;
die Kinder der Frommen werden
gesegnet sein.

3 Reichtum und Fülle wird in ihrem
Hause sein,
und ihre Gerechtigkeit bleibt ewiglich.

4 Den Frommen geht das Licht auf in der
Finsternis
von dem Gnädigen, Barmherzigen und
Gerechten.

5 Wohl dem, der barmherzig ist und
gerne leiht
und das Seine tut, wie es recht ist!

6 Denn er wird ewiglich bleiben;
der Gerechte wird nimmermehr
vergessen.

7 Vor schlimmer Kunde fürchtet er sich
nicht;
sein Herz hofft unverzagt auf den
HERRN.

8 Sein Herz ist getrost und fürchtet sich
nicht,
bis er auf seine Feinde herabsieht.

9 Er streut aus und gibt den Armen; /
seine Gerechtigkeit bleibt ewiglich.
Seine Kraft wird hoch in Ehren stehen.

6 He has shown his people the power of
his works,
in giving them the inheritance of the
nations.

7 The works of his hands are faithful and
just;
all his precepts are trustworthy;

8 they are established forever and ever,
to be performed with faithfulness and
uprightness.

9 He sent redemption to his people;
he has commanded his covenant
forever.
Holy and awesome is his name!

10 The fear of the LORD is the beginning of
wisdom;
all those who practice it have a good
understanding.
His praise endures forever!

The Righteous Will Never Be Moved

112¹ Praise the LORD!
Blessed is the man who fears the
LORD,
who greatly delights in his
commandments!

2 His offspring will be mighty in the land;
the generation of the upright will be
blessed.

3 Wealth and riches are in his house,
and his righteousness endures forever.

4 Light dawns in the darkness for the
upright;
he is gracious, merciful, and righteous.

5 It is well with the man who deals generously and lends;
who conducts his affairs with justice.

6 For the righteous will never be moved;
he will be remembered forever.

7 He is not afraid of bad news;
his heart is firm, trusting in the LORD.

8 His heart is steady; he will not be afraid,
until he looks in triumph on his
adversaries.

9 He has distributed freely; he has given to
the poor;
his righteousness endures forever;
his horn is exalted in honor.

10 Der Gottlose wird's sehen und es wird
ihn verdrießen; /
mit den Zähnen wird er knirschen und
vergehen.
Denn was die Gottlosen wollen, das
wird zunichte.

Gottes Hoheit und Huld
(Ps 113,1–118,29: vgl. Mt 26,30)

113 Halleluja!
Lobet, ihr Knechte des HERRN,
lobet den Namen des HERRN!

2 Gelobt sei der Name des HERRN
von nun an bis in Ewigkeit!
3 Vom Aufgang der Sonne bis zu ihrem
Niedergang
sei gelobet der Name des HERRN!

4 Der HERR ist hoch über alle Völker;
seine Herrlichkeit reicht, so weit der
Himmel ist.
5 Wer ist wie der HERR, unser Gott,
im Himmel und auf Erden?
6 Der oben thront in der Höhe,
der herniederschaut in die Tiefe,
7 der den Geringen aufrichtet aus dem
Staube
und erhöht den Armen aus dem
Schmutz,
8 dass er ihn setze neben die Fürsten,
neben die Fürsten seines Volkes;
9 der die Unfruchtbare im Hause zu
Ehren bringt,
dass sie eine fröhliche Kindermutter
wird. Halleluja!

Gottes Wunder beim Auszug aus Ägypten

114 Als Israel aus Ägypten zog,
das Haus Jakob aus dem fremden
Volk,
2 da wurde Juda sein Heiligtum,
Israel sein Königreich.

3 Das Meer sah es und floh,
der Jordan wandte sich zurück.
4 Die Berge hüpften wie die Lämmer,
die Hügel wie die jungen Schafe.

5 Was war mit dir, du Meer, dass du
flohest,
und mit dir, Jordan, dass du dich
zurückwandtest?
6 Ihr Berge, dass ihr hüpftet wie die
Lämmer,
ihr Hügel, wie die jungen Schafe?

10 The wicked man sees it and is angry;
he gnashes his teeth and melts away;
the desire of the wicked will perish!

Who Is like the LORD Our God?

113 Praise the LORD!
Praise, O servants of the LORD,
praise the name of the LORD!

2 Blessed be the name of the LORD
from this time forth and forevermore!
3 From the rising of the sun to its setting,
the name of the LORD is to be praised!

4 The LORD is high above all nations,
and his glory above the heavens!
5 Who is like the LORD our God,
who is seated on high,
6 who looks far down
on the heavens and the earth?
7 He raises the poor from the dust
and lifts the needy from the ash heap,

8 to make them sit with princes,
with the princes of his people.
9 He gives the barren woman a home,
making her the joyous mother of
children.
Praise the LORD!

Tremble at the Presence of the LORD

114 When Israel went out from Egypt,
the house of Jacob from a people of
strange language,
2 Judah became his sanctuary,
Israel his dominion.

3 The sea looked and fled;
Jordan turned back.
4 The mountains skipped like rams,
the hills like lambs.

5 What ails you, O sea, that you flee?
O Jordan, that you turn back?

6 O mountains, that you skip like rams?
O hills, like lambs?

7 Vor dem Herrn erbebe, du Erde,
  vor dem Gott Jakobs,

8 der den Felsen wandelte in einen See
  und die Steine in Wasserquellen!

Gott allein die Ehre!
(Verse 4-11: vgl. Ps 135,15-20)

115 Nicht uns, Herr, nicht uns, /
  sondern deinem Namen gib Ehre
  um deiner Gnade und Treue willen!

2 Warum sollen die Heiden sagen:
  Wo ist denn ihr Gott?
3 **Unser Gott ist im Himmel;**
  er kann schaffen, was er will.

4 Ihre Götzen aber sind Silber und Gold,
  von Menschenhänden gemacht.
5 Sie haben Mäuler und reden nicht,
  sie haben Augen und sehen nicht,
6 sie haben Ohren und hören nicht,
  sie haben Nasen und riechen nicht,
7 sie haben Hände und greifen nicht, /
  Füße haben sie und gehen nicht,
  und kein Laut kommt aus ihrer Kehle.

8 Die solche Götzen machen, sind ihnen
  gleich,
  alle, die auf sie hoffen.

9 Aber Israel hoffe auf den Herrn!
  Er ist ihre Hilfe und Schild.
10 Das Haus Aaron hoffe auf den Herrn!
  Er ist ihre Hilfe und Schild.
11 Die ihr den Herrn fürchtet, hoffet auf
  den Herrn!
  Er ist ihre Hilfe und Schild.

12 **Der Herr denkt an uns und segnet uns;**
  er segnet das Haus Israel,
  er segnet das Haus Aaron.

13 Er segnet, die den Herrn fürchten,
  die Kleinen und die Großen.

14 Der Herr segne euch je mehr und mehr,
  euch und eure Kinder!
15 Ihr seid die Gesegneten des Herrn,
  der Himmel und Erde gemacht hat.

16 Der Himmel ist der Himmel des Herrn;
  aber die Erde hat er den
  Menschenkindern gegeben.

7 Tremble, O earth, at the presence of the
  Lord,
  at the presence of the God of Jacob,

8 who turns the rock into a pool of water,
  the flint into a spring of water.

To Your Name Give Glory

115 Not to us, O Lord, not to us, but to
  your name give glory,
  for the sake of your steadfast love and
  your faithfulness!

2 Why should the nations say,
  "Where is their God?"
3 Our God is in the heavens;
  he does all that he pleases.

4 Their idols are silver and gold,
  the work of human hands.
5 They have mouths, but do not speak;
  eyes, but do not see.
6 They have ears, but do not hear;
  noses, but do not smell.
7 They have hands, but do not feel;
  feet, but do not walk;
  and they do not make a sound in their
  throat.

8 Those who make them become like
  them;
  so do all who trust in them.

9 O Israel,[1] trust in the Lord!
  He is their help and their shield.
10 O house of Aaron, trust in the Lord!
  He is their help and their shield.
11 You who fear the Lord, trust in the
  Lord!
  He is their help and their shield.

12 The Lord has remembered us; he will
  bless us;
  he will bless the house of Israel;
  he will bless *the house of Aaron;
13 he will bless those who fear the Lord,
  both the small and the great.

14 May the Lord give you increase,
  you and your children!
15 May you be blessed by the Lord,
  who made heaven and earth!

16 The heavens are the Lord's heavens,
  but the earth he has given to the children of man.

17 Die Toten werden dich, HERR, nicht
loben,
keiner, der hinunterfährt in die Stille;
18 aber **wir** loben den HERRN
von nun an bis in Ewigkeit.
Halleluja!

Dank für Rettung aus Todesgefahr

116 Ich liebe den HERRN, denn er hört
die Stimme meines Flehens.

2 Er neigte sein Ohr zu mir;
darum will ich mein Leben lang
ihn anrufen.

3 Stricke des Todes hatten mich umfangen, /
des Totenreichs Schrecken hatten mich
getroffen;
ich kam in Jammer und Not.

4 Aber ich rief an den Namen des HERRN:
Ach, HERR, errette mich!

5 Der HERR ist gnädig und gerecht,
und unser Gott ist barmherzig.

6 Der HERR behütet die Unmündigen;
wenn ich schwach bin, so hilft er mir.

7 Sei nun wieder zufrieden, meine Seele;
denn der HERR tut dir Gutes.

8 Denn du hast meine Seele vom Tode
errettet,
mein Auge von den Tränen, meinen
Fuß vom Gleiten.

9 Ich werde wandeln vor dem HERRN
im Lande der Lebendigen.

10 Ich glaube, auch wenn ich sage:
Ich werde sehr geplagt.

11 Ich sprach in meinem Zagen:
Alle Menschen sind Lügner.

12 Wie soll ich dem HERRN vergelten
all seine Wohltat, die er an mir tut?

13 Ich will den Kelch des Heils nehmen
UND DES HERRN NAMEN ANRUFEN.

14 ICH WILL MEINE GELÜBDE DEM HERRN
ERFÜLLEN
VOR ALL SEINEM VOLK.

15 Der Tod seiner Heiligen
wiegt schwer vor dem HERRN.

16 Ach, HERR, ich bin dein Knecht, /
ich bin dein Knecht, der Sohn deiner
Magd;
du hast meine Bande zerrissen.

17 The dead do not praise the LORD,
nor do any who go down into silence.

18 But we will bless the LORD
from this time forth and forevermore.
Praise the LORD!

I Love the LORD

116 I love the LORD, because he has
heard
my voice and my pleas for mercy.
2 Because he inclined his ear to me,
therefore I will call on him as long as I
live.
3 The snares of death encompassed me;
the pangs of Sheol laid hold on me;
I suffered distress and anguish.

4 Then I called on the name of the LORD:
"O LORD, I pray, deliver my soul!"

5 Gracious is the LORD, and righteous;
our God is merciful.
6 The LORD preserves the simple;
when I was brought low, he saved me.

7 Return, O my soul, to your rest;
for the LORD has dealt bountifully with
you.

8 For you have delivered my soul from
death,
my eyes from tears,
my feet from stumbling;
9 I will walk before the LORD
in the land of the living.

10 I believed, even when[1] I spoke,
"I am greatly afflicted";
11 I said in my alarm,
"All mankind are liars."

12 What shall I render to the LORD
for all his benefits to me?
13 I will lift up the cup of salvation
and call on the name of the LORD,
14 I will pay my vows to the LORD
in the presence of all his people.

15 Precious in the sight of the LORD
is the death of his saints.
16 O LORD, I am your servant;
I am your servant, the son of your
maidservant.
You have loosed my bonds.

17 Dir will ich Dank opfern
UND DES HERRN NAMEN ANRUFEN.

18 ICH WILL MEINE GELÜBDE DEM HERRN
ERFÜLLEN
VOR ALL SEINEM VOLK

19 in den Vorhöfen am Hause des HERRN,
in dir, Jerusalem.
Halleluja!

Aufruf an die Völker zum Lob Gottes

117 Lobet den HERRN, alle Heiden!
Preiset ihn, alle Völker!

2 Denn seine Gnade und Wahrheit
waltet über uns in Ewigkeit.
Halleluja!

Dankbares Bekenntnis zur Hilfe Gottes

118 Danket dem HERRN; denn er ist
freundlich,
und seine Güte währet ewiglich.

2 Es sage nun Israel:
Seine Güte währet ewiglich.

3 Es sage nun das Haus Aaron:
Seine Güte währet ewiglich.

4 Es sagen nun, die den HERRN fürchten:
Seine Güte währet ewiglich.

5 In der Angst rief ich den HERRN an;
und der HERR erhörte mich und
tröstete mich.

6 Der HERR ist mit mir, darum fürchte ich
mich nicht;
was können mir Menschen tun?

7 Der HERR ist mit mir, mir zu helfen;
und ich werde herabsehen auf meine
Feinde.

8 Es ist gut, auf den HERRN vertrauen
und nicht sich verlassen auf
Menschen.

9 Es ist gut, auf den HERRN vertrauen
und nicht sich verlassen auf Fürsten.

10 Alle Heiden umgeben mich;
aber im Namen des HERRN will ich sie
abwehren.

11 Sie umgeben mich von allen Seiten;
aber im Namen des HERRN will ich sie
abwehren.

12 Sie umgeben mich wie Bienen, /
sie entbrennen wie ein Feuer in Dornen;
aber im Namen des HERRN will ich sie
abwehren.

17 I will offer to you the sacrifice of
thanksgiving
and call on the name of the LORD.

18 I will pay my vows to the LORD
in the presence of all his people,

19 in the courts of the house of the LORD,
in your midst, O Jerusalem.
Praise the LORD!

The LORD's Faithfulness Endures Forever

117 Praise the LORD, all nations!
Extol him, all peoples!

2 For great is his steadfast love toward us,
and the faithfulness of the LORD
endures forever.
Praise the LORD!

His Steadfast Love Endures Forever

118 Oh give thanks to the LORD, for he
is good;
for his steadfast love endures forever!

2 Let Israel say,
"His steadfast love endures forever."

3 Let the house of Aaron say,
"His steadfast love endures forever."

4 Let those who fear the LORD say,
"His steadfast love endures forever."

5 Out of my distress I called on the LORD;
the LORD answered me and set me
free.

6 The LORD is on my side; I will not fear.
What can man do to me?

7 The LORD is on my side as my helper;
I shall look in triumph on those who
hate me.

8 It is better to take refuge in the LORD
than to trust in man.

9 It is better to take refuge in the LORD
than to trust in princes.

10 All nations surrounded me;
in the name of the LORD I cut them
off!

11 They surrounded me, surrounded me
on every side;
in the name of the LORD I cut them
off!

12 They surrounded me like bees;
they went out like a fire among thorns;
in the name of the LORD I cut them
off!

13 Man stößt mich, dass ich fallen soll;
aber der HERR hilft mir.

14 Der HERR ist meine Macht und mein
Psalm
und ist mein Heil.

15 Man singt mit Freuden vom Sieg /
in den Hütten der Gerechten:
Die Rechte des HERRN behält den Sieg!

16 Die Rechte des HERRN ist erhöht;
die Rechte des HERRN behält den Sieg!

17 Ich werde nicht sterben, sondern leben
und des HERRN Werke verkündigen.

18 Der HERR züchtigt mich schwer;
aber er gibt mich dem Tode nicht
preis.

19 Tut mir auf die Tore der Gerechtigkeit,
dass ich durch sie einziehe und dem
HERRN danke.

20 Das ist das Tor des HERRN;
die Gerechten werden dort einziehen.

21 Ich danke dir, dass du mich erhört hast
und hast mir geholfen.

22 Der Stein, den die Bauleute verworfen
haben,
ist zum Eckstein geworden.

23 Das ist vom HERRN geschehen
und ist ein Wunder vor unsern Augen.

24 Dies ist der Tag, den der HERR macht;
lasst uns freuen und fröhlich an ihm
sein.

25 O HERR, hilf!
O HERR, lass wohlgelingen!

26 Gelobt sei, der da kommt im Namen des
HERRN!
Wir segnen euch, die ihr vom Hause
des HERRN seid.

27 Der HERR ist Gott, der uns erleuchtet.
Schmückt das Fest mit Maien bis an
die Hörner des Altars!

28 Du bist mein Gott und ich danke dir;
mein Gott, ich will dich preisen.

29 Danket dem HERRN; denn er ist
freundlich,
und seine Güte währet ewiglich.

13 I was pushed hard,[1] so that I was falling,
but the LORD helped me.

14 The LORD is my strength and my song;
he has become my salvation.

15 Glad songs of salvation
are in the tents of the righteous:
"The right hand of the LORD does
valiantly,

16 the right hand of the LORD exalts,
the right hand of the LORD does
valiantly!"

17 I shall not die, but I shall live,
and recount the deeds of the LORD.

18 The LORD has disciplined me severely,
but he has not given me over to death.

19 Open to me the gates of righteousness,
that I may enter through them
and give thanks to the LORD.

20 This is the gate of the LORD;
the righteous shall enter through it.

21 I thank you that you have answered me
and have become my salvation.

22 The stone that the builders rejected
has become the cornerstone.[2]

23 This is the LORD's doing;
it is marvelous in our eyes.

24 This is the day that the LORD has made;
let us rejoice and be glad in it.

25 Save us, we pray, O LORD!
O LORD, we pray, give us success!

26 Blessed is he who comes in the name of
the LORD!
We bless you from the house of the
LORD.

27 The LORD is God,
and he has made his light to shine
upon us.
Bind the festal sacrifice with cords,
up to the horns of the altar!

28 You are my God, and I will give thanks
to you;
you are my God; I will extol you.

29 Oh give thanks to the LORD, for he is
good;
for his steadfast love endures forever!

Die Herrlichkeit des Wortes Gottes (Das güldene ABC)

ALEPH

119 Wohl denen, die ohne Tadel leben,
die im Gesetz des HERRN wandeln!

119[1] Blessed are those whose way is blameless,
who walk in the law of the LORD!

2 Wohl denen, die sich an seine Mahnungen halten,
die ihn von ganzem Herzen suchen,

2 Blessed are those who keep his testimonies,
who seek him with their whole heart,

3 die auf seinen Wegen wandeln
und kein Unrecht tun.

3 who also do no wrong,
but walk in his ways!

4 Du hast geboten, fleißig zu halten deine Befehle.

4 You have commanded your precepts
to be kept diligently.

5 O dass mein Leben deine Gebote
mit ganzem Ernst hielte.

5 Oh that my ways may be steadfast
in keeping your statutes!

6 Wenn ich schaue allein auf deine Gebote,
so werde ich nicht zuschanden.

6 Then I shall not be put to shame,
having my eyes fixed on all your commandments.

7 Ich danke dir mit aufrichtigem Herzen,
dass du mich lehrst die Ordnungen
deiner Gerechtigkeit.

7 I will praise you with an upright heart,
when I learn your righteous rules.[2]

8 Deine Gebote will ich halten;
verlass mich nimmermehr!

8 I will keep your statutes;
do not utterly forsake me!

BETH

9 **Wie wird ein junger Mann seinen Weg
unsträflich gehen?
Wenn er sich hält an deine Worte.**

9 How can a young man keep his way pure?
By guarding it according to your word.

10 Ich suche dich von ganzem Herzen;
lass mich nicht abirren von deinen Geboten.

10 With my whole heart I seek you;
let me not wander from your commandments!

11 Ich behalte dein Wort in meinem Herzen,
damit ich nicht wider dich sündige.

11 I have stored up your word in my heart,
that I might not sin against you.

12 Gelobet seist du, HERR!
Lehre mich deine Gebote!

12 Blessed are you, O LORD;
teach me your statutes!

13 Ich will mit meinen Lippen erzählen
alle Weisungen deines Mundes.

13 With my lips I declare
all the rules[3] of your mouth.

14 Ich freue mich über den Weg, den deine
Mahnungen zeigen,
wie über großen Reichtum.

14 In the way of your testimonies I delight
as much as in all riches.

15 Ich rede von dem, was du befohlen hast,
und schaue auf deine Wege.

15 I will meditate on your precepts
and fix my eyes on your ways.

16 Ich habe Freude an deinen Satzungen
und vergesse deine Worte nicht.

16 I will delight in your statutes;
I will not forget your word.

GIMEL

17 Tu wohl deinem Knecht, dass ich lebe
und dein Wort halte.

17 Deal bountifully with your servant,
that I may live and keep your word.

18 **Öffne mir die Augen, dass ich sehe
die Wunder an deinem Gesetz.**

18 Open my eyes, that I may behold
wondrous things out of your law.

19 **Ich bin ein Gast auf Erden;
verbirg deine Gebote nicht vor mir.**

19 I am a sojourner on the earth;
hide not your commandments from me!

20 Meine Seele verzehrt sich vor Verlangen
nach deinen Ordnungen allezeit.

20 My soul is consumed with longing
for your rules[4] at all times.

21 Du schiltst die Stolzen;
   verflucht sind, die von deinen Geboten
   abirren.
22 Wende von mir Schmach und
   Verachtung;
   denn ich halte mich an deine
   Mahnungen.
23 Fürsten sitzen da und reden wider mich;
   aber dein Knecht sinnt nach über
   deine Gebote.
24 Ich habe Freude an deinen Mahnungen;
   sie sind meine Ratgeber.

25 Meine Seele liegt im Staube;
   erquicke mich nach deinem Wort.
26 Ich erzähle dir meine Wege und du
   erhörst mich;
   lehre mich deine Gebote.
27 Lass mich verstehen den Weg deiner
   Befehle,
   so will ich reden von deinen
   Wundern.
28 Ich gräme mich, dass mir die Seele
   verschmachtet;
   stärke mich nach deinem Wort.
29 Halte fern von mir den Weg der Lüge
   und gib mir in Gnaden dein Gesetz.
30 Ich habe erwählt den Weg der Wahrheit,
   deine Weisungen hab ich vor mich
   gestellt.
31 Ich halte an deinen Mahnungen fest;
   HERR, lass mich nicht zuschanden
   werden!
32 Ich laufe den Weg deiner Gebote;
   denn du tröstest mein Herz.

33 Zeige mir, HERR, den Weg deiner
   Gebote,
   dass ich sie bewahre bis ans Ende.
34 Unterweise mich, dass ich bewahre dein
   Gesetz
   und es halte von ganzem Herzen.
35 Führe mich auf dem Steig deiner
   Gebote;
   denn ich habe Gefallen daran.
36 Neige mein Herz zu deinen Mahnungen
   und nicht zur Habsucht.
37 Wende meine Augen ab, dass sie nicht
   sehen nach unnützer Lehre,
   und erquicke mich auf deinem Wege.
38 Erfülle deinem Knecht dein Wort,
   dass ich dich fürchte.

21 You rebuke the insolent, accursed ones,
   who wander from your
   commandments.
22 Take away from me scorn and
   contempt,
   for I have kept your testimonies.
23 Even though princes sit plotting against
   me,
   your servant will meditate on your
   statutes.
24 Your testimonies are my delight;
   they are my counselors.

DALETH

25 My soul clings to the dust;
   give me life according to your word!
26 When I told of my ways, you answered
   me;
   teach me your statutes!
27 Make me understand the way of your
   precepts,
   and I will meditate on your wondrous
   works.
28 My soul melts away for sorrow;
   strengthen me according to your
   word!
29 Put false ways far from me
   and graciously teach me your law!
30 I have chosen the way of faithfulness;
   I set your rules before me.
31 I cling to your testimonies, O LORD;
   let me not be put to shame!
32 I will run in the way of your
   commandments
   when you enlarge my heart![5]

HE

33 Teach me, O LORD, the way of your
   statutes;
   and I will keep it to the end.[6]
34 Give me understanding, that I may keep
   your law
   and observe it with my whole heart.
35 Lead me in the path of your
   commandments,
   for I delight in it.
36 Incline my heart to your testimonies,
   and not to selfish gain!
37 Turn my eyes from looking at worthless
   things;
   and give me life in your ways.
38 Confirm to your servant your promise,
   that you may be feared.

39 Wende von mir die Schmach, die ich
scheue;
denn deine Ordnungen sind gut.

40 Siehe, ich begehre deine Befehle;
erquicke mich mit deiner
Gerechtigkeit.

41 HERR, lass mir deine Gnade widerfahren,
deine Hilfe nach deinem Wort,

42 dass ich antworten kann dem, der mich
schmäht;
denn ich verlasse mich auf dein Wort.

43 Und nimm ja nicht von meinem Munde
das Wort der Wahrheit;
denn ich hoffe auf deine Ordnungen.

44 Ich will dein Gesetz halten allezeit,
immer und ewiglich.

45 Und ich wandle fröhlich;
denn ich suche deine Befehle.

46 Ich rede von deinen Zeugnissen vor
Königen
und schäme mich nicht.

47 Ich habe Freude an deinen Geboten,
sie sind mir sehr lieb,

48 und hebe meine Hände auf zu deinen
Geboten, die mir lieb sind,
und rede von deinen Weisungen.

49 Denke an das Wort, das du deinem
Knecht gabst,
und lass mich darauf hoffen.

50 Das ist mein Trost in meinem Elend,
dass dein Wort mich erquickt.

51 Die Stolzen treiben ihren Spott mit mir;
dennoch weiche ich nicht von deinem
Gesetz.

52 HERR, wenn ich an deine ewigen
Ordnungen denke,
so werde ich getröstet.

53 Zorn erfasst mich über die Gottlosen,
die dein Gesetz verlassen.

54 Deine Gebote sind mein Lied
im Hause, in dem ich Fremdling bin.

55 HERR, ich denke des Nachts an deinen
Namen
und halte dein Gesetz.

56 Das ist mein Schatz,
dass ich mich an deine Befehle halte.

39 Turn away the reproach that I dread,
for your rules are good.

40 Behold, I long for your precepts;
in your righteousness give me life!

WAW

41 Let your steadfast love come to me, O
LORD,
your salvation according to your
promise;

42 then shall I have an answer for him who
taunts me,
for I trust in your word.

43 And take not the word of truth utterly
out of my mouth,
for my hope is in your rules.

44 I will keep your law continually,
forever and ever,

45 and I shall walk in a wide place,
for I have sought your precepts.

46 I will also speak of your testimonies
before kings
and shall not be put to shame,

47 for I find my delight in your
commandments,
which I love.

48 I will lift up my hands toward your
commandments, which I love,
and I will meditate on your statutes.

ZAYIN

49 Remember your word to your servant,
in which you have made me hope.

50 This is my comfort in my affliction,
that your promise gives me life.

51 The insolent utterly deride me,
but I do not turn away from your law.

52 When I think of your rules from of old,
I take comfort, O LORD.

53 Hot indignation seizes me because of
the wicked,
who forsake your law.

54 Your statutes have been my songs
in the house of my sojourning.

55 I remember your name in the night, O
LORD,
and keep your law.

56 This blessing has fallen to me,
that I have kept your precepts.

57 Ich habe gesagt: HERR, das soll mein
　　Erbe sein,
　　dass ich deine Worte halte.

58 Ich suche deine Gunst von ganzem
　　Herzen;
　　sei mir gnädig nach deinem Wort.

59 Ich bedenke meine Wege
　　und lenke meine Füße zu deinen
　　Mahnungen.

60 Ich eile und säume nicht,
　　zu halten deine Gebote.

61 Der Gottlosen Stricke umschlingen
　　mich;
　　aber dein Gesetz vergesse ich nicht.

62 Zur Mitternacht stehe ich auf, dir zu
　　danken
　　für die Ordnungen deiner
　　Gerechtigkeit.

63 Ich halte mich zu allen, die dich
　　fürchten
　　und deine Befehle halten.

64 HERR, die Erde ist voll deiner Güte;
　　lehre mich deine Gebote.

65 Du tust Gutes deinem Knecht,
　　HERR, nach deinem Wort.

66 Lehre mich heilsame Einsicht und
　　Erkenntnis;
　　denn ich glaube deinen Geboten.

67 **Ehe ich gedemütigt wurde, irrte ich;**
　　nun aber halte ich dein Wort.

68 Du bist gütig und freundlich,
　　lehre mich deine Weisungen.

69 Die Stolzen erdichten Lügen über mich,
　　ich aber halte von ganzem Herzen
　　deine Befehle.

70 Ihr Herz ist völlig verstockt;
　　ich aber habe Freude an deinem
　　Gesetz.

71 Es ist gut für mich, dass du mich gede-
　　mütigt hast,
　　damit ich deine Gebote lerne.

72 Das Gesetz deines Mundes ist mir lieber
　　als viel tausend Stück Gold und Silber.

73 Deine Hand hat mich gemacht und
　　bereitet;
　　unterweise mich, dass ich deine
　　Gebote lerne.

HETH

57 The LORD is my portion;
　　I promise to keep your words.

58 I entreat your favor with all my heart;
　　be gracious to me according to your
　　promise.

59 When I think on my ways,
　　I turn my feet to your testimonies;

60 I hasten and do not delay
　　to keep your commandments.

61 Though the cords of the wicked ensnare
　　me,
　　I do not forget your law.

62 At midnight I rise to praise you,
　　because of your righteous rules.

63 I am a companion of all who fear you,
　　of those who keep your precepts.

64 The earth, O LORD, is full of your stead-
　　fast love;
　　teach me your statutes!

TETH

65 You have dealt well with your servant,
　　O LORD, according to your word.

66 Teach me good judgment and
　　knowledge,
　　for I believe in your commandments.

67 Before I was afflicted I went astray,
　　but now I keep your word.

68 You are good and do good;
　　teach me your statutes.

69 The insolent smear me with lies,
　　but with my whole heart I keep your
　　precepts;

70 their heart is unfeeling like fat,
　　but I delight in your law.

71 It is good for me that I was afflicted,
　　that I might learn your statutes.

72 The law of your mouth is better to me
　　than thousands of gold and silver
　　pieces.

YODH

73 Your hands have made and fashioned
　　me;
　　give me understanding that I may
　　learn your commandments.

74 Die dich fürchten, sehen mich und
    freuen sich;
    denn ich hoffe auf dein Wort.
75 HERR, ich weiß, dass deine Urteile
    gerecht sind;
    in deiner Treue hast du mich
    gedemütigt.
76 Deine Gnade soll mein Trost sein,
    wie du deinem Knecht zugesagt hast.

77 Lass mir deine Barmherzigkeit wider-
    fahren, dass ich lebe;
    denn ich habe Freude an deinem
    Gesetz.
78 Ach dass die Stolzen zuschanden
    würden, /
    die mich mit Lügen niederdrücken!
    Ich aber sinne nach über deine
    Befehle.
79 Ach dass sich zu mir hielten, die dich
    fürchten
    und deine Mahnungen kennen!
80 Mein Herz bleibe rechtschaffen in
    deinen Geboten,
    damit ich nicht zuschanden werde.

81 Meine Seele verlangt nach deinem Heil;
    ich hoffe auf dein Wort.
82 Meine Augen sehnen sich nach deinem
    Wort
    und sagen: Wann tröstest du mich?
83 Ich bin wie ein Weinschlauch im Rauch;
    doch deine Gebote vergesse ich nicht.
84 Wie lange soll dein Knecht noch
    warten?
    Wann willst du Gericht halten über
    meine Verfolger?
85 Die Stolzen graben mir Gruben,
    sie, die nicht tun nach deinem Gesetz.
86 All deine Gebote sind Wahrheit;
    sie aber verfolgen mich mit Lügen; hilf
    mir!
87 Sie haben mich fast umgebracht auf
    Erden;
    ich aber verlasse deine Befehle nicht.
88 Erquicke mich nach deiner Gnade,
    dass ich halte die Mahnung deines
    Mundes.

89 HERR, dein Wort bleibt ewiglich,
    so weit der Himmel reicht;

74 Those who fear you shall see me and
    rejoice,
    because I have hoped in your word.
75 I know, O LORD, that your rules are
    righteous,
    and that in faithfulness you have
    afflicted me.
76 Let your steadfast love comfort me
    according to your promise to your
    servant.

77 Let your mercy come to me, that I may
    live;
    for your law is my delight.
78 Let the insolent be put to shame,
    because they have wronged me with
    falsehood;
    as for me, I will meditate on your
    precepts.
79 Let those who fear you turn to me,
    that they may know your testimonies.
80 May my heart be blameless in your
    statutes,
    that I may not be put to shame!

KAPH

81 My soul longs for your salvation;
    I hope in your word.
82 My eyes long for your promise;
    I ask, "When will you comfort me?"
83 For I have become like a wineskin in the
    smoke,
    yet I have not forgotten your statutes.
84 How long must your servant endure?[7]
    When will you judge those who perse-
    cute me?
85 The insolent have dug pitfalls for me;
    they do not live according to your law.
86 All your commandments are sure;
    they persecute me with falsehood;
    help me!
87 They have almost made an end of me on
    earth,
    but I have not forsaken your precepts.
88 In your steadfast love give me life,
    that I may keep the testimonies of
    your mouth.

LAMEDH

89 Forever, O LORD, your word
    is firmly fixed in the heavens.

90 deine Wahrheit währet für und für.
Du hast die Erde fest gegründet und
sie bleibt stehen.

91 Sie steht noch heute nach deinen
Ordnungen;
denn es muss dir alles dienen.

92 **Wenn dein Gesetz nicht mein Trost
gewesen wäre,
so wäre ich vergangen in meinem
Elend.**

93 Ich will deine Befehle nimmermehr
vergessen;
denn du erquickst mich damit.

94 Ich bin dein, hilf mir;
denn ich suche deine Befehle.

95 Die Gottlosen lauern mir auf, dass sie
mich umbringen;
ich aber merke auf deine Mahnungen.

96 Ich habe gesehen, dass alles ein Ende
hat,
aber dein Gebot bleibt bestehen.

97 Wie habe ich dein Gesetz so lieb!
Täglich sinne ich ihm nach.

98 Du machst mich mit deinem Gebot
weiser, als meine Feinde sind;
denn es ist ewiglich mein Schatz.

99 Ich habe mehr Einsicht als alle meine
Lehrer;
denn über deine Mahnungen sinne ich
nach.

100 Ich bin klüger als die Alten;
denn ich halte mich an deine Befehle.

101 Ich verwehre meinem Fuß alle bösen
Wege,
damit ich dein Wort halte.

102 Ich weiche nicht von deinen
Ordnungen;
denn du lehrest mich.

103 Dein Wort ist meinem Munde
süßer als Honig.

104 Dein Wort macht mich klug;
darum hasse ich alle falschen Wege.

105 **Dein Wort ist meines Fußes Leuchte
und ein Licht auf meinem Wege.**

106 Ich schwöre und will's halten:
Die Ordnungen deiner Gerechtigkeit
will ich bewahren.

90 Your faithfulness endures to all
generations;
you have established the earth, and it
stands fast.

91 By your appointment they stand this
day,
for all things are your servants.

92 If your law had not been my delight,
I would have perished in my affliction.

93 I will never forget your precepts,
for by them you have given me life.

94 I am yours; save me,
for I have sought your precepts.

95 The wicked lie in wait to destroy me,
but I consider your testimonies.

96 I have seen a limit to all perfection,
but your commandment is exceedingly broad.

MEM

97 Oh how I love your law!
It is my meditation all the day.

98 Your commandment makes me wiser
than my enemies,
for it is ever with me.

99 I have more understanding than all my
teachers,
for your testimonies are my
meditation.

100 I understand more than the aged,[8]
for I keep your precepts.

101 I hold back my feet from every evil way,
in order to keep your word.

102 I do not turn aside from your rules,
for you have taught me.

103 How sweet are your words to my taste,
sweeter than honey to my mouth!

104 Through your precepts I get
understanding;
therefore I hate every false way.

NUN

105 Your word is a lamp to my feet
and a light to my path.

106 I have sworn an oath and confirmed it,
to keep your righteous rules.

107 Ich bin sehr gedemütigt;
HERR, erquicke mich nach deinem
Wort!

108 Lass dir gefallen, HERR, das Opfer
meines Mundes,
und lehre mich deine Ordnungen.

109 Mein Leben ist immer in Gefahr;
aber dein Gesetz vergesse ich nicht.

110 Die Gottlosen legen mir Schlingen;
ich aber irre nicht ab von deinen
Befehlen.

111 Deine Mahnungen sind mein ewiges
Erbe;
denn sie sind meines Herzens Wonne.

112 Ich neige mein Herz,
zu tun deine Gebote immer und
ewiglich.

113 Ich hasse die Wankelmütigen
und liebe dein Gesetz.

114 Du bist mein Schutz und mein Schild;
ich hoffe auf dein Wort.

115 Weichet von mir, ihr Übeltäter!
Ich will mich halten an die Gebote
meines Gottes.

116 Erhalte mich durch dein Wort, dass ich
lebe,
und lass mich nicht zuschanden
werden in meiner Hoffnung.

117 Stärke mich, dass ich gerettet werde,
so will ich stets Freude haben an
deinen Geboten.

118 Du verwirfst alle, die von deinen
Geboten abirren;
denn ihr Tun ist Lug und Trug.

119 Du schaffst alle Gottlosen auf Erden weg
wie Schlacken,
darum liebe ich deine Mahnungen.

120 Ich fürchte mich vor dir, dass mir die
Haut schaudert,
und ich entsetze mich vor deinen
Gerichten.

121 Ich übe Recht und Gerechtigkeit;
übergib mich nicht denen, die mir
Gewalt antun wollen.

122 Tritt ein für deinen Knecht und tröste
ihn,
dass mir die Stolzen nicht Gewalt
antun!

107 I am severely afflicted;
give me life, O LORD, according to your
word!

108 Accept my freewill offerings of praise, O
LORD,
and teach me your rules.

109 I hold my life in my hand continually,
but I do not forget your law.

110 The wicked have laid a snare for me,
but I do not stray from your precepts.

111 Your testimonies are my heritage forever,
for they are the joy of my heart.

112 I incline my heart to perform your
statutes
forever, to the end.[9]

SAMEKH

113 I hate the double-minded,
but I love your law.

114 You are my hiding place and my shield;
I hope in your word.

115 Depart from me, you evildoers,
that I may keep the commandments of
my God.

116 Uphold me according to your promise,
that I may live,
and let me not be put to shame in my
hope!

117 Hold me up, that I may be safe
and have regard for your statutes
continually!

118 You spurn all who go astray from your
statutes,
for their cunning is in vain.

119 All the wicked of the earth you discard
like dross,
therefore I love your testimonies.

120 My flesh trembles for fear of you,
and I am afraid of your judgments.

AYIN

121 I have done what is just and right;
do not leave me to my oppressors.

122 Give your servant a pledge of good;
let not the insolent oppress me.

123 Meine Augen sehnen sich nach deinem
  Heil
  und nach dem Wort deiner
  Gerechtigkeit.
124 Handle mit deinem Knechte nach deiner
  Gnade
  und lehre mich deine Gebote.
125 Ich bin dein Knecht: Unterweise mich,
  dass ich verstehe deine Mahnungen.

126 Es ist Zeit, dass der HERR handelt;
  sie haben dein Gesetz zerbrochen.
127 Darum liebe ich deine Gebote
  mehr als Gold und feines Gold.
128 Darum halte ich alle deine Befehle für
  recht,
  ich hasse alle falschen Wege.

129 Deine Mahnungen sind Wunderwerke;
  darum hält sie meine Seele.
130 Wenn dein Wort offenbar wird, so
  erfreut es
  und macht klug die Unverständigen.
131 Ich tue meinen Mund weit auf und
  lechze,
  denn mich verlangt nach deinen
  Geboten.
132 Wende dich zu mir und sei mir gnädig,
  wie du pflegst zu tun denen, die
  deinen Namen lieben.
133 Lass meinen Gang in deinem Wort fest
  sein
  und lass kein Unrecht über mich
  herrschen.
134 Erlöse mich von der Bedrückung durch
  Menschen,
  so will ich halten deine Befehle.
135 Lass dein Antlitz leuchten über deinen
  Knecht,
  und lehre mich deine Gebote.
136 Meine Augen fließen von Tränen,
  weil man dein Gesetz nicht hält.

137 HERR, du bist gerecht,
  und deine Urteile sind richtig.
138 Du hast deine Mahnungen geboten
  in Gerechtigkeit und großer Treue.

139 Ich habe mich fast zu Tode geeifert,
  weil meine Widersacher deine Worte
  vergessen.
140 Dein Wort ist ganz durchläutert,
  und dein Knecht hat es lieb.

123 My eyes long for your salvation
  and for the fulfillment of your righteous promise.
124 Deal with your servant according to
  your steadfast love,
  and teach me your statutes.
125 I am your servant; give me
  understanding,
  that I may know your testimonies!

126 It is time for the LORD to act,
  for your law has been broken.
127 Therefore I love your commandments
  above gold, above fine gold.
128 Therefore I consider all your precepts to
  be right;
  I hate every false way.

PE

129 Your testimonies are wonderful;
  therefore my soul keeps them.
130 The unfolding of your words gives light;
  it imparts understanding to the simple.

131 I open my mouth and pant,
  because I long for your
  commandments.

132 Turn to me and be gracious to me,
  as is your way with those who love
  your name.
133 Keep steady my steps according to your
  promise,
  and let no iniquity get dominion over
  me.

134 Redeem me from man's oppression,
  that I may keep your precepts.

135 Make your face shine upon your servant,
  and teach me your statutes.

136 My eyes shed streams of tears,
  because people do not keep your law.

TSADHE

137 Righteous are you, O LORD,
  and right are your rules.
138 You have appointed your testimonies in
  righteousness
  and in all faithfulness.

139 My zeal consumes me,
  because my foes forget your words.

140 Your promise is well tried,
  and your servant loves it.

141 Ich bin gering und verachtet;
    ich vergesse aber nicht deine Befehle.
142 Deine Gerechtigkeit ist eine ewige
    Gerechtigkeit,
    und dein Gesetz ist Wahrheit.
143 Angst und Not haben mich getroffen;
    ich habe aber Freude an deinen
    Geboten.
144 Deine Mahnungen sind gerecht in
    Ewigkeit;
    unterweise mich, so lebe ich.

145 Ich rufe von ganzem Herzen;
    erhöre mich, HERR; ich will deine
    Gebote halten.
146 Ich rufe zu dir, hilf mir;
    ich will mich an deine Mahnungen
    halten.
147 Ich komme in der Frühe und rufe um
    Hilfe;
    auf dein Wort hoffe ich.
148 Ich wache auf, wenn's noch Nacht ist,
    nachzusinnen über dein Wort.

149 Höre meine Stimme nach deiner Gnade;
    HERR, erquicke mich nach deinem
    Recht.
150 Meine arglistigen Verfolger nahen;
    aber sie sind fern von deinem Gesetz.
151 HERR, du bist nahe,
    und alle deine Gebote sind Wahrheit.
152 Längst weiß ich aus deinen Mahnungen,
    dass du sie für ewig gegründet hast.

153 Sieh doch mein Elend und errette mich;
    denn ich vergesse dein Gesetz nicht.
154 Führe meine Sache und erlöse mich;
    erquicke mich durch dein Wort.
155 Das Heil ist fern von den Gottlosen;
    denn sie achten deine Gebote nicht.
156 HERR, deine Barmherzigkeit ist groß;
    erquicke mich nach deinem Recht.
157 Meiner Verfolger und Widersacher sind
    viele;
    ich weiche aber nicht von deinen
    Mahnungen.
158 Ich sehe die Verächter und es tut mir
    wehe,
    dass sie dein Wort nicht halten.

141 I am small and despised,
    yet I do not forget your precepts.
142 Your righteousness is righteous forever,
    and your law is true.
143 Trouble and anguish have found me out,
    but your commandments are my
    delight.
144 Your testimonies are righteous forever;
    give me understanding that I may live.

QOPH

145 With my whole heart I cry; answer me,
    O LORD!
    I will keep your statutes.
146 I call to you; save me,
    that I may observe your testimonies.
147 I rise before dawn and cry for help;
    I hope in your words.
148 My eyes are awake before the watches of
    the night,
    that I may meditate on your promise.
149 Hear my voice according to your stead-
    fast love;
    O LORD, according to your justice give
    me life.
150 They draw near who persecute me with
    evil purpose;
    they are far from your law.
151 But you are near, O LORD,
    and all your commandments are true.
152 Long have I known from your
    testimonies
    that you have founded them forever.

RESH

153 Look on my affliction and deliver me,
    for I do not forget your law.
154 Plead my cause and redeem me;
    give me life according to your promise!
155 Salvation is far from the wicked,
    for they do not seek your statutes.
156 Great is your mercy, O LORD;
    give me life according to your rules.
157 Many are my persecutors and my
    adversaries,
    but I do not swerve from your
    testimonies.
158 I look at the faithless with disgust,
    because they do not keep your
    commands.

159 Siehe, ich liebe deine Befehle;
    HERR, erquicke mich nach deiner
    Gnade.
160 Dein Wort ist nichts als Wahrheit,
    alle Ordnungen deiner Gerechtigkeit
    währen ewiglich.

161 Fürsten verfolgen mich ohne Grund;
    aber mein Herz fürchtet sich nur vor
    deinen Worten.
162 Ich freue mich über dein Wort
    wie einer, der große Beute macht.
163 Lügen bin ich feind, und sie sind mir
    ein Gräuel;
    aber dein Gesetz habe ich lieb.
164 Ich lobe dich des Tages siebenmal
    um deiner gerechten Ordnungen
    willen.
165 Großen Frieden haben, die dein Gesetz
    lieben;
    sie werden nicht straucheln.
166 HERR, ich warte auf dein Heil
    und tue nach deinen Geboten.
167 Meine Seele hält sich an deine
    Mahnungen
    und liebt sie sehr.
168 Ich halte deine Befehle und deine
    Mahnungen;
    denn alle meine Wege liegen offen vor
    dir.

169 HERR, lass mein Klagen vor dich
    kommen;
    unterweise mich nach deinem Wort.
170 Lass mein Flehen vor dich kommen;
    errette mich nach deinem Wort.
171 Meine Lippen sollen dich loben;
    denn du lehrst mich deine Gebote.
172 Meine Zunge soll singen von deinem
    Wort;
    denn alle deine Gebote sind gerecht.
173 Lass deine Hand mir beistehen;
    denn ich habe erwählt deine Befehle.
174 HERR, mich verlangt nach deinem Heil,
    und an deinem Gesetz habe ich
    Freude.
175 Lass meine Seele leben, dass sie dich
    lobe,
    und dein Recht mir helfen.
176 Ich bin wie ein verirrtes und verlorenes
    Schaf;
    suche deinen Knecht, denn ich ver-
    gesse deine Gebote nicht.

159 Consider how I love your precepts!
    Give me life according to your stead-
    fast love.
160 The sum of your word is truth,
    and every one of your righteous rules
    endures forever.

SIN AND SHIN

161 Princes persecute me without cause,
    but my heart stands in awe of your
    words.
162 I rejoice at your word
    like one who finds great spoil.
163 I hate and abhor falsehood,
    but I love your law.
164 Seven times a day I praise you
    for your righteous rules.
165 Great peace have those who love your
    law;
    nothing can make them stumble.
166 I hope for your salvation, O LORD,
    and I do your commandments.
167 My soul keeps your testimonies;
    I love them exceedingly.
168 I keep your precepts and testimonies,
    for all my ways are before you.

TAW

169 Let my cry come before you, O LORD;
    give me understanding according to
    your word!
170 Let my plea come before you;
    deliver me according to your word.
171 My lips will pour forth praise,
    for you teach me your statutes.
172 My tongue will sing of your word,
    for all your commandments are right.
173 Let your hand be ready to help me,
    for I have chosen your precepts.
174 I long for your salvation, O LORD,
    and your law is my delight.
175 Let my soul live and praise you,
    and let your rules help me.
176 I have gone astray like a lost sheep; seek
    your servant,
    for I do not forget your
    commandments.

Hilferuf gegen Verleumder

120 EIN WALLFAHRTSLIED.
Ich rufe zu dem HERRN in meiner
Not
und er erhört mich.

2 HERR, errette mich von den
Lügenmäulern,
von den falschen Zungen.

3 Was soll er dir antun, du falsche Zunge,
und was dir noch geben?

4 Scharfe Pfeile eines Starken
und feurige Kohlen!

5 Weh mir, dass ich weilen muss unter
Meschech;
ich muss wohnen bei den Zelten
Kedars!

6 Es wird meiner Seele lang,
zu wohnen bei denen, die den Frieden
hassen.

7 Ich halte Frieden; aber wenn ich rede,
so fangen sie Streit an.

Der treue Menschenhüter

121 EIN WALLFAHRTSLIED.
Ich hebe meine Augen auf zu den
Bergen.
Woher kommt mir Hilfe?*

2 Meine Hilfe kommt vom HERRN,
der Himmel und Erde gemacht hat.

3 Er wird deinen Fuß nicht gleiten lassen,
und der dich behütet, schläft nicht.

4 Siehe, der Hüter Israels
schläft und schlummert nicht.

5 Der HERR behütet dich;
der HERR ist dein Schatten über deiner
rechten Hand,

6 dass dich des Tages die Sonne nicht
steche
noch der Mond des Nachts.

7 Der HERR behüte dich vor allem Übel,
er behüte deine Seele.

8 Der HERR behüte deinen Ausgang und
Eingang
von nun an bis in Ewigkeit!

Ein Segenswunsch für Jerusalem

122 VON DAVID, EIN WALLFAHRTSLIED.
Ich freute mich über die, die mir
sagten:
Lasset uns ziehen zum Hause des
HERRN!

Deliver Me, O LORD

120 A SONG OF ASCENTS.
In my distress I called to the LORD,
and he answered me.

2 Deliver me, O LORD,
from lying lips,
from a deceitful tongue.

3 What shall be given to you,
and what more shall be done to you,
you deceitful tongue?

4 A warrior's sharp arrows,
with glowing coals of the broom tree!

5 Woe to me, that I sojourn in Meshech,
that I dwell among the tents of Kedar!

6 Too long have I had my dwelling
among those who hate peace.

7 I am for peace,
but when I speak, they are for war!

My Help Comes from the LORD

121 A SONG OF ASCENTS.
I lift up my eyes to the hills.
From where does my help come?

2 My help comes from the LORD,
who made heaven and earth.

3 He will not let your foot be moved;
he who keeps you will not slumber.

4 Behold, he who keeps Israel
will neither slumber nor sleep.

5 The LORD is your keeper;
the LORD is your shade on your right
hand.

6 The sun shall not strike you by day,
nor the moon by night.

7 The LORD will keep you from all evil;
he will [a]keep your life.

8 The LORD will keep
your going out and your coming in
from this time forth and forevermore.

Let Us Go to the House of the LORD

122 A SONG OF ASCENTS. OF DAVID.
I was glad when they said to me,
"Let us go to the house of the LORD!"

2 Nun stehen unsere Füße
   in deinen Toren, Jerusalem.

3 Jerusalem ist gebaut als eine Stadt,
   in der man zusammenkommen soll,
4 wohin die Stämme hinaufziehen,
   die Stämme des HERRN,
   wie es geboten ist dem Volke Israel,
   zu preisen den Namen des HERRN.

5 Denn dort stehen die Throne zum
      Gericht,
   die Throne des Hauses David.

6 Wünschet Jerusalem Glück!
   Es möge wohlgehen denen, die dich
      lieben!

7 Es möge Friede sein in deinen Mauern
   und Glück in deinen Palästen!

8 Um meiner Brüder und Freunde willen
   will ich dir Frieden wünschen.

9 Um des Hauses des HERRN willen,
      unseres Gottes,
   will ich dein Bestes suchen.

Aufblick zu Gottes Gnade

123   EIN WALLFAHRTSLIED.
      Ich hebe meine Augen auf zu dir,
      der du im Himmel wohnest.

2 Siehe, wie die Augen der Knechte
   auf die Hände ihrer Herren sehen,
   wie die Augen der Magd
   auf die Hände ihrer Frau,
   so sehen unsre Augen auf den HERRN,
      unsern Gott,
   bis er uns gnädig werde.

3 Sei uns gnädig, HERR, sei uns gnädig;
   denn allzu sehr litten wir Verachtung.

4 Allzu sehr litt unsere Seele den Spott der
      Stolzen
   und die Verachtung der Hoffärtigen.

Der Helfer in der Not

124   VON DAVID, EIN WALLFAHRTSLIED.
      Wäre der HERR nicht bei uns
      – so sage Israel –,

2 wäre der HERR nicht bei uns,
   wenn Menschen wider uns aufstehen,

2 Our feet have been standing
   within your gates, O Jerusalem!

3 Jerusalem—built as a city
   that is bound firmly together,
4 to which the tribes go up,
   the tribes of the LORD,
   as was decreed for[1] Israel,
   to give thanks to the name of the
      LORD.

5 There thrones for judgment were set,
   the thrones of the house of David.

6 Pray for the peace of Jerusalem!
   "May they be secure who love you!

7 Peace be within your walls
   and security within your "towers!"

8 For my brothers and companions' sake
   I will say, "Peace be within you!"

9 For the sake of the house of the LORD
      our God,
   I will seek your good.

Our Eyes Look to the LORD Our God

123   A SONG OF ASCENTS.
      To you I lift up my eyes,
      O you who are enthroned in the
         heavens!

2 Behold, as the eyes of servants
   look to the hand of their master,
   as the eyes of a maidservant
   to the hand of her mistress,
   so our eyes look to the LORD our God,
   till he has mercy upon us.

3 Have mercy upon us, O LORD, have
      mercy upon us,
   for we have had more than enough of
      contempt.

4 Our soul has had more than enough
   of the scorn of those who are at ease,
   of the contempt of the proud.

Our Help Is in the Name of the LORD

124   A SONG OF ASCENTS. OF DAVID.
      If it had not been the LORD who
      was on our side—
      let Israel now say—

2 if it had not been the LORD who was on
      our side
   when people rose up against us,

3 so verschlängen sie uns lebendig,
  wenn ihr Zorn über uns entbrennt;

4 so ersäufte uns Wasser,
  Ströme gingen über unsre Seele,

5 es gingen Wasser
  hoch über uns hinweg.

6 Gelobt sei der HERR, dass er uns nicht
  gibt
  zum Raub in ihre Zähne!

7 Unsre Seele ist entronnen wie ein Vogel /
  dem Netze des Vogelfängers;
    das Netz ist zerrissen und wir sind
    frei.

8 Unsre Hilfe steht im Namen des HERRN,
  der Himmel und Erde gemacht hat.

Der Herr ist um sein Volk her

125 EIN WALLFAHRTSLIED.
    Die auf den HERRN hoffen, werden
    nicht fallen,
  sondern ewig bleiben wie der Berg
    Zion.

2 Wie um Jerusalem Berge sind,
  so ist der HERR um sein Volk her von
    nun an bis in Ewigkeit.

3 Denn der Gottlosen Zepter wird nicht
    bleiben /
  über dem Erbteil der Gerechten,
    damit die Gerechten ihre Hand nicht
    ausstrecken zur Ungerechtigkeit.

4 HERR, tu wohl den Guten
  und denen, die frommen Herzens
    sind.

5 Die aber abweichen auf ihre krummen
    Wege, /
  wird der HERR dahinfahren lassen mit
    den Übeltätern.
  Friede sei über Israel!

Der Herr erlöst seine Gefangenen

126 EIN WALLFAHRTSLIED.
    Wenn der HERR die Gefangenen
    Zions erlösen wird,
  so werden wir sein wie die
    Träumenden.

3 then they would have swallowed us up
    alive,
  when their anger was kindled against
    us;

4 then the flood would have swept us
    away,
  the torrent would have gone over us;

5 then over us would have gone
  the raging waters.

6 Blessed be the LORD,
  who has not given us
  as prey to their teeth!

7 We have escaped like a bird
  from the snare of the fowlers;
  the snare is broken,
  and we have escaped!

8 Our help is in the name of the LORD,
  who made heaven and earth.

The LORD Surrounds His People

125 A SONG OF ASCENTS.
    Those who trust in the LORD are
    like Mount Zion,
  which cannot be moved, but abides
    forever.

2 As the mountains surround Jerusalem,
  so the LORD surrounds his people,
  from this time forth and forevermore.

3 For the scepter of wickedness shall not
    rest
  on the land allotted to the righteous,
  lest the righteous stretch out
  their hands to do wrong.

4 Do good, O LORD, to those who are
    good,
  and to those who are upright in their
    hearts!

5 But those who turn aside to their
    crooked ways
  the LORD will lead away with
    evildoers!
  Peace be upon Israel!

Restore Our Fortunes, O LORD

126 A SONG OF ASCENTS.
    When the LORD restored the for-
    tunes of Zion,
  we were like those who dream.

2 Dann wird unser Mund voll Lachens
  und unsre Zunge voll Rühmens sein.
  Dann wird man sagen unter den
     Heiden:
  Der HERR hat Großes an ihnen getan!

3 Der HERR hat Großes an uns getan;
  des sind wir fröhlich.

4 HERR, bringe zurück unsre Gefangenen,
  wie du die Bäche wiederbringst
  im Südland.

5 Die mit Tränen säen,
  werden mit Freuden ernten.

6 Sie gehen hin und weinen
  und streuen ihren Samen
  und kommen mit Freuden
  und bringen ihre Garben.

An Gottes Segen ist alles gelegen

127 VON SALOMO, EIN WALLFAHRTSLIED.
     Wenn der HERR nicht das Haus
       baut,
  so arbeiten umsonst, die daran bauen.
  Wenn der HERR nicht die Stadt behütet,
  so wacht der Wächter umsonst.

2 Es ist umsonst, dass ihr früh aufsteht
  und hernach lange sitzet
  und esset euer Brot mit Sorgen;
     denn seinen Freunden gibt er es im
       Schlaf.

3 Siehe, Kinder sind eine Gabe des HERRN,
  und Leibesfrucht ist ein Geschenk.

4 Wie Pfeile in der Hand eines Starken,
  so sind die Söhne der Jugendzeit.

5 Wohl dem, der seinen Köcher mit ihnen
     gefüllt hat!
  Sie werden nicht zuschanden, wenn
     sie mit ihren Feinden verhandeln
     im Tor.

Gesegneter Hausstand

128 EIN WALLFAHRTSLIED.
     Wohl dem, der den HERRN
       fürchtet
  und auf seinen Wegen geht!

2 Du wirst dich nähren von deiner Hände
     Arbeit;
  wohl dir, du hast's gut.

2 Then our mouth was filled with
     laughter,
  and our tongue with shouts of joy;
  then they said among the nations,
     "The LORD has done great things for
       them."

3 The LORD has done great things for us;
  we are glad.

4 Restore our fortunes, O LORD,
  like streams in the Negeb!

5 Those who sow in tears
  shall reap with shouts of joy!

6 He who goes out weeping,
  bearing the seed for sowing,
  shall come home with shouts of joy,
  bringing his sheaves with him.

Unless the LORD Builds the House

127 A SONG OF ASCENTS. OF SOLOMON.
     Unless the LORD builds the house,
  those who build it labor in vain.
  Unless the LORD watches over the city,
  the watchman stays awake in vain.

2 It is in vain that you rise up early
  and go late to rest,
  eating the bread of anxious toil;
     for he gives to his beloved sleep.

3 Behold, children are a heritage from the
     LORD,
  the fruit of the womb a reward.

4 Like arrows in the hand of a warrior
  are the children[1] of one's youth.

5 Blessed is the man
  who fills his quiver with them!
  He shall not be put to shame
     when he speaks with his enemies in
       the gate.[2]

Blessed Is Everyone Who Fears the LORD

128 A SONG OF ASCENTS.
     Blessed is everyone who fears the
       LORD,
  who walks in his ways!

2 You shall eat the fruit of the labor of
     your hands;
  you shall be blessed, and it shall be
     well with you.

3 Deine Frau wird sein wie ein frucht-
          barer Weinstock
     drinnen in deinem Hause,
   deine Kinder wie junge Ölbäume
     um deinen Tisch her.
4 Siehe, so wird gesegnet der Mann,
     der den HERRN fürchtet.

5 Der HERR wird dich segnen aus Zion,
     dass du siehst das Glück Jerusalems
          dein Leben lang
6 und siehst Kinder deiner Kinder.
     Friede sei über Israel!

Hilferuf des bedrängten Israel

129 EIN WALLFAHRTSLIED.
     Sie haben mich oft bedrängt von
          meiner Jugend auf
     – so sage Israel –,
2 sie haben mich oft bedrängt von meiner
          Jugend auf;
     aber sie haben mich nicht überwältigt.
3 Die Pflüger haben auf meinem Rücken
          geackert
     und ihre Furchen lang gezogen.
4 Der HERR, der gerecht ist,
     hat der Gottlosen Stricke zerhauen.

5 Ach dass zuschanden würden und
          zurückwichen
     alle, die Zion gram sind!
6 Ach dass sie würden wie das Gras auf
          den Dächern,
     das verdorrt, ehe man es ausrauft,
7 mit dem der Schnitter seine Hand nicht
          füllt
     noch der Garbenbinder seinen Arm;
8 und keiner, der vorübergeht, soll spre-
          chen: /
     Der Segen des HERRN sei über euch!
     Wir segnen euch im Namen des
          HERRN.

Aus tiefer Not (Der sechste Bußpsalm)

130 EIN WALLFAHRTSLIED.
     Aus der Tiefe rufe ich,
     HERR, zu dir. /
2 Herr, höre meine Stimme!
     Lass deine Ohren merken auf die
          Stimme meines Flehens!

3 Wenn du, HERR, Sünden anrechnen
          willst –
     Herr, wer wird bestehen?
4 Denn bei dir ist die Vergebung,
     dass man dich fürchte.

3 Your wife will be like a fruitful vine
     within your house;
   your children will be like olive shoots
     around your table.
4 Behold, thus shall the man be blessed
     who fears the LORD.

5 The LORD bless you from Zion!
     May you see the prosperity of
          Jerusalem
     all the days of your life!
6 May you see your children's children!
     Peace be upon Israel!

They Have Afflicted Me from My Youth

129 A SONG OF ASCENTS.
     "Greatly[1] have they afflicted me
          from my youth"—
     let Israel now say—
2 "Greatly have they afflicted me from my
          youth,
     yet they have not prevailed against me.
3 The plowers plowed upon my back;
     they made long their furrows."

4 The LORD is righteous;
     he has cut the cords of the wicked.

5 May all who hate Zion
     be put to shame and turned backward!

6 Let them be like the grass on the
          housetops,
     which withers before it grows up,
7 with which the reaper does not fill his
          hand
     nor the binder of sheaves his arms,
8 nor do those who pass by say,
     "The blessing of the LORD be upon you!
     We bless you in the name of the
          LORD!"

My Soul Waits for the LORD

130 A SONG OF ASCENTS.
     Out of the depths I cry to you, O
     LORD!
2 O Lord, hear my voice!
     Let your ears be attentive
     to the voice of my pleas for mercy!

3 If you, O LORD, should mark iniquities,
     O Lord, who could stand?
4 But with you there is forgiveness,
     that you may be feared.

5 Ich harre des HERRN, meine Seele harret,
   und ich hoffe auf sein Wort.
6 Meine Seele wartet auf den Herrn
   mehr als die Wächter auf den Morgen;
mehr als die Wächter auf den Morgen

7 hoffe Israel auf den HERRN!
   Denn bei dem HERRN ist die Gnade
   und viel Erlösung bei ihm.

8 Und er wird Israel erlösen
   aus allen seinen Sünden.

Kindliche Ergebung

131 VON DAVID, EIN WALLFAHRTSLIED.
   HERR, mein Herz ist nicht hoffärtig,
und meine Augen sind nicht stolz.
Ich gehe nicht um mit großen Dingen,
die mir zu wunderbar sind.
2 Fürwahr, meine Seele ist still und ruhig
   geworden
   wie ein kleines Kind bei seiner Mutter;
wie ein kleines Kind,
   so ist meine Seele in mir.

3 Israel, hoffe auf den HERRN
   von nun an bis in Ewigkeit!

Davids Haus und das Heiligtum auf Zion

132 EIN WALLFAHRTSLIED.
   Gedenke, HERR, an David
und all seine Mühsal,

2 der dem HERRN einen Eid schwor
   und gelobte dem Mächtigen Jakobs:
3 Ich will nicht in mein Haus gehen
   noch mich aufs Lager meines Bettes
   legen,
4 ich will meine Augen nicht schlafen
   lassen
   noch meine Augenlider schlummern,
5 bis ich eine Stätte finde für den HERRN,
   eine Wohnung für den Mächtigen
   Jakobs.

6 Siehe, wir hörten von ihr in Efrata,
   wir haben sie gefunden im Gefilde von
   Jaar.
7 Wir wollen in seine Wohnung gehen
   und anbeten vor dem Schemel seiner
   Füße.

8 HERR, mache dich auf zur Stätte deiner
   Ruhe,
   du und die Lade deiner Macht!
9 Deine Priester lass sich kleiden mit
   Gerechtigkeit
   und deine Heiligen sich freuen.

5 I wait for the LORD, my soul waits,
   and in his word I hope;
6 my soul waits for the Lord
   more than watchmen for the morning,
   more than watchmen for the morning.

7 O Israel, hope in the LORD!
   For with the LORD there is steadfast
   love,
   and with him is plentiful redemption.
8 And he will redeem Israel
   from all his iniquities.

I Have Calmed and Quieted My Soul

131 A SONG OF ASCENTS. OF DAVID.
   O LORD, my heart is not lifted up;
my eyes are not raised too high;
I do not occupy myself with things
too great and too marvelous for me.
2 But I have calmed and quieted my soul,
   like a weaned child with its mother;
like a weaned child is my soul within
   me.

3 O Israel, hope in the LORD
   from this time forth and forevermore.

The LORD Has Chosen Zion

132 A SONG OF ASCENTS.
   Remember, O LORD, in David's
   favor,
all the hardships he endured,
2 how he swore to the LORD
   and vowed to the Mighty One of Jacob,
3 "I will not enter my house
   or get into my bed,

4 I will not give sleep to my eyes
   or slumber to my eyelids,

5 until I find a place for the LORD,
   a dwelling place for the Mighty One of
   Jacob."

6 Behold, we heard of it in Ephrathah;
   we found it in the fields of Jaar.

7 "Let us go to his dwelling place;
   let us worship at his footstool!"

8 Arise, O LORD, and go to your resting
   place,
   you and the ark of your might.
9 Let your priests be clothed with
   righteousness,
   and let your saints shout for joy.

10 Weise nicht ab das Antlitz deines
     Gesalbten
   um deines Knechtes David willen!

11 Der HERR hat David einen Eid
     geschworen,
   davon wird er sich wahrlich nicht
     wenden:
   Ich will dir auf deinen Thron setzen
   einen, der von deinem Leibe kommt.
12 Werden deine Söhne meinen Bund
     halten
   und mein Gebot, das ich sie lehren
     werde,
   so sollen auch ihre Söhne
   auf deinem Thron sitzen ewiglich.

13 Denn der HERR hat Zion erwählt,
   und es gefällt ihm, dort zu wohnen.
14 »Dies ist die Stätte meiner Ruhe
     ewiglich;
   hier will ich wohnen, denn das gefällt
     mir.
15 Ich will ihre Speise segnen
   und ihren Armen Brot genug geben.
16 Ihre Priester will ich mit Heil kleiden,
   und ihre Heiligen sollen fröhlich sein.
17 Dort soll dem David aufgehen ein
     mächtiger Spross,
   ich habe meinem Gesalbten eine
     Leuchte zugerichtet;
18 seine Feinde will ich in Schande kleiden,
   aber über ihm soll blühen seine
     Krone.«

Segen der brüderlichen Eintracht

133 VON DAVID, EIN WALLFAHRTSLIED.
     Siehe, wie fein und lieblich ist's,
   wenn Brüder einträchtig beieinander
     wohnen!
2 Es ist wie das feine Salböl auf dem
     Haupte Aarons, /
   das herabfließt in seinen Bart,
   das herabfließt zum Saum seines
     Kleides,
3 wie der Tau, der vom Hermon herabfällt
   auf die Berge Zions!
   Denn dort verheißt der HERR den Segen
   und Leben bis in Ewigkeit.

Nächtliches Loblied im Tempel

134 EIN WALLFAHRTSLIED.
     Wohlan, lobet den HERRN, alle
   Knechte des HERRN,
   die ihr steht des Nachts im Hause des
     HERRN!

10 For the sake of your servant David,
   do not turn away the face of your
     anointed one.

11 The LORD swore to David a sure oath
   from which he will not turn back:
   "One of the sons of your body[1]
   I will set on your throne.

12 If your sons keep my covenant
   and my testimonies that I shall teach
     them,
   their sons also forever
   shall sit on your throne."

13 For the LORD has chosen Zion;
   he has desired it for his dwelling place:
14 "This is my resting place forever;
   here I will dwell, for I have desired it.

15 I will abundantly bless her provisions;
   I will satisfy her poor with bread.
16 Her priests I will clothe with salvation,
   and her [z]saints will shout for joy.
17 There I will make a horn to sprout for
     David;
   I have prepared a lamp for my
     anointed.
18 His enemies I will clothe with shame,
   but on him his crown will shine."

When Brothers Dwell in Unity

133 A SONG OF ASCENTS. OF DAVID.
     Behold, how good and pleasant it
     is
   when brothers dwell in unity![1]
2 It is like the precious oil on the head,
   running down on the beard,
   on the beard of Aaron,
   running down on the collar of his
     robes!
3 It is like the dew of Hermon,
   which falls on the mountains of Zion!
   For there the LORD has commanded the
     blessing,
   life forevermore.

Come, Bless the LORD

134 A SONG OF ASCENTS.
     Come, bless the LORD, all you ser-
     vants of the LORD,
   who stand by night in the house of the
     LORD!

2 Hebet eure Hände auf im Heiligtum
und lobet den HERRN!

3 Der HERR segne dich aus Zion,
der Himmel und Erde gemacht hat!

Anbetung des lebendigen Gottes

135 Halleluja!
Lobet den Namen des HERRN,
lobet, ihr Knechte des HERRN,

2 die ihr steht im Hause des HERRN,
in den Vorhöfen am Hause unsres
Gottes!

3 Lobet den HERRN, denn der HERR ist
freundlich;
lobsinget seinem Namen, denn er ist
lieblich!

4 Denn der HERR hat sich Jakob erwählt,
Israel zu seinem Eigentum.

5 Ja, ich weiß, dass der HERR groß ist
und unser Herr über allen Göttern.

6 Alles, was er will, das tut er
im Himmel und auf Erden, im Meer
und in allen Tiefen;

7 der die Wolken lässt aufsteigen vom
Ende der Erde, /
der die Blitze samt dem Regen macht,
der den Wind herausführt aus seinen
Kammern;

8 der die Erstgeburten schlug in Ägypten
bei den Menschen und beim Vieh

9 und ließ Zeichen und Wunder kommen
über dich, Ägyptenland,
über den Pharao und alle seine
Knechte;

10 der viele Völker schlug
und tötete mächtige Könige,

11 Sihon, den König der Amoriter, /
und Og, den König von Baschan,
und alle Königreiche in Kanaan,

12 und gab ihr Land zum Erbe,
zum Erbe seinem Volk Israel.

13 HERR, dein Name währet ewiglich,
dein Ruhm, HERR, währet für und für.

14 Denn der HERR schafft Recht seinem
Volk
und wird seinen Knechten gnädig
sein.

15 Die Götzen der Heiden sind Silber und
Gold,
gemacht von Menschenhänden.

2 Lift up your hands to the holy place
and bless the LORD!

3 May the LORD bless you from Zion,
he who made heaven and earth!

Your Name, O LORD, Endures Forever

135 Praise the LORD!
Praise the name of the LORD,
give praise, O servants of the LORD,

2 who stand in the house of the LORD,
in the courts of the house of our God!

3 Praise the LORD, for the LORD is good;
sing to his name, for it is pleasant![1]

4 For the LORD has chosen Jacob for
himself,
Israel as his own possession.

5 For I know that the LORD is great,
and that our Lord is above all gods.

6 Whatever the LORD pleases, he does,
in heaven and on earth,
in the seas and all deeps.

7 He it is who makes the clouds rise at the
end of the earth,
who makes lightnings for the rain
and brings forth the wind from his
storehouses.

8 He it was who struck down the firstborn
of Egypt,
both of man and of beast;

9 who in your midst, O Egypt,
sent signs and wonders
against Pharaoh and all his servants;

10 who struck down many nations
and killed mighty kings,

11 Sihon, king of the Amorites,
and Og, king of Bashan,
and all the kingdoms of Canaan,

12 and gave their land as a heritage,
a heritage to his people Israel.

13 Your name, O LORD, endures forever,
your renown,[2] O LORD, throughout all
ages.

14 For the LORD will vindicate his people
and have compassion on his servants.

15 The idols of the nations are silver and
gold,
the work of human hands.

16 Sie haben Mäuler und reden nicht,
  sie haben Augen und sehen nicht,
17 sie haben Ohren und hören nicht,
  auch ist kein Odem in ihrem Munde.

18 Die solche Götzen machen, sind ihnen
  gleich,
  alle, die auf sie hoffen.

19 Das Haus Israel lobe den HERRN!
  Lobet den HERRN, ihr vom Hause
  Aaron!
20 Ihr vom Hause Levi, lobet den HERRN!
  Die ihr den HERRN fürchtet, lobet den
  HERRN!
21 Gelobt sei der HERR aus Zion,
  der zu Jerusalem wohnt!
  Halleluja!

Gottes Wunder in seiner Schöpfung und in der Geschichte seines Volkes

136 Danket dem HERRN; denn er ist
  freundlich,
  denn seine Güte währet ewiglich.
2 Danket dem Gott aller Götter,
  denn seine Güte währet ewiglich.
3 Danket dem Herrn aller Herren,
  denn seine Güte währet ewiglich.

4 Der allein große Wunder tut,
  denn seine Güte währet ewiglich.
5 Der die Himmel mit Weisheit gemacht
  hat,
  denn seine Güte währet ewiglich.
6 Der die Erde über den Wassern ausgebreitet hat,
  denn seine Güte währet ewiglich.
7 Der große Lichter gemacht hat,
  denn seine Güte währet ewiglich:
8 die Sonne, den Tag zu regieren,
  denn seine Güte währet ewiglich;
9 den Mond und die Sterne, die Nacht zu
  regieren,
  denn seine Güte währet ewiglich.

10 Der die Erstgeborenen schlug in
  Ägypten,
  denn seine Güte währet ewiglich;
11 und führte Israel von dort heraus,
  denn seine Güte währet ewiglich;
12 mit starker Hand und ausgerecktem
  Arm,
  denn seine Güte währet ewiglich.
13 Der das Schilfmeer teilte in zwei Teile,
  denn seine Güte währet ewiglich;

16 They have mouths, but do not speak;
  they have eyes, but do not see;
17 they have ears, but do not hear,
  nor is there any breath in their
  mouths.
18 Those who make them become like
  them,
  so do all who trust in them!

19 O house of Israel, bless the LORD!
  O house of Aaron, bless the LORD!

20 O house of Levi, bless the LORD!
  You who fear the LORD, bless the LORD!

21 Blessed be the LORD from Zion,
  he who dwells in Jerusalem!
  Praise the LORD!

His Steadfast Love Endures Forever

136 Give thanks to the LORD, for he is
  good,
  for his steadfast love endures forever.
2 Give thanks to the God of gods,
  for his steadfast love endures forever.
3 Give thanks to the Lord of lords,
  for his steadfast love endures forever;

4 to him who alone does great wonders,
  for his steadfast love endures forever;
5 to him who by understanding made the
  heavens,
  for his steadfast love endures forever;
6 to him who spread out the earth above
  the waters,
  for his steadfast love endures forever;
7 to him who made the great lights,
  for his steadfast love endures forever;
8 the sun to rule over the day,
  for his steadfast love endures forever;
9 the moon and stars to rule over the
  night,
  for his steadfast love endures forever;

10 to him who struck down the firstborn of
  Egypt,
  for his steadfast love endures forever;
11 and brought Israel out from among
  them,
  for his steadfast love endures forever;
12 with a strong hand and an outstretched
  arm,
  for his steadfast love endures forever;
13 to him who divided the Red Sea in two,
  for his steadfast love endures forever;

14 und ließ Israel mitten hindurchgehen,
   denn seine Güte währet ewiglich;

15 der den Pharao und sein Heer ins
   Schilfmeer stieß,
   denn seine Güte währet ewiglich.

16 Der sein Volk führte durch die Wüste,
   denn seine Güte währet ewiglich.

17 Der große Könige schlug,
   denn seine Güte währet ewiglich;

18 und brachte mächtige Könige um,
   denn seine Güte währet ewiglich;

19 Sihon, den König der Amoriter,
   denn seine Güte währet ewiglich;

20 und Og, den König von Baschan,
   denn seine Güte währet ewiglich;

21 und gab ihr Land zum Erbe,
   denn seine Güte währet ewiglich;

22 zum Erbe seinem Knecht Israel,
   denn seine Güte währet ewiglich.

23 Der an uns dachte, als wir unterdrückt
   waren,
   denn seine Güte währet ewiglich;

24 und uns erlöste von unsern Feinden,
   denn seine Güte währet ewiglich.

25 Der Speise gibt allem Fleisch,
   denn seine Güte währet ewiglich.

26 Danket dem Gott des Himmels,
   denn seine Güte währet ewiglich.

Klage der Gefangenen zu Babel

137 An den Wassern zu Babel saßen
   wir und weinten,
   wenn wir an Zion gedachten.

2 Unsere Harfen hängten wir
   an die Weiden dort im Lande.

3 Denn die uns gefangen hielten,
   hießen uns dort singen
   und in unserm Heulen fröhlich sein:
   »Singet uns ein Lied von Zion!«

4 Wie könnten wir des HERRN Lied singen
   in fremdem Lande?

5 Vergesse ich dich, Jerusalem,
   so verdorre meine Rechte.

6 Meine Zunge soll an meinem Gaumen
   kleben,
   wenn ich deiner nicht gedenke,
   wenn ich nicht lasse Jerusalem
   meine höchste Freude sein.

14 and made Israel pass through the midst
   of it,
   for his steadfast love endures forever;

15 but overthrew[1] Pharaoh and his host in
   the Red Sea,
   for his steadfast love endures forever;

16 to him who led his people through the
   wilderness,
   for his steadfast love endures forever;

17 to him who struck down great kings,
   for his steadfast love endures forever;

18 and killed mighty kings,
   for his steadfast love endures forever;

19 Sihon, king of the Amorites,
   for his steadfast love endures forever;

20 and Og, king of Bashan,
   for his steadfast love endures forever;

21 and gave their land as a heritage,
   for his steadfast love endures forever;

22 a heritage to Israel his servant,
   for his steadfast love endures forever.

23 It is he who remembered us in our low
   estate,
   for his steadfast love endures forever;

24 and rescued us from our foes,
   for his steadfast love endures forever;

25 he who gives food to all flesh,
   for his steadfast love endures forever.

26 Give thanks to the God of heaven,
   for his steadfast love endures forever.

How Shall We Sing the LORD's Song?

137 By the waters of Babylon,
   there we sat down and wept,
   when we remembered Zion.

2 On the willows[1] there
   we hung up our lyres.

3 For there our captors
   required of us songs,
   and our tormentors, mirth, saying,
   "Sing us one of the songs of Zion!"

4 How shall we sing the LORD's song
   in a foreign land?

5 If I forget you, O Jerusalem,
   let my right hand forget its skill!

6 Let my tongue stick to the roof of my
   mouth,
   if I do not remember you,
   if I do not set Jerusalem
   above my highest joy!

7 HERR, vergiss den Söhnen Edom nicht, /
  was sie sagten am Tage Jerusalems:
  »Reißt nieder, reißt nieder bis auf den
    Grund!«

8 Tochter Babel, du Verwüsterin,
  wohl dem, der dir vergilt, was du uns
    angetan hast!

9 Wohl dem, der deine jungen Kinder
    nimmt
  und sie am Felsen zerschmettert!

Dank für Gottes Hilfe

138
VON DAVID.
Ich danke dir von ganzem Herzen,
  vor den Göttern will ich dir lobsingen.

2 Ich will anbeten vor deinem heiligen
    Tempel
  und deinen Namen preisen für deine
    Güte und Treue;
  denn du hast deinen Namen und dein
    Wort
  herrlich gemacht über alles.

3 Wenn ich dich anrufe, so erhörst du
    mich
  und gibst meiner Seele große Kraft.

4 Es danken dir, HERR, alle Könige auf
    Erden,
  dass sie hören das Wort deines
    Mundes;

5 sie singen von den Wegen des HERRN,
  dass die Herrlichkeit des HERRN so
    groß ist.

6 Denn der HERR ist hoch und sieht auf
    den Niedrigen
  und kennt den Stolzen von ferne.

7 Wenn ich mitten in der Angst wandle,
  so erquickest du mich
  und reckst deine Hand gegen den Zorn
    meiner Feinde
  und hilfst mir mit deiner Rechten.

8 Der HERR wird meine Sache hinaus-
    führen. /
  HERR, deine Güte ist ewig.
  Das Werk deiner Hände wollest du
    nicht lassen.

7 Remember, O LORD, against the
    Edomites
  the day of Jerusalem,
  how they said, "Lay it bare, lay it bare,
    down to its foundations!"

8 O daughter of Babylon, doomed to be
    destroyed,
  blessed shall he be who repays you
  with what you have done to us!

9 Blessed shall he be who takes your little
    ones
  and dashes them against the rock!

Give Thanks to the LORD

138
OF DAVID.
I give you thanks, O LORD, with
  my whole heart;
  before the gods I sing your praise;

2 I bow down toward your holy temple
  and give thanks to your name for
    your steadfast love and your
    faithfulness,
  for you have exalted above all things
    your name and your word.[1]

3 On the day I called, you answered me;
  my strength of soul you increased.[2]

4 All the kings of the earth shall give you
    thanks, O LORD,
  for they have heard the words of your
    mouth,

5 and they shall sing of the ways of the
    LORD,
  for great is the glory of the LORD.

6 For though the LORD is high, he regards
    the lowly,
  but the haughty he knows from afar.

7 Though I walk in the midst of trouble,
  you preserve my life;
  you stretch out your hand against the
    wrath of my enemies,
  and your right hand delivers me.

8 The LORD will fulfill his purpose for me;
  your steadfast love, O LORD, endures
    forever.
  Do not forsake the work of your
    hands.

Gott der Allwissende und Allgegenwärtige

139 EIN PSALM DAVIDS, VORZUSINGEN.
HERR, du erforschest mich
und kennest mich.

2 Ich sitze oder stehe auf, so weißt du es;
du verstehst meine Gedanken von
ferne.

3 Ich gehe oder liege, so bist du um mich
und siehst alle meine Wege.

4 Denn siehe, es ist kein Wort auf meiner
Zunge,
das du, HERR, nicht schon wüsstest.

5 Von allen Seiten umgibst du mich
und hältst deine Hand über mir.

6 Diese Erkenntnis ist mir zu wunderbar
und zu hoch,
ich kann sie nicht begreifen.

7 Wohin soll ich gehen vor deinem Geist,
und wohin soll ich fliehen vor deinem
Angesicht?

8 Führe ich gen Himmel, so bist du da;
bettete ich mich bei den Toten, siehe,
so bist du auch da.

9 Nähme ich Flügel der Morgenröte
und bliebe am äußersten Meer,

10 so würde auch dort deine Hand mich
führen
und deine Rechte mich halten.

11 Spräche ich: Finsternis möge mich
decken
und Nacht statt Licht um mich sein –,

12 so wäre auch Finsternis nicht finster bei
dir,
und die Nacht leuchtete wie der Tag.
Finsternis ist wie das Licht.

13 Denn du hast meine Nieren bereitet
und hast mich gebildet im Mutterleibe.

14 Ich danke dir dafür,
dass ich wunderbar gemacht bin;
wunderbar sind deine Werke;
das erkennt meine Seele.

15 Es war dir mein Gebein nicht verborgen, /
als ich im Verborgenen gemacht wurde,
als ich gebildet wurde unten in der
Erde.

Search Me, O God, and Know My Heart

139 TO THE CHOIRMASTER. A PSALM OF
DAVID.

1 O LORD, you have searched me and
known me!

2 You know when I sit down and when I
rise up;
you discern my thoughts from afar.

3 You search out my path and my lying
down
and are acquainted with all my ways.

4 Even before a word is on my tongue,
behold, O LORD, you know it
altogether.

5 You hem me in, behind and before,
and lay your hand upon me.

6 Such knowledge is too wonderful for
me;
it is high; I cannot attain it.

7 Where shall I go from your Spirit?
Or where shall I flee from your
presence?

8 If I ascend to heaven, you are there!
If I make my bed in Sheol, you are
there!

9 If I take the wings of the morning
and dwell in the uttermost parts of the
sea,

10 even there your hand shall lead me,
and your right hand shall hold me.

11 If I say, "Surely the darkness shall cover
me,
and the light about me be night,"

12 even the darkness is not dark to you;
the night is bright as the day,
for darkness is as light with you.

13 For you formed my inward parts;
you knitted me together in my mother's womb.

14 I praise you, for I am fearfully and won-
derfully made.[1]
Wonderful are your works;
my soul knows it very well.

15 My frame was not hidden from you,
when I was being made in secret,
intricately woven in the depths of the
earth.

16 Deine Augen sahen mich,
als ich noch nicht bereitet war,
und alle Tage waren in dein Buch
geschrieben,
die noch werden sollten und von
denen keiner da war.

17 Aber wie schwer sind für mich, Gott,
deine Gedanken!
Wie ist ihre Summe so groß!

18 Wollte ich sie zählen, so wären sie mehr
als der Sand:
Am Ende bin ich noch immer bei dir.

19 Ach Gott, wolltest du doch die
Gottlosen töten!
Dass doch die Blutgierigen von mir
wichen!

20 Denn sie reden von dir lästerlich,
und deine Feinde erheben sich mit
frechem Mut.

21 Sollte ich nicht hassen, HERR, die dich
hassen,
und verabscheuen, die sich gegen dich
erheben?

22 Ich hasse sie mit ganzem Ernst;
sie sind mir zu Feinden geworden.

23 Erforsche mich, Gott, und erkenne
mein Herz;
prüfe mich und erkenne, wie ich's
meine.

24 Und sieh, ob ich auf bösem Wege bin,
und leite mich auf ewigem Wege.

Bitte um Rettung vor boshaften Feinden

140 EIN PSALM DAVIDS, VORZUSINGEN.

2 Errette mich, HERR, von den bösen
Menschen;
behüte mich vor den Gewalttätigen,

3 die Böses planen in ihrem Herzen
und täglich Streit erregen.

4 Sie haben scharfe Zungen wie
Schlangen,
Otterngift ist unter ihren Lippen. SELA.

5 Bewahre mich, HERR, vor der Hand der
Gottlosen;
behüte mich vor den Gewalttätigen,
die mich zu Fall bringen wollen.

16 Your eyes saw my unformed substance;
in your book were written, every one of
them,
the days that were formed for me,
when as yet there was none of them.

17 How precious to me are your thoughts,
O God!
How vast is the sum of them!

18 If I would count them, they are more
than the sand.
I awake, and I am still with you.

19 Oh that you would slay the wicked, O
God!
O men of blood, depart from me!

20 They speak against you with malicious
intent;
your enemies take your name in vain![2]

21 Do I not hate those who hate you, O
LORD?
And do I not loathe those who rise up
against you?

22 I hate them with complete hatred;
I count them my enemies.

23 Search me, O God, and know my heart!
Try me and know my thoughts![3]

24 And see if there be any grievous way in
me,
and lead me in the way everlasting![4]

Deliver Me, O LORD, from Evil Men

140 TO THE CHOIRMASTER. A PSALM OF
DAVID.

1 Deliver me, O LORD, from evil men;
preserve me from violent men,

2 who plan evil things in their heart
and stir up wars continually.

3 They make their tongue sharp as a
serpent's,
and under their lips is the venom of
asps.   *Selah*

4 Guard me, O LORD, from the hands of
the wicked;
preserve me from violent men,
who have planned to trip up my feet.

6 Die Hoffärtigen legen mir Schlingen /
und breiten Stricke aus zum Netz
und stellen mir Fallen auf den Weg.
SELA.

7 Ich aber sage zum HERRN: Du bist mein
Gott;
HERR, vernimm die Stimme meines
Flehens!

8 HERR, meine starke Hilfe,
du beschirmst mein Haupt zur Zeit
des Streits.

9 HERR, gib dem Gottlosen nicht, was er
begehrt!
Was er sinnt, lass nicht gelingen, sie
könnten sich sonst überheben.
SELA.

10 Das Unglück, über das meine Feinde
beraten,
komme über sie selber.

11 Er möge feurige Kohlen über sie
schütten;
er möge sie stürzen in Gruben, dass sie
nicht mehr aufstehen.

12 Ein böses Maul wird kein Glück haben
auf Erden;
ein frecher, böser Mensch wird verjagt
und gestürzt werden.

13 Denn ich weiß, dass der HERR des
Elenden Sache führen
und den Armen Recht schaffen wird.

14 Ja, die Gerechten werden deinen Namen
preisen,
und die Frommen werden vor deinem
Angesicht bleiben.

Bitte um Bewahrung

141 EIN PSALM DAVIDS.
HERR, ich rufe zu dir, eile zu mir;
vernimm meine Stimme, wenn ich
dich anrufe.

2 Mein Gebet möge vor dir gelten als ein
Räucheropfer,
das Aufheben meiner Hände als ein
Abendopfer.

3 HERR, behüte meinen Mund
und bewahre meine Lippen!

5 The arrogant have hidden a trap for me,
and with cords they have spread a
net;[1]
beside the way they have set snares for
me. *Selah*

6 I say to the LORD, You are my God;
give ear to the voice of my pleas for
mercy, O LORD!

7 O LORD, my Lord, the strength of my
salvation,
you have covered my head in the day
of battle.

8 Grant not, O LORD, the desires of the
wicked;
do not further their[2] evil plot, or they
will be exalted! *Selah*

9 As for the head of those who surround
me,
let the mischief of their lips overwhelm them!

10 Let burning coals fall upon them!
Let them be cast into fire,
into miry pits, no more to rise!

11 Let not the slanderer be established in
the land;
let evil hunt down the violent man
speedily!

12 I know that the LORD will maintain the
cause of the afflicted,
and will execute justice for the needy.

13 Surely the righteous shall give thanks to
your name;
the upright shall dwell in your
presence.

Give Ear to My Voice

141 A PSALM OF DAVID.
O LORD, I call upon you; hasten to
me!
Give ear to my voice when I call to
you!

2 Let my prayer be counted as incense
before you,
and the lifting up of my hands as the
evening sacrifice!

3 Set a guard, O LORD, over my mouth;
keep watch over the door of my lips!

4 Neige mein Herz nicht zum Bösen, /
   gottlos zu leben mit den Übeltätern;
      ich mag nicht essen von ihren leckeren
      Speisen.

5 Der Gerechte schlage mich freundlich
      und weise mich zurecht;
   das wird mir wohltun wie Balsam auf
      dem Haupte.
   Mein Haupt wird sich dagegen nicht
      wehren.
      Doch ich bete stets, dass jene mir nicht
      Schaden tun.

6 Ihre Anführer sollen hinabgestürzt
      werden vom Felsen;
   dann wird man merken, wie richtig
      meine Worte gewesen sind.

7 Ihre Gebeine werden zerstreut bis zur
      Pforte des Todes,
   wie wenn einer das Land pflügt und
      zerwühlt.

8 Ja, auf dich, HERR, sehen meine Augen;
   ich traue auf dich, gib mich nicht in
      den Tod dahin.

9 Bewahre mich vor der Schlinge, die sie
      mir gelegt haben,
   und vor der Falle der Übeltäter.

10 Die Gottlosen sollen miteinander in ihr
      eigenes Netz fallen;
   mich aber lass entrinnen.

Hilferuf in schwerer Bedrängnis

142 EINE UNTERWEISUNG DAVIDS, ALS ER IN
   DER HÖHLE WAR, EIN GEBET.

2 Ich schreie zum HERRN mit meiner
      Stimme,
   ich flehe zum HERRN mit meiner
      Stimme.

3 Ich schütte meine Klage vor ihm aus
   und zeige an vor ihm meine Not.

4 Wenn mein Geist in Ängsten ist,
   so nimmst du dich meiner an.
   Sie legen mir Schlingen
      auf dem Wege, den ich gehe.

5 Schau zur Rechten und sieh:
   da will niemand mich kennen.
   Ich kann nicht entfliehen,
      niemand nimmt sich meiner an.

6 HERR, zu dir schreie ich und sage: /
   Du bist meine Zuversicht,
      mein Teil im Lande der Lebendigen.

4 Do not let my heart incline to any evil,
   to busy myself with wicked deeds
in company with men who work
      iniquity,
   and let me not eat of their delicacies!

5 Let a righteous man strike me—it is a
      kindness;
   let him rebuke me—it is oil for my
      head;
   let my head not refuse it.
Yet my prayer is continually against their
      evil deeds.

6 When their judges are thrown over the
      cliff,[1]
   then they shall hear my words, for
      they are pleasant.

7 As when one plows and breaks up the
      earth,
   so shall our bones be scattered at the
      mouth of Sheol.[2]

8 But my eyes are toward you, O GOD, my
      Lord;
   in you I seek refuge; leave me not
      defenseless![3]

9 Keep me from the trap that they have
      laid for me
   and from the snares of evildoers!

10 Let the wicked fall into their own nets,
   while I pass by safely.

You Are My Refuge

142 A MASKIL[1] OF DAVID, WHEN HE WAS
   IN THE CAVE. A PRAYER.

1 With my voice I cry out to the LORD;
   with my voice I plead for mercy to the
      LORD.

2 I pour out my complaint before him;
   I tell my trouble before him.

3 When my spirit faints within me,
   you know my way!
   In the path where I walk
      they have hidden a trap for me.

4 Look to the right and see:
   there is none who takes notice of me;
   no refuge remains to me;
   no one cares for my soul.

5 I cry to you, O LORD;
   I say, "You are my refuge,
      my portion in the land of the living."

7 Höre auf meine Klage,
   denn ich werde sehr geplagt.
   Errette mich von meinen Verfolgern,
   denn sie sind mir zu mächtig.

8 Führe mich aus dem Kerker,
   dass ich preise deinen Namen.
   Die Gerechten werden sich zu mir
      sammeln,
   wenn du mir wohltust.

Bitte um Verschonung und Leitung (Der siebente Bußpsalm)

143 EIN PSALM DAVIDS.
   HERR, erhöre mein Gebet, /
   vernimm mein Flehen um deiner Treue
      willen,
   erhöre mich um deiner Gerechtigkeit
      willen,

2 und **geh nicht ins Gericht mit deinem
   Knecht;**
   **denn vor dir ist kein Lebendiger
   gerecht.**

3 Denn der Feind verfolgt meine Seele
   und schlägt mein Leben zu Boden,
   er legt mich ins Finstere
   wie die, die lange schon tot sind.

4 Und mein Geist ist in Ängsten,
   mein Herz ist erstarrt in meinem
      Leibe.

5 Ich denke an die früheren Zeiten; /
   ich sinne nach über all deine Taten
   und spreche von den Werken deiner
      Hände.

6 Ich breite meine Hände aus zu dir,
   meine Seele dürstet nach dir wie ein
   dürres Land.   SELA.

7 HERR, erhöre mich bald, mein Geist
      vergeht;
   verbirg dein Antlitz nicht vor mir,
   dass ich nicht gleich werde denen,
   die in die Grube fahren.

8 Lass mich am Morgen hören deine
      Gnade;
   denn ich hoffe auf dich.
   Tu mir kund den Weg, den ich gehen
      soll;
   denn mich verlangt nach dir.

9 Errette mich, mein Gott, von meinen
      Feinden;
   zu dir nehme ich meine Zuflucht.

6 Attend to my cry,
   for I am brought very low!
   Deliver me from my persecutors,
   for they are too strong for me!

7 Bring me out of prison,
   that I may give thanks to your name!
   The righteous will surround me,
   for you will deal bountifully with me.

My Soul Thirsts for You

143 A PSALM OF DAVID.
   Hear my prayer, O LORD;
   give ear to my pleas for mercy!
   In your faithfulness answer me, in
   your [d]righteousness!

2 Enter not into judgment with your
      servant,
   for no one living is righteous before
      you.

3 For the enemy has pursued my soul;
   he has crushed my life to the ground;
   he has made me sit in darkness like
   those long dead.

4 Therefore my spirit faints within me;
   my heart within me is appalled.

5 I remember the days of old;
   I meditate on all that you have done;
   I ponder the work of your hands.

6 I stretch out my hands to you;
   my soul thirsts for you like a parched
   land.   *Selah*

7 Answer me quickly, O LORD!
   My spirit fails!
   Hide not your face from me,
   lest I be like those who go down to the
   pit.

8 Let me hear in the morning of your
      steadfast love,
   for in you I trust.
   Make me know the way I should go,
   for to you I lift up my soul.

9 Deliver me from my enemies, O LORD!
   I have fled to you for refuge![1]

10 Lehre mich tun nach deinem
      Wohlgefallen, /
   denn du bist mein Gott;
   dein guter Geist führe mich auf ebner
      Bahn.

11 HERR, erquicke mich um deines Namens
      willen;
   führe mich aus der Not um deiner
      Gerechtigkeit willen,

12 und vernichte meine Feinde um deiner
      Güte willen
   und bringe alle um, die mich bedrän-
      gen; denn ich bin dein Knecht.

Gebet um Rettung und Wohlstand

144 VON DAVID.
      Gelobt sei der HERR, mein Fels,
   der meine Hände kämpfen lehrt
   und meine Fäuste, Krieg zu führen,

2 meine Hilfe und meine Burg,
   mein Schutz und mein Erretter,
   mein Schild, auf den ich traue,
   der Völker unter mich zwingt.

3 HERR, was ist der Mensch, dass du dich
      seiner annimmst,
   und des Menschen Kind, dass du ihn
      so beachtest?

4 Ist doch der Mensch gleich wie nichts;
   seine Zeit fährt dahin wie ein Schatten.

5 HERR, neige deinen Himmel und fahre
      herab;
   rühre die Berge an, dass sie rauchen.

6 Sende Blitze und streue sie aus, /
   schick deine Pfeile und jage sie dahin,

7   streck aus deine Hand von der Höhe.
   ERLÖSE MICH UND ERRETTE MICH AUS
      GROSSEN WASSERN,
   AUS DER HAND DER FREMDEN,

8 DEREN MUND UNNÜTZ REDET
   UND DEREN RECHTE HAND TRÜGT.

9 Gott, ich will dir ein neues Lied singen,
   ich will dir spielen auf dem Psalter von
      zehn Saiten,

10 der du den Königen Sieg gibst
   und erlösest deinen Knecht David vom
      mörderischen Schwert.

10 Teach me to do your will,
      for you are my God!
   Let your good Spirit lead me
      on level ground!

11 For your name's sake, O LORD, preserve
      my life!
   In your righteousness bring my soul
      out of trouble!

12 And in your steadfast love you will cut
      off my enemies,
   and you will destroy all the adversaries
      of my soul,
   for I am your servant.

My Rock and My Fortress

144 OF DAVID.
      Blessed be the LORD, my rock,
   who trains my hands for war,
   and my fingers for battle;

2 he is my steadfast love and my fortress,
   my stronghold and my deliverer,
   my shield and he in whom I take refuge,
   who subdues peoples[1] under me.

3 O LORD, what is man that you regard
      him,
   or the son of man that you think of
      him?

4 Man is like a breath;
   his days are like a passing shadow.

5 Bow your heavens, O LORD, and come
      down!
   Touch the mountains so that they
      smoke!

6 Flash forth the lightning and scatter
      them;
   [u] send out your arrows and rout them!

7 Stretch out your hand from on high;
   rescue me and deliver me from the
      many waters,
   from the hand of foreigners,

8 whose mouths speak lies
   and whose right hand is a right hand
      of falsehood.

9 I will sing a new song to you, O God;
   upon [a] a ten-stringed harp I will play
      to you,

10 who gives victory to kings,
   who rescues David his servant from
      the cruel sword.

11 Erlöse mich und errette mich
  aus der Hand der Fremden,
  deren Mund Falsches redet
  und deren rechte Hand trügt.

12 Unsere Söhne seien wie Pflanzen, /
  die aufschießen in ihrer Jugendkraft –
  unsere Töchter wie Säulen, geschnitzt
  für Paläste –

13 unsere Kammern gefüllt,
  dass sie Vorrat geben, einen nach dem
  andern –
  unsere Schafe, dass sie Tausende werfen
  und Zehntausende auf unsern Triften –

14 unsere Rinder, dass sie tragen ohne
  Schaden und Verlust –
  und kein Klagegeschrei sei auf unsern
  Gassen. –

15 Wohl dem Volk, dem es so ergeht!
  Wohl dem Volk, dessen Gott der HERR
  ist!

Gottes ewige Güte

145 EIN LOBLIED DAVIDS.
  Ich will dich erheben, mein Gott,
  du König,
  und deinen Namen loben immer und
  ewiglich.

2 Ich will dich täglich loben
  und deinen Namen rühmen immer
  und ewiglich.

3 Der HERR ist groß und sehr zu loben,
  und seine Größe ist unausforschlich.

4 Kindeskinder werden deine Werke
  preisen
  und deine gewaltigen Taten
  verkündigen.

5 Sie sollen reden von deiner hohen, herrlichen Pracht
  und deinen Wundern nachsinnen;

6 sie sollen reden von deinen mächtigen
  Taten
  und erzählen von deiner Herrlichkeit;

7 sie sollen preisen deine große Güte
  und deine Gerechtigkeit rühmen.

11 Rescue me and deliver me
  from the hand of foreigners,
  whose mouths speak lies
  and whose right hand is a right hand
  of falsehood.

12 May our sons in their youth
  be like plants full grown,
  our daughters like corner pillars
  cut for the structure of a palace;

13 may our granaries be full,
  providing all kinds of produce;
  may our sheep bring forth thousands
  and ten thousands in our fields;

14 may our cattle be heavy with young,
  suffering no mishap or failure in
  bearing;[2]
  may there be no cry of distress in our
  streets!

15 Blessed are the people to whom such
  blessings fall!
  Blessed are the people whose God is
  the LORD!

Great Is the LORD

145 [1] A SONG OF PRAISE. OF DAVID.
  I will extol you, my God and King,
  and bless your name forever and ever.

2 Every day I will bless you
  and praise your name forever and ever.

3 Great is the LORD, and greatly to be
  praised,
  and his greatness is unsearchable.

4 One generation shall commend your
  works to another,
  and shall declare your mighty acts.

5 On the glorious splendor of your
  majesty,
  and on your wondrous works, I will
  meditate.

6 They shall speak of the might of your
  awesome deeds,
  and I will declare your greatness.

7 They shall pour forth the fame of your
  abundant goodness
  and shall sing aloud of your
  righteousness.

8 Gnädig und barmherzig ist der HERR,
geduldig und von großer Güte.

9 Der HERR ist allen gütig
und erbarmt sich aller seiner Werke.

10 Es sollen dir danken, HERR, alle deine
Werke
und deine Heiligen dich loben

11 und die Ehre deines Königtums rühmen
und von deiner Macht reden,

12 dass den Menschen deine gewaltigen
Taten kundwerden
und die herrliche Pracht deines
Königtums.

13 Dein Reich ist ein ewiges Reich,
und deine Herrschaft währet für und
für.

Der HERR ist getreu in all seinen Worten
und gnädig in allen seinen Werken.

14 Der HERR hält alle, die da fallen,
und richtet alle auf, die niedergeschla-
gen sind.

15 Aller Augen warten auf dich,
und du gibst ihnen ihre Speise zur
rechten Zeit.

16 Du tust deine Hand auf
und sättigst alles, was lebt, nach
deinem Wohlgefallen.

17 Der HERR ist gerecht in allen seinen
Wegen
und gnädig in allen seinen Werken.

18 Der HERR ist nahe allen, die ihn anrufen,
allen, die ihn ernstlich anrufen.

19 Er tut, was die Gottesfürchtigen
begehren,
und hört ihr Schreien und hilft ihnen.

20 Der HERR behütet alle, die ihn lieben,
und wird vertilgen alle Gottlosen.

21 Mein Mund soll des HERRN Lob
verkündigen,
und alles Fleisch lobe seinen heiligen
Namen immer und ewiglich.

Gottes ewige Treue

146 Halleluja!
Lobe den HERRN, meine Seele! /

2 Ich will den HERRN loben, solange ich
lebe,
und meinem Gott lobsingen, solange
ich bin.

8 The LORD is gracious and merciful,
slow to anger and abounding in steadfast love.

9 The LORD is good to all,
and his mercy is over all that he has
made.

10 All your works shall give thanks to you,
O LORD,
and all your saints shall bless you!

11 They shall speak of the glory of your
kingdom
and tell of your power,

12 to make known to the children of man
your[2] mighty deeds,
and the glorious splendor of your
kingdom.

13 Your kingdom is an everlasting
kingdom,
and your dominion endures throughout all generations.

[The LORD is faithful in all his words
and kind in all his works.][3]

14 The LORD upholds all who are falling
and raises up all who are bowed
down.

15 The eyes of all look to you,
and you give them their food in due
season.

16 You open your hand;
you satisfy the desire of every living
thing.

17 The LORD is righteous in all his ways
and kind in all his works.

18 The LORD is near to all who call on him,
to all who call on him in truth.

19 He fulfills the desire of those who fear
him;
he also hears their cry and saves them.

20 The LORD preserves all who love him,
but all the wicked he will destroy.

21 My mouth will speak the praise of the
LORD,
and let all flesh bless his holy name
forever and ever.

Put Not Your Trust in Princes

146 Praise the LORD!
Praise the LORD, O my soul!

2 I will praise the LORD as long as I live;
I will sing praises to my God while I
have my being.

3 Verlasset euch nicht auf Fürsten;
   sie sind Menschen, die können ja nicht
   helfen.
4 Denn des Menschen Geist muss
   davon, /
   und er muss wieder zu Erde werden;
   dann sind verloren alle seine Pläne.

5 Wohl dem, dessen Hilfe der Gott Jakobs
   ist,
   der seine Hoffnung setzt auf den
   HERRN, seinen Gott,
6 der Himmel und Erde gemacht hat,
   das Meer und alles, was darinnen ist;
   der Treue hält ewiglich, /
7 der Recht schafft denen, die Gewalt
   leiden,
   der die Hungrigen speiset.

Der HERR macht die Gefangenen frei.
8 Der HERR macht die Blinden sehend.
Der HERR richtet auf, die niedergeschla-
   gen sind.
Der HERR liebt die Gerechten.
9 Der HERR behütet die Fremdlinge /
   und erhält Waisen und Witwen;
   aber die Gottlosen führt er in die Irre.

10 Der HERR ist König ewiglich,
   dein Gott, Zion, für und für.
   Halleluja!

Gottes Walten in der Schöpfung und in Israels Geschichte

147 Halleluja!
   Lobet den HERRN! /
   Denn unsern Gott loben, das ist ein
   köstlich Ding,

   ihn loben ist lieblich und schön.
2 Der HERR baut Jerusalem auf
   und bringt zusammen die Verstreuten
   Israels.
3 Er heilt, die zerbrochenen Herzens sind,
   und verbindet ihre Wunden.
4 Er zählt die Sterne
   und nennt sie alle mit Namen.
5 Unser Herr ist groß und von großer
   Kraft,
   und unbegreiflich ist, wie er regiert.
6 Der HERR richtet die Elenden auf
   und stößt die Gottlosen zu Boden.

7 Singt dem HERRN ein Danklied
   und lobt unsern Gott mit Harfen,

3 Put not your trust in princes,
   in a son of man, in whom there is no
   salvation.
4 When his breath departs, he returns to
   the earth;
   on that very day his plans perish.

5 Blessed is he whose help is the God of
   Jacob,
   whose hope is in the LORD his God,
6 who made heaven and earth,
   the sea, and all that is in them,
   who keeps faith forever;
7 who executes justice for the oppressed,
   who gives food to the hungry.

The LORD sets the prisoners free;

8 the LORD opens the eyes of the blind.
The LORD lifts up those who are bowed
   down;
   the LORD loves the righteous.
9 The LORD watches over the sojourners;
   he upholds the widow and the
   fatherless,
   but the way of the wicked he brings to
   ruin.

10 The LORD will reign forever,
   your God, O Zion, to all generations.
   Praise the LORD!

He Heals the Brokenhearted

147 Praise the LORD!
   For it is good to sing praises to our
   God;
   for it is pleasant,[1] and a song of praise
   is fitting.

2 The LORD builds up Jerusalem;
   he gathers the outcasts of Israel.
3 He heals the brokenhearted
   and binds up their wounds.
4 He determines the number of the stars;
   he gives to all of them their names.
5 Great is our Lord, and abundant in
   power;
   his understanding is beyond measure.
6 The LORD lifts up the humble;[2]
   he casts the wicked to the ground.

7 Sing to the LORD with thanksgiving;
   make melody to our God on the lyre!

8 der den Himmel mit Wolken bedeckt /
und Regen gibt auf Erden;
   der Gras auf den Bergen wachsen lässt,

9 der dem Vieh sein Futter gibt,
   den jungen Raben, die zu ihm rufen.

10 Er hat keine Freude an der Stärke des
Rosses
   und kein Gefallen an den Schenkeln
des Mannes.

11 Der HERR hat Gefallen an denen,
die ihn fürchten,
   die auf seine Güte hoffen.

12 Preise, Jerusalem, den HERRN;
   lobe, Zion, deinen Gott!

13 Denn er macht fest die Riegel deiner
Tore
   und segnet deine Kinder in deiner
Mitte.

14 Er schafft deinen Grenzen Frieden
   und sättigt dich mit dem besten
Weizen.

15 Er sendet sein Gebot auf die Erde,
   sein Wort läuft schnell.

16 Er gibt Schnee wie Wolle,
   er streut Reif wie Asche.

17 Er wirft seine Schloßen herab wie
Brocken;
   wer kann bleiben vor seinem Frost?

18 Er sendet sein Wort, da schmilzt der
Schnee;
   er lässt seinen Wind wehen, da taut es.

19 Er verkündigt Jakob sein Wort,
   Israel seine Gebote und sein Recht.

20 So hat er an keinem Volk getan;
   sein Recht kennen sie nicht.
Halleluja!

Gottes Lob im Himmel und auf Erden

148 Halleluja!
Lobet im Himmel den HERRN,
   lobet ihn in der Höhe!

2 Lobet ihn, alle seine Engel,
   lobet ihn, all sein Heer!

3 Lobet ihn, Sonne und Mond,
   lobet ihn, alle leuchtenden Sterne!

4 Lobet ihn, ihr Himmel aller Himmel
   und ihr Wasser über dem Himmel!

5 Die sollen loben den Namen des HERRN;
   denn er gebot, da wurden sie
geschaffen.

8 He covers the heavens with clouds;
he prepares rain for the earth;
   he makes grass grow on the hills.

9 He gives to the beasts their food,
   and to the young ravens that cry.

10 His delight is not in the strength of the
horse,
   nor his pleasure in the legs of a man,

11 but the LORD takes pleasure in those
who fear him,
   in those who hope in his steadfast
love.

12 Praise the LORD, O Jerusalem!
   Praise your God, O Zion!

13 For he strengthens the bars of your
gates;
   he blesses your children within you.

14 He makes peace in your borders;
   he fills you with the finest of the
wheat.

15 He sends out his command to the earth;
   his word runs swiftly.

16 He gives snow like wool;
   he scatters hoarfrost like ashes.

17 He hurls down his crystals of ice like
crumbs;
   who can stand before his cold?

18 He sends out his word, and melts them;
   he makes his wind blow and the
waters flow.

19 He declares his word to Jacob,
   his statutes and rules[3] to Israel.

20 He has not dealt thus with any other
nation;
   they do not know his rules.[4]
Praise the LORD!

Praise the Name of the LORD

148 Praise the LORD!
Praise the LORD from the heavens;
   praise him in the heights!

2 Praise him, all his angels;
   praise him, all his hosts!

3 Praise him, sun and moon,
   praise him, all you shining stars!

4 Praise him, you highest heavens,
   and you waters above the heavens!

5 Let them praise the name of the LORD!
   For he commanded and they were
created.

6 Er lässt sie bestehen für immer und
ewig;
er gab eine Ordnung, die dürfen sie
nicht überschreiten.

7 Lobet den HERRN auf Erden,
ihr großen Fische und alle Tiefen des
Meeres,

8 Feuer, Hagel, Schnee und Nebel,
Sturmwinde, die sein Wort ausrichten,

9 ihr Berge und alle Hügel,
fruchttragende Bäume und alle
Zedern,

10 ihr Tiere und alles Vieh,
Gewürm und Vögel,

11 ihr Könige auf Erden und alle Völker,
Fürsten und alle Richter auf Erden,

12 Jünglinge und Jungfrauen,
Alte mit den Jungen!

13 Die sollen loben den Namen des HERRN;
denn sein Name allein ist hoch,
seine Herrlichkeit reicht, so weit
Himmel und Erde ist.

14 Er erhöht die Macht seines Volkes.
Alle seine Heiligen sollen loben,
die Kinder Israel, das Volk, das ihm
dient. Halleluja!

Zion lobe den Herrn!

149 Halleluja!
Singet dem HERRN ein neues Lied;
die Gemeinde der Heiligen soll ihn
loben.

2 Israel freue sich seines Schöpfers,
die Kinder Zions seien fröhlich über
ihren König.

3 Sie sollen loben seinen Namen im
Reigen,
mit Pauken und Harfen sollen sie ihm
spielen.

4 Denn der HERR hat Wohlgefallen an
seinem Volk,
er hilft den Elenden herrlich.

5 Die Heiligen sollen fröhlich sein und
preisen
und rühmen auf ihren Lagern.

6 Ihr Mund soll Gott erheben;
sie sollen scharfe Schwerter in ihren
Händen halten,

7 dass sie Vergeltung üben unter den
Heiden,
Strafe unter den Völkern,

6 And he established them forever and
ever;
he gave a decree, and it shall not pass
away.[1]

7 Praise the LORD from the earth,
you great sea creatures and all deeps,

8 fire and hail, snow and mist,
stormy wind fulfilling his word!

9 Mountains and all hills,
fruit trees and all cedars!

10 Beasts and all livestock,
creeping things and flying birds!

11 Kings of the earth and all peoples,
princes and all rulers of the earth!

12 Young men and maidens together,
old men and children!

13 Let them praise the name of the LORD,
for his name alone is exalted;
his majesty is above earth and heaven.

14 He has raised up a horn for his people,
praise for all his saints,
for the people of Israel who are near to
him.
Praise the LORD!

Sing to the Lord a New Song

149 Praise the LORD!
Sing to the LORD a new song,
his praise in the assembly of the godly!

2 Let Israel be glad in his Maker;
let the children of Zion rejoice in their
King!

3 Let them praise his name with dancing,
making melody to him with tambourine and lyre!

4 For the LORD takes pleasure in his
people;
he adorns the humble with salvation.

5 Let the godly exult in glory;
let them sing for joy on their beds.

6 Let the high praises of God be in their
throats
and two-edged swords in their hands,

7 to execute vengeance on the nations
and punishments on the peoples,

8 ihre Könige zu binden mit Ketten
   und ihre Edlen mit eisernen Fesseln,
9 dass sie an ihnen vollziehen das Gericht,
   wie geschrieben ist.
   Solche Ehre werden alle seine Heiligen
   haben.
   Halleluja!

Das große Halleluja

150 Halleluja!
   Lobet Gott in seinem Heiligtum,
   lobet ihn in der Feste seiner Macht!
2 Lobet ihn für seine Taten,
   lobet ihn in seiner großen
   Herrlichkeit!

3 Lobet ihn mit Posaunen,
   lobet ihn mit Psalter und Harfen!
4 Lobet ihn mit Pauken und Reigen,
   lobet ihn mit Saiten und Pfeifen!
5 Lobet ihn mit hellen Zimbeln,
   lobet ihn mit klingenden Zimbeln!

6 **Alles, was Odem hat, lobe den HERRN!**
   Halleluja!

8 to bind their kings with chains
   and their nobles with fetters of iron,
9 to execute on them the judgment
   written!
   This is honor for all his godly ones.
   Praise the LORD!

Let Everything Praise the LORD

150 Praise the LORD!
   Praise God in his sanctuary;
   praise him in his mighty heavens![1]
2 Praise him for his mighty deeds;
   praise him according to his excellent
   greatness!

3 Praise him with trumpet sound;
   praise him with lute and ʳharp!
4 Praise him with tambourine and ˢdance;
   praise him with strings and pipe!
5 Praise him with sounding cymbals;
   praise him with loud clashing
   cymbals!

6 Let everything that has breath praise the
   LORD!
   Praise the LORD!

DIE SPRÜCHE SALOMOS (SPRICHWÖRTER)

PROVERBS

The Beginning of Knowledge

1 Dies sind die Sprüche Salomos, des Sohnes Davids, des Königs von Israel,

2 um zu lernen Weisheit und Zucht und zu verstehen verständige Rede,

3 dass man annehme Zucht, die da klug macht, Gerechtigkeit, Recht und Redlichkeit;

4 dass die Unverständigen klug werden und die Jünglinge vernünftig und besonnen.

5 Wer weise ist, der höre zu und wachse an Weisheit, und wer verständig ist, der lasse sich raten,

6 dass er verstehe Sprüche und Gleichnisse, die Worte der Weisen und ihre Rätsel.

7 Die Furcht des HERRN ist der Anfang der Erkenntnis. Die Toren verachten Weisheit und Zucht.

Warnung vor Verführern

8 Mein Sohn, gehorche der Zucht deines Vaters und verlass nicht das Gebot deiner Mutter;

9 denn das ist ein schöner Schmuck für dein Haupt und eine Kette an deinem Halse.

10 Mein Sohn, wenn dich die bösen Buben locken, so folge nicht.

11 Wenn sie sagen: »Geh mit uns! Wir wollen auf Blut lauern und den Unschuldigen nachstellen ohne Grund;

12 wir wollen sie verschlingen wie das Totenreich die Lebendigen, und die Frommen sollen sein wie, welche hinunter in die Grube fahren;

13 wir wollen kostbares Gut finden, wir wollen unsre Häuser mit Raub füllen;

14 wage es mit uns! Einen Beutel nur soll es für uns alle geben«:

1 The proverbs of Solomon, son of David, king of Israel:

2 To know wisdom and instruction,
to understand words of insight,

3 to receive instruction in wise dealing,
in righteousness, justice, and equity;

4 to give prudence to the simple,
knowledge and discretion to the
youth—

5 Let the wise hear and increase in
learning,
and the one who understands obtain
guidance,

6 to understand a proverb and a saying,
the words of the wise and their
riddles.

7 The fear of the LORD is the beginning of
knowledge;
fools despise wisdom and instruction.

The Enticement of Sinners

8 Hear, my son, your father's instruction,
and forsake not your mother's
teaching,

9 for they are a graceful garland for your
head
and pendants for your neck.

10 My son, if sinners entice you,
do not consent.

11 If they say, "Come with us, let us lie in
wait for blood;
let us ambush the innocent without
reason;

12 like Sheol let us swallow them alive,
and whole, like those who go down to
the pit;

13 we shall find all precious goods,
we shall fill our houses with plunder;

14 throw in your lot among us;
we will all have one purse"—

15 mein Sohn, wandle den Weg nicht mit ihnen, halte deinen Fuß fern von ihrem Pfad;

16 denn ihre Füße laufen zum Bösen und eilen, Blut zu vergießen.

17 Man spannt das Netz vor den Augen der Vögel, doch lassen sie sich nicht warnen;

18 so lauern jene auf ihr eigenes Blut und trachten sich selbst nach dem Leben.

19 So geht es allen, die nach unrechtem Gewinn trachten; er nimmt ihnen das Leben.

Die Bußpredigt der Weisheit

20 Die Weisheit ruft laut auf der Straße und lässt ihre Stimme hören auf den Plätzen.

21 Sie ruft im lautesten Getümmel, am Eingang der Tore, sie redet ihre Worte in der Stadt:

22 Wie lange wollt ihr Unverständigen unverständig sein und ihr Spötter Lust zu Spötterei haben und ihr Toren die Erkenntnis hassen?

23 Kehrt euch zu meiner Zurechtweisung! Siehe, ich will über euch strömen lassen meinen Geist und euch meine Worte kundtun.

¶ **24** Wenn ich aber rufe und ihr euch weigert, wenn ich meine Hand ausstrecke und niemand darauf achtet,

25 wenn ihr fahren lasst all meinen Rat und meine Zurechtweisung nicht wollt:

26 dann will ich auch lachen bei eurem Unglück und euer spotten, wenn da kommt, was ihr fürchtet;

27 wenn über euch kommt wie ein Sturm, was ihr fürchtet, und euer Unglück wie ein Wetter; wenn über euch Angst und Not kommt.

28 Dann werden sie nach mir rufen, aber ich werde nicht antworten; sie werden mich suchen und nicht finden.

29 Weil sie die Erkenntnis hassten und die Furcht des HERRN nicht erwählten,

30 meinen Rat nicht wollten und all meine Zurechtweisung verschmähten,

31 darum sollen sie essen von den Früchten ihres Wandels und satt werden an ihren Ratschlägen.

---

15 my son, do not walk in the way with them;
   hold back your foot from their paths,

16 for their feet run to evil,
   and they make haste to shed blood.

17 For in vain is a net spread
   in the sight of any bird,

18 but these men lie in wait for their own blood;
   they ᵘset an ambush for their own lives.

19 Such are the ways of everyone who is greedy for unjust gain;
   it takes away the life of its possessors.

The Call of Wisdom

20 Wisdom cries aloud in the street,
   in the markets she raises her voice;

21 at the head of the noisy streets she cries out;
   at the entrance of the city gates she speaks:

22 "How long, O simple ones, will you love being simple?
   How long will scoffers delight in their scoffing
   and fools hate knowledge?

23 If you turn at my reproof,[1]
   behold, I will pour out my spirit to you;
   I will make my words known to you.

24 Because I have called and you refused to listen,
   have stretched out my hand and no one has heeded,

25 because you have ignored all my counsel
   and would have none of my reproof,

26 I also will laugh at your calamity;
   I will mock when terror strikes you,

27 when terror strikes you like a storm
   and your calamity comes like a whirlwind,
   when distress and anguish come upon you.

28 Then they will call upon me, but I will not answer;
   they will seek me diligently but will not find me.

29 Because they hated knowledge
   and did not choose the fear of the LORD,

30 would have none of my counsel
   and despised all my reproof,

31 therefore they shall eat the fruit of their way,
   and have their fill of their own devices.

32 Denn den Unverständigen bringt ihre Abkehr den Tod, und die Toren bringt ihre Sorglosigkeit um;

33 wer aber mir gehorcht, wird sicher wohnen und ohne Sorge sein und kein Unglück fürchten.

Die Weisheit bewahrt vor dem Verderben

2 Mein Sohn, wenn du meine Rede annimmst und meine Gebote behältst,

2 sodass dein Ohr auf Weisheit achthat, und du dein Herz der Einsicht zuneigst,

3 ja, wenn du nach Vernunft rufst und deine Stimme nach Einsicht erhebst,

4 wenn du sie suchst wie Silber und nach ihr forschst wie nach Schätzen:

5 dann wirst du die Furcht des HERRN verstehen und die Erkenntnis Gottes finden.

6 Denn der HERR gibt Weisheit, und aus seinem Munde kommt Erkenntnis und Einsicht.

7 Er lässt es den Aufrichtigen gelingen und beschirmt die Frommen.

8 Er behütet, die recht tun, und bewahrt den Weg seiner Frommen.

9 Dann wirst du verstehen Gerechtigkeit und Recht und Frömmigkeit und jeden guten Weg.

¶ **10** Denn Weisheit wird in dein Herz eingehen, und Erkenntnis wird deiner Seele lieblich sein,

11 Besonnenheit wird dich bewahren und Einsicht dich behüten, –

12 dass du nicht gerätst auf den Weg der Bösen noch unter Leute, die Falsches reden,

13 die da verlassen die rechte Bahn und gehen finstere Wege,

14 die sich freuen, Böses zu tun, und sind fröhlich über böse Ränke,

15 die krumme Wege gehen und auf Abwege kommen, –

16 dass du nicht gerätst an die Frau eines andern, an eine Fremde, die glatte Worte gibt

The Value of Wisdom

32 For the simple are killed by their turning away,
and the complacency of fools destroys them;
33 but whoever listens to me will dwell secure
and will be at ease, without dread of disaster."

2 My son, if you receive my words
and treasure up my commandments with you,
2 making your ear attentive to wisdom
and inclining your heart to understanding;
3 yes, if you call out for insight
and raise your voice for understanding,
4 if you seek it like silver
and search for it as for hidden treasures,
5 then you will understand the fear of the LORD
and find the knowledge of God.
6 For the LORD gives wisdom;
from his mouth come knowledge and understanding;
7 he stores up sound wisdom for the upright;
he is a shield to those who walk in integrity,
8 guarding the paths of justice
and watching over the way of his saints.
9 Then you will understand righteousness and justice
and equity, every good path;
10 for wisdom will come into your heart,
and knowledge will be pleasant to your soul;
11 discretion will watch over you,
understanding will guard you,
12 delivering you from the way of evil,
from men of perverted speech,
13 who forsake the paths of uprightness
to walk in the ways of darkness,
14 who rejoice in doing evil
and delight in the perverseness of evil,
15 men whose paths are crooked,
and who are devious in their ways.
16 So you will be delivered from the forbidden[1] woman,
from the adulteress[2] with her smooth words,

17 und verlässt den Gefährten ihrer Jugend und vergisst den Bund ihres Gottes;

18 denn ihr Haus neigt sich zum Tode und ihre Wege zum Ort der Toten;

19 alle, die zu ihr eingehen, kommen nicht wieder und erreichen den Weg des Lebens nicht, –

20 dass du wandelst auf dem Wege der Guten und bleibst auf der Bahn der Gerechten;

21 denn die Gerechten werden im Lande wohnen und die Frommen darin bleiben,

22 aber die Gottlosen werden aus dem Land ausgerottet und die Treulosen daraus vertilgt.

Vom Segen der Gottesfurcht und Weisheit

3 Mein Sohn, vergiss meine Weisung nicht, und dein Herz behalte meine Gebote,

2 denn sie werden dir langes Leben bringen und gute Jahre und Frieden;

3 Gnade und Treue sollen dich nicht verlassen. Hänge meine Gebote an deinen Hals und schreibe sie auf die Tafel deines Herzens,

4 so wirst du Freundlichkeit und Klugheit erlangen, die Gott und den Menschen gefallen.

¶ **5** Verlass dich auf den HERRN von ganzem Herzen, und verlass dich nicht auf deinen Verstand,

6 sondern gedenke an ihn in allen deinen Wegen, so wird er dich recht führen.

7 Dünke dich nicht, weise zu sein, sondern fürchte den HERRN und weiche vom Bösen.

8 Das wird deinem Leibe heilsam sein und deine Gebeine erquicken.

¶ **9** Ehre den HERRN mit deinem Gut und mit den Erstlingen all deines Einkommens,

10 so werden deine Scheunen voll werden und deine Kelter von Wein überlaufen.

¶ **11** Mein Sohn, verwirf die Zucht des HERRN nicht und sei nicht ungeduldig, wenn er dich zurechtweist;

17 who forsakes the companion of her youth
and forgets the covenant of her God;

18 for her house sinks down to death,
and her paths to the departed;[3]

19 none who go to her come back,
nor do they regain the paths of life.

20 So you will walk in the way of the good
and keep to the paths of the righteous.

21 For the upright will inhabit the land,
and those with integrity will remain in it,

22 but the wicked will be cut off from the land,
and the treacherous will be rooted out of it.

Trust in the LORD with All Your Heart

3 My son, do not forget my teaching,
but let your heart keep my commandments,

2 for length of days and years of life
and peace they will add to you.

3 Let not steadfast love and faithfulness forsake you;
bind them around your neck;
write them on the tablet of your heart.

4 So you will find favor and good success[1]
in the sight of God and man.

5 Trust in the LORD with all your heart,
and do not lean on your own understanding.

6 In all your ways acknowledge him,
and he will make straight your paths.

7 Be not wise in your own eyes;
fear the LORD, and turn away from evil.

8 It will be healing to your flesh[2]
and refreshment[3] to your bones.

9 Honor the LORD with your wealth
and with the firstfruits of all your produce;

10 then your barns will be filled with plenty,
and your vats will be bursting with wine.

11 My son, do not despise the LORD's discipline
or be weary of his reproof,

12 denn wen der Herr liebt, den weist er zurecht, und hat doch Wohlgefallen an ihm wie ein Vater am Sohn.

¶ 13 Wohl dem Menschen, der Weisheit erlangt, und dem Menschen, der Einsicht gewinnt!

14 Denn es ist besser, sie zu erwerben, als Silber, und ihr Ertrag ist besser als Gold.

15 Sie ist edler als Perlen, und alles, was du wünschen magst, ist ihr nicht zu vergleichen.

16 Langes Leben ist in ihrer rechten Hand, in ihrer Linken ist Reichtum und Ehre.

17 Ihre Wege sind liebliche Wege, und alle ihre Steige sind Frieden.

18 Sie ist ein Baum des Lebens allen, die sie ergreifen, und glücklich sind, die sie festhalten.

¶ 19 Der Herr hat die Erde durch Weisheit gegründet und nach seiner Einsicht die Himmel bereitet.

20 Kraft seiner Erkenntnis quellen die Wasser der Tiefe hervor und triefen die Wolken von Tau.

21 Mein Sohn, lass sie nicht aus deinen Augen weichen, bewahre Umsicht und Klugheit!

22 Das wird Leben sein für dein Herz und ein Schmuck für deinen Hals.

23 Dann wirst du sicher wandeln auf deinem Wege, sodass dein Fuß sich nicht stoßen wird.

24 Legst du dich, so wirst du dich nicht fürchten, und liegst du, so wirst du süß schlafen.

25 Fürchte dich nicht vor plötzlichem Schrecken noch vor dem Verderben der Gottlosen, wenn es über sie kommt;

26 denn der Herr ist deine Zuversicht; er behütet deinen Fuß, dass er nicht gefangen werde.

Ermahnung zum Wohltun und zur Friedfertigkeit

27 Weigere dich nicht, dem Bedürftigen Gutes zu tun, wenn deine Hand es vermag.

28 Sprich nicht zu deinem Nächsten: Geh hin und komm wieder; morgen will ich dir geben –, wenn du es doch hast.

12 for the Lord reproves him whom he loves,
as a father the son in whom he delights.

Blessed Is the One Who Finds Wisdom

13 Blessed is the one who finds wisdom,
and the one who gets understanding,

14 for the gain from her is better than gain from silver
and her profit better than gold.

15 She is more precious than jewels,
and nothing you desire can compare with her.

16 Long life is in her right hand;
in her left hand are riches and honor.

17 Her ways are ways of pleasantness,
and all her paths are peace.

18 She is a tree of life to those who lay hold of her;
those who hold her fast are called blessed.

19 The Lord by wisdom founded the earth;
by understanding ᵉhe established the heavens;

20 by his knowledge the deeps broke open,
and the clouds drop down the dew.

21 My son, do not lose sight of these—
keep sound wisdom and discretion,

22 and they will be life for your soul
and adornment for your neck.

23 Then you will walk on your way securely,
and your foot will not stumble.

24 If you lie down, you will not be afraid;
when you lie down, your sleep will be sweet.

25 Do not be afraid of sudden terror
or of the ruin⁴ of the wicked, when it comes,

26 for the Lord will be your confidence
and will keep your foot from being caught.

27 Do not withhold good from those to whom it is due,⁵
when it is in your power to do it.

28 Do not say to your neighbor, "Go, and come again,
tomorrow I will give it"—when you have it with you.

¶ **29** Trachte nicht nach Bösem gegen deinen Nächsten, der arglos bei dir wohnt.

30 Geh nicht mutwillig mit jemand vor Gericht, wenn er dir kein Leid getan hat.

31 Sei nicht neidisch auf den Gewalttätigen und erwähle seiner Wege keinen,

32 denn wer auf Abwegen geht, ist dem HERRN ein Gräuel, aber den Frommen ist er Freund.

¶ **33** Im Hause des Gottlosen ist der Fluch des HERRN, aber das Haus der Gerechten wird gesegnet.

34 Er wird der Spötter spotten, aber den Demütigen wird er Gnade geben.

35 Die Weisen werden Ehre erben, aber die Toren werden Schande davontragen.

Väterliche Mahnung

4 Hört, meine Söhne, die Mahnung eures Vaters; merkt auf, dass ihr lernt und klug werdet!

2 Denn ich gebe euch eine gute Lehre; verlasst meine Weisung nicht.

3 Denn als ich noch Kind in meines Vaters Hause war, ein zartes, das einzige unter der Obhut meiner Mutter,

4 da lehrte er mich und sprach: Lass dein Herz meine Worte aufnehmen; halte meine Gebote, so wirst du leben.

5 Erwirb Weisheit, erwirb Einsicht; vergiss sie nicht und weiche nicht von der Rede meines Mundes;

6 verlass sie nicht, so wird sie dich bewahren; liebe sie, so wird sie dich behüten.

7 Denn der Weisheit Anfang ist: Erwirb Weisheit und erwirb Einsicht mit allem, was du hast.

8 Achte sie hoch, so wird sie dich erhöhen und wird dich zu Ehren bringen, wenn du sie herzest.

9 Sie wird dein Haupt schön schmücken und wird dich zieren mit einer prächtigen Krone.

¶ **10** Höre, mein Sohn, und nimm an meine Rede, so werden deine Jahre viel werden.

11 Ich will dich den Weg der Weisheit führen; ich will dich auf rechter Bahn leiten,

12 dass, wenn du gehst, dein Gang dir nicht sauer werde, und wenn du läufst, du nicht strauchelst.

---

29 Do not plan evil against your neighbor, who dwells trustingly beside you.

30 Do not contend with a man for no reason, when he has done you no harm.

31 Do not envy a man of violence and do not choose any of his ways,

32 for the devious person is an abomination to the LORD, but the upright are in his confidence.

33 The LORD's curse is on the house of the wicked, but he blesses the dwelling of the righteous.

34 Toward the scorners he is scornful, but to the humble he gives favor.[6]

35 The wise will inherit honor, but fools get[7] disgrace.

A Father's Wise Instruction

4 Hear, O sons, a father's instruction, and be attentive, that you may gain[1] insight,

2 for I give you good precepts; do not forsake my teaching.

3 When I was a son with my father, tender, the only one in the sight of my mother,

4 he taught me and said to me, "Let your heart hold fast my words; keep my commandments, and live.

5 Get wisdom; get insight; do not forget, and do not turn away from the words of my mouth.

6 Do not forsake her, and she will keep you; love her, and she will guard you.

7 The beginning of wisdom is this: Get wisdom, and whatever you get, get insight.

8 Prize her highly, and she will exalt you; she will honor you if you embrace her.

9 She will place on your head a graceful garland; she will bestow on you a beautiful crown."

10 Hear, my son, and accept my words, that the years of your life may be many.

11 I have taught you the way of wisdom; I have led you in the paths of uprightness.

12 When you walk, your step will not be hampered, and if you run, you will not stumble.

13 Bleibe in der Unterweisung, lass nicht ab davon; bewahre sie, denn sie ist dein Leben.

14 Komm nicht auf den Pfad der Gottlosen und tritt nicht auf den Weg der Bösen.

15 Lass ihn liegen und geh nicht darauf; weiche von ihm und geh vorüber.

16 Denn jene können nicht schlafen, wenn sie nicht übel getan, und sie ruhen nicht, wenn sie nicht Schaden getan.

17 Sie nähren sich vom Brot des Frevels und trinken vom Wein der Gewalttat. –

18 Der Gerechten Pfad glänzt wie das Licht am Morgen, das immer heller leuchtet bis zum vollen Tag.

19 Der Gottlosen Weg aber ist wie das Dunkel; sie wissen nicht, wodurch sie zu Fall kommen werden.

¶ **20** Mein Sohn, merke auf meine Rede und neige dein Ohr zu meinen Worten.

21 Lass sie dir nicht aus den Augen kommen; behalte sie in deinem Herzen,

22 denn sie sind das Leben denen, die sie finden, und heilsam ihrem ganzen Leibe.

23 Behüte dein Herz mit allem Fleiß, denn daraus quillt das Leben.

24 Tu von dir die Falschheit des Mundes und sei kein Lästermaul.

25 Lass deine Augen stracks vor sich sehen und deinen Blick geradeaus gerichtet sein.

26 Lass deinen Fuß auf ebener Bahn gehen, und alle deine Wege seien gewiss.

27 Weiche weder zur Rechten noch zur Linken; wende deinen Fuß vom Bösen.

Warnung vor der Verführerin

5 Mein Sohn, merke auf meine Weisheit; neige dein Ohr zu meiner Lehre,

2 dass du behaltest guten Rat und dein Mund wisse Erkenntnis zu bewahren!

3 Denn die Lippen der fremden Frau sind süß wie Honigseim, und ihre Kehle ist glatter als Öl,

4 hernach aber ist sie bitter wie Wermut und scharf wie ein zweischneidiges Schwert.

5 Ihre Füße laufen zum Tode hinab; ihre Schritte führen ins Totenreich,

6 dass du den Weg des Lebens nicht wahrnimmst; haltlos sind ihre Tritte und du merkst es nicht.

13 Keep hold of instruction; do not let go; guard her, for she is your life.

14 Do not enter the path of the wicked, and do not walk in the way of the evil.

15 Avoid it; do not go on it; turn away from it and pass on.

16 For they cannot sleep unless they have done wrong; they are robbed of sleep unless they have made someone stumble.

17 For they eat the bread of wickedness and drink the wine of violence.

18 But the path of the righteous is like the light of dawn, which shines brighter and brighter until full day.

19 The way of the wicked is like deep darkness; they do not know over what they stumble.

20 My son, be attentive to my words; incline your ear to my sayings.

21 Let them not escape from your sight; keep them within your heart.

22 For they are life to those who find them, and healing to all their[2] flesh.

23 Keep your heart with all vigilance, for from it flow the springs of life.

24 Put away from you crooked speech, and put devious talk far from you.

25 Let your eyes look directly forward, and your gaze be straight before you.

26 Ponder[3] the path of your feet; then all your ways will be sure.

27 Do not swerve to the right or to the left; turn your foot away from evil.

Warning Against Adultery

5 My son, be attentive to my wisdom; incline your ear to my understanding,

2 that you may keep discretion, and your lips may guard knowledge.

3 For the lips of a forbidden[1] woman drip honey, and her speech[2] is smoother than oil,

4 but in the end she is bitter as wormwood, sharp as a two-edged sword.

5 Her feet go down to death; her steps follow the path to[3] Sheol;

6 she does not ponder the path of life; her ways wander, and she does not know it.

¶ **7** So gehorcht mir nun, meine Söhne, und weicht nicht von der Rede meines Mundes.

8 Lass deine Wege ferne von ihr sein und nahe nicht zur Tür ihres Hauses,

9 dass du nicht andern gebest deine Kraft und deine Jahre einem Unbarmherzigen;

10 dass sich nicht Fremde von deinem Vermögen sättigen und, was du mühsam erworben, nicht komme in eines andern Haus,

11 und müssest hernach seufzen, wenn dir Leib und Leben vergehen,

12 und sprechen: »Ach, wie konnte ich die Zucht hassen, und wie konnte mein Herz die Warnung verschmähen,

13 dass ich nicht gehorchte der Stimme meiner Lehrer und mein Ohr nicht kehrte zu denen, die mich lehrten!

14 Ich wäre fast ganz ins Unglück gekommen vor allen Leuten und allem Volk.«

¶ **15** Trinke Wasser aus **deiner** Zisterne und was quillt aus **deinem** Brunnen.

16 Sollen deine Quellen herausfließen auf die Straße und deine Wasserbäche auf die Gassen?

17 Habe du sie allein und kein Fremder mit dir.

18 Dein Born sei gesegnet, und freue dich der Frau deiner Jugend.

19 Sie ist lieblich wie eine Gazelle und holdselig wie ein Reh. Lass dich von ihrer Anmut allezeit sättigen und ergötze dich allewege an ihrer Liebe.

¶ **20** Mein Sohn, warum willst du dich an der Fremden ergötzen und herzest eine andere?

21 Denn eines jeden Wege liegen offen vor dem HERRN, **und er hat acht auf aller Menschen Gänge.**

22 Den Gottlosen werden seine Missetaten fangen, und er wird mit den Stricken seiner Sünde gebunden.

23 Er wird sterben, weil er Zucht nicht wollte, und um seiner großen Torheit willen wird er hingerafft werden.

Warnung vor Bürgschaften, vor Faulheit und Falschheit

6 Mein Sohn, hast du gebürgt für deinen Nächsten und hast du Handschlag gegeben für einen andern,

7 And now, O sons, listen to me,
and do not depart from the words of
my mouth.

8 Keep your way far from her,
and do not go near the door of her
house,

9 lest you give your honor to others
and your years to the merciless,

10 lest strangers take their fill of your
strength,
and your labors go to the house of a
foreigner,

11 and at the end of your life you groan,
when your flesh and body are
consumed,

12 and you say, "How I hated discipline,
and my heart despised reproof!

13 I did not listen to the voice of my
teachers
or incline my ear to my instructors.

14 I am at the brink of utter ruin
in the assembled congregation."

15 Drink water from your own cistern,
flowing water from your own well.

16 Should your springs be scattered abroad,
streams of water in the streets?

17 Let them be for yourself alone,
and not for strangers with you.

18 Let your fountain be blessed,
and rejoice in the wife of your youth,

19 a lovely deer, a graceful doe.
Let her breasts fill you at all times with
delight;
be intoxicated[4] always in her love.

20 Why should you be intoxicated, my son,
with a forbidden woman
and embrace the bosom of ʷan
adulteress?[5]

21 For a man's ways are before the eyes of
the LORD,
and he ponders[6] all his paths.

22 The iniquities of the wicked ensnare
him,
and he is held fast in the cords of his
sin.

23 He dies for lack of discipline,
and because of his great folly he is led
astray.

Practical Warnings

6 My son, if you have put up security for
your neighbor,
have ᵉgiven your pledge for a stranger,

2 und bist du gebunden durch deine Worte und gefangen in der Rede deines Mundes,

3 so tu doch dies, mein Sohn, damit du wieder frei wirst, denn du bist in deines Nächsten Hand: Geh hin, dränge und bestürme deinen Nächsten!

4 Lass deine Augen nicht schlafen noch deine Augenlider schlummern.

5 Errette dich wie ein Reh aus der Schlinge und wie ein Vogel aus der Hand des Fängers.

¶ **6** Geh hin zur Ameise, du Fauler, sieh an ihr Tun und lerne von ihr!

7 Wenn sie auch keinen Fürsten noch Hauptmann noch Herrn hat,

8 so bereitet sie doch ihr Brot im Sommer und sammelt ihre Speise in der Ernte.

9 Wie lange liegst du, Fauler! Wann willst du aufstehen von deinem Schlaf?

10 Ja, schlafe noch ein wenig, schlummre ein wenig, schlage die Hände ineinander ein wenig, dass du schläfst,

11 so wird dich die Armut übereilen wie ein Räuber und der Mangel wie ein gewappneter Mann.

¶ **12** Ein heilloser Mensch, ein nichtswürdiger Mann, wer einhergeht mit trügerischem Munde,

13 wer winkt mit den Augen, gibt Zeichen mit den Füßen, zeigt mit den Fingern,

14 trachtet nach Bösem und Verkehrtem in seinem Herzen und richtet allezeit Hader an.

15 Darum wird plötzlich sein Verderben über ihn kommen, und er wird schnell zerschmettert werden, und keine Hilfe ist da.

¶ **16** Diese sechs Dinge hasst der HERR, diese sieben sind ihm ein Gräuel:

17 stolze Augen, falsche Zunge, Hände, die unschuldiges Blut vergießen,

18 ein Herz, das arge Ränke schmiedet, Füße, die behände sind, Schaden zu tun,

19 ein falscher Zeuge, der frech Lügen redet, und wer Hader zwischen Brüdern anrichtet.

Warnung vor Ehebruch

20 Mein Sohn, bewahre das Gebot deines Vaters und lass nicht fahren die Weisung deiner Mutter.

2 if you are snared in the words of your mouth, caught in the words of your mouth,

3 then do this, my son, and save yourself, for you have come into the hand of your neighbor: go, hasten,[1] and plead urgently with your neighbor.

4 Give your eyes no sleep and your eyelids no slumber;

5 save yourself like a gazelle from the hand of the hunter,[2] like a bird from the hand of the fowler.

6 Go to the ant, O sluggard; consider her ways, and be wise.

7 Without having any chief, officer, or ruler,

8 she prepares her bread in summer and gathers her food in harvest.

9 How long will you lie there, O sluggard? When will you arise from your sleep?

10 A little sleep, a little slumber, a little [s]folding of the hands to rest,

11 and poverty will come upon you like a robber, and want like an armed man.

12 A worthless person, a wicked man, goes about with crooked speech,

13 winks with his eyes, signals[3] with his feet, points with his finger,

14 with perverted heart devises evil, continually sowing discord;

15 therefore calamity will come upon him suddenly; in a moment he will be broken beyond healing.

16 There are six things that the LORD hates, [d] seven that are an abomination to him:

17 haughty eyes, a lying tongue, and hands that shed innocent blood,

18 a heart that devises wicked plans, feet that make haste to run to evil,

19 a false witness who breathes out lies, and one who sows discord among brothers.

Warnings Against Adultery

20 My son, keep your father's commandment, [1] and forsake not your mother's teaching.

21 Binde sie dir aufs Herz allezeit und hänge sie um deinen Hals,

22 dass sie dich geleiten, wenn du gehst; dass sie dich bewachen, wenn du dich legst; dass sie zu dir sprechen, wenn du aufwachst.

23 Denn das Gebot ist eine Leuchte und die Weisung ein Licht, und die Vermahnung ist der Weg des Lebens,

24 auf dass du bewahrt werdest vor der Frau deines Nächsten, vor der glatten Zunge der Fremden.

25 Lass dich nach ihrer Schönheit nicht gelüsten in deinem Herzen, und lass dich nicht fangen durch ihre Augenlider.

26 Denn eine Hure bringt einen nur ums Brot, aber eines andern Ehefrau um das kostbare Leben.

¶ **27** Kann auch jemand ein Feuer unterm Gewand tragen, ohne dass seine Kleider brennen?

28 Oder könnte jemand auf Kohlen gehen, ohne dass seine Füße verbrannt würden?

29 So geht es dem, der zu seines Nächsten Frau geht; es bleibt keiner ungestraft, der sie berührt.

30 Es ist für einen Dieb nicht so schmachvoll, wenn er stiehlt, um seine Gier zu stillen, weil ihn hungert;

31 wenn er ergriffen wird, ersetzt er's siebenfach und gibt her alles Gut seines Hauses.

32 Aber wer mit einer Verheirateten die Ehe bricht, der ist von Sinnen; wer sein Leben ins Verderben bringen will, der tut das.

33 Schläge und Schande treffen ihn, und seine Schmach ist nicht zu tilgen.

34 Denn Eifersucht erweckt den Grimm des Mannes, und er schont nicht am Tage der Vergeltung

35 und achtet kein Sühnegeld und nimmt nichts an, wenn du auch viel schenken wolltest.

7 Mein Sohn, behalte meine Rede und verwahre meine Gebote bei dir.

2 Behalte meine Gebote, so wirst du leben, und hüte meine Weisung wie deinen Augapfel.

---

21 Bind them on your heart always;
　　tie them around your neck.

22 When you walk, they[4] will lead you;
　　[g] when you lie down, they will watch over you;
　　and when you awake, they will talk with you.

23 For the commandment is a lamp and the teaching a light,
　　and the reproofs of discipline are the way of life,

24 to preserve you from the evil woman,[5]
　　from the smooth tongue of the adulteress.[6]

25 Do not desire her beauty in your heart,
　　and do not let her capture you with her eyelashes;

26 for the price of a prostitute is only a loaf of bread,[7]
　　but a married woman[8] hunts down a precious life.

27 Can a man carry fire next to his chest
　　and his clothes not be burned?

28 Or can one walk on hot coals
　　and his feet not be scorched?

29 So is he who goes in to his neighbor's wife;
　　none who touches her will go unpunished.

30 People do not despise a thief if he steals
　　to satisfy his appetite when he is hungry,

31 but if he is caught, he will pay sevenfold;
　　he will give all the goods of his house.

32 He who commits adultery lacks sense;
　　he who does it destroys himself.

33 He will get wounds and dishonor,
　　and his disgrace will not be wiped away.

34 For jealousy makes a man furious,
　　and he will not spare when he takes revenge.

35 He will accept no compensation;
　　he will refuse though you multiply gifts.

Warning Against the Adulteress

7 My son, keep my words
　　and [h]treasure up my commandments with you;

2 keep my commandments and live;
　　keep my teaching as the apple of your eye;

3 Binde sie an deine Finger, schreibe sie auf die Tafel deines Herzens.

4 Sprich zur Weisheit: Du bist meine Schwester, und nenne die Klugheit deine Freundin,

5 dass sie dich behüte vor der Frau des andern, vor der Fremden, die glatte Worte gibt.

¶ **6** Denn am Fenster meines Hauses guckte ich durchs Gitter

7 und sah einen unter den Unverständigen und erblickte unter den jungen Leuten einen törichten Jüngling.

8 Der ging über die Gasse zu ihrer Ecke und schritt daher auf dem Wege zu ihrem Hause

9 in der Dämmerung, am Abend des Tages, als es Nacht wurde und dunkel war.

10 Und siehe, da begegnete ihm eine Frau im Hurengewand, listig,

11 wild und unbändig, dass ihre Füße nicht in ihrem Hause bleiben können.

12 Jetzt ist sie draußen, jetzt auf der Gasse und lauert an allen Ecken.

13 Und sie erwischt ihn und küsst ihn, wird dreist und spricht:

14 »Ich hatte Dankopfer zu bringen, heute habe ich meine Gelübde erfüllt.

15 Darum bin ich ausgegangen, dir entgegen, um nach dir zu suchen, und habe dich gefunden.

16 Ich habe mein Bett schön geschmückt mit bunten Decken aus Ägypten.

17 Ich habe mein Lager mit Myrrhe besprengt, mit Aloe und Zimt.

18 Komm, lass uns kosen bis an den Morgen und lass uns die Liebe genießen.

19 Denn der Mann ist nicht daheim, er ist auf eine weite Reise gegangen.

20 Er hat den Geldbeutel mit sich genommen; er wird erst zum Vollmond wieder heimkommen.«

21 Sie überredet ihn mit vielen Worten und gewinnt ihn mit ihrem glatten Munde.

22 Er folgt ihr alsbald nach, wie ein Stier zur Schlachtbank geführt wird, und wie ein Hirsch, der ins Netz rennt,

23 bis ihm der Pfeil die Leber spaltet; wie ein Vogel zur Schlinge eilt und weiß nicht, dass es das Leben gilt.

3 bind them on your fingers;
  [k] write them on the tablet of your heart.

4 Say to wisdom, "You are my sister,"
  and call insight your intimate friend,

5 to keep you from the forbidden[l] woman,
  from [l]the adulteress[2] with her smooth
  words.

6 For at the window of my house
  I have looked out through my lattice,

7 and I have seen among the simple,
  I have perceived among the youths,
  a young man lacking sense,

8 passing along the street near her corner,
  taking the road to her house

9 in the twilight, in the evening,
  at the time of night and darkness.

10 And behold, the woman meets him,
  dressed as a prostitute, wily of heart.[3]

11 She is loud and wayward;
  her feet do not stay at home;

12 now in the street, now in the market,
  and at every corner she lies in wait.

13 She seizes him and kisses him,
  and with bold face she says to him,

14 "I had to offer sacrifices,[4]
  and today I have paid my vows;

15 so now I have come out to meet you,
  to seek you eagerly, and I have found
  you.

16 I have spread my couch with coverings,
  colored linens from Egyptian linen;

17 I have perfumed my bed with myrrh,
  aloes, and cinnamon.

18 Come, let us take our fill of love till
  morning;
  let us delight ourselves with love.

19 For my husband is not at home;
  he has gone on a long journey;

20 he took a bag of money with him;
  at full moon he will come home."

21 With much seductive speech she per-
  suades him;
  with her smooth talk she compels
  him.

22 All at once he follows her,
  as an ox goes to the slaughter,
  or as a stag is caught fast[5]

23 till an arrow pierces its liver;
  as a bird rushes into a snare;
  he does not know that it will cost him
  his life.

¶ **24** So hört nun auf mich, meine Söhne, und merkt auf die Rede meines Mundes.

25 Lass dein Herz nicht abweichen auf ihren Weg und irre nicht ab auf ihre Bahn.

26 Denn zahlreich sind die Erschlagenen, die sie gefällt hat, und viele sind, die sie getötet hat.

27 Ihr Haus ist der Weg ins Totenreich, da man hinunterfährt in des Todes Kammern.

Einladung und Verheißung der Weisheit

8 Ruft nicht die Weisheit, und lässt nicht die Klugheit sich hören?

2 Öffentlich am Wege steht sie und an der Kreuzung der Straßen;

3 an den Toren am Ausgang der Stadt und am Eingang der Pforte ruft sie:

4 O ihr Männer, euch rufe ich und erhebe meine Stimme zu den Menschenkindern!

5 Merkt, ihr Unverständigen, auf Klugheit, und ihr Toren, nehmt Verstand an!

6 Hört, denn ich rede, was edel ist, und meine Lippen sprechen, was recht ist.

7 Denn mein Mund redet die Weisheit, und meine Lippen hassen, was gottlos ist.

8 Alle Reden meines Mundes sind gerecht, es ist nichts Verkehrtes noch Falsches darin.

9 Sie sind alle recht für die Verständigen und richtig denen, die Erkenntnis gefunden haben.

10 Nehmt meine Zucht an lieber als Silber und achtet Erkenntnis höher als kostbares Gold.

11 Denn Weisheit ist besser als Perlen, und alles, was man wünschen mag, kann ihr nicht gleichen.

¶ **12** Ich, die Weisheit, wohne bei der Klugheit und weiß guten Rat zu geben.

13 Die Furcht des HERRN hasst das Arge; Hoffart und Hochmut, bösem Wandel und falschen Lippen bin ich feind.

14 Mein ist beides, Rat und Tat, ich habe Verstand und Macht.

15 Durch mich regieren die Könige und setzen die Ratsherren das Recht.

16 Durch mich herrschen die Fürsten und die Edlen richten auf Erden.

The Blessings of Wisdom

8 Does not wisdom call?
Does not understanding raise her voice?

2 On the heights beside the way,
at the crossroads she takes her stand;

3 beside the gates in front of the town,
at the entrance of the portals she cries
aloud:

4 "To you, O men, I call,
and my cry is to ᵍthe children of man.

5 O simple ones, learn prudence;
O fools, learn sense.

6 Hear, for I will speak noble things,
and from my lips will come what is
right,

7 for my mouth will utter truth;
wickedness is an abomination to my
lips.

8 All the words of my mouth are
righteous;
there is nothing twisted or crooked in
them.

9 They are all straight to him who
understands,
and right to those who find
knowledge.

10 Take my instruction instead of silver,
and knowledge rather than choice
gold,

11 for wisdom is better than jewels,
and all that you may desire cannot
compare with her.

12 "I, wisdom, dwell with prudence,
and I find knowledge and discretion.

13 The fear of the LORD is hatred of evil.
Pride and arrogance and the way of evil
and perverted speech I hate.

14 I have counsel and sound wisdom;
I have insight; I have strength.

15 By me kings reign,
and rulers decree what is just;

16 by me princes rule,
and nobles, all who govern justly.[1]

17 Ich liebe, die mich lieben, und die mich suchen, finden mich.

18 Reichtum und Ehre ist bei mir, bleibendes Gut und Gerechtigkeit.

19 Meine Frucht ist besser als Gold und feines Gold, und mein Ertrag besser als erlesenes Silber.

20 Ich wandle auf dem Wege der Gerechtigkeit, mitten auf der Straße des Rechts,

21 dass ich versorge mit Besitz, die mich lieben, und ihre Schatzkammern fülle.

Die Weisheit als Gottes Liebling

22 Der HERR hat mich schon gehabt im Anfang seiner Wege, ehe er etwas schuf, von Anbeginn her.

23 Ich bin eingesetzt von Ewigkeit her, im Anfang, ehe die Erde war.

24 Als die Meere noch nicht waren, ward ich geboren, als die Quellen noch nicht waren, die von Wasser fließen.

25 Ehe denn die Berge eingesenkt waren, vor den Hügeln ward ich geboren,

26 als er die Erde noch nicht gemacht hatte noch die Fluren darauf noch die Schollen des Erdbodens.

27 Als er die Himmel bereitete, war ich da, als er den Kreis zog über den Fluten der Tiefe,

28 als er die Wolken droben mächtig machte, als er stark machte die Quellen der Tiefe,

29 als er dem Meer seine Grenze setzte und den Wassern, dass sie nicht überschreiten seinen Befehl; als er die Grundfesten der Erde legte,

30 da war ich als sein Liebling* bei ihm; ich war seine Lust täglich und spielte vor ihm allezeit;

31 ich spielte auf seinem Erdkreis und hatte meine Lust an den Menschenkindern.

¶ **32** So hört nun auf mich, meine Söhne! Wohl denen, die meine Wege einhalten!

33 Hört die Mahnung und werdet weise und schlagt sie nicht in den Wind!

34 Wohl dem Menschen, der mir gehorcht, dass er wache an meiner Tür täglich, dass er hüte die Pfosten meiner Tore!

17 I love those who love me,
and those who seek me diligently find me.

18 Riches and honor are with me,
enduring wealth and °righteousness.

19 My fruit is better than gold, even fine gold,
and my yield than choice silver.

20 I walk in the way of righteousness,
in the paths of justice,

21 granting an inheritance to those who love me,
and filling their treasuries.

22 "The LORD possessed[2] me at the beginning of his work,[3]
the first of his acts of old.

23 Ages ago I was set up,
at the first, before the beginning of the earth.

24 When there were no depths I was brought forth,
when there were no springs abounding with water.

25 Before the mountains had been shaped,
before the hills, I was brought forth,

26 before he had made the earth with its fields,
or the first of the dust of the world.

27 When he established the heavens, I was there;
when he drew a circle on the face of the deep,

28 when he made firm the skies above,
when he established[4] the fountains of the deep,

29 when he assigned to the sea its limit,
so that the waters might not transgress his command,
when he marked out the foundations of the earth,

30 then I was beside him, like a master workman,
and I was daily his[5] delight,
rejoicing before him always,

31 rejoicing in his inhabited world
and delighting in the children of man.

32 "And now, O sons, listen to me:
blessed are those who keep my ways.

33 Hear instruction and be wise,
and do not neglect it.

34 Blessed is the one who listens to me,
watching daily at my gates,
waiting beside my doors.

35 Wer mich findet, der findet das Leben und erlangt Wohlgefallen vom HERRN.

36 Wer aber mich verfehlt, zerstört sein Leben; alle, die mich hassen, lieben den Tod.

Weisheit und Torheit laden zum Mahle

9 Die Weisheit hat ihr Haus gebaut und ihre sieben Säulen behauen.

2 Sie hat ihr Vieh geschlachtet, ihren Wein gemischt und ihren Tisch bereitet

3 und sandte ihre Mägde aus, zu rufen oben auf den Höhen der Stadt:

4 »Wer noch unverständig ist, der kehre hier ein!«, und zum Toren spricht sie:

5 »Kommt, esst von meinem Brot und trinkt von dem Wein, den ich gemischt habe!

6 Verlasst die Torheit, so werdet ihr leben, und geht auf dem Wege der Klugheit.«

¶ **7** Wer den Spötter belehrt, der trägt Schande davon, und wer den Gottlosen zurechtweist, holt sich Schmach.

8 Rüge nicht den Spötter, dass er dich nicht hasse; rüge den Weisen, der wird dich lieben.

9 Gib dem Weisen, so wird er noch weiser werden; lehre den Gerechten, so wird er in der Lehre zunehmen.

¶ **10** Der Weisheit Anfang ist die Furcht des HERRN, und den Heiligen erkennen, das ist Verstand.

11 Denn durch mich werden deine Tage viel werden und die Jahre deines Lebens sich mehren.

12 Bist du weise, so bist du's dir zugut; bist du ein Spötter, so musst du's allein tragen.

¶ **13** Frau Torheit ist ein unbändiges Weib, verführerisch, und weiß nichts von Scham.

14 Sie sitzt vor der Tür ihres Hauses auf einem Thron auf den Höhen der Stadt,

15 einzuladen alle, die vorübergehen und richtig auf ihrem Wege wandeln:

16 »Wer noch unverständig ist, der kehre hier ein!«, und zum Toren spricht sie:

The Way of Wisdom

9 Wisdom has built her house;
  she has hewn her seven pillars.

2 She has slaughtered her beasts; she has
    mixed her wine;
  she has also set her table.

3 She has sent out her young women to
    call
  from the highest places in the town,

4 "Whoever is simple, let him turn in
    here!"
  To him who lacks sense she says,

5 "Come, eat of my bread
  and drink of the wine I have mixed.

6 Leave your simple ways,[1] and live,
  and walk in the way of insight."

7 Whoever corrects a scoffer gets himself
    abuse,
  and he who reproves a wicked man
    incurs injury.

8 Do not reprove a scoffer, or he will hate
    you;
  reprove a wise man, and he will love
    you.

9 Give instruction[2] to a wise man, and he
    will be still wiser;
  teach a righteous man, and he will
    increase in learning.

10 The fear of the LORD is the beginning of
    wisdom,
  and the knowledge of the Holy One is
    insight.

11 For by me your days will be multiplied,
  and years will be added to your life.

12 If you are wise, you are wise for yourself;
  if you scoff, you alone will bear it.

The Way of Folly

13 The woman Folly is loud;
  she is seductive[3] and knows nothing.

14 She sits at the door of her house;
  she takes a seat on the highest places
    of the town,

15 calling to those who pass by,
  who are going straight on their way,

16 "Whoever is simple, let him turn in
    here!"
  And to him who lacks sense she says,

17 »Gestohlenes Wasser ist süß, und heimliches Brot schmeckt fein.«

18 Er weiß aber nicht, dass dort nur die Schatten wohnen, dass ihre Gäste in der Tiefe des Todes hausen.

Salomos Lehren von Weisheit und Frömmigkeit

10 Dies sind die Sprüche Salomos.

¶   Ein weiser Sohn ist seines Vaters Freude; aber ein törichter Sohn ist seiner Mutter Grämen.

¶ **2** Unrecht Gut hilft nicht; aber Gerechtigkeit errettet vom Tode.

¶ **3** Der HERR lässt den Gerechten nicht Hunger leiden; aber die Gier der Gottlosen stößt er zurück.

¶ **4** Lässige Hand macht arm; aber der Fleißigen Hand macht reich.

¶ **5** Wer im Sommer sammelt, ist ein kluger Sohn; wer aber in der Ernte schläft, macht seinen Eltern Schande.

¶ **6** Segen ruht auf dem Haupt des Gerechten; aber auf die Gottlosen wird ihr Frevel fallen.

¶ **7** Das Andenken des Gerechten bleibt im Segen; aber der Name der Gottlosen wird verwesen.

¶ **8** Wer weisen Herzens ist, nimmt Gebote an; wer aber ein Narrenmaul hat, kommt zu Fall.

¶ **9** Wer in Unschuld lebt, der lebt sicher; wer aber verkehrte Wege geht, wird ertappt werden.

¶ **10** Wer mit den Augen winkt, schafft Verdruss, und wer ein Narrenmaul hat, kommt zu Fall.

¶ **11** Des Gerechten Mund ist ein Brunnen des Lebens; aber auf die Gottlosen wird ihr Frevel fallen.

¶ **12** Hass erregt Hader; aber Liebe deckt alle Übertretungen zu.

¶ **13** Auf den Lippen des Verständigen findet man Weisheit; aber auf den Rücken des Unverständigen gehört eine Rute.

17 "Stolen water is sweet,
    and bread eaten in secret is pleasant."

18 But he does not know that the dead[4] are there,
    that her guests are in the depths of Sheol.

The Proverbs of Solomon

10 The proverbs of Solomon.

    A wise son makes a glad father,
    but a foolish son is a sorrow to his mother.

2 Treasures gained by wickedness do not profit,
    but righteousness delivers from death.

3 The LORD does not let the righteous go hungry,
    but he thwarts the craving of the wicked.

4 A slack hand causes poverty,
    but the hand of the diligent makes rich.

5 He who gathers in summer is a prudent son,
    but he who sleeps in harvest is a son who brings shame.

6 Blessings are on the head of the righteous,
    but the mouth of the wicked conceals violence.

7 The memory of the righteous is a blessing,
    but the name of the wicked will rot.

8 The wise of heart will receive commandments,
    but a babbling fool will come to ruin.

9 Whoever walks in integrity walks securely,
    but he who makes his ways crooked will be found out.

10 Whoever winks the eye causes trouble,
    but a babbling fool will come to ruin.

11 The mouth of the righteous is a fountain of life,
    but the mouth of the wicked conceals violence.

12 Hatred stirs up strife,
    but love covers all offenses.

13 On the lips of him who has understanding, wisdom is found,
    but a rod is for the back of him who lacks sense.

¶ **14** Die Weisen halten mit ihrem Wissen zurück; aber der Toren Mund führt schnell zum Verderben.

¶ **15** Die Habe des Reichen ist seine feste Stadt; aber das Verderben der Geringen ist ihre Armut.

¶ **16** Dem Gerechten gereicht sein Erwerb zum Leben, aber dem Gottlosen sein Einkommen zur Sünde.

¶ **17** Zucht bewahren ist der Weg zum Leben; wer aber Zurechtweisung nicht achtet, geht in die Irre.

¶ **18** Falsche Lippen bergen Hass und wer verleumdet, ist ein Tor.

¶ **19** Wo viel Worte sind, da geht's ohne Sünde nicht ab; wer aber seine Lippen im Zaum hält, ist klug.

¶ **20** Des Gerechten Zunge ist kostbares Silber; aber der Gottlosen Verstand ist wie nichts.

¶ **21** Des Gerechten Lippen erquicken viele; aber die Toren werden an ihrer Torheit sterben.

¶ **22** Der Segen des HERRN allein macht reich, und nichts tut eigene Mühe hinzu.

¶ **23** Ein Tor hat Lust an Schandtat, aber der einsichtige Mann an Weisheit.

¶ **24** Was der Gottlose fürchtet, das wird ihm begegnen; und was die Gerechten begehren, wird ihnen gegeben.

¶ **25** Wenn das Wetter daherfährt, ist der Gottlose nicht mehr; der Gerechte aber besteht ewiglich.

¶ **26** Wie Essig den Zähnen und Rauch den Augen tut, so tut der Faule denen, die ihn senden.

¶ **27** Die Furcht des HERRN mehrt die Tage; aber die Jahre der Gottlosen werden verkürzt.

¶ **28** Das Warten der Gerechten wird Freude werden; aber der Gottlosen Hoffnung wird verloren sein.

¶ **29** Das Walten des HERRN ist des Frommen Zuflucht; aber für den Übeltäter ist es Verderben.

¶ **30** Der Gerechte wird nimmermehr wanken; aber die Gottlosen werden nicht im Lande bleiben.

14 The wise lay up knowledge,
   but the mouth of a fool brings ruin near.
15 A rich man's wealth is his strong city;
   the poverty of the poor is their ruin.
16 The wage of the righteous leads to life,
   the gain of the wicked to sin.
17 Whoever heeds instruction is on the path to life,
   but he who rejects reproof leads others astray.
18 The one who conceals hatred has lying lips,
   and whoever utters slander is a fool.
19 When words are many, transgression is not lacking,
   but whoever restrains his lips is prudent.
20 The tongue of the righteous is choice silver;
   the heart of the wicked is of little worth.
21 The lips of the righteous feed many,
   but fools die for lack of sense.
22 The blessing of the LORD makes rich,
   and he adds no sorrow with it.[1]
23 Doing wrong is like a joke to a fool,
   but wisdom is pleasure to a man of understanding.
24 What the wicked dreads will come upon him,
   but the desire of the righteous will be granted.
25 When the tempest passes, the wicked is no more,
   but the righteous is established forever.
26 Like vinegar to the teeth and smoke to the eyes,
   so is the sluggard to those who send him.
27 The fear of the LORD prolongs life,
   but the years of the wicked will be short.
28 The hope of the righteous brings joy,
   but the expectation of the wicked will perish.
29 The way of the LORD is a stronghold to the blameless,
   but destruction to evildoers.
30 The righteous will never be removed,
   but the wicked will not dwell in the land.

¶ **31** Aus dem Munde des Gerechten sprießt Weisheit; aber die falsche Zunge wird ausgerottet.

¶ **32** Die Lippen der Gerechten lehren heilsame Dinge; aber der Gottlosen Mund ist Falschheit.

11 Falsche Waage ist dem HERRN ein Gräuel; aber ein volles Gewicht ist sein Wohlgefallen.

¶ **2** Wo Hochmut ist, da ist auch Schande; aber Weisheit ist bei den Demütigen.

¶ **3** Ihre Unschuld wird die Frommen leiten; aber ihre Falschheit wird die Verächter verderben.

¶ **4** Reichtum hilft nicht am Tage des Zorns; aber Gerechtigkeit errettet vom Tode.

¶ **5** Die Gerechtigkeit des Frommen macht seinen Weg eben; aber der Gottlose wird fallen durch seine Gottlosigkeit.

¶ **6** Die Gerechtigkeit der Frommen wird sie erretten; aber die Verächter werden gefangen durch ihre Gier.

¶ **7** Wenn der gottlose Mensch stirbt, ist seine Hoffnung verloren, und das Harren der Ungerechten wird zunichte.

¶ **8** Der Gerechte wird aus der Not erlöst, und der Gottlose kommt an seine statt.

¶ **9** Durch den Mund des Gottesverächters wird sein Nächster verderbt; aber die Gerechten werden durch Erkenntnis errettet.

¶ **10** Eine Stadt freut sich, wenn's den Gerechten wohlgeht, und wenn die Gottlosen umkommen, wird man froh.

¶ **11** Durch den Segen der Frommen kommt eine Stadt hoch; aber durch den Mund der Gottlosen wird sie niedergerissen.

¶ **12** Wer seinen Nächsten schmäht, ist ein Tor; aber ein verständiger Mann schweigt stille.

¶ **13** Ein Verleumder verrät, was er heimlich weiß; aber wer getreuen Herzens ist, verbirgt es.

¶ **14** Wo nicht weiser Rat ist, da geht das Volk unter; wo aber viele Ratgeber sind, findet sich Hilfe.

31 The mouth of the righteous brings forth wisdom,
but the perverse tongue will be cut off.

32 The lips of the righteous know what is acceptable,
but the mouth of the wicked, what is perverse.

11 A false balance is an abomination to the LORD,
but a just weight is his delight.

2 When pride comes, then comes disgrace,
but with the humble is wisdom.

3 The integrity of the upright guides them,
but the crookedness of the treacherous destroys them.

4 Riches do not profit in the day of wrath,
but righteousness delivers from death.

5 The righteousness of the blameless keeps his way straight,
but the wicked falls by his own wickedness.

6 The righteousness of the upright delivers them,
but the treacherous are taken captive by their lust.

7 When the wicked dies, his hope will perish,
and the expectation of wealth[1] perishes too.

8 The righteous is delivered from trouble,
and the wicked walks into it instead.

9 With his mouth the godless man would destroy his neighbor,
but by knowledge the righteous are delivered.

10 When it goes well with the righteous, the city rejoices,
and when the wicked perish there are shouts of gladness.

11 By the blessing of the upright a city is exalted,
but by the mouth of the wicked it is overthrown.

12 Whoever belittles his neighbor lacks sense,
but a man of understanding remains silent.

13 Whoever goes about slandering reveals secrets,
but he who is trustworthy in spirit keeps a thing covered.

14 Where there is no guidance, a people falls,
[5] but in an abundance of counselors there is safety.

¶ **15** Wer für einen andern bürgt, der wird Schaden haben; wer aber sich hütet, Bürge zu sein, geht sicher.

¶ **16** Eine holdselige Frau erlangt Ehre; aber eine Schande ist eine Frau, die Redlichkeit hasst.

¶ Den Faulen wird es mangeln an Hab und Gut, die Fleißigen aber erlangen Reichtum.

¶ **17** Ein barmherziger Mann nützt auch sich selber; aber ein herzloser schneidet sich ins eigene Fleisch.

¶ **18** Der Gottlosen Arbeit bringt trügerischen Gewinn; aber wer Gerechtigkeit sät, hat sicheren Lohn.

¶ **19** Gerechtigkeit führt zum Leben; aber dem Bösen nachjagen führt zum Tode.

¶ **20** Falsche Herzen sind dem Herrn ein Gräuel; aber Wohlgefallen hat er an den Frommen.

¶ **21** Die Hand darauf: Der Böse bleibt nicht ungestraft; aber der Gerechten Geschlecht wird errettet werden.

¶ **22** Eine schöne Frau ohne Zucht ist wie eine Sau mit einem goldenen Ring durch die Nase.

¶ **23** Der Gerechten Wunsch führt zu lauter Gutem; aber der Gottlosen Hoffen führt zum Tage des Zorns.

¶ **24** Einer teilt reichlich aus und hat immer mehr; ein andrer kargt, wo er nicht soll, und wird doch ärmer.

¶ **25** Wer reichlich gibt, wird gelabt, und wer reichlich tränkt, der wird auch getränkt werden.

¶ **26** Wer Korn zurückhält, dem fluchen die Leute; aber Segen kommt über den, der es verkauft.

¶ **27** Wer nach Gutem strebt, trachtet nach Gottes Wohlgefallen; wer aber das Böse sucht, dem wird es begegnen.

¶ **28** Wer sich auf seinen Reichtum verlässt, der wird untergehen; aber die Gerechten werden grünen wie das Laub.

¶ **29** Wer sein eigenes Haus in Verruf bringt, wird Wind erben, und ein Tor muss des Weisen Knecht werden.

15 Whoever puts up security for a stranger
    will surely suffer harm,
  but he who hates striking hands in
    pledge is secure.

16 A gracious woman gets honor,
  and violent men get riches.

17 A man who is kind benefits himself,
  but a cruel man hurts himself.

18 The wicked earns deceptive wages,
  but one who sows righteousness gets a
    sure reward.

19 Whoever is steadfast in righteousness
    will live,
  but he who pursues evil will die.

20 Those of crooked heart are an abomination to the Lord,
  but those of blameless ways are his
    delight.

21 Be assured, an evil person will not go
    unpunished,
  but the offspring of the righteous will
    be delivered.

22 Like a gold ring in a pig's snout
  is a beautiful woman without
    discretion.

23 The desire of the righteous ends only in
    good;
  the expectation of the wicked in
    wrath.

24 One gives freely, yet grows all the richer;
  another withholds what he should
    give, and only suffers want.

25 Whoever brings blessing will be
    enriched,
  and one who waters will himself be
    watered.

26 The people curse him who holds back
    grain,
  but a blessing is on the head of him
    who sells it.

27 Whoever diligently seeks good seeks
    favor,[2]
  but evil comes to him who searches
    for it.

28 Whoever trusts in his riches will fall,
  but the righteous will flourish like a
    green leaf.

29 Whoever troubles his own household
    will inherit the wind,
  and the fool will be servant to the wise
    of heart.

¶ **30** Die Frucht der Gerechtigkeit ist ein Baum des Lebens; aber Gewalttat nimmt das Leben weg.

¶ **31** Siehe, dem Gerechten wird vergolten auf Erden, wie viel mehr dem Gottlosen und Sünder!

12 Wer Zucht liebt, der wird klug; aber wer Zurechtweisung hasst, der bleibt dumm.

¶ **2** Wer fromm ist, der erlangt Wohlgefallen vom HERRN; aber den Heimtückischen verdammt er.

¶ **3** Durch Gottlosigkeit kann der Mensch nicht bestehen; aber die Wurzel der Gerechten wird bleiben.

¶ **4** Eine tüchtige Frau ist ihres Mannes Krone; aber eine schandbare ist wie Eiter in seinem Gebein.

¶ **5** Die Gedanken der Gerechten sind redlich; aber was die Gottlosen planen, ist lauter Trug.

¶ **6** Der Gottlosen Reden richten Blutvergießen an; aber die Frommen errettet ihr Mund.

¶ **7** Die Gottlosen werden gestürzt und nicht mehr sein; aber das Haus der Gerechten bleibt stehen.

¶ **8** Ein Mann wird gelobt nach seiner Klugheit; aber wer verschrobenen Sinnes ist, wird verachtet.

¶ **9** Wer gering ist und geht seiner Arbeit nach, ist besser als einer, der groß sein will und an Brot Mangel hat.

¶ **10** Der Gerechte erbarmt sich seines Viehs; aber das Herz der Gottlosen ist unbarmherzig.

¶ **11** Wer seinen Acker bebaut, wird Brot die Fülle haben; wer aber nichtigen Dingen nachgeht, ist ein Tor.

¶ **12** Des Gottlosen Lust ist, Schaden zu tun; aber die Wurzel der Gerechten wird Frucht bringen.

¶ **13** Der Böse wird gefangen in seinen eigenen falschen Worten; aber der Gerechte entgeht der Not.

¶ **14** Viel Gutes bekommt ein Mann durch die Frucht seines Mundes; und dem Menschen wird vergolten nach den Taten seiner Hände.

30 The fruit of the righteous is a tree of life, and whoever captures souls is wise.

31 If the righteous is repaid on earth, how much more the wicked and the sinner!

12 Whoever loves discipline loves knowledge, but he who hates reproof is stupid.

2 A good man obtains favor from the LORD, but a man of evil devices he condemns.

3 No one is established by wickedness, but the root of the righteous will never be moved.

4 An excellent wife is the crown of her husband, but she who brings shame is like rottenness in his bones.

5 The thoughts of the righteous are just; the counsels of the wicked are deceitful.

6 The words of the wicked lie in wait for blood, but the mouth of the upright delivers them.

7 The wicked are overthrown and are no more, but the house of the righteous will stand.

8 A man is commended according to his good sense, but one of twisted mind is despised.

9 Better to be lowly and have a servant than to play the great man and lack bread.

10 Whoever is righteous has regard for the life of his beast, but the mercy of the wicked is cruel.

11 Whoever works his land will have plenty of bread, but he who follows worthless pursuits lacks sense.

12 Whoever is wicked covets the spoil of evildoers, but the root of the righteous bears fruit.

13 An evil man is ensnared by the transgression of his lips, but the righteous escapes from trouble.

14 From the fruit of his mouth a man is satisfied with good, and the work of a man's hand comes back to him.

¶ **15** Den Toren dünkt sein Weg recht; aber wer auf Rat hört, der ist weise.

¶ **16** Ein Tor zeigt seinen Zorn alsbald; aber wer Schmähung überhört, der ist klug.

¶ **17** Wer wahrhaftig ist, der sagt offen, was recht ist; aber ein falscher Zeuge betrügt.

¶ **18** Wer unvorsichtig herausfährt mit Worten, sticht wie ein Schwert; aber die Zunge der Weisen bringt Heilung.

¶ **19** Wahrhaftiger Mund besteht immerdar; aber die falsche Zunge besteht nicht lange.

¶ **20** Die Böses planen, haben Trug im Herzen; aber die zum Frieden raten, haben Freude.

¶ **21** Es wird dem Gerechten kein Leid geschehen; aber die Gottlosen werden voll Unglücks sein.

¶ **22** Lügenmäuler sind dem HERRN ein Gräuel; die aber treulich handeln, gefallen ihm.

¶ **23** Ein verständiger Mann trägt seine Klugheit nicht zur Schau; aber das Herz des Toren schreit seine Torheit hinaus.

¶ **24** Die fleißige Hand wird herrschen; die aber lässig ist, muss Frondienst leisten.

¶ **25** Sorge im Herzen bedrückt den Menschen; aber ein freundliches Wort erfreut ihn.

¶ **26** Der Gerechte findet seine Weide; aber die Gottlosen führt ihr Weg in die Irre.

¶ **27** Einem Lässigen gerät sein Handel nicht; aber ein fleißiger Mensch wird reich.

¶ **28** Auf dem Wege der Gerechtigkeit ist Leben; aber böser Weg führt zum Tode.

13 Ein weiser Sohn liebt Zucht; aber ein Spötter hört selbst auf Drohen nicht.

¶ **2** Die Frucht seiner Worte genießt der Fromme; aber die Verächter sind gierig nach Frevel.

¶ **3** Wer seine Zunge hütet, bewahrt sein Leben; wer aber mit seinem Maul herausfährt, über den kommt Verderben.

15 The way of a fool is right in his own eyes,
　but a wise man listens to advice.

16 The vexation of a fool is known at once,
　but the prudent ignores an insult.

17 Whoever speaks[1] the truth gives honest evidence,
　but a false witness utters deceit.

18 There is one whose rash words are like sword thrusts,
　but the tongue of the wise brings healing.

19 Truthful lips endure forever,
　but a lying tongue is but for a moment.

20 Deceit is in the heart of those who devise evil,
　but those who plan peace have joy.

21 No ill befalls the righteous,
　but the wicked are filled with trouble.

22 Lying lips are an abomination to the LORD,
　but those who act faithfully are his delight.

23 A prudent man conceals knowledge,
　[k] but the heart of fools proclaims folly.

24 The hand of the diligent will rule,
　while the slothful will be put to forced labor.

25 Anxiety in a man's heart weighs him down,
　but a good word makes him glad.

26 One who is righteous is a guide to his neighbor,[2]
　but the way of the wicked leads them astray.

27 Whoever is slothful will not roast his game,
　but the diligent man will get precious wealth.[3]

28 In the path of righteousness is life,
　and in its pathway there is no death.

13 A wise son hears his father's instruction,
　but a scoffer does not listen to rebuke.

2 From the fruit of his mouth a man eats what is good,
　but the desire of the treacherous is for violence.

3 Whoever guards his mouth preserves his life;
　he who opens wide his lips comes to ruin.

¶ **4** Der Faule begehrt und kriegt's doch nicht; aber die Fleißigen kriegen genug.

¶ **5** Der Gerechte ist der Lüge feind; aber der Gottlose handelt schimpflich und schändlich.

¶ **6** Die Gerechtigkeit behütet den Unschuldigen; aber die Gottlosigkeit bringt den Sünder zu Fall.

¶ **7** Mancher stellt sich reich und hat nichts, und mancher stellt sich arm und hat großes Gut.

¶ **8** Mit Reichtum muss mancher sein Leben erkaufen; aber ein Armer bekommt keine Drohung zu hören.

¶ **9** Das Licht der Gerechten brennt fröhlich; aber die Leuchte der Gottlosen wird verlöschen.

¶ **10** Unter den Übermütigen ist immer Streit; aber Weisheit ist bei denen, die sich raten lassen.

¶ **11** Hastig errafftes Gut zerrinnt; wer aber ruhig sammelt, bekommt immer mehr.

¶ **12** Hoffnung, die sich verzögert, ängstet das Herz; wenn aber kommt, was man begehrt, das ist ein Baum des Lebens.

¶ **13** Wer das Wort verachtet, muss dafür büßen; wer aber das Gebot fürchtet, dem wird es gelohnt.

¶ **14** Die Lehre des Weisen ist eine Quelle des Lebens, zu meiden die Stricke des Todes.

¶ **15** Rechte Einsicht schafft Gunst; aber der Verächter Weg bringt Verderben.

¶ **16** Ein Kluger tut alles mit Vernunft; ein Tor aber stellt Narrheit zur Schau.

¶ **17** Ein gottloser Bote bringt ins Unglück; aber ein getreuer Bote bringt Hilfe.

¶ **18** Wer Zucht missachtet, hat Armut und Schande; wer sich gern zurechtweisen lässt, wird zu Ehren kommen.

¶ **19** Wenn kommt, was man begehrt, tut es dem Herzen wohl; aber das Böse meiden ist den Toren ein Gräuel.

¶ **20** Wer mit den Weisen umgeht, der wird weise; wer aber der Toren Geselle ist, der wird Unglück haben.

¶ **21** Unheil verfolgt die Sünder; aber den Gerechten wird mit Gutem vergolten.

4 The soul of the sluggard craves and gets nothing,
  while the soul of the diligent is richly supplied.

5 The righteous hates falsehood,
  but the wicked brings shame[1] and disgrace.

6 Righteousness guards him whose way is blameless,
  but sin overthrows the wicked.

7 One pretends to be rich, yet has nothing;
  another pretends to be poor, yet has great wealth.

8 The ransom of a man's life is his wealth,
  but a poor man hears no threat.

9 The light of the righteous rejoices,
  but the lamp of the wicked will be put out.

10 By insolence comes nothing but strife,
  but with those who take advice is wisdom.

11 Wealth gained hastily[2] will dwindle,
  but whoever gathers little by little will increase it.

12 Hope deferred makes the heart sick,
  but a desire fulfilled is a tree of life.

13 Whoever despises the word brings destruction on himself,
  but he who reveres the commandment will be rewarded.

14 The teaching of the wise is a fountain of life,
  that one may turn away from the snares of death.

15 Good sense wins favor,
  but the way of the treacherous is their ruin.[3]

16 In everything the prudent acts with knowledge,
  but a fool flaunts his folly.

17 A wicked messenger falls into trouble,
  but a faithful envoy brings healing.

18 Poverty and disgrace come to him who ignores instruction,
  but whoever heeds reproof is honored.

19 A desire fulfilled is sweet to the soul,
  but to turn away from evil is an abomination to fools.

20 Whoever walks with the wise becomes wise,
  but the companion of fools will suffer harm.

21 Disaster[4] pursues sinners,
  but the righteous are rewarded with good.

¶ **22** Der Gute wird vererben auf Kindeskind; aber des Sünders Habe wird gespart für den Gerechten.

¶ **23** Es ist viel Speise in den Furchen der Armen; aber wo kein Recht ist, da ist Verderben.
¶ **24** Wer seine Rute schont, der hasst seinen Sohn; wer ihn aber lieb hat, der züchtigt ihn beizeiten.
¶ **25** Der Gerechte kann essen, bis er satt ist; der Gottlosen Bauch aber leidet Mangel.

14 Die Weisheit der Frauen baut ihr Haus; aber ihre Torheit reißt's nieder mit eigenen Händen.

¶ **2** Wer den HERRN fürchtet, der wandelt auf rechter Bahn; wer ihn aber verachtet, der geht auf Abwegen.

¶ **3** In des Toren Mund ist die Rute für seinen Hochmut; aber die Weisen bewahrt ihr Mund.

¶ **4** Wo keine Rinder sind, da ist die Krippe leer; aber die Kraft des Ochsen bringt reichen Ertrag.

¶ **5** Ein treuer Zeuge lügt nicht; aber ein falscher Zeuge redet frech Lügen.
¶ **6** Der Spötter sucht Weisheit und findet sie nicht; aber dem Verständigen ist die Erkenntnis leicht.
¶ **7** Geh weg von dem Toren, denn du lernst nichts von ihm.

¶ **8** Das ist des Klugen Weisheit, dass er achtgibt auf seinen Weg; aber der Toren Torheit ist lauter Trug.
¶ **9** Auf dem Zelt der Spötter ruht Schuld; aber auf dem Hause des Frommen ruht Wohlgefallen.
¶ **10** Das Herz allein kennt sein Leid, und auch in seine Freude kann sich kein Fremder mengen.
¶ **11** Das Haus der Gottlosen wird vertilgt; aber die Hütte der Frommen wird grünen.

¶ **12** Manchem scheint ein Weg recht; aber zuletzt bringt er ihn zum Tode.

¶ **13** Auch beim Lachen kann das Herz trauern, und nach der Freude kommt Leid.

22 A good man leaves an inheritance to his children's children,
but the sinner's wealth is laid up for the righteous.
23 The fallow ground of the poor would yield much food,
but it is swept away through injustice.
24 Whoever spares the rod hates his son,
but he who loves him is diligent to discipline him.[5]
25 The righteous has enough to satisfy his appetite,
but the belly of the wicked suffers want.

14 The wisest of women builds her house,
but folly with her own hands tears it down.
2 Whoever walks in uprightness fears the LORD,
but he who is devious in his ways despises him.
3 By the mouth of a fool comes a rod for his back,[1]
but the lips of the wise will preserve them.
4 Where there are no oxen, the manger is clean,
but abundant crops come by the strength of the ox.
5 A faithful witness does not lie,
but a false witness breathes out lies.
6 A scoffer seeks wisdom in vain,
but knowledge is easy for a man of understanding.
7 Leave the presence of a fool,
for there you do not meet words of knowledge.
8 The wisdom of the prudent is to discern his way,
but the folly of fools is deceiving.
9 Fools mock at the guilt offering,
but the upright enjoy acceptance.[2]
10 The heart knows its own bitterness,
and no stranger shares its joy.
11 The house of the wicked will be destroyed,
but the tent of the upright will flourish.
12 There is a way that seems right to a man,
but its end is the way to death.[3]
13 Even in laughter the heart may ache,
and the end of joy may be grief.

¶ **14** Einem gottlosen Menschen wird's gehen, wie er wandelt, und auch einem guten nach seinen Taten.

¶ **15** Ein Unverständiger glaubt noch alles; aber ein Kluger gibt acht auf seinen Gang.

¶ **16** Ein Weiser scheut sich und meidet das Böse; ein Tor aber fährt trotzig hindurch.

¶ **17** Ein Jähzorniger handelt töricht; aber ein Ränkeschmied wird gehasst.

¶ **18** Die Unverständigen erben Torheit; aber Erkenntnis ist der Klugen Krone.

¶ **19** Die Bösen müssen sich bücken vor den Guten und die Gottlosen an den Toren der Gerechten.

¶ **20** Der Arme ist verhasst auch seinem Nächsten; aber die Reichen haben viele Freunde.

¶ **21** Wer seinen Nächsten verachtet, versündigt sich; aber wohl dem, der sich der Elenden erbarmt!

¶ **22** Die nach Bösem trachten, werden in die Irre gehen; die aber auf Gutes bedacht sind, werden Güte und Treue erfahren.

¶ **23** Wo man arbeitet, da ist Gewinn; wo man aber nur mit Worten umgeht, da ist Mangel.

¶ **24** Den Weisen ist ihr Reichtum eine Krone; aber die Narrheit der Toren bleibt Narrheit.

¶ **25** Ein wahrhaftiger Zeuge rettet manchem das Leben; aber wer Lügen ausspricht, übt Verrat.

¶ **26** Wer den HERRN fürchtet, hat eine sichere Festung, und auch seine Kinder werden beschirmt.

¶ **27** Die Furcht des HERRN ist eine Quelle des Lebens, dass man meide die Stricke des Todes.

¶ **28** Wenn ein König viel Volk hat, das ist seine Herrlichkeit; wenn aber wenig Volk da ist, das bringt einen Fürsten ins Verderben.

¶ **29** Wer geduldig ist, der ist weise; wer aber ungeduldig ist, offenbart seine Torheit.

¶ **30** Ein gelassenes Herz ist des Leibes Leben; aber Eifersucht ist Eiter in den Gebeinen.

¶ **31** Wer dem Geringen Gewalt tut, lästert dessen Schöpfer; aber wer sich des Armen erbarmt, der ehrt Gott.

14 The backslider in heart will be filled with the fruit of his ways, and a good man will be filled with the fruit of his ways.

15 The simple believes everything, but the prudent gives thought to his steps.

16 One who is wise is cautious[4] and turns away from evil, but a fool is reckless and careless.

17 A man of quick temper acts foolishly, and a man of evil devices is hated.

18 The simple inherit folly, but the prudent are crowned with knowledge.

19 The evil bow down before the good, the wicked at the gates of the righteous.

20 The poor is disliked even by his neighbor, but the rich has many friends.

21 Whoever despises his neighbor is a sinner, but blessed is he who is generous to the poor.

22 Do they not go astray who devise evil? Those who devise good meet[5] steadfast love and faithfulness.

23 In all toil there is profit, but mere talk tends only to poverty.

24 The crown of the wise is their wealth, but the folly of fools brings folly.

25 A truthful witness saves lives, but one who breathes out lies is deceitful.

26 In the fear of the LORD one has strong confidence, and his children will have a refuge.

27 The fear of the LORD is a fountain of life, that one may turn away from the snares of death.

28 In a multitude of people is the glory of a king, but without people a prince is ruined.

29 Whoever is slow to anger has great understanding, but he who has a hasty temper exalts folly.

30 A tranquil[6] heart gives life to the flesh, but envy[7] makes the bones rot.

31 Whoever oppresses a poor man insults his Maker, but he who is generous to the needy honors him.

¶ **32** Der Gottlose besteht nicht in seinem Unglück; aber der Gerechte ist auch in seinem Tode getrost.

¶ **33** Im Herzen des Verständigen ruht Weisheit, und inmitten der Toren wird sie offenbar.

¶ **34** **Gerechtigkeit erhöht ein Volk; aber die Sünde ist der Leute Verderben.**

¶ **35** Ein kluger Knecht gefällt dem König, aber einen schändlichen trifft sein Zorn.

15 Eine linde Antwort stillt den Zorn; aber ein hartes Wort erregt Grimm.

¶ **2** Der Weisen Zunge bringt gute Erkenntnis; aber der Toren Mund speit nur Torheit.

¶ **3** Die Augen des HERRN sind an allen Orten, sie schauen auf Böse und Gute.

¶ **4** Eine linde Zunge ist ein Baum des Lebens; aber eine lügenhafte bringt Herzeleid.

¶ **5** Der Tor verschmäht die Zucht seines Vaters; wer aber Zurechtweisung annimmt, ist klug.

¶ **6** In des Gerechten Haus ist großes Gut; aber in des Gottlosen Gewinn steckt Verderben.

¶ **7** Der Weisen Mund breitet Einsicht aus; aber der Toren Herz ist nicht recht.

¶ **8** Der Gottlosen Opfer ist dem HERRN ein Gräuel; aber das Gebet der Frommen ist ihm wohlgefällig.

¶ **9** Des Gottlosen Weg ist dem HERRN ein Gräuel; wer aber der Gerechtigkeit nachjagt, den liebt er.

¶ **10** Den Weg verlassen bringt böse Züchtigung, und wer Zurechtweisung hasst, der muss sterben.

¶ **11** Unterwelt und Abgrund liegen offen vor dem HERRN, wie viel mehr die Herzen der Menschen!

¶ **12** Der Spötter liebt den nicht, der ihn zurechtweist, und geht nicht hin zu den Weisen.

¶ **13** Ein fröhliches Herz macht ein fröhliches Angesicht; aber wenn das Herz bekümmert ist, entfällt auch der Mut.

32 The wicked is overthrown through his evildoing,
but the righteous finds refuge in his death.

33 Wisdom rests in the heart of a man of understanding,
but it makes itself known even in the midst of fools.[8]

34 Righteousness exalts a nation,
but sin is a reproach to any people.

35 A servant who deals wisely has the king's favor,
but his wrath falls on one who acts shamefully.

15 A soft answer turns away wrath,
but a harsh word stirs up anger.

2 The tongue of the wise commends knowledge,
but the mouths of fools pour out folly.

3 The eyes of the LORD are in every place,
keeping watch on the evil and the good.

4 A gentle[1] tongue is a tree of life,
but perverseness in it breaks the spirit.

5 A fool despises his father's instruction,
but whoever heeds reproof is prudent.

6 In the house of the righteous there is much treasure,
but trouble befalls the income of the wicked.

7 The lips of the wise spread knowledge;
[n] not so the hearts of fools.[2]

8 The sacrifice of the wicked is an abomination to the LORD,
but the prayer of the upright is acceptable to him.

9 The way of the wicked is an abomination to the LORD,
but he loves him who pursues righteousness.

10 There is severe discipline for him who forsakes the way;
whoever hates reproof will die.

11 Sheol and Abaddon lie open before the LORD;
how much more the hearts of the children of man!

12 A scoffer does not like to be reproved;
he will not go to the wise.

13 A glad heart makes a cheerful face,
but by sorrow of heart the spirit is crushed.

¶ **14** Des Klugen Herz sucht Erkenntnis; aber der Toren Mund geht mit Torheit um.

¶ **15** Ein Betrübter hat nie einen guten Tag; aber ein guter Mut ist ein tägliches Fest.

¶ **16** Besser wenig mit der Furcht des HERRN als ein großer Schatz, bei dem Unruhe ist.

¶ **17** Besser ein Gericht Kraut mit Liebe als ein gemästeter Ochse mit Hass.

¶ **18** Ein zorniger Mann richtet Zank an; ein Geduldiger aber stillt den Streit.

¶ **19** Der Weg des Faulen ist wie eine Dornenhecke; aber der Weg der Rechtschaffenen ist wohlgebahnt.

¶ **20** Ein weiser Sohn erfreut den Vater; aber ein törichter Mensch verachtet seine Mutter.

¶ **21** Dem Toren ist die Torheit eine Freude; aber ein verständiger Mann bleibt auf dem rechten Wege.

¶ **22** Die Pläne werden zunichte, wo man nicht miteinander berät; wo aber viele Ratgeber sind, gelingen sie.

¶ **23** Es ist einem Mann eine Freude, wenn er richtig antwortet, und wie wohl tut ein Wort zur rechten Zeit!

¶ **24** Der Weg des Lebens führt den Klugen aufwärts, dass er meide die Tiefen des Todes.

¶ **25** Der HERR wird das Haus der Hoffärtigen einreißen; aber den Grenzstein der Witwe wird er schützen.

¶ **26** Die Anschläge des Argen sind dem HERRN ein Gräuel; aber rein sind vor ihm freundliche Reden.

¶ **27** Wer unrechtem Gewinn nachgeht, zerstört sein Haus; wer aber Bestechung hasst, der wird leben.

¶ **28** Das Herz des Gerechten bedenkt, was zu antworten ist; aber der Mund der Gottlosen schäumt Böses.

¶ **29** Der HERR ist ferne von den Gottlosen; aber der Gerechten Gebet erhört er.

¶ **30** Ein freundliches Antlitz erfreut das Herz; eine gute Botschaft labt das Gebein.

¶ **31** Das Ohr, das da hört auf heilsame Weisung, wird unter den Weisen wohnen.

¶ **32** Wer Zucht verwirft, der macht sich selbst zunichte; wer sich aber etwas sagen lässt, der wird klug.

14 The heart of him who has understanding seeks knowledge,
   but the mouths of fools feed on folly.

15 All the days of the afflicted are evil,
   but the cheerful of heart has a continual feast.

16 Better is a little with the fear of the LORD
   than great treasure and trouble with it.

17 Better is a dinner of herbs where love is
   than a fattened ox and hatred with it.

18 A hot-tempered man stirs up strife,
   but he who is slow to anger quiets contention.

19 The way of a sluggard is like a hedge of thorns,
   but the path of the upright is a level highway.

20 A wise son makes a glad father,
   but a foolish man despises his mother.

21 Folly is a joy to him who lacks sense,
   but a man of understanding walks straight ahead.

22 Without counsel plans fail,
   but with many advisers they succeed.

23 To make an apt answer is a joy to a man,
   and a word in season, how good it is!

24 The path of life leads upward for the prudent,
   that he may turn away from Sheol beneath.

25 The LORD tears down the house of the proud
   but maintains the widow's boundaries.

26 The thoughts of the wicked are an abomination to the LORD,
   but gracious words are pure.

27 Whoever is greedy for unjust gain troubles his own household,
   but he who hates bribes will live.

28 The heart of the righteous ponders how to answer,
   but the mouth of the wicked pours out evil things.

29 The LORD is far from the wicked,
   but he hears the prayer of the righteous.

30 The light of the eyes rejoices the heart,
   and good news refreshes[3] the bones.

31 The ear that listens to life-giving reproof will dwell among the wise.

32 Whoever ignores instruction despises himself,
   but he who listens to reproof gains intelligence.

¶ **33** Die Furcht des HERRN ist Zucht, die zur Weisheit führt, und ehe man zu Ehren kommt, muss man Demut lernen.

16 Der Mensch setzt sich's wohl vor im Herzen; aber vom HERRN kommt, was die Zunge reden wird.

¶ **2** Einen jeglichen dünken seine Wege rein; aber der HERR prüft die Geister.

¶ **3** Befiehl dem HERRN deine Werke, so wird dein Vorhaben gelingen.

¶ **4** Der HERR macht alles zu seinem Zweck, auch den Gottlosen für den bösen Tag.

¶ **5** Ein stolzes Herz ist dem HERRN ein Gräuel und wird gewiss nicht ungestraft bleiben.

¶ **6** Durch Güte und Treue wird Missetat gesühnt, und durch die Furcht des HERRN meidet man das Böse.

¶ **7** Wenn eines Menschen Wege dem HERRN wohlgefallen, so lässt er auch seine Feinde mit ihm Frieden machen.

¶ **8** Besser wenig mit Gerechtigkeit als viel Einkommen mit Unrecht.

¶ **9** **Des Menschen Herz erdenkt sich seinen Weg; aber der HERR allein lenkt seinen Schritt.**

¶ **10** Gottes Spruch ist in dem Munde des Königs; sein Mund spricht nicht fehl im Gericht.

¶ **11** Waage und rechte Waagschalen sind vom HERRN; und alle Gewichte im Beutel sind sein Werk.

¶ **12** Den Königen ist Unrecht tun ein Gräuel; denn durch Gerechtigkeit wird der Thron befestigt.

¶ **13** Rechte Worte gefallen den Königen; und wer aufrichtig redet, wird geliebt.

¶ **14** Des Königs Grimm ist ein Bote des Todes; aber ein weiser Mann wird ihn versöhnen.

¶ **15** Wenn des Königs Angesicht freundlich ist, das ist Leben, und seine Gnade ist wie ein Spätregen.

¶ **16** Weisheit erwerben ist besser als Gold und Einsicht erwerben edler als Silber.

¶ **17** Der Frommen Weg meidet das Arge; und wer auf seinen Weg achtet, bewahrt sein Leben.

¶ **18** **Wer zugrunde gehen soll, der wird zuvor stolz; und Hochmut kommt vor dem Fall.**

33 The fear of the LORD is instruction in wisdom,
and humility comes before honor.

16 The plans of the heart belong to man,
but the answer of the tongue is from the LORD.

2 All the ways of a man are pure in his own eyes,
but the LORD weighs the spirit.

3 Commit your work to the LORD,
and your plans will be established.

4 The LORD has made everything for its purpose,
even the wicked for the day of trouble.

5 Everyone who is arrogant in heart is an abomination to the LORD;
be assured, he will not go unpunished.

6 By steadfast love and faithfulness iniquity is atoned for,
and by the fear of the LORD one turns away from evil.

7 When a man's ways please the LORD,
he makes even his enemies to be at peace with him.

8 Better is a little with righteousness
than great revenues with injustice.

9 The heart of man plans his way,
but the LORD establishes his steps.

10 An oracle is on the lips of a king;
his mouth does not sin in judgment.

11 A just balance and scales are the LORD's;
all the weights in the bag are his work.

12 It is an abomination to kings to do evil,
for the throne is established by righteousness.

13 Righteous lips are the delight of a king,
and he loves him who speaks what is right.

14 A king's wrath is a messenger of death,
and a wise man will appease it.

15 In the light of a king's face there is life,
and his favor is like the clouds that bring the spring rain.

16 How much better to get wisdom than gold!
To get understanding is to be chosen rather than silver.

17 The highway of the upright turns aside from evil;
whoever guards his way preserves his life.

18 Pride goes before destruction,
and a haughty spirit before a fall.

¶ **19** Besser niedrig sein mit den Demütigen als Beute austeilen mit den Hoffärtigen.

¶ **20** Wer auf das Wort merkt, der findet Glück; und wohl dem, der sich auf den HERRN verlässt!

¶ **21** Ein Verständiger wird gerühmt als ein weiser Mann, und liebliche Rede mehrt die Erkenntnis.

¶ **22** Klugheit ist ein Brunnen des Lebens dem, der sie hat; aber die Strafe der Toren ist ihre Torheit.

¶ **23** Des Weisen Herz redet klug und mehrt auf seinen Lippen die Lehre.

¶ **24** Freundliche Reden sind Honigseim, trösten die Seele und erfrischen die Gebeine.

¶ **25** Manchem scheint ein Weg recht; aber zuletzt bringt er ihn zum Tode.

¶ **26** Der Hunger des Arbeiters arbeitet für ihn; denn sein Mund treibt ihn an.

¶ **27** Ein heilloser Mensch gräbt nach Unheil, und in seinem Munde ist's wie brennendes Feuer.

¶ **28** Ein falscher Mensch richtet Zank an, und ein Verleumder macht Freunde uneins.

¶ **29** Ein Frevler verlockt seinen Nächsten und führt ihn auf keinen guten Weg.

¶ **30** Wer mit den Augen winkt, denkt nichts Gutes; und wer mit den Lippen andeutet, vollbringt Böses.

¶ **31** Graue Haare sind eine Krone der Ehre; auf dem Weg der Gerechtigkeit wird sie gefunden.

¶ **32** Ein Geduldiger ist besser als ein Starker und wer sich selbst beherrscht, besser als einer, der Städte gewinnt.

¶ **33** Der Mensch wirft das Los; aber es fällt, wie der HERR will.

17 Besser ein trockner Bissen mit Frieden als ein Haus voll Geschlachtetem mit Streit.

¶ **2** Ein kluger Knecht wird herrschen über einen schandbaren Sohn und wird mit den Brüdern das Erbe teilen.

19 It is better to be of a lowly spirit with the poor
than to divide the spoil with the proud.

20 Whoever gives thought to the word[1] will discover good,
and blessed is he who trusts in the LORD.

21 The wise of heart is called discerning,
and sweetness of speech increases persuasiveness.

22 Good sense is a fountain of life to him who has it,
but the instruction of fools is folly.

23 The heart of the wise makes his speech judicious
and adds persuasiveness to his lips.

24 Gracious words are like a honeycomb,
sweetness to the soul and health to the body.

25 There is a way that seems right to a man,
but its end is the way to death.[2]

26 A worker's appetite works for him;
his mouth urges him on.

27 A worthless man plots evil,
and his speech[3] is like a scorching fire.

28 A dishonest man spreads strife,
and a whisperer separates close friends.

29 A man of violence entices his neighbor
and leads him in a way that is not good.

30 Whoever winks his eyes plans[4] dishonest things;
he who purses his lips brings evil to pass.

31 Gray hair is a crown of glory;
it is gained in a righteous life.

32 Whoever is slow to anger is better than the mighty,
and he who rules his spirit than he who takes a city.

33 The lot is cast into the lap,
but its every decision is from the LORD.

17 Better is a dry morsel with quiet
than a house full of feasting[1] with strife.

2 A servant who deals wisely will rule over a son who acts shamefully
and will share the inheritance as one of the brothers.

¶ **3** Wie der Tiegel das Silber und der Ofen das Gold, so prüft der HERR die Herzen.

¶ **4** Ein Böser achtet auf böse Mäuler, und ein Falscher hört gern auf schändliche Zungen.

¶ **5** Wer den Armen verspottet, verhöhnt dessen Schöpfer; und wer sich über eines andern Unglück freut, wird nicht ungestraft bleiben.

¶ **6** Der Alten Krone sind Kindeskinder, und der Kinder Ehre sind ihre Väter.

¶ **7** Es steht einem Toren nicht wohl an, von hohen Dingen zu reden, viel weniger einem Edlen, dass er mit Lügen umgeht.

¶ **8** Bestechung ist wie ein Zauberstein dem, der sie gibt; wohin er sich kehrt, hat er Glück.

¶ **9** Wer Verfehlung zudeckt, stiftet Freundschaft; wer aber eine Sache aufrührt, der macht Freunde uneins.

¶ **10** Ein Scheltwort dringt tiefer bei dem Verständigen als hundert Schläge bei dem Toren.

¶ **11** Ein böser Mensch trachtet stets zu widersprechen; aber ein grausamer Bote wird über ihn kommen.

¶ **12** Besser einer Bärin begegnen, der die Jungen geraubt sind, als einem Toren in seiner Torheit.

¶ **13** Wer Gutes mit Bösem vergilt, von dessen Haus wird das Böse nicht weichen.

¶ **14** Wer Streit anfängt, gleicht dem, der dem Wasser den Damm aufreißt. Lass ab vom Streit, ehe er losbricht!

¶ **15** Wer den Schuldigen gerecht spricht und den Gerechten schuldig, die sind beide dem HERRN ein Gräuel.

¶ **16** Was soll dem Toren Geld in der Hand, Weisheit zu kaufen, wo er doch ohne Verstand ist?

¶ **17** Ein Freund liebt allezeit, und ein Bruder wird für die Not geboren.

¶ **18** Ein Tor ist, wer in die Hand gelobt und Bürge wird für seinen Nächsten.

¶ **19** Wer Zank liebt, der liebt die Sünde; und wer seine Tür zu hoch macht, strebt nach Einsturz.

¶ **20** Ein verkehrtes Herz findet nichts Gutes; und wer falscher Zunge ist, wird in Unglück fallen.

3 The crucible is for silver, and the furnace is for gold,
   and the LORD tests hearts.

4 An evildoer listens to wicked lips,
   and a liar gives ear to a mischievous tongue.

5 Whoever mocks the poor insults his Maker;
   he who is glad at calamity will not go unpunished.

6 Grandchildren are the crown of the aged,
   and the glory of children is their fathers.

7 Fine speech is not becoming to a fool;
   still less is false speech to a prince.

8 A bribe is like a magic stone in the eyes of the one who gives it;
   wherever he turns he prospers.

9 Whoever covers an offense seeks love,
   but he who repeats a matter separates close friends.

10 A rebuke goes deeper into a man of understanding
   than a hundred blows into a fool.

11 An evil man seeks only rebellion,
   and a cruel messenger will be sent against him.

12 Let a man meet a she-bear robbed of her cubs
   rather than a fool in his folly.

13 If anyone returns evil for good,
   evil will not depart from his house.

14 The beginning of strife is like letting out water,
   so quit before the quarrel breaks out.

15 He who justifies the wicked and he who condemns the righteous
   are both alike an abomination to the LORD.

16 Why should a fool have money in his hand to buy wisdom
   when he has no sense?

17 A friend loves at all times,
   and a brother is born for adversity.

18 One who lacks sense gives a pledge
   and puts up security in the presence of his neighbor.

19 Whoever loves transgression loves strife;
   he who makes his door high seeks destruction.

20 A man of crooked heart does not discover good,
   and one with a dishonest tongue falls into calamity.

¶ **21** Wer einen Toren zeugt, muss sich grämen, und eines Toren Vater hat keine Freude.

¶ **22** Ein fröhliches Herz tut dem Leibe wohl; aber ein betrübtes Gemüt lässt das Gebein verdorren.

¶ **23** Der Gottlose nimmt gern heimlich Geschenke, zu beugen den Weg des Rechts.

¶ **24** Ein Verständiger hat die Weisheit vor Augen; aber ein Tor wirft die Augen hin und her.

¶ **25** Ein törichter Sohn ist seines Vaters Verdruss und ein Gram für die Mutter, die ihn geboren hat.

¶ **26** Es ist schon nicht gut, dass man Unschuldige Strafe zahlen lässt; aber den Edlen zu schlagen geht über alles Maß.

¶ **27** Ein Vernünftiger mäßigt seine Rede, und ein verständiger Mann wird nicht hitzig.

¶ **28** Auch ein Tor, wenn er schwiege, würde für weise gehalten und für verständig, wenn er den Mund hielte.

18 Wer sich absondert, der sucht, was ihn gelüstet, und gegen alles, was gut ist, geht er an.

¶ **2** Ein Tor hat nicht Gefallen an Einsicht, sondern will kundtun, was in seinem Herzen steckt.

¶ **3** Wohin ein Frevler kommt, kommt auch Verachtung; und wo Schande ist, da ist Hohn.

¶ **4** Die Worte in eines Mannes Munde sind wie tiefe Wasser, und die Quelle der Weisheit ist ein sprudelnder Bach.

¶ **5** Es ist nicht gut, den Schuldigen vorzuziehen, dass man des Gerechten Sache beuge im Gericht.

¶ **6** Die Lippen des Toren bringen Zank, und sein Mund ruft nach Schlägen.

¶ **7** Der Mund des Toren bringt ihn ins Verderben, und seine Lippen bringen ihn zu Fall.

¶ **8** Die Worte des Verleumders sind wie Leckerbissen und gehen einem glatt ein.

¶ **9** Wer lässig ist in seiner Arbeit, der ist ein Bruder des Verderbers.

21 He who sires a fool gets himself sorrow, and the father of a fool has no joy.

22 A joyful heart is good medicine, but a crushed spirit dries up the bones.

23 The wicked accepts a bribe in secret[2] to pervert the ways of justice.

24 The discerning sets his face toward wisdom, but the eyes of a fool are on the ends of the earth.

25 A foolish son is a grief to his father and bitterness to her who bore him.

26 To impose a fine on a righteous man is not good, nor to strike the noble for their uprightness.

27 Whoever restrains his words has knowledge, and he who has a cool spirit is a man of understanding.

28 Even a fool who keeps silent is considered wise; when he closes his lips, he is deemed intelligent.

18 Whoever isolates himself seeks his own desire; he breaks out against all sound judgment.

2 A fool takes no pleasure in understanding, but only in expressing his opinion.

3 When wickedness comes, contempt comes also, and with dishonor comes disgrace.

4 The words of a man's mouth are deep waters; the fountain of wisdom is a bubbling brook.

5 It is not good to be partial to[1] the wicked or to deprive the righteous of justice.

6 A fool's lips walk into a fight, and his mouth invites a beating.

7 A fool's mouth is his ruin, and his lips are a snare to his soul.

8 The words of a whisperer are like delicious morsels; they go down into the inner parts of the body.

9 Whoever is slack in his work is a brother to him who destroys.

¶ **10** Der Name des HERRN ist eine feste Burg; der Gerechte läuft dorthin und wird beschirmt.

¶ **11** Des Reichen Habe ist ihm wie eine feste Stadt und dünkt ihn eine hohe Mauer.

¶ **12** Wenn einer zugrunde gehen soll, wird sein Herz zuvor stolz; und ehe man zu Ehren kommt, muss man demütig sein.

¶ **13** Wer antwortet, ehe er hört, dem ist's Torheit und Schande.

¶ **14** Wer ein mutiges Herz hat, weiß sich auch im Leiden zu halten; wenn aber der Mut danniederliegt, wer kann's tragen?

¶ **15** Ein verständiges Herz erwirbt Einsicht, und das Ohr der Weisen sucht Erkenntnis.

¶ **16** Das Geschenk des Menschen schafft ihm Raum und bringt ihn zu den großen Herren.

¶ **17** Ein jeder hat zuerst in seiner Sache recht; kommt aber der andere zu Wort, so findet sich's.

¶ **18** Das Los schlichtet den Streit und lässt Mächtige nicht aneinandergeraten.

¶ **19** Ein gekränkter Bruder ist abweisender als eine feste Stadt, und Streitigkeiten sind hart wie der Riegel einer Burg.

¶ **20** Einem Mann wird vergolten, was sein Mund geredet hat, und er wird gesättigt mit dem, was seine Lippen ihm einbringen.

¶ **21** Tod und Leben stehen in der Zunge Gewalt; wer sie liebt, wird ihre Frucht essen.

¶ **22** Wer eine Ehefrau gefunden hat, der hat etwas Gutes gefunden und Wohlgefallen erlangt vom HERRN.

¶ **23** Ein Armer redet mit Flehen, aber ein Reicher antwortet hart.

¶ **24** Es gibt Allernächste, die bringen ins Verderben, und es gibt Freunde, die hangen fester an als ein Bruder.

19 Ein Armer, der in Unschuld wandelt, ist besser als einer, der Verkehrtes spricht und dabei reich ist.

¶ **2** Wo man nicht mit Vernunft handelt, da ist auch Eifer nichts nütze; und wer hastig läuft, der tritt fehl.

¶ **3** Des Menschen Torheit führt ihn in die Irre, und doch tobt sein Herz wider den HERRN.

---

10 The name of the LORD is a strong tower; the righteous man runs into it and is safe.

11 A rich man's wealth is his strong city, and like a high wall in his imagination.

12 Before destruction a man's heart is haughty, but humility comes before honor.

13 If one gives an answer before he hears, it is his folly and shame.

14 A man's spirit will endure sickness, but a crushed spirit who can bear?

15 An intelligent heart acquires knowledge, and the ear of the wise seeks knowledge.

16 A man's gift makes room for him and brings him before the great.

17 The one who states his case first seems right, until the other comes and examines him.

18 The lot puts an end to quarrels and decides between powerful contenders.

19 A brother offended is more unyielding than a strong city, and quarreling is like the bars of a castle.

20 From the fruit of a man's mouth his stomach is satisfied; he is satisfied by the yield of his lips.

21 Death and life are in the power of the tongue, and those who love it will eat its fruits.

22 He who finds a wife finds a good thing and obtains favor from the LORD.

23 The poor use entreaties, but the rich answer roughly.

24 A man of many companions may come to ruin, but there is a friend who sticks closer than a brother.

19 Better is a poor person who walks in his integrity than one who is crooked in speech and is a fool.

2 Desire[1] without knowledge is not good, and whoever makes haste with his feet misses his way.

3 When a man's folly brings his way to ruin, his heart rages against the LORD.

¶ **4** Reichtum macht viel Freunde; aber der Arme wird von seinem Freunde verlassen.

¶ **5** Ein falscher Zeuge bleibt nicht ungestraft; und wer frech Lügen redet, wird nicht entrinnen.

¶ **6** Viele schmeicheln dem Vornehmen; und wer Geschenke gibt, hat alle zu Freunden.

¶ **7** Den Armen hassen alle seine Brüder; wie viel mehr halten sich seine Freunde von ihm fern!

¶ Wer viel spricht, der tut Frevel; und wer Worten nachjagt, der wird nicht entrinnen.

¶ **8** Wer Klugheit erwirbt, liebt sein Leben; und der Verständige findet Gutes.

¶ **9** Ein falscher Zeuge bleibt nicht ungestraft; und wer frech Lügen redet, wird umkommen.

¶ **10** Dem Toren steht nicht an, gute Tage zu haben, viel weniger einem Knecht, zu herrschen über Fürsten.

¶ **11** Klugheit macht den Mann langsam zum Zorn, und es ist seine Ehre, dass er Verfehlung übersehen kann.

¶ **12** Die Ungnade des Königs ist wie das Brüllen eines Löwen; aber seine Gnade ist wie Tau auf dem Grase.

¶ **13** Ein törichter Sohn ist seines Vaters Herzeleid, und eine zänkische Frau wie ein ständig triefendes Dach.

¶ **14** Haus und Habe vererben die Eltern; aber eine verständige Ehefrau kommt vom HERRN.

¶ **15** Faulheit macht schläfrig, und ein Lässiger wird Hunger leiden.

¶ **16** Wer das Gebot bewahrt, der bewahrt sein Leben; wer aber auf seinen Weg nicht achtet, wird sterben.

¶ **17** Wer sich des Armen erbarmt, der leiht dem HERRN, und der wird ihm vergelten, was er Gutes getan hat.

¶ **18** Züchtige deinen Sohn, solange Hoffnung da ist, aber lass dich nicht hinreißen, ihn zu töten.

¶ **19** Großer Grimm muss Strafe leiden; denn willst du ihm steuern, so wird er noch größer.

¶ **20** Höre auf Rat und nimm Zucht an, dass du hernach weise seist.

¶ **21** In eines Mannes Herzen sind viele Pläne; aber zustande kommt der Ratschluss des HERRN.

4 Wealth brings many new friends,
  ʃ but a poor man is deserted by his friend.

5 A false witness will not go unpunished,
  and he who breathes out lies will not escape.

6 Many seek the favor of a generous man,[2]
  and everyone is a friend to a man who gives gifts.

7 All a poor man's brothers hate him;
  how much more do his friends go far from him!
He pursues them with words, but does not have them.[3]

8 Whoever gets sense loves his own soul;
  he who keeps understanding will discover good.

9 A false witness will not go unpunished,
  and he who breathes out lies will perish.

10 It is not fitting for a fool to live in luxury,
  much less for a slave to rule over princes.

11 Good sense makes one slow to anger,
  and it is his glory to overlook an offense.

12 A king's wrath is like the growling of a lion,
  but his favor is like dew on the grass.

13 A foolish son is ruin to his father,
  and a wife's quarreling is a continual dripping of rain.

14 House and wealth are inherited from fathers,
  but a prudent wife is from the LORD.

15 Slothfulness casts into a deep sleep,
  and an idle person will suffer hunger.

16 Whoever keeps the commandment keeps his life;
  he who despises his ways will die.

17 Whoever is generous to the poor lends to the LORD,
  and he will repay him for his deed.

18 Discipline your son, for there is hope;
  do not set your heart on putting him to death.

19 A man of great wrath will pay the penalty,
  for if you deliver him, you will only have to do it again.

20 Listen to advice and accept instruction,
  that you may gain wisdom in the future.

21 Many are the plans in the mind of a man,
  but it is the purpose of the LORD that will stand.

¶ **22** Ein gütiger Mensch ist der Liebe wert, und ein Armer ist besser als ein Lügner.

¶ **23** Die Furcht des HERRN führt zum Leben; man wird satt werden und sicher schlafen, von keinem Übel heimgesucht.

¶ **24** Der Faule steckt seine Hand in die Schüssel und bringt sie nicht wieder zum Munde.

¶ **25** Schlägt man den Spötter, so werden Unverständige vernünftig; weist man den Verständigen zurecht, so gewinnt er an Einsicht.

¶ **26** Wer den Vater misshandelt und die Mutter verjagt, der ist ein schandbarer und verfluchter Sohn.

¶ **27** Lässt du ab, mein Sohn, auf Ermahnung zu hören, so irrst du ab von vernünftiger Lehre.

¶ **28** Ein nichtswürdiger Zeuge spottet des Rechts, und den Gottlosen mundet das Unrecht.

¶ **29** Den Spöttern sind Strafen bereitet und Schläge für den Rücken der Toren.

20 Der Wein macht Spötter, und starkes Getränk macht wild; wer davon taumelt, wird niemals weise.

¶ **2** Das Drohen des Königs ist wie das Brüllen eines Löwen; wer ihn erzürnt, der sündigt wider das eigene Leben.

¶ **3** Eine Ehre ist es dem Mann, dem Streit fernzubleiben; aber die gerne streiten, sind allzumal Toren.

¶ **4** Im Herbst will der Faule nicht pflügen; so muss er in der Ernte betteln und kriegt nichts.

¶ **5** Das Vorhaben im Herzen eines Mannes ist wie ein tiefes Wasser; aber ein kluger Mann kann es schöpfen.

¶ **6** Viele Menschen rühmen ihre Güte; aber wer findet einen, der zuverlässig ist?

¶ **7** Ein Gerechter, der unsträflich wandelt, dessen Kindern wird's wohlgehen.

¶ **8** Ein König, der auf dem Thron sitzt, um zu richten, sondert aus mit seinem Blick alles Böse.

¶ **9** Wer kann sagen: »Ich habe mein Herz geläutert und bin rein von meiner Sünde«?

22 What is desired in a man is steadfast love,
and a poor man is better than a liar.

23 The fear of the LORD leads to life,
and whoever has it rests satisfied;
he will not be visited by harm.

24 The sluggard buries his hand in the dish
and will not even bring it back to his mouth.

25 Strike a scoffer, and the simple will learn prudence;
reprove a man of understanding, and he will gain knowledge.

26 He who does violence to his father and chases away his mother
is a son who brings shame and reproach.

27 Cease to hear instruction, my son,
and you will stray from the words of knowledge.

28 A worthless witness mocks at justice,
and the mouth of the wicked devours iniquity.

29 Condemnation is ready for scoffers,
and beating for the backs of fools.

20 Wine is a mocker, strong drink a brawler,
and whoever is led astray by it is not wise.[1]

2 The terror of a king is like the growling of a lion;
whoever provokes him to anger forfeits his life.

3 It is an honor for a man to keep aloof from strife,
but every fool will be quarreling.

4 The sluggard does not plow in the autumn;
he will seek at harvest and have nothing.

5 The purpose in a man's heart is like deep water,
but a man of understanding will draw it out.

6 Many a man proclaims his own steadfast love,
but a faithful man who can find?

7 The righteous who walks in his integrity—
blessed are his children after him!

8 A king who sits on the throne of judgment
winnows all evil with his eyes.

9 Who can say, "I have made my heart pure;
I am clean from my sin"?

¶ **10** Zweierlei Gewicht und zweierlei Maß ist beides dem HERRN ein Gräuel.

¶ **11** Schon einen Knaben erkennt man an seinem Tun, ob er lauter und redlich werden will.

¶ **12 Ein hörendes Ohr und ein sehendes Auge, die macht beide der HERR.**

¶ **13** Liebe den Schlaf nicht, dass du nicht arm wirst; lass deine Augen offen sein, so wirst du Brot genug haben.

¶ **14** »Schlecht, schlecht!«, spricht man, wenn man kauft; aber wenn man weggeht, so rühmt man sich.

¶ **15** Es gibt Gold und viel Perlen; aber ein Mund, der Vernünftiges redet, ist ein edles Kleinod.

¶ **16** Nimm dem sein Kleid, der für einen andern Bürge wurde, und pfände ihn anstelle des Fremden!

¶ **17** Das gestohlene Brot schmeckt dem Manne gut; aber am Ende hat er den Mund voller Kieselsteine.

¶ **18** Pläne kommen zum Ziel, wenn man sich recht berät; und Krieg soll man mit Vernunft führen.

¶ **19** Wer Geheimnisse verrät, ist ein Verleumder, und mit dem, der den Mund nicht halten kann, lass dich nicht ein.

¶ **20** Wer seinem Vater und seiner Mutter flucht, dessen Leuchte wird verlöschen in der Finsternis.

¶ **21** Das Erbe, nach dem man zuerst sehr eilt, wird zuletzt nicht gesegnet sein.

¶ **22 Sprich nicht: »Ich will Böses vergelten!« Harre des HERRN, der wird dir helfen.**

¶ **23** Zweierlei Gewicht ist dem HERRN ein Gräuel, und eine falsche Waage ist nicht gut.

¶ **24** Jedermanns Schritte bestimmt der HERR. Welcher Mensch versteht seinen Weg?

¶ **25** Es ist dem Menschen ein Fallstrick, unbedacht Gelübde zu tun und erst nach dem Geloben zu überlegen.

¶ **26** Ein weiser König sondert die Gottlosen aus und lässt das Rad über sie gehen.

¶ **27** Eine Leuchte des HERRN ist des Menschen Geist; er durchforscht alle Kammern des Innern.

10 Unequal[2] weights and unequal measures
are both alike an abomination to the LORD.

11 Even a child makes himself known by his acts,
by whether his conduct is pure and upright.[3]

12 The hearing ear and the seeing eye,
the LORD has made them both.

13 Love not sleep, lest you come to poverty;
open your eyes, and you will have plenty of bread.

14 "Bad, bad," says the buyer,
but when he goes away, then he boasts.

15 There is gold and abundance of costly stones,
but the lips of knowledge are a precious jewel.

16 Take a man's garment when he has put up security for a stranger,
and hold it in pledge when he puts up security for foreigners.[4]

17 Bread gained by deceit is sweet to a man,
but afterward his mouth will be full of gravel.

18 Plans are established by counsel;
by wise guidance wage war.

19 Whoever goes about slandering reveals secrets;
therefore do not associate with a simple babbler.[5]

20 If one curses his father or his mother,
his lamp will be put out in utter darkness.

21 An inheritance gained hastily in the beginning
will not be blessed in the end.

22 Do not say, "I will repay evil";
wait for the LORD, and he will deliver you.

23 Unequal weights are an abomination to the LORD,
and false scales are not good.

24 A man's steps are from the LORD;
how then can man understand his way?

25 It is a snare to say rashly, "It is holy,"
and to reflect only after making vows.

26 A wise king winnows the wicked
and drives the wheel over them.

27 The spirit[6] of man is the lamp of the LORD,
searching all his innermost parts.

¶ **28** Gütig und treu sein behütet den König, und sein Thron besteht durch Güte.

¶ **29** Der Jünglinge Ehre ist ihre Stärke, und graues Haar ist der Alten Schmuck.

¶ **30** Man muss dem Bösen wehren mit harter Strafe und mit ernsten Schlägen, die man fühlt.

21 Des Königs Herz ist in der Hand des HERRN wie Wasserbäche; er lenkt es, wohin er will.

¶ **2** Einen jeglichen dünkt sein Weg recht; aber der HERR prüft die Herzen.

¶ **3** Recht und Gerechtigkeit tun ist dem HERRN lieber als Opfer.

¶ **4** Hoffärtige Augen und stolzer Sinn, die Leuchte der Gottlosen, ist Sünde.

¶ **5** Das Planen eines Emsigen bringt Überfluss; wer aber allzu rasch handelt, dem wird's mangeln.

¶ **6** Wer Schätze sammelt mit Lügen, der wird fehlgehen und ist unter denen, die den Tod suchen.

¶ **7** Der Gottlosen Gewalt rafft sie selber weg; denn sie wollen nicht tun, was recht ist.

¶ **8** Wer mit Schuld beladen ist, geht krumme Wege; wer aber rein ist, dessen Tun ist gerade.

¶ **9** Besser im Winkel auf dem Dach wohnen als mit einer zänkischen Frau zusammen in einem Hause.

¶ **10** Die Seele des Gottlosen gelüstet nach Bösem und erbarmt sich nicht seines Nächsten.

¶ **11** Wenn der Spötter gestraft wird, so werden die Unverständigen weise, und wenn man einen Weisen belehrt, so nimmt er Erkenntnis an.

¶ **12** Der Gerechte* achtet auf des Gottlosen Haus, und er stürzt die Gottlosen ins Verderben.

¶ **13** Wer seine Ohren verstopft vor dem Schreien des Armen, der wird einst auch rufen und nicht erhört werden.

---

28 Steadfast love and faithfulness preserve the king,
　and by steadfast love his throne is upheld.

29 The glory of young men is their strength,
　but the splendor of old men is their gray hair.

30 Blows that wound cleanse away evil;
　strokes make clean the innermost parts.

21 The king's heart is a stream of water in the hand of the LORD;
　he turns it wherever he will.

2 Every way of a man is right in his own eyes,
　but the LORD weighs the heart.

3 To do righteousness and justice
　is more acceptable to the LORD than sacrifice.

4 Haughty eyes and a proud heart,
　the lamp[1] of the wicked, are sin.

5 The plans of the diligent lead surely to abundance,
　but everyone who is hasty comes only to poverty.

6 The getting of treasures by a lying tongue
　is a fleeting vapor and a snare of death.[2]

7 The violence of the wicked will sweep them away,
　because they refuse to do what is just.

8 The way of the guilty is crooked,
　but the conduct of the pure is upright.

9 It is better to live in a corner of the housetop
　than in a house shared with a quarrelsome wife.

10 The soul of the wicked desires evil;
　his neighbor finds no mercy in his eyes.

11 When a scoffer is punished, the simple becomes wise;
　when a wise man is instructed, he gains knowledge.

12 The Righteous One observes the house of the wicked;
　he throws the wicked down to ruin.

13 Whoever closes his ear to the cry of the poor
　will himself call out and not be answered.

¶ **14** Eine heimliche Gabe stillt den Zorn und ein Geschenk im Verborgenen den heftigen Grimm.

¶ **15** Dem Gerechten ist es eine Freude, wenn Recht geschieht, aber den Übeltätern ist es ein Schrecken.

¶ **16** Ein Mensch, der vom Wege der Klugheit abirrt, wird weilen in der Schar der Toten.

¶ **17** Wer gern in Freuden lebt, wird Mangel haben; und wer Wein und Salböl liebt, wird nicht reich.

¶ **18** Der Gottlose wird als Lösegeld gegeben für den Gerechten und der Verächter für die Frommen.

¶ **19** Besser in der Wüste wohnen als bei einer zänkischen und zornigen Frau.

¶ **20** Im Hause des Weisen ist ein kostbarer Schatz an Öl; aber ein Tor vergeudet ihn.

¶ **21** Wer der Gerechtigkeit und Güte nachjagt, der findet Leben und Ehre.

¶ **22** Ein Weiser ersteigt die Stadt der Starken und stürzt ihre Macht, auf die sie sich verlässt.

¶ **23** Wer Mund und Zunge bewahrt, der bewahrt sein Leben vor Not.

¶ **24** Wer stolz und vermessen ist, heißt ein Spötter; er treibt frechen Übermut.

¶ **25** Der Faule stirbt über seinem Wünschen; denn seine Hände wollen nichts tun.

¶ **26** Den ganzen Tag begehrt die Gier; aber der Gerechte gibt und versagt nichts.

¶ **27** Der Gottlosen Opfer ist ein Gräuel, wie viel mehr, wenn man's darbringt für eine Schandtat.

¶ **28** Ein lügenhafter Zeuge wird umkommen; aber wer recht gehört hat, dessen Wort bleibt.

¶ **29** Der Gottlose macht ein freches Gesicht; aber wer fromm ist, macht seine Wege fest.

¶ **30** Keine Weisheit, kein Verstand, kein Rat besteht vor dem HERRN.

¶ **31** Rosse werden gerüstet zum Tage der Schlacht; aber der Sieg kommt vom HERRN.

14 A gift in secret averts anger,
and a concealed bribe,[3] strong wrath.

15 When justice is done, it is a joy to the righteous
but terror to evildoers.

16 One who wanders from the way of good sense
will rest in the assembly of the dead.

17 Whoever loves pleasure will be a poor man;
he who loves wine and oil will not be rich.

18 The wicked is a ransom for the righteous,
and the traitor for the upright.

19 It is better to live in a desert land
than with a quarrelsome and fretful woman.

20 Precious treasure and oil are in a wise man's dwelling,
but a foolish man devours it.

21 Whoever pursues righteousness and kindness
will find life, righteousness, and honor.

22 A wise man scales the city of the mighty
and brings down the stronghold in which they trust.

23 Whoever keeps his mouth and his tongue
keeps himself out of trouble.

24 "Scoffer" is the name of the arrogant, haughty man
who acts with arrogant pride.

25 The desire of the sluggard kills him,
for his hands refuse to labor.

26 All day long he craves and craves,
but the righteous gives and does not hold back.

27 The sacrifice of the wicked is an abomination;
how much more when he brings it with evil intent.

28 A false witness will perish,
but the word of a man who hears will endure.

29 A wicked man puts on a bold face,
but the upright gives thought to[4] his ways.

30 No wisdom, no understanding, no counsel
can avail against the LORD.

31 The horse is made ready for the day of battle,
but the victory belongs to the LORD.

22 Ein guter Ruf ist köstlicher als großer Reichtum und anziehendes Wesen besser als Silber und Gold.

¶ **2** Reiche und Arme begegnen einander; der HERR hat sie alle gemacht.

¶ **3** Der Kluge sieht das Unglück kommen und verbirgt sich; die Unverständigen laufen weiter und leiden Schaden.

¶ **4** Der Lohn der Demut und der Furcht des HERRN ist Reichtum, Ehre und Leben.

¶ **5** Stacheln und Stricke sind auf dem Wege des Verkehrten; wer sich aber davon fernhält, bewahrt sein Leben.

¶ **6** Gewöhne einen Knaben an seinen Weg, so lässt er auch nicht davon, wenn er alt wird.

¶ **7** Der Reiche herrscht über die Armen; und wer borgt, ist des Gläubigers Knecht.

¶ **8** Wer Unrecht sät, der wird Unglück ernten, und die Rute seines Übermuts wird ein Ende haben.

¶ **9** Wer ein gütiges Auge hat, wird gesegnet; denn er gibt von seinem Brot den Armen.

¶ **10** Treibe den Spötter hinaus, so geht der Zank weg, und Hader und Schmähung hören auf.

¶ **11** Wer ein reines Herz und liebliche Rede hat, dessen Freund ist der König.

¶ **12** Die Augen des HERRN behüten die Erkenntnis; aber die Worte des Verächters bringt er zu Fall.

¶ **13** Der Faule spricht: »Es ist ein Löwe draußen; ich könnte getötet werden auf der Gasse.«

¶ **14** Der Mund unzüchtiger Frauen ist eine tiefe Grube; wem der HERR zürnt, der fällt hinein.

¶ **15** Torheit steckt dem Knaben im Herzen; aber die Rute der Zucht treibt sie ihm aus.

¶ **16** Wer dem Armen Unrecht tut, mehrt ihm seine Habe; wer einem Reichen gibt, schafft ihm nur Mangel.

22 A good name is to be chosen rather than great riches,
and favor is better than silver or gold.

2 The rich and the poor meet together;
the LORD is the maker of them all.

3 The prudent sees danger and hides himself,
but the simple go on and suffer for it.

4 The reward for humility and fear of the LORD
is riches and honor and life.[1]

5 Thorns and snares are in the way of the crooked;
whoever guards his soul will keep far from them.

6 Train up a child in the way he should go;
even when he is old he will not depart from it.

7 The rich rules over the poor,
and the borrower is the slave of the lender.

8 Whoever sows injustice will reap calamity,
and the rod of his fury will fail.

9 Whoever has a bountiful[2] eye will be blessed,
for he shares his bread with the poor.

10 Drive out a scoffer, and strife will go out,
and quarreling and abuse will cease.

11 He who loves purity of heart,
and whose speech is gracious, will have the king as his friend.

12 The eyes of the LORD keep watch over knowledge,
but he overthrows the words of the traitor.

13 The sluggard says, "There is a lion outside!
I shall be killed in the streets!"

14 The mouth of forbidden[3] women is a deep pit;
he with whom the LORD is angry will fall into it.

15 Folly is bound up in the heart of a child,
but the rod of discipline drives it far from him.

16 Whoever oppresses the poor to increase his own wealth,
or gives to the rich, will only come to poverty.

Worte der Weisen

17 Neige deine Ohren und höre die Worte von Weisen und nimm zu Herzen meine Lehre.

18 Denn lieblich ist's, wenn du sie im Sinne behältst; lass sie miteinander auf deinen Lippen bleiben.

19 Damit deine Hoffnung sich gründe auf den HERRN, erinnere ich daran heute gerade dich.

20 Hab ich dir's nicht mannigfach aufgeschrieben als Rat und Erkenntnis,

21 um dir kundzutun zuverlässige Worte der Wahrheit, damit du rechte Antwort bringen kannst dem, der dich gesandt hat?

¶ **22** Beraube den Armen nicht, weil er arm ist, und unterdrücke den Geringen nicht im Gericht;

23 denn der HERR wird ihre Sache führen und wird ihre Bedrücker bedrücken.

¶ **24** Geselle dich nicht zum Zornigen und halt dich nicht zu einem wütenden Mann;

25 du könntest auf seinen Weg geraten und dich selbst zu Fall bringen.

¶ **26** Sei nicht einer von denen, die mit ihrer Hand haften und für Schulden Bürge werden;

27 denn wenn du nicht bezahlen kannst, so wird man dir dein Bett unter dir wegnehmen.

¶ **28** Verrücke nicht die uralten Grenzen, die deine Väter gemacht haben.

¶ **29** Siehst du einen Mann, behände in seinem Geschäft, der wird Königen dienen; geringen Leuten wird er nicht dienen.

23 Wenn du zu Tische sitzt mit einem hohen Herrn, so bedenke wohl, was du vor dir hast,

2 und setze ein Messer an deine Kehle, wenn du gierig bist;

3 wünsche dir nichts von seinen feinen Speisen; denn es ist trügerisches Brot.

¶ **4** Bemühe dich nicht, reich zu werden; da spare deine Klugheit!

5 Du richtest deine Augen auf Reichtum und er ist nicht mehr da; denn er macht sich Flügel wie ein Adler und fliegt gen Himmel.

¶ **6** Iss nicht bei einem Neidischen und wünsche dir von seinen feinen Speisen nichts;

Words of the Wise

17 Incline your ear, and hear the words of the wise,
and apply your heart to my knowledge,

18 for it will be pleasant if you keep them within you,
if all of them are ready on your lips.

19 That your trust may be in the LORD,
I have made them known to you today, even to you.

20 Have I not written for you thirty sayings of counsel and knowledge,

21 to make you know what is right and true,
that you may give a true answer to those who sent you?

22 Do not rob the poor, because he is poor,
or crush the afflicted at the gate,

23 for the LORD will plead their cause
and rob of life those who rob them.

24 Make no friendship with a man given to anger,
nor go with a wrathful man,

25 lest you learn his ways
and entangle yourself in a snare.

26 Be not one of those who give pledges,
who put up security for debts.

27 If you have nothing with which to pay,
why should your bed be taken from under you?

28 Do not move the ancient landmark
that your fathers have set.

29 Do you see a man skillful in his work?
He will stand before kings;
he will not stand before obscure men.

23 When you sit down to eat with a ruler,
observe carefully what[1] is before you,

2 and put a knife to your throat
if you are given to appetite.

3 Do not desire his delicacies,
for they are deceptive food.

4 Do not toil to acquire wealth;
be discerning enough to desist.

5 When your eyes light on it, it is gone,
for suddenly it sprouts wings,
flying like an eagle toward heaven.

6 Do not eat the bread of a man who is stingy;[2]
do not desire his delicacies,

7 denn in seinem Herzen ist er berechnend; er spricht zu dir: Iss und trink!, und sein Herz ist doch nicht mit dir.

8 Die Bissen, die du gegessen hast, musst du ausspeien, und deine freundlichen Worte sind verloren.

¶ **9** Rede nicht vor des Unverständigen Ohren; denn er verachtet die Klugheit deiner Rede.

¶ **10** Verrücke nicht uralte Grenzen und vergreife dich nicht an dem Acker der Waisen,

11 denn ihr Helfer ist mächtig; der wird ihre Sache gegen dich führen.

¶ **12** Wende dein Herz hin zur Zucht und deine Ohren zu vernünftiger Rede.

¶ **13** Lass nicht ab, den Knaben zu züchtigen; denn wenn du ihn mit der Rute schlägst, so wird er sein Leben behalten;

14 du schlägst ihn mit der Rute, aber du errettest ihn vom Tode.

¶ **15** Mein Sohn, wenn dein Herz weise ist, so freut sich auch mein Herz,

16 und meine Seele ist froh, wenn deine Lippen reden, was recht ist.

¶ **17** Dein Herz sei nicht neidisch auf den Sünder, sondern trachte täglich nach der Furcht des HERRN;

18 denn das Ende kommt noch und dann wird deine Hoffnung nicht zuschanden.

¶ **19** Höre, mein Sohn, und sei weise und richte dein Herz auf den rechten Weg.

20 Sei nicht unter den Säufern und Schlemmern;

21 denn die Säufer und Schlemmer verarmen, und ein Schläfer muss zerrissene Kleider tragen.

¶ **22** Gehorche deinem Vater, der dich gezeugt hat, und verachte deine Mutter nicht, wenn sie alt wird.

¶ **23** Kaufe Wahrheit und verkaufe sie nicht, die Weisheit, die Zucht und die Einsicht.

¶ **24** Der Vater eines Gerechten freut sich, und wer einen Weisen gezeugt hat, ist fröhlich über ihn.

25 Lass deinen Vater und deine Mutter sich freuen, und fröhlich sein, die dich geboren hat.

¶ **26** Gib mir, mein Sohn, dein Herz und lass deinen Augen meine Wege wohlgefallen.

27 Denn die Hure ist eine tiefe Grube, und die fremde Frau ist ein enger Brunnen.

7 for he is like one who is inwardly
    calculating.[3]
"Eat and drink!" he says to you,
    but his heart is not with you.

8 You will vomit up the morsels that you
    have eaten,
    and waste your pleasant words.

9 Do not speak in the hearing of a fool,
    for he will despise the good sense of
    your words.

10 Do not move an ancient landmark
    or enter the fields of the fatherless,

11 for their Redeemer is strong;
    he will plead their cause against you.

12 Apply your heart to instruction
    and your ear to words of knowledge.

13 Do not withhold discipline from a child;
    if you strike him with a rod, he will
    not die.

14 If you strike him with the rod,
    you will save his soul from Sheol.

15 My son, if your heart is wise,
    my heart too will be glad.

16 My inmost being[4] will exult
    when your lips speak what is right.

17 Let not your heart envy sinners,
    but continue in the fear of the LORD all
    the day.

18 Surely there is a future,
    and your hope will not be cut off.

19 Hear, my son, and be wise,
    and direct your heart in the way.

20 Be not among drunkards[5]
    or among gluttonous eaters of meat,

21 for the drunkard and the glutton will
    come to poverty,
    and slumber will clothe them with
    rags.

22 Listen to your father who gave you life,
    and do not despise your mother when
    she is old.

23 Buy truth, and do not sell it;
    buy wisdom, instruction, and
    understanding.

24 The father of the righteous will greatly
    rejoice;
    he who fathers a wise son will be glad
    in him.

25 Let your father and mother be glad;
    let her who bore you rejoice.

26 My son, give me your heart,
    and let your eyes observe[6] my ways.

27 For a prostitute is a deep pit;
    an adulteress[7] is a narrow well.

28 Auch lauert sie wie ein Räuber und mehrt die Treulosen unter den Menschen.

¶ **29** Wo ist Weh? Wo ist Leid? Wo ist Zank? Wo ist Klagen? Wo sind Wunden ohne jeden Grund? Wo sind trübe Augen?

30 Wo man lange beim Wein sitzt und kommt, auszusaufen, was eingeschenkt ist.

31 Sieh den Wein nicht an, wie er so rot ist und im Glase so schön steht: Er geht glatt ein,

32 aber danach beißt er wie eine Schlange und sticht wie eine Otter.

33 Da werden deine Augen seltsame Dinge sehen, und dein Herz wird Verkehrtes reden,

34 und du wirst sein wie einer, der auf hoher See sich schlafen legt, und wie einer, der oben im Mastkorb liegt.

35 »Sie schlugen mich, aber es tat mir nicht weh; sie prügelten mich, aber ich fühlte es nicht. Wann werde ich aufwachen? Dann will ich's wieder so treiben.«

24 Sei nicht neidisch auf böse Menschen und wünsche nicht, bei ihnen zu sein;

2 denn ihr Herz trachtet nach Gewalt, und ihre Lippen raten zum Unglück.

¶ **3** Durch Weisheit wird ein Haus gebaut und durch Verstand erhalten,

4 und durch ordentliches Haushalten werden die Kammern voll kostbarer, lieblicher Habe.

¶ **5** Ein weiser Mann ist stark und ein vernünftiger Mann voller Kraft;

6 denn mit Überlegung soll man Krieg führen, und wo viele Ratgeber sind, da ist der Sieg.

¶ **7** Weisheit ist dem Toren zu hoch; er darf seinen Mund im Rat nicht auftun.

¶ **8** Wer sich vornimmt, Böses zu tun, den nennt man einen Erzbösewicht.

9 Das Vorhaben des Toren ist Sünde, und der Spötter ist den Leuten ein Gräuel.

¶ **10** Der ist nicht stark, der in der Not nicht fest ist.

---

28 She lies in wait like a robber
　and increases the traitors among
　　mankind.

29 Who has woe? Who has sorrow?
　Who has strife? Who has
　　complaining?
　Who has wounds without cause?
　Who has redness of eyes?

30 Those who tarry long over wine;
　those who go to try mixed wine.

31 Do not look at wine when it is red,
　when it sparkles in the cup
　and goes down smoothly.

32 In the end it bites like a serpent
　and stings like an adder.

33 Your eyes will see strange things,
　and your heart utter perverse things.

34 You will be like one who lies down in
　　the midst of the sea,
　like one who lies on the top of a mast.[8]

35 "They struck me," you will say,[9] "but I
　　was not hurt;
　they beat me, but I did not feel it.
　When shall I awake?
　I must have another drink."

24 Be not envious of evil men,
　nor desire to be with them,

2 for their hearts devise violence,
　and their lips talk of trouble.

3 By wisdom a house is built,
　and by understanding it is established;

4 by knowledge the rooms are filled
　with all precious and pleasant riches.

5 A wise man is full of strength,
　and a man of knowledge enhances his
　　might,

6 for by wise guidance you can wage your
　　war,
　and in abundance of counselors there
　　is victory.

7 Wisdom is too high for a fool;
　in the gate he does not open his
　　mouth.

8 Whoever plans to do evil
　will be called a schemer.

9 The devising[1] of folly is sin,
　and the scoffer is an abomination to
　　mankind.

10 If you faint in the day of adversity,
　your strength is small.

¶ **11** Errette, die man zum Tode schleppt, und entzieh dich nicht denen, die zur Schlachtbank wanken.

12 Sprichst du: »Siehe, wir haben's nicht gewusst!«, fürwahr, der die Herzen prüft, merkt es, und der auf deine Seele achthat, weiß es und vergilt dem Menschen nach seinem Tun.

¶ **13** Iss Honig, mein Sohn, denn er ist gut, und Honigseim ist süß deinem Gaumen.

14 So ist Weisheit gut für deine Seele; wenn du sie findest, wird dir's am Ende wohlgehen, und deine Hoffnung wird nicht umsonst sein.

¶ **15** Laure nicht als Gottloser auf das Haus des Gerechten; zerstöre seine Wohnung nicht,

16 denn **ein Gerechter fällt siebenmal und steht wieder auf, aber die Gottlosen versinken im Unglück.**

¶ **17** Freue dich nicht über den Fall deines Feindes, und dein Herz sei nicht froh über sein Unglück;

18 der HERR könnte es sehen und Missfallen daran haben und seinen Zorn von ihm wenden.

¶ **19** Erzürne dich nicht über die Bösen und ereifre dich nicht über die Gottlosen;

20 denn der Böse hat nichts zu hoffen, und die Leuchte der Gottlosen wird verlöschen.

¶ **21** Mein Sohn, fürchte den HERRN und den König und menge dich nicht unter die Aufrührer;

22 denn plötzlich wird sie das Verderben treffen und unversehens von beiden her das Unheil kommen.

¶ **23** Auch dies sind Worte der Weisen:
¶ Die Person ansehen im Gericht ist nicht gut.

24 Wer zum Schuldigen spricht: »Du hast recht«, dem fluchen die Völker, und die Leute verwünschen ihn.

---

11 Rescue those who are being taken away to death;
hold back those who are stumbling to the slaughter.

12 If you say, "Behold, we did not know this,"
does not he who weighs the heart perceive it?
Does not he who keeps watch over your soul know it,
and will he not repay man according to his work?

13 My son, eat honey, for it is good,
and the drippings of the honeycomb are sweet to your taste.

14 Know that wisdom is such to your soul;
if you find it, there will be a future,
and your hope will not be cut off.

15 Lie not in wait as a wicked man against the dwelling of the righteous;
do no violence to his home;

16 for the righteous falls seven times and rises again,
but the wicked stumble in times of calamity.

17 Do not rejoice when your enemy falls,
and let not your heart be glad when he stumbles,

18 lest the LORD see it and be displeased,
and turn away his anger from him.

19 Fret not yourself because of evildoers,
and be not envious of the wicked,

20 for the evil man has no future;
the lamp of the wicked will be put out.

21 My son, fear the LORD and the king,
and do not join with those who do otherwise,

22 for disaster will arise suddenly from them,
and who knows the ruin that will come from them both?

More Sayings of the Wise

¶ **23** These also are sayings of the wise.

Partiality in judging is not good.

24 Whoever says to the wicked, "You are in the right,"
will be cursed by peoples, abhorred by nations,

25 Die aber gerecht richten, denen geht es gut, und reicher Segen kommt auf sie.

¶ **26** Eine richtige Antwort ist wie ein lieblicher Kuss.

¶ **27** Richte erst draußen deine Arbeit aus und bearbeite deinen Acker; danach gründe dein Haus.

¶ **28** Sei nicht ein falscher Zeuge wider deinen Nächsten und betrüge nicht mit deinem Munde.

29 Sprich nicht: »Wie einer mir tut, so will ich ihm auch tun und einem jeglichen sein Tun vergelten.«

¶ **30** Ich ging am Acker des Faulen entlang und am Weinberg des Toren,

31 und siehe, lauter Nesseln waren darauf, und er stand voll Disteln, und die Mauer war eingefallen.

32 Als ich das sah, nahm ich's zu Herzen, ich schaute und lernte daraus:

33 Noch ein wenig schlafen und ein wenig schlummern und ein wenig die Hände zusammentun, dass du ruhst,

34 so wird deine Armut kommen wie ein Räuber und dein Mangel wie ein gewappneter Mann.

Weitere Sprüche Salomos

25 Auch dies sind Sprüche Salomos; die Männer Hiskias, des Königs von Juda, haben sie gesammelt.

¶ **2** Es ist Gottes Ehre, eine Sache zu verbergen; aber der Könige Ehre ist es, eine Sache zu erforschen.

¶ **3** Der Himmel ist hoch und die Erde tief, und der Könige Herz ist unerforschlich.

¶ **4** Man tue die Schlacken vom Silber, so gelingt dem Goldschmied das Gefäß;

5 man tue den Gottlosen hinweg vom König, so wird sein Thron durch Gerechtigkeit gefestigt.

¶ **6** Prange nicht vor dem Könige und stelle dich nicht zu den Großen;

25 but those who rebuke the wicked will have delight,
and a good blessing will come upon them.

26 Whoever gives an honest answer kisses the lips.

27 Prepare your work outside;
get everything ready for yourself in the field,
and after that build your house.

28 Be not a witness against your neighbor without cause,
and do not deceive with your lips.

29 Do not say, "I will do to him as he has done to me;
I will pay the man back for what he has done."

30 I passed by the field of a sluggard,
by the vineyard of a man lacking sense,

31 and behold, it was all overgrown with thorns;
the ground was covered with nettles,
and its stone wall was broken down.

32 Then I saw and considered it;
I looked and received instruction.

33 A little sleep, a little slumber,
a little folding of the hands to rest,

34 and poverty will come upon you like a robber,
and want like an armed man.

More Proverbs of Solomon

25 These also are proverbs of Solomon which the men of Hezekiah king of Judah copied.

2 It is the glory of God to conceal things,
but the glory of kings is to search things out.

3 As the heavens for height, and the earth for depth,
so the heart of kings is unsearchable.

4 Take away the dross from the silver,
and the smith has material for a vessel;

5 take away the wicked from the presence of the king,
and his throne will be established in righteousness.

6 Do not put yourself forward in the king's presence
or stand in the place of the great,

7 denn es ist besser, dass man zu dir sage: Tritt hier herauf!, als dass du erniedrigt wirst vor einem Edlen, den deine Augen gesehen haben.

¶ **8** Laufe nicht zu schnell vor Gericht; denn was willst du zuletzt machen, wenn dich dein Nächster beschämt?

¶ **9** Trage deine Sache mit deinem Nächsten aus, aber verrate nicht eines andern Geheimnis,

10 damit von dir nicht übel spricht, wer es hört, und dann das böse Gerede über dich nicht aufhört.

¶ **11** Ein Wort, geredet zu rechter Zeit, ist wie goldene Äpfel auf silbernen Schalen.

12 Ein Weiser, der mahnt, und ein Ohr, das auf ihn hört, das ist wie ein goldener Ring und ein goldenes Halsband.

¶ **13** Wie die Kühle des Schnees zur Zeit der Ernte, so ist ein getreuer Bote dem, der ihn gesandt hat, und erquickt seines Herrn Seele.

¶ **14** Wer Geschenke verspricht und hält's nicht, der ist wie Wolken und Wind ohne Regen.

¶ **15** Durch Geduld wird ein Fürst überredet, und eine linde Zunge zerbricht Knochen.

¶ **16** Findest du Honig, so iss davon nur, soviel du bedarfst, dass du nicht zu satt wirst und speist ihn aus.

¶ **17** Halte deinen Fuß zurück vom Hause deines Nächsten; er könnte dich satt bekommen und dir gram werden.

¶ **18** Wer wider seinen Nächsten falsch Zeugnis redet, der ist wie ein Streithammer, Schwert und scharfer Pfeil.

¶ **19** Auf einen Treulosen hoffen zur Zeit der Not, das ist wie ein fauler Zahn und gleitender Fuß.

¶ **20** Wer einem missmutigen Herzen Lieder singt, das ist, wie wenn einer das Kleid ablegt an einem kalten Tag, und wie Essig auf Lauge.

¶ **21** Hungert deinen Feind, so speise ihn mit Brot, dürstet ihn, so tränke ihn mit Wasser,

7 for it is better to be told, "Come up here,"
than to be put lower in the presence of a noble.

What your eyes have seen
8 do not hastily bring into court,
for[1] what will you do in the end,
when your neighbor puts you to shame?

9 Argue your case with your neighbor himself,
and do not reveal another's secret,

10 lest he who hears you bring shame upon you,
and your ill repute have no end.

11 A word fitly spoken
is like apples of gold in a setting of silver.

12 Like a gold ring or an ornament of gold
is a wise reprover to a listening ear.

13 Like the cold of snow in the time of harvest
is a faithful messenger to those who send him;
he refreshes the soul of his masters.

14 Like clouds and wind without rain
is a man who boasts of a gift he does not give.

15 With patience a ruler may be persuaded,
and a soft tongue will break a bone.

16 If you have found honey, eat only enough for you,
lest you have your fill of it and vomit it.

17 Let your foot be seldom in your neighbor's house,
lest he have his fill of you and hate you.

18 A man who bears false witness against his neighbor
is like a war club, or a sword, or a sharp arrow.

19 Trusting in a treacherous man in time of trouble
is like a bad tooth or a foot that slips.

20 Whoever sings songs to a heavy heart
is like one who takes off a garment on a cold day,
and like vinegar on soda.

21 If your enemy is hungry, give him bread to eat,
and if he is thirsty, give him water to drink,

22 denn du wirst feurige Kohlen auf sein Haupt häufen, und der HERR wird dir's vergelten.

¶ 23 Wind mit dunklen Wolken bringt Regen, und heimliches Geschwätz schafft saure Gesichter.

¶ 24 Besser im Winkel auf dem Dache sitzen als mit einer zänkischen Frau zusammen in einem Hause.

¶ 25 Eine gute Botschaft aus fernen Landen ist wie kühles Wasser für eine durstige Kehle.

¶ 26 Ein Gerechter, der angesichts eines Gottlosen wankt, ist wie ein getrübter Brunnen und eine verderbte Quelle.

¶ 27 Zu viel Honig essen ist nicht gut; aber wer nach schweren Dingen forscht, dem bringt's Ehre.

¶ 28 Ein Mann, der seinen Zorn nicht zurückhalten kann, ist wie eine offene Stadt ohne Mauern.

26 Wie Schnee zum Sommer und Regen zur Ernte, so reimt sich Ehre zum Toren.

¶ 2 Wie ein Vogel dahinfliegt und eine Schwalbe enteilt, so ist ein unverdienter Fluch: er trifft nicht ein.

¶ 3 Dem Ross eine Peitsche und dem Esel einen Zaum und dem Toren eine Rute auf den Rücken!

¶ 4 Antworte dem Toren nicht nach seiner Torheit, dass du ihm nicht gleich wirst.

¶ 5 Antworte aber dem Toren nach seiner Torheit, dass er sich nicht weise dünke.

¶ 6 Wer eine Sache durch einen törichten Boten ausrichtet, der ist wie einer, der sich selbst die Füße abhaut und Schaden leidet.

¶ 7 Wie einem Gelähmten das Tanzen, so steht dem Toren an, von Weisheit zu reden.

¶ 8 Einem Toren Ehre antun, das ist, wie wenn einer einen edlen Stein auf einen Steinhaufen wirft.

¶ 9 Ein Spruch in eines Toren Mund ist wie ein Dornzweig in der Hand eines Trunkenen.

¶ 10 Wie ein Schütze, der jeden verwundet, so ist, wer einen Toren oder einen Vorübergehenden dingt.

¶ 11 Wie ein Hund wieder frisst, was er gespien hat, so ist der Tor, der seine Torheit immer wieder treibt.

22 for you will heap burning coals on his head,
   and the LORD will reward you.

23 The north wind brings forth rain,
   and a backbiting tongue, angry looks.

24 It is better to live in a corner of the housetop
   than in a house shared with a quarrelsome wife.

25 Like cold water to a thirsty soul,
   so is good news from a far country.

26 Like a muddied spring or a polluted fountain
   is a righteous man who gives way before the wicked.

27 It is not good to eat much honey,
   nor is it glorious to seek one's own glory.[2]

28 A man without self-control
   is like a city broken into and left without walls.

26 Like snow in summer or rain in harvest,
   so honor is not fitting for a fool.

2 Like a sparrow in its flitting, like a swallow in its flying,
   a curse that is causeless does not alight.

3 A whip for the horse, a bridle for the donkey,
   and a rod for the back of fools.

4 Answer not a fool according to his folly,
   lest you be like him yourself.

5 Answer a fool according to his folly,
   lest he be wise in his own eyes.

6 Whoever sends a message by the hand of a fool
   cuts off his own feet and drinks violence.

7 Like a lame man's legs, which hang useless,
   is a proverb in the mouth of fools.

8 Like one who binds the stone in the sling
   is one who gives honor to a fool.

9 Like a thorn that goes up into the hand of a drunkard
   is a proverb in the mouth of fools.

10 Like an archer who wounds everyone
   is one who hires a passing fool or drunkard.[1]

11 Like a dog that returns to his vomit
   is a fool who repeats his folly.

¶ 12 Wenn du einen siehst, der sich weise dünkt, da ist für einen Toren mehr Hoffnung als für ihn.

¶ 13 Der Faule spricht: »Es ist ein Löwe auf dem Wege, ein Löwe auf den Gassen.«

¶ 14 Ein Fauler wendet sich im Bett wie die Tür in der Angel.

¶ 15 Der Faule steckt seine Hand in die Schüssel, und es wird ihm sauer, dass er sie zum Munde bringe.

¶ 16 Ein Fauler dünkt sich weiser als sieben, die da wissen, verständig zu antworten.

¶ 17 Wer vorübergeht und sich mengt in fremden Streit, der ist wie einer, der den Hund bei den Ohren zwackt.

¶ 18 Wie ein Unsinniger, der mit Geschoss und Pfeilen schießt und tötet,

19 so ist ein Mensch, der seinen Nächsten betrügt und spricht: »Ich habe nur gescherzt.«

¶ 20 Wenn kein Holz mehr da ist, so verlischt das Feuer, und wenn der Verleumder weg ist, so hört der Streit auf.

¶ 21 Wie die Kohlen die Glut und Holz das Feuer, so facht ein zänkischer Mann den Streit an.

¶ 22 Die Worte des Verleumders sind wie Leckerbissen und gehen einem glatt ein.

¶ 23 Glatte Lippen und ein böses Herz, das ist wie Tongeschirr, mit Silberschaum überzogen.

¶ 24 Der Hasser verstellt sich mit seiner Rede, aber im Herzen ist er falsch;

25 wenn er seine Stimme holdselig macht, so glaube ihm nicht; denn es sind sieben Gräuel in seinem Herzen.

26 Wer den Hass trügerisch verbirgt, dessen Bosheit wird doch vor der Gemeinde offenbar werden.

¶ 27 Wer eine Grube macht, der wird hineinfallen; und wer einen Stein wälzt, auf den wird er zurückkommen.

¶ 28 Eine falsche Zunge hasst den, dem sie Arges getan hat, und glatte Lippen richten Verderben an.

12 Do you see a man who is wise in his own eyes?
There is more hope for a fool than for him.

13 The sluggard says, "There is a lion in the road!
There is a lion in the streets!"

14 As a door turns on its hinges,
so does a sluggard on his bed.

15 The sluggard buries his hand in the dish;
it wears him out to bring it back to his mouth.

16 The sluggard is wiser in his own eyes
than seven men who can answer sensibly.

17 Whoever meddles in a quarrel not his own
is like one who takes a passing dog by the ears.

18 Like a madman who throws firebrands, arrows, and death

19 is the man who deceives his neighbor
and says, "I am only joking!"

20 For lack of wood the fire goes out,
and where there is no whisperer, quarreling ceases.

21 As charcoal to hot embers and wood to fire,
so is a quarrelsome man for kindling strife.

22 The words of a whisperer are like delicious morsels;
they go down into the inner parts of the body.

23 Like the glaze[2] covering an earthen vessel
are fervent lips with an evil heart.

24 Whoever hates disguises himself with his lips
and harbors deceit in his heart;

25 when he speaks graciously, believe him not,
for there are seven abominations in his heart;

26 though his hatred be covered with deception,
his wickedness will be exposed in the assembly.

27 Whoever digs a pit will fall into it,
and a stone will come back on him who starts it rolling.

28 A lying tongue hates its victims,
and a flattering mouth works ruin.

27

Rühme dich nicht des morgigen Tages; denn du weißt nicht, was der Tag bringt.

¶ **2** Lass dich von einem andern loben und nicht von deinem Mund, von einem Fremden und nicht von deinen eignen Lippen.

¶ **3** Stein ist schwer, und Sand ist Last; aber der Ärger über einen Toren ist schwerer als beide.

¶ **4** Zorn ist ein wütig Ding, und Grimm ist ungestüm; aber wer kann vor der Eifersucht bestehen?

¶ **5** Offene Zurechtweisung ist besser als Liebe, die verborgen bleibt.

¶ **6** Die Schläge des Freundes meinen es gut; aber die Küsse des Hassers sind trügerisch.

¶ **7** Ein Satter tritt Honigseim mit Füßen; aber einem Hungrigen ist alles Bittre süß.

¶ **8** Wie ein Vogel, der aus seinem Nest flüchtet, so ist ein Mann, der aus seiner Heimat flieht.

¶ **9** Das Herz freut sich an Salbe und Räucherwerk, und süß ist der Freund, der wohlgemeinten Rat gibt.

¶ **10** Von deinem Freund und deines Vaters Freund lass nicht ab. Geh nicht ins Haus deines Bruders, wenn dir's übel geht. Ein Nachbar in der Nähe ist besser als ein Bruder in der Ferne.

¶ **11** Sei weise, mein Sohn, und erfreue mein Herz, so kann ich antworten dem, der mich schmäht.

¶ **12** Ein Kluger sieht das Unglück kommen und verbirgt sich; aber die Unverständigen laufen weiter und leiden Schaden.

¶ **13** Nimm dem sein Kleid, der für einen andern Bürge wurde, und pfände ihn anstelle des Fremden.

¶ **14** Wenn einer seinen Nächsten des Morgens früh mit lauter Stimme segnet, so wird ihm das für einen Fluch gerechnet.

¶ **15** Eine zänkische Frau und ein triefendes Dach, wenn's sehr regnet, lassen sich miteinander vergleichen:

¶ **16** wer sie aufhalten will, der will den Wind aufhalten und will Öl mit der Hand fassen.

¶ **17** Ein Messer wetzt das andre und ein Mann den andern.

¶ **18** Wer seinen Feigenbaum pflegt, der isst Früchte davon, und wer seinem Herrn treu dient, wird geehrt.

27

Do not boast about tomorrow, for you do not know what a day may bring.

2 Let another praise you, and not your own mouth; a stranger, and not your own lips.

3 A stone is heavy, and sand is weighty, but a fool's provocation is heavier than both.

4 Wrath is cruel, anger is overwhelming, but who can stand before jealousy?

5 Better is open rebuke than hidden love.

6 Faithful are the wounds of a friend; profuse are the kisses of an enemy.

7 One who is full loathes honey, but to one who is hungry everything bitter is sweet.

8 Like a bird that strays from its nest is a man who strays from his home.

9 Oil and perfume make the heart glad, and the sweetness of a friend comes from his earnest counsel.[1]

10 Do not forsake your friend and your father's friend, and do not go to your brother's house in the day of your calamity. Better is a neighbor who is near than a brother who is far away.

11 Be wise, my son, and make my heart glad, that I may answer him who reproaches me.

12 The prudent sees danger and hides himself, but the simple go on and suffer for it.

13 Take a man's garment when he has put up security for a stranger, and hold it in pledge when he puts up security for an adulteress.[2]

14 Whoever blesses his neighbor with a loud voice, rising early in the morning, will be counted as cursing.

15 A continual dripping on a rainy day and a quarrelsome wife are alike;

16 to restrain her is to restrain the wind or to grasp[3] oil in one's right hand.

17 Iron sharpens iron, and one man sharpens another.[4]

18 Whoever tends a fig tree will eat its fruit, and he who guards his master will be honored.

¶ **19** Wie sich im Wasser das Angesicht spiegelt, so ein Mensch im Herzen des andern.

¶ **20** Unterwelt und Abgrund werden niemals satt, und der Menschen Augen sind auch unersättlich.

¶ **21** Ein Mann bewährt sich in seinem Ruf wie das Silber im Tiegel und das Gold im Ofen.

¶ **22** Wenn du den Toren im Mörser zerstießest mit dem Stampfer wie Grütze, so ließe doch seine Torheit nicht von ihm.

¶ **23** Auf deine Schafe hab acht und nimm dich deiner Herden an;

24 denn Vorräte währen nicht ewig, und auch eine Krone währt nicht für und für.

25 Ist das Gras abgeweidet und wiederum Grünes nachgewachsen und ist das Futter auf den Bergen gesammelt,

26 dann kleiden dich die Lämmer, und die Böcke geben dir das Geld, einen Acker zu kaufen;

27 du hast Ziegenmilch genug zu deiner Speise, zur Speise deines Hauses und zur Nahrung deiner Mägde.

28 Der Gottlose flieht, auch wenn niemand ihn jagt; der Gerechte aber ist furchtlos wie ein junger Löwe.

¶ **2** Um des Landes Sünde willen wechseln häufig seine Herren; aber durch einen verständigen und vernünftigen Mann gewinnt das Recht Bestand.

¶ **3** Ein gottloser Mann, der die Geringen bedrückt, ist wie ein Platzregen, der die Frucht verdirbt.

¶ **4** Wer die Weisung verlässt, rühmt den Gottlosen; wer sie aber bewahrt, der bekämpft ihn.

¶ **5** Böse Leute verstehen nichts vom Recht; die aber nach dem HERRN fragen, verstehen alles.

¶ **6** Besser ein Armer, der in seiner Unsträflichkeit wandelt, als ein Reicher, der auf verkehrten Wegen geht.

¶ **7** Wer die Lehre bewahrt, ist ein verständiger Sohn; wer aber der Schlemmer Geselle ist, macht seinem Vater Schande.

19 As in water face reflects face,
  so the heart of man reflects the man.

20 Sheol and Abaddon are never satisfied,
  and never satisfied are the eyes of man.

21 The crucible is for silver, and the furnace
    is for gold,
  and a man is tested by his praise.

22 Crush a fool in a mortar with a pestle
    along with crushed grain,
  yet his folly will not depart from him.

23 Know well the condition of your flocks,
  and ʸgive attention to your herds,

24 for riches do not last forever;
  and does a crown endure to all
    generations?

25 When the grass is gone and the new
    growth appears
  and the vegetation of the mountains is
    gathered,

26 the lambs will provide your clothing,
  and the goats the price of a field.

27 There will be enough goats' milk for
    your food,
  for the food of your household
  and maintenance for your girls.

28 The wicked flee when no one pursues,
  but the righteous are bold as a lion.

2 When a land transgresses, it has many
    rulers,
  but with a man of understanding and
    knowledge,
  its stability will long continue.

3 A poor man who oppresses the poor
  is a beating rain that leaves no food.

4 Those who forsake the law praise the
    wicked,
  but those who keep the law strive
    against them.

5 Evil men do not understand justice,
  but those who seek the LORD under-
    stand it completely.

6 Better is a poor man who walks in his
    integrity
  than a rich man who is ˡcrooked in his
    ways.

7 The one who keeps the law is a son with
    understanding,
  but a companion of gluttons shames
    his father.

¶ **8** Wer sein Gut mehrt mit Zinsen und Aufschlag, der sammelt es für den, der sich der Armen erbarmt.

¶ **9** Wer sein Ohr abwendet, um die Weisung nicht zu hören, dessen Gebet ist ein Gräuel.

¶ **10** Wer die Frommen verführt auf einen bösen Weg, wird selbst in seine Grube fallen; aber die Frommen werden Gutes ererben.

¶ **11** Ein Reicher meint weise zu sein, aber ein verständiger Armer durchschaut ihn.

¶ **12** Wenn die Gerechten Oberhand haben, so ist herrliche Zeit; wenn aber die Gottlosen hochkommen, verbergen sich die Leute.

¶ **13** Wer seine Sünde leugnet, dem wird's nicht gelingen; wer sie aber bekennt und lässt, der wird Barmherzigkeit erlangen.

¶ **14** Wohl dem, der Gott allewege fürchtet! Wer aber sein Herz verhärtet, wird in Unglück fallen.

¶ **15** Ein Gottloser, der über ein armes Volk regiert, ist wie ein brüllender Löwe und ein gieriger Bär.
¶ **16** Wenn ein Fürst ohne Verstand ist, so geschieht viel Unrecht; wer aber unrechten Gewinn hasst, wird lange leben.

¶ **17** Wer schuldig ist am Blut eines Menschen, der wird flüchtig sein bis zum Grabe, und niemand helfe ihm!

¶ **18** Wer ohne Tadel einhergeht, dem wird geholfen; wer aber verkehrte Wege geht, wird in eine Grube fallen.

¶ **19** Wer seinen Acker bebaut, wird Brot genug haben; wer aber nichtigen Dingen nachgeht, wird Armut genug haben.

¶ **20** Ein treuer Mann wird von vielen gesegnet; wer aber eilt, reich zu werden, wird nicht ohne Schuld bleiben.

¶ **21** Die Person ansehen ist nicht gut; aber mancher vergeht sich schon um ein Stück Brot.
¶ **22** Wer habgierig ist, jagt nach Reichtum und weiß nicht, dass Mangel über ihn kommen wird.

8 Whoever multiplies his wealth by interest and profit[1]
  gathers it for him who is generous to the poor.
9 If one turns away his ear from hearing the law,
  even his prayer is an abomination.
10 Whoever misleads the upright into an evil way
  will fall into his own pit,
  but the blameless will have a goodly inheritance.
11 A rich man is wise in his own eyes,
  but a poor man who has understanding will find him out.
12 When the righteous triumph, there is great glory,
  but when the wicked rise, people hide themselves.
13 Whoever conceals his transgressions will not prosper,
  but he who confesses and forsakes them will obtain mercy.
14 Blessed is the one who fears the LORD always,
  but whoever hardens his heart will fall into calamity.
15 Like a roaring lion or a charging bear
  is a wicked ruler over a poor people.
16 A ruler who lacks understanding is a cruel oppressor,
  but he who hates unjust gain will prolong his days.
17 If one is burdened with the blood of another,
  he will be a fugitive until death;[2]
  let no one help him.
18 Whoever walks in integrity will be delivered,
  but he who is crooked in his ways will suddenly fall.
19 Whoever works his land will have plenty of bread,
  but he who follows worthless pursuits will have plenty of poverty.
20 A faithful man will abound with blessings,
  but whoever hastens to be rich will not go unpunished.
21 To show partiality is not good,
  but for a piece of bread a man will do wrong.
22 A stingy man[3] hastens after wealth
  and does not know that poverty will come upon him.

¶ **23** Wer einen Menschen zurechtweist, wird zuletzt Dank haben, mehr als der da freundlich tut.

¶ **24** Wer seinem Vater oder seiner Mutter etwas nimmt und spricht, es sei nicht Sünde, der ist des Verderbers Geselle.

¶ **25** Ein Habgieriger erweckt Zank; wer sich aber auf den HERRN verlässt, wird gelabt.

¶ **26** **Wer sich auf seinen Verstand verlässt, ist ein Tor; wer aber in der Weisheit wandelt, wird entrinnen.**

¶ **27** Wer dem Armen gibt, dem wird nichts mangeln; wer aber seine Augen abwendet, der wird von vielen verflucht.

¶ **28** Wenn die Gottlosen hochkommen, so verbergen sich die Leute; wenn sie aber umkommen, werden der Gerechten viel.

29 Wer gegen alle Warnung halsstarrig ist, der wird plötzlich verderben ohne alle Hilfe.

¶ **2** Wenn der Gerechten viel sind, freut sich das Volk; wenn aber der Gottlose herrscht, seufzt das Volk.

¶ **3** Wer Weisheit liebt, erfreut seinen Vater; wer aber mit Huren umgeht, kommt um sein Gut.

¶ **4** Ein König richtet das Land auf durchs Recht; wer aber viel Steuern erhebt, richtet es zugrunde.

¶ **5** Wer seinem Nächsten schmeichelt, der spannt ihm ein Netz über den Weg.

¶ **6** Wenn ein Böser sündigt, verstrickt er sich selbst; aber ein Gerechter geht seinen Weg und ist fröhlich.

¶ **7** Der Gerechte weiß um die Sache der Armen; der Gottlose aber weiß gar nichts.

¶ **8** Die Spötter bringen leichtfertig eine Stadt in Aufruhr; aber die Weisen stillen den Zorn.

¶ **9** Wenn ein Weiser mit einem Toren rechtet, so tobt der oder lacht, aber es gibt keine Ruhe.

¶ **10** Die Blutgierigen hassen den Frommen; aber die Gerechten nehmen sich seiner an.

23 Whoever rebukes a man will afterward find more favor
than he who flatters with his tongue.

24 Whoever robs his father or his mother and says, "That is no transgression," is a companion to a man who destroys.

25 A greedy man stirs up strife,
but the one who trusts in the LORD will be enriched.

26 Whoever trusts in his own mind is a fool,
but he who walks in wisdom will be delivered.

27 Whoever gives to the poor will not want,
but he who hides his eyes will get many a curse.

28 When the wicked rise, people hide themselves,
but when they perish, the righteous increase.

29 He who is often reproved, yet stiffens his neck,
will suddenly be broken beyond healing.

2 When the righteous increase, the people rejoice,
but when the wicked rule, the people groan.

3 He who loves wisdom makes his father glad,
but a companion of prostitutes squanders his wealth.

4 By justice a king builds up the land,
but he who exacts gifts[1] tears it down.

5 A man who flatters his neighbor spreads a net for his feet.

6 An evil man is ensnared in his transgression,
but a righteous man sings and rejoices.

7 A righteous man knows the rights of the poor;
a wicked man does not understand such knowledge.

8 Scoffers set a city aflame,
but the wise turn away wrath.

9 If a wise man has an argument with a fool,
the fool only rages and laughs, and there is no quiet.

10 Bloodthirsty men hate one who is blameless
and seek the life of the upright.[2]

¶ **11** Ein Tor schüttet all seinen Unmut aus, aber ein Weiser beschwichtigt ihn zuletzt.

¶ **12** Ein Herrscher, der auf Lügen hört, hat nur gottlose Diener.

¶ **13** Der Arme und sein Peiniger begegnen einander; der beiden das Augenlicht gab, ist der HERR.

¶ **14** Ein König, der die Armen treulich richtet, dessen Thron wird für immer bestehen.

¶ **15** Rute und Tadel gibt Weisheit; aber ein Knabe, sich selbst überlassen, macht seiner Mutter Schande.

¶ **16** Wo viele Gottlose sind, da ist viel Sünde; aber die Gerechten werden ihren Fall erleben.

¶ **17** Züchtige deinen Sohn, so wird er dir Freude machen und deine Seele erquicken.

¶ **18** Wo keine Offenbarung ist, wird das Volk wild und wüst; aber wohl dem, der auf die Weisung achtet!

¶ **19** Ein Knecht lässt sich mit Worten nicht in Zucht halten; denn wenn er sie auch versteht, so nimmt er sie doch nicht an.

¶ **20** Siehst du einen, der schnell ist zu reden, da ist für einen Toren mehr Hoffnung als für ihn.

¶ **21** Wenn ein Knecht von Jugend auf verwöhnt wird, so wird er am Ende widerspenstig sein.

¶ **22** Ein zorniger Mann richtet Streit an, und ein Grimmiger tut viel Sünde.

¶ **23** Die Hoffart des Menschen wird ihn stürzen; aber der Demütige wird Ehre empfangen.

¶ **24** Wer mit Dieben gemeinsame Sache macht, hasst sein Leben; den Fluch hört er aussprechen und zeigt's nicht an.

¶ **25** Menschenfurcht bringt zu Fall; wer sich aber auf den HERRN verlässt, wird beschützt.

¶ **26** Viele suchen das Angesicht eines Fürsten; aber eines jeglichen Recht kommt vom HERRN.

¶ **27** Ein ungerechter Mensch ist dem Gerechten ein Gräuel; und wer recht wandelt, ist dem Gottlosen ein Gräuel.

11 A fool gives full vent to his spirit, but a wise man quietly holds it back.

12 If a ruler listens to falsehood, all his officials will be wicked.

13 The poor man and the oppressor meet together; the LORD gives light to the eyes of both.

14 If a king faithfully judges the poor, his throne will be established forever.

15 The rod and reproof give wisdom, but a child left to himself brings shame to his mother.

16 When the wicked increase, transgression increases, but the righteous will look upon their downfall.

17 Discipline your son, and he will give you rest; he will give delight to your heart.

18 Where there is no prophetic vision the people cast off restraint,[3] but blessed is he who keeps the law.

19 By mere words a servant is not disciplined, for though he understands, he will not respond.

20 Do you see a man who is hasty in his words? There is more hope for a fool than for him.

21 Whoever pampers his servant from childhood will in the end find him his heir.[4]

22 A man of wrath stirs up strife, and one given to anger causes much transgression.

23 One's pride will bring him low, but he who is lowly in spirit will obtain honor.

24 The partner of a thief hates his own life; he hears the curse, but discloses nothing.

25 The fear of man lays a snare, but whoever trusts in the LORD is safe.

26 Many seek the face of a ruler, but it is from the LORD that a man gets justice.

27 An unjust man is an abomination to the righteous, but one whose way is straight is an abomination to the wicked.

Die Sprüche Agurs

30 Dies sind die Worte Agurs, des Sohnes des Jake, aus Massa. Es spricht der Mann: Ich habe mich gemüht, o Gott, ich habe mich gemüht, o Gott, und muss davon lassen.

2 Denn ich bin der Allertörichtste, und Menschenverstand habe ich nicht.

3 Weisheit hab ich nicht gelernt, und Erkenntnis des Heiligen habe ich nicht.

4 Wer ist hinaufgefahren zum Himmel und wieder herab? Wer hat den Wind in seine Hände gefasst? Wer hat die Wasser in ein Kleid gebunden? Wer hat alle Enden der Welt bestimmt? Wie heißt er? Und wie heißt sein Sohn? Weißt du das?

¶ **5** Alle Worte Gottes sind durchläutert; er ist ein Schild denen, die auf ihn trauen.

6 Tu nichts zu seinen Worten hinzu, dass er dich nicht zur Rechenschaft ziehe und du als Lügner dastehst.

¶ **7** Zweierlei bitte ich von dir, das wollest du mir nicht verweigern, ehe denn ich sterbe:

8 Falschheit und Lüge lass ferne von mir sein; Armut und Reichtum gib mir nicht; lass mich aber mein Teil Speise dahinnehmen, das du mir beschieden hast.

9 Ich könnte sonst, wenn ich zu satt würde, verleugnen und sagen: Wer ist der HERR? Oder wenn ich zu arm würde, könnte ich stehlen und mich an dem Namen meines Gottes vergreifen.

¶ **10** Verleumde nicht den Knecht bei seinem Herrn, dass er dir nicht fluche und du es büßen musst.

¶ **11** Es gibt eine Art, die ihrem Vater flucht und ihre Mutter nicht segnet;

12 eine Art, die sich rein dünkt und ist doch von ihrem Schmutz nicht gewaschen;

13 eine Art, die ihre Augen hoch trägt und ihre Augenlider emporhebt;

14 eine Art, die Schwerter als Zähne hat und Messer als Backenzähne und verzehrt die Elenden im Lande und die Armen unter den Leuten.

The Words of Agur

30 The words of Agur son of Jakeh. The oracle.[1]

The man declares, I am weary, O God;
  I am weary, O God, and worn out.[2]

2 Surely I am too stupid to be a man.
  I have not the understanding of a man.

3 I have not learned wisdom,
  nor have I knowledge of the Holy One.

4 Who has ascended to heaven and come down?
  Who has gathered the wind in his fists?
  Who has wrapped up the waters in a garment?
  Who has established all the ends of the earth?
  What is his name, and what is his son's name?
  Surely you know!

5 Every word of God proves true;
  he is a shield to those who take refuge in him.

6 Do not add to his words,
  lest he rebuke you and you be found a liar.

7 Two things I ask of you;
  deny them not to me before I die:

8 Remove far from me falsehood and lying;
  give me neither poverty nor riches;
  feed me with the food that is needful for me,

9 lest I be full and deny you
  and say, "Who is the LORD?"
  or lest I be poor and steal
  and profane the name of my God.

10 Do not slander a servant to his master,
  lest he curse you, and you be held guilty.

11 There are those[3] who curse their fathers
  and do not bless their mothers.

12 There are those who are clean in their own eyes
  but are not washed of their filth.

13 There are those—how lofty are their eyes,
  how high their eyelids lift!

14 There are those whose teeth are swords,
  whose fangs are knives,
  to devour the poor from off the earth,
  the needy from among mankind.

¶ **15** Der Blutegel hat zwei Töchter, die heißen: »Gib her, gib her!«

¶   Drei sind nicht zu sättigen, und vier sagen nie: »Es ist genug«:

16 das Totenreich und der Frauen verschlossner Schoß, die Erde, die nicht des Wassers satt wird, und das Feuer, das nie spricht: »Es ist genug!«

¶ **17** Ein Auge, das den Vater verspottet, und verachtet, der Mutter zu gehorchen, das müssen die Raben am Bach aushacken und die jungen Adler fressen.

¶ **18** Drei sind mir zu wundersam, und vier verstehe ich nicht:

19 des Adlers Weg am Himmel, der Schlange Weg auf dem Felsen, des Schiffes Weg mitten im Meer und des Mannes Weg beim Weibe.

¶ **20** So ist der Weg der Ehebrecherin: sie verschlingt und wischt sich den Mund und spricht: Ich habe nichts Böses getan.

¶ **21** Ein Land wird durch dreierlei unruhig, und viererlei kann es nicht ertragen:

22 einen Knecht, wenn er König wird; einen Toren, wenn er zu satt ist;

23 eine Verschmähte, wenn sie geehelicht wird, und eine Magd, wenn sie ihre Herrin beerbt.

¶ **24** Vier sind die Kleinsten auf Erden und doch klüger als die Weisen:

25 die Ameisen – ein schwaches Volk, dennoch schaffen sie im Sommer ihre Speise;

26 die Klippdachse – ein schwaches Volk, dennoch bauen sie ihr Haus in den Felsen;

27 die Heuschrecken – sie haben keinen König, dennoch ziehen sie aus in Ordnung;

28 die Eidechse – man greift sie mit den Händen, und sie ist doch in der Könige Schlössern.

¶ **29** Drei haben einen stattlichen Gang, und vier gehen stolz einher:

30 der Löwe, mächtig unter den Tieren und kehrt um vor niemandem;

31 der stolze Hahn, der Widder und der König, wenn er einhergeht vor seinem Heerbann.

15 The leech has two daughters:
  Give and Give.[4]
Three things are never satisfied;
  [k] four never say, "Enough":
16 Sheol, the barren womb,
  the land never satisfied with water,
  and the fire that never says, "Enough."

17 The eye that mocks a father
  and scorns to obey a mother
will be picked out by the ravens of the
    valley
  and eaten by the vultures.

18 Three things are too wonderful for me;
  [k] four I do not understand:
19 the way of an eagle in the sky,
  the way of a serpent on a rock,
  the way of a ship on the high seas,
  and the way of a man with a virgin.

20 This is the way of an adulteress:
  she eats and wipes her mouth
  and says, "I have done no wrong."

21 Under three things the earth trembles;
  under [k] four it cannot bear up:
22 a slave when he becomes king,
  and a fool when he is filled with food;
23 an unloved woman when she gets a
      husband,
  and a maidservant when she displaces
    her mistress.

24 Four things on earth are small,
  but they are exceedingly wise:
25 the ants are a people not strong,
  yet they provide their food in the
      summer;
26 the rock badgers are a people not
      mighty,
  yet they make their homes in the cliffs;
27 the locusts have no king,
  yet all of them march in rank;
28 the lizard you can take in your hands,
  yet it is in kings' palaces.

29 Three things are stately in their tread;
  [b] four are stately in their stride:
30 the lion, which is mightiest among
      beasts
  and does not turn back before any;
31 the strutting rooster,[5] the he-goat,
  and a king whose army is with him.[6]

¶ **32** Ob du töricht gehandelt und dich überhoben hast oder ob du recht überlegt hast: lege die Hand auf den Mund!

33 Denn wenn man Milch stößt, so wird Butter daraus, und wer die Nase hart schneuzt, zwingt Blut heraus, und wer den Zorn reizt, ruft Streit hervor.

Die Worte an Lemuel

31 Dies sind die Worte Lemuels, des Königs von Massa, die ihn seine Mutter lehrte.

¶ **2** Was, mein Auserwählter, soll ich dir sagen, was, du Sohn meines Leibes, was, mein erbetener Sohn?

3 Lass nicht den Frauen deine Kraft und geh nicht die Wege, auf denen sich die Könige verderben!

4 Nicht den Königen, Lemuel, ziemt es, Wein zu trinken, nicht den Königen, noch den Fürsten starkes Getränk!

5 Sie könnten beim Trinken des Rechts vergessen und verdrehen die Sache aller elenden Leute.

6 Gebt starkes Getränk denen, die am Umkommen sind, und Wein den betrübten Seelen,

7 dass sie trinken und ihres Elends vergessen und ihres Unglücks nicht mehr gedenken.

¶ **8** **Tu deinen Mund auf für die Stummen und für die Sache aller, die verlassen sind.**

9 Tu deinen Mund auf und richte in Gerechtigkeit und schaffe Recht dem Elenden und Armen.

Lob der tüchtigen Hausfrau

10 Wem eine tüchtige Frau beschert ist, die ist viel edler als die köstlichsten Perlen.

11 Ihres Mannes Herz darf sich auf sie verlassen, und Nahrung wird ihm nicht mangeln.

12 Sie tut ihm Liebes und kein Leid ihr Leben lang.

¶ **13** Sie geht mit Wolle und Flachs um und arbeitet gerne mit ihren Händen.

14 Sie ist wie ein Kaufmannsschiff; ihren Unterhalt bringt sie von ferne.

15 Sie steht vor Tage auf und gibt Speise ihrem Hause, und dem Gesinde, was ihm zukommt.

¶ **16** Sie trachtet nach einem Acker und kauft ihn und pflanzt einen Weinberg vom Ertrag ihrer Hände.

32 If you have been foolish, exalting yourself,
   or if you have been devising evil,
   put your hand on your mouth.
33 For pressing milk produces curds,
   pressing the nose produces blood,
   and pressing anger produces strife.

The Words of King Lemuel

31 The words of King Lemuel. An oracle that his mother taught him:

2 What are you doing, my son?[1] What are you doing, son of my womb?
   What are you doing, son of my vows?
3 Do not give your strength to women,
   your ways to those who destroy kings.
4 It is not for kings, O Lemuel,
   it is not for kings to drink wine,
   or for rulers to take strong drink,
5 lest they drink and forget what has been decreed
   and pervert the rights of all the afflicted.
6 Give strong drink to the one who is perishing,
   and wine to those in bitter distress;[2]
7 let them drink and forget their poverty
   and remember their misery no more.
8 Open your mouth for the mute,
   for the rights of all who are destitute.[3]
9 Open your mouth, judge righteously,
   defend the rights of the poor and needy.

The Woman Who Fears the LORD

10[4] An excellent wife who can find?
   She is far more precious than jewels.
11 The heart of her husband trusts in her,
   and he will have no lack of gain.
12 She does him good, and not harm,
   all the days of her life.
13 She seeks wool and flax,
   and works with willing hands.
14 She is like the ships of the merchant;
   she brings her food from afar.
15 She rises while it is yet night
   and provides food for her household
   and portions for her maidens.
16 She considers a field and buys it;
   with the fruit of her hands she plants a vineyard.

17 Sie gürtet ihre Lenden mit Kraft und regt ihre Arme.

18 Sie merkt, wie ihr Fleiß Gewinn bringt; ihr Licht verlischt des Nachts nicht.

19 Sie streckt ihre Hand nach dem Rocken, und ihre Finger fassen die Spindel.

¶ **20** Sie breitet ihre Hände aus zu dem Armen und reicht ihre Hand dem Bedürftigen.

21 Sie fürchtet für die Ihren nicht den Schnee; denn ihr ganzes Haus hat wollene Kleider.

22 Sie macht sich selbst Decken; feine Leinwand und Purpur ist ihr Kleid.

¶ **23** Ihr Mann ist bekannt in den Toren, wenn er sitzt bei den Ältesten des Landes.

¶ **24** Sie macht einen Rock und verkauft ihn, einen Gürtel gibt sie dem Händler.

25 Kraft und Würde sind ihr Gewand, und sie lacht des kommenden Tages.

26 Sie tut ihren Mund auf mit Weisheit, und auf ihrer Zunge ist gütige Weisung.

27 Sie schaut, wie es in ihrem Hause zugeht, und isst ihr Brot nicht mit Faulheit.

¶ **28** Ihre Söhne stehen auf und preisen sie, ihr Mann lobt sie:

29 »Es sind wohl viele tüchtige Frauen, du aber übertriffst sie alle.«

¶ **30** Lieblich und schön sein ist nichts; eine Frau, die den Herrn fürchtet, soll man loben.

31 Gebt ihr von den Früchten ihrer Hände, und ihre Werke sollen sie loben in den Toren!

17 She dresses herself[5] with strength
and makes her arms strong.

18 She perceives that her merchandise is profitable.
Her lamp does not go out at night.

19 She puts her hands to the distaff,
and her hands hold the spindle.

20 She opens her hand to the poor
and reaches out her hands to [b]the needy.

21 She is not afraid of snow for her household,
for all her household are clothed in scarlet.[6]

22 She makes bed coverings for herself;
her clothing is fine linen and purple.

23 Her husband is known in the gates
when he sits among the elders of the land.

24 She makes linen garments and sells them;
she delivers sashes to the merchant.

25 Strength and dignity are her clothing,
and she laughs at the time to come.

26 She opens her mouth with wisdom,
and the teaching of kindness is on her tongue.

27 She looks well to the ways of her household
and does not eat the bread of idleness.

28 Her children rise up and call her blessed;
her husband also, and he praises her:

29 "Many women have done excellently,
but you surpass them all."

30 Charm is deceitful, and beauty is vain,
but a woman who fears the Lord is to be praised.

31 Give her of the fruit of her hands,
and let her works praise her in the gates.

DER PREDIGER SALOMO (KOHELET)

ECCLESIASTES

Alles Irdische ist eitel

1 Dies sind die Reden des Predigers, des Sohnes Davids, des Königs zu Jerusalem.

¶ **2** Es ist alles ganz eitel, sprach der Prediger, es ist alles ganz eitel.

3 Was hat der Mensch für Gewinn von all seiner Mühe, die er hat unter der Sonne?

4 Ein Geschlecht vergeht, das andere kommt; die Erde aber bleibt immer bestehen.

5 Die Sonne geht auf und geht unter und läuft an ihren Ort, dass sie dort wieder aufgehe.

6 Der Wind geht nach Süden und dreht sich nach Norden und wieder herum an den Ort, wo er anfing.

7 Alle Wasser laufen ins Meer, doch wird das Meer nicht voller; an den Ort, dahin sie fließen, fließen sie immer wieder.

¶ **8** Alles Reden ist so voll Mühe, dass niemand damit zu Ende kommt. Das Auge sieht sich niemals satt, und das Ohr hört sich niemals satt.

9 Was geschehen ist, eben das wird hernach sein. Was man getan hat, eben das tut man hernach wieder, und es geschieht nichts Neues unter der Sonne.

10 Geschieht etwas, von dem man sagen könnte: »Sieh, das ist neu«? Es ist längst vorher auch geschehen in den Zeiten, die vor uns gewesen sind.

11 Man gedenkt derer nicht, die früher gewesen sind, und derer, die hernach kommen; man wird auch ihrer nicht gedenken bei denen, die noch später sein werden.

Auch das Streben nach Weisheit ist eitel

12 Ich, der Prediger, war König über Israel zu Jerusalem

All Is Vanity

1 The words of the Preacher,[1] the son of David, king in Jerusalem.

2 Vanity[2] of vanities, says the Preacher,
ᶜ vanity of vanities! All is vanity.

3 What does man gain by all the toil
at which he toils under the sun?

4 A generation goes, and a generation comes,
but the earth remains forever.

5 The sun rises, and the sun goes down,
and hastens[3] to the place where it rises.

6 The wind blows to the south
and goes around to the north;
around and around goes the wind,
and on its circuits the wind returns.

7 All streams run to the sea,
but the sea is not full;
to the place where the streams flow,
there they flow again.

8 All things are full of weariness;
a man cannot utter it;
the eye is not satisfied with seeing,
nor the ear filled with hearing.

9 What has been is what will be,
and what has been done is what will be done,
and there is nothing new under the sun.

10 Is there a thing of which it is said,
"See, this is new"?
It has been already
in the ages before us.

11 There is no remembrance of former things,[4]
nor will there be any remembrance
of later things[5] yet to be
among those who come after.

The Vanity of Wisdom

¶ **12** I the Preacher have been king over Israel in Jerusalem.

13 und richtete mein Herz darauf, die Weisheit zu suchen und zu erforschen bei allem, was man unter dem Himmel tut. Solch unselige Mühe hat Gott den Menschenkindern gegeben, dass sie sich damit quälen sollen. **14** Ich sah an alles Tun, das unter der Sonne geschieht, und siehe, es war alles eitel und Haschen nach Wind.

15 Krumm kann nicht gerade werden, noch, was fehlt, gezählt werden.

¶ **16** Ich sprach in meinem Herzen: Siehe, ich bin herrlich geworden und habe mehr Weisheit als alle, die vor mir gewesen sind zu Jerusalem, und mein Herz hat viel gelernt und erfahren. **17** Und ich richtete mein Herz darauf, dass ich lernte Weisheit und erkennte Tollheit und Torheit. Ich ward aber gewahr, dass auch dies ein Haschen nach Wind ist.

18 Denn wo viel Weisheit ist, da ist viel Grämen, und wer viel lernt, der muss viel leiden.

Torheit und Weisheit sind beide eitel

2 Ich sprach in meinem Herzen: Wohlan, ich will Wohlleben und gute Tage haben! Aber siehe, das war auch eitel. **2** Ich sprach zum Lachen: Du bist toll!, und zur Freude: Was schaffst du? ¶ **3** Da dachte ich in meinem Herzen, meinen Leib mit Wein zu laben, doch so, dass mein Herz mich mit Weisheit leitete, und mich an Torheit zu halten, bis ich sähe, was den Menschen zu tun gut wäre, solange sie unter dem Himmel leben. **4** Ich tat große Dinge: Ich baute mir Häuser, ich pflanzte mir Weinberge, **5** ich machte mir Gärten und Lustgärten und pflanzte allerlei fruchtbare Bäume hinein; **6** ich machte mir Teiche, daraus zu bewässern den Wald der grünenden Bäume. **7** Ich erwarb mir Knechte und Mägde und hatte auch Gesinde, im Hause geboren; ich hatte eine größere Habe an Rindern und Schafen als alle, die vor mir zu Jerusalem waren. **8** Ich sammelte mir auch Silber und Gold und was Könige und Länder besitzen; ich beschaffte mir Sänger und Sängerinnen und die Wonne der Menschen, Frauen in Menge, **9** und war größer als alle, die vor mir zu Jerusalem waren. Auch da blieb meine Weisheit bei mir.

13 And I applied my heart[6] to seek and to search out by wisdom all that is done under heaven. It is an unhappy business that God has given to the children of man to be busy with.

14 I have seen everything that is done under the sun, and behold, all is vanity and a striving after wind.[7]

15 What is crooked cannot be made straight,
and what is lacking cannot be counted.

¶ **16** I said in my heart, "I have acquired great wisdom, surpassing all who were over Jerusalem before me, and my heart has had great experience of wisdom and knowledge." **17** And I applied my heart to know wisdom and to know madness and folly. I perceived that this also is but a striving after wind.

18 For in much wisdom is much vexation,
and he who increases knowledge increases sorrow.

The Vanity of Self-Indulgence

2 I said in my heart, "Come now, I will test you with pleasure; enjoy yourself." But behold, this also was vanity. **2** I said of laughter, "It is mad," and of pleasure, "What use is it?" **3** I searched with my heart how to cheer my body with wine—my heart still guiding me with wisdom—and how to lay hold on folly, till I might see what was good for the children of man to do under heaven during the few days of their life. **4** I made great works. I built houses and planted vineyards for myself. **5** I made myself gardens and parks, and planted in them all kinds of fruit trees. **6** I made myself pools from which to water the forest of growing trees. **7** I bought male and female slaves, and had slaves who were born in my house. I had also great possessions of herds and flocks, more than any who had been before me in Jerusalem. **8** I also gathered for myself silver and gold and the treasure of kings and provinces. I got singers, both men and women, and many concubines,[1] the delight of the children of man. ¶ **9** So I became great and surpassed all who were before me in Jerusalem. Also my [1]wisdom remained with me.

10 Und alles, was meine Augen wünschten, das gab ich ihnen und verwehrte meinem Herzen keine Freude, sodass es fröhlich war von aller meiner Mühe; und das war mein Teil von aller meiner Mühe.

11 Als ich aber ansah alle meine Werke, die meine Hand getan hatte, und die Mühe, die ich gehabt hatte, siehe, da war es alles eitel und Haschen nach Wind und kein Gewinn unter der Sonne.

¶ **12** Da wandte ich mich, zu betrachten die Weisheit und die Tollheit und Torheit. Denn was wird der Mensch tun, der nach dem König kommen wird? Was man schon längst getan hat.

13 Da sah ich, dass die Weisheit die Torheit übertrifft wie das Licht die Finsternis;

14 dass der Weise seine Augen im Kopf hat, aber die Toren in der Finsternis gehen; und ich merkte doch, dass es dem einen geht wie dem andern.

15 Da dachte ich in meinem Herzen: Wenn es denn mir geht wie dem Toren, warum hab ich dann nach Weisheit getrachtet? Da sprach ich in meinem Herzen: Auch das ist eitel.

16 Denn man gedenkt des Weisen nicht für immer, ebenso wenig wie des Toren, und in künftigen Tagen ist alles vergessen. Wie stirbt doch der Weise samt dem Toren!

¶ **17** Darum verdross es mich zu leben, denn es war mir zuwider, was unter der Sonne geschieht, dass alles eitel ist und Haschen nach Wind.

18 Und mich verdross alles, um das ich mich gemüht hatte unter der Sonne, weil ich es einem Menschen lassen muss, der nach mir sein wird.

19 Denn wer weiß, ob er weise oder töricht sein wird und soll doch herrschen über alles, was ich mit Mühe und Weisheit geschafft habe unter der Sonne. Das ist auch eitel.

¶ **20** Da wandte ich mich dahin, dass ich mein Herz verzweifeln ließ an allem, um das ich mich mühte unter der Sonne.

21 Denn es muss ein Mensch, der seine Arbeit mit Weisheit, Verstand und Geschicklichkeit mühsam getan hat, es einem andern zum Erbteil überlassen, der sich nicht darum gemüht hat. Das ist auch eitel und ein großes Unglück.

10 And whatever my eyes desired I did not keep from them. I kept my heart from no pleasure, for my heart found pleasure in all my toil, and this was my reward for all my toil.

11 Then I considered all that my hands had done and the toil I had expended in doing it, and behold, all was vanity and a striving after wind, and there was nothing to be gained under the sun.

The Vanity of Living Wisely

¶ **12** So I turned to consider wisdom and madness and folly. For what can the man do who comes after the king? Only what has already been done.

13 Then I saw that there is more gain in wisdom than in folly, as there is more gain in light than in darkness.

14 The wise person has his eyes in his head, but the fool walks in darkness. And yet I perceived that the same event happens to all of them.

15 Then I said in my heart, "What happens to the fool will happen to me also. Why then have I been so very wise?" And I said in my heart that this also is vanity.

16 For of the wise as of the fool there is no enduring remembrance, seeing that in the days to come all will have been long forgotten. How the wise dies just like the fool!

17 So I hated life, because what is done under the sun was grievous to me, for all is vanity and a striving after wind.

The Vanity of Toil

¶ **18** I hated all my toil in which I toil under the sun, seeing that I must leave it to the man who will come after me,

19 and who knows whether he will be wise or a fool? Yet he will be master of all for which I toiled and used my wisdom under the sun. This also is vanity.

20 So I turned about and gave my heart up to despair over all the toil of my labors under the sun,

21 because sometimes a person who has toiled with wisdom and knowledge and skill must leave everything to be enjoyed by someone who did not toil for it. This also is vanity and a great evil.

22 Denn was kriegt der Mensch von aller seiner Mühe und dem Streben seines Herzens, womit er sich abmüht unter der Sonne?

23 Alle seine Tage sind voller Schmerzen, und voll Kummer ist sein Mühen, dass auch sein Herz des Nachts nicht Ruhe findet. Das ist auch eitel.

¶ **24** Ist's nun nicht besser für den Menschen, dass er esse und trinke und seine Seele guter Dinge sei bei seinem Mühen? Doch dies sah ich auch, dass es von Gottes Hand kommt.

25 Denn wer kann fröhlich essen und genießen ohne ihn?

26 Denn dem Menschen, der ihm gefällt, gibt er Weisheit, Verstand und Freude; aber dem Sünder gibt er Mühe, dass er sammle und häufe und es doch dem gegeben werde, der Gott gefällt. Auch das ist eitel und Haschen nach Wind.

Alles hat seine Zeit

3 Ein jegliches hat seine Zeit, und alles Vorhaben unter dem Himmel hat seine Stunde:

2 geboren werden hat seine Zeit, sterben hat seine Zeit; pflanzen hat seine Zeit, ausreißen, was gepflanzt ist, hat seine Zeit;

3 töten hat seine Zeit, heilen hat seine Zeit; abbrechen hat seine Zeit, bauen hat seine Zeit;

4 weinen hat seine Zeit, lachen hat seine Zeit; klagen hat seine Zeit, tanzen hat seine Zeit;

5 Steine wegwerfen hat seine Zeit, Steine sammeln hat seine Zeit; herzen hat seine Zeit, aufhören zu herzen hat seine Zeit;

6 suchen hat seine Zeit, verlieren hat seine Zeit; behalten hat seine Zeit, wegwerfen hat seine Zeit;

7 zerreißen hat seine Zeit, zunähen hat seine Zeit; schweigen hat seine Zeit, reden hat seine Zeit;

8 lieben hat seine Zeit, hassen hat seine Zeit; Streit hat seine Zeit, Friede hat seine Zeit.

¶ **9** Man mühe sich ab, wie man will, so hat man keinen Gewinn davon.

¶ **10** Ich sah die Arbeit, die Gott den Menschen gegeben hat, dass sie sich damit plagen.

11 Er hat alles schön gemacht zu seiner Zeit, auch hat er die Ewigkeit in ihr Herz gelegt; nur dass der Mensch nicht ergründen kann das Werk, das Gott tut, weder Anfang noch Ende.

22 What has a man from all the toil and striving of heart with which he toils beneath the sun?

23 For all his days are full of sorrow, and his work is a vexation. Even in the night his heart does not rest. This also is vanity.

¶ **24** There is nothing better for a person than that he should eat and drink and find enjoyment[2] in his toil. This also, I saw, is from the hand of God,

25 for apart from him[3] who can eat or who can have enjoyment?

26 For to the one who pleases him God has given wisdom and knowledge and joy, but to the sinner he has given the business of gathering and collecting, only to give to one who pleases God. This also is vanity and a striving after wind.

A Time for Everything

3 For everything there is a season, and a time for every matter under heaven:

2 a time to be born, and a time to die;
a time to plant, and a time to pluck up
what is planted;

3 a time to kill, and a time to heal;
a time to break down, and a time to
build up;

4 a time to weep, and a time to laugh;
a time to mourn, and a time to dance;

5 a time to cast away stones, and a time to
gather stones together;
a time to embrace, and a time to refrain
from embracing;

6 a time to seek, and a time to lose;
a time to keep, and a time to cast away;

7 a time to tear, and a time to sew;
a time to keep silence, and a time to
speak;

8 a time to love, and a time to hate;
a time for war, and a time for peace.

The God-Given Task

¶ **9** What gain has the worker from his toil?

10 I have seen the business that God has given to the children of man to be busy with.

11 He has made everything beautiful in its time. Also, he has put eternity into man's heart, yet so that he cannot find out what God has done from the beginning to the end.

12 Da merkte ich, dass es nichts Besseres dabei gibt als fröhlich sein und sich gütlich tun in seinem Leben.

13 Denn ein Mensch, der da isst und trinkt und hat guten Mut bei all seinem Mühen, das ist eine Gabe Gottes.

¶ **14** Ich merkte, dass alles, was Gott tut, das besteht für ewig; man kann nichts dazutun noch wegtun. Das alles tut Gott, dass man sich vor ihm fürchten soll.

15 Was geschehen, das ist schon längst gewesen, und was sein wird, ist auch schon längst gewesen; und Gott holt wieder hervor, was vergangen ist.

Vergänglichkeit des Menschen

16 Weiter sah ich unter der Sonne: An der Stätte des Rechts war Gottlosigkeit, und an der Stätte der Gerechtigkeit war Frevel.

17 Da sprach ich in meinem Herzen: Gott wird richten den Gerechten und den Gottlosen; denn alles Vorhaben und alles Tun hat seine Zeit.

¶ **18** Ich sprach in meinem Herzen: Es geschieht wegen der Menschenkinder, damit Gott sie prüfe und sie sehen, dass sie selber sind wie das Vieh.

19 Denn es geht dem Menschen wie dem Vieh: wie dies stirbt, so stirbt auch er, und sie haben alle **einen** Odem, und der Mensch hat nichts voraus vor dem Vieh; denn es ist alles eitel.

20 Es fährt alles an **einen** Ort. Es ist alles aus Staub geworden und wird wieder zu Staub.

21 Wer weiß, ob der Odem der Menschen aufwärtsfahre und der Odem des Viehes hinab unter die Erde fahre?

22 So sah ich denn, dass nichts Besseres ist, als dass ein Mensch fröhlich sei in seiner Arbeit; denn das ist sein Teil. Denn wer will ihn dahin bringen, dass er sehe, was nach ihm geschehen wird?

Bedrückung, Arbeitseifer, Vereinsamung

4 Wiederum sah ich alles Unrecht an, das unter der Sonne geschieht, und siehe, da waren Tränen derer, die Unrecht litten und keinen Tröster hatten. Und die ihnen Gewalt antaten, waren zu mächtig, sodass sie keinen Tröster hatten.

2 Da pries ich die Toten, die schon gestorben waren, mehr als die Lebendigen, die noch das Leben haben.

3 Und besser daran als beide ist, wer noch nicht geboren ist und des Bösen nicht innewird, das unter der Sonne geschieht.

12 I perceived that there is nothing better for them than to be joyful and to do good as long as they live;

13 also that everyone should eat and drink and take pleasure in all his toil—this is God's gift to man.

¶ **14** I perceived that whatever God does endures forever; nothing can be added to it, nor anything taken from it. God has done it, so that people fear before him.

15 That which is, already has been; that which is to be, already has been; and God seeks what has been driven away.[1]

From Dust to Dust

¶ **16** Moreover, I saw under the sun that in the place of justice, even there was wickedness, and in the place of righteousness, even there was wickedness.

17 I said in my heart, God will judge the righteous and the wicked, for there is a time for every matter and for every work.

18 I said in my heart with regard to the children of man that God is testing them that they may see that they themselves are but beasts.

19 For what happens to the children of man and what happens to the beasts is the same; as one dies, so dies the other. They all have the same breath, and man has no advantage over the beasts, for all is vanity.

20 All go to one place. All are from the dust, and to dust all return.

21 Who knows whether the spirit of man goes upward and the spirit of the beast goes down into the earth?

22 So I saw that there is nothing better than that a man should rejoice in his work, for that is his lot. Who can bring him to see what will be after him?

Evil Under the Sun

4 Again I saw all the oppressions that are done under the sun. And behold, the tears of the oppressed, and they had no one to comfort them! On the side of their oppressors there was power, and there was no one to comfort them.

2 And I thought the dead who are already dead more fortunate than the living who are still alive.

3 But better than both is he who has not yet been and has not seen the evil deeds that are done under the sun.

¶ **4** Ich sah alles Mühen an und alles geschickte Tun: da ist nur Eifersucht des einen auf den andern. Das ist auch eitel und Haschen nach Wind.

5 Ein Tor legt die Hände ineinander und verzehrt sein eigenes Fleisch.

6 Besser eine Hand voll mit Ruhe als beide Fäuste voll mit Mühe und Haschen nach Wind.

¶ **7** Wiederum sah ich Eitles unter der Sonne:

8 Da ist einer, der steht allein und hat weder Kind noch Bruder, doch ist seiner Mühe kein Ende, und seine Augen können nicht genug Reichtum sehen. Für wen mühe ich mich denn und gönne mir selber nichts Gutes? Das ist auch eitel und eine böse Mühe.

¶ **9** So ist's ja besser zu zweien als allein; denn sie haben guten Lohn für ihre Mühe.

10 Fällt einer von ihnen, so hilft ihm sein Gesell auf. Weh dem, der allein ist, wenn er fällt! Dann ist kein anderer da, der ihm aufhilft.

11 Auch, wenn zwei beieinander liegen, wärmen sie sich; wie kann ein Einzelner warm werden?

12 Einer mag überwältigt werden, aber zwei können widerstehen, und eine dreifache Schnur reißt nicht leicht entzwei.

Volksgunst ist eitel

13 Ein Knabe, der arm, aber weise ist, ist besser als ein König, der alt, aber töricht ist und nicht versteht, sich raten zu lassen.

14 Denn aus dem Gefängnis ist er auf den Thron gekommen und war doch arm geboren, als jener noch König war.

15 Und ich sah alle Lebenden, die unter der Sonne wandelten, bei dem zweiten Knaben, der an jenes Stelle treten sollte.

16 Und es war kein Ende des Volks, vor dem er herzog. Und doch wurden seiner nicht froh, die später kamen. Das ist auch eitel und Haschen nach Wind.

Warnung vor Unbedachtsamkeit beim Gottesdienst

17 Bewahre deinen Fuß, wenn du zum Hause Gottes gehst, und komm, dass du hörst. Das ist besser, als wenn die Toren Opfer bringen; denn sie wissen nichts, als Böses zu tun.

5 Sei nicht schnell mit deinem Munde und lass dein Herz nicht eilen, etwas zu reden vor Gott; denn Gott ist im Himmel und du auf Erden; darum lass deiner Worte wenig sein.

2 Denn wo viel Mühe ist, da kommen Träume, und wo viel Worte sind, da hört man den Toren.

¶ **4** Then I saw that all toil and all skill in work come from a man's envy of his neighbor. This also is vanity and a striving after wind.

¶ **5** The fool folds his hands and eats his own flesh.

¶ **6** Better is a handful of quietness than two hands full of toil and a striving after wind.

¶ **7** Again, I saw vanity under the sun:

8 one person who has no other, either son or brother, yet there is no end to all his toil, and his eyes are never satisfied with riches, so that he never asks, "For whom am I toiling and depriving myself of pleasure?" This also is vanity and an unhappy business.

¶ **9** Two are better than one, because they have a good reward for their toil.

10 For if they fall, one will lift up his fellow. But woe to him who is alone when he falls and has not another to lift him up!

11 Again, if two lie together, they keep warm, but how can one keep warm alone?

12 And though a man might prevail against one who is alone, two will withstand him—a threefold cord is not quickly broken.

¶ **13** Better was a poor and wise youth than an old and foolish king who no longer knew how to take advice.

14 For he went from prison to the throne, though in his own kingdom he had been born poor.

15 I saw all the living who move about under the sun, along with that[1] youth who was to stand in the king's[2] place.

16 There was no end of all the people, all of whom he led. Yet those who come later will not rejoice in him. Surely this also is vanity and a striving after wind.

Fear God

5 [1] Guard your steps when you go to the house of God. To draw near to listen is better than to offer the sacrifice of fools, for they do not know that they are doing evil.

2[2] Be not rash with your mouth, nor let your heart be hasty to utter a word before God, for God is in heaven and you are on earth. Therefore let your words be few.

3 For a dream comes with much business, and a fool's voice with many words.

¶ **3** Wenn du Gott ein Gelübde tust, so zögere nicht, es zu halten; denn er hat kein Gefallen an den Toren; was du gelobst, das halte.

4 Es ist besser, du gelobst nichts, als dass du nicht hältst, was du gelobst.

5 Lass nicht zu, dass dein Mund dich in Schuld bringe, und sprich vor dem Boten Gottes nicht: Es war ein Versehen. Gott könnte zürnen über deine Worte und verderben das Werk deiner Hände.

6 Wo viel Träume sind, da ist Eitelkeit und viel Gerede; darum fürchte Gott!

Warnung bei offenbarem Unrecht

7 Siehst du, wie im Lande der Arme Unrecht leidet und Recht und Gerechtigkeit zum Raub geworden sind, dann wundere dich nicht darüber; denn ein Hoher schützt den andern, und noch Höhere sind über beiden.

8 Aber immer ist ein König, der dafür sorgt, dass das Feld bebaut wird, ein Gewinn für das Land.

Nichtigkeit des Reichtums

9 Wer Geld liebt, wird vom Geld niemals satt, und wer Reichtum liebt, wird keinen Nutzen davon haben. Das ist auch eitel.

10 Denn wo viele Güter sind, da sind viele, die sie aufessen; und was hat ihr Besitzer mehr davon als das Nachsehen?

11 Wer arbeitet, dem ist der Schlaf süß, er habe wenig oder viel gegessen; aber die Fülle lässt den Reichen nicht schlafen.

¶ **12** Es ist ein böses Übel, das ich sah unter der Sonne: Reichtum, wohl verwahrt, wird zum Schaden dem, der ihn hat.

13 Denn der Reiche kommt um durch ein böses Geschick, und wenn er einen Sohn gezeugt hat, dem bleibt nichts in der Hand.

14 Wie einer nackt von seiner Mutter Leibe gekommen ist, so fährt er wieder dahin, wie er gekommen ist, und trotz seiner Mühe nimmt er nichts mit sich in seiner Hand, wenn er dahinfährt.

15 Das ist ein böses Übel, dass er dahinfährt, wie er gekommen ist. Was hilft's ihm denn, dass er in den Wind gearbeitet hat?

16 Sein Leben lang hat er im Finstern und in Trauer gesessen, in großem Grämen und Krankheit und Verdruss.

¶ **4** When you vow a vow to God, do not delay paying it, for he has no pleasure in fools. Pay what you vow.

5 It is better that you should not vow than that you should vow and not pay.

6 Let not your mouth lead you[3] into sin, and do not say before the messenger[4] that it was a mistake. Why should God be angry at your voice and destroy the work of your hands?

7 For when dreams increase and words grow many, there is vanity;[5] but God is the one you must fear.

The Vanity of Wealth and Honor

¶ **8** If you see in a province the oppression of the poor and the violation of justice and righteousness, do not be amazed at the matter, for the high official is watched by a higher, and there are yet higher ones over them.

9 But this is gain for a land in every way: a king committed to cultivated fields.[6]

¶ **10** He who loves money will not be satisfied with money, nor he who loves wealth with his income; this also is vanity.

11 When goods increase, they increase who eat them, and what advantage has their owner but to see them with his eyes?

12 Sweet is the sleep of a laborer, whether he eats little or much, but the full stomach of the rich will not let him sleep.

¶ **13** There is a grievous evil that I have seen under the sun: riches were kept by their owner to his hurt,

14 and those riches were lost in a bad venture. And he is father of a son, but he has nothing in his hand.

15 As he came from his mother's womb he shall go again, naked as he came, and shall take nothing for his toil that he may carry away in his hand.

16 This also is a grievous evil: just as he came, so shall he go, and what gain is there to him who toils for the wind?

17 Moreover, all his days he eats in darkness in much vexation and sickness and anger.

17 So habe ich nun das gesehen, dass es gut und fein sei, wenn man isst und trinkt und guten Mutes ist bei allem Mühen, das einer sich macht unter der Sonne in der kurzen Zeit seines Lebens, die ihm Gott gibt; denn das ist sein Teil.

18 Denn wenn Gott einem Menschen Reichtum und Güter gibt und lässt ihn davon essen und trinken und sein Teil nehmen und fröhlich sein bei seinem Mühen, so ist das eine Gottesgabe.

19 Denn er denkt nicht viel an die Kürze seines Lebens, weil Gott sein Herz erfreut.

6 Es ist ein Unglück, das ich sah unter der Sonne, und es liegt schwer auf den Menschen:

2 Da ist einer, dem Gott Reichtum, Güter und Ehre gegeben hat, und es mangelt ihm nichts, was sein Herz begehrt; aber Gott gibt ihm doch nicht Macht, es zu genießen, sondern ein Fremder verzehrt es. Das ist auch eitel und ein schlimmes Leiden.

3 Wenn einer auch hundert Kinder zeugte und hätte ein so langes Leben, dass er sehr alt würde, aber er genösse das Gute nicht und bliebe ohne Grab, von dem sage ich: Eine Fehlgeburt hat es besser als er.

4 Denn sie kommt ohne Leben, und in Finsternis fährt sie dahin, und ihr Name bleibt von Finsternis bedeckt,

5 auch hat sie die Sonne nicht gesehen noch gekannt; so hat sie mehr Ruhe als jener.

6 Und ob er auch zweitausend Jahre lebte und hätte nichts Gutes genossen: fährt nicht alles dahin an **einen** Ort?

7 Alles Mühen des Menschen ist für seinen Mund, aber sein Verlangen bleibt ungestillt.

8 Denn was hat ein Weiser dem Toren voraus? Was hilft's dem Armen, dass er versteht, unter den Lebenden zu wandeln?

9 Es ist besser, zu gebrauchen, was vor Augen ist, als nach anderm zu verlangen. Das ist auch eitel und Haschen nach Wind.

Der Mensch hat keine Macht über sein Leben

10 Was da ist, ist längst mit Namen genannt, und bestimmt ist, was ein Mensch sein wird. Darum kann er nicht hadern mit dem, der ihm zu mächtig ist.

11 Denn je mehr Worte, desto mehr Eitelkeit; was hat der Mensch davon?

18 Behold, what I have seen to be good and fitting is to eat and drink and find enjoyment[7] in all the toil with which one toils under the sun the few days of his life that God has given him, for this is his lot.

19 Everyone also to whom God has given wealth and possessions and power to enjoy them, and to accept his lot and rejoice in his toil—this is the gift of God.

20 For he will not much remember the days of his life because God keeps him occupied with joy in his heart.

6 There is an evil that I have seen under the sun, and it lies heavy on mankind:

2 a man to whom God gives wealth, possessions, and honor, so that he lacks nothing of all that he desires, yet God does not give him power to enjoy them, but a stranger enjoys them. This is vanity; it is a grievous evil.

3 If a man fathers a hundred children and lives many years, so that the days of his years are many, but his soul is not satisfied with life's good things, and he also has no burial, I say that a stillborn child is better off than he.

4 For it comes in vanity and goes in darkness, and in darkness its name is covered.

5 Moreover, it has not seen the sun or known anything, yet it finds rest rather than he.

6 Even though he should live a thousand years twice over, yet enjoy[1] no good—do not all go to the one place?

7 All the toil of man is for his mouth, yet his appetite is not satisfied.[2]

8 For what advantage has the wise man over the fool? And what does the poor man have who knows how to conduct himself before the living?

9 Better is the sight of the eyes than the wandering of the appetite: this also is vanity and a striving after wind.

10 Whatever has come to be has already been named, and it is known what man is, and that he is not able to dispute with one stronger than he.

11 The more words, the more vanity, and what is the advantage to man?

12 Denn wer weiß, was dem Menschen nützlich ist im Leben, in seinen kurzen, eitlen Tagen, die er verbringt wie einen Schatten? Oder wer will dem Menschen sagen, was nach ihm kommen wird unter der Sonne?

Von der wahren Weisheit

7 Ein guter Ruf ist besser als gute Salbe und der Tag des Todes besser als der Tag der Geburt.

2 Es ist besser, in ein Haus zu gehen, wo man trauert, als in ein Haus, wo man feiert; denn da zeigt sich das Ende aller Menschen, und der Lebende nehme es zu Herzen!

3 Trauern ist besser als Lachen; denn durch Trauern wird das Herz gebessert.

4 Das Herz der Weisen ist dort, wo man trauert, aber das Herz der Toren dort, wo man sich freut.

¶ **5** Es ist besser, das Schelten des Weisen zu hören als den Gesang der Toren.

6 Denn wie das Krachen der Dornen unter den Töpfen, so ist das Lachen der Toren; auch das ist eitel.

¶ **7** Unrechter Gewinn macht den Weisen zum Toren, und Bestechung verdirbt das Herz.

8 Der Ausgang einer Sache ist besser als ihr Anfang. Ein Geduldiger ist besser als ein Hochmütiger.

9 Sei nicht schnell, dich zu ärgern; denn Ärger ruht im Herzen des Toren.

10 Sprich nicht: Wie kommt's, dass die früheren Tage besser waren als diese? Denn du fragst das nicht in Weisheit.

¶ **11** Weisheit ist gut mit einem Erbgut und hilft denen, die die Sonne sehen.

12 Denn wie Geld beschirmt, so beschirmt auch Weisheit; aber die Weisheit erhält das Leben dem, der sie hat.

¶ **13** Sieh an die Werke Gottes; denn wer kann das gerade machen, was er krümmt?

12 For who knows what is good for man while he lives the few days of his vain life, which he passes like a shadow? For who can tell man what will be after him under the sun?

The Contrast of Wisdom and Folly

7 A good name is better than precious ointment,
and the day of death than the day of birth.

2 It is better to go to the house of mourning
than to go to the house of feasting,
for this is the end of all mankind,
and the living will lay it to heart.

3 Sorrow is better than laughter,
for by sadness of face the heart is made glad.

4 The heart of the wise is in the house of mourning,
but the heart of fools is in the house of mirth.

5 It is better for a man to hear the rebuke of the wise
than to hear the song of fools.

6 For as the crackling of thorns under a pot,
so is the laughter of the fools;
this also is vanity.

7 Surely oppression drives the wise into madness,
and a bribe corrupts the heart.

8 Better is the end of a thing than its beginning,
and the patient in spirit is better than the proud in spirit.

9 Be not quick in your spirit to become angry,
for anger lodges in the bosom of fools.

10 Say not, "Why were the former days better than these?"
For it is not from wisdom that you ask this.

11 Wisdom is good with an inheritance,
an advantage to those who see the sun.

12 For the protection of wisdom is like the protection of money,
and the advantage of knowledge is that wisdom preserves the life of him who has it.

13 Consider the work of God:
who can make straight what he has made crooked?

14 Am guten Tage sei guter Dinge, und am bösen Tag bedenke: Diesen hat Gott geschaffen wie jenen, damit der Mensch nicht wissen soll, was künftig ist.

¶ **15** Dies alles hab ich gesehen in den Tagen meines eitlen Lebens: Da ist ein Gerechter, der geht zugrunde in seiner Gerechtigkeit, und da ist ein Gottloser, der lebt lange in seiner Bosheit.

16 Sei nicht allzu gerecht und nicht allzu weise, damit du dich nicht zugrunde richtest.

17 Sei nicht allzu gottlos und sei kein Tor, damit du nicht stirbst vor deiner Zeit.

18 Es ist gut, wenn du dich an das eine hältst und auch jenes nicht aus der Hand lässt; denn wer Gott fürchtet, der entgeht dem allen.

¶ **19** Die Weisheit macht den Weisen stärker als zehn Gewaltige, die in der Stadt sind.

20 Denn es ist kein Mensch so gerecht auf Erden, dass er nur Gutes tue und nicht sündige.

21 Nimm auch nicht zu Herzen alles, was man sagt, dass du nicht hören musst, wie dein Knecht dir flucht;

22 denn dein Herz weiß, dass du andern auch oftmals geflucht hast.

23 Das alles hab ich versucht mit der Weisheit. Ich dachte, ich will weise werden, sie blieb aber ferne von mir.

24 Alles, was da ist, das ist fern und ist sehr tief; wer will's finden?

¶ **25** Ich richtete meinen Sinn darauf, zu erfahren und zu erforschen und zu suchen Weisheit und Einsicht, zu erkennen, dass Gottlosigkeit Torheit ist und Narrheit Tollheit.

26 Und ich fand, bitterer als der Tod sei eine Frau, die ein Fangnetz ist und Stricke ihr Herz und Fesseln ihre Hände. Wer Gott gefällt, der wird ihr entrinnen; aber der Sünder wird durch sie gefangen.

27 Schau, das habe ich gefunden, spricht der Prediger, eins nach dem andern, dass ich Erkenntnis fände.

28 Und ich suchte immerfort und hab's nicht gefunden: unter tausend habe ich **einen** Mann gefunden, aber eine Frau hab ich unter allen nicht gefunden.

29 Schau, allein das hab ich gefunden: Gott hat den Menschen aufrichtig gemacht; aber sie suchen viele Künste.

¶ **14** In the day of prosperity be joyful, and in the day of adversity consider: God has made the one as well as the other, so that man may not find out anything that will be after him.

¶ **15** In my vain life I have seen everything. There is a righteous man who perishes in his righteousness, and there is a wicked man who prolongs his life in his evildoing.

16 Be not overly righteous, and do not make yourself too wise. Why should you destroy yourself?

17 Be not overly wicked, neither be a fool. Why should you die before your time?

18 It is good that you should take hold of this, and from that withhold not your hand, for the one who fears God shall come out from both of them.

¶ **19** Wisdom gives strength to the wise man more than ten rulers who are in a city.

¶ **20** Surely there is not a righteous man on earth who does good and never sins.

¶ **21** Do not take to heart all the things that people say, lest you hear your servant cursing you.

22 Your heart knows that many times you yourself have cursed others.

¶ **23** All this I have tested by wisdom. I said, "I will be wise," but it was far from me.

24 That which has been is far off, and deep, very deep; who can find it out?

¶ **25** I turned my heart to know and to search out and to seek wisdom and the scheme of things, and to know the wickedness of folly and the foolishness that is madness.

26 And I find something more bitter than death: the woman whose heart is snares and nets, and whose hands are fetters. He who pleases God escapes her, but the sinner is taken by her.

27 Behold, this is what I found, says the Preacher, while adding one thing to another to find the scheme of things—

28 which my soul has sought repeatedly, but I have not found. One man among a thousand I found, but a woman among all these I have not found.

29 See, this alone I found, that God made man upright, but they have sought out many schemes.

8 Wer ist wie der Weise, und wer versteht etwas zu deuten? Die Weisheit des Menschen erleuchtet sein Angesicht; aber ein freches Angesicht wird gehasst.

Das Unrecht in der Welt und das verborgene Walten Gottes

2 Achte auf das Wort des Königs; aber wenn du einen Eid bei Gott leisten sollst,

3 so übereile dich nicht! Geh von seinem Angesicht weg und halte dich nicht zu einer bösen Sache; denn er tut alles, was er will.

4 In des Königs Wort ist Gewalt, und wer darf zu ihm sagen: Was machst du?

¶ **5** Wer das Gebot hält, der will nichts von einer bösen Sache wissen; denn des Weisen Herz weiß um Zeit und Gericht.

6 Denn jedes Vorhaben hat seine Zeit und sein Gericht, und des Menschen Bosheit liegt schwer auf ihm.

7 Denn er weiß nicht, was geschehen wird, und wer will ihm sagen, wie es werden wird?

8 Der Mensch hat keine Macht, den Wind aufzuhalten, und hat keine Macht über den Tag des Todes, und keiner bleibt verschont im Krieg, und das gottlose Treiben rettet den Gottlosen nicht.

9 Das alles hab ich gesehen und richtete mein Herz auf alles Tun, das unter der Sonne geschieht zur Zeit, da ein Mensch herrscht über den andern zu seinem Unglück.

¶ **10** Und weiter sah ich Gottlose, die begraben wurden und zur Ruhe kamen; aber die recht getan hatten, mussten hinweg von heiliger Stätte und wurden vergessen in der Stadt. Das ist auch eitel.

¶ **11** Weil das Urteil über böses Tun nicht sogleich ergeht, wird das Herz der Menschen voll Begier, Böses zu tun.

12 Wenn ein Sünder auch hundertmal Böses tut und lange lebt, so weiß ich doch, dass es wohlgehen wird denen, die Gott fürchten, die sein Angesicht scheuen.

13 Aber dem Gottlosen wird es nicht wohlgehen, und wie ein Schatten werden nicht lange leben, die sich vor Gott nicht fürchten.

Keep the King's Command

8 Who is like the wise?
  And who knows the interpretation of a thing?
A man's wisdom makes his face shine,
  and the hardness of his face is changed.

¶ **2** I say:[1] Keep the king's command, because of God's oath to him.[2]

3 Be not hasty to go from his presence. Do not take your stand in an evil cause, for he does whatever he pleases.

4 For the word of the king is supreme, and who may say to him, "What are you doing?"

5 Whoever keeps a command will know no evil thing, and the wise heart will know the proper time and the just way.

6 For there is a time and a way for everything, although man's trouble[3] lies heavy on him.

7 For he does not know what is to be, for who can tell him how it will be?

8 No man has power to retain the spirit, or power over the day of death. There is no discharge from war, nor will wickedness deliver those who are given to it.

9 All this I observed while applying my heart to all that is done under the sun, when man had power over man to his hurt.

Those Who Fear God Will Do Well

¶ **10** Then I saw the wicked buried. They used to go in and out of the holy place and were praised[4] in the city where they had done such things. This also is vanity.

11 Because the sentence against an evil deed is not executed speedily, the heart of the children of man is fully set to do evil.

12 Though a sinner does evil a hundred times and prolongs his life, yet I know that it will be well with those who fear God, because they fear before him.

13 But it will not be well with the wicked, neither will he prolong his days like a shadow, because he does not fear before God.

¶ **14** Es ist eitel, was auf Erden geschieht: Es gibt Gerechte, denen geht es, als hätten sie Werke der Gottlosen getan, und es gibt Gottlose, denen geht es, als hätten sie Werke der Gerechten getan. Ich sprach: Das ist auch eitel.

15 Darum pries ich die Freude, dass der Mensch nichts Besseres hat unter der Sonne, als zu essen und zu trinken und fröhlich zu sein. Das bleibt ihm bei seinem Mühen sein Leben lang, das Gott ihm gibt unter der Sonne.

¶ **16** Ich richtete mein Herz darauf, zu erkennen die Weisheit und zu schauen die Mühe, die auf Erden geschieht, dass einer weder Tag noch Nacht Schlaf bekommt in seine Augen.

17 Und ich sah alles Tun Gottes, dass ein Mensch das Tun nicht ergründen kann, das unter der Sonne geschieht. Und je mehr der Mensch sich müht zu suchen, desto weniger findet er. Und auch wenn der Weise meint: »Ich weiß es«, so kann er's doch nicht finden.

Aufruf zur Freude trotz der Eitelkeit des Lebens

9 Denn ich habe das alles zu Herzen genommen, um dies zu erforschen: Gerechte und Weise und ihr Tun sind in Gottes Hand. Auch über Liebe und Hass bestimmt der Mensch nicht; alles ist vor ihm festgelegt.

2 Es begegnet dasselbe dem einen wie dem andern: dem Gerechten wie dem Gottlosen, dem Guten und Reinen wie dem Unreinen; dem, der opfert, wie dem, der nicht opfert. Wie es dem Guten geht, so geht's auch dem Sünder. Wie es dem geht, der schwört, so geht's auch dem, der den Eid scheut.

¶ **3** Das ist das Unglück bei allem, was unter der Sonne geschieht, dass es dem einen geht wie dem andern. Und dazu ist das Herz der Menschen voll Bosheit, und Torheit ist in ihrem Herzen, solange sie leben; danach müssen sie sterben.

4 Denn wer noch bei den Lebenden weilt, der hat Hoffnung; denn ein lebender Hund ist besser als ein toter Löwe.

5 Denn die Lebenden wissen, dass sie sterben werden, die Toten aber wissen nichts; sie haben auch keinen Lohn mehr, denn ihr Andenken ist vergessen.

6 Ihr Lieben und ihr Hassen und ihr Eifern ist längst dahin; sie haben kein Teil mehr auf der Welt an allem, was unter der Sonne geschieht.

Man Cannot Know God's Ways

¶ **14** There is a vanity that takes place on earth, that there are righteous people to whom it happens according to the deeds of the wicked, and there are wicked people to whom it happens according to the deeds of the righteous. I said that this also is vanity.

15 And I commend joy, for man has no good thing under the sun but to eat and drink and be joyful, for this will go with him in his toil through the days of his life that God has given him under the sun.

¶ **16** When I applied my heart to know wisdom, and to see the business that is done on earth, how neither day nor night do one's eyes see sleep,

17 then I saw all the work of God, that man cannot find out the work that is done under the sun. However much man may toil in seeking, he will not find it out. Even though a wise man claims to know, he cannot find it out.

Death Comes to All

9 But all this I laid to heart, examining it all, how the righteous and the wise and their deeds are in the hand of God. Whether it is love or hate, man does not know; both are before him.

2 It is the same for all, since the same event happens to the righteous and the wicked, to the good and the evil,[1] to the clean and the unclean, to him who sacrifices and him who does not sacrifice. As the good one is, so is the sinner, and he who swears is as he who shuns an oath.

3 This is an evil in all that is done under the sun, that the same event happens to all. Also, the hearts of the children of man are full of evil, and madness is in their hearts while they live, and after that they go to the dead.

4 But he who is joined with all the living has hope, for a living dog is better than a dead lion.

5 For the living know that they will die, but the dead know nothing, and they have no more reward, for the memory of them is forgotten.

6 Their love and their hate and their envy have already perished, and forever they have no more share in all that is done under the sun.

¶ **7** So geh hin und iss dein Brot mit Freuden, trink deinen Wein mit gutem Mut; denn dies dein Tun hat Gott schon längst gefallen.

8 Lass deine Kleider immer weiß sein und lass deinem Haupte Salbe nicht mangeln.

9 Genieße das Leben mit deiner Frau, die du lieb hast, solange du das eitle Leben hast, das dir Gott unter der Sonne gegeben hat; denn das ist dein Teil am Leben und bei deiner Mühe, mit der du dich mühst unter der Sonne.

10 Alles, was dir vor die Hände kommt, es zu tun mit deiner Kraft, das tu; denn bei den Toten, zu denen du fährst, gibt es weder Tun noch Denken, weder Erkenntnis noch Weisheit.

Wertlosigkeit der Weisheit

11 Wiederum sah ich, wie es unter der Sonne zugeht: Zum Laufen hilft nicht schnell sein, zum Kampf hilft nicht stark sein, zur Nahrung hilft nicht geschickt sein, zum Reichtum hilft nicht klug sein; dass einer angenehm sei, dazu hilft nicht, dass er etwas gut kann, sondern alles liegt an Zeit und Glück.

12 Auch weiß der Mensch seine Zeit nicht, sondern wie die Fische gefangen werden mit dem verderblichen Netz und wie die Vögel mit dem Garn gefangen werden, so werden auch die Menschen verstrickt zur bösen Zeit, wenn sie plötzlich über sie fällt.

¶ **13** Ich habe unter der Sonne auch diese Weisheit gesehen, die mich groß dünkte:

14 Da war eine kleine Stadt und wenig Männer darin, und es kam ein großer König, der belagerte sie und baute große Bollwerke gegen sie.

15 Und es fand sich darin ein armer, weiser Mann, der hätte die Stadt retten können durch seine Weisheit; aber kein Mensch dachte an diesen armen Mann.

16 Da sprach ich: Weisheit ist zwar besser als Stärke, doch des Armen Weisheit wird verachtet, und auf seine Worte hört man nicht.

17 Der Weisen Worte, in Ruhe vernommen, sind besser als des Herrschers Schreien unter den Törichten.

18 Weisheit ist besser als Kriegswaffen; aber ein einziger Bösewicht verdirbt viel Gutes.

Über Weisheit und Torheit

10 Tote Fliegen verderben gute Salben. Ein wenig Torheit wiegt schwerer als Weisheit und Ehre.

Enjoy Life with the One You Love

¶ **7** Go, eat your bread with joy, and drink your wine with a merry heart, for God has already approved what you do.

¶ **8** Let your garments be always white. Let not oil be lacking on your head.

¶ **9** Enjoy life with the wife whom you love, all the days of your vain life that he has given you under the sun, because that is your portion in life and in your toil at which you toil under the sun.

10 Whatever your hand finds to do, do it with your might,[2] for there is no work or thought or knowledge or wisdom in Sheol, to which you are going.

Wisdom Better than Folly

¶ **11** Again I saw that under the sun the race is not to the swift, nor the battle to the strong, nor bread to the wise, nor riches to the intelligent, nor favor to those with knowledge, but time and chance happen to them all.

12 For man does not know his time. Like fish that are taken in an evil net, and like birds that are caught in a snare, so the children of man are snared at an evil time, when it suddenly falls upon them.

¶ **13** I have also seen this example of wisdom under the sun, and it seemed great to me.

14 There was a little city with few men in it, and a great king came against it and besieged it, building great siegeworks against it.

15 But there was found in it a poor, wise man, and he by his wisdom delivered the city. Yet no one remembered that poor man.

16 But I say that wisdom is better than might, though the poor man's wisdom is despised and his words are not heard.

¶ **17** The words of the wise heard in quiet are better than the shouting of a ruler among fools.

18 Wisdom is better than weapons of war, but one sinner destroys much good.

10 Dead flies make the perfumer's ointment give off a stench; so a little folly outweighs wisdom and honor.

2 Des Weisen Herz ist zu seiner Rechten, aber des Toren Herz ist zu seiner Linken.

3 Auch wenn der Tor auf der Straße geht, fehlt es ihm an Verstand, doch er hält jeden andern für einen Toren.

¶ **4** Wenn des Herrschers Zorn wider dich ergeht, so verlass deine Stätte nicht; denn Gelassenheit wendet großes Unheil ab.

5 Dies ist ein Unglück, das ich sah unter der Sonne, gleich einem Versehen, das vom Gewaltigen ausgeht:

6 Ein Tor sitzt in großer Würde, und Reiche müssen in Niedrigkeit sitzen.

7 Ich sah Knechte auf Rossen und Fürsten zu Fuß gehen wie Knechte.

¶ **8** Wer eine Grube gräbt, der kann selbst hineinfallen, und wer eine Mauer einreißt, den kann eine Schlange beißen.

9 Wer Steine bricht, der kann sich dabei wehe tun, und wer Holz spaltet, der kann dabei verletzt werden.

10 Wenn ein Eisen stumpf wird und an der Schneide ungeschliffen bleibt, muss man mit ganzer Kraft arbeiten. Aber Weisheit bringt Vorteil und Gewinn.

11 Wenn die Schlange beißt vor der Beschwörung, so hat der Beschwörer keinen Vorteil.

¶ **12** Die Worte aus dem Munde des Weisen bringen ihm Gunst; aber des Toren Lippen verschlingen ihn selber.

13 Der Anfang seiner Worte ist Narrheit und das Ende verderbliche Torheit.

14 Der Tor macht viele Worte; aber der Mensch weiß nicht, was sein wird, und wer will ihm sagen, was nach ihm werden wird?

15 Die Arbeit ermüdet den Toren, der nicht einmal weiß, in die Stadt zu gehen.

¶ **16** Weh dir, Land, dessen König ein Kind ist und dessen Fürsten schon in der Frühe tafeln!

17 Wohl dir, Land, dessen König ein Edler ist und dessen Fürsten zur rechten Zeit tafeln als ehrbare Männer und nicht als Zecher.

2 A wise man's heart inclines him to the right,
  but a fool's heart to the left.

3 Even when the fool walks on the road, he lacks sense,
  and he says to everyone that he is a fool.

4 If the anger of the ruler rises against you, do not leave your place,
  for calmness[1] will lay great offenses to rest.

¶ **5** There is an evil that I have seen under the sun, as it were an error proceeding from the ruler:

6 folly is set in many high places, and the rich sit in a low place.

7 I have seen slaves on horses, and princes walking on the ground like slaves.

8 He who digs a pit will fall into it,
  and a serpent will bite him who breaks through a wall.

9 He who quarries stones is hurt by them,
  and he who splits logs is endangered by them.

10 If the iron is blunt, and one does not sharpen the edge,
  he must use more strength,
  but wisdom helps one to succeed.[2]

11 If the serpent bites before it is charmed,
  there is no advantage to the charmer.

12 The words of a wise man's mouth win him favor,[3]
  but the lips of a fool consume him.

13 The beginning of the words of his mouth is foolishness,
  and the end of his talk is evil madness.

14 A fool multiplies words,
  though no man knows what is to be,
  and who can tell him what will be after him?

15 The toil of a fool wearies him,
  for he does not know the way to the city.

16 Woe to you, O land, when your king is a child,
  and your princes feast in the morning!

17 Happy are you, O land, when your king is the son of the nobility,
  and your princes feast at the proper time,
  for strength, and not for drunkenness!

18 Durch Faulheit sinken die Balken, und durch lässige Hände tropft es im Haus.

¶ **19** Man hält Mahlzeiten, um zu lachen, und der Wein erfreut das Leben, und das Geld muss alles zuwege bringen.

¶ **20** Fluche dem König auch nicht in Gedanken und fluche dem Reichen auch nicht in deiner Schlafkammer; denn die Vögel des Himmels tragen die Stimme fort, und die Fittiche haben, sagen's weiter.

Berechne nicht die Zukunft, sondern nütze den Tag!

11 Lass dein Brot über das Wasser fahren; denn du wirst es finden nach langer Zeit.

2 Verteil es unter sieben oder unter acht; denn du weißt nicht, was für Unglück auf Erden kommen wird.

¶ **3** Wenn die Wolken voll sind, so geben sie Regen auf die Erde, und wenn der Baum fällt – er falle nach Süden oder Norden zu –, wohin er fällt, da bleibt er liegen.

4 Wer auf den Wind achtet, der sät nicht, und wer auf die Wolken sieht, der erntet nicht.

5 Gleichwie du nicht weißt, welchen Weg der Wind nimmt und wie die Gebeine im Mutterleibe bereitet werden, so kannst du auch Gottes Tun nicht wissen, der alles wirkt.

¶ **6** Am Morgen säe deinen Samen, und lass deine Hand bis zum Abend nicht ruhen; denn du weißt nicht, was geraten wird, ob dies oder das oder ob beides miteinander gut gerät.

7 Es ist das Licht süß, und den Augen lieblich, die Sonne zu sehen.

8 Denn wenn ein Mensch viele Jahre lebt, so sei er fröhlich in ihnen allen und denke an die finstern Tage, dass es viele sein werden; denn alles, was kommt, ist eitel.

Freue dich deiner Jugend, ehe Alter und Tod kommen!

9 So freue dich, Jüngling, in deiner Jugend und lass dein Herz guter Dinge sein in deinen jungen Tagen. Tu, was dein Herz gelüstet und deinen Augen gefällt; aber wisse, dass dich Gott um das alles vor Gericht ziehen wird.

10 Lass den Unmut fern sein von deinem Herzen und halte fern das Übel von deinem Leibe; denn Kindheit und Jugend sind eitel.

18 Through sloth the roof sinks in, and through indolence the house leaks.

19 Bread is made for laughter, and wine gladdens life, and money answers everything.

20 Even in your thoughts, do not curse the king, nor in your bedroom curse the rich, for a bird of the air will carry your voice, or some winged creature tell the matter.

Cast Your Bread upon the Waters

11 Cast your bread upon the waters, for you will find it after many days.

2 Give a portion to seven, or even to eight, for you know not what disaster may happen on earth.

3 If the clouds are full of rain, they empty themselves on the earth, and if a tree falls to the south or to the north, in the place where the tree falls, there it will lie.

4 He who observes the wind will not sow, and he who regards the clouds will not reap.

¶ **5** As you do not know the way the spirit comes to the bones in the womb[1] of a woman with child, so you do not know the work of God who makes everything.

¶ **6** In the morning sow your seed, and at evening withhold not your hand, for you do not know which will prosper, this or that, or whether both alike will be good.

¶ **7** Light is sweet, and it is pleasant for the eyes to see the sun.

¶ **8** So if a person lives many years, let him rejoice in them all; but let him remember that the days of darkness will be many. All that comes is vanity.

¶ **9** Rejoice, O young man, in your youth, and let your heart cheer you in the days of your youth. Walk in the ways of your heart and the sight of your eyes. But know that for all these things God will bring you into judgment.

¶ **10** Remove vexation from your heart, and put away pain[2] from your body, for youth and the dawn of life are vanity.

12 Denk an deinen Schöpfer in deiner Jugend, ehe die bösen Tage kommen und die Jahre sich nahen, da du wirst sagen: »Sie gefallen mir nicht«;

2 ehe die Sonne und das Licht, Mond und Sterne finster werden und Wolken wiederkommen nach dem Regen, –

3 *zur Zeit, wenn die Hüter des Hauses zittern und die Starken sich krümmen und müßig stehen die Müllerinnen, weil es so wenige geworden sind, und wenn finster werden, die durch die Fenster sehen,

4 und wenn die Türen an der Gasse sich schließen, dass die Stimme der Mühle leiser wird, und wenn sie sich hebt, wie wenn ein Vogel singt, und alle Töchter des Gesanges sich neigen;

5 wenn man vor Höhen sich fürchtet und sich ängstigt auf dem Wege, wenn der Mandelbaum blüht und die Heuschrecke sich belädt und die Kaper aufbricht; denn der Mensch fährt dahin, wo er ewig bleibt, und die Klageleute gehen umher auf der Gasse; –

6 ehe der silberne Strick zerreißt und die goldene Schale zerbricht und der Eimer zerschellt an der Quelle und das Rad zerbrochen in den Brunnen fällt.

7 Denn der Staub muss wieder zur Erde kommen, wie er gewesen ist, und der Geist wieder zu Gott, der ihn gegeben hat.

¶ **8** Es ist alles ganz eitel, spricht der Prediger, ganz eitel.

Nachwort über den Prediger

9 Es bleibt noch übrig zu sagen: Der Prediger war ein Weiser und lehrte auch das Volk gute Lehre, und er erwog und forschte und dichtete viele Sprüche.

10 Er suchte, dass er fände angenehme Worte und schriebe recht die Worte der Wahrheit.

11 Die Worte der Weisen sind wie Stacheln, und wie eingeschlagene Nägel sind die einzelnen Sprüche; sie sind von **einem** Hirten gegeben.

¶ **12** Und über dem allen, mein Sohn, lass dich warnen; denn des vielen Büchermachens ist kein Ende, und viel Studieren macht den Leib müde.

13 Lasst uns die Hauptsumme aller Lehre hören: Fürchte Gott und halte seine Gebote; denn das gilt für alle Menschen.

14 Denn Gott wird alle Werke vor Gericht bringen, alles, was verborgen ist, es sei gut oder böse.

Remember Your Creator in Your Youth

12 Remember also your Creator in the days of your youth, before the evil days come and the years draw near of which you will say, "I have no pleasure in them";

2 before the sun and the light and the moon and the stars are darkened and the clouds return after the rain,

3 in the day when the keepers of the house tremble, and the strong men are bent, and the grinders cease because they are few, and those who look through the windows are dimmed,

4 and the doors on the street are shut— when the sound of the grinding is low, and one rises up at the sound of a bird, and all the daughters of song are brought low—

5 they are afraid also of what is high, and terrors are in the way; the almond tree blossoms, the grasshopper drags itself along,[1] and desire fails, because man is going to his eternal home, and the mourners go about the streets—

6 before the silver cord is snapped, or the golden bowl is broken, or the pitcher is shattered at the fountain, or the wheel broken at the cistern,

7 and the dust returns to the earth as it was, and the spirit returns to God who gave it.

8 Vanity of vanities, says the Preacher; all is vanity.

Fear God and Keep His Commandments

¶ **9** Besides being wise, the Preacher also taught the people knowledge, weighing and studying and arranging many proverbs with great care.

10 The Preacher sought to find words of delight, and uprightly he wrote words of truth.

¶ **11** The words of the wise are like goads, and like nails firmly fixed are the collected sayings; they are given by one Shepherd.

12 My son, beware of anything beyond these. Of making many books there is no end, and much study is a weariness of the flesh.

¶ **13** The end of the matter; all has been heard. Fear God and keep his commandments, for this is the whole duty of man.[2]

14 For God will bring every deed into judgment, with[3] every secret thing, whether good or evil.

DAS HOHELIED SALOMOS

THE SONG OF SOLOMON

(vgl. Ps 45,1-18)

1 Das Hohelied Salomos.

1 The Song of Songs, which is Solomon's.

The Bride Confesses Her Love

SHE[1]

¶ **2** Er küsse mich mit dem Kusse seines Mundes;
> denn deine Liebe ist lieblicher als Wein.

3 Es riechen deine Salben köstlich;
> dein Name ist eine ausgeschüttete Salbe,
darum lieben dich die Mädchen.

4 Zieh mich dir nach, so wollen wir laufen.
> Der König führte mich in seine Kammern.
Wir wollen uns freuen und fröhlich sein über dich;
> wir preisen deine Liebe mehr als den Wein.
Herzlich lieben sie dich.

¶ **5** Ich bin braun, aber gar lieblich,
> ihr Töchter Jerusalems,
wie die Zelte Kedars,
> wie die Teppiche Salomos.

6 Seht mich nicht an, dass ich so braun bin;
> denn die Sonne hat mich so verbrannt.
Meiner Mutter Söhne zürnten mit mir.
Sie haben mich zur Hüterin der Weinberge gesetzt;
> aber meinen eigenen Weinberg habe ich nicht behütet.

¶ **7** Sage mir an, du, den meine Seele liebt,
> wo du weidest, wo du ruhst am Mittag,
damit ich nicht herumlaufen muss
> bei den Herden deiner Gesellen.

2 Let him kiss me with the kisses of his mouth!
> For your love is better than wine;

3 your anointing oils are fragrant;
> your name is oil poured out;
> therefore virgins love you.

4 Draw me after you; let us run.
> The king has brought me into his chambers.

OTHERS

We will exult and rejoice in you;
> we will extol your love more than wine;
> rightly do they love you.

SHE

5 I am very dark, but lovely,
> O daughters of Jerusalem,
like the tents of Kedar,
> like the curtains of Solomon.

6 Do not gaze at me because I am dark,
> because the sun has looked upon me.
My mother's sons were angry with me;
> they made me keeper of the vineyards,
> but my own vineyard I have not kept!

7 Tell me, you whom my soul loves,
> where you pasture your flock,
> where you make it lie down at noon;
for why should I be like one who veils herself
> beside the flocks of your companions?

Solomon and His Bride Delight in Each Other

¶ **8** Weißt du es nicht,
du Schönste unter den Frauen,
so geh hinaus auf die Spuren der Schafe
und weide deine Zicklein bei den
Zelten der Hirten.

¶ **9** Ich vergleiche dich, meine Freundin,
einer Stute an den Wagen des Pharao.

10 Deine Wangen sind lieblich mit den
Kettchen
und dein Hals mit den
Perlenschnüren.

11 Wir wollen dir goldene Kettchen
machen
mit kleinen silbernen Kugeln.

¶ **12** Als der König sich herwandte,
gab meine Narde ihren Duft.

13 Mein Freund ist mir ein Büschel
Myrrhen,
das zwischen meinen Brüsten hängt.

14 Mein Freund ist mir eine Traube von
Zyperblumen
in den Weingärten von En-Gedi.

¶ **15** Siehe, meine Freundin, du bist schön;
schön bist du, deine Augen sind wie
Taubenaugen.

¶ **16** Siehe, mein Freund, du bist schön und
lieblich.
Unser Lager ist grün.

17 Die Balken unserer Häuser sind Zedern,
unsere Täfelung Zypressen.

2 Ich bin eine Blume in Scharon
und eine Lilie im Tal.

¶ **2** Wie eine Lilie unter den Dornen,
so ist meine Freundin unter den
Mädchen.

He

8 If you do not know,
O most beautiful among women,
follow in the tracks of the flock,
and pasture your young goats
beside the shepherds' tents.

9 I compare you, my love,
to a mare among Pharaoh's chariots.

10 Your cheeks are lovely with ornaments,
your neck with strings of jewels.

Others

11 We will make for you[2] ornaments of
gold,
studded with silver.

She

12 While the king was on his couch,
my nard gave forth its fragrance.

13 My beloved is to me a sachet of myrrh
that lies between my breasts.

14 My beloved is to me a cluster of henna
blossoms
in the vineyards of Engedi.

He

15 Behold, you are beautiful, my love;
behold, you are beautiful;
your eyes are doves.

She

16 Behold, you are beautiful, my beloved,
truly delightful.
Our couch is green;

17 the beams of our house are cedar;
our rafters are [j]pine.

2 I am a rose[1] of Sharon,
a lily of the valleys.

He

2 As a lily among brambles,
so is my love among the young
women.

¶ **3** Wie ein Apfelbaum unter den wilden
   Bäumen,
   so ist mein Freund unter den
   Jünglingen.
   Unter seinem Schatten zu sitzen begehre
   ich,
   und seine Frucht ist meinem Gaumen
   süß.
¶ **4** Er führt mich in den Weinkeller,
   und die Liebe ist sein Zeichen über
   mir.
5 Er erquickt mich mit Traubenkuchen
   und labt mich mit Äpfeln;
   denn ich bin krank vor Liebe.
6 Seine Linke liegt unter meinem Haupte,
   und seine Rechte herzt mich.
¶ **7** Ich beschwöre euch, ihr Töchter
   Jerusalems,
   bei den Gazellen oder bei den Hinden
   auf dem Felde,
   dass ihr die Liebe nicht aufweckt und
   nicht stört,
   bis es ihr selbst gefällt.

¶ **8** Da ist die Stimme meines Freundes!
   Siehe, er kommt
   und hüpft über die Berge
   und springt über die Hügel.
9 Mein Freund gleicht einer Gazelle
   oder einem jungen Hirsch.
   Siehe, er steht hinter unsrer Wand
   und sieht durchs Fenster und blickt
   durchs Gitter.

10 Mein Freund antwortet und spricht zu
   mir:
   Steh auf, meine Freundin, meine
   Schöne, und komm her!
11 Denn siehe, der Winter ist vergangen,
   der Regen ist vorbei und dahin.
12 Die Blumen sind aufgegangen im Lande,
   der Lenz ist herbeigekommen,
   und die Turteltaube lässt sich hören in
   unserm Lande.
13 Der Feigenbaum hat Knoten gewonnen,
   und die Reben duften mit ihren
   Blüten.
   Steh auf, meine Freundin, und komm,
   meine Schöne, komm her!
14 Meine Taube in den Felsklüften,
   im Versteck der Felswand,
   zeige mir deine Gestalt,
   lass mich hören deine Stimme;
   denn deine Stimme ist süß,
   und deine Gestalt ist lieblich.

3 As an apple tree among the trees of the
   forest,
   so is my beloved among the young
   men.
   With great delight I sat in his shadow,
   and his fruit was sweet to my taste.
4 He brought me to the banqueting
   house,[2]
   and his banner over me was love.
5 Sustain me with raisins;
   refresh me with apples,
   for I am sick with love.
6 His left hand is under my head,
   and his right hand embraces me!
7 I adjure you,[3] O daughters of Jerusalem,
   by the gazelles or the does of the field,
   that you not stir up or awaken love
   until it pleases.

The Bride Adores Her Beloved

8 The voice of my beloved!
   Behold, he comes,
   leaping over the mountains,
   bounding over the hills.
9 My beloved is like a gazelle
   or a young stag.
   Behold, there he stands
   behind our wall,
   gazing through the windows,
   looking through the lattice.
10 My beloved speaks and says to me:
   "Arise, my love, my beautiful one,
   and come away,

11 for behold, the winter is past;
   the rain is over and gone.
12 The flowers appear on the earth,
   the time of singing[4] has come,
   and the voice of the turtledove
   is heard in our land.
13 The fig tree ripens its figs,
   and the vines are in blossom;
   they give forth fragrance.
   Arise, my love, my beautiful one,
   and come away.
14 O my dove, in the clefts of the rock,
   in the crannies of the cliff,
   let me see your face,
   let me hear your voice,
   for your voice is sweet,
   and your face is lovely.

¶ **15** Fangt uns die Füchse, die kleinen
Füchse,
die die Weinberge verderben;
denn unsere Weinberge haben Blüten
bekommen.

¶ **16** Mein Freund ist mein und ich bin sein,
der unter den Lilien weidet.

17 Bis der Tag kühl wird
und die Schatten schwinden,
wende dich her gleich einer Gazelle,
mein Freund,
oder gleich einem jungen Hirsch auf
den Balsambergen.

3 Des Nachts auf meinem Lager suchte ich,
den meine Seele liebt.
Ich suchte; aber ich fand ihn nicht.

2 Ich will aufstehen und in der Stadt
umhergehen
auf den Gassen und Straßen
und suchen, den meine Seele liebt.
Ich suchte; aber ich fand ihn nicht.

3 Es fanden mich die Wächter,
die in der Stadt umhergehen:
»Habt ihr nicht gesehen, den meine
Seele liebt?«

4 Als ich ein wenig an ihnen vorüber war,
da fand ich, den meine Seele liebt.
Ich hielt ihn und ließ ihn nicht los,
bis ich ihn brachte in meiner Mutter
Haus,
in die Kammer derer, die mich geboren
hat. –

5 Ich beschwöre euch, ihr Töchter
Jerusalems,
bei den Gazellen oder bei den Hinden
auf dem Felde,
dass ihr die Liebe nicht aufweckt und
nicht stört,
bis es ihr selbst gefällt.

¶ **6** Was steigt da herauf aus der Wüste
wie ein gerader Rauch,
wie ein Duft von Myrrhe, Weihrauch
und allerlei Gewürz des Krämers?

7 Siehe, es ist die Sänfte Salomos;
sechzig Starke sind um sie her von den
Starken in Israel.

15 Catch the foxes[5] for us,
the little foxes
that spoil the vineyards,
for our vineyards are in blossom."

16 My beloved is mine, and I am his;
he grazes[6] among the lilies.

17 Until the day breathes
and the shadows flee,
turn, my beloved, be like a gazelle
or a young stag on cleft mountains.[7]

The Bride's Dream

3 On my bed by night
I sought him whom my soul loves;
I sought him, but found him not.

2 I will rise now and go about the city,
in the streets and in the squares;
I will seek him whom my soul loves.
I sought him, but found him not.

3 The watchmen found me
as they went about in the city.
"Have you seen him whom my soul
loves?"

4 Scarcely had I passed them
when I found him whom my soul
loves.
I held him, and would not let him go
until I had brought him into my mother's house,
and into the chamber of her who conceived me.

5 I adjure you, O daughters of Jerusalem,
by the gazelles or the does of the field,
that you not stir up or awaken love
until it pleases.

Solomon Arrives for the Wedding

6 What is that coming up from the
wilderness
like columns of smoke,
perfumed with myrrh and frankincense,
with all the fragrant powders of a
merchant?

7 Behold, it is the litter[1] of Solomon!
Around it are sixty mighty men,
some of the mighty men of Israel,

8 Alle halten sie Schwerter
und sind geübt im Kampf;
ein jeder hat sein Schwert an der Hüfte
gegen die Schrecken der Nacht.

9 Der König Salomo ließ sich eine Sänfte
machen
aus Holz vom Libanon.

10 Ihre Säulen machte er aus Silber,
ihre Lehnen aus Gold,
ihren Sitz mit Purpur bezogen,
ihr Inneres mit Ebenholz eingelegt. –
Ihr Töchter Jerusalems,

11 kommt heraus
und seht, ihr Töchter Zions,
den König Salomo mit der Krone,
mit der ihn seine Mutter gekrönt hat
am Tage seiner Hochzeit,
am Tage der Freude seines Herzens.

4 Siehe, meine Freundin, du bist schön!
Siehe, schön bist du!
Deine Augen sind wie Taubenaugen
hinter deinem Schleier.
Dein Haar ist wie eine Herde Ziegen,
die herabsteigen vom Gebirge Gilead.

2 Deine Zähne sind wie eine Herde
geschorener Schafe,
die aus der Schwemme kommen;
alle haben sie Zwillinge,
und keines unter ihnen ist
unfruchtbar.

3 Deine Lippen sind wie eine scharlachfarbene Schnur,
und dein Mund ist lieblich.
Deine Schläfen sind hinter deinem
Schleier
wie eine Scheibe vom Granatapfel.

4 Dein Hals ist wie der Turm Davids,
mit Brustwehr gebaut,
an dem tausend Schilde hangen,
lauter Schilde der Starken.

5 Deine beiden Brüste sind wie junge
Zwillinge von Gazellen,
die unter den Lilien weiden.

6 Bis der Tag kühl wird
und die Schatten schwinden,
will ich zum Myrrhenberge gehen
und zum Weihrauchhügel.

7 Du bist wunderbar schön, meine
Freundin,
und kein Makel ist an dir.

8 all of them wearing swords
and expert in war,
each with his sword at his thigh,
against terror by night.

9 King Solomon made himself a carriage[2]
from the wood of Lebanon.

10 He made its posts of silver,
its back of gold, its seat of purple;
its interior was inlaid with love
by the daughters of Jerusalem.

11 Go out, O daughters of Zion,
and look upon King Solomon,
with the crown with which his mother
crowned him
on the day of his wedding,
on the day of the gladness of his heart.

Solomon Admires His Bride's Beauty

H E

4 Behold, you are beautiful, my love,
behold, you are beautiful!
Your eyes are doves
behind your veil.
Your hair is like a flock of goats
leaping down the slopes of Gilead.

2 Your teeth are like a flock of shorn ewes
that have come up from the washing,
all of which bear twins,
and not one among them has lost its
young.

3 Your lips are like a scarlet thread,
and your mouth is lovely.
Your cheeks are like halves of a
pomegranate
behind your veil.

4 Your neck is like the tower of David,
built in rows of stone;[1]
on it hang a thousand shields,
all of them shields of warriors.

5 Your two breasts are like two fawns,
twins of a gazelle,
that graze among the lilies.

6 Until the day breathes
and the shadows flee,
I will go away to the mountain of myrrh
and the hill of [d]frankincense.

7 You are altogether beautiful, my love;
there is no flaw in you.

¶ 8 Komm mit mir, meine Braut, vom
    Libanon,
    komm mit mir vom Libanon,
steig herab von der Höhe des Amana,
von der Höhe des Senir und Hermon,
von den Wohnungen der Löwen,
von den Bergen der Leoparden!

¶ 9 Du hast mir das Herz genommen, meine
    Schwester,
    liebe Braut, du hast mir das Herz
    genommen
mit einem einzigen Blick deiner Augen,
mit einer einzigen Kette an deinem
    Hals.

10 Wie schön ist deine Liebe,
    meine Schwester, liebe Braut!
Deine Liebe ist lieblicher als Wein,
    und der Geruch deiner Salben über-
    trifft alle Gewürze.

11 Von deinen Lippen, meine Braut, träufelt
    Honigseim.
Honig und Milch sind unter deiner
    Zunge,
und der Duft deiner Kleider ist wie der
    Duft des Libanon.

¶ 12 Meine Schwester, liebe Braut, du bist ein
    verschlossener Garten,
    eine verschlossene Quelle, ein ver-
    siegelter Born.

13 Du bist gewachsen wie ein Lustgarten
    von Granatäpfeln
    mit edlen Früchten, Zyperblumen mit
    Narden,

14 Narde und Safran, Kalmus und Zimt,
    mit allerlei Weihrauchsträuchern,
    Myrrhe und Aloe,
    mit allen feinen Gewürzen.

15 Ein Gartenbrunnen bist du,
    ein Born lebendigen Wassers,
das vom Libanon fließt.

¶ 16 Steh auf, Nordwind,
    und komm, Südwind,
und wehe durch meinen Garten,
    dass der Duft seiner Gewürze ströme!
Mein Freund komme in seinen Garten
und esse von seinen edlen Früchten.

8 Come with me from Lebanon, my bride;
    come with me from [h]Lebanon.
Depart[2] from the peak of Amana,
    from the peak of Senir and Hermon,
from the dens of lions,
    from the mountains of leopards.

9 You have captivated my heart, my sister,
    my bride;
you have captivated my heart with one
    glance of your eyes,
    with one jewel of your necklace.

10 How beautiful is your love, my sister, my
    bride!
How much better is your love than
    wine,
and the fragrance of your oils than any
    spice!

11 Your lips drip nectar, my bride;
    honey and milk are under your
    tongue;
the fragrance of your garments is like
    the fragrance of Lebanon.

12 A garden locked is my sister, my bride,
    a spring locked, a fountain sealed.

13 Your shoots are an orchard of
    pomegranates
    with all choicest fruits,
    henna with nard,

14 nard and saffron, calamus and
    [y]cinnamon,
    with all trees of frankincense,
    myrrh and aloes,
    with all [y]choice spices—

15 a garden fountain, a well of living water,
    and flowing streams from Lebanon.

16 Awake, O north wind,
    and come, O south wind!
Blow upon my garden,
    let its spices flow.

Together in the Garden of Love

SHE

Let my beloved come to his garden,
    and eat its choicest fruits.

5 Ich bin gekommen, meine Schwester,
    liebe Braut, in meinen Garten.
  Ich habe meine Myrrhe samt meinen
    Gewürzen gepflückt;
  ich habe meine Wabe samt meinem
    Honig gegessen;
  ich habe meinen Wein samt meiner
    Milch getrunken.
  Esst, meine Freunde, und trinkt
    und werdet trunken von Liebe!

5 I came to my garden, my sister, my
    bride,
  I gathered my myrrh with my spice,
  I ate my honeycomb with my honey,
  I drank my wine with my milk.

O<small>THERS</small>

Eat, friends, drink,
  and be drunk with love!

The Bride Searches for Her Beloved

S<small>HE</small>

2 Ich schlief, aber mein Herz war wach.
  Da ist die Stimme meines Freundes,
    der anklopft:
  »Tu mir auf, liebe Freundin, meine
    Schwester,
  meine Taube, meine Reine!
  Denn mein Haupt ist voll Tau
    und meine Locken voll Nachttropfen.«
3 »Ich habe mein Kleid ausgezogen
  – wie soll ich es wieder anziehen?
  Ich habe meine Füße gewaschen
  – wie soll ich sie wieder schmutzig
    machen?«
4 Mein Freund steckte seine Hand durchs
    Riegelloch,
  und mein Innerstes wallte ihm
    entgegen.
5 Da stand ich auf,
  dass ich meinem Freunde auftäte;
  meine Hände troffen von Myrrhe
  und meine Finger von fließender
    Myrrhe am Griff des Riegels.
6 Aber als ich meinem Freund aufgetan
    hatte,
  war er weg und fortgegangen.
  Meine Seele war außer sich,
    dass er sich abgewandt hatte.
  Ich suchte ihn, aber ich fand ihn nicht;
    ich rief, aber er antwortete mir nicht.
7 Es fanden mich die Wächter,
  die in der Stadt umhergehen;
  die schlugen mich wund.
  Die Wächter auf der Mauer nahmen
    mir meinen Überwurf.
8 Ich beschwöre euch, ihr Töchter
  Jerusalems,
  findet ihr meinen Freund, so sagt ihm,
  dass ich vor Liebe krank bin.

2 I slept, but my heart was awake.
  A sound! My beloved is knocking.
  "Open to me, my sister, my love,
    my dove, my perfect one,
  for my head is wet with dew,
    my locks with the drops of the night."

3 I had put off my garment;
    how could I put it on?
  I had bathed my feet;
    how could I soil them?

4 My beloved put his hand to the latch,
    and my heart was thrilled within me.

5 I arose to open to my beloved,
    and my hands dripped with myrrh,
  my fingers with liquid myrrh,
    on the handles of the bolt.

6 I opened to my beloved,
    but my beloved had turned and gone.
  My soul failed me when he spoke.
  I sought him, but found him not;
    I called him, but he gave no answer.

7 The watchmen found me
    as they went about in the city;
  they beat me, they bruised me,
    they took away my veil,
    those watchmen of the walls.
8 I adjure you, O daughters of Jerusalem,
  if you find my beloved,
  that you tell him
    I am sick with love.

OTHERS

¶ **9** Was hat dein Freund vor andern
Freunden voraus,
o du Schönste unter den Frauen?
Was hat dein Freund vor andern
Freunden voraus,
dass du uns so beschwörst?

9 What is your beloved more than another
beloved,
O most beautiful among women?
What is your beloved more than another
beloved,
that you thus adjure us?

The Bride Praises Her Beloved

SHE

¶ **10** Mein Freund ist weiß und rot,
auserkoren unter vielen Tausenden.

10 My beloved is radiant and ruddy,
distinguished among ten thousand.

11 Sein Haupt ist das feinste Gold.
Seine Locken sind kraus,
schwarz wie ein Rabe.

11 His head is the finest gold;
his locks are wavy,
black as a raven.

12 Seine Augen sind wie Tauben
an den Wasserbächen,
sie baden in Milch
und sitzen an reichen Wassern.

12 His eyes are like doves
beside streams of water,
bathed in milk,
sitting beside a full pool.[1]

13 Seine Wangen sind wie Balsambeete,
in denen Gewürzkräuter wachsen.
Seine Lippen sind wie Lilien,
die von fließender Myrrhe triefen.

13 His cheeks are like beds of spices,
mounds of sweet-smelling herbs.
His lips are lilies,
dripping liquid myrrh.

14 Seine Finger sind wie goldene Stäbe,
voller Türkise.
Sein Leib ist wie reines Elfenbein,
mit Saphiren geschmückt.

14 His arms are rods of gold,
set with jewels.
His body is polished ivory,[2]
bedecked with sapphires.[3]

15 Seine Beine sind wie Marmorsäulen,
gegründet auf goldenen Füßen.
Seine Gestalt ist wie der Libanon,
auserwählt wie Zedern.

15 His legs are alabaster columns,
set on bases of gold.
His appearance is like Lebanon,
choice as the cedars.

16 Sein Mund ist süß,
und alles an ihm ist lieblich. –
So ist mein Freund; ja, mein Freund ist
so,
ihr Töchter Jerusalems!

16 His mouth[4] is most sweet,
and he is altogether desirable.
This is my beloved and this is my friend,
O daughters of Jerusalem.

OTHERS

6 »Wo ist denn dein Freund hingegangen,
o du Schönste unter den Frauen?
Wo hat sich dein Freund hingewandt?
So wollen wir ihn mit dir suchen.«

6 Where has your beloved gone,
O most beautiful among women?
Where has your beloved turned,
that we may seek him with you?

Together in the Garden of Love

SHE

¶ **2** Mein Freund ist hinabgegangen in
seinen Garten,
zu den Balsambeeten,
dass er weide in den Gärten
und Lilien pflücke.

2 My beloved has gone down to his
garden
to the beds of spices,
to graze[1] in the gardens
and to gather lilies.

3 Mein Freund ist mein und ich bin sein,
der unter den Lilien weidet.

3 I am my beloved's and my beloved is
mine;
he grazes among the lilies.

¶ 4 Du bist schön, meine Freundin, wie Tirza,
lieblich wie Jerusalem,
gewaltig wie ein Heer.
5 Wende deine Augen von mir;
denn sie verwirren mich.
Deine Haare sind wie eine Herde Ziegen,
die herabsteigen vom Gebirge Gilead.
6 Deine Zähne sind wie eine Herde Schafe,
die aus der Schwemme kommen;
alle haben sie Zwillinge,
und keines unter ihnen ist unfruchtbar.
7 Deine Schläfen sind hinter deinem Schleier
wie eine Scheibe vom Granatapfel.
¶ 8 Sechzig Königinnen sind es
und achtzig Nebenfrauen
und Jungfrauen ohne Zahl.
9 Aber eine ist meine Taube, meine Reine;
die Einzige ist sie für ihre Mutter,
das Liebste für die, die sie geboren hat.
Als die Töchter sie sahen, priesen sie sie glücklich;
die Königinnen und Nebenfrauen rühmten sie.

¶ 10 Wer ist sie, die hervorbricht wie die Morgenröte,
schön wie der Mond,
klar wie die Sonne,
gewaltig wie ein Heer?

¶ 11 Ich bin hinabgegangen in den Nussgarten,
zu schauen die Knospen im Tal,
zu schauen, ob der Weinstock sprosst,
ob die Granatbäume blühen.
12 Ohne dass ich's merkte,
trieb mich mein Verlangen zu der Tochter eines Fürsten.

7 Wende dich hin, wende dich her,
o Sulamith!
Wende dich hin, wende dich her, dass wir dich schauen!
¶ Was seht ihr an Sulamith
beim Reigen im Lager?

Solomon and His Bride Delight in Each Other

He

4 You are beautiful as Tirzah, my love,
lovely as Jerusalem,
awesome as an army with banners.
5 Turn away your eyes from me,
for they overwhelm me—
Your hair is like a flock of goats
leaping down the slopes of Gilead.
6 Your teeth are like a flock of ewes
that have come up from the washing;
all of them bear twins;
not one among them has lost its young.
7 Your cheeks are like halves of a pomegranate
behind your veil.
8 There are sixty queens and eighty [c]concubines,
and virgins without number.
9 My dove, my perfect one, is the only one,
the only one of her mother,
pure to her who bore her.
The young women saw her and called her blessed;
the queens and [c]concubines also, and they praised her.

10 "Who is this who looks down like the dawn,
beautiful as the moon, bright as the sun,
awesome as an army with banners?"

She

11 I went down to the nut orchard
to look at the blossoms of the valley,
to see whether the vines had budded,
whether the pomegranates were in bloom.
12 Before I was aware, my desire set me
among the chariots of my kinsman, a prince.[2]

Others

13[3] Return, return, O Shulammite,
return, return, that we may look upon you.

He

Why should you look upon [q]the Shulammite,
as upon a dance before two armies?[4]

¶ 2 Wie schön ist dein Gang in den
Schuhen,
du Fürstentochter!
Die Rundung deiner Hüfte ist wie ein
Halsgeschmeide,
das des Meisters Hand gemacht hat.

3 Dein Schoß ist wie ein runder Becher,
dem nimmer Getränk mangelt.
Dein Leib ist wie ein Weizenhaufen,
umsteckt mit Lilien.

4 Deine beiden Brüste sind wie junge
Zwillinge von Gazellen.

5 Dein Hals ist wie ein Turm von
Elfenbein.
Deine Augen sind wie die Teiche von
Heschbon
am Tor Bat-Rabbim.
Deine Nase ist wie der Turm auf dem
Libanon,
der nach Damaskus sieht.

6 Dein Haupt auf dir ist wie der Karmel.
Das Haar auf deinem Haupt ist wie
Purpur;
ein König liegt in deinen Locken
gefangen.

¶ 7 Wie schön und wie lieblich bist du,
du Liebe voller Wonne!

8 Dein Wuchs ist hoch wie ein
Palmbaum,
deine Brüste gleichen den
Weintrauben.

9 Ich sprach: Ich will auf den Palmbaum
steigen
und seine Zweige ergreifen.
Lass deine Brüste sein wie Trauben am
Weinstock
und den Duft deines Atems wie Äpfel;

10 lass deinen Mund sein wie guten Wein,
der meinem Gaumen glatt eingeht
und Lippen und Zähne mir netzt.

¶ 11 Meinem Freund gehöre ich
und nach mir steht sein Verlangen.

12 Komm, mein Freund, lass uns aufs Feld
hinausgehen
und unter Zyperblumen die Nacht
verbringen,

7 How beautiful are your feet in
sandals,
O noble daughter!
Your rounded thighs are like jewels,
the work of a master hand.

2 Your navel is a rounded bowl
that never lacks mixed wine.
Your belly is a heap of wheat,
encircled with lilies.

3 Your two breasts are like two fawns,
twins of a gazelle.

4 Your neck is like an ivory tower.
Your eyes are pools in Heshbon,
by the gate of Bath-rabbim.
Your nose is like a tower of Lebanon,
which looks toward Damascus.

5 Your head crowns you like Carmel,
and your flowing locks are like purple;
a king is held captive in the tresses.

6 How beautiful and pleasant you are,
O loved one, with all your delights![1]

7 Your stature is like a palm tree,
and your breasts are like its clusters.

8 I say I will climb the palm tree
and lay hold of its fruit.
Oh may your breasts be like clusters of
the vine,
and the scent of your breath like
apples,

9 and your mouth[2] like the best wine.

SHE

It goes down smoothly for my beloved,
gliding over lips and teeth.[3]

10 I am my beloved's,
and his desire is for me.

The Bride Gives Her Love

11 Come, my beloved,
let us go out into the fields
and lodge in the villages;[4]

13 dass wir früh aufbrechen zu den
Weinbergen und sehen,
ob der Weinstock sprosst
und seine Blüten aufgehen,
ob die Granatbäume blühen.
Da will ich dir meine Liebe schenken.

¶ 14 Die Liebesäpfel geben den Duft,
und an unsrer Tür sind lauter edle
Früchte,
heurige und auch vorjährige:
Mein Freund, für dich hab ich sie
aufbewahrt.

8 O dass du mein Bruder wärest,
der meiner Mutter Brüste gesogen!
Fände ich dich draußen, so wollte ich
dich küssen
und niemand dürfte mich schelten!

2 Ich wollte dich führen und in meiner
Mutter Haus bringen,
in die Kammer derer, die mich gebar.
Da wollte ich dich tränken mit
gewürztem Wein
und mit dem Most meiner
Granatäpfel.

¶ 3 Seine Linke liegt unter meinem Haupt,
und seine Rechte herzt mich. –

4 Ich beschwöre euch, ihr Töchter
Jerusalems,
dass ihr die Liebe nicht aufweckt und
nicht stört,
bis es ihr selbst gefällt.

¶ 5 Wer ist sie, die heraufsteigt von der
Wüste
und lehnt sich auf ihren Freund?
¶ Unter dem Apfelbaum weckte ich dich,
wo deine Mutter mit dir in Wehen
kam,
wo in Wehen kam, die dich gebar.

6 Lege mich wie ein Siegel auf dein Herz,
wie ein Siegel auf deinen Arm.
Denn Liebe ist stark wie der Tod
und Leidenschaft unwiderstehlich wie
das Totenreich.
Ihre Glut ist feurig
und eine Flamme des HERRN,

12 let us go out early to the vineyards
and see whether the vines have
budded,
whether the grape blossoms have
opened
and the pomegranates are in bloom.
There I will give you my love.

13 The mandrakes give forth fragrance,
and beside our doors are all choice
fruits,
new as well as old,
which I have laid up for you, O my
beloved.

Longing for Her Beloved

8 Oh that you were like a brother to
me
who nursed at my mother's breasts!
If I found you outside, I would kiss you,
and none would despise me.

2 I would lead you and bring you
into the house of my mother—
she who used to teach me.
I would give you spiced wine to drink,
the juice of my pomegranate.

3 His left hand is under my head,
and his right hand embraces me!

4 I adjure you, O daughters of Jerusalem,
that you not stir up or awaken love
until it pleases.

5 Who is that coming up from the
wilderness,
leaning on her beloved?

Under the apple tree I awakened you.
There your mother was in labor with
you;
there she who bore you was in labor.

6 Set me as a seal upon your heart,
as a seal upon your arm,
for love is strong as death,
jealousy[1] is fierce as the grave.[2]
Its flashes are flashes of fire,
the very flame of the LORD.

7 sodass auch viele Wasser die Liebe nicht
auslöschen
und Ströme sie nicht ertränken
können.
Wenn einer alles Gut in seinem Hause
um die Liebe geben wollte,
so könnte das alles nicht genügen.

¶ **8** Unsre Schwester ist klein
und hat keine Brüste.
Was sollen wir mit unsrer Schwester
tun,
wenn man um sie werben wird?

9 Ist sie eine Mauer,
so wollen wir ein silbernes Bollwerk
darauf bauen.
Ist sie eine Tür,
so wollen wir sie sichern mit
Zedernbohlen.

¶ **10** Ich bin eine Mauer,
und meine Brüste sind wie Türme.
Da bin ich geworden in seinen Augen
wie eine, die Frieden findet.

¶ **11** Salomo hat einen Weinberg in Baal-
Hamon.
Er gab den Weinberg den Wächtern,
dass jeder für seine Früchte brächte
tausend Silberstücke.

12 Mein Weinberg gehört mir.
Die tausend lasse ich dir, Salomo,
und zweihundert den Wächtern seiner
Früchte.

¶ **13** Die du wohnst in den Gärten,
lass mich deine Stimme hören;
die Gefährten lauschen dir.

¶ **14** Flieh, mein Freund! Sei wie eine
Gazelle
oder wie ein junger Hirsch auf den
Balsambergen!

7 Many waters cannot quench love,
neither can floods drown it.
If a man offered for love
all the wealth of his house,
he[3] would be utterly despised.

Final Advice

OTHERS

8 We have a little sister,
and she has no breasts.
What shall we do for our sister
on the day when she is spoken for?

9 If she is a wall,
we will build on her a battlement of
silver,
but if she is a door,
we will enclose her with boards of
cedar.

SHE

10 I was a wall,
and my breasts were like towers;
then I was in his eyes
as one who finds[4] peace.

11 Solomon had a vineyard at Baal-hamon;
he let out the vineyard to keepers;
each one was to bring for its fruit a
thousand pieces of silver.

12 My vineyard, my very own, is before
me;
you, O Solomon, may have the
thousand,
and the keepers of the fruit two
hundred.

HE

13 O you who dwell in the gardens,
with companions listening for your
voice;
let me hear it.

SHE

14 Make haste, my beloved,
and be like a gazelle
or a young stag
on the mountains of spices.

DER PROPHET JESAJA

ISAIAH

1 Dies ist die Offenbarung, die Jesaja, der Sohn des Amoz, geschaut hat über Juda und Jerusalem zur Zeit des Usija, Jotam, Ahas und Hiskia, der Könige von Juda.

1 The vision of Isaiah the son of Amoz, which he saw concerning Judah and Jerusalem in the days of Uzziah, Jotham, Ahaz, and Hezekiah, kings of Judah.

Gottes Anklage gegen das abtrünnige Volk

2 Höret, ihr Himmel, und Erde, nimm zu Ohren, denn der HERR redet! Ich habe Kinder großgezogen und hochgebracht, und sie sind von mir abgefallen!

3 **Ein Ochse kennt seinen Herrn und ein Esel die Krippe seines Herrn; aber Israel kennt's nicht, und mein Volk versteht's nicht.**

¶ 4 Wehe dem sündigen Volk, dem Volk mit Schuld beladen, dem boshaften Geschlecht, den verderbten Kindern, die den HERRN verlassen, den Heiligen Israels lästern, die abgefallen sind!

5 Wohin soll man euch noch schlagen, die ihr doch weiter im Abfall verharrt? Das ganze Haupt ist krank, das ganze Herz ist matt.

6 Von der Fußsohle bis zum Haupt ist nichts Gesundes an euch, sondern Beulen und Striemen und frische Wunden, die nicht gereinigt noch verbunden noch mit Öl gelindert sind.

¶ 7 Euer Land ist verwüstet, eure Städte sind mit Feuer verbrannt; Fremde verzehren eure Äcker vor euren Augen; alles ist verwüstet wie beim Untergang Sodoms.

8 Übrig geblieben ist allein die Tochter Zion wie ein Häuslein im Weinberg, wie eine Nachthütte im Gurkenfeld, wie eine belagerte Stadt.

The Wickedness of Judah

2 Hear, O heavens, and give ear, O earth;
  for the LORD has spoken:
"Children[1] have I reared and brought up,
  but they have rebelled against me.
3 The ox knows its owner,
  and the donkey its master's crib,
but Israel does [j]not know,
  my people do not understand."

4 Ah, sinful nation,
  a people laden with iniquity,
offspring of evildoers,
  children who deal corruptly!
They have forsaken the LORD,
  they have despised the Holy One of
    Israel,
  they are utterly estranged.

5 Why will you still be struck down?
  Why will you continue to rebel?
The whole head is sick,
  and the whole heart faint.
6 From the sole of the foot even to the
    head,
  there is no soundness in it,
but bruises and sores
  and raw wounds;
they are not pressed out or bound up
  or softened with oil.

7 Your country lies desolate;
  your cities are burned with fire;
in your very presence
  foreigners devour your land;
it is desolate, as overthrown by
  foreigners.
8 And the daughter of Zion is left
  like a booth in a vineyard,
like a lodge in a cucumber field,
  like a besieged city.

9 Hätte uns der HERR Zebaoth nicht einen geringen Rest übrig gelassen, so wären wir wie Sodom und gleich wie Gomorra.

¶ **10** Höret des HERRN Wort, ihr Herren von Sodom! Nimm zu Ohren die Weisung unsres Gottes, du Volk von Gomorra!

11 Was soll mir die Menge eurer Opfer?, spricht der HERR. Ich bin satt der Brandopfer von Widdern und des Fettes von Mastkälbern und habe kein Gefallen am Blut der Stiere, der Lämmer und Böcke.

12 Wenn ihr kommt, zu erscheinen vor mir – wer fordert denn von euch, dass ihr meinen Vorhof zertretet?

13 Bringt nicht mehr dar so vergebliche Speisopfer! Das Räucherwerk ist mir ein Gräuel! Neumonde und Sabbate, wenn ihr zusammenkommt, Frevel und Festversammlung mag ich nicht!

14 Meine Seele ist feind euren Neumonden und Jahresfesten; sie sind mir eine Last, ich bin's müde, sie zu tragen.

15 Und wenn ihr auch eure Hände ausbreitet, verberge ich doch meine Augen vor euch; und wenn ihr auch viel betet, höre ich euch doch nicht; denn eure Hände sind voll Blut.

16 Wascht euch, reinigt euch, tut eure bösen Taten aus meinen Augen, lasst ab vom Bösen!

17 Lernt Gutes tun, trachtet nach Recht, helft den Unterdrückten, schafft den Waisen Recht, führt der Witwen Sache!

¶ **18** So kommt denn und lasst uns miteinander rechten, spricht der HERR. Wenn eure Sünde auch blutrot ist, soll sie doch schneeweiß werden, und wenn sie rot ist wie Scharlach, soll sie doch wie Wolle werden.

19 Wollt ihr mir gehorchen, so sollt ihr des Landes Gut genießen.

9 If the LORD of hosts
  had not left us a few survivors,
we should have been like Sodom,
  and become like ˣGomorrah.

10 Hear the word of the LORD,
  you rulers of Sodom!
Give ear to the teaching[2] of our God,
  you people of ᶻGomorrah!

11 "What to me is the multitude of your
    sacrifices?
  says the LORD;
I have had enough of burnt offerings of
    rams
  and the fat of well-fed beasts;
I do not delight in the blood of bulls,
  or of lambs, or of goats.

12 "When you come to appear before me,
  who has required of you
  this trampling of my courts?

13 Bring no more vain offerings;
  incense is an abomination to me.
New moon and Sabbath and the calling
    of convocations—
  I cannot endure iniquity and solemn
    assembly.

14 Your new moons and your appointed
    feasts
  my soul hates;
they have become a burden to me;
  I am weary of bearing them.

15 When you spread out your hands,
  I will hide my eyes from you;
even though you make many prayers,
  I will not listen;
  your hands are full of blood.

16 Wash yourselves; make yourselves clean;
  remove the evil of your deeds from
    before my eyes;
cease to do evil,

17 learn to do good;
  seek justice,
  correct oppression;
bring justice to the fatherless,
  plead the widow's cause.

18 "Come now, let us reason[3] together, says
    the LORD:
though your sins are like scarlet,
  they shall be as white as snow;
though they are red like crimson,
  they shall become like wool.

19 If you are willing and obedient,
  you shall eat the good of the land;

20 Weigert ihr euch aber und seid ungehorsam, so sollt ihr vom Schwert gefressen werden; denn der Mund des HERRN sagt es.

Gottes Gericht zur Läuterung Jerusalems

21 Wie geht das zu, dass die treue Stadt zur Hure geworden ist? Sie war voll Recht, Gerechtigkeit wohnte darin; nun aber – Mörder.

22 Dein Silber ist Schlacke geworden und dein Wein mit Wasser verfälscht.

23 Deine Fürsten sind Abtrünnige und Diebsgesellen, sie nehmen alle gern Geschenke an und trachten nach Gaben. Den Waisen schaffen sie nicht Recht, und der Witwen Sache kommt nicht vor sie.

¶ **24** Darum spricht der Herr, der HERR Zebaoth, der Mächtige Israels: Wehe! Ich werde mir Trost schaffen an meinen Feinden und mich rächen an meinen Widersachern

25 und will meine Hand wider dich kehren und wie mit Lauge ausschmelzen, was Schlacke ist, und all dein Zinn ausscheiden.

26 Und ich will dir wieder Richter geben, wie sie vormals waren, und Ratsherren wie im Anfang. Alsdann wirst du eine Stadt der Gerechtigkeit und eine treue Stadt heißen.

27 Zion muss durch Gericht erlöst werden und, die zu ihr zurückkehren, durch Gerechtigkeit.

28 Die Übertreter aber und Sünder werden allesamt vernichtet werden, und die den HERRN verlassen, werden umkommen.

¶ **29** Denn ihr sollt zuschanden werden wegen der Eichen, an denen ihr eure Lust habt, und ihr sollt schamrot werden wegen der Gärten, die ihr erwählt habt.

30 Denn ihr werdet sein wie eine Eiche mit dürren Blättern und wie ein Garten ohne Wasser;

31 und der Starke wird sein wie Werg und sein Tun wie ein Funke, und beides wird miteinander brennen und niemand löscht.

20 but if you refuse and rebel,
  you shall be eaten by the sword;
 for the mouth of the LORD has
  spoken."

The Unfaithful City

21 How the faithful city
  has become a whore,[4]
 she who was full of justice!
Righteousness lodged in her,
  but now murderers.
22 Your silver has become dross,
  your best wine mixed with water.
23 Your princes are rebels
  and companions of thieves.
Everyone loves a bribe
  and runs after gifts.
They do not bring justice to the
  fatherless,
 and the widow's cause does not come
  to them.

24 Therefore the Lord declares,
  the LORD of hosts,
 the Mighty One of Israel:
"Ah, I will get relief from my enemies
  and avenge myself on my foes.
25 I will turn my hand against you
  and will smelt away your dross as with
   lye
 and remove all your alloy.
26 And I will restore your judges as at the
   first,
 and your counselors as at the
  beginning.
Afterward you shall be called the city of
  righteousness,
 the faithful city."

27 Zion shall be redeemed by justice,
  and those in her who repent, by
   righteousness.
28 But rebels and sinners shall be broken
   together,
 and those who forsake the LORD shall
  be consumed.
29 For they[5] shall be ashamed of the oaks
   that you desired;
 and you shall blush for the gardens
  that you have chosen.
30 For you shall be like an oak
  whose leaf withers,
 and like a garden without water.
31 And the strong shall become tinder,
  and his work a spark,
 and both of them shall burn together,
  with none to quench them.

<table>
<tr><td>

In Zion finden alle Völker Heil und Frieden

2 Dies ist's, was Jesaja, der Sohn des Amoz, geschaut hat über Juda und Jerusalem:

2 Es wird zur letzten Zeit der Berg, da des HERRN Haus ist, fest stehen, höher als alle Berge und über alle Hügel erhaben, und alle Heiden werden herzulaufen,

3 und viele Völker werden hingehen und sagen: Kommt, lasst uns auf den Berg des HERRN gehen, zum Hause des Gottes Jakobs, dass er uns lehre seine Wege und wir wandeln auf seinen Steigen! Denn von Zion wird Weisung ausgehen und des HERRN Wort von Jerusalem.

4 Und er wird richten unter den Heiden und zurechtweisen viele Völker. Da werden sie ihre Schwerter zu Pflugscharen und ihre Spieße zu Sicheln machen. Denn es wird kein Volk wider das andere das Schwert erheben, und sie werden hinfort nicht mehr lernen, Krieg zu führen.

¶ **5** Kommt nun, ihr vom Hause Jakob, lasst uns wandeln im Licht des HERRN!

Der Tag des Herrn macht alles Hohe niedrig

6 Aber du hast dein Volk, das Haus Jakob, verstoßen; denn sie treiben Wahrsagerei wie die im Osten und sind Zeichendeuter wie die Philister und hängen sich an die Kinder der Fremden.

7 Ihr Land ist voll Silber und Gold, und ihrer Schätze ist kein Ende; ihr Land ist voll Rosse, und ihrer Wagen ist kein Ende.

8 Auch ist ihr Land voll Götzen; sie beten an ihrer Hände Werk, das ihre Finger gemacht haben.

9 Aber gebeugt wird der Mensch, gedemütigt der Mann, und du wirst ihnen nicht vergeben.

</td><td>

The Mountain of the LORD

2 The word that Isaiah the son of Amoz saw concerning Judah and Jerusalem.

2 It shall come to pass in the latter days
  that the mountain of the house of the LORD
shall be established as the highest of the mountains,
  and shall be lifted up above the hills;
and all the nations shall flow to it,

3   and many peoples shall come, and say:
"Come, let us go up to the mountain of the LORD,
  to the house of the God of Jacob,
that he may teach us his ways
  and that we may walk in his paths."
For out of Zion shall go the law,[1]
  and the word of the LORD from Jerusalem.

4 He shall judge between the nations,
  and shall decide disputes for many peoples;
and they shall beat their swords into plowshares,
  and their spears into pruning hooks;
nation shall not lift up sword against nation,
  neither shall they learn war anymore.

5 O house of Jacob,
  come, let us walk
  in the light of the LORD.

The Day of the LORD

6 For you have rejected your people,
  the house of Jacob,
because they are full of things from the east
  and of fortune-tellers like the Philistines,
  and they strike hands with the children of foreigners.

7 Their land is filled with silver and gold,
  and there is no end to their treasures;
their land is filled with horses,
  and there is no end to their chariots.

8 Their land is filled with idols;
  they bow down to the work of their hands,
  to what their own fingers have made.

9 So man is humbled,
  and each one [b]is brought low—
  do not forgive them!

</td></tr>
</table>

10 Geh in die Felsen und verbirg dich in der Erde vor dem Schrecken des HERRN und vor seiner herrlichen Majestät!

11 Denn alle hoffärtigen Augen werden erniedrigt werden, und, die stolze Männer sind, werden sich beugen müssen; der HERR aber wird allein hoch sein an jenem Tage.

¶ **12** Denn der Tag des HERRN Zebaoth wird kommen über alles Hoffärtige und Hohe und über alles Erhabene, dass es erniedrigt werde:

13 über alle hohen und erhabenen Zedern auf dem Libanon und über alle Eichen in Baschan,

14 über alle hohen Berge und über alle erhabenen Hügel,

15 über alle hohen Türme und über alle festen Mauern,

16 über alle Schiffe im Meer und über alle kostbaren Boote,

17 dass sich beugen muss alle Hoffart der Menschen und sich demütigen müssen, die stolze Männer sind, und der HERR allein hoch sei an jenem Tage.

¶ **18** Und mit den Götzen wird's ganz aus sein.

19 Da wird man in die Höhlen der Felsen gehen und in die Klüfte der Erde vor dem Schrecken des HERRN und vor seiner herrlichen Majestät, wenn er sich aufmachen wird, zu schrecken die Erde.

20 An jenem Tage wird jedermann wegwerfen seine silbernen und goldenen Götzen, die er sich hatte machen lassen, um sie anzubeten, zu den Maulwürfen und Fledermäusen,

21 damit er sich verkriechen kann in die Felsspalten und Steinklüfte vor dem Schrecken des HERRN und vor seiner herrlichen Majestät, wenn er sich aufmachen wird, zu schrecken die Erde.

22 So lasst nun ab von dem Menschen, der nur ein Hauch ist; denn für was ist er zu achten?

10 Enter into the rock
and hide in the dust
from before the terror of the LORD,
and from the splendor of his majesty.

11 The haughty looks of man shall be
brought low,
and the lofty pride of men shall be
humbled,
and the LORD alone will be exalted in
that day.

12 For the LORD of hosts has a day
against all that is proud and lofty,
against all that is lifted up—and it
shall be brought low;

13 against all the cedars of Lebanon,
lofty and lifted up;
and against all the oaks of Bashan;

14 against all the lofty mountains,
and against all the uplifted hills;

15 against every high tower,
and against every fortified wall;

16 against all the ships of Tarshish,
and against all the beautiful craft.

17 And the haughtiness of man shall be
humbled,
and the lofty pride of men shall be
brought low,
and the LORD alone will be exalted in
that day.

18 And the idols shall utterly pass away.

19 And people shall enter the caves of the
rocks
and the holes of the ground,[2]
from before the terror of the LORD,
and from the splendor of his majesty,
when he rises to terrify the earth.

20 In that day mankind will cast away
their idols of silver and their idols of
gold,
which they made for themselves to
worship,
to the moles and to the bats,

21 to enter the caverns of the rocks
and the clefts of the cliffs,
from before the terror of the LORD,
and from the splendor of his majesty,
when he rises to terrify the earth.

22 Stop regarding man
in whose nostrils is breath,
for of what account is he?

Gottes Gericht über die Herren Jerusalems und seine eitlen Frauen

3 Siehe, der Herr, der HERR Zebaoth, wird von Jerusalem und Juda wegnehmen Stütze und Stab: allen Vorrat an Brot und allen Vorrat an Wasser,

2 Helden und Kriegsleute, Richter und Propheten, Wahrsager und Älteste,

3 Hauptleute und Vornehme, Ratsherren und Weise, Zauberer und Beschwörer.

¶ **4** Und ich will ihnen Knaben zu Fürsten geben, und Mutwillige sollen über sie herrschen.

5 Und im Volk wird einer den andern bedrängen, ein jeder seinen Nächsten. Der Junge geht los auf den Alten und der Verachtete auf den Geehrten.

6 Dann wird einer seinen Nächsten, der in seines Vaters Hause ist, drängen: Du hast noch einen Mantel! Sei unser Herr! Dieser Trümmerhaufe sei unter deiner Hand!

7 Er aber wird sie zu der Zeit beschwören und sagen: Ich bin kein Arzt; es ist kein Brot und kein Mantel in meinem Hause! Macht mich nicht zum Herrn über das Volk!

¶ **8** Denn Jerusalem ist gestrauchelt, und Juda liegt da, weil ihre Worte und ihr Tun wider den HERRN sind, dass sie seiner Majestät widerstreben.

9 Dass sie die Person ansehen, zeugt gegen sie; ihrer Sünde rühmen sie sich wie die Leute in Sodom und verbergen sie nicht. Wehe ihnen! Denn damit bringen sie sich selbst in alles Unglück.

10 Heil den Gerechten, sie haben es gut! Denn sie werden die Frucht ihrer Werke genießen.

3 For behold, the Lord GOD of hosts
is taking away from Jerusalem and from
    Judah
  support and supply,[1]
    all support of bread,
    and all support of water;

2 the mighty man and the soldier,
    the judge and the prophet,
    the diviner and the elder,

3 the captain of fifty
    and the man of rank,
    the counselor and the skillful magician
    and the expert in charms.

4 And I will make boys their princes,
    and infants[2] shall rule over them.

5 And the people will oppress one
    another,
    every one his fellow
    and every one his neighbor;
    the youth will be insolent to the elder,
    and the despised to the honorable.

6 For a man will take hold of his brother
    in the house of his father, saying:
  "You have a cloak;
    you shall be our leader,
    and this heap of ruins
    shall be under your rule";

7 in that day he will speak out, saying:
  "I will not be a healer;[3]
    in my house there is neither bread nor
      cloak;
    you shall not make me
    leader of the people."

8 For Jerusalem has stumbled,
    and Judah has fallen,
    because their speech and their deeds are
      against the LORD,
    defying his glorious presence.[4]

9 For the look on their faces bears witness
    against them;
    they proclaim their sin like Sodom;
    they do not hide it.
  Woe to them!
    For they have brought evil on
      themselves.

10 Tell the righteous that it shall be well
    with them,
    for they shall eat the fruit of their
      deeds.

11 Wehe aber den Gottlosen, sie haben es schlecht! Denn es wird ihnen vergolten werden, wie sie es verdienen.

12 Kinder sind Gebieter meines Volks, und Frauen beherrschen es. Mein Volk, deine Führer verführen dich und verwirren den Weg, den du gehen sollst!

¶ **13** Der HERR steht da zum Gericht und ist aufgetreten, sein Volk zu richten.

14 Der HERR geht ins Gericht mit den Ältesten seines Volks und mit seinen Fürsten: Ihr habt den Weinberg abgeweidet, und was ihr den Armen geraubt, ist in eurem Hause.

15 Warum zertretet ihr mein Volk und zerschlagt das Angesicht der Elenden?, spricht Gott, der HERR Zebaoth.

¶ **16** So hat der HERR gesprochen: Weil die Töchter Zions stolz sind und gehen mit aufgerecktem Halse, mit lüsternen Augen, trippeln daher und tänzeln und haben kostbare Schuhe an ihren Füßen,

17 deshalb wird der Herr den Scheitel der Töchter Zions kahl machen, und der HERR wird ihre Schläfe entblößen.

18 Zu der Zeit wird der Herr den Schmuck an den kostbaren Schuhen wegnehmen und die Stirnbänder, die Spangen,
19 die Ohrringe, die Armspangen, die Schleier,
20 die Hauben, die Schrittkettchen, die Gürtel, die Riechfläschchen, die Amulette,
21 die Fingerringe, die Nasenringe,
22 die Feierkleider, die Mäntel, die Tücher, die Täschchen,
23 die Spiegel, die Hemden, die Kopftücher, die Überwürfe.

24 Und es wird Gestank statt Wohlgeruch sein und ein Strick statt eines Gürtels und eine Glatze statt lockigen Haars und statt des Prachtgewandes ein Sack, Brandmal statt Schönheit.

11 Woe to the wicked! It shall be ill with
  him,
  for what his hands have dealt out shall
  be done to him.
12 My people—infants are their oppressors,
  and women rule over them.
  O my people, your guides mislead you
  and they have swallowed up[5] the
  course of your paths.
13 The LORD has taken his place to
  contend;
  he stands to judge peoples.
14 The LORD will enter into judgment
  with the elders and princes of his
  people:
"It is you who have devoured[6] the
  vineyard,
  the spoil of the poor is in your houses.
15 What do you mean by crushing my
  people,
  by grinding the face of the poor?"
  declares the Lord GOD of hosts.

16 The LORD said:
Because the daughters of Zion are
  haughty
  and walk with outstretched necks,
  glancing wantonly with their eyes,
  mincing along as they go,
  tinkling with their feet,
17 therefore the Lord will strike with a scab
  the heads of the daughters of Zion,
  and the LORD will lay bare their secret
  parts.

¶ **18** In that day the Lord will take away the finery of the anklets, the headbands, and the crescents;
19 the pendants, the bracelets, and the scarves;
20 the headdresses, the armlets, the sashes, the perfume boxes, and the amulets;
21 the signet rings and nose rings;
22 the festal robes, the mantles, the cloaks, and the handbags;
23 the mirrors, the linen garments, the turbans, and the veils.

24 Instead of perfume there will be
  rottenness;
  and instead of a belt, a rope;
  and instead of well-set hair, baldness;
  and instead of a rich robe, a skirt of
  sackcloth;
  and branding instead of beauty.

¶ **25** Deine Männer werden durchs Schwert fallen und deine Krieger im Kampf.

26 Und Zions Tore werden trauern und klagen, und sie wird leer und einsam auf der Erde sitzen.

4 Und sieben Frauen werden zu der Zeit einen Mann ergreifen und sprechen: Wir wollen uns selbst ernähren und kleiden, lass uns nur nach deinem Namen heißen, dass unsre Schmach von uns genommen werde.

Das künftige Heil für die Geretteten in Jerusalem

2 Zu der Zeit wird, was der HERR sprießen lässt, lieb und wert sein und die Frucht des Landes herrlich und schön bei denen, die erhalten bleiben in Israel.

3 Und wer da wird übrig sein in Zion und übrig bleiben in Jerusalem, der wird heilig heißen, ein jeder, der aufgeschrieben ist zum Leben in Jerusalem.

4 Wenn der Herr den Unflat der Töchter Zions abwaschen wird und die Blutschuld Jerusalems wegnehmen durch den Geist, der richten und ein Feuer anzünden wird,

5 dann wird der HERR über der ganzen Stätte des Berges Zion und über ihren Versammlungen eine Wolke schaffen am Tage und Rauch und Feuerglanz in der Nacht. Ja, es wird ein Schutz sein über allem, was herrlich ist,

6 und eine Hütte zum Schatten am Tage vor der Hitze und Zuflucht und Obdach vor dem Wetter und Regen.

Das Lied vom unfruchtbaren Weinberg

5 Wohlan, ich will meinem lieben Freunde singen, ein Lied von meinem Freund und seinem Weinberg.

¶ Mein Freund hatte einen Weinberg auf einer fetten Höhe.

2 Und er grub ihn um und entsteinte ihn und pflanzte darin edle Reben. Er baute auch einen Turm darin und grub eine Kelter und wartete darauf, dass er gute Trauben brächte; aber er brachte schlechte.

¶ **3** Nun richtet, ihr Bürger zu Jerusalem und ihr Männer Judas, zwischen mir und meinem Weinberg!

4 Was sollte man noch mehr tun an meinem Weinberg, das ich nicht getan habe an ihm? Warum hat er denn schlechte Trauben gebracht, während ich darauf wartete, dass er gute brächte?

25 Your men shall fall by the sword
  and your mighty men in battle.

26 And her gates shall lament and mourn;
  empty, she shall sit on the ground.

4 And seven women shall take hold of ᶠone man in that day, saying, "We will eat our own bread and wear our own clothes, only let us be called by your name; take away our reproach."

The Branch of the LORD Glorified

¶ **2** In that day the branch of the LORD shall be beautiful and glorious, and the fruit of the land shall be the pride and honor of the survivors of Israel.

3 And he who is left in Zion and remains in Jerusalem will be called holy, everyone who has been recorded for life in Jerusalem,

4 when the Lord shall have washed away the filth of the daughters of Zion and cleansed the bloodstains of Jerusalem from its midst by a spirit of judgment and by a spirit of burning.[1]

5 Then the LORD will create over the whole site of Mount Zion and over her assemblies a cloud by day, and smoke and the shining of a flaming fire by night; for over all the glory there will be a canopy.

6 There will be a booth for shade by day from the heat, and for a refuge and a shelter from the storm and rain.

The Vineyard of the LORD Destroyed

5 Let me sing for my beloved
  my love song concerning his vineyard:
    My beloved had a vineyard
    on a very fertile hill.

2 He dug it and cleared it of stones,
    and planted it with choice vines;
  he built a watchtower in the midst of it,
    and hewed out a wine vat in it;
  and he looked for it to yield grapes,
    but it yielded wild grapes.

3 And now, O inhabitants of Jerusalem
    and men of Judah,
  judge between me and my vineyard.

4 What more was there to do for my
    vineyard,
    that I have not done in it?
  When I looked for it to yield grapes,
    why did it yield wild grapes?

¶ **5** Wohlan, ich will euch zeigen, was ich mit meinem Weinberg tun will! Sein Zaun soll weggenommen werden, dass er verwüstet werde, und seine Mauer soll eingerissen werden, dass er zertreten werde.

6 Ich will ihn wüst liegen lassen, dass er nicht beschnitten noch gehackt werde, sondern Disteln und Dornen darauf wachsen, und will den Wolken gebieten, dass sie nicht darauf regnen.

¶ **7** Des HERRN Zebaoth Weinberg aber ist das Haus Israel und die Männer Judas seine Pflanzung, an der sein Herz hing. Er wartete auf Rechtsspruch, siehe, da war Rechtsbruch, auf Gerechtigkeit, siehe, da war Geschrei über Schlechtigkeit.

Weherufe über die Sünden der Großen

8 Weh denen, die ein Haus zum andern bringen und einen Acker an den andern rücken, bis kein Raum mehr da ist und sie allein das Land besitzen!

9 Es ist in meinen Ohren das Wort des HERRN Zebaoth: Fürwahr, die vielen Häuser sollen veröden und die großen und feinen leer stehen.

10 Denn zehn Morgen Weinberg sollen nur einen Eimer geben und zehn Scheffel Saat nur einen Scheffel.

¶ **11** Weh denen, die des Morgens früh auf sind, dem Saufen nachzugehen, und sitzen bis in die Nacht, dass sie der Wein erhitzt,

12 und haben Harfen, Zithern, Pauken, Pfeifen und Wein in ihrem Wohlleben, aber sehen nicht auf das Werk des HERRN und schauen nicht auf das Tun seiner Hände!

13 Darum wird mein Volk weggeführt werden unversehens, und seine Vornehmen müssen Hunger leiden und die lärmende Menge Durst.

---

5 And now I will tell you
    what I will do to my vineyard.
I will remove its hedge,
    and it shall be devoured;[1]
I will break down its wall,
    and it shall be trampled down.

6 I will make it a waste;
    it shall not be pruned or hoed,
    and briers and thorns shall grow up;
I will also command the clouds
    that they rain no rain upon it.

7 For the vineyard of the LORD of hosts
    is the house of Israel,
and the men of Judah
    are his pleasant planting;
and he looked for justice,
    but behold, bloodshed;[2]
for righteousness,
    but behold, an outcry![3]

Woe to the Wicked

8 Woe to those who join house to house,
    who add field to field,
until there is no more room,
    and you are made to dwell alone
    in the midst of the land.

9 The LORD of hosts has sworn in my
        hearing:
"Surely many houses shall be desolate,
    large and beautiful houses, without
        inhabitant.

10 For ten acres[4] of vineyard shall yield but
        one bath,
    and a homer of seed shall yield but an
        ephah."[5]

11 Woe to those who rise early in the
        morning,
    that they may run after strong drink,
who tarry late into the evening
    as wine inflames them!

12 They have lyre and harp,
    tambourine and flute and wine at their
        feasts,
but they do not regard the deeds of the
        LORD,
    or see the work of his hands.

13 Therefore my people go into exile
    for lack of knowledge;[6]
their honored men go hungry,[7]
    and their multitude is parched with
        thirst.

14 Daher hat das Totenreich den Schlund weit aufgesperrt und den Rachen aufgetan ohne Maß, dass hinunterfährt, was da prangt und lärmt, alle Übermütigen und Fröhlichen.

15 So wird gebeugt der Mensch und gedemütigt der Mann, und die Augen der Hoffärtigen werden erniedrigt,

16 aber der HERR Zebaoth wird hoch sein im Gericht und Gott, der Heilige, sich heilig erweisen in Gerechtigkeit.

17 Da werden dann Lämmer weiden wie auf ihrer Trift und Ziegen sich nähren in den Trümmerstätten der Hinweggerafften.

¶ **18** Weh denen, die das Unrecht herbeiziehen mit Stricken der Lüge und die Sünde mit Wagenseilen

19 und sprechen: Er lasse eilends und bald kommen sein Werk, dass wir's sehen; es nahe und treffe ein der Ratschluss des Heiligen Israels, dass wir ihn kennen lernen!

¶ **20** Weh denen, die Böses gut und Gutes böse nennen, die aus Finsternis Licht und aus Licht Finsternis machen, die aus sauer süß und aus süß sauer machen!

¶ **21** Weh denen, die weise sind in ihren eigenen Augen und halten sich selbst für klug!

¶ **22** Weh denen, die Helden sind, Wein zu saufen, und wackere Männer, Rauschtrank zu mischen,

23 die den Schuldigen gerecht sprechen für Geschenke und das Recht nehmen denen, die im Recht sind!

¶ **24** Darum, wie des Feuers Flamme Stroh verzehrt und Stoppeln vergehen in der Flamme, so wird ihre Wurzel verfaulen und ihre Blüte auffliegen wie Staub. Denn sie verachten die Weisung des HERRN Zebaoth und lästern die Rede des Heiligen Israels.

14 Therefore Sheol has enlarged its appetite
and opened its mouth beyond
measure,
and the nobility of Jerusalem[8] and her
multitude will go down,
her revelers and he who exults in her.

15 Man is humbled, and each one is
brought low,
and the eyes of the haughty[9] are
brought low.

16 But the LORD of hosts is exalted[10] in
justice,
and the Holy God shows himself holy
in righteousness.

17 Then shall the lambs graze as in their
pasture,
and nomads shall eat among the ruins
of the rich.

18 Woe to those who draw iniquity with
cords of falsehood,
who draw sin as with cart ropes,

19 who say: "Let him be quick,
let him speed his work
that we may see it;
let the counsel of the Holy One of Israel
draw near,
and let it come, that we may know it!"

20 Woe to those who call evil good
and good evil,
who put darkness for light
and light for darkness,
who put bitter for sweet
and sweet for bitter!

21 Woe to those who are wise in their own
eyes,
and shrewd in their own sight!

22 Woe to those who are heroes at drinking wine,
and valiant men in mixing strong
drink,

23 who acquit the guilty for a bribe,
and deprive the innocent of his right!

24 Therefore, as the tongue of fire devours
the stubble,
and as dry grass sinks down in the
flame,
so their root will be as rottenness,
and their blossom go up like dust;
for they have rejected the law of the
LORD of hosts,
and have despised the word of the
Holy One of Israel.

Gott ruft die Feinde ins Land zum Endgericht

25 *Darum ist der Zorn des HERRN entbrannt über sein Volk, und er reckt seine Hand wider sie und schlägt sie, dass die Berge beben und ihre Leichen sind wie Kehricht auf den Gassen. Und bei all dem lässt sein Zorn nicht ab, sondern seine Hand ist noch ausgereckt.

¶ **26** Er wird ein Feldzeichen aufrichten für das Volk in der Ferne und pfeift es herbei vom Ende der Erde. Und siehe, eilends und schnell kommen sie daher.

27 Keiner unter ihnen ist müde oder schwach, keiner schlummert noch schläft; keinem geht der Gürtel auf von seinen Hüften, und keinem zerreißt ein Schuhriemen.

28 Ihre Pfeile sind scharf und alle ihre Bogen gespannt; die Hufe ihrer Rosse sind hart wie Kieselsteine, und ihre Wagenräder sind wie ein Sturmwind.

29 Ihr Brüllen ist wie das der Löwen, und sie brüllen wie junge Löwen. Sie werden daherbrausen und den Raub packen und davontragen, dass niemand retten kann.

30 Und es wird über ihnen brausen zu der Zeit wie das Brausen des Meeres. Wenn man dann das Land ansehen wird, siehe, so ist's finster vor Angst, und das Licht scheint nicht mehr über ihnen.

Jesajas Berufung zum Propheten

6 In dem Jahr, als der König Usija starb, sah ich den Herrn sitzen auf einem hohen und erhabenen Thron und sein Saum füllte den Tempel.

2 Serafim standen über ihm; ein jeder hatte sechs Flügel: Mit zweien deckten sie ihr Antlitz, mit zweien deckten sie ihre Füße und mit zweien flogen sie.

3 Und einer rief zum andern und sprach: **Heilig, heilig, heilig ist der HERR Zebaoth, alle Lande sind seiner Ehre voll!**

4 Und die Schwellen bebten von der Stimme ihres Rufens und das Haus ward voll Rauch.

¶ **5** Da sprach ich: Weh mir, ich vergehe! Denn ich bin unreiner Lippen und wohne unter einem Volk von unreinen Lippen; denn ich habe den König, den HERRN Zebaoth, gesehen mit meinen Augen.

Isaiah's Vision of the LORD

25 Therefore the anger of the LORD was
  kindled against his people,
    and he stretched out his hand against
    them and struck them,
  and the mountains quaked;
    and their corpses were as refuse
    in the midst of the streets.
For all this his anger has not turned
  away,
  and his hand is stretched out still.

26 He will raise a signal for nations far
  away,
    and whistle for them from the ends of
    the earth;
and behold, quickly, speedily they come!

27 None is weary, none stumbles,
  none slumbers or sleeps,
  not a waistband is loose,
    not a sandal strap broken;

28 their arrows are sharp,
  all their bows bent,
their horses' hoofs seem like flint,
  and their wheels like the whirlwind.

29 Their roaring is like a lion,
  like young lions they roar;
they growl and seize their prey;
  they carry it off, and none can rescue.

30 They will growl over it on that day,
  like the growling of the sea.
And if one looks to the land,
  behold, darkness and distress;
and the light is darkened by its clouds.

Isaiah's Vision of the LORD

6 In the year that King Uzziah died I saw the Lord sitting upon a throne, high and lifted up; and the train[1] of his robe filled the temple.

2 Above him stood the seraphim. Each had six wings: with two he covered his face, and with two he covered his feet, and with two he flew.

3 And one called to another and said:

  "Holy, holy, holy is the LORD of hosts;
  the whole earth is full of his glory!"[2]

4 And the foundations of the thresholds shook at the voice of him who called, and the house was filled with smoke.

5 And I said: "Woe is me! For I am lost; for I am a man of unclean lips, and I dwell in the midst of a people of unclean lips; for my eyes have seen the King, the LORD of hosts!"

6 Da flog einer der Serafim zu mir und hatte eine glühende Kohle in der Hand, die er mit der Zange vom Altar nahm,

7 und rührte meinen Mund an und sprach: Siehe, hiermit sind deine Lippen berührt, dass deine Schuld von dir genommen werde und deine Sünde gesühnt sei.

¶ **8** Und ich hörte die Stimme des Herrn, wie er sprach: Wen soll ich senden? Wer will unser Bote sein? Ich aber sprach: Hier bin ich, sende mich!

9 Und er sprach: Geh hin und sprich zu diesem Volk: Höret und verstehet's nicht; sehet und merket's nicht!

10 Verstocke das Herz dieses Volks und lass ihre Ohren taub sein und ihre Augen blind, dass sie nicht sehen mit ihren Augen noch hören mit ihren Ohren noch verstehen mit ihrem Herzen und sich nicht bekehren und genesen.

¶ **11** Ich aber sprach: Herr, wie lange? Er sprach: Bis die Städte wüst werden, ohne Einwohner, und die Häuser ohne Menschen und das Feld ganz wüst daliegt.

12 Denn der HERR wird die Menschen weit wegtun, sodass das Land sehr verlassen sein wird.

13 Auch wenn nur der zehnte Teil darin bleibt, so wird es abermals verheert werden, doch wie bei einer Eiche und Linde, von denen beim Fällen noch ein Stumpf bleibt. Ein heiliger Same wird solcher Stumpf sein.

Jesaja ruft den König Ahas zum Glauben

7 Es begab sich zur Zeit des Ahas, des Sohnes Jotams, des Sohnes Usijas, des Königs von Juda, da zogen Rezin, der König von Aram, und Pekach, der Sohn Remaljas, der König von Israel, herauf nach Jerusalem, um es zu bekämpfen; sie konnten es aber nicht erobern.

¶ **2** Da wurde dem Hause David angesagt: Die Aramäer haben sich gelagert in Ephraim. Da bebte ihm das Herz und das Herz seines Volks, wie die Bäume im Walde beben vom Winde.

¶ **6** Then one of the seraphim flew to me, having in his hand a burning coal that he had taken with tongs from the altar.

7 And he touched my mouth and said: "Behold, this has touched your lips; your guilt is taken away, and your sin atoned for."

Isaiah's Commission from the LORD

¶ **8** And I heard the voice of the Lord saying, "Whom shall I send, and who will go for us?" Then I said, "Here am I! Send me."

9 And he said, "Go, and say to this people:

"'Keep on hearing,[3] but do not
    understand;
keep on seeing,[4] but do not perceive.'

10 Make the heart of this people dull,[5]
    and their ears heavy,
    and blind their eyes;
lest they see with their eyes,
    and hear with their ears,
and understand with their hearts,
    and turn and be healed."

11 Then I said, "How long, O Lord?"
    And he said:
"Until cities lie waste
    without inhabitant,
and houses without people,
    and the land is a desolate waste,

12 and the LORD removes people far away,
    and the forsaken places are many in
        the midst of the land.

13 And though a tenth remain in it,
    it will be burned[6] again,
like a terebinth or an oak,
    whose stump remains
    when it is felled."
The holy seed[7] is its stump.

Isaiah Sent to King Ahaz

7 In the days of Ahaz the son of Jotham, son of Uzziah, king of Judah, Rezin the king of Syria and [n]Pekah the son of Remaliah the king of Israel came up to Jerusalem to wage war against it, but could not yet mount an attack against it.

2 When the house of David was told, "Syria is in league with[1] Ephraim," the heart of Ahaz[2] and the heart of his people shook as the trees of the forest shake before the wind.

3 Aber der HERR sprach zu Jesaja: Geh hinaus, Ahas entgegen, du und dein Sohn Schear-Jaschub*, an das Ende der Wasserleitung des oberen Teiches, an der Straße beim Acker des Walkers,

4 und sprich zu ihm: Hüte dich und bleibe still; fürchte dich nicht, und dein Herz sei unverzagt vor diesen beiden Brandscheiten, die nur noch rauchen, vor dem Zorn Rezins und der Aramäer und des Sohnes Remaljas.

5 Weil die Aramäer gegen dich Böses ersonnen haben samt Ephraim und dem Sohn Remaljas und sagen:

6 »Wir wollen hinaufziehen nach Juda und es erschrecken und für uns erobern und zum König darin machen den Sohn Tabeals«, –

7 so spricht Gott der HERR: Es soll nicht geschehen und nicht so gehen,

8 sondern wie Damaskus das Haupt ist von Aram, so soll Rezin nur das Haupt von Damaskus sein – und in fünfundsechzig Jahren soll es mit Ephraim aus sein, dass sie nicht mehr ein Volk seien –;

9 und wie Samaria das Haupt ist von Ephraim, so soll der Sohn Remaljas nur das Haupt von Samaria sein. **Glaubt ihr nicht, so bleibt ihr nicht.**

Das Zeichen des Immanuel und das Strafgericht durch die Assyrer

10 Und der HERR redete abermals zu Ahas und sprach:

11 Fordere dir ein Zeichen vom HERRN, deinem Gott, es sei drunten in der Tiefe oder droben in der Höhe!

12 Aber Ahas sprach: Ich will's nicht fordern, damit ich den HERRN nicht versuche.

¶ **13** Da sprach Jesaja: Wohlan, so hört, ihr vom Hause David: Ist's euch zu wenig, dass ihr Menschen müde macht? Müsst ihr auch meinen Gott müde machen?

14 Darum wird euch der HERR selbst ein Zeichen geben: **Siehe, eine Jungfrau* ist schwanger und wird einen Sohn gebären, den wird sie nennen Immanuel.**

15 Butter und Honig wird er essen, bis er weiß, Böses zu verwerfen und Gutes zu erwählen.

16 Denn ehe der Knabe lernt Böses verwerfen und Gutes erwählen, wird das Land verödet sein, vor dessen zwei Königen dir graut.

¶ **3** And the LORD said to Isaiah, "Go out to meet Ahaz, you and Shear-jashub[3] your son, at the end of the conduit of the upper pool on the highway to the Washer's Field.

4 And say to him, 'Be careful, be quiet, do not fear, and do not let your heart be faint because of these two smoldering stumps of firebrands, at the fierce anger of Rezin and Syria and the son of Remaliah.

5 Because Syria, with Ephraim and the son of Remaliah, has devised evil against you, saying,

6 "Let us go up against Judah and terrify it, and let us conquer it[4] for ourselves, and set up the son of Tabeel as king in the midst of it,"

7 thus says the Lord GOD:

"'It shall not stand,
　and it shall not come to pass.

8 For the head of Syria is Damascus,
　and the head of Damascus is Rezin.
And within sixty-five years
　Ephraim will be shattered from being a people.

9 And the head of Ephraim is Samaria,
　and the head of Samaria is the son of Remaliah.
If you[5] are not firm in faith,
　you will not be firm at all.'"

The Sign of Immanuel

¶ **10** Again the LORD spoke to Ahaz,

11 "Ask a sign of the LORD your[6] God; let it be deep as Sheol or high as heaven."

12 But Ahaz said, "I will not ask, and I will not put the LORD to the test."

13 And he[7] said, "Hear then, O house of David! Is it too little for you to weary men, that you weary my God also?

14 Therefore the Lord himself will give you a sign. Behold, the virgin shall conceive and bear a son, and shall call his name Immanuel.[8]

15 He shall eat curds and honey when he knows how to refuse the evil and choose the good.

16 For before the boy knows how to refuse the evil and choose the good, the land whose two kings you dread will be deserted.

17 Der Herr wird über dich, über dein Volk und über deines Vaters Haus Tage kommen lassen, wie sie nicht gekommen sind seit der Zeit, da Ephraim sich von Juda schied, nämlich durch den König von Assyrien.

¶ **18** Zu der Zeit wird der Herr herbeipfeifen die Fliege am Ende der Ströme Ägyptens und die Biene im Lande Assur,

19 dass sie kommen und sich alle niederlassen in den tiefen Tälern und in den Steinklüften und in allen Hecken und an jeder Tränke.

20 Zu der Zeit wird der Herr das Haupt und die Haare am Leib scheren und den Bart abnehmen durch das Schermesser, das gedungen ist jenseits des Stroms, durch den König von Assyrien.

¶ **21** Zu der Zeit wird ein Mann eine junge Kuh und zwei Schafe aufziehen

22 und wird so viel zu melken haben, dass er Butter essen wird; denn Butter und Honig wird essen, wer übrig bleiben wird im Lande.

23 Und es wird zu der Zeit geschehen: Wo jetzt tausend Weinstöcke stehen, tausend Silberstücke wert, da werden Dornen und Disteln sein,

24 dass man mit Pfeil und Bogen dahin gehen muss. Denn im ganzen Lande werden Dornen und Disteln sein,

25 dass man auch zu all den Bergen, die man jetzt mit der Hacke zu behacken pflegt, nicht kommen kann aus Scheu vor Dornen und Disteln, sondern man wird Rinder darüber treiben und Schafe es zertreten lassen.

Der Sohn des Propheten als Zeichen des Gerichts über Aram und Israel

8 Und der Herr sprach zu mir: Nimm dir eine große Tafel und schreib darauf mit deutlicher Schrift: Raubebald-Eilebeute!

2 Und ich nahm mir zwei treue Zeugen, den Priester Uria und Secharja, den Sohn Jeberechjas.

3 Und ich ging zu der Prophetin; die ward schwanger und gebar einen Sohn. Und der Herr sprach zu mir: Nenne ihn Raubebald-Eilebeute!

4 Denn ehe der Knabe rufen kann: Lieber Vater! Liebe Mutter!, soll die Macht von Damaskus und die Beute aus Samaria weggenommen werden durch den König von Assyrien.

Das Gericht über Juda und die Völker

5 Und der Herr redete weiter mit mir und sprach:

17 The Lord will bring upon you and upon your people and upon your father's house such days as have not come since the day that Ephraim departed from Judah—the king of Assyria."

¶ **18** In that day the Lord will whistle for the fly that is at the end of the streams of Egypt, and for the bee that is in the land of Assyria.

19 And they will all come and settle in the steep ravines, and in the clefts of the rocks, and on all the thornbushes, and on all the pastures.[9]

¶ **20** In that day the Lord will shave with a razor that is hired beyond the River—with the king of Assyria—the head and the hair of the feet, and it will sweep away the beard also.

¶ **21** In that day a man will keep alive a young cow and two sheep,

22 and because of the abundance of milk that they give, he will eat curds, for everyone who is left in the land will eat curds and honey.

¶ **23** In that day every place where there used to be a thousand vines, worth a thousand shekels[10] of silver, will become briers and thorns.

24 With bow and arrows a man will come there, for all the land will be briers and thorns.

25 And as for all the hills that used to be hoed with a hoe, you will not come there for fear of briers and thorns, but they will become a place where cattle are let loose and where sheep tread.

The Coming Assyrian Invasion

8 Then the Lord said to me, "Take a large tablet and write on it in common characters,[1] 'Belonging to Maher-shalal-hash-baz.'[2]

2 And I will get reliable witnesses, Uriah the priest and Zechariah the son of Jeberechiah, to attest for me."

¶ **3** And I went to the prophetess, and she conceived and bore a son. Then the Lord said to me, "Call his name Maher-shalal-hash-baz;

4 for before the boy knows how to cry 'My father' or 'My mother,' the *a*wealth of Damascus and the spoil of *b*Samaria will be carried away before the king of Assyria."

¶ **5** The Lord spoke to me again:

6 Weil dies Volk verachtet die Wasser von Siloah, die still dahinfließen, und in Angst zerfließt vor Rezin und dem Sohn Remaljas,

7 siehe, so wird der Herr über sie kommen lassen die starken und vielen Wasser des Stromes, nämlich den König von Assyrien und alle seine Macht, dass sie über alle ihre Ränder fluten und über alle ihre Ufer gehen.

8 Und sie werden einbrechen in Juda und wegschwemmen und überfluten, bis sie an den Hals reichen. Und sie werden ihre Flügel ausbreiten, dass sie dein Land, o Immanuel, füllen, so weit es ist.

¶ **9** Tobet, ihr Völker, ihr müsst doch fliehen! Höret's alle, die ihr in fernen Landen seid! Rüstet euch, ihr müsst doch fliehen; rüstet euch, ihr müsst doch fliehen!

10 Beschließt einen Rat und es werde nichts daraus; beredet euch und es geschehe nicht! Denn hier ist Immanuel!

¶ **11** Denn so sprach der Herr zu mir, als seine Hand über mich kam und er mich warnte, ich sollte nicht wandeln auf dem Wege dieses Volks:

12 Ihr sollt nicht alles Verschwörung nennen, was dies Volk Verschwörung nennt, und vor dem, was sie fürchten, fürchtet euch nicht und lasst euch nicht grauen,

13 sondern verschwört euch mit dem Herrn Zebaoth; den lasst eure Furcht und euren Schrecken sein.

14 Er wird ein Fallstrick sein und ein Stein des Anstoßes und ein Fels des Ärgernisses für die beiden Häuser Israel, ein Fallstrick und eine Schlinge für die Bürger Jerusalems,

15 dass viele von ihnen sich daran stoßen, fallen, zerschmettern, verstrickt und gefangen werden.

Der Prophet und seine Jünger

16 Ich soll verschließen die Offenbarung, versiegeln die Weisung in meinen Jüngern

17 und will hoffen auf den Herrn, der sein Antlitz verborgen hat vor dem Hause Jakob, und will auf ihn harren.

18 Siehe, ich bin ich und die Kinder, die mir der Herr gegeben hat als Zeichen und Weissagung in Israel vom Herrn Zebaoth, der auf dem Berge Zion wohnt.

6 "Because this people has refused the waters of Shiloah that flow gently, and rejoice over Rezin and the son of Remaliah,

7 therefore, behold, the Lord is bringing up against them the waters of the River, mighty and many, the king of Assyria and all his glory. And it will rise over all its channels and go over all its banks,

8 and it will sweep on into Judah, it will overflow and pass on, reaching even to the neck, and its outspread wings will fill the breadth of your land, O Immanuel."

9 Be broken,[3] you peoples, and be shattered;[4]
give ear, all you far countries;
strap on your armor and be shattered;
strap on your armor and be shattered.

10 Take counsel together, but it will come to nothing;
speak a word, but it will not stand,
for God is with us.[5]

Fear God, Wait for the Lord

¶ **11** For the Lord spoke thus to me with his strong hand upon me, and warned me not to walk in the way of this people, saying:

12 "Do not call conspiracy all that this people calls conspiracy, and do not fear what they fear, nor be in dread.

13 But the Lord of hosts, him you shall honor as holy. Let him be your fear, and let him be your dread.

14 And he will become a sanctuary and a stone of offense and a rock of stumbling to both houses of Israel, a trap and a snare to the inhabitants of Jerusalem.

15 And many shall stumble on it. They shall fall and be broken; they shall be snared and taken."

¶ **16** Bind up the testimony; seal the teaching[6] among my disciples.

17 I will wait for the Lord, who is hiding his face from the house of Jacob, and I will hope in him.

18 Behold, I and the children whom the Lord has given me are signs and portents in Israel from the Lord of hosts, who dwells on Mount Zion.

¶ **19** Wenn sie aber zu euch sagen: Ihr müsst die Totengeister und Beschwörer befragen, die da flüstern und murmeln, so sprecht: Soll nicht ein Volk seinen Gott befragen? Oder soll man für Lebendige die Toten befragen?

20 Hin zur Weisung und hin zur Offenbarung! Werden sie das nicht sagen, so wird ihnen kein Morgenrot scheinen,

21 sondern sie werden im Lande umhergehen, hart geschlagen und hungrig. Und wenn sie Hunger leiden, werden sie zürnen und fluchen ihrem König und ihrem Gott, und sie werden über sich blicken

22 und unter sich die Erde ansehen und nichts finden als Trübsal und Finsternis; denn sie sind im Dunkel der Angst und gehen irre im Finstern.

¶ **23** Doch es wird nicht dunkel bleiben über denen, die in Angst sind. Hat er in früherer Zeit in Schmach gebracht das Land Sebulon und das Land Naftali, so wird er hernach zu Ehren bringen den Weg am Meer, das Land jenseits des Jordans, das Galiläa der Heiden.

Der Friedefürst wird verheißen

9 Das Volk, das im Finstern wandelt, sieht ein großes Licht, und über denen, die da wohnen im finstern Lande, scheint es hell.

2 Du weckst lauten Jubel, du machst groß die Freude. Vor dir wird man sich freuen, wie man sich freut in der Ernte, wie man fröhlich ist, wenn man Beute austeilt.

3 Denn du hast ihr drückendes Joch, die Jochstange auf ihrer Schulter und den Stecken ihres Treibers zerbrochen wie am Tage Midians.

4 Denn jeder Stiefel, der mit Gedröhn dahergeht, und jeder Mantel, durch Blut geschleift, wird verbrannt und vom Feuer verzehrt.

¶ **5** Denn uns ist ein Kind geboren, ein Sohn ist uns gegeben, und die Herrschaft ruht auf seiner Schulter; und er heißt Wunder-Rat, Gott-Held, Ewig-Vater, Friede-Fürst;

19 And when they say to you, "Inquire of the mediums and the necromancers who chirp and mutter," should not a people inquire of their God? Should they inquire of the dead on behalf of the living?

20 To the teaching and to the testimony! If they will not speak according to this word, it is because they have no dawn.

21 They will pass through the land,[7] greatly distressed and hungry. And when they are hungry, they will be enraged and will speak contemptuously against[8] their king and their God, and turn their faces upward.

22 And they will look to the earth, but behold, distress and darkness, the gloom of anguish. And they will be thrust into thick darkness.

For to Us a Child Is Born

9 [1] But there will be no gloom for her who was in anguish. In the former time he brought into contempt the land of Zebulun and the land of Naphtali, but in the latter time he has made glorious the way of the sea, the land beyond the Jordan, Galilee of the nations.[2]

2[3] The people who walked in darkness
have seen a great light;
those who dwelt in a land of deep darkness,
on them has light shined.

3 You have multiplied the nation;
you have increased its joy;
they rejoice before you
as with joy at the harvest,
as they are glad when they divide the spoil.

4 For the yoke of his burden,
and the staff for his shoulder,
the rod of his oppressor,
you have broken as on the day of Midian.

5 For every boot of the tramping warrior in battle tumult
and every garment rolled in blood
will be burned as fuel for the fire.

6 For to us a child is born,
to us a son is given;
and the government shall be upon[4] his shoulder,
and his name shall be called[5]
Wonderful Counselor, Mighty God,
Everlasting Father, Prince of Peace.

6 auf dass seine Herrschaft groß werde und des Friedens kein Ende auf dem Thron Davids und in seinem Königreich, dass er's stärke und stütze durch Recht und Gerechtigkeit von nun an bis in Ewigkeit. Solches wird tun der Eifer des HERRN Zebaoth.

Gottes Gericht über das unbußfertige Nordreich

7 Der Herr hat ein Wort gesandt wider Jakob, und es ist in Israel niedergefallen,

8 dass alles Volk es innewerde, Ephraim und die Bürger Samarias, die da sagen in Hochmut und stolzem Sinn:

9 Ziegelsteine sind gefallen, aber wir wollen's mit Quadern wieder bauen. Man hat Maulbeerbäume abgehauen, aber wir wollen Zedern an ihre Stelle setzen.

10 Doch der HERR macht stark gegen sie ihre Bedränger, nämlich Rezin, und ihre Feinde stachelt er auf,

11 die Aramäer von vorn und die Philister von hinten, dass sie Israel fressen mit vollem Maul.

¶ BEI ALL DEM LÄSST SEIN ZORN NOCH NICHT AB, SEINE HAND IST NOCH AUSGERECKT.

¶ 12 Aber das Volk kehrt nicht um zu dem, der es schlägt, und fragt nicht nach dem HERRN Zebaoth.

13 Darum haut der HERR von Israel Kopf und Schwanz ab, Ast und Stumpf, auf einen Tag.

14 Die Ältesten und die Vornehmen sind der Kopf, die Propheten aber, die falsch lehren, sind der Schwanz.

15 Denn die Leiter dieses Volks sind Verführer, und die sich leiten lassen, sind verloren.

16 Darum kann der Herr ihre junge Mannschaft nicht verschonen noch ihrer Waisen und Witwen sich erbarmen; denn sie sind allzumal gottlos und böse, und aller Mund redet Torheit.

¶ BEI ALL DEM LÄSST SEIN ZORN NOCH NICHT AB, SEINE HAND IST NOCH AUSGERECKT.

---

7 Of the increase of his government and of peace
there will be no end,
on the throne of David and over his kingdom,
to establish it and to uphold it
with justice and with righteousness
from this time forth and forevermore.
The zeal of the LORD of hosts will do this.

Judgment on Arrogance and Oppression

8 The Lord has sent a word against Jacob, and it will fall on Israel;

9 and all the people will know,
Ephraim and the inhabitants of Samaria,
who say in pride and in arrogance of heart:

10 "The bricks have fallen,
but we will build with dressed stones;
the sycamores have been cut down,
but we will put cedars in their place."

11 But the LORD raises the adversaries of Rezin against him,
and stirs up his enemies.

12 The Syrians on the east and the Philistines on the west
devour Israel with open mouth.
For all this his anger has not turned away,
and his hand is stretched out still.

13 The people did not turn to him who struck them,
nor inquire of the LORD of hosts.

14 So the LORD cut off from Israel head and tail,
palm branch and reed in one day—

15 the elder and honored man is the head,
and the prophet who teaches lies is the tail;

16 for those who guide this people have been leading them astray,
and those who are guided by them are swallowed up.

17 Therefore the Lord does not rejoice over their young men,
and has no compassion on their fatherless and widows;
for everyone is godless and an evildoer,
and every mouth speaks folly.[6]
For all this his anger has not turned away,
and his hand is stretched out still.

¶ **17** Denn die Bosheit lodert wie Feuer; das verzehrt Dornen und Disteln und zündet den dichten Wald an und gibt hohen Rauch.

18 Vom Zorn des HERRN Zebaoth brennt das Land, dass das Volk wird wie ein Fraß des Feuers; keiner schont den andern.

19 Sie verschlingen zur Rechten und leiden Hunger; sie fressen zur Linken und werden doch nicht satt. Ein jeder frisst das Fleisch seines Nächsten:

20 Manasse den Ephraim, Ephraim den Manasse und sie beide miteinander sind gegen Juda.
¶   BEI ALL DEM LÄSST SEIN ZORN NICHT AB, SEINE HAND IST NOCH AUSGERECKT.

10 Weh denen, die unrechte Gesetze machen, und den Schreibern, die unrechtes Urteil schreiben,

2 um die Sache der Armen zu beugen und Gewalt zu üben am Recht der Elenden in meinem Volk, dass die Witwen ihr Raub und die Waisen ihre Beute werden!

3 Was wollt ihr tun am Tage der Heimsuchung und des Unheils, das von ferne kommt? Zu wem wollt ihr fliehen um Hilfe? Und wo wollt ihr eure Herrlichkeit lassen?

4 Wer sich nicht unter die Gefangenen bückt, wird unter den Erschlagenen fallen.
¶   BEI ALL DEM LÄSST SEIN ZORN NICHT AB, SEINE HAND IST NOCH AUSGERECKT.

Gegen den Hochmut des Königs von Assyrien

5 Wehe Assur, der meines Zornes Rute und meines Grimmes Stecken ist!

6 Ich sende ihn wider ein gottloses Volk und gebe ihm Befehl wider das Volk, dem ich zürne, dass er's beraube und ausplündere und es zertrete wie Dreck auf der Gasse.

7 Aber er meint's nicht so, und sein Herz denkt nicht so, sondern sein Sinn steht danach, zu vertilgen und auszurotten nicht wenige Völker.

18 For wickedness burns like a fire;
it consumes briers and thorns;
it kindles the thickets of the forest,
and they roll upward in a column of smoke.

19 Through the wrath of the LORD of hosts
the land is scorched,
and the people are like fuel for the fire;
no one spares another.

20 They slice meat on the right, but are still hungry,
and they devour on the left, but are not satisfied;
each devours the flesh of his own arm,

21 Manasseh devours Ephraim, and
Ephraim devours Manasseh;
together they are against Judah.
For all this his anger has not turned away,
and his hand is stretched out still.

10 Woe to those who decree iniquitous decrees,
and the writers who keep writing oppression,

2 to turn aside the needy from justice
and to rob the poor of my people of their right,
that widows may be their spoil,
and that they may make the fatherless their prey!

3 What will you do on the day of punishment,
in the ruin that will come from afar?
To whom will you flee for help,
and where will you leave your wealth?

4 Nothing remains but to crouch among the prisoners
or fall among the slain.
For all this his anger has not turned away,
and his hand is stretched out still.

Judgment on Arrogant Assyria

5 Ah, Assyria, the rod of my anger;
the staff in their hands is my fury!

6 Against a godless nation I send him,
and against the people of my wrath I command him,
to take spoil and seize plunder,
and to tread them down like the mire of the streets.

7 But he does not so intend,
and his heart does not so think;
but it is in his heart to destroy,
and to cut off nations not a few;

8 Denn er spricht: »Sind meine Fürsten nicht allesamt Könige?

9 Ist Kalne nicht wie Karkemisch? Ist Hamat nicht wie Arpad? Ist nicht Samaria wie Damaskus?

10 Wie meine Hand gefunden hat die Königreiche der Götzen, obwohl ihre Götzen mehr waren, als die zu Jerusalem und Samaria sind:

11 sollte ich nicht Jerusalem tun und seinen Götzen, wie ich Samaria und seinen Götzen getan habe?«

¶ **12** Wenn aber der Herr all sein Werk ausgerichtet hat auf dem Berge Zion und zu Jerusalem, wird er sprechen: Ich will heimsuchen die Frucht des Hochmuts des Königs von Assyrien und den Stolz seiner hoffärtigen Augen,

13 weil er spricht: »Ich hab's durch meiner Hände Kraft ausgerichtet und durch meine Weisheit, denn ich bin klug. Ich habe die Grenzen der Länder anders gesetzt und ihre Schätze geraubt und wie ein Stier die Bewohner zu Boden gestoßen.

14 Meine Hand hat gefunden den Reichtum der Völker wie ein Vogelnest, und ich habe alle Länder zusammengerafft, wie man Eier sammelt, die verlassen sind; kein Flügel regte sich, und kein Schnabel sperrte sich auf und zirpte.«

¶ **15** Vermag sich auch eine Axt zu rühmen wider den, der damit haut, oder eine Säge großzutun wider den, der sie zieht? Als ob die Rute den schwänge, der sie hebt; als ob der Stock den höbe, der kein Holz ist!

16 Darum wird der Herr, der HERR Zebaoth, unter die Fetten in Assur die Auszehrung senden, und seine Herrlichkeit wird er anzünden, dass sie brennen wird wie ein Feuer.

17 Und das Licht Israels wird ein Feuer sein, und sein Heiliger wird eine Flamme sein, und sie wird seine Dornen und Disteln anzünden und verzehren auf **einen** Tag.

8 for he says:
"Are not my commanders all kings?

9 Is not Calno like Carchemish?
Is not Hamath like Arpad?
Is not Samaria like Damascus?

10 As my hand has reached to the kingdoms of the idols,
whose carved images were greater than those of Jerusalem and Samaria,

11 shall I not do to Jerusalem and her idols as I have done to Samaria and her images?"

¶ **12** When the Lord has finished all his work on Mount Zion and on Jerusalem, he[1] will punish the speech of the arrogant heart of the king of Assyria and the boastful look in his eyes.

13 For he says:

"By the strength of my hand I have done it,
and by my wisdom, for I have understanding;
I remove the boundaries of peoples,
and plunder their treasures;
like a bull I bring down those who sit on thrones.

14 My hand has found like a nest
the wealth of the peoples;
and as one gathers eggs that have been forsaken,
so I have gathered all the earth;
and there was none that moved a wing or opened the mouth or chirped."

15 Shall the axe boast over him who hews with it,
or the saw magnify itself against him who wields it?
As if a rod should wield him who lifts it,
or as if a staff should lift him who is not wood!

16 Therefore the Lord GOD of hosts
will send wasting sickness among his stout warriors,
and under his glory a burning will be kindled,
like the burning of fire.

17 The light of Israel will become a fire,
and his Holy One a flame,
and it will burn and devour
his thorns and briers in one day.

18 Und die Herrlichkeit seiner Wälder und Gärten soll zunichtewerden mit Stumpf und Stiel und wird vergehen und dahinschwinden,

19 dass die Bäume seiner Wälder, die übrig bleiben, gezählt werden können, und ein Knabe kann sie aufschreiben.

Errettung eines Restes von Israel. Zions Errettung vor dem Ansturm der Assyrer

20 Zu der Zeit werden die Übriggebliebenen von Israel und was entkommen ist vom Hause Jakob sich nicht mehr verlassen auf den, der sie schlägt, sondern sie werden sich verlassen auf den HERRN, den Heiligen Israels, in Treue.

21 Ein Rest wird sich bekehren, ja, der Rest Jakobs, zu Gott, dem Starken.

22 Denn wäre auch dein Volk, o Israel, wie Sand am Meer, so soll doch nur ein Rest in ihm bekehrt werden. Verderben ist beschlossen und bringt Fluten von Gerechtigkeit.

23 Denn Gott der HERR Zebaoth wird Verderben ergehen lassen, wie beschlossen ist, im ganzen Lande.

24 Darum spricht Gott der HERR Zebaoth: Fürchte dich nicht, mein Volk, das in Zion wohnt, vor Assur, der dich mit dem Stecken schlägt und seinen Stab gegen dich aufhebt, wie es in Ägypten geschah.

25 Denn es ist nur noch eine kleine Weile, so wird meine Ungnade ein Ende haben, und mein Zorn wird sich richten auf sein Verderben.

26 Alsdann wird der HERR Zebaoth eine Geißel über ihn schwingen wie in der Schlacht Midians am Rabenfelsen und wird seinen Stab, den er am Meer brauchte, aufheben wie in Ägypten.

27 Zu der Zeit wird seine Last von deiner Schulter weichen müssen und sein Joch von deinem Halse.

¶ Er zieht herauf von Rimmon,

28 er kommt nach Aja. Er zieht durch Migron, er lässt seinen Tross zu Michmas.

29 Sie ziehen durch den engen Weg, bleiben in Geba über Nacht. Rama erschrickt, das Gibea Sauls flieht.

30 Du Tochter Gallim, schreie laut! Merke auf, Lajescha; gib ihm Antwort, Anatot!

18 The glory of his forest and of his fruitful land
the LORD will destroy, both soul and body,
and it will be as when a sick man wastes away.

19 The remnant of the trees of his forest will be so few
that a child can write them down.

The Remnant of Israel Will Return

¶ 20 In that day the remnant of Israel and the survivors of the house of Jacob will no more lean on him who struck them, but will lean on the LORD, the Holy One of Israel, in truth.

21 A remnant will return, the remnant of Jacob, to the mighty God.

22 For though your people Israel be as the sand of the sea, only a remnant of them will return. Destruction is decreed, overflowing with righteousness.

23 For the Lord GOD of hosts will make a full end, as decreed, in the midst of all the earth.

¶ 24 Therefore thus says the Lord GOD of hosts: "O my people, who dwell in Zion, be not afraid of the Assyrians when they strike with the rod and lift up their staff against you as the Egyptians did.

25 For in a very little while my fury will come to an end, and my anger will be directed to their destruction.

26 And the LORD of hosts will wield against them a whip, as when he struck Midian at the rock of Oreb. And his staff will be over the sea, and he will lift it as he did in Egypt.

27 And in that day his burden will depart from your shoulder, and his yoke from your neck; and the yoke will be broken because of the fat."[2]

28 He has come to Aiath;
he has passed through Migron;
at Michmash he stores his baggage;

29 they have crossed over the pass;
at Geba they lodge for the night;
Ramah trembles;
Gibeah of Saul has fled.

30 Cry aloud, O daughter of Gallim!
Give attention, O Laishah!
O poor Anathoth!

31 Madmena weicht, die Bürger von Gebim laufen davon.

32 Noch heute wird er haltmachen in Nob; er wird seine Hand ausstrecken gegen den Berg der Tochter Zion, gegen den Hügel Jerusalems.

¶ **33** Aber siehe, der Herr, der HERR Zebaoth, wird die Äste mit Macht abhauen und was hoch aufgerichtet steht niederschlagen, dass die Hohen erniedrigt werden.

34 Und der dichte Wald wird mit dem Eisen umgehauen werden, und der Libanon wird fallen durch einen Mächtigen.

Der Messias und sein Friedensreich

11 Und es wird ein Reis hervorgehen aus dem Stamm Isais und ein Zweig aus seiner Wurzel Frucht bringen.

2 Auf ihm wird ruhen der Geist des HERRN, der Geist der Weisheit und des Verstandes, der Geist des Rates und der Stärke, der Geist der Erkenntnis und der Furcht des HERRN.

3 Und Wohlgefallen wird er haben an der Furcht des HERRN. Er wird nicht richten nach dem, was seine Augen sehen, noch Urteil sprechen nach dem, was seine Ohren hören,

4 sondern wird mit Gerechtigkeit richten die Armen und rechtes Urteil sprechen den Elenden im Lande, und er wird mit dem Stabe seines Mundes den Gewalttätigen schlagen und mit dem Odem seiner Lippen den Gottlosen töten.

¶ **5** Gerechtigkeit wird der Gurt seiner Lenden sein und die Treue der Gurt seiner Hüften.

6 Da werden die Wölfe bei den Lämmern wohnen und die Panther bei den Böcken lagern. Ein kleiner Knabe wird Kälber und junge Löwen und Mastvieh miteinander treiben.

7 Kühe und Bären werden zusammen weiden, dass ihre Jungen beieinander liegen, und Löwen werden Stroh fressen wie die Rinder.

The Righteous Reign of the Branch

11 There shall come forth a shoot from the stump of Jesse, and a branch from his roots shall bear fruit.

2 And the Spirit of the LORD shall rest upon him, the Spirit of wisdom and understanding, the Spirit of counsel and might, the Spirit of knowledge and the fear of the LORD.

3 And his delight shall be in the fear of the LORD. He shall not judge by what his eyes see, or decide disputes by *what his ears hear,

4 but with righteousness he shall judge the poor, and decide with equity for the meek of the earth; and he shall strike the earth with the rod of his mouth, and with the breath of his lips he shall kill the wicked.

5 Righteousness shall be the belt of his waist, and faithfulness the belt of his loins.

6 The wolf shall dwell with the lamb, and the leopard shall lie down with the young goat, and the calf and the lion and the fattened calf together; and a little child shall lead them.

7 The cow and the bear shall graze; their young shall lie down together; and the lion shall eat straw like the ox.

8 Und ein Säugling wird spielen am Loch der Otter, und ein entwöhntes Kind wird seine Hand stecken in die Höhle der Natter.

9 Man wird nirgends Sünde tun noch freveln auf meinem ganzen heiligen Berge; denn das Land wird voll Erkenntnis des HERRN sein, wie Wasser das Meer bedeckt.

¶ 10 Und es wird geschehen zu der Zeit, dass das Reis aus der Wurzel Isais dasteht als Zeichen für die Völker. Nach ihm werden die Heiden fragen, und die Stätte, da er wohnt, wird herrlich sein.

¶ 11 Und der Herr wird zu der Zeit zum zweiten Mal seine Hand ausstrecken, dass er den Rest seines Volks loskaufe, der übrig geblieben ist in Assur, Ägypten, Patros, Kusch, Elam, Schinar, Hamat und auf den Inseln des Meeres.

12 Und er wird ein Zeichen aufrichten unter den Völkern und zusammenbringen die Verjagten Israels und die Zerstreuten Judas sammeln von den vier Enden der Erde.

13 Und der Neid Ephraims wird aufhören und die Feindschaft Judas ausgerottet werden, dass Ephraim nicht mehr neidisch ist auf Juda und Juda nicht mehr Ephraim feind ist.

14 Sie werden sich stürzen auf das Land der Philister im Westen und miteinander berauben alle, die im Osten wohnen. Nach Edom und Moab werden sie ihre Hände ausstrecken, die Ammoniter werden ihnen gehorsam sein.

15 Und der HERR wird austrocknen die Zunge des Meeres von Ägypten und wird seine Hand gehen lassen über den Euphrat mit seinem starken Wind und ihn in sieben Bäche zerschlagen, sodass man mit Schuhen hindurchgehen kann.

16 Und es wird eine Straße da sein für den Rest seines Volks, das übrig geblieben ist in Assur, wie sie für Israel da war zur Zeit, als sie aus Ägyptenland zogen.

---

8 The nursing child shall play over the
hole of the cobra,
and the weaned child shall put his
hand on the adder's den.

9 They shall not hurt or destroy
in all my holy mountain;
for the earth shall be full of the knowledge of the LORD
as the waters cover the sea.

¶ 10 In that day the root of Jesse, who shall stand as a signal for the peoples—of him shall the nations inquire, and his resting place shall be glorious.

¶ 11 In that day the Lord will extend his hand yet a second time to recover the remnant that remains of his people, from Assyria, ᵇfrom Egypt, from Pathros, from Cush,[1] from Elam, from Shinar, from Hamath, and from the coastlands of the sea.

12 He will raise a signal for the nations
and will assemble the banished of
Israel,
and gather the dispersed of Judah
from the four corners of the earth.

13 The jealousy of Ephraim shall depart,
and those who harass Judah shall be
cut off;
Ephraim shall not be jealous of Judah,
and Judah shall not harass Ephraim.

14 But they shall swoop down on the
shoulder of the Philistines in the
west,
and together they shall plunder the
people of the east.
They shall put out their hand against
Edom and Moab,
and the Ammonites shall obey them.

15 And the LORD will utterly destroy[2]
the tongue of the Sea of Egypt,
and will wave his hand over the River
with his scorching breath,[3]
and strike it into seven channels,
and he will lead people across in
sandals.

16 And there will be a highway from
Assyria
for the remnant that remains of his
people,
as there was for Israel
when they came up from the land of
Egypt.

Das Danklied der Erlösten

12 Zu der Zeit wirst du sagen:
Ich danke dir, HERR, dass du bist
    zornig gewesen über mich
und dein Zorn sich gewendet hat und
    du mich tröstest.

2 Siehe, Gott ist mein Heil,
    ich bin sicher und fürchte mich nicht;
denn Gott der HERR ist meine Stärke
    und mein Psalm
    und ist mein Heil.

3 Ihr werdet mit Freuden Wasser
    schöpfen
    aus den Heilsbrunnen.

4 Und ihr werdet sagen zu der Zeit:
    Danket dem HERRN,
    rufet an seinen Namen!
Machet kund unter den Völkern sein
    Tun,
    verkündiget, wie sein Name so hoch
    ist!

5 Lobsinget dem HERRN, denn er hat sich
    herrlich bewiesen.
    Solches sei kund in allen Landen!

6 Jauchze und rühme, du Tochter Zion;
    denn der Heilige Israels ist groß bei
    dir!

Gottes Gericht über Babel

(Kap 13,1–14,32: vgl. Kap 21,1–10; 47,1–15; Jer 50,1–51,64)

13 Dies ist die Last für Babel, die Jesaja,
der Sohn des Amoz, geschaut hat:

¶ 2 Auf hohem Berge erhebt das Banner,
ruft laut ihnen zu, winkt mit der Hand, dass
sie einziehen durch die Tore der Fürsten.

3 Ich habe meine Geheiligten entboten zu
meinem Zorngericht und meine Starken gerufen, die da jauchzen über meine Herrlichkeit.

4 Es ist Geschrei und Lärm auf den
Bergen wie von einem großen Volk, Geschrei
und Getümmel von den versammelten
Königreichen der Völker. Der HERR Zebaoth
rüstet ein Heer zum Kampf.

The Lord Is My Strength and My Song

12 You[1] will say in that day:
"I will give thanks to you, O LORD,
    for though you were angry with me,
your anger turned away,
    that you might comfort me.

2 "Behold, God is my salvation;
    I will trust, and will not be afraid;
for the LORD GOD[2] is my strength and
    my song,
    and he has become my salvation."

¶ 3 With joy you[3] will draw water from the
wells of salvation.

4 And you will say in that day:

"Give thanks to the LORD,
    call upon his name,
    make known his deeds among the
    peoples,
    proclaim that his name is exalted.

5 "Sing praises to the LORD, for he has done
    gloriously;
    let this be made known[4] in all the
    earth.

6 Shout, and sing for joy, O inhabitant of
    Zion,
    for great in your[5] midst is the Holy
    One of Israel."

The Judgment of Babylon

13 The oracle concerning Babylon which
Isaiah the son of Amoz saw.

2 On a bare hill raise a signal;
    cry aloud to them;
wave the hand for them to enter
    the gates of the nobles.

3 I myself have commanded my conse-
    crated ones,
    and have summoned my mighty men
    to execute my anger,
    my proudly exulting ones.[1]

4 The sound of a tumult is on the
    mountains
    as of a great multitude!
The sound of an uproar of kingdoms,
    of nations gathering together!
The LORD of hosts is mustering
    a host for battle.

5 Sie kommen aus fernen Landen, vom Ende des Himmels, ja, der HERR selbst samt den Werkzeugen seines Zorns, um zu verderben die ganze Erde.

¶ 6 Heulet, denn des HERRN Tag ist nahe; er kommt wie eine Verwüstung vom Allmächtigen.

7 Darum werden alle Hände schlaff, und aller Menschen Herz wird feige sein.

8 Schrecken, Angst und Schmerzen wird sie ankommen, es wird ihnen bange sein wie einer Gebärenden. Einer wird sich vor dem andern entsetzen, feuerrot werden ihre Angesichter sein.

¶ 9 Denn siehe, des HERRN Tag kommt grausam, zornig, grimmig, die Erde zu verwüsten und die Sünder von ihr zu vertilgen.

10 Denn die Sterne am Himmel und sein Orion scheinen nicht hell, die Sonne geht finster auf, und der Mond gibt keinen Schein.

11 Ich will den Erdkreis heimsuchen um seiner Bosheit willen und die Gottlosen um ihrer Missetat willen und will dem Hochmut der Stolzen ein Ende machen und die Hoffart der Gewaltigen demütigen,

12 dass ein Mann kostbarer sein soll als feinstes Gold und ein Mensch wertvoller als Goldstücke aus Ofir.

¶ 13 Darum will ich den Himmel bewegen, und die Erde soll beben und von ihrer Stätte weichen durch den Grimm des HERRN Zebaoth, am Tage seines Zorns.

14 Und sie sollen sein wie ein verscheuchtes Reh und wie eine Herde ohne Hirten, dass sich ein jeder zu seinem Volk kehren und ein jeder in sein Land fliehen wird.

15 Wer da gefunden wird, wird erstochen, und wen man aufgreift, wird durchs Schwert fallen.

16 Es sollen auch ihre Kinder vor ihren Augen zerschmettert, ihre Häuser geplündert und ihre Frauen geschändet werden.

5 They come from a distant land,
from the end of the heavens,
the LORD and the weapons of his indignation,
to destroy the whole land.[2]

6 Wail, for the day of the LORD is near;
as destruction from the Almighty[3] it will come!

7 Therefore all hands will be feeble,
and every human heart will melt.

8 They will be dismayed:
pangs and agony will seize them;
they will be in anguish like a woman in labor.
They will look aghast at one another;
their faces will be aflame.

9 Behold, the day of the LORD comes,
cruel, with wrath and fierce anger,
to make the land a desolation
and to destroy its sinners from it.

10 For the stars of the heavens and their constellations
will not give their light;
the sun will be dark at its rising,
and the moon will not shed its light.

11 I will punish the world for its evil,
and the wicked for their iniquity;
I will put an end to the pomp of the arrogant,
and lay low the pompous pride of the ruthless.

12 I will make people more rare than fine gold,
and mankind than the gold of Ophir.

13 Therefore I will make the heavens tremble,
and the earth will be shaken out of its place,
at the wrath of the LORD of hosts
in the day of his fierce anger.

14 And like a hunted gazelle,
or like sheep with none to gather them,
each will turn to his own people,
and each will flee to his own land.

15 Whoever is found will be thrust through,
and whoever is caught will fall by the sword.

16 Their infants will be dashed in pieces before their eyes;
their houses will be plundered
and their wives ravished.

¶ **17** Denn siehe, ich will die Meder gegen sie erwecken, die nicht Silber suchen oder nach Gold fragen,

18 sondern die Jünglinge mit Bogen erschießen und sich der Frucht des Leibes nicht erbarmen und die Kinder nicht schonen.

19 So soll Babel, das schönste unter den Königreichen, die herrliche Pracht der Chaldäer, zerstört werden von Gott wie Sodom und Gomorra,

20 dass man hinfort nicht mehr da wohne noch jemand da bleibe für und für, dass auch Araber dort keine Zelte aufschlagen noch Hirten ihre Herden lagern lassen,

21 sondern Wüstentiere werden sich da lagern, und ihre Häuser werden voll Eulen sein; Strauße werden da wohnen, und Feldgeister werden da hüpfen,

22 und wilde Hunde werden in ihren Palästen heulen und Schakale in den Schlössern der Lust. Ihre Zeit wird bald kommen, und ihre Tage lassen nicht auf sich warten.

Triumphlied über den Sturz des Weltherrschers

14 Denn der HERR wird sich über Jakob erbarmen und Israel noch einmal erwählen und sie in ihr Land setzen. Und Fremdlinge werden sich zu ihnen gesellen und dem Hause Jakob anhangen.

2 Und die Völker werden Israel nehmen und an seinen Ort bringen, und dann wird das Haus Israel sie als Knechte und Mägde besitzen im Lande des HERRN. Und sie werden gefangen halten die, von denen sie gefangen waren, und werden herrschen über ihre Bedränger.

3 Und zu der Zeit, wenn dir der HERR Ruhe geben wird von deinem Jammer und Leid und von dem harten Dienst, in dem du gewesen bist,

4 wirst du dies Lied anheben gegen den König von Babel und sagen:
¶ Wie ist's mit dem Treiber so gar aus, und das Toben hat ein Ende!

5 Der HERR hat den Stock der Gottlosen zerbrochen, die Rute der Herrscher.

17 Behold, I am stirring up the Medes against them,
who have no regard for silver
and do not delight in gold.

18 Their bows will slaughter[4] the young men;
they will have no mercy on the fruit of the womb;
their eyes will not pity children.

19 And Babylon, the glory of kingdoms,
the splendor and pomp of the Chaldeans,
will be like Sodom and Gomorrah
when God overthrew them.

20 It will never be inhabited
or lived in for all generations;
no Arab will pitch his tent there;
no shepherds will make their flocks lie down there.

21 But wild animals will lie down there,
and their houses will be full of howling creatures;
there ostriches[5] will dwell,
and there wild goats will dance.

22 Hyenas[6] will cry in its towers,
and jackals in the pleasant palaces;
its time is close at hand
and its days will not be prolonged.

The Restoration of Jacob

14 For the LORD will have compassion on Jacob and will again choose Israel, and will set them in their own land, and sojourners will join them and will attach themselves to the house of Jacob.

2 And the peoples will take them and bring them to their place, and the house of Israel will possess them in the LORD's land as male and female slaves. They will take captive those who were their captors, and rule over those who oppressed them.

Israel's Remnant Taunts Babylon

¶ **3** When the LORD has given you rest from your pain and turmoil and the hard service with which you were made to serve,

4 you will take up this taunt against the king of Babylon:
"How the oppressor has ceased,
the insolent fury[1] ceased!

5 The LORD has broken the staff of the wicked,
the ᵂscepter of rulers,

6 Der schlug die Völker im Grimm ohne Aufhören und herrschte mit Wüten über die Nationen und verfolgte ohne Erbarmen.

7 Nun hat Ruhe und Frieden alle Welt und jubelt fröhlich.

8 Auch freuen sich die Zypressen über dich und die Zedern auf dem Libanon und sagen: »Seit du daliegst, kommt niemand herauf, der uns abhaut.«

¶ **9** Das Totenreich drunten erzittert vor dir, wenn du nun kommst. Es schreckt auf vor dir die Toten, alle Gewaltigen der Welt, und lässt alle Könige der Völker von ihren Thronen aufstehen,

10 dass sie alle anheben und zu dir sagen: »Auch du bist schwach geworden wie wir, und es geht dir wie uns.

11 Deine Pracht ist herunter zu den Toten gefahren samt dem Klang deiner Harfen. Gewürm wird dein Bett sein und Würmer deine Decke.«

¶ **12** Wie bist du vom Himmel gefallen, du schöner Morgenstern! Wie wurdest du zu Boden geschlagen, der du alle Völker niederschlugst!

13 Du aber gedachtest in deinem Herzen: »Ich will in den Himmel steigen und meinen Thron über die Sterne Gottes erhöhen, ich will mich setzen auf den Berg der Versammlung im fernsten Norden.*

14 Ich will auffahren über die hohen Wolken und gleich sein dem Allerhöchsten.«

15 Ja, hinunter zu den Toten fuhrst du, zur tiefsten Grube!

¶ **16** Wer dich sieht, wird auf dich schauen, wird dich ansehen und sagen: »Ist das der Mann, der die Welt zittern und die Königreiche beben machte,

17 der den Erdkreis zur Wüste machte und seine Städte zerstörte und seine Gefangenen nicht nach Hause entließ?«

18 Alle Könige der Völker ruhen doch in Ehren, ein jeder in seiner Kammer;

6 that struck the peoples in wrath
  with unceasing blows,
that ruled the nations in anger
  with unrelenting persecution.

7 The whole earth is at rest and quiet;
  they break forth into singing.

8 The cypresses rejoice at you,
  the cedars of Lebanon, saying,
'Since you were laid low,
  no woodcutter comes up against us.'

9 Sheol beneath is stirred up
  to meet you when you come;
it rouses the shades to greet you,
  all who were leaders of the earth;
it raises from their thrones
  all who were kings of the nations.

10 All of them will answer
  and say to you:
'You too have become as weak as we!
  You have become like us!'

11 Your pomp is brought down to Sheol,
  the sound of your harps;
maggots are laid as a bed beneath you,
  and worms are your covers.

12 "How you are fallen from heaven,
  O Day Star, son of Dawn!
How you are cut down to the ground,
  you who laid the nations low!

13 You said in your heart,
  'I will ascend to heaven;
above the stars of God
  I will set my throne on high;
I will sit on the mount of assembly
  in the far reaches of the north;²

14 I will ascend above the heights of the clouds;
  I will make myself like the Most High.'

15 But you are brought down to Sheol,
  to the far reaches of the pit.

16 Those who see you will stare at you
  and ponder over you:
'Is this the man who made the earth tremble,
  who shook kingdoms,

17 who made the world like a desert
  and overthrew its cities,
who did not let his prisoners go home?'

18 All the kings of the nations lie in glory,
  each in his own tomb;³

19 du aber bist hingeworfen ohne Grab wie ein verachteter Zweig, bedeckt von Erschlagenen, die mit dem Schwert erstochen sind, wie eine zertretene Leiche.

20 Du wirst nicht wie jene begraben werden, die hinabfahren in eine steinerne Gruft; denn du hast dein Land verderbt und dein Volk erschlagen. Man wird des Geschlechtes der Bösen nicht mehr gedenken.

21 Richtet die Schlachtbank zu für seine Söhne um der Missetat ihres Vaters willen, dass sie nicht wieder hochkommen und die Welt erobern und den Erdkreis voll Trümmer machen.

¶ **22** Und ich will über sie kommen, spricht der HERR Zebaoth, und von Babel ausrotten Name und Rest, Kind und Kindeskind, spricht der HERR.

23 Und ich will Babel machen zum Erbe für die Igel und zu einem Wassersumpf und will es mit dem Besen des Verderbens wegfegen, spricht der HERR Zebaoth.

Gegen Assyrien

24 Der HERR Zebaoth hat geschworen: Was gilt's? Es soll gehen, wie ich denke, und soll zustande kommen, wie ich's im Sinn habe,

25 dass Assur zerschlagen werde in meinem Lande und ich es zertrete auf meinen Bergen, damit sein Joch von ihnen genommen werde und seine Last von ihrem Halse komme.

26 Das ist der Ratschluss, den er hat über alle Lande, und das ist die Hand, die ausgereckt ist über alle Völker.

27 Denn der HERR Zebaoth hat's beschlossen – wer will's wehren? Und seine Hand ist ausgereckt – wer will sie wenden?

Gegen die Philister
(vgl. Jer 47,1-7)

28 Im Jahr, als König Ahas starb, wurde diese Last angekündigt:

19 but you are cast out, away from your
grave,
like a loathed branch,
clothed with the slain, those pierced by
the sword,
who go down to the stones of the pit,
like a dead body trampled underfoot.

20 You will not be joined with them in
burial,
because you have destroyed your land,
you have slain your people.

"May the offspring of evildoers
nevermore be named!

21 Prepare slaughter for his sons
because of the guilt of their fathers,
lest they rise and possess the earth,
and fill the face of the world with
cities."

¶ **22** "I will rise up against them," declares the LORD of hosts, "and will cut off from Babylon name and remnant, descendants and posterity," declares the LORD.

23 "And I will make it a possession of the hedgehog,[4] and pools of water, and I will sweep it with the broom of destruction," declares the LORD of hosts.

An Oracle Concerning Assyria

24 The LORD of hosts has sworn:
"As I have planned,
so shall it be,
and as I have purposed,
so shall it stand,

25 that I will break the Assyrian in my
land,
and on my mountains trample him
underfoot;
and his yoke shall depart from them,
and [5]his burden from their shoulder."

26 This is the purpose that is purposed
concerning the whole earth,
and this is the hand that is stretched out
over all the nations.

27 For the LORD of hosts has purposed,
and who will annul it?
His hand is stretched out,
and who will turn it back?

An Oracle Concerning Philistia

¶ **28** In the year that King Ahaz died came this oracle:

29 Freue dich nicht, ganz Philisterland, dass der Stock, der dich schlug, zerbrochen ist! Denn aus der Wurzel der Schlange wird eine giftige Natter kommen, und ihre Frucht wird ein feuriger fliegender Drache sein.

30 Die Geringen werden auf meiner Aue weiden und die Armen sicher ruhen; aber deine Wurzel will ich durch Hunger töten, und deine Übriggebliebenen werde ich morden.

31 Heule, Tor! Schreie, Stadt! Erzittere, ganz Philisterland! Denn von Norden kommt Rauch und keiner sondert sich ab von seinen Scharen.

32 Und was wird man den Boten der Heiden sagen? »Der HERR hat Zion gegründet, und hier werden die Elenden seines Volks Zuflucht haben.«

Gegen Moab
(vgl. Jer 48,1-47; Zef 2,8-11)

15 Dies ist die Last für Moab: Des Nachts kommt Verheerung über Ar in Moab, es ist dahin; des Nachts kommt Verheerung über Kir in Moab, es ist dahin!

2 Es geht hinauf die Tochter Dibon zu den Altären, um zu weinen; Moab heult über Nebo und über Medeba. Jedes Haupt ist kahl geschoren, jeder Bart ist abgeschnitten.

3 Auf ihren Gassen gehen sie mit dem Sack umgürtet, auf ihren Dächern und Straßen heulen sie alle und gehen weinend einher.

4 Heschbon und Elale schreien, dass man's zu Jahaz hört. Darum wehklagen die Gerüsteten Moabs, es verzagt ihre Seele.

¶ **5** Mein Herz schreit über Moab; seine Flüchtigen fliehen bis nach Zoar, bis Eglat-Schelischija. Denn sie gehen die Steige von Luhit hinauf und weinen, und auf dem Wege nach Horonajim erhebt sich ein Jammergeschrei.

6 Denn die Wasser von Nimrim versiegen, dass das Gras verdorrt und das Kraut verwelkt und kein Grünes wächst.

29 Rejoice not, O Philistia, all of you,
　that the rod that struck you is broken,
　for from the serpent's root will come
　　　forth an adder,
　and its fruit will be a flying fiery
　　　serpent.

30 And the firstborn of the poor will graze,
　and [a]the needy lie down in safety;
　but I will kill your root with famine,
　and your remnant it will slay.

31 Wail, O gate; cry out, O city;
　melt in fear, O Philistia, all of you!
For smoke comes out of the north,
　and there is no straggler in his ranks.

32 What will one answer the messengers of
　　　the nation?
"The LORD has founded Zion,
　and in her the afflicted of his people
　　　find refuge."

An Oracle Concerning Moab

15 An oracle concerning Moab.
Because Ar of Moab is laid waste in a
　　　night,
　Moab is undone;
because Kir of Moab is laid waste in a
　　　night,
　Moab is undone.

2 He has gone up to the temple,[1] and to
　　　Dibon,
　to the high places[2] to weep;
　over Nebo and over [l]Medeba
　　Moab wails.
On every head is baldness;
　every beard is shorn;

3 in the streets they wear sackcloth;
　on the housetops and in the squares
　everyone wails and melts in tears.

4 Heshbon and [m]Elealeh cry out;
　their voice is heard as far as Jahaz;
therefore the armed men of Moab cry
　　　aloud;
　his soul trembles.

5 My heart cries out for Moab;
　her fugitives flee to Zoar,
　to Eglath-shelishiyah.
For at the ascent of Luhith
　they go up weeping;
　on the road to [o]Horonaim
　they raise a cry of destruction;

6 the waters of Nimrim
　are a desolation;
　the grass is withered, the vegetation
　　　fails,
　the greenery is no more.

7 Darum führen sie das Gut, das sie gesammelt, und alles, was sie verwahrt haben, über den Weidenbach.

8 Geschrei geht um in den Grenzen Moabs, Geheul bis Eglajim und Geheul bis Beer-Elim!

9 Denn die Wasser von Dimon sind voll Blut. Dazu will ich über Dimon noch mehr Unheil kommen lassen, Löwen über die Entronnenen Moabs und über die Übriggebliebenen im Lande.

Moab sucht Hilfe bei Juda

16 »Schickt dem Landesherrn die Lämmer von Sela aus der Wüste zum Berge der Tochter Zion!«

2 Wie ein Vogel dahinfliegt, der aus dem Nest vertrieben wird, so werden die Bewohner Moabs an den Furten des Arnon sein.

3 »Gib Rat, schaffe Recht, mache deinen Schatten des Mittags wie die Nacht; verbirg die Verjagten, und verrate die Flüchtigen nicht!

4 Lass Moabs Verjagte bei dir herbergen, sei du für Moab eine Zuflucht vor dem Verwüster!«
¶ Der Dränger wird ein Ende haben, der Verwüster aufhören und der Bedrücker aus dem Lande müssen.

5 Dann wird ein Thron bereitet werden aus Gnaden, dass einer in Treue darauf sitze in der Hütte Davids und richte und trachte nach Recht und fördere Gerechtigkeit.

¶ **6** »Wir haben gehört von dem Hochmut Moabs, der so groß ist, von seinem Hochmut, seinem Stolz und Mutwillen und seinem eitlen Geschwätz.«

7 Darum wird ein Moabiter über den andern heulen, allesamt werden sie heulen. Über die Traubenkuchen von Kir-Heres werden sie seufzen, ganz zerschlagen.

7 Therefore the abundance they have gained
and what they have laid up
they carry away
over the Brook of the Willows.

8 For a cry has gone
around the land of Moab;
her wailing reaches to Eglaim;
her wailing reaches to Beer-elim.

9 For the waters of Dibon[3] are full of blood;
for I will bring upon Dibon even more,
a lion for those of Moab who escape,
for the remnant of the land.

16 Send the lamb to the ruler of the land,
from Sela, by way of the desert,
to the mount of the daughter of Zion.

2 Like fleeing birds,
like a scattered nest,
so are the daughters of Moab
at the fords of the Arnon.

3 "Give counsel;
grant justice;
make your shade like night
at the height of noon;
shelter the outcasts;
do not reveal the fugitive;

4 let the outcasts of Moab
sojourn among you;
be a shelter to them[1]
from the destroyer.
When the oppressor is no more,
and destruction has ceased,
and he who tramples underfoot has vanished from the land,

5 then a throne will be established in steadfast love,
and on it will sit in faithfulness
in the tent of David
one who judges and seeks justice
and is swift to do righteousness."

6 We have heard of the pride of Moab—
how proud he is!—
of his arrogance, his pride, and his insolence;
in his idle boasting he is not right.

7 Therefore let Moab wail for Moab,
let everyone wail.
Mourn, utterly stricken,
for the raisin cakes of Kir-hareseth.

8 Denn die Fluren von Heschbon sind wüst geworden, der Weinstock von Sibma ist verderbt. Die Herren unter den Völkern haben seine edlen Reben zerschlagen, die bis nach Jaser reichten und sich zogen bis in die Wüste; ihre Ranken breiteten sich aus und gingen über das Meer.

¶ **9** Darum weine ich mit Jaser um den Weinstock von Sibma und vergieße viel Tränen über dich, Heschbon und Elale. Denn es ist Kriegsgeschrei in deinen Herbst und deine Ernte gefallen,

10 dass Freude und Wonne in den Gärten aufhören, und in den Weinbergen jauchzt und ruft man nicht mehr. Man keltert keinen Wein in den Keltern, dem Gesang ist ein Ende gemacht.

11 Darum klagt mein Herz über Moab wie eine Harfe und meine Seele über Kir-Heres.

12 Alsdann, wenn Moab hingeht und sich abmüht bei den Altären und kommt zu seinem Heiligtum, um zu beten, so wird's doch nichts ausrichten.

Ein Nachwort

13 Das ist's, was der HERR damals gegen Moab geredet hat.

14 Nun aber redet der HERR und spricht: In drei Jahren, wie eines Tagelöhners Jahre sind, wird die Herrlichkeit Moabs gering werden mit all dem großen Gepränge, dass wenig übrig bleibt, gar nicht viel.

Gegen Damaskus und das Nordreich Israel
(vgl. Jer 49,23-27; Am 1,3-5)

17 Dies ist die Last für Damaskus: Siehe, Damaskus wird keine Stadt mehr sein, sondern ein zerfallener Steinhaufen;

2 seine Städte werden verlassen sein für immer, dass Herden dort weiden, die niemand verscheucht.

3 Und es wird aus sein mit dem Bollwerk Ephraims und mit dem Königtum von Damaskus; und dem Rest von Aram wird es gehen wie der Herrlichkeit Israels, spricht der HERR Zebaoth.

8 For the fields of Heshbon languish,
　and the vine of Sibmah;
the lords of the nations
　have struck down its branches,
which reached to Jazer
　and strayed to the desert;
its shoots spread abroad
　and passed over the sea.

9 Therefore I weep with the weeping of Jazer
　for the vine of Sibmah;
I drench you with my tears,
　O Heshbon and Elealeh;
for over your summer fruit and your harvest
　the shout has ceased.

10 And joy and gladness are taken away
　from the fruitful field,
and in the vineyards no songs are sung,
　no cheers are raised;
no treader treads out wine in the presses;
　I have put an end to the shouting.

11 Therefore my inner parts moan like a lyre for Moab,
　and my inmost self for Kir-hareseth.

¶ **12** And when Moab presents himself, when he wearies himself on the high place, when he comes to his sanctuary to pray, he will not prevail.

¶ **13** This is the word that the LORD spoke concerning Moab in the past.

14 But now the LORD has spoken, saying, "In three years, like the years of a hired worker, the glory of Moab will be brought into contempt, in spite of all his great multitude, and those who remain will be very few and feeble."

An Oracle Concerning Damascus

17 An oracle concerning Damascus.
Behold, Damascus will cease to be a city
　and will become a heap of ruins.

2 The cities of Aroer are deserted;
　they will be for flocks,
which will lie down, and none will make them afraid.

3 The fortress will disappear from Ephraim,
　and the kingdom from ᵂDamascus;
and the remnant of Syria will be
　like the glory of the children of Israel,
　declares the LORD of hosts.

4 Zu der Zeit wird die Herrlichkeit Jakobs gering sein, und sein fetter Leib wird mager sein.

5 Es wird sein, wie wenn der Schnitter die Halme fasst und mit seinem Arm die Ähren schneidet, wie wenn einer Ähren liest im Tal Refaïm;

6 wie wenn man Oliven herunterschlägt in der Ernte und eine Nachernte bleibt, zwei oder drei oben in dem Wipfel, vier oder fünf Früchte an den Zweigen, spricht der HERR, der Gott Israels.

¶ **7** Zu der Zeit wird der Mensch blicken auf den, der ihn gemacht hat, und seine Augen werden auf den Heiligen Israels schauen;

8 und er wird nicht mehr blicken auf die Altäre, die seine Hände gemacht haben, und nicht schauen auf das, was seine Finger gemacht haben, auf die Bilder der Aschera und auf die Rauchopfersäulen.

¶ **9** Zu der Zeit werden ihre festen Städte verlassen sein wie die Städte der Hiwiter und Amoriter, die sie verließen vor Israel, und zur Wüste werden.

10 Denn du hast vergessen den Gott deines Heils und nicht gedacht an den Felsen deiner Stärke.

¶ Darum setze nur Pflanzen zu deiner Lust und lege Reben aus der Fremde!*

11 Auch wenn du sie hochbringst am Tag, da du sie pflanzt, und sie zum Sprießen bringst an dem Morgen, da du sie säst, – hin ist die Ernte, wenn du die Garben einbringen willst, und du wirst Schmerzen haben, die niemand heilt.

Das brausende Völkermeer

12 Ha, ein Brausen vieler Völker, wie das Meer brausen sie, und ein Getümmel mächtiger Nationen, wie große Wasser tosen sie!

13 Ja, wie große Wasser werden die Nationen tosen. Aber er wird sie schelten, da werden sie in die Ferne fliehen und werden gejagt wie Spreu auf den Bergen vom Winde und wie wirbelnde Blätter vom Ungewitter.

4 And in that day the glory of Jacob will
    be brought low,
      and the fat of his flesh will grow lean.

5 And it shall be as when the reaper gath-
    ers standing grain
      and his arm harvests the ears,
    and as when one gleans the ears of grain
      in the Valley of Rephaim.

6 Gleanings will be left in it,
      as when an olive tree is beaten—
    two or three berries
      in the top of the highest bough,
    four or five
      on the branches of a fruit tree,
        declares the LORD God of Israel.

¶ **7** In that day man will look to his Maker, and his eyes will look on the Holy One of Israel.

8 He will not look to the altars, the work of his hands, and he will not look on what his own fingers have made, either the Asherim or the altars of incense.

¶ **9** In that day their strong cities will be like the deserted places of the wooded heights and the hilltops, which they deserted because of the children of Israel, and there will be desolation.

10 For you have forgotten the God of your
    salvation
    and have not remembered the Rock of
      your refuge;
    therefore, though you plant pleasant
      plants
    and sow the vine-branch of a stranger,

11 though you make them grow[1] on the
    day that you plant them,
    and make them blossom in the morn-
      ing that you sow,
    yet the harvest will flee away[2]
      in a day of grief and incurable pain.

12 Ah, the thunder of many peoples;
      they thunder like the thundering of
        the sea!
    Ah, the roar of nations;
      they roar like the roaring of mighty
        waters!

13 The nations roar like the roaring of
    many waters,
    but he will rebuke them, and they will
      flee far away,
    chased like chaff on the mountains
      before the wind
    and whirling dust before the storm.

14 Um den Abend, siehe, da ist Schrecken, und ehe es Morgen wird, sind sie nicht mehr da. Das ist der Lohn unsrer Räuber und das Los derer, die uns das Unsre nehmen.

Gottes Botschaft an das Land Kusch

18 Weh dem Lande voll schwirrender Flügel, jenseits der Ströme von Kusch,

2 das Boten über das Meer sendet und in leichten Schiffen auf den Wassern fährt! Geht hin, ihr schnellen Boten, zum Volk, das hochgewachsen und glatt ist, zum Volk, das schrecklicher ist als sonst irgendeins, zum Volk, das befiehlt und zertritt, dessen Land Wasserströme durchschneiden.

3 Alle, die ihr auf Erden wohnt und in den Ländern lebt – wenn man das Banner auf den Bergen aufrichtet, so sehet! Wenn man die Posaune bläst, so höret!

4 Denn so spricht der Herr zu mir: Ich will schauen von meiner Stätte und will still warten wie drückende Hitze am hohen Mittag und wie Taugewölk in der Hitze der Ernte.

5 Denn vor der Ernte, wenn die Blüte vorüber ist und die Traube noch reift, wird er die Ranken mit Winzermessern abschneiden und die Reben wegnehmen und abhauen,

6 dass man's miteinander liegen lässt für die Geier auf den Bergen und die Tiere im Lande, dass im Sommer die Geier darauf sitzen und im Winter allerlei Tiere im Lande darauf liegen.

¶ **7** Zu der Zeit wird das hochgewachsene und glatte Volk, das schrecklicher ist als sonst irgendeins, das befiehlt und zertritt, dessen Land Wasserströme durchschneiden, Geschenke bringen dem Herrn Zebaoth an den Ort, da der Name des Herrn Zebaoth wohnt, zum Berge Zion.

14 At evening time, behold, terror!
Before morning, they are no more!
This is the portion of those who loot us,
and the lot of those who plunder us.

An Oracle Concerning Cush

18 Ah, land of whirring wings
that is beyond the rivers of Cush,[1]

2 which sends ambassadors by the sea,
in vessels of papyrus on the waters!
Go, you swift messengers,
to a nation, tall and smooth,
to a people feared near and far,
a nation mighty and conquering,
whose land the rivers divide.

3 All you inhabitants of the world,
you who dwell on the earth,
when a signal is raised on the mountains, look!
When a trumpet is blown, hear!

4 For thus the Lord said to me:
"I will quietly look from my dwelling
like clear heat in sunshine,
like a cloud of dew in the heat of harvest."

5 For before the harvest, when the blossom is over,
and the flower becomes a ripening grape,
he cuts off the shoots with pruning hooks,
and the spreading branches he lops off and clears away.

6 They shall all of them be left
to the birds of prey of the mountains
and to the beasts of the earth.
And the birds of prey will summer on them,
and all the beasts of the earth will winter on them.

¶ **7** At that time tribute will be brought to the Lord of hosts

from a people tall and smooth,
from a people feared near and far,
a nation mighty and conquering,
whose land the rivers divide,

to Mount Zion, the place of the name of the Lord of hosts.

Gegen Ägypten

(vgl. Jer 46,2-28; Hes 29,1–32,32)

19 Dies ist die Last für Ägypten: Siehe, der HERR wird auf einer schnellen Wolke fahren und über Ägypten kommen. Da werden die Götzen Ägyptens vor ihm beben, und den Ägyptern wird das Herz feige werden in ihrem Leibe.

2 Und ich will die Ägypter gegeneinander hetzen, dass ein Bruder wider den andern, ein Freund wider den andern, eine Stadt wider die andre, ein Reich wider das andre kämpfen wird.

3 Und der Mut soll den Ägyptern in ihrem Herzen vergehen, und ich will ihre Anschläge zunichtemachen. Da werden sie dann fragen ihre Götzen und Beschwörer, ihre Geister und Zeichendeuter.

4 Aber ich will die Ägypter übergeben in die Hand eines grausamen Herrn, und ein harter König soll über sie herrschen, spricht der Herrscher, der HERR Zebaoth.

¶ **5** Und das Wasser im Nil wird vertrocknen und der Strom wird versiegen und verschwinden.

6 Und die Wasser werden stinkend werden, und die Flüsse Ägyptens werden seicht und trocken werden, dass Rohr und Schilf verwelken.

7 Und das Gras an den Wassern wird vergehen, und alle Saat am Wasser wird verdorren und zunichtewerden.

8 Und die Fischer werden trauern, und alle, die Angeln ins Wasser werfen, werden klagen; und alle, die Netze auswerfen in den Strom, werden betrübt sein.

9 Es werden zuschanden, die da Flachs kämmen und verarbeiten, und die da weben, werden erbleichen.

10 Die Weber werden geschlagen sein, und alle, die um Lohn arbeiten, sind bekümmert.

An Oracle Concerning Egypt

19 An oracle concerning Egypt.

Behold, the LORD is riding on a swift cloud
  and comes to Egypt;
and the idols of Egypt will tremble at his presence,
  and the heart of the Egyptians will melt within them.

2 And I will stir up Egyptians against Egyptians,
  and they will fight, each against another
and each against his neighbor,
  city against city, kingdom against kingdom;

3 and the spirit of the Egyptians within them will be emptied out,
  and I will confound[1] their counsel;
and they will inquire of the idols and the sorcerers,
  and the mediums and the necromancers;

4 and I will give over the Egyptians
  into the hand of a hard master,
and a fierce king will rule over them,
  declares the Lord GOD of hosts.

5 And the waters of the sea will be dried up,
  and the river will be dry and parched,

6 and its canals will become foul,
  and the branches of Egypt's Nile will diminish and dry up,
reeds and rushes will rot away.

7 There will be bare places by the Nile,
  on the brink of the Nile,
and all that is sown by the Nile will be parched,
  will be driven away, and will be no more.

8 The fishermen will mourn and lament,
  all who cast a hook in the Nile;
and they will languish
  who spread nets on the water.

9 The workers in combed flax will be in despair,
  and the weavers of white cotton.

10 Those who are the pillars of the land will be crushed,
  and all who work for pay will be grieved.

¶ **11** Die Fürsten von Zoan sind Toren, die weisen Räte des Pharao sind mit ihrem Rat zu Narren geworden. Wie könnt ihr zum Pharao sagen: »Ich bin ein Sohn von Weisen und komme von Königen der Vorzeit her«?

12 Wo sind denn nun deine Weisen, dass sie dir's verkündigen und anzeigen, was der Herr Zebaoth über Ägypten beschlossen hat?

13 Die Fürsten von Zoan sind zu Toren geworden, die Fürsten von Memfis sind betrogen; die Häupter seiner Geschlechter verführen Ägypten.

14 Denn der Herr hat einen Taumelgeist über sie ausgegossen, dass sie Ägypten taumeln machen in all seinem Tun, wie ein Trunkenbold taumelt, wenn er speit.

15 Und Ägypten wird nichts gelingen, was Kopf oder Schwanz, Ast oder Stumpf ausrichten wollen.

Gottes Plan über Ägypten

16 Zu der Zeit werden die Ägypter sein wie Weiber und sich fürchten und erschrecken, wenn der Herr Zebaoth die Hand über sie schwingen wird.

17 Und die Ägypter werden sich fürchten vor dem Lande Juda; wenn sie daran denken, werden sie erschrecken wegen des Rates des Herrn Zebaoth, den er über sie beschlossen hat.

¶ **18** Zu der Zeit werden fünf Städte in Ägyptenland die Sprache Kanaans sprechen und bei dem Herrn Zebaoth schwören. Eine wird heißen Ir-Heres.

¶ **19** Zu der Zeit wird für den Herrn ein Altar mitten in Ägyptenland sein und ein Steinmal für den Herrn an seiner Grenze;

20 das wird ein Zeichen und Zeugnis sein für den Herrn Zebaoth in Ägyptenland. Wenn sie zum Herrn schreien vor den Bedrängern, so wird er ihnen einen Retter senden; der wird ihre Sache führen und sie erretten.

21 Denn der Herr wird den Ägyptern bekannt werden, und die Ägypter werden den Herrn erkennen zu der Zeit und werden ihm dienen mit Schlachtopfern und Speisopfern und werden dem Herrn Gelübde tun und sie halten.

11 The princes of Zoan are utterly foolish;
  the wisest counselors of Pharaoh give
    stupid counsel.
How can you say to Pharaoh,
  "I am a son of the wise,
  a son of ancient kings"?

12 Where then are your wise men?
  Let them tell you
  that they might know what the Lord
    of hosts has purposed against
    Egypt.

13 The princes of Zoan have become fools,
  and the princes of Memphis are
    deluded;
those who are the cornerstones of her
    tribes
  have made Egypt stagger.

14 The Lord has mingled within her a
    spirit of confusion,
and they will make Egypt stagger in all
    its deeds,
  as a drunken man staggers in his
    vomit.

15 And there will be nothing for Egypt
  that head or tail, palm branch or reed,
    may do.

Egypt, Assyria, Israel Blessed

¶ **16** In that day the Egyptians will be like women, and tremble with fear before the hand that the Lord of hosts shakes over them.

17 And the land of Judah will become a terror to the Egyptians. Everyone to whom it is mentioned will fear because of the purpose that the Lord of hosts has purposed against them.

¶ **18** In that day there will be five cities in the land of Egypt that speak the language of Canaan and swear allegiance to the Lord of hosts. One of these will be called the City of Destruction.[2]

¶ **19** In that day there will be an altar to the Lord in the midst of the land of Egypt, and a pillar to the Lord at its border.

20 It will be a sign and a witness to the Lord of hosts in the land of Egypt. When they cry to the Lord because of oppressors, he will send them a savior and defender, and deliver them.

21 And the Lord will make himself known to the Egyptians, and the Egyptians will know the Lord in that day and worship with sacrifice and offering, and they will make vows to the Lord and perform them.

22 Und der HERR wird die Ägypter schlagen und heilen; und sie werden sich bekehren zum HERRN, und er wird sich erbitten lassen und sie heilen.

¶ **23** Zu der Zeit wird eine Straße sein von Ägypten nach Assyrien, dass die Assyrer nach Ägypten und die Ägypter nach Assyrien kommen und die Ägypter samt den Assyrern Gott dienen.

24 Zu der Zeit wird Israel der Dritte sein mit den Ägyptern und Assyrern, ein Segen mitten auf Erden;

25 denn der HERR Zebaoth wird sie segnen und sprechen: Gesegnet bist du, Ägypten, mein Volk, und du, Assur, meiner Hände Werk, und du, Israel, mein Erbe!

Weissagung des Sieges der Assyrer über Ägypten und Kusch

20 Im Jahr, da der Tartan nach Aschdod kam, als ihn gesandt hatte Sargon, der König von Assyrien, und er gegen Aschdod kämpfte und es eroberte, –

2 zu der Zeit redete der HERR durch Jesaja, den Sohn des Amoz, und sprach: Geh hin und tu den härenen Schurz von deinen Lenden und zieh die Schuhe von deinen Füßen. Und er tat so und ging nackt und barfuß.

¶ **3** Da sprach der HERR: Gleichwie mein Knecht Jesaja nackt und barfuß geht drei Jahre lang als Zeichen und Weissagung über Ägypten und Kusch,

4 so wird der König von Assyrien wegtreiben die Gefangenen Ägyptens und die Verbannten von Kusch, jung und alt, nackt und barfuß, in schmählicher Blöße, zur Schande Ägyptens.

5 Und sie werden erschrecken in Juda und zuschanden werden wegen der Kuschiter, auf die sie sich verließen, und wegen der Ägypter, deren sie sich rühmten.

6 Und die Bewohner dieser Küste werden sagen zu der Zeit: Ist das unsere Zuversicht, zu der wir um Hilfe geflohen sind, dass wir errettet würden vor dem König von Assyrien? Wie könnten wir selber entrinnen?

Die Schau von Babels Fall
(vgl. Kap 13,1–14,23)

21 Dies ist die Last für die Wüste: Wie ein Wetter vom Süden herfährt, so kommt's aus der Wüste, aus einem schrecklichen Lande.

22 And the LORD will strike Egypt, striking and healing, and they will return to the LORD, and he will listen to their pleas for mercy and heal them.

¶ **23** In that day there will be a highway from Egypt to Assyria, and Assyria will come into Egypt, and Egypt into Assyria, and the Egyptians will worship with the Assyrians.

¶ **24** In that day Israel will be the third with Egypt and Assyria, a blessing in the midst of the earth,

25 whom the LORD of hosts has blessed, saying, "Blessed be Egypt my people, and Assyria the work of my hands, and Israel my inheritance."

A Sign Against Egypt and Cush

20 In the year that the commander in chief, who was sent by Sargon the king of Assyria, came to Ashdod and fought against it and captured it—

2 at that time the LORD spoke by Isaiah the son of Amoz, saying, "Go, and loose the sackcloth from your waist and take off your sandals from your feet," and he did so, walking naked and barefoot.

¶ **3** Then the LORD said, "As my servant Isaiah has walked naked and barefoot for three years as a sign and a portent against Egypt and Cush,[1]

4 so shall the king of Assyria lead away the Egyptian captives and the Cushite exiles, both the young and the old, naked and barefoot, with buttocks uncovered, the nakedness of Egypt.

5 Then they shall be dismayed and ashamed because of Cush their hope and of Egypt their boast.

6 And the inhabitants of this coastland will say in that day, 'Behold, this is what has happened to those in whom we hoped and to whom we fled for help to be delivered from the king of Assyria! And we, how shall we escape?'"

Fallen, Fallen Is Babylon

21 The oracle concerning the wilderness of the sea.

As whirlwinds in the Negeb sweep on,
  it comes from the wilderness,
  from a terrible land.

2 Mir ist eine harte Offenbarung angezeigt: »Der Räuber raubt, und der Verwüster verwüstet. Elam, zieh herauf! Medien, belagere! Ich will allem Seufzen ein Ende machen.«

3 Darum sind meine Lenden voll Schmerzen, und Angst hat mich ergriffen wie eine Gebärende. Ich krümme mich, wenn ich's höre, und erschrecke, wenn ich's sehe.

4 Mein Herz zittert, Grauen hat mich erschreckt; auch am Abend, der mir so lieb ist, habe ich keine Ruhe.

¶ **5** Deckt den Tisch, breitet den Teppich aus, esst und trinkt! Macht euch auf, ihr Fürsten, salbt den Schild!

6 Denn so hat der Herr zu mir gesagt: »Geh hin, stelle den Wächter auf; was er schaut, soll er ansagen!

7 Und sieht er einen Zug von Wagen mit Rossen, einen Zug von Eseln und Kamelen, so soll er darauf achtgeben mit allem Eifer.«

¶ **8** Da rief der Späher: Herr, ich stehe auf der Warte bei Tage immerdar und stelle mich auf meine Wacht jede Nacht.

9 Und siehe, da kommen Männer, ein Zug von Wagen mit Rossen; die heben an und sprechen: Gefallen ist Babel, es ist gefallen, und alle Bilder seiner Götter sind zu Boden geschlagen!

¶ **10** Mein zerdroschenes und zertretenes Volk! Was ich gehört habe vom HERRN Zebaoth, dem Gott Israels, das verkündige ich euch.

Sprüche über Edom und Arabien
(vgl. Jer 49,7-22; 49,28-33)

11 Dies ist die Last für Duma: Man ruft zu mir aus Seïr: Wächter, ist die Nacht bald hin? Wächter, ist die Nacht bald hin?

12 Der Wächter aber sprach: Wenn auch der Morgen kommt, so wird es doch Nacht bleiben. Wenn ihr fragen wollt, so kommt wieder und fragt.

2 A stern vision is told to me;
  the traitor betrays,
  and the destroyer destroys.
Go up, O Elam;
  lay siege, O Media;
all the sighing she has caused
  I bring to an end.

3 Therefore my loins are filled with anguish;
  pangs have seized me,
  like the pangs of a woman in labor;
I am bowed down so that I cannot hear;
  I am dismayed so that I cannot see.

4 My heart staggers; horror has appalled me;
  the twilight I longed for
  has been turned for me into trembling.

5 They prepare the table,
  they spread the rugs,[1]
  they eat, they drink.
Arise, O princes;
  oil the shield!

6 For thus the Lord said to me:
"Go, set a watchman;
  let him announce what he sees.

7 When he sees riders, horsemen in pairs,
  riders on donkeys, riders on camels,
let him listen diligently,
  very diligently."

8 Then he who saw cried out:[2]
"Upon a watchtower I stand, O Lord,
  continually by day,
and at my post I am stationed
  whole nights.

9 And behold, here come riders,
  horsemen in pairs!"
And he answered,
"Fallen, fallen is Babylon;
and all the carved images of her gods
  he has shattered to the ground."

10 O my threshed and winnowed one,
  what I have heard from the LORD of hosts,
  the God of Israel, I announce to you.

¶ **11** The oracle concerning Dumah.

One is calling to me from Seir,
"Watchman, what time of the night?
  Watchman, what time of the night?"

12 The watchman says:
"Morning comes, and also the night.
  If you will inquire, inquire;
  come back again."

¶ **13** Dies ist die Last für Arabien: Ihr müsst im Gestrüpp, in der Steppe über Nacht bleiben, ihr Karawanen der Dedaniter.

14 Bringt den Durstigen Wasser entgegen, die ihr wohnt im Lande Tema; bietet Brot den Flüchtigen.

15 Denn sie fliehen vor dem Schwert, ja, vor dem bloßen Schwert, vor dem gespannten Bogen, vor der Gewalt des Kampfes.

¶ **16** Denn so hat der Herr zu mir gesprochen: Noch ein Jahr, wie des Tagelöhners Jahre sind, dann soll alle Herrlichkeit Kedars untergehen.

17 Und von den Bogenschützen Kedars sollen nur wenige übrig bleiben; denn der HERR, der Gott Israels, hat's gesagt.

Gegen den Übermut Jerusalems

22 Dies ist die Last für das Schautal: Was habt ihr denn, dass ihr alle auf die Dächer steigt,

2 du Stadt voller Lärmen und Toben, du fröhliche Burg? – Deine Erschlagenen sind nicht mit dem Schwert erschlagen und nicht im Kampf gefallen.

3 Alle deine Hauptleute sind gewichen, in die Ferne geflohen. Alle, die man von dir gefunden hat, wurden gefangen, ohne Bogen gefangen.

4 Darum sage ich: Schaut weg von mir, lasst mich bitterlich weinen! Müht euch nicht, mich zu trösten über die Zerstörung der Tochter meines Volks!

¶ **5** Denn es kommt ein Tag des Getümmels und des Zertretens und der Verwirrung von Gott, dem HERRN Zebaoth, im Schautal; es kracht die Mauer, sie schreien am Berge.

6 Elam fährt daher mit Köchern, Wagen, Leuten und Rossen, und Kir lässt seine Schilde glänzen.

7 Und es wird geschehen, dass deine auserlesenen Täler werden voll von Wagen und Rossen sein; die stellen sich auf gegen das Tor.

¶ **13** The oracle concerning Arabia.

In the thickets in *ᵖ*Arabia you will lodge,
O caravans of *ᵖ*Dedanites.

14 To the thirsty bring water;
meet the fugitive with bread,
O inhabitants of the land of Tema.

15 For they have fled from the swords,
from the drawn sword,
from the bent bow,
and from the press of battle.

¶ **16** For thus the Lord said to me, "Within a year, according to the years of a hired worker, all the glory of Kedar will come to an end.

17 And the remainder of the archers of the mighty men of the sons of Kedar will be few, for the LORD, the God of Israel, has spoken."

An Oracle Concerning Jerusalem

22 The oracle concerning the valley of vision.

What do you mean that you have gone up,
all of you, to the housetops,

2 you who are full of shoutings,
tumultuous city, exultant town?
Your slain are not slain with the sword
or dead in battle.

3 All your leaders have fled together;
without the bow they were captured.
All of you who were found were captured,
though they had fled far away.

4 Therefore I said:
"Look away from me;
let me weep bitter tears;
do not labor to comfort me
concerning the destruction of the
daughter of my people."

5 For the Lord GOD of hosts has a day
of tumult and trampling and confusion
in the valley of vision,
a battering down of walls
and a shouting to the mountains.

6 And Elam bore the quiver
with chariots and horsemen,
and Kir uncovered the shield.

7 Your choicest valleys were full of chariots,
and the horsemen took their stand at
the gates.

8 Da wird der Schutz Judas weggenommen werden.

¶ Aber ihr schautet zu der Zeit auf die Rüstungen im Waldhaus.

9 Und ihr saht, dass viele Risse in der Stadt Davids waren, und sammeltet das Wasser des unteren Teiches.

10 Ihr zähltet auch die Häuser Jerusalems und bracht sie ab, um die Mauer zu befestigen,

11 und machtet ein Becken zwischen beiden Mauern für das Wasser des alten Teiches. Doch ihr saht nicht auf den, der solches tut, und schautet nicht auf den, der solches schafft von ferne her.

¶ **12** Zu der Zeit rief Gott, der HERR Zebaoth, dass man weine und klage und sich das Haar abschere und den Sack anlege.

13 Aber siehe da, lauter Freude und Wonne, Rinder töten, Schafe schlachten, Fleisch essen, Wein trinken: »Lasst uns essen und trinken; wir sterben doch morgen!«

14 Aber meinen Ohren ist vom HERRN Zebaoth offenbart: »Wahrlich, diese Missetat soll euch nicht vergeben werden, bis ihr sterbt«, spricht Gott, der HERR Zebaoth.

Schebna und Eljakim

15 So spricht Gott, der HERR Zebaoth: Geh hinein zu dem Verwalter da, zu Schebna, dem Hofmeister, und sprich zu ihm:

16 Was hast du hier? Und wen hast du hier, dass du dir hier ein Grab aushauen lässt, dass du dein Grab in der Höhe aushauen und deine Wohnung in den Felsen machen lässt?

17 Siehe, der HERR wird dich wegwerfen, wie ein Starker einen wegwirft, und wird dich packen

18 und dich zum Knäuel machen und dich wegschleudern wie eine Kugel in ein weites Land. Dort wirst du sterben, dort werden deine kostbaren Wagen bleiben, du Schmach für das Haus deines Herrn!

19 Und ich will dich aus deiner Stellung stürzen und dich aus deinem Amt stoßen.

¶ **20** Und zu der Zeit will ich rufen meinen Knecht Eljakim, den Sohn Hilkijas,

21 und will ihm dein Amtskleid anziehen und ihn mit deinem Gürtel gürten und deine Herrschaft in seine Hand geben, dass er Vater sei für die, die in Jerusalem wohnen, und für das Haus Juda.

8 He has taken away the covering of Judah.

¶ In that day you looked to the weapons of the House of the Forest,

9 and you saw that the breaches of the city of David were many. You collected the waters of the lower pool,

10 and you counted the houses of Jerusalem, and you broke down the houses to fortify the wall.

11 You made a reservoir between the two walls for the water of the old pool. But you did not look to him who did it, or see him who planned it long ago.

12 In that day the Lord GOD of hosts
called for weeping and mourning,
for baldness and wearing sackcloth;

13 and behold, joy and gladness,
killing oxen and slaughtering sheep,
eating flesh and drinking wine.
"Let us eat and drink,
for tomorrow we die."

14 The LORD of hosts has revealed himself
in my ears:
"Surely this iniquity will not be atoned
for you until you die,"
says the Lord GOD of hosts.

¶ **15** Thus says the Lord GOD of hosts, "Come, go to this steward, to Shebna, who is over the household, and say to him:

16 What have you to do here, and whom have you here, that you have cut out here a tomb for yourself, you who cut out a tomb on the height and carve a dwelling for yourself in the rock?

17 Behold, the LORD will hurl you away violently, O you strong man. He will seize firm hold on you

18 and whirl you around and around, and throw you like a ball into a wide land. There you shall die, and there shall be your glorious chariots, you shame of your master's house.

19 I will thrust you from your office, and you will be pulled down from your station.

20 In that day I will call my servant Eliakim the son of Hilkiah,

21 and I will clothe him with your robe, and will bind your sash on him, and will commit your authority to his hand. And he shall be a father to the inhabitants of Jerusalem and to the house of Judah.

22 Und ich will die Schlüssel des Hauses Davids auf seine Schulter legen, dass er auftue und niemand zuschließe, dass er zuschließe und niemand auftue.

23 Und ich will ihn als Nagel einschlagen an einen festen Ort, und er soll werden zum Thron der Ehre für seines Vaters Haus.

¶ **24** Aber wenn sich an ihn hängt die ganze Schwere seines Vaterhauses, Kind und Kindeskinder, alle kleinen Geräte, Trinkgefäße und allerlei Krüge,

25 dann, spricht der HERR Zebaoth, soll der Nagel nachgeben, der am festen Ort steckt, er soll abbrechen und fallen, sodass alles, was daran hing, zerbricht; denn der HERR sagt es.

Das Gericht über Tyrus und Sidon
(vgl. Hes 26,1–28,24)

23 Dies ist die Last für Tyrus:

¶ Heult, ihr Tarsisschiffe, denn Tyrus ist zerstört, dass kein Haus mehr da ist! Wenn sie heimkehren aus dem Lande Kittim, werden sie dessen gewahr werden.

2 Die Bewohner der Küste sind still geworden, die Kaufleute von Sidon. Ihre Boten zogen übers Meer

3 und was von Früchten am Schihor und von Getreide am Nil wuchs, brachte man nach Sidon hin über große Wasser, und du warst der Völker Markt geworden.

4 Erschrick, Sidon, denn das Meer, ja, die Feste am Meer spricht: Ich werde nicht mehr Mutter, ich gebäre nicht mehr; darum ziehe ich keine Jünglinge auf und erziehe keine Jungfrauen.

5 Sobald es die Ägypter hören, erschrecken sie über die Kunde von Tyrus.

¶ **6** Fahrt hin nach Tarsis, heult, ihr Bewohner der Küste!

7 Ist das eure fröhliche Stadt, die sich ihres Alters rühmte? Ihre Füße führten sie weit weg, in der Ferne zu weilen.

8 Wer hat solches beschlossen, dass es Tyrus, der Krone, so gehen sollte, wo doch ihre Kaufleute Fürsten waren und ihre Händler die Herrlichsten auf Erden?

22 And I will place on his shoulder the key of the house of David. He shall open, and none shall shut; and he shall shut, and none shall open.

23 And I will fasten him like a peg in a secure place, and he will become a throne of honor to his father's house.

24 And they will hang on him the whole honor of his father's house, the offspring and issue, every small vessel, from the cups to all the flagons.

25 In that day, declares the LORD of hosts, the peg that was fastened in a secure place will give way, and it will be cut down and fall, and the load that was on it will be cut off, for the LORD has spoken."

An Oracle Concerning Tyre and Sidon

23 The oracle concerning Tyre.
  Wail, O ships of Tarshish,
for Tyre is laid waste, without house or harbor!
From the land of Cyprus[1]
  it is revealed to them.

2 Be still, O inhabitants of the coast;
  the merchants of Sidon, who cross the sea, have filled you.

3 And on many waters
  your revenue was the grain of Shihor,
  the harvest of the Nile;
you were the merchant of the nations.

4 Be ashamed, O Sidon, for the sea has spoken,
  the stronghold of the sea, saying:
"I have neither labored nor given birth,
I have neither reared young men
  nor brought up young women."

5 When the report comes to Egypt,
  they will be in anguish[2] over the report about Tyre.

6 Cross over to Tarshish;
  wail, O inhabitants of the coast!

7 Is this your exultant city
  whose origin is from days of old,
whose feet carried her
  to settle far away?

8 Who has purposed this
  against Tyre, the bestower of crowns,
whose merchants were princes,
  whose traders were the honored of the earth?

9 Der HERR Zebaoth hat's so beschlossen, auf dass er erniedrigte die Pracht und verächtlich machte die stolze Stadt, alle Herrlichsten auf Erden.

10 Bebaue dein Land, du Tochter Tarsis! Denn es gibt keinen Hafen mehr.

¶ **11** Der HERR hat seine Hand ausgereckt über das Meer und erschreckt die Königreiche. Er hat Befehl gegeben über Phönizien, dass seine Bollwerke zerstört werden,

12 und er hat gesagt: Du sollst nicht mehr fröhlich sein, du geschändete Jungfrau, du Tochter Sidon! Nach Kittim mach dich auf und zieh fort, doch wirst du auch da keine Ruhe haben.

13 Siehe, die Chaldäer – dies Volk hat's getan, nicht Assur – haben die Stadt zur Wüste gemacht; sie haben Belagerungstürme aufgerichtet, ihre Paläste niedergerissen und die Stadt geschleift.

14 Heult, ihr Tarsisschiffe, denn euer Bollwerk ist zerstört!

¶ **15** Zu der Zeit wird Tyrus vergessen werden siebzig Jahre, solange etwa ein König lebt. Aber nach siebzig Jahren wird es mit Tyrus gehen, wie es im Hurenlied heißt:

16 Nimm die Harfe, geh in der Stadt umher, du vergessene Hure! Mach's gut auf dem Saitenspiel und singe viel Lieder, auf dass dein wieder gedacht werde!

17 Denn nach siebzig Jahren wird der HERR die Stadt Tyrus heimsuchen, dass sie wieder zu ihrem Hurenlohn komme und Hurerei treibe mit allen Königreichen auf Erden.

18 Aber ihr Gewinn und Hurenlohn wird dem HERRN geweiht werden. Man wird ihn nicht wie Schätze sammeln und aufhäufen, sondern ihr Erwerb wird denen zufallen, die vor dem HERRN wohnen, dass sie essen und satt werden und wohlbekleidet seien.

Das zukünftige Gottesgericht über die Erde

24 Siehe, der HERR macht die Erde leer und wüst und wirft um, was auf ihr ist, und zerstreut ihre Bewohner.

9 The LORD of hosts has purposed it, to defile the pompous pride of all glory,[3] to dishonor all the honored of the earth.

10 Cross over your land like the Nile, O daughter of Tarshish; there is no restraint anymore.

11 He has stretched out his hand over the sea; he has shaken the kingdoms; the LORD has given command concerning Canaan to destroy its strongholds.

12 And he said: "You will no more exult, O oppressed virgin daughter of Sidon; arise, cross over to Cyprus, even there you will have no rest."

¶ **13** Behold the land of the Chaldeans! This is the people that was not;[4] Assyria destined it for wild beasts. They erected their siege towers, they stripped her palaces bare, they made her a ruin.

14 Wail, O ships of Tarshish, for your stronghold is laid waste.

15 In that day Tyre will be forgotten for seventy years, like the days[5] of one king. At the end of ᶻseventy years, it will happen to Tyre as in the song of the prostitute:

16 "Take a harp; go about the city, O forgotten prostitute! Make sweet melody; sing many songs, that you may be remembered."

17 At the end of seventy years, the LORD will visit Tyre, and she will return to her wages and will prostitute herself with all the kingdoms of the world on the face of the earth.

18 Her merchandise and her wages will be holy to the LORD. It will not be stored or hoarded, but her merchandise will supply abundant food and fine clothing for those who dwell before the LORD.

Judgment on the Whole Earth

24 Behold, the LORD will empty the earth[1] and make it desolate, and he will twist its surface and scatter its inhabitants.

2 Und es geht dem Priester wie dem Volk, dem Herrn wie dem Knecht, der Frau wie der Magd, dem Verkäufer wie dem Käufer, dem Verleiher wie dem Borger, dem Gläubiger wie dem Schuldner.

3 Die Erde wird leer und beraubt sein; denn der HERR hat solches geredet.

¶ **4** Das Land verdorrt und verwelkt, der Erdkreis verschmachtet und verwelkt, die Höchsten des Volks auf Erden verschmachten.

5 Die Erde ist entweiht von ihren Bewohnern; denn sie übertreten das Gesetz und ändern die Gebote und brechen den ewigen Bund.

6 Darum frisst der Fluch die Erde, und büßen müssen's, die darauf wohnen. Darum nehmen die Bewohner der Erde ab, sodass wenig Leute übrig bleiben.

¶ **7** Der Wein ist dahin, der Weinstock verschmachtet, und alle, die von Herzen fröhlich waren, seufzen.

8 Die Freude der Pauken ist vorüber, das Jauchzen der Fröhlichen ist aus, und die Freude der Harfe hat ein Ende.

9 Man singt nicht beim Weintrinken, und das Getränk ist bitter denen, die es trinken.

¶ **10** Die Stadt ist zerstört und wüst, alle Häuser sind verschlossen, dass niemand hineingehen kann.

11 Man klagt um den Wein auf den Gassen, dass alle Freude weg ist, alle Wonne des Landes dahin ist.

12 Nur Verwüstung ist in der Stadt geblieben, und die Tore sind in Trümmer geschlagen.

13 Denn so geht es zu auf Erden und unter den Völkern, wie wenn ein Ölbaum leer geschlagen wird, wie bei der Nachlese, wenn die Weinernte aus ist.

2 And it shall be, as with the people, so with the priest;
as with the slave, so with his master;
as with the maid, so with her mistress;
as with the buyer, so with the seller;
as with the lender, so with the borrower;
as with the creditor, so with the debtor.

3 The earth shall be utterly empty and utterly plundered;
for the LORD has spoken this word.

4 The earth mourns and withers;
the world languishes and withers;
the highest people of the earth languish.

5 The earth lies defiled under its inhabitants;
for they have transgressed the laws,
violated the statutes,
broken the everlasting covenant.

6 Therefore a curse devours the earth,
and its inhabitants suffer for their guilt;
therefore the inhabitants of the earth are scorched,
and few men are left.

7 The wine mourns,
the vine languishes,
all the merry-hearted sigh.

8 The mirth of the tambourines is stilled,
the noise of the jubilant has ceased,
the mirth of the lyre is stilled.

9 No more do they drink wine with singing;
strong drink is bitter to those who drink it.

10 The wasted city is broken down;
every house is shut up so that none can enter.

11 There is an outcry in the streets for lack of wine;
all joy has grown dark;
the gladness of the earth is banished.

12 Desolation is left in the city;
the gates are battered into ruins.

13 For thus it shall be in the midst of the earth
among the nations,
as when an olive tree is beaten,
as at the gleaning when the grape harvest is done.

¶ **14** Sie erheben ihre Stimme und rühmen und jauchzen vom Meer her über die Herrlichkeit des HERRN:

15 »So preiset nun den HERRN an den Gestaden, auf den Inseln des Meeres den Namen des HERRN, des Gottes Israels.«

16 Wir hören Lobgesänge vom Ende der Erde: »Herrlichkeit dem Gerechten!«

¶　Aber ich muss sagen: Wie bin ich so elend! Wie bin ich so elend! Weh mir! Denn es rauben die Räuber, ja, immerfort rauben die Räuber.

17 Über euch, Bewohner der Erde, kommt Schrecken und Grube und Netz.

18 Und wer entflieht vor dem Geschrei des Schreckens, der fällt in die Grube; und wer entkommt aus der Grube, der wird im Netz gefangen. Denn die Fenster in der Höhe sind aufgetan, und die Grundfesten der Erde beben.

19 Es wird die Erde mit Krachen zerbrechen, zerbersten und zerfallen.

20 Die Erde wird taumeln wie ein Trunkener und wird hin und her geworfen wie eine schwankende Hütte; denn ihre Missetat drückt sie, dass sie fallen muss und nicht wieder aufstehen kann.

¶ **21** Zu der Zeit wird der HERR das Heer der Höhe heimsuchen in der Höhe und die Könige der Erde auf der Erde,

22 dass sie gesammelt werden als Gefangene im Gefängnis und verschlossen werden im Kerker und nach langer Zeit heimgesucht werden.

23 Und der Mond wird schamrot werden und die Sonne sich schämen, wenn der HERR Zebaoth König sein wird auf dem Berg Zion und zu Jerusalem und vor seinen Ältesten in Herrlichkeit.

14 They lift up their voices, they sing for joy;
over the majesty of the LORD they shout from the west.[2]

15 Therefore in the east[3] give glory to the LORD;
in the coastlands of the sea, give glory to the name of the LORD, the God of Israel.

16 From the ends of the earth we hear songs of praise,
of glory to the Righteous One.
But I say, "I waste away,
I waste away. Woe is me!
For the traitors have betrayed,
with betrayal the traitors have betrayed."

17 Terror and the pit and the snare[4]
are upon you, O inhabitant of the earth!

18 He who flees at the sound of the terror shall fall into the pit,
and he who climbs out of the pit shall be caught in the snare.
For the windows of heaven are opened,
and the foundations of the earth tremble.

19 The earth is utterly broken,
the earth is split apart,
the earth is violently shaken.

20 The earth staggers like a drunken man;
it sways like a hut;
its transgression lies heavy upon it,
and it falls, and will not rise again.

21 On that day the LORD will punish the host of heaven, in heaven,
and the kings of the earth, on the earth.

22 They will be gathered together as prisoners in a pit;
they will be shut up in a prison,
and after many days they will be punished.

23 Then the moon will be confounded and the sun ashamed,
for the LORD of hosts reigns on Mount Zion and in Jerusalem,
and his glory will be before his elders.

Das Danklied der Erlösten nach dem Gottesgericht

25 Herr, du bist mein Gott, dich preise ich; ich lobe deinen Namen. Denn du hast Wunder getan; deine Ratschlüsse von alters her sind treu und wahrhaftig.

2 Denn du hast die Stadt zum Steinhaufen gemacht, die feste Stadt, dass sie in Trümmern liegt, die Paläste der Fremden, dass sie nicht mehr eine Stadt seien und nie wieder aufgebaut werden.

3 Darum ehrt dich ein mächtiges Volk, die Städte gewalttätiger Völker fürchten dich.

4 Denn du bist der Geringen Schutz gewesen, der Armen Schutz in der Trübsal, eine Zuflucht vor dem Ungewitter, ein Schatten vor der Hitze, wenn die Tyrannen wüten wie ein Unwetter im Winter,

5 wie die Hitze in der Zeit der Dürre. Du demütigst der Fremden Ungestüm, wie du die Hitze brichst durch den Schatten der Wolken; du dämpfst der Tyrannen Siegesgesang.

Das große Freudenmahl

6 Und der Herr Zebaoth wird auf diesem Berge allen Völkern ein fettes Mahl machen, ein Mahl von reinem Wein, von Fett, von Mark, von Wein, darin keine Hefe ist.

7 Und er wird auf diesem Berge die Hülle wegnehmen, mit der alle Völker verhüllt sind, und die Decke, mit der alle Heiden zugedeckt sind.

8 Er wird den Tod verschlingen auf ewig. Und Gott der Herr wird die Tränen von allen Angesichtern abwischen und wird aufheben die Schmach seines Volks in allen Landen; denn der Herr hat's gesagt.

¶ **9** Zu der Zeit wird man sagen: »Siehe, das ist unser Gott, auf den wir hofften, dass er uns helfe. Das ist der Herr, auf den wir hofften; lasst uns jubeln und fröhlich sein über sein Heil.«

God Will Swallow Up Death Forever

25 O Lord, you are my God;
    I will exalt you; I will praise your name,
for you have done wonderful things,
    plans formed of old, faithful and sure.

2 For you have made the city a heap,
    the fortified city a ruin;
the foreigners' palace is a city no more;
    it will never be rebuilt.

3 Therefore strong peoples will glorify you;
    cities of ruthless nations will fear you.

4 For you have been a stronghold to the poor,
    a stronghold to the needy in his distress,
    a shelter from the storm and a shade from the heat;
for the breath of the ruthless is like a storm against a wall,

5 like heat in a dry place.
You subdue the noise of the foreigners;
    as heat by the shade of a cloud,
so the song of the ruthless is put down.

6 On this mountain the Lord of hosts will make for all peoples
    a feast of rich food, a feast of well-aged wine,
    of rich food full of marrow, of aged wine well refined.

7 And he will swallow up on this mountain
    the covering that is cast over all peoples,
    the veil that is spread over all nations.

8 He will swallow up death forever;
and the Lord God will wipe away tears from all faces,
    and the reproach of his people he will take away from all the earth,
for the Lord has spoken.

9 It will be said on that day,
    "Behold, this is our God; we have waited for him, that he might save us.
This is the Lord; we have waited for him;
    let us be glad and rejoice in his salvation."

10 Denn die Hand des Herrn ruht auf diesem Berge. Moab aber wird zertreten werden, wie Stroh in die Mistlache getreten wird.

11 Und wenn es auch seine Hände darin ausbreitet, wie sie ein Schwimmer ausbreitet, um zu schwimmen, so wird doch der Herr seinen Hochmut niederdrücken trotz allen Mühens seiner Arme.

12 Und deine hohen, steilen Mauern wird er beugen, erniedrigen und in den Staub zu Boden werfen.

Jubellied des Volkes Gottes

26 Zu der Zeit wird man dies Lied singen im Lande Juda: Wir haben eine feste Stadt, zum Schutze schafft er Mauern und Wehr.

2 Tut auf die Tore, dass hineingehe das gerechte Volk, das den Glauben bewahrt!

3 Wer festen Herzens ist, dem bewahrst du Frieden; denn er verlässt sich auf dich.

4 Darum verlasst euch auf den Herrn immerdar; denn Gott der Herr ist ein Fels ewiglich.

5 Er erniedrigt, die in der Höhe wohnen; die hohe Stadt wirft er nieder, ja, er stößt sie zur Erde, dass sie im Staube liegt.

6 Mit Füßen wird sie zertreten, ja, mit den Füßen der Armen, mit den Tritten der Geringen.

Gottes Gericht über die Welt und Israels Auferweckung

7 Des Gerechten Weg ist eben, den Steig des Gerechten machst du gerade.

8 Wir warten auf dich, Herr, auch auf dem Wege deiner Gerichte; des Herzens Begehren steht nach deinem Namen und deinem Lobpreis.

10 For the hand of the Lord will rest on
   this mountain,
   and Moab shall be trampled down in
      his place,
   as straw is trampled down in a
      dunghill.[1]

11 And he will spread out his hands in the
   midst of it
   as a swimmer spreads his hands out to
      swim,
   but the Lord will lay low his pompous
      pride together with the skill[2] of
      his hands.

12 And the high fortifications of his walls
   he will bring down,
   lay low, and cast to the ground, to the
      dust.

You Keep Him in Perfect Peace

26 In that day this song will be sung in
   the land of Judah:

   "We have a strong city;
      he sets up salvation
      as walls and bulwarks.

2 Open the gates,
   that the righteous nation that keeps
      faith may enter in.

3 You keep him in perfect peace
   whose mind is stayed on you,
   because he trusts in you.

4 Trust in the Lord forever,
   for the Lord God is an everlasting
      rock.

5 For he has humbled
   the inhabitants of the height,
   the lofty city.
   He lays it low, lays it low to the ground,
      casts it to the dust.

6 The foot tramples it,
   the feet of the poor,
   the steps of [j]the needy."

7 The path of the righteous is level;
   you make level the way of the
      righteous.

8 In the path of your judgments,
   O Lord, we wait for you;
   your name and [1]remembrance
   are the desire of our soul.

9 Von Herzen verlangt mich nach dir des Nachts, ja, mit meinem Geist suche ich dich am Morgen. Denn wenn deine Gerichte über die Erde gehen, so lernen die Bewohner des Erdkreises Gerechtigkeit.

¶ **10** Aber wenn dem Gottlosen Gnade widerfährt, so lernt er doch nicht Gerechtigkeit, sondern tut nur übel im Lande, wo das Recht gilt, und sieht des HERRN Herrlichkeit nicht.

11 HERR, deine Hand ist erhoben, doch sie sehen es nicht. Aber sie sollen sehen den Eifer um dein Volk und zuschanden werden. Mit dem Feuer, mit dem du deine Feinde verzehrst, wirst du sie verzehren.

12 Aber uns, HERR, wirst du Frieden schaffen; denn auch alles, was wir ausrichten, das hast du für uns getan.

¶ **13** HERR, unser Gott, es herrschen wohl andere Herren über uns als du, aber wir gedenken doch allein deiner und deines Namens.

14 Tote werden nicht lebendig, Schatten stehen nicht auf; darum hast du sie heimgesucht und vertilgt und jedes Gedenken an sie zunichtegemacht.

15 Du, HERR, mehrst das Volk, du mehrst das Volk, beweist deine Herrlichkeit und machst weit alle Grenzen des Landes.

¶ **16** HERR, wenn Trübsal da ist, so suchen wir dich; wenn du uns züchtigst, sind wir in Angst und Bedrängnis.

17 Gleich wie eine Schwangere, wenn sie bald gebären soll, sich ängstigt und schreit in ihren Schmerzen, so geht's uns auch, HERR, vor deinem Angesicht.

18 Wir sind auch schwanger und uns ist bange, und wenn wir gebären, so ist's Wind. Wir können dem Lande nicht helfen, und Bewohner des Erdkreises können nicht geboren werden.

9 My soul yearns for you in the night;
  my spirit within me earnestly seeks you.
For when your judgments are in the earth,
  the inhabitants of the world learn righteousness.

10 If favor is shown to the wicked,
  he does not learn righteousness;
in the land of uprightness he deals corruptly
  and does not see the majesty of the LORD.

11 O LORD, your hand is lifted up,
  but they do not see it.
Let them see your zeal for your people, and be ashamed.
Let the fire for your adversaries consume them.

12 O LORD, you will ordain peace for us,
  for you have indeed done for us all our works.

13 O LORD our God,
  other lords besides you have ruled over us,
  but your name alone we bring to remembrance.

14 They are dead, they will not live;
  they are shades, they will not arise;
to that end you have visited them with destruction
  and wiped out all remembrance of them.

15 But you have increased the nation, O LORD,
  you have increased the nation; you are glorified;
  you have enlarged all the borders of the land.

16 O LORD, in distress they sought you;
  they poured out a whispered prayer
  when your discipline was upon them.

17 Like a pregnant woman
  who writhes and cries out in her pangs
when she is near to giving birth,
  so were we because of you, O LORD;

18 we were pregnant, we writhed,
  but we have given birth to wind.
We have accomplished no deliverance in the earth,
  and the inhabitants of the world have not fallen.

¶ **19** Aber deine Toten werden leben, deine Leichname werden auferstehen. Wachet auf und rühmet, die ihr liegt unter der Erde! Denn ein Tau der Lichter ist dein Tau, und die Erde wird die Toten herausgeben.

¶ **20** Geh hin, mein Volk, in deine Kammer und schließ die Tür hinter dir zu! Verbirg dich einen kleinen Augenblick, bis der Zorn vorübergehe.

21 Denn siehe, der HERR wird ausgehen von seinem Ort, heimzusuchen die Bosheit der Bewohner der Erde. Dann wird die Erde offenbar machen das Blut, das auf ihr vergossen ist, und nicht weiter verbergen, die auf ihr getötet sind.

Israels Erlösung

27 Zu der Zeit wird der HERR heimsuchen mit seinem harten, großen und starken Schwert den Leviatan, die flüchtige Schlange, und den Leviatan, die gewundene Schlange, und wird den Drachen im Meer töten.

¶ **2** Zu der Zeit wird es heißen: Lieblicher Weinberg, singet ihm zu!

3 Ich, der HERR, behüte ihn und begieße ihn immer wieder. Damit man ihn nicht verderbe, will ich ihn Tag und Nacht behüten.

4 Ich zürne nicht. Sollten aber Disteln und Dornen aufschießen, so wollte ich über sie herfallen und sie alle miteinander anstecken,

5 es sei denn, sie suchen Zuflucht bei mir und machen Frieden mit mir, ja, Frieden mit mir.

¶ **6** Es wird einst dazu kommen, dass Jakob wurzeln und Israel blühen und grünen wird, dass sie den Erdkreis mit Früchten erfüllen.

7 Wird doch Israel nicht geschlagen, wie seine Feinde geschlagen werden, und nicht getötet, wie seine Feinde getötet werden!

8 Sondern, indem du es wegschicktest und wegführtest, hast du es gerichtet, es verscheucht mit rauem Sturm am Tage des Ostwinds.

19 Your dead shall live; their bodies shall rise.
You who dwell in the dust, awake and sing for joy!
For your dew is a dew of light, and the earth will give birth to the dead.

20 Come, my people, enter your chambers, and shut your doors behind you; hide yourselves for a little while until the fury has passed by.

21 For behold, the LORD is coming out from his place
to punish the inhabitants of the earth for their iniquity,
and the earth will disclose the blood shed on it,
and will no more cover its slain.

The Redemption of Israel

27 In that day the LORD with his hard and great and strong sword will punish Leviathan the fleeing serpent, *Leviathan the twisting serpent, and he will slay the dragon that is in the sea.

2 In that day,
"A pleasant vineyard,[1] sing of it!

3 I, the LORD, am its keeper;
every moment I water it.
Lest anyone punish it,
I keep it night and day;

4 I have no wrath.
Would that I had thorns and briers to battle!
I would march against them,
I would burn them up together.

5 Or let them lay hold of my protection,
let them make peace with me,
let them make peace with me."

6 In days to come[2] Jacob shall take root,
Israel shall blossom and put forth shoots
and fill the whole world with fruit.

7 Has he struck them as he struck those who struck them?
Or have they been slain as their slayers were slain?

8 Measure by measure,[3] by exile you contended with them;
he removed them with his fierce breath[4] in the day of the east wind.

9 Darum wird die Sünde Jakobs dadurch gesühnt werden, und das wird die Frucht davon sein, dass seine Sünden weggenommen werden: er wird alle Altarsteine zerstoßenen Kalksteinen gleichmachen; und keine Bilder der Aschera noch Rauchopfersäulen werden mehr bleiben.

¶ **10** Denn die feste Stadt ist einsam geworden, die schönen Häuser verödet und verlassen wie die Steppe, dass Kälber dort weiden und ruhen und Zweige abfressen.

11 Ihre Zweige werden vor Dürre brechen, dass die Frauen kommen und Feuer damit machen werden; denn es ist ein unverständiges Volk. Darum erbarmt sich ihrer auch nicht, der sie gemacht hat; und der sie geschaffen hat, ist ihnen nicht gnädig.

¶ **12** Zu der Zeit wird der HERR Ähren ausklopfen vom Ufer des Stromes bis an den Bach Ägyptens, und ihr Israeliten werdet aufgesammelt werden, einer nach dem andern.

13 Zu der Zeit wird man mit einer großen Posaune blasen, und es werden kommen die Verlorenen im Lande Assur und die Verstoßenen im Lande Ägypten und werden den HERRN anbeten auf dem heiligen Berg zu Jerusalem.

Gericht über Samaria, die Hauptstadt des Nordreichs

28 Weh der prächtigen Krone der Trunkenen von Ephraim, der welken Blume ihrer lieblichen Herrlichkeit, die da prangt hoch über dem fetten Tal derer, die vom Wein taumeln!

2 Siehe, einen Starken und Mächtigen hält der Herr bereit; wie Hagelsturm, wie verderbliches Wetter, wie Wasserflut, die mächtig einreißt, wirft er zu Boden mit Gewalt.

3 Mit Füßen wird zertreten die prächtige Krone der Trunkenen von Ephraim.

9 Therefore by this the guilt of Jacob will
  be atoned for,
and this will be the full fruit of the
  removal of his sin:[5]
when he makes all the stones of the
  altars
like chalkstones crushed to pieces,
no Asherim or incense altars will
  remain standing.

10 For the fortified city is solitary,
  a habitation deserted and forsaken,
  like the wilderness;
there the calf grazes;
  there it lies down and strips its
  branches.

11 When its boughs are dry, they are
  broken;
  women come and make a fire of them.
For this is a people without
  discernment;
therefore he who made them will not
  have compassion on them;
  he who formed them will show them
  no favor.

¶ **12** In that day from the river Euphrates to the Brook of Egypt the LORD will thresh out the grain, and you will be gleaned one by one, O people of Israel.

13 And in that day a great trumpet will be blown, and those who were lost in the land of Assyria and those who were driven out to the land of Egypt will come and worship the LORD on the holy mountain at Jerusalem.

Judgment on Ephraim and Jerusalem

28 Ah, the proud crown of the drunkards
  of Ephraim,
  and the fading flower of its glorious
  beauty,
which is on the head of the rich valley
  of those overcome with wine!

2 Behold, the Lord has one who is mighty
  and strong;
  like a storm of hail, a destroying
  tempest,
like a storm of mighty, overflowing
  waters,
  he casts down to the earth with his
  hand.

3 The proud crown of the drunkards of
  Ephraim
  will be trodden underfoot;

4 Und die welke Blume ihrer lieblichen Herrlichkeit, die da prangt hoch über dem fetten Tal, wird sein wie eine Frühfeige vor dem Sommer, die einer erspäht und flugs aus der Hand verschlingt.

5 Zu der Zeit wird der HERR Zebaoth eine liebliche Krone sein und ein herrlicher Kranz für die Übriggebliebenen seines Volks

6 und ein Geist des Rechts für den, der zu Gericht sitzt, und eine Kraft denen, die den Kampf zurücktreiben zum Tor.

Gericht über die Priester und Propheten in Jerusalem

7 Aber auch diese sind vom Wein toll geworden und taumeln von starkem Getränk. Priester und Propheten sind toll von starkem Getränk, sind vom Wein verwirrt. Sie taumeln von starkem Getränk, sie sind toll beim Weissagen und wanken beim Rechtsprechen.

8 Denn alle Tische sind voll Gespei und Unflat an allen Orten!

9 »Wen«, sagen sie, »will der denn Erkenntnis lehren? Wem will er Offenbarung zu verstehen geben? Denen, die entwöhnt sind von der Milch, denen, die von der Brust abgesetzt sind?

10 Zawlazaw zawlazaw, kawlakaw kawlakaw,* hier ein wenig, da ein wenig!«

11 Jawohl, Gott wird einmal mit unverständlicher Sprache und mit einer fremden Zunge reden zu diesem Volk,

12 er, der zu ihnen gesagt hat: »Das ist die Ruhe; schafft Ruhe den Müden, und das ist die Erquickung!« Aber sie wollten nicht hören.

13 Darum soll so auch des HERRN Wort an sie ergehen: »Zawlazaw zawlazaw, kawlakaw kawlakaw, hier ein wenig, da ein wenig«, dass sie hingehen und rücklings fallen, zerbrochen, verstrickt und gefangen werden.

4 and the fading flower of its glorious beauty,
which is on the head of the rich valley,
will be like a first-ripe fig before the summer:
when someone sees it, he swallows it as soon as it is in his hand.

5 In that day the LORD of hosts will be a crown of glory,[1]
and a diadem of beauty, to the remnant of his people,

6 and a spirit of justice to him who sits in judgment,
and strength to those who turn back the battle at the gate.

7 These also reel with wine
and stagger with strong drink;
the priest and the prophet reel with strong drink,
they are swallowed by[2] wine,
they stagger with strong drink,
they reel in vision,
they stumble in giving judgment.

8 For all tables are full of filthy vomit,
with no space left.

9 "To whom will he teach knowledge,
and to whom will he explain the message?
Those who are weaned from the milk,
those taken from the breast?

10 For it is precept upon precept, precept upon precept,
line upon line, line upon line,
here a little, there a little."

11 For by people of strange lips
and with a foreign tongue
the LORD will speak to this people,

12 to whom he has said,
"This is rest;
give rest to the weary;
and this is repose";
yet they would not hear.

13 And the word of the LORD will be to them
precept upon precept, precept upon precept,
line upon line, line upon line,
here a little, there a little,
that they may go, and fall backward,
and be broken, and snared, and taken.

¶ **14** So höret nun des HERRN Wort, ihr Spötter, die ihr herrscht über dies Volk, das in Jerusalem ist.

15 Ihr sprecht: Wir haben mit dem Tod einen Bund geschlossen und mit dem Totenreich einen Vertrag gemacht. Wenn die brausende Flut daherfährt, wird sie uns nicht treffen; denn wir haben Lüge zu unsrer Zuflucht und Trug zu unserm Schutz gemacht.

16 Darum spricht Gott der HERR: Siehe, ich lege in Zion einen Grundstein, einen bewährten Stein, einen kostbaren Eckstein, der fest gegründet ist. Wer glaubt, der flieht nicht.

17 Und ich will das Recht zur Richtschnur und die Gerechtigkeit zur Waage machen.
¶ So wird Hagel die falsche Zuflucht zerschlagen, und Wasser sollen den Schutz wegschwemmen,

18 dass hinfalle euer Bund mit dem Tode und euer Vertrag mit dem Totenreich nicht bestehen bleibe. Wenn die Flut daherfährt, wird sie euch zermalmen;

19 sooft sie daherfährt, wird sie euch erfassen. Denn Morgen für Morgen wird sie kommen, des Tags und des Nachts. Da wird man nur mit Entsetzen Offenbarung deuten.

20 Denn das Bett ist zu kurz, um sich auszustrecken, und die Decke zu schmal, um sich dreinzuschmiegen.

21 Denn der HERR wird sich aufmachen wie am Berge Perazim und toben wie im Tal Gibeon, dass er sein Werk vollbringe, aber fremd ist sein Werk, und dass er seine Tat tue, aber seltsam ist seine Tat!

22 So lasst nun euer Spotten, auf dass eure Bande nicht fester werden; denn ich habe von einem Verderben gehört, das von Gott, dem HERRN Zebaoth, beschlossen ist über alle Welt.

A Cornerstone in Zion

14 Therefore hear the word of the LORD,
  you scoffers,
    who rule this people in Jerusalem!
15 Because you have said, "We have made
    a covenant with death,
  and with Sheol we have an agreement,
    when the overwhelming whip passes
      through
  it will not come to us,
    for we have made lies our refuge,
  and in falsehood we have taken
    shelter";
16 therefore thus says the Lord GOD,
  "Behold, I am the one who has laid[3] as a
    foundation in Zion,
  a stone, a tested stone,
  a precious cornerstone, of a sure
    foundation:
  'Whoever believes will not be in haste.'
17 And I will make justice the line,
    and righteousness 'the plumb line;
  and hail will sweep away the refuge of
    lies,
    and waters will overwhelm the
      shelter."
18 Then your covenant with death will be
    annulled,
  and your agreement with Sheol will
    not stand;
  when the overwhelming scourge passes
    through,
    you will be beaten down by it.
19 As often as it passes through it will take
    you;
  for morning by morning it will pass
    through,
    by day and by night;
  and it will be sheer terror to understand
    the message.
20 For the bed is too short to stretch one-
    self on,
  and the covering too narrow to wrap
    oneself in.
21 For the LORD will rise up as on Mount
    Perazim;
  as in the Valley of Gibeon he will be
    roused;
  to do his deed—strange is his deed!
  and to work his work—alien is his
    work!
22 Now therefore do not scoff,
    lest your bonds be made strong;
  for I have heard a decree of destruction
  from the Lord GOD of hosts against the
    whole land.

Ein Gleichnis für Gottes weisen Rat

23 Nehmt zu Ohren und hört meine Stimme, merkt auf und hört meine Rede:

24 Pflügt oder gräbt oder bricht denn ein Ackermann seinen Acker zur Saat immerfort um?

25 Ist's nicht so: Wenn er ihn geebnet hat, dann streut er Dill und wirft Kümmel und sät Weizen und Gerste, ein jedes, wohin er's haben will, und Spelt an den Rand?

26 So unterwies ihn sein Gott und lehrte ihn, wie es recht sei.

27 Auch drischt man den Dill nicht mit Dreschschlitten und lässt auch nicht die Walze über den Kümmel gehen, sondern den Dill schlägt man aus mit einem Stabe und den Kümmel mit einem Stecken.

28 Zermalmt man etwa das Getreide? Nein, man drischt es nicht ganz und gar, wenn man's mit Dreschwalzen und ihrem Gespann ausdrischt.

29 Auch das kommt her vom HERRN Zebaoth; sein Rat ist wunderbar, und er führt es herrlich hinaus.

Jerusalems Belagerung und Errettung

29 Weh Ariel, Ariel, du Stadt, wo David lagerte! Fügt Jahr zu Jahr und feiert die Feste!

2 Ich will den Ariel ängstigen, dass er traurig und voll Jammer sei, und er soll mir ein rechter Ariel sein.

3 Denn ich will dich belagern ringsumher und will dich ängstigen mit Bollwerk und will Wälle um dich aufführen lassen.

4 Dann sollst du erniedrigt werden und von der Erde her reden und aus dem Staube mit deiner Rede murmeln, dass deine Stimme sei wie die eines Totengeistes aus der Erde, und deine Rede wispert aus dem Staube.

¶ **5** Aber die Menge deiner Feinde soll werden wie Staub und die Menge der Tyrannen wie wehende Spreu. Und plötzlich wird's geschehen,

---

23 Give ear, and hear my voice;
  give attention, and hear my speech.
24 Does he who plows for sowing plow
    continually?
  Does he continually open and harrow
    his ground?
25 When he has leveled its surface,
  does he not scatter dill, sow cumin,
 and put in wheat in rows
  and barley in its proper place,
  and emmer[4] as the border?
26 For he is rightly instructed;
  his God teaches him.
27 Dill is not threshed with a threshing
    sledge,
  nor is a cart wheel rolled over cumin,
 but dill is beaten out with a stick,
  and cumin with a rod.
28 Does one crush grain for bread?
  No, he does not thresh it forever;[5]
 when he drives his cart wheel over it
  with his horses, he does not crush it.
29 This also comes from the LORD of hosts;
  he is wonderful in counsel
  and excellent in wisdom.

The Siege of Jerusalem

29 Ah, Ariel, Ariel,
  the city where David encamped!
 Add year to year;
  let the feasts run their round.
2 Yet I will distress Ariel,
  and there shall be moaning and
    lamentation,
  and she shall be to me like an Ariel.[1]
3 And I will encamp against you all
    around,
  and will besiege you with towers
  and I will raise siegeworks against you.
4 And you will be brought low; from the
    earth you shall speak,
  and from the dust your speech will be
    bowed down;
 your voice shall come from the ground
  like the voice of a ghost,
  and from the dust your speech shall
    whisper.

5 But the multitude of your foreign foes
    shall be like small dust,
  and the multitude of the ruthless like
    passing chaff.
 And in an instant, suddenly,

6 dass Heimsuchung kommt vom HERRN Zebaoth mit Wetter und Erdbeben und großem Donner, mit Wirbelsturm und Ungewitter und mit Flammen eines verzehrenden Feuers.

7 Und wie ein Traum, wie ein Nachtgesicht, so soll die Menge aller Völker sein, die gegen Ariel kämpfen, mit ihrem ganzen Heer und Bollwerk, und die ihn ängstigen.

8 Denn wie ein Hungriger träumt, dass er esse – wenn er aber aufwacht, so ist sein Verlangen nicht gestillt; und wie ein Durstiger träumt, dass er trinke – wenn er aber aufwacht, ist er matt und durstig: so soll es der Menge aller Völker ergehen, die gegen den Berg Zion kämpfen.

Die Verblendung des Volkes

9 Starrt hin und werdet bestürzt, seid verblendet und werdet blind! Seid trunken, doch nicht vom Wein, taumelt, doch nicht von starkem Getränk!

10 Denn der HERR hat über euch einen Geist des tiefen Schlafs ausgegossen und eure Augen – die Propheten – zugetan, und eure Häupter – die Seher – hat er verhüllt.

11 Darum sind euch alle Offenbarungen wie die Worte eines versiegelten Buches, das man einem gibt, der lesen kann, und spricht: Lies doch das!, und er spricht: »Ich kann nicht, denn es ist versiegelt«;

12 oder das man einem gibt, der nicht lesen kann, und spricht: Lies doch das!, und er spricht: »Ich kann nicht lesen.«

¶ **13** Und der Herr sprach: Weil dies Volk mir naht mit seinem Munde und mit seinen Lippen mich ehrt, aber ihr Herz fern von mir ist und sie mich fürchten nur nach Menschengeboten, die man sie lehrt,

14 darum will ich auch hinfort mit diesem Volk wunderlich umgehen, aufs Wunderlichste und Seltsamste, dass die Weisheit seiner Weisen vergehe und der Verstand seiner Klugen sich verbergen müsse.

6 you will be visited by the LORD of hosts
with thunder and with earthquake and great noise,
with whirlwind and tempest, and the flame of a devouring fire.
7 And the multitude of all the nations that fight against Ariel,
all that fight against her and her stronghold and distress her,
shall be like a dream, a vision of the night.
8 As when a hungry man dreams he is eating
and awakes with his hunger not satisfied,
or as when a thirsty man dreams he is drinking
and awakes faint, with his thirst not quenched,
so shall the multitude of all the nations be
that fight against Mount Zion.

9 Astonish yourselves[2] and be astonished;
blind yourselves and be blind!
Be drunk, but not with wine;
stagger, but not with strong drink!
10 For the LORD has poured out upon you
a spirit of deep sleep,
and has closed your eyes (the prophets),
and covered your heads (the seers).

¶ **11** And the vision of all this has become to you like the words of a book that is sealed. When men give it to one who can read, saying, "Read this," he says, "I cannot, for it is sealed."

12 And when they give the book to one who cannot read, saying, "Read this," he says, "I cannot read."

13 And the Lord said:
"Because this people draw near with their mouth
and honor me with their lips,
while their hearts are far from me,
and their fear of me is a commandment taught by men,
14 therefore, behold, I will again
do wonderful things with this people,
with wonder upon wonder;
and the wisdom of their wise men shall perish,
and the discernment of their discerning men shall be hidden."

¶ **15** Weh denen, die mit ihrem Plan verborgen sein wollen vor dem HERRN und mit ihrem Tun im Finstern bleiben und sprechen: »Wer sieht uns und wer kennt uns?«

16 Wie kehrt ihr alles um! Als ob der Ton dem Töpfer gleich wäre, dass das Werk spräche von seinem Meister: Er hat mich nicht gemacht!, und ein Bildwerk spräche von seinem Bildner: Er versteht nichts!

Die große Wandlung

17 Wohlan, es ist noch eine kleine Weile, so soll der Libanon fruchtbares Land werden, und was jetzt fruchtbares Land ist, soll wie ein Wald werden.

18 Zu der Zeit werden die Tauben hören die Worte des Buches, und die Augen der Blinden werden aus Dunkel und Finsternis sehen;

19 und die Elenden werden wieder Freude haben am HERRN, und die Ärmsten unter den Menschen werden fröhlich sein in dem Heiligen Israels.

20 Denn es wird ein Ende haben mit den Tyrannen und mit den Spöttern aus sein, und es werden vertilgt werden alle, die darauf aus sind, Unheil anzurichten,

21 welche die Leute schuldig sprechen vor Gericht und stellen dem nach, der sie zurechtweist im Tor, und beugen durch Lügen das Recht des Unschuldigen.

¶ **22** Darum spricht der HERR, der Abraham erlöst hat, zum Hause Jakob: Jakob soll nicht mehr beschämt dastehen, und sein Antlitz soll nicht mehr erblassen.

23 Denn wenn sie sehen werden die Werke meiner Hände – seine Kinder – in ihrer Mitte, werden sie meinen Namen heiligen; sie werden den Heiligen Jakobs heiligen und den Gott Israels fürchten.

24 Und die, welche irren in ihrem Geist, werden Verstand annehmen, und die, welche murren, werden sich belehren lassen.

15 Ah, you who hide deep from the LORD
  your counsel,
 whose deeds are in the dark,
  and who say, "Who sees us? Who
   knows us?"

16 You turn things upside down!
 Shall the potter be regarded as the clay,
 that the thing made should say of its
   maker,
  "He did not make me";
 or the thing formed say of him who
   formed it,
  "He has no understanding"?

17 Is it not yet a very little while
  until Lebanon shall be turned into a
   fruitful field,
  and the fruitful field shall be regarded
   as a forest?

18 In that day the deaf shall hear
  the words of a book,
 and out of their gloom and darkness
  the eyes of the blind shall see.

19 The meek shall obtain fresh joy in the
   LORD,
 and the poor among mankind shall
  exult in the Holy One of Israel.

20 For the ruthless shall come to nothing
 and the scoffer cease,
 and all who watch to do evil shall be
  cut off,

21 who by a word make a man out to be an
   offender,
 and lay a snare for him who reproves
  in the gate,
 and with an empty plea turn aside
  him who is in the right.

¶ **22** Therefore thus says the LORD, who redeemed Abraham, concerning the house of Jacob:

"Jacob shall no more be ashamed,
 no more shall his face grow pale.

23 For when he sees his children,
  the work of my hands, in his midst,
  they will sanctify my name;
 they will sanctify the Holy One of Jacob
  and will stand in awe of the God of
   Israel.

24 And those who go astray in spirit will
  come to understanding,
 and those who murmur will accept
  instruction."

Gegen das leichtfertige Vertrauen auf die Hilfe Ägyptens

30 Weh den abtrünnigen Söhnen, spricht der HERR, die ohne mich Pläne fassen und ohne meinen Geist Bündnisse eingehen, um eine Sünde auf die andere zu häufen,

2 die hinabziehen nach Ägypten und befragen meinen Mund nicht, um sich zu stärken mit der Macht des Pharao und sich zu bergen im Schatten Ägyptens!

3 Aber es soll euch die Stärke des Pharao zur Schande geraten und der Schutz im Schatten Ägyptens zum Hohn.

4 Denn ihre Fürsten sind zwar in Zoan, und ihre Boten sind nach Hanes gekommen,

5 aber sie müssen doch alle zuschanden werden an dem Volk, das ihnen nichts nützen kann, weder zur Hilfe noch sonst zu Nutz, sondern nur zu Schande und Spott.

¶ **6** Dies ist die Last für die Tiere des Südlandes: Im Lande der Trübsal und Angst, wo Löwe und Löwin, wo Ottern und feurige fliegende Drachen sind, da führen sie ihre Habe auf dem Rücken von Eseln und ihre Schätze auf dem Höcker von Kamelen zu dem Volk, das ihnen nichts nützen kann.

7 Denn Ägypten ist nichts, und sein Helfen ist vergeblich. Darum nenne ich Ägypten »Rahab, die zum Schweigen gebracht ist«.

Gegen die Verächter des göttlichen Wortes

8 So geh nun hin und schreib es vor ihnen nieder auf eine Tafel und zeichne es in ein Buch, dass es bleibe für immer und ewig.

9 Denn sie sind ein ungehorsames Volk und verlogene Söhne, die nicht hören wollen die Weisung des HERRN,

10 sondern sagen zu den Sehern: »Ihr sollt nicht sehen!«, und zu den Schauern: »Was wahr ist, sollt ihr uns nicht schauen! Redet zu uns, was angenehm ist; schaut, was das Herz begehrt!

Do Not Go Down to Egypt

30 "Ah, stubborn children," declares the LORD,
"who carry out a plan, but not mine,
and who make an alliance,[1] but not of my Spirit,
that they may add sin to sin;
2 who set out to go down to Egypt,
without asking for my direction,
to take refuge in the protection of Pharaoh
and to seek shelter in the shadow of Egypt!
3 Therefore shall the protection of Pharaoh turn to your shame,
and the shelter in the shadow of Egypt to your humiliation.
4 For though his officials are at Zoan
and his envoys reach Hanes,
5 everyone comes to shame
through a people that cannot profit them,
that brings neither help nor profit,
but shame and disgrace."

¶ **6** An oracle on the beasts of the Negeb.

Through a land of trouble and anguish,
from where come the lioness and the lion,
the adder and the flying fiery serpent,
they carry their riches on the backs of donkeys,
and their treasures on the humps of camels,
to a people that cannot profit them.
7 Egypt's help is worthless and empty;
therefore I have called her
"Rahab who sits still."

A Rebellious People

8 And now, go, write it before them on a tablet
and inscribe it in a book,
that it may be for the time to come
as a witness forever.[2]
9 For they are a rebellious people,
lying children,
children unwilling to hear
the instruction of the LORD;
10 who say to the seers, "Do not see,"
and to the prophets, "Do not prophesy to us what is right;
speak to us smooth things,
prophesy illusions,

11 Weicht ab vom Wege, geht aus der rechten Bahn! Lasst uns doch in Ruhe mit dem Heiligen Israels!«

¶ **12** Darum spricht der Heilige Israels: Weil ihr dies Wort verwerft und verlasst euch auf Frevel und Mutwillen und trotzt darauf,

13 so soll euch diese Sünde sein wie ein Riss, wenn es beginnt zu rieseln an einer hohen Mauer, die plötzlich, unversehens einstürzt;

14 wie wenn ein Topf zerschmettert wird, den man zerstößt ohne Erbarmen, sodass man von seinen Stücken nicht eine Scherbe findet, darin man Feuer hole vom Herde oder Wasser schöpfe aus dem Brunnen.

¶ **15** Denn so spricht Gott der HERR, der Heilige Israels: Wenn ihr umkehrtet und stille bliebet, so würde euch geholfen; **durch Stillesein und Hoffen würdet ihr stark sein.** Aber ihr wollt nicht

16 und sprecht: »Nein, sondern auf Rossen wollen wir dahinfliehen«, – darum werdet ihr dahinfliehen, »und auf Rennern wollen wir reiten«, – darum werden euch eure Verfolger überrennen.

17 Denn euer tausend werden fliehen vor eines Einzigen Drohen; ja vor fünfen werdet ihr alle fliehen, bis ihr übrig bleibt wie ein Mast oben auf einem Berge und wie ein Banner auf einem Hügel.

Gottes Erbarmen über sein Volk

18 Darum harrt der HERR darauf, dass er euch gnädig sei, und er macht sich auf, dass er sich euer erbarme; denn der HERR ist ein Gott des Rechts. Wohl allen, die auf ihn harren!

19 Du Volk Zions, das in Jerusalem wohnt, du wirst nicht weinen! Er wird dir gnädig sein, wenn du rufst. Er wird dir antworten, sobald er's hört.

11 leave the way, turn aside from the path,
   let us hear no more about the Holy
      One of Israel."

12 Therefore thus says the Holy One of
      Israel,
   "Because you despise this word
      and trust in oppression and
         perverseness
      and rely on them,

13 therefore this iniquity shall be to you
   like a breach in a high wall, bulging
      out, and about to collapse,
   whose breaking comes suddenly, in an
      instant;

14 and its breaking is like that of a potter's
      vessel
   that is smashed so ruthlessly
   that among its fragments not a shard is
      found
   with which to take fire from the
      hearth,
      or to dip up water out of the cistern."

15 For thus said the Lord GOD, the Holy
      One of Israel,
   "In returning[3] and rest you shall be
      saved;
   in quietness and in trust shall be your
      strength."
      But you were unwilling,

16 and you said,
   "No! We will flee upon horses";
      therefore you shall flee away;
   and, "We will ride upon swift steeds";
      therefore your pursuers shall be swift.

17 A thousand shall flee at the threat of
      one;
   at the threat of five you shall flee,
   till you are left
   like a flagstaff on the top of a
      mountain,
      like a signal on a hill.

The LORD Will Be Gracious

18 Therefore the LORD waits to be gracious
      to you,
   and therefore he exalts himself to
      show mercy to you.
   For the LORD is a God of justice;
      blessed are all those who wait for him.

19 For a people shall dwell in Zion, in
Jerusalem; you shall weep no more. He will
surely be gracious to you at the sound of your
cry. As soon as he hears it, he answers you.

20 Und der Herr wird euch in Trübsal Brot und in Ängsten Wasser geben. Und dein Lehrer wird sich nicht mehr verbergen müssen, sondern deine Augen werden deinen Lehrer sehen.

21 Deine Ohren werden hinter dir das Wort hören: »Dies ist der Weg; den geht! Sonst weder zur Rechten noch zur Linken!«

22 Und ihr werdet entweihen eure übersilberten Götzen und die goldenen Hüllen eurer Bilder und werdet sie wegwerfen wie Unrat und zu ihnen sagen: Hinaus!

¶ **23** Und er wird deinem Samen, den du auf den Acker gesät hast, Regen geben und dir Brot geben vom Ertrag des Ackers in voller Genüge. Und dein Vieh wird zu der Zeit weiden auf weiter Aue.

24 Die Rinder und Esel, die auf dem Felde ackern, werden gesalzenes gemengtes Futter fressen, das geworfelt ist mit Schaufel und Wurfgabel.

25 Und es werden auf allen großen Bergen und auf allen hohen Hügeln Wasserbäche und Ströme fließen zur Zeit der großen Schlacht, wenn die Türme fallen werden.

26 Und des Mondes Schein wird sein wie der Sonne Schein, und der Sonne Schein wird siebenmal heller sein zu der Zeit, wenn der HERR den Schaden seines Volks verbinden und seine Wunden heilen wird.

Das Gericht über Assyrien

27 Siehe, des HERRN Name kommt von ferne! Sein Zorn brennt und mächtig erhebt er sich, seine Lippen sind voll Grimm und seine Zunge wie ein verzehrendes Feuer

28 und sein Odem wie eine Wasserflut, die bis an den Hals reicht, zu schwingen die Völker in der Schwinge des Verderbens. Und er wird die Völker mit einem Zaum in ihren Backen hin und her treiben.

29 Da werdet ihr singen wie in der Nacht des heiligen Festes und euch von Herzen freuen, wie wenn man mit Flötenspiel geht zum Berge des HERRN, zum Hort Israels.

30 Und der HERR wird seine herrliche Stimme erschallen lassen, und man wird sehen, wie sein Arm herniederfährt mit zornigem Drohen und mit Flammen verzehrenden Feuers, mit Wolkenbruch und Hagelschlag.

20 And though the Lord give you the bread of adversity and the ^{s}water of affliction, yet your Teacher will not hide himself anymore, but your eyes shall see your Teacher.

21 And your ears shall hear a word behind you, saying, "This is the way, walk in it," when you turn to the right or when you turn to the left.

22 Then you will defile your carved idols overlaid with silver and your gold-plated metal images. You will scatter them as unclean things. You will say to them, "Be gone!"

¶ **23** And he will give rain for the seed with which you sow the ground, and bread, the produce of the ground, which will be rich and plenteous. In that day your livestock will graze in large pastures,

24 and the oxen and the donkeys that work the ground will eat seasoned fodder, which has been winnowed with shovel and fork.

25 And on every lofty mountain and every high hill there will be brooks running with water, in the day of the great slaughter, when the towers fall.

26 Moreover, the light of the moon will be as the light of the sun, and the light of the sun will be sevenfold, as the light of seven days, in the day when the LORD binds up the brokenness of his people, and heals the wounds inflicted by his blow.

27 Behold, the name of the LORD comes
from afar,
burning with his anger, and in thick
rising smoke;^{t}
his lips are full of fury,
and his tongue is like a devouring fire;
28 his breath is like an overflowing stream
that reaches up to the neck;
to sift the nations with the sieve of
destruction,
and to place on the jaws of the peoples
a bridle that leads astray.

¶ **29** You shall have a song as in the night when a holy feast is kept, and gladness of heart, as when one sets out to the sound of the flute to go to the mountain of the LORD, to the Rock of Israel.

30 And the LORD will cause his majestic voice to be heard and the descending blow of his arm to be seen, in furious anger and a flame of devouring fire, with a cloudburst and storm and hailstones.

¶ **31** Da wird Assur erschrecken vor der Stimme des HERRN, der ihn schlägt mit dem Stock.

32 Jedes Mal, wenn ein Schlag daherfährt, wird der Stock zur Zuchtrute, die der HERR auf ihn niedersausen lässt; und so bekämpft er ihn, dass er ihn als Opfer schwingt unter Pauken und Zitherspiel.

33 Denn die Feuergrube ist längst hergerichtet, ja, sie ist auch dem König bereitet, tief und weit genug. Der Scheiterhaufen darin hat Feuer und Holz die Menge; der Odem des HERRN wird ihn anzünden wie ein Schwefelstrom.

Nicht Ägypten, sondern der Herr rettet Jerusalem

31 Weh denen, die hinabziehen nach Ägypten um Hilfe und sich verlassen auf Rosse und hoffen auf Wagen, weil ihrer viele sind, und auf Gespanne, weil sie sehr stark sind! Aber sie halten sich nicht zum Heiligen Israels und fragen nichts nach dem HERRN.

2 Aber auch er ist weise und bringt Unheil herbei und nimmt seine Worte nicht zurück, sondern wird sich aufmachen wider das Haus der Bösen und wider die Hilfe der Übeltäter.

3 Denn Ägypten ist Mensch und nicht Gott, und seine Rosse sind Fleisch und nicht Geist. Und der HERR wird seine Hand ausstrecken, sodass der Helfer strauchelt und der, dem geholfen wird, fällt und alle miteinander umkommen.

Das Gericht über Assyrien. Zions Errettung

4 So hat der HERR zu mir gesprochen: Gleich wie ein Löwe und ein junger Löwe brüllt über seinem Raub, wenn man wider ihn aufruft die Menge der Hirten – er erschrickt vor ihrem Geschrei nicht und es ist ihm auch nicht angst vor ihrer Menge –, so wird der HERR Zebaoth herniederfahren auf den Berg Zion und auf seinen Hügel, um zu kämpfen.

5 Und der HERR Zebaoth wird Jerusalem beschirmen, wie Vögel es tun mit ihren Flügeln, er wird schützen, erretten, schonen und befreien.

¶ **6** Kehrt um, ihr Israeliten, zu dem, von welchem ihr so sehr abgewichen seid!

---

31 The Assyrians will be terror-stricken at the voice of the LORD, when he strikes with his rod.

32 And every stroke of the appointed staff that the LORD lays on them will be to the sound of tambourines and lyres. Battling with brandished arm, he will fight with them.

33 For a burning place[5] has long been prepared; indeed, for the king it is made ready, its pyre made deep and wide, with fire and wood in abundance; the breath of the LORD, like a stream of sulfur, kindles it.

Woe to Those Who Go Down to Egypt

31 Woe to those who go down to Egypt for help
　　and rely on horses,
who trust in chariots because they are many
　　and in horsemen because they are very strong,
but do not look to the Holy One of Israel
　　or consult the LORD!

2 And yet he is wise and brings disaster;
　　he does not call back his words,
but will arise against the house of the evildoers
　　and against the helpers of those who work iniquity.

3 The Egyptians are man, and not God,
　　and their horses are flesh, and not spirit.
When the LORD stretches out his hand,
　　the helper will stumble, and he who is helped will fall,
　　and they will all perish together.

4 For thus the LORD said to me,
"As a lion or a young lion growls over his prey,
　　and when a band of shepherds is called out against him
he is not terrified by their shouting
　　or daunted at their noise,
so the LORD of hosts will come down to fight[1] on Mount Zion and on its hill.

5 Like birds hovering, so the LORD of hosts
　　will protect Jerusalem;
he will protect and deliver it;
　　he will spare and rescue it."

¶ **6** Turn to him from whom people[2] have deeply revolted, O children of Israel.

7 Denn zu der Zeit wird ein jeder seine silbernen und goldenen Götzen verwerfen, die eure Hände gemacht hatten euch zur Sünde.

¶ **8** Und Assur soll fallen, nicht durch Mannes-Schwert, und soll verzehrt werden, nicht durch Menschen-Schwert. Und es wird vor dem Schwert fliehen, und seine junge Mannschaft wird Frondienste leisten müssen.

9 Und sein Fels wird vor Furcht weichen, und seine Fürsten werden das Banner verlassen, spricht der HERR, der zu Zion ein Feuer und zu Jerusalem einen Glutofen hat.

Das künftige Reich der Gerechtigkeit

32 Siehe, es wird ein König regieren, Gerechtigkeit aufzurichten, und Fürsten werden herrschen, das Recht zu handhaben,

2 dass ein jeder von ihnen sein wird wie eine Zuflucht vor dem Wind und wie ein Schutz vor dem Platzregen, wie Wasserbäche am dürren Ort, wie der Schatten eines großen Felsens im trockenen Lande.

3 Und die Augen der Sehenden werden nicht mehr blind sein, und die Ohren der Hörenden werden aufmerken.

4 Und die Unvorsichtigen werden Klugheit lernen, und die Zunge der Stammelnden wird fließend und klar reden.

5 Es wird nicht mehr ein Narr Fürst heißen noch ein Betrüger edel genannt werden.

6 Denn ein Narr redet Narrheit, und sein Herz geht mit Unheil um, dass er Ruchloses anrichte und rede über den HERRN lauter Trug; dadurch lässt er hungrig die hungrigen Seelen und wehrt den Durstigen das Trinken.

7 Und des Betrügers Waffen sind böse, er sinnt auf Tücke, um die Elenden zu verderben mit falschen Worten, auch wenn der Arme sein Recht vertritt.

8 Aber der Edle hat edle Gedanken und beharrt bei Edlem.

7 For in that day everyone shall cast away his idols of silver and his idols of gold, which your hands have sinfully made for you.

8 "And the Assyrian shall fall by a sword,
  not of man;
and a sword, not of man, shall devour him;
and he shall flee from the sword,
  and his young men shall be put to forced labor.

9 His rock shall pass away in terror,
  and his officers desert the standard in panic,"
declares the LORD, whose fire is in Zion,
  and whose furnace is in Jerusalem.

A King Will Reign in Righteousness

32 Behold, a king will reign in righteousness,
  and princes will rule in justice.

2 Each will be like a hiding place from the wind,
  a shelter from the storm,
like streams of water in a dry place,
  like the shade of a great rock in a weary land.

3 Then the eyes of those who see will not be closed,
  and the ears of those who hear will give attention.

4 The heart of the hasty will understand and know,
  and the tongue of the stammerers will hasten to speak distinctly.

5 The fool will no more be called noble,
  nor the scoundrel said to be honorable.

6 For the fool speaks folly,
  and his heart is busy with iniquity,
to practice ungodliness,
  to utter error concerning the LORD,
to leave the craving of the hungry unsatisfied,
  and to deprive the thirsty of drink.

7 As for the scoundrel—his devices are evil;
  he plans wicked schemes
to ruin the poor with lying words,
  even when the plea of the needy is right.

8 But he who is noble plans noble things,
  and on noble things he stands.

Die wahre Sicherheit durch den Geist aus der Höhe

9 Wohlan, ihr stolzen Frauen, hört meine Stimme! Ihr Töchter, die ihr so sicher seid, nehmt zu Ohren meine Rede!

10 Über Jahr und Tag, da werdet ihr Sicheren zittern; denn es wird keine Weinlese sein, auch keine Obsternte kommen.

11 Erschreckt, ihr stolzen Frauen, zittert, ihr Sicheren! Zieht euch aus, entblößt euch und umgürtet eure Lenden!

12 Man wird klagen um die Äcker, ja, um die lieblichen Äcker, um die fruchtbaren Weinstöcke,

13 um den Acker meines Volks, auf dem Dornen und Hecken wachsen, um alle Häuser voll Freude in der fröhlichen Stadt.

14 Denn die Paläste werden verlassen sein, und die Stadt, die voll Getümmel war, wird einsam sein, dass Burg und Turm für immer zu Höhlen werden, dem Wild zur Freude, den Herden zur Weide,

15 so lange, bis über uns ausgegossen wird der Geist aus der Höhe. Dann wird die Wüste zum fruchtbaren Lande und das fruchtbare Land wie Wald geachtet werden.

16 Und das Recht wird in der Wüste wohnen und Gerechtigkeit im fruchtbaren Lande.

17 Und der Gerechtigkeit Frucht wird Friede sein, und der Ertrag der Gerechtigkeit wird ewige Stille und Sicherheit sein,

18 dass mein Volk in friedlichen Auen wohnen wird, in sicheren Wohnungen und in stolzer Ruhe.

19 Aber der Wald wird niederbrechen, und die Stadt wird versinken in Niedrigkeit.

20 Wohl euch, die ihr säen könnt an allen Wassern und könnt die Rinder und Esel frei gehen lassen.

Complacent Women Warned of Disaster

9 Rise up, you women who are at ease,
hear my voice;
you complacent daughters, give ear to
my speech.

10 In little more than a year
you will shudder, you complacent
women;
for the grape harvest fails,
the fruit harvest will not come.

11 Tremble, you women who are at ease,
shudder, you complacent ones;
strip, and make yourselves bare,
and tie sackcloth around your waist.

12 Beat your breasts for the pleasant fields,
for the fruitful vine,

13 for the soil of my people
growing up in thorns and briers,
yes, for all the joyous houses
in the exultant city.

14 For the palace is forsaken,
the populous city deserted;
the hill and the watchtower
will become dens forever,
a joy of wild donkeys,
a pasture of flocks;

15 until the Spirit is poured upon us from
on high,
and the wilderness becomes a fruitful
field,
and the fruitful field is deemed a
forest.

16 Then justice will dwell in the
wilderness,
and righteousness abide in the fruitful
field.

17 And the effect of righteousness will be
peace,
and the result of righteousness, quietness and trust[1] forever.

18 My people will abide in a peaceful
habitation,
in secure dwellings, and in quiet resting places.

19 And it will hail when the forest falls
down,
and the city will be utterly laid low.

20 Happy are you who sow beside all
waters,
who let the feet of the ox and the donkey range free.

Die Rettung Zions vor dem Verwüster

33 Weh dir, du Verwüster, der du selbst nicht verwüstet bist, und du Räuber, der du selbst nicht beraubt bist! Wenn du das Verwüsten vollendet hast, so wirst du auch verwüstet werden; wenn du des Raubens ein Ende gemacht hast, so wird man dich auch berauben.

¶ **2** Herr, sei uns gnädig, denn auf dich harren wir! Sei unser Arm alle Morgen, dazu unser Heil zur Zeit der Trübsal!

3 Es fliehen die Völker vor dem gewaltigen Tosen, und die Heiden werden zerstreut, wenn du dich erhebst.

4 Da wird man Beute wegraffen, wie die Heuschrecken wegraffen, und wie die Käfer herbeistürzen, so stürzt man sich darauf.

5 Der Herr ist erhaben, denn er wohnt in der Höhe. Er hat Zion mit Recht und Gerechtigkeit erfüllt.

6 Und du wirst sichere Zeiten haben: Reichtum an Heil, Weisheit und Klugheit; die Furcht des Herrn wird Zions Schatz sein.

¶ **7** Siehe, die Leute von Ariel schreien draußen, die Boten des Friedens weinen bitterlich.

8 Die Wege sind verödet, es geht niemand mehr auf der Straße. Man hält nicht Treu und Glauben, man verwirft die Zeugen und achtet der Leute nicht.

9 Das Land sieht traurig und jämmerlich aus, der Libanon ist zuschanden geworden und verdorrt. Scharon ist wie eine Steppe, und Baschan und Karmel stehen kahl.

¶ **10** Nun aber will ich mich aufmachen, spricht der Herr; nun will ich mich erheben, nun will ich aufstehen.

11 Mit Stroh geht ihr schwanger, Stoppeln gebärt ihr; euer Zorn ist ein Feuer, das euch selbst verzehren wird.

12 Und die Völker werden zu Kalk verbrannt werden; wie abgehauene Dornen werden sie im Feuer verzehrt.

O Lord, Be Gracious to Us

33 Ah, you destroyer,
  who yourself have not been destroyed,
you traitor,
  whom none has betrayed!
When you have ceased to destroy,
  you will be destroyed;
and when you have finished betraying,
  they will betray you.

2 O Lord, be gracious to us; we wait for
    you.
  Be our arm every morning,
    our salvation in the time of trouble.

3 At the tumultuous noise peoples flee;
  when you lift yourself up, nations are
    scattered,

4 and your spoil is gathered as the cater-
    pillar gathers;
  as locusts leap, it is leapt upon.

5 The Lord is exalted, for he dwells on
    high;
  he will fill Zion with justice and
    righteousness,

6 and he will be the stability of your times,
  abundance of salvation, wisdom, and
    knowledge;
  the fear of the Lord is Zion's[1] treasure.

7 Behold, their heroes cry in the streets;
  the envoys of peace weep bitterly.

8 The highways lie waste;
  the traveler ceases.
Covenants are broken;
cities[2] are despised;
  there is no regard for man.

9 The land mourns and languishes;
  Lebanon is confounded and withers
    away;
Sharon is like a desert,
    and Bashan and Carmel shake off their
    leaves.

10 "Now I will arise," says the Lord,
  "now I will lift myself up;
    now I will be exalted.

11 You conceive chaff; you give birth to
    stubble;
  your breath is a fire that will consume
    you.

12 And the peoples will be as if burned to
    lime,
  like thorns cut down, that are burned
    in the fire."

¶ 13 So hört nun ihr, die ihr ferne seid, was ich getan habe, und die ihr nahe seid, erkennt meine Stärke!

¶ 14 In Zion sind die Sünder erschrocken, Zittern hat die Heuchler befallen und sie sprechen: »Wer ist unter uns, der bei verzehrendem Feuer wohnen kann? Wer ist unter uns, der bei ewiger Glut wohnen kann?«

15 Wer in Gerechtigkeit wandelt und redet, was recht ist; wer schändlichen Gewinn hasst und seine Hände bewahrt, dass er nicht Geschenke nehme; wer seine Ohren zustopft, dass er nichts von Blutschuld höre, und seine Augen zuhält, dass er nichts Arges sehe:

16 der wird in der Höhe wohnen, und Felsen werden seine Feste und Schutz sein. Sein Brot wird ihm gegeben, sein Wasser hat er gewiss.

¶ 17 Deine Augen werden den König sehen in seiner Schönheit; du wirst ein weites Land sehen.

18 Dein Herz wird an den Schrecken zurückdenken und sagen: »Wo sind nun die Schreiber? Wo sind die Vögte? Wo sind, die die Türme zählten?«

19 Du wirst das freche Volk nicht mehr sehen, das Volk von dunkler Sprache, die man nicht verstehen kann, und von stammelnder Zunge, die unverständlich bleibt.

¶ 20 Schaue auf Zion, die Stadt unsrer Feiern! Deine Augen werden Jerusalem sehen, eine sichere Wohnung, ein Zelt, das nicht mehr abgebrochen wird. Seine Pflöcke sollen nie mehr herausgezogen und keines seiner Seile zerrissen werden.

21 Denn der HERR wird dort bei uns mächtig sein, und weite Wassergräben wird es geben, auf denen kein Schiff mehr fahren, kein stolzes Schiff mehr dahinziehen kann.

22 – Denn der HERR ist unser Richter, der HERR ist unser Meister, der HERR ist unser König; der hilft uns! –

13 Hear, you who are far off, what I have done;
and you who are near, acknowledge my might.

14 The sinners in Zion are afraid;
trembling has seized the godless:
"Who among us can dwell with the consuming fire?
Who among us can dwell with everlasting burnings?"

15 He who walks righteously and speaks uprightly,
who despises the gain of oppressions,
who shakes his hands, lest they hold a bribe,
who stops his ears from hearing of bloodshed
and shuts his eyes from looking on evil,

16 he will dwell on the heights;
his place of defense will be the fortresses of rocks;
his bread will be given him; his water will be sure.

17 Your eyes will behold the king in his beauty;
they will see a land that stretches afar.

18 Your heart will muse on the terror:
"Where is he who counted, where is he who weighed the tribute?
Where is he who counted the towers?"

19 You will see no more the insolent people,
the people of an obscure speech that you cannot comprehend,
stammering in a tongue that you cannot understand.

20 Behold Zion, the city of our appointed feasts!
Your eyes will see Jerusalem,
an untroubled habitation, an immovable tent,
whose stakes will never be plucked up,
nor will any of its cords be broken.

21 But there the LORD in majesty will be for us
a place of broad rivers and streams,
where no galley with oars can go,
nor majestic ship can pass.

22 For the LORD is our judge; the LORD is our lawgiver;
the LORD is our king; he will save us.

23 Seine Taue hängen lose, sie halten den Mastbaum nicht fest, und die Segel spannen sich nicht. Dann wird viel Beute ausgeteilt werden, und auch die Lahmen werden plündern.

24 Und kein Bewohner wird sagen: »Ich bin schwach«; denn das Volk, das darin wohnt, wird Vergebung der Sünde haben.

Gottes Strafgericht über Edom

34 Kommt herzu, ihr Heiden, und höret; ihr Völker, merkt auf! Die Erde höre zu und was sie füllt, der Erdkreis und was darauf lebt!

2 Denn der HERR ist zornig über alle Heiden und ergrimmt über alle ihre Scharen. Er wird an ihnen den Bann vollstrecken und sie zur Schlachtung dahingeben.

3 Und ihre Erschlagenen werden hingeworfen werden, dass der Gestank von ihren Leichnamen aufsteigen wird und die Berge von ihrem Blut fließen.

4 Und alles Heer des Himmels wird dahinschwinden, und der Himmel wird zusammengerollt werden wie eine Buchrolle, und all sein Heer wird hinwelken, wie ein Blatt verwelkt am Weinstock und wie ein dürres Blatt am Feigenbaum.

¶ **5** Denn mein Schwert ist trunken im Himmel, und siehe, es wird herniederfahren auf Edom und über das Volk, an dem ich den Bann vollstrecke zum Gericht.

6 Des HERRN Schwert ist voll Blut und trieft von Fett, vom Blut der Lämmer und Böcke, vom Nierenfett der Widder. Denn der HERR hält ein Schlachten in Bozra und ein großes Opfer im Lande Edom.

7 Da werden Wildstiere mit ihnen niedersinken und junge Stiere samt den Büffeln. Und ihr Land wird trunken werden von Blut, und die Erde wird triefen von Fett.

¶ **8** Denn es kommt der Tag der Rache des HERRN und das Jahr der Vergeltung, um Zion zu rächen.

23 Your cords hang loose;
they cannot hold the mast firm in its place
or keep the sail spread out.
Then prey and spoil in abundance will be divided;
even the lame will take the prey.

24 And no inhabitant will say, "I am sick";
the people who dwell there will be forgiven their iniquity.

Judgment on the Nations

34 Draw near, O nations, to hear,
and give attention, O peoples!
Let the earth hear, and all that fills it;
the world, and all that comes from it.

2 For the LORD is enraged against all the nations,
and furious against all their host;
he has devoted them to destruction,[1]
has given them over for slaughter.

3 Their slain shall be cast out,
and the stench of their corpses shall rise;
the mountains shall flow with their blood.

4 All the host of heaven shall rot away,
and the skies roll up like a scroll.
All their host shall fall,
as leaves fall from the vine,
like leaves falling from the fig tree.

5 For my sword has drunk its fill in the heavens;
behold, it descends for judgment upon Edom,
upon the people I have devoted to destruction.

6 The LORD has a sword; it is sated with blood;
it is gorged with fat,
with the blood of lambs and goats,
with the fat of the kidneys of rams.
For the LORD has a sacrifice in Bozrah,
a great slaughter in the land of Edom.

7 Wild oxen shall fall with them,
and young steers with ʃthe mighty bulls.
Their land shall drink its fill of blood,
and their soil shall be gorged with fat.

8 For the LORD has a day of vengeance,
a year of recompense for the cause of Zion.

9 Da werden Edoms Bäche zu Pech werden und seine Erde zu Schwefel; ja, sein Land wird zu brennendem Pech werden,

10 das weder Tag noch Nacht verlöschen wird, sondern immer wird Rauch von ihm aufgehen. Und es wird verwüstet sein von Geschlecht zu Geschlecht, dass niemand hindurchgehen wird auf ewige Zeiten,

11 sondern Rohrdommeln und Igel werden's in Besitz nehmen, Nachteulen und Raben werden dort wohnen. Und er wird die Messschnur darüberspannen, dass es verwüstet werde, und das Bleilot werfen, dass es öde sei.

12 Und Feldgeister werden darin wohnen, und seine Edlen werden nicht mehr sein. Man wird dort keinen König mehr ausrufen, und alle seine Fürsten werden ein Ende haben.

13 Dornen werden wachsen in seinen Palästen, Nesseln und Disteln in seinen Schlössern; und es wird eine Behausung sein der Schakale und eine Stätte für die Strauße.

14 Da werden Wüstentiere und wilde Hunde einander treffen, und ein Feldgeist wird dem andern begegnen. Das Nachtgespenst wird auch dort herbergen und seine Ruhestatt dort finden.

15 Da wird auch die Natter nisten und legen, ihre Eier aufhäufen und ausbrüten. Auch die Raubvögel werden dort zusammenkommen. Keines vermisst das andere.

¶ **16** Sucht nun in dem Buch des HERRN und lest! Keines von ihnen wird fehlen. Denn sein Mund gebietet es, und sein Geist bringt sie zusammen.

17 Er wirft ihnen das Los, und seine Hand teilt aus unter sie mit der Messschnur, dass sie das Land besitzen auf ewige Zeiten und darin wohnen von Geschlecht zu Geschlecht.

Das zukünftige Heil

35 Die Wüste und Einöde wird frohlocken, und die Steppe wird jubeln und wird blühen wie die Lilien.

9 And the streams of Edom[2] shall be
   turned into pitch,
   and her soil into sulfur;
  her land shall become burning pitch.

10 Night and day it shall not be quenched;
   its smoke shall go up forever.
From generation to generation it shall lie
   waste;
  none shall pass through it forever and
   ever.

11 But the hawk and the porcupine[3] shall
   possess it,
  the owl and the raven shall dwell in it.
He shall stretch the line of confusion[4]
   over it,
  and the plumb line of emptiness.

12 Its nobles—there is no one there to call
   it a kingdom,
  and all its princes shall be nothing.

13 Thorns shall grow over its strongholds,
   nettles and thistles in its fortresses.
It shall be the haunt of jackals,
   an abode for ostriches.[5]

14 And wild animals shall meet with
   hyenas;
  the wild goat shall cry to his fellow;
indeed, there the night bird[6] settles
  and finds for herself a resting place.

15 There the owl nests and lays
   and hatches and gathers her young in
   her shadow;
indeed, there the hawks are gathered,
   each one with her mate.

16 Seek and read from the book of the
   LORD:
  Not one of these shall be missing;
  none shall be without her mate.
For the mouth of the LORD has
   commanded,
  and his Spirit has gathered them.

17 He has cast the lot for them;
   his hand has portioned it out to them
   with the line;
they shall possess it forever;
  from generation to generation they
   shall dwell in it.

The Ransomed Shall Return

35 The wilderness and the dry land shall
  be glad;
  the desert shall rejoice and blossom
  like the crocus;

2 Sie wird blühen und jubeln in aller Lust und Freude. Die Herrlichkeit des Libanon ist ihr gegeben, die Pracht von Karmel und Scharon. Sie sehen die Herrlichkeit des HERRN, die Pracht unsres Gottes.

3 Stärkt die müden Hände und macht fest die wankenden Knie!

4 Sagt den verzagten Herzen: »Seid getrost, fürchtet euch nicht! Seht, da ist euer Gott! Er kommt zur Rache; Gott, der da vergilt, kommt und wird euch helfen.«

¶ **5** Dann werden die Augen der Blinden aufgetan und die Ohren der Tauben geöffnet werden.

6 Dann werden die Lahmen springen wie ein Hirsch, und die Zunge der Stummen wird frohlocken. Denn es werden Wasser in der Wüste hervorbrechen und Ströme im dürren Lande.

7 Und wo es zuvor trocken gewesen ist, sollen Teiche stehen, und wo es dürre gewesen ist, sollen Brunnquellen sein. Wo zuvor die Schakale gelegen haben, soll Gras und Rohr und Schilf stehen.

¶ **8** Und es wird dort eine Bahn sein, die der heilige Weg heißen wird. Kein Unreiner darf ihn betreten; nur sie werden auf ihm gehen; auch die Toren dürfen nicht darauf umherirren.

9 Es wird da kein Löwe sein und kein reißendes Tier darauf gehen; sie sind dort nicht zu finden, sondern die Erlösten werden dort gehen.

10 Die Erlösten des HERRN werden wiederkommen und nach Zion kommen mit Jauchzen; ewige Freude wird über ihrem Haupte sein; Freude und Wonne werden sie ergreifen, und Schmerz und Seufzen wird entfliehen.

2 it shall blossom abundantly
and rejoice with joy and singing.
The glory of Lebanon shall be given to it,
the majesty of Carmel and Sharon.
They shall see the glory of the LORD,
the majesty of our God.

3 Strengthen the weak hands,
and make firm the feeble knees.

4 Say to those who have an anxious heart,
"Be strong; fear not!
Behold, your God
will come with vengeance,
with the recompense of God.
He will come and save you."

5 Then the eyes of the blind shall be opened,
and the ears of the deaf unstopped;

6 then shall the lame man leap like a deer,
and the tongue of the mute sing for joy.
For waters break forth in the wilderness,
and streams in the desert;

7 the burning sand shall become a pool,
and the thirsty ground springs of water;
in the haunt of jackals, where they lie down,
the grass shall become reeds and rushes.

8 And a highway shall be there,
and it shall be called the Way of Holiness;
the unclean shall not pass over it.
It shall belong to those who walk on the way;
even if they are fools, they shall not go astray.[1]

9 No lion shall be there,
nor shall any ravenous beast come up on it;
they shall not be found there,
but the redeemed shall walk there.

10 And the ransomed of the LORD shall return
and come to Zion with singing;
everlasting joy shall be upon their heads;
they shall obtain gladness and joy,
and sorrow and sighing shall flee away.

Jerusalem von Sanherib bedroht und wunderbar errettet

(Kap 36,1–37,38: vgl. 2.Kön 18,13–19,37; 2.Chr 32,1-23)

36 Und es begab sich im vierzehnten Jahr des Königs Hiskia, da zog der König von Assyrien, Sanherib, herauf gegen alle festen Städte Judas und nahm sie ein.

2 Und der König von Assyrien sandte den Rabschake von Lachisch nach Jerusalem zu dem König Hiskia mit großer Heeresmacht. Und er trat hin an die Wasserleitung des oberen Teiches, an der Straße bei dem Acker des Walkers.

3 Und es kamen zu ihm heraus der Hofmeister Eljakim, der Sohn Hilkijas, und der Schreiber Schebna und der Kanzler Joach, der Sohn Asafs.

¶ 4 Und der Rabschake sprach zu ihnen: Sagt doch dem Hiskia: So spricht der große König, der König von Assyrien: Was ist das für ein Vertrauen, das du da hast?

5 Meinst du, bloße Worte seien schon Rat und Macht zum Kämpfen? Auf wen verlässt du dich denn, dass du von mir abgefallen bist?

6 Verlässt du dich auf den zerbrochenen Rohrstab Ägypten, der jedem, der sich darauf stützt, in die Hand dringt und sie durchbohrt? So tut der Pharao, der König von Ägypten, allen, die sich auf ihn verlassen.

7 Willst du mir aber sagen: Wir verlassen uns auf den HERRN, unsern Gott, – ist's denn nicht derselbe, dessen Höhen und Altäre Hiskia abgetan und zu Juda und Jerusalem gesagt hat: »Nur vor diesem Altar sollt ihr anbeten«?

8 Wohlan, nimm eine Wette an mit meinem Herrn, dem König von Assyrien: Ich will dir zweitausend Rosse geben; lass sehen, ob du die Reiter dazu stellen kannst!

9 Wie willst du denn zurücktreiben auch nur einen der geringsten Diener meines Herrn? Und du verlässt dich auf Ägypten um der Wagen und Gespanne willen!

10 Meinst du denn, dass ich ohne den HERRN heraufgezogen bin in dies Land, es zu verderben? Nein, sondern der HERR sprach zu mir: Zieh hinauf in dies Land und verdirb es!

¶ 11 Aber Eljakim und Schebna und Joach sprachen zum Rabschake: Rede doch mit deinen Knechten aramäisch, denn wir verstehen's gut, und rede nicht hebräisch mit uns vor den Ohren des Volks, das auf der Mauer ist.

Sennacherib Invades Judah

36 In the fourteenth year of King Hezekiah, Sennacherib king of Assyria came up against all the fortified cities of Judah and took them.

2 And the king of Assyria sent the Rabshakeh[1] from Lachish to King Hezekiah at Jerusalem, with a great army. And he stood by the conduit of the upper pool on the highway to the Washer's Field.

3 And there came out to him Eliakim the son of Hilkiah, who was over the household, and °Shebna the secretary, and Joah the son of Asaph, the recorder.

¶ 4 And the Rabshakeh said to them, "Say to Hezekiah, 'Thus says the great king, the king of Assyria: On what do you rest this trust of yours?

5 Do you think that mere words are strategy and power for war? In whom do you now trust, that you have rebelled against me?

6 Behold, you are trusting in Egypt, that broken reed of a staff, which will pierce the hand of any man who leans on it. Such is Pharaoh king of Egypt to all who trust in him.

7 But if you say to me, "We trust in the LORD our God," is it not he whose high places and altars Hezekiah has removed, saying to Judah and to Jerusalem, "You shall worship before this altar"?

8 Come now, make a wager with my master the king of Assyria: I will give you two thousand horses, if you are able on your part to set riders on them.

9 How then can you repulse a single captain among the least of my master's servants, when you trust in Egypt for chariots and for horsemen?

10 Moreover, is it without the LORD that I have come up against this land to destroy it? The LORD said to me, Go up against this land and destroy it.'"

¶ 11 Then Eliakim, Shebna, and Joah said to the Rabshakeh, "Please speak to your servants in Aramaic, for we understand it. Do not speak to us in the language of Judah within the hearing of the people who are on the wall."

12 Da sprach der Rabschake: Meinst du, dass mein Herr mich nur zu deinem Herrn oder zu dir gesandt habe, solche Worte zu reden, und nicht vielmehr zu den Männern, die auf der Mauer sitzen und samt euch ihren eigenen Mist fressen und ihren Harn saufen werden?

13 Und der Rabschake trat hin und rief laut auf Hebräisch und sprach: Hört die Worte des großen Königs, des Königs von Assyrien!

14 So spricht der König: Lasst euch von Hiskia nicht betrügen; denn er kann euch nicht erretten.

15 Und lasst euch von Hiskia nicht vertrösten auf den HERRN, wenn er sagt: Der HERR wird uns erretten, und diese Stadt wird nicht in die Hand des Königs von Assyrien gegeben werden.

16 Hört nicht auf Hiskia! Denn so spricht der König von Assyrien: Schließt Freundschaft mit mir und kommt zu mir heraus, so soll ein jeder von euch von seinem Weinstock und von seinem Feigenbaum essen und aus seinem Brunnen trinken,

17 bis ich komme und hole euch in ein Land, das wie euer Land ist, ein Land, darin Korn und Wein ist, ein Land, darin Brot und Weinberge sind.

18 Lasst euch von Hiskia nicht bereden, wenn er sagt: Der HERR wird uns erretten! Haben etwa die Götter der andern Völker ihr Land errettet aus der Hand des Königs von Assyrien?

19 Wo sind die Götter von Hamat und Arpad? Wo sind die Götter von Sefarwajim? Und wo sind die Götter des Landes Samarien? Haben sie Samaria errettet aus meiner Hand?

20 Welcher unter allen Göttern dieser Länder hat sein Land errettet aus meiner Hand, dass allein der HERR Jerusalem erretten sollte aus meiner Hand?

¶ 21 Sie schwiegen aber still und antworteten ihm nichts; denn der König hatte geboten: Antwortet ihm nichts.

22 Da kamen der Hofmeister Eljakim, der Sohn Hilkijas, und der Schreiber Schebna und der Kanzler Joach, der Sohn Asafs, mit zerrissenen Kleidern zu Hiskia und sagten ihm die Worte des Rabschake an.

37 Als aber der König Hiskia das hörte, zerriss er seine Kleider und legte einen Sack an und ging in das Haus des HERRN.

12 But the Rabshakeh said, "Has my master sent me to speak these words to your master and to you, and not to the men sitting on the wall, who are doomed with you to eat their own dung and drink their own urine?"

¶ 13 Then the Rabshakeh stood and called out in a loud voice in the language of Judah: "Hear the words of the great king, the king of Assyria!

14 Thus says the king: 'Do not let Hezekiah deceive you, for he will not be able to deliver you.

15 Do not let Hezekiah make you trust in the LORD by saying, "The LORD will surely deliver us. This city will not be given into the hand of the king of Assyria."

16 Do not listen to Hezekiah. For thus says the king of Assyria: Make your peace with me[2] and come out to me. Then each one of you will eat of his own vine, and each one of his own fig tree, and each one of you will drink the water of his own cistern,

17 until I come and take you away to a land like your own land, a land of grain and wine, a land of bread and vineyards.

18 Beware lest Hezekiah mislead you by saying, "The LORD will deliver us." Has any of the gods of the nations delivered his land out of the hand of the king of Assyria?

19 Where are the gods of Hamath and [z] Arpad? Where are the gods of Sepharvaim? Have they delivered Samaria out of my hand?

20 Who among all the gods of these lands have delivered their lands out of my hand, that the LORD should deliver Jerusalem out of my hand?'"

¶ 21 But they were silent and answered him not a word, for the king's command was, "Do not answer him."

22 Then Eliakim the son of Hilkiah, who was over the household, and Shebna the secretary, and Joah the son of Asaph, the recorder, came to Hezekiah with their clothes torn, and told him the words of the Rabshakeh.

Hezekiah Seeks Isaiah's Help

37 As soon as King Hezekiah heard it, he tore his clothes and covered himself with sackcloth and went into the house of the LORD.

2 Und er sandte den Hofmeister Eljakim und den Schreiber Schebna samt den Ältesten der Priester, mit dem Sack angetan, zu dem Propheten Jesaja, dem Sohn des Amoz.

3 Und sie sprachen zu ihm: So spricht Hiskia: Das ist ein Tag der Trübsal, der Züchtigung und der Schmach – wie wenn Kinder eben geboren werden sollen, aber die Kraft fehlt, sie zu gebären.

4 Vielleicht hört der HERR, dein Gott, die Worte des Rabschake, den sein Herr, der König von Assyrien, gesandt hat, den lebendigen Gott zu lästern, und straft die Worte, die der HERR, dein Gott, gehört hat! So tu Fürbitte für die Übriggebliebenen, die noch vorhanden sind.

¶ **5** Und die Großen des Königs Hiskia kamen zu Jesaja.

6 Jesaja aber sprach zu ihnen: So sollt ihr eurem Herrn sagen: So spricht der HERR: Fürchte dich nicht vor den Worten, die du gehört hast, mit denen mich die Knechte des Königs von Assyrien geschmäht haben!

7 Siehe, ich will ihn andern Sinnes machen; denn er soll ein Gerücht hören, sodass er wieder heimzieht in sein Land. Dann will ich ihn durchs Schwert fällen in seinem Lande.

¶ **8** Als aber der Rabschake zurückkam, fand er den König von Assyrien im Kampf gegen Libna; denn er hatte gehört, dass er von Lachisch abgezogen war.

9 Er hatte nämlich gehört über Tirhaka, den König von Kusch: Er ist ausgezogen, gegen dich zu kämpfen. Als er das hörte, sandte er Boten zu Hiskia und ließ ihm sagen:

10 Sagt Hiskia, dem König von Juda: Lass dich durch deinen Gott nicht betrügen, auf den du dich verlässt und sprichst: Jerusalem wird nicht in die Hand des Königs von Assyrien gegeben werden.

11 Siehe, du hast gehört, was die Könige von Assyrien allen Ländern getan haben, dass sie den Bann an ihnen vollstreckten, und du allein solltest errettet werden?

12 Haben denn die Götter der Völker die Länder errettet, die von meinen Vätern vernichtet wurden: Gosan, Haran, Rezef und die von Eden in Telassar?

13 Wo ist der König von Hamat und der König von Arpad und der König der Stadt Sefarwajim, Hena und Awa?

¶ **14** Und als Hiskia den Brief von den Boten empfangen und gelesen hatte, ging er hinauf in das Haus des HERRN und breitete ihn aus vor dem HERRN.

2 And he sent Eliakim, who was over the household, and Shebna the secretary, and the senior priests, covered with sackcloth, to the prophet Isaiah the son of Amoz.

3 They said to him, "Thus says Hezekiah, 'This day is a day of distress, of rebuke, and of disgrace; children have come to the point of birth, and there is no strength to bring them forth.

4 It may be that the LORD your God will hear the words of the Rabshakeh, whom his master the king of Assyria has sent to mock the living God, and will rebuke the words that the LORD your God has heard; therefore lift up your prayer for the remnant that is left.'"

¶ **5** When the servants of King Hezekiah came to Isaiah,

6 Isaiah said to them, "Say to your master, 'Thus says the LORD: Do not be afraid because of the words that you have heard, with which the young men of the king of Assyria have reviled me.

7 Behold, I will put a spirit in him, so that he shall hear a rumor and return to his own land, and I will make him fall by the sword in his own land.'"

¶ **8** The Rabshakeh returned, and found the king of Assyria fighting against Libnah, for he had heard that the king had left ᵐLachish.

9 Now the king heard concerning Tirhakah king of Cush,[1] "He has set out to fight against you." And when he heard it, he sent messengers to Hezekiah, saying,

10 "Thus shall you speak to Hezekiah king of Judah: 'Do not let your God in whom you trust deceive you by promising that Jerusalem will not be given into the hand of the king of Assyria.

11 Behold, you have heard what the kings of Assyria have done to all lands, devoting them to destruction. And shall you be delivered?

12 Have the gods of the nations delivered them, the nations that my fathers destroyed, Gozan, Haran, Rezeph, and the people of Eden who were in Telassar?

13 Where is the king of Hamath, the king of Arpad, the king of the city of Sepharvaim, the king of Hena, or the king of Ivvah?'"

Hezekiah's Prayer for Deliverance

¶ **14** Hezekiah received the letter from the hand of the messengers, and read it; and Hezekiah went up to the house of the LORD, and spread it before the LORD.

15 Und Hiskia betete zum HERRN und sprach:

16 HERR Zebaoth, du Gott Israels, der du über den Cherubim thronst, du bist allein Gott über alle Königreiche auf Erden, du hast Himmel und Erde gemacht.

17 HERR, neige deine Ohren und höre doch, HERR, tu deine Augen auf und sieh doch! Höre doch alle die Worte Sanheribs, die er gesandt hat, um den lebendigen Gott zu schmähen.

18 Wahr ist's, HERR, die Könige von Assyrien haben alle Länder verwüstet

19 und haben ihre Götter ins Feuer geworfen; denn sie waren nicht Götter, sondern Werk von Menschenhänden, Holz und Stein. Die haben sie vertilgt.

20 Nun aber, HERR, unser Gott, errette uns aus seiner Hand, damit alle Königreiche auf Erden erfahren, dass du, HERR, allein Gott bist!

¶ **21** Da sandte Jesaja, der Sohn des Amoz, zu Hiskia und ließ ihm sagen: So spricht der HERR, der Gott Israels: Was du von mir erbeten hast wegen des Königs Sanherib von Assyrien, habe ich gehört.

22 Dies ist's, was der HERR über ihn spricht:

¶ Die Jungfrau, die Tochter Zion, verachtet dich und spottet deiner, und die Tochter Jerusalem schüttelt das Haupt hinter dir her.

23 Wen hast du geschmäht und gelästert? Über wen hast du die Stimme erhoben? Du hobst deine Augen empor wider den Heiligen Israels.

24 Durch deine Knechte hast du den Herrn geschmäht und gesagt: »Ich bin mit der Menge meiner Wagen heraufgezogen auf die Höhe der Berge in den innersten Libanon und habe seine hohen Zedern abgehauen samt seinen auserwählten Zypressen und bin bis zu seiner äußersten Höhe gekommen, in seinen dichtesten Wald.

25 Ich habe gegraben und getrunken fremde Wasser und habe mit meinen Fußsohlen ausgetrocknet alle Flüsse Ägyptens.«

15 And Hezekiah prayed to the LORD:

16 "O LORD of hosts, God of Israel, enthroned above the cherubim, you are the God, you alone, of all the kingdoms of the earth; you have made heaven and earth.

17 Incline your ear, O LORD, and hear; open your eyes, O LORD, and see; and hear all the words of Sennacherib, which he has sent to mock the living God.

18 Truly, O LORD, the kings of Assyria have laid waste all the nations and their lands,

19 and have cast their gods into the fire. For they were no gods, but the work of men's hands, wood and stone. Therefore they were destroyed.

20 So now, O LORD our God, save us from his hand, that all the kingdoms of the earth may know that you alone are the LORD."

Sennacherib's Fall

¶ **21** Then Isaiah the son of Amoz sent to Hezekiah, saying, "Thus says the LORD, the God of Israel: Because you have prayed to me concerning Sennacherib king of Assyria,

22 this is the word that the LORD has spoken concerning him:

"'She despises you, she scorns you—
    the virgin daughter of Zion;
she wags her head behind you—
    the daughter of Jerusalem.

23 "'Whom have you mocked and
    reviled?
Against whom have you raised your
    voice
and lifted your eyes to the heights?
    Against the Holy One of Israel!

24 By your servants you have mocked the
    Lord,
and you have said, With my many
    chariots
I have gone up the heights of the
    mountains,
    to the far recesses of Lebanon,
to cut down its tallest cedars,
    its choicest cypresses,
to come to its remotest height,
    its most fruitful forest.

25 I dug wells
    and drank waters,
to dry up with the sole of my foot
    all the streams of Egypt.

¶ **26** Hast du nicht gehört, dass ich es lange zuvor bereitet und von Anfang an geplant habe? Jetzt aber habe ich's kommen lassen, dass du feste Städte zerstören solltest zu Steinhaufen,

27 und ihre Einwohner sollten ohne Kraft werden und sich fürchten und zuschanden werden und wie Feldgras werden und wie grünes Kraut, wie Gras auf den Dächern, das verdorrt, ehe es reif wird.

28 Ich weiß von deinem Aufstehen und Sitzen, von deinem Ausziehen und Einziehen und dass du tobst gegen mich.

29 Weil du nun gegen mich tobst und dein Stolz vor meine Ohren gekommen ist, will ich dir meinen Ring in die Nase legen und meinen Zaum in dein Maul und will dich den Weg wieder heimführen, den du gekommen bist.

¶ **30** Und das sei dir, Hiskia, ein Zeichen: In diesem Jahr iss, was von selber nachwächst, im nächsten Jahr, was auch dann noch wächst; im dritten Jahr sät und erntet, pflanzt Weinberge und esst ihre Früchte.

31 Denn die Erretteten vom Hause Juda und was übrig geblieben ist werden von Neuem nach unten Wurzeln schlagen und oben Frucht tragen.

32 Denn von Jerusalem werden ausgehen, die übrig geblieben sind, und die Erretteten vom Berge Zion. Solches wird tun der Eifer des HERRN Zebaoth.

¶ **33** Darum spricht der HERR über den König von Assyrien: Er soll nicht in diese Stadt kommen und soll auch keinen Pfeil hineinschießen und mit keinem Schild davor kommen und soll keinen Wall gegen sie aufschütten,

34 sondern auf dem Wege, den er gekommen ist, soll er wieder heimkehren, dass er in diese Stadt nicht komme, spricht der HERR.

35 Denn ich will diese Stadt schützen, dass ich sie errette um meinetwillen und um meines Knechtes David willen.

¶ **36** Da fuhr aus der Engel des HERRN und schlug im assyrischen Lager hundertfünfundachtzigtausend Mann. Und als man sich früh am Morgen aufmachte, siehe, da lag alles voller Leichen.

37 Und der König von Assyrien, Sanherib, brach auf, zog weg und kehrte wieder heim und blieb zu Ninive.

26 "Have you not heard
　　that I determined it long ago?
I planned from days of old
　　what now I bring to pass,
that you should make fortified cities
　　crash into heaps of ruins,

27 while their inhabitants, shorn of
　　strength,
　　are dismayed and confounded,
and have become like plants of the field
　　and like tender grass,
like grass on the housetops,
　　blighted[2] before it is grown.

28 "I know your sitting down
　　and your going out and coming in,
　　and your raging against me.

29 Because you have raged against me
　　and your complacency has come to
　　　　my ears,
I will put my hook in your nose
　　and my bit in your mouth,
　　and I will turn you back on the way
　　　　by which you came.'

¶ **30** "And this shall be the sign for you: this year you shall eat what grows of itself, and in the second year what springs from that. Then in the third year sow and reap, and plant vineyards, and eat their fruit.

31 And the surviving remnant of the house of Judah shall again take root downward and bear fruit upward.

32 For out of Jerusalem shall go a remnant, and out of Mount Zion a band of survivors. The zeal of the LORD of hosts will do this.

¶ **33** "Therefore thus says the LORD concerning the king of Assyria: He shall not come into this city or shoot an arrow there or come before it with a shield or cast up a siege mound against it.

34 By the way that he came, by the same he shall return, and he shall not come into this city, declares the LORD.

35 For I will defend this city to save it, for my own sake and for the sake of my servant David."

¶ **36** And the angel of the LORD went out and struck down a hundred and eighty-five thousand in the camp of the Assyrians. And when people arose early in the morning, behold, these were all dead bodies.

37 Then Sennacherib king of Assyria departed and returned home and lived at Nineveh.

38 Es begab sich aber, als er anbetete im Hause Nisrochs, seines Gottes, erschlugen ihn seine Söhne Adrammelech und Sarezer mit dem Schwert, und sie flohen ins Land Ararat. Und sein Sohn Asarhaddon wurde König an seiner statt.

Hiskias Krankheit, Genesung und Danklied
(vgl. 2.Kön 20,1-11; 2.Chr 32,24)

38 Zu der Zeit wurde Hiskia todkrank. Und der Prophet Jesaja, der Sohn des Amoz, kam zu ihm und sprach zu ihm: So spricht der HERR: Bestelle dein Haus, denn du wirst sterben und nicht am Leben bleiben.

2 Da wandte Hiskia sein Angesicht zur Wand und betete zum HERRN

3 und sprach: Gedenke doch, HERR, wie ich vor dir in Treue und ungeteilten Herzens gewandelt bin und habe getan, was dir gefallen hat. Und Hiskia weinte sehr.

4 Da geschah das Wort des HERRN zu Jesaja:

5 Geh hin und sage Hiskia: So spricht der HERR, der Gott deines Vaters David: Ich habe dein Gebet gehört und deine Tränen gesehen. Siehe, ich will deinen Tagen noch fünfzehn Jahre zulegen

6 und will dich samt dieser Stadt erretten aus der Hand des Königs von Assyrien und will diese Stadt beschirmen.

7 Und dies sei dir das Zeichen von dem HERRN, dass der HERR tun wird, was er zugesagt hat:

8 Siehe, ich will den Schatten an der Sonnenuhr des Ahas zehn Striche zurückziehen, über die er gelaufen ist. Und die Sonne lief zehn Striche zurück an der Sonnenuhr, über die sie gelaufen war.

¶ **9** Dies ist das Lied Hiskias, des Königs von Juda, als er krank gewesen und von seiner Krankheit gesund geworden war:

10 Ich sprach: Nun muss ich zu des
　　　Totenreiches Pforten fahren in der
　　　Mitte meines Lebens,
　　da ich doch gedachte, noch länger zu
　　　leben.

11 Ich sprach: Nun werde ich den HERRN
　　　nicht mehr schauen
　　im Lande der Lebendigen,
　　nun werde ich die Menschen nicht mehr
　　　sehen
　　mit denen, die auf der Welt sind.

38 And as he was worshiping in the house of Nisroch his god, Adrammelech and Sharezer, his sons, struck him down with the sword. And after they escaped into the land of Ararat, Esarhaddon his son reigned in his place.

Hezekiah's Sickness and Recovery

38 In those days Hezekiah became sick and was at the point of death. And Isaiah the prophet the son of Amoz came to him, and said to him, "Thus says the LORD: Set your house in order, for you shall die, you shall not recover."[1]

2 Then Hezekiah turned his face to the wall and prayed to the LORD,

3 and said, "Please, O LORD, remember how I have walked before you in faithfulness and with a whole heart, and have done what is good in your sight." And Hezekiah wept bitterly.

¶ **4** Then the word of the LORD came to Isaiah:

5 "Go and say to Hezekiah, Thus says the LORD, the God of David your father: I have heard your prayer; I have seen your tears. Behold, I will add fifteen years to your life.[2]

6 I will deliver you and this city out of the hand of the king of Assyria, and will defend this city.

¶ **7** "This shall be the sign to you from the LORD, that the LORD will do this thing that he has promised:

8 Behold, I will make the shadow cast by the declining sun on the dial of Ahaz turn back ten steps." So the sun turned back on the dial the ten steps by which it had declined.[3]

¶ **9** A writing of Hezekiah king of Judah, after he had been sick and had recovered from his sickness:

10 I said, In the middle[4] of my days
　　　I must depart;
　　I am consigned to the gates of Sheol
　　　for the rest of my years.

11 I said, I shall not see the LORD,
　　　the LORD in the land of the living;
　　I shall look on man no more
　　　among the inhabitants of the world.

12 Meine Hütte ist abgebrochen
und über mir weggenommen wie
eines Hirten Zelt.
Zu Ende gewebt hab ich mein Leben
wie ein Weber;
er schneidet mich ab vom Faden.
Tag und Nacht gibst du mich preis;

13 bis zum Morgen schreie ich um Hilfe;
aber er zerbricht mir alle meine
Knochen wie ein Löwe;
Tag und Nacht gibst du mich preis.

14 Ich zwitschere wie eine Schwalbe
und gurre wie eine Taube.
Meine Augen sehen verlangend nach
oben:
Herr, ich leide Not, tritt für mich ein!

15 Was soll ich reden und was ihm sagen?
Er hat's getan!
Entflohen ist all mein Schlaf
bei solcher Betrübnis meiner Seele.

16 Herr, lass mich wieder genesen
und leben!

17 Siehe, um Trost war mir sehr bange.
Du aber hast dich meiner Seele herzlich angenommen,
dass sie nicht verdürbe;
denn du wirfst alle meine Sünden
hinter dich zurück.

18 Denn die Toten loben dich nicht,
und der Tod rühmt dich nicht,
und die in die Grube fahren,
warten nicht auf deine Treue;

19 sondern allein, die da leben, loben dich
so wie ich heute.
Der Vater macht den Kindern deine
Treue kund.

20 Der HERR hat mir geholfen,
darum wollen wir singen und spielen,
solange wir leben,
im Hause des HERRN!

¶ **21** *Und Jesaja sprach, man solle ein Pflaster
von Feigen nehmen und auf sein Geschwür
legen, dass er gesund würde.

22 Hiskia aber sprach: Was ist das Zeichen,
dass ich wieder zum Hause des HERRN hinaufgehen kann?

---

12 My dwelling is plucked up and removed
from me
like a shepherd's tent;
like a weaver I have rolled up my life;
he cuts me off from the loom;
from day to night you bring me to an
end;

13 I calmed myself[5] until morning;
like a lion he breaks all my bones;
from day to night you bring me to an
end.

14 Like a swallow or a crane I chirp;
I moan like a dove.
My eyes are weary with looking
upward.
O Lord, I am oppressed; be my pledge
of safety!

15 What shall I say? For he has spoken to
me,
and he himself has done it.
I walk slowly all my years
because of the bitterness of my soul.

16 O Lord, by these things men live,
and in all these is the life of my spirit.
Oh restore me to health and make me
live!

17 Behold, it was for my welfare
that I had great bitterness;
but in love you have delivered my life
from the pit of destruction,
[n] for you have cast all my sins
behind your back.

18 For Sheol does not thank you;
death does not praise you;
those who go down to the pit do not
hope
for your faithfulness.

19 The living, the living, he thanks you,
as I do this day;
the father makes known to the children
your faithfulness.

20 The LORD will save me,
and we will play my music on stringed
instruments
all the days of our lives,
at the house of the LORD.

¶ **21** Now Isaiah had said, "Let them take a
cake of figs and apply it to the boil, that he may
recover."

22 Hezekiah also had said, "What is the sign
that I shall go up to the house of the LORD?"

Hiskia und die Gesandten aus Babel
(vgl. 2.Kön 20,12-19; 2.Chr 32,27-31)

39 Zu der Zeit sandte Merodach-Baladan, der Sohn Baladans, der König von Babel, Briefe und Geschenke an Hiskia; denn er hatte gehört, dass er krank gewesen und wieder gesund geworden sei.

2 Darüber freute sich Hiskia und zeigte den Gesandten das Schatzhaus, Silber und Gold und Spezerei, kostbare Salben und sein ganzes Zeughaus und alle Schätze, die er hatte. Es gab nichts, was ihnen Hiskia nicht gezeigt hätte in seinem Hause und in seinem ganzen Reich.

¶ **3** Da kam der Prophet Jesaja zum König Hiskia und sprach zu ihm: Was sagen diese Männer und von woher kommen sie zu dir? Hiskia sprach: Sie kommen aus fernem Lande zu mir, nämlich aus Babel.

4 Er aber sprach: Was haben sie in deinem Hause gesehen? Hiskia sprach: Alles, was in meinem Hause ist, haben sie gesehen, und es gibt nichts, das ich ihnen nicht gezeigt hätte von meinen Schätzen.

5 Und Jesaja sprach zu Hiskia: Höre das Wort des HERRN Zebaoth:

6 Siehe, es kommt die Zeit, dass alles, was in deinem Hause ist und was deine Väter gesammelt haben bis auf diesen Tag, nach Babel gebracht werden wird, sodass nichts zurückbleibt, spricht der HERR.

7 Dazu werden sie von deinen Söhnen, die von dir kommen werden, die du zeugen wirst, einige nehmen, dass sie Kämmerer werden müssen am Hofe des Königs von Babel.

8 Und Hiskia sprach zu Jesaja: Das Wort des HERRN ist gut, das du sagst. Denn er dachte: Es wird doch Friede und Sicherheit sein, solange ich lebe.

DAS TROSTBUCH VON DER ERLÖSUNG ISRAELS
(KAPITEL 40,1–55,13)

Des Herrn tröstendes Wort für sein Volk

40 Tröstet, tröstet mein Volk!, spricht euer Gott.

2 Redet mit Jerusalem freundlich und predigt ihr, dass ihre Knechtschaft ein Ende hat, dass ihre Schuld vergeben ist; denn sie hat doppelte Strafe empfangen von der Hand des HERRN für alle ihre Sünden.

Envoys from Babylon

39 At that time Merodach-baladan the son of Baladan, king of Babylon, sent envoys with letters and a present to Hezekiah, for he heard that he had been sick and had recovered.

2 And Hezekiah welcomed them gladly. And he showed them his treasure house, the silver, the gold, the spices, the precious oil, his whole armory, all that was found in his storehouses. There was nothing in his house or in all his realm that Hezekiah did not show them.

3 Then Isaiah the prophet came to King Hezekiah, and said to him, "What did these men say? And from where did they come to you?" Hezekiah said, "They have come to me from a far country, from Babylon."

4 He said, "What have they seen in your house?" Hezekiah answered, "They have seen all that is in my house. There is nothing in my storehouses that I did not show them."

¶ **5** Then Isaiah said to Hezekiah, "Hear the word of the LORD of hosts:

6 Behold, the days are coming, when all that is in your house, and that which your fathers have stored up till this day, shall be carried to Babylon. Nothing shall be left, says the LORD.

7 And some of your own sons, who will come from you, whom you will father, shall be taken away, and they shall be eunuchs in the palace of the king of Babylon."

8 Then said Hezekiah to Isaiah, "The word of the LORD that you have spoken is good." For he thought, "There will be peace and security in my days."

Comfort for God's People

40 Comfort, comfort my people, says your God.
2 Speak tenderly to Jerusalem,
  and cry to her
 that her warfare[1] is ended,
  that her iniquity is pardoned,
 that she has received from the LORD's hand
  double for all her sins.

¶ **3** Es ruft eine Stimme: In der Wüste bereitet dem HERRN den Weg, macht in der Steppe eine ebene Bahn unserm Gott!

4 Alle Täler sollen erhöht werden, und alle Berge und Hügel sollen erniedrigt werden, und was uneben ist, soll gerade, und was hügelig ist, soll eben werden;

5 denn die Herrlichkeit des HERRN soll offenbart werden, und alles Fleisch miteinander wird es sehen; denn des HERRN Mund hat's geredet.

¶ **6** Es spricht eine Stimme: Predige!, und ich sprach: Was soll ich predigen? **Alles Fleisch ist Gras, und alle seine Güte ist wie eine Blume auf dem Felde.**

7 Das Gras verdorrt, die Blume verwelkt; denn des HERRN Odem bläst darein. Ja, Gras ist das Volk!

8 **Das Gras verdorrt, die Blume verwelkt, aber das Wort unseres Gottes bleibt ewiglich.**

¶ **9** Zion, du Freudenbotin, steig auf einen hohen Berg; Jerusalem, du Freudenbotin, erhebe deine Stimme mit Macht; erhebe sie und fürchte dich nicht! Sage den Städten Judas: Siehe, da ist euer Gott;

10 siehe, da ist Gott der HERR! Er kommt gewaltig, und sein Arm wird herrschen. Siehe, was er gewann, ist bei ihm, und was er sich erwarb, geht vor ihm her.

11 Er wird seine Herde weiden wie ein Hirte. Er wird die Lämmer in seinen Arm sammeln und im Bausch seines Gewandes tragen und die Mutterschafe führen.

3 A voice cries:[2]
  "In the wilderness prepare the way of the
    LORD;
      make straight in the desert a highway
        for our God.

4 Every valley shall be lifted up,
    and every mountain and hill be made
      low;
  the uneven ground shall become level,
    and the rough places a plain.

5 And the glory of the LORD shall be
    revealed,
  and all flesh shall see it together,
    for the mouth of the LORD has
      spoken."

The Word of God Stands Forever

6 A voice says, "Cry!"
    And I said,[3] "What shall I cry?"
  All flesh is grass,
    and all its beauty[4] is like the flower of
      the field.

7 The grass withers, the flower fades
    when the breath of the LORD blows on
      it;
  surely the people are grass.

8 The grass withers, the flower fades,
    but the word of our God will stand
      forever.

The Greatness of God

9 Get you up to a high mountain,
    O Zion, herald of good news;[5]
  lift up your voice with strength,
    O Jerusalem, herald of good news;[6]
  lift it up, fear not;
    say to the cities of Judah,
      "Behold your God!"

10 Behold, the Lord GOD comes with
    might,
  and his arm rules for him;
  behold, his reward is with him,
    and his recompense before him.

11 He will tend his flock like a shepherd;
    he will gather the lambs in his arms;
  he will carry them in his bosom,
    and gently lead those that are with
      young.

Israels unvergleichlicher Gott

12 Wer misst die Wasser mit der hohlen Hand, und wer bestimmt des Himmels Weite mit der Spanne und fasst den Staub der Erde mit dem Maß und wiegt die Berge mit einem Gewicht und die Hügel mit einer Waage?

13 Wer bestimmt den Geist des HERRN, und welcher Ratgeber unterweist ihn?

14 Wen fragt er um Rat, der ihm Einsicht gebe und lehre ihn den Weg des Rechts und lehre ihn Erkenntnis und weise ihm den Weg des Verstandes?

15 Siehe, die Völker sind geachtet wie ein Tropfen am Eimer und wie ein Sandkorn auf der Waage. Siehe, die Inseln sind wie ein Stäublein.

16 Der Libanon wäre zu wenig zum Feuer und seine Tiere zu wenig zum Brandopfer.

17 Alle Völker sind vor ihm wie nichts und gelten ihm als nichtig und eitel.

¶ **18** Mit wem wollt ihr denn Gott vergleichen? Oder was für ein Abbild wollt ihr von ihm machen?

19 Der Meister gießt ein Bild und der Goldschmied vergoldet's und macht silberne Ketten daran.

20 Wer aber zu arm ist für eine solche Gabe, der wählt ein Holz, das nicht fault, und sucht einen klugen Meister dazu, ein Bild zu fertigen, das nicht wackelt.

¶ **21** Wisst ihr denn nicht? Hört ihr denn nicht? Ist's euch nicht von Anfang an verkündigt? Habt ihr's nicht gelernt von Anbeginn der Erde?

12 Who has measured the waters in the hollow of his hand
and marked off the heavens with a span,
enclosed the dust of the earth in a measure
and weighed the mountains in scales
and the hills in a balance?

13 Who has measured[7] the Spirit of the LORD,
or what man shows him his counsel?

14 Whom did he consult,
and who made him understand?
Who taught him the path of justice,
and taught him knowledge,
and showed him the way of understanding?

15 Behold, the nations are like a drop from a bucket,
and are accounted as the dust on the scales;
behold, he takes up the coastlands like fine dust.

16 Lebanon would not suffice for fuel,
nor are its beasts enough for a burnt offering.

17 All the nations are as nothing before him,
they are accounted by him as less than nothing and emptiness.

18 To whom then will you liken God,
or what likeness compare with him?

19 An idol! A craftsman casts it,
and a goldsmith overlays it with gold
and casts for it silver chains.

20 He who is too impoverished for an offering
chooses wood[8] that will not rot;
he seeks out a skillful craftsman
to set up an idol that will not move.

21 Do you not know? Do you not hear?
Has it not been told you from the beginning?
Have you not understood from the foundations of the earth?

22 Er thront über dem Kreis der Erde, und die darauf wohnen, sind wie Heuschrecken; er spannt den Himmel aus wie einen Schleier und breitet ihn aus wie ein Zelt, in dem man wohnt;

23 er gibt die Fürsten preis, dass sie nichts sind, und die Richter auf Erden macht er zunichte:

24 Kaum sind sie gepflanzt, kaum sind sie gesät, kaum hat ihr Stamm eine Wurzel in der Erde, da lässt er einen Wind unter sie wehen, dass sie verdorren, und ein Wirbelsturm führt sie weg wie Spreu.

25 Mit wem wollt ihr mich also vergleichen, dem ich gleich sei?, spricht der Heilige.

¶ **26** Hebt eure Augen in die Höhe und seht! Wer hat dies geschaffen? Er führt ihr Heer vollzählig heraus und ruft sie alle mit Namen; seine Macht und starke Kraft ist so groß, dass nicht eins von ihnen fehlt.

27 Warum sprichst du denn, Jakob, und du, Israel, sagst: »Mein Weg ist dem HERRN verborgen, und mein Recht geht vor meinem Gott vorüber«?

28 Weißt du nicht? Hast du nicht gehört? Der HERR, der ewige Gott, der die Enden der Erde geschaffen hat, wird nicht müde noch matt, sein Verstand ist unausforschlich.

29 Er gibt dem Müden Kraft, und Stärke genug dem Unvermögenden.

30 Männer werden müde und matt, und Jünglinge straucheln und fallen;

31 aber die auf den HERRN harren, kriegen neue Kraft, dass sie auffahren mit Flügeln wie Adler, dass sie laufen und nicht matt werden, dass sie wandeln und nicht müde werden.

22 It is he who sits above the circle of the earth,
  and its inhabitants are like grasshoppers;
who stretches out the heavens like a curtain,
  and spreads them like a tent to dwell in;

23 who brings princes to nothing,
  and makes the rulers of the earth as emptiness.

24 Scarcely are they planted, scarcely sown,
  scarcely has their stem taken root in the earth,
when he blows on them, and they wither,
  and the tempest carries them off like stubble.

25 To whom then will you compare me,
  that I should be like him? says the Holy One.

26 Lift up your eyes on high and see:
  who created these?
He who brings out their host by number,
  calling them all by name,
by the greatness of his might,
  and because he is strong in power
  not one is missing.

27 Why do you say, O Jacob,
  and speak, O Israel,
"My way is hidden from the LORD,
  and my right is disregarded by my God"?

28 Have you not known? Have you not heard?
  The LORD is the everlasting God,
  the Creator of the ends of the earth.
He does not faint or grow weary;
  his understanding is unsearchable.

29 He gives power to the faint,
  and to him who has no might he increases strength.

30 Even youths shall faint and be weary,
  and young men shall fall exhausted;

31 but they who wait for the LORD shall renew their strength;
  they shall mount up with wings like eagles;
they shall run and not be weary;
  they shall walk and not faint.

Der Gott Israels und die Götter der Völker

41 Die Inseln sollen vor mir schweigen und die Völker neue Kraft gewinnen! Sie sollen herzutreten und dann reden! Lasst uns miteinander rechten!

2 Wer lässt den von Osten her kommen, dem Heil auf dem Fuße folgt, vor dem er Völker und Könige dahingibt, dass er ihrer mächtig wird? Sein Schwert macht sie wie Staub und sein Bogen wie verwehte Spreu.

3 Er jagt ihnen nach und zieht unversehrt hindurch und berührt den Weg nicht mit seinen Füßen.

4 Wer tut und macht das? Wer ruft die Geschlechter von Anfang her? Ich bin's, der HERR, der Erste, und bei den Letzten noch derselbe.

5 Als die Inseln das sahen, fürchteten sie sich, und die Enden der Erde erschraken; sie nahten sich und kamen herzu.

¶ **6** Einer will dem andern helfen und spricht zu seinem Nächsten: Steh fest!

7 Der Meister nimmt den Goldschmied fest an die Hand, und sie machen mit dem Hammer das Blech glatt auf dem Amboss und sprechen: Das wird fein stehen!, und machen's fest mit Nägeln, dass es nicht wackeln soll.

Gott steht zu seinem erwählten Volk

8 Du aber, Israel, mein Knecht, Jakob, den ich erwählt habe, du Spross Abrahams, meines Geliebten,

9 den ich fest ergriffen habe von den Enden der Erde her und berufen von ihren Grenzen, zu dem ich sprach: Du sollst mein Knecht sein; ich erwähle dich und verwerfe dich nicht –,

10 fürchte dich nicht, ich bin mit dir; weiche nicht, denn ich bin dein Gott. Ich stärke dich, ich helfe dir auch, ich halte dich durch die rechte Hand meiner Gerechtigkeit.

¶ **11** Siehe, zu Spott und zuschanden sollen werden alle, die dich hassen; sie sollen werden wie nichts und die Leute, die mit dir hadern, sollen umkommen.

Fear Not, For I Am with You

41 Listen to me in silence, O coastlands; let the peoples renew their strength; let them approach, then let them speak; let us together draw near for judgment.

2 Who stirred up one from the east whom victory meets at every step?[1] He gives up nations before him, so that he tramples kings underfoot; he makes them like dust with his sword, like driven stubble with his bow.

3 He pursues them and passes on safely, by paths his feet have not trod.

4 Who has performed and done this, calling the generations from the beginning? I, the LORD, the first, and with the last; I am he.

5 The coastlands have seen and are afraid; the ends of the earth tremble; they have drawn near and come.

6 Everyone helps his neighbor and says to his brother, "Be strong!"

7 The craftsman strengthens the goldsmith, and he who smooths with the hammer him who strikes the anvil, saying of the soldering, "It is good"; and they strengthen it with nails so that it cannot be moved.

8 But you, Israel, my servant, Jacob, whom I have chosen, the offspring of Abraham, my friend;

9 you whom I took from the ends of the earth, and called from its farthest corners, saying to you, "You are my servant, I have chosen you and not cast you off";

10 fear not, for I am with you; be not dismayed, for I am your God; I will strengthen you, I will help you, I will uphold you with my righteous right hand.

11 Behold, all who are incensed against you shall be put to shame and confounded; those who strive against you shall be as nothing and shall perish.

12 Wenn du nach ihnen fragst, wirst du sie nicht finden. Die mit dir hadern, sollen werden wie nichts, und die wider dich streiten, sollen ein Ende haben.

13 Denn ich bin der HERR, dein Gott, der deine rechte Hand fasst und zu dir spricht: Fürchte dich nicht, ich helfe dir!

¶ **14** Fürchte dich nicht, du Würmlein Jakob, du armer Haufe Israel. Ich helfe dir, spricht der HERR, und dein Erlöser ist der Heilige Israels.

15 Siehe, ich habe dich zum scharfen, neuen Dreschwagen gemacht, der viele Zacken hat, dass du Berge zerdreschen und zermalmen sollst und Hügel wie Spreu machen.

16 Du sollst sie worfeln, dass der Wind sie wegführt und der Wirbelsturm sie verweht. Du aber wirst fröhlich sein über den HERRN und wirst dich rühmen des Heiligen Israels.

¶ **17** Die Elenden und Armen suchen Wasser und es ist nichts da, ihre Zunge verdorrt vor Durst. Aber ich, der HERR, will sie erhören; ich, der Gott Israels, will sie nicht verlassen.

18 Ich will Wasserbäche auf den Höhen öffnen und Quellen mitten auf den Feldern und will die Wüste zu Wasserstellen machen und das dürre Land zu Wasserquellen.

19 Ich will in der Wüste wachsen lassen Zedern, Akazien, Myrten und Ölbäume; ich will in der Steppe pflanzen miteinander Zypressen, Buchsbaum und Kiefern,

20 damit man zugleich sehe und erkenne und merke und verstehe: Des HERRN Hand hat dies getan, und der Heilige Israels hat es geschaffen.

Die Götter sollen ihre Macht beweisen

21 Bringt eure Sache vor, spricht der HERR; sagt an, womit ihr euch verteidigen wollt, spricht der König in Jakob.

12 You shall seek those who contend with you,
but you shall not find them;
those who war against you
shall be as nothing at all.

13 For I, the LORD your God,
hold your right hand;
it is I who say to you, "Fear not,
I am the one who helps you."

14 Fear not, you worm Jacob,
you men of Israel!
I am the one who helps you, declares the LORD;
your Redeemer is the Holy One of Israel.

15 Behold, I make of you a threshing sledge,
new, sharp, and having teeth;
you shall thresh the mountains and crush them,
and you shall make the hills like chaff;

16 you shall winnow them, and the wind shall carry them away,
and the tempest shall scatter them.
And you shall rejoice in the LORD;
in the Holy One of Israel you shall glory.

17 When the poor and needy seek water,
and there is none,
and their tongue is parched with thirst,
I the LORD will answer them;
I the God of Israel will not forsake them.

18 I will open rivers on the bare heights,
and fountains in the midst of the valleys.
I will make the wilderness a pool of water,
and the dry land springs of water.

19 I will put in the wilderness the cedar,
the acacia, the myrtle, and the olive.
I will set in the desert the cypress,
the plane and the pine together,

20 that they may see and know,
may consider and understand together,
that the hand of the LORD has done this,
the Holy One of Israel has created it.

The Futility of Idols

21 Set forth your case, says the LORD;
bring your proofs, says the King of Jacob.

22 Sie sollen herzutreten und uns verkündigen, was kommen wird. Verkündigt es doch, was früher geweissagt wurde, damit wir darauf achten! Oder lasst uns hören, was kommen wird, damit wir merken, dass es eintrifft!

23 Verkündigt uns, was hernach kommen wird, damit wir erkennen, dass ihr Götter seid! Wohlan, tut Gutes oder tut Schaden, damit wir uns verwundern und erschrecken!

24 Siehe, ihr seid nichts und euer Tun ist auch nichts, und euch erwählen ist ein Gräuel.

¶ **25** Von Norden habe ich einen kommen lassen und er ist gekommen, vom Aufgang der Sonne her den, der meinen Namen anruft. Er zerstampft die Gewaltigen wie Lehm und wie der Töpfer, der den Ton tritt.

26 Wer hat es von Anfang an verkündigt, dass wir's vernahmen? Wer hat es vorher geweissagt, dass wir sagen: Das ist recht! Aber da ist keiner, der es verkündigte, keiner, der etwas hören ließ, keiner, der von euch ein Wort hörte.

27 Ich bin der Erste, der zu Zion sagt: Siehe, da sind sie!, und Jerusalem gebe ich einen Freudenboten.

28 Schau ich mich um, da ist niemand, und seh ich sie an, da ist kein Ratgeber, dass ich sie fragen könnte und sie mir antworteten.

29 Siehe, sie sind alle nichts und nichtig sind ihre Werke; ihre Götzen sind leerer Wind.

Der Knecht Gottes das Licht der Welt

42 Siehe, das ist mein Knecht – ich halte ihn – und mein Auserwählter, an dem meine Seele Wohlgefallen hat. Ich habe ihm meinen Geist gegeben; er wird das Recht unter die Heiden bringen.

2 Er wird nicht schreien noch rufen, und seine Stimme wird man nicht hören auf den Gassen.

3 Das geknickte Rohr wird er nicht zerbrechen, und den glimmenden Docht wird er nicht auslöschen. In Treue trägt er das Recht hinaus.

22 Let them bring them, and tell us
   what is to happen.
Tell us the former things, what they are,
   that we may consider them,
that we may know their outcome;
   or declare to us the things to come.

23 Tell us what is to come hereafter,
   that we may know that you are gods;
do good, or do harm,
   that we may be dismayed and
     terrified.[2]

24 Behold, you are nothing,
   and your work is less than nothing;
an abomination is he who chooses
   you.

25 I stirred up one from the north, and he
   has come,
from the rising of the sun, and he shall
   call upon my name;
he shall trample on rulers as on mortar,
   as the potter treads clay.

26 Who declared it from the beginning,
   that we might know,
and beforehand, that we might say,
   "He is right"?
There was none who declared it, none
   who proclaimed,
none who heard your words.

27 I was the first to say[3] to Zion, "Behold,
   here they are!"
and I give to Jerusalem a herald of
   good news.

28 But when I look, there is no one;
   among these there is no counselor
who, when I ask, gives an answer.

29 Behold, they are all a delusion;
   their works are nothing;
   their metal images are empty wind.

The Lord's Chosen Servant

42 Behold my servant, whom I uphold,
   my chosen, in whom my soul delights;
I have put my Spirit upon him;
   he will bring forth justice to the
     nations.

2 He will not cry aloud or lift up his voice,
   or make it heard in the street;

3 a bruised reed he will not break,
   and a faintly burning wick he will not
     quench;
he will faithfully bring forth justice.

4 Er selbst wird nicht verlöschen und nicht zerbrechen, bis er auf Erden das Recht aufrichte; und die Inseln warten auf seine Weisung.

¶ 5 So spricht Gott, der HERR, der die Himmel schafft und ausbreitet, der die Erde macht und ihr Gewächs, der dem Volk auf ihr den Odem gibt und den Geist denen, die auf ihr gehen:

6 Ich, der HERR, habe dich gerufen in Gerechtigkeit und halte dich bei der Hand und behüte dich und mache dich zum Bund für das Volk, zum Licht der Heiden,

7 dass du die Augen der Blinden öffnen sollst und die Gefangenen aus dem Gefängnis führen und, die da sitzen in der Finsternis, aus dem Kerker.

¶ 8 Ich, der HERR, das ist mein Name, ich will meine Ehre keinem andern geben noch meinen Ruhm den Götzen.

9 Siehe, was ich früher verkündigt habe, ist gekommen. So verkündige ich auch Neues; ehe denn es aufgeht, lasse ich's euch hören.

Gott kommt zur Befreiung seines Volkes

10 Singet dem HERRN ein neues Lied, seinen Ruhm an den Enden der Erde, die ihr auf dem Meer fahrt, und was im Meer ist, ihr Inseln und die darauf wohnen!

11 Ruft laut, ihr Wüsten und die Städte darin samt den Dörfern, wo Kedar wohnt. Es sollen jauchzen, die in Felsen wohnen, und rufen von den Höhen der Berge!

12 Sie sollen dem HERRN die Ehre geben und seinen Ruhm auf den Inseln verkünden!

¶ 13 Der HERR zieht aus wie ein Held, wie ein Kriegsmann kommt er in Eifer; laut erhebt er das Kampfgeschrei, zieht wie ein Held wider seine Feinde.

4 He will not grow faint or be
    discouraged[1]
till he has established justice in the
    earth;
and the coastlands wait for his law.

5 Thus says God, the LORD,
    who created the heavens and stretched
      them out,
    who spread out the earth and what
      comes from it,
who gives breath to the people on it
    and spirit to those who walk in it:

6 "I am the LORD; I have called you in
    righteousness;
I will take you by the hand and keep
    you;
I will give you as a covenant for the
    people,
    a light for the nations,

7 to open the eyes that are blind,
to bring out the prisoners from the
    dungeon,
    from the prison those who sit in
      darkness.

8 I am the LORD; that is my name;
    my glory I give to no other,
    nor my praise to carved idols.

9 Behold, the former things have come to
    pass,
    and new things I now declare;
before they spring forth
    I tell you of them."

Sing to the LORD a New Song

10 Sing to the LORD a new song,
    his praise from the end of the earth,
you who go down to the sea, and all that
    fills it,
    the coastlands and their inhabitants.

11 Let the desert and its cities lift up their
    voice,
    the villages that Kedar inhabits;
let the habitants of Sela sing for joy,
    let them shout from the top of the
      mountains.

12 Let them give glory to the LORD,
    and declare his praise in the
      coastlands.

13 The LORD goes out like a mighty man,
    like a man of war he stirs up his zeal;
he cries out, he shouts aloud,
    he shows himself mighty against his
      foes.

14 Ich schwieg wohl eine lange Zeit, war still und hielt an mich. Nun aber will ich schreien wie eine Gebärende, ich will laut rufen und schreien.

15 Ich will Berge und Hügel zur Wüste machen und all ihr Gras verdorren lassen und will die Wasserströme zu Land machen und die Seen austrocknen.

16 Aber die Blinden will ich auf dem Wege leiten, den sie nicht wissen; ich will sie führen auf den Steigen, die sie nicht kennen. Ich will die Finsternis vor ihnen her zum Licht machen und das Höckerige zur Ebene. Das alles will ich tun und nicht davon lassen.

17 Aber die sich auf Götzen verlassen und sprechen zum gegossenen Bilde: »Ihr seid unsre Götter!«, die sollen zurückweichen und zuschanden werden.

¶ **18** Hört, ihr Tauben, und schaut her, ihr Blinden, dass ihr seht!

19 Wer ist so blind wie mein Knecht, und wer ist so taub wie mein Bote, den ich senden will? Wer ist so blind wie der Vertraute und so blind wie der Knecht des Herrn?

20 Du sahst wohl viel, aber du hast's nicht beachtet; deine Ohren waren offen, aber du hast nicht gehört.

21 Dem Herrn hat es gefallen um seiner Gerechtigkeit willen, dass er sein Gesetz herrlich und groß mache.

22 Dennoch ist es ein beraubtes und geplündertes Volk; sie sind alle gebunden in Gefängnissen und verschlossen in Kerkern. Sie sind zur Beute geworden und es ist kein Erretter da; sie sind geplündert und es ist niemand da, der sagt: Gib wieder her!

23 Wer ist unter euch, der das zu Ohren nimmt, der aufmerkt und es hört für künftige Zeiten?

¶ **24** Wer hat Jakob der Plünderung preisgegeben und Israel den Räubern? Hat es nicht der Herr getan, an dem wir gesündigt haben? Und sie wollten nicht auf seinen Wegen wandeln, und sie gehorchten seinen Weisungen nicht.

14 For a long time I have held my peace;
   I have kept still and restrained myself;
now I will cry out like a woman in labor;
   I will gasp and pant.

15 I will lay waste mountains and hills,
   and dry up all their vegetation;
I will turn the rivers into islands,[2]
   and dry up the pools.

16 And I will lead the blind
   in a way that they do not know,
in paths that they have not known
   I will guide them.
I will turn the darkness before them into light,
   the rough places into level ground.
These are the things I do,
   and I do not forsake them.

17 They are turned back and utterly put to shame,
   who trust in carved idols,
who say to metal images,
   "You are our gods."

Israel's Failure to Hear and See

18 Hear, you deaf,
   and look, you blind, that you may see!

19 Who is blind but my servant,
   or deaf as my messenger whom I send?
Who is blind as my dedicated one,[3]
   or blind as the servant of the Lord?

20 He sees many things, but does not observe them;
   his ears are open, but he does not hear.

21 The Lord was pleased, for his righteousness' sake,
   to magnify his law and make it glorious.

22 But this is a people plundered and looted;
   they are all of them trapped in holes
   and hidden in prisons;
they have become plunder with none to rescue,
   spoil with none to say, "Restore!"

23 Who among you will give ear to this,
   will attend and listen for the time to come?

24 Who gave up Jacob to the looter,
   and Israel to the plunderers?
Was it not the Lord, against whom we have sinned,
   in whose ways they would not walk,
   and whose law they would not obey?

25 Darum hat er über sie ausgeschüttet seinen grimmigen Zorn und den Schrecken des Krieges, dass er sie ringsumher versengte, aber sie merken's nicht, und sie in Brand steckte, aber sie nehmen's nicht zu Herzen.

Gott erlöst sein Volk

43 Und nun spricht der HERR, der dich geschaffen hat, Jakob, und dich gemacht hat, Israel: **Fürchte dich nicht, denn ich habe dich erlöst; ich habe dich bei deinem Namen gerufen; du bist mein!**

2 Wenn du durch Wasser gehst, will ich bei dir sein, dass dich die Ströme nicht ersäufen sollen; und wenn du ins Feuer gehst, sollst du nicht brennen, und die Flamme soll dich nicht versengen.

3 Denn ich bin der HERR, dein Gott, der Heilige Israels, dein Heiland. Ich habe Ägypten für dich als Lösegeld gegeben, Kusch und Seba an deiner statt,

4 weil du in meinen Augen so wert geachtet und auch herrlich bist und weil ich dich lieb habe. Ich gebe Menschen an deiner statt und Völker für dein Leben.

5 So fürchte dich nun nicht, denn ich bin bei dir. Ich will vom Osten deine Kinder bringen und dich vom Westen her sammeln,

6 ich will sagen zum Norden: Gib her!, und zum Süden: Halte nicht zurück! Bring her meine Söhne von ferne und meine Töchter vom Ende der Erde,

7 alle, die mit meinem Namen genannt sind, die ich zu meiner Ehre geschaffen und zubereitet und gemacht habe.

Israel Gottes Zeuge vor der Welt

8 Es soll hervortreten das blinde Volk, das doch Augen hat, und die Tauben, die doch Ohren haben!

9 Alle Heiden sollen zusammenkommen und die Völker sich versammeln. Wer ist unter ihnen, der dies verkündigen kann und uns hören lasse, was früher geweissagt wurde? Sie sollen ihre Zeugen aufstellen und beweisen, so wird man's hören und sagen: Es ist die Wahrheit.

25 So he poured on him the heat of his anger
and the might of battle;
it set him on fire all around, but he did not understand;
it burned him up, but he did not take it to heart.

Israel's Only Savior

43 But now thus says the LORD,
he who created you, O Jacob,
he who formed you, O Israel:
"Fear not, for I have redeemed you;
I have called you by name, you are mine.

2 When you pass through the waters, I will be with you;
and through the rivers, they shall not overwhelm you;
ᵖ when you walk through fire you shall not be burned,
and the flame shall not consume you.

3 For I am the LORD your God,
the Holy One of Israel, your Savior.
I give Egypt as your ransom,
Cush and Seba in exchange for you.

4 Because you are precious in my eyes,
and honored, and I love you,
I give men in return for you,
peoples in exchange for your life.

5 Fear not, for I am with you;
I will bring your offspring from the east,
and from the west I will gather you.

6 I will say to the north, Give up,
and to the south, Do not withhold;
bring my sons from afar
and ʷmy daughters from the end of the earth,

7 everyone who is called by my name,
whom I created for my glory,
whom I formed and made."

8 Bring out the people who are blind, yet have eyes,
who are deaf, yet have ears!

9 All the nations gather together,
and the peoples assemble.
Who among them can declare this,
and show us the former things?
Let them bring their witnesses to prove them right,
and let them hear and say, It is true.

¶ **10** Ihr seid meine Zeugen, spricht der Herr, und mein Knecht, den ich erwählt habe, damit ihr wisst und mir glaubt und erkennt, dass ich's bin. Vor mir ist kein Gott gemacht, so wird auch nach mir keiner sein.

11 Ich, ich bin der Herr, und außer mir ist kein Heiland.

12 Ich hab's verkündigt und habe auch geholfen und hab's euch sagen lassen; und es war kein fremder Gott unter euch. Ihr seid meine Zeugen, spricht der Herr, und ich bin Gott.

13 Ich bin, ehe denn ein Tag war, und niemand ist da, der aus meiner Hand erretten kann. Ich wirke; wer will's wenden?

Gott führt sein Volk aus Babel

14 So spricht der Herr, euer Erlöser, der Heilige Israels: Um euretwillen habe ich nach Babel geschickt und habe die Riegel eures Gefängnisses zerbrochen, und zur Klage wird der Jubel der Chaldäer.

15 Ich bin der Herr, euer Heiliger, der ich Israel geschaffen habe, euer König.

16 So spricht der Herr, der im Meer einen Weg und in starken Wassern Bahn macht,

17 der ausziehen lässt Wagen und Rosse, Heer und Macht, dass sie auf einem Haufen daliegen und nicht aufstehen, dass sie verlöschen, wie ein Docht verlischt:

¶ **18** Gedenkt nicht an das Frühere und achtet nicht auf das Vorige!

19 Denn siehe, ich will ein Neues schaffen, jetzt wächst es auf, erkennt ihr's denn nicht? Ich mache einen Weg in der Wüste und Wasserströme in der Einöde.

20 Das Wild des Feldes preist mich, die Schakale und Strauße; denn ich will in der Wüste Wasser und in der Einöde Ströme geben, zu tränken mein Volk, meine Auserwählten;

21 das Volk, das ich mir bereitet habe, soll meinen Ruhm verkündigen.

Gott tilgt Israels Sünde

22 Nicht, dass du mich gerufen hättest, Jakob, oder dass du dich um mich gemüht hättest, Israel.

10 "You are my witnesses," declares the Lord,
"and my servant whom I have chosen,
that you may know and believe me
and understand that I am he.
Before me no god was formed,
nor shall there be any after me.

11 I, I am the Lord,
and besides me there is no savior.

12 I declared and saved and proclaimed,
when there was no strange god among you;
and you are my witnesses," declares the Lord, "and I am God.

13 Also henceforth I am he;
there is none who can deliver from my hand;
I work, and who can turn it back?"

14 Thus says the Lord,
your Redeemer, the Holy One of Israel:
"For your sake I send to Babylon
and bring them all down as fugitives,
even the Chaldeans, in the ships in which they rejoice.

15 I am the Lord, your Holy One,
the Creator of Israel, your King."

16 Thus says the Lord,
who makes a way in the sea,
a path in the mighty waters,

17 who brings forth chariot and horse,
army and warrior;
they lie down, they cannot rise,
they are extinguished, quenched like a wick:

18 "Remember not the former things,
nor consider the things of old.

19 Behold, I am doing a new thing;
now it springs forth, do you not perceive it?
I will make a way in the wilderness
and rivers in the desert.

20 The wild beasts will honor me,
the jackals and the ostriches,
for I give water in the wilderness,
rivers in the desert,
to give drink to my chosen people,

21 the people whom I formed for myself
that they might declare my praise.

22 "Yet you did not call upon me, O Jacob;
but you have been weary of me, O Israel!

23 Mir hast du nicht die Schafe deines Brandopfers gebracht noch mich geehrt mit deinen Schlachtopfern. Ich habe dir nicht Arbeit gemacht mit Opfergaben, habe dich auch nicht bemüht mit Weihrauch.

24 Mir hast du nicht für Geld köstliches Gewürz gekauft, mich hast du mit dem Fett deiner Opfer nicht gelabt. Aber **mir hast du Arbeit gemacht mit deinen Sünden und hast mir Mühe gemacht mit deinen Missetaten.**

25 Ich, ich tilge deine Übertretungen um meinetwillen und gedenke deiner Sünden nicht.

¶ **26** Erinnere mich, lass uns miteinander rechten! Zähle alles auf, damit du recht bekommst!

27 Schon dein Ahnherr hat gesündigt, und deine Wortführer sind von mir abgefallen.

28 Darum habe ich die Fürsten des Heiligtums entheiligt und Jakob dem Bann übergeben und Israel dem Hohn.

Das wahre Israel

44 So höre nun, mein Knecht Jakob, und Israel, den ich erwählt habe!

2 So spricht der HERR, der dich gemacht und bereitet hat und der dir beisteht von Mutterleibe an: Fürchte dich nicht, mein Knecht Jakob, und du, Jeschurun, den ich erwählt habe!

3 Denn **ich will Wasser gießen auf das Durstige und Ströme auf das Dürre: ich will meinen Geist auf deine Kinder gießen und meinen Segen auf deine Nachkommen,**

4 dass sie wachsen sollen wie Gras zwischen Wassern, wie die Weiden an den Wasserbächen.

5 Dieser wird sagen »Ich bin des HERRN«, und jener wird genannt werden mit dem Namen »Jakob«. Und wieder ein anderer wird in seine Hand schreiben »Dem HERRN eigen« und wird mit dem Namen »Israel« genannt werden.

23 You have not brought me your sheep for
    burnt offerings,
  or honored me with your sacrifices.
I have not burdened you with offerings,
  or wearied you with frankincense.

24 You have not bought me sweet cane
    with money,
  or satisfied me with the fat of your
    sacrifices.
But you have burdened me with your
    sins;
  you have wearied me with your
    iniquities.

25 "I, I am he
  who blots out your transgressions for
    my own sake,
  and I will not remember your sins.

26 Put me in remembrance; let us argue
    together;
  set forth your case, that you may be
    proved right.

27 Your first father sinned,
  and your mediators transgressed
    against me.

28 Therefore I will profane the princes of
    the sanctuary,
  and deliver Jacob to utter destruction
  and Israel to reviling.

Israel the LORD's Chosen

44 "But now hear, O Jacob my servant,
  Israel whom I have chosen!

2 Thus says the LORD who made you,
  who formed you from the womb and
    will help you:
Fear not, O Jacob my servant,
  Jeshurun whom I have chosen.

3 For I will pour water on the thirsty land,
  and streams on the dry ground;
I will pour my Spirit upon your
    offspring,
  and my blessing on your descendants.

4 They shall spring up among the grass
  like willows by flowing streams.

5 This one will say, 'I am the LORD's,'
  another will call on the name of Jacob,
and another will write on his hand, 'The
    LORD's,'
  and name himself by the name of
    Israel."

Der lebendige Gott und die toten Götzen

6 So spricht der HERR, der König Israels, und sein Erlöser, der HERR Zebaoth: **Ich bin der Erste und ich bin der Letzte, und außer mir ist kein Gott.**

7 Und wer ist mir gleich? Er rufe und verkünde es und tue es mir dar! Wer hat vorzeiten kundgetan das Künftige? Sie sollen uns verkündigen, was kommen wird!

8 Fürchtet euch nicht und erschreckt nicht! Habe ich's dich nicht schon lange hören lassen und es dir verkündigt? Ihr seid doch meine Zeugen! Ist auch ein Gott außer mir? Es ist kein Fels, ich weiß ja keinen.

¶ **9** Die Götzenmacher sind alle nichtig; woran ihr Herz hängt, das ist nichts nütze. Und ihre Zeugen sehen nichts, merken auch nichts, damit sie zuschanden werden.

10 Wer sind sie, die einen Gott machen und einen Götzen gießen, der nichts nütze ist?

11 Siehe, alle ihre Genossen werden zuschanden; die Meister sind auch nur Menschen. Wenn sie auch alle zusammentreten, sollen sie dennoch erschrecken und zuschanden werden.

¶ **12** Der Schmied macht ein Messer in der Glut und formt es mit Hammerschlägen. Er arbeitet daran mit der ganzen Kraft seines Arms; dabei wird er hungrig, sodass er nicht mehr kann, und trinkt auch kein Wasser, sodass er matt wird.

13 Der Zimmermann spannt die Schnur und zeichnet mit dem Stift. Er behaut das Holz und zirkelt es ab und macht es wie eines Mannes Gestalt, wie einen schönen Menschen; in einem Hause soll es thronen.

14 Er haut Zedern ab und nimmt Kiefern und Eichen und wählt unter den Bäumen des Waldes. Er hatte Fichten gepflanzt und der Regen ließ sie wachsen.

15 Das gibt den Leuten Brennholz; davon nimmt er und wärmt sich; auch zündet er es an und bäckt Brot; aber daraus macht er auch einen Gott und betet's an; er macht einen Götzen daraus und kniet davor nieder.

16 Die eine Hälfte verbrennt er im Feuer, auf ihr brät er Fleisch und isst den Braten und sättigt sich, wärmt sich auch und spricht: Ah! Ich bin warm geworden, ich spüre das Feuer.

17 Aber die andere Hälfte macht er zum Gott, dass es sein Götze sei, vor dem er kniet und niederfällt und betet und spricht: Errette mich, denn du bist mein Gott!

Besides Me There Is No God

6 Thus says the LORD, the King of Israel
  and his Redeemer, the LORD of hosts:
"I am the first and I am the last;
  besides me there is no god.
7 Who is like me? Let him proclaim it.[1]
  Let him declare and set it before me,
since I appointed an ancient people.
  Let them declare what is to come, and
  what will happen.
8 Fear not, nor be afraid;
  have I not told you from of old and
  declared it?
And you are my witnesses!
  Is there a God besides me?
  There is no Rock; I know not any."

The Folly of Idolatry

¶ **9** All who fashion idols are nothing, and the things they delight in do not profit. Their witnesses neither see nor know, that they may be put to shame.

10 Who fashions a god or casts an idol that is profitable for nothing?

11 Behold, all his companions shall be put to shame, and the craftsmen are only human. Let them all assemble, let them stand forth. They shall be terrified; they shall be put to shame together.

¶ **12** The ironsmith takes a cutting tool and works it over the coals. He fashions it with hammers and works it with his strong arm. He becomes hungry, and his strength fails; he drinks no water and is faint.

13 The carpenter stretches a line; he marks it out with a pencil. He shapes it with planes and marks it with a compass. He shapes it into the figure of a man, with the beauty of a man, to dwell in a house.

14 He cuts down cedars, or he chooses a cypress tree or an oak and lets it grow strong among the trees of the forest. He plants a cedar and the rain nourishes it.

15 Then it becomes fuel for a man. He takes a part of it and warms himself; he kindles a fire and bakes bread. Also he makes a god and worships it; he makes it an idol and falls down before it.

16 Half of it he burns in the fire. Over the half he eats meat; he roasts it and is satisfied. Also he warms himself and says, "Aha, I am warm, I have seen the fire!"

17 And the rest of it he makes into a god, his idol, and falls down to it and worships it. He prays to it and says, "Deliver me, for you are my god!"

¶ **18** Sie wissen nichts und verstehen nichts; denn sie sind verblendet, dass ihre Augen nicht sehen und ihre Herzen nichts merken können.

19 Er kommt nicht zur Einsicht; keine Vernunft und kein Verstand ist da, dass er dächte: Ich habe die eine Hälfte mit Feuer verbrannt und hab auf den Kohlen Brot gebacken und Fleisch gebraten und gegessen, und sollte die andere Hälfte zum Götzen machen und sollte knien vor einem Klotz?

20 Wer Asche hütet, den hat sein Herz getäuscht und betört, sodass er sein Leben nicht erretten und nicht zu sich sagen wird: Ist das nicht Trug, woran meine Rechte sich hält?

Freude über die Erlösung

21 Gedenke daran, Jakob, und du, Israel, denn du bist mein Knecht. Ich habe dich bereitet, dass du mein Knecht seist. Israel, ich vergesse dich nicht!*

22 Ich tilge deine Missetat wie eine Wolke und deine Sünden wie den Nebel. Kehre dich zu mir, denn ich erlöse dich!

¶ **23** Jauchzet, ihr Himmel, denn der HERR hat's getan! Jubelt, ihr Tiefen der Erde! Ihr Berge, frohlocket mit Jauchzen, der Wald und alle Bäume darin! Denn der HERR hat Jakob erlöst und ist herrlich in Israel.

Kyrus als Werkzeug Gottes

24 So spricht der HERR, dein Erlöser, der dich von Mutterleibe bereitet hat: Ich bin der HERR, der alles schafft, der den Himmel ausbreitet allein und die Erde fest macht ohne Gehilfen;

25 der die Zeichen der Wahrsager zunichtemacht und die Weissager zu Narren; der die Weisen zurücktreibt und ihre Kunst zur Torheit macht;

26 der das Wort seiner Knechte wahr macht und den Ratschluss vollführt, den seine Boten verkündigt haben; der zu Jerusalem spricht: Werde bewohnt!, und zu den Städten Judas: Werdet wieder aufgebaut!, und ihre Trümmer richte ich auf;

27 der zu der Tiefe spricht: Versiege!, und deine Fluten trockne ich aus;

¶ **18** They know not, nor do they discern, for he has shut their eyes, so that they cannot see, and their hearts, so that they cannot understand.

19 No one considers, nor is there knowledge or discernment to say, "Half of it I burned in the fire; I also baked bread on its coals; I roasted meat and have eaten. And shall I make the rest of it an abomination? Shall I fall down before a block of wood?"

20 He feeds on ashes; a deluded heart has led him astray, and he cannot deliver himself or say, "Is there not a lie in my right hand?"

The LORD Redeems Israel

21 Remember these things, O Jacob,
　　and Israel, for you are my servant;
　I formed you; you are my servant;
　　O Israel, you will not be forgotten by
　　me.

22 I have blotted out your transgressions
　　like a cloud
　and your sins like mist;
　return to me, for I have redeemed you.

23 Sing, O heavens, for the LORD has done
　　it;
　shout, O depths of the earth;
　break forth into singing, O mountains,
　　O forest, and every tree in it!
　For the LORD has redeemed Jacob,
　　and will be glorified[2] in Israel.

24 Thus says the LORD, your Redeemer,
　　who formed you from the womb:
　"I am the LORD, who made all things,
　　who alone stretched out the heavens,
　　who spread out the earth by myself,

25 who frustrates the signs of liars
　　and makes fools of diviners,
　who turns wise men back
　　and makes their knowledge foolish,

26 who confirms the word of his servant
　　and fulfills the counsel of his
　　messengers,
　who says of Jerusalem, 'She shall be
　　inhabited,'
　and of the cities of Judah, 'They shall
　　be built,
　and I will raise up their ruins';

27 who says to the deep, 'Be dry;
　I will dry up your rivers';

28 der zu Kyrus sagt: Mein Hirte! Er soll all meinen Willen vollenden und sagen zu Jerusalem: Werde wieder gebaut!, und zum Tempel: Werde gegründet!

28 who says of Cyrus, 'He is my shepherd, and he shall fulfill all my purpose'; saying of Jerusalem, 'She shall be built,' and of the temple, 'Your foundation shall be laid.'"

Cyrus, God's Instrument

45 So spricht der HERR zu seinem Gesalbten, zu Kyrus, den ich bei seiner rechten Hand ergriff, dass ich Völker vor ihm unterwerfe und Königen das Schwert abgürte, damit vor ihm Türen geöffnet werden und Tore nicht verschlossen bleiben:

45 Thus says the LORD to his anointed, to Cyrus,
whose right hand I have grasped,
to subdue nations before him
and to loose the belts of kings,
to open doors before him
that gates may not be closed:

2 Ich will vor dir hergehen und das Bergland eben machen, ich will die ehernen Türen zerschlagen und die eisernen Riegel zerbrechen

2 "I will go before you
and level the exalted places,[1]
I will break in pieces the doors of bronze
and cut through the bars of iron,

3 und will dir heimliche Schätze geben und verborgene Kleinode, damit du erkennst, dass ich der HERR bin, der dich beim Namen ruft, der Gott Israels.

3 I will give you the treasures of darkness
and the hoards in secret places,
that you may know that it is I, the LORD,
the God of Israel, who call you by your name.

¶ **4** Um Jakobs, meines Knechts, und um Israels, meines Auserwählten, willen rief ich dich bei deinem Namen und gab dir Ehrennamen, obgleich du mich nicht kanntest.

4 For the sake of my servant Jacob,
and Israel my chosen,
I call you by your name,
I name you, though you do not know me.

5 Ich bin der HERR, und sonst keiner mehr, kein Gott ist außer mir. Ich habe dich gerüstet, obgleich du mich nicht kanntest,

5 I am the LORD, and there is no other,
besides me there is no God;
I equip you, though you do not know me,

6 damit man erfahre in Ost und West, dass außer mir nichts ist. Ich bin der HERR, und sonst keiner mehr,

6 that people may know, from the rising of the sun
and from the west, that there is none besides me;
I am the LORD, and there is no other.

7 der ich das Licht mache und schaffe die Finsternis, der ich Frieden gebe und schaffe Unheil. Ich bin der HERR, der dies alles tut.

7 I form light and create darkness,
I make well-being and create calamity,
I am the LORD, who does all these things.

¶ **8** Träufelt, ihr Himmel, von oben, und ihr Wolken, regnet Gerechtigkeit! Die Erde tue sich auf und bringe Heil, und Gerechtigkeit wachse mit auf! Ich, der HERR, habe es geschaffen.

8 "Shower, O heavens, from above,
and let the clouds rain down righteousness;
let the earth open, that salvation and
righteousness may bear fruit;
let the earth cause them both to sprout;
I the LORD have created it.

Gegen die Vermessenen in Israel

9 Weh dem, der mit seinem Schöpfer hadert, eine Scherbe unter irdenen Scherben! Spricht denn der Ton zu seinem Töpfer: Was machst du?, und sein Werk: Du hast keine Hände!

10 Weh dem, der zum Vater sagt: Warum zeugst du?, und zur Frau: Warum gebierst du?

¶ **11** So spricht der HERR, der Heilige Israels und sein Schöpfer: Wollt ihr mich zur Rede stellen wegen meiner Söhne? Und wollt ihr mir Befehl geben wegen des Werkes meiner Hände?

12 Ich habe die Erde gemacht und den Menschen auf ihr geschaffen. Ich bin's, dessen Hände den Himmel ausgebreitet haben und der seinem ganzen Heer geboten hat.

13 Ich habe ihn erweckt in Gerechtigkeit, und alle seine Wege will ich eben machen. Er soll meine Stadt wieder aufbauen und meine Gefangenen loslassen, nicht um Geld und nicht um Geschenke, spricht der HERR Zebaoth.

Verheißung der Herrlichkeit Gottes in aller Welt

14 So spricht der HERR: Der Ägypter Erwerb und der Kuschiter Gewinn und die hochgewachsenen Leute von Seba werden zu dir kommen und dein Eigen sein. Sie werden dir folgen, in Fesseln werden sie gehen und werden zu dir kommen und niederfallen und zu dir flehen: Nur bei dir ist Gott, und sonst ist kein Gott mehr.

15 Fürwahr, du bist ein verborgener Gott, du Gott Israels, der Heiland.

16 Aber die Götzenmacher sollen alle in Schmach und Schande geraten und miteinander schamrot einhergehen.

17 Israel aber wird erlöst durch den HERRN mit einer ewigen Erlösung und wird nicht zuschanden noch zu Spott immer und ewiglich.

9 "Woe to him who strives with him who formed him,
　　a pot among earthen pots!
Does the clay say to him who forms it,
　　'What are you making?'
　or 'Your work has no handles'?

10 Woe to him who says to a father, 'What are you begetting?'
　　or to a woman, 'With what are you in labor?' "

11 Thus says the LORD,
　　the Holy One of Israel, and the one who formed him:
"Ask me of things to come;
　　will you command me concerning my children and the work of my hands?[2]

12 I made the earth
　　and created man on it;
it was my hands that stretched out the heavens,
　　and I commanded all their host.

13 I have stirred him up in righteousness,
　　and I will make all his ways level;
he shall build my city
　　and set my exiles free,
not for price or reward,"
　　says the LORD of hosts.

The LORD, the Only Savior

14 Thus says the LORD:
"The wealth of Egypt and the merchandise of Cush,
　　and the Sabeans, men of stature,
shall come over to you and be yours;
　　they shall follow you;
　　they shall come over in chains and bow down to you.
They will plead with you, saying:
　　'Surely God is in you, and there is no other,
　　no god besides him.' "

15 Truly, you are a God who hides himself,
　　O God of Israel, the Savior.

16 All of them are put to shame and confounded;
　　the makers of idols go in confusion together.

17 But Israel is saved by the LORD
　　with everlasting salvation;
you shall not be put to shame or confounded
　　to all eternity.

¶ **18** Denn so spricht der HERR, der den Himmel geschaffen hat – er ist Gott; der die Erde bereitet und gemacht hat – er hat sie gegründet; er hat sie nicht geschaffen, dass sie leer sein soll, sondern sie bereitet, dass man auf ihr wohnen solle: Ich bin der HERR, und sonst keiner mehr.

19 Ich habe nicht im Verborgenen geredet an einem finstern Ort der Erde; ich habe nicht zu den Söhnen Jakobs gesagt: »Sucht mich vergeblich!« Denn ich bin der HERR, der von Gerechtigkeit redet und verkündigt, was recht ist.

¶ **20** Versammelt euch und kommt miteinander herzu, ihr Entronnenen der Heiden. Keine Erkenntnis haben, die sich abschleppen mit den Klötzen ihrer Götzen und zu einem Gott flehen, der nicht helfen kann.

21 Tut es kund, bringt es vor, beratet miteinander: Wer hat dies hören lassen von alters her und vorzeiten verkündigt? Hab ich's nicht getan, der HERR? Es ist sonst kein Gott außer mir, ein gerechter Gott und Heiland, und es ist keiner außer mir.

¶ **22** Wendet euch zu mir, so werdet ihr gerettet, aller Welt Enden; denn ich bin Gott, und sonst keiner mehr.

23 Ich habe bei mir selbst geschworen, und Gerechtigkeit ist ausgegangen aus meinem Munde, ein Wort, bei dem es bleiben soll: **Mir sollen sich alle Knie beugen und alle Zungen schwören**

24 und sagen: Im HERRN habe ich Gerechtigkeit und Stärke. Aber alle, die ihm widerstehen, werden zu ihm kommen und beschämt werden.

25 Im HERRN wird gerecht werden Israels ganzes Geschlecht und wird sich seiner rühmen.

Die hilflosen Götter und der helfende Gott

46 Bel bricht zusammen, Nebo ist gefallen, ihre Götzenbilder sind den Tieren und dem Vieh aufgeladen, dass sie sich müde tragen an dem, was eure Last war.

---

18 For thus says the LORD,
who created the heavens
　(he is God!),
who formed the earth and made it
　(he established it;
he did not create it empty,
　he formed it to be inhabited!):
"I am the LORD, and there is no other.

19 I did not speak in secret,
　in a land of darkness;
I did not say to the offspring of Jacob,
'Seek me in vain.'[3]
I the LORD speak the truth;
　I declare what is right.

20 "Assemble yourselves and come;
　draw near together,
　you survivors of the nations!
They have no knowledge
　who carry about their wooden idols,
and keep on praying to a god
　that cannot save.

21 Declare and present your case;
　let them take counsel together!
Who told this long ago?
　Who declared it of old?
Was it not I, the LORD?
　And there is no other god besides me,
a righteous God and a Savior;
　there is none besides me.

22 "Turn to me and be saved,
　all the ends of the earth!
For I am God, and there is no other.

23 By myself I have sworn;
　from my mouth has gone out in
　　righteousness
　a word that shall not return:
'To me every knee shall bow,
　every tongue shall swear allegiance.'[4]

24 "Only in the LORD, it shall be said of me,
　are righteousness and strength;
to him shall come and be ashamed
　all who were incensed against him.

25 In the LORD all the offspring of Israel
　shall be justified and shall glory."

The Idols of Babylon and the One True God

46 Bel bows down; Nebo stoops;
　their idols are on beasts and livestock;
these things you carry are borne
　as burdens on weary beasts.

2 Ja, sie können die Last nicht wegbringen. Die Götzen sind gefallen und alle zusammengebrochen und müssen in die Gefangenschaft gehen.

¶ **3** Hört mir zu, ihr vom Hause Jakob und alle, die ihr noch übrig seid vom Hause Israel, die ihr von mir getragen werdet von Mutterleibe an und vom Mutterschoße an mir aufgeladen seid:

4 Auch bis in euer Alter bin ich derselbe, und ich will euch tragen, bis ihr grau werdet. Ich habe es getan; ich will heben und tragen und erretten.

¶ **5** Wem wollt ihr mich gleichstellen, und mit wem vergleicht ihr mich? An wem messt ihr mich, dass ich ihm gleich sein soll?

6 Sie schütten das Gold aus dem Beutel und wiegen das Silber mit der Waage dar und dingen den Goldschmied, dass er einen Gott daraus mache, vor dem sie knien und anbeten.

7 Sie heben ihn auf die Schultern und tragen ihn und setzen ihn nieder an seine Stätte, dass er stehe und nicht von seinem Ort rücke. Schreit einer zu ihm, so antwortet er nicht und hilft ihm nicht aus seiner Not.

¶ **8** Gedenkt doch daran, ihr Abtrünnigen, und nehmt's zu Herzen!

9 Gedenkt des Vorigen, wie es von alters her war: Ich bin Gott, und sonst keiner mehr, ein Gott, dem nichts gleicht.

10 Ich habe von Anfang an verkündigt, was hernach kommen soll, und vorzeiten, was noch nicht geschehen ist. Ich sage: Was ich beschlossen habe, geschieht, und alles, was ich mir vorgenommen habe, das tue ich.

11 Ich rufe einen Adler vom Osten her, aus fernem Lande den Mann, der meinen Ratschluss ausführe. Wie ich's gesagt habe, so lasse ich's kommen; was ich geplant habe, das tue ich auch.

¶ **12** Hört mir zu, ihr trotzigen Herzen, die ihr ferne seid von der Gerechtigkeit!

13 Ich habe meine Gerechtigkeit nahe gebracht; sie ist nicht ferne und mein Heil säumt nicht. Ich will zu Zion das Heil geben und in Israel meine Herrlichkeit.

2 They stoop; they bow down together;
  they cannot save the burden,
  but themselves go into captivity.

3 "Listen to me, O house of Jacob,
  all the remnant of the house of Israel,
  who have been borne by me from before your birth,
  carried from the womb;

4 even to your old age I am he,
  and to gray hairs I will carry you.
  I have made, and I will bear;
  I will carry and will save.

5 "To whom will you liken me and make me equal,
  and compare me, that we may be alike?

6 Those who lavish gold from the purse,
  and weigh out silver in the scales,
  hire a goldsmith, and he makes it into a god;
  then they fall down and worship!

7 They lift it to their shoulders, they carry it,
  they set it in its place, and it stands there;
  it cannot move from its place.
  If one cries to it, it does not answer
  or save him from his trouble.

8 "Remember this and stand firm,
  recall it to mind, you transgressors,

9 remember the former things of old;
  for I am God, and there is no other;
  I am God, and there is none like me,

10 declaring the end from the beginning
  and from ancient times things not yet done,
  saying, 'My counsel shall stand,
  and I will accomplish all my purpose,'

11 calling a bird of prey from the east,
  the man of my counsel from a far country.
  I have spoken, and I will bring it to pass;
  I have purposed, and I will do it.

12 "Listen to me, you stubborn of heart,
  you who are far from righteousness:

13 I bring near my righteousness; it is not far off,
  and my salvation will not delay;
  I will put salvation in Zion,
  for Israel my glory."

Das Gericht über Babel

47 Herunter, Jungfrau, du Tochter Babel, setze dich in den Staub! Setze dich auf die Erde, wo kein Thron ist, du Tochter der Chaldäer. Man wird nicht mehr zu dir sagen: »Du Zarte und Verwöhnte«.

2 Nimm die Mühle und mahle Mehl, decke auf deinen Schleier! Hebe die Schleppe, entblöße den Schenkel, wate durchs Wasser,

3 dass deine Blöße aufgedeckt und deine Schande gesehen werde! Ich will mich rächen, unerbittlich,

4 spricht unser Erlöser; der heißt der HERR Zebaoth, der Heilige Israels.

¶ 5 Setze dich stumm hin, geh in die Finsternis, du Tochter der Chaldäer! Denn du sollst nicht mehr heißen »Herrin über Königreiche«.

6 Als ich über mein Volk zornig war und mein Erbe entheiligte, gab ich sie in deine Hand; aber du erwiesest ihnen keine Barmherzigkeit, auch über die Alten machtest du dein Joch allzu schwer.

7 Du dachtest: Ich bin eine Herrin für immer. Du hattest noch nicht zu Herzen genommen noch daran gedacht, wie es hernach werden könnte.

¶ 8 So höre nun dies, die du in Wollust lebst und so sicher sitzt und sprichst in deinem Herzen: »Ich bin's, und sonst keine; ich werde keine Witwe werden noch ohne Kinder sein«:

9 Dies beides wird plötzlich über dich kommen auf **einen** Tag, dass du Witwe und ohne Kinder bist. Ja, es wird in vollem Maße über dich kommen trotz der Menge deiner Zaubereien und trotz der großen Macht deiner Beschwörungen.

10 Denn du hast dich auf deine Bosheit verlassen, als du dachtest: Niemand sieht mich! Deine Weisheit und Kunst hat dich verleitet, dass du in deinem Herzen sprachst: Ich bin's, und sonst keine!

The Humiliation of Babylon

47 Come down and sit in the dust,
    O virgin daughter of Babylon;
sit on the ground without a throne,
    O daughter of the Chaldeans!
For you shall no more be called
    tender and delicate.

2 Take the millstones and grind flour,
    put off your veil,
strip off your robe, uncover your legs,
    pass through the rivers.

3 Your nakedness shall be uncovered,
    and your disgrace shall be seen.
I will take vengeance,
    and I will spare no one.

4 Our Redeemer—the LORD of hosts is his
        name—
    is the Holy One of Israel.

5 Sit in silence, and go into darkness,
    O daughter of the Chaldeans;
for you shall no more be called
    the mistress of kingdoms.

6 I was angry with my people;
    I profaned my heritage;
I gave them into your hand;
    you showed them no mercy;
on the aged you made your yoke
        exceedingly heavy.

7 You said, "I shall be mistress forever,"
    so that you did not lay these things to
        heart
    or remember their end.

8 Now therefore hear this, you lover of
        pleasures,
    who sit securely,
who say in your heart,
    "I am, and there is no one besides me;
I shall not sit as a widow
    or know the loss of children":

9 These two things shall come to you
    in a moment, in one day;
the loss of children and widowhood
    shall come upon you in full measure,
in spite of your many sorceries
    and the great power of your
        enchantments.

10 You felt secure in your wickedness,
    you said, "No one sees me";
your wisdom and your knowledge led
        you astray,
and you said in your heart,
    "I am, and there is no one besides me."

11 Aber nun wird über dich Unglück kommen, das du nicht wegzuzaubern weißt, und Unheil wird auf dich fallen, das du nicht durch Sühne abwenden kannst. Und es wird plötzlich ein Verderben über dich kommen, dessen du dich nicht versiehst.

¶ **12** So tritt nun auf mit deinen Beschwörungen und der Menge deiner Zaubereien, um die du dich von deiner Jugend auf bemüht hast, ob du dir helfen und es abwenden kannst.

13 Du hast dich müde gemacht mit der Menge deiner Pläne. Es sollen hertreten und dir helfen die Meister des Himmelslaufs und die Sterngucker, die an jedem Neumond kundtun, was über dich kommen werde!

14 Siehe, sie sind wie Stoppeln, die das Feuer verbrennt, sie können ihr Leben nicht erretten vor der Flamme Gewalt. Denn es wird nicht eine Glut sein, an der man sich wärmen, oder ein Feuer, um das man sitzen könnte.

15 So sind alle, um die du dich bemüht hast, die mit dir Handel trieben von deiner Jugend auf: ein jeder wird hierhin und dorthin wanken, und du hast keinen Retter.

Gnade für das abtrünnige Israel

48 Hört dies, ihr vom Hause Jakob, die ihr nach dem Namen Israels heißt und aus dem Wasser Judas gekommen seid; die ihr schwört bei dem Namen des Herrn und den Gott Israels bekennt, aber nicht in Wahrheit und Gerechtigkeit, –

2 sie nennen sich nach der heiligen Stadt und pochen auf den Gott Israels, der da heißt der Herr Zebaoth.

¶ **3** Ich habe vorzeiten verkündigt, was schon gekommen ist; aus meinem Munde ist es gekommen, und ich habe es sagen lassen. Ich tat es plötzlich und es kam.

11 But evil shall come upon you,
which you will not know how to
charm away;
disaster shall fall upon you,
for which you will not be able to atone;
and ruin shall come upon you suddenly,
of which you know nothing.

12 Stand fast in your enchantments
and your many sorceries,
with which you have labored from
your youth;
perhaps you may be able to succeed;
perhaps you may inspire terror.

13 You are wearied with your many
counsels;
let them stand forth and save you,
those who divide the heavens,
who gaze at the stars,
who at the new moons make known
what shall come upon you.

14 Behold, they are like stubble;
the fire consumes them;
they cannot deliver themselves
from the power of the flame.
No coal for warming oneself is this,
no fire to sit before!

15 Such to you are those with whom you
have labored,
who have done business with you
from your youth;
they wander about, each in his own
direction;
there is no one to save you.

Israel Refined for God's Glory

48 Hear this, O house of Jacob,
who are called by the name of Israel,
and who came from the waters of
Judah,
who swear by the name of the Lord
and confess the God of Israel,
but not in truth or right.

2 For they call themselves after the holy
city,
and stay themselves on the God of
Israel;
the Lord of hosts is his name.

3 "The former things I declared of old;
they went out from my mouth, and I
announced them;
then suddenly I did them, and they
came to pass.

4 Denn ich weiß, dass du hart bist und dein Nacken eine eiserne Sehne ist und deine Stirn ehern.

5 Darum habe ich dir's vorzeiten verkündigt und es dir sagen lassen, ehe es gekommen ist, damit du nicht sagen könntest: Mein Götze tat es, und mein Abgott, der geschnitzt und gegossen wurde, hat's befohlen.

¶ **6** Das alles hast du gehört und siehst es und verkündigst es doch nicht. Von nun an lasse ich dich Neues hören und Verborgenes, das du nicht wusstest.

7 Jetzt ist es geschaffen und nicht vorzeiten, und vorher hast du nicht davon gehört, auf dass du nicht sagen könntest: Siehe, das wusste ich schon.

8 Du hörtest es nicht und wusstest es auch nicht, und dein Ohr war damals nicht geöffnet. Ich aber wusste sehr wohl, dass du treulos bist und man dich nennt »Abtrünnig von Mutterleib an«.

¶ **9** Um meines Namens willen halte ich lange meinen Zorn zurück, und um meines Ruhmes willen bezähme ich mich dir zugut, damit du nicht ausgerottet wirst.

10 Siehe, ich habe dich geläutert, aber nicht wie Silber, sondern ich habe dich geprüft im Glutofen des Elends.

11 Um meinetwillen, ja, um meinetwillen will ich's tun, dass ich nicht gelästert werde; denn ich will meine Ehre keinem andern lassen.

Die Stunde der Erlösung Israels ist gekommen

12 Höre mir zu, Jakob, und du, Israel, den ich berufen habe: Ich bin's, ich bin der Erste und auch der Letzte.

13 Meine Hand hat die Erde gegründet, und meine Rechte hat den Himmel ausgespannt. Ich rufe und alles steht da.

4 Because I know that you are obstinate,
 and your neck is an iron sinew
 and your forehead brass,

5 I declared them to you from of old,
 before they came to pass I announced
   them to you,
 lest you should say, 'My idol did them,
 my carved image and my metal image
   commanded them.'

6 "You have heard; now see all this;
 and will you not declare it?
 From this time forth I announce to you
   new things,
 hidden things that you have not
   known.

7 They are created now, not long ago;
 before today you have never heard of
   them,
 lest you should say, 'Behold, I knew
   them.'

8 You have never heard, you have never
   known,
 from of old your ear has not been
   opened.
 For I knew that you would surely deal
   treacherously,
 and that from before birth you were
   called a rebel.

9 "For my name's sake I defer my anger,
 for the sake of my praise I restrain it
   for you,
 that I may not cut you off.

10 Behold, I have refined you, but not as
   silver;
 I have tried[1] you in the furnace of
   affliction.

11 For my own sake, for my own sake, I do
   it,
 for how should my name[2] be
   profaned?
 My glory I will not give to another.

The Lord's Call to Israel

12 "Listen to me, O Jacob,
 and Israel, whom I called!
 I am he; I am the first,
 and I am the last.

13 My hand laid the foundation of the
   earth,
 and my right hand � spread out the
   heavens;
 when I call to them,
 they stand forth together.

¶ 14 Versammelt euch alle und hört: Wer ist unter ihnen, der es verkündigt hat? Er, den der HERR liebt, wird seinen Willen an Babel beweisen und seinen Arm an den Chaldäern.

15 Ich, ja, ich habe es gesagt, ich habe ihn gerufen, ich habe ihn auch kommen lassen, und sein Weg soll ihm gelingen.

16 Tretet her zu mir und hört dies! Ich habe von Anfang an nicht im Verborgenen geredet; von der Zeit an, da es geschieht, bin ich auf dem Plan. – Und nun sendet mich Gott der HERR und sein Geist.

¶ 17 So spricht der HERR, dein Erlöser, der Heilige Israels: Ich bin der HERR, dein Gott, der dich lehrt, was dir hilft, und dich leitet auf dem Wege, den du gehst.

18 O dass du auf meine Gebote gemerkt hättest, so würde dein Friede sein wie ein Wasserstrom und deine Gerechtigkeit wie Meereswellen.

19 Deine Kinder würden zahlreich sein wie Sand und deine Nachkommen wie Sandkörner. Dein Name würde nicht ausgerottet und nicht vertilgt werden vor mir.

¶ 20 Geht heraus aus Babel, flieht von den Chaldäern! Mit fröhlichem Schall verkündigt dies und lasst es hören, tragt's hinaus bis an die Enden der Erde und sprecht: Der HERR hat seinen Knecht Jakob erlöst.

21 Sie litten keinen Durst, als er sie leitete in der Wüste. Er ließ ihnen Wasser aus dem Felsen fließen, er spaltete den Fels, dass Wasser herausrann.

---

14 "Assemble, all of you, and listen!
  Who among them has declared these things?
The LORD loves him;
  he shall perform his purpose on Babylon,
  and his arm shall be against the Chaldeans.

15 I, even I, have spoken and called him;
  I have brought him, and he will prosper in his way.

16 Draw near to me, hear this:
  from the beginning I have not spoken in secret,
  from the time it came to be I have been there."
And now the Lord GOD has sent me,
  and his Spirit.

17 Thus says the LORD,
  your Redeemer, the Holy One of Israel:
"I am the LORD your God,
  who teaches you to profit,
  who leads you in the way you should go.

18 Oh that you had paid attention to my commandments!
  Then your peace would have been like a river,
  and your righteousness like the waves of the sea;

19 your offspring would have been like the sand,
  and your descendants like its grains;
  their name would never be cut off
  or destroyed from before me."

20 Go out from Babylon, flee from Chaldea,
  declare this with a shout of joy, proclaim it,
  send it out to the end of the earth;
  say, "The LORD has redeemed his servant Jacob!"

21 They did not thirst when he led them through the deserts;
  he made water flow for them from the rock;
  he split the rock and the water gushed out.

22 Aber die Gottlosen, spricht der HERR, haben keinen Frieden.

Der Knecht Gottes das Heil Israels und das Licht der Heiden
(vgl. Kap 42,1-4)

49 Hört mir zu, ihr Inseln, und ihr Völker in der Ferne, merkt auf! Der HERR hat mich berufen von Mutterleibe an; er hat meines Namens gedacht, als ich noch im Schoß der Mutter war.

2 Er hat meinen Mund wie ein scharfes Schwert gemacht, mit dem Schatten seiner Hand hat er mich bedeckt. Er hat mich zum spitzen Pfeil gemacht und mich in seinem Köcher verwahrt.

3 Und er sprach zu mir: Du bist mein Knecht, Israel, durch den ich mich verherrlichen will.

4 Ich aber dachte, ich arbeitete vergeblich und verzehrte meine Kraft umsonst und unnütz, wiewohl mein Recht bei dem HERRN und mein Lohn bei meinem Gott ist.

¶ **5** Und nun spricht der HERR, der mich von Mutterleib an zu seinem Knecht bereitet hat, dass ich Jakob zu ihm zurückbringen soll und Israel zu ihm gesammelt werde, – darum bin ich vor dem HERRN wert geachtet und mein Gott ist meine Stärke –,

6 er spricht: Es ist zu wenig, dass du mein Knecht bist, die Stämme Jakobs aufzurichten und die Zerstreuten Israels wiederzubringen, sondern ich habe dich auch zum Licht der Heiden gemacht, dass du seist mein Heil bis an die Enden der Erde.

22 "There is no peace," says the LORD, "for the wicked."

The Servant of the LORD

49 Listen to me, O coastlands,
and give attention, you peoples from afar.
The LORD called me from the womb,
from the body of my mother he named my name.

2 He made my mouth like a sharp sword;
in the shadow of his hand he hid me;
he made me a polished arrow;
in his quiver he hid me away.

3 And he said to me, "You are my servant,
Israel, in whom I will be glorified."[1]

4 But I said, "I have labored in vain;
I have spent my strength for nothing and vanity;
yet surely my right is with the LORD,
and my recompense with my God."

5 And now the LORD says,
he who formed me from the womb to be his servant,
to bring Jacob back to him;
and that Israel might be gathered to him—
for I am honored in the eyes of the LORD,
and my God has become my strength—

6 he says:
"It is too light a thing that you should be my servant
to raise up the tribes of Jacob
and to bring back the preserved of Israel;
I will make you as a light for the nations,
that my salvation may reach to the end of the earth."

Die Wiederherstellung Israels

7 So spricht der HERR, der Erlöser Israels, sein Heiliger, zu dem, der verachtet ist von den Menschen und verabscheut von den Heiden, zu dem Knecht, der unter Tyrannen ist: Könige sollen sehen und aufstehen, und Fürsten sollen niederfallen um des HERRN willen, der treu ist, um des Heiligen Israels willen, der dich erwählt hat.

¶ **8** So spricht der HERR: Ich habe dich erhört zur Zeit der Gnade und habe dir am Tage des Heils geholfen und habe dich behütet und zum Bund für das Volk bestellt, dass du das Land aufrichtest und das verwüstete Erbe zuteilst,

9 zu sagen den Gefangenen: Geht heraus!, und zu denen in der Finsternis: Kommt hervor! Am Wege werden sie weiden und auf allen kahlen Höhen ihre Weide haben.

10 Sie werden weder hungern noch dürsten, sie wird weder Hitze noch Sonne stechen; denn ihr Erbarmer wird sie führen und sie an die Wasserquellen leiten.

11 Ich will alle meine Berge zum ebenen Wege machen, und meine Pfade sollen gebahnt sein.

12 Siehe, diese werden von ferne kommen, und siehe, jene vom Norden und diese vom Meer und jene vom Lande Sinim.

¶ **13** Jauchzet, ihr Himmel; freue dich, Erde! Lobet, ihr Berge, mit Jauchzen! Denn der HERR hat sein Volk getröstet und erbarmt sich seiner Elenden.

¶ **14** Zion aber sprach: Der HERR hat mich verlassen, der Herr hat meiner vergessen.

7 Thus says the LORD,
  the Redeemer of Israel and his Holy One,
to one deeply despised, abhorred by the nation,
  the servant of rulers:
"Kings shall see and arise;
  princes, and they shall prostrate themselves;
because of the LORD, who is faithful,
  the Holy One of Israel, who has chosen you."

The Restoration of Israel

8 Thus says the LORD:
"In a time of favor I have answered you;
  in a day of salvation I have helped you;
I will keep you and give you
  as a covenant to the people,
to establish the land,
  to apportion the desolate heritages,

9 saying to the prisoners, 'Come out,'
  to those who are in darkness, 'Appear.'
They shall feed along the ways;
  on all bare heights shall be their pasture;

10 they shall not hunger or thirst,
  neither scorching wind nor sun shall strike them,
for he who has pity on them will lead them,
  and by springs of water will guide them.

11 And I will make all my mountains a road,
  and my highways shall be raised up.

12 Behold, these shall come from afar,
  and behold, these from the north and from the west,[2]
  and these from the land of Syene."[3]

13 Sing for joy, O heavens, and exult, O earth;
  break forth, O mountains, into singing!
For the LORD has comforted his people
  and will have compassion on his afflicted.

14 But Zion said, "The LORD has forsaken me;
  my Lord has forgotten me."

15 Kann auch eine Frau ihr Kindlein vergessen, dass sie sich nicht erbarme über den Sohn ihres Leibes? Und ob sie seiner vergäße, so will ich doch deiner nicht vergessen.

16 Siehe, in die Hände habe ich dich gezeichnet; deine Mauern sind immerdar vor mir.

17 Deine Erbauer eilen herbei, aber die dich zerbrochen und zerstört haben, werden sich davonmachen.

¶ **18** Hebe deine Augen auf und sieh umher: Diese alle sind versammelt und kommen zu dir. So wahr ich lebe, spricht der HERR: Du sollst mit diesen allen wie mit einem Schmuck angetan werden und wirst sie als Gürtel um dich legen, wie eine Braut es tut.

19 Denn dein wüstes, zerstörtes und verheertes Land wird dir alsdann zu eng werden, um darin zu wohnen, und deine Verderber werden vor dir weichen,

20 sodass deine Söhne, du Kinderlose, noch sagen werden vor deinen Ohren: Der Raum ist mir zu eng; mach mir Platz, dass ich wohnen kann.

21 Du aber wirst sagen in deinem Herzen: Wer hat mir diese geboren? Ich war unfruchtbar, einsam, vertrieben und verstoßen. Wer hat mir diese aufgezogen? Siehe, ich war allein gelassen – wo waren denn diese?

¶ **22** So spricht Gott der HERR: Siehe, ich will meine Hand zu den Heiden hin erheben und für die Völker mein Banner aufrichten. Dann werden sie deine Söhne in den Armen herbringen und deine Töchter auf der Schulter hertragen.

23 Und Könige sollen deine Pfleger und ihre Fürstinnen deine Ammen sein. Sie werden vor dir niederfallen zur Erde aufs Angesicht und deiner Füße Staub lecken. Da wirst du erfahren, dass ich der HERR bin, an dem nicht zuschanden werden, die auf mich harren.

15 "Can a woman forget her nursing child,
　　　that she should have no compassion
　　　　　on the son of her womb?
　　Even these may forget,
　　　yet I will not forget you.

16 Behold, I have engraved you on the
　　　palms of my hands;
　　your walls are continually before me.

17 Your builders make haste;[4]
　　　your destroyers and those who laid
　　　　　you waste go out from you.

18 Lift up your eyes around and see;
　　　they all gather, they come to you.
　　As I live, declares the LORD,
　　　you shall put them all on as an
　　　　　ornament;
　　you shall bind them on as a bride
　　　does.

19 "Surely your waste and your desolate
　　　places
　　　and your devastated land—
　　surely now you will be too narrow for
　　　your inhabitants,
　　and those who swallowed you up will
　　　be far away.

20 The children of your bereavement
　　　will yet say in your ears:
　　'The place is too narrow for me;
　　　make room for me to dwell in.'

21 Then you will say in your heart:
　　'Who has borne me these?
　　I was bereaved and barren,
　　　exiled and put away,
　　but who has brought up these?
　　Behold, I was left alone;
　　　from where have these come?'"

22 Thus says the Lord GOD:
　　"Behold, I will lift up my hand to the
　　　nations,
　　　and raise my signal to the peoples;
　　and they shall bring your sons in their
　　　bosom,
　　and your daughters shall be carried on
　　　their shoulders.

23 Kings shall be your foster fathers,
　　　and their queens your nursing
　　　　　mothers.
　　With their faces to the ground they shall
　　　bow down to you,
　　　and lick the dust of your feet.
　　Then you will know that I am the LORD;
　　　those who wait for me shall not be put
　　　　　to shame."

¶ **24** Kann man auch einem Starken den Raub wegnehmen? Oder kann man einem Gewaltigen seine Gefangenen entreißen?

25 So aber spricht der HERR: Nun sollen die Gefangenen dem Starken weggenommen werden, und der Raub soll dem Gewaltigen entrissen werden. Ich selbst will deinen Gegnern entgegentreten und deinen Söhnen helfen.

26 Und ich will deine Schinder sättigen mit ihrem eigenen Fleisch, und sie sollen von ihrem eigenen Blut wie von süßem Wein trunken werden. Und alles Fleisch soll erfahren, dass ich, der HERR, dein Heiland bin und dein Erlöser, der Mächtige Jakobs.

Die Schuld liegt beim Volk

50 So spricht der HERR: Wo ist der Scheidebrief eurer Mutter, mit dem ich sie entlassen hätte? Oder wer ist mein Gläubiger, dem ich euch verkauft hätte? Siehe, ihr seid um eurer Sünden willen verkauft, und eure Mutter ist um eurer Abtrünnigkeit willen entlassen.

2 Warum kam ich und niemand war da? Warum rief ich und niemand antwortete? Ist mein Arm nun so kurz geworden, dass er nicht mehr erlösen kann? Oder ist bei mir keine Kraft mehr, zu erretten? Siehe, mit meinem Schelten mache ich das Meer trocken und die Wasserströme zur Wüste, dass ihre Fische vor Mangel an Wasser stinken und vor Durst sterben.

3 Ich kleide den Himmel mit Dunkel und hülle ihn in Trauer.

Der Knecht Gottes im Leiden
(vgl. Kap 42,1-4)

4 Gott der HERR hat mir eine Zunge gegeben, wie sie Jünger haben, dass ich wisse, mit den Müden zu rechter Zeit zu reden. Alle Morgen weckt er mir das Ohr, dass ich höre, wie Jünger hören.

5 Gott der HERR hat mir das Ohr geöffnet. Und ich bin nicht ungehorsam und weiche nicht zurück.

24 Can the prey be taken from the mighty, or the captives of a tyrant[5] be rescued?

25 For thus says the LORD:
"Even the captives of the mighty shall be taken,
and the prey of the tyrant shall be rescued,
for I will contend with those who contend with you,
and I will save your children.
26 I will make your oppressors eat their own flesh,
and they shall be drunk with their own blood as with wine.
Then all flesh shall know
that I am the LORD your Savior,
and your Redeemer, the Mighty One of Jacob."

Israel's Sin and the Servant's Obedience

50 Thus says the LORD:
"Where is your mother's certificate of divorce,
with which I sent her away?
Or which of my creditors is it
to whom I have sold you?
Behold, for your iniquities you were sold,
and for your transgressions your mother was sent away.
2 Why, when I came, was there no man;
why, when I called, was there no one to answer?
Is my hand shortened, that it cannot redeem?
Or have I no power to deliver?
Behold, by my rebuke I dry up the sea,
I make the rivers a desert;
their fish stink for lack of water
and die of thirst.
3 I clothe the heavens with blackness
and make sackcloth their covering."

4 The Lord GOD has given me
the tongue of those who are taught,
that I may know how to sustain with a word
him who is weary.
Morning by morning he awakens;
he awakens my ear
to hear as those who are taught.
5 The Lord GOD has opened my ear,
and I was not rebellious;
I turned not backward.

6 Ich bot meinen Rücken dar denen, die mich schlugen, und meine Wangen denen, die mich rauften. Mein Angesicht verbarg ich nicht vor Schmach und Speichel.

¶ **7** Aber Gott der HERR hilft mir, darum werde ich nicht zuschanden. Darum hab ich mein Angesicht hart gemacht wie einen Kieselstein; denn ich weiß, dass ich nicht zuschanden werde.

8 Er ist nahe, der mich gerecht spricht; wer will mit mir rechten? Lasst uns zusammen vortreten! Wer will mein Recht anfechten? Der komme her zu mir!

9 Siehe, Gott der HERR hilft mir; wer will mich verdammen? Siehe, sie alle werden wie Kleider zerfallen, die die Motten fressen.

¶ **10** Wer ist unter euch, der den HERRN fürchtet, der der Stimme seines Knechts gehorcht, der im Finstern wandelt und dem kein Licht scheint? Der hoffe auf den Namen des HERRN und verlasse sich auf seinen Gott!

11 Siehe, ihr alle, die ihr ein Feuer anzündet und Brandpfeile zurüstet, geht hin in die Glut eures Feuers und in die Brandpfeile, die ihr angezündet habt! Das widerfährt euch von meiner Hand; in Schmerzen sollt ihr liegen.

Gottes ewiges Heil für Israel

51 Hört mir zu, die ihr der Gerechtigkeit nachjagt, die ihr den HERRN sucht: Schaut den Fels an, aus dem ihr gehauen seid, und des Brunnens Schacht, aus dem ihr gegraben seid.

2 Schaut Abraham an, euren Vater, und Sara, von der ihr geboren seid. Denn als einen Einzelnen berief ich ihn, um ihn zu segnen und zu mehren.

3 Ja, der HERR tröstet Zion, er tröstet alle ihre Trümmer und macht ihre Wüste wie Eden und ihr dürres Land wie den Garten des HERRN, dass man Wonne und Freude darin findet, Dank und Lobgesang.

---

6 I gave my back to those who strike,
　　and my cheeks to those who pull out
　　　the beard;
　I hid not my face
　　from disgrace and spitting.

7 But the Lord GOD helps me;
　　therefore I have not been disgraced;
　therefore I have set my face like a flint,
　　and I know that I shall not be put to
　　　shame.

8 He who vindicates me is near.
　　Who will contend with me?
　Let us stand up together.
　Who is my adversary?
　　Let him come near to me.

9 Behold, the Lord GOD helps me;
　　who will declare me guilty?
　Behold, all of them will wear out like a
　　　garment;
　　the moth will eat them up.

10 Who among you fears the LORD
　　and obeys the voice of his servant?
　Let him who walks in darkness
　　and has no light
　trust in the name of the LORD
　　and rely on his God.

11 Behold, all you who kindle a fire,
　　who equip yourselves with burning
　　　torches!
　Walk by the light of your fire,
　　and by the torches that you have
　　　kindled!
　This you have from my hand:
　　you shall lie down in torment.

The LORD's Comfort for Zion

51 "Listen to me, you who pursue
　　righteousness,
　　you who seek the LORD:
　look to the rock from which you were
　　　hewn,
　　and to the quarry from which you
　　　were dug.

2 Look to Abraham your father
　　and to Sarah who bore you;
　for he was but one when I called him,
　　that I might bless him and multiply
　　　him.

3 For the LORD comforts Zion;
　　he comforts all her waste places
　and makes her wilderness like Eden,
　　her desert like the garden of the LORD;
　joy and gladness will be found in her,
　　thanksgiving and the voice of song.

¶ **4** Merkt auf mich, ihr Völker, und ihr Menschen, hört mir zu! Denn Weisung wird von mir ausgehen, und mein Recht will ich gar bald zum Licht der Völker machen.

5 Denn meine Gerechtigkeit ist nahe, mein Heil tritt hervor, und meine Arme werden die Völker richten. Die Inseln harren auf mich und warten auf meinen Arm.

6 Hebt eure Augen auf gen Himmel und schaut unten auf die Erde! Denn der Himmel wird wie ein Rauch vergehen und die Erde wie ein Kleid zerfallen, und die darauf wohnen, werden wie Mücken dahinsterben. Aber mein Heil bleibt ewiglich, und meine Gerechtigkeit wird nicht zerbrechen.

¶ **7** Hört mir zu, die ihr die Gerechtigkeit kennt, du Volk, in dessen Herzen mein Gesetz ist! Fürchtet euch nicht, wenn euch die Leute schmähen, und entsetzt euch nicht, wenn sie euch verhöhnen!

8 Denn die Motten werden sie fressen wie ein Kleid, und Würmer werden sie fressen wie ein wollenes Tuch. Aber meine Gerechtigkeit bleibt ewiglich und mein Heil für und für.

Der Herr greift ein mit Macht und Trost

9 Wach auf, wach auf, zieh Macht an, du Arm des HERRN! Wach auf, wie vor alters zu Anbeginn der Welt! Warst du es nicht, der Rahab zerhauen und den Drachen durchbohrt hat?

10 Warst du es nicht, der das Meer austrocknete, die Wasser der großen Tiefe, der den Grund des Meeres zum Wege machte, dass die Erlösten hindurchgingen?

11 So werden die Erlösten des HERRN heimkehren und nach Zion kommen mit Jauchzen, und ewige Freude wird auf ihrem Haupte sein. Wonne und Freude werden sie ergreifen, aber Trauern und Seufzen wird von ihnen fliehen.

¶ **12** Ich, ich bin euer Tröster! Wer bist du denn, dass du dich vor Menschen gefürchtet hast, die doch sterben, und vor Menschenkindern, die wie Gras vergehen,

4 "Give attention to me, my people,
  and give ear to me, my nation;
for a law[1] will go out from me,
  and I will set my justice for a light to
    the peoples.

5 My righteousness draws near,
  my salvation has gone out,
  and my arms will judge the peoples;
the coastlands hope for me,
  and for my arm they wait.

6 Lift up your eyes to the heavens,
  and look at the earth beneath;
for the heavens vanish like smoke,
  the earth will wear out like a garment,
  and they who dwell in it will die in
    like manner;[2]
but my salvation will be forever,
  and my righteousness will never be
    dismayed.

7 "Listen to me, you who know
    righteousness,
  the people in whose heart is my law;
fear not the reproach of man,
  nor be dismayed at their revilings.

8 For the moth will eat them up like a
    garment,
  and the worm will eat them like wool;
but my righteousness will be forever,
  and my salvation to all generations."

9 Awake, awake, put on strength,
  O arm of the LORD;
awake, as in days of old,
  the generations of long ago.
Was it not you who cut Rahab in pieces,
  who pierced the dragon?

10 Was it not you who dried up the sea,
  the waters of the great deep,
who made the depths of the sea a way
  for the redeemed to pass over?

11 And the ransomed of the LORD shall
    return
  and come to Zion with singing;
everlasting joy shall be upon their heads;
  they shall obtain gladness and joy,
  and sorrow and sighing shall flee
    away.

12 "I, I am he who comforts you;
  who are you that you are afraid of man
    who dies,
  of the son of man who is made like
    grass,

13 und hast des HERRN vergessen, der dich gemacht hat, der den Himmel ausgebreitet und die Erde gegründet hat, und hast dich ständig gefürchtet den ganzen Tag vor dem Grimm des Bedrängers, als er sich vornahm, dich zu verderben? Wo ist nun der Grimm des Bedrängers?

14 Der Gefangene wird eilends losgegeben, dass er nicht sterbe und begraben werde und dass er keinen Mangel an Brot habe.

15 Denn ich bin der HERR, dein Gott, der das Meer erregt, dass seine Wellen wüten – sein Name heißt HERR Zebaoth –;

16 ich habe mein Wort in deinen Mund gelegt und habe dich unter dem Schatten meiner Hände geborgen, auf dass ich den Himmel von Neuem ausbreite und die Erde gründe und zu Zion spreche: Du bist mein Volk.

Weckruf Gottes an das erniedrigte Jerusalem

17 Werde wach, werde wach, steh auf, Jerusalem, die du getrunken hast von der Hand des HERRN den Kelch seines Grimmes! Den Taumelkelch hast du ausgetrunken, den Becher geleert.

18 Es war niemand von allen Söhnen, die sie geboren hat, der sie leitete, niemand von allen Söhnen, die sie erzogen hat, der sie bei der Hand nahm.

19 Dies beides ist dir begegnet – wer trug Leid um dich? –: Verwüstung und Schaden, Hunger und Schwert; – wer hat dich getröstet?

20 Deine Söhne lagen auf allen Gassen verschmachtet wie ein Hirsch im Netz, getroffen vom Zorn des HERRN und vom Schelten deines Gottes.

¶ **21** Darum höre dies, du Elende, die du trunken bist, doch nicht von Wein!

13 and have forgotten the LORD, your Maker,
who stretched out the heavens
and laid the foundations of the earth,
and you fear continually all the day
because of the wrath of the oppressor,
when he sets himself to destroy?
And where is the wrath of [h]the oppressor?

14 He who is bowed down shall speedily be released;
he shall not die and go down to the pit,
neither shall his bread be lacking.

15 I am the LORD your God,
who stirs up the sea so that its waves roar—
the LORD of hosts is his name.

16 And I have put my words in your mouth
and covered you in the shadow of my hand,
establishing[3] the heavens
and laying the foundations of the earth,
and saying to Zion, 'You are my people.'"

17 Wake yourself, wake yourself,
stand up, O Jerusalem,
you who have drunk from the hand of the LORD
the cup of his wrath,
who have drunk to the dregs
the bowl, the cup of staggering.

18 There is none to guide her
among all the sons she has borne;
there is none to take her by the hand
among all the sons she has brought up.

19 These two things have happened to you—
who will console you?—
devastation and destruction, famine and sword;
who will comfort you?[i]

20 Your sons have fainted;
they lie at the head of every street
like an antelope in a net;
they are full of the wrath of the LORD,
the rebuke of your God.

21 Therefore hear this, you who are afflicted,
who are drunk, but not with wine:

22 So spricht dein Herrscher, der HERR, und dein Gott, der die Sache seines Volks führt: Siehe, ich nehme den Taumelkelch aus deiner Hand, den Becher meines Grimmes. Du sollst ihn nicht mehr trinken,

23 sondern ich will ihn deinen Peinigern in die Hand geben, die zu dir sprachen: Wirf dich nieder, dass wir darüber hin gehen! Und du machtest deinen Rücken dem Erdboden gleich und wie eine Gasse, dass man darüber hin laufe.

Gott ruft sein Volk in die Freiheit

52 Wach auf, wach auf, Zion, zieh an deine Stärke! Schmücke dich herrlich, Jerusalem, du heilige Stadt! Denn es wird hinfort kein Unbeschnittener oder Unreiner zu dir hineingehen.

2 Schüttle den Staub ab, steh auf, Jerusalem, du Gefangene! Mach dich los von den Fesseln deines Halses, du gefangene Tochter Zion!

3 Denn so spricht der HERR: Ihr seid umsonst verkauft, ihr sollt auch ohne Geld ausgelöst werden.

4 So spricht Gott der HERR: Mein Volk zog einst hinab nach Ägypten, dass es dort ein Fremdling wäre; auch Assur hat ihm ohne Grund Gewalt angetan.

5 Aber nun, was habe ich hier zu schaffen?, spricht der HERR. Mein Volk ist umsonst weggeführt; seine Tyrannen prahlen, spricht der HERR, und mein Name wird immer den ganzen Tag gelästert.

6 Darum soll an jenem Tag mein Volk meinen Namen erkennen, dass ich es bin, der da spricht: Hier bin ich!

Die frohe Botschaft

7 Wie lieblich sind auf den Bergen die Füße der Freudenboten, die da Frieden verkündigen, Gutes predigen, Heil verkündigen, die da sagen zu Zion: Dein Gott ist König!

22 Thus says your Lord, the LORD,
　　your God who pleads the cause of his
　　　　people:
"Behold, I have taken from your hand the
　　　　cup of staggering;
　　the bowl of my wrath you shall drink no
　　　　more;

23 and I will put it into the hand of your
　　　　tormentors,
　　who have said to you,
'Bow down, that we may pass over';
　　and you have made your back like the
　　　　ground
　　　　and like the street for them to pass
　　　　　　over."

The LORD's Coming Salvation

52 Awake, awake,
　　put on your strength, O Zion;
　　put on your beautiful garments,
　　　　O Jerusalem, the holy city;
　　for there shall no more come into you
　　　　the uncircumcised and the unclean.

2 Shake yourself from the dust and arise;
　　be seated, O Jerusalem;
　　loose the bonds from your neck,
　　　　O captive daughter of Zion.

3 For thus says the LORD: "You were sold for nothing, and you shall be redeemed without money."

4 For thus says the Lord GOD: "My people went down at the first into Egypt to sojourn there, and the Assyrian oppressed them for nothing.

5 Now therefore what have I here," declares the LORD, "seeing that my people are taken away for nothing? Their rulers wail," declares the LORD, "and continually all the day my name is despised.

6 Therefore my people shall know my name. Therefore in that day they shall know that it is I who speak; here am I."

7 How beautiful upon the mountains
　　are the feet of him who brings good
　　　　news,
　　who publishes peace, who brings good
　　　　news of happiness,
　　who publishes salvation,
　　who says to Zion, "Your God reigns."

8 Deine Wächter rufen mit lauter Stimme und rühmen miteinander; denn alle Augen werden es sehen, wenn der Herr nach Zion zurückkehrt.

¶ **9** Seid fröhlich und rühmt miteinander, ihr Trümmer Jerusalems; denn der Herr hat sein Volk getröstet und Jerusalem erlöst.

10 Der Herr hat offenbart seinen heiligen Arm vor den Augen aller Völker, dass aller Welt Enden sehen das Heil unsres Gottes.

¶ **11** Weicht, weicht, zieht aus von dort und rührt nichts Unreines an! Geht weg aus ihrer Mitte, reinigt euch, die ihr des Herrn Geräte tragt!

12 Denn ihr sollt nicht in Eile ausziehen und in Hast entfliehen; denn der Herr wird vor euch herziehen und der Gott Israels euren Zug beschließen.

Das stellvertretende Leiden und die Herrlichkeit des Knechtes Gottes
(vgl. Kap 42,1-4)

13 Siehe, meinem Knecht wird's gelingen, er wird erhöht und sehr hoch erhaben sein.

14 Wie sich viele über ihn entsetzten, weil seine Gestalt hässlicher war als die anderer Leute und sein Aussehen als das der Menschenkinder,

15 so wird er viele Heiden besprengen*, dass auch Könige werden ihren Mund vor ihm zuhalten. Denn denen nichts davon verkündet ist, die werden es nun sehen, und die nichts davon gehört haben, die werden es merken.

53 Aber wer glaubt dem, was uns verkündet wurde, und wem ist der Arm des Herrn offenbart?

2 Er schoss auf vor ihm wie ein Reis und wie eine Wurzel aus dürrem Erdreich. Er hatte keine Gestalt und Hoheit. Wir sahen ihn, aber da war keine Gestalt, die uns gefallen hätte.

8 The voice of your watchmen—they lift up their voice;
together they sing for joy;
for eye to eye they see
the return of the Lord to Zion.

9 Break forth together into singing,
you waste places of Jerusalem,
for the Lord has comforted his people;
he has redeemed Jerusalem.

10 The Lord has bared his holy arm
before the eyes of all the nations,
and all the ends of the earth shall see
the salvation of our God.

11 Depart, depart, go out from there;
touch no unclean thing;
go out from the midst of her; purify yourselves,
you who bear the vessels of the Lord.

12 For you shall not go out in haste,
and you shall not go in flight,
for the Lord will go before you,
and the God of Israel will be your rear guard.

He Was Wounded for Our Transgressions

13 Behold, my servant shall act wisely;[1]
he shall be high and lifted up,
and shall be exalted.

14 As many were astonished at you—
his appearance was so marred, beyond human semblance,
and his form beyond that of the children of mankind—

15 so shall he sprinkle[2] many nations;
kings shall shut their mouths because of him;
for that which has not been told them they see,
and that which they have not heard they understand.

53 Who has believed what he has heard from us?[1]
And to whom has the arm of the Lord been revealed?

2 For he grew up before him like a young plant,
and like a root out of dry ground;
he had no form or majesty that we should look at him,
and no beauty that we should desire him.

3 Er war der Allerverachtetste und Unwerteste, voller Schmerzen und Krankheit. Er war so verachtet, dass man das Angesicht vor ihm verbarg; darum haben wir ihn für nichts geachtet.

¶ **4** Fürwahr, er trug unsre Krankheit und lud auf sich unsre Schmerzen. Wir aber hielten ihn für den, der geplagt und von Gott geschlagen und gemartert wäre.

5 Aber er ist um unsrer Missetat willen verwundet und um unsrer Sünde willen zerschlagen. Die Strafe liegt auf ihm, auf dass wir Frieden hätten, und durch seine Wunden sind wir geheilt.

¶ **6** Wir gingen alle in die Irre wie Schafe, ein jeder sah auf seinen Weg. Aber der HERR warf unser aller Sünde auf ihn.

7 Als er gemartert ward, litt er doch willig und tat seinen Mund nicht auf wie ein Lamm, das zur Schlachtbank geführt wird; und wie ein Schaf, das verstummt vor seinem Scherer, tat er seinen Mund nicht auf.

¶ **8** Er ist aus Angst und Gericht hinweggenommen. Wer aber kann sein Geschick ermessen? Denn er ist aus dem Lande der Lebendigen weggerissen, da er für die Missetat meines Volks geplagt war.

9 Und man gab ihm sein Grab bei Gottlosen und bei Übeltätern, als er gestorben war, wiewohl er niemand Unrecht getan hat und kein Betrug in seinem Munde gewesen ist.

10 So wollte ihn der HERR zerschlagen mit Krankheit.
¶ Wenn er sein Leben zum Schuldopfer gegeben hat, wird er Nachkommen haben und in die Länge leben, und des HERRN Plan wird durch seine Hand gelingen.

3 He was despised and rejected[2] by men; a man of sorrows,[3] and acquainted with[4] grief;[5] and as one from whom men hide their faces[6] he was despised, and we esteemed him not.

4 Surely he has borne our griefs and carried our sorrows; yet we esteemed him stricken, smitten by God, and afflicted.

5 But he was wounded for our transgressions; he was crushed for our iniquities; upon him was the chastisement that brought us peace, and with his stripes we are healed.

6 All we like sheep have gone astray; we have turned—every one—to his own way; and the LORD has laid on him the iniquity of us all.

7 He was oppressed, and he was afflicted, yet he opened not his mouth; like a lamb that is led to the slaughter, and like a sheep that before its shearers is silent, so he opened not his mouth.

8 By oppression and judgment he was taken away; and as for his generation, who considered that he was cut off out of the land of the living, stricken for the transgression of my people?

9 And they made his grave with the wicked and with a rich man in his death, although he had done no violence, and there was no deceit in his mouth.

10 Yet it was the will of the LORD to crush him; he has put him to grief;[7] when his soul makes[8] an offering for guilt, he shall see his offspring; he shall prolong his days; the will of the LORD shall prosper in his hand.

11 Weil seine Seele sich abgemüht hat, wird er das Licht schauen und die Fülle haben. Und durch seine Erkenntnis wird er, mein Knecht, der Gerechte, den Vielen Gerechtigkeit schaffen; denn er trägt ihre Sünden.

12 Darum will ich ihm die Vielen zur Beute geben und er soll die Starken zum Raube haben, dafür dass er sein Leben in den Tod gegeben hat und den Übeltätern gleichgerechnet ist und er die Sünde der Vielen getragen hat und für die Übeltäter gebeten.

Gott verheißt seinem Volk eine neue Gnadenzeit

54 Rühme, du Unfruchtbare, die du nicht geboren hast! Freue dich mit Rühmen und jauchze, die du nicht schwanger warst! Denn die Einsame hat mehr Kinder als die den Mann hat, spricht der HERR.

2 Mache den Raum deines Zeltes weit und breite aus die Decken deiner Wohnstatt; spare nicht! Spann deine Seile lang und stecke deine Pflöcke fest!

3 Denn du wirst dich ausbreiten zur Rechten und zur Linken, und deine Nachkommen werden Völker beerben und verwüstete Städte neu bewohnen.

¶ **4** Fürchte dich nicht, denn du sollst nicht zuschanden werden; schäme dich nicht, denn du sollst nicht zum Spott werden, sondern du wirst die Schande deiner Jugend vergessen und der Schmach deiner Witwenschaft nicht mehr gedenken.

5 Denn der dich gemacht hat, ist dein Mann – HERR Zebaoth heißt sein Name –, und dein Erlöser ist der Heilige Israels, der aller Welt Gott genannt wird.

6 Denn der HERR hat dich zu sich gerufen wie eine verlassene und von Herzen betrübte Frau; und die Frau der Jugendzeit, wie könnte sie verstoßen bleiben!, spricht dein Gott.

11 Out of the anguish of his soul he shall see[9] and be satisfied;
　by his knowledge shall the righteous one, my servant,
　　make many to be accounted righteous,
　　and he shall bear their iniquities.

12 Therefore I will divide him a portion with the many,[10]
　and he shall divide the spoil with the strong,[11]
because he poured out his soul to death
　and was numbered with the transgressors;
yet he bore the sin of many,
　and makes intercession for the transgressors.

The Eternal Covenant of Peace

54 "Sing, O barren one, who did not bear;
　break forth into singing and cry aloud,
　you who have not been in labor!
For the children of the desolate one will be more
　than the children of her who is married," says the LORD.

2 "Enlarge the place of your tent,
　and let the curtains of your habitations be stretched out;
　do not hold back; lengthen your cords
　and strengthen your stakes.

3 For you will spread abroad to the right and to the left,
　and your offspring will possess the nations
　and will people the desolate cities.

4 "Fear not, for you will not be ashamed;
　be not confounded, for you will not be disgraced;
　for you will forget the shame of your youth,
　and the reproach of your widowhood you will remember no more.

5 For your Maker is your husband,
　the LORD of hosts is his name;
　and the Holy One of Israel is your Redeemer,
　the God of the whole earth he is called.

6 For the LORD has called you
　like a wife deserted and grieved in spirit,
　like a wife of youth when she is cast off,
　says your God.

7 Ich habe dich einen kleinen Augenblick verlassen, aber mit großer Barmherzigkeit will ich dich sammeln.

8 Ich habe mein Angesicht im Augenblick des Zorns ein wenig vor dir verborgen, aber mit ewiger Gnade will ich mich deiner erbarmen, spricht der Herr, dein Erlöser.

¶ **9** Ich halte es wie zur Zeit Noahs, als ich schwor, dass die Wasser Noahs nicht mehr über die Erde gehen sollten. So habe ich geschworen, dass ich nicht mehr über dich zürnen und dich nicht mehr schelten will.

10 Denn es sollen wohl Berge weichen und Hügel hinfallen, aber meine Gnade soll nicht von dir weichen, und der Bund meines Friedens soll nicht hinfallen, spricht der Herr, dein Erbarmer.

¶ **11** Du Elende, über die alle Wetter gehen, die keinen Trost fand! Siehe, ich will deine Mauern auf Edelsteine stellen und will deinen Grund mit Saphiren legen

12 und deine Zinnen aus Kristallen machen und deine Tore von Rubinen und alle deine Grenzen von erlesenen Steinen.

13 Und alle deine Söhne sind Jünger des Herrn, und großen Frieden haben deine Söhne.

¶ **14** Du sollst auf Gerechtigkeit gegründet sein. Du wirst ferne sein von Bedrückung, denn du brauchst dich nicht zu fürchten, und von Schrecken, denn er soll dir nicht nahen.

15 Siehe, wenn man kämpft, dann kommt es nicht von mir; wer gegen dich streitet, wird im Kampf gegen dich fallen.

16 Siehe, ich habe den Schmied geschaffen, der die Kohlen im Feuer anbläst und Waffen macht nach seinem Handwerk; und ich habe auch den Verderber geschaffen, um zu vernichten.

7 For a brief moment I deserted you,
but with great compassion I will
gather you.

8 In overflowing anger for a moment
I hid my face from you,
but with everlasting love I will have
compassion on you,"
says the Lord, your Redeemer.

9 "This is like the days of Noah[1] to me:
as I swore that the waters of Noah
should no more go over the earth,
so I have sworn that I will not be angry
with you,
and will not rebuke you.

10 For the mountains may depart
and the hills be removed,
but my steadfast love shall not depart
from you,
and my covenant of peace shall not be
removed,"
says the Lord, who has compassion on
you.

11 "O afflicted one, storm-tossed and not
comforted,
behold, I will set your stones in
antimony,
and lay your foundations with
sapphires.[2]

12 I will make your pinnacles of agate,[3]
your gates of carbuncles,[4]
and all your wall of precious stones.

13 All your children shall be taught by the
Lord,
and great shall be the peace of your
children.

14 In righteousness you shall be
established;
you shall be far from oppression, for
you shall not fear;
and from terror, for it shall not come
near you.

15 If anyone stirs up strife,
it is not from me;
whoever stirs up strife with you
shall fall because of you.

16 Behold, I have created the smith
who blows the fire of coals
and produces a weapon for its
purpose.
I have also created the ravager to
destroy;

17 Keiner Waffe, die gegen dich bereitet wird, soll es gelingen, und jede Zunge, die sich gegen dich erhebt, sollst du im Gericht schuldig sprechen. Das ist das Erbteil der Knechte des HERRN, und ihre Gerechtigkeit kommt von mir, spricht der HERR.

Einladung zum Gnadenbunde Gottes

55 Wohlan, alle, die ihr durstig seid, kommt her zum Wasser! Und die ihr kein Geld habt, kommt her, kauft und esst! Kommt her und kauft ohne Geld und umsonst Wein und Milch!

2 Warum zählt ihr Geld dar für das, was kein Brot ist, und sauren Verdienst für das, was nicht satt macht? Hört doch auf mich, so werdet ihr Gutes essen und euch am Köstlichen laben.

3 Neigt eure Ohren her und kommt her zu mir! Höret, so werdet ihr leben! Ich will mit euch einen ewigen Bund schließen, euch die beständigen Gnaden Davids zu geben.

4 Siehe, ich habe ihn den Völkern zum Zeugen bestellt, zum Fürsten für sie und zum Gebieter.

5 Siehe, du wirst Heiden rufen, die du nicht kennst, und Heiden, die dich nicht kennen, werden zu dir laufen um des HERRN willen, deines Gottes, und des Heiligen Israels, der dich herrlich gemacht hat.

Gottes wunderbarer Weg

6 Suchet den HERRN, solange er zu finden ist; ruft ihn an, solange er nahe ist.

7 Der Gottlose lasse von seinem Wege und der Übeltäter von seinen Gedanken und bekehre sich zum HERRN, so wird er sich seiner erbarmen, und zu unserm Gott, denn bei ihm ist viel Vergebung.

8 Denn **meine Gedanken sind nicht eure Gedanken, und eure Wege sind nicht meine Wege,** spricht der HERR,

The Compassion of the LORD

55 "Come, everyone who thirsts,
　　come to the waters;
and he who has no money,
　　come, buy and eat!
Come, buy wine and milk
　　without money and without price.

2 Why do you spend your money for that
　　which is not bread,
and your labor for that which does not
　　satisfy?
Listen diligently to me, and eat what is
　　good,
and delight yourselves in rich food.

3 Incline your ear, and come to me;
　　hear, that your soul may live;
and I will make with you an everlasting
　　covenant,
　　my steadfast, sure love for David.

4 Behold, I made him a witness to the
　　peoples,
a leader and commander for the
　　peoples.

5 Behold, you shall call a nation that you
　　do not know,
and a nation that did not know you
　　shall run to you,
because of the LORD your God, and of
　　the Holy One of Israel,
for he has glorified you.

6 "Seek the LORD while he may be found;
　　call upon him while he is near;

7 let the wicked forsake his way,
　　and the unrighteous man his
　　　thoughts;
let him return to the LORD, that he may
　　have compassion on him,
and to our God, for he will abundantly
　　pardon.

8 For my thoughts are not your thoughts,
　　neither are your ways my ways,
　　　declares the LORD.

9 sondern so viel der Himmel höher ist als die Erde, so sind auch meine Wege höher als eure Wege und meine Gedanken als eure Gedanken.

¶ **10** Denn gleichwie der Regen und Schnee vom Himmel fällt und nicht wieder dahin zurückkehrt, sondern feuchtet die Erde und macht sie fruchtbar und lässt wachsen, dass sie gibt Samen zu säen und Brot zu essen,

11 so soll das Wort, das aus meinem Munde geht, auch sein: Es wird nicht wieder leer zu mir zurückkommen, sondern wird tun, was mir gefällt, und ihm wird gelingen, wozu ich es sende.

¶ **12** Denn ihr sollt in Freuden ausziehen und im Frieden geleitet werden. Berge und Hügel sollen vor euch her frohlocken mit Jauchzen und alle Bäume auf dem Felde in die Hände klatschen.

13 Es sollen Zypressen statt Dornen wachsen und Myrten statt Nesseln. Und dem HERRN soll es zum Ruhm geschehen und zum ewigen Zeichen, das nicht vergehen wird.

Die Gemeinde Gottes wächst über ihre Grenzen

56 So spricht der HERR: Wahrt das Recht und übt Gerechtigkeit; denn mein Heil ist nahe, dass es komme, und meine Gerechtigkeit, dass sie offenbart werde.

2 Wohl dem Menschen, der dies tut, und dem Menschenkind, das daran festhält, das den Sabbat hält und nicht entheiligt und seine Hand hütet, nichts Arges zu tun!

¶ **3** Und der Fremde, der sich dem HERRN zugewandt hat, soll nicht sagen: Der HERR wird mich getrennt halten von seinem Volk. Und der Verschnittene soll nicht sagen: Siehe, ich bin ein dürrer Baum.

4 Denn so spricht der HERR: Den Verschnittenen, die meine Sabbate halten und erwählen, was mir wohlgefällt, und an meinem Bund festhalten,

9 For as the heavens are higher than the earth,
so are my ways higher than your ways
and my thoughts than your thoughts.

10 "For as the rain and the snow come down from heaven
and do not return there but water the earth,
making it bring forth and sprout,
giving seed to the sower and bread to the eater,

11 so shall my word be that goes out from my mouth;
it shall not return to me empty,
but it shall accomplish that which I purpose,
and shall succeed in the thing for which I sent it.

12 "For you shall go out in joy
and be led forth in peace;
the mountains and the hills before you
shall break forth into singing,
and all the trees of the field shall clap their hands.

13 Instead of the thorn shall come up the cypress;
instead of the brier shall come up the myrtle;
and it shall make a name for the LORD,
an everlasting sign that shall not be cut off."

Salvation for Foreigners

56 Thus says the LORD:
"Keep justice, and do righteousness,
for soon my salvation will come,
and my deliverance be revealed.

2 Blessed is the man who does this,
and the son of man who holds it fast,
who keeps the Sabbath, not profaning it,
and keeps his hand from doing any evil."

3 Let not the foreigner who has joined himself to the LORD say,
"The LORD will surely separate me from his people";
and let not the eunuch say,
"Behold, I am a dry tree."

4 For thus says the LORD:
"To the eunuchs who keep my Sabbaths,
who choose the things that please me
and hold fast my covenant,

5 denen will ich in meinem Hause und in meinen Mauern ein Denkmal und einen Namen geben; das ist besser als Söhne und Töchter. Einen ewigen Namen will ich ihnen geben, der nicht vergehen soll.

6 Und die Fremden, die sich dem HERRN zugewandt haben, ihm zu dienen und seinen Namen zu lieben, damit sie seine Knechte seien, alle, die den Sabbat halten, dass sie ihn nicht entheiligen, und die an meinem Bund festhalten,

7 die will ich zu meinem heiligen Berge bringen und will sie erfreuen in meinem Bethaus, und ihre Brandopfer und Schlachtopfer sollen mir wohlgefällig sein auf meinem Altar; denn mein Haus wird ein Bethaus heißen für alle Völker.

8 Gott der HERR, der die Versprengten Israels sammelt, spricht: Ich will noch mehr zu der Zahl derer, die versammelt sind, sammeln.

Klage über die Hirten des Volkes

9 Ihr Tiere alle auf dem Felde, kommt und fresst, ihr Tiere alle im Walde!

10 Alle ihre Wächter sind blind, sie wissen alle nichts. Stumme Hunde sind sie, die nicht bellen können, sie liegen und jappen und schlafen gerne.

11 Aber es sind gierige Hunde, die nie satt werden können. Das sind die Hirten, die keinen Verstand haben; ein jeder sieht auf seinen Weg, alle sind auf ihren Gewinn aus und sagen:

12 Kommt her, ich will Wein holen, wir wollen uns vollsaufen, und es soll morgen sein wie heute und noch viel herrlicher!

Das Geschick der Frommen und der Gottlosen

57 Der Gerechte ist umgekommen und niemand ist da, der es zu Herzen nimmt, und fromme Leute sind hingerafft und niemand achtet darauf. Ja, der Gerechte ist weggerafft durch die Bosheit

5 I will give in my house and within my walls
a monument and a name
better than sons and daughters;
I will give them an everlasting name
that shall not be cut off.

6 "And the foreigners who join themselves to the LORD,
to minister to him, to love the name of the LORD,
and to be his servants,
everyone who keeps the Sabbath and does not profane it,
and holds fast my covenant—

7 these I will bring to my holy mountain,
and make them joyful in my house of prayer;
their burnt offerings and their sacrifices will be accepted on my altar;
for my house shall be called a house of prayer
for all peoples."

8 The Lord GOD,
who gathers the outcasts of Israel,
declares,
"I will gather yet others to him
besides those already gathered."

Israel's Irresponsible Leaders

9 All you beasts of the field, come to devour—
all you beasts in the forest.

10 His watchmen are blind;
they are all without knowledge;
they are all silent dogs;
they cannot bark,
dreaming, lying down,
loving to slumber.

11 The dogs have a mighty appetite;
they never have enough.
But they are shepherds who have no understanding;
they have all turned to their own way,
each to his own gain, one and all.

12 "Come," they say, "let me get wine;
let us fill ourselves with strong drink;
and tomorrow will be like this day,
great beyond measure."

Israel's Futile Idolatry

57 The righteous man perishes,
and no one lays it to heart;
devout men are taken away,
while no one understands.
For the righteous man is taken away
from calamity;

2 und geht zum Frieden ein. Es ruhen auf ihren Lagern, die recht gewandelt sind.

¶ **3** Ihr aber, tretet herzu, ihr Söhne der Zauberin, ihr Kinder des Ehebrechers und der Hure!

4 Mit wem wollt ihr euren Spott treiben? Über wen wollt ihr das Maul aufsperren und die Zunge herausstrecken? Seid ihr nicht abtrünnige Kinder, ein verkehrtes Geschlecht,

5 die ihr bei den Götzeneichen in Brunst geratet, unter allen grünen Bäumen, und die Kinder opfert in den Tälern unter den Felsklippen?

6 Bei den glatten Steinen im Tal ist dein Teil, sie sind dein Los. Ihnen hast du dein Trankopfer ausgeschüttet, hast du Speisopfer geopfert. Deshalb kann ich mein Urteil nicht ändern.

7 Du machtest dein Lager auf hohem, erhabenem Berg und gingst dort hinauf zu opfern.

8 Und hinter die Tür und den Pfosten setztest du dein Denkzeichen. Denn du hast dich von mir abgewandt und aufgedeckt dein Lager, es bestiegen und weit gemacht. Du hast dich mit ihnen verbunden, liebtest ihr Lager und buhltest mit ihnen.

9 Du bist mit Öl zum König gezogen und mit viel köstlicher Salbe und hast deine Boten in die Ferne gesandt und tief hinab bis zum Totenreich.

10 Du hast dich abgemüht mit der Menge deiner Wege und sprachst nicht: Das lasse ich; sondern du fandest ja noch Leben in deinen Gliedern, so wurdest du dessen nicht müde.

¶ **11** Wen hast du gescheut und gefürchtet, dass du treulos wurdest und nicht an mich dachtest und es nicht zu Herzen nahmst? Ist es nicht so: Weil ich schwieg und mich verbarg, hast du mich nicht gefürchtet?

---

2 he enters into peace;
  they rest in their beds
  who walk in their uprightness.

3 But you, draw near,
  sons of the sorceress,
  offspring of the adulterer and the loose woman.

4 Whom are you mocking?
  Against whom do you open your mouth wide
  and stick out your tongue?
Are you not children of transgression,
  the offspring of deceit,

5 you who burn with lust among the oaks,[1]
  under every green tree,
who slaughter your children in the valleys,
  under the clefts of the rocks?

6 Among the smooth stones of the valley is your portion;
  they, they, are your lot;
to them you have poured out a drink offering,
  you have brought a grain offering.
Shall I relent for these things?

7 On a high and lofty mountain
  you have set your bed,
and there you went up to offer sacrifice.

8 Behind the door and the doorpost
  you have set up your memorial;
for, deserting me, you have uncovered your bed,
  you have gone up to it,
  you have made it wide;
and you have made a covenant for yourself with them,
  you have loved their bed,
  you have looked on nakedness.[2]

9 You journeyed to the king with oil
  and multiplied your perfumes;
you sent your envoys far off,
  and sent down even to Sheol.

10 You were wearied with the length of your way,
  but you did not say, "It is hopeless";
you found new life for your strength,
  and so you were not faint.[3]

11 Whom did you dread and fear,
  so that you lied,
and did not remember me,
  did not lay it to heart?
Have I not held my peace, even for a long time,
  and you do not fear me?

12 Ich will aber deine Gerechtigkeit kundtun und deine Werke, dass sie dir nichts nütze sind.

13 Wenn du rufen wirst, so sollen dir deine vielen Götzen helfen. Aber der Wind wird sie alle wegführen, und ein Hauch wird sie wegnehmen. Doch wer auf mich traut, wird das Land erben und meinen heiligen Berg besitzen.

Gott will seinem Volke Heil geben

14 Und er spricht: Machet Bahn, machet Bahn! Bereitet den Weg, räumt die Anstöße aus dem Weg meines Volks!

15 Denn so spricht der Hohe und Erhabene, der ewig wohnt, dessen Name heilig ist: Ich wohne in der Höhe und im Heiligtum und bei denen, die zerschlagenen und demütigen Geistes sind, auf dass ich erquicke den Geist der Gedemütigten und das Herz der Zerschlagenen.

16 Denn ich will nicht immerdar hadern und nicht ewiglich zürnen; sonst würde ihr Geist vor mir verschmachten und der Lebensodem, den ich geschaffen habe.

¶ **17** Ich war zornig über die Sünde ihrer Habgier und schlug sie, verbarg mich und zürnte. Aber sie gingen treulos die Wege ihres Herzens.

18 Ihre Wege habe ich gesehen, aber ich will sie heilen und sie leiten und ihnen wieder Trost geben; und denen, die da Leid tragen,

19 will ich Frucht der Lippen schaffen. Friede, Friede denen in der Ferne und denen in der Nähe, spricht der HERR; ich will sie heilen.

¶ **20** Aber die Gottlosen sind wie das ungestüme Meer, das nicht still sein kann und dessen Wellen Schlamm und Unrat auswerfen.

21 Die Gottlosen haben keinen Frieden, spricht mein Gott.

Falsches und echtes Fasten

58 Rufe getrost, halte nicht an dich! Erhebe deine Stimme wie eine Posaune und verkündige meinem Volk seine Abtrünnigkeit und dem Hause Jakob seine Sünden!

12 I will declare your righteousness and
  your deeds,
  but they will not profit you.

13 When you cry out, let your collection of
  idols deliver you!
  The wind will carry them off,
  a breath will take them away.
  But he who takes refuge in me shall possess the land
  and shall inherit my holy mountain.

Comfort for the Contrite

14 And it shall be said,
  "Build up, build up, prepare the way,
  remove every obstruction from my
  people's way."

15 For thus says the One who is high and
  lifted up,
  who inhabits eternity, whose name is
  Holy:
  "I dwell in the high and holy place,
  and also with him who is of a contrite
  and lowly spirit,
  to revive the spirit of the lowly,
  and to revive the heart of the contrite.

16 For I will not contend forever,
  nor will I always be angry;
  for the spirit would grow faint before
  me,
  and the breath of life that I made.

17 Because of the iniquity of his unjust gain
  I was angry,
  I struck him; I hid my face and was
  angry,
  but he went on backsliding in the way
  of his own heart.

18 I have seen his ways, but I will heal him;
  I will lead him and restore comfort to
  him and his mourners,

19 creating the fruit of the lips.
  Peace, peace, to the far and to the near,"
  says the LORD,
  "and I will heal him.

20 But the wicked are like the tossing sea;
  for it cannot be quiet,
  and its waters toss up mire and dirt.

21 There is no peace," says my God, "for
  the wicked."

True and False Fasting

58 "Cry aloud; do not hold back;
  lift up your voice like a trumpet;
  declare to my people their transgression,
  to the house of Jacob their sins.

2 Sie suchen mich täglich und begehren meine Wege zu wissen, als wären sie ein Volk, das die Gerechtigkeit schon getan und das Recht seines Gottes nicht verlassen hätte. Sie fordern von mir Recht, sie begehren, dass Gott sich nahe.

3 »Warum fasten wir und du siehst es nicht an? Warum kasteien wir unseren Leib und du willst's nicht wissen?«
¶ Siehe, an dem Tag, da ihr fastet, geht ihr doch euren Geschäften nach und bedrückt alle eure Arbeiter.

4 Siehe, wenn ihr fastet, hadert und zankt ihr und schlagt mit gottloser Faust drein. Ihr sollt nicht so fasten, wie ihr jetzt tut, wenn eure Stimme in der Höhe gehört werden soll.

5 Soll das ein Fasten sein, an dem ich Gefallen habe, ein Tag, an dem man sich kasteit, wenn ein Mensch seinen Kopf hängen lässt wie Schilf und in Sack und Asche sich bettet? Wollt ihr das ein Fasten nennen und einen Tag, an dem der HERR Wohlgefallen hat?

¶ **6** Das aber ist ein Fasten, an dem ich Gefallen habe: Lass los, die du mit Unrecht gebunden hast, lass ledig, auf die du das Joch gelegt hast! Gib frei, die du bedrückst, reiß jedes Joch weg!

7 Brich dem Hungrigen dein Brot, und die im Elend ohne Obdach sind, führe ins Haus! Wenn du einen nackt siehst, so kleide ihn, und entzieh dich nicht deinem Fleisch und Blut!

8 Dann wird dein Licht hervorbrechen wie die Morgenröte, und deine Heilung wird schnell voranschreiten, und deine Gerechtigkeit wird vor dir hergehen, und die Herrlichkeit des HERRN wird deinen Zug beschließen.

9 Dann wirst du rufen und der HERR wird dir antworten. Wenn du schreist, wird er sagen: Siehe, hier bin ich.
¶ Wenn du in deiner Mitte niemand unterjochst und nicht mit Fingern zeigst und nicht übel redest,

2 Yet they seek me daily
and delight to know my ways,
as if they were a nation that did righteousness
and did not forsake the judgment of their God;
they ask of me righteous judgments;
they delight to draw near to God.

3 'Why have we fasted, and you see it not?
Why have we humbled ourselves, and you take no knowledge of it?'
Behold, in the day of your fast you seek your own pleasure,[1]
and oppress all your workers.

4 Behold, you fast only to quarrel and to fight
and to hit with a wicked fist.
Fasting like yours this day
will not make your voice to be heard on high.

5 Is such the fast that I choose,
a day for a person to humble himself?
Is it to bow down his head like a reed,
and to spread sackcloth and ashes under him?
Will you call this a fast,
and a day acceptable to the LORD?

6 "Is not this the fast that I choose:
to loose the bonds of wickedness,
to undo the straps of the yoke,
to let the oppressed[2] go free,
and to break every yoke?

7 Is it not to share your bread with the hungry
and bring the homeless poor into your house;
when you see the naked, to cover him,
and not to hide yourself from your own flesh?

8 Then shall your light break forth like the dawn,
and your healing shall spring up speedily;
your righteousness shall go before you;
the glory of the LORD shall be your rear guard.

9 Then you shall call, and the LORD will answer;
you shall cry, and he will say, 'Here I am.'
If you take away the yoke from your midst,
the pointing of the finger, and speaking wickedness,

10 sondern den Hungrigen dein Herz finden lässt und den Elenden sättigst, dann wird dein Licht in der Finsternis aufgehen, und dein Dunkel wird sein wie der Mittag.

11 Und der HERR wird dich immerdar führen und dich sättigen in der Dürre und dein Gebein stärken. Und du wirst sein wie ein bewässerter Garten und wie eine Wasserquelle, der es nie an Wasser fehlt.

12 Und es soll durch dich wieder aufgebaut werden, was lange wüst gelegen hat, und du wirst wieder aufrichten, was vorzeiten gegründet ward; und du sollst heißen: »Der die Lücken zumauert und die Wege ausbessert, dass man da wohnen könne«.

Segen der Sabbatheiligung

13 Wenn du deinen Fuß am Sabbat zurückhältst und nicht deinen Geschäften nachgehst an meinem heiligen Tage und den Sabbat »Lust« nennst und den heiligen Tag des HERRN »Geehrt«; wenn du ihn dadurch ehrst, dass du nicht deine Gänge machst und nicht deine Geschäfte treibst und kein leeres Geschwätz redest,

14 dann wirst du deine Lust haben am HERRN, und ich will dich über die Höhen auf Erden gehen lassen und will dich speisen mit dem Erbe deines Vaters Jakob; denn des HERRN Mund hat's geredet.

Gott überwindet die Sünde seines Volkes

59 Siehe, des HERRN Arm ist nicht zu kurz, dass er nicht helfen könnte, und seine Ohren sind nicht hart geworden, sodass er nicht hören könnte,

2 sondern eure Verschuldungen scheiden euch von eurem Gott, und eure Sünden verbergen sein Angesicht vor euch, dass ihr nicht gehört werdet.

¶ **3** Denn eure Hände sind mit Blut befleckt und eure Finger mit Verschuldung; eure Lippen reden Falsches, eure Zunge spricht Bosheit.

10 if you pour yourself out for the hungry
  and satisfy the desire of the afflicted,
then shall your light rise in the darkness
  and your gloom be as the noonday.

11 And the LORD will guide you continually
  and satisfy your desire in scorched
    places
  and make your bones strong;
and you shall be like a watered garden,
  like a spring of water,
  whose waters do not fail.

12 And your ancient ruins shall be rebuilt;
  you shall raise up the foundations of
    many generations;
you shall be called the repairer of the
    breach,
  the restorer of streets to dwell in.

13 "If you turn back your foot from the
    Sabbath,
  from doing your pleasure[3] on my holy
    day,
and call the Sabbath a delight
  and the holy day of the LORD
    honorable;
if you honor it, not going your own
    ways,
  or seeking your own pleasure,[4] or talking idly;[5]

14 then you shall take delight in the LORD,
  and I will make you ride on the
    heights of the earth;[6]
I will feed you with the heritage of Jacob
    your father,
  for the mouth of the LORD has
    spoken."

Evil and Oppression

59 Behold, the LORD's hand is not
    shortened, that it cannot save,
  or his ear dull, that it cannot hear;

2 but your iniquities have made a
    separation
  between you and your God,
and your sins have hidden his face from
    you
  so that he does not hear.

3 For your hands are defiled with blood
  and your fingers with iniquity;
your lips have spoken lies;
  your tongue mutters wickedness.

4 Es ist niemand, der eine gerechte Sache vorbringt, und niemand, der redlich richtet. Man vertraut auf Nichtiges und redet Trug; mit Unheil sind sie schwanger und gebären Verderben.

5 Sie brüten Natterneier und weben Spinnweben. Isst man von ihren Eiern, so muss man sterben, zertritt man sie aber, so fährt eine Schlange heraus.

6 Ihre Gewebe taugen nicht zu Kleidern, und ihr Gespinst taugt nicht zur Decke. Ihre Werke sind Unheilswerke, an ihren Händen ist Frevel.

7 Ihre Füße laufen zum Bösen, und sie sind schnell dabei, unschuldig Blut zu vergießen. Ihre Gedanken sind Unheilsgedanken, auf ihren Wegen wohnt Verderben und Schaden.

8 Sie kennen den Weg des Friedens nicht, und Unrecht ist auf ihren Pfaden. Sie gehen auf krummen Wegen; wer auf ihnen geht, der hat keinen Frieden.

¶ **9** Darum ist das Recht ferne von uns, und die Gerechtigkeit kommt nicht zu uns. Wir harren auf Licht, siehe, so ist's finster, auf Helligkeit, siehe, so wandeln wir im Dunkeln.

10 Wir tasten an der Wand entlang wie die Blinden und tappen wie die, die keine Augen haben. Wir stoßen uns am Mittag wie in der Dämmerung, wir sind im Düstern wie die Toten.

11 Wir brummen alle wie die Bären und gurren wie die Tauben; denn wir harren auf Recht, so ist's nicht da, auf Heil, so ist's ferne von uns.

12 Denn wir sind zu oft von dir abgefallen, und unsre Sünden zeugen gegen uns. Unsre Abtrünnigkeit steht uns vor Augen, und wir kennen unsre Sünden:

13 abtrünnig sein und den HERRN verleugnen und abfallen von unserm Gott, Frevel reden und Ungehorsam, Lügenworte ausbrüten und bedenkenlos daherreden.

4 No one enters suit justly;
  no one goes to law honestly;
they rely on empty pleas, they speak lies,
  they conceive mischief and give birth
    to iniquity.

5 They hatch adders' eggs;
  they weave the spider's web;
he who eats their eggs dies,
  and from one that is crushed a viper is
    hatched.

6 Their webs will not serve as clothing;
  men will not cover themselves with
    what they make.
Their works are works of iniquity,
  and deeds of violence are in their
    hands.

7 Their feet run to evil,
  and they are swift to shed innocent
    blood;
their thoughts are thoughts of iniquity;
  desolation and destruction are in their
    highways.

8 The way of peace they do not know,
  and there is no justice in their paths;
they have made their roads crooked;
  no one who treads on them knows
    peace.

9 Therefore justice is far from us,
  and righteousness does not overtake
    us;
we hope for light, and behold, darkness,
  and for brightness, but we walk in
    gloom.

10 We grope for the wall like the blind;
  we grope like those who have no eyes;
we stumble at noon as in the twilight,
  among those in full vigor we are like
    dead men.

11 We all growl like bears;
  we moan and moan like doves;
we hope for justice, but there is none;
  for salvation, but it is far from us.

12 For our transgressions are multiplied
    before you,
  and our sins testify against us;
for our transgressions are with us,
  and we know our iniquities:

13 transgressing, and denying the LORD,
  and turning back from following our
    God,
speaking oppression and revolt,
  conceiving and uttering from the heart
    lying words.

14 Und das Recht ist zurückgewichen, und die Gerechtigkeit hat sich entfernt; denn die Wahrheit ist auf der Gasse zu Fall gekommen, und die Aufrichtigkeit findet keinen Eingang.

15 Und die Wahrheit ist dahin, und wer vom Bösen weicht, muss sich ausplündern lassen.

¶ Das alles sieht der HERR und es missfällt ihm sehr, dass kein Recht ist.

16 Und er sieht, dass niemand auf dem Plan ist, und verwundert sich, dass niemand ins Mittel tritt. Da hilft er sich selbst mit seinem Arm, und seine Gerechtigkeit steht ihm bei.

17 Er zieht Gerechtigkeit an wie einen Panzer und setzt den Helm des Heils auf sein Haupt und zieht an das Gewand der Rache und kleidet sich mit Eifer wie mit einem Mantel.

18 Nach den Taten wird er vergelten, mit Grimm seinen Widersachern, mit Vergeltung seinen Feinden; ja, den Inseln will er heimzahlen,

19 dass der Name des HERRN gefürchtet werde bei denen vom Niedergang der Sonne und seine Herrlichkeit bei denen von ihrem Aufgang, wenn er kommen wird wie ein reißender Strom, den der Odem des HERRN treibt.

20 Aber **für Zion wird er als Erlöser kommen und für die in Jakob, die sich von der Sünde abwenden, spricht der HERR.**

¶ **21** Und dies ist mein Bund mit ihnen, spricht der HERR: Mein Geist, der auf dir ruht, und meine Worte, die ich in deinen Mund gelegt habe, sollen von deinem Mund nicht weichen noch von dem Mund deiner Kinder und Kindeskinder, spricht der HERR, von nun an bis in Ewigkeit.

Zions zukünftige Herrlichkeit

60 Mache dich auf, werde licht; denn dein Licht kommt, und die Herrlichkeit des HERRN geht auf über dir!

14 Justice is turned back,
  and righteousness stands far away;
for truth has stumbled in the public squares,
  and uprightness cannot enter.

15 Truth is lacking,
  and he who departs from evil makes himself a prey.

Judgment and Redemption

The LORD saw it, and it displeased him[1]
  that there was no justice.

16 He saw that there was no man,
  and wondered that there was no one to intercede;
then his own arm brought him salvation,
  and his righteousness upheld him.

17 He put on righteousness as a breastplate,
  and a helmet of salvation on his head;
he put on garments of vengeance for clothing,
  and wrapped himself in zeal as a cloak.

18 According to their deeds, so will he repay,
  wrath to his adversaries, repayment to his enemies;
to the coastlands he will render repayment.

19 So they shall fear the name of the LORD from the west,
  and his glory from the rising of the sun;
for he will come like a rushing stream,[2]
  which the wind of the LORD drives.

20 "And a Redeemer will come to Zion,
  to those in Jacob who turn from transgression," declares the LORD.

21 "And as for me, this is my covenant with them," says the LORD: "My Spirit that is upon you, and my words that I have put in your mouth, shall not depart out of your mouth, or out of the mouth of your offspring, or out of the mouth of your children's offspring," says the LORD, "from this time forth and forevermore."

The Future Glory of Israel

60 Arise, shine, for your light has come, and the glory of the LORD has risen upon you.

2 Denn siehe, Finsternis bedeckt das Erdreich und Dunkel die Völker; aber über dir geht auf der HERR, und seine Herrlichkeit erscheint über dir.

3 Und die Heiden werden zu deinem Lichte ziehen und die Könige zum Glanz, der über dir aufgeht.

¶ **4** Hebe deine Augen auf und sieh umher: Diese alle sind versammelt und kommen zu dir. Deine Söhne werden von ferne kommen und deine Töchter auf dem Arme hergetragen werden.

5 Dann wirst du deine Lust sehen und vor Freude strahlen, und dein Herz wird erbeben und weit werden, wenn sich die Schätze der Völker am Meer zu dir kehren und der Reichtum der Völker zu dir kommt.

6 Denn die Menge der Kamele wird dich bedecken, die jungen Kamele aus Midian und Efa. Sie werden aus Saba alle kommen, Gold und Weihrauch bringen und des HERRN Lob verkündigen.

7 Alle Herden von Kedar sollen zu dir gebracht werden, und die Widder Nebajots sollen dir dienen. Sie sollen als ein wohlgefälliges Opfer auf meinen Altar kommen; denn ich will das Haus meiner Herrlichkeit zieren.

¶ **8** Wer sind die, die da fliegen wie die Wolken und wie die Tauben zu ihren Schlägen?

9 Die Inseln harren auf mich und die Tarsisschiffe vor allem, dass sie deine Söhne von ferne herbringen samt ihrem Silber und Gold für den Namen des HERRN, deines Gottes, und für den Heiligen Israels, der dich herrlich gemacht hat.

10 Fremde werden deine Mauern bauen, und ihre Könige werden dir dienen. Denn in meinem Zorn habe ich dich geschlagen, aber in meiner Gnade erbarme ich mich über dich.

11 Deine Tore sollen stets offen stehen und weder Tag noch Nacht zugeschlossen werden, dass der Reichtum der Völker zu dir gebracht und ihre Könige herzugeführt werden.

2 For behold, darkness shall cover the earth,
  and thick darkness the peoples;
but the Lord will arise upon you,
  and his glory will be seen upon you.

3 And nations shall come to your light,
  and kings to the brightness of your rising.

4 Lift up your eyes all around, and see;
  they all gather together, they come to you;
your sons shall come from afar,
  and your daughters shall be carried on the hip.

5 Then you shall see and be radiant;
  your heart shall thrill and exult,[1]
because the abundance of the sea shall be turned to you,
  the wealth of the nations shall come to you.

6 A multitude of camels shall cover you,
  the young camels of Midian and Ephah;
all those from Sheba shall come.
  They shall bring gold and frankincense,
  and shall bring good news, the praises of the Lord.

7 All the flocks of Kedar shall be gathered to you;
  the rams of Nebaioth shall minister to you;
they shall come up with acceptance on my altar,
  and I will beautify my beautiful house.

8 Who are these that fly like a cloud,
  and like doves to their windows?

9 For the coastlands shall hope for me,
  the ships of Tarshish first,
to bring your children from afar,
  their silver and gold with them,
for the name of the Lord your God,
  and for the Holy One of Israel,
  because he has made you beautiful.

10 Foreigners shall build up your walls,
  and ᵛtheir kings shall minister to you;
for in my wrath I struck you,
  but in my favor I have had mercy on you.

11 Your gates shall be open continually;
  day and night they shall not be shut,
ʷthat people may bring to you the wealth of the nations,
  with their kings led in procession.

12 Denn welche Völker oder Königreiche dir nicht dienen wollen, die sollen umkommen und die Völker verwüstet werden.

13 Die Herrlichkeit des Libanon soll zu dir kommen, Zypressen, Buchsbaum und Kiefern miteinander, zu schmücken den Ort meines Heiligtums; denn ich will die Stätte meiner Füße herrlich machen.

14 Es werden gebückt zu dir kommen, die dich unterdrückt haben, und alle, die dich gelästert haben, werden niederfallen zu deinen Füßen und dich nennen »Stadt des HERRN«, »Zion des Heiligen Israels«.

¶ **15** Denn dafür, dass du die Verlassene und Ungeliebte gewesen bist, zu der niemand hinging, will ich dich zur Pracht ewiglich machen und zur Freude für und für.

16 Du sollst Milch von den Völkern saugen, und der Könige Brust soll dich säugen, auf dass du erfahrest, dass ich, der HERR, dein Heiland bin und ich, der Mächtige Jakobs, dein Erlöser.

17 Ich will Gold anstatt des Erzes und Silber anstatt des Eisens bringen und Erz anstatt des Holzes und Eisen anstatt der Steine. Und ich will zu deiner Obrigkeit den Frieden machen und zu deinen Vögten die Gerechtigkeit.

18 Man soll nicht mehr von Frevel hören in deinem Lande noch von Schaden oder Verderben in deinen Grenzen, sondern deine Mauern sollen »Heil« und deine Tore »Lob« heißen.

¶ **19** Die Sonne soll nicht mehr dein Licht sein am Tage, und der Glanz des Mondes soll dir nicht mehr leuchten, sondern der HERR wird dein ewiges Licht und dein Gott wird dein Glanz sein.

20 Deine Sonne wird nicht mehr untergehen und dein Mond nicht den Schein verlieren; denn der HERR wird dein ewiges Licht sein, und die Tage deines Leidens sollen ein Ende haben.

12 For the nation and kingdom
that will not serve you shall perish;
those nations shall be utterly laid
waste.

13 The glory of Lebanon shall come to you,
the cypress, the plane, and the pine,
to beautify the place of my sanctuary,
and I will make the place of my feet
glorious.

14 The sons of those who afflicted you
shall come bending low to you,
and all who despised you
shall bow down at your feet;
they shall call you the City of the LORD,
the Zion of the Holy One of Israel.

15 Whereas you have been forsaken and
hated,
with no one passing through,
I will make you majestic forever,
a joy from age to age.

16 You shall suck the milk of nations;
you shall nurse at the breast of kings;
and you shall know that I, the LORD, am
your Savior
and your Redeemer, the Mighty One
of Jacob.

17 Instead of bronze I will bring gold,
and instead of iron I will bring silver;
instead of wood, bronze,
instead of stones, iron.
I will make your overseers peace
and your taskmasters righteousness.

18 Violence shall no more be heard in your
land,
devastation or destruction within your
borders;
you shall call your walls Salvation,
and your gates Praise.

19 The sun shall be no more
your light by day,
nor for brightness shall the moon
give you light;[2]
but the LORD will be your everlasting
light,
and your God will be your glory.[3]

20 Your sun shall no more go down,
nor your moon withdraw itself;
for the LORD will be your everlasting
light,
and your days of mourning shall be
ended.

21 Und dein Volk sollen lauter Gerechte sein. Sie werden das Land ewiglich besitzen als der Spross meiner Pflanzung und als ein Werk meiner Hände mir zum Preise.

22 Aus dem Kleinsten sollen tausend werden und aus dem Geringsten ein mächtiges Volk. Ich, der HERR, will es zu seiner Zeit eilends ausrichten.

Die frohe Botschaft von der kommenden Herrlichkeit

61 Der Geist Gottes des HERRN ist auf mir, weil der HERR mich gesalbt hat. Er hat mich gesandt, den Elenden gute Botschaft zu bringen, die zerbrochenen Herzen zu verbinden, zu verkündigen den Gefangenen die Freiheit, den Gebundenen, dass sie frei und ledig sein sollen;

2 zu verkündigen ein gnädiges Jahr des HERRN und einen Tag der Vergeltung unsres Gottes, zu trösten alle Trauernden,

3 zu schaffen den Trauernden zu Zion, dass ihnen Schmuck statt Asche, Freudenöl statt Trauerkleid, Lobgesang statt eines betrübten Geistes gegeben werden, dass sie genannt werden »Bäume der Gerechtigkeit«, »Pflanzung des HERRN«, ihm zum Preise.

¶ **4** Sie werden die alten Trümmer wieder aufbauen und, was vorzeiten zerstört worden ist, wieder aufrichten; sie werden die verwüsteten Städte erneuern, die von Geschlecht zu Geschlecht zerstört gelegen haben.

5 Fremde werden hintreten und eure Herden weiden, und Ausländer werden eure Ackerleute und Weingärtner sein.

6 Ihr aber sollt Priester des HERRN heißen, und man wird euch Diener unsres Gottes nennen. Ihr werdet der Völker Güter essen und euch ihrer Herrlichkeit rühmen.

7 Dafür, dass mein Volk doppelte Schmach trug und Schande ihr Teil war, sollen sie doppelten Anteil besitzen in ihrem Lande und ewige Freude haben.

21 Your people shall all be righteous;
　　they shall possess the land forever,
　the branch of my planting, the work of
　　my hands,
　　that I might be glorified.[4]
22 The least one shall become a clan,
　　and the smallest one a mighty nation;
　I am the LORD;
　　in its time I will hasten it.

The Year of the LORD's Favor

61 The Spirit of the Lord GOD is upon
　　me,
　because the LORD has anointed me
　to bring good news to the poor;[1]
　he has sent me to bind up the
　　brokenhearted,
　to proclaim liberty to the captives,
　　and the opening of the prison to those
　　　who are bound;[2]
2 to proclaim the year of the LORD's favor,
　　and the day of vengeance of our God;
　to comfort all who mourn;
3 to grant to those who mourn in Zion—
　　to give them a beautiful headdress
　　　instead of ashes,
　the oil of gladness instead of mourning,
　　the garment of praise instead of a faint
　　　spirit;
　that they may be called oaks of
　　righteousness,
　　the planting of the LORD, that he may
　　　be glorified.[3]
4 They shall build up the ancient ruins;
　　they shall raise up the former
　　　devastations;
　they shall repair the ruined cities,
　　the devastations of many generations.
5 Strangers shall stand and tend your
　　　flocks;
　　foreigners shall be your plowmen and
　　　vinedressers;
6 but you shall be called the priests of the
　　LORD;
　　they shall speak of you as the minis-
　　　ters of our God;
　you shall eat the wealth of the nations,
　　and in their glory you shall boast.
7 Instead of your shame there shall be a
　　　double portion;
　　instead of dishonor they shall rejoice
　　　in their lot;
　therefore in their land they shall possess
　　　a double portion;
　　they shall have everlasting joy.

¶ **8** Denn ich bin der Herr, der das Recht liebt und Raub und Unrecht hasst; ich will ihnen den Lohn in Treue geben und einen ewigen Bund mit ihnen schließen.

9 Und man soll ihr Geschlecht kennen unter den Heiden und ihre Nachkommen unter den Völkern, dass, wer sie sehen wird, erkennen soll, dass sie ein Geschlecht sind, gesegnet vom Herrn.

¶ **10** Ich freue mich im Herrn, und meine Seele ist fröhlich in meinem Gott; denn er hat mir die Kleider des Heils angezogen und mich mit dem Mantel der Gerechtigkeit gekleidet, wie einen Bräutigam mit priesterlichem Kopfschmuck geziert und wie eine Braut, die in ihrem Geschmeide prangt.

11 Denn gleichwie Gewächs aus der Erde wächst und Same im Garten aufgeht, so lässt Gott der Herr Gerechtigkeit aufgehen und Ruhm vor allen Heidenvölkern.

Die zukünftige Herrlichkeit Zions

62 Um Zions willen will ich nicht schweigen, und um Jerusalems willen will ich nicht innehalten, bis seine Gerechtigkeit aufgehe wie ein Glanz und sein Heil brenne wie eine Fackel,

2 dass die Heiden sehen deine Gerechtigkeit und alle Könige deine Herrlichkeit. Und du sollst mit einem neuen Namen genannt werden, welchen des Herrn Mund nennen wird.

3 Und du wirst sein eine schöne Krone in der Hand des Herrn und ein königlicher Reif in der Hand deines Gottes.

4 Man soll dich nicht mehr nennen »Verlassene« und dein Land nicht mehr »Einsame«, sondern du sollst heißen »Meine Lust« und dein Land »Liebe Frau«; denn der Herr hat Lust an dir, und dein Land hat einen lieben Mann.

---

8 For I the Lord love justice;
  I hate robbery and wrong;[4]
  I will faithfully give them their
    recompense,
  and I will make an everlasting cov-
    enant with them.

9 Their offspring shall be known among
    the nations,
  and their descendants in the midst of
    the peoples;
  all who see them shall acknowledge
    them,
  that they are an offspring the Lord has
    blessed.

10 I will greatly rejoice in the Lord;
  my soul shall exult in my God,
  for he has clothed me with the garments
    of salvation;
  he has covered me with the robe of
    righteousness,
  as a bridegroom decks himself like a
    priest with a beautiful headdress,
  and as a bride adorns herself with her
    jewels.

11 For as the earth brings forth its sprouts,
  and as a garden causes what is sown
    in it to sprout up,
  so the Lord God will cause righteous-
    ness and praise
  to sprout up before all the nations.

Zion's Coming Salvation

62 For Zion's sake I will not keep silent,
  and for Jerusalem's sake I will not be
    quiet,
  until her righteousness goes forth as
    brightness,
  and her salvation as a burning torch.

2 The nations shall see your righteousness,
  and all the kings your glory,
  and you shall be called by a new name
  that the mouth of the Lord will give.

3 You shall be a crown of beauty in the
    hand of the Lord,
  and a royal diadem in the hand of
    your God.

4 You shall no more be termed Forsaken,[1]
  and your land shall no more be
    termed Desolate,[2]
  but you shall be called My Delight Is in
    Her,[3]
  and your land Married;[4]
  for the Lord delights in you,
  and your land shall be married.

5 Denn wie ein junger Mann eine Jungfrau freit, so wird dich dein Erbauer freien, und wie sich ein Bräutigam freut über die Braut, so wird sich dein Gott über dich freuen.

¶ **6** O Jerusalem, ich habe Wächter über deine Mauern bestellt, die den ganzen Tag und die ganze Nacht nicht mehr schweigen sollen. Die ihr den Herrn erinnern sollt, ohne euch Ruhe zu gönnen,

7 lasst ihm keine Ruhe, bis er Jerusalem wieder aufrichte und es setze zum Lobpreis auf Erden!

¶ **8** Der Herr hat geschworen bei seiner Rechten und bei seinem starken Arm: Ich will dein Getreide nicht mehr deinen Feinden zu essen geben noch deinen Wein, mit dem du so viel Arbeit hattest, die Fremden trinken lassen,

9 sondern die es einsammeln, sollen's auch essen und den Herrn rühmen, und die ihn einbringen, sollen ihn trinken in den Vorhöfen meines Heiligtums.

¶ **10** Gehet ein, gehet ein durch die Tore! Bereitet dem Volk den Weg! Machet Bahn, machet Bahn, räumt die Steine hinweg! Richtet ein Zeichen auf für die Völker!

11 Siehe, der Herr lässt es hören bis an die Enden der Erde: Sagt der Tochter Zion: Siehe, dein Heil kommt! Siehe, was er gewann, ist bei ihm, und was er sich erwarb, geht vor ihm her!

12 Man wird sie nennen »Heiliges Volk«, »Erlöste des Herrn«, und dich wird man nennen »Gesuchte« und »Nicht mehr verlassene Stadt«.

Gottes Gericht über Edom

63 Wer ist der, der von Edom kommt, mit rötlichen Kleidern von Bozra, der so geschmückt ist in seinen Kleidern und einherschreitet in seiner großen Kraft? »Ich bin's, der in Gerechtigkeit redet, und bin mächtig zu helfen.«

2 Warum ist denn dein Gewand so rotfarben und dein Kleid wie das eines Keltertreters?

5 For as a young man marries a young woman,
   so shall your sons marry you,
and as the bridegroom rejoices over the bride,
   so shall your God rejoice over you.

6 On your walls, O Jerusalem,
   I have set watchmen;
all the day and all the night
   they shall never be silent.
You who put the Lord in remembrance,
   take no rest,

7 and give him no rest
   until he establishes Jerusalem
and makes it a praise in the earth.

8 The Lord has sworn by his right hand
   and by his mighty arm:
"I will not again give your grain
   to be food for your enemies,
and foreigners shall not drink your wine
   for which you have labored;

9 but those who garner it shall eat it
   and praise the Lord,
and [d]those who gather it shall drink it
   in the courts of my sanctuary."[5]

10 Go through, go through the gates;
   prepare the way for the people;
build up, build up the highway;
   clear it of stones;
lift up a signal over the peoples.

11 Behold, the Lord has proclaimed
   to the end of the earth:
Say to the daughter of Zion,
   "Behold, your salvation comes;
behold, his reward is with him,
   and his recompense before him."

12 And they shall be called The Holy People,
   The Redeemed of the Lord;
and you shall be called Sought Out,
   A City Not Forsaken.

The Lord's Day of Vengeance

63 Who is this who comes from Edom,
in crimsoned garments from [f]Bozrah,
he who is splendid in his apparel,
   marching in the greatness of his strength?
"It is I, speaking in righteousness,
   mighty to save."

2 Why is your apparel red,
   and your garments like his who treads
   in the winepress?

3 »Ich trat die Kelter allein, und niemand unter den Völkern war mit mir. Ich habe sie gekeltert in meinem Zorn und zertreten in meinem Grimm. Da ist ihr Blut auf meine Kleider gespritzt, und ich habe mein ganzes Gewand besudelt.

4 Denn ich hatte einen Tag der Vergeltung mir vorgenommen; das Jahr, die Meinen zu erlösen, war gekommen.

5 Und ich sah mich um, aber da war kein Helfer, und ich verwunderte mich, dass niemand mir beistand. Da musste mein Arm mir helfen, und mein Zorn stand mir bei.

6 Und ich habe die Völker zertreten in meinem Zorn und habe sie trunken gemacht in meinem Grimm und ihr Blut auf die Erde geschüttet.«

Buß- und Bittgebet des Gottesvolkes

7 Ich will der Gnade des HERRN gedenken und der Ruhmestaten des HERRN in allem, was uns der HERR getan hat, und der großen Güte an dem Hause Israel, die er ihnen erwiesen hat nach seiner Barmherzigkeit und großen Gnade.

8 Denn er sprach: Sie sind ja mein Volk, Söhne, die nicht falsch sind. Darum ward er ihr Heiland

9 in aller ihrer Not. Nicht ein Engel und nicht ein Bote, sondern sein Angesicht half ihnen. Er erlöste sie, weil er sie liebte und Erbarmen mit ihnen hatte. Er nahm sie auf und trug sie allezeit von alters her.

10 Aber sie waren widerspenstig und betrübten seinen Heiligen Geist; darum ward er ihr Feind und stritt wider sie.

¶ **11** Da gedachte sein Volk wieder an die vorigen Zeiten, an Mose: Wo ist denn nun, der aus dem Wasser zog den Hirten seiner Herde? Wo ist, der seinen Heiligen Geist in ihn gab?

3 "I have trodden the winepress alone,
and from the peoples no one was with
me;
I trod them in my anger
and trampled them in my wrath;
their lifeblood[1] spattered on my
garments,
and stained all my apparel.
4 For the day of vengeance was in my
heart,
and my year of redemption[2] had come.
5 I looked, but there was no one to help;
I was appalled, but there was no one to
uphold;
so my own arm brought me salvation,
and my wrath upheld me.
6 I trampled down the peoples in my
anger;
I made them drunk in my wrath,
and I poured out their lifeblood on the
earth."

The LORD's Mercy Remembered

7 I will recount the steadfast love of the
LORD,
the praises of the LORD,
according to all that the LORD has
granted us,
and the great goodness to the house of
Israel
that he has granted them according to
his compassion,
according to the abundance of his
steadfast love.
8 For he said, "Surely they are my people,
children who will not deal falsely."
And he became their Savior.
9 In all their affliction he was afflicted,[3]
and the angel of his presence saved
them;
in his love and in his pity he redeemed
them;
he lifted them up and carried them all
the days of old.

10 But they rebelled
and grieved his Holy Spirit;
therefore he turned to be their enemy,
and himself fought against them.
11 Then he remembered the days of old,
of Moses and his people.[4]
Where is he who brought them up out
of the sea
with the shepherds of his flock?
Where is he who put in the midst of
them
his Holy Spirit,

12 Der seinen herrlichen Arm zur Rechten des Mose gehen ließ? Der die Wasser spaltete vor ihnen her, auf dass er sich einen ewigen Namen machte?

13 Der sie führte durch die Fluten wie Rosse, die in der Wüste nicht straucheln;

14 wie Vieh, das ins Tal hinabsteigt, so brachte der Geist des Herrn uns zur Ruhe. So hast du dein Volk geführt, auf dass du dir einen herrlichen Namen machtest.

¶ **15** So schau nun vom Himmel und sieh herab von deiner heiligen, herrlichen Wohnung! Wo ist nun dein Eifer und deine Macht? Deine große, herzliche Barmherzigkeit hält sich hart gegen mich.

16 Bist du doch unser Vater; denn Abraham weiß von uns nichts, und Israel kennt uns nicht. Du, Herr, bist unser Vater; »Unser Erlöser«, das ist von alters her dein Name.

17 Warum lässt du uns, Herr, abirren von deinen Wegen und unser Herz verstocken, dass wir dich nicht fürchten? Kehr zurück um deiner Knechte willen, um der Stämme willen, die dein Erbe sind!

18 Kurze Zeit haben sie dein heiliges Volk vertrieben, unsre Widersacher haben dein Heiligtum zertreten.

19 Wir sind geworden wie solche, über die du niemals herrschtest, wie Leute, über die dein Name nie genannt wurde.

¶ Ach dass du den Himmel zerrissest und führest herab, dass die Berge vor dir zerflössen,

64 wie Feuer Reisig entzündet und wie Feuer Wasser sieden macht, dass dein Name kundwürde unter deinen Feinden und die Völker vor dir zittern müssten,

---

12 who caused his glorious arm
　　to go at the right hand of Moses,
who divided the waters before them
　　to make for himself an everlasting
　　　name,
13 who led them through the depths?
Like a horse in the desert,
　　they did not stumble.
14 Like livestock that go down into the
　　　valley,
　　the Spirit of the Lord gave them rest.
So you led your people,
　　to make for yourself a glorious name.

Prayer for Mercy

15 Look down from heaven and see,
　　from your holy and beautiful[5]
　　　habitation.
Where are your zeal and your might?
　　The stirring of your inner parts and
　　　your compassion
　　are held back from me.
16 For you are our Father,
　　though Abraham does not know us,
　　and Israel does not acknowledge us;
you, O Lord, are our Father,
　　our Redeemer from of old is your
　　　name.
17 O Lord, why do you make us wander
　　　from your ways
　　and harden our heart, so that we fear
　　　you not?
Return for the sake of your servants,
　　the tribes of your heritage.
18 Your holy people held possession for a
　　　little while;[6]
　　our adversaries have trampled down
　　　your sanctuary.
19 We have become like those over whom
　　　you have never ruled,
　　like those who are not called by your
　　　name.

64 Oh that you would rend the heavens
　　and come down,
　　that the mountains might quake at
　　　your presence—
2[1] as when fire kindles brushwood
　　and the fire causes water to boil—
to make your name known to your
　　　adversaries,
　　and that the nations might tremble at
　　　your presence!

2 wenn du Furchtbares tust, das wir nicht erwarten – und führest herab, dass die Berge vor dir zerflössen! –

3 und das man von alters her nicht vernommen hat. Kein Ohr hat gehört, kein Auge hat gesehen einen Gott außer dir, der so wohltut denen, die auf ihn harren.

4 Du begegnetest denen, die Gerechtigkeit übten und auf deinen Wegen deiner gedachten. Siehe, du zürntest, als wir von alters her gegen dich sündigten und abtrünnig wurden.

5 Aber nun sind wir alle wie die Unreinen, und alle unsre Gerechtigkeit ist wie ein beflecktes Kleid. Wir sind alle verwelkt wie die Blätter, und unsre Sünden tragen uns davon wie der Wind.

6 Niemand ruft deinen Namen an oder macht sich auf, dass er sich an dich halte; denn du hast dein Angesicht vor uns verborgen und lässt uns vergehen unter der Gewalt unsrer Schuld.

¶ **7** Aber nun, HERR, du bist doch unser Vater! Wir sind Ton, du bist unser Töpfer, und wir alle sind deiner Hände Werk.

8 HERR, zürne nicht so sehr und gedenke nicht ewig der Sünde! Sieh doch an, dass wir alle dein Volk sind!

9 Deine heiligen Städte sind zur Wüste geworden, Zion ist zur Wüste geworden, Jerusalem liegt zerstört.

10 Das Haus unsrer Heiligkeit und Herrlichkeit, in dem dich unsre Väter gelobt haben, ist mit Feuer verbrannt, und alles, was wir Schönes hatten, ist zuschanden gemacht.

11 HERR, willst du bei alledem noch zögern und schweigen und uns so sehr niederschlagen?

3 When you did awesome things that we
did not look for,
you came down, the mountains
quaked at your presence.

4 From of old no one has heard
or perceived by the ear,
no eye has seen a God besides you,
who acts for those who wait for him.

5 You meet him who joyfully works
righteousness,
those who remember you in your
ways.
Behold, you were angry, and we sinned;
in our sins we have been a long time,
and shall we be saved?[2]

6 We have all become like one who is
unclean,
and all our righteous deeds are like a
polluted garment.
We all fade like a leaf,
and our iniquities, like the wind, take
us away.

7 There is no one who calls upon your
name,
who rouses himself to take hold of
you;
for you have hidden your face from us,
and have made us melt in[3] the hand of
our iniquities.

8 But now, O LORD, you are our Father;
we are the clay, and you are our potter;
we are all the work of your hand.

9 Be not so terribly angry, O LORD,
and remember not iniquity forever.
Behold, please look, we are all your
people.

10 Your holy cities have become a
wilderness;
Zion has become a wilderness,
Jerusalem a desolation.

11 Our holy and beautiful[4] house,
where our fathers praised you,
has been burned by fire,
and all our pleasant places have
become ruins.

12 Will you restrain yourself at these
things, O LORD?
Will you keep silent, and afflict us so
terribly?

Verstoßung der Abtrünnigen, gnädige Annahme der Getreuen

65 Ich ließ mich suchen von denen, die nicht nach mir fragten, ich ließ mich finden von denen, die mich nicht suchten. Zu einem Volk, das meinen Namen nicht anrief, sagte ich: Hier bin ich, hier bin ich!

2 Ich streckte meine Hände aus den ganzen Tag nach einem ungehorsamen Volk, das nach seinen eigenen Gedanken wandelt auf einem Wege, der nicht gut ist;

3 nach einem Volk, das mich beständig ins Angesicht kränkt: Sie opfern in den Gärten und räuchern auf Ziegelsteinen,

4 sie sitzen in Gräbern und bleiben über Nacht in Höhlen, essen Schweinefleisch und haben Gräuelsuppen in ihren Töpfen

5 und sprechen: Bleib weg und rühr mich nicht an, denn ich bin für dich heilig. Die sollen ein Rauch werden in meiner Nase, ein Feuer, das den ganzen Tag brennt.

6 Siehe, es steht vor mir geschrieben: Ich will nicht schweigen, sondern heimzahlen; ja, ich will es ihnen heimzahlen,

7 beides, ihre Missetaten und ihrer Väter Missetaten miteinander, spricht der HERR, die auf den Bergen geräuchert und mich auf den Hügeln geschändet haben. Ja, ich will ihnen heimzahlen ihr früheres Tun.

¶ 8 So spricht der HERR: Wie wenn man noch Saft in der Traube findet und spricht: Verdirb es nicht, denn es ist ein Segen darin!, so will ich um meiner Knechte willen tun, dass ich nicht alles verderbe.

9 Ich will aus Jakob Nachkommen wachsen lassen und aus Juda Erben, die meine Berge besitzen; meine Auserwählten sollen sie besitzen, und meine Knechte sollen auf ihnen wohnen.

10 Und meinem Volk, das nach mir fragt, soll Scharon eine Weide für die Herde werden und das Tal Achor ein Lagerplatz für das Vieh.

Judgment and Salvation

65 I was ready to be sought by those who did not ask for me;
I was ready to be found by those who did not seek me.
I said, "Here am I, here am I,"
to a nation that was not called by[1] my name.

2 I spread out my hands all the day
to a rebellious people,
who walk in a way that is not good,
following their own devices;

3 a people who provoke me
to my face continually,
sacrificing in gardens
and making offerings on bricks;

4 who sit in tombs,
and spend the night in secret places;
who eat pig's flesh,
and broth of tainted meat is in their vessels;

5 who say, "Keep to yourself,
do not come near me, for I am too holy for you."
These are a smoke in my nostrils,
a fire that burns all the day.

6 Behold, it is written before me:
"I will not keep silent, but I will repay;
I will indeed repay into their bosom

7 both your iniquities and your fathers' iniquities together,
says the LORD;
because they made offerings on the mountains
[q] and insulted me on the hills,
I will measure into their bosom payment for their former deeds."[2]

8 Thus says the LORD:
"As the new wine is found in the cluster,
and they say, 'Do not destroy it,
for there is a blessing in it,'
so I will do for my servants' sake,
and not destroy them all.

9 I will bring forth offspring from Jacob,
and from Judah possessors of my mountains;
my chosen shall possess it,
and my servants shall dwell there.

10 Sharon shall become a pasture for flocks,
and the Valley of Achor a place for herds to lie down,
for my people who have sought me.

¶ 11 Aber ihr, die ihr den HERRN verlasst und meines heiligen Berges vergesst und dem Gad* einen Tisch zurichtet und dem Meni* vom Trankopfer voll einschenkt, –

12 wohlan, euch will ich dem Schwert übergeben, dass ihr euch alle zur Schlachtung hinknien müsst; denn ich rief und ihr habt nicht geantwortet, ich redete und ihr habt nicht gehört, sondern tatet, was mir nicht gefiel, und erwähltet, wonach ich kein Verlangen hatte.

¶ 13 Darum spricht Gott der HERR: Siehe, meine Knechte sollen essen, ihr aber sollt hungern; siehe, meine Knechte sollen trinken, ihr aber sollt dürsten. Siehe, meine Knechte sollen fröhlich sein, ihr aber sollt zuschanden werden;

14 siehe, meine Knechte sollen vor Herzenslust jauchzen, ihr aber sollt vor Herzeleid schreien und vor Jammer heulen.

15 Und ihr sollt euren Namen meinen Auserwählten zum Fluch überlassen »Dass dich Gott der HERR töte«; aber meine Knechte wird man mit einem andern Namen nennen.

16 Wer sich segnen wird auf Erden, der wird sich im Namen des wahrhaftigen Gottes segnen, und wer schwören wird auf Erden, der wird bei dem wahrhaftigen Gott schwören. Denn die früheren Ängste sind vergessen und vor meinen Augen entschwunden.

Verheißung eines neuen Himmels und einer neuen Erde

17 Denn siehe, ich will einen neuen Himmel und eine neue Erde schaffen, dass man der vorigen nicht mehr gedenken und sie nicht mehr zu Herzen nehmen wird.

18 Freuet euch und seid fröhlich immerdar über das, was ich schaffe. Denn siehe, ich will Jerusalem zur Wonne machen und sein Volk zur Freude,

19 und ich will fröhlich sein über Jerusalem und mich freuen über mein Volk.

¶ Man soll in ihm nicht mehr hören die Stimme des Weinens noch die Stimme des Klagens.

11 But you who forsake the LORD,
who forget my holy mountain,
who set a table for Fortune
and ᶻfill cups of mixed wine for
Destiny,

12 I will destine you to the sword,
and all of you shall bow down to the
slaughter,
because, when I called, you did not
answer;
when I spoke, you did not listen,
but you did what was evil in my eyes
and chose what I did not delight in."

13 Therefore thus says the Lord GOD:
"Behold, my servants shall eat,
but you shall be hungry;
behold, my servants shall drink,
but you shall be thirsty;
behold, my servants shall rejoice,
but you shall be put to shame;

14 behold, my servants shall sing for gladness of heart,
but you shall cry out for pain of heart
and shall wail for breaking of spirit.

15 You shall leave your name to my chosen
for a curse,
and the Lord GOD will put you to
death,
but his servants he will call by another
name.

16 So that he who blesses himself in the
land
shall bless himself by ʰthe God of
truth,
and he who takes an oath in the land
shall swear by the God of truth;
because the former troubles are forgotten
and are hidden from my eyes.

New Heavens and a New Earth

17 "For behold, I create new heavens
and a new earth,
and the former things shall not be
remembered
or come into mind.

18 But be glad and rejoice forever
in that which I create;
for behold, I create Jerusalem to be a joy,
and her people to be a gladness.

19 I will rejoice in Jerusalem
and be glad in my people;
no more shall be heard in it the sound of
weeping
and the cry of distress.

20 Es sollen keine Kinder mehr da sein, die nur einige Tage leben, oder Alte, die ihre Jahre nicht erfüllen, sondern als Knabe gilt, wer hundert Jahre alt stirbt, und wer die hundert Jahre nicht erreicht, gilt als verflucht.

21 Sie werden Häuser bauen und bewohnen, sie werden Weinberge pflanzen und ihre Früchte essen.

22 Sie sollen nicht bauen, was ein anderer bewohne, und nicht pflanzen, was ein anderer esse. Denn die Tage meines Volks werden sein wie die Tage eines Baumes, und ihrer Hände Werk werden meine Auserwählten genießen.

23 Sie sollen nicht umsonst arbeiten und keine Kinder für einen frühen Tod zeugen; denn sie sind das Geschlecht der Gesegneten des HERRN, und ihre Nachkommen sind bei ihnen.

24 Und es soll geschehen: Ehe sie rufen, will ich antworten; wenn sie noch reden, will ich hören.

25 Wolf und Schaf sollen beieinander weiden; der Löwe wird Stroh fressen wie das Rind, aber die Schlange muss Erde fressen. Sie werden weder Bosheit noch Schaden tun auf meinem ganzen heiligen Berge, spricht der HERR.

Strafe für allen selbst erwählten Gottesdienst

66 So spricht der HERR: Der Himmel ist mein Thron und die Erde der Schemel meiner Füße! Was ist denn das für ein Haus, das ihr mir bauen könntet, oder welches ist die Stätte, da ich ruhen sollte?

2 Meine Hand hat alles gemacht, was da ist, spricht der HERR. **Ich sehe aber auf den Elenden und auf den, der zerbrochenen Geistes ist und der erzittert vor meinem Wort.**

20 No more shall there be in it
　　an infant who lives but a few days,
　　or an old man who does not fill out his
　　　　days,
　　for the young man shall die a hundred
　　　　years old,
　　and the sinner a hundred years old
　　　　shall be accursed.

21 They shall build houses and inhabit
　　them;
　　they shall plant vineyards and eat their
　　　　fruit.

22 They shall not build and another
　　inhabit;
　　they shall not plant and another eat;
　　for like the days of a tree shall the days
　　　　of my people be,
　　and my chosen shall long enjoy[3] the
　　　　work of their hands.

23 They shall not labor in vain
　　or bear children for calamity,[4]
　　for they shall be the offspring of the
　　　　blessed of the LORD,
　　and their descendants with them.

24 Before they call I will answer;
　　while they are yet speaking I will hear.

25 The wolf and the lamb shall graze
　　together;
　　the lion shall eat straw like the ox,
　　and dust shall be the serpent's food.
　　They shall not hurt or destroy
　　in all my holy mountain,"
　　　　　　　　says the LORD.

The Humble and Contrite in Spirit

66 Thus says the LORD:
"Heaven is my throne,
　　and the earth is my footstool;
what is the house that you would build
　　for me,
　　and what is the place of my rest?

2 All these things my hand has made,
　　and so all these things came to be,
　　　　　　　　declares the LORD.
But this is the one to whom I will look:
　　he who is humble and contrite in spirit
　　and trembles at my word.

¶ **3** Wer einen Stier schlachtet, gleicht dem, der einen Mann erschlägt; wer ein Schaf opfert, gleicht dem, der einem Hund das Genick bricht; wer ein Speisopfer bringt, gleicht dem, der Schweineblut spendet; wer Weihrauch anzündet, gleicht dem, der Götzen verehrt: Wahrlich, wie sie Lust haben an ihren eigenen Wegen und ihre Seele Gefallen hat an ihren Gräueln,

4 so will auch ich Lust daran haben, dass ich ihnen wehe tue, und ich will über sie kommen lassen, wovor ihnen graut. Denn ich rief und niemand antwortete, ich redete und sie hörten nicht und taten, was mir nicht gefiel, und hatten ihre Lust an dem, woran ich kein Wohlgefallen hatte.

Das zukünftige Heil Jerusalems – das Gericht über die Gottlosen

5 Hört des HERRN Wort, die ihr erzittert vor seinem Wort: Es sprechen eure Brüder, die euch hassen und verstoßen um meines Namens willen: »Lasst doch den HERRN sich verherrlichen, dass wir eure Freude mitansehen«, – doch sie sollen zuschanden werden.

6 Horch, Lärm aus der Stadt! Horch, vom Tempel her! Horch, der HERR vergilt seinen Feinden!

¶ **7** Ehe sie Wehen bekommt, hat sie geboren; ehe sie in Kindsnöte kommt, ist sie eines Knaben genesen.

8 Wer hat solches je gehört? Wer hat solches je gesehen? Ward ein Land an **einem** Tage geboren? Ist ein Volk auf einmal zur Welt gekommen? Kaum in Wehen, hat Zion schon ihre Kinder geboren.

9 Sollte ich das Kind den Mutterschoß durchbrechen und nicht auch geboren werden lassen?, spricht der HERR. Sollte ich, der gebären lässt, den Schoß verschließen?, spricht dein Gott.

3 "He who slaughters an ox is like one who
    kills a man;
he who sacrifices a lamb, like one who
    breaks a dog's neck;
he who presents a grain offering, like
    one who offers pig's blood;
he who makes a memorial offering
    of frankincense, like one who
    blesses an idol.
These have chosen their own ways,
    and their soul delights in their
    abominations;
4 I also will choose harsh treatment for
    them
    and bring their fears upon them,
because when I called, no one answered,
    when I spoke, they did not listen;
but they did what was evil in my eyes
    and chose that in which I did not
    delight."

5 Hear the word of the LORD,
    you who tremble at his word:
"Your brothers who hate you
    and cast you out for my name's sake
have said, 'Let the LORD be glorified,
    that we may see your joy';
but it is they who shall be put to
    shame.

6 "The sound of an uproar from the city!
    A sound from the temple!
The sound of the LORD,
    rendering recompense to his enemies!

Rejoice with Jerusalem

7 "Before she was in labor
    she gave birth;
before her pain came upon her
    she delivered a son.
8 Who has heard such a thing?
    Who has seen such things?
Shall a land be born in one day?
    Shall a nation be brought forth in one
    moment?
For as soon as Zion was in labor
    she brought forth her children.
9 Shall I bring to the point of birth and
    not cause to bring forth?"
    says the LORD;
"shall I, who cause to bring forth, shut
    the womb?"
    says your God.

10 Freuet euch mit Jerusalem und seid fröhlich über die Stadt, alle, die ihr sie lieb habt! Freuet euch mit ihr, alle, die ihr über sie traurig gewesen seid.

11 Denn nun dürft ihr saugen und euch satt trinken an den Brüsten ihres Trostes; denn nun dürft ihr reichlich trinken und euch erfreuen an dem Reichtum ihrer Mutterbrust.

12 Denn so spricht der HERR: Siehe, ich breite aus bei ihr den Frieden wie einen Strom und den Reichtum der Völker wie einen überströmenden Bach. Ihre Kinder sollen auf dem Arme getragen werden, und auf den Knien wird man sie liebkosen.

13 Ich will euch trösten, wie einen seine Mutter tröstet; ja, ihr sollt an Jerusalem getröstet werden.

14 Ihr werdet's sehen und euer Herz wird sich freuen, und euer Gebein soll grünen wie Gras. Dann wird man erkennen die Hand des HERRN an seinen Knechten und den Zorn an seinen Feinden.

¶ **15** Denn siehe, der HERR wird kommen mit Feuer und seine Wagen wie ein Wetter, dass er vergelte im Grimm seines Zorns und mit Schelten in Feuerflammen.

16 Denn der HERR wird durch Feuer die ganze Erde richten und durch sein Schwert alles Fleisch, und der vom HERRN Getöteten werden viele sein.

17 Die sich heiligen und reinigen für das Opfer in den Gärten dem einen nach, der in der Mitte ist, und Schweinefleisch essen, gräuliches Getier und Mäuse, die sollen miteinander weggerafft werden, spricht der HERR.

¶ **18** Ich kenne ihre Werke und ihre Gedanken und komme, um alle Völker und Zungen zu versammeln, dass sie kommen und meine Herrlichkeit sehen.

10 "Rejoice with Jerusalem, and be glad for her,
  all you who love her;
rejoice with her in joy,
  all you who mourn over her;

11 that you may nurse and be satisfied
  from her consoling breast;
that you may drink deeply with delight
  from her glorious abundance."[1]

12 For thus says the LORD:
"Behold, I will extend peace to her like a river,
  and the glory of the nations like an overflowing stream;
and you shall nurse, you shall be carried
  upon her hip,
  and bounced upon her knees.

13 As one whom his mother comforts,
  so I will comfort you;
  you shall be comforted in Jerusalem.

14 You shall see, and your heart shall rejoice;
  your bones shall flourish like the grass;
and the hand of the LORD shall be known to his servants,
  and he shall show his indignation against his enemies.

Final Judgment and Glory of the LORD

15 "For behold, the LORD will come in fire,
  and his chariots like the whirlwind,
to render his anger in fury,
  and his rebuke with flames of fire.

16 For by fire will the LORD enter into judgment,
  and by his sword, with all flesh;
and those slain by the LORD shall be many.

¶ **17** "Those who sanctify and purify themselves to go into the gardens, following one in the midst, eating pig's flesh and the abomination and mice, shall come to an end together, declares the LORD.

¶ **18** "For I know[2] their works and their thoughts, and the time is coming[3] to gather all nations and tongues. And they shall come and shall see my glory,

19 Und ich will ein Zeichen unter ihnen aufrichten und einige von ihnen, die errettet sind, zu den Völkern senden, nach Tarsis, nach Put und Lud, nach Meschech und Rosch, nach Tubal und Jawan und zu den fernen Inseln, wo man nichts von mir gehört hat und die meine Herrlichkeit nicht gesehen haben; und sie sollen meine Herrlichkeit unter den Völkern verkündigen.

¶ **20** Und sie werden alle eure Brüder aus allen Völkern herbringen dem HERRN zum Weihgeschenk auf Rossen und Wagen, in Sänften, auf Maultieren und Dromedaren nach Jerusalem zu meinem heiligen Berge, spricht der HERR, gleichwie Israel die Opfergaben in reinem Gefäße zum Hause des HERRN bringt.

21 Und ich will auch aus ihnen Priester und Leviten nehmen, spricht der HERR.

22 Denn wie der neue Himmel und die neue Erde, die ich mache, vor mir Bestand haben, spricht der HERR, so soll auch euer Geschlecht und Name Bestand haben.

23 Und alles Fleisch wird einen Neumond nach dem andern und einen Sabbat nach dem andern kommen, um vor mir anzubeten, spricht der HERR.

24 Und sie werden hinausgehen und schauen die Leichname derer, die von mir abtrünnig waren; denn ihr Wurm wird nicht sterben, und ihr Feuer wird nicht verlöschen, und sie werden allem Fleisch ein Gräuel sein.

19 and I will set a sign among them. And from them I will send survivors to the nations, to Tarshish, Pul, and [d]Lud, who draw the bow, to Tubal and [e]Javan, to the coastlands far away, that have not heard my fame or seen my glory. And they shall declare my glory among the nations.

20 And they shall bring all your brothers from all the nations as an offering to the LORD, on horses and in chariots and in litters and on mules and on dromedaries, to my holy mountain Jerusalem, says the LORD, just as the Israelites bring their grain offering in a clean vessel to the house of the LORD.

21 And some of them also I will take for priests and for Levites, says the LORD.

22 "For as the new heavens and the new earth
　　that I make
　shall remain before me, says the LORD,
　　so shall your offspring and your name
　　　remain.
23 From new moon to new moon,
　　and from Sabbath to Sabbath,
　all flesh shall come to worship before
　　me,
　declares the LORD.

¶ **24** "And they shall go out and look on the dead bodies of the men who have rebelled against me. For their worm shall not die, their fire shall not be quenched, and they shall be an abhorrence to all flesh."

DER PROPHET JEREMIA

JEREMIAH

1 Dies sind die Worte Jeremias, des Sohnes Hilkijas, aus dem Priestergeschlecht zu Anatot im Lande Benjamin.

2 Zu ihm geschah das Wort des HERRN zur Zeit Josias, des Sohnes Amons, des Königs von Juda, im dreizehnten Jahr seiner Herrschaft

3 und hernach zur Zeit Jojakims, des Sohnes Josias, des Königs von Juda, bis ans Ende des elften Jahres Zedekias, des Sohnes Josias, des Königs von Juda, bis Jerusalem weggeführt wurde im fünften Monat.

Jeremias Berufung

4 Und des HERRN Wort geschah zu mir:

5 Ich kannte dich, ehe ich dich im Mutterleibe bereitete, und sonderte dich aus, ehe du von der Mutter geboren wurdest, und bestellte dich zum Propheten für die Völker.

6 Ich aber sprach: Ach, Herr HERR, ich tauge nicht zu predigen; denn ich bin zu jung.

7 Der HERR sprach aber zu mir: Sage nicht: »Ich bin zu jung«, sondern du sollst gehen, wohin ich dich sende, und predigen alles, was ich dir gebiete.

8 Fürchte dich nicht vor ihnen; denn ich bin bei dir und will dich erretten, spricht der HERR.

¶ 9 Und der HERR streckte seine Hand aus und rührte meinen Mund an und sprach zu mir: Siehe, ich lege meine Worte in deinen Mund.

10 Siehe, ich setze dich heute über Völker und Königreiche, dass du ausreißen und einreißen, zerstören und verderben sollst und bauen und pflanzen.

1 The words of Jeremiah, the son of Hilkiah, one of the priests who were in Anathoth in the land of Benjamin,

2 to whom the word of the LORD came in the days of Josiah the son of Amon, king of Judah, in the thirteenth year of his reign.

3 It came also in the days of Jehoiakim the son of Josiah, king of Judah, and until the end of the eleventh year of Zedekiah, the son of Josiah, king of Judah, until the captivity of Jerusalem in the fifth month.

The Call of Jeremiah

¶ 4 Now the word of the LORD came to me, saying,

5 "Before I formed you in the womb I knew you,
　　and before you were born I consecrated you;
　　I appointed you a prophet to the nations."

6 Then I said, "Ah, Lord GOD! Behold, I do not know how to speak, for I am only a youth."

7 But the LORD said to me,

"Do not say, 'I am only a youth';
　　for to all to whom I send you, you shall go,
　　and whatever I command you, you shall speak.
8 Do not be afraid of them,
　　for I am with you to deliver you,
　　　　declares the LORD."

9 Then the LORD put out his hand and touched my mouth. And the LORD said to me,

"Behold, I have put my words in your mouth.
10 See, I have set you this day over nations and over kingdoms,
　　to pluck up and to break down,
　　to destroy and to overthrow,
　　to build and to plant."

¶ **11** Und es geschah des HERRN Wort zu mir: Jeremia, was siehst du? Ich sprach: Ich sehe einen erwachenden Zweig.

12 Und der HERR sprach zu mir: Du hast recht gesehen; denn ich will wachen über meinem Wort, dass ich's tue.

¶ **13** Und es geschah des HERRN Wort zum zweiten Mal zu mir: Was siehst du? Ich sprach: Ich sehe einen siedenden Kessel überkochen von Norden her.

14 Und der HERR sprach zu mir: Von Norden her wird das Unheil losbrechen über alle, die im Lande wohnen.

15 Denn siehe, ich will rufen alle Völker der Königreiche des Nordens, spricht der HERR, dass sie kommen sollen und ihre Throne setzen vor die Tore Jerusalems und rings um die Mauern her und vor alle Städte Judas.

16 Und ich will mein Gericht über sie ergehen lassen um all ihrer Bosheit willen, dass sie mich verlassen und andern Göttern opfern und ihrer Hände Werk anbeten.

¶ **17** So gürte nun deine Lenden und mache dich auf und predige ihnen alles, was ich dir gebiete. Erschrick nicht vor ihnen, auf dass ich dich nicht erschrecke vor ihnen!

18 Denn ich will dich heute zur festen Stadt, zur eisernen Säule, zur ehernen Mauer machen im ganzen Lande wider die Könige Judas, wider seine Großen, wider seine Priester, wider das Volk des Landes,

19 dass, wenn sie auch wider dich streiten, sie dir dennoch nichts anhaben können; denn ich bin bei dir, spricht der HERR, dass ich dich errette.

Das untreue Gottesvolk

2 Und des HERRN Wort geschah zu mir:

2 Geh hin und predige öffentlich der Stadt Jerusalem und sprich: So spricht der HERR: Ich gedenke der Treue deiner Jugend und der Liebe deiner Brautzeit, wie du mir folgtest in der Wüste, im Lande, da man nicht sät.

3 Da war Israel dem HERRN heilig, die Erstlingsfrucht seiner Ernte. Wer davon essen wollte, machte sich schuldig, und Unheil musste über ihn kommen, spricht der HERR.

¶ **4** Hört des HERRN Wort, ihr vom Hause Jakob und alle Geschlechter vom Hause Israel!

¶ **11** And the word of the LORD came to me, saying, "Jeremiah, what do you see?" And I said, "I see an almond[1] branch."

12 Then the LORD said to me, "You have seen well, for I am watching over my word to perform it."

¶ **13** The word of the LORD came to me a second time, saying, "What do you see?" And I said, "I see a boiling pot, facing away from the north."

14 Then the LORD said to me, "Out of the north disaster[2] shall be let loose upon all the inhabitants of the land.

15 For behold, I am calling all the tribes of the kingdoms of the north, declares the LORD, and they shall come, and every one shall set his throne at the entrance of the gates of Jerusalem, against all its walls all around and against all the cities of Judah.

16 And I will declare my judgments against them, for all their evil in forsaking me. They have made offerings to other gods and worshiped the works of their own hands.

17 But you, dress yourself for work;[3] arise, and say to them everything that I command you. Do not be dismayed by them, lest I dismay you before them.

18 And I, behold, I make you this day a fortified city, an iron pillar, and bronze walls, against the whole land, against the kings of Judah, its officials, its priests, and the people of the land.

19 They will fight against you, but they shall not prevail against you, for I am with you, declares the LORD, to deliver you."

Israel Forsakes the LORD

2 The word of the LORD came to me, saying,

2 "Go and proclaim in the hearing of Jerusalem, Thus says the LORD,

"I remember the devotion of your youth,
    your love as a bride,
  how you followed me in the wilderness,
    in a land not sown.

3 Israel was holy to the LORD,
    the firstfruits of his harvest.
  All who ate of it incurred guilt;
    disaster came upon them,
        declares the LORD."

¶ **4** Hear the word of the LORD, O house of Jacob, and all the clans of the house of Israel.

5 So spricht der HERR: Was haben doch eure Väter Unrechtes an mir gefunden, dass sie von mir wichen und hingen den nichtigen Götzen an und wurden so zunichte

6 und dachten niemals: Wo ist der HERR, der uns aus Ägyptenland führte und leitete uns in der Wüste, im wilden, ungebahnten Lande, im dürren und finstern Lande, im Lande, das niemand durchwandert und kein Mensch bewohnt?

7 Und ich brachte euch in ein fruchtbares Land, dass ihr äßet seine Früchte und Güter. Aber als ihr hineinkamt, machtet ihr mein Land unrein und mein Eigentum mir zum Gräuel.

8 Die Priester fragten nicht: Wo ist der HERR?, und die Hüter des Gesetzes achteten meiner nicht, und die Hirten des Volks wurden mir untreu, und die Propheten weissagten im Namen des Baal und hingen den Götzen an, die nicht helfen können.

9 Darum muss ich noch weiter mit euch und mit euren Kindeskindern rechten, spricht der HERR.

¶ **10** Denn geht hin zu den Inseln der Kittäer und schaut, und sendet nach Kedar und gebt genau acht und schaut, ob's daselbst so zugeht:

11 ob die Heiden ihre Götter wechseln, die doch keine Götter sind. Aber mein Volk hat seine Herrlichkeit eingetauscht gegen einen Götzen, der nicht helfen kann!

12 Entsetze dich, Himmel, darüber, erschrick und erbebe gar sehr, spricht der HERR.

13 Denn mein Volk tut eine zwiefache Sünde: Mich, die lebendige Quelle, verlassen sie und machen sich Zisternen, die doch rissig sind und kein Wasser geben.

¶ **14** Ist denn Israel ein Sklave oder unfrei geboren, dass er jedermanns Raub sein darf?

5 Thus says the LORD:

"What wrong did your fathers find in me
    that they went far from me,
and went after worthlessness, and
    became worthless?

6 They did not say, 'Where is the LORD
    who brought us up from the land of
      Egypt,
who led us in the wilderness,
    in a land of deserts and pits,
in a land of drought and deep darkness,
    in a land that none passes through,
    where no man dwells?'

7 And I brought you into a plentiful land
    to enjoy its fruits and its good things.
But when you came in, you defiled my
    land
    and made my heritage an
      abomination.

8 The priests did not say, 'Where is the
    LORD?'
Those who handle the law did not
    know me;
the shepherds[1] transgressed against me;
    the prophets prophesied by Baal
    and went after things that do not
      profit.

9 "Therefore I still contend with you,
                declares the LORD,
and with your children's children I
    will contend.

10 For cross to the coasts of Cyprus and
    see,
or send to Kedar and examine with
    care;
    see if there has been such a thing.

11 Has a nation changed its gods,
    even though they are no gods?
But my people have changed their glory
    for that which does not profit.

12 Be appalled, O heavens, at this;
    be shocked, be utterly desolate,
                declares the LORD,

13 for my people have committed two evils:
    they have forsaken me,
    the fountain of living waters,
and hewed out cisterns for themselves,
    broken cisterns that can hold no water.

14 "Is Israel a slave? Is he a homeborn
    servant?
    Why then has he become a prey?

15 Löwen brüllen über ihm, brüllen laut und verwüsten sein Land, und seine Städte werden verbrannt, sodass niemand darin wohnt.

16 Dazu scheren die Leute von Memfis und Tachpanhes dir den Kopf kahl.

17 Das alles hast du dir doch selbst bereitet, weil du den HERRN, deinen Gott, verlässt, sooft er dich den rechten Weg leiten will.

18 Was hilft's dir, dass du nach Ägypten ziehst und willst vom Nil trinken? Und was hilft's dir, dass du nach Assyrien ziehst und willst vom Euphrat trinken?

19 Deine Bosheit ist schuld, dass du so geschlagen wirst, und dein Ungehorsam, dass du so gestraft wirst. Und du musst innewerden und erfahren, was es für Jammer und Herzeleid bringt, den HERRN, deinen Gott, zu verlassen und ihn nicht zu fürchten, spricht Gott, der HERR Zebaoth.

¶ **20** Denn von jeher hast du dein Joch zerbrochen und deine Bande zerrissen und gesagt: Ich will nicht unterworfen sein! Sondern auf allen hohen Hügeln und unter allen grünen Bäumen triebst du Hurerei.

21 Ich aber hatte dich gepflanzt als einen edlen Weinstock, ein ganz echtes Gewächs. Wie bist du mir denn geworden zu einem schlechten, wilden Weinstock?

22 Und wenn du dich auch mit Lauge wüschest und nähmest viel Seife dazu, so bleibt doch der Schmutz deiner Schuld vor mir, spricht Gott der HERR.

¶ **23** Wie wagst du denn zu sagen: Ich bin nicht unrein, ich habe mich nicht an die Baale gehängt? Sieh doch, wie du es treibst im Tal, und bedenke, was du getan hast! Du läufst umher wie eine Kamelstute in der Brunst,

24 wie eine Wildeselin in der Wüste, wenn sie vor großer Brunst lechzt und läuft, dass niemand sie aufhalten kann. Wer sie haben will, muss nicht weit laufen; er trifft sie bald in dieser Zeit.

25 Schone doch deine Füße, dass sie nicht wund werden, und deine Kehle, dass sie nicht durstig werde. Aber du sprichst: Da wird nichts draus; ich muss diese Fremden lieben und ihnen nachlaufen.

15 The lions have roared against him;
  they have roared loudly.
 They have made his land a waste;
  his cities are in ruins, without
   inhabitant.

16 Moreover, the men of Memphis and
   Tahpanhes
  have shaved[2] the crown of your head.

17 Have you not brought this upon yourself
  by forsaking the LORD your God,
   when he led you in the way?

18 And now what do you gain by going to
   Egypt
  to drink the waters of the Nile?
 Or what do you gain by going to Assyria
  to drink the waters of the Euphrates?

19 Your evil will chastise you,
  and your apostasy will reprove you.
 Know and see that it is evil and bitter
  for you to forsake the LORD your God;
   the fear of me is not in you,
     declares the Lord GOD of hosts.

20 "For long ago I broke your yoke
  and burst your bonds;
  but you said, 'I will not serve.'
 Yes, on every high hill
  and under every green tree
   you bowed down like a whore.

21 Yet I planted you a choice vine,
  wholly of pure seed.
 How then have you turned degenerate
  and become a wild vine?

22 Though you wash yourself with lye
  and use much soap,
   the stain of your guilt is still before me,
     declares the Lord GOD.

23 How can you say, 'I am not unclean,
  I have not gone after the Baals'?
 Look at your way in the valley;
  know what you have done—
 a restless young camel running here and
   there,

24 a wild donkey used to the wilderness,
 in her heat sniffing the wind!
  Who can restrain her lust?
 None who seek her need weary
   themselves;
  in her month they will find her.

25 Keep your feet from going unshod
  and your throat from thirst.
 But you said, 'It is hopeless,
  for I have loved foreigners,
   and after them I will go.'

¶ **26** Wie ein Dieb zuschanden wird, wenn man ihn ergreift, so wird das Haus Israel zuschanden werden samt seinen Königen, Fürsten, Priestern und Propheten,

27 die zum Holz sagen: »Du bist mein Vater«, und zum Stein: »Du hast mich geboren.« Denn sie kehren mir den Rücken zu und nicht das Angesicht. Aber wenn die Not über sie kommt, sprechen sie: »Auf und hilf uns!«

28 Wo sind denn deine Götter, die du dir gemacht hast? Lass sie aufstehen; lass sehen, ob sie dir helfen können in deiner Not! Denn so viel Städte, so viel Götter hast du, Juda.

¶ **29** Wie könnt ihr rechten mit mir? Ihr seid alle von mir abgefallen, spricht der HERR.

30 Alle meine Schläge sind vergeblich an euren Söhnen, sie lassen sich doch nicht erziehen; euer Schwert frisst eure Propheten wie ein wütender Löwe.

¶ **31** Du böses Geschlecht, merke auf des HERRN Wort! Bin ich denn für Israel eine Wüste oder ödes Land? Warum spricht denn mein Volk: »Wir sind freie Herren und brauchen dir nicht mehr nachzulaufen«?

32 Vergisst wohl eine Jungfrau ihren Schmuck oder eine Braut ihren Schleier? Mein Volk aber vergisst mich seit endlos langer Zeit.

33 Wie fein findest du Wege, dir Liebhaber zu suchen! Darum hast du dich auch gewöhnt, auf bösen Wegen zu wandeln.

34 Auch findet man an deinen Kleidern das Blut von Armen und Unschuldigen, die du nicht beim Einbruch ertappt hast, sondern die alledem widerstanden.

35 Und doch sprichst du: Ich bin unschuldig; er hat ja doch seinen Zorn von mir gewandt. Siehe, ich will dich richten, weil du sprichst: Ich habe nicht gesündigt.

36 Was läufst du denn so leichtfertig bald dahin, bald dorthin! Auch an Ägypten wirst du zuschanden werden, wie du an Assyrien zuschanden geworden bist.

26 "As a thief is shamed when caught,
so the house of Israel shall be shamed:
they, their kings, their officials,
their priests, and their prophets,

27 who say to a tree, 'You are my father,'
and to a stone, 'You gave me birth.'
For they have turned their back to me,
and not their face.
But in the time of their trouble they say,
'Arise and save us!'

28 But where are your gods
that you made for yourself?
Let them arise, if they can save you,
in your time of trouble;
for as many as your cities
are your gods, O Judah.

29 "Why do you contend with me?
You have all transgressed against me,
declares the LORD.

30 In vain have I struck your children;
they took no correction;
your own sword devoured your
prophets
like a ravening lion.

31 And you, O generation, behold the word
of the LORD.
Have I been a wilderness to Israel,
or a land of thick darkness?
Why then do my people say, 'We are
free,
we will come no more to you'?

32 Can a virgin forget her ornaments,
or a bride her attire?
Yet my people have forgotten me
days without number.

33 "How well you direct your course
to seek love!
So that even to wicked women
you have taught your ways.

34 Also on your skirts is found
the lifeblood of the guiltless poor;
you did not find them breaking in.
Yet in spite of all these things

35 you say, 'I am innocent;
surely his anger has turned from me.'
Behold, I will bring you to judgment
for saying, 'I have not sinned.'

36 How much you go about,
changing your way!
You shall be put to shame by Egypt
as you were put to shame by Assyria.

37 Denn du musst auch von dort wegziehen und deine Hände über dem Kopf zusammenlegen; denn der HERR hat sie verworfen, auf die du deine Hoffnung setztest, und es wird dir nicht mit ihnen gelingen.

3 Und er sprach: Wenn sich ein Mann von seiner Frau scheidet und sie geht von ihm und gehört einem andern, darf er sie auch wieder annehmen? Ist's nicht so, dass das Land unrein würde? Du aber hast mit vielen gehurt und solltest wieder zu mir kommen?, spricht der HERR.

2 Hebe deine Augen auf zu den Höhen und sieh, wo du allenthalben dich preisgegeben hast! An den Wegen sitzt du und lauerst auf sie wie ein Araber in der Wüste und machst das Land unrein mit deiner Hurerei und Bosheit.

3 Darum muss auch der Frühregen ausbleiben, und kein Spätregen kommt. Aber du hast eine Hurenstirn, du willst dich nicht mehr schämen

4 und schreist jetzt zu mir: »Lieber Vater, du Vertrauter meiner Jugend!

5 Willst du denn ewiglich zürnen und nicht vom Grimm lassen?« Siehe, so redest du und tust Böses und lässt dir nicht wehren.

Schuldspruch und Verheißung über Israel und Juda

6 Und der HERR sprach zu mir zur Zeit des Königs Josia: Hast du gesehen, was Israel, die Abtrünnige, tat? Sie ging hin auf alle hohen Berge und unter alle grünen Bäume und trieb dort Hurerei.

7 Und ich dachte, nachdem sie das alles getan, würde sie zu mir zurückkehren. Aber sie kehrte nicht zurück. Und obwohl ihre Schwester Juda, die Treulose, gesehen hat,

8 wie ich Israel, die Abtrünnige, wegen ihres Ehebruchs gestraft und sie entlassen und ihr einen Scheidebrief gegeben habe, scheut sich dennoch ihre Schwester, das treulose Juda, nicht, sondern geht hin und treibt auch Hurerei.

9 Und ihre leichtfertige Hurerei hat das Land unrein gemacht; denn sie treibt Ehebruch mit Stein und Holz.

37 From it too you will come away
  with your hands on your head,
for the Lord has rejected those in whom
    you trust,
  and you will not prosper by them.

3 "If[1] a man divorces his wife
  and she goes from him
  and becomes another man's wife,
    will he return to her?
  Would not that land be greatly polluted?
You have played the whore with many
    lovers;
  and would you return to me?
              declares the Lord.

2 Lift up your eyes to the bare heights,
    and see!
  Where have you not been ravished?
By the waysides you have sat awaiting
    lovers
  like an Arab in the wilderness.
You have polluted the land
  with your vile whoredom.

3 Therefore the showers have been
    withheld,
  and the spring rain has not come;
yet you have the forehead of a whore;
  you refuse to be ashamed.

4 Have you not just now called to me,
  'My father, you are the friend of my
    youth—

5 will he be angry forever,
  will he be indignant to the end?'
Behold, you have spoken,
  but you have done all the evil that you
    could."

Faithless Israel Called to Repentance

¶ **6** The Lord said to me in the days of King Josiah: "Have you seen what she did, that faithless one, Israel, how she went up on every high hill and under every green tree, and there played the whore?

7 And I thought, 'After she has done all this she will return to me,' but she did not return, and her treacherous sister Judah saw it.

8 She saw that for all the adulteries of that faithless one, Israel, I had sent her away with a decree of divorce. Yet her treacherous sister Judah did not fear, but she too went and played the whore.

9 Because she took her whoredom lightly, she polluted the land, committing adultery with stone and tree.

10 Und auch in diesem allen bekehrt sich das treulose Juda, ihre Schwester, nicht zu mir von ganzem Herzen, sondern nur mit Heuchelei, spricht der HERR.

¶ **11** Und der HERR sprach zu mir: Das abtrünnige Israel steht gerechter da als das treulose Juda.

12 Geh hin und rufe diese Worte nach Norden und sprich: Kehre zurück, du abtrünniges Israel, spricht der HERR, so will ich nicht zornig auf euch blicken. Denn ich bin gnädig, spricht der HERR, und will nicht ewiglich zürnen.

13 Allein erkenne deine Schuld, dass du wider den HERRN, deinen Gott, gesündigt hast und bist hin und her gelaufen zu den fremden Göttern unter allen grünen Bäumen, und ihr habt meiner Stimme nicht gehorcht, spricht der HERR.

¶ **14** Kehrt um, ihr abtrünnigen Kinder, spricht der HERR, denn ich bin euer Herr! Und ich will euch holen, einen aus einer Stadt und zwei aus einem Geschlecht, und will euch bringen nach Zion.

15 Und ich will euch Hirten geben nach meinem Herzen, die euch weiden sollen in Einsicht und Weisheit.

16 Und es soll geschehen, wenn ihr zahlreich geworden seid und euch ausgebreitet habt im Lande, so soll man, spricht der HERR, in jenen Tagen nicht mehr reden von der Bundeslade des HERRN, ihrer nicht mehr gedenken oder nach ihr fragen und sie nicht mehr vermissen; auch wird sie nicht wieder gemacht werden.

17 Sondern zu jener Zeit wird man Jerusalem nennen »Des HERRN Thron« und es werden sich dahin sammeln alle Heiden um des Namens des HERRN willen zu Jerusalem, und sie werden nicht mehr wandeln nach ihrem verstockten und bösen Herzen.

18 In jenen Tagen wird das Haus Juda zum Haus Israel gehen, und sie werden miteinander heimkommen von Norden her in das Land, das ich euren Vätern zum Erbe gegeben habe.

10 Yet for all this her treacherous sister Judah did not return to me with her whole heart, but in pretense, declares the LORD."

¶ **11** And the LORD said to me, "Faithless Israel has shown herself more righteous than treacherous Judah.

12 Go, and proclaim these words toward the north, and say,

"'Return, faithless Israel,
    declares the LORD.
I will not look on you in anger,
 for I am merciful,
    declares the LORD;
I will not be angry forever.

13 Only acknowledge your guilt,
 that you rebelled against the LORD
  your God
and scattered your favors among foreigners under every green tree,
 and that you have not obeyed my
  voice,
    declares the LORD.

14 Return, O faithless children,
    declares the LORD;
 for I am your master;
I will take you, one from a city and two
  from a family,
 and I will bring you to Zion.

¶ **15** "And I will give you shepherds after my own heart, who will feed you with knowledge and understanding.

16 And when you have multiplied and increased in the land, in those days, declares the LORD, they shall no more say, "The ark of the covenant of the LORD." It shall not come to mind or be remembered or missed; it shall not be made again.

17 At that time Jerusalem shall be called the throne of the LORD, and all nations shall gather to it, to the presence of the LORD in Jerusalem, and they shall no more stubbornly follow their own evil heart.

18 In those days the house of Judah shall join the house of Israel, and together they shall come from the land of the north to the land that I gave your fathers for a heritage.

¶ **19** Und ich dachte: Wie will ich dich halten, als wärst du mein Sohn, und dir das liebe Land geben, den allerschönsten Besitz unter den Völkern! Und ich dachte, du würdest mich dann »Lieber Vater« nennen und nicht von mir weichen.

20 Aber das Haus Israel hat mir nicht die Treue gehalten, gleichwie eine Frau wegen ihres Liebhabers nicht die Treue hält, spricht der HERR.

Israels Umkehr

21 Man hört ein klägliches Heulen und Weinen der Israeliten auf den Höhen, weil sie übel getan und den HERRN, ihren Gott, vergessen haben.

22 Kehrt zurück, ihr abtrünnigen Kinder, so will ich euch heilen von eurem Ungehorsam. ¶ Siehe, wir kommen zu dir; denn du bist der HERR, unser Gott.

23 Wahrlich, es ist ja nichts als Betrug mit den Hügeln und mit dem Lärm auf den Bergen. Wahrlich, es hat Israel keine andere Hilfe als am HERRN, unserm Gott.

24 Der schändliche Baal hat gefressen, was unsere Väter erworben hatten, von unsrer Jugend an, ihre Schafe und Rinder, Söhne und Töchter.

25 So müssen wir uns betten in unsere Schande, und unsre Schmach soll uns bedecken. Denn wir haben gesündigt wider den HERRN, unsern Gott, wir und unsere Väter, von unsrer Jugend an bis auf den heutigen Tag, und haben nicht gehorcht der Stimme des HERRN, unseres Gottes.

4 Willst du dich, Israel, bekehren, spricht der HERR, so kehre dich zu mir! Und wenn du deine gräulichen Götzen von meinem Angesicht wegtust, so brauchst du nicht mehr umherzuschweifen,

2 und wenn du ohne Heuchelei recht und heilig schwörst: »So wahr der HERR lebt«, dann werden die Heiden in ihm gesegnet werden und sich seiner rühmen.

19 "I said,

How I would set you among my sons,
and give you a pleasant land,
a heritage most beautiful of all nations.
And I thought you would call me, My Father,
and would not turn from following me.

20 Surely, as a treacherous wife leaves her husband,
so have you been treacherous to me, O house of Israel,
declares the LORD.' "

21 A voice on the bare heights is heard,
the weeping and pleading of Israel's sons
because they have perverted their way;
they have forgotten the LORD their God.

22 "Return, O faithless sons;
I will heal your faithlessness."
"Behold, we come to you,
for you are the LORD our God.

23 Truly the hills are a delusion,
the orgies[2] on the mountains.
Truly in the LORD our God
is the salvation of Israel.

¶ **24** "But from our youth the shameful thing has devoured all for which our fathers labored, their flocks and their herds, their sons and their daughters.

25 Let us lie down in our shame, and let our dishonor cover us. For we have sinned against the LORD our God, we and our fathers, from our youth even to this day, and we have not obeyed the voice of the LORD our God."

4 "If you return, O Israel,
declares the LORD,
to me you should return.
If you remove your detestable things
from my presence,
and do not waver,

2 and if you swear, 'As the LORD lives,'
in truth, in justice, and in righteousness,
then nations shall bless themselves in him,
and in him shall they glory."

3 Denn so spricht der HERR zu denen in Juda und zu Jerusalem: Pflüget ein Neues und säet nicht unter die Dornen!

4 Beschneidet euch für den HERRN und tut weg die Vorhaut eures Herzens, ihr Männer von Juda und ihr Leute von Jerusalem, auf dass nicht um eurer Bosheit willen mein Grimm ausfahre wie Feuer und brenne, sodass niemand löschen kann.

Der Feind aus dem Norden wird das Land verheeren

5 Verkündet in Juda und schreit laut in Jerusalem und sprecht: »Blast die Posaune im Lande!« Ruft mit voller Stimme und sprecht: »Sammelt euch und lasst uns in die festen Städte ziehen!«

6 Richtet in Zion ein Fluchtzeichen auf; flieht und säumet nicht! Denn ich bringe von Norden Unheil herzu und großen Jammer.

7 Es steigt herauf der Löwe aus seinem Dickicht, und der Verderber der Völker hat sich aufgemacht und ist ausgezogen von seiner Stätte, dein Land zu verwüsten und deine Städte zu verbrennen, sodass niemand darin wohnt.

8 Darum zieht den Sack an, klagt und heult; denn der grimmige Zorn des HERRN will sich nicht von uns wenden.

¶ 9 Zu der Zeit, spricht der HERR, wird dem König und den Fürsten der Mut entfallen, die Priester werden bestürzt und die Propheten erschrocken sein.

10 Ich aber sprach: Ach, Herr HERR, du hast dies Volk und Jerusalem sehr getäuscht, als du sagtest: »Es wird Friede bei euch sein«, wo doch das Schwert uns ans Leben geht!

¶ 11 Zu der Zeit wird man diesem Volk und Jerusalem sagen: »Es kommt ein heißer Wind von den kahlen Höhen aus der Wüste, geraden Weges zu der Tochter meines Volks, nicht zum Worfeln noch zum Sichten.«

12 Ja, ein Wind kommt auf mein Geheiß, der ihnen zu stark sein wird; da will ich dann mit ihnen rechten.

13 Siehe, er fährt daher wie Wolken, und seine Wagen sind wie ein Sturmwind, seine Rosse sind schneller als Adler. Weh uns! Wir sind verloren!

¶ 3 For thus says the LORD to the men of Judah and Jerusalem:

> "Break up your fallow ground,
>   and sow not among thorns.

4 Circumcise yourselves to the LORD;
>   remove the foreskin of your hearts,
>   O men of Judah and inhabitants of Jerusalem;
> lest my wrath go forth like fire,
>   and burn with none to quench it,
>   because of the evil of your deeds."

Disaster from the North

¶ 5 Declare in Judah, and proclaim in Jerusalem, and say,

> "Blow the trumpet through the land;
>   cry aloud and say,
> 'Assemble, and let us go
>   into the fortified cities!'

6 Raise a standard toward Zion,
>   flee for safety, stay not,
> for I bring disaster from the north,
>   and great destruction.

7 A lion has gone up from his thicket,
>   a destroyer of nations has set out;
> he has gone out from his place
> to make your land a waste;
>   your cities will be ruins
>   without inhabitant.

8 For this put on sackcloth,
>   lament and wail,
> for the fierce anger of the LORD
>   has not turned back from us."

¶ 9 "In that day, declares the LORD, courage shall fail both king and officials. The priests shall be appalled and the prophets astounded."

10 Then I said, "Ah, Lord GOD, surely you have utterly deceived this people and Jerusalem, saying, 'It shall be well with you,' whereas the sword has reached their very life."

¶ 11 At that time it will be said to this people and to Jerusalem, "A hot wind from the bare heights in the desert toward the daughter of my people, not to winnow or cleanse,

12 a wind too full for this comes for me. Now it is I who speak in judgment upon them."

¶ 13 Behold, he comes up like clouds;
>   his chariots like the whirlwind;
> his horses are swifter than eagles—
>   woe to us, for we are ruined!

14 So wasche nun, Jerusalem, dein Herz von der Bosheit, auf dass dir geholfen werde. Wie lange wollen bei dir bleiben deine heillosen Gedanken?

¶ **15** Horch! Es kommt ein Geschrei von Dan her und eine böse Botschaft vom Gebirge Ephraim.

16 Sagt an den Völkern, verkündet in Jerusalem: Belagerer kommen aus fernen Landen und erheben Kriegsgeschrei gegen die Städte Judas.

17 Sie werden sich um Jerusalem her lagern wie die Wächter auf dem Felde; denn es hat mich erzürnt, spricht der Herr.

18 Das hast du zum Lohn für deinen Wandel und dein Tun. Das kommt von deiner Bosheit, dass es so bitter um dich steht und dir bis ans Herz dringt.

¶ **19** Wie ist mir so weh! Mein Herz pocht mir im Leibe und ich habe keine Ruhe; denn ich höre der Posaune Hall, den Lärm der Feldschlacht;

20 Niederlage auf Niederlage wird gemeldet. Denn das ganze Land wird verheert, plötzlich sind meine Hütten und meine Zelte zerstört.

21 Wie lange soll ich noch das Fluchtzeichen sehen und der Posaune Hall hören?

22 Aber mein Volk ist toll und glaubt mir nicht. Töricht sind sie und achten's nicht; weise sind sie genug, Übles zu tun, aber recht tun wollen sie nicht lernen.

¶ **23** Ich schaute das Land an, siehe, es war wüst und öde, und den Himmel und er war finster.

24 Ich sah die Berge an, und siehe, sie bebten und alle Hügel wankten.

25 Ich sah, und siehe, da war kein Mensch, und alle Vögel unter dem Himmel waren weggeflogen.

26 Ich sah, und siehe, das Fruchtland war eine Wüste, und alle seine Städte waren zerstört vor dem Herrn und vor seinem grimmigen Zorn.

14 O Jerusalem, wash your heart from evil,
that you may be saved.
How long shall your wicked thoughts
lodge within you?

15 For a voice declares from Dan
and proclaims trouble from Mount
Ephraim.

16 Warn the nations that he is coming;
announce to Jerusalem,
"Besiegers come from a distant land;
they shout against the cities of Judah.

17 Like keepers of a field are they against
her all around,
because she has rebelled against me,
declares the Lord.

18 Your ways and your deeds
have brought this upon you.
This is your doom, and it is bitter;
it has reached your very heart."

Anguish over Judah's Desolation

19 My anguish, my anguish! I writhe in
pain!
Oh the walls of my heart!
My heart is beating wildly;
I cannot keep silent,
for I hear the sound of the trumpet,
the alarm of war.

20 Crash follows hard on crash;
the whole land is laid waste.
Suddenly my tents are laid waste,
my curtains in a moment.

21 How long must I see the standard
and hear the sound of the trumpet?

22 "For my people are foolish;
they know me not;
they are stupid children;
they have no understanding.
They are 'wise'—in doing evil!
But how to do good they know not."

23 I looked on the earth, and behold, it was
without form and void;
and to the heavens, and they had no
light.

24 I looked on the mountains, and behold,
they were quaking,
and all the hills moved to and fro.

25 I looked, and behold, there was no man,
and all the birds of the air had fled.

26 I looked, and behold, the fruitful land
was a desert,
and all its cities were laid in ruins
before the Lord, before his fierce anger.

27 Denn so spricht der HERR: Das ganze Land soll wüst werden, aber ich will mit ihm doch nicht ganz ein Ende machen.

28 Darum wird das Land betrübt und der Himmel droben traurig sein; denn ich hab's geredet, ich hab's beschlossen und es soll mich nicht gereuen, ich will auch nicht davon ablassen.

¶ **29** Aus allen Städten werden sie vor dem Geschrei der Reiter und Schützen fliehen und in die dichten Wälder laufen und in die Felsen kriechen. Alle Städte werden verlassen stehen, sodass niemand darin wohnt.

30 Was willst du dann tun, du Überwältigte? Wenn du dich schon mit Purpur kleiden und mit goldenen Kleinoden schmücken und dein Angesicht schminken würdest, so schmückst du dich doch vergeblich. Die dir jetzt den Hof machen, werden dich verachten, sie werden dir nach dem Leben trachten.

31 Denn ich höre ein Geschrei wie von einer Gebärenden, Angstrufe wie von einer, die in den ersten Kindsnöten ist, ein Geschrei der Tochter Zion, die da keucht und die Hände ausbreitet: Ach, weh mir! Ich muss vergehen vor den Würgern.

Dem sündigen Volk kann nicht mehr vergeben werden

5 Geht durch die Gassen Jerusalems und schaut und merkt auf und sucht auf den Straßen der Stadt, ob ihr jemand findet, der Recht übt und auf Wahrheit hält, so will ich ihr gnädig sein.

2 Und wenn sie auch sprechen: Bei dem lebendigen Gott!, so schwören sie doch falsch.

¶ **3** HERR, deine Augen sehen auf Wahrhaftigkeit. Du schlägst sie, aber sie fühlen's nicht; du machst fast ein Ende mit ihnen, aber sie bessern sich nicht. Sie haben ein Angesicht, härter als ein Fels, und wollen sich nicht bekehren.

¶ **27** For thus says the LORD, "The whole land shall be a desolation; yet I will not make a full end.

28 "For this the earth shall mourn,
and the heavens above be dark;
for I have spoken; I have purposed;
I have not relented, nor will I turn
back."

29 At the noise of horseman and archer
every city takes to flight;
they enter thickets; they climb among
rocks;
all the cities are forsaken,
and no man dwells in them.

30 And you, O desolate one,
what do you mean that you dress in
scarlet,
that you adorn yourself with ornaments of gold,
that you enlarge your eyes with paint?
In vain you beautify yourself.
Your lovers despise you;
they seek your life.

31 For I heard a cry as of a woman in labor,
anguish as of one giving birth to her
first child,
the cry of the daughter of Zion gasping
for breath,
stretching out her hands,
"Woe is me! I am fainting before
murderers."

Jerusalem Refused to Repent

5 Run to and fro through the streets of
Jerusalem,
look and take note!
Search her squares to see
if you can find a man,
one who does justice
and seeks truth,
that I may pardon her.

2 Though they say, "As the LORD lives,"
yet they swear falsely.

3 O LORD, do not your eyes look for truth?
You have struck them down,
but they felt no anguish;
you have consumed them,
but they refused to take correction.
They have made their faces harder than
rock;
they have refused to repent.

4 Ich aber dachte: Wohlan, es sind arme, unverständige Leute und wissen nicht um des HERRN Weg und um ihres Gottes Recht.

5 Ich will zu den Großen gehen und mit ihnen reden; die werden um des HERRN Weg und ihres Gottes Recht wissen. Aber sie alle haben das Joch zerbrochen und die Seile zerrissen.

6 Darum wird sie auch der Löwe aus dem Walde zerreißen, und der Wolf aus der Steppe wird sie verderben, und der Panther wird um ihre Städte lauern; alle, die von da herausgehen, werden zerfleischt. Denn ihrer Sünden sind zu viele, und sie bleiben in ihrem Ungehorsam.

¶ **7** Wie soll ich dir denn gnädig sein? Deine Söhne haben mich verlassen und schwören bei dem, der nicht Gott ist. Als ich sie satt gemacht hatte, trieben sie Ehebruch und liefen ins Hurenhaus.

8 Ein jeder wiehert nach seines Nächsten Frau wie die vollen, müßigen Hengste.

9 Und ich sollte das an ihnen nicht heimsuchen, spricht der HERR, und ich sollte mich nicht rächen an einem Volk wie diesem?

¶ **10** Stürmt ihre Weinberge hinauf und zerstört die stützenden Mauern; aber verwüstet sie nicht ganz! Reißt ihre Weinranken weg; denn sie gehören nicht dem HERRN!

11 Sie verachten mich, spricht der HERR, das Haus Israel und das Haus Juda.

¶ **12** Sie verleugnen den HERRN und sprechen: »Das tut er nicht; so übel wird es uns nicht gehen; Schwert und Hunger werden wir nicht sehen.

13 Die Propheten sind Schwätzer und haben Gottes Wort nicht; es ergehe ihnen selbst so!«

4 Then I said, "These are only the poor;
   they have no sense;
for they do not know the way of the
   LORD,
   the justice of their God.

5 I will go to the great
   and will speak to them,
for they know the way of the LORD,
   the justice of their God."
But they all alike had broken the yoke;
   they had burst the bonds.

6 Therefore a lion from the forest shall
   strike them down;
   a wolf from the desert shall devastate
   them.
A leopard is watching their cities;
   everyone who goes out of them shall
      be torn in pieces,
because their transgressions are many,
   their apostasies are great.

7 "How can I pardon you?
   Your children have forsaken me
   and have sworn by those who are no
      gods.
When I fed them to the full,
   they committed adultery
   and trooped to the houses of whores.

8 They were well-fed, lusty stallions,
   each neighing for his neighbor's wife.

9 Shall I not punish them for these things?
                  declares the LORD;
   and shall I not avenge myself
   on a nation such as this?

10 "Go up through her vine rows and
      destroy,
   but make not a full end;
strip away her branches,
   for they are not the LORD's.

11 For the house of Israel and the house of
      Judah
   have been utterly treacherous to me,
                  declares the LORD.

12 They have spoken falsely of the LORD
   and have said, 'He will do nothing;
no disaster will come upon us,
   nor shall we see sword or famine.

13 The prophets will become wind;
   the word is not in them.
   Thus shall it be done to them!'"

14 Darum spricht der HERR, der Gott Zebaoth: Weil ihr solche Reden führt, siehe, so will ich meine Worte in deinem Munde zu Feuer machen und dies Volk zu Brennholz, dass es verzehrt werde.

¶ **15** Siehe, ich will über euch vom Hause Israel ein Volk von ferne her bringen, spricht der HERR, ein Volk von unerschöpflicher Kraft, ein uraltes Volk, ein Volk, dessen Sprache du nicht verstehst, und was sie reden, kannst du nicht vernehmen.

16 Seine Köcher sind wie offene Gräber; es sind lauter Helden.

17 Sie werden deine Ernte und dein Brot verzehren, sie werden deine Söhne und Töchter fressen, sie werden deine Schafe und Rinder verschlingen, sie werden deine Weinstöcke und Feigenbäume verzehren; deine festen Städte, auf die du dich verlässt, werden sie mit dem Schwert einnehmen.

¶ **18** Doch will ich, spricht der HERR, auch zu jener Zeit mit euch nicht ganz ein Ende machen.

19 Und wenn sie sagen: Warum tut uns der HERR, unser Gott, dies alles?, sollst du ihnen antworten: Wie ihr mich verlasst und fremden Göttern dient in eurem eigenen Lande, so sollt ihr auch Fremden dienen in einem Lande, das nicht euer ist.

¶ **20** Verkündet im Hause Jakob und ruft aus in Juda und sprecht:

21 Hört zu, ihr tolles Volk, das keinen Verstand hat, die da Augen haben und sehen nicht, Ohren haben und hören nicht!

22 Wollt ihr mich nicht fürchten, spricht der HERR, und vor mir nicht erschrecken, der ich dem Meere den Sand zur Grenze setze, darin es allezeit bleiben muss, darüber es nicht gehen darf? Und wenn es auch aufwallt, so vermag es doch nichts; und wenn seine Wellen auch toben, so dürfen sie doch nicht darübergehen.

23 Aber dies Volk hat ein abtrünniges, ungehorsames Herz. Sie bleiben abtrünnig und gehen ihrer Wege

The Lord Proclaims Judgment

14 Therefore thus says the Lord, the God of hosts:
"Because you have spoken this word,
behold, I am making my words in your mouth a fire,
and this people wood, and the fire shall consume them.

15 Behold, I am bringing against you
a nation from afar, O house of Israel,
declares the Lord.
It is an enduring nation;
it is an ancient nation,
a nation whose language you do not know,
nor can you understand what they say.

16 Their quiver is like an open tomb;
they are all mighty warriors.

17 They shall eat up your harvest and your food;
they shall eat up your sons and your daughters;
they shall eat up your flocks and your herds;
they shall eat up your vines and your fig trees;
your fortified cities in which you trust
they shall beat down with the sword."

¶ **18** "But even in those days, declares the Lord, I will not make a full end of you.

19 And when your people say, 'Why has the Lord our God done all these things to us?' you shall say to them, 'As you have forsaken me and served foreign gods in your land, so you shall serve foreigners in a land that is not yours.'"

20 Declare this in the house of Jacob;
proclaim it in Judah:

21 "Hear this, O foolish and senseless people,
who have eyes, but see not,
who have ears, but hear not.

22 Do you not fear me? declares the Lord.
Do you not tremble before me?
I placed the sand as the boundary for the sea,
a perpetual barrier that it cannot pass;
though the waves toss, they cannot prevail;
though they roar, they cannot pass over it.

23 But this people has a stubborn and rebellious heart;
they have turned aside and gone away.

24 und sprechen niemals in ihrem Herzen: »Lasst uns doch den Herrn, unsern Gott, fürchten, der uns Frühregen und Spätregen gibt zur rechten Zeit und uns die Ernte treulich und jährlich gewährt.«

25 Aber eure Verschuldungen verhindern das, und eure Sünden halten das Gute von euch fern.

¶ **26** Man findet unter meinem Volk Gottlose, die den Leuten nachstellen und Fallen zurichten, um sie zu fangen, wie's die Vogelfänger tun.

27 Ihre Häuser sind voller Tücke, wie ein Vogelbauer voller Lockvögel ist. Daher sind sie groß und reich geworden,

28 fett und feist. Sie gehen mit bösen Dingen um; sie halten kein Recht, der Waisen Sache fördern sie nicht, dass ihnen ihr Recht werde, und helfen den Armen nicht zum Recht.

29 Sollte ich das an ihnen nicht heimsuchen, spricht der Herr, und sollte ich mich nicht rächen an einem Volk wie diesem?

¶ **30** Es steht gräulich und grässlich im Lande.

31 Die Propheten weissagen Lüge, und die Priester herrschen auf eigene Faust, und mein Volk hat's gern so. Aber was werdet ihr tun, wenn's damit ein Ende hat?

Das wohlverdiente Gericht

6 Flieht, ihr Leute von Benjamin, aus Jerusalem und blast die Posaune in Tekoa und richtet ein Fluchtzeichen auf über Bet-Kerem! Denn es droht von Norden Unheil und großer Jammer.

¶ **2** Die Tochter Zion ist wie eine liebliche Aue;

3 aber es werden Hirten über sie kommen mit ihren Herden; die werden Zelte aufschlagen rings um sie her und ein jeder seinen Platz abweiden.

4 »Rüstet euch zum Krieg gegen sie! Wohlauf, lasst uns hinaufziehen, solange es noch heller Tag ist! Wehe, es will Abend werden, und die Schatten werden lang!

24 They do not say in their hearts,
    'Let us fear the Lord our God,
who gives the rain in its season,
    the autumn rain and the spring rain,
and keeps for us
    the weeks appointed for the harvest.'

25 Your iniquities have turned these away,
    and your sins have kept good from
        you.

26 For wicked men are found among my
        people;
    they lurk like fowlers lying in wait.[1]
They set a trap;
    they catch men.

27 Like a cage full of birds,
    their houses are full of deceit;
therefore they have become great and
        rich;

28   they have grown fat and sleek.
They know no bounds in deeds of evil;
    they judge not with justice
the cause of the fatherless, to make it
        prosper,
    and they do not defend the rights of
        the needy.

29 Shall I not punish them for these things?
                declares the Lord,
    and shall I not avenge myself
        on a nation such as this?"

30 An appalling and horrible thing
    has happened in the land:

31   the prophets prophesy falsely,
    and the priests rule at their direction;
my people love to have it so,
    but what will you do when the end
        comes?

Impending Disaster for Jerusalem

6 Flee for safety, O people of Benjamin,
    from the midst of Jerusalem!
Blow the trumpet in Tekoa,
    and raise a signal on Beth-haccherem,
for disaster looms out of the north,
    and great destruction.

2 The lovely and delicately bred I will
        destroy,
    the daughter of Zion.[1]

3 Shepherds with their flocks shall come
        against her;
    they shall pitch their tents around her;
    they shall pasture, each in his place.

4 "Prepare war against her;
    arise, and let us attack at noon!
Woe to us, for the day declines,
    for the shadows of evening lengthen!

5 Wohlan, lasst uns hinaufziehen bei Nacht und ihre Paläste zerstören!«

¶ **6** Denn so spricht der HERR Zebaoth: Fällt Bäume und werft einen Wall auf gegen Jerusalem; denn es ist eine Stadt, die heimgesucht werden soll. Ist doch nichts als Unrecht darin!

7 Denn wie ein Brunnen sein Wasser quellen lässt, so quillt auch ihre Bosheit. Frevel und Gewalt hört man in ihr, und Morden und Schlagen treiben sie täglich vor mir.

8 Bessre dich, Jerusalem, ehe sich mein Herz von dir wende und ich dich zum wüsten Lande mache, darin niemand wohnt!

¶ **9** So spricht der HERR Zebaoth: Halte Nachlese am Rest Israels wie am Weinstock, strecke deine Hand immer wieder aus wie ein Winzer nach den Reben.

¶ **10** »Ach, mit wem soll ich noch reden, und wem soll ich Zeugnis geben? Dass doch jemand hören wollte! Aber ihr Ohr ist unbeschnitten; sie können's nicht hören. Siehe, sie halten des HERRN Wort für Spott und wollen es nicht haben.

11 Darum bin ich von des HERRN Zorn so voll, dass ich ihn nicht zurückhalten kann.« So schütte ihn aus über die Kinder auf der Gasse und über die Schar der jungen Männer! Denn es sollen alle, Mann und Frau, Alte und Hochbetagte, gefangen weggeführt werden.

12 Ihre Häuser sollen den Fremden zuteilwerden samt den Äckern und Frauen; denn ich will meine Hand ausstrecken, spricht der HERR, wider die Bewohner des Landes.

13 Denn sie gieren alle, Klein und Groß, nach unrechtem Gewinn, und Propheten und Priester gehen alle mit Lüge um

5 Arise, and let us attack by night
and destroy her palaces!"

6 For thus says the LORD of hosts:
"Cut down her trees;
cast up a siege mound against
Jerusalem.
This is the city that must be punished;
there is nothing but oppression within
her.

7 As a well keeps its water fresh,
so she keeps fresh her evil;
violence and destruction are heard
within her;
sickness and wounds are ever before
me.

8 Be warned, O Jerusalem,
lest I turn from you in disgust,
lest I make you a desolation,
an uninhabited land."

9 Thus says the LORD of hosts:
"They shall glean thoroughly as a vine
the remnant of Israel;
like a grape-gatherer pass your hand
again
over its branches."

10 To whom shall I speak and give
warning,
that they may hear?
Behold, their ears are uncircumcised,
they cannot listen;
behold, the word of the LORD is to them
an object of scorn;
they take no pleasure in it.

11 Therefore I am full of the wrath of the
LORD;
I am weary of holding it in.
"Pour it out upon the children in the
street,
and upon the gatherings of young
men, also;
both husband and wife shall be taken,
the elderly and the very aged.

12 Their houses shall be turned over to
others,
their fields and wives together,
for I will stretch out my hand
against the inhabitants of the land,"
declares the LORD.

13 "For from the least to the greatest of
them,
everyone is greedy for unjust gain;
and from prophet to priest,
everyone deals falsely.

14 und heilen den Schaden meines Volks nur obenhin, indem sie sagen: »Friede! Friede!«, und ist doch nicht Friede.

15 Sie werden mit Schande dastehen, weil sie solche Gräuel getrieben haben; aber sie wollen sich nicht schämen und wissen nichts von Scham. Darum sollen sie fallen unter den Fallenden, und wenn ich sie heimsuchen werde, sollen sie stürzen, spricht der HERR.

¶ **16** So spricht der HERR: Tretet hin an die Wege und schaut und fragt nach den Wegen der Vorzeit, welches der gute Weg sei, und wandelt darin, so werdet ihr Ruhe finden für eure Seele! Aber sie sprechen: Wir wollen's nicht tun!

17 Auch habe ich Wächter über euch gesetzt: Achtet auf den Hall der Posaune! Aber sie sprechen: Wir wollen's nicht tun!

¶ **18** Darum höret, ihr Völker, und merkt auf samt euren Leuten!

19 Du, Erde, höre zu! Siehe, ich will Unheil über dies Volk bringen, ihren verdienten Lohn, weil sie auf meine Worte nicht achten und mein Gesetz verwerfen.

¶ **20** Was frage ich nach dem Weihrauch aus Saba und nach dem köstlichen Gewürz, das aus fernen Landen kommt? Eure Brandopfer sind mir nicht wohlgefällig, und eure Schlachtopfer gefallen mir nicht.

21 Darum spricht der HERR: Siehe, ich will diesem Volk Anstöße in den Weg stellen, daran sich Väter und Söhne zugleich stoßen und ein Nachbar mit dem andern umkommen soll.

¶ **22** So spricht der HERR: Siehe, es kommt ein Volk von Norden, und ein großes Volk wird sich erheben vom Ende der Erde.

14 They have healed the wound of my
    people lightly,
saying, 'Peace, peace,'
    when there is no peace.

15 Were they ashamed when they commit-
    ted abomination?
No, they were not at all ashamed;
    they did not know how to blush.
Therefore they shall fall among those
    who fall;
at the time that I punish them, they
    shall be overthrown,"
                    says the LORD.

16 Thus says the LORD:
"Stand by the roads, and look,
    and ask for the ancient paths,
where the good way is; and walk in it,
    and find rest for your souls.
But they said, 'We will not walk in it.'

17 I set watchmen over you, saying,
'Pay attention to the sound of the
    trumpet!'
But they said, 'We will not pay attention.'

18 Therefore hear, O nations,
    and know, O congregation, what will
    happen to them.

19 Hear, O earth; behold, I am bringing
    disaster upon this people,
    the fruit of their devices,
because they have not paid attention to
    my words;
and as for my law, they have rejected
    it.

20 What use to me is frankincense that
    comes from Sheba,
    or sweet cane from a distant land?
Your burnt offerings are not acceptable,
    nor your sacrifices pleasing to me.

21 Therefore thus says the LORD:
'Behold, I will lay before this people
    stumbling blocks against which they
    shall stumble;
fathers and sons together,
    neighbor and friend shall perish.'"

22 Thus says the LORD:
"Behold, a people is coming from the
    north country,
    a great nation is stirring from the far-
    thest parts of the earth.

23 Sie führen Bogen und Speer, sind grausam und ohne Erbarmen. Sie brausen daher wie ein ungestümes Meer und reiten auf Rossen, gerüstet als Kriegsleute, gegen dich, du Tochter Zion.

¶ **24** Wir haben von ihnen gehört und unsre Arme sind uns niedergesunken; es ist uns angst und weh geworden wie einer Gebärenden.

25 Niemand gehe hinaus auf den Acker, niemand gehe über Land; denn es ist Schrecken um und um vor dem Schwert des Feindes.

¶ **26** O Tochter meines Volks, zieh den Sack an und wälze dich im Staube! Trage Leid wie um den einzigen Sohn und klage bitterlich; denn der Verderber kommt über uns plötzlich.

Jeremia als Prüfer des Volkes

27 Ich habe dich zum Prüfer gesetzt für mein Volk, dass du seinen Wandel erkennen und prüfen sollst.

28 Sie sind ganz und gar abtrünnig und wandeln verleumderisch; Erz und Eisen sind sie; alle bringen sie Verderben.

29 Der Blasebalg schnaubte, das Blei wurde flüssig vom Feuer; aber das Schmelzen war umsonst, denn die Bösen sind nicht ausgeschieden.

30 Darum heißen sie »Verworfenes Silber«; denn der HERR hat sie verworfen.

Die Tempelrede
(vgl. Kap 26,1-19)

7 Dies ist das Wort, das vom HERRN geschah zu Jeremia:

2 Tritt ins Tor am Hause des HERRN und predige dort dies Wort und sprich: Höret des HERRN Wort, ihr alle von Juda, die ihr zu diesen Toren eingeht, den HERRN anzubeten!

3 So spricht der HERR Zebaoth, der Gott Israels: **Bessert euer Leben und euer Tun, so will ich bei euch wohnen an diesem Ort.***

4 Verlasst euch nicht auf Lügenworte, wenn sie sagen: Hier ist des HERRN Tempel, hier ist des HERRN Tempel, hier ist des HERRN Tempel!

23 They lay hold on bow and javelin;
  they are cruel and have no mercy;
  the sound of them is like the roaring
    sea;
they ride on horses,
  set in array as a man for battle,
  against you, O daughter of Zion!"

24 We have heard the report of it;
  our hands fall helpless;
anguish has taken hold of us,
  pain as of a woman in labor.

25 Go not out into the field,
  nor walk on the road,
for the enemy has a sword;
  terror is on every side.

26 O daughter of my people, put on
    sackcloth,
  and roll in ashes;
make mourning as for an only son,
  most bitter lamentation,
for suddenly the destroyer
  will come upon us.

27 "I have made you a tester of metals
    among my people,
  that you may know and test their
    ways.

28 They are all stubbornly rebellious,
  going about with slanders;
they are bronze and iron,
  all of them act corruptly.

29 The bellows blow fiercely;
  the lead is consumed by the fire;
in vain the refining goes on,
  for the wicked are not removed.

30 Rejected silver they are called,
  for the LORD has rejected them."

Evil in the Land

7 The word that came to Jeremiah from the LORD:

2 "Stand in the gate of the LORD's house, and proclaim there this word, and say, Hear the word of the LORD, all you men of Judah who enter these gates to worship the LORD.

3 Thus says the LORD of hosts, the God of Israel: Amend your ways and your deeds, and I will let you dwell in this place.

4 Do not trust in these deceptive words: 'This is the temple of the LORD, the temple of the LORD, the temple of the LORD.'

5 Sondern bessert euer Leben und euer Tun, dass ihr recht handelt einer gegen den andern

6 und keine Gewalt übt gegen Fremdlinge, Waisen und Witwen und nicht unschuldiges Blut vergießt an diesem Ort und nicht andern Göttern nachlauft zu eurem eigenen Schaden,

7 so will ich immer und ewig bei euch wohnen an diesem Ort, in dem Lande, das ich euren Vätern gegeben habe.

¶ **8** Aber nun verlasst ihr euch auf Lügenworte, die zu nichts nütze sind.

9 Ihr seid Diebe, Mörder, Ehebrecher und Meineidige und opfert dem Baal und lauft fremden Göttern nach, die ihr nicht kennt.

10 Und dann kommt ihr und tretet vor mich in diesem Hause, das nach meinem Namen genannt ist, und sprecht: Wir sind geborgen, – und tut weiter solche Gräuel.

11 Haltet ihr denn dies Haus, das nach meinem Namen genannt ist, für eine Räuberhöhle? Siehe, ich sehe es wohl, spricht der HERR.

¶ **12** Geht hin an meine Stätte zu Silo, wo früher mein Name gewohnt hat, und schaut, was ich dort getan habe wegen der Bosheit meines Volks Israel.

13 Weil ihr denn lauter solche Dinge treibt, spricht der HERR, und weil ich immer wieder zu euch redete und ihr nicht hören wolltet und ich euch rief und ihr nicht antworten wolltet,

14 so will ich mit dem Hause, das nach meinem Namen genannt ist, auf das ihr euch verlasst, und mit der Stätte, die ich euch und euren Vätern gegeben habe, ebenso tun, wie ich mit Silo getan habe,

15 und will euch von meinem Angesicht verstoßen, wie ich verstoßen habe alle eure Brüder, das ganze Geschlecht Ephraim.

Gegen falschen Gottesdienst

16 Du sollst für dies Volk nicht bitten und sollst für sie weder Klage noch Gebet vorbringen, sie auch nicht vertreten vor mir; denn ich will dich nicht hören.

17 Siehst du nicht, was sie tun in den Städten Judas und auf den Gassen Jerusalems?

18 Die Kinder lesen Holz, die Väter zünden das Feuer an und die Frauen kneten den Teig, dass sie der Himmelskönigin Kuchen backen, und fremden Göttern spenden sie Trankopfer mir zum Verdruss.

19 Aber damit machen sie nicht mir Verdruss, spricht der HERR, sondern sich selbst zu ihrer eigenen Schande.

¶ **5** "For if you truly amend your ways and your deeds, if you truly execute justice one with another,

6 if you do not oppress the sojourner, the fatherless, or the widow, or shed innocent blood in this place, and if you do not go after other gods to your own harm,

7 then I will let you dwell in this place, in the land that I gave of old to your fathers forever.

¶ **8** "Behold, you trust in deceptive words to no avail.

9 Will you steal, murder, commit adultery, swear falsely, make offerings to Baal, and go after other gods that you have not known,

10 and then come and stand before me in this house, which is called by my name, and say, 'We are delivered!'—only to go on doing all these abominations?

11 Has this house, which is called by my name, become a den of robbers in your eyes? Behold, I myself have seen it, declares the LORD.

12 Go now to my place that was in Shiloh, where I made my name dwell at first, and see what I did to it because of the evil of my people Israel.

13 And now, because you have done all these things, declares the LORD, and when I spoke to you persistently you did not listen, and when I called you, you did not answer,

14 therefore I will do to the house that is called by my name, and in which you trust, and to the place that I gave to you and to your fathers, as I did to Shiloh.

15 And I will cast you out of my sight, as I cast out all your kinsmen, all the offspring of Ephraim.

¶ **16** "As for you, do not pray for this people, or lift up a cry or prayer for them, and do not intercede with me, for I will not hear you.

17 Do you not see what they are doing in the cities of Judah and in the streets of Jerusalem?

18 The children gather wood, the fathers kindle fire, and the women knead dough, to make cakes for the queen of heaven. And they pour out drink offerings to other gods, to provoke me to anger.

19 Is it I whom they provoke? declares the LORD. Is it not themselves, to their own shame?

20 Darum spricht Gott der HERR: Siehe, mein Zorn und mein Grimm wird ausgeschüttet über diese Stätte, über Menschen und über Vieh, über die Bäume auf dem Felde und über die Früchte des Landes; der soll so brennen, dass niemand löschen kann.

¶ **21** So spricht der HERR Zebaoth, der Gott Israels: Tut eure Brandopfer zu euren Schlachtopfern und fresst Fleisch!

22 Ich aber habe euren Vätern an dem Tage, als ich sie aus Ägyptenland führte, nichts gesagt noch geboten von Brandopfern und Schlachtopfern;

23 sondern dies habe ich ihnen geboten: Gehorcht meinem Wort, so will ich euer Gott sein und ihr sollt mein Volk sein; wandelt ganz auf dem Wege, den ich euch gebiete, auf dass es euch wohlgehe.

¶ **24** Aber sie wollten nicht hören noch ihre Ohren mir zukehren, sondern wandelten nach ihrem eignen Rat und nach ihrem verstockten und bösen Herzen und kehrten mir den Rücken zu und nicht das Angesicht.

25 Ja, von dem Tage an, da ich eure Väter aus Ägyptenland führte, bis auf diesen Tag habe ich immer wieder zu euch gesandt alle meine Knechte, die Propheten.

26 Aber sie wollen mich nicht hören noch ihre Ohren mir zukehren, sondern sind halsstarrig und treiben es ärger als ihre Väter.

27 Und wenn du schon ihnen dies alles sagst, so werden sie doch nicht auf dich hören; rufst du sie, so werden sie dir nicht antworten.

28 Darum sprich zu ihnen: Dies ist das Volk, das auf die Stimme des HERRN, seines Gottes, nicht hören noch sich bessern will. Die Wahrheit ist dahin und ausgerottet aus ihrem Munde.

¶ **29** Schere deine Haare ab und wirf sie von dir und wehklage auf den Höhen; denn der HERR hat dies Geschlecht, über das er zornig ist, verworfen und verstoßen.

30 Denn die Leute von Juda tun, was mir missfällt, spricht der HERR. Sie haben ihre Gräuelbilder gesetzt in das Haus, das nach meinem Namen genannt ist, um es unrein zu machen,

31 und haben die Höhen des Tofet im Tal Ben-Hinnom gebaut, um ihre Söhne und Töchter zu verbrennen, was ich nie geboten habe und mir nie in den Sinn gekommen ist.

20 Therefore thus says the Lord GOD: behold, my anger and my wrath will be poured out on this place, upon man and beast, upon the trees of the field and the fruit of the ground; it will burn and not be quenched."

¶ **21** Thus says the LORD of hosts, the God of Israel: "Add your burnt offerings to your sacrifices, and eat the flesh.

22 For in the day that I brought them out of the land of Egypt, I did not speak to your fathers or command them concerning burnt offerings and sacrifices.

23 But this command I gave them: 'Obey my voice, and I will be your God, and you shall be my people. And walk in all the way that I command you, that it may be well with you.'

24 But they did not obey or incline their ear, but walked in their own counsels and the stubbornness of their evil hearts, and went backward and not forward.

25 From the day that your fathers came out of the land of Egypt to this day, I have persistently sent all my servants the prophets to them, day after day.

26 Yet they did not listen to me or incline their ear, but stiffened their neck. They did worse than their fathers.

¶ **27** "So you shall speak all these words to them, but they will not listen to you. You shall call to them, but they will not answer you.

28 And you shall say to them, 'This is the nation that did not obey the voice of the LORD their God, and did not accept discipline; truth has perished; it is cut off from their lips.

29 " 'Cut off your hair and cast it away;
raise a lamentation on the bare
heights,
for the LORD has rejected and forsaken
the generation of his wrath.'

The Valley of Slaughter

¶ **30** "For the sons of Judah have done evil in my sight, declares the LORD. They have set their detestable things in the house that is called by my name, to [h]defile it.

31 And they have built the high places of Topheth, which is in the Valley of the Son of Hinnom, to burn their sons and their daughters in the fire, which I did not command, nor did it come into my mind.

¶ **32** Darum siehe, es kommt die Zeit, spricht der HERR, dass man's nicht mehr nennen wird »Tofet« und »Tal Ben-Hinnom«, sondern »Würgetal«. Und man wird im Tofet begraben müssen, weil sonst kein Raum mehr sein wird.

33 Und die Leichname dieses Volks sollen den Vögeln des Himmels und den Tieren des Feldes zum Fraß werden, ohne dass sie jemand verscheuchen wird.

34 Und ich will in den Städten Judas und auf den Gassen Jerusalems wegnehmen den Jubel der Freude und Wonne und die Stimme des Bräutigams und der Braut; denn das Land soll wüst werden.

8 Zu dieser Zeit, spricht der HERR, wird man die Gebeine der Könige von Juda, die Gebeine seiner Fürsten, die Gebeine der Priester, die Gebeine der Propheten und die Gebeine der Bürger Jerusalems aus ihren Gräbern werfen

2 und wird sie hinstreuen der Sonne, dem Mond und dem ganzen Heer des Himmels, die sie geliebt und denen sie gedient haben, denen sie nachgelaufen sind, die sie befragt und angebetet haben. Sie sollen nicht wieder aufgelesen und begraben werden, sondern Dung auf dem Felde sein.

3 Und alle, die übrig geblieben sind von diesem bösen Volk, werden an allen Orten, wohin ich sie verstoße, lieber tot als lebendig sein wollen, spricht der HERR Zebaoth.

Gegen das verblendete Volk und seine Verführer

4 Sprich zu ihnen: So spricht der HERR: Wo ist jemand, wenn er fällt, der nicht gern wieder aufstünde? Wo ist jemand, wenn er irregeht, der nicht gern wieder zurechtkäme?

5 Warum will denn dies Volk zu Jerusalem irregehen für und für? Sie halten so fest am falschen Gottesdienst, dass sie nicht umkehren wollen.

6 Ich sehe und höre, dass sie nicht die Wahrheit reden. Es gibt niemand, dem seine Bosheit leid wäre und der spräche: Was hab ich doch getan! Sie laufen alle ihren Lauf wie ein Hengst, der in der Schlacht dahinstürmt.

7 Der Storch unter dem Himmel weiß seine Zeit, Turteltaube, Kranich und Schwalbe halten die Zeit ein, in der sie wiederkommen sollen; aber mein Volk will das Recht des HERRN nicht wissen.

32 Therefore, behold, the days are coming, declares the LORD, when it will no more be called Topheth, or the Valley of the Son of Hinnom, but the Valley of Slaughter; for they will bury in Topheth, because there is no room elsewhere.

33 And the dead bodies of this people will be food for the birds of the air, and for the beasts of the earth, and none will frighten them away.

34 And I will silence in the cities of Judah and in the streets of Jerusalem the voice of mirth and the voice of gladness, the voice of the bridegroom and the voice of the bride, for the land shall become a waste.

8 "At that time, declares the LORD, the bones of the kings of Judah, the bones of its officials, the bones of the priests, the bones of the prophets, and the bones of the inhabitants of Jerusalem shall be brought out of their tombs.

2 And they shall be spread before the sun and the moon and all the host of heaven, which they have loved and served, which they have gone after, and which they have sought and worshiped. And they shall not be gathered or buried. They shall be as dung on the surface of the ground.

3 Death shall be preferred to life by all the remnant that remains of this evil family in all the places where I have driven them, declares the LORD of hosts.

Sin and Treachery

4 "You shall say to them, Thus says the
LORD:
When men fall, do they not rise again?
If one turns away, does he not return?
5 Why then has this people turned away
in perpetual backsliding?
They hold fast to deceit;
they refuse to return.
6 I have paid attention and listened,
but they have not spoken rightly;
no man relents of his evil,
saying, 'What have I done?'
Everyone turns to his own course,
like a horse plunging headlong into
battle.
7 Even the stork in the heavens
knows her times,
and the turtledove, swallow, and crane[1]
keep the time of their coming,
but my people know not
the rules[2] of the LORD.

¶ **8** Wie könnt ihr sagen: »Wir sind weise und haben das Gesetz des HERRN bei uns«? Ist's doch lauter Lüge, was die Schreiber daraus machen.

9 Die Weisen müssen zuschanden, erschreckt und gefangen werden; denn was können sie Weises lehren, wenn sie des HERRN Wort verwerfen?

¶ **10** Darum will ich ihre Frauen den Fremden geben und ihre Äcker denen, durch die sie verjagt werden. Denn sie gieren alle, Klein und Groß, nach unrechtem Gewinn; Priester und Propheten gehen mit Lüge um

11 und heilen den Schaden meines Volks nur obenhin, indem sie sagen: »Friede! Friede!«, und ist doch nicht Friede.

12 Sie werden mit Schande dastehen, weil sie solche Gräuel getrieben haben; aber sie wollen sich nicht schämen und wissen nichts von Scham. Darum sollen sie fallen unter den Fallenden, und wenn ich sie heimsuchen werde, sollen sie stürzen, spricht der HERR.

13 Ich will unter ihnen Lese halten, spricht der HERR, sodass keine Trauben am Weinstock und keine Feigen am Feigenbaum übrig bleiben, ja, auch die Blätter abfallen sollen; und was ich ihnen gegeben habe, das soll ihnen genommen werden.

Die Angst des Volkes und die Trauer des Propheten

14 »Wozu wollen wir noch da sitzen? Sammelt euch und lasst uns in die festen Städte ziehen, dass wir dort umkommen. Denn der HERR, unser Gott, wird uns umkommen lassen und uns tränken mit einem giftigen Trank, weil wir so gesündigt haben wider den HERRN.

15 Wir hofften, es sollte Friede werden, aber es kommt nichts Gutes; wir hofften, wir sollten heil werden, aber siehe, es ist Schrecken da.

8 "How can you say, 'We are wise,
  and the law of the LORD is with us'?
But behold, the lying pen of the scribes
  has made it into a lie.

9 The wise men shall be put to shame;
  they shall be dismayed and taken;
behold, they have rejected the word of
    the LORD,
  so what wisdom is in them?

10 Therefore I will give their wives to
    others
  and their fields to conquerors,
because from the least to the greatest
  everyone is greedy for unjust gain;
from prophet to priest,
  everyone deals falsely.

11 They have healed the wound of my
    people lightly,
  saying, 'Peace, peace,'
    when there is no peace.

12 Were they ashamed when they commit-
    ted abomination?
No, they were not at all ashamed;
  they did not know how to blush.
Therefore they shall fall among the
    fallen;
  when I punish them, they shall be
    overthrown,
        says the LORD.

13 When I would gather them, declares the
    LORD,
  there are no grapes on the vine,
  nor figs on the fig tree;
even the leaves are withered,
  and what I gave them has passed away
    from them."[3]

14 Why do we sit still?
  Gather together; [f]let us go into the forti-
    fied cities
  and perish there,
for the LORD our God has doomed us to
    perish
  and has given us poisoned water to
    drink,
  because we have sinned against the
    LORD.

15 We looked for peace, but no good came;
  for a time of healing, but behold,
    terror.

16 Man hört ihre Rosse schnauben von Dan her, vom Wiehern ihrer Hengste erbebt das ganze Land. Sie fahren daher und werden das Land auffressen mit allem, was darin ist, die Stadt samt allen, die darin wohnen.«

17 Denn siehe, ich will Schlangen und Nattern unter euch senden, die nicht zu beschwören sind; die sollen euch stechen, spricht der HERR.

¶ **18** Was kann mich in meinem Jammer erquicken? Mein Herz in mir ist krank.

19 Siehe, die Tochter meines Volks schreit aus fernem Lande her: »Will denn der HERR nicht mehr Gott sein in Zion oder soll es keinen König mehr haben?« Ja, warum haben sie mich so erzürnt durch ihre Bilder und fremde, nichtige Götzen?

¶ **20** »Die Ernte ist vergangen, der Sommer ist dahin und uns ist keine Hilfe gekommen!«

21 Mich jammert von Herzen, dass mein Volk so ganz zerschlagen ist; ich gräme und entsetze mich.

22 Ist denn keine Salbe in Gilead oder ist kein Arzt da? Warum ist denn die Tochter meines Volks nicht geheilt?

23 Ach dass ich Wasser genug hätte in meinem Haupte und meine Augen Tränenquellen wären, dass ich Tag und Nacht beweinen könnte die Erschlagenen meines Volks!

Jeremias Klage über sein Volk

9 Ach dass ich eine Herberge hätte in der Wüste, so wollte ich mein Volk verlassen und von ihnen ziehen! Denn es sind lauter Ehebrecher und ein treuloser Haufe.

16 "The snorting of their horses is heard
    from Dan;
  at the sound of the neighing of their
    stallions
    the whole land quakes.
They come and devour the land and all
    that fills it,
  the city and those who dwell in it.

17 For behold, I am sending among you
    serpents,
  adders that cannot be charmed,
  and they shall bite you,"
            declares the LORD.

Jeremiah Grieves for His People

18 My joy is gone; grief is upon me;[4]
  my heart is sick within me.

19 Behold, the cry of the daughter of my
    people
  from the length and breadth of the
    land:
"Is the LORD not in Zion?
  Is her King not in her?"
"Why have they provoked me to anger
    with their carved images
  and with their foreign idols?"

20 "The harvest is past, the summer is
    ended,
  and we are not saved."

21 For the wound of the daughter of my
    people is my heart wounded;
  I mourn, and dismay has taken hold
    on me.

22 Is there no balm in Gilead?
  Is there no physician there?
  Why then has the health of the daughter
    of my people
  not been restored?

9[1] Oh that my head were waters,
  and my eyes a fountain of tears,
  that I might weep day and night
  for the slain of the daughter of my
    people!

2[2] Oh that I had in the desert
  a travelers' lodging place,
  that I might leave my people
  and go away from them!
For they are all adulterers,
  a company of treacherous men.

2 Sie schießen mit ihren Zungen lauter Lüge und keine Wahrheit und treiben's mit Gewalt im Lande und gehen von einer Bosheit zur andern, mich aber achten sie nicht, spricht der HERR.

3 Ein jeder hüte sich vor seinem Freunde und traue auch seinem Bruder nicht; denn ein Bruder überlistet den andern, und ein Freund verleumdet den andern.

4 Ein Freund täuscht den andern, sie reden kein wahres Wort; sie haben sich daran gewöhnt, dass einer den andern betrügt. Sie freveln und es ist ihnen leid umzukehren.

5 Es ist allenthalben nichts als Trug unter ihnen, und vor lauter Trug wollen sie mich nicht kennen, spricht der HERR.

¶ 6 Darum spricht der HERR Zebaoth: Siehe, ich will sie schmelzen und prüfen; denn was soll ich sonst tun, wenn ich ansehe die Tochter meines Volks?

7 Ihre falschen Zungen sind tödliche Pfeile; mit dem Munde reden sie freundlich zu ihrem Nächsten, aber im Herzen lauern sie ihm auf.

8 Sollte ich das nicht heimsuchen an ihnen, spricht der HERR, und sollte ich mich nicht rächen an einem Volk wie diesem?

¶ 9 Ich muss über die Berge weinen und heulen und über die Weidegründe in der Steppe klagen; denn sie sind verödet, dass niemand hindurchzieht und man auch kein Vieh blöken hört. Die Vögel des Himmels und das Vieh sind geflohen und fort.

10 Und ich will Jerusalem zu Steinhaufen und zur Wohnung der Schakale machen und will die Städte Judas zur Wüste machen, dass niemand darin wohnen soll.

¶ 11 Wer ist nun weise, dass er dies verstünde, und zu wem spricht des HERRN Mund, dass er verkündete, warum das Land verdirbt und öde wird wie eine Wüste, die niemand durchwandert?

3 They bend their tongue like a bow;
  falsehood and not truth has grown
    strong[3] in the land;
 for they proceed from evil to evil,
  and they do not know me, declares the
    LORD.

4 Let everyone beware of his neighbor,
  and put no trust in any brother,
 for every brother is a deceiver,
  and every neighbor goes about as a
    slanderer.

5 Everyone deceives his neighbor,
  and no one speaks the truth;
 they have taught their tongue to speak
    lies;
  they weary themselves committing
    iniquity.

6 Heaping oppression upon oppression,
  and deceit upon deceit,
 they refuse to know me, declares the
    LORD.

7 Therefore thus says the LORD of hosts:
 "Behold, I will refine them and test them,
  for what else can I do, because of my
    people?

8 Their tongue is a deadly arrow;
  it speaks deceitfully;
 with his mouth each speaks peace to his
    neighbor,
  but in his heart he plans an ambush
    for him.

9 Shall I not punish them for these things?
    declares the LORD,
  and shall I not avenge myself
 on a nation such as this?

10 "I will take up weeping and wailing for
    the mountains,
  and a lamentation for the pastures of
    the wilderness,
 because they are laid waste so that no
    one passes through,
  and the lowing of cattle is not heard;
 both the birds of the air and the beasts
  have fled and are gone.

11 I will make Jerusalem a heap of ruins,
  a lair of jackals,
 and I will make the cities of Judah a
    desolation,
  without inhabitant."

¶ 12 Who is the man so wise that he can understand this? To whom has the mouth of the LORD spoken, that he may declare it? Why is the land ruined and laid waste like a wilderness, so that no one passes through?

12 Und der HERR sprach: Weil sie mein Gesetz verlassen, das ich ihnen vorgelegt habe, und meinen Worten nicht gehorchen, auch nicht danach leben,

13 sondern folgen ihrem verstockten Herzen und den Baalen, wie ihre Väter sie gelehrt haben,

14 darum spricht der HERR Zebaoth, der Gott Israels: Siehe, ich will dies Volk mit Wermut speisen und mit Gift tränken.

15 Ich will sie unter Völker zerstreuen, die weder sie noch ihre Väter gekannt haben, und will das Schwert hinter ihnen her schicken, bis es aus ist mit ihnen.

¶ **16** So spricht der HERR Zebaoth: Gebt acht und bestellt Klageweiber, dass sie kommen, und schickt nach denen, die klagen können,

17 dass sie herbeieilen und um uns klagen, dass unsre Augen von Tränen rinnen und unsre Augenlider von Wasser fließen.

18 Horch, man hört ein Klagegeschrei in Zion: Ach, wie hat man uns Gewalt angetan und wie sind wir zuschanden geworden! Wir müssen das Land räumen; denn sie haben unsre Wohnungen geschleift.

¶ **19** Ja, höret, ihr Frauen, des HERRN Wort, und nehmt zu Ohren die Rede seines Mundes! Lehrt eure Töchter klagen, und eine lehre die andere dies Klagelied:

20 »Der Tod ist zu unsern Fenstern hereingestiegen und in unsere Häuser gekommen. Er würgt die Kinder auf der Gasse und die jungen Männer auf den Plätzen.«

21 So spricht der HERR: Die Leichen der Menschen sollen liegen wie Dung auf dem Felde und wie Garben hinter dem Schnitter, die niemand sammelt.

Das rechte Rühmen

22 So spricht der HERR: **Ein Weiser rühme sich nicht seiner Weisheit, ein Starker rühme sich nicht seiner Stärke, ein Reicher rühme sich nicht seines Reichtums.**

13 And the LORD says: "Because they have forsaken my law that I set before them, and have not obeyed my voice or walked in accord with it,

14 but have stubbornly followed their own hearts and have gone after the Baals, as their fathers taught them.

15 Therefore thus says the LORD of hosts, the God of Israel: Behold, I will feed this people with bitter food, and give them poisonous water to drink.

16 I will scatter them among the nations whom neither they nor their fathers have known, and I will send the sword after them, until I have consumed them."

17 Thus says the LORD of hosts:
"Consider, and call for the mourning
        women to come;
    send for the skillful women to come;

18 let them make haste and raise a wailing
        over us,
    that our eyes may run down with
        tears
    and our eyelids flow with water.

19 For a sound of wailing is heard from
        Zion:
'How we are ruined!
    We are utterly shamed,
because we have left the land,
    because they have cast down our
        dwellings.'"

20 Hear, O women, the word of the LORD,
    and let your ear receive the word of his
        mouth;
    teach to your daughters a lament,
    and each to her neighbor a dirge.

21 For death has come up into our
        windows;
    it has entered our palaces,
cutting off the children from the streets
    and the young men from the squares.

22 Speak, "Thus declares the LORD:
'The dead bodies of men shall fall
    like dung upon the open field,
like sheaves after the reaper,
    and none shall gather them.'"

¶ **23** Thus says the LORD: "Let not the wise man boast in his wisdom, let not the mighty man boast in his might, let not the rich man boast in his riches,

23 Sondern wer sich rühmen will, der rühme sich dessen, dass er klug sei und mich kenne, dass ich der HERR bin, der Barmherzigkeit, Recht und Gerechtigkeit übt auf Erden; denn solches gefällt mir, spricht der HERR.

Israel ein unbeschnittenes Volk

24 Siehe, es kommt die Zeit, spricht der HERR, dass ich heimsuchen werde alle, die an der Vorhaut beschnitten sind,

25 nämlich Ägypten, Juda, Edom, die Ammoniter, Moab und alle, die das Haar rundherum abscheren, die in der Wüste wohnen. Denn alle Heiden sind nur unbeschnitten, aber ganz Israel hat ein unbeschnittenes Herz.

Die toten Götzen und der lebendige Gott

10 Höret, was der HERR zu euch redet, ihr vom Hause Israel!

2 So spricht der HERR: Ihr sollt nicht den Gottesdienst der Heiden annehmen und sollt euch nicht fürchten vor den Zeichen des Himmels, wie die Heiden sich fürchten.

3 Denn ihre Götter sind alle nichts. Man fällt im Walde einen Baum und der Bildhauer macht daraus mit dem Schnitzmesser ein Werk von Menschenhänden,

4 und er schmückt es mit Silber und Gold und befestigt es mit Nagel und Hammer, dass es nicht umfalle.

5 Sie sind ja nichts als Vogelscheuchen im Gurkenfeld. Sie können nicht reden; auch muss man sie tragen, denn sie können nicht gehen. Darum sollt ihr euch nicht vor ihnen fürchten; denn sie können weder helfen noch Schaden tun.

¶ **6** Aber dir, HERR, ist niemand gleich; du bist groß, und dein Name ist groß, wie du es mit der Tat beweist.

7 Wer sollte dich nicht fürchten, du König der Völker? Dir muss man gehorchen; denn unter allen Weisen der Völker und in allen ihren Königreichen ist niemand dir gleich.

8 Sie sind alle Narren und Toren; denn dem Holz zu dienen ist ein nichtiger Gottesdienst.

24 but let him who boasts boast in this, that he understands and knows me, that I am the LORD who practices steadfast love, justice, and righteousness in the earth. For in these things I delight, declares the LORD."

¶ **25** "Behold, the days are coming, declares the LORD, when I will punish all those who are circumcised merely in the flesh—

26 Egypt, Judah, Edom, the sons of Ammon, Moab, and all who dwell in the desert who cut the corners of their hair, for all these nations are uncircumcised, and all the house of Israel are uncircumcised in heart."

Idols and the Living God

10 Hear the word that the LORD speaks to you, O house of Israel.

2 Thus says the LORD:

"Learn not the way of the nations,
    nor be dismayed at the signs of the heavens
    because the nations are dismayed at them,
3 for the customs of the peoples are vanity.[1]
A tree from the forest is cut down
    and worked with an axe by the hands of a craftsman.
4 They decorate it with silver and gold;
    they fasten it with hammer and nails
    so that it cannot move.
5 Their idols[2] are like scarecrows in a cucumber field,
    and they cannot speak;
they have to be carried,
    for they cannot walk.
Do not be afraid of them,
    for they cannot do evil,
    neither is it in them to do good."

6 There is none like you, O LORD;
    you are great, and your name is great in might.
7 Who would not fear you, O King of the nations?
    For this is your due;
for among all the wise ones of the nations
    and in all their kingdoms
    there is none like you.
8 They are both stupid and foolish;
    the instruction of idols is but wood!

9 Silberblech bringt man aus Tarsis, Gold aus Ufas; durch den Bildhauer und Goldschmied werden sie hergestellt; blauen und roten Purpur zieht man ihnen an, und alles ist der Künstler Werk.

10 Aber der HERR ist der wahrhaftige Gott, der lebendige Gott, der ewige König. Vor seinem Zorn bebt die Erde, und die Völker können sein Drohen nicht ertragen.

¶ 11 So sagt nun zu ihnen: Die Götter, die Himmel und Erde nicht gemacht haben, müssen vertilgt werden von der Erde und unter dem Himmel.

12 Er aber hat die Erde durch seine Kraft gemacht und den Erdkreis bereitet durch seine Weisheit und den Himmel ausgebreitet durch seinen Verstand.

13 Wenn er donnert, so ist Wasser die Menge am Himmel; Wolken lässt er heraufziehen vom Ende der Erde. Er macht die Blitze, dass es regnet, und lässt den Wind kommen aus seinen Vorratskammern.

¶ 14 Alle Menschen aber sind Toren mit ihrer Kunst, und alle Goldschmiede stehen beschämt da mit ihren Bildern; denn ihre Götzen sind Trug und haben kein Leben,

15 sie sind nichts, ein Spottgebilde; sie müssen zugrunde gehen, wenn sie heimgesucht werden.

16 Aber so ist der nicht, der Jakobs Reichtum ist; sondern er ist's, der alles geschaffen hat, und Israel ist sein Erbteil. Er heißt HERR Zebaoth.

Worte des Gerichts und der Klage

17 Raffe dein Bündel auf von der Erde, die du sitzt in Bedrängnis!

18 Denn so spricht der HERR: Siehe, ich will die Bewohner des Landes diesmal wegschleudern und will sie ängstigen, damit sie sich finden lassen.

9 Beaten silver is brought from Tarshish, and gold from Uphaz.
q They are the work of the craftsman and of the hands of the goldsmith;
their clothing is violet and purple;
they are all the work of skilled men.

10 But the LORD is the true God;
he is the living God and the everlasting King.
At his wrath the earth quakes,
and the nations cannot endure his indignation.

¶ 11 Thus shall you say to them: "The gods who did not make the heavens and the earth shall perish from the earth and from under the heavens."[3]

12 It is he who made the earth by his power,
z who established the world by his wisdom,
and by his understanding stretched out the heavens.

13 When he utters his voice, there is a tumult of waters in the heavens,
and he makes the mist rise from the ends of the earth.
c He makes lightning for the rain,
c and he brings forth the wind from his storehouses.

14 Every man is stupid and without knowledge;
every goldsmith is put to shame by his idols,
for his images are false,
and there is no breath in them.

15 They are worthless, a work of delusion;
at the time of their punishment they shall perish.

16 Not like these is he who is the portion of Jacob,
for he is the one who formed all things,
and Israel is the tribe of his inheritance;
the LORD of hosts is his name.

17 Gather up your bundle from the ground, O you who dwell under siege!

18 For thus says the LORD:
"Behold, I am slinging out the inhabitants of the land
at this time,
and I will bring distress on them,
that they may feel it."

¶ **19** Ach, was hab ich für Jammer und Herzeleid! Ich dachte: Es ist nur eine Plage, ich muss sie erleiden.

20 Aber mein Zelt ist zerstört, und alle meine Seile sind zerrissen. Meine Kinder sind von mir gegangen und nicht mehr da. Niemand richtet meine Hütte wieder auf, und mein Zelt schlägt keiner mehr auf.

21 Denn die Hirten sind zu Toren geworden und fragen nicht nach dem HERRN. Darum kann ihnen nichts Rechtes gelingen, und ihre ganze Herde ist zerstreut.

22 Horch, es kommt eine Kunde daher und ein großes Getöse aus dem Lande des Nordens, dass die Städte Judas verwüstet und zur Wohnung der Schakale werden sollen.

¶ **23** Ich weiß, HERR, dass des Menschen Tun nicht in seiner Gewalt steht, und es liegt in niemandes Macht, wie er wandle oder seinen Gang richte.

24 Züchtige mich, HERR, doch mit Maßen und nicht in deinem Grimm, auf dass du mich nicht ganz zunichte machst.

25 Schütte aber deinen Zorn aus über die Heiden, die dich nicht kennen, und über die Geschlechter, die deinen Namen nicht anrufen. Denn sie haben Jakob aufgefressen und verschlungen, sie haben ihn vernichtet und seine Wohnung verwüstet.

Der Bundesbruch des Volkes und Gottes Gericht

11 Dies ist das Wort, das zu Jeremia geschah vom HERRN:

2 Hört die Worte dieses Bundes, dass ihr sie den Leuten in Juda und den Bürgern von Jerusalem sagt!

3 Und sprich zu ihnen: So spricht der HERR, der Gott Israels: Verflucht sei, wer nicht gehorcht den Worten dieses Bundes,

4 die ich euren Vätern gebot an dem Tage, als ich sie aus Ägyptenland führte, aus dem glühenden Ofen, und sprach: Gehorcht meiner Stimme und tut, wie ich euch geboten habe, so sollt ihr mein Volk sein und ich will euer Gott sein,

19 Woe is me because of my hurt!
My wound is grievous.
But I said, "Truly this is an affliction,
and I must bear it."

20 My tent is destroyed,
and all my cords are broken;
my children have gone from me,
and they are not;
there is no one to spread my tent again
and ᵖto set up my curtains.

21 For the shepherds are stupid
and do not inquire of the LORD;
therefore they have not prospered,
and all their flock is scattered.

22 A voice, a rumor! Behold, it comes!—
a great commotion out of the north country
to make the cities of Judah a desolation,
ᵛ a lair of jackals.

23 I know, O LORD, that the way of man is not in himself,
that it is not in man who walks to direct his steps.

24 Correct me, O LORD, but in justice;
not in your anger, lest you bring me to nothing.

25 Pour out your wrath on the nations that know you not,
and on the peoples that call not on your name,
for they have devoured Jacob;
they have devoured him and consumed him,
and have laid waste his habitation.

The Broken Covenant

11 The word that came to Jeremiah from the LORD:

2 "Hear the words of this covenant, and speak to the men of Judah and the inhabitants of Jerusalem.

3 You shall say to them, Thus says the LORD, the God of Israel: Cursed be the man who does not hear the words of this covenant

4 that I commanded your fathers when I brought them out of the land of Egypt, from the iron furnace, saying, Listen to my voice, and do all that I command you. ᵈSo shall you be my people, and I will be your God,

5 damit ich den Eid halten kann, den ich euren Vätern geschworen habe, ihnen ein Land zu geben, darin Milch und Honig fließt, so wie es heute ist. Ich antwortete und sprach: HERR, ja, so sei es!

¶ **6** Und der HERR sprach zu mir: Predige alle diese Worte in den Städten Judas und auf den Gassen Jerusalems und sprich: Hört die Worte dieses Bundes und tut danach!

7 Denn ich habe eure Väter ermahnt von dem Tage an, als ich sie aus Ägyptenland führte, bis auf den heutigen Tag, und ich ermahnte sie immer wieder und sprach: Gehorcht meiner Stimme!

8 Aber sie gehorchten nicht, kehrten auch ihre Ohren mir nicht zu, sondern ein jeder wandelte nach seinem bösen und verstockten Herzen. Darum habe ich auch über sie kommen lassen alle Worte dieses Bundes, den ich geboten hatte zu halten und den sie doch nicht gehalten haben.

¶ **9** Und der HERR sprach zu mir: Ich weiß sehr wohl, wie sie in Juda und in Jerusalem sich verschworen haben.

10 Sie kehren zurück zu den Sünden ihrer Väter, die vor ihnen waren und die meinen Worten auch nicht gehorchen wollten und andern Göttern nachfolgten und ihnen dienten. So hat das Haus Israel und das Haus Juda meinen Bund gebrochen, den ich mit ihren Vätern geschlossen habe.

11 Darum siehe, spricht der HERR, ich will Unheil über sie kommen lassen, dem sie nicht entgehen sollen; und wenn sie zu mir schreien, will ich sie nicht hören.

12 Dann werden die Städte Judas und die Bürger Jerusalems hingehen und zu den Göttern schreien, denen sie geopfert haben; aber die werden ihnen nicht helfen in ihrer Not.

13 Denn so viel Städte, so viel Götter hast du, Juda; und so viele Gassen es in Jerusalem gibt, so viele Schandaltäre habt ihr aufgerichtet, um dem Baal zu opfern.

14 Du aber bitte nicht für dies Volk und bringe für sie kein Flehen noch Gebet vor mich; denn ich will sie nicht hören, wenn sie zu mir schreien in ihrer Not.

¶ **15** Was macht mein geliebtes Volk in meinem Hause? Sie treiben lauter Bosheit und meinen, Gelübde und heiliges Opferfleisch könnten die Schuld von ihnen nehmen; und wenn sie übel tun, sind sie guter Dinge darüber.

16 Der HERR nannte dich einen grünen, schönen, fruchtbaren Ölbaum; aber nun hat er mit großem Brausen ein Feuer um ihn anzünden lassen, sodass seine Äste verderben müssen.

5 that I may confirm the oath that I swore to your fathers, to give them a land flowing with milk and honey, as at this day." Then I answered, "So be it, LORD."

¶ **6** And the LORD said to me, "Proclaim all these words in the cities of Judah and in the streets of Jerusalem: Hear the words of this covenant and do them.

7 For I solemnly warned your fathers when I brought them up out of the land of Egypt, warning them persistently, even to this day, saying, Obey my voice.

8 Yet they did not obey or incline their ear, but everyone walked in the stubbornness of his evil heart. Therefore I brought upon them all the words of this covenant, which I commanded them to do, but they did not."

¶ **9** Again the LORD said to me, "A conspiracy exists among the men of Judah and the inhabitants of Jerusalem.

10 They have turned back to the iniquities of their forefathers, who refused to hear my words. ^m They have gone after other gods to serve them. The house of Israel and the house of Judah have broken my covenant that I made with their fathers.

11 Therefore, thus says the LORD, Behold, I am bringing disaster upon them that they cannot escape. Though they cry to me, I will not listen to them.

12 Then the cities of Judah and the inhabitants of Jerusalem will go and cry to the gods to whom they make offerings, ^p but they cannot save them in the time of their trouble.

13 For your gods have become as many as your cities, O Judah, and as many as the streets of Jerusalem are the altars you have set up to shame, altars to make offerings to Baal.

¶ **14** "Therefore do not pray for this people, or lift up a cry or prayer on their behalf, for I will not listen when they call to me in the time of their trouble.

15 What right has my beloved in my house, when she has done many vile deeds? Can even sacrificial flesh avert your doom? Can you then exult?

16 The LORD once called you 'a green olive tree, beautiful with good fruit.' But with the roar of a great tempest he will set fire to it, and its branches will be consumed.

17 Denn der HERR Zebaoth, der dich gepflanzt hat, hat dir Unheil angedroht um der Bosheit willen des Hauses Israel und des Hauses Juda, die sie getrieben haben, um mich zu erzürnen mit ihren Räucheropfern, die sie dem Baal darbrachten.

Der Anschlag der Leute von Anatot auf Jeremia

18 Der HERR tat mir kund ihr Vorhaben, damit ich's wisse, und er zeigte es mir.

19 Denn ich war wie ein argloses Lamm gewesen, das zur Schlachtbank geführt wird, und wusste nicht, dass sie gegen mich beratschlagt und gesagt hatten: Lasst uns den Baum in seinem Saft verderben und ihn aus dem Lande der Lebendigen ausrotten, dass seines Namens nimmermehr gedacht werde.

20 Aber du, HERR Zebaoth, du gerechter Richter, der du Nieren und Herzen prüfst, lass mich sehen, wie du ihnen vergiltst; denn ich habe dir meine Sache befohlen.

¶ **21** Darum spricht der HERR über die Männer von Anatot, die dir nach dem Leben trachten und sprechen: Weissage nicht im Namen des HERRN, wenn du nicht von unsern Händen sterben willst! –

22 darum spricht der HERR Zebaoth: Siehe, ich will sie heimsuchen. Ihre junge Mannschaft soll mit dem Schwert getötet werden, und ihre Söhne und Töchter sollen vor Hunger sterben,

23 dass keiner von ihnen übrig bleibt; denn ich will über die Männer von Anatot Unheil kommen lassen in dem Jahr, da ich sie heimsuchen werde.

Jeremias Anstoß am Glück der Gottlosen und Gottes Antwort

12 HERR, wenn ich auch mit dir rechten wollte, so behältst du doch recht; dennoch muss ich vom Recht mit dir reden. Warum geht's doch den Gottlosen so gut, und die Abtrünnigen haben alles in Fülle?

2 Du pflanzt sie ein, sie schlagen Wurzeln und wachsen und bringen Frucht. Nahe bist du ihrem Munde, aber ferne von ihrem Herzen.

17 The LORD of hosts, who planted you, has decreed disaster against you, because of the evil that the house of Israel and the house of Judah have done, provoking me to anger by making offerings to Baal."

Jeremiah's Complaint

18 The LORD made it known to me and I
    knew;
    then you showed me their deeds.

19 But I was like a gentle lamb
    led to the slaughter.
  I did not know it was against me
    they devised schemes, saying,
"Let us destroy the tree with its fruit,
    let us cut him off from the land of the
        living,
  that his name be remembered no
    more."

20 But, O LORD of hosts, who judges
    righteously,
  who tests the heart and the mind,
  let me see your vengeance upon them,
    for to you have I committed my cause.

¶ **21** Therefore thus says the LORD concerning the men of Anathoth, who seek your life, and say, "Do not prophesy in the name of the LORD, or you will die by our hand"—

22 therefore thus says the LORD of hosts: "Behold, I will punish them. The young men shall die by the sword, their sons and their daughters shall die by famine,

23 and none of them shall be left. For I will bring disaster upon the men of Anathoth, the year of their punishment."

Jeremiah's Complaint

12 Righteous are you, O LORD,
    when I complain to you;
  yet I would plead my case before you.
  Why does the way of the wicked
    prosper?
  Why do all who are treacherous
    thrive?
2 You plant them, and they take root;
    they grow and produce fruit;
  you are near in their mouth
    and far from their heart.

3 Mich aber, HERR, kennst du und siehst mich und prüfst mein Herz vor dir. Reiß sie weg wie Schafe zum Schlachten, und sondere sie aus, dass sie getötet werden!

4 Wie lange soll das Land so trocken stehen und das Gras überall auf dem Felde verdorren? Wegen der Bosheit der Bewohner schwinden Vieh und Vögel dahin; denn man sagt: Er weiß nicht, wie es uns gehen wird.

¶ **5** Wenn es dich müde macht, mit Fußgängern zu gehen, wie wird es dir gehen, wenn du mit Rossen laufen sollst? Und wenn du schon im Lande, wo keine Gefahr ist, Sicherheit suchst, was willst du tun im Dickicht des Jordans?

6 Denn auch deine Brüder und deines Vaters Haus sind treulos, sie schreien hinter dir her aus vollem Halse. Darum traue du ihnen nicht, wenn sie auch freundlich mit dir reden.

Gottes Klage über sein verwüstetes Land

7 Ich habe mein Haus verlassen und mein Erbe verstoßen und was meine Seele liebt in der Feinde Hand gegeben.

8 Mein Erbe ist mir geworden wie ein Löwe im Walde und brüllt wider mich; darum bin ich ihm feind geworden.

9 Mein Erbe ist wie der bunte Vogel, um den sich die Vögel sammeln: Wohlauf und sammelt euch, alle Tiere des Feldes, kommt und fresst!

10 Viele Hirten haben meinen Weinberg verwüstet und meinen Acker zertreten; sie haben meinen schönen Acker zur Wüste gemacht.

11 Sie haben ihn jämmerlich verwüstet; verödet liegt er vor mir; ja, das ganze Land ist verwüstet, aber niemand will es zu Herzen nehmen.

3 But you, O LORD, know me;
　you see me, and test my heart toward
　　you.
Pull them out like sheep for the
　　slaughter,
　and set them apart for the day of
　　slaughter.
4 How long will the land mourn
　and the grass of every field wither?
For the evil of those who dwell in it
　the beasts and the birds are swept
　　away,
　because they said, "He will not see our
　　latter end."

The LORD Answers Jeremiah

5 "If you have raced with men on foot, and
　　they have wearied you,
　how will you compete with horses?
And if in a safe land you are so trusting,
　what will you do in the thicket of the
　　Jordan?
6 For even your brothers and the house of
　　your father,
　even they have dealt treacherously
　　with you;
　they are in full cry after you;
do not believe them,
　though they speak friendly words to
　　you."

7 "I have forsaken my house;
　I have abandoned my heritage;
　I have given the beloved of my soul
　　into the hands of her enemies.
8 My heritage has become to me
　like a lion in the forest;
　she has lifted up her voice against me;
　therefore I hate her.
9 Is my heritage to me like a hyena's lair?
　Are the ᶜbirds of prey against her all
　　around?
Go, assemble all the wild beasts;
　bring them to devour.
10 Many shepherds have destroyed my
　　vineyard;
　they have trampled down my portion;
　they have made my pleasant portion
　　a desolate wilderness.
11 They have made it a desolation;
　desolate, it mourns to me.
The whole land is made desolate,
　but no man lays it to heart.

12 Die Verwüster kommen daher über alle kahlen Höhen der Steppe. Denn ein Schwert hat der HERR, das frisst von einem Ende des Landes bis zum andern, und kein Geschöpf wird Frieden haben.

13 Sie haben Weizen gesät, aber Dornen geerntet; sie ließen's sich sauer werden, aber sie konnten's nicht genießen. Sie konnten ihres Ertrages nicht froh werden vor dem grimmigen Zorn des HERRN.

Weissagung über benachbarte Völker

14 So spricht der HERR: Wider alle meine bösen Nachbarn, die das Erbteil antasten, das ich meinem Volk Israel ausgeteilt habe: Siehe, ich will sie aus ihrem Lande ausreißen und das Haus Juda aus ihrer Mitte reißen.

15 Aber wenn ich sie ausgerissen habe, will ich mich wieder über sie erbarmen und will einen jeden in sein Erbteil und in sein Land zurückbringen.

16 Und es soll geschehen, wenn sie von meinem Volk lernen werden, bei meinem Namen zu schwören: So wahr der HERR lebt!, wie sie mein Volk gelehrt haben, beim Baal zu schwören, so sollen sie inmitten meines Volks wohnen.

17 Wenn sie aber nicht hören wollen, so will ich solch ein Volk ausreißen und vernichten, spricht der HERR.

Der verdorbene Gürtel

13 So sprach der HERR zu mir: Geh hin und kaufe dir einen leinenen Gürtel und gürte damit deine Lenden, aber lass ihn nicht nass werden!

2 Und ich kaufte einen Gürtel nach dem Befehl des HERRN und gürtete ihn um meine Lenden.

3 Da geschah des HERRN Wort ein zweites Mal zu mir:

4 Nimm den Gürtel, den du gekauft und um deine Lenden gegürtet hast, und mache dich auf und geh hin an den Euphrat und verstecke ihn dort in einer Felsspalte!

5 Ich ging hin und versteckte ihn am Euphrat, wie mir der HERR geboten hatte.

6 Nach langer Zeit aber sprach der HERR zu mir: Mache dich auf und geh hin an den Euphrat und hole den Gürtel wieder, den ich dich dort verstecken ließ!

12 Upon all the bare heights in the desert
destroyers have come,
for the sword of the LORD devours
from one end of the land to the other;
no flesh has peace.

13 They have sown wheat and have reaped thorns;
they have tired themselves out but profit nothing.
They shall be ashamed of their[1] harvests because of the fierce anger of the LORD."

¶ **14** Thus says the LORD concerning all my evil neighbors who touch the heritage that I have given my people Israel to inherit: "Behold, I will pluck them up from their land, and I will pluck up the house of Judah from among them.

15 And after I have plucked them up, I will again have compassion on them, and I will bring them again each to his heritage and each to his land.

16 And it shall come to pass, if they will diligently learn the ways of my people, to swear by my name, 'As the LORD lives,' even as they taught my people to swear by Baal, then they shall be built up in the midst of my people.

17 But if any nation will not listen, then I will utterly pluck it up and destroy it, declares the LORD."

The Ruined Loincloth

13 Thus says the LORD to me, "Go and buy a linen loincloth and put it around your waist, and do not dip it in water."

2 So I bought a loincloth according to the word of the LORD, and put it around my waist.

3 And the word of the LORD came to me a second time,

4 "Take the loincloth that you have bought, which is around your waist, and arise, go to the Euphrates and hide it there in a cleft of the rock."

5 So I went and hid it by the Euphrates, as the LORD commanded me.

6 And after many days the LORD said to me, "Arise, go to the Euphrates, and take from there the loincloth that I commanded you to hide there."

7 Ich ging hin an den Euphrat und grub nach und nahm den Gürtel von dem Ort, wo ich ihn versteckt hatte; und siehe, der Gürtel war verdorben, sodass er zu nichts mehr taugte.

¶ **8** Da geschah des Herrn Wort zu mir:

9 So spricht der Herr: Ebenso will ich verderben den großen Hochmut Judas und Jerusalems.

10 Dies böse Volk, das meine Worte nicht hören will, sondern nach seinem verstockten Herzen wandelt und andern Göttern folgt, um ihnen zu dienen und sie anzubeten: es soll werden wie der Gürtel, der zu nichts mehr taugt.

11 Denn gleichwie der Gürtel um die Lenden des Mannes gebunden wird, so habe ich, spricht der Herr, das ganze Haus Israel und das ganze Haus Juda um mich gegürtet, dass sie mein Volk sein sollten, mir zum Ruhm, zu Lob und Ehren; aber sie wollten nicht hören.

Die gefüllten Weinkrüge

12 Sage ihnen dies Wort: So spricht der Herr, der Gott Israels: Alle Krüge werden mit Wein gefüllt. Und wenn sie zu dir sagen: Wer weiß das nicht, dass alle Krüge mit Wein gefüllt werden?,

13 so antworte ihnen: So spricht der Herr: Siehe, ich will alle, die in diesem Lande wohnen, die Könige, die auf dem Thron Davids sitzen, die Priester und Propheten und alle Einwohner Jerusalems mit Trunkenheit füllen

14 und will einen am andern, die Väter samt den Söhnen, zerschmettern, spricht der Herr, und will weder schonen noch barmherzig sein und sie ohne Mitleid verderben.

Mahnung zur Beugung vor Gott

15 Hört und merkt auf und seid nicht so hochfahrend, denn der Herr hat's geredet.

16 Gebt dem Herrn, eurem Gott, die Ehre, ehe es finster wird und ehe eure Füße sich an den dunklen Bergen stoßen und ihr auf das Licht wartet, während er es doch finster und dunkel machen wird.

17 Wollt ihr das aber nicht hören, so muss ich heimlich weinen über solchen Hochmut; meine Augen müssen von Tränen überfließen, weil des Herrn Herde gefangen weggeführt wird.

7 Then I went to the Euphrates, and dug, and I took the loincloth from the place where I had hidden it. And behold, the loincloth was spoiled; it was good for nothing.

¶ **8** Then the word of the Lord came to me:

9 "Thus says the Lord: Even so will I spoil the pride of Judah and the great pride of Jerusalem.

10 This evil people, who refuse to hear my words, who stubbornly follow their own heart and have gone after other gods to serve them and worship them, shall be like this loincloth, which is good for nothing.

11 For as the loincloth clings to the waist of a man, so I made the whole house of Israel and the whole house of Judah cling to me, declares the Lord, that they might be for me a people, a name, a praise, and a glory, but they would not listen.

The Jars Filled with Wine

¶ **12** "You shall speak to them this word: 'Thus says the Lord, the God of Israel, "Every jar shall be filled with wine."' And they will say to you, 'Do we not indeed know that every jar will be filled with wine?'

13 Then you shall say to them, 'Thus says the Lord: Behold, I will fill with drunkenness all the inhabitants of this land: the kings who sit on David's throne, the priests, the prophets, and all the inhabitants of Jerusalem.

14 And I will dash them one against another, fathers and sons together, declares the Lord. I will not pity or spare or have compassion, that I should not destroy them.'"

Exile Threatened

15 Hear and give ear; be not proud,
　for the Lord has spoken.
16 Give glory to the Lord your God
　before he brings darkness,
before your feet stumble
　on the twilight mountains,
and ᵍwhile you look for light
he turns it into gloom
　and makes it deep darkness.
17 But if you will not listen,
　my soul will weep in secret for your
　　pride;
my eyes will weep bitterly and run
　　down with tears,
　because the Lord's flock has been
　　taken captive.

¶ 18 Sage dem König und der Königinmutter: Setzt euch ganz nach unten; denn die Krone der Herrlichkeit ist euch vom Haupt gefallen.

19 Die Städte im Südland sind verschlossen, und es ist niemand, der sie auftut; ganz Juda ist weggeführt.

Die Schändung Jerusalems

20 Hebt eure Augen auf und seht, wie sie von Norden daherkommen. Wo ist nun die Herde, die dir befohlen war, deine herrliche Herde?

21 Was willst du sagen, wenn er die über dich zum Haupt bestellen wird, die du als Freunde an dich gewöhnt hast? Was gilt's? Es wird dich Angst ankommen wie eine Frau in Kindsnöten.

22 Und wenn du in deinem Herzen sagen wirst: »Warum begegnet mir das?« –: Um der Menge deiner Sünden willen wird dir dein Gewand aufgehoben und wird dir Schande angetan.

¶ 23 Kann etwa ein Mohr seine Haut wandeln oder ein Panther seine Flecken? So wenig könnt auch ihr Gutes tun, die ihr ans Böse gewöhnt seid.

24 Darum will ich sie zerstreuen wie Spreu, die verweht wird von dem Wind aus der Wüste.

25 Das soll dein Lohn sein und dein Teil, den ich dir zugemessen habe, spricht der HERR: Weil du mich vergessen hast und dich auf Lügen verlässt,

26 will auch ich dein Gewand hochheben, dass deine Schande sichtbar werde.

27 Denn ich habe gesehen deine Ehebrecherei, deine Geilheit, deine freche Hurerei, ja, deine Gräuel auf den Hügeln und im Felde. Weh dir, Jerusalem! Wann wirst du doch endlich rein werden?

18 Say to the king and ʲthe queen mother:
"Take a lowly seat,
  for your beautiful crown
    has come down from your head."

19 The cities of the Negeb are shut up,
    with none to open them;
  all Judah is taken into exile,
    wholly taken into exile.

20 "Lift up your eyes and see
    those who come from the north.
  Where is the flock that was given you,
    your beautiful flock?

21 What will you say when they set as head
    over you
  those whom you yourself have taught
    to be friends to you?
  Will not pangs take hold of you
    like those of a woman in labor?

22 And if you say in your heart,
  'Why have these things come upon
    me?'
  it is for the greatness of your iniquity
    that your skirts are lifted up
    and you suffer violence.

23 Can the Ethiopian change his skin
    or ᵈthe leopard his spots?
  Then also you can do good
    who are accustomed to do evil.

24 I will scatter you¹ like chaff
    driven by the wind from the desert.

25 This is your lot,
    the portion I have measured out to
    you, declares the LORD,
  because you have forgotten me
    and trusted in lies.

26 I myself will lift up your skirts over your
    face,
  and your shame will be seen.

27 I have seen your abominations,
    your adulteries and neighings, your
    lewd whorings,
  on the hills in the field.
  Woe to you, O Jerusalem!
    How long will it be before you are
    made clean?"

Vergebliche Bitte bei Dürre und Kriegsnot

14 Dies ist das Wort, das der HERR zu Jeremia sagte über die große Dürre:

2 Juda liegt jämmerlich da, seine Städte sind verschmachtet. Sie sitzen trauernd auf der Erde, und in Jerusalem ist lautes Klagen.

3 Die Großen schicken ihre Leute nach Wasser; aber wenn sie zum Brunnen kommen, finden sie kein Wasser und bringen ihre Gefäße leer zurück. Sie sind traurig und betrübt und verhüllen ihre Häupter.

4 Die Erde lechzt, weil es nicht regnet auf Erden. Darum sind die Ackerleute traurig und verhüllen ihre Häupter.

5 Ja, auch die Hirschkühe, die auf dem Felde werfen, verlassen die Jungen, weil kein Gras wächst.

6 Die Wildesel stehen auf den kahlen Höhen und schnappen nach Luft wie die Schakale; ihre Augen erlöschen, weil nichts Grünes wächst.

¶ 7 Ach, HERR, wenn unsre Sünden uns verklagen, so hilf doch um deines Namens willen! Denn unser Ungehorsam ist groß, womit wir wider dich gesündigt haben.

8 Du bist der Trost Israels und sein Nothelfer. Warum stellst du dich, als wärst du ein Fremdling im Lande und ein Wanderer, der nur über Nacht bleibt?

9 Warum stellst du dich wie einer, der verzagt ist, und wie ein Held, der nicht helfen kann? Du bist ja doch unter uns, HERR, und wir heißen nach deinem Namen; verlass uns nicht!

¶ 10 So spricht der HERR von diesem Volk: Sie laufen gern hin und her und schonen ihre Füße nicht. Darum hat der HERR kein Gefallen an ihnen, sondern er denkt nun an ihre Missetat und will ihre Sünden heimsuchen.

¶ 11 Und der HERR sprach zu mir: Du sollst nicht für dies Volk um Gnade bitten.

Famine, Sword, and Pestilence

14 The word of the LORD that came to Jeremiah concerning the drought:

2 "Judah mourns,
   and her gates languish;
her people lament on the ground,
   and the cry of Jerusalem goes up.

3 Her nobles send their servants for water;
   they come to the cisterns;
they find no water;
   they return with their vessels empty;
they are ashamed and confounded
   and cover their heads.

4 Because of the ground that is dismayed,
   since there is no rain on the land,
the farmers are ashamed;
   they cover their heads.

5 Even the doe in the field forsakes her
   newborn fawn
because there is no grass.

6 The wild donkeys stand on the bare
   heights;
they pant for air like jackals;
   their eyes fail
because there is no vegetation.

7 "Though our iniquities testify against us,
   act, O LORD, for your name's sake;
for our backslidings are many;
   we have sinned against you.

8 O you hope of Israel,
   its savior in time of trouble,
why should you be like a stranger in the
   land,
like a traveler who turns aside to tarry
   for a night?

9 Why should you be like a man
   confused,
like a mighty warrior who cannot
   save?
Yet you, O LORD, are in the midst of us,
   and we are called by your name;
   do not leave us."

10 Thus says the LORD concerning this
   people:
"They have loved to wander thus;
   they have not restrained their feet;
therefore the LORD does not accept them;
   now he will remember their iniquity
   and punish their sins."

¶ 11 The LORD said to me: "Do not pray for the welfare of this people.

12 Denn wenn sie auch fasten, so will ich doch ihr Flehen nicht erhören; und wenn sie auch Brandopfer und Speisopfer bringen, so gefallen sie mir doch nicht, sondern ich will sie durch Schwert, Hunger und Pest aufreiben.

13 Da sprach ich: Ach, Herr HERR! Siehe, die Propheten sagen ihnen: Ihr werdet das Schwert nicht sehen und keine Hungersnot bei euch haben, sondern ich will euch beständigen Frieden geben an diesem Ort.

14 Aber der HERR sprach zu mir: Diese Propheten weissagen Lüge in meinem Namen; ich habe sie nicht gesandt und ihnen nichts befohlen und nicht zu ihnen geredet. Sie predigen euch falsche Offenbarungen, nichtige Wahrsagung und ihres Herzens Trug.

¶ **15** Darum spricht der HERR: Wider die Propheten, die in meinem Namen weissagen, obgleich ich sie nicht gesandt habe, und die dennoch predigen, es werde weder Schwert noch Hungersnot in dies Land kommen: Solche Propheten sollen sterben durch Schwert und Hunger.

16 Und die Leute, denen sie weissagen, sollen auf den Gassen Jerusalems liegen, vom Schwert und Hunger hingestreckt, und niemand wird sie begraben, sie und ihre Frauen, Söhne und Töchter; und ich will ihre Bosheit über sie ausschütten.

¶ **17** Und du sollst zu ihnen dies Wort sagen: Meine Augen fließen über von Tränen, unaufhörlich Tag und Nacht; denn die Jungfrau, die Tochter meines Volks, ist unheilbar verwundet und völlig zerschlagen.

18 Gehe ich hinaus aufs Feld, siehe, so liegen dort vom Schwert Erschlagene; komme ich in die Stadt, siehe, so liegen dort vor Hunger Verschmachtete. Sogar Propheten und Priester müssen in ein Land ziehen, das sie nicht kennen.

¶ **19** Hast du denn Juda verworfen oder einen Abscheu gegen Zion? Warum hast du uns denn so geschlagen, dass uns niemand heilen kann? Wir hofften, es sollte Friede werden; aber es kommt nichts Gutes. Wir hofften, wir sollten heil werden; aber siehe, es ist Schrecken da.

20 HERR, wir erkennen unser gottloses Leben und unsrer Väter Missetat; denn wir haben wider dich gesündigt.

12 Though they fast, I will not hear their cry, and though they offer burnt offering and grain offering, I will not accept them. But I will consume them by the sword, by famine, and by pestilence."

Lying Prophets

¶ **13** Then I said: "Ah, Lord GOD, behold, the prophets say to them, 'You shall not see the sword, nor shall you have famine, but I will give you assured peace in this place.'"

14 And the LORD said to me: "The prophets are prophesying lies in my name. I did not send them, nor did I command them or speak to them. They are prophesying to you a lying vision, worthless divination, and the deceit of their own minds.

15 Therefore thus says the LORD concerning the prophets who prophesy in my name although I did not send them, and who say, 'Sword and famine shall not come upon this land': By sword and famine those prophets shall be consumed.

16 And the people to whom they prophesy shall be cast out in the streets of Jerusalem, victims of famine and sword, with none to bury them—them, their wives, their sons, and their daughters. For I will pour out their evil upon them.

17 "You shall say to them this word:
'Let my eyes run down with tears night
　　　and day,
　　and let them not cease,
　　for the virgin daughter of my people is
　　　　shattered with a great wound,
　　with a very grievous blow.

18 If I go out into the field,
　　behold, those pierced by the sword!
　ᵉ And if I enter the city,
　　behold, the diseases of famine!
　　For both prophet and priest ply their
　　　　trade through the land
　　and have no knowledge.'"

19 Have you utterly rejected Judah?
　　Does your soul loathe Zion?
　Why have you struck us down
　　so that there is no healing for us?
　We looked for peace, but no good came;
　ⁱ for a time of healing, but behold,
　　　terror.

20 We acknowledge our wickedness, O
　　LORD,
　　and the iniquity of our fathers,
　ʲ for we have sinned against you.

21 Aber um deines Namens willen verwirf uns nicht! Lass den Thron deiner Herrlichkeit nicht verspottet werden; gedenke doch an deinen Bund mit uns und lass ihn nicht aufhören!

22 Ist denn unter den Götzen der Heiden einer, der Regen geben könnte, oder gibt der Himmel Regen? Du bist doch der HERR, unser Gott, auf den wir hoffen; denn du hast das alles gemacht.

15 Und der HERR sprach zu mir: Und wenn auch Mose und Samuel vor mir stünden, so habe ich doch kein Herz für dies Volk. Treibe sie weg von mir, und lass sie weggehen!

2 Und wenn sie zu dir sagen: Wo sollen wir hin?, dann antworte ihnen: So spricht der HERR: Wen der Tod trifft, den treffe er; wen das Schwert trifft, den treffe es; wen der Hunger trifft, den treffe er; wen die Gefangenschaft trifft, den treffe sie!

3 Denn ich will sie heimsuchen mit viererlei Plagen, spricht der HERR: mit dem Schwert, dass sie getötet werden; mit Hunden, die sie fortschleifen sollen; mit den Vögeln des Himmels und mit den Tieren des Feldes, dass sie gefressen und vertilgt werden sollen.

4 Und ich will sie zu einem Bild des Entsetzens machen für alle Königreiche auf Erden um Manasses willen, des Sohnes Hiskias, des Königs von Juda, für alles, was er in Jerusalem begangen hat.

¶ **5** Wer will sich denn deiner erbarmen, Jerusalem? Wer wird denn Mitleid mit dir haben? Wer wird denn kommen und fragen, ob es dir gut geht?

6 Du hast mich verlassen, spricht der HERR, und bist von mir abgefallen; darum habe ich meine Hand gegen dich ausgestreckt, um dich zu verderben; ich bin des Erbarmens müde.

7 Ich worfelte sie mit der Worfschaufel in den Städten des Landes, und mein Volk, das sich nicht bekehren wollte von seinem Wandel, machte ich kinderlos und brachte es um.

21 Do not spurn us, for your name's sake;
   do not dishonor your glorious throne;
   remember and do not break your cov-
     enant with us.

22 Are there any among the false gods of
    the nations that can bring rain?
  Or can the heavens give showers?
Are you not he, O LORD our God?
  We set our hope on you,
  for you do all these things.

The LORD Will Not Relent

15 Then the LORD said to me, "Though Moses and Samuel stood before me, yet my heart would not turn toward this people. Send them out of my sight, and let them go!

2 And when they ask you, 'Where shall we go?' you shall say to them, 'Thus says the LORD:

" 'Those who are for pestilence, to
     pestilence,
  and those who are for the sword, to
    the sword;
those who are for famine, to famine,
  and those who are for captivity, to
    captivity.'

3 I will appoint over them four kinds of destroyers, declares the LORD: the sword to kill, the dogs to tear, and the birds of the air and the beasts of the earth to devour and destroy.

4 And I will make them a horror to all the kingdoms of the earth because of what Manasseh the son of Hezekiah, king of Judah, did in Jerusalem.

5 "Who will have pity on you, O Jerusalem,
   z or who will grieve for you?
Who will turn aside
  to ask about your welfare?

6 You have rejected me, declares the LORD;
  you keep going backward,
so I have stretched out my hand against
    you and destroyed you—
  I am weary of relenting.

7 I have winnowed them with a winnow-
    ing fork
  in the gates of the land;
I have bereaved them; I have destroyed
    my people;
  they did not turn from their ways.

8 Es wurden mehr Frauen zu Witwen unter ihnen, als Sand am Meer ist. Ich ließ kommen über die Mütter der jungen Mannschaft den Verderber am hellen Mittag und ließ plötzlich über sie fallen Angst und Schrecken.

9 Die sieben Kinder hatte, welkte dahin, und ihre Seele verschmachtete in ihr. Ihre Sonne ging unter am hellen Tag; ihr Ruhm und ihre Freude hatte ein Ende. Und was von ihnen übrig ist, will ich dem Schwert hingeben vor ihren Feinden, spricht der HERR.

Die Klage des Propheten über sein Amt. Gottes Zusage

10 Weh mir, meine Mutter, dass du mich geboren hast, gegen den jedermann hadert und streitet im ganzen Lande! Hab ich doch weder auf Wucherzinsen ausgeliehen noch hat man mir geliehen, und doch flucht mir jedermann.

¶ **11** Der HERR sprach: Wohlan, ich will etliche von euch übrig lassen, denen es wieder wohlgehen soll, und will euch zu Hilfe kommen in der Not und Angst unter den Feinden.

12 Kann man Eisen zerbrechen, Eisen und Kupfer aus dem Norden?

13 Ich will dein Gut und deine Schätze zum Raube geben als Lohn für alle deine Sünden, die du in deinem ganzen Gebiet begangen hast,

14 und will dich zum Knecht deiner Feinde machen in einem Lande, das du nicht kennst; denn es ist das Feuer meines Zorns über euch angezündet.

¶ **15** Ach HERR, du weißt es! Gedenke an mich und nimm dich meiner an und räche mich an meinen Verfolgern! Lass mich nicht hinweggerafft werden, während du deinen Zorn über sie noch zurückhältst; denn du weißt, dass ich um deinetwillen geschmäht werde.

16 Dein Wort ward meine Speise, sooft ich's empfing, und dein Wort ist meines Herzens Freude und Trost; denn ich bin ja nach deinem Namen genannt, HERR, Gott Zebaoth.

17 Ich habe mich nicht zu den Fröhlichen gesellt noch mich mit ihnen gefreut, sondern saß einsam, gebeugt von deiner Hand; denn du hattest mich erfüllt mit Grimm.

8 I have made their widows more in
  number
    than the sand of the seas;
I have brought against the mothers of
  young men
    a destroyer at noonday;
I have made anguish and terror
    fall upon them suddenly.

9 She who bore seven has grown feeble;
    she has fainted away;
  her sun went down while it was yet day;
    she has been shamed and disgraced.
And the rest of them I will give to the
  sword
    before their enemies,
                declares the LORD."

Jeremiah's Complaint

¶ **10** Woe is me, my mother, that you bore me, a man of strife and contention to the whole land! I have not lent, nor have I borrowed, yet all of them curse me.

11 The LORD said, "Have I not[1] set you free for their good? Have I not pleaded for you before the enemy in the time of trouble and in the time of distress?

12 Can one break iron, iron from the north, and bronze?

¶ **13** "Your wealth and your treasures I will give as spoil, without price, for all your sins, throughout all your territory.

14 I will make you serve your enemies in a land that you do not know, for in my anger a fire is kindled that shall burn forever."

15 O LORD, you know;
    remember me and visit me,
    and take vengeance for me on my
      persecutors.
  In your forbearance take me not away;
    know that for your sake I bear
      reproach.

16 Your words were found, and I ate them,
    and your words became to me a joy
    and the delight of my heart,
  for I am called by your name,
    O LORD, God of hosts.

17 I did not sit in the company of revelers,
    nor did I rejoice;
  I sat alone, because your hand was upon
    me,
    for you had filled me with indignation.

18 Warum währt doch mein Leiden so lange und sind meine Wunden so schlimm, dass sie niemand heilen kann? Du bist mir geworden wie ein trügerischer Born, der nicht mehr quellen will.

¶ **19** Darum spricht der HERR: Wenn du dich zu mir hältst, so will ich mich zu dir halten, und du sollst mein Prediger bleiben. Und wenn du recht redest und nicht leichtfertig, so sollst du mein Mund sein. Sie sollen sich zu dir kehren, doch du kehre dich nicht zu ihnen!

20 Denn ich mache dich für dies Volk zur festen, ehernen Mauer. Wenn sie auch wider dich streiten, sollen sie dir doch nichts anhaben; denn ich bin bei dir, dass ich dir helfe und dich errette, spricht der HERR,

21 und ich will dich erretten aus der Hand der Bösen und erlösen aus der Hand der Tyrannen.

Jeremias Einsamkeit als Vorzeichen des Gerichts

16 Und des HERRN Wort geschah zu mir:

2 Du sollst dir keine Frau nehmen und weder Söhne noch Töchter zeugen an diesem Ort.

3 Denn so spricht der HERR von den Söhnen und Töchtern, die an diesem Ort geboren werden, und von ihren Müttern, die sie gebären, und von ihren Vätern, die sie zeugen in diesem Lande:

4 Sie sollen an bösen Krankheiten sterben und nicht beklagt noch begraben werden, sondern sollen Dung werden auf dem Acker. Durch Schwert und Hunger sollen sie umkommen, und ihre Leichname sollen den Vögeln des Himmels und den Tieren des Feldes zum Fraße werden.

¶ **5** So spricht der HERR: Du sollst in kein Trauerhaus gehen, weder um zu klagen noch um zu trösten; denn ich habe meinen Frieden von diesem Volk weggenommen, die Gnade und die Barmherzigkeit, spricht der HERR.

6 Große und Kleine sollen sterben in diesem Lande und nicht begraben noch beklagt werden, und niemand wird sich ihretwegen wund ritzen oder kahl scheren.

7 Auch wird man keinem das Trauerbrot brechen, um ihn zu trösten wegen eines Toten, und auch nicht den Trostbecher zu trinken geben wegen seines Vaters oder seiner Mutter.

18 Why is my pain unceasing,
　　my wound incurable,
　　refusing to be healed?
Will you be to me like a deceitful brook,
　　like waters that fail?

19 Therefore thus says the LORD:
"If you return, I will restore you,
　　and you shall stand before me.
If you utter what is precious, and not
　　what is worthless,
　　you shall be as my mouth.
They shall turn to you,
　　but you shall not turn to them.

20 And I will make you to this people
　　a fortified wall of bronze;
they will fight against you,
　　but they shall not prevail over you,
for I am with you
　　to save you and deliver you,
　　　　　　declares the LORD.

21 I will deliver you out of the hand of the
　　wicked,
　　and redeem you from the grasp of the
　　ruthless."

Famine, Sword, and Death

16 The word of the LORD came to me:

2 "You shall not take a wife, nor shall you have sons or daughters in this place.

3 For thus says the LORD concerning the sons and daughters who are born in this place, and concerning the mothers who bore them and the fathers who fathered them in this land:

4 They shall die of deadly diseases. They shall not be lamented, nor shall they be buried. They shall be as dung on the surface of the ground. They shall perish by the sword and by famine, and their dead bodies shall be food for the birds of the air and for the beasts of the earth.

¶ **5** "For thus says the LORD: Do not enter the house of mourning, or go to lament or grieve for them, for I have taken away my peace from this people, my steadfast love and mercy, declares the LORD.

6 Both great and small shall die in this land. They shall not be buried, and no one shall lament for them or cut himself or make himself bald for them.

7 No one shall break bread for the mourner, to comfort him for the dead, nor shall anyone give him the cup of consolation to drink for his father or his mother.

8 Du sollst auch in kein Hochzeitshaus gehen, um bei ihnen zu sitzen zum Essen und zum Trinken.

9 Denn so spricht der HERR Zebaoth, der Gott Israels: Siehe, ich will an diesem Ort vor euren Augen und zu euren Lebzeiten ein Ende machen dem Jubel der Freude und Wonne, der Stimme des Bräutigams und der Braut.

¶ **10** Und wenn du das alles diesem Volk gesagt hast und sie zu dir sprechen werden: »Warum kündigt uns der HERR all dies große Unheil an? Was ist die Missetat und Sünde, womit wir wider den HERRN, unsern Gott, gesündigt haben?«,

11 so sollst du ihnen sagen: Weil eure Väter mich verlassen haben, spricht der HERR, und andern Göttern nachgelaufen sind, ihnen gedient und sie angebetet, mich aber verlassen und mein Gesetz nicht gehalten haben,

12 ihr aber noch ärger tut als eure Väter; denn siehe, ein jeder lebt nach seinem verstockten und bösen Herzen, sodass er mir nicht gehorcht.

13 Darum will ich euch aus diesem Lande verstoßen in ein Land, von dem weder ihr noch eure Väter gewusst haben. Dort sollt ihr andern Göttern dienen Tag und Nacht, weil ich euch keine Gnade mehr erweisen will.

Heil und Gericht für Israel und für die Völker

14 Darum siehe, es kommt die Zeit, spricht der HERR, dass man nicht mehr sagen wird: »So wahr der HERR lebt, der die Israeliten aus Ägyptenland geführt hat«,

15 sondern: »So wahr der HERR lebt, der die Israeliten geführt hat aus dem Lande des Nordens und aus allen Ländern, wohin er sie verstoßen hatte.« Denn ich will sie zurückbringen in das Land, das ich ihren Vätern gegeben habe.

¶ **16** Siehe, ich will viele Fischer aussenden, spricht der HERR, die sollen sie fischen; und danach will ich viele Jäger aussenden, die sollen sie fangen auf allen Bergen und auf allen Hügeln und in allen Felsklüften.

17 Denn meine Augen sehen auf alle ihre Wege, dass sie sich nicht vor mir verstecken können, und ihre Missetat ist vor meinen Augen nicht verborgen.

18 Aber zuvor will ich ihre Missetat und Sünde zwiefach vergelten, weil sie mein Land mit ihren toten Götzen unrein gemacht und mein Erbland mit ihren Gräueln angefüllt haben.

8 You shall not go into the house of feasting to sit with them, to eat and drink.

9 For thus says the LORD of hosts, the God of Israel: Behold, I will silence in this place, before your eyes and in your days, the voice of mirth and the voice of gladness, the voice of the bridegroom and the voice of the bride.

¶ **10** "And when you tell this people all these words, and they say to you, 'Why has the LORD pronounced all this great evil against us? What is our iniquity? What is the sin that we have committed against the LORD our God?'

11 then you shall say to them: 'Because your fathers have forsaken me, declares the LORD, and have gone after other gods and have served and worshiped them, and have forsaken me and have not kept my law,

12 and because you have done worse than your fathers, for behold, every one of you follows his stubborn, evil will, refusing to listen to me.

13 Therefore I will hurl you out of this land into a land that neither you nor your fathers have known, and there you shall serve other gods day and night, for I will show you no favor.'

The LORD Will Restore Israel

¶ **14** "Therefore, behold, the days are coming, declares the LORD, when it shall no longer be said, 'As the LORD lives who brought up the people of Israel out of the land of Egypt,'

15 but 'As the LORD lives who brought up the people of Israel out of the north country and out of all the countries where he had driven them.' For I will bring them back to their own land that I gave to their fathers.

¶ **16** "Behold, I am sending for many fishers, declares the LORD, and they shall catch them. And afterward I will send for many hunters, and they shall hunt them from every mountain and every hill, and out of the clefts of the rocks.

17 For my eyes are on all their ways. They are not hidden from me, ¹nor is their iniquity concealed from my eyes.

18 But first I will doubly repay their iniquity and their sin, because they have polluted my land with the carcasses of their detestable idols, and have filled my inheritance with their abominations."

¶ **19** HERR, du bist meine Stärke und Kraft und meine Zuflucht in der Not! Die Heiden werden zu dir kommen von den Enden der Erde und sagen: Nur Lüge haben unsere Väter gehabt, nichtige Götter, die nicht helfen können.

20 Wie kann ein Mensch sich Götter machen? Das sind doch keine Götter!

21 Darum siehe, diesmal will ich sie lehren und meine Kraft und Gewalt ihnen kundtun, dass sie erfahren sollen: Ich heiße der HERR.

Judas Sünde und Strafe

17 Die Sünde Judas ist geschrieben mit eisernem Griffel und mit diamantener Spitze gegraben auf die Tafel ihres Herzens und auf die Hörner an ihren Altären;

2 denn ihre Söhne denken an ihre Altäre und Ascherabilder unter den grünen Bäumen und auf den hohen Hügeln.

3 Aber ich will deine Opferhöhen auf Bergen und Feldern samt deiner Habe und allen deinen Schätzen zum Raube geben um der Sünde willen, die in deinem ganzen Gebiet begangen ist.

4 Und du sollst aus deinem Erbe verstoßen werden, das ich dir gegeben habe, und ich will dich zum Knecht deiner Feinde machen in einem Lande, das du nicht kennst; denn ihr habt ein Feuer meines Zorns angezündet, das ewiglich brennen wird.

Falsche und wahre Sicherheit

5 So spricht der HERR: **Verflucht ist der Mann, der sich auf Menschen verlässt und hält Fleisch für seinen Arm und weicht mit seinem Herzen vom HERRN.**

6 Der wird sein wie ein Dornstrauch in der Wüste und wird nicht sehen das Gute, das kommt, sondern er wird bleiben in der Dürre der Wüste, im unfruchtbaren Lande, wo niemand wohnt.

¶ **7** Gesegnet aber ist der Mann, der sich auf den HERRN verlässt und dessen Zuversicht der HERR ist.

19 O LORD, my strength and my stronghold,
my refuge in the day of trouble,
to you shall the nations come
from the ends of the earth and say:
"Our fathers have inherited nothing but lies,
worthless things in which there is no profit.

20 Can man make for himself gods?
Such are not gods!"

¶ **21** "Therefore, behold, I will make them know, this once I will make them know my power and my might, and they shall know that my name is the LORD."

The Sin of Judah

17 "The sin of Judah is written with a pen of iron; with a point of diamond it is engraved on the tablet of their heart, and on the horns of their altars,

2 while their children remember their altars and their Asherim, beside every green tree and on the high hills,

3 on the mountains in the open country. Your wealth and all your treasures I will give for spoil as the price of your high places for sin throughout all your territory.

4 You shall loosen your hand from your heritage that I gave to you, and I will make you serve your enemies in a land that you do not know, for in my anger a fire is kindled that shall burn forever."

Falsche und wahre Sicherheit

5 Thus says the LORD:
"Cursed is the man who trusts in man
and makes flesh his strength,[1]
whose heart turns away from the LORD.

6 He is like a shrub in the desert,
and shall not see any good come.
He shall dwell in the parched places of the wilderness,
in an uninhabited salt land.

7 "Blessed is the man who trusts in the LORD,
whose trust is the LORD.

8 Der ist wie ein Baum, am Wasser gepflanzt, der seine Wurzeln zum Bach hin streckt. Denn obgleich die Hitze kommt, fürchtet er sich doch nicht, sondern seine Blätter bleiben grün; und er sorgt sich nicht, wenn ein dürres Jahr kommt, sondern bringt ohne Aufhören Früchte.

¶ **9** Es ist das Herz ein trotzig und verzagt Ding; wer kann es ergründen?

10 Ich, der HERR, kann das Herz ergründen und die Nieren prüfen und gebe einem jeden nach seinem Tun, nach den Früchten seiner Werke.

11 Wie ein Vogel, der sich über Eier setzt, die er nicht gelegt hat, so ist, wer unrecht Gut sammelt; denn er muss davon, wenn er's am wenigsten denkt, und muss zuletzt noch Spott dazu haben.

¶ **12** Aber die Stätte unseres Heiligtums ist der Thron der Herrlichkeit, erhaben von Anbeginn.

13 Denn du, HERR, bist die Hoffnung Israels. Alle, die dich verlassen, müssen zuschanden werden, und die Abtrünnigen müssen auf die Erde geschrieben werden; denn sie verlassen den HERRN, die Quelle des lebendigen Wassers.

Jeremias Gebet in Anfechtung

14 Heile du mich, HERR, so werde ich heil; hilf du mir, so ist mir geholfen; denn du bist mein Ruhm.

15 Siehe, sie sprechen zu mir: »Wo ist denn des HERRN Wort? Lass es doch kommen!«

16 Aber ich habe dich nie gedrängt, Unheil kommen zu lassen; auch hab ich den bösen Tag nicht herbeigewünscht, das weißt du. Was ich gepredigt habe, das liegt offen vor dir.

¶ **17** Sei du mir nur nicht schrecklich, meine Zuversicht in der Not!

18 Lass die zuschanden werden, die mich verfolgen, und nicht mich; lass sie erschrecken, und nicht mich. Lass den Tag des Unheils über sie kommen und zerschlage sie zwiefach!

8 He is like a tree planted by water,
   that sends out its roots by the stream,
and does not fear when heat comes,
   for its leaves remain green,
and is not anxious in the year of
      drought,
   for it does not cease to bear fruit."

9 The heart is deceitful above all things,
   and desperately sick;
   who can understand it?

10 "I the LORD search the heart
   and test the mind,[2]
to give every man according to his ways,
   according to the fruit of his deeds."

11 Like the partridge that gathers a brood
      that she did not hatch,
   so is he who gets riches but not by
      justice;
in the midst of his days they will leave
      him,
   and at his end he will be a fool.

12 A glorious throne set on high from the
      beginning
   is the place of our sanctuary.

13 O LORD, the hope of Israel,
   all who forsake you shall be put to
      shame;
those who turn away from you[3] shall be
      written in the earth,
   for they have forsaken the LORD, the
      fountain of living water.

Jeremiah Prays for Deliverance

14 Heal me, O LORD, and I shall be healed;
   save me, and I shall be saved,
   for you are my praise.

15 Behold, they say to me,
   "Where is the word of the LORD?
   Let it come!"

16 I have not run away from being your
      shepherd,
   nor have I desired the day of sickness.
You know *what came out of my lips;
   it was before your face.

17 Be not a terror to me;
   you are my refuge in the day of
      disaster.

18 Let those be put to shame who perse-
      cute me,
   but let me not be put to shame;
   [z] let them be dismayed,
      but let me not be dismayed;
bring upon them the day of disaster;
   destroy them with double destruction!

Die Heiligung des Sabbats

19 So sprach der HERR zu mir: Geh hin und tritt ins Tor des Volks, durch das die Könige von Juda aus- und eingehen, und in alle Tore Jerusalems

20 und sprich zu ihnen: Höret des HERRN Wort, ihr Könige Judas und ganz Juda und alle Einwohner Jerusalems, die durch diese Tore gehen!

21 So spricht der HERR: Hütet euch und tragt keine Last am Sabbattag durch die Tore Jerusalems

22 und tragt keine Last am Sabbattag aus euren Häusern und tut keine Arbeit, sondern heiligt den Sabbattag, wie ich euren Vätern geboten habe.

23 Aber sie hörten nicht und kehrten mir ihre Ohren nicht zu, sondern blieben halsstarrig, dass sie ja nicht auf mich hörten noch Zucht annähmen.

¶ **24** Wenn ihr nun auf mich hören werdet, spricht der HERR, dass ihr am Sabbattag keine Last durch die Tore dieser Stadt tragt, sondern ihn heiligt, dass ihr an diesem Tage keine Arbeit tut,

25 so sollen auch durch die Tore dieser Stadt aus- und eingehen Könige, die auf dem Thron Davids sitzen und die mit Ross und Wagen fahren, sie und ihre Großen samt allen, die in Juda und Jerusalem wohnen; und es soll diese Stadt immerdar bewohnt werden.

26 Und sie sollen kommen aus den Städten Judas und aus der Gegend von Jerusalem und aus dem Lande Benjamin, aus dem Hügelland und vom Gebirge und vom Südland, die da bringen Brandopfer, Schlachtopfer, Speisopfer und Weihrauch und die da Dankopfer bringen zum Hause des HERRN.

27 Werdet ihr aber nicht auf mein Gebot hören, den Sabbattag zu heiligen und keine Last am Sabbattag zu tragen durch die Tore Jerusalems, so will ich ein Feuer in ihren Toren anzünden, das die festen Häuser Jerusalems verzehrt und nicht gelöscht werden kann.

Das Gleichnis vom Töpfer

18 Dies ist das Wort, das geschah vom HERRN zu Jeremia:

2 Mach dich auf und geh hinab in des Töpfers Haus; dort will ich dich meine Worte hören lassen.

3 Und ich ging hinab in des Töpfers Haus, und siehe, er arbeitete eben auf der Scheibe.

Keep the Sabbath Holy

¶ **19** Thus said the LORD to me: "Go and stand in the People's Gate, by which the kings of Judah enter and by which they go out, and in all the gates of Jerusalem,

20 and say: 'Hear the word of the LORD, you kings of Judah, and all Judah, and all the inhabitants of Jerusalem, who enter by these gates.

21 Thus says the LORD: Take care for the sake of your lives, and do not bear a burden on the Sabbath day or bring it in by the gates of Jerusalem.

22 And do not carry a burden out of your houses on the Sabbath or do any work, but keep the Sabbath day holy, as I commanded your fathers.

23 Yet they did not listen or incline their ear, but stiffened their neck, that they might not hear and receive instruction.

¶ **24** "But if you listen to me, declares the LORD, and bring in no burden by the gates of this city on the Sabbath day, but keep the Sabbath day holy and do no work on it,

25 then there shall enter by the gates of this city kings and princes who sit on the throne of David, riding in chariots and on horses, they and their officials, the men of Judah and the inhabitants of Jerusalem. And this city shall be inhabited forever.

26 And people shall come from the cities of Judah and the places around Jerusalem, ʲfrom the land of Benjamin, ᵏfrom the Shephelah, from the hill country, ᵏand from the Negeb, bringing burnt offerings and sacrifices, grain offerings and frankincense, and ᵐbringing thank offerings to the house of the LORD.

27 But if you do not listen to me, to keep the Sabbath day holy, and not to bear a burden and enter by the gates of Jerusalem on the Sabbath day, then I will kindle a fire in its gates, and it shall devour the palaces of Jerusalem and shall not be quenched.'"

The Potter and the Clay

18 The word that came to Jeremiah from the LORD:

2 "Arise, and go down to the potter's house, and there I will let you hear my words."

3 So I went down to the potter's house, and there he was working at his wheel.

4 Und der Topf, den er aus dem Ton machte, missriet ihm unter den Händen. Da machte er einen andern Topf daraus, wie es ihm gefiel.

¶ **5** Da geschah des HERRN Wort zu mir:

6 Kann ich nicht ebenso mit euch umgehen, ihr vom Hause Israel, wie dieser Töpfer?, spricht der HERR. Siehe, wie der Ton in des Töpfers Hand, so seid auch ihr vom Hause Israel in meiner Hand.

¶ **7** Bald rede ich über ein Volk und Königreich, dass ich es ausreißen, einreißen und zerstören will;

8 wenn es sich aber bekehrt von seiner Bosheit, gegen die ich rede, so reut mich auch das Unheil, das ich ihm gedachte zu tun.

9 Und bald rede ich über ein Volk und Königreich, dass ich es bauen und pflanzen will;

10 wenn es aber tut, was mir missfällt, dass es meiner Stimme nicht gehorcht, so reut mich auch das Gute, das ich ihm verheißen hatte zu tun.

¶ **11** Und nun sprich zu den Leuten in Juda und zu den Bürgern Jerusalems: So spricht der HERR: Siehe, ich bereite euch Unheil und habe gegen euch etwas im Sinn. So bekehrt euch doch, ein jeder von seinen bösen Wegen, und bessert euern Wandel und euer Tun!

12 Aber sie sprechen: Daraus wird nichts! Wir wollen nach unsern Gedanken wandeln, und ein jeder soll tun nach seinem verstockten und bösen Herzen.

¶ **13** Darum spricht der HERR: Fragt doch unter den Heiden: Wer hat je dergleichen gehört? So gräuliche Dinge tut die Jungfrau Israel!

14 Bleibt doch der Schnee länger auf den Steinen im Felde, wenn's vom Libanon herab schneit, und das Regenwasser verläuft sich nicht so schnell,

15 wie mein Volk meiner vergisst. Sie opfern den nichtigen Göttern. Die haben sie zu Fall gebracht auf den alten Wegen und lassen sie nun gehen auf ungebahnten Straßen,

16 auf dass ihr Land zur Wüste werde, ihnen zur ewigen Schande, dass, wer vorübergeht, sich entsetze und den Kopf schüttle.

17 Denn ich will sie wie durch einen Ostwind zerstreuen vor ihren Feinden; ich will ihnen den Rücken und nicht das Antlitz zeigen am Tag ihres Verderbens.

4 And the vessel he was making of clay was spoiled in the potter's hand, and he reworked it into another vessel, as it seemed good to the potter to do.

¶ **5** Then the word of the LORD came to me:

6 "O house of Israel, can I not do with you as this potter has done? declares the LORD. Behold, like the clay in the potter's hand, so are you in my hand, O house of Israel.

7 If at any time I declare concerning a nation or a kingdom, that I will pluck up and break down and destroy it,

8 and if that nation, concerning which I have spoken, turns from its evil, I will relent of the disaster that I intended to do to it.

9 And if at any time I declare concerning a nation or a kingdom that I will build and plant it,

10 and if it does evil in my sight, not listening to my voice, then I will relent of the good that I had intended to do to it.

11 Now, therefore, say to the men of Judah and the inhabitants of Jerusalem: 'Thus says the LORD, Behold, I am shaping disaster against you and devising a plan against you. Return, every one from his evil way, and amend your ways and your deeds.'

¶ **12** "But they say, 'That is in vain! We will follow our own plans, and will every one act according to the stubbornness of his evil heart.'

13 "Therefore thus says the LORD:
Ask among the nations,
  Who has heard the like of this?
The virgin Israel
  has done a very horrible thing.

14 Does the snow of Lebanon leave
  the crags of Sirion?[1]
Do the mountain waters run dry,[2]
  the cold flowing streams?

15 But my people have forgotten me;
  they make offerings to false gods;
they made them stumble in their ways,
  in the ancient roads,
and to walk into side roads,
  not the highway,

16 making their land a horror,
  a thing [j]to be hissed at forever.
Everyone who passes by it is horrified
  and shakes his head.

17 Like the east wind I will scatter them
  before the enemy.
I will show them my back, not my face,
  in the day of their calamity."

Jeremias Gebet gegen seine Feinde

18 Sie sprechen: »Kommt und lasst uns gegen Jeremia Böses planen; denn dem Priester wird's nicht fehlen an Weisung noch dem Weisen an Rat noch dem Propheten am Wort! Kommt, lasst uns ihn mit seinen eigenen Worten schlagen und nichts geben auf alle seine Reden!«

¶ **19** Herr, hab acht auf mich und höre die Stimme meiner Widersacher!

20 Ist's recht, dass man Gutes mit Bösem vergilt? Denn sie haben mir eine Grube gegraben! Gedenke doch, wie ich vor dir gestanden bin, um für sie zum Besten zu reden und deinen Grimm von ihnen abzuwenden!

21 So strafe nun ihre Kinder mit Hunger und gib sie dem Schwerte preis, dass ihre Frauen kinderlos und Witwen seien und ihre Männer vom Tode getroffen und ihre junge Mannschaft im Krieg durchs Schwert getötet werden;

22 dass Geschrei aus ihren Häusern gehört werde, wenn du plötzlich Kriegsvolk über sie kommen lässt. Denn sie haben eine Grube gegraben, mich zu fangen, und meinen Füßen Fallen gestellt.

23 Aber du, Herr, kennst alle ihre Anschläge gegen mich, dass sie mich töten wollen. So vergib ihnen ihre Missetat nicht und tilge ihre Sünde nicht aus vor dir! Lass sie vor dir zu Fall kommen und handle an ihnen zur Zeit deines Zorns!

Der zerschmetterte Krug

19 So sprach der Herr: Geh hin und kaufe dir einen irdenen Krug vom Töpfer und nimm mit etliche von den Ältesten des Volks und von den Ältesten der Priester

2 und geh hinaus ins Tal Ben-Hinnom, das vor dem Scherbentor liegt, und predige dort die Worte, die ich dir sage,

3 und sprich:

¶ Höret des Herrn Wort, ihr Könige von Juda und ihr Bürger Jerusalems! So spricht der Herr Zebaoth, der Gott Israels: Siehe, ich will ein solches Unheil über diese Stätte bringen, dass jedem, der es hören wird, die Ohren gellen sollen,

¶ **18** Then they said, "Come, let us make plots against Jeremiah, for the law shall not perish from the priest, nor counsel from the wise, nor the word from the prophet. Come, let us strike him with the tongue, and let us not pay attention to any of his words."

19 Hear me, O Lord,
 and listen to the voice of my
  adversaries.

20 Should good be repaid with evil?
 Yet they have dug a pit for my life.
 Remember how I stood before you
  to speak good for them,
  to turn away your wrath from them.

21 Therefore deliver up their children to
  famine;
 give them over to the power of the
  sword;
 let their wives become childless and
  widowed.
 May their men meet death by
  pestilence,
 their youths be struck down by the
  sword in battle.

22 May a cry be heard from their houses,
 when you bring the plunderer suddenly upon them!
 For they have dug a pit to take me
 and laid snares for my feet.

23 Yet you, O Lord, know
 all their plotting to kill me.
 Forgive not their iniquity,
  nor blot out their sin from your sight.
 Let them be overthrown before you;
  deal with them in the time of your
  anger.

The Broken Flask

19 Thus says the Lord, "Go, buy a potter's earthenware flask, and take some of the elders of the people and some of ᵉthe elders of the priests,

2 and go out to the Valley of the Son of Hinnom at the entry of the Potsherd Gate, and proclaim there the words that I tell you.

3 You shall say, 'Hear the word of the Lord, O kings of Judah and inhabitants of Jerusalem. Thus says the Lord of hosts, the God of Israel: Behold, I am bringing such disaster upon this place that the ears of everyone who hears of it will tingle.

4 weil sie mich verlassen und diese Stätte einem fremden Gott gegeben und dort andern Göttern geopfert haben, die weder sie noch ihre Väter noch die Könige von Juda kannten, und weil sie die Stätte voll unschuldigen Blutes gemacht

5 und dem Baal Höhen gebaut haben, um ihre Kinder dem Baal als Brandopfer zu verbrennen, was ich weder geboten noch geredet habe und was mir nie in den Sinn gekommen ist.

¶ **6** Darum siehe, es wird die Zeit kommen, spricht der HERR, dass man diese Stätte nicht mehr »Tofet« und »Tal Ben-Hinnom«, sondern »Würgetal« nennen wird.

7 Und ich will den Gottesdienst Judas und Jerusalems an diesem Ort zunichtemachen und will sie durchs Schwert fallen lassen vor ihren Feinden und durch die Hand derer, die ihnen nach dem Leben trachten, und will ihre Leichname den Vögeln des Himmels und den Tieren auf dem Felde zum Fraße geben.

8 Und ich will diese Stadt zum Entsetzen und zum Spott machen, dass alle, die vorübergehen, sich entsetzen und spotten über alle ihre Plagen.

9 Ich will sie ihrer Söhne und Töchter Fleisch essen lassen, und einer soll des andern Fleisch essen in der Not und Angst, mit der ihre Feinde und die, die ihnen nach dem Leben trachten, sie bedrängen werden.

¶ **10** Und du sollst den Krug zerbrechen vor den Augen der Männer, die mit dir gegangen sind,

11 und zu ihnen sagen: So spricht der HERR Zebaoth: Wie man eines Töpfers Gefäß zerbricht, dass es nicht wieder ganz werden kann, so will ich dies Volk und diese Stadt zerbrechen. Und man wird im Tofet begraben, weil sonst kein Raum dafür da sein wird.

12 So will ich's mit dieser Stätte und ihren Bewohnern machen, spricht der HERR, dass diese Stadt wie das Tofet werden soll.

13 Und die Häuser Jerusalems und die Häuser der Könige von Juda sollen ebenso unrein werden wie die Stätte Tofet, alle Häuser, wo sie auf den Dächern dem ganzen Heer des Himmels geopfert und andern Göttern Trankopfer dargebracht haben.

Die Misshandlung Jeremias durch Paschhur

14 Und als Jeremia vom Tofet zurückkam, wohin ihn der HERR gesandt hatte, um zu weissagen, trat er in den Vorhof am Hause des HERRN und sprach zu allem Volk:

4 Because the people have forsaken me and have profaned this place by making offerings in it to other gods whom neither they nor their fathers nor the kings of Judah have known; and because they have filled this place with the blood of innocents,

5 and have built the high places of Baal ¹to burn their sons in the fire as burnt offerings to Baal, which I did not command or decree, nor did it come into my mind—

6 therefore, behold, days are coming, declares the LORD, when this place shall no more be called Topheth, or the Valley of the Son of Hinnom, but the Valley of Slaughter.

7 And in this place I will make void the plans of Judah and Jerusalem, and will cause their people to fall by the sword before their enemies, and by the hand of those who seek their life. I will give their dead bodies for food to the birds of the air and to the beasts of the earth.

8 And I will make this city a horror, ⁵a thing to be hissed at. Everyone who passes by it will be horrified and will hiss because of all its wounds.

9 And I will make them eat the flesh of their sons and their daughters, and everyone shall eat the flesh of his neighbor in the siege and in the distress, with which their enemies and those who seek their life afflict them.'

¶ **10** "Then you shall break the flask in the sight of the men who go with you,

11 and shall say to them, 'Thus says the LORD of hosts: So will I break this people and this city, as one breaks a potter's vessel, so that it can never be mended. Men shall bury in Topheth because there will be no place else to bury.

12 Thus will I do to this place, declares the LORD, and to its inhabitants, making this city like Topheth.

13 The houses of Jerusalem and the houses of the kings of Judah—all the houses on whose roofs offerings have been offered to all the host of heaven, and drink offerings have been poured out to other gods—shall be defiled like the place of Topheth.'"

¶ **14** Then Jeremiah came from Topheth, where the LORD had sent him to prophesy, and he stood in the court of the LORD's house and said to all the people:

15 So spricht der HERR Zebaoth, der Gott Israels: Siehe, ich will über diese Stadt und über alle ihre Ortschaften all das Unheil kommen lassen, das ich gegen sie geredet habe, weil sie halsstarrig sind und meine Worte nicht hören wollen.

20 Als aber Paschhur, ein Sohn Immers, der Priester, der zum Vorsteher im Hause des HERRN bestellt war, hörte, wie Jeremia solche Worte weissagte,

2 schlug er den Propheten Jeremia und schloss ihn in den Block am oberen Benjamintor, das am Hause des HERRN ist.

3 Und am andern Morgen ließ Paschhur den Jeremia aus dem Block los. Da sprach Jeremia zu ihm: Der HERR nennt dich nicht Paschhur, sondern »Schrecken um und um«;

4 denn so spricht der HERR: Siehe, ich will dich zum Schrecken machen für dich selbst und alle deine Freunde; sie sollen fallen durchs Schwert ihrer Feinde, und du sollst es mit eigenen Augen sehen. Und ich will ganz Juda in die Hand des Königs von Babel geben; der soll sie wegführen nach Babel und mit dem Schwert töten.

5 Auch will ich alle Güter dieser Stadt und allen Ertrag ihrer Arbeit und alle Kleinode und alle Schätze der Könige von Juda in die Hand ihrer Feinde geben; die werden sie rauben, mitnehmen und nach Babel bringen.

6 Und du, Paschhur, sollst mit allen deinen Hausgenossen gefangen weggeführt werden und nach Babel kommen. Dort sollst du sterben und begraben werden samt allen deinen Freunden, denen du Lügen gepredigt hast.

Die Last des Prophetenamts

7 HERR, du hast mich überredet und ich habe mich überreden lassen. Du bist mir zu stark gewesen und hast gewonnen; aber ich bin darüber zum Spott geworden täglich, und jedermann verlacht mich.

8 Denn sooft ich rede, muss ich schreien; »Frevel und Gewalt!« muss ich rufen. Denn des HERRN Wort ist mir zu Hohn und Spott geworden täglich.

15 "Thus says the LORD of hosts, the God of Israel, behold, I am bringing upon this city and upon all its towns all the disaster that I have pronounced against it, because they have stiffened their neck, refusing to hear my words."

Jeremiah Persecuted by Pashhur

20 Now Pashhur the priest, the son of Immer, who was chief officer in the house of the LORD, heard Jeremiah prophesying these things.

2 Then Pashhur beat Jeremiah the prophet, and put him in the stocks that were in the upper Benjamin Gate of the house of the LORD.

3 The next day, when Pashhur released Jeremiah from the stocks, Jeremiah said to him, "The LORD does not call your name ʲPashhur, but Terror On Every Side.

4 For thus says the LORD: Behold, I will make you a terror to yourself and to all your friends. They shall fall by the sword of their enemies while you look on. And I will give all Judah into the hand of the king of Babylon. He shall carry them captive to Babylon, and shall strike them down with the sword.

5 Moreover, I will give all the wealth of the city, all its gains, all its prized belongings, and all the treasures of the kings of Judah into the hand of their enemies, who shall plunder them and seize them and carry them to Babylon.

6 And you, Pashhur, and all who dwell in your house, shall go into captivity. To Babylon you shall go, and there you shall die, and there you shall be buried, you and all your friends, to whom you have prophesied falsely."

7 O LORD, you have deceived me,
  and I was deceived;
you are stronger than I,
  and you have prevailed.
I have become a laughingstock all the
  day;
  everyone mocks me.

8 For whenever I speak, I cry out,
  I shout, "Violence and destruction!"
For the word of the LORD has become
  for me
  a reproach and ʸderision all day long.

9 Da dachte ich: Ich will nicht mehr an ihn denken und nicht mehr in seinem Namen predigen. Aber es ward in meinem Herzen wie ein brennendes Feuer, in meinen Gebeinen verschlossen, dass ich's nicht ertragen konnte; ich wäre schier vergangen.

¶ **10** Denn ich höre, wie viele heimlich reden: »Schrecken ist um und um!« »Verklagt ihn!« »Wir wollen ihn verklagen!« Alle meine Freunde und Gesellen lauern, ob ich nicht falle: »Vielleicht lässt er sich überlisten, dass wir ihm beikommen können und uns an ihm rächen.«

11 Aber der HERR ist bei mir wie ein starker Held, darum werden meine Verfolger fallen und nicht gewinnen. Sie müssen ganz zuschanden werden, weil es ihnen nicht gelingt. Ewig wird ihre Schande sein und nie vergessen werden.

¶ **12** Und nun, HERR Zebaoth, der du die Gerechten prüfst, Nieren und Herz durchschaust: Lass mich deine Vergeltung an ihnen sehen; denn ich habe dir meine Sache befohlen.

13 Singet dem HERRN, rühmet den HERRN, der des Armen Leben aus den Händen der Boshaften errettet!

¶ **14** Verflucht sei der Tag, an dem ich geboren bin; der Tag soll ungesegnet sein, an dem mich meine Mutter geboren hat!

15 Verflucht sei, der meinem Vater gute Botschaft brachte und sprach: »Du hast einen Sohn«, sodass er ihn fröhlich machte!

16 Der Tag soll sein wie die Städte, die der HERR vernichtet hat ohne Erbarmen. Am Morgen soll er Wehklage hören und am Mittag Kriegsgeschrei,

17 weil er mich nicht getötet hat im Mutterleibe, sodass meine Mutter mein Grab geworden und ihr Leib ewig schwanger geblieben wäre!

18 Warum bin ich doch aus dem Mutterleib hervorgekommen, wenn ich nur Jammer und Herzeleid sehen muss und meine Tage in Schmach zubringe!

9 If I say, "I will not mention him,
 or speak any more in his name,"
there is in my heart as it were a burning
 fire
 shut up in my bones,
and I am weary with holding it in,
 and I cannot.

10 For I hear many whispering.
 Terror is on every side!
"Denounce him! Let us denounce him!"
 say all my close friends,
 watching for my fall.
"Perhaps he will be deceived;
 then we can overcome him
 and take our revenge on him."

11 But the LORD is with me as a dread
 warrior;
 therefore my persecutors will stumble;
 [i] they will not overcome me.
They will be greatly shamed,
 for they will not succeed.
Their eternal dishonor
 will never be forgotten.

12 O LORD of hosts, who tests the
 righteous,
 who sees the heart and the mind,[1]
let me see your vengeance upon them,
 for to you have I committed my cause.

13 Sing to the LORD;
 praise the LORD!
For he has delivered the life of the needy
 from the hand of evildoers.

14 Cursed be the day
 on which I was born!
The day when my mother bore me,
 let it not be blessed!

15 Cursed be the man who brought the
 news to my father,
"A son is born to you,"
 making him very glad.

16 Let that man be like the cities
 that the LORD overthrew without pity;
let him hear a cry in the morning
 and an alarm at noon,

17 because he did not kill me in the womb;
 so my mother would have been my
 grave,
 and her womb forever great.

18 Why did I come out from the womb
 to see toil and sorrow,
 and spend my days in shame?

Jeremia kündigt Zedekia die Zerstörung Jerusalems an

21 Dies ist das Wort, das vom HERRN geschah zu Jeremia, als der König Zedekia zu ihm sandte Paschhur, den Sohn Malkijas, und Zefanja, den Sohn Maasejas, den Priester, und ihm sagen ließ:

2 Befrage doch den HERRN für uns; denn Nebukadnezar, der König von Babel, führt Krieg gegen uns. Vielleicht wird der HERR doch an uns sein Wunder tun wie so manches Mal, damit jener von uns abzieht.

¶ 3 Jeremia sprach zu ihnen: So sagt zu Zedekia:

4 Das spricht der HERR, der Gott Israels: Siehe, ich will euch zum Rückzug zwingen samt euren Waffen, die ihr in euren Händen habt und mit denen ihr kämpft gegen den König von Babel und gegen die Chaldäer, die euch draußen vor der Mauer belagern, und will euch versammeln mitten in dieser Stadt.

5 Und ich selbst will wider euch streiten mit ausgestreckter Hand, mit starkem Arm, mit Zorn und Grimm und ohne Erbarmen

6 und will die Bürger dieser Stadt schlagen, Menschen und Tiere, dass sie sterben sollen durch eine große Pest.

7 Und danach, spricht der HERR, will ich Zedekia, den König von Juda, samt seinen Großen und dem Volk, das in dieser Stadt von Pest, Schwert und Hunger übrig gelassen wird, in die Hände Nebukadnezars, des Königs von Babel, geben und in die Hände ihrer Feinde und in die Hände derer, die ihnen nach dem Leben trachten. Er wird sie mit der Schärfe des Schwerts schlagen schonungslos, ohne Gnade und Erbarmen.

¶ 8 Und zu diesem Volk sage: So spricht der HERR: Siehe, ich lege euch vor den Weg zum Leben und den Weg zum Tode.

9 Wer in dieser Stadt bleibt, der wird sterben müssen durch Schwert, Hunger und Pest; wer sich aber hinausbegibt und überläuft zu den Chaldäern, die euch belagern, der soll am Leben bleiben und soll sein Leben als Beute behalten.

10 Denn ich habe mein Angesicht gegen diese Stadt gerichtet zum Unheil und nicht zum Heil, spricht der HERR. Sie soll dem König von Babel übergeben werden, dass er sie mit Feuer verbrenne.

Mahn- und Gerichtsworte an das Königshaus von Juda

11 Und zum Hause des Königs von Juda sage: Höret des HERRN Wort,

Jerusalem Will Fall to Nebuchadnezzar

21 This is the word that came to Jeremiah from the LORD, when King Zedekiah sent to him Pashhur the son of Malchiah and Zephaniah the priest, the son of Maaseiah, saying,

2 "Inquire of the LORD for us, for Nebuchadnezzar[1] king of Babylon is making war against us. Perhaps the LORD will deal with us according to all his wonderful deeds and will make him withdraw from us."

¶ 3 Then Jeremiah said to them:

4 "Thus you shall say to Zedekiah, 'Thus says the LORD, the God of Israel: Behold, I will turn back the weapons of war that are in your hands and with which you are fighting against the king of Babylon and against the Chaldeans who are besieging you outside the walls. And I will bring them together into the midst of this city.

5 I myself will fight against you with outstretched hand and strong arm, in anger and in fury and in great wrath.

6 And I will strike down the inhabitants of this city, both man and beast. They shall die of a great pestilence.

7 Afterward, declares the LORD, I will give Zedekiah king of Judah and his servants and the people in this city who survive the pestilence, sword, and famine into the hand of Nebuchadnezzar king of Babylon and into the hand of their enemies, into the hand of those who seek their lives. He shall strike them down with the edge of the sword. He shall not pity them or spare them or have compassion.'

¶ 8 "And to this people you shall say: 'Thus says the LORD: Behold, I set before you the way of life and the way of death.

9 He who stays in this city shall die by the sword, by famine, and by pestilence, but he who goes out and surrenders to the Chaldeans who are besieging you shall live and shall have his life as a prize of war.

10 For I have set my face against this city for harm and not for good, declares the LORD: it shall be given into the hand of the king of Babylon, and he shall burn it with fire.'

Message to the House of David

¶ 11 "And to the house of the king of Judah say, 'Hear the word of the LORD,

12 ihr vom Hause David! So spricht der HERR: Haltet alle Morgen gerechtes Gericht und errettet den Bedrückten aus des Frevlers Hand, auf dass nicht mein Grimm ausfahre wie Feuer und brenne, ohne dass jemand löschen kann, um eurer bösen Taten willen.

¶ **13** Siehe, spricht der HERR, ich will an dich, du Stadt, die du wohnst auf dem Felsen im Tal und sprichst: Wer will uns überfallen und wer will in unsere Feste kommen?

14 Ich will euch heimsuchen, spricht der HERR, nach der Frucht eures Tuns; ich will ein Feuer in ihrem Wald anzünden, das soll alles umher verzehren.

22 So sprach der HERR: Geh hinab in das Haus des Königs von Juda und rede dort dies Wort

2 und sprich: Höre des HERRN Wort, du König von Juda, der du auf dem Thron Davids sitzt, du und deine Großen und dein Volk, die durch diese Tore hineingehen.

3 So spricht der HERR: Schafft Recht und Gerechtigkeit und errettet den Bedrückten von des Frevlers Hand und bedrängt nicht die Fremdlinge, Waisen und Witwen und tut niemand Gewalt an und vergießt nicht unschuldiges Blut an dieser Stätte.

4 Werdet ihr das tun, so sollen durch die Tore dieses Hauses einziehen Könige, die auf Davids Thron sitzen, und fahren mit Wagen und Rossen samt ihren Großen und ihrem Volk.

5 Werdet ihr aber diesen Worten nicht gehorchen, so habe ich bei mir selbst geschworen, spricht der HERR: Dies Haus soll zerstört werden.

¶ **6** Denn so spricht der HERR von dem Hause des Königs von Juda: Ein Gilead warst du mir, ein Gipfel im Libanon, – was gilt's? Ich will dich zur Wüste, zur Stadt ohne Einwohner machen!

12 O house of David! Thus says the LORD:

" 'Execute justice in the morning,
   and deliver from the hand of the
      oppressor
him who has been robbed,
   lest my wrath go forth like fire,
   and burn with none to quench it,
   because of your evil deeds.' "

13 "Behold, I am against you, O inhabitant
   of the valley,
O rock of the plain,
       declares the LORD;
you who say, 'Who shall come down
   against us,
or who shall enter our habitations?'

14 I will punish you according to the fruit
   of your deeds,
       declares the LORD;
I will kindle a fire in her forest,
   ᵛ and it shall devour all that is around
   her."

22 Thus says the LORD: "Go down to the house of the king of Judah and speak there this word,

2 and say, 'Hear the word of the LORD, O king of Judah, who sits on the throne of David, you, and your servants, and your people who enter these gates.

3 Thus says the LORD: Do justice and righteousness, and deliver from the hand of the oppressor him who has been robbed. And do no wrong or violence to the resident alien, ˣthe fatherless, and the widow, nor shed innocent blood in this place.

4 For if you will indeed obey this word, then there shall enter the gates of this house kings who sit on the throne of David, riding in chariots and on horses, they and their servants and their people.

5 But if you will not obey these words, I swear by myself, declares the LORD, that this house shall become a desolation.

6 For thus says the LORD concerning the house of the king of Judah:

" 'You are like Gilead to me,
   like the summit of Lebanon,
yet surely I will make you a desert,
   an uninhabited city.ᴵ

7 Denn ich habe Verderber wider dich bestellt, einen jeden mit seinen Waffen; die sollen deine auserwählten Zedern umhauen und ins Feuer werfen.

8 Da werden viele Völker an dieser Stadt vorüberziehen und zueinander sagen: Warum hat der HERR an dieser großen Stadt so gehandelt?

9 Und man wird antworten: Weil sie den Bund des HERRN, ihres Gottes, verlassen und andere Götter angebetet und ihnen gedient haben.

Worte über die Könige Schallum (Joahas), Jojakim und Konja (Jojachin)

10 Weint nicht über den Toten und grämt euch nicht um ihn; weint aber über den, der fortgezogen ist; denn er wird nicht mehr wiederkommen und sein Vaterland nicht wiedersehen.

11 Denn so spricht der HERR über Schallum, den Sohn Josias, des Königs von Juda, der König wurde an seines Vaters Josia statt: Der von dieser Stätte fortgezogen ist, wird nicht wieder herkommen,

12 sondern muss sterben an dem Ort, wohin er gefangen geführt ist, und wird dies Land nicht mehr sehen.

¶ 13 Weh dem, der sein Haus mit Sünden baut und seine Gemächer mit Unrecht, der seinen Nächsten umsonst arbeiten lässt und gibt ihm seinen Lohn nicht

14 und denkt: »Wohlan, ich will mir ein großes Haus bauen und weite Gemächer«, und lässt sich Fenster ausbrechen und mit Zedern täfeln und rot malen.

15 Meinst du, du seist König, weil du mit Zedern prangst? Hat dein Vater nicht auch gegessen und getrunken und hielt dennoch auf Recht und Gerechtigkeit, und es ging ihm gut?

16 Er half dem Elenden und Armen zum Recht, und es ging ihm gut. Heißt dies nicht, mich recht erkennen?, spricht der HERR.

7 I will prepare destroyers against you,
　　each with his weapons,
　　and they shall cut down your choicest
　　　cedars
　　and cast them into the fire.

¶ 8 "And many nations will pass by this city, and every man will say to his neighbor, "Why has the LORD dealt thus with this great city?"

9 And they will answer, "Because they have forsaken the covenant of the LORD their God and worshiped other gods and served them." ' "

10 Weep not for him who is dead,
　　nor grieve for him,
　　but weep bitterly for him who goes
　　　away,
　　for he shall return no more
　　to see his native land.

Message to the Sons of Josiah

¶ 11 For thus says the LORD concerning Shallum the son of Josiah, king of Judah, who reigned instead of Josiah his father, and who went away from this place: "He shall return here no more,

12 but in the place where they have carried him captive, there shall he die, and he shall never see this land again."

13 "Woe to him who builds his house by
　　unrighteousness,
　　and his upper rooms by injustice,
　　who makes his neighbor serve him for
　　　nothing
　　and does not give him his wages,

14 who says, 'I will build myself a great
　　house
　　with spacious upper rooms,'
　　who cuts out windows for it,
　　paneling it with cedar
　　and painting it with vermilion.

15 Do you think you are a king
　　because you compete in cedar?
　　Did not your father eat and drink
　　and do justice and righteousness?
　　Then it was well with him.

16 He judged the cause of the poor and
　　needy;
　　then it was well.
　　Is not this to know me?
　　declares the LORD.

17 Aber deine Augen und dein Herz sind auf nichts anderes aus als auf unrechten Gewinn und darauf, unschuldiges Blut zu vergießen, zu freveln und zu unterdrücken.

¶ **18** Darum spricht der HERR über Jojakim, den Sohn Josias, den König von Juda: Man wird ihn nicht beklagen: »Ach, Bruder! Ach, Schwester!« Man wird ihn nicht beklagen: »Ach, Herr! Ach, Edler!«

19 Er soll wie ein Esel begraben werden, fortgeschleift und hinausgeworfen vor die Tore Jerusalems.

¶ **20** Geh hinauf auf den Libanon und schreie und lass deine Klage hören in Baschan und schreie vom Abarim her; denn alle deine Liebhaber sind zunichtegemacht!

21 Ich habe dir's vorher gesagt, als es noch gut um dich stand; aber du sprachst: »Ich will nicht hören.« So hast du es dein Lebtag getan, dass du meiner Stimme nicht gehorchtest.

22 Alle deine Hirten weidet der Sturmwind, und deine Liebhaber müssen gefangen fort. Ja, nun bist du zu Spott und zuschanden geworden um aller deiner Bosheit willen.

23 Die du jetzt auf dem Libanon wohnst und in Zedern nistest, wie wirst du stöhnen, wenn dir Schmerzen und Wehen kommen werden wie einer in Kindsnöten!

¶ **24** So wahr ich lebe, spricht der HERR: Wenn Konja, der Sohn Jojakims, der König von Juda, ein Siegelring wäre an meiner rechten Hand, so wollte ich dich doch abreißen

25 und in die Hände derer geben, die dir nach dem Leben trachten und vor denen du dich fürchtest: in die Hände Nebukadnezars, des Königs von Babel, und der Chaldäer.

26 Und ich will dich und deine Mutter, die dich geboren hat, in ein anderes Land treiben, das nicht euer Vaterland ist; dort sollt ihr sterben.

27 Aber in das Land, wohin sie von Herzen gern wiederkämen, sollen sie nicht zurückkehren.

17 But you have eyes and heart
   only for your dishonest gain,
for shedding innocent blood,
   and for practicing oppression and
     violence."

¶ **18** Therefore thus says the LORD concerning Jehoiakim the son of Josiah, king of Judah:

"They shall not lament for him, saying,
   'Ah, my brother!' or 'Ah, sister!'
They shall not lament for him, saying,
   'Ah, lord!' or 'Ah, his majesty!'

19 With the burial of a donkey he shall be
   buried,
   dragged and dumped beyond the gates
     of Jerusalem."

20 "Go up to Lebanon, and cry out,
   and lift up your voice in Bashan;
cry out from Abarim,
   for all your lovers are destroyed.

21 I spoke to you in your prosperity,
   but you said, 'I will not listen.'
This has been your way from your
     youth,
   that you have not obeyed my voice.

22 The wind shall shepherd all your
     shepherds,
   and your lovers shall go into captivity;
then you will be ashamed and
     confounded
   because of all your evil.

23 O inhabitant of Lebanon,
   nested among the cedars,
how you will be pitied when pangs
     come upon you,
     pain as of a woman in labor!"

¶ **24** "As I live, declares the LORD, though Coniah the son of Jehoiakim, king of Judah, were the signet ring on my right hand, yet I would tear you off

25 and give you into the hand of those who seek your life, into the hand of those of whom you are afraid, even into the hand of Nebuchadnezzar king of Babylon and into the hand of the Chaldeans.

26 I will hurl you and the mother who bore you into another country, where you were not born, and there you shall die.

27 But to the land to which they will long to return, there they shall not return."

¶ **28** Ist denn Konja ein elender, verachteter, verstoßener Mann, ein Gefäß, das niemand haben will? Ach, wie ist er doch samt seinem Geschlecht vertrieben und in ein unbekanntes Land geworfen!

29 O Land, Land, Land, höre des Herrn Wort!

30 So spricht der Herr: Schreibt diesen Mann auf als einen, der ohne Kinder ist, einen Mann, dem sein Leben lang nichts gelingt! Denn keiner seiner Nachkommen wird das Glück haben, dass er auf dem Thron Davids sitze und in Juda herrsche.

Gegen die bösen Hirten. Verheißung eines gerechten Königs

23 Weh euch Hirten, die ihr die Herde meiner Weide umkommen lasst und zerstreut!, spricht der Herr.

2 Darum spricht der Herr, der Gott Israels, von den Hirten, die mein Volk weiden: Ihr habt meine Herde zerstreut und verstoßen und nicht nach ihr gesehen. Siehe, ich will euch heimsuchen um eures bösen Tuns willen, spricht der Herr.

3 Und ich will die Übriggebliebenen meiner Herde sammeln aus allen Ländern, wohin ich sie verstoßen habe, und will sie wiederbringen zu ihren Weideplätzen, dass sie sollen wachsen und viel werden.

4 Und ich will Hirten über sie setzen, die sie weiden sollen, dass sie sich nicht mehr fürchten noch erschrecken noch heimgesucht werden, spricht der Herr.

¶ **5** Siehe, es kommt die Zeit, spricht der Herr, dass ich dem David einen gerechten Spross erwecken will. Der soll ein König sein, der wohl regieren und Recht und Gerechtigkeit im Lande üben wird.

6 Zu seiner Zeit soll Juda geholfen werden und Israel sicher wohnen. Und dies wird sein Name sein, mit dem man ihn nennen wird: »Der Herr unsere Gerechtigkeit«.

¶ **7** Darum siehe, es wird die Zeit kommen, spricht der Herr, dass man nicht mehr sagen wird: »So wahr der Herr lebt, der die Israeliten aus Ägyptenland geführt hat!«,

8 sondern: »So wahr der Herr lebt, der die Nachkommen des Hauses Israel herausgeführt und hergebracht hat aus dem Lande des Nordens und aus allen Landen, wohin er sie verstoßen hatte.« Und sie sollen in ihrem Lande wohnen.

28 Is this man Coniah a despised, broken pot,
  a vessel no one cares for?
Why are he and his children hurled and cast
  into a land that they do not know?

29 O land, land, land,
  hear the word of the Lord!

30 Thus says the Lord:
"Write this man down as childless,
  a man who shall not succeed in his days,
for none of his offspring shall succeed
  [t] in sitting on the throne of David
  and ruling again in Judah."

The Righteous Branch

23 "Woe to the shepherds who destroy and scatter the sheep of my pasture!" declares the Lord.

2 Therefore thus says the Lord, the God of Israel, concerning the shepherds who care for my people: "You have scattered my flock and have driven them away, and you have not attended to them. Behold, I will attend to you for your evil deeds, declares the Lord.

3 Then I will gather the remnant of my flock out of all the countries where I have driven them, and I will bring them back to their fold, and they shall be fruitful and multiply.

4 I will set shepherds over them who will care for them, and they shall fear no more, nor be dismayed, neither shall any be missing, declares the Lord.

¶ **5** "Behold, the days are coming, declares the Lord, when I will raise up for David a righteous Branch, and he shall reign as king and deal wisely, and shall execute justice and righteousness in the land.

6 In his days Judah will be saved, and Israel will dwell securely. And this is the name by which he will be called: 'The Lord is our righteousness.'

¶ **7** "Therefore, behold, the days are coming, declares the Lord, when they shall no longer say, 'As the Lord lives who brought up the people of Israel out of the land of Egypt,'

8 but 'As the Lord lives who brought up and led the offspring of the house of Israel out of the north country and out of all the countries where he[1] had driven them.' Then they shall dwell in their own land."

Worte über die falschen Propheten
(vgl. Hes 13,2-16)

9 Wider die Propheten. Mein Herz will mir in meinem Leibe brechen, alle meine Gebeine zittern; mir ist wie einem trunkenen Mann und wie einem, der vom Wein taumelt, vor dem HERRN und vor seinen heiligen Worten.

10 Denn das Land ist voller Ehebrecher, und wegen des Fluches vertrocknet das Land und die Weideplätze in der Steppe verdorren. Böse ist, wonach sie streben, und ihre Stärke ist Unrecht.

11 Denn Propheten wie Priester sind ruchlos; auch in meinem Hause finde ich ihre Bosheit, spricht der HERR.

¶ **12** Darum ist ihr Weg wie ein glatter Weg, auf dem sie im Finstern gleiten und fallen; denn ich will Unheil über sie kommen lassen, das Jahr ihrer Heimsuchung, spricht der HERR.

13 Auch bei den Propheten zu Samaria sah ich Anstößiges, dass sie weissagten im Namen des Baal und mein Volk Israel verführten;

14 aber bei den Propheten zu Jerusalem sehe ich Gräuel, wie sie ehebrechen und mit Lügen umgehen und die Boshaften stärken, auf dass ja niemand bekehre von seiner Bosheit. Sie sind alle vor mir gleichwie Sodom und die Bürger Jerusalems wie Gomorra.

15 Darum spricht der HERR Zebaoth über die Propheten: Siehe, ich will sie mit Wermut speisen und mit Gift tränken; denn von den Propheten Jerusalems geht das ruchlose Wesen aus ins ganze Land.

¶ **16** So spricht der HERR Zebaoth: Hört nicht auf die Worte der Propheten, die euch weissagen! Sie betrügen euch; denn sie verkünden euch Gesichte aus ihrem Herzen und nicht aus dem Mund des HERRN.

Lying Prophets

¶ **9** Concerning the prophets:

My heart is broken within me;
  all my bones shake;
I am like a drunken man,
  like a man overcome by wine,
because of the LORD
  and because of his holy words.

10 For the land is full of adulterers;
  because of the curse the land mourns,
  and the pastures of the wilderness are
    dried up.
Their course is evil,
  and their might is not right.

11 "Both prophet and priest are ungodly;
  even in my house I have found their
    evil,
                declares the LORD.

12 Therefore their way shall be to them
  like slippery paths in the darkness,
  into which they shall be driven and
    fall,
for I will bring disaster upon them
  in the year of their punishment,
                declares the LORD.

13 In the prophets of Samaria
  I saw an unsavory thing:
  they prophesied by Baal
  and led my people Israel astray.

14 But in the prophets of Jerusalem
  I have seen a horrible thing:
  they commit adultery and walk in lies;
  they strengthen the hands of evildoers,
  so that no one turns from his evil;
all of them have become like Sodom to
    me,
  z and its inhabitants like Gomorrah."

15 Therefore thus says the LORD of hosts
    concerning the prophets:
"Behold, I will feed them with bitter food
  a and give them poisoned water to
    drink,
for from the prophets of Jerusalem
  ungodliness has gone out into all the
    land."

¶ **16** Thus says the LORD of hosts: "Do not listen to the words of the prophets who prophesy to you, filling you with vain hopes. They speak visions of their own minds, not from the mouth of the LORD.

17 Sie sagen denen, die des HERRN Wort verachten: Es wird euch wohlgehen –, und allen, die nach ihrem verstockten Herzen wandeln, sagen sie: Es wird kein Unheil über euch kommen.

¶ **18** Aber wer hat im Rat des HERRN gestanden, dass er sein Wort gesehen und gehört hätte? Wer hat sein Wort vernommen und gehört?

19 Siehe, es wird ein Wetter des HERRN kommen voll Grimm und ein schreckliches Ungewitter auf den Kopf der Gottlosen niedergehen.

20 Und des HERRN Zorn wird nicht ablassen, bis er tue und ausrichte, was er im Sinn hat; zur letzten Zeit werdet ihr es klar erkennen.

¶ **21** Ich sandte die Propheten nicht und doch laufen sie; ich redete nicht zu ihnen und doch weissagen sie.

22 Denn wenn sie in meinem Rat gestanden hätten, so hätten sie meine Worte meinem Volk gepredigt, um es von seinem bösen Wandel und von seinem bösen Tun zu bekehren.

¶ **23** Bin ich nur ein Gott, der nahe ist, spricht der HERR, und nicht auch ein Gott, der ferne ist?

24 Meinst du, dass sich jemand so heimlich verbergen könne, dass ich ihn nicht sehe?, spricht der HERR. Bin ich es nicht, der Himmel und Erde erfüllt?, spricht der HERR.

¶ **25** Ich höre es wohl, was die Propheten reden, die Lüge weissagen in meinem Namen und sprechen: Mir hat geträumt, mir hat geträumt.

26 Wann wollen doch die Propheten aufhören, die Lüge weissagen und ihres Herzens Trug weissagen

27 und wollen, dass mein Volk meinen Namen vergesse über ihren Träumen, die einer dem andern erzählt, wie auch ihre Väter meinen Namen vergaßen über dem Baal?

28 Ein Prophet, der Träume hat, der erzähle Träume; wer aber mein Wort hat, der predige mein Wort recht. Wie reimen sich Stroh und Weizen zusammen?, spricht der HERR.

17 They say continually to those who despise the word of the LORD, 'It shall be well with you'; and to everyone who stubbornly follows his own heart, they say, 'No disaster shall come upon you.'"

18 For who among them has stood in the council of the LORD
to see and to hear his word,
or who has paid attention to his word and listened?

19 Behold, the storm of the LORD!
Wrath has gone forth,
a whirling tempest;
it will burst upon the head of the wicked.

20 The anger of the LORD will not turn back
until he has executed and
[k]accomplished
the intents of his heart.
In the latter days you will understand it clearly.

21 "I did not send the prophets,
yet they ran;
I did not speak to them,
yet they prophesied.

22 But if they had stood in my council,
then they would have proclaimed my words to my people,
and they would have turned them from their evil way,
and from the evil of their deeds.

23 "Am I a God at hand, declares the LORD, and not a God far away?

24 Can a man hide himself in secret places so that I cannot see him? declares the LORD. Do I not fill heaven and earth? declares the LORD.

25 I have heard what the prophets have said who prophesy lies in my name, saying, 'I have dreamed, I have dreamed!'

26 How long shall there be lies in the heart of the prophets who prophesy lies, and who prophesy the deceit of their own heart,

27 who think to make my people forget my name by their dreams that they tell one another, even as their fathers forgot my name for Baal?

28 Let the prophet who has a dream tell the dream, but let him who has my word speak my word faithfully. What has straw in common with wheat? declares the LORD.

29 Ist mein Wort nicht wie ein Feuer, spricht der Herr, und wie ein Hammer, der Felsen zerschmeißt?

¶ **30** Darum siehe, ich will an die Propheten, spricht der Herr, die mein Wort stehlen einer vom andern.

31 Siehe, ich will an die Propheten, spricht der Herr, die ihr eigenes Wort führen und sprechen: »Er hat's gesagt.«

32 Siehe, ich will an die Propheten, spricht der Herr, die falsche Träume erzählen und verführen mein Volk mit ihren Lügen und losem Geschwätz, obgleich ich sie nicht gesandt und ihnen nichts befohlen habe und sie auch diesem Volk nichts nütze sind, spricht der Herr.

¶ **33** Wenn dich dies Volk oder ein Prophet oder ein Priester fragen wird und sagt: Was ist die Last, die der Herr jetzt ankündigt?, sollst du zu ihnen sagen: Ihr seid die Last, ich will euch wegwerfen, spricht der Herr. –

34 Und wenn ein Prophet oder Priester oder die Leute sagen werden: »Das ist die Last des Herrn«, den will ich heimsuchen und sein Haus dazu.

35 Vielmehr sollt ihr einer mit dem andern reden und zueinander sagen: »Was antwortet der Herr?«, und: »Was sagt der Herr?«

36 Aber sagt nicht mehr »Last des Herrn«; denn einem jeden wird sein eigenes Wort zur Last werden, weil ihr so die Worte des lebendigen Gottes, des Herrn Zebaoth, unseres Gottes, verdreht.

37 Darum sollt ihr zum Propheten sagen: »Was antwortet dir der Herr?«, und: »Was sagt der Herr?«

¶ **38** Wenn ihr aber sagt: »Last des Herrn«, so spricht der Herr: Weil ihr dies Wort Last des Herrn nennt, obgleich ich zu euch gesandt habe und euch sagen ließ, ihr sollt nicht »Last des Herrn« sagen, –

39 siehe, so will ich euch aufheben wie eine Last und euch samt der Stadt, die ich euch und euren Vätern gegeben habe, von meinem Angesicht wegwerfen

40 und will euch ewige Schande und ewige Schmach zufügen, die nie vergessen werden soll.

29 Is not my word like fire, declares the Lord, and like a hammer that breaks the rock in pieces?

30 Therefore, behold, I am against the prophets, declares the Lord, who steal my words from one another.

31 Behold, I am against the prophets, declares the Lord, who use their tongues and declare, 'declares the Lord.'

32 Behold, I am against those who prophesy lying dreams, declares the Lord, and who tell them and lead my people astray by their lies and their recklessness, when I did not send them or charge them. So they do not profit this people at all, declares the Lord.

¶ **33** "When one of this people, or a prophet or a priest asks you, 'What is the burden of the Lord?' you shall say to them, 'You are the burden,[2] and I will cast you off, declares the Lord.'

34 And as for the prophet, priest, or one of the people who says, 'The burden of the Lord,' I will punish that man and his household.

35 Thus shall you say, every one to his neighbor and every one to his brother, 'What has the Lord answered?' or 'What has the Lord spoken?'

36 But 'the burden of the Lord' you shall mention no more, for the burden is every man's own word, and you pervert the words of the living God, the Lord of hosts, our God.

37 Thus you shall say to the prophet, 'What has the Lord answered you?' or 'What has the Lord spoken?'

38 But if you say, 'The burden of the Lord,' thus says the Lord, 'Because you have said these words, "The burden of the Lord," when I sent to you, saying, "You shall not say, 'The burden of the Lord,'"

39 therefore, behold, I will surely lift you up and cast you away from my presence, you and the city that I gave to you and your fathers.

40 And I will bring upon you everlasting reproach and [i]perpetual shame, which shall not be forgotten.'"

Die zwei Feigenkörbe

24 Siehe, der HERR zeigte mir zwei Feigenkörbe, aufgestellt vor dem Tempel des HERRN, nachdem Nebukadnezar, der König von Babel, den Jechonja*, den Sohn Jojakims, den König von Juda, weggeführt hatte samt den Großen Judas und den Zimmerleuten und Schmieden und sie von Jerusalem nach Babel gebracht hatte.

2 In dem einen Korbe waren sehr gute Feigen, wie die ersten reifen Feigen sind; im andern Korbe waren sehr schlechte Feigen, dass man sie nicht essen konnte, so schlecht waren sie.

3 Und der HERR sprach zu mir: Jeremia, was siehst du? Ich sprach: Feigen; die guten Feigen sind sehr gut und die schlechten sind sehr schlecht, dass man sie nicht essen kann, so schlecht sind sie.

¶ **4** Da geschah des HERRN Wort zu mir:

5 So spricht der HERR, der Gott Israels: Wie auf diese guten Feigen, so will ich blicken auf die Weggeführten aus Juda, die ich von dieser Stätte habe fortziehen lassen in der Chaldäer Land.

6 Ich will sie gnädig ansehen und sie wieder in dies Land bringen und will sie bauen und nicht verderben, ich will sie pflanzen und nicht ausreißen.

7 Und ich will ihnen ein Herz geben, dass sie mich erkennen sollen, dass ich der HERR bin. Und sie sollen mein Volk sein und ich will ihr Gott sein; von ganzem Herzen werden sie sich zu mir bekehren.

¶ **8** Aber wie die schlechten Feigen, die so schlecht sind, dass man sie nicht essen kann, spricht der HERR, so will ich dahingeben Zedekia, den König von Juda, samt seinen Großen und allen, die übrig geblieben sind in Jerusalem und in diesem Lande und die in Ägyptenland wohnen.

9 Ich will sie zum Bild des Entsetzens, ja des Unglücks machen für alle Königreiche auf Erden, zum Spott und zum Sprichwort, zum Hohn und zum Fluch an allen Orten, wohin ich sie verstoßen werde,

10 und will Schwert, Hunger und Pest unter sie schicken, bis sie ganz vertilgt sind aus dem Lande, das ich ihnen und ihren Vätern gegeben habe.

The Good Figs and the Bad Figs

24 After Nebuchadnezzar king of Babylon had taken into exile from Jerusalem Jeconiah the son of Jehoiakim, king of Judah, together with the officials of Judah, the craftsmen, and the metal workers, and had brought them to Babylon, the LORD showed me this vision: behold, two baskets of figs placed before the temple of the LORD.

2 One basket had very good figs, like first-ripe figs, but the other basket had very bad figs, so bad that they could not be eaten.

3 And the LORD said to me, "What do you see, Jeremiah?" I said, "Figs, the good figs very good, and the bad figs very bad, so bad that they cannot be eaten."

¶ **4** Then the word of the LORD came to me:

5 "Thus says the LORD, the God of Israel: Like these good figs, so I will regard as good the exiles from Judah, whom I have sent away from this place to the land of the Chaldeans.

6 I will set my eyes on them for good, and I will bring them back to this land. I will build them up, and not tear them down; I will plant them, and not uproot them.

7 I will give them a heart to know that I am the LORD, and they shall be my people ᵘand I will be their God, for they shall return to me with their whole heart.

¶ **8** "But thus says the LORD: Like the bad figs that are so bad they cannot be eaten, so will I treat Zedekiah the king of Judah, his officials, the remnant of Jerusalem who remain in this land, and those who dwell in the land of Egypt.

9 I will make them a horror¹ to all the kingdoms of the earth, to be a reproach, a byword, ᵃa taunt, and a curse in all the places where I shall drive them.

10 And I will send sword, famine, and pestilence upon them, until they shall be utterly destroyed from the land that I gave to them and their fathers."

Die siebzigjährige Gefangenschaft bis zum Untergang Babels

25 Dies ist das Wort, das zu Jeremia geschah über das ganze Volk von Juda im vierten Jahr Jojakims, des Sohnes Josias, des Königs von Juda; das ist das erste Jahr Nebukadnezars, des Königs von Babel.

¶ 2 Und der Prophet Jeremia sprach zu dem ganzen Volk von Juda und zu allen Bürgern Jerusalems:

3 Vom dreizehnten Jahr des Josia an, des Sohnes Amons, des Königs von Juda, ist des HERRN Wort zu mir geschehen bis auf diesen Tag, und ich habe zu euch nun dreiundzwanzig Jahre lang immer wieder gepredigt, aber ihr habt nie hören wollen.

4 Und der HERR hat zu euch immer wieder alle seine Knechte, die Propheten, gesandt; aber ihr habt nie hören wollen und eure Ohren mir nicht zugekehrt und mir nicht gehorcht,

5 wenn er sprach: Bekehrt euch, ein jeder von seinem bösen Wege und von euren bösen Werken, so sollt ihr in dem Lande, das der HERR euch und euren Vätern gegeben hat, für immer und ewig bleiben.

6 Folgt nicht andern Göttern, ihnen zu dienen und sie anzubeten, und erzürnt mich nicht durch eurer Hände Werk, damit ich euch nicht Unheil zufügen muss.

7 Aber ihr wolltet mir nicht gehorchen, spricht der HERR, auf dass ihr mich ja erzürntet durch eurer Hände Werk zu eurem eigenen Unheil.

¶ 8 Darum spricht der HERR Zebaoth: Weil ihr denn meine Worte nicht hören wollt,

9 siehe, so will ich ausschicken und kommen lassen alle Völker des Nordens, spricht der HERR, auch meinen Knecht Nebukadnezar, den König von Babel, und will sie bringen über dies Land und über seine Bewohner und über alle diese Völker ringsum und will an ihnen den Bann vollstrecken und sie zum Bild des Entsetzens und zum Spott und zur ewigen Wüste machen

10 und will wegnehmen allen fröhlichen Gesang, die Stimme des Bräutigams und der Braut, das Geräusch der Mühle und das Licht der Lampe,

11 sodass dies ganze Land wüst und zerstört liegen soll. Und diese Völker sollen dem König von Babel dienen siebzig Jahre.

Seventy Years of Captivity

25 The word that came to Jeremiah concerning all the people of Judah, in the fourth year of Jehoiakim the son of Josiah, king of Judah (that was the first year of Nebuchadnezzar king of Babylon),

2 which Jeremiah the prophet spoke to all the people of Judah and all the inhabitants of Jerusalem:

3 "For twenty-three years, from the thirteenth year of Josiah the son of Amon, king of Judah, to this day, the word of the LORD has come to me, and I have spoken persistently to you, but you have not listened.

4 You have neither listened nor inclined your ears to hear, although the LORD persistently sent to you all his servants the prophets,

5 saying, 'Turn now, every one of you, from his evil way and evil deeds, and dwell upon the land that the LORD has given to you and your fathers from of old and forever.

6 Do not go after other gods to serve and worship them, or provoke me to anger ᵐwith the work of your hands. Then I will do you no harm.'

7 Yet you have not listened to me, declares the LORD, ᵐthat you might provoke me to anger ᵐwith the work of your hands to your own harm.

¶ 8 "Therefore thus says the LORD of hosts: Because you have not obeyed my words,

9 behold, I will send for all the tribes of the north, declares the LORD, and for Nebuchadnezzar the king of Babylon, my servant, and I will bring them against this land and its inhabitants, and against all these surrounding nations. I will devote them to destruction, and make them a horror, a hissing, and an everlasting desolation.

10 Moreover, I will banish from them the voice of mirth and the voice of gladness, the voice of the bridegroom and the voice of the bride, the grinding of the millstones and the light of the lamp.

11 This whole land shall become a ruin and a waste, and these nations shall serve the king of Babylon seventy years.

¶ **12** Wenn aber die siebzig Jahre um sind, will ich heimsuchen den König von Babel und jenes Volk, spricht der HERR, um ihrer Missetat willen, dazu das Land der Chaldäer und will es zur ewigen Wüste machen.

13 So lasse ich an diesem Lande, gegen das ich geredet habe, alle meine Worte in Erfüllung gehen, nämlich alles, was in diesem Buch geschrieben steht, was Jeremia geweissagt hat über alle Völker.

14 Und auch sie sollen großen Völkern und großen Königen dienen. So will ich ihnen vergelten nach ihrem Verdienst und nach den Werken ihrer Hände.

Der Zornbecher für alle Völker

15 Denn so sprach zu mir der HERR, der Gott Israels: Nimm diesen Becher mit dem Wein meines Zorns aus meiner Hand und lass daraus trinken alle Völker, zu denen ich dich sende,

16 dass sie trinken, taumeln und toll werden vor dem Schwert, das ich unter sie schicken will.

¶ **17** Und ich nahm den Becher aus der Hand des HERRN und ließ daraus trinken alle Völker, zu denen mich der HERR sandte,

18 nämlich Jerusalem, die Städte Judas, ihre Könige und Fürsten, dass sie wüst und zerstört liegen und ein Spott und Fluch sein sollten – wie es denn heutigentages steht –,

19 auch den Pharao, den König von Ägypten, mit seinen Großen und mit seinen Fürsten, mit seinem ganzen Volk

20 und allem Mischvolk, alle Könige im Lande Uz, alle Könige in der Philister Lande mit Aschkelon, Gaza, Ekron und denen, die übrig geblieben sind in Aschdod;

21 die von Edom, die von Moab, die Ammoniter;

22 alle Könige von Tyrus, alle Könige von Sidon, die Könige auf den Inseln jenseits des Meeres;

23 die von Dedan, die von Tema, die von Bus und alle, die das Haar rundherum abscheren;

24 alle Könige Arabiens und die der Mischvölker, die in der Wüste wohnen;

25 alle Könige in Simri, alle Könige in Elam, alle Könige in Medien;

26 alle Könige des Nordens, die in der Nähe und die in der Ferne, einen wie den andern, alle Königreiche der Welt, so viel ihrer auf Erden sind. Und der König von Scheschach* soll nach ihnen trinken.

12 Then after seventy years are completed, I will punish the king of Babylon and that nation, ᵛthe land of the Chaldeans, for their iniquity, declares the LORD, ᵛmaking the land an everlasting waste.

13 I will bring upon that land all the words that I have uttered against it, everything written in this book, which Jeremiah prophesied against all the nations.

14 For many nations ˣand great kings shall make slaves even of them, and I will recompense them according to their deeds and the work of their hands."

The Cup of the LORD's Wrath

¶ **15** Thus the LORD, the God of Israel, said to me: "Take from my hand this cup of the wine of wrath, and make all the nations to whom I send you drink it.

16 They shall drink and stagger and be crazed because of the sword that I am sending among them."

¶ **17** So I took the cup from the LORD's hand, and made all the nations to whom the LORD sent me drink it:

18 Jerusalem and the cities of Judah, its kings and officials, to make them a desolation and a waste, a hissing and a curse, as at this day;

19 Pharaoh king of Egypt, his servants, his officials, all his people,

20 and all the mixed tribes among them; all the kings of the land of Uz and all the kings of the land of the Philistines (ʰAshkelon, ʰGaza, Ekron, and the remnant of Ashdod);

21 Edom, Moab, and the sons of Ammon;

22 all the kings of Tyre, all the kings of ᵐSidon, and the kings of the coastland across the sea;

23 Dedan, Tema, Buz, and all who cut the corners of their hair;

24 all the kings of Arabia and all the kings of the mixed tribes who dwell in the desert;

25 all the kings of Zimri, all the kings of Elam, and all the kings of Media;

26 all the kings of the north, far and near, one after another, and all the kingdoms of the world that are on the face of the earth. And after them the king of Babylon¹ shall drink.

27 Und sprich zu ihnen: So spricht der HERR Zebaoth, der Gott Israels: Trinkt, dass ihr trunken werdet, und speit, dass ihr niederfallt und nicht aufstehen könnt vor dem Schwert, das ich unter euch schicken will.

28 Und wenn sie den Becher von deiner Hand nicht nehmen und nicht trinken wollen, so sprich zu ihnen: So spricht der HERR Zebaoth: Ihr müsst trinken!

29 Denn siehe, bei der Stadt, die nach meinem Namen genannt ist, fange ich an mit dem Unheil, und ihr solltet ungestraft bleiben? Ihr sollt nicht ungestraft bleiben, denn ich rufe das Schwert über alle herbei, die auf Erden wohnen, spricht der HERR Zebaoth.

30 Und du sollst ihnen alle diese Worte weissagen und zu ihnen sprechen: Der HERR wird brüllen aus der Höhe und seinen Donner hören lassen aus seiner heiligen Wohnung. Er wird brüllen über seine Fluren hin; wie einer, der die Kelter tritt, wird er seinen Ruf erschallen lassen über alle Bewohner der Erde hin,

31 und sein Schall wird dringen bis an die Enden der Erde. Der HERR will mit den Völkern rechten und mit allem Fleisch Gericht halten; die Schuldigen wird er dem Schwert übergeben, spricht der HERR.

32 So spricht der HERR Zebaoth: Siehe, es wird eine Plage kommen von einem Volk zum andern, und ein großes Wetter wird sich erheben von den Enden der Erde.

33 Zu der Zeit werden die vom HERRN Erschlagenen liegen von einem Ende der Erde bis ans andere Ende; sie werden nicht beklagt noch aufgehoben noch begraben werden, sondern müssen auf dem Felde liegen und zu Dung werden.

34 Heult, ihr Hirten, und schreit, wälzt euch in der Asche, ihr Herren der Herde; denn die Zeit ist erfüllt, dass ihr geschlachtet und zerstreut werdet und zerbrechen müsst wie ein kostbares Gefäß.

35 Und die Hirten werden nicht fliehen können, und die Herren der Herde werden nicht entrinnen können.

27 "Then you shall say to them, 'Thus says the LORD of hosts, the God of Israel: Drink, be drunk and vomit, fall and rise no more, because of the sword that I am sending among you.'

28 "And if they refuse to accept the cup from your hand to drink, then you shall say to them, 'Thus says the LORD of hosts: You must drink!

29 For behold, I begin to work disaster at the city that is called by my name, and shall you go unpunished? You shall not go unpunished, for I am summoning a sword against all the inhabitants of the earth, declares the LORD of hosts.'

30 "You, therefore, shall prophesy against them all these words, and say to them:

"'The LORD will roar from on high,
    and from his holy habitation utter his
        voice;
he will roar mightily against his fold,
    and shout, like those who tread
        grapes,
    against all the inhabitants of the earth.

31 The clamor will resound to the ends of
    the earth,
    for the LORD has an indictment against
        the nations;
he is entering into judgment with all
        flesh,
    and the wicked he will put to the
        sword,
                declares the LORD.'

32 "Thus says the LORD of hosts:
    Behold, disaster is going forth
        from nation to nation,
    and a great tempest is stirring
        from the farthest parts of the earth!

33 "And those pierced by the LORD on that day shall extend from one end of the earth to the other. They shall not be lamented, or gathered, or buried; [j]they shall be dung on the surface of the ground.

34 "Wail, you shepherds, and cry out,
    and roll in ashes, you lords of the
        flock,
    for the days of your slaughter and dis-
        persion have come,
    and you shall fall like a choice vessel.

35 No refuge will remain for the shepherds,
    nor escape for the lords of the flock.

36 Da werden die Hirten schreien, und die Herren der Herde werden heulen, dass der HERR ihre Weide so verwüstet hat

37 und ihre Auen, die so schön standen, vernichtet sind von dem grimmigen Zorn des HERRN.

38 Er hat sein Versteck verlassen wie ein junger Löwe, und ihr Land ist verheert von seinem gewaltigen Schwert und von seinem grimmigen Zorn.

Jeremias Tempelrede, seine Gefangennahme und Freilassung
(vgl. Kap 7,1-34)

26 Im Anfang der Herrschaft Jojakims, des Sohnes Josias, des Königs von Juda, geschah dies Wort vom HERRN:

2 So spricht der HERR: Tritt in den Vorhof am Hause des HERRN und predige denen, die aus allen Städten Judas hereinkommen, um anzubeten im Hause des HERRN, alle Worte, die ich dir befohlen habe, ihnen zu sagen, und tu nichts davon weg,

3 ob sie vielleicht hören wollen und sich bekehren, ein jeder von seinem bösen Wege, damit mich auch reuen könne das Übel, das ich gedenke, ihnen anzutun um ihrer bösen Taten willen.

4 Und sprich zu ihnen: So spricht der HERR: Werdet ihr mir nicht gehorchen und nicht nach meinem Gesetz wandeln, das ich euch vorgelegt habe,

5 und nicht hören auf die Worte meiner Knechte, der Propheten, die ich immer wieder zu euch sende und auf die ihr doch nicht hören wollt,

6 so will ich's mit diesem Hause machen wie mit Silo und diese Stadt zum Fluchwort für alle Völker auf Erden machen.

¶ **7** Als aber die Priester, Propheten und alles Volk Jeremia hörten, dass er solche Worte redete im Hause des HERRN,

8 und Jeremia nun alles gesagt hatte, was ihm der HERR befohlen hatte, allem Volk zu sagen, ergriffen ihn die Priester, Propheten und das ganze Volk und sprachen: Du musst sterben!

9 Warum weissagst du im Namen des HERRN: »Es wird diesem Hause gehen wie Silo, und diese Stadt soll so wüst werden, dass niemand mehr darin wohnt«? Und das ganze Volk sammelte sich im Hause des HERRN wider Jeremia.

36 A voice—the cry of the shepherds, and the wail of the lords of the flock! For the LORD is laying waste their pasture,

37 and the peaceful folds are devastated because of the fierce anger of the LORD.

38 Like a lion he has left his lair, for their land has become a waste because of the sword of the oppressor, and because of his fierce anger."

Jeremiah Threatened with Death

26 In the beginning of the reign of Jehoiakim the son of Josiah, king of Judah, this word came from the LORD:

2 "Thus says the LORD: Stand in the court of the LORD's house, and speak to all the cities of Judah that come to worship in the house of the LORD all the words that I command you to speak to them; do not hold back a word.

3 It may be they will listen, and every one turn from his evil way, that I may relent of the disaster that I intend to do to them because of their evil deeds.

4 You shall say to them, 'Thus says the LORD: If you will not listen to me, to walk in my law that I have set before you,

5 and to listen to the words of my servants the prophets whom I send to you ᶜ urgently, ᶜthough you have not listened,

6 then I will make this house like Shiloh, and I will make this city a curse for all the nations of the earth.'"

¶ **7** The priests and the prophets and all the people heard Jeremiah speaking these words in the house of the LORD.

8 And when Jeremiah had finished speaking all that the LORD had commanded him to speak to all the people, then the priests and the prophets and all the people laid hold of him, saying, "You shall die!

9 Why have you prophesied in the name of the LORD, saying, 'This house shall be like Shiloh, and this city shall be desolate, without inhabitant'?" And all the people gathered around Jeremiah in the house of the LORD.

¶ 10 Als das die Oberen von Juda hörten, gingen sie aus des Königs Hause hinauf ins Haus des HERRN und setzten sich zum Gericht vor das neue Tor am Hause des HERRN.

11 Und die Priester und Propheten sprachen vor den Oberen und allem Volk: Dieser Mann ist des Todes schuldig; denn er hat geweissagt gegen diese Stadt, wie ihr mit eigenen Ohren gehört habt.

12 Aber Jeremia sprach zu allen Oberen und zu allem Volk: Der HERR hat mich gesandt, dass ich dies alles, was ihr gehört habt, weissagen sollte gegen dies Haus und gegen diese Stadt.

13 So bessert nun eure Wege und euer Tun und gehorcht der Stimme des HERRN, eures Gottes, dann wird den HERRN auch gereuen das Übel, das er gegen euch geredet hat.

14 Siehe, ich bin in euren Händen, ihr könnt mit mir machen, wie es euch recht und gut dünkt.

15 Doch sollt ihr wissen: Wenn ihr mich tötet, so werdet ihr unschuldiges Blut auf euch laden, auf diese Stadt und ihre Einwohner. Denn wahrlich, der HERR hat mich zu euch gesandt, dass ich dies alles vor euren Ohren reden soll.

¶ 16 Da sprachen die Oberen und das ganze Volk zu den Priestern und Propheten: Dieser Mann ist des Todes nicht schuldig; denn er hat zu uns geredet im Namen des HERRN, unseres Gottes.

17 Und es standen auf etliche von den Ältesten des Landes und sprachen zu dem versammelten Volk:

18 Zur Zeit Hiskias, des Königs von Juda, war ein Prophet, Micha von Moreschet; der sprach zum ganzen Volk Juda: »So spricht der HERR Zebaoth: Zion wird wie ein Acker gepflügt werden, und Jerusalem wird zu Steinhaufen werden und der Berg des Tempels zu einer Höhe wilden Gestrüpps.«

19 Doch ließ ihn Hiskia, der König von Juda, und das ganze Juda deswegen nicht töten, vielmehr fürchteten sie den HERRN und flehten zu ihm. Da reute auch den HERRN das Übel, das er gegen sie geredet hatte. Wir aber würden großes Unheil über uns bringen.

¶ 10 When the officials of Judah heard these things, they came up from the king's house to the house of the LORD and took their seat in the entry of the New Gate of the house of the LORD.

11 Then the priests and the prophets said to the officials and to all the people, "This man deserves the sentence of death, because he has prophesied against this city, as you have heard with your own ears."

¶ 12 Then Jeremiah spoke to all the officials and all the people, saying, "The LORD sent me to prophesy against this house and this city all the words you have heard.

13 Now therefore mend your ways and your deeds, and obey the voice of the LORD your God, and the LORD will relent of the disaster that he has pronounced against you.

14 But as for me, behold, I am in your hands. Do with me as seems good and right to you.

15 Only know for certain that if you put me to death, you will bring innocent blood upon yourselves and upon this city and its inhabitants, for in truth the LORD sent me to you to speak all these words in your ears."

Jeremiah Spared from Death

¶ 16 Then the officials and all the people said to the priests and the prophets, "This man does not deserve the sentence of death, for he has spoken to us in the name of the LORD our God."

17 And certain of the elders of the land arose and spoke to all the assembled people, saying,

18 "Micah of Moresheth prophesied in the days of Hezekiah king of Judah, and said to all the people of Judah: 'Thus says the LORD of hosts,

"'Zion shall be plowed as a field;
    Jerusalem shall become a heap of ruins,
      and the mountain of the house a wooded height.'

19 Did Hezekiah king of Judah and all Judah put him to death? Did he not fear the LORD and entreat the favor of the LORD, and did not the LORD relent of the disaster that he had pronounced against them? But we are about to bring great disaster upon ourselves."

Hinrichtung des Propheten Uria

20 Da war noch einer, der im Namen des HERRN weissagte, Uria, der Sohn Schemajas, von Kirjat-Jearim. Der weissagte gegen diese Stadt und gegen dies Land ganz wie Jeremia.

21 Als aber der König Jojakim und alle seine Gewaltigen und die Oberen seine Worte hörten, wollte ihn der König töten lassen. Und Uria erfuhr das, fürchtete sich und floh und kam nach Ägypten.

22 Aber der König Jojakim schickte Leute nach Ägypten, Elnatan, den Sohn Achbors, und andere mit ihm.

23 Die holten ihn aus Ägypten und brachten ihn zum König Jojakim. Der ließ ihn mit dem Schwert töten und ließ seinen Leichnam unter dem niederen Volk begraben.

¶ **24** Aber mit Jeremia war die Hand Ahikams, des Sohnes Schafans, sodass man ihn nicht dem Volk in die Hände gab, das ihn getötet hätte.

Jeremias Predigt vom Joch Nebukadnezars

27 Im Anfang der Herrschaft Zedekias, des Sohnes Josias, des Königs von Juda, geschah dies Wort vom HERRN zu Jeremia:

¶ **2** So spricht der HERR zu mir: Mache dir ein Joch und lege es auf deinen Nacken

3 und schicke Botschaft zum König von Edom, zum König von Moab, zum König der Ammoniter, zum König von Tyrus und zum König von Sidon durch die Boten, die zu Zedekia, dem König von Juda, nach Jerusalem gekommen sind,

4 und befiehl ihnen, dass sie ihren Herren sagen: So spricht der HERR Zebaoth, der Gott Israels: So sollt ihr euren Herren sagen:

5 Ich habe die Erde gemacht und Menschen und Tiere, die auf Erden sind, durch meine große Kraft und meinen ausgereckten Arm und gebe sie, wem ich will.

6 Nun aber habe ich alle diese Länder in die Hand meines Knechts Nebukadnezar, des Königs von Babel, gegeben und auch die Tiere auf dem Felde, dass sie ihm untertan sein sollen.

7 Und es sollen alle Völker ihm dienen und seinem Sohn und seines Sohnes Sohn, bis auch für sein Land die Zeit kommt, dass es vielen Völkern und großen Königen untertan sein muss.

The Yoke of Nebuchadnezzar

¶ **20** There was another man who prophesied in the name of the LORD, Uriah the son of Shemaiah from Kiriath-jearim. He prophesied against this city and against this land in words like those of Jeremiah.

21 And when King Jehoiakim, with all his warriors and all the officials, heard his words, the king sought to put him to death. But when Uriah heard of it, he was afraid and fled and escaped to Egypt.

22 Then King Jehoiakim sent to Egypt certain men, Elnathan the son of Achbor and others with him,

23 and they took Uriah from Egypt and brought him to King Jehoiakim, who struck him down with the sword and dumped his dead body into the burial place of the common people.

¶ **24** But the hand of Ahikam the son of Shaphan was with Jeremiah so that he was not given over to the people to be put to death.

27 In the beginning of the reign of Zedekiah[1] the son of Josiah, king of Judah, this word came to Jeremiah from the LORD.

2 Thus the LORD said to me: "Make yourself straps and yoke-bars, and put them on your neck.

3 Send word[2] to the king of Edom, the king of ᵉMoab, the king of the sons of ᵉAmmon, the king of ᵉTyre, and the king of Sidon by the hand of the envoys who have come to Jerusalem to Zedekiah king of Judah.

4 Give them this charge for their masters: 'Thus says the LORD of hosts, the God of Israel: This is what you shall say to your masters:

5 "It is I who by my great power and my outstretched arm have made the earth, with the men and animals that are on the earth, and I give it to whomever it seems right to me.

6 Now I have given all these lands into the hand of Nebuchadnezzar, the king of Babylon, my servant, and I have given him also the beasts of the field to serve him.

7 All the nations shall serve him and his son and his grandson, until the time of his own land comes. Then many nations and great kings shall make him their slave.

8 Das Volk aber und das Königreich, das dem König von Babel, Nebukadnezar, nicht untertan sein will und das seinen Nacken nicht unter das Joch des Königs von Babel beugt, das will ich heimsuchen mit Schwert, Hunger und Pest, spricht der HERR, bis ich sie durch seine Hand umbringe.

¶ **9** So hört doch nicht auf eure Propheten, Wahrsager, Traumdeuter, Zeichendeuter und Zauberer, die euch sagen: Ihr werdet nicht untertan sein müssen dem König von Babel.

10 Denn sie weissagen euch Lüge, auf dass sie euch aus eurem Lande fortbringen und ich euch verstoße und ihr umkommt.

11 Aber das Volk, das seinen Nacken unter das Joch des Königs von Babel beugt und ihm untertan ist, das will ich in seinem Lande lassen, dass es dasselbe bebaue und bewohne, spricht der HERR.

¶ **12** Und ich redete alle diese Worte zu Zedekia, dem König von Juda, und sprach: Beugt euren Nacken unter das Joch des Königs von Babel und seid ihm und seinem Volk untertan, so sollt ihr am Leben bleiben.

13 Warum wollt ihr sterben, du und dein Volk, durch Schwert, Hunger und Pest, wie der HERR geredet hat über das Volk, das dem König von Babel nicht untertan sein will?

14 Darum hört nicht auf die Worte der Propheten, die euch sagen: »Ihr werdet nicht untertan sein müssen dem König von Babel!« Denn sie weissagen euch Lüge

15 und ich habe sie nicht gesandt, spricht der HERR, sondern sie weissagen Lüge in meinem Namen, auf dass ich euch verstoße und ihr umkommt samt den Propheten, die euch weissagen.

¶ **16** Und zu den Priestern und zu diesem ganzen Volk redete ich und sprach: So spricht der HERR: Hört nicht auf die Worte eurer Propheten, die euch weissagen und sprechen: »Siehe, die Geräte aus dem Hause des HERRN werden nun bald von Babel wieder herkommen!« Denn sie weissagen euch Lüge.

17 Hört nicht auf sie, sondern seid dem König von Babel untertan, so werdet ihr am Leben bleiben. Warum soll diese Stadt zur Wüstenei werden?

18 Sind sie aber Propheten und haben sie des HERRN Wort, so lasst sie den HERRN Zebaoth bitten, dass die Geräte, die übrig geblieben sind im Hause des HERRN und im Hause des Königs von Juda und zu Jerusalem, nicht auch nach Babel geführt werden.

¶ **8** " '"But if any nation or kingdom will not serve this Nebuchadnezzar king of Babylon, and put its neck under the yoke of the king of Babylon, I will punish that nation with the sword, with famine, and with pestilence, declares the LORD, until I have consumed it by his hand.

9 So do not listen to your prophets, your diviners, your dreamers, your fortune-tellers, or your sorcerers, who are saying to you, 'You shall not serve the king of Babylon.'

10 For it is a lie that they are prophesying to you, with the result that you will be removed far from your land, and I will drive you out, and you will perish.

11 But any nation that will bring its neck under the yoke of the king of Babylon and serve him, I will leave on its own land, to work it and dwell there, declares the LORD." ' "

¶ **12** To Zedekiah king of Judah I spoke in like manner: "Bring your necks under the yoke of the king of Babylon, and serve him and his people and live.

13 Why will you and your people die by the sword, by famine, and by pestilence, as the LORD has spoken concerning any nation that will not serve the king of Babylon?

14 Do not listen to the words of the prophets who are saying to you, 'You shall not serve the king of Babylon,' for it is a lie that they are prophesying to you.

15 I have not sent them, declares the LORD, but they are prophesying falsely in my name, with the result that I will drive you out and you will perish, you and the prophets who are prophesying to you."

¶ **16** Then I spoke to the priests and to all this people, saying, "Thus says the LORD: Do not listen to the words of your prophets who are prophesying to you, saying, 'Behold, the vessels of the LORD's house will now shortly be brought back from Babylon,' for it is a lie that they are prophesying to you.

17 Do not listen to them; serve the king of Babylon and live. Why should this city become a desolation?

18 If they are prophets, and if the word of the LORD is with them, then let them intercede with the LORD of hosts, that the vessels that are left in the house of the LORD, in the house of the king of Judah, and in Jerusalem may not go to Babylon.

¶ **19** Denn so spricht der HERR Zebaoth von den Säulen und vom Meer und von den Gestellen und von den Geräten, die noch übrig geblieben sind in dieser Stadt,

20 die Nebukadnezar, der König von Babel, nicht mitnahm, als er Jechonja, den Sohn Jojakims, den König von Juda, von Jerusalem wegführte nach Babel samt allen Vornehmen in Juda und Jerusalem, –

21 so spricht der HERR Zebaoth, der Gott Israels, von den Geräten, die übrig geblieben sind im Hause des HERRN und im Hause des Königs von Juda und zu Jerusalem:

22 Sie sollen nach Babel geführt werden und dort bleiben bis auf den Tag, an dem ich nach ihnen sehe, spricht der HERR, und ich sie wieder zurückbringen lasse an diesen Ort.

Jeremia und Hananja

28 In demselben Jahr, im Anfang der Herrschaft Zedekias, des Königs von Juda, im fünften Monat des vierten Jahrs, sprach Hananja, der Sohn Asurs, ein Prophet von Gibeon, zu mir im Hause des HERRN in Gegenwart der Priester und des ganzen Volks:

¶ **2** So spricht der HERR Zebaoth, der Gott Israels: Ich habe das Joch des Königs von Babel zerbrochen,

3 und ehe zwei Jahre um sind, will ich alle Geräte des Hauses des HERRN, die Nebukadnezar, der König von Babel, von diesem Ort weggenommen und nach Babel geführt hat, wieder an diesen Ort bringen;

4 auch Jechonja, den Sohn Jojakims, den König von Juda, samt allen Weggeführten aus Juda, die nach Babel gekommen sind, will ich wieder an diesen Ort bringen, spricht der HERR, denn ich will das Joch des Königs von Babel zerbrechen.

¶ **5** Da sprach der Prophet Jeremia zu dem Propheten Hananja in Gegenwart der Priester und des ganzen Volks, die im Hause des HERRN standen,

6 und sagte: Amen! Der HERR tue so; der HERR bestätige dein Wort, das du geweissagt hast, dass er die Geräte aus dem Hause des HERRN von Babel wiederbringe an diesen Ort und alle Weggeführten.

7 Doch höre dies Wort, das ich vor deinen Ohren rede und vor den Ohren des ganzen Volks:

19 For thus says the LORD of hosts concerning the pillars, the sea, the stands, and the rest of the vessels that are left in this city,

20 which Nebuchadnezzar king of Babylon did not take away, when he took into exile from Jerusalem to Babylon Jeconiah the son of Jehoiakim, king of Judah, and all the nobles of Judah and Jerusalem—

21 thus says the LORD of hosts, the God of Israel, concerning the vessels that are left in the house of the LORD, in the house of the king of Judah, and in Jerusalem:

22 They shall be carried to Babylon and remain there until the day when I visit them, declares the LORD. Then I will bring them back ʲand restore them to this place."

Hananiah the False Prophet

28 In that same year, at the beginning of the reign of Zedekiah king of Judah, in the fifth month of the fourth year, Hananiah the son of Azzur, the prophet from Gibeon, spoke to me in the house of the LORD, in the presence of the priests and all the people, saying,

2 "Thus says the LORD of hosts, the God of Israel: I have broken the yoke of the king of Babylon.

3 Within two years I will bring back to this place all the vessels of the LORD's house, which Nebuchadnezzar king of Babylon took away from this place and carried to Babylon.

4 I will also bring back to this place Jeconiah the son of Jehoiakim, king of Judah, and all the exiles from Judah who went to Babylon, declares the LORD, for I will break the yoke of the king of Babylon."

¶ **5** Then the prophet Jeremiah spoke to Hananiah the prophet in the presence of the priests and all the people who were standing in the house of the LORD,

6 and the prophet Jeremiah said, "Amen! May the LORD do so; may the LORD make the words that you have prophesied come true, and bring back to this place from Babylon the vessels of the house of the LORD, and all the exiles.

7 Yet hear now this word that I speak in your hearing and in the hearing of all the people.

8 Die Propheten, die vor mir und vor dir gewesen sind von alters her, die haben gegen viele Länder und große Königreiche geweissagt von Krieg, von Unheil und Pest.

9 Wenn aber ein Prophet von Heil weissagt – ob ihn der HERR wahrhaftig gesandt hat, wird man daran erkennen, dass sein Wort erfüllt wird.

¶ **10** Da nahm der Prophet Hananja das Joch vom Nacken des Propheten Jeremia und zerbrach es.

11 Und Hananja sprach in Gegenwart des ganzen Volks: So spricht der HERR: Ebenso will ich zerbrechen das Joch Nebukadnezars, des Königs von Babel, ehe zwei Jahre um sind, und es vom Nacken aller Völker nehmen. Und der Prophet Jeremia ging seines Weges.

¶ **12** Aber des HERRN Wort geschah zu Jeremia, nachdem der Prophet Hananja das Joch auf dem Nacken des Propheten Jeremia zerbrochen hatte:

13 Geh hin und sage Hananja: So spricht der HERR: Du hast das hölzerne Joch zerbrochen, aber du hast nun ein eisernes Joch an seine Stelle gesetzt.

14 Denn so spricht der HERR Zebaoth, der Gott Israels: Ein eisernes Joch habe ich allen diesen Völkern auf den Nacken gelegt, dass sie untertan sein sollen Nebukadnezar, dem König von Babel, und ihm dienen, und auch die Tiere habe ich ihm gegeben.

¶ **15** Und der Prophet Jeremia sprach zum Propheten Hananja: Höre doch, Hananja! Der HERR hat dich nicht gesandt; aber du machst, dass dies Volk sich auf Lügen verlässt.

16 Darum spricht der HERR: Siehe, ich will dich vom Erdboden nehmen; dies Jahr sollst du sterben, denn du hast sie mit deiner Rede vom HERRN abgewendet.

17 Und der Prophet Hananja starb im selben Jahr im siebenten Monat.

Jeremias Brief an die Weggeführten in Babel

29 Dies sind die Worte des Briefes, den der Prophet Jeremia von Jerusalem sandte an den Rest der Ältesten, die weggeführt waren, an die Priester und Propheten und an das ganze Volk, das Nebukadnezar von Jerusalem nach Babel weggeführt hatte

2 – nachdem der König Jechonja und die Königinmutter mit den Kämmerern und Oberen in Juda und Jerusalem samt den Zimmerleuten und Schmieden aus Jerusalem weggeführt waren –,

8 The prophets who preceded you and me from ancient times prophesied war, famine, and pestilence against many countries and great kingdoms.

9 As for the prophet who prophesies peace, when the word of that prophet comes to pass, then it will be known that the LORD has truly sent the prophet."

¶ **10** Then the prophet Hananiah took the yoke-bars from the neck of Jeremiah the prophet and broke them.

11 And Hananiah spoke in the presence of all the people, saying, "Thus says the LORD: Even so will I break the yoke of Nebuchadnezzar king of Babylon from the neck of all the nations within two years." But Jeremiah the prophet went his way.

¶ **12** Sometime after the prophet Hananiah had broken the yoke-bars from off the neck of Jeremiah the prophet, the word of the LORD came to Jeremiah:

13 "Go, tell Hananiah, 'Thus says the LORD: You have broken wooden bars, but you have made in their place bars of iron.

14 For thus says the LORD of hosts, the God of Israel: I have put upon the neck of all these nations an iron yoke to serve Nebuchadnezzar king of Babylon, and they shall serve him, for I have given to him even the beasts of the field.'"

15 And Jeremiah the prophet said to the prophet Hananiah, "Listen, Hananiah, the LORD has not sent you, and you have made this people trust in a lie.

16 Therefore thus says the LORD: 'Behold, I will remove you from the face of the earth. This year you shall die, because you have uttered rebellion against the LORD.'"

¶ **17** In that same year, in the seventh month, the prophet Hananiah died.

Jeremiah's Letter to the Exiles

29 These are the words of the letter that Jeremiah the prophet sent from Jerusalem to the surviving elders of the exiles, and to the priests, ʲ the prophets, and ʲ all the people, whom Nebuchadnezzar had taken into exile from Jerusalem to Babylon.

2 This was after King Jeconiah and the queen mother, the eunuchs, the officials of Judah and Jerusalem, the craftsmen, and the metal workers had departed from Jerusalem.

3 durch Elasa, den Sohn Schafans, und Gemarja, den Sohn Hilkijas, die Zedekia, der König von Juda, nach Babel sandte zu Nebukadnezar, dem König von Babel:

¶ **4** So spricht der HERR Zebaoth, der Gott Israels, zu den Weggeführten, die ich von Jerusalem nach Babel habe wegführen lassen:

5 Baut Häuser und wohnt darin; pflanzt Gärten und esst ihre Früchte;

6 nehmt euch Frauen und zeugt Söhne und Töchter, nehmt für eure Söhne Frauen und gebt eure Töchter Männern, dass sie Söhne und Töchter gebären; mehrt euch dort, dass ihr nicht weniger werdet.

7 **Suchet der Stadt Bestes**, dahin ich euch habe wegführen lassen, **und betet für sie zum HERRN; denn wenn's ihr wohlgeht, so geht's auch euch wohl.**

¶ **8** Denn so spricht der HERR Zebaoth, der Gott Israels: Lasst euch durch die Propheten, die bei euch sind, und durch die Wahrsager nicht betrügen, und hört nicht auf die Träume, die sie träumen!

9 Denn sie weissagen euch Lüge in meinem Namen. Ich habe sie nicht gesandt, spricht der HERR.

¶ **10** Denn so spricht der HERR: Wenn für Babel siebzig Jahre voll sind, so will ich euch heimsuchen und will mein gnädiges Wort an euch erfüllen, dass ich euch wieder an diesen Ort bringe.

11 Denn **ich weiß wohl, was ich für Gedanken über euch habe, spricht der HERR: Gedanken des Friedens und nicht des Leides, dass ich euch gebe das Ende, des ihr wartet.***

12 Und ihr werdet mich anrufen und hingehen und mich bitten und ich will euch erhören.

13 Ihr werdet mich suchen und finden; denn **wenn ihr mich von ganzem Herzen suchen werdet,**

14 so will ich mich von euch finden lassen, spricht der HERR, und will eure Gefangenschaft wenden und euch sammeln aus allen Völkern und von allen Orten, wohin ich euch verstoßen habe, spricht der HERR, und will euch wieder an diesen Ort bringen, von wo ich euch habe wegführen lassen.

¶ **15** Zwar meint ihr, der HERR habe euch auch in Babel Propheten erstehen lassen. –

16 Fürwahr, so spricht der HERR über den König, der auf Davids Thron sitzt, und über das ganze Volk, das in dieser Stadt wohnt, über eure Brüder, die nicht mit euch in die Gefangenschaft gezogen sind,

3 The letter was sent by the hand of Elasah the son of Shaphan and Gemariah the son of Hilkiah, whom Zedekiah king of Judah sent to Babylon to Nebuchadnezzar king of Babylon. It said:

4 "Thus says the LORD of hosts, the God of Israel, to all the exiles whom I have sent into exile from Jerusalem to Babylon:

5 Build houses and live in them; plant gardens and eat their produce.

6 Take wives and have sons and daughters; take wives for your sons, and give your daughters in marriage, that they may bear sons and daughters; multiply there, and do not decrease.

7 But seek the welfare of the city where I have sent you into exile, and pray to the LORD on its behalf, for in its welfare you will find your welfare.

8 For thus says the LORD of hosts, the God of Israel: Do not let your prophets and your diviners who are among you deceive you, and do not listen to the dreams that they dream,[1]

9 for it is a lie that they are prophesying to you in my name; I did not send them, declares the LORD.

¶ **10** "For thus says the LORD: When seventy years are completed for Babylon, I will visit you, and I will fulfill to you my promise ᵛand bring you back to this place.

11 For I know the plans I have for you, declares the LORD, plans for welfare[2] and not for evil, to give you a future and a hope.

12 Then you will call upon me and come and pray to me, ʸand I will hear you.

13 You will seek me and find me, when you seek me with all your heart.

14 I will be found by you, declares the LORD, and I will restore your fortunes and gather you from all the nations and all the places where I have driven you, declares the LORD, and I will bring you back to the place from which I sent you into exile.

¶ **15** "Because you have said, 'The LORD has raised up prophets for us in Babylon,'

16 thus says the LORD concerning the king who sits on the throne of David, and concerning all the people who dwell in this city, your kinsmen who did not go out with you into exile:

17 ja, so spricht der HERR Zebaoth: Siehe, ich will Schwert, Hunger und Pest unter sie schicken und will sie machen wie die schlechten Feigen, davor einem ekelt zu essen,

18 und will hinter ihnen her sein mit Schwert, Hunger und Pest und will sie zum Bild des Entsetzens machen für alle Königreiche auf Erden, zum Fluch, zum Grauen, zum Hohn und zum Spott unter allen Völkern, wohin ich sie verstoßen werde,

19 weil sie meinen Worten nicht gehorchten, spricht der HERR, der ich meine Knechte, die Propheten, immer wieder zu euch gesandt habe; aber ihr wolltet nicht hören, spricht der HERR.

¶ **20** Aber ihr alle, die ihr gefangen weggeführt seid, die ich von Jerusalem habe nach Babel ziehen lassen, höret des HERRN Wort!

21 So spricht der HERR Zebaoth, der Gott Israels, wider Ahab, den Sohn Kolajas, und wider Zidkija, den Sohn Maasejas, die euch Lügen weissagen in meinem Namen: Siehe, ich will sie geben in die Hände Nebukadnezars, des Königs von Babel. Der soll sie totschlagen lassen vor euren Augen,

22 sodass man ihre Namen zum Fluchwort machen wird unter allen Weggeführten aus Juda, die in Babel sind, und sagen: Der HERR tue an dir wie an Zidkija und Ahab, die der König von Babel im Feuer rösten ließ,

23 weil sie eine Schandtat in Israel begingen und Ehebruch trieben mit den Frauen ihrer Nächsten und in meinem Namen Lüge predigten, was ich ihnen nicht befohlen hatte. Solches weiß ich und bezeuge es, spricht der HERR.

Jeremia und Schemaja

24 Und wider Schemaja von Nehelam sollst du sagen:

25 So spricht der HERR Zebaoth, der Gott Israels: Weil du unter deinem Namen Briefe gesandt hast an alles Volk, das in Jerusalem ist, an den Priester Zefanja, den Sohn Maasejas, und an alle Priester und gesagt:

26 Der HERR hat dich zum Priester bestellt anstatt des Priesters Jojada, dass du Aufseher sein sollst im Hause des HERRN über alle Wahnsinnigen und Weissager, dass du sie in Block und Eisen legst, –

27 nun, warum strafst du dann nicht Jeremia von Anatot, der euch weissagt?

28 Hat er doch zu uns nach Babel geschickt und sagen lassen: Es wird noch lange währen; baut Häuser und wohnt darin, pflanzt Gärten und esst ihre Früchte.

17 'Thus says the LORD of hosts, behold, I am sending on them sword, famine, and pestilence, and I will make them like vile figs that are so rotten they cannot be eaten.

18 I will pursue them with sword, famine, and pestilence, and will make them a horror to all the kingdoms of the earth, to be a curse, a terror, a hissing, and a reproach among all the nations where I have driven them,

19 because they did not pay attention to my words, declares the LORD, that I persistently sent to you by my servants the prophets, but you would not listen, declares the LORD.'

20 Hear the word of the LORD, all you exiles whom I sent away from Jerusalem to Babylon:

21 'Thus says the LORD of hosts, the God of Israel, concerning Ahab the son of Kolaiah and Zedekiah the son of Maaseiah, who are prophesying a lie to you in my name: Behold, I will deliver them into the hand of Nebuchadnezzar king of Babylon, and he shall strike them down before your eyes.

22 Because of them this curse shall be used by all the exiles from Judah in Babylon: "The LORD make you like Zedekiah and Ahab, whom the king of Babylon roasted in the fire,"

23 because they have done an outrageous thing in Israel, they have committed adultery with their neighbors' wives, and *p*they have spoken in my name lying words that I did not command them. I am the one who knows, *q*and I am witness, declares the LORD.'"

Shemaiah's False Prophecy

¶ **24** To Shemaiah of Nehelam you shall say:

25 "Thus says the LORD of hosts, the God of Israel: You have sent letters in your name to all the people who are in Jerusalem, and to Zephaniah the son of Maaseiah the priest, and to all the priests, saying,

26 'The LORD has made you priest instead of Jehoiada the priest, to have charge in the house of the LORD over every madman who prophesies, to put him in the stocks and neck irons.

27 Now why have you not rebuked Jeremiah of Anathoth who is prophesying to you?

28 For he has sent to us in Babylon, saying, "Your exile will be long; build houses and live in them, and plant gardens and eat their produce."'"

¶ **29** Es hatte nämlich der Priester Zefanja den Brief vorgelesen vor den Ohren des Propheten Jeremia.

¶ **30** Da geschah des HERRN Wort zu Jeremia:

31 Sende hin zu allen Weggeführten und lass ihnen sagen: So spricht der HERR wider Schemaja von Nehelam: Weil euch Schemaja weissagt – und ich habe ihn doch nicht gesandt – und macht, dass ihr auf Lügen vertraut,

32 darum spricht der HERR: Siehe, ich will Schemaja von Nehelam heimsuchen samt seinen Nachkommen, dass keiner von den Seinen unter diesem Volk bleiben soll. Und er soll das Gute nicht sehen, das ich meinem Volk tun will, spricht der HERR; denn er hat es mit seiner Rede vom HERRN abgewendet.

Israels Befreiung aus der Gefangenschaft

30 Dies ist das Wort, das vom HERRN geschah zu Jeremia:

2 So spricht der HERR, der Gott Israels: Schreib dir alle Worte, die ich zu dir geredet habe, in ein Buch.

3 Denn siehe, es kommt die Zeit, spricht der HERR, dass ich das Geschick meines Volks Israel und Juda wenden will, spricht der HERR; und ich will sie wiederbringen in das Land, das ich ihren Vätern gegeben habe, dass sie es besitzen sollen.

¶ **4** Und dies sind die Worte, die der HERR redete über Israel und Juda.

5 So spricht der HERR: Wir hören ein Geschrei des Schreckens; nur Furcht ist da und kein Friede.

6 Forscht doch und seht, ob dort Männer gebären! Wie kommt es denn, dass ich sehe, wie alle Männer ihre Hände an die Hüften halten wie Frauen in Kindsnöten und alle Angesichter so bleich sind?

7 Wehe, es ist ein gewaltiger Tag und seinesgleichen ist nicht gewesen, und es ist eine Zeit der Angst für Jakob; doch soll ihm daraus geholfen werden.

¶ **8** Es soll aber geschehen zu dieser Zeit, spricht der HERR Zebaoth, dass ich das Joch auf deinem Nacken zerbrechen will und deine Bande zerreißen. Sie werden nicht mehr Fremden dienen,

9 sondern dem HERRN, ihrem Gott, und ihrem König David, den ich ihnen erwecken will.

¶ **29** Zephaniah the priest read this letter in the hearing of Jeremiah the prophet.

30 Then the word of the LORD came to Jeremiah:

31 "Send to all the exiles, saying, 'Thus says the LORD concerning Shemaiah of Nehelam: Because ᵃShemaiah had prophesied to you when I did not send him, and has made you trust in a lie,

32 therefore thus says the LORD: Behold, I will punish Shemaiah of Nehelam and his descendants. He shall not have anyone living among this people, and he shall not see the good that I will do to my people, declares the LORD, for he has spoken rebellion against the LORD.'"

Restoration for Israel and Judah

30 The word that came to Jeremiah from the LORD:

2 "Thus says the LORD, the God of Israel: Write in a book all the words that I have spoken to you.

3 For behold, days are coming, declares the LORD, when I will restore the fortunes of my people, Israel and Judah, says the LORD, and I will bring them back to the land that I gave to their fathers, and they shall take possession of it."

¶ **4** These are the words that the LORD spoke concerning Israel and Judah:

5 "Thus says the LORD:
We have heard a cry of panic,
of terror, and no peace.

6 Ask now, and see,
can a man bear a child?
Why then do I see every man
with his hands on his stomach ᵏlike a
woman in labor?
Why has every face turned pale?

7 Alas! That day is so great
there is none like it;
it is a time of distress for Jacob;
yet he shall be saved out of it.

¶ **8** "And it shall come to pass in that day, declares the LORD of hosts, that I will break his yoke from off your neck, and I will ᵒburst your bonds, and foreigners shall no more make a servant of him.¹

9 But they shall serve the LORD their God and David their king, whom I will raise up for them.

¶ **10** Darum fürchte du dich nicht, mein Knecht Jakob, spricht der HERR, und entsetze dich nicht, Israel. Denn siehe, ich will dich erretten aus fernen Landen und deine Nachkommen aus dem Lande ihrer Gefangenschaft, dass Jakob zurückkehren soll und in Frieden und Sicherheit leben, und niemand soll ihn schrecken.

11 Denn ich bin bei dir, spricht der HERR, dass ich dir helfe. Denn ich will mit allen Völkern ein Ende machen, unter die ich dich zerstreut habe; aber mit dir will ich nicht ein Ende machen. Ich will dich mit Maßen züchtigen, doch ungestraft kann ich dich nicht lassen.

¶ **12** Denn so spricht der HERR: Dein Schaden ist verzweifelt böse, und deine Wunden sind unheilbar.

13 Deine Sache führt niemand; da ist keiner, der dich verbindet, es kann dich niemand heilen.

14 Alle deine Liebhaber vergessen dich, fragen nichts nach dir. Ich habe dich geschlagen wie einen Feind mit unbarmherziger Züchtigung um deiner großen Schuld und um deiner vielen Sünden willen.

15 Was schreist du über deinen Schaden und über dein verzweifelt böses Leiden? Habe ich dir doch solches getan um deiner großen Schuld und um deiner vielen Sünden willen.

¶ **16** Doch alle, die dich gefressen haben, sollen gefressen werden, und alle, die dich geängstigt haben, sollen alle gefangen weggeführt werden; und die dich beraubt haben, sollen beraubt werden, und alle, die dich geplündert haben, sollen geplündert werden.

17 Aber dich will ich wieder gesund machen und deine Wunden heilen, spricht der HERR, weil man dich nennt: »die Verstoßene« und: »Zion, nach der niemand fragt«.

10 "Then fear not, O Jacob my servant,
　　declares the LORD,
　nor be dismayed, O Israel;
　for behold, *I will save you from far away,
　　and your offspring from the land of their captivity.
　*Jacob shall return and have quiet and ease,
　　and none shall make him afraid.

11 For I am with you to save you,
　　　　declares the LORD;
　*I will make a full end of all the nations among whom I scattered you,
　　but of you I will not make a full end.
　*I will discipline you in just measure,
　　and I will by no means leave you unpunished.

12 "For thus says the LORD:
　Your hurt is incurable,
　　and your wound is grievous.

13 There is none to uphold your cause,
　　no medicine for your wound,
　　no healing for you.

14 All your lovers have forgotten you;
　　they care nothing for you;
　for I have dealt you the blow of an enemy,
　　the punishment of a merciless foe,
　because your guilt is great,
　　because your sins are flagrant.

15 Why do you cry out over your hurt?
　*Your pain is incurable.
　Because your guilt is great,
　　because your sins are flagrant,
　I have done these things to you.

16 Therefore all who devour you shall be devoured,
　　and all your foes, every one of them, shall go into captivity;
　those who plunder you shall be plundered,
　　and all who prey on you I will make a prey.

17 For I will restore health to you,
　　and your wounds I will heal,
　　　　declares the LORD,
　because they have called you an outcast:
　*'It is Zion, for whom no one cares!'

¶ **18** So spricht der HERR: Siehe, ich will das Geschick der Hütten Jakobs wenden und mich über seine Wohnungen erbarmen, und die Stadt soll wieder auf ihre Hügel gebaut werden, und die Burg soll stehen an ihrem rechten Platz.

19 Und es soll aus ihr erschallen Lob- und Freudengesang; denn ich will sie mehren und nicht mindern, ich will sie herrlich machen und nicht geringer.

20 Ihre Söhne sollen sein wie früher, und ihre Gemeinde soll vor mir fest gegründet stehen; denn ich will heimsuchen alle, die sie bedrängen.

21 Und ihr Fürst soll aus ihrer Mitte kommen und ihr Herrscher von ihnen ausgehen; und er soll zu mir nahen, denn wer dürfte sonst sein Leben wagen und mir nahen?, spricht der HERR.

22 Und ihr sollt mein Volk sein und ich will euer Gott sein.

¶ **23** Siehe, es wird ein Wetter des HERRN kommen voll Grimm, ein schreckliches Ungewitter wird auf den Kopf der Gottlosen niedergehen.

24 Des HERRN grimmiger Zorn wird nicht ablassen, bis er tue und ausrichte, was er im Sinn hat; zur letzten Zeit werdet ihr es erkennen.

Die Heimkehr der Versprengten

31 Zu derselben Zeit, spricht der HERR, will ich der Gott aller Geschlechter Israels sein und sie sollen mein Volk sein.

¶ **2** So spricht der HERR: Das Volk, das dem Schwert entronnen ist, hat Gnade gefunden in der Wüste; Israel zieht hin zu seiner Ruhe.

---

18 "Thus says the LORD:
Behold, I will restore the fortunes of the
tents of Jacob
and have compassion on his dwellings;
the city shall be rebuilt on its mound,
and the palace shall stand where it
used to be.

19 Out of them shall come songs of
thanksgiving,
and the voices of those who celebrate.
I will multiply them, and they shall not
be few;
I will make them honored, and they
shall not be small.

20 Their children shall be as they were of
old,
and their congregation shall be established before me,
and I will punish all who oppress
them.

21 Their prince shall be one of themselves;
ʳ their ruler shall come out from their
midst;
I will make him draw near, and he shall
approach me,
for who would dare of himself to
approach me?
declares the LORD.

22 And you shall be my people,
and I will be your God."

23 Behold the storm of the LORD!
Wrath has gone forth,
a whirling tempest;
it will burst upon the head of the
wicked.

24 The fierce anger of the LORD will not
turn back
until he has executed and
accomplished
the intentions of his mind.
In the latter days you will understand
this.

The LORD Will Turn Mourning to Joy

31 "At that time, declares the LORD, I will
be the God of all the clans of Israel,
and they shall be my people."

2 Thus says the LORD:
"The people who survived the sword
found grace in the wilderness;
when Israel sought for rest,

3 Der HERR ist mir erschienen von ferne: Ich habe dich je und je geliebt, darum habe ich dich zu mir gezogen aus lauter Güte.

4 Wohlan, ich will dich wiederum bauen, dass du gebaut sein sollst, du Jungfrau Israel; du sollst dich wieder schmücken, Pauken schlagen und herausgehen zum Tanz.

5 Du sollst wiederum Weinberge pflanzen an den Bergen Samarias; pflanzen wird man sie und ihre Früchte genießen.

6 Denn es wird die Zeit kommen, dass die Wächter auf dem Gebirge Ephraim rufen: Wohlauf, lasst uns hinaufziehen nach Zion zum HERRN, unserm Gott!

¶ **7** Denn so spricht der HERR: Jubelt über Jakob mit Freuden und jauchzet über das Haupt unter den Völkern. Ruft laut, rühmt und sprecht: Der HERR hat seinem Volk geholfen, dem Rest Israels!

8 Siehe, ich will sie aus dem Lande des Nordens bringen und will sie sammeln von den Enden der Erde, auch Blinde und Lahme, Schwangere und junge Mütter, dass sie als große Gemeinde wieder hierher kommen sollen.

9 Sie werden weinend kommen, aber ich will sie trösten und leiten. Ich will sie zu Wasserbächen führen auf ebenem Wege, dass sie nicht zu Fall kommen; denn ich bin Israels Vater und Ephraim ist mein erstgeborener Sohn.

¶ **10** Höret, ihr Völker, des HERRN Wort und verkündet's fern auf den Inseln und sprecht: Der Israel zerstreut hat, der wird's auch wieder sammeln und wird es hüten wie ein Hirte seine Herde;

3 the LORD appeared to him[1] from far away.
I have loved you with an everlasting love;
therefore I have continued my faithfulness to you.

4 Again I will build you, and you shall be built,
O virgin Israel!
Again you shall adorn yourself with tambourines
and shall go forth in the dance of the merrymakers.

5 Again you shall plant vineyards
on the mountains of Samaria;
the planters shall plant
and shall enjoy the fruit.

6 For there shall be a day when watchmen will call
in the hill country of Ephraim:
'Arise, and let us go up to Zion,
to the LORD our God.'"

7 For thus says the LORD:
"Sing aloud with gladness for Jacob,
and raise shouts for the chief of the nations;
proclaim, give praise, and say,
'O LORD, save your people,
the remnant of Israel.'

8 Behold, I will bring them from the north country
and gather them from the farthest parts of the earth,
among them the blind and the lame,
the pregnant woman and she who is in labor, together;
a great company, they shall return here.

9 With weeping they shall come,
and with pleas for mercy I will lead them back,
I will make them walk by brooks of water,
in a straight path in which they shall not stumble,
for I am a father to Israel,
and Ephraim is my firstborn.

10 "Hear the word of the LORD, O nations,
and declare it in the coastlands far away;
say, 'He who scattered Israel will gather him,
and will keep him as a shepherd keeps his flock.'

11 denn der HERR wird Jakob erlösen und von der Hand des Mächtigen erretten.

12 Sie werden kommen und auf der Höhe des Zion jauchzen und sich freuen über die Gaben des HERRN, über Getreide, Wein, Öl und junge Schafe und Rinder, dass ihre Seele sein wird wie ein wasserreicher Garten und sie nicht mehr bekümmert sein sollen.

13 Alsdann werden die Jungfrauen fröhlich beim Reigen sein, die junge Mannschaft und die Alten miteinander; denn ich will ihr Trauern in Freude verwandeln und sie trösten und sie erfreuen nach ihrer Betrübnis.

14 Und ich will der Priester Herz voller Freude machen, und mein Volk soll meiner Gaben die Fülle haben, spricht der HERR.

¶ **15** So spricht der HERR: Man hört Klagegeschrei und bittres Weinen in Rama: Rahel weint über ihre Kinder und will sich nicht trösten lassen über ihre Kinder; denn es ist aus mit ihnen.

16 Aber so spricht der HERR: Lass dein Schreien und Weinen und die Tränen deiner Augen; denn deine Mühe wird noch belohnt werden, spricht der HERR. Sie sollen wiederkommen aus dem Lande des Feindes,

17 und deine Nachkommen haben viel Gutes zu erwarten, spricht der HERR, denn deine Söhne sollen wieder in ihre Heimat kommen.

¶ **18** Ich habe wohl gehört, wie Ephraim klagt: »Du hast mich hart erzogen und ich ließ mich erziehen wie ein junger Stier, der noch nicht gelernt hat zu ziehen. Bekehre du mich, so will ich mich bekehren; denn du, HERR, bist mein Gott!

19 Nachdem ich bekehrt war, tat ich Buße, und als ich zur Einsicht kam, schlug ich an meine Brust. Ich bin zuschanden geworden und stehe schamrot da; denn ich muss büßen die Schande meiner Jugend.«

11 For the LORD has ransomed Jacob
  and has redeemed him from hands
    too strong for him.
12 They shall come and sing aloud on the
    height of Zion,
  and they shall be radiant over the
    goodness of the LORD,
over the grain, the wine, and the oil,
  and over the young of the flock and
    the herd;
their life shall be like a watered garden,
  and they shall languish no more.
13 Then shall the young women rejoice in
    the dance,
  and the young men and the old shall
    be merry.
I will turn their mourning into joy;
  I will comfort them, and give them
    gladness for sorrow.
14 I will feast the soul of the priests with
    abundance,
  and my people shall be satisfied with
    my goodness,
              declares the LORD."

15 Thus says the LORD:
"A voice is heard in Ramah,
    lamentation and bitter weeping.
Rachel is weeping for her children;
  she refuses to be comforted for her
    children,
  because they are no more."

16 Thus says the LORD:
"Keep your voice from weeping,
  and your eyes from tears,
for there is a reward for your work,
              declares the LORD,
  and they shall come back from the
    land of the enemy.
17 There is hope for your future,
              declares the LORD,
  and your children shall come back to
    their own country.
18 I have heard Ephraim grieving,
'You have disciplined me, and I was
    disciplined,
  like an untrained calf;
bring me back that I may be restored,
  for you are the LORD my God.
19 For after I had turned away, I relented,
  and after I was instructed, I struck my
    thigh;
I was ashamed, and I was confounded,
  because I bore the disgrace of my
    youth.'

20 Ist nicht Ephraim mein teurer Sohn und mein liebes Kind? Denn sooft ich ihm auch drohe, muss ich doch seiner gedenken; darum bricht mir mein Herz, dass ich mich seiner erbarmen muss, spricht der HERR.

¶ **21** Richte dir Wegzeichen auf, setze dir Steinmale und richte deinen Sinn auf die Straße, auf der du gezogen bist! Kehr zurück, Jungfrau Israel, kehr zurück zu diesen deinen Städten!

22 Wie lang willst du in der Irre gehen, du abtrünnige Tochter? Denn der HERR wird ein Neues im Lande schaffen: Die Frau wird den Mann umgeben.

¶ **23** So spricht der HERR Zebaoth, der Gott Israels: »Man wird dies Wort wieder sagen im Lande Juda und in seinen Städten, wenn ich ihr Geschick wenden werde: Der HERR segne dich, du Wohnung der Gerechtigkeit, du heiliger Berg!

24 Auch Juda samt allen seinen Städten soll darin wohnen, die Ackerleute und die mit Herden umherziehen;

25 denn ich will die Müden erquicken und die Verschmachtenden sättigen.«

26 Darüber bin ich aufgewacht und sah auf und hatte so sanft geschlafen.

27 Siehe, es kommt die Zeit, spricht der HERR, dass ich das Haus Israel und das Haus Juda besäen will mit Menschen und mit Vieh.

28 Und gleichwie ich über sie gewacht habe, auszureißen und einzureißen, zu verderben und zu zerstören und zu plagen, so will ich über sie wachen, zu bauen und zu pflanzen, spricht der HERR.

29 Zu derselben Zeit wird man nicht mehr sagen: »Die Väter haben saure Trauben gegessen und den Kindern sind die Zähne stumpf geworden«,

30 sondern ein jeder wird um seiner Schuld willen sterben, und wer saure Trauben gegessen hat, dem sollen seine Zähne stumpf werden.

20 Is Ephraim my dear son?
    Is he my darling child?
For as often as I speak against him,
    I do remember him still.
Therefore my heart[2] yearns for him;
    I will surely have mercy on him,
            declares the LORD.

21 "Set up road markers for yourself;
    make yourself guideposts;
consider well the highway,
    [w] the road by which you went.
Return, O virgin Israel,
    return to these your cities.

22 How long will you waver,
    O faithless daughter?
For the LORD has created a new thing on the earth:
    a woman encircles a man."

¶ **23** Thus says the LORD of hosts, the God of Israel: "Once more they shall use these words in the land of Judah and in its cities, when I restore their fortunes:

"'The LORD bless you, O habitation of righteousness,
    O holy hill!'

24 And Judah and all its cities shall dwell there together, and [e]the farmers and those who wander with their flocks.

25 For I will satisfy the weary soul, and every languishing soul I will replenish."

¶ **26** At this I awoke and looked, and my sleep was pleasant to me.

¶ **27** "Behold, the days are coming, declares the LORD, when I will sow the house of Israel and the house of Judah with the seed of man and the seed of beast.

28 And it shall come to pass that as I have watched over them to pluck up and break down, to overthrow, destroy, and bring harm, [i]so I will watch over them to build and to plant, declares the LORD.

29 In those days they shall no longer say:

"'The fathers have eaten sour grapes,
    and the children's teeth are set on edge.'

30 But everyone shall die for his own sin. Each man who eats sour grapes, his teeth shall be set on edge.

Die Verheißung eines neuen Bundes

31 Siehe, es kommt die Zeit, spricht der HERR, da will ich mit dem Hause Israel und mit dem Hause Juda einen neuen Bund schließen,

32 nicht wie der Bund gewesen ist, den ich mit ihren Vätern schloss, als ich sie bei der Hand nahm, um sie aus Ägyptenland zu führen, ein Bund, den sie nicht gehalten haben, ob ich gleich ihr Herr war, spricht der HERR;

33 sondern das soll der Bund sein, den ich mit dem Hause Israel schließen will nach dieser Zeit, spricht der HERR: Ich will mein Gesetz in ihr Herz geben und in ihren Sinn schreiben, und sie sollen mein Volk sein und ich will ihr Gott sein.

34 Und es wird keiner den andern noch ein Bruder den andern lehren und sagen: »Erkenne den HERRN«, sondern sie sollen mich alle erkennen, beide, Klein und Groß, spricht der HERR; denn ich will ihnen ihre Missetat vergeben und ihrer Sünde nimmermehr gedenken.

¶ **35** So spricht der HERR, der die Sonne dem Tage zum Licht gibt und den Mond und die Sterne der Nacht zum Licht bestellt; der das Meer bewegt, dass seine Wellen brausen – HERR Zebaoth ist sein Name –:

36 Wenn jemals diese Ordnungen vor mir ins Wanken kämen, spricht der HERR, so müsste auch das Geschlecht Israels aufhören, ein Volk zu sein vor mir ewiglich.

¶ **37** So spricht der HERR: Wenn man den Himmel oben messen könnte und den Grund der Erde unten erforschen, dann würde ich auch verwerfen das ganze Geschlecht Israels für all das, was sie getan haben, spricht der HERR.

¶ **38** Siehe, es kommt die Zeit, spricht der HERR, dass die Stadt des HERRN gebaut werden wird vom Turm Hananel an bis ans Ecktor;

39 und die Messschnur wird weiter geradeaus gehen bis an den Hügel Gareb und sich nach Goa hin wenden.

40 Und das ganze Tal der Leichen und der Asche und die Hänge bis zum Bach Kidron, bis zu der Ecke am Rosstor im Osten, wird dem HERRN heilig sein. Und die Stadt wird niemals mehr eingerissen und abgebrochen werden.

The New Covenant

¶ **31** "Behold, the days are coming, declares the LORD, when I will make a new covenant with the house of Israel and the house of Judah,

32 not like the covenant that I made with their fathers on the day when I took them by the hand to bring them out of the land of Egypt, my covenant that they broke, though I was their husband, declares the LORD.

33 But this is the covenant that I will make with the house of Israel after those days, declares the LORD: ⁵I will put my law within them, and I will write it on their hearts. And I will be their God, and they shall be my people.

34 And no longer shall each one teach his neighbor and each his brother, saying, 'Know the LORD,' for they shall all know me, from the least of them to the greatest, declares the LORD. For I will forgive their iniquity, and I will remember their sin no more."

35 Thus says the LORD,
who gives the sun for light by day
and the fixed order of the moon and
the stars for light by night,
who stirs up the sea so that its waves
roar—
the LORD of hosts is his name:

36 "If this fixed order departs
from before me, declares the LORD,
then shall the offspring of Israel cease
from being a nation before me forever."

37 Thus says the LORD:
"If the heavens above can be measured,
and the foundations of the earth below
can be explored,
then I will cast off all the offspring of
Israel
for all that they have done,
declares the LORD."

¶ **38** "Behold, the days are coming, declares the LORD, when the city shall be rebuilt for the LORD from the Tower of Hananel to the Corner Gate.

39 And the measuring line shall go out farther, straight to the hill Gareb, and shall then turn to Goah.

40 The whole valley of the dead bodies and the ashes, and all the fields as far as the brook Kidron, to the corner of the Horse Gate toward the east, shall be sacred to the LORD. It shall not be uprooted or overthrown anymore forever."

Der Ackerkauf

32 Dies ist das Wort, das vom Herrn geschah zu Jeremia im zehnten Jahr Zedekias, des Königs von Juda, das ist das achtzehnte Jahr Nebukadnezars.

2 Damals belagerte das Heer des Königs von Babel Jerusalem. Und der Prophet Jeremia lag gefangen im Wachthof am Hause des Königs von Juda,

3 wo Zedekia, der König von Juda, ihn hatte gefangen setzen lassen, indem er sagte: Warum weissagst du und sprichst: So spricht der Herr: Siehe, ich gebe diese Stadt in die Hände des Königs von Babel und er soll sie erobern,

4 und Zedekia, der König von Juda, soll den Chaldäern nicht entrinnen, sondern ich will ihn dem König von Babel in die Hände geben, dass er von Mund zu Mund mit ihm reden und mit eigenen Augen ihn sehen soll?

5 Und er wird Zedekia nach Babel führen; da soll er auch bleiben, bis ich ihn heimsuche, spricht der Herr, denn wenn ihr auch gegen die Chaldäer kämpft, soll euch doch nichts gelingen.

¶ **6** Und Jeremia sprach: Es ist des Herrn Wort zu mir geschehen:

7 Siehe, Hanamel, der Sohn Schallums, deines Oheims, wird zu dir kommen und sagen: Kaufe du meinen Acker in Anatot; denn dir kommt es als Erstem zu, ihn einzulösen und zu kaufen.

8 Da kam Hanamel, meines Oheims Sohn, wie der Herr gesagt hatte, zu mir in den Wachthof und sprach zu mir: Kaufe doch meinen Acker in Anatot, der im Lande Benjamin liegt; denn dir kommt es zu, ihn zu erwerben und einzulösen; kaufe du ihn! Da merkte ich, dass es des Herrn Wort war,

9 und kaufte den Acker von Hanamel, meines Oheims Sohn, in Anatot, und wog ihm das Geld dar, siebzehn Lot Silber.

10 Und ich schrieb einen Kaufbrief und versiegelte ihn und nahm Zeugen dazu und wog das Geld dar auf der Waage nach Recht und Gewohnheit.

¶ **11** Und ich nahm den versiegelten Kaufbrief und die offene Abschrift

Jeremiah Buys a Field During the Siege

32 The word that came to Jeremiah from the Lord in the tenth year of Zedekiah king of Judah, which was the eighteenth year of Nebuchadnezzar.

2 At that time the army of the king of Babylon was besieging Jerusalem, and Jeremiah the prophet was shut up in the court of the guard that was in the palace of the king of Judah.

3 For Zedekiah king of Judah had imprisoned him, saying, "Why do you prophesy and say, 'Thus says the Lord: Behold, I am giving this city into the hand of the king of Babylon, and he shall capture it;

4 Zedekiah king of Judah shall not escape out of the hand of the Chaldeans, but shall surely be given into the hand of the king of Babylon, and shall speak with him face to face and see him eye to eye;

5 And he shall take Zedekiah to Babylon, and there he shall remain until I visit him, declares the Lord. Though you fight against the Chaldeans, you shall not succeed'?"

¶ **6** Jeremiah said, "The word of the Lord came to me:

7 Behold, Hanamel the son of Shallum your uncle will come to you and say, 'Buy my field that is at Anathoth, for the right of redemption by purchase is yours.'

8 Then Hanamel my cousin came to me in the court of the guard, in accordance with the word of the Lord, and said to me, 'Buy my field that is at Anathoth in the land of Benjamin, for the right of possession and redemption is yours; buy it for yourself.' Then I knew that this was the word of the Lord.

¶ **9** "And I bought the field at Anathoth from Hanamel my cousin, and weighed out the money to him, seventeen shekels of silver.

10 I signed the deed, sealed it, got witnesses, and weighed the money on scales.

11 Then I took the sealed deed of purchase, containing the terms and conditions and the open copy.

12 und gab beides Baruch, dem Sohn Nerijas, des Sohnes Machsejas, in Gegenwart Hanamels, meines Vetters, und der Zeugen, die unter dem Kaufbrief geschrieben standen, und aller Judäer, die im Wachthof sich aufhielten,

13 und befahl Baruch vor ihren Augen:

14 So spricht der HERR Zebaoth, der Gott Israels: Nimm diese Briefe, den versiegelten Kaufbrief samt dieser offenen Abschrift, und lege sie in ein irdenes Gefäß, dass sie lange erhalten bleiben.

15 Denn so spricht der HERR Zebaoth, der Gott Israels: Man wird wieder Häuser, Äcker und Weinberge kaufen in diesem Lande.

¶ **16** Und als ich den Kaufbrief Baruch, dem Sohn Nerijas, gegeben hatte, betete ich zum HERRN und sprach:

17 Ach, Herr HERR, siehe, du hast Himmel und Erde gemacht durch deine große Kraft und durch deinen ausgereckten Arm, und es ist kein Ding vor dir unmöglich;

18 der du Gnade erweist vielen Tausenden und die Schuld der Väter kommen lässt auf das Haupt ihrer Kinder, du großer und starker Gott – HERR Zebaoth ist dein Name –,

19 groß von Rat und mächtig von Tat, und deine Augen stehen offen über allen Wegen der Menschenkinder, einem jeden zu geben nach seinen Wegen und nach der Frucht seines Tuns;

20 der du in Ägyptenland hast Zeichen und Wunder getan bis auf diesen Tag an Israel und an den Menschen und hast dir einen Namen gemacht, wie es heute am Tage ist,

21 und hast dein Volk Israel aus Ägyptenland geführt durch Zeichen und Wunder, mit mächtiger Hand, mit ausgerecktem Arm und mit großem Schrecken,

22 und hast ihnen dies Land gegeben, wie du ihren Vätern geschworen hattest, dass du es ihnen geben wolltest, ein Land, darin Milch und Honig fließt;

23 aber als sie hineinkamen und es in Besitz nahmen, gehorchten sie deiner Stimme nicht, wandelten auch nicht nach deinem Gesetz, und alles, was du ihnen gebotest, dass sie es tun sollten, taten sie nicht; darum ließest du ihnen auch all dies Unheil widerfahren:

12 And I gave the deed of purchase to Baruch the son of Neriah son of Mahseiah, in the presence of Hanamel my cousin, in the presence of the witnesses who signed the deed of purchase, and in the presence of all the Judeans who were sitting in the court of the guard.

13 I charged Baruch in their presence, saying,

14 'Thus says the LORD of hosts, the God of Israel: Take these deeds, both this sealed deed of purchase and this open deed, and put them in an earthenware vessel, that they may last for a long time.

15 For thus says the LORD of hosts, the God of Israel: Houses and fields and vineyards shall again be bought in this land.'

Jeremiah Prays for Understanding

¶ **16** "After I had given the deed of purchase to Baruch the son of Neriah, I prayed to the LORD, saying:

17 'Ah, Lord GOD! It is you who have made the heavens and the earth by your great power and by your outstretched arm! Nothing is too hard for you.

18 You show steadfast love to thousands, ʲbut you repay the guilt of fathers to their children after them, O great and mighty God, whose name is the LORD of hosts,

19 great in counsel and mighty in deed, whose eyes are open to all the ways of the children of man, rewarding each one according to his ways and according to the fruit of his deeds.

20 You have shown signs and wonders in the land of Egypt, and to this day in Israel and among all mankind, and have made a name for yourself, as at this day.

21 You brought your people Israel out of the land of Egypt with signs and wonders, with a strong hand and outstretched arm, ˡand with great terror.

22 And you gave them this land, which you swore to their fathers to give them, ᵛa land flowing with milk and honey.

23 And they entered and took possession of it. But they did not obey your voice or walk in your law. They did nothing of all you commanded them to do. Therefore you have made all this disaster come upon them.

¶ **24** Siehe, die Wälle reichen schon bis an die Stadt, dass sie erobert werde, und sie muss wegen Schwert, Hunger und Pest in die Hände der Chaldäer gegeben werden, die sie belagern; und wie du geredet hast, so ist's geschehen; du siehst es ja selbst.

25 Aber du, Herr HERR, sprichst zu mir: »Kaufe dir einen Acker um Geld und nimm Zeugen dazu«, obwohl doch die Stadt in die Hände der Chaldäer gegeben wird?

¶ **26** Und des HERRN Wort geschah zu Jeremia:

27 Siehe, ich, der HERR, bin der Gott allen Fleisches, sollte mir etwas unmöglich sein?

28 Darum so spricht der HERR: Siehe, ich gebe diese Stadt in die Hände der Chaldäer und in die Hand Nebukadnezars, des Königs von Babel, und er soll sie erobern.

29 Und die Chaldäer, die diese Stadt belagern, werden hereinkommen und sie in Brand stecken und verbrennen samt den Häusern, wo man auf den Dächern dem Baal Räucheropfer gespendet und andern Göttern Trankopfer dargebracht hat, um mich zu erzürnen.

30 Denn Israel und Juda haben von ihrer Jugend auf getan, was mir missfällt: ja, die Israeliten haben mich erzürnt durch ihrer Hände Werk, spricht der HERR.

31 Denn seit diese Stadt gebaut ist, hat sie mich zornig und grimmig gemacht bis auf diesen Tag, dass ich sie von meinem Angesicht wegtun muss

32 wegen all der Bosheit Israels und Judas, die sie getan haben, um mich zu erzürnen. Sie, ihre Könige, Oberen, Priester und Propheten und die in Juda und Jerusalem wohnten,

33 haben mir den Rücken und nicht das Angesicht zugekehrt, und obwohl ich sie stets lehren ließ, wollten sie nicht hören noch sich bessern.

34 Dazu haben sie ihre gräulichen Götzen in das Haus gesetzt, das nach meinem Namen genannt ist, dass sie es unrein machten,

35 und haben die Höhen des Baal gebaut im Tal Ben-Hinnom, um ihre Söhne und Töchter für den Moloch durchs Feuer gehen zu lassen, was ich ihnen nicht befohlen habe, und es ist mir nie in den Sinn gekommen, dass sie solchen Gräuel tun sollten, um Juda in Sünde zu bringen.

24 Behold, the siege mounds have come up to the city to take it, and because of sword and famine and pestilence the city is given into the hands of the Chaldeans who are fighting against it. What you spoke has come to pass, and behold, you see it.

25 Yet you, O Lord GOD, have said to me, "Buy the field for money and get witnesses"— though the city is given into the hands of the Chaldeans.' "

¶ **26** The word of the LORD came to Jeremiah:

27 "Behold, I am the LORD, the God of all flesh. Is anything too hard for me?

28 Therefore, thus says the LORD: Behold, I am giving this city into the hands of the Chaldeans and into the hand of Nebuchadnezzar king of Babylon, and he shall capture it.

29 The Chaldeans who are fighting against this city shall come and set this city on fire and burn it, with the houses on whose roofs offerings have been made to Baal ᵍand drink offerings have been poured out to other gods, to provoke me to anger.

30 For the children of Israel and the children of Judah have done nothing but evil in my sight from their youth. The children of Israel have done nothing but provoke me to anger by the work of their hands, declares the LORD.

31 This city has aroused my anger and wrath, from the day it was built to this day, so that I will remove it from my sight

32 because of all the evil of the children of Israel and the children of Judah that they did to provoke me to anger—their kings and their officials, their priests and their prophets, the men of Judah and the inhabitants of Jerusalem.

33 They have turned to me their back and not their face. And though I have taught them persistently, they have not listened to receive instruction.

34 They set up their abominations in the house that is called by my name, to defile it.

35 They built the high places of Baal in the Valley of the Son of Hinnom, to offer up their sons and daughters to Molech, though I did not command them, nor did it enter into my mind, that they should do this abomination, to cause Judah to sin.

¶ **36** Nun aber, so spricht der HERR, der Gott Israels, von dieser Stadt, von der ihr sagt, dass sie durch Schwert, Hunger und Pest in die Hände des Königs von Babel gegeben werde:

37 Siehe, ich will sie sammeln aus allen Ländern, wohin ich sie verstoße in meinem Zorn, Grimm und großem Unmut, und will sie wieder an diesen Ort bringen, dass sie sicher wohnen sollen.

38 Sie sollen mein Volk sein und ich will ihr Gott sein.

39 Und ich will ihnen einerlei Sinn und einerlei Wandel geben, dass sie mich fürchten ihr Leben lang, auf dass es ihnen wohlgehe und ihren Kindern nach ihnen.

40 Und ich will einen ewigen Bund mit ihnen schließen, dass ich nicht ablassen will, ihnen Gutes zu tun, und will ihnen Furcht vor mir ins Herz geben, dass sie nicht von mir weichen.

41 Es soll meine Freude sein, ihnen Gutes zu tun, und ich will sie in diesem Lande einpflanzen, ganz gewiss, von ganzem Herzen und von ganzer Seele.

¶ **42** Denn so spricht der HERR: Gleichwie ich über dies Volk all dies große Unheil habe kommen lassen, so will ich auch alles Gute über sie kommen lassen, das ich ihnen zugesagt habe.

43 Und es sollen Äcker gekauft werden in diesem Lande, von dem ihr sagt: »Eine Wüste ist's ohne Menschen und Vieh; es ist in der Chaldäer Hände gegeben.«

44 Man wird Äcker um Geld kaufen und verbriefen, versiegeln und Zeugen dazu nehmen im Lande Benjamin und um Jerusalem her und in den Städten Judas, in den Städten auf dem Gebirge, in den Städten des Hügellandes und in den Städten des Südlandes; denn ich will ihr Geschick wenden, spricht der HERR.

Wiederherstellung Jerusalems und Judas

33 Und des HERRN Wort geschah zu Jeremia zum zweiten Mal, als er noch im Wachthof gefangen war:

¶ **2** So spricht der HERR, der alles macht, schafft und ausrichtet – HERR ist sein Name –:

3 Rufe mich an, so will ich dir antworten und will dir kundtun große und unfassbare Dinge, von denen du nichts weißt.

They Shall Be My People; I Will Be Their God

¶ **36** "Now therefore thus says the LORD, the God of Israel, concerning this city of which you say, 'It is given into the hand of the king of Babylon by sword, by famine, and by pestilence':

37 Behold, I will gather them from all the countries to which I drove them in my anger and my wrath and in great indignation. I will bring them back to this place, and I will make them dwell in safety.

38 And they shall be my people, and I will be their God.

39 I will give them one heart and one way, that they may fear me forever, for their own good and the good of their children after them.

40 I will make with them an everlasting covenant, that I will not turn away from doing good to them. And I will put the fear of me in their hearts, that they may not turn from me.

41 I will rejoice in doing them good, and I will plant them in this land in faithfulness, with all my heart and all my soul.

¶ **42** "For thus says the LORD: Just as I have brought all this great disaster upon this people, so I will bring upon them all the good that I promise them.

43 Fields shall be bought in this land of which you are saying, 'It is a desolation, without man or beast; it is given into the hand of the Chaldeans.'

44 Fields shall be bought for money, and deeds shall be signed and ᵏsealed and ᵏwitnessed, in the land of Benjamin, ˡin the places about Jerusalem, ˡand in the cities of Judah, ˡin the cities of the hill country, ˡin the cities of the Shephelah, and in the cities of the Negeb; for I will restore their fortunes, declares the LORD."

The LORD Promises Peace

33 The word of the LORD came to Jeremiah a second time, while he was still shut up in the court of the guard:

2 "Thus says the LORD who made the earth,ˡ the LORD who formed it to establish it—the LORD is his name:

3 Call to me and I will answer you, and will tell you great and hidden things that you have not known.

4 Denn so spricht der HERR, der Gott Israels, von den Häusern dieser Stadt und von den Häusern der Könige Judas, die abgebrochen wurden, um Bollwerke zu machen zur Abwehr

5 im Kampf gegen die Chaldäer und um sie zu füllen mit den Leichnamen der Menschen, die ich in meinem Zorn und Grimm erschlagen habe, als ich mein Angesicht vor dieser Stadt verbarg um all ihrer Bosheit willen:

¶ **6** Siehe, ich will sie heilen und gesund machen und will ihnen dauernden Frieden gewähren.

7 Denn ich will das Geschick Judas und das Geschick Israels wenden und will sie bauen wie im Anfang

8 und will sie reinigen von aller Missetat, womit sie wider mich gesündigt haben; und will ihnen vergeben alle Missetaten, womit sie wider mich gesündigt und gefrevelt haben.

9 Und das soll mein Ruhm und meine Wonne, mein Preis und meine Ehre sein unter allen Völkern auf Erden, wenn sie all das Gute hören, das ich Jerusalem tue. Und sie werden sich verwundern und entsetzen über all das Gute und über all das Heil, das ich der Stadt geben will.

¶ **10** So spricht der HERR: An diesem Ort, von dem ihr sagt: »Er ist wüst, ohne Menschen und Vieh«, in den Städten Judas und auf den Gassen Jerusalems, die so verwüstet sind, dass niemand mehr darin ist, weder Menschen noch Vieh,

11 wird man dennoch wieder hören den Jubel der Freude und Wonne, die Stimme des Bräutigams und der Braut und die Stimme derer, die da sagen: »Danket dem HERRN Zebaoth; denn er ist freundlich, und seine Güte währet ewiglich«, wenn sie Dankopfer bringen zum Hause des HERRN. Denn ich will das Geschick des Landes wenden, dass es werde, wie es im Anfang war, spricht der HERR.

¶ **12** So spricht der HERR Zebaoth: An diesem Ort, der so wüst ist, dass weder Menschen noch Vieh darin sind, und in allen ihren Städten werden dennoch wieder Auen sein für die Hirten, die da Herden weiden.

13 In den Städten auf dem Gebirge und in den Städten des Hügellandes und in den Städten des Südlandes, im Lande Benjamin und um Jerusalem her und in den Städten Judas sollen dennoch wieder die Herden gezählt aus- und einziehen, spricht der HERR.

4 For thus says the LORD, the God of Israel, concerning the houses of this city and the houses of the kings of Judah that were torn down to make a defense against the siege mounds and against the sword:

5 They are coming in to fight against the Chaldeans and to fill them[2] with the dead bodies of men whom I shall strike down in my anger and my wrath, for I have hidden my face from this city because of all their evil.

6 Behold, I will bring to it health and healing, and I will heal them and reveal to them abundance of prosperity and security.

7 I will restore the fortunes of Judah and the fortunes of Israel, and rebuild them as they were at first.

8 I will cleanse them from all the guilt of their sin against me, and I will forgive all the guilt of their sin and rebellion against me.

9 And this city[3] shall be to me a name of joy, a praise and a glory before all the nations of the earth who shall hear of all the good that I do for them. They shall fear and tremble because of all the good and all the prosperity I provide for it.

¶ **10** "Thus says the LORD: In this place of which you say, 'It is a waste without man or beast,' in the cities of Judah and the streets of Jerusalem that are desolate, without man or inhabitant or beast, there shall be heard again

11 the voice of mirth and the voice of gladness, the voice of the bridegroom and the voice of the bride, the voices of those who sing, as they bring thank offerings to the house of the LORD:

"'Give thanks to the LORD of hosts,
    for the LORD is good,
    for his steadfast love endures forever!'

For I will restore the fortunes of the land as at first, says the LORD.

¶ **12** "Thus says the LORD of hosts: In this place that is waste, without man or beast, and in all of its cities, there shall again be habitations of shepherds resting their flocks.

13 In the cities of the hill country, [l]in the cities of the Shephelah, [l]and in the cities of the Negeb, in the land of Benjamin, [l]the places about Jerusalem, [l]and in the cities of Judah, flocks shall again pass under the hands of the one who counts them, says the LORD.

Der ewige Bund mit dem Hause David und dem Hause Levi

14 Siehe, es kommt die Zeit, spricht der HERR, dass ich das gnädige Wort erfüllen will, das ich zum Hause Israel und zum Hause Juda geredet habe.

15 In jenen Tagen und zu jener Zeit will ich dem David einen gerechten Spross aufgehen lassen; der soll Recht und Gerechtigkeit schaffen im Lande.

16 Zu derselben Zeit soll Juda geholfen werden und Jerusalem sicher wohnen, und man wird es nennen »Der HERR unsere Gerechtigkeit«.

¶ **17** Denn so spricht der HERR: Es soll David niemals fehlen an einem, der auf dem Thron des Hauses Israel sitzt.

18 Und den levitischen Priestern soll's niemals fehlen an einem, der täglich vor meinem Angesicht Brandopfer darbringt und Speisopfer in Rauch aufgehen lässt und Opfer schlachtet.

¶ **19** Und des HERRN Wort geschah zu Jeremia:

20 So spricht der HERR: Wenn mein Bund mit Tag und Nacht aufhörte, dass nicht mehr Tag und Nacht sind zu ihrer Zeit,

21 so würde auch mein Bund aufhören mit meinem Knecht David, dass er keinen Sohn mehr hat zum König auf seinem Thron, und mit den Leviten, den Priestern, meinen Dienern.

22 Wie man des Himmels Heer nicht zählen noch den Sand am Meer messen kann, so will ich mehren das Geschlecht Davids, meines Knechts, und die Leviten, die mir dienen.

¶ **23** Und des HERRN Wort geschah zu Jeremia:

24 Hast du nicht gemerkt, was diese Leute reden: »Die beiden Geschlechter, die der HERR auserwählt hatte, hat er verworfen«, und sie verachten mein Volk und lassen es nicht mehr ein Volk sein in ihren Augen.

25 So spricht der HERR: Wenn ich jemals meinen Bund nicht hielte mit Tag und Nacht noch die Ordnungen des Himmels und der Erde,

26 so wollte ich auch verwerfen das Geschlecht Jakobs und Davids, meines Knechts, dass ich nicht mehr aus ihrem Geschlecht Herrscher nehme über die Nachkommen Abrahams, Isaaks und Jakobs. Denn ich will ihr Geschick wenden und mich über sie erbarmen.

The LORD's Eternal Covenant with David

¶ **14** "Behold, the days are coming, declares the LORD, when I will fulfill the promise I made to the house of Israel and the house of Judah.

15 In those days and at that time I will cause a righteous Branch to spring up for David, and he shall execute justice and righteousness in the land.

16 In those days Judah will be saved, and Jerusalem will dwell securely. And this is the name by which it will be called: 'The LORD is our righteousness.'

¶ **17** "For thus says the LORD: David shall never lack a man to sit on the throne of the house of Israel,

18 and the Levitical priests shall never lack a man in my presence to offer burnt offerings, to burn grain offerings, and to make sacrifices forever."

¶ **19** The word of the LORD came to Jeremiah:

20 "Thus says the LORD: If you can break my covenant with the day and my covenant with the night, so that day and night will not come at their appointed time,

21 then also my covenant with David my servant may be broken, so that he shall not have a son to reign on his throne, and my covenant with the Levitical priests my ministers.

22 As the host of heaven cannot be numbered and ᶻ the sands of the sea cannot be measured, so I will multiply the offspring of David my servant, and the Levitical priests who minister to me."

¶ **23** The word of the LORD came to Jeremiah:

24 "Have you not observed that these people are saying, 'The LORD has rejected the two clans that he chose'? Thus they have despised my people so that they are no longer a nation in their sight.

25 Thus says the LORD: If I have not established my covenant with day and night and the fixed order of heaven and earth,

26 then I will reject the offspring of Jacob and David my servant and will not choose one of his offspring to rule over the offspring of Abraham, Isaac, and Jacob. For I will restore their fortunes and will have mercy on them."

Zedekia vor der Entscheidung

34 Dies ist das Wort, das vom HERRN geschah zu Jeremia, als Nebukadnezar, der König von Babel, mit seinem ganzen Heer und allen Königreichen auf Erden, die unter seiner Gewalt waren, und allen Völkern Jerusalem und alle seine Städte belagerte.

2 So spricht der HERR, der Gott Israels: Geh hin und sprich mit Zedekia, dem König von Juda, und sage zu ihm: So spricht der HERR: Siehe, ich will diese Stadt in die Hände des Königs von Babel geben, und er soll sie mit Feuer verbrennen.

3 Und auch du sollst seiner Hand nicht entrinnen, sondern ergriffen und in seine Hand gegeben werden. Du wirst ihn mit eigenen Augen sehen und von Mund zu Mund mit ihm reden und nach Babel kommen.

¶ 4 Höre doch auf des HERRN Wort, Zedekia, du König von Juda! So spricht der HERR über dich: Du sollst nicht durchs Schwert sterben,

5 sondern du sollst im Frieden sterben. Und wie deinen Vätern, den früheren Königen, die vor dir gewesen sind, so wird man auch dir zu Ehren einen Brand anzünden und dich beklagen: »Ach, Herr!«; denn ich habe es geredet, spricht der HERR.

¶ 6 Und der Prophet Jeremia sagte alle diese Worte zu Zedekia, dem König von Juda, in Jerusalem,

7 als das Heer des Königs von Babel schon Jerusalem und alle Städte Judas belagerte, die übrig geblieben waren, nämlich Lachisch und Aseka; denn diese waren noch übrig geblieben von den festen Städten Judas.

Der Wortbruch an den freigelassenen Sklaven

8 Dies ist das Wort, das vom HERRN geschah zu Jeremia, nachdem der König Zedekia einen Bund geschlossen hatte mit dem ganzen Volk zu Jerusalem, eine Freilassung auszurufen,

9 dass ein jeder seinen Sklaven und ein jeder seine Sklavin, die Hebräer und Hebräerinnen waren, freilassen sollte, sodass kein Judäer den andern als Sklaven hielte.

10 Da hatten alle Oberen und alles Volk gehorcht, die diesen Bund eingegangen waren, dass ein jeder seinen Sklaven und seine Sklavin freilassen und sie nicht mehr als Sklaven halten sollte, und hatten sie losgegeben.

11 Aber danach hatten sie die Sklaven und Sklavinnen wieder zurückgefordert, die sie freigegeben hatten, und sie gezwungen, dass sie wieder Sklaven und Sklavinnen sein mussten.

¶ 12 Da geschah des HERRN Wort zu Jeremia:

Zedekiah to Die in Babylon

34 The word that came to Jeremiah from the LORD, when Nebuchadnezzar king of Babylon and all his army and all the kingdoms of the earth under his dominion and all the peoples were fighting against Jerusalem and all of its cities:

2 "Thus says the LORD, the God of Israel: Go and speak to Zedekiah king of Judah and say to him, 'Thus says the LORD: Behold, I am giving this city into the hand of the king of Babylon, and he shall burn it with fire.

3 You shall not escape from his hand but shall surely be captured and delivered into his hand. *g* You shall see the king of Babylon eye to eye and speak with him face to face. And you shall go to Babylon.'

4 Yet hear the word of the LORD, O Zedekiah king of Judah! Thus says the LORD concerning you: *h* 'You shall not die by the sword.

5 You shall die in peace. And as spices were burned for your fathers, the former kings who were before you, so people shall burn spices for you and lament for you, saying, "Alas, lord!"' For I have spoken the word, declares the LORD."

¶ 6 Then Jeremiah the prophet spoke all these words to Zedekiah king of Judah, in Jerusalem,

7 when the army of the king of Babylon was fighting against Jerusalem and against all the cities of Judah that were left, Lachish and Azekah, for these were the only fortified cities of Judah that remained.

¶ 8 The word that came to Jeremiah from the LORD, after King Zedekiah had made a covenant with all the people in Jerusalem to make a proclamation of liberty to them,

9 that everyone should set free his Hebrew slaves, male and female, so that no one should enslave a Jew, his brother.

10 And they obeyed, all the officials and all the people who had entered into the covenant that everyone would set free his slave, male or female, so that they would not be enslaved again. They obeyed and set them free.

11 But afterward they turned around and took back the male and female slaves they had set free, and brought them into subjection as slaves.

12 The word of the LORD came to Jeremiah from the LORD:

13 So spricht der HERR, der Gott Israels: Ich habe einen Bund geschlossen mit euren Vätern, als ich sie aus Ägyptenland, aus der Knechtschaft, führte und sprach:

14 Im siebenten Jahre soll ein jeder seinen Bruder, der ein Hebräer ist und sich ihm verkauft und sechs Jahre gedient hat, freilassen. Aber eure Väter gehorchten mir nicht und kehrten ihre Ohren mir nicht zu.

15 Ihr aber hattet euch nun bekehrt und getan, was mir wohlgefiel, dass ihr eine Freilassung ausrufen ließet, ein jeder für seinen Nächsten, und habt darüber einen Bund geschlossen vor mir in dem Hause, das nach meinem Namen genannt ist.

16 Jetzt aber seid ihr umgeschlagen und habt meinen Namen entheiligt! Ein jeder fordert seinen Sklaven und seine Sklavin zurück, die ihr freigelassen hattet, sodass sie gehen konnten, wohin sie wollten, und zwingt sie jetzt, dass sie wieder eure Sklaven und Sklavinnen sein müssen.

¶ **17** Darum spricht der HERR: Ihr gehorchtet mir nicht und rieft keine Freilassung aus, ein jeder für seinen Bruder und seinen Nächsten, – siehe, so rufe ich, spricht der HERR, über euch eine Freilassung aus für Schwert, für Pest, für Hunger und will euch zum Bild des Entsetzens machen für alle Königreiche auf Erden.

18 Und ich will die Leute, die meinen Bund übertreten und die Worte des Bundes nicht halten, den sie vor mir geschlossen haben, so zurichten wie das Kalb, das sie in zwei Stücke geteilt haben und zwischen dessen Stücken sie hindurchgegangen sind,

19 nämlich die Oberen von Juda und von Jerusalem, die Kämmerer, die Priester und das ganze Volk des Landes, alle, die zwischen den Stücken des Kalbes hindurchgegangen sind.

20 Und ich will sie geben in die Hand ihrer Feinde und derer, die ihnen nach dem Leben trachten, und ihre Leichname sollen den Vögeln unter dem Himmel und den Tieren auf dem Felde zum Fraße werden.

21 Auch Zedekia, den König von Juda, und seine Oberen will ich geben in die Hände ihrer Feinde und derer, die ihnen nach dem Leben trachten, und in die Hand des Heeres des Königs von Babel, das jetzt von euch abgezogen ist.

22 Denn siehe, ich will ihnen befehlen, spricht der HERR, und will sie wieder vor diese Stadt bringen. Sie sollen sie belagern und erobern und mit Feuer verbrennen. Und ich will die Städte Judas verwüsten, dass niemand mehr darin wohnen soll.

13 "Thus says the LORD, the God of Israel: I myself made a covenant with your fathers when I brought them out of the land of Egypt, out of the house of bondage, saying,

14 'At the end of seven years each of you must set free the fellow Hebrew who has been sold to you and has served you six years; you must set him free from your service.' But your fathers did not listen to me or incline their ears to me.

15 You recently repented and did what was right in my eyes by proclaiming liberty, each to his neighbor, and you made a covenant before me in the house that is called by my name,

16 but then you turned around and profaned my name when each of you took back his male and female slaves, whom you had set free according to their desire, and you brought them into subjection to be your slaves.

¶ **17** "Therefore, thus says the LORD: You have not obeyed me by proclaiming liberty, every one to his brother and to his neighbor; behold, I proclaim to you liberty to the sword, to pestilence, and to famine, declares the LORD. I will make you a horror to all the kingdoms of the earth.

18 And the men who transgressed my covenant and did not keep the terms of the covenant that they made before me, I will make them like[1] the calf that they cut in two and passed between its parts—

19 the officials of Judah, the officials of Jerusalem, the eunuchs, the priests, and all the people of the land who passed between the parts of the calf.

20 And I will give them into the hand of their enemies and into the hand of those who seek their lives. Their dead bodies shall be food for the birds of the air and the beasts of the earth.

21 And Zedekiah king of Judah and his officials I will give into the hand of their enemies and into the hand of those who seek their lives, into the hand of the army of the king of Babylon which has withdrawn from you.

22 Behold, I will command, declares the LORD, and will bring them back to this city. [k] And they will fight against it and take it and burn it with fire. I will make the cities of Judah a desolation without inhabitant."

Der Gehorsam der Rechabiter

35 Dies ist das Wort, das vom Herrn geschah zu Jeremia zur Zeit Jojakims, des Sohnes Josias, des Königs von Juda:

2 Geh hin zu den Rechabitern, rede mit ihnen und führe sie in des Herrn Haus, in eine der Hallen, und schenke ihnen Wein ein.

3 Da nahm ich Jaasanja, den Sohn Jirmejas, des Sohnes Habazzinjas, samt seinen Brüdern und allen seinen Söhnen, und das ganze Geschlecht der Rechabiter

4 und führte sie in des Herrn Haus, in die Halle der Söhne Hanans, des Sohnes Jigdaljas, des Mannes Gottes, die neben der Halle der Oberen ist, über der Halle Maasejas, des Sohnes Schallums, des Torhüters.

5 Und ich setzte den Männern vom Hause Rechab Krüge voll Wein und Schalen vor und sprach zu ihnen: Trinkt Wein!

¶ **6** Sie aber antworteten: Wir trinken keinen Wein; denn unser Vater Jonadab, der Sohn Rechabs, hat uns geboten: Ihr und eure Nachkommen sollt niemals Wein trinken

7 und kein Haus bauen, keinen Samen säen, keinen Weinberg pflanzen noch besitzen, sondern ihr sollt in Zelten wohnen euer Leben lang, auf dass ihr lange lebet in dem Lande, in dem ihr umherzieht.

8 Also gehorchen wir der Stimme unseres Vaters Jonadab, des Sohnes Rechabs, in allem, was er uns geboten hat, dass wir keinen Wein trinken unser Leben lang, weder wir noch unsere Frauen noch unsere Söhne und Töchter;

9 und wir bauen auch keine Häuser, darin zu wohnen, und haben weder Weinberge noch Äcker noch Samen,

10 sondern wir wohnen in Zelten und gehorchen und tun in allem, wie es unser Vater Jonadab geboten hat.

11 Als aber Nebukadnezar, der König von Babel, gegen das Land heraufzog, sprachen wir: Kommt, lasst uns nach Jerusalem ziehen vor dem Heer der Chaldäer und der Aramäer! Und so sind wir in Jerusalem geblieben.

¶ **12** Da geschah des Herrn Wort zu Jeremia:

13 So spricht der Herr Zebaoth, der Gott Israels: Geh hin und sprich zu den Männern von Juda und zu den Bürgern von Jerusalem: Wollt ihr euch denn nicht bessern und meinen Worten gehorchen?, spricht der Herr.

The Obedience of the Rechabites

35 The word that came to Jeremiah from the Lord in the days of Jehoiakim the son of Josiah, king of Judah:

2 "Go to the house of the Rechabites and speak with them and bring them to the house of the Lord, into one of the chambers; then offer them wine to drink."

3 So I took Jaazaniah the son of Jeremiah, son of Habazziniah and his brothers and all his sons and the whole house of the Rechabites

4 I brought them to the house of the Lord into the chamber of the sons of Hanan the son of Igdaliah, the man of God, which was near ᴾthe chamber of the officials, above ᴾthe chamber of Maaseiah the son of Shallum, keeper of the threshold.

5 Then I set before the Rechabites pitchers full of wine, and cups, and I said to them, "Drink wine."

6 But they answered, "We will drink no wine, for Jonadab the son of Rechab, our father, commanded us, 'You shall not drink wine, neither you nor your sons forever.

7 You shall not build a house; you shall not sow seed; you shall not plant or have a vineyard; but you shall live in tents all your days, that you may live many days in the land where you sojourn.'

8 We have obeyed the voice of Jonadab the son of Rechab, our father, in all that he commanded us, to drink no wine all our days, ourselves, our wives, our sons, or our daughters,

9 and not to build houses to dwell in. We have no vineyard or field or seed,

10 but we have lived in tents and have obeyed and done all that Jonadab our father commanded us.

11 But when Nebuchadnezzar king of Babylon came up against the land, we said, 'Come, and let us go to Jerusalem for fear of the army of the Chaldeans and ʷthe army of the Syrians.' So we are living in Jerusalem."

¶ **12** Then the word of the Lord came to Jeremiah:

13 "Thus says the Lord of hosts, the God of Israel: Go and say to the people of Judah and the inhabitants of Jerusalem, Will you not receive instruction and listen to my words? declares the Lord.

14 Die Worte Jonadabs, des Sohnes Rechabs, der seinen Nachkommen geboten hat, dass sie keinen Wein trinken sollen, werden gehalten und sie trinken keinen Wein bis auf diesen Tag; denn sie gehorchen ihres Vaters Gebot. Ich aber habe euch immer wieder predigen lassen, doch gehorchtet ihr mir nicht.

15 Ich habe auch immer wieder alle meine Knechte, die Propheten, zu euch gesandt und sagen lassen: Kehrt um, ein jeder von seinem bösen Wege, und bessert euer Tun und folgt nicht andern Göttern nach, ihnen zu dienen, so sollt ihr in dem Lande bleiben, das ich euch und euren Vätern gegeben habe. Aber ihr wolltet eure Ohren nicht zu mir kehren und mir nicht gehorchen.

16 Ja, die Nachkommen Jonadabs, des Sohnes Rechabs, haben ihres Vaters Gebot gehalten, das er ihnen geboten hat. Aber dies Volk gehorcht mir nicht!

¶ **17** Darum spricht der HERR, der Gott Zebaoth, der Gott Israels: Siehe, ich will über Juda und über alle Bürger Jerusalems kommen lassen all das Unheil, das ich gegen sie geredet habe, weil ich zu ihnen redete und sie nicht hören wollten, weil ich rief und sie mir nicht antworten wollten.

18 Aber zu den Rechabitern sprach Jeremia: So spricht der HERR Zebaoth, der Gott Israels: Weil ihr dem Gebot eures Vaters Jonadab gehorcht habt und alle seine Gebote gehalten und alles getan, was er euch geboten hat,

19 darum spricht der HERR Zebaoth, der Gott Israels: Es soll dem Jonadab, dem Sohn Rechabs, niemals an einem Manne fehlen, der vor mir steht.

Die Schriftrolle Baruchs

36 Im vierten Jahr Jojakims, des Sohnes Josias, des Königs von Juda, geschah dies Wort zu Jeremia vom HERRN:

2 Nimm eine Schriftrolle und schreibe darauf alle Worte, die ich zu dir geredet habe über Israel, über Juda und alle Völker von der Zeit an, da ich zu dir geredet habe, nämlich von der Zeit Josias an bis auf diesen Tag.

3 Vielleicht wird das Haus Juda, wenn sie hören von all dem Unheil, das ich ihnen zu tun gedenke, sich bekehren, ein jeder von seinem bösen Wege, damit ich ihnen ihre Schuld und Sünde vergeben kann.

¶ **4** Da rief Jeremia Baruch, den Sohn Nerijas. Und Baruch schrieb auf eine Schriftrolle alle Worte des HERRN, die er zu Jeremia geredet hatte, wie Jeremia sie ihm sagte.

14 The command that Jonadab the son of Rechab gave to his sons, to drink no wine, has been kept, and they drink none to this day, for they have obeyed their father's command. I have spoken to you persistently, but you have not listened to me.

15 I have sent to you all my servants the prophets, sending them persistently, saying, 'Turn now every one of you from his evil way, and amend your deeds, and do not go after other gods to serve them, and then you shall dwell in the land that I gave to you and your fathers.' But you did not incline your ear or listen to me.

16 The sons of Jonadab the son of Rechab have kept the command that their father gave them, but this people has not obeyed me.

17 Therefore, thus says the LORD, the God of hosts, the God of Israel: Behold, I am bringing upon Judah and all the inhabitants of Jerusalem all the disaster that I have pronounced against them, because I have spoken to them and they have not listened, ^dI have called to them and they have not answered."

¶ **18** But to the house of the Rechabites Jeremiah said, "Thus says the LORD of hosts, the God of Israel: Because you have obeyed the command of Jonadab your father and kept all his precepts and done all that he commanded you,

19 therefore thus says the LORD of hosts, the God of Israel: Jonadab the son of Rechab shall never lack a man to stand before me."

Jehoiakim Burns Jeremiah's Scroll

36 In the fourth year of Jehoiakim the son of Josiah, king of Judah, this word came to Jeremiah from the LORD:

2 "Take a scroll and write on it all the words that I have spoken to you against Israel and Judah and all the nations, from the day I spoke to you, from the days of Josiah until today.

3 It may be that the house of Judah will hear all the disaster that I intend to do to them, so that every one may turn from his evil way, and that I may forgive their iniquity and their sin."

¶ **4** Then Jeremiah called Baruch the son of Neriah, and ^oBaruch wrote on a scroll at the dictation of Jeremiah all the words of the LORD that he had spoken to him.

5 Und Jeremia gebot Baruch und sprach: Mir ist's verwehrt, ich kann nicht in des HERRN Haus gehen.

6 Du aber geh hin und lies die Schriftrolle, auf die du des HERRN Worte, wie ich sie dir gesagt habe, geschrieben hast, dem Volk vor im Hause des HERRN am Fasttage, und du sollst sie auch lesen vor den Ohren aller Judäer, die aus ihren Städten hereinkommen.

7 Vielleicht werden sie sich mit Beten vor dem HERRN demütigen und sich bekehren, ein jeder von seinem bösen Wege; denn der Zorn und Grimm ist groß, den der HERR diesem Volk angedroht hat.

¶ **8** Und Baruch, der Sohn Nerijas, tat alles, wie ihm der Prophet Jeremia befohlen hatte, dass er die Worte des HERRN aus der Schriftrolle vorläse im Hause des HERRN.

¶ **9** Es begab sich aber im fünften Jahr Jojakims, des Sohnes Josias, des Königs von Juda, im neunten Monat, dass man ein Fasten ausrief vor dem HERRN für alles Volk zu Jerusalem und für alles Volk, das aus den Städten Judas nach Jerusalem kam.

10 Und Baruch las aus der Schriftrolle die Worte Jeremias vor im Hause des HERRN, in der Halle Gemarjas, des Sohnes Schafans, des Schreibers, im oberen Vorhof bei dem neuen Tor am Hause des HERRN, vor dem ganzen Volk.

¶ **11** Als nun Michaja, der Sohn Gemarjas, des Sohnes Schafans, alle Worte des HERRN gehört hatte aus der Schriftrolle,

12 ging er hinab in des Königs Haus in die Kanzlei. Und siehe, dort saßen alle Oberen: Elischama, der Schreiber, Delaja, der Sohn Schemajas, Elnatan, der Sohn Achbors, Gemarja, der Sohn Schafans, und Zidkija, der Sohn Hananjas, samt allen andern Oberen.

13 Und Michaja berichtete ihnen alle Worte, die er gehört hatte, als Baruch aus der Schriftrolle vor den Ohren des Volks vorlas.

¶ **14** Da sandten alle Oberen Jehudi, den Sohn Netanjas, des Sohnes Schelemjas, des Sohnes Kuschis, zu Baruch und ließen ihm sagen: Nimm die Schriftrolle, aus der du dem Volk vorgelesen hast, mit dir und komm! Und Baruch, der Sohn Nerijas, nahm die Schriftrolle mit sich und kam zu ihnen.

15 Und sie sprachen zu ihm: Setze dich und lies, dass wir's hören! Und Baruch las vor ihren Ohren.

5 And Jeremiah ordered Baruch, saying, "I am banned from going to the house of the LORD,

6 so you are to go, and on a day of fasting in the hearing of all the people in the LORD's house you shall read the words of the LORD from the scroll that you have written at my dictation. You shall read them also in the hearing of all the men of Judah who come out of their cities.

7 It may be that their plea for mercy will come before the LORD, and that every one will turn from his evil way, for great is the anger and wrath that the LORD has pronounced against this people."

8 And Baruch the son of Neriah did all that Jeremiah the prophet ordered him about reading from the scroll the words of the LORD in the LORD's house.

¶ **9** In the fifth year of Jehoiakim the son of Josiah, king of Judah, in the ninth month, all the people in Jerusalem and all the people who came from the cities of Judah to Jerusalem proclaimed a fast before the LORD.

10 Then, in the hearing of all the people, Baruch read the words of Jeremiah from the scroll, in the house of the LORD, in the chamber of Gemariah the son of Shaphan the secretary, which was in the upper court, at the entry of the New Gate of the LORD's house.

¶ **11** When Micaiah the son of Gemariah, son of Shaphan, heard all the words of the LORD from the scroll,

12 he went down to the king's house, into the secretary's chamber, and all the officials were sitting there: Elishama the secretary, Delaiah the son of Shemaiah, ʸElnathan the son of Achbor, ʸGemariah the son of ᶻShaphan, Zedekiah the son of Hananiah, and all the officials.

13 And Micaiah told them all the words that he had heard, when Baruch read the scroll in the hearing of the people.

14 Then all the officials sent Jehudi the son of Nethaniah, son of Shelemiah, son of Cushi, to say to Baruch, "Take in your hand the scroll that you read in the hearing of the people, and come." So Baruch the son of Neriah took the scroll in his hand and came to them.

15 And they said to him, "Sit down and read it." So Baruch read it to them.

¶ 16 Und als sie alle die Worte hörten, entsetzten sie sich untereinander und sprachen zu Baruch: Wir müssen alle diese Worte dem König mitteilen.

17 Und sie fragten den Baruch: Sage uns, wie hast du alle diese Worte aufgeschrieben?

18 Baruch sprach zu ihnen: Jeremia hat mir alle diese Worte vorgesagt und ich schrieb sie mit Tinte auf die Schriftrolle.

19 Da sprachen die Oberen zu Baruch: Geh hin und verbirg dich mit Jeremia, dass niemand wisse, wo ihr seid!

¶ 20 Sie aber gingen hinein zum König in den Vorhof und ließen die Schriftrolle verwahren in der Halle Elischamas, des Schreibers, und teilten dem König alle diese Worte mit.

21 Da sandte der König den Jehudi, die Schriftrolle zu holen. Der nahm sie aus der Halle Elischamas, des Schreibers. Und Jehudi las dem König vor und allen Oberen, die bei dem König standen.

22 Der König aber saß im Winterhause vor dem Kohlenbecken; denn es war im neunten Monat.

23 Wenn aber Jehudi drei oder vier Spalten gelesen hatte, schnitt er sie ab mit einem Schreibmesser und warf sie ins Feuer, das im Kohlenbecken war, bis die Schriftrolle ganz verbrannt war im Feuer.

¶ 24 Und niemand entsetzte sich und zerriss seine Kleider, weder der König noch seine Großen, die doch alle diese Worte gehört hatten.

25 Und obwohl Elnatan, Delaja und Gemarja den König baten, er möge die Schriftrolle nicht verbrennen, hörte er nicht auf sie.

26 Dazu gebot der König Jerachmeel, dem Königssohn, und Seraja, dem Sohn Asriëls, und Schelemja, dem Sohn Abdeels, sie sollten Baruch, den Schreiber, und Jeremia, den Propheten, ergreifen. Aber der HERR hatte sie verborgen.

¶ 27 Nachdem der König die Schriftrolle verbrannt hatte, auf die Baruch die Worte geschrieben hatte, wie Jeremia sie ihm sagte, geschah des HERRN Wort zu Jeremia:

28 Nimm dir eine neue Schriftrolle und schreibe auf sie alle vorigen Worte, die auf der ersten Schriftrolle standen, die Jojakim, der König von Juda, verbrannt hat.

16 When they heard all the words, they turned one to another in fear. And they said to Baruch, "We must report all these words to the king."

17 Then they asked Baruch, "Tell us, please, how did you write all these words? Was it at his dictation?"

18 Baruch answered them, "He dictated all these words to me, while I wrote them with ink on the scroll."

19 Then the officials said to Baruch, "Go and hide, you and Jeremiah, and let no one know where you are."

¶ 20 So they went into the court to the king, having put the scroll in the chamber of Elishama the secretary, and they reported all the words to the king.

21 Then the king sent Jehudi to get the scroll, and he took it from the chamber of Elishama the secretary. And Jehudi read it to the king and all the officials who stood beside the king.

22 It was the ninth month, and the king was sitting in the winter house, and there was a fire burning in the fire pot before him.

23 As Jehudi read three or four columns, the king would cut them off with a knife and throw them into the fire in the fire pot, until the entire scroll was consumed in the fire that was in the fire pot.

24 Yet neither the king nor any of his servants who heard all these words was afraid, nor did they tear their garments.

25 Even when Elnathan and Delaiah and Gemariah urged the king not to burn the scroll, he would not listen to them.

26 And the king commanded Jerahmeel the king's son and Seraiah the son of Azriel and Shelemiah the son of Abdeel to seize Baruch the secretary and Jeremiah the prophet, but the LORD hid them.

¶ 27 Now after the king had burned the scroll with the words that Baruch wrote at Jeremiah's dictation, the word of the LORD came to Jeremiah:

28 "Take another scroll and write on it all the former words that were in the first scroll, which Jehoiakim the king of Judah has burned.

¶ **29** Über Jojakim aber, den König von Juda, sollst du sagen: So spricht der HERR: Du hast diese Schriftrolle verbrannt und gesagt: Warum hast du darauf geschrieben, dass der König von Babel kommen und dies Land verderben werde, sodass weder Menschen noch Vieh mehr darin sein werden?

30 Darum spricht der HERR über Jojakim, den König von Juda: Es soll keiner von den Seinen auf dem Thron Davids sitzen, und sein Leichnam soll hingeworfen liegen, am Tag in der Hitze und nachts im Frost.

31 Und ich will ihn und seine Nachkommen und seine Großen heimsuchen um ihrer Schuld willen, und ich will über sie und über die Bürger Jerusalems und über die in Juda kommen lassen all das Unheil, von dem ich zu ihnen geredet habe, und sie gehorchten doch nicht.

¶ **32** Da nahm Jeremia eine andere Schriftrolle und gab sie Baruch, dem Sohn Nerijas, dem Schreiber. Der schrieb darauf, so wie ihm Jeremia vorsagte, alle Worte, die auf der Schriftrolle gestanden hatten, die Jojakim, der König von Juda, im Feuer hatte verbrennen lassen; und es wurden zu ihnen noch viele ähnliche Worte hinzugetan.

Jeremia warnt den König Zedekia

37 Und Zedekia, der Sohn Josias, wurde König anstatt Konjas,* des Sohnes Jojakims; denn Nebukadnezar, der König von Babel, machte ihn zum König im Lande Juda.

2 Aber er und seine Großen und das Volk des Landes gehorchten nicht den Worten des HERRN, die er durch den Propheten Jeremia redete.

3 Dennoch sandte der König Zedekia Juchal, den Sohn Schelemjas, und den Priester Zefanja, den Sohn Maasejas, zum Propheten Jeremia und ließ ihm sagen: Bitte den HERRN, unsern Gott, für uns!

4 Denn Jeremia ging noch unter dem Volk aus und ein und man hatte ihn noch nicht ins Gefängnis geworfen.

¶ **5** Es war aber das Heer des Pharao aus Ägypten aufgebrochen, und als die Chaldäer, die vor Jerusalem lagen, davon hörten, waren sie von Jerusalem abgezogen.

¶ **6** Und des HERRN Wort geschah zum Propheten Jeremia:

7 So spricht der HERR, der Gott Israels: Sagt dem König von Juda, der euch zu mir gesandt hat, mich zu befragen: Siehe, das Heer des Pharao, das euch zu Hilfe ausgezogen ist, wird wieder heim nach Ägypten ziehen,

29 And concerning Jehoiakim king of Judah you shall say, 'Thus says the LORD, You have burned this scroll, saying, "Why have you written in it that the king of Babylon will certainly come and destroy this land, and will cut off from it man and beast?"

30 Therefore thus says the LORD concerning Jehoiakim king of Judah: He shall have none to sit on the throne of David, and his dead body shall be cast out to the heat by day and the frost by night.

31 And I will punish him and his offspring and his servants for their iniquity. I will bring upon them and upon the inhabitants of Jerusalem and upon the people of Judah all the disaster that I have pronounced against them, but they would not hear.'"

¶ **32** Then Jeremiah took another scroll and gave it to Baruch the scribe, the son of Neriah, who wrote on it at the dictation of Jeremiah all the words of the scroll that Jehoiakim king of Judah had burned in the fire. And many similar words were added to them.

Jeremiah Warns Zedekiah

37 Zedekiah the son of Josiah, whom Nebuchadnezzar king of Babylon made king in the land of Judah, reigned instead of Coniah the son of Jehoiakim.

2 But neither he nor his servants nor the people of the land listened to the words of the LORD that he spoke through Jeremiah the prophet.

¶ **3** King Zedekiah sent Jehucal the son of Shelemiah, and Zephaniah the priest, the son of Maaseiah, to Jeremiah the prophet, saying, "Please pray for us to the LORD our God."

4 Now Jeremiah was still going in and out among the people, for he had not yet been put in prison.

5 The army of Pharaoh had come out of Egypt. And when the Chaldeans who were besieging Jerusalem heard news about them, they withdrew from Jerusalem.

¶ **6** Then the word of the LORD came to Jeremiah the prophet:

7 "Thus says the LORD, God of Israel: Thus shall you say to the king of Judah who sent you to me to inquire of me, 'Behold, Pharaoh's army that came to help you is about to return to Egypt, to its own land.

8 und die Chaldäer werden wiederkommen und diese Stadt belagern und sie erobern und mit Feuer verbrennen.

9 Darum spricht der HERR: Betrügt euch nicht damit, dass ihr denkt: »Die Chaldäer werden von uns abziehen.« Sie werden nicht abziehen.

10 Und wenn ihr auch das ganze Heer der Chaldäer schlüget, die gegen euch kämpfen, und es blieben von ihnen nur etliche Verwundete übrig, so würde doch ein jeder in seinem Zelt aufstehen und diese Stadt mit Feuer verbrennen.

Jeremia wird gefangen gesetzt

11 Als nun der Chaldäer Heer von Jerusalem abgezogen war vor dem Heere des Pharao,

12 wollte Jeremia aus Jerusalem herausgehen ins Land Benjamin, um mit seinen Verwandten ein Erbe zu teilen.

13 Und als er zum Benjamintor kam, war dort ein Wachhabender mit Namen Jirija, der Sohn Schelemjas, des Sohnes Hananjas; der hielt den Propheten Jeremia an und sprach: Du willst zu den Chaldäern überlaufen.

14 Jeremia sprach: Das ist nicht wahr, ich will nicht zu den Chaldäern überlaufen. Aber Jirija wollte ihn nicht hören, sondern ergriff Jeremia und brachte ihn zu den Oberen.

15 Und die Oberen wurden zornig über Jeremia und ließen ihn schlagen und warfen ihn ins Gefängnis im Hause Jonatans, des Schreibers; denn das hatten sie zum Kerker gemacht.

16 So kam Jeremia in den überwölbten Raum einer Zisterne und blieb dort lange Zeit.

Zedekia befragt heimlich den Propheten

17 Aber Zedekia, der König, sandte hin und ließ ihn holen und fragte ihn heimlich in seinem Haus und sprach: Ist wohl ein Wort vom HERRN vorhanden? Jeremia sprach: Ja! Du wirst dem König von Babel in die Hände gegeben werden.

18 Und Jeremia sprach zum König Zedekia: Was hab ich gegen dich, gegen deine Großen und gegen dies Volk gesündigt, dass sie mich in den Kerker geworfen haben?

19 Wo sind nun eure Propheten, die euch weissagten und sprachen: Der König von Babel wird nicht über euch noch über dies Land kommen?

20 Und nun, mein Herr und König, höre mich und lass meine Bitte vor dir gelten! Lass mich nicht wieder in Jonatans, des Schreibers, Haus bringen, dass ich dort nicht sterbe.

8 And the Chaldeans shall come back and fight against this city. [1]They shall capture it and burn it with fire.

9 Thus says the LORD, Do not deceive yourselves, saying, "The Chaldeans will surely go away from us," for they will not go away.

10 For even if you should defeat the whole army of Chaldeans who are fighting against you, and there remained of them only wounded men, every man in his tent, they would rise up and burn this city with fire.'"

Jeremiah Imprisoned

¶ **11** Now when the Chaldean army had withdrawn from Jerusalem at the approach of Pharaoh's army,

12 Jeremiah set out from Jerusalem to go to the land of Benjamin to receive his portion there among the people.

13 When he was at the Benjamin Gate, a sentry there named Irijah the son of Shelemiah, son of Hananiah, seized Jeremiah the prophet, saying, "You are deserting to the Chaldeans."

14 And Jeremiah said, "It is a lie; I am not deserting to the Chaldeans." But Irijah would not listen to him, and seized Jeremiah and brought him to the officials.

15 And the officials were enraged at Jeremiah, and they beat him and imprisoned him in the house of Jonathan the secretary, for it had been made a prison.

¶ **16** When Jeremiah had come to the dungeon cells and remained there many days,

17 King Zedekiah sent for him and received him. The king questioned him secretly in his house and said, "Is there any word from the LORD?" Jeremiah said, "There is." Then he said, "You shall be delivered into the hand of the king of Babylon."

18 Jeremiah also said to King Zedekiah, "What wrong have I done to you or your servants or this people, that you have put me in prison?

19 Where are your prophets who prophesied to you, saying, 'The king of Babylon will not come against you and against this land'?

20 Now hear, please, O my lord the king: let my humble plea come before you and do not send me back to the house of Jonathan the secretary, lest I die there."

¶ 21 Da befahl der König Zedekia, dass man Jeremia im Wachthof behalten sollte, und ließ ihm täglich aus der Bäckergasse einen Laib Brot geben, bis alles Brot in der Stadt aufgezehrt war. So blieb Jeremia im Wachthof.

Jeremia in der Zisterne

38 Es hörten aber Schefatja, der Sohn Mattans, und Gedalja, der Sohn Paschhurs, und Juchal, der Sohn Schelemjas, und Paschhur, der Sohn Malkijas, die Worte, die Jeremia zu allem Volk redete.

2 So spricht der HERR: Wer in dieser Stadt bleibt, der wird durch Schwert, Hunger und Pest sterben müssen; wer aber hinausgeht zu den Chaldäern, der soll am Leben bleiben und wird sein Leben wie eine Beute davonbringen.

3 Denn so spricht der HERR: Diese Stadt soll übergeben werden dem Heer des Königs von Babel und es soll sie einnehmen.

¶ 4 Da sprachen die Oberen zum König: Lass doch diesen Mann töten; denn auf diese Weise nimmt er den Kriegsleuten, die noch übrig sind in dieser Stadt, den Mut, desgleichen dem ganzen Volk, weil er solche Worte zu ihnen sagt. Denn der Mann sucht nicht, was diesem Volk zum Heil, sondern was zum Unheil dient.

5 Der König Zedekia sprach: Siehe, er ist in euren Händen; denn der König vermag nichts wider euch.

6 Da nahmen sie Jeremia und warfen ihn in die Zisterne Malkijas, des Königssohnes, die im Wachthof war, und ließen ihn an Seilen hinab. In der Zisterne aber war kein Wasser, sondern Schlamm und Jeremia sank in den Schlamm.

¶ 7 Als aber Ebed-Melech, der Mohr, ein Kämmerer in des Königs Haus, hörte, dass man Jeremia in die Zisterne geworfen hatte, und der König gerade im Benjamintor saß,

8 da ging Ebed-Melech aus des Königs Haus und redete mit dem König und sprach:

9 Mein Herr und König, diese Männer handeln übel an dem Propheten Jeremia, dass sie ihn in die Zisterne geworfen haben; dort muss er vor Hunger sterben; denn es ist kein Brot mehr in der Stadt.

10 Da befahl der König Ebed-Melech, dem Mohren: Nimm von hier drei Männer mit dir und zieh den Propheten Jeremia aus der Zisterne, ehe er stirbt.

21 So King Zedekiah gave orders, and they committed Jeremiah to the court of the guard. And a loaf of bread was given him daily from the bakers' street, until all the bread of the city was gone. So Jeremiah remained in ᶜthe court of the guard.

Jeremiah Cast into the Cistern

38 Now Shephatiah the son of Mattan, Gedaliah the son of Pashhur, Jucal the son of Shelemiah, and Pashhur the son of Malchiah heard the words that Jeremiah was saying to all the people,

2 "Thus says the LORD: He who stays in this city shall die by the sword, by famine, and by pestilence, ᵍbut he who goes out to the Chaldeans shall live. He shall have his life as a prize of war, and live.

3 Thus says the LORD: This city shall surely be given into the hand of the army of the king of Babylon and be taken."

4 Then the officials said to the king, "Let this man be put to death, for he is weakening the hands of the soldiers who are left in this city, and the hands of all the people, by speaking such words to them. For this man is not seeking the welfare of this people, but their harm."

5 King Zedekiah said, "Behold, he is in your hands, for the king can do nothing against you."

6 So they took Jeremiah and cast him into the cistern of Malchiah, the king's son, which was in the court of the guard, letting Jeremiah down by ropes. And there was no water in the cistern, but only mud, and Jeremiah sank in the mud.

Jeremiah Rescued from the Cistern

¶ 7 When Ebed-melech the Ethiopian, a eunuch who was in the king's house, heard that they had put Jeremiah into the cistern—the king was sitting in the Benjamin Gate—

8 Ebed-melech went from the king's house and said to the king,

9 "My lord the king, these men have done evil in all that they did to Jeremiah the prophet by casting him into the cistern, and he will die there of hunger, for there is no bread left in the city."

10 Then the king commanded Ebed-melech the Ethiopian, "Take thirty men with you from here, and lift Jeremiah the prophet out of the cistern before he dies."

11 Und Ebed-Melech nahm die Männer mit sich und ging in des Königs Haus in die Kleiderkammer und nahm dort zerrissene, alte Lumpen und ließ sie an einem Seil hinab zu Jeremia in die Zisterne.

12 Und Ebed-Melech, der Mohr, sprach zu Jeremia: Lege diese zerrissenen, alten Lumpen unter deine Achseln um das Seil; und Jeremia tat es.

13 Und sie zogen Jeremia herauf aus der Zisterne an den Stricken. Und so blieb Jeremia im Wachthof.

Letztes Gespräch zwischen Zedekia und Jeremia

14 Und der König Zedekia sandte hin und ließ den Propheten Jeremia zu sich holen unter den dritten Eingang am Hause des HERRN. Und der König sprach zu Jeremia: Ich will dich etwas fragen; verbirg mir nichts!

15 Jeremia sprach zu Zedekia: Sage ich dir etwas, so tötest du mich doch; gebe ich dir aber einen Rat, so gehorchst du mir nicht.

16 Da schwor der König Zedekia dem Jeremia heimlich und sprach: So wahr der HERR lebt, der uns dies Leben gegeben hat: Ich will dich nicht töten noch den Männern in die Hände geben, die dir nach dem Leben trachten.

¶ **17** Und Jeremia sprach zu Zedekia: So spricht der HERR, der Gott Zebaoth, der Gott Israels: Wirst du hinausgehen zu den Obersten des Königs von Babel, so sollst du am Leben bleiben und diese Stadt soll nicht verbrannt werden, sondern du und dein Haus sollen am Leben bleiben;

18 wirst du aber nicht hinausgehen zu den Obersten des Königs von Babel, so wird diese Stadt den Chaldäern in die Hände gegeben und sie werden sie mit Feuer verbrennen, und auch du wirst ihren Händen nicht entrinnen.

¶ **19** Der König Zedekia sprach zu Jeremia: Ich habe aber die Sorge, dass ich den Judäern, die zu den Chaldäern übergelaufen sind, übergeben werden könnte, dass sie mir übel mitspielen.

20 Jeremia sprach: Man wird dich nicht übergeben. Gehorche doch der Stimme des HERRN, die ich dir verkünde, so wird dir's wohlgehen und du wirst am Leben bleiben.

21 Wirst du aber nicht hinausgehen, so ist dies das Wort, das mir der HERR gezeigt hat:

11 So Ebed-melech took the men with him and went to the house of the king, to a wardrobe in the storehouse, and took from there old rags and worn-out clothes, which he let down to Jeremiah in the cistern by ropes.

12 Then Ebed-melech the Ethiopian said to Jeremiah, "Put the rags and clothes between your armpits and the ropes." Jeremiah did so.

13 Then they drew Jeremiah up with ropes and lifted him out of the cistern. And Jeremiah remained in the court of the guard.

Jeremiah Warns Zedekiah Again

¶ **14** King Zedekiah sent for Jeremiah the prophet and received him at the third entrance of the temple of the LORD. The king said to Jeremiah, "I will ask you a question; hide nothing from me."

15 Jeremiah said to Zedekiah, "If I tell you, will you not surely put me to death? And if I give you counsel, you will not listen to me."

16 Then King Zedekiah swore secretly to Jeremiah, "As the LORD lives, who made our souls, I will not put you to death or deliver you into the hand of these men who seek your life."

¶ **17** Then Jeremiah said to Zedekiah, "Thus says the LORD, the God of hosts, the God of Israel: If you will surrender to the officials of the king of Babylon, then your life shall be spared, and this city shall not be burned with fire, and you and your house shall live.

18 But if you do not surrender to the officials of the king of Babylon, then this city shall be given into the hand of the Chaldeans, ⸆and they shall burn it with fire, and you shall not escape from their hand."

19 King Zedekiah said to Jeremiah, "I am afraid of the Judeans who have deserted to the Chaldeans, lest I be handed over to them and they deal cruelly with me."

20 Jeremiah said, "You shall not be given to them. Obey now the voice of the LORD in what I say to you, and it shall be well with you, and your life shall be spared.

21 But if you refuse to surrender, this is the vision which the LORD has shown to me:

¶ **22** Siehe, alle Frauen, die noch vorhanden sind im Haus des Königs von Juda, werden zu den Obersten des Königs von Babel hinausmüssen und sie werden dann sagen: »Ach, deine guten Freunde haben dich überredet und in ihre Gewalt gebracht und in den Sumpf geführt und lassen dich nun stecken.«

23 Ja, alle deine Frauen und Kinder werden hinausmüssen zu den Chaldäern, und du selbst wirst ihren Händen nicht entgehen, sondern du wirst vom König von Babel ergriffen und diese Stadt wird mit Feuer verbrannt werden.

¶ **24** Und Zedekia sprach zu Jeremia: Sieh zu, dass niemand diese Worte erfahre, so wirst du nicht sterben.

25 Und wenn's die Oberen erfahren sollten, dass ich mit dir geredet habe, und zu dir kommen und sprechen: »Sag an, was hast du mit dem König geredet; verbirg es uns nicht, so wollen wir dich nicht töten. Was hat der König mit dir geredet?«,

26 so sprich: Ich habe den König gebeten, dass er mich nicht wieder in Jonatans Haus führen lasse, ich müsste sonst dort sterben.

¶ **27** Da kamen alle Oberen zu Jeremia und fragten ihn und er antwortete ihnen, wie ihm der König befohlen hatte. Da ließen sie von ihm, weil sie nichts erfahren konnten.

28 Und Jeremia blieb im Wachthof bis auf den Tag, da Jerusalem eingenommen wurde.

Jeremia wird bei der Eroberung Jerusalems befreit

Und es geschah, dass Jerusalem erobert wurde.

39 Denn im neunten Jahr Zedekias, des Königs von Juda, im zehnten Monat kam Nebukadnezar, der König von Babel, und sein ganzes Heer vor Jerusalem und belagerten es.

2 Und im elften Jahr Zedekias, am neunten Tage des vierten Monats, brach man in die Stadt ein.

3 Und alle Obersten des Königs von Babel zogen hinein und hielten unter dem Mitteltor, nämlich Nergal-Sarezer, der Fürst von Sin-Magir, der Oberhofmeister, und Nebuschasban, der Oberkämmerer, und alle andern Obersten des Königs von Babel.

22 Behold, all the women left in the house of the king of Judah were being led out to the officials of the king of Babylon and were saying,

"'Your trusted friends have deceived you
and prevailed against you;
now that your feet are sunk in the mud,
they turn away from you.'

23 All your wives and your sons shall be led out to the Chaldeans, and you yourself shall not escape from their hand, but shall be seized by the king of Babylon, and this city shall be burned with fire."

¶ **24** Then Zedekiah said to Jeremiah, "Let no one know of these words, and you shall not die.

25 If the officials hear that I have spoken with you and come to you and say to you, 'Tell us what you said to the king and what the king said to you; hide nothing from us and we will not put you to death,'

26 then you shall say to them, 'I made a humble plea to the king that he would not send me back to the house of Jonathan to die there.'"

27 Then all the officials came to Jeremiah and asked him, and he answered them as the king had instructed him. So they stopped speaking with him, for the conversation had not been overheard.

28 And Jeremiah remained in the court of the guard until the day that Jerusalem was taken.

The Fall of Jerusalem

39 In the ninth year of Zedekiah king of Judah, in the tenth month, Nebuchadnezzar king of Babylon and all his army came against Jerusalem and besieged it.

2 In the eleventh year of Zedekiah, in the fourth month, on the ninth day of the month, a breach was made in the city.

3 Then all the officials of the king of Babylon came and sat in the middle gate: Nergal-sar-ezer, Samgar-nebu, Sar-sekim the Rab-saris, Nergal-sar-ezer the Rab-mag, with all the rest of the officers of the king of Babylon.

¶ **4** Als nun Zedekia, der König von Juda, und seine Kriegsleute das sahen, flohen sie bei Nacht zur Stadt hinaus auf dem Wege zu des Königs Garten durchs Tor zwischen den beiden Mauern und entwichen zum Jordantal hin.

5 Aber die Kriegsleute der Chaldäer jagten ihnen nach und holten Zedekia ein im Jordantal von Jericho und nahmen ihn gefangen und brachten ihn zu Nebukadnezar, dem König von Babel, nach Ribla, das im Lande Hamat liegt. Der sprach das Urteil über ihn.

6 Und der König von Babel ließ die Söhne Zedekias vor seinen Augen töten in Ribla und tötete auch alle Vornehmen Judas.

7 Aber Zedekia ließ er die Augen ausstechen und ihn in Ketten legen, um ihn nach Babel zu führen.

¶ **8** Und die Chaldäer verbrannten das Haus des Königs und die Häuser der Bürger und rissen die Mauern Jerusalems nieder.

9 Was aber noch an Volk in der Stadt war und wer sonst zu ihnen übergelaufen war, die führte Nebusaradan, der Oberste der Leibwache, alle miteinander gefangen nach Babel.

10 Aber von dem niederen Volk, das nichts hatte, ließ zur selben Zeit Nebusaradan, der Oberste der Leibwache, etliche im Lande Juda zurück und gab ihnen Weinberge und Felder.

¶ **11** Aber Nebukadnezar, der König von Babel, hatte Nebusaradan, dem Obersten der Leibwache, Befehl gegeben wegen Jeremia und gesagt:

12 Nimm ihn und lass ihn dir befohlen sein und tu ihm kein Leid, sondern wie er's von dir begehrt, so mach's mit ihm.

13 Da sandten hin Nebusaradan, der Oberste der Leibwache, und Nebuschasban, der Oberkämmerer, Nergal-Sarezer, der Oberhofmeister, und alle Obersten des Königs von Babel

14 und ließen Jeremia aus dem Wachthof holen und übergaben ihn Gedalja, dem Sohn Ahikams, des Sohnes Schafans, dass er ihn nach Hause gehen ließe. Und so blieb er unter dem Volk.

¶ **15** Es war auch des HERRN Wort geschehen zu Jeremia, als er noch im Wachthof lag:

4 When Zedekiah king of Judah and all the soldiers saw them, they fled, going out of the city at night by way of the king's garden through the gate between the two walls; and they went toward the Arabah.

5 But the army of the Chaldeans pursued them and overtook Zedekiah in the plains of Jericho. And when they had taken him, they brought him up to Nebuchadnezzar king of Babylon, at Riblah, in the land of Hamath; and he passed sentence on him.

6 The king of Babylon slaughtered the sons of Zedekiah at Riblah before his eyes, and the king of Babylon ᵛslaughtered all the nobles of Judah.

7 He put out the eyes of Zedekiah and bound him in chains to take him to Babylon.

8 The Chaldeans burned the king's house and the house of the people, and broke down the walls of Jerusalem.

9 Then Nebuzaradan, the captain of the guard, carried into exile to Babylon the rest of the people who were left in the city, those who had deserted to him, and the people who remained.

10 Nebuzaradan, the captain of the guard, left in the land of Judah some of the poor people who owned nothing, and gave them vineyards and fields at the same time.

The LORD Delivers Jeremiah

¶ **11** Nebuchadnezzar king of Babylon gave command concerning Jeremiah through Nebuzaradan, the captain of the guard, saying,

12 "Take him, look after him well, and do him no harm, but deal with him as he tells you."

13 So Nebuzaradan the captain of the guard, Nebushazban the Rab-saris, Nergal-sarezer the Rab-mag, ᶜand all the chief officers of the king of Babylon

14 sent and took Jeremiah from the court of the guard. They entrusted him to Gedaliah the son of Ahikam, son of Shaphan, that he should take him home. So he lived among the people.

¶ **15** The word of the LORD came to Jeremiah while he was shut up in the court of the guard:

16 Geh hin und sage Ebed-Melech, dem Mohren: So spricht der HERR Zebaoth, der Gott Israels: Siehe, ich will meine Worte kommen lassen über diese Stadt zum Unheil und nicht zum Heil, und du sollst es sehen zur selben Zeit.

17 Aber dich will ich erretten zur selben Zeit, spricht der HERR, und du sollst den Leuten nicht ausgeliefert werden, vor denen du dich fürchtest.

18 Denn ich will dich entkommen lassen, dass du nicht durchs Schwert fällst, sondern du sollst dein Leben wie eine Beute davonbringen, weil du mir vertraut hast, spricht der HERR.

Jeremia bleibt im Lande. Gedaljas Statthalterschaft

40 Dies ist das Wort, das vom HERRN geschah zu Jeremia, als ihn Nebusaradan, der Oberste der Leibwache, losließ in Rama, wo er ihn gefunden hatte; denn er war auch, mit Fesseln gebunden, unter allen Gefangenen aus Jerusalem und Juda, die nach Babel weggeführt werden sollten.

¶ **2** Als nun der Oberste der Leibwache Jeremia hatte zu sich holen lassen, sprach er zu ihm: Der HERR, dein Gott, hat dies Unglück über diese Stätte vorhergesagt

3 und hat's auch kommen lassen und getan, wie er geredet hat; denn ihr habt gesündigt wider den HERRN und seiner Stimme nicht gehorcht; darum ist euch solches widerfahren.

4 Und nun siehe, ich mache dich heute los von den Fesseln, mit denen deine Hände gebunden waren. Gefällt dir's, mit mir nach Babel zu ziehen, so komm, du sollst mir befohlen sein. Gefällt dir's aber nicht, mit mir nach Babel zu ziehen, so lass es sein. Siehe, du hast das ganze Land vor dir; wo dich's gut dünkt und dir's gefällt, da zieh hin.

5 Denn weiter hinaus wird kein Wiederkehren möglich sein. Darum magst du umkehren zu Gedalja, dem Sohne Ahikams, des Sohnes Schafans, den der König von Babel über die Städte in Juda gesetzt hat, und bei ihm bleiben unter dem Volk; oder geh, wohin dir's gefällt. Und der Oberste der Leibwache gab ihm Wegzehrung und Geschenke und ließ ihn gehen.

6 So kam Jeremia zu Gedalja, dem Sohne Ahikams, nach Mizpa und blieb bei ihm unter dem Volk, das im Lande noch übrig geblieben war.

16 "Go, and say to Ebed-melech the Ethiopian, 'Thus says the LORD of hosts, the God of Israel: Behold, I will fulfill my words against this city for harm and not for good, and they shall be accomplished before you on that day.

17 But I will deliver you on that day, declares the LORD, and you shall not be given into the hand of the men of whom you are afraid.

18 For I will surely save you, and you shall not fall by the sword, but you shall have your life as a prize of war, because you have put your trust in me, declares the LORD.'"

Jeremiah Remains in Judah

40 The word that came to Jeremiah from the LORD after Nebuzaradan the captain of the guard had let him go from Ramah, when he took him bound in chains along with all the captives of Jerusalem and Judah who were being exiled to Babylon.

2 The captain of the guard took Jeremiah and said to him, "The LORD your God pronounced this disaster against this place.

3 The LORD has brought it about, and has done as he said. Because you sinned against the LORD and did not obey his voice, this thing has come upon you.

4 Now, behold, I release you today from the chains on your hands. If it seems good to you to come with me to Babylon, come, and I will look after you well, *but if it seems wrong to you to come with me to Babylon, do not come. See, the whole land is before you; go wherever you think it good and right to go.

5 If you remain,[1] then return to Gedaliah the son of Ahikam, son of Shaphan, whom the king of Babylon appointed governor of the cities of Judah, and dwell with him among the people. Or go wherever you think it right to go." So the captain of the guard gave him an allowance of food and a present, and let him go.

6 Then Jeremiah went to Gedaliah the son of Ahikam, at Mizpah, and lived with him among the people who were left in the land.

¶ **7** Als nun die Hauptleute, die noch im Lande verstreut waren, samt ihren Leuten erfuhren, dass der König von Babel Gedalja, den Sohn Ahikams, über das Land gesetzt hatte und über die Männer, Frauen und Kinder und über die Geringen im Lande, die nicht nach Babel weggeführt waren,

8 kamen sie zu Gedalja nach Mizpa, nämlich Jischmael, der Sohn Netanjas, Johanan und Jonatan, die Söhne Kareachs, und Seraja, der Sohn Tanhumets, und die Söhne Efais von Netofa und Jaasanja, der Sohn eines Maachatiters, samt ihren Leuten.

9 Und Gedalja, der Sohn Ahikams, des Sohnes Schafans, schwor ihnen und ihren Leuten einen Eid und sprach: Fürchtet euch nicht, den Chaldäern untertan zu sein; bleibt im Lande und seid dem König von Babel untertan, so wird's euch wohlgehen.

10 Siehe, ich bleibe hier in Mizpa und habe die Verantwortung vor den Chaldäern, die zu uns kommen; ihr aber sollt Wein und Feigen und Öl ernten und in eure Gefäße tun und sollt in euren Städten wohnen, die ihr wieder in Besitz genommen habt.

¶ **11** Und als die Judäer, die im Lande Moab und Ammon und in Edom und in allen Ländern waren, hörten, dass der König von Babel einen Rest in Juda übrig gelassen und über sie Gedalja gesetzt hatte, den Sohn Ahikams, des Sohnes Schafans,

12 da kamen auch sie alle zurück aus allen Orten, wohin sie verstreut waren, in das Land Juda zu Gedalja nach Mizpa und ernteten sehr viel Wein und Sommerfrüchte.

¶ **13** Aber Johanan, der Sohn Kareachs, und alle Hauptleute, die im Lande verstreut gewesen waren, kamen zu Gedalja nach Mizpa

14 und sprachen zu ihm: Weißt du auch, dass Baalis, der König der Ammoniter, Jischmael, den Sohn Netanjas, gesandt hat, dass er dich erschlagen soll? Das wollte ihnen aber Gedalja, der Sohn Ahikams, nicht glauben.

15 Da sprach Johanan, der Sohn Kareachs, zu Gedalja heimlich in Mizpa: Ich will hingehen und Jischmael, den Sohn Netanjas, erschlagen, dass es niemand erfahren soll. Warum soll er dich erschlagen, sodass alle Judäer, die bei dir versammelt sind, zerstreut werden und, die noch aus Juda übrig geblieben sind, umkommen?

16 Aber Gedalja, der Sohn Ahikams, sprach zu Johanan, dem Sohn Kareachs: Du sollst das nicht tun; es ist nicht wahr, was du von Jischmael sagst.

¶ **7** When all the captains of the forces in the open country and their men heard that the king of Babylon had appointed Gedaliah the son of Ahikam governor in the land and had committed to him men, women, and children, those of the poorest of the land who had not been taken into exile to Babylon,

8 they went to Gedaliah at Mizpah—Ishmael the son of Nethaniah, Johanan the son of Kareah, Seraiah the son of Tanhumeth, the sons of Ephai the Netophathite, Jezaniah the son of the Maacathite, they and their men.

9 Gedaliah the son of Ahikam, son of Shaphan, swore to them and their men, saying, "Do not be afraid to serve the Chaldeans. Dwell in the land and serve the king of Babylon, and it shall be well with you.

10 As for me, I will dwell at Mizpah, to represent you before the Chaldeans who will come to us. But as for you, gather wine and summer fruits and oil, and store them in your vessels, and dwell in your cities that you have taken."

11 Likewise, when all the Judeans who were in Moab and among the Ammonites and in Edom and in other lands heard that the king of Babylon had left a remnant in Judah and had appointed Gedaliah the son of Ahikam, son of Shaphan, as governor over them,

12 then all the Judeans returned from all the places to which they had been driven and came to the land of Judah, to Gedaliah at Mizpah. And they gathered wine and summer fruits in great abundance.

¶ **13** Now Johanan the son of Kareah and all the leaders of the forces in the open country came to Gedaliah at Mizpah

14 and said to him, "Do you know that Baalis the king of the Ammonites has sent Ishmael the son of Nethaniah to take your life?" But Gedaliah the son of Ahikam would not believe them.

15 Then Johanan the son of Kareah spoke secretly to Gedaliah at Mizpah, "Please let me go and strike down Ishmael the son of Nethaniah, and no one will know it. Why should he take your life, so that all the Judeans who are gathered about you would be scattered, and the remnant of Judah would perish?"

16 But Gedaliah the son of Ahikam said to Johanan the son of Kareah, "You shall not do this thing, for you are speaking falsely of Ishmael."

Gedaljas Ermordung durch Jischmael
(vgl. 2.Kön 25,25)

41 Aber im siebenten Monat kam Jischmael, der Sohn Netanjas, des Sohnes Elischamas, aus königlichem Stamm, einer von den Obersten des Königs, und zehn Männer mit ihm zu Gedalja, dem Sohn Ahikams, nach Mizpa und sie aßen dort in Mizpa miteinander.

2 Und Jischmael, der Sohn Netanjas, erhob sich samt den zehn Männern, die bei ihm waren, und sie erschlugen Gedalja, den Sohn Ahikams, des Sohnes Schafans, mit dem Schwert, weil ihn der König von Babel über das Land gesetzt hatte.

3 Auch erschlug Jischmael alle Judäer, die bei Gedalja waren in Mizpa, und die Chaldäer, die dort waren, sämtliche Kriegsleute.

¶ **4** Am andern Tage, nachdem Gedalja erschlagen war und es noch niemand wusste,

5 kamen achtzig Männer von Sichem, von Silo und von Samaria und hatten die Bärte abgeschoren und ihre Kleider zerrissen und sich wund geritzt und trugen Speisopfer und Weihrauch mit, um es zum Hause des Herrn zu bringen.

6 Und Jischmael, der Sohn Netanjas, ging heraus von Mizpa ihnen entgegen, ging und weinte. Als er nun an sie herankam, sprach er zu ihnen: Ihr sollt zu Gedalja, dem Sohn Ahikams, kommen.

7 Als sie aber mitten in die Stadt kamen, ermordete sie Jischmael, der Sohn Netanjas, er und die Männer, die bei ihm waren, und warfen sie in die Zisterne.

8 Aber es waren zehn Männer darunter, die sprachen zu Jischmael: Töte uns nicht; wir haben Vorrat im Acker verborgen liegen an Weizen, Gerste, Öl und Honig. Da ließ er ab und tötete sie nicht mit den andern.

¶ **9** Die Zisterne aber, in die Jischmael die Leichname der Männer warf, die er erschlagen hatte samt dem Gedalja, ist die, welche der König Asa hatte anlegen lassen im Krieg gegen Bascha, den König von Israel. Die füllte Jischmael, der Sohn Netanjas, mit den Erschlagenen.

10 Und Jischmael, der Sohn Netanjas, führte das Volk, das in Mizpa übrig geblieben war, gefangen weg: die Königstöchter samt allem Volk, über das Nebusaradan, der Oberste der Leibwache, Gedalja, den Sohn Ahikams, gesetzt hatte; und er zog hin und wollte hinüber zu den Ammonitern.

Gedaliah Murdered

41 In the seventh month, Ishmael the son of Nethaniah, son of Elishama, of the royal family, one of the chief officers of the king, came with ten men to Gedaliah the son of Ahikam, at Mizpah. As they ate bread together there at Mizpah,

2 Ishmael the son of Nethaniah and the ten men with him rose up and struck down Gedaliah the son of Ahikam, son of Shaphan, with the sword, and killed him, whom the king of Babylon had appointed governor in the land.

3 Ishmael also struck down all the Judeans who were with Gedaliah at Mizpah, and the Chaldean soldiers who happened to be there.

¶ **4** On the day after the murder of Gedaliah, before anyone knew of it,

5 eighty men arrived from Shechem and Shiloh and Samaria, with their beards shaved and their clothes torn, and [d] their bodies gashed, bringing grain offerings and incense to present at the temple of the Lord.

6 And Ishmael the son of Nethaniah came out from Mizpah to meet them, weeping as he came. As he met them, he said to them, "Come in to Gedaliah the son of Ahikam."

7 When they came into the city, Ishmael the son of Nethaniah and the men with him slaughtered them and cast them into a cistern.

8 But there were ten men among them who said to Ishmael, "Do not put us to death, for we have stores of wheat, barley, oil, and honey hidden in the fields." So he refrained and did not put them to death with their companions.

¶ **9** Now the cistern into which Ishmael had thrown all the bodies of the men whom he had struck down along with [1] Gedaliah was the large cistern that King Asa had made for defense against [i] Baasha king of Israel; Ishmael the son of Nethaniah filled it with the slain.

10 Then Ishmael took captive all the rest of the people who were in Mizpah, the king's daughters and all the people who were left at Mizpah, whom Nebuzaradan, the captain of the guard, had committed to Gedaliah the son of Ahikam. Ishmael the son of Nethaniah took them captive and set out to cross over to the Ammonites.

¶ **11** Als aber Johanan, der Sohn Kareachs, und alle Hauptleute des Heeres, die bei ihm waren, von all dem Bösen erfuhren, das Jischmael, der Sohn Netanjas, begangen hatte,

12 nahmen sie zu sich alle Männer und zogen hin, um mit Jischmael, dem Sohn Netanjas, zu kämpfen, und trafen ihn an dem großen Wasser bei Gibeon.

13 Als nun alles Volk, das bei Jischmael war, den Johanan, den Sohn Kareachs, erblickte samt allen Hauptleuten des Heeres, die bei ihm waren, da wurde es froh.

14 Und das ganze Volk, das Jischmael von Mizpa weggeführt hatte, wandte sich um und ging zu Johanan, dem Sohn Kareachs, über.

15 Aber Jischmael, der Sohn Netanjas, entrann mit acht Männern dem Johanan und zog zu den Ammonitern.

¶ **16** Und Johanan, der Sohn Kareachs, samt allen Hauptleuten des Heeres, die bei ihm waren, nahm zu sich das übrig gebliebene Volk, das Jischmael, der Sohn Netanjas, aus Mizpa weggeführt hatte, nachdem er Gedalja, den Sohn Ahikams, erschlagen hatte, nämlich die Kriegsleute, die Frauen und Kinder und Hofleute, die er von Gibeon zurückgebracht hatte.

17 Und sie zogen hin und kehrten ein in der Herberge Kimhams bei Bethlehem, um von dort nach Ägypten zu ziehen

18 aus Furcht vor den Chaldäern. Denn sie fürchteten sich vor ihnen, weil Jischmael, der Sohn Netanjas, Gedalja, den Sohn Ahikams, erschlagen hatte, den der König von Babel über das Land gesetzt hatte.

Jeremia warnt vor der Auswanderung nach Ägypten

42 Da traten herzu alle Hauptleute des Heeres, Johanan, der Sohn Kareachs, Asarja, der Sohn Hoschajas, samt dem ganzen Volk, Klein und Groß,

2 und sprachen zum Propheten Jeremia: Lass doch unsere Bitte vor dir gelten und bete für uns zum HERRN, deinem Gott, für alle diese Übriggebliebenen – denn leider sind wir von vielen nur wenige übrig geblieben, wie du mit eigenen Augen siehst –,

3 dass der HERR, dein Gott, uns kundtun wolle, wohin wir ziehen und was wir tun sollen.

¶ **11** But when Johanan the son of Kareah and all the leaders of the forces with him heard of all the evil that Ishmael the son of Nethaniah had done,

12 they took all their men and went to fight against Ishmael the son of Nethaniah. They came upon him at the great pool that is in Gibeon.

13 And when all the people who were with Ishmael saw Johanan the son of Kareah and all the leaders of the forces with him, they rejoiced.

14 So all the people whom Ishmael had carried away captive from Mizpah turned around and came back, and went to Johanan the son of Kareah.

15 But Ishmael the son of Nethaniah escaped from Johanan with eight men, and went to the Ammonites.

16 Then Johanan the son of Kareah and all the leaders of the forces with him took from Mizpah all the rest of the people whom he had recovered from Ishmael the son of Nethaniah, after he had struck down Gedaliah the son of Ahikam—soldiers, women, children, and eunuchs, whom Johanan brought back from Gibeon.

17 And they went and stayed at Geruth Chimham near Bethlehem, intending to go to Egypt

18 because of the Chaldeans. For they were afraid of them, because Ishmael the son of Nethaniah had struck down Gedaliah the son of Ahikam, whom the king of Babylon had made governor over the land.

Warning Against Going to Egypt

42 Then all the commanders of the forces, and Johanan the son of Kareah and Jezaniah the son of Hoshaiah, and all the people from the least to the greatest, came near

2 and said to Jeremiah the prophet, "Let our plea for mercy come before you, and pray to the LORD your God for us, for all this remnant—because we are left with but a few, as your eyes see us—

3 that the LORD your God may show us the way we should go, and the thing that we should do."

4 Und der Prophet Jeremia sprach zu ihnen: Wohlan, ich will gehorchen. Siehe, ich will zum HERRN, eurem Gott, beten, wie ihr gesagt habt, und alles, was euch der HERR antworten wird, das will ich euch kundtun und will euch nichts vorenthalten.

¶ **5** Und sie sprachen zu Jeremia: Der HERR sei ein zuverlässiger und wahrhaftiger Zeuge wider uns, wenn wir nicht alles tun werden, was uns der HERR, dein Gott, durch dich befehlen wird.

6 Es sei Gutes oder Böses, so wollen wir gehorchen der Stimme des HERRN, unseres Gottes, zu dem wir dich senden, auf dass es uns wohlgehe, wenn wir der Stimme des HERRN, unseres Gottes, gehorchen.

¶ **7** Und nach zehn Tagen geschah des HERRN Wort zu Jeremia.

8 Da rief er Johanan, den Sohn Kareachs, und alle Hauptleute des Heeres, die bei ihm waren, und alles Volk, Klein und Groß,

9 und sprach zu ihnen: So spricht der HERR, der Gott Israels, zu dem ihr mich gesandt habt, dass ich euer Gebet vor ihn bringen sollte:

¶ **10** Werdet ihr in diesem Lande bleiben, so will ich euch bauen und nicht einreißen; ich will euch pflanzen und nicht ausreißen; denn es hat mich gereut das Unheil, das ich euch angetan habe.

11 Ihr sollt euch nicht fürchten vor dem König von Babel, vor dem ihr euch fürchtet, spricht der HERR; ihr sollt euch vor ihm nicht fürchten, denn ich will bei euch sein, dass ich euch helfe und von seiner Hand errette.

12 Ich will euch Barmherzigkeit erweisen und mich über euch erbarmen und euch wieder auf eure Äcker bringen.

¶ **13** Werdet ihr aber sagen: »Wir wollen nicht in diesem Lande bleiben«, und so der Stimme des HERRN, eures Gottes, nicht gehorchen

14 und werdet ihr sagen: »Nein, wir wollen nach Ägyptenland ziehen, dass wir weder Krieg sehen noch den Schall der Posaune hören noch Hunger nach Brot leiden müssen; dort wollen wir bleiben« –,

15 nun, so höret des HERRN Wort, ihr Übriggebliebenen von Juda! So spricht der HERR Zebaoth, der Gott Israels: Werdet ihr euer Angesicht nach Ägyptenland richten, um dorthin zu ziehen und dort zu wohnen,

16 so soll euch das Schwert, vor dem ihr euch fürchtet, in Ägyptenland treffen, und der Hunger, vor dem ihr euch sorgt, soll stets hinter euch her sein in Ägypten, und ihr sollt dort sterben.

4 Jeremiah the prophet said to them, "I have heard you. Behold, I will pray to the LORD your God according to your request, and whatever the LORD answers you I will tell you. [h]I will keep nothing back from you."

5 Then they said to Jeremiah, "May the LORD be a true and faithful witness against us if we do not act according to all the word with which the LORD your God sends you to us.

6 Whether it is good or bad, we will obey the voice of the LORD our God to whom we are sending you, that it may be well with us when we obey the voice of the LORD our God."

¶ **7** At the end of ten days the word of the LORD came to Jeremiah.

8 Then he summoned Johanan the son of Kareah and all the commanders of the forces who were with him, and all the people from the least to the greatest,

9 and said to them, "Thus says the LORD, the God of Israel, to whom you sent me to present your plea for mercy before him:

10 If you will remain in this land, then I will build you up and not pull you down; I will plant you, and not pluck you up; for I relent of the disaster that I did to you.

11 Do not fear the king of Babylon, [r]of whom you are afraid. Do not fear him, declares the LORD, [s]for I am with you, to save you and to deliver you from his hand.

12 I will grant you mercy, that he may have mercy on you and let you remain in your own land.

13 But if you say, 'We will not remain in this land,' disobeying the voice of the LORD your God

14 and saying, 'No, we will go to the land of Egypt, where we shall not see war or hear the sound of the trumpet or be hungry for bread, and we will dwell there,'

15 then hear the word of the LORD, O remnant of Judah. Thus says the LORD of hosts, the God of Israel: If you set your faces to enter Egypt and go to live there,

16 then the sword that you fear shall overtake you there in the land of Egypt, and the famine of which you are afraid shall follow close after you to Egypt, and there you shall die.

17 Denn sie seien, wer sie wollen: Wer sein Angesicht nach Ägypten richtet, um dorthin zu ziehen und dort zu wohnen, der soll sterben durch Schwert, Hunger und Pest, und es soll keiner übrig bleiben noch dem Unheil entrinnen, das ich über sie kommen lassen will.

¶ **18** Denn so spricht der HERR Zebaoth, der Gott Israels: Gleichwie mein Zorn und Grimm über die Einwohner Jerusalems ausgeschüttet wurde, so soll er auch über euch ausgeschüttet werden, wenn ihr nach Ägypten zieht; und ihr sollt zum Fluch, zum Bild des Entsetzens, zur Verwünschung und zur Schande werden und diese Stätte nicht mehr sehen.

19 Das ist das Wort des HERRN an euch, die ihr übrig geblieben seid von Juda, dass ihr nicht nach Ägypten zieht. Darum erkennt, dass ich euch heute gewarnt habe;

20 denn ihr selbst habt euer Leben in Gefahr gebracht, weil ihr mich gesandt habt zum HERRN, eurem Gott, und gesagt: Bete zum HERRN, unserm Gott, für uns, und alles, was der HERR, unser Gott, sagen wird, tu uns kund, so wollen wir danach tun.

21 Das habe ich euch heute wissen lassen; aber ihr wollt der Stimme des HERRN, eures Gottes, nicht gehorchen noch allem, was er euch durch mich befohlen hat.

22 So sollt ihr denn wissen, dass ihr durch Schwert, Hunger und Pest sterben müsst an dem Ort, wohin ihr zu ziehen gedenkt, um dort zu wohnen.

Jeremia wird nach Ägypten verschleppt

43 Als Jeremia dem ganzen Volk alle Worte des HERRN, ihres Gottes, ausgerichtet hatte, wie ihm der HERR, ihr Gott, alle diese Worte an sie befohlen hatte,

2 sprachen Asarja, der Sohn Hoschajas, und Johanan, der Sohn Kareachs, und alle aufsässigen Männer zu Jeremia: Du lügst! Der HERR, unser Gott, hat dich nicht zu uns gesandt und gesagt: »Ihr sollt nicht nach Ägypten ziehen, um dort zu wohnen«,

3 sondern Baruch, der Sohn Nerijas, beredet dich zu unserm Schaden, damit wir den Chaldäern übergeben werden und sie uns töten oder nach Babel wegführen.

¶ **4** Da gehorchten Johanan, der Sohn Kareachs, und alle Hauptleute des Heeres samt dem ganzen Volk der Stimme des HERRN nicht, dass sie im Lande Juda geblieben wären,

17 All the men who set their faces to go to Egypt to live there shall die by the sword, by famine, and by pestilence. They shall have no remnant or survivor from the disaster that I will bring upon them.

¶ **18** "For thus says the LORD of hosts, the God of Israel: As my anger and my wrath were poured out on the inhabitants of Jerusalem, so my wrath will be poured out on you when you go to Egypt. You shall become an execration, a horror, a curse, and a taunt. You shall see this place no more.

19 The LORD has said to you, O remnant of Judah, 'Do not go to Egypt.' Know for a certainty that I have warned you this day

20 that you have gone astray at the cost of your lives. For you sent me to the LORD your God, saying, ⁿ'Pray for us to the LORD our God, and whatever the LORD our God says declare to us and we will do it.'

21 And I have this day declared it to you, but you have not obeyed the voice of the LORD your God in anything that he sent me to tell you.

22 Now therefore know for a certainty that you shall die by the sword, by famine, and by pestilence in the place where you desire to go to live."

Jeremiah Taken to Egypt

43 When Jeremiah finished speaking to all the people all these words of the LORD their God, with which the LORD their God had sent him to them,

2 Azariah the son of Hoshaiah and Johanan the son of Kareah and all the insolent men said to Jeremiah, "You are telling a lie. The LORD our God did not send you to say, 'Do not go to Egypt to live there,'

3 but Baruch the son of Neriah has set you against us, to deliver us into the hand of the Chaldeans, that they may kill us or take us into exile in Babylon."

4 So Johanan the son of Kareah and all the commanders of the forces and all the people did not obey the voice of the LORD, to remain in the land of Judah.

5 sondern Johanan, der Sohn Kareachs, und alle Hauptleute des Heeres nahmen zu sich alle Übriggebliebenen von Juda, die von allen Völkern, wohin sie geflohen, zurückgekommen waren, um im Lande Juda zu wohnen,

6 nämlich Männer, Frauen und Kinder, dazu die Königstöchter und alle Übrigen, die Nebusaradan, der Oberste der Leibwache, bei Gedalja, dem Sohn Ahikams, des Sohnes Schafans, gelassen hatte, und auch den Propheten Jeremia und Baruch, den Sohn Nerijas.

7 Und sie zogen nach Ägyptenland, denn sie wollten der Stimme des HERRN nicht gehorchen, und kamen nach Tachpanhes.

Jeremia weissagt den Einfall Nebukadnezars

8 Aber des HERRN Wort geschah zu Jeremia in Tachpanhes:

9 Nimm große Steine und vergrabe sie in dem Boden am Eingang des Hauses des Pharao in Tachpanhes, sodass die Männer aus Juda es sehen,

10 und sprich zu ihnen: So spricht der HERR Zebaoth, der Gott Israels: Siehe, ich will hinsenden und meinen Knecht Nebukadnezar, den König von Babel, holen lassen und will seinen Thron oben auf diese Steine setzen, die ich eingraben ließ; und er soll seinen Thronhimmel darüber ausspannen.

11 Er soll kommen und Ägyptenland schlagen und töten, wen es trifft, gefangen führen, wen es trifft, mit dem Schwert erschlagen, wen es trifft.

12 Und ich will die Tempel Ägyptens in Brand stecken und niederbrennen und ihre Götter wegführen. Und er soll Ägyptenland lausen, wie ein Hirt sein Kleid laust, und mit Frieden von dannen ziehen.

13 Er soll die Steinmale von Bet-Schemesch in Ägyptenland zerbrechen und die Götzentempel in Ägypten mit Feuer verbrennen.

Jeremia warnt vor der erneuten Verehrung der Himmelskönigin

44 Dies ist das Wort, das zu Jeremia geschah an alle Judäer, die in Ägyptenland wohnten, nämlich in Migdol, Tachpanhes und Memfis, und die im Lande Patros wohnten.

5 But Johanan the son of Kareah and all the commanders of the forces took all the remnant of Judah who had returned to live in the land of Judah from all the nations to which they had been driven—

6 the men, the women, the children, the princesses, and every person whom Nebuzaradan the captain of the guard had left with Gedaliah the son of Ahikam, son of Shaphan; also Jeremiah the prophet and Baruch the son of Neriah.

7 And they came into the land of Egypt, for they did not obey the voice of the LORD. And they arrived at Tahpanhes.

¶ **8** Then the word of the LORD came to Jeremiah in Tahpanhes:

9 "Take in your hands large stones and hide them in the mortar in the pavement that is at the entrance to Pharaoh's palace in Tahpanhes, in the sight of the men of Judah,

10 and say to them, 'Thus says the LORD of hosts, the God of Israel: Behold, I will send and take Nebuchadnezzar the king of Babylon, my servant, and I will set his throne above these stones that I have hidden, and he will spread his royal canopy over them.

11 He shall come and strike the land of Egypt, giving over to the pestilence those who are doomed to the pestilence, to captivity those who are doomed to captivity, and to the sword those who are doomed to the sword.

12 I shall kindle a fire in the temples of the gods of Egypt, and he shall burn them and carry them away captive. And he shall clean the land of Egypt g as a shepherd cleans his cloak of vermin, and he shall go away from there in peace.

13 He shall break the obelisks of Heliopolis, which is in the land of Egypt, and the temples of the gods of Egypt he shall burn with fire.'"

Judgment for Idolatry

44 The word that came to Jeremiah concerning all the Judeans who lived in the land of Egypt, at Migdol, at Tahpanhes, at Memphis, and in the land of Pathros,

2 So spricht der HERR Zebaoth, der Gott Israels: Ihr habt gesehen all das Unheil, das ich habe kommen lassen über Jerusalem und über alle Städte in Juda; siehe, heutigentags sind sie wüst und niemand wohnt darin;

3 und das um ihrer Bosheit willen, die sie taten, als sie mich erzürnten und hingingen und opferten und dienten andern Göttern, die weder sie noch ihr noch eure Väter kannten.

4 Und ich sandte immer wieder zu euch alle meine Knechte, die Propheten, und ließ euch sagen: »Tut doch nicht solche Gräuel, die ich hasse.«

5 Aber sie gehorchten nicht und kehrten auch ihre Ohren nicht zu mir, dass sie sich von ihrer Bosheit bekehrt und andern Göttern nicht geopfert hätten.

6 Darum ergoss sich auch mein Zorn und Grimm und entbrannte über die Städte Judas und die Gassen Jerusalems, dass sie zur Wüste und Öde geworden sind, so wie es heute ist.

¶ **7** Nun, so spricht der HERR, der Gott Zebaoth, der Gott Israels: Warum tut ihr euch selbst ein so großes Unheil an, dass bei euch ausgerottet werden aus Juda Mann und Frau, Kind und Säugling und nichts von euch übrig bleibt,

8 und erzürnt mich so durch eurer Hände Werke und opfert andern Göttern in Ägyptenland, wohin ihr gezogen seid, um dort zu wohnen, auf dass ihr ausgerottet und zum Fluch und zur Schmach werdet unter allen Völkern auf Erden?

9 Habt ihr vergessen die Sünden eurer Väter, die Sünden der Könige von Juda, die Sünden ihrer Frauen, dazu eure eigenen Sünden und die Sünden eurer Frauen, die sie getan haben im Lande Juda und auf den Gassen Jerusalems?

10 Sie haben sich bis auf diesen Tag nicht gedemütigt, fürchten sich auch nicht und wandeln nicht in meinem Gesetz und in den Rechtsordnungen, die ich euch und euren Vätern gegeben habe.

¶ **11** Darum spricht der HERR Zebaoth, der Gott Israels: Siehe, ich will mein Angesicht wider euch richten zum Unheil, und ganz Juda soll ausgerottet werden.

2 "Thus says the LORD of hosts, the God of Israel: You have seen all the disaster that I brought upon Jerusalem and upon all the cities of Judah. Behold, this day they are a desolation, and no one dwells in them,

3 because of the evil that they committed, provoking me to anger, in that they went to make offerings and serve other gods that they knew not, neither they, nor you, nor your fathers.

4 Yet I persistently sent to you all my servants the prophets, saying, 'Oh, do not do this abomination that I hate!'

5 But they did not listen q or incline their ear, to turn from their evil and make no offerings to other gods.

6 Therefore my wrath and my anger were poured out and kindled in the cities of Judah and in the streets of Jerusalem, and they became a waste and a desolation, as at this day.

7 And now thus says the LORD God of hosts, the God of Israel: Why do you commit this great evil against yourselves, to cut off from you man and woman, u infant and child, from the midst of Judah, leaving you no remnant?

8 Why do you provoke me to anger with the works of your hands, making offerings to other gods in the land of Egypt where you have come to live, so that you may be cut off and become a curse and a taunt among all the nations of the earth?

9 Have you forgotten the evil of your fathers, the evil of the kings of Judah, the evil of their¹ wives, your own evil, and the evil of your wives, which they committed in the land of Judah and in the streets of Jerusalem?

10 They have not humbled themselves even to this day, nor have they feared, nor walked in my law and my statutes that I set before you and before your fathers.

¶ **11** "Therefore thus says the LORD of hosts, the God of Israel: Behold, I will set my face against you for harm, to cut off all Judah.

12 Und ich will wegraffen, die übrig geblieben sind von Juda, die ihr Angesicht nach Ägyptenland gerichtet haben, um dorthin zu ziehen und dort zu wohnen; es soll ein Ende mit ihnen allen werden in Ägyptenland. Durchs Schwert sollen sie fallen und durch Hunger sollen sie umkommen, Klein und Groß; sie sollen durch Schwert und Hunger sterben und sollen zur Verwünschung, zum Entsetzen, zum Fluch und zur Schmach werden.

13 Ich will auch die Einwohner in Ägyptenland mit Schwert, Hunger und Pest heimsuchen, gleichwie ich an Jerusalem getan habe,

14 sodass von denen, die übrig geblieben sind von Juda und die hierher gekommen sind nach Ägyptenland, um hier zu wohnen, keiner entrinnen und entkommen soll. Sie sollen nicht mehr ins Land Juda zurückkehren, wohin sie gerne wiederkämen und wohnten, sondern es soll keiner dahin zurückkommen außer einigen Entronnenen.

¶ **15** Da antworteten dem Jeremia alle Männer, die sehr wohl wussten, dass ihre Frauen andern Göttern opferten, und alle Frauen, die dabeistanden, eine große Menge, samt allem Volk, das in Ägyptenland und in Patros wohnte, und sprachen:

16 Den Worten, die du im Namen des HERRN uns sagst, wollen wir nicht gehorchen,

17 sondern wir wollen all die Worte halten, die aus unserm eigenen Munde gekommen sind, und wollen der Himmelskönigin opfern und ihr Trankopfer darbringen, wie wir und unsere Väter, unsere Könige und Oberen getan haben in den Städten Judas und auf den Gassen Jerusalems. Da hatten wir auch Brot genug und es ging uns gut, und wir sahen kein Unglück.

18 Seit der Zeit aber, da wir es unterlassen haben, der Himmelskönigin zu opfern und Trankopfer darzubringen, haben wir an allem Mangel gelitten und sind durch Schwert und Hunger umgekommen.

19 Und wenn wir Frauen der Himmelskönigin opfern und Trankopfer darbringen, das tun wir ja nicht ohne den Willen unserer Männer, wenn wir ihr Kuchen backen, um ein Bild von ihr zu machen, und ihr Trankopfer darbringen.

¶ **20** Da sprach Jeremia zu dem ganzen Volk, den Männern und Frauen und allen Leuten, die ihm so geantwortet hatten:

12 I will take the remnant of Judah who have set their faces to come to the land of Egypt to live, and they shall all be consumed. In the land of Egypt they shall fall; by the sword and by famine ꞌthey shall be consumed. From the least to the greatest, they shall die by the sword and by famine, and they shall become an oath, a horror, a curse, and a taunt.

13 I will punish those who dwell in the land of Egypt, as I have punished Jerusalem, with the sword, with famine, and with pestilence,

14 so that none of the remnant of Judah who have come to live in the land of Egypt shall escape or survive or return to the land of Judah, to which they desire to return to dwell there. For they shall not return, except some fugitives."

¶ **15** Then all the men who knew that their wives had made offerings to other gods, and all the women who stood by, a great assembly, all the people who lived in Pathros in the land of Egypt, answered Jeremiah:

16 "As for the word that you have spoken to us in the name of the LORD, we will not listen to you.

17 But we will do everything that we have vowed, make offerings to the queen of heaven and pour out drink offerings to her, as we did, both we and our fathers, our kings and our officials, in the cities of Judah and in the streets of Jerusalem. For then we had plenty of food, and prospered, and saw no disaster.

18 But since we left off making offerings to the queen of heaven and pouring out drink offerings to her, we have lacked everything and have been consumed by the sword and by famine."

19 And the women said,[2] "When we made offerings to the queen of heaven and poured out drink offerings to her, was it without our husbands' approval that we made cakes for her bearing her image and poured out drink offerings to her?"

¶ **20** Then Jeremiah said to all the people, men and women, all the people who had given him this answer:

21 Nein, der HERR hat gedacht an das Opfern, das ihr in den Städten Judas und auf den Gassen Jerusalems getrieben habt samt euren Vätern, Königen, Oberen und allem Volk des Landes, und er hat's zu Herzen genommen,

22 dass er nicht mehr leiden konnte euren bösen Wandel und die Gräuel, die ihr tatet; daher ist auch euer Land zur Wüste, zum Entsetzen und zum Fluch geworden, dass niemand darin wohnt, so wie es heute ist.

23 Weil ihr der Himmelskönigin geopfert habt und wider den HERRN sündigtet und der Stimme des HERRN nicht gehorchtet und in seinem Gesetze, seinen Rechten und Mahnungen nicht gewandelt seid, darum ist euch solches Unheil widerfahren, so wie es heute ist.

¶ **24** Und Jeremia sprach zu allem Volk und zu allen Frauen: Höret des HERRN Wort, ihr alle aus Juda, die in Ägyptenland sind!

25 So spricht der HERR Zebaoth, der Gott Israels: Ihr und eure Frauen habt mit eurem Munde geredet und mit euren Händen vollbracht, was ihr sagt: »Wir wollen unsere Gelübde halten, die wir der Himmelskönigin gelobt haben, dass wir ihr opfern und Trankopfer darbringen.« Wohlan, erfüllt doch eure Gelübde und haltet eure Gelübde!

¶ **26** So höret nun des HERRN Wort, ihr alle aus Juda, die ihr in Ägyptenland wohnt: Siehe, ich schwöre bei meinem großen Namen, spricht der HERR, dass mein Name nicht mehr genannt werden soll durch irgendeines Menschen Mund aus Juda in ganz Ägyptenland, der da sagt: »So wahr Gott der HERR lebt!«

27 Siehe, ich will über sie wachen zum Unheil und nicht zum Heil, dass, wer aus Juda in Ägyptenland ist, durch Schwert und Hunger umkommen soll, bis es ein Ende mit ihnen hat.

28 Die aber dem Schwert entrinnen, werden aus Ägyptenland ins Land Juda zurückkommen als ein geringes Häuflein. So werden dann alle, die übrig geblieben sind von Juda und die nach Ägyptenland gezogen waren, dort zu wohnen, erkennen, wessen Wort wahr geworden ist, meines oder ihres.

¶ **29** Und dies sei das Zeichen, spricht der HERR: Ich will euch an diesem Ort heimsuchen, damit ihr wisst, dass mein Wort wahr werden soll über euch zum Unheil.

21 "As for the offerings that you offered in the cities of Judah and in the streets of Jerusalem, you and your fathers, your kings and your officials, and the people of the land, did not the LORD remember them? Did it not come into his mind?

22 The LORD could no longer bear your evil deeds and the abominations that you committed. Therefore your land has become a desolation and a waste and a curse, without inhabitant, as it is this day.

23 It is because you made offerings and because you sinned against the LORD and did not obey the voice of the LORD or walk in his law and in his statutes and in his testimonies that this disaster has happened to you, as at this day."

¶ **24** Jeremiah said to all the people and all the women, "Hear the word of the LORD, all you of Judah who are in the land of Egypt.

25 Thus says the LORD of hosts, the God of Israel: You and your wives have declared with your mouths, and have fulfilled it with your hands, saying, 'We will surely perform our vows that we have made, to make offerings to the queen of heaven and to pour out drink offerings to her.' Then confirm your vows and perform your vows!

26 Therefore hear the word of the LORD, all you of Judah who dwell in the land of Egypt: Behold, I have sworn by my great name, says the LORD, that my name shall no more be invoked by the mouth of any man of Judah in all the land of Egypt, saying, 'As the Lord GOD lives.'

27 Behold, I am watching over them for disaster and not for good. All the men of Judah who are in the land of Egypt shall be consumed by the sword and by famine, until there is an end of them.

28 And those who escape the sword shall return from the land of Egypt to the land of Judah, few in number; and all the remnant of Judah, who came to the land of Egypt to live, shall know whose word will stand, mine or theirs.

29 This shall be the sign to you, declares the LORD, that I will punish you in this place, in order that you may know that my words will surely stand against you for harm:

30 So spricht der HERR: Siehe, ich will den Pharao Hofra, den König von Ägypten, übergeben in die Hände seiner Feinde und derer, die ihm nach dem Leben trachten, gleichwie ich Zedekia, den König von Juda, übergeben habe in die Hand Nebukadnezars, des Königs von Babel, seines Feindes, der ihm nach dem Leben trachtete.

Ein Wort für Baruch

45 Dies ist das Wort, das der Prophet Jeremia zu Baruch, dem Sohn Nerijas, redete, als er die Worte, wie Jeremia sie ihm sagte, auf eine Schriftrolle schrieb, im vierten Jahr Jojakims, des Sohnes Josias, des Königs von Juda:

2 So spricht der HERR Zebaoth, der Gott Israels, über dich, Baruch:

3 Du sprichst: Weh mir, wie hat mir der HERR Jammer zu meinem Schmerz hinzugefügt! Ich seufze mich müde und finde keine Ruhe.

4 Sage ihm: So spricht der HERR: Siehe, was ich gebaut habe, das reiße ich ein, und was ich gepflanzt habe, das reiße ich aus, nämlich dies mein ganzes Land.

5 Und du begehrst für dich große Dinge? Begehre es nicht! Denn siehe, ich will Unheil kommen lassen über alles Fleisch, spricht der HERR, aber dein Leben sollst du wie eine Beute davonbringen, an welchen Ort du auch ziehst.

GERICHTSWORTE GEGEN FREMDE VÖLKER (KAPITEL 46,1–51,64)

46 Dies ist das Wort des HERRN, das zu dem Propheten Jeremia geschehen ist wider alle Völker.

Weissagung gegen Ägypten: Niederlage bei Karkemisch

(vgl. Jes 19,1–25; Hes 29,1–32,32)

2 Wider Ägypten. Wider das Heer des Pharao Necho, des Königs von Ägypten, welches lagerte am Euphratstrom bei Karkemisch und das Nebukadnezar, der König von Babel, schlug im vierten Jahr Jojakims, des Sohnes Josias, des Königs von Juda:

¶ **3** Rüstet Rundschild und Langschild und zieht in den Streit!

4 Spannt Rosse an und lasst Reiter aufsitzen, setzt die Helme auf und schärft die Spieße und zieht Panzer an!

30 Thus says the LORD, Behold, I will give Pharaoh Hophra king of Egypt into the hand of his enemies and into the hand of those who seek his life, as I gave Zedekiah king of Judah into the hand of Nebuchadnezzar king of Babylon, who was his enemy and sought his life."

Message to Baruch

45 The word that Jeremiah the prophet spoke to Baruch the son of Neriah, when he wrote these words in a book at the dictation of Jeremiah, in the fourth year of Jehoiakim the son of Josiah, king of Judah:

2 "Thus says the LORD, the God of Israel, to you, O Baruch:

3 You said, 'Woe is me! For the LORD has added sorrow to my pain. I am weary with my groaning, and I find no rest.'

4 Thus shall you say to him, Thus says the LORD: Behold, what I have built I am breaking down, and what I have planted I am plucking up—that is, the whole land.

5 And do you seek great things for yourself? Seek them not, for behold, I am bringing disaster upon all flesh, declares the LORD. But I will give you your life as a prize of war in all places to which you may go."

Judgment on Egypt

46 The word of the LORD that came to Jeremiah the prophet concerning the nations.

¶ **2** About Egypt. Concerning the army of Pharaoh Neco, king of Egypt, which was by the river Euphrates at Carchemish and which Nebuchadnezzar king of Babylon defeated in the fourth year of Jehoiakim the son of Josiah, king of Judah:

3 "Prepare buckler and shield,
   and advance for battle!
4 Harness the horses;
   mount, O horsemen!
Take your stations with your helmets,
   polish your spears,
   put on your armor!

5 Wie kommt's aber, dass ich sehe, dass sie verzagt sind und die Flucht ergreifen und ihre Helden erschlagen sind? Sie fliehen und wenden sich nicht mehr zurück. Schrecken um und um!, spricht der HERR.

6 Der Schnelle kann nicht entfliehen noch der Starke entrinnen. Im Norden am Euphratstrom sind sie gefallen und niedergestreckt.

¶ **7** Wer ist's, der emporstieg wie der Nil, und seine Wasser wälzten sich dahin wie Ströme?

8 Ägypten stieg empor wie der Nil, und seine Wasser wälzten sich daher wie Ströme und es sprach: »Ich will hinaufziehen, das Land bedecken und die Städte verderben samt denen, die darin wohnen.«

9 Wohlan, setzt euch auf die Rosse, rennt mit den Wagen, lasst die Helden ausziehen, die von Kusch und aus Put, die den Schild führen, und die Schützen aus Lud!

10 Denn dies ist der Tag Gottes, des HERRN Zebaoth, ein Tag der Vergeltung, dass er sich an seinen Feinden räche, wenn das Schwert fressen und von ihrem Blut voll und trunken werden wird. Denn sie müssen Gott, dem HERRN Zebaoth, ein Schlachtopfer werden im Lande des Nordens am Euphratstrom.

¶ **11** Geh hinauf nach Gilead und hole Balsam, Jungfrau, Tochter Ägypten! Aber es ist umsonst, dass du viel Heilmittel gebrauchst; du wirst doch nicht heil.

12 Deine Schande ist unter den Völkern erschollen, deines Heulens ist das Land voll; denn ein Held fällt über den andern und liegen beide miteinander danieder.

Weissagung gegen Ägypten: Die Babylonier fallen ein

13 Dies ist das Wort des HERRN, das er zu dem Propheten Jeremia redete, als Nebukadnezar, der König von Babel, heranzog, um Ägyptenland zu schlagen:

---

5 Why have I seen it?
They are dismayed
  and have turned backward.
Their warriors are beaten down
  and have fled in haste;
they look not back—
  terror on every side!
            declares the LORD.

6 "The swift cannot flee away,
  nor the warrior escape;
in the north by the river Euphrates
  they have stumbled and fallen.

7 "Who is this, rising like the Nile,
  like rivers whose waters surge?

8 Egypt rises like the Nile,
  like rivers whose waters surge.
He said, 'I will rise, I will cover the
    earth,
  I will destroy cities and their
    inhabitants.'

9 Advance, O horses,
  and rage, O chariots!
Let the warriors go out:
    men of Cush and Put who handle the
      shield,
    men of Lud, skilled in handling the
      bow.

10 That day is the day of the Lord GOD of
    hosts,
  a day of vengeance,
  to avenge himself on his foes.
The sword shall devour and be sated
  and drink its fill of their blood.
For the Lord GOD of hosts holds a
    sacrifice
  in the north country by the river
    Euphrates.

11 Go up to Gilead, and take ˣbalm,
  O virgin daughter of Egypt!
In vain you have used many medicines;
  there is no healing for you.

12 The nations have heard of your shame,
  and the earth is full of your cry;
for warrior has stumbled against
    warrior;
  they have both fallen together."

¶ **13** The word that the LORD spoke to Jeremiah the prophet about the coming of Nebuchadnezzar king of Babylon to strike the land of Egypt:

14 Verkündigt's in Ägypten und sagt's an in Migdol, sagt's an in Memfis und Tachpanhes und sprecht: Setze dich zur Wehr! Denn das Schwert wird fressen, was um dich her ist.

15 Wie geht's zu, dass deine Gewaltigen zu Boden fallen und können nicht standhalten? Der HERR hat sie so gestürzt.

16 Er macht, dass ihrer viele fallen, dass einer mit dem andern daniederliegt. Da sprechen sie: Wohlauf, lasst uns wieder zu unserm Volk ziehen, in unser Vaterland vor dem mörderischen Schwert!

17 Nennt den Namen des Pharao, des Königs von Ägypten: »Prahlhans, der die Zeit versäumt hat«.

18 So wahr ich lebe, spricht der König, der HERR Zebaoth heißt: Er wird daherziehen so hoch, wie der Berg Tabor unter den Bergen ist und wie der Karmel am Meer ist.

¶ **19** Mache dir Fluchtgepäck, du Einwohnerin, Tochter Ägypten; denn Memfis wird wüst und verbrannt werden, dass niemand darin wohnen wird.

20 Ägypten ist wie eine schöne junge Kuh; aber es kommt von Norden der Schlächter.

21 Auch die darin um Sold dienen, sind wie gemästete Kälber; aber sie müssen sich dennoch wenden und miteinander fliehen und werden nicht standhalten; denn der Tag ihres Unheils wird über sie kommen, die Zeit ihrer Heimsuchung.

¶ **22** Man hört sie heranziehen wie eine zischende Schlange; ja, sie kommen mit Heeresmacht und bringen Äxte über sie wie die Holzhauer.

23 Die werden ihren Wald umhauen, spricht der HERR, denn sie sind nicht zu zählen; ihrer sind mehr als Heuschrecken, die niemand zählen kann.

24 Die Tochter Ägypten wird zuschanden; denn sie ist dem Volk aus dem Norden in die Hände gegeben.

14 "Declare in Egypt, and proclaim in
        Migdol;
    proclaim in *b*Memphis and
        *b*Tahpanhes;
    say, 'Stand ready and be prepared,
        for the sword shall devour around you.'

15 Why are your mighty ones face down?
        They do not stand[^1]
    because the LORD thrust them down.

16 He made many stumble, and they fell,
        and they said one to another,
    'Arise, and let us go back to our own
        people
    and to the land of our birth,
        because of the sword of the oppressor.'

17 Call the name of Pharaoh, king of
        Egypt,
    'Noisy one who lets the hour go by.'

18 "As I live, declares the King,
        whose name is the LORD of hosts,
    like Tabor among the mountains
        and like Carmel by the sea, shall one
        come.

19 Prepare yourselves baggage for exile,
        O inhabitants of Egypt!
    For Memphis shall become a waste,
        a ruin, without inhabitant.

20 "A beautiful heifer is Egypt,
        but a biting fly from the north has
        come upon her.

21 Even her hired soldiers in her midst
        are like fattened calves;
    yes, they have turned and fled together;
        they did not stand,
    for the day of their calamity has come
        upon them,
        the time of their punishment.

22 "She makes a sound like a serpent gliding
        away;
    for her enemies march in force
        and come against her with axes
        like those who fell trees.

23 They shall cut down her forest,
        declares the LORD,
    though it is impenetrable,
    because they are more numerous than
        locusts;
    they are without number.

24 The daughter of Egypt shall be put to
        shame;
    she shall be delivered into the hand of
        a people from the north."

¶ **25** Der HERR Zebaoth, der Gott Israels, spricht: Siehe, ich will heimsuchen den Amon zu No und den Pharao und Ägypten samt seinen Göttern und Königen, ja, den Pharao mit allen, die sich auf ihn verlassen,

26 dass ich sie gebe in die Hände derer, die ihnen nach dem Leben trachten, und in die Hände Nebukadnezars, des Königs von Babel, und seiner Großen. Aber danach soll das Land bewohnt werden wie vor alters, spricht der HERR.

Trostwort an Israel

27 Aber du, mein Knecht Jakob, fürchte dich nicht, und du, Israel, verzage nicht! Denn siehe, ich will dir helfen aus fernen Landen und deinen Nachkommen aus dem Lande ihrer Gefangenschaft, dass Jakob zurückkommen soll und in Frieden sein und ohne Sorge, und niemand soll ihn schrecken.

28 Darum fürchte dich nicht, du, Jakob, mein Knecht, spricht der HERR, denn ich bin bei dir! Mit allen Völkern, unter die ich dich verstoßen habe, will ich ein Ende machen; aber mit dir will ich nicht ein Ende machen. Züchtigen will ich dich mit Maßen, doch ungestraft kann ich dich nicht lassen.

Weissagung gegen die Philister
(vgl. Jes 14,29-32; Hes 25,15-17)

47 Dies ist das Wort des HERRN, das zum Propheten Jeremia geschah wider die Philister, ehe der Pharao Gaza schlug.

¶ **2** So spricht der HERR: Siehe, es kommen Wasser heran von Norden, die zum reißenden Strom werden und das Land überfluten und was darin ist, die Städte und die darin wohnen, dass die Leute schreien und alle Einwohner im Lande heulen.

3 Vor dem Stampfen ihrer starken Rosse, die dahertraben, und vor dem Rasseln ihrer Wagen und dem Poltern ihrer Räder werden sich die Väter nicht umsehen nach den Kindern, so verzagt werden sie sein

¶ **25** The LORD of hosts, the God of Israel, said: "Behold, I am bringing punishment upon Amon of Thebes, and Pharaoh and Egypt and her gods and her kings, upon Pharaoh and those who trust in him.

26 I will deliver them into the hand of those who seek their life, into the hand of Nebuchadnezzar king of Babylon and his officers. Afterward Egypt shall be inhabited as in the days of old, declares the LORD.

27 "But fear not, O Jacob my servant,
    nor be dismayed, O Israel,
    for behold, I will save you from far away,
      and your offspring from the land of
        their captivity.
Jacob shall return and have quiet and
    ease,
    and none shall make him afraid.
28 Fear not, O Jacob my servant,
           declares the LORD,
    for I am with you.
I will make a full end of all the nations
    to which I have driven you,
but of you I will not make a full end.
I will discipline you in just measure,
    and I will by no means leave you
      unpunished."

Judgment on the Philistines

47 The word of the LORD that came to Jeremiah the prophet concerning the Philistines, before Pharaoh struck down Gaza.

2 "Thus says the LORD:
Behold, waters are rising out of the
      north,
  [h] and shall become an overflowing
      torrent;
they shall overflow the land and all that
    fills it,
    the city and those who dwell in it.
Men shall cry out,
    and every inhabitant of the land shall
      wail.
3 At the noise of the stamping of the hoofs
    of his stallions,
    at the rushing of his chariots, at the
      rumbling of their wheels,
the fathers look not back to their
    children,
    so feeble are their hands,

4 über den Tag, der da kommt, um zu verderben alle Philister und auszurotten die letzten Helfer für Tyrus und Sidon. Denn der HERR wird die Philister verderben, den Rest derer, die gekommen sind von der Insel Kaftor.

5 Über Gaza wird Trauer kommen, und Aschkelon wird vernichtet, der Rest der Anakiter. Wie lange willst du dich wund ritzen?

6 O du Schwert des HERRN, wann willst du doch aufhören? Fahre in deine Scheide und ruhe und sei still!

7 Aber wie kann es aufhören, da doch der HERR ihm Befehl gegeben hat wider Aschkelon und es wider das Ufer des Meeres bestellt hat?

Weissagung gegen Moab
(vgl. Jes 15,1–16,14; Hes 25,8-11; Am 2,1-3; Zef 2,8-11)

48 Wider Moab. So spricht der HERR Zebaoth, der Gott Israels: Wehe der Stadt Nebo, denn sie ist zerstört! Geschändet ist Kirjatajim und eingenommen, die hohe Feste ist zuschanden geworden und zerbrochen.

2 Der Stolz Moabs auf Heschbon ist dahin; denn man sinnt Böses gegen die Stadt: »Kommt, wir wollen sie ausrotten, dass sie ohne Volk sei.« Und du, Madmen, musst auch vernichtet werden; das Schwert wird hinter dir her sein.

3 Man hört ein Geschrei in Horonajim von Verwüstung und großem Jammer.

4 Moab ist zerschlagen. Man hört ihre Kleinen schreien;

5 denn sie gehen mit Weinen die Steige von Luhit hinauf, und die Feinde hören ein Jammergeschrei den Weg von Horonajim herab:

6 »Flieht und rettet euer Leben!« Aber ihr werdet sein wie ein Strauch in der Wüste.

4 because of the day that is coming to destroy
all the Philistines,
to cut off from Tyre and Sidon
every helper that remains.
For the LORD is destroying the Philistines,
the remnant of the coastland of Caphtor.

5 Baldness has come upon Gaza;
Ashkelon has perished.
O remnant of their valley,
how long will you gash yourselves?

6 Ah, sword of the LORD!
How long till you are quiet?
Put yourself into your scabbard;
rest and be still!

7 How can it[1] be quiet
when the LORD has given it a charge?
Against Ashkelon and against the seashore
he has appointed it.”

Judgment on Moab

48 Concerning Moab.

¶ Thus says the LORD of hosts, the God of Israel:

“Woe to Nebo, for it is laid waste!
Kiriathaim is put to shame, it is taken;
the fortress is put to shame and broken down;

2 the renown of Moab is no more.
In Heshbon they planned disaster against her:
‘Come, let us cut her off from being a nation!’
You also, O Madmen, shall be brought to silence;
the sword shall pursue you.

3 “A voice! A cry from Horonaim,
‘Desolation and great destruction!’

4 Moab is destroyed;
her little ones have made a cry.

5 For at the ascent of Luhith
they go up weeping;[1]
for ᵉat the descent of Horonaim
they have heard the distressed cry[2] of destruction.

6 Flee! Save yourselves!
You will be like a juniper in the desert!

¶ **7** Weil du dich auf deine Bauwerke verlässt und auf deine Schätze, sollst du auch erobert werden, und Kemosch muss gefangen wegziehen samt seinen Priestern und Fürsten.

8 Denn der Verwüster wird über alle Städte kommen, dass nicht **eine** Stadt entrinnen wird. Es sollen die Täler verwüstet und die Ebenen verheert werden; denn der HERR hat's gesagt.

9 Gebt Moab Flügel, denn es wird davonmüssen, als flöge es, und seine Städte werden wüst liegen, dass niemand darin wohnen wird.

¶ **10** Verflucht sei, wer des HERRN Werk lässig tut; verflucht sei, wer sein Schwert aufhält, dass es nicht Blut vergießt!

¶ **11** Moab ist von seiner Jugend an ungestört gewesen und auf seinen Hefen still gelegen und ist nie aus einem Fass ins andre gegossen und ist nie in die Gefangenschaft gezogen; darum ist sein Geschmack ihm geblieben und sein Geruch nicht verändert worden.

12 Darum siehe, spricht der HERR, es kommt die Zeit, dass ich ihnen Küfer schicken will, die sie ausschütten sollen und ihre Fässer ausleeren und ihre Krüge zerschmettern.

13 Und Moab soll über dem Kemosch zuschanden werden, gleichwie das Haus Israel über Bethel zuschanden geworden ist, worauf sie sich verließen.

¶ **14** Wie könnt ihr sagen: Wir sind Helden und rechte Kriegsleute?

15 Moab wird verwüstet und seine Städte werden erstiegen, und seine beste Mannschaft muss hinab zur Schlachtbank, spricht der König, welcher heißt der HERR Zebaoth.

16 Denn der Untergang Moabs wird bald kommen, und sein Unglück eilt herbei.

¶ **17** Habt doch Mitleid mit ihnen, alle, die ihr um sie her wohnt und ihren Namen kennt, und sprecht: »Wie ist das starke Zepter und der herrliche Stab so zerbrochen!«

7 For, because you trusted in your works
 and your treasures,
 you also shall be taken;
and Chemosh shall go into exile
 with his priests and his officials.

8 The destroyer shall come upon every
 city,
 and no city shall escape;
the valley shall perish,
 and the plain shall be destroyed,
 as the LORD has spoken.

9 "Give wings to Moab,
 for she would fly away;
her cities shall become a desolation,
 with no inhabitant in them.

¶ **10** "Cursed is he who does the work of the LORD with slackness, and cursed is he who keeps back his sword from bloodshed.

11 "Moab has been at ease from his youth
 and has settled on his dregs;
he has not been emptied from vessel to
 vessel,
 nor has he gone into exile;
so his taste remains in him,
 and his scent is not changed.

¶ **12** "Therefore, behold, the days are coming, declares the LORD, when I shall send to him pourers who will pour him, and empty his vessels and break his³ jars in pieces.

13 Then Moab shall be ashamed of Chemosh, as the house of Israel was ashamed of Bethel, their confidence.

14 "How do you say, 'We are heroes
 and mighty men of war'?

15 The destroyer of Moab and his cities has
 come up,
and the choicest of his young men
 have gone down to slaughter,
 declares the King, "whose name is the
 LORD of hosts.

16 The calamity of Moab is near at hand,
 and his affliction hastens swiftly.

17 Grieve for him, all you who are around
 him,
 and all who know his name;
say, 'How the mighty scepter is broken,
 the glorious staff.'

18 Herunter von der Herrlichkeit, du Tochter Dibon, und setz dich in den Staub! Denn der Verwüster Moabs wird zu dir hinaufkommen und deine Bollwerke zerstören.

19 Tritt an die Straße und schaue, du Einwohnerin von Aroër! Frage, die da fliehen und entrinnen, und sprich: »Was ist geschehen?«

20 Ach, Moab ist verwüstet und verheert! Heult und schreit; sagt's am Arnon, dass Moab vernichtet ist!

21 Die Strafe ist über das ebene Land ergangen, nämlich über Holon, Jahaz, Mefaat,

22 Dibon, Nebo, Bet-Diblatajim,

23 Kirjatajim, Bet-Gamul, Bet-Meon,

24 Kerijot, Bozra und über alle Städte im Lande Moab, sie seien fern oder nahe.

25 Das Horn Moabs ist abgeschlagen, und sein Arm ist zerbrochen, spricht der HERR.

Moabs Hochmut findet seine Strafe

26 Macht es trunken; denn es hat sich gegen den HERRN erhoben! Speien müsse Moab, auf dass es auch zum Gespött werde.

27 Oder ist Israel dir nicht ein Gespött gewesen, als hätte man es unter den Dieben gefunden? Sooft du von ihm sprachst, hast du es verhöhnt.

28 O ihr Bewohner von Moab, verlasst die Städte und wohnt in den Felsen und tut wie die Tauben, die da nisten in den Löchern!

29 Man hat immer gesagt von dem stolzen Moab, dass es sehr stolz sei, hoffärtig, hochmütig, trotzig und übermütig.

30 Aber der HERR spricht: Ich kenne seinen Übermut wohl und sein böses Geschwätz; Böses haben sie getan.

31 Darum muss ich über Moab heulen und über ganz Moab schreien und über die Leute von Kir-Heres klagen.

32 Mehr als über Jaser muss ich über dich weinen, du Weinstock Sibma; denn deine Ranken reichten über das Meer und kamen bis nach Jaser. Der Verwüster ist über deine Ernte und Weinlese hergefallen.

18 "Come down from your glory,
    and sit on the parched ground,
    O inhabitant of Dibon!
For the destroyer of Moab has come up against you;
    he has destroyed your strongholds.

19 Stand by the way ᶻand watch,
    O inhabitant of Aroer!
Ask him who flees and her who escapes;
    say, 'What has happened?'

20 Moab is put to shame, for it is broken;
    wail and cry!
Tell it beside the Arnon,
    that Moab is laid waste.

¶ **21** "Judgment has come upon the tableland, upon Holon, and Jahzah, and Mephaath,

22 and Dibon, and Nebo, and Beth-diblathaim,

23 and Kiriathaim, and Beth-gamul, and Beth-meon,

24 and Kerioth, and Bozrah, and all the cities of the land of Moab, far and near.

25 The horn of Moab is cut off, and his arm is broken, declares the LORD.

¶ **26** "Make him drunk, because he magnified himself against the LORD, so that Moab shall ˡwallow in his vomit, and he too shall be held in derision.

27 Was not Israel a derision to you? Was he found among thieves, that whenever you spoke of him you wagged your head?

28 "Leave the cities, and dwell in the rock,
    O inhabitants of Moab!
Be like the dove that nests
    in the sides of the mouth of a gorge.

29 We have heard of the pride of Moab—
    he is very proud—
of his loftiness, his pride, and his arrogance,
    and the haughtiness of his heart.

30 I know his insolence, declares the LORD;
    his boasts are false,
    his deeds are false.

31 Therefore I wail for Moab;
    I cry out for all Moab;
    for the men of Kir-hareseth I mourn.

32 More than for Jazer I weep for you,
    O vine of Sibmah!
Your branches passed over the sea,
    reached to the Sea of ˣJazer;
on your summer fruits and your grapes
    the destroyer has fallen.

33 Freude und Wonne sind hinwegge-nommen aus dem Fruchtland und dem Lande Moab. Dem Wein in den Kufen mache ich ein Ende, der Kelterer wird nicht mehr keltern, der Winzer wird nicht mehr sein Lied singen.

34 Das Geschrei von Heschbon wird gehört bis Elale, bis nach Jahaz, von Zoar an bis nach Horonajim, bis Eglat-Schelischija; denn auch die Wasser Nimrims sollen versiegen.

35 Und ich will, spricht der HERR, in Moab damit ein Ende machen, dass sie auf den Höhen opfern und ihren Göttern Opfer darbringen.

¶ **36** Darum klagt mein Herz über Moab wie Flötenklage, und über die Leute in Kir-Heres klagt mein Herz wie Flötenklage; denn das Gut, das sie gesammelt, ist zugrunde gegangen.

37 Alle Köpfe werden kahl sein und alle Bärte abgeschoren, alle Hände wund geritzt, und jeder wird den Sack anziehen.

38 Auf allen Dächern und Gassen, über-all in Moab wird man klagen; denn ich habe Moab zerbrochen wie ein Gefäß, das niemand haben will, spricht der HERR.

39 O wie ist es zerschlagen, wie heulen sie! Wie haben sie schimpflich den Rücken gewandt! Moab ist zum Spott und zum Bild des Schreckens geworden allen, die ringsum wohnen.

¶ **40** Denn so spricht der HERR: Siehe, er fliegt daher wie ein Adler und breitet seine Flügel aus über Moab.

41 Die Städte sind erobert und die Festungen sind eingenommen, und das Herz der Helden in Moab wird an jenem Tage sein wie das Herz einer Frau in Kindsnöten.

42 Denn Moab muss vertilgt werden, dass es kein Volk mehr sei, weil es sich gegen den HERRN erhoben hat.

43 Schrecken, Grube und Schlinge über dich, du Volk von Moab!, spricht der HERR.

¶ **44** Wer dem Schrecken entflieht, der wird in die Grube fallen, und wer aus der Grube herauskommt, der wird in der Schlinge gefan-gen werden; denn ich will über Moab kommen lassen das Jahr seiner Heimsuchung, spricht der HERR.

33 Gladness and joy have been taken away
   from the fruitful land of Moab;
I have made the wine cease from the
   winepresses;
no one treads them with shouts of joy;
   the shouting is not the shout of joy.

¶ **34** "From the outcry at Heshbon even to Elealeh, as far as Jahaz they utter their voice, from Zoar to Horonaim and Eglath-shelishiyah. For the waters of Nimrim also have become desolate.

35 And I will bring to an end in Moab, declares the LORD, him who offers sacrifice in the high place and makes offerings to his god.

36 Therefore my heart moans for Moab like a flute, and my heart moans like a flute for the men of Kir-hareseth. Therefore the riches they gained have perished.

¶ **37** "For every head is shaved and every beard cut off. On all the hands are gashes, and around the waist is sackcloth.

38 On all the housetops of Moab and in the squares there is nothing but lamentation, for I have broken Moab like a vessel for which no one cares, declares the LORD.

39 How it is broken! How they wail! How Moab has turned his back in shame! So Moab has become a derision and a horror to all that are around him."

40 For thus says the LORD:
"Behold, one shall fly swiftly like an eagle
   and spread his wings against Moab;

41 the cities shall be taken
   and the strongholds seized.
The heart of the warriors of Moab shall
   be in that day
like the heart of a woman in her birth
   pains;

42 Moab shall be destroyed and be no longer a people,
because he magnified himself against
   the LORD.

43 Terror, pit, and snare
   are before you, O inhabitant of Moab!
      declares the LORD.

44 He who flees from the terror
   shall fall into the pit,
and he who climbs out of the pit
   shall be caught in the snare.
For I will bring these things upon Moab,
   the year of their punishment,
      declares the LORD.

45 Erschöpft suchen die Entronnenen Zuflucht im Schatten von Heschbon; aber es wird ein Feuer aus Heschbon und eine Flamme aus dem Hause Sihon ausgehen, welche die Schläfe Moabs verzehren wird und den Scheitel der kriegerischen Leute.

¶ **46** Weh dir, Moab! Verloren ist das Volk des Kemosch; denn man hat deine Söhne und Töchter genommen und gefangen weggeführt.

47 Aber in der letzten Zeit will ich das Geschick Moabs wenden, spricht der HERR. Das sei gesagt von der Strafe über Moab.

Weissagung gegen Ammon

(vgl. Hes 25,2-7; Am 1,13-15; Zef 2,8-11)

49 Wider die Ammoniter. So spricht der HERR: Hat denn Israel keine Kinder oder hat es keinen Erben? Warum besitzt denn Milkom das Land Gad, und warum wohnt sein Volk in dessen Städten?

2 Darum siehe, es kommt die Zeit, spricht der HERR, dass ich will ein Kriegsgeschrei erschallen lassen über Rabba, die Stadt der Ammoniter, und es soll zu einem wüsten Schutthügel werden und seine Tochterstädte sollen in Brand gesteckt werden. Aber Israel soll seine Besitzer besitzen, spricht der HERR.

¶ **3** Heule, Heschbon! denn Ai ist verwüstet. Schreit, ihr Töchter von Rabba, und zieht den Sack an; klagt und lauft hin und her mit Ritzwunden! Denn Milkom wird gefangen weggeführt samt seinen Priestern und Fürsten.

4 Was rühmst du dich deines Tales, deines wasserreichen Tales, du ungehorsame Tochter, die du dich auf deine Schätze verlässt und sprichst in deinem Herzen: Wer darf sich an mich machen?

5 Siehe, spricht Gott, der HERR Zebaoth, ich will Schrecken über dich kommen lassen von allen, die um dich her wohnen; ihr sollt in alle Richtungen versprengt werden, und niemand wird die Flüchtigen sammeln.

45 "In the shadow of Heshbon
fugitives stop without strength,
for fire came out from Heshbon,
flame from the house of Sihon;
it has destroyed the forehead of Moab,
the crown of ʷthe sons of tumult.

46 Woe to you, O Moab!
The people of Chemosh are undone,
for your sons have been taken captive,
and your daughters into captivity.

47 Yet I will restore the fortunes of Moab
in the latter days, declares the LORD."
Thus far is the judgment on Moab.

Judgment on Ammon

49 Concerning the Ammonites.

¶　　Thus says the LORD:

"Has Israel no sons?
Has he no heir?
Why then has Milcom dispossessed
Gad,
and his people settled in its cities?

2 Therefore, behold, the days are coming,
declares the LORD,
when I will cause the battle cry to be
heard
against Rabbah of the Ammonites;
it shall become a desolate mound,
and its villages shall be burned with
fire;
then Israel shall dispossess those who
dispossessed him,
says the LORD.

3 "Wail, O Heshbon, for Ai is laid waste!
Cry out, O daughters of Rabbah!
Put on sackcloth,
lament, and run to and fro among the
hedges!
For Milcom shall go into exile,
with his priests and his officials.

4 Why do you boast of your valleys,[1]
O faithless daughter,
who trusted in her treasures, saying,
'Who will come against me?'

5 Behold, I will bring terror upon you,
declares the Lord GOD of hosts,
from all who are around you,
and you shall be driven out, every man
straight before him,
with none to gather the fugitives.

6 Aber danach will ich wieder wenden das Geschick Ammons, spricht der HERR.

Weissagungen gegen Edom

(vgl. Jes 21,11; 34,5-15; Hes 25,12-14; Am 1,11-12; Obd 1-21)

7 Wider Edom. So spricht der HERR Zebaoth: Ist denn keine Weisheit mehr in Teman? Ist denn kein Rat mehr bei den Klugen? Ist ihnen die Weisheit ausgegangen?

8 Flieht, wendet euch und verkriecht euch tief, ihr Bürger von Dedan! Denn ich lasse Unheil über Esau kommen, die Zeit seiner Heimsuchung.

9 Es sollen Winzer über dich kommen, die keine Nachlese übrig lassen, und Diebe sollen des Nachts über dich kommen, die sollen nach Herzenslust verwüsten.

10 Denn ich habe Esau entblößt und seine Verstecke aufgedeckt, dass er sich nicht verbergen kann. Seine Söhne, seine Brüder und seine Nachbarn sind vernichtet, dass keiner von ihnen mehr da ist.

11 Verlass nur deine Waisen, ich will sie am Leben erhalten, und deine Witwen sollen auf mich hoffen.

¶ **12** Denn so spricht der HERR: Siehe, die es nicht verdient hatten, den Kelch zu trinken, müssen trinken, und du solltest ungestraft bleiben? Du sollst nicht ungestraft bleiben, sondern du musst auch trinken.

13 Denn ich habe bei mir selbst geschworen, spricht der HERR, dass Bozra zum Entsetzen, zur Schmach, zur Wüste und zum Fluch werden soll und alle seine Städte zur ewigen Wüste.

¶ **14** Ich hab eine Kunde vernommen vom HERRN, ein Bote ist unter die Völker gesandt: Sammelt euch und kommt her wider Edom; macht euch auf zum Kampf!

15 Denn siehe, ich will dich gering machen unter den Völkern und verachtet unter den Menschen.

¶ **6** “But afterward I will restore the fortunes of the Ammonites, declares the LORD.”

Judgment on Edom

¶ **7** Concerning Edom.
¶ Thus says the LORD of hosts:

“Is wisdom no more in [p]Teman?
Has counsel perished from the prudent?
[q]Has their wisdom vanished?

8 Flee, turn back, dwell in the depths,
O inhabitants of Dedan!
For I will bring the calamity of Esau upon him,
the time when I punish him.

9 If grape-gatherers came to you,
would they not leave gleanings?
[u]If thieves came by night,
would they not destroy only enough for themselves?

10 But I have stripped Esau bare;
I have uncovered his hiding places,
and he is not able to conceal himself.
His children are destroyed, and his brothers,
and his neighbors; and he is no more.

11 Leave your fatherless children; I will keep them alive;
[y]and let your widows trust in me.”

¶ **12** For thus says the LORD: “If those who did not deserve to drink the cup must drink it, will you go unpunished? You shall not go unpunished, but you must drink.

13 For I have sworn by myself, declares the LORD, that Bozrah shall become a horror, a taunt, a waste, and a curse, and all her cities shall be perpetual wastes.”

14 I have heard a message from the LORD,
and an envoy has been sent among the nations:
“Gather yourselves together and come against her,
and rise up for battle!

15 For behold, I will make you small
among the nations,
despised among mankind.

16 Dass die andern dich fürchten, hat dich verführt, und dein Herz ist hochmütig, weil du in Felsenklüften wohnst und hohe Gebirge innehast. Wenn du auch dein Nest so hoch machtest wie der Adler, dennoch will ich dich von dort herunterstürzen, spricht der Herr.

17 Also soll Edom wüst werden, dass alle, die vorübergehen, sich entsetzen und spotten über alle seine Plagen.

18 Gleichwie Sodom und Gomorra samt ihren Nachbarn zerstört wurden, spricht der Herr, so soll auch dort niemand wohnen noch ein Mensch darin hausen.

19 Siehe, er kommt herauf wie ein Löwe aus dem Dickicht des Jordans in die Auen; denn ich will sie eilends daraus wegtreiben und den, der erwählt ist, darüber setzen. Denn wer ist mir gleich, wer will mich meistern und wer ist der Hirte, der mir widerstehen kann?

¶ **20** So hört nun den Ratschluss des Herrn, den er über Edom gefasst hat, und seine Gedanken, die er über die Einwohner von Teman hat. Was gilt's? Wird man sie nicht fortschleifen mit den geringsten ihrer Schafe, werden ihretwegen nicht ihre Auen veröden?

21 Vom Krachen ihres Sturzes erbebt die Erde, und ihr Geschrei wird man am Schilfmeer hören.

22 Siehe, er fliegt herauf wie ein Adler und breitet seine Flügel aus über Bozra. Zu der Zeit wird das Herz der Helden in Edom sein wie das Herz einer Frau in Kindsnöten.

Weissagung gegen Damaskus
(vgl. Jes 17,1-3; Am 1,3-5)

23 Wider Damaskus. Hamat und Arpad sind zuschanden geworden; sie sind verzagt, denn sie hören ein böses Gerücht. Ihr Herz bebt vor Sorge; sie sind so erschrocken, dass sie nicht Ruhe finden können.

24 Damaskus ist verzagt und wendet sich zur Flucht; es zittert und ist in Ängsten und Schmerzen wie eine Frau in Kindsnöten.

25 Wie ist sie nun verlassen, die berühmte und fröhliche Stadt!

16 The horror you inspire has deceived you,
  and the pride of your heart,
you who live in the clefts of the rock,[2]
  who hold the height of the hill.
Though you make your nest as high as the eagle's,
  I will bring you down from there,
      declares the Lord.

¶ **17** "Edom shall become a horror. Everyone who passes by it will be horrified [1]and will hiss because of all its disasters.

18 As when Sodom and Gomorrah and their neighboring cities were overthrown, says the Lord, no man shall dwell there, [1]no man shall sojourn in her.

19 Behold, like a lion coming up from the jungle of the Jordan against a perennial pasture, I will suddenly make him[3] run away from her. And I will appoint over her whomever I choose. For who is like me? Who will summon me? What shepherd can stand before me?

20 Therefore hear the plan that the Lord has made against Edom and the purposes that he has formed against the inhabitants of Teman: Even the little ones of the flock shall be dragged away. Surely their fold shall be appalled at their fate.

21 At the sound of their fall the earth shall tremble; the sound of their cry shall be heard at the Red Sea.

22 Behold, one shall mount up and fly swiftly like an eagle and spread his wings against Bozrah, and the heart of the warriors of Edom shall be in that day like the heart of a woman in her birth pains."

Judgment on Damascus

¶ **23** Concerning Damascus:

"Hamath and Arpad are confounded,
  for they have heard bad news;
they melt in fear,
  they are troubled like the sea that cannot be quiet.
24 Damascus has become feeble, she turned to flee,
  and panic seized her;
anguish and sorrows have taken hold of her,
  as of a woman in labor.
25 How is the famous city not forsaken,
  the city of my joy?

26 Darum wird ihre junge Mannschaft auf ihren Gassen fallen, und alle ihre Kriegsleute werden umkommen zur selben Zeit, spricht der HERR Zebaoth.

27 Und ich will an die Mauern von Damaskus Feuer legen, dass es die Paläste Ben-Hadads verzehren soll.

Weissagungen gegen arabische Stämme

28 Wider Kedar und die Königreiche von Hazor, die Nebukadnezar, der König von Babel, schlug. So spricht der HERR: Wohlauf, zieht herauf gegen Kedar und vernichtet, die im Osten wohnen!

29 Man wird ihnen ihre Zelte und Herden nehmen, ihre Zeltdecken, alle Geräte und Kamele wegführen und über sie rufen: Schrecken um und um!

¶ **30** Flieht, hebt euch eilends davon, verkriecht euch tief, ihr Einwohner von Hazor!, spricht der HERR; denn Nebukadnezar, der König von Babel, hat etwas im Sinn wider euch und plant etwas gegen euch.

31 Wohlauf, zieht herauf wider ein Volk, das ruhig und sicher wohnt!, spricht der HERR; sie haben weder Tür noch Riegel und wohnen allein.

32 Ihre Kamele sollen geraubt und die Menge ihres Viehs genommen werden, und in alle Winde will ich die zerstreuen, die das Haar rundherum abscheren, und von allen Seiten her will ich ihr Unglück über sie kommen lassen, spricht der HERR;

33 dass Hazor eine Wohnung der Schakale und eine ewige Wüste werden soll, sodass niemand dort wohne und kein Mensch darin hause.

Weissagung gegen Elam

34 Dies ist das Wort des HERRN, das geschah zu Jeremia, dem Propheten, wider Elam im Anfang der Herrschaft Zedekias, des Königs von Juda:

35 So spricht der HERR Zebaoth: Siehe, ich will den Bogen Elams zerbrechen, seine stärkste Waffe,

26 Therefore her young men shall fall in
her squares,
and all her soldiers shall be destroyed
in that day,
declares the LORD of hosts.

27 And I will kindle a fire in the wall of
Damascus,
and it shall devour the strongholds of
Ben-hadad."

Judgment on Kedar and Hazor

¶ **28** Concerning Kedar and the kingdoms of Hazor that Nebuchadnezzar king of Babylon struck down.

Thus says the LORD:
"Rise up, advance against [i]Kedar!
Destroy the people of the east!

29 Their tents and their flocks shall be
taken,
their [i]curtains and all their goods;
their camels shall be led away from
them,
and men shall cry to them: 'Terror on
every side!'

30 Flee, wander far away, dwell in the
depths,
O inhabitants of Hazor!
declares the LORD.
For Nebuchadnezzar king of Babylon
has made a plan against you
and formed a purpose against you.

31 "Rise up, advance against a nation at ease,
that dwells securely,
declares the LORD,
[p] that has no gates or bars,
that dwells alone.

32 Their camels shall become plunder,
their herds of livestock a spoil.
I will scatter to every wind
those who cut the corners of their hair,
and I will bring their calamity
from every side of them,
declares the LORD.

33 Hazor shall become a haunt of jackals,
an everlasting waste;
no man shall dwell there;
[u] no man shall sojourn in her."

Judgment on Elam

¶ **34** The word of the LORD that came to Jeremiah the prophet concerning Elam, in the beginning of the reign of Zedekiah king of Judah.

¶ **35** Thus says the LORD of hosts: "Behold, I will break the bow of Elam, the mainstay of their might.

36 und will die vier Winde von den vier Enden des Himmels über sie kommen lassen und will sie in alle diese Winde zerstreuen, sodass es kein Volk geben soll, wohin nicht Vertriebene aus Elam kommen werden.

37 Und ich will Elam verzagt machen vor seinen Feinden und vor denen, die ihnen nach dem Leben trachten, und will Unheil über sie kommen lassen in meinem grimmigen Zorn, spricht der HERR, und will das Schwert hinter ihnen her schicken, bis ich sie aufreibe.

38 Meinen Thron will ich in Elam aufstellen und will dort den König und die Fürsten umbringen, spricht der HERR.

¶ **39** Aber in der letzten Zeit will ich das Geschick Elams wieder wenden, spricht der HERR.

Weissagung vom Untergang Babels und von der Erlösung Israels
(vgl. Jes 13,1–14,32)

50 Dies ist das Wort, das der HERR durch den Propheten Jeremia geredet hat wider Babel und das Land der Chaldäer:

¶ **2** Verkündet's unter den Völkern und lasst's erschallen, richtet das Banner auf! Lasst's erschallen und verbergt es nicht und sprecht: Babel ist genommen, Bel ist zuschanden, Merodach ist zerschmettert; ihre Götzen sind zuschanden, ihre Götterbilder sind zerschmettert!

3 Denn es zieht von Norden ein Volk heran gegen sie, das ihr Land zur Wüste macht, sodass niemand darin wohnen wird, sondern Menschen und Vieh daraus fliehen werden.

¶ **4** In jenen Tagen und zur selben Zeit, spricht der HERR, werden kommen die Leute von Israel samt den Leuten von Juda und weinend umherziehen und den HERRN, ihren Gott, suchen.

5 Sie werden fragen nach dem Wege nach Zion und sich dorthin kehren: »Kommt, wir wollen uns dem HERRN zuwenden zu einem ewigen Bunde, der nimmermehr vergessen werden soll!«

6 Denn mein Volk ist wie eine verlorne Herde. Ihre Hirten haben sie verführt und auf den Bergen in die Irre gehen lassen, dass sie über Berge und Hügel gehen mussten und ihren Ruheplatz vergaßen.

36 And I will bring upon Elam the four winds from the four quarters of heaven. And I will scatter them to all those winds, and there shall be no nation to which those driven out of ᵛElam shall not come.

37 I will terrify Elam before their enemies and before those who seek their life. I will bring disaster upon them, my fierce anger, declares the LORD. I will send the sword after them, until I have consumed them,

38 and I will set my throne in Elam and destroy their king and officials, declares the LORD.

¶ **39** "But in the latter days I will restore the fortunes of Elam, declares the LORD."

Judgment on Babylon

50 The word that the LORD spoke concerning Babylon, concerning the land of the Chaldeans, by Jeremiah the prophet:

2 "Declare among the nations and
    proclaim,
  set up a banner and proclaim,
    conceal it not, and say:
ʳBabylon is taken,
  Bel is put to shame,
    Merodach is dismayed.
 ᵉHer images are put to shame,
    her idols are dismayed.'

¶ **3** "For out of the north a nation has come up against her, which shall make her land a desolation, and none shall dwell in it; both man and beast shall flee away.

¶ **4** "In those days and in that time, declares the LORD, ʲthe people of Israel and the people of Judah shall come together, weeping as they come, and they shall seek the LORD their God.

5 They shall ask the way to Zion, with faces turned toward it, saying, 'Come, let us join ourselves to the LORD in an everlasting covenant that will never be forgotten.'

¶ **6** "My people have been lost sheep. Their shepherds have led them astray, turning them away on the mountains. From mountain to hill they have gone. They have forgotten their fold.

7 Es fraßen sie alle, die sie antrafen, und ihre Feinde sprachen: Wir tun nicht unrecht! Denn sie haben sich versündigt an dem HERRN, der rechten Weide, und an dem HERRN, der ihrer Väter Hoffnung war.

¶ **8** Flieht aus Babel und zieht aus der Chaldäer Lande und macht's wie die Böcke vor der Herde!

9 Denn siehe, ich will Völker in großen Scharen erwecken und aus dem Lande des Nordens gegen Babel heranführen; die sollen sich gegen die Stadt rüsten und sie auch einnehmen. Ihre Pfeile sind wie die eines guten Kriegers, der nicht mit leeren Händen zurückkehrt.

10 Und das Chaldäerland soll ein Raub werden; alle, die es berauben, sollen satt werden, spricht der HERR.

¶ **11** Wenn ihr euch auch freut und rühmt, dass ihr mein Erbteil geplündert habt, und hüpft wie die Kälber im Grase und wiehert wie die starken Rosse,

12 so wird eure Mutter doch sehr zuschanden und, die euch geboren hat, zum Spott werden. Siehe, unter den Völkern soll sie die Geringste sein, wüst, dürr und öde.

13 Denn vor dem Zorn des HERRN wird sie unbewohnt und ganz wüst bleiben, sodass alle, die an Babel vorüberziehen, sich entsetzen werden und spotten über alle ihre Plagen.

¶ **14** Stellt euch ringsum gegen Babel auf, all ihr Bogenschützen; schießt nach ihr, spart nicht an Pfeilen; denn sie hat wider den HERRN gesündigt.

15 Erhebt das Kriegsgeschrei ringsum. Sie hat sich ergeben, ihre Pfeiler sind gefallen, ihre Mauern sind abgebrochen; denn so vergilt der HERR. Übt Vergeltung an Babel, tut ihr, wie sie getan hat.

16 Rottet aus von Babel den Sämann und den Schnitter in der Ernte! Vor dem mörderischen Schwert wird sich jeder zu seinem Volk wenden und in sein Land fliehen.

7 All who found them have devoured them, and their enemies have said, 'We are not guilty, for they have sinned against the LORD, their habitation of righteousness, the LORD, the hope of their fathers.'

¶ **8** "Flee from the midst of Babylon, ᵛand go out of the land of the Chaldeans, and be as male goats before the flock.

9 For behold, I am stirring up and bringing against Babylon a gathering of great nations, from the north country. And they shall array themselves against her. From there she shall be taken. Their arrows are like a skilled warrior who does not return empty-handed.

10 Chaldea shall be plundered; all who plunder her shall be sated, declares the LORD.

11 "Though you rejoice, though you exult,
  O plunderers of my heritage,
  though you frolic like a heifer in the pasture,
  and neigh like stallions,
12 your mother shall be utterly shamed,
  and she who bore you shall be disgraced.
  Behold, she shall be the last of the nations,
  a wilderness, a dry land, and a desert.
13 Because of the wrath of the LORD she shall not be inhabited
  but shall be an utter desolation;
  everyone who passes by Babylon shall be appalled,
  ᵇ and hiss because of all her wounds.
14 Set yourselves in array against Babylon all around,
  all you who bend the bow;
  shoot at her, spare no arrows,
  for she has sinned against the LORD.
15 Raise a shout against her all around;
  she has surrendered;
  her bulwarks have fallen;
  her walls are thrown down.
  For this is the vengeance of the LORD:
  take vengeance on her;
  do to her as she has done.
16 Cut off from Babylon the sower,
  and the one who handles the sickle in time of harvest;
  because of the sword of the oppressor,
  every one shall turn to his own people,
  and every one shall flee to his own land.

¶ **17** Israel war eine zerstreute Herde, die die Löwen verscheucht haben. Zuerst fraß sie der König von Assyrien, danach nagte ihre Knochen ab Nebukadnezar, der König von Babel.

18 Darum spricht der HERR Zebaoth, der Gott Israels: Siehe, ich will heimsuchen den König von Babel und sein Land, gleichwie ich den König von Assyrien heimgesucht habe.

19 Israel aber will ich wieder heim zu seiner Wohnung bringen, dass sie auf dem Karmel und in Baschan weiden und sich sättigen sollen auf dem Gebirge Ephraim und Gilead.

¶ **20** Zur selben Zeit und in jenen Tagen wird man die Missetat Israels suchen, spricht der HERR, aber es wird keine da sein, und die Sünden Judas, aber es wird keine gefunden werden; denn ich will sie vergeben denen, die ich übrig bleiben lasse.

Vergeltung für Babels Übermut

21 Zieh heran gegen das Land Meratajim; zieh heran gegen die Einwohner von Pekod*; vertilge sie und vollziehe den Bann an ihren Nachkommen, spricht der HERR, und tu alles, was ich dir befohlen habe!

22 Es ist ein Kriegsgeschrei im Lande und großer Jammer.

23 Wie ist der Hammer der ganzen Welt zerbrochen und zerschlagen! Wie ist Babel zum Bild des Entsetzens geworden unter allen Völkern!

24 Ich habe dir Fallen gestellt, Babel, und du hast dich darin gefangen, ehe du dich's versahst; du bist getroffen und ergriffen, denn du hast den HERRN herausgefordert.

¶ **25** Der HERR hat sein Zeughaus aufgetan und die Waffen seines Zorns hervorgeholt; denn Gott, der HERR Zebaoth, hat etwas auszurichten in der Chaldäer Lande.

26 Kommt her gegen dies Land von allen Enden, öffnet seine Kornhäuser, werft alles auf einen Haufen und vollzieht den Bann an ihm, dass nichts übrig bleibe!

27 Tötet alle seine Stiere, führt sie hinab zur Schlachtbank! Weh ihnen, denn ihr Tag ist gekommen, die Zeit ihrer Heimsuchung!

¶ **17** "Israel is a hunted sheep driven away by lions. First the king of Assyria devoured him, and now at last Nebuchadnezzar king of Babylon has gnawed his bones.

18 Therefore, thus says the LORD of hosts, the God of Israel: Behold, I am bringing punishment on the king of Babylon and his land, as I punished the king of Assyria.

19 I will restore Israel to his pasture, and ᵗhe shall feed on Carmel and in ᵘBashan, and his desire shall be satisfied on the hills of Ephraim and in ᵘGilead.

20 In those days and in that time, declares the LORD, iniquity shall be sought in Israel, and there shall be none, and sin in Judah, and none shall be found, for I will pardon those whom I leave as a remnant.

21 "Go up against the land of Merathaim,[1] and against the inhabitants of Pekod.[2] Kill, and devote them to destruction,[3] declares the LORD, and do all that I have commanded you.

22 The noise of battle is in the land, and great destruction!

23 How the hammer of the whole earth is cut down and broken! How Babylon has become a horror among the nations!

24 I set a snare for you and you were taken, O Babylon, and you did not know it; you were found and caught, because you opposed the LORD.

25 The LORD has opened his armory and brought out the weapons of his wrath, for the Lord GOD of hosts has a work to do in the land of the Chaldeans.

26 Come against her from every quarter; open her granaries; pile her up like heaps of grain, and devote her to destruction; let nothing be left of her.

27 Kill all her bulls; let them go down to the slaughter. Woe to them, for their day has come, the time of their punishment.

28 Man hört ein Geschrei der Flüchtigen und derer, die entronnen sind aus dem Lande Babel, dass sie verkünden zu Zion die Vergeltung des HERRN, unseres Gottes, die Vergeltung für seinen Tempel.

¶ **29** Ruft viele wider Babel, belagert es ringsum, all ihr Bogenschützen, und lasst keinen davonkommen! Vergeltet Babel, wie es verdient hat; wie es getan hat, so tut ihm wieder! Denn es hat stolz gehandelt wider den HERRN, den Heiligen Israels.

30 Darum soll seine junge Mannschaft fallen auf seinen Gassen, und alle seine Kriegsleute sollen umkommen an jenem Tage, spricht der HERR.

31 Siehe, du Stolzer, ich will an dich, spricht Gott, der HERR Zebaoth; denn dein Tag ist gekommen, die Zeit deiner Heimsuchung.

32 Da soll der Stolze stürzen und fallen, dass ihn niemand aufrichte. Ich will an seine Städte Feuer legen; das soll alles, was ringsumher ist, verzehren.

¶ **33** So spricht der HERR Zebaoth: Siehe, die Leute von Israel samt den Leuten von Juda müssen Gewalt und Unrecht leiden; alle, die sie gefangen weggeführt haben, halten sie fest und wollen sie nicht loslassen.

34 Aber ihr Erlöser ist stark, der heißt HERR Zebaoth; der wird ihre Sache so hinausführen, dass er das Land erbeben und die Einwohner von Babel erzittern lässt.

Der Vernichter kommt über Babel

35 Das Schwert soll kommen, spricht der HERR, über die Chaldäer und über die Einwohner von Babel und über ihre Fürsten und über ihre Weisen!

36 Das Schwert soll kommen über ihre Wahrsager, dass sie zu Narren werden; das Schwert soll kommen über ihre Starken, dass sie verzagen!

37 Das Schwert soll kommen über ihre Rosse und Wagen und über alles fremde Volk, das darin ist, dass sie zu Weibern werden! Das Schwert soll kommen über ihre Schätze, dass sie geplündert werden!

¶ **28** "A voice! They flee and escape from the land of Babylon, to declare in Zion the vengeance of the LORD our God, vengeance for his temple.

¶ **29** "Summon archers against Babylon, all those who bend the bow. ¹Encamp around her; let no one escape. Repay her according to her deeds; do to her according to all that she has done. For she has proudly defied the LORD, the Holy One of Israel.

30 Therefore her young men shall fall in her squares, and all her soldiers shall be destroyed on that day, declares the LORD.

31 "Behold, I am against you, O proud one,
    declares the Lord GOD of hosts,
for your day has come,
    the time when I will punish you.

32 The proud one shall stumble and fall,
    with none to raise him up,
and I will kindle a fire in his cities,
    and it will devour all that is around
        him.

¶ **33** "Thus says the LORD of hosts: The people of Israel are oppressed, and the people of Judah with them. All who took them captive have held them fast; they refuse to let them go.

34 Their Redeemer is strong; the LORD of hosts is his name. He will surely plead their cause, that he may give rest to the earth, but unrest to the inhabitants of Babylon.

35 "A sword against the Chaldeans, declares
    the LORD,
        and against the inhabitants of Babylon,
        and against her officials and her wise
            men!

36 A sword against the diviners,
    that they may become fools!
A sword against her warriors,
    that they may be destroyed!

37 A sword against her horses and against
        her chariots,
    and against all the foreign troops in
        her midst,
        that they may become women!
A sword against all her treasures,
    that they may be plundered!

38 Dürre soll kommen über ihre Wasser, dass sie versiegen! Denn es ist ein Götzenland, und an ihren schrecklichen Götzen sind sie toll geworden.

39 Darum sollen Wüstentiere und wilde Hunde darin wohnen und die Strauße, und es soll nie mehr bewohnt werden und niemand darin hausen für und für.

40 Gleichwie Gott Sodom und Gomorra samt ihren Nachbarn zerstört hat, spricht der HERR, soll niemand darin wohnen noch ein Mensch darin hausen.

¶ **41** Siehe, es kommt ein Volk von Norden her; viele Völker und viele Könige werden vom Ende der Erde sich aufmachen.

42 Die haben Bogen und Speer; sie sind grausam und unbarmherzig; ihr Geschrei ist wie das Brausen des Meeres; sie reiten auf Rossen, gerüstet als Kriegsleute gegen dich, du Tochter Babel.

43 Wenn der König von Babel die Kunde von ihnen hören wird, so werden ihm die Hände niedersinken; ihm wird so angst und bange werden wie einer Frau in Kindsnöten.

¶ **44** Siehe, er kommt herauf wie ein Löwe aus dem Dickicht des Jordans in die Auen; denn ich will sie eilends daraus wegtreiben und den, der erwählt ist, darüber setzen. Denn wer ist mir gleich, wer will mich meistern und wer ist der Hirte, der mir widerstehen kann?

¶ **45** So hört nun den Ratschluss des HERRN, den er über Babel gefasst hat, und seine Gedanken, die er hat über die Einwohner im Lande der Chaldäer! Was gilt's? Wird man sie nicht fortschleifen mit den geringsten ihrer Schafe, werden ihretwegen nicht ihre Auen veröden?

46 Und die Erde wird beben von dem Ruf: Babel ist genommen!, und sein Wehgeschrei wird unter den Völkern erschallen.

Weitere Weissagung vom Untergang Babels und von der Erlösung Israels

51 So spricht der HERR: Siehe, ich will einen Verderben bringenden Wind erwecken wider Babel und wider seine Bewohner, die sich gegen mich erhoben haben.

38 A drought against her waters, that they may be dried up! For it is a land of images, and they are mad over idols.

¶ **39** "Therefore wild beasts shall dwell with hyenas in Babylon, and ostriches shall dwell in her. She shall never again have people, nor be inhabited for all generations.

40 As when God overthrew Sodom and Gomorrah and their neighboring cities, declares the LORD, so no man shall dwell there, and no son of man shall sojourn in her.

41 "Behold, a people comes from the north; a mighty nation and many kings are stirring from the farthest parts of the earth.

42 They lay hold of bow and spear; they are cruel and have no mercy. The sound of them is like the roaring of the sea; they ride on horses, arrayed as a man for battle against you, O daughter of Babylon!

43 "The king of Babylon heard the report of them, and his hands fell helpless; anguish seized him, pain as of a woman in labor.

¶ **44** "Behold, like a lion coming up from the thicket of the Jordan against a perennial pasture, I will suddenly make them run away from her, and I will appoint over her whomever I choose. For who is like me? Who will summon me? What shepherd can stand before me?

45 Therefore hear the plan that the LORD has made against Babylon, *k* and the purposes that he has formed against the land of the Chaldeans: Surely the little ones of their flock shall be dragged away; surely their fold shall be appalled at their fate.

46 At the sound of the capture of Babylon the earth shall tremble, and her cry shall be heard among the nations."

The Utter Destruction of Babylon

51 Thus says the LORD: "Behold, I will stir up the spirit of a destroyer against Babylon, against the inhabitants of Leb-kamai,[1]

2 Ich will Worfler nach Babel schicken, die sie worfeln sollen und ihr Land ausfegen, die von allen Seiten über sie kommen werden am Tage des Unheils.

3 Ihre Schützen sollen nicht schießen, und ihre Geharnischten sollen sich nicht wehren können. Verschont nicht ihre junge Mannschaft, vollstreckt den Bann an ihrem ganzen Heer,

4 dass die Erschlagenen daliegen im Lande der Chaldäer und die Erstochenen auf ihren Gassen!

5 Aber Israel und Juda sollen nicht Witwen werden, verlassen von ihrem Gott, dem HERRN Zebaoth; denn das Land der Chaldäer hat sich sehr verschuldet am Heiligen Israels.

6 Flieht aus Babel und rette ein jeder sein Leben, dass ihr nicht untergeht in seiner Schuld. Denn dies ist für den HERRN die Zeit der Rache, um ihm seine Taten zu vergelten.

¶ **7** Ein goldener Kelch, der alle Welt trunken gemacht hat, war Babel in der Hand des HERRN. Alle Völker haben von seinem Wein getrunken; darum sind die Völker so toll geworden.

8 Wie plötzlich ist Babel gefallen und zerschmettert! Heult über Babel, bringt Balsam für seine Wunden, ob es vielleicht geheilt werden könnte.

9 Wir wollten Babel heilen; aber es wollte nicht geheilt werden. So lasst es fahren und lasst uns ein jeder in sein Land ziehen! Denn seine Strafe reicht bis an den Himmel und langt hinauf bis an die Wolken.

10 Der HERR hat unsere Gerechtigkeit ans Licht gebracht. Kommt, lasst uns in Zion erzählen die Werke des HERRN, unseres Gottes!

¶ **11** Ja, schärft nun die Pfeile und ergreift die Schilde! Der HERR hat den Mut der Könige von Medien erweckt; denn seine Gedanken stehen wider Babel, dass er es verderbe. Denn dies ist die Vergeltung des HERRN, die Vergeltung für seinen Tempel.

2 and I will send to Babylon winnowers,
   and they shall winnow her,
   and they shall empty her land,
      when they come against her from
         every side
      on the day of trouble.
3 Let not the archer bend his bow,
   and let him not stand up in his armor.
Spare not her young men;
   devote to destruction[2] all her army.
4 They shall fall down slain in the land of
      the Chaldeans,
   and wounded in her streets.
5 For Israel and Judah have not been
      forsaken
   by their God, the LORD of hosts,
but the land of the Chaldeans[3] is full of
      guilt
   against the Holy One of Israel.
6 "Flee from the midst of Babylon;
   let every one save his life!
Be not cut off in her punishment,
   for this is the time of the LORD's
         vengeance,
   the repayment he is rendering her.
7 Babylon was a golden cup in the LORD's
      hand,
   making all the earth drunken;
the nations drank of her wine;
   therefore the nations went mad.
8 Suddenly Babylon has fallen and been
      broken;
   wail for her!
Take balm for her pain;
   perhaps she may be healed.
9 We would have healed Babylon,
   but she was not healed.
Forsake her, and let us go
   each to his own country,
for her judgment has reached up to
      heaven
   and has been lifted up even to the
         skies.
10 The LORD has brought about our
      vindication;
   come, let us declare in Zion
   the work of the LORD our God.

11 "Sharpen the arrows!
   Take up the shields!

The LORD has stirred up the spirit of the kings of the Medes, because his purpose concerning Babylon is to destroy it, for that is the vengeance of the LORD, the vengeance for [m]his temple.

12 Ja, erhebt nun das Banner gegen die Mauern von Babel, macht stark die Wachen, bestellt Wächter, legt einen Hinterhalt! Denn der Herr hat sich's vorgenommen und wird's auch tun, was er gegen die Einwohner von Babel geredet hat.

¶ **13** Die du an großen Wassern wohnst und große Schätze hast, dein Ende ist gekommen, dein Lebensfaden wird abgeschnitten!

14 Der Herr Zebaoth hat bei sich geschworen: Wenn ich dich auch gefüllt habe mit Menschen wie mit Heuschrecken, so wird man doch über dich anstimmen den Ruf des Keltertreters.

Größe und Grenze von Babels Macht

15 Er hat die Erde durch seine Kraft gemacht und den Erdkreis durch seine Weisheit bereitet und den Himmel ausgebreitet durch seinen Verstand.

16 Wenn er donnert, so ist Wasser die Menge am Himmel. Er lässt die Wolken heraufziehen vom Ende der Erde. Er macht die Blitze, dass es regnet, und lässt den Wind kommen aus seinen Vorratskammern.

17 Alle Menschen aber sind Toren mit ihrer Kunst, und alle Goldschmiede stehen beschämt da mit ihren Bildern; denn ihre Götzen sind Trug und haben kein Leben.

18 Sie sind nichts, ein Spottgebilde; sie müssen zugrunde gehen, wenn sie heimgesucht werden.

19 Aber so ist er nicht, der Jakobs Reichtum ist, sondern er ist's, der alle Dinge schafft, und Israel ist sein Erbteil. Er heißt Herr Zebaoth.

¶ **20** Du, Babel, warst mein Hammer, meine Kriegswaffe; durch dich habe ich Völker zerschmettert und Königreiche zerstört.

21 Durch dich habe ich Rosse und Reiter zerschmettert, Wagen und Fahrer.

12 "Set up a standard against the walls of Babylon;
   make the watch strong;
set up watchmen;
   prepare the ambushes;
for the Lord has both planned and done
   what he spoke concerning the inhabitants of Babylon.

13 O you who dwell by many waters,
   rich in treasures,
your end has come;
   the thread of your life is cut.

14 The Lord of hosts has sworn by himself:
Surely I will fill you with men, as many
   as locusts,
and they shall raise the shout of victory over you.

15 "It is he who made the earth by his
   power,
   who established the world by his
     wisdom,
and by his understanding stretched out
   the heavens.

16 When he utters his voice there is a
   tumult of waters in the heavens,
and he makes the mist rise from the
   ends of the earth.
He makes lightning for the rain,
   and he brings forth the wind from his
     storehouses.

17 Every man is stupid and without
   knowledge;
   every goldsmith is put to shame by his
     idols,
for his images are false,
   and there is no breath in them.

18 They are worthless, a work of delusion;
   at the time of their punishment they
     shall perish.

19 Not like these is he who is the portion of
   Jacob,
for he is the one who formed all
     things,
and Israel is the tribe of his inheritance;
   the Lord of hosts is his name.

20 "You are my hammer and weapon of
   war:
   with you I break nations in pieces;
   with you I destroy kingdoms;

21 with you I break in pieces the horse and
   his rider;
   with you I break in pieces the chariot
     and the charioteer;

22 Durch dich habe ich Männer und Frauen zerschmettert, Alte und Junge, Jünglinge und Jungfrauen.

23 Durch dich habe ich Hirten und Herden zerschmettert, Bauern und Gespanne und Fürsten und Herren.

24 Aber nun will ich Babel und allen Bewohnern von Chaldäa vergelten alle ihre Bosheit, die sie an Zion begangen haben, vor euren Augen, spricht der HERR.

¶ **25** Siehe, ich will an dich, du Berg des Verderbens, der du Verderben gebracht hast über alle Welt, spricht der HERR. Ich will meine Hand wider dich ausstrecken und dich von den Felsen herabwälzen und will einen verbrannten Berg aus dir machen,

26 dass man weder Ecksteine noch Grundsteine aus dir nehmen kann, sondern eine ewige Wüste sollst du sein, spricht der HERR.

¶ **27** Richtet auf das Banner auf Erden, blast die Posaune unter den Völkern! Heiligt die Völker zum Kampf gegen die Stadt Babel! Ruft wider sie die Königreiche Ararat, Minni und Aschkenas! Sammelt Kriegsleute gegen sie, bringt Rosse herauf, zahlreich wie Heuschrecken!

28 Heiligt die Völker zum Kampf gegen sie, die Könige von Medien samt allen ihren Fürsten und Herren und das ganze Land ihrer Herrschaft,

29 dass das Land erbebt und erzittert; denn die Gedanken des HERRN wollen erfüllt werden wider Babel, dass er das Land Babel zur Wüste mache, in der niemand wohnt.

¶ **30** Die Helden zu Babel werden nicht zu Felde ziehen, sondern in der Festung bleiben. Mit ihrer Stärke ist's aus, sie sind Weiber geworden; ihre Wohnungen sind in Brand gesteckt und ihre Riegel zerbrochen.

22 with you I break in pieces man and woman;
with you I break in pieces the old man and the youth;
with you I break in pieces ᵛthe young man and the young woman;

23 with you I break in pieces the shepherd and his flock;
with you I break in pieces the farmer and his team;
with you I break in pieces governors and commanders.

¶ **24** "I will repay Babylon and all the inhabitants of Chaldea before your very eyes for all the evil that they have done in Zion, declares the LORD.

25 "Behold, I am against you, O destroying mountain,
                                                declares the LORD,
which destroys the whole earth;
I will stretch out my hand against you,
and roll you down from the crags,
and make you a burnt mountain.

26 No stone shall be taken from you for a corner
and no stone for a foundation,
but you shall be a perpetual waste,
declares the LORD.

27 "Set up a standard on the earth;
blow the trumpet among the nations;
prepare the nations for war against her;
summon against her the kingdoms,
Ararat, Minni, and Ashkenaz;
appoint a marshal against her;
bring up horses like bristling locusts.

28 Prepare the nations for war against her,
the kings of the Medes, with their governors ¹and deputies,
and every land under their dominion.

29 The land trembles and writhes in pain,
for the LORD's purposes against Babylon stand,
to make the land of Babylon a desolation,
without inhabitant.

30 The warriors of Babylon have ceased fighting;
they remain in their strongholds;
their strength has failed;
they have become women;
her dwellings are on fire;
her bars are broken.

31 Ein Läufer begegnet dem andern und ein Bote dem andern, um dem König von Babel anzusagen, dass seine Stadt genommen sei an allen Enden

32 und die Furten besetzt seien und die Bollwerke verbrannt und die Kriegsleute verzagt.

33 Denn so spricht der HERR Zebaoth, der Gott Israels: Die Tochter Babel ist wie eine Tenne, wenn man sie feststampft; es wird ihre Ernte gar bald kommen.

Gott verhilft Jerusalem zu seinem Recht

34 »Nebukadnezar, der König von Babel, hat mich gefressen und umgebracht, er hat aus mir ein leeres Gefäß gemacht. Er hat mich verschlungen wie ein Drache, er hat seinen Bauch gefüllt mit meinen Kostbarkeiten; er hat mich vertrieben.

35 Nun aber komme über Babel der Frevel, der an mir begangen ist und an meinem Fleische«, spricht die Einwohnerin von Zion, »und mein Blut komme über die Bewohner von Chaldäa«, spricht Jerusalem.

¶ **36** Darum spricht der HERR: Siehe, ich will deine Sache führen und dich rächen. Ich will ihr Meer austrocknen und ihre Brunnen versiegen lassen.

37 Und Babel soll zu Steinhaufen und zur Wohnung der Schakale werden, zum Bild des Entsetzens und zum Spott, dass niemand darin wohne.

38 Sie sollen miteinander brüllen wie die Löwen und knurren wie die jungen Löwen.

39 Wenn sie vor Gier brennen, will ich ihnen ein Mahl zurichten und will sie trunken machen, dass sie matt werden und zum ewigen Schlaf einschlafen, von dem sie nimmermehr aufwachen sollen, spricht der HERR.

40 Ich will sie hinabführen wie Lämmer zur Schlachtbank, wie Widder und Böcke.

¶ **41** Wie ist Scheschach gefallen und die in aller Welt Berühmte eingenommen! Wie ist Babel zum Bild des Entsetzens geworden unter den Heiden!

31 One runner runs to meet another,
  and one messenger to meet another,
to tell the king of Babylon
  that his city is taken on every side;

32 the fords have been seized,
  the marshes are burned with fire,
  and the soldiers are in panic.

33 For thus says the LORD of hosts, the God
    of Israel:
  The daughter of Babylon is like ᵘa
    threshing floor
  at the time when it is trodden;
yet a little while
  and the time of her harvest will come."

34 "Nebuchadnezzar the king of Babylon
    has devoured me;
  he has crushed me;
he has made me an empty vessel;
  he has swallowed me like a monster;
  he has filled his stomach with my
    delicacies;
  he has rinsed me out.ᶠ

35 The violence done to me and to my
    kinsmen be upon Babylon,"
  let the inhabitant of Zion say.
"My blood be upon the inhabitants of
    Chaldea,"
  let Jerusalem say.

36 Therefore thus says the LORD:
"Behold, I will plead your cause
  and take vengeance for you.
I will dry up her sea
  and make her fountain dry,

37 and Babylon shall become a heap of
    ruins,
  the haunt of jackals,
a horror ᵉand a hissing,
  without inhabitant.

38 "They shall roar together like lions;
  they shall growl like lions' cubs.

39 While they are inflamed ʰI will prepare
    them a feast
  and make them drunk, that they may
    become merry,
ⁱ then sleep a perpetual sleep
  and not wake, declares the LORD.

40 I will bring them down like lambs to the
    slaughter,
  like rams and male goats.

41 "How Babylon⁵ is taken,
  the praise of the whole earth seized!
How Babylon has become
  a horror among the nations!

42 Ein Meer ist über Babel gegangen, und mit der Menge seiner Wellen ist es bedeckt.

43 Seine Städte sind zur Wüste und zu einem dürren, öden Lande geworden, zum Lande, darin niemand wohnt und das kein Mensch durchzieht.

44 Ja, ich habe den Bel zu Babel heimgesucht und habe aus seinem Rachen gerissen, was er verschlungen hatte. Und die Heiden sollen nicht mehr zu ihm laufen; denn es sind auch die Mauern von Babel zerfallen.

Gottes Volk zieht aus Babel

45 Zieh aus von dort, mein Volk, und rette ein jeder sein Leben vor dem grimmigen Zorn des Herrn!

46 Euer Herz könnte sonst weich werden und verzagen vor den Gerüchten, die man im Lande hören wird. Denn es wird in diesem Jahr ein Gerücht umgehen und danach im nächsten Jahr wieder ein Gerücht, und Gewalt wird im Lande sein und ein Herrscher wider den andern.

¶ **47** Darum siehe, es kommt die Zeit, dass ich die Götzen zu Babel heimsuchen will und sein ganzes Land zuschanden werden soll und seine Erschlagenen darin liegen werden.

48 Himmel und Erde und alles, was darinnen ist, werden jauchzen über Babel, weil seine Verwüster von Norden gekommen sind, spricht der Herr.

49 Und Babel muss fallen für die Erschlagenen Israels, wie für Babel gefallen sind die Erschlagenen der ganzen Erde.

¶ **50** So zieht nun hin, die ihr dem Schwert entronnen seid, und haltet euch nicht auf! Gedenkt des Herrn in fernem Lande und lasst euch Jerusalem im Herzen sein!

51 Wir waren zuschanden geworden, weil wir die Schmach hören mussten und Scham unser Angesicht bedeckte, weil die Fremden über das Heiligtum des Hauses des Herrn kamen.

42 The sea has come up on Babylon;
  she is covered with its tumultuous
    waves.

43 Her cities have become a horror,
  a land of drought and a desert,
a land in which no one dwells,
  and through which no son of man
    passes.

44 And I will punish Bel in Babylon,
  and take out of his mouth what he has
    swallowed.
The nations shall no longer flow to him;
  the wall of Babylon has fallen.

45 "Go out of the midst of her, my people!
  Let every one save his life
    from the fierce anger of the Lord!

46 Let not your heart faint, and be not
    fearful
  at the report heard in the land,
when a report comes in one year
  and afterward a report in another year,
and violence is in the land,
  ˣ and ruler is against ruler.

47 "Therefore, behold, the days are coming
  when I will punish the images of
    Babylon;
her whole land shall be put to shame,
  and all her slain shall fall in the midst
    of her.

48 Then the heavens and the earth,
  and all that is in them,
shall sing for joy over Babylon,
  for the destroyers shall come against
    them out of the north,
      declares the Lord.

49 Babylon must fall for the slain of Israel,
  just as for Babylon have fallen the slain
    of all the earth.

50 "You who have escaped from the sword,
  go, do not stand still!
Remember the Lord from far away,
  and let Jerusalem come into your
    mind:

51 'We are put to shame, for we have heard
    reproach;
  ᵉ dishonor has covered our face,
for foreigners have come
  into the holy places of the Lord's
    house.'

¶ **52** Darum siehe, die Zeit kommt, spricht der HERR, dass ich die Götzen Babels heimsuchen will, und im ganzen Lande sollen die tödlich Verwundeten stöhnen.

53 Und wenn Babel zum Himmel emporstiege und seine Mauern unersteigbar hoch machte, so sollen doch Verwüster von mir über sie kommen, spricht der HERR.

Babels Untergang und das prophetische Todesurteil über Babel

54 Man hört ein Geschrei aus Babel und einen großen Jammer aus der Chaldäer Lande;

55 denn der HERR verwüstet Babel und vertilgt aus ihm das große Getümmel. Wellen brausen heran wie große Wasser, es erschallt ihr lautes Tosen;

56 denn es ist über Babel der Verwüster gekommen. Seine Helden werden gefangen, seine Bogen werden zerbrochen; denn der Gott der Vergeltung, der HERR, zahlt es ihnen heim.

57 Ich will seine Fürsten, Weisen, Herren und Hauptleute und seine Krieger trunken machen, dass sie zu ewigem Schlaf einschlafen sollen, von dem sie nie mehr aufwachen, spricht der König, der da heißt HERR Zebaoth.

¶ **58** So spricht der HERR Zebaoth: Die Mauern des großen Babel sollen geschleift und seine hohen Tore mit Feuer verbrannt werden, dass die Arbeit der Heiden umsonst sei und dem Feuer verfalle, was die Völker mit Mühe erbaut haben.

¶ **59** Dies ist das Wort, das der Prophet Jeremia befahl Seraja, dem Sohn Nerijas, des Sohnes Machsejas, als er mit Zedekia, dem König von Juda, nach Babel zog im vierten Jahr seiner Herrschaft. Und Seraja war der Marschall für die Reise.

60 Und Jeremia schrieb all das Unheil, das über Babel kommen sollte, in ein Buch, nämlich alle diese Worte, die wider Babel geschrieben sind.

52 "Therefore, behold, the days are coming,
  declares the LORD,
    when I will execute judgment upon
      her images,
  and through all her land
    the wounded shall groan.
53 Though Babylon should mount up to
      heaven,
  and though she should fortify her
    strong height,
  yet destroyers would come from me
    against her,
  declares the LORD.

54 "A voice! A cry from Babylon!
  The noise of great destruction from the
    land of the Chaldeans!
55 For the LORD is laying Babylon waste
  and stilling her mighty voice.
  Their waves roar like many waters;
    the noise of their voice is raised,
56 for a destroyer has come upon her,
    upon Babylon;
  her warriors are taken;
    their bows are broken in pieces,
  for the LORD is a God of recompense;
    he will surely repay.
57 I will make drunk her officials and her
      wise men,
  her governors, her commanders, and
    her warriors;
  they shall sleep a perpetual sleep and
      not wake,
  declares the King, whose name is the
    LORD of hosts.

58 "Thus says the LORD of hosts:
  The broad wall of Babylon
    shall be leveled to the ground,
  and her high gates
    shall be burned with fire.
  The peoples labor for nothing,
    and the nations weary themselves only
      for fire."

¶ **59** The word that Jeremiah the prophet commanded Seraiah the son of Neriah, son of Mahseiah, when he went with Zedekiah king of Judah to Babylon, in the fourth year of his reign. Seraiah was the quartermaster.

60 Jeremiah wrote in a book all the disaster that should come upon Babylon, all these words that are written concerning Babylon.

61 Und Jeremia sprach zu Seraja: Wenn du nach Babel kommst, so schaue zu und lies laut alle diese Worte

62 und sprich: Herr, du hast geredet gegen diese Stätte, dass du sie ausrotten willst, sodass niemand darin wohne, weder Mensch noch Vieh, sondern dass sie immerdar wüst sei.

¶ **63** Und wenn du das Buch ausgelesen hast, so binde einen Stein daran und wirf's in den Euphrat

64 und sprich: So soll Babel versinken und nicht wieder aufkommen von dem Unheil, das ich über sie bringen will, sondern soll vergehen.

¶ So weit hat Jeremia geredet.

Nochmaliger Bericht von der Zerstörung Jerusalems und der Wegführung in die Gefangenschaft
(vgl. Kap 39,1-10; 2. Kön 24,18–25,21; 2. Chr 36,11-21)

52 Zedekia war einundzwanzig Jahre alt, als er König wurde; und er regierte elf Jahre zu Jerusalem. Seine Mutter hieß Hamutal, eine Tochter Jirmejas aus Libna.

2 Und er tat, was dem Herrn missfiel, gleichwie Jojakim getan hatte.

¶ **3** Denn so geschah es mit Jerusalem und Juda um des Zornes des Herrn willen, bis er sie von seinem Angesicht wegstieß. Zedekia fiel ab vom König von Babel.

4 Im neunten Jahr seiner Herrschaft, am zehnten Tage des zehnten Monats kam Nebukadnezar, der König von Babel, mit seinem ganzen Heer vor Jerusalem, und sie belagerten es und machten Bollwerke ringsumher.

5 Und die Stadt blieb belagert bis ins elfte Jahr des Königs Zedekia.

6 Aber am neunten Tage des vierten Monats nahm der Hunger überhand in der Stadt, und das Volk des Landes hatte nichts mehr zu essen.

7 Da brach man in die Stadt und alle Kriegsleute wandten sich zur Flucht und zogen zur Stadt hinaus bei Nacht durch das Tor zwischen den zwei Mauern auf dem Wege, der zum Garten des Königs geht. Aber die Chaldäer lagen rings um die Stadt her. Und als sie den Weg zum Jordantal nahmen,

8 jagte das Heer der Chaldäer dem König nach, und sie holten Zedekia ein im Jordantal von Jericho. Da zerstreute sich sein ganzes Heer.

61 And Jeremiah said to Seraiah: "When you come to Babylon, see that you read all these words,

62 and say, 'O Lord, you have said concerning this place that you will cut it off, so that nothing shall dwell in it, neither man nor beast, and it shall be desolate forever.'

63 When you finish reading this book, tie a stone to it ᶻand cast it into the midst of the Euphrates,

64 and say, 'Thus shall Babylon sink, to rise no more, because of the disaster that I am bringing upon her, and they shall become exhausted.'"

¶ Thus far are the words of Jeremiah.

The Fall of Jerusalem Recounted

52 Zedekiah was twenty-one years old when he became king; and he reigned eleven years in Jerusalem. His mother's name was Hamutal the daughter of Jeremiah of Libnah.

2 And he did what was evil in the sight of the Lord, according to all that Jehoiakim had done.

3 For because of the anger of the Lord things came to the point in Jerusalem and Judah that he cast them out from his presence.

¶ And Zedekiah rebelled against the king of Babylon.

4 And in the ninth year of his reign, in the tenth month, on the tenth day of the month, Nebuchadnezzar king of Babylon came with all his army against Jerusalem, and laid siege to it. And they built siegeworks all around it.

5 So the city was besieged till the eleventh year of King Zedekiah.

6 On the ninth day of the fourth month the famine was so severe in the city that there was no food for the people of the land.

7 Then a breach was made in the city, and all the men of war fled and went out from the city by night by the way of a gate between the two walls, by the king's garden, while the Chaldeans were around the city. And they went in the direction of the Arabah.

8 But the army of the Chaldeans pursued the king and overtook Zedekiah in the plains of Jericho. And all his army was scattered from him.

9 Und sie nahmen den König gefangen und brachten ihn hinauf zum König von Babel nach Ribla, das im Lande Hamat liegt; der sprach das Urteil über ihn.

10 Allda ließ der König von Babel die Söhne Zedekias vor dessen Augen töten und tötete auch alle Oberen von Juda in Ribla.

11 Aber Zedekia ließ er die Augen ausstechen und ihn in Ketten legen. So führte ihn der König von Babel nach Babel und legte ihn ins Gefängnis, bis er starb.

¶ **12** Am zehnten Tage des fünften Monats, das ist das neunzehnte Jahr Nebukadnezars, des Königs von Babel, kam Nebusaradan, der Oberste der Leibwache, der stets um den König von Babel war, nach Jerusalem

13 und verbrannte das Haus des HERRN und das Haus des Königs und alle Häuser von Jerusalem; alle großen Häuser verbrannte er mit Feuer.

14 Und das ganze Heer der Chaldäer, das bei dem Obersten der Leibwache war, riss alle Mauern Jerusalems ringsumher nieder.

15 Aber das niedere Volk und was vom Volk noch übrig war in der Stadt und die zum König von Babel abgefallen waren und was übrig geblieben war von den Werkleuten führte Nebusaradan, der Oberste der Leibwache, gefangen weg.

16 Vom niederen Volk auf dem Lande ließ Nebusaradan, der Oberste der Leibwache, Weingärtner und Ackerleute zurück.

¶ **17** Aber die kupfernen Säulen am Hause des HERRN und die Gestelle und das kupferne Meer am Hause des HERRN zerbrachen die Chaldäer und brachten alles Kupfer nach Babel.

18 Und die Töpfe, Schaufeln, Messer, Becken, Schalen und alle kupfernen Gefäße, die man im Gottesdienst zu gebrauchen pflegte, nahmen sie weg.

19 Dazu nahm der Oberste der Leibwache, was golden und silbern war an Bechern, Räuchergefäßen, Becken, Töpfen, Leuchtern, Löffeln und Schalen.

20 Die zwei Säulen, das Meer, die zwölf kupfernen Rinder darunter und die Gestelle, welche der König Salomo hatte machen lassen für das Haus des HERRN – das Kupfer aller dieser Geräte war unermesslich viel.

9 Then they captured the king and brought him up to the king of Babylon at Riblah in the land of Hamath, and he passed sentence on him.

10 The king of Babylon slaughtered the sons of Zedekiah before his eyes, and also slaughtered all the officials of Judah at Riblah.

11 He put out the eyes of Zedekiah, and bound him in chains, and the king of Babylon took him to Babylon, and put him in prison ^{g}till the day of his death.

The Temple Burned

¶ **12** In the fifth month, on the tenth day of the month—that was the nineteenth year of King Nebuchadnezzar, king of Babylon— Nebuzaradan the captain of the bodyguard, who served the king of Babylon, entered Jerusalem.

13 And he burned the house of the LORD, and the king's house and all the houses of Jerusalem; every great house he burned down.

14 And all the army of the Chaldeans, who were with the captain of the guard, broke down all the walls around Jerusalem.

15 And Nebuzaradan the captain of the guard carried away captive some of the poorest of the people and the rest of the people who were left in the city and the deserters who had deserted to the king of Babylon, together with the rest of the artisans.

16 But Nebuzaradan the captain of the guard left some of the poorest of the land to be vinedressers and plowmen.

¶ **17** And the pillars of bronze that were in the house of the LORD, and the stands and the bronze sea that were in the house of the LORD, the Chaldeans broke in pieces, and carried all the bronze to Babylon.

18 And they took away the pots and the shovels and the snuffers and the basins and the dishes for incense and all the vessels of bronze used in the temple service;

19 also the small bowls and the fire pans and the basins and the pots and the lampstands and the dishes for incense ^{s}and the bowls for drink offerings. What was of gold the captain of the guard took away as gold, and what was of silver, as silver.

20 As for the two pillars, the one sea, the twelve bronze bulls that were under the sea,^{1} and the stands, which Solomon the king had made for the house of the LORD, the bronze of all these things was beyond weight.

21 Von den zwei Säulen aber war jede achtzehn Ellen hoch; eine Schnur, zwölf Ellen lang, reichte um sie herum; jede Säule war vier Finger dick und inwendig hohl.

22 Auf jeder stand ein kupferner Knauf, fünf Ellen hoch, und ein Gitterwerk und Granatäpfel waren an jedem Knauf ringsumher, alles aus Kupfer; und eine Säule war wie die andere, die Granatäpfel auch.

23 Es waren sechsundneunzig Granatäpfel daran; im Ganzen waren es hundert Granatäpfel rings um das Gitterwerk herum.

¶ **24** Und der Oberste der Leibwache nahm den obersten Priester Seraja und den zweitobersten Priester Zefanja und die drei Hüter der Schwelle

25 und aus der Stadt einen Kämmerer, der über die Kriegsleute gesetzt war, und sieben Männer, welche stets um den König sein mussten, die man in der Stadt fand, dazu den Schreiber des Feldhauptmanns, der das Volk des Landes zum Heer aufbot, und sechzig Mann vom Volk des Landes, die man in der Stadt fand;

26 diese nahm Nebusaradan, der Oberste der Leibwache, und brachte sie zum König von Babel nach Ribla.

27 Und der König von Babel schlug sie tot zu Ribla, das im Lande Hamat liegt. So wurde Juda aus seinem Lande weggeführt.

¶ **28** Dies ist das Volk, das Nebukadnezar weggeführt hat: im siebenten Jahr 3023 Judäer;

29 im achtzehnten Jahr aber des Nebukadnezar 832 Leute aus Jerusalem;

30 und im dreiundzwanzigsten Jahr des Nebukadnezar führte Nebusaradan, der Oberste der Leibwache, 745 Leute aus Juda weg. Alle zusammen sind 4600.

Begnadigung des Königs Jojachin
(vgl. 2.Kön 25,27-30)

31 Aber im siebenunddreißigsten Jahr, nachdem Jojachin, der König von Juda, weggeführt war, am fünfundzwanzigsten Tage des zwölften Monats ließ Evil-Merodach, der König von Babel, im Jahr, da er König wurde, Jojachin, den König von Juda, aus dem Kerker holen

32 und redete freundlich mit ihm und setzte seinen Sitz über die Sitze der Könige, die bei ihm in Babel waren.

21 As for the pillars, the height of the one pillar was eighteen cubits,[2] its circumference was twelve cubits, and its thickness was four fingers, and it was hollow.

22 On it was a capital of bronze. The height of the one capital was five cubits. A network and pomegranates, all of bronze, were around the capital. And the second pillar had the same, with pomegranates.

23 There were ninety-six pomegranates on the sides; all the pomegranates were a hundred upon the network all around.

The People Exiled to Babylon

¶ **24** And the captain of the guard took Seraiah the chief priest, and Zephaniah the second priest, and the three keepers of the threshold;

25 and from the city he took an officer who had been in command of the men of war, and seven men of the king's council, who were found in the city; and the secretary of the commander of the army who mustered the people of the land; and sixty men of the people of the land, who were found in the midst of the city.

26 And Nebuzaradan the captain of the guard took them and brought them to the king of Babylon at Riblah.

27 And the king of Babylon struck them down, and put them to death at Riblah in the land of Hamath. So Judah was taken into exile out of its land.

¶ **28** This is the number of the people whom Nebuchadnezzar carried away captive: in the seventh year, 3,023 Judeans;

29 in the eighteenth year of Nebuchadnezzar he carried away captive from Jerusalem 832 persons;

30 in the twenty-third year of Nebuchadnezzar, Nebuzaradan the captain of the guard carried away captive of the Judeans 745 persons; all the persons were 4,600.

Jehoiachin Released from Prison

¶ **31** And in the thirty-seventh year of the exile of Jehoiachin king of Judah, in the twelfth month, on the twenty-fifth day of the month, Evil-merodach king of Babylon, in the year that he became king, graciously freed[3] Jehoiachin king of Judah and brought him out of prison.

32 And he spoke kindly to him, and gave him a seat above the seats of the kings who were with him in Babylon.

33 Und Jojachin legte die Kleider seiner Gefangenschaft ab und aß bei dem König sein Leben lang.

34 Und ihm wurde stets sein Unterhalt vom König von Babel gegeben, wie es für ihn verordnet war, sein ganzes Leben lang bis an sein Ende.

33 So Jehoiachin put off his prison garments. And every day of his life he dined regularly at the king's table,

34 and for his allowance, a regular allowance was given him by the king according to his daily need, until the day of his death, as long as he lived.

DIE KLAGELIEDER JEREMIAS

LAMENTATIONS

Jerusalem klagt und fleht um Hilfe

1 Wie liegt die Stadt so verlassen, die voll Volks war! Sie ist wie eine Witwe, die Fürstin unter den Völkern, und die eine Königin in den Ländern war, muss nun dienen.

2 Sie weint des Nachts, dass ihr die Tränen über die Backen laufen. Es ist niemand unter allen ihren Liebhabern, der sie tröstet. Alle ihre Freunde sind ihr untreu und ihre Feinde geworden.

3 Juda ist gefangen in Elend und schwerem Dienst, es wohnt unter den Heiden und findet keine Ruhe; alle seine Verfolger kommen heran und bedrängen es.

4 Die Straßen nach Zion liegen wüst, weil niemand auf ein Fest kommt. Alle Tore der Stadt stehen öde, ihre Priester seufzen, ihre Jungfrauen sehen jammervoll drein, und sie ist betrübt.

5 Ihre Widersacher sind obenauf, ihren Feinden geht's gut; denn der HERR hat über die Stadt Jammer gebracht um ihrer großen Sünden willen, und ihre Kinder sind gefangen vor dem Feind dahingezogen.

6 Es ist von der Tochter Zion aller Schmuck dahin. Ihre Fürsten sind wie Hirsche, die keine Weide finden und matt vor dem Verfolger herlaufen.

How Lonely Sits the City

1 How lonely sits the city
  that was full of people!
How like a widow has she become,
  she who was great among the nations!
She who was a princess among the
      provinces
  has become a slave.

2 She weeps bitterly in the night,
  with tears on her cheeks;
among all her lovers
  she has none to comfort her;
all her friends have dealt treacherously
    with her;
  they have become her enemies.

3 Judah has gone into exile because of
    affliction
  and hard servitude;
she dwells now among the nations,
  but finds no resting place;
her pursuers have all overtaken her
  in the midst of her distress.[1]

4 The roads to Zion mourn,
  for none come to the festival;
all her gates are desolate;
  her priests groan;
her virgins have been afflicted,[2]
  and she herself suffers bitterly.

5 Her foes have become the head;
  her enemies prosper,
because the LORD has afflicted her
  for the multitude of her transgressions;
her children have gone away,
  captives before the foe.

6 From the daughter of Zion
  all her majesty has departed.
Her princes have become like deer
  that find no pasture;
they fled without strength
  before the pursuer.

¶ **7** Jerusalem denkt in dieser Zeit, da sie elend und verlassen ist, wie viel Gutes sie von alters her gehabt hat, wie aber all ihr Volk daniedersank unter des Feindes Hand und ihr niemand half. Ihre Feinde sehen auf sie herab und spotten über ihren Untergang.

8 Jerusalem hat sich versündigt; darum muss sie sein wie eine unreine Frau. Alle, die sie ehrten, verschmähen sie jetzt, weil sie ihre Blöße sehen; sie aber seufzt und hat sich abgewendet.

9 Ihr Unflat klebt an ihrem Saum. Sie hätte nicht gemeint, dass es ihr zuletzt so gehen würde. Sie ist ja gräulich heruntergestoßen und hat dazu niemand, der sie tröstet. »Ach HERR, sieh an mein Elend; denn der Feind triumphiert!«

10 Der Feind hat seine Hand gelegt an alle ihre Kleinode. Ja, sie musste zusehen, dass die Heiden in ihr Heiligtum gingen, während du geboten hast, sie sollten nicht in deine Gemeinde kommen.

11 Alles Volk seufzt und geht nach Brot, es gibt seine Kleinode um Speise, um sein Leben zu erhalten. »Ach HERR, sieh doch und schau, wie verachtet ich bin!«

¶ **12** Euch allen, die ihr vorübergeht, sage ich: »Schaut doch und seht, ob irgendein Schmerz ist wie mein Schmerz, der mich getroffen hat; denn der HERR hat Jammer über mich gebracht am Tage seines grimmigen Zorns.

13 Er hat ein Feuer aus der Höhe in meine Gebeine gesandt und lässt es wüten. Er hat meinen Füßen ein Netz gestellt und mich rückwärts fallen lassen; er hat mich zur Wüste gemacht, dass ich für immer siech bin.

---

7 Jerusalem remembers
in the days of her affliction and
wandering
all the precious things
that were hers from days of old.
When her people fell into the hand of
the foe,
and there was none to help her,
her foes gloated over her;
they mocked at her downfall.

8 Jerusalem sinned grievously;
therefore she became filthy;
all who honored her despise her,
for they have seen her nakedness;
she herself groans
and turns her face away.

9 Her uncleanness was in her skirts;
she took no thought of her future;[3]
therefore her fall is terrible;
she has no comforter.
"O LORD, behold my affliction,
for the enemy has triumphed!"

10 The enemy has stretched out his hands
over all her precious things;
for she has seen the nations
enter her sanctuary,
those whom you forbade
to enter your congregation.

11 All her people groan
as they search for bread;
they trade their treasures for food
to revive their strength.
"Look, O LORD, and see,
for I am despised."

12 "Is it nothing to you, all you who pass
by?
Look and see
if there is any sorrow like my sorrow,
which was brought upon me,
which the LORD inflicted
on the day of his fierce anger.

13 "From on high he sent fire;
into my bones[4] he made it descend;
he spread a net for my feet;
he turned me back;
he has left me stunned,
faint all the day long.

14 Schwer ist das Joch meiner Sünden; durch seine Hand sind sie zusammengeknüpft. Sie sind mir auf den Hals gekommen, sodass mir alle meine Kraft vergangen ist. Der Herr hat mich in die Gewalt derer gegeben, gegen die ich nicht aufkommen kann.

15 Der Herr hat zertreten alle meine Starken, die ich hatte; er hat gegen mich ein Fest ausrufen lassen, um meine junge Mannschaft zu verderben. Der Herr hat die Kelter getreten der Jungfrau, der Tochter Juda.

16 Darüber weine ich so, und mein Auge fließt von Tränen; denn der Tröster, der meine Seele erquicken sollte, ist ferne von mir. Meine Kinder sind dahin; denn der Feind hat die Oberhand gewonnen.«

¶ **17** Zion streckt ihre Hände aus, und doch ist niemand da, der sie tröstet; denn der HERR hat gegen Jakob seine Feinde ringsum aufgeboten, sodass Jerusalem zwischen ihnen sein muss wie eine unreine Frau.

¶ **18** Der HERR ist gerecht, denn ich bin seinem Worte ungehorsam gewesen. Höret, alle Völker, und schaut meinen Schmerz! Meine Jungfrauen und Jünglinge sind in die Gefangenschaft gegangen.

19 Ich rief meine Freunde, aber sie ließen mich im Stich. Meine Priester und meine Ältesten sind in der Stadt verschmachtet, sie gehen nach Brot, um ihr Leben zu erhalten.

20 Ach HERR, sieh doch, wie bange ist mir, dass mir's im Leibe davon wehtut! Mir dreht sich das Herz im Leibe um, weil ich so ungehorsam gewesen bin. Draußen hat mich das Schwert und im Hause hat mich der Tod meiner Kinder beraubt.

21 Man hört's wohl, dass ich seufze, und doch habe ich keinen Tröster; alle meine Feinde hören mein Unglück und freuen sich, dass du es gemacht hast. So lass doch den Tag kommen, den du verkündet hast, dass es ihnen gehen soll wie mir.

14 "My transgressions were bound[5] into a yoke;
   by his hand they were fastened together;
they were set upon my neck;
   he caused my strength to fail;
the Lord gave me into the hands
   of those whom I cannot withstand.

15 "The Lord rejected
   all my mighty men in my midst;
he summoned an assembly against me
   to crush my young men;
the Lord has trodden as in a winepress
   the virgin daughter of Judah.

16 "For these things I weep;
   my eyes flow with tears;
for a comforter is far from me,
   one to revive my spirit;
my children are desolate,
   for the enemy has prevailed."

17 Zion stretches out her hands,
   but there is none to comfort her;
the LORD has commanded against Jacob
   that his neighbors should be his foes;
Jerusalem has become
   a filthy thing among them.

18 "The LORD is in the right,
   for I have rebelled against his word;
but hear, all you peoples,
   and see my suffering;
my young women and my young men
   have gone into captivity.

19 "I called to my lovers,
   but they deceived me;
my priests and elders
   perished in the city,
while they sought food
   to revive their strength.

20 "Look, O LORD, for I am in distress;
   my stomach churns;
my heart is wrung within me,
   because I have been very rebellious.
In the street the sword bereaves;
   in the house it is like death.

21 "They heard[6] my groaning,
   yet there is no one to comfort me.
All my enemies have heard of my trouble;
   they are glad that you have done it.
You have brought[7] the day you announced;
   ʃ now let them be as I am.

22 Lass alle ihre Bosheit vor dich kommen und richte sie zu, wie du mich zugerichtet hast um aller meiner Missetat willen; denn meiner Seufzer sind viel, und mein Herz ist betrübt.

Klage über die Verwüstung Judas und Jerusalems

2 Wie hat der Herr die Tochter Zion mit seinem Zorn überschüttet! Er hat die Herrlichkeit Israels vom Himmel auf die Erde geworfen; er hat nicht gedacht an seinen Fußschemel am Tage seines Zorns.

2 Der Herr hat alle Wohnungen Jakobs ohne Erbarmen vertilgt, er hat die Burgen der Tochter Juda abgebrochen in seinem Grimm und geschleift. Er hat entweiht ihr Königreich und ihre Fürsten.

3 Er hat alle Macht Israels in seinem grimmigen Zorn zerbrochen, er hat seine rechte Hand zurückgezogen, als der Feind kam, und hat in Jakob gewütet wie ein flammendes Feuer, das alles ringsum verzehrt.

4 Er hat seinen Bogen gespannt wie ein Feind; seine rechte Hand hat er geführt wie ein Widersacher und hat alles getötet, was lieblich anzusehen war im Zelt der Tochter Zion, und hat seinen Grimm wie Feuer ausgeschüttet.

5 Der Herr ist wie ein Feind geworden, er hat Israel vertilgt. Er hat zerstört alle Paläste und hat die Burgen vernichtet; er hat der Tochter Juda viel Jammer und Leid gebracht.

¶ **6** Er hat sein eigenes Zelt zerwühlt wie einen Garten und seine Wohnung vernichtet. Der Herr hat in Zion Feiertag und Sabbat vergessen lassen, und in seinem grimmigen Zorn ließ er König und Priester schänden.

22 "Let all their evildoing come before you,
and deal with them
as you have dealt with me
because of all my transgressions;
for my groans are many,
and my heart is faint."

The Lord Has Destroyed Without Pity

2 How the Lord in his anger
has set the daughter of Zion under a
cloud!
He has cast down from heaven to earth
the splendor of Israel;
he has not remembered his footstool
in the day of his anger.

2 The Lord has swallowed up without
mercy
all the habitations of Jacob;
in his wrath he has broken down
the strongholds of the daughter of
Judah;
he has brought down to the ground *p*in
dishonor
the kingdom and its rulers.

3 He has cut down in fierce anger
all the might of Israel;
he has withdrawn from them his right
hand
in the face of the enemy;
he has burned like a flaming fire in
Jacob,
consuming all around.

4 He has bent his bow like an enemy,
with his right hand set like a foe;
and he has killed all who were delightful
in our eyes
in the tent of the daughter of Zion;
he has poured out his fury like fire.

5 The Lord has become like an enemy;
he has swallowed up Israel;
he has swallowed up all its palaces;
he has laid in ruins its strongholds,
and he has multiplied in the daughter of
Judah
mourning and lamentation.

6 He has laid waste his booth like a
garden,
laid in ruins his meeting place;
a the LORD has made Zion forget
festival and Sabbath,
and in his fierce indignation has
spurned king and priest.

7 Der Herr hat seinen Altar verworfen und sein Heiligtum entweiht. Er hat die Mauern ihrer Paläste in des Feindes Hände gegeben, dass sie im Hause des HERRN Geschrei erhoben haben wie an einem Feiertag.

¶ **8** Der HERR gedachte zu vernichten die Mauer der Tochter Zion; er hat die Messschnur über die Mauern gezogen und seine Hand nicht abgewendet, bis er sie vertilgte. Er ließ Mauer und Wall trauern und miteinander fallen.

9 Ihre Tore sind tief in die Erde gesunken; er hat ihre Riegel zerbrochen und zunichtegemacht. Ihr König und ihre Fürsten sind unter den Heiden, wo sie das Gesetz nicht üben können, und ihre Propheten haben keine Gesichte vom HERRN.

10 Die Ältesten der Tochter Zion sitzen auf der Erde und sind still, sie werfen Staub auf ihre Häupter und haben den Sack angezogen. Die Jungfrauen von Jerusalem senken ihre Köpfe zur Erde.

¶ **11** Ich habe mir fast die Augen ausgeweint, mein Leib tut mir weh, mein Herz ist auf die Erde ausgeschüttet über dem Jammer der Tochter meines Volks, weil die Säuglinge und Unmündigen auf den Gassen in der Stadt verschmachten.

12 Zu ihren Müttern sprechen sie: Wo ist Brot und Wein?, da sie auf den Gassen in der Stadt verschmachten wie die tödlich Verwundeten und in den Armen ihrer Mütter den Geist aufgeben.

¶ **13** Ach du Tochter Jerusalem, wem soll ich dich vergleichen und wie soll ich dir zureden? Du Jungfrau, Tochter Zion, wem soll ich dich vergleichen, damit ich dich tröste? Denn dein Schaden ist groß wie das Meer. Wer kann dich heilen?

7 The Lord has scorned his altar,
   disowned his sanctuary;
he has delivered into the hand of the
   enemy
   the walls of her palaces;
they raised a clamor in the house of the
   LORD
   as on the day of festival.

8 The LORD determined to lay in ruins
   the wall of the daughter of Zion;
he stretched out the measuring line;
   he did not restrain his hand from
     destroying;
he caused rampart and wall to lament;
   j they languished together.

9 Her gates have sunk into the ground;
   he has ruined *k* and broken her bars;
her king and princes are among the
     nations;
   the law is no more,
and her prophets find
   no vision from the LORD.

10 The elders of the daughter of Zion
   sit on the ground in silence;
they have thrown dust on their heads
   and put on sackcloth;
the young women of Jerusalem
   have bowed their heads to the ground.

11 My eyes are spent with weeping;
   my stomach churns;
my bile is poured out to the ground
   because of the destruction of the
     daughter of my people,
because infants and babies faint
   in the streets of the city.

12 They cry to their mothers,
   "Where is bread and wine?"
as they faint like a wounded man
   in the streets of the city,
as their life is poured out
   on their mothers' bosom.

13 What can I say for you, to what compare
   you,
   O daughter of Jerusalem?
   y What can I liken to you, that I may
     comfort you,
   O virgin daughter of Zion?
For your ruin is vast as the sea;
   who can heal you?

14 Deine Propheten haben dir trügerische und törichte Gesichte verkündet und dir deine Schuld nicht offenbart, wodurch sie dein Geschick abgewandt hätten, sondern sie haben dich Worte hören lassen, die Trug waren und dich verführten.

15 Alle, die vorübergehen, klatschen in die Hände, pfeifen und schütteln den Kopf über die Tochter Jerusalem: Ist das die Stadt, von der man sagte, sie sei die allerschönste, an der sich alles Land freut?

16 Alle deine Feinde reißen ihr Maul auf über dich, pfeifen und knirschen mit den Zähnen und sprechen: »Ha! Wir haben sie vertilgt! Das ist der Tag, den wir begehrt haben; wir haben's erlangt, wir haben's erlebt.«

17 Der Herr hat getan, was er vorhatte; er hat sein Wort erfüllt, das er längst zuvor geboten hat. Er hat ohne Erbarmen zerstört, er hat den Feind über dich frohlocken lassen und hat die Macht deiner Widersacher erhöht.

¶ **18** Schreie laut zum Herrn, klage, du Tochter Zion, lass Tag und Nacht Tränen herabfließen wie einen Bach; höre nicht auf damit, und dein Augapfel lasse nicht ab!

19 Steh des Nachts auf und schreie zu Beginn jeder Nachtwache, schütte dein Herz aus vor dem Herrn wie Wasser. Hebe deine Hände zu ihm auf um des Lebens deiner jungen Kinder willen, die vor Hunger verschmachten an allen Straßenecken!

¶ **20** Herr, schaue und sieh doch, wen du so verderbt hast! Sollen denn die Frauen ihres Leibes Frucht essen, die Kindlein, die man auf Händen trägt? Sollen denn Propheten und Priester in dem Heiligtum des Herrn erschlagen werden?

14 Your prophets have seen for you
  false and deceptive visions;
they have not exposed your iniquity
  to restore your fortunes,
but have seen for you oracles
  that are false and misleading.

15 All who pass along the way
  clap their hands at you;
they hiss and wag their heads
  at the daughter of Jerusalem:
"Is this the city that was called
  the perfection of beauty,
  ^g the joy of all the earth?"

16 All your enemies
  rail against you;
they hiss, they gnash their teeth,
  they cry: "We have swallowed her!
Ah, this is the day we longed for;
  now we have it; we see it!"

17 The Lord has done what he purposed;
  he has carried out his word,
which he commanded long ago;
  he has thrown down without pity;
he has made the enemy rejoice over you
  and exalted the might of your foes.

18 Their heart cried to the Lord.
  O wall of the daughter of Zion,
let tears stream down like a torrent
  day and night!
Give yourself no rest,
  your eyes no respite!

19 "Arise, cry out in the night,
  at the beginning of the night watches!
Pour out your heart like water
  before the presence of the Lord!
Lift your hands to him
  for the lives of your children,
who faint for hunger
  at the head of every street."

20 Look, O Lord, and see!
  With whom have you dealt thus?
Should women eat the fruit of their
  womb,
  the children of their tender care?
Should priest and prophet be killed
  in the sanctuary of the Lord?

21 Es lagen in den Gassen auf der Erde Knaben und Alte; meine Jungfrauen und Jünglinge sind durchs Schwert gefallen. Du hast getötet am Tage deines Zorns, du hast ohne Erbarmen geschlachtet.

22 Du hast von allen Seiten her meine Feinde gerufen wie zu einem Feiertag, sodass niemand am Tage des Zorns des HERRN entronnen und übrig geblieben ist. Die ich auf den Händen getragen und großgezogen habe, die hat der Feind umgebracht.

Klage und Trost eines Leidenden

3 Ich bin der Mann, der Elend sehen muss durch die Rute des Grimmes Gottes.

2 Er hat mich geführt und gehen lassen in die Finsternis und nicht ins Licht.

3 Er hat seine Hand gewendet gegen mich und erhebt sie gegen mich Tag für Tag.

4 Er hat mir Fleisch und Haut alt gemacht und mein Gebein zerschlagen.

5 Er hat mich ringsum eingeschlossen und mich mit Bitternis und Mühsal umgeben.

6 Er hat mich in Finsternis versetzt wie die, die längst tot sind.

7 Er hat mich ummauert, dass ich nicht herauskann, und mich in harte Fesseln gelegt.

8 Und wenn ich auch schreie und rufe, so stopft er sich die Ohren zu vor meinem Gebet.

9 Er hat meinen Weg vermauert mit Quadern und meinen Pfad zum Irrweg gemacht.

10 Er hat auf mich gelauert wie ein Bär, wie ein Löwe im Verborgenen.

11 Er lässt mich den Weg verfehlen, er hat mich zerfleischt und zunichtegemacht.

12 Er hat seinen Bogen gespannt und mich dem Pfeil zum Ziel gegeben.

13 Er hat mir seine Pfeile in die Nieren geschossen.

14 Ich bin ein Hohn für mein ganzes Volk und täglich ihr Spottlied.

15 Er hat mich mit Bitterkeit gesättigt und mit Wermut getränkt.

16 Er hat mich auf Kiesel beißen lassen, er drückte mich nieder in die Asche.

21 In the dust of the streets
    lie the young and the old;
   [d] my young women and my young men
    have fallen by the sword;
    you have killed them in the day of your anger,
    slaughtering without pity.

22 You summoned as if to a festival day
    my terrors on every side,
   and on the day of the anger of the LORD
    no one escaped or survived;
    those whom I held and raised
    my enemy destroyed.

Great Is Your Faithfulness

3 I am the man who has seen affliction
   under the rod of his wrath;

2 he has driven and brought me
    into darkness without any light;

3 surely against me he turns his hand
    again and again the whole day long.

4 He has made my flesh and my skin
    waste away;
    he has broken my bones;

5 he has besieged and enveloped me
    with bitterness and tribulation;

6 he has made me dwell in darkness
    like the dead of long ago.

7 He has walled me about so that I cannot escape;
    he has made my chains heavy;

8 though I call and cry for help,
    he shuts out my prayer;

9 he has blocked my ways with blocks of stones;
    he has made my paths crooked.

10 He is a bear lying in wait for me,
    a lion in hiding;

11 he turned aside my steps and tore me to pieces;
    he has made me desolate;

12 he bent his bow and set me
    as a target for his arrow.

13 He drove into my kidneys
    the arrows of his quiver;

14 I have become the laughingstock of all peoples,
    the object of their taunts all day long.

15 He has filled me with bitterness;
    he has sated me with wormwood.

16 He has made my teeth grind on gravel,
    and made me cower in ashes;

17 Meine Seele ist aus dem Frieden vertrieben; ich habe das Gute vergessen.

¶ **18** Ich sprach: Mein Ruhm und meine Hoffnung auf den HERRN sind dahin.

19 Gedenke doch, wie ich so elend und verlassen, mit Wermut und Bitterkeit getränkt bin!

¶ **20** Du wirst ja daran gedenken, denn meine Seele sagt mir's.

21 Dies nehme ich zu Herzen, darum hoffe ich noch:

22 Die Güte des HERRN ist's, dass wir nicht gar aus sind, seine Barmherzigkeit hat noch kein Ende,

23 sondern sie ist alle Morgen neu, und deine Treue ist groß.

24 Der HERR ist mein Teil, spricht meine Seele; darum will ich auf ihn hoffen.

25 Denn der HERR ist freundlich dem, der auf ihn harrt, und dem Menschen, der nach ihm fragt.

26 Es ist ein köstlich Ding, geduldig sein und auf die Hilfe des HERRN hoffen.

27 Es ist ein köstlich Ding für einen Mann, dass er das Joch in seiner Jugend trage.

28 Er sitze einsam und schweige, wenn Gott es ihm auferlegt;

29 und stecke seinen Mund in den Staub; vielleicht ist noch Hoffnung.

30 Er biete die Backe dar dem, der ihn schlägt, und lasse sich viel Schmach antun.

31 Denn der HERR verstößt nicht ewig;

32 sondern er betrübt wohl und erbarmt sich wieder nach seiner großen Güte.

33 Denn nicht von Herzen plagt und betrübt er die Menschen.

¶ **34** Wenn man alle Gefangenen auf Erden unter die Füße tritt

35 und eines Mannes Recht vor dem Allerhöchsten beugt

36 und eines Menschen Sache verdreht, – sollte das der Herr nicht sehen?

37 Wer darf denn sagen, dass solches geschieht ohne des Herrn Befehl

38 und dass nicht Böses und Gutes kommt aus dem Munde des Allerhöchsten?

17 my soul is bereft of peace;
  I have forgotten what happiness[1] is;
18 so I say, "My endurance has perished;
  so has my hope from the LORD."

19 Remember my affliction and my
    wanderings,
  the wormwood and the gall!
20 My soul continually remembers it
  and is bowed down within me.
21 But this I call to mind,
  and therefore I have hope:

22 The steadfast love of the LORD never
    ceases;[2]
  [1] his mercies never come to an end;
23 they are new every morning;
  great is your faithfulness.
24 "The LORD is my portion," says my soul,
  "therefore I will hope in him."

25 The LORD is good to those who wait for
    him,
  to the soul who seeks him.
26 It is good that one should wait quietly
  for the salvation of the LORD.
27 It is good for a man that he bear
  the yoke in his youth.

28 Let him sit alone in silence
  when it is laid on him;
29 let him put his mouth in the dust—
  there may yet be hope;
30 let him give his cheek to the one who
    strikes,
  and let him be filled with insults.

31 For the Lord will not
  cast off forever,
32 but, though he cause grief, he will have
    compassion
  according to the abundance of his
    steadfast love;
33 for he does not willingly afflict
  or grieve the children of men.

34 To crush underfoot
  all the prisoners of the earth,
35 to deny a man justice
  in the presence of the Most High,
36 to subvert a man in his lawsuit,
  the Lord does not approve.

37 Who has spoken and it came to pass,
  unless the Lord has commanded it?
38 Is it not from the mouth of the Most
    High
  that good and bad come?

39 Was murren denn die Leute im Leben? Ein jeder murre wider seine Sünde!

40 Lasst uns erforschen und prüfen unsern Wandel und uns zum HERRN bekehren!

41 Lasst uns unser Herz samt den Händen aufheben zu Gott im Himmel!

42 Wir, wir haben gesündigt und sind ungehorsam gewesen, darum hast du nicht vergeben.

43 Du hast dich in Zorn gehüllt und uns verfolgt und ohne Erbarmen getötet.

44 Du hast dich mit einer Wolke verdeckt, dass kein Gebet hindurchkonnte.

45 Du hast uns zu Kehricht und Unrat gemacht unter den Völkern.

46 Alle unsere Feinde reißen ihr Maul auf über uns.

47 Wir werden gedrückt und geplagt mit Schrecken und Angst.

¶ **48** Wasserbäche rinnen aus meinen Augen über den Jammer der Tochter meines Volks.

49 Meine Augen fließen und können's nicht lassen, und es ist kein Aufhören da,

50 bis der HERR vom Himmel herabschaut und darein sieht.

51 Mein Auge macht mir Schmerzen wegen all der Töchter meiner Stadt.

¶ **52** Meine Feinde haben mich ohne Grund gejagt wie einen Vogel.

53 Sie haben mein Leben in der Grube zunichtegemacht und Steine auf mich geworfen.

54 Wasser hat mein Haupt überschwemmt; da sprach ich: Nun bin ich verloren.

55 Ich rief aber deinen Namen an, HERR, unten aus der Grube,

56 und du erhörtest meine Stimme: »Verbirg deine Ohren nicht vor meinem Seufzen und Schreien!«

57 Du nahtest dich zu mir, als ich dich anrief, und sprachst: Fürchte dich nicht!

58 Du führst, Herr, meine Sache und erlöst mein Leben.

59 Du siehst, HERR, wie mir Unrecht geschieht; hilf mir zu meinem Recht!

39 Why should a living man complain, a man, about the punishment of his sins?

40 Let us test and examine our ways, and return to the LORD!

41 Let us lift up our hearts and hands to God in heaven:

42 "We have transgressed and rebelled, and you have not forgiven.

43 "You have wrapped yourself with anger and pursued us, killing without pity;

44 you have wrapped yourself with a cloud so that no prayer can pass through.

45 You have made us scum and garbage among the peoples.

46 "All our enemies open their mouths against us;

47 panic and pitfall have come upon us, devastation and destruction;

48 my eyes flow with rivers of tears because of the destruction of the daughter of my people.

49 "My eyes will flow without ceasing, without respite,

50 until the LORD from heaven looks down and sees;

51 my eyes cause me grief at the fate of all the daughters of my city.

52 "I have been hunted like a bird by those who were my enemies without cause;

53 they flung me alive into the pit and cast stones on me;

54 water closed over my head; I said, 'I am lost.'

55 "I called on your name, O LORD, from the depths of the pit;

56 you heard my plea, 'Do not close your ear to my cry for help!'

57 You came near when I called on you; you said, 'Do not fear!'

58 "You have taken up my cause, O Lord; you have ᶜredeemed my life.

59 You have seen the wrong done to me, O LORD; judge my cause.

60 Du siehst, wie sie Rache üben wollen, und kennst alle ihre Gedanken gegen mich.

61 HERR, du hörst ihr Schmähen und alle ihre Anschläge gegen mich,
62 die Reden meiner Widersacher und ihr Geschwätz über mich den ganzen Tag.
63 Sieh doch: Ob sie sitzen oder aufstehen, singen sie über mich Spottlieder.

64 Vergilt ihnen, HERR, wie sie verdient haben!
65 Lass ihnen das Herz verstockt werden, lass sie deinen Fluch fühlen!
66 Verfolge sie mit Grimm und vertilge sie unter dem Himmel des HERRN.

Zions Elend und Schmach

4 Wie ist das Gold so ganz dunkel und das feine Gold so hässlich geworden, und wie liegen die Edelsteine an allen Straßenecken zerstreut!

2 Die edlen Kinder Zions, dem Golde gleich geachtet, wie sind sie nun den irdenen Töpfen gleich, die ein Töpfer macht!

3 Auch Schakale reichen ihren Jungen die Brüste und säugen sie; aber die Tochter meines Volks ist unbarmherzig wie ein Strauß in der Wüste.

4 Dem Säugling klebt seine Zunge an seinem Gaumen vor Durst; die kleinen Kinder verlangen nach Brot und niemand ist da, der's ihnen bricht.

5 Die früher leckere Speisen aßen, verschmachten jetzt auf den Gassen; die früher auf Purpur getragen wurden, die müssen jetzt im Schmutz liegen.

6 Die Missetat der Tochter meines Volks ist größer als die Sünde Sodoms, das plötzlich unterging und keine Hand kam zu Hilfe.

¶ 7 Zions Fürsten waren reiner als der Schnee und weißer als Milch; ihr Leib war rötlicher als Korallen, ihr Aussehen war wie Saphir.

60 You have seen all their vengeance, all their plots against me.

61 "You have heard their taunts, O LORD, all their plots against me.
62 The lips and thoughts of my assailants are against me all the day long.
63 Behold their sitting and their rising; I am the object of their taunts.

64 "You will repay them,[3] O LORD, according to the work of their hands.
65 You will give them[4] dullness of heart; your curse will be[5] on them.
66 You will pursue them[6] in anger and destroy them from under your heavens, O LORD."[7]

The Holy Stones Lie Scattered

4 How the gold has grown dim, how the pure gold is changed! The holy stones lie scattered at the head of every street.

2 The precious sons of Zion, worth their weight in fine gold, how they are regarded as earthen pots, the work of a potter's hands!

3 Even jackals offer the breast; they nurse their young, but the daughter of my people has become cruel, like the ostriches in the wilderness.

4 The tongue of the nursing infant sticks to the roof of its mouth for thirst; the children beg for food, but no one gives to them.

5 Those who once feasted on delicacies perish in the streets; those who were brought up in purple embrace ash heaps.

6 For the chastisement[1] of the daughter of my people has been greater than the punishment[2] of Sodom, which was overthrown in a moment, and no hands were wrung for her.[3]

7 Her princes were purer than snow, whiter than milk; their bodies were more ruddy than coral, the beauty of their form[4] was like sapphire.[5]

8 Nun aber ist ihre Gestalt so dunkel vor Schwärze, dass man sie auf den Gassen nicht erkennt; ihre Haut hängt an den Knochen, und sie sind so dürr wie ein Holzscheit.

9 Den durchs Schwert Erschlagenen ging es besser als denen, die vor Hunger starben, die verschmachteten und umkamen aus Mangel an Früchten des Ackers.

10 Es haben die barmherzigsten Frauen ihre Kinder selbst kochen müssen, damit sie zu essen hatten in dem Jammer der Tochter meines Volks.

11 Der HERR hat seinen Grimm austoben lassen, er hat seinen grimmigen Zorn ausgeschüttet; er hat in Zion ein Feuer angesteckt, das auch ihre Grundfesten verzehrt hat.

¶ **12** Es hätten's die Könige auf Erden nicht geglaubt noch alle Leute in der Welt, dass der Widersacher und Feind zum Tor Jerusalems einziehen könnte.

13 Es ist aber geschehen wegen der Sünden ihrer Propheten und wegen der Missetaten ihrer Priester, die dort der Gerechten Blut vergossen haben.

14 Sie irrten hin und her auf den Gassen wie die Blinden und waren mit Blut besudelt, dass man ihre Kleider nicht anrühren konnte;

15 man rief ihnen zu: »Weicht, ihr Unreinen! Weicht, weicht, rührt nichts an!« Wenn sie flohen und umherirrten, so sagte man auch unter den Heiden: »Sie sollen nicht länger bei uns bleiben.«

16 Des HERRN Zorn hat sie zerstreut; er will sie nicht mehr ansehen. Die Priester ehrte man nicht, und an den Alten übte man keine Barmherzigkeit.

¶ **17** Noch immer blickten unsre Augen aus nach nichtiger Hilfe, bis sie müde wurden; und wir warteten auf ein Volk, das uns doch nicht helfen konnte.

18 Man jagte uns, dass wir auf unsern Gassen nicht gehen konnten. Da kam unser Ende; unsere Tage sind aus, unser Ende ist gekommen.

8 Now their face is blacker than soot;
  they are not recognized in the streets;
their skin has shriveled on their bones;
  it has become as dry as wood.

9 Happier were the victims of the sword
  than the victims of hunger,
who wasted away, pierced
  by lack of the fruits of the field.

10 The hands of compassionate women
  have boiled their own children;
they became their food
  during the destruction of the daughter
    of my people.

11 The LORD gave full vent to his wrath;
  he poured out his hot anger,
and he kindled a fire in Zion
  that consumed its foundations.

12 The kings of the earth did not believe,
  nor any of the inhabitants of the
    world,
that foe or enemy could enter
  the gates of Jerusalem.

13 This was for the sins of her prophets
  and *h*the iniquities of her priests,
who shed in the midst of her
  the blood of the righteous.

14 They wandered, blind, through the
    streets;
  they were so defiled with blood
that no one was able to touch
  their garments.

15 "Away! Unclean!" people cried at them.
  "Away! Away! Do not touch!"
So they became fugitives and wanderers;
  people said among the nations,
  "They shall stay with us no longer."

16 The LORD himself⁶ has scattered them;
  he will regard them no more;
no honor was shown to the priests,
  no favor to the elders.

17 Our eyes failed, ever watching
  ᵒ vainly for help;
in our watching we watched
  for a nation which could not save.

18 They dogged our steps
  so that we could not walk in our
    streets;
our end drew near; our days were
    numbered,
  for our end had come.

19 Unsre Verfolger waren schneller als die Adler unter dem Himmel. Auf den Bergen haben sie uns verfolgt und in der Wüste auf uns gelauert.

20 Der Gesalbte des HERRN, der unser Lebensodem war, ist gefangen worden in ihren Gruben; wir aber dachten: »In seinem Schatten wollen wir leben unter den Völkern.«

¶ **21** Ja, freue dich nur und sei fröhlich, du Tochter Edom, die du wohnst im Lande Uz! Denn der Kelch wird auch zu dir kommen, dass du trunken wirst und dich entblößt.

22 Deine Schuld ist abgetan, du Tochter Zion; der Herr wird dich nicht mehr wegführen lassen. Aber deine Schuld, du Tochter Edom, wird er heimsuchen und deine Sünden aufdecken.

Gebet des Volkes in seiner tiefsten Erniedrigung

5 Gedenke, HERR, wie es uns geht; schau und sieh an unsre Schmach!

2 Unser Erbe ist den Fremden zuteilgeworden und unsre Häuser den Ausländern.

3 Wir sind Waisen und haben keinen Vater; unsre Mütter sind wie Witwen.

4 Unser Wasser müssen wir um Geld trinken; unser eigenes Holz müssen wir bezahlen.

5 Mit dem Joch auf unserm Hals treibt man uns, und wenn wir auch müde sind, lässt man uns doch keine Ruhe.

6 Wir mussten Ägypten und Assur die Hand hinhalten, um uns an Brot zu sättigen.

7 Unsre Väter haben gesündigt und leben nicht mehr, wir aber müssen ihre Schuld tragen.

¶ **8** Knechte herrschen über uns und niemand ist da, der uns von ihrer Hand errettet.

9 Wir müssen unser Brot unter Gefahr für unser Leben holen, bedroht von dem Schwert in der Wüste.

10 Unsre Haut ist verbrannt wie in einem Ofen von dem schrecklichen Hunger.

11 Sie haben die Frauen in Zion geschändet und die Jungfrauen in den Städten Judas.

12 Fürsten wurden von ihnen gehenkt, und die Alten hat man nicht geehrt.

---

19 Our pursuers were swifter
   than the eagles in the heavens;
they chased us on the mountains;
   they lay in wait for us in the
      wilderness.

20 The breath of our nostrils, the LORD's
      anointed,
   was captured in their pits,
of whom we said, "Under his shadow
   we shall live among the nations."

21 Rejoice and be glad, O daughter of
      Edom,
   you who dwell in the land of Uz;
but to you also the cup shall pass;
   you shall become drunk and strip
      yourself bare.

22 The punishment of your iniquity, O
      daughter of Zion, is accomplished;
he will keep you in exile no longer;[7]
but your iniquity, O daughter of Edom,
   he will punish;
   he will uncover your sins.

Restore Us to Yourself, O LORD

5 Remember, O LORD, what has befallen us;
   look, and see our disgrace!

2 Our inheritance has been turned over to
      strangers,
   our homes to foreigners.

3 We have become orphans, fatherless;
   our mothers are like widows.

4 We must pay for the water we drink;
   the wood we get must be bought.

5 Our pursuers are at our necks;[1]
   we are weary; we are given no rest.

6 We have given the hand to Egypt, and
      to [g]Assyria,
   to get bread enough.

7 Our fathers sinned, and are no more;
   and we bear their iniquities.

8 Slaves rule over us;
   there is none to deliver us from their
      hand.

9 We get our bread at the peril of our lives,
   because of the sword in the
      wilderness.

10 Our skin is hot as an oven
   with the burning heat of famine.

11 Women are raped in Zion,
   young women in the towns of Judah.

12 Princes are hung up by their hands;
   no respect is shown to the elders.

13 Jünglinge mussten Mühlsteine tragen und Knaben beim Holztragen straucheln.

14 Es sitzen die Ältesten nicht mehr im Tor und die Jünglinge nicht mehr beim Saitenspiel.

15 Unsres Herzens Freude hat ein Ende, unser Reigen ist in Wehklagen verkehrt.

16 Die Krone ist von unserm Haupt gefallen. O weh, dass wir so gesündigt haben!

17 Darum ist auch unser Herz krank, und unsre Augen sind trübe geworden

18 um des Berges Zion willen, weil er so wüst liegt, dass die Füchse darüber laufen.

¶ **19** Aber du, Herr, der du ewiglich bleibst und dein Thron von Geschlecht zu Geschlecht,

20 warum willst du uns so ganz vergessen und uns lebenslang so ganz verlassen?

21 Bringe uns, Herr, zu dir zurück, dass wir wieder heimkommen; erneue unsre Tage wie vor alters!

22 Hast du uns denn ganz verworfen, und bist du allzu sehr über uns erzürnt?

13 Young men are compelled to grind at the mill,
and boys stagger under loads of wood.

14 The old men have left the city gate,
the young men their music.

15 The joy of our hearts has ceased;
our dancing has been turned to mourning.

16 The crown has fallen from our head;
woe to us, for we have sinned!

17 For this our heart has become sick,
for these things our eyes have grown dim,

18 for Mount Zion which lies desolate;
jackals prowl over it.

19 But you, O Lord, reign forever;
your throne endures to all generations.

20 Why do you forget us forever,
why do you forsake us for so many days?

21 Restore us to yourself, O Lord, that we may be restored!
Renew our days as of old—

22 unless you have utterly rejected us,
and you remain exceedingly angry with us.

Hesekiel schaut die Herrlichkeit des Herrn
(vgl. Kap 10,1-22)

1 Im dreißigsten Jahr am fünften Tage des vierten Monats, als ich unter den Weggeführten am Fluss Kebar war, tat sich der Himmel auf, und Gott zeigte mir Gesichte.

2 Am fünften Tag des Monats – es war das fünfte Jahr, nachdem der König Jojachin gefangen weggeführt war –,

3 da geschah das Wort des HERRN zu Hesekiel, dem Sohn des Busi, dem Priester, im Lande der Chaldäer am Fluss Kebar. Dort kam die Hand des HERRN über ihn.

¶ **4** Und ich sah, und siehe, es kam ein ungestümer Wind von Norden her, eine mächtige Wolke und loderndes Feuer, und Glanz war rings um sie her, und mitten im Feuer war es wie blinkendes Kupfer.

5 Und mitten darin war etwas wie vier Gestalten; die waren anzusehen wie Menschen.

6 Und jede von ihnen hatte vier Angesichter und vier Flügel.

7 Und ihre Beine standen gerade, und ihre Füße waren wie Stierfüße und glänzten wie blinkendes, glattes Kupfer.

8 Und sie hatten Menschenhände unter ihren Flügeln an ihren vier Seiten; die vier hatten Angesichter und Flügel.

9 Ihre Flügel berührten einer den andern.

¶ Und wenn sie gingen, brauchten sie sich nicht umzuwenden; immer gingen sie in der Richtung eines ihrer Angesichter.

10 Ihre Angesichter waren vorn gleich einem Menschen und zur rechten Seite gleich einem Löwen bei allen vieren und zur linken Seite gleich einem Stier bei allen vieren und hinten gleich einem Adler bei allen vieren.

11 Und ihre Flügel waren nach oben hin ausgebreitet; je zwei Flügel berührten einander und mit zwei Flügeln bedeckten sie ihren Leib.

Ezekiel in Babylon

1 In the thirtieth year, in the fourth month, on the fifth day of the month, as I was among the exiles by the Chebar canal, the heavens were opened, and I saw visions of God.[1]

2 On the fifth day of the month (it was the fifth year of the exile of King Jehoiachin),

3 the word of the LORD came to Ezekiel the priest, the son of Buzi, in the land of the Chaldeans by the Chebar canal, and the hand of the LORD was upon him there.

The Glory of the LORD

¶ **4** As I looked, behold, a stormy wind came out of the north, and a great cloud, with brightness around it, and fire flashing forth continually, and in the midst of the fire, as it were gleaming metal.[2]

5 And from the midst of it came the likeness of four living creatures. And this was their appearance: they had a human likeness,

6 but each had four faces, and each of them had four wings.

7 Their legs were straight, and the soles of their feet were like the sole of a calf's foot. And they sparkled like burnished bronze.

8 Under their wings on their four sides they had human hands. And the four had their faces and their wings thus:

9 their wings touched one another. Each one of them went straight forward, without turning as they went.

10 As for the likeness of their faces, each had a human face. The four had the face of a lion on the right side, the four had the face of an ox on the left side, and the four had the face of an eagle.

11 Such were their faces. And their wings were spread out above. Each creature had two wings, each of which touched the wing of another, while two covered their bodies.

12 Immer gingen sie in der Richtung eines ihrer Angesichter; wohin der Geist sie trieb, dahin gingen sie; sie brauchten sich im Gehen nicht umzuwenden.

¶ **13** Und in der Mitte zwischen den Gestalten sah es aus, wie wenn feurige Kohlen brennen, und wie Fackeln, die zwischen den Gestalten hin und her fuhren. Das Feuer leuchtete und aus dem Feuer kamen Blitze.

14 Und die Gestalten liefen hin und her, dass es aussah wie Blitze.

¶ **15** Als ich die Gestalten sah, siehe, da stand je ein Rad auf der Erde bei den vier Gestalten, bei ihren vier Angesichtern.

16 Die Räder waren anzuschauen wie ein Türkis und waren alle vier gleich, und sie waren so gemacht, dass ein Rad im andern war.

17 Nach allen vier Seiten konnten sie gehen; sie brauchten sich im Gehen nicht umzuwenden.

18 Und sie hatten Felgen, und ich sah, ihre Felgen waren voller Augen ringsum bei allen vier Rädern.

19 Und wenn die Gestalten gingen, so gingen auch die Räder mit, und wenn die Gestalten sich von der Erde emporhoben, so hoben die Räder sich auch empor.

20 Wohin der Geist sie trieb, dahin gingen sie, und die Räder hoben sich mit ihnen empor; denn es war der Geist der Gestalten in den Rädern.

21 Wenn sie gingen, so gingen diese auch; wenn sie standen, so standen diese auch; und wenn sie sich emporhoben von der Erde, so hoben sich auch die Räder mit ihnen empor; denn es war der Geist der Gestalten in den Rädern.

¶ **22** Aber über den Häuptern der Gestalten war es wie eine Himmelsfeste, wie ein Kristall, unheimlich anzusehen, oben über ihren Häuptern ausgebreitet,

23 dass unter der Feste ihre Flügel gerade ausgestreckt waren, einer an dem andern; und mit zwei Flügeln bedeckten sie ihren Leib.

24 Und wenn sie gingen, hörte ich ihre Flügel rauschen wie große Wasser, wie die Stimme des Allmächtigen, ein Getöse wie in einem Heerlager. Wenn sie aber stillstanden, ließen sie die Flügel herabhängen

25 und es donnerte im Himmel über ihnen. Wenn sie stillstanden, ließen sie die Flügel herabhängen.

12 And each went straight forward. Wherever the spirit would go, they went, without turning as they went.

13 As for the likeness of the living creatures, their appearance was like burning coals of fire, ᵂ like the appearance of torches moving to and fro among the living creatures. And the fire was bright, and out of the fire went forth lightning.

14 And the living creatures darted to and fro, like the appearance of a flash of lightning.

¶ **15** Now as I looked at the living creatures, I saw a wheel on the earth beside the living creatures, one for each of the four of them.³

16 As for the appearance of the wheels and their construction: their appearance was like the gleaming of beryl. And the four had the same likeness, their appearance and construction being as it were a wheel within a wheel.

17 When they went, they went in any of their four directions⁴ without turning as they went.

18 And their rims were tall and awesome, and the rims of all four were full of eyes all around.

19 And when the living creatures went, the wheels went beside them; and when the living creatures rose from the earth, the wheels rose.

20 Wherever the spirit wanted to go, they went, and the wheels rose along with them, ʲ for the spirit of the living creatures⁵ was in the wheels.

21 When those went, these went; and when those stood, these stood; and when those rose from the earth, the wheels rose along with them, for the spirit of the living creatures was in the wheels.

¶ **22** Over the heads of the living creatures there was the likeness of an expanse, shining like awe-inspiring crystal, spread out above their heads.

23 And under the expanse their wings were stretched out straight, one toward another. And each creature had two wings covering its body.

24 And when they went, I heard the sound of their wings like the sound of many waters, like the sound of the Almighty, a sound of tumult like the sound of an army. When they stood still, they let down their wings.

25 And there came a voice from above the expanse over their heads. When they stood still, they let down their wings.

¶ **26** Und über der Feste, die über ihrem Haupt war, sah es aus wie ein Saphir, einem Thron gleich, und auf dem Thron saß einer, der aussah wie ein Mensch.

27 Und ich sah, und es war wie blinkendes Kupfer aufwärts von dem, was aussah wie seine Hüften; und abwärts von dem, was wie seine Hüften aussah, erblickte ich etwas wie Feuer und Glanz ringsumher.

28 Wie der Regenbogen steht in den Wolken, wenn es geregnet hat, so glänzte es ringsumher. So war die Herrlichkeit des HERRN anzusehen.

¶ Und als ich sie gesehen hatte, fiel ich auf mein Angesicht und hörte einen reden.

Hesekiels Berufung zum Prophetenamt

2 Und er sprach zu mir: Du Menschenkind, tritt auf deine Füße, so will ich mit dir reden.

2 Und als er so mit mir redete, kam Leben in mich und stellte mich auf meine Füße, und ich hörte dem zu, der mit mir redete.

3 Und er sprach zu mir: Du Menschenkind, ich sende dich zu den Israeliten, zu dem abtrünnigen Volk, das von mir abtrünnig geworden ist. Sie und ihre Väter haben bis auf diesen heutigen Tag wider mich gesündigt.

4 Und die Söhne, zu denen ich dich sende, haben harte Köpfe und verstockte Herzen. Zu denen sollst du sagen: »So spricht Gott der HERR!«

5 Sie gehorchen oder lassen es – denn sie sind ein Haus des Widerspruchs –, dennoch sollen sie wissen, dass ein Prophet unter ihnen ist.

¶ **6** Und du, Menschenkind, sollst dich vor ihnen nicht fürchten noch vor ihren Worten fürchten. Es sind wohl widerspenstige und stachlige Dornen um dich, und du wohnst unter Skorpionen; aber du sollst dich nicht fürchten vor ihren Worten und dich vor ihrem Angesicht nicht entsetzen – denn sie sind ein Haus des Widerspruchs –,

7 sondern du sollst ihnen meine Worte sagen, sie gehorchen oder lassen es; denn sie sind ein Haus des Widerspruchs.

¶ **8** Aber du, Menschenkind, höre, was ich dir sage, und widersprich nicht wie das Haus des Widerspruchs. Tu deinen Mund auf und iss, was ich dir geben werde.

¶ **26** And above the expanse over their heads there was the likeness of a throne, [i]in appearance like sapphire;[6] and seated above the likeness of a throne was a likeness with a human appearance.

27 And upward from what had the appearance of his waist I saw as it were gleaming metal, like the appearance of fire enclosed all around. And downward from what had the appearance of his waist I saw as it were the appearance of fire, and there was brightness around him.[7]

28 Like the appearance of the bow that is in the cloud on the day of rain, so was the appearance of the brightness all around.

¶ Such was the appearance of the likeness of the glory of the LORD. And when I saw it, I fell on my face, and I heard the voice of one speaking.

Ezekiel's Call

2 And he said to me, "Son of man,[1] stand on your feet, and I will speak with you."

2 And as he spoke to me, the Spirit entered into me and set me on my feet, and I heard him speaking to me.

3 And he said to me, "Son of man, I send you to the people of Israel, to nations of rebels, who have rebelled against me. They and their fathers have transgressed against me to this very day.

4 The descendants also are impudent and stubborn: I send you to them, and you shall say to them, 'Thus says the Lord GOD.'

5 And whether they hear or refuse to hear (for they are a rebellious house) they will know that a prophet has been among them.

6 And you, son of man, be not afraid of them, nor be afraid of their words, though briers and thorns are with you and you sit on scorpions.[2] Be not afraid of their words, nor be dismayed at their looks, for they are a rebellious house.

7 And you shall speak my words to them, whether they hear or refuse to hear, for they are a rebellious house.

¶ **8** "But you, son of man, hear what I say to you. Be not rebellious like that rebellious house; open your mouth and eat what I give you."

9 Und ich sah, und siehe, da war eine Hand gegen mich ausgestreckt, die hielt eine Schriftrolle.

10 Die breitete sie aus vor mir, und sie war außen und innen beschrieben und darin stand geschrieben Klage, Ach und Weh.

3 Und er sprach zu mir: Du Menschenkind, iss, was du vor dir hast! Iss diese Schriftrolle und geh hin und rede zum Hause Israel!

2 Da tat ich meinen Mund auf und er gab mir die Rolle zu essen

3 und sprach zu mir: Du Menschenkind, du musst diese Schriftrolle, die ich dir gebe, in dich hineinessen und deinen Leib damit füllen. Da aß ich sie und sie war in meinem Munde so süß wie Honig.

¶ **4** Und er sprach zu mir: Du Menschenkind, geh hin zum Hause Israel und verkündige ihnen meine Worte.

5 Denn ich sende dich ja nicht zu einem Volk, das unbekannte Worte und eine fremde Sprache hat, sondern zum Hause Israel,

6 nicht zu vielen Völkern, die unbekannte Worte und eine fremde Sprache haben, deren Worte du nicht verstehen könntest. Und wenn ich dich zu solchen sendete, würden **sie** dich gern hören.

7 Aber das Haus Israel will **dich** nicht hören, denn sie wollen **mich** nicht hören; denn das ganze Haus Israel hat harte Stirnen und verstockte Herzen.

8 Siehe, ich habe dein Angesicht so hart gemacht wie ihr Angesicht und deine Stirn so hart wie ihre Stirn.

9 Ja, ich habe deine Stirn so hart wie einen Diamanten gemacht, der härter ist als ein Kieselstein. Darum fürchte dich nicht, entsetze dich auch nicht vor ihnen; denn sie sind ein Haus des Widerspruchs.

¶ **10** Und er sprach zu mir: Du Menschenkind, alle meine Worte, die ich dir sage, die fasse mit dem Herzen und nimm sie zu Ohren!

11 Und geh hin zu den Weggeführten deines Volks und verkündige ihnen und sprich zu ihnen: »So spricht Gott der HERR!«, sie hören oder lassen es.

Hesekiel wird zum Wächter über Israel bestellt
(vgl. Kap 33,1-9)

12 Und der Geist hob mich empor, und ich hörte hinter mir ein Getöse wie von einem großen Erdbeben, als die Herrlichkeit des HERRN sich erhob von ihrem Ort.

9 And when I looked, behold, a hand was stretched out to me, and behold, a scroll of a book was in it.

10 And he spread it before me. And it had writing on the front and on the back, and there were written on it words of lamentation and mourning and woe.

3 And he said to me, "Son of man, eat whatever you find here. Eat this scroll, and go, speak to the house of Israel."

2 So I opened my mouth, and he gave me this scroll to eat.

3 And he said to me, "Son of man, feed your belly with this scroll that I give you and fill your stomach with it." Then I ate it, and it was in my mouth as sweet as honey.

¶ **4** And he said to me, "Son of man, go to the house of Israel and speak with my words to them.

5 For you are not sent to a people of foreign speech and a hard language, but to the house of Israel—

6 not to many peoples of foreign speech and a hard language, whose words you cannot understand. Surely, if I sent you to such, they would listen to you.

7 But the house of Israel will not be willing to listen to you, for they are not willing to listen to me: because all the house of Israel have a hard forehead and a stubborn heart.

8 Behold, I have made your face as hard as their faces, and your forehead as hard as their foreheads.

9 Like emery harder than flint have I made your forehead. Fear them not, nor be dismayed at their looks, for they are a rebellious house."

10 Moreover, he said to me, "Son of man, all my words that I shall speak to you receive in your heart, and hear with your ears.

11 And go to the exiles, to your people, and speak to them and say to them, 'Thus says the Lord GOD,' whether they hear or refuse to hear."

¶ **12** Then the Spirit[1] lifted me up, and I heard behind me the voice[2] of a great earthquake: "Blessed be the glory of the LORD from its place!"

13 Und es war ein Rauschen von den Flügeln der Gestalten, die aneinander schlugen, und auch ein Rasseln der Räder neben ihnen wie das Getöse eines großen Erdbebens. **14** Da hob mich der Geist empor und führte mich weg. Und ich fuhr dahin im bitteren Grimm meines Geistes, und die Hand des HERRN lag schwer auf mir. **15** Und ich kam zu den Weggeführten, die am Fluss Kebar wohnten, nach Tel-Abib und setzte mich zu denen, die dort wohnten, und blieb dort unter ihnen sieben Tage ganz verstört.

¶ **16** Und als die sieben Tage um waren, geschah des HERRN Wort zu mir: **17** Du Menschenkind, ich habe dich zum Wächter gesetzt über das Haus Israel. Du wirst aus meinem Munde das Wort hören und sollst sie in meinem Namen warnen. **18** Wenn ich dem Gottlosen sage: Du musst des Todes sterben!, und du warnst ihn nicht und sagst es ihm nicht, um den Gottlosen vor seinem gottlosen Wege zu warnen, damit er am Leben bleibe, – so wird der Gottlose um seiner Sünde willen sterben, aber sein Blut will ich von deiner Hand fordern. **19** Wenn du aber den Gottlosen warnst und er sich nicht bekehrt von seinem gottlosen Wesen und Wege, so wird er um seiner Sünde willen sterben, aber du hast dein Leben errettet. ¶ **20** Und wenn sich ein Gerechter von seiner Gerechtigkeit abwendet und Unrecht tut, so werde ich ihn zu Fall bringen und er muss sterben. Denn weil du ihn nicht gewarnt hast, wird er um seiner Sünde willen sterben müssen, und seine Gerechtigkeit, die er getan hat, wird nicht angesehen werden; aber sein Blut will ich von deiner Hand fordern. **21** Wenn du aber den Gerechten warnst, dass er nicht sündigen soll, und er sündigt auch nicht, so wird er am Leben bleiben; denn er hat sich warnen lassen, und du hast dein Leben errettet.

Der Prophet soll verstummen

22 Und dort kam des HERRN Hand über mich und er sprach zu mir: Mach dich auf und geh hinaus in die Ebene; da will ich mit dir reden. **23** Und ich machte mich auf und ging hinaus in die Ebene; und siehe, dort stand die Herrlichkeit des HERRN, wie ich sie am Fluss Kebar gesehen hatte; und ich fiel nieder auf mein Angesicht.

13 It was the sound of the wings of the living creatures as they touched one another, and the sound of the wheels beside them, and the sound of a great earthquake. **14** The Spirit lifted me up and took me away, and I went in bitterness in the heat of my spirit, the hand of the LORD being strong upon me. **15** And I came to the exiles at Tel-abib, who were dwelling °by the Chebar canal, and I sat where they were dwelling.³ And I sat there overwhelmed among them seven days.

A Watchman for Israel

¶ **16** And at the end of seven days, the word of the LORD came to me: **17** "Son of man, I have made you a watchman for the house of Israel. Whenever you hear a word from my mouth, you shall give them warning from me. **18** If I say to the wicked, 'You shall surely die,' and you give him no warning, nor speak to warn the wicked from his wicked way, in order to save his life, that wicked person shall die for⁴ his iniquity, but his blood I will require at your hand.

19 But if you warn the wicked, and he does not turn from his wickedness, or from his wicked way, he shall die for his iniquity, but you will have delivered your soul.

20 Again, if a righteous person turns from his righteousness and commits injustice, and I lay a stumbling block before him, he shall die. Because you have not warned him, he shall die for his sin, ᵈand his righteous deeds that he has done shall not be remembered, but his blood I will require at your hand.

21 But if you warn the righteous person not to sin, and he does not sin, he shall surely live, because he took warning, and you will have delivered your soul."

¶ **22** And the hand of the LORD was upon me there. And he said to me, "Arise, go out into the valley,⁵ and there I will speak with you."

23 So I arose and went out into the valley, and behold, the glory of the LORD stood there, like the glory that I had seen by the Chebar canal, ⁱand I fell on my face.

¶ **24** Und der Geist kam in mich und stellte mich auf meine Füße. Und er redete mit mir und sprach zu mir: Geh hin und schließ dich ein in deinem Hause!

25 Und du, Menschenkind, siehe, man wird dir Stricke anlegen und dich damit binden, dass du nicht unter die Leute gehen kannst.

26 Und ich will dir die Zunge an deinem Gaumen kleben lassen, dass du stumm wirst und sie nicht mehr zurechtweisen kannst; denn sie sind ein Haus des Widerspruchs.

27 Wenn ich aber mit dir reden werde, will ich dir den Mund auftun, dass du zu ihnen sagen sollst: »So spricht der Herr!« Wer es hört, der höre es; wer es lässt, der lasse es; denn sie sind ein Haus des Widerspruchs.

Bildliche Darstellung des Gerichts über Jerusalem

4 Und du, Menschenkind, nimm dir einen Ziegelstein; den lege vor dich hin und entwirf darauf die Stadt Jerusalem

2 und mache eine Belagerung: Baue ein Bollwerk um sie und schütte einen Wall gegen sie auf und schlag ein Heerlager auf und stelle Sturmböcke rings um sie her.

3 Nimm dir aber eine eiserne Platte und lass sie eine eiserne Mauer sein zwischen dir und der Stadt und richte dein Angesicht gegen sie und belagere sie. Das sei ein Zeichen dem Hause Israel.

¶ **4** Du sollst dich auch auf deine linke Seite legen und die Schuld des Hauses Israel auf dich legen. So viele Tage du so daliegst, so lange sollst du auch ihre Schuld tragen.

5 Ich will dir aber die Jahre ihrer Schuld auflegen, für jedes Jahr einen Tag, nämlich dreihundertneunzig Tage. So lange sollst du die Schuld des Hauses Israel tragen.

¶ **6** Und wenn du dies vollbracht hast, sollst du danach dich auf deine rechte Seite legen und sollst tragen die Schuld des Hauses Juda vierzig Tage lang; denn ich gebe dir hier auch je einen Tag für ein Jahr.

7 Richte aber dein Angesicht und deinen bloßen Arm gegen das belagerte Jerusalem und weissage gegen die Stadt.

8 Und siehe, ich will dir Stricke anlegen, dass du dich nicht wenden kannst von einer Seite zur andern, bis du die Tage deiner Belagerung vollendet hast.

¶ **9** Nimm dir aber Weizen, Gerste, Bohnen, Linsen, Hirse und Spelt und tu alles in **ein** Gefäß und mache dir Brot daraus, dass du daran zu essen hast, solange du auf deiner Seite liegen musst – dreihundertneunzig Tage,

The Siege of Jerusalem Symbolized

24 But the Spirit entered into me and set me on my feet, and he spoke with me and said to me, "Go, shut yourself within your house.

25 And you, O son of man, behold, cords will be placed upon you, and you shall be bound with them, so that you cannot go out among the people.

26 And I will make your tongue cling to the roof of your mouth, so that you shall be mute and unable to reprove them, for they are a rebellious house.

27 But when I speak with you, I will open your mouth, and you shall say to them, 'Thus says the Lord God.' He who will hear, let him hear; and he who will refuse to hear, let him refuse, for they are a rebellious house.

4 "And you, son of man, take a brick and lay it before you, and engrave on it a city, even Jerusalem.

2 And put siegeworks against it, and build a siege wall against it, and cast up a mound against it. Set camps also against it, and plant battering rams against it all around.

3 And you, take an iron griddle, and place it as an iron wall between you and the city; and set your face toward it, and let it be in a state of siege, and press the siege against it. This is a sign for the house of Israel.

¶ **4** "Then lie on your left side, and place the punishment[1] of the house of Israel upon it. For the number of the days that you lie on it, you shall bear their punishment.

5 For I assign to you a number of days, 390 days, equal to the number of the years of their punishment. So long shall you bear the punishment of the house of Israel.

6 And when you have completed these, you shall lie down a second time, but on your right side, and bear the punishment of the house of Judah. Forty days I assign you, a day for each year.

7 And you shall set your face toward the siege of Jerusalem, with your arm bared, and you shall prophesy against the city.

8 And behold, I will place cords upon you, so that you cannot turn from one side to the other, till you have completed the days of your siege.

¶ **9** "And you, take wheat and barley, beans and lentils, millet and emmer,[2] and put them into a single vessel and make your bread from them. During the number of days that you lie on your side, 390 days, you shall eat it.

10 sodass deine Speise, die du täglich essen sollst, abgewogen zwanzig Lot sei; so viel darfst du von einem Tag zum andern essen.

11 Das Wasser sollst du auch abgemessen trinken, nämlich den sechsten Teil von einer Kanne; so viel darfst du von einem Tag zum andern trinken.

12 Gerstenfladen sollst du essen, die du vor den Augen der Leute auf Menschenkot backen sollst.

13 Und der HERR sprach: So sollen die Israeliten ihr unreines Brot essen unter den Heiden, zu denen ich sie verstoßen werde.

¶ **14** Ich aber sprach: Ach, Herr HERR! Siehe, ich bin noch nie unrein geworden; denn ich habe von meiner Jugend an bis auf diese Zeit niemals Fleisch von einem gefallenen oder zerrissenen Tier gegessen, und nie ist unreines Fleisch in meinen Mund gekommen.

15 Er aber sprach zu mir: Sieh, ich will dir Kuhmist statt Menschenkot zulassen, dein Brot darauf zu bereiten.

¶ **16** Und er sprach zu mir: Du Menschenkind, siehe, ich will den Vorrat an Brot in Jerusalem wegnehmen, dass sie das Brot abgewogen essen müssen und mit Kummer, und das Wasser abgemessen trinken müssen und mit Schaudern,

17 damit sie an Brot und Wasser Mangel leiden und sie, einer wie der andere, erschaudern und in ihrer Schuld verschmachten sollen.

5 Und du, Menschenkind, nimm ein scharfes Schwert und brauche es als Schermesser und fahr damit über dein Haupt und deinen Bart und nimm eine Waage und teile das Haar:

2 Ein Drittel sollst du mit Feuer verbrennen mitten in der Stadt, wenn die Tage der Belagerung um sind; ein anderes Drittel nimm und schlag's mit dem Schwert ringsumher; das letzte Drittel streue in den Wind, und ich will hinter ihnen her das Schwert ziehen.

3 Nimm aber ein klein wenig davon und binde es in deinen Mantelzipfel.

4 Und nimm noch einmal etwas davon und wirf's ins Feuer und verbrenne es; davon soll ein Feuer ausbrechen über das ganze Haus Israel.

10 And your food that you eat shall be by weight, twenty shekels[3] a day; from day to day[4] you shall eat it.

11 And water you shall drink by measure, the sixth part of a hin;[5] from day to day you shall drink.

12 And you shall eat it as a barley cake, baking it in their sight on human dung."

13 And the LORD said, "Thus shall the people of Israel eat their bread unclean, among the nations where I will drive them."

14 Then I said, "Ah, Lord GOD! Behold, I have never defiled myself.[6] From my youth up till now I have never eaten what died of itself or was torn by beasts, nor has tainted meat come into my mouth."

15 Then he said to me, "See, I assign to you cow's dung instead of human dung, on which you may prepare your bread."

16 Moreover, he said to me, "Son of man, behold, I will break the supply[7] of bread in Jerusalem. They shall eat bread by weight and with anxiety, and they shall drink water [o]by measure and in dismay.

17 I will do this that they may lack bread and water, and look at one another in dismay, and rot away because of their punishment.

Jerusalem Will Be Destroyed

5 "And you, O son of man, take a sharp sword. Use it as a barber's razor and pass it over your head and your beard. Then take balances for weighing and divide the hair.

2 A third part you shall burn in the fire in the midst of the city, when the days of the siege are completed. And a third part you shall take and strike with the sword all around the city. And a third part you shall scatter to the wind, and I will unsheathe the sword after them.

3 And you shall take from these a small number and bind them in the skirts of your robe.

4 And of these again you shall take some and cast them into the midst of the fire and burn them in the fire. From there a fire will come out into all the house of Israel.

Begründung und Beschreibung des Gerichts über Jerusalem

5 So spricht Gott der HERR: Das ist Jerusalem, das ich mitten unter die Heiden gesetzt habe und unter die Länder ringsumher!

6 Aber es widersprach meinen Ordnungen und trieb es schlimmer als die Heiden und war gegen meine Gebote ungehorsamer als die Länder, die ringsumher liegen. Denn sie verwarfen meine Ordnungen und wollten nicht nach meinen Geboten leben.

¶ **7** Darum spricht Gott der HERR: Weil ihr es schlimmer getrieben habt als die Heiden, die um euch her sind, und nach meinen Geboten nicht gelebt und meine Ordnungen nicht gehalten habt und nicht einmal nach den Ordnungen der Heiden gelebt habt, die um euch her sind,

8 so spricht Gott der HERR: Siehe, auch ich will an dich und Gericht über dich ergehen lassen, dass die Heiden zusehen sollen,

9 und will so mit dir umgehen, wie ich es nie getan habe und auch nicht mehr tun werde, um aller deiner Gräuel willen.

10 Darum sollen in deiner Mitte Väter ihre Kinder und Kinder ihre Väter fressen; und ich will solches Gericht über dich ergehen lassen, dass alle, die von dir übrig geblieben sind, in alle Winde zerstreut werden.

11 Darum, so wahr ich lebe, spricht Gott der HERR: Weil du mein Heiligtum mit all deinen Götzen und Gräueln unrein gemacht hast, will auch ich dich zerschlagen, und mein Auge soll ohne Mitleid auf dich blicken, und ich will nicht gnädig sein.

12 Es soll ein Drittel von dir an der Pest sterben und durch Hunger vernichtet werden in deiner Mitte, und das zweite Drittel soll durchs Schwert fallen rings um dich her, und das letzte Drittel will ich in alle Winde zerstreuen und will hinter ihnen her das Schwert ziehen.

¶ **13** So soll mein Zorn vollendet werden und mein Grimm über sie zum Ziel kommen, dass ich meinen Mut kühle, und sie sollen erfahren, dass ich, der HERR, es in meinem Eifern geredet habe, wenn ich meinen Grimm an ihnen vollende.

14 Ich will dich zur Wüste und zur Schmach machen unter den Völkern, die um dich her sind, vor den Augen aller, die vorübergehen.

¶ **5** "Thus says the Lord GOD: This is Jerusalem. I have set her in the center of the nations, with countries all around her.

6 And she has rebelled against my rules by doing wickedness more than the nations, and against my statutes more than the countries all around her; for they have rejected my rules and have not walked in my statutes.

7 Therefore thus says the Lord GOD: Because you are more turbulent than the nations that are all around you, and have not walked in my statutes or obeyed my rules, and have not[1] even acted according to the rules of the nations that are all around you,

8 therefore thus says the Lord GOD: Behold, I, even I, am against you. And I will execute judgments[2] in your midst in the sight of the nations.

9 And because of all your abominations I will do with you what I have never yet done, and the like of which I will never do again.

10 Therefore fathers shall eat their sons in your midst, and sons shall eat their fathers. And I will execute judgments on you, and any of you who survive I will scatter to all the winds.

11 Therefore, as I live, declares the Lord GOD, surely, because you have defiled my sanctuary with all your detestable things and with all your abominations, therefore I will withdraw.[3] My eye will not spare, and I will have no pity.

12 A third part of you shall die of pestilence and be consumed with famine in your midst; [d]a third part shall fall by the sword all around you; [d]and a third part I will scatter to all the winds and will unsheathe the sword after them.

¶ **13** "Thus shall my anger spend itself, and I will vent my fury upon them and satisfy myself. And they shall know that I am the LORD—that I have spoken in my jealousy—[e]when I spend my fury upon them.

14 Moreover, I will make you a desolation and an object of reproach among the nations all around you and in the sight of all who pass by.

15 Und du sollst zur Schmach, zum Hohn, zur Warnung und zum Entsetzen werden für alle Völker, die um dich her sind, wenn ich über dich Gericht ergehen lasse mit Zorn, Grimm und zornigem Schelten – das sage ich, der HERR –

16 und wenn ich böse Pfeile des Hungers unter euch schießen werde, die Verderben bringen und die ich schießen werde, um euch zu verderben, und wenn ich den Hunger bei euch immer größer werden lasse und euch den Vorrat an Brot wegnehme.

17 Ja, Hunger und wilde Tiere will ich unter euch schicken, die sollen euch kinderlos machen, und es soll Pest und Blutvergießen bei dir umgehen, und ich will das Schwert über dich bringen. Ich, der HERR, habe es gesagt.

Die kommende Verwüstung des Landes

6 Und des HERRN Wort geschah zu mir:

2 Du Menschenkind, richte dein Angesicht gegen die Berge Israels und weissage gegen sie

3 und sprich: Ihr Berge Israels, höret das Wort Gottes des HERRN! So spricht Gott der HERR zu den Bergen und Hügeln, zu den Gründen und Tälern: Siehe, ich will das Schwert über euch bringen und eure Opferhöhen zerstören,

4 dass eure Altäre verwüstet und eure Rauchopfersäulen zerbrochen werden, und will eure Erschlagenen vor eure Götzen werfen;

5 ja, ich will die Leichname der Israeliten vor ihre Götzen hinwerfen und will eure Gebeine um eure Altäre her verstreuen.

6 Überall, wo ihr wohnt, sollen die Städte verwüstet und die Opferhöhen zur Einöde werden; denn man wird eure Altäre wüst und zur Einöde machen und eure Götzen zerbrechen und zunichtemachen und eure Rauchopfersäulen zerschlagen und eure Machwerke vertilgen.

7 Und Erschlagene sollen mitten unter euch daliegen, und ihr sollt erfahren, dass ich der HERR bin.

¶ **8** Ich will aber einige von euch übrig lassen, die dem Schwert entgehen, unter den Völkern, wenn ich euch in die Länder zerstreut habe.

15 You shall be[4] a reproach and a taunt, a warning and a horror, to the nations all around you, when I execute judgments on you in anger and fury, and with furious rebukes—I am the LORD; I have spoken—

16 when I send against you[5] the deadly arrows of famine, arrows for destruction, which I will send to destroy you, and when I bring more and more famine upon you and break your supply[6] of bread.

17 I will send famine and wild beasts against you, and they will rob you of your children. Pestilence and blood shall pass through you, and I will bring the sword upon you. I am the LORD; I have spoken.”

Judgment Against Idolatry

6 The word of the LORD came to me:

2 “Son of man, set your face toward the mountains of Israel, and prophesy against them,

3 and say, You mountains of Israel, hear the word of the Lord GOD! Thus says the Lord GOD to the mountains and the hills, to the ravines and the valleys: Behold, I, even I, will bring a sword upon you, and I will destroy your high places.

4 Your altars shall become desolate, and your incense altars shall be broken, and I will cast down your slain before your idols.

5 And I will lay the dead bodies of the people of Israel before their idols, and I will scatter your bones around your altars.

6 Wherever you dwell, the cities shall be waste and the high places ruined, so that your altars will be waste and ruined,[1] your idols broken and destroyed, your incense altars cut down, and your works wiped out.

7 And the slain shall fall in your midst, and you shall know that I am the LORD.

¶ **8** “Yet I will leave some of you alive. When you have among the nations some who escape the sword, and when you are scattered through the countries,

9 Diese eure Entronnenen werden dann an mich denken unter den Völkern, wohin sie gefangen weggeführt sind, wenn ich ihr abgöttisches Herz, das von mir gewichen ist, und ihre abgöttischen Augen, die nach ihren Götzen sahen, zerschlagen habe. Und es wird sie ekeln vor all dem Bösen, das sie mit all ihren Gräueln begangen haben,

10 und sie werden erfahren, dass ich der Herr bin; nicht umsonst habe ich geredet, solches Unglück ihnen zu tun.

¶ **11** So spricht Gott der Herr: Schlag deine Hände zusammen und stampfe mit deinem Fuße und sprich: Weh über alle schlimmen Gräuel des Hauses Israel, derentwegen sie durch Schwert, Hunger und Pest fallen müssen!

12 Wer ferne ist, wird an der Pest sterben, und wer nahe ist, wird durchs Schwert fallen; wer aber übrig bleibt und davor bewahrt ist, wird vor Hunger sterben. So will ich meinen Grimm unter ihnen vollenden,

13 dass ihr erfahren sollt, dass ich der Herr bin, wenn ihre Erschlagenen mitten unter ihren Götzen liegen um ihre Altäre her, oben auf allen Hügeln und oben auf allen Bergen und unter allen grünen Bäumen und unter allen dichten Eichen, überall, wo sie all ihren Götzen lieblichen Opferduft darbrachten.

14 Ich will meine Hand gegen sie ausstrecken und das Land wüst und öde machen von der Wüste an bis nach Ribla überall, wo sie wohnen, und sie sollen erfahren, dass ich der Herr bin.

Das Ende naht

7 Und des Herrn Wort geschah zu mir:

2 Du Menschenkind, so spricht Gott der Herr zum Land Israels: Das Ende kommt, das Ende über alle vier Enden des Landes.

3 Nun kommt das Ende über dich; denn ich will meinen Zorn über dich senden und will dich richten, wie du verdient hast, und will alle deine Gräuel über dich bringen.

4 Mein Auge soll ohne Mitleid auf dich blicken, und ich will nicht gnädig sein, sondern ich will dir geben, wie du verdient hast, und deine Gräuel sollen über dich kommen, dass ihr erfahrt, dass ich der Herr bin.

¶ **5** So spricht Gott der Herr: Siehe, es kommt ein Unglück über das andere!

6 Das Ende kommt, es kommt das Ende, es ist erwacht über dich; siehe, es kommt!

9 then those of you who escape will remember me among the nations where they are carried captive, how I have been broken over their whoring heart that has departed from me and over their eyes that go whoring after their idols. ᵍAnd they will be loathsome in their own sight for the evils that they have committed, for all their abominations.

10 And they shall know that I am the Lord. I have not said in vain that I would do this evil to them."

¶ **11** Thus says the Lord God: "Clap your hands and stamp your foot and say, Alas, because of all the evil abominations of the house of Israel, for they shall fall by the sword, by famine, and by pestilence.

12 He who is far off shall die of pestilence, and he who is near shall fall by the sword, and he who is left and is preserved shall die of famine. Thus I will spend my fury upon them.

13 And you shall know that I am the Lord, when their slain lie among their idols around their altars, on every high hill, on all the mountaintops, under every green tree, and under every leafy oak, wherever they offered pleasing aroma to all their idols.

14 And I will stretch out my hand against them and make the land desolate and waste, in all their dwelling places, from the wilderness to Riblah.[2] Then they will know that I am the Lord."

The Day of the Wrath of the Lord

7 The word of the Lord came to me:

2 "And you, O son of man, thus says the Lord God to the land of Israel: An end! The end has come upon the four corners of the land.[1]

3 Now the end is upon you, and I will send my anger upon you; I will judge you according to your ways, and I will punish you for all your abominations.

4 And my eye will not spare you, nor will I have pity, but I will punish you for your ways, while your abominations are in your midst. Then you will know that I am the Lord.

¶ **5** "Thus says the Lord God: Disaster after disaster![2] Behold, it comes.

6 An end has come; the end has come; it has awakened against you. Behold, it comes.

7 Es geht schon an und bricht herein über dich, du Bewohner des Landes. Die Zeit kommt, der Tag des Jammers ist nahe, an dem kein Singen mehr auf den Bergen sein wird.

8 Nun will ich bald meinen Grimm über dich schütten und meinen Zorn an dir vollenden und will dich richten, wie du verdient hast, und alle deine Gräuel über dich bringen.

9 Mein Auge soll ohne Mitleid auf dich blicken, und ich will nicht gnädig sein, sondern ich will dir geben, wie du verdient hast, und deine Gräuel sollen über dich kommen, dass ihr erfahrt, dass ich der HERR bin, der euch schlägt.

¶ **10** Siehe, der Tag, siehe, er kommt, er bricht an! Unrecht blüht und Vermessenheit grünt.

11 Gewalttat hat sich erhoben und wird zur Rute des Frevels; nichts ist mehr von ihnen da und nichts von ihrem Reichtum, nichts von ihrer Pracht und nichts von ihrer Herrlichkeit.

12 Es kommt die Zeit, es naht der Tag! Der Käufer freue sich nicht und der Verkäufer traure nicht; denn es kommt der Zorn über all ihren Reichtum.

13 Denn der Verkäufer wird zum Verkaufen nicht zurückkehren, auch wenn er noch am Leben ist; denn der Zorn über all ihren Reichtum wird sich nicht wenden; um seiner Missetat willen wird keiner sein Leben erhalten können.

¶ **14** Lasst sie die Posaune nur blasen und alles zurüsten; es wird doch niemand in den Krieg ziehen, denn mein Zorn ist entbrannt über all ihren Reichtum.

15 Draußen das Schwert, drinnen Pest und Hunger! Wer auf dem Feld ist, der wird vom Schwert sterben; wer in der Stadt ist, den werden Pest und Hunger fressen.

16 Und die von ihnen entrinnen, die werden auf den Bergen sein wie gurrende Tauben in den Schluchten, sie alle, ein jeder wegen seiner Missetat.

¶ **17** Alle Hände werden herabsinken und alle Knie werden weich.

18 Und sie werden Säcke anlegen und mit Furcht überschüttet sein, und auf allen Gesichtern liegt Scham und alle Köpfe werden kahl geschoren.

19 Sie werden ihr Silber hinaus auf die Gassen werfen und ihr Gold wie Unrat achten; denn ihr Silber und Gold kann sie nicht erretten am Tage des Zorns des HERRN. Sie werden sich damit nicht sättigen und ihren Bauch damit nicht füllen; denn es wurde zum Anlass ihrer Missetat.

7 Your doom[3] has come to you, O inhabitant of the land. The time has come; the day is near, a day of tumult, and not of joyful shouting on the mountains.

8 Now I will soon pour out my wrath upon you, and spend my anger against you, and judge you according to your ways, and I will punish you for all your abominations.

9 And my eye will not spare, nor will I have pity. I will punish you according to your ways, while your abominations are in your midst. Then you will know that I am the LORD, who strikes.

¶ **10** "Behold, the day! Behold, it comes! Your doom has come; the rod has blossomed; pride has budded.

11 Violence has grown up into a rod of wickedness. None of them shall remain, nor their abundance, nor their wealth; neither shall there be preeminence among them.[4]

12 The time has come; the day has arrived. Let not the buyer rejoice, nor ꜛthe seller mourn, for wrath is upon all their multitude.[5]

13 For the seller shall not return to what he has sold, while they live. For the vision concerns all their multitude; it shall not turn back; and because of his iniquity, none can maintain his life.[6]

¶ **14** "They have blown the trumpet and made everything ready, but none goes to battle, for my wrath is upon all their multitude.

15 The sword is without; pestilence and famine are within. He who is in the field dies by the sword, ᶻand him who is in the city famine and pestilence devour.

16 And if any survivors escape, they will be on the mountains, like doves of the valleys, all of them moaning, each one over his iniquity.

17 All hands are feeble, and all knees turn to water.

18 They put on sackcloth, and horror covers them. Shame is on all faces, and baldness on all their heads.

19 They cast their silver into the streets, and their gold is like an unclean thing. Their silver and gold are not able to deliver them in the day of the wrath of the LORD. They cannot satisfy their hunger or fill their stomachs with it. For it was the stumbling block of their iniquity.

20 Sie haben ihre edlen Kleinode zur Hoffart verwendet und Bilder ihrer gräulichen Götzen, ihrer Scheusale, daraus gemacht. Darum will ich ihnen all das zum Unrat machen

21 und will es Fremden in die Hände geben, dass sie es rauben, und den Gottlosen auf Erden zur Beute, dass sie es entheiligen.

22 Ich will mein Angesicht von ihnen abwenden, und mein Kleinod soll entheiligt werden; ja, Räuber sollen darüber kommen und es entheiligen.

¶ **23** Mache Ketten! Denn das Land ist voll Blutschuld und die Stadt voll Frevel.

24 So will ich die Schlimmsten unter den Völkern herbringen, die sollen ihre Häuser einnehmen; und ich will der Hoffart der Gewaltigen ein Ende machen, und entheiligt werden ihre Heiligtümer.

25 Angst kommt; da werden sie Heil suchen, aber es wird nicht zu finden sein.

26 Ein Unglück wird über das andere kommen, eine schlimme Kunde nach der andern. So werden sie dann eine Offenbarung bei den Propheten suchen; auch wird nicht mehr Weisung bei den Priestern noch Rat bei den Ältesten sein.

27 Der König wird trauern, und die Fürsten werden sich in Entsetzen kleiden, und die Hände des Volks des Landes werden kraftlos sein. Ich will mit ihnen umgehen, wie sie gelebt haben, und will sie richten, wie sie verdient haben, dass sie erfahren sollen, dass ich der HERR bin.

Die Gräuel des Götzendienstes im Tempel

8 Und es begab sich im sechsten Jahr am fünften Tage des sechsten Monats. Ich saß in meinem Hause und die Ältesten von Juda saßen vor mir. Da fiel die Hand Gottes des HERRN auf mich.

2 Und ich sah, und siehe, da war eine Gestalt wie ein Mann, und abwärts von dem, was wie seine Hüften aussah, war es wie Feuer, aber oberhalb seiner Hüften war ein Glanz zu sehen wie blinkendes Kupfer.

3 Und er streckte etwas wie eine Hand aus und ergriff mich bei dem Haar meines Hauptes. Da führte mich der Geist fort zwischen Himmel und Erde und brachte mich nach Jerusalem in göttlichen Gesichten zu dem Eingang des inneren Tores, das gegen Norden liegt, wo ein Bild stand zum Ärgernis für den Herrn.

¶ **4** Und siehe, dort war die Herrlichkeit des Gottes Israels, so wie ich sie in der Ebene gesehen hatte.

20 His beautiful ornament they used for pride, and they made their abominable images and their detestable things of it. Therefore I make it an unclean thing to them.

21 And I will give it into the hands of foreigners for prey, and to the wicked of the earth for spoil, and they shall profane it.

22 I will turn my face from them, and they shall profane my treasured[7] place. Robbers shall enter [l]and profane it.

¶ **23** "Forge a chain![8] For the land is full of bloody crimes and the city is full of violence.

24 I will bring the worst of the nations to take possession of their houses. I will put an end to the pride of the strong, and their holy places[9] shall be profaned.

25 When anguish comes, they will seek peace, but there shall be none.

26 Disaster comes upon disaster; rumor follows rumor. They seek a vision from the prophet, while the law[10] perishes from the priest and counsel from the elders.

27 The king mourns, the prince is wrapped in despair, and the hands of the people of the land are paralyzed by terror. According to their way I will do to them, and according to their judgments I will judge them, and they shall know that I am the LORD."

Abominations in the Temple

8 In the sixth year, in the sixth month, on the fifth day of the month, as I sat in my house, with the elders of Judah sitting before me, the hand of the Lord GOD fell upon me there.

2 Then I looked, and behold, a form that had the appearance of a man.[l] [h]Below what appeared to be his waist was fire, and above his waist was something like the appearance of brightness, like gleaming metal.[2]

3 He put out the form of a hand and took me by a lock of my head, and the Spirit lifted me up between earth and heaven and brought me in visions of God to Jerusalem, to the entrance of the gateway of the inner court that faces north, where was the seat of the image of jealousy, which provokes to jealousy.

4 And behold, the glory of the God of Israel was there, like the vision that I saw in the valley.

5 Und er sprach zu mir: Du Menschenkind, hebe deine Augen auf nach Norden. Und als ich meine Augen aufhob nach Norden, siehe, da stand nördlich vom Tor ein Altar, da, wo es zu dem Bild geht, das für den Herrn ein Ärgernis war.

6 Und er sprach zu mir: Du Menschenkind, siehst du auch, was diese tun? Große Gräuel sind es, die das Haus Israel hier tut, um mich von meinem Heiligtum zu vertreiben. Aber du wirst noch größere Gräuel sehen.

¶ **7** Und er führte mich zur Tür des Vorhofes. Da sah ich, und siehe, da war ein Loch in der Wand.

8 Und er sprach zu mir: Du Menschenkind, brich ein Loch durch die Wand. Und als ich ein Loch durch die Wand gebrochen hatte, siehe, da war eine Tür.

9 Und er sprach zu mir: Geh hinein und schaue die schlimmen Gräuel, die sie hier treiben.

10 Und als ich hineinkam und schaute, siehe, da waren lauter Bilder von Gewürm und scheußlichem Getier und allen Götzen des Hauses Israel, ringsherum an den Wänden eingegraben.

11 Davor standen siebzig Männer von den Ältesten des Hauses Israel, und Jaasanja, der Sohn Schafans, stand mitten unter ihnen. Und ein jeder hatte sein Räuchergefäß in der Hand und der Duft einer Wolke von Weihrauch stieg auf.

¶ **12** Und er sprach zu mir: Menschenkind, siehst du, was die Ältesten des Hauses Israel tun in der Finsternis, ein jeder in der Kammer seines Götzenbildes? Denn sie sagen: Der HERR sieht uns nicht, der HERR hat das Land verlassen.

13 Und er sprach zu mir: Du sollst noch größere Gräuel sehen, die sie tun.

14 Und er führte mich zum Eingang des Tores am Hause des HERRN, das gegen Norden liegt, und siehe, dort saßen Frauen, die den Tammus beweinten.

15 Und er sprach zu mir: Menschenkind, siehst du das? Aber du sollst noch größere Gräuel sehen als diese.

¶ **16** Und er führte mich in den inneren Vorhof am Hause des HERRN; und siehe, vor dem Eingang zum Tempel des HERRN, zwischen der Vorhalle und dem Altar, standen etwa fünfundzwanzig Männer, die ihren Rücken gegen den Tempel des HERRN und ihr Gesicht gegen Osten gewendet hatten und beteten gegen Osten die Sonne an.

¶ **5** Then he said to me, "Son of man, lift up your eyes now toward the north." So I lifted up my eyes toward the north, and behold, north of the altar gate, in the entrance, was this image of jealousy.

6 And he said to me, "Son of man, do you see what they are doing, the great abominations that the house of Israel are committing here, to drive me far from my sanctuary? But you will see still greater abominations."

¶ **7** And he brought me to the entrance of the court, and when I looked, behold, there was a hole in the wall.

8 Then he said to me, "Son of man, dig in the wall." So I dug in the wall, and behold, there was an entrance.

9 And he said to me, "Go in, and see the vile abominations that they are committing here."

10 So I went in and saw. And there, engraved on the wall all around, was every form of creeping things and loathsome beasts, and all the idols of the house of Israel.

11 And before them stood seventy men of the elders of the house of Israel, with Jaazaniah the son of Shaphan standing among them. Each had his censer in his hand, and the smoke of the cloud of incense went up.

12 Then he said to me, "Son of man, have you seen what the elders of the house of Israel are doing in the dark, each in his room of pictures? For they say, 'The LORD does not see us, the LORD has forsaken the land.'"

13 He said also to me, "You will see still greater abominations that they commit."

¶ **14** Then he brought me to the entrance of the north gate of the house of the LORD, and behold, there sat women weeping for Tammuz.

15 Then he said to me, "Have you seen this, O son of man? You will see still greater abominations than these."

¶ **16** And he brought me into the inner court of the house of the LORD. And behold, at the entrance of the temple of the LORD, between the porch and the altar, were about twenty-five men, with their backs to the temple of the LORD, and their faces toward the east, worshiping the sun toward the east.

17 Und er sprach zu mir: Menschenkind, siehst du das? Ist es dem Hause Juda nicht genug, diese Gräuel hier zu treiben, dass sie auch sonst das ganze Land mit Gewalt und Unrecht erfüllen und mich immer wieder reizen? Und siehe, sie halten sich die Weinrebe an die Nase.*

18 Darum will ich auch mit Grimm an ihnen handeln, und mein Auge soll ohne Mitleid auf sie blicken, und ich will nicht gnädig sein. Wenn sie auch mit lauter Stimme mir in die Ohren schreien, will ich sie doch nicht hören.

Die Heimsuchung Jerusalems

9 Und er rief mit lauter Stimme vor meinen Ohren und sprach: Gekommen ist die Heimsuchung der Stadt; ein jeder habe sein Werkzeug zur Zerstörung in seiner Hand!

2 Und siehe, da kamen sechs Männer auf dem Wege vom oberen Tor her, das gegen Norden liegt, und jeder hatte ein Werkzeug zum Zerschlagen in seiner Hand. Aber es war einer unter ihnen, der hatte ein Kleid von Leinwand an und ein Schreibzeug an seiner Seite. Und sie kamen heran und traten neben den kupfernen Altar.

¶ **3** Und die Herrlichkeit des Gottes Israels erhob sich von dem Cherub, über dem sie war, zu der Schwelle des Tempels am Hause, und der HERR rief dem, der das Kleid von Leinwand anhatte und das Schreibzeug an seiner Seite,

4 und sprach zu ihm: Geh durch die Stadt Jerusalem und zeichne mit einem Zeichen an der Stirn die Leute, die da seufzen und jammern über alle Gräuel, die darin geschehen.

¶ **5** Zu den andern Männern aber sprach er, sodass ich es hörte: Geht ihm nach durch die Stadt und schlagt drein; eure Augen sollen ohne Mitleid blicken und keinen verschonen.

6 Erschlagt Alte, Jünglinge, Jungfrauen, Kinder und Frauen, schlagt alle tot; aber die das Zeichen an sich haben, von denen sollt ihr keinen anrühren. Fangt aber an bei meinem Heiligtum! Und sie fingen an bei den Ältesten, die vor dem Tempel waren.

7 Und er sprach zu ihnen: Macht den Tempel unrein, füllt die Vorhöfe mit Erschlagenen; dann geht hinaus! Und sie gingen hinaus und erschlugen die Leute in der Stadt.

17 Then he said to me, "Have you seen this, O son of man? Is it too light a thing for the house of Judah to commit the abominations that they commit here, that they should fill the land with violence and provoke me still further to anger? Behold, they put the branch to their[3] nose.

18 Therefore I will act in wrath. My eye will not spare, nor will I have pity. And though they cry in my ears with a loud voice, I will not hear them."

Idolaters Killed

9 Then he cried in my ears with a loud voice, saying, "Bring near the executioners of the city, each with his destroying weapon in his hand."

2 And behold, six men came from the direction of the upper gate, which faces north, each with his weapon for slaughter in his hand, and with them was a man clothed in linen, with a writing case at his waist. And they went in and stood beside the bronze altar.

¶ **3** Now the glory of the God of Israel had gone up from the cherub on which it rested to the threshold of the house. And he called to the man clothed in linen, who had the writing case at his waist.

4 And the LORD said to him, "Pass through the city, through Jerusalem, and put a mark on the foreheads of the men who sigh and groan over all the abominations that are committed in it."

5 And to the others he said in my hearing, "Pass through the city after him, and strike. Your eye shall not spare, and you shall show no pity.

6 Kill old men outright, young men and maidens, little children and women, but touch no one on whom is the mark. And begin at my sanctuary." So they began with the elders who were before the house.

7 Then he said to them, "Defile the house, and fill the courts with the slain. Go out." So they went out and struck in the city.

8 Und als sie die erschlagen hatten, war ich noch übrig. Und ich fiel auf mein Angesicht, schrie und sprach: Ach, Herr HERR, willst du denn den ganzen Rest Israels verderben, dass du deinen Zorn so ausschüttest über Jerusalem?

9 Und er sprach zu mir: Die Missetat des Hauses Israel und Juda ist allzu groß; es ist lauter Blutschuld im Lande und lauter Unrecht in der Stadt. Denn sie sprechen: Der HERR hat das Land verlassen, der HERR sieht uns nicht.

10 Darum soll mein Auge ohne Mitleid auf sie blicken, ich will auch nicht gnädig sein, sondern will ihr Tun auf ihren Kopf kommen lassen.

11 Und siehe, der Mann, der das Kleid von Leinwand anhatte und das Schreibzeug an seiner Seite, antwortete und sprach: Ich habe getan, wie du mir geboten hast.

Die Herrlichkeit Gottes über den Cherubim
(vgl. Kap 1,4-28)

10 Und ich sah, und siehe, an der Himmelsfeste über dem Haupt der Cherubim glänzte es wie ein Saphir, und über ihnen war etwas zu sehen wie ein Thron.

2 Und er sprach zu dem Mann in dem Kleid von Leinwand: Geh hinein zwischen das Räderwerk unter dem Cherub und fülle deine Hände mit glühenden Kohlen, die zwischen den Cherubim sind, und streue sie über die Stadt. Und er ging hinein vor meinen Augen.

3 Die Cherubim aber standen zur Rechten am Hause des Herrn, als der Mann hineinging, und die Wolke erfüllte den inneren Vorhof.

4 Und die Herrlichkeit des HERRN erhob sich über dem Cherub zur Schwelle des Hauses, und das Haus wurde erfüllt mit der Wolke und der Vorhof mit dem Glanz der Herrlichkeit des HERRN.

5 Und man hörte die Flügel der Cherubim rauschen bis in den äußeren Vorhof wie die Stimme des allmächtigen Gottes, wenn er redet.

6 Und als er dem Mann in dem Kleid von Leinwand geboten hatte: Nimm von dem Feuer zwischen dem Räderwerk zwischen den Cherubim, ging dieser hinein und trat neben das Rad.

7 Und der Cherub streckte seine Hand aus der Mitte der Cherubim hin zum Feuer, das zwischen den Cherubim war, nahm davon und gab es dem Mann in dem Kleid von Leinwand in die Hände; der empfing es und ging hinaus.

8 And while they were striking, and I was left alone, I fell upon my face, and cried, "Ah, Lord GOD! Will you destroy all the remnant of Israel in the outpouring of your wrath on Jerusalem?"

9 Then he said to me, "The guilt of the house of Israel and Judah is exceedingly great. The land is full of blood, and the city full of injustice. For they say, 'The LORD has forsaken the land, and the LORD does not see.'

10 As for me, my eye will not spare, nor will I have pity; I will bring their deeds upon their heads."

11 And behold, the man clothed in linen, with the writing case at his waist, brought back word, saying, "I have done as you commanded me."

The Glory of the LORD Leaves the Temple

10 Then I looked, and behold, on the expanse that was over the heads of the cherubim there appeared above them something like a sapphire,[1] in appearance like a throne.

2 And he said to the man clothed in linen, "Go in among the whirling wheels underneath the cherubim. Fill your hands with burning coals from between the cherubim, and scatter them over the city." And he went in before my eyes.

3 Now the cherubim were standing on the south side of the house, when the man went in, and a cloud filled the inner court.

4 And the glory of the LORD went up from the cherub to the threshold of the house, and the house was filled with the cloud, and the court was filled with the brightness of the glory of the LORD.

5 And the sound of the wings of the cherubim was heard as far as the outer court, [k]like the voice of God Almighty when he speaks.

6 And when he commanded the man clothed in linen, "Take fire from between the whirling wheels, from between the cherubim," he went in and stood beside a wheel.

7 And a cherub stretched out his hand from between the cherubim to the fire that was between the cherubim, and took some of it and put it into the hands of the man clothed in linen, who took it and went out.

8 Und es erschien an den Cherubim etwas wie eines Menschen Hand unter ihren Flügeln.

¶ **9** Und ich sah, und siehe, vier Räder standen bei den Cherubim, bei jedem Cherub ein Rad, und die Räder sahen aus wie ein Türkis,

10 und alle vier sahen eins wie das andere aus; es war, als wäre ein Rad im andern.

11 Wenn sie gehen sollten, so konnten sie nach allen ihren vier Seiten gehen; sie brauchten sich im Gehen nicht umzuwenden; sondern wohin das erste ging, da gingen die andern nach, ohne sich im Gehen umzuwenden.

12 Und ihr ganzer Leib, Rücken, Hände und Flügel und die Räder waren voller Augen um und um bei allen vieren.

13 Und die Räder wurden vor meinen Ohren »das Räderwerk« genannt.

14 Ein jeder hatte vier Angesichter; das erste Angesicht war das eines Cherubs, das zweite das eines Menschen, das dritte das eines Löwen, das vierte das eines Adlers.

15 Und die Cherubim hoben sich empor. Es war aber dieselbe Gestalt, die ich am Fluss Kebar gesehen hatte.

16 Wenn die Cherubim gingen, so gingen auch die Räder mit, und wenn die Cherubim ihre Flügel schwangen, dass sie sich von der Erde erhoben, so wandten sich auch die Räder nicht von ihrer Seite weg.

17 Wenn jene standen, so standen diese auch; erhoben sie sich, so erhoben sich diese auch; denn es war der Geist der Gestalten in ihnen.

¶ **18** Und die Herrlichkeit des HERRN ging wieder hinaus von der Schwelle des Tempels und stellte sich über die Cherubim.

19 Da schwangen die Cherubim ihre Flügel und erhoben sich von der Erde vor meinen Augen, und als sie hinausgingen, gingen die Räder mit. Und sie traten in den Eingang des östlichen Tores am Hause des HERRN, und die Herrlichkeit des Gottes Israels war oben über ihnen.

20 Das waren die Gestalten, die ich unter dem Gott Israels am Fluss Kebar gesehen hatte; und ich merkte, dass es Cherubim waren.

21 Vier Angesichter hatte jeder und vier Flügel und etwas wie Menschenhände unter den Flügeln.

22 Und ihre Angesichter waren so gestaltet, wie ich sie am Fluss Kebar gesehen hatte; und sie gingen in der Richtung eines ihrer Angesichter, wie sie wollten.

8 The cherubim appeared to have the form of a human hand under their wings.

¶ **9** And I looked, and behold, there were four wheels beside the cherubim, one beside each cherub, and the appearance of the wheels was like sparkling beryl.

10 And as for their appearance, the four had the same likeness, as if a wheel were within a wheel.

11 When they went, they went in any of their four directions[2] without turning as they went, but in whatever direction the front wheel[3] faced, the others followed without turning as they went.

12 And their whole body, their rims, and their spokes, their wings,[4] and the wheels were full of eyes all around—the wheels that the four of them had.

13 As for the wheels, they were called in my hearing "the whirling wheels."

14 And every one had four faces: the first face was the face of the cherub, and the second face was a human face, and the third the face of a lion, and the fourth the face of an eagle.

¶ **15** And the cherubim mounted up. These were the living creatures that I saw by the Chebar canal.

16 And when the cherubim went, the wheels went beside them. And [d]when the cherubim lifted up their wings to mount up from the earth, the wheels did not turn from beside them.

17 When they stood still, these stood still, and when they mounted up, these mounted up with them, for the spirit of the living creatures[5] was in them.

¶ **18** Then the glory of the LORD went out from the threshold of the house, and stood over the cherubim.

19 And the cherubim lifted up their wings and mounted up from the earth before my eyes as they went out, with the wheels beside them. And they stood at the entrance of the east gate of the house of the LORD, and the glory of the God of Israel was over them.

¶ **20** These were the living creatures that I saw underneath the God of Israel by the Chebar canal; and I knew that they were cherubim.

21 Each had four faces, and each four wings, and underneath their wings the likeness of human hands.

22 And as for the likeness of their faces, they were the same faces whose appearance I had seen by the Chebar canal. Each one of them went straight forward.

Gottes Gericht über die Obersten des Volkes

11 Und der Geist hob mich empor und brachte mich zum Tor am Hause des HERRN, das gegen Osten liegt. Und siehe, im Eingang des Tores waren fünfundzwanzig Männer, und ich sah unter ihnen die Obersten im Volk, Jaasanja, den Sohn Asurs, und Pelatja, den Sohn Benajas.

2 Und er sprach zu mir: Menschenkind, das sind die Männer, die Unheil planen und schädlichen Rat geben in dieser Stadt;

3 denn sie sprechen: »Sind nicht vor Kurzem die Häuser wieder aufgebaut worden? Die Stadt ist der Topf, wir sind das Fleisch.«

4 Darum sollst du, Menschenkind, gegen sie weissagen.

¶ **5** Und der Geist des HERRN fiel auf mich und er sprach zu mir: Sage: So spricht der HERR: So habt ihr geredet, ihr vom Hause Israel; und eures Geistes Gedanken kenne ich wohl.

6 Ihr habt viele erschlagen in dieser Stadt, und ihre Gassen liegen voll Toter.

7 Darum spricht Gott der HERR: Die ihr in der Stadt getötet habt, die sind das Fleisch, und sie ist der Topf; aber ihr müsst hinaus.

8 Das Schwert, das ihr fürchtet, das will ich über euch kommen lassen, spricht Gott der HERR.

9 Ich will euch aus der Stadt hinaustreiben und Fremden in die Hand geben und will Gericht über euch halten.

10 Ihr sollt durchs Schwert fallen; an der Grenze Israels will ich euch richten; und ihr sollt erfahren, dass ich der HERR bin.

11 Die Stadt aber soll für euch nicht der Topf sein noch ihr das Fleisch darin, sondern an der Grenze Israels will ich euch richten.

12 Und ihr sollt erfahren, dass ich der HERR bin; denn ihr seid nach meinen Geboten nicht gewandelt und habt meine Ordnungen nicht gehalten, sondern habt gelebt nach den Ordnungen der Heiden, die um euch her sind.

¶ **13** Und als ich noch so weissagte, starb Pelatja, der Sohn Benajas. Da fiel ich auf mein Angesicht und schrie mit lauter Stimme und sprach: Ach, Herr HERR, willst du dem Rest Israels ganz und gar ein Ende machen?

Die Verheißung für die Weggeführten

14 Da geschah des HERRN Wort zu mir:

15 Du Menschenkind, die Leute, die noch in Jerusalem wohnen, sagen von deinen Brüdern und Verwandten und dem ganzen Haus Israel: Sie sind ferne vom HERRN, aber uns ist das Land zum Eigentum gegeben.

Judgment on Wicked Counselors

11 The Spirit lifted me up and brought me to the east gate of the house of the LORD, which faces east. And behold, at the entrance of the gateway there were twenty-five men. And I saw among them Jaazaniah the son of Azzur, and Pelatiah the son of Benaiah, princes of the people.

2 And he said to me, "Son of man, these are the men who devise iniquity and who give wicked counsel in this city;

3 who say, 'The time is not near[1] to build houses. This city is the cauldron, and we are the meat.'

4 Therefore prophesy against them, prophesy, O son of man."

¶ **5** And the Spirit of the LORD fell upon me, and he said to me, "Say, Thus says the LORD: So you think, O house of Israel. For I know the things that come into your mind.

6 You have multiplied your slain in this city and have filled its streets with the slain.

7 Therefore thus says the Lord GOD: Your slain whom you have laid in the midst of it, they are the meat, and [a]this city is the cauldron, but you shall be brought out of the midst of it.

8 You have feared the sword, and I will bring the sword upon you, declares the Lord GOD.

9 And I will bring you out of the midst of it, and give you into the hands of foreigners, and execute judgments upon you.

10 You shall fall by the sword. I will judge you at the border of Israel, and you shall know that I am the LORD.

11 This city shall not be your cauldron, nor shall you be the meat in the midst of it. I will judge you at the border of Israel,

12 and you shall know that I am the LORD. For you have not walked in my statutes, nor obeyed my rules, but have acted according to the rules of the nations that are around you."

¶ **13** And it came to pass, while I was prophesying, that Pelatiah the son of Benaiah died. Then I fell down on my face and cried out with a loud voice and said, [o]"Ah, Lord GOD! Will you make a full end of the remnant of Israel?"

Israel's New Heart and Spirit

¶ **14** And the word of the LORD came to me:

15 "Son of man, your brothers, even your brothers, your kinsmen,[2] the whole house of Israel, all of them, are those of whom the inhabitants of Jerusalem have said, 'Go far from the LORD; to us this land is given for a possession.'

¶ 16 Darum sage: So spricht Gott der HERR: Ja, ich habe sie fern weg unter die Heiden vertrieben und in die Länder zerstreut und bin ihnen nur wenig zum Heiligtum geworden in den Ländern, in die sie gekommen sind.

17 Darum sage: So spricht Gott der HERR: Ich will euch zusammenbringen aus den Völkern und will euch sammeln aus den Ländern, in die ihr zerstreut seid, und will euch das Land Israels geben.

18 Dorthin sollen sie kommen und alle seine Götzen und Gräuel daraus wegtun.

19 Und ich will ihnen ein anderes Herz geben und einen neuen Geist in sie geben und will das steinerne Herz wegnehmen aus ihrem Leibe und ihnen ein fleischernes Herz geben,

20 damit sie in meinen Geboten wandeln und meine Ordnungen halten und danach tun. Und sie sollen mein Volk sein und ich will ihr Gott sein.

21 Denen aber, die mit ihrem Herzen ihren Götzen und ihren Gräueln nachwandeln, will ich ihr Tun auf ihren Kopf kommen lassen, spricht Gott der HERR.

Die Herrlichkeit Gottes verlässt Jerusalem

22 Da schwangen die Cherubim ihre Flügel und die Räder gingen mit, und die Herrlichkeit des Gottes Israels war oben über ihnen.

23 Und die Herrlichkeit des HERRN erhob sich aus der Stadt und stellte sich auf den Berg, der im Osten vor der Stadt liegt.

24 Und der Geist hob mich empor und brachte mich nach Chaldäa zu den Weggeführten in einem Gesicht durch den Geist Gottes. Und das Gesicht, das ich geschaut hatte, verschwand vor mir.

25 Und ich sagte den Weggeführten alle Worte des HERRN, die er mir in Gesichten gezeigt hatte.

Die Wegführung von König und Volk wird in Gleichnishandlungen dargestellt

12 Und des HERRN Wort geschah zu mir:

2 Du Menschenkind, du wohnst in einem Haus des Widerspruchs; sie haben wohl Augen, dass sie sehen könnten, und wollen nicht sehen, und Ohren, dass sie hören könnten, und wollen nicht hören; denn sie sind ein Haus des Widerspruchs.

16 Therefore say, 'Thus says the Lord GOD: Though I removed them far off among the nations, and though I scattered them among the countries, yet I have been a sanctuary to them for a while[3] in the countries where they have gone.'

17 Therefore say, 'Thus says the Lord GOD: I will gather you from the peoples and assemble you out of the countries where you have been scattered, 'and I will give you the land of Israel.'

18 And when they come there, they will remove from it all its detestable things and all its abominations.

19 And I will give them one heart, and a new spirit I will put within them. I will remove the heart of stone from their flesh and give them a heart of flesh,

20 that they may walk in my statutes and keep my rules and obey them. And they shall be my people, and I will be their God.

21 But as for those whose heart goes after their detestable things and their abominations, I will[4] bring their deeds upon their own heads, declares the Lord GOD."

¶ 22 Then the cherubim lifted up their wings, with the wheels beside them, 'and the glory of the God of Israel was over them.

23 And the glory of the LORD went up from the midst of the city and stood on the mountain that is on the east side of the city.

24 And the Spirit lifted me up and brought me in the vision by the Spirit of God into Chaldea, to the exiles. Then the vision that I had seen went up from me.

25 And I told the exiles all the things that the LORD had shown me.

Judah's Captivity Symbolized

12 The word of the LORD came to me:

2 "Son of man, you dwell in the midst of a rebellious house, who have eyes to see, but see not, who have ears to hear, but hear not, for they are ᵏa rebellious house.

3 Du aber, Menschenkind, pack dir Sachen wie für die Verbannung und zieh am hellen Tage fort vor ihren Augen. Von deinem Ort sollst du ziehen an einen andern Ort vor ihren Augen. Vielleicht merken sie es, denn sie sind ein Haus des Widerspruchs.

4 Du sollst deine Sachen am hellen Tage vor ihren Augen herausschaffen wie Gepäck für die Verbannung und am Abend hinausziehen vor ihren Augen, wie man zur Verbannung auszieht,

5 und du sollst dir vor ihren Augen ein Loch durch die Wand brechen und da hinausziehen,

6 und du sollst deine Schulter vor ihren Augen beladen und hinausziehen, wenn es dunkel wird! Dein Angesicht sollst du verhüllen, damit du das Land nicht siehst. Denn ich habe dich für das Haus Israel zum Wahrzeichen gesetzt.

¶ **7** Und ich tat, wie mir befohlen war, und trug mein Gepäck hinaus wie Gepäck für die Verbannung am hellen Tage, und am Abend brach ich mit der Hand ein Loch durch die Wand. Und als es dunkel wurde, belud ich meine Schulter und zog hinaus vor ihren Augen.

¶ **8** Und frühmorgens geschah des HERRN Wort zu mir:

9 Du Menschenkind, hat das Haus Israel, das Haus des Widerspruchs, nicht zu dir gesagt: Was machst du da?

10 Sage zu ihnen: So spricht Gott der HERR: Diese Last trifft den Fürsten zu Jerusalem und das ganze Haus Israel, das dort wohnt.

11 Sprich: Ich bin euer Wahrzeichen; wie ich getan habe, so wird ihnen geschehen: Fortziehen müssen sie und gefangen weggeführt werden.

12 Ihr Fürst wird seine Habe auf die Schulter laden, wenn es dunkel wird, und ein Loch durch die Wand brechen und da hinausziehen; sein Angesicht wird er verhüllen, dass er nicht mit seinen Augen das Land sehe.

13 Und ich will mein Netz über ihn werfen, dass er in meinem Garn gefangen werde, und will ihn nach Babel bringen in der Chaldäer Land, das er jedoch nicht sehen wird, und dort soll er sterben.

14 Und alle, die um ihn her sind, seine Helfer und seinen ganzen Anhang, will ich in alle Winde zerstreuen und das Schwert ziehen hinter ihnen her.

15 Dann sollen sie erfahren, dass ich der HERR bin, wenn ich sie unter die Heiden verstoße und in die Länder zerstreue.

3 As for you, son of man, prepare for yourself an exile's baggage, and go into exile by day in their sight. You shall go like an exile from your place to another place "in their sight. Perhaps they will understand, though[1] they are a rebellious house.

4 You shall bring out your baggage by day in their sight, as baggage for exile, and you shall go out yourself at evening in their sight, as those do who must go into exile.

5 In their sight dig through the wall, and bring your baggage out through it.

6 In their sight you shall lift the baggage upon your shoulder and carry it out at dusk. You shall cover your face that you may not see the land, for I have made you a sign for the house of Israel."

¶ **7** And I did as I was commanded. I brought out my baggage by day, as baggage for exile, and in the evening I dug through the wall with my own hands. I brought out my baggage at dusk, carrying it on my shoulder in their sight.

¶ **8** In the morning the word of the LORD came to me:

9 "Son of man, has not the house of Israel, the rebellious house, said to you, 'What are you doing?'

10 Say to them, 'Thus says the Lord GOD: This oracle concerns[2] the prince in Jerusalem and all the house of Israel who are in it.[3]

11 Say, 'I am a sign for you: as I have done, so shall it be done to them. They shall go into exile, into captivity.'

12 And the prince who is among them shall lift his baggage upon his shoulder at dusk, and shall go out. They shall dig through the wall to bring him out through it. He shall cover his face, that he may not see the land with his eyes.

13 And I will spread my net over him, and he shall be taken in my snare. And I will bring him to Babylon, the land of the Chaldeans, ᵉyet he shall not see it, and he shall die there.

14 And I will scatter toward every wind all who are around him, his helpers and all his troops, and I will unsheathe the sword after them.

15 And they shall know that I am the LORD, when I disperse them among the nations and scatter them among the countries.

16 Aber ich will von ihnen einige wenige übrig lassen vor dem Schwert, dem Hunger und der Pest. Die sollen von all ihren Gräueltaten erzählen unter den Heiden, zu denen sie kommen werden; und sie sollen erfahren, dass ich der HERR bin.

¶ **17** Und des HERRN Wort geschah zu mir:

18 Du Menschenkind, du sollst dein Brot essen mit Beben und dein Wasser trinken mit Zittern und Sorgen.

19 Und sage zum Volk des Landes: So spricht Gott der HERR zu den Einwohnern Jerusalems über das Land Israels: Sie müssen ihr Brot essen mit Sorgen und ihr Wasser trinken mit Schaudern; denn ihr Land soll wüst werden und leer von allem, was darin ist, um des Frevels willen all seiner Bewohner.

20 Und die Städte, die bewohnt sind, sollen verwüstet werden und das Land öde; und ihr werdet erfahren, dass ich der HERR bin.

Gegen die Verächter der Weissagung

21 Und des HERRN Wort geschah zu mir:

22 Du Menschenkind, was habt ihr da für ein Gerede im Lande Israels? Ihr sagt: »Es dauert so lange und es wird nichts aus der Weissagung.«

23 Darum sage zu ihnen: So spricht Gott der HERR: Ich will diesem Gerede ein Ende machen, dass man es nicht mehr im Munde führen soll in Israel. Sage vielmehr zu ihnen: Die Zeit ist nahe und alles kommt, was geweissagt ist.

24 Denn es soll hinfort keine trügenden Gesichte und keine falsche Offenbarung mehr geben im Hause Israel.

25 Denn ich bin der HERR. Was ich rede, das soll geschehen und sich nicht lange hinausziehen, sondern in eurer Zeit, du Haus des Widerspruchs, rede ich ein Wort und tue es auch, spricht Gott der HERR.

¶ **26** Und des HERRN Wort geschah zu mir:

27 Du Menschenkind, siehe, das Haus Israel spricht: Mit den Gesichten, die dieser schaut, dauert's noch lange, und er weissagt auf Zeiten, die noch ferne sind.

28 Darum sage ihnen: So spricht Gott der HERR: Was ich rede, soll sich nicht lange hinausziehen, sondern es soll geschehen, spricht Gott der HERR.

16 But I will let a few of them escape from the sword, from famine and pestilence, that they may declare all their abominations among the nations where they go, and may know that I am the LORD."

¶ **17** And the word of the LORD came to me:

18 "Son of man, eat your bread with quaking, and drink water with trembling and with anxiety.

19 And say to the people of the land, Thus says the Lord GOD concerning the inhabitants of Jerusalem in the land of Israel: They shall eat their bread with anxiety, ᵐand drink water in dismay. In this way her land will be stripped of all it contains, on account of the violence of all those who dwell in it.

20 And the inhabited cities shall be laid waste, and the land shall become a desolation; and you shall know that I am the LORD."

¶ **21** And the word of the LORD came to me:

22 "Son of man, what is this proverb that you⁴ have about the land of Israel, saying, 'The days grow long, and every vision comes to nothing'?

23 Tell them therefore, 'Thus says the Lord GOD: I will put an end to this proverb, and they shall no more use it as a proverb in Israel.' But say to them, The days are near, and the fulfillment⁵ of every vision.

24 For there shall be no more any false vision or flattering divination within the house of Israel.

25 For I am the LORD; I will speak the word that I will speak, and it will be performed. It will no longer be delayed, but in your days, O rebellious house, I will speak the word and perform it, declares the Lord GOD."

¶ **26** And the word of the LORD came to me:

27 "Son of man, behold, they of the house of Israel say, 'The vision that he sees is for many days from now, and he prophesies of times far off.'

28 Therefore say to them, Thus says the Lord GOD: None of my words will be delayed any longer, but the word that I speak will be performed, declares the Lord GOD."

Gegen die falschen Propheten

13 Und des HERRN Wort geschah zu mir:

2 Du Menschenkind, weissage gegen die Propheten Israels und sprich zu denen, die aus eigenem Antrieb heraus weissagen »Höret des HERRN Wort!«:

3 So spricht Gott der HERR: Weh den törichten Propheten, die ihrem eigenen Geist folgen und haben doch keine Gesichte!

¶ **4** O Israel, deine Propheten sind wie die Füchse in den Trümmern!

5 Sie sind nicht in die Bresche getreten und haben sich nicht zur Mauer gemacht um das Haus Israel, damit es fest steht im Kampf am Tage des HERRN.

6 Ihre Gesichte sind nichtig und ihr Wahrsagen ist Lüge. Sie sprechen: »Der HERR hat's gesagt«, und doch hat sie der HERR nicht gesandt, und sie warten darauf, dass er ihr Wort erfüllt.

7 Ist's nicht vielmehr so: Eure Gesichte sind nichtig und euer Wahrsagen ist lauter Lüge? Und ihr sprecht doch: »Der HERR hat's geredet«, wo ich doch nichts geredet habe.

¶ **8** Darum spricht Gott der HERR: Weil ihr Trug redet und Lügen wahrsagt, siehe, darum will ich an euch, spricht Gott der HERR.

9 Und meine Hand soll über die Propheten kommen, die Trug reden und Lügen wahrsagen. Sie sollen in der Gemeinschaft meines Volks nicht bleiben und in das Buch des Hauses Israel nicht eingeschrieben werden und ins Land Israels nicht kommen – und ihr sollt erfahren, dass ich Gott der HERR bin.

¶ **10** Weil sie mein Volk verführen und sagen: »Friede!«, wo doch kein Friede ist, und weil sie, wenn das Volk sich eine Wand baut, sie mit Kalk übertünchen,

11 so sprich zu den Tünchern, die mit Kalk tünchen: »Die Wand wird einfallen!« Denn es wird ein Platzregen kommen und Hagel wie Steine fallen und ein Wirbelwind losbrechen.

12 Siehe, da wird die Wand einfallen. Was gilt's? Dann wird man zu euch sagen: Wo ist nun der Anstrich, den ihr darüber getüncht habt?

¶ **13** Darum spricht Gott der HERR: Ich will einen Wirbelwind losbrechen lassen in meinem Grimm und einen Platzregen in meinem Zorn und Hagel wie Steine in vernichtendem Grimm.

False Prophets Condemned

13 The word of the LORD came to me:

2 "Son of man, prophesy against the prophets of Israel, who are prophesying, and say to those who prophesy from their own hearts: 'Hear the word of the LORD!'

3 Thus says the Lord GOD, Woe to the foolish prophets who follow their own spirit, and have seen nothing!

4 Your prophets have been like jackals among ruins, O Israel.

5 You have not gone up into the breaches, or built up a wall for the house of Israel, that it might stand in battle in the day of the LORD.

6 They have seen false visions and lying divinations. They say, 'Declares the LORD,' when the LORD has not sent them, and yet they expect him to fulfill their word.

7 Have you not seen a false vision and uttered a lying divination, whenever you have said, 'Declares the LORD,' although I have not spoken?"

¶ **8** Therefore thus says the Lord GOD: "Because you have uttered falsehood and seen lying visions, therefore behold, I am against you, declares the Lord GOD.

9 My hand will be against the prophets who see false visions and who give lying divinations. They shall not be in the council of my people, nor be enrolled in the register of the house of Israel, nor shall they enter the land of Israel. And you shall know that I am the Lord GOD.

10 Precisely because they have misled my people, saying, 'Peace,' when there is no peace, and because, when the people build a wall, these prophets smear it with whitewash,[1]

11 say to those who smear it with whitewash that it shall fall! There will be a deluge of rain, and you, O great hailstones, will fall, and a stormy wind break out.

12 And when the wall falls, will it not be said to you, 'Where is the coating with which you smeared it?'

13 Therefore thus says the Lord GOD: I will make a stormy wind break out in my wrath, [m]and there shall be a deluge of rain in my anger, and great hailstones in wrath to make a full end.

14 So will ich die Wand niederreißen, die ihr mit Kalk übertüncht habt, und will sie zu Boden stoßen, dass man ihren Grund sehen soll. Wenn sie fällt, sollt ihr auch darin umkommen. Und ihr sollt erfahren, dass ich der Herr bin.

15 Und ich will meinen ganzen Grimm an der Wand auslassen und an denen, die sie mit Kalk übertüncht haben, und will zu euch sagen: Hier ist weder Wand noch Tüncher –

16 das sind die Propheten Israels, die Jerusalem wahrsagen und predigen »Friede!«, wo doch kein Friede ist, spricht Gott der Herr.

Gegen falsche Prophetinnen

17 Und du, Menschenkind, richte dein Angesicht gegen die Töchter deines Volks, die aus eigenem Antrieb als Prophetinnen auftreten, und weissage gegen sie

18 und sprich: So spricht Gott der Herr: Weh euch, die ihr Binden näht für alle Handgelenke und Hüllen für die Köpfe der Jungen und Alten, um Seelen damit zu fangen! Wollt ihr Seelen fangen in meinem Volk und Seelen für euch am Leben erhalten?

19 Ihr entheiligt mich bei meinem Volk für eine Handvoll Gerste und einen Bissen Brot, dadurch dass ihr Seelen tötet, die nicht sterben sollten, und Seelen am Leben erhaltet, die nicht leben sollten, durch euer Lügen unter meinem Volk, das so gern Lügen hört.

¶ **20** Darum spricht Gott der Herr: Siehe, ich will über eure Binden kommen, mit denen ihr die Seelen fangt, und will sie von euren Armen reißen und die Seelen, die ihr gefangen habt, befreien.

21 Und ich will eure Hüllen wegreißen und mein Volk aus eurer Hand erretten, dass ihr sie nicht mehr fangen könnt. Und ihr sollt erfahren, dass ich der Herr bin.

22 Weil ihr das Herz der Gerechten betrübt habt, die ich nicht betrübt habe, und die Hände der Gottlosen gestärkt habt, damit sie sich von ihrem bösen Wandel nicht bekehren, um ihr Leben zu retten:

23 darum sollt ihr nicht mehr Trug predigen und wahrsagen, sondern ich will mein Volk aus euren Händen erretten und ihr sollt erfahren, dass ich der Herr bin.

Gottes Antwort an Götzendiener

14 Und es kamen einige von den Ältesten Israels zu mir und setzten sich vor mir nieder.

2 Da geschah des Herrn Wort zu mir:

14 And I will break down the wall that you have smeared with whitewash, and bring it down to the ground, so that its foundation will be laid bare. When it falls, you shall perish in the midst of it, and you shall know that I am the Lord.

15 Thus will I spend my wrath upon the wall and upon those who have smeared it with whitewash, and I will say to you, The wall is no more, nor those who smeared it,

16 the prophets of Israel who prophesied concerning Jerusalem and saw visions of peace for her, when there was no peace, declares the Lord God.

¶ **17** "And you, son of man, set your face against the daughters of your people, who prophesy out of their own minds. Prophesy against them

18 and say, Thus says the Lord God: Woe to the women who sew magic bands upon all wrists, and make veils for the heads of persons of every stature, in the hunt for souls! Will you hunt down souls belonging to my people and keep your own souls alive?

19 You have profaned me among my people for handfuls of barley and for pieces of bread, putting to death souls who should not die and keeping alive souls who should not live, by your lying to my people, who listen to lies.

¶ **20** "Therefore thus says the Lord God: Behold, I am against your magic bands with which you hunt the souls like birds, and I will tear them from your arms, and I will let the souls whom you hunt go free, the souls like birds.

21 Your veils also I will tear off and deliver my people out of your hand, and they shall be no more in your hand as prey, and you shall know that I am the Lord.

22 Because you have disheartened the righteous falsely, although I have not grieved him, and you have encouraged the wicked, that he should not turn from his evil way to save his life,

23 therefore you shall no more see false visions nor practice divination. I will deliver my people out of your hand. And you shall know that I am the Lord."

Idolatrous Elders Condemned

14 Then certain of the elders of Israel came to me ᵉand sat before me.

2 And the word of the Lord came to me:

3 Du Menschenkind, diese Leute hängen mit ihrem Herzen an ihren Götzen und haben mit Freuden vor Augen, was sie schuldig werden lässt – sollte ich mich wirklich von ihnen befragen lassen?

4 Darum rede mit ihnen und sage zu ihnen: So spricht Gott der HERR: Jedem vom Hause Israel, der mit seinem Herzen an seinen Götzen hängt und mit Freuden vor Augen hat, was ihn schuldig werden lässt, und dann zum Propheten kommt, dem will ich, der HERR, antworten, wie er's verdient hat mit seinen vielen Götzen,

5 damit ich so dem Hause Israels ans Herz greife, weil sie von mir gewichen sind mit all ihren Götzen.

¶ **6** Darum sollst du zum Hause Israel sagen: So spricht Gott der HERR: Kehrt um und wendet euch ab von euren Götzen und wendet euer Angesicht von allen euren Gräueln.

7 Denn jedem vom Hause Israel oder von den Fremdlingen in Israel, der von mir weicht und mit seinem Herzen an seinen Götzen hängt und mit Freuden vor Augen hat, was ihn schuldig werden lässt, und der dann zum Propheten kommt, um durch ihn mich zu befragen, dem will ich, der HERR, selbst antworten.

8 Ich will mein Angesicht gegen ihn richten und ihn zum Zeichen und Sprichwort machen und will ihn aus meinem Volk ausrotten. So sollt ihr erfahren, dass ich der HERR bin.

¶ **9** Wenn aber ein Prophet sich betören lässt, etwas zu verkünden, so habe ich, der HERR, diesen Propheten betört und will meine Hand gegen ihn ausstrecken und ihn aus meinem Volk Israel ausrotten.

10 So sollen sie beide ihre Schuld tragen: wie die Schuld des Befragenden, so soll auch die Schuld des Propheten sein,

11 damit das Haus Israel nicht mehr von mir abirrt und sich nicht mehr unrein macht durch alle seine Übertretungen; sondern sie sollen mein Volk sein und ich will ihr Gott sein, spricht Gott der HERR.

Die Überlebenden bei Gottes vierfachem Gericht

12 Und des HERRN Wort geschah zu mir:

13 Du Menschenkind, wenn ein Land an mir sündigt und Treubruch begeht und wenn ich meine Hand dagegen ausstrecke und den Vorrat an Brot ihm wegnehme und Hungersnot ins Land schicke, um Menschen und Vieh darin auszurotten,

14 und wenn dann diese drei Männer im Lande wären, Noah, Daniel und Hiob, so würden sie durch ihre Gerechtigkeit allein ihr Leben retten, spricht Gott der HERR.

3 "Son of man, these men have taken their idols into their hearts, and set the stumbling block of their iniquity before their faces. Should I indeed let myself be consulted by them?

4 Therefore speak to them and say to them, Thus says the Lord GOD: Any one of the house of Israel who takes his idols into his heart and sets the stumbling block of his iniquity before his face, and yet comes to the prophet, I the LORD will answer him as he comes with the multitude of his idols,

5 that I may lay hold of the hearts of the house of Israel, who are all estranged from me through their idols.

¶ **6** "Therefore say to the house of Israel, Thus says the Lord GOD: Repent and turn away from your idols, and turn away your faces from all your abominations.

7 For any one of the house of Israel, or of the strangers who sojourn in Israel, who separates himself from me, taking his idols into his heart and putting the stumbling block of his iniquity before his face, and yet comes to a prophet to consult me through him, I the LORD will answer him myself.

8 And I will set my face against that man; I will make him a sign and a byword [n]and cut him off from the midst of my people, and you shall know that I am the LORD.

9 And if the prophet is deceived and speaks a word, I, the LORD, have deceived that prophet, and I will stretch out my hand against him and will destroy him from the midst of my people Israel.

10 And they shall bear their punishment[1]— the punishment of the prophet and the punishment of the inquirer shall be alike—

11 that the house of Israel may no more go astray from me, nor defile themselves anymore with all their transgressions, but that they may be my people and I may be their God, declares the Lord GOD."

Jerusalem Will Not Be Spared

¶ **12** And the word of the LORD came to me:

13 "Son of man, when a land sins against me by acting faithlessly, and I stretch out my hand against it and break its supply[2] of bread and send famine upon it, and cut off from it man and beast,

14 even if these three men, Noah, Daniel, and Job, were in it, they would deliver but their own lives by their righteousness, declares the Lord GOD.

¶ **15** Und wenn ich wilde Tiere ins Land bringen würde, die die Leute ausrotteten und das Land zur Einöde machten, sodass niemand mehr hindurchziehen könnte vor wilden Tieren,

16 und diese drei Männer wären auch darin – so wahr ich lebe, spricht Gott der HERR: Sie würden weder Söhne noch Töchter retten, sondern allein sich selbst, und das Land müsste öde werden.

¶ **17** Oder wenn ich das Schwert kommen ließe über dies Land und sprechen würde: Schwert, fahre durchs Land!, und würde Menschen und Vieh ausrotten,

18 und diese drei Männer wären darin – so wahr ich lebe, spricht Gott der HERR: Sie würden weder Söhne noch Töchter retten, sondern sie allein würden errettet werden.

¶ **19** Oder wenn ich die Pest in dies Land schicken und meinen Grimm darüber ausschütten würde mit Blutvergießen, um Menschen und Vieh darin auszurotten,

20 und Noah, Daniel und Hiob wären darin – so wahr ich lebe, spricht Gott der HERR: Sie würden durch ihre Gerechtigkeit weder Söhne noch Töchter retten, sondern allein ihr eigenes Leben.

21 Denn so spricht Gott der HERR: Wenn ich meine vier schweren Strafen, Schwert, Hunger, wilde Tiere und Pest, über Jerusalem schicken werde, um darin auszurotten Menschen und Vieh,

22 siehe, so sollen einige übrig bleiben und davonkommen, die Söhne und Töchter herausbringen werden. Die sollen zu euch kommen, und ihr werdet ihren Wandel und ihre Taten sehen und euch trösten über das Unheil, das ich über Jerusalem habe kommen lassen, und über all das andre, das ich über die Stadt habe kommen lassen.

23 Sie werden euer Trost sein, wenn ihr sehen werdet ihren Wandel und ihre Taten, und ihr werdet erfahren, dass ich nicht ohne Grund getan habe, was ich an Jerusalem getan habe, spricht Gott der HERR.

Das Gleichnis vom unbrauchbaren Rebholz

15 Und des HERRN Wort geschah zu mir:

2 Du Menschenkind, was hat das Holz des Weinstocks voraus vor anderm Holz, das Rebholz, das im Gehölz wächst?

3 Nimmt man es denn und macht etwas daraus? Macht man auch nur einen Pflock daraus, an den man etwas hängen kann?

¶ **15** "If I cause wild beasts to pass through the land, and they ravage it, and it be made desolate, so that no one may pass through because of the beasts,

16 even if these three men were in it, as I live, declares the Lord GOD, they would deliver neither sons nor daughters. They alone would be delivered, but the land would be desolate.

¶ **17** "Or if I bring a sword upon that land and say, Let a sword pass through the land, and I cut off from it man and beast,

18 though these three men were in it, as I live, declares the Lord GOD, they would deliver neither sons nor daughters, but they alone would be delivered.

¶ **19** "Or if I send a pestilence into that land and pour out my wrath upon it with blood, to cut off from it man and beast,

20 even if Noah, Daniel, and Job were in it, as I live, declares the Lord GOD, they would deliver neither son nor daughter. They would deliver but their own lives by their righteousness.

¶ **21** "For thus says the Lord GOD: How much more when I send upon Jerusalem my four disastrous acts of judgment, sword, famine, wild beasts, and pestilence, to cut off from it man and beast!

22 But behold, some survivors will be left in it, sons and daughters who will be brought out; behold, when they come out to you, and you see their ways and their deeds, you will be consoled for the disaster that I have brought upon Jerusalem, for all that I have brought upon it.

23 They will console you, when you see their ways and their deeds, and you shall know that I have not done without cause all that I have done in it, declares the Lord GOD."

Jerusalem, a Useless Vine

15 And the word of the LORD came to me:

2 "Son of man, how does the wood of the vine surpass any wood, the vine branch that is among the trees of the forest?

3 Is wood taken from it to make anything? Do people take a peg from it to hang any vessel on it?

4 Siehe, man wirft's ins Feuer, dass es verzehrt wird. Wenn das Feuer seine beiden Enden verzehrt hat und die Mitte versengt ist, wozu sollte es dann noch taugen?

5 Siehe, als es noch unversehrt war, konnte man nichts daraus machen; wie viel weniger kann dann noch daraus gemacht werden, wenn es das Feuer verzehrt und versengt hat!

¶ **6** Darum spricht Gott der HERR: Wie ich das Holz des Weinstocks, das im Gehölz wächst, dem Feuer zu verzehren gebe, so will ich auch die Einwohner Jerusalems dahingeben

7 und will mein Angesicht gegen sie richten: Sie sind dem Feuer entgangen, aber das Feuer soll sie doch fressen! Und ihr sollt erfahren, dass ich der HERR bin, wenn ich mein Angesicht gegen sie richte

8 und das Land zur Wüstenei mache, weil sie die Treue gebrochen haben, spricht Gott der HERR.

Jerusalem – eine treulose Frau
(vgl. Kap 23,1–49)

16 Und des HERRN Wort geschah zu mir:

2 Du Menschenkind, tu kund der Stadt Jerusalem ihre Gräuel

3 und sprich: So spricht Gott der HERR zu Jerusalem: Nach Geschlecht und Geburt bist du aus dem Lande der Kanaaniter, dein Vater war ein Amoriter, deine Mutter eine Hetiterin.

4 Bei deiner Geburt war es so: Am Tag, als du geboren wurdest, wurde deine Nabelschnur nicht abgeschnitten; auch hat man dich nicht mit Wasser gebadet, damit du sauber würdest, dich nicht mit Salz abgerieben und nicht in Windeln gewickelt.

5 Denn niemand sah mitleidig auf dich und erbarmte sich, dass er etwas von all dem an dir getan hätte, sondern du wurdest aufs Feld geworfen. So verachtet war dein Leben, als du geboren wurdest.

¶ **6** Ich aber ging an dir vorüber und sah dich in deinem Blut liegen und sprach zu dir, als du so in deinem Blut dalagst: Du sollst leben! Ja, zu dir sprach ich, als du so in deinem Blut dalagst: Du sollst leben

7 und heranwachsen; wie ein Gewächs auf dem Felde machte ich dich. Und du wuchsest heran und wurdest groß und schön. Deine Brüste wuchsen und du bekamst lange Haare; aber du warst noch nackt und bloß.

4 Behold, it is given to the fire for fuel. When the fire has consumed both ends of it, and the middle of it is charred, is it useful for anything?

5 Behold, when it was whole, it was used for nothing. How much less, when the fire has consumed it and it is charred, can it ever be used for anything!

6 Therefore thus says the Lord GOD: Like the wood of the vine among the trees of the forest, which I have given to the fire for fuel, so have I given up the inhabitants of Jerusalem.

7 And I will set my face against them. Though they escape from the fire, the fire shall yet consume them, and you will know that I am the LORD, ʷwhen I set my face against them.

8 And I will make the land desolate, because they have acted faithlessly, declares the Lord GOD."

The LORD's Faithless Bride

16 Again the word of the LORD came to me:

2 "Son of man, make known to Jerusalem her abominations,

3 and say, Thus says the Lord GOD to Jerusalem: Your origin and your birth are of the land of the Canaanites; your father was an Amorite and your mother a Hittite.

4 And as for your birth, on the day you were born your cord was not cut, nor were you washed with water to cleanse you, nor rubbed with salt, nor wrapped in swaddling cloths.

5 No eye pitied you, to do any of these things to you out of compassion for you, but you were cast out on the open field, for you were abhorred, on the day that you were born.

¶ **6** "And when I passed by you and saw you wallowing in your blood, I said to you ʰin your blood, 'Live!' I said to you ʰin your blood, 'Live!'

7 I made you flourish like a plant of the field. And you grew up and became tall and arrived at full adornment. Your breasts were formed, and your hair had grown; yet you were naked and bare.

8 Und ich ging an dir vorüber und sah dich an, und siehe, es war die Zeit, um dich zu werben. Da breitete ich meinen Mantel über dich und bedeckte deine Blöße. Und ich schwor dir's und schloss mit dir einen Bund, spricht Gott der HERR, dass du solltest mein sein.

9 Und ich badete dich mit Wasser und wusch dich von deinem Blut und salbte dich mit Öl

10 und kleidete dich mit bunten Kleidern und zog dir Schuhe von feinem Leder an. Ich gab dir einen Kopfbund aus kostbarer Leinwand und hüllte dich in seidene Schleier

11 und schmückte dich mit Kleinoden und legte dir Spangen an deine Arme und eine Kette um deinen Hals

12 und gab dir einen Ring an deine Nase und Ohrringe an deine Ohren und eine schöne Krone auf dein Haupt.

13 So warst du geschmückt mit Gold und Silber und gekleidet mit kostbarer Leinwand, Seide und bunten Kleidern. Du aßest feinstes Mehl, Honig und Öl und wurdest überaus schön und kamst zu königlichen Ehren.

14 Und dein Ruhm erscholl unter den Völkern deiner Schönheit wegen, die vollkommen war durch den Schmuck, den ich dir angelegt hatte, spricht Gott der HERR.

¶ **15** Aber du verließest dich auf deine Schönheit. Und weil du so gerühmt wurdest, triebst du Hurerei und botest dich jedem an, der vorüberging, und warst ihm zu Willen.

16 Du nahmst von deinen Kleidern und machtest dir bunte Opferhöhen daraus und triebst dort deine Hurerei, wie es nie geschehen ist noch geschehen wird.

17 Du nahmst auch dein schönes Geschmeide, das ich dir von meinem Gold und Silber gegeben hatte, und machtest dir Götzenbilder daraus und triebst deine Hurerei mit ihnen.

18 Und du nahmst deine bunten Kleider und bedecktest sie damit, und mein Öl und Räucherwerk legtest du ihnen vor.

19 Meine Speise, die ich dir zu essen gab, feinstes Mehl, Öl und Honig, legtest du ihnen vor zum lieblichen Geruch. Ja, es kam dahin, spricht Gott der HERR,

20 dass du deine Söhne und Töchter nahmst, die du mir geboren hattest, und opfertest sie ihnen zum Fraß. War es denn noch nicht genug mit deiner Hurerei,

21 dass du meine Kinder schlachtetest und ließest sie für die Götzen verbrennen?

¶ **8** "When I passed by you again and saw you, behold, you were at the age for love, and I spread the corner of my garment over you and covered your nakedness; I made my vow to you and entered into a covenant with you, declares the Lord GOD, and you became mine.

9 Then I bathed you with water and washed off your blood from you and anointed you with oil.

10 I clothed you also with embroidered cloth and shod you with fine leather. I wrapped you in fine linen and covered you with silk.[1]

11 And I adorned you with ornaments and put bracelets on your wrists and a chain on your neck.

12 And I put a ring on your nose and earrings in your ears and a beautiful crown on your head.

13 Thus you were adorned with gold and silver, and your clothing was of fine linen and silk and embroidered cloth. You ate fine flour and honey and oil. You grew exceedingly beautiful and advanced to royalty.

14 And your renown went forth among the nations because of your beauty, for it was perfect through the splendor that I had bestowed on you, declares the Lord GOD.

¶ **15** "But you trusted in your beauty and played the whore[2] because of your renown and lavished your whorings[3] on any passerby; your beauty[4] became his.

16 You took some of your garments and made for yourself colorful shrines, and on them played the whore. The like has never been, nor ever shall be.[5]

17 You also took your beautiful jewels of my gold and of my silver, which I had given you, and made for yourself images of men, and with them played the whore.

18 And you took your embroidered garments to cover them, and set my oil and my incense before them.

19 Also my bread that I gave you—I fed you with fine flour and oil and honey—you set before them for a pleasing aroma; and so it was, declares the Lord GOD.

20 And you took your sons and your daughters, whom you had borne to me, and these you sacrificed to them to be devoured. Were your whorings so small a matter

21 that you slaughtered my children and delivered them up as an offering by fire to them?

22 Und bei all deinen Gräueln und deiner Hurerei hast du nie gedacht an die Zeit deiner Jugend, wie du bloß und nackt warst und in deinem Blute lagst.

¶ **23** Und nach all diesen deinen Übeltaten – o weh, weh dir!, spricht Gott der HERR –

24 bautest du dir einen Hurenaltar und machtest dir ein Lager darauf an allen Plätzen.

25 An jeder Straßenecke bautest du dein Hurenlager und machtest deine Schönheit zum Abscheu. Du spreiztest deine Beine für alle, die vorübergingen, und triebst viel Hurerei.

26 Zuerst triebst du Hurerei mit den Ägyptern, deinen Nachbarn voller Geilheit, und triebst viel Hurerei, um mich zu reizen.

27 Ich aber streckte meine Hand aus gegen dich und entzog dir einen Teil meiner Gaben und gab dich preis der Willkür deiner Feinde, der Töchter der Philister, die sich schämten über dein schamloses Treiben.

¶ **28** Danach triebst du Hurerei mit den Assyrern, weil du nicht satt geworden warst; du triebst mit ihnen Hurerei und wurdest auch hier nicht satt.

29 Da triebst du noch mehr Hurerei mit dem Krämerland Chaldäa; doch auch da wurdest du nicht satt.

30 Wie fieberte doch dein Herz, spricht Gott der HERR, dass du alle diese Werke einer großen Erzhure tatest:

31 dass du deinen Hurenaltar bautest an allen Straßenecken und dir ein Hurenlager machtest auf allen Plätzen! Dazu warst du nicht wie sonst eine Hure; denn du hast ja Geld dafür verschmäht.

32 Du Ehebrecherin, die du dir Fremde anstelle deines Mannes nimmst!

33 Allen andern Huren gibt man Geld; du aber gibst allen deinen Liebhabern noch Geld dazu und kaufst sie, damit sie von überall her zu dir kommen und mit dir Hurerei treiben.

34 So ist es bei dir mit deiner Hurerei umgekehrt wie bei andern Frauen, weil man dir nicht nachläuft und dir nicht Geld gibt, sondern du noch Geld dazugibst; bei dir ist es also umgekehrt.

¶ **35** Darum, du Hure, höre des HERRN Wort!

36 So spricht Gott der HERR: Weil du bei deiner Hurerei deine Scham entblößtest und deine Blöße vor deinen Liebhabern aufdecktest und wegen all deiner gräulichen Götzen und wegen des Blutes deiner Kinder, die du ihnen geopfert hast:

22 And in all your abominations and your whorings you did not remember the days of your youth, when you were naked and bare, wallowing in your blood.

¶ **23** "And after all your wickedness (woe, woe to you! declares the Lord GOD),

24 you built yourself a vaulted chamber and made yourself a lofty place in every square.

25 At the head of every street you built your lofty place and made your beauty an abomination, offering yourself[6] to any passerby and multiplying your whoring.

26 You also played the whore with the Egyptians, your lustful neighbors, multiplying your whoring, to provoke me to anger.

27 Behold, therefore, I stretched out my hand against you and diminished your allotted portion and delivered you to the greed of your enemies, the daughters of the Philistines, who were ashamed of your lewd behavior.

28 You played the whore also with the Assyrians, because you were not satisfied; yes, you played the whore with them, and still you were not satisfied.

29 You multiplied your whoring also with the trading land of Chaldea, and even with this you were not satisfied.

¶ **30** "How sick is your heart,[7] declares the Lord GOD, because you did all these things, the deeds of a brazen prostitute,

31 building your vaulted chamber at the head of every street, and making your lofty place in every square. Yet you were not like a prostitute, because you scorned payment.

32 Adulterous wife, who receives strangers instead of her husband!

33 Men give gifts to all prostitutes, but you gave your gifts to all your lovers, bribing them to come to you from every side with your whorings.

34 So you were different from other women in your whorings. No one solicited you to play the whore, and you gave payment, while no payment was given to you; therefore you were different.

¶ **35** "Therefore, O prostitute, hear the word of the LORD:

36 Thus says the Lord GOD, Because your lust was poured out and your nakedness uncovered in your whorings with your lovers, and with all your abominable idols, and because of the blood of your children that you gave to them,

37 Darum, siehe, ich will sammeln alle deine Liebhaber, denen du gefallen hast, alle, die du geliebt, samt allen, die du nicht geliebt hast, und will sie gegen dich versammeln von überall her und will ihnen deine Blöße aufdecken, dass sie deine ganze Blöße sehen sollen.

38 Und ich will dich richten, wie man Ehebrecherinnen und Mörderinnen richtet; ich lasse Grimm und Eifer über dich kommen.

39 Und ich will dich in ihre Hände geben, dass sie deinen Hurenaltar abbrechen und dein Lager einreißen und dir deine Kleider ausziehen und dein schönes Geschmeide dir nehmen und dich nackt und bloß liegen lassen.

40 Und sie sollen eine Versammlung gegen dich einberufen und dich steinigen und mit ihren Schwertern zerhauen

41 und deine Häuser mit Feuer verbrennen und an dir das Gericht vollstrecken vor den Augen vieler Frauen. So will ich deiner Hurerei ein Ende machen und auch Geld sollst du nicht mehr dafür geben.

42 Dann kommt mein Grimm gegen dich zum Ziel, und mein Eifer lässt von dir ab, sodass ich Ruhe habe und nicht mehr zürnen muss.

43 Weil du nicht gedacht hast an die Zeit deiner Jugend, sondern mich mit all dem zum Zorn gereizt hast, darum will ich auch all dein Tun auf deinen Kopf kommen lassen, spricht Gott der HERR. Hast du nicht Unzucht getrieben zu all deinen Gräueltaten hinzu?

¶ **44** Siehe, wer gern in Sprichwörtern redet, wird von dir dies Sprichwort sagen: »Wie die Mutter, so die Tochter.«

45 Du bist die Tochter deiner Mutter, die ihren Mann und ihre Kinder von sich stieß, und bist die Schwester deiner Schwestern, die ihre Männer und Kinder von sich stießen. Eure Mutter war eine von den Hetitern und euer Vater ein Amoriter.

46 Deine große Schwester ist Samaria mit ihren Töchtern, die dir zur Linken wohnt, und deine kleine Schwester ist Sodom mit ihren Töchtern, die zu deiner Rechten wohnt.

47 Es war dir nicht genug, in ihren Wegen zu gehen und nach ihren Gräueln zu tun; du hast es noch ärger getrieben als sie in all deinem Tun.

48 So wahr ich lebe, spricht Gott der HERR: Sodom, deine Schwester, samt ihren Töchtern hat's nicht so getrieben wie du und deine Töchter.

37 therefore, behold, I will gather all your lovers with whom you took pleasure, all those you loved and all those you hated. I will gather them against you from every side and will uncover your nakedness to them, that they may see all your nakedness.

38 And I will judge you as women who commit adultery and shed blood are judged, and bring upon you the blood of wrath and jealousy.

39 And I will give you into their hands, and they shall throw down your vaulted chamber and break down your lofty places. They shall strip you of your clothes and take your beautiful jewels and leave you naked and bare.

40 They shall bring up a crowd against you, and they shall stone you and cut you to pieces with their swords.

41 And they shall burn your houses and execute judgments upon you in the sight of many women. I will make you stop playing the whore, and you shall also give payment no more.

42 So will I satisfy my wrath on you, and my jealousy shall depart from you. I will be calm and will no more be angry.

43 Because you have not remembered the days of your youth, but have enraged me with all these things, therefore, behold, I have returned your deeds upon your head, declares the Lord GOD. Have you not committed lewdness in addition to all your abominations?

¶ **44** "Behold, everyone who uses proverbs will use this proverb about you: 'Like mother, like daughter.'

45 You are the daughter of your mother, who loathed her husband and her children; and you are the sister of your sisters, who loathed their husbands and their children. Your mother was a Hittite and ʷyour father an Amorite.

46 And your elder sister is Samaria, who lived with her daughters to the north of you; and your younger sister, who lived to the south of you, is Sodom with her daughters.

47 Not only did you walk in their ways and do according to their abominations; within a very little time you were more corrupt than they in all your ways.

48 As I live, declares the Lord GOD, your sister Sodom and her daughters have not done as you and your daughters have done.

49 Siehe, das war die Schuld deiner Schwester Sodom: Hoffart und alles in Fülle und sichere Ruhe hatte sie mit ihren Töchtern; aber dem Armen und Elenden halfen sie nicht,

50 sondern waren stolz und taten Gräuel vor mir. Darum habe ich sie auch hinweggetan, wie du gesehen hast.

51 So hat auch Samaria nicht die Hälfte deiner Sünden getan, sondern du hast so viel mehr Gräuel getan als sie, dass deine Schwester gerecht dasteht gegenüber all den Gräueln, die du getan hast.

52 So trag du nun auch deine Schande, weil du an die Stelle deiner Schwester getreten bist durch deine Sünden, mit denen du größere Gräuel getan hast als sie; sie steht gerechter da als du. So schäme du dich nun auch und trag deine Schande, während deine Schwester gerecht dasteht.

¶ **53** Ich will aber ihr Geschick wenden, nämlich das Geschick Sodoms und ihrer Töchter und das Geschick Samarias und ihrer Töchter und auch dein Geschick in ihrer Mitte,

54 dass du deine Schande tragen musst und dich über all das schämst, was du getan hast, ihnen zum Trost.

55 Und deine Schwestern, Sodom und ihre Töchter, sollen wieder werden, wie sie zuvor gewesen sind, und Samaria und ihre Töchter sollen wieder werden, wie sie zuvor gewesen sind; und auch du und deine Töchter sollen wieder werden, wie ihr zuvor gewesen seid.

56 Und doch nahmst du den Namen Sodoms, deiner Schwester, nicht in den Mund zur Zeit deines Hochmuts,

57 als deine Blöße noch nicht aufgedeckt war wie zur Zeit, als dich die Töchter Edoms und die Töchter der Philister überall schmähten und dich ringsumher verachteten.

58 Deine Schandtat und deine Gräuel – die musst du tragen, spricht der HERR.

¶ **59** Denn so spricht Gott der HERR: Ich will dir tun, wie du getan hast, als du den Eid verachtet und den Bund gebrochen hast.

60 Ich will aber gedenken an meinen Bund, den ich mit dir geschlossen habe zur Zeit deiner Jugend, und will mit dir einen ewigen Bund aufrichten.

61 Dann wirst du an deine Wege denken und dich schämen, wenn ich deine großen und kleinen Schwestern nehmen und sie dir zu Töchtern geben werde, aber nicht um deines Bundes willen.

49 Behold, this was the guilt of your sister Sodom: she and her daughters had pride, excess of food, and prosperous ease, but did not aid the poor and needy.

50 They were haughty and did an abomination before me. So I removed them, when I saw it.

51 Samaria has not committed half your sins. You have committed more abominations than they, and have made your sisters appear righteous by all the abominations that you have committed.

52 Bear your disgrace, you also, for you have intervened on behalf of your sisters. Because of your sins in which you acted more abominably than they, they are more in the right than you. So be ashamed, you also, and bear your disgrace, for you have made your sisters appear righteous.

¶ **53** "I will restore their fortunes, both the fortunes of Sodom and her daughters, and the fortunes of Samaria and her daughters, and I will restore your own fortunes in their midst,

54 that you may bear your disgrace and be ashamed of all that you have done, becoming a consolation to them.

55 As for your sisters, Sodom and her daughters shall return to their former state, and Samaria and her daughters shall return to their former state, [j] and you and your daughters shall return [m] to your former state.

56 Was not your sister Sodom a byword in your mouth in the day of your pride,

57 before your wickedness was uncovered? Now you have become an object of reproach for the daughters of Syria[8] and all those around her, and for the daughters of the Philistines, those all around who despise you.

58 You bear the penalty of your lewdness and your abominations, declares the LORD.

The LORD's Everlasting Covenant

¶ **59** "For thus says the Lord GOD: I will deal with you as you have done, you who have despised the oath in breaking the covenant,

60 yet I will remember my covenant with you in the days of your youth, and I will establish for you an everlasting covenant.

61 Then you will remember your ways and be ashamed when you take your sisters, both your elder and your younger, and I give them to you as daughters, but not on account of[9] the covenant with you.

62 Und ich will meinen Bund mit dir aufrichten, sodass du erfahren sollst, dass ich der Herr bin,

63 damit du daran denkst und dich schämst und vor Scham deinen Mund nicht mehr aufzutun wagst, wenn ich dir alles vergeben werde, was du getan hast, spricht Gott der Herr.

Das Gleichnis vom Zedernwipfel und vom Weinstock

17 Und des Herrn Wort geschah zu mir:

2 Du Menschenkind, lege dem Hause Israel ein Rätsel vor und ein Gleichnis

3 und sprich:

¶ So spricht Gott der Herr: Ein großer Adler mit großen Flügeln und langen Fittichen und vollen Schwingen, die bunt waren, kam auf den Libanon und nahm hinweg den Wipfel einer Zeder

4 und brach die Spitze ab und führte sie ins Krämerland und setzte sie in die Händlerstadt.

5 Dann nahm er ein Gewächs des Landes und pflanzte es in gutes Land, wo viel Wasser war, und setzte es am Ufer ein.

6 Und es wuchs und wurde ein ausgebreiteter Weinstock mit niedrigem Stamm; denn seine Ranken bogen sich zu ihm und seine Wurzeln blieben unter ihm; und so wurde es ein Weinstock, der Schösslinge hervortrieb und Zweige.

7 Da kam ein anderer großer Adler mit großen Flügeln und starken Schwingen. Und siehe, der Weinstock bog seine Wurzeln zu diesem Adler hin und streckte seine Ranken ihm entgegen; der Adler sollte ihm mehr Wasser geben als das Beet, in das er gepflanzt war.

8 Und er war doch auf guten Boden an viel Wasser gepflanzt, sodass er wohl hätte Zweige bringen können, Früchte tragen und ein herrlicher Weinstock werden.

9 So sage nun: So spricht Gott der Herr: Sollte der geraten? Wird man nicht seine Wurzeln ausreißen, dass seine Früchte verderben? Und er wird verdorren; alle Blätter, die ihm gewachsen sind, werden verwelken. Ohne große Kraft und ohne viel Volk wird man ihn mit seinen Wurzeln ausreißen.

10 Siehe, er ist zwar gepflanzt; aber sollte er geraten? Sobald der Ostwind über ihn kommt, wird er verdorren auf dem Beet, auf dem er gewachsen ist.

¶ **11** Und des Herrn Wort geschah zu mir:

62 I will establish my covenant with you, and you shall know that I am the Lord,

63 that you may remember and be confounded, and never open your mouth again because of your shame, when I atone for you for all that you have done, declares the Lord God."

Parable of Two Eagles and a Vine

17 The word of the Lord came to me:

2 "Son of man, propound a riddle, and speak a parable to the house of Israel;

3 say, Thus says the Lord God: A great eagle with great wings and long pinions, ⁷rich in plumage of many colors, came to Lebanon and took the top of the cedar.

4 He broke off the topmost of its young twigs and carried it to a land of trade and set it in a city of merchants.

5 Then he took of the seed of the land and planted it in fertile soil.¹ He placed it beside abundant waters. He set it like a willow twig,

6 and it sprouted and became a low spreading vine, and its branches turned toward him, and its roots remained where it stood. So it became a vine and produced branches and put out boughs.

¶ **7** "And there was another great eagle with great wings and much plumage, ᵐand behold, this vine bent its roots toward him and shot forth its branches toward him from the bed where it was planted, that he might water it.

8 It had been planted on good soil by abundant waters, that it might produce branches and bear fruit and become a noble vine.

¶ **9** "Say, Thus says the Lord God: Will it thrive? Will he not pull up its roots and cut off its fruit, so that it withers, so that all its fresh sprouting leaves wither? It will not take a strong arm or many people to pull it from its roots.

10 Behold, it is planted; will it thrive? Will it not utterly wither when the east wind strikes it—wither away on the bed where it sprouted?"

¶ **11** Then the word of the Lord came to me:

12 Sprich doch zu dem Haus des Widerspruchs: Wisst ihr nicht, was damit gemeint ist? Und sprich: Siehe, es kam der König von Babel nach Jerusalem und nahm seinen König und seine Oberen und führte sie weg zu sich nach Babel.

13 Und er nahm einen vom königlichen Geschlecht und schloss einen Bund mit ihm und nahm einen Eid von ihm; aber die Gewaltigen im Lande führte er fort,

14 damit das Königtum niedrig bliebe und sich nicht erheben könnte, sondern sein Bund gehalten würde und bestünde.

15 Aber er fiel von ihm ab und sandte seine Boten nach Ägypten, dass man ihm Rosse und viel Kriegsvolk schicken sollte. Sollte es ihm gelingen? Sollte er davonkommen, wenn er das tut? Sollte er, der den Bund bricht, davonkommen?

16 So wahr ich lebe, spricht Gott der HERR: An dem Ort des Königs, der ihn als König eingesetzt hat, dessen Eid er verachtet und dessen Bund er gebrochen hat, da soll er sterben, mitten in Babel.

17 Auch wird ihm der Pharao nicht beistehen im Kriege mit einem großen Heer und viel Volk, wenn man zum Sturm den Wall aufwerfen und die Bollwerke bauen wird, sodass viele umkommen.

18 Denn weil er den Eid verachtet und den Bund gebrochen hat, weil er seine Hand darauf gegeben und doch dies alles getan hat, wird er nicht davonkommen.

19 Darum spricht Gott der HERR: So wahr ich lebe, will ich meinen Eid, den er verachtet hat, und meinen Bund, den er gebrochen hat, auf seinen Kopf kommen lassen.

20 Ich will mein Netz über ihn werfen, und er soll in meinem Garn gefangen werden, und ich will ihn nach Babel bringen und will dort mit ihm ins Gericht gehen, weil er mir die Treue gebrochen hat.

21 Und alle Auserlesenen von seiner ganzen Streitmacht sollen durchs Schwert fallen, und alle, die übrig geblieben sind, sollen in alle Winde zerstreut werden, und ihr sollt erfahren, dass ich, der HERR, es geredet habe.

22 So spricht Gott der HERR: Dann will ich selbst von dem Wipfel der Zeder die Spitze wegnehmen und ihr einen Platz geben; ich will oben von ihren Zweigen ein zartes Reis brechen und will's auf einen hohen und erhabenen Berg pflanzen.

12 "Say now to the rebellious house, Do you not know what these things mean? Tell them, behold, the king of Babylon came to Jerusalem, and took her king and her princes and brought them to him to Babylon.

13 And he took one of the royal offspring[2] and made a covenant with him, putting him under oath (the chief men of the land he had taken away),

14 that the kingdom might be humble and not lift itself up, and keep his covenant that it might stand.

15 But he rebelled against him by sending his ambassadors to Egypt, that they might give him horses and a large army. Will he thrive? Can one escape who does such things? Can he break the covenant and yet escape?

16 "As I live, declares the Lord GOD, surely in the place where the king dwells who made him king, whose oath he despised, and whose covenant with him he broke, in Babylon he shall die.

17 Pharaoh with his mighty army and great company will not help him in war, when mounds are cast up and siege walls built to cut off many lives.

18 He despised the oath in breaking the covenant, and behold, he gave his hand and did all these things; he shall not escape.

19 Therefore thus says the Lord GOD: As I live, surely it is my oath that he despised, and my covenant that he broke. I will return it upon his head.

20 I will spread my net over him, and he shall be taken in my snare, and I will bring him to Babylon and enter into judgment with him there for the treachery he has committed against me.

21 And all the pick[3] of his troops shall fall by the sword, and the survivors shall be scattered to every wind, and you shall know that I am the LORD; I have spoken."

22 Thus says the Lord GOD: "I myself will take a sprig from the lofty top of the cedar and will set it out. I will break off from the topmost of its young twigs a tender one, and I myself will plant it on a high and lofty mountain.

23 Auf den hohen Berg Israels will ich's pflanzen, dass es Zweige gewinnt und Früchte bringt und ein herrlicher Zedernbaum wird, sodass Vögel aller Art in ihm wohnen und alles, was fliegt, im Schatten seiner Zweige bleiben kann.

24 Und alle Bäume auf dem Felde sollen erkennen, dass ich der HERR bin: Ich erniedrige den hohen Baum und erhöhe den niedrigen; ich lasse den grünen Baum verdorren und den dürren Baum lasse ich grünen. Ich, der HERR, rede es und tue es auch.

Gott richtet jeden nach seinem Tun und fordert Umkehr

18 Und des HERRN Wort geschah zu mir:

2 Was habt ihr unter euch im Lande Israels für ein Sprichwort: »Die Väter haben saure Trauben gegessen, aber den Kindern sind die Zähne davon stumpf geworden«?

3 So wahr ich lebe, spricht Gott der HERR: Dies Sprichwort soll nicht mehr unter euch umgehen in Israel.

4 Denn siehe, alle Menschen gehören mir; die Väter gehören mir so gut wie die Söhne; jeder, der sündigt, soll sterben.

¶ **5** Wenn nun einer gerecht ist und Recht und Gerechtigkeit übt,

6 der von den Höhenopfern nicht isst und seine Augen nicht aufhebt zu den Götzen des Hauses Israel, der seines Nächsten Frau nicht befleckt und nicht liegt bei einer Frau in ihrer Unreinheit,

7 der niemand bedrückt, der dem Schuldner sein Pfand zurückgibt und niemand etwas mit Gewalt nimmt, der mit dem Hungrigen sein Brot teilt und den Nackten kleidet,

8 der nicht auf Zinsen gibt und keinen Aufschlag nimmt, der seine Hand von Unrecht zurückhält und rechtes Urteil fällt unter den Leuten,

9 der nach meinen Gesetzen lebt und meine Gebote hält, dass er danach tut: das ist ein Gerechter, der soll das Leben behalten, spricht Gott der HERR.

¶ **10** Wenn er aber einen gewalttätigen Sohn zeugt, der Blut vergießt oder eine dieser Sünden tut,

11 während der Vater all das nicht getan hat: wenn er von den Höhenopfern isst und seines Nächsten Frau befleckt,

23 On the mountain height of Israel will I plant it, that it may bear branches and produce fruit and become a noble cedar. And under it will dwell every kind of bird; in the shade of its branches birds of every sort will nest.

24 And all the trees of the field shall know that I am the LORD; I bring low the high tree, and make high the low tree, dry up the green tree, and make ^q the dry tree flourish. I am the LORD; I have spoken, and I will do it."

The Soul Who Sins Shall Die

18 The word of the LORD came to me:

2 "What do you^1 mean by repeating this proverb concerning the land of Israel, 'The fathers have eaten sour grapes, and the children's teeth are set on edge'?

3 As I live, declares the Lord GOD, this proverb shall no more be used by you in Israel.

4 Behold, all souls are mine; the soul of the father as well as the soul of the son is mine: the soul who sins shall die.

¶ **5** "If a man is righteous and does what is just and right—

6 if he does not eat upon the mountains or lift up his eyes to the idols of the house of Israel, does not defile his neighbor's wife or approach a woman in her time of menstrual impurity,

7 does not oppress anyone, but restores to the debtor his pledge, commits no robbery, gives his bread to the hungry ^g and covers the naked with a garment,

8 does not lend at interest ^h or take any profit,^2 withholds his hand from injustice, executes true justice between man and man,

9 walks in my statutes, and keeps my rules by acting faithfully—he is righteous; he shall surely live, declares the Lord GOD.

¶ **10** "If he fathers a son who is violent, a shedder of blood, who does any of these things

11 (though he himself did none of these things), who even eats upon the mountains, defiles his neighbor's wife,

12 die Armen und Elenden bedrückt, mit Gewalt etwas nimmt, das Pfand nicht zurückgibt, seine Augen zu den Götzen aufhebt und Gräuel begeht,

13 auf Zinsen gibt und einen Aufschlag nimmt – sollte der am Leben bleiben? Er soll nicht leben, sondern weil er alle diese Gräuel getan hat, soll er des Todes sterben; seine Blutschuld komme über ihn.

¶ **14** Wenn der dann aber einen Sohn zeugt, der alle diese Sünden sieht, die sein Vater tut – wenn er sie sieht und doch nicht so handelt,

15 nicht von den Höhenopfern isst, seine Augen nicht aufhebt zu den Götzen des Hauses Israel, nicht seines Nächsten Frau befleckt,

16 niemand bedrückt, kein Pfand fordert, nichts mit Gewalt nimmt, sein Brot mit dem Hungrigen teilt und den Nackten kleidet,

17 seine Hand von Unrecht zurückhält, nicht Zinsen noch Aufschlag nimmt, sondern meine Gebote hält und nach meinen Gesetzen lebt: der soll nicht sterben um der Schuld seines Vaters willen, sondern soll am Leben bleiben.

18 Aber sein Vater, der Gewalt und Unrecht geübt und unter seinem Volk getan hat, was nicht taugt, siehe, der soll sterben um seiner Schuld willen.

¶ **19** Doch ihr sagt: »Warum soll denn ein Sohn nicht die Schuld seines Vaters tragen?« Weil der Sohn Recht und Gerechtigkeit geübt und alle meine Gesetze gehalten und danach getan hat, soll er am Leben bleiben.

20 Denn nur wer sündigt, der soll sterben. Der Sohn soll nicht tragen die Schuld des Vaters, und der Vater soll nicht tragen die Schuld des Sohnes, sondern die Gerechtigkeit des Gerechten soll ihm allein zugutekommen, und die Ungerechtigkeit des Ungerechten soll auf ihm allein liegen.

¶ **21** Wenn sich aber der Gottlose bekehrt von allen seinen Sünden, die er getan hat, und hält alle meine Gesetze und übt Recht und Gerechtigkeit, so soll er am Leben bleiben und nicht sterben.

22 Es soll an alle seine Übertretungen, die er begangen hat, nicht gedacht werden, sondern er soll am Leben bleiben um der Gerechtigkeit willen, die er getan hat.

23 Meinst du, dass ich Gefallen habe am Tode des Gottlosen, spricht Gott der HERR, und nicht vielmehr daran, dass er sich bekehrt von seinen Wegen und am Leben bleibt?

12 oppresses the poor and needy, commits robbery, °does not restore the pledge, lifts up his eyes to the idols, commits abomination,

13 lends at interest, and takes profit; shall he then live? He shall not live. He has done all these abominations; he shall surely die; his blood shall be upon himself.

¶ **14** "Now suppose this man fathers a son who sees all the sins that his father has done; he sees, and does not do likewise:

15 he does not eat upon the mountains or lift up his eyes to the idols of the house of Israel, does not defile his neighbor's wife,

16 does not oppress anyone, exacts no pledge, commits no robbery, but gives his bread to the hungry ᵛand covers the naked with a garment,

17 withholds his hand from iniquity,³ takes no interest or profit, obeys my rules, and walks in my statutes; he shall not die for his father's iniquity; he shall surely live.

18 As for his father, because he practiced extortion, robbed his brother, and did what is not good among his people, behold, he shall die for his iniquity.

¶ **19** "Yet you say, 'Why should not the son suffer for the iniquity of the father?' When the son has done what is just and right, and has been careful to observe all my statutes, he shall surely live.

20 The soul who sins shall die. The son shall not suffer for the iniquity of the father, nor the father suffer for the iniquity of the son. The righteousness of the righteous shall be upon himself, and the wickedness of the wicked shall be upon himself.

¶ **21** "But if a wicked person turns away from all his sins that he has committed and keeps all my statutes and does what is just and right, he shall surely live; he shall not die.

22 None of the transgressions that he has committed shall be remembered against him; for the righteousness that he has done he shall live.

23 Have I any pleasure in the death of the wicked, declares the Lord GOD, and not rather that he should turn from his way and live?

¶ **24** Und wenn sich der Gerechte abkehrt von seiner Gerechtigkeit und tut Unrecht und lebt nach allen Gräueln, die der Gottlose tut, sollte der am Leben bleiben? An alle seine Gerechtigkeit, die er getan hat, soll nicht gedacht werden, sondern in seiner Übertretung und Sünde, die er getan hat, soll er sterben.

¶ **25** Und doch sagt ihr: »Der Herr handelt nicht recht.« So höret nun, ihr vom Hause Israel: Handle denn **ich** unrecht? Ist's nicht vielmehr so, dass **ihr** unrecht handelt?

26 Denn wenn der Gerechte sich abkehrt von seiner Gerechtigkeit und tut Unrecht, so muss er sterben; um seines Unrechts willen, das er getan hat, muss er sterben.

27 Wenn sich dagegen der Ungerechte abkehrt von seiner Ungerechtigkeit, die er getan hat, und übt nun Recht und Gerechtigkeit, der wird sein Leben erhalten.

28 Denn weil er es gesehen und sich bekehrt hat von allen seinen Übertretungen, die er begangen hat, so soll er leben und nicht sterben.

29 Und doch sprechen die vom Hause Israel: »Der Herr handelt nicht recht.« Sollte **ich** unrecht handeln, Haus Israel? Ist es nicht vielmehr so, dass **ihr** unrecht handelt?

30 Darum will ich euch richten, ihr vom Hause Israel, einen jeden nach seinem Weg, spricht Gott der HERR. Kehrt um und kehrt euch ab von allen euren Übertretungen, damit ihr nicht durch sie in Schuld fallt.

¶ **31** Werft von euch alle eure Übertretungen, die ihr begangen habt, und macht euch ein neues Herz und einen neuen Geist. Denn warum wollt ihr sterben, ihr vom Haus Israel?

32 Denn ich habe kein Gefallen am Tod des Sterbenden, spricht Gott der HERR. Darum bekehrt euch, so werdet ihr leben.

Klagelied über das Geschick des Königshauses

19 Und du, stimm ein Klagelied an über die Fürsten Israels

2 und sprich: Welch eine Löwin war deine Mutter! Unter Löwen lagerte sie, unter jungen Löwen zog sie ihre Jungen auf.

3 Und eins ihrer Jungen zog sie groß und es wurde ein junger Löwe daraus; der lernte, Tiere zu reißen, ja, Menschen fraß er.

24 But when a righteous person turns away from his righteousness and does injustice and does the same abominations that the wicked person does, shall he live? None of the righteous deeds that he has done shall be remembered; for the treachery of which he is guilty and the sin he has committed, for them he shall die.

¶ **25** "Yet you say, 'The way of the Lord is not just.' Hear now, O house of Israel: Is my way not just? Is it not your ways that are not just?

26 When a righteous person turns away from his righteousness and does injustice, he shall die for it; for the injustice that he has done he shall die.

27 Again, when a wicked person turns away from the wickedness he has committed and does what is just and right, he shall save his life.

28 Because he considered and turned away from all the transgressions that he had committed, he shall surely live; he shall not die.

29 Yet the house of Israel says, 'The way of the Lord is not just.' O house of Israel, are my ways not just? Is it not your ways that are not just?

¶ **30** "Therefore I will judge you, O house of Israel, every one according to his ways, declares the Lord GOD. Repent and turn from all your transgressions, lest iniquity be your ruin.[f]

31 Cast away from you all the transgressions that you have committed, and make yourselves a new heart and a new spirit! Why will you die, O house of Israel?

32 For I have no pleasure in the death of anyone, declares the Lord GOD; so turn, and live."

A Lament for the Princes of Israel

19 And you, take up a lamentation for the princes of Israel,

2 and say:

What was your mother? A lioness!
    Among lions she crouched;
in the midst of young lions
    she reared her cubs.

3 And she brought up one of her cubs;
    he became a young lion,
and he learned to catch prey;
    he devoured men.

4 Da boten sie Völker gegen ihn auf, fingen ihn in ihrer Grube und führten ihn in Ketten nach Ägyptenland.

¶ **5** Als nun die Mutter sah, dass ihre Hoffnung verloren war, nachdem sie lange gehofft hatte, nahm sie ein andres von ihren Jungen und machte einen jungen Löwen daraus.

6 Der lebte unter den Löwen, wurde ein junger Löwe und lernte, Tiere zu reißen, ja, Menschen fraß er.

7 Er zerstörte ihre Burgen und verwüstete ihre Städte, dass das Land und was darin war vor seinem lauten Brüllen sich entsetzte.

8 Da stellten sie Völker aus allen Ländern ringsumher gegen ihn auf und warfen ihr Netz über ihn und fingen ihn in ihrer Grube

9 und stießen ihn gefesselt in einen Käfig und führten ihn zum König von Babel; und man brachte ihn in Gewahrsam, damit seine Stimme nicht mehr gehört würde auf den Bergen Israels.

¶ **10** Deine Mutter war wie ein Weinstock im Weingarten, am Wasser gepflanzt; fruchtbar und voller Ranken war er von dem vielen Wasser;

11 seine Ranken wurden so stark, dass sie zu Zeptern taugten; sein Wuchs wurde hoch bis an die Wolken und man sah, dass er so hoch war und so viele Ranken hatte.

12 Aber er wurde im Grimm ausgerissen und zu Boden geworfen. Der Ostwind ließ seine Frucht verdorren und seine starken Ranken wurden zerbrochen, dass sie verdorrten und verbrannt wurden.

13 Nun ist er gepflanzt in eine Wüste, in ein dürres, durstiges Land,

14 und ein Feuer ging aus von seinen starken Ranken; das verzehrte seine Frucht. Es blieb an ihm keine starke Ranke mehr für ein Zepter.

¶ Das ist ein Klagelied; zum Klagelied ist es geworden.

4 The nations heard about him;
  he was caught in their pit,
and they brought him with hooks
  to the land of Egypt.
5 When she saw that she waited in vain,
  that her hope was lost,
she took another of her cubs
  and made him a young lion.
6 He prowled among the lions;
  he became a young lion,
and he learned to catch prey;
  he devoured men,
7 and seized[1] their widows.
  He laid waste their cities,
and the land was appalled and all who
      were in it
  at the sound of his roaring.
8 Then the nations set against him
  from provinces on every side;
they spread their net over him;
  he was taken in their pit.
9 With hooks they put him in a cage[2]
  and brought him to the king of
      Babylon;
  they brought him into custody,
that his voice should no more be heard
  on the mountains of Israel.
10 Your mother was like a vine in a
      vineyard[3]
  planted by the water,
fruitful and full of branches
  by reason of abundant water.
11 Its strong stems became
  rulers' scepters;
it towered aloft
  among the thick boughs;[4]
it was seen in its height
  with the mass of its branches.
12 But the vine was plucked up in fury,
  cast down to the ground;
the east wind dried up its fruit;
  they were stripped off and withered.
As for its strong stem,
  fire consumed it.
13 Now it is planted in the wilderness,
  in a dry and thirsty land.
14 And fire has gone out from the stem of
      its shoots,
  has consumed its fruit,
so that there remains in it no strong
      stem,
  no scepter for ruling.

¶ This is a lamentation and has become a lamentation.

Israels ständiger Ungehorsam – Gottes Ehre in Gnade und Gericht

20 Und es begab sich im siebenten Jahr am zehnten Tage des fünften Monats, da kamen einige von den Ältesten Israels, den HERRN zu befragen, und setzten sich vor mir nieder.

2 Da geschah des HERRN Wort zu mir:

3 Du Menschenkind, sage den Ältesten Israels und sprich zu ihnen: So spricht Gott der HERR: Seid ihr gekommen, mich zu befragen? So wahr ich lebe: Ich will mich nicht von euch befragen lassen, spricht Gott der HERR.

4 Willst du sie richten, du Menschenkind? Willst du richten? Zeige ihnen die Gräueltaten ihrer Väter

5 und sprich zu ihnen:

¶ So spricht Gott der HERR: Zu der Zeit, als ich Israel erwählte, erhob ich meine Hand zum Schwur für das Geschlecht des Hauses Jakob und gab mich ihnen zu erkennen in Ägyptenland. Ja, ich erhob meine Hand für sie und schwor: Ich bin der HERR, euer Gott.

6 Ich erhob zur selben Zeit meine Hand zum Schwur, dass ich sie führen würde aus Ägyptenland in ein Land, das ich für sie ausersehen hatte, das von Milch und Honig fließt, ein edles Land vor allen Ländern,

7 und sprach zu ihnen: Ein jeder werfe weg die Gräuelbilder vor seinen Augen, und macht euch nicht unrein mit den Götzen Ägyptens; denn ich bin der HERR, euer Gott.

8 Sie aber waren mir ungehorsam und wollten mir nicht gehorchen, und keiner von ihnen warf die Gräuelbilder vor seinen Augen weg, und sie verließen die Götzen Ägyptens nicht. Da dachte ich, meinen Grimm über sie auszuschütten und meinen ganzen Zorn an ihnen auszulassen noch in Ägyptenland.

9 Aber ich unterließ es um meines Namens willen, damit er nicht entheiligt würde vor den Heiden, unter denen sie waren und vor deren Augen ich mich ihnen zu erkennen gegeben hatte, dass ich sie aus Ägyptenland führen wollte.

¶ **10** Und als ich sie aus Ägyptenland geführt und in die Wüste gebracht hatte,

11 gab ich ihnen meine Gebote und lehrte sie meine Gesetze, durch die der Mensch lebt, der sie hält.

12 Ich gab ihnen auch meine Sabbate zum Zeichen zwischen mir und ihnen, damit sie erkannten, dass ich der HERR bin, der sie heiligt.

Israel's Continuing Rebellion

20 In the seventh year, in the fifth month, on the tenth day of the month, certain of the elders of Israel came to inquire of the LORD, and sat before me.

2 And the word of the LORD came to me:

3 "Son of man, speak to the elders of Israel, and say to them, Thus says the Lord GOD, Is it to inquire of me that you come? As I live, declares the Lord GOD, I will not be inquired of by you.

4 Will you judge them, son of man, will you judge them? Let them know the abominations of their fathers,

5 and say to them, Thus says the Lord GOD: On the day when I chose Israel, I swore[1] to the offspring of the house of Jacob, making myself known to them in the land of Egypt; [2]I swore to them, saying, I am the LORD your God.

6 On that day I swore to them that I would bring them out of the land of Egypt into a land that I had searched out for them, a land [b]flowing with milk and honey, the most glorious of all lands.

7 And I said to them, Cast away the detestable things your eyes feast on, every one of you, and do not defile yourselves with the idols of Egypt; I am the LORD your God.

8 But they rebelled against me and were not willing to listen to me. None of them cast away the detestable things their eyes feasted on, nor did they forsake the idols of Egypt.

¶ "Then I said I would pour out my wrath upon them and spend my anger against them in the midst of the land of Egypt.

9 But I acted for the sake of my name, that it should not be profaned in the sight of the nations among whom they lived, in whose sight I made myself known to them in bringing them out of the land of Egypt.

10 So I led them out of the land of Egypt and brought them into the wilderness.

11 I gave them my statutes and made known to them my rules, by which, if a person does them, he shall live.

12 Moreover, I gave them my Sabbaths, as a sign between me and them, that they might know that I am the LORD who sanctifies them.

13 Aber das Haus Israel war mir ungehorsam auch in der Wüste, und sie lebten nicht nach meinen Geboten und verachteten meine Gesetze, durch die der Mensch lebt, der sie hält, und sie entheiligten meine Sabbate sehr. Da gedachte ich, meinen Grimm über sie auszuschütten in der Wüste und sie ganz und gar umzubringen.

14 Aber ich unterließ es um meines Namens willen, damit er nicht entheiligt würde vor den Heiden, vor deren Augen ich sie herausgeführt hatte.

15 Doch ich erhob meine Hand in der Wüste und schwor ihnen, sie nicht in das Land zu bringen, das ich ihnen bestimmt hatte, das von Milch und Honig fließt, ein edles Land vor allen Ländern,

16 weil sie meine Gesetze verachtet und nicht nach meinen Geboten gelebt und meine Sabbate entheiligt hatten; denn sie folgten den Götzen ihres Herzens nach.

17 Aber mein Auge blickte schonend auf sie, dass ich sie nicht vertilgte; ich habe mit ihnen nicht ein Ende gemacht in der Wüste.

¶ **18** Und ich sprach zu ihren Söhnen in der Wüste: Ihr sollt nicht nach den Geboten eurer Väter leben und ihre Gesetze nicht halten und mit ihren Götzen euch nicht unrein machen;

19 denn ich bin der HERR, euer Gott. Nach meinen Geboten sollt ihr leben, und meine Gesetze sollt ihr halten und danach tun;

20 und meine Sabbate sollt ihr heiligen, dass sie ein Zeichen seien zwischen mir und euch, damit ihr wisst, dass ich, der HERR, euer Gott bin.

21 Aber auch die Söhne waren mir ungehorsam, lebten nicht nach meinen Geboten, hielten auch meine Gesetze nicht, dass sie danach taten, durch die der Mensch lebt, der sie hält, und entheiligten meine Sabbate. Da gedachte ich, meinen Grimm über sie auszuschütten und meinen ganzen Zorn an ihnen auszulassen in der Wüste.

22 Ich hielt aber meine Hand zurück und unterließ es um meines Namens willen, damit er nicht entheiligt würde vor den Heiden, vor deren Augen ich sie herausgeführt hatte.

23 Doch ich erhob meine Hand in der Wüste und schwor ihnen, sie unter die Heiden zu zerstreuen und in die Länder zu versprengen,

24 weil sie meine Gebote nicht gehalten und meine Gesetze verachtet und meine Sabbate entheiligt hatten und nach den Götzen ihrer Väter sahen.

13 But the house of Israel rebelled against me in the wilderness. They did not walk in my statutes but rejected my rules, by which, if a person does them, he shall live; and my Sabbaths they greatly profaned. ¶ ^{t} "Then I said I would pour out my wrath upon them in the wilderness, to make a full end of them.

14 But I acted for the sake of my name, that it should not be profaned in the sight of the nations, in whose sight I had brought them out.

15 Moreover, I swore to them in the wilderness that I would not bring them into the land that I had given them, a land flowing with milk and honey, ^{z} the most glorious of all lands,

16 because they rejected my rules and did not walk in my statutes, and profaned my Sabbaths; for their heart went after their idols.

17 Nevertheless, my eye spared them, and I did not destroy them or make a full end of them in the wilderness.

¶ **18** "And I said to their children in the wilderness, Do not walk in the statutes of your fathers, nor keep their rules, nor defile yourselves with their idols.

19 I am the LORD your God; walk in my statutes, and be careful to obey my rules,

20 and keep my Sabbaths holy that they may be a sign between me and you, that you may know that I am the LORD your God.

21 But the children rebelled against me. They did not walk in my statutes and were not careful to obey my rules, by which, if a person does them, he shall live; they profaned my Sabbaths. ¶ "Then I said I would pour out my wrath upon them and spend my anger against them in the wilderness.

22 But I withheld my hand and acted for the sake of my name, that it should not be profaned in the sight of the nations, in whose sight I had brought them out.

23 Moreover, I swore to them in the wilderness that I would scatter them among the nations and disperse them through the countries,

24 because they had not obeyed my rules, but had rejected my statutes and profaned my Sabbaths, and their eyes were set on their fathers' idols.

25 Darum gab auch ich ihnen Gebote, die nicht gut waren, und Gesetze, durch die sie kein Leben haben konnten,

26 und ließ sie unrein werden durch ihre Opfer, als sie alle Erstgeburt durchs Feuer gehen ließen, damit ich Entsetzen über sie brachte und sie so erkennen mussten, dass ich der HERR bin.

¶ **27** Darum rede, du Menschenkind, mit dem Hause Israel und sprich zu ihnen: So spricht Gott der HERR: Eure Väter haben mich auch damit gelästert, dass sie mir die Treue gebrochen haben,

28 als ich sie in das Land gebracht hatte, über das ich meine Hand erhoben hatte zu dem Schwur, es ihnen zu geben: wo sie irgendeinen hohen Hügel oder dichten Baum sahen, da opferten sie ihre Opfer und dahin brachten sie ihre Gaben mir zum Ärgernis und da legten sie ihre Räucheropfer nieder und da gossen sie ihre Trankopfer aus.

29 Ich aber sprach zu ihnen: Was ist das für eine Höhe, auf die ihr geht? Daher heißt sie bis auf diesen Tag »Höhe«.

¶ **30** Darum sprich zum Hause Israel: So spricht Gott der HERR: Macht ihr euch nicht unrein in der Weise eurer Väter und treibt Abgötterei mit ihren Gräuelbildern?

31 Ihr macht euch unrein mit euren Götzen bis auf den heutigen Tag dadurch, dass ihr eure Gaben opfert und eure Söhne und Töchter durchs Feuer gehen lasst. Und da sollte ich mich von euch, Haus Israel, befragen lassen? So wahr ich lebe, spricht Gott der HERR: Ich will mich von euch nicht befragen lassen.

32 Dazu soll euch fehlschlagen, was euch in den Sinn kommt, wenn ihr sagt: Wir wollen sein wie die Heiden, wie die Völker in den andern Ländern, und Holz und Stein anbeten.

33 So wahr ich lebe, spricht Gott der HERR: Ich will über euch herrschen mit starker Hand und ausgestrecktem Arm und mit ausgeschüttetem Grimm

34 und will euch aus den Völkern herausführen und aus den Ländern, in die ihr zerstreut worden seid, sammeln mit starker Hand, mit ausgestrecktem Arm und mit ausgeschüttetem Grimm

35 und will euch in die Wüste der Völker bringen und dort mit euch ins Gericht gehen von Angesicht zu Angesicht.

36 Wie ich mit euren Vätern in der Wüste von Ägypten ins Gericht gegangen bin, ebenso will ich auch mit euch ins Gericht gehen, spricht Gott der HERR.

25 Moreover, I gave them statutes that were not good and rules by which they could not have life,

26 and I defiled them through their very gifts ʷ in their offering up all their firstborn, that I might devastate them. I did it that they might know that I am the LORD.

¶ **27** "Therefore, son of man, speak to the house of Israel and say to them, Thus says the Lord GOD: In this also your fathers blasphemed me, by dealing treacherously with me.

28 For when I had brought them into the land that I swore to give them, then wherever they saw any high hill or any leafy tree, there they offered their sacrifices and there they presented the provocation of their offering; there they sent up their pleasing aromas, and there they poured out their drink offerings.

29 (I said to them, What is the high place to which you go? So its name is called Bamah² to this day.)

¶ **30** "Therefore say to the house of Israel, Thus says the Lord GOD: Will you defile yourselves after the manner of your fathers and go whoring after their detestable things?

31 When you present your gifts and offer up your children in fire,³ you defile yourselves with all your idols to this day. And shall I be inquired of by you, O house of Israel? As I live, declares the Lord GOD, I will not be inquired of by you.

¶ **32** "What is in your mind shall never happen—the thought, 'Let us be like the nations, like the tribes of the countries, and worship wood and stone.'

The LORD Will Restore Israel

¶ **33** "As I live, declares the Lord GOD, surely with a mighty hand and an outstretched arm and with wrath poured out I will be king over you.

34 I will bring you out from the peoples and gather you out of the countries where you are scattered, with a mighty hand and an outstretched arm, and with wrath poured out.

35 And I will bring you into the wilderness of the peoples, and there I will enter into judgment with you face to face.

36 As I entered into judgment with your fathers in the wilderness of the land of Egypt, so I will enter into judgment with you, declares the Lord GOD.

37 Ich will euch unter dem Stabe hindurchgehen lassen und euch genau abzählen

38 und will die Abtrünnigen und die, die von mir abfielen, von euch aussondern. Ja, aus dem Lande, in dem ihr jetzt Fremdlinge seid, will ich sie herausführen; aber ins Land Israels sollen sie nicht hineinkommen, damit ihr erkennt: Ich bin der HERR!

¶ **39** Aber ihr vom Hause Israel, so spricht Gott der HERR: Weil ihr mir denn nicht gehorchen wollt, so fahrt hin und dient ein jeder seinem Götzen, aber meinen heiligen Namen lasst hinfort ungeschändet mit euren Opfern und Götzen!

40 Denn so spricht Gott der HERR: Auf meinem heiligen Berg, auf dem hohen Berge Israels, da wird mir das ganze Haus Israel dienen, alle, die im Lande sind. Da werde ich sie gnädig annehmen, und da will ich eure Opfer und eure Erstlingsgaben fordern und alle eure heiligen Gaben.

41 Ich will euch gnädig annehmen beim lieblichen Geruch der Opfer, wenn ich euch aus den Völkern bringen und aus den Ländern sammeln werde, in die ihr zerstreut worden seid, und ich werde mich an euch als der Heilige erweisen vor den Augen der Heiden.

42 Und ihr werdet erfahren, dass ich der HERR bin, wenn ich euch ins Land Israels bringe, in das Land, über das ich meine Hand erhob zu dem Schwur, es euren Vätern zu geben.

43 Dort werdet ihr gedenken an eure Wege und alle eure Taten, mit denen ihr euch unrein gemacht habt, und werdet vor euch selbst Abscheu haben wegen all der bösen Taten, die ihr getan habt.

44 Und ihr werdet erfahren, dass ich der HERR bin, wenn ich so an euch handle zur Ehre meines Namens und nicht nach euren bösen Wegen und verderblichen Taten, du Haus Israel, spricht Gott der HERR.

Das Gleichnis vom Waldbrand

21 Und des HERRN Wort geschah zu mir:

2 Du Menschenkind, richte dein Angesicht nach Teman hin und rufe nach Süden und weissage gegen den Wald im Südland

3 und sprich zum Wald im Südland: Höre des HERRN Wort! So spricht Gott der HERR: Siehe, ich will in dir ein Feuer anzünden, das soll grüne und dürre Bäume verzehren, dass man seine Flamme nicht wird löschen können, sondern es soll durch sie jedes Angesicht versengt werden vom Südland bis zum Norden hin.

37 I will make you pass under the rod, and I will bring you into the bond of the covenant.

38 I will purge out the rebels from among you, and those who transgress against me. I will bring them out of the land where they sojourn, but they shall not enter the land of Israel. Then you will know that I am the LORD.

¶ **39** "As for you, O house of Israel, thus says the Lord GOD: Go serve every one of you his idols, now and hereafter, if you will not listen to me; but my holy name you shall no more profane with your gifts and your idols.

¶ **40** "For on my holy mountain, the mountain height of Israel, declares the Lord GOD, there all the house of Israel, all of them, shall serve me in the land. There I will accept them, and there I will require your contributions and the choicest of your gifts, with all your sacred offerings.

41 As a pleasing aroma I will accept you, when I bring you out from the peoples and gather you out of the countries where you have been scattered. And I will manifest my holiness among you in the sight of the nations.

42 And you shall know that I am the LORD, when I bring you into the land of Israel, the country that I swore to give to your fathers.

43 And there you shall remember your ways and all your deeds with which you have defiled yourselves, [h]and you shall loathe yourselves for all the evils that you have committed.

44 And you shall know that I am the LORD, when I deal with you for my name's sake, not according to your evil ways, nor according to your corrupt deeds, O house of Israel, declares the Lord GOD."

¶ **45**[4] And the word of the LORD came to me:

46 "Son of man, set your face toward the southland;[5] preach against the south, and prophesy against the forest land in the Negeb.

47 Say to the forest of the Negeb, Hear the word of the LORD: Thus says the Lord GOD, Behold, I will kindle a fire in you, and it shall devour every green tree in you and every [o]dry tree. The blazing flame shall not be quenched, and all faces from south to north shall be scorched by it.

4 Und alles Fleisch soll sehen, dass ich, der Herr, es angezündet habe und niemand es löschen kann.

5 Ich aber sprach: Ach, Herr Herr, sie sagen von mir: Redet der nicht immer in Rätseln?

Das Schwert ist bereit

6 Und des Herrn Wort geschah zu mir:

7 Du Menschenkind, richte dein Angesicht gegen Jerusalem und rede gegen sein Heiligtum und weissage gegen das Land Israels

8 und sprich zum Land Israels: So spricht der Herr: Siehe, ich will an dich; ich will mein Schwert aus der Scheide ziehen und will in dir ausrotten Gerechte und Ungerechte.

9 Weil ich denn in dir Gerechte und Ungerechte ausrotte, darum soll mein Schwert aus der Scheide fahren über alles Fleisch vom Südland bis zum Norden hin.

10 Und alles Fleisch soll erfahren, dass ich, der Herr, mein Schwert aus der Scheide gezogen habe; es soll nicht wieder eingesteckt werden.

¶ **11** Und du, Menschenkind, sollst seufzen, bis dir die Lenden wehtun, ja, bitterlich sollst du seufzen, dass sie es sehen!

12 Und wenn sie zu dir sagen werden: Warum seufzest du?, so sollst du sagen: Um einer Botschaft willen, die kommen wird; vor ihr werden alle Herzen verzagen und alle Hände sinken, allen der Mut entfallen und alle Knie weich werden. Siehe, es kommt und wird geschehen, spricht Gott der Herr.

¶ **13** Und des Herrn Wort geschah zu mir:

14 Du Menschenkind, weissage und sprich: So spricht der Herr: Sprich: Das Schwert, ja, das Schwert ist geschärft und blank gefegt.

15 Es ist geschärft, dass es schlachten soll; es ist gefegt, dass es blinken soll. Wie sollten wir uns da freuen? Mein Sohn, du hast den Stock verachtet und jeden Rat.

16 Und er hat ein Schwert zum Fegen gegeben, dass man's ergreifen soll; es ist geschärft und gefegt, dass man's dem Henker in die Hand gebe.

17 Schrei und heule, du Menschenkind; denn es geht über mein Volk und über alle Regenten in Israel, die dem Schwert verfallen sind samt meinem Volk. Darum schlag auf deine Lenden;

18 denn die Prüfung ist da und wie sollte es nicht geschehen, da du doch den Stock verachtet hast?, spricht Gott der Herr.

48 All flesh shall see that I the Lord have kindled it; it shall not be quenched."

49 Then I said, "Ah, Lord God! They are saying of me, 'Is he not a maker of parables?'"

The Lord Has Drawn His Sword

21 ^{1} The word of the Lord came to me:

2 "Son of man, set your face toward Jerusalem and preach against the sanctuaries.[2] Prophesy against the land of Israel

3 and say to the land of Israel, Thus says the Lord: Behold, I am against you and will draw my sword from its sheath and will cut off from you both righteous and wicked.

4 Because I will cut off from you both righteous and wicked, therefore my sword shall be drawn from its sheath against all flesh from south to north.

5 And all flesh shall know that I am the Lord. I have drawn my sword from its sheath; it shall not be sheathed again.

¶ **6** "As for you, son of man, groan; with breaking heart and bitter grief, groan before their eyes.

7 And when they say to you, 'Why do you groan?' you shall say, 'Because of the news that it is coming. Every heart will melt, and all hands will be feeble; every spirit will faint, and ^{g} all knees will be weak as water. Behold, it is ^{e} coming, and it will be fulfilled,'" declares the Lord God.

¶ **8** And the word of the Lord came to me:

9 "Son of man, prophesy and say, Thus says the Lord, say:

> "A sword, a sword is sharpened
>   and also polished,
> **10** sharpened for slaughter,
> ^{j} polished to flash like lightning!

(Or shall we rejoice? You have despised the rod, my son, with everything of wood.)[3]

11 So the sword is given to be polished, that it may be grasped in the hand. It is sharpened and polished to be given into the hand of the slayer.

12 Cry out and wail, son of man, for it is against my people. It is against all the princes of Israel. They are delivered over to the sword with my people. Strike therefore upon your thigh.

13 For it will not be a testing—what could it do if you despise the rod?"[4] declares the Lord God.

¶ **19** Und du, Menschenkind, weissage und schlag deine Hände zusammen! Denn das Schwert wird zweifach, ja dreifach kommen, ein Schlachtschwert, ein großes Schlachtschwert, das sie umkreisen wird,

20 damit die Herzen verzagen und viele fallen sollen; an allen ihren Toren lasse ich das Schwert wüten. Wehe, es ist zum Blitzen gemacht, zum Schlachten geschärft!

21 Hau drein zur Rechten und Linken, wohin deine Schneiden gewandt sind!

22 Dann will auch ich meine Hände zusammenschlagen und meinen Zorn stillen. Ich, der HERR, habe es gesagt.

Das Schwert des Königs von Babel

23 Und des HERRN Wort geschah zu mir:

24 Du Menschenkind, mach dir zwei Wege, auf denen das Schwert des Königs von Babel kommen kann; sie sollen aber beide von einem Land ausgehen. Und stelle einen Wegweiser an den Anfang eines jeden Weges, der zu einer Stadt weisen soll,

25 und mache den einen Weg, damit das Schwert nach Rabba kommen kann, der Stadt der Ammoniter, und den andern nach Juda, zu der festen Stadt Jerusalem.

26 Denn der König von Babel wird an der Wegscheide stehen, am Anfang der beiden Wege, um sich wahrsagen zu lassen: Er wirft mit den Pfeilen das Los, befragt seinen Götzen und beschaut die Leber.

27 Und das Los in seiner Rechten wird nach Jerusalem deuten: Da soll er den Mund auftun mit großem Geschrei, die Stimme erheben mit Kriegsgeschrei, Sturmböcke heranführen gegen die Tore, einen Wall aufschütten und ein Bollwerk bauen. –

28 Aber ihnen wird diese Wahrsagung trügerisch scheinen; haben sie doch heilige Eide empfangen. Er aber wird sie an ihre Schuld erinnern, dass sie dabei behaftet werden.

¶ **29** Darum spricht Gott der HERR: Weil ihr an eure Schuld erinnert habt und euer Ungehorsam offenbar geworden ist, sodass man eure Sünden sieht in all euren Taten, ja, weil ihr daran erinnert habt, sollt ihr dabei behaftet werden.

30 Und du, Fürst in Israel, du unheiliger Frevler, dessen Tag kommen wird, wenn die Schuld zum Ende geführt hat, –

31 so spricht Gott der HERR: Tu weg den Kopfbund und nimm ab die Krone! Denn nichts bleibt, wie es ist, sondern was hoch ist, soll erniedrigt werden, und was niedrig ist, soll erhöht werden.

¶ **14** "As for you, son of man, prophesy. Clap your hands and let the sword come down twice, yes, three times,[5] the sword for those to be slain. It is the sword for the great slaughter, which surrounds them,

15 that their hearts may melt, and many stumble.[6] At all their gates I have given the glittering sword. Ah, it is made like lightning; it is taken up[7] for slaughter.

16 Cut sharply to the right; set yourself to the left, wherever your face is directed.

17 I also will clap my hands, and I will satisfy my fury; I the LORD have spoken."

¶ **18** The word of the LORD came to me again:

19 "As for you, son of man, mark two ways for the sword of the king of Babylon to come. Both of them shall come from the same land. And make a signpost; make it ˣat the head of the way to a city.

20 Mark a way for the sword to come to Rabbah of the Ammonites and to Judah, into Jerusalem the fortified.

21 For the king of Babylon stands at the parting of the way, at the head of the two ways, to use divination. He shakes the arrows; he consults the teraphim;[8] he looks at the liver.

22 Into his right hand comes the divination for Jerusalem, to set battering rams, to open the mouth with murder, to lift up the voice with shouting, to set battering rams against the gates, to cast up mounds, to build siege towers.

23 But to them it will seem like a false divination. They have sworn solemn oaths, but he brings their guilt to remembrance, that they may be taken.

¶ **24** "Therefore thus says the Lord GOD: Because you have made your guilt to be remembered, in that your transgressions are uncovered, so that in all your deeds your sins appear—because you have come to remembrance, you shall be taken in hand.

25 And you, O profane[9] wicked one, prince of Israel, whose day has come, the time of your final punishment,

26 thus says the Lord GOD: Remove the turban and take off the crown. Things shall not remain as they are. Exalt that which is low, and bring low that which is exalted.

32 Zu Trümmern, zu Trümmern, zu Trümmern will ich sie machen – aber auch dies wird nicht bleiben –, bis der kommt, der das Recht hat; dem will ich es geben.

Das Schwert über Ammon

33 Und du, Menschenkind, weissage und sprich: So spricht Gott der HERR über die Ammoniter und über ihr Schmähen: Du sollst sagen: Das Schwert, das Schwert ist gezückt, dass es schlachten soll; es ist gefegt, dass es töten soll, und soll blinken,

34 während du dir trügerische Gesichte schauen und Lügen wahrsagen lässt; das Schwert soll an den Hals unheiliger Frevler gesetzt werden, deren Tag kommen wird, wenn die Schuld zum Ende geführt hat.

35 Stecke es wieder in die Scheide! Ich will dich richten an dem Ort, an dem du geschaffen, und im Land, in dem du geboren bist.

36 Und ich will meinen Zorn über dich ausschütten; ich will das Feuer meines Grimms über dich entfachen und will dich rohen Leuten preisgeben, die Verderben schmieden.

37 Du sollst dem Feuer zum Fraß werden, und dein Blut soll im Lande vergossen werden, und man wird nicht mehr an dich denken; denn ich, der HERR, habe es geredet.

Jerusalems Blutschuld und Schandtaten

22 Und des HERRN Wort geschah zu mir:

2 Du Menschenkind, willst du nicht richten die mörderische Stadt? Zeige ihr alle ihre Gräueltaten

3 und sprich: So spricht Gott der HERR: O Stadt, die du das Blut der Deinen vergießt, damit deine Zeit komme, und die du dir Götzen machst, damit du unrein werdest!

4 Durch das Blut, das du vergossen hast, wurdest du schuldig, und durch die Götzen, die du dir machtest, hast du dich unrein gemacht. Damit hast du deine Tage herbeigezogen und bewirkt, dass deine Jahre kommen müssen. Darum will ich dich zum Spott unter den Heiden und zum Hohn in allen Ländern machen.

5 In der Nähe wie in der Ferne sollen sie über dich spotten; befleckt ist dein Name und groß die Verwirrung.

¶ **6** Siehe, die Fürsten in Israel, ein jeder in dir pocht auf seine Macht, Blut zu vergießen.

7 Vater und Mutter verachten sie, den Fremdlingen tun sie Gewalt und Unrecht an, die Witwen und Waisen bedrücken sie.

27 A ruin, ruin, ruin I will make it. This also shall not be, until he comes, the one to whom judgment belongs, and I will give it to him.

¶ **28** "And you, son of man, prophesy, and say, Thus says the Lord GOD concerning the Ammonites and concerning their reproach; say, A sword, a sword is drawn for the slaughter. °It is polished to consume and to flash like lightning—

29 while they see for you false visions, while they divine lies for you—to place you on the necks of the profane wicked, whose day has come, the time of their final punishment.

30 Return it to its sheath. In the place where you were created, in the land of your origin, I will judge you.

31 And I will pour out my indignation upon you; I will blow upon you with the fire of my wrath, and I will deliver you into the hands of brutish men, skillful to destroy.

32 You shall be fuel for the fire. Your blood shall be in the midst of the land. You shall be no more remembered, for I the LORD have spoken."

Israel's Shedding of Blood

22 And the word of the LORD came to me, saying,

2 "And you, son of man, will you judge, will you judge the bloody city? Then declare to her all her abominations.

3 You shall say, Thus says the Lord GOD: A city that sheds blood in her midst, so that her time may come, and that makes idols to defile herself!

4 You have become guilty by the blood that you have shed, and defiled by the idols that you have made, and you have brought your days near, the appointed time of[1] your years has come. Therefore I have made you a reproach to the nations, and a mockery to all the countries.

5 Those who are near and those who are far from you will mock you; your name is defiled; you are full of tumult.

¶ **6** "Behold, the princes of Israel in you, every one according to his power, have been bent on shedding blood.

7 Father and mother are treated with contempt in you; the sojourner suffers extortion in your midst; the fatherless and the widow ¹are wronged in you.

8 Du verachtest, was mir heilig ist, und entheiligst meine Sabbate.

9 Verleumder trachten bei dir danach, Blut zu vergießen. Sie essen von den Höhenopfern und treiben Schandtaten in deiner Mitte.

10 Sie decken die Blöße der Väter auf und nötigen Frauen während ihrer Unreinheit.

11 Sie treiben Gräuel mit der Frau ihres Nächsten; sie entehren ihre eigene Schwiegertochter durch Schandtat; sie tun ihren eigenen Schwestern Gewalt an, den Töchtern ihres Vaters.

12 Sie lassen sich bestechen, um Blut zu vergießen. Du nimmst Zinsen und Aufschlag und suchst unrechten Gewinn an deinem Nächsten mit Gewalt – und mich vergisst du!, spricht Gott der HERR.

¶ **13** Siehe, ich schlage meine Hände zusammen über den unrechten Gewinn, den du gemacht hast, und über das Blut, das in deiner Mitte vergossen ist.

14 Meinst du aber, dein Herz kann standhalten oder deine Hände werden festbleiben zu der Zeit, wenn ich an dir handle? Ich, der HERR, habe es geredet und will's auch tun

15 und will dich zerstreuen unter die Heiden und dich verstoßen in die Länder und will mit deiner Unreinheit ein Ende machen;

16 und du wirst bei den Heiden als verflucht gelten. Dann wirst du erfahren, dass ich der HERR bin.

Das Gleichnis vom Schmelzofen

17 Und des HERRN Wort geschah zu mir:

18 Du Menschenkind, das Haus Israel ist mir zu Schlacken geworden; sie alle sind Kupfer, Zinn, Eisen und Blei im Ofen; ja, zu Silberschlacken sind sie geworden.

19 Darum spricht Gott der HERR: Weil ihr denn alle Schlacken geworden seid, siehe, so will ich euch alle in Jerusalem zusammenbringen.

20 Wie man Silber, Kupfer, Eisen, Blei und Zinn im Ofen zusammenbringt, dass man ein Feuer darunter anfacht und es zerschmelzen lässt, so will ich auch euch in meinem Zorn und Grimm zusammenbringen, hineintun und schmelzen.

21 Ja, ich will euch sammeln und das Feuer meines Zorns gegen euch anfachen, dass ihr darin zerschmelzen müsst.

22 Wie das Silber im Ofen zerschmilzt, so sollt auch ihr darin zerschmelzen und sollt erfahren, dass ich, der HERR, meinen Grimm über euch ausgeschüttet habe.

8 You have despised my holy things and profaned my Sabbaths.

9 There are men in you who slander to shed blood, and people in you who eat on the mountains; they commit lewdness in your midst.

10 In you men uncover their fathers' nakedness; in you they violate women who are unclean in their menstrual impurity.

11 One commits abomination with his neighbor's wife; another lewdly defiles his daughter-in-law; another in you violates his sister, his father's daughter.

12 In you they take bribes to shed blood; you take interest and profit[2] and make gain of your neighbors by extortion; but me you have forgotten, declares the Lord GOD.

¶ **13** "Behold, I strike my hand at the dishonest gain that you have made, and at the blood that has been in your midst.

14 Can your courage endure, or can your hands be strong, in the days that I shall deal with you? I the LORD have spoken, and I will do it.

15 I will scatter you among the nations and disperse you through the countries, and I will consume your uncleanness out of you.

16 And you shall be profaned by your own doing in the sight of the nations, and you shall know that I am the LORD."

¶ **17** And the word of the LORD came to me:

18 "Son of man, the house of Israel has become dross to me; all of them are bronze and tin and iron and lead in the furnace; they are dross of silver.

19 Therefore thus says the Lord GOD: Because you have all become dross, therefore, behold, I will gather you into the midst of Jerusalem.

20 As one gathers silver and bronze and iron and lead and tin into a furnace, to blow the fire on it in order to melt it, so I will gather you in my anger and in my wrath, and I will put you in and melt you.

21 I will gather you and blow on you with the fire of my wrath, and you shall be melted in the midst of it.

22 As silver is melted in a furnace, so you shall be melted in the midst of it, and you shall know that I am the LORD; I have poured out my wrath upon you."

Die Schuld aller Stände im Lande

23 Und des HERRN Wort geschah zu mir:

24 Du Menschenkind, sprich zu ihnen: Du bist ein Land, das nicht beregnet ist, das nicht benetzt wurde zur Zeit des Zorns,

25 dessen Fürsten in seiner Mitte sind wie brüllende Löwen, wenn sie rauben; sie fressen Menschen, reißen Gut und Geld an sich und machen viele zu Witwen im Lande.

26 Seine Priester tun meinem Gesetz Gewalt an und entweihen, was mir heilig ist; sie machen zwischen heilig und unheilig keinen Unterschied und lehren nicht, was rein oder unrein ist, und vor meinen Sabbaten schließen sie die Augen; so werde ich unter ihnen entheiligt.

27 Die Oberen in seiner Mitte sind wie reißende Wölfe, Blut zu vergießen und Menschen umzubringen um ihrer Habgier willen.

28 Und seine Propheten streichen ihnen mit Tünche darüber, haben Truggesichte und wahrsagen ihnen Lügen; sie sagen: »So spricht Gott der HERR«, wo doch der HERR gar nicht geredet hat.

29 Das Volk des Landes übt Gewalt; sie rauben drauflos und bedrücken die Armen und Elenden und tun den Fremdlingen Gewalt an gegen alles Recht.

¶ **30** Ich suchte unter ihnen, ob jemand eine Mauer ziehen und in die Bresche vor mir treten würde für das Land, damit ich's nicht vernichten müsste; aber ich fand keinen.

31 Darum schüttete ich meinen Zorn über sie aus, und mit dem Feuer meines Grimmes machte ich ihnen ein Ende und ließ so ihr Treiben auf ihren Kopf kommen, spricht Gott der HERR.

Das Gleichnis von den zuchtlosen Schwestern Ohola und Oholiba

(vgl. Kap 16,1-63)

23 Und des HERRN Wort geschah zu mir:

2 Du Menschenkind, es waren zwei Frauen, Töchter **einer** Mutter.

3 Die wurden Huren in Ägypten schon in ihrer Jugend; dort ließen sie nach ihren Brüsten greifen und ihren jungen Busen betasten.

4 Die große hieß Ohola und ihre Schwester Oholiba. Und ich nahm sie zu Frauen und sie gebaren mir Söhne und Töchter. Ohola ist Samaria und Oholiba Jerusalem.

¶ **23** And the word of the LORD came to me:

24 "Son of man, say to her, You are a land that is not cleansed or rained upon in the day of indignation.

25 The conspiracy of her prophets in her midst is like a roaring lion tearing the prey; they have devoured human lives; they have taken treasure and precious things; they have made many widows in her midst.

26 Her priests have done violence to my law and have profaned my holy things. They have made no distinction between the holy and the common, neither have they taught the difference between the unclean and the clean, and they have disregarded my Sabbaths, so that I am profaned among them.

27 Her princes in her midst are like wolves tearing the prey, shedding blood, destroying lives to get dishonest gain.

28 And her prophets have smeared whitewash for them, seeing false visions and divining lies for them, saying, 'Thus says the Lord GOD,' when the LORD has not spoken.

29 The people of the land have practiced extortion and committed robbery. They have oppressed the poor and needy, and ᶜhave extorted from the sojourner without justice.

30 And I sought for a man among them who should build up the wall ᵉand stand in the breach before me for the land, that I should not destroy it, but I found none.

31 Therefore I have poured out my indignation upon them. I have consumed them with the fire of my wrath. I have returned their way upon their heads, declares the Lord GOD."

Oholah and Oholibah

23 The word of the LORD came to me:

2 "Son of man, there were two women, the daughters of one mother.

3 They played the whore in Egypt; ʲthey played the whore in their youth; there their breasts were pressed and their virgin bosoms¹ handled.

4 Oholah was the name of the elder and Oholibah the name of her sister. They became mine, and they bore sons and daughters. As for their names, Oholah is Samaria, and Oholibah is Jerusalem.

¶ **5** Ohola trieb Hurerei hinter meinem Rücken und entbrannte für ihre Liebhaber, für die Assyrer, die zu ihr kamen,

6 für die Statthalter und Hauptleute, die mit Purpur gekleidet waren, lauter junge hübsche Leute, die auf Rossen ritten.

7 Und sie buhlte mit ihnen, lauter auserlesenen Söhnen Assurs, und bei allen, für die sie entbrannte, machte sie sich auch unrein mit ihren Götzen.

8 Dazu ließ sie auch nicht von ihrer Hurerei mit den Ägyptern, die bei ihr gelegen hatten in ihrer Jugend und ihre jungen Brüste betastet und schlimme Hurerei mit ihr getrieben hatten.

9 Da übergab ich sie in die Hand ihrer Liebhaber, der Söhne Assurs, für die sie entbrannt war.

10 Die deckten ihre Blöße auf und nahmen ihre Söhne und Töchter weg; sie selbst aber töteten sie mit dem Schwert, und sie wurde zum Gespött unter den Frauen. So vollzogen sie das Gericht an ihr.

¶ **11** Als aber ihre Schwester Oholiba das sah, entbrannte sie noch viel mehr als ihre Schwester und trieb die Hurerei noch schlimmer als sie.

12 Sie entbrannte für die Söhne Assurs, Statthalter und Hauptleute, die zu ihr kamen, herrlich gekleidet, lauter junge hübsche Leute, die auf Rossen ritten.

13 Da sah ich, dass sie beide auf gleiche Weise unrein geworden waren.

14 Aber diese trieb ihre Hurerei noch weiter. Denn sie sah Bilder von Männern an der Wand in roter Farbe, Bilder von Chaldäern,

15 um ihre Lenden gegürtet und bunte Turbane auf ihren Köpfen, ein Bild gewaltiger Kämpfer allesamt, wie eben die Söhne Babels sind, deren Vaterland Chaldäa ist.

16 Da entbrannte sie für sie, sobald sie die Bilder sah, und schickte Boten zu ihnen nach Chaldäa.

17 Und die Söhne Babels kamen zu ihr, um bei ihr zu schlafen, und machten sie unrein mit ihrer Hurerei, und sie machte sich unrein mit ihnen, bis sie ihrer müde wurde.

18 Als sie ihre Hurerei so offen trieb und ihre Schande so enthüllte, da wurde ich auch ihrer überdrüssig, wie ich ihrer Schwester müde geworden war.

19 Sie aber trieb ihre Hurerei immer schlimmer und dachte an die Zeit ihrer Jugend, als sie in Ägyptenland zur Hure geworden war,

20 und entbrannte für ihre Liebhaber, deren Brunst war wie die der Esel und der Hengste.

¶ **5** "Oholah played the whore while she was mine, and she lusted after her lovers the Assyrians, warriors

6 clothed in purple, governors and commanders, all of them desirable young men, horsemen riding on horses.

7 She bestowed her whoring upon them, the choicest men of Assyria all of them, and she defiled herself with all the idols of everyone after whom she lusted.

8 She did not give up her whoring that she had begun in Egypt; for in her youth men had lain with her and handled her virgin bosom and poured out their whoring lust upon her.

9 Therefore I delivered her into the hands of her lovers, into the hands of the Assyrians, after whom she lusted.

10 These uncovered her nakedness; they seized her sons and her daughters; and as for her, they killed her with the sword; and she became a byword among women, when judgment had been executed on her.

¶ **11** "Her sister Oholibah saw this, and she became more corrupt than her sister[2] in her lust and in her whoring, which was worse than that of her sister.

12 She lusted after the Assyrians, governors and commanders, warriors clothed in full armor, horsemen riding on horses, all of them desirable young men.

13 And I saw that she was defiled; they both took the same way.

14 But she carried her whoring further. She saw men portrayed on the wall, the images of the Chaldeans portrayed in vermilion,

15 wearing belts on their waists, with flowing turbans on their heads, all of them having the appearance of officers, a likeness of Babylonians whose native land was Chaldea.

16 When she saw them, she lusted after them and sent messengers to them in Chaldea.

17 And the Babylonians came to her into the bed of love, and they defiled her with their whoring lust. And after she was defiled by them, she turned from them in disgust.

18 When she carried on her whoring so openly and flaunted her nakedness, I turned in disgust from her, as I had turned in disgust from her sister.

19 Yet she increased her whoring, remembering the days of her youth, when she played the whore in the land of Egypt

20 and lusted after her paramours there, whose members were like those of donkeys, and whose issue was like that of horses.

21 Und du sehntest dich nach der Unzucht deiner Jugend, als die Ägypter nach deinen Brüsten griffen und deinen Busen betasteten.

¶ **22** Darum, Oholiba, so spricht Gott der HERR: Siehe, ich will deine Liebhaber, deren du müde geworden bist, gegen dich aufstehen lassen und will sie von überall her gegen dich zusammenbringen,

23 nämlich die Söhne Babels und alle Chaldäer, die von Pekod, Schoa und Koa und alle Assyrer mit ihnen, die schöne junge Mannschaft, lauter Statthalter und Hauptleute, Ritter und Edle, die alle auf Rossen reiten.

24 Und sie werden über dich kommen, gerüstet mit Rossen und Wagen und mit viel Kriegsvolk und werden dich ringsum belagern mit großen und kleinen Schilden und Helmen. Denen will ich den Rechtsfall vorlegen, dass sie dich richten sollen nach ihrem Recht.

25 Ich will meinen Eifer gegen dich richten, dass sie unbarmherzig an dir handeln sollen. Sie sollen dir Nase und Ohren abschneiden, und was von dir übrig bleibt, soll durchs Schwert fallen. Sie sollen deine Söhne und Töchter wegnehmen und, was von dir übrig bleibt, mit Feuer verbrennen.

26 Sie sollen dir deine Kleider ausziehen und deinen Schmuck wegnehmen.

27 So will ich deiner Unzucht und deiner Hurerei, die du seit Ägyptenland treibst, ein Ende machen, dass du deine Augen nicht mehr nach ihnen aufheben und an Ägypten nicht mehr denken sollst.

¶ **28** Denn so spricht Gott der HERR: Siehe, ich will dich denen preisgeben, denen du feind geworden und deren du müde bist.

29 Die sollen wie Feinde mit dir umgehen und alles nehmen, was du erworben hast, und dich nackt und bloß liegen lassen. Da soll die Schande deiner Hurerei und deine Unzucht und deine Buhlerei aufgedeckt werden.

30 Das soll dir angetan werden um deiner Hurerei willen, die du mit den Heiden getrieben, weil du dich mit ihren Götzen unrein gemacht hast.

31 Du bist auf dem Wege deiner Schwester gegangen, darum gebe ich dir auch ihren Kelch in die Hand.

¶ **32** So spricht Gott der HERR: Du musst den Kelch deiner Schwester trinken, so tief und weit er ist; du sollst zu so großem Spott und Hohn werden, dass es unerträglich sein wird.

21 Thus you longed for the lewdness of your youth, when the Egyptians handled your bosom and pressed[3] your young breasts."

¶ **22** Therefore, O Oholibah, thus says the Lord GOD: "Behold, I will stir up against you your lovers from whom you turned in disgust, and I will bring them against you from every side:

23 the Babylonians and all the Chaldeans, Pekod and Shoa and Koa, and all the Assyrians with them, desirable young men, [1]governors and commanders all of them, officers and men of renown, all of them riding on horses.

24 And they shall come against you from the north[4] with chariots and wagons and a host of peoples. They shall set themselves against you on every side with buckler, shield, and helmet; and I will commit the judgment to them, and they shall judge you according to their judgments.

25 And I will direct my jealousy against you, that they may deal with you in fury. They shall cut off your nose and your ears, and your survivors shall fall by the sword. They shall seize your sons and your daughters, and your survivors shall be devoured by fire.

26 They shall also strip you of your clothes and take away your beautiful jewels.

27 Thus I will put an end to your lewdness and your whoring begun in the land of Egypt, so that you shall not lift up your eyes to them or remember Egypt anymore.

¶ **28** "For thus says the Lord GOD: Behold, I will deliver you into the hands of those whom you hate, into the hands of those from whom you turned in disgust,

29 and they shall deal with you in hatred and take away all the fruit of your labor and leave you naked and bare, and the nakedness of your whoring shall be uncovered. Your lewdness and your whoring

30 have brought this upon you, because you played the whore with the nations and defiled yourself with their idols.

31 You have gone the way of your sister; therefore I will give her cup into your hand.

32 Thus says the Lord GOD:

"You shall drink your sister's cup
    that is deep and large;
you shall be laughed at and held in
    derision,
    for it contains much;

33 Du musst dich mit starkem Trank und Jammer volltrinken; denn der Kelch deiner Schwester Samaria ist ein Kelch des Grauens und Entsetzens.

34 Den musst du bis zur Neige austrinken, danach die Scherben ausschlürfen und deine Brüste zerreißen; denn ich habe es geredet, spricht Gott der HERR.

35 Darum spricht Gott der HERR: Weil du mich vergessen und mich verworfen hast, so trage nun auch du deine Unzucht und deine Hurerei!

¶ **36** Und der HERR sprach zu mir: Du Menschenkind, willst du nicht Ohola und Oholiba richten? Zeige ihnen ihre Gräueltaten:

37 wie sie Ehebruch getrieben und Blut vergossen und die Ehe gebrochen haben mit ihren Götzen; und wie sie ihnen noch dazu ihre Kinder, die sie mir geboren hatten, zum Fraß darbrachten.

38 Überdies haben sie mir das angetan: Sie haben noch am gleichen Tag mein Heiligtum unrein gemacht und meine Sabbate entheiligt.

39 Denn als sie ihre Kinder den Götzen geschlachtet hatten, gingen sie noch am gleichen Tag in mein Heiligtum, es zu entheiligen. Siehe, so haben sie es in meinem Hause getrieben.

¶ **40** Sie haben sogar Boten geschickt nach Männern, die aus fernen Landen kommen sollten. Und siehe, als sie kamen, da badetest du dich und schminktest dich und schmücktest dich mit Geschmeide ihnen zu Ehren

41 und saßest auf einem herrlichen Polster, und ein Tisch war davor hergerichtet; darauf legtest du mein Räucherwerk und mein Öl.

42 Und es erhob sich in der Stadt ein großes Freudengeschrei über die Männer, weil solch eine Menge von Menschen herbeigebracht war aus Saba, aus der Wüste, und sie gaben ihnen Geschmeide an ihre Arme und schöne Kronen auf ihre Häupter.

43 Ich aber dachte: Sie ist das Ehebrechen gewohnt von alters her, sie kann das Huren nicht lassen.

44 Denn man ging zu ihr, wie man zu einer Hure geht; so ging man zu Ohola und Oholiba, den zuchtlosen Frauen.

45 Darum werden gerechte Männer sie richten nach dem Recht, das für Ehebrecherinnen und für Mörderinnen gilt; denn sie sind Ehebrecherinnen und ihre Hände sind voll Blut.

¶ **46** Denn so spricht Gott der HERR: Man berufe eine Versammlung gegen sie ein und gebe sie als Raub und Beute preis,

33 you will be filled with drunkenness and sorrow.

ᶜ A cup of horror and desolation,
  the cup of your sister Samaria;

34 you shall drink it and drain it out,
  and gnaw its shards,
  and tear your breasts;

for I have spoken, declares the Lord GOD.

35 Therefore thus says the Lord GOD: Because you have forgotten me and cast me behind your back, you yourself must bear the consequences of your lewdness and whoring."

¶ **36** The LORD said to me: "Son of man, will you judge Oholah and Oholibah? Declare to them their abominations.

37 For they have committed adultery, and blood is on their hands. With their idols they have committed adultery, and they have even offered[5] to them for food the children whom they had borne to me.

38 Moreover, this they have done to me: they have defiled my sanctuary on the same day and profaned my Sabbaths.

39 For when they had slaughtered their children in sacrifice to their idols, on the same day they came into my sanctuary to profane it. And behold, this is what they did in my house.

40 They even sent for men to come from afar, to whom a messenger was sent; and behold, they came. For them you bathed yourself, painted your eyes, and adorned yourself with ornaments.

41 You sat on a stately couch, with a table spread before it on which you had placed my incense and my oil.

42 The sound of a carefree multitude was with her; and with men of the common sort, drunkards[6] were brought from the wilderness; and they put bracelets on the hands of the women, and beautiful crowns on their heads.

¶ **43** "Then I said of her who was worn out by adultery, Now they will continue to use her for a whore, even her![7]

44 For they have gone in to her, as men go in to a prostitute. Thus they went in to Oholah and to Oholibah, lewd women!

45 But righteous men shall pass judgment on them with the sentence of adulteresses, and with the sentence of women who shed blood, because they are adulteresses, and blood is on their hands."

¶ **46** For thus says the Lord GOD: "Bring up a vast host against them, and make them an object of terror and a plunder.

47 dass die Leute sie steinigen und mit ihren Schwertern erstechen und ihre Söhne und Töchter umbringen und ihre Häuser mit Feuer verbrennen.

48 So will ich der Unzucht im Lande ein Ende machen, dass Frauen sich warnen lassen und nicht nach solcher Unzucht tun.

49 Und man wird die Strafe für eure Unzucht auf euch legen und ihr sollt tragen, was ihr mit euren Götzen gesündigt habt, und sollt erfahren, dass ich Gott der HERR bin.

Das Gleichnis vom rostigen Topf

24 Und es geschah das Wort des HERRN zu mir im neunten Jahr am zehnten Tage des zehnten Monats:

2 Du Menschenkind, schreib dir diesen Tag auf, ja, eben diesen Tag; denn der König von Babel hat sich an eben diesem Tage vor Jerusalem gelagert.

3 Und gib dem Haus des Widerspruchs ein Gleichnis und sprich zu ihnen: So spricht Gott der HERR: Setze einen Topf auf, setz ihn auf und gieß Wasser hinein!

4 Tu Fleisch hinein, lauter gute Stücke, Lenden und Schultern, und fülle ihn mit den besten Knochen.

5 Nimm das Beste von der Herde und schichte Holzscheite darunter und lass die Stücke tüchtig sieden und auch die Knochen darin gut kochen.

¶ **6** Darum spricht Gott der HERR: Wehe der Stadt voller Blutschuld, die einem Topf gleicht, an dem Rost sitzt und nicht abgehen will! Nimm ein Stück nach dem andern heraus und lose nicht darum, welches zuerst heraussoll.

7 Denn das Blut, das sie vergossen hat, ist noch in ihrer Mitte; auf den nackten Felsen und nicht auf die Erde hat sie es verschüttet, sodass man's mit Erde hätte zudecken können.

8 Und ich ließ sie darum das Blut auf den nackten Felsen schütten, damit es nicht zugedeckt würde, sodass der Grimm über sie kommt und es gerächt wird.

¶ **9** Darum spricht Gott der HERR: Wehe, du Stadt voller Blutschuld, auch ich will den Holzstoß groß machen!

¶ **10** Trage nur viel Holz her, bring das Feuer zum Lodern, koche das Fleisch gar und gieß die Brühe aus, dass die Knochen anbrennen;

47 And the host shall stone them and cut them down with their swords. They shall kill their sons and their daughters, and burn up their houses.

48 Thus will I put an end to lewdness in the land, that all women may take warning and not commit lewdness as you have done.

49 And they shall return your lewdness upon you, and you shall bear the penalty for your sinful idolatry, and you shall know that I am the Lord GOD."

The Siege of Jerusalem

24 In the ninth year, in the tenth month, on the tenth day of the month, the word of the LORD came to me:

2 "Son of man, write down the name of this day, this very day. The king of Babylon has laid siege to Jerusalem this very day.

3 And utter a parable to the rebellious house and say to them, Thus says the Lord GOD:

"Set on the pot, set it on;
    pour in water also;

4 put in it the pieces of meat,
    all the good pieces, the thigh and the shoulder;
    fill it with choice bones.

5 Take the choicest one of the flock;
    pile the logs[1] under it;
    boil it well;
    seethe also its bones in it.

¶ **6** "Therefore thus says the Lord GOD: Woe to the bloody city, to the pot whose corrosion is in it, and whose corrosion has not gone out of it! Take out of it piece after piece, without making any choice.[2]

7 For the blood she has shed is in her midst; she put it on the bare rock; she did not pour it out on the ground to cover it with dust.

8 To rouse my wrath, to take vengeance, I have set on the bare rock the blood she has shed, that it may not be covered.

9 Therefore thus says the Lord GOD: Woe to the bloody city! I also will make the pile great.

10 Heap on the logs, kindle the fire, boil the meat well, mix in the spices,[3] and let the bones be burned up.

11 stelle den Topf leer auf die Glut, damit er heiß wird und sein Erz glüht und seine Unreinheit schmilzt und sein Rost abgeht!

12 Aber sosehr der Topf glüht, will doch der starke Rost von ihm im Feuer nicht abgehen.

¶ **13** Weil du durch Unzucht dich unrein gemacht hast und nicht rein wurdest von deiner Unreinheit, obwohl ich dich reinigen wollte, darum sollst du hinfort nicht wieder rein werden, bis mein Grimm sich an dir gekühlt hat.

14 Ich, der HERR, habe es geredet! Es wird kommen, ich will's tun und nicht säumen. Ich will nicht schonen und es wird mich nicht reuen; sondern sie sollen dich richten, wie du gelebt und getan hast, spricht Gott der HERR.

Das Verhalten des Propheten beim Tod seiner Frau – ein Zeichen

15 Und des HERRN Wort geschah zu mir:

16 Du Menschenkind, siehe, ich will dir deiner Augen Freude nehmen durch einen plötzlichen Tod. Aber du sollst nicht klagen und nicht weinen und keine Träne vergießen.

17 Heimlich darfst du seufzen, aber keine Totenklage halten, sondern du sollst deinen Kopfbund anlegen und deine Schuhe anziehen; du sollst deinen Bart nicht verhüllen und nicht das Trauerbrot essen.

¶ **18** Und als ich am Morgen zum Volk geredet hatte, starb mir am Abend meine Frau. Und ich tat am andern Morgen, wie mir befohlen war.

19 Und das Volk sprach zu mir: Willst du uns nicht erklären, was das für uns bedeutet, was du tust?

20 Und ich sprach zu ihnen: Der HERR hat mit mir geredet und gesagt:

21 Sage dem Hause Israel: So spricht Gott der HERR: Siehe, ich will mein Heiligtum, eure herrliche Zuflucht, die Freude eurer Augen, das Verlangen eures Herzens, entheiligen, und eure Söhne und Töchter, die ihr dort zurücklassen musstet, werden durchs Schwert fallen. –

22 Da werdet ihr dann tun, wie ich getan habe: Euren Bart werdet ihr nicht verhüllen und nicht das Trauerbrot essen,

23 sondern werdet euren Kopfbund auf eurem Haupt behalten und eure Schuhe an den Füßen; ihr werdet nicht klagen und nicht weinen, sondern in eurer Schuld vergehen und untereinander seufzen. –

11 Then set it empty upon the coals, that it may become hot, and its copper may burn, that its uncleanness may be melted in it, its corrosion consumed.

12 She has wearied herself with toil;[t] its abundant corrosion does not go out of it. Into the fire with its corrosion!

13 On account of your unclean lewdness, because I would have cleansed you and you were not cleansed from your uncleanness, you shall not be cleansed anymore till I have satisfied my fury upon you.

14 I am the LORD. I have spoken; it shall come to pass; I will do it. I will not go back; I will not spare; I will not relent; according to your ways and your deeds you will be judged, declares the Lord GOD."

Ezekiel's Wife Dies

¶ **15** The word of the LORD came to me:

16 "Son of man, behold, I am about to take the delight of your eyes away from you at a stroke; yet you shall not mourn or weep, nor shall your tears run down.

17 Sigh, but not aloud; make no mourning for the dead. Bind on your turban, and put your shoes on your feet; do not cover your lips, nor eat the bread of men."

18 So I spoke to the people in the morning, and at evening my wife died. And on the next morning I did as I was commanded.

¶ **19** And the people said to me, "Will you not tell us what these things mean for us, that you are acting thus?"

20 Then I said to them, "The word of the LORD came to me:

21 'Say to the house of Israel, Thus says the Lord GOD: Behold, I will profane my sanctuary, the pride of your power, the delight of your eyes, and the yearning of your soul, and your sons and your daughters whom you left behind shall fall by the sword.

22 And you shall do as I have done; [m]you shall not cover your lips, nor eat the bread of men.

23 Your turbans shall be on your heads and your shoes on your feet; you shall not mourn or weep, but you shall rot away in your iniquities and groan to one another.

24 So soll Hesekiel für euch ein Wahrzeichen sein, dass ihr tun werdet, wie er getan hat, wenn es nun kommen wird. Dann werdet ihr erfahren, dass ich Gott der Herr bin.

¶ **25** Und du, Menschenkind, ist es nicht so? An dem Tage, an dem ich von ihnen nehme ihre Zuflucht und ganze Wonne, die Freude ihrer Augen und das Verlangen ihres Herzens, dazu ihre Söhne und Töchter,

26 ja, an jenem Tage wird einer, der entronnen ist, zu dir kommen und dir's kundtun.

27 An jenem Tage wird dein Mund aufgetan werden, wenn der kommt, der entronnen ist, sodass du reden kannst und nicht mehr stumm bist; und du wirst für sie ein Wahrzeichen sein, dass sie erfahren, dass ich der Herr bin.

Gottes Gericht über die Nachbarn Judas

25 Und des Herrn Wort geschah zu mir:

2 Du Menschenkind, richte dein Angesicht gegen die Ammoniter und weissage gegen sie

3 und sprich zu den Ammonitern: Hört das Wort Gottes des Herrn! So spricht Gott der Herr: Weil ihr über mein Heiligtum ruft: »Ha! es ist entweiht!«, und über das Land Israels: »Es ist verwüstet!«, und über das Haus Juda: »Es ist weggeführt!«,

4 darum siehe, ich will dich den Söhnen des Ostens übergeben, dass sie ihre Zeltdörfer in dir aufschlagen und ihre Wohnungen in dir bauen sollen; sie sollen deine Früchte essen und deine Milch trinken.

5 Und ich will Rabba zur Kameltrift machen und das Land der Ammoniter zu Schafhürden, und ihr sollt erfahren, dass ich der Herr bin.

6 Denn so spricht Gott der Herr: Weil du in die Hände geklatscht und mit den Füßen gestampft und über das Land Israels von ganzem Herzen so höhnisch dich gefreut hast,

7 darum siehe, ich will meine Hand gegen dich ausstrecken und dich den Völkern zur Beute geben und dich aus den Nationen ausrotten und aus den Ländern austilgen und dich vernichten; und du sollst erfahren, dass ich der Herr bin.

¶ **8** So spricht Gott der Herr: Weil Moab und Seïr sprechen: »Siehe, das Haus Juda ist nichts anderes als alle Völker!«,

24 Thus shall Ezekiel be to you a sign; according to all that he has done you shall do. When this comes, then you will know that I am the Lord God.'

¶ **25** "As for you, son of man, surely on the day when I take from them their stronghold, their joy and glory, the delight of their eyes and their soul's desire, and also their sons and daughters,

26 on that day a fugitive will come to you to report to you the news.

27 On that day your mouth will be opened to the fugitive, and you shall speak and be no longer mute. So you will be a sign to them, and they will know that I am the Lord."

Prophecy Against Ammon

25 The word of the Lord came to me:

2 "Son of man, set your face toward the Ammonites and prophesy against them.

3 Say to the Ammonites, Hear the word of the Lord God: Thus says the Lord God, Because you said, 'Aha!' over my sanctuary when it was profaned, and over the land of Israel when it was made desolate, and over the house of Judah when they went into exile,

4 therefore behold, I am handing you over to the people of the East for a possession, and they shall set their encampments among you and make their dwellings in your midst. They shall eat your fruit, and they shall drink your milk.

5 I will make Rabbah a pasture for camels and Ammon[1] [a] a fold for flocks. Then you will know that I am the Lord.

6 For thus says the Lord God: Because you have clapped your hands and stamped your feet and rejoiced with all the malice within your soul against the land of Israel,

7 therefore, behold, I have stretched out my hand against you, and will hand you over as plunder to the nations. And I will cut you off from the peoples and will make you perish out of the countries; I will destroy you. Then you will know that I am the Lord.

Prophecy Against Moab and Seir

¶ **8** "Thus says the Lord God: Because Moab and Seir[2] said, 'Behold, the house of Judah is like all the other nations,'

9 siehe, so will ich die Berghänge Moabs bloßlegen, dass es ohne Städte sei in seinem ganzen Gebiet, ohne den Stolz des Landes: Bet-Jeschimot, Baal-Meon und Kirjatajim,

10 und will es den Söhnen des Ostens zum Erbe geben, zum Land der Ammoniter hinzu, sodass man an sie nicht mehr denken wird unter den Völkern.

11 Und ich will das Gericht ergehen lassen über Moab, und sie sollen erfahren, dass ich der HERR bin.

12 So spricht Gott der HERR: Weil sich Edom am Hause Juda gerächt und sich schwer verschuldet hat mit seiner Rache,

13 darum spricht Gott der HERR: Ich will meine Hand ausstrecken gegen Edom und will von ihm ausrotten Menschen und Vieh und will es wüst machen von Teman bis nach Dedan, und sie sollen durchs Schwert fallen.

14 Und ich will mich an Edom rächen durch mein Volk Israel, und sie sollen mit Edom umgehen nach meinem Zorn und Grimm, dass sie meine Vergeltung erfahren sollen, spricht Gott der HERR.

15 So spricht Gott der HERR: Weil die Philister sich gerächt und mit beständigem Hass so höhnisch Rache geübt haben zum Verderben meines Volks,

16 darum spricht Gott der HERR: Siehe, ich will meine Hand ausstrecken gegen die Philister und will die Kreter ausrotten und will umbringen, die übrig geblieben sind am Ufer des Meeres,

17 und will bittere Rache an ihnen üben und sie mit Grimm strafen, dass sie erfahren sollen, dass ich der HERR bin, wenn ich Vergeltung an ihnen übe.

Das Gericht über Tyrus
(vgl. Am 1,9-10; Jes 23,1-18)

26 Und es begab sich im elften Jahr am ersten Tage des ersten Monats, da geschah des HERRN Wort zu mir:

2 Du Menschenkind, weil Tyrus spricht über Jerusalem: »Ha! Die Pforte der Völker ist zerbrochen; nun fällt es mir zu; ich werde jetzt reich werden, weil Jerusalem wüst liegt!«,

3 darum spricht Gott der HERR: Siehe, ich will an dich, Tyrus, und will viele Völker gegen dich heraufführen, wie das Meer seine Wellen heraufführt.

9 therefore I will lay open the flank of Moab from the cities, from its cities on its frontier, the glory of the country, Beth-jeshimoth, Baal-meon, and Kiriathaim.

10 I will give it along with the Ammonites to the people of the East as a possession, that the Ammonites may be remembered no more among the nations,

11 and I will execute judgments upon Moab. Then they will know that I am the LORD.

Prophecy Against Edom

12 "Thus says the Lord GOD: Because Edom acted revengefully against the house of Judah and has grievously offended in taking vengeance on them,

13 therefore thus says the Lord GOD, I will stretch out my hand against Edom and cut off from it man and beast. And I will make it desolate; from Teman even to Dedan they shall fall by the sword.

14 And I will lay my vengeance upon Edom by the hand of my people Israel, and they shall do in Edom according to my anger and according to my wrath, and they shall know my vengeance, declares the Lord GOD.

Prophecy Against Philistia

15 "Thus says the Lord GOD: Because the Philistines acted revengefully and took vengeance with malice of soul to destroy in never-ending enmity,

16 therefore thus says the Lord GOD, Behold, I will stretch out my hand against the Philistines, and I will cut off the Cherethites and destroy the rest of the seacoast.

17 I will execute great vengeance on them with wrathful rebukes. Then they will know that I am the LORD, when I lay my vengeance upon them."

Prophecy Against Tyre

26 In the eleventh year, on the first day of the month, the word of the LORD came to me:

2 "Son of man, because Tyre said concerning Jerusalem, 'Aha, the gate of the peoples is broken; it has swung open to me. I shall be replenished, now that she is laid waste,'

3 therefore thus says the Lord GOD: Behold, I am against you, O Tyre, and will bring up many nations against you, as the sea brings up its waves.

4 Die sollen die Mauern von Tyrus zerstören und seine Türme abbrechen; ja, ich will sogar seine Erde von ihm wegfegen und will einen nackten Fels aus ihm machen,

5 einen Platz im Meer, an dem man Fischnetze aufspannt; denn ich habe es geredet, spricht Gott der HERR, und es soll den Völkern zum Raub werden.

6 Und seine Tochterstädte auf dem Festland sollen mit dem Schwert geschlagen werden, und sie sollen erfahren, dass ich der HERR bin.

¶ **7** Denn so spricht Gott der HERR: Siehe, ich will über Tyrus kommen lassen Nebukadnezar, den König von Babel, von Norden her, den König der Könige, mit Rossen, Wagen, Reitern und einem großen Heer.

8 Der soll deine Tochterstädte auf dem Festland mit dem Schwert schlagen; aber gegen dich wird er Bollwerke errichten und einen Wall gegen dich aufschütten und ein Schilddach gegen dich erstellen.

9 Er wird mit Sturmböcken deine Mauern umstoßen und deine Türme mit seinen Werkzeugen einreißen.

10 Von der Menge seiner Pferde wird Staub dich bedecken. Deine Mauern werden erbeben von dem Getümmel seiner Rosse, Wagen und Reiter, wenn er in deine Tore eindringt, wie man eindringt in eine erstürmte Stadt.

11 Er wird mit den Hufen seiner Rosse alle deine Gassen zerstampfen. Dein Volk wird er mit dem Schwert erschlagen und deine stolzen Steinmale zu Boden reißen.

12 Sie werden deine Schätze rauben und deine Handelsgüter plündern. Deine Mauern werden sie abbrechen und deine schönen Häuser einreißen und werden deine Steine und die Balken und den Schutt ins Meer werfen.

13 Und ich will dem Getön deiner Lieder ein Ende machen, und den Klang deiner Harfen soll man nicht mehr hören.

14 Und ich will einen nackten Fels aus dir machen, einen Platz, an dem man Fischnetze aufspannt, und du sollst nicht wieder gebaut werden. Denn ich bin der HERR, der dies redet, spricht Gott der HERR.

¶ **15** So spricht Gott der HERR gegen Tyrus: Was gilt's? Die Inseln werden erbeben, wenn du fallen wirst mit Getöse und deine Verwundeten stöhnen werden und das Schwert morden wird in deiner Mitte.

4 They shall destroy the walls of Tyre and break down her towers, and I will scrape her soil from her and make her a bare rock.

5 She shall be in the midst of the sea a place for the spreading of nets, for I have spoken, declares the Lord GOD. And she shall become plunder for the nations,

6 and her daughters on the mainland shall be killed by the sword. Then they will know that I am the LORD.

¶ **7** "For thus says the Lord GOD: Behold, I will bring against Tyre from the north Nebuchadnezzar[1] king of Babylon, king of kings, with horses and chariots, and with horsemen and a host of many soldiers.

8 He will kill with the sword your daughters on the mainland. He will set up a siege wall against you and throw up a mound against you, and raise a roof of shields against you.

9 He will direct the shock of his battering rams against your walls, and with his axes he will break down your towers.

10 His horses will be so many that their dust will cover you. Your walls will shake at the noise of the horsemen and wagons and chariots, when he enters your gates as men enter a city that has been breached.

11 With the hoofs of his horses he will trample all your streets. He will kill your people with the sword, and your mighty pillars will fall to the ground.

12 They will plunder your riches and loot [a]your merchandise. They will break down your walls and destroy your pleasant houses. Your stones and timber and soil they will cast into the midst of the waters.

13 And I will stop the music of your songs, and the sound of your lyres shall be heard no more.

14 I will make you a bare rock. You shall be a place for the spreading of nets. You shall never be rebuilt, for I am the LORD; I have spoken, declares the Lord GOD.

¶ **15** "Thus says the Lord GOD to Tyre: Will not the coastlands shake at the sound of your fall, when the wounded groan, when slaughter is made in your midst?

16 Alle Fürsten am Meer werden von ihren Thronen herabsteigen und ihre Oberkleider ablegen und ihre bunten Gewänder ausziehen und werden in Trauerkleidern gehen und auf der Erde sitzen und immer von Neuem erzittern und sich entsetzen über dich.

17 Sie werden über dich ein Klagelied anstimmen und von dir sagen: Ach, wie bist du zugrunde gegangen, du berühmte Stadt, die du am Meer lagst und so mächtig warst auf dem Meer samt deinen Einwohnern, dass sich das ganze Land vor dir fürchten musste!

18 Nun entsetzen sich die Inseln am Tag deines Falls, und die Inseln im Meer erschrecken über deinen Untergang.

¶ **19** Denn so spricht Gott der HERR: Ich will dich zu einer veröderten Stadt machen gleich den Städten, in denen niemand wohnt, und will eine große Flut über dich kommen lassen, dass hohe Wogen dich bedecken,

20 und will dich hinunterstoßen zu denen, die in die Grube gefahren sind, zu dem Volk der Vorzeit. Ich will dich wohnen lassen in den Tiefen unter der Erde zwischen den Trümmern der Vorzeit bei denen, die in die Grube gefahren sind, dass du keine Wohnung und keine Stätte mehr hast im Lande der Lebendigen;

21 ja, tödlichem Schrecken gebe ich dich preis, dass es aus ist mit dir und man dich nie mehr findet, wenn man nach dir sucht, spricht Gott der HERR.

Klagelied über Tyrus
(vgl. Jes 23,1-18)

27 Und des HERRN Wort geschah zu mir:

2 Du Menschenkind, stimm ein Klagelied an über Tyrus

3 und sprich zu Tyrus: Die du wohnst am Zugang zum Meer und für die Völker mit vielen Inseln Handel treibst! So spricht Gott der HERR: O Tyrus, du sprichst: Ich bin die Allerschönste!

4 Dein Gebiet liegt mitten im Meer und deine Bauleute haben dich aufs Allerschönste erbaut.

5 Sie haben all dein Plankenwerk aus Zypressenholz vom Senir gemacht und die Zedern vom Libanon geholt, um deine Mastbäume daraus zu machen;

16 Then all the princes of the sea will step down from their thrones and remove their robes and strip off their embroidered garments. They will clothe themselves with trembling; they will sit on the ground and tremble every moment and be appalled at you.

17 And they will raise a lamentation over you and say to you,

> "How you have perished,
>   you who were inhabited from the seas,
> O city renowned,
>   who was mighty on the sea;
> she and her inhabitants imposed their terror
> on all her inhabitants!

18 Now the coastlands tremble
>   on the day of your fall,
> and the coastlands that are on the sea
>   are dismayed at your passing.'

¶ **19** "For thus says the Lord GOD: When I make you a city laid waste, like the cities that are not inhabited, when I bring up the deep over you, and the great waters cover you,

20 then I will make you go down with those who go down to the pit, to the people of old, and I will make you to dwell in the world below, among ruins from of old, ᴾwith those who go down to the pit, so that you will not be inhabited; but I will set beauty in the land of the living.

21 I will bring you to a dreadful end, and you shall be no more. Though you be sought for, you will never be found again, declares the Lord GOD."

A Lament for Tyre

27 The word of the LORD came to me:

2 "Now you, son of man, raise a lamentation over Tyre,

3 and say to Tyre, who dwells at the entrances to the sea, merchant of the peoples to many coastlands, thus says the Lord GOD:

> "O Tyre, you have said,
>   'I am perfect in beauty.'

4 Your borders are in the heart of the seas;
>   your builders made perfect your beauty.

5 They made all your planks
>   of fir trees from Senir;
> they took a cedar from Lebanon
>   to make a mast for you.

6 deine Ruder haben sie aus Eichen von Baschan gemacht und deine Wände mit Elfenbein getäfelt, gefasst in Buchsbaumholz von den Gestaden der Kittäer.

7 Dein Segel war beste bunte Leinwand aus Ägypten als dein Kennzeichen, und deine Decken waren blauer und roter Purpur von den Gestaden Elischas.

8 Die Edlen von Sidon und Arwad waren deine Ruderknechte und die kundigsten Männer von Tyrus hattest du als deine Steuerleute.

9 Die Ältesten von Gebal und seine Kundigsten mussten deine Risse abdichten. Alle Seeschiffe und ihre Schiffsleute fanden sich bei dir ein, um mit deinen Waren Handel zu treiben.

10 Perser, Lyder und Libyer waren dein Kriegsvolk; ihre Schilde und Helme hängten sie bei dir auf; sie waren dein Schmuck.

11 Die Männer von Arwad waren in deinem Heer rings auf deinen Mauern und waren Wächter auf deinen Türmen. Sie haben ihre Schilde ringsum an deinen Mauern aufgehängt und haben dich so schön gemacht.

¶ **12** Tarsis hat für dich Handel getrieben mit einer Fülle von Gütern aller Art und Silber, Eisen, Zinn und Blei auf deine Märkte gebracht.

13 Jawan, Tubal und Meschech haben mit dir gehandelt und Sklaven und Geräte aus Kupfer als Ware gebracht.

14 Die Leute von Togarma haben dir Rosse und Reitpferde und Maulesel auf deine Märkte gebracht.

15 Die Leute von Rhodos sind deine Händler gewesen und viele Inseln haben Handel mit dir getrieben; sie haben mit Elfenbein und Ebenholz gezahlt.

16 Die Edomiter haben von dem vielen gekauft, das du gefertigt hattest, und haben Malachit, Purpur, bunte Stoffe, feine Leinwand, Korallen und Rubine auf deine Märkte gebracht.

17 Juda und das Land Israel haben mit dir gehandelt und haben Weizen aus Minnit, Feigen, Honig, Öl und Harz als Ware gebracht.

18 Damaskus hat von dem vielen gekauft, das du gefertigt hattest, von der Fülle der Güter aller Art gegen Wein von Helbon und gegen Wolle von Zahar.

6 Of oaks of Bashan
they made your oars;
they made your deck of pines
from the coasts of Cyprus,
inlaid with ivory.

7 Of fine embroidered linen from Egypt
was your sail,
serving as your banner;
blue and purple from the coasts of
Elishah
was your awning.

8 The inhabitants of Sidon and Arvad
were your rowers;
your skilled men, O Tyre, were in you;
they were your pilots.

9 The elders of Gebal and her skilled men
were in you,
caulking your seams;
all the ships of the sea with their mariners were in you
to barter for your wares.

¶ **10** "Persia and Lud and ⁱPut were in your army as your men of war. They hung the shield and helmet in you; they gave you splendor.

11 Men of Arvad and Helech were on your walls all around, and men of Gamad were in your towers. They hung their shields on your walls all around; they made perfect your beauty.

¶ **12** "Tarshish did business with you because of your great wealth of every kind; silver, iron, tin, and lead they exchanged for your wares.

13 Javan, Tubal, and ᵖMeshech traded with you; they exchanged human beings and vessels of bronze for your merchandise.

14 From Beth-togarmah they exchanged horses, war horses, and mules for your wares.

15 The men of Dedan¹ traded with you. Many coastlands were your own special markets; they brought you in payment ivory tusks and ebony.

16 Syria did business with you because of your abundant goods; they exchanged for your wares emeralds, ᵘpurple, embroidered work, fine linen, coral, and ruby.

17 Judah and the land of Israel traded with you; they exchanged for your merchandise wheat of Minnith, meal,² honey, oil, and balm.

18 Damascus did business with you for your abundant goods, because of your great wealth of every kind; wine of Helbon and wool of Sahar

19 Wedan und Jawan haben von Usal auf deine Märkte geformtes Eisen, Zimt und Kalmus gebracht; die kamen als Ware.

20 Dedan hat mit dir gehandelt mit Decken zum Reiten.

21 Arabien und alle Fürsten von Kedar haben mit dir Handel getrieben mit Schafen, Widdern und Böcken.

22 Die Kaufleute aus Saba und Ragma haben mit dir gehandelt; den besten Balsam und Edelsteine aller Art und Gold haben sie auf deine Märkte gebracht.

23 Haran und Kanne und Eden samt den Kaufleuten aus Assur und ganz Medien haben mit dir gehandelt.

24 Sie waren deine Händler mit Prachtgewändern, mit Mänteln von Purpur und bunten Stoffen, mit Teppichen von Purpur, mit geflochtenen und gedrehten Tauen im Handel mit dir.

25 Tarsisschiffe waren die Käufer deiner Ware. So bist du sehr reich und herrlich geworden mitten im Meer.

¶ **26** Deine Ruderer haben dich auf die hohe See geführt; aber ein Ostwind wird dich mitten auf dem Meer zerschmettern,

27 sodass dein Reichtum, dein Handelsgut, deine Ware, deine Schiffsleute, deine Steuerleute, deine Zimmerleute, deine Händler und alle deine Kriegsleute und alles Volk in dir mitten auf dem Meer umkommen werden am Tag deines Falls.

28 Da werden die Gestade erbeben von dem Geschrei deiner Steuerleute.

29 Und alle, die das Ruder führen, die Schiffsleute, alle Seefahrer werden von ihren Schiffen herabsteigen, sie werden an Land gehen

30 und laut über dich schreien und bitterlich klagen, werden Staub auf ihre Häupter werfen und sich in der Asche wälzen.

31 Sie werden sich kahl scheren deinetwegen und Säcke anlegen und von Herzen bitterlich um dich weinen und trauern.

19 and casks of wine[3] from Uzal they exchanged for your wares; wrought iron, cassia, and calamus were bartered for your merchandise.

20 Dedan traded with you in saddlecloths for riding.

21 Arabia and all the princes of Kedar were your favored dealers[j] in lambs, rams, and goats; in these they did business with you.

22 The traders of Sheba and [g]Raamah traded with you; they exchanged for your wares the best of all kinds of spices and all precious stones and gold.

23 Haran, Canneh, [j]Eden, traders of Sheba, Asshur, and Chilmad traded with you.

24 In your market these traded with you in choice garments, in clothes of blue and [i]embroidered work, and in carpets of colored material, bound with cords and made secure.

25 The ships of Tarshish traveled for you with your merchandise. So you were filled and heavily laden in the heart of the seas.

26 "Your rowers have brought you out
    into the high seas.
The east wind has wrecked you
    in the heart of the seas.

27 Your riches, your wares, your
    merchandise,
    your mariners and your pilots,
    your caulkers, your dealers in
    merchandise,
    and all your men of war who are in
        you,
    with all your crew
    that is in your midst,
    sink into the heart of the seas
    on the day of your fall.

28 At the sound of the cry of your pilots
    the countryside shakes,

29 and down from their ships
    come all who handle the oar.
The mariners and all the pilots of the sea
    stand on the land

30 and shout aloud over you
    and cry out bitterly.
They cast dust on their heads
    and wallow in ashes;

31 they make themselves bald for you
    and put sackcloth on their waist,
    and they weep over you in bitterness of
        soul,
    with bitter mourning.

32 Es werden auch ihre Kinder ein Klagelied über dich anstimmen und um dich klagen: Ach! Wer ist je auf dem Meer so still geworden wie Tyrus?

33 Als du deinen Handel auf dem Meer triebst, da machtest du viele Länder satt, mit der Menge deiner Güter und Waren machtest du reich die Könige auf Erden.

34 Nun aber bist du zerschmettert, hinweg vom Meer in die tiefen Wasser gestürzt, dass dein Handelsgut und all dein Volk in dir umgekommen ist.

35 Alle, die auf den Inseln wohnen, erschrecken über dich, und ihre Könige entsetzen sich und sehen jämmerlich drein.

36 Die Kaufleute unter den Völkern zischen über dich, dass du so plötzlich untergegangen bist und nicht mehr aufkommen kannst.

Das Gericht über den König von Tyrus

28 Und des HERRN Wort geschah zu mir:

2 Du Menschenkind, sage dem Fürsten zu Tyrus: So spricht Gott der HERR: Weil sich dein Herz überhebt und spricht: »Ich bin ein Gott, ich sitze auf einem Göttersitz mitten im Meer«, während du doch ein Mensch und nicht Gott bist; dennoch überhebt sich dein Herz, als wäre es eines Gottes Herz, –

3 siehe, du hältst dich für klüger als Daniel, dass dir nichts verborgen sei,

4 und durch deine Klugheit und deinen Verstand habest du dir Macht erworben und Schätze von Gold und Silber gesammelt

5 und habest in deiner großen Weisheit durch deinen Handel deine Macht gemehrt; nun bist du so stolz geworden, weil du so mächtig bist; –

6 darum spricht Gott der HERR: Weil sich dein Herz überhebt, als wäre es eines Gottes Herz,

32 In their wailing they raise a lamentation
for you
and lament over you:
'Who is like Tyre,
like one destroyed in the midst of the
sea?

33 When your wares came from the seas,
you satisfied many peoples;
with your abundant wealth and
merchandise
^a you enriched the kings of the earth.

34 Now you are wrecked by the seas,
in the depths of the waters;
your merchandise and all your crew in
your midst
have sunk with you.

35 All the inhabitants of the coastlands
are appalled at you,
and the hair of their kings bristles with
horror;
their faces are convulsed.

36 The merchants among the peoples hiss
at you;
you have come to a dreadful end
and shall be no more forever.'"

Prophecy Against the Prince of Tyre

28 The word of the LORD came to me:

2 "Son of man, say to the prince of Tyre,
Thus says the Lord GOD:

"Because your heart is proud,
and you have said, 'I am a god,
I sit in the seat of the gods,
in the heart of the seas,'
yet you are but a man, and no god,
though you make your heart like the
heart of a god—

3 you are indeed wiser than Daniel;
no secret is hidden from you;

4 by your wisdom and your
understanding
you have made wealth for yourself,
and have gathered gold and silver
into your treasuries;

5 by your great wisdom in your trade
you have increased your wealth,
and your heart has become proud in
your wealth—

6 therefore thus says the Lord GOD:
Because you make your heart
like the heart of a god,

7 darum siehe, ich will Fremde über dich schicken, die Gewalttätigsten unter den Völkern; die sollen ihr Schwert zücken gegen deine schöne Weisheit und sollen deinen Glanz entweihen.

8 Sie sollen dich hinunterstoßen in die Grube, dass du den Tod eines Erschlagenen stirbst mitten auf dem Meer.

9 Was gilt's, wirst du dann vor deinen Henkern noch sagen: »Ich bin Gott«, während du doch nicht Gott bist, sondern ein Mensch und in der Hand deiner Henker?

10 Du sollst den Tod von Unbeschnittenen sterben durch die Hand von Fremden; denn ich habe es geredet, spricht Gott der HERR.

Klagelied über den König von Tyrus

11 Und des HERRN Wort geschah zu mir:

12 Du Menschenkind, stimm ein Klagelied an über den König von Tyrus und sprich zu ihm: So spricht Gott der HERR: Du warst das Abbild der Vollkommenheit, voller Weisheit und über die Maßen schön.

13 In Eden warst du, im Garten Gottes, geschmückt mit Edelsteinen jeder Art, mit Sarder, Topas, Diamant, Türkis, Onyx, Jaspis, Saphir, Malachit, Smaragd. Von Gold war die Arbeit deiner Ohrringe und des Perlenschmucks, den du trugst; am Tag, als du geschaffen wurdest, wurden sie bereitet.

14 Du warst ein glänzender, schirmender Cherub und auf den heiligen Berg hatte ich dich gesetzt; ein Gott warst du und wandeltest inmitten der feurigen Steine.

15 Du warst ohne Tadel in deinem Tun von dem Tage an, als du geschaffen wurdest, bis an dir Missetat gefunden wurde.

16 Durch deinen großen Handel wurdest du voll Frevels und hast dich versündigt. Da verstieß ich dich vom Berge Gottes und tilgte dich, du schirmender Cherub, hinweg aus der Mitte der feurigen Steine.

7 therefore, behold, I will bring foreigners upon you,
the most ruthless of the nations;
and they shall draw their swords against the beauty of your wisdom
and defile 'your splendor.

8 They shall thrust you down into the pit,
and you shall die the death of the slain
in the heart of the seas.

9 Will you still say, 'I am a god,'
in the presence of those who kill you,
though you are but a man, and no god,
in the hands of those who slay you?

10 You shall die the death of the uncircumcised
by the hand of foreigners;
for I have spoken, declares the Lord GOD."

A Lament over the King of Tyre

¶ **11** Moreover, the word of the LORD came to me:

12 "Son of man, raise a lamentation over the king of Tyre, and say to him, Thus says the Lord GOD:

"You were the signet of perfection,[1]
full of wisdom and perfect in beauty.

13 You were in Eden, the garden of God;
every precious stone was your covering,
sardius, topaz, and diamond,
beryl, onyx, and jasper,
sapphire,[2] [j]emerald, and carbuncle;
and crafted in gold were your settings
and your engravings.[3]
On the day that you were created
they were prepared.

14 You were an anointed guardian cherub.
I placed you;[4] you were on the holy mountain of God;
in the midst of the stones of fire you walked.

15 You were blameless in your ways
from the day you were created,
till unrighteousness was found in you.

16 In the abundance of your trade
you were filled with violence in your midst, and you sinned;
so I cast you as a profane thing from the mountain of God,
and I destroyed you,[5] O guardian cherub,
from the midst of the stones of fire.

17 Weil sich dein Herz erhob, dass du so schön warst, und du deine Weisheit verdorben hast in all deinem Glanz, darum habe ich dich zu Boden gestürzt und ein Schauspiel aus dir gemacht vor den Königen.

18 Weil du mit deiner großen Missetat durch unrechten Handel dein Heiligtum entweiht hast, darum habe ich ein Feuer aus dir hervorbrechen lassen, das dich verzehrte und zu Asche gemacht hat auf der Erde vor aller Augen.

19 Alle, die dich kannten unter den Völkern, haben sich über dich entsetzt, dass du so plötzlich untergegangen bist und nicht mehr aufkommen kannst.

Das Gericht über Sidon

20 Und des HERRN Wort geschah zu mir:

21 Du Menschenkind, richte dein Angesicht gegen Sidon und weissage gegen die Stadt

22 und sprich: So spricht Gott der HERR: Siehe, ich will an dich, Sidon, und will meine Herrlichkeit erweisen in deiner Mitte, damit man erfahren soll, dass ich der HERR bin, wenn ich das Gericht über die Stadt ergehen lasse und an ihr zeige, dass ich heilig bin.

23 Und ich will Pest und Blutvergießen in ihre Gassen schicken, und überall sollen in ihr liegen vom Schwert Erschlagene, und sie sollen erfahren, dass ich der HERR bin.

24 Und forthin soll für das Haus Israel von all seinen feindseligen Nachbarn ringsum kein Dorn übrig bleiben, es zu stechen, und kein Gestrüpp, ihm wehe zu tun, damit sie erfahren, dass ich Gott der HERR bin.

Israels Heil nach dem Gericht

25 So spricht Gott der HERR: Wenn ich das Haus Israel wieder sammle aus den Völkern, unter die sie zerstreut sind, so will ich an ihnen vor den Augen der Heiden zeigen, dass ich heilig bin. Und sie sollen wohnen in ihrem Lande, das ich meinem Knecht Jakob gegeben habe,

26 und sollen darin sicher wohnen und Häuser bauen und Weinberge pflanzen. Ja, sicher sollen sie wohnen, wenn ich das Gericht ergehen lasse über alle ihre Feinde rings um sie her, und sie sollen erfahren, dass ich, der HERR, ihr Gott bin.

17 Your heart was proud because of your beauty;
　you corrupted your wisdom for the sake of your splendor.
I cast you to the ground;
　I exposed you before kings,
　　to feast their eyes on you.

18 By the multitude of your iniquities,
　in the unrighteousness of your trade
　you profaned your sanctuaries;
so I brought fire out from your midst;
　it consumed you,
and I turned you to ashes on the earth
　in the sight of all who saw you.

19 All who know you among the peoples
　are appalled at you;
　you have come to a dreadful end
　and shall be no more forever."

Prophecy Against Sidon

¶ **20** The word of the LORD came to me:

21 "Son of man, set your face toward Sidon, and ᵗprophesy against her

22 and say, Thus says the Lord GOD:

"Behold, I am against you, O Sidon,
　and I will manifest my glory in your midst.
And they shall know that I am the LORD
　when I execute judgments in her
　and manifest my holiness in her;

23 for I will send pestilence into her,
　and blood into her streets;
and the slain shall fall in her midst,
　by the sword that is against her on every side.
Then they will know that I am the LORD.

¶ **24** "And for the house of Israel there shall be no more a brier to prick or a thorn to hurt them among all their neighbors who have treated them with contempt. Then they will know that I am the Lord GOD.

Israel Gathered in Security

¶ **25** "Thus says the Lord GOD: When I gather the house of Israel from the peoples among whom they are scattered, and manifest my holiness in them in the sight of the nations, then they shall dwell in their own land that I gave to my servant Jacob.

26 And they shall dwell securely in it, and they shall build houses and plant vineyards. They shall dwell securely, when I execute judgments upon all their neighbors who have treated them with contempt. Then they will know that I am the LORD their God."

Das Schicksal Ägyptens
(vgl. Jes 19,1–20,6; Jer 46,2-28)

29 Im zehnten Jahr am zwölften Tag des zehnten Monats geschah des HERRN Wort zu mir:

2 Du Menschenkind, richte dein Angesicht gegen den Pharao, den König von Ägypten, und weissage gegen ihn und gegen ganz Ägyptenland.

3 Rede und sprich:

¶ So spricht Gott der HERR: Siehe, ich will an dich, Pharao, du König von Ägypten, du großer Drache, der du in deinem Strom liegst und sprichst: »Der Strom ist mein und ich habe ihn mir gemacht.«

4 Aber ich will dir einen Haken ins Maul legen und die Fische in deinem Strom an deine Schuppen hängen und will dich aus deinem Strom herausziehen samt allen Fischen in deinem Strom, die an deinen Schuppen hängen.

5 Ich will dich und alle Fische aus deinem Strom in die Wüste werfen; du wirst aufs Land fallen und nicht wieder aufgelesen und gesammelt werden, sondern ich gebe dich den Tieren auf dem Land und den Vögeln des Himmels zum Fraß.

6 Und alle, die in Ägypten wohnen, sollen erfahren, dass ich der HERR bin. Weil du dem Hause Israel ein Rohrstab gewesen bist –

7 wenn sie dich mit der Hand anfassten, so brachst du und stachst sie in die Seite; und wenn sie sich auf dich lehnten, so brachst du entzwei und alle Hüften wankten –,

8 darum spricht Gott der HERR: Siehe, ich will das Schwert über dich kommen lassen und Menschen und Vieh in dir ausrotten.

9 Und Ägyptenland soll zur Wüste und Öde werden, und sie sollen erfahren, dass ich der HERR bin.

¶ Weil du sprichst: »Der Strom ist mein und ich bin's, der ihn gemacht hat«, –

10 darum siehe, ich will an dich und an deine Wasserströme und will Ägyptenland zur Wüste und Öde machen von Migdol bis nach Syene und bis an die Grenze von Kusch,

11 dass vierzig Jahre lang weder Mensch noch Tier das Land durchziehen oder darin wohnen soll.

Prophecy Against Egypt

29 In the tenth year, in the tenth month, on the twelfth day of the month, the word of the LORD came to me:

2 "Son of man, set your face against Pharaoh king of Egypt, and prophesy against him and against all Egypt;

3 speak, and say, Thus says the Lord GOD:

"Behold, I am against you,
     Pharaoh king of Egypt,
the great dragon that lies
     in the midst of his streams,
that says, 'My Nile is my own;
     I made it for myself.'

4 I will put hooks in your jaws,
     and make the fish of your streams
          stick to your scales;
and I will draw you up out of the midst
          of your streams,
with all the fish of your streams
     that stick to your scales.

5 And I will cast you out into the
          wilderness,
     you and all the fish of your streams;
you shall fall on the open field,
     and not be brought together or
          gathered.
To the beasts of the earth and to the
          birds of the heavens
     [5] I give you as food.

6 Then all the inhabitants of Egypt shall know that I am the LORD.

¶ "Because you[1] have been a staff of reed to the house of Israel,

7 when they grasped you with the hand, you broke and tore all their shoulders; and when they leaned on you, you broke and made all their loins to shake.[2]

8 Therefore thus says the Lord GOD: Behold, I will bring a sword upon you, and will cut off from you man and beast,

9 and the land of Egypt shall be a desolation and a waste. Then they will know that I am the LORD.

¶ "Because you[3] said, 'The Nile is mine, and I made it,'

10 therefore, behold, I am against you and against your streams, and [a]I will make the land of Egypt an utter waste and desolation, from Migdol to Syene, as far as the border of Cush.

11 No foot of man shall pass through it, and no foot of beast shall pass through it; it shall be uninhabited forty years.

12 Denn ich will Ägyptenland zur Wüste machen inmitten verwüsteter Länder und ihre Städte in Trümmern liegen lassen inmitten verwüsteter Städte vierzig Jahre lang und will die Ägypter zerstreuen unter die Völker, und in die Länder will ich sie verjagen.

¶ **13** Denn so spricht Gott der HERR: Wenn die vierzig Jahre um sein werden, will ich die Ägypter wieder sammeln aus den Völkern, unter die sie zerstreut werden sollen,

14 und will das Geschick Ägyptens wenden und sie wieder ins Land Patros bringen, in ihr Vaterland; aber sie sollen dort nur ein kleines Königreich sein.

15 Sie sollen kleiner sein als andere Reiche und nicht mehr sich erheben über die Völker, und ich will sie gering machen, dass sie nicht über die Völker herrschen sollen,

16 damit sich das Haus Israel nicht mehr auf sie verlässt und sich damit versündigt, wenn es sich an sie hängt; und sie sollen erfahren, dass ich Gott der HERR bin.

Ägypten als Lohn für Nebukadnezar

17 Und es begab sich im siebenundzwanzigsten Jahr am ersten Tag des ersten Monats, da geschah des HERRN Wort zu mir:

18 Du Menschenkind! Nebukadnezar, der König von Babel, hat sein Heer in hartem Dienst vor Tyrus arbeiten lassen, sodass alle Häupter kahl wurden und alle Schultern wund gerieben waren; und doch ist weder ihm noch seinem Heer all die Arbeit vor Tyrus belohnt worden.

19 Darum spricht Gott der HERR: Siehe, ich will Nebukadnezar, dem König von Babel, Ägyptenland geben, dass er all ihr Gut wegnehmen und sie berauben und plündern soll, damit er seinem Heer den Sold gebe.

20 Zum Lohn für die Arbeit, die er vor Tyrus getan hat, will ich ihm das Land Ägypten geben; denn sie haben für mich gearbeitet, spricht Gott der HERR.

¶ **21** Zur selben Zeit will ich dem Hause Israel wieder Macht geben und will deinen Mund unter ihnen auftun, damit sie erfahren, dass ich der HERR bin.

Der Sturz Ägyptens

30 Und des HERRN Wort geschah zu mir:

2 Du Menschenkind, weissage und sprich: So spricht Gott der HERR: Heulet! Wehe, was für ein Tag!

12 And I will make the land of Egypt a desolation in the midst of desolated countries, and her cities shall be a desolation forty years among cities that are laid waste. I will scatter the Egyptians among the nations, and disperse them through the countries.

¶ **13** "For thus says the Lord GOD: At the end of forty years I will gather the Egyptians from the peoples among whom they were scattered,

14 and I will restore the fortunes of Egypt and bring them back to the land of Pathros, the land of their origin, and there they shall be a lowly kingdom.

15 It shall be the most lowly of the kingdoms, and never again exalt itself above the nations. And I will make them so small that they will never again rule over the nations.

16 And it shall never again be the reliance of the house of Israel, recalling their iniquity, when they turn to them for aid. Then they will know that I am the Lord GOD."

¶ **17** In the twenty-seventh year, in the first month, on the first day of the month, the word of the LORD came to me:

18 "Son of man, Nebuchadnezzar king of Babylon made his army labor hard against Tyre. Every head was made bald, and every shoulder was rubbed bare, yet neither he nor his army got anything from Tyre to pay for the labor that he had performed against her.

19 Therefore thus says the Lord GOD: Behold, I will give the land of Egypt to Nebuchadnezzar king of Babylon; and he shall carry off its wealth[4] and despoil it and plunder it; and it shall be the wages for his army.

20 I have given him the land of Egypt as his payment for which he labored, because they worked for me, declares the Lord GOD.

¶ **21** "On that day I will cause a horn to spring up for the house of Israel, and I will open your lips among them. Then they will know that I am the LORD."

A Lament for Egypt

30 The word of the LORD came to me:

2 "Son of man, prophesy, and say, Thus says the Lord GOD:

"Wail, 'Alas for the day!'

3 Denn der Tag ist nahe, ja, des HERRN Tag ist nahe, ein finsterer Tag; die Zeit der Heiden kommt.

4 Und das Schwert soll über Ägypten kommen, und Kusch wird erschrecken, wenn die Erschlagenen in Ägypten fallen und sein Reichtum weggenommen und seine Grundfesten eingerissen werden.

5 Kusch und Put und Lud mit allerlei fremdem Volk und Kub und ihre Verbündeten sollen mit ihnen durchs Schwert fallen.

¶ **6** So spricht der HERR: Alle, die Ägypten stützen, müssen fallen, und seine stolze Macht muss herunter. Von Migdol bis nach Syene sollen sie durchs Schwert fallen, spricht Gott der HERR.

7 Und sie sollen inmitten verwüsteter Länder zur Wüste werden und ihre Städte inmitten verwüsteter Städte in Trümmern liegen,

8 damit sie erfahren, dass ich der HERR bin, wenn ich Feuer an Ägypten lege, sodass alle, die ihnen helfen, zunichtewerden.

¶ **9** Zur selben Zeit werden Boten von mir ausziehen in Schiffen, um Kusch zu schrecken, das jetzt so sicher ist, und es wird ein Schrecken über sie kommen am Tage Ägyptens; denn siehe, er kommt gewiss.

¶ **10** So spricht Gott der HERR: Ich will dem Reichtum Ägyptens ein Ende machen durch Nebukadnezar, den König von Babel.

11 Er und sein Volk, die Gewalttätigsten unter den Völkern, werden herangebracht werden, um das Land zu verderben, und werden ihre Schwerter ziehen gegen Ägypten, dass das Land überall voll Erschlagener liegt.

12 Und ich will die Ströme austrocknen und das Land an böse Leute verkaufen und will das Land und was darin ist durch Fremde verwüsten lassen. Ich, der HERR, habe es geredet.

3 For the day is near,
the day of the LORD is near;
it will be a day of clouds,
a time of doom for[1] the nations.

4 A sword shall come upon Egypt,
and anguish shall be in Cush,
when the slain fall in Egypt,
and her wealth[2] is carried away,
and her foundations are torn down.

5 Cush, and Put, and Lud, and all Arabia, and Libya,[3] and the people of the land that is in league,[4] shall fall with them by the sword.

6 "Thus says the LORD:
Those who support Egypt shall fall,
and her proud might shall come
down;
from Migdol to Syene
they shall fall within her by the sword,
declares the Lord GOD.

7 And they shall be desolated in the midst
of desolated countries,
and their cities shall be in the midst of
cities that are laid waste.

8 Then they will know that I am the LORD,
when I have set fire to Egypt,
and all her helpers are broken.

¶ **9** "On that day messengers shall go out from me in ships to terrify the unsuspecting people of Cush, and anguish shall come upon them on the day of Egypt's doom;[5] for, behold, it comes!

¶ **10** "Thus says the Lord GOD:

"I will put an end to the wealth of Egypt,
by the hand of Nebuchadnezzar king
of Babylon.

11 He and his people with him, the most
ruthless of nations,
shall be brought in to destroy the land,
and they shall draw their swords against
Egypt
and fill the land with the slain.

12 And I will dry up the Nile
and will sell the land into the hand of
evildoers;
I will bring desolation upon the land
and everything in it,
by the hand of foreigners;
I am the LORD; I have spoken.

¶ **13** So spricht Gott der HERR: Ich will von Memfis die Götzen ausrotten und die Abgötter vertilgen, und Ägypten soll keinen Fürsten mehr haben, und ich will Schrecken über Ägyptenland bringen.

14 Ich will Patros zur Wüste machen und an Zoan Feuer legen und das Gericht über No ergehen lassen

15 und will meinen Grimm ausschütten über Sin, die Festung Ägyptens, und will den Reichtum von No vernichten.

16 Ich will Feuer an Ägypten legen, und Sin soll es angst und bange werden, und No soll erobert und Memfis täglich geängstigt werden.

17 Die junge Mannschaft von On und Pi-Beset soll durchs Schwert fallen und die Frauen gefangen weggeführt werden.

18 In Tachpanhes wird sich der Tag verfinstern, wenn ich dort das Zepter Ägyptens zerbreche und seine stolze Macht ein Ende nimmt. Die Stadt wird mit Wolken bedeckt werden und ihre Töchter werden gefangen weggeführt werden.

19 Und ich will das Gericht über Ägypten ergehen lassen, damit sie erfahren, dass ich der HERR bin.

Der Arm des Pharao und der Arm Nebukadnezars

20 Und es begab sich im elften Jahr am siebenten Tag des ersten Monats, da geschah des HERRN Wort zu mir:

21 Du Menschenkind, ich habe den Arm des Pharao, des Königs von Ägypten, zerbrochen, und siehe, er ist nicht verbunden worden, dass er wieder heilen könnte, auch nicht mit Binden umwickelt, dass er wieder stark würde und ein Schwert fassen könnte.

¶ **22** Darum spricht Gott der HERR: Siehe, ich will an den Pharao, den König von Ägypten, und will seine Arme zerbrechen, den gesunden und den zerbrochenen, dass ihm das Schwert aus der Hand fallen muss,

23 und will die Ägypter unter die Völker zerstreuen und in die Länder verjagen.

¶ **13** "Thus says the Lord GOD:

"I will destroy the idols
    and put an end to the images in Memphis;
there shall no longer be a prince from the land of Egypt;
so I will put fear in the land of Egypt.

14 I will make Pathros a desolation
    and will set fire to Zoan
    and will execute judgments on Thebes.

15 And I will pour out my wrath on Pelusium,
    the stronghold of Egypt,
    and cut off the multitude[6] of Thebes.

16 And I will set fire to Egypt;
    Pelusium shall be in great agony;
Thebes shall be breached,
    and Memphis shall face enemies[7] by day.

17 The young men of On and of Pi-beseth
    shall fall by the sword,
    and the women[8] shall go into captivity.

18 At Tehaphnehes the day shall be dark,
    when I break there the yoke bars of Egypt,
and her proud might shall come to an end in her;
    she shall be covered by a cloud,
    and her daughters shall go into captivity.

19 Thus I will execute judgments on Egypt.
    Then they will know that I am the LORD."

Egypt Shall Fall to Babylon

¶ **20** In the eleventh year, in the first month, on the seventh day of the month, the word of the LORD came to me:

21 "Son of man, I have broken the arm of Pharaoh king of Egypt, and behold, it has not been bound up, to heal it by binding it with a bandage, so that it may become strong to wield the sword.

22 Therefore thus says the Lord GOD: Behold, I am against Pharaoh king of Egypt and will break his arms, both the strong arm and the one that was broken, and I will make the sword fall from his hand.

23 I will scatter the Egyptians among the nations and disperse them through the countries.

24 Aber die Arme des Königs von Babel will ich stärken und ihm mein Schwert in die Hand geben und will die Arme des Pharao zerbrechen, dass er vor ihm stöhnen soll wie ein tödlich Verwundeter.

25 Ja, ich will die Arme des Königs von Babel stärken, aber die Arme des Pharao sollen sinken, damit sie erfahren, dass ich der HERR bin, wenn ich mein Schwert dem König von Babel in die Hand gebe, damit er's gegen Ägyptenland zücke,

26 und ich die Ägypter unter die Völker zerstreue und in die Länder verjage, damit sie erfahren, dass ich der HERR bin.

Der Pharao – ein gestürzter Zedernbaum

31 Und es begab sich im elften Jahr am ersten Tag des dritten Monats, da geschah des HERRN Wort zu mir:

2 Du Menschenkind, sage zum Pharao, dem König von Ägypten, und zu seinem stolzen Volk: Wem bist du gleich in deiner Herrlichkeit?

3 Siehe, einem Zedernbaum auf dem Libanon, mit schönen Ästen und dichtem Laub und sehr hoch, sodass sein Wipfel in die Wolken ragte.

4 Wasser ließ ihn groß werden und die Flut der Tiefe in die Höhe wachsen. Ihre Ströme gingen rings um seinen Stamm her, und ihre Rinnsale sandte sie zu allen Bäumen auf dem Felde.

5 Darum ist er höher geworden als alle Bäume auf dem Felde und trieb viele Äste und lange Zweige; denn er hatte Wasser genug, sich auszubreiten.

6 Alle Vögel des Himmels nisteten auf seinen Ästen und alle Tiere des Feldes hatten Junge unter seinen Zweigen, und unter seinem Schatten wohnten alle großen Völker.

7 Er war schön geworden in seiner Größe mit seinen langen Ästen; denn seine Wurzeln hatten viel Wasser.

---

24 And I will strengthen the arms of the king of Babylon and put my sword in his hand, but I will break the arms of Pharaoh, and he will groan before him like a man mortally wounded.

25 I will strengthen the arms of the king of Babylon, but the arms of Pharaoh shall fall. Then they shall know that I am the LORD, when I put my sword into the hand of the king of Babylon and he stretches it out against the land of Egypt.

26 And I will scatter the Egyptians among the nations and disperse them throughout the countries. Then they will know that I am the LORD."

Pharaoh to Be Slain

31 In the eleventh year, in the third month, on the first day of the month, the word of the LORD came to me:

2 "Son of man, say to Pharaoh king of Egypt and to his multitude:

"Whom are you like in your greatness?

3 Behold, Assyria was a cedar in
    Lebanon,
with beautiful branches and forest
    shade,
    and of towering height,
    its top among the clouds.[1]

4 The waters nourished it;
    the deep made it grow tall,
making its rivers flow
    around the place of its planting,
sending forth its streams
    to all the trees of the field.

5 So it towered high
    above all the trees of the field;
its boughs grew large
    and its branches long
    from abundant water in its shoots.

6 All the birds of the heavens
    made their nests in its boughs;
under its branches all the beasts of the
    field
    gave birth to their young,
and under its shadow
    lived all great nations.

7 It was beautiful in its greatness,
    in the length of its branches;
for its roots went down
    to abundant waters.

8 So war ihm kein Zedernbaum gleich in Gottes Garten, und die Zypressen waren seinen Ästen nicht zu vergleichen, und die Platanen waren nichts gegen seine Zweige. Ja, er war so schön wie kein Baum im Garten Gottes.

9 Ich hatte ihn so schön gemacht mit seinen vielen Ästen, dass ihn alle Bäume von Eden im Garten Gottes beneideten.

¶ **10** Darum – so spricht Gott der HERR: Weil er so hoch geworden war, dass sein Wipfel bis in die Wolken ragte, und weil sein Herz sich erhob, da er so hoch geworden war,

11 darum gab ich ihn dem Mächtigsten unter den Völkern in die Hände, dass der mit ihm umginge, wie er verdient hat mit seinem gottlosen Tun, und ihn vertriebe.

12 Fremde hieben ihn um, die Gewalttätigsten unter den Völkern, und ließen ihn liegen. Seine Äste fielen auf die Berge und in alle Täler, und seine Zweige lagen zerbrochen an allen Bächen im Lande, sodass alle Völker auf Erden wegziehen mussten und ihn liegen ließen, weil er keinen Schatten mehr gab.

13 Alle Vögel des Himmels saßen auf seinem gefällten Stamm, und alle Tiere des Feldes legten sich auf seine Äste,

14 damit sich fortan kein Baum am Wasser wegen seiner Höhe überhebe und seinen Wipfel bis in die Wolken recke und kein Baum am Wasser sich erhebe über die andern. Denn sie müssen alle unter die Erde und dem Tod übergeben werden zu den Menschen, die in die Grube fahren.

¶ **15** So spricht Gott der HERR: An dem Tage, an dem er hinunter zu den Toten fuhr, da ließ ich die Fluten der Tiefe um ihn trauern und hielt ihre Ströme an, dass die großen Wasser nicht fließen konnten. Ich ließ den Libanon um ihn trauern, dass alle Bäume auf dem Felde um seinetwillen verdorrten.

16 Ich erschreckte die Völker, als sie ihn fallen hörten, da ich ihn hinunterstieß zu den Toten, zu denen, die in die Grube gefahren sind. Damit trösteten sich unter der Erde alle Bäume von Eden, die edelsten und besten vom Libanon, alle, die am Wasser gestanden hatten.

17 Denn sie mussten auch mit ihm hinunter zu den Toten, zu den mit dem Schwert Erschlagenen, weil sie unter dem Schatten seines Arms gewohnt hatten inmitten der Völker.

8 The cedars in the garden of God could
　　not rival it,
　　　nor the fir trees equal its boughs;
　　neither were the plane trees
　　　like its branches;
　　no tree [i]in the garden of God
　　　was it equal in beauty.

9 I made it beautiful
　　in the mass of its branches,
　　and all the trees of Eden envied it,
　　　that were in the garden of God.

¶ **10** "Therefore thus says the Lord GOD: Because it[2] towered high and set its top among the clouds, and its heart was proud of its height,

11 I will give it into the hand of a mighty one of the nations. He shall surely deal with it as its wickedness deserves. I have cast it out.

12 Foreigners, [m] the most ruthless of nations, have cut it down and left it. On the mountains and in all the valleys its branches have fallen, and its boughs have been broken in all the ravines of the land, and all the peoples of the earth have gone away from its shadow and left it.

13 On its fallen trunk dwell all the birds of the heavens, and on its branches are all the beasts of the field.

14 All this is in order that no trees by the waters may grow to towering height or set their tops among the clouds, and that no trees that drink water may reach up to them in height. For they are all given over to death, to the world below, among the children of man,[3] with those who go down to the pit.

¶ **15** "Thus says the Lord GOD: On the day the cedar[4] went down to Sheol I caused mourning; I closed the deep over it, and restrained its rivers, and many waters were stopped. I clothed Lebanon in gloom for it, and all the trees of the field fainted because of it.

16 I made the nations quake at the sound of its fall, when I cast it down to Sheol with those who go down to the pit. And all the trees of Eden, the choice and best of Lebanon, all that drink water, were comforted in the world below.

17 They also went down to Sheol with it, to those who are slain by the sword; yes, those who were its arm, who lived under its shadow among the nations.

18 Wem bist du gleich, Pharao, mit deiner Pracht und Herrlichkeit unter den Bäumen von Eden? Und du musst mit den Bäumen von Eden unter die Erde hinabfahren und unter den Unbeschnittenen liegen, die mit dem Schwert erschlagen sind. So soll es dem Pharao gehen und seinem stolzen Volk, spricht Gott der Herr.

Klagelieder über den Pharao und über Ägypten

32 Und es begab sich im elften Jahr am ersten Tag des zwölften Monats, da geschah des Herrn Wort zu mir:

2 Du Menschenkind, stimm ein Klagelied an über den Pharao, den König von Ägypten, und sprich zu ihm: Du Löwe unter den Völkern, wie bist du dahin! Und doch warst du wie ein Drache im Meer und schnaubtest in deinen Strömen und rührtest das Wasser auf mit deinen Füßen und machtest seine Ströme trübe.

¶ **3** So spricht Gott der Herr: Ich will mein Netz über dich auswerfen durch eine Menge Völker; die sollen dich in meinem Garn heraufholen;

4 und ich will dich an Land ziehen und aufs Feld werfen, dass sich alle Vögel des Himmels auf dich setzen sollen und alle Tiere auf Erden von dir satt werden.

5 Und ich will dein Fleisch auf die Berge werfen und mit deinem Aas die Täler füllen.

6 Das Land will ich mit deinem Blut tränken bis zu den Bergen, und die Bäche sollen davon voll werden.

7 Und wenn du dann ganz dahin bist, so will ich den Himmel verhüllen und seine Sterne verfinstern und die Sonne mit Wolken überziehen und der Mond soll nicht scheinen.

8 Alle Lichter am Himmel lasse ich über dir dunkel werden und bringe eine Finsternis über dein Land, spricht Gott der Herr.

9 Dazu will ich die Herzen vieler Völker erschrecken, wenn ich deine Gefangenen unter die Völker bringe, in viele Länder, die du nicht kennst.

¶ **18** "Whom are you thus like in glory and in greatness among the trees of Eden? You shall be brought down with ᵂthe trees of Eden to the world below. You shall lie among the uncircumcised, with those who are slain by the sword.

¶ ᵇ "This is Pharaoh and all his multitude, declares the Lord God."

A Lament over Pharaoh and Egypt

32 In the twelfth year, in the twelfth month, on the first day of the month, the word of the Lord came to me:

2 "Son of man, raise a lamentation over Pharaoh king of Egypt and say to him:

"You consider yourself a lion of the nations,
    but you are like a dragon in the seas;
you burst forth in your rivers,
    trouble the waters with your feet,
    and foul their rivers.

3 Thus says the Lord God:
    I will throw my net over you
    with a host of many peoples,
    and they will haul you up in my dragnet.

4 And I will cast you on the ground;
    on the open field I will fling you,
and will cause all the birds of the heavens to settle on you,
    and I will gorge the beasts of the whole earth with you.

5 I will strew your flesh upon the mountains
    and fill the valleys with your carcass.¹

6 I will drench the land even to the mountains
    with your flowing blood,
    and the ravines will be full of you.

7 When I blot you out, I will cover the heavens
    and make their stars dark;
I will cover the sun with a cloud,
    and the moon shall not give its light.

8 All the bright lights of heaven
    will I make dark over you,
    and put darkness on your land,
        declares the Lord God.

¶ **9** "I will trouble the hearts of many peoples, when I bring your destruction among the nations, into the countries that you have not known.

10 Viele Völker sollen sich über dich entsetzen, und ihren Königen soll vor dir grauen, wenn ich mein Schwert vor ihnen blinken lasse; immer wieder sollen sie zittern, ein jeder um sein Leben, wenn der Tag deines Falls kommt.

¶ **11** Denn so spricht Gott der HERR: Das Schwert des Königs von Babel soll dich treffen.

12 Ich will dein Volk fällen durch das Schwert der Helden, die allesamt die Gewalttätigsten unter den Völkern sind; sie werden die Herrlichkeit Ägyptens verheeren und sein stolzes Volk vernichten.

13 Und ich will alle seine Tiere umbringen an den großen Wassern, dass keines Menschen Fuß und keines Tieres Klaue sie mehr trübe machen soll.

14 Alsdann will ich seine Wasser klar machen, dass seine Ströme fließen wie Öl, spricht Gott der HERR,

15 wenn ich das Land Ägypten verwüste und alles, was im Land ist, öde mache und alle, die darin wohnen, erschlage, und sie sollen erfahren, dass ich der HERR bin.

¶ **16** Das ist ein Klagelied und man soll es singen; ja, die Töchter der Völker sollen es singen, über Ägypten und sein stolzes Volk sollen sie klagen, spricht Gott der HERR.

¶ **17** Und im elften Jahr am fünfzehnten Tag desselben Monats geschah des HERRN Wort zu mir:

18 Du Menschenkind, wehklage über das stolze Volk in Ägypten und stoß es hinab mit den Töchtern der starken Völker, tief unter die Erde zu denen, die in die Grube gefahren sind.

19 Vor wem hast du nun etwas voraus an Schönheit? Hinunter mit dir! Lege dich zu den Unbeschnittenen!

20 Sie werden fallen mitten unter denen, die mit dem Schwert erschlagen sind. Das Schwert ist schon gefasst und gezückt über ihr stolzes Volk.

21 Von ihm werden sagen unter der Erde die starken Helden mit ihren Helfern: Sie sind hinuntergefahren und liegen da, die Unbeschnittenen und mit dem Schwert Erschlagenen.

10 I will make many peoples appalled at you, and the hair of their kings shall bristle with horror because of you, when I brandish my sword before them. They shall tremble every moment, every one for his own life, on the day of your downfall.

¶ **11** "For thus says the Lord GOD: The sword of the king of Babylon shall come upon you.

12 I will cause your multitude to fall by the swords of mighty ones, all of them most ruthless of nations.

"They shall bring to ruin the pride of Egypt,
and all its multitude[2] shall perish.

13 I will destroy all its beasts
from beside many waters;
and no foot of man shall trouble them anymore,
nor shall the hoofs of beasts trouble them.

14 Then I will make their waters clear,
and cause their rivers to run like oil,
declares the Lord GOD.

15 When I make the land of Egypt desolate,
and when the land is desolate of all that fills it,
when I strike down all who dwell in it,
then they will know that I am the LORD.

16 This is a lamentation that shall be chanted; the daughters of the nations shall chant it; over Egypt, and over all her multitude, shall they chant it, declares the Lord GOD."

¶ **17** In the twelfth year, in the twelfth month,[3] on the fifteenth day of the month, the word of the LORD came to me:

18 "Son of man, wail over the multitude of Egypt, and send them down, her and the daughters of majestic nations, to the world below, to those who have gone down to the pit:

19 'Whom do you surpass in beauty?
Go down and be laid to rest with the uncircumcised.'

20 They shall fall amid those who are slain by the sword. Egypt[4] is delivered to the sword; drag her away, and all her multitudes.

21 The mighty chiefs shall speak of them, with their helpers, out of the midst of Sheol: 'They have come down, they lie still, the uncircumcised, slain by the sword.'

¶ **22** Da liegt Assur mit seinem ganzen Volk, ringsherum seine Gräber, sie alle erschlagen und durchs Schwert gefallen!

23 Seine Gräber bekam es ganz hinten in der Grube und sein Volk liegt ringsumher begraben, alle erschlagen und durchs Schwert gefallen, von denen einst Schrecken ausging im Lande der Lebendigen.

¶ **24** Da liegt Elam mit seinem stolzen Volk, ringsherum seine Gräber, sie alle erschlagen und durchs Schwert gefallen, hinuntergefahren als Unbeschnittene unter die Erde, von denen einst Schrecken ausging im Lande der Lebendigen; sie müssen ihre Schande tragen mit denen, die in die Grube gefahren sind.

25 Man hat sie mitten unter die Erschlagenen gelegt mit ihrem stolzen Volk, ringsherum ihre Gräber, sie alle als Unbeschnittene und mit dem Schwert Erschlagene, von denen einst Schrecken ausging im Lande der Lebendigen; sie müssen ihre Schande tragen mit denen, die in die Grube gefahren sind, und bei den Erschlagenen liegen.

¶ **26** Da liegen Meschech und Tubal mit ihrem stolzen Volk, ringsherum ihre Gräber, sie alle als Unbeschnittene und mit dem Schwert Erschlagene, von denen einst Schrecken ausging im Lande der Lebendigen.

27 Sie liegen nicht bei den Helden, die in der Vorzeit gefallen und mit ihrer Kriegswehr zu den Toten gefahren sind, denen man ihre Schwerter unter ihre Häupter gelegt und ihre Schilde über ihre Gebeine gedeckt hat, die gefürchtete Helden waren im Lande der Lebendigen.

28 Du aber musst inmitten der Unbeschnittenen begraben sein und bei denen liegen, die mit dem Schwert erschlagen sind.

¶ **29** Da liegt Edom mit seinen Königen und allen seinen Fürsten, die in ihrer Heldenkraft zu den vom Schwert Erschlagenen getan wurden; da liegen sie bei den Unbeschnittenen und denen, die in die Grube gefahren sind.

¶ **30** Da sind alle Fürsten des Nordens und alle Sidonier, die mit den Erschlagenen hinabgefahren sind, und ihre schreckliche Gewalt ist zuschanden geworden; sie müssen als Unbeschnittene bei denen liegen, die mit dem Schwert erschlagen sind, und ihre Schande tragen samt denen, die in die Grube gefahren sind.

¶ **31** Diese alle wird der Pharao sehen und sich trösten über sein stolzes Volk. Mit dem Schwert erschlagen ist der Pharao und sein ganzes Heer, spricht Gott der HERR.

¶ **22** "Assyria is there, and all her company, its graves all around it, all of them slain, fallen by the sword,

23 whose graves are set in the uttermost parts of the pit; and her company is all around her grave, all of them slain, fallen by the sword, who spread terror in the land of the living.

¶ **24** "Elam is there, and all her multitude around her grave; all of them slain, fallen by the sword, who went down uncircumcised into the world below, who spread their terror in the land of the living; and they bear their shame [b]with those who go down to the pit.

25 They have made her a bed among the slain with all her multitude, her graves all around it, all of them uncircumcised, slain by the sword; for terror of them was spread in the land of the living, and they bear their shame with those who go down to the pit; they are placed among the slain.

¶ **26** "Meshech-Tubal is there, and all her multitude, [e]her graves all around it, all of them uncircumcised, slain by the sword; for they spread their terror in the land of the living.

27 And they do not lie with the mighty, the fallen from among the uncircumcised, who went down to Sheol with their weapons of war, whose swords were laid under their heads, and whose iniquities are upon their bones; for the terror of the mighty men was in the land of the living.

28 But as for you, you shall be broken and lie among the uncircumcised, with those who are slain by the sword.

¶ **29** "Edom is there, her kings and all her princes, who for all their might are laid with those who are killed by the sword; they lie with the uncircumcised, with those who go down to the pit.

¶ **30** "The princes of the north are there, all of them, and all the Sidonians, who have gone down in shame with the slain, for all the terror that they caused by their might; they lie uncircumcised with those who are slain by the sword, and bear their shame with those who go down to the pit.

¶ **31** "When Pharaoh sees them, he will be comforted for all his multitude, Pharaoh and all his army, slain by the sword, declares the Lord GOD.

32 Denn ich setzte ihn zum Schrecken im Lande der Lebendigen, aber nun liegt er bei den Unbeschnittenen und mit dem Schwert Erschlagenen, der Pharao und sein stolzes Volk, spricht Gott der HERR.

Das Wächteramt des Propheten
(vgl. Kap 3,16-21)

33 Und des HERRN Wort geschah zu mir:

2 Du Menschenkind, rede zu den Söhnen deines Volks und sprich zu ihnen: Wenn ich das Schwert über ein Land bringe und das Volk des Landes nimmt einen Mann aus seiner Mitte und macht ihn zu seinem Wächter

3 und er sieht das Schwert kommen über das Land und bläst die Posaune und warnt das Volk –

4 wer nun den Hall der Posaune hört und will sich nicht warnen lassen und das Schwert kommt und nimmt ihn weg, dessen Blut wird auf seinen Kopf kommen.

5 Denn er hat den Hall der Posaune gehört und sich dennoch nicht warnen lassen; darum wird sein Blut auf ihn kommen. Wer sich aber warnen lässt, der wird sein Leben davonbringen.

6 Wenn aber der Wächter das Schwert kommen sieht und nicht die Posaune bläst und sein Volk nicht warnt und das Schwert kommt und nimmt einen von ihnen weg, so wird der wohl um seiner Sünde willen weggenommen; aber sein Blut will ich von der Hand des Wächters fordern.

¶ **7** Und nun, du Menschenkind, ich habe dich zum Wächter gesetzt über das Haus Israel. Wenn du etwas aus meinem Munde hörst, sollst du sie in meinem Namen warnen.

8 Wenn ich nun zu dem Gottlosen sage: Du Gottloser musst des Todes sterben!, und du sagst ihm das nicht, um den Gottlosen vor seinem Wege zu warnen, so wird er, der Gottlose, um seiner Sünde willen sterben, aber sein Blut will ich von deiner Hand fordern.

9 Warnst du aber den Gottlosen vor seinem Wege, dass er von ihm umkehre, und er will von seinem Wege nicht umkehren, so wird er um seiner Sünde willen sterben, aber du hast dein Leben errettet.

Gott richtet jeden nach seinem Handeln
(VGL. KAP 18,21-32)

10 Und nun, du Menschenkind, sage dem Hause Israel: Ihr sprecht: Unsere Sünden und Missetaten liegen auf uns, dass wir darunter vergehen; wie können wir denn leben?

32 For I spread terror in the land of the living; and he shall be laid to rest among the uncircumcised, with those who are slain by the sword, Pharaoh and all his multitude, declares the Lord GOD."

Ezekiel Is Israel's Watchman

33 The word of the LORD came to me:

2 "Son of man, speak to your people and say to them, If I bring the sword upon a land, and the people of the land take a man from among them, and make him their watchman,

3 and if he sees the sword coming upon the land and blows the trumpet and warns the people,

4 then if anyone who hears the sound of the trumpet does not take warning, and the sword comes and takes him away, his blood shall be upon his own head.

5 He heard the sound of the trumpet and did not take warning; his blood shall be upon himself. But if he had taken warning, he would have saved his life.

6 But if the watchman sees the sword coming and does not blow the trumpet, so that the people are not warned, and the sword comes and takes any one of them, *a*that person is taken away in his iniquity, but his blood I will require at the watchman's hand.

¶ **7** "So you, son of man, I have made a watchman for the house of Israel. *b*Whenever you hear a word from my mouth, you shall give them warning from me.

8 If I say to the wicked, O wicked one, you shall surely die, *c*and you do not speak to warn the wicked to turn from his way, *e*that wicked person shall die in his iniquity, but his blood I will require at your hand.

9 But if you warn the wicked to turn from his way, and he does not turn from his way, *d*that person shall die in his iniquity, but you will have delivered your soul.

Why Will You Die, Israel?

¶ **10** "And you, son of man, say to the house of Israel, Thus have you said: 'Surely our transgressions and our sins are upon us, and we rot away because of them. How then can we live?'

11 So sprich zu ihnen: So wahr ich lebe, spricht Gott der Herr: Ich habe kein Gefallen am Tode des Gottlosen, sondern dass der Gottlose umkehre von seinem Wege und lebe. So kehrt nun um von euren bösen Wegen. Warum wollt ihr sterben, ihr vom Hause Israel?

¶ **12** Und du, Menschenkind, sprich zu deinem Volk: Wenn ein Gerechter Böses tut, so wird's ihm nicht helfen, dass er gerecht gewesen ist; und wenn ein Gottloser von seiner Gottlosigkeit umkehrt, so soll's ihm nicht schaden, dass er gottlos gewesen ist. Auch der Gerechte kann nicht am Leben bleiben, wenn er sündigt.

13 Denn wenn ich zu dem Gerechten spreche: Du sollst leben!, und er verlässt sich auf seine Gerechtigkeit und tut Böses, so soll aller seiner Gerechtigkeit nicht mehr gedacht werden, sondern er soll sterben um des Bösen willen, das er getan hat.

14 Und wenn ich zum Gottlosen spreche: Du sollst sterben!, und er bekehrt sich von seiner Sünde und tut, was recht und gut ist,

15 – sodass der Gottlose das Pfand zurückgibt und erstattet, was er geraubt hat, und nach den Satzungen des Lebens wandelt und nichts Böses tut –, so soll er am Leben bleiben und nicht sterben,

16 und all seiner Sünden, die er getan hat, soll nicht mehr gedacht werden, denn er hat nun getan, was recht und gut ist; darum soll er am Leben bleiben.

¶ **17** Aber dein Volk spricht: »Der Herr handelt nicht recht«, während doch sie nicht recht handeln.

18 Wenn der Gerechte sich abkehrt von seiner Gerechtigkeit und Unrecht tut, so muss er deshalb sterben.

19 Und wenn sich der Gottlose von seiner Gottlosigkeit bekehrt und tut, was recht und gut ist, so soll er deshalb am Leben bleiben.

20 Und doch sprecht ihr: »Der Herr handelt nicht recht«, während ich doch einen jeden von euch, ihr vom Hause Israel, nach seinem Handeln richte.

Der Prophet erhält die Botschaft vom Fall Jerusalems

21 Und es begab sich im elften Jahr unserer Gefangenschaft am fünften Tag des zehnten Monats, da kam zu mir ein Entronnener von Jerusalem und sprach: Die Stadt ist genommen.

11 Say to them, As I live, declares the Lord God, I have no pleasure in the death of the wicked, but that the wicked turn from his way and live; turn back, turn back from your evil ways, [k]for why will you die, O house of Israel?

¶ **12** "And you, son of man, say to your people, The righteousness of the righteous shall not deliver him when he transgresses, and as for the wickedness of the wicked, he shall not fall by it when he turns from his wickedness, [m]and the righteous shall not be able to live by his righteousness[l] when he sins.

13 Though I say to the righteous that he shall surely live, yet if he trusts in his righteousness and does injustice, none of his righteous deeds shall be remembered, but in his injustice that he has done he shall die.

14 Again, though I say to the wicked, 'You shall surely die,' yet if he turns from his sin and does what is just and right,

15 if the wicked restores the pledge, gives back what he has taken by robbery, and walks in the statutes of life, not doing injustice, he shall surely live; he shall not die.

16 None of the sins that he has committed shall be remembered against him. He has done what is just and right; he shall surely live.

¶ **17** "Yet your people say, 'The way of the Lord is not just,' when it is their own way that is not just.

18 When the righteous turns from his righteousness and does injustice, he shall die for it.

19 And when the wicked turns from his wickedness and does what is just and right, he shall live by this.

20 Yet you say, 'The way of the Lord is not just.' O house of Israel, I will judge each of you according to his ways."

Jerusalem Struck Down

¶ **21** In the twelfth year of our exile, in the tenth month, on the fifth day of the month, a fugitive from Jerusalem came to me and said, "The city has been struck down."

22 Und die Hand des HERRN war über mich gekommen am Abend, bevor der Entronnene kam, und er tat mir meinen Mund auf, als jener am Morgen zu mir kam. Und mein Mund wurde aufgetan, sodass ich nicht mehr stumm sein musste.

Gegen den Anspruch der im Lande Zurückgebliebenen

23 Und des HERRN Wort geschah zu mir:

24 Du Menschenkind, die Bewohner jener Trümmer im Lande Israels sprechen: Abraham war ein einzelner Mann und nahm dies Land in Besitz; wir aber sind viele, so gehört uns das Land erst recht.

25 Darum sprich zu ihnen: So spricht Gott der HERR: Ihr habt das Fleisch über dem Blut gegessen und eure Augen zu den Götzen aufgehoben und Blut vergossen – und dann wollt ihr das Land besitzen?

26 Ihr verlasst euch auf euer Schwert und übt Gräuel, und einer schändet die Frau des andern – und dann wollt ihr das Land besitzen?

¶ **27** So sprich zu ihnen: So spricht Gott der HERR: So wahr ich lebe, sollen alle, die in den Trümmern wohnen, durchs Schwert fallen, und die auf freiem Felde sind, will ich den Tieren zum Fraß geben, und die in den Festungen und Höhlen sind, sollen an der Pest sterben.

28 Denn ich will das Land ganz verwüsten und seiner Hoffart und Macht ein Ende machen, dass das Gebirge Israel so zur Wüste wird, dass niemand mehr hindurchzieht.

29 Und sie sollen erfahren, dass ich der HERR bin, wenn ich das Land ganz verwüste um aller ihrer Gräuel willen, die sie verübt haben.

Gegen die leichtfertigen Hörer des prophetischen Wortes

30 Und du, Menschenkind, dein Volk redet über dich an den Mauern und in den Haustüren und einer spricht zum andern: Kommt doch und lasst uns hören, was das für ein Wort ist, das vom HERRN ausgeht.

31 Und sie werden zu dir kommen, wie das Volk so zusammenkommt, und vor dir sitzen als mein Volk und werden deine Worte hören, aber nicht danach tun, sondern ihr Mund ist voll von Liebesweisen und danach tun sie, und hinter ihrem Gewinn läuft ihr Herz her.

32 Und siehe, du bist für sie wie einer, der Liebeslieder singt, der eine schöne Stimme hat und gut spielen kann. Sie hören wohl deine Worte, aber sie tun sie nicht danach.

22 Now the hand of the LORD had been upon me the evening before the fugitive came; and he had opened my mouth by the time the man came to me in the morning, so my mouth was opened, and I was no longer mute.

¶ **23** The word of the LORD came to me:

24 "Son of man, the inhabitants of these waste places in the land of Israel keep saying, 'Abraham was only one man, yet he got possession of the land; but we are many; the land is surely given us to possess.'

25 Therefore say to them, Thus says the Lord GOD: You eat flesh with the blood and lift up your eyes to your idols and shed blood; shall you then possess the land?

26 You rely on the sword, you commit abominations, and ⁿ each of you defiles his neighbor's wife; shall you then possess the land?

27 Say this to them, Thus says the Lord GOD: As I live, surely those who are in the waste places shall fall by the sword, and whoever is in the open field I will give to ᑫthe beasts to be devoured, and those who are in strongholds and in caves shall die by ᑫpestilence.

28 And I will make the land a desolation and a waste, and her proud might shall come to an end, and the mountains of Israel shall be so desolate that none will pass through.

29 Then they will know that I am the LORD, when I have made the land a desolation and a waste because of all their abominations that they have committed.

¶ **30** "As for you, son of man, your people who talk together about you by the walls and at the doors of the houses, say to one another, each to his brother, 'Come, and hear what the word is that comes from the LORD.'

31 And they come to you as people come, and they sit before you as my people, and they hear what you say but they will not do it; for with lustful talk in their mouths they act; their heart is set on their gain.

32 And behold, you are to them like one who sings lustful songs with a beautiful voice and plays² well on an instrument, for they hear what you say, but they will not do it.

33 Wenn es aber kommt – und siehe, es kommt! –, so werden sie erfahren, dass ein Prophet unter ihnen gewesen ist.

Die schlechten Hirten und der rechte Hirt
(vgl. Kap 37,24-28)

34 Und des HERRN Wort geschah zu mir:

2 Du Menschenkind, weissage gegen die Hirten Israels, weissage und sprich zu ihnen: So spricht Gott der HERR: Wehe den Hirten Israels, die sich selbst weiden! Sollen die Hirten nicht die Herde weiden?

3 Aber ihr esst das Fett und kleidet euch mit der Wolle und schlachtet das Gemästete, aber die Schafe wollt ihr nicht weiden.

4 Das Schwache stärkt ihr nicht und das Kranke heilt ihr nicht, das Verwundete verbindet ihr nicht, das Verirrte holt ihr nicht zurück und das Verlorene sucht ihr nicht; das Starke aber tretet ihr nieder mit Gewalt.

5 Und meine Schafe sind zerstreut, weil sie keinen Hirten haben, und sind allen wilden Tieren zum Fraß geworden und zerstreut.

6 Sie irren umher auf allen Bergen und auf allen hohen Hügeln und sind über das ganze Land zerstreut und niemand ist da, der nach ihnen fragt oder auf sie achtet.

¶ **7** Darum hört, ihr Hirten, des HERRN Wort!

8 So wahr ich lebe, spricht Gott der HERR: Weil meine Schafe zum Raub geworden sind und meine Herde zum Fraß für alle wilden Tiere, weil sie keinen Hirten hatten und meine Hirten nach meiner Herde nicht fragten, sondern die Hirten sich selbst weideten, aber meine Schafe nicht weideten,

9 darum, ihr Hirten, hört des HERRN Wort!

10 So spricht Gott der HERR: Siehe, ich will an die Hirten und will meine Herde von ihren Händen fordern; ich will ein Ende damit machen, dass sie Hirten sind, und sie sollen sich nicht mehr selbst weiden. Ich will meine Schafe erretten aus ihrem Rachen, dass sie sie nicht mehr fressen sollen.

¶ **11** Denn so spricht Gott der HERR: Siehe, ich will mich meiner Herde selbst annehmen und sie suchen.

12 Wie ein Hirte seine Schafe sucht, wenn sie von seiner Herde verirrt sind, so will ich meine Schafe suchen und will sie erretten von allen Orten, wohin sie zerstreut waren zur Zeit, als es trüb und finster war.

33 When this comes—and come it will!— then they will know that a prophet has been among them."

Prophecy Against the Shepherds of Israel

34 The word of the LORD came to me:

2 "Son of man, prophesy against the shepherds of Israel; prophesy, and say to them, even to the shepherds, Thus says the Lord GOD: Ah, shepherds of Israel who have been feeding yourselves! Should not shepherds feed the sheep?

3 You eat the fat, you clothe yourselves with the wool, you slaughter the fat ones, but you do not feed the sheep.

4 The weak you have not strengthened, the sick you have not healed, the injured you have not bound up, [h] the strayed you have not brought back, the lost you have not sought, and with force and harshness you have ruled them.

5 So they were scattered, because there was no shepherd, and they became food for all the wild beasts.

6 My sheep were scattered; they wandered over all the mountains and on every high hill. My sheep were scattered over all the face of the earth, with none to search or seek for them.

¶ **7** "Therefore, you shepherds, hear the word of the LORD:

8 As I live, declares the Lord GOD, surely because my sheep have become a prey, and my sheep have become food for all the wild beasts, since there was no shepherd, and because my shepherds have not searched for my sheep, but the shepherds have fed themselves, and have not fed my sheep,

9 therefore, you shepherds, hear the word of the LORD:

10 Thus says the Lord GOD, Behold, I am against the shepherds, and I will require my sheep at their hand and put a stop to their feeding the sheep. No longer shall the shepherds feed themselves. I will rescue my sheep from their mouths, that they may not be food for them.

The Lord GOD Will Seek Them Out

¶ **11** "For thus says the Lord GOD: Behold, I, I myself will search for my sheep and will seek them out.

12 As a shepherd seeks out his flock when he is among his sheep that have been scattered, so will I seek out my sheep, and I will rescue them from all places where they have been scattered on a day of clouds and thick darkness.

13 Ich will sie aus allen Völkern herausführen und aus allen Ländern sammeln und will sie in ihr Land bringen und will sie weiden auf den Bergen Israels, in den Tälern und an allen Plätzen des Landes.

14 Ich will sie auf die beste Weide führen, und auf den hohen Bergen in Israel sollen ihre Auen sein; da werden sie auf guten Auen lagern und fette Weide haben auf den Bergen Israels.

15 Ich selbst will meine Schafe weiden, und ich will sie lagern lassen, spricht Gott der HERR.

16 Ich will das Verlorene wieder suchen und das Verirrte zurückbringen und das Verwundete verbinden und das Schwache stärken und, was fett und stark ist, behüten; ich will sie weiden, wie es recht ist.*

¶ **17** Aber zu euch, meine Herde, spricht Gott der HERR: Siehe, ich will richten zwischen Schaf und Schaf und Widdern und Böcken.

18 Ist's euch nicht genug, die beste Weide zu haben, dass ihr die übrige Weide mit Füßen tretet, und klares Wasser zu trinken, dass ihr auch noch hineintretet und es trübe macht,

19 sodass meine Schafe fressen müssen, was ihr mit euren Füßen zertreten habt, und trinken, was ihr mit euren Füßen trübe gemacht habt?

20 Darum spricht Gott der HERR: Siehe, ich will selbst richten zwischen den fetten und den mageren Schafen,

21 weil ihr mit Seite und Schulter drängtet und die Schwachen von euch stießt mit euren Hörnern, bis ihr sie alle hinausgetrieben hattet,

22 will ich meiner Herde helfen, dass sie nicht mehr zum Raub werden soll, und will richten zwischen Schaf und Schaf.

¶ **23** Und ich will ihnen einen einzigen Hirten erwecken, der sie weiden soll, nämlich meinen Knecht David. Der wird sie weiden und soll ihr Hirte sein,

24 und ich, der HERR, will ihr Gott sein, aber mein Knecht David soll der Fürst unter ihnen sein; das sage ich, der HERR.

¶ **25** Und ich will mit ihnen einen Bund des Friedens schließen und will die bösen Tiere aus dem Lande ausrotten, dass sie sicher in der Steppe wohnen und in den Wäldern schlafen können.

13 And I will bring them out from the peoples and gather them from the countries, and will bring them into their own land. And I will feed them on the mountains of Israel, by the ravines, and in all the inhabited places of the country.

14 I will feed them with good pasture, and on the mountain heights of Israel shall be their grazing land. There they shall lie down in good grazing land, and on rich pasture they shall feed on the mountains of Israel.

15 I myself will be the shepherd of my sheep, and I myself will make them lie down, declares the Lord GOD.

16 I will seek the lost, and I will bring back the strayed, and I will bind up the injured, and I will strengthen the weak, and the fat and the strong I will destroy.[1] I will feed them in justice.

¶ **17** "As for you, my flock, thus says the Lord GOD: Behold, I judge between sheep and sheep, between rams and male goats.

18 Is it not enough for you to feed on the good pasture, that you must tread down with your feet the rest of your pasture; and to drink of clear water, that you must muddy the rest of the water with your feet?

19 And must my sheep eat what you have trodden with your feet, and drink what you have muddied with your feet?

¶ **20** "Therefore, thus says the Lord GOD to them: Behold, I, I myself will judge between the fat sheep and the lean sheep.

21 Because you push with side and shoulder, and thrust at all the weak with your horns, till you have scattered them abroad,

22 I will rescue[2] my flock; they shall no longer be a prey. And I will judge between sheep and sheep.

23 And I will set up over them one shepherd, my servant David, and he shall feed them: he shall feed them and be their shepherd.

24 And I, the LORD, will be their God, and my servant David shall be prince among them. I am the LORD; I have spoken.

The LORD's Covenant of Peace

¶ **25** "I will make with them a covenant of peace and banish wild beasts from the land, so that they may dwell securely in the wilderness and sleep in the woods.

26 Ich will sie und alles, was um meinen Hügel her ist, segnen und auf sie regnen lassen zu rechter Zeit. Das sollen gnädige Regen sein,

27 dass die Bäume auf dem Felde ihre Früchte bringen und das Land seinen Ertrag gibt, und sie sollen sicher auf ihrem Lande wohnen und sollen erfahren, dass ich der HERR bin, wenn ich ihr Joch zerbrochen und sie errettet habe aus der Hand derer, denen sie dienen mussten.

28 Und sie sollen nicht mehr den Völkern zum Raub werden und kein wildes Tier im Lande soll sie mehr fressen, sondern sie sollen sicher wohnen und niemand soll sie schrecken.

29 Und ich will ihnen eine Pflanzung aufgehen lassen zum Ruhm, dass sie nicht mehr Hunger leiden sollen im Lande und die Schmähungen der Heiden nicht mehr ertragen müssen.

30 Und sie sollen erfahren, dass ich, der HERR, ihr Gott, bei ihnen bin und dass die vom Hause Israel mein Volk sind, spricht Gott der HERR.

31 Ja, ihr sollt meine Herde sein, die Herde meiner Weide, und ich will euer Gott sein, spricht Gott der HERR.

Das Gericht über Edom

35 Und des HERRN Wort geschah zu mir:

2 Du Menschenkind, richte dein Angesicht gegen das Gebirge Seïr und weissage gegen Edom

3 und sprich zu ihm:

¶ So spricht Gott der HERR: Siehe, ich will an dich, du Gebirge Seïr, und meine Hand gegen dich ausstrecken und will dich ganz und gar zur Wüste machen.

4 Ich will deine Städte öde machen, dass du zur Wüste werden sollst, und du sollst erfahren, dass ich der HERR bin.

5 Weil ihr ewige Feindschaft hattet gegen die Israeliten und sie dem Schwert preisgegeben habt, als es ihnen übel ging und ihre Schuld zum Ende führte, –

6 darum, so wahr ich lebe, spricht Gott der HERR, will ich auch dich bluten lassen, und du sollst dem Blutbad nicht entrinnen. Weil du dich mit Blut verschuldet hast, soll auch dein Blut fließen.

7 Und ich will das Gebirge Seïr wüst und öde machen und alle ausrotten, die dort hin und her ziehen.

26 And I will make them and the places all around my hill a blessing, and I will send down the showers in their season; they shall be showers of blessing.

27 And the trees of the field shall yield their fruit, and the earth shall yield its increase, and they shall be secure in their land. And they shall know that I am the LORD, when I break the bars of their yoke, and *a*deliver them from the hand of those who enslaved them.

28 They shall no more be a prey to the nations, nor shall the beasts of the land devour them. They shall dwell securely, and none shall make them afraid.

29 And I will provide for them renowned plantations so that they shall no more be consumed with hunger in the land, and no longer suffer the reproach of the nations.

30 And they shall know that I am the LORD their God with them, and that they, the house of Israel, are my people, declares the Lord GOD.

31 And you are my sheep, human sheep of my pasture, and I am your God, declares the Lord GOD."

Prophecy Against Mount Seir

35 The word of the LORD came to me:

2 "Son of man, set your face against Mount Seir, and prophesy against it,

3 and say to it, Thus says the Lord GOD: Behold, I am against you, Mount Seir, and I will stretch out my hand against you, and I will make you a desolation and a waste.

4 I will lay your cities waste, and you shall become a desolation, and you shall know that I am the LORD.

5 Because you cherished perpetual enmity and gave over the people of Israel to the power of the sword at the time of their calamity, at the time of their final punishment,

6 therefore, as I live, declares the Lord GOD, I will prepare you for blood, and blood shall pursue you; because you did not hate bloodshed, therefore blood shall pursue you.

7 I will make Mount Seir a waste and a desolation, and I will cut off from it all who come and go.

8 Und ich will seine Berge mit Erschlagenen füllen, seine Hügel, seine Täler und alle seine Bachläufe – überall sollen vom Schwert Erschlagene liegen.

9 Ja, zu einer ewigen Wüste will ich dich machen, dass niemand mehr in deinen Städten wohnt, und ihr sollt erfahren, dass ich der HERR bin.

¶ **10** Weil du sprachst: »Diese beiden Völker mit ihren beiden Ländern müssen mein werden und wir wollen sie in Besitz nehmen« – obgleich der HERR dort wohnt –,

11 darum, so wahr ich lebe, spricht Gott der HERR, will ich an dir handeln mit demselben Zorn und derselben Leidenschaft, mit denen du an ihnen gehandelt hast in deinem Hass, und will mich an ihnen kundtun, wenn ich dich richte.

12 Und du sollst erfahren, dass ich, der HERR, all deine Lästerreden gegen die Berge Israels gehört habe, als du sagtest: Sie sind verwüstet und uns zum Fraß gegeben.

13 So habt ihr euch gegen mich gerühmt und frech gegen mich geredet; das habe ich gehört.

14 So spricht Gott der HERR: Ich will dich zur Wüste machen, dass sich alles Land freuen soll.

15 Und wie du dich gefreut hast über das Erbe des Hauses Israel, weil es verwüstet war, ebenso will ich mit dir tun: Das Gebirge Seïr soll zur Wüste werden mit ganz Edom, und sie sollen erfahren, dass ich der HERR bin.

Die Verheißung für die Berge Israels

36 Und du, Menschenkind, weissage den Bergen Israels und sprich: Hört des HERRN Wort, ihr Berge Israels!

2 So spricht Gott der HERR: Weil der Feind über euch frohlockt: »Ha, die ewigen Höhen sind nun unser Besitz geworden!«,

3 darum weissage und sprich: So spricht Gott der HERR: Weil man euch allenthalben verwüstet und vertilgt und ihr zum Besitz der übrig gebliebenen Heiden geworden und übel ins Gerede der Leute gekommen seid,

4 darum hört, ihr Berge Israels, das Wort Gottes des HERRN! So spricht Gott der HERR zu den Bergen und Hügeln, zu den Bächen und Tälern, zu den öden Trümmern und verlassenen Städten, die den übrig gebliebenen Heiden ringsumher zum Raub und Spott geworden sind, –

8 And I will fill its mountains with the slain. On your hills and in your valleys and in all ʾyour ravines those slain with the sword shall fall.

9 I will make you a perpetual desolation, and your cities shall not be inhabited. Then you will know that I am the LORD.

¶ **10** "Because you said, 'These two nations and these two countries shall be mine, and we will take possession of them'—although the LORD was there—

11 therefore, as I live, declares the Lord GOD, I will deal with you according to the anger and ᶻenvy that you showed because of your hatred against them. And I will make myself known among them, when I judge you.

12 And you shall know that I am the LORD.

¶ "I have heard all the revilings that you uttered against the mountains of Israel, saying, 'They are laid desolate; they are given us to devour.'

13 And you magnified yourselves against me with your mouth, and multiplied your words against me; I heard it.

14 Thus says the Lord GOD: While the whole earth rejoices, I will make you desolate.

15 As you rejoiced over the inheritance of the house of Israel, because it was desolate, so I will deal with you; you shall be desolate, Mount Seir, and all Edom, all of it. Then they will know that I am the LORD.

Prophecy to the Mountains of Israel

36 "And you, son of man, prophesy to the mountains of Israel, and say, O mountains of Israel, hear the word of the LORD.

2 Thus says the Lord GOD: Because the enemy said of you, 'Aha!' and, 'The ancient heights have become our possession,'

3 therefore prophesy, and say, Thus says the Lord GOD: Precisely because they made you desolate and crushed you from all sides, so that you became the possession of the rest of the nations, and you became the talk and evil gossip of the people,

4 therefore, O mountains of Israel, hear the word of the Lord GOD: Thus says the Lord GOD to the mountains and the hills, the ravines and the valleys, the desolate wastes and the deserted cities, which have become a prey and derision to the rest of the nations all around,

5 darum, so spricht Gott der HERR: Wahrlich, ich habe in meinem feurigen Eifer geredet gegen die Heiden, die übrig geblieben sind, und gegen ganz Edom, die mein Land in Besitz genommen haben mit Freude von ganzem Herzen und mit Hohnlachen, um es zu verheeren und zu plündern.

¶ **6** Darum weissage über das Land Israels und sprich zu den Bergen und Hügeln, zu den Bächen und Tälern: So spricht Gott der HERR: Siehe, ich rede in meinem Eifer und Grimm, weil ihr solche Schmach von den Heiden tragen musstet.

7 Darum spricht Gott der HERR: Ich hebe meine Hand auf zum Schwur: Wahrlich, eure Nachbarn, die Heiden ringsumher, sollen ihre Schande tragen.

8 Aber ihr Berge Israels sollt wieder grünen und eure Frucht bringen meinem Volk Israel, denn bald sollen sie heimkehren.

9 Denn siehe, ich will mich wieder zu euch kehren und euch mein Angesicht zuwenden, dass ihr angebaut und besät werdet.

10 Und ich will viele Menschen auf euch wohnen lassen, das ganze Haus Israel insgesamt, und die Städte sollen wieder bewohnt und die Trümmer aufgebaut werden.

11 Ja, ich lasse Menschen und Vieh auf euch zahlreich werden; sie sollen sich mehren und fruchtbar sein. Und ich will euch wieder bewohnt sein lassen wie früher und will euch mehr Gutes tun als je zuvor, und ihr sollt erfahren, dass ich der HERR bin.

12 Ich will wieder Menschen über euch ziehen lassen, nämlich mein Volk Israel; die werden dich besitzen und du sollst ihr Erbteil sein und ihnen die Kinder nicht mehr nehmen.

¶ **13** So spricht Gott der HERR: Weil man das von euch sagt: »Du hast Menschen gefressen und deinem Volk die Kinder genommen«,

14 darum sollst du nun nicht mehr Menschen fressen und deinem Volk nicht mehr die Kinder nehmen, spricht Gott der HERR.

15 Und ich will dich nicht mehr die Schmähungen der Heiden hören lassen, und du sollst den Spott der Heiden nicht mehr tragen und sollst deinem Volk nicht mehr die Kinder nehmen, spricht Gott der HERR.

Die Erneuerung Israels durch Gottes Geist

16 Und des HERRN Wort geschah zu mir:

17 Du Menschenkind, als das Haus Israel in seinem Lande wohnte und es unrein machte mit seinem Wandel und Tun, dass ihr Wandel vor mir war wie die Unreinheit einer Frau, wenn sie ihre Tage hat,

5 therefore thus says the Lord GOD: Surely I have spoken in my hot jealousy against the rest of the nations and against all Edom, who gave my land to themselves as a possession with wholehearted joy and utter contempt, that they might make its pasturelands a prey.

6 Therefore prophesy concerning the land of Israel, and say to the mountains and hills, to the ravines and valleys, Thus says the Lord GOD: Behold, I have spoken in my jealous wrath, because you have suffered the reproach of the nations.

7 Therefore thus says the Lord GOD: I swear that the nations that are all around you shall themselves suffer reproach.

¶ **8** "But you, O mountains of Israel, shall shoot forth your branches and yield your fruit to my people Israel, for they will soon come home.

9 For behold, I am for you, and I will turn to you, and you shall be tilled and sown.

10 And I will multiply people on you, the whole house of Israel, all of it. The cities shall be inhabited and the waste places rebuilt.

11 And I will multiply on you man and beast, and they shall multiply and be fruitful. And I will cause you to be inhabited as in your former times, and will do more good to you than ever before. Then you will know that I am the LORD.

12 I will let people walk on you, even my people Israel. And they shall possess you, and you shall be their inheritance, and you shall no longer bereave them of children.

13 Thus says the Lord GOD: Because they say to you, 'You devour people, and you bereave your nation of children,'

14 therefore you shall no longer devour people and no longer bereave your nation of children, declares the Lord GOD.

15 And I will not let you hear anymore the reproach of the nations, and you shall no longer bear the disgrace of the peoples and no longer cause your nation to stumble, declares the Lord GOD."

The LORD's Concern for His Holy Name

¶ **16** The word of the LORD came to me:

17 "Son of man, when the house of Israel lived in their own land, they defiled it by their ways and their deeds. Their ways before me were like the uncleanness of a woman in her menstrual impurity.

18 da schüttete ich meinen Grimm über sie aus um des Blutes willen, das sie im Lande vergossen, und weil sie es unrein gemacht hatten durch ihre Götzen.

19 Und ich zerstreute sie unter die Heiden und versprengte sie in die Länder und richtete sie nach ihrem Wandel und Tun.

20 So kamen sie zu den Heiden; aber wohin sie kamen, entheiligten sie meinen heiligen Namen, weil man von ihnen sagte: »Sie sind des HERRN Volk und haben doch aus ihrem Lande fortziehen müssen!«

21 Da tat es mir leid um meinen heiligen Namen, den das Haus Israel entheiligte unter den Heiden, wohin sie auch kamen.

¶ **22** Darum sollst du zum Hause Israel sagen: So spricht Gott der HERR: Ich tue es nicht um euretwillen, ihr vom Hause Israel, sondern um meines heiligen Namens willen, den ihr entheiligt habt unter den Heiden, wohin ihr auch gekommen seid.

23 Denn ich will meinen großen Namen, der vor den Heiden entheiligt ist, den ihr unter ihnen entheiligt habt, wieder heilig machen. Und die Heiden sollen erfahren, dass ich der HERR bin, spricht Gott der HERR, wenn ich vor ihren Augen an euch zeige, dass ich heilig bin.

24 Denn ich will euch aus den Heiden herausholen und euch aus allen Ländern sammeln und wieder in euer Land bringen,

25 und ich will reines Wasser über euch sprengen, dass ihr rein werdet; von all eurer Unreinheit und von allen euren Götzen will ich euch reinigen.

26 Und ich will euch ein neues Herz und einen neuen Geist in euch geben und will das steinerne Herz aus eurem Fleisch wegnehmen und euch ein fleischernes Herz geben.

27 Ich will meinen Geist in euch geben und will solche Leute aus euch machen, die in meinen Geboten wandeln und meine Rechte halten und danach tun.

28 Und ihr sollt wohnen im Lande, das ich euren Vätern gegeben habe, und sollt mein Volk sein und ich will euer Gott sein.

¶ **29** Ich will euch von all eurer Unreinheit erlösen und will das Korn rufen und will es mehren und will keine Hungersnot über euch kommen lassen.

30 Ich will die Früchte auf den Bäumen und den Ertrag auf dem Felde mehren, dass euch die Heiden nicht mehr verspotten, weil ihr hungern müsst.

18 So I poured out my wrath upon them for the blood that they had shed in the land, for the idols with which they had defiled it.

19 I scattered them among the nations, and they were dispersed through the countries. In accordance with their ways and their deeds I judged them.

20 But when they came to the nations, wherever they came, they profaned my holy name, in that people said of them, 'These are the people of the LORD, and yet they had to go out of his land.'

21 But I had concern for my holy name, which the house of Israel had profaned among the nations to which they came.

I Will Put My Spirit Within You

¶ **22** "Therefore say to the house of Israel, Thus says the Lord GOD: It is not for your sake, O house of Israel, that I am about to act, but for the sake of my holy name, which you have profaned among the nations to which you came.

23 And I will vindicate the holiness of my great name, which has been profaned among the nations, and which you have profaned among them. And the nations will know that I am the LORD, declares the Lord GOD, when through you I vindicate my holiness before their eyes.

24 I will take you from the nations and gather you from all the countries and bring you into your own land.

25 I will sprinkle clean water on you, and you shall be clean from all your uncleannesses, and from all your idols I will cleanse you.

26 And I will give you a new heart, and ʲa new spirit I will put within you. ʲAnd I will remove the heart of stone from your flesh and give you a heart of flesh.

27 And I will put my Spirit within you, and cause you to walk in my statutes and be careful to obey my rules.[1]

28 You shall dwell in the land that I gave to your fathers, and you shall be my people, and I will be your God.

29 And I will deliver you from all your uncleannesses. And I will summon the grain and make it abundant and lay no famine upon you.

30 I will make the fruit of the tree and the increase of the field abundant, that you may never again suffer the disgrace of famine among the nations.

31 Dann werdet ihr an euren bösen Wandel denken und an euer Tun, das nicht gut war, und werdet euch selbst zuwider sein um eurer Sünde und eures Götzendienstes willen.

32 Nicht um euretwillen tue ich das, spricht Gott der Herr, das sollt ihr wissen, sondern ihr werdet euch schämen müssen und schamrot werden, ihr vom Hause Israel, über euren Wandel.

¶ **33** So spricht Gott der Herr: Zu der Zeit, wenn ich euch reinigen werde von allen euren Sünden, will ich die Städte wieder bewohnt sein lassen, und die Trümmer sollen wieder aufgebaut werden.

34 Das verwüstete Land soll wieder gepflügt werden, nachdem es verheert war vor den Augen aller, die vorüberzogen.

35 Und man wird sagen: Dies Land war verheert und jetzt ist's wie der Garten Eden, und diese Städte waren zerstört, öde und niedergerissen und stehen nun fest gebaut und sind bewohnt.

36 Und die Heiden, die um euch her übrig geblieben sind, sollen erfahren, dass ich der Herr bin, der da baut, was niedergerissen ist, und pflanzt, was verheert war. Ich, der Herr, sage es und tue es auch.

¶ **37** So spricht Gott der Herr: Auch darin will ich mich vom Hause Israel bitten lassen, dass ich dies ihnen tue: Ich will die Menschen bei ihnen mehren wie eine Herde.

38 Wie eine heilige Herde, wie eine Herde in Jerusalem an ihren Festen, so sollen die verwüsteten Städte voll Menschenherden werden, und sie sollen erfahren, dass ich der Herr bin.

Israel, das Totenfeld, wird durch Gottes Odem lebendig

37 Des Herrn Hand kam über mich und er führte mich hinaus im Geist des Herrn und stellte mich mitten auf ein weites Feld; das lag voller Totengebeine.

2 Und er führte mich überall hindurch. Und siehe, es lagen sehr viele Gebeine über das Feld hin, und siehe, sie waren ganz verdorrt.

¶ **3** Und er sprach zu mir: Du Menschenkind, meinst du wohl, dass diese Gebeine wieder lebendig werden? Und ich sprach: Herr, mein Gott, du weißt es.

4 Und er sprach zu mir: Weissage über diese Gebeine und sprich zu ihnen: Ihr verdorrten Gebeine, höret des Herrn Wort!

5 So spricht Gott der Herr zu diesen Gebeinen: Siehe, ich will Odem in euch bringen, dass ihr wieder lebendig werdet.

31 Then you will remember your evil ways, and your deeds that were not good, and you will loathe yourselves for your iniquities and your abominations.

32 It is not for your sake that I will act, declares the Lord God; let that be known to you. Be ashamed and confounded for your ways, O house of Israel.

¶ **33** "Thus says the Lord God: On the day that I cleanse you from all your iniquities, I will cause the cities to be inhabited, and the waste places shall be rebuilt.

34 And the land that was desolate shall be tilled, instead of being the desolation that it was in the sight of all who passed by.

35 And they will say, 'This land that was desolate has become like the garden of Eden, and the waste and desolate and ruined cities are now fortified and inhabited.'

36 Then the nations that are left all around you shall know that I am the Lord; I have rebuilt the ruined places and replanted that which was desolate. I am the Lord; I have spoken, and I will do it.

¶ **37** "Thus says the Lord God: This also I will let the house of Israel ask me to do for them: to increase their people like a flock.

38 Like the flock for sacrifices,[2] like the flock at Jerusalem during her appointed feasts, so shall the waste cities be filled with flocks of people. Then they will know that I am the Lord."

The Valley of Dry Bones

37 The hand of the Lord was upon me, and he brought me out in the Spirit of the Lord and set me down in the middle of the valley;[1] it was full of bones.

2 And he led me around among them, and behold, there were very many on the surface of the valley, and behold, they were very dry.

3 And he said to me, "Son of man, can these bones live?" And I answered, "O Lord God, you know."

4 Then he said to me, "Prophesy over these bones, and say to them, O dry bones, hear the word of the Lord.

5 Thus says the Lord God to these bones: Behold, I will cause breath[2] to enter you, and you shall live.

6 Ich will euch Sehnen geben und lasse Fleisch über euch wachsen und überziehe euch mit Haut und will euch Odem geben, dass ihr wieder lebendig werdet; und ihr sollt erfahren, dass ich der HERR bin.

¶ **7** Und ich weissagte, wie mir befohlen war. Und siehe, da rauschte es, als ich weissagte, und siehe, es regte sich und die Gebeine rückten zusammen, Gebein zu Gebein.

8 Und ich sah, und siehe, es wuchsen Sehnen und Fleisch darauf und sie wurden mit Haut überzogen; es war aber noch kein Odem in ihnen.

9 Und er sprach zu mir: Weissage zum Odem; weissage, du Menschenkind, und sprich zum Odem: So spricht Gott der HERR: Odem, komm herzu von den vier Winden und blase diese Getöteten an, dass sie wieder lebendig werden!

10 Und ich weissagte, wie er mir befohlen hatte. Da kam der Odem in sie und sie wurden wieder lebendig und stellten sich auf ihre Füße, ein überaus großes Heer.

¶ **11** Und er sprach zu mir: Du Menschenkind, diese Gebeine sind das ganze Haus Israel. Siehe, jetzt sprechen sie: Unsere Gebeine sind verdorrt und unsere Hoffnung ist verloren und es ist aus mit uns.

12 Darum weissage und sprich zu ihnen: So spricht Gott der HERR: Siehe, ich will eure Gräber auftun und hole euch, mein Volk, aus euren Gräbern herauf und bringe euch ins Land Israels.

13 Und ihr sollt erfahren, dass ich der HERR bin, wenn ich eure Gräber öffne und euch, mein Volk, aus euren Gräbern heraufhole.

14 Und ich will meinen Odem in euch geben, dass ihr wieder leben sollt, und will euch in euer Land setzen, und ihr sollt erfahren, dass ich der HERR bin. Ich rede es und tue es auch, spricht der HERR.

Die Wiedervereinigung Israels unter dem einen Hirten

15 Und des HERRN Wort geschah zu mir:

16 Du Menschenkind, nimm dir ein Holz und schreibe darauf: »Für Juda und Israel, die sich zu ihm halten.« Und nimm noch ein Holz und schreibe darauf: »Holz Ephraims, für Josef und das ganze Haus Israel, das sich zu ihm hält.«

17 Und füge eins an das andere, dass es ein Holz werde in deiner Hand.

18 Wenn nun dein Volk zu dir sprechen wird: Willst du uns nicht zeigen, was du damit meinst?,

6 And I will lay sinews upon you, and will cause flesh to come upon you, and [1]cover you with skin, and put breath in you, and you shall live, and you shall know that I am the LORD."

¶ **7** So I prophesied as I was commanded. And as I prophesied, there was a sound, and behold, a rattling,[3] and the bones came together, bone to its bone.

8 And I looked, and behold, there were sinews on them, and flesh had come upon them, and skin had covered them. But there was no breath in them.

9 Then he said to me, "Prophesy to the breath; prophesy, son of man, and say to the breath, Thus says the Lord GOD: Come from the four winds, O breath, and breathe on these slain, that they may live."

10 So I prophesied as he commanded me, and the breath came into them, and they lived and stood on their feet, an exceedingly great army.

¶ **11** Then he said to me, "Son of man, these bones are the whole house of Israel. Behold, they say, 'Our bones are dried up, and our hope is lost; we are indeed cut off.'

12 Therefore prophesy, and say to them, Thus says the Lord GOD: Behold, I will open your graves and raise you from your graves, O my people. And I will bring you into the land of Israel.

13 And you shall know that I am the LORD, when I open your graves, and raise you from your graves, O my people.

14 And I will put my Spirit within you, and you shall live, and I will place you in your own land. Then you shall know that I am the LORD; I have spoken, and I will do it, declares the LORD."

I Will Be Their God, They Shall Be My People

¶ **15** The word of the LORD came to me:

16 "Son of man, take a stick[4] and write on it, 'For Judah, and the people of Israel associated with him'; then take another stick and write on it, 'For [b]Joseph (the stick of Ephraim) and all the house of Israel associated with him.'

17 And join them one to another into one stick, that they may become one in your hand.

18 And when your people say to you, 'Will you not tell us what you mean by these?'

19 so sprich zu ihnen: So spricht Gott der HERR: Siehe, ich will das Holz Josefs, das in der Hand Ephraims ist, nehmen samt den Stämmen Israels, die sich zu ihm halten, und will sie zu dem Holz Judas tun und ein Holz daraus machen, und sie sollen eins sein in meiner Hand.

¶ **20** Und so sollst du die Hölzer, auf die du geschrieben hast, in deiner Hand halten vor ihren Augen

21 und sollst zu ihnen sagen: So spricht Gott der HERR: Siehe, ich will die Israeliten herausholen aus den Heiden, wohin sie gezogen sind, und will sie von überall her sammeln und wieder in ihr Land bringen

22 und will ein einziges Volk aus ihnen machen im Land auf den Bergen Israels, und sie sollen allesamt einen König haben und sollen nicht mehr zwei Völker sein und nicht mehr geteilt in zwei Königreiche.

23 Und sie sollen sich nicht mehr unrein machen mit ihren Götzen und Gräuelbildern und allen ihren Sünden. Ich will sie retten von allen ihren Abwegen, auf denen sie gesündigt haben, und will sie reinigen, und sie sollen mein Volk sein und ich will ihr Gott sein.

24 Und mein Knecht David soll ihr König sein und der einzige Hirte für sie alle. Und sie sollen wandeln in meinen Rechten und meine Gebote halten und danach tun.

¶ **25** Und sie sollen wieder in dem Lande wohnen, das ich meinem Knecht Jakob gegeben habe, in dem eure Väter gewohnt haben. Sie und ihre Kinder und Kindeskinder sollen darin wohnen für immer, und mein Knecht David soll für immer ihr Fürst sein.

26 Und ich will mit ihnen einen Bund des Friedens schließen, der soll ein ewiger Bund mit ihnen sein. Und ich will sie erhalten und mehren, und mein Heiligtum soll unter ihnen sein für immer.

27 Ich will unter ihnen wohnen und will ihr Gott sein und sie sollen mein Volk sein,

28 damit auch die Heiden erfahren, dass ich der HERR bin, der Israel heilig macht, wenn mein Heiligtum für immer unter ihnen sein wird.

19 say to them, Thus says the Lord GOD: Behold, I am about to take the stick of Joseph (that is in the hand of Ephraim) and the tribes of Israel associated with him. And I will join with it the ᴶstick of Judah,⁵ and make them one stick, that they may be one in my hand.

20 When the sticks on which you write are in your hand before their eyes,

21 then say to them, Thus says the Lord GOD: Behold, I will take the people of Israel from the nations among which they have gone, and will gather them from all around, and ᵐbring them to their own land.

22 And I will make them one nation in the land, on the mountains of Israel. And one king shall be king over them all, and they shall be no longer two nations, and no longer divided into two kingdoms.

23 They shall not defile themselves anymore with their idols and their detestable things, or with any of their transgressions. But I will save them from all the backslidings⁶ in which they have sinned, and will cleanse them; and they shall be my people, and I will be their God.

¶ **24** "My servant David shall be king over them, and they shall all have one shepherd. They shall walk in my rules and be careful to obey my statutes.

25 They shall dwell in the land that I gave to my servant Jacob, where your fathers lived. They and their children and their children's children shall dwell there forever, and David my servant shall be their prince forever.

26 I will make a covenant of peace with them. It shall be an everlasting covenant with them. And I will set them in their land⁷ and multiply them, and will set my sanctuary in their midst forevermore.

27 My dwelling place shall be with them, and I will be their God, and they shall be my people.

28 Then the nations will know that I am the LORD who sanctifies Israel, when my sanctuary is in their midst forevermore."

Weissagung gegen Gog aus Magog

38 Und des HERRN Wort geschah zu mir:

2 Du Menschenkind, richte dein Angesicht auf Gog, der im Lande Magog ist und der Fürst von Rosch, Meschech und Tubal, und weissage gegen ihn

3 und sprich: So spricht Gott der HERR: Siehe, ich will an dich, Gog, der du der Fürst bist von Rosch, Meschech und Tubal!

4 Siehe, ich will dich herumlenken und dir einen Haken ins Maul legen und will dich ausziehen lassen mit deinem ganzen Heer, mit Ross und Mann, die alle voll gerüstet sind; und sie sind ein großer Heerhaufe, die alle kleine und große Schilde und Schwerter tragen.

5 Du führst mit dir Perser, Kuschiter und Libyer, die alle Schild und Helm tragen,

6 dazu Gomer und sein ganzes Heer, die vom Hause Togarma, die im Norden wohnen, mit ihrem ganzen Heer; ja, du führst viele Völker mit dir.

7 Wohlan, rüste dich gut, du und alle deine Heerhaufen, die bei dir sind, und sei du ihr Heerführer!

8 Nach langer Zeit sollst du aufgeboten werden; am Ende der Zeiten sollst du in ein Land kommen, das dem Schwert entrissen ist, und zu dem Volk, das aus vielen Völkern gesammelt ist, nämlich auf die Berge Israels, die lange Zeit verwüstet gewesen sind, und nun ist es herausgeführt aus den Völkern, und sie alle wohnen sicher.

9 Du wirst heraufziehen und daherkommen wie ein Sturmwetter und wirst sein wie eine Wolke, die das Land bedeckt, du und dein ganzes Heer und die vielen Völker mit dir.

¶ **10** So spricht Gott der HERR: Zu jener Zeit werden dir Gedanken kommen und du wirst auf Böses sinnen

11 und denken: »Ich will das Land überfallen, das offen daliegt, und über die kommen, die still und sicher leben, die alle ohne Mauern dasitzen und haben weder Riegel noch Tore«,

12 damit du rauben und plündern kannst und deine Hand an die zerstörten Orte legst, die wieder bewohnt sind, und an das Volk, das aus den Heiden gesammelt ist und sich Vieh und Güter erworben hat und in der Mitte der Erde wohnt.

Prophecy Against Gog

38 The word of the LORD came to me:

2 "Son of man, set your face toward Gog, of the land of Magog, the chief prince of Meshech[1] and [p]Tubal, and prophesy against him

3 and say, Thus says the Lord GOD: Behold, I am against you, O Gog, chief prince of Meshech[2] and Tubal.

4 And I will turn you about and put hooks into your jaws, and I will bring you out, and all your army, horses and horsemen, all of them clothed in full armor, a great host, all of them with buckler and shield, wielding swords.

5 Persia, Cush, and [v]Put are with them, all of them with shield and helmet;

6 Gomer and all his hordes; Beth-togarmah from the uttermost parts of the north with all his hordes—many peoples are with you.

¶ **7** "Be ready and keep ready, you and all your hosts that are assembled about you, and be a guard for them.

8 After many days you will be mustered. In the latter years you will go against [d]the land that is restored from war, the land whose people were gathered from many peoples upon the mountains of Israel, which had been a continual waste. Its people were brought out from the peoples and now dwell securely, all of them.

9 You will advance, coming on like a storm. You will be like a cloud covering the land, you and all your hordes, and many peoples with you.

¶ **10** "Thus says the Lord GOD: On that day, thoughts will come into your mind, and you will devise an evil scheme

11 and say, 'I will go up against the land of unwalled villages. I will fall upon the quiet people who dwell securely, all of them dwelling without walls, and having no bars or gates,'

12 to seize spoil and carry off plunder, to turn your hand against the waste places that are now inhabited, and [m]the people who were gathered from the nations, who have acquired livestock and goods, who dwell at the center of the earth.

13 Saba, Dedan und die Kaufleute von Tarsis und alle seine Gewaltigen werden zu dir sagen: Bist du gekommen, zu rauben, und hast du deine Heerhaufen versammelt, zu plündern, um Silber und Gold wegzunehmen und Vieh und Güter zu sammeln und große Beute zu machen?

¶ **14** Darum so weissage, du Menschenkind, und sprich zu Gog: So spricht Gott der HERR: Ist's nicht so? Wenn mein Volk Israel sicher wohnen wird, dann wirst du aufbrechen.

15 Und wirst kommen aus deinem Ort, vom äußersten Norden, du und viele Völker mit dir, alle zu Roß, ein großer Heerhaufe und eine gewaltige Macht,

16 du wirst heraufziehen gegen mein Volk Israel wie eine Wolke, die das Land bedeckt. Am Ende der Zeit wird das geschehen. Ich will dich aber dazu über mein Land kommen lassen, dass die Heiden mich erkennen, wenn ich an dir, Gog, vor ihren Augen zeige, dass ich heilig bin.

17 So spricht Gott der HERR: Du bist doch der, von dem ich vorzeiten geredet habe durch meine Diener, die Propheten in Israel, die in jener Zeit weissagten, dass ich dich über sie kommen lassen wollte?

¶ **18** Und es wird geschehen zu der Zeit, wenn Gog kommen wird über das Land Israels, spricht Gott der HERR, wird mein Zorn in mir aufsteigen.

19 Und ich sage in meinem Eifer und im Feuer meines Zorns: Wahrlich, zu der Zeit wird ein großes Erdbeben sein im Lande Israels,

20 dass vor meinem Angesicht erbeben sollen die Fische im Meer, die Vögel unter dem Himmel, die Tiere auf dem Felde und alles, was sich regt und bewegt auf dem Lande, und alle Menschen, die auf der Erde sind. Und die Berge sollen niedergerissen werden und die Felswände und alle Mauern zu Boden fallen.

21 Und ich will über ihn das Schwert herbeirufen auf allen meinen Bergen, spricht Gott der HERR, dass jeder sein Schwert gegen den andern erhebt.

22 Und ich will ihn richten mit Pest und Blutvergießen und will Platzregen mit Hagel, Feuer und Schwefel über ihn und sein Heer und über die vielen Völker kommen lassen, die mit ihm sind.

23 So will ich mich herrlich und heilig erweisen und mich zu erkennen geben vor vielen Heiden, dass sie erfahren, dass ich der HERR bin.

13 Sheba and Dedan and the merchants of Tarshish and all its leaders[3] will say to you, 'Have you come to seize spoil? Have you assembled your hosts to carry off plunder, to carry away silver and gold, to take away livestock and goods, to seize great spoil?'

¶ **14** "Therefore, son of man, prophesy, and say to Gog, Thus says the Lord GOD: On that day when my people Israel are dwelling securely, will you not know it?

15 You will come from your place out of the uttermost parts of the north, you and many peoples with you, all of them riding on horses, a great host, a mighty army.

16 You will come up against my people Israel, like a cloud covering the land. In the latter days I will bring you against my land, that the nations may know me, when through you, O Gog, I vindicate my holiness before their eyes.

¶ **17** "Thus says the Lord GOD: Are you he of whom I spoke in former days by my servants the prophets of Israel, who in those days prophesied for years that I would bring you against them?

18 But on that day, the day that Gog shall come against the land of Israel, declares the Lord GOD, my wrath will be roused in my anger.

19 For in my jealousy and in my blazing wrath I declare, On that day there shall be a great earthquake in the land of Israel.

20 The fish of the sea and the birds of the heavens and the beasts of the field and all creeping things that creep on the ground, and all the people who are on the face of the earth, shall quake at my presence. And the mountains shall be thrown down, and the cliffs shall fall, and every wall shall tumble to the ground.

21 I will summon a sword against Gog[4] on all my mountains, declares the Lord GOD. Every man's sword will be against his brother.

22 With pestilence and bloodshed I will enter into judgment with him, and I will rain upon him and his hordes and the many peoples who are with him torrential rains and hailstones, fire and sulfur.

23 So I will show my greatness and my holiness and make myself known in the eyes of many nations. Then they will know that I am the LORD.

39 Und du, Menschenkind, weissage gegen Gog und sprich: So spricht Gott der HERR: Siehe, ich will an dich, Gog, der du der Fürst bist von Rosch, Meschech und Tubal.

2 Siehe, ich will dich herumlenken und herbeilocken aus dem äußersten Norden und auf die Berge Israels bringen

3 und will dir den Bogen aus deiner linken Hand schlagen und die Pfeile aus deiner rechten Hand.

4 Auf den Bergen Israels sollst du fallen, du mit deinem ganzen Heer und mit den Völkern, die bei dir sind. Ich will dich den Raubvögeln, allem was fliegt, und den Tieren auf dem Felde zum Fraß geben.

5 Du sollst auf freiem Felde fallen; denn ich habe es gesagt, spricht Gott der HERR.

6 Und ich will Feuer werfen auf Magog und auf die Bewohner der Inseln, die so sicher wohnen, und sie sollen erfahren, dass ich der HERR bin.

7 Und ich will meinen heiligen Namen kundmachen unter meinem Volk Israel und will meinen heiligen Namen nicht länger schänden lassen, sondern die Heiden sollen erfahren, dass ich der HERR bin, der Heilige in Israel.

8 Siehe, es kommt und geschieht, spricht Gott der HERR; das ist der Tag, von dem ich geredet habe.

¶ **9** Und die Bürger in den Städten Israels werden herausgehen und Feuer anzünden und die Waffen verbrennen, kleine und große Schilde, Bogen und Pfeile, Keulen und Spieße. Und sie werden sieben Jahre lang Feuer damit machen;

10 sie brauchen kein Holz auf dem Felde zu holen oder im Walde zu schlagen, sondern von den Waffen werden sie Feuer machen und werden die berauben, von denen sie beraubt sind, und plündern, von denen sie geplündert sind, spricht Gott der HERR.

¶ **11** Und zu der Zeit soll es geschehen, da will ich Gog einen Ort geben zum Begräbnis in Israel, nämlich das Tal der Wanderer östlich vom Meer, und das wird den Wanderern den Weg versperren. Dort wird man Gog mit seinem ganzen Heerhaufen begraben; und es soll heißen »Tal der Heerhaufen des Gog«.

12 Und das Haus Israel wird sie sieben Monate lang begraben, damit das Land gereinigt werde.

13 Ja, alles Volk des Landes wird an ihnen zu begraben haben; und sie werden Ruhm davon haben an dem Tage, an dem ich meine Herrlichkeit erweise, spricht Gott der HERR.

39 "And you, son of man, prophesy against Gog and say, Thus says the Lord GOD: Behold, I am against you, O Gog, chief prince of Meshech[1] and [v]Tubal.

2 And I will turn you about and drive you forward, and bring you up from the uttermost parts of the north, and lead you against the mountains of Israel.

3 Then I will strike your bow from your left hand, and [z]will make your arrows drop out of your right hand.

4 You shall fall on the mountains of Israel, you and all your hordes and the peoples who are with you. I will give you to birds of prey of every sort and to the beasts of the field to be devoured.

5 You shall fall in the open field, for I have spoken, declares the Lord GOD.

6 I will send fire on Magog and on those who dwell securely in the coastlands, and they shall know that I am the LORD.

¶ **7** "And my holy name I will make known in the midst of my people Israel, and I will not let my holy name be profaned anymore. And the nations shall know that I am the LORD, the Holy One in Israel.

8 Behold, it is coming and it will be brought about, declares the Lord GOD. That is the day of which I have spoken.

¶ **9** "Then those who dwell in the cities of Israel will go out and make fires of the weapons and burn them, shields and bucklers, bow and arrows, clubs[2] and spears; and they will make fires of them for seven years,

10 so that they will not need to take wood out of the field or cut down any out of the forests, for they will make their fires of the weapons. They will seize the spoil of those who despoiled them, and plunder those who plundered them, declares the Lord GOD.

¶ **11** "On that day I will give to Gog a place for burial in Israel, the Valley of the Travelers, east of the sea. It will block the travelers, for there Gog and all his multitude will be buried. It will be called the Valley of Hamon-gog.[3]

12 For seven months the house of Israel will be burying them, in order to cleanse the land.

13 All the people of the land will bury them, and it will bring them renown on the day that I show my glory, declares the Lord GOD.

14 Und sie werden Leute aussondern, die ständig im Lande umhergehen, die Leichen zu begraben, die noch auf dem Lande liegen, damit es gereinigt werde. Nach sieben Monaten sollen sie beginnen nachzuforschen.

15 Und wenn sie im Lande umhergehen und Menschengebeine sehen, sollen sie ein Zeichen aufrichten, bis die Totengräber sie auch im »Tal der Heerhaufen des Gog« begraben.

16 Auch soll eine Stadt »Stadt der Heerhaufen« heißen. So werden sie das Land reinigen.

¶ **17** Du Menschenkind, so spricht Gott der HERR: Sage den Vögeln, allem was fliegt, und allen Tieren auf dem Felde: Sammelt euch und kommt herbei, findet euch zusammen von überall her zu meinem Schlachtopfer, das ich euch schlachte, einem großen Schlachtopfer auf den Bergen Israels, und fresst Fleisch und sauft Blut!

18 Fleisch der Starken sollt ihr fressen, und Blut der Fürsten auf Erden sollt ihr saufen, der Widder und Lämmer, der Böcke und Stiere, all des Mastviehs aus Baschan.

19 Und ihr sollt Fett fressen, bis ihr satt werdet, und Blut saufen, bis ihr trunken seid von dem Schlachtopfer, das ich euch schlachte.

20 Sättigt euch von Rossen und Reitern, von Starken und all den Kriegsleuten an meinem Tisch, spricht Gott der HERR.

¶ **21** Und ich will meine Herrlichkeit unter die Heiden bringen, dass alle Heiden mein Gericht sehen sollen, das ich gehalten habe, und meine Hand, die ich an sie gelegt habe.

22 Und das Haus Israel soll erfahren, dass ich, der HERR, ihr Gott bin, von dem Tage an und fernerhin,

23 und die Heiden sollen erkennen, dass das Haus Israel um seiner Missetat willen weggeführt worden ist. Weil sie sich an mir versündigt hatten, darum habe ich mein Angesicht vor ihnen verborgen und habe sie übergeben in die Hände ihrer Widersacher, dass sie allesamt durchs Schwert fallen mussten.

24 Ich habe ihnen getan, was sie mit ihrer Unreinheit und ihren Übertretungen verdient haben, und habe mein Angesicht vor ihnen verborgen.

¶ **25** Darum – so spricht Gott der HERR: Nun will ich das Geschick Jakobs wenden und mich des ganzen Hauses Israel erbarmen und um meinen heiligen Namen eifern.

14 They will set apart men to travel through the land regularly and bury those travelers remaining on the face of the land, so as to cleanse it. At[4] the end of seven months they will make their search.

15 And when these travel through the land and anyone sees a human bone, then he shall set up a sign by it, till the buriers have buried it in the Valley of Hamon-gog.

16 (Hamonah[5] is also the name of the city.) Thus shall they cleanse the land.

¶ **17** "As for you, son of man, thus says the Lord GOD: Speak to the birds of every sort and to [b]all beasts of the field, 'Assemble and come, gather from all around to the sacrificial feast that I am preparing for you, a great sacrificial feast on the mountains of Israel, and you shall eat flesh and drink blood.

18 You shall eat the flesh of the mighty, and drink the blood of the princes of the earth—of rams, of lambs, and of he-goats, of bulls, all of them fat beasts of Bashan.

19 And you shall eat fat till you are filled, and drink blood till you are drunk, at the sacrificial feast that I am preparing for you.

20 And you shall be filled at my table with horses and charioteers, with mighty men and all kinds of warriors,' declares the Lord GOD.

¶ **21** "And I will set my glory among the nations, and all the nations shall see my judgment that I have executed, and [g]my hand that I have laid on them.

22 The house of Israel shall know that I am the LORD their God, from that day forward.

23 And the nations shall know that the house of Israel went into captivity for their iniquity, because they dealt so treacherously with me that I hid my face from them and gave them into the hand of their adversaries, and they all fell by the sword.

24 I dealt with them according to their uncleanness and their transgressions, and hid my face from them.

The LORD Will Restore Israel

¶ **25** "Therefore thus says the Lord GOD: Now I will restore the fortunes of Jacob and have mercy on the whole house of Israel, and I will be jealous for my holy name.

26 Sie aber sollen ihre Schmach und alle ihre Sünde, mit der sie sich an mir versündigt haben, vergessen, wenn sie nun sicher in ihrem Lande wohnen und niemand sie schreckt

27 und ich sie aus den Völkern zurückgebracht und aus den Ländern ihrer Feinde gesammelt und an ihnen vor den Augen vieler Heiden gezeigt habe, dass ich heilig bin.

28 Dann werden sie erkennen, dass ich, der HERR, ihr Gott bin, der ich sie unter die Heiden weggeführt habe und wieder in ihr Land sammle und nicht **einen** von ihnen dort zurücklasse.

29 Und ich will mein Angesicht nicht mehr vor ihnen verbergen; denn ich habe meinen Geist über das Haus Israel ausgegossen, spricht Gott der HERR.

DIE VISIONEN VON DER KÜNFTIGEN GOTTESSTADT (KAPITEL 40,1–48,35)

Der Beginn der Visionen

40 Im fünfundzwanzigsten Jahr unserer Gefangenschaft, im Anfang des Jahres, am zehnten Tag des Monats, im vierzehnten Jahr, nachdem die Stadt eingenommen war, eben an diesem Tag kam die Hand des HERRN über mich und führte mich dorthin, –

2 in göttlichen Gesichten führte er mich ins Land Israel und stellte mich auf einen sehr hohen Berg; darauf war etwas wie der Bau einer Stadt gegen Süden.

3 Und als er mich dorthin gebracht hatte, siehe, da war ein Mann, der war anzuschauen wie Erz. Er hatte eine leinene Schnur und eine Messrute in seiner Hand und stand unter dem Tor.

4 Und er sprach zu mir: Du Menschenkind, sieh her und höre fleißig zu und merke auf alles, was ich dir zeigen will; denn dazu bist du hierher gebracht, dass ich dir dies zeige, damit du alles, was du hier siehst, verkündigst dem Hause Israel.

Die Umfassungsmauer des Tempelbezirks

5 Und siehe, es ging eine Mauer außen um das Gotteshaus ringsherum. Und der Mann hatte die Messrute in der Hand; die war sechs Ellen lang – jede Elle war eine Handbreit länger als eine gewöhnliche Elle. Und er maß das Mauerwerk: Es war eine Rute dick und auch eine Rute hoch.

Der äußere Vorhof und seine Torbauten

6 Und er ging zum Tor, das an der Ostseite lag, und ging seine Stufen hinauf und maß die Schwelle des Tores: eine Rute tief.

26 They shall forget their shame and all the treachery they have practiced against me, when they dwell securely in their land with none to make them afraid,

27 when I have brought them back from the peoples and gathered them from their enemies' lands, and through them have vindicated my holiness in the sight of many nations.

28 Then they shall know that I am the LORD their God, because I sent them into exile among the nations and then assembled them into their own land. I will leave none of them remaining among the nations anymore.

29 And I will not hide my face anymore from them, when I pour out my Spirit upon the house of Israel, declares the Lord GOD."

Vision of the New Temple

40 In the twenty-fifth year of our exile, at the beginning of the year, on the tenth day of the month, in the fourteenth year after the city was struck down, on that very day, the hand of the LORD was upon me, and he brought me to the city.[1]

2 In visions of God he brought me to the land of Israel, and set me down on a very high mountain, on which was a structure like a city to the south.

3 When he brought me there, behold, there was a man whose appearance was like bronze, with a linen cord and a measuring reed in his hand. And he was standing in the gateway.

4 And the man said to me, "Son of man, look with your eyes, and [h]hear with your ears, and set your heart upon all that I shall show you, for you were brought here in order that I might show it to you. Declare all that you see to the house of Israel."

The East Gate to the Outer Court

¶ **5** And behold, there was a wall all around the outside of the temple area, and the length of the measuring reed in the man's hand was six long cubits, each being a cubit and a handbreadth[2] in length. So he measured the thickness of the wall, one reed; and the height, one reed.

6 Then he went into the gateway facing east, going up its steps, and measured the threshold of the gate, one reed deep.[3]

7 Und jede Nische des Tores war eine Rute lang und eine Rute breit, und der Raum zwischen den Nischen des Tores war fünf Ellen breit. Und auch die Schwelle des Tores an der Vorhalle des Tores gegen den Tempel hin maß eine Rute.

8 Und er maß die Vorhalle des Tores:

9 acht Ellen; und ihre Pfeiler: zwei Ellen. Und die Vorhalle des Tores lag gegen den Tempel hin.

10 Und die Nischen des Tores, das an der Ostseite lag, waren drei auf jeder Seite, jede so weit wie die andere, und die Pfeiler auf beiden Seiten waren gleich breit.

11 Und er maß die Weite der Öffnung des Tores: zehn Ellen; und die Länge des Torweges: dreizehn Ellen.

12 Und vorn an den Nischen war eine Schranke, auf beiden Seiten je eine Elle; aber die Nischen waren je sechs Ellen auf beiden Seiten.

13 Dazu maß er das Tor von der Rückwand der Nischen auf der einen Seite bis zur Rückwand der Nischen auf der andern Seite: fünfundzwanzig Ellen; eine Öffnung lag der andern gegenüber.

14 Und er maß die Öffnung der Vorhalle: zwanzig Ellen; und bis zum Pfeiler des Tores reichte der Vorhof ringsum.

15 Und vom Tor, wo man von außen hineintritt, bis zur Vorhalle am inneren Tor waren es fünfzig Ellen.

16 Und es waren Fenster mit Stäben davor an den Nischen nach innen am Tor auf beiden Seiten. Ebenso waren auch Fenster an der Vorhalle nach innen auf beiden Seiten, und an den Pfeilern waren Palmwedel dargestellt.

¶ **17** Und er führte mich weiter zum äußeren Vorhof, und siehe, da waren Kammern und ein Pflaster rings um den Vorhof angelegt. Dreißig Kammern lagen an dem Pflaster.

18 Und das Pflaster lief auch zur Seite der Tore, die ganze Seitenwand der Tore entlang; das war das untere Pflaster.

19 Und er maß die Breite des Vorhofs von dem unteren Tor an bis außen vor den inneren Vorhof: hundert Ellen. Das war der Osten. Und nun der Norden!

¶ **20** Er maß auch das Tor am äußeren Vorhof, das an der Nordseite lag, nach der Länge und Breite.

7 And the side rooms, one reed long and one reed broad; and the space between the side rooms, five cubits; and the threshold of the gate by the vestibule of the gate at the inner end, one reed.

8 Then he measured the vestibule of the gateway, on the inside, one reed.

9 Then he measured the vestibule of the gateway, eight cubits; and its jambs, two cubits; and the vestibule of the gate was at the inner end.

10 And there were three side rooms on either side of the east gate. The three were of the same size, and the jambs on either side were of the same size.

11 Then he measured the width of the opening of the gateway, ten cubits; and the length of the gateway, thirteen cubits.

12 There was a barrier before the side rooms, one cubit on either side. And the side rooms were six cubits on either side.

13 Then he measured the gate from the ceiling of the one side room to the ceiling of the other, a breadth of twenty-five cubits; the openings faced each other.

14 He measured also the vestibule, twenty cubits. And around the vestibule of the gateway was the court.[4]

15 From the front of the gate at the entrance to the front of the inner vestibule of the gate was fifty cubits.

16 And the gateway had windows all around, narrowing inwards toward the side rooms and toward their jambs, and likewise the vestibule had windows all around inside, and on the jambs were palm trees.

The Outer Court

¶ **17** Then he brought me into the outer court. And behold, there were chambers and a pavement, all around the court. Thirty chambers faced the pavement.

18 And the pavement ran along the side of the gates, corresponding to the length of the gates. This was the lower pavement.

19 Then he measured the distance from the inner front of the lower gate to the outer front of the inner court,[5] a hundred cubits on the east side and on the north side.[6]

The North Gate

¶ **20** As for the gate that faced toward the north, belonging to the outer court, he measured its length and its breadth.

21 Das hatte auf jeder Seite drei Nischen, und seine Pfeiler und seine Vorhalle waren ebenso groß wie am ersten Tor: fünfzig Ellen lang und fünfundzwanzig Ellen breit.

22 Und seine Fenster und seine Vorhalle und seine Palmwedel waren gleich wie am Tor an der Ostseite; und es hatte sieben Stufen, die man hinaufging, und hatte seine Vorhalle auf der Innenseite.

23 Und ein Tor zum inneren Vorhof lag gegenüber diesem Tor, das an der Nordseite lag, wie bei dem Tor an der Ostseite; und er maß hundert Ellen von einem Tor zum andern.

¶ 24 Danach führte er mich nach Süden, und siehe, da war auch ein Tor an der Südseite, und er maß seine Pfeiler und seine Vorhalle; sie waren gleich den andern.

25 Und es waren Fenster an ihm und an seiner Vorhalle ringsherum gleich jenen Fenstern, und es war fünfzig Ellen lang und fünfundzwanzig Ellen breit.

26 Und sieben Stufen führten hinauf und es hatte eine Vorhalle auf der Innenseite, und Palmwedel waren an ihren Pfeilern dargestellt auf jeder Seite.

27 Und es gab auch ein Tor zum inneren Vorhof an der Südseite; und er maß hundert Ellen von dem einen Südtor zum andern.

Der innere Vorhof und seine Torbauten

28 Und er führte mich weiter durchs Südtor in den inneren Vorhof und maß dieses Tor: Es war gleich groß wie die andern

29 mit seinen Nischen, seinen Pfeilern und seiner Vorhalle in gleicher Größe und mit Fenstern an ihm und an der Vorhalle ringsherum: Es war fünfzig Ellen lang und fünfundzwanzig Ellen breit.

30 Und es gab eine Vorhalle ringsherum: fünfundzwanzig Ellen lang und fünf Ellen breit.

31 Und die Vorhalle lag gegen den äußeren Vorhof hin und Palmwedel waren an ihren Pfeilern dargestellt; es waren aber acht Stufen hinaufzugehen.

¶ 32 Danach führte er mich in den inneren Vorhof auf die Ostseite und maß das Tor: Es war gleich groß wie die andern

33 mit seinen Nischen, seinen Pfeilern und seiner Vorhalle in gleicher Größe und mit Fenstern an ihm und an der Vorhalle ringsherum: Es war fünfzig Ellen lang und fünfundzwanzig Ellen breit.

21 Its side rooms, three on either side, and its jambs and its vestibule were of the same size as those of the first gate. Its length was fifty cubits, and its breadth twenty-five cubits.

22 And its windows, its vestibule, and ⸀its palm trees were of the same size as those of the gate that faced toward the east. And by seven steps people would go up to it, and find its vestibule before them.

23 And opposite the gate on the north, as on the east, was a gate to the inner court. And he measured from gate to gate, a hundred cubits.

The South Gate

¶ 24 And he led me toward the south, and behold, there was a gate on the south. And he measured its jambs and its vestibule; they had the same size as the others.

25 Both it and its vestibule had windows all around, like the windows of the others. Its length was fifty cubits, and its breadth twenty-five cubits.

26 And there were seven steps leading up to it, and its vestibule was before them, and it had palm trees on its jambs, one on either side.

27 And there was a gate on the south of the inner court. And he measured from gate to gate toward the south, a hundred cubits.

The Inner Court

¶ 28 Then he brought me to the inner court through the south gate, and he measured the south gate. It was of the same size as the others.

29 Its side rooms, its jambs, and its vestibule were of the same size as the others, and both it and its vestibule had windows all around. ᵐ Its length was fifty cubits, and its breadth twenty-five cubits.

30 And there were vestibules all around, twenty-five cubits long and five cubits broad.

31 Its vestibule faced the outer court, and palm trees were on its jambs, and its stairway had eight steps.

¶ 32 Then he brought me to the inner court on the east side, and he measured the gate. It was of the same size as the others.

33 Its side rooms, its jambs, and its vestibule were of the same size as the others, and both it and its vestibule had windows all around. Its length was fifty cubits, and its breadth twenty-five cubits.

34 Und seine Vorhalle lag gegen den äußeren Vorhof hin und Palmwedel waren an ihren Pfeilern dargestellt auf beiden Seiten, und acht Stufen waren hinaufzugehen.

¶ **35** Danach führte er mich zum Nordtor und maß es: Es war gleich groß wie die andern

36 mit seinen Nischen, seinen Pfeilern und seiner Vorhalle und den Fenstern an ihm ringsherum: Es war fünfzig Ellen lang und fünfundzwanzig Ellen breit.

37 Und seine Vorhalle lag gegen den äußeren Vorhof hin und Palmwedel waren an ihren Pfeilern dargestellt auf beiden Seiten, und acht Stufen waren hinaufzugehen.

Die Tische für die Opfer und die Kammern für die Priester

38 Und am Tor – gegen Osten – war eine Kammer und ihr Eingang war bei der Vorhalle des Tores; dort wäscht man die Brandopfer.

39 Und in der Vorhalle des Tores standen auf beiden Seiten zwei Tische, auf denen man die Brandopfer, Sündopfer und Schuldopfer schlachtet.

40 Und außen, an der Seite, für den, der zum Tor hinaufgeht, nach Norden hin, standen zwei Tische und an der andern Seite der Vorhalle des Tores auch zwei Tische.

41 So standen auf jeder Seite des Tores vier Tische; das sind zusammen acht Tische, auf denen man schlachtet.

42 Und vier Tische zum Brandopfer waren aus gehauenen Steinen, je anderthalb Ellen lang und breit und eine Elle hoch; darauf legt man die Geräte, mit denen man Brandopfer und Schlachtopfer schlachtet.

43 Und Gabelhaken, eine Hand breit, waren am Gebäude fest angebracht an beiden Seiten, und über den Tischen waren Dächer, um das Opferfleisch gegen Regen und Hitze zu schützen.

¶ **44** Und außen vor dem inneren Tor waren zwei Kammern im inneren Vorhof: die eine an der Seite neben dem Nordtor, die schaute nach Süden; die andere an der Seite neben dem Südtor, die schaute nach Norden.

45 Und er sprach zu mir: Die Kammer, die nach Süden schaut, gehört den Priestern, die im Hause Dienst tun;

34 Its vestibule faced the outer court, and it had palm trees on its jambs, on either side, and its stairway had eight steps.

¶ **35** Then he brought me to the north gate, and he measured it. It had the same size as the others.

36 Its side rooms, its jambs, and its vestibule were of the same size as the others,[7] and it had windows all around. Its length was fifty cubits, and its breadth twenty-five cubits.

37 Its vestibule[8] faced the outer court, and it had palm trees on its jambs, on either side, and its stairway had eight steps.

¶ **38** There was a chamber with its door in the vestibule of the gate,[9] where the burnt offering was to be washed.

39 And in the vestibule of the gate were two tables on either side, on which the burnt offering and the sin offering and the guilt offering were to be slaughtered.

40 And off to the side, on the outside as one goes up to the entrance of the north gate, were two tables; and off to the other side of the vestibule of the gate were two tables.

41 Four tables were on either side of the gate, eight tables, on which to slaughter.

42 And there were four tables of hewn stone for the burnt offering, a cubit and a half long, and a cubit and a half broad, and one cubit high, on which the instruments were to be laid with which the burnt offerings and the sacrifices were slaughtered.

43 And hooks,[10] a handbreadth long, were fastened all around within. And on the tables the flesh of the offering was to be laid.

Chambers for the Priests

¶ **44** On the outside of the inner gateway there were two chambers[11] in the inner court, one[12] at the side of the north gate facing south, the other at the side of the south[13] gate facing north.

45 And he said to me, This chamber that faces south is for the priests who have charge of the temple,

46 aber die Kammer, die nach Norden schaut, gehört den Priestern, die am Altar dienen. Dies sind die Söhne Zadok, die als einzige unter den Söhnen Levi vor den HERRN treten dürfen, um ihm zu dienen.

47 Und er maß den Vorhof: hundert Ellen lang und hundert Ellen breit im Geviert; und der Altar stand vor dem Tempel.

Der Tempel und seine Nebengebäude

48 Und er führte mich hinein zur Vorhalle des Tempels und maß die Pfeiler der Vorhalle: fünf Ellen auf jeder Seite; und das Tor: vierzehn Ellen; und die Wände zu beiden Seiten an der Tür: drei Ellen auf jeder Seite.

49 Aber die Vorhalle war zwanzig Ellen breit und zwölf Ellen tief und hatte zehn Stufen, die man hinaufging, und Säulen standen an den Pfeilern, auf jeder Seite eine.

41 Und er führte mich hinein in die Tempelhalle und maß die Pfeiler; die waren auf jeder Seite sechs Ellen breit, so weit das Heiligtum war.

2 Und die Tür war zehn Ellen weit, aber die Wände zu beiden Seiten an der Tür waren je fünf Ellen breit. Und er maß den Raum der Tempelhalle: vierzig Ellen tief und zwanzig Ellen breit.

3 Dann ging er in den innersten Raum und maß die Pfeiler der Tür: zwei Ellen; und die Tür: sechs Ellen; und die Breite zu beiden Seiten an der Tür: je sieben Ellen.

4 Und er maß: zwanzig Ellen tief und, wie die Tempelhalle, zwanzig Ellen breit. Und er sprach zu mir: Dies ist das Allerheiligste.

¶ 5 Und er maß die Wand des Tempelhauses: sechs Ellen dick. Und die Tiefe des Anbaus betrug vier Ellen, rings um das Haus herum.

6 Und Seitenräume gab es, Stockwerk auf Stockwerk, dreimal dreißig, und sie schlossen sich an die Wand des Hauses so an, dass die Seitenräume ringsherum liefen und in sich Halt hatten; aber sie hatten keinen Halt in der Wand des Hauses.

7 Und der Umgang wurde breiter von Stockwerk zu Stockwerk für die Seitenräume, denn der Umgang des Hauses lief in jedem Stockwerk rings um das Haus herum; deshalb nahm die Breite am Haus nach oben hin zu, und man stieg von dem unteren Stockwerk auf zum mittleren und oberen.

46 and the chamber that faces north is for the priests who have charge of the altar. These are the sons of Zadok, who alone[14] among the sons of Levi may come near to the LORD to minister to him.

47 And he measured the court, a hundred cubits long and [h]a hundred cubits broad, a square. And the altar was in front of the temple.

The Vestibule of the Temple

¶ 48 Then he brought me to the vestibule of the temple and measured the jambs of the vestibule, five cubits on either side. And the breadth of the gate was fourteen cubits, and the sidewalls of the gate[15] were three cubits on either side.

49 The length of the vestibule was twenty cubits, and the breadth twelve[16] cubits, and people would go up to it by ten steps.[17] And there were pillars beside the jambs, one on either side.

The Inner Temple

41 Then he brought me to the nave and measured the jambs. On each side six cubits[1] was the breadth of the jambs.[2]

2 And the breadth of the entrance was ten cubits, and the sidewalls of the entrance were five cubits on either side. And he measured the length of the nave,[3] forty cubits, and its breadth, twenty cubits.

3 Then he went into the inner room and measured the jambs of the entrance, two cubits; and the entrance, six cubits; and the sidewalls on either side[4] of the entrance, seven cubits.

4 And he measured the length of the room, twenty cubits, and its breadth, twenty cubits, across the nave. And he said to me, "This is the Most Holy Place."

¶ 5 Then he measured the wall of the temple, six cubits thick, and the breadth of the side chambers, four cubits, [u]all around the temple.

6 And the side chambers were in three stories, one over another, thirty in each story. There were offsets[5] all around the wall of the temple to serve as supports for the side chambers, so that they should not be supported by the wall of the temple.

7 And it became broader as it wound upward to the side chambers, because the temple was enclosed upward all around the temple. Thus the temple had a broad area upward, and so one went up from the lowest story to the top story through the middle story.

8 Und ich sah am Hause ein erhöhtes Pflaster ringsherum, den Unterbau für die Seitenräume, eine volle Rute, sechs Ellen hoch.

9 Und die Dicke der Wand außen am Anbau betrug fünf Ellen, und der Raum, der frei blieb, zwischen den Seitenräumen am Hause

10 und den Kammern betrug zwanzig Ellen rings um das Haus herum.

11 Und es gingen zwei Türen vom Anbau auf den frei gelassenen Raum hin, eine nach Norden, die andere nach Süden, und die Breite der frei gelassenen Fläche auf dem Unterbau betrug fünf Ellen auf jeder Seite.

¶ **12** Und das Gebäude am Hofraum nach Westen hin war siebzig Ellen tief und die Mauer des Gebäudes war auf allen Seiten fünf Ellen dick und es war neunzig Ellen breit.

13 Und er maß die Länge des Tempels: hundert Ellen; und der Hofraum mit jenem Gebäude und seinen Mauern war auch hundert Ellen lang.

14 Und die Breite der Vorderseite des Tempels und der Hofraum an seiner Ostseite ergaben zusammen auch hundert Ellen.

15 Und er maß die Länge des Gebäudes, das am Ende des Hofraums liegt, und seine Mauern auf beiden Seiten: hundert Ellen.
¶   Und die Tempelhalle und das Innerste und die Vorhalle draußen

16 waren getäfelt, und alle drei hatten sie Fenster mit Stäben und einen Absatz am Dach ringsherum; und es war Tafelwerk an allen Seiten ringsherum. Und das Licht kam durch die Fenster; aber die Fenster waren verhängt.

17 Bis oberhalb der Tür und bis zum Allerheiligsten, draußen und auf der ganzen Wand ringsherum, im Inneren und draußen waren Schnitzereien;

18 da waren Cherubim und Palmwedel dargestellt, je eine Palme zwischen zwei Cherubim, und jeder Cherub hatte zwei Angesichter.

19 Zur einen Palme wendete er ein Menschengesicht, zur andern Palme ein Löwengesicht; die Darstellungen liefen rings um das ganze Haus.

20 Vom Boden an bis oberhalb der Tür waren Cherubim und Palmwedel an der Wand geschnitzt.
¶ **21** Und die Türpfosten im Tempel waren viereckig. Und vor dem Allerheiligsten stand etwas, das aussah

8 I saw also that the temple had a raised platform all around; the foundations of the side chambers measured a full reed of six long cubits.

9 The thickness of the outer wall of the side chambers was five cubits. The free space between the side chambers of the temple and the

10 other chambers was a breadth of twenty cubits all around the temple on every side.

11 And the doors of the side chambers opened on the free space, one door toward the north, and another door toward the south. And the breadth of the free space was five cubits all around.

¶ **12** The building that was facing the separate yard on the west side was seventy cubits broad, and the wall of the building was five cubits thick all around, and its length ninety cubits.

¶ **13** Then he measured the temple, a hundred cubits long; and the yard and the building with its walls, a hundred cubits long;

14 also the breadth of the east front of the temple and the yard, a hundred cubits.

¶ **15** Then he measured the length of the building facing the yard that was at the back and its galleries[6] on either side, a hundred cubits.
¶   The inside of the nave and the vestibules of the court,

16 the thresholds and the narrow windows and the galleries all around the three of them, opposite the threshold, were paneled with wood all around, from the floor up to the windows (now the windows were covered),

17 to the space above the door, even to the inner room, and on the outside. And on all the walls all around, inside and outside, was a measured pattern.[7]

18 It was carved of cherubim and palm trees, a palm tree between cherub and cherub. Every cherub had two faces:

19 a human face toward the palm tree on the one side, and the face of a young lion toward the palm tree on the other side. They were carved on the whole temple all around.

20 From the floor to above the door, cherubim and palm trees were carved; similarly the wall of the nave.

¶ **21** The doorposts of the nave were squared, and in front of the Holy Place was something resembling

22 wie ein Altar aus Holz; der war drei Ellen hoch und zwei Ellen lang und breit und hatte Ecken, und sein Fuß und seine Wände waren aus Holz. Und er sprach zu mir: Das ist der Tisch, der vor dem HERRN steht.

¶ **23** Und die Tempelhalle und das Allerheiligste hatten je zwei Türflügel;

24 zwei Türflügel hatten die Türen, beide Türflügel konnten sich drehen, jede Tür hatte zwei Türflügel.

25 Und auch an den Türflügeln der Tempelhalle waren Cherubim und Palmwedel dargestellt wie an den Wänden. Und ein Gitter aus Holz war außen vor der Vorhalle.

26 Und Fenster mit Stäben und Palmwedel waren auf beiden Seiten an den Wänden der Vorhalle.

42 Und er führte mich hinaus zum äußeren Vorhof nach Norden und brachte mich zu den Kammern, die gegenüber dem Hofraum und gegenüber jenem Gebäude an der Nordseite lagen,

2 die Länge hundert Ellen, an der Nordseite, und die Breite fünfzig Ellen.

3 Zwischen den zwanzig Ellen des inneren Vorhofs und dem Pflaster im äußeren Vorhof war Absatz an Absatz, dreimal.

4 Und ins Innere führte vor den Kammern ein Gang, zehn Ellen breit und hundert Ellen lang, und ihre Türen lagen nach Norden.

5 Und die oberen Kammern des Baues waren kürzer als seine unteren und mittleren Kammern; denn die Absätze nahmen Raum von ihnen weg.

6 Denn sie waren drei Stockwerke hoch und hatten keine Säulen, wie die Vorhöfe Säulen hatten. Darum waren die oberen Kammern gegenüber den unteren und mittleren verkürzt vom Boden an.

7 Und außen vor den Kammern nach dem äußeren Vorhof hin lief eine Mauer an den Kammern entlang, fünfzig Ellen lang.

8 Denn die Länge der Kammern nach dem äußeren Vorhof zu betrug fünfzig Ellen, aber am Tempel entlang waren es hundert Ellen.

9 Und unten an diesen Kammern war der Zugang von Osten her, wenn man vom äußeren Vorhof her zu ihnen hineinging,

22 an altar of wood, three cubits high, two cubits long, and two cubits broad.[8] Its corners, its base,[9] and its walls were of wood. He said to me, "This is the table that is before the LORD."

23 The nave and the Holy Place had each a double door.

24 The double doors had two leaves apiece, two swinging leaves for each door.

25 And on the doors of the nave were carved cherubim and palm trees, such as were carved on the walls. And there was a canopy[10] of wood in front of the vestibule outside.

26 And there were narrow windows and palm trees on either side, on the sidewalls of the vestibule, the side chambers of the temple, and the canopies.

The Temple's Chambers

42 Then he led me out into the outer court, toward the north, and he brought me to ˣthe chambers that were opposite the separate yard and opposite the building on the north.

2 The length of the building whose door faced north was a hundred cubits,[1] and the breadth fifty cubits.

3 Facing the twenty cubits that belonged to the inner court, and facing the pavement that belonged to the outer court, was gallery[2] against gallery in three stories.

4 And before the chambers was a passage inward, ten cubits wide and a hundred cubits long,[3] and ᵍtheir doors were on the north.

5 Now the upper chambers were narrower, for the galleries took more away from them than from the lower and middle chambers of the building.

6 For they were in three stories, and they had no pillars like the pillars of the courts. Thus the upper chambers were set back from the ground more than the lower and the middle ones.

7 And there was a wall outside parallel to the chambers, toward the outer court, opposite the chambers, fifty cubits long.

8 For the chambers on the outer court were fifty cubits long, while those opposite the nave[4] were a hundred cubits long.

9 Below these chambers was an entrance on the east side, as one enters them from the outer court.

10 am Anfang der äußeren Mauer.

¶ In der Richtung nach Süden lagen auch Kammern dem Hofraum und jenem Gebäude gegenüber.

11 Und ein Gang lief vor ihnen hin ganz wie vor jenen Kammern an der Nordseite; ihre Länge und ihre Breite, ihre Ausgänge und ihre Einrichtungen und ihre Türen waren gleich.

12 Und wie die Türen der Kammern nach Süden lagen, so war auch eine Tür am Anfang des Ganges, nämlich des Ganges am Bau entlang, wenn man von Osten her kommt.

¶ **13** Und er sprach zu mir: Die Kammern im Norden und die Kammern im Süden gegenüber dem Hofraum, das sind die heiligen Kammern, in denen die Priester, die zum HERRN nahen, die hochheiligen Opfer essen. Dort legen sie die hochheiligen Opfer nieder, die Speisopfer, die Sündopfer und die Schuldopfer; denn die Stätte ist heilig.

14 Und wenn die Priester in das Heiligtum hineingehen, dürfen sie von dort nicht wieder in den äußeren Vorhof gehen, sondern sollen zuvor in den Kammern ihre Kleider ablegen, in denen sie Dienst getan haben, denn die sind heilig; und sie sollen ihre andern Kleider anlegen und dann hinausgehen unter das Volk.

Der Umfang des Tempelbezirks

15 Und als er den Tempel im Inneren ganz ausgemessen hatte, führte er mich hinaus zum Osttor und maß den ganzen Umfang des Tempels.

16 Er maß die Ostseite mit der Messrute: fünfhundert Ruten;

17 und die Nordseite maß er auch: fünfhundert Ruten;

18 desgleichen die Südseite auch: fünfhundert Ruten.

19 Und er wandte sich zur Westseite und maß auch fünfhundert Ruten.

20 Nach allen vier Windrichtungen maß er. Und es war eine Mauer ringsherum, fünfhundert Ruten im Geviert, damit das Heilige von dem Unheiligen geschieden sei.

Der Einzug der Herrlichkeit des Herrn in den Tempel

43 Und er führte mich wieder zum Tor im Osten.

2 Und siehe, die Herrlichkeit des Gottes Israels kam von Osten und brauste, wie ein großes Wasser braust, und es ward sehr licht auf der Erde von seiner Herrlichkeit.

¶ **10** In the thickness of the wall of the court, on the south[5] also, opposite the yard and opposite °the building, there were chambers

11 with a passage in front of them. They were similar to the chambers on the north, of the same length and breadth, with the same exits[6] and arrangements and q doors,

12 as were the entrances of the chambers on the south. There was an entrance at the beginning of the passage, the passage before the corresponding wall on the east as one enters them.[7]

¶ **13** Then he said to me, "The north chambers and the south chambers opposite the yard are the holy chambers, where the priests who approach the LORD shall eat the most holy offerings. There they shall put the most holy offerings—r the grain offering, the sin offering, and u the guilt offering—for the place is holy.

14 When the priests enter the Holy Place, they shall not go out of it into the outer court without laying there the garments in which they minister, for these are holy. v They shall put on other garments before they go near to that which is for the people."

¶ **15** Now when he had finished measuring the interior of the temple area, he led me out by the gate that faced east, and measured the temple area all around.

16 He measured the east side with the measuring reed, 500 cubits by the measuring reed all around.

17 He measured the north side, 500 cubits by the measuring reed all around.

18 He measured the south side, 500 cubits by the measuring reed.

19 Then he turned to the west side and measured, 500 cubits by the measuring reed.

20 He measured it on the four sides. It had a wall around it, 500 cubits long and z 500 cubits broad, to make a separation between the holy and the common.

The Glory of the LORD Fills the Temple

43 Then he led me to the gate, the gate facing east.

2 And behold, the glory of the God of Israel was coming from the east. And the sound of his coming was like the sound of many waters, and the earth shone with his glory.

3 Und es war ganz so wie das Gesicht, das ich geschaut hatte, als der Herr kam, um die Stadt zu zerstören, und wie das Gesicht, das ich gesehen hatte am Fluss Kebar. Da fiel ich nieder auf mein Angesicht.

4 Und die Herrlichkeit des HERRN kam hinein ins Tempelhaus durch das Tor, das nach Osten liegt.

¶ **5** Da hob mich der Geist auf und brachte mich in den inneren Vorhof; und siehe, die Herrlichkeit des HERRN erfüllte das Haus.

6 Und ich hörte einen mit mir reden vom Hause heraus, während der Mann neben mir stand.

7 Und er sprach zu mir: Du Menschenkind, das ist der Ort meines Thrones und die Stätte meiner Fußsohlen; hier will ich für immer wohnen unter den Israeliten. Und das Haus Israel soll nicht mehr meinen heiligen Namen entweihen, weder sie noch ihre Könige, durch ihren Götzendienst und durch die Leichen ihrer Könige, wenn sie sterben;

8 denn sie haben ihre Schwelle an meine Schwelle und ihre Pfosten neben meine Pfosten gesetzt, sodass nur eine Wand zwischen mir und ihnen war, und haben so meinen heiligen Namen entweiht durch die Gräuel, die sie taten; darum habe ich sie auch in meinem Zorn vertilgt.

9 Nun aber sollen sie ihren Götzendienst und die Leichen ihrer Könige weit von mir wegtun, und ich will für immer unter ihnen wohnen.

¶ **10** Und du, Menschenkind, beschreibe dem Haus Israel den Tempel, sein Aussehen und seinen Plan, damit sie sich schämen ihrer Missetaten.

11 Und wenn sie sich all dessen schämen, was sie getan haben, so zeige ihnen Plan und Gestalt des Tempels und seine Ausgänge und Eingänge und seinen ganzen Plan und alle seine Ordnungen und alle seine Gesetze. Schreibe sie vor ihren Augen auf, damit sie auf seinen ganzen Plan und alle seine Ordnungen achthaben und danach tun.

12 Das soll aber das Gesetz des Tempels sein: Auf der Höhe des Berges soll sein ganzes Gebiet ringsum hochheilig sein. Siehe, das ist das Gesetz des Tempels.

Der Altar und seine Weihe

13 Das sind aber die Maße des Altars, gemessen nach Ellen, die eine Handbreit länger sind als die gewöhnliche Elle: Sein Sockel ist eine Elle hoch und eine Elle breit, und die Leiste an seinem Rand ist eine Spanne hoch ringsherum. Und das ist die Höhe des Altars:

3 And the vision I saw was just like the vision that I had seen when he[1] came to destroy the city, and just like the vision that I had seen by the Chebar canal. And I fell on my face.

4 As the glory of the LORD entered the temple by the gate facing east,

5 the Spirit lifted me up and brought me into the inner court; and behold, the glory of the LORD filled the temple.

¶ **6** While the man was standing beside me, I heard one speaking to me out of the temple,

7 and he said to me, "Son of man, this is the place of my throne and the place of the soles of my feet, where I will dwell in the midst of the people of Israel forever. And the house of Israel shall no more defile my holy name, neither they, nor their kings, by their whoring and by the dead bodies[2] of their kings at their high places,[3]

8 by setting their threshold by my threshold and their doorposts beside my doorposts, with only a wall between me and them. They have defiled my holy name by their abominations that they have committed, so I have consumed them in my anger.

9 Now let them put away their whoring and the dead bodies of their kings far from me, and I will dwell in their midst forever.

¶ **10** "As for you, son of man, describe to the house of Israel the temple, that they may be ashamed of their iniquities; and they shall measure the plan.

11 And if they are ashamed of all that they have done, make known to them the design of the temple, its arrangement, its exits and its entrances, that is, its whole design; and make known to them as well all its statutes and its whole design and all its laws, and write it down in their sight, so that they may observe all its laws and all its statutes and carry them out.

12 This is the law of the temple: the whole territory on the top of the mountain all around shall be most holy. Behold, this is the law of the temple.

The Altar

¶ **13** "These are the measurements of the altar by cubits (the cubit being a cubit and a handbreadth):[4] its base shall be one cubit high[5] and one cubit broad, with a rim of one span[6] around its edge. And this shall be the height of the altar:

14 Von dem Sockel auf der Erde bis an den unteren Absatz sind es zwei Ellen in der Höhe und eine Elle in der Breite, und von dem niedrigeren Absatz bis zu dem höheren Absatz sind es vier Ellen in der Höhe und eine Elle in der Breite;

15 und der Opferherd ist vier Ellen hoch, und auf dem Opferherd stehen nach oben vier Hörner.

16 Und der Opferherd ist zwölf Ellen lang und zwölf Ellen breit im Geviert.

17 Und der obere Absatz ist vierzehn Ellen lang und vierzehn Ellen breit im Geviert, und eine Leiste geht ringsherum, eine halbe Elle hoch; und sein Sockel ist eine Elle hoch und seine Stufen liegen nach Osten hin.

¶ **18** Und er sprach zu mir: Du Menschenkind, so spricht Gott der HERR: Dies sollen die Ordnungen für den Altar sein an dem Tage, an dem er gebaut ist, um Brandopfer auf ihm zu opfern und Blut an ihn zu sprengen.

19 Da sollst du den levitischen Priestern aus dem Geschlecht Zadoks, die vor mich treten, um mir zu dienen, spricht Gott der HERR, einen jungen Stier zum Sündopfer geben.

20 Und von seinem Blut sollst du nehmen und damit die vier Hörner besprengen und die vier Ecken des Absatzes und die Leiste, die ringsherum geht; damit sollst du ihn entsündigen und Sühne für ihn schaffen.

21 Und du sollst den Stier des Sündopfers nehmen und ihn verbrennen auf dem Platz am Tempel, wo man die Opfertiere mustert, außerhalb des Heiligtums.

¶ **22** Aber am nächsten Tag sollst du einen Ziegenbock opfern, der ohne Fehler ist, als Sündopfer und den Altar damit entsündigen, wie er mit dem Stier entsündigt ist.

23 Nachdem du den Altar entsündigt hast, sollst du einen jungen Stier opfern, der ohne Fehler ist, und einen Widder von der Herde ohne Fehler

24 und sollst sie beide vor dem HERRN opfern, und die Priester sollen Salz auf sie streuen und sollen sie so dem HERRN opfern als Brandopfer.

¶ **25** So sollst du sieben Tage lang täglich einen Bock als Sündopfer opfern, und sie sollen einen jungen Stier und einen Widder von der Herde, die beide ohne Fehler sind, opfern.

26 So sollen sie sieben Tage lang für den Altar Sühne schaffen und ihn reinigen und ihre Hände füllen.

14 from the base on the ground to the lower ledge, two cubits, with a breadth of one cubit; and from the smaller ledge to the larger ledge, four cubits, with a breadth of one cubit;

15 and the altar hearth, four cubits; and from the altar hearth projecting upward, four horns.

16 The altar hearth shall be square, twelve cubits long by twelve broad.

17 The ledge also shall be square, fourteen cubits long by fourteen broad, with a rim around it half a cubit broad, and its base one cubit all around. The steps of the altar shall face east."

¶ **18** And he said to me, "Son of man, thus says the Lord GOD: These are the ordinances for the altar: On the day when it is erected for offering burnt offerings upon it and for throwing blood against it,

19 you shall give to the Levitical priests of the family of Zadok, who draw near to me to minister to me, declares the Lord GOD, a bull from the herd for a sin offering.

20 And you shall take some of its blood and put it on the four horns of the altar and on the four corners of the ledge and upon the rim all around. Thus you shall purify the altar and make atonement for it.

21 You shall also take the bull of the sin offering, and it shall be burned in the appointed place belonging to the temple, outside the sacred area.

22 And on the second day you shall offer a male goat without blemish for a sin offering; and the altar shall be purified, as it was purified with the bull.

23 When you have finished purifying it, you shall offer a bull from the herd without blemish and a ram from the flock without blemish.

24 You shall present them before the LORD, and the priests shall sprinkle salt on them and offer them up as a burnt offering to the LORD.

25 For seven days you shall provide daily a male goat for a sin offering; also, a bull from the herd and a ram from the flock, without blemish, shall be provided.

26 Seven days shall they make atonement for the altar and cleanse it, and so consecrate it.[7]

27 Und nach diesen Tagen sollen die Priester am achten Tag und danach immer wieder auf dem Altar opfern eure Brandopfer und eure Dankopfer, so will ich euch gnädig sein, spricht Gott der HERR.

Das verschlossene Osttor

44 Und er führte mich wieder zu dem äußeren Tor des Heiligtums im Osten; es war aber zugeschlossen.

2 Und der HERR sprach zu mir: Dies Tor soll zugeschlossen bleiben und nicht aufgetan werden, und niemand soll dort hineingehen. Denn der HERR, der Gott Israels, ist dort eingezogen; darum soll es zugeschlossen bleiben.

3 Nur der Fürst darf sich, weil er der Fürst ist, dort niederlassen und das Opfermahl essen vor dem HERRN. Durch die Vorhalle des Tores soll er hineingehen und durch sie wieder herausgehen.

Weisungen für den Dienst im Tempel

4 Danach führte er mich zum Tor im Norden vor das Haus des HERRN. Und ich sah, und siehe, das Haus war erfüllt von der Herrlichkeit des HERRN, und ich fiel auf mein Angesicht.

5 Und der HERR sprach zu mir: Du Menschenkind, gib acht und sieh mit deinen Augen und höre mit deinen Ohren alles, was ich dir sagen will von allen Ordnungen und Gesetzen im Haus des HERRN, und gib acht, wie man es halten soll mit dem Zutritt zum Heiligtum an allen Eingängen.

6 Und sage dem Haus des Widerspruchs, dem Hause Israel: So spricht Gott der HERR: Lasst's genug sein, ihr vom Hause Israel, mit allen euren Gräueltaten!

7 Denn ihr habt fremde Leute mit unbeschnittenem Herzen und unbeschnittenem Fleisch in mein Heiligtum hineingelassen und so mein Haus entheiligt, als ihr mir Brot, Fett und Blut opfertet; so habt ihr meinen Bund gebrochen mit allen euren Gräueltaten;

8 ihr habt nicht selbst den Dienst in meinem Heiligtum getan, sondern habt sie bestellt, um für euch den Dienst in meinem Heiligtum zu tun.

¶ **9** Darum spricht Gott der HERR: Es soll kein Fremder mit unbeschnittenem Herzen und unbeschnittenem Fleisch in mein Heiligtum kommen von allen Fremdlingen, die unter den Israeliten leben,

10 sondern die Leviten, die von mir abgewichen sind, als Israel von mir abfiel und irreging, ihren Götzen nach, die sollen ihre Sünde tragen

27 And when they have completed these days, then from the eighth day onward the priests shall offer on the altar your burnt offerings and your peace offerings, and I will accept you, declares the Lord GOD."

The Gate for the Prince

44 Then he brought me back to the outer gate of the sanctuary, which faces east. And it was shut.

2 And the LORD said to me, "This gate shall remain shut; it shall not be opened, and no one shall enter by it, for the LORD, the God of Israel, has entered by it. Therefore it shall remain shut.

3 Only the prince may sit in it to eat bread before the LORD. He shall enter by way of the vestibule of the gate, and shall go out by the same way."

¶ **4** Then he brought me by way of the north gate to the front of the temple, and I looked, and behold, the glory of the LORD filled the temple of the LORD. And I fell on my face.

5 And the LORD said to me, "Son of man, mark well, see with your eyes, [g]and hear with your ears all that I shall tell you concerning all the statutes of the temple of the LORD and all its laws. And mark well [h]the entrance to the temple and all the exits from the sanctuary.

6 And say to the rebellious house,[1] to the house of Israel, Thus says the Lord GOD: O house of Israel, enough of all your abominations,

7 in admitting foreigners, uncircumcised in heart and flesh, to be in my sanctuary, profaning my temple, when you offer to me my food, the fat and the blood. You[2] have broken my covenant, in addition to all your abominations.

8 And you have not kept charge of my holy things, but you have set others to keep my charge for you in my sanctuary.

¶ **9** "Thus says the Lord GOD: No foreigner, uncircumcised in heart and flesh, of all the foreigners who are among the people of Israel, shall enter my sanctuary.

10 But the Levites who went far from me, going astray from me after their idols when Israel went astray, shall bear their punishment.[3]

11 und sollen in meinem Heiligtum Dienst tun als Hüter an den Türen des Hauses und als Diener des Hauses. Sie sollen das Brandopfer und das Schlachtopfer für das Volk schlachten und sollen vor ihnen stehen und ihnen dienen.

12 Weil sie ihnen gedient haben vor ihren Götzen und dem Hause Israel einen Anlass zur Sünde gegeben haben, darum habe ich meine Hand gegen sie erhoben, spricht Gott der HERR, dass sie ihre Sünde tragen müssen.

13 Und sie sollen nicht zu mir nahen, um mir Priesterdienst zu tun, und sollen zu dem, was mir heilig ist, und an die hochheiligen Opfer nicht kommen, sondern sollen ihre Schande tragen für ihre Gräuel, die sie getan haben.

14 Darum habe ich sie bestellt, den Dienst an meinem Hause zu tun bei aller Arbeit und bei allem, was dort zu tun ist.

¶ **15** Aber die levitischen Priester, die Söhne Zadok, die den Dienst an meinem Heiligtum getan haben, als die Israeliten von mir abfielen, die sollen vor mich treten, um mir zu dienen, und vor mir stehen, um mir Fett und Blut zu opfern, spricht Gott der HERR.

16 Sie sollen hineingehen in mein Heiligtum und vor meinen Tisch treten, um mir zu dienen, und sollen meinen Dienst tun.

¶ **17** Und wenn sie durch die Tore des inneren Vorhofs gehen wollen, sollen sie leinene Kleider anziehen und nichts Wollenes anhaben, solange sie in den Toren des inneren Vorhofs und im Hause Dienst tun.

18 Und sie sollen einen leinenen Kopfbund auf ihrem Haupt haben und leinene Beinkleider um ihre Lenden und sollen sich nicht mit Zeug gürten, das Schweiß wirkt.

19 Und wenn sie in den äußeren Vorhof zum Volk herausgehen, sollen sie die Kleider, in denen sie Dienst getan haben, ausziehen und in die Kammern des Heiligtums legen und andere Kleider anziehen, damit sie das Volk nicht durch ihre Kleider mit dem Heiligen in Berührung bringen.

Ordnungen für die Priester

20 Ihr Haupt sollen sie nicht kahl scheren und auch nicht die Haare frei wachsen lassen, sondern sie sollen die Haare ringsherum abschneiden.

¶ **21** Und die Priester sollen keinen Wein trinken, wenn sie in den inneren Vorhof gehen sollen.

11 They shall be ministers in my sanctuary, having oversight at the gates of the temple and ministering in the temple. They shall slaughter the burnt offering and the sacrifice for the people, and they shall stand before the people, to minister to them.

12 Because they ministered to them before their idols and became a stumbling block of iniquity to the house of Israel, therefore I have sworn concerning them, declares the Lord GOD, and they shall bear their punishment.

13 They shall not come near to me, to serve me as priest, nor come near any of my holy things and the things that are most holy, but they shall bear their shame and the abominations that they have committed.

14 Yet I will appoint them to keep charge of the temple, to do all its service and all that is to be done in it.

Rules for Levitical Priests

¶ **15** "But the Levitical priests, ᶜ the sons of Zadok, who kept the charge of my sanctuary when the people of Israel went astray from me, shall come near to me to minister to me. And they shall stand before me to offer me the fat and the blood, declares the Lord GOD.

16 They shall enter my sanctuary, and they shall approach my table, to minister to me, and they shall keep my charge.

17 When they enter the gates of the inner court, they shall wear linen garments. They shall have nothing of wool on them, while they minister at the gates of the inner court, and within.

18 They shall have linen turbans on their heads, and linen undergarments around their waists. They shall not bind themselves with anything that causes sweat.

19 And when they go out into the outer court to the people, they shall put off the garments in which they have been ministering and lay them in the holy chambers. And they shall put on other garments, lest they transmit holiness to the people with their garments.

20 They shall not shave their heads or let their locks grow long; they shall surely trim the hair of their heads.

21 No priest shall drink wine when he enters the inner court.

¶ **22** Und sie sollen keine Witwe oder Verstoßene zur Frau nehmen, sondern eine Jungfrau vom Hause Israel oder die Witwe eines Priesters.

¶ **23** Und sie sollen mein Volk lehren, dass es zu unterscheiden wisse zwischen Heiligem und Unheiligem und zwischen Reinem und Unreinem.

¶ **24** Und wenn eine Streitsache vor sie kommt, sollen sie Richter sein und nach meinem Recht das Urteil sprechen und sollen bei allen meinen Festen meine Gebote und Ordnungen halten und meine Sabbate heiligen.

¶ **25** Und sie sollen zu keinem Toten gehen und sich unrein machen, nur zu Vater und Mutter, Sohn oder Tochter, Bruder oder einer Schwester, die noch keinen Mann gehabt hat; an ihnen dürfen sie sich unrein machen.

26 Und nach seiner Reinigung soll man ihm zuzählen sieben Tage.

27 Und wenn er wieder hinein zum Heiligtum geht in den inneren Vorhof, um im Heiligtum Dienst zu tun, soll er sein Sündopfer opfern, spricht Gott der HERR.

¶ **28** Und Erbbesitz sollen sie nicht haben; denn ich bin ihr Erbbesitz. Auch sollt ihr ihnen kein Eigentum an Land geben in Israel; denn ich bin ihr Eigentum.

29 Sie sollen ihre Nahrung haben vom Speisopfer, Sündopfer und Schuldopfer, und alles dem Bann Verfallene in Israel soll ihnen gehören.

30 Und das Beste von allen ersten Früchten und die Abgaben von allem, wovon ihr Abgaben leistet, sollen den Priestern gehören. Ihr sollt den Priestern auch die Erstlinge eures Teiges geben, damit Segen auf deinem Hause ruhe.

31 Was aber verendet oder zerrissen ist, es seien Vögel oder andere Tiere, das sollen die Priester nicht essen.

Die Landabgabe für den heiligen Bezirk; die Landanteile der Stadt und des Fürsten

45 Wenn ihr nun das Land durchs Los austeilt, sollt ihr eine Abgabe vom Land absondern, die dem HERRN heilig sein soll, fünfundzwanzigtausend Ellen lang und zwanzigtausend breit; dieser Raum soll heilig sein, so weit er reicht.

2 Von ihm sollen auf das Heiligtum kommen je fünfhundert Ellen im Geviert und dazu ein freier Raum ringsherum von fünfzig Ellen.

22 They shall not marry a widow or a divorced woman, but only virgins of the offspring of the house of Israel, or a widow who is the widow of a priest.

23 They shall teach my people the difference between the holy and the common, and ᵒshow them how to distinguish between the unclean and the clean.

24 In a dispute, they shall act as judges, and they shall judge it according to my judgments. They shall keep my laws and my statutes in all my appointed feasts, and they shall keep my Sabbaths holy.

25 They shall not defile themselves by going near to a dead person. However, for father or mother, for son or daughter, for brother or unmarried sister they may defile themselves.

26 After he has become clean, they shall count seven days for him.

27 And on the day that he goes into the Holy Place, into the inner court, to minister in the Holy Place, he shall offer his sin offering, declares the Lord GOD.

¶ **28** "This shall be their inheritance: I am their inheritance: and you shall give them no possession in Israel; I am their possession.

29 They shall eat the grain offering, the sin offering, and the guilt offering, and every devoted thing in Israel shall be theirs.

30 And the first of all the firstfruits of all kinds, and every offering of all kinds from all your offerings, shall belong to the priests. You shall also give to the priests the first of your dough, that a blessing may rest on your house.

31 The priests shall not eat of anything, whether bird or beast, that has died of itself or is torn by wild animals.

The Holy District

45 "When you allot the land as an inheritance, you shall set apart for the LORD a portion of the land as a holy district, 25,000 cubits¹ long and 20,000² cubits broad. It shall be holy throughout its whole extent.

2 Of this a square plot of 500 by 500 cubits shall be for the sanctuary, with fifty cubits for an open space around it.

¶ **3** Und auf diesem abgemessenen Raum sollst du abmessen eine Länge von fünfundzwanzigtausend Ellen und eine Breite von zehntausend; und darin soll das Heiligtum stehen, das Allerheiligste.

4 Das soll ein heiliges Gebiet im Lande sein und den Priestern gehören, die im Heiligtum dienen und vor den HERRN treten, um ihm zu dienen, damit sie Raum für ihre Häuser haben, und es soll heilig sein.

¶ **5** Aber die Leviten, die am Tempel Dienst tun, sollen auch einen Raum fünfundzwanzigtausend Ellen lang und zehntausend breit als ihr Eigentum bekommen, damit sie da wohnen.

¶ **6** Und der Stadt sollt ihr als Eigentum zuweisen einen Raum von fünftausend Ellen Breite und fünfundzwanzigtausend Ellen Länge, entlang der Abgabe für das Heiligtum. Das soll dem ganzen Hause Israel gehören.

¶ **7** Dem Fürsten aber sollt ihr auch einen Raum geben zu beiden Seiten der Abgabe für das Heiligtum und des Eigentums der Stadt, neben der Abgabe für das Heiligtum und dem Eigentum der Stadt, im Westen westwärts und im Osten ostwärts, und es soll die Länge einem der Stammesgebiete entsprechen von der Grenze im Westen bis zur Grenze im Osten

8 des Landes. Das soll sein Eigentum sein in Israel, damit meine Fürsten nicht mehr meinem Volk das Seine nehmen, sondern das Land dem Hause Israel für seine Stämme lassen.

Mahnung an die Fürsten

9 So spricht Gott der HERR: Ihr habt's lange genug schlimm getrieben, ihr Fürsten Israels; lasst ab von Frevel und Gewalttat und tut, was recht und gut ist, und hört auf, Leute in meinem Volk von Haus und Hof zu vertreiben, spricht Gott der HERR.

¶ **10** Ihr sollt rechtes Gewicht und rechten Scheffel und rechtes Maß haben.

11 Ein Scheffel und ein Eimer sollen gleich sein, sodass ein Eimer den zehnten Teil von einem Fass hat und ein Scheffel auch den zehnten Teil von einem Fass; nach dem Fass soll man sie beide messen.

12 Und ein Lot soll zwanzig Gramm haben und ein Pfund fünfzig Lot.

3 And from this measured district you shall measure off a section 25,000 cubits long and 10,000 broad, in which shall be the sanctuary, the Most Holy Place.

4 It shall be the holy portion of the land. It shall be for the priests, who minister in the sanctuary and approach the LORD to minister to him, and it shall be a place for their houses and a holy place for the sanctuary.

5 Another section, 25,000 cubits long and 10,000 cubits broad, shall be for the Levites who minister at the temple, as their possession for cities to live in.[3]

¶ **6** "Alongside the portion set apart as the holy district you shall assign for the property of the city an area 5,000 cubits broad and 25,000 cubits long. It shall belong to the whole house of Israel.

The Portion for the Prince

¶ **7** "And to the prince shall belong the land on both sides of the holy district and the property of the city, alongside the holy district and the property of the city, on the west and on the east, corresponding in length to one of the tribal portions, and extending from the western to the eastern boundary

8 of the land. It is to be his property in Israel. And my princes shall no more oppress my people, but they shall let the house of Israel have the land according to their tribes.

¶ **9** "Thus says the Lord GOD: Enough, O princes of Israel! Put away violence and oppression, and execute justice and righteousness. Cease your evictions of my people, declares the Lord GOD.

¶ **10** "You shall have just balances, a just ephah, and a just bath.[4]

11 The ephah and the bath shall be of the same measure, the bath containing one tenth of a homer,[5] and the ephah one tenth of a homer; the homer shall be the standard measure.

12 The shekel shall be twenty gerahs;[6] twenty shekels plus twenty-five shekels plus fifteen shekels shall be your mina.[7]

Die Aufgaben des Fürsten im Opferdienst

13 Das soll nun die Abgabe sein, die ihr leisten sollt, nämlich den sechsten Teil eines Scheffels von einem Fass Weizen und den sechsten Teil eines Scheffels von einem Fass Gerste.

14 Und vom Öl sollt ihr geben je den zehnten Teil eines Eimers von einem Fass, das zehn Eimer oder zehn Scheffel fasst; denn zehn Eimer sind zehn Scheffel;

15 und je ein Lamm von zweihundert Schafen von den Herden Israels zum Speisopfer und Brandopfer und Dankopfer, um für sie Sühne zu schaffen, spricht Gott der HERR.

16 Alles Volk des Landes soll diese Abgaben zum Fürsten in Israel bringen.

17 Und der Fürst soll die Brandopfer, Speisopfer und Trankopfer ausrichten an den Festen, Neumonden und Sabbaten und an allen Feiertagen des Hauses Israel. Er soll die Sündopfer und Speisopfer, Brandopfer und Dankopfer darbringen, um Sühne zu schaffen für das Haus Israel.

¶ 18 So spricht Gott der HERR: Am ersten Tag des ersten Monats sollst du nehmen einen jungen Stier, der ohne Fehler ist, und das Heiligtum entsündigen.

19 Und der Priester soll von dem Blut des Sündopfers nehmen und die Pfosten am Tempel damit besprengen und die vier Ecken des Absatzes am Altar samt den Pfosten am Tor des inneren Vorhofs.

20 So sollst du auch tun am ersten Tag des siebenten Monats wegen derer, die sich verfehlt haben aus Versehen oder Unwissenheit; damit entsühnt ihr den Tempel.

¶ 21 Am vierzehnten Tag des ersten Monats sollt ihr das Passa halten und sieben Tage feiern und ungesäuertes Brot essen.

22 An diesem Tag soll der Fürst für sich und für alles Volk des Landes einen Stier zum Sündopfer opfern.

23 Und an den sieben Tagen des Festes soll er dem HERRN täglich ein Brandopfer darbringen, je sieben Stiere und sieben Widder, die ohne Fehler sind, und je einen Ziegenbock zum Sündopfer.

24 Zum Speisopfer aber soll er je einen Scheffel zu einem Stier und einen Scheffel zu einem Widder opfern und je eine Kanne Öl zu einem Scheffel.

¶ 13 "This is the offering that you shall make: one sixth of an ephah from each homer of wheat, and one sixth of an ephah from each homer of barley,

14 and as the fixed portion of oil, measured in baths, one tenth of a bath from each cor[8] (the cor, like the homer, contains ten baths).[9]

15 And one sheep from every flock of two hundred, from the watering places of Israel for grain offering, burnt offering, and peace offerings, to make atonement for them, declares the Lord GOD.

16 All the people of the land shall be obliged to give this offering to the prince in Israel.

17 It shall be the prince's duty to furnish the burnt offerings, grain offerings, and drink offerings, at the feasts, the new moons, and the Sabbaths, all the appointed feasts of the house of Israel: he shall provide the sin offerings, grain offerings, burnt offerings, and peace offerings, to make atonement on behalf of the house of Israel.

¶ 18 "Thus says the Lord GOD: In the first month, on the first day of the month, you shall take a bull from the herd without blemish, and purify the sanctuary.

19 The priest shall take some of the blood of the sin offering and put it on the doorposts of the temple, the four corners of the ledge of the altar, and the posts of the gate of the inner court.

20 You shall do the same on the seventh day of the month for anyone who has sinned through error or ignorance; so you shall make atonement for the temple.

¶ 21 "In the first month, on the fourteenth day of the month, you shall celebrate the Feast of the Passover, and for seven days unleavened bread shall be eaten.

22 On that day the prince shall provide for himself and all the people of the land a young bull for a sin offering.

23 And on the seven days of the festival he shall provide as a burnt offering to the LORD seven young bulls and seven rams without blemish, on each of the seven days; and a male goat daily for a sin offering.

24 And he shall provide as a grain offering an ephah for each bull, an ephah for each ram, and a hin[10] of oil to each ephah.

¶ 25 Vom fünfzehnten Tag des siebenten Monats an soll er sieben Tage nacheinander feiern wie jene sieben Tage und es ebenso halten mit Sündopfer, Brandopfer, Speisopfer samt dem Öl.

46 So spricht Gott der HERR: Das Tor am inneren Vorhof im Osten soll an den sechs Werktagen zugeschlossen sein, aber am Sabbattag und am Neumond soll man's auftun.

2 Und der Fürst soll von draußen unter die Vorhalle des Tores treten und bei den Pfosten am Tor stehen bleiben. Und die Priester sollen sein Brandopfer und Dankopfer opfern, er aber soll auf der Schwelle des Tores anbeten und danach wieder hinausgehen; das Tor aber soll offen bleiben bis zum Abend.

3 Ebenso soll das Volk des Landes an der Tür dieses Tores anbeten vor dem HERRN an den Sabbaten und Neumonden.

¶ 4 Das Brandopfer aber, das der Fürst dem HERRN opfern soll am Sabbattag, sollen sechs Lämmer sein, die ohne Fehler sind, und ein Widder ohne Fehler

5 und als Speisopfer einen Scheffel zu jedem Widder, als Speisopfer zu den Lämmern aber, soviel seine Hand gibt, und je eine Kanne Öl zu einem Scheffel.

6 Am Neumond aber soll er einen jungen Stier opfern, der ohne Fehler ist, und sechs Lämmer und einen Widder, auch ohne Fehler,

7 und als Speisopfer je einen Scheffel zum Stier und je einen Scheffel zum Widder, aber zu den Lämmern so viel, wie er geben mag, und je eine Kanne Öl zu einem Scheffel.

8 Und wenn der Fürst hineingeht, soll er durch die Vorhalle des Tores hineingehen und auf demselben Weg wieder hinausgehen.

¶ 9 Aber wenn das Volk des Landes vor den HERRN kommt an den Feiertagen, dann sollen die, die zum Tor im Norden hineingehen, um anzubeten, durch das Tor im Süden wieder hinausgehen, und die, die zum Tor im Süden hineingehen, sollen durch das Tor im Norden wieder hinausgehen und sollen nicht wieder durch das Tor hinausgehen, durch das sie hineingegangen sind, sondern sollen durch das Tor gegenüber hinausgehen.

10 Der Fürst aber soll mit ihnen sein, wenn sie hinein- und wenn sie hinausgehen.

25 In the seventh month, on the fifteenth day of the month and for the seven days of the feast, he shall make the same provision for sin offerings, burnt offerings, and grain offerings, and for the oil.

The Prince and the Feasts

46 "Thus says the Lord GOD: The gate of the inner court that faces east shall be shut on the six working days, but on the Sabbath day it shall be opened, and on the day of the new moon it shall be opened.

2 The prince shall enter by the vestibule of the gate from outside, and shall take his stand by the post of the gate. The priests shall offer his burnt offering and his peace offerings, and he shall worship at the threshold of the gate. Then he shall go out, but the gate shall not be shut until evening.

3 The people of the land shall bow down at the entrance of that gate before the LORD on the Sabbaths and on the new moons.

4 The burnt offering that the prince offers to the LORD on the Sabbath day shall be six lambs without blemish and a ram without blemish.

5 And the grain offering with the ram shall be an ephah,[1] and the grain offering with the lambs shall be as much as he is able, together with a hin[2] of oil to each ephah.

6 On the day of the new moon he shall offer a bull from the herd without blemish, and six lambs and a ram, which shall be without blemish.

7 As a grain offering he shall provide an ephah with the bull and an ephah with the ram, and with the lambs as much as he is able, together with a hin of oil to each ephah.

8 When the prince enters, he shall enter by the vestibule of the gate, and he shall go out by the same way.

¶ 9 "When the people of the land come before the LORD at the appointed feasts, he who enters by the north gate to worship shall go out by the south gate, and he who enters by the south gate shall go out by the north gate: no one shall return by way of the gate by which he entered, but each shall go out straight ahead.

10 When they enter, the prince shall enter with them, and when they go out, he shall go out.

¶ **11** Und an den Festen und Feiertagen soll man als Speisopfer zu je einem Stier einen Scheffel und zu je einem Widder einen Scheffel opfern und zu den Lämmern, soviel seine Hand gibt, und je eine Kanne Öl zu einem Scheffel.

¶ **12** Wenn aber der Fürst ein Brandopfer oder Dankopfer als freiwillige Gabe dem HERRN darbringen will, so soll man ihm das Tor im Osten auftun, damit er sein Brandopfer und Dankopfer opfern kann, wie er es sonst am Sabbat zu opfern pflegt. Und wenn er wieder hinausgeht, soll man das Tor hinter ihm zuschließen.

¶ **13** Und er soll dem HERRN täglich ein Brandopfer darbringen, nämlich ein einjähriges Schaf ohne Fehler; das soll er alle Morgen opfern.

14 Und er soll alle Morgen den sechsten Teil eines Scheffels als Speisopfer dazu darbringen und den dritten Teil einer Kanne Öl, um das Feinmehl zu besprengen, als ein Speisopfer für den HERRN. Das soll eine ewige Ordnung sein über das tägliche Opfer.

15 Und so sollen sie das Schaf mit dem Speisopfer und dem Öl alle Morgen opfern als tägliches Brandopfer.

Bestimmungen über das Erbland des Fürsten

16 So spricht Gott der HERR: Wenn der Fürst einem seiner Söhne ein Geschenk gibt von seinem Erbe, soll es seinen Söhnen verbleiben und sie sollen es als ihr Erbe besitzen.

17 Wenn er aber einem seiner Großen von seinem Erbteil etwas schenkt, so sollen sie es besitzen bis zum Jahr der Freilassung und dann soll es an den Fürsten wieder zurückfallen; nur der Anteil seiner Söhne soll diesen verbleiben.

18 Es soll auch der Fürst dem Volk nichts nehmen von seinem Erbteil, um sie dadurch aus ihrem Eigentum zu verdrängen, sondern er soll sein Eigentum auf seine Söhne vererben, damit nicht jemand von meinem Volk aus seinem Eigentum vertrieben wird.

Die Opferküchen

19 Und er führte mich durch den Eingang an der Seite des Tores zu den heiligen Kammern im Norden, die den Priestern gehörten, und siehe, dort war ein Raum in der Ecke im Westen.

20 Und er sprach zu mir: Dies ist der Ort, wo die Priester das Schuldopfer und das Sündopfer kochen und das Speisopfer backen sollen, damit sie es nicht in den äußeren Vorhof hinaustragen müssen und so das Volk mit dem Heiligen in Berührung bringen.

¶ **11** "At the feasts and the appointed festivals, the grain offering with a young bull shall be an ephah, and with a ram an ephah, and with the lambs as much as one is able to give, together with a hin of oil to an ephah.

12 When the prince provides a freewill offering, either a burnt offering or peace offerings as a freewill offering to the LORD, the gate facing east shall be opened for him. And he shall offer his burnt offering or his peace offerings as he does on the Sabbath day. Then he shall go out, and after he has gone out the gate shall be shut.

¶ **13** "You shall provide a lamb a year old without blemish for a burnt offering to the LORD daily; morning by morning you shall provide it.

14 And you shall provide a grain offering with it morning by morning, one sixth of an ephah, and one third of a hin of oil to moisten the flour, as a grain offering to the LORD. This is a perpetual statute.

15 Thus the lamb and the meal offering and the oil shall be provided, morning by morning, for a regular burnt offering.

¶ **16** "Thus says the Lord GOD: If the prince makes a gift to any of his sons as his inheritance, it shall belong to his sons. It is their property by inheritance.

17 But if he makes a gift out of his inheritance to one of his servants, it shall be his to the year of liberty. Then it shall revert to the prince; surely it is his inheritance—it shall belong to his sons.

18 The prince shall not take any of the inheritance of the people, thrusting them out of their property. He shall give his sons their inheritance out of his own property, so that none of my people shall be scattered from his property."

Boiling Places for Offerings

¶ **19** Then he brought me through the entrance, which was at the side of the gate, to the north row of the holy chambers for the priests, and behold, a place was there at the extreme western end of them.

20 And he said to me, "This is the place where the priests shall boil the guilt offering and the sin offering, and where they shall bake the grain offering, in order not to bring them out into the outer court and so transmit holiness to the people."

21 Danach führte er mich in den äußeren Vorhof hinaus und ließ mich in die vier Ecken des Vorhofs gehen. Und siehe, da war in jeder Ecke des Vorhofs wieder ein Vorhof.

22 In den vier Ecken des Vorhofs waren kleine Vorhöfe, vierzig Ellen lang und dreißig Ellen breit, alle vier von gleichem Maß.

23 Und es ging eine Mauer um jeden der vier Vorhöfe herum; da waren Herde ringsherum unten an den Mauern.

24 Und er sprach zu mir: Dies sind die Küchen, in denen die Tempeldiener das Schlachtopfer des Volks kochen sollen.

Der wunderbare Strom aus dem Tempel

47 Und er führte mich wieder zu der Tür des Tempels. Und siehe, da floss ein Wasser heraus unter der Schwelle des Tempels nach Osten; denn die vordere Seite des Tempels lag gegen Osten. Und das Wasser lief unten an der südlichen Seitenwand des Tempels hinab, südlich am Altar vorbei.

2 Und er führte mich hinaus durch das Tor im Norden und brachte mich außen herum zum äußeren Tor im Osten; und siehe, das Wasser sprang heraus aus seiner südlichen Seitenwand.

3 Und der Mann ging heraus nach Osten und hatte eine Messschnur in der Hand, und er maß tausend Ellen und ließ mich durch das Wasser gehen; da ging es mir bis an die Knöchel.

4 Und er maß abermals tausend Ellen und ließ mich durch das Wasser gehen: da ging es mir bis an die Knie; und er maß noch tausend Ellen und ließ mich durch das Wasser gehen: da ging es mir bis an die Lenden.

5 Da maß er noch tausend Ellen: da war es ein Strom, so tief, dass ich nicht mehr hindurchgehen konnte; denn das Wasser war so hoch, dass man schwimmen musste und nicht hindurchgehen konnte.

¶ 6 Und er sprach zu mir: Du Menschenkind, hast du das gesehen? Und er führte mich zurück am Ufer des Flusses entlang.

7 Und als ich zurückkam, siehe, da standen sehr viele Bäume am Ufer auf beiden Seiten.

8 Und er sprach zu mir: Dies Wasser fließt hinaus in das östliche Gebiet und weiter hinab zum Jordantal und mündet ins Tote Meer. Und wenn es ins Meer fließt, soll dessen Wasser gesund werden,

¶ 21 Then he brought me out to the outer court and led me around to the four corners of the court. And behold, in each corner of the court there was another court—

22 in the four corners of the court were small[3] courts, forty cubits[4] long and thirty broad; the four were of the same size.

23 On the inside, around each of the four courts was a row of masonry, with hearths made at the bottom of the rows all around.

24 Then he said to me, "These are the kitchens where those who minister at the temple shall boil the sacrifices of the people."

Water Flowing from the Temple

47 Then he brought me back to the door of the temple, and behold, water was issuing from below the threshold of the temple toward the east (for the temple faced east). The water was flowing down from below the south end of the threshold of the temple, south of the altar.

2 Then he brought me out by way of the north gate and led me around on the outside to the outer gate that faces toward the east; and behold, the water was trickling out on the south side.

¶ 3 Going on eastward with a measuring line in his hand, the man measured a thousand cubits,[1] and then led me through the water, and it was ankle-deep.

4 Again he measured a thousand, and led me through the water, and it was knee-deep. Again he measured a thousand, and led me through the water, and it was waist-deep.

5 Again he measured a thousand, and it was a river that I could not pass through, for the water had risen. It was deep enough to swim in, a river that could not be passed through.

6 And he said to me, "Son of man, have you seen this?"
¶ Then he led me back to the bank of the river.

7 As I went back, I saw on the bank of the river very many trees on the one side and on the other.

8 And he said to me, "This water flows toward the eastern region and goes down into the Arabah, and enters the sea;[2] when the water flows into the sea, the water will become fresh.[3]

9 und alles, was darin lebt und webt, wohin der Strom kommt, das soll leben. Und es soll sehr viele Fische dort geben, wenn dieses Wasser dorthin kommt; und alles soll gesund werden und leben, wohin dieser Strom kommt.

10 Und es werden an ihm die Fischer stehen. Von En-Gedi bis nach En-Eglajim wird man die Fischgarne aufspannen; denn es wird dort sehr viele Fische von aller Art geben wie im großen Meer.

11 Aber die Teiche und Lachen daneben werden nicht gesund werden, sondern man soll daraus Salz gewinnen.

12 Und an dem Strom werden an seinem Ufer auf beiden Seiten allerlei fruchtbare Bäume wachsen; und ihre Blätter werden nicht verwelken und mit ihren Früchten hat es kein Ende. Sie werden alle Monate neue Früchte bringen; denn ihr Wasser fließt aus dem Heiligtum. Ihre Früchte werden zur Speise dienen und ihre Blätter zur Arznei.

Die Grenzen des Landes

13 So spricht Gott der HERR: Dies sind die Grenzen, nach denen ihr das Land den zwölf Stämmen Israels austeilen sollt; zwei Teile gehören dem Stamm Josef.

14 Und ihr sollt es als Erbteil bekommen, einer wie der andere; denn ich habe meine Hand aufgehoben zum Schwur, dies Land euren Vätern zu geben, und so soll es euch als Erbteil zufallen.

¶ **15** Dies ist nun die Grenze des Landes gegen Norden: von dem großen Meer an auf Hetlon zu nach Zedad,

16 Hamat, Berota, Sibrajim, das an Damaskus und Hamat grenzt, und Hazar-Enan, das an den Hauran grenzt.

17 Und so soll die Grenze laufen vom Meer an bis nach Hazar-Enan, und Damaskus und Hamat sollen nördlich liegen bleiben. Das sei die Grenze gegen Norden.

¶ **18** Aber die Grenze gegen Osten: von Hazar-Enan, das zwischen dem Hauran und Damaskus liegt, der Jordan zwischen Gilead und dem Lande Israel bis hinab ans östliche Meer nach Tamar. Das soll die Grenze gegen Osten sein.

¶ **19** Aber die Grenze gegen Süden läuft von Tamar bis an das Haderwasser von Kadesch und den Bach Ägyptens hinab bis an das große Meer. Das soll die Grenze gegen Süden sein.

¶ **20** Und an der Seite gegen Westen ist das große Meer die Grenze bis gegenüber Hamat. Das sei die Grenze gegen Westen.

9 And wherever the river goes,[4] every living creature that swarms will live, and there will be very many fish. For this water goes there, that the waters of the sea[5] may become fresh; so everything will live where the river goes.

10 Fishermen will stand beside the sea. From Engedi to Eneglaim it will be a place for the spreading of nets. Its fish will be of very many kinds, like the fish of the Great Sea.[6]

11 But its swamps and marshes will not become fresh; they are to be left for salt.

12 And on the banks, on both sides of the river, there will grow all kinds of trees for food. Their leaves will not wither, nor their fruit fail, but they will bear fresh fruit every month, because the water for them flows from the sanctuary. Their fruit will be for food, and [p]their leaves for healing."

Division of the Land

¶ **13** Thus says the Lord GOD: "This is the boundary[7] by which you shall divide the land for inheritance among the twelve tribes of Israel. Joseph shall have two portions.

14 And you shall divide equally what I swore to give to your fathers. This land shall fall to you as your inheritance.

¶ **15** "This shall be the boundary of the land: On the north side, from the Great Sea by way of Hethlon to Lebo-hamath, and on to Zedad,[8]

16 Berothah, Sibraim (which lies on the border between Damascus and Hamath), as far as Hazer-hatticon, which is on the border of Hauran.

17 So the boundary shall run from the sea to Hazar-enan, which is on the northern border of Damascus, with the border of Hamath to the north.[9] This shall be the north side.[10]

¶ **18** "On the east side, the boundary shall run between Hauran and Damascus; along the Jordan between Gilead and the land of Israel; to the eastern sea and as far as Tamar.[11] This shall be the east side.

¶ **19** "On the south side, it shall run from Tamar as far as the waters of Meribah-kadesh, from there along the Brook of Egypt[12] to the Great Sea. This shall be the south side.

¶ **20** "On the west side, the Great Sea shall be the boundary to a point opposite Lebo-hamath. This shall be the west side.

Die Verteilung des Landes

21 Und ihr sollt dies Land austeilen unter die Stämme Israels,

22 und wenn ihr das Los werft, um das Land unter euch zu teilen, so sollt ihr die Fremdlinge, die bei euch wohnen und Kinder unter euch zeugen, halten wie die Einheimischen unter den Israeliten; mit euch sollen sie ihren Erbbesitz erhalten unter den Stämmen Israels,

23 und ihr sollt auch ihnen ihren Anteil am Lande geben, jedem bei dem Stamm, bei dem er wohnt, spricht Gott der HERR.

48 Dies sind die Namen der Stämme: Von Norden vom Meer an auf dem Wege nach Hetlon zu nach Hamat und Hazar-Enan, sodass Damaskus nördlich liegen bleibt, gegen Hamat: das soll Dan als seinen Anteil haben von Osten bis nach Westen.

2 Neben Dan soll Asser seinen Anteil haben von Osten bis nach Westen.

3 Neben Asser soll Naftali seinen Anteil haben von Osten bis nach Westen.

4 Neben Naftali soll Manasse seinen Anteil haben von Osten bis nach Westen.

5 Neben Manasse soll Ephraim seinen Anteil haben von Osten bis nach Westen.

6 Neben Ephraim soll Ruben seinen Anteil haben von Osten bis nach Westen.

7 Neben Ruben soll Juda seinen Anteil haben von Osten bis nach Westen.

¶ **8** Neben Juda aber sollt ihr einen Teil als Abgabe absondern von Osten bis nach Westen, der fünfundzwanzigtausend Ellen breit und so lang ist wie sonst ein Anteil von Osten bis nach Westen. Mitten darin soll das Heiligtum stehen.

9 Das Land, das ihr als Abgabe dem HERRN absondern sollt, soll fünfundzwanzigtausend Ellen lang und zehntausend Ellen breit sein.

10 Und diese Abgabe für das Heiligtum soll den Priestern gehören, nämlich fünfundzwanzigtausend Ellen lang an der Nordseite und an der Südseite und zehntausend Ellen breit an der Ostseite und an der Westseite. Und das Heiligtum des HERRN soll mitten darin stehen.

11 Es soll den geweihten Priestern gehören, den Söhnen Zadok, die mir Dienst getan haben und nicht mit den Israeliten abgefallen sind, wie die Leviten abgefallen sind.

¶ **21** "So you shall divide this land among you according to the tribes of Israel.

22 You shall allot it as an inheritance for yourselves and for the sojourners who reside among you and have had children among you. They shall be to you as native-born children of Israel. With you they shall be allotted an inheritance among the tribes of Israel.

23 In whatever tribe the sojourner resides, there you shall assign him his inheritance, declares the Lord GOD.

48 "These are the names of the tribes: Beginning at the northern extreme, beside the way of Hethlon to Lebo-hamath, as far as Hazar-enan (which is on the northern border of Damascus over against Hamath), and[1] extending from the east side to the west,[2] Dan, one portion.

2 Adjoining the territory of Dan, from the east side to the west, Asher, one portion.

3 Adjoining the territory of Asher, from the east side to the west, Naphtali, one portion.

4 Adjoining the territory of Naphtali, from the east side to the west, Manasseh, one portion.

5 Adjoining the territory of Manasseh, from the east side to the west, Ephraim, one portion.

6 Adjoining the territory of Ephraim, from the east side to the west, Reuben, one portion.

7 Adjoining the territory of Reuben, from the east side to the west, Judah, one portion.

¶ **8** "Adjoining the territory of Judah, from the east side to the west, shall be the portion which you shall set apart, 25,000 cubits[3] in breadth, and in length equal to one of the tribal portions, from the east side to the west, with the sanctuary in the midst of it.

9 The portion that you shall set apart for the LORD shall be 25,000 cubits in length, and 20,000[4] in breadth.

10 These shall be the allotments of the holy portion: the priests shall have an allotment measuring 25,000 cubits on the northern side, 10,000 cubits in breadth on the western side, 10,000 in breadth on the eastern side, and 25,000 in length on the southern side, with the sanctuary of the LORD in the midst of it.

11 This shall be for the consecrated priests, the sons of Zadok, who kept my charge, who did not go astray when the people of Israel went astray, as the Levites did.

12 Und diese besondere Abgabe von der Abgabe des Landes soll ihnen gehören und hochheilig sein, neben dem Gebiet der Leviten.

¶ **13** Die Leviten aber sollen neben dem Gebiet der Priester auch ein Gebiet von fünfundzwanzigtausend Ellen in der Länge und zehntausend Ellen in der Breite haben; denn im Ganzen soll die Länge fünfundzwanzigtausend Ellen und die Breite zwanzigtausend Ellen sein.

14 Und sie dürfen nichts davon verkaufen oder vertauschen, damit dieser beste Teil des Landes nicht in andere Hände kommt; denn er ist dem HERRN geheiligt.

¶ **15** Aber die übrigen fünftausend Ellen in der Breite entlang den fünfundzwanzigtausend Ellen sollen nicht heilig, sondern für die Stadt zum Wohnen und zur Weidetrift bestimmt sein, und die Stadt soll mitten darin stehen.

16 Und das sollen ihre Maße sein: viertausendfünfhundert Ellen an der Nordseite und an der Südseite, ebenso auch an der Ostseite und an der Westseite viertausendfünfhundert Ellen.

17 Die Weidetrift der Stadt soll zweihundertfünfzig Ellen gegen Norden und gegen Süden messen, ebenso auch gegen Osten und gegen Westen zweihundertfünfzig Ellen.

18 Aber das übrige Gebiet entlang der Abgabe für das Heiligtum, nämlich zehntausend Ellen gegen Osten und zehntausend Ellen gegen Westen, das soll dem Unterhalt derer dienen, die in der Stadt arbeiten.

19 Und Arbeiter aus allen Stämmen Israels sollen in der Stadt arbeiten.

20 So soll die ganze Abgabe fünfundzwanzigtausend Ellen im Geviert sein. Ein Viereck soll die Abgabe für das Heiligtum sein mit dem, was Eigentum der Stadt ist.

¶ **21** Was aber noch übrig ist, soll dem Fürsten gehören, nämlich auf beiden Seiten neben der Abgabe für das Heiligtum und neben dem Eigentum der Stadt entlang den fünfundzwanzigtausend Ellen an der Ostseite und an der Westseite, so weit wie die Anteile der Stämme reichen; das soll dem Fürsten gehören. Die Abgabe für das Heiligtum und der Tempel sollen in der Mitte liegen.

22 Abgesehen von dem Eigentum der Leviten und dem Eigentum der Stadt, das mitten im Gebiet des Fürsten liegt, soll das Land zwischen dem Gebiet Judas und dem Gebiet Benjamins dem Fürsten gehören.

12 And it shall belong to them as a special portion from the holy portion of the land, a most holy place, adjoining the territory of the Levites.

13 And alongside the territory of the priests, the Levites shall have an allotment 25,000 cubits in length and 10,000 in breadth. The whole length shall be 25,000 cubits and the breadth 20,000.[5]

14 They shall not sell or exchange any of it. They shall not alienate this choice portion of the land, for it is holy to the LORD.

¶ **15** "The remainder, 5,000 cubits in breadth and 25,000 in length, shall be for common use for the city, for dwellings and for open country. In the midst of it shall be the city,

16 and these shall be its measurements: the north side 4,500 cubits, the south side 4,500, the east side 4,500, and the west side 4,500.

17 And the city shall have open land: on the north 250 cubits, on the south 250, on the east 250, and on the west 250.

18 The remainder of the length alongside the holy portion shall be 10,000 cubits to the east, and 10,000 to the west, and it shall be alongside the holy portion. Its produce shall be food for the workers of the city.

19 And the workers of the city, from all the tribes of Israel, shall till it.

20 The whole portion that you shall set apart shall be 25,000 cubits square, that is, the holy portion together with the property of the city.

¶ **21** "What remains on both sides of the holy portion and of the property of the city shall belong to the prince. Extending from the 25,000 cubits of the holy portion to the east border, and westward from the 25,000 cubits to the west border, parallel to the tribal portions, it shall belong to the prince. The holy portion with the sanctuary of the temple shall be in its midst.

22 It shall be separate from the property of the Levites and the property of the city, which are in the midst of that which belongs to the prince. The portion of the prince shall lie between the territory of Judah and the territory of Benjamin.

23 Danach sollen die übrigen Stämme kommen: Benjamin soll seinen Anteil haben von Osten bis nach Westen.

24 Neben dem Gebiet Benjamins soll Simeon seinen Anteil haben von Osten bis nach Westen.

25 Neben dem Gebiet Simeons soll Issachar seinen Anteil haben von Osten bis nach Westen.

26 Neben dem Gebiet Issachars soll Sebulon seinen Anteil haben von Osten bis nach Westen.

27 Neben dem Gebiet Sebulons soll Gad seinen Anteil haben von Osten bis nach Westen.

28 Neben dem Gebiet von Gad soll im Süden die Grenze von Tamar bis an das Haderwasser von Kadesch laufen und den Bach Ägyptens hinab bis an das große Meer.

29 Das ist das Land, das ihr austeilen sollt als Erbteil unter die Stämme Israels, und das sollen ihre Erbteile sein, spricht Gott der HERR.

Die Tore der Stadt

30 Und dies sollen die Ausgänge der Stadt sein: an der Nordseite mit ihren viertausendfünfhundert Ellen

31 drei Tore: das erste Tor Ruben, das zweite Juda, das dritte Levi; denn die Tore der Stadt sollen nach den Namen der Stämme Israels genannt werden.

32 So auch an der Ostseite mit ihren viertausendfünfhundert Ellen drei Tore: nämlich das erste Tor Josef, das zweite Benjamin, das dritte Dan.

33 An der Südseite mit ihren viertausendfünfhundert Ellen auch drei Tore: das erste Tor Simeon, das zweite Issachar, das dritte Sebulon.

34 So auch an der Westseite mit ihren viertausendfünfhundert Ellen drei Tore: das erste Tor Gad, das zweite Asser, das dritte Naftali.

35 So soll der ganze Umfang achtzehntausend Ellen sein. Und alsdann soll die Stadt genannt werden »Hier ist der HERR«.

23 "As for the rest of the tribes: from the east side to the west, Benjamin, one portion.

24 Adjoining the territory of Benjamin, from the east side to the west, Simeon, one portion.

25 Adjoining the territory of Simeon, from the east side to the west, Issachar, one portion.

26 Adjoining the territory of Issachar, from the east side to the west, Zebulun, one portion.

27 Adjoining the territory of Zebulun, from the east side to the west, Gad, one portion.

28 And adjoining the territory of Gad to the south, the boundary shall run from Tamar to the waters of ᵍMeribah-kadesh, from there along the Brook of Egypt⁶ to the Great Sea.⁷

29 This is the land that you shall allot as an inheritance among the tribes of Israel, and these are their portions, declares the Lord GOD.

The Gates of the City

30 "These shall be the exits of the city: On the north side, which is to be 4,500 cubits by measure,

31 three gates, the gate of Reuben, the gate of ᵐJudah, and the gate of ᵐLevi, the gates of the city being named after the tribes of Israel.

32 On the east side, which is to be 4,500 cubits, three gates, the gate of Joseph, the gate of Benjamin, and the gate of Dan.

33 On the south side, which is to be 4,500 cubits by measure, three gates, the gate of Simeon, the gate of Issachar, and the gate of Zebulun.

34 On the west side, which is to be 4,500 cubits, three gates,⁸ the gate of Gad, the gate of Asher, and the gate of Naphtali.

35 The circumference of the city shall be 18,000 cubits. And the name of the city from that time on shall be, The LORD Is There."

DER PROPHET DANIEL

DANIEL

Die Erziehung Daniels und seiner Freunde am babylonischen Hof

1 Im dritten Jahr der Herrschaft Jojakims, des Königs von Juda, zog Nebukadnezar, der König von Babel, vor Jerusalem und belagerte es.

2 Und der Herr gab in seine Hand Jojakim, den König von Juda, und einen Teil der Geräte aus dem Hause Gottes. Die ließ er ins Land Schinar bringen, in den Tempel seines Gottes, und tat die Geräte in die Schatzkammer seines Gottes.

¶ 3 Und der König sprach zu Aschpenas, seinem obersten Kämmerer, er sollte einige von den Israeliten auswählen, und zwar von königlichem Stamm und von edler Herkunft,

4 junge Leute, die keine Gebrechen hätten, sondern schön, begabt, weise, klug und verständig wären, also fähig, an des Königs Hof zu dienen; und er sollte sie in Schrift und Sprache der Chaldäer unterrichten lassen.

5 Und der König bestimmte, was man ihnen täglich geben sollte von seiner Speise und von dem Wein, den er selbst trank; so sollten sie drei Jahre erzogen werden und danach vor dem König dienen.

6 Unter ihnen waren aus Juda Daniel, Hananja, Mischaël und Asarja.

7 Und der oberste Kämmerer gab ihnen andere Namen und nannte Daniel Beltschazar und Hananja Schadrach und Mischaël Meschach und Asarja Abed-Nego.

¶ 8 Aber Daniel nahm sich in seinem Herzen vor, dass er sich mit des Königs Speise und mit seinem Wein nicht unrein machen wollte, und bat den obersten Kämmerer, dass er sich nicht unrein machen müsste.

9 Und Gott gab es Daniel, dass ihm der oberste Kämmerer günstig und gnädig gesinnt wurde.

Daniel Taken to Babylon

1 In the third year of the reign of Jehoiakim king of Judah, Nebuchadnezzar king of Babylon came to Jerusalem and besieged it.

2 And the Lord gave Jehoiakim king of Judah into his hand, with some of the vessels of the house of God. And he brought them to the land of Shinar, to the house of his god, and placed the vessels in the treasury of his god.

3 Then the king commanded Ashpenaz, his chief eunuch, to bring some of the people of Israel, both of the royal family[1] and of the nobility,

4 youths without blemish, of good appearance and skillful in all wisdom, endowed with knowledge, understanding learning, and competent to stand in the king's palace, and to teach them the literature and language of the Chaldeans.

5 The king assigned them a daily portion of the food that the king ate, and of the wine that he drank. They were to be educated for three years, and at the end of that time they were to stand before the king.

6 Among these were Daniel, Hananiah, [p]Mishael, and [p]Azariah of the tribe of Judah.

7 And the chief of the eunuchs gave them names: Daniel he called Belteshazzar, Hananiah he called Shadrach, Mishael he called Meshach, and Azariah he called Abednego.

Daniel's Faithfulness

¶ 8 But Daniel resolved that he would not defile himself with the king's food, or with the wine that he drank. Therefore he asked the chief of the eunuchs to allow him not to ᵗdefile himself.

9 And God gave Daniel favor and compassion in the sight of the chief of the eunuchs,

10 Der sprach zu ihm: Ich fürchte mich vor meinem Herrn, dem König, der euch eure Speise und euern Trank bestimmt hat. Wenn er merken würde, dass euer Aussehen schlechter ist als das der andern jungen Leute eures Alters, so brächtet ihr mich bei dem König um mein Leben.

11 Da sprach Daniel zu dem Aufseher, den der oberste Kämmerer über Daniel, Hananja, Mischaël und Asarja gesetzt hatte:

12 Versuch's doch mit deinen Knechten zehn Tage und lass uns Gemüse zu essen und Wasser zu trinken geben.

13 Und dann lass dir unser Aussehen und das der jungen Leute, die von des Königs Speise essen, zeigen; und danach magst du mit deinen Knechten tun nach dem, was du sehen wirst.

¶ **14** Und er hörte auf sie und versuchte es mit ihnen zehn Tage.

15 Und nach den zehn Tagen sahen sie schöner und kräftiger aus als alle jungen Leute, die von des Königs Speise aßen.

16 Da tat der Aufseher die Speise und den Trank, die für sie bestimmt waren, weg und gab ihnen Gemüse.

17 Und diesen vier jungen Leuten gab Gott Einsicht und Verstand für jede Art von Schrift und Weisheit. Daniel aber verstand sich auf Gesichte und Träume jeder Art.

¶ **18** Und als die Zeit um war, die der König bestimmt hatte, dass sie danach vor ihn gebracht werden sollten, brachte sie der oberste Kämmerer vor Nebukadnezar.

19 Und der König redete mit ihnen, und es wurde unter allen niemand gefunden, der Daniel, Hananja, Mischaël und Asarja gleich war. Und sie wurden des Königs Diener.

20 Und der König fand sie in allen Sachen, die er sie fragte, zehnmal klüger und verständiger als alle Zeichendeuter und Weisen in seinem ganzen Reich.

21 Und Daniel blieb im Dienst bis ins erste Jahr des Königs Kyrus.

Nebukadnezars Traum von den vier Weltreichen
(vgl. Kap 7,1-28)

2 Im zweiten Jahr seiner Herrschaft hatte Nebukadnezar einen Traum, über den er so erschrak, dass er aufwachte.

---

10 and the chief of the eunuchs said to Daniel, "I fear my lord the king, who assigned your food and your drink; for why should he see that you were in worse condition than the youths who are of your own age? So you would endanger my head with the king."

11 Then Daniel said to the steward whom the chief of the eunuchs had assigned over Daniel, Hananiah, Mishael, and Azariah,

12 "Test your servants for ten days; let us be given vegetables to eat and water to drink.

13 Then let our appearance and the appearance of the youths who eat the king's food be observed by you, and deal with your servants according to what you see."

14 So he listened to them in this matter, and tested them for ten days.

15 At the end of ten days it was seen that they were better in appearance and fatter in flesh than all the youths who ate the king's food.

16 So the steward took away their food and the wine they were to drink, and gave them vegetables.

¶ **17** As for these four youths, God gave them learning and skill in all literature and wisdom, and Daniel had understanding in all visions and dreams.

18 At the end of the time, when the king had commanded that they should be brought in, the chief of the eunuchs brought them in before Nebuchadnezzar.

19 And the king spoke with them, and among all of them none was found like Daniel, Hananiah, Mishael, and Azariah. Therefore they stood before the king.

20 And in every matter of wisdom and understanding about which the king inquired of them, he found them ten times better than all the magicians and enchanters that were in all his kingdom.

21 And Daniel was there until the first year of King Cyrus.

Nebuchadnezzar's Dream

2 In the second year of the reign of Nebuchadnezzar, Nebuchadnezzar had dreams; his spirit was troubled, and his sleep left him.

2 Und der König ließ alle Zeichendeuter und Weisen und Zauberer und Wahrsager zusammenrufen, dass sie ihm seinen Traum sagen sollten. Und sie kamen und traten vor den König.

3 Und der König sprach zu ihnen: Ich hab einen Traum gehabt; der hat mich erschreckt, und ich wollte gerne wissen, was es mit dem Traum gewesen ist.

¶ **4** Da sprachen die Wahrsager zum König auf Aramäisch: Der König lebe ewig! Sage deinen Knechten den Traum, so wollen wir ihn deuten.

5 Der König antwortete und sprach zu den Wahrsagern: Mein Wort ist deutlich genug. Werdet ihr mir nun den Traum nicht kundtun und deuten, so sollt ihr in Stücke gehauen und eure Häuser sollen zu Schutthaufen gemacht werden.

6 Werdet ihr mir aber den Traum kundtun und deuten, so sollt ihr Geschenke, Gaben und große Ehre von mir empfangen. Darum sagt mir den Traum und seine Deutung.

7 Sie antworteten noch einmal und sprachen: Der König sage seinen Knechten den Traum, so wollen wir ihn deuten.

¶ **8** Der König antwortete und sprach: Wahrlich, ich merke, dass ihr Zeit gewinnen wollt, weil ihr seht, dass mein Wort deutlich genug ist.

9 Aber werdet ihr mir den Traum nicht sagen, so ergeht ein Urteil über euch alle, weil ihr euch vorgenommen habt, Lug und Trug vor mir zu reden, bis die Zeiten sich ändern. Darum sagt mir den Traum; so kann ich merken, dass ihr auch die Deutung trefft.

10 Da antworteten die Wahrsager vor dem König und sprachen zu ihm: Es ist kein Mensch auf Erden, der sagen könnte, was der König fordert. Ebenso gibt es auch keinen König, wie groß oder mächtig er sei, der solches von irgendeinem Zeichendeuter, Weisen oder Wahrsager fordern würde.

11 Denn was der König fordert, ist zu hoch, und es gibt auch sonst niemand, der es vor dem König sagen könnte, ausgenommen die Götter, die nicht bei den Menschen wohnen.

¶ **12** Da wurde der König sehr zornig und befahl, alle Weisen von Babel umzubringen.

13 Und das Urteil ging aus, dass man die Weisen töten sollte. Auch Daniel und seine Gefährten suchte man, um sie zu töten.

¶ **14** Da wandte sich Daniel klug und verständig an Arjoch, den Obersten der Leibwache des Königs, der auszog, um die Weisen von Babel zu töten.

2 Then the king commanded that the magicians, the enchanters, the sorcerers, and the Chaldeans be summoned to tell the king his dreams. So they came in and stood before the king.

3 And the king said to them, "I had a dream, and my spirit is troubled to know the dream."

4 Then the Chaldeans said to the king in Aramaic,[1] "O king, live forever! Tell your servants the dream, and we will show the interpretation."

5 The king answered and said to the Chaldeans, "The word from me is firm: if you do not make known to me the dream and its interpretation, you shall be torn limb from limb, ⁿand your houses shall be laid in ruins.

6 But if you show the dream and its interpretation, you shall receive from me gifts and rewards and great honor. Therefore show me the dream and its interpretation."

7 They answered a second time and said, "Let the king tell his servants the dream, and we will show its interpretation."

8 The king answered and said, "I know with certainty that you are trying to gain time, because you see that the word from me is firm—

9 if you do not make the dream known to me, there is but one sentence for you. You have agreed to speak lying and corrupt words before me till the times change. Therefore tell me the dream, and I shall know that you can show me its interpretation."

10 The Chaldeans answered the king and said, "There is not a man on earth who can meet the king's demand, for no great and powerful king has asked such a thing of any magician or enchanter or ᵛChaldean.

11 The thing that the king asks is difficult, and no one can show it to the king except the gods, whose dwelling is not with flesh."

¶ **12** Because of this the king was angry and very furious, and commanded that all the wise men of Babylon be destroyed.

13 So the decree went out, and the wise men were about to be killed; and they sought Daniel and his companions, to kill them.

14 Then Daniel replied with prudence and discretion to Arioch, the captain of the king's guard, who had gone out to kill the wise men of Babylon.

15 Und er fing an und sprach zu Arjoch, dem der König Vollmacht gegeben hatte: Warum ist ein so strenges Urteil vom König ergangen? Und Arjoch teilte es Daniel mit.

16 Da ging Daniel hinein und bat den König, ihm eine Frist zu geben, damit er die Deutung dem König sagen könne.

¶ **17** Und Daniel ging heim und teilte es seinen Gefährten Hananja, Mischaël und Asarja mit,

18 damit sie den Gott des Himmels um Gnade bäten wegen dieses Geheimnisses und Daniel und seine Gefährten nicht samt den andern Weisen von Babel umkämen.

¶ **19** Da wurde Daniel dies Geheimnis durch ein Gesicht in der Nacht offenbart. Und Daniel lobte den Gott des Himmels,

20 fing an und sprach: Gelobet sei der Name Gottes von Ewigkeit zu Ewigkeit, denn ihm gehören Weisheit und Stärke!

21 Er ändert Zeit und Stunde; er setzt Könige ab und setzt Könige ein; er gibt den Weisen ihre Weisheit und den Verständigen ihren Verstand,

22 er offenbart, was tief und verborgen ist; er weiß, was in der Finsternis liegt, denn bei ihm ist lauter Licht.

23 Ich danke dir und lobe dich, Gott meiner Väter, dass du mir Weisheit und Stärke verliehen und jetzt offenbart hast, was wir von dir erbeten haben; denn du hast uns des Königs Sache offenbart.

¶ **24** Da ging Daniel hinein zu Arjoch, der vom König Befehl hatte, die Weisen von Babel umzubringen, und sprach zu ihm: Du sollst die Weisen von Babel nicht umbringen, sondern führe mich hinein zum König, ich will dem König die Deutung sagen.

25 Arjoch brachte Daniel eilends hinein vor den König und sprach zu ihm: Ich habe einen Mann gefunden unter den Gefangenen aus Juda, der dem König die Deutung sagen kann.

26 Der König antwortete und sprach zu Daniel, den sie Beltschazar nannten: Bist du es, der mir den Traum, den ich gesehen habe, und seine Deutung kundtun kann?

15 He declared[2] to Arioch, the king's captain, "Why is the decree of the king so urgent?" Then Arioch made the matter known to Daniel.

16 And Daniel went in and requested the king to appoint him a time, that he might show the interpretation to the king.

God Reveals Nebuchadnezzar's Dream

¶ **17** Then Daniel went to his house and made the matter known to Hananiah, [e]Mishael, and [e]Azariah, his companions,

18 and told them to seek mercy from the God of heaven concerning this mystery, so that Daniel and his companions might not be destroyed with the rest of the wise men of Babylon.

19 Then the mystery was revealed to Daniel in a vision of the night. Then Daniel blessed the God of heaven.

20 Daniel answered and said:

"Blessed be the name of God forever and ever,
   to whom belong wisdom and might.

21 He changes times and seasons;
   he removes kings and sets up kings;
   he gives wisdom to the wise
   [o] and knowledge to those who have understanding;

22 he reveals deep and hidden things;
   [p] he knows what is in the darkness,
   and the light dwells with him.

23 To you, O God of my fathers,
   I give thanks and praise,
   for you have given me wisdom and might,
   and have now made known to me what we asked of you,
   for you have made known to us the king's matter."

¶ **24** Therefore Daniel went in to Arioch, whom the king had appointed to destroy the wise men of Babylon. He went and said thus to him: "Do not destroy the wise men of Babylon; bring me in before the king, and I will show the king the interpretation."

¶ **25** Then Arioch brought in Daniel before the king in haste and said thus to him: "I have found among the exiles from Judah a man who will make known to the king the interpretation."

26 The king declared to Daniel, whose name was Belteshazzar, "Are you able to make known to me the dream that I have seen and its interpretation?"

¶ **27** Daniel fing an vor dem König und sprach: Das Geheimnis, nach dem der König fragt, vermögen die Weisen, Gelehrten, Zeichendeuter und Wahrsager dem König nicht zu sagen.

28 Aber es ist ein Gott im Himmel, der kann Geheimnisse offenbaren. Der hat dem König Nebukadnezar kundgetan, was in künftigen Zeiten geschehen soll. Mit deinem Traum und deinen Gesichten, als du schliefst, verhielt es sich so:

29 Du, König, dachtest auf deinem Bett, was dereinst geschehen würde; und der, der Geheimnisse offenbart, hat dir kundgetan, was geschehen wird.

30 Mir aber ist dies Geheimnis offenbart worden, nicht als wäre meine Weisheit größer als die Weisheit aller, die da leben, sondern damit dem König die Deutung kundwürde und du deines Herzens Gedanken erführest.

¶ **31** Du, König, hattest einen Traum, und siehe, ein großes und hohes und hell glänzendes Bild stand vor dir, das war schrecklich anzusehen.

32 Das Haupt dieses Bildes war von feinem Gold, seine Brust und seine Arme waren von Silber, sein Bauch und seine Lenden waren von Kupfer,

33 seine Schenkel waren von Eisen, seine Füße waren teils von Eisen und teils von Ton.

34 Das sahst du, bis ein Stein herunterkam, ohne Zutun von Menschenhänden; der traf das Bild an seinen Füßen, die von Eisen und Ton waren, und zermalmte sie.

35 Da wurden miteinander zermalmt Eisen, Ton, Kupfer, Silber und Gold und wurden wie Spreu auf der Sommertenne, und der Wind verwehte sie, dass man sie nirgends mehr finden konnte. Der Stein aber, der das Bild zerschlug, wurde zu einem großen Berg, sodass er die ganze Welt füllte.

¶ **36** Das ist der Traum. Nun wollen wir die Deutung vor dem König sagen.

37 Du, König, bist ein König aller Könige, dem der Gott des Himmels Königreich, Macht, Stärke und Ehre gegeben hat

38 und dem er alle Länder, in denen Leute wohnen, dazu die Tiere auf dem Felde und die Vögel unter dem Himmel in die Hände gegeben und dem er über alles Gewalt verliehen hat. Du bist das goldene Haupt.

27 Daniel answered the king and said, "No wise men, enchanters, *a*magicians, or astrologers can show to the king the mystery that the king has asked,

28 but there is a God in heaven who reveals mysteries, and he has made known to King Nebuchadnezzar what will be in the latter days. Your dream and the visions of your head as you lay in bed are these:

29 To you, O king, as you lay in bed came thoughts of what would be after this, and he who reveals mysteries made known to you what is to be.

30 But as for me, this mystery has been revealed to me, not because of any wisdom that I have more than all the living, but in order that the interpretation may be made known to the king, and that you may know the thoughts of your mind.

Daniel Interprets the Dream

¶ **31** "You saw, O king, and behold, a great image. This image, mighty and of exceeding brightness, stood before you, and its appearance was frightening.

32 The head of this image was of fine gold, its chest and arms of silver, its middle and *j*thighs of bronze,

33 its legs of iron, its feet partly of iron and partly of clay.

34 As you looked, a stone was cut out by no human hand, and it struck the image on its feet of iron and clay, and broke them in pieces.

35 Then the iron, the clay, the bronze, the silver, and the gold, all together were broken in pieces, and became like the chaff of the summer threshing floors; and the wind carried them away, so that not a trace of them could be found. But the stone that struck the image became a great mountain and filled the whole earth.

¶ **36** "This was the dream. Now we will tell the king its interpretation.

37 You, O king, the king of kings, to whom the God of heaven has given the kingdom, the power, and the might, and the glory,

38 and into whose hand he has given, wherever they dwell, the children of man, the beasts of the field, and the birds of the heavens, making you rule over them all—you are the head of gold.

¶ **39** Nach dir wird ein anderes Königreich aufkommen, geringer als deines, danach das dritte Königreich, das aus Kupfer ist und über alle Länder herrschen wird.

40 Und das vierte wird hart sein wie Eisen; denn wie Eisen alles zermalmt und zerschlägt, ja, wie Eisen alles zerbricht, so wird es auch alles zermalmen und zerbrechen.

41 Dass du aber die Füße und Zehen teils von Ton und teils von Eisen gesehen hast, bedeutet: Das wird ein zerteiltes Königreich sein; doch wird etwas von des Eisens Härte darin bleiben, wie du ja gesehen hast Eisen mit Ton vermengt.

42 Und dass die Zehen an seinen Füßen teils von Eisen und teils von Ton sind, bedeutet: Zum Teil wird's ein starkes und zum Teil ein schwaches Reich sein.

43 Und dass du gesehen hast Eisen mit Ton vermengt, bedeutet: Sie werden sich zwar durch Heiraten miteinander vermischen, aber sie werden doch nicht aneinander festhalten, so wie sich Eisen und Ton nicht mengen lässt.

¶ **44** Aber **zur Zeit dieser Könige wird der Gott des Himmels ein Reich aufrichten, das nimmermehr zerstört wird; und sein Reich wird auf kein anderes Volk kommen. Es wird alle diese Königreiche zermalmen und zerstören; aber es selbst wird ewig bleiben,**

45 wie du ja gesehen hast, dass ein Stein ohne Zutun von Menschenhänden vom Berg herunterkam, der Eisen, Kupfer, Ton, Silber und Gold zermalmte. So hat der große Gott dem König kundgetan, was dereinst geschehen wird. Der Traum ist zuverlässig und die Deutung ist richtig.

¶ **46** Da fiel der König Nebukadnezar auf sein Angesicht und warf sich nieder vor Daniel und befahl, man sollte ihm Speisopfer und Räucheropfer darbringen.

47 Und der König antwortete Daniel und sprach: Es ist kein Zweifel, euer Gott ist ein Gott über alle Götter und ein Herr über alle Könige, der Geheimnisse offenbaren kann, wie du dies Geheimnis hast offenbaren können.

48 Und der König erhöhte Daniel und gab ihm große und viele Geschenke und machte ihn zum Fürsten über das ganze Land Babel und setzte ihn zum Obersten über alle Weisen in Babel.

49 Und Daniel bat den König, über die einzelnen Bezirke im Lande Babel Schadrach, Meschach und Abed-Nego zu setzen. Daniel aber blieb am Hof des Königs.

39 Another kingdom inferior to you shall arise after you, and yet a third kingdom of bronze, which shall rule over all the earth.

40 And there shall be a fourth kingdom, strong as iron, because iron breaks to pieces and shatters all things. And like iron that crushes, it shall ᶻbreak and crush all these.

41 And as you saw the feet and toes, partly of potter's clay and partly of iron, it shall be a divided kingdom, but some of the firmness of iron shall be in it, just as you saw iron mixed with the soft clay.

42 And as the toes of the feet were partly iron and partly clay, so the kingdom shall be partly strong and partly brittle.

43 As you saw the iron mixed with soft clay, so they will mix with one another in marriage,[3] but they will not hold together, just as iron does not mix with clay.

44 And in the days of those kings the God of heaven will set up a kingdom that shall never be destroyed, nor shall the kingdom be left to another people. It shall break in pieces all these kingdoms and bring them to an end, and ᶜit shall stand forever,

45 just as you saw that a stone was cut from a mountain by no human hand, and that it broke in pieces the iron, the bronze, the clay, the silver, and the gold. A great God has made known to the king what shall be after this. The dream is certain, and its interpretation sure."

Daniel Is Promoted

¶ **46** Then King Nebuchadnezzar fell upon his face and paid homage to Daniel, and commanded that an offering and incense be offered up to him.

47 The king answered and said to Daniel, "Truly, your God is God of gods and Lord of kings, and a revealer of mysteries, for you have been able to reveal this mystery."

48 Then the king gave Daniel high honors and many great gifts, and made him ruler over the whole province of Babylon and chief prefect over all the wise men of Babylon.

49 Daniel made a request of the king, and he appointed Shadrach, Meshach, and Abednego over the affairs of the province of Babylon. But Daniel remained at the king's court.

Die drei Männer im Feuerofen

3 Der König Nebukadnezar ließ ein goldenes Bild machen sechzig Ellen hoch und sechs Ellen breit und ließ es aufrichten in der Ebene Dura im Lande Babel.

2 Und der König Nebukadnezar sandte nach den Fürsten, Würdenträgern, Statthaltern, Richtern, Schatzmeistern, Räten, Amtleuten und allen Mächtigen im Lande, dass sie zusammenkommen sollten, um das Bild zu weihen, das der König Nebukadnezar hatte aufrichten lassen.

¶ **3** Da kamen zusammen die Fürsten, Würdenträger, Statthalter, Richter, Schatzmeister, Räte, Amtleute und alle Mächtigen im Lande, um das Bild zu weihen, das der König Nebukadnezar hatte aufrichten lassen. Und sie mussten sich vor dem Bild aufstellen, das Nebukadnezar hatte aufrichten lassen.

4 Und der Herold rief laut: Es wird euch befohlen, ihr Völker und Leute aus so vielen verschiedenen Sprachen:

5 Wenn ihr hören werdet den Schall der Posaunen, Trompeten, Harfen, Zithern, Flöten, Lauten und aller andern Instrumente, dann sollt ihr niederfallen und das goldene Bild anbeten, das der König Nebukadnezar hat aufrichten lassen.

6 Wer aber dann nicht niederfällt und anbetet, der soll sofort in den glühenden Ofen geworfen werden.

7 Als sie nun hörten den Schall der Posaunen, Trompeten, Harfen, Zithern, Flöten und aller andern Instrumente, fielen nieder alle Völker und Leute aus so vielen verschiedenen Sprachen und beteten an das goldene Bild, das der König Nebukadnezar hatte aufrichten lassen.

¶ **8** Da kamen einige chaldäische Männer und verklagten die Juden,

9 fingen an und sprachen zum König Nebukadnezar: Der König lebe ewig!

10 Du hast ein Gebot ergehen lassen, dass alle Menschen niederfallen und das goldene Bild anbeten sollten, wenn sie den Schall der Posaunen, Trompeten, Harfen, Zithern, Flöten, Lauten und aller andern Instrumente hören würden;

11 wer aber nicht niederfiele und anbetete, sollte in den glühenden Ofen geworfen werden.

Nebuchadnezzar's Golden Image

3 King Nebuchadnezzar made an image of gold, whose height was sixty cubits[1] and its breadth six cubits. He set it up on the plain of Dura, in the province of Babylon.

2 Then King Nebuchadnezzar sent to gather the satraps, the prefects, and the governors, the counselors, the treasurers, the justices, the magistrates, and all the officials of the provinces to come to the dedication of the image that King Nebuchadnezzar had set up.

3 Then the satraps, the prefects, and the governors, the counselors, the treasurers, the justices, the magistrates, and all the officials of the provinces gathered for the dedication of the image that King Nebuchadnezzar had set up. And they stood before the image that Nebuchadnezzar had set up.

4 And the herald proclaimed aloud, "You are commanded, O peoples, nations, and languages,

5 that when you hear the sound of the horn, pipe, lyre, trigon, harp, bagpipe, and every kind of music, you are to fall down and worship the golden image that King Nebuchadnezzar has set up.

6 And whoever does not fall down and worship shall immediately be cast into a burning fiery furnace."

7 Therefore, as soon as all the peoples heard the sound of the horn, pipe, lyre, trigon, harp, bagpipe, and every kind of music, all the peoples, nations, and languages fell down and worshiped the golden image that King Nebuchadnezzar had set up.

The Fiery Furnace

¶ **8** Therefore at that time certain Chaldeans came forward and maliciously accused the Jews.

9 They declared[2] to King Nebuchadnezzar, "O king, live forever!

10 You, O king, have made a decree, that every man who hears the sound of the horn, pipe, lyre, trigon, harp, bagpipe, and every kind of music, ᵍshall fall down and worship the golden image.

11 And whoever does not fall down and worship shall be cast into a burning fiery furnace.

12 Nun sind da jüdische Männer, die du über die einzelnen Bezirke im Lande Babel gesetzt hast, nämlich Schadrach, Meschach und Abed-Nego; die verachten dein Gebot und ehren deinen Gott nicht und beten das goldene Bild nicht an, das du hast aufrichten lassen.

¶ **13** Da befahl Nebukadnezar mit Grimm und Zorn, Schadrach, Meschach und Abed-Nego vor ihn zu bringen. Und die Männer wurden vor den König gebracht.

14 Da fing Nebukadnezar an und sprach zu ihnen: Wie? Wollt ihr, Schadrach, Meschach und Abed-Nego, meinen Gott nicht ehren und das goldene Bild nicht anbeten, das ich habe aufrichten lassen?

15 Wohlan, seid bereit! Sobald ihr den Schall der Posaunen, Trompeten, Harfen, Zithern, Flöten, Lauten und aller andern Instrumente hören werdet, so fallt nieder und betet das Bild an, das ich habe machen lassen! Werdet ihr's aber nicht anbeten, dann sollt ihr sofort in den glühenden Ofen geworfen werden. Lasst sehen, wer der Gott ist, der euch aus meiner Hand erretten könnte!

¶ **16** Da fingen an Schadrach, Meschach und Abed-Nego und sprachen zum König Nebukadnezar: Es ist nicht nötig, dass wir dir darauf antworten.

17 Wenn unser Gott, den wir verehren, will, so kann er uns erretten; aus dem glühenden Ofen und aus deiner Hand, o König, kann er erretten.

18 Und wenn er's nicht tun will, so sollst du dennoch wissen, dass wir deinen Gott nicht ehren und das goldene Bild, das du hast aufrichten lassen, nicht anbeten wollen.

¶ **19** Da wurde Nebukadnezar voll Grimm und der Ausdruck seines Angesichts veränderte sich gegenüber Schadrach, Meschach und Abed-Nego, und er befahl, man sollte den Ofen siebenmal heißer machen, als man sonst zu tun pflegte.

20 Und er befahl den besten Kriegsleuten, die in seinem Heer waren, Schadrach, Meschach und Abed-Nego zu binden und in den glühenden Ofen zu werfen.

21 Da wurden diese Männer in ihren Mänteln, Hosen, Hüten, in ihrer ganzen Kleidung, gebunden und in den glühenden Ofen geworfen.

22 Weil das Gebot des Königs so streng war, schürte man das Feuer im Ofen so sehr, dass die Männer, die Schadrach, Meschach und Abed-Nego hinaufbrachten, von den Feuerflammen getötet wurden.

12 There are certain Jews whom you have appointed over the affairs of the province of Babylon: Shadrach, Meshach, and Abednego. These men, O king, pay no attention to you; they do not serve your gods or worship the golden image that you have set up."

¶ **13** Then Nebuchadnezzar in furious rage commanded that Shadrach, Meshach, and Abednego be brought. So they brought these men before the king.

14 Nebuchadnezzar answered and said to them, "Is it true, O Shadrach, Meshach, and Abednego, that you do not serve my gods or worship the golden image that I have set up?

15 Now if you are ready when you hear the sound of the horn, pipe, lyre, trigon, harp, bagpipe, and every kind of music, to fall down and worship the image that I have made, well and good.[3] But if you do not worship, you shall immediately be cast into a burning fiery furnace. And who is the god who will deliver you out of my hands?"

¶ **16** Shadrach, Meshach, and Abednego answered and said to the king, "O Nebuchadnezzar, we have no need to answer you in this matter.

17 If this be so, our God whom we serve is able to deliver us from the burning fiery furnace, and he will deliver us out of your hand, O king.[4]

18 But if not, be it known to you, O king, that we will not serve your gods or worship the golden image that you have set up."

¶ **19** Then Nebuchadnezzar was filled with fury, and the expression of his face was changed against Shadrach, Meshach, and Abednego. He ordered the furnace heated seven times more than it was usually heated.

20 And he ordered some of the mighty men of his army to bind Shadrach, Meshach, and Abednego, and to cast them into the burning fiery furnace.

21 Then these men were bound in their cloaks, their tunics,[5] their hats, and their other garments, and they were thrown into the burning fiery furnace.

22 Because the king's order was urgent and the furnace overheated, the flame of the fire killed those men who took up Shadrach, Meshach, and Abednego.

23 Aber die drei Männer, Schadrach, Meschach und Abed-Nego, fielen hinab in den glühenden Ofen, gebunden wie sie waren.

¶ **24** Da entsetzte sich der König Nebukadnezar, fuhr auf und sprach zu seinen Räten: Haben wir nicht drei Männer gebunden in das Feuer werfen lassen? Sie antworteten und sprachen zum König: Ja, König.

25 Er antwortete und sprach: Ich sehe aber vier Männer frei im Feuer umhergehen und sie sind unversehrt; und der vierte sieht aus, als wäre er ein Sohn der Götter.

¶ **26** Und Nebukadnezar trat vor die Tür des glühenden Ofens und sprach: Schadrach, Meschach und Abed-Nego, ihr Knechte Gottes des Höchsten, tretet heraus und kommt her! Da traten Schadrach, Meschach und Abed-Nego heraus aus dem Feuer.

27 Und die Fürsten, Würdenträger, Statthalter und Räte des Königs kamen zusammen und sahen, dass das Feuer den Leibern dieser Männer nichts hatte anhaben können und ihr Haupthaar nicht versengt und ihre Mäntel nicht versehrt waren; ja, man konnte keinen Brand an ihnen riechen.

¶ **28** Da fing Nebukadnezar an und sprach: Gelobt sei der Gott Schadrachs, Meschachs und Abed-Negos, der seinen Engel gesandt und seine Knechte errettet hat, die ihm vertraut und des Königs Gebot nicht gehalten haben, sondern ihren Leib preisgaben; denn sie wollten keinen andern Gott verehren und anbeten als allein ihren Gott!

29 So sei nun dies mein Gebot: Wer unter allen Völkern und Leuten aus so vielen verschiedenen Sprachen den Gott Schadrachs, Meschachs und Abed-Negos lästert, der soll in Stücke gehauen und sein Haus zu einem Schutthaufen gemacht werden. Denn es gibt keinen andern Gott als den, der so erretten kann.

30 Und der König gab Schadrach, Meschach und Abed-Nego große Macht im Lande Babel.

Nebukadnezars Wahnsinn

31 König Nebukadnezar allen Völkern, Leuten aus so vielen verschiedenen Sprachen auf der ganzen Erde: Viel Friede zuvor!
32 Es gefällt mir, die Zeichen und Wunder zu verkünden, die Gott der Höchste an mir getan hat.

23 And these three men, Shadrach, Meshach, and Abednego, fell bound into the burning fiery furnace.

¶ **24** Then King Nebuchadnezzar was astonished and rose up in haste. He declared to his counselors, "Did we not cast three men bound into the fire?" They answered and said to the king, "True, O king."

25 He answered and said, "But I see four men unbound, walking in the midst of the fire, and they are not hurt; and the appearance of the fourth is like a son of the gods."

¶ **26** Then Nebuchadnezzar came near to the door of the burning fiery furnace; he declared, "Shadrach, Meshach, and Abednego, servants of the Most High God, come out, and come here!" Then ⁵Shadrach, Meshach, and Abednego came out from the fire.

27 And the satraps, the prefects, the governors, and the king's counselors gathered together and saw that the fire had not had any power over the bodies of those men. The hair of their heads was not singed, their cloaks were not harmed, and no smell of fire had come upon them.

28 Nebuchadnezzar answered and said, "Blessed be the God of Shadrach, Meshach, and Abednego, who has sent his angel and delivered his servants, who trusted in him, and set aside⁶ the king's command, and yielded up their bodies rather than serve and worship any god except their own God.

29 Therefore I make a decree: Any people, nation, or language that speaks anything against the God of Shadrach, Meshach, and Abednego shall be torn limb from limb, and their houses laid in ruins, for there is no other god who is able to rescue in this way."

30 Then the king promoted Shadrach, Meshach, and Abednego in the province of Babylon.

Nebuchadnezzar Praises God

4 ¹ King Nebuchadnezzar to all peoples, nations, and languages, that dwell in all the earth: Peace be multiplied to you!
2 It has seemed good to me to show the signs and wonders that the Most High God has done for me.

33 Denn seine Zeichen sind groß, und seine Wunder sind mächtig, und sein Reich ist ein ewiges Reich, und seine Herrschaft währet für und für.

4 Ich, Nebukadnezar, hatte Ruhe in meinem Hause und lebte zufrieden in meinem Palast.

2 Da hatte ich einen Traum, der erschreckte mich, und die Gedanken, die ich auf meinem Bett hatte, und die Gesichte, die ich gesehen hatte, beunruhigten mich.

3 Und ich befahl, dass alle Weisen Babels vor mich gebracht würden, damit sie mir sagten, was der Traum bedeutete.

4 Da brachte man herein die Zeichendeuter, Weisen, Gelehrten und Wahrsager, und ich erzählte den Traum vor ihnen; aber sie konnten mir nicht sagen, was er bedeutete,

5 bis zuletzt Daniel vor mich trat, der Beltschazar heißt nach dem Namen meines Gottes und der den Geist der heiligen Götter hat. Und ich erzählte vor ihm den Traum:

6 Beltschazar, du Oberster unter den Zeichendeutern, von dem ich weiß, dass du den Geist der heiligen Götter hast und dir nichts verborgen ist, sage, was die Gesichte meines Traumes, die ich gesehen habe, bedeuten.

¶ **7** Dies sind aber die Gesichte, die ich gesehen habe auf meinem Bett: Siehe, es stand ein Baum in der Mitte der Erde, der war sehr hoch.

8 Und er wurde groß und mächtig und seine Höhe reichte bis an den Himmel, und er war zu sehen bis ans Ende der ganzen Erde.

9 Sein Laub war dicht und seine Frucht reichlich, und er gab Nahrung für alle. Alle Tiere des Feldes fanden Schatten unter ihm und die Vögel des Himmels saßen auf seinen Ästen, und alles Fleisch nährte sich von ihm.

¶ **10** Und ich sah ein Gesicht auf meinem Bett, und siehe, ein heiliger Wächter fuhr vom Himmel herab.

11 Der rief laut und sprach: Haut den Baum um und schlagt ihm die Äste weg, streift ihm das Laub ab und zerstreut seine Frucht, dass die Tiere, die unter ihm liegen, weglaufen und die Vögel von seinen Zweigen fliehen.

12 Doch lasst den Stock mit seinen Wurzeln in der Erde bleiben; er soll in eisernen und ehernen Ketten auf dem Felde im Grase und unter dem Tau des Himmels liegen und nass werden und soll sein Teil haben mit den Tieren am Gras auf der Erde.

3 How great are his signs,
  how mighty his *p*wonders!
 His kingdom is an everlasting kingdom,
  r and his dominion endures from generation to generation.

Nebuchadnezzar's Second Dream

¶ **4**[2] I, Nebuchadnezzar, was at ease in my house and prospering in my palace.

5 I saw a dream that made me afraid. As I lay in bed the fancies and the visions of my head alarmed me.

6 So I made a decree that all the wise men of Babylon should be brought before me, that they might make known to me the interpretation of the dream.

7 Then the magicians, the enchanters, the Chaldeans, and the astrologers came in, and I told them the dream, but they could not make known to me its interpretation.

8 At last Daniel came in before me—he who was named Belteshazzar after the name of my god, and in whom is the spirit of the holy gods[3]—and I told him the dream, saying,

9 "O Belteshazzar, chief of the magicians, because I know that the spirit of the holy gods is in you and that no mystery is too difficult for you, tell me the visions of my dream that I saw and their interpretation.

10 The visions of my head as I lay in bed were these: I saw, and behold, a tree in the midst of the earth, and its height was great.

11 The tree grew and became strong, and its top reached to heaven, and it was visible to the end of the whole earth.

12 Its leaves were beautiful and its fruit abundant, and in it was food for all. The beasts of the field found shade under it, and *e*the birds of the heavens lived in its branches, and all flesh was fed from it.

¶ **13** "I saw in the visions of my head as I lay in bed, and behold, a watcher, a holy one, came down from heaven.

14 He proclaimed aloud and said thus: 'Chop down the tree and lop off its branches, *i*strip off its leaves and scatter its fruit. *j*Let the beasts flee from under it and the birds from its branches.

15 But leave the stump of its roots in the earth, bound with a band of iron and bronze, amid the tender grass of the field. Let him be wet with the dew of heaven. Let his portion be with the beasts in the grass of the earth.

13 Und das menschliche Herz soll von ihm genommen und ein tierisches Herz ihm gegeben werden, und sieben Zeiten sollen über ihn hingehen.

14 Dies ist im Rat der Wächter beschlossen und ist Gebot der Heiligen, damit die Lebenden erkennen, dass der Höchste Gewalt hat über die Königreiche der Menschen und sie geben kann, wem er will, und einen Niedrigen darüber setzen.

¶ **15** Solch einen Traum hab ich, König Nebukadnezar, gehabt; du aber, Beltschazar, sage, was er bedeutet. Denn alle Weisen in meinem Königreich können mir nicht kundtun, was er bedeutet; du aber kannst es, denn der Geist der heiligen Götter ist bei dir.

¶ **16** Da entsetzte sich Daniel, der auch Beltschazar heißt, eine Zeit lang, und seine Gedanken beunruhigten ihn. Aber der König sprach: Beltschazar, lass dich durch den Traum und seine Deutung nicht beunruhigen.

¶ Beltschazar fing an und sprach: Ach, mein Herr, dass doch der Traum deinen Feinden und seine Deutung deinen Widersachern gelte!

17 Der Baum, den du gesehen hast, der groß und mächtig wurde und dessen Höhe an den Himmel reichte und der zu sehen war auf der ganzen Erde,

18 dessen Laub dicht und dessen Frucht reichlich war, sodass er Nahrung für alle gab, unter dem die Tiere des Feldes wohnten und auf dessen Ästen die Vögel des Himmels saßen –

19 das bist du, König, der du so groß und mächtig bist; denn deine Macht ist groß und reicht bis an den Himmel und deine Gewalt bis ans Ende der Erde.

20 Dass aber der König einen heiligen Wächter gesehen hat vom Himmel herabfahren, der sagte: »Haut den Baum um und zerstört ihn, doch den Stock mit seinen Wurzeln lasst in der Erde bleiben; er soll in eisernen und ehernen Ketten auf dem Felde im Grase und unter dem Tau des Himmels liegen und nass werden und mit den Tieren des Feldes zusammenleben, bis über ihn sieben Zeiten hingegangen sind«;

21 das, König, bedeutet – und zwar ergeht es als Ratschluss des Höchsten über meinen Herrn, den König –:

16 Let his mind be changed from a man's, and let a beast's mind be given to him; and let seven periods of time pass over him.

17 The sentence is by the decree of the watchers, the decision by the word of the holy ones, to the end that the living may know that the Most High rules the kingdom of men and gives it to whom he will and sets over it the lowliest of men.'

18 This dream I, King Nebuchadnezzar, saw. And you, O Belteshazzar, tell me the interpretation, because all the wise men of my kingdom are not able to make known to me the interpretation, but you are able, for the spirit of the holy gods is in you."

Daniel Interprets the Second Dream

¶ **19** Then Daniel, whose name was Belteshazzar, was dismayed for a while, and his thoughts alarmed him. The king answered and said, "Belteshazzar, let not the dream or the interpretation alarm you." Belteshazzar answered and said, "My lord, may the dream be for those who hate you ^uand its interpretation for your enemies!

20 The tree you saw, which grew and became strong, so that its top reached to heaven, and it was visible to the end of the whole earth,

21 whose leaves were beautiful and its fruit abundant, and in which was food for all, under which beasts of the field found shade, and in whose branches the birds of the heavens lived—

22 it is you, O king, who have grown and become strong. Your greatness has grown and reaches to heaven, ^yand your dominion to the ends of the earth.

23 And because the king saw a watcher, a holy one, coming down from heaven and saying, 'Chop down the tree and destroy it, but leave the stump of its roots in the earth, bound with a band of iron and bronze, in the tender grass of the field, and let him be wet with the dew of heaven, and let his portion be with the beasts of the field, till seven periods of time pass over him,'

24 this is the interpretation, O king: It is a decree of the Most High, which has come upon my lord the king,

22 Man wird dich aus der Gemeinschaft der Menschen verstoßen und du musst bei den Tieren des Feldes bleiben, und man wird dich Gras fressen lassen wie die Rinder und du wirst unter dem Tau des Himmels liegen und nass werden, und sieben Zeiten werden über dich hingehen, bis du erkennst, dass der Höchste Gewalt hat über die Königreiche der Menschen und sie gibt, wem er will.

23 Wenn aber gesagt wurde, man solle dennoch den Stock des Baumes mit seinen Wurzeln übrig lassen, das bedeutet: Dein Königreich soll dir erhalten bleiben, sobald du erkannt hast, dass der Himmel die Gewalt hat.

24 Darum, mein König, lass dir meinen Rat gefallen und mache dich los und ledig von deinen Sünden durch Gerechtigkeit und von deiner Missetat durch Wohltat an den Armen, so wird es dir lange wohlergehen.

¶ **25** Dies alles widerfuhr dem König Nebukadnezar.

26 Denn nach zwölf Monaten, als der König auf dem Dach des königlichen Palastes in Babel sich erging,

27 hob er an und sprach: Das ist das große Babel, das ich erbaut habe zur Königsstadt durch meine große Macht zu Ehren meiner Herrlichkeit.

28 Ehe noch der König diese Worte ausgeredet hatte, kam eine Stimme vom Himmel: Dir, König Nebukadnezar, wird gesagt: Dein Königreich ist dir genommen,

29 man wird dich aus der Gemeinschaft der Menschen verstoßen und du sollst bei den Tieren des Feldes bleiben; Gras wird man dich fressen lassen wie die Rinder, und sieben Zeiten sollen hingehen, bis du erkennst, dass der Höchste Gewalt hat über die Königreiche der Menschen und sie gibt, wem er will.

¶ **30** Im gleichen Augenblick wurde das Wort erfüllt an Nebukadnezar, und er wurde verstoßen aus der Gemeinschaft der Menschen und er fraß Gras wie die Rinder und sein Leib lag unter dem Tau des Himmels und wurde nass, bis sein Haar wuchs so groß wie Adlerfedern und seine Nägel wie Vogelklauen wurden.

25 that you shall be driven from among men, and your dwelling shall be with the beasts of the field. You shall be made to eat grass like an ox, and you shall be wet with the dew of heaven, and seven periods of time shall pass over you, till you know that the Most High rules the kingdom of men and gives it to whom he will.

26 And as it was commanded to leave the stump of the roots of the tree, your kingdom shall be confirmed for you from the time that you know that Heaven rules.

27 Therefore, O king, let my counsel be acceptable to you: break off your sins by practicing righteousness, and your iniquities by showing mercy to the oppressed, that there may perhaps be a lengthening of your prosperity."

Nebuchadnezzar's Humiliation

¶ **28** All this came upon King Nebuchadnezzar.

29 At the end of twelve months he was walking on the roof of the royal palace of Babylon,

30 and the king answered and said, "Is not this great Babylon, which I have built by my mighty power as a royal residence and for ^{k}the glory of my majesty?"

31 While the words were still in the king's mouth, there fell a voice from heaven, "O King Nebuchadnezzar, to you it is spoken: The kingdom has departed from you,

32 and you shall be driven from among men, and your dwelling shall be with the beasts of the field. And you shall be made to eat grass like an ox, and seven periods of time shall pass over you, ^{m}until you know that the Most High rules the kingdom of men and gives it to whom he will."

33 Immediately the word was fulfilled against Nebuchadnezzar. He was driven from among men and ate grass like an ox, and his body was wet with the dew of heaven till his hair grew as long as eagles' feathers, and his nails were like birds' claws.

¶ **31** Nach dieser Zeit hob ich, Nebukadnezar, meine Augen auf zum Himmel, und mein Verstand kam mir wieder und ich lobte den Höchsten. Ich pries und ehrte den, der ewig lebt, dessen Gewalt ewig ist und dessen Reich für und für währt,

32 gegen den alle, die auf Erden wohnen, für nichts zu rechnen sind. Er macht's, wie er will, mit den Mächten im Himmel und mit denen, die auf Erden wohnen. Und niemand kann seiner Hand wehren noch zu ihm sagen: Was machst du?

33 Zur selben Zeit kehrte mein Verstand zu mir zurück, und meine Herrlichkeit und mein Glanz kamen wieder an mich zur Ehre meines Königreichs. Und meine Räte und Mächtigen suchten mich auf, und ich wurde wieder über mein Königreich eingesetzt und gewann noch größere Herrlichkeit.

34 Darum lobe, ehre und preise ich, Nebukadnezar, den König des Himmels; denn **all sein Tun ist Wahrheit, und seine Wege sind recht, und wer stolz ist, den kann er demütigen.**

Belsazars Gastmahl

5 König Belsazar machte ein herrliches Mahl für seine tausend Mächtigen und soff sich voll mit ihnen.

2 Und als er betrunken war, ließ er die goldenen und silbernen Gefäße herbringen, die sein Vater Nebukadnezar aus dem Tempel zu Jerusalem weggenommen hatte, damit der König mit seinen Mächtigen, mit seinen Frauen und mit seinen Nebenfrauen daraus tränke.

3 Da wurden die goldenen und silbernen Gefäße herbeigebracht, die aus dem Tempel, aus dem Hause Gottes zu Jerusalem, weggenommen worden waren; und der König, seine Mächtigen, seine Frauen und Nebenfrauen tranken daraus.

4 Und als sie so tranken, lobten sie die goldenen, silbernen, ehernen, eisernen, hölzernen und steinernen Götter.

¶ **5** Im gleichen Augenblick gingen hervor Finger wie von einer Menschenhand, die schrieben gegenüber dem Leuchter auf die getünchte Wand in dem königlichen Saal. Und der König erblickte die Hand, die da schrieb.

Nebuchadnezzar Restored

¶ **34** At the end of the days I, Nebuchadnezzar, lifted my eyes to heaven, and my reason returned to me, and I blessed the Most High, and praised and honored him who lives forever,

for his dominion is an everlasting
dominion,
and [q]his kingdom endures from generation to generation;

35 all the inhabitants of the earth are
accounted as nothing,
and he does according to his will
among the host of heaven
and among the inhabitants of the
earth;
and none can stay his hand
or say to him, "What have you done?"

36 At the same time my reason returned to me, and for the glory of my kingdom, [w]my majesty and splendor returned to me. My counselors and my lords sought me, and I was established in my kingdom, and still more greatness was added to me.

37 Now I, Nebuchadnezzar, praise and extol and honor the King of heaven, for all his works are right and his ways are just; and those who walk in pride he is able to humble.

The Handwriting on the Wall

5 King Belshazzar made a great feast for a thousand of his lords and drank wine in front of the thousand.

¶ **2** Belshazzar, when he tasted the wine, commanded that the vessels of gold and of silver that Nebuchadnezzar his father[1] had taken out of the temple in Jerusalem be brought, that the king and his lords, his wives, and his concubines might drink from them.

3 Then they brought in the golden vessels that had been taken out of the temple, the house of God in Jerusalem, and the king and his lords, his wives, and his concubines drank from them.

4 They drank wine and praised the gods of gold and silver, bronze, iron, wood, and stone.

¶ **5** Immediately the fingers of a human hand appeared and wrote on the plaster of the wall of the king's palace, opposite the lampstand. And the king saw the hand as it wrote.

6 Da entfärbte sich der König und seine Gedanken erschreckten ihn, sodass er wie gelähmt war und ihm die Beine zitterten.

¶ **7** Und der König rief laut, dass man die Weisen, Gelehrten und Wahrsager herbeiholen solle. Und er ließ den Weisen von Babel sagen: Welcher Mensch diese Schrift lesen kann und mir sagt, was sie bedeutet, der soll mit Purpur gekleidet werden und eine goldene Kette um den Hals tragen und der Dritte in meinem Königreich sein.

8 Da wurden alle Weisen des Königs hereingeführt, aber sie konnten weder die Schrift lesen noch die Deutung dem König kundtun.

9 Darüber erschrak der König Belsazar noch mehr und verlor seine Farbe ganz, und seinen Mächtigen wurde angst und bange.

¶ **10** Da ging auf die Worte des Königs und seiner Mächtigen die Königinmutter in den Saal hinein und sprach: Der König lebe ewig! Lass dich von deinen Gedanken nicht so erschrecken und entfärbe dich nicht!

11 Es ist ein Mann in deinem Königreich, der den Geist der heiligen Götter hat. Denn zu deines Vaters Zeiten fand sich bei ihm Erleuchtung, Klugheit und Weisheit wie der Götter Weisheit. Und dein Vater, der König Nebukadnezar, setzte ihn über die Zeichendeuter, Weisen, Gelehrten und Wahrsager,

12 weil ein überragender Geist bei ihm gefunden wurde, dazu Verstand und Klugheit, Träume zu deuten, dunkle Sprüche zu erraten und Geheimnisse zu offenbaren. Das ist Daniel, dem der König den Namen Beltschazar gab. So rufe man nun Daniel; der wird sagen, was es bedeutet.

¶ **13** Da wurde Daniel vor den König geführt. Und der König sprach zu Daniel: Bist du Daniel, einer der Gefangenen aus Juda, die der König, mein Vater, aus Juda hergebracht hat?

14 Ich habe von dir sagen hören, dass du den Geist der heiligen Götter habest und Erleuchtung, Verstand und hohe Weisheit bei dir zu finden sei.

15 Nun hab ich vor mich rufen lassen die Weisen und Gelehrten, damit sie mir diese Schrift lesen und kundtun sollen, was sie bedeutet; aber sie können mir nicht sagen, was sie bedeutet.

6 Then the king's color changed, and his thoughts alarmed him; his limbs gave way, and his knees knocked together.

7 The king called loudly to bring in ʳthe enchanters, the Chaldeans, and the astrologers. The king declared[2] to the wise men of Babylon, "Whoever reads this writing, and shows me its interpretation, shall be clothed with purple and have a chain of gold around his neck and shall be the third ruler in the kingdom."

8 Then all the king's wise men came in, but they could not read the writing or make known to the king the interpretation.

9 Then King Belshazzar was greatly alarmed, and his color changed, and his lords were perplexed.

¶ **10** The queen,[3] because of the words of the king and his lords, came into the banqueting hall, and the queen declared, "O king, live forever! Let not your thoughts alarm you or your color change.

11 There is a man in your kingdom in whom is the spirit of the holy gods.[4] In the days of your father, light and understanding and wisdom like the wisdom of the gods were found in him, and King Nebuchadnezzar, your father—your father the king—made him chief of the magicians, enchanters, Chaldeans, and astrologers,

12 because an excellent spirit, knowledge, and understanding ʲto interpret dreams, explain riddles, and solve problems were found in this Daniel, whom the king named Belteshazzar. Now let Daniel be called, and he will show the interpretation."

Daniel Interprets the Handwriting

¶ **13** Then Daniel was brought in before the king. The king answered and said to Daniel, "You are that Daniel, one of the exiles of Judah, whom the king my father brought from Judah.

14 I have heard of you that the spirit of the gods[5] is in you, and that light and understanding and excellent wisdom are found in you.

15 Now the wise men, the enchanters, have been brought in before me to read this writing and make known to me its interpretation, but they could not show the interpretation of the matter.

16 Von dir aber höre ich, dass du Deutungen zu geben und Geheimnisse zu offenbaren vermagst. Kannst du nun die Schrift lesen und mir sagen, was sie bedeutet, so sollst du mit Purpur gekleidet werden und eine goldene Kette um deinen Hals tragen und der Dritte in meinem Königreich sein.

¶ **17** Da fing Daniel an und sprach vor dem König: Behalte deine Gaben und gib dein Geschenk einem andern; ich will dennoch die Schrift dem König lesen und kundtun, was sie bedeutet.

18 Mein König, Gott der Höchste hat deinem Vater Nebukadnezar Königreich, Macht, Ehre und Herrlichkeit gegeben.

19 Und um solcher Macht willen, die ihm gegeben war, fürchteten und scheuten sich vor ihm alle Völker und Leute aus so vielen verschiedenen Sprachen. Er tötete, wen er wollte; er ließ leben, wen er wollte; er erhöhte, wen er wollte; er demütigte, wen er wollte.

20 Als sich aber sein Herz überhob und er stolz und hochmütig wurde, da wurde er vom königlichen Thron gestoßen und verlor seine Ehre

21 und wurde verstoßen aus der Gemeinschaft der Menschen, und sein Herz wurde gleich dem der Tiere und er musste bei dem Wild hausen und fraß Gras wie die Rinder und sein Leib lag unter dem Tau des Himmels und wurde nass, bis er lernte, dass Gott der Höchste Gewalt hat über die Königreiche der Menschen und sie gibt, wem er will.

22 Aber du, Belsazar, sein Sohn, hast dein Herz nicht gedemütigt, obwohl du das alles wusstest,

23 sondern hast dich gegen den Herrn des Himmels erhoben, und die Gefäße seines Hauses hat man vor dich bringen müssen, und du, deine Mächtigen, deine Frauen und deine Nebenfrauen, ihr habt daraus getrunken; dazu hast du die silbernen, goldenen, ehernen, eisernen, hölzernen, steinernen Götter gelobt, die weder sehen noch hören noch fühlen können. Den Gott aber, der deinen Odem und alle deine Wege in seiner Hand hat, hast du nicht verehrt.

24 Darum wurde von ihm diese Hand gesandt und diese Schrift geschrieben.

¶ **25** So aber lautet die Schrift, die dort geschrieben steht: **Mene mene tekel u-parsin.**

26 Und sie bedeutet dies: **Mene,** das ist, Gott hat dein Königtum **gezählt** und beendet.

27 **Tekel,** das ist, man hat dich auf der Waage **gewogen** und zu leicht befunden.

16 But I have heard that you can give interpretations and solve problems. Now if you can read the writing and make known to me its interpretation, [e]you shall be clothed with purple and have a chain of gold around your neck and shall be the third ruler in the kingdom."

¶ **17** Then Daniel answered and said before the king, "Let your gifts be for yourself, and give your rewards to another. Nevertheless, I will read the writing to the king and make known to him the interpretation.

18 O king, the Most High God gave Nebuchadnezzar your father kingship and greatness and glory and majesty.

19 And because of the greatness that he gave him, all peoples, nations, and languages trembled and feared before him. Whom he would, he killed, and whom he would, he kept alive; whom he would, he raised up, and whom he would, he humbled.

20 But when his heart was lifted up and his spirit was hardened so that he dealt proudly, he was brought down from his kingly throne, and his glory was taken from him.

21 He was driven from among the children of mankind, and his mind was made like that of a beast, and his dwelling was with the wild donkeys. He was fed grass like an ox, and his body was wet with the dew of heaven, [z]until he knew that the Most High God rules the kingdom of mankind and sets over it whom he will.

22 And you his son,[6] Belshazzar, have not humbled your heart, though you knew all this,

23 but you have lifted up yourself against the Lord of heaven. And the vessels of his house have been brought in before you, and you and your lords, your wives, and your concubines have drunk wine from them. And you have praised the gods of silver and gold, of bronze, iron, wood, and stone, which do not see or hear or know, but the God in whose hand is your breath, and whose are all your ways, you have not honored.

¶ **24** "Then from his presence the hand was sent, and this writing was inscribed.

25 And this is the writing that was inscribed: MENE, MENE, TEKEL, and PARSIN.

26 This is the interpretation of the matter: MENE, God has numbered[7] the days of your kingdom and brought it to an end;

27 TEKEL, you have been weighed[8] in the balances and found wanting;

28 Peres, das ist, dein Reich ist zerteilt und den Medern und **Persern** gegeben.

29 Da befahl Belsazar, dass man Daniel mit Purpur kleiden sollte und ihm eine goldene Kette um den Hals geben; und er ließ von ihm verkünden, dass er der Dritte im Königreich sei.

¶ **30** Aber in derselben Nacht wurde Belsazar, der König der Chaldäer, getötet.

Daniel in der Löwengrube

6 Und Darius aus Medien übernahm das Reich, als er zweiundsechzig Jahre alt war.

2 Und es gefiel Darius, über das ganze Königreich hundertundzwanzig Statthalter zu setzen.

3 Über sie setzte er drei Fürsten, von denen einer Daniel war. Ihnen sollten die Statthalter Rechenschaft ablegen, damit der König der Mühe enthoben wäre.

4 Daniel aber übertraf alle Fürsten und Statthalter, denn es war ein überragender Geist in ihm. Darum dachte der König daran, ihn über das ganze Königreich zu setzen.

5 Da trachteten die Fürsten und Statthalter danach, an Daniel etwas zu finden, das gegen das Königreich gerichtet wäre. Aber sie konnten keinen Grund zur Anklage und kein Vergehen finden; denn er war treu, sodass man keine Schuld und kein Vergehen bei ihm finden konnte.

¶ **6** Da sprachen die Männer: Wir werden keinen Grund zur Anklage gegen Daniel finden, es sei denn wegen seiner Gottesverehrung.

7 Da kamen die Fürsten und Statthalter eilends vor den König gelaufen und sprachen zu ihm: Der König Darius lebe ewig!

8 Es haben die Fürsten des Königreichs, die Würdenträger, die Statthalter, die Räte und Befehlshaber alle gedacht, es solle ein königlicher Befehl gegeben und ein strenges Gebot erlassen werden, dass jeder, der in dreißig Tagen etwas bitten wird von irgendeinem Gott oder Menschen außer von dir, dem König, allein, zu den Löwen in die Grube geworfen werden soll.

9 Darum, o König, wollest du ein solches Gebot ausgehen lassen und ein Schreiben aufsetzen, das nicht wieder geändert werden darf nach dem Gesetz der Meder und Perser, das unaufhebbar ist.

28 PERES, your kingdom is divided and given to the Medes and Persians."[9]

¶ **29** Then Belshazzar gave the command, and Daniel was clothed with purple, a chain of gold was put around his neck, and a proclamation was made about him, that he should be the third ruler in the kingdom.

¶ **30** That very night Belshazzar the Chaldean king was killed.

31[10] And Darius the Mede received the kingdom, being about sixty-two years old.

Daniel and the Lions' Den

6 It pleased Darius to set over the kingdom 120 satraps, to be throughout the whole kingdom;

2 and over them three presidents, of whom Daniel was one, to whom these satraps should give account, so that the king might suffer no loss.

3 Then this Daniel became distinguished above all the other presidents and satraps, because an excellent spirit was in him. And the king planned to set him over the whole kingdom.

4 Then the presidents and the satraps sought to find a ground for complaint against Daniel with regard to the kingdom, but they could find no ground for complaint or any fault, because he was faithful, [x]and no error or fault was found in him.

5 Then these men said, "We shall not find any ground for complaint against this Daniel unless we find it in connection with the law of his God."

¶ **6** Then these presidents and satraps came by agreement[1] to the king and said to him, "O King Darius, live forever!

7 All the presidents of the kingdom, the prefects and the satraps, the counselors and the governors are agreed that the king should establish an ordinance and enforce an injunction, that whoever makes petition to any god or man for thirty days, except to you, O king, shall be cast into the den of lions.

8 Now, O king, establish the injunction and sign the document, so that it cannot be changed, according to the law of the Medes and the Persians, which cannot be revoked."

10 So ließ der König Darius das Schreiben und das Gebot aufsetzen.

¶ **11** Als nun Daniel erfuhr, dass ein solches Gebot ergangen war, ging er hinein in sein Haus. Er hatte aber an seinem Obergemach offene Fenster nach Jerusalem, und er fiel dreimal am Tag auf seine Knie, betete, lobte und dankte seinem Gott, wie er es auch vorher zu tun pflegte.

12 Da kamen jene Männer eilends gelaufen und fanden Daniel, wie er betete und flehte vor seinem Gott.

¶ **13** Da traten sie vor den König und redeten mit ihm über das königliche Gebot: O König, hast du nicht ein Gebot erlassen, dass jeder, der in dreißig Tagen etwas bitten würde von irgendeinem Gott oder Menschen außer von dir, dem König, allein, zu den Löwen in die Grube geworfen werden solle? Der König antwortete und sprach: Das ist wahr und das Gesetz der Meder und Perser kann niemand aufheben.

14 Sie antworteten und sprachen vor dem König: Daniel, einer der Gefangenen aus Juda, der achtet weder dich noch dein Gebot, das du erlassen hast; denn er betet dreimal am Tage.

¶ **15** Als der König das hörte, wurde er sehr betrübt und war darauf bedacht, Daniel die Freiheit zu erhalten, und mühte sich, bis die Sonne unterging, ihn zu erretten.

16 Aber die Männer kamen wieder zum König gelaufen und sprachen zu ihm: Du weißt doch, König, es ist das Gesetz der Meder und Perser, dass alle Gebote und Befehle, die der König beschlossen hat, unverändert bleiben sollen.

¶ **17** Da befahl der König, Daniel herzubringen. Und sie warfen ihn zu den Löwen in die Grube. Der König aber sprach zu Daniel: Dein Gott, dem du ohne Unterlass dienst, der helfe dir!

18 Und sie brachten einen Stein, den legten sie vor die Öffnung der Grube; den versiegelte der König mit seinem eigenen Ring und mit dem Ringe seiner Mächtigen, damit nichts anderes mit Daniel geschähe.

19 Und der König ging weg in seinen Palast und fastete die Nacht über und ließ kein Essen vor sich bringen und konnte auch nicht schlafen.

¶ **20** Früh am Morgen, als der Tag anbrach, stand der König auf und ging eilends zur Grube, wo die Löwen waren.

9 Therefore King Darius signed the document and injunction.

¶ **10** When Daniel knew that the document had been signed, he went to his house where he had windows in his upper chamber open toward Jerusalem. He got down on his knees three times a day and prayed and gave thanks before his God, as he had done previously.

11 Then these men came by agreement and found Daniel making petition and plea before his God.

12 Then they came near and said before the king, concerning the injunction, "O king! Did you not sign an injunction, that anyone who makes petition to any god or man within thirty days except to you, O king, shall be cast into the den of lions?" The king answered and said, "The thing stands fast, according to the law of the Medes and Persians, which cannot be revoked."

13 Then they answered and said before the king, "Daniel, who is one of the exiles [k]from Judah, pays no attention to you, O king, or the injunction you have signed, but makes his petition three times a day."

¶ **14** Then the king, when he heard these words, [n]was much distressed and set his mind to deliver Daniel. And he labored till the sun went down to rescue him.

15 Then these men came by agreement to the king and said to the king, "Know, O king, that it is a law of the Medes and Persians that no injunction or ordinance that the king establishes can be changed."

¶ **16** Then the king commanded, and Daniel was brought and cast into the den of lions. The king declared[2] to Daniel, "May your God, whom you serve continually, deliver you!"

17 And a stone was brought and laid on the mouth of the den, and the king sealed it with his own signet and with the signet of his lords, that nothing might be changed concerning Daniel.

18 Then the king went to his palace and spent the night fasting; no diversions were brought to him, and sleep fled from him.

¶ **19** Then, at break of day, the king arose and went in haste to the den of lions.

21 Und als er zur Grube kam, rief er Daniel mit angstvoller Stimme. Und der König sprach zu Daniel: Daniel, du Knecht des lebendigen Gottes, hat dich dein Gott, dem du ohne Unterlass dienst, auch erretten können von den Löwen?

22 Daniel aber redete mit dem König: Der König lebe ewig!

23 Mein Gott hat seinen Engel gesandt, der den Löwen den Rachen zugehalten hat, sodass sie mir kein Leid antun konnten; denn vor ihm bin ich unschuldig, und auch gegen dich, mein König, habe ich nichts Böses getan.

¶ **24** Da wurde der König sehr froh und ließ Daniel aus der Grube herausziehen. Und sie zogen Daniel aus der Grube heraus, und man fand keine Verletzung an ihm; denn er hatte seinem Gott vertraut.

25 Da ließ der König die Männer, die Daniel verklagt hatten, holen und zu den Löwen in die Grube werfen samt ihren Kindern und Frauen. Und ehe sie den Boden erreichten, ergriffen die Löwen sie und zermalmten alle ihre Knochen.

¶ **26** Da ließ der König Darius allen Völkern und Leuten aus so vielen verschiedenen Sprachen auf der ganzen Erde schreiben: Viel Friede zuvor!

27 Das ist mein Befehl, dass man in meinem ganzen Königreich den Gott Daniels fürchten und sich vor ihm scheuen soll. Denn **er ist der lebendige Gott, der ewig bleibt, und sein Reich ist unvergänglich, und seine Herrschaft hat kein Ende.**

28 Er ist ein Retter und Nothelfer, und er tut Zeichen und Wunder im Himmel und auf Erden. Der hat Daniel von den Löwen errettet.

¶ **29** Und Daniel hatte große Macht im Königreich des Darius und auch im Königreich des Kyrus von Persien.

Daniels Vision von den vier Tieren und dem Menschensohn
(vgl. Kap 2,1-49)

7 Im ersten Jahr Belsazars, des Königs von Babel, hatte Daniel einen Traum und Gesichte auf seinem Bett; und er schrieb den Traum auf und dies ist sein Inhalt:

20 As he came near to the den where Daniel was, he cried out in a tone of anguish. The king declared to Daniel, "O Daniel, servant of the living God, has your God, whom you serve continually, been able to deliver you from the lions?"

21 Then Daniel said to the king, "O king, live forever!

22 My God sent his angel and shut the lions' mouths, and they have not harmed me, because I was found blameless before him; ᵃand also before you, O king, I have done no harm."

23 Then the king was exceedingly glad, and commanded that Daniel be taken up out of the den. So Daniel was taken up out of the den, and no kind of harm was found on him, because he had trusted in his God.

24 And the king commanded, and those men who had maliciously accused Daniel were brought and cast into the den of lions—they, their children, and their wives. And before they reached the bottom of the den, the lions overpowered them and broke all their bones in pieces.

¶ **25** Then King Darius wrote to all the peoples, nations, and languages that dwell in all the earth: "Peace be multiplied to you.

26 I make a decree, that in all my royal dominion people are to tremble and fear before the God of Daniel,

for he is the living God,
enduring forever;
his kingdom shall never be destroyed,
ʲand his dominion shall be to the end.

27 He delivers and rescues;
he works signs and wonders
in heaven and on earth,
he who has saved Daniel
from the power of the lions."

¶ **28** So this Daniel prospered during the reign of Darius and the reign of Cyrus the Persian.

Daniel's Vision of the Four Beasts

7 In the first year of Belshazzar king of Babylon, Daniel saw a dream and visions of his head as he lay in his bed. Then he wrote down the dream and told the sum of the matter.

¶ **2** Ich, Daniel, sah ein Gesicht in der Nacht, und siehe, die vier Winde unter dem Himmel wühlten das große Meer auf.

3 Und vier große Tiere stiegen herauf aus dem Meer, ein jedes anders als das andere.

4 Das erste war wie ein Löwe und hatte Flügel wie ein Adler. Ich sah, wie ihm die Flügel genommen wurden. Und es wurde von der Erde aufgehoben und auf zwei Füße gestellt wie ein Mensch, und es wurde ihm ein menschliches Herz gegeben.

5 Und siehe, ein anderes Tier, das zweite, war gleich einem Bären und war auf der einen Seite aufgerichtet und hatte in seinem Maul zwischen seinen Zähnen drei Rippen. Und man sprach zu ihm: Steh auf und friss viel Fleisch!

6 Danach sah ich, und siehe, ein anderes Tier, gleich einem Panther, das hatte vier Flügel wie ein Vogel auf seinem Rücken und das Tier hatte vier Köpfe, und ihm wurde große Macht gegeben.

¶ **7** Danach sah ich in diesem Gesicht in der Nacht, und siehe, ein viertes Tier war furchtbar und schrecklich und sehr stark und hatte große eiserne Zähne, fraß um sich und zermalmte, und was übrig blieb, zertrat es mit seinen Füßen. Es war auch ganz anders als die vorigen Tiere und hatte zehn Hörner.

8 Als ich aber auf die Hörner achtgab, siehe, da brach ein anderes kleines Horn zwischen ihnen hervor, vor dem drei der vorigen Hörner ausgerissen wurden. Und siehe, das Horn hatte Augen wie Menschenaugen und ein Maul; das redete große Dinge.

¶ **9** Ich sah, wie Throne aufgestellt wurden, und einer, der uralt war, setzte sich. Sein Kleid war weiß wie Schnee und das Haar auf seinem Haupt rein wie Wolle; Feuerflammen waren sein Thron und dessen Räder loderndes Feuer.

10 Und von ihm ging aus ein langer feuriger Strahl. Tausendmal Tausende dienten ihm, und zehntausendmal Zehntausende standen vor ihm. Das Gericht wurde gehalten und die Bücher wurden aufgetan.

¶ **11** Ich merkte auf um der großen Reden willen, die das Horn redete, und ich sah, wie das Tier getötet wurde und sein Leib umkam und ins Feuer geworfen wurde.

2 Daniel declared,[1] "I saw in my vision by night, and behold, the four winds of heaven were stirring up the great sea.

3 And four great beasts came up out of the sea, different from one another.

4 The first was like a lion and had eagles' wings. Then as I looked its wings were plucked off, and it was lifted up from the ground and made to stand on two feet like a man, and the mind of a man was given to it.

5 And behold, another beast, a second one, like a bear. It was raised up on one side. It had three ribs in its mouth between its teeth; and it was told, 'Arise, devour much flesh.'

6 After this I looked, and behold, another, like a leopard, with four wings of a bird on its back. And the beast had four heads, and dominion was given to it.

7 After this I saw in the night visions, and behold, a fourth beast, terrifying and dreadful and exceedingly strong. It had great iron teeth; [x]it devoured and broke in pieces [x]and stamped what was left with its feet. It was different from all the beasts that were before it, and it had ten horns.

8 I considered the horns, and behold, there came up among them another horn, a little one, [z]before which three of the first horns were plucked up by the roots. And behold, in this horn were eyes like the eyes of a man, and a mouth speaking great things.

The Ancient of Days Reigns

¶ **9** "As I looked,

> thrones were placed,
>> and the Ancient of Days took his seat;
> his clothing was white as snow,
>> and the hair of his head like pure wool;
> his throne was fiery flames;
>> its wheels were burning fire.

10 A stream of fire issued
>> and came out from before him;
> a thousand thousands served him,
> [h] and ten thousand times ten thousand
>> stood before him;
> the court sat in judgment,
>> and the books were opened.

¶ **11** "I looked then because of the sound of the great words that the horn was speaking. And as I looked, the beast was killed, and its body destroyed [m]and given over to be burned with fire.

12 Und mit der Macht der andern Tiere war es auch aus; denn es war ihnen Zeit und Stunde bestimmt, wie lang ein jedes leben sollte.

13 Ich sah in diesem Gesicht in der Nacht, **und siehe, es kam einer mit den Wolken des Himmels wie eines Menschen Sohn** und gelangte zu dem, der uralt war, und wurde vor ihn gebracht.

14 Der gab ihm Macht, Ehre und Reich, dass ihm alle Völker und Leute aus so vielen verschiedenen Sprachen dienen sollten. Seine Macht ist ewig und vergeht nicht, und sein Reich hat kein Ende.

15 Ich, Daniel, war entsetzt, und dies Gesicht erschreckte mich.

16 Und ich ging zu einem von denen, die dastanden, und bat ihn, dass er mir über das alles Genaueres berichtete. Und er redete mit mir und sagte mir, was es bedeutete.

17 Diese vier großen Tiere sind vier Königreiche, die auf Erden kommen werden.

18 Aber die Heiligen des Höchsten werden das Reich empfangen und werden's immer und ewig besitzen.

19 Danach hätte ich gerne Genaueres gewusst über das vierte Tier, das ganz anders war als alle andern, ganz furchtbar, mit eisernen Zähnen und ehernen Klauen, das um sich fraß und zermalmte und mit seinen Füßen zertrat, was übrig blieb;

20 und über die zehn Hörner auf seinem Haupt und über das andere Horn, das hervorbrach, vor dem drei ausfielen; und es hatte Augen und ein Maul, das große Dinge redete, und war größer als die Hörner, die neben ihm waren.

21 Und ich sah das Horn kämpfen gegen die Heiligen, und es behielt den Sieg über sie,

22 bis der kam, der uralt war, und Recht schaffte den Heiligen des Höchsten und bis die Zeit kam, dass die Heiligen das Reich empfingen.

12 As for the rest of the beasts, their dominion was taken away, but their lives were prolonged for a season and a time.

The Son of Man Is Given Dominion

13 "I saw in the night visions,

and behold, with the clouds of heaven
    there came one like a son of man,
and he came to the Ancient of Days
    and was presented before him.

14 And to him was given dominion
    and glory and a kingdom,
that all peoples, nations, and languages
    should serve him;
his dominion is an everlasting
    dominion,
which shall not pass away,
and his kingdom one
    that shall not be destroyed.

Daniel's Vision Interpreted

15 "As for me, Daniel, my spirit within me[2] was anxious, and the visions of my head alarmed me.

16 I approached one of those who stood there and asked him the truth concerning all this. So he told me and made known to me the interpretation of the things.

17 'These four great beasts are four kings who shall arise out of the earth.

18 But the saints of the Most High shall receive the kingdom and possess the kingdom forever, forever and ever.'

19 "Then I desired to know the truth about the fourth beast, which was different from all the rest, exceedingly terrifying, with its teeth of iron and claws of bronze, and which devoured and broke in pieces and stamped what was left with its feet,

20 and about the ten horns that were on its head, and the other horn that came up and before which three of them fell, the horn that had eyes and a mouth that spoke great things, and that seemed greater than its companions.

21 As I looked, this horn made war with the saints and prevailed over them,

22 until the Ancient of Days came, and judgment was given for the saints of the Most High, and the time came when ᵘthe saints possessed the kingdom.

¶ **23** Er sprach: Das vierte Tier wird das vierte Königreich auf Erden sein; das wird ganz anders sein als alle andern Königreiche; es wird alle Länder fressen, zertreten und zermalmen.

24 Die zehn Hörner bedeuten zehn Könige, die aus diesem Königreich hervorgehen werden. Nach ihnen aber wird ein anderer aufkommen, der wird ganz anders sein als die vorigen und wird drei Könige stürzen.

25 Er wird den Höchsten lästern und die Heiligen des Höchsten vernichten und wird sich unterstehen, Festzeiten und Gesetz zu ändern. Sie werden in seine Hand gegeben werden eine Zeit und zwei Zeiten und eine halbe Zeit.

26 Danach wird das Gericht gehalten werden; dann wird ihm seine Macht genommen und ganz und gar vernichtet werden.

27 Aber **das Reich und die Macht und die Gewalt über die Königreiche unter dem ganzen Himmel wird dem Volk der Heiligen des Höchsten gegeben werden, dessen Reich ewig ist, und alle Mächte werden ihm dienen und gehorchen.**

¶ **28** Das war das Ende der Rede. Aber ich, Daniel, wurde sehr beunruhigt in meinen Gedanken und jede Farbe war aus meinem Antlitz gewichen; doch behielt ich die Rede in meinem Herzen.

Daniels Vision vom Widder und Ziegenbock

8 Im dritten Jahr der Herrschaft des Königs Belsazar erschien mir, Daniel, ein Gesicht, nach jenem, das mir zuerst erschienen war.

2 Ich hatte ein Gesicht und während meines Gesichtes war ich in der Festung Susa im Lande Elam am Fluss Ulai.

¶ **23** "Thus he said: 'As for the fourth beast,

there shall be a fourth kingdom on
   earth,
   which shall be different from all the
      kingdoms,
and it shall devour the whole earth,
   and trample it down, and break it to
      pieces.

24 As for the ten horns,
out of this kingdom ten kings shall
      arise,
   and another shall arise after them;
he shall be different from the former
      ones,
   and shall put down three kings.

25 He shall speak words against the Most
      High,
   and shall wear out the saints of the
      Most High,
and shall think to change the times
      and the law;
   and they shall be given into his hand
      for a time, times, and half a time.

26 But the court shall sit in judgment,
   and his dominion shall be taken away,
to be consumed and destroyed to the
      end.

27 And the kingdom and the dominion
   and the greatness of the kingdoms
      under the whole heaven
shall be given to the people of ᶠthe
      saints of the Most High;
their kingdom shall be an everlasting
      kingdom,
   and all dominions shall serve and obey
      them.[3]

¶ **28** "Here is the end of the matter. As for me, Daniel, my thoughts greatly alarmed me, and my color changed, but I kept the matter in my heart."

Daniel's Vision of the Ram and the Goat

8 In the third year of the reign of King Belshazzar a vision appeared to me, Daniel, after that which appeared to me ᵐat the first.

2 And I saw in the vision; and when I saw, I was in Susa the capital,[1] which is in the province of Elam. And I saw in the vision, ᵖand I was at the Ulai canal.

3 Und ich hob meine Augen auf und sah, und siehe, ein Widder stand vor dem Fluss, der hatte zwei hohe Hörner, doch eins höher als das andere, und das höhere war später hervorgewachsen.

4 Ich sah, dass der Widder mit den Hörnern stieß nach Westen, nach Norden und nach Süden hin. Und kein Tier konnte vor ihm bestehen und vor seiner Gewalt errettet werden, sondern er tat, was er wollte, und wurde groß.

¶ **5** Und indem ich darauf achthatte, siehe, da kam ein Ziegenbock vom Westen her über die ganze Erde, ohne den Boden zu berühren, und der Bock hatte ein ansehnliches Horn zwischen seinen Augen.

6 Und er kam bis zu dem Widder, der zwei Hörner hatte, den ich vor dem Fluss stehen sah, und er lief in gewaltigem Zorn auf ihn zu.

7 Und ich sah, dass er nahe an den Widder herankam, und voller Grimm stieß er den Widder und zerbrach ihm seine beiden Hörner. Und der Widder hatte keine Kraft, dass er vor ihm hätte bestehen können, sondern der Bock warf ihn zu Boden und zertrat ihn, und niemand konnte den Widder von seiner Gewalt erretten.

¶ **8** Und der Ziegenbock wurde sehr groß. Und als er am stärksten geworden war, zerbrach das große Horn, und es wuchsen an seiner Stelle vier andere Hörner nach den vier Winden des Himmels hin.

9 Und aus einem von ihnen wuchs ein kleines Horn; das wurde sehr groß nach Süden, nach Osten und nach dem herrlichen Land hin.

10 Und es wuchs bis an das Heer des Himmels und warf einige von dem Heer und von den Sternen zur Erde und zertrat sie.

11 Ja, es wuchs bis zum Fürsten des Heeres und nahm ihm das tägliche Opfer weg und verwüstete die Wohnung seines Heiligtums.

12 Und es wurde Frevel an dem täglichen Opfer verübt, und das Horn warf die Wahrheit zu Boden. Und was es tat, gelang ihm.

¶ **13** Ich hörte aber einen Heiligen reden, und ein anderer Heiliger sprach zu dem, der da redete: Wie lange gilt dies Gesicht vom täglichen Opfer und vom verwüstenden Frevel und vom Heiligtum, das zertreten wird?

3 I raised my eyes and saw, and behold, a ram standing on the bank of the canal. It had two horns, and both horns were high, but one was higher than the other, and the higher one came up last.

4 I saw the ram charging westward and northward and southward. No beast could stand before him, and there was no one who could rescue from his power. He did as he pleased and became great.

¶ **5** As I was considering, behold, a male goat came from the west across the face of the whole earth, without touching the ground. And the goat had ʸa conspicuous horn between his eyes.

6 He came to the ram with the two horns, which I had seen standing on the bank of the canal, and he ran at him in his powerful wrath.

7 I saw him come close to the ram, and he was enraged against him and struck the ram and broke his two horns. And the ram had no power to stand before him, but he cast him down to the ground and trampled on him. And there was no one who could rescue the ram from his power.

8 Then the goat became exceedingly great, but when he was strong, the great horn was broken, and instead of it there came up four conspicuous horns toward ʲthe four winds of heaven.

¶ **9** Out of one of them came a little horn, which grew exceedingly great toward the south, toward the east, and toward the glorious land.

10 It grew great, even to the host of heaven. And some of the host ᵏand some[2] of the stars it threw down to the ground and trampled on them.

11 It became great, even as great as the Prince of the host. And the regular burnt offering was taken away from him, and the place of his sanctuary was overthrown.

12 And a host will be given over to it together with the regular burnt offering because of transgression,[3] and it will throw truth to the ground, and it will act and prosper.

13 Then I heard a holy one speaking, and another holy one said to the one who spoke, "For how long is the vision concerning the regular burnt offering, the transgression that makes desolate, and the giving over of the sanctuary and host to be trampled underfoot?"

14 Und er antwortete mir: Bis zweitausenddreihundert Abende und Morgen vergangen sind; dann wird das Heiligtum wieder geweiht werden.

¶ **15** Und als ich, Daniel, dies Gesicht sah und es gerne verstanden hätte, siehe, da stand einer vor mir, der aussah wie ein Mann,

16 und ich hörte eine Menschenstimme mitten über dem Ulai rufen und sprechen: Gabriel, lege diesem das Gesicht aus, damit er's versteht.

17 Und Gabriel trat nahe zu mir. Ich erschrak aber, als er kam, und fiel auf mein Angesicht. Er aber sprach zu mir: Merk auf, du Menschenkind! Denn dies Gesicht geht auf die Zeit des Endes.

18 Und als er mit mir redete, sank ich in Ohnmacht zur Erde auf mein Angesicht. Er aber rührte mich an und richtete mich auf, sodass ich wieder stand.

19 Und er sprach: Siehe, ich will dir kundtun, wie es gehen wird zur letzten Zeit des Zorns; denn auf die Zeit des Endes geht das Gesicht.

¶ **20** Der Widder mit den beiden Hörnern, den du gesehen hast, bedeutet die Könige von Medien und Persien.

21 Der Ziegenbock aber ist der König von Griechenland. Das große Horn zwischen seinen Augen ist der erste König.

22 Dass aber vier an seiner Stelle wuchsen, nachdem es zerbrochen war, bedeutet, dass vier Königreiche aus seinem Volk entstehen werden, aber nicht so mächtig wie er.

23 Aber gegen Ende ihrer Herrschaft, wenn die Frevler überhand nehmen, wird aufkommen ein frecher und verschlagener König.

24 Der wird mächtig sein, doch nicht so mächtig wie sie. Er wird ungeheures Unheil anrichten und es wird ihm gelingen, was er tut. Er wird die Starken vernichten. Und gegen das heilige Volk

25 richtet sich sein Sinnen, und es wird ihm durch Betrug gelingen und er wird überheblich werden, und unerwartet wird er viele verderben und wird sich auflehnen gegen den Fürsten aller Fürsten; aber er wird zerbrochen werden ohne Zutun von Menschenhand.

26 Dies Gesicht von den Abenden und Morgen, das dir hiermit kundgetan ist, das ist wahr; aber du sollst das Gesicht geheim halten; denn es ist noch eine lange Zeit bis dahin.

14 And he said to me,[4] "For 2,300 evenings and mornings. Then the sanctuary shall be restored to its rightful state."

The Interpretation of the Vision

¶ **15** When I, Daniel, had seen the vision, I sought to understand it. And behold, there stood before me one having the appearance of a man.

16 And I heard a man's voice [x]between the banks of the Ulai, and it called, "Gabriel, make this man understand the vision."

17 So he came near where I stood. And when he came, I was frightened and fell on my face. But he said to me, "Understand, O son of man, that the vision is for the time of the end."

¶ **18** And when he had spoken to me, I fell into a deep sleep with my face to the ground. But he touched me and made me stand up.

19 He said, "Behold, I will make known to you what shall be at the latter end of the indignation, for it refers to the appointed time of the end.

20 As for the ram that you saw with the two horns, these are the kings of Media and Persia.

21 And the goat[5] is the king of Greece. And [k]the great horn between his eyes is the first king.

22 As for the horn that was broken, in place of which four others arose, four kingdoms shall arise from his[6] nation, but not with his power.

23 And at the latter end of their kingdom, when the transgressors have reached their limit, a king of bold face, one who understands riddles, shall arise.

24 His power shall be great—but not by his own power; and he shall cause fearful destruction and shall succeed in what he does, and destroy mighty men and the people who are the saints.

25 By his cunning he shall make deceit prosper under his hand, and in his own mind he shall become great. Without warning he shall destroy many. And he [s]shall even rise up against the Prince of princes, and he shall be broken—but by no human hand.

26 The vision of the evenings and the mornings that has been told is true, but seal up the vision, for it refers to many days from now."

¶ 27 Und ich, Daniel, war erschöpft und lag einige Tage krank. Danach stand ich auf und verrichtete meinen Dienst beim König. Und ich wunderte mich über das Gesicht und niemand konnte es mir auslegen.

Daniels Bußgebet und das Geheimnis der siebzig Jahre

9 Im ersten Jahr des Darius, des Sohnes des Ahasveros, aus dem Stamm der Meder, der über das Reich der Chaldäer König wurde,

2 in diesem ersten Jahr seiner Herrschaft achtete ich, Daniel, in den Büchern auf die Zahl der Jahre, von denen der HERR geredet hatte zum Propheten Jeremia, dass nämlich Jerusalem siebzig Jahre wüst liegen sollte.

3 Und ich kehrte mich zu Gott, dem Herrn, um zu beten und zu flehen unter Fasten und in Sack und Asche.

4 Ich betete aber zu dem HERRN, meinem Gott, und bekannte und sprach:
¶   Ach, Herr, du großer und heiliger Gott, der du Bund und Gnade bewahrst denen, die dich lieben und deine Gebote halten!

5 Wir haben gesündigt, Unrecht getan, sind gottlos gewesen und abtrünnig geworden; wir sind von deinen Geboten und Rechten abgewichen.

6 Wir gehorchten nicht deinen Knechten, den Propheten, die in deinem Namen zu unsern Königen, Fürsten, Vätern und zu allem Volk des Landes redeten.

7 Du, Herr, bist gerecht, wir aber müssen uns alle heute schämen, die von Juda und von Jerusalem und vom ganzen Israel, die, die nahe sind, und die zerstreut sind in allen Ländern, wohin du sie verstoßen hast um ihrer Missetat willen, die sie an dir begangen haben.

8 Ja, HERR, wir, unsre Könige, unsre Fürsten und unsre Väter müssen uns schämen, dass wir uns an dir versündigt haben.

9 Bei dir aber, Herr, unser Gott, ist Barmherzigkeit und Vergebung. Denn wir sind abtrünnig geworden

10 und gehorchten nicht der Stimme des HERRN, unseres Gottes, und wandelten nicht in seinem Gesetz, das er uns vorlegte durch seine Knechte, die Propheten;

11 sondern ganz Israel übertrat dein Gesetz, und sie wichen ab und gehorchten deiner Stimme nicht. Darum trifft uns auch der Fluch, den er geschworen hat und der geschrieben steht im Gesetz des Mose, des Knechtes Gottes, weil wir an ihm gesündigt haben.

¶ 27 And I, Daniel, was overcome and lay sick for some days. Then I rose and went about the king's business, but I was appalled by the vision and did not understand it.

Daniel's Prayer for His People

9 In the first year of Darius the son of Ahasuerus, by descent a Mede, who was made king over the realm of the Chaldeans—

2 in the first year of his reign, I, Daniel, perceived in the books the number of years that, according to the word of the LORD to Jeremiah the prophet, must pass before the end of the desolations of Jerusalem, namely, seventy years.

¶ 3 Then I turned my face to the Lord God, seeking him by prayer and pleas for mercy with fasting and sackcloth and ashes.

4 I prayed to the LORD my God and made confession, saying, "O Lord, the ⁱgreat and awesome God, who keeps covenant and steadfast love with those who love him and keep his commandments,

5 we have sinned and done wrong and acted wickedly and rebelled, turning aside from your commandments and rules.

6 We have not listened to your servants the prophets, who spoke in your name to our kings, our princes, and our fathers, and to all the people of the land.

7 To you, O Lord, belongs righteousness, but to us open shame, as at this day, to the men of Judah, to the inhabitants of Jerusalem, and to all Israel, those who are near and ᵠthose who are far away, in all the lands to which you have driven them, because of the treachery that they have committed against you.

8 To us, O LORD, belongs open shame, to our kings, to our princes, and to our fathers, because we have sinned against you.

9 To the Lord our God belong mercy and forgiveness, for we have rebelled against him

10 and have not obeyed the voice of the LORD our God by walking in his laws, which he set before us by his servants the prophets.

11 All Israel has transgressed your law and turned aside, refusing to obey your voice. And the curse and oath that are written in the Law of Moses the servant of God have been poured out upon us, because we have sinned against him.

12 Und Gott hat seine Worte gehalten, die er geredet hat gegen uns und unsere Richter, die uns richten sollten, dass er ein so großes Unglück über uns hat kommen lassen; denn unter dem ganzen Himmel ist Derartiges nicht geschehen wie in Jerusalem.

13 Wie es geschrieben steht im Gesetz des Mose, so ist all dies große Unglück über uns gekommen. Aber wir beteten auch nicht vor dem HERRN, unserm Gott, sodass wir uns von unsern Sünden bekehrt und auf deine Wahrheit geachtet hätten.

14 Darum ist der HERR auch bedacht gewesen auf dies Unglück und hat's über uns kommen lassen. Denn der HERR, unser Gott, ist gerecht in allen seinen Werken, die er tut; aber wir gehorchten seiner Stimme nicht.

¶ **15** Und nun, Herr, unser Gott, der du dein Volk aus Ägyptenland geführt hast mit starker Hand und hast dir einen Namen gemacht, so wie es heute ist: wir haben gesündigt, wir sind gottlos gewesen.

16 Ach Herr, um aller deiner Gerechtigkeit willen wende ab deinen Zorn und Grimm von deiner Stadt Jerusalem und deinem heiligen Berg. Denn wegen unserer Sünden und wegen der Missetaten unserer Väter trägt Jerusalem und dein Volk Schmach bei allen, die um uns her wohnen.

17 Und nun, unser Gott, höre das Gebet deines Knechtes und sein Flehen. Lass leuchten dein Antlitz über dein zerstörtes Heiligtum um deinetwillen, Herr!

18 Neige dein Ohr, mein Gott, und höre, tu deine Augen auf und sieh an unsere Trümmer und die Stadt, die nach deinem Namen genannt ist. Denn **wir liegen vor dir mit unserm Gebet und vertrauen nicht auf unsre Gerechtigkeit, sondern auf deine große Barmherzigkeit.**

19 Ach Herr, höre! Ach Herr, sei gnädig! Ach Herr, merk auf! Tu es und säume nicht – um deinetwillen, mein Gott! Denn deine Stadt und dein Volk ist nach deinem Namen genannt.

¶ **20** Als ich noch so redete und betete und meine und meines Volkes Israel Sünde bekannte und mit meinem Gebet für den heiligen Berg meines Gottes vor dem HERRN, meinem Gott, lag,

21 eben als ich noch so redete in meinem Gebet, da flog der Mann Gabriel, den ich zuvor im Gesicht gesehen hatte, um die Zeit des Abendopfers dicht an mich heran.

12 He has confirmed his words, which he spoke against us and against our rulers who ruled us,[1] by bringing upon us a great calamity. For under the whole heaven there has not been done anything like what has been done against Jerusalem.

13 As it is written in the Law of Moses, all this calamity has come upon us; yet we have not entreated the favor of the LORD our God, turning from our iniquities and gaining insight by your truth.

14 Therefore the LORD has kept ready the calamity and has brought it upon us, for the LORD our God is righteous in all the works that he has done, and we have not obeyed his voice.

15 And now, O Lord our God, who brought your people out of the land of Egypt with a mighty hand, and have made a name for yourself, as at this day, we have sinned, we have done wickedly.

¶ **16** "O Lord, according to all your righteous acts, let your anger and your wrath turn away from your city Jerusalem, your holy hill, because for our sins, and for the iniquities of our fathers, Jerusalem and your people have become a byword among all who are around us.

17 Now therefore, O our God, listen to the prayer of your servant and to his pleas for mercy, and for your own sake, O Lord,[2] make your face to shine upon your sanctuary, which is desolate.

18 O my God, incline your ear and hear. Open your eyes and see our desolations, and the city that is called by your name. For we do not present our pleas before you because of our righteousness, but because of your great mercy.

19 O Lord, hear; O Lord, forgive. O Lord, pay attention and act. Delay not, for your own sake, O my God, because your city and your people are called by your name."

Gabriel Brings an Answer

¶ **20** While I was speaking and praying, confessing my sin and the sin of my people Israel, and presenting my plea before the LORD my God for the holy hill of my God,

21 while I was speaking in prayer, the man Gabriel, whom I had seen in the vision at the first, came to me in swift flight at the time of the evening sacrifice.

22 Und er unterwies mich und redete mit mir und sprach: Daniel, jetzt bin ich ausgegangen, um dir zum rechten Verständnis zu verhelfen.

23 Denn als du anfingst zu beten, erging ein Wort, und ich komme, um dir's kundzutun; denn du bist von Gott geliebt. So merke nun auf das Wort, damit du das Gesicht verstehst.

¶ **24** Siebzig Wochen* sind verhängt über dein Volk und über deine heilige Stadt; dann wird dem Frevel ein Ende gemacht und die Sünde abgetan und die Schuld gesühnt, und es wird ewige Gerechtigkeit gebracht und Gesicht und Weissagung erfüllt und das Allerheiligste gesalbt werden.

25 So wisse nun und gib acht: Von der Zeit an, als das Wort erging, Jerusalem werde wieder aufgebaut werden, bis ein Gesalbter, ein Fürst, kommt, sind es sieben Wochen; und zweiundsechzig Wochen lang wird es wieder aufgebaut sein mit Plätzen und Gräben, wiewohl in kummervoller Zeit.

26 Und nach den zweiundsechzig Wochen wird ein Gesalbter ausgerottet werden und nicht mehr sein. Und das Volk eines Fürsten wird kommen und die Stadt und das Heiligtum zerstören, aber dann kommt das Ende durch eine Flut, und bis zum Ende wird es Krieg geben und Verwüstung, die längst beschlossen ist.

27 Er wird aber vielen den Bund schwer machen eine Woche lang. Und in der Mitte der Woche wird er Schlachtopfer und Speisopfer abschaffen. Und im Heiligtum wird stehen ein Gräuelbild, das Verwüstung anrichtet, bis das Verderben, das beschlossen ist, sich über die Verwüstung ergießen wird.

Vorbereitung und Empfang einer letzten Offenbarung und Versiegelung des Buches

10 Im dritten Jahr des Königs Kyrus von Persien wurde dem Daniel, der Beltschazar heißt, etwas offenbart, was gewiss ist und von großen Dingen handelt. Und er achtete darauf und verstand das Gesicht.

¶ **2** Zu der Zeit trauerte ich, Daniel, drei Wochen lang.

3 Ich aß keine leckere Speise; Fleisch und Wein kamen nicht in meinen Mund; und ich salbte mich auch nicht, bis die drei Wochen um waren.

4 Und am vierundzwanzigsten Tage des ersten Monats war ich an dem großen Strom Tigris

22 He made me understand, speaking with me and saying, "O Daniel, I have now come out to give you insight and understanding.

23 At the beginning of your pleas for mercy a word went out, and I have come to tell it to you, for you are greatly loved. Therefore consider the word and understand the vision.

The Seventy Weeks

¶ **24** "Seventy weeks[3] are decreed about your people and your holy city, to finish the transgression, to put an end to sin, and to atone for iniquity, to bring in everlasting righteousness, to seal both vision and prophet, and to anoint a most holy place.[4]

25 Know therefore and understand that from the going out of the word to restore and build Jerusalem to the coming of an anointed one, a prince, there shall be seven weeks. Then for sixty-two weeks it shall be built again with squares and moat, but in a troubled time.

26 And after the sixty-two weeks, an anointed one shall be cut off and shall have nothing. And the people of the prince who is to come shall destroy the city and the sanctuary. Its[5] end shall come with a flood, and to the end there shall be war. Desolations are decreed.

27 And he shall make a strong covenant with many for one week,[6] and for half of the week he shall put an end to sacrifice and offering. And on the wing of abominations shall come one who makes desolate, until the decreed end is poured out on the desolator."

Daniel's Terrifying Vision of a Man

10 In the third year of Cyrus king of Persia a word was revealed to Daniel, who was named Belteshazzar. And the word was true, and it was a great conflict.[1] And he understood the word and ᵉhad understanding of the vision.

¶ **2** In those days I, Daniel, was mourning for three weeks.

3 I ate no delicacies, no meat or wine entered my mouth, nor did I anoint myself at all, for the full three weeks.

4 On the twenty-fourth day of the first month, as I was standing on the bank of the great river (that is, the Tigris)

5 und hob meine Augen auf und sah, und siehe, da stand ein Mann, der hatte leinene Kleider an und einen goldenen Gürtel um seine Lenden.

6 Sein Leib war wie ein Türkis, sein Antlitz sah aus wie ein Blitz, seine Augen wie feurige Fackeln, seine Arme und Füße wie helles, glattes Kupfer, und seine Rede war wie ein großes Brausen.

7 Aber ich, Daniel, sah dies Gesicht allein, und die Männer, die bei mir waren, sahen's nicht; doch fiel ein großer Schrecken auf sie, sodass sie flohen und sich verkrochen.

¶ **8** Ich blieb allein und sah dies große Gesicht. Es blieb aber keine Kraft in mir; jede Farbe wich aus meinem Antlitz und ich hatte keine Kraft mehr.

9 Und ich hörte seine Rede; und während ich sie hörte, sank ich ohnmächtig auf mein Angesicht zur Erde.

10 Und siehe, eine Hand rührte mich an und half mir auf die Knie und auf die Hände.

11 und er sprach zu mir: Daniel, du von Gott Geliebter, merk auf die Worte, die ich mit dir rede, und richte dich auf; denn ich bin jetzt zu dir gesandt. Und als er dies mit mir redete, richtete ich mich zitternd auf.

¶ **12** Und er sprach zu mir: Fürchte dich nicht, Daniel; denn von dem ersten Tage an, als du von Herzen begehrtest zu verstehen und anfingst, dich zu demütigen vor deinem Gott, wurden deine Worte erhört, und ich wollte kommen um deiner Worte willen.

13 Aber der Engelfürst des Königreichs Persien hat mir einundzwanzig Tage widerstanden; und siehe, Michael, einer der Ersten unter den Engelfürsten, kam mir zu Hilfe, und ihm überließ ich den Kampf mit dem Engelfürsten des Königreichs Persien.

14 Nun aber komme ich, um dir Bericht zu geben, wie es deinem Volk gehen wird am Ende der Tage; denn das Gesicht geht auf ferne Zeit.

¶ **15** Und als er das alles mit mir redete, neigte ich mein Angesicht zur Erde und schwieg still.

16 Und siehe, einer, der einem Menschen gleich war, rührte meine Lippen an. Da tat ich meinen Mund auf und redete und sprach zu dem, der vor mir stand: Mein Herr, meine Glieder bebten, als ich das Gesicht hatte, und es war keine Kraft mehr in mir.

17 Wie kann der Knecht meines Herrn mit meinem Herrn reden, da auch jetzt noch keine Kraft in mir ist und mir der Atem fehlt?

18 Da rührte mich abermals der an, der aussah wie ein Mensch, und stärkte mich

5 I lifted up my eyes and looked, and behold, a man clothed in linen, with a belt of fine gold from Uphaz around his waist.

6 His body was like beryl, his face like the appearance of lightning, his eyes like flaming torches, his arms and legs like the gleam of burnished bronze, and qthe sound of his words like the sound of a multitude.

7 And I, Daniel, alone saw the vision, for the men who were with me did not see the vision, but a great trembling fell upon them, and they fled to hide themselves.

8 So I was left alone and saw this great vision, and no strength was left in me. My radiant appearance was fearfully changed,[2] and I retained no strength.

9 Then I heard the sound of his words, and as I heard the sound of his words, I fell on my face in deep sleep uwith my face to the ground.

¶ **10** And behold, a hand touched me and set me trembling on my hands and knees.

11 And he said to me, "O Daniel, man greatly loved, understand the words that I speak to you, and stand upright, for now I have been sent to you." And when he had spoken this word to me, I stood up trembling.

12 Then he said to me, "Fear not, Daniel, for from the first day that you set your heart to understand and bhumbled yourself before your God, your words have been heard, and I have come because of your words.

13 The prince of the kingdom of Persia withstood me twenty-one days, but Michael, one of the chief princes, came to help me, for I was left there with the kings of Persia,

14 and came to make you understand what is to happen to your people in the latter days. For the vision is for days yet to come."

¶ **15** When he had spoken to me according to these words, I turned my face toward the ground and was mute.

16 And behold, one in the likeness of the children of man touched my lips. Then I opened my mouth and spoke. I said to him who stood before me, "O my lord, by reason of the vision pains have come upon me, and I retain no strength.

17 How can my lord's servant talk with my lord? For now no strength remains in me, and no breath is left in me."

¶ **18** Again one having the appearance of a man touched me and strengthened me.

19 und sprach: Fürchte dich nicht, du von Gott Geliebter! Friede sei mit dir! Sei getrost, sei getrost! Und als er mit mir redete, ermannte ich mich und sprach: Mein Herr, rede; denn du hast mich gestärkt.

¶ 20 Und er sprach: Weißt du, warum ich zu dir gekommen bin? Und jetzt muss ich wieder hin und mit dem Engelfürsten von Persien kämpfen; und wenn ich das hinter mich gebracht habe, siehe, dann wird der Engelfürst von Griechenland kommen.

21 – Doch zuvor will ich dir kundtun, was geschrieben ist im Buch der Wahrheit. – Und es ist keiner, der mir hilft gegen jene, außer eurem Engelfürsten Michael.

11 Und ich stand auch bei ihm im ersten Jahr des Darius des Meders, um ihm zu helfen und ihn zu stärken.

¶ 2 Und nun will ich dir kundtun, was gewiss geschehen soll. Siehe, es werden noch drei Könige in Persien aufstehen, der vierte aber wird größeren Reichtum haben als alle andern. Und wenn er in seinem Reichtum am mächtigsten ist, wird er alles gegen das Königreich Griechenland aufbieten.

3 Danach wird ein mächtiger König aufstehen und mit großer Macht herrschen, und was er will, wird er ausrichten.

4 Aber wenn er emporgekommen ist, wird sein Reich zerbrechen und in die vier Winde des Himmels zerteilt werden, nicht auf seine Nachkommen, auch nicht mit solcher Macht, wie er sie hatte; denn sein Reich wird zerstört und Fremden zuteilwerden.

¶ 5 Und der König des Südens wird mächtig werden; aber gegen ihn wird einer seiner Fürsten noch mächtiger werden und herrschen; dessen Herrschaft wird groß sein.

6 Nach einigen Jahren aber werden sie sich miteinander befreunden. Und die Tochter des Königs des Südens wird kommen zum König des Nordens, um die Einigkeit zu festigen. Aber sie wird keinen Erfolg haben, und auch ihr Nachkomme wird nicht bleiben, sondern sie wird preisgegeben werden samt denen, die sie gebracht haben, und mit dem, der sie erzeugt hat, und mit dem, der sie zur Frau genommen hat. Zu der Zeit

7 wird einer aus ihrem Stamm emporkommen; der wird gegen die Heeresmacht des Königs des Nordens ziehen und in seine Festung eindringen und wird an ihnen seine Macht zeigen.

19 And he said, "O man greatly loved, fear not, peace be with you; be strong and of good courage." And as he spoke to me, I was strengthened and said, "Let my lord speak, for you have strengthened me."

20 Then he said, "Do you know why I have come to you? But now I will return to fight against the prince of Persia; and when I go out, behold, the prince of Greece will come.

21 But I will tell you what is inscribed in the book of truth: there is none who contends by my side against these except Michael, your prince.

The Kings of the South and the North

11 "And as for me, in the first year of ᵘDarius the Mede, I stood up to confirm and strengthen him.

¶ 2 "And now I will show you the truth. Behold, three more kings shall arise in Persia, and a fourth shall be far richer than all of them. And when he has become strong through his riches, he shall stir up all against the kingdom of Greece.

3 Then a mighty king shall arise, who shall rule with great dominion and do as he wills.

4 And as soon as he has arisen, his kingdom shall be broken and divided ʸtoward the four winds of heaven, but not to his posterity, nor according to the authority with which he ruled, for his kingdom shall be plucked up and go to others besides these.

¶ 5 "Then the king of the south shall be strong, but one of his princes shall be stronger than he and shall rule, and his authority shall be a great authority.

6 After some years they shall make an alliance, and the daughter of the king of the south shall come to the king of the north to make an agreement. But she shall not retain the strength of her arm, and he and his arm shall not endure, but she shall be given up, and her attendants, he who fathered her, and he who supported¹ her in those times.

¶ 7 "And from a branch from her roots one shall arise in his place. He shall come against the army and enter the fortress of the king of the north, and he shall deal with them and shall prevail.

8 Auch wird er ihre Götter samt den Bildern und den kostbaren Geräten aus Silber und Gold wegführen nach Ägypten und einige Jahre von dem König des Nordens ablassen.

9 Aber der wird eindringen in das Reich des Königs des Südens, jedoch dann wieder in sein Land zurückkehren.

¶ **10** Aber seine Söhne werden Krieg führen und große Heere zusammenbringen; und der eine wird kommen und wie eine Flut heranbrausen und wiederum Krieg führen bis vor seine Festung.

11 Dann wird der König des Südens ergrimmen und ausziehen und mit dem König des Nordens kämpfen. Der wird ein großes Heer zusammenbringen, aber das Heer wird in die Hand des andern gegeben

12 und vernichtet werden.

¶   Daraufhin wird sich dessen Herz überheben und er wird viele Tausende erschlagen; aber er wird nicht mächtig bleiben.

13 Denn der König des Nordens wird wiederum ein Heer zusammenbringen, größer als das vorige war; und nach einigen Jahren wird er ausziehen mit großer Heeresmacht und vielem Tross.

14 Und zur selben Zeit werden viele aufstehen gegen den König des Südens. Auch werden sich Abtrünnige aus deinem Volk erheben und eine Weissagung erfüllen und werden fallen.

15 Und der König des Nordens wird kommen und einen Wall aufschütten und eine feste Stadt einnehmen. Und die Heere des Südens können's nicht verhindern, und sein bestes Kriegsvolk kann nicht widerstehen;

16 sondern der gegen ihn zieht, wird tun, was ihm gut dünkt, und niemand wird ihm widerstehen können. Er wird auch in das herrliche Land kommen und Verderben ist in seiner Hand.

¶ **17** Und er wird seinen Sinn darauf richten, dass er mit Macht sein ganzes Königreich bekomme, und sich mit ihm vertragen und wird ihm seine Tochter zur Frau geben, um ihn zu verderben. Aber es wird ihm nicht gelingen, und es wird nichts daraus werden.

18 Danach wird er sich gegen die Inseln wenden und viele von ihnen gewinnen. Aber ein Mächtiger wird ihn zwingen, mit Schmähen aufzuhören, und wird ihm seine Schmähungen heimzahlen.

19 Danach wird er sich wenden gegen die Festungen seines eigenen Landes; er wird straucheln und fallen, dass man ihn nirgends finden wird.

8 He shall also carry off to Egypt their gods with their metal images and their precious vessels of silver and gold, and for some years he shall refrain from attacking the king of the north.

9 Then the latter shall come into the realm of the king of the south but shall return to his own land.

¶ **10** "His sons shall wage war and assemble a multitude of great forces, which shall keep coming and overflow and pass through, and again shall carry the war as far as his fortress.

11 Then the king of the south, moved with rage, shall come out and fight against the king of the north. And he shall raise a great multitude, but it shall be given into his hand.

12 And when the multitude is taken away, his heart shall be exalted, and he shall cast down tens of thousands, but he shall not prevail.

13 For the king of the north shall again raise a multitude, greater than the first. And after some years[2] he shall come on with a great army and abundant supplies.

¶ **14** "In those times many shall rise against the king of the south, and the violent among your own people shall lift themselves up in order to fulfill the vision, but they shall fail.

15 Then the king of the north shall come and throw up siegeworks and take a well-fortified city. And the forces of the south shall not stand, or even his best troops, for there shall be no strength to stand.

16 But he who comes against him shall do as he wills, and none shall stand before him. And he shall stand in the glorious land, with destruction in his hand.

17 He shall set his face to come with the strength of his whole kingdom, and he shall bring terms of an agreement and perform them. He shall give him the daughter of women to destroy the kingdom,[3] but it shall not stand or be to his advantage.

18 Afterward he shall turn his face to the coastlands and shall capture many of them, but a commander shall put an end to his insolence. Indeed,[4] he shall turn his insolence back upon him.

19 Then he shall turn his face back toward the fortresses of his own land, but he shall stumble and fall, and shall not be found.

¶ **20** Und an seiner statt wird einer emporkommen, der wird einen Kämmerer das herrliche Land durchziehen lassen, um Abgaben einzutreiben; doch nach einigen Jahren wird er umgebracht werden, aber weder öffentlich noch im Kampf.

¶ **21** Dann wird an seiner statt emporkommen ein verächtlicher Mensch, dem die Ehre des Thrones nicht zugedacht war. Der wird unerwartet kommen und sich durch Ränke die Herrschaft erschleichen.

22 Und heranflutende Heere werden vor ihm hinweggeschwemmt und vernichtet werden, dazu auch der Fürst des Bundes.

23 Denn nachdem er sich mit ihm angefreundet hat, wird er listig handeln und heraufziehen und mit wenigen Leuten Macht gewinnen.

24 Und unerwartet wird er in die besten Städte des Landes kommen und wird tun, was weder seine Väter noch seine Vorväter getan haben, und Raub, Beute und Güter an seine Leute verteilen; er wird nach den allerfestesten Städten trachten, aber nur für eine befristete Zeit.

¶ **25** Und er wird seine Macht und seinen Mut gegen den König des Südens aufbieten mit einem großen Heer. Dann wird der König des Südens sich aufmachen zum Kampf mit einem großen, mächtigen Heer, aber er wird nicht bestehen; denn es werden Pläne gegen ihn geschmiedet.

26 Und die sein Brot essen, die werden helfen, ihn zu verderben und sein Heer zu verjagen, sodass viele erschlagen werden.

27 Und beide Könige werden darauf bedacht sein, wie sie einander schaden können, und sie werden an **einem** Tisch verlogen miteinander reden. Es wird ihnen aber nicht gelingen, denn das Ende ist noch auf eine andere Zeit bestimmt.

28 Danach wird er wieder heimziehen mit großer Beute und dabei seinen Sinn richten gegen den heiligen Bund; er wird es ausführen und in sein Land zurückkehren.

¶ **29** Und nach einer bestimmten Zeit wird er wieder nach Süden ziehen; aber es wird beim zweiten Mal nicht so sein wie beim ersten Mal.

30 Denn es werden Schiffe aus Kittim gegen ihn kommen, sodass er verzagen wird und umkehren muss. Dann wird er gegen den heiligen Bund ergrimmen und danach handeln und sich denen zuwenden, die den heiligen Bund verlassen.

20 "Then shall arise in his place one who shall send an exactor of tribute for the glory of the kingdom. But within a few days he shall be broken, neither in anger nor in battle.

21 In his place shall arise a contemptible person to whom royal majesty has not been given. He shall come in without warning and obtain the kingdom by flatteries.

22 Armies shall be utterly swept away before him and broken, even the prince of the covenant.

23 And from the time that an alliance is made with him he shall act deceitfully, and he shall become strong with a small people.

24 Without warning he shall come into the richest parts[5] of the province, and he shall do what neither his fathers nor his fathers' fathers have done, scattering among them plunder, spoil, and goods. He shall devise plans against strongholds, but only for a time.

25 And he shall stir up his power and his heart against the king of the south with a great army. And the king of the south shall wage war with an exceedingly great and mighty army, but he shall not stand, for plots shall be devised against him.

26 Even those who eat his food shall break him. His army shall be swept away, and many shall fall down slain.

27 And as for the two kings, their hearts shall be bent on doing evil. They shall speak lies at the same table, but to no avail, for the end is yet to be at the time appointed.

28 And he shall return to his land with great wealth, but his heart shall be set against the holy covenant. And he shall work his will and return to his own land.

¶ **29** "At the time appointed he shall return and come into the south, but it shall not be this time as it was before.

30 For ships of Kittim shall come against him, and he shall be afraid and withdraw, and shall turn back and be enraged and ᵉtake action against the holy covenant. He shall turn back and pay attention to those who forsake the holy covenant.

31 Und seine Heere werden kommen und Heiligtum und Burg entweihen und das tägliche Opfer abschaffen und das Gräuelbild der Verwüstung aufstellen.

32 Und er wird mit Ränken alle zum Abfall bringen, die den Bund übertreten.

¶ Aber die vom Volk, die ihren Gott kennen, werden sich ermannen und danach handeln.

33 Und die Verständigen im Volk werden vielen zur Einsicht verhelfen; darüber werden sie verfolgt mit Schwert, Feuer, Gefängnis und Raub eine Zeit lang.

34 Während sie verfolgt werden, wird ihnen eine kleine Hilfe zuteilwerden; aber viele werden sich nicht aufrichtig zu ihnen halten.

35 Und einige von den Verständigen werden fallen, damit viele bewährt, rein und lauter werden für die Zeit des Endes; denn es geht ja um eine befristete Zeit.

¶ **36** Und der König wird tun, was er will, und wird sich überheben und großtun gegen alles, was Gott ist. Und gegen den Gott aller Götter wird er Ungeheuerliches reden und es wird ihm gelingen, bis sich der Zorn ausgewirkt hat; denn es muss geschehen, was beschlossen ist.

37 Auch die Götter seiner Väter wird er nicht achten; er wird weder den Lieblingsgott der Frauen noch einen andern Gott achten; denn er wird sich über alles erheben.

38 Dagegen wird er den Gott der Festungen verehren; den Gott, von dem seine Väter nichts gewusst haben, wird er ehren mit Gold, Silber, Edelsteinen und Kostbarkeiten.

39 Und er wird die starken Festungen dem fremden Gott unterstellen. Denen, die ihn erwählen, wird er große Ehre antun und sie zu Herren machen über viele und ihnen Land zum Lohn austeilen.

¶ **40** Und zur Zeit des Endes wird sich der König des Südens mit ihm messen, und der König des Nordens wird mit Wagen, Reitern und vielen Schiffen gegen ihn anstürmen und wird in die Länder einfallen und sie überschwemmen und überfluten.

41 Und er wird in das herrliche Land einfallen und viele werden umkommen. Es werden aber seiner Hand entrinnen Edom, Moab und der Hauptteil der Ammoniter.

42 Und er wird seine Hand ausstrecken nach den Ländern und Ägypten wird ihm nicht entrinnen,

43 sondern er wird Herr werden über die goldenen und silbernen Schätze und über alle Kostbarkeiten Ägyptens; Libyer und Kuschiter werden ihm folgen müssen.

31 Forces from him shall appear and profane the temple and fortress, and shall take away the regular burnt offering. And they shall set up the abomination that makes desolate.

32 He shall seduce with flattery those who violate the covenant, but the people who know their God shall stand firm and take action.

33 And the wise among the people shall make many understand, though for some days they shall stumble by sword and flame, by captivity and plunder.

34 When they stumble, they shall receive a little help. And many shall join themselves to them with flattery,

35 and some of the wise shall stumble, so that they may be refined, purified, and made white, until the time of the end, *k* for it still awaits the appointed time.

¶ **36** "And the king shall do as he wills. He shall exalt himself and magnify himself above every god, and shall speak astonishing things against the God of gods. He shall prosper till the indignation is accomplished; for what is decreed shall be done.

37 He shall pay no attention to the gods of his fathers, or to the one beloved by women. He shall not pay attention to any other god, for he shall magnify himself above all.

38 He shall honor the god of fortresses instead of these. A god whom his fathers did not know he shall honor with gold and silver, with precious stones and costly gifts.

39 He shall deal with the strongest fortresses with the help of a foreign god. Those who acknowledge him he shall load with honor. He shall make them rulers over many and shall divide the land for a price.⁶

¶ **40** "At the time of the end, the king of the south shall attack⁷ him, but the king of the north shall rush upon him like a whirlwind, with chariots and horsemen, and with many ships. And he shall come into countries and shall overflow and pass through.

41 He shall come into the glorious land. And tens of thousands shall fall, but these shall be delivered out of his hand: Edom and ˣMoab and the main part of the ˣAmmonites.

42 He shall stretch out his hand against the countries, and the land of Egypt shall not escape.

43 He shall become ruler of the treasures of gold and of silver, and all the precious things of Egypt, and the Libyans and the Cushites shall follow in his train.

44 Es werden ihn aber Gerüchte erschrecken aus Osten und Norden, und er wird mit großem Grimm ausziehen, um viele zu vertilgen und zu verderben.

45 Und er wird seine prächtigen Zelte aufschlagen zwischen dem Meer und dem herrlichen, heiligen Berg; aber es wird mit ihm ein Ende nehmen und niemand wird ihm helfen.

12 Zu jener Zeit wird Michael, der große Engelfürst, der für dein Volk eintritt, sich aufmachen. Denn es wird eine Zeit so großer Trübsal sein, wie sie nie gewesen ist, seitdem es Menschen gibt, bis zu jener Zeit. Aber zu jener Zeit wird dein Volk errettet werden, alle, die im Buch geschrieben stehen.

2 Und viele, die unter der Erde schlafen liegen, werden aufwachen, die einen zum ewigen Leben, die andern zu ewiger Schmach und Schande.

3 Und die da lehren, werden leuchten wie des Himmels Glanz, und die viele zur Gerechtigkeit weisen, wie die Sterne immer und ewiglich.

¶ **4** Und du, Daniel, verbirg diese Worte und versiegle dies Buch bis auf die letzte Zeit. Viele werden es dann durchforschen und große Erkenntnis finden.

¶ **5** Und ich, Daniel, sah, und siehe, es standen zwei andere da, einer an diesem Ufer des Stroms, der andere an jenem Ufer.

6 Und er sprach zu dem Mann in leinenen Kleidern, der über den Wassern des Stroms stand: Wann sollen denn diese großen Wunder geschehen?

7 Und ich hörte den Mann in leinenen Kleidern, der über den Wassern des Stroms stand. Er hob seine rechte und linke Hand auf gen Himmel und schwor bei dem, der ewiglich lebt, dass es eine Zeit und zwei Zeiten und eine halbe Zeit währen soll; und wenn die Zerstreuung des heiligen Volks ein Ende hat, soll dies alles geschehen.

¶ **8** Und ich hörte es, aber ich verstand's nicht und sprach: Mein Herr, was wird das Letzte davon sein?

9 Er aber sprach: Geh hin, Daniel; denn es ist verborgen und versiegelt bis auf die letzte Zeit.

10 Viele werden gereinigt, geläutert und geprüft werden, aber die Gottlosen werden gottlos handeln; alle Gottlosen werden's nicht verstehen, aber die Verständigen werden's verstehen.

44 But news from the east and the north shall alarm him, and he shall go out with great fury to destroy and devote many to destruction.

45 And he shall pitch his palatial tents between the sea and the glorious holy mountain. Yet he shall come to his end, with none to help him.

The Time of the End

12 "At that time shall arise Michael, the great prince who has charge of your people. And there shall be a time of trouble, such as never has been since there was a nation till that time. But at that time your people shall be delivered, everyone whose name shall be found written in the book.

2 And many of those who sleep in the dust of the earth shall ᵉawake, some to everlasting life, and ᶠsome to shame and everlasting contempt.

3 And those who are wise shall shine like the brightness of the sky above;[1] and those who turn many to righteousness, like the stars forever and ever.

4 But you, Daniel, shut up the words and seal the book, until the time of the end. Many shall run to and fro, and knowledge shall increase."

¶ **5** Then I, Daniel, looked, and behold, two others stood, one on this bank of the stream and one on that bank of the stream.

6 And someone said to the man clothed in linen, who was above the waters of the stream,[2] "How long shall it be till the end of these wonders?"

7 And I heard the man clothed in linen, who was above the waters of the stream; he raised his right hand and his left hand toward heaven and swore by him who lives forever that it would be for a time, times, and half a time, and that when the shattering of the power of ᶠthe holy people comes to an end all these things would be finished.

8 I heard, but I did not understand. Then I said, "O my lord, what shall be the outcome of these things?"

9 He said, "Go your way, Daniel, for the words are shut up and sealed until the time of the end.

10 Many shall purify themselves and make themselves white and be refined, but the wicked shall act wickedly. And none of the wicked shall understand, but those who are wise shall understand.

11 Und von der Zeit an, da das tägliche Opfer abgeschafft und das Gräuelbild der Verwüstung aufgestellt wird, sind 1290 Tage.

12 Wohl dem, der da wartet und erreicht 1335 Tage!

13 Du aber, Daniel, geh hin, bis das Ende kommt, und ruhe, bis du auferstehst zu deinem Erbteil am Ende der Tage!

11 And from the time that the regular burnt offering is taken away and the abomination that makes desolate is set up, there shall be 1,290 days.

12 Blessed is he who waits and arrives at the 1,335 days.

13 But go your way till the end. And you shall rest and shall stand in your allotted place at the end of the days."

DER PROPHET
HOSEA

HOSEA

Hoseas Ehe – das Zeichen für die Untreue Israels

1 Dies ist das Wort des HERRN, das geschehen ist zu Hosea, dem Sohn Beeris, zur Zeit des Usija, Jotam, Ahas und Hiskia, der Könige von Juda, und zur Zeit Jerobeams, des Sohnes des Joasch, des Königs von Israel.

¶ **2** Als der HERR anfing zu reden durch Hosea, sprach er zu ihm: Geh hin und nimm ein Hurenweib und Hurenkinder; denn das Land läuft vom HERRN weg der Hurerei nach.

¶ **3** Und er ging hin und nahm Gomer, die Tochter Diblajims, zur Frau; die ward schwanger und gebar ihm einen Sohn.
4 Und der HERR sprach zu ihm: Nenne ihn Jesreel; denn es ist nur noch eine kurze Zeit, dann will ich die Blutschuld von Jesreel heimsuchen am Hause Jehu und will mit dem Königreich des Hauses Israel ein Ende machen.
5 Zur selben Zeit will ich den Bogen Israels zerbrechen in der Ebene Jesreel.
¶ **6** Und sie ward abermals schwanger und gebar eine Tochter. Und er sprach zu ihm: Nenne sie Lo-Ruhama; denn ich will mich nicht mehr über das Haus Israel erbarmen, sondern ich will sie wegwerfen.
7 Doch will ich mich erbarmen über das Haus Juda und will ihnen helfen durch den HERRN, ihren Gott; ich will ihnen aber nicht helfen durch Bogen, Schwert, Rüstung, Ross und Wagen.
¶ **8** Und als sie Lo-Ruhama entwöhnt hatte, ward sie wieder schwanger und gebar einen Sohn.
9 Und er sprach: Nenne ihn Lo-Ammi; denn ihr seid nicht mein Volk, so will ich auch nicht der Eure sein.

Die kommende Rettung

2 Es wird aber die Zahl der Israeliten sein wie der Sand am Meer, den man weder messen noch zählen kann. Und es soll geschehen, anstatt dass man zu ihnen sagt: »Ihr seid nicht mein Volk«, wird man zu ihnen sagen: »O ihr Kinder des lebendigen Gottes!«

11 Und von der Zeit an, da das tägliche Opfer abgeschafft und das Gräuelbild der Verwüstung aufgestellt wird, sind 1290 Tage.

12 Wohl dem, der da wartet und erreicht 1335 Tage!

13 Du aber, Daniel, geh hin, bis das Ende kommt, und ruhe, bis du auferstehst zu deinem Erbteil am Ende der Tage!

Hosea's Wife and Children

1 The word of the LORD that came to Hosea, the son of Beeri, in the days of Uzziah, Jotham, Ahaz, and Hezekiah, kings of Judah, and in the days of Jeroboam the son of Joash, king of Israel.

¶ **2** When the LORD first spoke through Hosea, the LORD said to Hosea, "Go, take to yourself a wife of whoredom and have children of whoredom, for the land commits great whoredom by forsaking the LORD."
3 So he went and took Gomer, the daughter of Diblaim, and she conceived and bore him a son.
¶ **4** And the LORD said to him, "Call his name Jezreel, for in just a little while I will punish the house of Jehu for the blood of Jezreel, and I will put an end to the kingdom of the house of Israel.
5 And on that day I will break the bow of Israel in the Valley of Jezreel."
¶ **6** She conceived again and bore a daughter. And the LORD said to him, "Call her name No Mercy,[1] for I will no more have mercy on the house of Israel, to forgive them at all.
7 But I will have mercy on the house of Judah, and I will save them by the LORD their God. I will not save them by bow or by sword or by war or by horses or by horsemen."
¶ **8** When she had weaned No Mercy, she conceived and bore a son.
9 And the LORD said, "Call his name Not My People,[2] for you are not my people, and I am not your God."[3]

¶ **10**[4] Yet the number of the children of Israel shall be like the sand of the sea, which cannot be measured or numbered. And in the place where it was said to them, "You are not my people," it shall be said to them, "Children[5] of the living God."

2 Denn es werden die Judäer und die Israeliten zusammenkommen und werden sich ein gemeinsames Haupt erwählen und aus dem Lande heraufziehen; denn der Tag Jesreels wird ein großer Tag sein.

3 Sagt euren Brüdern, sie seien mein Volk, und zu euren Schwestern, sie seien in Gnaden.

Gott zieht das treulose Israel zur Rechenschaft

4 Fordert von eurer Mutter – sie ist ja nicht meine Frau und ich bin nicht ihr Mann! –, dass sie die Zeichen ihrer Hurerei von ihrem Angesichte wegtue und die Zeichen ihrer Ehebrecherei zwischen ihren Brüsten,

5 damit ich sie nicht nackt ausziehe und hinstelle, wie sie war, als sie geboren wurde, und ich sie nicht mache wie eine Wüste und wie ein dürres Land und sie nicht vor Durst sterben lasse!

6 Und ich will mich ihrer Kinder nicht erbarmen, denn sie sind Hurenkinder.

7 Ihre Mutter ist eine Hure, und die sie getragen hat, treibt es schändlich und spricht: Ich will meinen Liebhabern nachlaufen, die mir mein Brot und Wasser geben, Wolle und Flachs, Öl und Trank.

8 Darum siehe, ich will ihr den Weg mit Dornen versperren und eine Mauer ziehen, dass sie ihren Pfad nicht finden soll.

9 Und wenn sie ihren Liebhabern nachläuft und sie nicht einholen kann und wenn sie nach ihnen sucht und sie nicht finden kann, so wird sie sagen: Ich will wieder zu meinem früheren Mann gehen; denn damals ging es mir besser als jetzt.

10 Aber sie will nicht erkennen, dass ich es bin, der ihr Korn, Wein und Öl gegeben hat und viel Silber und Gold, das sie dem Baal zu Ehren gebraucht haben.

11 And the children of Judah and the children of Israel shall be gathered together, and they shall appoint for themselves one head. And they shall go up from the land, for great shall be the day of Jezreel.

Israel's Unfaithfulness Punished

2 ^{1} Say to your brothers, "You are my people,"^{2} and to your sisters, "You have received mercy."^{3}

2 "Plead with your mother, plead—
   for she is not my wife,
   and I am not her husband—
that she put away her whoring from her face,
   and her adultery from between her breasts;

3 lest I strip her naked
   and make her as in the day she was born,
and make her like a wilderness,
   and make her like a parched land,
   and kill her with thirst.

4 Upon her children also I will have no mercy,
   because they are children of whoredom.

5 For their mother has played the whore;
   she who conceived them has acted shamefully.
For she said, 'I will go after my lovers,
   who give me my bread and my water,
   my wool and my flax, my oil and my drink.'

6 Therefore I will hedge up her^4 way with thorns,
   and I will build a wall against her,
   so that she cannot find her paths.

7 She shall pursue her lovers
   but not overtake them,
and she shall seek them
   but shall not find them.
Then she shall say,
   'I will go and return to my first husband,
   ^{1} for it was better for me then than now.'

8 And she did not know
   that it was I who gave her
   the grain, the wine, and the oil,
and who lavished on her silver and gold,
   which they used for Baal.

¶ **11** Darum will ich mein Korn und meinen Wein mir wieder nehmen zu seiner Zeit und meine Wolle und meinen Flachs ihr entreißen, womit sie ihre Blöße bedeckt.

12 Dann will ich ihre Scham aufdecken vor den Augen ihrer Liebhaber, und niemand soll sie aus meiner Hand erretten.

13 Und ich will ein Ende machen mit allen ihren Freuden, Festen, Neumonden, Sabbaten und allen ihren Feiertagen.

14 Ich will ihre Weinstöcke und Feigenbäume verwildern lassen, weil sie sagt: »Das ist mein Lohn, den mir meine Liebhaber gegeben haben.« Ich will eine Wildnis aus ihnen machen, dass die Tiere des Feldes sie fressen sollen.

15 So will ich heimsuchen an ihr die Tage der Baale, an denen sie Räucheropfer darbringt und sich mit Stirnreifen und Halsbändern schmückt und ihren Liebhabern nachläuft, mich aber vergisst, spricht der Herr.

Gottes Treue überwindet Israels Untreue

16 Darum siehe, ich will sie locken und will sie in die Wüste führen und freundlich mit ihr reden.

17 Dann will ich ihr von dorther ihre Weinberge geben und das Tal Achor* zum Tor der Hoffnung machen. Und dorthin wird sie willig folgen wie zur Zeit ihrer Jugend, als sie aus Ägyptenland zog.

18 Alsdann, spricht der Herr, wirst du mich nennen »Mein Mann« und nicht mehr »Mein Baal«.

19 Denn ich will die Namen der Baale von ihrem Munde wegtun, dass man ihrer Namen nicht mehr gedenken soll.

¶ **20** Und ich will zur selben Zeit für sie einen Bund schließen mit den Tieren auf dem Felde, mit den Vögeln unter dem Himmel und mit dem Gewürm des Erdbodens und will Bogen, Schwert und Rüstung im Lande zerbrechen und will sie sicher wohnen lassen.

9 Therefore I will take back
  my grain in its time,
  and my wine in its season,
and ⁵I will take away my wool and my
    flax,
  which were to cover her nakedness.

10 Now I will uncover her lewdness
  in the sight of her lovers,
  and no one shall rescue her out of my
    hand.

11 And I will put an end to all her mirth,
  her feasts, her new moons, her
    ᵛSabbaths,
  and all her appointed feasts.

12 And I will lay waste her vines and her
    fig trees,
  of which she said,
  'These are my wages,
  which my lovers have given me.'
I will make them a forest,
  and the beasts of the field shall devour
    them.

13 And I will punish her for the feast days
    of the Baals
  when she burned offerings to them
and adorned herself with her ring and
    jewelry,
  and went after her lovers
  and forgot me, declares the Lord.

The Lord's Mercy on Israel

14 "Therefore, behold, I will allure her,
  and bring her into the wilderness,
  and speak tenderly to her.

15 And there I will give her her vineyards
  and make the Valley of Achor⁵ a door
    of hope.
And there she shall answer as in the
    days of her youth,
  as at the time when she came out of
    the land of Egypt.

¶ **16** "And in that day, declares the Lord, you will call me 'My Husband,' and no longer will you call me 'My Baal.'

17 For I will remove the names of the Baals from her mouth, and they shall be remembered by name no more.

18 And I will make for them a covenant on that day with the beasts of the field, the birds of the heavens, and the creeping things of the ground. And I will abolish⁶ the bow, the sword, and war from the land, and I will make you lie down in safety.

21 Ich will mich mit dir verloben für alle Ewigkeit, ich will mich mit dir verloben in Gerechtigkeit und Recht, in Gnade und Barmherzigkeit.

22 Ja, in Treue will ich mich mit dir verloben und du wirst den HERRN erkennen.

23 Zur selben Zeit will ich erhören, spricht der HERR, ich will den Himmel erhören, und der Himmel soll die Erde erhören,

24 und die Erde soll Korn, Wein und Öl erhören, und diese sollen Jesreel erhören.*

25 Und ich will ihn mir in das Land einsäen und mich erbarmen über Lo-Ruhama, und ich will sagen zu Lo-Ammi: »Du bist mein Volk«, und er wird sagen: »Du bist mein Gott.«

Gottes Langmut wird sein Volk zurückgewinnen

3 Und der HERR sprach zu mir: Geh noch einmal hin und wirb um eine buhlerische und ehebrecherische Frau, wie denn der HERR um die Israeliten wirbt, obgleich sie sich zu fremden Göttern kehren und Traubenkuchen lieben.

¶ **2** Und ich kaufte sie mir für fünfzehn Silberstücke und fünfzehn Scheffel Gerste

3 und sprach zu ihr: Lange Zeit sollst du bleiben, ohne zu huren und ohne einem Mann anzugehören, und auch ich will nicht zu dir eingehen.

4 Denn lange Zeit werden die Israeliten ohne König und ohne Obere bleiben, ohne Opfer, ohne Steinmal, ohne Efod und ohne Hausgott.

5 Danach werden sich die Israeliten bekehren und den HERRN, ihren Gott, und ihren König David suchen und werden mit Zittern zu dem HERRN und seiner Gnade kommen in letzter Zeit.

Strafrede gegen die Priester und gegen den Götzendienst Israels

4 Höret, ihr Israeliten, des HERRN Wort! Denn der HERR hat Ursache, zu schelten, die im Lande wohnen; denn es ist keine Treue, keine Liebe und keine Erkenntnis Gottes im Lande,

2 sondern Verfluchen, Lügen, Morden, Stehlen und Ehebrechen haben überhandgenommen, und eine Blutschuld kommt nach der andern.

19 And I will betroth you to me forever. I will betroth you to me in righteousness and in justice, in steadfast love and in mercy.

20 I will betroth you to me in faithfulness. And you shall know the LORD.

21 "And in that day I will answer, declares the LORD,
I will answer the heavens,
and they shall answer the earth,

22 and the earth shall answer the grain, the wine, and the oil,
and they shall answer Jezreel,[7]

23 and I will sow her for myself in the land.
And I will have mercy on No Mercy,[8]
and I will say to Not My People,[9] 'You are my people';
and he shall say, 'You are my God.'"

Hosea Redeems His Wife

3 And the LORD said to me, "Go again, love a woman who is loved by another man and is an adulteress, even as the LORD loves the children of Israel, though they turn to other gods and love cakes of raisins."

2 So I bought her for fifteen shekels of silver and a homer and a lethech[1] of barley.

3 And I said to her, "You must dwell as mine for many days. You shall not play the whore, or belong to another man; so will I also be to you."

4 For the children of Israel shall dwell many days without king or prince, without sacrifice or pillar, without ephod or household gods.

5 Afterward the children of Israel shall return and seek the LORD their God, and David their king, and they shall come in fear to the LORD and to his goodness in the latter days.

The LORD Accuses Israel

4 Hear the word of the LORD, O children of Israel,
for the LORD has a controversy with the inhabitants of the land.
There is no faithfulness or steadfast love,
and no knowledge of God in the land;

2 there is swearing, lying, murder, stealing, and committing adultery;
they break all bounds, and bloodshed follows bloodshed.

3 Darum wird das Land dürre stehen und alle seine Bewohner werden dahinwelken; auch die Tiere auf dem Felde und die Vögel unter dem Himmel und die Fische im Meer werden weggerafft.

¶ **4** Doch soll man niemand schelten noch zurechtweisen, sondern allein dich, Priester, habe ich zu schelten.

5 Darum sollst du bei Tage fallen, und der Prophet soll des Nachts neben dir fallen; auch deine Mutter will ich dahingeben.

6 Mein Volk ist dahin, weil es ohne Erkenntnis ist. Denn du hast die Erkenntnis verworfen; darum will ich dich auch verwerfen, dass du nicht mehr mein Priester sein sollst. Du vergisst das Gesetz deines Gottes; darum will auch ich deine Kinder vergessen.

¶ **7** Je mehr ihrer werden, desto mehr sündigen sie gegen mich; darum will ich ihre Ehre zuschanden machen.

8 Sie nähren sich von den Sündopfern meines Volks und sind begierig nach seiner Schuld.

9 Darum soll es dem Priester gehen wie dem Volk; denn ich will sein Tun heimsuchen und ihm vergelten, wie er's verdient:

10 Sie werden essen und nicht satt werden, Hurerei treiben und sich nicht mehren, weil sie den HERRN verlassen haben und ihn nicht achten.

11 Hurerei, Wein und Trunk machen toll.

¶ **12** Mein Volk befragt sein Holz, und sein Stab soll ihm antworten; denn der Geist der Hurerei verführt sie, dass sie mit ihrer Hurerei ihrem Gott weglaufen.

13 Oben auf den Bergen opfern sie, und auf den Hügeln räuchern sie unter den Eichen, Linden und Buchen; denn ihr Schatten erquickt. Darum werden eure Töchter auch zu Huren und eure Bräute zu Ehebrecherinnen.

---

3 Therefore the land mourns,
  and all who dwell in it languish,
and also the beasts of the field
  and the birds of the heavens,
and even the fish of the sea are taken
  away.

4 Yet let no one contend,
  and let none accuse,
for with you is my contention, O
  priest.[1]

5 You shall stumble by day;
  the prophet also shall stumble with
    you by night;
  and I will destroy your mother.

6 My people are destroyed for lack of
    knowledge;
  because you have rejected knowledge,
  I reject you from being a priest to me.
And since you have forgotten the law of
    your God,
  I also will forget your children.

7 The more they increased,
  the more they sinned against me;
  I will change their glory into shame.

8 They feed on the sin[2] of my people;
  they are greedy for their iniquity.

9 And it shall be like people, like priest;
  I will punish them for their ways
  and repay them for their deeds.

10 They shall eat, but not be satisfied;
  they shall play the whore, but not
    multiply,
because they have forsaken the LORD
  to cherish

11 whoredom, wine, and new wine,
  which take away the understanding.

12 My people inquire of a piece of wood,
  and their walking staff gives them
    oracles.
For a spirit of whoredom has led them
    astray,
  and they have left their God to play
    the whore.

13 They sacrifice on the tops of the
    mountains
  and burn offerings on the hills,
under oak, poplar, and terebinth,
  because their shade is good.
Therefore your daughters play the
    whore,
  and your brides commit adultery.

14 Ich will's auch nicht wehren, wenn eure Töchter zu Huren und eure Bräute zu Ehebrecherinnen werden, weil ihr selbst abseits geht mit den Huren und mit den Tempeldirnen opfert und so das törichte Volk zu Fall kommt.

¶ **15** Willst du, Israel, schon huren, so soll Juda sich nicht auch verschulden! Geht nicht hin nach Gilgal und kommt nicht hinauf nach Bet-Awen und schwört nicht: So wahr der HERR lebt!

¶ **16** Denn Israel läuft dahin wie eine tolle Kuh; soll da der HERR sie weiden lassen wie ein Lamm auf freiem Feld?

17 Ephraim hat sich zu den Götzen gesellt; so lass es hinfahren.

18 Sie haben sich der Schwelgerei und Hurerei ergeben; ihre Schamlosen haben Lust an der Schande.

19 Der Wind mit seinen Flügeln wird sie fassen, und über ihrem Opfer sollen sie zuschanden werden.

Drohung gegen die Führer Israels

5 So hört nun dies, ihr Priester, und merke auf, du Haus Israel, und nimm zu Ohren, du Haus des Königs! Denn euch ist das Recht anvertraut! Ihr aber seid eine Schlinge für Mizpa geworden und ein ausgespanntes Netz auf dem Tabor.

2 und eine tiefe Grube zu Schittim; darum muss ich sie allesamt strafen.

¶ **3** Ich kenne Ephraim gut, und Israel ist vor mir nicht verborgen; Ephraim ist nun eine Hure und Israel unrein.

4 Ihre bösen Taten lassen es nicht zu, dass sie umkehren zu ihrem Gott; denn sie haben einen Geist der Hurerei in ihrem Herzen, und den HERRN kennen sie nicht.

5 Wider Israel zeugt seine Hoffart; darum sollen Israel und Ephraim fallen um ihrer Schuld willen; auch Juda soll mit ihnen fallen.

14 I will not punish your daughters when they play the whore,
  nor your brides when they commit adultery;
for the men themselves go aside with prostitutes
  and sacrifice with cult prostitutes,
and a people without understanding shall come to ruin.

15 Though you play the whore, O Israel,
  let not [m]Judah become guilty.
Enter not into Gilgal,
  nor go up to Beth-aven,
  and swear not, "As the LORD lives."

16 Like a stubborn heifer,
  Israel is stubborn;
can the LORD now feed them
  like a lamb in a broad pasture?

17 Ephraim is joined to idols;
  leave him alone.

18 When their drink is gone, they give themselves to whoring;
  their rulers[3] dearly love shame.

19 A wind has wrapped them[4] in its wings,
  and they shall be ashamed because of their sacrifices.

Punishment Coming for Israel and Judah

5 Hear this, O priests!
Pay attention, O house of Israel!
Give ear, O house of the king!
For the judgment is for you;
  for you have been a snare at Mizpah
  and a net spread upon Tabor.

2 And the revolters have gone deep into slaughter,
  but I will discipline all of them.

3 I know Ephraim,
  and Israel is not hidden from me;
for now, O Ephraim, you have played the whore;
  Israel is defiled.

4 Their deeds do not permit them
  to return to their God.
For the spirit of whoredom is within them,
  and they know not the LORD.

5 The pride of Israel testifies to his face;[1]
  Israel and Ephraim shall stumble in his guilt;
  [f]Judah also shall stumble with them.

6 Alsdann werden sie kommen mit ihren Schafen und Rindern, den HERRN zu suchen, aber ihn nicht finden; denn er hat sich von ihnen gewandt.

7 Sie sind dem HERRN untreu und zeugen fremde Kinder; darum wird sie auch der Neumond fressen samt ihrem Erbteil.

Der Bruderkrieg zwischen Ephraim und Juda und Israels flüchtige Buße

8 Blast die Posaune zu Gibea, ja, trompetet zu Rama, ja, ruft laut zu Bet-Awen: Man ist hinter dir her, Benjamin!

9 Denn Ephraim soll zur Wüste werden zur Zeit, wenn ich sie strafen werde. Davor habe ich die Stämme Israels treulich gewarnt.

10 Die Oberen von Juda sind denen gleich, die die Grenze verrücken; darum will ich meinen Zorn über sie ausschütten wie Wasser.

11 Ephraim leidet Gewalt, zertreten ist das Recht; denn es gefiel ihm, dem Nichtigen nachzulaufen.

¶ **12** Ich bin für Ephraim wie eine Motte und für das Haus Juda wie eine Made.

13 Als aber Ephraim seine Krankheit und Juda seine Wunde fühlte, zog Ephraim hin nach Assur und schickte zum König Jareb. Aber der kann euch nicht helfen noch eure Wunde heilen.

14 Denn ich bin für Ephraim wie ein Löwe und für das Haus Juda wie ein junger Löwe. Ich, ich zerreiße sie und gehe davon; ich schleppe sie weg und niemand kann sie retten.

¶ **15** Ich will wieder an meinen Ort gehen, bis sie ihre Schuld erkennen und mein Angesicht suchen; wenn's ihnen übel ergeht, so werden sie mich suchen:

6 »Kommt, wir wollen wieder zum HERRN; denn er hat uns zerrissen, er wird uns auch heilen, er hat uns geschlagen, er wird uns auch verbinden.

6 With their flocks and herds they shall go
to seek the LORD,
g but they will not find him;
he has withdrawn from them.

7 They have dealt faithlessly with the LORD;
for they have borne alien children.
Now the new moon shall devour them
with their fields.

8 Blow the horn in Gibeah,
the trumpet in Ramah.
Sound the alarm at Beth-aven;
we follow you,[2] O Benjamin!

9 Ephraim shall become a desolation
in the day of punishment;
among the tribes of Israel
I make known what is sure.

10 The princes of Judah have become
like those who move the landmark;
upon them I will pour out
my wrath like water.

11 Ephraim is oppressed, crushed in judgment,
because he was determined to go after filth.[3]

12 But I am like a moth to Ephraim,
and p like dry rot to the house of Judah.

13 When Ephraim saw his sickness,
and Judah his wound,
then Ephraim went to Assyria,
and sent to the great king.[4]
But he is not able to cure you
or heal q your wound.

14 For I will be like a lion to Ephraim,
and like a young lion to the house of
u Judah.
I, even I, will tear and go away;
I will carry off, and no one shall rescue.

15 I will return again to my place,
until they acknowledge their guilt and seek my face,
and in their distress earnestly seek me.

Israel and Judah Are Unrepentant

6 "Come, let us return to the LORD;
for he has torn us, that he may heal us;
he has struck us down, and he will bind us up.

2 Er macht uns lebendig nach zwei Tagen, er wird uns am dritten Tage aufrichten, dass wir vor ihm leben werden.

3 Lasst uns darauf achthaben und danach trachten, den HERRN zu erkennen; denn er wird hervorbrechen wie die schöne Morgenröte und wird zu uns kommen wie ein Regen, wie ein Spätregen, der das Land feuchtet.«

¶ **4** Was soll ich dir tun, Ephraim? Was soll ich dir tun, Juda? Denn eure Liebe ist wie eine Wolke am Morgen und wie der Tau, der frühmorgens vergeht.

5 Darum schlage ich drein durch die Propheten und töte sie durch die Worte meines Mundes, dass mein Recht wie das Licht hervorkomme.

6 Denn ich habe Lust an der Liebe und nicht am Opfer, an der Erkenntnis Gottes und nicht am Brandopfer.

Gegen Israels Könige und ihre Bündnisse

7 Sie haben den Bund übertreten bei Adam*; dort wurden sie mir untreu.

8 Gilead ist eine Stadt voller Übeltäter, befleckt von Blutschuld.

9 Und die Rotten der Priester sind wie die Räuber, die da lauern auf die Leute; sie morden auf dem Wege, der nach Sichem geht, ja, Schandtaten vollbringen sie.

10 Ich sehe im Hause Israel, wovor mir graut; denn da treibt Ephraim Hurerei, und Israel macht sich unrein.

11 Auch Juda wird noch eine Ernte vor sich haben.

7 Wenn ich meines Volkes Geschick wenden und Israel heilen will, so zeigt sich erst die Sünde Ephraims und die Bosheit Samarias, wie sie Lug und Trug treiben und die Diebe einsteigen und die Räuber auf der Straße plündern.

2 Dennoch wollen sie nicht einsehen, dass ich alle ihre Bosheit merke. Ich sehe aber ihr böses Tun wohl, das sie allenthalben treiben.

3 Sie erfreuen den König mit ihrer Bosheit und Obere mit ihren Lügen;

2 After two days he will revive us;
  on the third day he will raise us up,
    that we may live before him.

3 Let us know; ᶜlet us press on to know
    the LORD;
  his going out is sure as the dawn;
he will come to us as the showers,
  as the spring rains that water the
    earth."

4 What shall I do with you, O Ephraim?
  What shall I do with you, O ʰJudah?
Your love is like a morning cloud,
  ⁱ like the dew that goes early away.

5 Therefore I have hewn them by the
    prophets;
  I have slain them by the words of my
    mouth,
and my judgment goes forth as the
    light.

6 For I desire steadfast loveʲ and not
    sacrifice,
  the knowledge of God rather than
    burnt offerings.

7 But like Adam they transgressed the
    covenant;
  there they dealt faithlessly with me.

8 Gilead is a city of evildoers,
  tracked with blood.

9 As robbers lie in wait for a man,
  so the priests band together;
they murder on the way to Shechem;
  they commit villainy.

10 In the house of Israel I have seen a hor-
    rible thing;
  Ephraim's whoredom is there; Israel is
    defiled.

11 For you also, O Judah, a harvest is
    appointed,
  when I restore the fortunes of my
    people.

7 When I would heal Israel,
  the iniquity of Ephraim is revealed,
    and the evil deeds of Samaria;
  for they deal falsely;
    the thief breaks in,
    and the bandits raid outside.

2 But they do not consider
  that I remember all their evil.
Now their deeds surround them;
  they are before my face.

3 By their evil they make ᵈthe king glad,
  and the princes by their treachery.

4 sie sind allesamt Ehebrecher, glühend wie ein Backofen, den der Bäcker heizt, wenn er den Teig ausgeknetet hat und ihn durchsäuern und aufgehen lässt.

5 »Heute ist unseres Königs Fest!« Da werden die Oberen toll vom Wein und er zieht die Spötter zu sich.

6 Denn ihr Herz ist in heißer Glut wie ein Backofen, wenn sie Böses ersinnen. Ihr Grimm schläft die ganze Nacht, aber am Morgen brennt er lichterloh.

7 Allesamt sind sie erhitzt wie ein Backofen, sodass sie ihre Richter fressen; ja, alle ihre Könige fallen, und es ist keiner unter ihnen, der mich anruft.

¶ **8** Ephraim mengt sich unter die Völker; Ephraim ist wie ein Kuchen, den niemand umwendet.

9 Fremde fressen seine Kraft, doch er will es nicht merken; seine Haare sind schon grau geworden, doch er will es nicht merken.

10 Wider Israel zeugt seine Hoffart, dennoch bekehren sie sich nicht zum HERRN, ihrem Gott, fragen auch trotz alledem nicht nach ihm.

11 Denn Ephraim ist wie eine törichte Taube, die sich leicht locken lässt. Jetzt rufen sie Ägypten an, dann laufen sie nach Assur.

12 Aber indem sie hin und her laufen, will ich mein Netz über sie werfen und sie herunterholen wie Vögel unter dem Himmel; ich will sie strafen, wie es ihrer Gemeinde verkündet ist.

¶ **13** Weh ihnen, dass sie von mir weichen! Sie sollen vertilgt werden; denn sie sind abtrünnig geworden von mir. Ich wollte sie wohl erlösen; aber sie reden Lügen wider mich.

14 Auch rufen sie mich nicht von Herzen an, sondern machen ein Geheul auf ihren Lagern. Sie ritzen sich wund um Korn und Wein, aber mir sind sie ungehorsam.

15 Ich lehre sie Zucht und stärke ihren Arm; aber sie sinnen Böses gegen mich.

4 They are all adulterers;
  they are like a heated oven
  whose baker ceases to stir the fire,
  from the kneading of the dough
  until it is leavened.

5 On the day of our king, the princes
  became sick with the heat of wine;
  he stretched out his hand with
  mockers.

6 For with hearts like an oven they
  approach their intrigue;
  all night their anger smolders;
  in the morning it blazes like a flaming
  fire.

7 All of them are hot as an oven,
  and they devour their rulers.
  All their kings have fallen,
  and none of them calls upon me.

8 Ephraim mixes himself with the
  peoples;
  Ephraim is a cake not turned.

9 Strangers devour his strength,
  and he knows it not;
  gray hairs are sprinkled upon him,
  and [1]he knows it not.

10 The pride of Israel testifies to his face;[1]
  yet they do not return to the LORD
  their God,
  nor seek him, for all this.

11 Ephraim is like a dove,
  silly and without sense,
  calling to Egypt, going to Assyria.

12 As they go, I will spread over them my
  net;
  I will bring them down like birds of
  the heavens;
  I will discipline them according to the
  report made to their congregation.

13 Woe to them, for they have strayed from
  me!
  Destruction to them, for they have
  rebelled against me!
  I would redeem them,
  but they speak lies against me.

14 They do not cry to me from the heart,
  but they wail upon their beds;
  for grain and wine they gash themselves;
  they rebel against me.

15 Although I trained and strengthened
  their arms,
  yet they devise evil against me.

16 Sie bekehren sich, aber nicht recht, sondern sind wie ein schlaffer Bogen. Darum werden ihre Oberen durchs Schwert fallen wegen der Frechheit ihrer Zungen. Das soll ihnen in Ägyptenland zum Spott werden.

Israels falscher Gottesdienst

8 Stoße laut in die Posaune! Es kommt über das Haus des HERRN wie ein Adler, weil sie meinen Bund übertreten und sich gegen meine Gebote auflehnen.

2 Wohl schreien sie zu mir: »Du bist mein Gott; wir, Israel, kennen dich.«

3 Doch Israel verwirft das Gute; darum soll der Feind sie verfolgen.

¶ **4** Sie machen Könige, aber ohne mich; sie setzen Obere ein und ich darf es nicht wissen. Aus ihrem Silber und Gold machen sie Götzen, damit sie ja bald ausgerottet werden!

5 Dein Kalb, Samaria, verwerfe ich. Mein Zorn ist gegen sie entbrannt. Wie lange soll das noch andauern? Sie können doch nicht ungestraft bleiben, die Söhne Israel.

6 Ein Goldschmied hat das Kalb gemacht und es kann doch kein Gott sein; darum soll das Kalb Samarias zerpulvert werden.

¶ **7** Denn sie säen Wind und werden Sturm ernten. Ihre Saat soll nicht aufgehen; was dennoch aufwächst, bringt kein Mehl; und wenn es etwas bringen würde, sollen Fremde es verschlingen.

8 Verschlungen wird Israel; die Heiden gehen mit ihnen um wie mit einem Gefäß, das niemand haben will;

9 denn sie laufen nach Assur, einsam wie ein Wildesel, und Ephraim buhlt mit Geschenken.

10 Auch wenn sie unter den Heiden austeilen, will ich sie doch jetzt einsammeln; sie sollen's bald müde werden, Könige und Obere zu salben.

Israel Will Reap the Whirlwind

16 They return, but not upward;[2]
  they are like a treacherous bow;
their princes shall fall by the sword
  because of the insolence of their
    tongue.
This shall be their derision in the land of
  Egypt.

8 Set the trumpet to your lips!
  One like a vulture is over the house of the
    LORD,
    because they have transgressed my
      covenant
    and rebelled against my law.

2 To me they cry,
  "My God, we—Israel—know you."

3 Israel has spurned the good;
  the enemy shall pursue him.

4 They made kings, but not through me.
  They set up princes, but I knew it not.
With their silver and gold they made
  idols
  for their own destruction.

5 I have[1] spurned your calf, O Samaria.
  My anger burns against them.
How long will they be incapable of
  innocence?

6 For it is from Israel;
  a craftsman made it;
  it is not God.
The calf of Samaria
  shall be broken to pieces.[2]

7 For they sow the wind,
  and they shall reap the whirlwind.
The standing grain has no heads;
  it shall yield no flour;
if it were to yield,
  strangers would devour it.

8 Israel is swallowed up;
  already they are among the nations
  as a useless vessel.

9 For they have gone up to Assyria,
  a wild donkey wandering alone;
  Ephraim has hired lovers.

10 Though they hire allies among the
    nations,
  I will soon gather them up.
And the king and princes shall soon
    writhe
  because of the tribute.

¶ 11 Ephraim hat sich viele Altäre gemacht; aber sie sind ihm zur Sünde geworden.

12 Wenn ich ihm auch noch so viele meiner Gebote aufschreibe, so werden sie doch geachtet wie eine fremde Lehre.

13 Wenn sie auch viel opfern und Fleisch herbringen und essen's, so hat doch der HERR kein Gefallen daran, sondern er will ihrer Schuld gedenken und ihre Sünden heimsuchen. Sie sollen wieder zurück nach Ägypten!

14 Israel vergisst seinen Schöpfer und baut Paläste, und Juda macht viele feste Städte; aber ich will Feuer in seine Städte senden, das soll seine Paläste verzehren.

Die Freude ist dahin, die Vergeltung ist da

9 Du darfst dich nicht freuen, Israel, noch rühmen wie die Völker; denn du läufst mit deiner Hurerei deinem Gott weg; gern nimmst du Hurenlohn auf allen Tennen.

2 Darum sollen Tenne und Kelter sie nicht nähren, und der Wein soll ihnen fehlen.

3 Sie sollen nicht bleiben im Lande des HERRN; sondern Ephraim muss wieder nach Ägypten und muss in Assyrien Unreines essen.

4 Dort werden sie dem HERRN kein Trankopfer vom Wein bringen, und ihre Schlachtopfer werden ihm nicht wohlgefällig sein. Ihr Brot soll sein wie das Brot der Trauernden, an dem unrein werden alle, die davon essen; denn ihr Brot müssen sie für sich allein essen, doch es soll nicht in des HERRN Haus gebracht werden.

5 Was wollt ihr dann in den Festzeiten und an den Feiertagen des HERRN tun?

---

11 Because Ephraim has multiplied altars for sinning, they have become to him altars for sinning.

12 Were I to write for him my laws by the ten thousands, they would be regarded as a strange thing.

13 As for my sacrificial offerings, they sacrifice meat and eat it, but the LORD does not accept them. Now he will remember their iniquity and punish their sins; they shall return to Egypt.

14 For Israel has forgotten his Maker and built palaces, and ᵃJudah has multiplied fortified cities; so I will send a fire upon his cities, and it shall devour her strongholds.

The LORD Will Punish Israel

9 Rejoice not, O Israel! Exult not like the peoples; for you have played the whore, forsaking your God. You have loved a prostitute's wages on all threshing floors.

2 Threshing floor and wine vat shall not feed them, and ᵍthe new wine shall fail them.

3 They shall not remain in the land of the LORD, but Ephraim shall return to Egypt, and they shall eat unclean food in Assyria.

4 They shall not pour drink offerings of wine to the LORD, and their sacrifices shall not please him. It shall be like mourners' bread to them; all who eat of it shall be defiled; for their bread shall be for their hunger only; it shall not come to the house of the LORD.

5 What will you do on the day of the appointed festival, and on the day of the feast of the LORD?

¶ **6** Siehe, sie müssen fort wegen der Verwüstung. Ägypten wird sie sammeln und Memfis sie begraben. Nesseln werden wachsen, wo jetzt ihr kostbares Silber ist, und Dornen in ihren Hütten.

7 Die Zeit der Heimsuchung ist gekommen, die Zeit der Vergeltung; dessen wird Israel innewerden.
¶ »Ein Narr ist der Prophet und wahnsinnig der Mann des Geistes!« Ja, um deiner großen Schuld und um der großen Anfeindung willen!

8 Ephraim spähte wohl aus nach meinem Gott; aber nun stellen sie dem Propheten Fallen auf allen seinen Wegen, Anfeindung selbst im Hause seines Gottes.

9 Tief verdorben ist ihr Tun wie in den Tagen von Gibea; darum wird er ihrer Schuld gedenken und ihre Sünden heimsuchen.

Israels Undank gegen Gottes Wohltaten

10 Ich fand Israel wie Trauben in der Wüste und sah eure Väter wie die ersten Feigen am Feigenbaum; aber hernach gingen sie zum Baal-Peor und gelobten sich dem schändlichen Abgott und wurden so zum Gräuel wie ihre Liebhaber.

11 Darum muss die Herrlichkeit Ephraims wie ein Vogel wegfliegen, dass sie weder gebären noch tragen noch schwanger werden sollen.

12 Und wenn sie ihre Kinder auch großzögen, will ich sie doch kinderlos machen, sodass kein Mensch mehr da ist. Ja, weh ihnen, wenn ich von ihnen gewichen bin!

¶ **13** Als ich Ephraim sah, war es herrlich gepflanzt wie Tyrus; aber nun muss es seine Kinder herausgeben dem Totschläger.

14 HERR, gib ihnen – was willst du ihnen geben? Gib ihnen unfruchtbare Leiber und versiegende Brüste!

6 For behold, they are going away from destruction;
but Egypt shall gather them;
Memphis shall bury them.
Nettles shall possess their precious things of silver;
thorns shall be in their tents.

7 The days of punishment have come;
the days of recompense have come;
Israel shall know it.
The prophet is a fool;
the man of the spirit is mad,
because of your great iniquity
and great hatred.

8 The prophet is the watchman of Ephraim with my God;
yet a fowler's snare is on all his ways,
and hatred in the house of his God.

9 They have deeply corrupted themselves as in the days of Gibeah:
[w] he will remember their iniquity;
he will punish their sins.

10 Like grapes in the wilderness,
I found Israel.
Like the first fruit on the fig tree
in its first season,
I saw your fathers.
But they came to Baal-peor
and consecrated themselves to the thing of shame,
and became detestable like the thing they loved.

11 Ephraim's glory shall fly away like a bird—
no birth, no pregnancy, no conception!

12 Even if they bring up children,
I will bereave them till none is left.
Woe to them
when I depart from them!

13 Ephraim, as I have seen, was like
a young palm[1] planted in a meadow;
but Ephraim must lead his children out to slaughter.[2]

14 Give them, O LORD—
what will you give?
Give them a miscarrying womb
and dry breasts.

15 All ihre Bosheit geschieht zu Gilgal; dort werde ich ihnen feind. So will ich sie um ihres bösen Tuns willen aus meinem Hause stoßen und ihnen keine Liebe mehr erweisen; denn alle ihre Oberen sind abtrünnig.

¶ **16** Ephraim ist geschlagen, seine Wurzel ist verdorrt, sodass sie keine Frucht mehr bringen können. Auch wenn sie gebären würden, will ich doch die ersehnte Frucht ihres Leibes töten.

17 Mein Gott wird sie verwerfen, weil sie ihn nicht hören wollen, und sie sollen unter den Heiden umherirren.

Das Gericht über Königtum und Götzendienst

10 Israel ist ein üppig rankender Weinstock, der seine Frucht trägt. Aber je mehr Früchte er hatte, desto mehr Altäre machten sie; wo das Land am besten war, da richteten sie die schönsten Steinmale auf.

2 Ihr Herz ist falsch; nun wird sie ihre Schuld treffen. Ihre Altäre sollen zerbrochen und ihre Steinmale zerstört werden.

3 Schon müssen sie sagen: Wir haben keinen König, denn wir fürchteten den HERRN nicht. Was kann uns der König nun helfen?

4 Sie reden und schwören falsch und schließen Bündnisse, und ihr Recht grünt wie giftiges Kraut auf allen Furchen im Felde.

¶ **5** Die Einwohner von Samaria sorgen sich um das Kalb zu Bet-Awen. Sein Volk trauert darum, und seine Götzenpfaffen zittern um seine Herrlichkeit; denn sie wird von ihnen weggeführt.

6 Ja, das Kalb wird nach Assyrien gebracht zum Geschenk für den König Jareb. So muss Ephraim zuschanden werden und Israel beschämt sein trotz seiner Klugheit.

7 Denn der König von Samaria ist dahin wie Schaum auf dem Wasser.

15 Every evil of theirs is in Gilgal;
　　there I began to hate them.
Because of the wickedness of their deeds
　　I will drive them out of my house.
I will love them no more;
　　all their princes are rebels.

16 Ephraim is stricken;
　　their root is dried up;
　　they shall bear no fruit.
Even though they give birth,
　　I will put their beloved children to
　　　　death.

17 My God will reject them
　　because they have not listened to him;
　　they shall be wanderers among the
　　　　nations.

10 Israel is a luxuriant vine
　　that yields its fruit.
The more his fruit increased,
　　the more altars he built;
as his country improved,
　　he improved his pillars.

2 Their heart is false;
　　now they must bear their guilt.
The LORD[1] will break down their altars
　　and destroy their pillars.

3 For now they will say:
　　"We have no king,
for we do not fear the LORD;
　　and a king—what could he do for us?"

4 They utter mere words;
　　with empty oaths they make
　　　　covenants;
so judgment springs up like poisonous
　　　　weeds
　　in the furrows of the field.

5 The inhabitants of Samaria tremble
　　for the calf[2] of Beth-aven.
Its people mourn for it, and so do its
　　　　idolatrous priests—
　　those who rejoiced over it and over its
　　　　glory—
for it has departed[3] from them.

6 The thing itself shall be carried to
　　　　Assyria
　　as tribute to the great king.[4]
Ephraim shall be put to shame,
　　and Israel shall be ashamed of his
　　　　idol.[5]

7 Samaria's king shall perish
　　like a twig on the face of the waters.

8 Die Höhen zu Awen sind verwüstet, auf denen sich Israel versündigte; Disteln und Dornen wachsen auf ihren Altären. Und sie werden sagen: Ihr Berge, bedeckt uns!, und: Ihr Hügel, fallt über uns!

¶ **9** Israel, du hast seit den Tagen von Gibea gesündigt; dort standen sie gegen mich auf. Sollte darum nicht in Gibea der Krieg über sie kommen wegen der bösen Leute?

10 Ich werde sie züchtigen nach meinem Willen; Völker sollen gegen sie versammelt werden, wenn ich sie strafen werde wegen ihrer zwiefachen Sünde.

11 Ephraim war eine junge Kuh, daran gewöhnt, gern zu dreschen. Aber ich habe ihm ein Joch auf seinen schönen Nacken gelegt; ich will Ephraim einspannen; Juda soll pflügen und Jakob eggen.

¶ **12** Säet Gerechtigkeit und erntet nach dem Maße der Liebe! Pflüget ein Neues, solange es Zeit ist, den HERRN zu suchen, bis er kommt und Gerechtigkeit über euch regnen lässt!

¶ **13** Ihr aber pflügt Böses und erntet Übeltat und esst Lügenfrüchte. Weil du dich nun verlässt auf deinen Weg und auf die Menge deiner Helden,

14 darum soll sich ein Getümmel erheben in deinem Volk, dass alle deine Festungen zerstört werden, gleichwie Schalman zerstörte Bet-Arbeel damals im Krieg, als die Mutter zerschmettert wurde samt den Kindern.

15 So soll's euch zu Bethel auch ergehen um eurer großen Bosheit willen; schon früh am Morgen wird der König von Israel untergehen.

Gottes heilige Liebe

11 Als Israel jung war, hatte ich ihn lieb und rief ihn, meinen Sohn, aus Ägypten;

8 The high places of Aven, the sin of Israel, shall be destroyed.
Thorn and thistle shall grow up
on their altars,
and they shall say to the mountains,
"Cover us,"
and to the hills, "Fall on us."

9 From the days of Gibeah, you have sinned, O Israel;
there they have continued.
Shall not the war against the unjust[6]
overtake them in Gibeah?

10 When I please, I will discipline them, and nations shall be gathered against them
when they are bound up for their
double iniquity.

11 Ephraim was a trained calf
that loved to thresh,
and I spared her fair neck;
but I will put Ephraim to the yoke;
[l]Judah must plow;
Jacob must harrow for himself.

12 Sow for yourselves righteousness;
reap steadfast love;
break up your fallow ground,
for it is the time to seek the LORD,
that he may come and rain righteousness upon you.

13 You have plowed iniquity;
you have reaped injustice;
you have eaten the fruit of lies.
Because you have trusted in your own way
and in the multitude of your warriors,

14 therefore the tumult of war shall arise
among your people,
and all your fortresses shall be
destroyed,
as Shalman destroyed Beth-arbel on the
day of battle;
mothers were dashed in pieces with
their children.

15 Thus it shall be done to you, O Bethel,
because of your great evil.
At dawn the king of Israel
shall be utterly cut off.

The LORD's Love for Israel

11 When Israel was a child, I loved him, and out of Egypt I called my son.

2 aber wenn man sie jetzt ruft, so wenden sie sich davon und opfern den Baalen und räuchern den Bildern.

3 Ich lehrte Ephraim gehen und nahm ihn auf meine Arme; aber sie merkten's nicht, wie ich ihnen half.

4 Ich ließ sie ein menschliches Joch ziehen und in Seilen der Liebe gehen und half ihnen das Joch auf ihrem Nacken tragen und gab ihnen Nahrung,

5 dass sie nicht wieder nach Ägyptenland zurückkehren sollten.
¶ Nun aber muss Assur ihr König sein; denn sie wollen sich nicht bekehren.

6 Darum soll das Schwert über ihre Städte kommen und soll ihre Riegel zerbrechen und sie fressen um ihres Vorhabens willen.

7 Mein Volk ist müde, sich zu mir zu kehren, und wenn man ihnen predigt, so richtet sich keiner auf.

¶ **8** Wie kann ich dich preisgeben, Ephraim, und dich ausliefern, Israel? Wie kann ich dich preisgeben gleich Adma und dich zurichten wie Zebojim? Mein Herz ist andern Sinnes, alle meine Barmherzigkeit ist entbrannt.

9 Ich will nicht tun nach meinem grimmigen Zorn noch Ephraim wieder verderben. Denn ich bin Gott und nicht ein Mensch und bin der Heilige unter dir und will nicht kommen, zu verheeren.

10 Alsdann wird man dem HERRN nachfolgen, und er wird brüllen wie ein Löwe. Und wenn er brüllen wird, so werden zitternd herbeikommen seine Söhne von Westen her.

11 Und auch aus Ägypten kommen sie erschrocken wie Vögel und aus dem Lande Assur wie Tauben; und ich will sie wieder wohnen lassen in ihren Häusern, spricht der HERR.

2 The more they were called,
　the more they went away;
they kept sacrificing to the Baals
　and burning offerings to idols.

3 Yet it was I who taught Ephraim to
　walk;
　I took them up by their arms,
　but they did not know that I healed
　　them.

4 I led them with cords of kindness,[1]
　with the bands of love,
and I became to them as one who eases
　　the yoke on their jaws,
　and I bent down to them and fed
　　them.

5 They shall not[2] return to the land of
　Egypt,
but Assyria shall be their king,
because they have refused to return to
　me.

6 The sword shall rage against their cities,
　consume the bars of their gates,
and devour them because of their own
　　counsels.

7 My people are bent on turning away
　from me,
and though they call out to the Most
　　High,
he shall not raise them up at all.

8 How can I give you up, O Ephraim?
　How can I hand you over, O Israel?
How can I make you like Admah?
　How can I treat you [o]like Zeboiim?
My heart recoils within me;
　my compassion grows warm and
　　tender.

9 I will not execute my burning anger;
　I will not again destroy Ephraim;
for I am God and not a man,
　the Holy One in your midst,
　and I will not come in wrath.[3]

10 They shall go after the LORD;
　he will roar like a lion;
when he roars,
　his children shall come trembling
　　from the west;

11 they shall come trembling like birds
　from Egypt,
　and like doves from the land of
　　Assyria,
and I will return them to their homes,
　declares the LORD.

Der Stammvater Jakob als Urbild seines Volkes

12 In Ephraim ist allenthalben Lüge wider mich und im Hause Israel falscher Gottesdienst. Aber auch Juda hält nicht fest an Gott und an dem Heiligen, der treu ist.

2 Ephraim weidet Wind und läuft dem Ostwind nach, und täglich mehrt es die Lüge und Gewalttat. Sie schließen mit Assur einen Bund und bringen Öl nach Ägypten.

3 Darum wird der HERR mit Juda rechten. Er wird Jakob heimsuchen nach seinem Wandel und ihm vergelten nach seinem Tun.

¶ **4** Er hat schon im Mutterleibe seinen Bruder betrogen und im Mannesalter mit Gott gekämpft.

5 Er kämpfte mit dem Engel und siegte, er weinte und bat ihn. Dann hat er ihn zu Bethel gefunden und dort mit ihm geredet

6 – der HERR ist der Gott Zebaoth, HERR ist sein Name –.

7 So bekehre dich nun zu deinem Gott, halte fest an Barmherzigkeit und Recht und hoffe stets auf deinen Gott!

¶ **8** Wie Kanaans Händler hat Ephraim eine falsche Waage in seiner Hand und betrügt gern;

9 denn er spricht: Ich bin reich, ich habe genug! Bei all meinen Mühen wird man keine Schuld an mir finden, die Sünde ist.

¶ **10** Ich aber, der HERR, bin dein Gott von Ägyptenland her und will dich wieder in Zelten wohnen lassen wie in der Wüstenzeit.

11 Ich rede wieder zu den Propheten, und ich bin's, der viel Offenbarung gibt und durch die Propheten sich kundtut.

Auf Israels Götzendienst folgt Israels Untergang

12 In Gilead verüben sie Gräuel, darum werden sie zunichte; und zu Gilgal opfern sie Stiere, darum sollen ihre Altäre werden wie Steinhaufen an den Furchen im Felde.

12⁴ Ephraim has surrounded me with lies,
   and the house of Israel with deceit,
but Judah still walks with God
   and is faithful to the Holy One.

12 Ephraim feeds on the wind
   and pursues the east wind all day long;
they multiply falsehood and violence;
   they make a covenant with Assyria,
   and oil is carried to Egypt.

The LORD's Indictment of Israel and Judah

2 The LORD has an indictment against Judah
   and will punish Jacob according to his ways;
   he will repay him according to his deeds.
3 In the womb he took his brother by the heel,
   and in his manhood he strove with God.
4 He strove with the angel and prevailed;
   he wept and sought his favor.
He met God¹ at Bethel,
   and there God spoke with us—
5 the LORD, the God of hosts,
   the LORD is his memorial name:
6 "So you, by the help of your God, return,
   hold fast to love and justice,
   and wait continually for your God."

7 A merchant, in whose hands are false balances,
   he loves to oppress.
8 Ephraim has said, "Ah, but I am rich;
   I have found wealth for myself;
in all my labors they cannot find in me
   iniquity or sin."
9 I am the LORD your God
   from the land of Egypt;
I will again make you dwell in tents,
   as in the days of the appointed feast.
10 I spoke to the prophets;
   it was I who multiplied visions,
   and through the prophets gave parables.

11 If there is iniquity in Gilead,
   they shall surely come to nothing:
in Gilgal they sacrifice bulls;
   their altars also are like stone heaps
   on the furrows of the field.

¶ **13** Jakob musste fliehen in das Land Aram, und Israel musste um eine Frau dienen, um eine Frau musste er die Herde hüten.

14 Aber hernach führte der Herr durch einen Propheten Israel aus Ägypten, und durch einen Propheten ließ er sie hüten.

¶ **15** Nun aber hat ihn Ephraim bitter erzürnt; darum wird ihr Blut über sie kommen, und ihr Herr wird ihnen vergelten die Schmach, die sie ihm antun.

Gottes Gericht über Ephraim

13 Solange Ephraim nach meinem Gebot redete, war er erhoben in Israel. Danach versündigte er sich durch Baal und starb dahin.

2 Dennoch sündigen sie weiter: Aus ihrem Silber gießen sie Bilder, wie sie sich's erdenken, Götzen, die doch nur Schmiedewerk sind. Dann sagen sie von ihnen: Wer die Kälber küssen will, der soll Menschen opfern.

3 Darum werden sie sein wie eine Wolke am Morgen und wie der Tau, der frühmorgens vergeht; ja, wie Spreu, die von der Tenne verweht wird, und wie Rauch aus dem Fenster.

¶ **4** Ich aber bin der Herr, dein Gott, von Ägyptenland her, und du solltest keinen andern Gott kennen als mich und keinen Heiland als allein mich.

5 Ich nahm mich ja deiner an in der Wüste, im dürren Lande.

6 Aber als sie geweidet wurden, dass sie satt wurden und genug hatten, erhob sich ihr Herz; darum vergessen sie mich.

¶ **7** So will ich für sie wie ein Löwe werden und wie ein Panther am Wege auf sie lauern.

8 Ich will sie anfallen wie eine Bärin, der ihre Jungen genommen sind, und will ihr verstocktes Herz zerreißen und will sie dort wie ein Löwe fressen; die wilden Tiere sollen sie zerreißen.

¶ **9** **Israel, du bringst dich ins Unglück; denn dein Heil steht allein bei mir.**

12 Jacob fled to the land of Aram;
  there Israel served for a wife,
  and for a wife he guarded sheep.

13 By a prophet the Lord brought Israel up
    from Egypt,
  and by a prophet he was guarded.

14 Ephraim has given bitter provocation;
  so his Lord will leave his bloodguilt on
    him
  and will repay him for his disgraceful
    deeds.

The Lord's Relentless Judgment on Israel

13 When Ephraim spoke, there was
  trembling;
  he was exalted in Israel,
  but he incurred guilt through Baal and
    died.

2 And now they sin more and more,
  and make for themselves metal
    images,
  idols skillfully made of their silver,
  all of them the work of craftsmen.
  It is said of them,
  "Those who offer human sacrifice kiss
    calves!"

3 Therefore they shall be like the morning
    mist
  or ᵍlike the dew that goes early away,
  like the chaff that swirls from the
    threshing floor
  or like smoke from a window.

4 But I am the Lord your God
  from the land of Egypt;
  you know no God but me,
  and besides me there is no savior.

5 It was I who knew you in the
    wilderness,
  in the land of drought;

6 but when they had grazed,[1] they became
    full,
  they were filled, and their heart was
    lifted up;
  ᵒ therefore they forgot me.

7 So I am to them like a lion;
  like a leopard I will lurk beside the
    way.

8 I will fall upon them like a bear robbed
    of her cubs;
  I will tear open their breast,
  and there I will devour them like a lion,
  as a wild beast would rip them open.

9 He destroys[2] you, O Israel,
  for you are against me, against your
    helper.

10 Wo ist dein König, der dir helfen kann in allen deinen Städten, und deine Richter, von denen du sagtest: Gib mir einen König und Obere?

11 Ich gebe dir Könige in meinem Zorn und will sie dir nehmen in meinem Grimm.

¶ **12** Die Schuld Ephraims ist zusammengebunden, und seine Sünde ist sicher verwahrt.

13 Wehen kommen, dass er geboren werden soll, aber er ist ein unverständiges Kind: Wenn die Zeit gekommen ist, so will er den Mutterschoß nicht durchbrechen.

14 Aber ich will sie aus dem Totenreich erlösen und vom Tode erretten. Tod, ich will dir ein Gift sein; Totenreich, ich will dir eine Pest sein; Rache kenne ich nicht mehr.

Samarias Zerstörung

15 Denn wenn Ephraim auch zwischen Brüdern Frucht bringt, so wird doch ein Ostwind vom HERRN aus der Wüste herauffahren, dass sein Brunnen vertrocknet und seine Quelle versiegt, und er wird rauben seinen Schatz, alles kostbare Gerät.

14 Samaria wird wüst werden; denn es ist seinem Gott ungehorsam. Sie sollen durchs Schwert fallen und ihre kleinen Kinder zerschmettert und ihre Schwangeren aufgeschlitzt werden.

Mahnung zur Umkehr und Verheißung des kommenden Heils

2 Bekehre dich, Israel, zu dem HERRN, deinem Gott; denn du bist gefallen um deiner Schuld willen.

3 Nehmt diese Worte mit euch und bekehrt euch zum HERRN und sprecht zu ihm: Vergib uns alle Sünde und tu uns wohl, so wollen wir opfern die Frucht unserer Lippen.

10 Where now is your king, to save you in all your cities?
　　Where are all your rulers—
　　those of whom you said,
　　"Give me a king and princes"?
11 I gave you a king in my anger,
　　and I took him away in my wrath.
12 The iniquity of Ephraim is bound up;
　　his sin is *y* kept in store.
13 The pangs of childbirth come for him,
　　but he is an unwise son,
　　for at the right time he does not present himself
　　at the opening of the womb.

14 Shall I ransom them from the power of Sheol?
　　b Shall I redeem them from Death?
　　O Death, where are your plagues?
　　c O *d* Sheol, where is your sting?
　　Compassion is hidden from my eyes.

15 Though he may flourish among his brothers,
　　the east wind, the wind of the LORD,
　　shall come,
　　rising from the wilderness,
　　and his fountain shall dry up;
　　his spring shall be parched;
　　it shall strip his treasury
　　of every precious thing.

16[3] Samaria shall bear her guilt,
　　because she has rebelled against her God;
　　they shall fall by the sword;
　　their little ones shall be dashed in pieces,
　　and their pregnant women ripped open.

A Plea to Return to the LORD

14 Return, O Israel, to the LORD your God,
　　for you have stumbled because of your iniquity.
2 Take with you words
　　and return to the LORD;
　　say to him,
　　"Take away all iniquity;
　　accept what is good,
　　and we will pay with bulls
　　the vows[1] of our lips.

4 Assur soll uns nicht helfen; wir wollen nicht mehr auf Rossen reiten, auch nicht mehr sagen zu den Werken unserer Hände: »Ihr seid unser Gott.« Denn bei dir finden die Verwaisten Gnade.

¶ **5** So will ich ihre Abtrünnigkeit wieder heilen; gerne will ich sie lieben; denn mein Zorn soll sich von ihnen wenden.

6 Ich will für Israel wie ein Tau sein, dass es blühen soll wie eine Lilie, und seine Wurzeln sollen ausschlagen wie eine Linde

7 und seine Zweige sich ausbreiten, dass es so schön sei wie ein Ölbaum und so guten Geruch gebe wie die Linde.

8 Und sie sollen wieder unter meinem Schatten sitzen; von Korn sollen sie sich nähren und blühen wie ein Weinstock. Man soll sie rühmen wie den Wein vom Libanon.

¶ **9** Ephraim, was sollen dir weiter die Götzen? **Ich** will dich erhören und führen, **ich** will sein wie eine grünende Tanne; von **mir** erhältst du deine Früchte.

¶ **10** Wer ist weise, dass er dies versteht, und klug, dass er dies einsieht? Denn **die Wege des** Herrn **sind richtig und die Gerechten wandeln darauf; aber die Übertreter kommen auf ihnen zu Fall.**

3 Assyria shall not save us;
  we will not ride on horses;
and we will say no more, 'Our God,'
  to the work of our hands.
In you the orphan finds mercy."

4 I will heal their apostasy;
  I will love them freely,
  for my anger has turned from them.
5 I will be like the dew to Israel;
  he shall blossom like the lily;
  he shall take root like the trees of
    Lebanon;
6 his shoots shall spread out;
  his beauty shall be like the olive,
  and his fragrance like Lebanon.
7 They shall return and dwell beneath
    my[2] shadow;
  they shall flourish like the grain;
they shall blossom like the vine;
  their fame shall be like the wine of
    Lebanon.

8 O Ephraim, what have I to do with
    idols?
  It is I who answer and look after you.[3]
I am like an evergreen cypress;
  from me comes your fruit.

9 Whoever is wise, let him understand
    these things;
  whoever is discerning, let him know
    them;
for the ways of the Lord are right,
  and the upright walk in them,
ƒ but transgressors stumble in them.

DER PROPHET JOEL

JOEL

Die Heuschreckenplage und der Tag des Herrn

1 Dies ist das Wort des HERRN, das geschehen ist zu Joel, dem Sohn Petuëls.

¶ 2 Hört dies, ihr Ältesten, und merkt auf, alle Bewohner des Landes, ob solches geschehen sei zu euren Zeiten oder zu eurer Väter Zeiten!

3 Sagt euren Kindern davon und lasst's eure Kinder ihren Kindern sagen und diese wiederum ihren Nachkommen:

4 Was die Raupen übrig lassen, das fressen die Heuschrecken, und was die Heuschrecken übrig lassen, das fressen die Käfer, und was die Käfer übrig lassen, das frisst das Geschmeiß.

¶ 5 Wacht auf, ihr Trunkenen, und weint, und heult, alle Weinsäufer, um den süßen Wein; denn er ist euch vor eurem Munde weggenommen!

6 Denn es zieht herauf in mein Land ein Volk, mächtig und ohne Zahl; das hat Zähne wie die Löwen und Backenzähne wie die Löwinnen.

7 Es verwüstet meinen Weinstock und frisst meinen Feigenbaum kahl, schält ihn ganz und gar ab, dass seine Zweige weiß dastehen.

¶ 8 Heule wie eine Jungfrau, die Trauer anlegt um ihres Bräutigams willen!

9 Denn Speisopfer und Trankopfer gibt es nicht mehr im Hause des HERRN, und die Priester, des HERRN Diener, trauern.

10 Das Feld ist verwüstet und der Acker ausgedörrt; das Getreide ist verdorben, der Wein steht jämmerlich und das Öl kläglich.

---

1 The word of the LORD that came to Joel, the son of Pethuel:

An Invasion of Locusts

2 Hear this, you elders;
  give ear, *b*all inhabitants of the land!
Has such a thing happened in your days,
  or in the days of your fathers?
3 Tell your children of it,
  and let your children tell their children,
  and their children to another generation.

4 What the cutting locust left,
  the swarming locust has eaten.
What the swarming locust left,
  the hopping locust has eaten,
and what the hopping locust left,
  the destroying locust has eaten.

5 Awake, you drunkards, and weep,
  and wail, all you drinkers of wine,
because of the sweet wine,
  for it is cut off from your mouth.
6 For a nation has come up against my land,
  k powerful and beyond number;
its teeth are lions' teeth,
  and it has the fangs of a lioness.
7 It has laid waste my vine
  and splintered my fig tree;
it has stripped off their bark and thrown it down;
  their branches are made white.

8 Lament like a virgin¹ wearing sackcloth
  for the bridegroom of her youth.
9 The grain offering and the drink offering are cut off
  from the house of the LORD.
The priests mourn,
  p the ministers of the LORD.
10 The fields are destroyed,
  the ground mourns,
because the grain is destroyed,
  r the wine dries up,
  the oil languishes.

11 Die Ackerleute sehen traurig drein, und die Weingärtner heulen um den Weizen und um die Gerste, weil aus der Ernte auf dem Felde nichts werden kann,

12 weil der Weinstock verdorrt ist und der Feigenbaum verwelkt, auch die Granatbäume, Palmbäume und Apfelbäume, ja, alle Bäume auf dem Felde sind verdorrt. So ist die Freude der Menschen zum Jammer geworden.

¶ **13** Umgürtet euch und klagt, ihr Priester, heult, ihr Diener des Altars! Kommt, behaltet auch im Schlaf das Trauergewand an, ihr Diener meines Gottes! Denn Speisopfer und Trankopfer gibt es nicht mehr im Hause eures Gottes.

14 Sagt ein heiliges Fasten an, ruft die Gemeinde zusammen! Versammelt die Ältesten und alle Bewohner des Landes zum Hause des HERRN, eures Gottes, und schreit zum HERRN:

¶ **15** O weh des Tages! Denn der Tag des HERRN ist nahe und kommt wie ein Verderben vom Allmächtigen.

16 Ist nicht die Speise vor unsern Augen weggenommen und vom Hause unseres Gottes Freude und Wonne?

17 Der Same ist unter der Erde verdorrt, die Kornhäuser stehen wüst, die Scheunen zerfallen; denn das Getreide ist verdorben.

18 O wie seufzt das Vieh! Die Rinder sehen kläglich drein, denn sie haben keine Weide, und die Schafe verschmachten.

19 HERR, dich rufe ich an; denn das Feuer hat die Auen in der Steppe verbrannt, und die Flamme hat alle Bäume auf dem Felde angezündet.

20 Es schreien auch die wilden Tiere zu dir; denn die Wasserbäche sind ausgetrocknet und das Feuer hat die Auen in der Steppe verbrannt.

11 Be ashamed,[2] O tillers of the soil;
    wail, O vinedressers,
for the wheat and the barley,
    because the harvest of the field has
        perished.
12 The vine dries up;
    the fig tree languishes.
Pomegranate, palm, and apple,
    all the trees of the field are dried up,
and gladness dries up
    from the children of man.

A Call to Repentance

13 Put on sackcloth and lament, O priests;
    wail, O ministers of the altar.
Go in, [w]pass the night in sackcloth,
    [p] O ministers of my God!
Because grain offering and drink
        offering
    are withheld from the house of your
        God.

14 Consecrate a fast;
    [z] call a solemn assembly.
Gather the elders
    and [a]all the inhabitants of the land
to the house of the LORD your God,
    and cry out to the LORD.

15 Alas for the day!
For the day of the LORD is near,
    and as destruction from the Almighty[3]
        it comes.
16 Is not the food cut off
    before our eyes,
joy and gladness
    from the house of our God?

17 The seed shrivels under the clods;[4]
    the storehouses are desolate;
the granaries are torn down
    because the grain has dried up.
18 How the beasts groan!
    The herds of cattle are perplexed
because there is no pasture for them;
    even the flocks of sheep suffer.[5]

19 To you, O LORD, I call.
For fire has devoured
    the pastures of the wilderness,
[h] and flame has burned
    all the trees of the field.
20 Even the beasts of the field pant for you
    because the water brooks are dried up,
and fire has devoured
    the pastures of the wilderness.

Schilderung des Heuschreckenheeres. Aufruf zur Buße

2 Blast die Posaune zu Zion, ruft laut auf meinem heiligen Berge! Erzittert, alle Bewohner des Landes! Denn der Tag des HERRN kommt und ist nahe,

2 ein finsterer Tag, ein dunkler Tag, ein wolkiger Tag, ein nebliger Tag! Gleichwie die Morgenröte sich ausbreitet über die Berge, so kommt ein großes und mächtiges Volk, desgleichen vormals nicht gewesen ist und hinfort nicht sein wird auf ewige Zeiten für und für.

¶ 3 Vor ihm her geht ein verzehrendes Feuer und hinter ihm eine brennende Flamme. Das Land ist vor ihm wie der Garten Eden, aber nach ihm wie eine wüste Einöde, und niemand wird ihm entgehen.

4 Sie sind gestaltet wie Pferde und rennen wie die Rosse.

5 Sie sprengen daher über die Höhen der Berge, wie die Wagen rasseln und wie eine Flamme prasselt im Stroh, wie ein mächtiges Volk, das zum Kampf gerüstet ist.

6 Völker werden sich vor ihm entsetzen, und jedes Angesicht erbleicht.

7 Sie werden laufen wie Helden und die Mauern ersteigen wie Krieger; ein jeder zieht unentwegt voran und weicht von seiner Richtung nicht.

8 Keiner wird den andern drängen, sondern ein jeder zieht auf seinem Weg daher; sie durchbrechen die feindlichen Waffen und dabei reißt ihr Zug nicht ab.

9 Sie werden sich stürzen auf die Stadt und die Mauern erstürmen, in die Häuser steigen sie ein, wie ein Dieb kommen sie durch die Fenster.

¶ 10 Vor ihm erzittert das Land und bebt der Himmel, Sonne und Mond werden finster, und die Sterne halten ihren Schein zurück.

The Day of the LORD

2 Blow a trumpet in Zion;
  sound an alarm on [k]my holy mountain!
Let all the inhabitants of the land
    tremble,
  for the day of the LORD is coming; it is
    near,

2 a day of darkness and gloom,
  [m] a day of clouds and thick darkness!
Like blackness there is spread upon the
    mountains
  a great and powerful people;
  their like has never been before,
  nor will be again after them
  through the years of all generations.

3 Fire devours before them,
  and behind them a flame burns.
The land is like the garden of Eden
    before them,
  but behind them a desolate wilderness,
  and nothing escapes them.

4 Their appearance is like the appearance
    of horses,
  and like war horses they run.

5 As with the rumbling of chariots,
  they leap on the tops of the
    mountains,
like the crackling of a flame of fire
    devouring the stubble,
like a powerful army
    drawn up for battle.

6 Before them peoples are in anguish;
  all faces grow pale.

7 Like warriors they charge;
  like soldiers they scale the wall.
They march each on his way;
  they do not swerve from their paths.

8 They do not jostle one another;
  each marches in his path;
they burst through the weapons
    and are not halted.

9 They leap upon the city,
  they run upon the walls,
they climb up into the houses,
  [y] they enter through the windows like a
    thief.

10 The earth quakes before them;
  the heavens tremble.
The sun and the moon are darkened,
  and the stars withdraw their shining.

11 Denn der HERR wird seinen Donner vor seinem Heer erschallen lassen; denn sein Heer ist sehr groß und mächtig und wird seinen Befehl ausrichten. Ja, der Tag des HERRN ist groß und voller Schrecken, wer kann ihn ertragen?

¶ **12** Doch auch jetzt noch, spricht der HERR, bekehrt euch zu mir von ganzem Herzen mit Fasten, mit Weinen, mit Klagen!

13 Zerreißt eure Herzen und nicht eure Kleider und bekehrt euch zu dem HERRN, eurem Gott! Denn er ist gnädig, barmherzig, geduldig und von großer Güte, und es gereut ihn bald die Strafe.

14 Wer weiß, ob es ihn nicht wieder gereut und er einen Segen zurücklässt, sodass ihr opfern könnt Speisopfer und Trankopfer dem HERRN, eurem Gott.

¶ **15** Blast die Posaune zu Zion, sagt ein heiliges Fasten an, ruft die Gemeinde zusammen!

16 Versammelt das Volk, heiligt die Gemeinde, sammelt die Ältesten, bringt zusammen die Kinder und die Säuglinge! Der Bräutigam gehe aus seiner Kammer und die Braut aus ihrem Gemach!

17 Lasst die Priester, des HERRN Diener, weinen zwischen Vorhalle und Altar und sagen: HERR, schone dein Volk und lass dein Erbteil nicht zuschanden werden, dass Heiden über sie spotten! Warum willst du unter den Völkern sagen lassen: Wo ist nun ihr Gott?

Gottes Gnadenzusage

18 Dann wird der HERR um sein Land eifern und sein Volk verschonen.

11 The LORD utters his voice
before his army,
for his camp is exceedingly great;
he who executes his word is powerful.
For the day of the LORD is great and very
awesome;
who can endure it?

Return to the LORD

12 "Yet even now," declares the LORD,
"return to me with all your heart,
with fasting, with weeping, and with
mourning;

13 and rend your hearts and not your
garments."
Return to the LORD your God,
for he is gracious and merciful,
slow to anger, and abounding in steadfast love;
and he relents over disaster.

14 Who knows whether he will not turn
and relent,
and leave a blessing behind him,
a grain offering and a drink offering
for the LORD your God?

15 Blow the trumpet in Zion;
consecrate a fast;
call a solemn assembly;

16 gather the people.
Consecrate the congregation;
assemble the elders;
gather the children,
even nursing infants.
Let the bridegroom leave his room,
and the bride her chamber.

17 Between the vestibule and the altar
let the priests, the ministers of the
LORD, weep
and say, "Spare your people, O LORD,
and make not your heritage a
reproach,
a byword among the nations.[1]
Why should they say among the
peoples,
'Where is their God?' "

The LORD Had Pity

18 Then the LORD became jealous for his
land
and had pity on his people.

19 Und der HERR wird antworten und zu seinem Volk sagen: Siehe, ich will euch Getreide, Wein und Öl die Fülle schicken, dass ihr genug daran haben sollt, und will euch nicht mehr unter den Heiden zuschanden werden lassen.

20 Und ich will den Feind aus Norden von euch wegtreiben und ihn in ein dürres und wüstes Land verstoßen, seine Spitze in das östliche Meer und sein Ende in das westliche Meer; er soll verfaulen und stinken, denn er hat Gewaltiges getan.

¶ **21** Fürchte dich nicht, liebes Land, sondern sei fröhlich und getrost; denn der HERR kann auch Gewaltiges tun.

22 Fürchtet euch nicht, ihr Tiere auf dem Felde; denn die Auen in der Steppe sollen grünen und die Bäume ihre Früchte bringen, und die Feigenbäume und Weinstöcke sollen reichlich tragen.

23 Und ihr, Kinder Zions, freut euch und seid fröhlich im HERRN, eurem Gott, der euch gnädigen Regen gibt und euch herabsendet Frühregen und Spätregen wie zuvor,

24 dass die Tennen voll Korn werden und die Keltern Überfluss an Wein und Öl haben sollen.

25 Und ich will euch die Jahre erstatten, deren Ertrag die Heuschrecken, Käfer, Geschmeiß und Raupen gefressen haben, mein großes Heer, das ich unter euch schickte.

26 Ihr sollt genug zu essen haben und den Namen des HERRN, eures Gottes, preisen, der Wunder unter euch getan hat, und mein Volk soll nicht mehr zuschanden werden.

19 The LORD answered and said to his people,
"Behold, I am sending to you
    grain, wine, and oil,
    ᵈ and you will be satisfied;
and I will no more make you
    a reproach among the nations.

20 "I will remove the northerner far from you,
    and drive him into a parched and
        desolate land,
his vanguard² into the eastern sea,
    and his rear guard³ into the western
        sea;
the stench and foul smell of him will
        rise,
    for he has done great things.

21 "Fear not, O land;
    be glad and rejoice,
    for the LORD has done great things!

22 Fear not, you beasts of the field,
    for the pastures of the wilderness are
        green;
the tree bears its fruit;
    the fig tree and ᵏvine give their full
        yield.

23 "Be glad, O children of Zion,
    and ˡrejoice in the LORD your God,
for he has given the early rain for your
        vindication;
    he has poured down for you abundant
        rain,
    ᵐ the early and the latter rain, as before.

24 "The threshing floors shall be full of
        grain;
    the vats shall overflow with wine and
        oil.

25 I will restore to you the years
    that the swarming locust has eaten,
    ᵒ the hopper, ᵒthe destroyer, and ᵒthe
        cutter,
    my great army, which I sent among
        you.

26 "You shall eat in plenty and be satisfied,
    and praise the name of the LORD your
        God,
    who has dealt wondrously with you.
And my people shall never again be put
        to shame.

27 Und ihr sollt's erfahren, dass ich mitten unter Israel bin und dass ich, der HERR, euer Gott bin, und sonst keiner mehr, und mein Volk soll nicht mehr zuschanden werden.

Ausgießung des Heiligen Geistes

(vgl. Apg 2,16-21)

3 Und nach diesem will ich meinen Geist ausgießen über alles Fleisch, und eure Söhne und Töchter sollen weissagen, eure Alten sollen Träume haben, und eure Jünglinge sollen Gesichte sehen.

2 Auch will ich zur selben Zeit über Knechte und Mägde meinen Geist ausgießen.

3 Und ich will Wunderzeichen geben am Himmel und auf Erden: Blut, Feuer und Rauchdampf.

4 Die Sonne soll in Finsternis und der Mond in Blut verwandelt werden, ehe denn der große und schreckliche Tag des HERRN kommt.

5 Und es soll geschehen: Wer des HERRN Namen anrufen wird, der soll errettet werden. Denn auf dem Berge Zion und zu Jerusalem wird Errettung sein, wie der HERR verheißen hat, und bei den Entronnenen, die der HERR berufen wird.

Gottes Strafgericht über die Heiden. Israels Heil

4 'Denn siehe, in jenen Tagen und zur selben Zeit, da ich das Geschick Judas und Jerusalems wenden werde,

2 will ich alle Heiden zusammenbringen und will sie ins Tal Joschafat hinabführen und will dort mit ihnen rechten wegen meines Volks und meines Erbteils Israel, weil sie es unter die Heiden zerstreut und sich in mein Land geteilt haben;

3 sie haben das Los um mein Volk geworfen und haben Knaben für eine Hure hingegeben und Mädchen für Wein verkauft und vertrunken.

¶ **4** Und ihr aus Tyrus und Sidon und aus allen Gebieten der Philister, was habt ihr mit mir zu tun? Wollt ihr mir's heimzahlen? Wohlan, zahlt mir's heim, so will ich's euch eilends und bald heimzahlen auf euren Kopf.

5 Mein Silber und Gold habt ihr genommen und meine schönen Kleinode in eure Tempel gebracht;

27 You shall know that I am in the midst of Israel,
    and that I am the LORD your God and
        there is none else.
    And my people shall never again be put
        to shame.

The LORD Will Pour Out His Spirit

28[t] "And it shall come to pass afterward,
    that I will pour out my Spirit on all
        flesh;
    your sons and your daughters shall
        prophesy,
    your old men shall dream dreams,
    and your young men shall see visions.
29 Even on the male and female servants
    in those days I will pour out my Spirit.

¶ **30** "And I will show wonders in the heavens and [b]on the earth, blood and fire and columns of smoke.
31 The sun shall be turned to darkness, and the moon to blood, before the great and awesome day of the LORD comes.
32 And it shall come to pass that everyone who calls on the name of the LORD shall be saved. For in Mount Zion and in Jerusalem there shall be those who escape, as the LORD has said, and among the survivors shall be those whom the LORD calls.

The LORD Judges the Nations

3 [1] "For behold, in those days and at that time, when I restore the fortunes of Judah and Jerusalem,

2 I will gather all the nations and bring them down to the Valley of Jehoshaphat. And I will enter into judgment with them there, on behalf of my people and my heritage Israel, because they have scattered them among the nations and have divided up my land,

3 and have cast lots for my people, and have traded a boy for a prostitute, and have sold a girl for wine and have drunk it.

¶ **4** "What are you to me, O Tyre and Sidon, and all the regions of Philistia? Are you paying me back for something? If you are paying me back, I will return your payment on your own head swiftly and speedily.

5 For you have taken my silver and my gold, and have carried my rich treasures into your temples.[2]

6 dazu habt ihr auch die Leute von Juda und Jerusalem den Griechen verkauft, um sie weit weg von ihrem Lande zu bringen.

7 Siehe, ich will sie kommen lassen aus dem Ort, wohin ihr sie verkauft habt, und will's euch heimzahlen auf euren Kopf

8 und will nun eure Söhne und eure Töchter verkaufen in die Hand der Leute von Juda; die sollen sie denen in Saba, einem Volk in fernen Landen, verkaufen; denn der HERR hat's geredet.

¶ **9** Ruft dies aus unter den Heiden! Bereitet euch zum heiligen Krieg! Bietet die Starken auf! Lasst herzukommen und hinaufziehen alle Kriegsleute!

10 Macht aus euren Pflugscharen Schwerter und aus euren Sicheln Spieße! Der Schwache spreche: Ich bin stark!

11 Auf, alle Heiden ringsum, kommt und versammelt euch! – Dahin führe du hinab, HERR, deine Starken! –

12 Die Heiden sollen sich aufmachen und heraufkommen zum Tal Joschafat; denn dort will ich sitzen und richten alle Heiden ringsum.

13 Greift zur Sichel, denn die Ernte ist reif! Kommt und tretet, denn die Kelter ist voll, die Kufen laufen über, denn ihre Bosheit ist groß!

¶ **14** Es werden Scharen über Scharen von Menschen sein im Tal der Entscheidung; denn des HERRN Tag ist nahe im Tal der Entscheidung.

15 Sonne und Mond werden sich verfinstern, und die Sterne halten ihren Schein zurück.

16 Und der HERR wird aus Zion brüllen und aus Jerusalem seine Stimme hören lassen, dass Himmel und Erde erbeben werden. Aber seinem Volk wird der HERR eine Zuflucht sein und eine Burg den Israeliten.

6 You have sold the people of Judah and Jerusalem to the Greeks in order to remove them far from their own border.

7 Behold, I will stir them up from the place to which you have sold them, and I will return your payment on your own head.

8 I will sell your sons and your daughters into the hand of the people of Judah, and they will sell them to the Sabeans, to a nation far away, for the LORD has spoken."

9 Proclaim this among the nations:
Consecrate for war;[3]
   stir up the mighty men.
Let all the men of war draw near;
   let them come up.

10 Beat your plowshares into swords,
   and [f]your pruning hooks into spears;
let the weak say, "I am a warrior."

11 Hasten and come,
   all you surrounding nations,
   and gather yourselves there.
Bring down your warriors, O LORD.

12 Let the nations stir themselves up
   and come up to the Valley of
      Jehoshaphat;
for there I will sit to judge
   all the surrounding nations.

13 Put in the sickle,
   for the harvest is ripe.
Go in, tread,
   [a]for the winepress is full.
The vats overflow,
   for their evil is great.

14 Multitudes, multitudes,
   in the valley of decision!
For the day of the LORD is near
   in the valley of decision.

15 The sun and the moon are darkened,
   and the stars withdraw their shining.

16 The LORD roars from Zion,
   and [d]utters his voice from Jerusalem,
   and the heavens and the earth quake.
But the LORD is a refuge to his people,
   a stronghold to the people of Israel.

17 Und ihr sollt's erfahren, dass ich, der HERR, euer Gott, zu Zion auf meinem heiligen Berge wohne. Dann wird Jerusalem heilig sein, und kein Fremder wird mehr hindurchziehen.

¶ **18** Zur selben Zeit werden die Berge von süßem Wein triefen und die Hügel von Milch fließen, und alle Bäche in Juda werden voll Wasser sein. Und es wird eine Quelle ausgehen vom Hause des HERRN, die wird das Tal Schittim bewässern.

19 Aber Ägypten soll wüst werden und Edom eine Einöde um des Frevels willen an den Leuten von Juda, weil sie unschuldiges Blut in ihrem Lande vergossen haben.

20 Aber Juda soll für immer bewohnt werden und Jerusalem für und für.
21 Und ich will ihr Blut nicht ungesühnt lassen. Und der HERR wird wohnen zu Zion.

The Glorious Future of Judah

17 "So you shall know that I am the LORD your God,
who dwells in Zion, my holy mountain.
And Jerusalem shall be holy,
and strangers shall never again pass through it.

18 "And in that day
the mountains shall drip sweet wine,
and the hills shall flow with milk,
and all the streambeds of Judah
shall flow with water;
and a fountain shall come forth from the house of the LORD
and water the Valley of Shittim.

19 "Egypt shall become a desolation
and Edom a desolate wilderness,
for the violence done to the people of Judah,
because they have shed innocent blood in their land.

20 But Judah shall be inhabited forever,
and Jerusalem to all generations.

21 I will avenge their blood,
blood I have not avenged,[4]
for the LORD dwells in Zion."

DER PROPHET AMOS

AMOS

Gottes unabwendbares Gericht über Israels Nachbarn und über sein eigenes Volk

1 Dies ist's, was Amos, der unter den Schafzüchtern von Tekoa war, gesehen hat über Israel zur Zeit Usijas, des Königs von Juda, und Jerobeams, des Sohnes des Joasch, des Königs von Israel, zwei Jahre vor dem Erdbeben.

¶ 2 Und er sprach: Der HERR wird aus Zion brüllen und seine Stimme aus Jerusalem hören lassen, dass die Auen der Hirten vertrocknen werden und der Karmel oben verdorren wird.

¶ 3 So spricht der HERR: Um drei, ja um vier Frevel willen derer von **Damaskus** will ich sie nicht schonen, weil sie Gilead mit eisernen Dreschschlitten gedroschen haben;

4 sondern ich will ein Feuer schicken in das Haus Hasaëls, das soll die Paläste Ben-Hadads verzehren.

5 Und ich will die Riegel von Damaskus zerbrechen und die Einwohner aus Bikat-Awen und den, der das Zepter hält, aus Bet-Eden ausrotten, und das Volk von Aram soll nach Kir weggeführt werden, spricht der HERR.

¶ 6 So spricht der HERR: Um drei, ja um vier Frevel willen derer von **Gaza** will ich sie nicht schonen, weil sie die Gefangenen alle weggeführt und an Edom ausgeliefert haben;

7 sondern ich will ein Feuer in die Mauern von Gaza schicken, das soll seine Paläste verzehren.

Judgment on Israel's Neighbors

1 The words of Amos, who was among the shepherds[1] of Tekoa, which he saw concerning Israel in the days of Uzziah king of Judah and in the days of Jeroboam the son of Joash, king of Israel, two years[2] before the earthquake.

2 And he said:

"The LORD roars from Zion
   and utters his voice from Jerusalem;
the pastures of the shepherds mourn,
   and the top of Carmel withers."

3 Thus says the LORD:
"For three transgressions of Damascus,
   and for four, [1]I will not revoke the
      punishment,[3]
because they have threshed Gilead
   with threshing sledges of iron.

4 So I will send a fire upon the house of
     Hazael,
   and it shall devour the strongholds of
     *o*Ben-hadad.

5 I will break the gate-bar of Damascus,
   and cut off the inhabitants from the
     Valley of Aven,[4]
and him who holds the scepter from
     Beth-eden;
and the people of Syria shall go into
     exile to Kir,"
                 says the LORD.

6 Thus says the LORD:
"For three transgressions of Gaza,
   and for four, I will not revoke the
     punishment,
because they carried into exile a whole
     people
to deliver them up to Edom.

7 So I will send a fire upon the wall of
     Gaza,
   and it shall devour her strongholds.

8 Und ich will die Einwohner aus Aschdod und den, der das Zepter hält, aus Aschkelon ausrotten und meine Hand gegen Ekron wenden, und es soll umkommen, was von den Philistern noch übrig ist, spricht Gott der HERR.

¶ **9** So spricht der HERR: Um drei, ja um vier Frevel willen derer von **Tyrus** will ich sie nicht schonen, weil sie die Gefangenen alle an Edom ausgeliefert und nicht an den Bruderbund gedacht haben;

10 sondern ich will ein Feuer in die Mauern von Tyrus schicken, das soll seine Paläste verzehren.

¶ **11** So spricht der HERR: Um drei, ja um vier Frevel willen derer von **Edom** will ich sie nicht schonen, weil sie ihren Bruder mit dem Schwert verfolgt und alles Erbarmen von sich getan haben und immerfort wüten in ihrem Zorn und an ihrem Grimm ewig festhalten;

12 sondern ich will ein Feuer schicken nach Teman, das soll die Paläste von Bozra verzehren.

¶ **13** So spricht der HERR: Um drei, ja um vier Frevel willen derer von **Ammon** will ich sie nicht schonen, weil sie die Schwangeren in Gilead aufgeschlitzt haben, um ihr Gebiet zu erweitern;

14 sondern ich will ein Feuer anzünden in den Mauern Rabbas, das soll seine Paläste verzehren, wenn man das Kriegsgeschrei erhebt am Tage der Schlacht, wenn das Wetter kommt am Tage des Sturms.

15 Da wird dann ihr König samt seinen Oberen gefangen weggeführt werden, spricht der HERR.

---

8 I will cut off the inhabitants from Ashdod,
  and him who holds the scepter from Ashkelon;
I will turn my hand against Ekron,
  and the remnant of the Philistines shall perish,"
            says the Lord GOD.

9 Thus says the LORD:

"For three transgressions of Tyre,
  and for four, I will not revoke the punishment,
because they delivered up a whole people to Edom,
  and did not remember the covenant of brotherhood.

10 So I will send a fire upon the wall of Tyre,
  and it shall devour her strongholds."

11 Thus says the LORD:

"For three transgressions of Edom,
  and for four, I will not revoke the punishment,
y because he pursued his brother with the sword
  and cast off all pity,
  and his anger tore perpetually,
a and he kept his wrath forever.

12 So I will send a fire upon Teman,
  and it shall devour the strongholds of Bozrah."

13 Thus says the LORD:

"For three transgressions of the Ammonites,
  and for four, I will not revoke the punishment,
because they have ripped open pregnant women in Gilead,
  that they might enlarge their border.

14 So I will kindle a fire in the wall of Rabbah,
  and it shall devour her strongholds,
with shouting on the day of battle,
h with a tempest in the day of the whirlwind;

15 and their king shall go into exile,
  he and his princes⁵ together,"
            says the LORD.

2 So spricht der HERR: Um drei, ja um vier Frevel willen derer von **Moab** will ich sie nicht schonen, weil sie die Gebeine des Königs von Edom verbrannt haben zu Asche;

2 sondern ich will ein Feuer schicken nach Moab, das soll die Paläste von Kerijot verzehren, und Moab soll sterben im Getümmel und Geschrei und Posaunenhall.

3 Und ich will den Herrscher unter ihnen ausrotten und alle ihre Oberen samt ihm töten, spricht der HERR.

¶ **4** So spricht der HERR: Um drei, ja um vier Frevel willen derer von **Juda** will ich sie nicht schonen, weil sie des HERRN Gesetz verachten und seine Ordnungen nicht halten und sich von ihren Lügengötzen verführen lassen, denen ihre Väter nachgefolgt sind;

5 sondern ich will ein Feuer nach Juda schicken, das soll die Paläste von Jerusalem verzehren.

¶ **6** So spricht der HERR: Um drei, ja um vier Frevel willen derer von **Israel** will ich sie nicht schonen, weil sie die Unschuldigen für Geld und die Armen für ein Paar Schuhe verkaufen.

7 Sie treten den Kopf der Armen in den Staub und drängen die Elenden vom Wege. Sohn und Vater gehen zu demselben Mädchen, um meinen heiligen Namen zu entheiligen.

8 Und bei allen Altären schlemmen sie auf den gepfändeten Kleidern und trinken Wein vom Gelde der Bestraften im Hause ihres Gottes.

2 Thus says the LORD:
"For three transgressions of Moab,
  and for four, I will not revoke the
    punishment,[1]
because he burned to lime
  the bones of the king of Edom.

2 So I will send a fire upon Moab,
  and it shall devour the strongholds of
    Kerioth,
and Moab shall die amid uproar,
  amid shouting and the sound of the
    trumpet;

3 I will cut off the ruler from its midst,
  and will kill *all its princes[2] with
    him,"

says the LORD.

Judgment on Judah

4 Thus says the LORD:

"For three transgressions of Judah,
  and for four, I will not revoke the
    punishment,
because they have rejected the law of the
    LORD,
  and have not kept his statutes,
but their lies have led them astray,
  those after which their fathers walked.

5 So I will send a fire upon Judah,
  and it shall devour the strongholds of
    Jerusalem."

Judgment on Israel

6 Thus says the LORD:

"For three transgressions of Israel,
  and for four, I will not revoke the
    punishment,
because they sell the righteous for silver,
  and the needy for a pair of sandals—

7 those who trample the head of the poor
    into the dust of the earth
  and turn aside the way of the afflicted;
a man and his father go in to the same
    girl,
  so that my holy name is profaned;

8 they lay themselves down beside every
    altar
  on garments taken in pledge,
and in the house of their God they
    drink
  the wine of those who have been
    fined.

¶ **9** Und dabei habe ich den Amoriter vor ihnen her vertilgt, der so hoch war wie die Zedern und so stark wie die Eichen, und ich vertilgte oben seine Frucht und unten seine Wurzel.

10 Auch habe ich euch aus Ägyptenland geführt und vierzig Jahre in der Wüste geleitet, damit ihr der Amoriter Land besäßet.

11 Und ich habe aus euren Söhnen Propheten erweckt und Gottgeweihte aus euren Jünglingen. Ist's nicht so, ihr Israeliten?, spricht der HERR.

12 Aber ihr gebt den Gottgeweihten Wein zu trinken und gebietet den Propheten und sprecht: Ihr sollt nicht weissagen!

¶ **13** Siehe, ich will's unter euch schwanken machen, wie ein Wagen voll Garben schwankt,

14 sodass, wer schnell ist, nicht entfliehen noch der Starke etwas vermögen soll, und der Mächtige soll nicht sein Leben retten können.

15 Die Bogenschützen sollen nicht standhalten, und wer schnell laufen kann, soll nicht entrinnen, und wer da reitet, soll sein Leben nicht retten,

16 und wer unter den Starken der mannhafteste ist, soll nackt entfliehen müssen an jenem Tage, spricht der HERR.

Erwählung bewahrt nicht vor Gericht

3 Höret, was der HERR wider euch redet, ihr Israeliten, wider alle Geschlechter, die ich aus Ägyptenland geführt habe:

2 Aus allen Geschlechtern auf Erden habe ich allein euch erkannt, darum will ich auch an euch heimsuchen all eure Sünde.

Wenn Gott redet, kann der Prophet nicht schweigen

3 Können etwa zwei miteinander wandern, sie seien denn einig untereinander?

9 "Yet it was I who destroyed the Amorite before them,
  whose height was like the height of the cedars
  and who was as strong as the oaks;
I destroyed his fruit above
  and his roots beneath.

10 Also it was I who brought you up out of the land of Egypt
  and led you forty years in the wilderness,
  to possess the land of the Amorite.

11 And I raised up some of your sons for prophets,
  and some of your young men for Nazirites.
  Is it not indeed so, O people of Israel?"
    declares the LORD.

12 "But you made the Nazirites drink wine,
  and commanded the prophets,
  saying, 'You shall not prophesy.'

13 "Behold, I will press you down in your place,
  as a cart full of sheaves presses down.

14 Flight shall perish from the swift,
  f and the strong shall not retain his strength,
  nor shall the mighty save his life;

15 he who handles the bow shall not stand,
  and he who is swift of foot shall not save himself,
  nor shall he who rides the horse save his life;

16 and he who is stout of heart among the mighty
  shall flee away naked in that day,"
    declares the LORD.

Israel's Guilt and Punishment

3 Hear this word that the LORD has spoken against you, O people of Israel, against the whole family that I brought up out of the land of Egypt:

2 "You only have I known
  of all the families of the earth;
  therefore I will punish you
  for all your iniquities.

3 "Do two walk together,
  unless they have agreed to meet?

4 Brüllt etwa ein Löwe im Walde, wenn er keinen Raub hat? Schreit etwa ein junger Löwe aus seiner Höhle, er habe denn etwas gefangen?

5 Fällt etwa ein Vogel zur Erde, wenn kein Fangnetz da ist? Oder springt eine Falle auf von der Erde, sie habe denn etwas gefangen?

6 Bläst man etwa die Posaune in einer Stadt und das Volk entsetzt sich nicht? Ist etwa ein Unglück in der Stadt, das der HERR nicht tut?

7 – Gott der HERR tut nichts, er offenbare denn seinen Ratschluss den Propheten, seinen Knechten. –

8 Der Löwe brüllt, wer sollte sich nicht fürchten? Gott der HERR redet, wer sollte nicht Prophet werden?

Ankündigung des Gerichts über Samaria

9 Verkündigt in den Palästen von Aschdod und in den Palästen im Lande Ägypten und sprecht: Sammelt euch auf den Bergen um Samaria und seht, welch ein großes Zetergeschrei und Unrecht darin ist!

10 Sie achten kein Recht, spricht der HERR; sie sammeln Schätze von Frevel und Raub in ihren Palästen.

11 Darum spricht Gott der HERR: Man wird dies Land ringsumher bedrängen und dich von deiner Macht herunterreißen und deine Häuser plündern.

¶ **12** So spricht der HERR: Gleichwie ein Hirte dem Löwen zwei Beine oder ein Ohrläppchen aus dem Maul reißt, so sollen die Israeliten herausgerissen werden, die zu Samaria sitzen in der Ecke des Ruhebettes und auf dem Lager von Damast.

¶ **13** Hört und bezeugt es dem Hause Jakob, spricht Gott der HERR, der Gott Zebaoth:

14 Zur Zeit, da ich die Sünden Israels heimsuchen werde, will ich die Altäre in Bethel heimsuchen und die Hörner des Altars abbrechen, dass sie zu Boden fallen sollen,

---

4 Does a lion roar in the forest,
  when he has no prey?
Does a young lion cry out from his den,
  if he has taken nothing?

5 Does a bird fall in a snare on the earth,
  when there is no trap for it?
Does a snare spring up from the ground,
  when it has taken nothing?

6 Is a trumpet blown in a city,
  and the people are not afraid?
Does disaster come to a city,
  unless the LORD has done it?

7 "For the Lord GOD does nothing
  without revealing his secret
  to his servants the prophets.

8 The lion has roared;
  who will not fear?
The Lord GOD has spoken;
  who can but prophesy?"

9 Proclaim to the strongholds in Ashdod
  and to the strongholds in the land of
    Egypt,
and say, "Assemble yourselves on the
    mountains of Samaria,
  and see the great tumults within her,
    and the oppressed in her midst."

10 "They do not know how to do right,"
    declares the LORD,
  "those who store up violence and rob-
    bery in their strongholds."

11 Therefore thus says the Lord GOD:

"An adversary shall surround the land
  and bring down[1] your defenses from
    you,
  and your strongholds shall be
    plundered."

¶ **12** Thus says the LORD: "As the shepherd rescues from the mouth of the lion two legs, or a piece of an ear, so shall the people of Israel who dwell in Samaria be rescued, with the corner of a couch and part[2] of a bed.

13 "Hear, and testify against the house of
    Jacob,"
  declares the Lord GOD, the God of
    hosts,

14 "that on the day I punish Israel for his
    transgressions,
  I will punish the altars of Bethel,
    and the horns of the altar shall be cut off
      and fall to the ground.

15 und will Winterhaus und Sommerhaus zerschlagen, und die elfenbeingeschmückten Häuser sollen zugrunde gehen und viele Häuser vernichtet werden, spricht der HERR.

Gegen die schwelgerischen Frauen in Samaria

4 Hört dies Wort, ihr fetten Kühe, die ihr auf dem Berge Samarias seid und den Geringen Gewalt antut und schindet die Armen und sprecht zu euren Herren: Bringt her, lasst uns saufen!

2 Gott der HERR hat geschworen bei seiner Heiligkeit: Siehe, es kommt die Zeit über euch, dass man euch herausziehen wird mit Angeln und, was von euch übrig bleibt, mit Fischhaken.

3 Und ihr werdet zu den Mauerlücken hinausmüssen, eine jede vor sich hin, und zum Hermon weggeschleppt werden, spricht der HERR.

Gottes Züchtigungen werden missachtet

4 Ja, kommt her nach Bethel und treibt Sünde, und nach Gilgal, um noch viel mehr zu sündigen! Bringt eure Schlachtopfer am Morgen und eure Zehnten am dritten Tage,

5 räuchert Sauerteig zum Dankopfer und ruft freiwillige Opfer aus und verkündet sie; denn so habt ihr's gern, ihr Israeliten, spricht Gott der HERR!

¶ 6 Ich habe euch in allen euren Städten müßige Zähne gegeben und Mangel an Brot in allen euren Orten; DENNOCH BEKEHRT IHR EUCH NICHT ZU MIR, spricht der HERR.

15 I will strike the winter house along with the summer house,
and the houses of ivory shall perish,
and the great houses[3] shall come to an end,"
        declares the LORD.

4 "Hear this word, you cows of Bashan,
who are on the mountain of Samaria,
who oppress the poor, [j]who crush the needy,
who say to your husbands, 'Bring, that we may drink!'

2 The Lord GOD has sworn by his holiness
that, behold, the days are coming upon you,
when they shall take you away with hooks,
[l] even the last of you with fishhooks.

3 And you shall go out through the breaches,
each one straight ahead;
and you shall be cast out into Harmon,"
        declares the LORD.

4 "Come to Bethel, and transgress;
to Gilgal, and multiply transgression;
[n] bring your sacrifices every morning,
your tithes every three days;

5 offer a sacrifice of thanksgiving of that which is leavened,
and proclaim freewill offerings, publish them;
for so you love to do, O people of Israel!"
        declares the Lord GOD.

Israel Has Not Returned to the LORD

6 "I gave you cleanness of teeth in all your cities,
and lack of bread in all your places,
yet you did not return to me,"
        declares the LORD.

¶ **7** Auch habe ich euch den Regen vorenthalten, als noch drei Monate waren bis zur Ernte, und ich ließ regnen über eine Stadt und auf die andere Stadt ließ ich nicht regnen, ein Acker wurde beregnet und der andere Acker, der nicht beregnet wurde, verdorrte.

8 Und es zogen zwei, drei Städte zu **einer** Stadt, um Wasser zu trinken, und konnten nicht genug finden; DENNOCH BEKEHRT IHR EUCH NICHT ZU MIR, spricht der HERR.

¶ **9** Ich plagte euch mit dürrer Zeit und mit Getreidebrand; auch fraßen die Raupen alles, was in euren Gärten und Weinbergen, auf euren Feigenbäumen und Ölbäumen wuchs; DENNOCH BEKEHRT IHR EUCH NICHT ZU MIR, spricht der HERR.

¶ **10** Ich schickte unter euch die Pest wie in Ägypten; ich tötete eure junge Mannschaft durchs Schwert und ließ eure Pferde gefangen wegführen, ich ließ den Gestank eures Heerlagers in eure Nasen steigen; DENNOCH BEKEHRT IHR EUCH NICHT ZU MIR, spricht der HERR.

¶ **11** Ich richtete unter euch Zerstörung an, wie Gott Sodom und Gomorra zerstörte, dass ihr wart wie ein Brandscheit, das aus dem Feuer gerissen wird; DENNOCH BEKEHRT IHR EUCH NICHT ZU MIR, spricht der HERR.

¶ **12** Darum will ich's weiter so mit dir machen, Israel! Weil ich's denn weiter so mit dir machen will, so bereite dich, Israel, und begegne deinem Gott!

13 Denn siehe, er ist's, der die Berge macht und den Wind schafft; er zeigt dem Menschen, was er im Sinne hat. Er macht die Morgenröte und die Finsternis, er tritt einher auf den Höhen der Erde – er heißt »HERR, Gott Zebaoth«.

7 "I also withheld the rain from you
  when there were yet three months to
    the harvest;
  I would send rain on one city,
    and send no rain on another city;
  one field would have rain,
    and the field on which it did not rain
      would wither;

8 so two or three cities would wander to
    another city
  to drink water, and would not be
    satisfied;
  yet you did not return to me,"
                declares the LORD.

9 "I struck you with blight and mildew;
  your many gardens and your
    vineyards,
  your fig trees and your olive trees the
    locust devoured;
  yet you did not return to me,"
                declares the LORD.

10 "I sent among you a pestilence after the
    manner of Egypt;
  I killed your young men with the
    sword,
  and carried away your horses,[1]
    and I made the stench of your camp
      go up into your nostrils;
  yet you did not return to me,"
                declares the LORD.

11 "I overthrew some of you,
    as when God overthrew Sodom and
      Gomorrah,
  and you were as a brand[2] plucked out
    of the burning;
  yet you did not return to me,"
                declares the LORD.

12 "Therefore thus I will do to you, O Israel;
  because I will do this to you,
    prepare to meet your God, O Israel!"

13 For behold, he who forms the mountains and creates the wind,
  and declares to man what is his
    thought,
  who makes the morning darkness,
    and treads on the heights of the
      earth—
  the LORD, the God of hosts, is his
    name!

Klagelied über Israel

5 Höret, ihr vom Hause Israel, dies Wort; denn ich muss dies Klagelied über euch anstimmen:

¶ **2** Die Jungfrau Israel ist gefallen, dass sie nicht wieder aufstehen wird; sie ist zu Boden gestoßen und niemand ist da, der ihr aufhelfe.

3 Denn so spricht Gott der HERR: Die Stadt, aus der tausend zum Kampf ausziehen, soll nur hundert übrig behalten, und aus der hundert ausziehen, die soll nur zehn übrig behalten im Hause Israel.

Gegen die Unterdrücker

4 Denn so spricht der HERR zum Hause Israel: **Suchet mich, so werdet ihr leben.**

5 Suchet nicht Bethel und kommt nicht nach Gilgal und geht nicht nach Beerscheba; denn Gilgal wird gefangen weggeführt werden, und Bethel wird zunichtewerden.

6 Suchet den HERRN, so werdet ihr leben, dass er nicht daherfahre über das Haus Josef wie ein verzehrendes Feuer, das niemand löschen kann zu Bethel –

7 die ihr das Recht in Wermut verkehrt und die Gerechtigkeit zu Boden stoßt.

¶ **8** Der das Siebengestirn und den Orion macht, der aus der Finsternis den Morgen macht und aus dem Tag die finstere Nacht, der das Wasser im Meer herberuft und schüttet es auf den Erdboden – er heißt »HERR« –,

9 der über den Starken Verderben kommen lässt und bringt Verderben über die feste Stadt.

¶ **10** Sie sind dem gram, der sie im Tor zurechtweist, und verabscheuen den, der ihnen die Wahrheit sagt.

Seek the LORD and Live

5 Hear this word that I take up over you in lamentation, O house of Israel:

2 "Fallen, no more to rise,
  is the virgin Israel;
forsaken on her land,
  with none to raise her up."

3 For thus says the Lord GOD:

"The city that went out a thousand
  shall have a hundred left,
and that which went out a hundred
  shall have ten left
  to the house of Israel."

4 For thus says the LORD to the house of Israel:

"Seek me and live;
5 but do not seek Bethel,
  and do not enter into "Gilgal
  or cross over to Beersheba;
for "Gilgal shall surely go into exile,
  and "Bethel shall come to nothing."

6 Seek the LORD and live,
  lest he break out like fire in the house
    of Joseph,
  and it devour, with none to quench it
    for Bethel,
7 O you who turn justice to wormwood[1]
  and cast down righteousness to the
    earth!

8 He who made the Pleiades and Orion,
  and turns deep darkness into the
    morning
  and darkens the day into night,
  who calls for the waters of the sea
  ʳand pours them out on the surface of
    the earth,
  the LORD is his name;
9 who makes destruction flash forth
    against the strong,
  so that destruction comes upon the
    fortress.

10 They hate him who reproves in the gate,
  and they abhor him who speaks the
    truth.

¶ **11** Darum, weil ihr die Armen unterdrückt und nehmt von ihnen hohe Abgaben an Korn, so sollt ihr in den Häusern nicht wohnen, die ihr von Quadersteinen gebaut habt, und den Wein nicht trinken, den ihr in den feinen Weinbergen gepflanzt habt.

12 Denn ich kenne eure Freveltaten, die so viel sind, und eure Sünden, die so groß sind, wie ihr die Gerechten bedrängt und Bestechungsgeld nehmt und die Armen im Tor unterdrückt.

13 Darum muss der Kluge zu dieser Zeit schweigen; denn es ist eine böse Zeit.

¶ **14** Suchet das Gute und nicht das Böse, auf dass ihr leben könnt, so wird der Herr, der Gott Zebaoth, bei euch sein, wie ihr rühmt.

15 Hasset das Böse und liebet das Gute, richtet das Recht auf im Tor, vielleicht wird der Herr, der Gott Zebaoth, doch gnädig sein denen, die von Josef übrig bleiben.

¶ **16** Darum spricht der Herr, der Gott Zebaoth, der Herr: Es wird in allen Gassen Wehklagen sein, und auf allen Straßen wird man sagen: »Wehe, wehe!« Und man wird den Ackermann zum Trauern rufen und zum Wehklagen, wer die Totenklage erheben kann.

17 In allen Weinbergen wird Wehklagen sein; denn ich will unter euch fahren, spricht der Herr.

Der Tag des Herrn ist ein Tag des Gerichts

18 Weh denen, die des Herrn Tag herbeiwünschen! Was soll er euch? Denn des Herrn Tag ist Finsternis und nicht Licht,

19 gleichwie wenn jemand vor dem Löwen flieht und ein Bär begegnet ihm und er kommt in ein Haus und lehnt sich mit der Hand an die Wand, so sticht ihn eine Schlange!

20 Ja, des Herrn Tag wird finster und nicht licht sein, dunkel und nicht hell.

11 Therefore because you trample on[2] the poor
　and you exact taxes of grain from him,
you have built houses of hewn stone,
　but you shall not dwell in them;
　a you have planted pleasant vineyards,
　but you shall not drink their wine.

12 For I know how many are your transgressions
　and how great are your sins—
you who afflict the righteous, who take a bribe,
　and turn aside the needy in the gate.

13 Therefore he who is prudent will keep silent in such a time,
　for it is an evil time.

14 Seek good, and not evil,
　that you may live;
and so the Lord, the God of hosts, will be with you,
　as you have said.

15 Hate evil, and love good,
　and establish justice in the gate;
it may be that the Lord, the God of hosts,
　will be gracious to the remnant of Joseph.

16 Therefore thus says the Lord, the God of hosts, the Lord:

"In all the squares there shall be wailing,
　and in all the streets they shall say,
　'Alas! Alas!'
They shall call the farmers to mourning
　and *j* to wailing those who are skilled in lamentation,

17 and in all vineyards there shall be wailing,
　for I will pass through your midst,"
　　　　　　　　　　says the Lord.

Let Justice Roll Down

18 Woe to you who desire the day of the Lord!
　Why would you have the day of the Lord?
It is darkness, and not light,

19 as if a man fled from a lion,
　and a bear met him,
or went into the house and leaned his hand against the wall,
　and a serpent bit him.

20 Is not the day of the Lord darkness, and not light,
　and gloom with no brightness in it?

Der äußerliche Gottesdienst tut's nicht

21 Ich bin euren Feiertagen gram und verachte sie und mag eure Versammlungen nicht riechen.

22 Und wenn ihr mir auch Brandopfer und Speisopfer opfert, so habe ich kein Gefallen daran und mag auch eure fetten Dankopfer nicht ansehen.

23 Tu weg von mir das Geplärr deiner Lieder; denn ich mag dein Harfenspiel nicht hören!

¶ **24** Es ströme aber das Recht wie Wasser und die Gerechtigkeit wie ein nie versiegender Bach.

¶ **25** Habt ihr vom Hause Israel mir in der Wüste die vierzig Jahre lang Schlachtopfer und Speisopfer geopfert?

26 Ihr trugt den Sakkut, euren König, und Kewan*, den Stern eures Gottes, eure Bilder, welche ihr euch selbst gemacht habt;

27 so will ich euch wegführen lassen bis jenseits von Damaskus, spricht der HERR, der Gott Zebaoth heißt.

Gegen Selbstsicherheit und Schwelgerei der Vornehmen in Israel

6 Weh den Sorglosen zu Zion und weh denen, die voll Zuversicht sind auf dem Berge Samarias, den Vornehmen des Erstlings unter den Völkern, zu denen das Haus Israel kommt!

2 Geht hin nach Kalne und schaut und von da nach Hamat, der großen Stadt, und zieht hinab nach Gat der Philister! Seid ihr besser als diese Königreiche, ist euer Gebiet größer als das ihre,

3 die ihr meint, vom bösen Tag weit ab zu sein, und trachtet immer nach Frevelregiment,

4 die ihr schlaft auf elfenbeingeschmückten Lagern und euch streckt auf euren Ruhebetten? Ihr esst die Lämmer aus der Herde und die gemästeten Kälber

21 "I hate, I despise your feasts,
and I take no delight in your solemn assemblies.

22 Even though you offer me your burnt offerings and grain offerings,
I will not accept them;
and the peace offerings of your fattened animals,
I will not look upon them.

23 Take away from me the noise of your songs;
to the melody of your harps I will not listen.

24 But let justice roll down like waters,
and righteousness like an ever-flowing stream.

¶ **25** "Did you bring to me sacrifices and offerings during the forty years in the wilderness, O house of Israel?

26 You shall take up Sikkuth your king, and Kiyyun your star-god—your images that you made for yourselves,

27 and I will send you into exile beyond Damascus," says the LORD, whose name is the God of hosts.

Woe to Those at Ease in Zion

6 "Woe to those who are at ease in Zion,
and to those who feel secure on the mountain of Samaria,
the notable men of the first of the nations,
to whom the house of Israel comes!

2 Pass over to Calneh, and see,
and from there go to Hamath the great;
then go down to Gath of the Philistines.
Are you better than these kingdoms?
Or is their territory greater than your territory,

3 O you who put far away the day of disaster
and bring near the seat of violence?

4 "Woe to those who lie on beds of ivory
ᵍ and stretch themselves out on their couches,
and eat lambs from the flock
and calves from the midst of the stall,

5 und spielt auf der Harfe und erdichtet euch Lieder wie David

6 und trinkt Wein aus Schalen und salbt euch mit dem besten Öl, aber bekümmert euch nicht um den Schaden Josefs.

¶ **7** Darum sollen sie nun vorangehen unter denen, die gefangen weggeführt werden, und soll das Schlemmen der Übermütigen aufhören.

8 Denn Gott der HERR hat geschworen bei sich: Mich verdrießt die Hoffart Jakobs, spricht der HERR, der Gott Zebaoth, und ich hasse seine Paläste. Darum will ich die Stadt übergeben mit allem, was darin ist.

9 Und wenn auch zehn Männer in einem Hause übrig bleiben, sollen sie doch sterben.

10 Und nimmt dann einen sein Verwandter, der ihn bestatten und seine Gebeine aus dem Hause tragen will, so sagt er zu dem, der drin im Hause ist: Sind ihrer noch mehr da? Und der wird antworten: Sie sind alle dahin! Und er wird sagen: Still! Denn man darf des HERRN Namen nicht nennen.

11 Denn siehe, der HERR hat geboten, dass man die großen Häuser in Trümmer schlagen soll und die kleinen Häuser in Stücke.

¶ **12** Wer kann auf Felsen mit Rossen rennen oder mit Rindern pflügen? Denn ihr wandelt das Recht in Gift und die Frucht der Gerechtigkeit in Wermut,

13 die ihr euch freut über Lo-Dabar und sprecht: Haben wir nicht durch unsere Kraft Karnajim genommen?

14 Darum siehe, ich will gegen euch, ihr vom Hause Israel, ein Volk aufstehen lassen, spricht der HERR, der Gott Zebaoth, das soll euch bedrängen von da an, wo man nach Hamat geht, bis an den Bach in der Wüste.

5 who sing idle songs to the sound of the harp
and like David [j] invent for themselves instruments of music,

6 who drink wine in bowls
and anoint themselves with the finest oils,
but are not grieved over the ruin of Joseph!

7 Therefore they shall now be the first of those who go into exile,
and the revelry of those who stretch themselves out shall pass away."

8 The Lord GOD has sworn by himself, declares the LORD, the God of hosts:

"I abhor the pride of Jacob
and hate his strongholds,
and I will deliver up the city and all that is in it."

¶ **9** And if ten men remain in one house, they shall die.

10 And when one's relative, the one who anoints him for burial, shall take him up to bring the bones out of the house, and shall say to him who is in the innermost parts of the house, "Is there still anyone with you?" he shall say, "No"; and he shall say, "Silence! We must not mention the name of the LORD."

11 For behold, the LORD commands,
and the great house shall be struck down into fragments,
and the little house into bits.

12 Do horses run on rocks?
Does one plow there [1] with oxen?
But you have turned justice into poison
[u] and the fruit of righteousness into wormwood [2]—

13 you who rejoice in Lo-debar, [3]
who say, "Have we not by our own strength
captured Karnaim [4] for ourselves?"

14 "For behold, I will raise up against you a nation,
O house of Israel," declares the LORD, the God of hosts;
"and they shall oppress you from Lebo-hamath
to the Brook of the Arabah."

Die drei ersten Visionen: Heuschrecken, Feuer, Bleilot

7 Gott der HERR ließ mich schauen, und siehe, da war einer, der machte Heuschrecken zur Zeit, als das Grummet aufging; und siehe, das Grummet war gewachsen, nachdem der König hatte mähen lassen.

2 Als sie nun alles Gras im Lande abfressen wollten, sprach ich: Ach Herr HERR, sei gnädig! Wer soll Jakob wieder aufhelfen? Er ist ja so schwach.

3 Da reute es den HERRN und er sprach: Wohlan, es soll nicht geschehen.

¶ 4 Gott der HERR ließ mich schauen, und siehe, Gott der HERR rief das Feuer, um damit zu strafen. Das verzehrte die große Tiefe und fraß das Ackerland.

5 Da sprach ich: Ach Herr HERR, lass ab! Wer soll Jakob wieder aufhelfen? Er ist ja so schwach.

6 Da reute den HERRN das auch und Gott der HERR sprach: Es soll auch nicht geschehen.

¶ 7 Er ließ mich abermals schauen, und siehe, der Herr stand auf der Mauer, die mit einem Bleilot gerichtet war, und er hatte ein Bleilot in seiner Hand.

8 Und der HERR sprach zu mir: Was siehst du, Amos? Ich sprach: Ein Bleilot. Da sprach der Herr zu mir: Siehe, ich will das Bleilot legen an mein Volk Israel und ihm nichts mehr übersehen,

9 sondern die Höhen Isaaks sollen verwüstet und die Heiligtümer Israels zerstört werden, und ich will mich mit dem Schwert über das Haus Jerobeam hermachen.

Amos wird aus Bethel ausgewiesen

10 Da sandte Amazja, der Priester in Bethel, zu Jerobeam, dem König von Israel, und ließ ihm sagen: Der Amos macht einen Aufruhr gegen dich im Hause Israel; das Land kann seine Worte nicht ertragen.

11 Denn so spricht Amos: Jerobeam wird durchs Schwert sterben, und Israel wird aus seinem Lande gefangen weggeführt werden.

Warning Visions

7 This is what the Lord GOD showed me: behold, he was forming locusts when the latter growth was just beginning to sprout, and behold, it was the latter growth after the king's mowings.

2 When they had finished eating the grass of the land, I said,

> "O Lord GOD, please forgive!
> How can Jacob stand?
> He is so small!"

3 The LORD relented concerning this:
> "It shall not be," said the LORD.

¶ 4 This is what the Lord GOD showed me: behold, the Lord GOD was calling for a judgment by fire, and it devoured the great deep and was eating up the land.

5 Then I said,

> "O Lord GOD, please cease!
> How can Jacob stand?
> He is so small!"

6 The LORD relented concerning this:
> "This also shall not be," said the Lord GOD.

¶ 7 This is what he showed me: behold, the Lord was standing beside a wall built with a plumb line, with a plumb line in his hand.

8 And the LORD said to me, "Amos, what do you see?" And I said, "A plumb line." Then the Lord said,

> "Behold, I am setting a plumb line
> in the midst of my people Israel;
> g I will never again pass by them;

9 the high places of Isaac shall be made desolate,
> and the sanctuaries of Israel shall be laid waste,
> and I will rise against the house of Jeroboam with the sword."

Amos Accused

¶ 10 Then Amaziah the priest of Bethel sent to Jeroboam king of Israel, saying, "Amos has conspired against you in the midst of the house of Israel. The land is not able to bear all his words.

11 For thus Amos has said,

> "'Jeroboam shall die by the sword,
> and Israel must go into exile
> away from his land.'"

12 Und Amazja sprach zu Amos: Du Seher, geh weg und flieh ins Land Juda und iss dort dein Brot und weissage daselbst.

13 Aber weissage nicht mehr in Bethel; denn es ist des Königs Heiligtum und der Tempel des Königreichs.

¶ **14** Amos antwortete und sprach zu Amazja: Ich bin kein Prophet noch ein Prophetenjünger, sondern ich bin ein Hirt, der Maulbeeren züchtet.

15 Aber der Herr nahm mich von der Herde und sprach zu mir: Geh hin und weissage meinem Volk Israel!

16 So höre nun des Herrn Wort! Du sprichst: Weissage nicht wider Israel und eifere nicht wider das Haus Isaak!

17 Darum spricht der Herr: Deine Frau wird in der Stadt zur Hure werden, und deine Söhne und Töchter sollen durchs Schwert fallen, und dein Acker soll mit der Messschnur ausgeteilt werden. Du aber sollst in einem unreinen Lande sterben, und Israel soll aus seinem Lande vertrieben werden.

Die vierte Vision: ein Korb mit reifem Obst

8 Gott der Herr ließ mich schauen, und siehe, da stand ein Korb mit reifem Obst.

2 Und er sprach: Was siehst du, Amos? Ich aber antwortete: Einen Korb mit reifem Obst. Da sprach der Herr zu mir: Reif zum Ende ist mein Volk Israel; ich will ihm nichts mehr übersehen.

3 Und die Lieder im Tempel sollen in Heulen verkehrt werden zur selben Zeit, spricht Gott der Herr. Es werden an allen Orten viele Leichname liegen, die man heimlich hinwirft.

Gegen den Wucher der Reichen

4 Höret dies, die ihr die Armen unterdrückt und die Elenden im Lande zugrunde richtet

12 And Amaziah said to Amos, "O seer, go, flee away to the land of Judah, and eat bread there, and prophesy there,

13 but never again prophesy at Bethel, for it is the king's sanctuary, and it is a temple of the kingdom."

¶ **14** Then Amos answered and said to Amaziah, "I was[1] no prophet, nor a prophet's son, but I was a herdsman and a dresser of sycamore figs.

15 But the Lord took me from following the flock, and the Lord said to me, 'Go, prophesy to my people Israel.'

16 Now therefore hear the word of the Lord.

"You say, 'Do not prophesy against Israel, and do not preach against the house of Isaac.'

17 Therefore thus says the Lord:

"'Your wife shall be a prostitute in the city, and your sons and your daughters shall fall by the sword, and your land shall be divided up with a measuring line; you yourself shall die in an unclean land, and Israel shall surely go into exile away from its land.'"

The Coming Day of Bitter Mourning

8 This is what the Lord God showed me: behold, a basket of summer fruit.

2 And he said, "Amos, what do you see?" And I said, "A basket of summer fruit." Then the Lord said to me,

"The end[1] has come upon my people Israel; I will never again pass by them.

3 The songs of the temple[2] shall become wailings[3] in that day," declares the Lord God. "So many dead bodies!" "They are thrown everywhere!" "Silence!"

4 Hear this, you who trample on the needy and bring the poor of the land to an end,

5 und sprecht: Wann will denn der Neumond ein Ende haben, dass wir Getreide verkaufen, und der Sabbat, dass wir Korn feilhalten können und das Maß verringern und den Preis steigern und die Waage fälschen,

6 damit wir die Armen um Geld und die Geringen um ein Paar Schuhe in unsere Gewalt bringen und Spreu für Korn verkaufen?

¶ **7** Der HERR hat bei sich, dem Ruhm Jakobs, geschworen: Niemals werde ich diese ihre Taten vergessen!

8 Sollte nicht um solcher Taten willen das Land erbeben müssen und alle Bewohner trauern? Ja, es soll sich heben wie die Wasser des Nils und sich senken wie der Strom Ägyptens.

¶ **9** Zur selben Zeit, spricht Gott der HERR, will ich die Sonne am Mittag untergehen und das Land am hellen Tage finster werden lassen.

10 Ich will eure Feiertage in Trauer und alle eure Lieder in Wehklagen verwandeln. Ich will über alle Lenden den Sack bringen und alle Köpfe kahl machen und will ein Trauern schaffen, wie man trauert über den einzigen Sohn, und sie sollen ein bitteres Ende nehmen.

Einst wird man vergeblich nach Gottes Wort verlangen

11 Siehe, es kommt die Zeit, spricht Gott der HERR, dass ich einen Hunger ins Land schicken werde, nicht einen Hunger nach Brot oder Durst nach Wasser, sondern nach dem Wort des HERRN, es zu hören;

12 dass sie hin und her von einem Meer zum andern, von Norden nach Osten laufen und des HERRN Wort suchen und doch nicht finden werden.

13 Zu der Zeit werden die schönen Jungfrauen und die Jünglinge verschmachten vor Durst,

5 saying, "When will the new moon be over,
    that we may sell grain?
And the Sabbath,
    that we may offer wheat for sale,
    that we may make the ephah small and
      the shekel[4] great
    and deal deceitfully with false
      balances,

6 that we may buy the poor for silver
    and the needy for a pair of sandals
    and sell the chaff of the wheat?"

7 The LORD has sworn by the pride of
    Jacob:
"Surely I will never forget any of their
    deeds.

8 Shall not the land tremble on this
    account,
    and everyone mourn who dwells in it,
and all of it rise like the Nile,
    and be tossed about and sink again,
      like the Nile of Egypt?"

9 "And on that day," declares the Lord
    GOD,
"I will make the sun go down at noon
    and darken the earth in broad
      daylight.

10 I will turn your feasts into mourning
    and all your songs into lamentation;
I will bring sackcloth on every waist
   ᵘ and baldness on every head;
I will make it like the mourning for an
    only son
    and the end of it like a bitter day.

11 "Behold, the days are coming," declares
    the Lord GOD,
"when I will send a famine on the
    land—
not a famine of bread, nor a thirst for
    water,
but of hearing the words of the LORD.

12 They shall wander from sea to sea,
    and from north to east;
they shall run to and fro, to seek the
    word of the LORD,
    but they shall not find it.

13 "In that day the lovely virgins and the
    young men
    shall faint for thirst.

14 die jetzt schwören bei dem Abgott Samarias und sprechen: »So wahr dein Gott lebt, Dan!«, und: »So wahr dein Gott lebt, Beerscheba!« Sie sollen so fallen, dass sie nicht wieder aufstehen können.

Die letzte Vision: Gott über dem Altar; dem Gericht kann niemand entrinnen

9 Ich sah den Herrn über dem Altar stehen und er sprach: Schlage an den Knauf, dass die Pfosten beben und die Trümmer ihnen allen auf den Kopf fallen; und was noch übrig bleibt von ihnen, will ich mit dem Schwert töten, dass keiner von ihnen entfliehen noch irgendeiner entkommen soll!

2 Und wenn sie sich auch unten bei den Toten vergrüben, soll sie doch meine Hand von dort holen, und wenn sie zum Himmel hinaufstiegen, will ich sie doch herunterstoßen. **3** Und wenn sie sich auch versteckten oben auf dem Berge Karmel, will ich sie doch suchen und von dort herabholen; und wenn sie sich vor meinen Augen verbärgen im Grunde des Meeres, so will ich doch der Schlange befehlen, sie dort zu beißen.

4 Und wenn sie vor ihren Feinden gefangen einhergingen, so will ich doch dem Schwert befehlen, sie dort zu töten. Denn ich will meine Augen auf sie richten zum Bösen und nicht zum Guten.

¶ **5** Denn Gott, der HERR Zebaoth, ist es, der die Erde anrührt, dass sie bebt und alle ihre Bewohner trauern müssen und dass sie sich hebt wie die Wasser des Nils und sich senkt wie der Strom Ägyptens; **6** er ist es, der seinen Saal in den Himmel baut und seinen Palast über der Erde gründet, der das Wasser im Meer herbeiruft und schüttet es auf das Erdreich. Er heißt HERR!

¶ **7** Seid ihr Israeliten mir nicht gleichwie die Mohren?, spricht der HERR. Habe ich nicht Israel aus Ägyptenland geführt und die Philister aus Kaftor und die Aramäer aus Kir?

14 Those who swear by the Guilt of
Samaria,
and say, 'As your god lives, O Dan,'
and, 'As the Way of Beersheba lives,'
they shall fall, and never rise again."

The Destruction of Israel

9 I saw the Lord standing beside[1] the altar, and he said:

"Strike the capitals until *e* the thresholds
shake,
and shatter them on the heads of all
the people;[2]
and those who are left of them I will kill
with the sword;
not one of them shall flee away;
not one of them shall escape.

2 "If they dig into Sheol,
from there shall my hand take them;
i if they climb up to heaven,
from there I will bring them down.
3 If they hide themselves on the top of
Carmel,
from there I will search them out and
take them;
and if they hide from my sight at the
bottom of the sea,
there I will command the serpent, and
it shall bite them.
4 And if they go into captivity before their
enemies,
there I will command the sword, and
it shall kill them;
and I will fix my eyes upon them
for evil and not for good."

5 The Lord GOD of hosts,
he who touches the earth and it melts,
and all who dwell in it mourn,
and all of it rises like the Nile,
o and sinks again, like the Nile of Egypt;
6 who builds his upper chambers in the
heavens
and founds his vault upon the earth;
who calls for the waters of the sea
and pours them out upon the surface
of the earth—
the LORD is his name.

7 "Are you not like the Cushites to me,
O people of Israel?" declares the LORD.
"Did I not bring up Israel from the land
of Egypt,
and the Philistines from Caphtor and
the Syrians from Kir?

8 Siehe, die Augen Gottes des HERRN sehen auf das sündige Königreich, dass ich's vom Erdboden vertilge, wiewohl ich das Haus Jakob nicht ganz vertilgen will, spricht der HERR.

9 Denn siehe, ich will befehlen und das Haus Israel unter allen Heiden schütteln lassen, gleichwie man mit einem Sieb schüttelt und kein Stein zur Erde fällt.

10 Alle Sünder in meinem Volk sollen durchs Schwert sterben, die da sagen: Es wird das Unglück nicht so nahe sein noch uns begegnen.

Das künftige Heil des Gottesvolkes

11 Zur selben Zeit will ich die zerfallene Hütte Davids wieder aufrichten und ihre Risse vermauern und, was abgebrochen ist, wieder aufrichten und will sie bauen, wie sie vorzeiten gewesen ist,

12 damit sie in Besitz nehmen, was übrig ist von Edom, und alle Heiden, über die mein Name genannt ist, spricht der HERR, der solches tut.

¶ **13** Siehe, es kommt die Zeit, spricht der HERR, dass man zugleich ackern und ernten, zugleich keltern und säen wird. Und die Berge werden von süßem Wein triefen, und alle Hügel werden fruchtbar sein.

14 Denn ich will die Gefangenschaft meines Volks Israel wenden, dass sie die verwüsteten Städte wieder aufbauen und bewohnen sollen, dass sie Weinberge pflanzen und Wein davon trinken, Gärten anlegen und Früchte daraus essen.

15 Denn ich will sie in ihr Land pflanzen, dass sie nicht mehr aus ihrem Land ausgerottet werden, das ich ihnen gegeben habe, spricht der HERR, dein Gott.

8 Behold, the eyes of the Lord GOD are
    upon the sinful kingdom,
and I will destroy it from the surface of
    the ground,
    except that I will not utterly destroy
      the house of Jacob,"
           declares the LORD.

9 "For behold, I will command,
    and shake the house of Israel among
      all the nations
as one shakes with a sieve,
    but no pebble shall fall to the earth.
10 All the sinners of my people shall die by
    the sword,
    who say, 'Disaster shall not overtake or
      meet us.'

The Restoration of Israel

11 "In that day I will raise up
    the booth of David that is fallen
and repair its breaches,
    and raise up its ruins
    and rebuild it as in the days of old,
12 that they may possess the remnant of
    Edom
    and all the nations who are called by
      my name,"[3]
declares the LORD who does this.

13 "Behold, the days are coming," declares
    the LORD,
"when the plowman shall overtake the
    reaper
    and the treader of grapes him who
      sows the seed;
the mountains shall drip sweet wine,
    and all the hills shall flow with it.
14 I will restore the fortunes of my people
    Israel,
    and they shall rebuild the ruined cities
    and inhabit them;
they shall plant vineyards and drink
    their wine,
    and they shall make gardens and eat
    their fruit.
15 I will plant them on their land,
    and they shall never again be uprooted
out of the land that I have given them,"
      says the LORD your God.

DER PROPHET OBADJA

Gottes Strafgericht über die Edomiter
(VGL. JER 49,7-22)

1 Dies ist es, was Obadja geschaut hat.

¶ So spricht Gott der HERR über Edom: – Wir haben vom HERRN eine Botschaft gehört, ein Bote ist unter die Heiden gesandt: Wohlauf, lasst uns wider Edom streiten! –

2 Siehe, ich habe dich gering gemacht und sehr verachtet unter den Völkern.

3 Der Hochmut deines Herzens hat dich betrogen, weil du in den Felsenklüften wohnst, in deinen hohen Schlössern, und du sprichst in deinem Herzen: Wer will mich zu Boden stoßen?

4 Wenn du auch in die Höhe führest wie ein Adler und machtest dein Nest zwischen den Sternen, dennoch will ich dich von dort herunterstürzen, spricht der HERR.

¶ **5** Wenn Diebe oder Räuber nachts über dich kommen, wie sollst du dann zunichtewerden! Ja, sie sollen stehlen, bis sie genug haben. Und wenn die Weinleser über dich kommen, so sollen sie dir keine Nachlese übrig lassen.

6 Wie sollen sie Esau durchsuchen und seine Schätze aufspüren!

7 Alle deine Bundesgenossen werden dich zum Lande hinausstoßen; die Leute, auf die du deinen Trost setzt, werden dich betrügen und überwältigen; die dein Brot essen, werden dich verraten, ehe du es merken wirst.

OBADIAH

¶ **1** The vision of Obadiah.

Edom Will Be Humbled

Thus says the Lord GOD concerning Edom:
We have heard a report from the LORD,
    and a messenger has been sent among the nations:
"Rise up! Let us rise against her for battle!"

2 Behold, I will make you small among the nations;
    you shall be utterly despised.[1]

3 The pride of your heart has deceived you,
    you who live in the clefts of the rock,[2]
        in your lofty dwelling,
who say in your heart,
    "Who will bring me down to the ground?"

4 Though you soar aloft like the eagle,
    though your nest is set among the stars,
from there I will bring you down,
                declares the LORD.

5 If thieves came to you,
    if plunderers came by night—
how you have been destroyed!—
    would they not steal only enough for themselves?
If ᵉgrape gatherers came to you,
    would they not leave gleanings?

6 How Esau has been pillaged,
    his treasures sought out!

7 All your allies have driven you to your border;
    those at peace with you have deceived you;
they have prevailed against you;
    those who eat your bread[3] have set a trap beneath you—
    you have[4] no understanding.

¶ **8** Was gilt's?, spricht der HERR, ich will zur selben Zeit die Weisen in Edom zunichtemachen und die Klugheit auf dem Gebirge Esau.

9 Auch deine Starken, Teman, sollen verzagen, auf dass alle auf dem Gebirge Esau ausgerottet werden durch Morden.

¶ **10** Um des Frevels willen, an deinem Bruder Jakob begangen, sollst du zuschanden werden und für immer ausgerottet sein.

11 Zu der Zeit, als du dabeistandest und sahst, wie Fremde sein Heer gefangen wegführten und Ausländer zu seinen Toren einzogen und über Jerusalem das Los warfen, da warst auch du wie einer von ihnen.

12 Du sollst nicht mehr herabsehen auf deinen Bruder zur Zeit seines Elends und sollst dich nicht freuen über die Söhne Juda zur Zeit ihres Jammers und sollst mit deinem Mund nicht so stolz reden zur Zeit ihrer Angst.

13 Du sollst nicht zum Tor meines Volks einziehen zur Zeit seines Jammers; du sollst nicht herabsehen auf sein Unglück zur Zeit seines Jammers; du sollst nicht nach seinem Gut greifen zur Zeit seines Jammers.

14 Du sollst nicht stehen an den Fluchtwegen, um seine Entronnenen zu morden; du sollst seine Übriggebliebenen nicht verraten zur Zeit der Angst.

Die Rettung Israels

15 Denn der Tag des HERRN ist nahe über alle Heiden. Wie du getan hast, soll dir wieder geschehen, und wie du verdient hast, so soll es auf deinen Kopf kommen.

16 Denn wie ihr auf meinem heiligen Berge getrunken habt, so sollen alle Heiden täglich trinken; ja, sie sollen's saufen und ausschlürfen und sollen sein, als wären sie nie gewesen.

¶ **17** Aber auf dem Berge Zion werden Gerettete sein, und er soll heilig sein, und das Haus Jakob soll seine Besitzer besitzen.

8 Will I not on that day, declares the LORD,
destroy the wise men out of Edom,
and understanding out of Mount
Esau?
9 And your mighty men shall be dismayed, O Teman,
so that every man from Mount Esau
will be cut off by slaughter.

Edom's Violence Against Jacob

10 Because of the violence done to your
brother Jacob,
shame shall cover you,
and you shall be cut off forever.
11 On the day that you stood aloof,
on the day that strangers carried off
his wealth
and foreigners entered his gates
and cast lots for Jerusalem,
you were like one of them.
12 But do not gloat over the day of your
brother
in the day of his misfortune;
do not rejoice over the people of Judah
in the day of their ruin;
do not boast[5]
in the day of distress.
13 Do not enter the gate of my people
in the day of their calamity;
[t] do not gloat over his disaster
in the day of his calamity;
do not loot his wealth
in the day of his calamity.
14 Do not stand at the crossroads
to cut off his fugitives;
do not hand over his survivors
in the day of distress.

The Day of the LORD Is Near

15 For the day of the LORD is near upon all
the nations.
As you have done, it shall be done to
you;
your deeds shall return on your own
head.
16 For as you have drunk on my holy
mountain,
so all the nations shall drink
continually;
they shall drink and swallow,
and shall be as though they had never
been.
17 But in Mount Zion there shall be those
who escape,
and it shall be holy,
and the house of Jacob shall possess
their own possessions.

18 Und das Haus Jakob soll ein Feuer werden und das Haus Josef eine Flamme, aber das Haus Esau Stroh; das werden sie anzünden und verzehren, sodass vom Hause Esau nichts übrig bleibt; denn der HERR hat's geredet.

19 Und sie werden das Südland, das Gebirge Esaus, besitzen und das Hügelland, das Land der Philister. Ja, sie werden das Gefilde Ephraims und das Gefilde Samarias besitzen und Benjamin das Gebirge Gilead.

20 Und die Weggeführten von Israel werden die Städte der Kanaaniter bis nach Zarpat besitzen, und die Weggeführten von Jerusalem, die in Sefarad sind, werden die Städte im Südland besitzen.

21 Und es werden die Geretteten vom Berg Zion kommen, um das Gebirge Esau zu richten, und die Königsherrschaft wird des HERRN sein.

18 The house of Jacob shall be a fire,
and the house of Joseph a flame,
and the house of Esau stubble;
they shall burn them and consume them,
and there shall be no survivor for the house of Esau,
for the LORD has spoken.

The Kingdom of the LORD

19 Those of the Negeb shall possess Mount Esau,
and those of the Shephelah shall possess the land of the Philistines;
they shall possess the land of Ephraim and the land of Samaria,
and Benjamin shall possess Gilead.
20 The exiles of this host of the people of Israel
shall possess the land of the Canaanites as far as Zarephath,
and the exiles of Jerusalem who are in Sepharad
shall possess the cities of the Negeb.
21 Saviors shall go up to Mount Zion
to rule Mount Esau,
and the kingdom shall be the LORD's.

DER PROPHET JONA

Jonas Berufung und Flucht vor Gott

1 Es geschah das Wort des HERRN zu Jona, dem Sohn Amittais:

2 Mache dich auf und geh in die große Stadt Ninive und predige wider sie; denn ihre Bosheit ist vor mich gekommen.

¶ **3** Aber Jona machte sich auf und wollte vor dem HERRN nach Tarsis fliehen und kam hinab nach Jafo. Und als er ein Schiff fand, das nach Tarsis fahren wollte, gab er Fährgeld und trat hinein, um mit ihnen nach Tarsis zu fahren und dem HERRN aus den Augen zu kommen.

¶ **4** Da ließ der HERR einen großen Wind aufs Meer kommen, und es erhob sich ein großes Ungewitter auf dem Meer, dass man meinte, das Schiff würde zerbrechen.

5 Und die Schiffsleute fürchteten sich und schrien, ein jeder zu seinem Gott, und warfen die Ladung, die im Schiff war, ins Meer, dass es leichter würde. Aber Jona war hinunter in das Schiff gestiegen, lag und schlief.

¶ **6** Da trat zu ihm der Schiffsherr und sprach zu ihm: Was schläfst du? Steh auf, rufe deinen Gott an! Ob vielleicht dieser Gott an uns gedenken will, dass wir nicht verderben.

7 Und einer sprach zum andern: Kommt, wir wollen losen, dass wir erfahren, um wessentwillen es uns so übel geht. Und als sie losten, traf's Jona.

8 Da sprachen sie zu ihm: Sage uns, warum geht es uns so übel? Was ist dein Gewerbe und wo kommst du her? Aus welchem Lande bist du und von welchem Volk bist du?

9 Er sprach zu ihnen: Ich bin ein Hebräer und fürchte den HERRN, den Gott des Himmels, der das Meer und das Trockene gemacht hat.

¶ **10** Da fürchteten sich die Leute sehr und sprachen zu ihm: Warum hast du das getan? Denn sie wussten, dass er vor dem HERRN floh; denn er hatte es ihnen gesagt.

11 Da sprachen sie zu ihm: Was sollen wir denn mit dir tun, dass das Meer stille werde und von uns ablasse? Denn das Meer ging immer ungestümer.

JONAH

Jonah Flees the Presence of the LORD

1 Now the word of the LORD came to Jonah the son of Amittai, saying,

2 "Arise, go to Nineveh, that great city, and call out against it, for their evil[1] has come up before me."

3 But Jonah rose to flee to Tarshish from the presence of the LORD. He went down to Joppa and found a ship going to [f]Tarshish. So he paid the fare and went on board, to go with them to [f]Tarshish, away from the presence of the LORD.

¶ **4** But the LORD hurled a great wind upon the sea, and there was a mighty tempest on the sea, so that the ship threatened to break up.

5 Then the mariners were afraid, and each cried out to his god. And they hurled the cargo that was in the ship into the sea to lighten it for them. But Jonah had gone down into the inner part of the ship and had lain down and was fast asleep.

6 So the captain came and said to him, "What do you mean, you sleeper? Arise, call out to your god! Perhaps the god will give a thought to us, that we may not perish."

Jonah Is Thrown into the Sea

¶ **7** And they said to one another, "Come, let us cast lots, that we may know on whose account this evil has come upon us." So they cast lots, and the lot fell on Jonah.

8 Then they said to him, "Tell us on whose account this evil has come upon us. What is your occupation? And where do you come from? What is your country? And of what people are you?"

9 And he said to them, "I am a Hebrew, and I fear the LORD, the God of heaven, who made the sea and the dry land."

10 Then the men were exceedingly afraid and said to him, "What is this that you have done!" For the men knew that he was fleeing from the presence of the LORD, because he had told them.

¶ **11** Then they said to him, "What shall we do to you, that the sea may quiet down for us?" For the sea grew more and more tempestuous.

12 Er sprach zu ihnen: Nehmt mich und werft mich ins Meer, so wird das Meer still werden und von euch ablassen. Denn ich weiß, dass um meinetwillen dies große Ungewitter über euch gekommen ist.

¶ **13** Doch die Leute ruderten, dass sie wieder ans Land kämen; aber sie konnten nicht, denn das Meer ging immer ungestümer gegen sie an.

14 Da riefen sie zu dem HERRN und sprachen: Ach, HERR, lass uns nicht verderben um des Lebens dieses Mannes willen und rechne uns nicht unschuldiges Blut zu; denn du, HERR, tust, wie dir's gefällt.

¶ **15** Und sie nahmen Jona und warfen ihn ins Meer. Da wurde das Meer still und ließ ab von seinem Wüten.

16 Und die Leute fürchteten den HERRN sehr und brachten dem HERRN Opfer dar und taten Gelübde.

Jonas Gebet

2 Aber der HERR ließ einen großen Fisch kommen, Jona zu verschlingen. Und Jona war im Leibe des Fisches drei Tage und drei Nächte.

¶ **2** Und Jona betete zu dem HERRN, seinem Gott, im Leibe des Fisches
3 und sprach:

Ich rief zu dem HERRN in meiner Angst
    und er antwortete mir.
Ich schrie aus dem Rachen des Todes
    und du hörtest meine Stimme.

4 Du warfst mich in die Tiefe, mitten ins Meer,
    dass die Fluten mich umgaben.
Alle deine Wogen und Wellen
    gingen über mich,
5 dass ich dachte, ich wäre von deinen Augen verstoßen,
    ich würde deinen heiligen Tempel nicht mehr sehen.
6 Wasser umgaben mich und gingen mir ans Leben,
    die Tiefe umringte mich, Schilf bedeckte mein Haupt.
7 Ich sank hinunter zu der Berge Gründen,
    der Erde Riegel schlossen sich hinter mir ewiglich.
Aber du hast mein Leben aus dem Verderben geführt,
    HERR, mein Gott!

12 He said to them, "Pick me up and hurl me into the sea; then the sea will quiet down for you, for I know it is because of me that this great tempest has come upon you."

13 Nevertheless, the men rowed hard[2] to get back to dry land, but they could not, for the sea grew more and more tempestuous against them.

14 Therefore they called out to the LORD, "O LORD, let us not perish for this man's life, and lay not on us innocent blood, for you, O LORD, have done as it pleased you."

15 So they picked up Jonah and hurled him into the sea, and the sea ceased from its raging.

16 Then the men feared the LORD exceedingly, and they offered a sacrifice to the LORD and made vows.

A Great Fish Swallows Jonah

¶ **17**[3] And the LORD appointed[4] a great fish to swallow up Jonah. And Jonah was in the belly of the fish three days and three nights.

Jonah's Prayer

2 Then Jonah prayed to the LORD his God from the belly of the fish,
  2 saying,

"I called out to the LORD, out of my distress,
    and he answered me;
out of the belly of Sheol I cried,
    and you heard my voice.
3 For you cast me into the deep,
    into the heart of the seas,
    and the flood surrounded me;
all your waves and your billows
    passed over me.
4 Then I said, 'I am driven away
    from your sight;
yet I shall again look
    upon your holy temple.'
5 The waters closed in over me to take my life;
    the deep surrounded me;
weeds were wrapped about my head
6   at the roots of the mountains.
I went down to the land
    whose bars closed upon me forever;
yet you brought up my life from the pit,
    O LORD my God.

8 Als meine Seele in mir verzagte,
gedachte ich an den HERRN,
und mein Gebet kam zu dir
in deinen heiligen Tempel.

9 Die sich halten an das Nichtige,
verlassen ihre Gnade.

10 Ich aber will mit Dank
dir Opfer bringen.
Meine Gelübde will ich erfüllen
dem HERRN, der mir geholfen hat.

11 Und der HERR sprach zu dem Fisch und der spie Jona aus ans Land.

Jonas Predigt und Ninives Buße

3 Und es geschah das Wort des HERRN zum zweiten Mal zu Jona:

2 Mach dich auf, geh in die große Stadt Ninive und predige ihr, was ich dir sage!

¶ 3 Da machte sich Jona auf und ging hin nach Ninive, wie der HERR gesagt hatte. Ninive aber war eine große Stadt vor Gott, drei Tagereisen groß.

4 Und als Jona anfing, in die Stadt hineinzugehen, und eine Tagereise weit gekommen war, predigte er und sprach: Es sind noch vierzig Tage, so wird Ninive untergehen.

5 Da glaubten die Leute von Ninive an Gott und ließen ein Fasten ausrufen und zogen alle, Groß und Klein, den Sack zur Buße an.

¶ 6 Und als das vor den König von Ninive kam, stand er auf von seinem Thron und legte seinen Purpur ab und hüllte sich in den Sack und setzte sich in die Asche

7 und ließ ausrufen und sagen in Ninive als Befehl des Königs und seiner Gewaltigen: Es sollen weder Mensch noch Vieh, weder Rinder noch Schafe Nahrung zu sich nehmen, und man soll sie nicht weiden noch Wasser trinken lassen;

8 und sie sollen sich in den Sack hüllen, Menschen und Vieh, und zu Gott rufen mit Macht. Und ein jeder bekehre sich von seinem bösen Wege und vom Frevel seiner Hände!

9 Wer weiß? Vielleicht lässt Gott es sich gereuen und wendet sich ab von seinem grimmigen Zorn, dass wir nicht verderben.

¶ 10 Als aber Gott ihr Tun sah, wie sie sich bekehrten von ihrem bösen Wege, reute ihn das Übel, das er ihnen angekündigt hatte, und tat's nicht.

7 When my life was fainting away,
I remembered the LORD,
and my prayer came to you,
into your holy temple.

8 Those who pay regard to vain idols
forsake their hope of steadfast love.

9 But I with the voice of thanksgiving
will sacrifice to you;
what I have vowed I will pay.
Salvation belongs to the LORD!"

10 And the LORD spoke to the fish, and it vomited Jonah out upon the dry land.

Jonah Goes to Nineveh

3 Then the word of the LORD came to Jonah the second time, saying,

2 "Arise, go to Nineveh, that great city, and call out against it the message that I tell you."

3 So Jonah arose and went to Nineveh, according to the word of the LORD. Now Nineveh was an exceedingly great city,[1] three days' journey in breadth.[2]

4 Jonah began to go into the city, going a day's journey. And he called out, "Yet forty days, and Nineveh shall be overthrown!"

5 And the people of Nineveh believed God. They called for a fast and put on sackcloth, from the greatest of them to the least of them.

The People of Nineveh Repent

¶ 6 The word reached[3] the king of Nineveh, and he arose from his throne, removed his robe, covered himself with sackcloth, and sat in ashes.

7 And he issued a proclamation and published through Nineveh, "By the decree of the king and his nobles: Let neither man nor beast, herd nor flock, taste anything. Let them not feed or drink water,

8 but let man and beast be covered with sackcloth, and let them call out mightily to God. Let everyone turn from his evil way and from the violence that is in his hands.

9 Who knows? God may turn and relent and turn from his fierce anger, so that we may not perish."

¶ 10 When God saw what they did, how they turned from their evil way, ×God relented of the disaster that he had said he would do to them, and he did not do it.

Jonas Unmut und Gottes Antwort

4 Das aber verdross Jona sehr und er ward zornig

2 und betete zum HERRN und sprach: Ach, HERR, das ist's ja, was ich dachte, als ich noch in meinem Lande war, weshalb ich auch eilends nach Tarsis fliehen wollte; denn ich wusste, dass du gnädig, barmherzig, langmütig und von großer Güte bist und lässt dich des Übels gereuen.

3 So nimm nun, HERR, meine Seele von mir; denn ich möchte lieber tot sein als leben.

4 Aber der HERR sprach: Meinst du, dass du mit Recht zürnst?

¶ **5** Und Jona ging zur Stadt hinaus und ließ sich östlich der Stadt nieder und machte sich dort eine Hütte; darunter setzte er sich in den Schatten, bis er sähe, was der Stadt widerfahren würde.

6 Gott der HERR aber ließ eine Staude wachsen; die wuchs über Jona, dass sie Schatten gäbe seinem Haupt und ihm hülfe von seinem Unmut. Und Jona freute sich sehr über die Staude.

¶ **7** Aber am Morgen, als die Morgenröte anbrach, ließ Gott einen Wurm kommen; der stach die Staude, dass sie verdorrte.

8 Als aber die Sonne aufgegangen war, ließ Gott einen heißen Ostwind kommen, und die Sonne stach Jona auf den Kopf, dass er matt wurde. Da wünschte er sich den Tod und sprach: Ich möchte lieber tot sein als leben.

¶ **9** Da sprach Gott zu Jona: Meinst du, dass du mit Recht zürnst um der Staude willen? Und er sprach: Mit Recht zürne ich bis an den Tod.

10 Und der HERR sprach: Dich jammert die Staude, um die du dich nicht gemüht hast, hast sie auch nicht aufgezogen, die in einer Nacht ward und in einer Nacht verdarb,

11 und mich sollte nicht jammern Ninive, eine so große Stadt, in der mehr als hundertundzwanzigtausend Menschen sind, die nicht wissen, was rechts oder links ist, dazu auch viele Tiere?

Jonah's Anger and the LORD's Compassion

4 But it displeased Jonah exceedingly,[1] and he was angry.

2 And he prayed to the LORD and said, "O LORD, is not this what I said when I was yet in my country? That is why I made haste to flee to Tarshish; for I knew that you are a gracious God and merciful, slow to anger and abounding in steadfast love, and *a*relenting from disaster.

3 Therefore now, O LORD, please take my life from me, for it is better for me to die than to live."

4 And the LORD said, "Do you do well to be angry?"

¶ **5** Jonah went out of the city and sat to the east of the city and made a booth for himself there. He sat under it in the shade, till he should see what would become of the city.

6 Now the LORD God appointed a plant[2] and made it come up over Jonah, that it might be a shade over his head, to save him from his discomfort.[3] So Jonah was exceedingly glad because of the plant.

7 But when dawn came up the next day, God appointed a worm that attacked the plant, so that it withered.

8 When the sun rose, God appointed a scorching east wind, and the sun beat down on the head of Jonah so that he was faint. And he asked that he might die and said, "It is better for me to die than to live."

9 But God said to Jonah, "Do you do well to be angry for the plant?" And he said, "Yes, I do well to be angry, angry enough to die."

10 And the LORD said, "You pity the plant, for which you did not labor, nor did you make it grow, which came into being in a night and perished in a night.

11 And should not I pity Nineveh, that great city, in which there are more than 120,000 persons who do not know their right hand from their left, and also much cattle?"

DER PROPHET MICHA

MICAH

Gott erscheint zum Gericht über Israel und Juda

1 Dies ist das Wort des HERRN, welches geschah zu Micha aus Moreschet zur Zeit des Jotam, Ahas und Hiskia, der Könige von Juda, das er geschaut hat über Samaria und Jerusalem.

¶ **2** Höret, alle Völker! Merk auf, Land und alles, was darinnen ist! Denn Gott der HERR hat mit euch zu reden, ja, der Herr aus seinem heiligen Tempel.

3 Denn siehe, der HERR wird herausgehen aus seiner Wohnung und herabfahren und treten auf die Höhen der Erde,

4 dass die Berge unter ihm schmelzen und die Täler sich spalten, gleichwie Wachs vor dem Feuer zerschmilzt, wie die Wasser, die talwärts stürzen.

5 Das alles um Jakobs Übertretung willen und um der Sünden willen des Hauses Israel. ¶ Was ist aber die Übertretung Jakobs? Ist's nicht Samaria? Was sind aber die Opferhöhen Judas? Ist's nicht Jerusalem?

6 Und ich will Samaria zu Steinhaufen im Felde machen, die man für die Weinberge nimmt, und will seine Steine ins Tal schleifen und es bis auf den Grund bloßlegen.

7 Alle seine Götzen sollen zerbrochen und all sein Hurenlohn soll mit Feuer verbrannt werden. Und ich will alle seine Götzenbilder zerstören; denn sie sind von Hurenlohn zusammengebracht und sollen auch wieder zu Hurenlohn werden.

1 The word of the LORD that came to Micah of Moresheth in the days of Jotham, Ahaz, and Hezekiah, kings of Judah, which he saw concerning Samaria and Jerusalem.

The Coming Destruction

2 Hear, you peoples, all of you;[1]
    pay attention, O earth, and all that is in it,
and let the Lord GOD be a witness against you,
    the Lord from his holy temple.

3 For behold, the LORD is coming out of his place,
    and will come down and tread upon the high places of the earth.

4 And the mountains will melt under him,
    and the valleys will split open,
like wax before the fire,
    like waters poured down a steep place.

5 All this is for the transgression of Jacob
    and for the sins of the house of Israel.
What is the transgression of Jacob?
    Is it not Samaria?
And what is the high place of Judah?
    Is it not Jerusalem?

6 Therefore I will make Samaria a heap in the open country,
    a place for planting vineyards,
and I will pour down her stones into the valley
    and uncover her foundations.

7 All her carved images shall be beaten to pieces,
    all her wages shall be burned with fire,
and all her idols I will lay waste,
for from ᵗthe fee of a prostitute she gathered them,
    and to the fee of a prostitute they shall return.

Unheil kommt über die Städte Judas

8 Darüber muss ich klagen und heulen, ich muss barfuß und bloß dahergehen; ich muss klagen wie die Schakale und jammern wie die Strauße:

9 Denn unheilbar ist die Plage des HERRN: Sie kommt bis nach Juda, sein Schlag reicht bis an meines Volkes Tor, bis hin nach Jerusalem.

¶ **10** *Verkündet's ja nicht in Gat; lasst euer Weinen nicht hören; in Bet-Leafra wälzt euch im Staube!

11 Ihr Einwohner von Schafir müsst dahin mit allen Schanden; die Einwohner von Zaanan werden nicht auszuziehen; das Leid Bet-Ezels wird euch wehren, dass ihr euch da lagert.

12 Die Einwohner von Marot vermögen sich nicht zu trösten; denn es wird das Unglück vom HERRN kommen auch bis an die Tore Jerusalems.

¶ **13** Du Stadt Lachisch, spanne Rosse an und fahre davon; denn du bist für die Tochter Zion der Anfang zur Sünde, und in dir finden sich die Übertretungen Israels.

14 Du wirst dich scheiden müssen von Moreschet-Gat; die Häuser von Achsib werden den Königen von Israel zum Trug werden.

15 Ich will über dich, Marescha, den rechten Erben bringen, und die Herrlichkeit Israels soll kommen bis Adullam.

16 Lass dir die Haare abscheren und geh kahl um deiner verzärtelten Kinder willen; ja, mach dich kahl wie ein Geier, denn sie sind gefangen von dir weggeführt.

Weheruf über die Machthaber, die das Volk berauben

2 Weh denen, die Schaden zu tun trachten und gehen mit bösen Gedanken um auf ihrem Lager, dass sie es frühe, wenn's licht wird, vollbringen, weil sie die Macht haben!

---

8 For this I will lament and wail;
   I will go stripped and naked;
 I will make lamentation like the jackals,
   and mourning like the ostriches.

9 For her wound is incurable,
   and it has come to Judah;
 it has reached to the gate of my people,
   to Jerusalem.

10 Tell it not in Gath;
   weep not at all;
 in Beth-le-aphrah
   roll yourselves in the dust.

11 Pass on your way,
   inhabitants of Shaphir,
   in nakedness and shame;
 the inhabitants of Zaanan
   do not come out;
 the lamentation of Beth-ezel
   shall take away from you its standing place.

12 For the inhabitants of Maroth
   wait anxiously for good,
 because disaster has come down from the LORD
   to the gate of Jerusalem.

13 Harness the steeds to the chariots,
   inhabitants of Lachish;
 it was the beginning of sin
   to the daughter of Zion,
 for in you were found
   the transgressions of Israel.

14 Therefore you shall give parting gifts[2]
   to Moresheth-gath;
 the houses of Achzib shall be a deceitful thing
   to the kings of Israel.

15 I will again bring a conqueror to you,
   inhabitants of Mareshah;
 the glory of Israel
   shall come to Adullam.

16 Make yourselves bald and cut off your hair,
   for the children of your delight;
 [k] make yourselves as bald as the eagle,
   for they shall go from you into exile.

Woe to the Oppressors

2 Woe to those who devise wickedness
   and work evil on their beds!
 When the morning dawns, they perform it,
   because it is in the power of their hand.

2 Sie reißen Äcker an sich und nehmen Häuser, wie sie's gelüstet. So treiben sie Gewalt mit eines jeden Hause und mit eines jeden Erbe.

¶ **3** Darum spricht der HERR: Siehe, ich ersinne wider dies Geschlecht Böses, aus dem ihr euren Hals nicht ziehen und unter dem ihr nicht so stolz dahergehen sollt; denn es soll eine böse Zeit sein.

4 Zur selben Zeit wird man einen Spruch von euch machen und klagen: Es ist aus – so wird man sagen –, wir sind vernichtet! Meines Volkes Land kriegt einen fremden Herrn! Wann wird er uns die Äcker wieder zuteilen, die er uns genommen hat?

5 Jawohl, ihr werdet keinen Anteil behalten in der Gemeinde des HERRN.

¶ **6** »Geifert nicht!«, so geifern sie. »Solches soll man nicht predigen! Wir werden nicht so zuschanden werden!

7 Ist denn das Haus Jakob verflucht? Meinst du, der HERR sei schnell zum Zorn? Sollte er solches tun wollen?« Es ist wahr, meine Reden sind freundlich den Frommen.

¶ **8** Aber ihr steht wider mein Volk wie ein Feind; denn wie Leute, die aus dem Kriege kommen, raubt ihr Rock und Mantel denen, die sicher dahergehen.

9 Ihr treibt die Frauen meines Volks aus ihren lieben Häusern und nehmt von ihren Kindern meinen Schmuck auf immer.

10 Darum macht euch auf! Ihr müsst davon, ihr sollt an dieser Stätte nicht bleiben! Um der Unreinheit willen muss sie unsanft zerstört werden.

¶ **11** Wenn ich ein Irrgeist wäre und ein Lügenprediger und predigte, wie sie saufen und schwelgen sollen – das wäre ein Prediger für dies Volk!

2 They covet fields and seize them,
    and houses, and take them away;
they oppress a man and his house,
    a man and his inheritance.

3 Therefore thus says the LORD:
behold, against this family I am devising disaster,[1]
    from which you cannot remove your necks,
and you shall not walk haughtily,
    for it will be a time of disaster.

4 In that day they shall take up a taunt song against you
        and moan bitterly,
    and say, "We are utterly ruined;
        he changes the portion of my people;
    [5] how he removes it from me!
        To an apostate he allots our fields."

5 Therefore you will have none to cast the line by lot
    in the assembly of the LORD.

6 "Do not preach"—thus they preach—
    "one should not preach of such things;
    disgrace will not overtake us."

7 Should this be said, O house of Jacob?
    Has the LORD grown impatient?[2]
    Are these his deeds?
Do not my words do good
    to him who walks uprightly?

8 But lately my people have risen up as an enemy;
    you strip the rich robe from those who
        pass by trustingly
    with no thought of war.[3]

9 The women of my people you drive out
        from their delightful houses;
    from their young children you take away
    my splendor forever.

10 Arise and go,
        for this is no place to rest,
    because of uncleanness that destroys
        with a grievous destruction.

11 If a man should go about and utter wind and lies,
    saying, "I will preach to you of wine
        and strong drink,"
    he would be the preacher for this people!

Verheißung des künftigen Heils

12 »Ich will dich, Jakob, sammeln ganz und gar und, was übrig ist von Israel, zusammenbringen. Ich will sie wie Schafe miteinander in einen festen Stall tun und wie eine Herde in ihre Hürden, dass es von Menschen dröhnen soll.«

13 Er wird als ein Durchbrecher* vor ihnen heraufziehen; sie werden durchbrechen und durchs Tor hinausziehen, und ihr König wird vor ihnen hergehen und der HERR an ihrer Spitze.

Gegen die führenden Männer in Juda

3 Und ich sprach: Höret doch, ihr Häupter im Hause Jakob und ihr Herren im Hause Israel! Ihr solltet die sein, die das Recht kennen.

2 Aber ihr hasst das Gute und liebt das Arge; ihr schindet ihnen die Haut ab und das Fleisch von ihren Knochen

3 und fresst das Fleisch meines Volks. Und wenn ihr ihnen die Haut abgezogen habt, zerbrecht ihr ihnen auch die Knochen; ihr zerlegt es wie in einen Topf und wie Fleisch in einen Kessel.

4 Darum, wenn ihr nun zum HERRN schreit, wird er euch nicht erhören, sondern wird sein Angesicht vor euch verbergen zur selben Zeit, wie ihr mit eurem bösen Treiben verdient habt.

¶ 5 So spricht der HERR wider die Propheten, die mein Volk verführen, die da predigen, es werde gut gehen, wenn man ihnen zu fressen gibt; wer ihnen aber nichts ins Maul gibt, dem predigen sie, es werde ein Krieg kommen:

6 »Darum soll euch die Nacht ohne Gesichte sein und die Finsternis ohne Wahrsagung.« Die Sonne soll über den Propheten untergehen und der Tag über ihnen finster werden.

7 Und die Seher sollen zuschanden und die Wahrsager zu Spott werden; sie müssen alle ihren Bart verhüllen, weil kein Gotteswort da sein wird.

Rulers and Prophets Denounced

12 I will surely assemble all of you, O Jacob;
     I will gather the remnant of Israel;
I will set them together
     like sheep in a fold,
     like a flock in its pasture,
        a noisy multitude of men.

13 He who opens the breach goes up before them;
     they break through and pass the gate,
     going out by it.
Their king passes on before them,
     the LORD at their head.

3 And I said:
Hear, you heads of Jacob
     and rulers of the house of Israel!
Is it not for you to know justice?—

2 you who hate the good and love the evil,
who tear the skin from off my people[1]
     and their flesh from off their bones,

3 who eat the flesh of my people,
     and flay their skin from off them,
and break their bones in pieces
     and chop them up like meat in a pot,
     like flesh in a cauldron.

4 Then they will cry to the LORD,
     but he will not answer them;
he will hide his face from them at that time,
     because they have made their deeds evil.

5 Thus says the LORD concerning the prophets
     who lead my people astray,
who cry "Peace"
     when they have something to eat,
but declare war against him
     who puts nothing into their mouths.

6 Therefore it shall be night to you, without vision,
     and darkness to you, without divination.
The sun shall go down on the prophets,
     and the day shall be black over them;

7 the seers shall be disgraced,
     and the diviners put to shame;
they shall all cover their lips,
     for there is no answer from God.

¶ 8 Ich aber bin voll Kraft, voll Geist des HERRN, voll Recht und Stärke, dass ich Jakob seine Übertretung und Israel seine Sünde anzeigen kann.

¶ 9 So hört doch dies, ihr Häupter im Hause Jakob und ihr Herren im Hause Israel, die ihr das Recht verabscheut und alles, was gerade ist, krumm macht;

10 die ihr Zion mit Blut baut und Jerusalem mit Unrecht

11 – seine Häupter richten für Geschenke, seine Priester lehren für Lohn und seine Propheten wahrsagen für Geld – und euch dennoch auf den HERRN verlasst und sprecht: »Ist nicht der HERR unter uns? Es kann kein Unglück über uns kommen«:

12 Darum wird Zion um euretwillen wie ein Acker gepflügt werden, und Jerusalem wird zu Steinhaufen werden und der Berg des Tempels zu einer Höhe wilden Gestrüpps.

Das kommende Friedensreich Gottes

4 In den letzten Tagen aber wird der Berg, darauf des HERRN Haus ist, fest stehen, höher als alle Berge und über die Hügel erhaben. Und die Völker werden herzulaufen,

2 und viele Heiden werden hingehen und sagen: Kommt, lasst uns hinauf zum Berge des HERRN gehen und zum Hause des Gottes Jakobs, dass er uns lehre seine Wege und wir in seinen Pfaden wandeln! Denn von Zion wird Weisung ausgehen und des HERRN Wort von Jerusalem.

3 Er wird unter großen Völkern richten und viele Heiden zurechtweisen in fernen Landen. Sie werden ihre Schwerter zu Pflugscharen und ihre Spieße zu Sicheln machen. Es wird kein Volk wider das andere das Schwert erheben, und sie werden hinfort nicht mehr lernen, Krieg zu führen.

4 Ein jeder wird unter seinem Weinstock und Feigenbaum wohnen, und niemand wird sie schrecken. Denn der Mund des HERRN Zebaoth hat's geredet.

8 But as for me, I am filled with power,
　　with the Spirit of the LORD,
　　and with justice and might,
　to declare to Jacob his transgression
　　and to Israel his sin.

9 Hear this, you heads of the house of
　　Jacob
　　and rulers of the house of Israel,
　who detest justice
　　and make crooked all that is straight,

10 who build Zion with blood
　　and Jerusalem with iniquity.

11 Its heads give judgment for a bribe;
　　its priests teach for a price;
　　its prophets practice divination for
　　　money;
　yet they lean on the LORD and say,
　　"Is not the LORD in the midst of us?
　　No disaster shall come upon us."

12 Therefore because of you
　　Zion shall be plowed as a field;
　Jerusalem shall become a heap of ruins,
　　and the mountain of the house a
　　　wooded height.

The Mountain of the LORD

4 It shall come to pass in the latter days
　that the mountain of the house of the
　　LORD
　shall be established as the highest of the
　　mountains,
　　and it shall be lifted up above the hills;
　and peoples shall flow to it,

2 and many nations shall come, and say:
　"Come, let us go up to the mountain of
　　the LORD,
　　to the house of the God of Jacob,
　that he may teach us his ways
　　and that we may walk in his paths."
　For out of Zion shall go forth the law,[1]
　　and the word of the LORD from
　　　Jerusalem.

3 He shall judge between many peoples,
　　and shall decide for strong nations far
　　　away;
　and they shall beat their swords into
　　plowshares,
　　and their spears into pruning hooks;
　nation shall not lift up sword against
　　nation,
　　neither shall they learn war anymore;

4 but they shall sit every man under his
　　vine and under his fig tree,
　　and no one shall make them afraid,
　for the mouth of the LORD of hosts has
　　spoken.

¶ **5** Ein jedes Volk wandelt im Namen seines Gottes, aber wir wandeln im Namen des Herrn, unseres Gottes, immer und ewiglich!

Die Begnadigung des zerschlagenen Volkes

6 Zur selben Zeit, spricht der Herr, will ich die Lahmen sammeln und die Verstoßenen zusammenbringen und die ich geplagt habe.

7 Und ich will den Lahmen geben, dass sie viele Erben haben, und will die Verstoßenen zum großen Volk machen. Und der Herr wird König über sie sein auf dem Berge Zion von nun an bis in Ewigkeit.

8 Und du, Turm der Herde, du Feste der Tochter Zion, zu dir wird kommen und wiederkehren die frühere Herrschaft, das Königtum der Tochter Jerusalem.

¶ **9** Warum schreist du denn jetzt so laut? Ist kein König bei dir? Und sind deine Ratgeber alle hinweg, dass dich die Wehen erfassen wie eine in Kindsnöten?

10 Leide doch solche Wehen und stöhne, du Tochter Zion, wie eine in Kindsnöten; denn du musst zwar zur Stadt hinaus und auf dem Felde wohnen und nach Babel kommen. Aber von dort wirst du wieder errettet werden, dort wird dich der Herr erlösen von deinen Feinden.

¶ **11** Nun aber werden sich viele Heiden wider dich zusammenrotten und sprechen: Sie ist dahingegeben; wir wollen auf Zion herabsehen!

12 Aber sie wissen des Herrn Gedanken nicht und kennen seinen Ratschlag nicht, dass er sie zusammengebracht hat wie Garben auf der Tenne.

13 Darum mache dich auf und drisch, du Tochter Zion! Denn ich will dir eiserne Hörner und eherne Klauen machen, und du sollst viele Völker zermalmen und ihr Gut dem Herrn weihen und ihre Habe dem Herrscher der ganzen Welt.

---

5 For all the peoples walk
  each in the name of its god,
but we will walk in the name of the
    Lord our God
  forever and ever.

The Lord Shall Rescue Zion

6 In that day, declares the Lord,
  I will assemble the lame
and gather those who have been driven
    away
  and those whom I have afflicted;

7 and the lame I will make the remnant,
  and those who were cast off, a strong
    nation;
and the Lord will reign over them in
    Mount Zion
  from this time forth and forevermore.

8 And you, O tower of the flock,
  hill of the daughter of Zion,
to you shall it come,
  the former dominion shall come,
  kingship for the daughter of Jerusalem.

9 Now why do you cry aloud?
  Is there no king in you?
Has your counselor perished,
  that pain seized you like a woman in
    labor?

10 Writhe and groan,[2] O daughter of Zion,
  like a woman in labor,
for now you shall go out from the city
  and dwell in the open country;
  you shall go to Babylon.
There you shall be rescued;
  there the Lord will redeem you
  from the hand of your enemies.

11 Now many nations
  are assembled against you,
saying, "Let her be defiled,
  and let our eyes gaze upon Zion."

12 But they do not know
  the thoughts of the Lord;
they do not understand his plan,
  that he has gathered them as sheaves
    to the threshing floor.

13 Arise and thresh,
  O daughter of Zion,
for I will make your horn iron,
  and I will make your hoofs bronze;
you shall beat in pieces many peoples;
  and shall devote[3] their gain to the
    Lord,
  their wealth to the Lord of the whole
    earth.

¶ **14** Aber nun zerraufe und zerkratze dich, denn man wird uns belagern und den Richter Israels mit der Rute auf die Backe schlagen.

Der Herrscher aus Davids Geschlecht wird aus Bethlehem kommen

5 Und du, Bethlehem Efrata, die du klein bist unter den Städten in Juda, aus dir soll mir der kommen, der in Israel Herr sei, dessen Ausgang von Anfang und von Ewigkeit her gewesen ist.

2 Indes lässt er sie plagen bis auf die Zeit, dass die, welche gebären soll, geboren hat. Da wird dann der Rest seiner Brüder wiederkommen zu den Söhnen Israel.

3 Er aber wird auftreten und weiden in der Kraft des HERRN und in der Macht des Namens des HERRN, seines Gottes. Und sie werden sicher wohnen; denn er wird zur selben Zeit herrlich werden, so weit die Welt ist.

4 Und er wird der Friede sein.
¶   Wenn Assur in unser Land fällt und in unsere festen Häuser einbricht, so werden wir sieben Hirten und acht Fürsten dagegen aufstellen,

5 die das Land Assur verderben mit dem Schwert und das Land Nimrods mit ihren bloßen Waffen. So wird er uns von Assur erretten, wenn es in unser Land fallen und in unsere Grenzen einbrechen wird.

¶ **6** Und es werden die Übriggebliebenen aus Jakob unter vielen Völkern sein wie Tau vom HERRN, wie Regen aufs Gras, der auf niemand harrt noch auf Menschen wartet.

The Ruler to Be Born in Bethlehem

5[1] Now muster your troops, O daughter[2] of troops;
> siege is laid against us;
> with a rod they strike the judge of Israel
> on the cheek.

2[3] But you, O Bethlehem Ephrathah,
> who are too little to be among the
> clans of Judah,
> from you shall come forth for me
> one who is to be ruler in Israel,
> whose coming forth is from of old,
> from ancient days.

3 Therefore he shall give them up until the
> time
> when she who is in labor has given
> birth;
> then the rest of his brothers shall return
> to the people of Israel.

4 And he shall stand and shepherd his
> flock in the strength of the LORD,
> in the majesty of the name of the LORD
> his God.
> And they shall dwell secure, for now he
> shall be great
> to the ends of the earth.

5 And he shall be their peace.
> When the Assyrian comes into our land
> and treads in our palaces,
> then we will raise against him seven
> shepherds
> and eight princes of men;

6 they shall shepherd the land of Assyria
> with the sword,
> and the land of Nimrod at its
> entrances;
> and he shall deliver us from the
> Assyrian
> when he comes into our land
> and treads within our border.

A Remnant Shall Be Delivered

7 Then the remnant of Jacob shall be
> in the midst of many peoples
> like dew from the LORD,
> like showers on the grass,
> which delay not for a man
> nor wait for the children of man.

7 Ja, die Übriggebliebenen aus Jakob werden unter den Heiden inmitten vieler Völker sein wie ein Löwe unter den Tieren im Walde, wie ein junger Löwe unter einer Herde Schafe, dem niemand wehren kann, wenn er einbricht, zertritt und zerreißt.

8 Denn deine Hand wird siegen gegen alle deine Widersacher, dass alle deine Feinde ausgerottet werden.

¶ **9** Zur selben Zeit, spricht der HERR, will ich deine Rosse ausrotten und deine Wagen zunichtemachen

10 und will die Städte deines Landes vernichten und alle deine Festungen zerbrechen.

11 Und ich will die Zauberei bei dir ausrotten, dass keine Zeichendeuter bei dir bleiben sollen.

12 Ich will deine Götzenbilder und Steinmale aus deiner Mitte ausrotten, dass du nicht mehr anbeten sollst deiner Hände Werk,

13 und will deine Ascherabilder ausreißen aus deiner Mitte und deine Städte vertilgen.

14 Und ich will mit Grimm und Zorn Vergeltung üben an allen Völkern, die nicht gehorchen wollen.

Der rechte Gottesdienst

6 Höret doch, was der HERR sagt: »Mach dich auf, führe deine Sache vor den Bergen und lass die Hügel deine Stimme hören!«

2 Höret, ihr Berge, wie der HERR rechten will, und merkt auf, ihr Grundfesten der Erde; denn der HERR will mit seinem Volk rechten und mit Israel ins Gericht gehen!

¶ **3** »Was habe ich dir getan, mein Volk, und womit habe ich dich beschwert? Das sage mir!

4 Habe ich dich doch aus Ägyptenland geführt und aus der Knechtschaft erlöst und vor dir her gesandt Mose, Aaron und Mirjam.

8 And the remnant of Jacob shall be among the nations,
in the midst of many peoples,
like a lion among the beasts of the forest,
like a young lion among the flocks of sheep,
which, when it goes through, treads down
and tears in pieces, and there is none to deliver.

9 Your hand shall be lifted up over your adversaries,
and all your enemies shall be cut off.

10 And in that day, declares the LORD,
I will cut off your horses from among you
and will destroy your chariots;

11 and I will cut off the cities of your land
and throw down all your strongholds;

12 and I will cut off sorceries from your hand,
and you shall have no more tellers of fortunes;

13 and I will cut off your carved images
and your pillars from among you,
and you shall bow down no more
to the work of your hands;

14 and I will root out your Asherah images from among you
and destroy your cities.

15 And in anger and wrath I will execute vengeance
on the nations that did not obey.

The Indictment of the LORD

6 Hear what the LORD says:
Arise, plead your case before the mountains,
and let the hills hear your voice.

2 Hear, you mountains, the indictment of the LORD,
and you enduring foundations of the earth,
for the LORD has an indictment against his people,
and he will contend with Israel.

3 "O my people, what have I done to you?
How have I wearied you? Answer me!

4 For I brought you up from the land of Egypt
and redeemed you from the house of slavery,
and I sent before you Moses, Aaron, and Miriam.

5 Mein Volk, denke doch daran, was Balak, der König von Moab, vorhatte und was ihm Bileam, der Sohn Beors, antwortete; wie du hinüberzogst von Schittim bis nach Gilgal, damit ihr erkennt, wie der Herr euch alles Gute getan hat.«

¶ **6** »Womit soll ich mich dem Herrn nahen, mich beugen vor dem hohen Gott? Soll ich mich ihm mit Brandopfern nahen und mit einjährigen Kälbern?

7 Wird wohl der Herr Gefallen haben an viel tausend Widdern, an unzähligen Strömen von Öl? Soll ich meinen Erstgeborenen für meine Übertretung geben, meines Leibes Frucht für meine Sünde?«

¶ **8** Es ist dir gesagt, Mensch, was gut ist und was der Herr von dir fordert, nämlich Gottes Wort halten und Liebe üben und demütig sein vor deinem Gott.

Gegen Lug und Trug in Jerusalem

9 Des Herrn Stimme ruft über die Stadt – wer deinen Namen fürchtet, dem wird's gelingen –: Höret, ihr Stämme und Ratsleute!

10 Noch immer bleibt unrecht Gut in des Gottlosen Hause und das verfluchte falsche Maß.

11 Oder sollte ich unrechte Waage und falsche Gewichte im Beutel billigen?

12 Ihre Reichen tun viel Unrecht, und ihre Einwohner gehen mit Lügen um und haben falsche Zungen in ihrem Halse.

¶ **13** Darum will auch ich anfangen, dich zu plagen und dich um deiner Sünden willen wüst zu machen.

14 Du sollst essen und doch nicht satt werden. Und was du beiseiteschaffst, wirst du doch nicht retten; und was du rettest, will ich doch dem Schwert preisgeben.

5 O my people, remember what Balak
    king of Moab devised,
    and what Balaam the son of Beor
       answered him,
    and what happened from Shittim to
       Gilgal,
    that you may know the saving acts of
       the Lord."

What Does the Lord Require?

6 "With what shall I come before the Lord,
    and bow myself before God on high?
    Shall I come before him with burnt
       offerings,
    with calves a year old?
7 Will the Lord be pleased with[1] thou-
       sands of rams,
    with ten thousands of rivers of oil?
    Shall I give my firstborn for my
       transgression,
    the fruit of my body for the sin of my
       soul?"
8 He has told you, O man, what is good;
    and what does the Lord require of you
    but to do justice, and to love kindness,[2]
    and to walk humbly with your God?

Destruction of the Wicked

9 The voice of the Lord cries to the city—
    and it is sound wisdom to fear your
       name:
    "Hear of the rod and of him who
       appointed it![3]
10 Can I forget any longer the treasures[4]
    of wickedness in the house of the
       wicked,
    and the scant measure that is
       accursed?
11 Shall I acquit the man with wicked
       scales
    and with a bag of deceitful weights?
12 Your[5] rich men are full of violence;
    your inhabitants speak lies,
    and their tongue is deceitful in their
       mouth.
13 Therefore I strike you with a grievous
       blow,
    making you desolate because of your
       sins.
14 You shall eat, but not be satisfied,
    and there shall be hunger within you;
    you shall put away, but not preserve,
    and what you preserve I will give to
       the sword.

15 Du sollst säen und nicht ernten; du sollst Öl keltern und dich damit nicht salben und Wein keltern und ihn nicht trinken.

16 Denn du hieltest dich an die Weisungen Omris und alle Werke des Hauses Ahab und folgtest ihrem Rat. Darum will ich dich zur Wüste machen und ihre Einwohner, dass man sie auspfeifen soll, und ihr sollt die Schmach meines Volks tragen.

Klage über die Verderbnis des Volkes

7 Ach, es geht mir wie einem, der Obst pflücken will, der im Weinberge Nachlese hält, da man keine Trauben findet zu essen, und ich wollte doch gerne die besten Früchte haben!

2 Die frommen Leute sind weg in diesem Lande, und die Gerechten sind nicht mehr unter den Leuten. Sie lauern alle auf Blut, ein jeder jagt den andern, dass er ihn fange.

3 Ihre Hände sind geschäftig, Böses zu tun. Der Fürst und der Richter fordern Geschenke. Die Gewaltigen reden nach ihrem Mutwillen, um Schaden zu tun, und drehen's, wie sie wollen.

4 Der Beste unter ihnen ist wie ein Dornstrauch und der Redlichste wie eine Hecke. Aber es kommt der Tag, den deine Späher geschaut haben, da sollst du heimgesucht werden; da werden sie nicht wissen, wo aus noch ein.

¶ **5** Niemand glaube seinem Nächsten, niemand verlasse sich auf einen Freund! Bewahre die Tür deines Mundes vor der, die in deinen Armen schläft!

6 Denn der Sohn verachtet den Vater, die Tochter widersetzt sich der Mutter, die Schwiegertochter ist wider die Schwiegermutter; und des Menschen Feinde sind seine eigenen Hausgenossen.

¶ **7** Ich aber will auf den HERRN schauen und harren auf den Gott meines Heils; mein Gott wird mich erhören.

15 You shall sow, but not reap;
you shall tread olives, but not anoint
yourselves with oil;
you shall tread grapes, but not drink
wine.

16 For you have kept the statutes of Omri,[6]
and all the works of the house of
Ahab;
and you have walked in their counsels,
that I may make you a desolation, and
your[7] inhabitants ᵃa hissing;
so you shall bear the scorn of my
people."

Wait for the God of Salvation

7 Woe is me! For I have become
as when the summer fruit has been
gathered,
as when the grapes have been gleaned:
there is no cluster to eat,
no first-ripe fig that my soul desires.

2 The godly has perished from the earth,
and there is no one upright among
mankind;
they all lie in wait for blood,
and each hunts the other with a net.

3 Their hands are on what is evil, to do it
well;
the prince and the judge ask for a
bribe,
and the great man utters the evil desire
of his soul;
thus they weave it together.

4 The best of them is like a brier,
the most upright of them a thorn
hedge.
The day of your watchmen, of your punishment, has come;
now their confusion is at hand.

5 Put no trust in a neighbor;
have no confidence in a friend;
guard the doors of your mouth
from her who lies in your arms;[1]

6 for the son treats the father with
contempt,
the daughter rises up against her
mother,
the daughter-in-law against her mother-
in-law;
a man's enemies are the men of his
own house.

7 But as for me, I will look to the LORD;
I will wait for the God of my salvation;
my God will hear me.

Die Hoffnung der Gemeinde auf Gottes Gnade

8 Freue dich nicht über mich, meine Feindin! Wenn ich auch daniederliege, so werde ich wieder aufstehen; und wenn ich auch im Finstern sitze, so ist doch der HERR mein Licht.

9 Ich will des HERRN Zorn tragen – denn ich habe wider ihn gesündigt –, bis er meine Sache führe und mir Recht schaffe. Er wird mich ans Licht bringen, dass ich seine Gnade schaue.

10 Meine Feindin wird's sehen müssen und in Schande dastehen, die jetzt zu mir sagt: Wo ist der HERR, dein Gott? Meine Augen werden's sehen, dass sie dann wie Dreck auf der Gasse zertreten wird.

¶ 11 Es kommt der Tag, da werden deine Mauern gebaut werden, da wird weit werden deine Grenze,

12 da werden sie von Assur und von den Städten Ägyptens zu dir kommen, von Ägypten bis an den Euphrat, von einem Meer zum andern, von einem Gebirge zum andern.

13 Denn die Erde wird wüst sein ihrer Bewohner wegen, um der Frucht ihrer Werke willen.

¶ 14 Du aber weide dein Volk mit deinem Stabe, die Herde deines Erbteils, die da einsam wohnt im Walde, mitten im fruchtbaren Lande; lass sie in Baschan und Gilead weiden wie vor alters!

15 Lass uns Wunder sehen wie zur Zeit, als du aus Ägyptenland zogst,

16 dass die Heiden es sehen und aller ihrer Macht sich schämen sollen und die Hand auf ihren Mund legen und ihre Ohren zuhalten.

17 Sie sollen Staub lecken wie die Schlangen, und wie das Gewürm auf Erden sollen sie zitternd hervorkommen aus ihren Burgen. Sie werden sich fürchten vor dem HERRN, unserm Gott, und vor dir sich entsetzen.

8 Rejoice not over me, O my enemy;
   when I fall, I shall rise;
when I sit in darkness,
   the LORD will be a light to me.

9 I will bear the indignation of the LORD
   because I have sinned against him,
until he pleads my cause
   and executes judgment for me.
He will bring me out to the light;
   I shall look upon his vindication.

10 Then my enemy will see,
   and shame will cover her who said to me,
   "Where is the LORD your God?"
My eyes will look upon her;
   now she will be trampled down
   like the mire of the streets.

11 A day for the building of your walls!
   In that day the boundary shall be far extended.

12 In that day they[2] will come to you,
   from Assyria and the cities of Egypt,
and from Egypt to the River,
   from sea to sea and from mountain to mountain.

13 But the earth will be desolate
   because of its inhabitants,
   for the fruit of their deeds.

14 Shepherd your people with your staff,
   the flock of your inheritance,
who dwell alone in a forest
   in the midst of a garden land;[3]
let them graze in Bashan and Gilead
   as in the days of old.

15 As in the days when you came out of the land of Egypt,
   I will show them[4] marvelous things.

16 The nations shall see and be ashamed of all their might;
   they shall lay their hands on their mouths;
   their ears shall be deaf;

17 they shall lick the dust like a serpent,
   like the crawling things of the earth;
they shall come trembling out of their strongholds;
   they shall turn in dread to the LORD our God,
   and they shall be in fear of you.

¶ **18** Wo ist solch ein Gott, wie du bist, der die Sünde vergibt und erlässt die Schuld denen, die übrig geblieben sind von seinem Erbteil; der an seinem Zorn nicht ewig festhält, denn er ist barmherzig!

19 Er wird sich unser wieder erbarmen, unsere Schuld unter die Füße treten und alle unsere Sünden in die Tiefen des Meeres werfen.

20 Du wirst Jakob die Treue halten und Abraham Gnade erweisen, wie du unsern Vätern vorzeiten geschworen hast.

God's Steadfast Love and Compassion

18 Who is a God like you, pardoning
    iniquity
  and passing over transgression
  [n] for the remnant of his inheritance?
He does not retain his anger forever,
  because he delights in steadfast love.
19 He will again have compassion on us;
  he will tread our iniquities underfoot.
You will cast all our[5] sins
  into the depths of the sea.
20 You will show faithfulness to Jacob
  and steadfast love to Abraham,
as you have sworn to our fathers
  from the days of old.

DER PROPHET NAHUM

Der vergeltende Gott: Gericht über Ninive

1 Dies ist die Last für Ninive, das Buch der Weissagung Nahums aus Elkosch.

¶ **2** Der HERR ist ein eifernder und vergeltender Gott, ja, ein Vergelter ist der HERR und zornig. Der HERR vergilt seinen Widersachern; er wird es seinen Feinden nicht vergessen.

3 Der HERR ist geduldig und von großer Kraft, vor dem niemand unschuldig ist. Er ist der HERR, dessen Weg in Wetter und Sturm ist; Wolken sind der Staub unter seinen Füßen.

4 Er schilt das Meer und macht es trocken; alle Wasser lässt er versiegen. Baschan und Karmel verschmachten, und was auf dem Berge Libanon blüht, verwelkt.
5 Die Berge erzittern vor ihm, und die Hügel zergehen; das Erdreich bebt vor ihm, der Erdkreis und alle, die darauf wohnen.

6 Wer kann vor seinem Zorn bestehen, und wer kann vor seinem Grimm bleiben? Sein Zorn brennt wie Feuer, und die Felsen zerspringen vor ihm.

7 Der HERR ist gütig und eine Feste zur Zeit der Not und kennt die, die auf ihn trauen.
8 Er schirmt sie, wenn die Flut überläuft. Er macht ein Ende mit seinen Widersachern, und seine Feinde verfolgt er mit Finsternis.

¶ **9** Was wollt ihr ersinnen wider den HERRN? Er führt doch das Ende herbei. Es wird das Unglück nicht zweimal kommen.
10 Denn wenn sie auch sind wie die Dornen, die noch ineinanderwachsen und im besten Saft sind, so sollen sie doch ganz verbrannt werden wie dürres Stroh.
11 *Denn von dir ist gekommen, der Arges ersann, der Böses wider den HERRN plante.

NAHUM

1 An oracle concerning Nineveh. The book of the vision of Nahum of Elkosh.

God's Wrath Against Nineveh

2 The LORD is a jealous and avenging God;
  the LORD is avenging and wrathful;
the LORD takes vengeance on his
    adversaries
  and keeps wrath for his enemies.
3 The LORD is slow to anger and great in
    power,
  and the LORD will by no means clear
    the guilty.
His way is in whirlwind and storm,
  and the clouds are the dust of his feet.
4 He rebukes the sea and makes it dry;
  he dries up all the rivers;
Bashan and Carmel wither;
  the bloom of [k]Lebanon withers.
5 The mountains quake before him;
  the hills melt;
the earth heaves before him,
  the world and all who dwell in it.

6 Who can stand before his indignation?
  Who can endure the heat of his anger?
His wrath is poured out like fire,
  and the rocks are broken into pieces
    by him.
7 The LORD is good,
  a stronghold in the day of trouble;
he knows those who take refuge in him.
8 But with an overflowing flood
he will make a complete end of the
    adversaries,[1]
  and will pursue his enemies into
    darkness.
9 What do you plot against the LORD?
  He will make a complete end;
  trouble will not rise up a second time.
10 For they are like entangled thorns,
  like drunkards as they drink;
  they are consumed like stubble fully
    dried.
11 From you came one
  who plotted evil against the LORD,
  a worthless counselor.

¶ **12** So spricht der HERR: Sie mögen kommen so gerüstet und mächtig, wie sie wollen, sie sollen doch umgehauen werden und dahinfahren. Ich habe dich gedemütigt, aber ich will dich nicht wiederum demütigen.

13 Jetzt will ich sein Joch, das du trägst, zerbrechen und deine Bande zerreißen.

¶ **14** Wider dich hat der HERR geboten, dass von deinem Namen kein Nachkomme mehr bleiben soll. Vom Hause deines Gottes will ich ausrotten die Götzen und Bilder; ein Grab will ich dir machen, denn du bist zunichtegeworden.

2 Siehe auf den Bergen die Füße eines guten Boten, der da Frieden verkündigt! Feiere deine Feste, Juda, und erfülle deine Gelübde! Denn es wird der Arge nicht mehr über dich kommen; er ist ganz ausgerottet.

Weissagung der Zerstörung Ninives

2 Es wird gegen dich heraufziehen, der dich zerstört. Bewahre die Festung! Gib acht auf die Straße, rüste dich aufs Beste und stärke dich aufs Gewaltigste!

3 – Denn der HERR wird die Pracht Jakobs erneuern wie die Pracht Israels, denn man hat sie völlig verheert und ihre Reben verderbt. –

¶ **4** Die Schilde seiner Starken sind rot, sein Heervolk glänzt in Purpur, seine Wagen stellt er auf wie leuchtende Fackeln, seine Rosse rasen.

5 Die Wagen rollen auf den Gassen und rasseln auf den Straßen; sie glänzen wie Fackeln und fahren einher wie die Blitze.

¶ **6** Aufgeboten werden seine Gewaltigen, sie stürzen heran auf ihren Wegen, sie eilen zur Mauer, und aufgerichtet wird das Schutzdach.

12 Thus says the LORD,
"Though they are at full strength and
    many,
  they will be cut down and pass away.
Though I have afflicted you,
  I will afflict you no more.

13 And now I will break his yoke from off
    you
  and will burst your bonds apart."

14 The LORD has given commandment
    about you:
"No more shall your name be
    perpetuated;
  from the house of your gods I will cut
    off
  the carved image and the metal image.
I will make your grave, for you are vile."

15[2] Behold, upon the mountains, the feet of
    him
  who brings good news,
  who publishes peace!
Keep your feasts, O Judah;
  fulfill your vows,
for never again shall the worthless pass
    through you;
  he is utterly cut off.

The Destruction of Nineveh

2 The scatterer has come up against you.
  Man the ramparts;
    watch the road;
  dress for battle;[1]
    collect all your strength.

2 For the LORD is restoring the majesty of
    Jacob
  as the majesty of Israel,
for plunderers have plundered them
  and ruined their branches.

3 The shield of his mighty men is red;
  his soldiers are clothed in scarlet.
The chariots come with flashing metal
  on the day he musters them;
  the cypress spears are brandished.

4 The chariots race madly through the
    streets;
  they rush to and fro through the
    squares;
they gleam like torches;
  they dart like lightning.

5 He remembers his officers;
  they stumble as they go,
they hasten to the wall;
  the siege tower[2] is set up.

7 Da werden die Tore an den Wassern geöffnet, und der Palast vergeht in Angst.

8 Die Königin wird gefangen weggeführt, und ihre Jungfrauen werden seufzen wie die Tauben und an ihre Brust schlagen.

9 Ninive ist wie ein voller Teich, aber seine Wasser müssen verrinnen. »Steht, steht!«, ruft man, aber da wird sich niemand umwenden.

¶ **10** So raubt nun Silber, raubt Gold! Denn hier ist der Schätze kein Ende und die Menge aller kostbaren Kleinode.

11 Nun muss sie verheert und geplündert werden, dass aller Herzen verzagen und die Knie schlottern, aller Lenden zittern und aller Angesicht bleich wird.

¶ **12** Wo ist nun die Wohnung der Löwen und die Höhle der jungen Löwen, wo der Löwe und die Löwin mit den jungen Löwen herumliefen und niemand wagte sie zu scheuchen?

13 Der Löwe raubte genug für seine Jungen und würgte sie für seine Löwinnen. Seine Höhlen füllte er mit Raub und seine Wohnung mit dem, was er zerrissen hatte.

14 Siehe, ich will an dich, spricht der HERR Zebaoth, und deine Wagen anzünden, und das Schwert soll deine jungen Löwen fressen. Und ich will deinem Rauben ein Ende machen auf Erden, dass man die Stimme deiner Boten nicht mehr hören soll.

Der Untergang der großen Hure Ninive

3 Weh der mörderischen Stadt, die voll Lügen und Räuberei ist und von ihrem Rauben nicht lassen will!

2 Denn da wird man hören die Peitschen knallen und die Räder rasseln und die Rosse jagen und die Wagen rollen.

3 Reiter rücken herauf mit glänzenden Schwertern und mit blitzenden Spießen. Da liegen viele Erschlagene, eine Unzahl von Leichen; ihrer ist kein Ende, sodass man über sie fallen muss.

4 Das alles um der großen Hurerei willen der schönen Hure, die mit Zauberei umgeht, die mit ihrer Hurerei die Völker und mit ihrer Zauberei Land und Leute an sich gebracht hat.

6 The river gates are opened;
  the palace melts away;
7 its mistress[3] is stripped;[4] she is carried off,
  her slave girls lamenting,
moaning like doves
  and beating their breasts.
8 Nineveh is like a pool
  whose waters run away.[5]
"Halt! Halt!" they cry,
  but none turns back.
9 Plunder the silver,
  plunder the gold!
There is no end of the treasure
  or of the wealth of all precious things.
10 Desolate! Desolation and ruin!
  Hearts melt and knees tremble;
anguish is in all loins;
  all faces grow pale!
11 Where is the lions' den,
  the feeding place of the young lions,
where the lion and lioness went,
  where his cubs were, with none to disturb?
12 The lion tore enough for his cubs
  and strangled prey for his lionesses;
he filled his caves with prey
  and his dens with torn flesh.

¶ **13** Behold, I am against you, declares the LORD of hosts, and I will burn your[6] chariots in smoke, and the sword shall devour your young lions. I will cut off your prey from the earth, and the voice of your messengers shall no longer be heard.

Woe to Nineveh

3 Woe to the bloody city,
  all full of lies and plunder—
  no end to the prey!
2 The crack of the whip, and rumble of the wheel,
  galloping horse and bounding chariot!
3 Horsemen charging,
  flashing sword and glittering spear,
hosts of slain,
  heaps of corpses,
dead bodies without end—
  they stumble over the bodies!
4 And all for the countless whorings of the prostitute,
  graceful and of deadly charms,
who betrays nations with her whorings,
  and peoples with her charms.

¶ **5** Siehe, ich will an dich, spricht der HERR Zebaoth; ich will dir den Saum deines Gewandes aufdecken über dein Angesicht und will den Völkern deine Blöße und den Königreichen deine Schande zeigen.

6 Ich will Unrat auf dich werfen und dich schänden und ein Schauspiel aus dir machen,

7 dass alle, die dich sehen, vor dir fliehen und sagen sollen: Ninive ist verwüstet; wer will Mitleid mit ihr haben? Und wo soll ich dir Tröster suchen?

¶ **8** Meinst du, du seist besser als die Stadt No-Amon, die da lag am Nil und vom Wasser umgeben war, deren Mauern und Bollwerk Wasserfluten waren?

9 Kusch und Ägypten waren ihre unermessliche Macht, Put und Libyen waren ihre Hilfe.

10 Dennoch wurde sie vertrieben und musste gefangen wegziehen. Ihre Kinder sind auf allen Gassen zerschmettert worden, und um ihre Edlen warf man das Los, und alle ihre Gewaltigen wurden in Ketten und Fesseln gelegt.

11 Auch du musst trunken werden und von Sinnen kommen; auch du musst Zuflucht suchen vor dem Feinde!

¶ **12** Alle deine festen Städte sind wie Feigenbäume mit reifen Feigen: wenn man sie schüttelt, so fallen sie dem in den Mund, der sie essen will.

13 Siehe, dein Kriegsvolk soll zu Weibern werden, und die Tore deines Landes sollen deinen Feinden geöffnet werden, und das Feuer soll deine Riegel verzehren.

14 Schöpfe dir Wasser, denn du wirst belagert werden! Verstärke deine Bollwerke! Knete den Ton und tritt den Lehm und mache harte Ziegel!

15 Aber das Feuer wird dich fressen und das Schwert töten – es wird dich fressen, wie Käfer fressen –, magst du auch zahlreich werden wie Käfer, magst du auch zahlreich werden wie Heuschrecken.

5 Behold, I am against you,
    declares the LORD of hosts,
    and will lift up your skirts over your
        face;
and I will make nations look at your
        nakedness
    and kingdoms at your shame.

6 I will throw filth at you
    and treat you with contempt
    and make you a spectacle.

7 And all who look at you will shrink
        from you and say,
Wasted is Nineveh; who will grieve for
        her?
    Where shall I seek comforters for you?

8 Are you better than Thebes[1]
    that sat by the Nile,
with water around her,
    her rampart a sea,
    and water her wall?

9 Cush was her strength;
    Egypt too, and that without limit;
    Put and the Libyans were her[2] helpers.

10 Yet she became an exile;
    she went into captivity;
her infants were dashed in pieces
    at the head of every street;
for her honored men lots were cast,
    and all her great men were bound in
        chains.

11 You also will be drunken;
    you will go into hiding;
    you will seek a refuge from the enemy.

12 All your fortresses are like fig trees
    with first-ripe figs—
if shaken they fall
    into the mouth of the eater.

13 Behold, your troops
    are women in your midst.
The gates of your land
    are wide open to your enemies;
    fire has devoured your bars.

14 Draw water for the siege;
    strengthen your forts;
go into the clay;
    tread the mortar;
    take hold of the brick mold!

15 There will the fire devour you;
    the sword will cut you off.
    It will devour you like the locust.
Multiply yourselves ᵂlike the locust;
    multiply ᵂlike the grasshopper!

¶ **16** Du hast mehr Händler, als Sterne am Himmel sind; aber nun werden sie ausschlüpfen wie Käfer und davonfliegen.

17 Deine Wachleute sind so viele wie die Heuschrecken und deine Werber so viele wie die Käfer, die sich an die Zäune lagern in den kalten Tagen; wenn aber die Sonne aufgeht, heben sie sich davon, dass man nicht weiß, wo sie bleiben.

¶ **18** Deine Hirten werden schlafen, o König von Assur, deine Mächtigen schlummern. Dein Volk wird auf den Bergen zerstreut sein, und niemand wird sie sammeln.

19 Niemand wird deinen Schaden lindern, und deine Wunde wird unheilbar sein. Alle, die das von dir hören, werden in die Hände klatschen über dich; denn über wen ist nicht deine Bosheit ohne Unterlass ergangen?

16 You increased your merchants
　　more than the stars of the heavens.
　　The locust spreads its wings and flies
　　away.

17 Your princes are like grasshoppers,
　　your scribes[3] like clouds of locusts
settling on the fences
　　in a day of cold—
when the sun rises, they fly away;
　　no one knows where they are.

18 Your shepherds are asleep,
　　O king of Assyria;
　　your nobles slumber.
Your people are scattered on the
　　mountains
　　with none to gather them.

19 There is no easing your hurt;
　　your wound is grievous.
All who hear the news about you
　　clap their hands over you.
For upon whom has not come
　　your unceasing evil?

DER PROPHET HABAKUK

HABAKKUK

Klage über das Unglück in der Welt

1 Dies ist die Last, die der Prophet Habakuk geschaut hat.

¶ **2** HERR, wie lange soll ich schreien und du willst nicht hören? Wie lange soll ich zu dir rufen: »Frevel!«, und du willst nicht helfen?

3 Warum lässt du mich Bosheit sehen und siehst dem Jammer zu? Raub und Frevel sind vor mir; es geht Gewalt vor Recht.

4 Darum ist das Gesetz ohnmächtig, und die rechte Sache kann nie gewinnen; denn der Gottlose übervorteilt den Gerechten; darum ergehen verkehrte Urteile.

Gottes Strafgericht durch die Chaldäer

5 Schaut hin unter die Heiden, seht und verwundert euch! Denn ich will etwas tun zu euren Zeiten, was ihr nicht glauben werdet, wenn man davon sagen wird.

6 Denn siehe, ich will die Chaldäer erwecken, ein grimmiges und schnelles Volk, das hinziehen wird, so weit die Erde ist, um Wohnstätten einzunehmen, die ihm nicht gehören.

7 Grausam und schrecklich ist es; es gebietet und zwingt, wie es will.

8 Ihre Rosse sind schneller als die Panther und bissiger als die Wölfe am Abend. Ihre Reiter fliegen in großen Scharen von ferne daher, wie die Adler eilen zum Fraß.

9 Sie kommen allesamt, um Schaden zu tun; wo sie hinwollen, stürmen sie vorwärts und raffen Gefangene zusammen wie Sand.

10 Sie spotten der Könige, und der Fürsten lachen sie. Alle Festungen werden ihnen ein Scherz sein; denn sie schütten Erde auf und erobern sie.

11 Alsdann brausen sie dahin wie ein Sturm und jagen weiter; mit alledem machen sie ihre Kraft zu ihrem Gott.

HABAKKUK

1 The oracle that Habakkuk the prophet saw.

Habakkuk's Complaint

2 O LORD, how long shall I cry for help,
  and you will not hear?
Or cry to you "Violence!"
  and you will not save?
3 Why do you make me see iniquity,
  and why do you idly look at wrong?
Destruction and violence are before me;
  strife and contention arise.
4 So the law is paralyzed,
  and justice never goes forth.
For the wicked surround the righteous;
  so justice goes forth perverted.

The LORD's Answer

5 "Look among the nations, and see;
  wonder and be astounded.
For I am doing a work in your days
  that you would not believe if told.
6 For behold, I am raising up the
    Chaldeans,
  that bitter and hasty nation,
who march through the breadth of the
    earth,
  to seize dwellings not their own.
7 They are dreaded and fearsome;
  their justice and dignity go forth from
    themselves.
8 Their horses are swifter than leopards,
  more fierce than the evening wolves;
  their horsemen press proudly on.
Their horsemen come from afar;
  they fly like an eagle swift to devour.
9 They all come for violence,
  all their faces forward.
  They gather captives like sand.
10 At kings they scoff,
  and at rulers they laugh.
They laugh at every fortress,
  for they pile up earth and take it.
11 Then they sweep by like the wind and
    go on,
  guilty men, whose own might is their
    god!"

Frage des Propheten nach Gottes Gerechtigkeit

12 Aber du, HERR, mein Gott, mein Heiliger, der du von Ewigkeit her bist, lass uns nicht sterben; sondern lass sie uns, o HERR, nur eine Strafe sein, und lass sie, o unser Fels, uns nur züchtigen.

¶ **13** Deine Augen sind zu rein, als dass du Böses ansehen könntest, und dem Jammer kannst du nicht zusehen! Warum siehst du dann aber den Räubern zu und schweigst, wenn der Gottlose den verschlingt, der gerechter ist als er?

14 Du lässt es den Menschen gehen wie den Fischen im Meer, wie dem Gewürm, das keinen Herrn hat.

15 Sie ziehen's alles mit der Angel heraus und fangen's mit ihrem Netze und sammeln's mit ihrem Garn. Darüber freuen sie sich und sind fröhlich.

16 Darum opfern sie ihrem Netze und räuchern ihrem Garn, weil durch diese ihr Anteil so fett und ihre Speise so üppig geworden ist.

17 Sollen sie darum ihr Netz immerdar ausleeren und Völker umbringen ohne Erbarmen?

Gottes Antwort an den Propheten. Weherufe über den Unterdrücker

2 Hier stehe ich auf meiner Warte und stelle mich auf meinen Turm und schaue und sehe zu, was er mir sagen und antworten werde auf das, was ich ihm vorgehalten habe.

2 Der HERR aber antwortete mir und sprach: Schreib auf, was du geschaut hast, deutlich auf eine Tafel, dass es lesen könne, wer vorüberläuft!

3 Die Weissagung wird ja noch erfüllt werden zu ihrer Zeit und wird endlich frei an den Tag kommen und nicht trügen. Wenn sie sich auch hinzieht, so harre ihrer; sie wird gewiss kommen und nicht ausbleiben.

¶ **4** Siehe, wer halsstarrig ist, der wird keine Ruhe in seinem Herzen haben, **der Gerechte aber wird durch seinen Glauben leben.**

Habakkuk's Second Complaint

12 Are you not from everlasting,
   O LORD my God, my Holy One?
   We shall not die.
O LORD, you have ordained them as a
      judgment,
   and you, O Rock, have established
      them for reproof.

13 You who are of purer eyes than to see
      evil
   and cannot look at wrong,
   why do you idly look at traitors
   and remain silent when the wicked
      swallows up
   the man more righteous than he?

14 You make mankind like the fish of the
      sea,
   like crawling things that have no ruler.

15 He brings all of them up with a hook;
   he drags them out with his net;
   he gathers them in his dragnet;
   so he rejoices and is glad.

16 Therefore he sacrifices to his net
   and makes offerings to his dragnet;
   for by them he lives in luxury,[1]
      and his food is rich.

17 Is he then to keep on emptying his net
   and mercilessly killing nations forever?

2 I will take my stand at my watchpost
   and station myself on the tower,
   and look out to see what he will say to
      me,
   and what I will answer concerning my
      complaint.

The Righteous Shall Live by His Faith

¶ 2 And the LORD answered me:

"Write the vision;
   make it plain on tablets,
   so he may run who reads it.

3 For still the vision awaits its appointed
      time;
   it hastens to the end—it will not lie.
If it seems slow, wait for it;
   it will surely come; it will not delay.

4 "Behold, his soul is puffed up; it is not
      upright within him,
   but the righteous shall live by his
      faith.[1]

5 So wird auch der treulose Tyrann keinen Erfolg haben, der stolze Mann nicht bleiben, der seinen Rachen aufsperrt wie das Reich des Todes und ist wie der Tod, der nicht zu sättigen ist: Er rafft an sich alle Heiden und sammelt zu sich alle Völker.

6 Was gilt's aber? Diese alle werden einen Spruch über ihn machen und ein Lied und ein Sprichwort sagen:
¶ Weh dem, der sein Gut mehrt mit fremdem Gut – wie lange wird's währen? – und häuft viel Pfänder bei sich auf!

7 Wie plötzlich werden aufstehen, die dich beißen, und erwachen, die dich peinigen! Und du musst ihnen zum Raube werden.

8 Denn du hast viele Völker beraubt. So werden dich wieder berauben alle übrigen Völker um des Menschenblutes willen und um des Frevels willen, begangen am Lande und an der Stadt und an allen, die darin wohnen.

¶ **9** Weh dem, der unrechten Gewinn macht zum Unglück seines Hauses, auf dass er sein Nest in der Höhe baue, um dem Unheil zu entrinnen!

10 Aber dein Ratschlag wird zur Schande deines Hauses geraten; denn du hast zu viele Völker zerschlagen und damit gegen dein Leben gesündigt.

11 Denn auch die Steine in der Mauer werden schreien, und die Sparren am Gebälk werden ihnen antworten.

¶ **12** Weh dem, der die Stadt mit Blut baut und richtet die Burg auf mit Unrecht!

13 Wird's nicht so vom Herrn Zebaoth geschehen: Woran die Völker sich abgearbeitet haben, muss mit Feuer verbrennen, und wofür die Leute sich müde gemacht haben, das muss verloren sein? –

14 Denn die Erde wird voll werden von Erkenntnis der Ehre des Herrn, wie Wasser das Meer bedeckt.

¶ **15** Weh dem, der seinen Nächsten trinken lässt und seinen Grimm beimischt und ihn trunken macht, dass er seine Blöße sehe!

5 "Moreover, wine[2] is a traitor,
an arrogant man who is never at rest.[3]
His greed is as wide as Sheol;
like death he has never enough.
He gathers for himself all nations
and collects as his own all peoples."

Woe to the Chaldeans

¶ **6** Shall not all these take up their taunt against him, with scoffing and riddles for him, and say,

"Woe to him who heaps up what is not
his own—
for how long?—
and loads himself with pledges!"
7 Will not your debtors suddenly arise,
and those awake who will make you
tremble?
Then you will be spoil for them.
8 Because you have plundered many
nations,
all the remnant of the peoples shall
plunder you,
for the blood of man and *y* violence to
the earth,
to cities and all who dwell in them.

9 "Woe to him who gets evil gain for his
house,
to set his nest on high,
to be safe from the reach of harm!
10 You have devised shame for your house
by cutting off many peoples;
you have forfeited your life.
11 For the stone will cry out from the wall,
and the beam from the woodwork
respond.

12 "Woe to him who builds a town with
blood
and founds a city on iniquity!
13 Behold, is it not from the Lord of hosts
that peoples labor merely for fire,
and nations weary themselves for
nothing?
14 For the earth will be filled
with the knowledge of the glory of the
Lord
as the waters cover the sea.

15 "Woe to him who makes his neighbors
drink—
you pour out your wrath and make
them drunk,
in order to gaze at their nakedness!

16 Du hast dich gesättigt mit Schande und nicht mit Ehre. So trinke du nun auch, dass du taumelst! Denn an dich wird kommen der Kelch in der Rechten des HERRN, und du wirst Schande haben statt Ehre.

17 Denn der Frevel, den du am Libanon begangen, wird über dich kommen, und die vernichteten Tiere werden dich schrecken um des Menschenblutes willen und um des Frevels willen, begangen am Lande und an der Stadt und an allen, die darin wohnen.

18 Was wird dann das Bild helfen, das sein Meister gebildet hat, und das gegossene Bild, das da Lügen lehrt? Dennoch verlässt sich sein Meister darauf, obgleich er nur stumme Götzen macht.

¶ **19** WEH DEM, der zum Holz spricht: »Wach auf!«, und zum stummen Steine: »Steh auf!« Wie sollte ein Götze lehren können? Siehe, er ist mit Gold und Silber überzogen und kein Odem ist in ihm.

20 Aber der HERR ist in seinem heiligen Tempel. Es sei vor ihm stille alle Welt!

Der Psalm Habakuks

3 Dies ist das Gebet des Propheten Habakuk, nach Art eines Klageliedes:

2 HERR, ich habe die Kunde von dir gehört,
ich habe dein Werk gesehen, HERR!
Mache es lebendig in naher Zeit,
und lass es kundwerden in naher Zeit. Im Zorne denke an Barmherzigkeit!

3 Gott kam von Teman
und der Heilige vom Gebirge Paran.
SELA.
Seines Lobes war der Himmel voll,
und seiner Ehre war die Erde voll.

4 Sein Glanz war wie Licht;
Strahlen gingen aus von seinen Händen. Darin war verborgen seine Macht.

5 Pest ging vor ihm her,
und Seuche folgte, wo er hintrat.

16 You will have your fill of shame instead of glory.
Drink, yourself, and show your uncircumcision!
[l] The cup in the LORD's right hand
will come around to you,
and utter shame will come upon your glory!

17 The violence done to Lebanon will overwhelm you,
as will the destruction of the beasts that terrified them,
[n] for the blood of man and violence to the earth,
to cities and all who dwell in them.

18 "What profit is an idol
when its maker has shaped it,
a metal image, a teacher of lies?
For its maker trusts in his own creation
when he makes speechless idols!

19 Woe to him who says to a wooden thing, Awake;
to a silent stone, Arise!
Can this teach?
Behold, it is overlaid with gold and silver,
and there is no breath at all in it.

20 But the LORD is in his holy temple;
let all the earth keep silence before him."

Habakkuk's Prayer

3 A prayer of Habakkuk the prophet, according to Shigionoth.

2 O LORD, I have heard the report of you,
and your work, O LORD, do I fear.
In the midst of the years revive it;
in the midst of the years make it known;
in wrath remember mercy.

3 God came from Teman,
and the Holy One from Mount Paran.
His splendor covered the heavens,
and the earth was full of his praise.
Selah

4 His brightness was like the light;
rays flashed from his hand;
and there he veiled his power.

5 Before him went pestilence,
and plague followed at his heels.[1]

6 Er stand auf und ließ erbeben die Erde;
  er schaute und ließ erzittern die
    Heiden.
  Zerschmettert wurden die uralten Berge,
  und bücken mussten sich die ur-
    alten Hügel, als er wie vor alters
    einherzog.

7 Ich sah die Hütten von Kuschan in Not
  und die Zelte der Midianiter betrübt.

8 Warst du zornig, HERR, auf die Flut?
  Entbrannte dein Grimm wider die
    Wasser und dein Zorn wider das
    Meer,
  als du auf deinen Rossen rittest
  und deine Wagen den Sieg behielten?

9 Du zogst deinen Bogen hervor,
  legtest die Pfeile auf deine Sehne. SELA.
  Du spaltetest das Land, dass Ströme
    flossen,

10 die Berge sahen dich und ihnen ward
    bange.
  Der Wasserstrom fuhr dahin,
  die Tiefe ließ sich hören.
  Ihren Aufgang vergaß die Sonne,

11 und der Mond stand still;
  beim Glänzen deiner Pfeile verblassen
    sie,
  beim Leuchten deines blitzenden
    Speeres.

12 Du zertratest das Land im Zorn
  und zerdroschest die Heiden im
    Grimm.

13 Du zogst aus, deinem Volk zu helfen,
  zu helfen deinem Gesalbten.
  Du zerschlugst das Dach vom Hause des
    Gottlosen
  und entblößtest die Grundfeste bis auf
    den Fels.   SELA.

14 Du durchbohrtest mit seinen Pfeilen
    sein Haupt,
  seine Scharen zerstoben wie Spreu,
  denn ihre Freude war, zu zerstreuen
  und zu fressen den Elenden im
    Verborgenen.

15 Du tratest nieder seine Rosse im Meer,
  im Schlamm der Wasserfluten.

6 He stood and measured the earth;
  he looked and shook the nations;
  then the eternal mountains were
    scattered;
  the everlasting hills sank low.
  His were the everlasting ways.

7 I saw the tents of Cushan in affliction;
  the curtains of the land of Midian did
    tremble.

8 Was your wrath against the rivers, O
    LORD?
  Was your anger against the rivers,
  [m] or your indignation against the sea,
  when you rode on your horses,
  [n] on your chariot of salvation?

9 You stripped the sheath from your bow,
  calling for many arrows.[2]   Selah
  You split the earth with rivers.

10 The mountains saw you and writhed;
  the raging waters swept on;
  the deep gave forth its voice;
  it lifted its hands on high.

11 The sun and moon stood still in their
    place
  at the light of your arrows as they
    sped,
  at the flash of your glittering spear.

12 You marched through the earth in fury;
  you threshed the nations in anger.

13 You went out for the salvation of your
    people,
  for the salvation of your anointed.
  You crushed the head of the house of
    the wicked,
  laying him bare from thigh to neck.[3]
                    Selah

14 You pierced with his own arrows the
    heads of his warriors,
  who came like a whirlwind to scatter
    me,
  rejoicing as if to devour the poor in
    secret.

15 You trampled the sea with your horses,
  the surging of mighty waters.

16 Weil ich solches höre, bebt mein Leib,
meine Lippen zittern von dem
Geschrei.
Fäulnis fährt in meine Gebeine,
und meine Knie beben.
Aber ich will harren auf die Zeit der
Trübsal,
dass sie heraufziehe über das Volk, das
uns angreift.

17 Da wird der Feigenbaum nicht grünen,
und es wird kein Gewächs sein an den
Weinstöcken.
Der Ertrag des Ölbaums bleibt aus,
und die Äcker bringen keine
Nahrung;
Schafe werden aus den Hürden gerissen,
und in den Ställen werden keine
Rinder sein.

18 **Aber ich will mich freuen des HERRN**
und fröhlich sein in Gott, meinem
Heil.

19 Denn der HERR ist meine Kraft,
er wird meine Füße machen wie
Hirschfüße und wird mich über
die Höhen führen.
VORZUSINGEN, BEIM SAITENSPIEL.

16 I hear, and my body trembles;
my lips quiver at the sound;
rottenness enters into my bones;
my legs tremble beneath me.
Yet I will quietly wait for the day of
trouble
to come upon people who invade us.

Habakkuk Rejoices in the LORD

17 Though the fig tree should not blossom,
nor fruit be on the vines,
the produce of the olive fail
and the fields yield no food,
the flock be cut off from the fold
and there be no herd in the stalls,

18 yet I will rejoice in the LORD;
I will take joy in the God of my
salvation.

19 GOD, the Lord, is my strength;
he makes my feet like the deer's;
he makes me tread on my high places.

To the choirmaster: with stringed[4]
instruments.

DER PROPHET ZEFANJA

ZEPHANIAH

Der Tag des Zornes Gottes

1 Dies ist das Wort des HERRN, das geschah zu Zefanja, dem Sohn Kuschis, des Sohnes Gedaljas, des Sohnes Amarjas, des Sohnes Hiskias, zur Zeit Josias, des Sohnes Amons, des Königs von Juda.

¶ 2 Ich will alles vom Erdboden wegraffen, spricht der HERR.

3 Ich will Mensch und Vieh, die Vögel des Himmels und die Fische im Meer wegraffen; ich will zu Fall bringen die Gottlosen, ja, ich will die Menschen ausrotten vom Erdboden, spricht der HERR.

¶ 4 Ich will meine Hand ausstrecken gegen Juda und gegen alle, die in Jerusalem wohnen, und will ausrotten von dieser Stätte, was vom Baal noch übrig ist, dazu den Namen der Götzenpfaffen und Priester

5 und die auf den Dächern anbeten des Himmels Heer, die es anbeten und schwören doch bei dem HERRN und zugleich bei Milkom

6 und die vom HERRN abfallen und die nach dem HERRN nichts fragen und ihn nicht achten.

¶ 7 Seid stille vor Gott dem HERRN, denn des HERRN Tag ist nahe; denn der HERR hat ein Schlachtopfer zubereitet und seine Gäste dazu geladen.

8 Und am Tage des Schlachtopfers des HERRN will ich heimsuchen die Oberen und die Söhne des Königs und alle, die ein fremdländisches Gewand tragen.

The Coming Judgment on Judah

1 The word of the LORD that came to Zephaniah the son of Cushi, son of Gedaliah, son of Amariah, son of Hezekiah, in the days of Josiah the son of Amon, king of Judah.

2 "I will utterly sweep away everything
   from the face of the earth," declares
      the LORD.
3 "I will sweep away man and beast;
   I will sweep away the birds of the
      heavens
   and ^{d}the fish of the sea,
   and the rubble[1] with the wicked.
   I will cut off mankind
   from the face of the earth," declares
      the LORD.
4 "I will stretch out my hand against Judah
   and against all the inhabitants of
      Jerusalem;
   and I will cut off from this place the
      remnant of Baal
   and the name of the idolatrous priests
      along with the priests,
5 those who bow down on the roofs
   to the host of the heavens,
   those who bow down and swear to the
      LORD
   and yet swear by Milcom,
6 those who have turned back from fol-
      lowing the LORD,
   who do not seek the LORD or inquire
      of him."

The Day of the LORD Is Near

7 Be silent before the Lord GOD!
   For the day of the LORD is near;
   the LORD has prepared a sacrifice
   and consecrated his guests.
8 And on the day of the LORD's sacrifice—
   "I will punish the officials and the king's
      sons
   and all who array themselves in for-
      eign attire.

9 Auch will ich zur selben Zeit die heimsuchen, die über die Schwelle springen, die ihres Herrn Haus füllen mit Rauben und Trügen.

¶ 10 Zur selben Zeit, spricht der HERR, wird sich ein lautes Geschrei erheben vom Fischtor her und ein Geheul von der Neustadt und ein großer Jammer von den Hügeln.

11 Heult, die ihr im »Mörser« wohnt; denn das ganze Krämervolk ist dahin, und alle, die Geld wechseln, sind ausgerottet.

¶ 12 Zur selben Zeit will ich Jerusalem mit der Lampe durchsuchen und aufschrecken die Leute, die sich durch nichts aus der Ruhe bringen lassen und sprechen in ihrem Herzen: Der HERR wird weder Gutes noch Böses tun.

13 Ihre Güter sollen zum Raub werden und ihre Häuser verwüstet. Sie werden Häuser bauen und nicht darin wohnen, sie werden Weinberge pflanzen und keinen Wein davon trinken.

¶ 14 Des HERRN großer Tag ist nahe, er ist nahe und eilt sehr. Horch, der bittere Tag des HERRN! Da werden die Starken schreien.

15 Denn dieser Tag ist ein Tag des Grimmes, ein Tag der Trübsal und der Angst, ein Tag des Wetters und des Ungestüms, ein Tag der Finsternis und des Dunkels, ein Tag der Wolken und des Nebels,

16 ein Tag der Posaune und des Kriegsgeschreis gegen die festen Städte und die hohen Zinnen.

17 Und ich will die Menschen ängstigen, dass sie umhergehen sollen wie die Blinden, weil sie wider den HERRN gesündigt haben. Ihr Blut soll vergossen werden, als wäre es Staub, und ihre Eingeweide sollen weggeworfen werden, als wären sie Kot.

18 Es wird sie ihr Silber und Gold nicht erretten können am Tage des Zorns des HERRN, sondern das ganze Land soll durch das Feuer seines Grimmes verzehrt werden; denn er wird plötzlich ein Ende machen mit allen, die im Lande wohnen.

9 On that day I will punish
  everyone who leaps over the threshold,
and those who fill their master's² house
  with violence and fraud.

10 "On that day," declares the LORD,
  "a cry will be heard from the Fish Gate,
a wail from the Second Quarter,
  a loud crash from the hills.

11 Wail, O inhabitants of the Mortar!
  For all the traders³ are no more;
  all who weigh out silver are cut off.

12 At that time I will search Jerusalem with
    lamps,
  and I will punish the men
who are complacent,⁴
  those who say in their hearts,
'The LORD will not do good,
  nor will he do ill.'

13 Their goods shall be plundered,
  and their houses laid waste.
Though they build houses,
  they shall not inhabit them;
though they plant vineyards,
  they shall not drink wine from them."

14 The great day of the LORD is near,
  near and hastening fast;
the sound of the day of the LORD is
    bitter;
  the mighty man cries aloud there.

15 A day of wrath is that day,
  a day of distress and anguish,
a day of ruin and devastation,
  a day of darkness and gloom,
ʰ a day of clouds and thick darkness,

16 a day of trumpet blast and battle cry
against the fortified cities
  and against the lofty battlements.

17 I will bring distress on mankind,
  so that they shall walk like the blind,
  because they have sinned against the
    LORD;
their blood shall be poured out like dust,
  and their flesh like dung.

18 Neither their silver nor their gold
  shall be able to deliver them
  on the day of the wrath of the LORD.
In the fire of his jealousy,
  all the earth shall be consumed;
for a full and sudden end
  he will make of all the inhabitants of
    the earth.

Mahnung zur Demut

2 Sammelt euch und kommt her, du Volk, das keine Scham kennt,

2 ehe denn ihr werdet wie Spreu, die vom Winde dahinfährt; ehe denn des HERRN grimmiger Zorn über euch kommt; ehe der Tag des Zorns des HERRN über euch kommt!

3 Suchet den HERRN, alle ihr Elenden im Lande, die ihr seine Rechte haltet! Suchet Gerechtigkeit, suchet Demut! Vielleicht könnt ihr euch bergen am Tage des Zorns des HERRN!

¶ 4 Denn Gaza wird verlassen und Aschkelon verwüstet werden. Aschdod soll am Mittag vertrieben und Ekron ausgewurzelt werden.

5 Weh denen, die am Meer hin wohnen, dem Volk der Kreter! Des HERRN Wort wird über euch kommen, du Kanaan, der Philister Land; ich will dich umbringen, dass niemand mehr da wohnen soll.

6 Dann sollen am Meer hin Hirtenfelder und Schafhürden sein.

7 Und das Land am Meer soll den Übriggebliebenen vom Hause Juda zuteilwerden, dass sie darauf weiden, und am Abend sollen sie sich in den Häusern von Aschkelon lagern, wenn nun der HERR, ihr Gott, sie wiederum heimsuchen und ihre Gefangenschaft wenden wird.

¶ 8 Ich habe das Schmähen Moabs und das Lästern der Ammoniter gehört, womit sie mein Volk geschmäht und gegen sein Land großgetan haben.

9 Wohlan, so wahr ich lebe!, spricht der HERR Zebaoth, der Gott Israels: Moab soll wie Sodom und die Ammoniter wie Gomorra werden, ein Unkrautfeld und eine Salzgrube und ewige Wüste. Die Übriggebliebenen meines Volks sollen sie berauben, und der Rest von meinem Volk soll sie beerben.

Judgment on Judah's Enemies

2 Gather together, yes, gather,
  O shameless nation,

2 before the decree takes effect[1]
  —before the day passes away like
    chaff—
before there comes upon you
  the burning anger of the LORD,
before there comes upon you
  the day of the anger of the LORD.

3 Seek the LORD, all you humble of the
    land,
  who do his just commands;[2]
seek righteousness; seek humility;
  y perhaps you may be hidden
  on the day of the anger of the LORD.

4 For Gaza shall be deserted,
  and Ashkelon shall become a
    desolation;
Ashdod's people shall be driven out at
    noon,
  and Ekron shall be uprooted.

5 Woe to you inhabitants of the seacoast,
  you nation of the Cherethites!
The word of the LORD is against you,
  O Canaan, land of the Philistines;
  and I will destroy you until no inhabit-
    ant is left.

6 And you, O seacoast, shall be pastures,
  with meadows[3] for shepherds
  and folds for flocks.

7 The seacoast shall become the
    possession
  of the remnant of the house of Judah,
  on which they shall graze,
and in the houses of Ashkelon
  they shall lie down at evening.
For the LORD their God will be mindful
    of them
  and restore their fortunes.

8 "I have heard the taunts of Moab
  and the revilings of the Ammonites,
how they have taunted my people
  and made boasts against their territory.

9 Therefore, as I live," declares the LORD of
    hosts,
  the God of Israel,
"Moab shall become like Sodom,
  and the Ammonites q like Gomorrah,
a land possessed by nettles and salt pits,
  and a waste forever.
The remnant of my people shall plunder
    them,
  and the survivors of my nation shall
    possess them."

10 Das soll ihnen begegnen für ihre Hoffart, weil sie das Volk des HERRN Zebaoth geschmäht und gegen es großgetan haben.

11 Heilig wird über ihnen der HERR sein; denn er wird alle Götter auf Erden vertilgen, und es sollen ihn anbeten alle Inseln der Heiden, ein jeder an seiner Stätte.

¶ **12** Auch ihr Kuschiter sollt durch mein Schwert erschlagen werden.

¶ **13** Und der Herr wird seine Hand ausstrecken nach Norden und Assur umbringen. Ninive wird er öde machen, dürr wie eine Wüste,

14 dass Herden sich darin lagern werden, allerlei Tiere des Feldes. Auch Rohrdommeln und Eulen werden wohnen in ihren Säulenknäufen, das Käuzchen wird im Fenster schreien und auf der Schwelle der Rabe.

15 Das ist die fröhliche Stadt, die so sicher wohnte und in ihrem Herzen sprach: »Ich bin's und sonst keine mehr.« Wie ist sie so wüst geworden, dass Tiere darin lagern! Wer vorübergeht, pfeift über sie und klatscht in die Hände.

Drohung gegen das gottlose Jerusalem

3 Weh der widerspenstigen, befleckten, tyrannischen Stadt!

2 Sie will nicht gehorchen noch sich zurechtweisen lassen; sie will auf den HERRN nicht trauen noch sich zu ihrem Gott halten.

3 Ihre Oberen sind brüllende Löwen und ihre Richter Wölfe am Abend, die nichts bis zum Morgen übrig lassen.

4 Ihre Propheten sind leichtfertig und voll Trug; ihre Priester entweihen das Heiligtum und deuten das Gesetz freventlich.

10 This shall be their lot in return for their pride,
  because they taunted and boasted
  against the people of the LORD of hosts.

11 The LORD will be awesome against them;
  for he will famish all the gods of the earth,
and to him shall bow down,
  each in its place,
  all the lands of the nations.

12 You also, O Cushites,
  shall be slain by my sword.

13 And he will stretch out his hand against the north
  and destroy Assyria,
and he will make Nineveh a desolation,
  a dry waste like the desert.

14 Herds shall lie down in her midst,
  all kinds of beasts;[4]
even the owl and the hedgehog[5]
  shall lodge in her capitals;
a voice shall hoot in the window;
  devastation will be on the threshold;
  for her cedar work will be laid bare.

15 This is the exultant city
  that lived securely,
that said in her heart,
  "I am, and there is no one else."
What a desolation she has become,
  a lair for wild beasts!
Everyone who passes by her
  hisses and shakes his fist.

Judgment on Jerusalem and the Nations

3 Woe to her who is rebellious and defiled,
  the oppressing city!

2 She listens to no voice;
  she accepts no correction.
She does not trust in the LORD;
  she does not draw near to her God.

3 Her officials within her
  are roaring lions;
her judges are evening wolves
  that leave nothing till the morning.

4 Her prophets are fickle, treacherous men;
  [k] her priests profane what is holy;
  they do violence to the law.

5 Der HERR handelt gerecht in ihrer Mitte und tut kein Arges. Er bringt alle Morgen sein Recht ans Licht, und es bleibt nicht aus; aber der Frevler kennt keine Scham.

¶ **6** Ich habe Völker ausgerottet, ihre Burgen verwüstet und ihre Gassen so leer gemacht, dass niemand darauf geht; ihre Städte sind zerstört, dass niemand mehr darin wohnt.

7 Ich sprach: Mich sollst du fürchten und dich zurechtweisen lassen –, so würde ihre Wohnung nicht ausgerottet und nichts von allem kommen, womit ich sie heimsuchen wollte. Aber sie sind von jeher eifrig dabei, alles Böse zu tun.

8 Darum wartet auf mich, spricht der HERR, bis auf den Tag, an dem ich zum letzten Gericht auftrete; denn mein Beschluss ist es, die Völker zu versammeln und die Königreiche zusammenzubringen, um meinen Zorn über sie auszuschütten, ja, alle Glut meines Grimmes; denn alle Welt soll durch meines Eifers Feuer verzehrt werden.

Verheißung für das arme und geringe Volk in Israel

9 Dann aber will ich den Völkern reine Lippen geben, dass sie alle des HERRN Namen anrufen sollen und ihm einträchtig dienen.

10 Von jenseits der Ströme von Kusch werden meine Anbeter, mein zerstreutes Volk, mir Geschenke bringen.

¶ **11** Zur selben Zeit wirst du dich all deiner Taten nicht mehr zu schämen brauchen, mit denen du dich gegen mich empört hast; denn ich will deine stolzen Prahler von dir tun, und du wirst dich nicht mehr überheben auf meinem heiligen Berge.

12 Ich will in dir übrig lassen ein armes und geringes Volk; die werden auf des HERRN Namen trauen.

5 The LORD within her is righteous;
　　he does no injustice;
　every morning he shows forth his
　　justice;
　　　each dawn he does not fail;
　　but the unjust knows no shame.

6 "I have cut off nations;
　　their battlements are in ruins;
　I have laid waste their streets
　　so that no one walks in them;
　their cities have been made desolate,
　　without a man, without an inhabitant.

7 I said, 'Surely you will fear me;
　　you will accept correction.
　Then your[1] dwelling would not be cut
　　off
　according to all that I have appointed
　　against you.'[2]
But all the more they were eager
　to make all their deeds corrupt.

8 "Therefore wait for me," declares the
　　LORD,
　"for the day when I rise up to seize the
　　prey.
　For my decision is to gather nations,
　　to assemble kingdoms,
　to pour out upon them my indignation,
　　all my burning anger;
　for in the fire of my jealousy
　　all the earth shall be consumed.

The Conversion of the Nations

9 "For at that time I will change the speech
　　of the peoples
　　to a pure speech,
　that all of them may call upon the name
　　of the LORD
　and serve him with one accord.

10 From beyond the rivers of Cush
　　my worshipers, the daughter of my
　　　dispersed ones,
　　shall bring my offering.

11 "On that day you shall not be put to
　　shame
　　because of the deeds by which you
　　　have rebelled against me;
　for then I will remove from your midst
　　your proudly exultant ones,
　and you shall no longer be haughty
　　in my holy mountain.

12 But I will leave in your midst
　　a people humble and lowly.
　They shall seek refuge in the name of
　　the LORD,

13 Und diese Übriggebliebenen in Israel werden nichts Böses tun noch Lüge reden, und man wird in ihrem Munde keine betrügerische Zunge finden, sondern sie sollen weiden und lagern ohne alle Furcht.

14 Jauchze, du Tochter Zion! Frohlocke, Israel! Freue dich und sei fröhlich von ganzem Herzen, du Tochter Jerusalem!

15 Denn der HERR hat deine Strafe weggenommen und deine Feinde abgewendet. Der HERR, der König Israels, ist bei dir, dass du dich vor keinem Unheil mehr fürchten musst.

16 Zur selben Zeit wird man sprechen zu Jerusalem: Fürchte dich nicht, Zion! Lass deine Hände nicht sinken!
17 Denn der HERR, dein Gott, ist bei dir, ein starker Heiland. Er wird sich über dich freuen und dir freundlich sein, er wird dir vergeben in seiner Liebe und wird über dich mit Jauchzen fröhlich sein.
18 Wie an einem festlichen Tage nehme ich von dir hinweg das Unheil, dass du seinetwegen keine Schmach mehr trägst.

19 Siehe, zur selben Zeit will ich mit allen denen ein Ende machen, die dich bedrängen, und will den Hinkenden helfen und die Zerstreuten sammeln und will sie zu Lob und Ehren bringen in allen Landen, wo man sie verachtet.

20 Zur selben Zeit will ich euch heimbringen und euch zur selben Zeit sammeln; denn ich will euch zu Lob und Ehren bringen unter allen Völkern auf Erden, wenn ich eure Gefangenschaft wenden werde vor euren Augen, spricht der HERR.

13   those who are left in Israel;
they shall do no injustice
    and speak no lies,
nor shall there be found in their mouth
    a deceitful tongue.
For they shall graze and lie down,
    and none shall make them afraid."

Israel's Joy and Restoration

14 Sing aloud, O daughter of Zion;
    shout, O Israel!
Rejoice and exult with all your heart,
    O daughter of Jerusalem!
15 The LORD has taken away the judgments
        against you;
    he has cleared away your enemies.
The King of Israel, the LORD, is in your
        midst;
    you shall never again fear evil.
16 On that day it shall be said to Jerusalem:
"Fear not, O Zion;
    let not your hands grow weak.
17 The LORD your God is in your midst,
    a mighty one who will save;
he will rejoice over you with gladness;
    he will quiet you by his love;
he will exult over you with loud singing.
18 I will gather those of you who mourn
        for the festival,
    so that you will no longer suffer
        reproach.[3]
19 Behold, at that time I will deal
    with all your oppressors.
And I will save the lame
    and gather the outcast,
and I will change their shame into
        praise
    and renown in all the earth.
20 At that time I will bring you in,
    at the time when I gather you together;
for I will make you renowned and
        praised
    among all the peoples of the earth,
when I restore your fortunes
    before your eyes," says the LORD.

DER PROPHET HAGGAI

HAGGAI

Aufruf zum Tempelbau

1 Im zweiten Jahr des Königs Darius, im sechsten Monat, am ersten Tage des Monats, geschah des HERRN Wort durch den Propheten Haggai zu Serubbabel, dem Sohn Schealtiëls, dem Statthalter von Juda, und zu Jeschua, dem Sohn Jozadaks, dem Hohenpriester:

¶ **2** So spricht der HERR Zebaoth: Dies Volk spricht: Die Zeit ist noch nicht da, dass man des HERRN Haus baue.

3 Und des HERRN Wort geschah durch den Propheten Haggai:

4 Aber eure Zeit ist da, dass ihr in getäfelten Häusern wohnt, und dies Haus muss wüst stehen!

¶ **5** Nun, so spricht der HERR Zebaoth: Achtet doch darauf, wie es euch geht:

6 Ihr sät viel und bringt wenig ein; ihr esst und werdet doch nicht satt; ihr trinkt und bleibt doch durstig; ihr kleidet euch und könnt euch doch nicht erwärmen; und wer Geld verdient, der legt's in einen löchrigen Beutel.

¶ **7** So spricht der HERR Zebaoth: Achtet doch darauf, wie es euch geht!

8 Geht hin auf das Gebirge und holt Holz und baut das Haus! Das soll mir angenehm sein, und ich will meine Herrlichkeit erweisen, spricht der HERR.

9 Denn ihr erwartet wohl viel, aber siehe, es wird wenig; und wenn ihr's schon heimbringt, so blase ich's weg. Warum das?, spricht der HERR Zebaoth. Weil **mein** Haus so wüst dasteht und ein jeder nur eilt, für **sein** Haus zu sorgen.

10 Darum hat der Himmel über euch den Tau zurückgehalten und das Erdreich sein Gewächs.

11 Und ich habe die Dürre gerufen über Land und Berge, über Korn, Wein, Öl und über alles, was aus der Erde kommt, auch über Mensch und Vieh und über alle Arbeit der Hände.

The Command to Rebuild the Temple

1 In the second year of Darius the king, in the sixth month, on the first day of the month, the word of the LORD came by the hand of Haggai the prophet to Zerubbabel the son of Shealtiel, governor of Judah, and to Joshua the son of Jehozadak, the high priest:

2 "Thus says the LORD of hosts: These people say the time has not yet come to rebuild the house of the LORD."

3 Then the word of the LORD came by the hand of Haggai the prophet,

4 "Is it a time for you yourselves to dwell in your paneled houses, while this house lies in ruins?

5 Now, therefore, thus says the LORD of hosts: Consider your ways.

6 You have sown much, and harvested little. You eat, but you never have enough; you drink, but you never have your fill. You clothe yourselves, but no one is warm. And he who earns wages does so to put them into a bag with holes.

¶ **7** "Thus says the LORD of hosts: Consider your ways.

8 Go up to the hills and bring wood and build the house, that I may take pleasure in it and that I may be glorified, says the LORD.

9 You looked for much, and behold, it came to little. And when you brought it home, I blew it away. Why? declares the LORD of hosts. Because of my house that lies in ruins, while each of you busies himself with his own house.

10 Therefore the heavens above you have withheld the dew, and the earth has withheld its produce.

11 And I have called for a drought on the land and the hills, on the grain, the new wine, the oil, on what the ground brings forth, on man and beast, and on all their labors."

¶ **12** Da gehorchten Serubbabel, der Sohn Schealtiëls, und Jeschua, der Sohn Jozadaks, der Hohepriester, und alle Übrigen vom Volk der Stimme des HERRN, ihres Gottes, und den Worten des Propheten Haggai, wie ihn der HERR, ihr Gott, gesandt hatte; und das Volk fürchtete sich vor dem HERRN.

13 Da sprach Haggai, der Bote des HERRN, der beauftragt war mit der Botschaft des HERRN an das Volk: Ich bin mit euch, spricht der HERR.

¶ **14** Und der HERR erweckte den Geist Serubbabels, des Sohnes Schealtiëls, des Statthalters von Juda, und den Geist Jeschuas, des Sohnes Jozadaks, des Hohenpriesters, und den Geist aller Übrigen vom Volk, dass sie kamen und arbeiteten am Hause des HERRN Zebaoth, ihres Gottes,

15 am vierundzwanzigsten Tage des sechsten Monats im zweiten Jahr des Königs Darius.

Weissagung von der künftigen Herrlichkeit des Tempels

2 Am einundzwanzigsten Tage des siebenten Monats geschah des HERRN Wort durch den Propheten Haggai:

¶ **2** Sage zu Serubbabel, dem Sohn Schealtiëls, dem Statthalter von Juda, und zu Jeschua, dem Sohn Jozadaks, dem Hohenpriester, und zu den Übrigen vom Volk und sprich:

3 Wer ist unter euch noch übrig, der dies Haus in seiner früheren Herrlichkeit gesehen hat? Und wie seht ihr's nun? Sieht es nicht wie nichts aus?

4 Aber nun, Serubbabel, sei getrost, spricht der HERR, sei getrost, Jeschua, du Sohn Jozadaks, du Hoherpriester! Sei getrost, alles Volk im Lande, spricht der HERR, und arbeitet! Denn ich bin mit euch, spricht der HERR Zebaoth,

5 nach dem Wort, das ich euch zusagte, als ihr aus Ägypten zogt; und mein Geist soll unter euch bleiben. Fürchtet euch nicht!

¶ **6** Denn so spricht der HERR Zebaoth: Es ist nur noch eine kleine Weile, so werde ich Himmel und Erde, das Meer und das Trockene erschüttern.

7 Ja, alle Heiden will ich erschüttern. Da sollen dann kommen aller Völker Kostbarkeiten, und ich will dies Haus voll Herrlichkeit machen, spricht der HERR Zebaoth.

8 Denn mein ist das Silber, und mein ist das Gold, spricht der HERR Zebaoth.

The People Obey the LORD

¶ **12** Then Zerubbabel the son of Shealtiel, and ᵘJoshua the son of Jehozadak, the high priest, with all the remnant of the people, obeyed the voice of the LORD their God, and the words of Haggai the prophet, as the LORD their God had sent him. And the people feared the LORD.

13 Then Haggai, the messenger of the LORD, spoke to the people with the LORD's message, "I am with you, declares the LORD."

14 And the LORD stirred up the spirit of Zerubbabel the son of Shealtiel, governor of Judah, and the spirit of Joshua the son of Jehozadak, the high priest, and the spirit of all the remnant of the people. And they came and worked on the house of the LORD of hosts, their God,

15 on the twenty-fourth day of the month, in the sixth month, in the second year of Darius the king.

The Coming Glory of the Temple

2 In the seventh month, on the twenty-first day of the month, the word of the LORD came by the hand of Haggai the prophet,

2 "Speak now to Zerubbabel the son of Shealtiel, governor of Judah, and to ᵈJoshua the son of Jehozadak, the high priest, and to all the remnant of the people, and say,

3 'Who is left among you who saw this house in its former glory? How do you see it now? Is it not as nothing in your eyes?

4 Yet now be strong, O Zerubbabel, declares the LORD. ʰBe strong, O ᵈJoshua, son of Jehozadak, the high priest. ʰBe strong, all you people of the land, declares the LORD. Work, for I am with you, declares the LORD of hosts,

5 according to the covenant that I made with you when you came out of Egypt. My Spirit remains in your midst. Fear not.

6 For thus says the LORD of hosts: Yet once more, in a little while, I will shake the heavens and the earth and the sea and the dry land.

7 And I will shake all nations, so that the treasures of all nations shall come in, and I will fill this house with glory, says the LORD of hosts.

8 The silver is mine, and the gold is mine, declares the LORD of hosts.

9 Es soll die Herrlichkeit dieses neuen Hauses größer werden, als die des ersten gewesen ist, spricht der HERR Zebaoth; und ich will Frieden geben an dieser Stätte, spricht der HERR Zebaoth.

Können unheilige Menschen den Tempel bauen?

10 Am vierundzwanzigsten Tage des neunten Monats, im zweiten Jahr des Darius, geschah des HERRN Wort zu dem Propheten Haggai:

¶ **11** So spricht der HERR Zebaoth: Frage die Priester nach dem Gesetz und sprich:

12 Wenn jemand heiliges Fleisch trüge im Zipfel seines Kleides und berührte danach mit seinem Zipfel Brot, Gekochtes, Wein, Öl oder was es für Speise wäre, würde es auch heilig? Und die Priester antworteten und sprachen: Nein.

13 Haggai sprach: Wenn aber jemand durch Berührung eines Toten unrein wäre und eins davon anrührte, würde es auch unrein? Die Priester antworteten und sprachen: Es würde unrein.

¶ **14** Da antwortete Haggai und sprach: Ebenso ist es mit diesem Volk und mit diesen Leuten vor mir, spricht der HERR, und auch mit allem Werk ihrer Hände; und was sie dort opfern, ist unrein.

Ermutigung zum Weiterbau des Tempels

15 Und jetzt achtet doch darauf, wie es euch gehen wird von diesem Tage an und fernerhin! Wie ging es euch denn, bevor ein Stein auf den andern gelegt war am Tempel des HERRN?

16 Wenn einer zum Kornhaufen kam, der zwanzig Maß haben sollte, so waren kaum zehn da; kam er zur Kelter und meinte, fünfzig Eimer zu schöpfen, so waren kaum zwanzig da.

17 Ich plagte euch mit Dürre, Getreidebrand und Hagel in all eurer Arbeit; dennoch bekehrtet ihr euch nicht zu mir, spricht der HERR.

¶ **18** Nun aber achtet doch darauf, wie es euch ergehen wird von diesem Tag an und fernerhin – vom vierundzwanzigsten Tage des neunten Monats an –, nämlich von dem Tag an, da der Tempel des HERRN gegründet ist! Achtet darauf,

19 ob noch der Same in der Scheune dahinschwindet und ob Weinstock, Feigenbaum, Granatbaum und Ölbaum noch nicht tragen! Von diesem Tage an will ich Segen geben.

Serubbabel – ein Siegelring Gottes

20 Und des HERRN Wort geschah zum zweiten Mal am vierundzwanzigsten Tage des Monats zu Haggai:

9 The latter glory of this house shall be greater than the former, says the LORD of hosts. And in this place I will give peace, declares the LORD of hosts.' "

Blessings for a Defiled People

¶ **10** On the twenty-fourth day of the ninth month, in the second year of Darius, the word of the LORD came by Haggai the prophet,

11 "Thus says the LORD of hosts: Ask the priests about the law:

12 'If someone carries holy meat in the fold of his garment and touches with his fold bread or stew or wine or oil or any kind of food, does it become holy?' " The priests answered and said, "No."

13 Then Haggai said, "If someone who is unclean by contact with a dead body touches any of these, does it become unclean?" The priests answered and said, "It does become unclean."

14 Then Haggai answered and said, "So is it with this people, and with this nation before me, declares the LORD, and so with every work of their hands. And what they offer there is unclean.

15 Now then, consider from this day onward.[1] Before stone was placed upon stone in the temple of the LORD,

16 how did you fare? When[2] one came to a heap of twenty measures, there were but ten. When one came to the wine vat to draw fifty measures, there were but twenty.

17 I struck you and all the products of your toil with blight and with mildew and with hail, yet you did not turn to me, declares the LORD.

18 Consider from this day onward, from the twenty-fourth day of the ninth month. Since the day that the foundation of the LORD's temple was laid, [b]consider:

19 Is the seed yet in the barn? Indeed, the vine, the fig tree, the pomegranate, and the olive tree have yielded nothing. But from this day on I will bless you."

Zerubbabel Chosen as a Signet

¶ **20** The word of the LORD came a second time to Haggai on the twenty-fourth day of the month,

¶ **21** Sage Serubbabel, dem Statthalter von Juda: Ich will Himmel und Erde erschüttern

22 und will die Throne der Königreiche umstürzen und die mächtigen Königreiche der Heiden vertilgen und will umwerfen die Wagen und die darauf fahren; Ross und Reiter sollen fallen, ein jeder durch des andern Schwert.

23 Zur selben Zeit, spricht der HERR Zebaoth, will ich dich, Serubbabel, du Sohn Schealtiëls, meinen Knecht, nehmen, spricht der HERR, und dich wie einen Siegelring halten; denn ich habe dich erwählt, spricht der HERR Zebaoth.

21 "Speak to Zerubbabel, governor of Judah, saying, I am about to shake the heavens and the earth,

22 and to overthrow the throne of kingdoms. I am about to destroy the strength of the kingdoms of the nations, and overthrow the chariots and their riders. And the horses and their riders shall go down, every one by the sword of his brother.

23 On that day, declares the LORD of hosts, I will take you, O Zerubbabel my servant, the son of Shealtiel, declares the LORD, and make you like a[3] signet ring, [o]for I have chosen you, declares the LORD of hosts."

DER PROPHET SACHARJA

ZECHARIAH

Die Geschichte der Väter mahnt zur Buße

1 Im achten Monat des zweiten Jahrs des
Königs Darius geschah das Wort des
HERRN zu Sacharja, dem Sohn Berechjas, des
Sohnes Iddos, dem Propheten:

¶ 2 Der HERR ist zornig gewesen über eure
Väter.

3 Aber sprich zum Volk: So spricht der
HERR Zebaoth: Kehrt euch zu mir, spricht der
HERR Zebaoth, so will ich mich zu euch keh-
ren, spricht der HERR Zebaoth.

4 Seid nicht wie eure Väter, denen die früheren Propheten predigten und sprachen: »So
spricht der HERR Zebaoth: Kehrt um von euren
bösen Wegen und von eurem bösen Tun!«,
aber sie gehorchten nicht und achteten nicht
auf mich, spricht der HERR.

5 Wo sind nun eure Väter? Und die
Propheten, leben sie noch?

6 Aber haben nicht meine Worte und
meine Gebote, die ich durch meine Knechte,
die Propheten, gab, eure Väter getroffen, dass sie
haben umkehren müssen und sagen: »Wie der
HERR Zebaoth vorhatte, uns zu tun nach unsern
Wegen und Taten, so hat er uns auch getan«?

Die erste Vision: der Mann auf dem roten Pferd

7 Am vierundzwanzigsten Tage des elften
Monats – das ist der Monat Schebat – im zweiten Jahr des Königs Darius geschah das Wort
des HERRN zu Sacharja, dem Sohn Berechjas,
des Sohnes Iddos, dem Propheten:

¶ 8 Ich sah in dieser Nacht, und siehe, ein
Mann saß auf einem roten Pferde, und er hielt
zwischen den Myrten im Talgrund, und hinter
ihm waren rote, braune und weiße Pferde.

9 Und ich sprach: Mein Herr, wer sind
diese? Und der Engel, der mit mir redete, sprach
zu mir: Ich will dir zeigen, wer diese sind.

10 Und der Mann, der zwischen den Myrten
hielt, antwortete: Diese sind's, die der HERR
ausgesandt hat, die Lande zu durchziehen.

11 Sie aber antworteten dem Engel des
HERRN, der zwischen den Myrten hielt, und
sprachen: Wir haben die Lande durchzogen,
und siehe, alle Lande liegen ruhig und still.

A Call to Return to the LORD

1 In the eighth month, in the second year of
Darius, the word of the LORD came to the
prophet Zechariah, the son of Berechiah, son
of Iddo, saying,

2 "The LORD was very angry with your
fathers.

3 Therefore say to them, Thus declares the
LORD of hosts: Return to me, says the LORD of
hosts, and I will return to you, says the LORD
of hosts.

4 Do not be like your fathers, to whom the
former prophets cried out, 'Thus says the LORD
of hosts, Return from your evil ways and from
your evil deeds.' But they did not hear or pay
attention to me, declares the LORD.

5 Your fathers, where are they? And the
prophets, do they live forever?

6 But my words and my statutes, which
I commanded my servants the prophets,
did they not overtake your fathers? So they
repented and said, As the LORD of hosts purposed to deal with us for our ways and ᴾdeeds,
so has he dealt with us.'"

A Vision of a Horseman

¶ 7 On the twenty-fourth day of the eleventh month, which is the month of Shebat,
in the second year of Darius, the word of the
LORD came to the prophet Zechariah, the son
of Berechiah, son of Iddo, saying,

8 "I saw in the night, and behold, a man
riding on a red horse! He was standing among
the myrtle trees in the glen, and behind him
were red, sorrel, and white horses.

9 Then I said, 'What are these, my lord?'
The angel who talked with me said to me, 'I
will show you what they are.'

10 So the man who was standing among
the myrtle trees answered, 'These are they
whom the LORD has sent to patrol the earth.'

11 And they answered the angel of the
LORD who was standing among the myrtle
trees, and said, 'We have patrolled the earth,
and behold, all the earth remains at rest.'

¶ **12** Da hob der Engel des HERRN an und sprach: HERR Zebaoth, wie lange noch willst du dich nicht erbarmen über Jerusalem und über die Städte Judas, über die du zornig bist schon siebzig Jahre?

13 Und der HERR antwortete dem Engel, der mit mir redete, freundliche Worte und tröstliche Worte.

14 Und der Engel, der mit mir redete, sprach zu mir: Predige und sprich: So spricht der HERR Zebaoth: Ich eifere für Jerusalem und Zion mit großem Eifer

15 und bin sehr zornig über die stolzen Völker; denn ich war nur ein wenig zornig, sie aber halfen zum Verderben.

¶ **16** Darum spricht der HERR: Ich will mich wieder Jerusalem zuwenden mit Barmherzigkeit, und mein Haus soll darin wieder aufgebaut werden, spricht der HERR Zebaoth, und die Messschnur soll über Jerusalem gespannt werden.

17 Und weiter predige und sprich: So spricht der HERR Zebaoth: Es sollen meine Städte wieder Überfluss haben an Gutem, und der HERR wird Zion wieder trösten und wird Jerusalem wieder erwählen.

Die zweite Vision: die vier Hörner und die vier Schmiede

2 ¹Und ich hob meine Augen auf und sah, und siehe, da waren vier Hörner.

2 Und ich sprach zu dem Engel, der mit mir redete: Wer sind diese? Er sprach zu mir: Es sind die Hörner, die Juda, das ist Israel, und Jerusalem zerstreut haben.

¶ **3** Und der HERR zeigte mir vier Schmiede.

4 Da sprach ich: Was wollen die machen? Er sprach: Jene sind die Hörner, die Juda so zerstreut haben, dass niemand sein Haupt hat erheben können; diese aber sind gekommen, jene abzuschrecken und die Hörner der Völker abzuschlagen, die ihr Horn gegen das Land Juda erhoben haben, um es zu zerstreuen.

Die dritte Vision: der Mann mit der Messschnur

5 Und ich hob meine Augen auf und sah, und siehe, ein Mann hatte eine Messschnur in der Hand.

6 Und ich sprach: Wo gehst du hin? Er sprach zu mir: Jerusalem auszumessen und zu sehen, wie lang und breit es werden soll.

7 Und siehe, der Engel, der mit mir redete, stand da, und ein anderer Engel ging heraus ihm entgegen

12 Then the angel of the LORD said, 'O LORD of hosts, ʷhow long will you have no mercy on Jerusalem and the cities of Judah, against which you have been angry these seventy years?'

13 And the LORD answered gracious and comforting words to the angel who talked with me.

14 So the angel who talked with me said to me, 'Cry out, Thus says the LORD of hosts: I am exceedingly jealous for Jerusalem and for Zion.

15 And I am exceedingly angry with the nations that are at ease; for while I was angry but a little, they furthered the disaster.

16 Therefore, thus says the LORD, I have returned to Jerusalem with mercy; my house shall be built in it, declares the LORD of hosts, and the measuring line shall be stretched out over Jerusalem.

17 Cry out again, Thus says the LORD of hosts: My cities shall again overflow with prosperity, and the LORD will again comfort Zion and again choose Jerusalem.'"

A Vision of Horns and Craftsmen

¶ **18**¹ And I lifted my eyes and saw, and behold, four horns!

19 And I said to the angel who talked with me, "What are these?" And he said to me, "These are the horns that have scattered Judah, Israel, and Jerusalem."

20 Then the LORD showed me four craftsmen.

21 And I said, "What are these coming to do?" He said, "These are the horns that scattered Judah, so that no one raised his head. And these have come to terrify them, to cast down the horns of the nations who lifted up their horns against the land of Judah to scatter it."

A Vision of a Man with a Measuring Line

2 ¹ And I lifted my eyes and saw, and behold, a man with a measuring line in his hand!

2 Then I said, "Where are you going?" And he said to me, "To measure Jerusalem, to see what is its width and what is its length."

3 And behold, the angel who talked with me came forward, and another angel came forward to meet him

8 und sprach zu ihm: Lauf hin und sage diesem jungen Mann: Jerusalem soll ohne Mauern bewohnt werden wegen der großen Menge der Menschen und des Viehs, die darin sein wird.

9 Doch ich will, spricht der HERR, eine feurige Mauer rings um sie her sein und will mich herrlich darin erweisen.

Die neue Zeit für Israel und die Völker

10 Auf, auf! Flieht aus dem Lande des Nordens!, spricht der HERR; denn ich habe euch in die vier Winde unter dem Himmel zerstreut, spricht der HERR.

11 Auf, Zion, die du wohnst bei der Tochter Babel, entrinne!

12 Denn so spricht der HERR Zebaoth, der mich gesandt hat, über die Völker, die euch beraubt haben: Wer euch antastet, der tastet meinen Augapfel an.

13 Denn siehe, ich will meine Hand über sie schwingen, dass sie eine Beute derer werden sollen, die ihnen haben dienen müssen. – Und ihr sollt erkennen, dass mich der HERR Zebaoth gesandt hat.

¶ **14** **Freue dich und sei fröhlich, du Tochter Zion! Denn siehe, ich komme und will bei dir wohnen,** spricht der HERR.

15 Und es sollen zu der Zeit viele Völker sich zum HERRN wenden und sollen mein Volk sein, und ich will bei dir wohnen. – Und du sollst erkennen, dass mich der HERR Zebaoth zu dir gesandt hat. –

16 Und der HERR wird Juda in Besitz nehmen als sein Erbteil in dem heiligen Lande und wird Jerusalem wieder erwählen.

17 Alles Fleisch sei stille vor dem HERRN; denn er hat sich aufgemacht von seiner heiligen Stätte!

Die vierte Vision: der Hohepriester Jeschua

3 Und er ließ mich sehen den Hohenpriester Jeschua, wie er vor dem Engel des HERRN stand, und der Satan stand zu seiner Rechten, um ihn zu verklagen.

2 Und der Engel des HERRN sprach zu dem Satan: Der HERR schelte dich, du Satan! Ja, der HERR, der Jerusalem erwählt hat, schelte dich! Ist dieser nicht ein Brandscheit, das aus dem Feuer gerettet ist?

¶ **3** Jeschua aber hatte unreine Kleider an und stand vor dem Engel,

4 der anhob und sprach zu denen, die vor ihm standen: Tut die unreinen Kleider von ihm! Und er sprach zu ihm: Sieh her, ich nehme deine Sünde von dir und lasse dir Feierkleider anziehen.

4 and said to him, "Run, say to that young man, 'Jerusalem shall be inhabited as villages without walls, because of the multitude of people and livestock in it.

5 And I will be to her a wall of fire all around, declares the LORD, and I will be the glory in her midst.'"

¶ **6** Up! Up! Flee from the land of the north, declares the LORD. For I have spread you abroad as the four winds of the heavens, declares the LORD.

7 Up! Escape to Zion, you who dwell with the daughter of Babylon.

8 For thus said the LORD of hosts, after his glory sent me[2] to the nations who plundered you, for he who touches you touches the apple of his eye:

9 "Behold, I will shake my hand over them, and they shall become plunder for those who served them. Then you will know that the LORD of hosts has sent me.

10 Sing and rejoice, O daughter of Zion, for behold, I come and I will dwell in your midst, declares the LORD.

11 And many nations shall join themselves to the LORD in that day, and shall be my people. And I will dwell in your midst, and you shall know that the LORD of hosts has sent me to you.

12 And the LORD will inherit Judah as his portion in the holy land, and will again choose Jerusalem."

¶ **13** Be silent, all flesh, before the LORD, for he has roused himself from his holy dwelling.

A Vision of Joshua the High Priest

3 Then he showed me Joshua the high priest standing before the angel of the LORD, and Satan[1] standing at his right hand to accuse him.

2 And the LORD said to Satan, "The LORD rebuke you, O Satan! The LORD who has chosen Jerusalem rebuke you! Is not this a brand[2] plucked from the fire?"

3 Now Joshua was standing before the angel, clothed with filthy garments.

4 And the angel said to those who were standing before him, "Remove the filthy garments from him." And to him he said, "Behold, I have taken your iniquity away from you, and I will clothe you with pure vestments."

5 Und er sprach: Setzt ihm einen reinen Kopfbund auf das Haupt! Und sie setzten ihm einen reinen Kopfbund auf das Haupt und zogen ihm reine Kleider an, und der Engel des HERRN stand dabei.

¶ **6** Und der Engel des HERRN bezeugte es Jeschua und sprach:

7 So spricht der HERR Zebaoth: Wirst du in meinen Wegen wandeln und meinen Dienst recht versehen, so sollst du mein Haus regieren und meine Vorhöfe bewahren. Und ich will dir Zugang zu mir geben mit diesen, die hier stehen.

¶ **8** Höre nun, Jeschua, du Hoherpriester: Du und deine Brüder, die vor dir sitzen, sind miteinander ein Zeichen; denn siehe, ich will meinen Knecht, »den Spross«, kommen lassen.

¶ **9** Siehe, auf dem einen Stein, den ich vor Jeschua hingelegt habe, sind sieben Augen. Siehe, ich will auf ihm eine Inschrift eingraben, spricht der HERR Zebaoth, und will die Sünde des Landes wegnehmen an einem einzigen Tag.

¶ **10** Zu derselben Zeit, spricht der HERR Zebaoth, wird einer den andern einladen unter den Weinstock und unter den Feigenbaum.

Die fünfte Vision: der goldene Leuchter und die zwei Ölbäume

4 Und der Engel, der mit mir redete, weckte mich abermals auf, wie man vom Schlaf erweckt wird,

2 und sprach zu mir: Was siehst du? Ich aber sprach: Ich sehe, und siehe, da steht ein Leuchter, ganz aus Gold, mit einer Schale oben darauf, auf der sieben Lampen sind und sieben Schnauzen an jeder Lampe,

3 und zwei Ölbäume dabei, einer zu seiner Rechten, der andere zu seiner Linken.

4 Und ich hob an und sprach zu dem Engel, der mit mir redete: Mein Herr, was ist das?

5 Und der Engel, der mit mir redete, antwortete und sprach zu mir: Weißt du nicht, was das ist? Ich aber sprach: Nein, mein Herr.

Verheißung über Serubbabel

6 Und er antwortete und sprach zu mir: Das ist das Wort des HERRN an Serubbabel: **Es soll nicht durch Heer oder Kraft, sondern durch meinen Geist geschehen**, spricht der HERR Zebaoth.

7 Wer bist du, du großer Berg, der du doch vor Serubbabel zur Ebene werden musst? Er wird hervorholen den Schlussstein, sodass man rufen wird: Glück zu! Glück zu!

5 And I said, "Let them put a clean turban on his head." So they put a clean turban on his head and clothed him with garments. And the angel of the LORD was standing by.

¶ **6** And the angel of the LORD solemnly assured Joshua,

7 "Thus says the LORD of hosts: If you will walk in my ways and keep my charge, then you shall rule my house and have charge of my courts, and I will give you the right of access among those who are standing here.

8 Hear now, O Joshua the high priest, you and your friends who sit before you, for they are men who are a sign: behold, I will bring my servant the Branch.

9 For behold, on the stone that I have set before Joshua, on a single stone with seven eyes,[3] I will engrave its inscription, declares the LORD of hosts, and I will remove the iniquity of this land in a single day.

10 In that day, declares the LORD of hosts, every one of you will invite his neighbor to come under his vine and under his fig tree."

A Vision of a Golden Lampstand

4 And the angel who talked with me came again and woke me, like a man who is awakened out of his sleep.

2 And he said to me, "What do you see?" I said, "I see, and behold, a lampstand all of gold, with a bowl on the top of it, and seven lamps on it, with seven lips on each of the lamps that are on the top of it.

3 And there are two olive trees by it, one on the right of the bowl and the other on its left."

4 And I said to the angel who talked with me, "What are these, my lord?"

5 Then the angel who talked with me answered and said to me, "Do you not know what these are?" I said, "No, my lord."

6 Then he said to me, "This is the word of the LORD to Zerubbabel: Not by might, nor by power, but by my Spirit, says the LORD of hosts.

7 Who are you, O great mountain? Before Zerubbabel you shall become a plain. And he shall bring forward the top stone amid shouts of 'Grace, grace to it!'"

¶ **8** Und es geschah zu mir das Wort des HERRN:

9 Die Hände Serubbabels haben dies Haus gegründet, seine Hände sollen's auch vollenden, damit ihr erkennt, dass mich der HERR Zebaoth zu euch gesandt hat.

10 Denn wer immer den Tag des geringsten Anfangs verachtet hat, wird doch mit Freuden sehen den Schlussstein in Serubbabels Hand.

¶ Jene sieben sind des HERRN Augen, die alle Lande durchziehen.*

Deutung der fünften Vision

11 Und ich hob an und sprach zu ihm: Was sind die zwei Ölbäume zur Rechten und zur Linken des Leuchters?

12 Und ich sprach weiter zu ihm: Was sind die beiden Zweige der Ölbäume bei den zwei goldenen Röhren, aus denen das goldene Öl herabfließt?

13 Und er sprach zu mir: Weißt du nicht, was sie sind? Ich aber sprach: Nein, mein Herr.

14 Und er sprach: Es sind die zwei Gesalbten, die vor dem Herrscher aller Lande stehen.

Die sechste Vision: die fliegende Schriftrolle

5 Und ich hob meine Augen abermals auf und sah, und siehe, da war eine fliegende Schriftrolle.

2 Und er sprach zu mir: Was siehst du? Ich aber sprach: Ich sehe eine fliegende Schriftrolle, die ist zwanzig Ellen lang und zehn Ellen breit.

3 Und er sprach zu mir: Das ist der Fluch, der ausgeht über das ganze Land; denn alle Diebe werden nach dieser Schrift von hier ausgefegt und alle Meineidigen werden nach dieser Schrift von hier ausgefegt.

4 Ich will ihn ausgehen lassen, spricht der HERR Zebaoth, dass er kommen soll über das Haus des Diebes und über das Haus dessen, der bei meinem Namen falsch schwört. Und er soll in dem Haus bleiben und soll's verzehren samt seinem Holz und seinen Steinen.

Die siebente Vision: die Frau in der Tonne

5 Und der Engel, der mit mir redete, trat hervor und sprach zu mir: Hebe deine Augen auf und sieh! Was kommt da hervor?

6 Und ich sprach: Was ist das? Er aber sprach: Das ist eine Tonne, die da hervorkommt – und sprach weiter: Das ist die Sünde im ganzen Lande.

¶ **8** Then the word of the LORD came to me, saying,

9 "The hands of Zerubbabel have laid the foundation of this house; his hands shall also complete it. Then you will know that the LORD of hosts has sent me to you.

10 For whoever has despised the day of small things shall rejoice, and shall see the plumb line in the hand of Zerubbabel.

¶ "These seven ᵛare the eyes of the LORD, which range through the whole earth."

11 Then I said to him, "What are these two olive trees on the right and the left of the lampstand?"

12 And a second time I answered and said to him, "What are these two branches of the olive trees, which are beside the two golden pipes from which the golden oil¹ is poured out?"

13 He said to me, "Do you not know what these are?" I said, "No, my lord."

14 Then he said, "These are the two anointed ones² who stand by the Lord of the whole earth."

A Vision of a Flying Scroll

5 Again I lifted my eyes and saw, and behold, a flying scroll!

2 And he said to me, "What do you see?" I answered, "I see a flying scroll. Its length is twenty cubits, and its width ten cubits."¹

3 Then he said to me, "This is the curse that goes out over the face of the whole land. For everyone who steals shall be cleaned out according to what is on one side, and everyone who swears falsely² shall be cleaned out according to what is on the other side.

4 I will send it out, declares the LORD of hosts, and it shall enter the house of the thief, and the house of him who swears falsely by my name. And it shall remain in his house and consume it, both timber and stones."

A Vision of a Woman in a Basket

¶ **5** Then the angel who talked with me came forward and said to me, "Lift your eyes and see what this is that is going out."

6 And I said, "What is it?" He said, "This is the basket³ that is going out." And he said, "This is their iniquity⁴ in all the land."

7 Und siehe, es hob sich der Deckel aus Blei und da war eine Frau, die saß in der Tonne.

8 Er aber sprach: Das ist die Gottlosigkeit. Und er stieß sie in die Tonne und warf den Deckel aus Blei oben auf die Öffnung.

¶ **9** Und ich hob meine Augen auf und sah, und siehe, zwei Frauen traten heran und hatten Flügel, die der Wind trieb – es waren aber Flügel wie Storchenflügel –, und sie trugen die Tonne zwischen Erde und Himmel dahin.

10 Und ich sprach zum Engel, der mit mir redete: Wo tragen diese die Tonne hin?

11 Er aber sprach zu mir: Dass ihr ein Tempel gebaut werde im Lande Schinar und sie dort aufgestellt werde.

Die achte Vision: die vier Wagen

6 Und ich hob meine Augen abermals auf und sah, und siehe, da waren vier Wagen, die kamen zwischen den zwei Bergen hervor; die Berge aber waren aus Kupfer.

2 Am ersten Wagen waren rote Rosse, am zweiten Wagen waren schwarze Rosse,

3 am dritten Wagen waren weiße Rosse, am vierten Wagen waren scheckige Rosse, allesamt stark.

4 Und ich hob an und sprach zum Engel, der mit mir redete: Mein Herr, wer sind diese?

5 Der Engel antwortete und sprach zu mir: Es sind die vier Winde unter dem Himmel, die hervorkommen, nachdem sie gestanden haben vor dem Herrscher aller Lande.

6 *Die schwarzen Rosse ziehen nach Norden, die weißen ziehen nach Westen und die scheckigen ziehen nach Süden.

¶ **7** Und die starken Rosse wollten sich aufmachen, um die Lande zu durchziehen. Und er sprach: Geht hin und durchzieht die Lande! Und sie durchzogen die Lande.

8 Und er rief mich an und redete mit mir und sprach: Sieh, die nach Norden ziehen, lassen meinen Geist ruhen im Lande des Nordens.

Die Krönung Jeschuas

9 Und des HERRN Wort geschah zu mir:

10 Nimm von den Weggeführten, von Heldai und von Tobija und von Jedaja, die von Babel gekommen sind, und geh an diesem selben Tage ins Haus Joschijas, des Sohnes Zefanjas,

11 nimm von ihnen Silber und Gold und mache Kronen und kröne das Haupt Jeschuas, des Hohenpriesters, des Sohnes Jozadaks,

7 And behold, the leaden cover was lifted, and there was a woman sitting in the basket!

8 And he said, "This is Wickedness." And he thrust her back into the basket, and thrust down the leaden weight on its opening.

¶ **9** Then I lifted my eyes and saw, and behold, two women coming forward! The wind was in their wings. They had wings like the wings of a stork, and they lifted up the basket between earth and heaven.

10 Then I said to the angel who talked with me, "Where are they taking the basket?"

11 He said to me, "To the land of Shinar, to build a house for it. And when this is prepared, they will set the basket down there on its base."

A Vision of Four Chariots

6 Again I lifted my eyes and saw, and behold, four chariots came out from between two mountains. And the mountains were mountains of bronze.

2 The first chariot had red horses, the second black horses,

3 the third white horses, and the fourth chariot dappled horses—all of them strong.[1]

4 Then I answered and said to the angel who talked with me, "What are these, my lord?"

5 And the angel answered and said to me, "These are going out to the four winds of heaven, after presenting themselves before the LORD of all the earth.

6 The chariot with the black horses goes toward the north country, the white ones go after them, and the dappled ones go toward the south country."

7 When the strong horses came out, they were impatient to go and patrol the earth. And he said, "Go, ʷpatrol the earth." ʷSo they patrolled the earth.

8 Then he cried to me, "Behold, those who go toward the north country have set my Spirit at rest in ᵘthe north country."

The Crown and the Temple

¶ **9** And the word of the LORD came to me:

10 "Take from the exiles Heldai, Tobijah, and Jedaiah, who have arrived from Babylon, and go the same day to the house of Josiah, the son of Zephaniah.

11 Take from them silver and gold, and make a crown, and set it on the head of Joshua, the son of Jehozadak, the high priest.

12 und sprich zu ihm: So spricht der Herr Zebaoth: Siehe, es ist ein Mann, der heißt »Spross«; denn unter ihm wird's sprossen, und er wird bauen des Herrn Tempel.

13 Ja, den Tempel des Herrn wird er bauen, und er wird herrlich geschmückt sein und wird sitzen und herrschen auf seinem Thron. Und ein Priester wird sein zu seiner Rechten, und es wird Friede sein zwischen den beiden.

14 Und die Kronen sollen zum Andenken an Heldai, Tobija, Jedaja und den Sohn Zefanjas im Tempel des Herrn bleiben.

15 Und es werden kommen von ferne, die am Tempel des Herrn bauen werden. Da werdet ihr erkennen, dass mich der Herr Zebaoth zu euch gesandt hat; und das soll geschehen, wenn ihr gehorchen werdet der Stimme des Herrn, eures Gottes.

Am bloßen Fasten hat Gott kein Gefallen

7 Und es geschah im vierten Jahr des Königs Darius am vierten Tag des neunten Monats, der Kislew heißt, dass des Herrn Wort zu Sacharja geschah.

2 Damals sandte Bethel den Sarezer und den Regem-Melech mit seinen Leuten, um den Herrn anzuflehen,

3 und ließ die Priester, die zum Hause des Herrn Zebaoth gehörten, und die Propheten fragen: Muss ich immer noch im fünften Monat weinen und Fasten halten, wie ich es nun so viele Jahre getan habe?

4 Und des Herrn Zebaoth Wort geschah zu mir:

5 Sage allem Volk im Lande und den Priestern und sprich: Als ihr fastetet und Leid trugt im fünften und siebenten Monat diese siebzig Jahre lang, habt ihr da für mich gefastet?

6 Und wenn ihr esst und trinkt, esst und trinkt ihr da nicht für euch selbst?

Gottes Gericht über die Unbrüderlichkeit

7 Ist's nicht das, was der Herr durch die früheren Propheten predigen ließ, als Jerusalem bewohnt war und Frieden hatte samt seinen Städten ringsum und Leute im Südland und im Hügelland wohnten

8 – und des Herrn Wort geschah zu Sacharja,

9 dass der Herr Zebaoth sprach: Richtet recht, und **ein jeder erweise seinem Bruder Güte und Barmherzigkeit,**

12 And say to him, 'Thus says the Lord of hosts, "Behold, the man whose name is the Branch: for he shall branch out from his place, and he shall build the temple of the Lord.

13 It is he who shall build the temple of the Lord and shall bear royal honor, and shall sit and rule on his throne. And there shall be a priest on his throne, and the counsel of peace shall be between them both."'

14 And the crown shall be in the temple of the Lord as a reminder to Helem,[2] Tobijah, [j]Jedaiah, and Hen [j]the son of Zephaniah.

¶ **15** "And those who are far off shall come and help to build the temple of the Lord. And you shall know that the Lord of hosts has sent me to you. And this shall come to pass, if you will diligently obey the voice of the Lord your God."

A Call for Justice and Mercy

7 In the fourth year of King Darius, the word of the Lord came to Zechariah on the fourth day of the ninth month, which is Chislev.

2 Now the people of Bethel had sent Sharezer and Regem-melech and their men to entreat the favor of the Lord,

3 saying to the priests of the house of the Lord of hosts and the prophets, "Should I weep and abstain in the fifth month, as I have done for so many years?"

¶ **4** Then the word of the Lord of hosts came to me:

5 "Say to all the people of the land and the priests, When you fasted and mourned in the fifth month and in the seventh, for these seventy years, was it [x]for me that you fasted?

6 And when you eat and when you drink, do you not eat for yourselves and drink for yourselves?

7 Were not these the words that the Lord proclaimed by the former prophets, when Jerusalem was inhabited and prosperous, with her cities around her, and the [b]South and the [b]lowland were inhabited?"

¶ **8** And the word of the Lord came to Zechariah, saying,

9 "Thus says the Lord of hosts, Render true judgments, show kindness and mercy to one another,

10 und tut nicht Unrecht den Witwen, Waisen, Fremdlingen und Armen, und denke keiner gegen seinen Bruder etwas Arges in seinem Herzen!

¶ **11** Aber sie wollten nicht aufmerken und kehrten mir den Rücken zu und verstockten ihre Ohren, um nicht zu hören,

12 und machten ihre Herzen hart wie Diamant, damit sie nicht hörten das Gesetz und die Worte, die der HERR Zebaoth durch seinen Geist sandte durch die früheren Propheten. Daher ist so großer Zorn vom HERRN Zebaoth gekommen.

13 Und es ist so ergangen: Gleichwie gepredigt wurde und sie nicht hörten, so wollte ich auch nicht hören, als sie riefen, spricht der HERR Zebaoth.

14 Darum habe ich sie zerstreut unter alle Heiden, die sie nicht kannten, und das Land blieb verwüstet hinter ihnen liegen, sodass niemand mehr darin hin und her zog; so haben sie das liebliche Land zur Wüste gemacht.

Das künftige Heil für das Volk Gottes

8 Und es geschah des HERRN Wort:

2 So spricht der HERR Zebaoth: Ich eifere für Zion mit großem Eifer und eifere um seinetwillen in großem Zorn.

¶ **3** So spricht der HERR: Ich kehre wieder auf den Zion zurück und will zu Jerusalem wohnen, dass Jerusalem eine Stadt der Treue heißen soll und der Berg des HERRN Zebaoth ein heiliger Berg.

¶ **4** So spricht der HERR Zebaoth: Es sollen hinfort wieder sitzen auf den Plätzen Jerusalems alte Männer und Frauen, jeder mit seinem Stock in der Hand vor hohem Alter,

5 und die Plätze der Stadt sollen voll sein von Knaben und Mädchen, die dort spielen.

¶ **6** So spricht der HERR Zebaoth: Erscheint dies auch unmöglich in den Augen derer, die in dieser Zeit übrig geblieben sind von diesem Volk, sollte es darum auch unmöglich erscheinen in **meinen** Augen?, spricht der HERR Zebaoth.

¶ **7** So spricht der HERR Zebaoth: Siehe, ich will mein Volk erlösen aus dem Lande gegen Aufgang und aus dem Lande gegen Niedergang der Sonne

8 und will sie heimbringen, dass sie in Jerusalem wohnen. Und sie sollen mein Volk sein und ich will ihr Gott sein in Treue und Gerechtigkeit.

10 do not oppress the widow, the fatherless, the sojourner, or the poor, and let none of you devise evil against another in your heart."

11 But they refused to pay attention and turned a stubborn shoulder and stopped their ears that they might not hear.[1]

12 They made their hearts diamond-hard lest they should hear the law and the words that the LORD of hosts had sent [j]by his Spirit through the former prophets. Therefore great anger came from the LORD of hosts.

13 "As I[2] called, and they would not hear, [m]so they called, and I would not hear," says the LORD of hosts,

14 "and I scattered them with a whirlwind among all the nations that they had not known. Thus the land they left was desolate, so that no one went to and fro, and the pleasant land was made desolate."

The Coming Peace and Prosperity of Zion

8 And the word of the LORD of hosts came, saying,

2 "Thus says the LORD of hosts: I am jealous for Zion with great jealousy, and I am jealous for her with great wrath.

3 Thus says the LORD: I have returned to Zion and will dwell in the midst of Jerusalem, and Jerusalem shall be called the faithful city, and the mountain of the LORD of hosts, the holy mountain.

4 Thus says the LORD of hosts: Old men and old women shall again sit in the streets of Jerusalem, each with staff in hand because of great age.

5 And the streets of the city shall be full of boys and girls playing in its streets.

6 Thus says the LORD of hosts: If it is marvelous in the sight of the remnant of this people in those days, should it also be marvelous in my sight, declares the LORD of hosts?

7 Thus says the LORD of hosts: behold, I will save my people from the east country and from the west country,

8 and I will bring them to dwell in the midst of Jerusalem. And they shall be my people, and I will be their God, in faithfulness and in righteousness."

9 So spricht der HERR Zebaoth: Stärkt eure Hände, die ihr diese Worte hört in dieser Zeit durch der Propheten Mund – an dem Tage, da der Grund gelegt wurde zum Hause des HERRN Zebaoth, auf dass der Tempel gebaut würde.

10 Denn vor diesen Tagen war der Menschen Arbeit vergebens, und auch der Tiere Arbeit erbrachte nichts; und vor lauter Feinden war kein Friede für die, die aus- und einzogen, und ich ließ alle Menschen aufeinander los, einen jeden gegen seinen Nächsten.

11 Aber nun will ich nicht wie in den vorigen Tagen verfahren mit denen, die übrig geblieben sind von diesem Volk, spricht der HERR Zebaoth,

12 sondern sie sollen in Frieden säen. Der Weinstock soll seine Frucht geben und das Land sein Gewächs, und der Himmel soll seinen Tau geben. Und ich will denen, die übrig geblieben sind von diesem Volk, das alles zum Besitz geben.

13 Und es soll geschehen: Wie ihr vom Hause Juda und vom Hause Israel ein Fluch gewesen seid unter den Heiden, so will ich euch erlösen, dass ihr ein Segen sein sollt. Fürchtet euch nur nicht und stärkt eure Hände!

14 So spricht der HERR Zebaoth: Gleichwie ich euch zu plagen gedachte, als mich eure Väter erzürnten, spricht der HERR Zebaoth, und es mich nicht gereute,

15 so gedenke ich nun wiederum in diesen Tagen wohlzutun Jerusalem und dem Hause Juda. Fürchtet euch nur nicht!

16 Das ist's aber, was ihr tun sollt: Rede einer mit dem andern Wahrheit und richtet recht, schafft Frieden in euren Toren,

17 und keiner ersinne Arges in seinem Herzen gegen seinen Nächsten, und liebt nicht falsche Eide; denn das alles hasse ich, spricht der HERR.

18 Und es geschah des HERRN Zebaoth Wort zu mir:

19 So spricht der HERR Zebaoth: Die Fasten des vierten, fünften, siebenten und zehnten Monats sollen dem Hause Juda zur Freude und Wonne und zu fröhlichen Festzeiten werden. Doch liebt Wahrheit und Frieden!

Das künftige Heil für die Völker

20 So spricht der HERR Zebaoth: Es werden noch viele Völker kommen und Bürger vieler Städte,

9 Thus says the LORD of hosts: "Let your hands be strong, you who in these days have been hearing these words from the mouth of the prophets who were present on the day that the foundation of the house of the LORD of hosts was laid, that the temple might be built.

10 For before those days there was no wage for man or any wage for beast, neither was there any safety from the foe for him who went out or came in, for I set every man against his neighbor.

11 But now I will not deal with the remnant of this people as in the former days, declares the LORD of hosts.

12 For there shall be a sowing of peace. The vine shall give its fruit, and the ground shall give its produce, and the heavens shall give their dew. And I will cause the remnant of this people to possess all these things.

13 And as you have been a byword of cursing among the nations, O house of Judah and house of Israel, so will I save you, and you shall be a blessing. Fear not, but let your hands be strong."

14 For thus says the LORD of hosts: "As I purposed to bring disaster to you when your fathers provoked me to wrath, and I did not relent, says the LORD of hosts,

15 so again have I purposed in these days to bring good to Jerusalem and to the house of Judah; fear not.

16 These are the things that you shall do: Speak the truth to one another; render in your gates judgments that are true and make for peace;

17 do not devise evil in your hearts against one another, and love no false oath, for all these things I hate, declares the LORD."

18 And the word of the LORD of hosts came to me, saying,

19 "Thus says the LORD of hosts: The fast of the fourth month and the fast of the fifth and the fast of the seventh and the fast of the tenth shall be to the house of Judah seasons of joy and gladness and cheerful feasts. Therefore love truth and peace.

20 "Thus says the LORD of hosts: Peoples shall yet come, even the inhabitants of many cities.

21 und die Bürger einer Stadt werden zur andern gehen und sagen: Lasst uns gehen, den HERRN anzuflehen und zu suchen den HERRN Zebaoth; wir selber wollen hingehen.

22 So werden viele Völker, Heiden in Scharen, kommen, den HERRN Zebaoth in Jerusalem zu suchen und den HERRN anzuflehen.

¶ **23** So spricht der HERR Zebaoth: Zu der Zeit werden zehn Männer aus allen Sprachen der Heiden **einen** jüdischen Mann beim Zipfel seines Gewandes ergreifen und sagen: Wir wollen mit euch gehen, denn wir hören, dass Gott mit euch ist.

Läuterung der heidnischen Nachbarn Judas

9 Die Last, die der HERR ankündigt, kommt über das Land Hadrach, und auf Damaskus lässt sie sich nieder – denn der HERR schaut auf die Menschen und auf alle Stämme Israels –,

2 dazu auf Hamat, das daran grenzt, auch auf Tyrus und Sidon, die doch sehr weise sind.

3 Denn Tyrus baute sich ein Bollwerk und sammelte Silber wie Sand und Gold wie Dreck auf der Gasse.

4 Aber siehe, der Herr wird es erobern und wird seine Macht ins Meer stürzen, und die Stadt wird mit Feuer verbrannt werden.

¶ **5** Wenn Aschkelon das sehen wird, wird es erschrecken, und Gaza wird sehr angst werden, dazu Ekron, denn seine Zuversicht wird zuschanden. Es wird aus sein mit dem König von Gaza, und in Aschkelon wird man nicht mehr wohnen,

6 und in Aschdod werden Mischlinge wohnen.

¶ Und ich will die Pracht der Philister ausrotten.

7 Und ich will das Blut von ihrem Munde wegnehmen und das, was mir ein Gräuel ist, von ihren Zähnen, dass auch sie unserm Gott übrig bleiben und wie ein Stamm in Juda werden und die Bewohner Ekrons wie die Jebusiter.

8 Und ich will mich selbst als Wache um mein Haus lagern, sodass keiner dort hin und her ziehe und nicht mehr der Treiber über sie komme; denn ich sehe nun darauf mit meinen Augen.

21 The inhabitants of one city shall go to another, saying, 'Let us go at once to entreat the favor of the LORD and to seek the LORD of hosts; I myself am going.'

22 Many peoples and strong nations shall come to seek the LORD of hosts in Jerusalem and to entreat the favor of the LORD.

23 Thus says the LORD of hosts: In those days ten men from the nations of every tongue shall take hold of the robe of a Jew, saying, 'Let us go with you, for we have heard that God is with you.'"

Judgment on Israel's Enemies

9 The burden of the word of the LORD is against the land of Hadrach
and Damascus is its resting place.
For the LORD has an eye on mankind
and on all the tribes of Israel,[1]

2 and on Hamath also, which borders on it,
Tyre and [f]Sidon, though they are very wise.

3 Tyre has built herself a rampart
and heaped up silver like dust,
and fine gold like the mud of the streets.

4 But behold, the Lord will strip her of her possessions
and strike down her power on the sea,
and she shall be devoured by fire.

5 Ashkelon shall see it, and be afraid;
Gaza too, and shall writhe in anguish;
Ekron also, because its hopes are confounded.
The king shall perish from Gaza;
Ashkelon shall be uninhabited;

6 a mixed people[2] shall dwell in Ashdod,
and I will cut off the pride of Philistia.

7 I will take away its blood from its mouth,
and its abominations from between its teeth;
it too shall be a remnant for our God;
it shall be like a clan in Judah,
and Ekron shall be like the Jebusites.

8 Then I will encamp at my house as a guard,
so that none shall march to and fro;
no oppressor shall again march over them,
for now I see with my own eyes.

Verheißung des messianischen Friedensreiches

9 Du, Tochter Zion, freue dich sehr, und du, Tochter Jerusalem, jauchze! Siehe, dein König kommt zu dir, ein Gerechter und ein Helfer, arm und reitet auf einem Esel, auf einem Füllen der Eselin.

10 Denn ich will die Wagen wegtun aus Ephraim und die Rosse aus Jerusalem, und der Kriegsbogen soll zerbrochen werden. Denn er wird Frieden gebieten den Völkern, und seine Herrschaft wird sein von einem Meer bis zum andern und vom Strom bis an die Enden der Erde.

¶ **11** Auch lasse ich um des Blutes deines Bundes willen deine Gefangenen frei aus der Grube, in der kein Wasser ist;

12 so kehrt heim zur festen Stadt, die ihr auf Hoffnung gefangen liegt. Denn heute verkündige ich, dass ich dir zweifach erstatten will.

¶ **13** Denn ich habe mir Juda zum Bogen gespannt und Ephraim darauf gelegt und will deine Söhne, Zion, aufbieten gegen deine Söhne, Griechenland, und will dich zum Schwert eines Riesen machen.

14 Und der HERR wird über ihnen erscheinen, und seine Pfeile werden ausfahren wie der Blitz, und Gott der HERR wird die Posaune blasen und wird einherfahren in den Stürmen vom Südland.

15 Der HERR Zebaoth wird sie schützen, und die Schleudersteine werden fressen und niederwerfen und Blut trinken wie Wein und voll davon werden wie die Becken und wie die Ecken des Altars.

16 Und der HERR, ihr Gott, wird ihnen zu der Zeit helfen, der Herde seines Volks; denn wie edle Steine werden sie in seinem Lande glänzen.

17 Denn wie groß ist seine Güte und wie groß ist seine Huld! Korn und Wein lässt er sprossen, Jünglinge und Jungfrauen.

The Coming King of Zion

9 Rejoice greatly, O daughter of Zion!
  Shout aloud, O daughter of Jerusalem!
Behold, your king is coming to you;
  righteous and having salvation is he,
humble and mounted on a donkey,
  on a colt, the foal of a donkey.

10 I will cut off the chariot from Ephraim
  and the war horse from Jerusalem;
and the battle bow shall be cut off,
  and he shall speak peace to the
    nations;
his rule shall be from sea to sea,
  and from the River to the ends of the
    earth.

11 As for you also, because of the blood of
    my covenant with you,
  I will set your prisoners free from the
    waterless pit.

12 Return to your stronghold, O prisoners
    of hope;
  today I declare that I will restore to
    you double.

13 For I have bent Judah as my bow;
  I have made Ephraim its arrow.
I will stir up your sons, O Zion,
  against your sons, O Greece,
  and wield you like a warrior's sword.

The LORD Will Save His People

14 Then the LORD will appear over them,
  and his arrow will go forth like
    lightning;
the Lord GOD will sound the trumpet
  and will march forth in the whirl-
    winds of the south.

15 The LORD of hosts will protect them,
  and they shall devour, and tread down
    the sling stones,
and they shall drink and roar as if
    drunk with wine,
  and be full like a bowl,
    drenched like the corners of the altar.

16 On that day the LORD their God will
    save them,
  as the flock of his people;
for like the jewels of a crown
  they shall shine on his land.

17 For how great is his goodness, and how
    great his beauty!
  Grain shall make the young men
    flourish,
  and new wine the young women.

Der rechte Helfer

10 Bittet den HERRN, dass es regne zur Zeit des Spätregens, so wird der HERR, der die Wolken macht, euch auch Regen genug geben für jedes Gewächs auf dem Felde.

2 Denn die Götzen reden Lüge, und die Wahrsager schauen Trug und erzählen nichtige Träume, und ihr Trösten ist nichts. Darum geht das Volk in die Irre wie eine Herde und ist verschmachtet, weil kein Hirte da ist.

Gott rüstet sein Volk zum Kampf und führt es heim

3 Mein Zorn ist entbrannt über die Hirten, und ich will die Böcke heimsuchen; denn der HERR Zebaoth wird seine Herde heimsuchen, nämlich das Haus Juda, und wird sie zurichten wie ein Ross, das geschmückt ist zum Kampf.

4 Die Ecksteine, Pflöcke, Kriegsbogen,* alle Mächtigen sollen aus ihr hervorgehen.

5 Und sie sollen sein wie Riesen, die im Kampf den Feind niedertreten in den Dreck auf der Gasse, und sie sollen kämpfen, denn der HERR wird mit ihnen sein, dass die Reiter zuschanden werden.

¶ **6** Und ich will das Haus Juda stärken und das Haus Josef erretten und will sie wieder einsetzen; denn ich erbarme mich ihrer. Und sie sollen sein, wie sie waren, als ich sie nicht verstoßen hatte; denn ich, der HERR, bin ihr Gott und will sie erhören.

7 Und Ephraim soll sein wie ein Riese, und ihr Herz soll fröhlich werden wie vom Wein; ihre Söhne sollen's sehen und sich freuen, ihr Herz soll fröhlich sein über den HERRN.

¶ **8** Ich will sie locken und sie sammeln, denn ich will sie erlösen, und sie sollen sich mehren, wie sie sich vormals gemehrt haben.

The Restoration for Judah and Israel

10 Ask rain from the LORD
in the season of the spring rain,
from the LORD who makes the storm
clouds,
and he will give them showers of rain,
to everyone the vegetation in the field.

2 For the household gods utter nonsense,
and the diviners see lies;
they tell false dreams
and give empty consolation.
Therefore the people wander like sheep;
they are afflicted for lack of a
shepherd.

3 "My anger is hot against the shepherds,
and I will punish the leaders;[1]
for the LORD of hosts cares for his flock,
the house of Judah,
and will make them like his majestic
steed in battle.
4 From him shall come the cornerstone,
from him the tent peg,
from him the battle bow,
from him every ruler—all of them
together.
5 They shall be like mighty men in battle,
trampling the foe in the mud of the
streets;
they shall fight because the LORD is with
them,
and they shall put to shame the riders
on horses.

6 "I will strengthen the house of Judah,
and I will save the house of Joseph.
I will bring them back because I have
compassion on them,
and they shall be as though I had not
rejected them,
for I am the LORD their God and I will
answer them.
7 Then Ephraim shall become like a
mighty warrior,
and their hearts shall be glad as with
wine.
Their children shall see it and be glad;
their hearts shall rejoice in the LORD.

8 "I will whistle for them and gather them
in,
for I have redeemed them,
and they shall be as many as they were
before.

9 Ich säte sie unter die Völker, dass sie meiner gedächten in fernen Landen und leben sollten mit ihren Kindern und wieder heimkehren.

10 Denn ich will sie zurückbringen aus Ägyptenland und sie sammeln aus Assyrien und will sie ins Land Gilead und zum Libanon bringen, dass man nicht Raum genug für sie finden wird.

11 Und wenn sie in Angst durchs Meer gehen, so wird er die Wellen im Meer schlagen, dass alle Tiefen des Wassers vertrocknen werden. Da soll dann zu Boden sinken die Pracht Assyriens, und das Zepter Ägyptens soll weichen.

12 Ich will sie stärken in dem HERRN, dass sie wandeln sollen in seinem Namen, spricht der HERR.

11 Tu deine Türen auf, Libanon, dass das Feuer deine Zedern verzehre!

2 Heult, ihr Zypressen; denn die Zedern sind gefallen und die Herrlichen vernichtet. Heult, ihr Eichen Baschans; denn der feste Wald ist umgehauen.

3 Man hört die Hirten heulen, denn ihre Herrlichkeit ist vernichtet; man hört die jungen Löwen brüllen, denn die Pracht des Jordans ist vernichtet.

Gegen die treulosen Hirten des Volkes

4 So sprach der HERR, mein Gott: Hüte die Schlachtschafe!

5 Denn ihre Käufer schlachten sie und halten's für keine Sünde, und ihre Verkäufer sprechen: Gelobt sei der HERR, ich bin nun reich! Und ihre Hirten schonen sie nicht.

6 Darum will ich auch nicht mehr schonen die Bewohner des Landes, spricht der HERR. Und siehe, ich will die Leute fallen lassen, einen jeden in die Hand des andern und in die Hand seines Königs; sie werden das Land zerschlagen und ich will sie nicht erretten aus ihrer Hand.

¶ **7** Und ich hütete die Schlachtschafe für die Händler der Schafe und nahm mir zwei Stäbe; den einen nannte ich »Huld«, den andern nannte ich »Eintracht« und hütete die Schafe.

9 Though I scattered them among the nations,
   yet in far countries they shall remember me,
and with their children they shall live and return.

10 I will bring them home from the land of Egypt,
   and gather them from Assyria,
and I will bring them to the land of Gilead and to Lebanon,
   till there is no room for them.

11 He shall pass through the sea of troubles and strike down the waves of the sea,
   and all the depths of the Nile shall be dried up.
The pride of Assyria shall be laid low,
   and the scepter of Egypt shall depart.

12 I will make them strong in the LORD,
   and they shall walk in his name,"
      declares the LORD.

The Flock Doomed to Slaughter

11 Open your doors, O Lebanon,
   that the fire may devour your cedars!

2 Wail, O cypress, for the cedar has fallen,
   for the glorious trees are ruined!
Wail, oaks of Bashan,
   for the thick forest has been felled!

3 The sound of the wail of [1]the shepherds,
   for their glory is ruined!
The sound of the roar of the lions,
   for the thicket of the Jordan is ruined!

¶ **4** Thus said the LORD my God: "Become shepherd of the flock doomed to slaughter.

5 Those who buy them slaughter them and go unpunished, and those who sell them say, 'Blessed be the LORD, I have become rich,' and their own shepherds have no pity on them.

6 For I will no longer have pity on the inhabitants of this land, declares the LORD. Behold, I will cause each of them to fall into the hand of his neighbor, and each into the hand of his king, and they shall crush the land, and I will deliver none from their hand."

¶ **7** So I became the shepherd of the flock doomed to be slaughtered by the sheep traders. And I took two staffs, one I named Favor, the other I named Union. 5And I tended the sheep.

8 Und ich vertilgte die drei Hirten in **einem** Monat.

¶ Und ich mochte die Schafe nicht mehr und sie wollten mich auch nicht mehr.

9 Und ich sprach: Ich will euch nicht hüten; was da stirbt, das sterbe; was verschmachtet, das verschmachte; und von den Übriggebliebenen fresse ein jeder des andern Fleisch!

10 Und ich nahm meinen Stab »Huld« und zerbrach ihn, um meinen Bund aufzuheben, den ich mit allen Völkern geschlossen hatte.

11 Und er wurde aufgehoben am selben Tage. Und die Händler der Schafe, die auf mich achteten, erkannten daran, dass es des Herrn Wort war.

¶ **12** Und ich sprach zu ihnen: Gefällt's euch, so gebt her meinen Lohn; wenn nicht, so lasst's bleiben. Und sie wogen mir den Lohn dar, dreißig Silberstücke.

13 Und der Herr sprach zu mir: Wirf's hin dem Schmelzer! Ei, eine treffliche Summe, deren ich wert geachtet bin von ihnen! Und ich nahm die dreißig Silberstücke und warf sie ins Haus des Herrn, dem Schmelzer hin.

14 Und ich zerbrach meinen andern Stab »Eintracht«, um die Bruderschaft zwischen Juda und Israel aufzuheben.

¶ **15** Und der Herr sprach zu mir: Nimm abermals zu dir das Gerät eines Hirten, aber eines nichtsnutzigen!

16 Denn siehe, ich werde einen Hirten im Lande erwecken, der nach dem Verlorenen nicht sehen, das Verlaufene nicht suchen, der das Zerbrochene nicht heilen und das Gesunde nicht versorgen wird; aber das Fleisch der Fetten wird er fressen und ihre Klauen zerreißen.

17 Weh über meinen nichtsnutzigen Hirten, der die Herde verlässt! Das Schwert komme über seinen Arm und über sein rechtes Auge! Sein Arm soll verdorren und sein rechtes Auge erlöschen.

Gottes Schutz für Jerusalem

12 Dies ist die Last, die der Herr ankündigt.

¶ Von Israel spricht der Herr, der den Himmel ausbreitet und die Erde gründet und den Odem des Menschen in ihm macht:

2 Siehe, ich will Jerusalem zum Taumelbecher zurichten für alle Völker ringsumher, und auch Juda wird's gelten, wenn Jerusalem belagert wird.

8 In one month I destroyed the three shepherds. But I became impatient with them, and they also detested me.

9 So I said, "I will not be your shepherd. What is to die, let it die. What is to be destroyed, let it be destroyed. And let those who are left devour the flesh of one another."

10 And I took my staff Favor, and I broke it, annulling the covenant that I had made with all the peoples.

11 So it was annulled on that day, and the sheep traders, who were watching me, knew that it was the word of the Lord.

12 Then I said to them, "If it seems good to you, give me my wages; but if not, keep them." And they weighed out as my wages thirty pieces of silver.

13 Then the Lord said to me, "Throw it to the potter"—the lordly price at which I was priced by them. So I took the thirty pieces of silver and threw them into the house of the Lord, to the potter.

14 Then I broke my second staff Union, annulling the brotherhood between Judah and Israel.

¶ **15** Then the Lord said to me, "Take once more the equipment of a foolish shepherd.

16 For behold, I am raising up in the land a shepherd who does not care for those being destroyed, or seek the young or heal the maimed or nourish the healthy, but devours the flesh of the fat ones, tearing off even their hoofs.

17 "Woe to my worthless shepherd,
who deserts the flock!
May the sword strike his arm
and his right eye!
Let his arm be wholly withered,
his right eye utterly blinded!"

The Lord Will Give Salvation

12 The burden of the word of the Lord concerning Israel: Thus declares the Lord, who stretched out the heavens and founded the earth and [j] formed the spirit of man within him:

2 "Behold, I am about to make Jerusalem a cup of staggering to all the surrounding peoples. The siege of Jerusalem will also be against Judah.

3 Zur selben Zeit will ich Jerusalem machen zum Laststein für alle Völker. Alle, die ihn wegheben wollen, sollen sich daran wund reißen; denn es werden sich alle Völker auf Erden gegen Jerusalem versammeln.

¶ **4** Zu der Zeit, spricht der HERR, will ich alle Rosse scheu und ihre Reiter irremachen, aber über das Haus Juda will ich meine Augen offen halten und alle Rosse der Völker mit Blindheit plagen.

5 Und die Fürsten in Juda werden sagen in ihrem Herzen: Die Bürger Jerusalems sollen getrost sein in dem HERRN Zebaoth, ihrem Gott!

6 Zu der Zeit will ich die Fürsten Judas machen zum Feuerbecken mitten im Holz und zur Fackel im Stroh, dass sie verzehren zur Rechten und zur Linken alle Völker ringsumher. Aber Jerusalem soll auch fernerhin bleiben an seinem Ort.

¶ **7** Und der HERR wird zuerst die Hütten Judas erretten, auf dass sich nicht zu hoch rühme das Haus David noch die Bürger Jerusalems wider Juda.

8 Zu der Zeit wird der HERR die Bürger Jerusalems beschirmen, und es wird zu dieser Zeit geschehen, dass der Schwache unter ihnen sein wird wie David und das Haus David wie Gott, wie der Engel des HERRN vor ihnen her.

Klage über den Durchbohrten

9 Und zu der Zeit werde ich darauf bedacht sein, alle Heiden zu vertilgen, die gegen Jerusalem gezogen sind.

10 Aber über das Haus David und über die Bürger Jerusalems will ich ausgießen den Geist der Gnade und des Gebets. Und sie werden mich ansehen, den sie durchbohrt haben, und sie werden um ihn klagen, wie man klagt um ein einziges Kind, und werden sich um ihn betrüben, wie man sich betrübt um den Erstgeborenen.

¶ **11** Zu der Zeit wird große Klage sein in Jerusalem, wie die um Hadad-Rimmon in der Ebene von Megiddo war.

12 Und das Land wird klagen, ein jedes Geschlecht besonders: das Geschlecht des Hauses David besonders und die Frauen besonders, das Geschlecht des Hauses Nathan besonders und die Frauen besonders,

13 das Geschlecht des Hauses Levi besonders und die Frauen besonders, das Geschlecht Schimis besonders und die Frauen besonders;

3 On that day I will make Jerusalem a heavy stone for all the peoples. All who lift it will surely hurt themselves. And all the nations of the earth will gather against it.

4 On that day, declares the LORD, I will strike every horse with panic, and its rider ʳwith madness. But for the sake of the house of Judah I will keep my eyes open, when I strike every horse of the peoples ʳwith blindness.

5 Then the clans of Judah shall say to themselves, 'The inhabitants of Jerusalem have strength through the LORD of hosts, their God.'

¶ **6** "On that day I will make the clans of Judah like a blazing pot in the midst of wood, like a flaming torch among sheaves. And they shall devour to the right and to the left all the surrounding peoples, while Jerusalem shall again be inhabited in its place, in Jerusalem.

¶ **7** "And the LORD will give salvation to the tents of Judah first, that the glory of the house of David and the glory of the inhabitants of Jerusalem may not surpass that of Judah.

8 On that day the LORD will protect the inhabitants of Jerusalem, so that the feeblest among them on that day shall be like David, and the house of David shall be like God, like the angel of the LORD, going before them.

9 And on that day I will seek to destroy all the nations that come against Jerusalem.

Him Whom They Have Pierced

¶ **10** "And I will pour out on the house of David and the inhabitants of Jerusalem a spirit of grace and ᶻpleas for mercy, so that, when they look on me, on him whom they have pierced, they shall mourn for him, as one mourns for an only child, and weep bitterly over him, as one weeps over a firstborn.

11 On that day the mourning in Jerusalem will be as great as the mourning for Hadad-rimmon in the plain of Megiddo.

12 The land shall mourn, each family¹ by itself: the family of the house of David by itself, and their wives by themselves; the family of the house of Nathan by itself, and their wives by themselves;

13 the family of the house of Levi by itself, and their wives by themselves; the family of the Shimeites by itself, and their wives by themselves;

14 so auch alle andern übrig gebliebenen Geschlechter, ein jedes besonders und die Frauen besonders.

Ausrottung des Götzendienstes und der falschen Propheten

13 Zu der Zeit werden das Haus David und die Bürger Jerusalems einen offenen Quell haben gegen Sünde und Befleckung.

¶ **2** Zu der Zeit, spricht der HERR Zebaoth, will ich die Namen der Götzen ausrotten aus dem Lande, dass man ihrer nicht mehr gedenken soll; dazu will ich auch die Propheten und allen Geist der Unreinheit aus dem Lande treiben.

3 Und so soll es geschehen: Wenn jemand weiterhin als Prophet auftritt, dann sollen sein Vater und seine Mutter, die ihn gezeugt haben, zu ihm sagen: Du sollst nicht am Leben bleiben; denn du redest Lüge im Namen des HERRN! Und es werden Vater und Mutter, die ihn gezeugt haben, ihn durchbohren, wenn er als Prophet auftritt.

4 Denn es soll zu der Zeit geschehen, dass die Propheten, wenn sie weissagen, in Schande dastehen mit dem, was sie geschaut haben, und sie sollen nicht mehr einen härenen Mantel anziehen, um zu betrügen;

5 sondern jeder wird sagen müssen: Ich bin kein Prophet, sondern ein Ackermann; denn vom Acker habe ich meinen Erwerb von Jugend auf.

6 Und wenn man zu ihm sagen wird: Was sind das für Wunden auf deiner Brust?, wird er sagen: So wurde ich geschlagen im Hause derer, die mich lieben.

Der geläuterte Rest

7 Schwert, mach dich auf über meinen Hirten, über den Mann, der mir der nächste ist!, spricht der HERR Zebaoth. Schlage den Hirten, dass sich die Herde zerstreue; und ich will meine Hand wenden gegen die Kleinen.

8 Und es soll geschehen in dem ganzen Lande, spricht der HERR, dass zwei Teile darin ausgerottet werden sollen und untergehen, und nur der dritte Teil soll darin übrig bleiben.

14 and all the families that are left, each by itself, and their wives by themselves.

13 "On that day there shall be a fountain opened for the house of David and the inhabitants of Jerusalem, to cleanse them from sin and uncleanness.

Idolatry Cut Off

¶ **2** "And on that day, declares the LORD of hosts, I will cut off the names of the idols from the land, so that they shall be remembered no more. And also I will remove from the land the prophets and the spirit of uncleanness.

3 And if anyone again prophesies, his father and mother who bore him will say to him, 'You shall not live, for you speak lies in the name of the LORD.' And his father and mother who bore him shall pierce him through when he prophesies.

¶ **4** "On that day every prophet will be ashamed of his vision when he prophesies. He will not put on a hairy cloak in order to deceive,

5 but he will say, 'I am no prophet, I am a worker of the soil, for a man sold me in my youth.'[1]

6 And if one asks him, 'What are these wounds on your back?'[2] he will say, 'The wounds I received in the house of my friends.'

The Shepherd Struck

7 "Awake, O sword, against my shepherd,
   against the man who stands next to me,"
         declares the LORD of hosts.

"Strike the shepherd, and the sheep will be scattered;
   I will turn my hand against the little ones.

8 In the whole land, declares the LORD,
   two thirds shall be cut off and perish,
   and one third shall be left alive.

9 Und ich will den dritten Teil durchs Feuer gehen lassen und läutern, wie man Silber läutert, und ihn prüfen, wie man Gold prüft. Die werden dann meinen Namen anrufen und ich will sie erhören. Ich will sagen: Es ist mein Volk; und sie werden sagen: Herr, mein Gott!

9 And I will put this third into the fire, and refine them as one refines silver, and test them as gold is tested. They will call upon my name, and I will answer them. I will say, 'They are my people'; and they will say, 'The Lord is my God.'"

Jerusalem und die Völkerwelt am Tage des Herrn

14 Siehe, es kommt für den Herrn die Zeit, dass man in deiner Mitte unter sich verteilen wird, was man dir geraubt hat.

2 Denn ich werde alle Heiden sammeln zum Kampf gegen Jerusalem. Und die Stadt wird erobert, die Häuser werden geplündert und die Frauen geschändet werden. Und die Hälfte der Stadt wird gefangen weggeführt werden, aber das übrige Volk wird nicht aus der Stadt ausgerottet werden.

3 Und der Herr wird ausziehen und kämpfen gegen diese Heiden, wie er zu kämpfen pflegt am Tage der Schlacht.

4 Und seine Füße werden stehen zu der Zeit auf dem Ölberg, der vor Jerusalem liegt nach Osten hin. Und der Ölberg wird sich in der Mitte spalten, vom Osten bis zum Westen, sehr weit auseinander, sodass die eine Hälfte des Berges nach Norden und die andere nach Süden weichen wird.

5 Und das Tal Hinnom wird verstopft werden, denn das Tal wird an die Flanke des Berges stoßen. Und ihr werdet fliehen, wie ihr vorzeiten geflohen seid vor dem Erdbeben zur Zeit Usijas, des Königs von Juda. Da wird dann kommen der Herr, mein Gott, und alle Heiligen mit ihm.

6 Zu der Zeit wird weder Kälte noch Frost noch Eis sein.

7 Und es wird ein einziger Tag sein – er ist dem Herrn bekannt! –, es wird nicht Tag und Nacht sein, und auch um den Abend wird es licht sein.

¶ **8** Zu der Zeit werden lebendige Wasser aus Jerusalem fließen, die eine Hälfte zum Meer im Osten und die andere zum Meer im Westen, und so wird es sein im Sommer und im Winter.

9 Und der Herr wird König sein über alle Lande. Zu der Zeit wird der Herr der einzige sein und sein Name der einzige.

The Coming Day of the Lord

14 Behold, a day is coming for the Lord, when the spoil taken from you will be divided in your midst.

2 For I will gather all the nations against Jerusalem to battle, and the city shall be taken and the houses plundered and the women raped. Half of the city shall go out into exile, but the rest of the people shall not be cut off from the city.

3 Then the Lord will go out and fight against those nations as when he fights on a day of battle.

4 On that day his feet shall stand on the Mount of Olives that lies before Jerusalem on the east, and ᵍthe Mount of Olives shall be split in two from east to west by a very wide valley, so that one half of the Mount shall move northward, and the other half southward.

5 And you shall flee to the valley of my mountains, for the valley of the mountains shall reach to Azal. And you shall flee as you fled from the earthquake in the days of Uzziah king of Judah. Then the Lord my God will come, and all the holy ones with him.

¶ **6** On that day there shall be ʲno light, cold, or frost.[1]

7 And there shall be a unique[2] day, which is known to the Lord, neither day nor night, but at evening time there shall be light.

¶ **8** On that day living waters shall flow out from Jerusalem, half of them to the eastern sea[3] and half of them to ᵒthe western sea.[4] It shall continue in summer as in winter.

¶ **9** And the Lord will be king over all the earth. On that day the Lord will be one and his name one.

10 Und das ganze Land wird verwandelt werden in eine Ebene, von Geba bis nach Rimmon im Süden. Aber Jerusalem wird hoch liegen und an seiner Stätte bleiben, vom Tor Benjamin bis an die Stelle des ersten Tors, bis an das Ecktor, und vom Turm Hananel bis an des Königs Kelter.

11 Und man wird darin wohnen; es wird keinen Bann mehr geben, denn Jerusalem wird ganz sicher wohnen.

¶ **12** Und dies wird die Plage sein, mit der der HERR alle Völker schlagen wird, die gegen Jerusalem in den Kampf gezogen sind: Ihr Fleisch wird verwesen, während sie noch auf ihren Füßen stehen, und ihre Augen werden in ihren Höhlen verwesen und ihre Zungen im Mund.

13 Zu der Zeit wird der HERR eine große Verwirrung unter ihnen anrichten, sodass einer den andern bei der Hand packen und seine Hand wider des andern Hand erheben wird;

14 und auch Juda wird gegen Jerusalem kämpfen. Und man wird zusammenbringen die Güter aller Heiden ringsumher: Gold, Silber und Kleider über die Maßen viel.

15 Und so wird dann diese Plage auch kommen über Rosse, Maultiere, Kamele, Esel und alle Tiere, die in diesem Heer sind; sie werden von ihr geschlagen gleichwie jene.

¶ **16** Und alle, die übrig geblieben sind von allen Heiden, die gegen Jerusalem zogen, werden jährlich heraufkommen, um anzubeten den König, den HERRN Zebaoth, und um das Laubhüttenfest zu halten.

17 Aber über das Geschlecht auf Erden, das nicht heraufziehen wird nach Jerusalem, um anzubeten den König, den HERRN Zebaoth, über das wird's nicht regnen.

¶ **18** Und wenn das Geschlecht der Ägypter nicht heraufzöge und käme, so wird auch über sie die Plage kommen, mit der der HERR alle Heiden schlagen wird, wenn sie nicht heraufkommen, um das Laubhüttenfest zu halten.

19 Darin besteht die Sünde der Ägypter und aller Heiden, dass sie nicht heraufkommen, um das Laubhüttenfest zu halten.

¶ **20** Zu der Zeit wird auf den Schellen der Rosse stehen »Heilig dem HERRN«. Und die Töpfe im Hause des HERRN werden den Becken vor dem Altar gleichgestellt sein.

21 Und es werden alle Töpfe in Jerusalem und Juda dem HERRN Zebaoth heilig sein, sodass alle, die da opfern wollen, kommen werden und sie nehmen und darin kochen werden. Und es wird keinen Händler mehr geben im Hause des HERRN Zebaoth zu der Zeit.

¶ **10** The whole land shall be turned into a plain from Geba to Rimmon south of Jerusalem. But Jerusalem shall remain aloft on its site from the Gate of Benjamin to the place of the former gate, to the Corner Gate, and from the Tower of Hananel to the king's winepresses.

11 And it shall be inhabited, for there shall never again be a decree of utter destruction.[5] Jerusalem shall dwell in security.

¶ **12** And this shall be the plague with which the LORD will strike all the peoples that wage war against Jerusalem: their flesh will rot while they are still standing on their feet, their eyes will rot in their sockets, and their tongues will rot in their mouths.

¶ **13** And on that day a great panic from the LORD shall fall on them, so that each will seize the hand of another, and the hand of the one will be raised against the hand of the other.

14 Even Judah will fight at Jerusalem. And the wealth of all the surrounding nations shall be collected, gold, silver, and garments in great abundance.

15 And a plague like this plague shall fall on the horses, the mules, the camels, the donkeys, and whatever beasts may be in those camps.

¶ **16** Then everyone who survives of all the nations that have come against Jerusalem shall go up year after year to worship the King, the LORD of hosts, and to keep the Feast of Booths.

17 And if any of the families of the earth do not go up to Jerusalem to worship the King, the LORD of hosts, there will be no rain on them.

18 And if the family of Egypt does not go up and present themselves, then on them there shall be no rain;[6] there shall be the plague with which the LORD afflicts the nations that do not go up to keep the Feast of Booths.

19 This shall be the punishment to Egypt and the punishment to all the nations that do not go up to keep the Feast of Booths.

¶ **20** And on that day there shall be inscribed on the bells of the horses, "Holy to the LORD." And the pots in the house of the LORD shall be as the bowls before the altar.

21 And every pot in Jerusalem and Judah shall be holy to the LORD of hosts, so that all who sacrifice may come and take of them and boil the meat of the sacrifice in them. And there shall no longer be a trader[7] in the house of the LORD of hosts on that day.

DER PROPHET MALEACHI

MALACHI

Gottes Liebe zu Israel

1 Dies ist die Last, die der HERR ankündigt für Israel durch Maleachi.

¶ 2 Ich habe euch lieb, spricht der HERR. Ihr aber sprecht: »Woran sehen wir, dass du uns lieb hast?« Ist nicht Esau Jakobs Bruder?, spricht der HERR; und doch hab ich Jakob lieb

3 und hasse Esau und habe sein Gebirge öde gemacht und sein Erbe den Schakalen zur Wüste.

4 Und wenn auch Edom spricht: Wir sind zerschlagen, aber wir wollen das Zerstörte wieder bauen!, so spricht der HERR Zebaoth: Werden sie bauen, so will ich abbrechen, und man wird sie nennen »Land des Frevels« und »Ein Volk, über das der HERR ewiglich zürnt«.

5 Das sollen eure Augen sehen und ihr werdet sagen: Der HERR ist herrlich über die Grenzen Israels hinaus.

Verachtung Gottes durch minderwertige Opfer

6 Ein Sohn soll seinen Vater ehren und ein Knecht seinen Herrn. Bin ich nun Vater, wo ist meine Ehre? Bin ich Herr, wo fürchtet man mich?, spricht der HERR Zebaoth zu euch Priestern, die meinen Namen verachten. Ihr aber sprecht: »Wodurch verachten wir denn deinen Namen?«

7 Dadurch dass ihr opfert auf meinem Altar unreine Speise. Ihr aber sprecht: »Womit opfern wir dir denn Unreines?« Dadurch dass ihr sagt: »Des HERRN Tisch ist für nichts zu achten.«

8 Denn wenn ihr ein blindes Tier opfert, so haltet ihr das nicht für böse; und wenn ihr ein lahmes oder ein krankes opfert, so haltet ihr das auch nicht für böse. Bring es doch deinem Fürsten! Meinst du, dass du ihm gefallen werdest oder dass er dich gnädig ansehen werde?, spricht der HERR Zebaoth.

9 So bittet doch Gott und seht, ob er uns gnädig sei! Denn meint ihr, nachdem solches von euch geschehen ist, er werde euch gnädig ansehen?, spricht der HERR Zebaoth.

1 The oracle of the word of the LORD to Israel by Malachi.[1]

The LORD's Love for Israel

¶ 2 "I have loved you," says the LORD. But you say, "How have you loved us?" "Is not Esau Jacob's brother?" declares the LORD. "Yet I have loved Jacob

3 but Esau I have hated. I have laid waste his hill country and left his heritage to jackals of the desert."

4 If Edom says, "We are shattered but we will rebuild the ruins," the LORD of hosts says, "They may build, but I will tear down, and they will be called 'the wicked country,' and 'the people with whom the LORD is angry forever.'"

5 Your own eyes shall see this, and you shall say, "Great is the LORD beyond the border of Israel!"

The Priests' Polluted Offerings

¶ 6 "A son honors his father, and a servant his master. If then I am a father, where is my honor? And if I am a master, where is my fear? says the LORD of hosts to you, O priests, who despise my name. But you say, 'How have we despised your name?'

7 By offering polluted food upon my altar. But you say, 'How have we polluted you?' By saying that the LORD's table may be despised.

8 When you offer blind animals in sacrifice, is that not evil? And when you offer those that are lame or sick, is that not evil? Present that to your governor; will he accept you or show you favor? says the LORD of hosts.

9 And now entreat the favor of God, that he may be gracious to us. With such a gift from your hand, will he show favor to any of you? says the LORD of hosts.

¶ **10** Dass doch einer unter euch die Türen zuschlösse, damit ihr nicht umsonst auf meinem Altar Feuer anzündet! Ich habe kein Gefallen an euch, spricht der Herr Zebaoth, und das Opfer von euren Händen ist mir nicht angenehm.

11 Denn vom Aufgang der Sonne bis zum Niedergang ist mein Name herrlich unter den Heiden, und an allen Orten wird meinem Namen geopfert und ein reines Opfer dargebracht; denn mein Name ist herrlich unter den Heiden, spricht der Herr Zebaoth.

¶ **12** Ihr aber entheiligt ihn damit, dass ihr sagt: »Des Herrn Tisch ist unheilig, und sein Opfer ist für nichts zu achten.«

13 Und ihr sprecht: »Siehe, welch eine Mühsal!«, und bringt mich in Zorn, spricht der Herr Zebaoth, denn ihr bringt herzu, was geraubt, lahm und krank ist, und bringt es dar zum Opfer. Sollte mir solches gefallen von eurer Hand?, spricht der Herr.

14 Verflucht sei der Betrüger, der in seiner Herde ein gutes männliches Tier hat und es gelobt, aber dem Herrn ein fehlerhaftes opfert. Denn ich bin ein großer König, spricht der Herr Zebaoth, und mein Name ist gefürchtet unter den Heiden.

Strafrede gegen die Priester

2 Und nun, ihr Priester, dies Wort gilt euch:

2 Wenn ihr's nicht hören noch zu Herzen nehmen werdet, dass ihr meinem Namen die Ehre gebt, spricht der Herr Zebaoth, so werde ich den Fluch unter euch schicken und verfluchen, womit ihr gesegnet seid; ja, verfluchen werde ich euren Segen, weil ihr's nicht wollt zu Herzen nehmen.

3 Siehe, ich will euch den Arm zerbrechen und den Unrat eurer Festopfer euch ins Angesicht werfen, und er soll an euch kleben bleiben.

4 So werdet ihr dann erfahren, dass ich solches Wort über euch habe ergehen lassen, damit mein Bund mit Levi bestehen bleibe, spricht der Herr Zebaoth.

5 Denn mein Bund mit ihm war, dass ich ihm Leben und Frieden gab, und ich gab ihm Furcht, dass er mich fürchtete und meinen Namen scheute.

6 Verlässliche Weisung war in seinem Munde, und es wurde nichts Böses auf seinen Lippen gefunden. Er wandelte vor mir friedsam und aufrichtig und hielt viele von Sünden zurück.

10 Oh that there were one among you who would shut the doors, that you might not kindle fire on my altar in vain! I have no pleasure in you, says the Lord of hosts, and I will not accept an offering from your hand.

11 For from the rising of the sun to its setting my name will be[2] great among the nations, and in every place incense will be offered to my name, and a pure offering. For my name q will be great among the nations, says the Lord of hosts.

12 But you profane it when you say that the Lord's table is polluted, and its fruit, that is, its food may be despised.

13 But you say, 'What a weariness this is,' and you snort at it, says the Lord of hosts. You bring what has been taken by violence or is lame or sick, and this you bring as your offering! Shall I accept that from your hand? says the Lord.

14 Cursed be the cheat who has a male in his flock, and vows it, and yet sacrifices to the Lord what is blemished. For I am a great King, says the Lord of hosts, and my name will be feared among the nations.

The Lord Rebukes the Priests

2 "And now, O priests, this command is for you.

2 If you will not listen, if you will not take it to heart to give honor to my name, says the Lord of hosts, then I will send the curse upon you and I will curse your blessings. Indeed, I have already cursed them, because you do not lay it to heart.

3 Behold, I will rebuke your offspring,[1] and spread dung on your faces, the dung of your offerings, and you shall be taken away with it.[2]

4 So shall you know that I have sent this command to you, that my covenant with Levi may stand, says the Lord of hosts.

5 My covenant with him was one of life and peace, and I gave them to him. It was a covenant of fear, and he feared me. He stood in awe of my name.

6 True instruction[3] was in his mouth, and no wrong was found on his lips. He walked with me in peace and uprightness, and he turned many from iniquity.

7 Denn des Priesters Lippen sollen die Lehre bewahren, dass man aus seinem Munde Weisung suche; denn er ist ein Bote des Herrn Zebaoth.

¶ **8** Ihr aber seid von dem Wege abgewichen und habt viele zu Fall gebracht durch falsche Weisung und habt den Bund mit Levi verdorben, spricht der Herr Zebaoth.

9 Darum habe auch ich euch verächtlich und unwert gemacht vor dem ganzen Volk, weil ihr meine Wege nicht haltet und die Person anseht, wenn ihr Weisung gebt.

Gegen Ehen mit heidnischen Frauen und gegen Ehescheidung

10 Haben wir nicht alle **einen** Vater? Hat uns nicht **ein** Gott geschaffen? Warum verachten wir denn einer den andern und entheilgen den Bund mit unsern Vätern?

11 Juda ist treulos geworden, und in Israel und in Jerusalem geschehen Gräuel. Denn Juda entheiligt, was dem Herrn heilig ist und was er lieb hat, und freit eines fremden Gottes Tochter.

12 Aber der Herr wird den, der solches tut, ausrotten aus den Zelten Jakobs mit seinem ganzen Geschlecht, und wenn er noch dem Herrn Zebaoth Opfer bringt.

¶ **13** Weiter tut ihr auch das: Ihr bedeckt den Altar des Herrn mit Tränen und Weinen und Seufzen; aber er mag das Opfer nicht mehr ansehen noch etwas Angenehmes von euren Händen empfangen.

14 Ihr aber sprecht: »Warum das?« Weil der Herr Zeuge war zwischen dir und der Frau deiner Jugend, der du treulos geworden bist, obwohl sie doch deine Gefährtin und die Frau ist, mit der du einen Bund geschlossen hast.

15 Nicht einer hat das getan, in dem noch ein Rest von Geist war. Denn er sucht Nachkommen, die Gott geheiligt sind. Darum so seht euch vor in eurem Geist, und werde keiner treulos der Frau seiner Jugend.

16 Wer ihr aber gram ist und sie verstößt, spricht der Herr, der Gott Israels, der bedeckt mit Frevel sein Kleid, spricht der Herr Zebaoth. Darum so seht euch vor in eurem Geist und brecht nicht die Treue!

Gottes Gericht kommt bald

17 Ihr macht den Herrn unwillig durch euer Reden! Ihr aber sprecht: »Womit machen wir ihn unwillig?« Dadurch dass ihr sprecht: »Wer Böses tut, der gefällt dem Herrn, und an solchen hat er Freude«, oder: »Wo ist der Gott, der da straft?«

7 For the lips of a priest should guard knowledge, and people[4] should seek instruction from his mouth, for he is the messenger of the Lord of hosts.

8 But you have turned aside from the way. You have caused many to stumble by your instruction. You have corrupted the covenant of Levi, says the Lord of hosts,

9 and so I make you despised and abased before all the people, inasmuch as you do not keep my ways but show partiality in your instruction."

Judah Profaned the Covenant

¶ **10** Have we not all one Father? Has not one God created us? Why then are we faithless to one another, profaning the covenant of our fathers?

11 Judah has been faithless, and abomination has been committed in Israel and in Jerusalem. For Judah has profaned the sanctuary of the Lord, which he loves, and has married the daughter of a foreign god.

12 May the Lord cut off from the tents of Jacob any descendant[5] of the man who does this, who brings an offering to the Lord of hosts!

¶ **13** And this second thing you do. You cover the Lord's altar with tears, with weeping and groaning because he no longer regards the offering or accepts it with favor from your hand.

14 But you say, "Why does he not?" Because the Lord was witness between you and the wife of your youth, to whom you have been faithless, though she is your companion and your wife by covenant.

15 Did he not make them one, with a portion of the Spirit in their union?[6] And what was the one God[7] seeking?[8] Godly offspring. So guard yourselves[9] in your spirit, and let none of you be faithless to the wife of your youth.

16 "For the man who does not love his wife but divorces her,[10] says the Lord, the God of Israel, covers[11] his garment with violence, says the Lord of hosts. So guard yourselves in your spirit, and do not be faithless."

The Messenger of the Lord

¶ **17** You have wearied the Lord with your words. But you say, "How have we wearied him?" By saying, "Everyone who does evil is good in the sight of the Lord, and he delights in them." Or by asking, "Where is the God of justice?"

3 Siehe, ich will meinen Boten senden, der vor mir her den Weg bereiten soll. Und bald wird kommen zu seinem Tempel der Herr, den ihr sucht; und der Engel des Bundes, den ihr begehrt, siehe, er kommt!, spricht der HERR Zebaoth.

¶ **2** Wer wird aber den Tag seines Kommens ertragen können und wer wird bestehen, wenn er erscheint? Denn er ist wie das Feuer eines Schmelzers und wie die Lauge der Wäscher.

3 Er wird sitzen und schmelzen und das Silber reinigen, er wird die Söhne Levi reinigen und läutern wie Gold und Silber. Dann werden sie dem HERRN Opfer bringen in Gerechtigkeit,

4 und es wird dem HERRN wohlgefallen das Opfer Judas und Jerusalems wie vormals und vor langen Jahren.

5 Und ich will zu euch kommen zum Gericht und will ein schneller Zeuge sein gegen die Zauberer, Ehebrecher, Meineidigen und gegen die, die Gewalt und Unrecht tun den Tagelöhnern, Witwen und Waisen und die den Fremdling drücken und mich nicht fürchten, spricht der HERR Zebaoth.

Gott hält seine Zusage

6 Ich, der HERR, wandle mich nicht; aber ihr habt nicht aufgehört, Jakobs Söhne zu sein:

7 Ihr seid von eurer Väter Zeit an immerdar abgewichen von meinen Geboten und habt sie nicht gehalten. So bekehrt euch nun zu mir, so will ich mich auch zu euch kehren, spricht der HERR Zebaoth.

¶ Ihr aber sprecht: »Worin sollen wir uns bekehren?«

8 Ist's recht, dass ein Mensch Gott betrügt, wie ihr mich betrügt? Ihr aber sprecht: »Womit betrügen wir dich?« Mit dem Zehnten und der Opfergabe!

9 Darum seid ihr auch verflucht; denn ihr betrügt mich allesamt.

10 Bringt aber die Zehnten in voller Höhe in mein Vorratshaus, auf dass in meinem Hause Speise sei, und prüft mich hiermit, spricht der HERR Zebaoth, ob ich euch dann nicht des Himmels Fenster auftun werde und Segen herabschütten die Fülle.

11 Und ich will um euretwillen den »Fresser« bedrohen, dass er euch die Frucht auf dem Acker nicht verderben soll und der Weinstock auf dem Felde euch nicht unfruchtbar sei, spricht der HERR Zebaoth.

12 Dann werden euch alle Heiden glücklich preisen, denn ihr sollt ein herrliches Land sein, spricht der HERR Zebaoth.

3 "Behold, I send my messenger, and he will prepare the way before me. And the Lord whom you seek will suddenly come to his temple; and the messenger of the covenant in whom you delight, behold, he is coming, says the LORD of hosts.

2 But who can endure the day of his coming, and who can stand when he appears? For he is like a refiner's fire and like fullers' soap.

3 He will sit as a refiner and purifier of silver, and he will purify the sons of Levi and refine them like gold and silver, and they will bring offerings in righteousness to the LORD.[1]

4 Then the offering of Judah and Jerusalem will be pleasing to the LORD as in the days of old and as in former years.

¶ **5** "Then I will draw near to you for judgment. I will be a swift witness against the sorcerers, against the adulterers, against those who swear falsely, against those who oppress the hired worker in his wages, the widow and the fatherless, against those who thrust aside the sojourner, and do not fear me, says the LORD of hosts.

Robbing God

¶ **6** "For I the LORD do not change; therefore you, O children of Jacob, are not consumed.

7 From the days of your fathers you have turned aside from my statutes and have not kept them. Return to me, and I will return to you, says the LORD of hosts. But you say, 'How shall we return?'

8 Will man rob God? Yet you are robbing me. But you say, 'How have we robbed you?' In your tithes and contributions.

9 You are cursed with a curse, for you are robbing me, the whole nation of you.

10 Bring the full tithe into the storehouse, that there may be food in my house. And thereby put me to the test, says the LORD of hosts, if I will not open the windows of heaven for you and pour down for you a blessing until there is no more need.

11 I will rebuke the devourer[2] for you, so that it will not destroy the fruits of your soil, and your vine in the field shall not fail to bear, says the LORD of hosts.

12 Then all nations will call you blessed, for you will be a land of delight, says the LORD of hosts.

Der Tag des Herrn und sein Vorläufer

13 Ihr redet hart gegen mich, spricht der HERR. Ihr aber sprecht: »Was reden wir gegen dich?«

14 Ihr sagt: »Es ist umsonst, dass man Gott dient; und was nützt es, dass wir sein Gebot halten und in Buße einhergehen vor dem HERRN Zebaoth?

15 Darum preisen wir die Verächter; denn die Gottlosen gedeihen, und die Gott versuchen, bleiben bewahrt.«

¶ **16** Aber die Gottesfürchtigen trösten sich untereinander: Der HERR merkt und hört es, und es wird vor ihm ein Gedenkbuch geschrieben für die, welche den HERRN fürchten und an seinen Namen gedenken.

17 Sie sollen, spricht der HERR Zebaoth, an dem Tage, den ich machen will, mein Eigentum sein, und ich will mich ihrer erbarmen, wie ein Mann sich seines Sohnes erbarmt, der ihm dient.

18 Ihr werdet am Ende doch sehen, was für ein Unterschied ist zwischen dem Gerechten und dem Gottlosen, zwischen dem, der Gott dient, und dem, der ihm nicht dient.

¶ **19** Denn siehe, es kommt ein Tag, der brennen soll wie ein Ofen. Da werden alle Verächter und Gottlosen Stroh sein, und der kommende Tag wird sie anzünden, spricht der HERR Zebaoth, und er wird ihnen weder Wurzel noch Zweig lassen.

20 Euch aber, die ihr meinen Namen fürchtet, soll aufgehen die Sonne der Gerechtigkeit und Heil unter ihren Flügeln. Und ihr sollt herausgehen und springen wie die Mastkälber.

21 Ihr werdet die Gottlosen zertreten; denn sie sollen Staub unter euren Füßen werden an dem Tage, den ich machen will, spricht der HERR Zebaoth.

¶ **22** Gedenkt an das Gesetz meines Knechtes Mose, das ich ihm befohlen habe auf dem Berge Horeb für ganz Israel, an alle Gebote und Rechte!

23 Siehe, ich will euch senden den Propheten Elia, ehe der große und schreckliche Tag des HERRN kommt.

24 Der soll das Herz der Väter bekehren zu den Söhnen und das Herz der Söhne zu ihren Vätern, auf dass ich nicht komme und das Erdreich mit dem Bann schlage.

¶ **13** "Your words have been hard against me, says the LORD. But you say, 'How have we spoken against you?'

14 You have said, 'It is vain to serve God. What is the profit of our keeping his charge or of walking as in mourning before the LORD of hosts?

15 And now we call the arrogant blessed. ᵏEvildoers not only prosper but they put God to the test and they escape.'"

The Book of Remembrance

¶ **16** Then those who feared the LORD spoke with one another. The LORD paid attention and heard them, and a book of remembrance was written before him of those who feared the LORD and esteemed his name.

17 "They shall be mine, says the LORD of hosts, in the day when I make up my treasured possession, and I will spare them as a man spares his son who serves him.

18 Then once more you shall see the distinction between the righteous and the wicked, between one who serves God and one who does not serve him.

The Great Day of the LORD

4 ¹ "For behold, the day is coming, burning like an oven, when all the arrogant and ᵗall evildoers will be stubble. The day that is coming "shall set them ablaze, says the LORD of hosts, so that it will leave them neither root nor branch.

2 But for you who fear my name, the sun of righteousness shall rise with healing in its wings. You shall go out leaping like calves from the stall.

3 And you shall tread down the wicked, for they will be ashes under the soles of your feet, on the day when I act, says the LORD of hosts.

¶ **4** "Remember the law of my servant Moses, the statutes and rules² that I commanded him at Horeb for all Israel.

¶ **5** "Behold, I will send you Elijah the prophet before the great and awesome day of the LORD comes.

6 And he will turn the hearts of fathers to their children and the hearts of children to their fathers, lest I come and strike the land with a decree of utter destruction."³

Das
NEUE
TESTAMENT

The
NEW TESTAMENT

DAS EVANGELIUM NACH MATTHÄUS

THE GOSPEL ACCORDING TO MATTHEW

Jesu Stammbaum

(Lk 3,23-38)

1 Dies ist das Buch von der Geschichte Jesu Christi, des Sohnes Davids, des Sohnes Abrahams.

¶ **2** Abraham zeugte Isaak. Isaak zeugte Jakob. Jakob zeugte Juda und seine Brüder.

3 Juda zeugte Perez und Serach mit der Tamar. Perez zeugte Hezron. Hezron zeugte Ram.

4 Ram zeugte Amminadab. Amminadab zeugte Nachschon. Nachschon zeugte Salmon.

5 Salmon zeugte Boas mit der Rahab. Boas zeugte Obed mit der Rut. Obed zeugte Isai.

6 Isai zeugte den König David.

¶ David zeugte Salomo mit der Frau des Uria.

7 Salomo zeugte Rehabeam. Rehabeam zeugte Abija. Abija zeugte Asa.

8 Asa zeugte Joschafat. Joschafat zeugte Joram. Joram zeugte Usija.

9 Usija zeugte Jotam. Jotam zeugte Ahas. Ahas zeugte Hiskia.

10 Hiskia zeugte Manasse. Manasse zeugte Amon. Amon zeugte Josia.

11 Josia zeugte Jojachin und seine Brüder um die Zeit der babylonischen Gefangenschaft.

¶ **12** Nach der babylonischen Gefangenschaft zeugte Jojachin Schealtiël. Schealtiël zeugte Serubbabel.

13 Serubbabel zeugte Abihud. Abihud zeugte Eljakim. Eljakim zeugte Asor.

14 Asor zeugte Zadok. Zadok zeugte Achim. Achim zeugte Eliud.

15 Eliud zeugte Eleasar. Eleasar zeugte Mattan. Mattan zeugte Jakob.

The Genealogy of Jesus Christ

1 The book of the genealogy of Jesus Christ, the son of David, the son of Abraham.

¶ **2** Abraham was the father of Isaac, and Isaac the father of Jacob, and Jacob the father of Judah and his brothers,

3 and Judah the father of Perez and Zerah by Tamar, and Perez the father of Hezron, and Hezron the father of Ram,[1]

4 and Ram the father of Amminadab, and Amminadab the father of Nahshon, and Nahshon the father of Salmon,

5 and Salmon the father of Boaz by Rahab, and Boaz the father of Obed by Ruth, and Obed the father of Jesse,

6 and Jesse the father of David the king.

¶ And David was the father of Solomon by the wife of Uriah,

7 and Solomon the father of Rehoboam, and Rehoboam the father of Abijah, and Abijah the father of Asaph,[2]

8 and Asaph the father of Jehoshaphat, and Jehoshaphat the father of Joram, and Joram the father of Uzziah,

9 and Uzziah the father of Jotham, and Jotham the father of Ahaz, and Ahaz the father of Hezekiah,

10 and Hezekiah the father of Manasseh, and Manasseh the father of Amos,[3] and Amos the father of Josiah,

11 and Josiah the father of Jechoniah and his brothers, at the time of the deportation to Babylon.

¶ **12** And after the deportation to Babylon: Jechoniah was the father of Shealtiel,[4] and Shealtiel the father of Zerubbabel,

13 and Zerubbabel the father of Abiud, and Abiud the father of Eliakim, and Eliakim the father of Azor,

14 and Azor the father of Zadok, and Zadok the father of Achim, and Achim the father of Eliud,

15 and Eliud the father of Eleazar, and Eleazar the father of Matthan, and Matthan the father of Jacob,

16 Jakob zeugte Josef, den Mann der Maria, von der geboren ist Jesus, der da heißt Christus.

¶ **17** Alle Glieder von Abraham bis zu David sind vierzehn Glieder. Von David bis zur babylonischen Gefangenschaft sind vierzehn Glieder. Von der babylonischen Gefangenschaft bis zu Christus sind vierzehn Glieder.

Jesu Geburt

18 Die Geburt Jesu Christi geschah aber so: Als Maria, seine Mutter, dem Josef vertraut war, fand es sich, ehe er sie heimholte, dass sie schwanger war von dem Heiligen Geist.

19 Josef aber, ihr Mann, war fromm und wollte sie nicht in Schande bringen, gedachte aber, sie heimlich zu verlassen.

¶ **20** Als er das noch bedachte, siehe, da erschien ihm der Engel des Herrn im Traum und sprach: Josef, du Sohn Davids, fürchte dich nicht, Maria, deine Frau, zu dir zu nehmen; denn was sie empfangen hat, das ist von dem Heiligen Geist.

21 Und sie wird einen Sohn gebären, dem sollst du den Namen Jesus geben, denn **er wird sein Volk retten von ihren Sünden.**

22 Das ist aber alles geschehen, damit erfüllt würde, was der Herr durch den Propheten gesagt hat, der da spricht (Jesaja 7,14):

23 »Siehe, eine Jungfrau wird schwanger sein und einen Sohn gebären, und sie werden ihm den Namen Immanuel geben«, das heißt übersetzt: Gott mit uns.

¶ **24** Als nun Josef vom Schlaf erwachte, tat er, wie ihm der Engel des Herrn befohlen hatte, und nahm seine Frau zu sich.

25 Und er berührte sie nicht, bis sie einen Sohn gebar; und er gab ihm den Namen Jesus.

Die Weisen aus dem Morgenland

2 Als Jesus geboren war in Bethlehem in Judäa zur Zeit des Königs Herodes, siehe, da kamen Weise aus dem Morgenland nach Jerusalem und sprachen:

2 Wo ist der neugeborene König der Juden? Wir haben seinen Stern gesehen im Morgenland und sind gekommen, ihn anzubeten.

¶ **3** Als das der König Herodes hörte, erschrak er und mit ihm ganz Jerusalem,

4 und er ließ zusammenkommen alle Hohenpriester und Schriftgelehrten des Volkes und erforschte von ihnen, wo der Christus geboren werden sollte.

16 and Jacob the father of Joseph the husband of Mary, of whom Jesus was born, who is called Christ.

¶ **17** So all the generations from Abraham to David were fourteen generations, and from David to the deportation to Babylon fourteen generations, and from the deportation to Babylon to the Christ fourteen generations.

The Birth of Jesus Christ

¶ **18** Now the birth of Jesus Christ[5] took place in this way. When his mother Mary had been betrothed[6] to Joseph, before they came together she was found to be with child from the Holy Spirit.

19 And her husband Joseph, being a just man and unwilling to put her to shame, resolved to divorce her quietly.

20 But as he considered these things, behold, an angel of the Lord appeared to him in a dream, saying, "Joseph, son of David, do not fear to take Mary as your wife, for that which is conceived in her is from the Holy Spirit.

21 She will bear a son, and you shall call his name Jesus, for he will save his people from their sins."

22 All this took place to fulfill what the Lord had spoken by the prophet:

23 "Behold, the virgin shall conceive and
    bear a son,
and they shall call his name
    Immanuel"

(which means, God with us).

24 When Joseph woke from sleep, he did as the angel of the Lord commanded him: he took his wife,

25 but knew her not until she had given birth to a son. And he called his name Jesus.

The Visit of the Wise Men

2 Now after Jesus was born in Bethlehem of Judea in the days of Herod the king, behold, wise men[1] from the east came to Jerusalem,

2 saying, "Where is he who has been born king of the Jews? For we saw his star when it rose[2] and have come to worship him."

3 When Herod the king heard this, he was troubled, and all Jerusalem with him;

4 and assembling all the chief priests and scribes of the people, he inquired of them where the Christ was to be born.

5 Und sie sagten ihm: In Bethlehem in Judäa; denn so steht geschrieben durch den Propheten (Micha 5,1):

6 »Und du, Bethlehem im jüdischen Lande, bist keineswegs die kleinste unter den Städten in Juda; denn aus dir wird kommen der Fürst, der mein Volk Israel weiden soll.«

¶ **7** Da rief Herodes die Weisen heimlich zu sich und erkundete genau von ihnen, wann der Stern erschienen wäre,

8 und schickte sie nach Bethlehem und sprach: Zieht hin und forscht fleißig nach dem Kindlein; und wenn ihr's findet, so sagt mir's wieder, dass auch ich komme und es anbete.

9 Als sie nun den König gehört hatten, zogen sie hin. Und siehe, der Stern, den sie im Morgenland gesehen hatten, ging vor ihnen her, bis er über dem Ort stand, wo das Kindlein war.

10 Als sie den Stern sahen, wurden sie hocherfreut

11 und gingen in das Haus und fanden das Kindlein mit Maria, seiner Mutter, und fielen nieder und beteten es an und taten ihre Schätze auf und schenkten ihm Gold, Weihrauch und Myrrhe.

¶ **12** Und Gott befahl ihnen im Traum, nicht wieder zu Herodes zurückzukehren; und sie zogen auf einem andern Weg wieder in ihr Land.

Die Flucht nach Ägypten

13 Als sie aber hinweggezogen waren, siehe, da erschien der Engel des Herrn dem Josef im Traum und sprach: Steh auf, nimm das Kindlein und seine Mutter mit dir und flieh nach Ägypten und bleib dort, bis ich dir's sage; denn Herodes hat vor, das Kindlein zu suchen, um es umzubringen.

¶ **14** Da stand er auf und nahm das Kindlein und seine Mutter mit sich bei Nacht und entwich nach Ägypten

15 und blieb dort bis nach dem Tod des Herodes, damit erfüllt würde, was der Herr durch den Propheten gesagt hat, der da spricht (Hosea 11,1): »Aus Ägypten habe ich meinen Sohn gerufen.«

5 They told him, "In Bethlehem of Judea, for so it is written by the prophet:

6 "'And you, O Bethlehem, in the
  land of Judah,
are by no means least among the rulers of Judah;
for from you shall come a ruler
  who will shepherd my people Israel.'"

¶ **7** Then Herod summoned the wise men secretly and ascertained from them what time the star had appeared.

8 And he sent them to Bethlehem, saying, "Go and search diligently for the child, and when you have found him, bring me word, that I too may come and worship him."

9 After listening to the king, they went on their way. And behold, the star that they had seen when it rose went before them until it came to rest over the place where the child was.

10 When they saw the star, they rejoiced exceedingly with great joy.

11 And going into the house they saw the child with Mary his mother, and they fell down and worshiped him. Then, opening their treasures, they offered him gifts, gold and frankincense and myrrh.

12 And being warned in a dream not to return to Herod, they departed to their own country by another way.

The Flight to Egypt

¶ **13** Now when they had departed, behold, an angel of the Lord appeared to Joseph in a dream and said, "Rise, take the child and his mother, and flee to Egypt, and remain there until I tell you, for Herod is about to search for the child, to destroy him."

14 And he rose and took the child and his mother by night and departed to Egypt

15 and remained there until the death of Herod. This was to fulfill what the Lord had spoken by the prophet, "Out of Egypt I called my son."

Der Kindermord des Herodes

16 Als Herodes nun sah, dass er von den Weisen betrogen war, wurde er sehr zornig und schickte aus und ließ alle Kinder in Bethlehem töten und in der ganzen Gegend, die zweijährig und darunter waren, nach der Zeit, die er von den Weisen genau erkundet hatte.

17 Da wurde erfüllt, was gesagt ist durch den Propheten Jeremia, der da spricht (Jeremia 31,15):

18 »In Rama hat man ein Geschrei gehört, viel Weinen und Wehklagen; Rahel beweinte ihre Kinder und wollte sich nicht trösten lassen, denn es war aus mit ihnen.«

Die Rückkehr aus Ägypten

19 Als aber Herodes gestorben war, siehe, da erschien der Engel des Herrn dem Josef im Traum in Ägypten

20 und sprach: Steh auf, nimm das Kindlein und seine Mutter mit dir und zieh hin in das Land Israel; sie sind gestorben, die dem Kindlein nach dem Leben getrachtet haben.

¶ **21** Da stand er auf und nahm das Kindlein und seine Mutter mit sich und kam in das Land Israel.

22 Als er aber hörte, dass Archelaus in Judäa König war anstatt seines Vaters Herodes, fürchtete er sich, dorthin zu gehen. Und im Traum empfing er Befehl von Gott und zog ins galiläische Land

23 und kam und wohnte in einer Stadt mit Namen Nazareth, damit erfüllt würde, was gesagt ist durch die Propheten: Er soll Nazoräer heißen.

Johannes der Täufer

(Mk 1,2-8; Lk 3,1-18)

3 Zu der Zeit kam Johannes der Täufer und predigte in der Wüste von Judäa

2 und sprach: **Tut Buße, denn das Himmelreich ist nahe herbeigekommen!**

3 Denn dieser ist's, von dem der Prophet Jesaja gesprochen und gesagt hat (Jesaja 40,3): »Es ist eine Stimme eines Predigers in der Wüste: Bereitet dem Herrn den Weg und macht eben seine Steige!«

¶ **4** Er aber, Johannes, hatte ein Gewand aus Kamelhaaren an und einen ledernen Gürtel um seine Lenden; seine Speise aber waren Heuschrecken und wilder Honig.

Herod Kills the Children

¶ **16** Then Herod, when he saw that he had been tricked by the wise men, became furious, and he sent and killed all the male children in Bethlehem and in all that region who were two years old or under, according to the time that he had ascertained from the wise men.

17 Then was fulfilled what was spoken by the prophet Jeremiah:

18 "A voice was heard in Ramah,
   weeping and loud lamentation,
   Rachel weeping for her children;
      she refused to be comforted, because
      they are no more."

The Return to Nazareth

¶ **19** But when Herod died, behold, an angel of the Lord appeared in a dream to Joseph in Egypt,

20 saying, "Rise, take the child and his mother and go to the land of Israel, for those who sought the child's life are dead."

21 And he rose and took the child and his mother and went to the land of Israel.

22 But when he heard that Archelaus was reigning over Judea in place of his father Herod, he was afraid to go there, and being warned in a dream he withdrew to the district of Galilee.

23 And he went and lived in a city called Nazareth, that what was spoken by the prophets might be fulfilled: "He shall be called a Nazarene."

John the Baptist Prepares the Way

3 In those days John the Baptist came preaching in the wilderness of Judea,

2 "Repent, for the kingdom of heaven is at hand."

3 For this is he who was spoken of by the prophet Isaiah when he said,

   "The voice of one crying in the
      wilderness:
   'Prepare[1] the way of the Lord;
      make his paths straight.'"

4 Now John wore a garment of camel's hair and a leather belt around his waist, and his food was locusts and wild honey.

5 Da ging zu ihm hinaus die Stadt Jerusalem und ganz Judäa und alle Länder am Jordan

6 und ließen sich taufen von ihm im Jordan und bekannten ihre Sünden.

¶ **7** Als er nun viele Pharisäer und Sadduzäer sah zu seiner Taufe kommen, sprach er zu ihnen: Ihr Schlangenbrut, wer hat denn euch gewiss gemacht, dass ihr dem künftigen Zorn entrinnen werdet?

8 Seht zu, bringt rechtschaffene Frucht der Buße!

9 Denkt nur nicht, dass ihr bei euch sagen könntet: Wir haben Abraham zum Vater. Denn ich sage euch: Gott vermag dem Abraham aus diesen Steinen Kinder zu erwecken.

10 Es ist schon die Axt den Bäumen an die Wurzel gelegt. Darum: jeder Baum, der nicht gute Frucht bringt, wird abgehauen und ins Feuer geworfen.

¶ **11** Ich taufe euch mit Wasser zur Buße; der aber nach mir kommt, ist stärker als ich, und ich bin nicht wert, ihm die Schuhe zu tragen; der wird euch mit dem Heiligen Geist und mit Feuer taufen.

12 Er hat seine Worfschaufel in der Hand; er wird seine Tenne fegen und seinen Weizen in die Scheune sammeln; aber die Spreu wird er verbrennen mit unauslöschlichem Feuer.

Jesu Taufe
(Mk 1,9-11; Lk 3,21-22; Joh 1,32-34)

13 Zu der Zeit kam Jesus aus Galiläa an den Jordan zu Johannes, dass er sich von ihm taufen ließe.

14 Aber Johannes wehrte ihm und sprach: Ich bedarf dessen, dass ich von dir getauft werde, und du kommst zu mir?

15 Jesus aber antwortete und sprach zu ihm: Lass es jetzt geschehen! Denn so gebührt es uns, alle Gerechtigkeit zu erfüllen. Da ließ er's geschehen.

¶ **16** Und als Jesus getauft war, stieg er alsbald herauf aus dem Wasser. Und siehe, da tat sich ihm der Himmel auf, und er sah den Geist Gottes wie eine Taube herabfahren und über sich kommen.

17 Und siehe, eine Stimme vom Himmel herab sprach: **Dies ist mein lieber Sohn, an dem ich Wohlgefallen habe.**

Jesu Versuchung
(Mk 1,12-13; Lk 4,1-13)

4 Da wurde Jesus vom Geist in die Wüste geführt, damit er von dem Teufel versucht würde.

---

5 Then Jerusalem and all Judea and all the region about the Jordan were going out to him,

6 and they were baptized by him in the river Jordan, confessing their sins.

¶ **7** But when he saw many of the Pharisees and Sadducees coming to his baptism, he said to them, "You brood of vipers! Who warned you to flee from the wrath to come?

8 Bear fruit in keeping with repentance.

9 And do not presume to say to yourselves, 'We have Abraham as our father,' for I tell you, God is able from these stones to raise up children for Abraham.

10 Even now the axe is laid to the root of the trees. Every tree therefore that does not bear good fruit is cut down and thrown into the fire.

¶ **11** "I baptize you with water for repentance, but he who is coming after me is mightier than I, whose sandals I am not worthy to carry. He will baptize you with the Holy Spirit and fire.

12 His winnowing fork is in his hand, and he will clear his threshing floor and gather his wheat into the barn, but the chaff he will burn with unquenchable fire."

The Baptism of Jesus

¶ **13** Then Jesus came from Galilee to the Jordan to John, to be baptized by him.

14 John would have prevented him, saying, "I need to be baptized by you, and do you come to me?"

15 But Jesus answered him, "Let it be so now, for thus it is fitting for us to fulfill all righteousness." Then he consented.

16 And when Jesus was baptized, immediately he went up from the water, and behold, the heavens were opened to him,[2] and he saw the Spirit of God descending like a dove and coming to rest on him;

17 and behold, a voice from heaven said, "This is my beloved Son,[3] with whom I am well pleased."

The Temptation of Jesus

4 Then Jesus was led up by the Spirit into the wilderness to be tempted by the devil.

2 Und da er vierzig Tage und vierzig Nächte gefastet hatte, hungerte ihn.

3 Und der Versucher trat zu ihm und sprach: Bist du Gottes Sohn, so sprich, dass diese Steine Brot werden.

4 Er aber antwortete und sprach: Es steht geschrieben (5.Mose 8,3): »Der Mensch lebt nicht vom Brot allein, sondern von einem jeden Wort, das aus dem Mund Gottes geht.«

¶ **5** Da führte ihn der Teufel mit sich in die heilige Stadt und stellte ihn auf die Zinne des Tempels

6 und sprach zu ihm: Bist du Gottes Sohn, so wirf dich hinab; denn es steht geschrieben (Psalm 91,11-12): »Er wird seinen Engeln deinetwegen Befehl geben; und sie werden dich auf den Händen tragen, damit du deinen Fuß nicht an einen Stein stößt.«

7 Da sprach Jesus zu ihm: Wiederum steht auch geschrieben (5.Mose 6,16): »Du sollst den Herrn, deinen Gott, nicht versuchen.«

¶ **8** Darauf führte ihn der Teufel mit sich auf einen sehr hohen Berg und zeigte ihm alle Reiche der Welt und ihre Herrlichkeit

9 und sprach zu ihm: Das alles will ich dir geben, wenn du niederfällst und mich anbetest.

10 Da sprach Jesus zu ihm: Weg mit dir, Satan! Denn es steht geschrieben (5.Mose 6,13): »Du sollst anbeten den Herrn, deinen Gott, und ihm allein dienen.«

11 Da verließ ihn der Teufel. Und siehe, da traten Engel zu ihm und dienten ihm.

Der Beginn des Wirkens Jesu in Galiläa
(Mk 1,14-15; Lk 4,14-15)

12 Als nun Jesus hörte, dass Johannes gefangen gesetzt worden war, zog er sich nach Galiläa zurück.

13 Und er verließ Nazareth, kam und wohnte in Kapernaum, das am See liegt im Gebiet von Sebulon und Naftali,

14 damit erfüllt würde, was gesagt ist durch den Propheten Jesaja, der da spricht (Jesaja 8,23; 9,1):

2 And after fasting forty days and forty nights, he was hungry.

3 And the tempter came and said to him, "If you are the Son of God, command these stones to become loaves of bread."

4 But he answered, ᵉ"It is written,

ᵃ"'Man shall not live by bread alone,
  but by every word that comes from the mouth of God.'"

5 Then the devil took him to the holy city and set him on the pinnacle of the temple

6 and said to him, "If you are the Son of God, throw yourself down, for it is written,

"'He will command his angels concerning you,'

and

"'On their hands they will bear you up,
  lest you strike your foot against a stone.'"

7 Jesus said to him, "Again ᵉit is written, ᶠ'You shall not ᵍput the Lord your God to the test.'"

8 Again, the devil took him to a very high mountain and showed him all the kingdoms of the world and their glory.

9 And he said to him, "All these I will give you, if you will fall down and worship me."

10 Then Jesus said to him, "Be gone, ⁱSatan! For ʲit is written,

ᵏ"'You shall worship the Lord your God and ˡhim only shall you serve.'"

11 Then the devil left him, and behold, angels came and were ministering to him.

Jesus Begins His Ministry

¶ **12** Now when he heard that John had been arrested, he withdrew into Galilee.

13 And leaving Nazareth he went and lived in Capernaum by the sea, in the territory of Zebulun and Naphtali,

14 so that what was spoken by the prophet Isaiah might be fulfilled:

15 »Das Land Sebulon und das Land Naftali, das Land am Meer, das Land jenseits des Jordans, das heidnische Galiläa,

16 das Volk, das in Finsternis saß, hat ein großes Licht gesehen; und denen, die saßen am Ort und im Schatten des Todes, ist ein Licht aufgegangen.«

¶ **17** Seit der Zeit fing Jesus an zu predigen: **Tut Buße, denn das Himmelreich ist nahe herbeigekommen!**

Die Berufung der ersten Jünger
(Mk 1,16-20; Lk 5,1-11; Joh 1,35-51)

18 Als nun Jesus am Galiläischen Meer entlangging, sah er zwei Brüder, Simon, der Petrus genannt wird, und Andreas, seinen Bruder; die warfen ihre Netze ins Meer; denn sie waren Fischer.

19 Und er sprach zu ihnen: Folgt mir nach; ich will euch zu Menschenfischern machen!

20 Sogleich verließen sie ihre Netze und folgten ihm nach.

¶ **21** Und als er von dort weiterging, sah er zwei andere Brüder, Jakobus, den Sohn des Zebedäus, und Johannes, seinen Bruder, im Boot mit ihrem Vater Zebedäus, wie sie ihre Netze flickten. Und er rief sie.

22 Sogleich verließen sie das Boot und ihren Vater und folgten ihm nach.

Krankenheilungen in Galiläa
(Mk 1,39; 3,7-12; Lk 4,44; 6,17-19)

23 Und Jesus zog umher in ganz Galiläa, lehrte in ihren Synagogen und predigte das Evangelium von dem Reich und heilte alle Krankheiten und alle Gebrechen im Volk.

24 Und die Kunde von ihm erscholl durch ganz Syrien. Und sie brachten zu ihm alle Kranken, mit mancherlei Leiden und Plagen behaftet, Besessene, Mondsüchtige und Gelähmte; und er machte sie gesund.

25 Und es folgte ihm eine große Menge aus Galiläa, aus den Zehn Städten, aus Jerusalem, aus Judäa und von jenseits des Jordans.

Die Bergpredigt (Kapitel 5,1–7,29)

Die Seligpreisungen
(Lk 6,20-49)

5 Als er aber das Volk sah, ging er auf einen Berg und setzte sich; und seine Jünger traten zu ihm.

15 "The land of Zebulun and the land of Naphtali,
the way of the sea, beyond the Jordan,
Galilee of the Gentiles—

16 the people dwelling in darkness
have seen a great light,
and for those dwelling in the region and shadow of death,
on them a light has dawned."

17 From that time Jesus began to preach, saying, ᶻ"Repent, for the kingdom of heaven is at hand."

Jesus Calls the First Disciples

¶ **18** While walking by the Sea of Galilee, he saw two brothers, Simon (who is called Peter) and Andrew his brother, casting a net into the sea, for they were fishermen.

19 And he said to them, "Follow me, and I will make you ᶜfishers of men."

20 Immediately they left their nets and followed him.

21 And going on from there he saw two other brothers, James the son of Zebedee and John his brother, in the boat with Zebedee their father, mending their nets, and he called them.

22 Immediately they left the boat and their father and followed him.

Jesus Ministers to Great Crowds

¶ **23** And he went throughout all Galilee, teaching in their synagogues and proclaiming the gospel of the kingdom and healing every disease and every affliction among the people.

24 So his fame spread throughout all Syria, and they brought him all the sick, those afflicted with various diseases and pains, those oppressed by demons, epileptics, and paralytics, and he healed them.

25 And great crowds followed him from Galilee and the Decapolis, and from Jerusalem and Judea, and from beyond the Jordan.

The Sermon on the Mount

5 Seeing the crowds, he went up on the mountain, and when he sat down, his disciples came to him.

2 Und er tat seinen Mund auf, lehrte sie und sprach:

¶ **3 Selig sind, die da geistlich arm sind; denn ihrer ist das Himmelreich.**

¶ **4 Selig sind, die da Leid tragen; denn sie sollen getröstet werden.**

¶ **5 Selig sind die Sanftmütigen; denn sie werden das Erdreich besitzen.**

¶ **6 Selig sind, die da hungert und dürstet nach der Gerechtigkeit; denn sie sollen satt werden.**

¶ **7 Selig sind die Barmherzigen; denn sie werden Barmherzigkeit erlangen.**

¶ **8 Selig sind, die reinen Herzens sind; denn sie werden Gott schauen.**

¶ **9 Selig sind die Friedfertigen; denn sie werden Gottes Kinder heißen.**

¶ **10 Selig sind, die um der Gerechtigkeit willen verfolgt werden; denn ihrer ist das Himmelreich.**

¶ **11** Selig seid ihr, wenn euch die Menschen um meinetwillen schmähen und verfolgen und reden allerlei Übles gegen euch, wenn sie damit lügen.

12 Seid fröhlich und getrost; es wird euch im Himmel reichlich belohnt werden. Denn ebenso haben sie verfolgt die Propheten, die vor euch gewesen sind.

Salz und Licht

13 Ihr seid das Salz der Erde. Wenn nun das Salz nicht mehr salzt, womit soll man salzen? Es ist zu nichts mehr nütze, als dass man es wegschüttet und lässt es von den Leuten zertreten.

¶ **14 Ihr seid das Licht der Welt.** Es kann die Stadt, die auf einem Berge liegt, nicht verborgen sein.

15 Man zündet auch nicht ein Licht an und setzt es unter einen Scheffel, sondern auf einen Leuchter; so leuchtet es allen, die im Hause sind.

16 So lasst euer Licht leuchten vor den Leuten, damit sie eure guten Werke sehen und euren Vater im Himmel preisen.

Jesu Stellung zum Gesetz

17 Ihr sollt nicht meinen, dass ich gekommen bin, das Gesetz oder die Propheten aufzulösen; ich bin nicht gekommen aufzulösen, sondern zu erfüllen.

18 Denn wahrlich, ich sage euch: Bis Himmel und Erde vergehen, wird nicht vergehen der kleinste Buchstabe noch ein Tüpfelchen vom Gesetz, bis es alles geschieht.

The Beatitudes

¶ **2** And he opened his mouth and taught them, saying:

¶ **3**[r] "Blessed are [s]the poor in spirit, for [u]theirs is the kingdom of heaven.

¶ **4** "Blessed are [v]those who mourn, for they shall be comforted.

¶ **5** "Blessed are the [w]meek, for they [w]shall inherit the earth.

¶ **6** "Blessed are those who hunger and [x]thirst [y]for righteousness, for they shall be satisfied.

¶ **7** "Blessed are [z]the merciful, for they shall receive mercy.

¶ **8** "Blessed are [a]the pure in heart, for [b]they shall see God.

¶ **9** "Blessed are [c]the peacemakers, for [d]they shall be called [e]sons[1] of God.

¶ **10**[f] "Blessed are those who are persecuted for righteousness' sake, for [u]theirs is the kingdom of heaven.

¶ **11**[g] "Blessed are you when others revile you and persecute you and utter all kinds of evil against you falsely [h]on my account.

12 [i]Rejoice and be glad, for your reward is great in heaven, for [j]so they persecuted the prophets who were before you.

Salt and Light

¶ **13** "You are the salt of the earth, [k]but if salt has lost its taste, how shall its saltiness be restored? It is no longer good for anything except to be thrown out and trampled under people's feet.

¶ **14**[l] "You are the light of the world. A city set on a hill cannot be hidden.

15[m] Nor do people light a lamp and put it under a basket, but on a stand, and it gives light to all in the house.

16 In the same way, let your light shine before others, so [n]that they may see your good works and [o]give glory to your Father who is in heaven.

Christ Came to Fulfill the Law

¶ **17**[p] "Do not think that I have come to abolish [q]the Law or the Prophets; I have not come to abolish them but [r]to fulfill them.

18 For truly, I say to you, [s]until heaven and earth pass away, not an iota, not a dot, will pass from the Law until all is accomplished.

19 Wer nun eines von diesen kleinsten Geboten auflöst und lehrt die Leute so, der wird der Kleinste heißen im Himmelreich; wer es aber tut und lehrt, der wird groß heißen im Himmelreich.

¶ **20** Denn ich sage euch: Wenn eure Gerechtigkeit nicht besser ist als die der Schriftgelehrten und Pharisäer, so werdet ihr nicht in das Himmelreich kommen.

Vom Töten

21 Ihr habt gehört, dass zu den Alten gesagt ist (2.Mose 20,13; 21,12): »Du sollst nicht töten«; wer aber tötet, der soll des Gerichts schuldig sein.

22 Ich aber sage euch: Wer mit seinem Bruder zürnt, der ist des Gerichts schuldig; wer aber zu seinem Bruder sagt: Du Nichtsnutz!, der ist des Hohen Rats schuldig; wer aber sagt: Du Narr!, der ist des höllischen Feuers schuldig.

¶ **23** Darum: wenn du deine Gabe auf dem Altar opferst und dort kommt dir in den Sinn, dass dein Bruder etwas gegen dich hat,

24 so lass dort vor dem Altar deine Gabe und geh zuerst hin und versöhne dich mit deinem Bruder, und dann komm und opfere deine Gabe.

¶ **25** Vertrage dich mit deinem Gegner sogleich, solange du noch mit ihm auf dem Weg bist, damit dich der Gegner nicht dem Richter überantworte und der Richter dem Gerichtsdiener und du ins Gefängnis geworfen werdest.

26 Wahrlich, ich sage dir: Du wirst nicht von dort herauskommen, bis du auch den letzten Pfennig bezahlt hast.

Vom Ehebrechen

27 Ihr habt gehört, dass gesagt ist (2.Mose 20,14): »Du sollst nicht ehebrechen.«

28 Ich aber sage euch: Wer eine Frau ansieht, sie zu begehren, der hat schon mit ihr die Ehe gebrochen in seinem Herzen.

¶ **29** Wenn dich aber dein rechtes Auge zum Abfall verführt, so reiß es aus und wirf's von dir. Es ist besser für dich, dass eins deiner Glieder verderbe und nicht der ganze Leib in die Hölle geworfen werde.

30 Wenn dich deine rechte Hand zum Abfall verführt, so hau sie ab und wirf sie von dir. Es ist besser für dich, dass eins deiner Glieder verderbe und nicht der ganze Leib in die Hölle fahre.

19 [t]Therefore whoever relaxes [u]one of the least of these commandments and teaches others to do the same will be called least [v]in the kingdom of heaven, but whoever does them and teaches them will be called great [v]in the kingdom of heaven.

20 For I tell you, unless your righteousness exceeds [w]that of the scribes and Pharisees, you [x]will never enter the kingdom of heaven.

Anger

¶ **21**[y] "You have heard that it was said to those of old, [z]'You shall not murder; and whoever murders will be liable [a]to judgment.'

22 But I say to you that [b]everyone who is angry with his brother[2] will be liable [a]to judgment; whoever insults[3] his brother will be liable to the council; and whoever says, 'You fool!' will be liable to [c]the hell[4] of fire.

23 [d]So if [e]you are offering your gift at the altar and there remember that your brother has something against you,

24 leave your gift there before the altar and go. First be reconciled to your brother, and then come and offer your gift.

25 [f]Come to terms quickly with your accuser while you are going with him to court, lest your accuser hand you over to the judge, and the judge to the guard, and you be put in prison.

26 Truly, I say to you, [g]you will never get out until you have paid the last penny.[5]

Lust

¶ **27**[h] "You have heard that it was said, [i]'You shall not commit adultery.'

28 But I say to you that [j]everyone who looks at a woman with lustful intent has already committed adultery with her in his heart.

29 [k]If your right eye [l]causes you to sin, tear it out and throw it away. For it is better that you lose one of your members than that your whole body be thrown into [m]hell.

30 [k]And if your right hand [l]causes you to sin, cut it off and throw it away. For it is better that you lose one of your members than that your whole body go into [m]hell.

¶ **31** Es ist auch gesagt (5.Mose 24,1): »Wer sich von seiner Frau scheidet, der soll ihr einen Scheidebrief geben.«

32 Ich aber sage euch: Wer sich von seiner Frau scheidet, es sei denn wegen Ehebruchs, der macht, dass sie die Ehe bricht; und wer eine Geschiedene heiratet, der bricht die Ehe.

Vom Schwören

33 Ihr habt weiter gehört, dass zu den Alten gesagt ist (3.Mose 19,12; 4.Mose 30,3): »Du sollst keinen falschen Eid schwören und sollst dem Herrn deinen Eid halten.«

34 Ich aber sage euch, dass ihr überhaupt nicht schwören sollt, weder bei dem Himmel, denn er ist Gottes Thron;

35 noch bei der Erde, denn sie ist der Schemel seiner Füße; noch bei Jerusalem, denn sie ist die Stadt des großen Königs.

36 Auch sollst du nicht bei deinem Haupt schwören; denn du vermagst nicht ein einziges Haar weiß oder schwarz zu machen.

37 Eure Rede aber sei: Ja, ja; nein, nein. Was darüber ist, das ist vom Übel.

Vom Vergelten

38 Ihr habt gehört, dass gesagt ist (2.Mose 21,24): »Auge um Auge, Zahn um Zahn.«

39 Ich aber sage euch, dass ihr nicht widerstreben sollt dem Übel, sondern: wenn dich jemand auf deine rechte Backe schlägt, dem biete die andere auch dar.

40 Und wenn jemand mit dir rechten will und dir deinen Rock nehmen, dem lass auch den Mantel.

41 Und wenn dich jemand nötigt, eine Meile mitzugehen, so geh mit ihm zwei.

42 Gib dem, der dich bittet, und wende dich nicht ab von dem, der etwas von dir borgen will.

Von der Feindesliebe

43 Ihr habt gehört, dass gesagt ist: »Du sollst deinen Nächsten lieben« (3.Mose 19,18) und deinen Feind hassen.

44 Ich aber sage euch: **Liebt eure Feinde und bittet für die, die euch verfolgen,** *

45 damit ihr Kinder seid eures Vaters im Himmel. Denn er lässt seine Sonne aufgehen über Böse und Gute und lässt regnen über Gerechte und Ungerechte.

¶ **46** Denn wenn ihr liebt, die euch lieben, was werdet ihr für Lohn haben? Tun nicht dasselbe auch die Zöllner?

Divorce

¶ **31** [h]"It was also said, [n]'Whoever divorces his wife, let him give her a certificate of divorce.'

32 [o]But I say to you that everyone who divorces his wife, except on the ground of sexual immorality, makes her commit adultery, and [p]whoever marries a divorced woman commits adultery.

Oaths

¶ **33** "Again [h]you have heard that it was said to those of old, [q]'You shall not swear falsely, but [r]shall perform to the Lord what you have sworn.'

34 But I say to you, [s]Do not take an oath at all, either by heaven, for [t]it is the throne of God,

35 or by the earth, for it is his footstool, or by Jerusalem, for it is [u]the city of the great King.

36 And do not take an oath by your head, for you cannot make one hair white or black.

37 Let what you say be simply 'Yes' or 'No'; [v]anything more than this comes from evil.[6]

Retaliation

¶ **38** [h]"You have heard that it was said, [y]'An eye for an eye and a tooth for a tooth.'

39 But I say to you, [z]Do not resist the one who is evil. But [a]if anyone [b]slaps you on the right cheek, turn to him the other also.

40 And [z]if anyone would sue you and take your tunic,[7] let him have your cloak as well.

41 And if anyone [c]forces you to go one mile, go with him two miles.

42 [d]Give to the one who begs from you, and [e]do not refuse the one who would borrow from you.

Love Your Enemies

¶ **43** [f]"You have heard that it was said, [g]'You shall love your neighbor and hate your enemy.'

44 But I say to you, [i]Love your enemies and [j]pray for those who persecute you,

45 [k]so that you may be sons of your Father who is in heaven. For he makes his sun rise on the evil and on the good, and [l]sends rain on the just and on the unjust.

46 [m]For if you love those who love you, what reward do you have? Do not even the tax collectors do the same?

47 Und wenn ihr nur zu euren Brüdern freundlich seid, was tut ihr Besonderes? Tun nicht dasselbe auch die Heiden?

48 Darum sollt ihr vollkommen sein, wie euer Vater im Himmel vollkommen ist.

Vom Almosengeben

6 Habt acht auf eure Frömmigkeit, dass ihr die nicht übt vor den Leuten, um von ihnen gesehen zu werden; ihr habt sonst keinen Lohn bei eurem Vater im Himmel.

¶ **2** Wenn du nun Almosen gibst, sollst du es nicht vor dir ausposaunen lassen, wie es die Heuchler tun in den Synagogen und auf den Gassen, damit sie von den Leuten gepriesen werden. Wahrlich, ich sage euch: Sie haben ihren Lohn schon gehabt.

3 Wenn du aber Almosen gibst, so lass deine linke Hand nicht wissen, was die rechte tut,

4 damit dein Almosen verborgen bleibe; und dein Vater, der in das Verborgene sieht, wird dir's vergelten.

Vom Beten. Das Vaterunser

5 Und wenn ihr betet, sollt ihr nicht sein wie die Heuchler, die gern in den Synagogen und an den Straßenecken stehen und beten, damit sie von den Leuten gesehen werden. Wahrlich, ich sage euch: Sie haben ihren Lohn schon gehabt.

6 Wenn du aber betest, so geh in dein Kämmerlein und schließ die Tür zu und bete zu deinem Vater, der im Verborgenen ist; und dein Vater, der in das Verborgene sieht, wird dir's vergelten.

¶ **7** Und wenn ihr betet, sollt ihr nicht viel plappern wie die Heiden; denn sie meinen, sie werden erhört, wenn sie viele Worte machen.

8 Darum sollt ihr ihnen nicht gleichen. Denn euer Vater weiß, was ihr bedürft, bevor ihr ihn bittet.

9 Darum sollt ihr so beten:

Unser Vater im Himmel!
Dein Name werde geheiligt.
10 Dein Reich komme.
Dein Wille geschehe wie im Himmel so
auf Erden.
11 Unser tägliches Brot gib uns heute.
12 Und vergib uns unsere Schuld,
wie auch wir vergeben unsern
Schuldigern.

47 And if you greet only your brothers,[8] what more are you doing than others? Do not even [n]the Gentiles do the same?

48 [o]You therefore must be [p]perfect, [q]as your heavenly Father is perfect.

Giving to the Needy

6 "Beware of [r]practicing your righteousness before other people in order [s]to be seen by them, for then you will have no reward from your Father who is in heaven.

¶ **2**[t]"Thus, when you give to the needy, sound no trumpet before you, as the hypocrites do in the synagogues and in the streets, that they may [u]be praised by others. Truly, I say to you, they have [v]received their reward.

3 But when you give to the needy, do not let your left hand know what your right hand is doing,

4 so that your giving may be in secret. [w]And your Father who sees in secret will reward you.

The Lord's Prayer

¶ **5** "And when you pray, you must not be like the hypocrites. For they love [x]to stand and pray in the synagogues and at the street corners, that they may be seen by others. [y]Truly, I say to you, they have received their reward.

6 But when you pray, [z]go into your room and shut the door and pray to your Father who is in secret. [a]And your Father who sees in secret will reward you.

¶ **7** "And when you pray, do not heap up empty phrases as [b]the Gentiles do, for [c]they think that they will be heard [d]for their many words.

8 Do not be like them, [e]for your Father knows what you need before you ask him.

9 [f]Pray then like this:

[g]"Our Father in heaven,
[h]hallowed be [i]your name.[1]
10 [j]Your kingdom come,
[k]your will be done,[2]
[l]on earth as it is in heaven.
11[m]Give us [n]this day our daily bread,[3]
12 and forgive us our debts,
as we also have forgiven our debtors.

13 **Und führe uns nicht in Versuchung,**
sondern erlöse uns von dem Bösen.
[Denn dein ist das Reich und die
Kraft und die Herrlichkeit in
Ewigkeit. Amen.][*]

¶ **14** Denn wenn ihr den Menschen ihre Verfehlungen vergebt, so wird euch euer himmlischer Vater auch vergeben.

15 Wenn ihr aber den Menschen nicht vergebt, so wird euch euer Vater eure Verfehlungen auch nicht vergeben.

Vom Fasten

16 Wenn ihr fastet, sollt ihr nicht sauer dreinsehen wie die Heuchler; denn sie verstellen ihr Gesicht, um sich vor den Leuten zu zeigen mit ihrem Fasten. Wahrlich, ich sage euch: Sie haben ihren Lohn schon gehabt.

17 Wenn du aber fastest, so salbe dein Haupt und wasche dein Gesicht,

18 damit du dich nicht vor den Leuten zeigst mit deinem Fasten, sondern vor deinem Vater, der im Verborgenen ist; und dein Vater, der in das Verborgene sieht, wird dir's vergelten.

Vom Schätzesammeln und Sorgen

19 Ihr sollt euch nicht Schätze sammeln auf Erden, wo sie die Motten und der Rost fressen und wo die Diebe einbrechen und stehlen.

20 Sammelt euch aber Schätze im Himmel, wo sie weder Motten noch Rost fressen und wo die Diebe nicht einbrechen und stehlen.

21 Denn wo dein Schatz ist, da ist auch dein Herz.

¶ **22** Das Auge ist das Licht des Leibes. Wenn dein Auge lauter ist, so wird dein ganzer Leib licht sein.

23 Wenn aber dein Auge böse ist, so wird dein ganzer Leib finster sein. Wenn nun das Licht, das in dir ist, Finsternis ist, wie groß wird dann die Finsternis sein!

¶ **24** **Niemand kann zwei Herren dienen: Entweder er wird den einen hassen und den andern lieben, oder er wird an dem einen hängen und den andern verachten. Ihr könnt nicht Gott dienen und dem Mammon.**

¶ **25** Darum sage ich euch: Sorgt nicht um euer Leben, was ihr essen und trinken werdet; auch nicht um euren Leib, was ihr anziehen werdet. Ist nicht das Leben mehr als die Nahrung und der Leib mehr als die Kleidung?

26 Seht die Vögel unter dem Himmel an: sie säen nicht, sie ernten nicht, sie sammeln nicht in die Scheunen; und euer himmlischer Vater ernährt sie doch. Seid ihr denn nicht viel mehr als sie?

13 And [o]lead us not into temptation,
but [p]deliver us from [q]evil.[4]

14 [r]For if you forgive others their trespasses, your heavenly Father will also forgive you,

15 [s]but if you do not forgive others their trespasses, neither will your Father forgive your trespasses.

Fasting

¶ **16** "And [t]when you fast, do not look gloomy like the hypocrites, for they disfigure their faces that their fasting may be seen by others. [u]Truly, I say to you, they have received their reward.

17 But when you fast, [v]anoint your head and wash your face,

18 that your fasting may not be seen by others but by your Father who is in secret. [w]And your Father who sees in secret will reward you.

Lay Up Treasures in Heaven

¶ **19**[x]"Do not lay up for yourselves treasures on earth, where [y]moth and rust[5] destroy and where thieves [z]break in and steal,

20 [x]but lay up for yourselves treasures in heaven, where neither moth nor rust destroys and where thieves do not break in and steal.

21 For where your treasure is, there your heart will be also.

¶ **22**[a]"The eye is the lamp of the body. So, if your eye is healthy, your whole body will be full of light,

23 [a]but if [b]your eye is bad, your whole body will be full of darkness. If then the light in you is darkness, how great is the darkness!

¶ **24**[c]"No one can serve two masters, for either he will hate the one and love the other, or he will be devoted to the one and despise the other. You cannot serve God and [d]money.[6]

Do Not Be Anxious

¶ **25**[e]"Therefore I tell you, [f]do not be anxious about your life, what you will eat or what you will drink, nor about your body, what you will put on. Is not life more than food, and the body more than clothing?

26 [g]Look at the birds of the air: they neither sow nor reap nor gather into barns, and yet your heavenly Father feeds them. [h]Are you not of more value than they?

27 Wer ist unter euch, der seines Lebens Länge eine Spanne zusetzen könnte, wie sehr er sich auch darum sorgt?

¶ **28** Und warum sorgt ihr euch um die Kleidung? Schaut die Lilien auf dem Feld an, wie sie wachsen: sie arbeiten nicht, auch spinnen sie nicht.

29 Ich sage euch, dass auch Salomo in aller seiner Herrlichkeit nicht gekleidet gewesen ist wie eine von ihnen.

30 Wenn nun Gott das Gras auf dem Feld so kleidet, das doch heute steht und morgen in den Ofen geworfen wird: sollte er das nicht viel mehr für euch tun, ihr Kleingläubigen?

31 Darum sollt ihr nicht sorgen und sagen: Was werden wir essen? Was werden wir trinken? Womit werden wir uns kleiden?

32 Nach dem allen trachten die Heiden. Denn euer himmlischer Vater weiß, dass ihr all dessen bedürft.

¶ **33** **Trachtet zuerst nach dem Reich Gottes und nach seiner Gerechtigkeit, so wird euch das alles zufallen.**

34 Darum sorgt nicht für morgen, denn der morgige Tag wird für das Seine sorgen. Es ist genug, dass jeder Tag seine eigene Plage hat.

Vom Richtgeist

7 Richtet nicht, damit ihr nicht gerichtet werdet.

2 Denn nach welchem Recht ihr richtet, werdet ihr gerichtet werden; und mit welchem Maß ihr messt, wird euch zugemessen werden.

¶ **3** Was siehst du aber den Splitter in deines Bruders Auge und nimmst nicht wahr den Balken in deinem Auge?

4 Oder wie kannst du sagen zu deinem Bruder: Halt, ich will dir den Splitter aus deinem Auge ziehen?, und siehe, ein Balken ist in deinem Auge.

5 Du Heuchler, zieh zuerst den Balken aus deinem Auge; danach sieh zu, wie du den Splitter aus deines Bruders Auge ziehst.

¶ **6** Ihr sollt das Heilige nicht den Hunden geben und eure Perlen sollt ihr nicht vor die Säue werfen, damit die sie nicht zertreten mit ihren Füßen und sich umwenden und euch zerreißen.

Von der Gebetserhörung

(Lk 11,9-13)

7 **Bittet, so wird euch gegeben; suchet, so werdet ihr finden; klopfet an, so wird euch aufgetan.**

27 And which of you by being anxious can add a single hour to his [i]span of life?[7]

28 And why are you anxious about clothing? Consider the lilies of the field, how they grow: they neither toil nor spin,

29 yet I tell you, [j]even Solomon in all his glory was not arrayed like one of these.

30 But if God so clothes the grass of the field, which today is alive and tomorrow is thrown into the oven, will he not much more clothe you, [k]O you of little faith?

31 Therefore do not be anxious, saying, 'What shall we eat?' or 'What shall we drink?' or 'What shall we wear?'

32 For [l]the Gentiles seek after all these things, and [m]your heavenly Father knows that you need them all.

33 But [n]seek first [o]the kingdom of God and his righteousness, [p]and all these things will be added to you.

¶ **34**[q] "Therefore do not be anxious about tomorrow, for tomorrow will be anxious for itself. Sufficient for the day is its own trouble.

Judging Others

7 [r]"Judge not, that you be not judged.

2 [s]For with the judgment you pronounce you will be judged, and [t]with the measure you use it will be measured to you.

3 Why do you see the speck that is in your brother's eye, but [u]do not notice the log that is in your own eye?

4 Or how can you say to your brother, 'Let me take the speck out of your eye,' when there is the log in your own eye?

5 You hypocrite, first take the log out of your own eye, and then you will see clearly to take the speck out of your brother's eye.

¶ **6**[v] "Do not give [w]dogs what is holy, and do not throw your [x]pearls before pigs, lest they trample them underfoot and turn to attack you.

Ask, and It Will Be Given

¶ **7**[y] "Ask, [z]and it will be given to you; [a]seek, and you will find; [b]knock, and it will be opened to you.

8 **Denn wer da bittet, der empfängt; und wer da sucht, der findet; und wer da anklopft, dem wird aufgetan.**

¶ **9** Wer ist unter euch Menschen, der seinem Sohn, wenn er ihn bittet um Brot, einen Stein biete?

10 Oder, wenn er ihn bittet um einen Fisch, eine Schlange biete?

11 Wenn nun ihr, die ihr doch böse seid, dennoch euren Kindern gute Gaben geben könnt, wie viel mehr wird euer Vater im Himmel Gutes geben denen, die ihn bitten!

Vom Tun des göttlichen Willens

12 **Alles nun, was ihr wollt, dass euch die Leute tun sollen, das tut ihnen auch! Das ist das Gesetz und die Propheten.**

¶ **13** **Geht hinein durch die enge Pforte. Denn die Pforte ist weit und der Weg ist breit, der zur Verdammnis führt, und viele sind's, die auf ihm hineingehen.**

14 **Wie eng ist die Pforte und wie schmal der Weg, der zum Leben führt, und wenige sind's, die ihn finden!**

¶ **15** Seht euch vor vor den falschen Propheten, die in Schafskleidern zu euch kommen, inwendig aber sind sie reißende Wölfe.

16 An ihren Früchten sollt ihr sie erkennen. Kann man denn Trauben lesen von den Dornen oder Feigen von den Disteln?

17 So bringt jeder gute Baum gute Früchte; aber ein fauler Baum bringt schlechte Früchte.

18 Ein guter Baum kann nicht schlechte Früchte bringen und ein fauler Baum kann nicht gute Früchte bringen.

19 Jeder Baum, der nicht gute Früchte bringt, wird abgehauen und ins Feuer geworfen.

20 Darum: an ihren Früchten sollt ihr sie erkennen.

¶ **21** **Es werden nicht alle, die zu mir sagen: Herr, Herr!, in das Himmelreich kommen, sondern die den Willen tun meines Vaters im Himmel.**

22 Es werden viele zu mir sagen an jenem Tage: Herr, Herr, haben wir nicht in deinem Namen geweissagt? Haben wir nicht in deinem Namen böse Geister ausgetrieben? Haben wir nicht in deinem Namen viele Wunder getan?

23 Dann werde ich ihnen bekennen: Ich habe euch noch nie gekannt; weicht von mir, ihr Übeltäter!

8 For everyone who asks receives, and the one who seeks finds, and to the one who knocks it will be opened.

9 Or which one of you, if his son asks him for [c]bread, will give him [c]a stone?

10 Or if he asks for a fish, will give him a serpent?

11 If you then, [d]who are evil, know how to give good gifts to your children, how much more will [z]your Father who is in heaven give good things to those who ask him!

The Golden Rule

¶ **12** "So [e]whatever you wish that others would do to you, do also to them, for this is [f]the Law and the Prophets.

¶ **13**[g]"Enter by the narrow gate. For the gate is wide and the way is easy[1] that leads to destruction, and those who enter by it are many.

14 For the gate is narrow and [h]the way is hard that leads to life, and [i]those who find it are few.

A Tree and Its Fruit

¶ **15**[j]"Beware of false prophets, who come to you in sheep's clothing but inwardly are [k]ravenous wolves.

16 You will recognize them [l]by their fruits. Are grapes gathered from thornbushes, or figs from thistles?

17 So, [m]every healthy tree bears good fruit, but the diseased tree bears bad fruit.

18 A healthy tree cannot bear bad fruit, nor can a diseased tree bear good fruit.

19 [n]Every tree that does not bear good fruit is cut down and thrown into the fire.

20 Thus you will recognize them [l]by their fruits.

I Never Knew You

¶ **21**[o]"Not everyone who [p]says to me, 'Lord, Lord,' will [q]enter the kingdom of heaven, but the one who [r]does the will of my Father who is in heaven.

22 [s]On that day [t]many will say to me, 'Lord, Lord, did we not [u]prophesy in your name, and cast out demons [v]in your name, and do many mighty works in your name?'

23 [t]And then will I declare to them, 'I [w]never knew you; [x]depart from me, [y]you workers of lawlessness.'

Vom Hausbau

24 Darum, wer diese meine Rede hört und tut sie, der gleicht einem klugen Mann, der sein Haus auf Fels baute.

25 Als nun ein Platzregen fiel und die Wasser kamen und die Winde wehten und stießen an das Haus, fiel es doch nicht ein; denn es war auf Fels gegründet.

¶ **26** Und wer diese meine Rede hört und tut sie nicht, der gleicht einem törichten Mann, der sein Haus auf Sand baute.

27 Als nun ein Platzregen fiel und die Wasser kamen und die Winde wehten und stießen an das Haus, da fiel es ein und sein Fall war groß.

¶ **28** Und es begab sich, als Jesus diese Rede vollendet hatte, dass sich das Volk entsetzte über seine Lehre;

29 denn er lehrte sie mit Vollmacht und nicht wie ihre Schriftgelehrten.

Die Heilung eines Aussätzigen

(Mk 1,40-44; Lk 5,12-14)

8 Als er aber vom Berge herabging, folgte ihm eine große Menge.

2 Und siehe, ein Aussätziger kam heran und fiel vor ihm nieder und sprach: Herr, wenn du willst, kannst du mich reinigen.

3 Und Jesus streckte die Hand aus, rührte ihn an und sprach: Ich will's tun; sei rein! Und sogleich wurde er von seinem Aussatz rein.

4 Und Jesus sprach zu ihm: Sieh zu, sage es niemandem, sondern geh hin und zeige dich dem Priester und opfere die Gabe, die Mose befohlen hat, ihnen zum Zeugnis.

Der Hauptmann von Kapernaum

(Lk 7,1-10; Joh 4,46-53)

5 Als aber Jesus nach Kapernaum hineinging, trat ein Hauptmann zu ihm; der bat ihn

6 und sprach: Herr, mein Knecht liegt zu Hause und ist gelähmt und leidet große Qualen.

7 Jesus sprach zu ihm: Ich will kommen und ihn gesund machen.

8 Der Hauptmann antwortete und sprach: Herr, ich bin nicht wert, dass du unter mein Dach gehst, sondern sprich nur ein Wort, so wird mein Knecht gesund.

9 Denn auch ich bin ein Mensch, der Obrigkeit untertan, und habe Soldaten unter mir; und wenn ich zu einem sage: Geh hin!, so geht er; und zu einem andern: Komm her!, so kommt er; und zu meinem Knecht: Tu das!, so tut er's.

Build Your House on the Rock

¶ **24** ᶻ"Everyone then who hears these words of mine and does them will be like ᵃa wise man who built his house on the rock.

25 And the rain fell, and the floods came, and the winds blew and beat on that house, but it did not fall, because it had been founded on the rock.

26 And everyone who hears these words of mine and does not do them will be like ᵃa foolish man who built his house on the sand.

27 And the rain fell, and the floods came, and the winds blew and beat against that house, and it fell, and great was the fall of it."

The Authority of Jesus

¶ **28** And when Jesus finished these sayings, the crowds were astonished at his teaching,

29 for he was teaching them as one who had authority, and not as their scribes.

Jesus Cleanses a Leper

8 When he came down from the mountain, great crowds followed him.

2 And behold, a leper¹ came to him and knelt before him, saying, "Lord, if you will, you can make me clean."

3 And Jesus² stretched out his hand and touched him, saying, "I will; be clean." And immediately his leprosy was cleansed.

4 And Jesus said to him, ᵍ"See that you say nothing to anyone, but go, ʰshow yourself to the priest and ⁱoffer the gift that Moses commanded, ʲfor a proof to them."

The Faith of a Centurion

¶ **5** When he entered Capernaum, a centurion came forward to him, appealing to him,

6 "Lord, my servant is lying paralyzed at home, suffering terribly."

7 And he said to him, "I will come and heal him."

8 But the centurion replied, "Lord, I am not worthy to have you come under my roof, but only say the word, and my servant will be healed.

9 For I too am a man under authority, with soldiers under me. And I say to one, 'Go,' and he goes, and to another, 'Come,' and he comes, and to my servant,³ 'Do this,' and he does it."

¶ 10 Als das Jesus hörte, wunderte er sich und sprach zu denen, die ihm nachfolgten: Wahrlich, ich sage euch: Solchen Glauben habe ich in Israel bei keinem gefunden!

11 Aber ich sage euch: Viele werden kommen von Osten und von Westen und mit Abraham und Isaak und Jakob im Himmelreich zu Tisch sitzen;

12 aber die Kinder des Reichs werden hinausgestoßen in die Finsternis; da wird sein Heulen und Zähneklappern.

¶ 13 Und Jesus sprach zu dem Hauptmann: Geh hin; dir geschehe, wie du geglaubt hast. Und sein Knecht wurde gesund zu derselben Stunde.

Jesus im Haus des Petrus
(Mk 1,29-34; Lk 4,38-41)

14 Und Jesus kam in das Haus des Petrus und sah, dass dessen Schwiegermutter zu Bett lag und hatte das Fieber.

15 Da ergriff er ihre Hand und das Fieber verließ sie. Und sie stand auf und diente ihm.

¶ 16 Am Abend aber brachten sie viele Besessene zu ihm; und er trieb die Geister aus durch sein Wort und machte alle Kranken gesund,

17 damit erfüllt würde, was gesagt ist durch den Propheten Jesaja, der da spricht (Jesaja 53,4): »Er hat unsre Schwachheit auf sich genommen, und unsre Krankheit hat er getragen.«

Vom Ernst der Nachfolge
(Lk 9,57-60)

18 Als aber Jesus die Menge um sich sah, befahl er, hinüber ans andre Ufer zu fahren.

19 Und es trat ein Schriftgelehrter herzu und sprach zu ihm: Meister, ich will dir folgen, wohin du gehst.

20 Jesus sagt zu ihm: **Die Füchse haben Gruben und die Vögel unter dem Himmel haben Nester; aber der Menschensohn hat nichts, wo er sein Haupt hinlege.**

¶ 21 Und ein anderer unter den Jüngern sprach zu ihm: Herr, erlaube mir, dass ich zuvor hingehe und meinen Vater begrabe.

22 Aber Jesus spricht zu ihm: **Folge du mir und lass die Toten ihre Toten begraben!**

Die Stillung des Sturms
(Mk 4,35-41; Lk 8,22-25)

23 Und er stieg in das Boot und seine Jünger folgten ihm.

---

10 When Jesus heard this, he marveled and said to those who followed him, "Truly, I tell you, ^{n}no one in Israel^t have I found such faith.

11 I tell you, ^{o}many will come from east and west and recline at table with Abraham, Isaac, and Jacob in the kingdom of heaven,

12 ^{p}while the sons of the kingdom ^{q}will be thrown into the outer darkness. In that place ^{r}there will be weeping and gnashing of teeth."

13 And to the centurion Jesus said, "Go; let it be done for you ^{s}as you have believed." And the servant was healed at that very moment.

Jesus Heals Many

¶ 14 And when Jesus entered Peter's house, he saw his mother-in-law lying sick with a fever.

15 He touched her hand, and the fever left her, and she rose and began to serve him.

16 That evening they brought to him many who were oppressed by demons, and he cast out the spirits with a word and healed all who were sick.

17 This was to fulfill what was spoken by the prophet Isaiah: "He took our illnesses and bore our diseases."

The Cost of Following Jesus

¶ 18 Now when Jesus saw a crowd around him, he gave orders to go over to the other side.

19 And a scribe came up and said to him, "Teacher, I will follow you wherever you go."

20 And Jesus said to him, "Foxes have holes, and birds of the air have nests, but the Son of Man has nowhere to lay his head."

21 Another of the disciples said to him, "Lord, let me first go and bury my father."

22 And Jesus said to him, "Follow me, and leave ^{e}the dead to bury their own dead."

Jesus Calms a Storm

¶ 23 And when he got into the boat, his disciples followed him.

24 Und siehe, da erhob sich ein gewaltiger Sturm auf dem See, sodass auch das Boot von Wellen zugedeckt wurde. Er aber schlief.

25 Und sie traten zu ihm, weckten ihn auf und sprachen: Herr, hilf, wir kommen um!

26 Da sagt er zu ihnen: Ihr Kleingläubigen, warum seid ihr so furchtsam? Und stand auf und bedrohte den Wind und das Meer. Da wurde es ganz stille.

¶ **27** Die Menschen aber verwunderten sich und sprachen: Was ist das für ein Mann, dass ihm Wind und Meer gehorsam sind?

Die Heilung der zwei besessenen Gadarener
(Mk 5,1-17; Lk 8,26-37)

28 Und er kam ans andre Ufer in die Gegend der Gadarener. Da liefen ihm entgegen zwei Besessene; die kamen aus den Grabhöhlen und waren sehr gefährlich, sodass niemand diese Straße gehen konnte.

29 Und sie schrien: Was willst du von uns, du Sohn Gottes? Bist du hergekommen, uns zu quälen, ehe es Zeit ist?

¶ **30** Es war aber fern von ihnen eine große Herde Säue auf der Weide.

31 Da baten ihn die bösen Geister und sprachen: Willst du uns austreiben, so lass uns in die Herde Säue fahren.

32 Und er sprach: Fahrt aus! Da fuhren sie aus und fuhren in die Säue. Und siehe, die ganze Herde stürmte den Abhang hinunter in den See, und sie ersoffen im Wasser.

¶ **33** Und die Hirten flohen und gingen hin in die Stadt und berichteten das alles und wie es den Besessenen ergangen war.

34 Und siehe, da ging die ganze Stadt hinaus Jesus entgegen. Und als sie ihn sahen, baten sie ihn, dass er ihr Gebiet verlasse.

Die Heilung eines Gelähmten (»Der Gichtbrüchige«)
(Mk 2,1-12; Lk 5,17-26)

9 Da stieg er in ein Boot und fuhr hinüber und kam in seine Stadt.

2 Und siehe, da brachten sie zu ihm einen Gelähmten, der lag auf einem Bett. Als nun Jesus ihren Glauben sah, sprach er zu dem Gelähmten: **Sei getrost, mein Sohn, deine Sünden sind dir vergeben.**

¶ **3** Und siehe, einige unter den Schriftgelehrten sprachen bei sich selbst: Dieser lästert Gott.

4 Als aber Jesus ihre Gedanken sah, sprach er: Warum denkt ihr so Böses in euren Herzen?

24 And behold, there arose a great storm on the sea, so that the boat was being swamped by the waves; but he was asleep.

25 And they went and woke him, saying, "Save us, Lord; we are perishing."

26 And he said to them, "Why are you ⁱafraid, ʲO you of little faith?" Then he rose and rebuked the winds and the sea, and there was a great calm.

27 And the men marveled, saying, "What sort of man is this, that even winds and sea obey him?"

Jesus Heals Two Men with Demons

¶ **28** And when he came to the other side, to the country of the Gadarenes,⁵ two demon-possessed⁶ men met him, coming out of the tombs, so fierce that no one could pass that way.

29 And behold, they cried out, "What have you to do with us, O Son of God? Have you come here to torment us before the time?"

30 Now a herd of many pigs was feeding at some distance from them.

31 And the demons begged him, saying, "If you cast us out, send us away into the herd of pigs."

32 And he said to them, "Go." So they came out and went into the pigs, and behold, the whole herd rushed down the steep bank into the sea and drowned in the waters.

33 The herdsmen fled, and going into the city they told everything, especially what had happened to the demon-possessed men.

34 And behold, all the city came out to meet Jesus, and when they saw him, they begged him to leave their region.

Jesus Heals a Paralytic

9 And getting into a boat he crossed over and came to his own city.

2 And behold, some people brought to him a paralytic, lying on a bed. And when Jesus saw their faith, he said to the paralytic, ʸ"Take heart, my son; ᶻyour sins are forgiven."

3 And behold, some of the scribes said to themselves, "This man is blaspheming."

4 But Jesus, knowing¹ their thoughts, said, "Why do you think evil in your hearts?

5 Was ist denn leichter, zu sagen: Dir sind deine Sünden vergeben, oder zu sagen: Steh auf und geh umher?

6 Damit ihr aber wisst, dass der Menschensohn Vollmacht hat, auf Erden die Sünden zu vergeben – sprach er zu dem Gelähmten: Steh auf, hebe dein Bett auf und geh heim!

¶ **7** Und er stand auf und ging heim.

8 Als das Volk das sah, fürchtete es sich und pries Gott, der solche Macht den Menschen gegeben hat.

Die Berufung des Matthäus und das Mahl mit den Zöllnern

(Mk 2,13-17; Lk 5,27-32)

9 Und als Jesus von dort wegging, sah er einen Menschen am Zoll sitzen, der hieß Matthäus; und er sprach zu ihm: Folge mir! Und er stand auf und folgte ihm.

¶ **10** Und es begab sich, als er zu Tisch saß im Hause, siehe, da kamen viele Zöllner und Sünder und saßen zu Tisch mit Jesus und seinen Jüngern.

11 Als das die Pharisäer sahen, sprachen sie zu seinen Jüngern: Warum isst euer Meister mit den Zöllnern und Sündern?

12 Als das Jesus hörte, sprach er: Die Starken bedürfen des Arztes nicht, sondern die Kranken.

13 Geht aber hin und lernt, was das heißt (Hosea 6,6): »Ich habe Wohlgefallen an Barmherzigkeit und nicht am Opfer.« **Ich bin gekommen, die Sünder zu rufen und nicht die Gerechten.**

Die Frage nach dem Fasten

(Mk 2,18-22; Lk 5,33-38)

14 Da kamen die Jünger des Johannes zu ihm und sprachen: Warum fasten wir und die Pharisäer so viel und deine Jünger fasten nicht?

15 Jesus antwortete ihnen: Wie können die Hochzeitsgäste Leid tragen, solange der Bräutigam bei ihnen ist? Es wird aber die Zeit kommen, dass der Bräutigam von ihnen genommen wird; dann werden sie fasten.

¶ **16** Niemand flickt ein altes Kleid mit einem Lappen von neuem Tuch; denn der Lappen reißt doch wieder vom Kleid ab und der Riss wird ärger.

17 Man füllt auch nicht neuen Wein in alte Schläuche; sonst zerreißen die Schläuche und der Wein wird verschüttet und die Schläuche verderben. Sondern man füllt neuen Wein in neue Schläuche, so bleiben beide miteinander erhalten.

5 For which is easier, to say, 'Your sins are forgiven,' or to say, 'Rise and walk'?

6 But that you may know that the Son of Man has authority on earth to forgive sins"— he then said to the paralytic—"Rise, pick up your bed and go home."

7 And he rose and went home.

8 When the crowds saw it, they were afraid, and *c* they glorified God, who had given such authority to men.

Jesus Calls Matthew

¶ **9** As Jesus passed on from there, he saw a man called Matthew sitting at the tax booth, and he said to him, "Follow me." And he rose and followed him.

¶ **10** And as Jesus[2] reclined at table in the house, behold, many tax collectors and sinners came and were reclining with Jesus and his disciples.

11 And when the Pharisees saw this, they said to his disciples, "Why does your teacher eat with tax collectors and sinners?"

12 But when he heard it, he said, "Those who are well have no need of a physician, but those who are sick.

13 Go and learn *i* what this means, *j* 'I desire mercy, and not sacrifice.' For *k* I came not to call the righteous, *l* but sinners."

A Question About Fasting

¶ **14** Then the disciples of John came to him, saying, "Why do we and the Pharisees fast,[3] but your disciples do not fast?"

15 And Jesus said to them, *p* "Can the wedding guests mourn as long as the bridegroom is with them? *q* The days will come when the bridegroom is taken away from them, and *r* then they will fast.

16 No one puts a piece of unshrunk cloth on an old garment, for the patch tears away from the garment, and a worse tear is made.

17 Neither is new wine put into old *s* wineskins. If it is, the skins burst and the wine is spilled and the skins are destroyed. But new wine is put into fresh wineskins, and so both are preserved."

Die Heilung der blutflüssigen Frau und die Auferweckung der Tochter des Jaïrus

(Mk 5,21-43; Lk 8,40-56)

18 Als er dies mit ihnen redete, siehe, da kam einer von den Vorstehern der Gemeinde, fiel vor ihm nieder und sprach: Meine Tochter ist eben gestorben, aber komm und lege deine Hand auf sie, so wird sie lebendig.

19 Und Jesus stand auf und folgte ihm mit seinen Jüngern.

¶ **20** Und siehe, eine Frau, die seit zwölf Jahren den Blutfluss hatte, trat von hinten an ihn heran und berührte den Saum seines Gewandes.

21 Denn sie sprach bei sich selbst: Könnte ich nur sein Gewand berühren, so würde ich gesund.

22 Da wandte sich Jesus um und sah sie und sprach: Sei getrost, meine Tochter, dein Glaube hat dir geholfen. Und die Frau wurde gesund zu derselben Stunde.

¶ **23** Und als er in das Haus des Vorstehers kam und sah die Flötenspieler und das Getümmel des Volkes,

24 sprach er: Geht hinaus! Denn das Mädchen ist nicht tot, sondern es schläft. Und sie verlachten ihn.

25 Als aber das Volk hinausgetrieben war, ging er hinein und ergriff sie bei der Hand. Da stand das Mädchen auf.

26 Und diese Kunde erscholl durch dieses ganze Land.

Die Heilung zweier Blinder und eines Stummen

27 Und als Jesus von dort weiterging, folgten ihm zwei Blinde, die schrien: Ach, du Sohn Davids, erbarme dich unser!

28 Und als er heimkam, traten die Blinden zu ihm. Und Jesus sprach zu ihnen: Glaubt ihr, dass ich das tun kann? Da sprachen sie zu ihm: Ja, Herr.

29 Da berührte er ihre Augen und sprach: Euch geschehe nach eurem Glauben!

30 Und ihre Augen wurden geöffnet. Und Jesus drohte ihnen und sprach: Seht zu, dass es niemand erfahre!

31 Aber sie gingen hinaus und verbreiteten die Kunde von ihm in diesem ganzen Lande.

¶ **32** Als diese nun hinausgegangen waren, siehe, da brachten sie zu ihm einen Menschen, der war stumm und besessen.

33 Als aber der böse Geist ausgetrieben war, redete der Stumme. Und das Volk verwunderte sich und sprach: So etwas ist noch nie in Israel gesehen worden.

A Girl Restored to Life and a Woman Healed

¶ **18** While he was saying these things to them, behold, a ruler came in and knelt before him, saying, "My daughter has just died, but come and lay your hand on her, and she will live."

19 And Jesus rose and followed him, with his disciples.

20 And behold, a woman who had suffered from a discharge of blood for twelve years came up behind him and touched the fringe of his garment,

21 for she said to herself, "If I only touch his garment, I will be made well."

22 Jesus turned, and seeing her he said, *ˣ*"Take heart, daughter; your faith has made you well." And instantly⁴ the woman was made well.

23 And when Jesus came to the ruler's house and saw the flute players and the crowd making a commotion,

24 he said, "Go away, for ᵃthe girl is not dead but ᵇsleeping." And they laughed at him.

25 But when the crowd had been put outside, he went in and took her by the hand, and the girl arose.

26 And the report of this went through all that district.

Jesus Heals Two Blind Men

¶ **27** And as Jesus passed on from there, two blind men followed him, crying aloud, "Have mercy on us, Son of David."

28 When he entered the house, the blind men came to him, and Jesus said to them, "Do you believe that I am able to do this?" They said to him, "Yes, Lord."

29 Then he touched their eyes, saying, ʰ"According to your faith be it done to you."

30 And their eyes were opened. And Jesus sternly warned them, ⁱ"See that no one knows about it."

31 But they went away and spread his fame through all that district.

Jesus Heals a Man Unable to Speak

¶ **32** As they were going away, behold, a demon-oppressed man who was mute was brought to him.

33 And when the demon had been cast out, the mute man spoke. And the crowds marveled, saying, "Never was anything like this seen in Israel."

34 Aber die Pharisäer sprachen: Er treibt die bösen Geister aus durch ihren Obersten.

Die große Ernte

35 Und Jesus ging ringsum in alle Städte und Dörfer, lehrte in ihren Synagogen und predigte das Evangelium von dem Reich und heilte alle Krankheiten und alle Gebrechen.

36 Und als er das Volk sah, jammerte es ihn; denn sie waren verschmachtet und zerstreut wie die Schafe, die keinen Hirten haben.

37 Da sprach er zu seinen Jüngern: **Die Ernte ist groß, aber wenige sind der Arbeiter.**

38 Darum bittet den Herrn der Ernte, dass er Arbeiter in seine Ernte sende.

Die Berufung der Zwölf

(Mk 6,7; 3,13-19; Lk 9,1; 6,12-16)

10 Und er rief seine zwölf Jünger zu sich und gab ihnen Macht über die unreinen Geister, dass sie die austrieben und heilten alle Krankheiten und alle Gebrechen.

¶ **2** Die Namen aber der zwölf Apostel sind diese: zuerst Simon, genannt Petrus, und Andreas, sein Bruder; Jakobus, der Sohn des Zebedäus, und Johannes, sein Bruder;

3 Philippus und Bartholomäus; Thomas und Matthäus, der Zöllner; Jakobus, der Sohn des Alphäus, und Thaddäus;

4 Simon Kananäus und Judas Iskariot, der ihn verriet.

Die Aussendung der Zwölf

(Mk 6,7-13; Lk 9,2-6)

5 Diese Zwölf sandte Jesus aus, gebot ihnen und sprach: Geht nicht den Weg zu den Heiden und zieht in keine Stadt der Samariter,

6 sondern geht hin zu den verlorenen Schafen aus dem Hause Israel.

7 Geht aber und predigt und sprecht: Das Himmelreich ist nahe herbeigekommen.

8 Macht Kranke gesund, weckt Tote auf, macht Aussätzige rein, treibt böse Geister aus. Umsonst habt ihr's empfangen, umsonst gebt es auch.

9 Ihr sollt weder Gold noch Silber noch Kupfer in euren Gürteln haben,

10 auch keine Reisetasche, auch nicht zwei Hemden, keine Schuhe, auch keinen Stecken. Denn ein Arbeiter ist seiner Speise wert.

¶ **11** Wenn ihr aber in eine Stadt oder ein Dorf geht, da erkundigt euch, ob jemand darin ist, der es wert ist; und bei dem bleibt, bis ihr weiterzieht.

12 Wenn ihr aber in ein Haus geht, so grüßt es;

34 But the Pharisees said, "He casts out demons by the prince of demons."

The Harvest Is Plentiful, the Laborers Few

¶ **35** And Jesus went throughout all the cities and villages, teaching in their synagogues and proclaiming the gospel of the kingdom and healing every disease and every affliction.

36 When he saw the crowds, he had compassion for them, because they were harassed and helpless, like sheep without a shepherd.

37 Then he said to his disciples, "The harvest is plentiful, but the laborers are few;

38 therefore [s]pray earnestly to the Lord of the harvest to [t]send out laborers into his harvest."

The Twelve Apostles

10 And he called to him his twelve disciples and gave them authority over unclean spirits, to cast them out, and to heal every disease and every affliction.

2 The names of the twelve apostles are these: first, Simon, who is called Peter, and Andrew his brother; [x]James the son of Zebedee, and John his brother;

3 Philip and Bartholomew; Thomas and Matthew the tax collector; James the son of Alphaeus, and Thaddaeus;[1]

4 Simon the Cananaean, and Judas Iscariot, who betrayed him.

Jesus Sends Out the Twelve Apostles

¶ **5** These twelve Jesus sent out, instructing them, "Go nowhere among the Gentiles and enter no town of [z]the Samaritans,

6 [a]but go rather to [b]the lost sheep of [c]the house of Israel.

7 And proclaim as you go, saying, [d]'The kingdom of heaven is at hand.'

8 [e]Heal the sick, raise the dead, cleanse lepers,[2] cast out demons. [f]You received without paying; give without pay.

9 [g]Acquire no gold nor silver nor copper for your belts,

10 no bag for your journey, nor two tunics[3] nor sandals nor a staff, for [h]the laborer deserves his food.

11 And whatever town or village you enter, find out who is worthy in it and stay there until you depart.

12 As you enter the house, [i]greet it.

13 und wenn es das Haus wert ist, wird euer Friede auf sie kommen. Ist es aber nicht wert, so wird sich euer Friede wieder zu euch wenden.

14 Und wenn euch jemand nicht aufnehmen und eure Rede nicht hören wird, so geht heraus aus diesem Hause oder dieser Stadt und schüttelt den Staub von euren Füßen.

15 Wahrlich, ich sage euch: Dem Land der Sodomer und Gomorrer wird es erträglicher ergehen am Tage des Gerichts als dieser Stadt.

Die Ansage kommender Verfolgungen

(Mk 13,9-13; Lk 21,12-17)

16 Siehe, ich sende euch wie Schafe mitten unter die Wölfe. Darum **seid klug wie die Schlangen und ohne Falsch wie die Tauben.**

¶ **17** Hütet euch aber vor den Menschen; denn sie werden euch den Gerichten überantworten und werden euch geißeln in ihren Synagogen.

18 Und man wird euch vor Statthalter und Könige führen um meinetwillen, ihnen und den Heiden zum Zeugnis.

19 Wenn sie euch nun überantworten werden, so sorgt nicht, wie oder was ihr reden sollt; denn es soll euch zu der Stunde gegeben werden, was ihr reden sollt.

20 Denn nicht ihr seid es, die da reden, sondern eures Vaters Geist ist es, der durch euch redet.

21 Es wird aber ein Bruder den andern dem Tod preisgeben und der Vater den Sohn, und die Kinder werden sich empören gegen ihre Eltern und werden sie töten helfen.

22 Und ihr werdet gehasst werden von jedermann um meines Namens willen. Wer aber bis an das Ende beharrt, der wird selig werden.

¶ **23** Wenn sie euch aber in einer Stadt verfolgen, so flieht in eine andere. Wahrlich, ich sage euch: Ihr werdet mit den Städten Israels nicht zu Ende kommen, bis der Menschensohn kommt.

¶ **24** Der Jünger steht nicht über dem Meister und der Knecht nicht über seinem Herrn.

25 Es ist für den Jünger genug, dass er ist wie sein Meister und der Knecht wie sein Herr. Haben sie den Hausherrn Beelzebul genannt, wie viel mehr werden sie seine Hausgenossen so nennen!

26 Darum fürchtet euch nicht vor ihnen.

13 And if the house is [j]worthy, let [i]your peace come upon it, but if it is not worthy, let [i]your peace return to you.

14 And if anyone will not receive you or listen to your words, [l]shake off the dust from your feet when you leave that house or town.

15 Truly, I say to you, [m]it will be more bearable on the day of judgment for [n]the land of Sodom and Gomorrah than for that town.

Persecution Will Come

¶ **16**[o]"Behold, I am sending you out as sheep in the midst of wolves, so be [p]wise as serpents and [q]innocent as doves.

17 Beware of men, for [r]they will deliver you over to courts and flog you [s]in their synagogues,

18 [r]and you will be dragged before governors and kings for my sake, [t]to bear witness before them and the Gentiles.

19 [r]When [u]they deliver you over, [v]do not be anxious how you are to speak or what you are to say, for [w]what you are to say will be given to you in that hour.

20 [x]For it is not you who speak, but [y]the Spirit of your Father speaking through you.

21 [z]Brother will deliver brother over to death, and the father his child, and children will rise against parents and have them put to death,

22 [a]and you will be hated by all for my name's sake. [b]But the one who endures to the end will be saved.

23 When they [c]persecute you in one town, [d]flee to the next, for truly, I say to you, you will not have gone through all the towns of Israel [e]before the Son of Man comes.

¶ **24**[f]"A disciple is not above his teacher, nor a servant[4] above his master.

25 It is enough for the disciple to be like his teacher, and the servant like his master. [g]If they have called the master of the house Beelzebul, how much more will they malign[5] those of his household.

Have No Fear

¶ **26** "So have no fear of them, [i]for nothing is covered that will not be revealed, or hidden that will not be known.

Menschenfurcht und Gottesfurcht

(Lk 12,2-9)

Es ist nichts verborgen, was nicht offenbar wird, und nichts geheim, was man nicht wissen wird.

27 Was ich euch sage in der Finsternis, das redet im Licht; und was euch gesagt wird in das Ohr, das predigt auf den Dächern.

¶ **28** Und fürchtet euch nicht vor denen, die den Leib töten, doch die Seele nicht töten können; fürchtet euch aber viel mehr vor dem, der Leib und Seele verderben kann in der Hölle.

29 Kauft man nicht zwei Sperlinge für einen Groschen? Dennoch fällt keiner von ihnen auf die Erde ohne euren Vater.

30 Nun aber sind auch eure Haare auf dem Haupt alle gezählt.

31 Darum fürchtet euch nicht; ihr seid besser als viele Sperlinge.

¶ **32 Wer nun mich bekennt vor den Menschen, den will ich auch bekennen vor meinem himmlischen Vater.**

33 Wer mich aber verleugnet vor den Menschen, den will ich auch verleugnen vor meinem himmlischen Vater.

Entzweiungen um Jesu willen

34 Ihr sollt nicht meinen, dass ich gekommen bin, Frieden zu bringen auf die Erde. Ich bin nicht gekommen, Frieden zu bringen, sondern das Schwert.

35 Denn ich bin gekommen, den Menschen zu entzweien mit seinem Vater und die Tochter mit ihrer Mutter und die Schwiegertochter mit ihrer Schwiegermutter.

36 Und des Menschen Feinde werden seine eigenen Hausgenossen sein.

¶ **37** Wer Vater oder Mutter mehr liebt als mich, der ist meiner nicht wert; und wer Sohn oder Tochter mehr liebt als mich, der ist meiner nicht wert.

38 Und wer nicht sein Kreuz auf sich nimmt und folgt mir nach, der ist meiner nicht wert.

39 Wer sein Leben findet, der wird's verlieren; und wer sein Leben verliert um meinetwillen, der wird's finden.

Aufnahme um Jesu willen

40 Wer euch aufnimmt, der nimmt mich auf; und wer mich aufnimmt, der nimmt den auf, der mich gesandt hat.

41 Wer einen Propheten aufnimmt, weil es ein Prophet ist, der wird den Lohn eines Propheten empfangen. Wer einen Gerechten aufnimmt, weil es ein Gerechter ist, der wird den Lohn eines Gerechten empfangen.

27 What I tell you in the dark, say in the light, and what you hear whispered, proclaim on [j]the housetops.

28 And [k]do not fear those who kill the body but cannot kill the soul. Rather fear him [l]who can destroy both soul and body in hell.[6]

29 Are not two sparrows sold for a penny?[7] And not one of them will fall to the ground apart from your Father.

30 But [m]even the hairs of your head are all numbered.

31 Fear not, therefore; [n]you are of more value than many sparrows.

32 [o]So everyone who acknowledges me before men, I also will acknowledge before my Father who is in heaven,

33 but [p]whoever denies me before men, [q]I also will deny before my Father who is in heaven.

Not Peace, but a Sword

¶ **34**[r]"Do not think that I have come to bring peace to the earth. [s]I have not come to bring peace, but a sword.

35 [r]For I have come [t]to set a man against his father, and a daughter against her mother, and a daughter-in-law against her mother-in-law.

36 [u]And a person's enemies will be those of his own household.

37 [v]Whoever loves father or mother more than me is not worthy of me, and whoever loves son or daughter more than me is not worthy of me.

38 And [w]whoever does not take his cross and [x]follow me is not worthy of me.

39 [y]Whoever finds his life will lose it, and whoever loses his life for my sake will find it.

Rewards

¶ **40**[z]"Whoever receives you receives me, and [a]whoever receives me receives him who sent me.

41 [b]The one who receives a prophet because he is a prophet will receive a prophet's reward, and the one who receives a righteous person because he is a righteous person will receive a righteous person's reward.

42 Und wer einem dieser Geringen auch nur einen Becher kalten Wassers zu trinken gibt, weil es ein Jünger ist, wahrlich, ich sage euch: Es wird ihm nicht unbelohnt bleiben.

Die Anfrage des Täufers
(Lk 7,18-23)

11 Und es begab sich, als Jesus diese Gebote an seine zwölf Jünger beendet hatte, dass er von dort weiterging, um in ihren Städten zu lehren und zu predigen.

2 Als aber Johannes im Gefängnis von den Werken Christi hörte, sandte er seine Jünger

3 und ließ ihn fragen: Bist du es, der da kommen soll, oder sollen wir auf einen andern warten?

4 Jesus antwortete und sprach zu ihnen: Geht hin und sagt Johannes wieder, was ihr hört und seht:

5 Blinde sehen und Lahme gehen, Aussätzige werden rein und Taube hören, Tote stehen auf und Armen wird das Evangelium gepredigt;

6 und **selig ist, wer sich nicht an mir ärgert.**

Jesu Zeugnis über den Täufer
(Lk 7,24-35)

7 Als sie fortgingen, fing Jesus an, zu dem Volk von Johannes zu reden: Was seid ihr hinausgegangen in die Wüste zu sehen? Wolltet ihr ein Rohr sehen, das der Wind hin und her weht?

8 Oder was seid ihr hinausgegangen zu sehen? Wolltet ihr einen Menschen in weichen Kleidern sehen? Siehe, die weiche Kleider tragen, sind in den Häusern der Könige.

9 Oder was seid ihr hinausgegangen zu sehen? Wolltet ihr einen Propheten sehen? Ja, ich sage euch: Er ist mehr als ein Prophet.

10 Dieser ist's, von dem geschrieben steht (Maleachi 3,1): »Siehe, ich sende meinen Boten vor dir her, der deinen Weg vor dir bereiten soll.«

¶ **11** Wahrlich, ich sage euch: Unter allen, die von einer Frau geboren sind, ist keiner aufgetreten, der größer ist als Johannes der Täufer; der aber der Kleinste ist im Himmelreich, ist größer als er.

12 Aber von den Tagen Johannes des Täufers bis heute leidet das Himmelreich Gewalt, und die Gewalttätigen reißen es an sich.

13 Denn alle Propheten und das Gesetz haben geweissagt bis hin zu Johannes;

42 And ^{c} whoever gives one of ^{d} these little ones even a cup of cold water because he is a disciple, truly, I say to you, he will by no means lose his reward."

Messengers from John the Baptist

11 When Jesus had finished instructing his twelve disciples, he went on from there to teach and preach in their cities.

¶ **2** Now when John heard in prison about the deeds of the Christ, he sent word by his disciples

3 and said to him, "Are you the one who is to come, or shall we look for another?"

4 And Jesus answered them, "Go and tell John what you hear and see:

5 ^{k} the blind receive their sight and the lame walk, lepers^l are cleansed and the deaf hear, and the dead are raised up, and ^{l} the poor have good news preached to them.

6 And blessed is the one who ^{m} is not offended by me."

¶ **7** As they went away, Jesus began to speak to the crowds concerning John: "What did you go out ^{n} into the wilderness to see? ^{o} A reed shaken by the wind?

8 What then did you go out to see? A man^2 dressed in soft clothing? Behold, those who wear soft clothing are in kings' houses.

9 What then did you go out to see? ^{p} A prophet?^{3} Yes, I tell you, and more than a prophet.

10 This is he of whom it is written,

^{q} "'Behold, I send my messenger before your face,
who will prepare your way before you.'

11 Truly, I say to you, among those born of women there has arisen no one greater than John the Baptist. Yet the one who is least in the kingdom of heaven is greater than he.

12 ^{r} From the days of John the Baptist until now the kingdom of heaven has suffered violence,^{4} and the violent take it by force.

13 ^{t} For all the Prophets and the Law prophesied until John,

14 und wenn ihr's annehmen wollt: er ist Elia, der da kommen soll.

15 Wer Ohren hat, der höre!

¶ **16** Mit wem soll ich aber dieses Geschlecht vergleichen? Es gleicht den Kindern, die auf dem Markt sitzen und rufen den andern zu:

17 Wir haben euch aufgespielt und ihr wolltet nicht tanzen; wir haben Klagelieder gesungen und ihr wolltet nicht weinen.

18 Johannes ist gekommen, aß nicht und trank nicht; so sagen sie: Er ist besessen.

19 Der Menschensohn ist gekommen, isst und trinkt; so sagen sie: Siehe, was ist dieser Mensch für ein Fresser und Weinsäufer, ein Freund der Zöllner und Sünder! Und doch ist die Weisheit gerechtfertigt worden aus ihren Werken.

Jesu Weheruf über galiläische Städte
(Lk 10,13-15)

20 Da fing er an, die Städte zu schelten, in denen die meisten seiner Taten geschehen waren; denn sie hatten nicht Buße getan:

¶ **21** Wehe dir, Chorazin! Weh dir, Betsaida! Wären solche Taten in Tyrus und Sidon geschehen, wie sie bei euch geschehen sind, sie hätten längst in Sack und Asche Buße getan.

22 Doch ich sage euch: Es wird Tyrus und Sidon erträglicher ergehen am Tage des Gerichts als euch.

23 Und du, Kapernaum, wirst du bis zum Himmel erhoben werden? Du wirst bis in die Hölle hinuntergestoßen werden. Denn wenn in Sodom die Taten geschehen wären, die in dir geschehen sind, es stünde noch heutigen Tages.

24 Doch ich sage euch: Es wird dem Land der Sodomer erträglicher ergehen am Tage des Gerichts als dir.

Jesu Lobpreis und Heilandsruf

25 Zu der Zeit fing Jesus an und sprach: Ich preise dich, Vater, Herr des Himmels und der Erde, weil du dies den Weisen und Klugen verborgen hast und hast es den Unmündigen offenbart.

26 Ja, Vater; denn so hat es dir wohlgefallen.

27 Alles ist mir übergeben von meinem Vater; und niemand kennt den Sohn als nur der Vater; und niemand kennt den Vater als nur der Sohn und wem es der Sohn offenbaren will.

¶ **28** Kommt her zu mir, alle, die ihr mühselig und beladen seid; ich will euch erquicken.

---

14 and if you are willing to accept it, he is ⁵Elijah who is to come.

15 ᵗHe who has ears to hear,⁵ let him hear.

¶ **16** "But to what shall I compare this generation? It is like children sitting in the marketplaces and calling to their playmates,

17 "'We played the flute for you, and
    you did not dance;
we sang a dirge, and you did not
    mourn.'

18 For John came ᵘneither eating ᵛnor drinking, and they say, 'He has a demon.'

19 The Son of Man came ʷeating and drinking, and they say, 'Look at him! A glutton and a drunkard, ˣa friend of ʸtax collectors and sinners!' Yet wisdom is justified by her deeds."⁶

Woe to Unrepentant Cities

¶ **20** Then he began to denounce the cities where most of his mighty works had been done, because they did not repent.

21ᵃ"Woe to you, Chorazin! Woe to you, Bethsaida! For if the mighty works done in you had been done in ᵇTyre and Sidon, they would have repented long ago in sackcloth and ashes.

22 ᶜBut I tell you, it will be more bearable on ᵈthe day of judgment for ᵇTyre and Sidon than for you.

23 And you, ᵉCapernaum, will you be exalted to heaven? You will be brought down to ᶠHades. For if the mighty works done in you had been done in Sodom, it would have remained until this day.

24 ᶜBut I tell you that ᵍit will be more tolerable on ᵈthe day of judgment for the land of Sodom than for you."

Come to Me, and I Will Give You Rest

¶ **25** At that time Jesus declared, "I thank you, Father, ⁱLord of heaven and earth, that ʲyou have hidden these things from the wise and understanding and ᵏrevealed them to little children;

26 yes, Father, for such was your ˡgracious will.⁷

27ᵐAll things have been handed over to me by my Father, and no one knows the Son ⁿexcept the Father, and no one knows the Father except the Son and anyone ᵒto whom the Son chooses to reveal him.

28 ᵖCome to ᵠme, all who labor and are ʳheavy laden, and I will give you rest.

29 Nehmt auf euch mein Joch und lernt von mir; denn ich bin sanftmütig und von Herzen demütig; so werdet ihr Ruhe finden für eure Seelen.

30 Denn mein Joch ist sanft, und meine Last ist leicht.

Das Ährenraufen am Sabbat
(Mk 2,23-28; Lk 6,1-5)

12 Zu der Zeit ging Jesus durch ein Kornfeld am Sabbat; und seine Jünger waren hungrig und fingen an, Ähren auszuraufen und zu essen.

2 Als das die Pharisäer sahen, sprachen sie zu ihm: Siehe, deine Jünger tun, was am Sabbat nicht erlaubt ist.

¶ **3** Er aber sprach zu ihnen: Habt ihr nicht gelesen, was David tat, als ihn und die bei ihm waren hungerte?

4 Wie er in das Gotteshaus ging und aß die Schaubrote, die doch weder er noch die bei ihm waren essen durften, sondern allein die Priester?

5 Oder habt ihr nicht gelesen im Gesetz, wie die Priester am Sabbat im Tempel den Sabbat brechen und sind doch ohne Schuld?

6 Ich sage euch aber: Hier ist Größeres als der Tempel.

7 Wenn ihr aber wüsstet, was das heißt (Hosea 6,6): »Ich habe Wohlgefallen an Barmherzigkeit und nicht am Opfer«, dann hättet ihr die Unschuldigen nicht verdammt.

8 Der Menschensohn ist ein Herr über den Sabbat.

Die Heilung eines Mannes am Sabbat
(Mk 3,1-6; Lk 6,6-11)

9 Und er ging von dort weiter und kam in ihre Synagoge.

10 Und siehe, da war ein Mensch, der hatte eine verdorrte Hand. Und sie fragten ihn und sprachen: Ist's erlaubt, am Sabbat zu heilen?, damit sie ihn verklagen könnten.

11 Aber er sprach zu ihnen: Wer ist unter euch, der sein einziges Schaf, wenn es ihm am Sabbat in eine Grube fällt, nicht ergreift und ihm heraushilft?

12 Wie viel mehr ist nun ein Mensch als ein Schaf! Darum darf man am Sabbat Gutes tun.

¶ **13** Da sprach er zu dem Menschen: Strecke deine Hand aus! Und er streckte sie aus; und sie wurde ihm wieder gesund wie die andere.

14 Da gingen die Pharisäer hinaus und hielten Rat über ihn, wie sie ihn umbrächten.

29 Take my yoke upon you, and ˢlearn from me, for I am ᵗgentle and lowly in heart, and ᵘyou will find rest for your souls.

30 For ᵛmy yoke is easy, and my burden is light."

Jesus Is Lord of the Sabbath

12 At that time Jesus went through the grainfields on the Sabbath. His disciples were hungry, and they began to pluck heads of grain and to eat.

2 But when the Pharisees saw it, they said to him, "Look, your disciples are doing what is not lawful to do on the Sabbath."

3 He said to them, ᵃ"Have you not read what David did when he was hungry, and those who were with him:

4 how he entered the house of God and ate ᵇthe bread of the Presence, which it was not lawful for him to eat nor for those who were with him, but only for the priests?

5 Or have you not read ᶜin the Law how on the Sabbath the priests in the temple profane the Sabbath and are guiltless?

6 I tell you, ᵈsomething greater than the temple is here.

7 And if you had known ᵉwhat this means, ᶠ'I desire mercy, and not sacrifice,' you would not have condemned the guiltless.

8 For ᵍthe Son of Man is lord of the Sabbath."

A Man with a Withered Hand

¶ **9** He went on from there and entered their synagogue.

10 And a man was there with a withered hand. And they asked him, "Is it lawful to heal on the Sabbath?"—so that they might accuse him.

11 He said to them, "Which one of you who has a sheep, ᵏif it falls into a pit on the Sabbath, will not take hold of it and lift it out?

12 ˡOf how much more value is a man than a sheep! So ᵐit is lawful to do good on the Sabbath."

13 Then he said to the man, "Stretch out your hand." And the man stretched it out, and it was restored, healthy like the other.

14 But the Pharisees went out and conspired against him, how to destroy him.

Der Gottesknecht

(Mk 3,7-12; Lk 6,17-19)

15 Aber als Jesus das erfuhr, entwich er von dort. Und eine große Menge folgte ihm, und er heilte sie alle

16 und gebot ihnen, dass sie ihn nicht offenbar machten,

17 damit erfüllt würde, was gesagt ist durch den Propheten Jesaja, der da spricht (Jesaja 42,1-4):

¶ **18** »Siehe, das ist mein Knecht, den ich erwählt habe, und mein Geliebter, an dem meine Seele Wohlgefallen hat; ich will meinen Geist auf ihn legen, und er soll den Heiden das Recht verkündigen.

19 Er wird nicht streiten noch schreien, und man wird seine Stimme nicht hören auf den Gassen;

20 das geknickte Rohr wird er nicht zerbrechen, und den glimmenden Docht wird er nicht auslöschen, bis er das Recht hinausführt zum Sieg;

21 und die Heiden werden auf seinen Namen hoffen.«

Jesu Macht über die bösen Geister

(Mk 3,22-27; Lk 11,14-23)

22 Da wurde ein Besessener zu Jesus gebracht, der war blind und stumm; und er heilte ihn, sodass der Stumme redete und sah.

23 Und alles Volk entsetzte sich und fragte: Ist dieser nicht Davids Sohn?

24 Aber als die Pharisäer das hörten, sprachen sie: Er treibt die bösen Geister nicht anders aus als durch Beelzebul, ihren Obersten.

¶ **25** Jesus erkannte aber ihre Gedanken und sprach zu ihnen: Jedes Reich, das mit sich selbst uneins ist, wird verwüstet; und jede Stadt oder jedes Haus, das mit sich selbst uneins ist, kann nicht bestehen.

26 Wenn nun der Satan den Satan austreibt, so muss er mit sich selbst uneins sein; wie kann dann sein Reich bestehen?

27 Wenn ich aber die bösen Geister durch Beelzebul austreibe, durch wen treiben eure Söhne sie aus? Darum werden sie eure Richter sein.

28 Wenn ich aber die bösen Geister durch den Geist Gottes austreibe, so ist ja das Reich Gottes zu euch gekommen.

29 Oder wie kann jemand in das Haus eines Starken eindringen und ihm seinen Hausrat rauben, wenn er nicht zuvor den Starken fesselt? Erst dann kann er sein Haus berauben.

God's Chosen Servant

¶ **15** Jesus, aware of this, withdrew from there. And many followed him, and he healed them all

16 and ordered them not to make him known.

17 This was to fulfill what was spoken by the prophet Isaiah:

18 "Behold, my servant whom I have chosen,
    my beloved with whom my soul is well pleased.
I will put my Spirit upon him,
    and he will proclaim justice to the Gentiles.
19 He will not quarrel or cry aloud,
    nor will anyone hear his voice in the streets;
20 a bruised reed he will not break,
    and a smoldering wick he will not quench,
until he brings justice to victory;
21 and in his name the Gentiles will hope."

Blasphemy Against the Holy Spirit

¶ **22** Then a demon-oppressed man who was blind and mute was brought to him, and he healed him, so that the man spoke and saw.

23 And all the people were amazed, and said, ˣ"Can this be the Son of David?"

24 But when the Pharisees heard it, they said, "It is only by Beelzebul, the prince of demons, that this man casts out demons."

25 Knowing their thoughts, he said to them, "Every kingdom divided against itself is laid waste, and no city or house divided against itself will stand.

26 And if Satan casts out Satan, he is divided against himself. How then will his kingdom stand?

27 And if I cast out demons by Beelzebul, ᵇby whom do ᶜyour sons cast them out? Therefore they will be your judges.

28 But if it is ᵈby the Spirit of God that I cast out demons, then ᵉthe kingdom of God has come upon you.

29 Or ᶠhow can someone enter a strong man's house and plunder his goods, unless he first binds the strong man? Then indeed ᵍhe may plunder his house.

30 Wer nicht mit mir ist, der ist gegen mich; und wer nicht mit mir sammelt, der zerstreut.

Die Sünde gegen den Heiligen Geist
(Mk 3,28-30; Lk 12,10)

31 Darum sage ich euch: Alle Sünde und Lästerung wird den Menschen vergeben; aber die Lästerung gegen den Geist wird nicht vergeben.

32 Und wer etwas redet gegen den Menschensohn, dem wird es vergeben; aber wer etwas redet gegen den Heiligen Geist, dem wird's nicht vergeben, weder in dieser noch in jener Welt.

Vom Baum und seinen Früchten
(Lk 6,43-45)

33 Nehmt an, ein Baum ist gut, so wird auch seine Frucht gut sein; oder nehmt an, ein Baum ist faul, so wird auch seine Frucht faul sein. Denn an der Frucht erkennt man den Baum.

34 Ihr Schlangenbrut, wie könnt ihr Gutes reden, die ihr böse seid? Wes das Herz voll ist, des geht der Mund über.

35 Ein guter Mensch bringt Gutes hervor aus dem guten Schatz seines Herzens; und ein böser Mensch bringt Böses hervor aus seinem bösen Schatz.

36 Ich sage euch aber, dass die Menschen Rechenschaft geben müssen am Tage des Gerichts von jedem nichtsnutzigen Wort, das sie geredet haben.

37 Aus deinen Worten wirst du gerechtfertigt werden, und aus deinen Worten wirst du verdammt werden.

Die Zeichenforderung der Pharisäer
(Mk 8,11-12; Lk 11,29-32)

38 Da fingen einige von den Schriftgelehrten und Pharisäern an und sprachen zu ihm: Meister, wir möchten gern ein Zeichen von dir sehen.

39 Und er antwortete und sprach zu ihnen: Ein böses und abtrünniges Geschlecht fordert ein Zeichen, aber es wird ihm kein Zeichen gegeben werden, es sei denn das Zeichen des Propheten Jona.

40 Denn wie Jona drei Tage und drei Nächte im Bauch des Fisches war, so wird der Menschensohn drei Tage und drei Nächte im Schoß der Erde sein.

¶ **41** Die Leute von Ninive werden auftreten beim Jüngsten Gericht mit diesem Geschlecht und werden es verdammen; denn sie taten Buße nach der Predigt des Jona. Und siehe, hier ist mehr als Jona.

30 [h]Whoever is not with me is against me, and whoever does not gather with me scatters.

31 [i]Therefore I tell you, every sin and blasphemy will be forgiven people, but [j]the blasphemy against the Spirit will not be forgiven.

32 And whoever speaks a word [k]against the Son of Man [l]will be forgiven, but [j]whoever speaks against the Holy Spirit will not be forgiven, either in [m]this age or in the age to come.

A Tree Is Known by Its Fruit

¶ **33**[n]"Either make the tree good and its fruit good, or make the tree bad and its fruit bad, [o]for the tree is known by its fruit.

34 [p]You brood of vipers! How can you speak good, [q]when you are evil? [r]For out of the abundance of the heart the mouth speaks.

35 [r]The good person out of his good treasure brings forth good, and the evil person out of his evil treasure brings forth evil.

36 I tell you, [s]on the day of judgment [t]people will give account for [u]every careless word they speak,

37 for [v]by your words you will be justified, and by your words you will be condemned."

The Sign of Jonah

¶ **38** Then some of the scribes and Pharisees answered him, saying, "Teacher, we wish to see a sign from you."

39 But he answered them, [x]"An evil and [y]adulterous generation seeks for a sign, but no sign will be given to it except the sign of the prophet Jonah.

40 For [z]just as Jonah was three days and three nights in the belly of the great fish, [a]so will the Son of Man be three days and three nights in the heart of the earth.

41 [b]The men of Nineveh will rise up at the judgment with this generation and [c]condemn it, for [d]they repented at the preaching of Jonah, and behold, [e]something greater than Jonah is here.

42 Die Königin vom Süden wird auftreten beim Jüngsten Gericht mit diesem Geschlecht und wird es verdammen; denn sie kam vom Ende der Erde, um Salomos Weisheit zu hören. Und siehe, hier ist mehr als Salomo.

Von der Rückkehr des bösen Geistes
(Lk 11,24-26)

43 Wenn der unreine Geist von einem Menschen ausgefahren ist, so durchstreift er dürre Stätten, sucht Ruhe und findet sie nicht.

44 Dann spricht er: Ich will wieder zurückkehren in mein Haus, aus dem ich fortgegangen bin. Und wenn er kommt, so findet er's leer, gekehrt und geschmückt.

45 Dann geht er hin und nimmt mit sich sieben andre Geister, die böser sind als er selbst; und wenn sie hineinkommen, wohnen sie darin; und es wird mit diesem Menschen hernach ärger, als es vorher war. So wird's auch diesem bösen Geschlecht ergehen.

Jesu wahre Verwandte
(Mk 3,31-35; Lk 8,19-21)

46 Als er noch zu dem Volk redete, siehe, da standen seine Mutter und seine Brüder draußen, die wollten mit ihm reden.

47 Da sprach einer zu ihm: Siehe, deine Mutter und deine Brüder stehen draußen und wollen mit dir reden.

¶ 48 Er antwortete aber und sprach zu dem, der es ihm ansagte: Wer ist meine Mutter und wer sind meine Brüder?

49 Und er streckte die Hand aus über seine Jünger und sprach: Siehe da, das ist meine Mutter und das sind meine Brüder!

50 Denn wer den Willen tut meines Vaters im Himmel, der ist mir Bruder und Schwester und Mutter.

Vom Sämann
(Mk 4,1-9; Lk 8,4-8)

13 An demselben Tage ging Jesus aus dem Hause und setzte sich an den See.

2 Und es versammelte sich eine große Menge bei ihm, sodass er in ein Boot stieg und sich setzte, und alles Volk stand am Ufer.

3 Und er redete vieles zu ihnen in Gleichnissen und sprach:

¶ Siehe, es ging ein Sämann aus zu säen.

4 Und indem er säte, fiel einiges auf den Weg; da kamen die Vögel und fraßen's auf.

5 Einiges fiel auf felsigen Boden, wo es nicht viel Erde hatte, und ging bald auf, weil es keine tiefe Erde hatte.

42 ᶠThe queen of the South will rise up at the judgment with this generation and condemn it, for she came from the ends of the earth to hear the wisdom of Solomon, and behold, ᵉsomething greater than Solomon is here.

Return of an Unclean Spirit

¶ 43 "When ᵍthe unclean spirit has gone out of a person, it passes through ʰwaterless places seeking rest, but finds none.

44 Then it says, 'I will return to my house from which I came.' And when it comes, it finds the house empty, swept, and put in order.

45 Then it goes and brings with it seven other spirits more evil than itself, and they enter and dwell there, and ⁱthe last state of that person is worse than the first. So also will it be with this ʲevil generation."

Jesus' Mother and Brothers

¶ 46 While he was still speaking to the people, behold, his mother and his brothers stood outside, asking to speak to him.ˡ

48 But he replied to the man who told him, "Who is my mother, and who are my brothers?"

49 And stretching out his hand toward his disciples, he said, "Here are my mother and my brothers!

50 For ᵐwhoever ⁿdoes the will of my Father in heaven is my brother and sister and mother."

The Parable of the Sower

13 That same day Jesus went out of the house and sat beside the sea.

2 And great crowds gathered about him, so that he got into a boat and sat down. And the whole crowd stood on the beach.

3 And he told them many things in parables, saying: ʳ"A sower went out to sow.

4 And as he sowed, some seeds fell along the path, and the birds came and devoured them.

5 Other seeds fell on rocky ground, where they did not have much soil, and immediately they sprang up, since they had no depth of soil,

6 Als aber die Sonne aufging, verwelkte es, und weil es keine Wurzel hatte, verdorrte es.

7 Einiges fiel unter die Dornen; und die Dornen wuchsen empor und erstickten's.

8 Einiges fiel auf gutes Land und trug Frucht, einiges hundertfach, einiges sechzigfach, einiges dreißigfach.

9 Wer Ohren hat, der höre!

Vom Sinn der Gleichnisse
(Mk 4,10-12; Lk 8,9-10)

10 Und die Jünger traten zu ihm und sprachen: Warum redest du zu ihnen in Gleichnissen?

11 Er antwortete und sprach zu ihnen: Euch ist's gegeben, die Geheimnisse des Himmelreichs zu verstehen, diesen aber ist's nicht gegeben.

12 Denn wer da hat, dem wird gegeben, dass er die Fülle habe; wer aber nicht hat, dem wird auch das genommen, was er hat.

13 Darum rede ich zu ihnen in Gleichnissen. Denn mit sehenden Augen sehen sie nicht und mit hörenden Ohren hören sie nicht; und sie verstehen es nicht.

14 Und an ihnen wird die Weissagung Jesajas erfüllt, die da sagt (Jesaja 6,9-10): »Mit den Ohren werdet ihr hören und werdet es nicht verstehen; und mit sehenden Augen werdet ihr sehen und werdet es nicht erkennen.

15 Denn das Herz dieses Volkes ist verstockt: Ihre Ohren hören schwer und ihre Augen sind geschlossen, damit sie nicht etwa mit den Augen sehen und mit den Ohren hören und mit dem Herzen verstehen und sich bekehren, und ich ihnen helfe.«

16 Aber selig sind eure Augen, dass sie sehen, und eure Ohren, dass sie hören.

17 Wahrlich, ich sage euch: Viele Propheten und Gerechte haben begehrt, zu sehen, was ihr seht, und haben's nicht gesehen, und zu hören, was ihr hört, und haben's nicht gehört.

Die Deutung des Gleichnisses vom Sämann
(Mk 4,13-20; Lk 8,11-15)

18 So hört nun ihr dies Gleichnis von dem Sämann:

6 but ⁵when the sun rose they were scorched. And since they had no root, ᵗthey withered away.

7 Other seeds fell among ᵘthorns, and the thorns grew up and choked them.

8 Other seeds fell on good soil and produced grain, some ᵛa hundredfold, some sixty, some thirty.

9 ʷHe who has ears,¹ let him hear."

The Purpose of the Parables

¶ **10** Then the disciples came and said to him, "Why do you speak to them in parables?"

11 And he answered them, ˣ"To you it has been given to know ʸthe secrets of the kingdom of heaven, but to them it has not been given.

12 ᶻFor to the one who has, more will be given, and he will have an abundance, but from the one who has not, ᵃeven what he has will be taken away.

13 This is why I speak to them in parables, because ᵇseeing they do not see, and hearing they do not hear, ᶜnor do they understand.

14 Indeed, in their case the prophecy of Isaiah is fulfilled that says:

> ᵈ"'You will indeed hear but never understand,
> and you will indeed see but never perceive.

15 For this people's heart has grown dull,
> and with their ears ᵉthey can barely hear,
> and ᶠtheir eyes they have closed,
> lest they should see with their eyes
> and hear with their ears
> and ᵍunderstand with their heart
> and ʰturn, and I would heal them.'

16 But ⁱblessed are your eyes, for they see, and your ears, for they hear.

17 ⁱFor truly, I say to you, ʲmany prophets and righteous people longed to see what you see, and did not see it, and to hear what you hear, and did not hear it.

The Parable of the Sower Explained

¶ **18**ᵏ "Hear then the parable of the sower:

19 Wenn jemand das Wort von dem Reich hört und nicht versteht, so kommt der Böse und reißt hinweg, was in sein Herz gesät ist; das ist der, bei dem auf den Weg gesät ist.

20 Bei dem aber auf felsigen Boden gesät ist, das ist, der das Wort hört und es gleich mit Freuden aufnimmt;

21 aber er hat keine Wurzel in sich, sondern er ist wetterwendisch; wenn sich Bedrängnis oder Verfolgung erhebt um des Wortes willen, so fällt er gleich ab.

22 Bei dem aber unter die Dornen gesät ist, das ist, der das Wort hört, und die Sorge der Welt und der betrügerische Reichtum ersticken das Wort, und er bringt keine Frucht.

23 Bei dem aber auf gutes Land gesät ist, das ist, der das Wort hört und versteht und dann auch Frucht bringt; und der eine trägt hundertfach, der andere sechzigfach, der dritte dreißigfach.

Vom Unkraut unter dem Weizen

24 Er legte ihnen ein anderes Gleichnis vor und sprach: Das Himmelreich gleicht einem Menschen, der guten Samen auf seinen Acker säte.

25 Als aber die Leute schliefen, kam sein Feind und säte Unkraut zwischen den Weizen und ging davon.

26 Als nun die Saat wuchs und Frucht brachte, da fand sich auch das Unkraut.

27 Da traten die Knechte zu dem Hausvater und sprachen: Herr, hast du nicht guten Samen auf deinen Acker gesät? Woher hat er denn das Unkraut?

28 Er sprach zu ihnen: Das hat ein Feind getan. Da sprachen die Knechte: Willst du denn, dass wir hingehen und es ausjäten?

29 Er sprach: Nein! Damit ihr nicht zugleich den Weizen mit ausrauft, wenn ihr das Unkraut ausjätet.

30 Lasst beides miteinander wachsen bis zur Ernte; und um die Erntezeit will ich zu den Schnittern sagen: Sammelt zuerst das Unkraut und bindet es in Bündel, damit man es verbrenne; aber den Weizen sammelt mir in meine Scheune.

Von Senfkorn und Sauerteig

(Mk 4,30-32; Lk 13,18-21)

31 Ein anderes Gleichnis legte er ihnen vor und sprach: Das Himmelreich gleicht einem Senfkorn, das ein Mensch nahm und auf seinen Acker säte;

19 When anyone hears the word of [l]the kingdom and [m]does not understand it, [n]the evil one comes and snatches away what has been sown in his heart. This is what was sown along the path.

20 As for what was sown on rocky ground, this is the one who hears the word and immediately [o]receives it with joy,

21 yet he has no root in himself, but [p]endures for a while, and when tribulation or persecution arises on account of the word, immediately [q]he falls away.[2]

22 As for what was sown among thorns, this is the one who hears the word, but [r]the cares of [s]the world and [t]the deceitfulness of riches choke the word, and it proves unfruitful.

23 As for what was sown on good soil, this is the one who hears the word and [u]understands it. He indeed [u]bears fruit and yields, in one case [v]a hundredfold, in another sixty, and in another thirty."

The Parable of the Weeds

¶ **24** He put another parable before them, saying, [w]"The kingdom of heaven may be compared to a man who sowed good seed in his field,

25 but while his men were sleeping, his enemy came and sowed weeds[3] among the wheat and went away.

26 So when the plants came up and bore grain, then the weeds appeared also.

27 And the servants[4] of the master of the house came and said to him, 'Master, did you not sow good seed in your field? How then does it have weeds?'

28 He said to them, 'An enemy has done this.' So the servants said to him, 'Then do you want us to go and gather them?'

29 But he said, [x]'No, lest in gathering the weeds you root up the wheat along with them.

30 Let both grow together until the harvest, and at harvest time I will tell the reapers, [y]Gather the weeds first and bind them in bundles to be burned, but gather the wheat into my barn.'"

The Mustard Seed and the Leaven

¶ **31** He put another parable before them, saying, [z]"The kingdom of heaven is like [a]a grain of mustard seed that a man took and sowed in his field.

32 das ist das kleinste unter allen Samenkörnern; wenn es aber gewachsen ist, so ist es größer als alle Kräuter und wird ein Baum, sodass die Vögel unter dem Himmel kommen und wohnen in seinen Zweigen.

¶ **33** Ein anderes Gleichnis sagte er ihnen: Das Himmelreich gleicht einem Sauerteig, den eine Frau nahm und unter einen halben Zentner Mehl mengte, bis es ganz durchsäuert war.

Die Bedeutung der Gleichnisse
(Mk 4,33-34)

34 Das alles redete Jesus in Gleichnissen zu dem Volk, und ohne Gleichnisse redete er nichts zu ihnen,

35 damit erfüllt würde, was gesagt ist durch den Propheten, der da spricht (Psalm 78,2): »Ich will meinen Mund auftun in Gleichnissen und will aussprechen, was verborgen war vom Anfang der Welt an.«

Die Deutung des Gleichnisses vom Unkraut

36 Da ließ Jesus das Volk gehen und kam heim. Und seine Jünger traten zu ihm und sprachen: Deute uns das Gleichnis vom Unkraut auf dem Acker.

¶ **37** Er antwortete und sprach zu ihnen: Der Menschensohn ist's, der den guten Samen sät.

38 Der Acker ist die Welt. Der gute Same sind die Kinder des Reichs. Das Unkraut sind die Kinder des Bösen.

39 Der Feind, der es sät, ist der Teufel. Die Ernte ist das Ende der Welt. Die Schnitter sind die Engel.

40 Wie man nun das Unkraut ausjätet und mit Feuer verbrennt, so wird's auch am Ende der Welt gehen.

41 Der Menschensohn wird seine Engel senden, und sie werden sammeln aus seinem Reich alles, was zum Abfall verführt, und die da Unrecht tun,

42 und werden sie in den Feuerofen werfen; da wird Heulen und Zähneklappern sein.

43 Dann werden die Gerechten leuchten wie die Sonne in ihres Vaters Reich. Wer Ohren hat, der höre!

Vom Schatz im Acker und der kostbaren Perle

44 Das Himmelreich gleicht einem Schatz, verborgen im Acker, den ein Mensch fand und verbarg; und in seiner Freude ging er hin und verkaufte alles, was er hatte, und kaufte den Acker.

32 It is the smallest of all seeds, but when it has grown it is larger than all the garden plants and becomes a tree, so that the birds of the air come and make nests in its branches."

¶ **33** He told them another parable. [b] "The kingdom of heaven is like leaven that a woman took and hid in [c] three measures of flour, till it was [d] all leavened."

Prophecy and Parables

¶ **34** All these things Jesus said to the crowds in parables; indeed, he said nothing to them without a parable.

35 This was to fulfill what was spoken by the prophet:[5]

"I will open my mouth in parables;
I will utter what has been hidden since the foundation of the world."

The Parable of the Weeds Explained

¶ **36** Then he left the crowds and went into the house. And his disciples came to him, saying, "Explain to us the parable of the weeds of the field."

37 He answered, "The one who sows the good seed is the Son of Man.

38 The field is the world, and the good seed is [k] the sons of the kingdom. The weeds are [l] the sons of the evil one,

39 and the enemy who sowed them is the devil. [m] The harvest is [n] the close of the age, and the reapers are angels.

40 Just as the weeds [o] are gathered and burned with fire, so will it be at [n] the close of the age.

41 [p] The Son of Man will send his angels, and they will gather out of his kingdom all [q] causes of sin and [r] all law-breakers,

42 [s] and throw them into the fiery furnace. In that place [t] there will be weeping and gnashing of teeth.

43 Then [u] the righteous will shine like the sun [v] in the kingdom of their Father. [w] He who has ears, let him hear.

The Parable of the Hidden Treasure

¶ **44** "The kingdom of heaven [x] is like treasure hidden in a field, which a man found and covered up. Then in his joy [y] he goes and sells all that he has and [z] buys that field.

¶ **45** Wiederum gleicht das Himmelreich einem Kaufmann, der gute Perlen suchte,

46 und als er eine kostbare Perle fand, ging er hin und verkaufte alles, was er hatte, und kaufte sie.

Vom Fischnetz

47 Wiederum gleicht das Himmelreich einem Netz, das ins Meer geworfen ist und Fische aller Art fängt.

48 Wenn es aber voll ist, ziehen sie es heraus an das Ufer, setzen sich und lesen die guten in Gefäße zusammen, aber die schlechten werfen sie weg.

49 So wird es auch am Ende der Welt gehen: Die Engel werden ausgehen und die Bösen von den Gerechten scheiden

50 und werden sie in den Feuerofen werfen; da wird Heulen und Zähneklappern sein.

¶ **51** Habt ihr das alles verstanden? Sie antworteten: Ja.

52 Da sprach er: Darum gleicht jeder Schriftgelehrte, der ein Jünger des Himmelreichs geworden ist, einem Hausvater, der aus seinem Schatz Neues und Altes hervorholt.

Die Verwerfung Jesu in Nazareth
(Mk 6,1-6; Lk 4,16-30)

53 Und es begab sich, als Jesus diese Gleichnisse vollendet hatte, dass er davonging

54 und kam in seine Vaterstadt und lehrte sie in ihrer Synagoge, sodass sie sich entsetzten und fragten: Woher hat dieser solche Weisheit und solche Taten?

55 Ist er nicht der Sohn des Zimmermanns? Heißt nicht seine Mutter Maria und seine Brüder Jakobus und Josef und Simon und Judas?

56 Und seine Schwestern, sind sie nicht alle bei uns? Woher kommt ihm denn das alles?

57 Und sie ärgerten sich an ihm.

¶ Jesus aber sprach zu ihnen: Ein Prophet gilt nirgends weniger als in seinem Vaterland und in seinem Hause.

58 Und er tat dort nicht viele Zeichen wegen ihres Unglaubens.

The Parable of the Pearl of Great Value

¶ **45** "Again, the kingdom of heaven is like a merchant in search of fine pearls,

46 who, on finding *a* one pearl of great value, *y* went and sold all that he had and *z* bought it.

The Parable of the Net

¶ **47** "Again, the kingdom of heaven is *b* like a net that was thrown into the sea and *c* gathered fish of every kind.

48 When it was full, *d* men drew it ashore and sat down and sorted the good into containers but threw away the bad.

49 So it will be at *e* the close of the age. The angels will come out and *f* separate the evil from the righteous

50 *g* and throw them into the fiery furnace. In that place *g* there will be weeping and gnashing of teeth.

New and Old Treasures

¶ **51** *h* "Have you understood all these things?" They said to him, "Yes."

52 And he said to them, "Therefore every *i* scribe *j* who has been trained for the kingdom of heaven is like a master of a house, who *k* brings out of his treasure what is new and what is old."

Jesus Rejected at Nazareth

¶ **53** And when Jesus had finished these parables, he went away from there,

54 and coming to his hometown he taught them in their synagogue, so that they were astonished, and said, "Where did this man get this wisdom and these mighty works?

55 Is not this the carpenter's son? Is not his mother called Mary? And are not his brothers James and Joseph and Simon and Judas?

56 And are not all his sisters with us? Where then did this man get all these things?"

57 And they took offense at him. But Jesus said to them, *t* "A prophet is not without honor except in his hometown and in his own household."

58 And he did not do many mighty works there, because of their unbelief.

Das Ende Johannes des Täufers
(Mk 6,14-29; Lk 3,19-20; 9,7-9)

14 Zu der Zeit kam die Kunde von Jesus vor den Landesfürsten Herodes.

2 Und er sprach zu seinen Leuten: Das ist Johannes der Täufer; er ist von den Toten auferstanden, darum tut er solche Taten.

3 Denn Herodes hatte Johannes ergriffen, gefesselt und in das Gefängnis geworfen wegen der Herodias, der Frau seines Bruders Philippus.

4 Denn Johannes hatte zu ihm gesagt: Es ist nicht recht, dass du sie hast.

5 Und er hätte ihn gern getötet, fürchtete sich aber vor dem Volk; denn sie hielten ihn für einen Propheten.

¶ **6** Als aber Herodes seinen Geburtstag beging, da tanzte die Tochter der Herodias vor ihnen. Das gefiel dem Herodes gut.

7 Darum versprach er ihr mit einem Eid, er wolle ihr geben, was sie fordern würde.

8 Und wie sie zuvor von ihrer Mutter angestiftet war, sprach sie: Gib mir hier auf einer Schale das Haupt Johannes des Täufers!

9 Und der König wurde traurig; doch wegen des Eides und derer, die mit ihm zu Tisch saßen, befahl er, es ihr zu geben,

10 und schickte hin und ließ Johannes im Gefängnis enthaupten.

11 Und sein Haupt wurde hereingetragen auf einer Schale und dem Mädchen gegeben; und sie brachte es ihrer Mutter.

12 Da kamen seine Jünger und nahmen seinen Leichnam und begruben ihn; und sie kamen und verkündeten das Jesus.

Die Speisung der Fünftausend
(Mk 6,31-44; Lk 9,10-17; Joh 6,1-13)

13 Als das Jesus hörte, fuhr er von dort weg in einem Boot in eine einsame Gegend allein. Und als das Volk das hörte, folgte es ihm zu Fuß aus den Städten.

14 Und Jesus stieg aus und sah die große Menge, und sie jammerten ihn und er heilte ihre Kranken.

¶ **15** Am Abend aber traten seine Jünger zu ihm und sprachen: Die Gegend ist öde und die Nacht bricht herein; lass das Volk gehen, damit sie in die Dörfer gehen und sich zu essen kaufen.

16 Aber Jesus sprach zu ihnen: Es ist nicht nötig, dass sie fortgehen; gebt ihr ihnen zu essen.

17 Sie sprachen zu ihm: Wir haben hier nichts als fünf Brote und zwei Fische.

18 Und er sprach: Bringt sie mir her!

The Death of John the Baptist

14 At that time Herod the tetrarch heard about the fame of Jesus,

2 and he said to his servants, "This is John the Baptist. He has been raised from the dead; that is why these miraculous powers are at work in him."

3 For Herod had seized John and bound him and put him in prison for the sake of Herodias, his brother Philip's wife,[1]

4 because John had been saying to him, "It is not lawful for you to have her."

5 And though he wanted to put him to death, he feared the people, because they held him to be a prophet.

6 But when Herod's birthday came, the daughter of Herodias danced before the company and pleased Herod,

7 so he promised with an oath to give her whatever she might ask.

8 Prompted by her mother, she said, "Give me the head of John the Baptist here on a platter."

9 And the king was sorry, but because of his oaths and his guests he commanded it to be given.

10 He sent and had John beheaded in the prison,

11 and his head was brought on a platter and given to the girl, and she brought it to her mother.

12 And his disciples came and took the body and buried it, and they went and told Jesus.

Jesus Feeds the Five Thousand

¶ **13** Now when Jesus heard this, he withdrew from there in a boat to a desolate place by himself. But when the crowds heard it, they followed him on foot from the towns.

14 When he went ashore he saw a great crowd, and ^{g}he had compassion on them and healed their sick.

15 Now when it was evening, the disciples came to him and said, "This is a desolate place, and the day is now over; send the crowds away to go into the villages and buy food for themselves."

16 But Jesus said, "They need not go away; ^{i}you give them something to eat."

17 They said to him, "We have only five loaves here and two fish."

18 And he said, "Bring them here to me."

¶ 19 Und er ließ das Volk sich auf das Gras lagern und nahm die fünf Brote und die zwei Fische, sah auf zum Himmel, dankte und brach's und gab die Brote den Jüngern, und die Jünger gaben sie dem Volk.

20 Und sie aßen alle und wurden satt und sammelten auf, was an Brocken übrig blieb, zwölf Körbe voll.

21 Die aber gegessen hatten, waren etwa fünftausend Mann, ohne Frauen und Kinder.

Jesus und der sinkende Petrus auf dem See
(Mk 6,45-52; Joh 6,15-21)

22 Und alsbald trieb Jesus seine Jünger, in das Boot zu steigen und vor ihm hinüberzufahren, bis er das Volk gehen ließe.

23 Und als er das Volk hatte gehen lassen, stieg er allein auf einen Berg, um zu beten. Und am Abend war er dort allein.

24 Und das Boot war schon weit vom Land entfernt und kam in Not durch die Wellen; denn der Wind stand ihm entgegen.

¶ 25 Aber in der vierten Nachtwache kam Jesus zu ihnen und ging auf dem See.

26 Und als ihn die Jünger sahen auf dem See gehen, erschraken sie und riefen: Es ist ein Gespenst!, und schrien vor Furcht.

27 Aber sogleich redete Jesus mit ihnen und sprach: **Seid getrost, ich bin's; fürchtet euch nicht!**

¶ 28 Petrus aber antwortete ihm und sprach: Herr, bist du es, so befiehl mir, zu dir zu kommen auf dem Wasser.

29 Und er sprach: Komm her! Und Petrus stieg aus dem Boot und ging auf dem Wasser und kam auf Jesus zu.

30 Als er aber den starken Wind sah, erschrak er und begann zu sinken und schrie: Herr, hilf mir!

31 Jesus aber streckte sogleich die Hand aus und ergriff ihn und sprach zu ihm: Du Kleingläubiger, warum hast du gezweifelt?

¶ 32 Und sie traten in das Boot und der Wind legte sich.

33 Die aber im Boot waren, fielen vor ihm nieder und sprachen: Du bist wahrhaftig Gottes Sohn!

Krankenheilungen in Genezareth
(Mk 6,53-56)

34 Und sie fuhren hinüber und kamen ans Land in Genezareth.

35 Und als die Leute an diesem Ort ihn erkannten, schickten sie Botschaft ringsum in das ganze Land und brachten alle Kranken zu ihm

---

19 Then he ordered the crowds to sit down on the grass, and taking the five loaves and the two fish, he looked up to heaven and said a blessing. Then he broke the loaves and gave them to the disciples, and the disciples gave them to the crowds.

20 And they all ate and were satisfied. And they took up twelve baskets full of the broken pieces left over.

21 And those who ate were about five thousand men, besides women and children.

Jesus Walks on the Water

¶ 22 Immediately he made the disciples get into the boat and go before him to the other side, while he dismissed the crowds.

23 And after he had dismissed the crowds, he went up on the mountain by himself to pray. When evening came, he was there alone,

24 but the boat by this time was a long way[2] from the land,[3] beaten by the waves, for the wind was against them.

25 And in the fourth watch of the night he came to them, walking on the sea.

26 But when the disciples saw him walking on the sea, they were terrified, and said, "It is a ghost!" and they cried out in fear.

27 But immediately Jesus spoke to them, saying, q"Take heart; it is I. qDo not be afraid."

¶ 28 And Peter answered him, "Lord, if it is you, command me to come to you on the water."

29 He said, "Come." So Peter got out of the boat and walked on the water and came to Jesus.

30 But when he saw the wind,[4] he was afraid, and beginning to sink he cried out, "Lord, save me."

31 Jesus immediately reached out his hand and took hold of him, saying to him, t"O you of little faith, why did you u"doubt?"

32 And when they got into the boat, the wind ceased.

33 And those in the boat worshiped him, saying, "Truly you are the Son of God."

Jesus Heals the Sick in Gennesaret

¶ 34 And when they had crossed over, they came to land at Gennesaret.

35 And when the men of that place recognized him, they sent around to all that region and brought to him all who were sick

36 und baten ihn, dass sie nur den Saum seines Gewandes berühren dürften. Und alle, die ihn berührten, wurden gesund.

Von Reinheit und Unreinheit
(Mk 7,1-23)

15 Da kamen zu Jesus Pharisäer und Schriftgelehrte aus Jerusalem und sprachen:

2 Warum übertreten deine Jünger die Satzungen der Ältesten? Denn sie waschen ihre Hände nicht, wenn sie Brot essen.

¶ **3** Er antwortete und sprach zu ihnen: Warum übertretet denn ihr Gottes Gebot um eurer Satzungen willen?

4 Denn Gott hat geboten (2.Mose 20,12; 21,17): »Du sollst Vater und Mutter ehren; wer aber Vater und Mutter flucht, der soll des Todes sterben.«

5 Aber ihr lehrt: Wer zu Vater oder Mutter sagt: Eine Opfergabe soll sein, was dir von mir zusteht,

6 der braucht seinen Vater nicht zu ehren. Damit habt ihr Gottes Gebot aufgehoben um eurer Satzungen willen.

7 Ihr Heuchler, wie fein hat Jesaja von euch geweissagt und gesprochen (Jesaja 29,13):

8 »Dies Volk ehrt mich mit seinen Lippen, aber ihr Herz ist fern von mir;

9 vergeblich dienen sie mir, weil sie lehren solche Lehren, die nichts als Menschengebote sind.«

¶ **10** Und er rief das Volk zu sich und sprach zu ihnen: Hört zu und begreift's:

11 Was zum Mund hineingeht, das macht den Menschen nicht unrein; sondern was aus dem Mund herauskommt, das macht den Menschen unrein.

12 Da traten seine Jünger zu ihm und fragten: Weißt du auch, dass die Pharisäer an dem Wort Anstoß nahmen, als sie es hörten?

13 Aber er antwortete und sprach: Alle Pflanzen, die mein himmlischer Vater nicht gepflanzt hat, die werden ausgerissen.

14 Lasst sie, sie sind blinde Blindenführer! Wenn aber ein Blinder den andern führt, so fallen sie beide in die Grube.

¶ **15** Da antwortete Petrus und sprach zu ihm: Deute uns dies Gleichnis!

16 Und Jesus sprach zu ihnen: Seid denn auch ihr noch immer unverständig?

36 and implored him that they might only touch the fringe of his garment. And as many as touched it were made well.

Traditions and Commandments

15 Then Pharisees and scribes came to Jesus *f*from Jerusalem and said,

2 "Why do your disciples break the tradition of the elders? For they do not wash their hands when they eat."

3 He answered them, "And why do you break the commandment of God for the sake of your tradition?

4 For God commanded, *k*'Honor your father and your mother,' and, *l*'Whoever reviles father or mother must surely die.'

5 But you say, 'If anyone tells his father or his mother, "What you would have gained from me is given to God,"[1]

6 he need not honor his father.' So for the sake of your tradition you have *m*made void the word[2] of God.

7 *n*You hypocrites! Well did Isaiah prophesy of you, when he said:

8 *o*"'This people honors me with their lips, but their heart is far from me;

9 in vain do they worship me, teaching as *p*doctrines the commandments of men.'"

What Defiles a Person

¶ **10** And he called the people to him and said to them, *q*"Hear and understand:

11 *r*it is not what goes into the mouth that defiles a person, but what comes out of the mouth; this defiles a person."

12 Then the disciples came and said to him, "Do you know that the Pharisees were offended when they heard this saying?"

13 He answered, *t*"Every plant that my heavenly Father has not planted *u*will be rooted up.

14 Let them alone; *v*they are blind guides.[3] And *w*if the blind lead the blind, both will fall into a pit."

15 But Peter said to him, "Explain the parable to us."

16 And he said, *y*"Are you also still without understanding?

17 Merkt ihr nicht, dass alles, was zum Mund hineingeht, das geht in den Bauch und wird danach in die Grube ausgeleert?

18 Was aber aus dem Mund herauskommt, das kommt aus dem Herzen, und das macht den Menschen unrein.

19 Denn aus dem Herzen kommen böse Gedanken, Mord, Ehebruch, Unzucht, Diebstahl, falsches Zeugnis, Lästerung.

20 Das sind die Dinge, die den Menschen unrein machen. Aber mit ungewaschenen Händen essen macht den Menschen nicht unrein.

Die kanaanäische Frau
(Mk 7,24-30)

21 Und Jesus ging weg von dort und zog sich zurück in die Gegend von Tyrus und Sidon.

22 Und siehe, eine kanaanäische Frau kam aus diesem Gebiet und schrie: Ach Herr, du Sohn Davids, erbarme dich meiner! Meine Tochter wird von einem bösen Geist übel geplagt.

23 Und er antwortete ihr kein Wort. Da traten seine Jünger zu ihm, baten ihn und sprachen: Lass sie doch gehen,* denn sie schreit uns nach.

24 Er antwortete aber und sprach: Ich bin nur gesandt zu den verlorenen Schafen des Hauses Israel.

¶ **25** Sie aber kam und fiel vor ihm nieder und sprach: Herr, hilf mir!

26 Aber er antwortete und sprach: Es ist nicht recht, dass man den Kindern ihr Brot nehme und werfe es vor die Hunde.

27 Sie sprach: Ja, Herr; aber doch fressen die Hunde von den Brosamen, die vom Tisch ihrer Herren fallen.

28 Da antwortete Jesus und sprach zu ihr: Frau, dein Glaube ist groß. Dir geschehe, wie du willst! Und ihre Tochter wurde gesund zu derselben Stunde.

Weitere Heilungen

29 Und Jesus ging von dort weiter und kam an das Galiläische Meer und ging auf einen Berg und setzte sich dort.

30 Und es kam eine große Menge zu ihm; die hatten bei sich Gelähmte, Verkrüppelte, Blinde, Stumme und viele andere Kranke und legten sie Jesus vor die Füße, und er heilte sie,

31 sodass sich das Volk verwunderte, als sie sahen, dass die Stummen redeten, die Verkrüppelten gesund waren, die Gelähmten gingen, die Blinden sahen; und sie priesen den Gott Israels.

17 Do you not see that ᶻwhatever goes into the mouth passes into the stomach and is expelled?⁴

18 But ᵃwhat comes out of the mouth proceeds from the heart, and this defiles a person.

19 For out of the heart come ᵇevil thoughts, ᶜmurder, adultery, sexual immorality, theft, false witness, ᵈslander.

20 ᵉThese are what defile a person. But ᶠto eat with unwashed hands does not defile anyone."

The Faith of a Canaanite Woman

¶ **21** And Jesus went away from there and withdrew to the district of Tyre and Sidon.

22 And behold, a Canaanite woman from that region came out and was crying, "Have mercy on me, O Lord, Son of David; my daughter is severely oppressed by a demon."

23 But he did not answer her a word. And his disciples came and begged him, saying, "Send her away, for she is crying out after us."

24 He answered, ᵏ"I was sent only to the lost sheep of the house of Israel."

25 But she came and knelt before him, saying, "Lord, help me."

26 And he answered, "It is not right to take the children's bread and ᵐthrow it to the dogs."

27 She said, "Yes, Lord, yet even the dogs eat the crumbs that fall from their masters' table."

28 Then Jesus answered her, "O woman, ᵒgreat is your faith! ᵖBe it done for you as you desire." And her daughter was ᵖhealed instantly.⁵

Jesus Heals Many

¶ **29** Jesus went on from there and walked beside the Sea of Galilee. And he went up on the mountain and sat down there.

30 And great crowds came to him, bringing with them the lame, the blind, the crippled, the mute, and many others, and they put them at his feet, and he healed them,

31 so that the crowd wondered, when they saw the mute speaking, the crippled healthy, the lame walking, and the blind seeing. And they glorified the God of Israel.

Die Speisung der Viertausend
(Mk 8,1-10)

32 Und Jesus rief seine Jünger zu sich und sprach: Das Volk jammert mich; denn sie harren nun schon drei Tage bei mir aus und haben nichts zu essen; und ich will sie nicht hungrig gehen lassen, damit sie nicht verschmachten auf dem Wege.

33 Da sprachen seine Jünger zu ihm: Woher sollen wir so viel Brot nehmen in der Wüste, um eine so große Menge zu sättigen?

34 Und Jesus sprach zu ihnen: Wie viele Brote habt ihr? Sie antworteten: Sieben und ein paar Fische.

¶ **35** Und er ließ das Volk sich auf die Erde lagern

36 und nahm die sieben Brote und die Fische, dankte, brach sie und gab sie seinen Jüngern, und die Jünger gaben sie dem Volk.

37 Und sie aßen alle und wurden satt; und sie sammelten auf, was an Brocken übrig blieb, sieben Körbe voll.

38 Und die gegessen hatten, waren viertausend Mann, ausgenommen Frauen und Kinder.

39 Und als er das Volk hatte gehen lassen, stieg er ins Boot und kam in das Gebiet von Magadan.

Die Zeichenforderung der Pharisäer
(Mk 8,11-12; Lk 12,54-56)

16 Da traten die Pharisäer und Sadduzäer zu ihm; die versuchten ihn und forderten ihn auf, sie ein Zeichen vom Himmel sehen zu lassen.

2 Aber er antwortete und sprach: Des Abends sprecht ihr: Es wird ein schöner Tag werden, denn der Himmel ist rot.

3 Und des Morgens sprecht ihr: Es wird heute ein Unwetter kommen, denn der Himmel ist rot und trübe. Über das Aussehen des Himmels könnt ihr urteilen; könnt ihr dann nicht auch über die Zeichen der Zeit urteilen?

4 Ein böses und abtrünniges Geschlecht fordert ein Zeichen; doch soll ihm kein Zeichen gegeben werden, es sei denn das Zeichen des Jona. Und er ließ sie stehen und ging davon.

Warnung vor der Lehre der Pharisäer und Sadduzäer
(Mk 8,14-21)

5 Und als die Jünger ans andre Ufer gekommen waren, hatten sie vergessen, Brot mitzunehmen.

Jesus Feeds the Four Thousand

¶ **32** Then Jesus called his disciples to him and said, *a*"I have compassion on the crowd because they have been with me now three days and have nothing to eat. And I am unwilling to send them away hungry, lest they faint on the way."

33 And the disciples said to him, "Where are we to get enough bread in such a desolate place to feed so great a crowd?"

34 And Jesus said to them, "How many loaves do you have?" They said, "Seven, and a few small fish."

35 And directing the crowd to sit down on the ground,

36 he took the seven loaves and the fish, and having given thanks he broke them and gave them to the disciples, and the disciples gave them to the crowds.

37 And they all ate and were satisfied. And they took up seven baskets full of the broken pieces left over.

38 Those who ate were four thousand men, besides women and children.

39 And after sending away the crowds, he got into the boat and went to the region of Magadan.

The Pharisees and Sadducees Demand Signs

16 And the Pharisees and Sadducees came, and to test him they asked him to show them a sign from heaven.

2 He answered them,[1] *j*"When it is evening, you say, 'It will be fair weather, for the sky is red.'

3 And in the morning, 'It will be stormy today, for the sky is red and threatening.' *k*You know how to interpret the appearance of the sky, but you cannot interpret *l*the signs of the times.

4 *m*An evil and adulterous generation seeks for a sign, but no sign will be given to it except the sign of Jonah." So he left them and departed.

The Leaven of the Pharisees and Sadducees

¶ **5** When the disciples reached the other side, they had forgotten to bring any bread.

6 Jesus aber sprach zu ihnen: Seht zu und hütet euch vor dem Sauerteig der Pharisäer und Sadduzäer!

7 Da dachten sie bei sich selbst und sprachen: Das wird's sein, dass wir kein Brot mitgenommen haben.

¶ **8** Als das Jesus merkte, sprach er zu ihnen: Ihr Kleingläubigen, was bekümmert ihr euch doch, dass ihr kein Brot habt?

9 Versteht ihr noch nicht? Denkt ihr nicht an die fünf Brote für die fünftausend und wie viel Körbe voll ihr da aufgesammelt habt?

10 Auch nicht an die sieben Brote für die viertausend und wie viel Körbe voll ihr da aufgesammelt habt?

11 Wieso versteht ihr denn nicht, dass ich nicht vom Brot zu euch geredet habe? Hütet euch vielmehr vor dem Sauerteig der Pharisäer und Sadduzäer!

12 Da verstanden sie, dass er nicht gesagt hatte, sie sollten sich hüten vor dem Sauerteig des Brotes, sondern vor der Lehre der Pharisäer und Sadduzäer.

Das Bekenntnis des Petrus und die Verheißung an ihn

(Mk 8,27-30; Lk 9,18-21)

13 Da kam Jesus in die Gegend von Cäsarea Philippi und fragte seine Jünger und sprach: Wer sagen die Leute, dass der Menschensohn sei?

14 Sie sprachen: Einige sagen, du seist Johannes der Täufer, andere, du seist Elia, wieder andere, du seist Jeremia oder einer der Propheten.

15 Er fragte sie: Wer sagt denn ihr, dass ich sei?

16 Da antwortete Simon Petrus und sprach: **Du bist Christus, des lebendigen Gottes Sohn!**

¶ **17** Und Jesus antwortete und sprach zu ihm: Selig bist du, Simon, Jonas Sohn; denn Fleisch und Blut haben dir das nicht offenbart, sondern mein Vater im Himmel.

18 Und ich sage dir auch: Du bist Petrus, und auf diesen Felsen will ich meine Gemeinde bauen, und die Pforten der Hölle sollen sie nicht überwältigen.

19 Ich will dir die Schlüssel des Himmelreichs geben: Alles, was du auf Erden binden wirst, soll auch im Himmel gebunden sein, und alles, was du auf Erden lösen wirst, soll auch im Himmel gelöst sein.

¶ **20** Da gebot er seinen Jüngern, niemandem zu sagen, dass er der Christus sei.

6 Jesus said to them, "Watch and °beware of ᴾthe leaven of the Pharisees and Sadducees."

7 And they began discussing it among themselves, saying, "We brought no bread."

8 But Jesus, aware of this, said, ʳ"O you of little faith, why are you discussing among yourselves the fact that you have no bread?

9 ˢDo you not yet perceive? Do you not remember ᵗthe five loaves for the five thousand, and how many baskets you gathered?

10 Or ᵘthe seven loaves for the four thousand, and how many baskets you gathered?

11 How is it that you fail to understand that I did not speak about bread? °Beware of the leaven of the Pharisees and Sadducees."

12 Then they understood that he did not tell them to beware of the leaven of bread, but of the teaching of the Pharisees and Sadducees.

Peter Confesses Jesus as the Christ

¶ **13** Now when Jesus came into the district of Caesarea Philippi, he asked his disciples, "Who do people say that the Son of Man is?"

14 And they said, "Some say John the Baptist, others say Elijah, and others Jeremiah or one of the prophets."

15 He said to them, "But who do you say that I am?"

16 Simon Peter replied, "You are the Christ, the Son of the living God."

17 And Jesus answered him, ᵉ"Blessed are you, ʲSimon Bar-Jonah! For ᵍflesh and blood has not revealed this to you, ʰbut my Father who is in heaven.

18 And I tell you, ⁱyou are Peter, and ʲon this rock[2] I will build my church, and ᵏthe gates of ˡhell[3] shall not prevail against it.

19 I will give you ᵐthe keys of the kingdom of heaven, and ⁿwhatever you bind on earth shall be bound in heaven, and whatever you loose on earth shall be loosed[4] in heaven."

20 Then he strictly charged the disciples to tell no one that he was the Christ.

Die erste Ankündigung von Jesu Leiden und Auferstehung
(Mk 8,31-33; Lk 9,22)

21 Seit der Zeit fing Jesus an, seinen Jüngern zu zeigen, wie er nach Jerusalem gehen und viel leiden müsse von den Ältesten und Hohenpriestern und Schriftgelehrten und getötet werden und am dritten Tage auferstehen.

¶ **22** Und Petrus nahm ihn beiseite und fuhr ihn an und sprach: Gott bewahre dich, Herr! Das widerfahre dir nur nicht!

23 Er aber wandte sich um und sprach zu Petrus: Geh weg von mir, Satan! Du bist mir ein Ärgernis; denn du meinst nicht, was göttlich, sondern was menschlich ist.

Von der Nachfolge
(Mk 8,34-9,1; Lk 9,23-27)

24 Da sprach Jesus zu seinen Jüngern: Will mir jemand nachfolgen, der verleugne sich selbst und nehme sein Kreuz auf sich und folge mir.

25 Denn wer sein Leben erhalten will, der wird's verlieren; wer aber sein Leben verliert um meinetwillen, der wird's finden.

26 Was hülfe es dem Menschen, wenn er die ganze Welt gewönne und nähme doch Schaden an seiner Seele? Oder was kann der Mensch geben, womit er seine Seele auslöse?

¶ **27** Denn es wird geschehen, dass der Menschensohn kommt in der Herrlichkeit seines Vaters mit seinen Engeln, und dann wird er einem jeden vergelten nach seinem Tun.

28 Wahrlich, ich sage euch: Es stehen einige hier, die werden den Tod nicht schmecken, bis sie den Menschensohn kommen sehen in seinem Reich.

Die Verklärung Jesu
(Mk 9,2-13; Lk 9,28-36)

17 Und nach sechs Tagen nahm Jesus mit sich Petrus und Jakobus und Johannes, dessen Bruder, und führte sie allein auf einen hohen Berg.

2 Und er wurde verklärt vor ihnen, und sein Angesicht leuchtete wie die Sonne, und seine Kleider wurden weiß wie das Licht.

3 Und siehe, da erschienen ihnen Mose und Elia; die redeten mit ihm.

¶ **4** Petrus aber fing an und sprach zu Jesus: Herr, hier ist gut sein! Willst du, so will ich hier drei Hütten bauen, dir eine, Mose eine und Elia eine.

Jesus Foretells His Death and Resurrection

¶ **21** From that time Jesus began to show his disciples that he must go to Jerusalem and suffer many things from the elders and chief priests and scribes, and be killed, and on the third day be raised.

22 And Peter took him aside and began to rebuke him, saying, "Far be it from you, Lord![5] This shall never happen to you."

23 But he turned and said to Peter, [t]"Get behind me, Satan! You are [u]a hindrance[6] to me. For you [v]are not setting your mind on the things of God, but on the things of man."

Take Up Your Cross and Follow Jesus

¶ **24** Then Jesus told his disciples, "If anyone would come after me, let him [w]deny himself and [x]take up his cross and follow me.

25 For [x]whoever would save his life[7] will lose it, but whoever loses his life for my sake will find it.

26 For [y]what will it profit a man if he gains the whole world and forfeits his soul? Or [z]what shall a man give in return for his soul?

27 [a]For the Son of Man is going to come with [b]his angels in the glory of his Father, and [c]then he will repay each person according to what he has done.

28 Truly, I say to you, there are some standing here who will not [d]taste death [e]until they see the Son of Man [f]coming in his kingdom."

The Transfiguration

17 And after six days Jesus took with him Peter and James, and John his brother, and led them up a high mountain by themselves.

2 And he was transfigured before them, and his face shone like the sun, and his clothes became white as light.

3 And behold, there appeared to them Moses and Elijah, talking with him.

4 And Peter said to Jesus, "Lord, it is good that we are here. If you wish, I will make three tents here, one for you and one for Moses and one for Elijah."

5 Als er noch so redete, siehe, da überschattete sie eine lichte Wolke. Und siehe, eine Stimme aus der Wolke sprach: **Dies ist mein lieber Sohn, an dem ich Wohlgefallen habe; den sollt ihr hören!**

¶ **6** Als das die Jünger hörten, fielen sie auf ihr Angesicht und erschraken sehr.

7 Jesus aber trat zu ihnen, rührte sie an und sprach: Steht auf und fürchtet euch nicht!

8 Als sie aber ihre Augen aufhoben, sahen sie niemand als Jesus allein.

9 Und als sie vom Berge hinabgingen, gebot ihnen Jesus und sprach: Ihr sollt von dieser Erscheinung niemandem sagen, bis der Menschensohn von den Toten auferstanden ist.

¶ **10** Und seine Jünger fragten ihn und sprachen: Warum sagen denn die Schriftgelehrten, zuerst müsse Elia kommen?

11 Jesus antwortete und sprach zu ihnen: Elia soll freilich kommen und alles zurechtbringen.

12 Doch ich sage euch: Elia ist schon gekommen, aber sie haben ihn nicht erkannt, sondern haben mit ihm getan, was sie wollten. So wird auch der Menschensohn durch sie leiden müssen.

13 Da verstanden die Jünger, dass er von Johannes dem Täufer zu ihnen geredet hatte.

Die Heilung eines mondsüchtigen Knaben
(Mk 9,14-29; Lk 9,37-42)

14 Und als sie zu dem Volk kamen, trat ein Mensch zu ihm, fiel ihm zu Füßen

15 und sprach: Herr, erbarme dich über meinen Sohn! Denn er ist mondsüchtig und hat schwer zu leiden; er fällt oft ins Feuer und oft ins Wasser;

16 und ich habe ihn zu deinen Jüngern gebracht und sie konnten ihm nicht helfen.

17 Jesus aber antwortete und sprach: O du ungläubiges und verkehrtes Geschlecht, wie lange soll ich bei euch sein? Wie lange soll ich euch erdulden? Bringt ihn mir her!

18 Und Jesus bedrohte ihn; und der böse Geist fuhr aus von ihm und der Knabe wurde gesund zu derselben Stunde.

¶ **19** Da traten seine Jünger zu ihm, als sie allein waren, und fragten: Warum konnten **wir** ihn nicht austreiben?

20 Er aber sprach zu ihnen: Wegen eures Kleinglaubens. Denn wahrlich, ich sage euch: Wenn ihr Glauben habt wie ein Senfkorn, so könnt ihr sagen zu diesem Berge: Heb dich dorthin!, so wird er sich heben; und euch wird nichts unmöglich sein.*

5 He was still speaking when, behold, a bright cloud overshadowed them, and *m*a voice from the cloud said, "This is my beloved Son,[1] with whom I am well pleased; listen to him."

6 When the disciples heard this, they fell on their faces and were terrified.

7 But Jesus came and touched them, saying, "Rise, and *s*have no fear."

8 And when they lifted up their eyes, they saw no one but Jesus only.

¶ **9** And as they were coming down the mountain, Jesus commanded them, *u*"Tell no one the vision, until the Son of Man is raised from the dead."

10 And the disciples asked him, "Then why do the scribes say that first Elijah must come?"

11 He answered, "Elijah does come, and *w*he will restore all things.

12 But I tell you that Elijah has already come, and they did not recognize him, but *x*did to him whatever they pleased. *y*So also the Son of Man will certainly suffer at their hands."

13 Then the disciples understood that he was speaking to them of John the Baptist.

Jesus Heals a Boy with a Demon

¶ **14** And when they came to the crowd, a man came up to him and, kneeling before him,

15 said, "Lord, have mercy on my son, for he is an epileptic and he suffers terribly. For often he falls into the fire, and often into the water.

16 And I brought him to your disciples, and they could not heal him."

17 And Jesus answered, "O faithless and *d*twisted generation, how long am I to be with you? *e*How long am I to bear with you? Bring him here to me."

18 And Jesus rebuked the demon,[2] and it[3] came out of him, and the boy was healed instantly.[4]

19 Then the disciples came to Jesus privately and said, "Why could we not cast it out?"

20 He said to them, *h*"Because of your little faith. For *i*truly, I say to you, *j*if you have faith like a grain of mustard seed, *k*you will say to this mountain, 'Move from here to there,' and it will move, and *l*nothing will be impossible for you."[5]

Die zweite Ankündigung von Jesu Leiden und Auferstehung

(Mk 9,30-32; Lk 9,43-45)

22 Als sie aber beieinander waren in Galiläa, sprach Jesus zu ihnen: Der Menschensohn wird überantwortet werden in die Hände der Menschen

23 und sie werden ihn töten, und am dritten Tag wird er auferstehen. Und sie wurden sehr betrübt.

Von der Zahlung der Tempelsteuer

24 Als sie nun nach Kapernaum kamen, traten zu Petrus, die den Tempelgroschen einnehmen, und sprachen: Pflegt euer Meister nicht den Tempelgroschen zu geben?

25 Er sprach: Ja.

¶ Und als er heimkam, kam ihm Jesus zuvor und fragte: Was meinst du, Simon? Von wem nehmen die Könige auf Erden Zoll oder Steuern: von ihren Kindern oder von den Fremden?

26 Als er antwortete: Von den Fremden, sprach Jesus zu ihm: So sind die Kinder frei.

27 Damit wir ihnen aber keinen Anstoß geben, geh hin an den See und wirf die Angel aus, und den ersten Fisch, der heraufkommt, den nimm; und wenn du sein Maul aufmachst, wirst du ein Zweigroschenstück finden; das nimm und gib's ihnen für mich und dich.

Der Rangstreit der Jünger

(Mk 9,33-37; Lk 9,46-48)

18 Zu derselben Stunde traten die Jünger zu Jesus und fragten: Wer ist doch der Größte im Himmelreich?

2 Jesus rief ein Kind zu sich und stellte es mitten unter sie

3 und sprach: Wahrlich, ich sage euch: **Wenn ihr nicht umkehrt und werdet wie die Kinder, so werdet ihr nicht ins Himmelreich kommen.**

4 Wer nun sich selbst erniedrigt und wird wie dies Kind, der ist der Größte im Himmelreich.

5 Und wer ein solches Kind aufnimmt in meinem Namen, der nimmt mich auf.

Warnung vor Verführung zum Abfall

(Mk 9,42-48; Lk 17,1-3a)

6 Wer aber einen dieser Kleinen, die an mich glauben, zum Abfall verführt, für den wäre es besser, dass ein Mühlstein an seinen Hals gehängt und er ersäuft würde im Meer, wo es am tiefsten ist.

Jesus Again Foretells Death, Resurrection

¶ **22** As they were gathering[6] in Galilee, Jesus said to them, "The Son of Man is about to be delivered into the hands of men,

23 and they will kill him, and he will be raised on [n]the third day." And they were greatly distressed.

The Temple Tax

¶ **24** When they came to Capernaum, the collectors of the two-drachma tax went up to Peter and said, "Does your teacher not pay the tax?"

25 He said, "Yes." And when he came into the house, Jesus spoke to him first, saying, [q]"What do you think, Simon? From whom do kings of the earth take toll or [r]tax? From their sons or from others?"

26 And when he said, "From others," Jesus said to him, "Then the sons are free.

27 However, not to give offense to them, go to the sea and cast a hook and take the first fish that comes up, and when you open its mouth you will find a shekel.[7] Take that and give it to them for me and for yourself."

Who Is the Greatest?

18 At that time the disciples came to Jesus, saying, "Who is the greatest in the kingdom of heaven?"

2 And calling to him a child, he put him in the midst of them

3 and said, "Truly, I say to you, unless you [u]turn and [v]become like children, you [w]will never enter the kingdom of heaven.

4 [x]Whoever humbles himself like this child is the [w]greatest in the kingdom of heaven.

¶ **5** [y]"Whoever receives one such child in my name receives me,

6 but [z]whoever causes one of these [a]little ones who believe in me to sin,[1] it would be better for him to have a great millstone fastened around his neck and to be drowned in the depth of the sea.

7 Weh der Welt der Verführungen wegen! Es müssen ja Verführungen kommen; doch weh dem Menschen, der zum Abfall verführt!

¶ **8** Wenn aber deine Hand oder dein Fuß dich zum Abfall verführt, so hau sie ab und wirf sie von dir. Es ist besser für dich, dass du lahm oder verkrüppelt zum Leben eingehst, als dass du zwei Hände oder zwei Füße hast und wirst in das ewige Feuer geworfen.

9 Und wenn dich dein Auge zum Abfall verführt, reiß es aus und wirf's von dir. Es ist besser für dich, dass du einäugig zum Leben eingehst, als dass du zwei Augen hast und wirst in das höllische Feuer geworfen.

Vom verlorenen Schaf

(Lk 15,4-7)

10 Seht zu, dass ihr nicht einen von diesen Kleinen verachtet. Denn ich sage euch: Ihre Engel im Himmel sehen allezeit das Angesicht meines Vaters im Himmel.*

¶ **12** Was meint ihr? Wenn ein Mensch hundert Schafe hätte und eins unter ihnen sich verirrte: lässt er nicht die neunundneunzig auf den Bergen, geht hin und sucht das verirrte?

13 Und wenn es geschieht, dass er's findet, wahrlich, ich sage euch: Er freut sich darüber mehr als über die neunundneunzig, die sich nicht verirrt haben.

14 So ist's auch nicht der Wille bei eurem Vater im Himmel, dass auch nur eines von diesen Kleinen verloren werde.

Zurechtweisung und Gebet in der Gemeinde

15 Sündigt aber dein Bruder an dir, so geh hin und weise ihn zurecht zwischen dir und ihm allein. Hört er auf dich, so hast du deinen Bruder gewonnen.

16 Hört er nicht auf dich, so nimm noch einen oder zwei zu dir, damit jede Sache durch den Mund von zwei oder drei Zeugen bestätigt werde.

17 Hört er auf die nicht, so sage es der Gemeinde. Hört er auch auf die Gemeinde nicht, so sei er für dich wie ein Heide und Zöllner.

18 Wahrlich, ich sage euch: **Was ihr auf Erden binden werdet, soll auch im Himmel gebunden sein, und was ihr auf Erden lösen werdet, soll auch im Himmel gelöst sein.**

¶ **19** Wahrlich, ich sage euch auch: Wenn zwei unter euch eins werden auf Erden, worum sie bitten wollen, so soll es ihnen widerfahren von meinem Vater im Himmel.

Temptations to Sin

¶ **7** "Woe to the world for [b]temptations to sin![2] [c]For it is necessary that temptations come, [d]but woe to the one by whom the temptation comes!

8 [e]And if your hand or your foot causes you to sin, cut it off and throw it away. It is better for you to enter life crippled or lame than with two hands or two feet to be thrown into [f]the eternal fire.

9 [e]And if your eye causes you to sin, tear it out and throw it away. It is better for you to enter life with one eye than with two eyes to be thrown into the [f]hell[3] of fire.

The Parable of the Lost Sheep

¶ **10** "See that you do not despise [g]one of these little ones. For I tell you that in heaven [h]their angels always [i]see the face of my Father who is in heaven.[4]

12 [j]What do you think? [k]If a man has a hundred sheep, and one of them has gone astray, does he not leave the ninety-nine on the mountains and go in search of the one that went astray?

13 And if he finds it, truly, I say to you, he rejoices over it more than over the ninety-nine that never went astray.

14 So [l]it is not the will of my[5] Father who is in heaven that one of these little ones should perish.

If Your Brother Sins Against You

¶ **15**[m] "If your brother sins against you, [n]go and tell him his fault, between you and him alone. If he listens to you, you have [o]gained your brother.

16 But if he does not listen, take one or two others along with you, that every charge may be established [p]by the evidence of two or three witnesses.

17 If he refuses to listen to them, [q]tell it to the church. And if he refuses to listen even to the church, [r]let him be to you as [s]a Gentile and [s]a tax collector.

18 Truly, I say to you, [t]whatever you bind on earth shall be bound in heaven, and whatever you loose on earth shall be loosed[6] in heaven.

19 Again I say to you, if two of you [u]agree on earth about anything they ask, [v]it will be done for them by my Father in heaven.

20 Denn wo zwei oder drei versammelt sind in meinem Namen, da bin ich mitten unter ihnen.

Von der Vergebung (»Der Schalksknecht«)

21 Da trat Petrus zu ihm und fragte: Herr, wie oft muss ich denn meinem Bruder, der an mir sündigt, vergeben? Genügt es siebenmal?

22 Jesus sprach zu ihm: Ich sage dir: nicht siebenmal, sondern siebzigmal siebenmal.

¶ **23** Darum gleicht das Himmelreich einem König, der mit seinen Knechten abrechnen wollte.

24 Und als er anfing abzurechnen, wurde einer vor ihn gebracht, der war ihm zehntausend Zentner Silber schuldig.

25 Da er's nun nicht bezahlen konnte, befahl der Herr, ihn und seine Frau und seine Kinder und alles, was er hatte, zu verkaufen und damit zu bezahlen.

26 Da fiel ihm der Knecht zu Füßen und flehte ihn an und sprach: Hab Geduld mit mir; ich will dir's alles bezahlen.

27 Da hatte der Herr Erbarmen mit diesem Knecht und ließ ihn frei und die Schuld erließ er ihm auch.

¶ **28** Da ging dieser Knecht hinaus und traf einen seiner Mitknechte, der war ihm hundert Silbergroschen schuldig; und er packte und würgte ihn und sprach: Bezahle, was du mir schuldig bist!

29 Da fiel sein Mitknecht nieder und bat ihn und sprach: Hab Geduld mit mir; ich will dir's bezahlen.

30 Er wollte aber nicht, sondern ging hin und warf ihn ins Gefängnis, bis er bezahlt hätte, was er schuldig war.

¶ **31** Als aber seine Mitknechte das sahen, wurden sie sehr betrübt und kamen und brachten bei ihrem Herrn alles vor, was sich begeben hatte.

32 Da forderte ihn sein Herr vor sich und sprach zu ihm: Du böser Knecht! Deine ganze Schuld habe ich dir erlassen, weil du mich gebeten hast;

33 hättest du dich da nicht auch erbarmen sollen über deinen Mitknecht, wie ich mich über dich erbarmt habe?

34 Und sein Herr wurde zornig und überantwortete ihn den Peinigern, bis er alles bezahlt hätte, was er ihm schuldig war.

¶ **35** So wird auch mein himmlischer Vater an euch tun, wenn ihr einander nicht von Herzen vergebt, ein jeder seinem Bruder.

20 For where two or three are ʷgathered in my name, ˣthere am I among them."

The Parable of the Unforgiving Servant

¶ **21** Then Peter came up and said to him, "Lord, how often will my brother sin against me, and I forgive him? As many as seven times?"

22 Jesus said to him, "I do not say to you seven times, but seventy times seven.⁷

¶ **23** "Therefore the kingdom of heaven may be compared to a king who wished ᵃto settle accounts with his servants.⁸

24 When he began to settle, one was brought to him who owed him ᵇten thousand ᶜtalents.⁹

25 ᵈAnd since he could not pay, his master ordered ᵉto be sold, with his wife and ᶠchildren and all that he had, and payment to be made.

26 So the servant¹⁰ ᵍfell on his knees, imploring him, 'Have patience with me, and I will pay you everything.'

27 And out of pity for him, the master of that servant released him and ᵈforgave him the debt.

28 But when that same servant went out, he found one of his fellow servants who owed him a hundred ʰdenarii,¹¹ and seizing him, he began to choke him, saying, 'Pay what you owe.'

29 So his fellow servant fell down and pleaded with him, 'Have patience with me, and I will pay you.'

30 He refused and went and put him in prison until he should pay the debt.

31 When his fellow servants saw what had taken place, they were greatly distressed, and they went and reported to their master all that had taken place.

32 Then his master summoned him and said to him, 'You wicked servant! I forgave you all that debt because you pleaded with me.

33 ⁱAnd should not you have had mercy on your fellow servant, as I had mercy on you?'

34 ʲAnd in anger his master delivered him to the jailers,¹² ᵏuntil he should pay all his debt.

35 ˡSo also my heavenly Father will do to every one of you, if you do not forgive your brother ᵐfrom your heart."

Von Ehe, Ehescheidung, Ehelosigkeit
(Mk 10,1-12)

19 Und es begab sich, als Jesus diese Reden vollendet hatte, dass er sich aufmachte aus Galiläa und kam in das Gebiet von Judäa jenseits des Jordans;

2 und eine große Menge folgte ihm nach und er heilte sie dort.

¶ **3** Da traten Pharisäer zu ihm und versuchten ihn und sprachen: Ist's erlaubt, dass sich ein Mann aus irgendeinem Grund von seiner Frau scheidet?

4 Er aber antwortete und sprach: Habt ihr nicht gelesen: Der im Anfang den Menschen geschaffen hat, schuf sie als Mann und Frau

5 und sprach (1.Mose 2,24): »Darum wird ein Mann Vater und Mutter verlassen und an seiner Frau hängen, und die zwei werden ein Fleisch sein«?

6 So sind sie nun nicht mehr zwei, sondern ein Fleisch. Was nun Gott zusammengefügt hat, das soll der Mensch nicht scheiden!

¶ **7** Da fragten sie: Warum hat dann Mose geboten, ihr einen Scheidebrief zu geben und sich von ihr zu scheiden?

8 Er sprach zu ihnen: Mose hat euch erlaubt, euch zu scheiden von euren Frauen, eures Herzens Härte wegen; von Anfang an aber ist's nicht so gewesen.

9 Ich aber sage euch: Wer sich von seiner Frau scheidet, es sei denn wegen Ehebruchs, und heiratet eine andere, der bricht die Ehe.

¶ **10** Da sprachen seine Jünger zu ihm: Steht die Sache eines Mannes mit seiner Frau so, dann ist's nicht gut zu heiraten.

11 Er sprach aber zu ihnen: Dies Wort fassen nicht alle, sondern nur die, denen es gegeben ist.

12 Denn einige sind von Geburt an zur Ehe unfähig; andere sind von Menschen zur Ehe unfähig gemacht; und wieder andere haben sich selbst zur Ehe unfähig gemacht um des Himmelreichs willen. Wer es fassen kann, der fasse es!

Die Segnung der Kinder
(Mk 10,13-16; Lk 18,15-17)

13 Da wurden Kinder zu ihm gebracht, damit er die Hände auf sie legte und betete. Die Jünger aber fuhren sie an.

14 Aber Jesus sprach: Lasset die Kinder und wehret ihnen nicht, zu mir zu kommen; denn solchen gehört das Himmelreich.

15 Und er legte die Hände auf sie und zog von dort weiter.

Teaching About Divorce

19 Now when Jesus had finished these sayings, he went away from Galilee and entered the region of Judea beyond the Jordan.

2 And large crowds followed him, and he healed them there.

¶ **3** And Pharisees came up to him and tested him by asking, "Is it lawful to divorce one's wife for any cause?"

4 He answered, ᵗ"Have you not read that he who created them from the beginning made them male and female,

5 and said, ᵘ'Therefore a man shall leave his father and his mother and hold fast to his wife, and ᵛthe two shall become one flesh'?

6 So they are no longer two but one flesh. ʷWhat therefore God has joined together, let not man separate."

7 They said to him, "Why then did Moses command one to give a certificate of divorce and to send her away?"

8 He said to them, "Because of your ʸhardness of heart Moses allowed you to divorce your wives, but from the beginning it was not so.

9 ᶻAnd I say to you: whoever divorces his wife, except for sexual immorality, and marries another, commits adultery."ⁱ

¶ **10** The disciples said to him, "If such is the case of a man with his wife, it is better not to marry."

11 But he said to them, ᵃ"Not everyone can receive this saying, but only ᵇthose to ᶜwhom it is given.

12 For there are eunuchs who have been so from birth, and there are eunuchs who have been made eunuchs by men, and there are eunuchs who have made themselves eunuchs ᵈfor the sake of the kingdom of heaven. Let the one who is able to receive this receive it."

Let the Children Come to Me

¶ **13** Then children were brought to him that he might lay his hands on them and pray. The disciples rebuked the people,

14 but Jesus said, ᵍ"Let the little children ʰcome to me and do not hinder them, for to such belongs the kingdom of heaven."

15 And he laid his hands on them and went away.

Die Gefahr des Reichtums (»Der reiche Jüngling«)

(Mk 10,17-27; Lk 18,18-27)

16 Und siehe, einer trat zu ihm und fragte: Meister, was soll ich Gutes tun, damit ich das ewige Leben habe?

17 Er aber sprach zu ihm: Was fragst du mich nach dem, was gut ist? Gut ist nur Einer. Willst du aber zum Leben eingehen, so halte die Gebote.

18 Da fragte er ihn: Welche? Jesus aber sprach: »Du sollst nicht töten; du sollst nicht ehebrechen; du sollst nicht stehlen; du sollst nicht falsch Zeugnis geben;

19 ehre Vater und Mutter« (2.Mose 20,12-16); und: »Du sollst deinen Nächsten lieben wie dich selbst« (3.Mose 19,18).

¶ **20** Da sprach der Jüngling zu ihm: Das habe ich alles gehalten; was fehlt mir noch?

21 Jesus antwortete ihm: Willst du vollkommen sein, so geh hin, verkaufe, was du hast, und gib's den Armen, so wirst du einen Schatz im Himmel haben; und komm und folge mir nach!

22 Als der Jüngling das Wort hörte, ging er betrübt davon; denn er hatte viele Güter.

¶ **23** Jesus aber sprach zu seinen Jüngern: Wahrlich, ich sage euch: Ein Reicher wird schwer ins Himmelreich kommen.

24 Und weiter sage ich euch: Es ist leichter, dass ein Kamel durch ein Nadelöhr gehe, als dass ein Reicher ins Reich Gottes komme.

25 Als das seine Jünger hörten, entsetzten sie sich sehr und sprachen: Ja, wer kann dann selig werden?

26 Jesus aber sah sie an und sprach zu ihnen: Bei den Menschen ist's unmöglich; aber bei Gott sind alle Dinge möglich.

Der Lohn der Nachfolge

(Mk 10,28-31; Lk 18,28-30)

27 Da fing Petrus an und sprach zu ihm: Siehe, wir haben alles verlassen und sind dir nachgefolgt; was wird uns dafür gegeben?

28 Jesus aber sprach zu ihnen: Wahrlich, ich sage euch: Ihr, die ihr mir nachgefolgt seid, werdet bei der Wiedergeburt, wenn der Menschensohn sitzen wird auf dem Thron seiner Herrlichkeit, auch sitzen auf zwölf Thronen und richten die zwölf Stämme Israels.

29 Und wer Häuser oder Brüder oder Schwestern oder Vater oder Mutter oder Kinder oder Äcker verlässt um meines Namens willen, der wird's hundertfach empfangen und das ewige Leben ererben.

30 Aber viele, die die Ersten sind, werden die Letzten und die Letzten werden die Ersten sein.

The Rich Young Man

¶ **16** And behold, a man came up to him, saying, "Teacher, what good deed must I do to have eternal life?"

17 And he said to him, "Why do you ask me about what is good? There is only one who is good. [l]If you would enter life, keep the commandments."

18 He said to him, "Which ones?" And Jesus said, [m]"You shall not murder, You shall not commit adultery, You shall not steal, You shall not bear false witness,

19 Honor your father and mother, and, [n]You shall love your neighbor as yourself."

20 The young man said to him, "All these I have kept. What do I still lack?"

21 Jesus said to him, "If you would be [p]perfect, go, [q]sell what you possess and give to the poor, and you will have [r]treasure in heaven; and come, follow me."

22 When the young man heard this he went away sorrowful, for he had great possessions.

¶ **23** And Jesus said to his disciples, "Truly, I say to you, [t]only with difficulty will a rich person enter the kingdom of heaven.

24 [u]Again I tell you, it is easier for a camel to go through the eye of a needle than for a rich person to enter [v]the kingdom of God."

25 When the disciples heard this, they were greatly astonished, saying, "Who then can be saved?"

26 But Jesus looked at them and said, [x]"With man this is impossible, but with God all things are possible."

27 Then Peter said in reply, "See, we have left everything and followed you. What then will we have?"

28 Jesus said to them, "Truly, I say to you, in the new world,[2] [z]when the Son of Man will sit on his glorious throne, you who have followed me [a]will also sit on twelve thrones, [b]judging the twelve tribes of Israel.

29 [c]And everyone who has left houses or brothers or sisters or father or mother or children or lands, for my name's sake, will receive a hundredfold[3] and will [d]inherit eternal life.

30 But [e]many who are [f]first will be last, and the last first.

Von den Arbeitern im Weinberg

20 Denn das Himmelreich gleicht einem Hausherrn, der früh am Morgen ausging, um Arbeiter für seinen Weinberg einzustellen.

2 Und als er mit den Arbeitern einig wurde über einen Silbergroschen als Tagelohn, sandte er sie in seinen Weinberg.

¶ **3** Und er ging aus um die dritte Stunde und sah andere müßig auf dem Markt stehen

4 und sprach zu ihnen: Geht ihr auch hin in den Weinberg; ich will euch geben, was recht ist.

5 Und sie gingen hin. Abermals ging er aus um die sechste und um die neunte Stunde und tat dasselbe.

6 Um die elfte Stunde aber ging er aus und fand andere und sprach zu ihnen: Was steht ihr den ganzen Tag müßig da?

7 Sie sprachen zu ihm: Es hat uns niemand eingestellt. Er sprach zu ihnen: Geht ihr auch hin in den Weinberg.

¶ **8** Als es nun Abend wurde, sprach der Herr des Weinbergs zu seinem Verwalter: Ruf die Arbeiter und gib ihnen den Lohn und fang an bei den letzten bis zu den ersten.

9 Da kamen, die um die elfte Stunde eingestellt waren, und jeder empfing seinen Silbergroschen.

10 Als aber die Ersten kamen, meinten sie, sie würden mehr empfangen; und auch sie empfingen ein jeder seinen Silbergroschen.

11 Und als sie den empfingen, murrten sie gegen den Hausherrn

12 und sprachen: Diese Letzten haben nur eine Stunde gearbeitet, doch du hast sie uns gleichgestellt, die wir des Tages Last und Hitze getragen haben.

¶ **13** Er antwortete aber und sagte zu einem von ihnen: Mein Freund, ich tu dir nicht Unrecht. Bist du nicht mit mir einig geworden über einen Silbergroschen?

14 Nimm, was dein ist, und geh! Ich will aber diesem Letzten dasselbe geben wie dir.

15 Oder habe ich nicht Macht zu tun, was ich will, mit dem, was mein ist? Siehst du scheel drein, weil ich so gütig bin?

¶ **16** So werden die Letzten die Ersten und die Ersten die Letzten sein.*

Die dritte Ankündigung von Jesu Leiden und Auferstehung

(Mk 10,32-34; Lk 18,31-33)

17 Und Jesus zog hinauf nach Jerusalem und nahm die zwölf Jünger beiseite und sprach zu ihnen auf dem Wege:

Laborers in the Vineyard

20 "For the kingdom of heaven is like a master of a house who went out early in the morning to hire laborers for his vineyard.

2 After agreeing with the laborers for a denarius[j] a day, he sent them into his vineyard.

3 And going out about the third hour he saw others standing idle in the marketplace,

4 and to them he said, 'You go into the vineyard too, and whatever is right I will give you.'

5 So they went. Going out again about the sixth hour and the ninth hour, he did the same.

6 And [g]about the eleventh hour he went out and found others standing. And he said to them, 'Why do you stand here idle all day?'

7 They said to him, 'Because no one has hired us.' He said to them, 'You go into the vineyard too.'

8 And [h]when evening came, the owner of the vineyard said to his [i]foreman, 'Call the laborers and pay them their wages, beginning with the last, up to the first.'

9 And when those hired about the eleventh hour came, each of them received a denarius.

10 Now when those hired first came, they thought they would receive more, but each of them also received a denarius.

11 And on receiving it they grumbled at the master of the house,

12 saying, 'These last worked only one hour, and you have made them equal to us who have borne the burden of the day and [j]the scorching heat.'

13 But he replied to one of them, [k]'Friend, I am doing you no wrong. Did you not agree with me for a denarius?

14 Take [l]what belongs to you and go. I choose to give to this last worker as I give to you.

15 [m]Am I not allowed to do what I choose with what belongs to me? Or [n]do you begrudge my generosity?'[2]

16 So [o]the last will be first, and the first last."

Jesus Foretells His Death a Third Time

¶ **17** And as Jesus was going up to Jerusalem, he took the twelve disciples aside, and on the way he said to them,

18 Siehe, wir ziehen hinauf nach Jerusalem, und der Menschensohn wird den Hohenpriestern und Schriftgelehrten überantwortet werden; und sie werden ihn zum Tode verurteilen

19 und werden ihn den Heiden überantworten, damit sie ihn verspotten und geißeln und kreuzigen; und am dritten Tage wird er auferstehen.

Vom Herrschen und vom Dienen (»Die Söhne des Zebedäus«)
(Mk 10,35-45)

20 Da trat zu ihm die Mutter der Söhne des Zebedäus mit ihren Söhnen, fiel vor ihm nieder und wollte ihn um etwas bitten.

21 Und er sprach zu ihr: Was willst du? Sie sprach zu ihm: Lass diese meine beiden Söhne sitzen in deinem Reich, einen zu deiner Rechten und den andern zu deiner Linken.

22 Aber Jesus antwortete und sprach: Ihr wisst nicht, was ihr bittet. Könnt ihr den Kelch trinken, den ich trinken werde?* Sie antworteten ihm: Ja, das können wir.

23 Er sprach zu ihnen: Meinen Kelch werdet ihr zwar trinken,* aber das Sitzen zu meiner Rechten und Linken zu geben steht mir nicht zu. Das wird denen zuteil, für die es bestimmt ist von meinem Vater.

¶ **24** Als das die Zehn hörten, wurden sie unwillig über die zwei Brüder.

25 Aber Jesus rief sie zu sich und sprach: Ihr wisst, dass die Herrscher ihre Völker niederhalten und die Mächtigen ihnen Gewalt antun.

26 So soll es nicht sein unter euch; sondern wer unter euch groß sein will, der sei euer Diener;

27 und wer unter euch der Erste sein will, der sei euer Knecht,

28 so wie **der Menschensohn nicht gekommen ist, dass er sich dienen lasse, sondern dass er diene und gebe sein Leben zu einer Erlösung für viele.**

Die Heilung von zwei Blinden bei Jericho
(Mk 10,46-52; Lk 18,35-43)

29 Und als sie von Jericho fortgingen, folgte ihm eine große Menge.

30 Und siehe, zwei Blinde saßen am Wege; und als sie hörten, dass Jesus vorüberging, schrien sie: Ach Herr, du Sohn Davids, erbarme dich unser!

31 Aber das Volk fuhr sie an, dass sie schweigen sollten. Doch sie schrien noch viel mehr: Ach Herr, du Sohn Davids, erbarme dich unser!

A Mother's Request

¶ **20** Then the mother of the sons of Zebedee came up to him with her sons, and kneeling before him she asked him for something.

21 And he said to her, "What do you want?" She said to him, "Say that these two sons of mine are to sit, one at your right hand and one at your left, in your kingdom."

22 Jesus answered, [b] "You do not know what you are asking. Are you able [c] to drink the cup that I am to drink?" They said to him, "We are able."

23 He said to them, [d] "You will drink [e] my cup, but to sit at my right hand and at my left is not mine to grant, [f] but it is for those for whom it has been [g] prepared by my Father."

24 And when the ten heard it, they were indignant at the two brothers.

25 But Jesus called them to him and said, [h] "You know that the rulers of the Gentiles [i] lord it over them, and their great ones exercise authority over them.

26 [j] It shall not be so among you. But whoever would be great among you must be your servant,[3]

27 and whoever would be first among you must be your slave,[4]

28 even as the Son of Man came not to be served but [k] to serve, and [l] to give his life as a ransom for [m] many."

Jesus Heals Two Blind Men

¶ **29** And as they went out of Jericho, a great crowd followed him.

30 And behold, there were two blind men sitting by the roadside, and when they heard that Jesus was passing by, they cried out, "Lord,[5] have mercy on us, Son of David!"

31 The crowd rebuked them, telling them to be silent, but they cried out all the more, "Lord, have mercy on us, Son of David!"

32 Jesus aber blieb stehen, rief sie und sprach: Was wollt ihr, dass ich für euch tun soll?

33 Sie sprachen zu ihm: Herr, dass unsere Augen aufgetan werden.

34 Und es jammerte Jesus und er berührte ihre Augen; und sogleich wurden sie wieder sehend, und sie folgten ihm nach.

Jesu Einzug in Jerusalem
(Mk 11,1-10; Lk 19,29-38; Joh 12,12-19)

21 Als sie nun in die Nähe von Jerusalem kamen, nach Betfage an den Ölberg, sandte Jesus zwei Jünger voraus

2 und sprach zu ihnen: Geht hin in das Dorf, das vor euch liegt, und gleich werdet ihr eine Eselin angebunden finden und ein Füllen bei ihr; bindet sie los und führt sie zu mir!

3 Und wenn euch jemand etwas sagen wird, so sprecht: Der Herr bedarf ihrer. Sogleich wird er sie euch überlassen.

4 Das geschah aber, damit erfüllt würde, was gesagt ist durch den Propheten, der da spricht (Sacharja 9,9):

5 »Sagt der Tochter Zion: Siehe, dein König kommt zu dir sanftmütig und reitet auf einem Esel und auf einem Füllen, dem Jungen eines Lasttiers.«

6 Die Jünger gingen hin und taten, wie ihnen Jesus befohlen hatte,

7 und brachten die Eselin und das Füllen und legten ihre Kleider darauf und er setzte sich darauf.

8 Aber eine sehr große Menge breitete ihre Kleider auf den Weg; andere hieben Zweige von den Bäumen und streuten sie auf den Weg.

9 Die Menge aber, die ihm voranging und nachfolgte, schrie: **Hosianna dem Sohn Davids! Gelobt sei, der da kommt in dem Namen des Herrn! Hosianna in der Höhe!**

10 Und als er in Jerusalem einzog, erregte sich die ganze Stadt und fragte: Wer ist der?

11 Die Menge aber sprach: Das ist Jesus, der Prophet aus Nazareth in Galiläa.

Die Tempelreinigung
(Mk 11,15-19; Lk 19,45-48; Joh 2,13-16)

12 Und Jesus ging in den Tempel hinein und trieb heraus alle Verkäufer und Käufer im Tempel und stieß die Tische der Geldwechsler um und die Stände der Taubenhändler

32 And stopping, Jesus called them and said, "What do you want me to do for you?"

33 They said to him, "Lord, let our eyes be opened."

34 And Jesus in pity touched their eyes, and immediately they recovered their sight and followed him.

The Triumphal Entry

21 Now when they drew near to Jerusalem and came to Bethphage, to the Mount of Olives, then Jesus sent two disciples,

2 saying to them, "Go into the village in front of you, and immediately you will find a donkey tied, and a colt with her. Untie them and bring them to me.

3 If anyone says anything to you, you shall say, 'The Lord needs them,' and he will send them at once."

4 This took place to fulfill what was spoken by the prophet, saying,

5 "Say to the daughter of Zion,
'Behold, your king is coming to you,
    humble, and mounted on a donkey,
        and[1] on a colt, the foal of a beast of
            burden.'"

6 The disciples went and did as Jesus had directed them.

7 They brought the donkey and the colt and put on them their cloaks, and he sat on them.

8 Most of the crowd spread their cloaks on the road, and others cut branches from the trees and spread them on the road.

9 And the crowds that went before him and that followed him were shouting, "Hosanna to the Son of David! Blessed is he who comes in the name of the Lord! Hosanna in the highest!"

10 And when he entered Jerusalem, the whole city was stirred up, saying, "Who is this?"

11 And the crowds said, "This is the prophet Jesus, from Nazareth of Galilee."

Jesus Cleanses the Temple

¶ 12 And Jesus entered the temple[2] and drove out all who sold and bought in the temple, and he overturned the tables of the money-changers and the seats of those who sold pigeons.

13 und sprach zu ihnen: Es steht geschrieben (Jesaja 56,7): »Mein Haus soll ein Bethaus heißen«; ihr aber macht eine Räuberhöhle daraus.

¶ **14** Und es gingen zu ihm Blinde und Lahme im Tempel und er heilte sie.

15 Als aber die Hohenpriester und Schriftgelehrten die Wunder sahen, die er tat, und die Kinder, die im Tempel schrien: Hosianna dem Sohn Davids!, entrüsteten sie sich

16 und sprachen zu ihm: Hörst du auch, was diese sagen? Jesus antwortete ihnen: Ja! Habt ihr nie gelesen (Psalm 8,3): »Aus dem Munde der Unmündigen und Säuglinge hast du dir Lob bereitet«?

17 Und er ließ sie stehen und ging zur Stadt hinaus nach Betanien und blieb dort über Nacht.

Der verdorrte Feigenbaum
(Mk 11,12-14; 11,20-24)

18 Als er aber am Morgen wieder in die Stadt ging, hungerte ihn.

19 Und er sah einen Feigenbaum an dem Wege, ging hin und fand nichts daran als Blätter und sprach zu ihm: Nun wachse auf dir niemals mehr Frucht! Und der Feigenbaum verdorrte sogleich.

¶ **20** Und als das die Jünger sahen, verwunderten sie sich und fragten: Wie ist der Feigenbaum so rasch verdorrt?

21 Jesus aber antwortete und sprach zu ihnen: Wahrlich, ich sage euch: Wenn ihr Glauben habt und nicht zweifelt, so werdet ihr nicht allein Taten wie die mit dem Feigenbaum tun, sondern, wenn ihr zu diesem Berge sagt: Heb dich und wirf dich ins Meer!, so wird's geschehen.

22 Und **alles, was ihr bittet im Gebet, wenn ihr glaubt, so werdet ihr's empfangen.**

Die Frage nach Jesu Vollmacht
(Mk 11,27-33; Lk 20,1-8)

23 Und als er in den Tempel kam und lehrte, traten die Hohenpriester und die Ältesten des Volkes zu ihm und fragten: Aus welcher Vollmacht tust du das und wer hat dir diese Vollmacht gegeben?

24 Jesus aber antwortete und sprach zu ihnen: Ich will euch auch eine Sache fragen; wenn ihr mir die sagt, will ich euch auch sagen, aus welcher Vollmacht ich das tue.

13 He said to them, "It is written, [h]'My house shall be called a house of prayer,' but [i]you make it a den of robbers."

¶ **14** And the blind and the lame came to him in the temple, and he healed them.

15 But when the chief priests and the scribes saw the wonderful things that he did, and the children crying out in the temple, "Hosanna to the Son of David!" they were indignant,

16 and they said to him, "Do you hear what these are saying?" And Jesus said to them, "Yes; [l]have you never read,

[m]"'Out of the mouth of [n]infants and nursing babies
    you have prepared praise'?"

17 And leaving them, he went out of the city to Bethany and lodged there.

Jesus Curses the Fig Tree

¶ **18** In the morning, as he was returning to the city, he became hungry.

19 And seeing a fig tree by the wayside, he went to it and found nothing on it but only leaves. And he said to it, "May no fruit ever come from you again!" And the fig tree withered at once.

¶ **20** When the disciples saw it, they marveled, saying, "How did the fig tree wither at once?"

21 And Jesus answered them, [u]"Truly, I say to you, [v]if you have faith and [w]do not doubt, you will not only do what has been done to the fig tree, but even if you say to this mountain, [x]'Be taken up and thrown into the sea,' it will happen.

22 And [y]whatever you ask in prayer, you will receive, [y]if you have faith."

The Authority of Jesus Challenged

¶ **23** And when he entered the temple, the chief priests and the elders of the people came up to him as he was teaching, and said, "By what authority are you doing these things, and who gave you this authority?"

24 Jesus answered them, "I also will ask you one question, and if you tell me the answer, then I also will tell you by what authority I do these things.

25 Woher war die Taufe des Johannes? War sie vom Himmel oder von den Menschen?

¶ Da bedachten sie's bei sich selbst und sprachen: Sagen wir, sie war vom Himmel, so wird er zu uns sagen: Warum habt ihr ihm dann nicht geglaubt?

26 Sagen wir aber, sie war von Menschen, so müssen wir uns vor dem Volk fürchten, denn sie halten alle Johannes für einen Propheten.

27 Und sie antworteten Jesus und sprachen: Wir wissen's nicht. Da sprach er zu ihnen: So sage ich euch auch nicht, aus welcher Vollmacht ich das tue.

Von den ungleichen Söhnen

28 Was meint ihr aber? Es hatte ein Mann zwei Söhne und ging zu dem ersten und sprach: Mein Sohn, geh hin und arbeite heute im Weinberg.

29 Er antwortete aber und sprach: Nein, ich will nicht. Danach reute es ihn und er ging hin.

30 Und der Vater ging zum zweiten Sohn und sagte dasselbe. Der aber antwortete und sprach: Ja, Herr!, und ging nicht hin.

31 Wer von den beiden hat des Vaters Willen getan?

¶ Sie antworteten: Der erste. Jesus sprach zu ihnen: Wahrlich, ich sage euch: Die Zöllner und Huren kommen eher ins Reich Gottes als ihr.

32 Denn Johannes kam zu euch und lehrte euch den rechten Weg, und ihr glaubtet ihm nicht; aber die Zöllner und Huren glaubten ihm. Und obwohl ihr's saht, tatet ihr dennoch nicht Buße, sodass ihr ihm dann auch geglaubt hättet.

Von den bösen Weingärtnern

(Mk 12,1-12; Lk 20,9-19)

33 Hört ein anderes Gleichnis: Es war ein Hausherr, der pflanzte einen Weinberg und zog einen Zaun darum und grub eine Kelter darin und baute einen Turm und verpachtete ihn an Weingärtner und ging außer Landes.

34 Als nun die Zeit der Früchte herbeikam, sandte er seine Knechte zu den Weingärtnern, damit sie seine Früchte holten.

35 Da nahmen die Weingärtner seine Knechte: den einen schlugen sie, den zweiten töteten sie, den dritten steinigten sie.

36 Abermals sandte er andere Knechte, mehr als das erste Mal; und sie taten mit ihnen dasselbe.

37 Zuletzt aber sandte er seinen Sohn zu ihnen und sagte sich: Sie werden sich vor meinem Sohn scheuen.

25 The baptism of John, [c]from where did it come? [d]From heaven or from man?" And they discussed it among themselves, saying, "If we say, 'From heaven,' he will say to us, 'Why then did you not believe him?'

26 But if we say, 'From man,' we are afraid of the crowd, for they all hold that John was a prophet."

27 So they answered Jesus, "We do not know." And he said to them, "Neither will I tell you by what authority I do these things.

The Parable of the Two Sons

¶ **28**[h]"What do you think? A man had two sons. And he went to the first and said, 'Son, go and work in [i]the vineyard today.'

29 And he answered, 'I will not,' but afterward he [j]changed his mind and went.

30 And he went to the other son and said the same. And he answered, 'I go, sir,' but did not go.

31 Which of the two did the will of his father?" They said, "The first." Jesus said to them, "Truly, I say to you, [k]the tax collectors and [l]the prostitutes go into [m]the kingdom of God before you.

32 For John came to you [n]in the way of righteousness, and [o]you did not believe him, but [p]the tax collectors and the prostitutes believed him. And even when you saw it, you did not afterward [j]change your minds and believe him.

The Parable of the Tenants

¶ **33**[q]"Hear another parable. There was a master of a house who planted [r]a vineyard [s]and put a fence around it and dug a winepress in it and built a tower and [t]leased it to tenants, and [u]went into another country.

34 When the season for fruit drew near, he sent his servants[3] to the tenants [t]to get his fruit.

35 [v]And the tenants took his servants and beat one, killed another, and [w]stoned another.

36 [x]Again he sent other servants, more than the first. And they did the same to them.

37 Finally he sent his son to them, saying, 'They will respect my son.'

38 Als aber die Weingärtner den Sohn sahen, sprachen sie zueinander: Das ist der Erbe; kommt, lasst uns ihn töten und sein Erbgut an uns bringen!

39 Und sie nahmen ihn und stießen ihn zum Weinberg hinaus und töteten ihn.

¶ **40** Wenn nun der Herr des Weinbergs kommen wird, was wird er mit diesen Weingärtnern tun?

41 Sie antworteten ihm: Er wird den Bösen ein böses Ende bereiten und seinen Weinberg andern Weingärtnern verpachten, die ihm die Früchte zur rechten Zeit geben.

¶ **42** Jesus sprach zu ihnen: Habt ihr nie gelesen in der Schrift (Psalm 118,22-23): »Der Stein, den die Bauleute verworfen haben, der ist zum Eckstein geworden. Vom Herrn ist das geschehen und ist ein Wunder vor unsern Augen«?

43 Darum sage ich euch: Das Reich Gottes wird von euch genommen und einem Volk gegeben werden, das seine Früchte bringt.

44 Und wer auf diesen Stein fällt, der wird zerschellen; auf wen aber er fällt, den wird er zermalmen.

¶ **45** Und als die Hohenpriester und Pharisäer seine Gleichnisse hörten, erkannten sie, dass er von ihnen redete.

46 Und sie trachteten danach, ihn zu ergreifen; aber sie fürchteten sich vor dem Volk, denn es hielt ihn für einen Propheten.

Die königliche Hochzeit
(Lk 14,16-24)

22 Und Jesus fing an und redete abermals in Gleichnissen zu ihnen und sprach:

2 Das Himmelreich gleicht einem König, der seinem Sohn die Hochzeit ausrichtete.

3 Und er sandte seine Knechte aus, die Gäste zur Hochzeit zu laden; doch sie wollten nicht kommen.

4 Abermals sandte er andere Knechte aus und sprach: Sagt den Gästen: Siehe, meine Mahlzeit habe ich bereitet, meine Ochsen und mein Mastvieh ist geschlachtet und alles ist bereit; kommt zur Hochzeit!

5 Aber sie verachteten das und gingen weg, einer auf seinen Acker, der andere an sein Geschäft.

6 Einige aber ergriffen seine Knechte, verhöhnten und töteten sie.

38 But when the tenants saw the son, they said to themselves, [y]'This is the heir. Come, [z]let us kill him and have his inheritance.'

39 And they took him and [a]threw him out of the vineyard and killed him.

40 [b]When therefore the owner of the vineyard comes, what will he do to those tenants?"

41 They said to him, "He will put those wretches to a miserable death and let out the vineyard to other tenants who will give him the fruits in their seasons."

¶ **42** Jesus said to them, [e]"Have you never read in the Scriptures:

[f]"'The stone that the builders rejected
has become the cornerstone;[4]
this was the Lord's doing,
and it is marvelous in our eyes'?

43 Therefore I tell you, the kingdom of God [g]will be taken away from you and given to a people [h]producing its fruits.

44 And [i]the one who falls on this stone will be broken to pieces; and [j]when it falls on anyone, it will crush him."[5]

¶ **45** When the chief priests and the Pharisees heard his parables, they perceived that he was speaking about them.

46 And although they were seeking to arrest him, they feared the crowds, because they held him to be a prophet.

The Parable of the Wedding Feast

22 And again Jesus spoke to them in parables, saying,

2 [p]"The kingdom of heaven may be compared to a king who gave [q]a wedding feast for his son,

3 and [r]sent his servants[1] to call those who were invited to the wedding feast, but they would not come.

4 [s]Again he sent other servants, saying, 'Tell those who are invited, See, I have prepared my [t]dinner, [u]my oxen and my fat calves have been slaughtered, and everything is ready. Come to the wedding feast.'

5 But [v]they paid no attention and went off, one to his farm, another to his business,

6 while the rest seized his servants, [w]treated them shamefully, and [x]killed them.

7 Da wurde der König zornig und schickte seine Heere aus und brachte diese Mörder um und zündete ihre Stadt an.

¶ **8** Dann sprach er zu seinen Knechten: Die Hochzeit ist zwar bereit, aber die Gäste waren's nicht wert.

9 Darum geht hinaus auf die Straßen und ladet zur Hochzeit ein, wen ihr findet.

10 Und die Knechte gingen auf die Straßen hinaus und brachten zusammen, wen sie fanden, Böse und Gute; und die Tische wurden alle voll.

¶ **11** Da ging der König hinein, sich die Gäste anzusehen, und sah da einen Menschen, der hatte kein hochzeitliches Gewand an,

12 und sprach zu ihm: Freund, wie bist du hier hereingekommen und hast doch kein hochzeitliches Gewand an? Er aber verstummte.

13 Da sprach der König zu seinen Dienern: Bindet ihm die Hände und Füße und werft ihn in die Finsternis hinaus! Da wird Heulen und Zähneklappern sein.

¶ **14** Denn viele sind berufen, aber wenige sind auserwählt.

Die Frage nach der Steuer (»Der Zinsgroschen«)
(Mk 12,13-17; Lk 20,20-26)

15 Da gingen die Pharisäer hin und hielten Rat, wie sie ihn in seinen Worten fangen könnten;

16 und sandten zu ihm ihre Jünger samt den Anhängern des Herodes. Die sprachen: Meister, wir wissen, dass du wahrhaftig bist und lehrst den Weg Gottes recht und fragst nach niemand; denn du achtest nicht das Ansehen der Menschen.

17 Darum sage uns, was meinst du: Ist's recht, dass man dem Kaiser Steuern zahlt, oder nicht?

¶ **18** Als nun Jesus ihre Bosheit merkte, sprach er: Ihr Heuchler, was versucht ihr mich?

19 Zeigt mir die Steuermünze! Und sie reichten ihm einen Silbergroschen.

20 Und er sprach zu ihnen: Wessen Bild und Aufschrift ist das?

21 Sie sprachen zu ihm: Des Kaisers. Da sprach er zu ihnen: **So gebt dem Kaiser, was des Kaisers ist, und Gott, was Gottes ist!**

22 Als sie das hörten, wunderten sie sich, ließen von ihm ab und gingen davon.

Die Frage nach der Auferstehung
(Mk 12,18-27; Lk 20,27-40)

23 An demselben Tage traten die Sadduzäer zu ihm, die lehren, es gebe keine Auferstehung, und fragten ihn

7 The king was angry, and he sent his troops and ^y^destroyed those murderers and burned their city.

8 Then he said to his servants, 'The wedding feast is ready, but those invited were not ^z^worthy.

9 Go therefore to the main roads and invite to the wedding feast as many as you find.'

10 And those servants went out into the roads and ^b^gathered all whom they found, both bad and good. So the wedding hall was filled with guests.

¶ **11** "But when the king came in to look at the guests, he saw there ^c^a man who had no wedding garment.

12 And he said to him, ^d^'Friend, how did you get in here without a wedding garment?' And he was speechless.

13 Then the king said to the attendants, 'Bind him hand and foot and ^e^cast him into the outer darkness. In that place ^e^there will be weeping and gnashing of teeth.'

14 For many are ^f^called, but few are ^f^chosen."

Paying Taxes to Caesar

¶ **15** Then the Pharisees went and plotted how to entangle him in his words.

16 And they sent their disciples to him, along with the Herodians, saying, "Teacher, we know that you are true and teach the way of God truthfully, and you do not care about anyone's opinion, for you are not swayed by appearances.[2]

17 Tell us, then, what you think. Is it lawful to pay taxes to Caesar, or not?"

18 But Jesus, aware of their malice, said, "Why ^p^put me to the test, you hypocrites?

19 Show me the coin for the tax." And they brought him a denarius.[3]

20 And Jesus said to them, "Whose likeness and inscription is this?"

21 They said, "Caesar's." Then he said to them, ^q^"Therefore render to Caesar the things that are Caesar's, and to God the things that are God's."

22 When they heard it, they marveled. And they left him and went away.

Sadducees Ask About the Resurrection

¶ **23** The same day Sadducees came to him, who say that there is no resurrection, and they asked him a question,

24 und sprachen: Meister, Mose hat gesagt (5.Mose 25,5-6): »Wenn einer stirbt und hat keine Kinder, so soll sein Bruder die Frau heiraten und seinem Bruder Nachkommen erwecken.«

25 Nun waren bei uns sieben Brüder. Der erste heiratete und starb; und weil er keine Nachkommen hatte, hinterließ er seine Frau seinem Bruder;

26 desgleichen der zweite und der dritte bis zum siebenten.

27 Zuletzt nach allen starb die Frau.

28 Nun in der Auferstehung: wessen Frau wird sie sein von diesen sieben? Sie haben sie ja alle gehabt.

¶ **29** Jesus aber antwortete und sprach zu ihnen: Ihr irrt, weil ihr weder die Schrift kennt noch die Kraft Gottes.

30 Denn in der Auferstehung werden sie weder heiraten noch sich heiraten lassen, sondern sie sind wie Engel im Himmel.

31 Habt ihr denn nicht gelesen von der Auferstehung der Toten, was euch gesagt ist von Gott, der da spricht (2.Mose 3,6):

32 »Ich bin der Gott Abrahams und der Gott Isaaks und der Gott Jakobs«? **Gott ist nicht ein Gott der Toten, sondern der Lebenden.**

¶ **33** Und als das Volk das hörte, entsetzten sie sich über seine Lehre.

Die Frage nach dem höchsten Gebot
(Mk 12,28-31; Lk 10,25-28)

34 Als aber die Pharisäer hörten, dass er den Sadduzäern das Maul gestopft hatte, versammelten sie sich.

35 Und einer von ihnen, ein Schriftgelehrter, versuchte ihn und fragte:

36 Meister, welches ist das höchste Gebot im Gesetz?

37 Jesus aber antwortete ihm: »**Du sollst den Herrn, deinen Gott, lieben von ganzem Herzen, von ganzer Seele und von ganzem Gemüt**« (5.Mose 6,5).

38 Dies ist das höchste und größte Gebot.

39 Das andere aber ist dem gleich: »**Du sollst deinen Nächsten lieben wie dich selbst**« (3.Mose 19,18).

40 In diesen beiden Geboten hängt das ganze Gesetz und die Propheten.

Die Frage nach dem Davidssohn
(Mk 12,35-37; Lk 20,41-44)

41 Als nun die Pharisäer beieinander waren, fragte sie Jesus:

24 saying, "Teacher, Moses said, 'If a man dies having no children, his brother must marry the widow and raise up children for his brother.'

25 Now there were seven brothers among us. The first married and died, and having no children left his wife to his brother.

26 So too the second and third, down to the seventh.

27 After them all, the woman died.

28 In the resurrection, therefore, of the seven, whose wife will she be? For they all had her."

¶ **29** But Jesus answered them, "You are wrong, ᵛbecause you know neither the Scriptures nor ᵂthe power of God.

30 For in the resurrection they neither ˣmarry nor ˣare given in marriage, but are like angels in heaven.

31 And as for the resurrection of the dead, ʸhave you not read what was said to you by God:

32 ᶻ'I am the God of Abraham, and the God of Isaac, and the God of Jacob'? He is not God of the dead, but of the living."

33 And when the crowd heard it, they were astonished at his teaching.

The Great Commandment

¶ **34** But when the Pharisees heard that he had silenced the Sadducees, they gathered together.

35 And one of them, a lawyer, asked him a question to test him.

36 "Teacher, which is the great commandment in the Law?"

37 And he said to him, ᵍ"You shall love the Lord your God with all your heart and with all your soul and with all your mind.

38 This is the great and first commandment.

39 And ʰa second is like it: ⁱYou shall love your neighbor as yourself.

40 ʲOn these two commandments depend ᵏall the Law and the Prophets."

Whose Son Is the Christ?

¶ **41** Now while the Pharisees were gathered together, Jesus asked them a question,

42 Was denkt ihr von dem Christus? Wessen Sohn ist er? Sie antworteten: Davids.

43 Da fragte er sie: Wie kann ihn dann David durch den Geist Herr nennen, wenn er sagt (Psalm 110,1):

44 »Der Herr sprach zu meinem Herrn: Setze dich zu meiner Rechten, bis ich deine Feinde unter deine Füße lege«?

45 Wenn nun David ihn Herr nennt, wie ist er dann sein Sohn?

46 Und niemand konnte ihm ein Wort antworten, auch wagte niemand von dem Tage an, ihn hinfort zu fragen.

Gegen die Schriftgelehrten und Pharisäer
(Mk 12,38-40; Lk 20,45-47; 11,39-52)

23 Da redete Jesus zu dem Volk und zu seinen Jüngern

2 und sprach: Auf dem Stuhl des Mose sitzen die Schriftgelehrten und Pharisäer.

3 Alles nun, was sie euch sagen, das tut und haltet; aber nach ihren Werken sollt ihr nicht handeln; denn sie sagen's zwar, tun's aber nicht.

4 Sie binden schwere und unerträgliche Bürden und legen sie den Menschen auf die Schultern; aber sie selbst wollen keinen Finger dafür krümmen.

¶ **5** Alle ihre Werke aber tun sie, damit sie von den Leuten gesehen werden. Sie machen ihre Gebetsriemen breit und die Quasten an ihren Kleidern groß.

6 Sie sitzen gern obenan bei Tisch und in den Synagogen

7 und haben's gern, dass sie auf dem Markt gegrüßt und von den Leuten Rabbi genannt werden.

8 Aber ihr sollt euch nicht Rabbi nennen lassen; denn **einer ist euer Meister; ihr aber seid alle Brüder.**

9 Und ihr sollt niemanden unter euch Vater nennen auf Erden; denn einer ist euer Vater, der im Himmel ist.

10 Und ihr sollt euch nicht Lehrer nennen lassen; denn einer ist euer Lehrer: Christus.

11 Der Größte unter euch soll euer Diener sein.

12 Denn wer **sich selbst erhöht, der wird erniedrigt; und wer sich selbst erniedrigt, der wird erhöht.**

42 saying, "What do you think about [n]the Christ? Whose son is he?" They said to him, [n]"The son of David."

43 He said to them, "How is it then that David, [o]in the Spirit, calls him Lord, saying,

44[p] "'The Lord said to my Lord,
   Sit at my right hand,
      until I put your enemies under your
         feet'?

45 If then David calls him Lord, [q]how is he his son?"

46 And no one was able to answer him a word, nor from that day did anyone dare to ask him any more questions.

Seven Woes to the Scribes and Pharisees

23 Then Jesus said to the crowds and to his disciples,

2[u] "The scribes and the Pharisees [v]sit on Moses' seat,

3 so practice and observe whatever they tell you—[w]but not what they do. [x]For they preach, but do not practice.

4 [y]They tie up heavy burdens, hard to bear,[1] and lay them on people's shoulders, but they themselves are not willing to move them with their finger.

5 [t]They do all their deeds [z]to be seen by others. For they make [a]their phylacteries broad and [b]their fringes long,

6 and they [c]love the place of honor at feasts and [d]the best seats in the synagogues

7 and [d]greetings in [e]the marketplaces and being called [f]rabbi[2] by others.

8 [g]But you are not to be called rabbi, for you have one teacher, and you are [h]all brothers.[3]

9 [i]And call no man your father on earth, for [j]you have one Father, who is in heaven.

10 Neither be called instructors, for you have one instructor, [k]the Christ.

11 [l]The greatest among you shall be your servant.

12[m]Whoever exalts himself will be humbled, and whoever humbles himself will be exalted.

¶ **13** Weh euch, Schriftgelehrte und Pharisäer, ihr Heuchler, die ihr das Himmelreich zuschließt vor den Menschen! Ihr geht nicht hinein und die hineinwollen, lasst ihr nicht hineingehen.*

¶ **15** Weh euch, Schriftgelehrte und Pharisäer, ihr Heuchler, die ihr Land und Meer durchzieht, damit ihr einen Judengenossen* gewinnt; und wenn er's geworden ist, macht ihr aus ihm ein Kind der Hölle, doppelt so schlimm wie ihr.

¶ **16** Weh euch, ihr verblendeten Führer, die ihr sagt: Wenn einer schwört bei dem Tempel, das gilt nicht; wenn aber einer schwört bei dem Gold des Tempels, der ist gebunden.

17 Ihr Narren und Blinden! Was ist mehr: das Gold oder der Tempel, der das Gold heilig macht?

18 Oder: Wenn einer schwört bei dem Altar, das gilt nicht; wenn aber einer schwört bei dem Opfer, das darauf liegt, der ist gebunden.

19 Ihr Blinden! Was ist mehr: das Opfer oder der Altar, der das Opfer heilig macht?

20 Darum, wer schwört bei dem Altar, der schwört bei ihm und bei allem, was darauf liegt.

21 Und wer schwört bei dem Tempel, der schwört bei ihm und bei dem, der darin wohnt.

22 Und wer schwört bei dem Himmel, der schwört bei dem Thron Gottes und bei dem, der darauf sitzt.

¶ **23** Weh euch, Schriftgelehrte und Pharisäer, ihr Heuchler, die ihr den Zehnten gebt von Minze, Dill und Kümmel und lasst das Wichtigste im Gesetz beiseite, nämlich das Recht, die Barmherzigkeit und den Glauben! Doch dies sollte man tun und jenes nicht lassen.

24 Ihr verblendeten Führer, die ihr Mücken aussiebt, aber Kamele verschluckt!

¶ **25** Weh euch, Schriftgelehrte und Pharisäer, ihr Heuchler, die ihr die Becher und Schüsseln außen reinigt, innen aber sind sie voller Raub und Gier!

26 Du blinder Pharisäer, reinige zuerst das Innere des Bechers, damit auch das Äußere rein wird!

¶ **27** Weh euch, Schriftgelehrte und Pharisäer, ihr Heuchler, die ihr seid wie die übertünchten Gräber, die von außen hübsch aussehen, aber innen sind sie voller Totengebeine und lauter Unrat!

28 So auch ihr: von außen scheint ihr vor den Menschen fromm, aber innen seid ihr voller Heuchelei und Unrecht.

¶ **13** "But woe [n]to you, scribes and Pharisees, hypocrites! For you [o]shut the kingdom of heaven in people's faces. For you [p]neither enter yourselves nor allow those who would enter to go in.[4]

15 Woe to you, scribes and Pharisees, hypocrites! For you travel across sea and land to make a single [q]proselyte, and when he becomes a proselyte, you make him twice as much a [r]child of [s]hell[5] as yourselves.

¶ **16** "Woe to [t]you, [u]blind guides, who say, [v]'If anyone swears by the temple, it is nothing, but if anyone swears by the gold of the temple, he is bound by his oath.'

17 You blind fools! For which is greater, the gold or [w]the temple that has made the gold sacred?

18 And you say, 'If anyone swears by the altar, it is nothing, but if anyone swears by [x]the gift that is on the altar, he is bound by his oath.'

19 You blind men! For which is greater, the gift or [y]the altar that makes the gift sacred?

20 So whoever swears by the altar swears by it and by everything on it.

21 And whoever swears by the temple swears by it and by [z]him who dwells in it.

22 And whoever swears by [a]heaven swears by [b]the throne of God and by [c]him who sits upon it.

¶ **23**[d]"Woe to you, scribes and Pharisees, hypocrites! For [e]you tithe mint and dill and [f]cumin, and have neglected the weightier matters of the law: [g]justice and mercy and faithfulness. [h]These you ought to have done, without neglecting the others.

24 You blind guides, straining out a gnat and swallowing [i]a camel!

¶ **25**[j]"Woe to you, scribes and Pharisees, hypocrites! For [k]you clean the outside of [l]the cup and the plate, but inside they are full of [m]greed and self-indulgence.

26 You blind Pharisee! First clean the inside of [l]the cup and the plate, that the outside also may be clean.

¶ **27**[n]"Woe to you, scribes and Pharisees, hypocrites! For you are like [o]whitewashed tombs, which outwardly appear beautiful, but within are full of dead people's bones and [p]all uncleanness.

28 So you also [q]outwardly appear righteous to others, but within you are full of [r]hypocrisy and lawlessness.

¶ **29** Weh euch, Schriftgelehrte und Pharisäer, ihr Heuchler, die ihr den Propheten Grabmäler baut und die Gräber der Gerechten schmückt

30 und sprecht: Hätten wir zu Zeiten unserer Väter gelebt, so wären wir nicht mit ihnen schuldig geworden am Blut der Propheten!

31 Damit bezeugt ihr von euch selbst, dass ihr Kinder derer seid, die die Propheten getötet haben.

32 Wohlan, macht auch ihr das Maß eurer Väter voll!

33 Ihr Schlangen, ihr Otternbrut! Wie wollt ihr der höllischen Verdammnis entrinnen?

¶ **34** Darum: siehe, ich sende zu euch Propheten und Weise und Schriftgelehrte; und von ihnen werdet ihr einige töten und kreuzigen, und einige werdet ihr geißeln in euren Synagogen und werdet sie verfolgen von einer Stadt zur andern,

35 damit über euch komme all das gerechte Blut, das vergossen ist auf Erden, von dem Blut des gerechten Abel an bis auf das Blut des Secharja, des Sohnes Berechjas, den ihr getötet habt zwischen Tempel und Altar.

36 Wahrlich, ich sage euch: Das alles wird über dieses Geschlecht kommen.

Klage über Jerusalem
(Lk 13,34-35)

37 Jerusalem, Jerusalem, die du tötest die Propheten und steinigst, die zu dir gesandt sind! Wie oft habe ich deine Kinder versammeln wollen, wie eine Henne ihre Küken versammelt unter ihre Flügel; und ihr habt nicht gewollt!

38 Siehe, »euer Haus soll euch wüst gelassen werden« (Jeremia 22,5; Psalm 69,26).

39 Denn ich sage euch: Ihr werdet mich von jetzt an nicht sehen, bis ihr sprecht: Gelobt sei, der da kommt im Namen des Herrn!

Jesu Rede über die Endzeit (Kapitel 24,1–25,46)

Das Ende des Tempels
(Mk 13,1-2; Lk 21,5-6)

24 Und Jesus ging aus dem Tempel fort und seine Jünger traten zu ihm und zeigten ihm die Gebäude des Tempels.

2 Er aber sprach zu ihnen: Seht ihr nicht das alles? Wahrlich, ich sage euch: Es wird hier nicht ein Stein auf dem andern bleiben, der nicht zerbrochen werde.

¶ **29**[s] "Woe to you, scribes and Pharisees, hypocrites! For you build the tombs of the prophets and decorate the monuments of the righteous,

30 saying, 'If we had lived in the days of our fathers, we would not have taken part with them in shedding the blood of the prophets.'

31 Thus you witness against yourselves that you are [t]sons of those who murdered the prophets.

32 [u]Fill up, then, the measure of your fathers.

33 You serpents, [v]you brood of vipers, how are you to escape being sentenced to [w]hell?

34 [x]Therefore [y]I send you [z]prophets and wise men and [a]scribes, [b]some of whom you will kill and crucify, and [b]some you will [c]flog in your synagogues and [d]persecute from town to town,

35 so that on you may come all [e]the righteous blood shed on earth, from the blood of innocent [f]Abel to the blood of [g]Zechariah the son of Barachiah,[6] whom you murdered between [h]the sanctuary and [i]the altar.

36 Truly, I say to you, [j]all these things will come upon this generation.

Lament over Jerusalem

¶ **37**[k] "O Jerusalem, Jerusalem, the city that [l]kills the prophets and stones those who are sent to it! How often would I have [m]gathered [n]your children together [o]as a hen gathers her brood [p]under her wings, and [q]you would not!

38 See, [r]your house is left to you desolate.

39 For I tell you, you will not see me again, until you say, [s]'Blessed is he who comes in the name of the Lord.' "

Jesus Foretells Destruction of the Temple

24 Jesus left the temple and was going away, when his disciples came to point out to him the buildings of the temple.

2 But he answered them, "You see all these, do you not? Truly, I say to you, [u]there will not be left here one stone upon another that will not be thrown down."

Der Anfang der Wehen
(Mk 13,3-13; Lk 21,7-19)

3 Und als er auf dem Ölberg saß, traten seine Jünger zu ihm und sprachen, als sie allein waren: Sage uns, wann wird das geschehen? Und was wird das Zeichen sein für dein Kommen und für das Ende der Welt?

4 Jesus aber antwortete und sprach zu ihnen: Seht zu, dass euch nicht jemand verführe.

5 Denn es werden viele kommen unter meinem Namen und sagen: Ich bin der Christus, und sie werden viele verführen.

6 Ihr werdet hören von Kriegen und Kriegsgeschrei; seht zu und erschreckt nicht. Denn das muss so geschehen; aber es ist noch nicht das Ende da.

7 Denn es wird sich ein Volk gegen das andere erheben und ein Königreich gegen das andere; und es werden Hungersnöte sein und Erdbeben hier und dort.

8 Das alles aber ist der Anfang der Wehen.

¶ **9** Dann werden sie euch der Bedrängnis preisgeben und euch töten. Und ihr werdet gehasst werden um meines Namens willen von allen Völkern.

10 Dann werden viele abfallen und werden sich untereinander verraten und werden sich untereinander hassen.

11 Und es werden sich viele falsche Propheten erheben und werden viele verführen.

12 Und weil die Ungerechtigkeit überhand nehmen wird, wird die Liebe in vielen erkalten.

13 Wer aber beharrt bis ans Ende, der wird selig werden.

14 Und es wird gepredigt werden dies Evangelium vom Reich in der ganzen Welt zum Zeugnis für alle Völker, und dann wird das Ende kommen.

Die große Bedrängnis
(Mk 13,14-23; Lk 21,20-24)

15 Wenn ihr nun sehen werdet das Gräuelbild der Verwüstung stehen an der heiligen Stätte, wovon gesagt ist durch den Propheten Daniel (Daniel 9,27; 11,31) – wer das liest, der merke auf! –,

16 alsdann fliehe auf die Berge, wer in Judäa ist;

17 und wer auf dem Dach ist, der steige nicht hinunter, etwas aus seinem Hause zu holen;

18 und wer auf dem Feld ist, der kehre nicht zurück, seinen Mantel zu holen.

Signs of the Close of the Age

¶ **3** As he sat on the Mount of Olives, the disciples came to him privately, saying, "Tell us, when will these things be, and what will be the sign of your coming and of the close of the age?"

4 And Jesus answered them, ᵃ"See that no one leads you astray.

5 For ᵇmany will come in my name, saying, 'I am ᶜthe Christ,' and they will lead many astray.

6 And you will hear of wars and rumors of wars. See that you ᵈare not alarmed, for this ᵉmust take place, but the end is not yet.

7 For ᶠnation will rise against nation, and ᵍkingdom against kingdom, and there will be ʰfamines and earthquakes in various places.

8 All these are but the beginning of ⁱthe birth pains.

¶ **9** "Then ʲthey will deliver you up ᵏto tribulation and ˡput you to death, and ᵐyou will be hated by all nations for my name's sake.

10 And then many will fall away¹ and ⁿbetray one another and hate one another.

11 And many ᵒfalse prophets will arise ᵖand lead many astray.

12 And because lawlessness will be increased, ᑫthe love of many will grow cold.

13 ʳBut the one who endures to the end will be saved.

14 And this gospel of the kingdom ˢwill be proclaimed throughout the whole world ᵗas a testimony ᵘto all nations, and ᵛthen the end will come.

The Abomination of Desolation

¶ **15** "So when you see the abomination of desolation ʷspoken of by the prophet Daniel, standing in ˣthe holy place (ʸlet the reader understand),

16 then let those who are in Judea flee to the mountains.

17 ᶻLet the one who is on ᵃthe housetop not go down to take what is in his house,

18 and let the one who is in the field not turn back to take his cloak.

19 Weh aber den Schwangeren und den Stillenden zu jener Zeit!

20 Bittet aber, dass eure Flucht nicht geschehe im Winter oder am Sabbat.

21 Denn es wird dann eine große Bedrängnis sein, wie sie nicht gewesen ist vom Anfang der Welt bis jetzt und auch nicht wieder werden wird.

22 Und wenn diese Tage nicht verkürzt würden, so würde kein Mensch selig werden; aber um der Auserwählten willen werden diese Tage verkürzt.

¶ 23 Wenn dann jemand zu euch sagen wird: Siehe, hier ist der Christus!, oder: Da!, so sollt ihr's nicht glauben.

24 Denn es werden falsche Christusse und falsche Propheten aufstehen und große Zeichen und Wunder tun, sodass sie, wenn es möglich wäre, auch die Auserwählten verführten.

25 Siehe, ich habe es euch vorausgesagt.

26 Wenn sie also zu euch sagen werden: Siehe, er ist in der Wüste!, so geht nicht hinaus; siehe, er ist drinnen im Haus!, so glaubt es nicht.

27 Denn wie der Blitz ausgeht vom Osten und leuchtet bis zum Westen, so wird auch das Kommen des Menschensohns sein.

28 Wo das Aas ist, da sammeln sich die Geier.

Das Kommen des Menschensohns

(Mk 13,24-27; Lk 21,25-28)

29 Sogleich aber nach der Bedrängnis jener Zeit wird die Sonne sich verfinstern und der Mond seinen Schein verlieren, und die Sterne werden vom Himmel fallen und die Kräfte der Himmel werden ins Wanken kommen.

30 Und dann wird erscheinen das Zeichen des Menschensohns am Himmel. Und dann werden wehklagen alle Geschlechter auf Erden und werden sehen den Menschensohn kommen auf den Wolken des Himmels mit großer Kraft und Herrlichkeit.

31 Und er wird seine Engel senden mit hellen Posaunen, und sie werden seine Auserwählten sammeln von den vier Winden, von einem Ende des Himmels bis zum andern.

Mahnung zur Wachsamkeit

(Mk 13,28-32; Lk 21,29-33; 12,39-40)

32 An dem Feigenbaum lernt ein Gleichnis: Wenn seine Zweige jetzt saftig werden und Blätter treiben, so wisst ihr, dass der Sommer nahe ist.

33 Ebenso auch: Wenn ihr das alles seht, so wisst, dass er nahe vor der Tür ist.

19 And [b]alas for women who are pregnant and for those who are nursing infants in those days!

20 Pray that your flight may not be in winter or on a Sabbath.

21 For then there will be [c]great tribulation, [d]such as has not been from the beginning of the world until now, no, and never will be.

22 And if those days had not been cut short, no human being would be saved. But for [e]the sake of the elect those days will be cut short.

23 [f]Then if anyone says to you, 'Look, here is the Christ!' or 'There he is!' do not believe it.

24 For [g]false christs and [h]false prophets will arise and [i]perform great signs and wonders, [h]so as to lead astray, if possible, even the elect.

25 See, [j]I have told you beforehand.

26 So, if they say to you, 'Look, [k]he is in the wilderness,' do not go out. If they say, 'Look, he is in the inner rooms,' do not believe it.

27 [l]For as the lightning comes from the east and shines as far as the west, so will be [m]the coming of the Son of Man.

28 [n]Wherever the corpse is, there the vultures will gather.

The Coming of the Son of Man

¶ 29 "Immediately after [o]the tribulation of those days [p]the sun will be darkened, and the moon will not give its light, and [q]the stars will fall from heaven, and the powers of the heavens will be shaken.

30 Then [r]will appear in heaven [s]the sign of the Son of Man, and then [t]all the tribes of the earth will mourn, and [u]they will see the Son of Man coming on the clouds of heaven [v]with power and great glory.

31 And [w]he will send out his angels with a loud [x]trumpet call, and they will [y]gather [z]his elect from [a]the four winds, [b]from one end of heaven to the other.

The Lesson of the Fig Tree

¶ 32 "From the fig tree learn its lesson: as soon as its branch becomes tender and puts out its leaves, you know that summer is near.

33 So also, when you see all these things, you know that he is near, [c]at the very gates.

34 Wahrlich, ich sage euch: Dieses Geschlecht wird nicht vergehen, bis dies alles geschieht.

35 Himmel und Erde werden vergehen; aber meine Worte werden nicht vergehen.

36 Von dem Tage aber und von der Stunde weiß niemand, auch die Engel im Himmel nicht, auch der Sohn nicht, sondern allein der Vater.

¶ **37** Denn wie es in den Tagen Noahs war, so wird auch sein das Kommen des Menschensohns.

38 Denn wie sie waren in den Tagen vor der Sintflut – sie aßen, sie tranken, sie heirateten und ließen sich heiraten bis an den Tag, an dem Noah in die Arche hineinging;

39 und sie beachteten es nicht, bis die Sintflut kam und raffte sie alle dahin –, so wird es auch sein beim Kommen des Menschensohns.

40 Dann werden zwei auf dem Felde sein; der eine wird angenommen, der andere wird preisgegeben.

41 Zwei Frauen werden mahlen mit der Mühle; die eine wird angenommen, die andere wird preisgegeben.

¶ **42** Darum wachet; denn ihr wisst nicht, an welchem Tag euer Herr kommt.

43 Das sollt ihr aber wissen: Wenn ein Hausvater wüsste, zu welcher Stunde in der Nacht der Dieb kommt, so würde er ja wachen und nicht in sein Haus einbrechen lassen.

44 Darum seid auch ihr bereit! Denn der Menschensohn kommt zu einer Stunde, da ihr's nicht meint.

Vom treuen und vom bösen Knecht
(Lk 12,41-46)

45 Wer ist nun der treue und kluge Knecht, den der Herr über seine Leute gesetzt hat, damit er ihnen zur rechten Zeit zu essen gebe?

46 Selig ist der Knecht, den sein Herr, wenn er kommt, das tun sieht.

47 Wahrlich, ich sage euch: Er wird ihn über alle seine Güter setzen.

48 Wenn aber jener als ein böser Knecht in seinem Herzen sagt: Mein Herr kommt noch lange nicht,

49 und fängt an, seine Mitknechte zu schlagen, isst und trinkt mit den Betrunkenen:

50 dann wird der Herr dieses Knechts kommen an einem Tage, an dem er's nicht erwartet, und zu einer Stunde, die er nicht kennt,

34 [d]Truly, I say to you, this generation will not pass away until all these things take place.

35 [e]Heaven and earth will pass away, but [f]my words will not pass away.

No One Knows That Day and Hour

¶ **36** "But concerning that day and hour [g]no one knows, not even the angels of heaven, [h]nor the Son,[2] [i]but the Father only.

37 [j]For as were the days of Noah, [k]so will be the coming of the Son of Man.

38 [j]For as in those days before the flood they were eating and drinking, [l]marrying and giving in marriage, until [m]the day when Noah entered the ark,

39 and they were unaware until the flood came and swept them all away, [k]so will be the coming of the Son of Man.

40 Then two men will be in the field; one will be taken and one left.

41 [n]Two women will be grinding [o]at the mill; one will be taken and one left.

42 Therefore, [p]stay awake, for you do not know on what day [q]your Lord is coming.

43 [r]But know this, that if the master of the house had known in what part of the night [s]the thief was coming, he would have stayed awake and would not have let his house be broken into.

44 Therefore you also must be [t]ready, for [u]the Son of Man is coming at an hour you do not expect.

¶ **45** "Who then is [v]the faithful and [w]wise servant,[3] whom his master has set over his household, to give them their food at the proper time?

46 [x]Blessed is that servant whom his master will find so doing when he comes.

47 Truly, I say to you, [y]he will set him over all his possessions.

48 But if that wicked servant says to himself, 'My master [z]is delayed,'

49 and begins to beat his fellow servants[4] and eats and drinks with [a]drunkards,

50 the master of that servant will come [b]on a day when he does not expect him and at an hour he does not know

51 und er wird ihn in Stücke hauen lassen und ihm sein Teil geben bei den Heuchlern; da wird sein Heulen und Zähneklappern.

Von den klugen und törichten Jungfrauen

25 Dann wird das Himmelreich gleichen zehn Jungfrauen, die ihre Lampen nahmen und gingen hinaus, dem Bräutigam entgegen.

2 Aber fünf von ihnen waren töricht und fünf waren klug.

3 Die törichten nahmen ihre Lampen, aber sie nahmen kein Öl mit.

4 Die klugen aber nahmen Öl mit in ihren Gefäßen, samt ihren Lampen.

¶ **5** Als nun der Bräutigam lange ausblieb, wurden sie alle schläfrig und schliefen ein.

6 Um Mitternacht aber erhob sich lautes Rufen: Siehe, der Bräutigam kommt! Geht hinaus, ihm entgegen!

7 Da standen diese Jungfrauen alle auf und machten ihre Lampen fertig.

¶ **8** Die törichten aber sprachen zu den klugen: Gebt uns von eurem Öl, denn unsre Lampen verlöschen.

9 Da antworteten die klugen und sprachen: Nein, sonst würde es für uns und euch nicht genug sein; geht aber zum Kaufmann und kauft für euch selbst.

¶ **10** Und als sie hingingen zu kaufen, kam der Bräutigam; und die bereit waren, gingen mit ihm hinein zur Hochzeit, und die Tür wurde verschlossen.

11 Später kamen auch die andern Jungfrauen und sprachen: Herr, Herr, tu uns auf!

12 Er antwortete aber und sprach: Wahrlich, ich sage euch: Ich kenne euch nicht.

¶ **13** Darum wachet! Denn ihr wisst weder Tag noch Stunde.*

Von den anvertrauten Zentnern

(Lk 19,12-27)

14 Denn es ist wie mit einem Menschen, der außer Landes ging: Er rief seine Knechte und vertraute ihnen sein Vermögen an;

15 dem einen gab er fünf Zentner Silber, dem andern zwei, dem dritten einen, jedem nach seiner Tüchtigkeit, und zog fort.

16 Sogleich ging der hin, der fünf Zentner empfangen hatte, und handelte mit ihnen und gewann weitere fünf dazu.

17 Ebenso gewann der, der zwei Zentner empfangen hatte, zwei weitere dazu.

18 Der aber einen empfangen hatte, ging hin, grub ein Loch in die Erde und verbarg das Geld seines Herrn.

51 and will cut him in pieces and put him with the hypocrites. In that place [c]there will be weeping and gnashing of teeth.

The Parable of the Ten Virgins

25 "Then the kingdom of heaven will be like [d]ten virgins who took their lamps[1] and went to meet [e]the bridegroom.[2]

2 Five of them were foolish, and five were [w]wise.

3 For when the foolish took their lamps, they took no oil with them,

4 but the wise took flasks of oil with their lamps.

5 As the bridegroom [f]was delayed, they all became drowsy and slept.

6 But [g]at midnight there was a cry, 'Here is the bridegroom! Come out to meet him.'

7 Then all those virgins rose and [h]trimmed their lamps.

8 And the foolish said to the wise, 'Give us some of your oil, for our lamps are going out.'

9 But the wise answered, saying, 'Since there will not be enough for us and for you, go rather to the dealers and buy for yourselves.'

10 And while they were going to buy, the bridegroom came, and [i]those who were ready went in with him to [j]the marriage feast, and [k]the door was shut.

11 Afterward the other virgins came also, saying, [l]'Lord, lord, open to us.'

12 But he answered, 'Truly, I say to you, [m]I do not know you.'

13 [n]Watch therefore, for you [o]know neither the day nor the hour.

The Parable of the Talents

¶ **14** [p]"For [q]it will be like a man [r]going on a journey, who called his servants[3] and entrusted to them his property.

15 To one he gave five [s]talents,[4] to another two, to another one, [t]to each according to his ability. Then he [r]went away.

16 He who had received the five talents went at once and traded with them, and he made five talents more.

17 So also he who had the two talents made two talents more.

18 But he who had received the one talent went and [u]dug in the ground and hid his master's money.

¶ **19** Nach langer Zeit kam der Herr dieser Knechte und forderte Rechenschaft von ihnen.

20 Da trat herzu, der fünf Zentner empfangen hatte, und legte weitere fünf Zentner dazu und sprach: Herr, du hast mir fünf Zentner anvertraut; siehe da, ich habe damit weitere fünf Zentner gewonnen.

21 Da sprach sein Herr zu ihm: **Recht so, du tüchtiger und treuer Knecht, du bist über wenigem treu gewesen, ich will dich über viel setzen; geh hinein zu deines Herrn Freude!**

¶ **22** Da trat auch herzu, der zwei Zentner empfangen hatte, und sprach: Herr, du hast mir zwei Zentner anvertraut; siehe da, ich habe damit zwei weitere gewonnen.

23 Sein Herr sprach zu ihm: Recht so, du tüchtiger und treuer Knecht, du bist über wenigem treu gewesen, ich will dich über viel setzen; geh hinein zu deines Herrn Freude!

¶ **24** Da trat auch herzu, der einen Zentner empfangen hatte, und sprach: Herr, ich wusste, dass du ein harter Mann bist: Du erntest, wo du nicht gesät hast, und sammelst ein, wo du nicht ausgestreut hast;

25 und ich fürchtete mich, ging hin und verbarg deinen Zentner in der Erde. Siehe, da hast du das Deine.

26 Sein Herr aber antwortete und sprach zu ihm: Du böser und fauler Knecht! Wusstest du, dass ich ernte, wo ich nicht gesät habe, und einsammle, wo ich nicht ausgestreut habe?

27 Dann hättest du mein Geld zu den Wechslern bringen sollen, und wenn ich gekommen wäre, hätte ich das Meine wiederbekommen mit Zinsen.

28 Darum nehmt ihm den Zentner ab und gebt ihn dem, der zehn Zentner hat.

29 Denn wer da hat, dem wird gegeben werden, und er wird die Fülle haben; wer aber nicht hat, dem wird auch, was er hat, genommen werden.

30 Und den unnützen Knecht werft in die Finsternis hinaus; da wird sein Heulen und Zähneklappern.

Vom Weltgericht

31 Wenn aber der Menschensohn kommen wird in seiner Herrlichkeit und alle Engel mit ihm, dann wird er sitzen auf dem Thron seiner Herrlichkeit,

32 und alle Völker werden vor ihm versammelt werden. Und er wird sie voneinander scheiden, wie ein Hirt die Schafe von den Böcken scheidet,

33 und wird die Schafe zu seiner Rechten stellen und die Böcke zur Linken.

19 Now ᵛafter a long time the master of those servants came and ʷsettled accounts with them.

20 And he who had received the five talents came forward, bringing five talents more, saying, 'Master, you delivered to me five talents; here I have made five talents more.'

21 His master said to him, 'Well done, good and ˣfaithful servant.⁵ ʸYou have been faithful over a little; ᶻI will set you over much. Enter into ᵃthe joy of your master.'

22 And he also who had the two talents came forward, saying, 'Master, you delivered to me two talents; here I have made two talents more.'

23 His master said to him, 'Well done, good and faithful servant. You have been faithful over a little; I will set you over much. Enter into the joy of your master.'

24 He also who had received the one talent came forward, saying, 'Master, I knew you to be ᵇa hard man, reaping ᶜwhere you did not sow, and gathering where you scattered no seed,

25 so I was afraid, and I went and hid your talent in the ground. Here ᵈyou have what is yours.'

26 But his master answered him, 'You ᵉwicked and ᶠslothful servant! You knew that I reap where I have not sown and gather where I scattered no seed?

27 Then you ought to have invested my money with the bankers, and at my coming I should have received what was my own with interest.

28 So take the talent from him and give it to him who has the ten talents.

29 ᶠFor to everyone who has will more be given, and he will have an abundance. But from the one who has not, even what he has will be taken away.

30 And ᵍcast ʰthe worthless servant into the outer darkness. In that place ᵍthere will be weeping and gnashing of teeth.'

The Final Judgment

¶ **31**ⁱ"When the Son of Man comes in his glory, and all the angels with him, ʲthen he will sit on his glorious throne.

32 Before him ᵏwill be gathered ˡall the nations, and ᵐhe will separate people one from another as a shepherd separates ⁿthe sheep from the goats.

33 And he will place the sheep on his right, but the goats on the left.

¶ **34** Da wird dann der König sagen zu denen zu seiner Rechten: Kommt her, ihr Gesegneten meines Vaters, ererbt das Reich, das euch bereitet ist von Anbeginn der Welt!

35 Denn ich bin hungrig gewesen und ihr habt mir zu essen gegeben. Ich bin durstig gewesen und ihr habt mir zu trinken gegeben. Ich bin ein Fremder gewesen und ihr habt mich aufgenommen.

36 Ich bin nackt gewesen und ihr habt mich gekleidet. Ich bin krank gewesen und ihr habt mich besucht. Ich bin im Gefängnis gewesen und ihr seid zu mir gekommen.

¶ **37** Dann werden ihm die Gerechten antworten und sagen: Herr, wann haben wir dich hungrig gesehen und haben dir zu essen gegeben, oder durstig und haben dir zu trinken gegeben?

38 Wann haben wir dich als Fremden gesehen und haben dich aufgenommen, oder nackt und haben dich gekleidet?

39 Wann haben wir dich krank oder im Gefängnis gesehen und sind zu dir gekommen?

40 Und der König wird antworten und zu ihnen sagen: Wahrlich, ich sage euch: **Was ihr getan habt einem von diesen meinen geringsten Brüdern, das habt ihr mir getan.**

¶ **41** Dann wird er auch sagen zu denen zur Linken: Geht weg von mir, ihr Verfluchten, in das ewige Feuer, das bereitet ist dem Teufel und seinen Engeln!

42 Denn ich bin hungrig gewesen und ihr habt mir nicht zu essen gegeben. Ich bin durstig gewesen und ihr habt mir nicht zu trinken gegeben.

43 Ich bin ein Fremder gewesen und ihr habt mich nicht aufgenommen. Ich bin nackt gewesen und ihr habt mich nicht gekleidet. Ich bin krank und im Gefängnis gewesen und ihr habt mich nicht besucht.

¶ **44** Dann werden sie ihm auch antworten und sagen: Herr, wann haben wir dich hungrig oder durstig gesehen oder als Fremden oder nackt oder krank oder im Gefängnis und haben dir nicht gedient?

45 Dann wird er ihnen antworten und sagen: Wahrlich, ich sage euch: Was ihr nicht getan habt einem von diesen Geringsten, das habt ihr mir auch nicht getan.

46 Und sie werden hingehen: diese zur ewigen Strafe, aber die Gerechten in das ewige Leben.

34 Then ᵒthe King will say to ᵖthose on his right, 'Come, you ᑫwho are blessed by my Father, ʳinherit ˢthe kingdom ᵗprepared for you ᵘfrom the foundation of the world.

35 For ᵛI was hungry and you gave me food, I was thirsty and you ʷgave me drink, ˣI was a stranger and you welcomed me,

36 ᵛI was naked and you clothed me, ʸI was sick and you ᶻvisited me, ᵃI was in prison and you came to me.'

37 Then the righteous will answer him, saying, 'Lord, when did we see you hungry and feed you, or thirsty and give you drink?

38 And when did we see you a stranger and welcome you, or naked and clothe you?

39 And when did we see you sick or in prison and visit you?'

40 And ᵇthe King will answer them, ᶜ'Truly, I say to you, as you did it to one of the least of these ᵈmy brothers,⁶ you did it to me.'

¶ **41** "Then he will say to those on his left, ᵉ'Depart from me, you ʲcursed, into ᵍthe eternal fire prepared for ʰthe devil and his angels.

42 For ⁱI was hungry and you gave me no food, I was thirsty and you gave me no drink,

43 I was a stranger and you did not welcome me, naked and you did not clothe me, sick and in prison and you did not visit me.'

44 Then they also will answer, saying, 'Lord, when did we see you hungry or thirsty or a stranger or naked or sick or in prison, and did not minister to you?'

45 Then he will answer them, saying, 'Truly, I say to you, as you did not do it to one of the least of these, ʲyou did not do it to me.'

46 And these will go away ᵏinto eternal punishment, but the righteous ᵏinto ˡeternal life."

LEIDEN, STERBEN UND AUFERSTEHUNG JESU (KAPITEL
26,1–28,20)
(Mk 14,1–16,20; Lk 22,1–24,53; Joh 18,1–21,25)

Der Plan der Hohenpriester und Ältesten

26 Und es begab sich, als Jesus alle diese Reden vollendet hatte, dass er zu seinen Jüngern sprach:

2 Ihr wisst, dass in zwei Tagen Passa ist; und der Menschensohn wird überantwortet werden, dass er gekreuzigt werde.

¶ 3 Da versammelten sich die Hohenpriester und die Ältesten des Volkes im Palast des Hohenpriesters, der hieß Kaiphas,

4 und hielten Rat, wie sie Jesus mit List ergreifen und töten könnten.

5 Sie sprachen aber: Ja nicht bei dem Fest, damit es nicht einen Aufruhr gebe im Volk.

Die Salbung in Betanien
(Lk 7,36-50; Joh 12,1-8)

6 Als nun Jesus in Betanien war im Hause Simons des Aussätzigen,

7 trat zu ihm eine Frau, die hatte ein Glas mit kostbarem Salböl und goss es auf sein Haupt, als er zu Tisch saß.

8 Als das die Jünger sahen, wurden sie unwillig und sprachen: Wozu diese Vergeudung?

9 Es hätte teuer verkauft und das Geld den Armen gegeben werden können.

¶ 10 Als Jesus das merkte, sprach er zu ihnen: Was betrübt ihr die Frau? Sie hat ein gutes Werk an mir getan.

11 Denn Arme habt ihr allezeit bei euch, mich aber habt ihr nicht allezeit.

12 Dass sie das Öl auf meinen Leib gegossen hat, das hat sie für mein Begräbnis getan.

13 Wahrlich, ich sage euch: Wo dies Evangelium gepredigt wird in der ganzen Welt, da wird man auch sagen zu ihrem Gedächtnis, was sie getan hat.

Der Verrat des Judas

14 Da ging einer von den Zwölfen, mit Namen Judas Iskariot, hin zu den Hohenpriestern

15 und sprach: Was wollt ihr mir geben? Ich will ihn euch verraten. Und sie boten ihm dreißig Silberlinge.

16 Und von da an suchte er eine Gelegenheit, dass er ihn verriete.

The Plot to Kill Jesus

26 When Jesus had finished all these sayings, he said to his disciples,

2[m] "You know that after two days [n] the Passover is coming, and [o] the Son of Man [p] will be delivered up to be crucified."

¶ 3 Then the chief priests and the elders of the people gathered in the palace of the high priest, whose name was Caiaphas,

4 and plotted together in order to arrest Jesus by stealth and kill him.

5 But they said, "Not during the feast, lest there be an uproar among the people."

Jesus Anointed at Bethany

¶ 6 Now when Jesus was at Bethany in the house of Simon the leper,[1]

7 a woman came up to him with an alabaster flask of very expensive ointment, and she poured it on his head as he reclined at table.

8 And when the disciples saw it, they were indignant, saying, "Why this waste?

9 For this could have been sold for a large sum and given to the poor."

10 But Jesus, aware of this, said to them, "Why do you trouble the woman? For she has done a beautiful thing to me.

11 For [z] you always have the poor with you, but [a] you will not always have me.

12 In pouring this ointment on my body, she has done it [b] to prepare me for burial.

13 Truly, I say to you, wherever [c] this gospel is proclaimed in the whole world, what she has done will also be told [d] in memory of her."

Judas to Betray Jesus

¶ 14 Then one of the twelve, whose name was Judas Iscariot, went to the chief priests

15 and said, "What will you give me if I deliver him over to you?" And they paid him thirty pieces of silver.

16 And from that moment he sought an opportunity to betray him.

Das Abendmahl
(Joh 13,21-26)

17 Aber am ersten Tage der Ungesäuerten Brote traten die Jünger zu Jesus und fragten: Wo willst du, dass wir dir das Passalamm zum Essen bereiten?

18 Er sprach: Geht hin in die Stadt zu einem und sprecht zu ihm: Der Meister lässt dir sagen: Meine Zeit ist nahe; ich will bei dir das Passa feiern mit meinen Jüngern.

19 Und die Jünger taten, wie ihnen Jesus befohlen hatte, und bereiteten das Passalamm.

¶ **20** Und am Abend setzte er sich zu Tisch mit den Zwölfen.

21 Und als sie aßen, sprach er: Wahrlich, ich sage euch: Einer unter euch wird mich verraten.

22 Und sie wurden sehr betrübt und fingen an, jeder einzeln, ihn zu fragen: Herr, bin ich's?

23 Er antwortete und sprach: Der die Hand mit mir in die Schüssel taucht, der wird mich verraten.

24 Der Menschensohn geht zwar dahin, wie von ihm geschrieben steht; doch weh dem Menschen, durch den der Menschensohn verraten wird! Es wäre für diesen Menschen besser, wenn er nie geboren wäre.

25 Da antwortete Judas, der ihn verriet, und sprach: Bin ich's, Rabbi? Er sprach zu ihm: Du sagst es.

¶ **26** Als sie aber aßen, nahm Jesus das Brot, dankte und brach's und gab's den Jüngern und sprach: Nehmet, esset; das ist mein Leib.

27 Und er nahm den Kelch und dankte, gab ihnen den und sprach: Trinket alle daraus;

28 das ist mein Blut des Bundes, das vergossen wird für viele zur Vergebung der Sünden.

29 Ich sage euch: Ich werde von nun an nicht mehr von diesem Gewächs des Weinstocks trinken bis an den Tag, an dem ich von Neuem davon trinken werde mit euch in meines Vaters Reich.

30 Und als sie den Lobgesang gesungen hatten, gingen sie hinaus an den Ölberg.

The Passover with the Disciples

¶ **17** Now on the first day of Unleavened Bread the disciples came to Jesus, saying, "Where will you have us prepare for you to eat the Passover?"

18 He said, "Go into the city to a certain man and say to him, [l]The Teacher says, [m]My time is at hand. I will keep the Passover at your house with my disciples.'"

19 And the disciples did as Jesus had directed them, and they prepared the Passover.

¶ **20** When it was evening, he reclined at table with the twelve.[2]

21 And as they were eating, he said, "Truly, I say to you, one of you will betray me."

22 And they were very sorrowful and began to say to him one after another, "Is it I, Lord?"

23 He answered, [p]"He who has dipped his hand in the dish with me will betray me.

24 The Son of Man goes [q]as it is written of him, but [r]woe to that man by whom the Son of Man is betrayed! [s]It would have been better for that man if he had not been born."

25 Judas, who would betray him, answered, "Is it I, Rabbi?" He said to him, [u]"You have said so."

Institution of the Lord's Supper

¶ **26** Now as they were eating, Jesus took bread, and after blessing it broke it and gave it to the disciples, and said, "Take, eat; [x]this is my body."

27 And he took a cup, and when he had given thanks he gave it to them, saying, "Drink of it, all of you,

28 for [x]this is my [z]blood of the[3] covenant, which is poured out for [a]many [b]for the forgiveness of sins.

29 I tell you I will not drink again of this fruit of the vine until that day when I drink it new with you [c]in my Father's kingdom."

Jesus Foretells Peter's Denial

¶ **30** And when they had sung a hymn, they went out to the Mount of Olives.

Die Ankündigung der Verleugnung des Petrus

31 Da sprach Jesus zu ihnen: In dieser Nacht werdet ihr alle Ärgernis nehmen an mir. Denn es steht geschrieben (Sacharja 13,7): »Ich werde den Hirten schlagen, und die Schafe der Herde werden sich zerstreuen.«

32 Wenn ich aber auferstanden bin, will ich vor euch hingehen nach Galiläa.

¶ **33** Petrus aber antwortete und sprach zu ihm: Wenn sie auch alle Ärgernis nehmen, so will ich doch niemals Ärgernis nehmen an dir.

34 Jesus sprach zu ihm: Wahrlich, ich sage dir: In dieser Nacht, ehe der Hahn kräht, wirst du mich dreimal verleugnen.

35 Petrus sprach zu ihm: Und wenn ich mit dir sterben müsste, will ich dich nicht verleugnen. Das Gleiche sagten auch alle Jünger.

Jesus in Gethsemane

36 Da kam Jesus mit ihnen zu einem Garten, der hieß Gethsemane, und sprach zu den Jüngern: Setzt euch hier, solange ich dorthin gehe und bete.

37 Und er nahm mit sich Petrus und die zwei Söhne des Zebedäus und fing an zu trauern und zu zagen.

38 Da sprach Jesus zu ihnen: Meine Seele ist betrübt bis an den Tod; bleibt hier und wacht mit mir!

¶ **39** Und er ging ein wenig weiter, fiel nieder auf sein Angesicht und betete und sprach: **Mein Vater, ist's möglich, so gehe dieser Kelch an mir vorüber; doch nicht wie ich will, sondern wie du willst!**

40 Und er kam zu seinen Jüngern und fand sie schlafend und sprach zu Petrus: Könnt ihr denn nicht eine Stunde mit mir wachen?

41 **Wachet und betet, dass ihr nicht in Anfechtung fallt! Der Geist ist willig; aber das Fleisch ist schwach.**

¶ **42** Zum zweiten Mal ging er wieder hin, betete und sprach: Mein Vater, ist's nicht möglich, dass dieser Kelch an mir vorübergehe, ohne dass ich ihn trinke, so geschehe dein Wille!

43 Und er kam und fand sie abermals schlafend, und ihre Augen waren voller Schlaf.

44 Und er ließ sie und ging abermals hin und betete zum dritten Mal und redete dieselben Worte.

45 Dann kam er zu seinen Jüngern und sprach zu ihnen: Ach, wollt ihr weiter schlafen und ruhen? Siehe, die Stunde ist da, dass der Menschensohn in die Hände der Sünder überantwortet wird.

46 Steht auf, lasst uns gehen! Siehe, er ist da, der mich verrät.

31 Then Jesus said to them, "You will all fall away because of me this night. For it is written, 'I will ᵍstrike the shepherd, and the sheep of the flock will be scattered.'

32 But after I am raised up, ʰI will go before you to Galilee."

33 Peter answered him, "Though they all fall away because of you, I will never fall away."

34 Jesus said to him, "Truly, I tell you, this very night, ᵏbefore the rooster crows, you will deny me three times."

35 Peter said to him, "Even if I must die with you, I will not deny you!" And all the disciples said the same.

Jesus Prays in Gethsemane

¶ **36** Then Jesus went with them to a place called Gethsemane, and he said to his disciples, "Sit here, while I go over there and pray."

37 And taking with him Peter and the two sons of Zebedee, he began to be sorrowful and troubled.

38 Then he said to them, ᵖ"My soul is very sorrowful, even to death; remain here, and ᑫwatch⁴ with me."

39 And going a little farther he fell on his face and prayed, saying, "My Father, if it be possible, let ˢthis cup pass from me; ᵗnevertheless, not as I will, but as you will."

40 And he came to the disciples and found them sleeping. And he said to Peter, "So, could you not watch with me one hour?

41 ᑫWatch and ᵘpray that you ᵛmay not enter into temptation. The spirit indeed is willing, but the flesh is weak."

42 Again, for the second time, he went away and prayed, "My Father, if this cannot pass unless I drink it, ʷyour will be done."

43 And again he came and found them sleeping, for their eyes were heavy.

44 So, leaving them again, he went away and prayed for the third time, saying the same words again.

45 Then he came to the disciples and said to them, "Sleep and take your rest later on.⁵ See, ᶻthe hour is at hand, and ᵃthe Son of Man is betrayed into the hands of sinners.

46 Rise, let us be going; see, my betrayer is at hand."

Jesu Gefangennahme

47 Und als er noch redete, siehe, da kam Judas, einer von den Zwölfen, und mit ihm eine große Schar mit Schwertern und mit Stangen, von den Hohenpriestern und Ältesten des Volkes.

48 Und der Verräter hatte ihnen ein Zeichen genannt und gesagt: Welchen ich küssen werde, der ist's; den ergreift.

49 Und alsbald trat er zu Jesus und sprach: Sei gegrüßt, Rabbi!, und küsste ihn.

50 Jesus aber sprach zu ihm: Mein Freund, dazu bist du gekommen? Da traten sie heran und legten Hand an Jesus und ergriffen ihn.

¶ **51** Und siehe, einer von denen, die bei Jesus waren, streckte die Hand aus und zog sein Schwert und schlug nach dem Knecht des Hohenpriesters und hieb ihm ein Ohr ab.

52 Da sprach Jesus zu ihm: Stecke dein Schwert an seinen Ort! Denn wer das Schwert nimmt, der soll durchs Schwert umkommen.

53 Oder meinst du, ich könnte meinen Vater nicht bitten, dass er mir sogleich mehr als zwölf Legionen Engel schickte?

54 Wie würde dann aber die Schrift erfüllt, dass es so geschehen muss?

¶ **55** Zu der Stunde sprach Jesus zu der Schar: Ihr seid ausgezogen wie gegen einen Räuber mit Schwertern und mit Stangen, mich zu fangen. Habe ich doch täglich im Tempel gesessen und gelehrt, und ihr habt mich nicht ergriffen.

56 Aber das ist alles geschehen, damit erfüllt würden die Schriften der Propheten. Da verließen ihn alle Jünger und flohen.

Jesus vor dem Hohen Rat

57 Die aber Jesus ergriffen hatten, führten ihn zu dem Hohenpriester Kaiphas, wo die Schriftgelehrten und Ältesten sich versammelt hatten.

58 Petrus aber folgte ihm von ferne bis zum Palast des Hohenpriesters und ging hinein und setzte sich zu den Knechten, um zu sehen, worauf es hinauswollte.

¶ **59** Die Hohenpriester aber und der ganze Hohe Rat suchten falsches Zeugnis gegen Jesus, dass sie ihn töteten.

60 Und obwohl viele falsche Zeugen herzutraten, fanden sie doch nichts. Zuletzt traten zwei herzu

61 und sprachen: Er hat gesagt: Ich kann den Tempel Gottes abbrechen und in drei Tagen aufbauen.

62 Und der Hohepriester stand auf und sprach zu ihm: Antwortest du nichts auf das, was diese gegen dich bezeugen?

Betrayal and Arrest of Jesus

¶ **47** While he was still speaking, Judas came, one of the twelve, and with him a great crowd with swords and clubs, from the chief priests and the elders of the people.

48 Now the betrayer had given them a sign, saying, "The one I will kiss is the man; seize him."

49 And he came up to Jesus at once and said, "Greetings, Rabbi!" And he kissed him.

50 Jesus said to him, ^{e} "Friend, ^{f} do what you came to do."[6] Then they came up and laid hands on Jesus and seized him.

51 And behold, one of those who were with Jesus stretched out his hand and drew his sword and struck the servant[7] of the high priest and cut off his ear.

52 Then Jesus said to him, "Put your sword back into its place. For ^{h} all who take the sword will perish by the sword.

53 ^{i} Do you think that I cannot appeal to my Father, and he will at once send me ^{j} more than twelve ^{k} legions of angels?

54 ^{l} But how then should the Scriptures be fulfilled, that it must be so?"

55 At that hour Jesus said to the crowds, "Have you come out as against a robber, with swords and clubs to capture me? Day after day ^{m} I sat in the temple ^{n} teaching, and you did not seize me.

56 But ^{l} all this has taken place that the Scriptures of the prophets might be fulfilled." Then all the disciples left him and fled.

Jesus Before Caiaphas and the Council

¶ **57** Then those who had seized Jesus led him to Caiaphas the high priest, where the scribes and the elders had gathered.

58 And Peter was following him at a distance, as far as the courtyard of the high priest, and going inside he sat with the guards to see the end.

59 Now the chief priests and the whole Council[8] were seeking false testimony against Jesus that they might put him to death,

60 but they found none, though many false witnesses came forward. At last two came forward

61 and said, "This man said, 'I am able to destroy the temple of God, and to rebuild it in three days.'"

62 And the high priest stood up and said, "Have you no answer to make? What is it that these men testify against you?"[9]

63 Aber Jesus schwieg still. Und der Hohepriester sprach zu ihm: Ich beschwöre dich bei dem lebendigen Gott, dass du uns sagst, ob du der Christus bist, der Sohn Gottes.

64 Jesus sprach zu ihm: Du sagst es. Doch sage ich euch: Von nun an werdet ihr sehen den Menschensohn sitzen zur Rechten der Kraft und kommen auf den Wolken des Himmels.

¶ **65** Da zerriss der Hohepriester seine Kleider und sprach: Er hat Gott gelästert! Was bedürfen wir weiterer Zeugen? Siehe, jetzt habt ihr die Gotteslästerung gehört.

66 Was ist euer Urteil? Sie antworteten und sprachen: Er ist des Todes schuldig.

67 Da spien sie ihm ins Angesicht und schlugen ihn mit Fäusten. Einige aber schlugen ihn ins Angesicht

68 und sprachen: Weissage uns, Christus, wer ist's, der dich schlug?

Die Verleugnung des Petrus

69 Petrus aber saß draußen im Hof; da trat eine Magd zu ihm und sprach: Und du warst auch mit dem Jesus aus Galiläa.

70 Er leugnete aber vor ihnen allen und sprach: Ich weiß nicht, was du sagst.

71 Als er aber hinausging in die Torhalle, sah ihn eine andere und sprach zu denen, die da waren: Dieser war auch mit dem Jesus von Nazareth.

72 Und er leugnete abermals und schwor dazu: Ich kenne den Menschen nicht.

¶ **73** Und nach einer kleinen Weile traten hinzu, die da standen, und sprachen zu Petrus: Wahrhaftig, du bist auch einer von denen, denn deine Sprache verrät dich.

74 Da fing er an, sich zu verfluchen und zu schwören: Ich kenne den Menschen nicht. Und alsbald krähte der Hahn.

75 Da dachte Petrus an das Wort, das Jesus zu ihm gesagt hatte: Ehe der Hahn kräht, wirst du mich dreimal verleugnen. Und er ging hinaus und weinte bitterlich.

Jesus vor Pilatus. Das Ende des Judas

27 Am Morgen aber fassten alle Hohenpriester und die Ältesten des Volkes den Beschluss über Jesus, ihn zu töten,

2 und sie banden ihn, führten ihn ab und überantworteten ihn dem Statthalter Pilatus.

63 But Jesus remained silent. And the high priest said to him, "I adjure you by the living God, tell us if you are the Christ, the Son of God."

64 Jesus said to him, [g]"You have said so. But I tell you, from now on [h]you will see the Son of Man [i]seated at the right hand of Power and [h]coming on the clouds of heaven."

65 Then the high priest tore his robes and said, "He has uttered blasphemy. What further witnesses do we need? You have now heard his blasphemy.

66 What is your judgment?" They answered, "He deserves death."

67 Then they spit in his face and struck him. And some slapped him,

68 saying, "Prophesy to us, you Christ! Who is it that struck you?"

Peter Denies Jesus

¶ **69** Now Peter was sitting outside in the courtyard. And a servant girl came up to him and said, "You also were with Jesus the Galilean."

70 But he denied it before them all, saying, "I do not know what you mean."

71 And when he went out to the entrance, another servant girl saw him, and she said to the bystanders, "This man was with Jesus of Nazareth."

72 And again he denied it with an oath: "I do not know the man."

73 After a little while the bystanders came up and said to Peter, "Certainly you too are one of them, for your accent betrays you."

74 Then he began to invoke a curse on himself and to swear, "I do not know the man." And immediately the rooster crowed.

75 And Peter remembered the saying of Jesus, [u]"Before the rooster crows, you will [v]deny me three times." And he went out and wept bitterly.

Jesus Delivered to Pilate

27 When morning came, all the chief priests and the elders of the people took counsel against Jesus to put him to death.

2 And they bound him and led him away and delivered him over to Pilate the governor.

¶ 3 Als Judas, der ihn verraten hatte, sah, dass er zum Tode verurteilt war, reute es ihn, und er brachte die dreißig Silberlinge den Hohenpriestern und Ältesten zurück

4 und sprach: Ich habe Unrecht getan, dass ich unschuldiges Blut verraten habe. Sie aber sprachen: Was geht uns das an? Da sieh du zu!

5 Und er warf die Silberlinge in den Tempel, ging fort und erhängte sich.

¶ 6 Aber die Hohenpriester nahmen die Silberlinge und sprachen: Es ist nicht recht, dass wir sie in den Gotteskasten legen; denn es ist Blutgeld.

7 Sie beschlossen aber, den Töpferacker davon zu kaufen zum Begräbnis für Fremde.

8 Daher heißt dieser Acker Blutacker bis auf den heutigen Tag.

9 Da wurde erfüllt, was gesagt ist durch den Propheten Jeremia, der da spricht: »Sie haben die dreißig Silberlinge genommen, den Preis für den Verkauften, der geschätzt wurde bei den Israeliten,

10 und sie haben das Geld für den Töpferacker gegeben, wie mir der Herr befohlen hat« (Jeremia 32,9; Sacharja 11,12-13).

¶ 11 Jesus aber stand vor dem Statthalter; und der Statthalter fragte ihn und sprach: Bist du der König der Juden? Jesus aber sprach: Du sagst es.

12 Und als er von den Hohenpriestern und Ältesten verklagt wurde, antwortete er nichts.

13 Da sprach Pilatus zu ihm: Hörst du nicht, wie hart sie dich verklagen?

14 Und er antwortete ihm nicht auf ein einziges Wort, sodass sich der Statthalter sehr verwunderte.

Jesu Verurteilung und Verspottung

15 Zum Fest aber hatte der Statthalter die Gewohnheit, dem Volk einen Gefangenen loszugeben, welchen sie wollten.

16 Sie hatten aber zu der Zeit einen berüchtigten Gefangenen, der hieß Jesus Barabbas.

17 Und als sie versammelt waren, sprach Pilatus zu ihnen: Welchen wollt ihr? Wen soll ich euch losgeben, Jesus Barabbas oder Jesus, von dem gesagt wird, er sei der Christus?

18 Denn er wusste, dass sie ihn aus Neid überantwortet hatten.

Judas Hangs Himself

¶ 3 Then when Judas, his betrayer, saw that Jesus[1] was condemned, he changed his mind and brought back the thirty pieces of silver to the chief priests and the elders,

4 saying, "I have sinned by betraying innocent blood." They said, "What is that to us? See to it yourself."

5 And throwing down the pieces of silver into the temple, he departed, and he went and hanged himself.

6 But the chief priests, taking the pieces of silver, said, "It is not lawful to put them into the treasury, since it is blood money."

7 So they took counsel and bought with them the potter's field as a burial place for strangers.

8 Therefore that field has been called the Field of Blood to this day.

9 Then was fulfilled what had been spoken by the prophet Jeremiah, saying, "And they took the thirty pieces of silver, the price of him on whom a price had been set by some of the sons of Israel,

10 and they gave them for the potter's field, as the Lord directed me."

Jesus Before Pilate

¶ 11 Now Jesus stood before the governor, and the governor asked him, "Are you the King of the Jews?" Jesus said, ⁿ"You have said so."

12 But when he was accused by the chief priests and elders, he gave no answer.

13 Then Pilate said to him, "Do you not hear how many things they testify against you?"

14 But he gave him no answer, not even to a single charge, so that the governor was greatly amazed.

The Crowd Chooses Barabbas

¶ 15 Now at the feast the governor was accustomed to release for the crowd any one prisoner whom they wanted.

16 And they had then a notorious prisoner called Barabbas.

17 So when they had gathered, Pilate said to them, "Whom do you want me to release for you: Barabbas, or Jesus who is called Christ?"

18 For he knew that it was out of envy that they had delivered him up.

19 Und als er auf dem Richterstuhl saß, schickte seine Frau zu ihm und ließ ihm sagen: Habe du nichts zu schaffen mit diesem Gerechten; denn ich habe heute viel erlitten im Traum um seinetwillen.

20 Aber die Hohenpriester und Ältesten überredeten das Volk, dass sie um Barabbas bitten, Jesus aber umbringen sollten.

21 Da fing der Statthalter an und sprach zu ihnen: Welchen wollt ihr? Wen von den beiden soll ich euch losgeben? Sie sprachen: Barabbas!

22 Pilatus sprach zu ihnen: Was soll ich denn machen mit Jesus, von dem gesagt wird, er sei der Christus? Sie sprachen alle: Lass ihn kreuzigen!

23 Er aber sagte: Was hat er denn Böses getan? Sie schrien aber noch mehr: Lass ihn kreuzigen!

24 Als aber Pilatus sah, dass er nichts ausrichtete, sondern das Getümmel immer größer wurde, nahm er Wasser und wusch sich die Hände vor dem Volk und sprach: Ich bin unschuldig an seinem Blut; seht ihr zu!

25 Da antwortete das ganze Volk und sprach: Sein Blut komme über uns und unsere Kinder!

26 Da gab er ihnen Barabbas los, aber Jesus ließ er geißeln und überantwortete ihn, dass er gekreuzigt werde.

27 Da nahmen die Soldaten des Statthalters Jesus mit sich in das Prätorium und sammelten die ganze Abteilung um ihn.

28 Und zogen ihn aus und legten ihm einen Purpurmantel an

29 und flochten eine Dornenkrone und setzten sie ihm aufs Haupt und gaben ihm ein Rohr in seine rechte Hand und beugten die Knie vor ihm und verspotteten ihn und sprachen: Gegrüßet seist du, der Juden König!,

30 und spien ihn an und nahmen das Rohr und schlugen damit sein Haupt.

Jesu Kreuzigung und Tod

31 Und als sie ihn verspottet hatten, zogen sie ihm den Mantel aus und zogen ihm seine Kleider an und führten ihn ab, um ihn zu kreuzigen.

32 Und als sie hinausgingen, fanden sie einen Menschen aus Kyrene mit Namen Simon; den zwangen sie, dass er ihm sein Kreuz trug.

19 Besides, while he was sitting on the judgment seat, his wife sent word to him, "Have nothing to do with that righteous man, for I have suffered much because of him today in a dream."

20 Now the chief priests and the elders persuaded the crowd to ask for Barabbas and destroy Jesus.

21 The governor again said to them, "Which of the two do you want me to release for you?" And they said, "Barabbas."

22 Pilate said to them, "Then what shall I do with Jesus who is called Christ?" They all said, "Let him be crucified!"

23 And he said, "Why, what evil has he done?" But they shouted all the more, "Let him be crucified!"

Pilate Delivers Jesus to Be Crucified

24 So when Pilate saw that he was gaining nothing, but rather that a riot was beginning, he took water and washed his hands before the crowd, saying, "I am innocent of this man's blood;[2] see to it yourselves."

25 And all the people answered, "His blood be on us and on our children!"

26 Then he released for them Barabbas, and having scourged[3] Jesus, delivered him to be crucified.

Jesus Is Mocked

27 Then the soldiers of the governor took Jesus into the governor's headquarters,[4] and they gathered the whole battalion[5] before him.

28 And they stripped him and put a scarlet robe on him,

29 and twisting together a crown of thorns, they put it on his head and put a reed in his right hand. And kneeling before him, they mocked him, saying, "Hail, King of the Jews!"

30 And they spit on him and took the reed and struck him on the head.

31 And when they had mocked him, they stripped him of the robe and put his own clothes on him and led him away to crucify him.

The Crucifixion

32 As they went out, they found a man of Cyrene, Simon by name. They compelled this man to [o]carry his cross.

¶ **33** Und als sie an die Stätte kamen mit Namen Golgatha, das heißt: Schädelstätte,

34 gaben sie ihm Wein zu trinken mit Galle vermischt; und als er's schmeckte, wollte er nicht trinken.

35 Als sie ihn aber gekreuzigt hatten, verteilten sie seine Kleider und warfen das Los darum.*

36 Und sie saßen da und bewachten ihn.

37 Und oben über sein Haupt setzten sie eine Aufschrift mit der Ursache seines Todes: Dies ist Jesus, der Juden König.

¶ **38** Und da wurden zwei Räuber mit ihm gekreuzigt, einer zur Rechten und einer zur Linken.

¶ **39** Die aber vorübergingen, lästerten ihn und schüttelten ihre Köpfe

40 und sprachen: Der du den Tempel abbrichst und baust ihn auf in drei Tagen, hilf dir selber, wenn du Gottes Sohn bist, und steig herab vom Kreuz!

41 Desgleichen spotteten auch die Hohenpriester mit den Schriftgelehrten und Ältesten und sprachen:

42 Andern hat er geholfen und kann sich selber nicht helfen. Ist er der König von Israel, so steige er nun vom Kreuz herab. Dann wollen wir an ihn glauben.

43 Er hat Gott vertraut; der erlöse ihn nun, wenn er Gefallen an ihm hat; denn er hat gesagt: Ich bin Gottes Sohn.

44 Desgleichen schmähten ihn auch die Räuber, die mit ihm gekreuzigt waren.

¶ **45** Und von der sechsten Stunde an kam eine Finsternis über das ganze Land bis zur neunten Stunde.

46 Und um die neunte Stunde schrie Jesus laut: Eli, Eli, lama asabtani? Das heißt: **Mein Gott, mein Gott, warum hast du mich verlassen?**

¶ **47** Einige aber, die da standen, als sie das hörten, sprachen sie: Der ruft nach Elia.

48 Und sogleich lief einer von ihnen, nahm einen Schwamm und füllte ihn mit Essig und steckte ihn auf ein Rohr und gab ihm zu trinken.

49 Die andern aber sprachen: Halt, lass sehen, ob Elia komme und ihm helfe!

50 Aber Jesus schrie abermals laut und verschied.

¶ **51** Und siehe, der Vorhang im Tempel zerriss in zwei Stücke von oben an bis unten aus.

33 And when they came to a place called Golgotha (which means Place of a Skull),

34 they offered him wine to drink, mixed with gall, but when he tasted it, he would not drink it.

35 And when they had crucified him, they divided his garments among them by casting lots.

36 Then they sat down and kept watch over him there.

37 And over his head they put the charge against him, which read, "This is Jesus, the King of the Jews."

38 Then two robbers were crucified with him, one on the right and one on the left.

39 And those who passed by derided him, wagging their heads

40 and saying, "You who would destroy the temple and rebuild it in three days, save yourself! If you are the Son of God, come down from the cross."

41 So also the chief priests, with the scribes and elders, mocked him, saying,

42 "He saved others; he cannot save himself. He is the King of Israel; let him come down now from the cross, and we will believe in him.

43 He trusts in God; let God deliver him now, if he desires him. For he said, 'I am the Son of God.'"

44 And the robbers who were crucified with him also reviled him in the same way.

The Death of Jesus

¶ **45** Now from the sixth hour⁶ there was darkness over all the land⁷ until the ninth hour.⁸

46 And about the ninth hour Jesus cried out with a loud voice, saying, ᵏ "Eli, Eli, lema sabachthani?" that is, "My God, my God, why have you forsaken me?"

47 And some of the bystanders, hearing it, said, "This man is calling Elijah."

48 And one of them at once ran and took a sponge, filled it with sour wine, and put it on a reed and gave it to him to drink.

49 But the others said, "Wait, let us see whether Elijah will come to save him."

50 And Jesus cried out again with a loud voice and yielded up his spirit.

¶ **51** And behold, the curtain of the temple was torn in two, from top to bottom. And the earth shook, and the rocks were split.

52 Und die Erde erbebte und die Felsen zerrissen, und die Gräber taten sich auf und viele Leiber der entschlafenen Heiligen standen auf

53 und gingen aus den Gräbern nach seiner Auferstehung und kamen in die heilige Stadt und erschienen vielen.

54 Als aber der Hauptmann und die mit ihm Jesus bewachten das Erdbeben sahen und was da geschah, erschraken sie sehr und sprachen: **Wahrlich, dieser ist Gottes Sohn gewesen!**

¶ **55** Und es waren viele Frauen da, die von ferne zusahen; die waren Jesus aus Galiläa nachgefolgt und hatten ihm gedient;

56 unter ihnen war Maria von Magdala und Maria, die Mutter des Jakobus und Josef, und die Mutter der Söhne des Zebedäus.

Jesu Grablegung

57 Am Abend aber kam ein reicher Mann aus Arimathäa, der hieß Josef und war auch ein Jünger Jesu.

58 Der ging zu Pilatus und bat um den Leib Jesu. Da befahl Pilatus, man sollte ihm ihn geben.

59 Und Josef nahm den Leib und wickelte ihn in ein reines Leinentuch

60 und legte ihn in sein eigenes neues Grab, das er in einen Felsen hatte hauen lassen, und wälzte einen großen Stein vor die Tür des Grabes und ging davon.

¶ **61** Es waren aber dort Maria von Magdala und die andere Maria; die saßen dem Grab gegenüber.

Die Bewachung des Grabes

62 Am nächsten Tag, der auf den Rüsttag folgt, kamen die Hohenpriester mit den Pharisäern zu Pilatus

63 und sprachen: Herr, wir haben daran gedacht, dass dieser Verführer sprach, als er noch lebte: Ich will nach drei Tagen auferstehen.

64 Darum befiehl, dass man das Grab bewache bis zum dritten Tag, damit nicht seine Jünger kommen und ihn stehlen und zum Volk sagen: Er ist auferstanden von den Toten, und der letzte Betrug ärger wird als der erste.

65 Pilatus sprach zu ihnen: Da habt ihr die Wache; geht hin und bewacht es, so gut ihr könnt.

66 Sie gingen hin und sicherten das Grab mit der Wache und versiegelten den Stein.

52 The tombs also were opened. And many bodies of the saints who had fallen asleep were raised,

53 and coming out of the tombs after his resurrection they went into the holy city and appeared to many.

54 When the centurion and those who were with him, keeping watch over Jesus, saw the earthquake and what took place, they were filled with awe and said, "Truly this was the Son[9] of God!"

¶ **55** There were also many women there, looking on from a distance, who had followed Jesus from Galilee, ministering to him,

56 among whom were Mary Magdalene and Mary the mother of James and Joseph and the mother of the sons of Zebedee.

Jesus Is Buried

¶ **57** When it was evening, there came a rich man from Arimathea, named Joseph, who also was a disciple of Jesus.

58 He went to Pilate and asked for the body of Jesus. Then Pilate ordered it to be given to him.

59 And Joseph took the body and wrapped it in a clean linen shroud

60 and laid it in his own new tomb, which he had cut in the rock. And he rolled a great stone to the entrance of the tomb and went away.

61 Mary Magdalene and the other Mary were there, sitting opposite the tomb.

The Guard at the Tomb

¶ **62** The next day, that is, after the day of Preparation, the chief priests and the Pharisees gathered before Pilate

63 and said, "Sir, we remember how that impostor said, while he was still alive, 'After three days I will rise.'

64 Therefore order the tomb to be made secure until the third day, lest his disciples go and steal him away and tell the people, 'He has risen from the dead,' and the last fraud will be worse than the first."

65 Pilate said to them, "You have a guard[10] of soldiers. Go, make it as secure as you can."

66 So they went and made the tomb secure by sealing the stone and setting a guard.

Jesu Auferstehung

(Mk 16,1-10; Lk 24,1-10; Joh 20,1-18)

28 Als aber der Sabbat vorüber war und der erste Tag der Woche anbrach, kamen Maria von Magdala und die andere Maria, um nach dem Grab zu sehen.

2 Und siehe, es geschah ein großes Erdbeben. Denn der Engel des Herrn kam vom Himmel herab, trat hinzu und wälzte den Stein weg und setzte sich darauf.

3 Seine Gestalt war wie der Blitz und sein Gewand weiß wie der Schnee.

4 Die Wachen aber erschraken aus Furcht vor ihm und wurden, als wären sie tot.

¶ **5** Aber der Engel sprach zu den Frauen: Fürchtet euch nicht! Ich weiß, dass ihr Jesus, den Gekreuzigten, sucht.

6 Er ist nicht hier; er ist auferstanden, wie er gesagt hat. Kommt her und seht die Stätte, wo er gelegen hat;

7 und geht eilends hin und sagt seinen Jüngern, dass er auferstanden ist von den Toten. Und siehe, er wird vor euch hingehen nach Galiläa; dort werdet ihr ihn sehen. Siehe, ich habe es euch gesagt.

8 Und sie gingen eilends weg vom Grab mit Furcht und großer Freude und liefen, um es seinen Jüngern zu verkündigen.

¶ **9** Und siehe, da begegnete ihnen Jesus und sprach: Seid gegrüßt! Und sie traten zu ihm und umfassten seine Füße und fielen vor ihm nieder.

10 Da sprach Jesus zu ihnen: Fürchtet euch nicht! Geht hin und verkündigt es meinen Brüdern, dass sie nach Galiläa gehen: Dort werden sie mich sehen.

¶ **11** Als sie aber hingingen, siehe, da kamen einige von der Wache in die Stadt und verkündeten den Hohenpriestern alles, was geschehen war.

12 Und sie kamen mit den Ältesten zusammen, hielten Rat und gaben den Soldaten viel Geld

13 und sprachen: Sagt, seine Jünger sind in der Nacht gekommen und haben ihn gestohlen, während wir schliefen.

14 Und wenn es dem Statthalter zu Ohren kommt, wollen wir ihn beschwichtigen und dafür sorgen, dass ihr sicher seid.

15 Sie nahmen das Geld und taten, wie sie angewiesen waren. Und so ist dies zum Gerede geworden bei den Juden bis auf den heutigen Tag.

The Resurrection

28 Now after the Sabbath, toward the dawn of the first day of the week, Mary Magdalene and the other Mary went to see the tomb.

2 And behold, there was a great earthquake, for an angel of the Lord descended from heaven and came and rolled back the stone and sat on it.

3 His appearance was like lightning, and his clothing white as snow.

4 And for fear of him the guards trembled and became like dead men.

5 But the angel said to the women, "Do not be afraid, for I know that you seek Jesus who was crucified.

6 He is not here, for he has risen, as he said. Come, see the place where he[1] lay.

7 Then go quickly and tell his disciples that he has risen from the dead, and behold, he is going before you to Galilee; there you will see him. See, I have told you."

8 So they departed quickly from the tomb with fear and great joy, and ran to tell his disciples.

9 And behold, Jesus met them and said, "Greetings!" And they came up and took hold of his feet and worshiped him.

10 Then Jesus said to them, "Do not be afraid; [y] go and tell [z] my brothers to go to Galilee, and there they will see me."

The Report of the Guard

¶ **11** While they were going, behold, some of the guard went into the city and told the chief priests all that had taken place.

12 And when they had assembled with the elders and taken counsel, they gave a sufficient sum of money to the soldiers

13 and said, "Tell people, 'His disciples came by night and stole him away while we were asleep.'

14 And if this comes to the governor's ears, we will satisfy him and keep you out of trouble."

15 So they took the money and did as they were directed. And this story has been spread among the Jews to this day.

Der Missionsbefehl

16 Aber die elf Jünger gingen nach Galiläa auf den Berg, wohin Jesus sie beschieden hatte.

17 Und als sie ihn sahen, fielen sie vor ihm nieder; einige aber zweifelten.

¶ **18** Und Jesus trat herzu und sprach zu ihnen: **Mir ist gegeben alle Gewalt im Himmel und auf Erden.**

19 **Darum gehet hin und machet zu Jüngern alle Völker: Taufet sie auf den Namen des Vaters und des Sohnes und des Heiligen Geistes**

20 **und lehret sie halten alles, was ich euch befohlen habe. Und siehe, ich bin bei euch alle Tage bis an der Welt Ende.**

The Great Commission

¶ **16** Now the eleven disciples went to Galilee, to the mountain to which Jesus had directed them.

17 And when they saw him they worshiped him, but some doubted.

18 And Jesus came and said to them, [h]"All authority [i]in heaven and on earth has been given to me.

19 [j]Go therefore and [k]make disciples of [l]all nations, [j]baptizing them [m]in[2] [n]the name of the Father and of the Son and of the Holy Spirit,

20 teaching them [o]to observe all that [p]I have commanded you. And behold, [q]I am with you always, to [r]the end of the age."

DAS EVANGELIUM NACH MARKUS

MARK

Johannes der Täufer

(Mt 3,1-12; Lk 3,1-18; Joh 1,19-27)

1 Dies ist der Anfang des Evangeliums von Jesus Christus, dem Sohn Gottes.

¶ 2 Wie geschrieben steht im Propheten Jesaja: »Siehe, ich sende meinen Boten vor dir her, der deinen Weg bereiten soll.«

3 »Es ist eine Stimme eines Predigers in der Wüste: Bereitet den Weg des Herrn, macht seine Steige eben!« (Maleachi 3,1; Jesaja 40,3):

¶ 4 Johannes der Täufer war in der Wüste und predigte die Taufe der Buße zur Vergebung der Sünden.

5 Und es ging zu ihm hinaus das ganze jüdische Land und alle Leute von Jerusalem und ließen sich von ihm taufen im Jordan und bekannten ihre Sünden.

¶ 6 Johannes aber trug ein Gewand aus Kamelhaaren und einen ledernen Gürtel um seine Lenden und aß Heuschrecken und wilden Honig

7 und predigte und sprach: Es kommt einer nach mir, der ist stärker als ich; und ich bin nicht wert, dass ich mich vor ihm bücke und die Riemen seiner Schuhe löse.

8 Ich taufe euch mit Wasser; aber er wird euch mit dem Heiligen Geist taufen.

Jesu Taufe und Versuchung

(Mt 3,13–4,11; Lk 3,21-22; 4,1-13; Joh 1,32-34)

9 Und es begab sich zu der Zeit, dass Jesus aus Nazareth in Galiläa kam und ließ sich taufen von Johannes im Jordan.

10 Und alsbald, als er aus dem Wasser stieg, sah er, dass sich der Himmel auftat und der Geist wie eine Taube herabkam auf ihn.

11 Und da geschah eine Stimme vom Himmel: **Du bist mein lieber Sohn, an dir habe ich Wohlgefallen.**

¶ 12 Und alsbald trieb ihn der Geist in die Wüste;

John the Baptist Prepares the Way

1 The beginning of the gospel of Jesus Christ, the Son of God.[1]

¶ 2 As it is written in Isaiah the prophet,[2]

"Behold, I send my messenger before
    your face,
  who will prepare your way,
3 the voice of one crying in the
    wilderness:
  'Prepare[3] the way of the Lord,
    make his paths straight,'"

4 John appeared, baptizing in the wilderness and proclaiming a baptism of repentance for the forgiveness of sins.

5 And all the country of Judea and all Jerusalem were going out to him and were being baptized by him in the river Jordan, confessing their sins.

6 Now John was clothed with camel's hair and wore a leather belt around his waist and ate locusts and wild honey.

7 And he preached, saying, "After me comes he who is mightier than I, the strap of whose sandals I am not worthy to stoop down and untie.

8 I have baptized you with water, but he will baptize you with the Holy Spirit."

The Baptism of Jesus

¶ 9 In those days Jesus came from Nazareth of Galilee and was baptized by John in the Jordan.

10 And when he came up out of the water, immediately he saw the heavens being torn open and the Spirit descending on him like a dove.

11 And a voice came from heaven, "You are my beloved Son;[4] with you I am well pleased."

The Temptation of Jesus

¶ 12 The Spirit immediately drove him out into the wilderness.

13 und er war in der Wüste vierzig Tage und wurde versucht von dem Satan und war bei den wilden Tieren, und die Engel dienten ihm.

Der Beginn des Wirkens Jesu in Galiläa
(Mt 4,12-17; Lk 4,14-15)

14 Nachdem aber Johannes gefangen gesetzt war, kam Jesus nach Galiläa und predigte das Evangelium Gottes
15 und sprach: **Die Zeit ist erfüllt und das Reich Gottes ist herbeigekommen. Tut Buße und glaubt an das Evangelium!**

Die Berufung der ersten Jünger
(Mt 4,18-22; Lk 5,1-11; Joh 1,35-51)

16 Als er aber am Galiläischen Meer entlangging, sah er Simon und Andreas, Simons Bruder, wie sie ihre Netze ins Meer warfen; denn sie waren Fischer.
17 Und Jesus sprach zu ihnen: Folgt mir nach; ich will euch zu Menschenfischern machen!
18 Sogleich verließen sie ihre Netze und folgten ihm nach.
¶ **19** Und als er ein wenig weiterging, sah er Jakobus, den Sohn des Zebedäus, und Johannes, seinen Bruder, wie sie im Boot die Netze flickten.
20 Und alsbald rief er sie und sie ließen ihren Vater Zebedäus im Boot mit den Tagelöhnern und folgten ihm nach.

Jesus in Kapernaum
(Mt 8,14-17; Lk 4,31-44)

21 Und sie gingen hinein nach Kapernaum; und alsbald am Sabbat ging er in die Synagoge und lehrte.
22 Und sie entsetzten sich über seine Lehre; denn er lehrte mit Vollmacht und nicht wie die Schriftgelehrten.
¶ **23** Und alsbald war in ihrer Synagoge ein Mensch, besessen von einem unreinen Geist; der schrie:
24 Was willst du von uns, Jesus von Nazareth? Du bist gekommen, uns zu vernichten. Ich weiß, wer du bist: der Heilige Gottes!
25 Und Jesus bedrohte ihn und sprach: Verstumme und fahre aus von ihm!
26 Und der unreine Geist riss ihn und schrie laut und fuhr aus von ihm.

27 Und sie entsetzten sich alle, sodass sie sich untereinander befragten und sprachen: Was ist das? Eine neue Lehre in Vollmacht! Er gebietet auch den unreinen Geistern und sie gehorchen ihm!

13 And he was in the wilderness forty days, being tempted by Satan. And he was with the wild animals, and the angels were ministering to him.

Jesus Begins His Ministry

¶ **14** Now after John was arrested, Jesus came into Galilee, proclaiming the gospel of God,
15 and saying, ᵉ"The time is fulfilled, and ꟷthe kingdom of God is at hand; ᵍrepent and believe in the gospel."

Jesus Calls the First Disciples

¶ **16** Passing alongside the Sea of Galilee, he saw Simon and Andrew the brother of Simon casting a net into the sea, for they were fishermen.
17 And Jesus said to them, "Follow me, and I will make you become ʰfishers of men."
18 And immediately they left their nets and followed him.
19 And going on a little farther, he saw James the son of Zebedee and John his brother, who were in their boat mending the nets.
20 And immediately he called them, and they left their father Zebedee in the boat with the hired servants and followed him.

Jesus Heals a Man with an Unclean Spirit

¶ **21** And they went into Capernaum, and immediately on the Sabbath he entered the synagogue and was teaching.
22 And they were astonished at his teaching, ᵐfor he taught them as one who had authority, and not as the scribes.
23 And immediately there was in their synagogue a man with an unclean spirit. And he cried out,
24 "What have you to do with us, Jesus of Nazareth? Have you come to destroy us? I know who you are—the Holy One of God."
25 But Jesus rebuked him, saying, "Be silent, and come out of him!"
26 And the unclean spirit, convulsing him and crying out with a loud voice, came out of him.
27 And they were all amazed, so that they questioned among themselves, saying, "What is this? A new teaching with authority! He commands even the unclean spirits, and they obey him."

28 Und die Kunde von ihm erscholl alsbald überall im ganzen galiläischen Land.

28 And at once his fame spread everywhere throughout all the surrounding region of Galilee.

Jesus Heals Many

¶ **29** Und alsbald gingen sie aus der Synagoge und kamen in das Haus des Simon und Andreas mit Jakobus und Johannes.

¶ **29** And immediately he[5] left the synagogue and entered the house of Simon and Andrew, with James and John.

30 Und die Schwiegermutter Simons lag darnieder und hatte das Fieber; und alsbald sagten sie ihm von ihr.

30 Now Simon's mother-in-law lay ill with a fever, and immediately they told him about her.

31 Da trat er zu ihr, fasste sie bei der Hand und richtete sie auf; und das Fieber verließ sie und sie diente ihnen.

31 And he came and took her by the hand and lifted her up, and the fever left her, and she began to serve them.

¶ **32** Am Abend aber, als die Sonne untergegangen war, brachten sie zu ihm alle Kranken und Besessenen.

¶ **32** That evening at sundown they brought to him all who were sick or oppressed by demons.

33 Und die ganze Stadt war versammelt vor der Tür.

33 And the whole city was gathered together at the door.

34 Und er half vielen Kranken, die mit mancherlei Gebrechen beladen waren, und trieb viele böse Geister aus und ließ die Geister nicht reden; denn sie kannten ihn.

34 And he healed many who were sick with various diseases, and cast out many demons. And he would not permit the demons to speak, because they knew him.

Jesus Preaches in Galilee

¶ **35** Und am Morgen, noch vor Tage, stand er auf und ging hinaus. Und er ging an eine einsame Stätte und betete dort.

¶ **35** And rising very early in the morning, while it was still dark, he departed and went out to a desolate place, and there he prayed.

36 Simon aber und die bei ihm waren, eilten ihm nach.

36 And Simon and those who were with him searched for him,

37 Und als sie ihn fanden, sprachen sie zu ihm: Jedermann sucht dich.

37 and they found him and said to him, "Everyone is looking for you."

38 Und er sprach zu ihnen: Lasst uns anderswohin gehen, in die nächsten Städte, dass ich auch dort predige; denn dazu bin ich gekommen.

38 And he said to them, "Let us go on to the next towns, that I may preach there also, for ʲthat is why I came out."

39 Und er kam und predigte in ihren Synagogen in ganz Galiläa und trieb die bösen Geister aus.

39 And he went throughout all Galilee, preaching in their synagogues and casting out demons.

Die Heilung eines Aussätzigen
(Mt 8,2-4; Lk 5,12-16)

40 Und es kam zu ihm ein Aussätziger, der bat ihn, kniete nieder und sprach zu ihm: Willst du, so kannst du mich reinigen.

Jesus Cleanses a Leper

¶ **40** And a leper[6] came to him, imploring him, and kneeling said to him, "If you will, you can make me clean."

41 Und es jammerte ihn und er streckte die Hand aus, rührte ihn an und sprach zu ihm: Ich will's tun; sei rein!

41 Moved with pity, he stretched out his hand and touched him and said to him, "I will; be clean."

42 Und sogleich wich der Aussatz von ihm und er wurde rein.

42 And immediately the leprosy left him, and he was made clean.

43 Und Jesus drohte ihm und trieb ihn alsbald von sich

43 And Jesus[7] sternly charged him and sent him away at once,

44 und sprach zu ihm: Sieh zu, dass du niemandem etwas sagst; sondern geh hin und zeige dich dem Priester und opfere für deine Reinigung, was Mose geboten hat, ihnen zum Zeugnis.

44 and said to him, ᵐ "See that you say nothing to anyone, but go, ⁿshow yourself to the priest and ᵒoffer for your cleansing what Moses commanded, ᵖfor a proof to them."

¶ **45** Er aber ging fort und fing an, viel davon zu reden und die Geschichte bekannt zu machen, sodass Jesus hinfort nicht mehr öffentlich in eine Stadt gehen konnte; sondern er war draußen an einsamen Orten; doch sie kamen zu ihm von allen Enden.

Die Heilung eines Gelähmten (»Der Gichtbrüchige«)

(Mt 9,1-8; Lk 5,17-26)

2 Und nach einigen Tagen ging er wieder nach Kapernaum; und es wurde bekannt, dass er im Hause war.

2 Und es versammelten sich viele, sodass sie nicht Raum hatten, auch nicht draußen vor der Tür; und er sagte ihnen das Wort.

3 Und es kamen einige zu ihm, die brachten einen Gelähmten, von vieren getragen.

4 Und da sie ihn nicht zu ihm bringen konnten wegen der Menge, deckten sie das Dach auf, wo er war, machten ein Loch und ließen das Bett herunter, auf dem der Gelähmte lag.

5 Als nun Jesus ihren Glauben sah, sprach er zu dem Gelähmten: **Mein Sohn, deine Sünden sind dir vergeben.**

¶ **6** Es saßen da aber einige Schriftgelehrte und dachten in ihren Herzen:

7 Wie redet der so? Er lästert Gott! Wer kann Sünden vergeben als Gott allein?

8 Und Jesus erkannte sogleich in seinem Geist, dass sie so bei sich selbst dachten, und sprach zu ihnen: Was denkt ihr solches in euren Herzen?

9 Was ist leichter, zu dem Gelähmten zu sagen: Dir sind deine Sünden vergeben, oder zu sagen: Steh auf, nimm dein Bett und geh umher?

10 Damit ihr aber wisst, dass der Menschensohn Vollmacht hat, Sünden zu vergeben auf Erden – sprach er zu dem Gelähmten:

11 Ich sage dir, steh auf, nimm dein Bett und geh heim!

¶ **12** Und er stand auf, nahm sein Bett und ging alsbald hinaus vor aller Augen, sodass sie sich alle entsetzten und Gott priesen und sprachen: Wir haben so etwas noch nie gesehen.

Die Berufung des Levi und das Mahl mit den Zöllnern

(Mt 9,9-13; Lk 5,27-32)

13 Und er ging wieder hinaus an den See; und alles Volk kam zu ihm und er lehrte sie.

45 But he went out and began to talk freely about it, and to spread the news, so that Jesus could no longer openly enter a town, but was out in ʳdesolate places, and people were coming to him from every quarter.

Jesus Heals a Paralytic

2 And when he returned to Capernaum after some days, it was reported that he was at home.

2 And many were gathered together, so that there was no more room, not even at the door. And he was preaching the word to them.

3 And they came, bringing to him a paralytic carried by four men.

4 And when they could not get near him because of the crowd, they removed the roof above him, and when they had made an opening, they let down the bed on which the paralytic lay.

5 And when Jesus saw their faith, he said to the paralytic, "Son, ˣyour sins are forgiven."

6 Now some of the scribes were sitting there, questioning in their hearts,

7 "Why does this man speak like that? He is blaspheming! Who can forgive sins but God alone?"

8 And immediately Jesus, perceiving in his spirit that they thus questioned within themselves, said to them, "Why do you question these things in your hearts?

9 Which is easier, to say to the paralytic, 'Your sins are forgiven,' or to say, 'Rise, take up your bed and walk'?

10 But that you may know that ᵇthe Son of Man has authority on earth to forgive sins"— he said to the paralytic—

11 "I say to you, rise, pick up your bed, and go home."

12 And he rose and immediately picked up his bed and went out before them all, so that they were all amazed and glorified God, saying, "We never saw anything like this!"

Jesus Calls Levi

¶ **13** He went out again beside the sea, and all the crowd was coming to him, and he was teaching them.

14 Und als er vorüberging, sah er Levi, den Sohn des Alphäus, am Zoll sitzen und sprach zu ihm: Folge mir nach! Und er stand auf und folgte ihm nach.

¶ **15** Und es begab sich, dass er zu Tisch saß in seinem Hause, da setzten sich viele Zöllner und Sünder zu Tisch mit Jesus und seinen Jüngern; denn es waren viele, die ihm nachfolgten.

16 Und als die Schriftgelehrten unter den Pharisäern sahen, dass er mit den Sündern und Zöllnern aß, sprachen sie zu seinen Jüngern: Isst er mit den Zöllnern und Sündern?

17 Als das Jesus hörte, sprach er zu ihnen: Die Starken bedürfen keines Arztes, sondern die Kranken. **Ich bin gekommen, die Sünder zu rufen und nicht die Gerechten.**

Die Frage nach dem Fasten
(Mt 9,14-17; Lk 5,33-38)

18 Und die Jünger des Johannes und die Pharisäer fasteten viel; und es kamen einige, die sprachen zu ihm: Warum fasten die Jünger des Johannes und die Jünger der Pharisäer, und deine Jünger fasten nicht?

19 Und Jesus sprach zu ihnen: Wie können die Hochzeitsgäste fasten, während der Bräutigam bei ihnen ist? Solange der Bräutigam bei ihnen ist, können sie nicht fasten.

20 Es wird aber die Zeit kommen, dass der Bräutigam von ihnen genommen wird; dann werden sie fasten, an jenem Tage.

¶ **21** Niemand flickt einen Lappen von neuem Tuch auf ein altes Kleid; sonst reißt der neue Lappen vom alten ab und der Riss wird ärger.

22 Und niemand füllt neuen Wein in alte Schläuche; sonst zerreißt der Wein die Schläuche und der Wein ist verloren und die Schläuche auch; sondern man soll neuen Wein in neue Schläuche füllen.

Das Ährenraufen am Sabbat
(Mt 12,1-8; Lk 6,1-5)

23 Und es begab sich, dass er am Sabbat durch ein Kornfeld ging, und seine Jünger fingen an, während sie gingen, Ähren auszuraufen.

24 Und die Pharisäer sprachen zu ihm: Sieh doch! Warum tun deine Jünger am Sabbat, was nicht erlaubt ist?

¶ **25** Und er sprach zu ihnen: Habt ihr nie gelesen, was David tat, als er in Not war und ihn hungerte, ihn und die die bei ihm waren:

26 wie er ging in das Haus Gottes zur Zeit Abjatars, des Hohenpriesters, und aß die Schaubrote, die niemand essen darf als die Priester, und gab sie auch denen, die bei ihm waren?

14 And as he passed by, he saw Levi the son of Alphaeus sitting at the tax booth, and he said to him, "Follow me." And he rose and followed him.

¶ **15** And as he reclined at table in his house, many tax collectors and sinners were reclining with Jesus and his disciples, for there were many who followed him.

16 And the scribes of[1] the Pharisees, when they saw that he was eating with sinners and tax collectors, said to his disciples, "Why does he eat[2] with tax collectors and sinners?"

17 And when Jesus heard it, he said to them, "Those who are well have no need of a physician, but those who are sick. [i]I came not to call the righteous, [j]but sinners."

A Question About Fasting

¶ **18** Now John's disciples and the Pharisees were fasting. And people came and said to him, "Why do John's disciples and the disciples of the Pharisees fast, but your disciples do not fast?"

19 And Jesus said to them, [n]"Can the wedding guests fast while the bridegroom is with them? As long as they have the bridegroom with them, they cannot fast.

20 [o]The days will come when the bridegroom is taken away from them, and [p]then they will fast in that day.

21 No one sews a piece of unshrunk cloth on an old garment. If he does, the patch tears away from it, the new from the old, and a worse tear is made.

22 And no one puts new wine into old [q]wineskins. If he does, the wine will burst the skins—and the wine is destroyed, and so are the skins. But new wine is for fresh wineskins."[3]

Jesus Is Lord of the Sabbath

¶ **23** One Sabbath he was going through the grainfields, and as they made their way, his disciples began to pluck heads of grain.

24 And the Pharisees were saying to him, "Look, why are they doing what is not lawful on the Sabbath?"

25 And he said to them, [v]"Have you never read [w]what David did, when he was in need and was hungry, he and those who were with him:

26 how he entered the house of God, in the time of [x]Abiathar the high priest, and ate [y]the bread of the Presence, which it is not lawful for any but the priests to eat, and also gave it to those who were with him?"

27 Und er sprach zu ihnen: Der Sabbat ist um des Menschen willen gemacht und nicht der Mensch um des Sabbats willen.

28 So ist der Menschensohn ein Herr auch über den Sabbat.

Die Heilung eines Mannes am Sabbat
(Mt 12,9-14; Lk 6,6-11)

3 Und er ging abermals in die Synagoge. Und es war dort ein Mensch, der hatte eine verdorrte Hand.

2 Und sie lauerten darauf, ob er auch am Sabbat ihn heilen würde, damit sie ihn verklagen könnten.

3 Und er sprach zu dem Menschen mit der verdorrten Hand: Tritt hervor!

4 Und er sprach zu ihnen: Soll man am Sabbat Gutes tun oder Böses tun, Leben erhalten oder töten? Sie aber schwiegen still.

¶ **5** Und er sah sie ringsum an mit Zorn und war betrübt über ihr verstocktes Herz und sprach zu dem Menschen: Strecke deine Hand aus! Und er streckte sie aus; und seine Hand wurde gesund.

6 Und die Pharisäer gingen hinaus und hielten alsbald Rat über ihn mit den Anhängern des Herodes, wie sie ihn umbrächten.

Zulauf des Volkes und viele Heilungen
(Mt 12,15-16; Lk 6,17-19)

7 Aber Jesus entwich mit seinen Jüngern an den See und eine große Menge aus Galiläa folgte ihm; auch aus Judäa

8 und Jerusalem, aus Idumäa und von jenseits des Jordans und aus der Umgebung von Tyrus und Sidon kam eine große Menge zu ihm, die von seinen Taten gehört hatte.

9 Und er sagte zu seinen Jüngern, sie sollten ihm ein kleines Boot bereithalten, damit die Menge ihn nicht bedränge.

10 Denn er heilte viele, sodass alle, die geplagt waren, über ihn herfielen, um ihn anzurühren.

11 Und wenn ihn die unreinen Geister sahen, fielen sie vor ihm nieder und schrien: Du bist Gottes Sohn!

12 Und er gebot ihnen streng, dass sie ihn nicht offenbar machten.

Die Berufung der Zwölf
(Mt 10,1-4; Lk 6,12-16)

13 Und er ging auf einen Berg und rief zu sich, welche er wollte, und die gingen hin zu ihm.

14 Und er setzte zwölf ein, die er auch Apostel nannte, dass sie bei ihm sein sollten und dass er sie aussendete zu predigen

27 And he said to them, [z]"The Sabbath was made for man, [a]not man for the Sabbath.

28 So [b]the Son of Man is lord even of the Sabbath."

A Man with a Withered Hand

3 Again he entered the synagogue, and a man was there with a withered hand.

2 And they watched Jesus,[1] to see whether he would heal him on the Sabbath, so that they might accuse him.

3 And he said to the man with the withered hand, "Come here."

4 And he said to them, [f]"Is it lawful on the Sabbath to do good or to do harm, to save life or to kill?" But they were silent.

5 And he looked around at them with anger, grieved at their hardness of heart, and said to the man, "Stretch out your hand." He stretched it out, and his hand was restored.

6 The Pharisees went out and immediately [j]held counsel with the Herodians against him, how to destroy him.

A Great Crowd Follows Jesus

¶ **7** Jesus withdrew with his disciples to the sea, and a great crowd followed, from Galilee and Judea

8 and Jerusalem and Idumea and from beyond the Jordan and from around Tyre and Sidon. When the great crowd heard all that he was doing, they came to him.

9 And he told his disciples to have a boat ready for him because of the crowd, lest they crush him,

10 for he had healed many, so that all who had diseases pressed around him to touch him.

11 And whenever the unclean spirits saw him, they fell down before him and cried out, "You are the Son of God."

12 And he strictly ordered them not to make him known.

The Twelve Apostles

¶ **13** And he went up on the mountain and called to him those whom he desired, and they came to him.

14 And he appointed twelve (whom he also named apostles) so that they might be with him and he might send them out to preach

15 und dass sie Vollmacht hätten, die bösen Geister auszutreiben.

16 Und er setzte die Zwölf ein und gab Simon den Namen Petrus;

17 weiter: Jakobus, den Sohn des Zebedäus, und Johannes, den Bruder des Jakobus, und gab ihnen den Namen Boanerges, das heißt: Donnersöhne;

18 weiter: Andreas und Philippus und Bartholomäus und Matthäus und Thomas und Jakobus, den Sohn des Alphäus, und Thaddäus und Simon Kananäus

19 und Judas Iskariot, der ihn dann verriet.

Jesus und seine Angehörigen

20 Und er ging in ein Haus. Und da kam abermals das Volk zusammen, sodass sie nicht einmal essen konnten.

21 Und als es die Seinen hörten, machten sie sich auf und wollten ihn festhalten; denn sie sprachen: Er ist von Sinnen.

Jesus und die bösen Geister
(Mt 12,24-32; Lk 11,14-23)

22 Die Schriftgelehrten aber, die von Jerusalem herabgekommen waren, sprachen: Er hat den Beelzebul, und: Er treibt die bösen Geister aus durch ihren Obersten.

¶ **23** Jesus aber rief sie zusammen und sprach zu ihnen in Gleichnissen: Wie kann der Satan den Satan austreiben?

24 Wenn ein Reich mit sich selbst uneins wird, kann es nicht bestehen.

25 Und wenn ein Haus mit sich selbst uneins wird, kann es nicht bestehen.

26 Erhebt sich nun der Satan gegen sich selbst und ist mit sich selbst uneins, so kann er nicht bestehen, sondern es ist aus mit ihm.

27 Niemand kann aber in das Haus eines Starken eindringen und seinen Hausrat rauben, wenn er nicht zuvor den Starken fesselt; erst dann kann er sein Haus berauben.

¶ **28** Wahrlich, ich sage euch: Alle Sünden werden den Menschenkindern vergeben, auch die Lästerungen, wie viel sie auch lästern mögen;

29 wer aber den Heiligen Geist lästert, der hat keine Vergebung in Ewigkeit, sondern ist ewiger Sünde schuldig.

30 Denn sie sagten: Er hat einen unreinen Geist.

15 and have authority to cast out demons.

16 He appointed the twelve: Simon (to whom he gave the name Peter);

17 James the son of Zebedee and John the brother of James (to whom he gave the name Boanerges, that is, Sons of Thunder);

18 Andrew, and Philip, and Bartholomew, and Matthew, and Thomas, and James the son of Alphaeus, and Thaddaeus, and Simon the Cananaean,

19 and Judas Iscariot, who betrayed him.

¶ **20** Then he went home, and the crowd gathered again, so that they could not even eat.

21 And when his family heard it, they went out to seize him, for they were saying, "He is out of his mind."

Blasphemy Against the Holy Spirit

¶ **22** And the scribes who came down from Jerusalem were saying, "He is possessed by Beelzebul," and "by the prince of demons he casts out the demons."

23 And he called them to him and said to them in parables, "How can Satan cast out Satan?

24 If a kingdom is divided against itself, that kingdom cannot stand.

25 And if a house is divided against itself, that house will not be able to stand.

26 And if Satan has risen up against himself and is divided, he cannot stand, but is coming to an end.

27 But ᵐno one can enter a strong man's house and plunder his goods, unless he first binds the strong man. ⁿThen indeed he may plunder his house.

¶ **28**ᵒ "Truly, I say to you, all sins will be forgiven the children of man, and whatever blasphemies they utter,

29 but whoever ᵖblasphemes against the Holy Spirit never has forgiveness, but is guilty of an eternal sin"—

30 for they were saying, "He has an unclean spirit."

Jesu wahre Verwandte
(Mt 12,46-50; Lk 8,19-21)

31 Und es kamen seine Mutter und seine Brüder und standen draußen, schickten zu ihm und ließen ihn rufen.

32 Und das Volk saß um ihn. Und sie sprachen zu ihm: Siehe, deine Mutter und deine Brüder und deine Schwestern draußen fragen nach dir.

¶ **33** Und er antwortete ihnen und sprach: Wer ist meine Mutter und meine Brüder?

34 Und er sah ringsum auf die, die um ihn im Kreise saßen, und sprach: Siehe, das ist meine Mutter und das sind meine Brüder!

35 Denn wer Gottes Willen tut, der ist mein Bruder und meine Schwester und meine Mutter.

Vom Sämann
(Mt 13,1-9; Lk 8,4-8)

4 Und er fing abermals an, am See zu lehren. Und es versammelte sich eine sehr große Menge bei ihm, sodass er in ein Boot steigen musste, das im Wasser lag; er setzte sich, und alles Volk stand auf dem Lande am See.

2 Und er lehrte sie vieles in Gleichnissen; und in seiner Predigt sprach er zu ihnen:

¶ **3** Hört zu! Siehe, es ging ein Sämann aus zu säen.

4 Und es begab sich, indem er säte, dass einiges auf den Weg fiel; da kamen die Vögel und fraßen's auf.

5 Einiges fiel auf felsigen Boden, wo es nicht viel Erde hatte, und ging alsbald auf, weil es keine tiefe Erde hatte.

6 Als nun die Sonne aufging, verwelkte es, und weil es keine Wurzel hatte, verdorrte es.

7 Und einiges fiel unter die Dornen, und die Dornen wuchsen empor und erstickten's, und es brachte keine Frucht.

8 Und einiges fiel auf gutes Land, ging auf und wuchs und brachte Frucht, und einiges trug dreißigfach und einiges sechzigfach und einiges hundertfach.

9 Und er sprach: Wer Ohren hat zu hören, der höre!

Vom Sinn der Gleichnisse
(Mt 13,10-17; Lk 8,9-10)

10 Und als er allein war, fragten ihn, die um ihn waren, samt den Zwölfen, nach den Gleichnissen.

Jesus' Mother and Brothers

¶ **31** And his mother and his brothers came, and standing outside they sent to him and called him.

32 And a crowd was sitting around him, and they said to him, "Your mother and your brothers[2] are outside, seeking you."

33 And he answered them, "Who are my mother and my brothers?"

34 And looking about at those who sat around him, he said, "Here are my mother and my brothers!

35 [f]For whoever [u]does the will of God, he is my brother and sister and mother."

The Parable of the Sower

4 Again he began to teach beside the sea. And a very large crowd gathered about him, so that he got into a boat and sat in it on the sea, and the whole crowd was beside the sea on the land.

2 And he was teaching them many things in parables, and in his teaching he said to them:

3 "Listen! [y]A sower went out to sow.

4 And as he sowed, some seed fell along the path, and the birds came and devoured it.

5 Other seed fell on rocky ground, where it did not have much soil, and immediately it sprang up, since it had no depth of soil.

6 And [z]when the sun rose, it was scorched, and since it had no root, [a]it withered away.

7 Other seed fell among [b]thorns, and the thorns grew up and choked it, and it yielded no grain.

8 And other seeds fell into good soil and produced grain, growing up and increasing and yielding thirtyfold and sixtyfold and [c]a hundredfold."

9 And he said, [d]"He who has ears to hear, let him hear."

The Purpose of the Parables

¶ **10** And when he was alone, those around him with the twelve asked him about the parables.

11 Und er sprach zu ihnen: Euch ist das Geheimnis des Reiches Gottes gegeben; denen aber draußen widerfährt es alles in Gleichnissen,

12 damit sie es mit sehenden Augen sehen und doch nicht erkennen, und mit hörenden Ohren hören und doch nicht verstehen, damit sie sich nicht etwa bekehren und ihnen vergeben werde.

Die Deutung des Gleichnisses vom Sämann
(Mt 13,18-23; Lk 8,11-15)

13 Und er sprach zu ihnen: Versteht ihr dies Gleichnis nicht, wie wollt ihr dann die andern alle verstehen?

14 Der Sämann sät das Wort.

15 Das aber sind die auf dem Wege: wenn das Wort gesät wird und sie es gehört haben, kommt sogleich der Satan und nimmt das Wort weg, das in sie gesät war.

16 Desgleichen auch die, bei denen auf felsigen Boden gesät ist: wenn sie das Wort gehört haben, nehmen sie es sogleich mit Freuden auf,

17 aber sie haben keine Wurzel in sich, sondern sind wetterwendisch; wenn sich Bedrängnis oder Verfolgung um des Wortes willen erhebt, so fallen sie sogleich ab.

18 Und andere sind die, bei denen unter die Dornen gesät ist: die hören das Wort,

19 und die Sorgen der Welt und der betrügerische Reichtum und die Begierden nach allem andern dringen ein und ersticken das Wort, und es bleibt ohne Frucht.

20 Diese aber sind's, bei denen auf gutes Land gesät ist: die hören das Wort und nehmen's an und bringen Frucht, einige dreißigfach und einige sechzigfach und einige hundertfach.

Vom Licht und vom rechten Maß
(Lk 8,16-18)

21 Und er sprach zu ihnen: Zündet man etwa ein Licht an, um es unter den Scheffel oder unter die Bank zu setzen? Keineswegs, sondern um es auf den Leuchter zu setzen.

22 Denn es ist nichts verborgen, was nicht offenbar werden soll, und ist nichts geheim, was nicht an den Tag kommen soll.

23 Wer Ohren hat zu hören, der höre!

¶ **24** Und er sprach zu ihnen: Seht zu, was ihr hört! Mit welchem Maß ihr messt, wird man euch wieder messen, und man wird euch noch dazugeben.

25 Denn wer da hat, dem wird gegeben; und wer nicht hat, dem wird man auch das nehmen, was er hat.

11 And he said to them, [f]"To you has been given [g]the secret of the kingdom of God, but for [h]those outside everything is in parables,

12 [i]so that

"they [j]may indeed see but not perceive,
    and may indeed hear but not
        understand,
lest they [k]should turn and be forgiven."

13 And he said to them, "Do you not understand this parable? How then will you understand all the parables?

14 [m]The sower sows [n]the word.

15 And these are the ones along the path, where the word is sown: when they hear, Satan immediately comes and takes away the word that is sown in them.

16 And these are the ones sown on rocky ground: the ones who, when they hear the word, immediately receive it [o]with joy.

17 And they have no root in themselves, but [p]endure for a while; then, when tribulation or persecution arises on account of the word, immediately [q]they fall away.[l]

18 And others are the ones sown among thorns. They are those who hear the word,

19 but [r]the cares of [s]the world and the deceitfulness of riches and the desires for other things enter in and choke the word, and it proves unfruitful.

20 But those that were sown on the good soil are the ones who hear the word and accept it and [u]bear fruit, [v]thirtyfold and sixtyfold and a hundredfold."

A Lamp Under a Basket

¶ **21** And he said to them, [x]"Is a lamp brought in to be put under a basket, or under a bed, and not on a stand?

22 [y]For nothing is hidden except to be made manifest; nor is anything secret except to come to light.

23 [z]If anyone has ears to hear, let him hear."

24 And he said to them, "Pay attention to what you hear: [a]with the measure you use, it will be measured to you, and still more will be added to you.

25 [b]For to the one who has, more will be given, and from the one who has not, even what he has will be taken away."

Vom Wachsen der Saat

26 Und er sprach: Mit dem Reich Gottes ist es so, wie wenn ein Mensch Samen aufs Land wirft

27 und schläft und aufsteht, Nacht und Tag; und der Same geht auf und wächst – er weiß nicht wie.

28 Denn von selbst bringt die Erde Frucht, zuerst den Halm, danach die Ähre, danach den vollen Weizen in der Ähre.

29 Wenn sie aber die Frucht gebracht hat, so schickt er alsbald die Sichel hin; denn die Ernte ist da.

Vom Senfkorn

(Mt 13,31-32; 13,34; Lk 13,18-19)

30 Und er sprach: Womit wollen wir das Reich Gottes vergleichen, und durch welches Gleichnis wollen wir es abbilden?

31 Es ist wie ein Senfkorn: wenn das gesät wird aufs Land, so ist's das kleinste unter allen Samenkörnern auf Erden;

32 und wenn es gesät ist, so geht es auf und wird größer als alle Kräuter und treibt große Zweige, sodass die Vögel unter dem Himmel unter seinem Schatten wohnen können.

¶ **33** Und durch viele solche Gleichnisse sagte er ihnen das Wort so, wie sie es zu hören vermochten.

34 Und ohne Gleichnisse redete er nicht zu ihnen; aber wenn sie allein waren, legte er seinen Jüngern alles aus.

Die Stillung des Sturmes

(Mt 8,23-27; Lk 8,22-25)

35 Und am Abend desselben Tages sprach er zu ihnen: Lasst uns hinüberfahren.

36 Und sie ließen das Volk gehen und nahmen ihn mit, wie er im Boot war, und es waren noch andere Boote bei ihm.

37 Und es erhob sich ein großer Windwirbel und die Wellen schlugen in das Boot, sodass das Boot schon voll wurde.

38 Und er war hinten im Boot und schlief auf einem Kissen. Und sie weckten ihn auf und sprachen zu ihm: Meister, fragst du nichts danach, dass wir umkommen?

39 Und er stand auf und bedrohte den Wind und sprach zu dem Meer: Schweig und verstumme! Und der Wind legte sich und es entstand eine große Stille.

40 Und er sprach zu ihnen: Was seid ihr so furchtsam? Habt ihr noch keinen Glauben?

¶ **41** Sie aber fürchteten sich sehr und sprachen untereinander: Wer ist der? Auch Wind und Meer sind ihm gehorsam!

The Parable of the Seed Growing

¶ **26** And he said, ᶜ"The kingdom of God is as if a man should scatter seed on the ground.

27 He sleeps and rises night and day, and the seed sprouts and grows; ᵈhe knows not how.

28 The earth produces by itself, first the blade, then the ear, then the full grain in the ear.

29 But when the grain is ripe, at once ᵉhe puts in the sickle, because the harvest has come."

The Parable of the Mustard Seed

¶ **30** And he said, "With what can we compare the kingdom of God, or what parable shall we use for it?

31 It is like ᵍa grain of mustard seed, which, when sown on the ground, is the smallest of all the seeds on earth,

32 yet when it is sown it grows up and becomes larger than all the garden plants and puts out large branches, so that the birds of the air can make nests in its shade."

¶ **33** With many such parables he spoke the word to them, as they were able to hear it.

34 He did not speak to them without a parable, but privately to his own disciples he explained everything.

Jesus Calms a Storm

¶ **35** On that day, when evening had come, he said to them, "Let us go across to the other side."

36 And leaving the crowd, they took him with them in the boat, just as he was. And other boats were with him.

37 And a great windstorm arose, and the waves were breaking into the boat, so that the boat was already filling.

38 But he was in the stern, asleep on the cushion. And they woke him and said to him, "Teacher, do you not care that we are perishing?"

39 And he awoke and rebuked the wind and said to the sea, "Peace! Be still!" And the wind ceased, and there was a great calm.

40 He said to them, "Why are you ʳ so afraid? Have you still no faith?"

41 And they were filled with great fear and said to one another, "Who then is this, that even the wind and the sea obey him?"

Die Heilung des besessenen Geraseners

(Mt 8,28-34; Lk 8,26-39)

5 Und sie kamen ans andre Ufer des Sees in die Gegend der Geraser.

2 Und als er aus dem Boot trat, lief ihm alsbald von den Gräbern her ein Mensch entgegen mit einem unreinen Geist,

3 der hatte seine Wohnung in den Grabhöhlen. Und niemand konnte ihn mehr binden, auch nicht mit Ketten;

4 denn er war oft mit Fesseln und Ketten gebunden gewesen und hatte die Ketten zerrissen und die Fesseln zerrieben; und niemand konnte ihn bändigen.

5 Und er war allezeit, Tag und Nacht, in den Grabhöhlen und auf den Bergen, schrie und schlug sich mit Steinen.

6 Als er aber Jesus sah von ferne, lief er hinzu und fiel vor ihm nieder

7 und schrie laut: Was willst du von mir, Jesus, du Sohn Gottes, des Allerhöchsten? Ich beschwöre dich bei Gott: Quäle mich nicht!

8 Denn er hatte zu ihm gesagt: Fahre aus, du unreiner Geist, von dem Menschen!

9 Und er fragte ihn: Wie heißt du? Und er sprach: Legion heiße ich; denn wir sind viele.

10 Und er bat Jesus sehr, dass er sie nicht aus der Gegend vertreibe.

¶ **11** Es war aber dort an den Bergen eine große Herde Säue auf der Weide.

12 Und die unreinen Geister baten ihn und sprachen: Lass uns in die Säue fahren!

13 Und er erlaubte es ihnen. Da fuhren die unreinen Geister aus und fuhren in die Säue, und die Herde stürmte den Abhang hinunter in den See, etwa zweitausend, und sie ersoffen im See.

¶ **14** Und die Sauhirten flohen und verkündeten das in der Stadt und auf dem Lande. Und die Leute gingen hinaus, um zu sehen, was geschehen war,

15 und kamen zu Jesus und sahen den Besessenen, wie er dasaß, bekleidet und vernünftig, den, der die Legion unreiner Geister gehabt hatte; und sie fürchteten sich.

16 Und die es gesehen hatten, erzählten ihnen, was mit dem Besessenen geschehen war und das von den Säuen.

17 Und sie fingen an und baten Jesus, aus ihrem Gebiet fortzugehen.

¶ **18** Und als er in das Boot trat, bat ihn der Besessene, dass er bei ihm bleiben dürfe.

Jesus Heals a Man with a Demon

5 They came to the other side of the sea, to the country of the Gerasenes.[1]

2 And when Jesus[2] had stepped out of the boat, immediately there met him out of the tombs a man with an unclean spirit.

3 He lived among the tombs. And no one could bind him anymore, not even with a chain,

4 for he had often been bound with shackles and chains, but he wrenched the chains apart, and he broke the shackles in pieces. No one had the strength to subdue him.

5 Night and day among the tombs and on the mountains he was always crying out and cutting himself with stones.

6 And when he saw Jesus from afar, he ran and fell down before him.

7 And crying out with a loud voice, he said, "What have you to do with me, Jesus, Son of the Most High God? I adjure you by God, do not torment me."

8 For he was saying to him, "Come out of the man, you unclean spirit!"

9 And Jesus asked him, "What is your name?" He replied, "My name is Legion, for we are many."

10 And he begged him earnestly not to send them out of the country.

11 Now a great herd of pigs was feeding there on the hillside,

12 and they begged him, saying, "Send us to the pigs; let us enter them."

13 So he gave them permission. And the unclean spirits came out, and entered the pigs, and the herd, numbering about two thousand, rushed down the steep bank into the sea and were drowned in the sea.

¶ **14** The herdsmen fled and told it in the city and in the country. And people came to see what it was that had happened.

15 And they came to Jesus and saw the demon-possessed[3] man, the one who had had the legion, sitting there, clothed and in his right mind, and they were afraid.

16 And those who had seen it described to them what had happened to the demon-possessed man and to the pigs.

17 And they began to beg Jesus[4] to depart from their region.

18 As he was getting into the boat, the man who had been possessed with demons begged him that he might be with him.

19 Aber er ließ es ihm nicht zu, sondern sprach zu ihm: Geh hin in dein Haus zu den Deinen und verkünde ihnen, welch große Wohltat dir der Herr getan und wie er sich deiner erbarmt hat.

20 Und er ging hin und fing an, in den Zehn Städten auszurufen, welch große Wohltat ihm Jesus getan hatte; und jedermann verwunderte sich.

Die Heilung einer blutflüssigen Frau und die Auferweckung der Tochter des Jaïrus
(Mt 9,18-26; Lk 8,40-56)

21 Und als Jesus wieder herübergefahren war im Boot, versammelte sich eine große Menge bei ihm, und er war am See.

22 Da kam einer von den Vorstehern der Synagoge, mit Namen Jaïrus. Und als er Jesus sah, fiel er ihm zu Füßen

23 und bat ihn sehr und sprach: Meine Tochter liegt in den letzten Zügen; komm doch und lege deine Hände auf sie, damit sie gesund werde und lebe.

24 Und er ging hin mit ihm.

¶ Und es folgte ihm eine große Menge und sie umdrängten ihn.

25 Und da war eine Frau, die hatte den Blutfluss seit zwölf Jahren

26 und hatte viel erlitten von vielen Ärzten und all ihr Gut dafür aufgewandt; und es hatte ihr nichts geholfen, sondern es war noch schlimmer mit ihr geworden.

27 Als die von Jesus hörte, kam sie in der Menge von hinten heran und berührte sein Gewand.

28 Denn sie sagte sich: Wenn ich nur seine Kleider berühren könnte, so würde ich gesund.

29 Und sogleich versiegte die Quelle ihres Blutes, und sie spürte es am Leibe, dass sie von ihrer Plage geheilt war.

30 Und Jesus spürte sogleich an sich selbst, dass eine Kraft von ihm ausgegangen war, und wandte sich um in der Menge und sprach: Wer hat meine Kleider berührt?

31 Und seine Jünger sprachen zu ihm: Du siehst, dass dich die Menge umdrängt, und fragst: Wer hat mich berührt?

32 Und er sah sich um nach der, die das getan hatte.

33 Die Frau aber fürchtete sich und zitterte, denn sie wusste, was an ihr geschehen war; sie kam und fiel vor ihm nieder und sagte ihm die ganze Wahrheit.

34 Er aber sprach zu ihr: Meine Tochter, dein Glaube hat dich gesund gemacht; geh hin in Frieden und sei gesund von deiner Plage!

19 And he did not permit him but said to him, "Go home to your friends and ᶠtell them how much the Lord has done for you, and how he has had mercy on you."

20 And he went away and began to proclaim in the Decapolis how much Jesus had done for him, and everyone marveled.

Jesus Heals a Woman and Jairus's Daughter

¶ **21** And when Jesus had crossed again in the boat to the other side, a great crowd gathered about him, and he was beside the sea.

22 Then came one of the rulers of the synagogue, Jairus by name, and seeing him, he fell at his feet

23 and implored him earnestly, saying, "My little daughter is at the point of death. Come and lay your hands on her, so that she may be made well and live."

24 And he went with him.

¶ And a great crowd followed him and thronged about him.

25 And there was a woman who had had a discharge of blood for twelve years,

26 and who had suffered much under many physicians, and had spent all that she had, and was no better but rather grew worse.

27 She had heard the reports about Jesus and came up behind him in the crowd and touched his garment.

28 For she said, "If I touch even his garments, I will be made well."

29 And immediately the flow of blood dried up, and she felt in her body that she was healed of her disease.

30 And Jesus, perceiving in himself that power had gone out from him, immediately turned about in the crowd and said, "Who touched my garments?"

31 And his disciples said to him, "You see the crowd pressing around you, and yet you say, 'Who touched me?'"

32 And he looked around to see who had done it.

33 But the woman, knowing what had happened to her, came in fear and trembling and fell down before him and told him the whole truth.

34 And he said to her, "Daughter, ᵖyour faith has made you well; ᵖgo in peace, and be healed of your ⁿdisease."

¶ **35** Als er noch so redete, kamen einige aus dem Hause des Vorstehers der Synagoge und sprachen: Deine Tochter ist gestorben; was bemühst du weiter den Meister?

36 Jesus aber hörte mit an, was gesagt wurde, und sprach zu dem Vorsteher: Fürchte dich nicht, glaube nur!

37 Und er ließ niemanden mit sich gehen als Petrus und Jakobus und Johannes, den Bruder des Jakobus.

¶ **38** Und sie kamen in das Haus des Vorstehers, und er sah das Getümmel und wie sehr sie weinten und heulten.

39 Und er ging hinein und sprach zu ihnen: Was lärmt und weint ihr? Das Kind ist nicht gestorben, sondern es schläft.

40 Und sie verlachten ihn. Er aber trieb sie alle hinaus und nahm mit sich den Vater des Kindes und die Mutter und die bei ihm waren und ging hinein, wo das Kind lag,

41 und ergriff das Kind bei der Hand und sprach zu ihm: Talita kum! – das heißt übersetzt: Mädchen, ich sage dir, steh auf!

42 Und sogleich stand das Mädchen auf und ging umher; es war aber zwölf Jahre alt. Und sie entsetzten sich sogleich über die Maßen.

¶ **43** Und er gebot ihnen streng, dass es niemand wissen sollte, und sagte, sie sollten ihr zu essen geben.

Die Verwerfung Jesu in Nazareth
(Mt 13,53-58; Lk 4,16-30)

6 Und er ging von dort weg und kam in seine Vaterstadt, und seine Jünger folgten ihm nach.

2 Und als der Sabbat kam, fing er an zu lehren in der Synagoge. Und viele, die zuhörten, verwunderten sich und sprachen: Woher hat er das? Und was ist das für eine Weisheit, die ihm gegeben ist? Und solche mächtigen Taten, die durch seine Hände geschehen?

3 Ist er nicht der Zimmermann, Marias Sohn, und der Bruder des Jakobus und Joses und Judas und Simon? Sind nicht auch seine Schwestern hier bei uns? Und sie ärgerten sich an ihm.

¶ **4** Jesus aber sprach zu ihnen: Ein Prophet gilt nirgends weniger als in seinem Vaterland und bei seinen Verwandten und in seinem Hause.

5 Und er konnte dort nicht eine einzige Tat tun, außer dass er wenigen Kranken die Hände auflegte und sie heilte.

¶ **35** While he was still speaking, there came from the ruler's house some who said, "Your daughter is dead. Why trouble the Teacher any further?"

36 But overhearing[5] what they said, Jesus said to the ruler of the synagogue, "Do not fear, only believe."

37 And he allowed no one to follow him except Peter and James and John the brother of James.

38 They came to the house of the ruler of the synagogue, and Jesus[6] saw a commotion, people weeping and wailing loudly.

39 And when he had entered, he said to them, [v] "Why are you making a commotion and weeping? The child is not dead but [w]sleeping."

40 And they laughed at him. But he put them all outside and took the child's father and mother and those who were with him and went in where the child was.

41 Taking her by the hand he said to her, "Talitha cumi," which means, "Little girl, I say to you, [z]arise."

42 And immediately the girl got up and began walking (for she was twelve years of age), and they were immediately overcome with amazement.

43 And he strictly charged them that no one should know this, and told them to give her something to eat.

Jesus Rejected at Nazareth

6 He went away from there and came to his hometown, and his disciples followed him.

2 And on the Sabbath he began to teach in the synagogue, and many who heard him were astonished, saying, "Where did this man get these things? What is the wisdom given to him? How are such mighty works done by his hands?

3 Is not this the carpenter, the son of Mary and brother of James and Joses and Judas and Simon? And are not his sisters here with us?" And they took offense at him.

4 And Jesus said to them, [j] "A prophet is not without honor, except in his hometown and among his relatives and in his own household."

5 And he could do no mighty work there, except that he laid his hands on a few sick people and healed them.

6 Und er wunderte sich über ihren Unglauben. Und er ging rings umher in die Dörfer und lehrte.

Die Aussendung der Zwölf
(Mt 10,1; 10,5-14; Lk 9,1-6)

7 Und er rief die Zwölf zu sich und fing an, sie auszusenden je zwei und zwei, und gab ihnen Macht über die unreinen Geister

8 und gebot ihnen, nichts mitzunehmen auf den Weg als allein einen Stab, kein Brot, keine Tasche, kein Geld im Gürtel,

9 wohl aber Schuhe, und nicht zwei Hemden anzuziehen.

¶ **10** Und er sprach zu ihnen: Wo ihr in ein Haus gehen werdet, da bleibt, bis ihr von dort weiterzieht.

11 Und wo man euch nicht aufnimmt und nicht hört, da geht hinaus und schüttelt den Staub von euren Füßen zum Zeugnis gegen sie.

12 Und sie zogen aus und predigten, man solle Buße tun,

13 und trieben viele böse Geister aus und salbten viele Kranke mit Öl und machten sie gesund.

Das Ende Johannes des Täufers
(Mt 14,1-12; Lk 9,7-9; 3,19-20)

14 Und es kam dem König Herodes zu Ohren; denn der Name Jesu war nun bekannt. Und die Leute sprachen: Johannes der Täufer ist von den Toten auferstanden; darum tut er solche Taten.

15 Einige aber sprachen: Er ist Elia; andere aber: Er ist ein Prophet wie einer der Propheten.

16 Als es aber Herodes hörte, sprach er: Es ist Johannes, den ich enthauptet habe, der ist auferstanden.

¶ **17** Denn er, Herodes, hatte ausgesandt und Johannes ergriffen und ins Gefängnis geworfen um der Herodias willen, der Frau seines Bruders Philippus; denn er hatte sie geheiratet.

18 Johannes hatte nämlich zu Herodes gesagt: Es ist nicht recht, dass du die Frau deines Bruders hast.

19 Herodias aber stellte ihm nach und wollte ihn töten und konnte es nicht.

20 Denn Herodes fürchtete Johannes, weil er wusste, dass er ein frommer und heiliger Mann war, und hielt ihn in Gewahrsam; und wenn er ihn hörte, wurde er sehr unruhig; doch hörte er ihn gern.

6 And he marveled because of their unbelief.

¶   And he went about among the villages teaching.

Jesus Sends Out the Twelve Apostles

¶ **7** And he called the twelve and began to send them out two by two, and gave them authority over the unclean spirits.

8 He charged them to take nothing for their journey except a staff—no bread, no bag, no money in their belts—

9 but to wear sandals and not put on two tunics.[1]

10 And he said to them, "Whenever you enter a house, stay there until you depart from there.

11 And if any place will not receive you and they will not listen to you, when you leave, [q]shake off the dust that is on your feet [r]as a testimony against them."

12 So they went out and proclaimed that people should repent.

13 And they cast out many demons and anointed with oil many who were sick and healed them.

The Death of John the Baptist

¶ **14** King Herod heard of it, for Jesus[2] name had become known. Some[3] said, "John the Baptist[4] has been raised from the dead. That is why these miraculous powers are at work in him."

15 But others said, "He is Elijah." And others said, "He is a prophet, like one of the prophets of old."

16 But when Herod heard of it, he said, "John, whom I beheaded, has been raised."

17 For it was Herod who had sent and seized John and bound him in prison for the sake of Herodias, his brother Philip's wife, because he had married her.

18 For John had been saying to Herod, "It is not lawful for you to have your brother's wife."

19 And Herodias had a grudge against him and wanted to put him to death. But she could not,

20 for Herod feared John, knowing that he was a righteous and holy man, and he kept him safe. When he heard him, he was greatly perplexed, and yet he heard him gladly.

¶ 21 Und es kam ein gelegener Tag, als Herodes an seinem Geburtstag ein Festmahl gab für seine Großen und die Obersten und die Vornehmsten von Galiläa.

22 Da trat herein die Tochter der Herodias und tanzte und gefiel Herodes und denen, die mit am Tisch saßen. Da sprach der König zu dem Mädchen: Bitte von mir, was du willst, ich will dir's geben.

23 Und er schwor ihr einen Eid: Was du von mir bittest, will ich dir geben, bis zur Hälfte meines Königreichs.

¶ 24 Und sie ging hinaus und fragte ihre Mutter: Was soll ich bitten? Die sprach: Das Haupt Johannes des Täufers.

25 Da ging sie sogleich eilig hinein zum König, bat ihn und sprach: Ich will, dass du mir gibst, jetzt gleich auf einer Schale, das Haupt Johannes des Täufers.

¶ 26 Und der König wurde sehr betrübt. Doch wegen des Eides und derer, die mit am Tisch saßen, wollte er sie keine Fehlbitte tun lassen.

27 Und sogleich schickte der König den Henker hin und befahl, das Haupt des Johannes herzubringen. Der ging hin und enthauptete ihn im Gefängnis

28 und trug sein Haupt herbei auf einer Schale und gab's dem Mädchen und das Mädchen gab's seiner Mutter.

29 Und als das seine Jünger hörten, kamen sie und nahmen seinen Leichnam und legten ihn in ein Grab.

Die Speisung der Fünftausend
(Mt 14,13-21; Lk 9,10-17; Joh 6,1-13)

30 Und die Apostel kamen bei Jesus zusammen und verkündeten ihm alles, was sie getan und gelehrt hatten.

31 Und er sprach zu ihnen: Geht ihr allein an eine einsame Stätte und ruht ein wenig. Denn es waren viele, die kamen und gingen, und sie hatten nicht Zeit genug zum Essen.

32 Und sie fuhren in einem Boot an eine einsame Stätte für sich allein.

33 Und man sah sie wegfahren, und viele merkten es und liefen aus allen Städten zu Fuß dorthin zusammen und kamen ihnen zuvor.

34 Und Jesus stieg aus und sah die große Menge; und sie jammerten ihn, denn sie waren wie Schafe, die keinen Hirten haben. Und er fing eine lange Predigt an.

¶ 35 Als nun der Tag fast vorüber war, traten seine Jünger zu ihm und sprachen: Es ist öde hier und der Tag ist fast vorüber;

¶ 21 But an opportunity came when Herod on his birthday gave a banquet for his nobles and military commanders and the leading men of Galilee.

22 For when Herodias's daughter came in and danced, she pleased Herod and his guests. And the king said to the girl, "Ask me for whatever you wish, and I will give it to you."

23 And he vowed to her, "Whatever you ask me, I will give you, up to half of my kingdom."

24 And she went out and said to her mother, "For what should I ask?" And she said, "The head of John the Baptist."

25 And she came in immediately with haste to the king and asked, saying, "I want you to give me at once the head of John the Baptist on a platter."

26 And the king was exceedingly sorry, but because of his oaths and his guests he did not want to break his word to her.

27 And immediately the king sent an executioner with orders to bring John's[5] head. He went and beheaded him in the prison

28 and brought his head on a platter and gave it to the girl, and the girl gave it to her mother.

29 When his disciples heard of it, they came and took his body and laid it in a tomb.

Jesus Feeds the Five Thousand

¶ 30 The apostles returned to Jesus and told him all that they had done and taught.

31 And he said to them, "Come away by yourselves to a desolate place and rest a while." For many were coming and going, and they had no leisure even to eat.

32 And they went away in the boat to a desolate place by themselves.

33 Now many saw them going and recognized them, and they ran there on foot from all the towns and got there ahead of them.

34 When he went ashore he saw a great crowd, and [o] he had compassion on them, because they were like sheep without a shepherd. And he began to teach them many things.

35 And when it grew late, his disciples came to him and said, "This is a desolate place, and the hour is now late.

36 lass sie gehen, damit sie in die Höfe und Dörfer ringsum gehen und sich Brot kaufen.

37 Er aber antwortete und sprach zu ihnen: Gebt ihr ihnen zu essen! Und sie sprachen zu ihm: Sollen wir denn hingehen und für zweihundert Silbergroschen Brot kaufen und ihnen zu essen geben?

38 Er aber sprach zu ihnen: Wie viel Brote habt ihr? Geht hin und seht! Und als sie es erkundet hatten, sprachen sie: Fünf und zwei Fische.

39 Und er gebot ihnen, dass sie sich alle lagerten, tischweise, auf das grüne Gras.

40 Und sie setzten sich, in Gruppen zu hundert und zu fünfzig.

¶ **41** Und er nahm die fünf Brote und zwei Fische und sah auf zum Himmel, dankte und brach die Brote und gab sie den Jüngern, damit sie unter ihnen austeilten, und die zwei Fische teilte er unter sie alle.

42 Und sie aßen alle und wurden satt.

43 Und sie sammelten die Brocken auf, zwölf Körbe voll, und von den Fischen.

44 Und die die Brote gegessen hatten, waren fünftausend Mann.

Jesus kommt zu seinen Jüngern auf dem See
(Mt 14,22-33; Joh 6,15-21)

45 Und alsbald trieb er seine Jünger, in das Boot zu steigen und vor ihm hinüberzufahren nach Betsaida, bis er das Volk gehen ließe.

46 Und als er sie fortgeschickt hatte, ging er hin auf einen Berg, um zu beten.

47 Und am Abend war das Boot mitten auf dem See und er auf dem Land allein.

48 Und er sah, dass sie sich abplagten beim Rudern, denn der Wind stand ihnen entgegen.
¶ Um die vierte Nachtwache kam er zu ihnen und ging auf dem See und wollte an ihnen vorübergehen.

49 Und als sie ihn sahen auf dem See gehen, meinten sie, es wäre ein Gespenst, und schrien;

50 denn sie sahen ihn alle und erschraken. Aber sogleich redete er mit ihnen und sprach zu ihnen: Seid getrost, ich bin's; fürchtet euch nicht!,

51 und trat zu ihnen ins Boot, und der Wind legte sich. Und sie entsetzten sich über die Maßen;

52 denn sie waren um nichts verständiger geworden angesichts der Brote, sondern ihr Herz war verhärtet.

36 Send them away to go into the surrounding countryside and villages and buy themselves something to eat."

37 But he answered them, [q] "You give them something to eat." And they said to him, "Shall we go and buy two hundred denarii[6] worth of bread and give it to them to eat?"

38 And he said to them, "How many loaves do you have? Go and see." And when they had found out, they said, "Five, and two fish."

39 Then he commanded them all to sit down in groups on the green grass.

40 So they sat down in groups, by hundreds and by fifties.

41 And taking the five loaves and the two fish he looked up to heaven and said a blessing and broke the loaves and gave them to the disciples to set before the people. And he divided the two fish among them all.

42 And they all ate and were satisfied.

43 And they took up twelve baskets full of broken pieces and of the fish.

44 And those who ate the loaves were five thousand men.

Jesus Walks on the Water

¶ **45** Immediately he made his disciples get into the boat and go before him to the other side, to Bethsaida, while he dismissed the crowd.

46 And after he had taken leave of them, he went up on the mountain to pray.

47 And when evening came, the boat was out on the sea, and he was alone on the land.

48 And he saw that they were making headway painfully, for the wind was against them. And about the fourth watch of the night[7] he came to them, walking on the sea. He meant to pass by them,

49 but when they saw him walking on the sea they thought it was a ghost, and cried out,

50 for they all saw him and were terrified. But immediately he spoke to them and said, [e] "Take heart; it is I. [e] Do not be afraid."

51 And he got into the boat with them, and the wind ceased. And they were utterly astounded,

52 for they did not understand about the loaves, but their hearts were hardened.

Krankenheilungen in Genezareth
(Mt 14,34-36)

53 Und als sie hinübergefahren waren ans Land, kamen sie nach Genezareth und legten an.

54 Und als sie aus dem Boot stiegen, erkannten ihn die Leute alsbald

55 und liefen im ganzen Land umher und fingen an, die Kranken auf Bahren überall dorthin zu tragen, wo sie hörten, dass er war.

56 Und wo er in Dörfer, Städte und Höfe hineinging, da legten sie die Kranken auf den Markt und baten ihn, dass diese auch nur den Saum seines Gewandes berühren dürften; und alle, die ihn berührten, wurden gesund.

Von Reinheit und Unreinheit
(Mt 15,1-20)

7 Und es versammelten sich bei ihm die Pharisäer und einige von den Schriftgelehrten, die aus Jerusalem gekommen waren.

2 Und sie sahen einige seiner Jünger mit unreinen, das heißt: ungewaschenen Händen das Brot essen.

3 Denn die Pharisäer und alle Juden essen nicht, wenn sie nicht die Hände mit einer Handvoll Wasser gewaschen haben, und halten so die Satzungen der Ältesten;

4 und wenn sie vom Markt kommen, essen sie nicht, wenn sie sich nicht gewaschen haben. Und es gibt viele andre Dinge, die sie zu halten angenommen haben, wie: Trinkgefäße und Krüge und Kessel und Bänke zu waschen.

5 Da fragten ihn die Pharisäer und Schriftgelehrten: Warum leben deine Jünger nicht nach den Satzungen der Ältesten, sondern essen das Brot mit unreinen Händen?

¶ **6** Er aber sprach zu ihnen: Wie fein hat von euch Heuchlern Jesaja geweissagt, wie geschrieben steht (Jesaja 29,13): »Dies Volk ehrt mich mit den Lippen; aber ihr Herz ist fern von mir.

7 Vergeblich dienen sie mir, weil sie lehren solche Lehren, die nichts sind als Menschengebote.«

8 Ihr verlasst Gottes Gebot und haltet der Menschen Satzungen.

9 Und er sprach zu ihnen: Wie fein hebt ihr Gottes Gebot auf, damit ihr eure Satzungen aufrichtet!

Jesus Heals the Sick in Gennesaret

¶ **53** When they had crossed over, they came to land at Gennesaret and moored to the shore.

54 And when they got out of the boat, the people immediately recognized him

55 and ran about the whole region and began to bring the sick people on their beds to wherever they heard he was.

56 And wherever he came, in villages, cities, or countryside, they laid the sick in the marketplaces and implored him that they might touch even the fringe of his garment. And as many as touched it were made well.

Traditions and Commandments

7 Now when the Pharisees gathered to him, with some of the scribes who had come from Jerusalem,

2 they saw that some of his disciples ate with hands that were defiled, that is, unwashed.

3 (For the Pharisees and all the Jews do not eat unless they wash[1] their hands, holding to the tradition of the elders,

4 and when they come from the marketplace, they do not eat unless they wash.[2] And there are many other traditions that they observe, such as the washing of cups and pots and copper vessels and dining couches.[3])

5 And the Pharisees and the scribes asked him, "Why do your disciples not walk according to the tradition of the elders, but eat with defiled hands?"

6 And he said to them, "Well did Isaiah prophesy of you ˣhypocrites, as it is written,

> ʸ"   This people honors me with their lips,
>   but their heart is far from me;
> **7** in vain do they worship me,
>   teaching as ᶻdoctrines the commandments of men.'

8 You leave the commandment of God and hold to the tradition of men."

¶ **9** And he said to them, "You have a fine way of ᵃrejecting the commandment of God in order to establish your tradition!

10 Denn Mose hat gesagt (2.Mose 20,12; 21,17): »Du sollst deinen Vater und deine Mutter ehren«, und: »Wer Vater oder Mutter flucht, der soll des Todes sterben.«

11 Ihr aber lehrt: Wenn einer zu Vater oder Mutter sagt: Korban – das heißt: Opfergabe soll sein, was dir von mir zusteht –,

12 so lasst ihr ihn nichts mehr tun für seinen Vater oder seine Mutter

13 und hebt so Gottes Wort auf durch eure Satzungen, die ihr überliefert habt; und dergleichen tut ihr viel.

¶ **14** Und er rief das Volk wieder zu sich und sprach zu ihnen: Hört mir alle zu und begreift's!

15 Es gibt nichts, was von außen in den Menschen hineingeht, das ihn unrein machen könnte; sondern was aus dem Menschen herauskommt, das ist's, was den Menschen unrein macht.*

¶ **17** Und als er von dem Volk ins Haus kam, fragten ihn seine Jünger nach diesem Gleichnis.

18 Und er sprach zu ihnen: Seid ihr denn auch so unverständig? Merkt ihr nicht, dass alles, was von außen in den Menschen hineingeht, ihn nicht unrein machen kann?

19 Denn es geht nicht in sein Herz, sondern in den Bauch und kommt heraus in die Grube. Damit erklärte er alle Speisen für rein.

20 Und er sprach: Was aus dem Menschen herauskommt, das macht den Menschen unrein;

21 denn von innen, aus dem Herzen der Menschen, kommen heraus böse Gedanken, Unzucht, Diebstahl, Mord,

22 Ehebruch, Habgier, Bosheit, Arglist, Ausschweifung, Missgunst, Lästerung, Hochmut, Unvernunft.

23 Alle diese bösen Dinge kommen von innen heraus und machen den Menschen unrein.

Die Frau aus Syrophönizien
(Mt 15,21-28)

24 Und er stand auf und ging von dort in das Gebiet von Tyrus. Und er ging in ein Haus und wollte es niemanden wissen lassen und konnte doch nicht verborgen bleiben,

25 sondern alsbald hörte eine Frau von ihm, deren Töchterlein einen unreinen Geist hatte. Und sie kam und fiel nieder zu seinen Füßen

10 For Moses said, [b]'Honor your father and your mother'; and, [c]'Whoever reviles father or mother must surely die.'

11 But you say, 'If a man tells his father or his mother, "Whatever you would have gained from me is Corban"' (that is, given to God)[4]—

12 then you no longer permit him to do anything for his father or mother,

13 thus [d]making void the word of God by your tradition that you have handed down. And many such things you do."

What Defiles a Person

¶ **14** And he called the people to him again and said to them, [e]"Hear me, all of you, and understand:

15 [f]There is nothing outside a person that by going into him can defile him, but the things that come out of a person are what defile him."[5]

17 And when he had entered the house and left the people, his disciples asked him about the parable.

18 And he said to them, "Then [i]are you also without understanding? Do you not see that whatever goes into a person from outside cannot defile him,

19 since it enters not his heart [j]but his stomach, and is expelled?"[6] (Thus he declared all foods clean.)

20 And he said, [l]"What comes out of a person is what defiles him.

21 For from within, out of the heart of man, come evil thoughts, sexual immorality, theft, [m]murder, adultery,

22 coveting, wickedness, deceit, [n]sensuality, [o]envy, [p]slander, [q]pride, [r]foolishness.

23 [s]All these evil things come from within, and they defile a person."

The Syrophoenician Woman's Faith

¶ **24** And from there he arose and went away to the region of Tyre and Sidon.[7] And he entered a house and did not want anyone to know, yet he could not be hidden.

25 But immediately a woman whose little daughter had an unclean spirit heard of him and came and fell down at his feet.

26 – die Frau war aber eine Griechin aus Syrophönizien – und bat ihn, dass er den bösen Geist von ihrer Tochter austreibe.

¶ **27** Jesus aber sprach zu ihr: Lass zuvor die Kinder satt werden; es ist nicht recht, dass man den Kindern das Brot wegnehme und werfe es vor die Hunde.

28 Sie antwortete aber und sprach zu ihm: Ja, Herr; aber doch fressen die Hunde unter dem Tisch von den Brosamen der Kinder.

29 Und er sprach zu ihr: Um dieses Wortes willen geh hin, der böse Geist ist von deiner Tochter ausgefahren.

30 Und sie ging hin in ihr Haus und fand das Kind auf dem Bett liegen, und der böse Geist war ausgefahren.

Die Heilung eines Taubstummen

31 Und als er wieder fortging aus dem Gebiet von Tyrus, kam er durch Sidon an das Galiläische Meer, mitten in das Gebiet der Zehn Städte.

32 Und sie brachten zu ihm einen, der taub und stumm war, und baten ihn, dass er die Hand auf ihn lege.

33 Und er nahm ihn aus der Menge beiseite und legte ihm die Finger in die Ohren und berührte seine Zunge mit Speichel und

34 sah auf zum Himmel und seufzte und sprach zu ihm: Hefata!, das heißt: Tu dich auf!

35 Und sogleich taten sich seine Ohren auf und die Fessel seiner Zunge löste sich, und er redete richtig.

¶ **36** Und er gebot ihnen, sie sollten's niemandem sagen. Je mehr er's aber verbot, desto mehr breiteten sie es aus.

37 Und sie wunderten sich über die Maßen und sprachen: **Er hat alles wohl gemacht; die Tauben macht er hörend und die Sprachlosen redend.**

Die Speisung der Viertausend

(Mt 15,32-39)

8 Zu der Zeit, als wieder eine große Menge da war und sie nichts zu essen hatten, rief Jesus die Jünger zu sich und sprach zu ihnen:

2 Mich jammert das Volk, denn sie haben nun drei Tage bei mir ausgeharrt und haben nichts zu essen.

3 Und wenn ich sie hungrig heimgehen ließe, würden sie auf dem Wege verschmachten; denn einige sind von ferne gekommen.

4 Seine Jünger antworteten ihm: Wie kann sie jemand hier in der Wüste mit Brot sättigen?

26 Now the woman was a Gentile, a Syrophoenician by birth. And she begged him to cast the demon out of her daughter.

27 And he said to her, "Let the children be ʷfed first, for it is not right to take the children's bread and ˣthrow it to the dogs."

28 But she answered him, "Yes, Lord; yet even the dogs under the table eat the children's crumbs."

29 And he said to her, "For this statement you may ᶻgo your way; the demon has left your daughter."

30 And she went home and found the child lying in bed and the demon gone.

Jesus Heals a Deaf Man

¶ **31** Then he returned from the region of Tyre and went through Sidon to the Sea of Galilee, in the region of the Decapolis.

32 And they brought to him a man who was deaf and ᵈhad a speech impediment, and they begged him to lay his hand on him.

33 And taking him aside from the crowd privately, he put his fingers into his ears, and ʲafter spitting touched his tongue.

34 And looking up to heaven, he sighed and said to him, "Ephphatha," that is, "Be opened."

35 And his ears were opened, his tongue was released, and he spoke plainly.

36 And Jesus⁸ charged them to tell no one. But the more he charged them, the more zealously they proclaimed it.

37 And they were astonished beyond measure, saying, "He has done all things well. He even makes the deaf hear and the mute speak."

Jesus Feeds the Four Thousand

8 In those days, when again a great crowd had gathered, and they had nothing to eat, he called his disciples to him and said to them,

2ᵐ "I have compassion on the crowd, because they have been with me now three days and have nothing to eat.

3 And if I send them away hungry to their homes, they will faint on the way. And some of them have come from far away."

4 And his disciples answered him, "How can one feed these people with bread here in this desolate place?"

5 Und er fragte sie: Wie viel Brote habt ihr? Sie sprachen: Sieben.

¶ **6** Und er gebot dem Volk, sich auf die Erde zu lagern. Und er nahm die sieben Brote, dankte und brach sie und gab sie seinen Jüngern, damit sie sie austeilten, und sie teilten sie unter das Volk aus.

7 Und sie hatten auch einige Fische, und er dankte und ließ auch diese austeilen.

8 Sie aßen aber und wurden satt und sammelten die übrigen Brocken auf, sieben Körbe voll.

9 Und es waren etwa viertausend; und er ließ sie gehen.

Die Zeichenforderung der Pharisäer
(Mt 16,1-4)

10 Und alsbald stieg er in das Boot mit seinen Jüngern und kam in die Gegend von Dalmanuta.

11 Und die Pharisäer kamen heraus und fingen an, mit ihm zu streiten, versuchten ihn und forderten von ihm ein Zeichen vom Himmel.

12 Und er seufzte in seinem Geist und sprach: Was fordert doch dieses Geschlecht ein Zeichen? Wahrlich, ich sage euch: Es wird diesem Geschlecht kein Zeichen gegeben werden!

13 Und er verließ sie und stieg wieder in das Boot und fuhr hinüber.

Warnung vor den Pharisäern und vor Herodes
(Mt 16,5-12)

14 Und sie hatten vergessen, Brot mitzunehmen, und hatten nicht mehr mit sich im Boot als ein Brot.

15 Und er gebot ihnen und sprach: Schaut zu und seht euch vor vor dem Sauerteig der Pharisäer und vor dem Sauerteig des Herodes.

16 Und sie bedachten hin und her, dass sie kein Brot hätten.

¶ **17** Und er merkte das und sprach zu ihnen: Was bekümmert ihr euch doch, dass ihr kein Brot habt? Versteht ihr noch nicht, und begreift ihr noch nicht? Habt ihr noch ein verhärtetes Herz in euch?

18 Habt Augen und seht nicht, und habt Ohren und hört nicht, und denkt nicht daran:

19 Als ich die fünf Brote brach für die fünftausend, wie viel Körbe voll Brocken habt ihr da aufgesammelt? Sie sagten: Zwölf.

5 And he asked them, "How many loaves do you have?" They said, "Seven."

6 And he directed the crowd to sit down on the ground. And he took the seven loaves, and having given thanks, he broke them and gave them to his disciples to set before the people; and they set them before the crowd.

7 And they had a few small fish. And having blessed them, he said that these also should be set before them.

8 And they ate and were satisfied. And they took up the broken pieces left over, seven baskets full.

9 And there were about four thousand people. And he sent them away.

The Pharisees Demand a Sign

¶ **11** The Pharisees came and began to argue with him, seeking from him a sign from heaven to test him.

12 And he sighed deeply in his spirit and said, "Why does this generation seek a sign? Truly, I say to you, no sign will be given to this generation."

13 And he left them, got into the boat again, and went to the other side.

The Leaven of the Pharisees and Herod

¶ **14** Now they had forgotten to bring bread, and they had only one loaf with them in the boat.

15 And he cautioned them, saying, "Watch out; ᵃbeware of ᵇthe leaven of the Pharisees and the leaven of ᶜHerod."[2]

16 And they began discussing with one another the fact that they had no bread.

17 And Jesus, aware of this, said to them, "Why are you discussing the fact that you have no bread? ᵉDo you not yet perceive ᶠor understand? ᶠAre your hearts hardened?

18 ᵍHaving eyes do you not see, and having ears do you not hear? And do you not remember?

19 When I broke ʰthe five loaves for the five thousand, how many baskets full of broken pieces did you take up?" They said to him, "Twelve."

20 Und als ich die sieben brach für die viertausend, wie viel Körbe voll Brocken habt ihr da aufgesammelt? Sie sagten: Sieben.

21 Und er sprach zu ihnen: Begreift ihr denn noch nicht?

Die Heilung eines Blinden

22 Und sie kamen nach Betsaida. Und sie brachten zu ihm einen Blinden und baten ihn, dass er ihn anrühre.

23 Und er nahm den Blinden bei der Hand und führte ihn hinaus vor das Dorf, tat Speichel auf seine Augen, legte seine Hände auf ihn und fragte ihn: Siehst du etwas?

24 Und er sah auf und sprach: Ich sehe die Menschen, als sähe ich Bäume umhergehen.

25 Danach legte er abermals die Hände auf seine Augen. Da sah er deutlich und wurde wieder zurechtgebracht, sodass er alles scharf sehen konnte.

26 Und er schickte ihn heim und sprach: Geh nicht hinein in das Dorf!

Das Bekenntnis des Petrus

(Mt 16,13-20; Lk 9,18-21; Joh 6,67-69)

27 Und Jesus ging fort mit seinen Jüngern in die Dörfer bei Cäsarea Philippi. Und auf dem Wege fragte er seine Jünger und sprach zu ihnen: Wer, sagen die Leute, dass ich sei?

28 Sie antworteten ihm: Einige sagen, du seist Johannes der Täufer; einige sagen, du seist Elia; andere, du seist einer der Propheten.

29 Und er fragte sie: Ihr aber, wer, sagt ihr, dass ich sei? Da antwortete Petrus und sprach zu ihm: **Du bist der Christus!**

30 Und er gebot ihnen, dass sie niemandem von ihm sagen sollten.

Die erste Ankündigung von Jesu Leiden und Auferstehung

(Mt 16,21-23; Lk 9,22)

31 Und er fing an, sie zu lehren: Der Menschensohn muss viel leiden und verworfen werden von den Ältesten und Hohenpriestern und Schriftgelehrten und getötet werden und nach drei Tagen auferstehen.

32 Und er redete das Wort frei und offen. Und Petrus nahm ihn beiseite und fing an, ihm zu wehren.

33 Er aber wandte sich um, sah seine Jünger an und bedrohte Petrus und sprach: Geh weg von mir, Satan! Denn du meinst nicht, was göttlich, sondern was menschlich ist.

20 "And [i] the seven for the four thousand, how many baskets full of broken pieces did you take up?" And they said to him, "Seven."

21 And he said to them, "Do you not yet understand?"

Jesus Heals a Blind Man at Bethsaida

¶ **22** And they came to Bethsaida. And some people brought to him a blind man and begged him to touch him.

23 And he took the blind man by the hand and led him out of the village, and when [k] he had spit on his eyes and laid his hands on him, he asked him, "Do you see anything?"

24 And he looked up and said, "I see men, but they look like trees, walking."

25 Then Jesus[3] laid his hands on his eyes again; and he opened his eyes, his sight was restored, and he saw everything clearly.

26 And he sent him to his home, saying, [n] "Do not even enter the village."

Peter Confesses Jesus as the Christ

¶ **27** And Jesus went on with his disciples to the villages of Caesarea Philippi. And on the way he asked his disciples, "Who do people say that I am?"

28 And they told him, "John the Baptist; and others say, Elijah; and others, one of the prophets."

29 And he asked them, "But who do you say that I am?" Peter answered him, "You are the Christ."

30 And he strictly charged them to tell no one about him.

Jesus Foretells His Death and Resurrection

¶ **31** And he began to teach them that the Son of Man must suffer many things and be rejected by the elders and the chief priests and the scribes and be killed, and after three days rise again.

32 And he said this plainly. And Peter took him aside and began to rebuke him.

33 But turning and seeing his disciples, he rebuked Peter and said, [a] "Get behind me, Satan! For you [b] are not setting your mind on the things of God, but on the things of man."

Von der Nachfolge
(Mt 16,24-28; Lk 9,23-27)

34 Und er rief zu sich das Volk samt seinen Jüngern und sprach zu ihnen: **Wer mir nachfolgen will, der verleugne sich selbst und nehme sein Kreuz auf sich und folge mir nach.**

35 Denn wer sein Leben erhalten will, der wird's verlieren; und wer sein Leben verliert um meinetwillen und um des Evangeliums willen, der wird's erhalten.

36 Denn was hülfe es dem Menschen, wenn er die ganze Welt gewönne und nähme an seiner Seele Schaden?

37 Denn was kann der Mensch geben, womit er seine Seele auslöse?

¶ **38** Wer sich aber meiner und meiner Worte schämt unter diesem abtrünnigen und sündigen Geschlecht, dessen wird sich auch der Menschensohn schämen, wenn er kommen wird in der Herrlichkeit seines Vaters mit den heiligen Engeln.

9 Und er sprach zu ihnen: Wahrlich, ich sage euch: Es stehen einige hier, die werden den Tod nicht schmecken, bis sie sehen das Reich Gottes kommen mit Kraft.

Die Verklärung Jesu
(Mt 17,1-13; Lk 9,28-36)

2 Und nach sechs Tagen nahm Jesus mit sich Petrus, Jakobus und Johannes und führte sie auf einen hohen Berg, nur sie allein. Und er wurde vor ihnen verklärt;

3 und seine Kleider wurden hell und sehr weiß, wie sie kein Bleicher auf Erden so weiß machen kann.

4 Und es erschien ihnen Elia mit Mose und sie redeten mit Jesus.

¶ **5** Und Petrus fing an und sprach zu Jesus: Rabbi, hier ist für uns gut sein. Wir wollen drei Hütten bauen, dir eine, Mose eine und Elia eine.

6 Er wusste aber nicht, was er redete; denn sie waren ganz verstört.

7 Und es kam eine Wolke, die überschattete sie. Und eine Stimme geschah aus der Wolke: **Das ist mein lieber Sohn; den sollt ihr hören!**

¶ **8** Und auf einmal, als sie um sich blickten, sahen sie niemand mehr bei sich als Jesus allein.

9 Als sie aber vom Berge hinabgingen, gebot ihnen Jesus, dass sie niemandem sagen sollten, was sie gesehen hatten, bis der Menschensohn auferstünde von den Toten.

¶ **34** And calling the crowd to him with his disciples, he said to them, "If anyone would come after me, let him ^{c}deny himself and ^{d}take up his cross and follow me.

35 For ^{d}whoever would save his life^4 will lose it, but whoever loses his life for my sake ^{e}and the gospel's will save it.

36 ^{f}For what does it profit a man to gain the whole world and forfeit his soul?

37 For ^{g}what can a man give in return for his soul?

38 For ^{h}whoever is ashamed of me and of my words in this ^{i}adulterous and sinful generation, of him will the Son of Man also be ashamed ^{j}when he comes in the glory of his Father with ^{k}the holy angels."

9 And he said to them, "Truly, I say to you, there are some standing here who will not ^{l}taste death ^{m}until they see the kingdom of God after it has come ^{n}with power."

The Transfiguration

¶ **2** And after six days Jesus took with him Peter and James and John, and led them up a high mountain by themselves. And he was transfigured before them,

3 and his clothes became radiant, intensely white, as no one^1 on earth could bleach them.

4 And there appeared to them Elijah with Moses, and they were talking with Jesus.

5 And Peter said to Jesus, "Rabbi,^{2} it is good that we are here. Let us make three tents, one for you and one for Moses and one for Elijah."

6 For he did not know what to say, for they were terrified.

7 And a cloud overshadowed them, and ^{v}a voice came out of the cloud, "This is my beloved Son;^{3} listen to him."

8 And suddenly, looking around, they no longer saw anyone with them but Jesus only.

¶ **9** And as they were coming down the mountain, he charged them to tell no one what they had seen, until the Son of Man had risen from the dead.

10 Und sie behielten das Wort und befragten sich untereinander: Was ist das, auferstehen von den Toten?

¶ **11** Und sie fragten ihn und sprachen: Sagen nicht die Schriftgelehrten, dass zuvor Elia kommen muss?

12 Er aber sprach zu ihnen: Elia soll ja zuvor kommen und alles wieder zurechtbringen. Und wie steht dann geschrieben von dem Menschensohn, dass er viel leiden und verachtet werden soll?

13 Aber ich sage euch: Elia ist gekommen und sie haben ihm angetan, was sie wollten, wie von ihm geschrieben steht.

Die Heilung eines besessenen Knaben

(Mt 17,14-20; Lk 9,37-42)

14 Und sie kamen zu den Jüngern und sahen eine große Menge um sie herum und Schriftgelehrte, die mit ihnen stritten.

15 Und sobald die Menge ihn sah, entsetzten sich alle, liefen herbei und grüßten ihn.

16 Und er fragte sie: Was streitet ihr mit ihnen?

17 Einer aber aus der Menge antwortete: Meister, ich habe meinen Sohn hergebracht zu dir, der hat einen sprachlosen Geist.

18 Und wo er ihn erwischt, reißt er ihn; und er hat Schaum vor dem Mund und knirscht mit den Zähnen und wird starr. Und ich habe mit deinen Jüngern geredet, dass sie ihn austreiben sollen, und sie konnten's nicht.

19 Er aber antwortete ihnen und sprach: O du ungläubiges Geschlecht, wie lange soll ich bei euch sein? Wie lange soll ich euch ertragen? Bringt ihn her zu mir!

¶ **20** Und sie brachten ihn zu ihm. Und sogleich, als ihn der Geist sah, riss er ihn. Und er fiel auf die Erde, wälzte sich und hatte Schaum vor dem Mund.

21 Und Jesus fragte seinen Vater: Wie lange ist's, dass ihm das widerfährt? Er sprach: Von Kind auf.

22 Und oft hat er ihn ins Feuer und ins Wasser geworfen, dass er ihn umbrächte. Wenn du aber etwas kannst, so erbarme dich unser und hilf uns!

23 Jesus aber sprach zu ihm: Du sagst: Wenn du kannst – **alle Dinge sind möglich dem, der da glaubt.**

24 Sogleich schrie der Vater des Kindes: **Ich glaube; hilf meinem Unglauben!**

10 So they kept the matter to themselves, questioning what this rising from the dead might mean.

11 And they asked him, "Why do the scribes say that first Elijah must come?"

12 And he said to them, "Elijah does come first [e]to restore all things. And [f]how is it written of the Son of Man that he should [g]suffer many things and [h]be treated with contempt?

13 But I tell you that Elijah has come, and [i]they did to him whatever they pleased, as it is written of him."

Jesus Heals a Boy with an Unclean Spirit

¶ **14** And when they came to the disciples, they saw a great crowd around them, and scribes arguing with them.

15 And immediately all the crowd, when they saw him, were greatly amazed and ran up to him and greeted him.

16 And he asked them, "What are you arguing about with them?"

17 And someone from the crowd answered him, "Teacher, I brought my son to you, for he has a spirit that makes him mute.

18 And whenever it seizes him, it throws him down, and he foams and grinds his teeth and becomes rigid. So I asked your disciples to cast it out, and they were not able."

19 And he answered them, "O [n]faithless generation, [n]how long am I to be with you? How long am I to bear with you? Bring him to me."

20 And they brought the boy to him. And when the spirit saw him, immediately it convulsed the boy, and he fell on the ground and rolled about, foaming at the mouth.

21 And Jesus asked his father, "How long has this been happening to him?" And he said, "From childhood.

22 And it has often cast him into fire and into water, to destroy him. But if you can do anything, have compassion on us and help us."

23 And Jesus said to him, [p]"'If you can'! [q]All things are possible for one who believes."

24 Immediately the father of the child cried out[4] and said, "I believe; help my unbelief!"

¶ **25** Als nun Jesus sah, dass das Volk herbeilief, bedrohte er den unreinen Geist und sprach zu ihm: Du sprachloser und tauber Geist, ich gebiete dir: Fahre von ihm aus und fahre nicht mehr in ihn hinein!

26 Da schrie er und riss ihn sehr und fuhr aus. Und der Knabe lag da wie tot, sodass die Menge sagte: Er ist tot.

27 Jesus aber ergriff ihn bei der Hand und richtete ihn auf, und er stand auf.

¶ **28** Und als er heimkam, fragten ihn seine Jünger für sich allein: Warum konnten **wir** ihn nicht austreiben?

29 Und er sprach: Diese Art kann durch nichts ausfahren als durch Beten.*

Die zweite Ankündigung von Jesu Leiden und Auferstehung
(Mt 17,22-23; Lk 9,43-45)

30 Und sie gingen von dort weg und zogen durch Galiläa; und er wollte nicht, dass es jemand wissen sollte.

31 Denn er lehrte seine Jünger und sprach zu ihnen: Der Menschensohn wird überantwortet werden in die Hände der Menschen und sie werden ihn töten; und wenn er getötet ist, so wird er nach drei Tagen auferstehen.

32 Sie aber verstanden das Wort nicht und fürchteten sich, ihn zu fragen.

Der Rangstreit der Jünger
(Mt 18,1-5; Lk 9,46-48)

33 Und sie kamen nach Kapernaum. Und als er daheim war, fragte er sie: Was habt ihr auf dem Weg verhandelt?

34 Sie aber schwiegen; denn sie hatten auf dem Weg miteinander verhandelt, wer der Größte sei.

35 Und er setzte sich und rief die Zwölf und sprach zu ihnen: Wenn jemand will der Erste sein, der soll der Letzte sein von allen und aller Diener.

36 Und er nahm ein Kind, stellte es mitten unter sie und herzte es und sprach zu ihnen:

37 Wer ein solches Kind in meinem Namen aufnimmt, der nimmt mich auf; und wer mich aufnimmt, der nimmt nicht mich auf, sondern den, der mich gesandt hat.

Der fremde Wundertäter
(Lk 9,49-50)

38 Johannes sprach zu ihm: Meister, wir sahen einen, der trieb böse Geister in deinem Namen aus, und wir verboten's ihm, weil er uns nicht nachfolgt.

25 And when Jesus saw that a crowd came running together, he rebuked the unclean spirit, saying to it, ᵗ"You mute and deaf spirit, I command you, come out of him and never enter him again."

26 And after crying out and convulsing him terribly, it came out, and the boy was like a corpse, so that most of them said, "He is dead."

27 But Jesus took him by the hand and lifted him up, and he arose.

28 And when he had entered the house, his disciples asked him privately, "Why could we not cast it out?"

29 And he said to them, "This kind cannot be driven out by anything but prayer."⁵

Jesus Again Foretells Death, Resurrection

¶ **30** They went on from there and passed through Galilee. And he did not want anyone to know,

31 for he was teaching his disciples, saying to them, "The Son of Man is going to be delivered into the hands of men, and they will kill him. And when he is killed, ˣafter three days he will rise."

32 But they did not understand the saying, and were afraid to ask him.

Who Is the Greatest?

¶ **33** And they came to Capernaum. And when he was in the house he asked them, "What were you discussing on the way?"

34 But they kept silent, for on the way they had argued with one another about who was the greatest.

35 And he sat down and called the twelve. And he said to them, ᶜ"If anyone would be first, he must be last of all and servant of all."

36 And he took a child and put him in the midst of them, and taking him in his arms, he said to them,

37ᵉ"Whoever receives one such child in my name receives me, and ᵉwhoever receives me, receives not me but him who sent me."

Anyone Not Against Us Is for Us

¶ **38** John said to him, "Teacher, we saw someone casting out demons in your name,⁶ and we tried to stop him, because he was not following us."

39 Jesus aber sprach: Ihr sollt's ihm nicht verbieten. Denn niemand, der ein Wunder tut in meinem Namen, kann so bald übel von mir reden.

40 Denn wer nicht gegen uns ist, der ist für uns.

¶ **41** Denn wer euch einen Becher Wasser zu trinken gibt deshalb, weil ihr Christus angehört, wahrlich, ich sage euch: Es wird ihm nicht unvergolten bleiben.

Warnung vor Verführung zum Abfall
(Mt 18,6-9; Lk 17,1-2)

42 Und wer einen dieser Kleinen, die an mich glauben, zum Abfall verführt, für den wäre es besser, dass ihm ein Mühlstein an den Hals gehängt und er ins Meer geworfen würde.

¶ **43** Wenn dich aber deine Hand zum Abfall verführt, so haue sie ab! Es ist besser für dich, dass du verkrüppelt zum Leben eingehst, als dass du zwei Hände hast und fährst in die Hölle, in das Feuer, das nie verlöscht.*

45 Wenn dich dein Fuß zum Abfall verführt, so haue ihn ab! Es ist besser für dich, dass du lahm zum Leben eingehst, als dass du zwei Füße hast und wirst in die Hölle geworfen.*

47 Wenn dich dein Auge zum Abfall verführt, so wirf's von dir! Es ist besser für dich, dass du einäugig in das Reich Gottes gehst, als dass du zwei Augen hast und wirst in die Hölle geworfen,

48 wo ihr Wurm nicht stirbt und das Feuer nicht verlöscht.

¶ **49** Denn jeder wird mit Feuer gesalzen werden.

50 Das Salz ist gut; wenn aber das Salz nicht mehr salzt, womit wird man's würzen? Habt Salz bei euch und habt Frieden untereinander!

Von der Ehescheidung
(Mt 19,1-9)

10 Und er machte sich auf und kam von dort in das Gebiet von Judäa und jenseits des Jordans. Und abermals lief das Volk in Scharen bei ihm zusammen, und wie es seine Gewohnheit war, lehrte er sie abermals.

¶ **2** Und Pharisäer traten zu ihm und fragten ihn, ob ein Mann sich scheiden dürfe von seiner Frau; und sie versuchten ihn damit.

3 Er antwortete aber und sprach zu ihnen: Was hat euch Mose geboten?

4 Sie sprachen: Mose hat zugelassen, einen Scheidebrief zu schreiben und sich zu scheiden.

39 But Jesus said, "Do not stop him, for no one who does a mighty work in my name will be able soon afterward to speak evil of me.

40 [i]For the one who is not against us is for us.

41 For truly, I say to you, [j]whoever gives you a cup of water to drink because you belong to Christ will by no means lose his reward.

Temptations to Sin

¶ **42**[k] "Whoever causes one of [l]these little ones who believe in me to sin,[7] [m]it would be better for him if a great millstone were hung around his neck and he were thrown into the sea.

43 [n]And if your hand causes you to sin, cut it off. It is better for you to enter life crippled than with two hands to go to [o]hell,[8] to [p]the unquenchable fire.[9]

45 [q]And if your foot causes you to sin, cut it off. It is better for you to enter life lame than with two feet to be thrown into [o]hell.

47 [r]And if your eye causes you to sin, tear it out. It is better for you to enter the kingdom of God with one eye than with two eyes to be thrown into [s]hell,

48 'where [t]their worm does not die and the fire is not quenched.'

49 For everyone will be salted with fire.[10]

50 [v]Salt is good, [w]but if the salt has lost its saltiness, how will you make it salty again? [x]Have salt in yourselves, and [y]be at peace with one another."

Teaching About Divorce

10 And he left there and went to the region of Judea and beyond the Jordan, and crowds gathered to him again. And again, as was his custom, he taught them.

¶ **2** And Pharisees came up and in order to test him asked, "Is it lawful for a man to divorce his wife?"

3 He answered them, "What did Moses command you?"

4 They said, "Moses allowed a man to write a certificate of divorce and to send her away."

5 Jesus aber sprach zu ihnen: Um eures Herzens Härte willen hat er euch dieses Gebot geschrieben;

6 aber von Beginn der Schöpfung an hat Gott sie geschaffen als Mann und Frau.

7 Darum wird ein Mann seinen Vater und seine Mutter verlassen und wird an seiner Frau hängen,

8 und die zwei werden **ein** Fleisch sein. So sind sie nun nicht mehr zwei, sondern **ein** Fleisch.

9 Was nun Gott zusammengefügt hat, soll der Mensch nicht scheiden.

¶ **10** Und daheim fragten ihn abermals seine Jünger danach.

11 Und er sprach zu ihnen: Wer sich scheidet von seiner Frau und heiratet eine andere, der bricht ihr gegenüber die Ehe;

12 und wenn sich eine Frau scheidet von ihrem Mann und heiratet einen andern, bricht sie ihre Ehe.

Die Segnung der Kinder
(Mt 19,13-15; Lk 18,15-17)

13 Und sie brachten Kinder zu ihm, damit er sie anrühre. Die Jünger aber fuhren sie an.

14 Als es aber Jesus sah, wurde er unwillig und sprach zu ihnen: **Lasst die Kinder zu mir kommen und wehret ihnen nicht; denn solchen gehört das Reich Gottes.**

15 Wahrlich, ich sage euch: Wer das Reich Gottes nicht empfängt wie ein Kind, der wird nicht hineinkommen.

16 Und er herzte sie und legte die Hände auf sie und segnete sie.

Die Gefahr des Reichtums (»Der reiche Jüngling«)
(Mt 19,16-26; Lk 18,18-27)

17 Und als er sich auf den Weg machte, lief einer herbei, kniete vor ihm nieder und fragte ihn: Guter Meister, was soll ich tun, damit ich das ewige Leben ererbe?

18 Aber Jesus sprach zu ihm: Was nennst du mich gut? Niemand ist gut als Gott allein.

19 Du kennst die Gebote: »Du sollst nicht töten; du sollst nicht ehebrechen; du sollst nicht stehlen; du sollst nicht falsch Zeugnis reden; du sollst niemanden berauben; ehre Vater und Mutter.«

¶ **20** Er aber sprach zu ihm: Meister, das habe ich alles gehalten von meiner Jugend auf.

21 Und Jesus sah ihn an und gewann ihn lieb und sprach zu ihm: Eines fehlt dir. Geh hin, verkaufe alles, was du hast, und gib's den Armen, so wirst du einen Schatz im Himmel haben, und komm und folge mir nach!*

5 And Jesus said to them, "Because of your ᵉhardness of heart he wrote you this commandment.

6 But ʲfrom the beginning of creation, 'God made them ᵍmale and female.'

7ʰ'Therefore a man shall leave his father and mother and hold fast to his wife,ˡ

8 and ⁱthe two shall become one flesh.' So they are no longer two but one flesh.

9 ʲWhat therefore God has joined together, let not man separate."

¶ **10** And in the house the disciples asked him again about this matter.

11 And he said to them, ᵏ"Whoever divorces his wife and marries another commits adultery against her,

12 and ˡif she divorces her husband and marries another, she commits adultery."

Let the Children Come to Me

¶ **13** And they were bringing children to him that he might touch them, and the disciples rebuked them.

14 But when Jesus saw it, he was indignant and said to them, ᵒ"Let the children come to me; ᵖdo not hinder them, for to such belongs the kingdom of God.

15 ᑫTruly, I say to you, whoever does not ʳreceive the kingdom of God like a child shall not enter it."

16 And he took them in his arms and blessed them, laying his hands on them.

The Rich Young Man

¶ **17** And as he was setting out on his journey, a man ran up and knelt before him and asked him, "Good Teacher, what must I do to inherit eternal life?"

18 And Jesus said to him, "Why do you call me good? No one is good except God alone.

19 You know the commandments: ˣ'Do not murder, Do not commit adultery, Do not steal, Do not bear false witness, Do not defraud, Honor your father and mother.'"

20 And he said to him, "Teacher, all these I have kept from my youth."

21 And Jesus, looking at him, loved him, and said to him, "You lack one thing: go, ᵇsell all that you have and give to the poor, and you will have ᶜtreasure in heaven; and come, follow me."

22 Er aber wurde unmutig über das Wort und ging traurig davon; denn er hatte viele Güter.

¶ **23** Und Jesus sah um sich und sprach zu seinen Jüngern: Wie schwer werden die Reichen in das Reich Gottes kommen!

24 Die Jünger aber entsetzten sich über seine Worte. Aber Jesus antwortete wiederum und sprach zu ihnen: Liebe Kinder, wie schwer ist's, ins Reich Gottes zu kommen!

25 Es ist leichter, dass ein Kamel durch ein Nadelöhr gehe, als dass ein Reicher ins Reich Gottes komme.

26 Sie entsetzten sich aber noch viel mehr und sprachen untereinander: Wer kann dann selig werden?

27 Jesus aber sah sie an und sprach: Bei den Menschen ist's unmöglich, aber nicht bei Gott; denn alle Dinge sind möglich bei Gott.

Der Lohn der Nachfolge
(Mt 19,27-30; Lk 18,28-30)

28 Da fing Petrus an und sagte zu ihm: Siehe, wir haben alles verlassen und sind dir nachgefolgt.

29 Jesus sprach: Wahrlich, ich sage euch: Es ist niemand, der Haus oder Brüder oder Schwestern oder Mutter oder Vater oder Kinder oder Äcker verlässt um meinetwillen und um des Evangeliums willen,

30 der nicht hundertfach empfange: jetzt in dieser Zeit Häuser und Brüder und Schwestern und Mütter und Kinder und Äcker mitten unter Verfolgungen – und in der zukünftigen Welt das ewige Leben.

31 Viele aber werden die Letzten sein, die die Ersten sind, und die Ersten sein, die die Letzten sind.

Die dritte Ankündigung von Jesu Leiden und Auferstehung
(Mt 20,17-19; Lk 18,31-34)

32 Sie waren aber auf dem Wege hinauf nach Jerusalem und Jesus ging ihnen voran; und sie entsetzten sich; die ihm aber nachfolgten, fürchteten sich. Und er nahm abermals die Zwölf zu sich und fing an, ihnen zu sagen, was ihm widerfahren werde:

33 Siehe, wir gehen hinauf nach Jerusalem, und der Menschensohn wird überantwortet werden den Hohenpriestern und Schriftgelehrten, und sie werden ihn zum Tode verurteilen und den Heiden überantworten.

34 Die werden ihn verspotten und anspeien und geißeln und töten, und nach drei Tagen wird er auferstehen.

22 Disheartened by the saying, he went away sorrowful, for he had great possessions.

¶ **23** And Jesus looked around and said to his disciples, *j* "How difficult it will be for those who have wealth to enter *g* the kingdom of God!"

24 And the disciples were amazed at his words. But Jesus said to them again, *i* "Children, *j* how difficult it is² to enter *g* the kingdom of God!

25 It is easier for a camel to go through the eye of a needle than for a rich person to enter *g* the kingdom of God."

26 And they were exceedingly astonished, and said to him,³ "Then who can be saved?"

27 Jesus looked at them and said, *l* "With man it is impossible, but not with God. For all things are possible with God."

28 Peter began to say to him, "See, we have left everything and followed you."

29 Jesus said, "Truly, I say to you, *n* there is no one who has left house or brothers or sisters or mother or father or children or lands, for my sake and *o* for the gospel,

30 who will not receive a hundredfold *p* now in this time, houses and brothers and sisters and mothers and children and lands, *q* with persecutions, and in *r* the age to come eternal life.

31 But *s* many who are first will be last, and the last first."

Jesus Foretells His Death a Third Time

¶ **32** And they were on the road, going up to Jerusalem, and Jesus was walking ahead of them. And they were amazed, and those who followed were afraid. And taking the twelve again, he began to tell them what was to happen to him,

33 saying, "See, *w* we are going up to Jerusalem, and the Son of Man will be delivered over to the chief priests and the scribes, and they will *x* condemn him to death and *y* deliver him over to the Gentiles.

34 And they will *z* mock him and *a* spit on him, and flog him and kill him. And *b* after three days he will rise."

Vom Herrschen und vom Dienen (»Die Söhne des Zebedäus«)

(Mt 20,20-28)

35 Da gingen zu ihm Jakobus und Johannes, die Söhne des Zebedäus, und sprachen: Meister, wir wollen, dass du für uns tust, um was wir dich bitten werden.

36 Er sprach zu ihnen: Was wollt ihr, dass ich für euch tue?

37 Sie sprachen zu ihm: Gib uns, dass wir sitzen einer zu deiner Rechten und einer zu deiner Linken in deiner Herrlichkeit.

38 Jesus aber sprach zu ihnen: Ihr wisst nicht, was ihr bittet. Könnt ihr den Kelch trinken, den ich trinke, oder euch taufen lassen mit der Taufe, mit der ich getauft werde?

39 Sie sprachen zu ihm: Ja, das können wir. Jesus aber sprach zu ihnen: Ihr werdet zwar den Kelch trinken, den ich trinke, und getauft werden mit der Taufe, mit der ich getauft werde;

40 zu sitzen aber zu meiner Rechten oder zu meiner Linken, das steht mir nicht zu, euch zu geben, sondern das wird denen zuteil, für die es bestimmt ist.

¶ **41** Und als das die Zehn hörten, wurden sie unwillig über Jakobus und Johannes.

42 Da rief Jesus sie zu sich und sprach zu ihnen: Ihr wisst, die als Herrscher gelten, halten ihre Völker nieder, und ihre Mächtigen tun ihnen Gewalt an.

43 Aber so ist es unter euch nicht; sondern wer groß sein will unter euch, der soll euer Diener sein;

44 und wer unter euch der Erste sein will, der soll aller Knecht sein.

45 Denn auch der Menschensohn ist nicht gekommen, dass er sich dienen lasse, sondern dass er diene und sein Leben gebe als Lösegeld für viele.

Die Heilung eines Blinden bei Jericho

(Mt 20,29-34; Lk 18,35-43)

46 Und sie kamen nach Jericho. Und als er aus Jericho wegging, er und seine Jünger und eine große Menge, da saß ein blinder Bettler am Wege, Bartimäus, der Sohn des Timäus.

47 Und als er hörte, dass es Jesus von Nazareth war, fing er an, zu schreien und zu sagen: Jesus, du Sohn Davids, erbarme dich meiner!

48 Und viele fuhren ihn an, er solle stillschweigen. Er aber schrie noch viel mehr: Du Sohn Davids, erbarme dich meiner!

¶ **49** Und Jesus blieb stehen und sprach: Ruft ihn her! Und sie riefen den Blinden und sprachen zu ihm: Sei getrost, steh auf! Er ruft dich!

The Request of James and John

¶ **35** And James and John, the sons of Zebedee, came up to him and said to him, "Teacher, we want you to do for us whatever we ask of you."

36 And he said to them, ʲ"What do you want me to do for you?"

37 And they said to him, "Grant us to sit, one at your right hand and one at your left, in your glory."

38 Jesus said to them, ⁱ"You do not know what you are asking. Are you able ʲto drink the cup that I drink, or ᵏto be baptized with the baptism with which I am baptized?"

39 And they said to him, "We are able." And Jesus said to them, ˡ"The cup that I drink ᵐyou will drink, and with the baptism with which I am baptized, ⁿyou will be baptized,

40 but to sit at my right hand or at my left is not mine to grant, ᵒbut it is for those for whom it has been ᵖprepared."

41 And when the ten heard it, they began to be indignant at James and John.

42 And Jesus called them to him and said to them, "You know that those who are considered rulers of the Gentiles ʳlord it over them, and their great ones exercise authority over them.

43 But ˢit shall not be so among you. But whoever would be great among you must be your servant,⁴

44 and whoever would be first among you must be ᵗslave⁵ of all.

45 For even the Son of Man came not to be served but ᵘto serve, and ᵛto give his life as a ransom for ʷmany."

Jesus Heals Blind Bartimaeus

¶ **46** And they came to Jericho. And as he was leaving Jericho with his disciples and a great crowd, Bartimaeus, a blind beggar, the son of Timaeus, was sitting by the roadside.

47 And when he heard that it was Jesus of Nazareth, he began to cry out and say, "Jesus, Son of David, have mercy on me!"

48 And many rebuked him, telling him to be silent. But he cried out all the more, "Son of David, have mercy on me!"

49 And Jesus stopped and said, "Call him." And they called the blind man, saying to him, "Take heart. Get up; he is calling you."

50 Da warf er seinen Mantel von sich, sprang auf und kam zu Jesus.

51 Und Jesus antwortete und sprach zu ihm: Was willst du, dass ich für dich tun soll? Der Blinde sprach zu ihm: Rabbuni, dass ich sehend werde.

52 Jesus aber sprach zu ihm: Geh hin, dein Glaube hat dir geholfen. Und sogleich wurde er sehend und folgte ihm nach auf dem Wege.

Jesu Einzug in Jerusalem
(Mt 21,1-11; Lk 19,29-40; Joh 12,12-19)

11 Und als sie in die Nähe von Jerusalem kamen, nach Betfage und Betanien an den Ölberg, sandte er zwei seiner Jünger

2 und sprach zu ihnen: Geht hin in das Dorf, das vor euch liegt. Und sobald ihr hineinkommt, werdet ihr ein Füllen angebunden finden, auf dem noch nie ein Mensch gesessen hat; bindet es los und führt es her!

3 Und wenn jemand zu euch sagen wird: Warum tut ihr das?, so sprecht: Der Herr bedarf seiner, und er sendet es alsbald wieder her.

4 Und sie gingen hin und fanden das Füllen angebunden an einer Tür draußen am Weg und banden's los.

5 Und einige, die dort standen, sprachen zu ihnen: Was macht ihr da, dass ihr das Füllen losbindet?

6 Sie sagten aber zu ihnen, wie ihnen Jesus geboten hatte, und die ließen's zu.

¶ **7** Und sie führten das Füllen zu Jesus und legten ihre Kleider darauf, und er setzte sich darauf.

8 Und viele breiteten ihre Kleider auf den Weg, andere aber grüne Zweige, die sie auf den Feldern abgehauen hatten.

9 Und die vorangingen und die nachfolgten, schrien: **Hosianna! Gelobt sei, der da kommt in dem Namen des Herrn!**

10 Gelobt sei das Reich unseres Vaters David, das da kommt! Hosianna in der Höhe!

¶ **11** Und Jesus ging hinein nach Jerusalem in den Tempel und er besah ringsum alles, und spät am Abend ging er hinaus nach Betanien mit den Zwölfen.

Der verdorrte Feigenbaum. Die Tempelreinigung
(Mt 21,12-22; Lk 19,45-48; Joh 2,13-16)

12 Und am nächsten Tag, als sie von Betanien weggingen, hungerte ihn.

50 And throwing off his cloak, he sprang up and came to Jesus.

51 And Jesus said to him, ᵉ"What do you want me to do for you?" And the blind man said to him, "Rabbi, let me recover my sight."

52 And Jesus said to him, "Go your way; ᵍyour faith has ʰmade you well." And immediately he recovered his sight and followed him on the way.

The Triumphal Entry

11 Now when they drew near to Jerusalem, to Bethphage and Bethany, at the Mount of Olives, Jesus¹ sent two of his disciples

2 and said to them, "Go into the village in front of you, and immediately as you enter it you will find a colt tied, ᵐon which no one has ever sat. Untie it and bring it.

3 If anyone says to you, 'Why are you doing this?' say, 'The Lord has need of it and will send it back here immediately.'"

4 And they went away and found a colt tied at a door outside in the street, and they untied it.

5 And some of those standing there said to them, "What are you doing, untying the colt?"

6 And they told them what Jesus had said, and they let them go.

7 And they brought the colt to Jesus and threw their cloaks on it, and he sat on it.

8 And many spread their cloaks on the road, and others spread leafy branches that they had cut from the fields.

9 And those who went before and those who followed were shouting, "Hosanna! Blessed is he who comes in the name of the Lord!

10 Blessed is the coming kingdom of our father ʳDavid! Hosanna in the highest!"

¶ **11** And he entered Jerusalem and went into the temple. And when he had looked around at everything, as it was already late, he went out to Bethany with the twelve.

Jesus Curses the Fig Tree

¶ **12** On the following day, when they came from Bethany, he was hungry.

13 Und er sah einen Feigenbaum von ferne, der Blätter hatte; da ging er hin, ob er etwas darauf fände. Und als er zu ihm kam, fand er nichts als Blätter; denn es war nicht die Zeit für Feigen.

14 Da fing Jesus an und sprach zu ihm: Nun esse niemand mehr eine Frucht von dir in Ewigkeit! Und seine Jünger hörten das.

¶ **15** Und sie kamen nach Jerusalem. Und Jesus ging in den Tempel und fing an auszutreiben die Verkäufer und Käufer im Tempel; und die Tische der Geldwechsler und die Stände der Taubenhändler stieß er um

16 und ließ nicht zu, dass jemand etwas durch den Tempel trage.

17 Und er lehrte und sprach zu ihnen: Steht nicht geschrieben (Jesaja 56,7): »Mein Haus soll ein Bethaus heißen für alle Völker«? Ihr aber habt eine Räuberhöhle daraus gemacht.

18 Und es kam vor die Hohenpriester und Schriftgelehrten, und sie trachteten danach, wie sie ihn umbrächten. Sie fürchteten sich nämlich vor ihm; denn alles Volk verwunderte sich über seine Lehre.

19 Und abends gingen sie hinaus vor die Stadt.

¶ **20** Und als sie am Morgen an dem Feigenbaum vorbeigingen, sahen sie, dass er verdorrt war bis zur Wurzel.

21 Und Petrus dachte daran und sprach zu ihm: Rabbi, sieh, der Feigenbaum, den du verflucht hast, ist verdorrt.

22 Und Jesus antwortete und sprach zu ihnen: Habt Glauben an Gott!

23 Wahrlich, ich sage euch: Wer zu diesem Berge spräche: Heb dich und wirf dich ins Meer!, und zweifelte nicht in seinem Herzen, sondern glaubte, dass geschehen werde, was er sagt, so wird's ihm geschehen.

24 Darum sage ich euch: **Alles, was ihr bittet in eurem Gebet, glaubt nur, dass ihr's empfangt, so wird's euch zuteilwerden.**

25 Und wenn ihr steht und betet, so vergebt, wenn ihr etwas gegen jemanden habt, damit auch euer Vater im Himmel euch vergebe eure Übertretungen.*

13 And seeing in the distance a fig tree in leaf, he went to see if he could find anything on it. When he came to it, he found nothing but leaves, for it was not the season for figs.

14 And he said to it, "May no one ever eat fruit from you again." And his disciples heard it.

Jesus Cleanses the Temple

¶ **15** And they came to Jerusalem. And he entered the temple and began to drive out those who sold and those who bought in the temple, and he overturned the tables of the money-changers and the seats of those who sold pigeons.

16 And he would not allow anyone to carry anything through the temple.

17 And he was teaching them and saying to them, "Is it not written, ᵈ'My house shall be called a house of prayer for all the nations'? But ᵉyou have made it a den of robbers."

18 And the chief priests and the scribes heard it and were seeking a way to destroy him, for they feared him, because all the crowd was astonished at his teaching.

19 And when evening came they² went out of the city.

The Lesson from the Withered Fig Tree

¶ **20** As they passed by in the morning, they saw the fig tree withered away to its roots.

21 And Peter remembered and said to him, "Rabbi, look! The fig tree that you cursed has withered."

22 And Jesus answered them, "Have ᵏfaith in God.

23 ˡTruly, I say to you, whoever says to this mountain, ᵐ'Be taken up and thrown into the sea,' and does not ⁿdoubt in his heart, but ᵒbelieves that what he says will come to pass, it will be done for him.

24 Therefore I tell you, ᵖwhatever you ask in prayer, ᵒbelieve that you ᑫhave received³ it, and it will be yours.

25 And whenever ʳyou stand praying, ˢforgive, ᵗif you have anything against anyone, so that ᵘyour Father also who is in heaven may forgive you your trespasses."⁴

Die Frage nach Jesu Vollmacht

(Mt 21,23-27; Lk 20,1-8)

27 Und sie kamen wieder nach Jerusalem. Und als er im Tempel umherging, kamen zu ihm die Hohenpriester und Schriftgelehrten und Ältesten

28 und fragten ihn: Aus welcher Vollmacht tust du das? Oder wer hat dir diese Vollmacht gegeben, dass du das tust?

29 Jesus aber sprach zu ihnen: Ich will euch auch eine Sache fragen; antwortet mir, so will ich euch sagen, aus welcher Vollmacht ich das tue.

30 Die Taufe des Johannes – war sie vom Himmel oder von Menschen? Antwortet mir!

¶ **31** Und sie bedachten bei sich selbst und sprachen: Sagen wir, sie war vom Himmel, so wird er sagen: Warum habt ihr ihm dann nicht geglaubt?

32 Oder sollen wir sagen, sie war von Menschen? – da fürchteten sie sich vor dem Volk. Denn sie hielten alle Johannes wirklich für einen Propheten.

33 Und sie antworteten und sprachen zu Jesus: Wir wissen's nicht. Und Jesus sprach zu ihnen: So sage ich euch auch nicht, aus welcher Vollmacht ich das tue.

Von den bösen Weingärtnern

(Mt 21,33-46; Lk 20,9-19)

12 Und er fing an, zu ihnen in Gleichnissen zu reden: Ein Mensch pflanzte einen Weinberg und zog einen Zaun darum und grub eine Kelter und baute einen Turm und verpachtete ihn an Weingärtner und ging außer Landes.

2 Und er sandte, als die Zeit kam, einen Knecht zu den Weingärtnern, damit er von den Weingärtnern seinen Anteil an den Früchten des Weinbergs hole.

3 Sie nahmen ihn aber, schlugen ihn und schickten ihn mit leeren Händen fort.

4 Abermals sandte er zu ihnen einen andern Knecht; dem schlugen sie auf den Kopf und schmähten ihn.

5 Und er sandte noch einen andern, den töteten sie; und viele andere: die einen schlugen sie, die andern töteten sie.

6 Da hatte er noch einen, seinen geliebten Sohn; den sandte er als Letzten auch zu ihnen und sagte sich: Sie werden sich vor meinem Sohn scheuen.

7 Sie aber, die Weingärtner, sprachen untereinander: Dies ist der Erbe; kommt, lasst uns ihn töten, so wird das Erbe unser sein!

The Authority of Jesus Challenged

¶ **27** And they came again to Jerusalem. And as he was walking in the temple, the chief priests and the scribes and the elders came to him,

28 and they said to him, "By what authority are you doing these things, or who gave you this authority to do them?"

29 Jesus said to them, "I will ask you one question; answer me, and I will tell you by what authority I do these things.

30 Was the baptism of John ˣfrom heaven or from man? Answer me."

31 And they discussed it with one another, saying, "If we say, 'From heaven,' he will say, 'Why then did you not believe him?'

32 But shall we say, 'From man'?"—they were afraid of the people, for they all held that John really was a prophet.

33 So they answered Jesus, "We do not know." And Jesus said to them, "Neither will I tell you by what authority I do these things."

The Parable of the Tenants

12 And he began to speak to them in parables. "A man planted ᶜa vineyard ᵈand put a fence around it and dug a pit for the winepress and built a tower, and ᵉleased it to tenants and ᶠwent into another country.

2 When the season came, he sent a servant[1] to the tenants to get from them some of the fruit of the vineyard.

3 ᵍAnd they took him and beat him and sent him away empty-handed.

4 ᵍAgain ʰhe sent to them another servant, and ⁱthey struck him on the head and ʲtreated him shamefully.

5 ᵍAnd he sent another, and him they killed. And so with many others: some they beat, and some they killed.

¶ **6** He had still one other, ᵏa beloved son. ˡFinally he sent him to them, saying, 'They will respect my son.'

7 But those tenants said to one another, ᵐ'This is the heir. Come, ⁿlet us kill him, and the inheritance will be ours.'

8 Und sie nahmen ihn und töteten ihn und warfen ihn hinaus vor den Weinberg.

¶ **9** Was wird nun der Herr des Weinbergs tun? Er wird kommen und die Weingärtner umbringen und den Weinberg andern geben.

10 Habt ihr denn nicht dieses Schriftwort gelesen (Psalm 118,22-23): »Der Stein, den die Bauleute verworfen haben, der ist zum Eckstein geworden.

11 Vom Herrn ist das geschehen und ist ein Wunder vor unsern Augen«?

12 Und sie trachteten danach, ihn zu ergreifen, und fürchteten sich doch vor dem Volk; denn sie verstanden, dass er auf sie hin dies Gleichnis gesagt hatte. Und sie ließen ihn und gingen davon.

Die Frage nach der Steuer (»Der Zinsgroschen«)
(Mt 22,15-22; Lk 20,20-26)

13 Und sie sandten zu ihm einige von den Pharisäern und von den Anhängern des Herodes, dass sie ihn fingen in Worten.

14 Und sie kamen und sprachen zu ihm: Meister, wir wissen, dass du wahrhaftig bist und fragst nach niemand; denn du achtest nicht das Ansehen der Menschen, sondern du lehrst den Weg Gottes recht. Ist's recht, dass man dem Kaiser Steuern zahlt, oder nicht? Sollen wir sie zahlen oder nicht zahlen?

15 Er aber merkte ihre Heuchelei und sprach zu ihnen: Was versucht ihr mich? Bringt mir einen Silbergroschen, dass ich ihn sehe!

16 Und sie brachten einen. Da sprach er: Wessen Bild und Aufschrift ist das? Sie sprachen zu ihm: Des Kaisers.

17 Da sprach Jesus zu ihnen: So **gebt dem Kaiser, was des Kaisers ist, und Gott, was Gottes ist!** Und sie wunderten sich über ihn.

Die Frage nach der Auferstehung
(Mt 22,23-33; Lk 20,27-38)

18 Da traten die Sadduzäer zu ihm, die lehren, es gebe keine Auferstehung; die fragten ihn und sprachen:

19 Meister, Mose hat uns vorgeschrieben (5.Mose 25,5-6): »Wenn jemand stirbt und hinterlässt eine Frau, aber keine Kinder, so soll sein Bruder sie zur Frau nehmen und seinem Bruder Nachkommen erwecken.«

20 Nun waren sieben Brüder. Der erste nahm eine Frau; der starb und hinterließ keine Kinder.

21 Und der zweite nahm sie und starb und hinterließ auch keine Kinder. Und der dritte ebenso.

8 And they took him and killed him and [o]threw him out of the vineyard.

9 What will the owner of the vineyard do? [p]He will [q]come and destroy the tenants and [r]give the vineyard to others.

10 [s]Have you not read [t]this Scripture:

[u]"'The stone that the builders rejected
    has become the cornerstone;[2]

11 this was the Lord's doing,
    and it is marvelous in our eyes'?"

¶ **12** And they were seeking to arrest him but feared the people, for they perceived that he had told the parable against them. So they left him and went away.

Paying Taxes to Caesar

¶ **13** And they sent to him some of the Pharisees and some of [z]the Herodians, to trap him in his talk.

14 And they came and said to him, "Teacher, we know that you are true and do not care about anyone's opinion. For you are not swayed by appearances,[3] but truly teach the way of God. Is it lawful to pay taxes to Caesar, or not? Should we pay them, or should we not?"

15 But, knowing their hypocrisy, he said to them, "Why [h]put me to the test? Bring me [i]a denarius[4] and let me look at it."

16 And they brought one. And he said to them, "Whose likeness and inscription is this?" They said to him, "Caesar's."

17 Jesus said to them, [j]"Render to Caesar the things that are Caesar's, and to God the things that are God's." And they marveled at him.

The Sadducees Ask About the Resurrection

¶ **18** And Sadducees came to him, who say that there is no resurrection. And they asked him a question, saying,

19 "Teacher, Moses wrote for us that if a man's brother dies and leaves a wife, but leaves no child, the man[5] must take the widow and raise up offspring for his brother.

20 There were seven brothers; the first took a wife, and when he died left no offspring.

21 And the second took her, and died, leaving no offspring. And the third likewise.

22 Und alle sieben hinterließen keine Kinder. Zuletzt nach allen starb die Frau auch.

23 Nun in der Auferstehung, wenn sie auferstehen: wessen Frau wird sie sein unter ihnen? Denn alle sieben haben sie zur Frau gehabt.

¶ **24** Da sprach Jesus zu ihnen: Ist's nicht so? Ihr irrt, weil ihr weder die Schrift kennt noch die Kraft Gottes.

25 Wenn sie von den Toten auferstehen werden, so werden sie weder heiraten noch sich heiraten lassen, sondern sie sind wie die Engel im Himmel.

26 Aber von den Toten, dass sie auferstehen, habt ihr nicht gelesen im Buch des Mose, bei dem Dornbusch, wie Gott zu ihm sagte und sprach (2.Mose 3,6): »Ich bin der Gott Abrahams und der Gott Isaaks und der Gott Jakobs«?

27 Gott ist nicht ein Gott der Toten, sondern der Lebenden. Ihr irrt sehr.

Die Frage nach dem höchsten Gebot

(Mt 22,35-40; Lk 10,25-28)

28 Und es trat zu ihm einer von den Schriftgelehrten, der ihnen zugehört hatte, wie sie miteinander stritten. Und als er sah, dass er ihnen gut geantwortet hatte, fragte er ihn: Welches ist das höchste Gebot von allen?

29 Jesus aber antwortete ihm: Das höchste Gebot ist das: »Höre, Israel, der Herr, unser Gott, ist der Herr allein,

30 und **du sollst den Herrn, deinen Gott, lieben von ganzem Herzen, von ganzer Seele, von ganzem Gemüt und von allen deinen Kräften«** (5.Mose 6,4-5).

31 Das andre ist dies: **»Du sollst deinen Nächsten lieben wie dich selbst«** (3.Mose 19,18). Es ist kein anderes Gebot größer als diese.

¶ **32** Und der Schriftgelehrte sprach zu ihm: Meister, du hast wahrhaftig recht geredet! Er ist nur **einer**, und ist kein anderer außer ihm;

33 und ihn lieben von ganzem Herzen, von ganzem Gemüt und von allen Kräften, und seinen Nächsten lieben wie sich selbst, das ist mehr als alle Brandopfer und Schlachtopfer.

34 Als Jesus aber sah, dass er verständig antwortete, sprach er zu ihm: Du bist nicht fern vom Reich Gottes. Und niemand wagte mehr, ihn zu fragen.

Die Frage nach dem Davidssohn

(Mt 22,41-46; Lk 20,41-44)

35 Und Jesus fing an und sprach, als er im Tempel lehrte: Wieso sagen die Schriftgelehrten, der Christus sei Davids Sohn?

22 And the seven left no offspring. Last of all the woman also died.

23 In the resurrection, when they rise again, whose wife will she be? For the seven had her as wife."

¶ **24** Jesus said to them, "Is this not the reason you are wrong, because [n]you know neither the Scriptures nor [o]the power of God?

25 For when they rise from the dead, they neither [p]marry nor [p]are given in marriage, but are like angels in heaven.

26 And as for the dead being raised, [q]have you not read in [r]the book of Moses, in [s]the passage about the bush, how God spoke to him, saying, [t]'I am the God of Abraham, and the God of Isaac, and the God of Jacob'?

27 He is not God of the dead, but of the living. You are quite wrong."

The Great Commandment

¶ **28** And one of the scribes came up and heard them disputing with one another, and seeing that he answered them well, asked him, "Which commandment is the most important of all?"

29 Jesus answered, "The most important is, [v]'Hear, O Israel: The Lord our God, [w]the Lord is one.

30 And you shall love the Lord your God with all your heart and with all your soul and with all your mind and with all your strength.'

31 [x]The second is this: [y]'You shall love your neighbor as yourself.' There is no other commandment [z]greater than these."

32 And the scribe said to him, "You are right, Teacher. You have truly said that he is one, and there is no other besides him.

33 And to love him with all the heart and with all the understanding and with all the strength, and to love one's neighbor as oneself, is much more than all whole burnt offerings and sacrifices."

34 And when Jesus saw that he answered wisely, he said to him, "You are not far from the kingdom of God." And after that no one dared to ask him any more questions.

Whose Son Is the Christ?

¶ **35** And as Jesus taught in the temple, he said, "How can the scribes say that [h]the Christ is the son of David?

36 David selbst hat durch den Heiligen Geist gesagt (Psalm 110,1): »Der Herr sprach zu meinem Herrn: Setze dich zu meiner Rechten, bis ich deine Feinde unter deine Füße lege.«

37 Da nennt ihn ja David selbst seinen Herrn. Woher ist er dann sein Sohn? Und alles Volk hörte ihn gern.

Warnung vor den Schriftgelehrten
(Mt 23,5-14; Lk 20,45-47)

38 Und er lehrte sie und sprach zu ihnen: Seht euch vor vor den Schriftgelehrten, die gern in langen Gewändern gehen und lassen sich auf dem Markt grüßen

39 und sitzen gern obenan in den Synagogen und am Tisch beim Mahl;

40 sie fressen die Häuser der Witwen und verrichten zum Schein lange Gebete. Die werden ein umso härteres Urteil empfangen.

Das Scherflein der Witwe
(Lk 21,1-4)

41 Und Jesus setzte sich dem Gotteskasten gegenüber und sah zu, wie das Volk Geld einlegte in den Gotteskasten. Und viele Reiche legten viel ein.

42 Und es kam eine arme Witwe und legte zwei Scherflein ein; das macht zusammen einen Pfennig.

43 Und er rief seine Jünger zu sich und sprach zu ihnen: Wahrlich, ich sage euch: Diese arme Witwe hat mehr in den Gotteskasten gelegt als alle, die etwas eingelegt haben.

44 Denn sie haben alle etwas von ihrem Überfluss eingelegt; diese aber hat von ihrer Armut ihre ganze Habe eingelegt, alles, was sie zum Leben hatte.

Jesu Rede über die Endzeit (Kapitel 13,1-37)
(Mt 24,1-51; Lk 21,5-36; 17,23-37)

Das Ende des Tempels

13 Und als er aus dem Tempel ging, sprach zu ihm einer seiner Jünger: Meister, siehe, was für Steine und was für Bauten!

2 Und Jesus sprach zu ihm: Siehst du diese großen Bauten? Nicht ein Stein wird auf dem andern bleiben, der nicht zerbrochen werde.

36 David himself, [i] in the Holy Spirit, declared,

[j] "'The Lord said to my Lord,
Sit at my right hand,
until I put your enemies [k] under your feet.'

37 David himself calls him Lord. So [l] how is he his son?" And the great throng heard him gladly.

Beware of the Scribes

¶ **38** And in his teaching he said, "Beware of the scribes, who like to walk around in long robes and like greetings in the marketplaces

39 and have the best seats in the synagogues and [o] the places of honor at feasts,

40 [p] who devour widows' houses and [q] for a pretense make long prayers. They will receive the greater condemnation."

The Widow's Offering

¶ **41** And he sat down opposite the treasury and watched the people putting money into the offering box. Many rich people put in large sums.

42 And a poor widow came and put in two small copper coins, which make a penny.[6]

43 And he called his disciples to him and said to them, "Truly, I say to you, [v] this poor widow has put in more than all those who are contributing to the offering box.

44 For they all contributed out of their abundance, but she out of her [w] poverty has put in everything she had, all [x] she had to live on."

Jesus Foretells Destruction of the Temple

13 And as he came out of the temple, one of his disciples said to him, "Look, Teacher, what wonderful stones and what wonderful buildings!"

2 And Jesus said to him, "Do you see these great buildings? [z] There will not be left here one stone upon another that will not be thrown down."

Der Anfang der Wehen

3 Und als er auf dem Ölberg saß gegenüber dem Tempel, fragten ihn Petrus und Jakobus und Johannes und Andreas, als sie allein waren:

4 Sage uns, wann wird das geschehen? Und was wird das Zeichen sein, wenn das alles vollendet werden soll?

5 Jesus fing an und sagte zu ihnen: Seht zu, dass euch nicht jemand verführe!

6 Es werden viele kommen unter meinem Namen und sagen: Ich bin's, und werden viele verführen.

7 Wenn ihr aber hören werdet von Kriegen und Kriegsgeschrei, so fürchtet euch nicht. Es muss so geschehen. Aber das Ende ist noch nicht da.

8 Denn es wird sich ein Volk gegen das andere erheben und ein Königreich gegen das andere. Es werden Erdbeben geschehen hier und dort, es werden Hungersnöte sein. Das ist der Anfang der Wehen.

¶ **9** Ihr aber seht euch vor! Denn sie werden euch den Gerichten überantworten, und in den Synagogen werdet ihr gegeißelt werden, und vor Statthalter und Könige werdet ihr geführt werden um meinetwillen, ihnen zum Zeugnis.

10 Und das Evangelium muss zuvor gepredigt werden unter allen Völkern.

11 Und wenn sie euch hinführen und überantworten werden, so sorgt euch nicht vorher, was ihr reden sollt; sondern was euch in jener Stunde gegeben wird, das redet. Denn ihr seid's nicht, die da reden, sondern der Heilige Geist.

12 Und es wird ein Bruder den andern dem Tod preisgeben und der Vater den Sohn, und die Kinder werden sich empören gegen die Eltern und werden sie töten helfen.

13 Und ihr werdet gehasst sein von jedermann um meines Namens willen. **Wer aber beharrt bis an das Ende, der wird selig.**

Die große Bedrängnis

14 Wenn ihr aber sehen werdet das Gräuelbild der Verwüstung stehen, wo es nicht soll – wer es liest, der merke auf! –, alsdann, wer in Judäa ist, der fliehe auf die Berge.

15 Wer auf dem Dach ist, der steige nicht hinunter und gehe nicht hinein, etwas aus seinem Hause zu holen.

16 Und wer auf dem Feld ist, der wende sich nicht um, seinen Mantel zu holen.

17 Weh aber den Schwangeren und den Stillenden zu jener Zeit!

18 Bittet aber, dass es nicht im Winter geschehe.

Signs of the Close of the Age

¶ **3** And as he sat on the Mount of Olives opposite the temple, Peter and James and John and Andrew asked him privately,

4 "Tell us, when will these things be, and what will be the sign when all these things are about to be accomplished?"

5 And Jesus began to say to them, [f]"See that no one leads you astray.

6 [g]Many will come in my name, saying, [h]'I am he!' and they will lead many astray.

7 And when you hear of wars and rumors of wars, [i]do not be alarmed. This [j]must take place, but the end is not yet.

8 For [k]nation will rise against nation, and [l]kingdom against kingdom. There will be [m]earthquakes in various places; there will be [n]famines. These are but the beginning of the birth pains.

¶ **9** [o]"But [p]be on your guard. For they will deliver you over to councils, and you will be beaten [q]in synagogues, and you will stand before [r]governors and [s]kings for my sake, [t]to bear witness before them.

10 And the gospel must first be proclaimed [u]to all nations.

11 And when they bring you to trial and deliver you over, [v]do not be anxious beforehand what you are to say, but say [w]whatever is given you in that hour, [x]for it is not you who speak, but the Holy Spirit.

12 [y]And brother will deliver brother over to death, and the father his child, and children will rise against parents and have them put to death.

13 [z]And you will be hated by all for my name's sake. [a]But the one who endures to the end will be saved.

The Abomination of Desolation

¶ **14** "But when you see [b]the abomination of desolation standing where he ought not to be ([c]let the reader understand), then let those who are in Judea flee to the mountains.

15 [d]Let the one who is on [e]the housetop not go down, nor enter his house, to take anything out,

16 and let the one who is in the field not turn back to take his cloak.

17 And [f]alas for women who are pregnant and for those who are nursing infants in those days!

18 Pray that it may not happen in winter.

19 Denn in diesen Tagen wird eine solche Bedrängnis sein, wie sie nie gewesen ist bis jetzt vom Anfang der Schöpfung, die Gott geschaffen hat, und auch nicht wieder werden wird.

20 Und wenn der Herr diese Tage nicht verkürzt hätte, würde kein Mensch selig; aber um der Auserwählten willen, die er auserwählt hat, hat er diese Tage verkürzt.

¶ **21** Wenn dann jemand zu euch sagen wird: Siehe, hier ist der Christus; siehe, da ist er!, so glaubt es nicht.

22 Denn es werden sich erheben falsche Christusse und falsche Propheten, die Zeichen und Wunder tun, sodass sie die Auserwählten verführen würden, wenn es möglich wäre.

23 Ihr aber seht euch vor! Ich habe euch alles zuvor gesagt!

Das Kommen des Menschensohns

24 Aber zu jener Zeit, nach dieser Bedrängnis, wird die Sonne sich verfinstern und der Mond seinen Schein verlieren,

25 und die Sterne werden vom Himmel fallen, und die Kräfte der Himmel werden ins Wanken kommen.

26 Und dann werden sie sehen den Menschensohn kommen in den Wolken mit großer Kraft und Herrlichkeit.

27 Und dann wird er die Engel senden und wird seine Auserwählten versammeln von den vier Winden, vom Ende der Erde bis zum Ende des Himmels.

Mahnung zur Wachsamkeit

28 An dem Feigenbaum aber lernt ein Gleichnis: Wenn jetzt seine Zweige saftig werden und Blätter treiben, so wisst ihr, dass der Sommer nahe ist.

29 Ebenso auch: wenn ihr seht, dass dies geschieht, so wisst, dass er nahe vor der Tür ist.

30 Wahrlich, ich sage euch: Dieses Geschlecht wird nicht vergehen, bis dies alles geschieht.

31 Himmel und Erde werden vergehen; meine Worte aber werden nicht vergehen.

32 Von dem Tage aber und der Stunde weiß niemand, auch die Engel im Himmel nicht, auch der Sohn nicht, sondern allein der Vater.

¶ **33** Seht euch vor, wachet! Denn ihr wisst nicht, wann die Zeit da ist.

34 Wie bei einem Menschen, der über Land zog und verließ sein Haus und gab seinen Knechten Vollmacht, einem jeden seine Arbeit, und gebot dem Türhüter, er solle wachen:

19 For in those days there will be ᵍsuch ʰtribulation as has not been ⁱfrom the beginning of the creation that ʲGod created until now, and never will be.

20 And if the Lord had not cut short the days, no human being would be saved. But for ᵏthe sake of the elect, whom ˡhe chose, he shortened the days.

21 And ᵐthen if anyone says to you, 'Look, here is the Christ!' or 'Look, there he is!' do not believe it.

22 ⁿFor false christs and false prophets will arise and ᵒperform signs and wonders, ᵖto lead astray, if possible, ᑫthe elect.

23 But ʳbe on guard; ˢI have told you all things beforehand.

The Coming of the Son of Man

¶ **24** "But in those days, after ᵗthat tribulation, ᵘthe sun will be darkened, and the moon will not give its light,

25 and ᵛthe stars will be falling from heaven, and the powers in the heavens will be shaken.

26 And then they will see ʷthe Son of Man coming in clouds ˣwith great power and glory.

27 And then ʸhe will send out the angels and ᶻgather ᵃhis elect from ᵇthe four winds, from ᶜthe ends of the earth ᵈto the ends of heaven.

The Lesson of the Fig Tree

¶ **28** "From the fig tree learn its lesson: as soon as its branch becomes tender and puts out its leaves, you know that summer is near.

29 So also, when you see these things taking place, you know that he is near, ᵉat the very gates.

30 ᶠTruly, I say to you, this generation will not pass away until all these things take place.

31 ᵍHeaven and earth will pass away, but ʰmy words will not pass away.

No One Knows That Day or Hour

¶ **32** "But concerning that day or that hour, ⁱno one knows, not even the angels in heaven, ʲnor the Son, ᵏbut only the Father.

33 ˡBe on guard, ᵐkeep awake.¹ For you do not know when the time will come.

34 ⁿIt is like a man ᵒgoing on a journey, when he leaves home and puts his servants² in charge, ᵖeach with his work, and commands ᑫthe doorkeeper to stay awake.

35 so wacht nun; denn ihr wisst nicht, wann der Herr des Hauses kommt, ob am Abend oder zu Mitternacht oder um den Hahnenschrei oder am Morgen,

36 damit er euch nicht schlafend finde, wenn er plötzlich kommt.

37 Was ich aber euch sage, das sage ich allen: Wachet!

LEIDEN, STERBEN UND AUFERSTEHUNG JESU (KAPITEL 14,1–16,20)

(Mt 26,1–28,20; Lk 22,1–24,53; Joh 18,1–21,25)

Der Plan der Hohenpriester und Schriftgelehrten

14 Es waren noch zwei Tage bis zum Passafest und den Tagen der Ungesäuerten Brote. Und die Hohenpriester und Schriftgelehrten suchten, wie sie ihn mit List ergreifen und töten könnten.

2 Denn sie sprachen: Ja nicht bei dem Fest, damit es nicht einen Aufruhr im Volk gebe.

Die Salbung in Betanien

3 Und als er in Betanien war im Hause Simons des Aussätzigen und saß zu Tisch, da kam eine Frau, die hatte ein Glas mit unverfälschtem und kostbarem Nardenöl, und sie zerbrach das Glas und goss es auf sein Haupt.

4 Da wurden einige unwillig und sprachen untereinander: Was soll diese Vergeudung des Salböls?

5 Man hätte dieses Öl für mehr als dreihundert Silbergroschen verkaufen können und das Geld den Armen geben. Und sie fuhren sie an.

¶ **6** Jesus aber sprach: Lasst sie in Frieden! Was betrübt ihr sie? Sie hat ein gutes Werk an mir getan.

7 Denn ihr habt allezeit Arme bei euch, und wenn ihr wollt, könnt ihr ihnen Gutes tun; mich aber habt ihr nicht allezeit.

8 Sie hat getan, was sie konnte; sie hat meinen Leib im Voraus gesalbt für mein Begräbnis.

9 Wahrlich, ich sage euch: Wo das Evangelium gepredigt wird in aller Welt, da wird man auch das sagen zu ihrem Gedächtnis, was sie jetzt getan hat.

Der Verrat des Judas

10 Und Judas Iskariot, einer von den Zwölfen, ging hin zu den Hohenpriestern, dass er ihn an sie verriete.

11 Als die das hörten, wurden sie froh und versprachen, ihm Geld zu geben. Und er suchte, wie er ihn bei guter Gelegenheit verraten könnte.

35 [r] Therefore stay awake—for you do not know when the master of the house will come, [s] in the evening, or [s] at midnight, or [t] when the rooster crows,[3] or [u] in the morning—

36 lest [v] he come suddenly and [w] find you asleep.

37 And what I say to you I say to all: [r] Stay awake."

The Plot to Kill Jesus

14 It was now two days before the Passover and the Feast of Unleavened Bread. And the chief priests and the scribes were seeking how to arrest him by stealth and kill him,

2 for they said, "Not during the feast, lest there be an uproar from the people."

Jesus Anointed at Bethany

¶ **3** And while he was at Bethany in the house of Simon the leper,[1] as he was reclining at table, a woman came with an alabaster flask of ointment of pure nard, very costly, and she broke the flask and poured it over his head.

4 There were some who said to themselves indignantly, "Why was the ointment wasted like that?

5 For this ointment could have been sold for more than three hundred denarii[2] and given to the poor." And they scolded her.

6 But Jesus said, "Leave her alone. Why do you trouble her? She has done a beautiful thing to me.

7 For [f] you always have the poor with you, and whenever [g] you want, you can do good for them. But [h] you will not always have me.

8 [i] She has done what she could; she has anointed my body beforehand [j] for burial.

9 And truly, I say to you, wherever [k] the gospel is proclaimed in the whole world, what she has done will be told [l] in memory of her."

Judas to Betray Jesus

¶ **10** Then Judas Iscariot, who was one of the twelve, [n] went to the chief priests in order to betray him to them.

11 And when they heard it, they were glad and promised to give him money. And he sought an opportunity to betray him.

Das Abendmahl

12 Und am ersten Tage der Ungesäuerten Brote, als man das Passalamm opferte, sprachen seine Jünger zu ihm: Wo willst du, dass wir hingehen und das Passalamm bereiten, damit du es essen kannst?

13 Und er sandte zwei seiner Jünger und sprach zu ihnen: Geht hin in die Stadt, und es wird euch ein Mensch begegnen, der trägt einen Krug mit Wasser; folgt ihm

14 und wo er hineingeht, da sprecht zu dem Hausherrn: Der Meister lässt dir sagen: Wo ist der Raum, in dem ich das Passalamm essen kann mit meinen Jüngern?

15 Und er wird euch einen großen Saal zeigen, der mit Polstern versehen und vorbereitet ist; dort richtet für uns zu.

16 Und die Jünger gingen hin und kamen in die Stadt und fanden's, wie er ihnen gesagt hatte, und bereiteten das Passalamm.

¶ **17** Und am Abend kam er mit den Zwölfen.

18 Und als sie bei Tisch waren und aßen, sprach Jesus: Wahrlich, ich sage euch: Einer unter euch, der mit mir isst, wird mich verraten.

19 Und sie wurden traurig und fragten ihn, einer nach dem andern: Bin ich's?

20 Er aber sprach zu ihnen: Einer von den Zwölfen, der mit mir seinen Bissen in die Schüssel taucht.

21 Der Menschensohn geht zwar hin, wie von ihm geschrieben steht; weh aber dem Menschen, durch den der Menschensohn verraten wird! Es wäre für diesen Menschen besser, wenn er nie geboren wäre.

¶ **22** Und als sie aßen, nahm Jesus das Brot, dankte und brach's und gab's ihnen und sprach: Nehmet; das ist mein Leib.

23 Und er nahm den Kelch, dankte und gab ihnen den; und sie tranken alle daraus.

24 Und er sprach zu ihnen: Das ist mein Blut des Bundes, das für viele vergossen wird.

25 Wahrlich, ich sage euch, dass ich nicht mehr trinken werde vom Gewächs des Weinstocks bis an den Tag, an dem ich aufs Neue davon trinke im Reich Gottes.

Die Ankündigung der Verleugnung des Petrus

26 Und als sie den Lobgesang gesungen hatten, gingen sie hinaus an den Ölberg.

The Passover with the Disciples

¶ **12** And on the first day of Unleavened Bread, when they sacrificed the Passover lamb, his disciples said to him, "Where will you have us go and prepare for you to eat the Passover?"

13 And he sent two of his disciples and said to them, "Go into the city, and a man carrying a jar of water will meet you. Follow him,

14 and wherever he enters, say to the master of the house, 'The Teacher says, Where is *u* my guest room, where I may eat the Passover with my disciples?'

15 And he will show you *v* a large upper room furnished and ready; there prepare for us."

16 And the disciples set out and went to the city and found it just as he had told them, and they prepared the Passover.

¶ **17** And when it was evening, he came with the twelve.

18 And as they were reclining at table and eating, Jesus said, "Truly, I say to you, one of you will betray me, *y* one who is eating with me."

19 They began to be sorrowful and to say to him one after another, "Is it I?"

20 He said to them, "It is *z* one of the twelve, *y* one who is dipping bread into the dish with me.

21 For the Son of Man goes *a* as it is written of him, but *b* woe to that man by whom the Son of Man is betrayed! *c* It would have been better for that man if he had not been born."

Institution of the Lord's Supper

¶ **22** And as they were eating, he took bread, and after blessing it broke it and gave it to them, and said, "Take; *f* this is my body."

23 And he took a cup, and when he had given thanks he gave it to them, and they all drank of it.

24 And he said to them, *f* "This is my *h* blood of the³ covenant, which is poured out for *i* many.

25 Truly, I say to you, I will not drink again of the fruit of the vine until that day when I drink it new in the kingdom of God."

Jesus Foretells Peter's Denial

¶ **26** And when they had sung a hymn, they went out to the Mount of Olives.

27 Und Jesus sprach zu ihnen: Ihr werdet alle Ärgernis nehmen; denn es steht geschrieben (Sacharja 13,7): »Ich werde den Hirten schlagen, und die Schafe werden sich zerstreuen.«

28 Wenn ich aber auferstanden bin, will ich vor euch hingehen nach Galiläa.

¶ **29** Petrus aber sagte zu ihm: Und wenn sie alle Ärgernis nehmen, so doch ich nicht!

30 Und Jesus sprach zu ihm: Wahrlich, ich sage dir: Heute, in dieser Nacht, ehe der Hahn zweimal kräht, wirst du mich dreimal verleugnen.

31 Er aber redete noch weiter: Auch wenn ich mit dir sterben müsste, werde ich dich nicht verleugnen! Das Gleiche sagten sie alle.

Jesus in Gethsemane

32 Und sie kamen zu einem Garten mit Namen Gethsemane. Und er sprach zu seinen Jüngern: Setzt euch hierher, bis ich gebetet habe.

33 Und er nahm mit sich Petrus und Jakobus und Johannes und fing an zu zittern und zu zagen

34 und sprach zu ihnen: Meine Seele ist betrübt bis an den Tod; bleibt hier und wachet!

¶ **35** Und er ging ein wenig weiter, warf sich auf die Erde und betete, dass, wenn es möglich wäre, die Stunde an ihm vorüberginge,

36 und sprach: **Abba, mein Vater, alles ist dir möglich; nimm diesen Kelch von mir; doch nicht, was ich will, sondern was du willst!**

37 Und er kam und fand sie schlafend und sprach zu Petrus: Simon, schläfst du? Vermochtest du nicht, **eine** Stunde zu wachen?

38 **Wachet und betet, dass ihr nicht in Versuchung fallt! Der Geist ist willig; aber das Fleisch ist schwach.**

¶ **39** Und er ging wieder hin und betete und sprach dieselben Worte

40 und kam zurück und fand sie abermals schlafend; denn ihre Augen waren voller Schlaf, und sie wussten nicht, was sie ihm antworten sollten.

41 Und er kam zum dritten Mal und sprach zu ihnen: Ach, wollt ihr weiter schlafen und ruhen? Es ist genug; die Stunde ist gekommen. Siehe, der Menschensohn wird überantwortet in die Hände der Sünder.

42 Steht auf, lasst uns gehen! Siehe, der mich verrät, ist nahe.

27 And Jesus said to them, "You will all fall away, for it is written, 'I will [m]strike the shepherd, and the sheep will be scattered.'

28 But after I am raised up, [n]I will go before you to Galilee."

29 Peter said to him, "Even though they all fall away, I will not."

30 And Jesus said to him, "Truly, I tell you, this very night, before [q]the rooster crows twice, you will deny me three times."

31 But he said emphatically, "If I must die with you, I will not deny you." And they all said the same.

Jesus Prays in Gethsemane

¶ **32** And they went to a place called Gethsemane. And he said to his disciples, "Sit here while I pray."

33 And he took with him Peter and James and John, and began to be greatly distressed and troubled.

34 And he said to them, [v]"My soul is very sorrowful, even to death. Remain here and [w]watch."[4]

35 And going a little farther, he fell on the ground and prayed that, if it were possible, the hour might pass from him.

36 And he said, [z]"Abba, Father, [a]all things are possible for you. Remove [b]this cup from me. [c]Yet not what I will, but what you will."

37 And he came and found them sleeping, and he said to Peter, "Simon, are you asleep? Could you not watch one hour?

38 [w]Watch and [d]pray that you may not [e]enter into temptation. The spirit indeed is willing, but the flesh is weak."

39 And again he went away and prayed, saying the same words.

40 And again he came and found them sleeping, for their eyes were very heavy, and they did not know what to answer him.

41 And he came the third time and said to them, "Are you still sleeping and taking your rest? [i]It is enough; [j]the hour has come. [k]The Son of Man is betrayed into the hands of sinners.

42 Rise, let us be going; see, my betrayer is at hand."

Jesu Gefangennahme

43 Und alsbald, während er noch redete, kam herzu Judas, einer von den Zwölfen, und mit ihm eine Schar mit Schwertern und mit Stangen, von den Hohenpriestern und Schriftgelehrten und Ältesten. **44** Und der Verräter hatte ihnen ein Zeichen genannt und gesagt: Welchen ich küssen werde, der ist's; den ergreift und führt ihn sicher ab. **45** Und als er kam, trat er alsbald zu ihm und sprach: Rabbi!, und küsste ihn. **46** Die aber legten Hand an ihn und ergriffen ihn. **47** Einer aber von denen, die dabeistanden, zog sein Schwert und schlug nach dem Knecht des Hohenpriesters und hieb ihm ein Ohr ab. ¶ **48** Und Jesus antwortete und sprach zu ihnen: Ihr seid ausgezogen wie gegen einen Räuber mit Schwertern und mit Stangen, mich zu fangen. **49** Ich bin täglich bei euch im Tempel gewesen und habe gelehrt, und ihr habt mich nicht ergriffen. Aber so muss die Schrift erfüllt werden. **50** Da verließen ihn alle und flohen.

51 Ein junger Mann aber folgte ihm nach, der war mit einem Leinengewand bekleidet auf der bloßen Haut; und sie griffen nach ihm. **52** Er aber ließ das Gewand fahren und floh nackt davon.

Jesus vor dem Hohen Rat

53 Und sie führten Jesus zu dem Hohenpriester; und es versammelten sich alle Hohenpriester und Ältesten und Schriftgelehrten. **54** Petrus aber folgte ihm nach von ferne, bis hinein in den Palast des Hohenpriesters, und saß da bei den Knechten und wärmte sich am Feuer. ¶ **55** Aber die Hohenpriester und der ganze Hohe Rat suchten Zeugnis gegen Jesus, dass sie ihn zu Tode brächten, und fanden nichts. **56** Denn viele gaben falsches Zeugnis ab gegen ihn; aber ihr Zeugnis stimmte nicht überein. **57** Und einige standen auf und gaben falsches Zeugnis ab gegen ihn und sprachen: **58** Wir haben gehört, dass er gesagt hat: Ich will diesen Tempel, der mit Händen gemacht ist, abbrechen und in drei Tagen einen andern bauen, der nicht mit Händen gemacht ist. **59** Aber ihr Zeugnis stimmte auch so nicht überein.

Betrayal and Arrest of Jesus

¶ **43** And immediately, while he was still speaking, Judas came, one of the twelve, and with him a crowd with swords and clubs, from the chief priests and the scribes and the elders. **44** Now the betrayer had given them a sign, saying, "The one I will kiss is the man. Seize him and lead him away under guard." **45** And when he came, he went up to him at once and said, "Rabbi!" And he kissed him. **46** And they laid hands on him and seized him. **47** But one of those who stood by drew his sword and struck the servant[5] of the high priest and cut off his ear. **48** And Jesus said to them, "Have you come out as against a robber, with swords and clubs to capture me? **49** [q]Day after day I was with you in the temple [r]teaching, and you did not seize me. But [s]let the Scriptures be fulfilled." **50** And they all left him and fled.

A Young Man Flees

¶ **51** And a young man followed him, with nothing but a linen cloth about his body. And they seized him, **52** but he left the linen cloth and ran away naked.

Jesus Before the Council

¶ **53** And they led Jesus to the high priest. And all the chief priests and the elders and the scribes came together. **54** And Peter had followed him at a distance, right into the courtyard of the high priest. And he was sitting with the guards and warming himself at the fire. **55** Now the chief priests and the whole Council[6] were seeking testimony against Jesus to put him to death, but they found none. **56** For many bore false witness against him, but their testimony did not agree. **57** And some stood up and bore false witness against him, saying, **58** "We heard him say, 'I will destroy this temple that is made with hands, and in three days I will build another, not made with hands.'" **59** Yet even about this their testimony did not agree.

60 Und der Hohepriester stand auf, trat in die Mitte und fragte Jesus und sprach: Antwortest du nichts auf das, was diese gegen dich bezeugen?

61 Er aber schwieg still und antwortete nichts. Da fragte ihn der Hohepriester abermals und sprach zu ihm: **Bist du der Christus, der Sohn des Hochgelobten?**

62 Jesus aber sprach: **Ich bin's; und ihr werdet sehen den Menschensohn sitzen zur Rechten der Kraft und kommen mit den Wolken des Himmels.**

¶ **63** Da zerriss der Hohepriester seine Kleider und sprach: Was bedürfen wir weiterer Zeugen?

64 Ihr habt die Gotteslästerung gehört. Was ist euer Urteil? Sie aber verurteilten ihn alle, dass er des Todes schuldig sei.

65 Da fingen einige an, ihn anzuspeien und sein Angesicht zu verdecken und ihn mit Fäusten zu schlagen und zu ihm zu sagen: Weissage uns! Und die Knechte schlugen ihn ins Angesicht.

Die Verleugnung des Petrus

66 Und Petrus war unten im Hof. Da kam eine von den Mägden des Hohenpriesters;

67 und als sie Petrus sah, wie er sich wärmte, schaute sie ihn an und sprach: Und du warst auch mit dem Jesus von Nazareth.

68 Er leugnete aber und sprach: Ich weiß nicht und verstehe nicht, was du sagst. Und er ging hinaus in den Vorhof, und der Hahn krähte.

69 Und die Magd sah ihn und fing abermals an, denen zu sagen, die dabeistanden: Das ist einer von denen.

70 Und er leugnete abermals.
¶ Und nach einer kleinen Weile sprachen die, die dabeistanden, abermals zu Petrus: Wahrhaftig, du bist einer von denen; denn du bist auch ein Galiläer.

71 Er aber fing an, sich zu verfluchen und zu schwören: Ich kenne den Menschen nicht, von dem ihr redet.
72 Und alsbald krähte der Hahn zum zweiten Mal. Da gedachte Petrus an das Wort, das Jesus zu ihm gesagt hatte: Ehe der Hahn zweimal kräht, wirst du mich dreimal verleugnen. Und er fing an zu weinen.

60 And the high priest stood up in the midst and asked Jesus, "Have you no answer to make? What is it that these men testify against you?"[7]

61 But he remained silent and made no answer. Again the high priest asked him, "Are you the Christ, the Son of the Blessed?"

62 And Jesus said, "I am, and [m]you will see the Son of Man [n]seated at the right hand of Power, and [m]coming with the clouds of heaven."

63 And the high priest tore his garments and said, "What further witnesses do we need?

64 You have heard his blasphemy. What is your decision?" And they all condemned him as deserving death.

65 And some began to spit on him and to cover his face and to strike him, saying to him, "Prophesy!" And the guards received him with blows.

Peter Denies Jesus

¶ **66** And as Peter was below in the courtyard, one of the servant girls of the high priest came,

67 and seeing Peter warming himself, she looked at him and said, "You also were with the Nazarene, Jesus."

68 But he denied it, saying, "I neither know nor understand what you mean." And he went out into the gateway[8] and the rooster crowed.[9]

69 And the servant girl saw him and began again to say to the bystanders, "This man is one of them."

70 But again he denied it. And after a little while the bystanders again said to Peter, "Certainly you are one of them, for you are a Galilean."

71 But he began to invoke a curse on himself and to swear, "I do not know this man of whom you speak."
72 And immediately the rooster crowed a second time. And Peter remembered how Jesus had said to him, [a]"Before the rooster crows twice, you will [b]deny me three times." And he broke down and wept.[10]

Jesus vor Pilatus

15 Und alsbald am Morgen hielten die Hohenpriester Rat mit den Ältesten und Schriftgelehrten und dem ganzen Hohen Rat, und sie banden Jesus, führten ihn ab und überantworteten ihn Pilatus.

2 Und Pilatus fragte ihn: Bist du der König der Juden? Er aber antwortete und sprach zu ihm: Du sagst es.

3 Und die Hohenpriester beschuldigten ihn hart.

4 Pilatus aber fragte ihn abermals: Antwortest du nichts? Siehe, wie hart sie dich verklagen!

5 Jesus aber antwortete nichts mehr, sodass sich Pilatus verwunderte.

Jesu Verurteilung und Verspottung

6 Er pflegte ihnen aber zum Fest einen Gefangenen loszugeben, welchen sie erbaten.

7 Es war aber einer, genannt Barabbas, gefangen mit den Aufrührern, die beim Aufruhr einen Mord begangen hatten.

8 Und das Volk ging hinauf und bat, dass er tue, wie er zu tun pflegte.

9 Pilatus aber antwortete ihnen: Wollt ihr, dass ich euch den König der Juden losgebe?

10 Denn er erkannte, dass ihn die Hohenpriester aus Neid überantwortet hatten.

¶ **11** Aber die Hohenpriester reizten das Volk auf, dass er ihnen viel lieber den Barabbas losgebe.

12 Pilatus aber fing wiederum an und sprach zu ihnen: Was wollt ihr denn, dass ich tue mit dem, den ihr den König der Juden nennt?

13 Sie schrien abermals: Kreuzige ihn!

14 Pilatus aber sprach zu ihnen: Was hat er denn Böses getan? Aber sie schrien noch viel mehr: Kreuzige ihn!

15 Pilatus aber wollte dem Volk zu Willen sein und gab ihnen Barabbas los und ließ Jesus geißeln und überantwortete ihn, dass er gekreuzigt werde.

¶ **16** Die Soldaten aber führten ihn hinein in den Palast, das ist ins Prätorium, und riefen die ganze Abteilung zusammen

17 und zogen ihm einen Purpurmantel an und flochten eine Dornenkrone und setzten sie ihm auf

18 und fingen an, ihn zu grüßen: Gegrüßet seist du, der Juden König!

Jesus Delivered to Pilate

15 And as soon as it was morning, the chief priests held a consultation with the elders and scribes and the whole Council. And they bound Jesus and led him away and delivered him over to Pilate.

2 And Pilate asked him, "Are you the King of the Jews?" And he answered him, [k] "You have said so."

3 And the chief priests accused him of many things.

4 And Pilate again asked him, "Have you no answer to make? See how many charges they bring against you."

5 But Jesus made no further answer, so that Pilate was amazed.

Pilate Delivers Jesus to Be Crucified

¶ **6** Now at the feast he used to release for them one prisoner for whom they asked.

7 And among the rebels in prison, who had committed murder in the insurrection, there was a man called Barabbas.

8 And the crowd came up and began to ask Pilate to do as he usually did for them.

9 And he answered them, saying, "Do you want me to release for you the King of the Jews?"

10 For he perceived that it was out of envy that the chief priests had delivered him up.

11 But the chief priests stirred up the crowd to have him release for them Barabbas instead.

12 And Pilate again said to them, "Then what shall I do with the man you call the King of the Jews?"

13 And they cried out again, "Crucify him."

14 And Pilate said to them, "Why, what evil has he done?" But they shouted all the more, "Crucify him."

15 So Pilate, wishing to satisfy the crowd, released for them Barabbas, and having scourged[1] Jesus, he delivered him to be crucified.

Jesus Is Mocked

¶ **16** And the soldiers led him away inside the palace (that is, the governor's headquarters),[2] and they called together the whole battalion.[3]

17 And they clothed him in a purple cloak, and twisting together a crown of thorns, they put it on him.

18 And they began to salute him, "Hail, King of the Jews!"

19 Und sie schlugen ihn mit einem Rohr auf das Haupt und spien ihn an und fielen auf die Knie und huldigten ihm.

20 Und als sie ihn verspottet hatten, zogen sie ihm den Purpurmantel aus und zogen ihm seine Kleider an.

Jesu Kreuzigung und Tod

Und sie führten ihn hinaus, dass sie ihn kreuzigten.

21 Und zwangen einen, der vorüberging, mit Namen Simon von Kyrene, der vom Feld kam, den Vater des Alexander und des Rufus, dass er ihm das Kreuz trage.

22 Und sie brachten ihn zu der Stätte Golgatha, das heißt übersetzt: Schädelstätte.

23 Und sie gaben ihm Myrrhe in Wein zu trinken; aber er nahm's nicht.

¶ **24** Und sie kreuzigten ihn. Und sie teilten seine Kleider und warfen das Los, wer was bekommen solle.

25 Und es war die dritte Stunde, als sie ihn kreuzigten.

26 Und es stand über ihm geschrieben, welche Schuld man ihm gab, nämlich: Der König der Juden.

¶ **27** Und sie kreuzigten mit ihm zwei Räuber, einen zu seiner Rechten und einen zu seiner Linken.*

¶ **29** Und die vorübergingen, lästerten ihn und schüttelten ihre Köpfe und sprachen: Ha, der du den Tempel abbrichst und baust ihn auf in drei Tagen,

30 hilf dir nun selber und steig herab vom Kreuz!

31 Desgleichen verspotteten ihn auch die Hohenpriester untereinander samt den Schriftgelehrten und sprachen: Er hat andern geholfen und kann sich selber nicht helfen.

32 Ist er der Christus, der König von Israel, so steige er nun vom Kreuz, damit wir sehen und glauben. Und die mit ihm gekreuzigt waren, schmähten ihn auch.

¶ **33** Und zur sechsten Stunde kam eine Finsternis über das ganze Land bis zur neunten Stunde.

34 Und zu der neunten Stunde rief Jesus laut: Eli, Eli, lama asabtani? Das heißt übersetzt: **Mein Gott, mein Gott, warum hast du mich verlassen?**

¶ **35** Und einige, die dabeistanden, als sie das hörten, sprachen sie: Siehe, er ruft den Elia.

The Crucifixion

19 And they were striking his head with a reed and spitting on him and kneeling down in homage to him.

20 And when they had mocked him, they stripped him of the purple cloak and put his own clothes on him. And they led him out to crucify him.

¶ **21** And they compelled a passerby, Simon of Cyrene, who was coming in from the country, the father of Alexander and Rufus, to carry his cross.

22 And they brought him to the place called Golgotha (which means Place of a Skull).

23 And they offered him wine mixed with myrrh, but he did not take it.

24 And they crucified him and divided his garments among them, casting lots for them, to decide what each should take.

25 And it was the third hour[4] when they crucified him.

26 And the inscription of the charge against him read, "The King of the Jews."

27 And with him they crucified two robbers, one on his right and one on his left.[5]

29 And those who passed by derided him, wagging their heads and saying, "Aha! You who would destroy the temple and rebuild it in three days,

30 save yourself, and come down from the cross!"

31 So also the chief priests with the scribes mocked him to one another, saying, "He saved others; he cannot save himself.

32 Let the Christ, the King of Israel, come down now from the cross that we may see and believe." Those who were crucified with him also reviled him.

The Death of Jesus

¶ **33** And when the sixth hour[6] had come, there was darkness over the whole land until the ninth hour.[7]

34 And at the ninth hour Jesus cried with a loud voice, ʷ"Eloi, Eloi, lema sabachthani?" which means, "My God, my God, why have you forsaken me?"

35 And some of the bystanders hearing it said, "Behold, he is calling Elijah."

36 Da lief einer und füllte einen Schwamm mit Essig, steckte ihn auf ein Rohr, gab ihm zu trinken und sprach: Halt, lasst sehen, ob Elia komme und ihn herabnehme!

37 Aber Jesus schrie laut und verschied.

¶ **38** Und der Vorhang im Tempel zerriss in zwei Stücke von oben an bis unten aus.

39 Der Hauptmann aber, der dabeistand, ihm gegenüber, und sah, dass er so verschied, sprach: **Wahrlich, dieser Mensch ist Gottes Sohn gewesen!**

¶ **40** Und es waren auch Frauen da, die von ferne zuschauten, unter ihnen Maria von Magdala und Maria, die Mutter Jakobus' des Kleinen und des Joses, und Salome,

41 die ihm nachgefolgt waren, als er in Galiläa war, und ihm gedient hatten, und viele andere Frauen, die mit ihm hinauf nach Jerusalem gegangen waren.

Jesu Grablegung

42 Und als es schon Abend wurde und weil Rüsttag war, das ist der Tag vor dem Sabbat,

43 kam Josef von Arimathäa, ein angesehener Ratsherr, der auch auf das Reich Gottes wartete, der wagte es und ging hinein zu Pilatus und bat um den Leichnam Jesu.

44 Pilatus aber wunderte sich, dass er schon tot sei, und rief den Hauptmann und fragte ihn, ob er schon lange gestorben sei.

45 Und als er's erkundet hatte von dem Hauptmann, gab er Josef den Leichnam.

46 Und der kaufte ein Leinentuch und nahm ihn ab und wickelte ihn in das Tuch und legte ihn in ein Grab, das war in einen Felsen gehauen, und wälzte einen Stein vor des Grabes Tür.

¶ **47** Aber Maria von Magdala und Maria, die Mutter des Joses, sahen, wo er hingelegt wurde.

Jesu Auferstehung
(Mt 28,1-10; Lk 24,1-12; Joh 20,1-10)

16 Und als der Sabbat vergangen war, kauften Maria von Magdala und Maria, die Mutter des Jakobus, und Salome wohlriechende Öle, um hinzugehen und ihn zu salben.

2 Und sie kamen zum Grab am ersten Tag der Woche, sehr früh, als die Sonne aufging.

36 And someone ran and filled a sponge with sour wine, put it on a reed and gave it to him to drink, saying, "Wait, let us see whether Elijah will come to take him down."

37 And Jesus uttered a loud cry and breathed his last.

38 And the curtain of the temple was torn in two, from top to bottom.

39 And when the centurion, who stood facing him, saw that in this way he[8] breathed his last, he said, "Truly this man was the Son[9] of God!"

¶ **40** There were also women looking on from a distance, among whom were Mary Magdalene, and Mary the mother of James the younger and of Joses, and Salome.

41 When he was in Galilee, they followed him and ministered to him, and there were also many other women who came up with him to Jerusalem.

Jesus Is Buried

¶ **42** And when evening had come, since it was the day of Preparation, that is, the day before the Sabbath,

43 Joseph of Arimathea, a respected member of the Council, who was also himself looking for the kingdom of God, took courage and went to Pilate and asked for the body of Jesus.

44 Pilate was surprised to hear that he should have already died.[10] And summoning the centurion, he asked him whether he was already dead.

45 And when he learned from the centurion that he was dead, he granted the corpse to Joseph.

46 And Joseph[11] bought a linen shroud, and taking him down, wrapped him in the linen shroud and laid him in a tomb that had been cut out of the rock. And he rolled a stone against the entrance of the tomb.

47 Mary Magdalene and Mary the mother of Joses saw where he was laid.

The Resurrection

16 When the Sabbath was past, Mary Magdalene and "Mary the mother of James and Salome bought spices, so that they might go and anoint him.

2 And very early on the first day of the week, when the sun had risen, they went to the tomb.

3 Und sie sprachen untereinander: Wer wälzt uns den Stein von des Grabes Tür?

4 Und sie sahen hin und wurden gewahr, dass der Stein weggewälzt war; denn er war sehr groß.

¶ **5** Und sie gingen hinein in das Grab und sahen einen Jüngling zur rechten Hand sitzen, der hatte ein langes weißes Gewand an, und sie entsetzten sich.

6 Er aber sprach zu ihnen: Entsetzt euch nicht! Ihr sucht Jesus von Nazareth, den Gekreuzigten. Er ist auferstanden, er ist nicht hier. Siehe da die Stätte, wo sie ihn hinlegten.

7 Geht aber hin und sagt seinen Jüngern und Petrus, dass er vor euch hingehen wird nach Galiläa; dort werdet ihr ihn sehen, wie er euch gesagt hat.

8 Und sie gingen hinaus und flohen von dem Grab; denn Zittern und Entsetzen hatte sie ergriffen. Und sie sagten niemandem etwas; denn sie fürchteten sich.

Erscheinungen des Auferstandenen und Himmelfahrt
(Lk 24,36-49; Joh 20,19-23)

¶ **9** Als aber Jesus auferstanden war früh am ersten Tag der Woche, erschien er zuerst Maria von Magdala, von der er sieben böse Geister ausgetrieben hatte.

10 Und sie ging hin und verkündete es denen, die mit ihm gewesen waren und Leid trugen und weinten.

11 Und als diese hörten, dass er lebe und sei ihr erschienen, glaubten sie es nicht.

12 Danach offenbarte er sich in anderer Gestalt zweien von ihnen unterwegs, als sie über Land gingen.

13 Und die gingen auch hin und verkündeten es den andern. Aber auch denen glaubten sie nicht.

¶ **14** Zuletzt, als die Elf zu Tisch saßen, offenbarte er sich ihnen und schalt ihren Unglauben und ihres Herzens Härte, dass sie nicht geglaubt hatten denen, die ihn gesehen hatten als Auferstandenen.

3 And they were saying to one another, "Who will roll away the stone for us from the entrance of the tomb?"

4 And looking up, they saw that the stone had been rolled back—it was very large.

5 And entering the tomb, they saw a young man sitting on the right side, dressed in a white robe, and they were alarmed.

6 And he said to them, "Do not be alarmed. You seek Jesus of Nazareth, who was crucified. He has risen; he is not here. See the place where they laid him.

7 But go, tell his disciples and Peter that he is going before you to Galilee. There you will see him, [e]just as he told you."

8 And they went out and fled from the tomb, for trembling and astonishment had seized them, and they said nothing to anyone, for they were afraid.

[SOME OF THE EARLIEST MANUSCRIPTS DO NOT INCLUDE 16:9-20.][1]

Jesus Appears to Mary Magdalene

¶ **9** [[Now when he rose early on the first day of the week, he appeared first to Mary Magdalene, [g]from whom he had cast out seven demons.

10 She went and told those who had been with him, as they mourned and wept.

11 But when they heard that he was alive and had been seen by her, they would not believe it.

Jesus Appears to Two Disciples

¶ **12** After these things he appeared in another form to two of them, as they were walking into the country.

13 And they went back and told the rest, but they did not believe them.

The Great Commission

¶ **14** Afterward he appeared to the eleven themselves as they were reclining at table, and he rebuked them for their unbelief and hardness of heart, because they had not believed those who saw him after he had risen.

15 Und er sprach zu ihnen: **Gehet hin in alle Welt und predigt das Evangelium aller Kreatur.**

16 Wer da glaubt und getauft wird, der wird selig werden; wer aber nicht glaubt, der wird verdammt werden.

17 Die Zeichen aber, die folgen werden denen, die da glauben, sind diese: In meinem Namen werden sie böse Geister austreiben, in neuen Zungen reden,

18 Schlangen mit den Händen hochheben, und wenn sie etwas Tödliches trinken, wird's ihnen nicht schaden; auf Kranke werden sie die Hände legen, so wird's besser mit ihnen werden.

¶ **19** Nachdem der Herr Jesus mit ihnen geredet hatte, wurde er aufgehoben gen Himmel und setzte sich zur Rechten Gottes.

20 Sie aber zogen aus und predigten an allen Orten. Und der Herr wirkte mit ihnen und bekräftigte das Wort durch die mitfolgenden Zeichen.

15 And he said to them, [t]"Go into all the world and [u]proclaim the gospel to [v]the whole creation.

16 [w]Whoever believes and is [x]baptized [y]will be saved, but [z]whoever [w]does not believe will be condemned.

17 And [a]these signs will accompany those who believe: [b]in my name they will cast out demons; [c]they will speak in new tongues;

18 [d]they will pick up serpents with their hands; and if they drink any deadly poison, it will not hurt them; [e]they will lay their hands [f]on the sick, and they will recover."

¶ **19** So then the Lord Jesus, after he had spoken to them, was taken up into heaven and sat down at the right hand of God.

20 And they went out and preached everywhere, while the Lord worked with them and confirmed the message by accompanying signs.]]

DAS EVANGELIUM NACH LUKAS

LUKE

1 Viele haben es schon unternommen, Bericht zu geben von den Geschichten, die unter uns geschehen sind,

2 wie uns das überliefert haben, die es von Anfang an selbst gesehen haben und Diener des Worts gewesen sind.

3 So habe auch ich's für gut gehalten, nachdem ich alles von Anfang an sorgfältig erkundet habe, es für dich, hochgeehrter Theophilus, in guter Ordnung aufzuschreiben,

4 damit du den sicheren Grund der Lehre erfährst, in der du unterrichtet bist.

Die Ankündigung der Geburt Johannes des Täufers

5 Zu der Zeit des Herodes, des Königs von Judäa, lebte ein Priester von der Ordnung Abija, mit Namen Zacharias, und seine Frau war aus dem Geschlecht Aaron und hieß Elisabeth.

6 Sie waren aber alle beide fromm vor Gott und lebten in allen Geboten und Satzungen des Herrn untadelig.

7 Und sie hatten kein Kind; denn Elisabeth war unfruchtbar und beide waren hochbetagt.

¶ **8** Und es begab sich, als Zacharias den Priesterdienst vor Gott versah, da seine Ordnung an der Reihe war,

9 dass ihn nach dem Brauch der Priesterschaft das Los traf, das Räucheropfer darzubringen; und er ging in den Tempel des Herrn.

¶ **10** Und die ganze Menge des Volkes stand draußen und betete zur Stunde des Räucheropfers.

11 Da erschien ihm der Engel des Herrn und stand an der rechten Seite des Räucheraltars.

12 Und als Zacharias ihn sah, erschrak er, und es kam Furcht über ihn.

13 Aber der Engel sprach zu ihm: Fürchte dich nicht, Zacharias, denn dein Gebet ist erhört, und deine Frau Elisabeth wird dir einen Sohn gebären, und du sollst ihm den Namen Johannes geben.

14 Und du wirst Freude und Wonne haben, und viele werden sich über seine Geburt freuen.

Dedication to Theophilus

1 Inasmuch as many have undertaken to compile a narrative of the things that have been accomplished among us,

2 just as those who from the beginning were eyewitnesses and ministers of the word have delivered them to us,

3 it seemed good to me also, having followed all things closely for some time past, to write an orderly account for you, most excellent Theophilus,

4 that you may have certainty concerning the things you have been taught.

Birth of John the Baptist Foretold

¶ **5** In the days of Herod, king of Judea, there was a priest named Zechariah,[1] of the division of Abijah. And he had a wife from the daughters of Aaron, and her name was Elizabeth.

6 And they were both righteous before God, walking blamelessly in all the commandments and statutes of the Lord.

7 But they had no child, because Elizabeth was barren, and both were advanced in years.

¶ **8** Now while he was serving as priest before God when his division was on duty,

9 according to the custom of the priesthood, he was chosen by lot to enter the temple of the Lord and burn incense.

10 And the whole multitude of the people were praying outside at the hour of incense.

11 And there appeared to him an angel of the Lord standing on the right side of the altar of incense.

12 And Zechariah was troubled when he saw him, and fear fell upon him.

13 But the angel said to him, "Do not be afraid, Zechariah, for your prayer has been heard, and your wife Elizabeth will bear you a son, and you shall call his name John.

14 And you will have joy and gladness, and many will rejoice at his birth,

15 Denn er wird groß sein vor dem Herrn; Wein und starkes Getränk wird er nicht trinken und wird schon von Mutterleib an erfüllt werden mit dem Heiligen Geist.

16 Und er wird vom Volk Israel viele zu dem Herrn, ihrem Gott, bekehren.

17 Und er wird vor ihm hergehen im Geist und in der Kraft Elias, zu bekehren die Herzen der Väter zu den Kindern und die Ungehorsamen zu der Klugheit der Gerechten, zuzurichten dem Herrn ein Volk, das wohl vorbereitet ist.

¶ **18** Und Zacharias sprach zu dem Engel: Woran soll ich das erkennen? Denn ich bin alt und meine Frau ist betagt.

19 Der Engel antwortete und sprach zu ihm: Ich bin Gabriel, der vor Gott steht, und bin gesandt, mit dir zu reden und dir dies zu verkündigen.

20 Und siehe, du wirst stumm werden und nicht reden können bis zu dem Tag, an dem dies geschehen wird, weil du meinen Worten nicht geglaubt hast, die erfüllt werden sollen zu ihrer Zeit.

¶ **21** Und das Volk wartete auf Zacharias und wunderte sich, dass er so lange im Tempel blieb.

22 Als er aber herauskam, konnte er nicht mit ihnen reden; und sie merkten, dass er eine Erscheinung gehabt hatte im Tempel. Und er winkte ihnen und blieb stumm.

¶ **23** Und es begab sich, als die Zeit seines Dienstes um war, da ging er heim in sein Haus.

24 Nach diesen Tagen wurde seine Frau Elisabeth schwanger und hielt sich fünf Monate verborgen und sprach:

25 So hat der Herr an mir getan in den Tagen, als er mich angesehen hat, um meine Schmach unter den Menschen von mir zu nehmen.

Die Ankündigung der Geburt Jesu

26 Und im sechsten Monat wurde der Engel Gabriel von Gott gesandt in eine Stadt in Galiläa, die heißt Nazareth,

27 zu einer Jungfrau, die vertraut war einem Mann mit Namen Josef vom Hause David; und die Jungfrau hieß Maria.

28 Und der Engel kam zu ihr hinein und sprach: Sei gegrüßt, du Begnadete! Der Herr ist mit dir!

29 Sie aber erschrak über die Rede und dachte: Welch ein Gruß ist das?

15 for he will be great before the Lord. And he must not drink wine or strong drink, and ᵍhe will be filled with the Holy Spirit, even from his mother's womb.

16 And he will turn many of the children of Israel to the Lord their God,

17 and he will go before him in the spirit and power of Elijah, to turn the hearts of the fathers to the children, and the disobedient to the wisdom of the just, to make ready for the Lord a people prepared."

¶ **18** And Zechariah said to the angel, "How shall I know this? For I am an old man, and my wife is advanced in years."

19 And the angel answered him, "I am Gabriel. I stand in the presence of God, and I was sent to speak to you and to bring you this good news.

20 And behold, you will be silent and unable to speak until the day that these things take place, because you did not believe my words, which will be fulfilled in their time."

21 And the people were waiting for Zechariah, and they were wondering at his delay in the temple.

22 And when he came out, he was unable to speak to them, and they realized that he had seen a vision in the temple. And he kept making signs to them and remained mute.

23 And when his time of service was ended, he went to his home.

¶ **24** After these days his wife Elizabeth conceived, and for five months she kept herself hidden, saying,

25 "Thus the Lord has done for me in the days when he looked on me, to take away my reproach among people."

Birth of Jesus Foretold

¶ **26** In the sixth month the angel Gabriel was sent from God to a city of Galilee named Nazareth,

27 to a virgin betrothed[2] to a man whose name was Joseph, of the house of David. And the virgin's name was Mary.

28 And he came to her and said, "Greetings, O favored one, the Lord is with you!"[3]

29 But she was greatly troubled at the saying, and tried to discern what sort of greeting this might be.

30 Und der Engel sprach zu ihr: Fürchte dich nicht, Maria, du hast Gnade bei Gott gefunden.

31 Siehe, du wirst schwanger werden und einen Sohn gebären, und du sollst ihm den Namen Jesus geben.

32 Der wird groß sein und Sohn des Höchsten genannt werden; und Gott der Herr wird ihm den Thron seines Vaters David geben,

33 und er wird König sein über das Haus Jakob in Ewigkeit, und sein Reich wird kein Ende haben.

¶ **34** Da sprach Maria zu dem Engel: Wie soll das zugehen, da ich doch von keinem Mann weiß?

35 Der Engel antwortete und sprach zu ihr: Der Heilige Geist wird über dich kommen, und die Kraft des Höchsten wird dich überschatten; darum wird auch das Heilige, das geboren wird, Gottes Sohn genannt werden.

36 Und siehe, Elisabeth, deine Verwandte, ist auch schwanger mit einem Sohn, in ihrem Alter, und ist jetzt im sechsten Monat, von der man sagt, dass sie unfruchtbar sei.

37 Denn bei Gott ist kein Ding unmöglich.

38 Maria aber sprach: Siehe, ich bin des Herrn Magd; mir geschehe, wie du gesagt hast. Und der Engel schied von ihr.

Marias Besuch bei Elisabeth

39 Maria aber machte sich auf in diesen Tagen und ging eilends in das Gebirge zu einer Stadt in Juda

40 und kam in das Haus des Zacharias und begrüßte Elisabeth.

41 Und es begab sich, als Elisabeth den Gruß Marias hörte, hüpfte das Kind in ihrem Leibe. Und Elisabeth wurde vom Heiligen Geist erfüllt

42 und rief laut und sprach: Gepriesen bist du unter den Frauen, und gepriesen ist die Frucht deines Leibes!

43 Und wie geschieht mir das, dass die Mutter meines Herrn zu mir kommt?

44 Denn siehe, als ich die Stimme deines Grußes hörte, hüpfte das Kind vor Freude in meinem Leibe.

45 Und selig bist du, die du geglaubt hast! Denn es wird vollendet werden, was dir gesagt ist von dem Herrn.

30 And the angel said to her, "Do not be afraid, Mary, for you have found favor with God.

31 And behold, you will conceive in your womb and bear a son, and you shall call his name Jesus.

32 He will be great and will be called the Son of the Most High. And the Lord God will give to him the throne of his father David,

33 and he will reign over the house of Jacob forever, and of his kingdom there will be no end."

¶ **34** And Mary said to the angel, "How will this be, since I am a virgin?"[4]

¶ **35** And the angel answered her, "The Holy Spirit will come upon you, and the power of the Most High will overshadow you; therefore the child to be born[5] will be called holy—the Son of God.

36 And behold, your relative Elizabeth in her old age has also conceived a son, and this is the sixth month with her who was called barren.

37 For nothing will be impossible with God."

38 And Mary said, "Behold, I am the servant[6] of the Lord; let it be to me according to your word." And the angel departed from her.

Mary Visits Elizabeth

¶ **39** In those days Mary arose and went with haste into the hill country, to a town in Judah,

40 and she entered the house of Zechariah and greeted Elizabeth.

41 And when Elizabeth heard the greeting of Mary, the baby leaped in her womb. And Elizabeth was filled with the Holy Spirit,

42 and she exclaimed with a loud cry, "Blessed are you among women, and blessed is the fruit of your womb!

43 And why is this granted to me that the mother of my Lord should come to me?

44 For behold, when the sound of your greeting came to my ears, the baby in my womb leaped for joy.

45 And blessed is she who believed that there would be[7] a fulfillment of what was spoken to her from the Lord."

Marias Lobgesang

46 Und Maria sprach:

Meine Seele erhebt den Herrn,
47   und mein Geist freut sich Gottes, mei-
        nes Heilandes;
48 denn er hat die Niedrigkeit seiner Magd
        angesehen.
        Siehe, von nun an werden mich selig
        preisen alle Kindeskinder.
49 Denn er hat große Dinge an mir getan,
        der da mächtig ist und dessen Name
        heilig ist.
50 Und seine Barmherzigkeit währt von
        Geschlecht zu Geschlecht
        bei denen, die ihn fürchten.

51 Er übt Gewalt mit seinem Arm
        und zerstreut, die hoffärtig sind in
        ihres Herzens Sinn.
52 Er stößt die Gewaltigen vom Thron
        und erhebt die Niedrigen.

53 Die Hungrigen füllt er mit Gütern
        und lässt die Reichen leer ausgehen.

54 Er gedenkt der Barmherzigkeit
        und hilft seinem Diener Israel auf,
55 wie er geredet hat zu unsern Vätern,
        Abraham und seinen Kindern in
        Ewigkeit.

56 Und Maria blieb bei ihr etwa drei
Monate; danach kehrte sie wieder heim.

Die Geburt Johannes des Täufers

57 Und für Elisabeth kam die Zeit, dass sie
gebären sollte; und sie gebar einen Sohn.
58 Und ihre Nachbarn und Verwandten
hörten, dass der Herr große Barmherzigkeit an
ihr getan hatte, und freuten sich mit ihr.
59 Und es begab sich am achten Tag, da
kamen sie, das Kindlein zu beschneiden,
und wollten es nach seinem Vater Zacharias
nennen.
60 Aber seine Mutter antwortete und sprach:
Nein, sondern er soll Johannes heißen.
61 Und sie sprachen zu ihr: Ist doch niemand in deiner Verwandtschaft, der so heißt.
62 Und sie winkten seinem Vater, wie er
ihn nennen lassen wollte.
63 Und er forderte eine kleine Tafel und
schrieb: Er heißt Johannes. Und sie wunderten
sich alle.
64 Und sogleich wurde sein Mund aufgetan und seine Zunge gelöst, und er redete und
lobte Gott.

Mary's Song of Praise: The Magnificat

¶ **46** And Mary said,

    "My soul magnifies the Lord,
47   and my spirit rejoices in God my
        Savior,
48 for he has looked on the humble estate
        of his servant.
        For behold, from now on all genera-
        tions will call me blessed;
49 for he who is mighty has done great
        things for me,
        and holy is his name.
50 And his mercy is for those who fear him
        from generation to generation.

51 He has shown strength with his arm;
        he has scattered the proud in the
        thoughts of their hearts;
52 he has brought down the mighty from
        their thrones
        and exalted those of humble estate;
53 he has filled the hungry with good
        things,
        and the rich he has sent away empty.
54 He has helped his servant Israel,
        in remembrance of his mercy,
55 as he spoke to our fathers,
        to Abraham and to his offspring
        forever."

56 And Mary remained with her about
three months and returned to her home.

The Birth of John the Baptist

¶ **57** Now the time came for Elizabeth to give
birth, and she bore a son.
58 And her neighbors and relatives heard
that the Lord had shown great mercy to her,
and they rejoiced with her.
59 And on the eighth day they came to
circumcise the child. And they would have
called him Zechariah after his father,
60 but his mother answered, "No; he shall
be called John."
61 And they said to her, "None of your relatives is called by this name."
62 And they made signs to his father,
inquiring what he wanted him to be called.
63 And he asked for a writing tablet and
wrote, "His name is John." And they all
wondered.
64 And immediately his mouth was
opened and his tongue loosed, and he spoke,
blessing God.

¶ 65 Und es kam Furcht über alle Nachbarn; und diese ganze Geschichte wurde bekannt auf dem ganzen Gebirge Judäas.

66 Und alle, die es hörten, nahmen's zu Herzen und sprachen: Was, meinst du, will aus diesem Kindlein werden? Denn die Hand des Herrn war mit ihm.

Der Lobgesang des Zacharias

67 Und sein Vater Zacharias wurde vom Heiligen Geist erfüllt, weissagte und sprach:

68 Gelobt sei der Herr, der Gott Israels!
　　Denn er hat besucht und erlöst sein Volk
69 und hat uns aufgerichtet eine Macht des Heils
　　im Hause seines Dieners David
70 – wie er vorzeiten geredet hat
　　durch den Mund seiner heiligen Propheten –,
71 dass er uns errettete von unsern Feinden
　　und aus der Hand aller, die uns hassen,
72 und Barmherzigkeit erzeigte unsern Vätern
　　und gedächte an seinen heiligen Bund
73 und an den Eid, den er geschworen hat unserm Vater Abraham,
　　uns zu geben,
74 dass wir, erlöst aus der Hand unsrer Feinde,
75 ihm dienten ohne Furcht unser Leben lang
　　in Heiligkeit und Gerechtigkeit vor seinen Augen.
76 Und du, Kindlein, wirst ein Prophet des Höchsten heißen.
　　Denn du wirst dem Herrn vorange-hen, dass du seinen Weg bereitest
77 und Erkenntnis des Heils gebest seinem Volk
　　in der Vergebung ihrer Sünden,
78 durch die herzliche Barmherzigkeit unseres Gottes,
　　durch die uns besuchen wird das auf-gehende Licht aus der Höhe,
79 damit es erscheine denen, die sitzen
　　in Finsternis und Schatten des Todes,
　　und richte unsere Füße auf den Weg des Friedens.

80 Und das Kindlein wuchs und wurde stark im Geist. Und er war in der Wüste bis zu dem Tag, an dem er vor das Volk Israel treten sollte.

---

65 And fear came on all their neighbors. And all these things were talked about through all the hill country of Judea,

66 and all who heard them laid them up in their hearts, saying, "What then will this child be?" For the hand of the Lord was with him.

Zechariah's Prophecy

¶ 67 And his father Zechariah was filled with the Holy Spirit and prophesied, saying,

68 "Blessed be the Lord God of Israel,
　　for he has visited and redeemed his people
69 and has raised up a horn of salvation for us
　　in the house of his servant David,
70 as he spoke by the mouth of his holy prophets from of old,
71 that we should be saved from our enemies
　　and from the hand of all who hate us;
72 to show the mercy promised to our fathers
　　and to remember his holy covenant,
73 the oath that he swore to our father Abraham, to grant us
74 that we, being delivered from the hand of our enemies,
　　might serve him without fear,
75 in holiness and righteousness before him all our days.

76 And you, child, will be called the prophet of the Most High;
　　for you will go before the Lord to pre-pare his ways,
77 to give knowledge of salvation to his people
　　in the forgiveness of their sins,
78 because of the tender mercy of our God,
　　whereby the sunrise shall visit us[8] from on high
79 to give light to those who sit in darkness
　　and in the shadow of death,
　　to guide our feet into the way of peace."

80 And the child grew and became strong in spirit, and he was in the wilderness until the day of his public appearance to Israel.

Jesu Geburt

2 Es begab sich aber zu der Zeit, dass ein Gebot von dem Kaiser Augustus ausging, dass alle Welt geschätzt würde.

2 Und diese Schätzung war die allererste und geschah zur Zeit, da Quirinius Statthalter in Syrien war.

3 Und jedermann ging, dass er sich schätzen ließe, ein jeder in seine Stadt.

¶ **4** Da machte sich auf auch Josef aus Galiläa, aus der Stadt Nazareth, in das jüdische Land zur Stadt Davids, die da heißt Bethlehem, weil er aus dem Hause und Geschlechte Davids war,

5 damit er sich schätzen ließe mit Maria, seinem vertrauten Weibe; die war schwanger.

6 Und als sie dort waren, kam die Zeit, dass sie gebären sollte.

7 Und sie gebar ihren ersten Sohn und wickelte ihn in Windeln und legte ihn in eine Krippe; denn sie hatten sonst keinen Raum in der Herberge.

¶ **8** Und es waren Hirten in derselben Gegend auf dem Felde bei den Hürden, die hüteten des Nachts ihre Herde.

9 Und der Engel des Herrn trat zu ihnen, und die Klarheit des Herrn leuchtete um sie; und sie fürchteten sich sehr.

10 Und der Engel sprach zu ihnen: **Fürchtet euch nicht! Siehe, ich verkündige euch große Freude, die allem Volk widerfahren wird;**

11 denn euch ist heute der Heiland geboren, welcher ist Christus, der Herr, in der Stadt Davids.

12 Und das habt zum Zeichen: Ihr werdet finden das Kind in Windeln gewickelt und in einer Krippe liegen.

13 Und alsbald war da bei dem Engel die Menge der himmlischen Heerscharen, die lobten Gott und sprachen:

14 Ehre sei Gott in der Höhe und Friede auf Erden bei den Menschen seines Wohlgefallens. *

¶ **15** Und als die Engel von ihnen gen Himmel fuhren, sprachen die Hirten untereinander: Lasst uns nun gehen nach Bethlehem und die Geschichte sehen, die da geschehen ist, die uns der Herr kundgetan hat.

16 Und sie kamen eilend und fanden beide, Maria und Josef, dazu das Kind in der Krippe liegen.

The Birth of Jesus Christ

2 In those days a decree went out from Caesar Augustus that all the world should be registered.

2 This was the first registration when[1] Quirinius was governor of Syria.

3 And all went to be registered, each to his own town.

4 And Joseph also went up from Galilee, from the town of Nazareth, to Judea, to the city of David, which is called Bethlehem, because he was of the house and lineage of David,

5 to be registered with Mary, his betrothed,[2] who was with child.

6 And while they were there, the time came for her to give birth.

7 And she gave birth to her firstborn son and wrapped him in swaddling cloths and laid him in a manger, because there was no place for them in the inn.

The Shepherds and the Angels

¶ **8** And in the same region there were shepherds out in the field, keeping watch over their flock by night.

9 And an angel of the Lord appeared to them, and the glory of the Lord shone around them, and they were filled with fear.

10 And the angel said to them, "Fear not, for behold, I bring you good news of great joy that will be for all the people.

11 For unto you is born this day in the city of David a Savior, who is Christ the Lord.

12 And this will be a sign for you: you will find a baby wrapped in swaddling cloths and lying in a manger."

13 And suddenly there was with the angel a multitude of the heavenly host praising God and saying,

14 "Glory to God in the highest,
  [j] and on earth peace among those with
      whom he is pleased!"[3]

¶ **15** When the angels went away from them into heaven, the shepherds said to one another, "Let us go over to Bethlehem and see this thing that has happened, which the Lord has made known to us."

16 And they went with haste and found Mary and Joseph, and the baby lying in a manger.

17 Als sie es aber gesehen hatten, breiteten sie das Wort aus, das zu ihnen von diesem Kinde gesagt war.

18 Und alle, vor die es kam, wunderten sich über das, was ihnen die Hirten gesagt hatten.

19 Maria aber behielt alle diese Worte und bewegte sie in ihrem Herzen.

20 Und die Hirten kehrten wieder um, priesen und lobten Gott für alles, was sie gehört und gesehen hatten, wie denn zu ihnen gesagt war.

¶ **21** Und als acht Tage um waren und man das Kind beschneiden musste, gab man ihm den Namen Jesus, wie er genannt war von dem Engel, ehe er im Mutterleib empfangen war.

Jesu Darstellung im Tempel. Simeon und Hanna

22 Und als die Tage ihrer Reinigung nach dem Gesetz des Mose um waren, brachten sie ihn nach Jerusalem, um ihn dem Herrn darzustellen,

23 wie geschrieben steht im Gesetz des Herrn (2.Mose 13,2; 13,15): »Alles Männliche, das zuerst den Mutterschoß durchbricht, soll dem Herrn geheiligt heißen«,

24 und um das Opfer darzubringen, wie es gesagt ist im Gesetz des Herrn: »ein Paar Turteltauben oder zwei junge Tauben« (3.Mose 12,6-8).

¶ **25** Und siehe, ein Mann war in Jerusalem, mit Namen Simeon; und dieser Mann war fromm und gottesfürchtig und wartete auf den Trost Israels, und der Heilige Geist war mit ihm.

26 Und ihm war ein Wort zuteilgeworden von dem Heiligen Geist, er solle den Tod nicht sehen, er habe denn zuvor den Christus des Herrn gesehen.

27 Und er kam auf Anregen des Geistes in den Tempel. Und als die Eltern das Kind Jesus in den Tempel brachten, um mit ihm zu tun, wie es Brauch ist nach dem Gesetz,

28 da nahm er ihn auf seine Arme und lobte Gott und sprach:

29 Herr, nun lässt du deinen Diener in
    Frieden fahren,
    wie du gesagt hast;

30 denn meine Augen haben deinen
    Heiland gesehen,

31 den du bereitet hast vor allen Völkern,

32 ein Licht, zu erleuchten die Heiden
    und zum Preis deines Volkes Israel.

33 Und sein Vater und seine Mutter wunderten sich über das, was von ihm gesagt wurde.

17 And when they saw it, they made known the saying that had been told them concerning this child.

18 And all who heard it wondered at what the shepherds told them.

19 But Mary treasured up all these things, pondering them in her heart.

20 And the shepherds returned, glorifying and praising God for all they had heard and seen, as it had been told them.

¶ **21** And at the end of eight days, when he was circumcised, he was called Jesus, the name given by the angel before he was conceived in the womb.

Jesus Presented at the Temple

¶ **22** And when the time came for their purification according to the Law of Moses, they brought him up to Jerusalem to present him to the Lord

23 (as it is written in the Law of the Lord, "Every male who first opens the womb shall be called holy to the Lord")

24 and to offer a sacrifice according to what is said in the Law of the Lord, "a pair of turtledoves, or two young pigeons."

25 Now there was a man in Jerusalem, whose name was Simeon, and this man was righteous and devout, waiting for the consolation of Israel, and the Holy Spirit was upon him.

26 And it had been revealed to him by the Holy Spirit that he would not see death before he had seen the Lord's Christ.

27 And he came in the Spirit into the temple, and when the parents brought in the child Jesus, to do for him according to the custom of the Law,

28 he took him up in his arms and blessed God and said,

29 "Lord, now you are letting your servant[4]
    depart in peace,
    according to your word;

30 for my eyes have seen your salvation

31 that you have prepared in the presence
    of all peoples,

32 a light for revelation to the Gentiles,
    and for glory to your people Israel."

¶ **33** And his father and his mother marveled at what was said about him.

34 Und Simeon segnete sie und sprach zu Maria, seiner Mutter: Siehe, dieser ist gesetzt zum Fall und zum Aufstehen für viele in Israel und zu einem Zeichen, dem widersprochen wird

35 – und auch durch deine Seele wird ein Schwert dringen –, damit vieler Herzen Gedanken offenbar werden.

¶ **36** Und es war eine Prophetin, Hanna, eine Tochter Phanuëls, aus dem Stamm Asser; die war hochbetagt. Sie hatte sieben Jahre mit ihrem Mann gelebt, nachdem sie geheiratet hatte,

37 und war nun eine Witwe an die vierundachtzig Jahre; die wich nicht vom Tempel und diente Gott mit Fasten und Beten Tag und Nacht.

38 Die trat auch hinzu zu derselben Stunde und pries Gott und redete von ihm zu allen, die auf die Erlösung Jerusalems warteten.

¶ **39** Und als sie alles vollendet hatten nach dem Gesetz des Herrn, kehrten sie wieder zurück nach Galiläa in ihre Stadt Nazareth.

40 Das Kind aber wuchs und wurde stark, voller Weisheit, und Gottes Gnade war bei ihm.

Der zwölfjährige Jesus im Tempel

41 Und seine Eltern gingen alle Jahre nach Jerusalem zum Passafest.

42 Und als er zwölf Jahre alt war, gingen sie hinauf nach dem Brauch des Festes.

43 Und als die Tage vorüber waren und sie wieder nach Hause gingen, blieb der Knabe Jesus in Jerusalem und seine Eltern wussten's nicht.

44 Sie meinten aber, er wäre unter den Gefährten, und kamen eine Tagereise weit und suchten ihn unter den Verwandten und Bekannten.

45 Und da sie ihn nicht fanden, gingen sie wieder nach Jerusalem und suchten ihn.

¶ **46** Und es begab sich nach drei Tagen, da fanden sie ihn im Tempel sitzen, mitten unter den Lehrern, wie er ihnen zuhörte und sie fragte.

47 Und alle, die ihm zuhörten, verwunderten sich über seinen Verstand und seine Antworten.

34 And Simeon blessed them and said to Mary his mother, "Behold, this child is appointed for the fall and rising of many in Israel, and for a sign that is opposed

35 (and a sword will pierce through your own soul also), so that thoughts from many hearts may be revealed."

¶ **36** And there was a prophetess, Anna, the daughter of Phanuel, of the tribe of Asher. She was advanced in years, having lived with her husband seven years from when she was a virgin,

37 and then as a widow until she was eighty-four.[5] She did not depart from the temple, worshiping with fasting and prayer night and day.

38 And coming up at that very hour she began to give thanks to God and to speak of him to all who were waiting for the redemption of Jerusalem.

The Return to Nazareth

¶ **39** And when they had performed everything according to the Law of the Lord, they returned into Galilee, to their own town of Nazareth.

40 And the child grew and became strong, filled with wisdom. And the favor of God was upon him.

The Boy Jesus in the Temple

¶ **41** Now his parents went to Jerusalem every year at the Feast of the Passover.

42 And when he was twelve years old, they went up according to custom.

43 And when the feast was ended, as they were returning, the boy Jesus stayed behind in Jerusalem. His parents did not know it,

44 but supposing him to be in the group they went a day's journey, but then they began to search for him among their relatives and acquaintances,

45 and when they did not find him, they returned to Jerusalem, searching for him.

46 After three days they found him in the temple, sitting among the teachers, listening to them and asking them questions.

47 And all who heard him were amazed at his understanding and his answers.

48 Und als sie ihn sahen, entsetzten sie sich. Und seine Mutter sprach zu ihm: Mein Sohn, warum hast du uns das getan? Siehe, dein Vater und ich haben dich mit Schmerzen gesucht.

49 Und er sprach zu ihnen: Warum habt ihr mich gesucht? Wisst ihr nicht, dass ich sein muss in dem, was meines Vaters ist?

50 Und sie verstanden das Wort nicht, das er zu ihnen sagte.

51 Und er ging mit ihnen hinab und kam nach Nazareth und war ihnen untertan. Und seine Mutter behielt alle diese Worte in ihrem Herzen.

52 Und Jesus nahm zu an Weisheit, Alter und Gnade bei Gott und den Menschen.

Johannes der Täufer

(Mt 3,1-12; Mk 1,1-8)

3 Im fünfzehnten Jahr der Herrschaft des Kaisers Tiberius, als Pontius Pilatus Statthalter in Judäa war und Herodes Landesfürst von Galiläa und sein Bruder Philippus Landesfürst von Ituräa und der Landschaft Trachonitis und Lysanias Landesfürst von Abilene,

2 als Hannas und Kaiphas Hohepriester waren, da geschah das Wort Gottes zu Johannes, dem Sohn des Zacharias, in der Wüste.

3 Und er kam in die ganze Gegend um den Jordan und predigte die Taufe der Buße zur Vergebung der Sünden,

4 wie geschrieben steht im Buch der Reden des Propheten Jesaja (Jesaja 40,3-5): »Es ist eine Stimme eines Predigers in der Wüste: Bereitet den Weg des Herrn und macht seine Steige eben!

5 Alle Täler sollen erhöht werden, und alle Berge und Hügel sollen erniedrigt werden; und was krumm ist, soll gerade werden, und was uneben ist, soll ebener Weg werden.

6 Und alle Menschen werden den Heiland Gottes sehen.«

¶ **7** Da sprach Johannes zu der Menge, die hinausging, um sich von ihm taufen zu lassen: Ihr Schlangenbrut, wer hat denn euch gewiss gemacht, dass ihr dem künftigen Zorn entrinnen werdet?

48 And when his parents[6] saw him, they were astonished. And his mother said to him, "Son, why have you treated us so? Behold, your father and I have been searching for you in great distress."

49 And he said to them, "Why were you looking for me? Did you not know that [e]I must be in [f]my Father's house?"[7]

50 And they did not understand the saying that he spoke to them.

51 And he went down with them and came to Nazareth and was submissive to them. And his mother treasured up all these things in her heart.

¶ **52** And Jesus increased in wisdom and in stature[8] and in [i]favor with God and man.

John the Baptist Prepares the Way

3 In the fifteenth year of the reign of Tiberius Caesar, Pontius Pilate being governor of Judea, and Herod being tetrarch of Galilee, and his brother Philip tetrarch of the region of Ituraea and Trachonitis, and Lysanias tetrarch of Abilene,

2 during the high priesthood of Annas and Caiaphas, the word of God came to John the son of Zechariah in the wilderness.

3 And he went into all the region around the Jordan, proclaiming a baptism of repentance for the forgiveness of sins.

4 As it is written in the book of the words of Isaiah the prophet,

"The voice of one crying in the
    wilderness:
'Prepare the way of the Lord,[1]
    make his paths straight.

5 Every valley shall be filled,
    and every mountain and hill shall be
        made low,
and the crooked shall become straight,
    and the rough places shall become
        level ways,

6 and all flesh shall see the salvation of
    God.'"

¶ **7** He said therefore to the crowds that came out to be baptized by him, "You brood of vipers! Who warned you to flee from the wrath to come?

8 Seht zu, bringt rechtschaffene Früchte der Buße; und nehmt euch nicht vor zu sagen: Wir haben Abraham zum Vater. Denn ich sage euch: Gott kann dem Abraham aus diesen Steinen Kinder erwecken.

9 Es ist schon die Axt den Bäumen an die Wurzel gelegt; jeder Baum, der nicht gute Frucht bringt, wird abgehauen und ins Feuer geworfen.

¶ **10** Und die Menge fragte ihn und sprach: Was sollen wir denn tun?

11 Er antwortete und sprach zu ihnen: Wer zwei Hemden hat, der gebe dem, der keines hat; und wer zu essen hat, tue ebenso.

12 Es kamen auch die Zöllner, um sich taufen zu lassen, und sprachen zu ihm: Meister, was sollen denn wir tun?

13 Er sprach zu ihnen: Fordert nicht mehr, als euch vorgeschrieben ist!

14 Da fragten ihn auch die Soldaten und sprachen: Was sollen denn wir tun? Und er sprach zu ihnen: Tut niemandem Gewalt oder Unrecht und lasst euch genügen an eurem Sold!

¶ **15** Als aber das Volk voll Erwartung war und alle dachten in ihren Herzen von Johannes, ob er vielleicht der Christus wäre,

16 antwortete Johannes und sprach zu allen: Ich taufe euch mit Wasser; es kommt aber einer, der ist stärker als ich, und ich bin nicht wert, dass ich ihm die Riemen seiner Schuhe löse; der wird euch mit dem Heiligen Geist und mit Feuer taufen.

17 In seiner Hand ist die Worfschaufel, und er wird seine Tenne fegen und wird den Weizen in seine Scheune sammeln, die Spreu aber wird er mit unauslöschlichem Feuer verbrennen.

18 Und mit vielem andern mehr ermahnte er das Volk und verkündigte ihm das Heil.

¶ **19** Der Landesfürst Herodes aber, der von Johannes zurechtgewiesen wurde wegen der Herodias, der Frau seines Bruders, und wegen alles Bösen, das er getan hatte,

20 fügte zu dem allen noch dies hinzu: er warf Johannes ins Gefängnis.

Jesu Taufe
(Mt 3,13-17; Mk 1,9-11)

21 Und es begab sich, als alles Volk sich taufen ließ und Jesus auch getauft worden war und betete, da tat sich der Himmel auf,

22 und der Heilige Geist fuhr hernieder auf ihn in leiblicher Gestalt wie eine Taube, und eine Stimme kam aus dem Himmel: **Du bist mein lieber Sohn, an dir habe ich Wohlgefallen.**

8 Bear fruits in keeping with repentance. And do not begin to say to yourselves, 'We have Abraham as our father.' For I tell you, God is able from these stones to raise up children for Abraham.

9 Even now the axe is laid to the root of the trees. Every tree therefore that does not bear good fruit is cut down and thrown into the fire."

¶ **10** And the crowds asked him, "What then shall we do?"

11 And he answered them, "Whoever has two tunics[2] is to share with him who has none, and whoever has food is to do likewise."

12 Tax collectors also came to be baptized and said to him, "Teacher, what shall we do?"

13 And he said to them, "Collect no more than you are authorized to do."

14 Soldiers also asked him, "And we, what shall we do?" And he said to them, "Do not extort money from anyone by threats or by false accusation, and be content with your wages."

¶ **15** As the people were in expectation, and all were questioning in their hearts concerning John, whether he might be the Christ,

16 John answered them all, saying, "I baptize you with water, but he who is mightier than I is coming, the strap of whose sandals I am not worthy to untie. He will baptize you with the Holy Spirit and with fire.

17 His winnowing fork is in his hand, to clear his threshing floor and to gather the wheat into his barn, but the chaff he will burn with unquenchable fire."

¶ **18** So with many other exhortations he preached good news to the people.

19 But Herod the tetrarch, who had been reproved by him for Herodias, his brother's wife, and for all the evil things that Herod had done,

20 added this to them all, that he locked up John in prison.

¶ **21** Now when all the people were baptized, and when Jesus also had been baptized and was praying, the heavens were opened,

22 and the Holy Spirit descended on him in bodily form, like a dove; and a voice came from heaven, "You are my beloved Son;[3] with you I am well pleased."[4]

Jesu Stammbaum
(Mt 1,1-17)

23 Und Jesus war, als er auftrat, etwa dreißig Jahre alt und wurde gehalten für einen Sohn Josefs, der war ein Sohn Elis,

24 der war ein Sohn Mattats, der war ein Sohn Levis, der war ein Sohn Melchis, der war ein Sohn Jannais, der war ein Sohn Josefs,

25 der war ein Sohn Mattitjas, der war ein Sohn des Amos, der war ein Sohn Nahums, der war ein Sohn Heslis, der war ein Sohn Naggais,

26 der war ein Sohn Mahats, der war ein Sohn Mattitjas, der war ein Sohn Schimis, der war ein Sohn Josechs, der war ein Sohn Jodas,

27 der war ein Sohn Johanans, der war ein Sohn Resas, der war ein Sohn Serubbabels, der war ein Sohn Schealtiëls, der war ein Sohn Neris,

28 der war ein Sohn Melchis, der war ein Sohn Addis, der war ein Sohn Kosams, der war ein Sohn Elmadams, der war ein Sohn Ers,

29 der war ein Sohn Joschuas, der war ein Sohn Eliësers, der war ein Sohn Jorims, der war ein Sohn Mattats, der war ein Sohn Levis,

30 der war ein Sohn Simeons, der war ein Sohn Judas, der war ein Sohn Josefs, der war ein Sohn Jonams, der war ein Sohn Eljakims,

31 der war ein Sohn Meleas, der war ein Sohn Mennas, der war ein Sohn Mattatas, der war ein Sohn Nathans, der war ein Sohn Davids,

32 der war ein Sohn Isais, der war ein Sohn Obeds, der war ein Sohn des Boas, der war ein Sohn Salmons, der war ein Sohn Nachschons,

33 der war ein Sohn Amminadabs, der war ein Sohn Admins, der war ein Sohn Arnis, der war ein Sohn Hezrons, der war ein Sohn des Perez, der war ein Sohn Judas,

34 der war ein Sohn Jakobs, der war ein Sohn Isaaks, der war ein Sohn Abrahams, der war ein Sohn Terachs, der war ein Sohn Nahors,

35 der war ein Sohn Serugs, der war ein Sohn Regus, der war ein Sohn Pelegs, der war ein Sohn Ebers, der war ein Sohn Schelachs,

36 der war ein Sohn Kenans, der war ein Sohn Arpachschads, der war ein Sohn Sems, der war ein Sohn Noahs, der war ein Sohn Lamechs,

37 der war ein Sohn Metuschelachs, der war ein Sohn Henochs, der war ein Sohn Jereds, der war ein Sohn Mahalalels, der war ein Sohn Kenans,

The Genealogy of Jesus Christ

¶ **23** Jesus, when he began his ministry, was about thirty years of age, being the son (as was supposed) of Joseph, the son of Heli,

24 the son of Matthat, the son of Levi, the son of Melchi, the son of Jannai, the son of Joseph,

25 the son of Mattathias, the son of Amos, the son of Nahum, the son of Esli, the son of Naggai,

26 the son of Maath, the son of Mattathias, the son of Semein, the son of Josech, the son of Joda,

27 the son of Joanan, the son of Rhesa, the son of Zerubbabel, the son of Shealtiel,[5] the son of Neri,

28 the son of Melchi, the son of Addi, the son of Cosam, the son of Elmadam, the son of Er,

29 the son of Joshua, the son of Eliezer, the son of Jorim, the son of Matthat, the son of Levi,

30 the son of Simeon, the son of Judah, the son of Joseph, the son of Jonam, the son of Eliakim,

31 the son of Melea, the son of Menna, the son of Mattatha, the son of Nathan, the son of David,

32 the son of Jesse, the son of Obed, the son of Boaz, the son of Sala, the son of Nahshon,

33 the son of Amminadab, the son of Admin, the son of Arni, the son of Hezron, the son of Perez, the son of Judah,

34 the son of Jacob, the son of Isaac, the son of Abraham, the son of Terah, the son of Nahor,

35 the son of Serug, the son of Reu, the son of Peleg, the son of Eber, the son of Shelah,

36 the son of Cainan, the son of Arphaxad, the son of Shem, the son of Noah, the son of Lamech,

37 the son of Methuselah, the son of Enoch, the son of Jared, the son of Mahalaleel, the son of Cainan,

38 der war ein Sohn des Enosch, der war ein Sohn Sets, der war ein Sohn Adams, der war Gottes.

Jesu Versuchung
(Mt 4,1-11; Mk 1,12-13)

4 Jesus aber, voll Heiligen Geistes, kam zurück vom Jordan und wurde vom Geist in die Wüste geführt

2 und vierzig Tage lang von dem Teufel versucht. Und er aß nichts in diesen Tagen, und als sie ein Ende hatten, hungerte ihn.

3 Der Teufel aber sprach zu ihm: Bist du Gottes Sohn, so sprich zu diesem Stein, dass er Brot werde.

4 Und Jesus antwortete ihm: Es steht geschrieben (5.Mose 8,3): »**Der Mensch lebt nicht allein vom Brot.**«*

¶ **5** Und der Teufel führte ihn hoch hinauf und zeigte ihm alle Reiche der Welt in einem Augenblick

6 und sprach zu ihm: Alle diese Macht will ich dir geben und ihre Herrlichkeit; denn sie ist mir übergeben und ich gebe sie, wem ich will.

7 Wenn du mich nun anbetest, so soll sie ganz dein sein.

8 Jesus antwortete ihm und sprach: Es steht geschrieben (5.Mose 6,13): »**Du sollst den Herrn, deinen Gott, anbeten und ihm allein dienen.**«

¶ **9** Und er führte ihn nach Jerusalem und stellte ihn auf die Zinne des Tempels und sprach zu ihm: Bist du Gottes Sohn, so wirf dich von hier hinunter;

10 denn es steht geschrieben (Psalm 91,11-12): »Er wird seinen Engeln deinetwegen befehlen, dass sie dich bewahren.

11 Und sie werden dich auf den Händen tragen, damit du deinen Fuß nicht an einen Stein stößt.«

12 Jesus antwortete und sprach zu ihm: Es ist gesagt (5.Mose 6,16): »**Du sollst den Herrn, deinen Gott, nicht versuchen.**«

13 Und als der Teufel alle Versuchungen vollendet hatte, wich er von ihm eine Zeit lang.

---

38 the son of Enos, the son of Seth, the son of Adam, the son of God.

The Temptation of Jesus

4 And Jesus, full of the Holy Spirit, returned from the Jordan and was led by the Spirit in the wilderness

2 for forty days, being tempted by the devil. ʷAnd he ate nothing during those days. And when they were ended, he was hungry.

3 The devil said to him, "If you are the Son of God, command this stone to become bread."

4 And Jesus answered him, ᵇ"It is written, ᶜ'Man shall not live by bread alone.'"

5 And the devil took him up and showed him all the kingdoms of the world in a moment of time,

6 and said to him, "To you I will give all this authority and their glory, ᵉfor it has been delivered to me, and I give it to whom I will.

7 If you, then, will worship me, it will all be yours."

8 And Jesus answered him, ᶠ"It is written,

ᵍ"'You shall worship the Lord your God,
and ʰhim only shall you serve.'"

9 And he took him to Jerusalem and set him on the pinnacle of the temple and said to him, "If you are the Son of God, throw yourself down from here,

10 for it is written,

"'He will command his angels concerning you,
to guard you,'

11 and

"'On their hands they will bear you up,
lest you strike your foot against a stone.'"

12 And Jesus answered him, "It is said, ˡ'You shall not ᵐput the Lord your God to the test.'"

13 And when the devil had ended every temptation, he departed from him until an opportune time.

Der Beginn des Wirkens Jesu in Galiläa

(Mt 4,12-17; Mk 1,14-15)

14 Und Jesus kam in der Kraft des Geistes wieder nach Galiläa und die Kunde von ihm erscholl durch alle umliegenden Orte.

15 Und er lehrte in ihren Synagogen und wurde von jedermann gepriesen.

Jesu Predigt in Nazareth

(Mt 13,53-58; Mk 6,1-6)

16 Und er kam nach Nazareth, wo er aufgewachsen war, und ging nach seiner Gewohnheit am Sabbat in die Synagoge und stand auf und wollte lesen.

17 Da wurde ihm das Buch des Propheten Jesaja gereicht. Und als er das Buch auftat, fand er die Stelle, wo geschrieben steht (Jesaja 61,1-2):

18 »Der Geist des Herrn ist auf mir, weil er mich gesalbt hat, zu verkündigen das Evangelium den Armen; er hat mich gesandt, zu predigen den Gefangenen, dass sie frei sein sollen, und den Blinden, dass sie sehen sollen, und den Zerschlagenen, dass sie frei und ledig sein sollen,

19 zu verkündigen das Gnadenjahr des Herrn.«

¶ **20** Und als er das Buch zutat, gab er's dem Diener und setzte sich. Und aller Augen in der Synagoge sahen auf ihn.

21 Und er fing an, zu ihnen zu reden: **Heute ist dieses Wort der Schrift erfüllt vor euren Ohren.**

¶ **22** Und sie gaben alle Zeugnis von ihm und wunderten sich, dass solche Worte der Gnade aus seinem Munde kamen, und sprachen: Ist das nicht Josefs Sohn?

23 Und er sprach zu ihnen: Ihr werdet mir freilich dies Sprichwort sagen: Arzt, hilf dir selber! Denn wie große Dinge haben wir gehört, die in Kapernaum geschehen sind! Tu so auch hier in deiner Vaterstadt!

24 Er sprach aber: Wahrlich, ich sage euch: Kein Prophet gilt etwas in seinem Vaterland.

25 Aber wahrhaftig, ich sage euch: Es waren viele Witwen in Israel zur Zeit des Elia, als der Himmel verschlossen war drei Jahre und sechs Monate und eine große Hungersnot herrschte im ganzen Lande,

26 und zu keiner von ihnen wurde Elia gesandt als allein zu einer Witwe nach Sarepta im Gebiet von Sidon.

Jesus Begins His Ministry

¶ **14** And Jesus returned in the power of the Spirit to Galilee, and a report about him went out through all the surrounding country.

15 And he taught in their synagogues, being glorified by all.

Jesus Rejected at Nazareth

¶ **16** And he came to Nazareth, where he had been brought up. And as was his custom, he went to the synagogue on the Sabbath day, and he stood up to read.

17 And the scroll of the prophet Isaiah was given to him. He unrolled the scroll and found the place where it was written,

18[y] "The Spirit of the Lord [z]is upon me,
because he has anointed me
to [a]proclaim good news to the poor.
[b]He has sent me to proclaim liberty to the captives
and [c]recovering of sight to the blind,
[d]to set at liberty those who are oppressed,

19 [e]to proclaim the year of the Lord's favor."

20 And he rolled up the scroll and gave it back to the attendant and sat down. And the eyes of all in the synagogue were fixed on him.

21 And he began to say to them, "Today [h]this Scripture [i]has been fulfilled in your hearing."

22 And all spoke well of him and marveled at the gracious words that were coming from his mouth. And they said, "Is not this Joseph's son?"

23 And he said to them, "Doubtless you will quote to me this proverb, [m]'Physician, heal yourself.' What we have heard you did [n]at Capernaum, do here in your hometown as well."

24 And he said, "Truly, I say to you, [o]no prophet is acceptable in his hometown.

25 But in truth, I tell you, there were many widows in Israel in the days of Elijah, when [p]the heavens were shut up three years and six months, and a great famine came over all the land,

26 and Elijah was sent to none of them [q]but only to Zarephath, in the land of Sidon, to a woman who was a widow.

27 Und viele Aussätzige waren in Israel zur Zeit des Propheten Elisa, und keiner von ihnen wurde rein als allein Naaman aus Syrien.

¶ **28** Und alle, die in der Synagoge waren, wurden von Zorn erfüllt, als sie das hörten.

29 Und sie standen auf und stießen ihn zur Stadt hinaus und führten ihn an den Abhang des Berges, auf dem ihre Stadt gebaut war, um ihn hinabzustürzen.

30 Aber er ging mitten durch sie hinweg.

Jesus in Kapernaum
(Mt 8,14-17; Mk 1,21-39)

31 Und er ging hinab nach Kapernaum, einer Stadt in Galiläa, und lehrte sie am Sabbat.

32 Und sie verwunderten sich über seine Lehre; denn er predigte mit Vollmacht.

¶ **33** Und es war ein Mensch in der Synagoge, besessen von einem unreinen Geist, und der schrie laut:

34 Halt, was willst du von uns, Jesus von Nazareth? Du bist gekommen, uns zu vernichten. Ich weiß, wer du bist: der Heilige Gottes!

35 Und Jesus bedrohte ihn und sprach: Verstumme und fahre aus von ihm! Und der böse Geist warf ihn mitten unter sie und fuhr von ihm aus und tat ihm keinen Schaden.

36 Und es kam eine Furcht über sie alle, und sie redeten miteinander und sprachen: Was ist das für ein Wort? Er gebietet mit Vollmacht und Gewalt den unreinen Geistern und sie fahren aus.

37 Und die Kunde von ihm erscholl in alle Orte des umliegenden Landes.

¶ **38** Und er machte sich auf aus der Synagoge und kam in Simons Haus. Und Simons Schwiegermutter hatte hohes Fieber und sie baten ihn für sie.

39 Und er trat zu ihr und gebot dem Fieber und es verließ sie. Und sogleich stand sie auf und diente ihnen.

¶ **40** Und als die Sonne untergegangen war, brachten alle ihre Kranken mit mancherlei Leiden zu ihm. Und er legte die Hände auf einen jeden und machte sie gesund.

41 Von vielen fuhren auch die bösen Geister aus und schrien: Du bist der Sohn Gottes! Und er bedrohte sie und ließ sie nicht reden; denn sie wussten, dass er der Christus war.

27 And ʳthere were many lepersʲ in Israel in the time of the prophet Elisha, and none of them was cleansed, ˢbut only Naaman the Syrian."

28 When they heard these things, all in the synagogue were filled with wrath.

29 And they rose up and drove him out of the town and brought him to the brow of the hill on which their town was built, so that they could throw him down the cliff.

30 But passing through their midst, he went away.

Jesus Heals a Man with an Unclean Demon

¶ **31** And he went down to Capernaum, a city of Galilee. And he was teaching them on the Sabbath,

32 and they were astonished at his teaching, ᶻfor his word possessed authority.

33 And in the synagogue there was a man who had the spirit of an unclean demon, and he cried out with a loud voice,

34 "Ha!² What have you to do with us, Jesus of Nazareth? Have you come to destroy us? I know who you are—the Holy One of God."

35 But Jesus rebuked him, saying, "Be silent and come out of him!" And when the demon had thrown him down in their midst, he came out of him, having done him no harm.

36 And they were all amazed and said to one another, "What is this word? ᵉFor with authority and power he commands the unclean spirits, and they come out!"

37 And reports about him went out into every place in the surrounding region.

Jesus Heals Many

¶ **38** And he arose and left the synagogue and entered Simon's house. Now Simon's mother-in-law was ill with a high fever, and they appealed to him on her behalf.

39 And he stood over her and rebuked the fever, and it left her, and immediately she rose and began to serve them.

¶ **40** Now when the sun was setting, all those who had any who were sick with various diseases brought them to him, and he laid his hands on every one of them and healed them.

41 And demons also came out of many, crying, "You are the Son of God!" But he rebuked them and ᵏwould not allow them to speak, because they knew that he was the Christ.

¶ 42 Als es aber Tag wurde, ging er hinaus an eine einsame Stätte; und das Volk suchte ihn, und sie kamen zu ihm und wollten ihn festhalten, damit er nicht von ihnen ginge.

43 Er sprach aber zu ihnen: Ich muss auch den andern Städten das Evangelium predigen vom Reich Gottes; denn dazu bin ich gesandt.

44 Und er predigte in den Synagogen Judäas.

Der Fischzug des Petrus
(Mt 4,18-22; Mk 1,16-20)

5 Es begab sich aber, als sich die Menge zu ihm drängte, um das Wort Gottes zu hören, da stand er am See Genezareth

2 und sah zwei Boote am Ufer liegen; die Fischer aber waren ausgestiegen und wuschen ihre Netze.

3 Da stieg er in eines der Boote, das Simon gehörte, und bat ihn, ein wenig vom Land wegzufahren. Und er setzte sich und lehrte die Menge vom Boot aus.

¶ 4 Und als er aufgehört hatte zu reden, sprach er zu Simon: Fahre hinaus, wo es tief ist, und werft eure Netze zum Fang aus!

5 Und Simon antwortete und sprach: Meister, wir haben die ganze Nacht gearbeitet und nichts gefangen; aber auf dein Wort will ich die Netze auswerfen.

6 Und als sie das taten, fingen sie eine große Menge Fische und ihre Netze begannen zu reißen.

7 Und sie winkten ihren Gefährten, die im andern Boot waren, sie sollten kommen und mit ihnen ziehen. Und sie kamen und füllten beide Boote voll, sodass sie fast sanken.

8 Als das Simon Petrus sah, fiel er Jesus zu Füßen und sprach: Herr, geh weg von mir! Ich bin ein sündiger Mensch.

9 Denn ein Schrecken hatte ihn erfasst und alle, die bei ihm waren, über diesen Fang, den sie miteinander getan hatten,

10 ebenso auch Jakobus und Johannes, die Söhne des Zebedäus, Simons Gefährten. Und Jesus sprach zu Simon: Fürchte dich nicht! Von nun an wirst du Menschen fangen.

11 Und sie brachten die Boote ans Land und verließen alles und folgten ihm nach.

Jesus Preaches in Synagogues

¶ 42 And when it was day, he departed and went into a desolate place. And the people sought him and came to him, and would have kept him from leaving them,

43 but he said to them, [r] "I must [s] preach the good news of the kingdom of God to the other towns as well; for I was sent for this purpose."

44 And he was preaching in the synagogues of Judea.[3]

Jesus Calls the First Disciples

5 On one occasion, while the crowd was pressing in on him to hear the word of God, he was standing by the lake of Gennesaret,

2 and he saw two boats by the lake, but the fishermen had gone out of them and were washing their nets.

3 Getting into one of the boats, which was Simon's, he asked him to put out a little from the land. And he sat down and taught the people from the boat.

4 And when he had finished speaking, he said to Simon, [y] "Put out into the deep and let down your nets for a catch."

5 And Simon answered, "Master, we toiled all night and took nothing! But at your word I will let down the nets."

6 And when they had done this, they enclosed a large number of fish, and [a] their nets were breaking.

7 They signaled to their partners in the other boat to come and help them. And they came and filled both the boats, so that they began to sink.

8 But when Simon Peter saw it, he fell down at Jesus' knees, saying, "Depart from me, for I am a sinful man, O Lord."

9 For he and all who were with him were astonished at the catch of fish that they had taken,

10 and so also were James and John, sons of Zebedee, who were partners with Simon. And Jesus said to Simon, "Do not be afraid; from now on you will be catching men."

11 And when they had brought their boats to land, they left everything and followed him.

Die Heilung eines Aussätzigen
(Mt 8,1-4; Mk 1,40-45)

12 Und es begab sich, als er in einer Stadt war, siehe, da war ein Mann voller Aussatz. Als der Jesus sah, fiel er nieder auf sein Angesicht und bat ihn und sprach: Herr, willst du, so kannst du mich reinigen.

13 Und er streckte die Hand aus und rührte ihn an und sprach: Ich will's tun, sei rein! Und sogleich wich der Aussatz von ihm.

14 Und er gebot ihm, dass er's niemandem sagen sollte. Geh aber hin und zeige dich dem Priester und opfere für deine Reinigung, wie Mose geboten hat, ihnen zum Zeugnis.

¶ **15** Aber die Kunde von ihm breitete sich immer weiter aus, und es kam eine große Menge zusammen, zu hören und gesund zu werden von ihren Krankheiten.

16 Er aber zog sich zurück in die Wüste und betete.

Die Heilung eines Gelähmten (»Der Gichtbrüchige«)
(Mt 9,1-8; Mk 2,1-12)

17 Und es begab sich eines Tages, als er lehrte, dass auch Pharisäer und Schriftgelehrte dasaßen, die gekommen waren aus allen Orten in Galiläa und Judäa und aus Jerusalem. Und die Kraft des Herrn war mit ihm, dass er heilen konnte.

18 Und siehe, einige Männer brachten einen Menschen auf einem Bett; der war gelähmt. Und sie versuchten, ihn hineinzubringen und vor ihn zu legen.

19 Und weil sie wegen der Menge keinen Zugang fanden, ihn hineinzubringen, stiegen sie auf das Dach und ließen ihn durch die Ziegel hinunter mit dem Bett mitten unter sie vor Jesus.

20 Und als er ihren Glauben sah, sprach er: **Mensch, deine Sünden sind dir vergeben.**

¶ **21** Und die Schriftgelehrten und Pharisäer fingen an zu überlegen und sprachen: Wer ist der, dass er Gotteslästerungen redet? Wer kann Sünden vergeben als allein Gott?

22 Als aber Jesus ihre Gedanken merkte, antwortete er und sprach zu ihnen: Was denkt ihr in euren Herzen?

23 Was ist leichter, zu sagen: Dir sind deine Sünden vergeben, oder zu sagen: Steh auf und geh umher?

24 Damit ihr aber wisst, dass der Menschensohn Vollmacht hat, auf Erden Sünden zu vergeben – sprach er zu dem Gelähmten: Ich sage dir, steh auf, nimm dein Bett und geh heim!

Jesus Cleanses a Leper

¶ **12** While he was in one of the cities, there came a man full of leprosy.[1] And when he saw Jesus, he fell on his face and begged him, "Lord, if you will, you can make me clean."

13 And Jesus[2] stretched out his hand and touched him, saying, "I will; be clean." And immediately the leprosy left him.

14 And he charged him to tell no one, but "go and show [j]yourself to the priest, and [k]make an offering for your cleansing, as Moses commanded, [l]for a proof to them."

15 But now even more the report about him went abroad, and great crowds gathered to hear him and to be healed of their infirmities.

16 But he would withdraw to desolate places and [n]pray.

Jesus Heals a Paralytic

¶ **17** On one of those days, as he was teaching, Pharisees and teachers of the law were sitting there, who had come from every village of Galilee and Judea and from Jerusalem. And the power of the Lord was with him to heal.[3]

18 And behold, some men were bringing on a bed a man who was paralyzed, and they were seeking to bring him in and lay him before Jesus,

19 but finding no way to bring him in, because of the crowd, they went up on the roof and let him down with his bed through the tiles into the midst before Jesus.

20 And when he saw their faith, he said, "Man, [v]your sins are forgiven you."

21 And the scribes and the Pharisees began to question, saying, "Who is this who speaks blasphemies? Who can forgive sins but God alone?"

22 When Jesus perceived their thoughts, he answered them, "Why do you question in your hearts?

23 Which is easier, to say, 'Your sins are forgiven you,' or to say, 'Rise and walk'?

24 But that you may know that [z]the Son of Man has authority on earth to forgive sins"— he said to the man who was paralyzed—"I say to you, rise, pick up your bed and go home."

¶ **25** Und sogleich stand er auf vor ihren Augen und nahm das Bett, auf dem er gelegen hatte, und ging heim und pries Gott.

26 Und sie entsetzten sich alle und priesen Gott und wurden von Furcht erfüllt und sprachen: Wir haben heute seltsame Dinge gesehen.

Die Berufung des Levi und das Mahl mit den Zöllnern

(Mt 9,9-13; Mk 2,13-17)

27 Und danach ging er hinaus und sah einen Zöllner mit Namen Levi am Zoll sitzen und sprach zu ihm: Folge mir nach!

28 Und er verließ alles, stand auf und folgte ihm nach.

¶ **29** Und Levi richtete ihm ein großes Mahl zu in seinem Haus, und viele Zöllner und andre saßen mit ihm zu Tisch.

30 Und die Pharisäer und ihre Schriftgelehrten murrten und sprachen zu seinen Jüngern: Warum esst und trinkt ihr mit den Zöllnern und Sündern?

31 Und Jesus antwortete und sprach zu ihnen: **Die Gesunden bedürfen des Arztes nicht, sondern die Kranken.**

32 **Ich bin gekommen, die Sünder zur Buße zu rufen und nicht die Gerechten.**

Die Frage nach dem Fasten

(Mt 9,14-17; Mk 2,18-22)

33 Sie aber sprachen zu ihm: Die Jünger des Johannes fasten oft und beten viel, ebenso die Jünger der Pharisäer; aber deine Jünger essen und trinken.

34 Jesus sprach aber zu ihnen: Ihr könnt die Hochzeitsgäste nicht fasten lassen, solange der Bräutigam bei ihnen ist.

35 Es wird aber die Zeit kommen, dass der Bräutigam von ihnen genommen wird; dann werden sie fasten, in jenen Tagen.

¶ **36** Und er sagte zu ihnen ein Gleichnis: Niemand reißt einen Lappen von einem neuen Kleid und flickt ihn auf ein altes Kleid; sonst zerreißt man das neue und der Lappen vom neuen passt nicht auf das alte.

37 Und niemand füllt neuen Wein in alte Schläuche; sonst zerreißt der neue Wein die Schläuche und wird verschüttet und die Schläuche verderben.

38 Sondern neuen Wein soll man in neue Schläuche füllen.

39 Und niemand, der vom alten Wein trinkt, will neuen; denn er spricht: Der alte ist milder.

25 And immediately he rose up before them and picked up what he had been lying on and went home, glorifying God.

26 And amazement seized them all, and they glorified God and were filled [a]with awe, saying, "We have seen extraordinary things today."

Jesus Calls Levi

¶ **27** After this he went out and saw a tax collector named Levi, sitting at the tax booth. And he said to him, "Follow me."

28 And leaving everything, he rose and followed him.

¶ **29** And Levi made him a great feast in his house, and there was a large company of tax collectors and others reclining at table with them.

30 And the Pharisees and their scribes grumbled at his disciples, saying, "Why do you eat and drink with tax collectors and sinners?"

31 And Jesus answered them, "Those who are well have no need of a physician, but those who are sick.

32 [i]I have not come to call the righteous [j]but sinners [k]to repentance."

A Question About Fasting

¶ **33** And they said to him, "The disciples of John fast often and [m]offer prayers, and so do the disciples of the Pharisees, but yours eat and drink."

34 And Jesus said to them, [o]"Can you make wedding guests fast while the bridegroom is with them?

35 [p]The days will come when the bridegroom is taken away from them, and [q]then they will fast in those days."

36 He also told them a parable: "No one tears a piece from a new garment and puts it on an old garment. If he does, he will tear the new, and the piece from the new will not match the old.

37 And no one puts new wine into old [r]wineskins. If he does, the new wine will burst the skins and it will be spilled, and the skins will be destroyed.

38 But new wine must be put into fresh wineskins.

39 And no one after drinking old wine desires new, for he says, 'The old is good.'"[u]

Das Ährenraufen am Sabbat
(Mt 12,1-8; Mk 2,23-28)

6 Und es begab sich an einem Sabbat, dass er durch ein Kornfeld ging; und seine Jünger rauften Ähren aus und zerrieben sie mit den Händen und aßen.

2 Einige der Pharisäer aber sprachen: Warum tut ihr, was am Sabbat nicht erlaubt ist?

¶ **3** Und Jesus antwortete und sprach zu ihnen: Habt ihr nicht das gelesen, was David tat, als ihn hungerte, und die, die bei ihm waren?

4 Wie er in das Haus Gottes ging und die Schaubrote nahm und aß, die doch niemand essen durfte als die Priester allein, und wie er sie auch denen gab, die bei ihm waren?

5 Und er sprach zu ihnen: Der Menschensohn ist ein Herr über den Sabbat.

Die Heilung eines Mannes am Sabbat
(Mt 12,9-14; Mk 3,1-6)

6 Es geschah aber an einem andern Sabbat, dass er in die Synagoge ging und lehrte. Und da war ein Mensch, dessen rechte Hand war verdorrt.

7 Aber die Schriftgelehrten und Pharisäer lauerten darauf, ob er auch am Sabbat heilen würde, damit sie etwas fänden, ihn zu verklagen.

8 Er aber merkte ihre Gedanken und sprach zu dem Mann mit der verdorrten Hand: Steh auf und tritt hervor! Und er stand auf und trat vor.

9 Da sprach Jesus zu ihnen: Ich frage euch: Ist's erlaubt, am Sabbat Gutes zu tun oder Böses, Leben zu erhalten oder zu vernichten?

¶ **10** Und er sah sie alle ringsum an und sprach zu ihm: Strecke deine Hand aus! Und er tat's; da wurde seine Hand wieder zurechtgebracht.

11 Sie aber wurden ganz von Sinnen und beredeten sich miteinander, was sie Jesus tun wollten.

Die Berufung der Zwölf
(Mt 10,1-4; Mk 3,13-19)

12 Es begab sich aber zu der Zeit, dass er auf einen Berg ging, um zu beten; und er blieb die Nacht über im Gebet zu Gott.

13 Und als es Tag wurde, rief er seine Jünger und erwählte zwölf von ihnen, die er auch Apostel nannte:

14 Simon, den er auch Petrus nannte, und Andreas, seinen Bruder, Jakobus und Johannes; Philippus und Bartholomäus;

15 Matthäus und Thomas; Jakobus, den Sohn des Alphäus, und Simon, genannt der Zelot;

Jesus Is Lord of the Sabbath

6 On a Sabbath,[1] while he was going through the grainfields, his disciples plucked and ate some heads of grain, rubbing them in their hands.

2 But some of the Pharisees said, "Why are you doing what is not lawful to do on the Sabbath?"

3 And Jesus answered them, w "Have you not read x what David did when he was hungry, he and those who were with him:

4 how he entered the house of God and took and ate y the bread of the Presence, y which is not lawful for any but the priests to eat, and also gave it to those with him?"

5 And he said to them, z "The Son of Man is lord of the Sabbath."

A Man with a Withered Hand

¶ **6** On another Sabbath, he entered the synagogue and was teaching, and a man was there whose right hand was withered.

7 And the scribes and the Pharisees watched him, to see whether he would heal on the Sabbath, so that they might find a reason to accuse him.

8 But he knew their thoughts, and he said to the man with the withered hand, "Come and stand here." And he rose and stood there.

9 And Jesus said to them, "I ask you, f is it lawful on the Sabbath to do good or to do harm, to save life or to destroy it?"

10 And after looking around at them all he said to him, "Stretch out your hand." And he did so, and his hand was restored.

11 But they were filled with fury and discussed with one another what they might do to Jesus.

The Twelve Apostles

¶ **12** In these days he went out to the mountain to pray, and all night he continued in prayer to God.

13 And when day came, he called his disciples and chose from them twelve, whom he named apostles:

14 Simon, whom he named Peter, and Andrew his brother, and p James and John, and Philip, and Bartholomew,

15 and Matthew, and Thomas, and James the son of Alphaeus, and Simon who was called the Zealot,

16 Judas, den Sohn des Jakobus, und Judas Iskariot, der zum Verräter wurde.

DIE PREDIGT AUF DEM FELDE (VERSE 17-49)

17 Und er ging mit ihnen hinab und trat auf ein ebenes Feld. Und um ihn war eine große Schar seiner Jünger und eine große Menge des Volkes aus ganz Judäa und Jerusalem und aus dem Küstenland von Tyrus und Sidon,

18 die gekommen waren, ihn zu hören und von ihren Krankheiten geheilt zu werden; und die von unreinen Geistern umgetrieben waren, wurden gesund.

19 Und alles Volk suchte ihn anzurühren; denn es ging Kraft von ihm aus und er heilte sie alle.

Die Seligpreisungen
(Mt 5,3-12)

20 Und er hob seine Augen auf über seine Jünger und sprach:

¶ **Selig seid ihr Armen; denn das Reich Gottes ist euer.**

21 **Selig seid ihr, die ihr jetzt hungert; denn ihr sollt satt werden. Selig seid ihr, die ihr jetzt weint; denn ihr werdet lachen.**

22 **Selig seid ihr, wenn euch die Menschen hassen und euch ausstoßen und schmähen und verwerfen euren Namen als böse um des Menschensohnes willen.**

23 Freut euch an jenem Tage und springt vor Freude; denn siehe, euer Lohn ist groß im Himmel. Denn das Gleiche haben ihre Väter den Propheten getan.

Die Weherufe

24 Aber dagegen: Weh euch Reichen! Denn ihr habt euren Trost schon gehabt.

25 Weh euch, die ihr jetzt satt seid! Denn ihr werdet hungern. Weh euch, die ihr jetzt lacht! Denn ihr werdet weinen und klagen.

26 Weh euch, wenn euch jedermann wohlredet! Denn das Gleiche haben ihre Väter den falschen Propheten getan.

Von der Feindesliebe
(Mt 5,39-48)

27 Aber ich sage euch, die ihr zuhört: Liebt eure Feinde; tut wohl denen, die euch hassen;

28 segnet, die euch verfluchen; bittet für die, die euch beleidigen.

29 Und wer dich auf die eine Backe schlägt, dem biete die andere auch dar; und wer dir den Mantel nimmt, dem verweigere auch den Rock nicht.

16 and Judas the son of James, and Judas Iscariot, who became a traitor.

Jesus Ministers to a Great Multitude

¶ **17** And he came down with them and stood on a level place, with a great crowd of his disciples and a great multitude of people from all Judea and Jerusalem and the seacoast of Tyre and Sidon,

18 who came to hear him and to be healed of their diseases. And those who were troubled with unclean spirits were cured.

19 And all the crowd sought to touch him, for power came out from him and healed them all.

The Beatitudes

¶ **20** And he lifted up his eyes on his disciples, and said:

¶ "Blessed are you who are poor, for [b]yours is the kingdom of God.

¶ **21**[c]"Blessed are you who are hungry now, for you shall be satisfied.

¶ [d]"Blessed are you who weep now, for you shall laugh.

¶ **22** "Blessed are you when [e]people hate you and when they [f]exclude you and revile you and [g]spurn your name as evil, [h]on account of the Son of Man!

23 [i]Rejoice in that day, and leap for joy, for behold, your reward is great in heaven; for [j]so their fathers did to the prophets.

Jesus Pronounces Woes

¶ **24**[k]"But woe to you who are rich, [l]for you [m]have received your consolation.

¶ **25** "Woe to you who are full now, for [n]you shall be hungry.

¶ "Woe to [o]you who laugh now, [o]for you shall mourn and weep.

¶ **26** "Woe to you, [p]when all people speak well of you, for [q]so their fathers did to [r]the false prophets.

Love Your Enemies

¶ **27** "But I say to you who hear, [s]Love your enemies, [t]do good to those who hate you,

28 [u]bless those who curse you, [s]pray for those who abuse you.

29 [v]To one who [w]strikes you on the cheek, offer the other also, and from one who takes away your cloak do not withhold your tunic[2] either.

30 Wer dich bittet, dem gib; und wer dir das Deine nimmt, von dem fordere es nicht zurück.

31 Und **wie ihr wollt, dass euch die Leute tun sollen, so tut ihnen auch!**

¶ **32** Und wenn ihr die liebt, die euch lieben, welchen Dank habt ihr davon? Denn auch die Sünder lieben ihre Freunde.

33 Und wenn ihr euren Wohltätern wohltut, welchen Dank habt ihr davon? Denn die Sünder tun dasselbe auch.

34 Und wenn ihr denen leiht, von denen ihr etwas zu bekommen hofft, welchen Dank habt ihr davon? Auch die Sünder leihen den Sündern, damit sie das Gleiche bekommen.

35 Vielmehr liebt eure Feinde; tut Gutes und leiht, wo ihr nichts dafür zu bekommen hofft. So wird euer Lohn groß sein und ihr werdet Kinder des Allerhöchsten sein; denn er ist gütig gegen die Undankbaren und Bösen.

Von der Stellung zum Nächsten

(Mt 7,1-5)

36 Seid barmherzig, wie auch euer Vater barmherzig ist.

37 Und richtet nicht, so werdet ihr auch nicht gerichtet. Verdammt nicht, so werdet ihr nicht verdammt. Vergebt, so wird euch vergeben.

¶ **38** Gebt, so wird euch gegeben. Ein volles, gedrücktes, gerütteltes und überfließendes Maß wird man in euren Schoß geben; denn eben mit dem Maß, mit dem ihr messt, wird man euch wieder messen.

¶ **39** Er sagte ihnen aber auch ein Gleichnis: Kann auch ein Blinder einem Blinden den Weg weisen? Werden sie nicht alle beide in die Grube fallen?

40 Der Jünger steht nicht über dem Meister; wenn er vollkommen ist, so ist er wie sein Meister.

¶ **41** Was siehst du aber den Splitter in deines Bruders Auge und den Balken in deinem Auge nimmst du nicht wahr?

42 Wie kannst du sagen zu deinem Bruder: Halt still, Bruder, ich will den Splitter aus deinem Auge ziehen, und du siehst selbst nicht den Balken in deinem Auge? Du Heuchler, zieh zuerst den Balken aus deinem Auge und sieh dann zu, dass du den Splitter aus deines Bruders Auge ziehst!

30 [x]Give to everyone who begs from you, and from one who takes away your goods do not demand them back.

31 And [y]as you wish that others would do to you, do so to them.

¶ **32**[z]"If you love those who love you, what benefit is that to you? For even sinners love those who love them.

33 And if you do good to those who do good to you, what benefit is that to you? For even sinners do the same.

34 And [a]if you [b]lend to those from whom you expect to receive, what credit is that to you? Even sinners lend to sinners, to get back the same amount.

35 But [c]love your enemies, and do good, and lend, expecting nothing in return, and your reward will be great, and [d]you will be sons of [e]the Most High, for [f]he is kind to the ungrateful and the evil.

36 [g]Be merciful, even as [h]your Father is merciful.

Judging Others

¶ **37**[i, j]"Judge not, and you will not be judged; condemn not, and you will not be condemned; [j]forgive, and you will be forgiven;

38 [k]give, and it will be given to you. Good measure, pressed down, shaken together, running over, will be put [l]into your lap. For [m]with the measure you use it will be measured back to you."

¶ **39** He also told them a parable: [n]"Can a blind man lead a blind man? Will they not both fall into a pit?

40 [o]A disciple is not above his teacher, but everyone when he is [p]fully trained will be like his teacher.

41 [i]Why do you see the speck that is in your brother's eye, but [q]do not notice the log that is in your own eye?

42 How can you say to your brother, 'Brother, let me take out the speck that is in your eye,' when you yourself do not see the log that is in your own eye? You hypocrite, first take the log out of your own eye, and then you will see clearly to take out the speck that is in your brother's eye.

Vom Baum und seinen Früchten
(Mt 12,33-35)

43 Denn es gibt keinen guten Baum, der faule Frucht trägt, und keinen faulen Baum, der gute Frucht trägt.

44 Denn jeder Baum wird an seiner eigenen Frucht erkannt. Man pflückt ja nicht Feigen von den Dornen, auch liest man nicht Trauben von den Hecken.

45 Ein guter Mensch bringt Gutes hervor aus dem guten Schatz seines Herzens; und ein böser bringt Böses hervor aus dem bösen. Denn wes das Herz voll ist, des geht der Mund über.

¶ **46** Was nennt ihr mich aber Herr, Herr, und tut nicht, was ich euch sage?

Vom Hausbau
(Mt 7,24-27)

47 Wer zu mir kommt und hört meine Rede und tut sie – ich will euch zeigen, wem er gleicht.

48 Er gleicht einem Menschen, der ein Haus baute und grub tief und legte den Grund auf Fels. Als aber eine Wasserflut kam, da riss der Strom an dem Haus und konnte es nicht bewegen; denn es war gut gebaut.

¶ **49** Wer aber hört und nicht tut, der gleicht einem Menschen, der ein Haus baute auf die Erde, ohne Grund zu legen; und der Strom riss an ihm und es fiel gleich zusammen und sein Einsturz war groß.

Der Hauptmann von Kapernaum
(Mt 8,5-13; Joh 4,46-53)

7 Nachdem Jesus seine Rede vor dem Volk vollendet hatte, ging er nach Kapernaum.

2 Ein Hauptmann aber hatte einen Knecht, der ihm lieb und wert war; der lag todkrank.

3 Als er aber von Jesus hörte, sandte er die Ältesten der Juden zu ihm und bat ihn, zu kommen und seinen Knecht gesund zu machen.

4 Als sie aber zu Jesus kamen, baten sie ihn sehr und sprachen: Er ist es wert, dass du ihm die Bitte erfüllst;

5 denn er hat unser Volk lieb, und die Synagoge hat er uns erbaut.

¶ **6** Da ging Jesus mit ihnen. Als er aber nicht mehr fern von dem Haus war, sandte der Hauptmann Freunde zu ihm und ließ ihm sagen: Ach Herr, bemühe dich nicht; ich bin nicht wert, dass du unter mein Dach gehst;

A Tree and Its Fruit

¶ **43** "For ʳno good tree bears bad fruit, nor again does a bad tree bear good fruit,

44 for ˢeach tree is known by its own fruit. For figs are not gathered from thornbushes, nor are grapes picked from a bramble bush.

45 ᵗThe good person out of the good treasure of his heart produces good, and the evil person out of his evil treasure produces ᵘevil, ᵛfor out of the abundance of the heart his mouth speaks.

Build Your House on the Rock

¶ **46**ʷ " Why ˣdo you call me 'Lord, Lord,' and not do what I tell you?

47 ʸEveryone who comes to me and hears my words and does them, I will show you what he is like:

48 he is like a man building a house, who dug deep and laid the foundation on the rock. And when a flood arose, the stream broke against that house and could not shake it, because it had been well built.³

49 ᶻBut the one who hears and does not do them is like a man who built a house on the ground without a foundation. When the stream broke against it, immediately it fell, and ᵃthe ruin of that house was great."

Jesus Heals a Centurion's Servant

7 After he had finished all his sayings in the hearing of the people, he entered Capernaum.

2 Now a centurion had a servant¹ who was sick and at the point of death, who was highly valued by him.

3 When the centurion² heard about Jesus, he sent to him elders of the Jews, asking him to come and heal his servant.

4 And when they came to Jesus, they pleaded with him earnestly, saying, "He is worthy to have you do this for him,

5 for he loves our nation, and he is the one who built us our synagogue."

6 And Jesus went with them. When he was not far from the house, the centurion sent friends, saying to him, "Lord, do not trouble yourself, for I am not worthy to have you come under my roof.

7 darum habe ich auch mich selbst nicht für würdig geachtet, zu dir zu kommen; sondern sprich ein Wort, so wird mein Knecht gesund.

8 Denn auch ich bin ein Mensch, der Obrigkeit untertan, und habe Soldaten unter mir; und wenn ich zu einem sage: Geh hin!, so geht er hin; und zu einem andern: Komm her!, so kommt er; und zu meinem Knecht: Tu das!, so tut er's.

¶ **9** Als aber Jesus das hörte, wunderte er sich über ihn und wandte sich um und sprach zu dem Volk, das ihm nachfolgte: Ich sage euch: Solchen Glauben habe ich in Israel nicht gefunden.

10 Und als die Boten wieder nach Hause kamen, fanden sie den Knecht gesund.

Der Jüngling zu Nain

11 Und es begab sich danach, dass er in eine Stadt mit Namen Nain ging; und seine Jünger gingen mit ihm und eine große Menge.

12 Als er aber nahe an das Stadttor kam, siehe, da trug man einen Toten heraus, der der einzige Sohn seiner Mutter war, und sie war eine Witwe; und eine große Menge aus der Stadt ging mit ihr.

13 Und als sie der Herr sah, jammerte sie ihn und er sprach zu ihr: Weine nicht!

14 Und trat hinzu und berührte den Sarg, und die Träger blieben stehen. Und er sprach: Jüngling, ich sage dir, steh auf!

15 Und der Tote richtete sich auf und fing an zu reden, und Jesus gab ihn seiner Mutter.

¶ **16** Und Furcht ergriff sie alle, und sie priesen Gott und sprachen: Es ist ein großer Prophet unter uns aufgestanden, und: Gott hat sein Volk besucht.

17 Und diese Kunde von ihm erscholl in ganz Judäa und im ganzen umliegenden Land.

Die Anfrage des Täufers
(Mt 11,2-6)

18 Und die Jünger des Johannes verkündeten ihm das alles. Und Johannes rief zwei seiner Jünger zu sich

19 und sandte sie zum Herrn und ließ ihn fragen: Bist du, der da kommen soll, oder sollen wir auf einen andern warten?

20 Als aber die Männer zu ihm kamen, sprachen sie: Johannes der Täufer hat uns zu dir gesandt und lässt dich fragen: Bist du, der da kommen soll, oder sollen wir auf einen andern warten?

7 Therefore I did not presume to come to you. But say the word, and let my servant be healed.

8 For I too am a man set under authority, with soldiers under me: and I say to one, 'Go,' and he goes; and to another, 'Come,' and he comes; and to my servant, 'Do this,' and he does."

9 When Jesus heard these things, he marveled at him, and turning to the crowd that followed him, said, "I tell you, not even in Israel have I found such [i]faith."

10 And when those who had been sent returned to the house, they found the servant well.

Jesus Raises a Widow's Son

¶ **11** Soon afterward[3] he went to a town called Nain, and his disciples and a great crowd went with him.

12 As he drew near to the gate of the town, behold, a man who had died was being carried out, the only son of his mother, and she was a widow, and a considerable crowd from the town was with her.

13 And when the Lord saw her, he had compassion on her and said to her, "Do not weep."

14 Then he came up and touched the bier, and the bearers stood still. And he said, "Young man, I say to you, [n]arise."

15 And the dead man sat up and began to speak, and Jesus[4] gave him to his mother.

16 Fear seized them all, and they glorified God, saying, "A great prophet has arisen among us!" and "God has visited his people!"

17 And this report about him spread through the whole of Judea and all the surrounding country.

Messengers from John the Baptist

¶ **18** The disciples of John reported all these things to him. And John,

19 calling two of his disciples to him, sent them to the Lord, saying, "Are you the one who is to come, or shall we look for another?"

20 And when the men had come to him, they said, "John the Baptist has sent us to you, saying, 'Are you the one who is to come, or shall we look for another?'"

21 Zu der Stunde machte Jesus viele gesund von Krankheiten und Plagen und bösen Geistern, und vielen Blinden schenkte er das Augenlicht.

22 Und Jesus antwortete und sprach zu ihnen: Geht und verkündet Johannes, was ihr gesehen und gehört habt: Blinde sehen, Lahme gehen, Aussätzige werden rein, Taube hören, Tote stehen auf, Armen wird das Evangelium gepredigt;

23 und **selig ist, wer sich nicht ärgert an mir.**

Jesu Zeugnis über den Täufer

(Mt 11,7-19)

24 Als aber die Boten des Johannes fortgingen, fing Jesus an, zu dem Volk über Johannes zu reden: Was seid ihr hinausgegangen in die Wüste zu sehen? Wolltet ihr ein Rohr sehen, das vom Wind bewegt wird?

25 Oder was seid ihr hinausgegangen zu sehen? Wolltet ihr einen Menschen sehen in weichen Kleidern? Seht, die herrliche Kleider tragen und üppig leben, die sind an den königlichen Höfen.

26 Oder was seid ihr hinausgegangen zu sehen? Wolltet ihr einen Propheten sehen? Ja, ich sage euch: Er ist mehr als ein Prophet.

27 Er ist's, von dem geschrieben steht (Maleachi 3,1): »Siehe, ich sende meinen Boten vor dir her, der deinen Weg vor dir bereiten soll.«

28 Ich sage euch, dass unter denen, die von einer Frau geboren sind, keiner größer ist als Johannes; der aber der Kleinste ist im Reich Gottes, der ist größer als er.

¶ **29** Und alles Volk, das ihn hörte, und die Zöllner gaben Gott recht und ließen sich taufen mit der Taufe des Johannes.

30 Aber die Pharisäer und Schriftgelehrten verachteten, was Gott ihnen zugedacht hatte, und ließen sich nicht von ihm taufen.

¶ **31** Mit wem soll ich die Menschen dieses Geschlechts vergleichen, und wem sind sie gleich?

32 Sie sind den Kindern gleich, die auf dem Markt sitzen und rufen einander zu: Wir haben euch aufgespielt und ihr habt nicht getanzt; wir haben Klagelieder gesungen und ihr habt nicht geweint.

33 Denn Johannes der Täufer ist gekommen und aß kein Brot und trank keinen Wein; so sagt ihr: Er ist besessen.

21 In that hour he healed many people of diseases and plagues and evil spirits, and on many who were blind he bestowed sight.

22 And he answered them, "Go and tell John what you have seen and heard: [y]the blind receive their sight, the lame walk, [z]lepers[5] are cleansed, and [a]the deaf hear, [b]the dead are raised up, [c]the poor have good news preached to them.

23 And blessed is the one who is [d]not offended by me."

¶ **24** When John's messengers had gone, Jesus[6] began to speak to the crowds concerning John: "What did you go out [e]into the wilderness to see? [f]A reed shaken by the wind?

25 What then did you go out to see? A man dressed in soft clothing? Behold, those who are dressed in splendid clothing and live in luxury are in kings' courts.

26 What then did you go out to see? [g]A prophet? Yes, I tell you, and more than a prophet.

27 This is he of whom it is written,

[h]"'Behold, I send my messenger before your face,
who will prepare your way before you.'

28 I tell you, among those born of women none is greater than John. Yet the one who is least in the kingdom of God is greater than he."

29 (When all the people heard this, and the tax collectors too, they declared God just,[7] [j]having been baptized with the baptism of John,

30 but the Pharisees and the lawyers rejected the purpose of God for themselves, not having been baptized by him.)

¶ **31** "To what then shall I compare the people of this generation, and what are they like?

32 They are like children sitting in the marketplace and calling to one another,

"'We played the flute for you, and you did not dance;
we sang a dirge, and you did not weep.'

33 For John the Baptist has come [p]eating no bread and [q]drinking no wine, and you say, 'He has a demon.'

34 Der Menschensohn ist gekommen, isst und trinkt; so sagt ihr: Siehe, dieser Mensch ist ein Fresser und Weinsäufer, ein Freund der Zöllner und Sünder!

35 Und doch ist die Weisheit gerechtfertigt worden von allen ihren Kindern.

Jesu Salbung durch die Sünderin

36 Es bat ihn aber einer der Pharisäer, bei ihm zu essen. Und er ging hinein in das Haus des Pharisäers und setzte sich zu Tisch.

37 Und siehe, eine Frau war in der Stadt, die war eine Sünderin. Als die vernahm, dass er zu Tisch saß im Haus des Pharisäers, brachte sie ein Glas mit Salböl

38 und trat von hinten zu seinen Füßen, weinte und fing an, seine Füße mit Tränen zu benetzen und mit den Haaren ihres Hauptes zu trocknen, und küsste seine Füße und salbte sie mit Salböl.

¶ **39** Als aber das der Pharisäer sah, der ihn eingeladen hatte, sprach er bei sich selbst und sagte: Wenn dieser ein Prophet wäre, so wüsste er, wer und was für eine Frau das ist, die ihn anrührt; denn sie ist eine Sünderin.

40 Jesus antwortete und sprach zu ihm: Simon, ich habe dir etwas zu sagen. Er aber sprach: Meister, sag es!

41 Ein Gläubiger hatte zwei Schuldner. Einer war fünfhundert Silbergroschen schuldig, der andere fünfzig.

42 Da sie aber nicht bezahlen konnten, schenkte er's beiden. Wer von ihnen wird ihn am meisten lieben?

43 Simon antwortete und sprach: Ich denke, der, dem er am meisten geschenkt hat. Er aber sprach zu ihm: Du hast recht geurteilt.

¶ **44** Und er wandte sich zu der Frau und sprach zu Simon: Siehst du diese Frau? Ich bin in dein Haus gekommen; du hast mir kein Wasser für meine Füße gegeben; diese aber hat meine Füße mit Tränen benetzt und mit ihren Haaren getrocknet.

45 Du hast mir keinen Kuss gegeben; diese aber hat, seit ich hereingekommen bin, nicht abgelassen, meine Füße zu küssen.

46 Du hast mein Haupt nicht mit Öl gesalbt; sie aber hat meine Füße mit Salböl gesalbt.

47 Deshalb sage ich dir: Ihre vielen Sünden sind vergeben, denn sie hat viel Liebe gezeigt; wem aber wenig vergeben wird, der liebt wenig.

¶ **48** Und er sprach zu ihr: Dir sind deine Sünden vergeben.

49 Da fingen die an, die mit zu Tisch saßen, und sprachen bei sich selbst: Wer ist dieser, der auch die Sünden vergibt?

A Sinful Woman Forgiven

¶ **36** One of the Pharisees asked him to eat with him, and he went into the Pharisee's house and took his place at the table.

37 And behold, a woman of the city, who was a sinner, when she learned that he was reclining at table in the Pharisee's house, brought an alabaster flask of ointment,

38 and standing behind him at his feet, weeping, she began to wet his feet with her tears and wiped them with the hair of her head and kissed his feet and anointed them with the ointment.

39 Now when the Pharisee who had invited him saw this, he said to himself, "If this man were a prophet, he would have known who and what sort of woman this is who is touching him, for she is a sinner."

40 And Jesus answering said to him, "Simon, I have something to say to you." And he answered, "Say it, Teacher."

¶ **41** "A certain moneylender had two debtors. One owed five hundred *a*denarii, and the other fifty.

42 *b*When they could not pay, he *c*cancelled the debt of both. Now which of them will love him more?"

43 Simon answered, "The one, I suppose, for whom he cancelled the larger debt." And he said to him, "You have judged rightly."

44 Then turning toward the woman he said to Simon, "Do you see this woman? I entered your house; *d*you gave me no water for my feet, but *e*she has wet my feet with her tears and wiped them with her hair.

45 *f*You gave me no kiss, but from the time I came in she has not ceased to *g*kiss my feet.

46 *h*You did not anoint my head with oil, but she has anointed my feet with ointment.

47 Therefore I tell you, her sins, *i*which are many, are forgiven—for she loved much. But he who is forgiven little, loves little."

48 And he said to her, *j* "Your sins are forgiven."

49 Then those who were at table with him began to say among[8] themselves, "Who is this, who even forgives sins?"

50 Er aber sprach zu der Frau: **Dein Glaube hat dir geholfen; geh hin in Frieden!**

Jüngerinnen Jesu

8 Und es begab sich danach, dass er durch Städte und Dörfer zog und predigte und verkündigte das Evangelium vom Reich Gottes; und die Zwölf waren mit ihm,

2 dazu einige Frauen, die er gesund gemacht hatte von bösen Geistern und Krankheiten, nämlich Maria, genannt Magdalena, von der sieben böse Geister ausgefahren waren,

3 und Johanna, die Frau des Chuzas, eines Verwalters des Herodes, und Susanna und viele andere, die ihnen dienten mit ihrer Habe.

Vom Sämann

(Mt 13,1-9; Mk 4,1-9)

4 Als nun eine große Menge beieinander war und sie aus den Städten zu ihm eilten, redete er in einem Gleichnis:

5 Es ging ein Sämann aus zu säen seinen Samen. Und indem er säte, fiel einiges auf den Weg und wurde zertreten, und die Vögel unter dem Himmel fraßen's auf.

6 Und einiges fiel auf den Fels; und als es aufging, verdorrte es, weil es keine Feuchtigkeit hatte.

7 Und einiges fiel mitten unter die Dornen; und die Dornen gingen mit auf und erstickten's.

8 Und einiges fiel auf gutes Land; und es ging auf und trug hundertfach Frucht. Als er das sagte, rief er: Wer Ohren hat zu hören, der höre!

Vom Sinn der Gleichnisse

(Mt 13,10-17; Mk 4,10-12)

9 Es fragten ihn aber seine Jünger, was dies Gleichnis bedeute.

10 Er aber sprach: Euch ist's gegeben, die Geheimnisse des Reiches Gottes zu verstehen, den andern aber in Gleichnissen, damit sie es nicht sehen, auch wenn sie es sehen, und nicht verstehen, auch wenn sie es hören.

Die Deutung des Gleichnisses vom Sämann

(Mt 13,18-23; Mk 4,13-20)

11 Das Gleichnis aber bedeutet dies: Der Same ist das Wort Gottes.

12 Die aber auf dem Weg, das sind die, die es hören; danach kommt der Teufel und nimmt das Wort aus ihrem Herzen, damit sie nicht glauben und selig werden.

50 And he said to the woman, [l]"Your faith has saved you; [m]go in peace."

Women Accompanying Jesus

8 Soon afterward he went on through cities and villages, proclaiming and bringing the good news of the kingdom of God. And the twelve were with him,

2 and also some women who had been healed of evil spirits and infirmities: Mary, called Magdalene, from whom seven demons had gone out,

3 and Joanna, the wife of Chuza, Herod's household manager, and Susanna, and many others, who provided for them[1] out of their means.

The Parable of the Sower

¶ **4** And when a great crowd was gathering and people from town after town came to him, he said in a parable:

5[u]"A sower went out to sow his seed. And as he sowed, some fell along the path and was trampled underfoot, and the birds of the air devoured it.

6 And some fell on the rock, and as it grew up, [v]it withered away, because it had no moisture.

7 And some fell among [w]thorns, and the thorns grew up with it and choked it.

8 And some fell into good soil and grew and yielded [x]a hundredfold." As he said these things, he called out, [y]"He who has ears to hear, let him hear."

The Purpose of the Parables

¶ **9** And when his disciples asked him what this parable meant,

10 he said, [z]"To you it has been given to know [a]the secrets of the kingdom of God, but for others they are in parables, so [b]that 'seeing they may not see, and hearing they may not understand.'

11 [c]Now the parable is this: The seed is [d]the word of God.

12 The ones along the path are those who have heard; then the devil comes and takes away the word from their hearts, so that they may not [e]believe and be saved.

13 Die aber auf dem Fels sind die: wenn sie es hören, nehmen sie das Wort mit Freuden an. Doch sie haben keine Wurzel; eine Zeit lang glauben sie und zu der Zeit der Anfechtung fallen sie ab.

14 Was aber unter die Dornen fiel, sind die, die es hören und gehen hin und ersticken unter den Sorgen, dem Reichtum und den Freuden des Lebens und bringen keine Frucht.

15 Das aber auf dem guten Land sind die, die das Wort hören und behalten in einem feinen, guten Herzen und bringen Frucht in Geduld.

Vom Licht und vom rechten Hören
(Mk 4,21-25)

16 Niemand aber zündet ein Licht an und bedeckt es mit einem Gefäß oder setzt es unter eine Bank; sondern er setzt es auf einen Leuchter, damit, wer hineingeht, das Licht sehe.

17 Denn es ist nichts verborgen, was nicht offenbar werden soll, auch nichts geheim, was nicht bekannt werden und an den Tag kommen soll.

¶ **18** So seht nun darauf, wie ihr zuhört; denn wer da hat, dem wird gegeben; wer aber nicht hat, dem wird auch das genommen, was er meint zu haben.

Jesu wahre Verwandte
(Mt 12,46-50; Mk 3,31-35)

19 Es kamen aber seine Mutter und seine Brüder zu ihm und konnten wegen der Menge nicht zu ihm gelangen.

20 Da wurde ihm gesagt: Deine Mutter und deine Brüder stehen draußen und wollen dich sehen.

21 Er aber antwortete und sprach zu ihnen: Meine Mutter und meine Brüder sind diese, die Gottes Wort hören und tun.

Die Stillung des Sturms
(Mt 8,23-27; Mk 4,35-41)

22 Und es begab sich an einem der Tage, dass er in ein Boot stieg mit seinen Jüngern; und er sprach zu ihnen: Lasst uns über den See fahren. Und sie stießen vom Land ab.

23 Und als sie fuhren, schlief er ein. Und es kam ein Windwirbel über den See und die Wellen überfielen sie, und sie waren in großer Gefahr.

13 And the ones on the rock are those who, when they hear the word, receive it ^{j} with joy. But these have no root; they ^{g} believe for a while, and in time of testing ^{h} fall away.

14 And as for what fell among the thorns, they are those who hear, but ^{i} as they go on their way they are choked by the ^{j} cares and riches and pleasures of life, and their fruit does not mature.

15 As for that in the good soil, they are those who, hearing the word, hold it fast in an honest and good heart, and ^{k} bear fruit ^{l} with patience.

A Lamp Under a Jar

¶ **16** $^{m, n}$ "No one after lighting a lamp covers it with a jar or puts it under a bed, but puts it on a stand, so that those who enter may see the light.

17 ^{o} For nothing is hidden that will not be made manifest, nor is anything secret that will not be known and come to light.

18 ^{p} Take care then how you hear, ^{q} for to the one who has, more will be given, and from the one who has not, even what he thinks that he has will be taken away."

Jesus' Mother and Brothers

¶ **19** Then his mother and his brothers came to him, but they could not reach him because of the crowd.

20 And he was told, "Your mother and your brothers are standing outside, desiring to see you."

21 But he answered them, "My mother and my brothers are those ^{t} who hear the word of God and do it."

Jesus Calms a Storm

¶ **22** One day he got into a boat with his disciples, and he said to them, "Let us go across to the other side of ^{v} the lake." So they set out,

23 and as they sailed he fell asleep. And a windstorm came down on the lake, and they were filling with water and were in danger.

24 Da traten sie zu ihm und weckten ihn auf und sprachen: Meister, Meister, wir kommen um! Da stand er auf und bedrohte den Wind und die Wogen des Wassers, und sie legten sich und es entstand eine Stille.

25 Er sprach aber zu ihnen: Wo ist euer Glaube?

¶ Sie aber fürchteten sich und verwunderten sich und sprachen zueinander: Wer ist dieser? Auch dem Wind und dem Wasser gebietet er und sie sind ihm gehorsam.

Die Heilung des besessenen Geraseners
(Mt 8,28-34; Mk 5,1-20)

26 Und sie fuhren weiter in die Gegend der Gerasener, die Galiläa gegenüberliegt.

27 Und als er ans Land trat, begegnete ihm ein Mann aus der Stadt, der hatte böse Geister; er trug seit langer Zeit keine Kleider mehr und blieb in keinem Hause, sondern in den Grabhöhlen.

28 Als er aber Jesus sah, schrie er auf und fiel vor ihm nieder und rief laut: Was willst du von mir, Jesus, du Sohn Gottes des Allerhöchsten? Ich bitte dich: Quäle mich nicht!

29 Denn er hatte dem unreinen Geist geboten, aus dem Menschen auszufahren. Denn der hatte ihn lange Zeit geplagt; und er wurde mit Ketten und Fesseln gebunden und gefangen gehalten, doch er zerriss seine Fesseln und wurde von dem bösen Geist in die Wüste getrieben.

30 Und Jesus fragte ihn: Wie heißt du? Er antwortete: Legion. Denn es waren viele böse Geister in ihn gefahren.

31 Und sie baten ihn, dass er ihnen nicht gebiete, in den Abgrund zu fahren.

¶ **32** Es war aber dort auf dem Berg eine große Herde Säue auf der Weide. Und sie baten ihn, dass er ihnen erlaube, in die Säue zu fahren. Und er erlaubte es ihnen.

33 Da fuhren die bösen Geister von dem Menschen aus und fuhren in die Säue; und die Herde stürmte den Abhang hinunter in den See und ersoff.

¶ **34** Als aber die Hirten sahen, was da geschah, flohen sie und verkündeten es in der Stadt und in den Dörfern.

35 Da gingen die Leute hinaus, um zu sehen, was geschehen war, und kamen zu Jesus und fanden den Menschen, von dem die bösen Geister ausgefahren waren, sitzend zu den Füßen Jesu, bekleidet und vernünftig, und sie erschraken.

24 And they went and woke him, saying, "Master, Master, we are perishing!" And he awoke and rebuked the wind and the raging waves, and they ceased, and there was a calm.

25 He said to them, "Where is your faith?" And they were afraid, and they marveled, saying to one another, "Who then is this, that he commands even winds and water, and they obey him?"

Jesus Heals a Man with a Demon

¶ **26** Then they sailed to the country of the Gerasenes,[2] which is opposite Galilee.

27 When Jesus[3] had stepped out on land, there met him a man from the city who had demons. For a long time he had worn no clothes, and he had not lived in a house but among the tombs.

28 When he saw Jesus, he cried out and fell down before him and said [d]with a loud voice, "What have you to do with me, Jesus, Son of the Most High God? I beg you, do not torment me."

29 For he had commanded the unclean spirit to come out of the man. (For many a time it had seized him. He was kept under guard and bound with chains and shackles, but he would break the bonds and be driven by the demon into the desert.)

30 Jesus then asked him, "What is your name?" And he said, "Legion," for many demons had entered him.

31 And they begged him not to command them to depart into the abyss.

32 Now a large herd of pigs was feeding there on the hillside, and they begged him to let them enter these. So he gave them permission.

33 Then the demons came out of the man and entered the pigs, and the herd rushed down the steep bank into the lake and were drowned.

¶ **34** When the herdsmen saw what had happened, they fled and told it in the city and in the country.

35 Then people went out to see what had happened, and they came to Jesus and found the man from whom the demons had gone, sitting at the feet of Jesus, clothed and in his right mind, and they were afraid.

36 Und die es gesehen hatten, verkündeten ihnen, wie der Besessene gesund geworden war.

37 Und die ganze Menge aus dem umliegenden Land der Gerasener bat ihn, von ihnen fortzugehen; denn es hatte sie große Furcht ergriffen. Und er stieg ins Boot und kehrte zurück.

¶ **38** Aber der Mann, von dem die bösen Geister ausgefahren waren, bat ihn, dass er bei ihm bleiben dürfe. Aber Jesus schickte ihn fort und sprach:

39 Geh wieder heim und sage, wie große Dinge Gott an dir getan hat. Und er ging hin und verkündigte überall in der Stadt, wie große Dinge Jesus an ihm getan hatte.

Die Heilung einer blutflüssigen Frau und die Auferweckung der Tochter des Jaïrus
(Mt 9,18-26; Mk 5,21-43)

40 Als Jesus zurückkam, nahm ihn das Volk auf; denn sie warteten alle auf ihn.

41 Und siehe, da kam ein Mann mit Namen Jaïrus, der ein Vorsteher der Synagoge war, und fiel Jesus zu Füßen und bat ihn, in sein Haus zu kommen;

42 denn er hatte eine einzige Tochter von etwa zwölf Jahren, die lag in den letzten Zügen. Und als er hinging, umdrängte ihn das Volk.

¶ **43** Und eine Frau hatte den Blutfluss seit zwölf Jahren; die hatte alles, was sie zum Leben hatte, für die Ärzte aufgewandt und konnte von keinem geheilt werden.

44 Die trat von hinten an ihn heran und berührte den Saum seines Gewandes; und sogleich hörte ihr Blutfluss auf.

45 Und Jesus fragte: Wer hat mich berührt? Als es aber alle abstritten, sprach Petrus: Meister, das Volk drängt und drückt dich.

46 Jesus aber sprach: Es hat mich jemand berührt; denn ich habe gespürt, dass eine Kraft von mir ausgegangen ist.

47 Als aber die Frau sah, dass es nicht verborgen blieb, kam sie mit Zittern und fiel vor ihm nieder und verkündete vor allem Volk, warum sie ihn angerührt hatte und wie sie sogleich gesund geworden war.

48 Er aber sprach zu ihr: Meine Tochter, dein Glaube hat dir geholfen. Geh hin in Frieden!

¶ **49** Als er noch redete, kam einer von den Leuten des Vorstehers der Synagoge und sprach: Deine Tochter ist gestorben; bemühe den Meister nicht mehr.

36 And those who had seen it told them how the demon-possessed[4] man had been healed.

37 Then all the people of the surrounding country of the Gerasenes asked him to depart from them, for they were seized with great fear. So he got into the boat and returned.

38 The man from whom the demons had gone begged that he might be with him, but Jesus sent him away, saying,

39 "Return to your home, and ⁿdeclare how much God has done for you." And he went away, proclaiming throughout the whole city how much Jesus had done for him.

Jesus Heals a Woman and Jairus's Daughter

¶ **40** Now when Jesus returned, the crowd welcomed him, for they were all waiting for him.

41 And there came a man named Jairus, who was a ruler of the synagogue. And falling at Jesus' feet, he implored him to come to his house,

42 for he had an only daughter, about twelve years of age, and she was dying.

¶ As Jesus went, the people pressed around him.

43 And there was a woman who had had a discharge of blood for twelve years, and though she had spent all her living on physicians,[5] she could not be healed by anyone.

44 She came up behind him and touched the fringe of his garment, and immediately her discharge of blood ceased.

45 And Jesus said, "Who was it that touched me?" When all denied it, Peter[6] said, "Master, the crowds surround you and are pressing in on you!"

46 But Jesus said, "Someone touched me, for I perceive that ˣpower has gone out from me."

47 And when the woman saw that she was not hidden, she came trembling, and falling down before him declared in the presence of all the people why she had touched him, and how she had been immediately healed.

48 And he said to her, "Daughter, ʸyour faith has made you well; ʸgo in peace."

¶ **49** While he was still speaking, someone from the ruler's house came and said, "Your daughter is dead; do not trouble the Teacher any more."

50 Als aber Jesus das hörte, antwortete er ihm: Fürchte dich nicht; glaube nur, so wird sie gesund!

¶ **51** Als er aber in das Haus kam, ließ er niemanden mit hineingehen als Petrus und Johannes und Jakobus und den Vater und die Mutter des Kindes.

52 Sie weinten aber alle und klagten um sie. Er aber sprach: Weint nicht! Sie ist nicht gestorben, sondern sie schläft.

53 Und sie verlachten ihn, denn sie wussten, dass sie gestorben war.

54 Er aber nahm sie bei der Hand und rief: Kind, steh auf!

55 Und ihr Geist kam wieder und sie stand sogleich auf. Und er befahl, man solle ihr zu essen geben.

56 Und ihre Eltern entsetzten sich.

¶ Er aber gebot ihnen, niemandem zu sagen, was geschehen war.

Die Aussendung der Zwölf

(Mt 10,1; 10,5-14; Mk 6,7-13)

9 Er rief aber die Zwölf zusammen und gab ihnen Gewalt und Macht über alle bösen Geister und dass sie Krankheiten heilen konnten

2 und sandte sie aus, zu predigen das Reich Gottes und die Kranken zu heilen.

3 Und er sprach zu ihnen: Ihr sollt nichts mit auf den Weg nehmen, weder Stab noch Tasche noch Brot noch Geld; es soll auch einer nicht zwei Hemden haben.

4 Und wenn ihr in ein Haus geht, dann bleibt dort, bis ihr weiterzieht.

5 Und wenn sie euch nicht aufnehmen, dann geht fort aus dieser Stadt und schüttelt den Staub von euren Füßen zu einem Zeugnis gegen sie.

6 Und sie gingen hinaus und zogen von Dorf zu Dorf, predigten das Evangelium und machten gesund an allen Orten.

Herodes und Jesus

(Mt 14,1-2; Mk 6,14-16)

7 Es kam aber vor Herodes, den Landesfürsten, alles, was geschah; und er wurde unruhig, weil von einigen gesagt wurde: Johannes ist von den Toten auferstanden;

8 von einigen aber: Elia ist erschienen; von andern aber: Einer von den alten Propheten ist auferstanden.

9 Und Herodes sprach: Johannes, den habe ich enthauptet; wer ist aber dieser, über den ich solches höre? Und er begehrte ihn zu sehen.

50 But Jesus on hearing this answered him, "Do not fear; only believe, and she will be well."

51 And when he came to the house, he allowed no one to enter with him, except Peter and John and James, and the father and mother of the child.

52 And all were weeping and mourning for her, but he said, "Do not weep, for [g]she is not dead but [h]sleeping."

53 And they laughed at him, knowing that she was dead.

54 But taking her by the hand he called, saying, "Child, [j]arise."

55 And her spirit returned, and she got up at once. And he directed that something should be given her to eat.

56 And her parents were amazed, but he charged them to tell no one what had happened.

Jesus Sends Out the Twelve Apostles

9 And he called the twelve together and gave them power and authority over all demons and to cure diseases,

2 and he sent them out to proclaim the kingdom of God and to heal.

3 And he said to them, "Take nothing for your journey, [q]no staff, nor bag, nor bread, nor money; and do not have two tunics.[1]

4 And whatever house you enter, stay there, and from there depart.

5 And wherever they do not receive you, when you leave that town [r]shake off the dust from your feet [s]as a testimony [t]against them."

6 And they departed and went through the villages, preaching the gospel and healing everywhere.

Herod Is Perplexed by Jesus

¶ **7** Now Herod the tetrarch heard about all that was happening, and he was perplexed, because it was said by some that John had been raised from the dead,

8 by some that Elijah had appeared, and [x]by others that one of the prophets of old had risen.

9 Herod said, "John I beheaded, but who is this about whom I hear such things?" And he sought to see him.

Die Speisung der Fünftausend
(Mt 14,13-21; Mk 6,31-44; Joh 6,1-13)

10 Und die Apostel kamen zurück und erzählten Jesus, wie große Dinge sie getan hatten. Und er nahm sie zu sich, und er zog sich mit ihnen allein in die Stadt zurück, die heißt Betsaida.

11 Als die Menge das merkte, zog sie ihm nach. Und er ließ sie zu sich und sprach zu ihnen vom Reich Gottes und machte gesund, die der Heilung bedurften.

12 Aber der Tag fing an, sich zu neigen. ¶ Da traten die Zwölf zu ihm und sprachen: Lass das Volk gehen, damit sie hingehen in die Dörfer und Höfe ringsum und Herberge und Essen finden; denn wir sind hier in der Wüste.

13 Er aber sprach zu ihnen: Gebt ihr ihnen zu essen. Sie sprachen: Wir haben nicht mehr als fünf Brote und zwei Fische, es sei denn, dass wir hingehen sollen und für alle diese Leute Essen kaufen.

14 Denn es waren etwa fünftausend Mann. Er sprach aber zu seinen Jüngern: Lasst sie sich setzen in Gruppen zu je fünfzig.

15 Und sie taten das und ließen alle sich setzen.

¶ **16** Da nahm er die fünf Brote und zwei Fische und sah auf zum Himmel und dankte, brach sie und gab sie den Jüngern, damit sie dem Volk austeilten.

17 Und sie aßen und wurden alle satt; und es wurde aufgesammelt, was sie an Brocken übrig ließen, zwölf Körbe voll.

Das Bekenntnis des Petrus
(Mt 16,13-19; Mk 8,27-29; Joh 6,67-69)

18 Und es begab sich, als Jesus allein war und betete und nur seine Jünger bei ihm waren, da fragte er sie und sprach: Wer, sagen die Leute, dass ich sei?

19 Sie antworteten und sprachen: Sie sagen, du seist Johannes der Täufer; einige aber, du seist Elia; andere aber, es sei einer der alten Propheten auferstanden.

20 Er aber sprach zu ihnen: Wer, sagt ihr aber, dass ich sei? Da antwortete Petrus und sprach: **Du bist der Christus Gottes!**

Die erste Ankündigung von Jesu Leiden und Auferstehung
(Mt 16,20-21; Mk 8,30-31)

21 Er aber gebot ihnen, dass sie das niemandem sagen sollten,

Jesus Feeds the Five Thousand

¶ **10** On their return the apostles told him all that they had done. And he took them and withdrew apart to a town called Bethsaida.

11 When the crowds learned it, they followed him, and he welcomed them and spoke to them of the kingdom of God and ᶜcured those who had need of healing.

12 Now the day began to wear away, and the twelve came and said to him, "Send the crowd away to go into the surrounding villages and countryside to find lodging and get provisions, for we are here in a desolate place."

13 But he said to them, ᶠ"You give them something to eat." They said, "We have no more than five loaves and two fish—unless we are to go and buy food for all these people."

14 For there were about five thousand men. And he said to his disciples, "Have them sit down in groups of about fifty each."

15 And they did so, and had them all sit down.

16 And taking the five loaves and the two fish, he looked up to heaven and said a blessing over them. Then he broke the loaves and gave them to the disciples to set before the crowd.

17 And they all ate and were satisfied. And what was left over was picked up, twelve baskets of broken pieces.

Peter Confesses Jesus as the Christ

¶ **18** Now it happened that as he was praying alone, the disciples were with him. And he asked them, "Who do the crowds say that I am?"

19 And they answered, "John the Baptist. But others say, Elijah, and others, that one of the prophets of old has risen."

20 Then he said to them, "But who do you say that I am?" And Peter answered, "The Christ of God."

Jesus Foretells His Death

¶ **21** And he strictly charged and commanded them to tell this to no one,

22 und sprach: Der Menschensohn muss viel leiden und verworfen werden von den Ältesten und Hohenpriestern und Schriftgelehrten und getötet werden und am dritten Tag auferstehen.

Von der Nachfolge
(Mt 16,24-28; Mk 8,34–9,1)

23 Da sprach er zu ihnen allen: Wer mir folgen will, der verleugne sich selbst und nehme sein Kreuz auf sich täglich und folge mir nach.

24 Denn wer sein Leben erhalten will, der wird es verlieren; wer aber sein Leben verliert um meinetwillen, der wird's erhalten.

25 Denn welchen Nutzen hätte der Mensch, wenn er die ganze Welt gewönne und verlöre sich selbst oder nähme Schaden an sich selbst?

¶ **26** Wer sich aber meiner und meiner Worte schämt, dessen wird sich der Menschensohn auch schämen, wenn er kommen wird in seiner Herrlichkeit und der des Vaters und der heiligen Engel.

27 Ich sage euch aber wahrlich: Einige von denen, die hier stehen, werden den Tod nicht schmecken, bis sie das Reich Gottes sehen.

Die Verklärung Jesu
(Mt 17,1-8; Mk 9,2-8)

28 Und es begab sich, etwa acht Tage nach diesen Reden, dass er mit sich nahm Petrus, Johannes und Jakobus und ging auf einen Berg, um zu beten.

29 Und als er betete, wurde das Aussehen seines Angesichts anders, und sein Gewand wurde weiß und glänzte.

30 Und siehe, zwei Männer redeten mit ihm; das waren Mose und Elia.

31 Sie erschienen verklärt und redeten von seinem Ende, das er in Jerusalem erfüllen sollte.

¶ **32** Petrus aber und die bei ihm waren, waren voller Schlaf. Als sie aber aufwachten, sahen sie, wie er verklärt war, und die zwei Männer, die bei ihm standen.

33 Und es begab sich, als sie von ihm schieden, da sprach Petrus zu Jesus: Meister, hier ist für uns gut sein! Lasst uns drei Hütten bauen, dir eine, Mose eine und Elia eine. Er wusste aber nicht, was er redete.

34 Als er aber dies redete, kam eine Wolke und überschattete sie; und sie erschraken, als sie in die Wolke hineinkamen.

35 Und es geschah eine Stimme aus der Wolke, die sprach: **Dieser ist mein auserwählter Sohn; den sollt ihr hören!**

22 saying, [p]"The Son of Man must [q]suffer many things and [r]be rejected by the elders and chief priests and scribes, and be killed, and on [s]the third day be raised."

Take Up Your Cross and Follow Jesus

¶ **23** And he said to all, "If anyone would come after me, let him [t]deny himself and [u]take up his cross [v]daily and follow me.

24 For [u]whoever would save his life will lose it, but whoever loses his life for my sake will save it.

25 [w]For what does it profit a man if he gains the whole world and loses or forfeits himself?

26 For [x]whoever is ashamed of me and of my words, of him will the Son of Man be ashamed [y]when he comes in [z]his glory and the glory of the Father and of [a]the holy angels.

27 But I tell you truly, there are some standing here who will not [b]taste death [c]until they see the kingdom of God."

The Transfiguration

¶ **28** Now about eight days after these sayings he took with him Peter and John and James and went up on the mountain to pray.

29 And as he was praying, the appearance of his face was altered, and his clothing became dazzling white.

30 And behold, two men were talking with him, Moses and Elijah,

31 who appeared in glory and spoke of his departure,[2] which he was about to accomplish at Jerusalem.

32 Now Peter and those who were with him were heavy with sleep, but when they became fully awake they saw his glory and the two men who stood with him.

33 And as the men were parting from him, Peter said to Jesus, "Master, it is good that we are here. Let us make three tents, one for you and one for Moses and one for Elijah"—not knowing what he said.

34 As he was saying these things, a cloud came and overshadowed them, and they were afraid as they entered the cloud.

35 And a voice came out of the cloud, saying, "This is my Son, my Chosen One;[3] listen to him!"

¶ **36** Und als die Stimme geschah, fanden sie Jesus allein. Und sie schwiegen davon und verkündeten in jenen Tagen niemandem, was sie gesehen hatten.

Die Heilung eines besessenen Knaben
(Mt 17,14-21; Mk 9,14-29)

37 Es begab sich aber, als sie am nächsten Tag von dem Berg kamen, da kam ihm eine große Menge entgegen.

38 Und siehe, ein Mann aus der Menge rief: Meister, ich bitte dich, sieh doch nach meinem Sohn; denn er ist mein einziger Sohn.

39 Siehe, ein Geist ergreift ihn, dass er plötzlich aufschreit, und er reißt ihn, dass er Schaum vor dem Mund hat, und lässt kaum von ihm ab und reibt ihn ganz auf.

40 Und ich habe deine Jünger gebeten, dass sie ihn austrieben, und sie konnten es nicht.

41 Da antwortete Jesus und sprach: O du ungläubiges und verkehrtes Geschlecht, wie lange soll ich bei euch sein und euch erdulden? Bring deinen Sohn her!

¶ **42** Und als er zu ihm kam, riss ihn der böse Geist und zerrte ihn. Jesus aber bedrohte den unreinen Geist und machte den Knaben gesund und gab ihn seinem Vater wieder.

43 Und sie entsetzten sich alle über die Herrlichkeit Gottes.

Die zweite Ankündigung von Jesu Leiden und Auferstehung
(Mt 17,22-23; Mk 9,30-32)

Als sie sich aber alle verwunderten über alles, was er tat, sprach er zu seinen Jüngern:

44 Lasst diese Worte in eure Ohren dringen: Der Menschensohn wird überantwortet werden in die Hände der Menschen.

45 Aber dieses Wort verstanden sie nicht, und es war vor ihnen verborgen, sodass sie es nicht begriffen. Und sie fürchteten sich, ihn nach diesem Wort zu fragen.

Der Rangstreit der Jünger
(Mt 18,1-5; Mk 9,33-37)

46 Es kam aber unter ihnen der Gedanke auf, wer von ihnen der Größte sei.

47 Als aber Jesus den Gedanken ihres Herzens erkannte, nahm er ein Kind und stellte es neben sich

36 And when the voice had spoken, Jesus was found alone. And they kept silent and told no one in those days anything of what they had seen.

Jesus Heals a Boy with an Unclean Spirit

¶ **37** On the next day, when they had come down from the mountain, a great crowd met him.

38 And behold, a man from the crowd cried out, "Teacher, I beg you to look at my son, for he is my only child.

39 And behold, a spirit seizes him, and he suddenly cries out. It convulses him so that he foams at the mouth, and shatters him, and will hardly leave him.

40 And I begged your disciples to cast it out, but they could not."

41 Jesus answered, "O ʳfaithless and twisted generation, ᵘhow long am I to be with you and bear with you? Bring your son here."

42 While he was coming, the demon threw him to the ground and convulsed him. But Jesus rebuked the unclean spirit and healed the boy, and gave him back to his father.

43 And all were astonished at the majesty of God.

Jesus Again Foretells His Death

¶ But while they were all marveling at everything he was doing, Jesusˣ said to his disciples,

44 "Let these words sink into your ears: ᶻThe Son of Man is about to be delivered into the hands of men."

45 But they did not understand this saying, and it was concealed from them, so that they might not perceive it. And they were afraid to ask him about this saying.

Who Is the Greatest?

¶ **46** An argument arose among them as to which of them was the greatest.

47 But Jesus, knowing the reasoning of their hearts, took a child and put him by his side

48 und sprach zu ihnen: Wer dieses Kind aufnimmt in meinem Namen, der nimmt mich auf; und wer mich aufnimmt, der nimmt den auf, der mich gesandt hat. Denn wer der Kleinste ist unter euch allen, der ist groß.

Der fremde Wundertäter
(Mk 9,38-40)

49 Da fing Johannes an und sprach: Meister, wir sahen einen, der trieb böse Geister aus in deinem Namen; und wir wehrten ihm, denn er folgt dir nicht nach mit uns.

50 Und Jesus sprach zu ihm: Wehrt ihm nicht! Denn wer nicht gegen euch ist, der ist für euch.

Aufbruch nach Jerusalem. Ablehnung Jesu durch Samariter

51 Es begab sich aber, als die Zeit erfüllt war, dass er hinweggenommen werden sollte, da wandte er sein Angesicht, stracks nach Jerusalem zu wandern.

¶ **52** Und er sandte Boten vor sich her; die gingen hin und kamen in ein Dorf der Samariter, ihm Herberge zu bereiten.

53 Und sie nahmen ihn nicht auf, weil er sein Angesicht gewandt hatte, nach Jerusalem zu wandern.

54 Als aber das seine Jünger Jakobus und Johannes sahen, sprachen sie: Herr, willst du, so wollen wir sagen, dass Feuer vom Himmel falle und sie verzehre.

55 Jesus aber wandte sich um und wies sie zurecht.*

56 Und sie gingen in ein andres Dorf.

Vom Ernst der Nachfolge
(Mt 8,19-22)

57 Und als sie auf dem Wege waren, sprach einer zu ihm: Ich will dir folgen, wohin du gehst.

58 Und Jesus sprach zu ihm: **Die Füchse haben Gruben und die Vögel unter dem Himmel haben Nester; aber der Menschensohn hat nichts, wo er sein Haupt hinlege.**

¶ **59** Und er sprach zu einem andern: Folge mir nach! Der sprach aber: Herr, erlaube mir, dass ich zuvor hingehe und meinen Vater begrabe.

60 Aber Jesus sprach zu ihm: **Lass die Toten ihre Toten begraben; du aber geh hin und verkündige das Reich Gottes!**

¶ **61** Und ein andrer sprach: Herr, ich will dir nachfolgen; aber erlaube mir zuvor, dass ich Abschied nehme von denen, die in meinem Haus sind.

48 and said to them, [d]"Whoever receives this child in my name receives me, and [d]whoever receives me receives him who sent me. For [e]he who is least among you all is the one who is great."

Anyone Not Against Us Is For Us

¶ **49** John answered, "Master, we saw someone casting out demons in your name, and we tried to stop him, because he does not follow with us."

50 But Jesus said to him, "Do not stop him, [f]for the one who is not against you is for you."

A Samaritan Village Rejects Jesus

¶ **51** When the days drew near for him to be taken up, he set his face to go to Jerusalem.

52 And he sent messengers ahead of him, who went and entered a village of the Samaritans, to make preparations for him.

53 But the people did not receive him, because his face was set toward Jerusalem.

54 And when his disciples James and John saw it, they said, "Lord, do you want us to tell fire to come down from heaven and consume them?"[5]

55 But he turned and rebuked them.[6]

56 And they went on to another village.

The Cost of Following Jesus

¶ **57** As they were going along the road, someone said to him, "I will follow you wherever you go."

58 And Jesus said to him, "Foxes have holes, and birds of the air have nests, but the Son of Man has nowhere to lay his head."

59 To another he said, "Follow me." But he said, "Lord, let me first go and bury my father."

60 And Jesus[7] said to him, "Leave [f]the dead to bury their own dead. But as for you, go and [g]proclaim the kingdom of God."

61 Yet another said, "I will follow you, Lord, but let me first say farewell to those at my home."

62 Jesus aber sprach zu ihm: Wer seine Hand an den Pflug legt und sieht zurück, der ist nicht geschickt für das Reich Gottes.

Die Aussendung der zweiundsiebzig Jünger
(Mt 10,7-16)

10 Danach setzte der Herr weitere zwei-undsiebzig Jünger ein und sandte sie je zwei und zwei vor sich her in alle Städte und Orte, wohin er gehen wollte,

2 und sprach zu ihnen: **Die Ernte ist groß, der Arbeiter aber sind wenige. Darum bittet den Herrn der Ernte, dass er Arbeiter aussende in seine Ernte.**

¶ **3** Geht hin; siehe, ich sende euch wie Lämmer mitten unter die Wölfe.

4 Tragt keinen Geldbeutel bei euch, keine Tasche und keine Schuhe, und grüßt niemanden unterwegs.

5 Wenn ihr in ein Haus kommt, sprecht zuerst: Friede sei diesem Hause!

6 Und wenn dort ein Kind des Friedens ist, so wird euer Friede auf ihm ruhen; wenn aber nicht, so wird sich euer Friede wieder zu euch wenden.

7 In demselben Haus aber bleibt, esst und trinkt, was man euch gibt; denn ein Arbeiter ist seines Lohnes wert. Ihr sollt nicht von einem Haus zum andern gehen.

¶ **8** Und wenn ihr in eine Stadt kommt und sie euch aufnehmen, dann esst, was euch vorgesetzt wird,

9 und heilt die Kranken, die dort sind, und sagt ihnen: Das Reich Gottes ist nahe zu euch gekommen.

10 Wenn ihr aber in eine Stadt kommt und sie euch nicht aufnehmen, so geht hinaus auf ihre Straßen und sprecht:

11 Auch den Staub aus eurer Stadt, der sich an unsre Füße gehängt hat, schütteln wir ab auf euch. Doch sollt ihr wissen: das Reich Gottes ist nahe herbeigekommen.

12 Ich sage euch: Es wird Sodom erträglicher ergehen an jenem Tage als dieser Stadt.

Jesu Weherufe über galiläische Städte
(Mt 11,20-24)

13 Weh dir, Chorazin! Weh dir, Betsaida! Denn wären solche Taten in Tyrus und Sidon geschehen, wie sie bei euch geschehen sind, sie hätten längst in Sack und Asche gesessen und Buße getan.

14 Doch es wird Tyrus und Sidon erträglicher ergehen im Gericht als euch.

15 Und du, Kapernaum, wirst du bis zum Himmel erhoben werden? Du wirst bis in die Hölle hinuntergestoßen werden.

62 Jesus said to him, [w]"No one who puts his hand to the plow and looks back is fit for the kingdom of God."

Jesus Sends Out the Seventy-Two

10 After this the Lord appointed seventy-two[1] others and sent them on ahead of him, two by two, into every town and place where he himself was about to go.

2 And he said to them, "The harvest is plentiful, but the laborers are few. [a]Therefore pray earnestly to the Lord of the harvest to send out laborers into his harvest.

3 Go your way; [b]behold, I am sending you out as lambs in the midst of wolves.

4 [c]Carry no moneybag, no knapsack, no sandals, and [d]greet no one on the road.

5 Whatever house you enter, first say, [e]'Peace be to this house!'

6 And if a son of peace is there, your peace will rest upon him. But if not, [f]it will return to you.

7 And remain in the same house, eating and drinking what they provide, for [g]the laborer deserves his wages. Do not go from house to house.

8 Whenever you enter a town and they receive you, eat what is set before you.

9 Heal the sick in it and say to them, [h]'The kingdom of God has come near to you.'

10 But whenever you enter a town and they do not receive you, go into its streets and say,

11 [i]'Even the dust of your town that clings to our feet we wipe off against you. Nevertheless know this, that [j]the kingdom of God has come near.'

12 I tell you, [k]it will be more bearable on [l]that day for Sodom than for that town.

Woe to Unrepentant Cities

¶ **13**[m] "Woe to you, Chorazin! Woe to you, Bethsaida! For if the mighty works done in you had been done in [n]Tyre and Sidon, they would have repented long ago, sitting in sackcloth and ashes.

14 [o]But it will be more bearable in the judgment for [n]Tyre and Sidon than for you.

15 And you, Capernaum, [p]will you be exalted to heaven? You shall be brought down to [q]Hades.

¶ **16** Wer euch hört, der hört mich; und wer euch verachtet, der verachtet mich; wer aber mich verachtet, der verachtet den, der mich gesandt hat.

Jesu Jubelruf
(Mt 11,25-27)

17 Die Zweiundsiebzig aber kamen zurück voll Freude und sprachen: Herr, auch die bösen Geister sind uns untertan in deinem Namen.

18 Er sprach aber zu ihnen: Ich sah den Satan vom Himmel fallen wie einen Blitz.

19 Seht, ich habe euch Macht gegeben, zu treten auf Schlangen und Skorpione, und Macht über alle Gewalt des Feindes; und nichts wird euch schaden.

20 Doch darüber freut euch nicht, dass euch die Geister untertan sind. Freut euch aber, dass eure Namen im Himmel geschrieben sind.

¶ **21** Zu der Stunde freute sich Jesus im Heiligen Geist und sprach: Ich preise dich, Vater, Herr des Himmels und der Erde, weil du dies den Weisen und Klugen verborgen hast und hast es den Unmündigen offenbart. Ja, Vater, so hat es dir wohlgefallen.

22 Alles ist mir übergeben von meinem Vater. Und niemand weiß, wer der Sohn ist, als nur der Vater, noch, wer der Vater ist, als nur der Sohn und wem es der Sohn offenbaren will.

¶ **23** Und er wandte sich zu seinen Jüngern und sprach zu ihnen allein: Selig sind die Augen, die sehen, was ihr seht.

24 Denn ich sage euch: Viele Propheten und Könige wollten sehen, was ihr seht, und haben's nicht gesehen, und hören, was ihr hört, und haben's nicht gehört.

Der barmherzige Samariter

25 Und siehe, da stand ein Schriftgelehrter auf, versuchte ihn und sprach: Meister, was muss ich tun, dass ich das ewige Leben ererbe?

26 Er aber sprach zu ihm: Was steht im Gesetz geschrieben? Was liest du?

27 Er antwortete und sprach: »Du sollst den Herrn, deinen Gott, lieben von ganzem Herzen, von ganzer Seele, von allen Kräften und von ganzem Gemüt, und deinen Nächsten wie dich selbst« (5.Mose 6,5; 3.Mose 19,18).

28 Er aber sprach zu ihm: Du hast recht geantwortet; tu das, so wirst du leben.

¶ **16** ʳ"The one who hears you hears me, and ˢthe one who rejects you rejects me, and ᵗthe one who rejects me rejects him who sent me."

The Return of the Seventy-Two

¶ **17** The seventy-two returned with joy, saying, "Lord, even the demons are subject to us in your name!"

18 And he said to them, ʷ"I saw Satan ˣfall like lightning from heaven.

19 Behold, I have given you authority ʸto tread on serpents and scorpions, and over all the power of ᶻthe enemy, and ᵃnothing shall hurt you.

20 ᵇNevertheless, do not rejoice in this, that the spirits are subject to you, but rejoice that ᶜyour names are written in heaven."

Jesus Rejoices in the Father's Will

¶ **21** In that same hour he rejoiced in the Holy Spirit and said, "I thank you, Father, ᵍLord of heaven and earth, that ʰyou have hidden these things from the wise and understanding and ⁱrevealed them to little children; yes, Father, for ʲsuch was your gracious will.[2]

22 ᵏAll things have been handed over to me by my Father, and no one knows who the Son is ᵏexcept the Father, or who the Father is ᵏexcept the Son and anyone ˡto whom the Son chooses to reveal him."

¶ **23** Then turning to the disciples he said privately, ᵐ"Blessed are the eyes that see what you see!

24 For I tell you ⁿthat many prophets and kings desired to see what you see, and did not see it, and to hear what you hear, and did not hear it."

The Parable of the Good Samaritan

¶ **25** And behold, a lawyer stood up to put him to the test, saying, "Teacher, what shall I do to inherit eternal life?"

26 He said to him, "What is written in the Law? How do you read it?"

27 And he answered, "You shall love the Lord your God with all your heart and with all your soul and with all your strength and with all your mind, and your neighbor as yourself."

28 And he said to him, "You have answered correctly; ᵘdo this, and you will live."

¶ **29** Er aber wollte sich selbst rechtfertigen und sprach zu Jesus: Wer ist denn mein Nächster?

30 Da antwortete Jesus und sprach: Es war ein Mensch, der ging von Jerusalem hinab nach Jericho und fiel unter die Räuber; die zogen ihn aus und schlugen ihn und machten sich davon und ließen ihn halb tot liegen.

¶ **31** Es traf sich aber, dass ein Priester dieselbe Straße hinabzog; und als er ihn sah, ging er vorüber.

32 Desgleichen auch ein Levit: Als er zu der Stelle kam und ihn sah, ging er vorüber.

33 Ein Samariter aber, der auf der Reise war, kam dahin; und als er ihn sah, jammerte er ihn;

34 und er ging zu ihm, goss Öl und Wein auf seine Wunden und verband sie ihm, hob ihn auf sein Tier und brachte ihn in eine Herberge und pflegte ihn.

35 Am nächsten Tag zog er zwei Silbergroschen heraus, gab sie dem Wirt und sprach: Pflege ihn; und wenn du mehr ausgibst, will ich dir's bezahlen, wenn ich wiederkomme.

¶ **36** Wer von diesen dreien, meinst du, ist der Nächste gewesen dem, der unter die Räuber gefallen war?

37 Er sprach: Der die Barmherzigkeit an ihm tat. Da sprach Jesus zu ihm: So geh hin und tu desgleichen!

Maria und Marta

38 Als sie aber weiterzogen, kam er in ein Dorf. Da war eine Frau mit Namen Marta, die nahm ihn auf.

39 Und sie hatte eine Schwester, die hieß Maria; die setzte sich dem Herrn zu Füßen und hörte seiner Rede zu.

40 Marta aber machte sich viel zu schaffen, ihm zu dienen. Und sie trat hinzu und sprach: Herr, fragst du nicht danach, dass mich meine Schwester lässt allein dienen? Sage ihr doch, dass sie mir helfen soll!

41 Der Herr aber antwortete und sprach zu ihr: Marta, Marta, du hast viel Sorge und Mühe.

42 Eins aber ist Not. Maria hat das gute Teil erwählt; das soll nicht von ihr genommen werden.

¶ **29** But he, desiring to justify himself, said to Jesus, "And who is my neighbor?"

30 Jesus replied, "A man ^{w}was going down from Jerusalem to Jericho, and he fell among robbers, who stripped him and beat him and departed, leaving him half dead.

31 Now by chance a ^{x}priest was going down that road, and when he saw him he passed by on the other side.

32 So likewise ^{x}a Levite, when he came to the place and saw him, passed by on the other side.

33 But a ^{y}Samaritan, as he journeyed, came to where he was, and when he saw him, he had compassion.

34 He went to him and ^{z}bound up his wounds, pouring on ^{z}oil and wine. Then he set him on his own animal and brought him to an inn and took care of him.

35 And the next day he took out two ^{a}denarii[3] and gave them to the innkeeper, saying, 'Take care of him, and whatever more you spend, I will repay you when I come back.'

36 Which of these three, do you think, proved to be a neighbor to the man who fell among the robbers?"

37 He said, "The one who showed him mercy." And Jesus said to him, "You go, and do likewise."

Martha and Mary

¶ **38** Now as they went on their way, Jesus[4] entered a village. And a woman named Martha welcomed him into her house.

39 And she had a sister called Mary, who sat at the Lord's feet and listened to his teaching.

40 But Martha was distracted with much serving. And she went up to him and said, "Lord, do you not care that my sister has left me to serve alone? Tell her then to help me."

41 But the Lord answered her, "Martha, Martha, you are ^{e}anxious and troubled about many things,

42 but one thing is necessary.[5] Mary has chosen ^{f}the good portion, which will not be taken away from her."

Das Vaterunser
(Mt 6,9-13)

11 Und es begab sich, dass er an einem Ort war und betete. Als er aufgehört hatte, sprach einer seiner Jünger zu ihm: Herr, lehre uns beten, wie auch Johannes seine Jünger lehrte.

2 Er aber sprach zu ihnen: Wenn ihr betet, so sprecht:

Vater!
Dein Name werde geheiligt.
Dein Reich komme.[*]

3 Unser tägliches Brot gib uns Tag für Tag

4 und vergib uns unsre Sünden;
denn auch wir vergeben allen,
die an uns schuldig werden.
Und führe uns nicht in Versuchung.[*]

Der bittende Freund
(Mt 7,7-11)

5 Und er sprach zu ihnen: Wenn jemand unter euch einen Freund hat und ginge zu ihm um Mitternacht und spräche zu ihm: Lieber Freund, leih mir drei Brote;

6 denn mein Freund ist zu mir gekommen auf der Reise, und ich habe nichts, was ich ihm vorsetzen kann,

7 und der drinnen würde antworten und sprechen: Mach mir keine Unruhe! Die Tür ist schon zugeschlossen und meine Kinder und ich liegen schon zu Bett; ich kann nicht aufstehen und dir etwas geben.

8 Ich sage euch: Und wenn er schon nicht aufsteht und ihm etwas gibt, weil er sein Freund ist, dann wird er doch wegen seines unverschämten Drängens aufstehen und ihm geben, so viel er bedarf.

¶ **9** Und ich sage euch auch: **Bittet, so wird euch gegeben; suchet, so werdet ihr finden; klopfet an, so wird euch aufgetan.**

10 Denn wer da bittet, der empfängt; und wer da sucht, der findet; und wer da anklopft, dem wird aufgetan.

¶ **11** Wo ist unter euch ein Vater, der seinem Sohn, wenn der ihn[*] um einen Fisch bittet, eine Schlange für den Fisch biete?

12 Oder der ihm, wenn er um ein Ei bittet, einen Skorpion dafür biete?

13 Wenn nun ihr, die ihr böse seid, euren Kindern gute Gaben geben könnt, wie viel mehr wird der Vater im Himmel den Heiligen Geist geben denen, die ihn bitten!

The Lord's Prayer

11 Now Jesus[1] was praying in a certain place, and when he finished, one of his disciples said to him, "Lord, teach us to pray, as John taught his disciples."

2 And he said to them, [h]"When you pray, say:

[i]"Father, [j]hallowed be [k]your name.
[l]Your kingdom come.

3 [m]Give us [n]each day our daily bread,[2]

4 and [o]forgive us our sins,
for we ourselves forgive everyone who is indebted to us.
And [p]lead us not into temptation."

¶ **5** And he said to them, "Which of you who has a friend will go to him at midnight and say to him, 'Friend, lend me three loaves,

6 for a friend of mine has arrived on a journey, and I have nothing to set before him';

7 and he will answer from within, 'Do not bother me; the door is now shut, and my children are with me in bed. I cannot get up and give you anything'?

8 I tell you, though he will not get up and give him anything [q]because he is his friend, yet because of his impudence[3] he will rise and give him whatever he needs.

9 And I tell you, [r]ask, and [s]it will be given to you; [t]seek, and you will find; [u]knock, and it will be opened to you.

10 For everyone who asks receives, and the one who seeks finds, and to the one who knocks it will be opened.

11 What father among you, if his son asks for[4] a fish, will instead of a fish give him a serpent;

12 or if he asks for an egg, will give him a scorpion?

13 If you then, [w]who are evil, know how to give good gifts to your children, how much more will the heavenly Father [x]give the Holy Spirit to those who ask him!"

Jesus und die bösen Geister
(Mt 12,22-30; Mk 3,22-27)

14 Und er trieb einen bösen Geist aus, der war stumm. Und es geschah, als der Geist ausfuhr, da redete der Stumme. Und die Menge verwunderte sich.

15 Einige aber unter ihnen sprachen: Er treibt die bösen Geister aus durch Beelzebul, ihren Obersten.

16 Andere aber versuchten ihn und forderten von ihm ein Zeichen vom Himmel.

¶ **17** Er aber erkannte ihre Gedanken und sprach zu ihnen: Jedes Reich, das mit sich selbst uneins ist, wird verwüstet und ein Haus fällt über das andre.

18 Ist aber der Satan auch mit sich selbst uneins, wie kann sein Reich bestehen? Denn ihr sagt, ich treibe die bösen Geister aus durch Beelzebul.

19 Wenn aber ich die bösen Geister durch Beelzebul austreibe, durch wen treiben eure Söhne sie aus? Darum werden sie eure Richter sein.

20 Wenn ich aber durch Gottes Finger die bösen Geister austreibe, so ist ja das Reich Gottes zu euch gekommen.

21 Wenn ein Starker gewappnet seinen Palast bewacht, so bleibt, was er hat, in Frieden.

22 Wenn aber ein Stärkerer über ihn kommt und überwindet ihn, so nimmt er ihm seine Rüstung, auf die er sich verließ, und verteilt die Beute.

23 Wer nicht mit mir ist, der ist gegen mich; und wer nicht mit mir sammelt, der zerstreut.

Von der Rückkehr des bösen Geistes
(Mt 12,43-45)

24 Wenn der unreine Geist von einem Menschen ausgefahren ist, so durchstreift er dürre Stätten, sucht Ruhe und findet sie nicht; dann spricht er: Ich will wieder zurückkehren in mein Haus, aus dem ich fortgegangen bin.

25 Und wenn er kommt, so findet er's gekehrt und geschmückt.

26 Dann geht er hin und nimmt sieben andre Geister mit sich, die böser sind als er selbst; und wenn sie hineinkommen, wohnen sie darin, und es wird mit diesem Menschen hernach ärger als zuvor.

Eine Seligpreisung Jesu

27 Und es begab sich, als er so redete, da erhob eine Frau im Volk ihre Stimme und sprach zu ihm: Selig ist der Leib, der dich getragen hat, und die Brüste, an denen du gesogen hast.

Jesus and Beelzebul

¶ **14** Now he was casting out a demon that was mute. When the demon had gone out, the mute man spoke, and the people marveled.

15 But some of them said, "He casts out demons by Beelzebul, the prince of demons,"

16 while others, to test him, kept seeking from him a sign from heaven.

17 But he, knowing their thoughts, said to them, "Every kingdom divided against itself is laid waste, and a divided household falls.

18 And if Satan also is divided against himself, how will his kingdom stand? For you say that I cast out demons by Beelzebul.

19 And if I cast out demons by Beelzebul, ^{d} by whom do ^{e} your sons cast them out? Therefore they will be your judges.

20 But if it is by ^{f} the finger of God that I cast out demons, then ^{g} the kingdom of God has come upon you.

21 When a strong man, fully armed, guards his own palace, his goods are safe;

22 ^{h} but when one stronger than he attacks him and ^{i} overcomes him, he takes away his ^{j} armor in which he trusted and ^{k} divides his spoil.

23 ^{l} Whoever is not with me is against me, and whoever does not gather with me scatters.

Return of an Unclean Spirit

¶ **24**^{m} "When the unclean spirit has gone out of a person, it passes through ^{n} waterless places seeking rest, and finding none it says, 'I will return to my house from which I came.'

25 And when it comes, it finds the house swept and put in order.

26 Then it goes and brings seven other spirits more evil than itself, and they enter and dwell there. And ^{o} the last state of that person is worse than the first."

True Blessedness

¶ **27** As he said these things, a woman in the crowd raised her voice and said to him, "Blessed is the womb that bore you, and the breasts at which you nursed!"

28 Er aber sprach: Ja, selig sind, die das Wort Gottes hören und bewahren.

Ablehnung der Zeichenforderung
(Mt 12,38-42)

29 Die Menge aber drängte herzu. Da fing er an und sagte: Dies Geschlecht ist ein böses Geschlecht; es fordert ein Zeichen, aber es wird ihm kein Zeichen gegeben werden als nur das Zeichen des Jona.

30 Denn wie Jona ein Zeichen war für die Leute von Ninive, so wird es auch der Menschensohn sein für dieses Geschlecht.

31 Die Königin vom Süden wird auftreten beim Jüngsten Gericht mit den Leuten dieses Geschlechts und wird sie verdammen; denn sie kam vom Ende der Welt, zu hören die Weisheit Salomos. Und siehe, hier ist mehr als Salomo.

32 Die Leute von Ninive werden auftreten beim Jüngsten Gericht mit diesem Geschlecht und werden's verdammen; denn sie taten Buße nach der Predigt des Jona. Und siehe, hier ist mehr als Jona.

Bildworte vom Licht
(Mt 5,15; 6,22-23)

33 Niemand zündet ein Licht an und setzt es in einen Winkel, auch nicht unter einen Scheffel, sondern auf den Leuchter, damit, wer hineingeht, das Licht sehe.

34 Dein Auge ist das Licht des Leibes. Wenn nun dein Auge lauter ist, so ist dein ganzer Leib licht; wenn es aber böse ist, so ist auch dein Leib finster.

35 So schaue darauf, dass nicht das Licht in dir Finsternis sei.

36 Wenn nun dein Leib ganz licht ist und kein Teil an ihm finster ist, dann wird er ganz licht sein, wie wenn dich das Licht erleuchtet mit hellem Schein.

Weherufe gegen die Pharisäer und Schriftgelehrten
(Mt 23,1-36)

37 Als er noch redete, bat ihn ein Pharisäer, mit ihm zu essen. Und er ging hinein und setzte sich zu Tisch.

38 Als das der Pharisäer sah, wunderte er sich, dass er sich nicht vor dem Essen gewaschen hatte.

39 Der Herr aber sprach zu ihm: Ihr Pharisäer, ihr haltet die Becher und Schüsseln außen rein; aber euer Inneres ist voll Raubgier und Bosheit.

40 Ihr Narren, hat nicht der, der das Äußere geschaffen hat, auch das Innere geschaffen?

28 But he said, *ʳ*"Blessed rather are those *ˢ*who hear the word of God and *ᵗ*keep it!"

The Sign of Jonah

¶ **29** When the crowds were increasing, he began to say, *ᵛ*"This generation is an evil generation. *ʷ*It seeks for a sign, but no sign will be given to it except the sign of Jonah.

30 For as *ˣ*Jonah became a sign to the people of Nineveh, so will the Son of Man be to this generation.

31 *ʸ*The queen of the South will rise up at the judgment with the men of this generation and *ᶻ*condemn them, for she came from the ends of the earth to hear the wisdom of Solomon, and behold, *ᵃ*something greater than Solomon is here.

32 *ᵇ*The men of Nineveh will rise up at the judgment with this generation and *ᶻ*condemn it, for *ᶜ*they repented at the preaching of Jonah, and behold, *ᵃ*something greater than Jonah is here.

The Light in You

¶ **33**ᵈ"No one after lighting a lamp puts it in a cellar or under a basket, but on a stand, so that those who enter may see the light.

34 Your eye is *ᵉ*the lamp of your body. When your eye is healthy, your whole body is full of light, but when it is *ᶠ*bad, your body is full of darkness.

35 *ᵉ*Therefore be careful lest the light in you be darkness.

36 If then your whole body is full of light, having no part dark, it will be wholly bright, *ᵍ*as when a lamp with its rays gives you light."

Woes to the Pharisees and Lawyers

¶ **37** While Jesus⁵ was speaking, a Pharisee asked him to dine with him, so he went in and reclined at table.

38 The Pharisee was astonished to see that he did not first wash before dinner.

39 And the Lord said to him, *ʲ*"Now you Pharisees cleanse the outside of the cup and of the dish, but inside you are full of *ᵏ*greed and wickedness.

40 *ˡ*You fools! *ʲ*Did not he who made the outside make the inside also?

41 Gebt doch, was drinnen ist, als Almosen, siehe, dann ist euch alles rein.

¶ 42 Aber weh euch Pharisäern! Denn ihr gebt den Zehnten von Minze und Raute und allerlei Gemüse, aber am Recht und an der Liebe Gottes geht ihr vorbei. Doch dies sollte man tun und jenes nicht lassen.

¶ 43 Weh euch Pharisäern! Denn ihr sitzt gern obenan in den Synagogen und wollt gegrüßt sein auf dem Markt.

¶ 44 Weh euch! Denn ihr seid wie die verdeckten Gräber, über die die Leute laufen und wissen es nicht.

¶ 45 Da antwortete einer von den Schriftgelehrten und sprach zu ihm: Meister, mit diesen Worten schmähst du uns auch.

46 Er aber sprach: Weh auch euch Schriftgelehrten! Denn ihr beladet die Menschen mit unerträglichen Lasten und ihr selbst rührt sie nicht mit einem Finger an.

¶ 47 Weh euch! Denn ihr baut den Propheten Grabmäler; eure Väter aber haben sie getötet.

48 So bezeugt ihr und billigt die Taten eurer Väter; denn sie haben sie getötet, und ihr baut ihnen Grabmäler!

49 Darum spricht die Weisheit Gottes: Ich will Propheten und Apostel zu ihnen senden, und einige von ihnen werden sie töten und verfolgen,

50 damit gefordert werde von diesem Geschlecht das Blut aller Propheten, das vergossen ist seit Erschaffung der Welt,

51 von Abels Blut an bis hin zum Blut des Secharja, der umkam zwischen Altar und Tempel. Ja, ich sage euch: Es wird gefordert werden von diesem Geschlecht.

¶ 52 Weh euch Schriftgelehrten! Denn ihr habt den Schlüssel der Erkenntnis weggenommen. Ihr selbst seid nicht hineingegangen und habt auch denen gewehrt, die hineinwollten.

¶ 53 Und als er von dort hinausging, fingen die Schriftgelehrten und Pharisäer an, heftig auf ihn einzudringen und ihn mit vielen Fragen auszuhorchen,

54 und belauerten ihn, ob sie etwas aus seinem Mund erjagen könnten.

Mahnung zum furchtlosen Bekennen
(Mt 10,26-33)

12 Unterdessen kamen einige tausend Menschen zusammen, sodass sie sich untereinander traten. Da fing er an und sagte zuerst zu seinen Jüngern: Hütet euch vor dem Sauerteig der Pharisäer, das ist die Heuchelei.

41 But ^{m}give as alms those things that are within, and behold, ^{n}everything is clean for you.

¶ 42° "But woe to you Pharisees! For ^{p}you tithe mint and rue and every herb, and neglect ^{q}justice and ^{r}the love of God. ^{s}These you ought to have done, without neglecting the others.

43 Woe to you Pharisees! For ^{t}you love the best seat in the synagogues and greetings in the marketplaces.

44 Woe to you! ^{u}For you are like unmarked graves, and people walk over them without knowing it."

¶ 45 One of the lawyers answered him, "Teacher, in saying these things you insult us also."

46 And he said, "Woe to you ^{w}lawyers also! For ^{x}you load people with burdens hard to bear, and you yourselves do not touch the burdens with one of your fingers.

47 ^{y}Woe to you! For you build the tombs of the prophets whom your fathers killed.

48 ^{z}So you are witnesses and you ^{a}consent to the deeds of ^{b}your fathers, for they killed them, and you build their tombs.

49 Therefore also ^{c}the Wisdom of God said, ^{d}'I will send them ^{e}prophets and apostles, ^{f}some of whom they will ^{g}kill and persecute,'

50 so that ^{h}the blood of all the prophets, shed ^{i}from the foundation of the world, may be ^{j}charged against this generation,

51 from the blood of ^{k}Abel to the blood of ^{l}Zechariah, who perished between ^{m}the altar and the sanctuary. Yes, I tell you, it will be ^{j}required of this generation.

52 Woe to you ^{n}lawyers! ^{o}For you have taken away the key of ^{p}knowledge. You ^{q}did not enter yourselves, and you hindered those who were entering."

¶ 53 As he went away from there, the scribes and the Pharisees began to press him hard and to provoke him to speak about many things,

54 lying in wait for him, to catch him in something he might say.

Beware of the Leaven of the Pharisees

12 In the meantime, when so many thousands of the people had gathered together that they were trampling one another, he began to say to his disciples first, ^{u}"Beware of ^{v}the leaven of the Pharisees, ^{w}which is hypocrisy.

¶ **2** Es ist aber nichts verborgen, was nicht offenbar wird, und nichts geheim, was man nicht wissen wird.

3 Darum, was ihr in der Finsternis sagt, das wird man im Licht hören; und was ihr ins Ohr flüstert in der Kammer, das wird man auf den Dächern predigen.

¶ **4** Ich sage aber euch, meinen Freunden: Fürchtet euch nicht vor denen, die den Leib töten und danach nichts mehr tun können.

5 Ich will euch aber zeigen, vor wem ihr euch fürchten sollt: Fürchtet euch vor dem, der, nachdem er getötet hat, auch Macht hat, in die Hölle zu werfen. Ja, ich sage euch, vor dem fürchtet euch.

6 Verkauft man nicht fünf Sperlinge für zwei Groschen? Dennoch ist vor Gott nicht einer von ihnen vergessen.

7 Aber auch die Haare auf eurem Haupt sind alle gezählt. Darum fürchtet euch nicht; ihr seid besser als viele Sperlinge.

¶ **8** Ich sage euch aber: **Wer mich bekennt vor den Menschen, den wird auch der Menschensohn bekennen vor den Engeln Gottes.**

9 Wer mich aber verleugnet vor den Menschen, der wird verleugnet werden vor den Engeln Gottes.

10 Und wer ein Wort gegen den Menschensohn sagt, dem soll es vergeben werden; wer aber den Heiligen Geist lästert, dem soll es nicht vergeben werden.

¶ **11** Wenn sie euch aber führen werden in die Synagogen und vor die Machthaber und die Obrigkeit, so sorgt nicht, wie oder womit ihr euch verantworten oder was ihr sagen sollt;

12 denn der Heilige Geist wird euch in dieser Stunde lehren, was ihr sagen sollt.

Warnung vor Habgier

13 Es sprach aber einer aus dem Volk zu ihm: Meister, sage meinem Bruder, dass er mit mir das Erbe teile.

14 Er aber sprach zu ihm: Mensch, wer hat mich zum Richter oder Erbschlichter über euch gesetzt?

15 Und er sprach zu ihnen: Seht zu und hütet euch vor aller Habgier; denn **niemand lebt davon, dass er viele Güter hat.**

2 ˣNothing is covered up that will not be revealed, or hidden that will not be known.

3 Therefore whatever you have said in the dark shall be heard in the light, and what you have whispered in ʸprivate rooms shall be proclaimed on ᶻthe housetops.

Have No Fear

¶ **4** "I tell you, my friends, ᵃdo not fear those who kill the body, and after that have nothing more that they can do.

5 But I will warn you whom to fear: fear him ᵇwho, after he has killed, has authority to cast into hell.[1] Yes, I tell you, fear him!

6 Are not five sparrows sold for two pennies?[2] And ᶜnot one of them is forgotten before God.

7 Why, ᵈeven the hairs of your head are all numbered. Fear not; ᵉyou are of more value than many sparrows.

Acknowledge Christ Before Men

¶ **8** "And I tell you, ᶠeveryone who acknowledges me before men, the Son of Man also will acknowledge ᵍbefore the angels of God,

9 but ʰthe one who denies me before men ⁱwill be denied ᵍbefore the angels of God.

10 And ʲeveryone who speaks a word ᵏagainst the Son of Man ˡwill be forgiven, but the one who ᵐblasphemes against the Holy Spirit will not be forgiven.

11 ⁿAnd when they ᵒbring you before the synagogues and ᵖthe rulers and ᵖthe authorities, ᑫdo not be anxious about how you should defend yourself or what you should say,

12 ʳfor the Holy Spirit will teach you in that very hour what you ought to say."

The Parable of the Rich Fool

¶ **13** Someone in the crowd said to him, "Teacher, tell my brother to divide the inheritance with me."

14 But he said to him, ᵗ"Man, ᵘwho made me a judge or arbitrator over you?"

15 And he said to them, ᵛ"Take care, and be on your guard against all covetousness, for one's life does not consist in the abundance of his possessions."

Der reiche Kornbauer

16 Und er sagte ihnen ein Gleichnis und sprach: Es war ein reicher Mensch, dessen Feld hatte gut getragen.

17 Und er dachte bei sich selbst und sprach: Was soll ich tun? Ich habe nichts, wohin ich meine Früchte sammle.

18 Und sprach: Das will ich tun: Ich will meine Scheunen abbrechen und größere bauen und will darin sammeln all mein Korn und meine Vorräte

19 und will sagen zu meiner Seele: Liebe Seele, du hast einen großen Vorrat für viele Jahre; habe nun Ruhe, iss, trink und habe guten Mut!

20 Aber Gott sprach zu ihm: Du Narr! Diese Nacht wird man deine Seele von dir fordern; und wem wird dann gehören, was du angehäuft hast?

21 So geht es dem, der sich Schätze sammelt und ist nicht reich bei Gott.

Vom falschen und rechten Sorgen

(Mt 6,25-33; 6,20-21)

22 Er sprach aber zu seinen Jüngern: Darum sage ich euch: Sorgt nicht um euer Leben, was ihr essen sollt, auch nicht um euren Leib, was ihr anziehen sollt.

23 Denn das Leben ist mehr als die Nahrung und der Leib mehr als die Kleidung.

24 Seht die Raben an: sie säen nicht, sie ernten auch nicht, sie haben auch keinen Keller und keine Scheune, und Gott ernährt sie doch. Wie viel besser seid ihr als die Vögel!

25 Wer ist unter euch, der, wie sehr er sich auch darum sorgt, seines Lebens Länge eine Spanne zusetzen könnte?

26 Wenn ihr nun auch das Geringste nicht vermögt, warum sorgt ihr euch um das andre?

¶ **27** Seht die Lilien an, wie sie wachsen: sie spinnen nicht, sie weben nicht. Ich sage euch aber, dass auch Salomo in aller seiner Herrlichkeit nicht gekleidet gewesen ist wie eine von ihnen.

28 Wenn nun Gott das Gras, das heute auf dem Feld steht und morgen in den Ofen geworfen wird, so kleidet, wie viel mehr wird er euch kleiden, ihr Kleingläubigen!

29 Darum auch ihr, fragt nicht danach, was ihr essen oder was ihr trinken sollt, und macht euch keine Unruhe.

30 Nach dem allen trachten die Heiden in der Welt; aber euer Vater weiß, dass ihr dessen bedürft.

31 Trachtet vielmehr nach seinem Reich, so wird euch das alles zufallen.

16 And he told them a parable, saying, ᵂ "The land of a rich man produced plentifully,

17 and he thought to himself, ˣ 'What shall I do, for I have nowhere to store my crops?'

18 And he said, 'I will do this: I will tear down my ʸ barns and build larger ones, and there I will store all my grain and my goods.

19 And I will say to my soul, Soul, you have ample goods laid up ᶻ for many years; relax, ᵃ eat, drink, be merry.'

20 But God said to him, ᵇ 'Fool! ᶻ This night ᶜ your soul is required of you, and the things you have prepared, ᵈ whose will they be?'

21 So is the one ᵉ who lays up treasure for himself and is not rich toward God."

Do Not Be Anxious

¶ **22** And he said to his disciples, ᶠ "Therefore I tell you, ᵍ do not be anxious about your life, what you will eat, nor about your body, what you will put on.

23 For life is more than food, and the body more than clothing.

24 ʰ Consider the ravens: they neither sow nor reap, they have neither storehouse nor barn, and yet God feeds them. ⁱ Of how much more value are you than the birds!

25 And which of you by being anxious can add a single hour to his ʲ span of life?³

26 If then you are not able to do as small a thing as that, why are you anxious about the rest?

27 Consider the lilies, how they grow: they neither toil nor spin,⁴ yet I tell you, ᵏ even Solomon in all his glory was not arrayed like one of these.

28 But if God so clothes the grass, which is alive in the field today, and tomorrow is thrown into the oven, how much more will he clothe you, ˡ O you of little faith!

29 And do not seek what you are to eat and what you are to drink, nor ᵐ be worried.

30 For ⁿ all the nations of the world seek after these things, and ⁿ your Father knows that you need them.

31 Instead, ᵒ seek ᵖ his⁵ kingdom, ᑫ and these things will be added to you.

¶ **32** Fürchte dich nicht, du kleine Herde! **Denn es hat eurem Vater wohlgefallen, euch das Reich zu geben.**

¶ **33** Verkauft, was ihr habt, und gebt Almosen. Macht euch Geldbeutel, die nicht veralten, einen Schatz, der niemals abnimmt, im Himmel, wo kein Dieb hinkommt, und den keine Motten fressen.

34 Denn wo euer Schatz ist, da wird auch euer Herz sein.

Vom Warten auf das Kommen Christi
(Mt 24,43-51)

35 Lasst eure Lenden umgürtet sein und eure Lichter brennen

36 und seid gleich den Menschen, die auf ihren Herrn warten, wann er aufbrechen wird von der Hochzeit, damit, wenn er kommt und anklopft, sie ihm sogleich auftun.

37 Selig sind die Knechte, die der Herr, wenn er kommt, wachend findet. Wahrlich, ich sage euch: Er wird sich schürzen und wird sie zu Tisch bitten und kommen und ihnen dienen.

38 Und wenn er kommt in der zweiten oder in der dritten Nachtwache und findet's so: selig sind sie.

¶ **39** Das sollt ihr aber wissen: Wenn ein Hausherr wüsste, zu welcher Stunde der Dieb kommt, so ließe er nicht in sein Haus einbrechen.

40 **Seid auch ihr bereit! Denn der Menschensohn kommt zu einer Stunde, da ihr's nicht meint.**

¶ **41** Petrus aber sprach: Herr, sagst du dies Gleichnis zu uns oder auch zu allen?

42 Der Herr aber sprach: Wer ist denn der treue und kluge Verwalter, den der Herr über seine Leute setzt, damit er ihnen zur rechten Zeit gibt, was ihnen zusteht?

43 Selig ist der Knecht, den sein Herr, wenn er kommt, das tun sieht.

44 Wahrlich, ich sage euch: Er wird ihn über alle seine Güter setzen.

45 Wenn aber jener Knecht in seinem Herzen sagt: Mein Herr kommt noch lange nicht, und fängt an, die Knechte und Mägde zu schlagen, auch zu essen und zu trinken und sich voll zu saufen,

46 dann wird der Herr dieses Knechtes kommen an einem Tage, an dem er's nicht erwartet, und zu einer Stunde, die er nicht kennt, und wird ihn in Stücke hauen lassen und wird ihm sein Teil geben bei den Ungläubigen.

¶ **32** [r] "Fear not, little [s] flock, for [t] it is your Father's good pleasure to give you [u] the kingdom.

33 [v] Sell your possessions, and [w] give to the needy. [x] Provide yourselves with moneybags that do not grow old, with [y] a treasure in the heavens that does not fail, where no thief approaches and no moth destroys.

34 [z] For where your treasure is, there will your heart be also.

You Must Be Ready

¶ **35** [a] "Stay dressed for action[6] and [b] keep your lamps burning,

36 and be like men who are [c] waiting for their master to come home from the wedding feast, so that they may open the door to him at once when he comes and [d] knocks.

37 [e] Blessed are those servants[7] whom the master finds [e] awake when he comes. Truly, I say to you, [f] he will dress himself for service and [g] have them recline at table, and he will come and serve them.

38 If he comes in the second watch, or in the third, and finds them awake, blessed are those servants!

39 [h] But know this, that if the master of the house had known at what hour [i] the thief was coming, he[8] would not have left his house to be broken into.

40 You also must be [j] ready, for [k] the Son of Man is coming at an hour you do not expect."

¶ **41** Peter said, "Lord, are you telling this parable for us or for all?"

42 And the Lord said, "Who then is [m] the faithful and [m] wise [n] manager, whom his master will set over his household, to give them their portion of food at the proper time?

43 [o] Blessed is that servant[9] whom his master will find so doing when he comes.

44 Truly, I say to you, [p] he will set him over all his possessions.

45 But if that servant says to himself, 'My master [q] is delayed in coming,' and begins to beat the male and female servants, and to eat and drink and [r] get drunk,

46 the master of that servant will come [s] on a day when he does not expect him and [s] at an hour he does not know, and will cut him in pieces and put him with the unfaithful.

¶ **47** Der Knecht aber, der den Willen seines Herrn kennt, hat aber nichts vorbereitet noch nach seinem Willen getan, der wird viel Schläge erleiden müssen.

48 Wer ihn aber nicht kennt und getan hat, was Schläge verdient, wird wenig Schläge erleiden. Denn **wem viel gegeben ist, bei dem wird man viel suchen; und wem viel anvertraut ist, von dem wird man umso mehr fordern.**

Entzweiungen um Jesu willen
(Mt 10,34-36)

49 Ich bin gekommen, ein Feuer anzuzünden auf Erden; was wollte ich lieber, als dass es schon brennte!

50 Aber ich muss mich zuvor taufen lassen mit einer Taufe, und wie ist mir so bange, bis sie vollbracht ist!

¶ **51** Meint ihr, dass ich gekommen bin, Frieden zu bringen auf Erden? Ich sage: Nein, sondern Zwietracht.

52 Denn von nun an werden fünf in einem Hause uneins sein, drei gegen zwei und zwei gegen drei.

53 Es wird der Vater gegen den Sohn sein und der Sohn gegen den Vater, die Mutter gegen die Tochter und die Tochter gegen die Mutter, die Schwiegermutter gegen die Schwiegertochter und die Schwiegertochter gegen die Schwiegermutter.

Beurteilung der Zeit

54 Er sprach aber zu der Menge: Wenn ihr eine Wolke aufsteigen seht vom Westen her, so sagt ihr gleich: Es gibt Regen. Und es geschieht so.

55 Und wenn der Südwind weht, so sagt ihr: Es wird heiß werden. Und es geschieht so.

56 Ihr Heuchler! Über das Aussehen der Erde und des Himmels könnt ihr urteilen; warum aber könnt ihr über diese Zeit nicht urteilen?

¶ **57** Warum aber urteilt ihr nicht auch von euch aus darüber, was recht ist?

58 Denn wenn du mit deinem Gegner zum Gericht gehst, so bemühe dich auf dem Wege, von ihm loszukommen, damit er nicht etwa dich vor den Richter ziehe, und der Richter überantworte dich dem Gerichtsdiener, und der Gerichtsdiener werfe dich ins Gefängnis.

59 Ich sage dir: Du wirst von dort nicht herauskommen, bis du den allerletzten Heller bezahlt hast.

47 ᵗAnd that servant who ᵘknew his master's will but ᵛdid not get ready ᵘor act according to his will, will receive a ʷsevere beating.

48 ˣBut the one who did not know, and did what deserved a beating, ʸwill receive a light beating. ᶻEveryone to whom much was given, of him much will be required, and from him to whom they entrusted much, they will demand the more.

Not Peace, but Division

¶ **49**ᵃ"I came to cast fire on the earth, and would that it were already kindled!

50 ᵇI have a baptism to be baptized with, and how ᶜgreat is my distress until it is accomplished!

51 ᵈDo you think that I have come to give peace on earth? ᵉNo, I tell you, but rather division.

52 For from now on in one house there will be five divided, three against two and two against three.

53 They will be divided, ʲfather against son and son against father, mother against daughter and daughter against mother, mother-in-law against her daughter-in-law and daughter-in-law against mother-in-law."

Interpreting the Time

¶ **54** He also said to the crowds, ᵍ"When you see ʰa cloud rising in the west, you say at once, 'A shower is coming.' And so it happens.

55 And ᵍwhen you see the south wind blowing, you say, 'There will be ⁱscorching heat,' and it happens.

56 You hypocrites! ʲYou know how to interpret the appearance of earth and sky, but why do you not know how to interpret the present time?

Settle with Your Accuser

¶ **57** "And why ᵏdo you not judge ˡfor yourselves what is right?

58ᵐAs you go with your accuser before the magistrate, make an effort to settle with him on the way, lest he drag you to the judge, and the judge hand you over to the officer, and the officer put you in prison.

59 I tell you, ⁿyou will never get out until you have paid the very last ᵒpenny."¹⁰

Der Untergang der Galiläer. Der Turm von Siloah

13 Es kamen aber zu der Zeit einige, die berichteten ihm von den Galiläern, deren Blut Pilatus mit ihren Opfern vermischt hatte.

2 Und Jesus antwortete und sprach zu ihnen: Meint ihr, dass diese Galiläer mehr gesündigt haben als alle andern Galiläer, weil sie das erlitten haben?

3 Ich sage euch: Nein; sondern wenn ihr nicht Buße tut, werdet ihr alle auch so umkommen.

4 Oder meint ihr, dass die achtzehn, auf die der Turm in Siloah fiel und erschlug sie, schuldiger gewesen sind als alle andern Menschen, die in Jerusalem wohnen?

5 Ich sage euch: Nein; sondern wenn ihr nicht Buße tut, werdet ihr alle auch so umkommen.

Das Gleichnis vom Feigenbaum

6 Er sagte ihnen aber dies Gleichnis: Es hatte einer einen Feigenbaum, der war gepflanzt in seinem Weinberg, und er kam und suchte Frucht darauf und fand keine.

7 Da sprach er zu dem Weingärtner: Siehe, ich bin nun drei Jahre lang gekommen und habe Frucht gesucht an diesem Feigenbaum und finde keine. So hau ihn ab! Was nimmt er dem Boden die Kraft?

8 Er aber antwortete und sprach zu ihm: Herr, lass ihn noch dies Jahr, bis ich um ihn grabe und ihn dünge;

9 vielleicht bringt er doch noch Frucht; wenn aber nicht, so hau ihn ab.

Die Heilung einer verkrümmten Frau am Sabbat

10 Und er lehrte in einer Synagoge am Sabbat.

11 Und siehe, eine Frau war da, die hatte seit achtzehn Jahren einen Geist, der sie krank machte; und sie war verkrümmt und konnte sich nicht mehr aufrichten.

12 Als aber Jesus sie sah, rief er sie zu sich und sprach zu ihr: Frau, sei frei von deiner Krankheit!

13 Und legte die Hände auf sie; und sogleich richtete sie sich auf und pries Gott.

¶ **14** Da antwortete der Vorsteher der Synagoge, denn er war unwillig, dass Jesus am Sabbat heilte, und sprach zu dem Volk: Es sind sechs Tage, an denen man arbeiten soll; an denen kommt und lasst euch heilen, aber nicht am Sabbattag.

Repent or Perish

13 There were some present at that very time who told him about the Galileans whose blood Pilate had mingled with their sacrifices.

2 And he answered them, q "Do you think that these Galileans were worse sinners than all the other Galileans, because they suffered in this way?

3 No, I tell you; but unless you r repent, you will all likewise perish.

4 Or those eighteen on whom the tower in s Siloam fell and killed them: do you think that they were worse offenders than all the others who lived in Jerusalem?

5 No, I tell you; but unless you r repent, you will all likewise perish."

The Parable of the Barren Fig Tree

¶ **6** And he told this parable: "A man had t a fig tree planted in his vineyard, and he came seeking fruit on it and found none.

7 And he said to the vinedresser, 'Look, for three years now I have come seeking fruit on this fig tree, and I find none. u Cut it down. Why should it use up the ground?'

8 And he answered him, 'Sir, let it alone this year also, until I dig around it and put on manure.

9 Then if it should bear fruit next year, well and good; but if not, you can cut it down.'"

A Woman with a Disabling Spirit

¶ **10** Now he was teaching in one of the synagogues on the Sabbath.

11 And there was a woman who had had a disabling spirit for eighteen years. She was bent over and could not fully straighten herself.

12 When Jesus saw her, he called her over and said to her, "Woman, you are freed from your disability."

13 And he laid his hands on her, and immediately she was made straight, and she glorified God.

14 But the ruler of the synagogue, indignant because Jesus had healed on the Sabbath, said to the people, "There are six days in which work ought to be done. Come on those days and be healed, and not on the Sabbath day."

15 Da antwortete ihm der Herr und sprach: Ihr Heuchler! Bindet nicht jeder von euch am Sabbat seinen Ochsen oder seinen Esel von der Krippe los und führt ihn zur Tränke?

16 Sollte dann nicht diese, die doch Abrahams Tochter ist, die der Satan schon achtzehn Jahre gebunden hatte, am Sabbat von dieser Fessel gelöst werden?

17 Und als er das sagte, mussten sich schämen alle, die gegen ihn gewesen waren. Und alles Volk freute sich über alle herrlichen Taten, die durch ihn geschahen.

Vom Senfkorn und vom Sauerteig

(Mt 13,31-33; Mk 4,30-32)

18 Er aber sprach: Wem gleicht das Reich Gottes, und womit soll ich's vergleichen?

19 Es gleicht einem Senfkorn, das ein Mensch nahm und in seinen Garten säte; und es wuchs und wurde ein Baum, und die Vögel des Himmels wohnten in seinen Zweigen.

¶ **20** Und wiederum sprach er: Womit soll ich das Reich Gottes vergleichen?

21 Es gleicht einem Sauerteig, den eine Frau nahm und unter einen halben Zentner Mehl mengte, bis es ganz durchsäuert war.

Von der engen Pforte und der verschlossenen Tür

22 Und er ging durch Städte und Dörfer und lehrte und nahm seinen Weg nach Jerusalem.

23 Es sprach aber einer zu ihm: Herr, meinst du, dass nur wenige selig werden? Er aber sprach zu ihnen:

24 Ringt darum, dass ihr durch die enge Pforte hineingeht; denn viele, das sage ich euch, werden danach trachten, wie sie hineinkommen, und werden's nicht können.

¶ **25** Wenn der Hausherr aufgestanden ist und die Tür verschlossen hat und ihr anfangt, draußen zu stehen und an die Tür zu klopfen und zu sagen: Herr, tu uns auf!, dann wird er antworten und zu euch sagen: Ich kenne euch nicht; wo seid ihr her?

26 Dann werdet ihr anfangen zu sagen: Wir haben vor dir gegessen und getrunken und auf unsern Straßen hast du gelehrt.

27 Und er wird zu euch sagen: Ich kenne euch nicht; wo seid ihr her? Weicht alle von mir, ihr Übeltäter!

¶ **28** Da wird Heulen und Zähneklappern sein, wenn ihr sehen werdet Abraham, Isaak und Jakob und alle Propheten im Reich Gottes, euch aber hinausgestoßen.

29 **Und es werden kommen von Osten und von Westen, von Norden und von Süden, die zu Tisch sitzen werden im Reich Gottes.**

15 Then the Lord answered him, "You hypocrites! [c]Does not each of you on the Sabbath untie his ox or his donkey from the manger and lead it away to water it?

16 And ought not this woman, [d]a daughter of Abraham whom [e]Satan bound for eighteen years, be loosed from this bond on the Sabbath day?"

17 As he said these things, all his adversaries were put to shame, and all the people rejoiced at all the glorious things that were done by him.

The Mustard Seed and the Leaven

¶ **18** He said therefore, "What is the kingdom of God like? And to what shall I compare it?

19 It is like [i]a grain of mustard seed that a man took and sowed in his garden, and it grew and became a tree, and the birds of the air made nests in its branches."

¶ **20** And again he said, "To what shall I compare the kingdom of God?

21 [j]It is like leaven that a woman took and hid in [k]three measures of flour, until it was [l]all leavened."

The Narrow Door

¶ **22** He went on his way through towns and villages, teaching and journeying toward Jerusalem.

23 And someone said to him, "Lord, will those who are saved be few?" And he said to them,

24 [p]"Strive [q]to enter through the narrow door. For many, I tell you, will seek to enter and will not be able.

25 [r]When once the master of the house has risen and shut the door, and you begin to stand outside and to knock at the door, saying, [s]'Lord, open to us,' then he will answer you, [t]'I do not know where you come from.'

26 Then you will begin to say, [u]'We ate and drank in your presence, and you taught in our streets.'

27 But he will say, 'I tell you, [t]I do not know where you come from. [v]Depart from me, all you workers of evil!'

28 [w]In that place there will be weeping and gnashing of teeth, when you see [w]Abraham and Isaac and Jacob and all the prophets in the kingdom of God but [w]you yourselves cast out.

29 And [w]people will come from east and west, and from north and south, and [x]recline at table in the kingdom of God.

30 Und siehe, es sind Letzte, die werden die Ersten sein, und sind Erste, die werden die Letzten sein.

Die Feindschaft des Herodes

31 Zu dieser Stunde kamen einige Pharisäer und sprachen zu ihm: Mach dich auf und geh weg von hier; denn Herodes will dich töten.

32 Und er sprach zu ihnen: Geht hin und sagt diesem Fuchs: Siehe, ich treibe böse Geister aus und mache gesund heute und morgen, und am dritten Tage werde ich vollendet sein.

33 Doch muss ich heute und morgen und am folgenden Tage noch wandern; denn es geht nicht an, dass ein Prophet umkomme außerhalb von Jerusalem.

Jesu Klage über Jerusalem
(Mt 23,37-39)

34 Jerusalem, Jerusalem, die du tötest die Propheten und steinigst, die zu dir gesandt werden, wie oft habe ich deine Kinder versammeln wollen wie eine Henne ihre Küken unter ihre Flügel und ihr habt nicht gewollt!

35 Seht, »euer Haus soll euch wüst gelassen werden« (Jeremia 22,5; Psalm 69,26). Aber ich sage euch: Ihr werdet mich nicht mehr sehen, bis die Zeit kommt, da ihr sagen werdet: Gelobt ist, der da kommt in dem Namen des Herrn!

Die Heilung eines Wassersüchtigen am Sabbat

14 Und es begab sich, dass er an einem Sabbat in das Haus eines Oberen der Pharisäer kam, das Brot zu essen, und sie belauerten ihn.

2 Und siehe, da war ein Mensch vor ihm, der war wassersüchtig.

3 Und Jesus fing an und sagte zu den Schriftgelehrten und Pharisäern: Ist's erlaubt, am Sabbat zu heilen oder nicht?

4 Sie aber schwiegen still. Und er fasste ihn an und heilte ihn und ließ ihn gehen.

5 Und er sprach zu ihnen: Wer ist unter euch, dem sein Sohn oder sein Ochse in den Brunnen fällt und der ihn nicht alsbald herauszieht, auch am Sabbat?

6 Und sie konnten ihm darauf keine Antwort geben.

Von Rangordnung und Auswahl der Gäste

7 Er sagte aber ein Gleichnis zu den Gästen, als er merkte, wie sie suchten, obenan zu sitzen, und sprach zu ihnen:

8 Wenn du von jemandem zur Hochzeit geladen bist, so setze dich nicht obenan; denn es könnte einer eingeladen sein, der vornehmer ist als du,

30 And behold, ʸsome are last who will be first, and some are first who will be last."

Lament over Jerusalem

¶ **31** At that very hour some Pharisees came and said to him, "Get away from here, for Herod wants to kill you."

32 And he said to them, "Go and tell that fox, ᶻBehold, I cast out demons and perform cures today and tomorrow, and the third day ᵇI finish my course.

33 Nevertheless, ᶜI ᵈmust go on my way today and tomorrow and the day following, for it cannot be that ᵉa prophet should perish away from Jerusalem.'

34 ᶠO Jerusalem, Jerusalem, the city that ᵍkills the prophets and stones those who are sent to it! ʰHow often would I have ⁱgathered ʲyour children together ᵏas a hen gathers her brood ˡunder her wings, and ᵐyou would not!

35 Behold, ⁿyour house is forsaken. And I tell you, you will not see me until you say, ᵒ'Blessed is he who comes in the name of the Lord!'"

Healing of a Man on the Sabbath

14 One Sabbath, when he went to dine at the house of a ruler of the Pharisees, they were watching him carefully.

2 And behold, there was a man before him who had dropsy.

3 And Jesus responded to the lawyers and Pharisees, saying, ˢ"Is it lawful to heal on the Sabbath, or not?"

4 But they remained silent. Then he took him and healed him and sent him away.

5 And he said to them, ᵗ"Which of you, having a son¹ or an ox that has fallen into a well on a Sabbath day, will not immediately pull him out?"

6 And they could not reply to these things.

The Parable of the Wedding Feast

¶ **7** Now he told a parable to those who were invited, when he noticed how they chose the places of honor, saying to them,

8 "When you are invited by someone to a wedding feast, do not sit down in a place of honor, lest someone more distinguished than you be invited by him,

9 und dann kommt der, der dich und ihn eingeladen hat, und sagt zu dir: Weiche diesem!, und du musst dann beschämt untenan sitzen.

10 Sondern wenn du eingeladen bist, so geh hin und setz dich untenan, damit, wenn der kommt, der dich eingeladen hat, er zu dir sagt: Freund, rücke hinauf! Dann wirst du Ehre haben vor allen, die mit dir zu Tisch sitzen.

11 Denn **wer sich selbst erhöht, der soll erniedrigt werden; und wer sich selbst erniedrigt, der soll erhöht werden.**

¶ **12** Er sprach aber auch zu dem, der ihn eingeladen hatte: Wenn du ein Mittags- oder Abendmahl machst, so lade weder deine Freunde noch deine Brüder noch deine Verwandten noch reiche Nachbarn ein, damit sie dich nicht etwa wieder einladen und dir vergolten wird.

13 Sondern wenn du ein Mahl machst, so lade Arme, Verkrüppelte, Lahme und Blinde ein,

14 dann wirst du selig sein, denn sie haben nichts, um es dir zu vergelten; es wird dir aber vergolten werden bei der Auferstehung der Gerechten.

Das große Abendmahl
(Mt 22,1-10)

15 Als aber einer das hörte, der mit zu Tisch saß, sprach er zu Jesus: Selig ist, der das Brot isst im Reich Gottes!

¶ **16** Er aber sprach zu ihm: Es war ein Mensch, der machte ein großes Abendmahl und lud viele dazu ein.

17 Und er sandte seinen Knecht aus zur Stunde des Abendmahls, den Geladenen zu sagen: **Kommt, denn es ist alles bereit!**

18 Und sie fingen an alle nacheinander, sich zu entschuldigen. Der erste sprach zu ihm: Ich habe einen Acker gekauft und muss hinausgehen und ihn besehen; ich bitte dich, entschuldige mich.

19 Und der zweite sprach: Ich habe fünf Gespanne Ochsen gekauft und ich gehe jetzt hin, sie zu besehen; ich bitte dich, entschuldige mich.

20 Und der dritte sprach: Ich habe eine Frau genommen; darum kann ich nicht kommen.

9 and he who invited you both will come and say to you, 'Give your place to this person,' and then you will begin with shame to take the lowest place.

10 But when you are invited, go and sit in the lowest place, ʷso that when your host comes he may say to you, 'Friend, move up higher.' Then you will be honored in the presence of all who sit at table with you.

11 For ˣeveryone who exalts himself will be humbled, and he who humbles himself will be exalted."

The Parable of the Great Banquet

¶ **12** He said also to the man who had invited him, "When you give ʸa dinner or a banquet, do not invite your friends or your brothers[2] or your relatives or rich neighbors, ᶻlest they also invite you in return and you be repaid.

13 But when you give a feast, ᵃinvite ᵇthe poor, the crippled, the lame, the blind,

14 and you will be blessed, because they cannot repay you. For you will be repaid ᶜat ᵈthe resurrection of the just."

¶ **15** When one of those who reclined at table with him heard these things, he said to him, "Blessed is everyone who will eat bread in the kingdom of God!"

16 But he said to him, ᵍ"A man once ʰgave a great banquet and invited many.

17 And at the time for the banquet he ⁱsent his servant[3] to say to those who had been invited, 'Come, for everything is now ready.'

18 But they all alike began to make excuses. The first said to him, 'I have bought a field, and I must go out and see it. Please have me excused.'

19 And another said, 'I have bought five yoke of oxen, and I go to examine them. Please have me excused.'

20 And another said, ʲ'I have married a wife, and therefore I cannot come.'

21 Und der Knecht kam zurück und sagte das seinem Herrn. Da wurde der Hausherr zornig und sprach zu seinem Knecht: Geh schnell hinaus auf die Straßen und Gassen der Stadt und führe die Armen, Verkrüppelten, Blinden und Lahmen herein.

22 Und der Knecht sprach: Herr, es ist geschehen, was du befohlen hast; es ist aber noch Raum da.

23 Und der Herr sprach zu dem Knecht: Geh hinaus auf die Landstraßen und an die Zäune und nötige sie hereinzukommen, dass mein Haus voll werde.

24 Denn ich sage euch, dass keiner der Männer, die eingeladen waren, mein Abendmahl schmecken wird.

Von Nachfolge und Selbstverleugnung

25 Es ging aber eine große Menge mit ihm; und er wandte sich um und sprach zu ihnen:

26 Wenn jemand zu mir kommt und hasst nicht seinen Vater, Mutter, Frau, Kinder, Brüder, Schwestern und dazu sich selbst, der kann nicht mein Jünger sein.

27 Und wer nicht sein Kreuz trägt und mir nachfolgt, der kann nicht mein Jünger sein.

28 Denn wer ist unter euch, der einen Turm bauen will und setzt sich nicht zuvor hin und überschlägt die Kosten, ob er genug habe, um es auszuführen, –

29 damit nicht, wenn er den Grund gelegt hat und kann's nicht ausführen, alle, die es sehen, anfangen, über ihn zu spotten,

30 und sagen: Dieser Mensch hat angefangen zu bauen und kann's nicht ausführen?

31 Oder welcher König will sich auf einen Krieg einlassen gegen einen andern König und setzt sich nicht zuvor hin und hält Rat, ob er mit zehntausend dem begegnen kann, der über ihn kommt mit zwanzigtausend?

32 Wenn nicht, so schickt er eine Gesandtschaft, solange jener noch fern ist, und bittet um Frieden.

33 So auch jeder unter euch, der sich nicht lossagt von allem, was er hat, der kann nicht mein Jünger sein.

34 Das Salz ist etwas Gutes; wenn aber das Salz nicht mehr salzt, womit soll man würzen?

35 Es ist weder für den Acker noch für den Mist zu gebrauchen, sondern man wird's wegwerfen. Wer Ohren hat zu hören, der höre!

21 So the servant came and reported these things to his master. Then the master of the house became angry and said to his servant, 'Go out quickly to the streets and lanes of the city, and bring in *k*the poor and crippled and blind and lame.'

22 And the servant said, 'Sir, what you commanded has been done, and still there is room.'

23 And the master said to the servant, 'Go out to the highways and hedges and compel people to come in, that my house may be filled.

24 For I tell you,[4] *m*none of those men who were invited shall taste my banquet.'"

The Cost of Discipleship

25 Now great crowds accompanied him, and he turned and said to them,

26[n] "If anyone comes to me and *o*does not hate his own father and mother and wife and children and brothers and sisters, *p*yes, and even his own life, he cannot be my disciple.

27 *q*Whoever does not *r*bear his own cross and come after me cannot be my disciple.

28 For which of you, desiring to build a tower, does not *s*first sit down and count the cost, whether he has enough to complete it?

29 Otherwise, when he has laid a foundation and is not able to finish, all who see it begin to mock him,

30 saying, 'This man began to build and was not able to finish.'

31 Or what king, going out to encounter another king in war, will not *t*sit down first and deliberate whether he is able with ten thousand to meet him who comes against him with twenty thousand?

32 And if not, while the other is yet a great way off, he sends a delegation and asks for terms of peace.

33 *u*So therefore, any one of you who *v*does not renounce all that he has cannot be my disciple.

Salt Without Taste Is Worthless

34 *w* "Salt is good, *x*but if salt has lost its taste, how shall its saltiness be restored?

35 It is of no use either for the soil or for the manure pile. It is thrown away. *y*He who has ears to hear, let him hear."

Vom verlorenen Schaf

15 Es nahten sich ihm aber allerlei Zöllner und Sünder, um ihn zu hören.

2 Und die Pharisäer und Schriftgelehrten murrten und sprachen: Dieser nimmt die Sünder an und isst mit ihnen.

¶ **3** Er sagte aber zu ihnen dies Gleichnis und sprach:

4 Welcher Mensch ist unter euch, der hundert Schafe hat und, wenn er eins von ihnen verliert, nicht die neunundneunzig in der Wüste lässt und geht dem verlorenen nach, bis er's findet?

5 Und wenn er's gefunden hat, so legt er sich's auf die Schultern voller Freude.

6 Und wenn er heimkommt, ruft er seine Freunde und Nachbarn und spricht zu ihnen: Freut euch mit mir; denn ich habe mein Schaf gefunden, das verloren war.

7 Ich sage euch: So wird auch Freude im Himmel sein über einen Sünder, der Buße tut, mehr als über neunundneunzig Gerechte, die der Buße nicht bedürfen.

Vom verlorenen Groschen

8 Oder welche Frau, die zehn Silbergroschen hat und einen davon verliert, zündet nicht ein Licht an und kehrt das Haus und sucht mit Fleiß, bis sie ihn findet?

9 Und wenn sie ihn gefunden hat, ruft sie ihre Freundinnen und Nachbarinnen und spricht: Freut euch mit mir; denn ich habe meinen Silbergroschen gefunden, den ich verloren hatte.

10 So, sage ich euch, wird Freude sein vor den Engeln Gottes über einen Sünder, der Buße tut.

Vom verlorenen Sohn

11 Und er sprach: Ein Mensch hatte zwei Söhne.

12 Und der jüngere von ihnen sprach zu dem Vater: Gib mir, Vater, das Erbteil, das mir zusteht. Und er teilte Hab und Gut unter sie.

13 Und nicht lange danach sammelte der jüngere Sohn alles zusammen und zog in ein fernes Land; und dort brachte er sein Erbteil durch mit Prassen.

¶ **14** Als er nun all das Seine verbraucht hatte, kam eine große Hungersnot über jenes Land und er fing an zu darben

15 und ging hin und hängte sich an einen Bürger jenes Landes; der schickte ihn auf seinen Acker, die Säue zu hüten.

The Parable of the Lost Sheep

15 Now the tax collectors and sinners were all drawing near to hear him.

2 And the Pharisees and the scribes grumbled, saying, "This man receives sinners and eats with them."

¶ **3** So he told them this parable:

4^d"What man of you, having a hundred sheep, ^{e}if he has lost one of them, does not leave the ninety-nine ^{f}in the open country, and ^{g}go after the one that is lost, until he finds it?

5 And when he has found it, ^{h}he lays it on his shoulders, rejoicing.

6 And when he comes home, he calls together his friends and his neighbors, saying to them, 'Rejoice with me, for ^{i}I have found my sheep that was lost.'

7 Just so, I tell you, there will be more joy in heaven over one sinner who ^{j}repents than over ninety-nine ^{k}righteous persons who need no repentance.

The Parable of the Lost Coin

¶ **8** "Or what woman, having ten silver coins,^{1} if she loses one coin, does not light a lamp and sweep the house and seek diligently until she finds it?

9 And when she has found it, she calls together her friends and neighbors, saying, 'Rejoice with me, for I have found the coin that I had lost.'

10 Just so, I tell you, there is joy before ^{l}the angels of God over one sinner who repents."

The Parable of the Prodigal Son

¶ **11** And he said, "There was a man who had two sons.

12 And the younger of them said to his father, 'Father, give me ^{m}the share of property that is coming to me.' And he divided ^{n}his property between them.

13 Not many days later, the younger son gathered all he had and took a journey into a far country, and there he squandered his property in ^{o}reckless living.

14 And when he had spent everything, a severe famine arose in that country, and he began to be in need.

15 So he went and hired himself out to^2 one of the citizens of that country, who sent him into his fields to feed pigs.

16 Und er begehrte, seinen Bauch zu füllen mit den Schoten, die die Säue fraßen; und niemand gab sie ihm.

17 Da ging er in sich und sprach: Wie viele Tagelöhner hat mein Vater, die Brot in Fülle haben, und ich verderbe hier im Hunger!

18 Ich will mich aufmachen und zu meinem Vater gehen und zu ihm sagen: Vater, ich habe gesündigt gegen den Himmel und vor dir.

19 Ich bin hinfort nicht mehr wert, dass ich dein Sohn heiße; mache mich zu einem deiner Tagelöhner!

20 Und er machte sich auf und kam zu seinem Vater.

¶ Als er aber noch weit entfernt war, sah ihn sein Vater und es jammerte ihn; er lief und fiel ihm um den Hals und küsste ihn.

21 Der Sohn aber sprach zu ihm: **Vater, ich habe gesündigt gegen den Himmel und vor dir; ich bin hinfort nicht mehr wert, dass ich dein Sohn heiße.**

22 Aber der Vater sprach zu seinen Knechten: Bringt schnell das beste Gewand her und zieht es ihm an und gebt ihm einen Ring an seine Hand und Schuhe an seine Füße

23 und bringt das gemästete Kalb und schlachtet's; lasst uns essen und fröhlich sein!

24 Denn **dieser mein Sohn war tot und ist wieder lebendig geworden; er war verloren und ist gefunden worden.** Und sie fingen an, fröhlich zu sein.

¶ **25** Aber der ältere Sohn war auf dem Feld. Und als er nahe zum Hause kam, hörte er Singen und Tanzen

26 und rief zu sich einen der Knechte und fragte, was das wäre.

27 Der aber sagte ihm: Dein Bruder ist gekommen und dein Vater hat das gemästete Kalb geschlachtet, weil er ihn gesund wiederhat.

28 Da wurde er zornig und wollte nicht hineingehen. Da ging sein Vater heraus und bat ihn.

29 Er antwortete aber und sprach zu seinem Vater: Siehe, so viele Jahre diene ich dir und habe dein Gebot noch nie übertreten, und du hast mir nie einen Bock gegeben, dass ich mit meinen Freunden fröhlich gewesen wäre.

30 Nun aber, da dieser dein Sohn gekommen ist, der dein Hab und Gut mit Huren verprasst hat, hast du ihm das gemästete Kalb geschlachtet.

31 Er aber sprach zu ihm: Mein Sohn, du bist allezeit bei mir und alles, was mein ist, das ist dein.

16 And he [p]was longing to be fed with the pods that the pigs ate, and no one gave him anything.

¶ **17** "But [q]when he [r]came to himself, he said, 'How many of my father's hired servants have more than enough bread, but I perish here with hunger!

18 I will arise and go to my father, and I will say to him, "Father, [s]I have sinned against [t]heaven and before you.

19 [u]I am no longer worthy to be called your son. Treat me as one of your hired servants."'

20 And he arose and came to his father. But while he was still a long way off, his father saw him and felt compassion, and [v]ran and [w]embraced him and [x]kissed him.

21 And the son said to him, 'Father, I have sinned against heaven and before you. [u]I am no longer worthy to be called your son.'[3]

22 But the father said to his servants,[4] 'Bring quickly [y]the best robe, and put it on him, and put [z]a ring on his hand, and [a]shoes on his feet.

23 And bring [b]the fattened calf and kill it, and [c]let us eat and celebrate.

24 For this my son [d]was dead, and is alive again; he was lost, and is found.' And they began to celebrate.

¶ **25** "Now his older son was in the field, and as he came and drew near to the house, he heard music and dancing.

26 And he called one of the servants and asked what these things meant.

27 And he said to him, 'Your brother has come, and your father has killed the fattened calf, because he has received him back safe and sound.'

28 But he was angry and refused to go in. His father came out and entreated him,

29 but he answered his father, 'Look, these many years I have served you, and I never disobeyed your command, yet you never gave me a young goat, that I might [e]celebrate with my friends.

30 But when this son of yours came, [f]who has devoured [g]your property with prostitutes, you killed the fattened calf for him!'

31 And he said to him, 'Son, [h]you are always with me, and all that is mine is yours.

32 Du solltest aber fröhlich und guten Mutes sein; denn dieser dein Bruder war tot und ist wieder lebendig geworden, er war verloren und ist wiedergefunden.

Vom unehrlichen Verwalter

16 Er sprach aber auch zu den Jüngern: Es war ein reicher Mann, der hatte einen Verwalter; der wurde bei ihm beschuldigt, er verschleudere ihm seinen Besitz.

2 Und er ließ ihn rufen und sprach zu ihm: Was höre ich da von dir? Gib Rechenschaft über deine Verwaltung; denn du kannst hinfort nicht Verwalter sein.

3 Der Verwalter sprach bei sich selbst: Was soll ich tun? Mein Herr nimmt mir das Amt; graben kann ich nicht, auch schäme ich mich zu betteln.

4 Ich weiß, was ich tun will, damit sie mich in ihre Häuser aufnehmen, wenn ich von dem Amt abgesetzt werde.

5 Und er rief zu sich die Schuldner seines Herrn, einen jeden für sich, und fragte den ersten: Wie viel bist du meinem Herrn schuldig?

6 Er sprach: Hundert Eimer Öl. Und er sprach zu ihm: Nimm deinen Schuldschein, setz dich hin und schreib flugs fünfzig.

7 Danach fragte er den zweiten: Du aber, wie viel bist du schuldig? Er sprach: Hundert Sack Weizen. Und er sprach zu ihm: Nimm deinen Schuldschein und schreib achtzig.

¶ **8** Und der Herr lobte den ungetreuen Verwalter, weil er klug gehandelt hatte; denn die Kinder dieser Welt sind unter ihresgleichen klüger als die Kinder des Lichts.

9 Und ich sage euch: Macht euch Freunde mit dem ungerechten Mammon, damit, wenn er zu Ende geht, sie euch aufnehmen in die ewigen Hütten.

Von der Treue

10 Wer im Geringsten treu ist, der ist auch im Großen treu; und wer im Geringsten ungerecht ist, der ist auch im Großen ungerecht.

11 Wenn ihr nun mit dem ungerechten Mammon nicht treu seid, wer wird euch das wahre Gut anvertrauen?

12 Und wenn ihr mit dem fremden Gut nicht treu seid, wer wird euch geben, was euer ist?

13 Kein Knecht kann zwei Herren dienen; entweder er wird den einen hassen und den andern lieben, oder er wird an dem einen hängen und den andern verachten. Ihr könnt nicht Gott dienen und dem Mammon.

The Parable of the Dishonest Manager

16 He also said to the disciples, "There was a rich man who had ^{j}a manager, and charges were brought to him that this man was wasting his possessions.

2 And he called him and said to him, 'What is this that I hear about you? Turn in the account of your ^{k}management, for you can no longer be manager.'

3 And the manager said to himself, 'What shall I do, since my master is taking the management away from me? I am not strong enough to dig, and I am ashamed to beg.

4 I have decided what to do, so that when I am removed from management, people may receive me into their houses.'

5 So, summoning his master's debtors one by one, he said to the first, 'How much do you owe my master?'

6 He said, 'A hundred measures[1] of oil.' He said to him, 'Take your bill, and sit down quickly and write fifty.'

7 Then he said to another, 'And how much do you owe?' He said, 'A hundred measures[2] of wheat.' He said to him, 'Take your bill, and write eighty.'

8 The master commended the dishonest manager for his ^{l}shrewdness. For ^{m}the sons of this world[3] are ^{l}more shrewd in dealing with their own generation than ^{n}the sons of light.

9 And I tell you, ^{o}make friends for yourselves by means of ^{p}unrighteous wealth,[4] so that when it fails they may receive you into the eternal dwellings.

¶ **10** ^{q}"One who is ^{r}faithful in a very little is also faithful in much, and one who is dishonest in a very little is also dishonest in much.

11 If then you have not been faithful in the unrighteous wealth, who will entrust to you the true riches?

12 And if you have not been faithful in ^{s}that which is another's, who will give you that which is your own?

13 ^{p}No servant can serve two masters, for either he will hate the one and love the other, or he will be devoted to the one and despise the other. You cannot serve God and money."

Die Selbstgerechtigkeit der Pharisäer. Das Gesetz

14 Das alles hörten die Pharisäer. Die waren geldgierig und spotteten über ihn.

15 Und er sprach zu ihnen: Ihr seid's, die ihr euch selbst rechtfertigt vor den Menschen; aber Gott kennt eure Herzen; denn was hoch ist bei den Menschen, das ist ein Gräuel vor Gott.

¶ **16** Das Gesetz und die Propheten reichen bis zu Johannes. Von da an wird das Evangelium vom Reich Gottes gepredigt, und jedermann drängt sich mit Gewalt hinein.

17 Es ist aber leichter, dass Himmel und Erde vergehen, als dass ein Tüpfelchen vom Gesetz fällt.

¶ **18** Wer sich scheidet von seiner Frau und heiratet eine andere, der bricht die Ehe; und wer die von ihrem Mann Geschiedene heiratet, der bricht auch die Ehe.

Vom reichen Mann und armen Lazarus

19 Es war aber ein reicher Mann, der kleidete sich in Purpur und kostbares Leinen und lebte alle Tage herrlich und in Freuden.

20 Es war aber ein Armer mit Namen Lazarus, der lag vor seiner Tür voll von Geschwüren

21 und begehrte sich zu sättigen mit dem, was von des Reichen Tisch fiel; dazu kamen auch die Hunde und leckten seine Geschwüre.

22 Es begab sich aber, dass der Arme starb, und er wurde von den Engeln getragen in Abrahams Schoß. Der Reiche aber starb auch und wurde begraben.

¶ **23** Als er nun in der Hölle war, hob er seine Augen auf in seiner Qual und sah Abraham von ferne und Lazarus in seinem Schoß.

24 Und er rief: Vater Abraham, erbarme dich meiner und sende Lazarus, damit er die Spitze seines Fingers ins Wasser tauche und mir die Zunge kühle; denn ich leide Pein in diesen Flammen.

25 Abraham aber sprach: Gedenke, Sohn, dass du dein Gutes empfangen hast in deinem Leben, Lazarus dagegen hat Böses empfangen; nun wird er hier getröstet und du wirst gepeinigt.

26 Und überdies besteht zwischen uns und euch eine große Kluft, dass niemand, der von hier zu euch hinüberwill, dorthin kommen kann und auch niemand von dort zu uns herüber.

¶ **27** Da sprach er: So bitte ich dich, Vater, dass du ihn sendest in meines Vaters Haus;

The Law and the Kingdom of God

¶ **14** The Pharisees, who were lovers of money, heard all these things, and they ridiculed him.

15 And he said to them, "You are those who ʷjustify yourselves before men, but ˣGod knows your hearts. For what is exalted among men ʸis an abomination in the sight of God.

¶ **16**ᶻ"The Law and the Prophets were until John; since then ᵃthe good news of the kingdom of God is preached, and ᵇeveryone forces his way into it.⁵

17 But ᶜit is easier for heaven and earth to pass away than for one dot of the Law to become void.

Divorce and Remarriage

¶ **18**ᵈ"Everyone who divorces his wife and marries another commits adultery, and he who marries a woman divorced from her husband commits adultery.

The Rich Man and Lazarus

¶ **19** "There was a rich man who was clothed in ᵉpurple and fine linen and ᶠwho feasted sumptuously every day.

20 And at his gate ᵍwas laid a poor man named Lazarus, covered with sores,

21 who desired to be fed with ʰwhat fell from the rich man's table. Moreover, even the dogs came and licked his sores.

22 The poor man died and was carried by ⁱthe angels ʲto Abraham's side.⁶ The rich man also died and was buried,

23 and in ᵏHades, being in torment, he lifted up his eyes and ˡsaw Abraham far off and Lazarus ʲat his side.

24 And he called out, ᵐ'Father Abraham, have mercy on me, and send Lazarus to dip the end of his finger in water and ⁿcool my tongue, for ᵒI am in anguish in this flame.'

25 But Abraham said, 'Child, remember that ᵖyou in your lifetime received your good things, and Lazarus in like manner bad things; but now he is comforted here, and you are in anguish.

26 And besides all this, between us and you a great chasm has been fixed, in order that those who would pass from here to you may not be able, and none may cross from there to us.'

27 And he said, 'Then I beg you, father, to send him to my father's house—

28 denn ich habe noch fünf Brüder, die soll er warnen, damit sie nicht auch kommen an diesen Ort der Qual.

29 Abraham sprach: Sie haben Mose und die Propheten; die sollen sie hören.

30 Er aber sprach: Nein, Vater Abraham, sondern wenn einer von den Toten zu ihnen ginge, so würden sie Buße tun.

31 Er sprach zu ihm: Hören sie Mose und die Propheten nicht, so werden sie sich auch nicht überzeugen lassen, wenn jemand von den Toten auferstünde.

Von Verführung zum Abfall. Von der Vergebung
(Mt 18,6-7; Mt 18,15; 18,21-22; Mk 9,42)

17 Er sprach aber zu seinen Jüngern: Es ist unmöglich, dass keine Verführungen kommen; aber weh dem, durch den sie kommen!

2 Es wäre besser für ihn, dass man einen Mühlstein an seinen Hals hängte und würfe ihn ins Meer, als dass er einen dieser Kleinen zum Abfall verführt.

3 Hütet euch!

¶ Wenn dein Bruder sündigt, so weise ihn zurecht; und wenn er es bereut, vergib ihm.

4 Und wenn er siebenmal am Tag an dir sündigen würde und siebenmal wieder zu dir käme und spräche: Es reut mich!, so sollst du ihm vergeben.

Von der Kraft des Glaubens

5 Und die Apostel sprachen zu dem Herrn: Stärke uns den Glauben!

6 Der Herr aber sprach: Wenn ihr Glauben hättet so groß wie ein Senfkorn, dann könntet ihr zu diesem Maulbeerbaum sagen: Reiß dich aus und versetze dich ins Meer!, und er würde euch gehorchen.

Vom Knechtslohn

7 Wer unter euch hat einen Knecht, der pflügt oder das Vieh weidet, und sagt ihm, wenn der vom Feld heimkommt: Komm gleich her und setz dich zu Tisch?

8 Wird er nicht vielmehr zu ihm sagen: Bereite mir das Abendessen, schürze dich und diene mir, bis ich gegessen und getrunken habe; danach sollst du auch essen und trinken?

9 Dankt er etwa dem Knecht, dass er getan hat, was befohlen war?

10 So auch ihr! Wenn ihr alles getan habt, was euch befohlen ist, so sprecht: Wir sind unnütze Knechte; wir haben getan, was wir zu tun schuldig waren.

28 for I have five brothers[7]—so that he may warn them, lest they also come into this place of torment.'

29 But Abraham said, 'They have ⁹Moses and the Prophets; ʳlet them hear them.'

30 And he said, 'No, ˢfather Abraham, but if someone goes to them from the dead, they will repent.'

31 He said to him, 'If they do not hear ⁹Moses and the Prophets, ᵗneither will they be convinced if someone should rise from the dead.'"

Temptations to Sin

17 And he said to his disciples, ᵘ"Temptations to sin[1] are ᵛsure to come, but ʷwoe to the one through whom they come!

2 ˣIt would be better for him if a millstone were hung around his neck and he were cast into the sea than that he should cause one of these little ones to sin.[2]

3 Pay attention to yourselves! ʸIf your brother sins, ᶻrebuke him, and if he repents, ᵃforgive him,

4 and if he sins against you ᵇseven times in the day, and turns to you seven times, saying, 'I repent,' you must forgive him."

Increase Our Faith

¶ **5** The apostles said to the Lord, "Increase our faith!"

6 And the Lord said, ᵉ"If you had faith like ᶠa grain of mustard seed, you could say to this ᵍmulberry tree, 'Be uprooted and planted in the sea,' and it would obey you.

Unworthy Servants

¶ **7** "Will any one of you who has a servant[3] plowing or keeping sheep say to him when he has come in from the field, 'Come at once and recline at table'?

8 Will he not rather say to him, 'Prepare supper for me, and ʰdress properly,[4] and serve me while I eat and drink, and afterward you will eat and drink'?

9 Does he thank the servant because he did what was commanded?

10 So you also, when you have done all that you were commanded, say, 'We are ᶦunworthy servants;[5] we have only done what was our duty.'"

Die zehn Aussätzigen

11 Und es begab sich, als er nach Jerusalem wanderte, dass er durch Samarien und Galiläa hin zog.

12 Und als er in ein Dorf kam, begegneten ihm zehn aussätzige Männer; die standen von ferne

13 und erhoben ihre Stimme und sprachen: Jesus, lieber Meister, erbarme dich unser!

14 Und als er sie sah, sprach er zu ihnen: Geht hin und zeigt euch den Priestern! Und es geschah, als sie hingingen, da wurden sie rein.

¶ **15** Einer aber unter ihnen, als er sah, dass er gesund geworden war, kehrte er um und pries Gott mit lauter Stimme

16 und fiel nieder auf sein Angesicht zu Jesu Füßen und dankte ihm. Und das war ein Samariter.

17 Jesus aber antwortete und sprach: Sind nicht die zehn rein geworden? Wo sind aber die neun?

18 Hat sich sonst keiner gefunden, der wieder umkehrte, um Gott die Ehre zu geben, als nur dieser Fremde?

19 Und er sprach zu ihm: Steh auf, geh hin; dein Glaube hat dir geholfen.

Vom Kommen des Gottesreiches

(Mt 24,1-51; Mk 13,1-37)

20 Als er aber von den Pharisäern gefragt wurde: Wann kommt das Reich Gottes?, antwortete er ihnen und sprach: Das Reich Gottes kommt nicht so, dass man's beobachten kann;

21 man wird auch nicht sagen: Siehe, hier ist es!, oder: Da ist es! **Denn siehe, das Reich Gottes ist mitten unter euch.**

¶ **22** Er sprach aber zu den Jüngern: Es wird die Zeit kommen, in der ihr begehren werdet, zu sehen einen der Tage des Menschensohns, und werdet ihn nicht sehen.

23 Und sie werden zu euch sagen: Siehe, da!, oder: Siehe, hier! Geht nicht hin und lauft ihnen nicht nach!

24 Denn wie der Blitz aufblitzt und leuchtet von einem Ende des Himmels bis zum andern, so wird der Menschensohn an seinem Tage sein.

25 Zuvor aber muss er viel leiden und verworfen werden von diesem Geschlecht.

¶ **26** Und wie es geschah zu den Zeiten Noahs, so wird's auch geschehen in den Tagen des Menschensohns:

27 Sie aßen, sie tranken, sie heirateten, sie ließen sich heiraten bis zu dem Tag, an dem Noah in die Arche ging und die Sintflut kam und brachte sie alle um.

Jesus Cleanses Ten Lepers

¶ **11** On the way to Jerusalem he was passing along between Samaria and Galilee.

12 And as he entered a village, he was met by ten lepers,[6] who stood at a distance

13 and lifted up their voices, saying, "Jesus, Master, have mercy on us."

14 When he saw them he said to them, "Go and [m]show yourselves to the priests." And as they went they were cleansed.

15 Then one of them, when he saw that he was healed, turned back, praising God with a loud voice;

16 and he fell on his face at Jesus' feet, giving him thanks. Now he was a Samaritan.

17 Then Jesus answered, "Were not [q]ten cleansed? Where are the nine?

18 Was no one found to return and [r]give praise to God except this [s]foreigner?"

19 And he said to him, "Rise and go your way; [t]your faith has [t]made you well."[7]

The Coming of the Kingdom

¶ **20** Being asked by the Pharisees when the kingdom of God would come, he answered them, "The kingdom of God [v]is not coming with signs to be observed,

21 nor [w]will they say, 'Look, here it is!' or 'There!' for behold, the kingdom of God is in the midst of you."[8]

¶ **22** And he said to the disciples, [x]"The days are coming when you will desire [y]to see one of the days of the Son of Man, and you will not see it.

23 [z]And they will say to you, 'Look, there!' or 'Look, here!' Do not go out or follow them.

24 [a]For as the lightning flashes and lights up the sky from one side to the other, so will the Son of Man be [b]in his day.[9]

25 But first [c]he must suffer many things and [c]be rejected by this generation.

26 [d]Just as it was in the days of [e]Noah, so will it be in the days of the Son of Man.

27 [f]They were eating and drinking and marrying and being given in marriage, until the day when Noah entered the ark, and the flood came and destroyed them all.

28 Ebenso, wie es geschah zu den Zeiten Lots: Sie aßen, sie tranken, sie kauften, sie verkauften, sie pflanzten, sie bauten;

29 an dem Tage aber, als Lot aus Sodom ging, da regnete es Feuer und Schwefel vom Himmel und brachte sie alle um.

30 Auf diese Weise wird's auch gehen an dem Tage, wenn der Menschensohn wird offenbar werden.

¶ **31** Wer an jenem Tage auf dem Dach ist und seine Sachen im Haus hat, der steige nicht hinunter, um sie zu holen. Und ebenso, wer auf dem Feld ist, der wende sich nicht um nach dem, was hinter ihm ist.

32 Denkt an Lots Frau!

33 Wer sein Leben zu erhalten sucht, der wird es verlieren; und wer es verlieren wird, der wird es gewinnen.

34 Ich sage euch: In jener Nacht werden zwei auf **einem** Bett liegen; der eine wird angenommen, der andere wird preisgegeben werden.

35 Zwei Frauen werden miteinander Korn mahlen; die eine wird angenommen, die andere wird preisgegeben werden.*

37 Und sie fingen an und fragten ihn: Herr, wo? Er aber sprach zu ihnen: Wo das Aas ist, da sammeln sich auch die Geier.

Von der bittenden Witwe

18 Er sagte ihnen aber ein Gleichnis darüber, dass sie allezeit beten und nicht nachlassen sollten,

2 und sprach: Es war ein Richter in einer Stadt, der fürchtete sich nicht vor Gott und scheute sich vor keinem Menschen.

3 Es war aber eine Witwe in derselben Stadt, die kam zu ihm und sprach: Schaffe mir Recht gegen meinen Widersacher!

4 Und er wollte lange nicht. Danach aber dachte er bei sich selbst: Wenn ich mich schon vor Gott nicht fürchte noch vor keinem Menschen scheue,

5 will ich doch dieser Witwe, weil sie mir so viel Mühe macht, Recht schaffen, damit sie nicht zuletzt komme und mir ins Gesicht schlage.

¶ **6** Da sprach der Herr: Hört, was der ungerechte Richter sagt!

7 **Sollte Gott nicht auch Recht schaffen seinen Auserwählten, die zu ihm Tag und Nacht rufen, und sollte er's bei ihnen lange hinziehen?**

28 Likewise, just as it was in the days of [g]Lot—they were eating and drinking, buying and selling, planting and building,

29 [h]but on the day when Lot went out from Sodom, fire and sulfur rained from heaven and destroyed them all—

30 so will it be [i]on the day when the Son of Man is revealed.

31 On that day, [j]let the one who is on [k]the housetop, with his goods in the house, not come down to take them away, and likewise let the one who is in the field not turn back.

32 [l]Remember Lot's wife.

33 [m]Whoever seeks to preserve his life will lose it, but whoever loses his life will [n]keep it.

34 I tell you, in that night there will be two in one bed. One will be taken and the other left.

35 [o]There will be two women [p]grinding together. One will be taken and the other left."[10]

37 And they said to him, "Where, Lord?" He said to them, [q]"Where the corpse[11] is, there the vultures[12] will gather."

The Parable of the Persistent Widow

18 And he told them a parable to the effect that they ought always to pray and not lose heart.

2 He said, "In a certain city there was a judge who [t]neither feared God nor respected man.

3 And there was a widow in that city who kept coming to him and saying, 'Give me justice against my adversary.'

4 For a while he refused, but afterward he said to himself, [u]'Though I neither fear God nor respect man,

5 yet because this widow keeps bothering me, I will give her justice, so that she will not beat me down by her continual coming.'"

6 And the Lord said, "Hear what the unrighteous judge says.

7 And [v]will not God give justice to [w]his elect, [x]who cry to him day and night? [y, z]Will he delay long over them?

8 Ich sage euch: Er wird ihnen Recht schaffen in Kürze.

Doch wenn der Menschensohn kommen wird, meinst du, er werde Glauben finden auf Erden?

Vom Pharisäer und Zöllner

9 Er sagte aber zu einigen, die sich anmaßten, fromm zu sein, und verachteten die andern, dies Gleichnis:

10 Es gingen zwei Menschen hinauf in den Tempel, um zu beten, der eine ein Pharisäer, der andere ein Zöllner.

11 Der Pharisäer stand für sich und betete so: Ich danke dir, Gott, dass ich nicht bin wie die andern Leute, Räuber, Betrüger, Ehebrecher oder auch wie dieser Zöllner.

12 Ich faste zweimal in der Woche und gebe den Zehnten von allem, was ich einnehme.

13 Der Zöllner aber stand ferne, wollte auch die Augen nicht aufheben zum Himmel, sondern schlug an seine Brust und sprach: **Gott, sei mir Sünder gnädig!**

¶ **14** Ich sage euch: Dieser ging gerechtfertigt hinab in sein Haus, nicht jener. Denn **wer sich selbst erhöht, der wird erniedrigt werden; und wer sich selbst erniedrigt, der wird erhöht werden.**

Die Segnung der Kinder
(Mt 19,13-15; Mk 10,13-16)

15 Sie brachten auch kleine Kinder zu ihm, damit er sie anrühren sollte. Als das aber die Jünger sahen, fuhren sie sie an.

16 Aber Jesus rief sie zu sich und sprach: **Lasset die Kinder zu mir kommen und wehret ihnen nicht, denn solchen gehört das Reich Gottes.**

17 Wahrlich, ich sage euch: Wer nicht das Reich Gottes annimmt wie ein Kind, der wird nicht hineinkommen.

Die Gefahr des Reichtums (»Der reiche Jüngling«)
(Mt 19,16-26; Mk 10,17-27)

18 Und es fragte ihn ein Oberer und sprach: Guter Meister, was muss ich tun, damit ich das ewige Leben ererbe?

19 Jesus aber sprach zu ihm: Was nennst du mich gut? Niemand ist gut als Gott allein.

20 Du kennst die Gebote: »Du sollst nicht ehebrechen; du sollst nicht töten; du sollst nicht stehlen; du sollst nicht falsch Zeugnis reden; du sollst deinen Vater und deine Mutter ehren!«

21 Er aber sprach: Das habe ich alles gehalten von Jugend auf.

8 I tell you, he will give justice to them *a*speedily. Nevertheless, when the Son of Man comes, *b*will he find faith on earth?"

The Pharisee and the Tax Collector

¶ **9** He also told this parable to some who trusted in themselves that they were righteous, and treated others with contempt:

10 "Two men *f*went up into the temple to pray, one a Pharisee and the other a tax collector.

11 The Pharisee, *g*standing by himself, prayed[1] *h*thus: 'God, I thank you that I am not like other men, extortioners, unjust, adulterers, or even like this tax collector.

12 *i*I fast twice a week; *j*I give tithes of all that I get.'

13 But the tax collector, *g*standing far off, *k*would not even lift up his eyes to heaven, but *l*beat his breast, saying, 'God, *m*be merciful to me, a sinner!'

14 I tell you, this man went down to his house justified, rather than the other. For *n*everyone who exalts himself will be humbled, but the one who humbles himself will be exalted."

Let the Children Come to Me

¶ **15** Now they were bringing even infants to him that he might touch them. And when the disciples saw it, they rebuked them.

16 But Jesus called them to him, saying, *q*"Let the children come to me, and *r*do not hinder them, *q*for to such belongs the kingdom of God.

17 *s*Truly, I say to you, whoever does not *t*receive the kingdom of God like a child shall not enter it."

The Rich Ruler

¶ **18** And a ruler asked him, "Good Teacher, what must I do to inherit eternal life?"

19 And Jesus said to him, "Why do you call me good? No one is good except God alone.

20 You know the commandments: *w*'Do not commit adultery, Do not murder, Do not steal, Do not bear false witness, Honor your father and mother.'"

21 And he said, "All these I have kept from my youth."

¶ 22 Als Jesus das hörte, sprach er zu ihm: Es fehlt dir noch eines. Verkaufe alles, was du hast, und gib's den Armen, so wirst du einen Schatz im Himmel haben, und komm und folge mir nach!

23 Als er das aber hörte, wurde er traurig; denn er war sehr reich.

¶ 24 Als aber Jesus sah, dass er traurig geworden war, sprach er: Wie schwer kommen die Reichen in das Reich Gottes!

25 Denn es ist leichter, dass ein Kamel durch ein Nadelöhr gehe, als dass ein Reicher in das Reich Gottes komme.

26 Da sprachen, die das hörten: Wer kann dann selig werden?

27 Er aber sprach: Was bei den Menschen unmöglich ist, das ist bei Gott möglich.

Der Lohn der Nachfolge
(Mt 19,27-30; Mk 10,28-31)

28 Da sprach Petrus: Siehe, wir haben, was wir hatten, verlassen und sind dir nachgefolgt.

29 Er aber sprach zu ihnen: Wahrlich, ich sage euch: Es ist niemand, der Haus oder Frau oder Brüder oder Eltern oder Kinder verlässt um des Reiches Gottes willen,

30 der es nicht vielfach wieder empfange in dieser Zeit und in der zukünftigen Welt das ewige Leben.

Die dritte Ankündigung von Jesu Leiden und Auferstehung
(Mt 20,17-19; Mk 10,32-34)

31 Er nahm aber zu sich die Zwölf und sprach zu ihnen: Seht, wir gehen hinauf nach Jerusalem, und es wird alles vollendet werden, was geschrieben ist durch die Propheten von dem Menschensohn.

32 Denn er wird überantwortet werden den Heiden, und er wird verspottet und misshandelt und angespien werden,

33 und sie werden ihn geißeln und töten; und am dritten Tage wird er auferstehen.

34 Sie aber begriffen nichts davon, und der Sinn der Rede war ihnen verborgen, und sie verstanden nicht, was damit gesagt war.

Die Heilung eines Blinden bei Jericho
(Mt 20,29-34; Mk 10,46-52)

35 Es begab sich aber, als er in die Nähe von Jericho kam, dass ein Blinder am Wege saß und bettelte.

36 Als er aber die Menge hörte, die vorbeiging, forschte er, was das wäre.

37 Da berichteten sie ihm, Jesus von Nazareth gehe vorbei.

22 When Jesus heard this, he said to him, "One thing you still lack. ʸSell all that you have and distribute to the poor, and you will have ᶻtreasure in heaven; and come, follow me."

23 But when he heard these things, he became very sad, for he was extremely rich.

24 Jesus, seeing that he had become sad, said, ᵇ"How difficult it is for those who have wealth to enter ᶜthe kingdom of God!

25 For it is easier for a camel to go through the eye of a needle than for a rich person to enter ᶜthe kingdom of God."

26 Those who heard it said, "Then who can be saved?"

27 But he said, ᵈ"What is impossible with men is possible with God."

28 And Peter said, "See, we have left our homes and followed you."

29 And he said to them, "Truly, I say to you, ᶠthere is no one who has left house or wife or brothers[2] or parents or children, for the sake of the kingdom of God,

30 who will not receive ᵍmany times more ʰin this time, and in ⁱthe age to come eternal life."

Jesus Foretells His Death a Third Time

¶ 31 And taking the twelve, he said to them, "See, ᵏwe are going up to Jerusalem, and ˡeverything that is written about the Son of Man by the prophets will be accomplished.

32 For he will be ᵐdelivered over to the Gentiles and will be ⁿmocked and shamefully treated and ᵒspit upon.

33 And after flogging him, they will kill him, and on ᵖthe third day he will rise."

34 But they understood none of these things. This saying was hidden from them, and they did not grasp what was said.

Jesus Heals a Blind Beggar

¶ 35 As he drew near to Jericho, a blind man was sitting by the roadside begging.

36 And hearing a crowd going by, he inquired what this meant.

37 They told him, "Jesus of Nazareth is passing by."

38 Und er rief: Jesus, du Sohn Davids, erbarme dich meiner!

39 Die aber vornean gingen, fuhren ihn an, er solle schweigen. Er aber schrie noch viel mehr: Du Sohn Davids, erbarme dich meiner!

¶ **40** Jesus aber blieb stehen und ließ ihn zu sich führen. Als er aber näher kam, fragte er ihn:

41 Was willst du, dass ich für dich tun soll? Er sprach: Herr, dass ich sehen kann.

42 Und Jesus sprach zu ihm: Sei sehend! Dein Glaube hat dir geholfen.

43 Und sogleich wurde er sehend und folgte ihm nach und pries Gott. Und alles Volk, das es sah, lobte Gott.

Zachäus

19 Und er ging nach Jericho hinein und zog hindurch.

2 Und siehe, da war ein Mann mit Namen Zachäus, der war ein Oberer der Zöllner und war reich.

3 Und er begehrte, Jesus zu sehen, wer er wäre, und konnte es nicht wegen der Menge; denn er war klein von Gestalt.

4 Und er lief voraus und stieg auf einen Maulbeerbaum, um ihn zu sehen; denn dort sollte er durchkommen.

5 Und als Jesus an die Stelle kam, sah er auf und sprach zu ihm: Zachäus, steig eilend herunter; denn ich muss heute in deinem Haus einkehren.

6 Und er stieg eilend herunter und nahm ihn auf mit Freuden.

¶ **7** Als sie das sahen, murrten sie alle und sprachen: Bei einem Sünder ist er eingekehrt.

8 Zachäus aber trat vor den Herrn und sprach: Siehe, Herr, die Hälfte von meinem Besitz gebe ich den Armen, und wenn ich jemanden betrogen habe, so gebe ich es vierfach zurück.

9 Jesus aber sprach zu ihm: Heute ist diesem Hause Heil widerfahren, denn auch er ist Abrahams Sohn.

10 Denn **der Menschensohn ist gekommen, zu suchen und selig zu machen, was verloren ist.**

Von den anvertrauten Pfunden

(Mt 25,14-30)

11 Als sie nun zuhörten, sagte er ein weiteres Gleichnis; denn er war nahe bei Jerusalem und sie meinten, das Reich Gottes werde sogleich offenbar werden.

38 And he cried out, "Jesus, Son of David, have mercy on me!"

39 And those who were in front rebuked him, telling him to be silent. But he cried out all the more, "Son of David, have mercy on me!"

40 And Jesus stopped and commanded him to be brought to him. And when he came near, he asked him,

41 ˣ"What do you want me to do for you?" He said, "Lord, let me recover my sight."

42 And Jesus said to him, "Recover your sight; ʸyour faith has ᶻmade you well."

43 And immediately he recovered his sight and followed him, glorifying God. And all the people, when they saw it, gave praise to God.

Jesus and Zacchaeus

19 He entered Jericho and was passing through.

2 And there was a man named Zacchaeus. He was a chief tax collector and was rich.

3 And he was seeking to see who Jesus was, but on account of the crowd he could not, because he was small of stature.

4 So he ran on ahead and climbed up into a sycamore tree to see him, for he was about to pass that way.

5 And when Jesus came to the place, he looked up and said to him, "Zacchaeus, hurry and come down, for ʲI must stay at your house today."

6 So he hurried and came down and received him joyfully.

7 And when they saw it, they all grumbled, "He has gone in to be the guest of a man who is a sinner."

8 And Zacchaeus stood and said to the Lord, "Behold, Lord, the half of my goods I give to the poor. And if I have defrauded anyone of anything, I restore it fourfold."

9 And Jesus said to him, "Today salvation has come to this house, since ˡhe also is a son of Abraham.

10 For ᵐthe Son of Man came to seek and to save the lost."

The Parable of the Ten Minas

¶ **11** As they heard these things, he proceeded to tell a parable, because he was near to Jerusalem, and because they supposed that the kingdom of God was to appear immediately.

12 Und er sprach: Ein Fürst zog in ein fernes Land, um ein Königtum zu erlangen und dann zurückzukommen.

13 Der ließ zehn seiner Knechte rufen und gab ihnen zehn Pfund und sprach zu ihnen: Handelt damit, bis ich wiederkomme!

14 Seine Bürger aber waren ihm feind und schickten eine Gesandtschaft hinter ihm her und ließen sagen: Wir wollen nicht, dass dieser über uns herrsche.

¶ **15** Und es begab sich, als er wiederkam, nachdem er das Königtum erlangt hatte, da ließ er die Knechte rufen, denen er das Geld gegeben hatte, um zu erfahren, was ein jeder erhandelt hätte.

16 Da trat der erste herzu und sprach: Herr, dein Pfund hat zehn Pfund eingebracht.

17 Und er sprach zu ihm: Recht so, du tüchtiger Knecht; weil du im Geringsten treu gewesen bist, sollst du Macht haben über zehn Städte.

¶ **18** Der zweite kam auch und sprach: Herr, dein Pfund hat fünf Pfund erbracht.

19 Zu dem sprach er auch: Und du sollst über fünf Städte sein.

¶ **20** Und der dritte kam und sprach: Herr, siehe, hier ist dein Pfund, das ich in einem Tuch verwahrt habe;

21 denn ich fürchtete mich vor dir, weil du ein harter Mann bist; du nimmst, was du nicht angelegt hast, und erntest, was du nicht gesät hast.

22 Er sprach zu ihm: Mit deinen eigenen Worten richte ich dich, du böser Knecht. Wusstest du, dass ich ein harter Mann bin, nehme, was ich nicht angelegt habe, und ernte, was ich nicht gesät habe:

23 warum hast du dann mein Geld nicht zur Bank gebracht? Und wenn ich zurückgekommen wäre, hätte ich's mit Zinsen eingefordert.

24 Und er sprach zu denen, die dabeistanden: Nehmt das Pfund von ihm und gebt's dem, der zehn Pfund hat.

25 Und sie sprachen zu ihm: Herr, er hat doch schon zehn Pfund.

26 Ich sage euch aber: Wer da hat, dem wird gegeben werden; von dem aber, der nicht hat, wird auch das genommen werden, was er hat.

27 Doch diese meine Feinde, die nicht wollten, dass ich ihr König werde, bringt her und macht sie vor mir nieder.

Jesu Einzug in Jerusalem

(Mt 21,1-11; Mk 11,1-10; Joh 12,12-16)

28 Und als er das gesagt hatte, ging er voran und zog hinauf nach Jerusalem.

12 He said therefore, [o]"A nobleman went into a far country to receive for himself a kingdom and then return.

13 Calling [p]ten of his servants,[1] he gave them ten minas,[2] and said to them, 'Engage in business [q]until I come.'

14 But [r]his citizens hated him and sent a delegation after him, saying, 'We do not want this man to reign over us.'

15 When he returned, having received the kingdom, he ordered these servants to whom he had given the money to be called to him, that he might know what they had gained by doing business.

16 The first came before him, saying, 'Lord, your mina has made ten minas more.'

17 And he said to him, 'Well done, good servant![3] Because you have been [s]faithful in a very little, [t]you shall have authority over ten cities.'

18 And the second came, saying, 'Lord, your mina has made five minas.'

19 And he said to him, 'And you are to be over five cities.'

20 Then another came, saying, 'Lord, here is your mina, which I kept laid away in [u]a handkerchief;

21 for I was afraid of you, because you are [v]a severe man. You take [w]what you did not deposit, and reap what you did not sow.'

22 He said to him, [x]'I will condemn you with your own words, [y]you wicked servant! You knew that I was [v]a severe man, taking what I did not deposit and reaping what I did not sow?

23 Why then did you not put my money in the bank, and at my coming I might have collected it with interest?'

24 And he said to those who stood by, 'Take the mina from him, and give it to the one who has the ten minas.'

25 And they said to him, 'Lord, he has ten minas!'

26 'I tell you that [z]to everyone who has, more will be given, but from the one who has not, even what he has will be taken away.

27 But [r]as for these enemies of mine, who did not want me to reign over them, bring them here and [a]slaughter them before me.'"

The Triumphal Entry

¶ **28** And when he had said these things, he went on ahead, going up to Jerusalem.

29 Und es begab sich, als er nahe von Betfage und Betanien an den Berg kam, der Ölberg heißt, da sandte er zwei Jünger

30 und sprach: Geht hin in das Dorf, das vor uns liegt. Und wenn ihr hineinkommt, werdet ihr ein Füllen angebunden finden, auf dem noch nie ein Mensch gesessen hat; bindet es los und bringt's her!

31 Und wenn euch jemand fragt: Warum bindet ihr es los?, dann sagt: Der Herr bedarf seiner.

32 Und die er gesandt hatte, gingen hin und fanden's, wie er ihnen gesagt hatte.

33 Als sie aber das Füllen losbanden, sprachen seine Herren zu ihnen: Warum bindet ihr das Füllen los?

34 Sie aber sprachen: Der Herr bedarf seiner.

¶ **35** Und sie brachten's zu Jesus und warfen ihre Kleider auf das Füllen und setzten Jesus darauf.

36 Als er nun hinzog, breiteten sie ihre Kleider auf den Weg.

37 Und als er schon nahe am Abhang des Ölbergs war, fing die ganze Menge der Jünger an, mit Freuden Gott zu loben mit lauter Stimme über alle Taten, die sie gesehen hatten,

38 und sprachen: **Gelobt sei, der da kommt, der König, in dem Namen des Herrn!** Friede sei im Himmel und Ehre in der Höhe!

¶ **39** Und einige Pharisäer in der Menge sprachen zu ihm: Meister, weise doch deine Jünger zurecht!

40 Er antwortete und sprach: Ich sage euch: Wenn diese schweigen werden, so werden die Steine schreien.

Jesus weint über Jerusalem

41 Und als er nahe hinzukam, sah er die Stadt und weinte über sie

42 und sprach: Wenn doch auch du erkenntest zu dieser Zeit, was zum Frieden dient! Aber nun ist's vor deinen Augen verborgen.

43 Denn es wird eine Zeit über dich kommen, da werden deine Feinde um dich einen Wall aufwerfen, dich belagern und von allen Seiten bedrängen

44 und werden dich dem Erdboden gleichmachen samt deinen Kindern in dir und keinen Stein auf dem andern lassen in dir, weil du die Zeit nicht erkannt hast, in der du heimgesucht worden bist.

29 When he drew near to Bethphage and Bethany, at the mount that is called Olivet, he sent two of the disciples,

30 saying, "Go into the village in front of you, where on entering you will find a colt tied, [h]on which no one has ever yet sat. Untie it and bring it here.

31 If anyone asks you, 'Why are you untying it?' you shall say this: 'The Lord has need of it.'"

32 So those who were sent went away and found it just as he had told them.

33 And as they were untying the colt, its owners said to them, "Why are you untying the colt?"

34 And they said, "The Lord has need of it."

35 And they brought it to Jesus, and throwing their cloaks on the colt, they set Jesus on it.

36 And as he rode along, they spread their cloaks on the road.

37 As he was drawing near—already on the way down the Mount of Olives—the whole multitude of his disciples began to rejoice and praise God with a loud voice for all the mighty works that they had seen,

38 saying, "Blessed is the King who comes in the name of the Lord! Peace in heaven and glory in the highest!"

39 And some of the Pharisees in the crowd said to him, "Teacher, rebuke your disciples."

40 He answered, "I tell you, if these were silent, [q]the very stones would cry out."

Jesus Weeps over Jerusalem

¶ **41** And when he drew near and saw the city, he wept over it,

42 saying, [t]"Would that you, even you, had known on this day the things that make for peace! But now [u]they are hidden from your eyes.

43 For [v]the days will come upon you, when your enemies [w]will set up a barricade around you and [x]surround you and hem you in on every side

44 [y]and tear you down to the ground, you and your children within you. And [z]they will not leave one stone upon another in you, because you did not know [a]the time of your [b]visitation."

Die Tempelreinigung
(Mt 21,12-16; Mk 11,15-18; Joh 2,13-16)

45 Und er ging in den Tempel und fing an, die Händler auszutreiben,

46 und sprach zu ihnen: Es steht geschrieben (Jesaja 56,7): »Mein Haus soll ein Bethaus sein«; ihr aber habt es zur Räuberhöhle gemacht.

47 Und er lehrte täglich im Tempel. Aber die Hohenpriester und Schriftgelehrten und die Angesehensten des Volkes trachteten danach, dass sie ihn umbrächten,

48 und fanden nicht, wie sie es machen sollten; denn das ganze Volk hing ihm an und hörte ihn.

Die Frage nach Jesu Vollmacht
(Mt 21,23-27; Mk 11,27-33)

20 Und es begab sich eines Tages, als er das Volk lehrte im Tempel und predigte das Evangelium, da traten zu ihm die Hohenpriester und Schriftgelehrten mit den Ältesten

2 und sprachen zu ihm: Sage uns, aus welcher Vollmacht tust du das? Oder wer hat dir diese Vollmacht gegeben?

3 Er aber antwortete und sprach zu ihnen: Ich will euch auch eine Sache fragen; sagt mir:

4 Die Taufe des Johannes – war sie vom Himmel oder von Menschen?

¶ **5** Sie aber bedachten's bei sich selbst und sprachen: Sagen wir, vom Himmel, so wird er sagen: Warum habt ihr ihm nicht geglaubt?

6 Sagen wir aber, von Menschen, so wird uns alles Volk steinigen; denn sie sind überzeugt, dass Johannes ein Prophet war.

7 Und sie antworteten, sie wüssten nicht, wo sie her wäre.

8 Und Jesus sprach zu ihnen: So sage ich euch auch nicht, aus welcher Vollmacht ich das tue.

Von den bösen Weingärtnern
(Mt 21,33-46; Mk 12,1-12)

9 Er fing aber an, dem Volk dies Gleichnis zu sagen: Ein Mensch pflanzte einen Weinberg und verpachtete ihn an Weingärtner und ging außer Landes für eine lange Zeit.

10 Und als die Zeit kam, sandte er einen Knecht zu den Weingärtnern, damit sie ihm seinen Anteil gäben an der Frucht des Weinbergs. Aber die Weingärtner schlugen ihn und schickten ihn mit leeren Händen fort.

Jesus Cleanses the Temple

¶ **45** And he entered the temple and began to drive out those who sold,

46 saying to them, "It is written, ^{d}'My house shall be a house of prayer,' but ^{e}you have made it a den of robbers.'"

¶ **47** And he was teaching daily in the temple. The chief priests and the scribes and the principal men of the people were seeking to destroy him,

48 but they did not find anything they could do, for all the people were hanging on his words.

The Authority of Jesus Challenged

20 One day, as Jesus[1] was teaching the people in the temple and preaching the gospel, the chief priests and the scribes with the elders came up

2 and said to him, "Tell us by what authority you do these things, or who it is that gave you this authority."

3 He answered them, "I also will ask you a question. Now tell me,

4 was the baptism of John [1]from heaven or from man?"

5 And they discussed it with one another, saying, "If we say, 'From heaven,' he will say, 'Why did you not believe him?'

6 But if we say, 'From man,' all the people will stone us to death, for they are convinced that John was a prophet."

7 So they answered that they did not know where it came from.

8 And Jesus said to them, "Neither will I tell you by what authority I do these things."

The Parable of the Wicked Tenants

¶ **9** And he began to tell the people this parable: "A man planted ^{p}a vineyard and ^{q}let it out to tenants and ^{r}went into another country for a long while.

10 When the time came, he sent a servant[2] to the tenants, so that ^{q}they would give him some of the fruit of the vineyard. ^{s}But the tenants beat him and sent him away empty-handed.

11 Und er sandte noch einen zweiten Knecht; sie aber schlugen den auch und verhöhnten ihn und schickten ihn mit leeren Händen fort.

12 Und er sandte noch einen dritten; sie aber schlugen auch den blutig und stießen ihn hinaus.

13 Da sprach der Herr des Weinbergs: Was soll ich tun? Ich will meinen lieben Sohn senden; vor dem werden sie sich doch scheuen!

¶ **14** Als aber die Weingärtner den Sohn sahen, dachten sie bei sich selbst und sprachen: Das ist der Erbe; lasst uns ihn töten, damit das Erbe unser sei!

15 Und sie stießen ihn hinaus vor den Weinberg und töteten ihn. Was wird nun der Herr des Weinbergs mit ihnen tun?

16 Er wird kommen und diese Weingärtner umbringen und seinen Weinberg andern geben.

¶ Als sie das hörten, sprachen sie: Nur das nicht!

17 Er aber sah sie an und sprach: Was bedeutet dann das, was geschrieben steht (Psalm 118,22): »Der Stein, den die Bauleute verworfen haben, der ist zum Eckstein geworden«?

18 Wer auf diesen Stein fällt, der wird zerschellen; auf wen er aber fällt, den wird er zermalmen.

¶ **19** Und die Schriftgelehrten und Hohenpriester trachteten danach, Hand an ihn zu legen noch in derselben Stunde, und fürchteten sich doch vor dem Volk; denn sie hatten verstanden, dass er auf sie hin dies Gleichnis gesagt hatte.

Die Frage nach der Steuer (»Der Zinsgroschen«)
(Mt 22,15-22; Mk 12,13-17)

20 Und sie belauerten ihn und sandten Leute aus, die sich stellen sollten, als wären sie fromm; die sollten ihn fangen in seinen Worten, damit man ihn überantworten könnte der Obrigkeit und Gewalt des Statthalters.

21 Und sie fragten ihn und sprachen: Meister, wir wissen, dass du aufrichtig redest und lehrst und achtest nicht das Ansehen der Menschen, sondern du lehrst den Weg Gottes recht.

22 Ist's recht, dass wir dem Kaiser Steuern zahlen, oder nicht?

¶ **23** Er aber merkte ihre List und sprach zu ihnen:

11 [t]And [s]he sent another servant. But they also beat and [u]treated him shamefully, and sent him away empty-handed.

12 [s]And he sent yet a third. This one also they wounded and cast out.

13 Then the owner of the vineyard said, 'What shall I do? I will send my [v]beloved son; perhaps they will respect him.'

14 But when the tenants saw him, they said to themselves, [w]'This is the heir. [x]Let us kill him, so that the inheritance may be ours.'

15 And they [y]threw him out of the vineyard and killed him. What then will the owner of the vineyard do to them?

16 [z]He will [a]come and destroy those tenants and [b]give the vineyard to others." When they heard this, they said, "Surely not!"

17 But he looked directly at them and said, "What then is this that is written:

> [d]"'The stone that the builders rejected
>   has become the cornerstone'?[3]

18 [e]Everyone who falls on that stone will be broken to pieces, and when it falls [f]on anyone, it will crush him."

Paying Taxes to Caesar

¶ **19** The scribes and the chief priests sought to lay hands on him at that very hour, for they perceived that he had told this parable against them, but they feared the people.

20 So they watched him and sent spies, who pretended to be sincere, that they might catch him in something he said, so as to deliver him up to the authority and jurisdiction of the governor.

21 So they asked him, "Teacher, we know that you speak and teach rightly, and show no partiality,[4] but truly teach the way of God.

22 Is it lawful for us to give tribute to Caesar, or not?"

23 But he perceived their craftiness, and said to them,

24 Zeigt mir einen Silbergroschen! Wessen Bild und Aufschrift hat er? Sie sprachen: Des Kaisers.

25 Er aber sprach zu ihnen: **So gebt dem Kaiser, was des Kaisers ist, und Gott, was Gottes ist!**

26 Und sie konnten ihn in seinen Worten nicht fangen vor dem Volk und wunderten sich über seine Antwort und schwiegen still.

Die Frage nach der Auferstehung

(Mt 22,23-33; 22,46; Mk 12,18-27; 12,34)

27 Da traten zu ihm einige der Sadduzäer, die lehren, es gebe keine Auferstehung, und fragten ihn und sprachen:

28 Meister, Mose hat uns vorgeschrieben (5.Mose 25,5-6): »Wenn jemand stirbt, der eine Frau hat, aber keine Kinder, so soll sein Bruder sie zur Frau nehmen und seinem Bruder Nachkommen erwecken.«

29 Nun waren sieben Brüder. Der erste nahm eine Frau und starb kinderlos.

30 Und der zweite nahm sie

31 und der dritte; desgleichen alle sieben, sie hinterließen keine Kinder und starben.

32 Zuletzt starb auch die Frau.

33 Nun in der Auferstehung: wessen Frau wird sie sein unter ihnen? Denn alle sieben haben sie zur Frau gehabt.

¶ **34** Und Jesus sprach zu ihnen: Die Kinder dieser Welt heiraten und lassen sich heiraten;

35 welche aber gewürdigt werden, jene Welt zu erlangen und die Auferstehung von den Toten, die werden weder heiraten noch sich heiraten lassen.

36 Denn sie können hinfort auch nicht sterben; denn sie sind den Engeln gleich und Gottes Kinder, weil sie Kinder der Auferstehung sind.

37 Dass aber die Toten auferstehen, darauf hat auch Mose gedeutet beim Dornbusch, wo er den Herrn nennt Gott Abrahams und Gott Isaaks und Gott Jakobs (2.Mose 3,6).

38 Gott aber ist nicht ein Gott der Toten, sondern der Lebenden; denn ihm leben sie alle.

¶ **39** Da antworteten einige der Schriftgelehrten und sprachen: Meister, du hast recht geredet.

40 Und sie wagten nicht mehr, ihn etwas zu fragen.

Die Frage nach dem Davidssohn

(Mt 22,41-44; Mk 12,35-37)

41 Er sprach aber zu ihnen: Wieso sagen sie, der Christus sei Davids Sohn?

24 "Show me [t]a denarius.[5] Whose likeness and inscription does it have?" They said, "Caesar's."

25 He said to them, "Then [u]render to Caesar the things that are Caesar's, and to God the things that are God's."

26 And they were not able in the presence of the people to catch him in what he said, but marveling at his answer they became silent.

Sadducees Ask About the Resurrection

¶ **27** There came to him some Sadducees, those who deny that there is a resurrection,

28 and they asked him a question, saying, "Teacher, Moses wrote for us that if a man's brother dies, having a wife but no children, the man[6] must take the widow and raise up offspring for his brother.

29 Now there were seven brothers. The first took a wife, and died without children.

30 And the second

31 and the third took her, and likewise all seven left no children and died.

32 Afterward the woman also died.

33 In the resurrection, therefore, whose wife will the woman be? For the seven had her as wife."

¶ **34** And Jesus said to them, [z]"The sons of this age [a]marry and [a]are given in marriage,

35 but those who are [b]considered worthy to attain to [c]that age and to the resurrection from the dead [d]neither marry [d]nor are given in marriage,

36 for [e]they cannot die anymore, because they are [f]equal to angels and [g]are [h]sons of God, being [i]sons[7] of the resurrection.

37 But that the dead are raised, [j]even Moses showed, in [k]the passage about the bush, where he calls [l]the Lord the God of Abraham and the God of Isaac and the God of Jacob.

38 Now he is not God of the dead, but of the living, for all [m]live to him."

39 Then some of the scribes answered, "Teacher, you have spoken well."

40 For they no longer dared to ask him any question.

Whose Son Is the Christ?

¶ **41** But he said to them, "How can they say that [q]the Christ is [q]David's son?

42 Denn David selbst sagt im Psalmbuch (Psalm 110,1): »Der Herr sprach zu meinem Herrn: Setze dich zu meiner Rechten,

43 bis ich deine Feinde zum Schemel deiner Füße mache.«

44 David nennt ihn also einen Herrn; wie ist er dann sein Sohn?

Warnung vor den Schriftgelehrten
(Mt 23,5-7)

45 Als aber alles Volk zuhörte, sprach er zu seinen Jüngern:

46 Hütet euch vor den Schriftgelehrten, die es lieben, in langen Gewändern einherzugehen, und lassen sich gern grüßen auf dem Markt und sitzen gern obenan in den Synagogen und bei Tisch;

47 sie fressen die Häuser der Witwen und verrichten zum Schein lange Gebete. Die werden ein umso härteres Urteil empfangen.

Das Scherflein der Witwe
(Mk 12,41-44)

21 Er blickte aber auf und sah, wie die Reichen ihre Opfer in den Gotteskasten einlegten.

2 Er sah aber auch eine arme Witwe, die legte dort zwei Scherflein ein.

3 Und er sprach: Wahrlich, ich sage euch: Diese arme Witwe hat mehr als sie alle eingelegt.

4 Denn diese alle haben etwas von ihrem Überfluss zu den Opfern eingelegt; sie aber hat von ihrer Armut alles eingelegt, was sie zum Leben hatte.

Jesu Rede über die Endzeit (Verse 5-36)
(Mt 24,1-36; Mk 13,1-32)

Das Ende des Tempels

5 Und als einige von dem Tempel sagten, dass er mit schönen Steinen und Kleinoden geschmückt sei, sprach er:

6 Es wird die Zeit kommen, in der von allem, was ihr seht, nicht ein Stein auf dem andern gelassen wird, der nicht zerbrochen werde.

Die Vorzeichen

7 Sie fragten ihn aber: Meister, wann wird das geschehen? Und was wird das Zeichen sein, wenn das geschehen wird?

42 For David himself says in the Book of Psalms,

^r "'The Lord said to my Lord,
    Sit at my right hand,

43   until I make your enemies ^syour
        footstool.'

44 David thus calls him Lord, so ^thow is he his son?"

Beware of the Scribes

¶ **45** And in the hearing of all the people he said to his disciples,

46 "Beware of the scribes, who like to walk around in long robes, and love greetings in the marketplaces and the best seats in the synagogues and ^vthe places of honor at feasts,

47 ^wwho devour widows' houses and ^xfor a pretense make long prayers. They will receive the greater condemnation."

The Widow's Offering

21 Jesus¹ looked up and saw the rich putting their gifts into the offering box,

2 and he saw a poor widow put in two small copper coins.²

3 And he said, "Truly, I tell you, ^cthis poor widow has put in more than all of them.

4 For they all contributed out of their abundance, but she out of her ^dpoverty put in all ^eshe had to live on."

Jesus Foretells Destruction of the Temple

¶ **5** And while some were speaking of the temple, how it was adorned with noble stones and offerings, he said,

6 "As for these things that you see, ^gthe days will come when there will not be left here one stone upon another that will not be thrown down."

7 And they asked him, "Teacher, when will these things be, and what will be the sign when these things are about to take place?"

8 Er aber sprach: Seht zu, lasst euch nicht verführen. Denn viele werden kommen unter meinem Namen und sagen: Ich bin's, und: Die Zeit ist herbeigekommen. – Folgt ihnen nicht nach!

9 Wenn ihr aber hören werdet von Kriegen und Aufruhr, so entsetzt euch nicht. Denn das muss zuvor geschehen; aber das Ende ist noch nicht so bald da.

10 Dann sprach er zu ihnen: Ein Volk wird sich erheben gegen das andere und ein Reich gegen das andere,

11 und es werden geschehen große Erdbeben und hier und dort Hungersnöte und Seuchen; auch werden Schrecknisse und vom Himmel her große Zeichen geschehen.

Die Verfolgung der Gemeinde

12 Aber vor diesem allen werden sie Hand an euch legen und euch verfolgen und werden euch überantworten den Synagogen und Gefängnissen und euch vor Könige und Statthalter führen um meines Namens willen.

13 Das wird euch widerfahren zu einem Zeugnis.

14 So nehmt nun zu Herzen, dass ihr euch nicht vorher sorgt, wie ihr euch verantworten sollt.

15 Denn ich will euch Mund und Weisheit geben, der alle eure Gegner nicht widerstehen noch widersprechen können.

16 Ihr werdet aber verraten werden von Eltern, Brüdern, Verwandten und Freunden; und man wird einige von euch töten.

17 Und ihr werdet gehasst sein von jedermann um meines Namens willen.

18 Und kein Haar von eurem Haupt soll verloren gehen.

19 Seid standhaft und ihr werdet euer Leben gewinnen.

Das Ende Jerusalems

20 Wenn ihr aber sehen werdet, dass Jerusalem von einem Heer belagert wird, dann erkennt, dass seine Verwüstung nahe herbeigekommen ist.

21 Alsdann, wer in Judäa ist, der fliehe ins Gebirge, und wer in der Stadt ist, gehe hinaus, und wer auf dem Lande ist, komme nicht herein.

22 Denn das sind die Tage der Vergeltung, dass erfüllt werde alles, was geschrieben ist.

23 Weh aber den Schwangeren und den Stillenden in jenen Tagen! Denn es wird große Not auf Erden sein und Zorn über dies Volk kommen,

8 And he said, [i]"See that you are not led astray. For [j]many will come in my name, saying, [k]'I am he!' and, [l]'The time is at hand!' Do not go after them.

9 And when you hear of wars and tumults, do not be [m]terrified, for these things [n]must first take place, but the end will not be at once."

Jesus Foretells Wars and Persecution

¶ **10** Then he said to them, [o]"Nation will rise against nation, and [p]kingdom against kingdom.

11 There will be great [q]earthquakes, and in various places [r]famines and pestilences. And there will be [s]terrors and great [t]signs from heaven.

12 But before all this [u]they will lay their hands on you and persecute you, delivering you up to [v]the synagogues and [w]prisons, and you [x]will be brought before [y]kings and [z]governors for my name's sake.

13 [a]This will be your opportunity to bear witness.

14 Settle it therefore in your minds [b]not to meditate beforehand how to answer,

15 for [c]I will give you a mouth and [d]wisdom, which none of your adversaries will be able to withstand or [e]contradict.

16 You will be delivered up [f]even by parents and brothers[3] and relatives and friends, and some of you they will put to death.

17 [g]You will be hated by all for my name's sake.

18 But [h]not a hair of your head will perish.

19 By your [i]endurance you will gain your lives.

Jesus Foretells Destruction of Jerusalem

¶ **20** "But [j]when you see Jerusalem surrounded by armies, then know that [k]its desolation has come near.

21 Then let those who are in Judea flee to the mountains, and let those who are inside the city depart, and let not those who are out in the country enter it,

22 for these are [l]days of [m]vengeance, to fulfill [n]all that is written.

23 [o]Alas for women who are pregnant and for those who are nursing infants in those days! For there will be great distress upon the earth and [p]wrath against this people.

24 und sie werden fallen durch die Schärfe des Schwertes und gefangen weggeführt unter alle Völker, und Jerusalem wird zertreten werden von den Heiden, bis die Zeiten der Heiden erfüllt sind.

Das Kommen des Menschensohns

25 Und es werden Zeichen geschehen an Sonne und Mond und Sternen, und auf Erden wird den Völkern bange sein, und sie werden verzagen vor dem Brausen und Wogen des Meeres,

26 und die Menschen werden vergehen vor Furcht und in Erwartung der Dinge, die kommen sollen über die ganze Erde; denn die Kräfte der Himmel werden ins Wanken kommen.

27 Und alsdann werden sie sehen den Menschensohn kommen in einer Wolke mit großer Kraft und Herrlichkeit.

28 Wenn aber dieses anfängt zu geschehen, dann seht auf und erhebt eure Häupter, weil sich eure Erlösung naht.

Vom Feigenbaum

29 Und er sagte ihnen ein Gleichnis: Seht den Feigenbaum und alle Bäume an:

30 wenn sie jetzt ausschlagen und ihr seht es, so wisst ihr selber, dass jetzt der Sommer nahe ist.

31 So auch ihr: wenn ihr seht, dass dies alles geschieht, so wisst, dass das Reich Gottes nahe ist.

Ermahnung zur Wachsamkeit

32 Wahrlich, ich sage euch: Dieses Geschlecht wird nicht vergehen, bis es alles geschieht.

33 Himmel und Erde werden vergehen; aber meine Worte vergehen nicht.

¶ **34** Hütet euch aber, dass eure Herzen nicht beschwert werden mit Fressen und Saufen und mit täglichen Sorgen und dieser Tag nicht plötzlich über euch komme wie ein Fallstrick;

35 denn er wird über alle kommen, die auf der ganzen Erde wohnen.

36 So seid allezeit wach und betet, dass ihr stark werdet, zu entfliehen diesem allen, was geschehen soll, und zu stehen vor dem Menschensohn.

¶ **37** Er lehrte des Tags im Tempel; des Nachts aber ging er hinaus und blieb an dem Berg, den man den Ölberg nennt.

38 Und alles Volk machte sich früh auf zu ihm, ihn im Tempel zu hören.

24 They will fall by the edge of the sword and [q]be led captive among all nations, and [r]Jerusalem will be trampled underfoot by the Gentiles, [s]until the times of the Gentiles are fulfilled.

The Coming of the Son of Man

¶ **25** "And [t]there will be signs in sun and moon [u]and stars, and on the earth [v]distress of nations in perplexity because of the roaring of the sea and the waves,

26 people fainting with fear and with foreboding of what is coming on the world. For [w]the powers of the heavens will be shaken.

27 And then they will see [x]the Son of Man coming in a cloud [y]with power and great glory.

28 Now when these things begin to take place, straighten up and [z]raise your heads, because [a]your redemption is drawing near."

The Lesson of the Fig Tree

¶ **29** And he told them a parable: "Look at the fig tree, and all the trees.

30 As soon as they come out in leaf, you see [b]for yourselves and know that the summer is already near.

31 So also, when you see these things taking place, you know that the kingdom of God is near.

32 [c]Truly, I say to you, this generation will not pass away until all has taken place.

33 [d]Heaven and earth will pass away, but [e]my words will not pass away.

Watch Yourselves

¶ **34** "But watch yourselves [f]lest [g]your hearts be weighed down with dissipation and drunkenness and [h]cares of this life, and [i]that day come upon you suddenly [j]like a trap.

35 For it will come upon all who dwell on the face of the whole earth.

36 But [k]stay awake at all times, [l]praying that you may [m]have strength to escape all these things that are going to take place, and [n]to stand before the Son of Man."

¶ **37** And every day he was teaching in the temple, but at night he went out and lodged on the mount called Olivet.

38 And early in the morning all the people came to him in the temple to hear him.

LEIDEN, STERBEN UND AUFERSTEHUNG JESU (KAPITEL 22,1–24,53)

(Mt 26,1–28,20; Mk 14,1–16,20; Joh 18,1–21,25)

Der Verrat des Judas

22 Es war aber nahe das Fest der Ungesäuerten Brote, das Passa heißt.

2 Und die Hohenpriester und Schriftgelehrten trachteten danach, wie sie ihn töten könnten; denn sie fürchteten sich vor dem Volk.

¶ **3** Es fuhr aber der Satan in Judas, genannt Iskariot, der zur Zahl der Zwölf gehörte.

4 Und er ging hin und redete mit den Hohenpriestern und mit den Hauptleuten darüber, wie er ihn an sie verraten könnte.

5 Und sie wurden froh und versprachen, ihm Geld zu geben.

6 Und er sagte es zu und suchte eine Gelegenheit, dass er ihn an sie verriete ohne Aufsehen.

Das Abendmahl

7 Es kam nun der Tag der Ungesäuerten Brote, an dem man das Passalamm opfern musste.

8 Und er sandte Petrus und Johannes und sprach: Geht hin und bereitet uns das Passalamm, damit wir's essen.

9 Sie aber fragten ihn: Wo willst du, dass wir's bereiten?

10 Er sprach zu ihnen: Siehe, wenn ihr hineinkommt in die Stadt, wird euch ein Mensch begegnen, der trägt einen Wasserkrug; folgt ihm in das Haus, in das er hineingeht,

11 und sagt zu dem Hausherrn: Der Meister lässt dir sagen: Wo ist der Raum, in dem ich das Passalamm essen kann mit meinen Jüngern?

12 Und er wird euch einen großen Saal zeigen, der mit Polstern versehen ist; dort bereitet es.

13 Sie gingen hin und fanden's, wie er ihnen gesagt hatte, und bereiteten das Passalamm.

¶ **14** Und als die Stunde kam, setzte er sich nieder und die Apostel mit ihm.

15 Und er sprach zu ihnen: Mich hat herzlich verlangt, dies Passalamm mit euch zu essen, ehe ich leide.

16 Denn ich sage euch, dass ich es nicht mehr essen werde, bis es erfüllt wird im Reich Gottes.

The Plot to Kill Jesus

22 Now the Feast of Unleavened Bread drew near, which is called the Passover.

2 And the chief priests and the scribes were seeking how to put him to death, for they feared the people.

Judas to Betray Jesus

¶ **3** Then Satan entered into Judas called Iscariot, who was of the number of the twelve.

4 He went away and conferred with the chief priests and officers how he might betray him to them.

5 And they were glad, and agreed to give him money.

6 So he consented and sought an opportunity to betray him to them in the absence of a crowd.

The Passover with the Disciples

¶ **7** Then came the day of Unleavened Bread, on which the Passover lamb had to be sacrificed.

8 So Jesus[1] sent Peter and John, saying, "Go and prepare the Passover for us, that we may eat it."

9 They said to him, "Where will you have us prepare it?"

10 He said to them, "Behold, when you have entered the city, a man carrying a jar of water will meet you. Follow him into the house that he enters

11 and tell the master of the house, [b]'The Teacher says to you, Where is [c]the guest room, where I may eat the Passover with my disciples?'

12 And he will show you [d]a large upper room furnished; prepare it there."

13 And they went and found it just as he had told them, and they prepared the Passover.

Institution of the Lord's Supper

¶ **14** And when the hour came, he reclined at table, and the apostles with him.

15 And he said to them, "I have earnestly desired to eat this Passover with you before I suffer.

16 For I tell you I will not eat it[2] [g]until it is fulfilled in the kingdom of God."

17 Und er nahm den Kelch, dankte und sprach: Nehmt ihn und teilt ihn unter euch;

18 denn ich sage euch: Ich werde von nun an nicht trinken von dem Gewächs des Weinstocks, bis das Reich Gottes kommt.

¶ **19** Und er nahm das Brot, dankte und brach's und gab's ihnen und sprach: Das ist mein Leib, der für euch gegeben wird; das tut zu meinem Gedächtnis.

20 Desgleichen auch den Kelch nach dem Mahl und sprach: Dieser Kelch ist der neue Bund in meinem Blut, das für euch vergossen wird!

¶ **21** Doch siehe, die Hand meines Verräters ist mit mir am Tisch.

22 Denn der Menschensohn geht zwar dahin, wie es beschlossen ist; doch weh dem Menschen, durch den er verraten wird!

23 Und sie fingen an, untereinander zu fragen, wer es wohl wäre unter ihnen, der das tun würde.

Gespräche mit den Jüngern

24 Es erhob sich auch ein Streit unter ihnen, wer von ihnen als der Größte gelten solle.

25 Er aber sprach zu ihnen: Die Könige herrschen über ihre Völker, und ihre Machthaber lassen sich Wohltäter nennen.

26 Ihr aber nicht so! Sondern der Größte unter euch soll sein wie der Jüngste und der Vornehmste wie ein Diener.

27 Denn wer ist größer: der zu Tisch sitzt oder der dient? Ist's nicht der, der zu Tisch sitzt? Ich aber bin unter euch wie ein Diener.

¶ **28** Ihr aber seid's, die ihr ausgeharrt habt bei mir in meinen Anfechtungen,

29 Und ich will euch das Reich zueignen, wie mir's mein Vater zugeeignet hat,

30 dass ihr essen und trinken sollt an meinem Tisch in meinem Reich und sitzen auf Thronen und richten die zwölf Stämme Israels.

¶ **31** Simon, Simon, siehe, der Satan hat begehrt, euch zu sieben wie den Weizen.

32 Ich aber habe für dich gebetet, dass dein Glaube nicht aufhöre. Und wenn du dereinst dich bekehrst, so stärke deine Brüder.

33 Er aber sprach zu ihm: Herr, ich bin bereit, mit dir ins Gefängnis und in den Tod zu gehen.

17 And he took a cup, and when he had given thanks he said, "Take this, and divide it among yourselves.

18 [i] For I tell you that from now on I will not drink of the fruit of the vine [g] until the kingdom of God comes."

19 And he took bread, and when he had given thanks, he broke it and gave it to them, saying, [k] "This is my body, which is given for you. Do this in remembrance of me."

20 And likewise the cup after they had eaten, saying, [k] "This cup that is poured out for you is [l] the new [m] covenant in my blood.[3]

21 [n] But behold, the hand of him who betrays me is [o] with me on the table.

22 For the Son of Man goes [p] as it has been determined, but woe to that man by whom he is betrayed!"

23 And they began to question one another, which of them it could be who was going to do this.

Who Is the Greatest?

¶ **24** A dispute also arose among them, as to which of them was to be regarded as the greatest.

25 And he said to them, "The kings of the Gentiles [s] exercise lordship over them, and those in authority over them are called benefactors.

26 [t] But not so with you. Rather, let [s] the greatest among you become as the youngest, and the leader as one who serves.

27 For who is the greater, [u] one who reclines at table or one who serves? Is it not the one who reclines at table? But [v] I am among you as the one who serves.

¶ **28** "You are those who have stayed with me [w] in my trials,

29 and [x] I assign to you, as my Father assigned to me, a kingdom,

30 [y] that you may eat and drink at my table in my kingdom and [z] sit on thrones judging [a] the twelve tribes of Israel.

Jesus Foretells Peter's Denial

¶ **31** "Simon, Simon, behold, [b] Satan demanded to have you,[4] [c] that he might sift you like wheat,

32 but [d] I have prayed for you that your faith may not fail. And when you have turned again, [e] strengthen your brothers."

33 Peter[5] said to him, "Lord, I am ready to go with you both to prison and to death."

34 Er aber sprach: Petrus, ich sage dir: Der Hahn wird heute nicht krähen, ehe du dreimal geleugnet hast, dass du mich kennst.

¶ **35** Und er sprach zu ihnen: Als ich euch ausgesandt habe ohne Geldbeutel, ohne Tasche und ohne Schuhe, habt ihr da je Mangel gehabt? Sie sprachen: Niemals.

36 Da sprach er zu ihnen: Aber nun, wer einen Geldbeutel hat, der nehme ihn, desgleichen auch die Tasche, und wer's nicht hat, verkaufe seinen Mantel und kaufe ein Schwert.

37 Denn ich sage euch: Es muss das an mir vollendet werden, was geschrieben steht (Jesaja 53,12): »Er ist zu den Übeltätern gerechnet worden.« Denn was von mir geschrieben ist, das wird vollendet.

38 Sie sprachen aber: Herr, siehe, hier sind zwei Schwerter. Er aber sprach zu ihnen: Es ist genug.

Jesus in Gethsemane

39 Und er ging nach seiner Gewohnheit hinaus an den Ölberg. Es folgten ihm aber auch die Jünger.

40 Und als er dahin kam, sprach er zu ihnen: **Betet, damit ihr nicht in Anfechtung fallt!**

¶ **41** Und er riss sich von ihnen los, etwa einen Steinwurf weit, und kniete nieder, betete

42 und sprach: Vater, willst du, so nimm diesen Kelch von mir; **doch nicht mein, sondern dein Wille geschehe!**

43 Es erschien ihm aber ein Engel vom Himmel und stärkte ihn.

44 Und er rang mit dem Tode und betete heftiger. Und sein Schweiß wurde wie Blutstropfen, die auf die Erde fielen.

¶ **45** Und er stand auf von dem Gebet und kam zu seinen Jüngern und fand sie schlafend vor Traurigkeit

46 und sprach zu ihnen: Was schlaft ihr? Steht auf und betet, damit ihr nicht in Anfechtung fallt!

Jesu Gefangennahme

47 Als er aber noch redete, siehe, da kam eine Schar; und einer von den Zwölfen, der mit dem Namen Judas, ging vor ihnen her und nahte sich zu Jesus, um ihn zu küssen.

48 Jesus aber sprach zu ihm: Judas, verrätst du den Menschensohn mit einem Kuss?

49 Als aber, die um ihn waren, sahen, was geschehen würde, sprachen sie: Herr, sollen wir mit dem Schwert dreinschlagen?

34 Jesus[6] said, "I tell you, Peter, the rooster will not crow this day, until you deny three times that you know me."

Scripture Must Be Fulfilled in Jesus

¶ **35** And he said to them, [i]"When I sent you out with no moneybag or knapsack or sandals, did you lack anything?" They said, "Nothing."

36 He said to them, "But now let the one who has a moneybag take it, and likewise a knapsack. And let the one who has no sword sell his cloak and buy one.

37 For I tell you that [j]this Scripture must be fulfilled in me: [k]'And he was numbered with the transgressors.' For [l]what is written about me has its fulfillment."

38 And they said, "Look, Lord, here are two swords." And he said to them, [n]"It is enough."

Jesus Prays on the Mount of Olives

¶ **39** And he came out and went, as was his custom, to the Mount of Olives, and the disciples followed him.

40 And when he came to the place, he said to them, [t]"Pray that you may not [u]enter into temptation."

41 And he withdrew from them about a stone's throw, and knelt down and prayed,

42 saying, [w]"Father, if you are willing, remove [x]this cup from me. [y]Nevertheless, not my will, but yours, be done."

43 And there appeared to him an angel from heaven, strengthening him.

44 And being in an agony he prayed more earnestly; and his sweat became like great drops of blood falling down to the ground.[7]

45 And when he rose from prayer, he came to the disciples and found them sleeping for sorrow,

46 and he said to them, "Why are you sleeping? Rise and [a]pray that you may not enter into temptation."

Betrayal and Arrest of Jesus

¶ **47** While he was still speaking, there came a crowd, and the man called Judas, one of the twelve, was leading them. He drew near to Jesus to kiss him,

48 but Jesus said to him, "Judas, would you betray the Son of Man with a kiss?"

49 And when those who were around him saw what would follow, they said, "Lord, shall we strike with the sword?"

50 Und einer von ihnen schlug nach dem Knecht des Hohenpriesters und hieb ihm sein rechtes Ohr ab.

51 Da sprach Jesus: Lasst ab! Nicht weiter! Und er rührte sein Ohr an und heilte ihn.

¶ **52** Jesus aber sprach zu den Hohenpriestern und Hauptleuten des Tempels und den Ältesten, die zu ihm hergekommen waren: Ihr seid wie gegen einen Räuber mit Schwertern und mit Stangen ausgezogen.

53 Ich bin täglich bei euch im Tempel gewesen und ihr habt nicht Hand an mich gelegt. Aber dies ist eure Stunde und die Macht der Finsternis.

Die Verleugnung des Petrus

54 Sie ergriffen ihn aber und führten ihn ab und brachten ihn in das Haus des Hohenpriesters. Petrus aber folgte von ferne.

55 Da zündeten sie ein Feuer an mitten im Hof und setzten sich zusammen; und Petrus setzte sich mitten unter sie.

56 Da sah ihn eine Magd am Feuer sitzen und sah ihn genau an und sprach: Dieser war auch mit ihm.

57 Er aber leugnete und sprach: Frau, ich kenne ihn nicht.

58 Und nach einer kleinen Weile sah ihn ein anderer und sprach: Du bist auch einer von denen. Petrus aber sprach: Mensch, ich bin's nicht.

¶ **59** Und nach einer Weile, etwa nach einer Stunde, bekräftigte es ein anderer und sprach: Wahrhaftig, dieser war auch mit ihm; denn er ist ein Galiläer.

60 Petrus aber sprach: Mensch, ich weiß nicht, was du sagst. Und alsbald, während er noch redete, krähte der Hahn.

61 Und der Herr wandte sich und sah Petrus an. Und Petrus gedachte an des Herrn Wort, wie er zu ihm gesagt hatte: Ehe heute der Hahn kräht, wirst du mich dreimal verleugnen.

62 Und Petrus ging hinaus und weinte bitterlich.

Jesus vor dem Hohen Rat

63 Die Männer aber, die Jesus gefangen hielten, verspotteten ihn und schlugen ihn,

64 verdeckten sein Angesicht und fragten: Weissage, wer ist's, der dich schlug?

65 Und noch mit vielen andern Lästerungen schmähten sie ihn.

50 And one of them struck the servant[8] of the high priest and cut off his right ear.

51 But Jesus said, "No more of this!" And he touched his ear and healed him.

52 Then Jesus said to the chief priests and officers of the temple and elders, who had come out against him, "Have you come out as against a robber, with swords and clubs?

53 When [f]I was with you day after day in the temple, you did not lay hands on me. But this is [g]your hour, and [h]the power of darkness."

Peter Denies Jesus

¶ **54** Then they seized him and led him away, bringing him into the high priest's house, and Peter was following at a distance.

55 And when they had kindled a fire in the middle of the courtyard and sat down together, Peter sat down among them.

56 Then a servant girl, seeing him as he sat in the light and looking closely at him, said, "This man also was with him."

57 But he denied it, saying, "Woman, I do not know him."

58 And a little later someone else saw him and said, "You also are one of them." But Peter said, "Man, I am not."

59 And after an interval of about an hour still another insisted, saying, "Certainly this man also was with him, for he too is a Galilean."

60 But Peter said, "Man, I do not know what you are talking about." And immediately, while he was still speaking, the rooster crowed.

61 And the Lord turned and looked at Peter. And Peter remembered the saying of the Lord, how he had said to him, [o]"Before the rooster crows today, you will [p]deny me three times."

62 And he went out and wept bitterly.

Jesus Is Mocked

¶ **63** Now the men who were holding Jesus in custody were mocking him as they beat him.

64 They also blindfolded him and kept asking him, "Prophesy! [r]Who is it that struck you?"

65 And they said many other things against him, blaspheming him.

¶ **66** Und als es Tag wurde, versammelten sich die Ältesten des Volkes, die Hohenpriester und Schriftgelehrten und führten ihn vor ihren Rat

67 und sprachen: Bist du der Christus, so sage es uns! Er sprach aber zu ihnen: Sage ich's euch, so glaubt ihr's nicht;
68 frage ich aber, so antwortet ihr nicht.
69 Aber von nun an wird der Menschensohn sitzen zur Rechten der Kraft Gottes.
70 Da sprachen sie alle: **Bist du denn Gottes Sohn? Er sprach zu ihnen: Ihr sagt es, ich bin es.**
71 Sie aber sprachen: Was bedürfen wir noch eines Zeugnisses? Wir haben's selbst gehört aus seinem Munde.

Jesus vor Pilatus

23 Und die ganze Versammlung stand auf, und sie führten ihn vor Pilatus
2 und fingen an, ihn zu verklagen, und sprachen: Wir haben gefunden, dass dieser unser Volk aufhetzt und verbietet, dem Kaiser Steuern zu geben, und spricht, er sei Christus, ein König.
3 Pilatus aber fragte ihn und sprach: Bist du der Juden König? Er antwortete ihm und sprach: Du sagst es.
4 Pilatus sprach zu den Hohenpriestern und zum Volk: Ich finde keine Schuld an diesem Menschen.
5 Sie aber wurden noch ungestümer und sprachen: Er wiegelt das Volk auf damit, dass er lehrt hier und dort in ganz Judäa, angefangen von Galiläa bis hierher.

Jesus vor Herodes

6 Als aber Pilatus das hörte, fragte er, ob der Mensch aus Galiläa wäre.
7 Und als er vernahm, dass er ein Untertan des Herodes war, sandte er ihn zu Herodes, der in diesen Tagen auch in Jerusalem war.
8 Als aber Herodes Jesus sah, freute er sich sehr; denn er hätte ihn längst gerne gesehen; denn er hatte von ihm gehört und hoffte, er würde ein Zeichen von ihm sehen.
9 Und er fragte ihn viel. Er aber antwortete ihm nichts.
10 Die Hohenpriester aber und Schriftgelehrten standen dabei und verklagten ihn hart.
11 Aber Herodes mit seinen Soldaten verachtete und verspottete ihn, legte ihm ein weißes Gewand an und sandte ihn zurück zu Pilatus.

Jesus Before the Council

¶ **66** When day came, the assembly of the elders of the people gathered together, both chief priests and scribes. And they led him away to their council, and they said,
67 "If you are the Christ, tell us." But he said to them, "If I tell you, you will not believe,
68 and if I ask you, you will not answer.
69 But from now on the Son of Man shall be seated ᶻat the right hand of the power of God."
70 So they all said, "Are you the Son of God, then?" And he said to them, ᵇ"You say that I am."
71 Then they said, "What further testimony do we need? We have heard it ourselves from his own lips."

Jesus Before Pilate

23 Then the whole company of them arose and brought him before Pilate.
2 And they began to accuse him, saying, "We found this man misleading our nation and forbidding us to give tribute to Caesar, and saying that he himself is Christ, a king."
3 And Pilate asked him, "Are you the King of the Jews?" And he answered him, ʲ"You have said so."
4 Then Pilate said to the chief priests and the crowds, "I find no guilt in this man."
5 But they were urgent, saying, "He stirs up the people, teaching throughout all Judea, from Galilee even to this place."

Jesus Before Herod

¶ **6** When Pilate heard this, he asked whether the man was a Galilean.
7 And when he learned that he belonged to Herod's jurisdiction, he sent him over to Herod, who was himself in Jerusalem at that time.
8 When Herod saw Jesus, he was very glad, for he had long desired to see him, because he had heard about him, and he was hoping to see some sign done by him.
9 So he questioned him at some length, but he made no answer.
10 The chief priests and the scribes stood by, vehemently accusing him.
11 And Herod with his soldiers treated him with contempt and mocked him. Then, arraying him in splendid clothing, he sent him back to Pilate.

¶ **12** An dem Tag wurden Herodes und Pilatus Freunde; denn vorher waren sie einander feind.

Jesu Verurteilung

13 Pilatus aber rief die Hohenpriester und die Oberen und das Volk zusammen

14 und sprach zu ihnen: Ihr habt diesen Menschen zu mir gebracht als einen, der das Volk aufwiegelt; und siehe, ich habe ihn vor euch verhört und habe an diesem Menschen keine Schuld gefunden, derentwegen ihr ihn anklagt;

15 Herodes auch nicht, denn er hat ihn uns zurückgesandt. Und siehe, er hat nichts getan, was den Tod verdient.

16 Darum will ich ihn schlagen lassen und losgeben.*

¶ **18** Da schrien sie alle miteinander: Hinweg mit diesem, gib uns Barabbas los!

19 Der war wegen eines Aufruhrs, der in der Stadt geschehen war, und wegen eines Mordes ins Gefängnis geworfen worden.

20 Da redete Pilatus abermals auf sie ein, weil er Jesus losgeben wollte.

21 Sie riefen aber: Kreuzige, kreuzige ihn!

22 Er aber sprach zum dritten Mal zu ihnen: Was hat denn dieser Böses getan? Ich habe nichts an ihm gefunden, was den Tod verdient; darum will ich ihn schlagen lassen und losgeben.

23 Aber sie setzten ihm zu mit großem Geschrei und forderten, dass er gekreuzigt würde. Und ihr Geschrei nahm überhand.

24 Und Pilatus urteilte, dass ihre Bitte erfüllt werde,

25 und ließ den los, der wegen Aufruhr und Mord ins Gefängnis geworfen war, um welchen sie baten; aber Jesus übergab er ihrem Willen.

Jesu Weg nach Golgatha

26 Und als sie ihn abführten, ergriffen sie einen Mann, Simon von Kyrene, der vom Feld kam, und legten das Kreuz auf ihn, dass er's Jesus nachtrüge.

¶ **27** Es folgte ihm aber eine große Volksmenge und Frauen, die klagten und beweinten ihn.

28 Jesus aber wandte sich um zu ihnen und sprach: Ihr Töchter von Jerusalem, weint nicht über mich, sondern weint über euch selbst und über eure Kinder.

12 And Herod and Pilate became friends with each other that very day, for before this they had been at enmity with each other.

¶ **13** Pilate then called together the chief priests and the rulers and the people,

14 and said to them, "You brought me this man as one who was misleading the people. And after examining him before you, behold, I did not find this man guilty of any of your charges against him.

15 Neither did Herod, for he sent him back to us. Look, nothing deserving death has been done by him.

16 I will therefore punish and release him."[1]

Pilate Delivers Jesus to Be Crucified

¶ **18** But they all cried out together, "Away with this man, and release to us Barabbas"—

19 a man who had been thrown into prison for an insurrection started in the city and for murder.

20 Pilate addressed them once more, desiring to release Jesus,

21 but they kept shouting, "Crucify, crucify him!"

22 A third time he said to them, "Why, what evil has he done? I have found in him no guilt deserving death. I will therefore punish and release him."

23 But they were urgent, demanding with loud cries that he should be crucified. And their voices prevailed.

24 So Pilate decided that their demand should be granted.

25 He released the man who had been thrown into prison for insurrection and murder, for whom they asked, but he delivered Jesus over to their will.

The Crucifixion

¶ **26** And as they led him away, they seized one Simon of Cyrene, who was coming in from the country, and laid on him the cross, to carry it behind Jesus.

27 And there followed him a great multitude of the people and of women who were mourning and lamenting for him.

28 But turning to them Jesus said, "Daughters of Jerusalem, do not weep for me, but weep for yourselves and for your children.

29 Denn siehe, es wird die Zeit kommen, in der man sagen wird: Selig sind die Unfruchtbaren und die Leiber, die nicht geboren haben, und die Brüste, die nicht genährt haben!

30 Dann werden sie anfangen zu sagen zu den Bergen: Fallt über uns!, und zu den Hügeln: Bedeckt uns!

31 Denn wenn man das tut am grünen Holz, was wird am dürren werden?

Jesu Kreuzigung und Tod

32 Es wurden aber auch andere hingeführt, zwei Übeltäter, dass sie mit ihm hingerichtet würden.

¶ **33** Und als sie kamen an die Stätte, die da heißt Schädelstätte, kreuzigten sie ihn dort und die Übeltäter mit ihm, einen zur Rechten und einen zur Linken.

34 Jesus aber sprach: **Vater, vergib ihnen; denn sie wissen nicht, was sie tun!** Und sie verteilten seine Kleider und warfen das Los darum.

¶ **35** Und das Volk stand da und sah zu. Aber die Oberen spotteten und sprachen: Er hat andern geholfen; er helfe sich selber, ist er der Christus, der Auserwählte Gottes.

36 Es verspotteten ihn auch die Soldaten, traten herzu und brachten ihm Essig

37 und sprachen: Bist du der Juden König, so hilf dir selber!

38 Es war aber über ihm auch eine Aufschrift: Dies ist der Juden König.

¶ **39** Aber einer der Übeltäter, die am Kreuz hingen, lästerte ihn und sprach: Bist du nicht der Christus? Hilf dir selbst und uns!

40 Da wies ihn der andere zurecht und sprach: Und du fürchtest dich auch nicht vor Gott, der du doch in gleicher Verdammnis bist?

41 Wir sind es zwar mit Recht, denn wir empfangen, was unsre Taten verdienen; dieser aber hat nichts Unrechtes getan.

42 Und er sprach: Jesus, gedenke an mich, wenn du in dein Reich kommst!

43 Und Jesus sprach zu ihm: **Wahrlich, ich sage dir: Heute wirst du mit mir im Paradies sein.**

¶ **44** Und es war schon um die sechste Stunde, und es kam eine Finsternis über das ganze Land bis zur neunten Stunde,

45 und die Sonne verlor ihren Schein, und der Vorhang des Tempels riss mitten entzwei.

29 For behold, [k]the days are coming when they will say, [l]'Blessed are the barren and the wombs that never bore and the breasts that never nursed!'

30[m] Then they will begin to say to the mountains, 'Fall on us,' and to the hills, 'Cover us.'

31 For [n]if they do these things when [o]the wood is green, what will happen [o]when it is dry?"

¶ **32** Two others, who were criminals, were led away to be put to death with him.

33 And when they came to the place that is called The Skull, there they crucified him, and the criminals, one on his right and one on his left.

34 And Jesus said, "Father, [r]forgive them, [s]for they know not what they do."[2] And they cast lots to divide his garments.

35 And the people stood by, watching, but the rulers scoffed at him, saying, "He saved others; let him save himself, if he is the Christ of God, his Chosen One!"

36 The soldiers also mocked him, coming up and offering him sour wine

37 and saying, "If you are the King of the Jews, save yourself!"

38 There was also an inscription over him,[3] "This is the King of the Jews."

¶ **39** One of the criminals who were hanged railed at him,[4] saying, "Are you not the Christ? Save yourself and us!"

40 But the other rebuked him, saying, "Do you not fear God, since you are under the same sentence of condemnation?

41 And we indeed justly, for we are receiving the due reward of our deeds; but this man has done nothing wrong."

42 And he said, "Jesus, remember me when you come into your kingdom."

43 And he said to him, "Truly, I say to you, today you will be with me in [t]Paradise."

The Death of Jesus

¶ **44** It was now about the sixth hour,[5] and there was darkness over the whole land until the ninth hour,[6]

45 while the sun's light failed. And the curtain of the temple was torn in two.

46 Und Jesus rief laut: **Vater, ich befehle meinen Geist in deine Hände!** Und als er das gesagt hatte, verschied er.

¶ **47** Als aber der Hauptmann sah, was da geschah, pries er Gott und sprach: Fürwahr, dieser ist ein frommer Mensch gewesen!

48 Und als alles Volk, das dabei war und zuschaute, sah, was da geschah, schlugen sie sich an ihre Brust und kehrten wieder um.

¶ **49** Es standen aber alle seine Bekannten von ferne, auch die Frauen, die ihm aus Galiläa nachgefolgt waren, und sahen das alles.

Jesu Grablegung

50 Und siehe, da war ein Mann mit Namen Josef, ein Ratsherr, der war ein guter, frommer Mann

51 und hatte ihren Rat und ihr Handeln nicht gebilligt. Er war aus Arimathäa, einer Stadt der Juden, und wartete auf das Reich Gottes.

52 Der ging zu Pilatus und bat um den Leib Jesu

53 und nahm ihn ab, wickelte ihn in ein Leinentuch und legte ihn in ein Felsengrab, in dem noch nie jemand gelegen hatte.

54 Und es war Rüsttag und der Sabbat brach an.

¶ **55** Es folgten aber die Frauen nach, die mit ihm gekommen waren aus Galiläa, und beschauten das Grab und wie sein Leib hineingelegt wurde.

56 Sie kehrten aber um und bereiteten wohlriechende Öle und Salben. Und den Sabbat über ruhten sie nach dem Gesetz.

Jesu Auferstehung

(Mt 28,1-10; Mk 16,1-8; Joh 20,1-10)

24 Aber am ersten Tag der Woche sehr früh kamen sie zum Grab und trugen bei sich die wohlriechenden Öle, die sie bereitet hatten.

2 Sie fanden aber den Stein weggewälzt von dem Grab

3 und gingen hinein und fanden den Leib des Herrn Jesus nicht.

¶ **4** Und als sie darüber bekümmert waren, siehe, da traten zu ihnen zwei Männer mit glänzenden Kleidern.

5 Sie aber erschraken und neigten ihr Angesicht zur Erde. Da sprachen die zu ihnen: **Was sucht ihr den Lebenden bei den Toten?**

46 Then Jesus, calling out with a loud voice, said, "Father, ᴾinto your hands I ᑫcommit my spirit!" And having said this he breathed his last.

47 Now when the centurion saw what had taken place, he praised God, saying, "Certainly this man was innocent!"

48 And all the crowds that had assembled for this spectacle, when they saw what had taken place, returned home beating their breasts.

49 And all his acquaintances and the women who had followed him from Galilee stood at a distance watching these things.

Jesus Is Buried

¶ **50** Now there was a man named Joseph, from the Jewish town of Arimathea. He was a member of the council, a good and righteous man,

51 who had not consented to their decision and action; and he was looking for the kingdom of God.

52 This man went to Pilate and asked for the body of Jesus.

53 Then he took it down and wrapped it in a linen shroud and laid him in a tomb cut in stone, where no one had ever yet been laid.

54 It was the day of Preparation, and the Sabbath was beginning.⁷

55 The women who had come with him from Galilee followed and saw the tomb and how his body was laid.

56 Then they returned and prepared spices and ointments.

¶ On the Sabbath they rested according to the commandment.

The Resurrection

24 But on the first day of the week, at early dawn, they went to the tomb, taking the spices they had prepared.

2 And they found the stone rolled away from the tomb,

3 but when they went in they did not find the body of the Lord Jesus.

¶ **4** While they were perplexed about this, behold, two men stood by them in dazzling apparel.

5 And as they were frightened and bowed their faces to the ground, the men said to them, "Why do you seek the living among the dead?

6 Er ist nicht hier, er ist auferstanden. Gedenkt daran, wie er euch gesagt hat, als er noch in Galiläa war:

7 Der Menschensohn muss überantwortet werden in die Hände der Sünder und gekreuzigt werden und am dritten Tage auferstehen.

8 Und sie gedachten an seine Worte.

¶ **9** Und sie gingen wieder weg vom Grab und verkündigten das alles den elf Jüngern und den andern allen.

10 Es waren aber Maria von Magdala und Johanna und Maria, des Jakobus Mutter, und die andern mit ihnen; die sagten das den Aposteln.

11 Und es erschienen ihnen diese Worte, als wär's Geschwätz, und sie glaubten ihnen nicht.

12 Petrus aber stand auf und lief zum Grab und bückte sich hinein und sah nur die Leinentücher und ging davon und wunderte sich über das, was geschehen war.

Die Emmausjünger
(Mk 16,12-13)

13 Und siehe, zwei von ihnen gingen an demselben Tage in ein Dorf, das war von Jerusalem etwa zwei Wegstunden entfernt; dessen Name ist Emmaus.

14 Und sie redeten miteinander von allen diesen Geschichten.

15 Und es geschah, als sie so redeten und sich miteinander besprachen, da nahte sich Jesus selbst und ging mit ihnen.

16 Aber ihre Augen wurden gehalten, dass sie ihn nicht erkannten.

¶ **17** Er sprach aber zu ihnen: Was sind das für Dinge, die ihr miteinander verhandelt unterwegs? Da blieben sie traurig stehen.

18 Und der eine, mit Namen Kleopas, antwortete und sprach zu ihm: Bist du der Einzige unter den Fremden in Jerusalem, der nicht weiß, was in diesen Tagen dort geschehen ist?

19 Und er sprach zu ihnen: Was denn? Sie aber sprachen zu ihm: Das mit Jesus von Nazareth, der ein Prophet war, mächtig in Taten und Worten vor Gott und allem Volk;

20 wie ihn unsre Hohenpriester und Oberen zur Todesstrafe überantwortet und gekreuzigt haben.

21 Wir aber hofften, er sei es, der Israel erlösen werde. Und über das alles ist heute der dritte Tag, dass dies geschehen ist.

22 Auch haben uns erschreckt einige Frauen aus unserer Mitte, die sind früh bei dem Grab gewesen,

6 He is not here, but has risen. Remember how he told you, while he was still in Galilee,

7 that the Son of Man must be delivered into the hands of sinful men and be crucified and on the third day rise."

8 And they remembered his words,

9 and returning from the tomb they told all these things to the eleven and to all the rest.

10 Now it was Mary Magdalene and Joanna and Mary the mother of James and the other women with them who told these things to the apostles,

11 but these words seemed to them an idle tale, and they did not believe them.

12 But Peter rose and ran to the tomb; stooping and looking in, he saw the linen cloths by themselves; and he went home marveling at what had happened.

On the Road to Emmaus

¶ **13** That very day two of them were going to a village named Emmaus, about seven miles[1] from Jerusalem,

14 and they were talking with each other about all these things that had happened.

15 While they were talking and discussing together, Jesus himself drew near and went with them.

16 But their eyes were kept from recognizing him.

17 And he said to them, "What is this conversation that you are holding with each other as you walk?" And they stood still, looking sad.

18 Then one of them, named Cleopas, answered him, "Are you the only visitor to Jerusalem who does not know the things that have happened there in these days?"

19 And he said to them, "What things?" And they said to him, "Concerning Jesus of Nazareth, a man who was a prophet mighty in deed and word before God and all the people,

20 and how our chief priests and rulers delivered him up to be condemned to death, and crucified him.

21 But we had hoped that he was the one to redeem Israel. Yes, and besides all this, it is now the third day since these things happened.

22 Moreover, some women of our company amazed us. They were at the tomb early in the morning,

23 haben seinen Leib nicht gefunden, kommen und sagen, sie haben eine Erscheinung von Engeln gesehen, die sagen, er lebe.

24 Und einige von uns gingen hin zum Grab und fanden's so, wie die Frauen sagten; aber ihn sahen sie nicht.

¶ **25** Und er sprach zu ihnen: O ihr Toren, zu trägen Herzens, all dem zu glauben, was die Propheten geredet haben!

26 Musste nicht Christus dies erleiden und in seine Herrlichkeit eingehen?

27 Und er fing an bei Mose und allen Propheten und legte ihnen aus, was in der ganzen Schrift von ihm gesagt war.

28 Und sie kamen nahe an das Dorf, wo sie hingingen. Und er stellte sich, als wollte er weitergehen.

29 Und sie nötigten ihn und sprachen: **Bleibe bei uns; denn es will Abend werden und der Tag hat sich geneigt.** Und er ging hinein, bei ihnen zu bleiben.

¶ **30** Und es geschah, als er mit ihnen zu Tisch saß, nahm er das Brot, dankte, brach's und gab's ihnen.

31 Da wurden ihre Augen geöffnet und sie erkannten ihn. Und er verschwand vor ihnen.

32 Und sie sprachen untereinander: Brannte nicht unser Herz in uns, als er mit uns redete auf dem Wege und uns die Schrift öffnete?

¶ **33** Und sie standen auf zu derselben Stunde, kehrten zurück nach Jerusalem und fanden die Elf versammelt und die bei ihnen waren;

34 die sprachen: **Der Herr ist wahrhaftig auferstanden** und Simon erschienen.

35 Und sie erzählten ihnen, was auf dem Wege geschehen war und wie er von ihnen erkannt wurde, als er das Brot brach.

Jesu Erscheinung vor den Jüngern
(Mk 16,14-19; Joh 20,19-23; Apg 1,1-14; 1.Kor 15,5)

36 Als sie aber davon redeten, trat er selbst, Jesus, mitten unter sie und sprach zu ihnen: Friede sei mit euch!

37 Sie erschraken aber und fürchteten sich und meinten, sie sähen einen Geist.

38 Und er sprach zu ihnen: Was seid ihr so erschrocken, und warum kommen solche Gedanken in euer Herz?

39 Seht meine Hände und meine Füße, ich bin's selber. Fasst mich an und seht; denn ein Geist hat nicht Fleisch und Knochen, wie ihr seht, dass ich sie habe.

23 and when they did not find his body, they came back saying that they had even seen a vision of angels, who said that he was alive.

24 Some of those who were with us went to the tomb and found it just as the women had said, but him they did not see."

25 And he said to them, "O foolish ones, and slow of heart to believe all that the prophets have spoken!

26 [k]Was it not necessary that [l]the Christ should suffer these things and enter into [m]his glory?"

27 And beginning with Moses and all the Prophets, he interpreted to them in all the Scriptures the things concerning himself.

¶ **28** So they drew near to the village to which they were going. He acted as if he were going farther,

29 but they urged him strongly, saying, "Stay with us, for it is toward evening and the day is now far spent." So he went in to stay with them.

30 When he was at table with them, he took the bread and blessed and broke it and gave it to them.

31 And their eyes were opened, and they recognized him. And he vanished from their sight.

32 They said to each other, "Did not our hearts burn within us while he talked to us on the road, while he opened to us the Scriptures?"

33 And they rose that same hour and returned to Jerusalem. And they found the eleven and those who were with them gathered together,

34 saying, "The Lord has risen indeed, and has appeared to Simon!"

35 Then they told what had happened on the road, and how he was known to them in the breaking of the bread.

Jesus Appears to His Disciples

¶ **36** As they were talking about these things, Jesus himself stood among them, and said to them, "Peace to you!"

37 But they were startled and frightened and thought they saw a spirit.

38 And he said to them, "Why are you troubled, and why do doubts arise in your hearts?

39 See my hands and my feet, that it is I myself. [g]Touch me, and see. For a spirit does not have flesh and bones as you see that I have."

40 Und als er das gesagt hatte, zeigte er ihnen die Hände und Füße.

41 Als sie aber noch nicht glaubten vor Freude und sich verwunderten, sprach er zu ihnen: Habt ihr hier etwas zu essen?

42 Und sie legten ihm ein Stück gebratenen Fisch vor.

43 Und er nahm's und aß vor ihnen.

¶ **44** Er sprach aber zu ihnen: Das sind meine Worte, die ich zu euch gesagt habe, als ich noch bei euch war: Es muss alles erfüllt werden, was von mir geschrieben steht im Gesetz des Mose, in den Propheten und in den Psalmen.

45 Da öffnete er ihnen das Verständnis, sodass sie die Schrift verstanden,

46 und sprach zu ihnen: **So steht's geschrieben, dass Christus leiden wird und auferstehen von den Toten am dritten Tage;**

47 **und dass gepredigt wird in seinem Namen Buße zur Vergebung der Sünden unter allen Völkern.** Fangt an in Jerusalem

48 und seid dafür Zeugen.

49 Und siehe, ich will auf euch herabsenden, was mein Vater verheißen hat. Ihr aber sollt in der Stadt bleiben, bis ihr ausgerüstet werdet mit Kraft aus der Höhe.

Jesu Himmelfahrt

50 Er führte sie aber hinaus bis nach Betanien und hob die Hände auf und segnete sie.

51 Und es geschah, als er sie segnete, schied er von ihnen und fuhr auf gen Himmel.

52 Sie aber beteten ihn an und kehrten zurück nach Jerusalem mit großer Freude

53 und waren allezeit im Tempel und priesen Gott.

40 And when he had said this, he showed them his hands and his feet.

41 And while they still disbelieved for joy and were marveling, he said to them, "Have you anything here to eat?"

42 They gave him a piece of broiled fish,[2]

43 and he took it and ate before them.

¶ **44** Then he said to them, [k]"These are my words that I spoke to you while I was still with you, [l]that everything written about me in the Law of Moses and the Prophets and the Psalms must be fulfilled."

45 Then he opened their minds to understand the Scriptures,

46 and said to them, "Thus [n]it is written, [o]that the Christ should suffer and on the third day [p]rise from the dead,

47 and that [q]repentance and forgiveness of sins should be proclaimed [r]in his name [s]to all nations, [t]beginning from Jerusalem.

48 [u]You are witnesses of these things.

49 And behold, I am sending [v]the promise of my Father upon you. But stay in the city until you [w]are clothed with [x]power [y]from on high."

The Ascension

¶ **50** Then he led them out as far as Bethany, and lifting up his hands he blessed them.

51 While he blessed them, he parted from them and was carried up into heaven.

52 And they worshiped him and returned to Jerusalem with great joy,

53 and were continually in the temple blessing God.

DAS EVANGELIUM NACH JOHANNES

Das Wort ward Fleisch

1 Im Anfang war das Wort, und das Wort war bei Gott, und Gott war das Wort.

2 Dasselbe war im Anfang bei Gott.

3 Alle Dinge sind durch dasselbe gemacht, und ohne dasselbe ist nichts gemacht, was gemacht ist.

4 In ihm war das Leben, und das Leben war das Licht der Menschen.

5 Und das Licht scheint in der Finsternis, und die Finsternis hat's nicht ergriffen.

¶ **6** Es war ein Mensch, von Gott gesandt, der hieß Johannes.

7 Der kam zum Zeugnis, um von dem Licht zu zeugen, damit sie alle durch ihn glaubten.

8 Er war nicht das Licht, sondern er sollte zeugen von dem Licht.

¶ **9** Das war das wahre Licht, das alle Menschen erleuchtet, die in diese Welt kommen.

10 Er war in der Welt, und die Welt ist durch ihn gemacht; aber die Welt erkannte ihn nicht.

11 Er kam in sein Eigentum; und die Seinen nahmen ihn nicht auf.

12 Wie viele ihn aber aufnahmen, denen gab er Macht, Gottes Kinder zu werden, denen, die an seinen Namen glauben,

13 die nicht aus dem Blut noch aus dem Willen des Fleisches noch aus dem Willen eines Mannes, sondern von Gott geboren sind.

¶ **14** Und das Wort ward Fleisch und wohnte unter uns, und wir sahen seine Herrlichkeit, eine Herrlichkeit als des eingeborenen Sohnes vom Vater, voller Gnade und Wahrheit.

¶ **15** Johannes gibt Zeugnis von ihm und ruft: Dieser war es, von dem ich gesagt habe: Nach mir wird kommen, der vor mir gewesen ist; denn er war eher als ich.

¶ **16** Und von seiner Fülle haben wir alle genommen Gnade um Gnade.

17 Denn das Gesetz ist durch Mose gegeben; die Gnade und Wahrheit ist durch Jesus Christus geworden.

The Word Became Flesh

1 In the beginning was the Word, and the Word was with God, and the Word was God.

2 He was in the beginning with God.

3 All things were made through him, and without him was not any thing made that was made.

4 In him was life,[1] and the life was the light of men.

5 The light shines in the darkness, and the darkness has not overcome it.

¶ **6** There was a man sent from God, whose name was John.

7 He came as a witness, to bear witness about the light, that all might believe through him.

8 He was not the light, but came to bear witness about the light.

¶ **9** The true light, which enlightens everyone, was coming into the world.

10 He was in the world, and the world was made through him, yet the world did not know him.

11 He came to his own,[2] and his own people[3] did not receive him.

12 But to all who did receive him, who believed in his name, he gave the right to become children of God,

13 who were born, not of blood nor of the will of the flesh nor of the will of man, but of God.

¶ **14** And the Word became flesh and dwelt among us, and we have seen his glory, glory as of the only Son from the Father, full of grace and truth.

15 (John bore witness about him, and cried out, "This was he of whom I said, 'He who comes after me ranks before me, because he was before me.'")

16 And from his fullness we have all received, grace upon grace.

17 For the law was given through Moses; grace and truth came through Jesus Christ.

18 Niemand hat Gott je gesehen; der Eingeborene, der Gott ist und in des Vaters Schoß ist,* der hat ihn uns verkündigt.

Das Zeugnis des Täufers über sich selbst
(Mt 3,1-12; Mk 1,1-8; Lk 3,1-18)

19 Und dies ist das Zeugnis des Johannes, als die Juden zu ihm sandten Priester und Leviten von Jerusalem, dass sie ihn fragten: Wer bist du?

20 Und er bekannte und leugnete nicht, und er bekannte: Ich bin nicht der Christus.

21 Und sie fragten ihn: Was dann? Bist du Elia? Er sprach: Ich bin's nicht. Bist du der Prophet? Und er antwortete: Nein.

22 Da sprachen sie zu ihm: Wer bist du dann?, dass wir Antwort geben denen, die uns gesandt haben. Was sagst du von dir selbst?

23 Er sprach: »Ich bin eine Stimme eines Predigers in der Wüste: Ebnet den Weg des Herrn!«, wie der Prophet Jesaja gesagt hat (Jesaja 40,3).

¶ **24** Und sie waren von den Pharisäern abgesandt

25 und sie fragten ihn und sprachen zu ihm: Warum taufst du denn, wenn du nicht der Christus bist noch Elia noch der Prophet?

26 Johannes antwortete ihnen und sprach: Ich taufe mit Wasser; aber er ist mitten unter euch getreten, den ihr nicht kennt.

27 Der wird nach mir kommen, und ich bin nicht wert, dass ich seine Schuhriemen löse.

28 Dies geschah in Betanien jenseits des Jordans, wo Johannes taufte.

Das Zeugnis des Täufers vom Lamm Gottes
(Mt 3,13-17; Mk 1,9-11; Lk 3,21-22)

29 Am nächsten Tag sieht Johannes, dass Jesus zu ihm kommt, und spricht: **Siehe, das ist Gottes Lamm, das der Welt Sünde trägt!**

30 Dieser ist's, von dem ich gesagt habe: Nach mir kommt ein Mann, der vor mir gewesen ist, denn er war eher als ich.

31 Und ich kannte ihn nicht. Aber damit er Israel offenbart werde, darum bin ich gekommen zu taufen mit Wasser.

¶ **32** Und Johannes bezeugte und sprach: Ich sah, dass der Geist herabfuhr wie eine Taube vom Himmel und blieb auf ihm.

33 Und ich kannte ihn nicht. Aber der mich sandte zu taufen mit Wasser, der sprach zu mir: Auf wen du siehst den Geist herabfahren und auf ihm bleiben, der ist's, der mit dem Heiligen Geist tauft.

34 Und ich habe es gesehen und bezeugt: Dieser ist Gottes Sohn.

18 No one has ever seen God; the only God,[4] who is at the Father's side,[5] he has made him known.

The Testimony of John the Baptist

¶ **19** And this is the testimony of John, when the Jews sent priests and Levites from Jerusalem to ask him, "Who are you?"

20 He confessed, and did not deny, but confessed, "I am not the Christ."

21 And they asked him, "What then? Are you Elijah?" He said, "I am not." "Are you the Prophet?" And he answered, "No."

22 So they said to him, "Who are you? We need to give an answer to those who sent us. What do you say about yourself?"

23 He said, "I am the voice of one crying out in the wilderness, 'Make straight[6] the way of the Lord,' as the prophet Isaiah said."

¶ **24** (Now they had been sent from the Pharisees.)

25 They asked him, "Then why are you baptizing, if you are neither the Christ, nor Elijah, nor the Prophet?"

26 John answered them, "I baptize with water, but among you stands one you do not know,

27 even he who comes after me, the strap of whose sandal I am not worthy to untie."

28 These things took place in Bethany across the Jordan, where John was baptizing.

Behold, the Lamb of God

¶ **29** The next day he saw Jesus coming toward him, and said, "Behold, the Lamb of God, who takes away the sin of the world!

30 This is he of whom I said, 'After me comes a man who ranks before me, because he was before me.'

31 I myself did not know him, but for this purpose I came baptizing with water, that he might be revealed to Israel."

32 And John bore witness: "I saw the Spirit descend from heaven like a dove, and it remained on him.

33 I myself did not know him, but he who sent me to baptize with water said to me, 'He on whom you see the Spirit descend and remain, this is he who baptizes [g]with the Holy Spirit.'

34 And I have seen and have borne witness that this is the Son of God."

Die ersten Jünger

35 Am nächsten Tag stand Johannes abermals da und zwei seiner Jünger;

36 und als er Jesus vorübergehen sah, sprach er: Siehe, das ist Gottes Lamm!

37 Und die zwei Jünger hörten ihn reden und folgten Jesus nach.

38 Jesus aber wandte sich um und sah sie nachfolgen und sprach zu ihnen: Was sucht ihr? Sie aber sprachen zu ihm: Rabbi – das heißt übersetzt: Meister –, wo ist deine Herberge?

39 Er sprach zu ihnen: Kommt und seht! Sie kamen und sahen's und blieben diesen Tag bei ihm. Es war aber um die zehnte Stunde.

¶ **40** Einer von den zweien, die Johannes gehört hatten und Jesus nachgefolgt waren, war Andreas, der Bruder des Simon Petrus.

41 Der findet zuerst seinen Bruder Simon und spricht zu ihm: Wir haben den Messias gefunden, das heißt übersetzt: der Gesalbte.

42 Und er führte ihn zu Jesus. Als Jesus ihn sah, sprach er: Du bist Simon, der Sohn des Johannes; du sollst Kephas heißen, das heißt übersetzt: Fels.

¶ **43** Am nächsten Tag wollte Jesus nach Galiläa gehen und findet Philippus und spricht zu ihm: Folge mir nach!

44 Philippus aber war aus Betsaida, der Stadt des Andreas und Petrus.

45 Philippus findet Nathanael und spricht zu ihm: Wir haben den gefunden, von dem Mose im Gesetz und die Propheten geschrieben haben, Jesus, Josefs Sohn, aus Nazareth.

46 Und Nathanael sprach zu ihm: Was kann aus Nazareth Gutes kommen! Philippus spricht zu ihm: Komm und sieh es!

¶ **47** Jesus sah Nathanael kommen und sagt von ihm: Siehe, ein rechter Israelit, in dem kein Falsch ist.

48 Nathanael spricht zu ihm: Woher kennst du mich? Jesus antwortete und sprach zu ihm: Bevor Philippus dich rief, als du unter dem Feigenbaum warst, sah ich dich.

49 Nathanael antwortete ihm: Rabbi, du bist Gottes Sohn, du bist der König von Israel!

50 Jesus antwortete und sprach zu ihm: Du glaubst, weil ich dir gesagt habe, dass ich dich gesehen habe unter dem Feigenbaum. Du wirst noch Größeres als das sehen.

51 Und er spricht zu ihm: Wahrlich, wahrlich, ich sage euch: Ihr werdet den Himmel offen sehen und die Engel Gottes hinauf- und herabfahren über dem Menschensohn.

Jesus Calls the First Disciples

¶ **35** The next day again John was standing with two of his disciples,

36 and he looked at Jesus as he walked by and said, "Behold, the Lamb of God!"

37 The two disciples heard him say this, and they followed Jesus.

38 Jesus turned and saw them following and said to them, ʲ "What are you seeking?" And they said to him, "Rabbi" (which means Teacher), "where are you staying?"

39 He said to them, "Come and you will see." So they came and saw where he was staying, and they stayed with him that day, for it was about the tenth hour.⁷

40 One of the two who heard John speak and followed Jesus⁸ was Andrew, Simon Peter's brother.

41 He first found his own brother Simon and said to him, "We have found the Messiah" (which means Christ).

42 He brought him to Jesus. Jesus looked at him and said, "So you are Simon the son of ⁿJohn? You shall be called ᵒCephas" (which means Peter⁹).

Jesus Calls Philip and Nathanael

¶ **43** The next day Jesus decided to go to Galilee. He found Philip and said to him, "Follow me."

44 Now Philip was from Bethsaida, the city of Andrew and Peter.

45 Philip found Nathanael and said to him, "We have found him of whom Moses in the Law and also the prophets wrote, Jesus of Nazareth, the son of Joseph."

46 Nathanael said to him, "Can anything good come out of Nazareth?" Philip said to him, "Come and see."

47 Jesus saw Nathanael coming toward him and said of him, "Behold, ʸan Israelite indeed, ᶻin whom there is no deceit!"

48 Nathanael said to him, "How do you know me?" Jesus answered him, "Before Philip called you, when you were under the fig tree, I saw you."

49 Nathanael answered him, "Rabbi, you are the Son of God! You are the King of Israel!"

50 Jesus answered him, "Because I said to you, 'I saw you under the fig tree,' do you believe? You will see greater things than these."

51 And he said to him, "Truly, truly, I say to you,¹⁰ you will see ᵉheaven opened, and ᶠthe angels of God ascending and descending on ᵍthe Son of Man."

Die Hochzeit zu Kana

2 Und am dritten Tage war eine Hochzeit in Kana in Galiläa, und die Mutter Jesu war da.

2 Jesus aber und seine Jünger waren auch zur Hochzeit geladen.

¶ 3 Und als der Wein ausging, spricht die Mutter Jesu zu ihm: Sie haben keinen Wein mehr.

4 Jesus spricht zu ihr: Was geht's dich an, Frau, was ich tue? Meine Stunde ist noch nicht gekommen.

5 Seine Mutter spricht zu den Dienern: Was er euch sagt, das tut.

6 Es standen aber dort sechs steinerne Wasserkrüge für die Reinigung nach jüdischer Sitte, und in jeden gingen zwei oder drei Maße.

¶ 7 Jesus spricht zu ihnen: Füllt die Wasserkrüge mit Wasser! Und sie füllten sie bis obenan.

8 Und er spricht zu ihnen: Schöpft nun und bringt's dem Speisemeister! Und sie brachten's ihm.

9 Als aber der Speisemeister den Wein kostete, der Wasser gewesen war, und nicht wusste, woher er kam – die Diener aber wussten's, die das Wasser geschöpft hatten –, ruft der Speisemeister den Bräutigam

10 und spricht zu ihm: Jedermann gibt zuerst den guten Wein und, wenn sie betrunken werden, den geringeren; du aber hast den guten Wein bis jetzt zurückbehalten.

11 Das ist das erste Zeichen, das Jesus tat, geschehen in Kana in Galiläa, und er offenbarte seine Herrlichkeit. Und seine Jünger glaubten an ihn.

¶ 12 Danach ging Jesus hinab nach Kapernaum, er, seine Mutter, seine Brüder und seine Jünger, und sie blieben nicht lange da.

Die Tempelreinigung

(Mt 21,12-17; Mk 11,15-19; Lk 19,45-48)

13 Und das Passafest der Juden war nahe, und Jesus zog hinauf nach Jerusalem.

14 Und er fand im Tempel die Händler, die Rinder, Schafe und Tauben verkauften, und die Wechsler, die da saßen.

15 Und er machte eine Geißel aus Stricken und trieb sie alle zum Tempel hinaus samt den Schafen und Rindern und schüttete den Wechslern das Geld aus und stieß die Tische um

16 und sprach zu denen, die die Tauben verkauften: Tragt das weg und macht nicht meines Vaters Haus zum Kaufhaus!

The Wedding at Cana

2 On the third day there was a wedding at Cana in Galilee, and the mother of Jesus was there.

2 Jesus also was invited to the wedding with his disciples.

3 When the wine ran out, the mother of Jesus said to him, "They have no wine."

4 And Jesus said to her, ᵏ"Woman, ˡwhat does this have to do with me? ᵐMy hour has not yet come."

5 His mother said to the servants, "Do whatever he tells you."

¶ 6 Now there were six stone water jars there for the Jewish rites of purification, each holding twenty or thirty gallons.[1]

7 Jesus said to the servants, "Fill the jars with water." And they filled them up to the brim.

8 And he said to them, "Now draw some out and take it to the master of the feast." So they took it.

9 When the master of the feast tasted the water now become wine, and did not know where it came from (though the servants who had drawn the water knew), the master of the feast called the bridegroom

10 and said to him, "Everyone serves the good wine first, and when people have drunk freely, then the poor wine. But you have kept the good wine until now."

11 This, the first of his signs, Jesus did at Cana in Galilee, and manifested his glory. And his disciples believed in him.

¶ 12 After this he went down to Capernaum, with his mother and his brothers[2] and his disciples, and they stayed there for a few days.

Jesus Cleanses the Temple

¶ 13 The Passover of the Jews was at hand, and Jesus went up to Jerusalem.

14 In the temple he found those who were selling oxen and sheep and pigeons, and the money-changers sitting there.

15 And making a whip of cords, he drove them all out of the temple, with the sheep and oxen. And he poured out the coins of the money-changers and overturned their tables.

16 And he told those who sold the pigeons, "Take these things away; do not make ʷmy Father's house a house of trade."

17 Seine Jünger aber dachten daran, dass geschrieben steht (Psalm 69,10): »Der Eifer um dein Haus wird mich fressen.«

¶ **18** Da fingen die Juden an und sprachen zu ihm: Was zeigst du uns für ein Zeichen, dass du dies tun darfst?

19 Jesus antwortete und sprach zu ihnen: Brecht diesen Tempel ab und in drei Tagen will ich ihn aufrichten.

20 Da sprachen die Juden: Dieser Tempel ist in sechsundvierzig Jahren erbaut worden, und du willst ihn in drei Tagen aufrichten?

21 Er aber redete von dem Tempel seines Leibes.

22 Als er nun auferstanden war von den Toten, dachten seine Jünger daran, dass er dies gesagt hatte, und glaubten der Schrift und dem Wort, das Jesus gesagt hatte.

¶ **23** Als er aber am Passafest in Jerusalem war, glaubten viele an seinen Namen, da sie die Zeichen sahen, die er tat.

24 Aber Jesus vertraute sich ihnen nicht an; denn er kannte sie alle

25 und bedurfte nicht, dass ihm jemand Zeugnis gab vom Menschen; denn er wusste, was im Menschen war.

Jesus und Nikodemus

3 Es war aber ein Mensch unter den Pharisäern mit Namen Nikodemus, einer von den Oberen der Juden.

2 Der kam zu Jesus bei Nacht und sprach zu ihm: Meister, wir wissen, du bist ein Lehrer, von Gott gekommen; denn niemand kann die Zeichen tun, die du tust, es sei denn Gott mit ihm.

3 Jesus antwortete und sprach zu ihm: Wahrlich, wahrlich, ich sage dir: **Es sei denn, dass jemand von Neuem geboren werde, so kann er das Reich Gottes nicht sehen.**

¶ **4** Nikodemus spricht zu ihm: Wie kann ein Mensch geboren werden, wenn er alt ist? Kann er denn wieder in seiner Mutter Leib gehen und geboren werden?

5 Jesus antwortete: Wahrlich, wahrlich, ich sage dir: **Es sei denn, dass jemand geboren werde aus Wasser und Geist, so kann er nicht in das Reich Gottes kommen.**

6 Was vom Fleisch geboren ist, das ist Fleisch; und was vom Geist geboren ist, das ist Geist.

7 Wundere dich nicht, dass ich dir gesagt habe: Ihr müsst von Neuem geboren werden.

17 His disciples remembered that it was written, "Zeal for your house will consume me."

¶ **18** So the Jews said to him, "What sign do you show us for doing these things?"

19 Jesus answered them, [z] "Destroy this temple, and in three days [a] I will raise it up."

20 The Jews then said, "It has taken forty-six years to build this temple, and will you raise it up in three days?"

21 But he was speaking about the temple of his body.

22 When therefore he was raised from the dead, his disciples remembered that he had said this, and they believed the Scripture and the word that Jesus had spoken.

Jesus Knows What Is in Man

¶ **23** Now when he was in Jerusalem at the Passover Feast, many believed in his name when they saw the signs that he was doing.

24 But Jesus on his part did not entrust himself to them, because he knew all people

25 and needed no one to bear witness about man, for he himself knew what was in man.

You Must Be Born Again

3 Now there was a man of the Pharisees named Nicodemus, a ruler of the Jews.

2 This man came to Jesus[1] by night and said to him, "Rabbi, we know that you are a teacher come from God, for no one can do these signs that you do unless God is with him."

3 Jesus answered him, "Truly, truly, I say to you, unless one is [n] born [o] again[2] he cannot [p] see the kingdom of God."

4 Nicodemus said to him, "How can a man be born when he is old? Can he enter a second time into his mother's womb and be born?"

5 Jesus answered, "Truly, truly, I say to you, unless one is born [q] of water and the Spirit, he cannot enter the kingdom of God.

6 [r] That which is born of the flesh is [s] flesh, and that which is born of the Spirit is spirit.[3]

7 [t] Do not marvel that I said to you, 'You[4] must be born [u] again.'

8 Der Wind bläst, wo er will, und du hörst sein Sausen wohl; aber du weißt nicht, woher er kommt und wohin er fährt. So ist es bei jedem, der aus dem Geist geboren ist.

¶ **9** Nikodemus antwortete und sprach zu ihm: Wie kann dies geschehen?

10 Jesus antwortete und sprach zu ihm: Bist du Israels Lehrer und weißt das nicht?

11 Wahrlich, wahrlich, ich sage dir: Wir reden, was wir wissen, und bezeugen, was wir gesehen haben; ihr aber nehmt unser Zeugnis nicht an.

12 Glaubt ihr nicht, wenn ich euch von irdischen Dingen sage, wie werdet ihr glauben, wenn ich euch von himmlischen Dingen sage?

13 Und niemand ist gen Himmel aufgefahren außer dem, der vom Himmel herabgekommen ist, nämlich der Menschensohn.

¶ **14** Und wie Mose in der Wüste die Schlange erhöht hat, so muss der Menschensohn erhöht werden,

15 damit alle, die an ihn glauben, das ewige Leben haben.

16 Denn **also hat Gott die Welt geliebt, dass er seinen eingeborenen Sohn gab, damit alle, die an ihn glauben, nicht verloren werden, sondern das ewige Leben haben.**

17 Denn Gott hat seinen Sohn nicht in die Welt gesandt, dass er die Welt richte, sondern dass die Welt durch ihn gerettet werde.

¶ **18** Wer an ihn glaubt, der wird nicht gerichtet; wer aber nicht glaubt, der ist schon gerichtet, denn er glaubt nicht an den Namen des eingeborenen Sohnes Gottes.

19 Das ist aber das Gericht, dass das Licht in die Welt gekommen ist, und die Menschen liebten die Finsternis mehr als das Licht, denn ihre Werke waren böse.

20 Wer Böses tut, der hasst das Licht und kommt nicht zu dem Licht, damit seine Werke nicht aufgedeckt werden.

21 Wer aber die Wahrheit tut, der kommt zu dem Licht, damit offenbar wird, dass seine Werke in Gott getan sind.

Das letzte Zeugnis des Täufers von Jesus

22 Danach kam Jesus mit seinen Jüngern in das Land Judäa und blieb dort eine Weile mit ihnen und taufte.

23 Johannes aber taufte auch noch in Änon, nahe bei Salim, denn es war da viel Wasser; und sie kamen und ließen sich taufen.

24 Denn Johannes war noch nicht ins Gefängnis geworfen.

8 [v]The wind[5] blows [w]where it wishes, and you hear its sound, but you do not know where it comes from or where it goes. So it is with everyone who is born of the Spirit."

¶ **9** Nicodemus said to him, "How can these things be?"

10 Jesus answered him, "Are you the teacher of Israel [y]and yet you do not understand these things?

11 Truly, truly, I say to you, [z]we speak of what we know, and bear witness to what we have seen, but [z]you[6] do not receive our testimony.

12 If I have told you earthly things and you do not believe, how can you believe if I tell you heavenly things?

13 [a]No one has [b]ascended into heaven except [c]he who descended from heaven, the Son of Man.[7]

14 And [d]as Moses lifted up the serpent in the wilderness, so must the Son of Man [e]be lifted up,

15 that whoever believes [f]in him [g]may have eternal life.[8]

For God So Loved the World

¶ **16** "For [h]God so loved [i]the world,[9] [j]that he gave his only Son, that whoever believes in him should not [k]perish but have eternal life.

17 For [l]God did not send his Son into the world [m]to condemn the world, but in order that the world might be saved through him.

18 [n]Whoever believes in him is not condemned, but whoever does not believe is condemned already, because he has not [o]believed in the name of the only Son of God.

19 [p]And this is the judgment: [q]the light has come into the world, and [r]people loved the darkness rather than the light because [s]their works were evil.

20 [t]For everyone who does wicked things hates the light and does not come to the light, [u]lest his works should be exposed.

21 But whoever [v]does what is true [w]comes to the light, so that it may be clearly seen that his works have been carried out in God."

John the Baptist Exalts Christ

¶ **22** After this Jesus and his disciples went into the Judean countryside, and he remained there with them and was baptizing.

23 John also was baptizing at Aenon near Salim, because water was plentiful there, and people were coming and being baptized

24 (for John had not yet been put in prison).

¶ **25** Da erhob sich ein Streit zwischen den Jüngern des Johannes und einem Juden über die Reinigung.

26 Und sie kamen zu Johannes und sprachen zu ihm: Meister, der bei dir war jenseits des Jordans, von dem du Zeugnis gegeben hast, siehe, der tauft, und jedermann kommt zu ihm.

27 Johannes antwortete und sprach: Ein Mensch kann nichts nehmen, wenn es ihm nicht vom Himmel gegeben ist.

28 Ihr selbst seid meine Zeugen, dass ich gesagt habe: Ich bin nicht der Christus, sondern vor ihm her gesandt.

29 Wer die Braut hat, der ist der Bräutigam; der Freund des Bräutigams aber, der dabeisteht und ihm zuhört, freut sich sehr über die Stimme des Bräutigams. Diese meine Freude ist nun erfüllt.

30 Er muss wachsen, ich aber muss abnehmen.

¶ **31** Der von oben her kommt, ist über allen. Wer von der Erde ist, der ist von der Erde und redet von der Erde. Der vom Himmel kommt, der ist über allen

32 und bezeugt, was er gesehen und gehört hat; und sein Zeugnis nimmt niemand an.

33 Wer es aber annimmt, der besiegelt, dass Gott wahrhaftig ist.

34 Denn der, den Gott gesandt hat, redet Gottes Worte; denn Gott gibt den Geist ohne Maß.

35 Der Vater hat den Sohn lieb und hat ihm alles in seine Hand gegeben.

36 Wer an den Sohn glaubt, der hat das ewige Leben. Wer aber dem Sohn nicht gehorsam ist, der wird das Leben nicht sehen, sondern der Zorn Gottes bleibt über ihm.

Jesus und die Samariterin

4 Als nun Jesus erfuhr, dass den Pharisäern zu Ohren gekommen war, dass er mehr zu Jüngern machte und taufte als Johannes

2 – obwohl Jesus nicht selber taufte, sondern seine Jünger –,

3 verließ er Judäa und ging wieder nach Galiläa.

4 Er musste aber durch Samarien reisen.

¶ **5** Da kam er in eine Stadt Samariens, die heißt Sychar, nahe bei dem Feld, das Jakob seinem Sohn Josef gab.

6 Es war aber dort Jakobs Brunnen. Weil nun Jesus müde war von der Reise, setzte er sich am Brunnen nieder; es war um die sechste Stunde.

¶ **25** Now a discussion arose between some of John's disciples and a Jew over purification.

26 And they came to John and said to him, "Rabbi, he who was with you across the Jordan, to whom you bore witness—look, he is baptizing, and all are going to him."

27 John answered, "A person cannot receive even one thing unless it is given him from heaven.

28 You yourselves bear me witness, that I said, 'I am not the Christ, but I have been sent before him.'

29 The one who has the bride is the bridegroom. The friend of the bridegroom, who stands and hears him, rejoices greatly at the bridegroom's voice. Therefore this joy of mine is now complete.

30 He must increase, but I must decrease."[10]

¶ **31** He who comes from above is above all. He who is of the earth belongs to the earth and speaks in an earthly way. He who comes from heaven [n]is above all.

32 He bears witness to what he has seen and heard, yet no one receives his testimony.

33 Whoever receives his testimony sets his seal to this, that God is true.

34 For he whom God has sent utters the words of God, for he gives the Spirit without measure.

35 The Father loves the Son and has given all things into his hand.

36 Whoever believes in the Son has eternal life; whoever does not obey the Son shall not see life, but the wrath of God remains on him.

Jesus and the Woman of Samaria

4 Now when Jesus learned that the Pharisees had heard that Jesus was making and baptizing more disciples than John

2 (although Jesus himself did not baptize, but only his disciples),

3 he left Judea and departed again for Galilee.

4 And he had to pass through Samaria.

5 So he came to a town of Samaria called Sychar, near the field that Jacob had given to his son Joseph.

6 Jacob's well was there; so Jesus, wearied as he was from his journey, was sitting beside the well. It was about the sixth hour.[1]

7 Da kommt eine Frau aus Samarien, um Wasser zu schöpfen. Jesus spricht zu ihr: Gib mir zu trinken!

8 Denn seine Jünger waren in die Stadt gegangen, um Essen zu kaufen.

9 Da spricht die samaritische Frau zu ihm: Wie, du bittest mich um etwas zu trinken, der du ein Jude bist und ich eine samaritische Frau? Denn die Juden haben keine Gemeinschaft mit den Samaritern. –

10 Jesus antwortete und sprach zu ihr: Wenn du erkenntest die Gabe Gottes und wer der ist, der zu dir sagt: Gib mir zu trinken!, du bätest ihn und er gäbe dir lebendiges Wasser.

¶ **11** Spricht zu ihm die Frau: Herr, hast du doch nichts, womit du schöpfen könntest, und der Brunnen ist tief; woher hast du dann lebendiges Wasser?

12 Bist du mehr als unser Vater Jakob, der uns diesen Brunnen gegeben hat? Und er hat daraus getrunken und seine Kinder und sein Vieh.

13 Jesus antwortete und sprach zu ihr: Wer von diesem Wasser trinkt, den wird wieder dürsten;

14 wer aber von dem Wasser trinken wird, das ich ihm gebe, den wird in Ewigkeit nicht dürsten, sondern das Wasser, das ich ihm geben werde, das wird in ihm eine Quelle des Wassers werden, das in das ewige Leben quillt.

¶ **15** Spricht die Frau zu ihm: Herr, gib mir solches Wasser, damit mich nicht dürstet und ich nicht herkommen muss, um zu schöpfen!

16 Jesus spricht zu ihr: Geh hin, ruf deinen Mann und komm wieder her!

17 Die Frau antwortete und sprach zu ihm: Ich habe keinen Mann. Jesus spricht zu ihr: Du hast recht geantwortet: Ich habe keinen Mann.

18 Fünf Männer hast du gehabt, und der, den du jetzt hast, ist nicht dein Mann; das hast du recht gesagt.

¶ **19** Die Frau spricht zu ihm: Herr, ich sehe, dass du ein Prophet bist.

20 Unsere Väter haben auf diesem Berge angebetet, und ihr sagt, in Jerusalem sei die Stätte, wo man anbeten soll.

21 Jesus spricht zu ihr: Glaube mir, Frau, es kommt die Zeit, dass ihr weder auf diesem Berge noch in Jerusalem den Vater anbeten werdet.

22 Ihr wisst nicht, was ihr anbetet; wir wissen aber, was wir anbeten; denn das Heil kommt von den Juden.

23 Aber es kommt die Zeit und ist schon jetzt, in der die wahren Anbeter den Vater anbeten werden im Geist und in der Wahrheit; denn auch der Vater will solche Anbeter haben.

¶ **7** A woman from Samaria came to draw water. Jesus said to her, ʲ"Give me a drink."

8 (For his disciples had gone away into the city to buy food.)

9 The Samaritan woman said to him, "How is it that you, a Jew, ask for a drink from me, a woman of Samaria?" (For Jews have no dealings with Samaritans.)

10 Jesus answered her, "If you knew the gift of God, and who it is that is saying to you, 'Give me a drink,' you would have asked him, and he would have given you ʰliving water."

11 The woman said to him, "Sir, you have nothing to draw water with, and the well is deep. Where do you get that living water?

12 Are you greater than our father Jacob? He gave us the well and drank from it himself, as did his sons and his livestock."

13 Jesus said to her, "Everyone who drinks of this water will be thirsty again,

14 but ᵏwhoever drinks of the water that I will give him ˡwill never be thirsty again.² The water that I will give him will become ᵐin him a spring of water welling up to eternal life."

15 The woman said to him, "Sir, give me this water, so that I will not be thirsty or have to come here to draw water."

¶ **16** Jesus said to her, "Go, ᵒcall your husband, and come here."

17 The woman answered him, "I have no husband." Jesus said to her, "You are right in saying, 'I have no husband';

18 for you have had five husbands, and the one you now have is not your husband. What you have said is true."

19 The woman said to him, "Sir, I perceive that you are a prophet.

20 Our fathers worshiped on this mountain, but you say that in Jerusalem is the place where people ought to worship."

21 Jesus said to her, ᵛ"Woman, believe me, ʷthe hour is coming when ˣneither on this mountain nor in Jerusalem will you worship the Father.

22 ʸYou worship what you do not know; ᶻwe worship what we know, for ᶻsalvation is ᵃfrom the Jews.

23 But ᵇthe hour is coming, and is now here, when the true worshipers will worship the Father ᶜin spirit and ᵈtruth, for the Father ᵉis seeking such people to worship him.

24 Gott ist Geist, und die ihn anbeten, die müssen ihn im Geist und in der Wahrheit anbeten.

25 Spricht die Frau zu ihm: Ich weiß, dass der Messias kommt, der da Christus heißt. Wenn dieser kommt, wird er uns alles verkündigen.

26 Jesus spricht zu ihr: Ich bin's, der mit dir redet.

¶ **27** Unterdessen kamen seine Jünger, und sie wunderten sich, dass er mit einer Frau redete; doch sagte niemand: Was fragst du?, oder: Was redest du mit ihr?

28 Da ließ die Frau ihren Krug stehen und ging in die Stadt und spricht zu den Leuten:

29 Kommt, seht einen Menschen, der mir alles gesagt hat, was ich getan habe, ob er nicht der Christus sei!

30 Da gingen sie aus der Stadt heraus und kamen zu ihm.

¶ **31** Inzwischen mahnten ihn die Jünger und sprachen: Rabbi, iss!

32 Er aber sprach zu ihnen: Ich habe eine Speise zu essen, von der ihr nicht wisst.

33 Da sprachen die Jünger untereinander: Hat ihm jemand zu essen gebracht?

34 Jesus spricht zu ihnen: Meine Speise ist die, dass ich tue den Willen dessen, der mich gesandt hat, und vollende sein Werk.

35 Sagt ihr nicht selber: Es sind noch vier Monate, dann kommt die Ernte? Siehe, ich sage euch: Hebt eure Augen auf und seht auf die Felder, denn sie sind reif zur Ernte.

36 Wer erntet, empfängt schon seinen Lohn und sammelt Frucht zum ewigen Leben, damit sich miteinander freuen, der da sät und der da erntet.

37 Denn hier ist der Spruch wahr: Der eine sät, der andere erntet.

38 Ich habe euch gesandt zu ernten, wo ihr nicht gearbeitet habt; andere haben gearbeitet, und euch ist ihre Arbeit zugutegekommen.

¶ **39** Es glaubten aber an ihn viele der Samariter aus dieser Stadt um der Rede der Frau willen, die bezeugte: Er hat mir alles gesagt, was ich getan habe.

40 Als nun die Samariter zu ihm kamen, baten sie ihn, bei ihnen zu bleiben; und er blieb zwei Tage da.

41 Und noch viel mehr glaubten um seines Wortes willen

42 und sprachen zu der Frau: Von nun an glauben wir nicht mehr um deiner Rede willen; denn wir haben selber gehört und erkannt: **Dieser ist wahrlich der Welt Heiland.**

24 God is spirit, and those who worship him must worship in spirit and truth."

25 The woman said to him, "I know that Messiah is coming (he who is called Christ). When he comes, he will tell us all things."

26 Jesus said to her, [h]"I who speak to you am he."

¶ **27** Just then his disciples came back. They marveled that he was talking with a woman, but no one said, "What do you seek?" or, "Why are you talking with her?"

28 So the woman left her water jar and went away into town and said to the people,

29 "Come, see a man who told me all that I ever did. Can this be the Christ?"

30 They went out of the town and were coming to him.

¶ **31** Meanwhile the disciples were urging him, saying, "Rabbi, eat."

32 But he said to them, "I have food to eat that you do not know about."

33 So the disciples said to one another, "Has anyone brought him something to eat?"

34 Jesus said to them, [m]"My food is [n]to do the will of him who sent me and [o]to accomplish his work.

35 Do you not say, 'There are yet four months, then comes the harvest'? Look, I tell you, lift up your eyes, and see that [p]the fields are white for harvest.

36 Already the one who reaps is receiving wages and gathering fruit for eternal life, so that [q]sower and [r]reaper [s]may rejoice together.

37 For here the saying holds true, [t]'One sows and another reaps.'

38 I sent you to reap [u]that for which you did not labor. Others have labored, [v]and you have entered into their labor."

¶ **39** Many Samaritans from that town believed in him because of the woman's testimony, "He told me all that I ever did."

40 So when the Samaritans came to him, they asked him to stay with them, and he stayed there two days.

41 And many more believed because of his word.

42 They said to the woman, "It is no longer because of what you said that we believe, for we have heard for ourselves, and we know that this is indeed the Savior of the world."

Heilung des Sohnes eines königlichen Beamten
(Mt 8,5-13; Lk 7,1-10)

43 Aber nach zwei Tagen ging er von dort weiter nach Galiläa.

44 Denn er selber, Jesus, bezeugte, dass ein Prophet daheim nichts gilt.

45 Als er nun nach Galiläa kam, nahmen ihn die Galiläer auf, die alles gesehen hatten, was er in Jerusalem auf dem Fest getan hatte; denn sie waren auch zum Fest gekommen.

¶ **46** Und Jesus kam abermals nach Kana in Galiläa, wo er das Wasser zu Wein gemacht hatte. Und es war ein Mann im Dienst des Königs; dessen Sohn lag krank in Kapernaum.

47 Dieser hörte, dass Jesus aus Judäa nach Galiläa kam, und ging hin zu ihm und bat ihn, herabzukommen und seinem Sohn zu helfen; denn der war todkrank.

48 Und Jesus sprach zu ihm: Wenn ihr nicht Zeichen und Wunder seht, so glaubt ihr nicht.

¶ **49** Der Mann sprach zu ihm: Herr, komm herab, ehe mein Kind stirbt!

50 Jesus spricht zu ihm: Geh hin, dein Sohn lebt! Der Mensch glaubte dem Wort, das Jesus zu ihm sagte, und ging hin.

51 Und während er hinabging, begegneten ihm seine Knechte und sagten: Dein Kind lebt.

52 Da erforschte er von ihnen die Stunde, in der es besser mit ihm geworden war. Und sie antworteten ihm: Gestern um die siebente Stunde verließ ihn das Fieber.

53 Da merkte der Vater, dass es die Stunde war, in der Jesus zu ihm gesagt hatte: Dein Sohn lebt. Und er glaubte mit seinem ganzen Hause.

¶ **54** Das ist nun das zweite Zeichen, das Jesus tat, als er aus Judäa nach Galiläa kam.

Die Heilung eines Kranken am Teich Betesda

5 Danach war ein Fest der Juden, und Jesus zog hinauf nach Jerusalem.

2 Es ist aber in Jerusalem beim Schaftor ein Teich, der heißt auf Hebräisch Betesda. Dort sind fünf Hallen;

3 in denen lagen viele Kranke, Blinde, Lahme, Ausgezehrte.*

¶ **5** Es war aber dort ein Mensch, der lag achtunddreißig Jahre krank.

6 Als Jesus den liegen sah und vernahm, dass er schon so lange gelegen hatte, spricht er zu ihm: Willst du gesund werden?

¶ **43** After the two days he departed for Galilee.

44 (For Jesus himself had testified that a prophet has no honor in his own hometown.)

45 So when he came to Galilee, the Galileans welcomed him, having seen all that he had done in Jerusalem at the feast. For they too had gone to the feast.

Jesus Heals an Official's Son

¶ **46** So he came again to Cana in Galilee, where he had made the water wine. And at Capernaum there was an official whose son was ill.

47 When this man heard that Jesus had come from Judea to Galilee, he went to him and asked him to come down and heal his son, for he was at the point of death.

48 So Jesus said to him, ᵏ "Unless you see signs and wonders you will not believe."

49 The official said to him, "Sir, come down before my child dies."

50 Jesus said to him, "Go; your son will live." The man believed the word that Jesus spoke to him and went on his way.

51 As he was going down, his servants³ met him and told him that his son was recovering.

52 So he asked them the hour when he began to get better, and they said to him, "Yesterday at the seventh hour⁴ the fever left him."

53 The father knew that was the hour when Jesus had said to him, "Your son will live." And he himself believed, and all his household.

54 This was now the second sign that Jesus did when he had come from Judea to Galilee.

The Healing at the Pool on the Sabbath

5 After this there was a feast of the Jews, and Jesus went up to Jerusalem.

¶ **2** Now there is in Jerusalem by the Sheep Gate a pool, in Aramaic¹ called Bethesda,² which has five roofed colonnades.

3 In these lay a multitude of invalids—blind, lame, and paralyzed.³

5 One man was there who had been an invalid for thirty-eight years.

6 When Jesus saw him lying there and knew that he had already been there a long time, he said to him, "Do you want to be healed?"

7 Der Kranke antwortete ihm: Herr, ich habe keinen Menschen, der mich in den Teich bringt, wenn das Wasser sich bewegt; wenn ich aber hinkomme, so steigt ein anderer vor mir hinein.

8 Jesus spricht zu ihm: Steh auf, nimm dein Bett und geh hin!

9 Und sogleich wurde der Mensch gesund und nahm sein Bett und ging hin.

¶ Es war aber an dem Tag Sabbat.

10 Da sprachen die Juden zu dem, der gesund geworden war: Es ist heute Sabbat; du darfst dein Bett nicht tragen.

11 Er antwortete ihnen: Der mich gesund gemacht hat, sprach zu mir: Nimm dein Bett und geh hin!

12 Da fragten sie ihn: Wer ist der Mensch, der zu dir gesagt hat: Nimm dein Bett und geh hin?

13 Der aber gesund geworden war, wusste nicht, wer es war; denn Jesus war entwichen, da so viel Volk an dem Ort war.

¶ **14** Danach fand ihn Jesus im Tempel und sprach zu ihm: Siehe, du bist gesund geworden; sündige hinfort nicht mehr, dass dir nicht etwas Schlimmeres widerfahre.

15 Der Mensch ging hin und berichtete den Juden, es sei Jesus, der ihn gesund gemacht habe.

16 Darum verfolgten die Juden Jesus, weil er dies am Sabbat getan hatte.

17 Jesus aber antwortete ihnen: Mein Vater wirkt bis auf diesen Tag, und ich wirke auch.

18 Darum trachteten die Juden noch viel mehr danach, ihn zu töten, weil er nicht allein den Sabbat brach, sondern auch sagte, Gott sei sein Vater, und machte sich selbst Gott gleich.

Die Vollmacht des Sohnes

19 Da antwortete Jesus und sprach zu ihnen: Wahrlich, wahrlich, ich sage euch: Der Sohn kann nichts von sich aus tun, sondern nur, was er den Vater tun sieht; denn was dieser tut, das tut gleicherweise auch der Sohn.

20 Denn der Vater hat den Sohn lieb und zeigt ihm alles, was er tut, und wird ihm noch größere Werke zeigen, sodass ihr euch verwundern werdet.

21 Denn wie der Vater die Toten auferweckt und macht sie lebendig, so macht auch der Sohn lebendig, welche er will.

22 Denn der Vater richtet niemand, sondern hat alles Gericht dem Sohn übergeben,

7 The sick man answered him, "Sir, I have no one to put me into the pool when the water is stirred up, and while I am going another steps down before me."

8 Jesus said to him, ʳ"Get up, take up your bed, and walk."

9 And at once the man was healed, and he took up his bed and walked.

¶ Now that day was the Sabbath.

10 So the Jews said to the man who had been healed, "It is the Sabbath, and it is not lawful for you to take up your bed."

11 But he answered them, "The man who healed me, that man said to me, 'Take up your bed, and walk.'"

12 They asked him, "Who is the man who said to you, 'Take up your bed and walk'?"

13 Now the man who had been healed did not know who it was, for Jesus had withdrawn, as there was a crowd in the place.

14 Afterward Jesus found him in the temple and said to him, "See, you are well! ᵛSin no more, ʷthat nothing worse may happen to you."

15 The man went away and told the Jews that it was Jesus who had healed him.

16 And this was why the Jews were persecuting Jesus, because he was doing these things on the Sabbath.

17 But Jesus answered them, "My Father is working until now, and I am working."

Jesus Is Equal with God

¶ **18** This was why the Jews were seeking all the more to kill him, because not only was he breaking the Sabbath, but he was even calling God his own Father, making himself equal with God.

The Authority of the Son

¶ **19** So Jesus said to them, "Truly, truly, I say to you, ᵉthe Son ᶠcan do nothing of his own accord, but only what he sees the Father doing. For whatever the Fatherᵗ does, that the Son does likewise.

20 For ᵍthe Father loves the Son and shows him all that he himself is doing. And ʰgreater works than these will he show him, so that ⁱyou may marvel.

21 For as the Father ʲraises the dead and ᵏgives them life, so ˡalso the Son gives life ᵐto whom he will.

22 ⁿThe Father judges no one, but ᵒhas given all judgment to the Son,

23 damit sie alle den Sohn ehren, wie sie den Vater ehren. Wer den Sohn nicht ehrt, der ehrt den Vater nicht, der ihn gesandt hat.

¶ **24** Wahrlich, wahrlich, ich sage euch: **Wer mein Wort hört und glaubt dem, der mich gesandt hat, der hat das ewige Leben und kommt nicht in das Gericht, sondern er ist vom Tode zum Leben hindurchgedrungen.**

25 Wahrlich, wahrlich, ich sage euch: Es kommt die Stunde und ist schon jetzt, dass die Toten hören werden die Stimme des Sohnes Gottes, und die sie hören werden, die werden leben.

26 Denn wie der Vater das Leben hat in sich selber, so hat er auch dem Sohn gegeben, das Leben zu haben in sich selber;

27 und er hat ihm Vollmacht gegeben, das Gericht zu halten, weil er der Menschensohn ist.

28 Wundert euch darüber nicht. Denn **es kommt die Stunde, in der alle, die in den Gräbern sind, seine Stimme hören werden**

29 **und werden hervorgehen, die Gutes getan haben, zur Auferstehung des Lebens, die aber Böses getan haben, zur Auferstehung des Gerichts.**

¶ **30** Ich kann nichts von mir aus tun. Wie ich höre, so richte ich und mein Gericht ist gerecht; denn ich suche nicht meinen Willen, sondern den Willen dessen, der mich gesandt hat.

Das Zeugnis für den Sohn

31 Wenn ich von mir selbst zeuge, so ist mein Zeugnis nicht wahr.

32 Ein anderer ist's, der von mir zeugt; und ich weiß, dass das Zeugnis wahr ist, das er von mir gibt.

33 Ihr habt zu Johannes geschickt, und er hat die Wahrheit bezeugt.

34 Ich aber nehme nicht Zeugnis von einem Menschen; sondern ich sage das, damit ihr selig werdet.

35 Er war ein brennendes und scheinendes Licht; ihr aber wolltet eine kleine Weile fröhlich sein in seinem Licht.

36 Ich aber habe ein größeres Zeugnis als das des Johannes; denn die Werke, die mir der Vater gegeben hat, damit ich sie vollende, eben diese Werke, die ich tue, bezeugen von mir, dass mich der Vater gesandt hat.

37 Und der Vater, der mich gesandt hat, hat von mir Zeugnis gegeben.

¶ Ihr habt niemals seine Stimme gehört noch seine Gestalt gesehen

23 that all may honor the Son, just as they *p*honor the Father. *q*Whoever does not honor the Son does not honor the Father who sent him.

24 Truly, truly, I say to you, *r*whoever hears my word and *s*believes him who sent me has eternal life. He *t*does not come into judgment, but *u*has passed from death to life.

¶ **25** "Truly, truly, I say to you, *v*an hour is coming, and is now here, when *w*the dead will hear *x*the voice of the Son of God, and those who hear *w*will live.

26 *y*For as the Father has life in himself, *z*so he has granted the Son also to have life in himself.

27 And he *a*has given him authority to execute judgment, because he is the Son of Man.

28 Do not marvel at this, for *v*an hour is coming when *b*all who are in the tombs will hear his voice

29 and come out, *c*those who have done good to the resurrection of life, and those who have done evil to the resurrection of judgment.

Witnesses to Jesus

¶ **30***d*"I can do nothing on my own. As I hear, I judge, and *e*my judgment is just, because *f*I seek not my own will *g*but the will of him who sent me.

31 *h*If I alone bear witness about myself, my testimony is not deemed true.

32 There is *i*another who bears witness about me, and *j*I know that the testimony that he bears about me is true.

33 *k*You sent to John, and he has borne witness to the truth.

34 Not that *l*the testimony that I receive is from man, but I say these things so that you may be saved.

35 He was a burning and *m*shining lamp, and *n*you were willing to rejoice for a while in his light.

36 But *l*the testimony that I have is greater than that of John. For *o*the works that the Father has given me *p*to accomplish, the very works that I am doing, *q*bear witness about me that *r*the Father has sent me.

37 And the Father who sent me *s*has himself borne witness about me. His voice you have never heard, *t*his form you have never seen,

38 und sein Wort habt ihr nicht in euch wohnen; denn ihr glaubt dem nicht, den er gesandt hat.

39 Ihr sucht in der Schrift, denn ihr meint, ihr habt das ewige Leben darin; und sie ist's, die von mir zeugt;

40 aber ihr wollt nicht zu mir kommen, dass ihr das Leben hättet.

¶ **41** Ich nehme nicht Ehre von Menschen;

42 aber ich kenne euch, dass ihr nicht Gottes Liebe in euch habt.

43 Ich bin gekommen in meines Vaters Namen und ihr nehmt mich nicht an. Wenn ein anderer kommen wird in seinem eigenen Namen, den werdet ihr annehmen.

44 Wie könnt ihr glauben, die ihr Ehre voneinander annehmt, und die Ehre, die von dem alleinigen Gott ist, sucht ihr nicht?

¶ **45** Ihr sollt nicht meinen, dass ich euch vor dem Vater verklagen werde; es ist einer, der euch verklagt: Mose, auf den ihr hofft.

46 Wenn ihr Mose glaubtet, so glaubtet ihr auch mir; denn er hat von mir geschrieben.

47 Wenn ihr aber seinen Schriften nicht glaubt, wie werdet ihr meinen Worten glauben?

Die Speisung der Fünftausend
(Mt 14,13-21; Mk 6,30-44; Lk 9,10-17)

6 Danach fuhr Jesus weg über das Galiläische Meer, das auch See von Tiberias heißt.

2 Und es zog ihm viel Volk nach, weil sie die Zeichen sahen, die er an den Kranken tat.

3 Jesus aber ging auf einen Berg und setzte sich dort mit seinen Jüngern.

4 Es war aber kurz vor dem Passa, dem Fest der Juden.

¶ **5** Da hob Jesus seine Augen auf und sieht, dass viel Volk zu ihm kommt, und spricht zu Philippus: Wo kaufen wir Brot, damit diese zu essen haben?

6 Das sagte er aber, um ihn zu prüfen; denn er wusste wohl, was er tun wollte.

7 Philippus antwortete ihm: Für zweihundert Silbergroschen Brot ist nicht genug für sie, dass jeder ein wenig bekomme.

8 Spricht zu ihm einer seiner Jünger, Andreas, der Bruder des Simon Petrus:

9 Es ist ein Kind hier, das hat fünf Gerstenbrote und zwei Fische; aber was ist das für so viele?

38 and [u]you do not have his word abiding in you, for you do not believe the one whom he has sent.

39 [v]You search the Scriptures because you think that in them you have eternal life; and [w]it is they that bear witness about me,

40 yet [x]you refuse to come to me that you may have life.

41 [y]I do not receive glory from people.

42 But [z]I know that you do not have [a]the love of God within you.

43 I have come [b]in my Father's name, and [c]you do not receive me. [d]If another comes in his own name, you will receive him.

44 How can you believe, when you receive glory from one another and [e]do not seek the glory that comes from [f]the only God?

45 Do not think that I will accuse you to the Father. There is one who accuses you: Moses, [g]on whom you have set your hope.

46 For if you believed Moses, you would believe me; for [h]he wrote of me.

47 But [i]if you do not believe his writings, how will you believe my words?"

Jesus Feeds the Five Thousand

6 After this Jesus went away to the other side of the Sea of Galilee, which is the Sea of Tiberias.

2 And a large crowd was following him, because they saw the signs that he was doing on the sick.

3 Jesus went up on the mountain, and there he sat down with his disciples.

4 Now the Passover, the feast of the Jews, was at hand.

5 Lifting up his eyes, then, and seeing that a large crowd was coming toward him, Jesus said to Philip, "Where are we to buy bread, so that these people may eat?"

6 He said this to test him, for he himself knew what he would do.

7 Philip answered him, "Two hundred denarii[1] would not buy enough bread for each of them to get a little."

8 One of his disciples, Andrew, Simon Peter's brother, said to him,

9 "There is a boy here who has five barley loaves and two fish, but [t]what are they for so many?"

10 Jesus aber sprach: Lasst die Leute sich lagern. Es war aber viel Gras an dem Ort. Da lagerten sich etwa fünftausend Männer.

¶ **11** Jesus aber nahm die Brote, dankte und gab sie denen, die sich gelagert hatten; desgleichen auch von den Fischen, so viel sie wollten.

12 Als sie aber satt waren, sprach er zu seinen Jüngern: Sammelt die übrigen Brocken, damit nichts umkommt.

13 Da sammelten sie und füllten von den fünf Gerstenbroten zwölf Körbe mit Brocken, die denen übrig blieben, die gespeist worden waren.

¶ **14** Als nun die Menschen das Zeichen sahen, das Jesus tat, sprachen sie: Das ist wahrlich der Prophet, der in die Welt kommen soll.

15 Als Jesus nun merkte, dass sie kommen würden und ihn ergreifen, um ihn zum König zu machen, entwich er wieder auf den Berg, er selbst allein.

Jesus auf dem See

(Mt 14,22-33; Mk 6,45-52)

16 Am Abend aber gingen seine Jünger hinab an den See,

17 stiegen in ein Boot und fuhren über den See nach Kapernaum. Und es war schon finster geworden und Jesus war noch nicht zu ihnen gekommen.

18 Und der See wurde aufgewühlt von einem starken Wind.

19 Als sie nun etwa eine Stunde gerudert hatten, sahen sie Jesus auf dem See gehen und nahe an das Boot kommen; und sie fürchteten sich.

20 Er aber sprach zu ihnen: Ich bin's; fürchtet euch nicht!

21 Da wollten sie ihn ins Boot nehmen; und sogleich war das Boot am Land, wohin sie fahren wollten.

Jesus das Brot des Lebens

22 Am nächsten Tag sah das Volk, das am andern Ufer des Sees stand, dass kein anderes Boot da war als das eine und dass Jesus nicht mit seinen Jüngern in das Boot gestiegen war, sondern seine Jünger waren allein weggefahren.

23 Es kamen aber andere Boote von Tiberias nahe an den Ort, wo sie das Brot gegessen hatten unter der Danksagung des Herrn.

24 Als nun das Volk sah, dass Jesus nicht da war und seine Jünger auch nicht, stiegen sie in die Boote und fuhren nach Kapernaum und suchten Jesus.

10 Jesus said, "Have the people sit down." Now there was much grass in the place. So the men sat down, about five thousand in number.

11 Jesus then took the loaves, and when he had given thanks, he distributed them to those who were seated. So also the fish, as much as they wanted.

12 And when they had eaten their fill, he told his disciples, "Gather up the leftover fragments, that nothing may be lost."

13 So they gathered them up and filled twelve baskets with fragments from the five barley loaves left by those who had eaten.

14 When the people saw the sign that he had done, they said, "This is indeed the Prophet who is to come into the world!"

¶ **15** Perceiving then that they were about to come and take him by force to make him king, Jesus withdrew again to the mountain by himself.

Jesus Walks on Water

¶ **16** When evening came, his disciples went down to the sea,

17 got into a boat, and started across the sea to Capernaum. It was now dark, and Jesus had not yet come to them.

18 The sea became rough because a strong wind was blowing.

19 When they had rowed about three or four miles,[2] they saw Jesus walking on the sea and coming near the boat, and they were frightened.

20 But he said to them, "It is I; do not be afraid."

21 Then they were glad to take him into the boat, and immediately the boat was at the land to which they were going.

I Am the Bread of Life

¶ **22** On the next day the crowd that remained on the other side of the sea saw that there had been only one boat there, and that Jesus had not entered the boat with his disciples, but that his disciples had gone away alone.

23 Other boats from Tiberias came near the place where they had eaten the bread after the Lord had given thanks.

24 So when the crowd saw that Jesus was not there, nor his disciples, they themselves got into the boats and went to Capernaum, seeking Jesus.

25 Und als sie ihn fanden am andern Ufer des Sees, fragten sie ihn: Rabbi, wann bist du hergekommen?

26 Jesus antwortete ihnen und sprach: Wahrlich, wahrlich, ich sage euch: Ihr sucht mich nicht, weil ihr Zeichen gesehen habt, sondern weil ihr von dem Brot gegessen habt und satt geworden seid.

27 Schafft euch Speise, die nicht vergänglich ist, sondern die bleibt zum ewigen Leben. Die wird euch der Menschensohn geben; denn auf dem ist das Siegel Gottes des Vaters.

¶ 28 Da fragten sie ihn: Was sollen wir tun, dass wir Gottes Werke wirken?

29 Jesus antwortete und sprach zu ihnen: **Das ist Gottes Werk, dass ihr an den glaubt, den er gesandt hat.**

30 Da sprachen sie zu ihm: Was tust du für ein Zeichen, damit wir sehen und dir glauben? Was für ein Werk tust du?

31 Unsre Väter haben in der Wüste das Manna gegessen, wie geschrieben steht (Psalm 78,24): »Er gab ihnen Brot vom Himmel zu essen.«

32 Da sprach Jesus zu ihnen: Wahrlich, wahrlich, ich sage euch: Nicht Mose hat euch das Brot vom Himmel gegeben, sondern mein Vater gibt euch das wahre Brot vom Himmel.

33 Denn Gottes Brot ist das, das vom Himmel kommt und gibt der Welt das Leben.

34 Da sprachen sie zu ihm: Herr, gib uns allezeit solches Brot.

¶ 35 Jesus aber sprach zu ihnen: **Ich bin das Brot des Lebens. Wer zu mir kommt, den wird nicht hungern; und wer an mich glaubt, den wird nimmermehr dürsten.**

36 Aber ich habe euch gesagt: Ihr habt mich gesehen und glaubt doch nicht.

37 Alles, was mir mein Vater gibt, das kommt zu mir; und **wer zu mir kommt, den werde ich nicht hinausstoßen.**

38 Denn ich bin vom Himmel gekommen, nicht damit ich meinen Willen tue, sondern den Willen dessen, der mich gesandt hat.

39 Das ist aber der Wille dessen, der mich gesandt hat, dass ich nichts verliere von allem, was er mir gegeben hat, sondern dass ich's auferwecke am Jüngsten Tage.

40 Denn das ist der Wille meines Vaters, dass, wer den Sohn sieht und glaubt an ihn, das ewige Leben habe; und ich werde ihn auferwecken am Jüngsten Tage.

¶ 41 Da murrten die Juden über ihn, weil er sagte: Ich bin das Brot, das vom Himmel gekommen ist,

¶ 25 When they found him on the other side of the sea, they said to him, "Rabbi, when did you come here?"

26 Jesus answered them, "Truly, truly, I say to you, [i]you are seeking me, not because you saw [j]signs, but because you ate your fill of the loaves.

27 [k]Do not labor for the food that perishes, but for [l]the food that endures to eternal life, which [m]the Son of Man will give to you. For on [n]him God the Father has [o]set his seal."

28 Then they said to him, "What must we do, to be doing the works of God?"

29 Jesus answered them, "This is the work of God, [q]that you believe in him whom [r]he has sent."

30 So they said to him, "Then what sign do you do, that we may see and believe you? What work do you perform?

31 Our fathers ate the manna in the wilderness; as it is written, 'He gave them bread from heaven to eat.'"

32 Jesus then said to them, "Truly, truly, I say to you, it was not Moses who gave you the bread from heaven, but my Father gives you the true bread from heaven.

33 For the bread of God is [v]he who comes down from heaven and gives life to the world."

34 They said to him, "Sir, give us this bread always."

¶ 35 Jesus said to them, [x]"I am the bread of life; [y]whoever comes to me shall not hunger, and whoever believes in me shall never thirst.

36 But I said to you that you have seen me and yet do not believe.

37 [z]All that [a]the Father gives me will come to me, and [b]whoever comes to me I will never cast out.

38 For [c]I have come down from heaven, not to do [d]my own will but [d]the will of him [e]who sent me.

39 And [f]this is the will of him who sent me, [g]that I should lose nothing of [h]all that he has given me, but [i]raise it up on the last day.

40 For this is the will of my Father, that everyone who [j]looks on the Son and [k]believes in him [l]should have eternal life, and I will raise him up on the last day."

¶ 41 So the Jews grumbled about him, because he said, [m]"I am the bread that came down from heaven."

42 und sprachen: Ist dieser nicht Jesus, Josefs Sohn, dessen Vater und Mutter wir kennen? Wieso spricht er dann: Ich bin vom Himmel gekommen?

43 Jesus antwortete und sprach zu ihnen: Murrt nicht untereinander.

44 Es kann niemand zu mir kommen, es sei denn, ihn ziehe der Vater, der mich gesandt hat, und ich werde ihn auferwecken am Jüngsten Tage.

45 Es steht geschrieben in den Propheten (Jesaja 54,13): »Sie werden alle von Gott gelehrt sein.« Wer es vom Vater hört und lernt, der kommt zu mir.

46 Nicht als ob jemand den Vater gesehen hätte außer dem, der von Gott gekommen ist; der hat den Vater gesehen.

47 Wahrlich, wahrlich, ich sage euch: **Wer glaubt, der hat das ewige Leben.**

¶ **48** Ich bin das Brot des Lebens.

49 Eure Väter haben in der Wüste das Manna gegessen und sind gestorben.

50 Dies ist das Brot, das vom Himmel kommt, damit, wer davon isst, nicht sterbe.

51 Ich bin das lebendige Brot, das vom Himmel gekommen ist. Wer von diesem Brot isst, der wird leben in Ewigkeit. Und dieses Brot ist mein Fleisch, das ich geben werde für das Leben der Welt.

¶ **52** Da stritten die Juden untereinander und sagten: Wie kann der uns sein Fleisch zu essen geben?

53 Jesus sprach zu ihnen: Wahrlich, wahrlich, ich sage euch: Wenn ihr nicht das Fleisch des Menschensohns esst und sein Blut trinkt, so habt ihr kein Leben in euch.

54 Wer mein Fleisch isst und mein Blut trinkt, der hat das ewige Leben, und ich werde ihn am Jüngsten Tage auferwecken.

55 Denn mein Fleisch ist die wahre Speise, und mein Blut ist der wahre Trank.

56 Wer mein Fleisch isst und mein Blut trinkt, der bleibt in mir und ich in ihm.

57 Wie mich der lebendige Vater gesandt hat und ich lebe um des Vaters willen, so wird auch, wer mich isst, leben um meinetwillen.

58 Dies ist das Brot, das vom Himmel gekommen ist. Es ist nicht wie bei den Vätern, die gegessen haben und gestorben sind. Wer dies Brot isst, der wird leben in Ewigkeit.

¶ **59** Das sagte er in der Synagoge, als er in Kapernaum lehrte.

Scheidung unter den Jüngern

60 Viele nun seiner Jünger, die das hörten, sprachen: Das ist eine harte Rede; wer kann sie hören?

42 They said, "Is not this Jesus, the son of Joseph, whose father and mother we know? How does he now say, 'I have come down from heaven'?"

43 Jesus answered them, "Do not grumble among yourselves.

44 No one can come to me unless the Father who sent me [q]draws him. And [r]I will raise him up on the last day.

45 It is written in the Prophets, [s]'And they will all be [t]taught by God.' [u]Everyone who has heard and learned from the Father comes to me—

46 [v]not that anyone has seen the Father except [w]he who is from God; he [x]has seen the Father.

47 Truly, truly, I say to you, [y]whoever believes has eternal life.

48 [z]I am the bread of life.

49 [a]Your fathers ate the manna in the wilderness, and [b]they died.

50 [c]This is the bread that comes down from heaven, so that one may eat of it [d]and not die.

51 I am the living bread [e]that came down from heaven. If anyone eats of this bread, he will live forever. And the bread that I will give [f]for the life of the world is [g]my flesh."

¶ **52** The Jews then disputed among themselves, saying, "How can this man give us his flesh to eat?"

53 So Jesus said to them, "Truly, truly, I say to you, unless you eat the flesh of [j]the Son of Man and drink his blood, you [k]have no life in you.

54 Whoever feeds on my flesh and drinks my blood [l]has eternal life, and [m]I will raise him up on the last day.

55 For my flesh is true food, and my blood is true drink.

56 Whoever feeds on my flesh and drinks my blood [n]abides in me, and I in him.

57 As [o]the living Father [p]sent me, and [q]I live because of the Father, so whoever feeds on me, he also will live because of me.

58 [r]This is the bread that came down from heaven, not like the bread[3] the fathers ate and died. Whoever feeds on this bread will live forever."

59 Jesus[4] said these things in the synagogue, as he taught at Capernaum.

The Words of Eternal Life

¶ **60** When many of his disciples heard it, they said, "This is a hard saying; who can listen to it?"

61 Da Jesus aber bei sich selbst merkte, dass seine Jünger darüber murrten, sprach er zu ihnen: Ärgert euch das?

62 Wie, wenn ihr nun sehen werdet den Menschensohn auffahren dahin, wo er zuvor war?

63 Der Geist ist's, der lebendig macht; das Fleisch ist nichts nütze. Die Worte, die ich zu euch geredet habe, die sind Geist und sind Leben.

64 Aber es gibt einige unter euch, die glauben nicht. Denn Jesus wusste von Anfang an, wer die waren, die nicht glaubten, und wer ihn verraten würde.

65 Und er sprach: Darum habe ich euch gesagt: Niemand kann zu mir kommen, es sei ihm denn vom Vater gegeben.

Das Bekenntnis des Petrus

66 Von da an wandten sich viele seiner Jünger ab und gingen hinfort nicht mehr mit ihm.

67 Da fragte Jesus die Zwölf: Wollt ihr auch weggehen?

68 Da antwortete ihm Simon Petrus: **Herr, wohin sollen wir gehen? Du hast Worte des ewigen Lebens;**

69 und wir haben geglaubt und erkannt: Du bist der Heilige Gottes.

¶ **70** Jesus antwortete ihnen: Habe ich nicht euch Zwölf erwählt? Und einer von euch ist ein Teufel.

71 Er redete aber von Judas, dem Sohn des Simon Iskariot. Der verriet ihn hernach und war einer der Zwölf.

Die Reise zum Laubhüttenfest

7 Danach zog Jesus umher in Galiläa; denn er wollte nicht in Judäa umherziehen, weil ihm die Juden nach dem Leben trachteten.

2 Es war aber nahe das Laubhüttenfest der Juden.

3 Da sprachen seine Brüder zu ihm: Mach dich auf von hier und geh nach Judäa, damit auch deine Jünger die Werke sehen, die du tust.

4 Niemand tut etwas im Verborgenen und will doch öffentlich etwas gelten. Willst du das, so offenbare dich vor der Welt.

5 Denn auch seine Brüder glaubten nicht an ihn.

¶ **6** Da spricht Jesus zu ihnen: Meine Zeit ist noch nicht da, eure Zeit ist allewege.

7 Die Welt kann euch nicht hassen. Mich aber hasst sie, denn ich bezeuge von ihr, dass ihre Werke böse sind.

61 But Jesus, knowing in himself that his disciples were grumbling about this, said to them, "Do you take offense at this?

62 Then what if you were to see ʷthe Son of Man ˣascending to ʸwhere he was before?

63 ᶻIt is the Spirit who gives life; ᵃthe flesh is no help at all. ᵇThe words that I have spoken to you are spirit and life.

64 But ᶜthere are some of you who do not believe." (For Jesus knew from the beginning who those were who did not believe, and who it was who would betray him.)

65 And he said, "This is why I told you ᵉthat no one can come to me unless it is granted him by the Father."

¶ **66** After this many of his disciples turned back and no longer walked with him.

67 So Jesus said to the Twelve, "Do you want to go away as well?"

68 Simon Peter answered him, "Lord, to whom shall we go? You have the words of eternal life,

69 and we have believed, and have come to know, that you are the Holy One of God."

70 Jesus answered them, ˡ"Did I not choose you, ᵍthe Twelve? And yet one of you is ᵐa devil."

71 He spoke of Judas the son of Simon Iscariot, for he, one of the Twelve, was going to betray him.

Jesus at the Feast of Booths

7 After this Jesus went about in Galilee. He would not go about in Judea, because the Jews¹ were seeking to kill him.

2 Now the Jews' Feast of Booths was at hand.

3 So his brothers² said to him, "Leave here and go to Judea, that your disciples also may see the works you are doing.

4 For no one works in secret if he seeks to be known openly. If you do these things, show yourself to the world."

5 For not even his brothers believed in him.

6 Jesus said to them, ʷ"My time has not yet come, but your time is always here.

7 The world cannot hate you, but ˣit hates me because I testify about it that ʸits works are evil.

8 Geht ihr hinauf zum Fest! Ich will nicht hinaufgehen zu diesem Fest, denn meine Zeit ist noch nicht erfüllt.

9 Das sagte er und blieb in Galiläa.

¶ **10** Als aber seine Brüder hinaufgegangen waren zum Fest, da ging auch er hinauf, nicht öffentlich, sondern heimlich.

11 Da suchten ihn die Juden auf dem Fest und fragten: Wo ist er?

12 Und es war ein großes Gemurmel über ihn im Volk. Einige sprachen: Er ist gut; andere aber sprachen: Nein, sondern er verführt das Volk.

13 Niemand aber redete offen über ihn aus Furcht vor den Juden.

Jesus auf dem Fest

14 Aber mitten im Fest ging Jesus hinauf in den Tempel und lehrte.

15 Und die Juden verwunderten sich und sprachen: Wie kann dieser die Schrift verstehen, wenn er es doch nicht gelernt hat?

16 Jesus antwortete ihnen und sprach: **Meine Lehre ist nicht von mir, sondern von dem, der mich gesandt hat.**

17 **Wenn jemand dessen Willen tun will, wird er innewerden, ob diese Lehre von Gott ist oder ob ich von mir selbst aus rede.**

18 Wer von sich selbst aus redet, der sucht seine eigene Ehre; wer aber die Ehre dessen sucht, der ihn gesandt hat, der ist wahrhaftig, und keine Ungerechtigkeit ist in ihm.

¶ **19** Hat euch nicht Mose das Gesetz gegeben? Und niemand unter euch tut das Gesetz. Warum sucht ihr mich zu töten?

20 Das Volk antwortete: Du bist besessen; wer sucht dich zu töten?

21 Jesus antwortete und sprach zu ihnen: Ein einziges Werk habe ich getan und es wundert euch alle.

22 Mose hat euch doch die Beschneidung gegeben – nicht dass sie von Mose kommt, sondern von den Vätern –, und ihr beschneidet den Menschen auch am Sabbat.

23 Wenn nun ein Mensch am Sabbat die Beschneidung empfängt, damit nicht das Gesetz des Mose gebrochen werde, was zürnt ihr dann mir, weil ich am Sabbat den ganzen Menschen gesund gemacht habe?

24 Richtet nicht nach dem, was vor Augen ist, sondern richtet gerecht.

¶ **25** Da sprachen einige aus Jerusalem: Ist das nicht der, den sie zu töten suchen?

8 You go up to the feast. I am not[3] going up to this feast, for [z]my time has not yet fully come."

9 After saying this, he remained in Galilee.

¶ **10** But after his brothers had gone up to the feast, then he also went up, not publicly but in private.

11 The Jews were looking for him at the feast, and saying, "Where is he?"

12 And there was much muttering about him among the people. While some said, "He is a good man," others said, "No, he is leading the people astray."

13 Yet for fear of the Jews no one spoke openly of him.

¶ **14** About the middle of the feast Jesus went up into the temple and began teaching.

15 The Jews therefore marveled, saying, "How is it that this man has learning,[4] when he has never studied?"

16 So Jesus answered them, [j]"My teaching is not mine, but his [k]who sent me.

17 [l]If anyone's will is to do God's[5] will, [m]he will know whether the teaching is from God or whether I [n]am speaking on my own authority.

18 The one who speaks on his own authority [o]seeks his own glory; but the one who seeks the glory of him who sent him is true, and in him there is no falsehood.

19 [p]Has not Moses given you the law? Yet none of you keeps the law. [q]Why do you seek to kill me?"

20 The crowd answered, "You have a demon! Who is seeking to kill you?"

21 Jesus answered them, "I did [s]one work, and you all marvel at it.

22 [t]Moses gave you circumcision (not that it is from Moses, but [u]from the fathers), and you circumcise a man on the Sabbath.

23 If on the Sabbath a man receives circumcision, so that the law of Moses may not be broken, [v]are you angry with me because on the Sabbath I made a man's whole body well?

24 [w]Do not judge by appearances, but judge with right judgment."

Can This Be the Christ?

¶ **25** Some of the people of Jerusalem therefore said, "Is not this the man whom they seek to kill?

26 Und siehe, er redet frei und offen und sie sagen ihm nichts. Sollten unsere Oberen nun wahrhaftig erkannt haben, dass er der Christus ist?

27 Doch wir wissen, woher dieser ist; wenn aber der Christus kommen wird, so wird niemand wissen, woher er ist.

28 Da rief Jesus, der im Tempel lehrte: Ihr kennt mich und wisst, woher ich bin. Aber nicht von mir selbst aus bin ich gekommen, sondern es ist ein Wahrhaftiger, der mich gesandt hat, den ihr nicht kennt.

29 Ich aber kenne ihn; denn ich bin von ihm, und er hat mich gesandt.

30 Da suchten sie ihn zu ergreifen; aber niemand legte Hand an ihn, denn seine Stunde war noch nicht gekommen.

31 Aber viele aus dem Volk glaubten an ihn und sprachen: Wenn der Christus kommen wird, wird er etwa mehr Zeichen tun, als dieser getan hat?

¶ **32** Und es kam den Pharisäern zu Ohren, dass im Volk solches Gemurmel über ihn war. Da sandten die Hohenpriester und Pharisäer Knechte aus, die ihn ergreifen sollten.

33 Da sprach Jesus zu ihnen: Ich bin noch eine kleine Zeit bei euch, und dann gehe ich hin zu dem, der mich gesandt hat.

34 Ihr werdet mich suchen und nicht finden; und wo ich bin, könnt ihr nicht hinkommen.

35 Da sprachen die Juden untereinander: Wo will dieser hingehen, dass wir ihn nicht finden könnten? Will er zu denen gehen, die in der Zerstreuung unter den Griechen wohnen, und die Griechen lehren?

36 Was ist das für ein Wort, dass er sagt: Ihr werdet mich suchen und nicht finden; und wo ich bin, da könnt ihr nicht hinkommen?

¶ **37** Aber am letzten Tag des Festes, der der höchste war, trat Jesus auf und rief: Wen da dürstet, der komme zu mir und trinke!

38 Wer an mich glaubt, wie die Schrift sagt, von dessen Leib werden Ströme lebendigen Wassers fließen.

39 Das sagte er aber von dem Geist, den die empfangen sollten, die an ihn glaubten; denn der Geist war noch nicht da; denn Jesus war noch nicht verherrlicht.

Zwiespalt im Volk

40 Einige nun aus dem Volk, die diese Worte hörten, sprachen: Dieser ist wahrhaftig der Prophet.

26 And here he is, speaking openly, and they say nothing to him! Can it be that the authorities really know that this is the Christ?

27 But we know where this man comes from, and when the Christ appears, no one will know where he comes from."

28 So Jesus proclaimed, as he taught in the temple, *ª*"You know me, and you know where I come from? But *ᵉ*I have not come of my own accord. *ᶠ*He who sent me is true, *ᵍ*and him you do not know.

29 *ʰ*I know him, for I come *ⁱ*from him, and *ʲ*he sent me."

30 So they were seeking to arrest him, but no one laid a hand on him, because his hour had not yet come.

31 Yet many of the people believed in him. They said, "When the Christ appears, will he do more signs than this man has done?"

Officers Sent to Arrest Jesus

¶ **32** The Pharisees heard the crowd muttering these things about him, and the chief priests and Pharisees sent officers to arrest him.

33 Jesus then said, *ʳ*"I will be with you a little longer, and then *ˢ*I am going to him who sent me.

34 *ᵗ*You will seek me and you will not find me. Where I am you cannot come."

35 The Jews said to one another, "Where does this man intend to go that we will not find him? Does he intend to go to the Dispersion among the Greeks and teach the Greeks?

36 What does he mean by saying, *ˣ*'You will seek me and you will not find me,' and, 'Where I am you cannot come'?"

Rivers of Living Water

¶ **37** On the last day of the feast, the great day, Jesus stood up and cried out, *ᶻ*"If anyone thirsts, let him *ª*come to me and drink.

38 Whoever believes in me, *ᵇ*as⁶ the Scripture has said, *ᶜ*'Out of his heart will flow rivers of *ᵈ*living water.'"

39 Now this he said about the Spirit, whom those who believed in him were to receive, for as yet the Spirit had not been given, because Jesus was not yet glorified.

Division Among the People

¶ **40** When they heard these words, some of the people said, "This really is the Prophet."

41 Andere sprachen: Er ist der Christus. Wieder andere sprachen: Soll der Christus aus Galiläa kommen?

42 Sagt nicht die Schrift: Aus dem Geschlecht Davids und aus dem Ort Bethlehem, wo David war, soll der Christus kommen?

43 So entstand seinetwegen Zwietracht im Volk.

44 Es wollten aber einige ihn ergreifen; aber niemand legte Hand an ihn.

¶ **45** Die Knechte kamen zu den Hohenpriestern und Pharisäern; und die fragten sie: Warum habt ihr ihn nicht gebracht?

46 Die Knechte antworteten: Noch nie hat ein Mensch so geredet wie dieser.

47 Da antworteten ihnen die Pharisäer: Habt ihr euch auch verführen lassen?

48 Glaubt denn einer von den Oberen oder Pharisäern an ihn?

49 Nur das Volk tut's, das nichts vom Gesetz weiß; verflucht ist es.

50 Spricht zu ihnen Nikodemus, der vormals zu ihm gekommen war und der einer von ihnen war:

51 Richtet denn unser Gesetz einen Menschen, ehe man ihn verhört und erkannt hat, was er tut?

52 Sie antworteten und sprachen zu ihm: Bist du auch ein Galiläer? Forsche und sieh: Aus Galiläa steht kein Prophet auf.

Jesus und die Ehebrecherin

53 Und jeder ging heim.*

8 Jesus aber ging zum Ölberg.

2 Und frühmorgens kam er wieder in den Tempel, und alles Volk kam zu ihm, und er setzte sich und lehrte sie.

¶ **3** Aber die Schriftgelehrten und Pharisäer brachten eine Frau, beim Ehebruch ergriffen, und stellten sie in die Mitte

4 und sprachen zu ihm: Meister, diese Frau ist auf frischer Tat beim Ehebruch ergriffen worden.

5 Mose aber hat uns im Gesetz geboten, solche Frauen zu steinigen. Was sagst du?

6 Das sagten sie aber, ihn zu versuchen, damit sie ihn verklagen könnten. Aber Jesus bückte sich und schrieb mit dem Finger auf die Erde.

41 Others said, "This is the Christ." But some said, "Is the Christ to come from Galilee?

42 Has not the Scripture said that the Christ comes from the offspring of David, and comes from Bethlehem, the village where David was?"

43 So there was a division among the people over him.

44 Some of them wanted to arrest him, but no one laid hands on him.

¶ **45** The officers then came to the chief priests and Pharisees, who said to them, "Why did you not bring him?"

46 The officers answered, "No one ever spoke like this man!"

47 The Pharisees answered them, "Have you also been deceived?

48 Have any of the authorities or the Pharisees believed in him?

49 But this crowd that does not know the law is accursed."

50 Nicodemus, who had gone to him before, and who was one of them, said to them,

51 "Does our law judge a man without first giving him a hearing and learning what he does?"

52 They replied, "Are you from Galilee too? Search and see that no prophet arises from Galilee."

[The earliest manuscripts do not include 7:53–8:11.][7]

The Woman Caught in Adultery

¶ **53** [[They went each to his own house,

8 but Jesus went to the Mount of Olives.

2 Early in the morning he came again to the temple. All the people came to him, and he sat down and taught them.

3 The scribes and the Pharisees brought a woman who had been caught in adultery, and placing her in the midst

4 they said to him, "Teacher, this woman has been caught in the act of adultery.

5 Now in the Law Moses commanded us to stone such women. So what do you say?"

6 This they said to test him, that they might have some charge to bring against him. Jesus bent down and wrote with his finger on the ground.

7 Als sie nun fortfuhren, ihn zu fragen, richtete er sich auf und sprach zu ihnen: **Wer unter euch ohne Sünde ist, der werfe den ersten Stein auf sie.**

8 Und er bückte sich wieder und schrieb auf die Erde.

9 Als sie aber das hörten, gingen sie weg, einer nach dem andern, die Ältesten zuerst; und Jesus blieb allein mit der Frau, die in der Mitte stand.

¶ **10** Jesus aber richtete sich auf und fragte sie: Wo sind sie, Frau? Hat dich niemand verdammt?

11 Sie antwortete: Niemand, Herr. Und Jesus sprach: So verdamme ich dich auch nicht; geh hin und sündige hinfort nicht mehr.

Jesus das Licht der Welt

12 Da redete Jesus abermals zu ihnen und sprach: **Ich bin das Licht der Welt. Wer mir nachfolgt, der wird nicht wandeln in der Finsternis, sondern wird das Licht des Lebens haben.**

¶ **13** Da sprachen die Pharisäer zu ihm: Du gibst Zeugnis von dir selbst; dein Zeugnis ist nicht wahr.

14 Jesus antwortete und sprach zu ihnen: Auch wenn ich von mir selbst zeuge, ist mein Zeugnis wahr; denn ich weiß, woher ich gekommen bin und wohin ich gehe; ihr aber wisst nicht, woher ich komme oder wohin ich gehe.

15 Ihr richtet nach dem Fleisch*, ich richte niemand.

16 Wenn ich aber richte, so ist mein Richten gerecht; denn ich bin's nicht allein, sondern ich und der Vater, der mich gesandt hat.

17 Auch steht in eurem Gesetz geschrieben, dass zweier Menschen Zeugnis wahr sei.

18 Ich bin's, der von sich selbst zeugt; und der Vater, der mich gesandt hat, zeugt auch von mir.

19 Da fragten sie ihn: Wo ist dein Vater? Jesus antwortete: Ihr kennt weder mich noch meinen Vater; wenn ihr mich kenntet, so kenntet ihr auch meinen Vater.

¶ **20** Diese Worte redete Jesus an dem Gotteskasten, als er lehrte im Tempel; und niemand ergriff ihn, denn seine Stunde war noch nicht gekommen.

Jesu Weg zur Erhöhung

21 Da sprach Jesus abermals zu ihnen: Ich gehe hinweg und ihr werdet mich suchen und in eurer Sünde sterben. Wo ich hingehe, da könnt ihr nicht hinkommen.

7 And as they continued to ask him, he stood up and said to them, [h]"Let him who is without sin among you [i]be the first to throw a stone at her."

8 And once more he bent down and wrote on the ground.

9 But when they heard it, they went away one by one, beginning with the older ones, and Jesus was left alone with the woman standing before him.

10 Jesus stood up and said to her, "Woman, where are they? Has no one condemned you?"

11 She said, "No one, Lord." And Jesus said, [j]"Neither do I condemn you; go, and from now on [k]sin no more."]]

I Am the Light of the World

¶ **12** Again Jesus spoke to them, saying, [m]"I am the light of the world. Whoever [n]follows me will not [o]walk in darkness, but will have the light of life."

13 So the Pharisees said to him, "You are bearing witness about yourself; your testimony is not true."

14 Jesus answered, "Even if I do bear witness about myself, [q]my testimony is true, for I know [r]where I came from and [s]where I am going, but [t]you do not know where I come from or where I am going.

15 [u]You judge according to the flesh; [v]I judge no one.

16 Yet even if I do judge, [w]my judgment is true, for [x]it is not I alone who judge, but I and the Father[1] who sent me.

17 [y]In your Law it is written that the testimony of two people is true.

18 I am the one who bears witness about myself, and [z]the Father who sent me bears witness about me."

19 They said to him therefore, "Where is your Father?" Jesus answered, [a]"You know neither me nor my Father. [b]If you knew me, you would know my Father also."

20 These words he spoke in the treasury, as he taught in the temple; but no one arrested him, because his hour had not yet come.

¶ **21** So he said to them again, [f]"I am going away, and [g]you will seek me, and [h]you will die in your sin. Where I am going, you cannot come."

22 Da sprachen die Juden: Will er sich denn selbst töten, dass er sagt: Wohin ich gehe, da könnt ihr nicht hinkommen?

23 Und er sprach zu ihnen: Ihr seid von unten her, ich bin von oben her; ihr seid von dieser Welt, ich bin nicht von dieser Welt.

24 Darum habe ich euch gesagt, dass ihr sterben werdet in euren Sünden; denn wenn ihr nicht glaubt, dass ich es bin, werdet ihr sterben in euren Sünden.

¶ **25** Da fragten sie ihn: Wer bist du denn? Und Jesus sprach zu ihnen: Zuerst das, was ich euch auch sage.

26 Ich habe viel von euch zu reden und zu richten. Aber der mich gesandt hat, ist wahrhaftig, und was ich von ihm gehört habe, das rede ich zu der Welt.

27 Sie verstanden aber nicht, dass er zu ihnen vom Vater sprach.

28 Da sprach Jesus zu ihnen: Wenn ihr den Menschensohn erhöhen werdet, dann werdet ihr erkennen, dass ich es bin und nichts von mir selber tue, sondern, wie mich der Vater gelehrt hat, so rede ich.

29 Und der mich gesandt hat, ist mit mir. Er lässt mich nicht allein; denn ich tue allezeit, was ihm gefällt.

Die wahre Freiheit

30 Als er das sagte, glaubten viele an ihn.

31 Da sprach nun Jesus zu den Juden, die an ihn glaubten: **Wenn ihr bleiben werdet an meinem Wort, so seid ihr wahrhaftig meine Jünger**

32 **und werdet die Wahrheit erkennen, und die Wahrheit wird euch frei machen.**

¶ **33** Da antworteten sie ihm: Wir sind Abrahams Kinder und sind niemals jemandes Knecht gewesen. Wie sprichst du dann: Ihr sollt frei werden?

34 Jesus antwortete ihnen und sprach: Wahrlich, wahrlich, ich sage euch: **Wer Sünde tut, der ist der Sünde Knecht.**

35 Der Knecht bleibt nicht ewig im Haus; der Sohn bleibt ewig.

36 **Wenn euch nun der Sohn frei macht, so seid ihr wirklich frei.**

Abrahamskinder und Teufelskinder

37 Ich weiß wohl, dass ihr Abrahams Kinder seid; aber ihr sucht mich zu töten, denn mein Wort findet bei euch keinen Raum.

38 Ich rede, was ich von meinem Vater gesehen habe; und ihr tut, was ihr von eurem Vater gehört habt.

22 So the Jews said, "Will he kill himself, since he says, 'Where I am going, you cannot come'?"

23 He said to them, ^{j} "You are from below; I am from above. ^{k} You are of this world; ^{l} I am not of this world.

24 I told you that you ^{m} would die in your sins, for ^{n} unless you believe that ^{o} I am he you will die in your sins."

25 So they said to him, "Who are you?" Jesus said to them, "Just what I have been telling you from the beginning.

26 I have much to say about you and much to judge, but ^{q} he who sent me is true, and I declare ^{r} to the world ^{s} what I have heard from him."

27 They did not understand that he had been speaking to them about the Father.

28 So Jesus said to them, "When you have ^{u} lifted up the Son of Man, ^{v} then you will know that ^{w} I am he, and that ^{x} I do nothing on my own authority, but ^{y} speak just as the Father taught me.

29 And ^{z} he who sent me is with me. ^{z} He has not left me alone, for ^{a} I always do the things that are pleasing to him."

30 As he was saying these things, many believed in him.

The Truth Will Set You Free

¶ **31** So Jesus said to the Jews who had believed in him, ^{c} "If you abide in my word, you are truly my disciples,

32 and you will ^{d} know the truth, and the truth ^{e} will set you free."

33 They answered him, "We are offspring of Abraham and have never been enslaved to anyone. How is it that you say, 'You will become free'?"

¶ **34** Jesus answered them, "Truly, truly, I say to you, ^{g} everyone who commits sin is a slave^2 to sin.

35 ^{h} The slave does not remain in the house forever; ^{i} the son remains forever.

36 So if the Son sets you free, you will be free indeed.

37 I know that you are offspring of Abraham; yet ^{j} you seek to kill me because my word finds no place in you.

38 ^{k} I speak of what I have seen with my Father, and you do what you have heard ^{l} from your father."

39 Sie antworteten und sprachen zu ihm: Abraham ist unser Vater. Spricht Jesus zu ihnen: Wenn ihr Abrahams Kinder wärt, so tätet ihr Abrahams Werke.

40 Nun aber sucht ihr mich zu töten, einen Menschen, der euch die Wahrheit gesagt hat, wie ich sie von Gott gehört habe. Das hat Abraham nicht getan.

41 Ihr tut die Werke eures Vaters.

¶ Da sprachen sie zu ihm: Wir sind nicht unehelich geboren; wir haben **einen** Vater: Gott.

42 Jesus sprach zu ihnen: Wäre Gott euer Vater, so liebtet ihr mich; denn ich bin von Gott ausgegangen und komme von ihm; denn ich bin nicht von selbst gekommen, sondern er hat mich gesandt.

43 Warum versteht ihr denn meine Sprache nicht? Weil ihr mein Wort nicht hören könnt!

44 Ihr habt den Teufel zum Vater, und nach eures Vaters Gelüste wollt ihr tun. Der ist ein Mörder von Anfang an und steht nicht in der Wahrheit; denn die Wahrheit ist nicht in ihm. Wenn er Lügen redet, so spricht er aus dem Eigenen; denn er ist ein Lügner und der Vater der Lüge.

45 Weil ich aber die Wahrheit sage, glaubt ihr mir nicht.

Der Streit um Jesu Ehre

46 Wer von euch kann mich einer Sünde zeihen? Wenn ich aber die Wahrheit sage, warum glaubt ihr mir nicht?

47 Wer von Gott ist, der hört Gottes Worte; ihr hört darum nicht, weil ihr nicht von Gott seid.

¶ **48** Da antworteten die Juden und sprachen zu ihm: Sagen wir nicht mit Recht, dass du ein Samariter bist und einen bösen Geist hast?

49 Jesus antwortete: Ich habe keinen bösen Geist, sondern ich ehre meinen Vater, aber ihr nehmt mir die Ehre.

50 Ich suche nicht meine Ehre; es ist aber einer, der sie sucht, und er richtet.

51 Wahrlich, wahrlich, ich sage euch: **Wer mein Wort hält, der wird den Tod nicht sehen in Ewigkeit.**

¶ **52** Da sprachen die Juden zu ihm: Nun erkennen wir, dass du einen bösen Geist hast. Abraham ist gestorben und die Propheten, und du sprichst: Wer mein Wort hält, der wird den Tod nicht schmecken in Ewigkeit.

You Are of Your Father the Devil

¶ **39** They answered him, "Abraham is our father." Jesus said to them, ^{n}"If you were Abraham's children, you would be doing the works Abraham did,

40 but now ^{o}you seek to kill me, a man who has told you the truth ^{p}that I heard from God. This is not what Abraham did.

41 You are doing the works your father did." They said to him, "We were not born of sexual immorality. We have one Father—even God."

42 Jesus said to them, ^{s}"If God were your Father, you would love me, for ^{t}I came from God and ^{u}I am here. ^{v}I came not of my own accord, but ^{w}he sent me.

43 ^{x}Why do you not understand what I say? It is because you cannot ^{y}bear to hear my word.

44 ^{z}You are of your father the devil, and your will is to do your father's desires. ^{a}He was a murderer from the beginning, and ^{b}has nothing to do with the truth, because there is no truth in him. ^{c}When he lies, he speaks out of his own character, for he is a liar and the father of lies.

45 But because I tell the truth, you do not believe me.

46 Which one of you convicts me of sin? If I tell the truth, why do you not believe me?

47 ^{d}Whoever is of God hears the words of God. ^{e}The reason why you do not hear them is that ^{f}you are not of God."

Before Abraham Was, I Am

¶ **48** The Jews answered him, "Are we not right in saying that you are a Samaritan and have a demon?"

49 Jesus answered, "I do not have a demon, but ^{h}I honor my Father, and you dishonor me.

50 Yet ^{i}I do not seek my own glory; there is One who seeks it, and he is the judge.

51 Truly, truly, ^{j}I say to you, if anyone keeps my word, he will never ^{k}see death."

52 The Jews said to him, "Now we know that you have a demon! Abraham died, as did the prophets, yet you say, 'If anyone keeps my word, he will never ^{n}taste death.'

53 Bist du mehr als unser Vater Abraham, der gestorben ist? Und die Propheten sind gestorben. Was machst du aus dir selbst?

54 Jesus antwortete: Wenn ich mich selber ehre, so ist meine Ehre nichts. Es ist aber mein Vater, der mich ehrt, von dem ihr sagt: Er ist unser Gott;

55 und ihr kennt ihn nicht; ich aber kenne ihn. Und wenn ich sagen wollte: Ich kenne ihn nicht, so würde ich ein Lügner, wie ihr seid. Aber ich kenne ihn und halte sein Wort.

56 Abraham, euer Vater, wurde froh, dass er meinen Tag sehen sollte, und er sah ihn und freute sich.

¶ **57** Da sprachen die Juden zu ihm: Du bist noch nicht fünfzig Jahre alt und hast Abraham gesehen?

58 Jesus sprach zu ihnen: Wahrlich, wahrlich, ich sage euch: Ehe Abraham wurde, bin ich.

59 Da hoben sie Steine auf, um auf ihn zu werfen. Aber Jesus verbarg sich und ging zum Tempel hinaus.

Die Heilung eines Blindgeborenen

9 Und Jesus ging vorüber und sah einen Menschen, der blind geboren war.

2 Und seine Jünger fragten ihn und sprachen: Meister, wer hat gesündigt, dieser oder seine Eltern, dass er blind geboren ist?

3 Jesus antwortete: Es hat weder dieser gesündigt noch seine Eltern, sondern es sollen die Werke Gottes offenbar werden an ihm.

4 Wir müssen die Werke dessen wirken, der mich gesandt hat, solange es Tag ist; es kommt die Nacht, da niemand wirken kann.

5 Solange ich in der Welt bin, bin ich das Licht der Welt.

6 Als er das gesagt hatte, spuckte er auf die Erde, machte daraus einen Brei und strich den Brei auf die Augen des Blinden.

7 Und er sprach zu ihm: Geh zum Teich Siloah – das heißt übersetzt: gesandt – und wasche dich! Da ging er hin und wusch sich und kam sehend wieder.

¶ **8** Die Nachbarn nun und die, die ihn früher als Bettler gesehen hatten, sprachen: Ist das nicht der Mann, der dasaß und bettelte?

9 Einige sprachen: Er ist's; andere: Nein, aber er ist ihm ähnlich. Er selbst aber sprach: Ich bin's.

10 Da fragten sie ihn: Wie sind deine Augen aufgetan worden?

53 Are you greater than our father Abraham, who died? And the prophets died! Who do you make yourself out to be?"

54 Jesus answered, ^{p}"If I glorify myself, my glory is nothing. ^{q}It is my Father who glorifies me, ^{r}of whom you say, 'He is our God.'^{3}

55 But ^{s}you have not known him. ^{t}I know him. If I were to say that I do not know him, I would be ^{u}a liar ^{v}like you, but I do know him and I keep his word.

56 ^{w}Your father Abraham ^{x}rejoiced ^{y}that he would see my day. ^{z}He saw it and was glad."

57 So the Jews said to him, "You are not yet fifty years old, and have you seen Abraham?"^{4}

58 Jesus said to them, "Truly, truly, I say to you, before Abraham was, ^{a}I am."

59 So they picked up stones to throw at him, but Jesus hid himself and went out of the temple.

Jesus Heals a Man Born Blind

9 As he passed by, he saw a man blind from birth.

2 And his disciples asked him, "Rabbi, who sinned, this man or his parents, that he was born blind?"

3 Jesus answered, "It was not that this man sinned, or his parents, but ^{g}that the works of God might be displayed in him.

4 We must ^{h}work the works of him who sent me ^{i}while it is day; night is coming, when no one can work.

5 As long as I am in the world, ^{j}I am the light of the world."

6 Having said these things, he spat on the ground and made mud with the saliva. Then he anointed the man's eyes with the mud

7 and said to him, "Go, wash in ^{m}the pool of Siloam" (which means Sent). So he went and washed and came back seeing.

¶ **8** The neighbors and those who had seen him before as a beggar were saying, "Is this not the man who used to sit and beg?"

9 Some said, "It is he." Others said, "No, but he is like him." He kept saying, "I am the man."

10 So they said to him, "Then how were your eyes opened?"

11 Er antwortete: Der Mensch, der Jesus heißt, machte einen Brei und strich ihn auf meine Augen und sprach: Geh zum Teich Siloah und wasche dich! Ich ging hin und wusch mich und wurde sehend.

12 Da fragten sie ihn: Wo ist er? Er antwortete: Ich weiß es nicht.

¶ **13** Da führten sie ihn, der vorher blind gewesen war, zu den Pharisäern.

14 Es war aber Sabbat an dem Tag, als Jesus den Brei machte und seine Augen öffnete.

15 Da fragten ihn auch die Pharisäer, wie er sehend geworden wäre. Er aber sprach zu ihnen: Einen Brei legte er mir auf die Augen, und ich wusch mich und bin nun sehend.

16 Da sprachen einige der Pharisäer: Dieser Mensch ist nicht von Gott, weil er den Sabbat nicht hält. Andere aber sprachen: Wie kann ein sündiger Mensch solche Zeichen tun? Und es entstand Zwietracht unter ihnen.

17 Da sprachen sie wieder zu dem Blinden: Was sagst du von ihm, dass er deine Augen aufgetan hat? Er aber sprach: Er ist ein Prophet.

¶ **18** Nun glaubten die Juden nicht von ihm, dass er blind gewesen und sehend geworden war, bis sie die Eltern dessen riefen, der sehend geworden war,

19 und sie fragten sie und sprachen: Ist das euer Sohn, von dem ihr sagt, er sei blind geboren? Wieso ist er nun sehend?

20 Seine Eltern antworteten ihnen und sprachen: Wir wissen, dass dieser unser Sohn ist und dass er blind geboren ist.

21 Aber wieso er nun sehend ist, wissen wir nicht, und wer ihm seine Augen aufgetan hat, wissen wir auch nicht. Fragt ihn, er ist alt genug; lasst ihn für sich selbst reden.

22 Das sagten seine Eltern, denn sie fürchteten sich vor den Juden. Denn die Juden hatten sich schon geeinigt: wenn jemand ihn als den Christus bekenne, der solle aus der Synagoge ausgestoßen werden.

23 Darum sprachen seine Eltern: Er ist alt genug, fragt ihn selbst.

¶ **24** Da riefen sie noch einmal den Menschen, der blind gewesen war, und sprachen zu ihm: Gib Gott die Ehre! Wir wissen, dass dieser Mensch ein Sünder ist.

25 Er antwortete: Ist er ein Sünder? Das weiß ich nicht; eins aber weiß ich: dass ich blind war und bin nun sehend.

26 Da fragten sie ihn: Was hat er mit dir getan? Wie hat er deine Augen aufgetan?

27 Er antwortete ihnen: Ich habe es euch schon gesagt und ihr habt's nicht gehört! Was wollt ihr's abermals hören? Wollt ihr auch seine Jünger werden?

11 He answered, "The man called Jesus made mud and anointed my eyes and said to me, 'Go to Siloam and wash.' So I went and washed and received my sight."

12 They said to him, "Where is he?" He said, "I do not know."

¶ **13** They brought to the Pharisees the man who had formerly been blind.

14 Now it was a Sabbath day when Jesus made the mud and opened his eyes.

15 So the Pharisees again asked him how he had received his sight. And he said to them, "He put mud on my eyes, and I washed, and I see."

16 Some of the Pharisees said, "This man is not from God, for he does not keep the Sabbath." But others said, "How can a man who is a sinner do such signs?" And there was a division among them.

17 So they said again to the blind man, "What do you say about him, since he has opened your eyes?" He said, "He is a prophet."

¶ **18** The Jews did not believe that he had been blind and had received his sight, until they called the parents of the man who had received his sight

19 and asked them, "Is this your son, who you say was born blind? How then does he now see?"

20 His parents answered, "We know that this is our son and that he was born blind.

21 But how he now sees we do not know, nor do we know who opened his eyes. Ask him; he is of age. He will speak for himself."

22 (His parents said these things because they feared the Jews, for the Jews had already agreed that if anyone should confess Jesus[1] to be Christ, he was to be put out of the synagogue.)

23 Therefore his parents said, "He is of age; ask him."

¶ **24** So for the second time they called the man who had been blind and said to him, "Give glory to God. We know that this man is a sinner."

25 He answered, "Whether he is a sinner I do not know. One thing I do know, that though I was blind, now I see."

26 They said to him, "What did he do to you? How did he open your eyes?"

27 He answered them, "I have told you already, and you would not listen. Why do you want to hear it again? Do you also want to become his disciples?"

28 Da schmähten sie ihn und sprachen: Du bist sein Jünger; wir aber sind Moses Jünger.

29 Wir wissen, dass Gott mit Mose geredet hat; woher aber dieser ist, wissen wir nicht.

¶ **30** Der Mensch antwortete und sprach zu ihnen: Das ist verwunderlich, dass ihr nicht wisst, woher er ist, und er hat meine Augen aufgetan.

31 Wir wissen, dass Gott die Sünder nicht erhört; sondern den, der gottesfürchtig ist und seinen Willen tut, den erhört er.

32 Von Anbeginn der Welt an hat man nicht gehört, dass jemand einem Blindgeborenen die Augen aufgetan habe.

33 Wäre dieser nicht von Gott, er könnte nichts tun.

34 Sie antworteten und sprachen zu ihm: Du bist ganz in Sünden geboren und lehrst uns? Und sie stießen ihn hinaus.

¶ **35** Es kam vor Jesus, dass sie ihn ausgestoßen hatten. Und als er ihn fand, fragte er: Glaubst du an den Menschensohn?

36 Er antwortete und sprach: Herr, wer ist's?, dass ich an ihn glaube.

37 Jesus sprach zu ihm: Du hast ihn gesehen, und der mit dir redet, der ist's.

38 Er aber sprach: Herr, ich glaube, und betete ihn an.

¶ **39** Und Jesus sprach: Ich bin zum Gericht in diese Welt gekommen, damit, die nicht sehen, sehend werden, und die sehen, blind werden.

40 Das hörten einige der Pharisäer, die bei ihm waren, und fragten ihn: Sind wir denn auch blind?

41 Jesus sprach zu ihnen: Wärt ihr blind, so hättet ihr keine Sünde; weil ihr aber sagt: Wir sind sehend, bleibt eure Sünde.

Der gute Hirte

10 Wahrlich, wahrlich, ich sage euch: Wer nicht zur Tür hineingeht in den Schafstall, sondern steigt anderswo hinein, der ist ein Dieb und ein Räuber.

2 Der aber zur Tür hineingeht, der ist der Hirte der Schafe.

3 Dem macht der Türhüter auf, und die Schafe hören seine Stimme; und er ruft seine Schafe mit Namen und führt sie hinaus.

4 Und wenn er alle seine Schafe hinausgelassen hat, geht er vor ihnen her, und die Schafe folgen ihm nach; denn sie kennen seine Stimme.

5 Einem Fremden aber folgen sie nicht nach, sondern fliehen vor ihm; denn sie kennen die Stimme der Fremden nicht.

28 And they reviled him, saying, "You are his disciple, but we are disciples of Moses.

29 We know that God has spoken to Moses, but as for this man, we do not know where he comes from."

30 The man answered, "Why, this is an amazing thing! You do not know where he comes from, and yet he opened my eyes.

31 We know that God does not listen to sinners, but if anyone is a worshiper of God and does his will, God listens to him.

32 Never since the world began has it been heard that anyone opened the eyes of a man born blind.

33 If this man were not from God, he could do nothing."

34 They answered him, "You were born in utter sin, and would you teach us?" And they cast him out.

¶ **35** Jesus heard that they had cast him out, and having found him he said, "Do you believe in ᑫthe Son of Man?"[2]

36 He answered, "And who is he, sir, that I may believe in him?"

37 Jesus said to him, "You have seen him, and ˢit is he who is speaking to you."

38 He said, "Lord, I believe," and he worshiped him.

39 Jesus said, ᵗ"For judgment I came into this world, ᵘthat those who do not see may see, and ᵛthose who see may become blind."

40 Some of the Pharisees near him heard these things, and said to him, "Are we also blind?"

41 Jesus said to them, "If you were blind, ˣyou would have no guilt;[3] but now that you say, 'We see,' your guilt remains.

I Am the Good Shepherd

10 "Truly, truly, I say to you, he who does not enter the sheepfold by the door but climbs in by another way, that man is a thief and a robber.

2 But he who enters by the door is the shepherd of the sheep.

3 To him the gatekeeper opens. The sheep hear his voice, and he calls his own sheep by name and leads them out.

4 When he has brought out all his own, he goes before them, and the sheep follow him, for they know his voice.

5 ʸA stranger they will not follow, but they will flee from him, for they do not know the voice of strangers."

6 Dies Gleichnis sagte Jesus zu ihnen; sie verstanden aber nicht, was er ihnen damit sagte.

¶ **7** Da sprach Jesus wieder: Wahrlich, wahrlich, ich sage euch: Ich bin die Tür zu den Schafen.

8 Alle, die vor mir gekommen sind, die sind Diebe und Räuber; aber die Schafe haben ihnen nicht gehorcht.

9 Ich bin die Tür; wenn jemand durch mich hineingeht, wird er selig werden und wird ein- und ausgehen und Weide finden.

10 Ein Dieb kommt nur, um zu stehlen, zu schlachten und umzubringen. Ich bin gekommen, damit sie das Leben und volle Genüge haben sollen.

¶ **11** Ich bin der gute Hirte. Der gute Hirte lässt sein Leben für die Schafe.

12 Der Mietling aber, der nicht Hirte ist, dem die Schafe nicht gehören, sieht den Wolf kommen und verlässt die Schafe und flieht – und der Wolf stürzt sich auf die Schafe und zerstreut sie –,

13 denn er ist ein Mietling und kümmert sich nicht um die Schafe.

14 Ich bin der gute Hirte und kenne die Meinen und die Meinen kennen mich,

15 wie mich mein Vater kennt und ich kenne den Vater. Und ich lasse mein Leben für die Schafe.

¶ **16** Und ich habe noch andere Schafe, die sind nicht aus diesem Stall; auch sie muss ich herführen, und sie werden meine Stimme hören, und es wird eine Herde und ein Hirte werden.

17 Darum liebt mich mein Vater, weil ich mein Leben lasse, dass ich's wieder nehme.

18 Niemand nimmt es von mir, sondern ich selber lasse es. Ich habe Macht, es zu lassen, und habe Macht, es wieder zu nehmen. Dies Gebot habe ich empfangen von meinem Vater.

¶ **19** Da entstand abermals Zwietracht unter den Juden wegen dieser Worte.

20 Viele unter ihnen sprachen: Er hat einen bösen Geist und ist von Sinnen; was hört ihr ihm zu?

21 Andere sprachen: Das sind nicht Worte eines Besessenen; kann denn ein böser Geist die Augen der Blinden auftun?

¶ **22** Es war damals das Fest der Tempelweihe in Jerusalem und es war Winter.

23 Und Jesus ging umher im Tempel in der Halle Salomos.

6 This figure of speech Jesus used with them, but they did not understand what he was saying to them.

¶ **7** So Jesus again said to them, "Truly, truly, I say to you, [b]I am the door of the sheep.

8 All who came before me are thieves and robbers, but the sheep did not listen to them.

9 I am the door. If anyone enters by me, [c]he will be saved and will go in and out and [d]find pasture.

10 The thief comes only to steal and [e]kill and destroy. I came that they may have life and have it abundantly.

11 [f]I am the good shepherd. The good shepherd [g]lays down his life for the sheep.

12 He who is [h]a hired hand and not a shepherd, who does not own the sheep, sees the wolf coming and [i]leaves the sheep and flees, and the wolf snatches them and [j]scatters them.

13 He flees because [k]he is a hired hand and [l]cares nothing for the sheep.

14 [m]I am the good shepherd. [n]I know my own and [o]my own know me,

15 [p]just as the Father knows me and I know the Father; and [q]I lay down my life for the sheep.

16 And [r]I have other sheep that are not of this fold. [s]I must bring them also, and [t]they will listen to my voice. So there will be [u]one flock, [v]one shepherd.

17 [w]For this reason the Father loves me, [x]because [y]I lay down my life that I may take it up again.

18 [z]No one takes it from me, but [y]I lay it down [a]of my own accord. I have authority to lay it down, and [b]I have authority to take it up again. [c]This charge I have received from my Father."

¶ **19** There was again a division among the Jews because of these words.

20 Many of them said, "He has a demon, and is insane; why listen to him?"

21 Others said, "These are not the words of one who is oppressed by a demon. Can a demon open the eyes of the blind?"

I and the Father Are One

¶ **22** At that time the Feast of Dedication took place at Jerusalem. It was winter,

23 and Jesus was walking in the temple, in the colonnade of Solomon.

24 Da umringten ihn die Juden und sprachen zu ihm: Wie lange hältst du uns im Ungewissen? Bist du der Christus, so sage es frei heraus.

25 Jesus antwortete ihnen: Ich habe es euch gesagt und ihr glaubt nicht. Die Werke, die ich tue in meines Vaters Namen, die zeugen von mir.

26 Aber ihr glaubt nicht, denn ihr seid nicht von meinen Schafen.

27 Meine Schafe hören meine Stimme, und ich kenne sie und sie folgen mir;

28 und ich gebe ihnen das ewige Leben, und sie werden nimmermehr umkommen, und niemand wird sie aus meiner Hand reißen.

29 Mein Vater, der mir sie gegeben hat, ist größer als alles, und niemand kann sie aus des Vaters Hand reißen.

30 Ich und der Vater sind eins.

Der Vorwurf der Gotteslästerung

31 Da hoben die Juden abermals Steine auf, um ihn zu steinigen.

32 Jesus sprach zu ihnen: Viele gute Werke habe ich euch erzeigt vom Vater; um welches dieser Werke willen wollt ihr mich steinigen?

33 Die Juden antworteten ihm und sprachen: Um eines guten Werkes willen steinigen wir dich nicht, sondern um der Gotteslästerung willen, denn du bist ein Mensch und machst dich selbst zu Gott.

¶ **34** Jesus antwortete ihnen: Steht nicht geschrieben in eurem Gesetz (Psalm 82,6): »Ich habe gesagt: Ihr seid Götter«?

35 Wenn er **die** Götter nennt, zu denen das Wort Gottes geschah – und die Schrift kann doch nicht gebrochen werden –,

36 wie sagt ihr dann zu dem, den der Vater geheiligt und in die Welt gesandt hat: Du lästerst Gott –, weil ich sage: Ich bin Gottes Sohn?

37 Tue ich nicht die Werke meines Vaters, so glaubt mir nicht;

38 tue ich sie aber, so glaubt doch den Werken, wenn ihr mir nicht glauben wollt, damit ihr erkennt und wisst, dass der Vater in mir ist und ich in ihm.

39 Da suchten sie abermals, ihn zu ergreifen. Aber er entging ihren Händen.

¶ **40** Dann ging er wieder fort auf die andere Seite des Jordans an den Ort, wo Johannes zuvor getauft hatte, und blieb dort.

41 Und viele kamen zu ihm und sprachen: Johannes hat kein Zeichen getan; aber alles, was Johannes von diesem gesagt hat, das ist wahr.

42 Und es glaubten dort viele an ihn.

24 So the Jews gathered around him and said to him, "How long will you keep us in suspense? If you are the Christ, tell us plainly."

25 Jesus answered them, "I told you, and you do not believe. [k] The works that I do [l] in my Father's name bear witness about me,

26 but [m] you do not believe because you are not part of my flock.

27 [n] My sheep hear my voice, and I know them, and they follow me.

28 [o] I give them eternal life, and [p] they will never perish, and [q] no one will snatch them out of my hand.

29 My Father, [r] who has given them to me,[1] [s] is greater than all, and no one is able to snatch them out of [t] the Father's hand.

30 [u] I and the Father are one."

¶ **31** The Jews picked up stones again to stone him.

32 Jesus answered them, "I have shown you many good works from the Father; for which of them are you going to stone me?"

33 The Jews answered him, "It is not for a good work that we are going to stone you but for blasphemy, because you, being a man, make yourself God."

34 Jesus answered them, "Is it not written in [y] your Law, [z] I said, you are gods'?

35 If he called them gods to whom the word of God came—and Scripture cannot be [a] broken—

36 do you say of him whom [b] the Father consecrated and [c] sent into the world, 'You are blaspheming,' because [d] I said, 'I am the Son of God'?

37 [e] If I am not doing the works of my Father, then do not believe me;

38 but if I do them, [f] even though you do not believe me, believe the works, that you may know and understand that [g] the Father is in me and I am in the Father."

39 Again they sought to arrest him, but he escaped from their hands.

¶ **40** He went away again across the Jordan to the place where John had been baptizing at first, and there he remained.

41 And many came to him. And they said, "John did no sign, but everything that John said about this man was true."

42 And many believed in him there.

Die Auferweckung des Lazarus

11 Es lag aber einer krank, Lazarus aus Betanien, dem Dorf Marias und ihrer Schwester Marta.

2 Maria aber war es, die den Herrn mit Salböl gesalbt und seine Füße mit ihrem Haar getrocknet hatte. Deren Bruder Lazarus war krank.

3 Da sandten die Schwestern zu Jesus und ließen ihm sagen: Herr, siehe, der, den du lieb hast, liegt krank.

4 Als Jesus das hörte, sprach er: Diese Krankheit ist nicht zum Tode, sondern zur Verherrlichung Gottes, damit der Sohn Gottes dadurch verherrlicht werde.

5 Jesus aber hatte Marta lieb und ihre Schwester und Lazarus.

¶ **6** Als er nun hörte, dass er krank war, blieb er noch zwei Tage an dem Ort, wo er war;

7 danach spricht er zu seinen Jüngern: Lasst uns wieder nach Judäa ziehen!

8 Seine Jünger aber sprachen zu ihm: Meister, eben noch wollten die Juden dich steinigen, und du willst wieder dorthin ziehen?

9 Jesus antwortete: Hat nicht der Tag zwölf Stunden? Wer bei Tag umhergeht, der stößt sich nicht; denn er sieht das Licht dieser Welt.

10 Wer aber bei Nacht umhergeht, der stößt sich; denn es ist kein Licht in ihm.

¶ **11** Das sagte er und danach spricht er zu ihnen: Lazarus, unser Freund, schläft, aber ich gehe hin, ihn aufzuwecken.

12 Da sprachen seine Jünger: Herr, wenn er schläft, wird's besser mit ihm.

13 Jesus aber sprach von seinem Tode; sie meinten aber, er rede vom leiblichen Schlaf.

14 Da sagte es ihnen Jesus frei heraus: Lazarus ist gestorben;

15 und ich bin froh um euretwillen, dass ich nicht da gewesen bin, damit ihr glaubt. Aber lasst uns zu ihm gehen!

16 Da sprach Thomas, der Zwilling genannt wird, zu den Jüngern: Lasst uns mit ihm gehen, dass wir mit ihm sterben!

¶ **17** Als Jesus kam, fand er Lazarus schon vier Tage im Grabe liegen.

18 Betanien aber war nahe bei Jerusalem, etwa eine halbe Stunde entfernt.

19 Und viele Juden waren zu Marta und Maria gekommen, sie zu trösten wegen ihres Bruders.

The Death of Lazarus

11 Now a certain man was ill, Lazarus of Bethany, the village of Mary and her sister Martha.

2 It was Mary who anointed the Lord with ointment and wiped his feet with her hair, whose brother Lazarus was ill.

3 So the sisters sent to him, saying, "Lord, he whom you love is ill."

4 But when Jesus heard it he said, °"This illness does not lead to death. It is for ᵖ the glory of God, so that the Son of God may be glorified through it."

¶ **5** Now Jesus loved Martha and her sister and Lazarus.

6 So, when he heard that Lazarus¹ was ill, he stayed two days longer in the place where he was.

7 Then after this he said to the disciples, ˢ"Let us go to Judea again."

8 The disciples said to him, "Rabbi, the Jews were just now seeking to stone you, and are you going there again?"

9 Jesus answered, ᵛ"Are there not twelve hours in the day? ʷIf anyone walks in the day, he does not stumble, because he sees the light of this world.

10 But ˣif anyone walks in the night, he stumbles, because the light is not ˣin him."

11 After saying these things, he said to them, "Our friend Lazarus ʸhas fallen asleep, but I go to awaken him."

12 The disciples said to him, "Lord, if he has fallen asleep, he will recover."

13 Now Jesus had spoken of his death, but they thought that he meant taking rest in sleep.

14 Then Jesus told them plainly, "Lazarus has died,

15 and for your sake I am glad that I was not there, so that you may believe. But let us go to him."

16 So Thomas, called the Twin,² said to his fellow disciples, "Let us also go, that we may die with him."

I Am the Resurrection and the Life

¶ **17** Now when Jesus came, he found that Lazarus had already been in the tomb four days.

18 Bethany was near Jerusalem, about two miles³ off,

19 and many of the Jews had come to Martha and Mary to console them concerning their brother.

¶ **20** Als Marta nun hörte, dass Jesus kommt, geht sie ihm entgegen; Maria aber blieb daheim sitzen.

21 Da sprach Marta zu Jesus: Herr, wärst du hier gewesen, mein Bruder wäre nicht gestorben.

22 Aber auch jetzt weiß ich: Was du bittest von Gott, das wird dir Gott geben.

23 Jesus spricht zu ihr: Dein Bruder wird auferstehen.

24 Marta spricht zu ihm: Ich weiß wohl, dass er auferstehen wird – bei der Auferstehung am Jüngsten Tage.

25 Jesus spricht zu ihr: **Ich bin die Auferstehung und das Leben. Wer an mich glaubt, der wird leben, auch wenn er stirbt;**

26 **und wer da lebt und glaubt an mich, der wird nimmermehr sterben.** Glaubst du das?

27 Sie spricht zu ihm: Ja, Herr, ich glaube, dass du der Christus bist, der Sohn Gottes, der in die Welt gekommen ist.

¶ **28** Und als sie das gesagt hatte, ging sie hin und rief ihre Schwester Maria heimlich und sprach zu ihr: Der Meister ist da und ruft dich.

29 Als Maria das hörte, stand sie eilend auf und kam zu ihm.

30 Jesus aber war noch nicht in das Dorf gekommen, sondern war noch dort, wo ihm Marta begegnet war.

31 Als die Juden, die bei ihr im Hause waren und sie trösteten, sahen, dass Maria eilend aufstand und hinausging, folgten sie ihr, weil sie dachten: Sie geht zum Grab, um dort zu weinen.

¶ **32** Als nun Maria dahin kam, wo Jesus war, und sah ihn, fiel sie ihm zu Füßen und sprach zu ihm: Herr, wärst du hier gewesen, mein Bruder wäre nicht gestorben.

33 Als Jesus sah, wie sie weinte und wie auch die Juden weinten, die mit ihr gekommen waren, ergrimmte er im Geist und wurde sehr betrübt

34 und sprach: Wo habt ihr ihn hingelegt? Sie antworteten ihm: Herr, komm und sieh es!

35 Und Jesus gingen die Augen über.

36 Da sprachen die Juden: Siehe, wie hat er ihn lieb gehabt!

37 Einige aber unter ihnen sprachen: Er hat dem Blinden die Augen aufgetan; konnte er nicht auch machen, dass dieser nicht sterben musste?

20 So when Martha heard that Jesus was coming, she went and met him, but Mary remained seated in the house.

21 Martha said to Jesus, "Lord, if you had been here, my brother would not have died.

22 But even now I know that whatever you ask from God, God will give you."

23 Jesus said to her, "Your brother will rise again."

24 Martha said to him, "I know that he will rise again in the resurrection on the last day."

25 Jesus said to her, [j]"I am the resurrection and [k]the life.[4] Whoever believes in me, [l]though he die, [m]yet shall he live,

26 and everyone who lives and believes in me [n]shall never die. Do you believe this?"

27 She said to him, "Yes, Lord; I believe that you are the Christ, the Son of God, who is coming into the world."

Jesus Weeps

¶ **28** When she had said this, she went and called her sister Mary, saying in private, "The Teacher is here and is calling for you."

29 And when she heard it, she rose quickly and went to him.

30 Now Jesus had not yet come into the village, but was still in the place where Martha had met him.

31 When the Jews who were with her in the house, consoling her, saw Mary rise quickly and go out, they followed her, supposing that she was going to the tomb to weep there.

32 Now when Mary came to where Jesus was and saw him, she fell at his feet, saying to him, "Lord, if you had been here, my brother would not have died."

33 When Jesus saw her weeping, and the Jews who had come with her also weeping, he was deeply moved in his spirit and greatly troubled.

34 And he said, "Where have you laid him?" They said to him, "Lord, come and see."

35 Jesus wept.

36 So the Jews said, "See how he loved him!"

37 But some of them said, "Could not he who opened the eyes of the blind man also have kept this man from dying?"

38 Da ergrimmte Jesus abermals und kam zum Grab. Es war aber eine Höhle und ein Stein lag davor.

39 Jesus sprach: Hebt den Stein weg! Spricht zu ihm Marta, die Schwester des Verstorbenen: Herr, er stinkt schon; denn er liegt seit vier Tagen.

40 Jesus spricht zu ihr: Habe ich dir nicht gesagt: Wenn du glaubst, wirst du die Herrlichkeit Gottes sehen?

41 Da hoben sie den Stein weg.

¶ Jesus aber hob seine Augen auf und sprach: Vater, ich danke dir, dass du mich erhört hast.

42 Ich weiß, dass du mich allezeit hörst; aber um des Volkes willen, das umhersteht, sage ich's, damit sie glauben, dass du mich gesandt hast.

43 Als er das gesagt hatte, rief er mit lauter Stimme: Lazarus, komm heraus!

44 Und der Verstorbene kam heraus, gebunden mit Grabtüchern an Füßen und Händen, und sein Gesicht war verhüllt mit einem Schweißtuch. Jesus spricht zu ihnen: Löst die Binden und lasst ihn gehen!

45 Viele nun von den Juden, die zu Maria gekommen waren und sahen, was Jesus tat, glaubten an ihn.

Der Entschluss zur Tötung Jesu

46 Einige aber von ihnen gingen hin zu den Pharisäern und sagten ihnen, was Jesus getan hatte.

47 Da versammelten die Hohenpriester und die Pharisäer den Hohen Rat und sprachen: Was tun wir? Dieser Mensch tut viele Zeichen.

48 Lassen wir ihn so, dann werden sie alle an ihn glauben, und dann kommen die Römer und nehmen uns Land und Leute.

49 Einer aber von ihnen, Kaiphas, der in dem Jahr Hoherpriester war, sprach zu ihnen: Ihr wisst nichts;

50 ihr bedenkt auch nicht: Es ist besser für euch, ein Mensch sterbe für das Volk, als dass das ganze Volk verderbe.

¶ **51** Das sagte er aber nicht von sich aus, sondern weil er in dem Jahr Hoherpriester war, weissagte er. Denn Jesus sollte sterben für das Volk

52 und nicht für das Volk allein, sondern auch, um die verstreuten Kinder Gottes zusammenzubringen.

53 Von dem Tage an war es für sie beschlossen, dass sie ihn töteten.

Jesus Raises Lazarus

¶ **38** Then Jesus, deeply moved again, came to the tomb. It was a cave, and a stone lay against it.

39 Jesus said, "Take away the stone." Martha, the sister of the dead man, said to him, "Lord, by this time there will be an odor, for he has been dead four days."

40 Jesus said to her, ^{e}"Did I not tell you that if you believed you would see ^{f}the glory of God?"

41 So they took away the stone. And Jesus lifted up his eyes and said, "Father, I thank you that you have heard me.

42 ^{h}I knew that you always hear me, but I said this ^{i}on account of the people standing around, ^{j}that they may believe that you sent me."

43 When he had said these things, he cried out with a loud voice, "Lazarus, come out."

44 The man who had died came out, his hands and feet bound with linen strips, and his face wrapped with a cloth. Jesus said to them, "Unbind him, and let him go."

The Plot to Kill Jesus

¶ **45** Many of the Jews therefore, who had come with Mary and had seen what he did, believed in him,

46 but some of them went to the Pharisees and told them what Jesus had done.

47 So the chief priests and the Pharisees gathered the Council and said, "What are we to do? For this man performs many signs.

48 If we let him go on like this, everyone will believe in him, and the Romans will come and take away both our place and our nation."

49 But one of them, Caiaphas, who was high priest that year, said to them, "You know nothing at all.

50 Nor do you understand that it is better for you that one man should die for the people, not that the whole nation should perish."

51 He did not say this of his own accord, but being high priest that year he prophesied that Jesus would die for the nation,

52 and not for the nation only, but also to gather into one the children of God who are scattered abroad.

53 So from that day on they made plans to put him to death.

54 Jesus aber ging nicht mehr frei umher unter den Juden, sondern ging von dort weg in eine Gegend nahe der Wüste, in eine Stadt mit Namen Ephraim, und blieb dort mit den Jüngern.

¶ **55** Es war aber nahe das Passafest der Juden; und viele aus der Gegend gingen hinauf nach Jerusalem vor dem Fest, dass sie sich reinigten.

56 Da fragten sie nach Jesus und redeten miteinander, als sie im Tempel standen: Was meint ihr? Er wird doch nicht zum Fest kommen?

57 Die Hohenpriester und Pharisäer aber hatten Befehl gegeben: Wenn jemand weiß, wo er ist, soll er's anzeigen, damit sie ihn ergreifen könnten.

Die Salbung in Betanien
(Mt 26,6-13; Mk 14,3-9)

12 Sechs Tage vor dem Passafest kam Jesus nach Betanien, wo Lazarus war, den Jesus auferweckt hatte von den Toten.

2 Dort machten sie ihm ein Mahl und Marta diente ihm; Lazarus aber war einer von denen, die mit ihm zu Tisch saßen.

3 Da nahm Maria ein Pfund Salböl von unverfälschter, kostbarer Narde und salbte die Füße Jesu und trocknete mit ihrem Haar seine Füße; das Haus aber wurde erfüllt vom Duft des Öls.

¶ **4** Da sprach einer seiner Jünger, Judas Iskariot, der ihn hernach verriet:

5 Warum ist dieses Öl nicht für dreihundert Silbergroschen verkauft worden und den Armen gegeben?

6 Das sagte er aber nicht, weil er nach den Armen fragte, sondern er war ein Dieb, denn er hatte den Geldbeutel und nahm an sich, was gegeben war.

7 Da sprach Jesus: Lass sie in Frieden! Es soll gelten für den Tag meines Begräbnisses.

8 Denn Arme habt ihr allezeit bei euch; mich aber habt ihr nicht allezeit.

¶ **9** Da erfuhr eine große Menge der Juden, dass er dort war, und sie kamen nicht allein um Jesu willen, sondern um auch Lazarus zu sehen, den er von den Toten erweckt hatte.

10 Aber die Hohenpriester beschlossen, auch Lazarus zu töten;

11 denn um seinetwillen gingen viele Juden hin und glaubten an Jesus.

¶ **54** Jesus therefore no longer walked openly among the Jews, but went from there to the region near the wilderness, to a town called Ephraim, and there he stayed with the disciples.

¶ **55** Now the Passover of the Jews was at hand, and many went up from the country to Jerusalem before the Passover to purify themselves.

56 They were looking for[5] Jesus and saying to one another as they stood in the temple, "What do you think? That he will not come to the feast at all?"

57 Now the chief priests and the Pharisees had given orders that if anyone knew where he was, he should let them know, so that they might arrest him.

Mary Anoints Jesus at Bethany

12 Six days before the Passover, Jesus therefore came to Bethany, where Lazarus was, whom Jesus had raised from the dead.

2 So they gave a dinner for him there. Martha served, and Lazarus was one of those reclining with him at table.

3 Mary therefore took a pound[1] of expensive ointment made from pure nard, and anointed the feet of Jesus and wiped his feet with her hair. The house was filled with the fragrance of the perfume.

4 But Judas Iscariot, one of his disciples (he who was about to betray him), said,

5 "Why was this ointment not sold for three hundred denarii[2] and given to the poor?"

6 He said this, not because he cared about the poor, but because he was a thief, and having charge of the moneybag he used to help himself to what was put into it.

7 Jesus said, "Leave her alone, so that she may keep it[3] for the day of my burial.

8 For the poor you always have with you, but you do not always have me."

The Plot to Kill Lazarus

¶ **9** When the large crowd of the Jews learned that Jesus[4] was there, they came, not only on account of him but also to see Lazarus, whom he had raised from the dead.

10 So the chief priests made plans to put Lazarus to death as well,

11 because on account of him many of the Jews were going away and believing in Jesus.

Der Einzug in Jerusalem

(Mt 21,1-11; Mk 11,1-10; Lk 19,29-40)

12 Als am nächsten Tag die große Menge, die aufs Fest gekommen war, hörte, dass Jesus nach Jerusalem käme,

13 nahmen sie Palmzweige und gingen hinaus ihm entgegen und riefen: **Hosianna! Gelobt sei, der da kommt in dem Namen des Herrn, der König von Israel!**

14 Jesus aber fand einen jungen Esel und ritt darauf, wie geschrieben steht (Sacharja 9,9):

15 »Fürchte dich nicht, du Tochter Zion! Siehe, dein König kommt und reitet auf einem Eselsfüllen.«

16 Das verstanden seine Jünger zuerst nicht; doch als Jesus verherrlicht war, da dachten sie daran, dass dies von ihm geschrieben stand und man so mit ihm getan hatte.

¶ **17** Das Volk aber, das bei ihm war, als er Lazarus aus dem Grabe rief und von den Toten auferweckte, rühmte die Tat.

18 Darum ging ihm auch die Menge entgegen, weil sie hörte, er habe dieses Zeichen getan.

19 Die Pharisäer aber sprachen untereinander: Ihr seht, dass ihr nichts ausrichtet; siehe, alle Welt läuft ihm nach.

Die Ankündigung der Verherrlichung

20 Es waren aber einige Griechen unter denen, die heraufgekommen waren, um anzubeten auf dem Fest.

21 Die traten zu Philippus, der von Betsaida aus Galiläa war, und baten ihn und sprachen: Herr, wir wollten Jesus gerne sehen.

22 Philippus kommt und sagt es Andreas, und Philippus und Andreas sagen's Jesus weiter.

23 Jesus aber antwortete ihnen und sprach: Die Zeit ist gekommen, dass der Menschensohn verherrlicht werde.

24 Wahrlich, wahrlich, ich sage euch: Wenn das Weizenkorn nicht in die Erde fällt und erstirbt, bleibt es allein; wenn es aber erstirbt, bringt es viel Frucht.

25 Wer sein Leben lieb hat, der wird's verlieren; und wer sein Leben auf dieser Welt hasst, der wird's erhalten zum ewigen Leben.

26 Wer mir dienen will, der folge mir nach; und wo ich bin, da soll mein Diener auch sein. Und wer mir dienen wird, den wird mein Vater ehren.

The Triumphal Entry

¶ **12** The next day the large crowd that had come to the feast heard that Jesus was coming to Jerusalem.

13 So they took branches of palm trees and went out to meet him, crying out, "Hosanna! Blessed is he who comes in the name of the Lord, even the King of Israel!"

14 And Jesus found a young donkey and sat on it, just as it is written,

15 "Fear not, daughter of Zion;
behold, your king is coming,
sitting on a donkey's colt!"

16 His disciples did not understand these things at first, but when Jesus was glorified, then they remembered that these things had been written about him and had been done to him.

17 The crowd that had been with him when he called Lazarus out of the tomb and raised him from the dead continued to bear witness.

18 The reason why the crowd went to meet him was that they heard he had done this sign.

19 So the Pharisees said to one another, "You see that you are gaining nothing. Look, the world has gone after him."

Some Greeks Seek Jesus

¶ **20** Now among those who went up to worship at the feast were some Greeks.

21 So these came to Philip, who was from Bethsaida in Galilee, and asked him, "Sir, we wish to see Jesus."

22 Philip went and told Andrew; Andrew and Philip went and told Jesus.

23 And Jesus answered them, [i]"The hour has come [j]for the Son of Man to be glorified.

24 Truly, truly, I say to you, [k]unless a grain of wheat falls into the earth and dies, it remains alone; but if it dies, it bears much fruit.

25 [l]Whoever loves his life loses it, and [m]whoever [n]hates his life in this world will keep it for eternal life.

26 If anyone serves me, he must [o]follow me; and [p]where I am, there will my servant be also. [q]If anyone serves me, [r]the Father will honor him.

¶ **27** Jetzt ist meine Seele betrübt. Und was soll ich sagen? Vater, hilf mir aus dieser Stunde? Doch darum bin ich in diese Stunde gekommen.

28 Vater, verherrliche deinen Namen! Da kam eine Stimme vom Himmel: Ich habe ihn verherrlicht und will ihn abermals verherrlichen.

¶ **29** Da sprach das Volk, das dabeistand und zuhörte: Es hat gedonnert. Die andern sprachen: Ein Engel hat mit ihm geredet.

30 Jesus antwortete und sprach: Diese Stimme ist nicht um meinetwillen geschehen, sondern um euretwillen.

31 Jetzt ergeht das Gericht über diese Welt; nun wird der Fürst dieser Welt ausgestoßen werden.

32 Und ich, wenn ich erhöht werde von der Erde, so will ich alle zu mir ziehen.

33 Das sagte er aber, um anzuzeigen, welchen Todes er sterben würde.

¶ **34** Da antwortete ihm das Volk: Wir haben aus dem Gesetz gehört, dass der Christus in Ewigkeit bleibt; wieso sagst du dann: Der Menschensohn muss erhöht werden? Wer ist dieser Menschensohn?

35 Da sprach Jesus zu ihnen: Es ist das Licht noch eine kleine Zeit bei euch. Wandelt, solange ihr das Licht habt, damit euch die Finsternis nicht überfalle. Wer in der Finsternis wandelt, der weiß nicht, wo er hingeht.

36 Glaubt an das Licht, solange ihr's habt, damit ihr Kinder des Lichtes werdet. Das redete Jesus und ging weg und verbarg sich vor ihnen.

Der Unglaube des Volkes

37 Und obwohl er solche Zeichen vor ihren Augen tat, glaubten sie doch nicht an ihn,

38 damit erfüllt werde der Spruch des Propheten Jesaja, den er sagte (Jesaja 53,1): »Herr, wer glaubt unserm Predigen? Und wem ist der Arm des Herrn offenbart?«

39 Darum konnten sie nicht glauben, denn Jesaja hat wiederum gesagt (Jesaja 6,9-10):

The Son of Man Must Be Lifted Up

¶ **27**ˢ "Now is my soul troubled. And what shall I say? 'Father, ᵗsave me from ᵘthis hour'? But ᵛfor this purpose I have come to ᵘthis hour.

28 Father, glorify your name." Then a voice came from heaven: "I have glorified it, and I will glorify it again."

29 The crowd that stood there and heard it said that it had thundered. Others said, "An angel has spoken to him."

30 Jesus answered, ʸ "This voice has come for your sake, not mine.

31 ᶻNow is the judgment of this world; now will ᵃthe ruler of this world ᵇbe cast out.

32 And I, ᶜwhen I am lifted up from the earth, ᵈwill draw ᵉall people to myself."

33 He said this to show by what kind of death he was going to die.

34 So the crowd answered him, "We have heard from the Law that the Christ remains forever. How can you say that the Son of Man must be lifted up? Who is this Son of Man?"

35 So Jesus said to them, ⁱ "The light is among you ʲfor a little while longer. ᵏWalk while you have the light, lest darkness ˡovertake you. ᵐThe one who walks in the darkness does not know where he is going.

36 While you have the light, believe in the light, that you may become ⁿsons of light."

The Unbelief of the People

¶ When Jesus had said these things, he departed and hid himself from them.

37 Though he had done so many signs before them, they still did not believe in him,

38 so that the word spoken by the prophet Isaiah might be fulfilled:

"Lord, who has believed what he heard from us,
and to whom has the arm of the Lord been revealed?"

39 Therefore they could not believe. For again Isaiah said,

40 »Er hat ihre Augen verblendet und ihr Herz verstockt, damit sie nicht etwa mit den Augen sehen und mit dem Herzen verstehen und sich bekehren und ich ihnen helfe.«

41 Das hat Jesaja gesagt, weil er seine Herrlichkeit sah und redete von ihm.

42 Doch auch von den Oberen glaubten viele an ihn; aber um der Pharisäer willen bekannten sie es nicht, um nicht aus der Synagoge ausgestoßen zu werden.

43 Denn sie hatten lieber Ehre bei den Menschen als Ehre bei Gott.

¶ **44** Jesus aber rief: Wer an mich glaubt, der glaubt nicht an mich, sondern an den, der mich gesandt hat.

45 Und wer mich sieht, der sieht den, der mich gesandt hat.

46 Ich bin in die Welt gekommen als ein Licht, damit, wer an mich glaubt, nicht in der Finsternis bleibe.

47 Und wer meine Worte hört und bewahrt sie nicht, den werde ich nicht richten; denn ich bin nicht gekommen, dass ich die Welt richte, sondern dass ich die Welt rette.

48 Wer mich verachtet und nimmt meine Worte nicht an, der hat schon seinen Richter: Das Wort, das ich geredet habe, das wird ihn richten am Jüngsten Tage.

49 Denn ich habe nicht aus mir selbst geredet, sondern der Vater, der mich gesandt hat, der hat mir ein Gebot gegeben, was ich tun und reden soll.

50 Und ich weiß: sein Gebot ist das ewige Leben. Darum: was ich rede, das rede ich so, wie es mir der Vater gesagt hat.

JESU ABSCHIEDSREDEN (KAPITEL 13,1–17,26)

Die Fußwaschung

13 Vor dem Passafest aber erkannte Jesus, dass seine Stunde gekommen war, dass er aus dieser Welt ginge zum Vater; und wie er die Seinen geliebt hatte, die in der Welt waren, so liebte er sie bis ans Ende.

2 Und beim Abendessen, als schon der Teufel dem Judas, Simons Sohn, dem Iskariot, ins Herz gegeben hatte, ihn zu verraten,

3 Jesus aber wusste, dass ihm der Vater alles in seine Hände gegeben hatte und dass er von Gott gekommen war und zu Gott ging,

40 "He has blinded their eyes
    and hardened their heart,
 lest they see with their eyes,
    and understand with their heart, and turn,
    and I would heal them."

41 Isaiah said these things because he saw his glory and spoke of him.

42 Nevertheless, many even of the authorities believed in him, but for fear of the Pharisees they did not confess it, so that they would not be ˣput out of the synagogue;

43 for they loved the glory that comes from man more than the glory that comes from God.

Jesus Came to Save the World

¶ **44** And Jesus cried out and said, ᶻ"Whoever believes in me, believes not in me but ᵃin him who sent me.

45 And ᵇwhoever ᶜsees me sees him who sent me.

46 ᵈI have come into the world as light, so that whoever believes in me may not remain in darkness.

47 If anyone ᵉhears my words and does not keep them, ᶠI do not judge him; for ᵍI did not come to judge the world but to save the world.

48 ʰThe one who rejects me and does not receive my words has a judge; ⁱthe word that I have spoken will judge him ʲon the last day.

49 For ᵏI have not spoken on my own authority, but the Father ˡwho sent me has himself given me ᵐa commandment—what to say and what to speak.

50 And I know that his commandment is eternal life. What I say, therefore, I say as the Father has told me."

Jesus Washes the Disciples' Feet

13 Now before the Feast of the Passover, when Jesus knew that his hour had come to depart out of this world to the Father, having loved his own who were in the world, he loved them to the end.

2 During supper, when the devil had already put it into the heart of Judas Iscariot, Simon's son, to betray him,

3 Jesus, knowing that the Father had given all things into his hands, and that he had come from God and was going back to God,

4 da stand er vom Mahl auf, legte sein Obergewand ab und nahm einen Schurz und umgürtete sich.

5 Danach goss er Wasser in ein Becken, fing an, den Jüngern die Füße zu waschen, und trocknete sie mit dem Schurz, mit dem er umgürtet war.

¶ **6** Da kam er zu Simon Petrus; der sprach zu ihm: Herr, solltest du mir die Füße waschen?

7 Jesus antwortete und sprach zu ihm: Was ich tue, das verstehst du jetzt nicht; du wirst es aber hernach erfahren.

8 Da sprach Petrus zu ihm: Nimmermehr sollst du mir die Füße waschen! Jesus antwortete ihm: Wenn ich dich nicht wasche, so hast du kein Teil an mir.

9 Spricht zu ihm Simon Petrus: Herr, nicht die Füße allein, sondern auch die Hände und das Haupt!

10 Spricht Jesus zu ihm: Wer gewaschen ist, bedarf nichts, als dass ihm die Füße gewaschen werden; denn er ist ganz rein. Und ihr seid rein, aber nicht alle.

11 Denn er kannte seinen Verräter; darum sprach er: Ihr seid nicht alle rein.

¶ **12** Als er nun ihre Füße gewaschen hatte, nahm er seine Kleider und setzte sich wieder nieder und sprach zu ihnen: Wisst ihr, was ich euch getan habe?

13 Ihr nennt mich Meister und Herr und sagt es mit Recht, denn ich bin's auch.

14 Wenn nun ich, euer Herr und Meister, euch die Füße gewaschen habe, so sollt auch ihr euch untereinander die Füße waschen.

15 Ein Beispiel habe ich euch gegeben, damit ihr tut, wie ich euch getan habe.

16 Wahrlich, wahrlich, ich sage euch: Der Knecht ist nicht größer als sein Herr und der Apostel nicht größer als der, der ihn gesandt hat.

17 Wenn ihr dies wisst – selig seid ihr, wenn ihr's tut.

¶ **18** Das sage ich nicht von euch allen; ich weiß, welche ich erwählt habe. Aber es muss die Schrift erfüllt werden (Psalm 41,10): »Der mein Brot isst, tritt mich mit Füßen.«

19 Jetzt sage ich's euch, ehe es geschieht, damit ihr, wenn es geschehen ist, glaubt, dass ich es bin.

20 Wahrlich, wahrlich, ich sage euch: Wer jemanden aufnimmt, den ich senden werde, der nimmt mich auf; wer aber mich aufnimmt, der nimmt den auf, der mich gesandt hat.

4 rose from supper. He laid aside his outer garments, and taking a towel, tied it around his waist.

5 Then he poured water into a basin and began to wash the disciples' feet and to wipe them with the towel that was wrapped around him.

6 He came to Simon Peter, who said to him, "Lord, do you wash my feet?"

7 Jesus answered him, "What I am doing ^{a} you do not understand now, but afterward you will understand."

8 Peter said to him, "You shall never wash my feet." Jesus answered him, ^{c} "If I do not wash you, you have no share with me."

9 Simon Peter said to him, "Lord, not my feet only but also my hands and my head!"

10 Jesus said to him, "The one who has bathed does not need to wash, ^{d} except for his feet,^{1} but is completely clean. And ^{e} you^2 are clean, ^{f} but not every one of you."

11 For he knew who was to betray him; that was why he said, "Not all of you are clean."

¶ **12** When he had washed their feet and put on his outer garments and resumed his place, he said to them, ^{i} "Do you understand what I have done to you?

13 ^{j} You call me ^{k} Teacher and Lord, and you are right, for so I am.

14 If I then, your Lord and Teacher, have washed your feet, ^{l} you also ought to wash one another's feet.

15 For I have given you an example, ^{m} that you also should do just as I have done to you.

16 Truly, truly, I say to you, ^{n} a servant^3 is not greater than his master, nor is a messenger greater than the one who sent him.

17 If you know these things, ^{o} blessed are you if you do them.

18 ^{p} I am not speaking of all of you; I know ^{q} whom I have chosen. But ^{r} the Scripture will be fulfilled,^{4} ^{s} 'He who ate my bread has lifted his heel against me.'

19 ^{t} I am telling you this now, before it takes place, that when it does take place you may believe that I am he.

20 Truly, truly, I say to you, ^{u} whoever receives the one I send receives me, and whoever receives me receives the one who sent me."

Jesus und der Verräter

(Mt 26,21-25; Mk 14,18-21; Lk 22,21-23)

21 Als Jesus das gesagt hatte, wurde er betrübt im Geist und bezeugte und sprach: Wahrlich, wahrlich, ich sage euch: Einer unter euch wird mich verraten.

22 Da sahen sich die Jünger untereinander an, und ihnen wurde bange, von wem er wohl redete.

23 Es war aber einer unter seinen Jüngern, den Jesus lieb hatte, der lag bei Tisch an der Brust Jesu.

24 Dem winkte Simon Petrus, dass er fragen sollte, wer es wäre, von dem er redete.

25 Da lehnte der sich an die Brust Jesu und fragte ihn: Herr, wer ist's?

26 Jesus antwortete: Der ist's, dem ich den Bissen eintauche und gebe. Und er nahm den Bissen, tauchte ihn ein und gab ihn Judas, dem Sohn des Simon Iskariot.

27 Und als der den Bissen nahm, fuhr der Satan in ihn. Da sprach Jesus zu ihm: Was du tust, das tue bald!

¶ **28** Aber niemand am Tisch wusste, wozu er ihm das sagte.

29 Einige meinten, weil Judas den Beutel hatte, spräche Jesus zu ihm: Kaufe, was wir zum Fest nötig haben!, oder dass er den Armen etwas geben sollte.

30 Als er nun den Bissen genommen hatte, ging er alsbald hinaus. Und es war Nacht.

Die Verherrlichung und das neue Gebot

31 Als Judas nun hinausgegangen war, spricht Jesus: Jetzt ist der Menschensohn verherrlicht, und Gott ist verherrlicht in ihm.

32 Ist Gott verherrlicht in ihm, so wird Gott ihn auch verherrlichen in sich und wird ihn bald verherrlichen.

33 Liebe Kinder, ich bin noch eine kleine Weile bei euch. Ihr werdet mich suchen. Und wie ich zu den Juden sagte, sage ich jetzt auch zu euch: Wo ich hingehe, da könnt ihr nicht hinkommen.

¶ **34** Ein neues Gebot gebe ich euch, dass ihr euch untereinander liebt, wie ich euch geliebt habe, damit auch ihr einander lieb habt.

35 Daran wird jedermann erkennen, dass ihr meine Jünger seid, wenn ihr Liebe untereinander habt.

Die Ankündigung der Verleugnung des Petrus

(Mt 26,33-35; Mk 14,29-31; Lk 22,31-34)

36 Spricht Simon Petrus zu ihm: Herr, wo gehst du hin? Jesus antwortete ihm: Wo ich hingehe, kannst du mir diesmal nicht folgen; aber du wirst mir später folgen.

One of You Will Betray Me

¶ **21** After saying these things, Jesus was troubled in his spirit, and testified, ʷ"Truly, truly, I say to you, ˣone of you will betray me."

22 The disciples looked at one another, uncertain of whom he spoke.

23 One of his disciples, whom Jesus loved, was reclining at table close to Jesus,⁵

24 so Simon Peter motioned to him to ask Jesus⁶ of whom he was speaking.

25 So that disciple, leaning back against Jesus, said to him, "Lord, who is it?"

26 Jesus answered, ᵈ"It is he to whom I will give this morsel of bread ᵉwhen I have dipped it." So when he had dipped the morsel, he gave it to Judas, the son of Simon Iscariot.

27 Then after he had taken the morsel, Satan entered into him. Jesus said to him, ⁱ"What you are going to do, do quickly."

28 Now no one at the table knew why he said this to him.

29 Some thought that, because Judas had the moneybag, Jesus was telling him, "Buy what we need for the feast," or that he should give something to the poor.

30 So, after receiving the morsel of bread, he immediately went out. And it was night.

A New Commandment

¶ **31** When he had gone out, Jesus said, ⁿ"Now is the Son of Man glorified, and ᵒGod is glorified in him.

32 If God is glorified in him, ᵖGod will also glorify him in himself, and ᑫglorify him at once.

33 Little children, ʳyet a little while I am with you. You will seek me, and just ˢas I said to the Jews, so now I also say to you, 'Where I am going you cannot come.'

34 ᵗA new commandment ᵘI give to you, ᵛthat you love one another: ʷjust as I have loved you, you also are to love one another.

35 ˣBy this all people will know that you are my disciples, if you have love for one another."

Jesus Foretells Peter's Denial

¶ **36** Simon Peter said to him, "Lord, where are you going?" Jesus answered him, "Where I am going ᶻyou cannot follow me now, ᵃbut you will follow afterward."

37 Petrus spricht zu ihm: Herr, warum kann ich dir diesmal nicht folgen? Ich will mein Leben für dich lassen.

38 Jesus antwortete ihm: Du willst dein Leben für mich lassen? Wahrlich, wahrlich, ich sage dir: Der Hahn wird nicht krähen, bis du mich dreimal verleugnet hast.

Jesus der Weg zum Vater

14 Euer Herz erschrecke nicht! Glaubt an Gott und glaubt an mich!

2 In meines Vaters Hause sind viele Wohnungen. Wenn's nicht so wäre, hätte ich dann zu euch gesagt: Ich gehe hin, euch die Stätte zu bereiten?

3 Und wenn ich hingehe, euch die Stätte zu bereiten, will ich wiederkommen und euch zu mir nehmen, damit ihr seid, wo ich bin.

4 Und wo ich hingehe, den Weg wisst ihr.

¶ **5** Spricht zu ihm Thomas: Herr, wir wissen nicht, wo du hingehst; wie können wir den Weg wissen?

6 Jesus spricht zu ihm: **Ich bin der Weg und die Wahrheit und das Leben; niemand kommt zum Vater denn durch mich.**

7 Wenn ihr mich erkannt habt, so werdet ihr auch meinen Vater erkennen. Und von nun an kennt ihr ihn und habt ihn gesehen.

¶ **8** Spricht zu ihm Philippus: Herr, zeige uns den Vater und es genügt uns.

9 Jesus spricht zu ihm: So lange bin ich bei euch und du kennst mich nicht, Philippus? **Wer mich sieht, der sieht den Vater!** Wie sprichst du dann: Zeige uns den Vater?

10 Glaubst du nicht, dass ich im Vater bin und der Vater in mir? Die Worte, die ich zu euch rede, die rede ich nicht von mir selbst aus. Und der Vater, der in mir wohnt, der tut seine Werke.

11 Glaubt mir, dass ich im Vater bin und der Vater in mir; wenn nicht, so glaubt doch um der Werke willen.

¶ **12** Wahrlich, wahrlich, ich sage euch: Wer an mich glaubt, der wird die Werke auch tun, die ich tue, und er wird noch größere als diese tun; denn ich gehe zum Vater.

13 Und was ihr bitten werdet in meinem Namen, das will ich tun, damit der Vater verherrlicht werde im Sohn.

14 Was ihr mich bitten werdet in meinem Namen, das will ich tun.

Die Verheißung des Heiligen Geistes

15 Liebt ihr mich, so werdet ihr meine Gebote halten.

I Am the Way, and the Truth, and the Life

14 [d] "Let not your hearts be troubled. [e]Believe in God;[1] believe also in me.

2 In [f]my Father's house are many rooms. If it were not so, would I have told you that [g]I go to prepare a place for you?[2]

3 And if I go and prepare a place for you, I will come again and will take you [h]to myself, that [i]where I am you may be also.

4 And you know the way to where I am going."[3]

5 Thomas said to him, "Lord, we do not know where you are going. How can we know the way?"

6 Jesus said to him, "I am [l]the way, and [m]the truth, and [n]the life. No one comes to the Father except through me.

7 [o]If you had known me, you would have [p]known my Father also.[4] From now on you do know him and [q]have seen him."

¶ **8** Philip said to him, "Lord, show us the Father, and it is enough for us."

9 Jesus said to him, "Have I been with you so long, and you still do not know me, Philip? [t]Whoever has seen me has seen the Father. How can you say, 'Show us the Father'?

10 Do you not believe that [u]I am in the Father and the Father is in me? The words that I say to you [v]I do not speak on my own authority, but the Father who dwells in me does his works.

11 Believe me that [u]I am in the Father and the Father is in me, or else [w]believe on account of the works themselves.

¶ **12** "Truly, truly, I say to you, [x]whoever believes in me will also do the works that I do; and greater works than these will he do, because I [y]am going to the Father.

13 [z]Whatever you ask in my name, this I will do, that [a]the Father may be glorified in the Son.

14 [z]If you ask me[5] anything in my name, I will do it.

Jesus Promises the Holy Spirit

¶ **15** [b]"If you love me, you will [c]keep my commandments.

16 Und ich will den Vater bitten und er wird euch einen andern Tröster geben, dass er bei euch sei in Ewigkeit:

17 den Geist der Wahrheit, den die Welt nicht empfangen kann, denn sie sieht ihn nicht und kennt ihn nicht. Ihr kennt ihn, denn er bleibt bei euch und wird in euch sein.

¶ **18** Ich will euch nicht als Waisen zurücklassen; ich komme zu euch.

19 Es ist noch eine kleine Zeit, dann wird mich die Welt nicht mehr sehen. Ihr aber sollt mich sehen, denn **ich lebe und ihr sollt auch leben.**

20 An jenem Tage werdet ihr erkennen, dass ich in meinem Vater bin und ihr in mir und ich in euch.

21 Wer meine Gebote hat und hält sie, der ist's, der mich liebt. Wer mich aber liebt, der wird von meinem Vater geliebt werden, und ich werde ihn lieben und mich ihm offenbaren.

¶ **22** Spricht zu ihm Judas, nicht der Iskariot: Herr, was bedeutet es, dass du dich uns offenbaren willst und nicht der Welt?

23 Jesus antwortete und sprach zu ihm: **Wer mich liebt, der wird mein Wort halten; und mein Vater wird ihn lieben, und wir werden zu ihm kommen und Wohnung bei ihm nehmen.**

24 Wer aber mich nicht liebt, der hält meine Worte nicht. Und das Wort, das ihr hört, ist nicht mein Wort, sondern das des Vaters, der mich gesandt hat.

¶ **25** Das habe ich zu euch geredet, solange ich bei euch gewesen bin.

26 Aber **der Tröster, der Heilige Geist, den mein Vater senden wird in meinem Namen, der wird euch alles lehren und euch an alles erinnern, was ich euch gesagt habe.**

Der Friede Christi

27 Den Frieden lasse ich euch, meinen **Frieden gebe ich euch. Nicht gebe ich euch, wie die Welt gibt. Euer Herz erschrecke nicht und fürchte sich nicht.**

28 Ihr habt gehört, dass ich euch gesagt habe: Ich gehe hin und komme wieder zu euch. Hättet ihr mich lieb, so würdet ihr euch freuen, dass ich zum Vater gehe; denn der Vater ist größer als ich.

29 Und jetzt habe ich's euch gesagt, ehe es geschieht, damit ihr glaubt, wenn es nun geschehen wird.

¶ **30** Ich werde nicht mehr viel mit euch reden, denn es kommt der Fürst dieser Welt. Er hat keine Macht über mich;

16 And I will ask the Father, and he will give you another [d]Helper,[6] to be with you forever,

17 even [e]the Spirit of truth, [f]whom the world cannot receive, because it neither sees him nor knows him. You know him, for he dwells with you and [g]will be in you.

¶ **18** "I will not leave you as orphans; [h]I will come to you.

19 [i]Yet a little while and the world will see me no more, but [j]you will see me. [k]Because I live, you also will live.

20 [l]In that day you will know that [m]I am in my Father, and [n]you in me, and [o]I in you.

21 [p]Whoever has my commandments and [q]keeps them, he it is who loves me. And [r]he who loves me [s]will be loved by my Father, and I will love him and [t]manifest myself to him."

22 Judas (not Iscariot) said to him, "Lord, how is it that you will manifest yourself to us, and not to the world?"

23 Jesus answered him, [w]"If anyone loves me, he will keep my word, and my Father will love him, and [x]we will come to him and [y]make our home with him.

24 Whoever does not love me does not keep my words. And [z]the word that you hear is not mine but the Father's who sent me.

¶ **25** "These things I have spoken to you while I am still with you.

26 But the [a]Helper, the Holy Spirit, [b]whom the Father will send in my name, [c]he will teach you all things and [d]bring to your remembrance all that I have said to you.

27 [e]Peace I leave with you; [f]my peace I give to you. Not as the world gives do I give to you. [g]Let not your hearts be troubled, neither [h]let them be afraid.

28 [i]You heard me say to you, [j]'I am going away, and I will come to you.' If you loved me, you would have rejoiced, because I [k]am going to the Father, for [l]the Father is greater than I.

29 And [m]now I have told you before it takes place, so that when it does take place you may believe.

30 I will no longer talk much with you, for [n]the ruler of this world is coming. [o]He has no claim on me,

31 aber die Welt soll erkennen, dass ich den Vater liebe und tue, wie mir der Vater geboten hat. Steht auf und lasst uns von hier weggehen.

Der wahre Weinstock

15 Ich bin der wahre Weinstock und mein Vater der Weingärtner.

2 Eine jede Rebe an mir, die keine Frucht bringt, wird er wegnehmen; und eine jede, die Frucht bringt, wird er reinigen, dass sie mehr Frucht bringe.

3 Ihr seid schon rein um des Wortes willen, das ich zu euch geredet habe.

4 Bleibt in mir und ich in euch. Wie die Rebe keine Frucht bringen kann aus sich selbst, wenn sie nicht am Weinstock bleibt, so auch ihr nicht, wenn ihr nicht in mir bleibt.

¶ **5** Ich bin der Weinstock, ihr seid die Reben. Wer in mir bleibt und ich in ihm, der bringt viel Frucht; denn ohne mich könnt ihr nichts tun.

6 Wer nicht in mir bleibt, der wird weggeworfen wie eine Rebe und verdorrt, und man sammelt sie und wirft sie ins Feuer und sie müssen brennen.

7 Wenn ihr in mir bleibt und meine Worte in euch bleiben, werdet ihr bitten, was ihr wollt, und es wird euch widerfahren.

8 Darin wird mein Vater verherrlicht, dass ihr viel Frucht bringt und werdet meine Jünger.

Das Gebot der Liebe

9 Wie mich mein Vater liebt, so liebe ich euch auch. Bleibt in meiner Liebe!

10 Wenn ihr meine Gebote haltet, so bleibt ihr in meiner Liebe, wie ich meines Vaters Gebote halte und bleibe in seiner Liebe.

11 Das sage ich euch, damit meine Freude in euch bleibe und eure Freude vollkommen werde.

¶ **12** Das ist mein Gebot, dass ihr euch untereinander liebt, wie ich euch liebe.

13 Niemand hat größere Liebe als die, dass er sein Leben lässt für seine Freunde.

14 Ihr seid meine Freunde, wenn ihr tut, was ich euch gebiete.

15 Ich sage hinfort nicht, dass ihr Knechte seid; denn ein Knecht weiß nicht, was sein Herr tut. Euch aber habe ich gesagt, dass ihr Freunde seid; denn alles, was ich von meinem Vater gehört habe, habe ich euch kundgetan.

31 but I do *p*as the Father has commanded me, *q*so that the world may know that I love the Father. Rise, let us go from here.

I Am the True Vine

15 "I am the *r*true vine, and my Father is *s*the vinedresser.

2 *t*Every branch in me that does not bear fruit *u*he takes away, and every branch that does bear fruit he prunes, *v*that it may bear more fruit.

3 Already *w*you are clean *x*because of the word that I have spoken to you.

4 *y*Abide *z*in me, and I in you. As the branch cannot bear fruit by itself, unless it abides in the vine, neither can you, unless you abide in me.

5 I am the vine; *a*you are the branches. Whoever abides in me and I in him, he it is that *b*bears much fruit, for apart from me you can do nothing.

6 If anyone does not abide in me *c*he is thrown away like a branch and withers; *d*and the branches are gathered, thrown into the fire, and burned.

7 If *e*you abide in me, and my words abide in you, *f*ask whatever you wish, and it will be done for you.

8 *g*By this my Father is glorified, that you *h*bear much fruit and so prove to be my disciples.

9 *i*As the Father has loved me, *j*so have I loved you. Abide in my love.

10 *k*If you keep my commandments, you will abide in my love, just as *l*I have kept *m*my Father's commandments and abide in his love.

11 These things I have spoken to you, *n*that my joy may be in you, and that *o*your joy may be full.

¶ **12** *p*"This is my commandment, that you love one another as I have loved you.

13 *q*Greater love has no one than this, *r*that someone lay down his life for his friends.

14 You are *s*my friends *t*if you do what I command you.

15 *u*No longer do I call you servants,[1] for the servant[2] *w*does not know what his master is doing; but I have called you friends, for *x*all that I have heard from my Father *y*I have made known to you.

¶ **16** Nicht ihr habt mich erwählt, sondern ich habe euch erwählt und bestimmt, dass ihr hingeht und Frucht bringt und eure Frucht bleibt, damit, wenn ihr den Vater bittet in meinem Namen, er's euch gebe.

¶ **17** Das gebiete ich euch, dass ihr euch untereinander liebt.

Der Hass der Welt

18 Wenn euch die Welt hasst, so wisst, dass sie mich vor euch gehasst hat.

19 Wäret ihr von der Welt, so hätte die Welt das Ihre lieb. Weil ihr aber nicht von der Welt seid, sondern ich euch aus der Welt erwählt habe, darum hasst euch die Welt.

20 Gedenkt an das Wort, das ich euch gesagt habe: Der Knecht ist nicht größer als sein Herr. Haben sie mich verfolgt, so werden sie euch auch verfolgen; haben sie mein Wort gehalten, so werden sie eures auch halten.

21 Aber das alles werden sie euch tun um meines Namens willen; denn sie kennen den nicht, der mich gesandt hat.

¶ **22** Wenn ich nicht gekommen wäre und hätte es ihnen gesagt, so hätten sie keine Sünde; nun aber können sie nichts vorwenden, um ihre Sünde zu entschuldigen.

23 Wer mich hasst, der hasst auch meinen Vater.

24 Hätte ich nicht die Werke getan unter ihnen, die kein anderer getan hat, so hätten sie keine Sünde. Nun aber haben sie es gesehen, und doch hassen sie mich und meinen Vater.

25 Aber es muss das Wort erfüllt werden, das in ihrem Gesetz geschrieben steht: »Sie hassen mich ohne Grund« (Psalm 69,5).

¶ **26** Wenn aber der Tröster kommen wird, den ich euch senden werde vom Vater, der Geist der Wahrheit, der vom Vater ausgeht, der wird Zeugnis geben von mir.

27 Und auch ihr seid meine Zeugen, denn ihr seid von Anfang an bei mir gewesen.

16 Das habe ich zu euch geredet, damit ihr nicht abfallt.

2 Sie werden euch aus der Synagoge ausstoßen. Es kommt aber die Zeit, dass, wer euch tötet, meinen wird, er tue Gott einen Dienst damit.

3 Und das werden sie darum tun, weil sie weder meinen Vater noch mich erkennen.

16 You did not choose me, but ^{z}I chose you and appointed you that you should go and ^{a}bear fruit and that your fruit should abide, so that ^{b}whatever you ask the Father in my name, he may give it to you.

17 These things I command you, ^{c}so that you will love one another.

The Hatred of the World

¶ **18**^{d}‘If the world hates you, know that it has hated me before it hated you.

19 ^{e}If you were of the world, the world would love you as its own; but because ^{f}you are not of the world, but I chose you out of the world, therefore the world hates you.

20 Remember the word that I said to you: ^{g}‘A servant is not greater than his master.’ If they persecuted me, ^{h}they will also persecute you. ^{i}If they kept my word, they will also keep yours.

21 But ^{j}all these things they will do to you ^{k}on account of my name, ^{l}because they do not know him who sent me.

22 If I had not come and spoken to them, ^{m}they would not have been guilty of sin,[3] but now they have no excuse for their sin.

23 ^{n}Whoever hates me hates my Father also.

24 ^{o}If I had not done among them the works that no one else did, ^{m}they would not be guilty of sin, but now they have ^{p}seen and hated both me and my Father.

25 But ^{q}the word that is written in their Law must be fulfilled: ^{r}‘They hated me without a cause.’

¶ **26** "But ^{s}when the Helper comes, whom I will send to you from the Father, the Spirit of truth, who proceeds from the Father, ^{t}he will bear witness about me.

27 And ^{u}you also will bear witness, ^{v}because you have been with me ^{w}from the beginning.

16 "I have said all these things to you to keep you from falling away.

2 ^{x}They will put you out of the synagogues. Indeed, ^{y}the hour is coming when ^{z}whoever kills you will think he is offering service to God.

3 And they will do these things ^{a}because they have not known the Father, nor me.

4 Aber dies habe ich zu euch geredet, damit, wenn ihre Stunde kommen wird, ihr daran denkt, dass ich's euch gesagt habe. Zu Anfang aber habe ich es euch nicht gesagt, denn ich war bei euch.

Das Werk des Heiligen Geistes

5 Jetzt aber gehe ich hin zu dem, der mich gesandt hat; und niemand von euch fragt mich: Wo gehst du hin?

6 Doch weil ich das zu euch geredet habe, ist euer Herz voll Trauer.

7 Aber ich sage euch die Wahrheit: Es ist gut für euch, dass ich weggehe. Denn wenn ich nicht weggehe, kommt der Tröster nicht zu euch. Wenn ich aber gehe, will ich ihn zu euch senden.

8 Und wenn er kommt, wird er der Welt die Augen auftun über die Sünde und über die Gerechtigkeit und über das Gericht;

9 über die Sünde: dass sie nicht an mich glauben;

10 über die Gerechtigkeit: dass ich zum Vater gehe und ihr mich hinfort nicht seht;

11 über das Gericht: dass der Fürst dieser Welt gerichtet ist.

¶ **12** Ich habe euch noch viel zu sagen; aber ihr könnt es jetzt nicht ertragen.

13 Wenn aber jener, der Geist der Wahrheit, kommen wird, wird er euch in alle Wahrheit leiten. Denn er wird nicht aus sich selber reden; sondern was er hören wird, das wird er reden, und was zukünftig ist, wird er euch verkündigen.

14 Er wird mich verherrlichen; denn von dem Meinen wird er's nehmen und euch verkündigen.

15 Alles, was der Vater hat, das ist mein. Darum habe ich gesagt: Er wird's von dem Meinen nehmen und euch verkündigen.

Trauer und Hoffnung bei Jesu Abschied

16 Noch eine kleine Weile, dann werdet ihr mich nicht mehr sehen; und abermals eine kleine Weile, dann werdet ihr mich sehen.

17 Da sprachen einige seiner Jünger untereinander: Was bedeutet das, was er zu uns sagt: Noch eine kleine Weile, dann werdet ihr mich nicht sehen; und abermals eine kleine Weile, dann werdet ihr mich sehen; und: Ich gehe zum Vater?

18 Da sprachen sie: Was bedeutet das, was er sagt: Noch eine kleine Weile? Wir wissen nicht, was er redet.

4 But [b]I have said these things to you, that when [c]their hour comes you may remember that I told them to you.

The Work of the Holy Spirit

¶   "I did not say these things to you from the beginning, [d]because I was with you.

5 But now [e]I am going to him who sent me, and [f]none of you asks me, 'Where are you going?'

6 But because I have said these things to you, [g]sorrow has filled your heart.

7 Nevertheless, I tell you the truth: it is to your advantage that I go away, for [h]if I do not go away, [i]the Helper will not come to you. But [j]if [k]I go, [l]I will send him to you.

8 [m]And when he comes, he will [n]convict the world concerning sin and righteousness and judgment:

9 concerning sin, [o]because they do not believe in me;

10 [p]concerning righteousness, [q]because I go to the Father, and you will see me no longer;

11 [r]concerning judgment, because the ruler of this world [s]is judged.

¶ **12** "I still have many things to say to you, but you cannot bear them now.

13 When [t]the Spirit of truth comes, [u]he will [v]guide you into all the truth, for he will not speak on his own authority, but [w]whatever he hears he will speak, and he will declare to you the things that are to come.

14 He will [x]glorify me, for he will take what is mine and declare it to you.

15 [y]All that the Father has is mine; [z]therefore I said that he will take what is mine and declare it to you.

Your Sorrow Will Turn into Joy

¶ **16** [a]"A little while, and you will see me no longer; and [b]again a little while, and you will see me."

17 So some of his disciples said to one another, "What is this that he says to us, [d]'A little while, and you will not see me, and again a little while, and you will see me'; and, [e]'because I am going to the Father'?"

18 So they were saying, "What does he mean by 'a little while'? We do not know what he is talking about."

¶ **19** Da merkte Jesus, dass sie ihn fragen wollten, und sprach zu ihnen: Danach fragt ihr euch untereinander, dass ich gesagt habe: Noch eine kleine Weile, dann werdet ihr mich nicht sehen; und abermals eine kleine Weile, dann werdet ihr mich sehen?

20 Wahrlich, wahrlich, ich sage euch: Ihr werdet weinen und klagen, aber die Welt wird sich freuen; ihr werdet traurig sein, doch eure Traurigkeit soll in Freude verwandelt werden.

21 Eine Frau, wenn sie gebiert, so hat sie Schmerzen, denn ihre Stunde ist gekommen. Wenn sie aber das Kind geboren hat, denkt sie nicht mehr an die Angst um der Freude willen, dass ein Mensch zur Welt gekommen ist.

22 Und auch ihr habt nun Traurigkeit; aber ich will euch wiedersehen, und euer Herz soll sich freuen, und eure Freude soll niemand von euch nehmen.

23 An dem Tag werdet ihr mich nichts fragen.

¶ Wahrlich, wahrlich, ich sage euch: Wenn ihr den Vater um etwas bitten werdet in meinem Namen, wird er's euch geben.

24 Bisher habt ihr um nichts gebeten in meinem Namen. Bittet, so werdet ihr nehmen, dass eure Freude vollkommen sei.

¶ **25** Das habe ich euch in Bildern gesagt. Es kommt die Zeit, dass ich nicht mehr in Bildern mit euch reden werde, sondern euch frei heraus verkündigen von meinem Vater.

26 An jenem Tage werdet ihr bitten in meinem Namen. Und ich sage euch nicht, dass ich den Vater für euch bitten will;

27 denn er selbst, der Vater, hat euch lieb, weil ihr mich liebt und glaubt, dass ich von Gott ausgegangen bin.

28 Ich bin vom Vater ausgegangen und in die Welt gekommen; ich verlasse die Welt wieder und gehe zum Vater.

¶ **29** Sprechen zu ihm seine Jünger: Siehe, nun redest du frei heraus und nicht mehr in Bildern.

30 Nun wissen wir, dass du alle Dinge weißt und bedarfst dessen nicht, dass dich jemand fragt. Darum glauben wir, dass du von Gott ausgegangen bist.

31 Jesus antwortete ihnen: Jetzt glaubt ihr?

32 Siehe, es kommt die Stunde und ist schon gekommen, dass ihr zerstreut werdet, ein jeder in das Seine, und mich allein lasst. Aber ich bin nicht allein, denn der Vater ist bei mir.

19 Jesus knew that they wanted to ask him, so he said to them, "Is this what you are asking yourselves, what I meant by saying, 'A little while and you will not see me, and again a little while and you will see me'?

20 Truly, truly, I say to you, ʰyou will weep and lament, but ⁱthe world will rejoice. You will be sorrowful, but ʲyour sorrow will turn into joy.

21 ᵏWhen a woman is giving birth, she has sorrow because her hour has come, but when she has delivered the baby, she no longer remembers the anguish, for joy that a human being has been born into the world.

22 ˡSo also you have sorrow now, but ᵐI will see you again, and ⁿyour hearts will rejoice, and no one will take your joy from you.

23 ᵒIn that day you will ᵖask nothing of me. Truly, truly, I say to you, ᵠwhatever you ask of the Father in my name, ʳhe will give it to you.

24 Until now you have asked nothing in my name. ˢAsk, and you will receive, ᵗthat your joy may be full.

I Have Overcome the World

¶ **25** "I have said these things to you in figures of speech. ᵘThe hour is coming when I will no longer speak to you in figures of speech but will tell you plainly about the Father.

26 In that day you will ask in my name, and I do not say to you that I will ask the Father on your behalf;

27 ᵛfor the Father himself loves you, because ʷyou have loved me and ˣhave believed that I came from God.¹

28 ʸI came from the Father and have come into the world, and now ᶻI am leaving the world and going to the Father."

¶ **29** His disciples said, "Ah, now you are speaking plainly and not using figurative speech!

30 Now we know that you know all things and do not need anyone to question you; this is why we believe that you came from God."

31 Jesus answered them, "Do you now believe?

32 Behold, ᵈthe hour is coming, indeed it has come, when ᵉyou will be scattered, each to his own home, and ᶠwill leave me alone. ᵍYet I am not alone, for the Father is with me.

33 Das habe ich mit euch geredet, damit ihr in mir Frieden habt. **In der Welt habt ihr Angst; aber seid getrost, ich habe die Welt überwunden.**

Das hohepriesterliche Gebet

17 So redete Jesus und hob seine Augen auf zum Himmel und sprach: Vater, die Stunde ist da: verherrliche deinen Sohn, damit der Sohn dich verherrliche,

2 denn du hast ihm Macht gegeben über alle Menschen, damit er das ewige Leben gebe allen, die du ihm gegeben hast.

3 Das ist aber das ewige Leben, dass sie dich, der du allein wahrer Gott bist, und den du gesandt hast, Jesus Christus, erkennen.

4 Ich habe dich verherrlicht auf Erden und das Werk vollendet, das du mir gegeben hast, damit ich es tue.

5 Und nun, Vater, verherrliche du mich bei dir mit der Herrlichkeit, die ich bei dir hatte, ehe die Welt war.

¶ **6** Ich habe deinen Namen den Menschen offenbart, die du mir aus der Welt gegeben hast. Sie waren dein und du hast sie mir gegeben, und sie haben dein Wort bewahrt.

7 Nun wissen sie, dass alles, was du mir gegeben hast, von dir kommt.

8 Denn die Worte, die du mir gegeben hast, habe ich ihnen gegeben, und sie haben sie angenommen und wahrhaftig erkannt, dass ich von dir ausgegangen bin, und sie glauben, dass du mich gesandt hast.

9 Ich bitte für sie und bitte nicht für die Welt, sondern für die, die du mir gegeben hast; denn sie sind dein.

10 Und alles, was mein ist, das ist dein, und was dein ist, das ist mein; und ich bin in ihnen verherrlicht.

11 Ich bin nicht mehr in der Welt; sie aber sind in der Welt, und ich komme zu dir.

¶ Heiliger Vater, erhalte sie in deinem Namen, den du mir gegeben hast, dass sie eins seien wie wir.

12 Solange ich bei ihnen war, erhielt ich sie in deinem Namen, den du mir gegeben hast, und ich habe sie bewahrt, und keiner von ihnen ist verloren außer dem Sohn des Verderbens, damit die Schrift erfüllt werde.

13 Nun aber komme ich zu dir und rede dies in der Welt, damit meine Freude in ihnen vollkommen sei.

14 Ich habe ihnen dein Wort gegeben und die Welt hat sie gehasst; denn sie sind nicht von der Welt, wie auch ich nicht von der Welt bin.

33 I have said these things to you, that [h]in me you may have peace. [i]In the world you will have [j]tribulation. But [k]take heart; [l]I have overcome the world."

The High Priestly Prayer

17 When Jesus had spoken these words, he lifted up his eyes to heaven, and said, "Father, [n]the hour has come; [o]glorify your Son that the Son may [p]glorify you,

2 since [q]you have given him authority over all flesh, [r]to give eternal life to all [s]whom you have given him.

3 [t]And this is eternal life, [u]that they know you [v]the only [w]true God, and [x]Jesus Christ whom you have sent.

4 I [y]glorified you on earth, [z]having accomplished the work that you gave me to do.

5 And now, Father, [a]glorify me in your own presence with the glory [b]that I had with you [c]before the world existed.

¶ **6**[d]"I have manifested your name to the people [e]whom you gave me out of the world. [f]Yours they were, and you gave them to me, and they have kept your word.

7 Now they know that everything [f]that you have given me is from you.

8 For I have given them [g]the words that you gave me, and they have received them and have come to know in truth that [h]I came from you; and [i]they have believed that you sent me.

9 I am praying for them. [j]I am not praying for the world but for those [k]whom you have given me, for [l]they are yours.

10[m]All mine are yours, and yours are mine, and [n]I am glorified in them.

11 And I am no longer in the world, but [o]they are in the world, and [p]I am coming to you. [q]Holy Father, [r]keep them in your name, [s]which you have given me, [t]that they may be one, [u]even as we are one.

12 [v]While I was with them, I kept them in your name, which you have given me. I have [w]guarded them, and [x]not one of them has been lost except [y]the son of destruction, [z]that the Scripture might be fulfilled.

13 But now [a]I am coming to you, and these things I speak in the world, that they may have [b]my joy fulfilled in themselves.

14 [c]I have given them your word, and [d]the world has hated them [e]because they are not of the world, [f]just as I am not of the world.

15 Ich bitte dich nicht, dass du sie aus der Welt nimmst, sondern dass du sie bewahrst vor dem Bösen.

16 Sie sind nicht von der Welt, wie auch ich nicht von der Welt bin.

¶ **17** **Heilige sie in der Wahrheit; dein Wort ist die Wahrheit.**

18 Wie du mich gesandt hast in die Welt, so sende ich sie auch in die Welt.

19 Ich heilige mich selbst für sie, damit auch sie geheiligt seien in der Wahrheit.

¶ **20** Ich bitte aber nicht allein für sie, sondern auch für die, die durch ihr Wort an mich glauben werden,

21 **damit sie alle eins seien.** Wie du, Vater, in mir bist und ich in dir, so sollen auch sie in uns sein, damit die Welt glaube, dass du mich gesandt hast.

22 Und ich habe ihnen die Herrlichkeit gegeben, die du mir gegeben hast, damit sie eins seien, wie wir eins sind,

23 ich in ihnen und du in mir, damit sie vollkommen eins seien und die Welt erkenne, dass du mich gesandt hast und sie liebst, wie du mich liebst.

¶ **24** Vater, ich will, dass, wo ich bin, auch die bei mir seien, die du mir gegeben hast, damit sie meine Herrlichkeit sehen, die du mir gegeben hast; denn du hast mich geliebt, ehe der Grund der Welt gelegt war.

25 Gerechter Vater, die Welt kennt dich nicht; ich aber kenne dich und diese haben erkannt, dass du mich gesandt hast.

26 Und ich habe ihnen deinen Namen kundgetan und werde ihn kundtun, damit die Liebe, mit der du mich liebst, in ihnen sei und ich in ihnen.

LEIDEN, STERBEN UND AUFERSTEHUNG JESU (KAPITEL 18,1–21,25; VGL. KAPITEL 13,1-35)

(Mt 26,1–28,20; Mk 14,1–16,20; Lk 22,1–24,53)

Jesu Gefangennahme

18 Als Jesus das geredet hatte, ging er hinaus mit seinen Jüngern über den Bach Kidron; da war ein Garten, in den gingen Jesus und seine Jünger.

2 Judas aber, der ihn verriet, kannte den Ort auch, denn Jesus versammelte sich oft dort mit seinen Jüngern.

3 Als nun Judas die Schar der Soldaten mit sich genommen hatte und Knechte von den Hohenpriestern und Pharisäern, kommt er dahin mit Fackeln, Lampen und mit Waffen.

15 I ^{g}do not ask that you ^{h}take them out of the world, but that you ^{i}keep them from ^{j}the evil one.^{l}

16 ^{k}They are not of the world, just as I am not of the world.

17 ^{l}Sanctify them^2 in the truth; ^{m}your word is truth.

18 ^{n}As you sent me into the world, so I have sent them into the world.

19 And ^{o}for their sake ^{p}I consecrate myself,^{3} that they also ^{q}may be sanctified^4 in truth.

¶ **20** "I do not ^{r}ask for these only, but also for those ^{s}who will believe in me through their word,

21 ^{t}that they may all be one, just as you, Father, are in me, and I in you, that ^{u}they also may be in ^{v}us, so that the world ^{w}may believe that you have sent me.

22 ^{x}The glory that you have given me ^{y}I have given to them, ^{t}that they may be one even as we are one,

23 ^{z}I in them and you in me, ^{a}that they may become perfectly one, ^{b}so that the world may know that you sent me and ^{c}loved them even as ^{d}you loved me.

24 Father, I desire that they also, whom you have given me, may be ^{e}with me ^{f}where I am, ^{g}to see my glory that you have given me because you loved me ^{h}before the foundation of the world.

25 ^{i}O righteous Father, even though ^{j}the world does not know you, I know you, and these know that you have sent me.

26 ^{k}I made known to them your name, and I will continue to make it known, that the love ^{l}with which you have loved me may be in them, and ^{m}I in them."

Betrayal and Arrest of Jesus

18 When Jesus had spoken these words, he went out with his disciples across the Kidron Valley, where there was a garden, which he and his disciples entered.

2 Now Judas, who betrayed him, also knew the place, for Jesus often met there with his disciples.

3 So Judas, having procured a band of soldiers and some officers from the chief priests and the Pharisees, went there with lanterns and torches and weapons.

¶ **4** Da nun Jesus alles wusste, was ihm begegnen sollte, ging er hinaus und sprach zu ihnen: Wen sucht ihr?

5 Sie antworteten ihm: Jesus von Nazareth. Er spricht zu ihnen: Ich bin's! Judas aber, der ihn verriet, stand auch bei ihnen.

6 Als nun Jesus zu ihnen sagte: Ich bin's!, wichen sie zurück und fielen zu Boden.

¶ **7** Da fragte er sie abermals: Wen sucht ihr? Sie aber sprachen: Jesus von Nazareth.

8 Jesus antwortete: Ich habe euch gesagt, dass ich es bin. Sucht ihr mich, so lasst diese gehen!

9 Damit sollte das Wort erfüllt werden, das er gesagt hatte: Ich habe keinen von denen verloren, die du mir gegeben hast.

¶ **10** Simon Petrus aber hatte ein Schwert und zog es und schlug nach dem Knecht des Hohenpriesters und hieb ihm sein rechtes Ohr ab. Und der Knecht hieß Malchus.

11 Da sprach Jesus zu Petrus: Steck dein Schwert in die Scheide! Soll ich den Kelch nicht trinken, den mir mein Vater gegeben hat?

Jesu Verhör vor Hannas und Kaiphas und die Verleugnung des Petrus

12 Die Schar aber und ihr Anführer und die Knechte der Juden nahmen Jesus und banden ihn

13 und führten ihn zuerst zu Hannas; der war der Schwiegervater des Kaiphas, der in jenem Jahr Hoherpriester war.

14 Kaiphas aber war es, der den Juden geraten hatte, es wäre gut, **ein** Mensch stürbe für das ganze Volk.

¶ **15** Simon Petrus aber folgte Jesus nach und ein anderer Jünger. Dieser Jünger war dem Hohenpriester bekannt und ging mit Jesus hinein in den Palast des Hohenpriesters.

16 Petrus aber stand draußen vor der Tür. Da kam der andere Jünger, der dem Hohenpriester bekannt war, heraus und redete mit der Türhüterin und führte Petrus hinein.

17 Da sprach die Magd, die Türhüterin, zu Petrus: Bist du nicht auch einer von den Jüngern dieses Menschen? Er sprach: Ich bin's nicht.

18 Es standen aber die Knechte und Diener und hatten ein Kohlenfeuer gemacht, denn es war kalt und sie wärmten sich. Aber auch Petrus stand bei ihnen und wärmte sich.

4 Then Jesus, knowing all that would happen to him, came forward and said to them, ᵗ"Whom do you seek?"

5 They answered him, "Jesus of Nazareth." Jesus said to them, "I am he."¹ Judas, who betrayed him, was standing with them.

6 When Jesus² said to them, "I am he," they drew back and fell to the ground.

7 So he asked them again, ᵗ"Whom do you seek?" And they said, "Jesus of Nazareth."

8 Jesus answered, "I told you that I am he. So, if you seek me, let these men go."

9 This was to fulfill the word that he had spoken: "Of those whom you gave me I have lost not one."

10 Then Simon Peter, having a sword, drew it and struck the high priest's servant³ and cut off his right ear. (The servant's name was Malchus.)

11 So Jesus said to Peter, "Put your sword into its sheath; ˣshall I not drink the cup that the Father has given me?"

Jesus Faces Annas and Caiaphas

¶ **12** So the band of soldiers and their captain and the officers of the Jews arrested Jesus and bound him.

13 First they led him to Annas, for he was the father-in-law of Caiaphas, who was high priest that year.

14 It was Caiaphas who had advised the Jews that it would be expedient that one man should die for the people.

Peter Denies Jesus

¶ **15** Simon Peter followed Jesus, and so did another disciple. Since that disciple was known to the high priest, he entered with Jesus into the court of the high priest,

16 but Peter stood outside at the door. So the other disciple, who was known to the high priest, went out and spoke to the servant girl who kept watch at the door, and brought Peter in.

17 The servant girl at the door said to Peter, "You also are not one of this man's disciples, are you?" He said, "I am not."

18 Now the servants⁴ and officers had made a charcoal fire, because it was cold, and they were standing and warming themselves. Peter also was with them, standing and warming himself.

¶ **19** Der Hohepriester befragte nun Jesus über seine Jünger und über seine Lehre.

20 Jesus antwortete ihm: Ich habe frei und offen vor aller Welt geredet. Ich habe allezeit gelehrt in der Synagoge und im Tempel, wo alle Juden zusammenkommen, und habe nichts im Verborgenen geredet.

21 Was fragst du mich? Frage die, die gehört haben, was ich zu ihnen geredet habe. Siehe, sie wissen, was ich gesagt habe.

22 Als er so redete, schlug einer von den Knechten, die dabeistanden, Jesus ins Gesicht und sprach: Sollst du dem Hohenpriester so antworten?

23 Jesus antwortete: Habe ich übel geredet, so beweise, dass es böse ist; habe ich aber recht geredet, was schlägst du mich?

24 Und Hannas sandte ihn gebunden zu dem Hohenpriester Kaiphas.

¶ **25** Simon Petrus aber stand da und wärmte sich. Da sprachen sie zu ihm: Bist du nicht einer seiner Jünger? Er leugnete und sprach: Ich bin's nicht.

26 Spricht einer von den Knechten des Hohenpriesters, ein Verwandter dessen, dem Petrus das Ohr abgehauen hatte: Sah ich dich nicht im Garten bei ihm?

27 Da leugnete Petrus abermals, und alsbald krähte der Hahn.

Jesu Verhör vor Pilatus

28 Da führten sie Jesus von Kaiphas zum Prätorium; es war früh am Morgen. Und sie gingen nicht hinein, damit sie nicht unrein würden, sondern das Passamahl essen könnten.

29 Da kam Pilatus zu ihnen heraus und fragte: Was für eine Klage bringt ihr gegen diesen Menschen vor?

30 Sie antworteten und sprachen zu ihm: Wäre dieser nicht ein Übeltäter, wir hätten ihn dir nicht überantwortet.

31 Da sprach Pilatus zu ihnen: So nehmt ihr ihn hin und richtet ihn nach eurem Gesetz. Da sprachen die Juden zu ihm: Wir dürfen niemand töten.

32 So sollte das Wort Jesu erfüllt werden, das er gesagt hatte, um anzuzeigen, welchen Todes er sterben würde.

¶ **33** Da ging Pilatus wieder hinein ins Prätorium und rief Jesus und fragte ihn: Bist du der König der Juden?

The High Priest Questions Jesus

¶ **19** The high priest then questioned Jesus about his disciples and his teaching.

20 Jesus answered him, "I have spoken [h]openly [i]to the world. I have always taught in synagogues and in the temple, where all Jews come together. [j]I have said nothing in secret.

21 Why do you ask me? Ask those who have heard me what I said to them; they know what I said."

22 When he had said these things, one of the officers standing by struck Jesus with his hand, saying, "Is that how you answer the high priest?"

23 Jesus answered him, "If what I said is wrong, bear witness about the wrong; but if what I said is right, why do you strike me?"

24 Annas then sent him bound to [l]Caiaphas the high priest.

Peter Denies Jesus Again

¶ **25** Now Simon Peter was standing and warming himself. So they said to him, "You also are not one of his disciples, are you?" He denied it and said, "I am not."

26 One of the servants of the high priest, a relative of the man whose ear Peter had cut off, asked, "Did I not see you in the garden with him?"

27 Peter again denied it, and at once a rooster crowed.

Jesus Before Pilate

¶ **28** Then they led Jesus from the house of Caiaphas to the governor's headquarters.[5] It was early morning. They themselves did not enter the governor's headquarters, so that they would not be defiled, but could eat the Passover.

29 So Pilate went outside to them and said, "What accusation do you bring against this man?"

30 They answered him, "If this man were not doing evil, we would not have delivered him over to you."

31 Pilate said to them, "Take him yourselves and judge him by your own law." The Jews said to him, "It is not lawful for us to put anyone to death."

32 This was to fulfill the word that Jesus had spoken to show by what kind of death he was going to die.

My Kingdom Is Not of This World

¶ **33** So Pilate entered his headquarters again and called Jesus and said to him, "Are you the King of the Jews?"

34 Jesus antwortete: Sagst du das von dir aus oder haben dir's andere über mich gesagt?

35 Pilatus antwortete: Bin ich ein Jude? Dein Volk und die Hohenpriester haben dich mir überantwortet. Was hast du getan?

36 Jesus antwortete: **Mein Reich ist nicht von dieser Welt. Wäre mein Reich von dieser Welt, meine Diener würden darum kämpfen, dass ich den Juden nicht überantwortet würde; nun aber ist mein Reich nicht von dieser Welt.**

37 Da fragte ihn Pilatus: So bist du dennoch ein König? Jesus antwortete: Du sagst es, **ich bin ein König. Ich bin dazu geboren und in die Welt gekommen, dass ich die Wahrheit bezeugen soll. Wer aus der Wahrheit ist, der hört meine Stimme.**

38 Spricht Pilatus zu ihm: Was ist Wahrheit?

¶ Und als er das gesagt hatte, ging er wieder hinaus zu den Juden und spricht zu ihnen: Ich finde keine Schuld an ihm.

39 Es besteht aber die Gewohnheit bei euch, dass ich euch einen zum Passafest losgebe; wollt ihr nun, dass ich euch den König der Juden losgebe?

40 Da schrien sie wiederum: Nicht diesen, sondern Barabbas! Barabbas aber war ein Räuber.

Jesu Geißelung und Verspottung

19 Da nahm Pilatus Jesus und ließ ihn geißeln.

2 Und die Soldaten flochten eine Krone aus Dornen und setzten sie auf sein Haupt und legten ihm ein Purpurgewand an

3 und traten zu ihm und sprachen: Sei gegrüßt, König der Juden!, und schlugen ihm ins Gesicht.

¶ **4** Da ging Pilatus wieder hinaus und sprach zu ihnen: Seht, ich führe ihn heraus zu euch, damit ihr erkennt, dass ich keine Schuld an ihm finde.

5 Und Jesus kam heraus und trug die Dornenkrone und das Purpurgewand. Und Pilatus spricht zu ihnen: Seht, welch ein Mensch!

Jesu Verurteilung

6 Als ihn die Hohenpriester und die Knechte sahen, schrien sie: Kreuzige! Kreuzige! Pilatus spricht zu ihnen: Nehmt ihr ihn hin und kreuzigt ihn, denn ich finde keine Schuld an ihm.

34 Jesus answered, "Do you say this of your own accord, or did others say it to you about me?"

35 Pilate answered, "Am I a Jew? Your own nation and the chief priests have delivered you over to me. What have you done?"

36 Jesus answered, [b] "My kingdom [c] is not of this world. If my kingdom were of this world, [d] my servants would have been fighting, that [e] I might not be delivered over to the Jews. But my kingdom is not from the world."

37 Then Pilate said to him, "So you are a king?" Jesus answered, [f] "You say that I am a king. [g] For this purpose I was born and for this purpose [h] I have come into the world—[i] to bear witness to the truth. [j] Everyone who is [k] of the truth [l] listens to my voice."

38 Pilate said to him, "What is truth?"

¶ After he had said this, he went back outside to the Jews and told them, "I find no guilt in him.

39 But you have a custom that I should release one man for you at the Passover. So do you want me to release to you the King of the Jews?"

40 They cried out again, "Not this man, but Barabbas!" Now Barabbas was a robber.[6]

Jesus Delivered to Be Crucified

19 Then Pilate took Jesus and flogged him.

2 And the soldiers twisted together a crown of thorns and put it on his head and arrayed him in a purple robe.

3 They came up to him, saying, "Hail, King of the Jews!" and struck him with their hands.

4 Pilate went out again and said to them, "See, I am bringing him out to you that you may know that I find no guilt in him."

5 So Jesus came out, wearing the crown of thorns and the purple robe. Pilate said to them, "Behold the man!"

6 When the chief priests and the officers saw him, they cried out, "Crucify him, crucify him!" Pilate said to them, "Take him yourselves and crucify him, for I find no guilt in him."

7 Die Juden antworteten ihm: Wir haben ein Gesetz und nach dem Gesetz muss er sterben, denn er hat sich selbst zu Gottes Sohn gemacht.

¶ **8** Als Pilatus dies Wort hörte, fürchtete er sich noch mehr

9 und ging wieder hinein in das Prätorium und spricht zu Jesus: Woher bist du? Aber Jesus gab ihm keine Antwort.

10 Da sprach Pilatus zu ihm: Redest du nicht mit mir? Weißt du nicht, dass ich Macht habe, dich loszugeben, und Macht habe, dich zu kreuzigen?

11 Jesus antwortete: Du hättest keine Macht über mich, wenn es dir nicht von oben her gegeben wäre. Darum: der mich dir überantwortet hat, der hat größere Sünde.

¶ **12** Von da an trachtete Pilatus danach, ihn freizulassen. Die Juden aber schrien: Lässt du diesen frei, so bist du des Kaisers Freund nicht; denn wer sich zum König macht, der ist gegen den Kaiser.

13 Als Pilatus diese Worte hörte, führte er Jesus heraus und setzte sich auf den Richterstuhl an der Stätte, die da heißt Steinpflaster, auf Hebräisch Gabbata.

14 Es war aber am Rüsttag für das Passafest um die sechste Stunde. Und er spricht zu den Juden: Seht, das ist euer König!

15 Sie schrien aber: Weg, weg mit dem! Kreuzige ihn! Spricht Pilatus zu ihnen: Soll ich euren König kreuzigen? Die Hohenpriester antworteten: Wir haben keinen König als den Kaiser.

16 Da überantwortete er ihnen Jesus, dass er gekreuzigt würde.

Jesu Kreuzigung und Tod

Sie nahmen ihn aber

17 und er trug sein Kreuz und ging hinaus zur Stätte, die da heißt Schädelstätte, auf Hebräisch Golgatha.

18 Dort kreuzigten sie ihn und mit ihm zwei andere zu beiden Seiten, Jesus aber in der Mitte.

¶ **19** Pilatus aber schrieb eine Aufschrift und setzte sie auf das Kreuz; und es war geschrieben: Jesus von Nazareth, der König der Juden.

20 Diese Aufschrift lasen viele Juden, denn die Stätte, wo Jesus gekreuzigt wurde, war nahe bei der Stadt. Und es war geschrieben in hebräischer, lateinischer und griechischer Sprache.

21 Da sprachen die Hohenpriester der Juden zu Pilatus: Schreib nicht: Der König der Juden, sondern dass er gesagt hat: Ich bin der König der Juden.

7 The Jews answered him, "We have a law, and according to that law he ought to die because he has made himself the Son of God."

8 When Pilate heard this statement, he was even more afraid.

9 He entered his headquarters again and said to Jesus, "Where are you from?" But Jesus gave him no answer.

10 So Pilate said to him, "You will not speak to me? Do you not know that I have authority to release you and authority to crucify you?"

11 Jesus answered him, [d]"You would have no authority over me at all unless it had been given you from above. Therefore [e]he who delivered me over to you [f]has the greater sin."

¶ **12** From then on Pilate sought to release him, but the Jews cried out, "If you release this man, you are not Caesar's friend. Everyone who makes himself a king opposes Caesar."

13 So when Pilate heard these words, he brought Jesus out and sat down on the judgment seat at a place called The Stone Pavement, and in Aramaic[1] Gabbatha.

14 Now it was the day of Preparation of the Passover. It was about the sixth hour.[2] He said to the Jews, "Behold your King!"

15 They cried out, "Away with him, away with him, crucify him!" Pilate said to them, "Shall I crucify your King?" The chief priests answered, "We have no king but Caesar."

16 So he delivered him over to them to be crucified.

The Crucifixion

¶   So they took Jesus,

17 and he went out, bearing his own cross, to the place called The Place of a Skull, which in Aramaic is called Golgotha.

18 There they crucified him, and with him two others, one on either side, and Jesus between them.

19 Pilate also wrote an inscription and put it on the cross. It read, "Jesus of Nazareth, the King of the Jews."

20 Many of the Jews read this inscription, for the place where Jesus was crucified was near the city, and it was written in Aramaic, in Latin, and in Greek.

21 So the chief priests of the Jews said to Pilate, "Do not write, 'The King of the Jews,' but rather, 'This man said, I am King of the Jews.'"

22 Pilatus antwortete: Was ich geschrieben habe, das habe ich geschrieben.

¶ **23** Als aber die Soldaten Jesus gekreuzigt hatten, nahmen sie seine Kleider und machten vier Teile, für jeden Soldaten einen Teil, dazu auch das Gewand. Das war aber ungenäht, von oben an gewebt in einem Stück.

24 Da sprachen sie untereinander: Lasst uns das nicht zerteilen, sondern darum losen, wem es gehören soll. So sollte die Schrift erfüllt werden, die sagt (Psalm 22,19): »Sie haben meine Kleider unter sich geteilt und haben über mein Gewand das Los geworfen.« Das taten die Soldaten.

¶ **25** Es standen aber bei dem Kreuz Jesu seine Mutter und seiner Mutter Schwester, Maria, die Frau des Klopas, und Maria von Magdala.

26 Als nun Jesus seine Mutter sah und bei ihr den Jünger, den er lieb hatte, spricht er zu seiner Mutter: **Frau, siehe, das ist dein Sohn!**

27 Danach spricht er zu dem Jünger: **Siehe, das ist deine Mutter!** Und von der Stunde an nahm sie der Jünger zu sich.

¶ **28** Danach, als Jesus wusste, dass schon alles vollbracht war, spricht er, damit die Schrift erfüllt würde: **Mich dürstet.**

29 Da stand ein Gefäß voll Essig. Sie aber füllten einen Schwamm mit Essig und steckten ihn auf ein Ysoprohr und hielten es ihm an den Mund.

30 Als nun Jesus den Essig genommen hatte, sprach er: **Es ist vollbracht!**, und neigte das Haupt und verschied.

¶ **31** Weil es aber Rüsttag war und die Leichname nicht am Kreuz bleiben sollten den Sabbat über – denn dieser Sabbat war ein hoher Festtag –, baten die Juden Pilatus, dass ihnen die Beine gebrochen und sie abgenommen würden.

32 Da kamen die Soldaten und brachen dem ersten die Beine und auch dem andern, der mit ihm gekreuzigt war.

33 Als sie aber zu Jesus kamen und sahen, dass er schon gestorben war, brachen sie ihm die Beine nicht;

34 sondern einer der Soldaten stieß mit dem Speer in seine Seite, und sogleich kam Blut und Wasser heraus.

22 Pilate answered, "What I have written I have written."

¶ **23** When the soldiers had crucified Jesus, they took his garments and divided them into four parts, one part for each soldier; also his tunic.[3] But the tunic was seamless, woven in one piece from top to bottom,

24 so they said to one another, "Let us not tear it, but cast lots for it to see whose it shall be." This was to fulfill the Scripture which says,

"They divided my garments among
    them,
    and for my clothing they cast lots."

So the soldiers did these things,

25 but standing by the cross of Jesus were his mother and his mother's sister, Mary the wife of Clopas, and Mary Magdalene.

26 When Jesus saw his mother and the disciple whom he loved standing nearby, he said to his mother, [z]"Woman, behold, your son!"

27 Then he said to the disciple, "Behold, your mother!" And from that hour the disciple took her to his own home.

The Death of Jesus

¶ **28** After this, Jesus, knowing that all was now finished, said (to fulfill the Scripture), [c]"I thirst."

29 A jar full of sour wine stood there, so they put a sponge full of the sour wine on a hyssop branch and held it to his mouth.

30 When Jesus had received the sour wine, he said, [e]"It is finished," and he bowed his head and gave up his spirit.

Jesus' Side Is Pierced

¶ **31** Since it was the day of Preparation, and so that the bodies would not remain on the cross on the Sabbath (for that Sabbath was a high day), the Jews asked Pilate that their legs might be broken and that they might be taken away.

32 So the soldiers came and broke the legs of the first, and of the other who had been crucified with him.

33 But when they came to Jesus and saw that he was already dead, they did not break his legs.

34 But one of the soldiers pierced his side with a spear, and at once there came out blood and water.

¶ **35** Und der das gesehen hat, der hat es bezeugt, und sein Zeugnis ist wahr, und er weiß, dass er die Wahrheit sagt, damit auch ihr glaubt.

36 Denn das ist geschehen, damit die Schrift erfüllt würde (2.Mose 12,46): »Ihr sollt ihm kein Bein zerbrechen.«

37 Und wiederum sagt die Schrift an einer andern Stelle (Sacharja 12,10): »Sie werden den sehen, den sie durchbohrt haben.«

Jesu Grablegung

38 Danach bat Josef von Arimathäa, der ein Jünger Jesu war, doch heimlich, aus Furcht vor den Juden, den Pilatus, dass er den Leichnam Jesu abnehmen dürfe. Und Pilatus erlaubte es. Da kam er und nahm den Leichnam Jesu ab.

39 Es kam aber auch Nikodemus, der vormals in der Nacht zu Jesus gekommen war, und brachte Myrrhe gemischt mit Aloe, etwa hundert Pfund.

40 Da nahmen sie den Leichnam Jesu und banden ihn in Leinentücher mit wohlriechenden Ölen, wie die Juden zu begraben pflegen.

41 Es war aber an der Stätte, wo er gekreuzigt wurde, ein Garten und im Garten ein neues Grab, in das noch nie jemand gelegt worden war.

42 Dahin legten sie Jesus wegen des Rüsttags der Juden, weil das Grab nahe war.

Der Ostermorgen

(Mt 28,1-10; Mk 16,1-8; Lk 24,1-12)

20 Am ersten Tag der Woche kommt Maria von Magdala früh, als es noch finster war, zum Grab und sieht, dass der Stein vom Grab weg war.

2 Da läuft sie und kommt zu Simon Petrus und zu dem andern Jünger, den Jesus lieb hatte, und spricht zu ihnen: Sie haben den Herrn weggenommen aus dem Grab, und wir wissen nicht, wo sie ihn hingelegt haben.

¶ **3** Da ging Petrus und der andere Jünger hinaus und sie kamen zum Grab.

4 Es liefen aber die zwei miteinander und der andere Jünger lief voraus, schneller als Petrus, und kam zuerst zum Grab,

5 schaut hinein und sieht die Leinentücher liegen; er ging aber nicht hinein.

6 Da kam Simon Petrus ihm nach und ging in das Grab hinein und sieht die Leinentücher liegen,

35 He who saw it has borne witness—his testimony is true, and he knows that he is telling the truth—that you also may believe.

36 For these things took place that the Scripture might be fulfilled: "Not one of his bones will be broken."

37 And again another Scripture says, "They will look on him whom they have pierced."

Jesus Is Buried

¶ **38** After these things Joseph of Arimathea, who was a disciple of Jesus, but secretly for fear of the Jews, asked Pilate that he might take away the body of Jesus, and Pilate gave him permission. So he came and took away his body.

39 Nicodemus also, who earlier had come to Jesus[4] by night, came bringing a mixture of myrrh and aloes, about seventy-five pounds[5] in weight.

40 So they took the body of Jesus and bound it in linen cloths with the spices, as is the burial custom of the Jews.

41 Now in the place where he was crucified there was a garden, and in the garden a new tomb in which no one had yet been laid.

42 So because of the Jewish day of Preparation, since the tomb was close at hand, they laid Jesus there.

The Resurrection

20 Now on the first day of the week Mary Magdalene came to the tomb early, while it was still dark, and saw that the stone had been taken away from the tomb.

2 So she ran and went to Simon Peter and the other disciple, the one whom Jesus loved, and said to them, "They have taken the Lord out of the tomb, and we do not know where they have laid him."

3 So Peter went out with the other disciple, and they were going toward the tomb.

4 Both of them were running together, but the other disciple outran Peter and reached the tomb first.

5 And stooping to look in, he saw the linen cloths lying there, but he did not go in.

6 Then Simon Peter came, following him, and went into the tomb. He saw the linen cloths lying there,

7 aber das Schweißtuch, das Jesus um das Haupt gebunden war, nicht bei den Leinentüchern liegen, sondern daneben, zusammengewickelt an einem besonderen Ort.

8 Da ging auch der andere Jünger hinein, der zuerst zum Grab gekommen war, und sah und glaubte.

9 Denn sie verstanden die Schrift noch nicht, dass er von den Toten auferstehen müsste.

10 Da gingen die Jünger wieder heim.

Maria von Magdala

11 Maria aber stand draußen vor dem Grab und weinte. Als sie nun weinte, schaute sie in das Grab

12 und sieht zwei Engel in weißen Gewändern sitzen, einen zu Häupten und den andern zu den Füßen, wo sie den Leichnam Jesu hingelegt hatten.

13 Und die sprachen zu ihr: Frau, was weinst du? Sie spricht zu ihnen: Sie haben meinen Herrn weggenommen, und ich weiß nicht, wo sie ihn hingelegt haben.

¶ **14** Und als sie das sagte, wandte sie sich um und sieht Jesus stehen und weiß nicht, dass es Jesus ist.

15 Spricht Jesus zu ihr: Frau, was weinst du? Wen suchst du? Sie meint, es sei der Gärtner, und spricht zu ihm: Herr, hast du ihn weggetragen, so sage mir, wo du ihn hingelegt hast; dann will ich ihn holen.

16 Spricht Jesus zu ihr: Maria! Da wandte sie sich um und spricht zu ihm auf Hebräisch: Rabbuni!, das heißt: Meister!

¶ **17** Spricht Jesus zu ihr: Rühre mich nicht an! Denn ich bin noch nicht aufgefahren zum Vater. Geh aber hin zu meinen Brüdern und sage ihnen: Ich fahre auf zu meinem Vater und zu eurem Vater, zu meinem Gott und zu eurem Gott.

18 Maria von Magdala geht und verkündigt den Jüngern: Ich habe den Herrn gesehen, und das hat er zu mir gesagt.

Die Vollmacht der Jünger

(Mk 16,14-18; Lk 24,36-49)

19 Am Abend aber dieses ersten Tages der Woche, als die Jünger versammelt und die Türen verschlossen waren aus Furcht vor den Juden, kam Jesus und trat mitten unter sie und spricht zu ihnen: Friede sei mit euch!

20 Und als er das gesagt hatte, zeigte er ihnen die Hände und seine Seite. Da wurden die Jünger froh, dass sie den Herrn sahen.

7 and the face cloth, which had been on Jesus[1] head, not lying with the linen cloths but folded up in a place by itself.

8 Then the other disciple, who had reached the tomb first, also went in, and he saw and believed;

9 for as yet they did not understand the Scripture, that he must rise from the dead.

10 Then the disciples went back to their homes.

Jesus Appears to Mary Magdalene

¶ **11** But Mary stood weeping outside the tomb, and as she wept she stooped to look into the tomb.

12 And she saw two angels in white, sitting where the body of Jesus had lain, one at the head and one at the feet.

13 They said to her, "Woman, why are you weeping?" She said to them, "They have taken away my Lord, and I do not know where they have laid him."

14 Having said this, she turned around and saw Jesus standing, but she did not know that it was Jesus.

15 Jesus said to her, "Woman, why are you weeping? [v]Whom are you seeking?" Supposing him to be the gardener, she said to him, "Sir, if you have carried him away, tell me where you have laid him, and I will take him away."

16 Jesus said to her, "Mary." She turned and said to him in Aramaic,[2] "Rabboni!" (which means Teacher).

17 Jesus said to her, "Do not cling to me, for I have not yet ascended to the Father; but go to [y]my brothers and say to them, [z]'I am ascending to my Father and your Father, to [a]my God and your God.'"

18 Mary Magdalene went and announced to the disciples, "I have seen the Lord"—and that he had said these things to her.

Jesus Appears to the Disciples

¶ **19** On the evening of that day, the first day of the week, the doors being locked where the disciples were for fear of the Jews, Jesus came and stood among them and said to them, [g]"Peace be with you."

20 When he had said this, he showed them his hands and his side. Then the disciples were glad when they saw the Lord.

¶ 21 Da sprach Jesus abermals zu ihnen: **Friede sei mit euch! Wie mich der Vater gesandt hat, so sende ich euch.**

22 Und als er das gesagt hatte, blies er sie an und spricht zu ihnen: **Nehmt hin den Heiligen Geist!**

23 Welchen ihr die Sünden erlasst, denen sind sie erlassen; und welchen ihr sie behaltet, denen sind sie behalten.

Thomas

24 Thomas aber, der Zwilling genannt wird, einer der Zwölf, war nicht bei ihnen, als Jesus kam.

25 Da sagten die andern Jünger zu ihm: Wir haben den Herrn gesehen. Er aber sprach zu ihnen: Wenn ich nicht in seinen Händen die Nägelmale sehe und meinen Finger in die Nägelmale lege und meine Hand in seine Seite lege, kann ich's nicht glauben.

¶ 26 Und nach acht Tagen waren seine Jünger abermals drinnen versammelt und Thomas war bei ihnen. Kommt Jesus, als die Türen verschlossen waren, und tritt mitten unter sie und spricht: **Friede sei mit euch!**

27 Danach spricht er zu Thomas: **Reiche deinen Finger her und sieh meine Hände, und reiche deine Hand her und lege sie in meine Seite, und sei nicht ungläubig, sondern gläubig!**

28 Thomas antwortete und sprach zu ihm: **Mein Herr und mein Gott!**

29 Spricht Jesus zu ihm: **Weil du mich gesehen hast, Thomas, darum glaubst du. Selig sind, die nicht sehen und doch glauben!**

¶ 30 Noch viele andere Zeichen tat Jesus vor seinen Jüngern, die nicht geschrieben sind in diesem Buch.

31 Diese aber sind geschrieben, damit ihr glaubt, dass Jesus der Christus ist, der Sohn Gottes, und damit ihr durch den Glauben das Leben habt in seinem Namen.

Der Auferstandene am See Tiberias

21 Danach offenbarte sich Jesus abermals den Jüngern am See Tiberias. Er offenbarte sich aber so:

¶ 2 Es waren beieinander Simon Petrus und Thomas, der Zwilling genannt wird, und Nathanael aus Kana in Galiläa und die Söhne des Zebedäus und zwei andere seiner Jünger.

---

21 Jesus said to them again, "Peace be with you. As ^{j} the Father has sent me, ^{k} even so I am sending you."

22 And when he had said this, he breathed on them and said to them, ^{m} "Receive the Holy Spirit.

23 ^{n} If you forgive the sins of any, they are forgiven them; if you withhold forgiveness from any, it is withheld."

Jesus and Thomas

¶ 24 Now Thomas, one of the Twelve, called the Twin,[3] was not with them when Jesus came.

25 So the other disciples told him, "We have seen the Lord." But he said to them, "Unless I see in his hands the mark of the nails, and place my finger into the mark of the nails, and place my hand into his side, I will never believe."

¶ 26 Eight days later, his disciples were inside again, and Thomas was with them. Although the doors were locked, Jesus came and stood among them and said, ^{q} "Peace be with you."

27 Then he said to Thomas, ^{r} "Put your finger here, and see my hands; and put out your hand, and place it in my side. Do not disbelieve, but believe."

28 Thomas answered him, "My Lord and my God!"

29 Jesus said to him, "Have you believed because you have seen me? ^{t} Blessed are those who have not seen and yet have believed."

The Purpose of This Book

¶ 30 Now Jesus did many other signs in the presence of the disciples, which are not written in this book;

31 but these are written so that you may believe that Jesus is the Christ, the Son of God, and that by believing you may have life in his name.

Jesus Appears to Seven Disciples

21 After this Jesus revealed himself again to the disciples by the Sea of Tiberias, and he revealed himself in this way.

2 Simon Peter, Thomas (called the Twin), Nathanael of Cana in Galilee, the sons of Zebedee, and two others of his disciples were together.

3 Spricht Simon Petrus zu ihnen: Ich will fischen gehen. Sie sprechen zu ihm: So wollen wir mit dir gehen. Sie gingen hinaus und stiegen in das Boot, und in dieser Nacht fingen sie nichts.

¶ **4** Als es aber schon Morgen war, stand Jesus am Ufer, aber die Jünger wussten nicht, dass es Jesus war.

5 Spricht Jesus zu ihnen: Kinder, habt ihr nichts zu essen? Sie antworteten ihm: Nein.

6 Er aber sprach zu ihnen: Werft das Netz aus zur Rechten des Bootes, so werdet ihr finden. Da warfen sie es aus und konnten's nicht mehr ziehen wegen der Menge der Fische.

¶ **7** Da spricht der Jünger, den Jesus lieb hatte, zu Petrus: Es ist der Herr! Als Simon Petrus hörte, dass es der Herr war, gürtete er sich das Obergewand um, denn er war nackt, und warf sich ins Wasser.

8 Die andern Jünger aber kamen mit dem Boot, denn sie waren nicht fern vom Land, nur etwa zweihundert Ellen, und zogen das Netz mit den Fischen.

¶ **9** Als sie nun ans Land stiegen, sahen sie ein Kohlenfeuer und Fische darauf und Brot.

10 Spricht Jesus zu ihnen: Bringt von den Fischen, die ihr jetzt gefangen habt!

11 Simon Petrus stieg hinein und zog das Netz an Land, voll großer Fische, hundertdreiundfünfzig. Und obwohl es so viele waren, zerriss doch das Netz nicht.

¶ **12** Spricht Jesus zu ihnen: Kommt und haltet das Mahl! Niemand aber unter den Jüngern wagte, ihn zu fragen: Wer bist du? Denn sie wussten, dass es der Herr war.

13 Da kommt Jesus und nimmt das Brot und gibt's ihnen, desgleichen auch die Fische.

¶ **14** Das ist nun das dritte Mal, dass Jesus den Jüngern offenbart wurde, nachdem er von den Toten auferstanden war.

Petrus und Johannes

15 Als sie nun das Mahl gehalten hatten, spricht Jesus zu Simon Petrus: Simon, Sohn des Johannes, hast du mich lieber, als mich diese haben? Er spricht zu ihm: Ja, Herr, du weißt, dass ich dich lieb habe. Spricht Jesus zu ihm: Weide meine Lämmer!

¶ **16** Spricht er zum zweiten Mal zu ihm: Simon, Sohn des Johannes, hast du mich lieb? Er spricht zu ihm: Ja, Herr, du weißt, dass ich dich lieb habe. Spricht Jesus zu ihm: Weide meine Schafe!

3 Simon Peter said to them, "I am going fishing." They said to him, "We will go with you." They went out and got into the boat, but that night they caught nothing.

¶ **4** Just as day was breaking, Jesus stood on the shore; yet the disciples did not know that it was Jesus.

5 Jesus said to them, "Children, do you have any fish?" They answered him, "No."

6 He said to them, "Cast the net on the right side of the boat, and you will find some." So they cast it, and now they were not able to haul it in, because of the quantity of fish.

7 That disciple whom Jesus loved therefore said to Peter, "It is the Lord!" When Simon Peter heard that it was the Lord, he put on his outer garment, for he was stripped for work, and threw himself into the sea.

8 The other disciples came in the boat, dragging the net full of fish, for they were not far from the land, but about a hundred yards[1] off.

¶ **9** When they got out on land, they saw a charcoal fire in place, with fish laid out on it, and bread.

10 Jesus said to them, "Bring some of the fish that you have just caught."

11 So Simon Peter went aboard and hauled the net ashore, full of large fish, 153 of them. And although there were so many, the net was not torn.

12 Jesus said to them, *p*"Come and *q*have breakfast." Now none of the disciples dared ask him, "Who are you?" They knew it was the Lord.

13 Jesus came and took the bread and gave it to them, and so with the fish.

14 This was now the third time that Jesus was revealed to the disciples after he was raised from the dead.

Jesus and Peter

¶ **15** When they had finished breakfast, Jesus said to Simon Peter, *v*"Simon, *w*son of John, *x*do you love me more than these?" He said to him, "Yes, Lord; you know that I love you." He said to him, "Feed *y*my lambs."

16 He said to him a second time, "Simon, son of John, do you love me?" He said to him, "Yes, Lord; you know that I love you." He said to him, *z*"Tend *y*my sheep."

¶ **17** Spricht er zum dritten Mal zu ihm: Simon, Sohn des Johannes, hast du mich lieb? Petrus wurde traurig, weil er zum dritten Mal zu ihm sagte: Hast du mich lieb?, und sprach zu ihm: Herr, du weißt alle Dinge, du weißt, dass ich dich lieb habe. Spricht Jesus zu ihm: Weide meine Schafe!

¶ **18** Wahrlich, wahrlich, ich sage dir: Als du jünger warst, gürtetest du dich selbst und gingst, wo du hinwolltest; wenn du aber alt wirst, wirst du deine Hände ausstrecken und ein anderer wird dich gürten und führen, wo du nicht hinwillst.

19 Das sagte er aber, um anzuzeigen, mit welchem Tod er Gott preisen würde. Und als er das gesagt hatte, spricht er zu ihm: Folge mir nach!

¶ **20** Petrus aber wandte sich um und sah den Jünger folgen, den Jesus lieb hatte, der auch beim Abendessen an seiner Brust gelegen und gesagt hatte: Herr, wer ist's, der dich verrät?

21 Als Petrus diesen sah, spricht er zu Jesus: Herr, was wird aber mit diesem?

22 Jesus spricht zu ihm: Wenn ich will, dass er bleibt, bis ich komme, was geht es dich an? Folge du mir nach!

23 Da kam unter den Brüdern die Rede auf: Dieser Jünger stirbt nicht. Aber Jesus hatte nicht zu ihm gesagt: Er stirbt nicht, sondern: Wenn ich will, dass er bleibt, bis ich komme, was geht es dich an?

¶ **24** Dies ist der Jünger, der dies alles bezeugt und aufgeschrieben hat, und wir wissen, dass sein Zeugnis wahr ist.

25 Es sind noch viele andere Dinge, die Jesus getan hat. Wenn aber eins nach dem andern aufgeschrieben werden sollte, so würde, meine ich, die Welt die Bücher nicht fassen, die zu schreiben wären.

17 He said to him the third time, "Simon, son of John, do you love me?" Peter was grieved because he said to him the third time, "Do you love me?" and he said to him, "Lord, you know everything; you know that I love you." Jesus said to him, "Feed ᶜmy sheep.

18 ᵈTruly, truly, I say to you, when you were young, ᵉyou used to dress yourself and walk wherever you wanted, but when you are old, you will stretch out your hands, and another will dress you and carry you where you do not want to go."

19 (This he said to show by what kind of death he was to glorify God.) And after saying this he said to him, ᵍ"Follow me."

Jesus and the Beloved Apostle

¶ **20** Peter turned and saw the disciple whom Jesus loved following them, the one who had been reclining at table close to him and had said, "Lord, who is it that is going to betray you?"

21 When Peter saw him, he said to Jesus, "Lord, what about this man?"

22 Jesus said to him, "If it is my will that he remain ʲuntil ᵏI come, what is that to you? ˡYou follow me!"

23 So the saying spread abroad among the brothers[2] that this disciple was not to die; yet Jesus did not say to him that he was not to die, but, "If it is my will that he remain until I come, what is that to you?"

¶ **24** This is the disciple who is bearing witness about these things, and who has written these things, and we know that his testimony is true.

¶ **25** Now there are also many other things that Jesus did. Were every one of them to be written, I suppose that the world itself could not contain the books that would be written.

DIE APOSTELGESCHICHTE DES LUKAS

THE ACTS

OF THE APOSTLES

Christi Himmelfahrt

1 Den ersten Bericht habe ich gegeben, lieber Theophilus, von all dem, was Jesus von Anfang an tat und lehrte

2 bis zu dem Tag, an dem er aufgenommen wurde, nachdem er den Aposteln, die er erwählt hatte, durch den Heiligen Geist Weisung gegeben hatte.

3 Ihnen zeigte er sich nach seinem Leiden durch viele Beweise als der Lebendige und ließ sich sehen unter ihnen vierzig Tage lang und redete mit ihnen vom Reich Gottes.

¶ **4** Und als er mit ihnen zusammen war, befahl er ihnen, Jerusalem nicht zu verlassen, sondern zu warten auf die Verheißung des Vaters, die ihr, so sprach er, von mir gehört habt;

5 denn Johannes hat mit Wasser getauft, ihr aber sollt mit dem Heiligen Geist getauft werden nicht lange nach diesen Tagen.

¶ **6** Die nun zusammengekommen waren, fragten ihn und sprachen: Herr, wirst du in dieser Zeit wieder aufrichten das Reich für Israel?

7 Er sprach aber zu ihnen: Es gebührt euch nicht, Zeit oder Stunde zu wissen, die der Vater in seiner Macht bestimmt hat;

8 aber **ihr werdet die Kraft des Heiligen Geistes empfangen, der auf euch kommen wird, und werdet meine Zeugen sein** in Jerusalem und in ganz Judäa und Samarien und bis an das Ende der Erde.

¶ **9** Und als er das gesagt hatte, wurde er zusehends aufgehoben, und eine Wolke nahm ihn auf vor ihren Augen weg.

10 Und als sie ihm nachsahen, wie er gen Himmel fuhr, siehe, da standen bei ihnen zwei Männer in weißen Gewändern.

11 Die sagten: Ihr Männer von Galiläa, was steht ihr da und seht zum Himmel? Dieser Jesus, der von euch weg gen Himmel aufgenommen wurde, wird so wiederkommen, wie ihr ihn habt gen Himmel fahren sehen.

The Promise of the Holy Spirit

1 In the first book, O Theophilus, I have dealt with all that Jesus began to do and teach,

2 until the day when he was taken up, after he had given commands through the Holy Spirit to the apostles whom he had chosen.

3 He presented himself alive to them after his suffering by many proofs, appearing to them during forty days and speaking about the kingdom of God.

¶ **4** And while staying[1] with them he ordered them not to depart from Jerusalem, but to wait for the promise of the Father, which, he said, "you heard from me;

5 for ^{h}John baptized with water, ^{h}but you will be baptized ^{i}with[2] the Holy Spirit not many days from now."

The Ascension

¶ **6** So when they had come together, they asked him, "Lord, will you at this time restore the kingdom to Israel?"

7 He said to them, ^{l}"It is not for you to know ^{m}times or seasons that the Father has fixed by his own authority.

8 But you will receive ^{n}power ^{o}when the Holy Spirit has come upon you, and ^{p}you will be ^{q}my witnesses in Jerusalem and in all Judea and ^{r}Samaria, and ^{s}to the end of the earth."

9 And when he had said these things, as they were looking on, he was lifted up, and a cloud took him out of their sight.

10 And while they were gazing into heaven as he went, behold, two men stood by them in white robes,

11 and said, "Men of Galilee, why do you stand looking into heaven? This Jesus, who was taken up from you into heaven, will come in the same way as you saw him go into heaven."

¶ **12** Da kehrten sie nach Jerusalem zurück von dem Berg, der heißt Ölberg und liegt nahe bei Jerusalem, einen Sabbatweg entfernt.

13 Und als sie hineinkamen, stiegen sie hinauf in das Obergemach des Hauses, wo sie sich aufzuhalten pflegten: Petrus, Johannes, Jakobus und Andreas, Philippus und Thomas, Bartholomäus und Matthäus, Jakobus, der Sohn des Alphäus, und Simon der Zelot und Judas, der Sohn des Jakobus.

14 Diese alle waren stets beieinander einmütig im Gebet samt den Frauen und Maria, der Mutter Jesu, und seinen Brüdern.

Die Nachwahl des zwölften Apostels

15 Und in den Tagen trat Petrus auf unter den Brüdern – es war aber eine Menge beisammen von etwa hundertzwanzig – und sprach:

16 Ihr Männer und Brüder, es musste das Wort der Schrift erfüllt werden, das der Heilige Geist durch den Mund Davids vorausgesagt hat über Judas, der denen den Weg zeigte, die Jesus gefangen nahmen;

17 denn er gehörte zu uns und hatte dieses Amt mit uns empfangen.

18 Der hat einen Acker erworben mit dem Lohn für seine Ungerechtigkeit. Aber er ist vornübergestürzt und mitten entzweigeborsten, sodass alle seine Eingeweide hervorquollen.

19 Und es ist allen bekannt geworden, die in Jerusalem wohnen, sodass dieser Acker in ihrer Sprache genannt wird: Hakeldamach, das heißt Blutacker.

20 Denn es steht geschrieben im Psalmbuch (Psalm 69,26; 109,8): »Seine Behausung soll verwüstet werden, und niemand wohne darin«, und: »Sein Amt empfange ein andrer.«

21 So muss nun einer von diesen Männern, die bei uns gewesen sind die ganze Zeit über, als der Herr Jesus unter uns ein- und ausgegangen ist

22 – von der Taufe des Johannes an bis zu dem Tag, an dem er von uns genommen wurde –, mit uns Zeuge seiner Auferstehung werden.

¶ **23** Und sie stellten zwei auf: Josef, genannt Barsabbas, mit dem Beinamen Justus, und Matthias,

24 und beteten und sprachen: Herr, der du aller Herzen kennst, zeige an, welchen du erwählt hast von diesen beiden,

Matthias Chosen to Replace Judas

¶ **12** Then they returned to Jerusalem from the mount called Olivet, which is near Jerusalem, a Sabbath day's journey away.

13 And when they had entered, they went up to the upper room, where they were staying, Peter and John and James and Andrew, Philip and Thomas, Bartholomew and Matthew, James the son of Alphaeus and Simon the Zealot and Judas the son of James.

14 All these with one accord were devoting themselves to prayer, together with the women and Mary the mother of Jesus, and his brothers.[3]

¶ **15** In those days Peter stood up among the brothers (the company of persons was in all about 120) and said,

16 "Brothers, the Scripture had to be fulfilled, which the Holy Spirit spoke beforehand by the mouth of David concerning Judas, who became a guide to those who arrested Jesus.

17 For he was numbered among us and was allotted his share in this ministry."

18 (Now this man acquired a field with the reward of his wickedness, and falling headlong[4] he burst open in the middle and all his bowels gushed out.

19 And it became known to all the inhabitants of Jerusalem, so that the field was called in their own language Akeldama, that is, Field of Blood.)

20 "For it is written in the Book of Psalms,

" 'May his camp become desolate,
    and let there be no one to dwell in it';

and

" 'Let another take his office.'

21 So one of the men who have accompanied us during all the time that the Lord Jesus went in and out among us,

22 beginning from the baptism of John until the day when he was taken up from us—one of these men must become with us a witness to his resurrection."

23 And they put forward two, Joseph called Barsabbas, who was also called Justus, and Matthias.

24 And they prayed and said, "You, Lord, who know the hearts of all, show which one of these two you have chosen

25 damit er diesen Dienst und das Apostelamt empfange, das Judas verlassen hat, um an den Ort zu gehen, wohin er gehört.

26 Und sie warfen das Los über sie und das Los fiel auf Matthias; und er wurde zugeordnet zu den elf Aposteln.

Das Pfingstwunder

2 Und als der Pfingsttag gekommen war, waren sie alle an **einem** Ort beieinander.

2 Und es geschah plötzlich ein Brausen vom Himmel wie von einem gewaltigen Wind und erfüllte das ganze Haus, in dem sie saßen.

3 Und es erschienen ihnen Zungen, zerteilt wie von Feuer; und er setzte sich auf einen jeden von ihnen,

4 und sie wurden alle erfüllt von dem Heiligen Geist und fingen an zu predigen in andern Sprachen, wie der Geist ihnen gab auszusprechen.

¶ **5** Es wohnten aber in Jerusalem Juden, die waren gottesfürchtige Männer aus allen Völkern unter dem Himmel.

6 Als nun dieses Brausen geschah, kam die Menge zusammen und wurde bestürzt; denn ein jeder hörte sie in seiner eigenen Sprache reden.

7 Sie entsetzten sich aber, verwunderten sich und sprachen: Siehe, sind nicht diese alle, die da reden, aus Galiläa?

8 Wie hören wir denn jeder seine eigene Muttersprache?

9 Parther und Meder und Elamiter und die wir wohnen in Mesopotamien und Judäa, Kappadozien, Pontus und der Provinz Asien,

10 Phrygien und Pamphylien, Ägypten und der Gegend von Kyrene in Libyen und Einwanderer aus Rom,

11 Juden und Judengenossen, Kreter und Araber: wir hören sie in unsern Sprachen von den großen Taten Gottes reden.

¶ **12** Sie entsetzten sich aber alle und wurden ratlos und sprachen einer zu dem andern: Was will das werden?

13 Andere aber hatten ihren Spott und sprachen: Sie sind voll von süßem Wein.

Die Pfingstpredigt des Petrus

14 Da trat Petrus auf mit den Elf, erhob seine Stimme und redete zu ihnen: Ihr Juden, liebe Männer, und alle, die ihr in Jerusalem wohnt, das sei euch kundgetan, und lasst meine Worte zu euren Ohren eingehen!

15 Denn diese sind nicht betrunken, wie ihr meint, ist es doch erst die dritte Stunde am Tage;

The Coming of the Holy Spirit

25 to take the place in this ministry and apostleship from which Judas turned aside to go to his own place."

26 And they cast lots for them, and the lot fell on Matthias, and he was numbered with the eleven apostles.

The Coming of the Holy Spirit

2 When the day of Pentecost arrived, they were all together in one place.

2 And suddenly there came from heaven a sound like a mighty rushing wind, and it filled the entire house where they were sitting.

3 And divided tongues as of fire appeared to them and rested[1] on each one of them.

4 And they were all filled with the Holy Spirit and began to speak in other tongues as the Spirit gave them utterance.

¶ **5** Now there were dwelling in Jerusalem Jews, devout men from every nation under heaven.

6 And at this sound the multitude came together, and they were bewildered, because each one was hearing them speak in his own language.

7 And they were amazed and astonished, saying, "Are not all these who are speaking Galileans?

8 And how is it that we hear, each of us in his own native language?

9 Parthians and Medes and Elamites and residents of Mesopotamia, Judea and Cappadocia, Pontus and Asia,

10 Phrygia and Pamphylia, Egypt and the parts of Libya belonging to Cyrene, and visitors from Rome,

11 both Jews and proselytes, Cretans and Arabians—we hear them telling in our own tongues the mighty works of God."

12 And all were amazed and perplexed, saying to one another, "What does this mean?"

13 But others mocking said, "They are filled with new wine."

Peter's Sermon at Pentecost

¶ **14** But Peter, standing with the eleven, lifted up his voice and addressed them: "Men of Judea and all who dwell in Jerusalem, let this be known to you, and give ear to my words.

15 For these people are not drunk, as you suppose, since it is only the third hour of the day.[2]

16 sondern das ist's, was durch den Propheten Joel gesagt worden ist (Joel 3,1-5):

¶ **17** »Und es soll geschehen in den letzten Tagen, spricht Gott, da will ich ausgießen von meinem Geist auf alles Fleisch; und eure Söhne und eure Töchter sollen weissagen, und eure Jünglinge sollen Gesichte sehen, und eure Alten sollen Träume haben;

18 und auf meine Knechte und auf meine Mägde will ich in jenen Tagen von meinem Geist ausgießen, und sie sollen weissagen.

19 Und ich will Wunder tun oben am Himmel und Zeichen unten auf Erden, Blut und Feuer und Rauchdampf;

20 die Sonne soll in Finsternis und der Mond in Blut verwandelt werden, ehe der große Tag der Offenbarung des Herrn kommt.

21 Und es soll geschehen: wer den Namen des Herrn anrufen wird, der soll gerettet werden.«

¶ **22** Ihr Männer von Israel, hört diese Worte: Jesus von Nazareth, von Gott unter euch ausgewiesen durch Taten und Wunder und Zeichen, die Gott durch ihn in eurer Mitte getan hat, wie ihr selbst wisst –

23 diesen Mann, der durch Gottes Ratschluss und Vorsehung dahingegeben war, habt ihr durch die Hand der Heiden ans Kreuz geschlagen und umgebracht.

24 Den hat Gott auferweckt und hat aufgelöst die Schmerzen des Todes, wie es denn unmöglich war, dass er vom Tode festgehalten werden konnte.

25 Denn David spricht von ihm (Psalm 16,8-11): »Ich habe den Herrn allezeit vor Augen, denn er steht mir zur Rechten, damit ich nicht wanke.

26 Darum ist mein Herz fröhlich, und meine Zunge frohlockt; auch mein Leib wird ruhen in Hoffnung.

27 Denn du wirst mich nicht dem Tod überlassen und nicht zugeben, dass dein Heiliger die Verwesung sehe.

28 Du hast mir kundgetan die Wege des Lebens; du wirst mich erfüllen mit Freude vor deinem Angesicht.«

16 But this is what was uttered through the prophet Joel:

17 "'And in the last days it shall be, God declares,
that I will pour out my Spirit on all flesh,
and your sons and your daughters shall prophesy,
and your young men shall see visions,
and your old men shall dream dreams;

18 even on my male servants[3] and female servants
in those days I will pour out my Spirit,
and they shall prophesy.

19 And I will show wonders in the heavens above
and signs on the earth below,
blood, and fire, and vapor of smoke;

20 the sun shall be turned to darkness
and the moon to blood,
before the day of the Lord comes, the great and magnificent day.

21 And it shall come to pass that everyone who calls upon the name of the Lord shall be saved.'

¶ **22** "Men of Israel, hear these words: Jesus of Nazareth, a man attested to you by God with mighty works and wonders and signs that God did through him in your midst, as you yourselves know—

23 this Jesus, delivered up according to the definite plan and foreknowledge of God, you crucified and killed by the hands of lawless men.

24 God raised him up, loosing the pangs of death, because it was not possible for him to be held by it.

25 For David says concerning him,

"'I saw the Lord always before me,
for he is at my right hand that I may not be shaken;

26 therefore my heart was glad, and my tongue rejoiced;
my flesh also will dwell in hope.

27 For you will not abandon my soul to Hades,
or let your Holy One see corruption.

28 You have made known to me the paths of life;
you will make me full of gladness with your presence.'

¶ **29** Ihr Männer, liebe Brüder, lasst mich freimütig zu euch reden von dem Erzvater David. Er ist gestorben und begraben, und sein Grab ist bei uns bis auf diesen Tag.

30 Da er nun ein Prophet war und wusste, dass ihm Gott verheißen hatte mit einem Eid, dass ein Nachkomme von ihm auf seinem Thron sitzen sollte,

31 hat er's vorausgesehen und von der Auferstehung des Christus gesagt: Er ist nicht dem Tod überlassen, und sein Leib hat die Verwesung nicht gesehen.

32 Diesen Jesus hat Gott auferweckt; dessen sind wir alle Zeugen.

33 Da er nun durch die rechte Hand Gottes erhöht ist und empfangen hat den verheißenen Heiligen Geist vom Vater, hat er diesen ausgegossen, wie ihr hier seht und hört.

34 Denn David ist nicht gen Himmel gefahren; sondern er sagt selbst (Psalm 110,1): »Der Herr sprach zu meinem Herrn: Setze dich zu meiner Rechten,

35 bis ich deine Feinde zum Schemel deiner Füße mache.«

36 So wisse nun das ganze Haus Israel gewiss, dass Gott diesen Jesus, den ihr gekreuzigt habt, zum Herrn und Christus gemacht hat.

Die erste Gemeinde

37 Als sie aber das hörten, ging's ihnen durchs Herz und sie sprachen zu Petrus und den andern Aposteln: Ihr Männer, liebe Brüder, was sollen wir tun?

38 Petrus sprach zu ihnen: **Tut Buße und jeder von euch lasse sich taufen auf den Namen Jesu Christi zur Vergebung eurer Sünden, so werdet ihr empfangen die Gabe des Heiligen Geistes.**

39 Denn euch und euren Kindern gilt diese Verheißung und allen, die fern sind, so viele der Herr, unser Gott, herzurufen wird.

¶ **40** Auch mit vielen andern Worten bezeugte er das und ermahnte sie und sprach: Lasst euch erretten aus diesem verkehrten Geschlecht!

41 Die nun sein Wort annahmen, ließen sich taufen; und an diesem Tage wurden hinzugefügt etwa dreitausend Menschen.

¶ **42** **Sie blieben aber beständig in der Lehre der Apostel und in der Gemeinschaft und im Brotbrechen und im Gebet.**

¶ **29** "Brothers, I may say to you with confidence about the patriarch David that he both died and was buried, and his tomb is with us to this day.

30 Being therefore a prophet, and knowing that God had sworn with an oath to him that he would set one of his descendants on his throne,

31 he foresaw and spoke about the resurrection of the Christ, that he was not abandoned to Hades, nor did his flesh see corruption.

32 This Jesus God raised up, and of that we all are witnesses.

33 Being therefore exalted at the right hand of God, and having received from the Father the promise of the Holy Spirit, he has poured out this that you yourselves are seeing and hearing.

34 For David did not ascend into the heavens, but he himself says,

"'The Lord said to my Lord,
    Sit at my right hand,
35   until I make your enemies your
        footstool.'

36 Let all the house of Israel therefore know for certain that God has made him both Lord and Christ, this Jesus whom you crucified."

The Fellowship of the Believers

37 Now when they heard this they were cut to the heart, and said to Peter and the rest of the apostles, "Brothers, what shall we do?"

38 And Peter said to them, "Repent and be baptized every one of you in the name of Jesus Christ for the forgiveness of your sins, and you will receive the gift of the Holy Spirit.

39 For the promise is for you and for your children and for all who are far off, everyone whom the Lord our God calls to himself."

40 And with many other words he bore witness and continued to exhort them, saying, "Save yourselves from this crooked generation."

41 So those who received his word were baptized, and there were added that day about three thousand souls.

The Fellowship of the Believers

¶ **42** And they devoted themselves to the apostles' teaching and the fellowship, to the breaking of bread and the prayers.

43 Es kam aber Furcht über alle Seelen und es geschahen auch viele Wunder und Zeichen durch die Apostel.

44 Alle aber, die gläubig geworden waren, waren beieinander und hatten alle Dinge gemeinsam.

45 Sie verkauften Güter und Habe und teilten sie aus unter alle, je nachdem es einer nötig hatte.

46 Und sie waren täglich einmütig beieinander im Tempel und brachen das Brot hier und dort in den Häusern, hielten die Mahlzeiten mit Freude und lauterem Herzen

47 und lobten Gott und fanden Wohlwollen beim ganzen Volk. Der Herr aber fügte täglich zur Gemeinde hinzu, die gerettet wurden.

Die Heilung des Gelähmten

3 Petrus aber und Johannes gingen hinauf in den Tempel um die neunte Stunde, zur Gebetszeit.

2 Und es wurde ein Mann herbeigetragen, lahm von Mutterleibe; den setzte man täglich vor die Tür des Tempels, die da heißt die Schöne, damit er um Almosen bettelte bei denen, die in den Tempel gingen.

3 Als er nun Petrus und Johannes sah, wie sie in den Tempel hineingehen wollten, bat er um ein Almosen.

¶ **4** Petrus aber blickte ihn an mit Johannes und sprach: Sieh uns an!

5 Und er sah sie an und wartete darauf, dass er etwas von ihnen empfinge.

6 Petrus aber sprach: Silber und Gold habe ich nicht; was ich aber habe, das gebe ich dir: Im Namen Jesu Christi von Nazareth steh auf und geh umher!

7 Und er ergriff ihn bei der rechten Hand und richtete ihn auf. Sogleich wurden seine Füße und Knöchel fest,

8 er sprang auf, konnte gehen und stehen und ging mit ihnen in den Tempel, lief und sprang umher und lobte Gott.

¶ **9** Und es sah ihn alles Volk umhergehen und Gott loben.

10 Sie erkannten ihn auch, dass er es war, der vor der Schönen Tür des Tempels gesessen und um Almosen gebettelt hatte; und Verwunderung und Entsetzen erfüllte sie über das, was ihm widerfahren war.

11 Als er sich aber zu Petrus und Johannes hielt, lief alles Volk zu ihnen in die Halle, die da heißt Salomos, und sie wunderten sich sehr.

43 And awe[4] came upon every soul, and many wonders and signs were being done through the apostles.

44 And all who believed were together and had all things in common.

45 And they were selling their possessions and belongings and distributing the proceeds to all, as any had need.

46 And day by day, attending the temple together and breaking bread in their homes, they received their food with glad and generous hearts,

47 praising God and having favor with all the people. And the Lord added to their number day by day those who were being saved.

The Lame Beggar Healed

3 Now Peter and John were going up to the temple at the hour of prayer, the ninth hour.[1]

2 And a man lame from birth was being carried, whom they laid daily at the gate of the temple that is called the Beautiful Gate to ask alms of those entering the temple.

3 Seeing Peter and John about to go into the temple, he asked to receive alms.

4 And Peter directed his gaze at him, as did John, and said, "Look at us."

5 And he fixed his attention on them, expecting to receive something from them.

6 But Peter said, "I have no silver and gold, but what I do have I give to you. In the name of Jesus Christ of Nazareth, rise up and walk!"

7 And he took him by the right hand and raised him up, and immediately his feet and ankles were made strong.

8 And leaping up he stood and began to walk, and entered the temple with them, walking and leaping and praising God.

9 And all the people saw him walking and praising God,

10 and recognized him as the one who sat at the Beautiful Gate of the temple, asking for alms. And they were filled with wonder and amazement at what had happened to him.

Peter Speaks in Solomon's Portico

¶ **11** While he clung to Peter and John, all the people, utterly astounded, ran together to them in the portico called Solomon's.

12 Als Petrus das sah, sprach er zu dem Volk: Ihr Männer von Israel, was wundert ihr euch darüber oder was seht ihr auf uns, als hätten wir durch eigene Kraft oder Frömmigkeit bewirkt, dass dieser gehen kann?

13 Der Gott Abrahams und Isaaks und Jakobs, der Gott unsrer Väter, hat seinen Knecht Jesus verherrlicht, den ihr überantwortet und verleugnet habt vor Pilatus, als der ihn loslassen wollte.

14 Ihr aber habt den Heiligen und Gerechten verleugnet und darum gebeten, dass man euch den Mörder schenke;

15 aber den Fürsten des Lebens habt ihr getötet. Den hat Gott auferweckt von den Toten; dessen sind wir Zeugen.

16 Und durch den Glauben an seinen Namen hat sein Name diesen, den ihr seht und kennt, stark gemacht; und der Glaube, der durch ihn gewirkt ist, hat diesem die Gesundheit gegeben vor euer aller Augen.

¶ 17 Nun, liebe Brüder, ich weiß, dass ihr's aus Unwissenheit getan habt wie auch eure Oberen.

18 Gott aber hat erfüllt, was er durch den Mund aller seiner Propheten zuvor verkündigt hat: dass sein Christus leiden sollte.

19 So tut nun Buße und bekehrt euch, dass eure Sünden getilgt werden,

20 damit die Zeit der Erquickung komme von dem Angesicht des Herrn und er den sende, der euch zuvor zum Christus bestimmt ist: Jesus.

21 Ihn muss der Himmel aufnehmen bis zu der Zeit, in der alles wiedergebracht wird, wovon Gott geredet hat durch den Mund seiner heiligen Propheten von Anbeginn.

22 Mose hat gesagt (5.Mose 18,15; 18,19): »Einen Propheten wie mich wird euch der Herr, euer Gott, erwecken aus euren Brüdern; den sollt ihr hören in allem, was er zu euch sagen wird.

23 Und es wird geschehen, wer diesen Propheten nicht hören wird, der soll vertilgt werden aus dem Volk.«

24 Und alle Propheten von Samuel an, wie viele auch danach geredet haben, die haben auch diese Tage verkündigt.

25 Ihr seid die Söhne der Propheten und des Bundes, den Gott geschlossen hat mit euren Vätern, als er zu Abraham sprach (1.Mose 22,18): »Durch dein Geschlecht sollen gesegnet werden alle Völker auf Erden.«

26 Für euch zuerst hat Gott seinen Knecht Jesus erweckt und hat ihn zu euch gesandt, euch zu segnen, dass ein jeder sich bekehre von seiner Bosheit.

12 And when Peter saw it he addressed the people: "Men of Israel, why do you wonder at this, or why do you stare at us, as though by our own power or piety we have made him walk?

13 The God of Abraham, the God of Isaac, and the God of Jacob, the God of our fathers, glorified his servant[2] Jesus, whom you delivered over and denied in the presence of Pilate, when he had decided to release him.

14 But you denied the Holy and Righteous One, and asked for a murderer to be granted to you,

15 and you killed the Author of life, whom God raised from the dead. To this we are witnesses.

16 And his name—by faith in his name— has made this man strong whom you see and know, and the faith that is through Jesus[3] has given the man this perfect health in the presence of you all.

¶ 17 "And now, brothers, I know that you acted in ignorance, as did also your rulers.

18 But what God foretold by the mouth of all the prophets, that his Christ would suffer, he thus fulfilled.

19 Repent therefore, and turn again, that your sins may be blotted out,

20 that times of refreshing may come from the presence of the Lord, and that he may send the Christ appointed for you, Jesus,

21 whom heaven must receive until the time for restoring all the things about which God spoke by the mouth of his holy prophets long ago.

22 Moses said, 'The Lord God will raise up for you a prophet like me from your brothers. You shall listen to him in whatever he tells you.

23 And it shall be that every soul who does not listen to that prophet shall be destroyed from the people.'

24 And all the prophets who have spoken, from Samuel and those who came after him, also proclaimed these days.

25 You are the sons of the prophets and of the covenant that God made with your fathers, saying to Abraham, 'And in your offspring shall all the families of the earth be blessed.'

26 God, having raised up his servant, sent him to you first, to bless you by turning every one of you from your wickedness."

Petrus und Johannes vor dem Hohen Rat

4 Während sie zum Volk redeten, traten zu ihnen die Priester und der Hauptmann des Tempels und die Sadduzäer,

2 die verdross, dass sie das Volk lehrten und verkündigten an Jesus die Auferstehung von den Toten.

3 Und sie legten Hand an sie und setzten sie gefangen bis zum Morgen; denn es war schon Abend.

4 Aber viele von denen, die das Wort gehört hatten, wurden gläubig; und die Zahl der Männer stieg auf etwa fünftausend.

¶ **5** Als nun der Morgen kam, versammelten sich ihre Oberen und Ältesten und Schriftgelehrten in Jerusalem,

6 auch Hannas, der Hohepriester, und Kaiphas und Johannes und Alexander und alle, die vom Hohenpriestergeschlecht waren;

7 und sie stellten sie vor sich und fragten sie: Aus welcher Kraft oder in welchem Namen habt ihr das getan?

8 Petrus, voll des Heiligen Geistes, sprach zu ihnen: Ihr Oberen des Volkes und ihr Ältesten!

9 Wenn wir heute verhört werden wegen dieser Wohltat an dem kranken Menschen, durch wen er gesund geworden ist,

10 so sei euch und dem ganzen Volk Israel kundgetan: Im Namen Jesu Christi von Nazareth, den ihr gekreuzigt habt, den Gott von den Toten auferweckt hat; durch ihn steht dieser hier gesund vor euch.

11 Das ist der Stein, von euch Bauleuten verworfen, der zum Eckstein geworden ist.

12 Und in keinem andern ist das Heil, auch ist kein andrer Name unter dem Himmel den Menschen gegeben, durch den wir sollen selig werden.

¶ **13** Sie sahen aber den Freimut des Petrus und Johannes und wunderten sich; denn sie merkten, dass sie ungelehrte und einfache Leute waren, und wussten auch von ihnen, dass sie mit Jesus gewesen waren.

14 Sie sahen aber den Menschen, der gesund geworden war, bei ihnen stehen und wussten nichts dagegen zu sagen.

15 Da hießen sie sie hinausgehen aus dem Hohen Rat und verhandelten miteinander und sprachen:

16 Was wollen wir mit diesen Menschen tun? Denn dass ein offenkundiges Zeichen durch sie geschehen ist, ist allen bekannt, die in Jerusalem wohnen, und wir können's nicht leugnen.

Peter and John Before the Council

4 And as they were speaking to the people, the priests and the captain of the temple and the Sadducees came upon them,

2 greatly annoyed because they were teaching the people and proclaiming in Jesus the resurrection from the dead.

3 And they arrested them and put them in custody until the next day, for it was already evening.

4 But many of those who had heard the word believed, and the number of the men came to about five thousand.

¶ **5** On the next day their rulers and elders and scribes gathered together in Jerusalem,

6 with Annas the high priest and Caiaphas and John and Alexander, and all who were of the high-priestly family.

7 And when they had set them in the midst, they inquired, "By what power or by what name did you do this?"

8 Then Peter, filled with the Holy Spirit, said to them, "Rulers of the people and elders,

9 if we are being examined today concerning a good deed done to a crippled man, by what means this man has been healed,

10 let it be known to all of you and to all the people of Israel that by the name of Jesus Christ of Nazareth, whom you crucified, whom God raised from the dead—by him this man is standing before you well.

11 This Jesus[1] is the stone that was rejected by you, the builders, which has become the cornerstone.[2]

12 And there is salvation in no one else, for there is no other name under heaven given among men by which we must be saved."

¶ **13** Now when they saw the boldness of Peter and John, and perceived that they were uneducated, common men, they were astonished. And they recognized that they had been with Jesus.

14 But seeing the man who was healed standing beside them, they had nothing to say in opposition.

15 But when they had commanded them to leave the council, they conferred with one another,

16 saying, "What shall we do with these men? For that a notable sign has been performed through them is evident to all the inhabitants of Jerusalem, and we cannot deny it.

17 Aber damit es nicht weiter einreiße unter dem Volk, wollen wir ihnen drohen, dass sie hinfort zu keinem Menschen in diesem Namen reden.

18 Und sie riefen sie und geboten ihnen, keinesfalls zu reden oder zu lehren in dem Namen Jesu.

19 Petrus aber und Johannes antworteten und sprachen zu ihnen: Urteilt selbst, ob es vor Gott recht ist, dass wir euch mehr gehorchen als Gott.

20 Wir können's ja nicht lassen, von dem zu reden, was wir gesehen und gehört haben.

¶ **21** Da drohten sie ihnen und ließen sie gehen um des Volkes willen, weil sie nichts fanden, was Strafe verdient hätte; denn alle lobten Gott für das, was geschehen war.

22 Denn der Mensch war über vierzig Jahre alt, an dem dieses Zeichen der Heilung geschehen war.

Das Gebet der Gemeinde

23 Und als man sie hatte gehen lassen, kamen sie zu den Ihren und berichteten, was die Hohenpriester und Ältesten zu ihnen gesagt hatten.

24 Als sie das hörten, erhoben sie ihre Stimme einmütig zu Gott und sprachen: Herr, du hast Himmel und Erde und das Meer und alles, was darin ist, gemacht,

25 du hast durch den Heiligen Geist, durch den Mund unseres Vaters David, deines Knechtes, gesagt (Psalm 2,1-2): »Warum toben die Heiden, und die Völker nehmen sich vor, was umsonst ist?

26 Die Könige der Erde treten zusammen, und die Fürsten versammeln sich wider den Herrn und seinen Christus.«

27 Wahrhaftig, sie haben sich versammelt in dieser Stadt gegen deinen heiligen Knecht Jesus, den du gesalbt hast, Herodes und Pontius Pilatus mit den Heiden und den Stämmen Israels,

28 zu tun, was deine Hand und dein Ratschluss zuvor bestimmt hatten, dass es geschehen solle.

29 Und nun, Herr, sieh an ihr Drohen und **gib deinen Knechten, mit allem Freimut zu reden dein Wort;**

30 strecke deine Hand aus, dass Heilungen und Zeichen und Wunder geschehen durch den Namen deines heiligen Knechtes Jesus.

17 But in order that it may spread no further among the people, let us warn them to speak no more to anyone in this name."

18 So they called them and charged them not to speak or teach at all in the name of Jesus.

19 But Peter and John answered them, "Whether it is right in the sight of God to listen to you rather than to God, you must judge,

20 for we cannot but speak of what we have seen and heard."

21 And when they had further threatened them, they let them go, finding no way to punish them, because of the people, for all were praising God for what had happened.

22 For the man on whom this sign of healing was performed was more than forty years old.

The Believers Pray for Boldness

¶ **23** When they were released, they went to their friends and reported what the chief priests and the elders had said to them.

24 And when they heard it, they lifted their voices together to God and said, "Sovereign Lord, who made the heaven and the earth and the sea and everything in them,

25 who through the mouth of our father David, your servant,[3] said by the Holy Spirit,

" 'Why did the Gentiles rage,
and the peoples plot in vain?

26 The kings of the earth set themselves,
and the rulers were gathered together,
against the Lord and against his
Anointed[4]—

27 for truly in this city there were gathered together against your holy servant Jesus, whom you anointed, both Herod and Pontius Pilate, along with the Gentiles and the peoples of Israel,

28 to do whatever your hand and your plan had predestined to take place.

29 And now, Lord, look upon their threats and grant to your servants[5] to continue to speak your word with all boldness,

30 while you stretch out your hand to heal, and signs and wonders are performed through the name of your holy servant Jesus."

¶ **31** Und als sie gebetet hatten, erbebte die Stätte, wo sie versammelt waren; und sie wurden alle vom Heiligen Geist erfüllt und redeten das Wort Gottes mit Freimut.

Die Gütergemeinschaft der ersten Christen

32 Die Menge der Gläubigen aber war ein Herz und eine Seele; auch nicht einer sagte von seinen Gütern, dass sie sein wären, sondern es war ihnen alles gemeinsam.

33 Und mit großer Kraft bezeugten die Apostel die Auferstehung des Herrn Jesus, und große Gnade war bei ihnen allen.

34 Es war auch keiner unter ihnen, der Mangel hatte; denn wer von ihnen Äcker oder Häuser besaß, verkaufte sie und brachte das Geld für das Verkaufte

35 und legte es den Aposteln zu Füßen; und man gab einem jeden, was er nötig hatte.

¶ **36** Josef aber, der von den Aposteln Barnabas genannt wurde – das heißt übersetzt: Sohn des Trostes –, ein Levit, aus Zypern gebürtig,

37 der hatte einen Acker und verkaufte ihn und brachte das Geld und legte es den Aposteln zu Füßen.

Hananias und Saphira

5 Ein Mann aber mit Namen Hananias samt seiner Frau Saphira verkaufte einen Acker,

2 doch er hielt mit Wissen seiner Frau etwas von dem Geld zurück und brachte nur einen Teil und legte ihn den Aposteln zu Füßen.

3 Petrus aber sprach: Hananias, warum hat der Satan dein Herz erfüllt, dass du den Heiligen Geist belogen und etwas vom Geld für den Acker zurückbehalten hast?

4 Hättest du den Acker nicht behalten können, als du ihn hattest? Und konntest du nicht auch, als er verkauft war, noch tun, was du wolltest? Warum hast du dir dies in deinem Herzen vorgenommen? Du hast nicht Menschen, sondern Gott belogen.

5 Als Hananias diese Worte hörte, fiel er zu Boden und gab den Geist auf. Und es kam eine große Furcht über alle, die dies hörten.

6 Da standen die jungen Männer auf und deckten ihn zu und trugen ihn hinaus und begruben ihn.

¶ **7** Es begab sich nach einer Weile, etwa nach drei Stunden, da kam seine Frau herein und wusste nicht, was geschehen war.

31 And when they had prayed, the place in which they were gathered together was shaken, and they were all filled with the Holy Spirit and continued to speak the word of God with boldness.

They Had Everything in Common

¶ **32** Now the full number of those who believed were of one heart and soul, and no one said that any of the things that belonged to him was his own, but they had everything in common.

33 And with great power the apostles were giving their testimony to the resurrection of the Lord Jesus, and great grace was upon them all.

34 There was not a needy person among them, for as many as were owners of lands or houses sold them and brought the proceeds of what was sold

35 and laid it at the apostles' feet, and it was distributed to each as any had need.

36 Thus Joseph, who was also called by the apostles Barnabas (which means son of encouragement), a Levite, a native of Cyprus,

37 sold a field that belonged to him and brought the money and laid it at the apostles' feet.

Ananias and Sapphira

5 But a man named Ananias, with his wife Sapphira, sold a piece of property,

2 and with his wife's knowledge he kept back for himself some of the proceeds and brought only a part of it and laid it at the apostles' feet.

3 But Peter said, "Ananias, why has Satan filled your heart to lie to the Holy Spirit and to keep back for yourself part of the proceeds of the land?

4 While it remained unsold, did it not remain your own? And after it was sold, was it not at your disposal? Why is it that you have contrived this deed in your heart? You have not lied to men but to God."

5 When Ananias heard these words, he fell down and breathed his last. And great fear came upon all who heard of it.

6 The young men rose and wrapped him up and carried him out and buried him.

¶ **7** After an interval of about three hours his wife came in, not knowing what had happened.

8 Aber Petrus sprach zu ihr: Sag mir, habt ihr den Acker für diesen Preis verkauft? Sie sprach: Ja, für diesen Preis.

9 Petrus aber sprach zu ihr: Warum seid ihr euch denn einig geworden, den Geist des Herrn zu versuchen? Siehe, die Füße derer, die deinen Mann begraben haben, sind vor der Tür und werden auch dich hinaustragen.

10 Und sogleich fiel sie zu Boden, ihm vor die Füße, und gab den Geist auf. Da kamen die jungen Männer und fanden sie tot, trugen sie hinaus und begruben sie neben ihrem Mann.

11 Und es kam eine große Furcht über die ganze Gemeinde und über alle, die das hörten.

Wundertaten der Apostel

12 Es geschahen aber viele Zeichen und Wunder im Volk durch die Hände der Apostel; und sie waren alle in der Halle Salomos einmütig beieinander.

13 Von den andern aber wagte keiner, ihnen zu nahe zu kommen; doch das Volk hielt viel von ihnen.

14 Desto mehr aber wuchs die Zahl derer, die an den Herrn glaubten – eine Menge Männer und Frauen –,

15 sodass sie die Kranken sogar auf die Straßen hinaustrugen und sie auf Betten und Bahren legten, damit, wenn Petrus käme, wenigstens sein Schatten auf einige von ihnen fiele.

16 Es kamen auch viele aus den Städten rings um Jerusalem und brachten Kranke und solche, die von unreinen Geistern geplagt waren; und alle wurden gesund.

Die Apostel vor dem Hohen Rat

17 Es erhoben sich aber der Hohepriester und alle, die mit ihm waren, nämlich die Partei der Sadduzäer, von Eifersucht erfüllt,

18 und legten Hand an die Apostel und warfen sie in das öffentliche Gefängnis.

19 Aber der Engel des Herrn tat in der Nacht die Türen des Gefängnisses auf und führte sie heraus und sprach:

20 Geht hin und tretet im Tempel auf und redet zum Volk alle Worte des Lebens.

21 Als sie das gehört hatten, gingen sie frühmorgens in den Tempel und lehrten.

¶ Der Hohepriester aber und die mit ihm waren, kamen und riefen den Hohen Rat und alle Ältesten in Israel zusammen und sandten zum Gefängnis, sie zu holen.

8 And Peter said to her, "Tell me whether you[1] sold the land for so much." And she said, "Yes, for so much."

9 But Peter said to her, "How is it that you have agreed together to test the Spirit of the Lord? Behold, the feet of those who have buried your husband are at the door, and they will carry you out."

10 Immediately she fell down at his feet and breathed her last. When the young men came in they found her dead, and they carried her out and buried her beside her husband.

11 And great fear came upon the whole church and upon all who heard of these things.

Many Signs and Wonders Done

¶ **12** Now many signs and wonders were regularly done among the people by the hands of the apostles. And they were all together in Solomon's Portico.

13 None of the rest dared join them, but the people held them in high esteem.

14 And more than ever believers were added to the Lord, multitudes of both men and women,

15 so that they even carried out the sick into the streets and laid them on cots and mats, that as Peter came by at least his shadow might fall on some of them.

16 The people also gathered from the towns around Jerusalem, bringing the sick and those afflicted with unclean spirits, and they were all healed.

The Apostles Arrested and Freed

¶ **17** But the high priest rose up, and all who were with him (that is, the party of the Sadducees), and filled with jealousy

18 they arrested the apostles and put them in the public prison.

19 But during the night an angel of the Lord opened the prison doors and brought them out, and said,

20 "Go and stand in the temple and speak to the people all the words of this Life."

21 And when they heard this, they entered the temple at daybreak and began to teach.

¶ Now when the high priest came, and those who were with him, they called together the council and all the senate of the people of Israel and sent to the prison to have them brought.

22 Die Knechte gingen hin und fanden sie nicht im Gefängnis, kamen zurück und berichteten:

23 Das Gefängnis fanden wir fest verschlossen und die Wächter vor den Türen stehen; aber als wir öffneten, fanden wir niemanden darin.

24 Als der Hauptmann des Tempels und die Hohenpriester diese Worte hörten, wurden sie betreten und wussten nicht, was daraus werden sollte.

25 Da kam jemand, der berichtete ihnen: Siehe, die Männer, die ihr ins Gefängnis geworfen habt, stehen im Tempel und lehren das Volk.

26 Da ging der Hauptmann mit den Knechten hin und holte sie, doch nicht mit Gewalt; denn sie fürchteten sich vor dem Volk, dass sie gesteinigt würden.

¶ **27** Und sie brachten sie und stellten sie vor den Hohen Rat. Und der Hohepriester fragte sie

28 und sprach: Haben wir euch nicht streng geboten, in diesem Namen nicht zu lehren? Und seht, ihr habt Jerusalem erfüllt mit eurer Lehre und wollt das Blut dieses Menschen über uns bringen.

29 Petrus aber und die Apostel antworteten und sprachen: **Man muss Gott mehr gehorchen als den Menschen.**

30 Der Gott unsrer Väter hat Jesus auferweckt, den ihr an das Holz gehängt und getötet habt.

31 Den hat Gott durch seine rechte Hand erhöht zum Fürsten und Heiland, um Israel Buße und Vergebung der Sünden zu geben.

32 Und wir sind Zeugen dieses Geschehens und mit uns der Heilige Geist, den Gott denen gegeben hat, die ihm gehorchen.

33 Als sie das hörten, ging's ihnen durchs Herz und sie wollten sie töten.

Der Rat des Gamaliel

34 Da stand aber im Hohen Rat ein Pharisäer auf mit Namen Gamaliel, ein Schriftgelehrter, vom ganzen Volk in Ehren gehalten, und ließ die Männer für kurze Zeit hinausführen.

35 Und er sprach zu ihnen: Ihr Männer von Israel, seht genau zu, was ihr mit diesen Menschen tun wollt.

36 Denn vor einiger Zeit stand Theudas auf und gab vor, er wäre etwas, und ihm hing eine Anzahl Männer an, etwa vierhundert. Der wurde erschlagen und alle, die ihm folgten, wurden zerstreut und vernichtet.

22 But when the officers came, they did not find them in the prison, so they returned and reported,

23 "We found the prison securely locked and the guards standing at the doors, but when we opened them we found no one inside."

24 Now when the captain of the temple and the chief priests heard these words, they were greatly perplexed about them, wondering what this would come to.

25 And someone came and told them, "Look! The men whom you put in prison are standing in the temple and teaching the people."

26 Then the captain with the officers went and brought them, but not by force, for they were afraid of being stoned by the people.

¶ **27** And when they had brought them, they set them before the council. And the high priest questioned them,

28 saying, "We strictly charged you not to teach in this name, yet here you have filled Jerusalem with your teaching, and you intend to bring this man's blood upon us."

29 But Peter and the apostles answered, "We must obey God rather than men.

30 The God of our fathers raised Jesus, whom you killed by hanging him on a tree.

31 God exalted him at his right hand as Leader and Savior, to give repentance to Israel and *o*forgiveness of sins.

32 And we are witnesses to these things, and so is the Holy Spirit, whom God has given to those who obey him."

¶ **33** When they heard this, they were enraged and wanted to kill them.

34 But a Pharisee in the council named Gamaliel, a teacher of the law held in honor by all the people, stood up and gave orders to put the men outside for a little while.

35 And he said to them, "Men of Israel, take care what you are about to do with these men.

36 For before these days Theudas rose up, claiming to be somebody, and a number of men, about four hundred, joined him. He was killed, and all who followed him were dispersed and came to nothing.

37 Danach stand Judas der Galiläer auf in den Tagen der Volkszählung und brachte eine Menge Volk hinter sich zum Aufruhr; und der ist auch umgekommen und alle, die ihm folgten, wurden zerstreut.

38 Und nun sage ich euch: Lasst ab von diesen Menschen und lasst sie gehen! Ist dies Vorhaben oder dies Werk von Menschen, so wird's untergehen;

39 ist es aber von Gott, so könnt ihr sie nicht vernichten – damit ihr nicht dasteht als solche, die gegen Gott streiten wollen.

¶ Da stimmten sie ihm zu

40 und riefen die Apostel herein, ließen sie geißeln und geboten ihnen, sie sollten nicht mehr im Namen Jesu reden, und ließen sie gehen.

41 Sie gingen aber fröhlich vom Hohen Rat fort, weil sie würdig gewesen waren, um Seines Namens willen Schmach zu leiden,

42 und sie hörten nicht auf, alle Tage im Tempel und hier und dort in den Häusern zu lehren und zu predigen das Evangelium von Jesus Christus.

Die Wahl der sieben Armenpfleger

6 In diesen Tagen aber, als die Zahl der Jünger zunahm, erhob sich ein Murren unter den griechischen Juden in der Gemeinde gegen die hebräischen, weil ihre Witwen übersehen wurden bei der täglichen Versorgung.

2 Da riefen die Zwölf die Menge der Jünger zusammen und sprachen: Es ist nicht recht, dass wir für die Mahlzeiten sorgen und darüber das Wort Gottes vernachlässigen.

3 Darum, ihr lieben Brüder, seht euch um nach sieben Männern in eurer Mitte, die einen guten Ruf haben und voll Heiligen Geistes und Weisheit sind, die wir bestellen wollen zu diesem Dienst.

4 Wir aber wollen ganz beim Gebet und beim Dienst des Wortes bleiben.

¶ **5** Und die Rede gefiel der ganzen Menge gut; und sie wählten Stephanus, einen Mann voll Glaubens und Heiligen Geistes, und Philippus und Prochorus und Nikanor und Timon und Parmenas und Nikolaus, den Judengenossen aus Antiochia.

6 Diese Männer stellten sie vor die Apostel; die beteten und legten die Hände auf sie.

7 Und das Wort Gottes breitete sich aus und die Zahl der Jünger wurde sehr groß in Jerusalem. Es wurden auch viele Priester dem Glauben gehorsam.

37 After him Judas the Galilean rose up in the days of the census and drew away some of the people after him. He too perished, and all who followed him were scattered.

38 So in the present case I tell you, keep away from these men and let them alone, for if this plan or this undertaking is of man, it will fail;

39 but if it is of God, you will not be able to overthrow them. You might even be found opposing God!" So they took his advice,

40 and when they had called in the apostles, they beat them and charged them not to speak in the name of Jesus, and let them go.

41 Then they left the presence of the council, rejoicing that they were counted worthy to suffer dishonor for the name.

42 And every day, in the temple and from house to house, they did not cease teaching and preaching Jesus as the Christ.

Seven Chosen to Serve

6 Now in these days when the disciples were increasing in number, a complaint by the Hellenists[1] arose against the Hebrews because their widows were being neglected in the daily distribution.

2 And the twelve summoned the full number of the disciples and said, "It is not right that we should give up preaching the word of God to serve tables.

3 Therefore, brothers,[2] pick out from among you seven men of good repute, full of the Spirit and of wisdom, whom we will appoint to this duty.

4 But we will devote ourselves to prayer and to the ministry of the word."

5 And what they said pleased the whole gathering, and they chose Stephen, a man full of faith and of the Holy Spirit, and Philip, and Prochorus, and Nicanor, and Timon, and Parmenas, and Nicolaus, a proselyte of Antioch.

6 These they set before the apostles, and they prayed and laid their hands on them.

¶ **7** And the word of God continued to increase, and the number of the disciples multiplied greatly in Jerusalem, and a great many of the priests became obedient to the faith.

Stephanus vor dem Hohen Rat

8 Stephanus aber, voll Gnade und Kraft, tat Wunder und große Zeichen unter dem Volk.

9 Da standen einige auf von der Synagoge der Libertiner und der Kyrenäer und der Alexandriner und einige von denen aus Zilizien und der Provinz Asien und stritten mit Stephanus.

10 Doch sie vermochten nicht zu widerstehen der Weisheit und dem Geist, in dem er redete.

¶ **11** Da stifteten sie einige Männer an, die sprachen: Wir haben ihn Lästerworte reden hören gegen Mose und gegen Gott.

12 Und sie brachten das Volk und die Ältesten und die Schriftgelehrten auf, traten herzu und ergriffen ihn und führten ihn vor den Hohen Rat

13 und stellten falsche Zeugen auf, die sprachen: Dieser Mensch hört nicht auf, zu reden gegen diese heilige Stätte und das Gesetz.

14 Denn wir haben ihn sagen hören: Dieser Jesus von Nazareth wird diese Stätte zerstören und die Ordnungen ändern, die uns Mose gegeben hat.

15 Und alle, die im Rat saßen, blickten auf ihn und sahen sein Angesicht wie eines Engels Angesicht.

Die Rede des Stephanus

7 Da fragte der Hohepriester: Ist das so?

2 Er aber sprach: Liebe Brüder und Väter, hört zu. Der Gott der Herrlichkeit erschien unserm Vater Abraham, als er noch in Mesopotamien war, ehe er in Haran wohnte,

3 und sprach zu ihm (1.Mose 12,1): »Geh aus deinem Land und von deiner Verwandtschaft und zieh in das Land, das ich dir zeigen will.«

4 Da ging er aus dem Land der Chaldäer und wohnte in Haran. Und als sein Vater gestorben war, brachte Gott ihn von dort herüber in dies Land, in dem ihr nun wohnt,

5 aber er gab ihm kein Eigentum darin, auch nicht einen Fußbreit, und verhieß ihm, er wolle es ihm und seinen Nachkommen zum Besitz geben, obwohl er noch kein Kind hatte.

6 Denn so sprach Gott (1.Mose 15,13-14): »Deine Nachkommen werden Fremdlinge sein in einem fremden Lande, und man wird sie knechten und misshandeln vierhundert Jahre lang.

Stephen Is Seized

¶ **8** And Stephen, full of grace and power, was doing great wonders and signs among the people.

9 Then some of those who belonged to the synagogue of the Freedmen (as it was called), and of the Cyrenians, and of the Alexandrians, and of those from Cilicia and Asia, rose up and disputed with Stephen.

10 But they could not withstand the wisdom and the Spirit with which he was speaking.

11 Then they secretly instigated men who said, "We have heard him speak blasphemous words against Moses and God."

12 And they stirred up the people and the elders and the scribes, and they came upon him and seized him and brought him before the council,

13 and they set up false witnesses who said, "This man never ceases to speak words against this holy place and the law,

14 for we have heard him say that this Jesus of Nazareth will destroy this place and will change the customs that Moses delivered to us."

15 And gazing at him, all who sat in the council saw that his face was like the face of an angel.

Stephen's Speech

7 And the high priest said, "Are these things so?"

2 And Stephen said:

¶ "Brothers and fathers, hear me. The God of glory appeared to our father Abraham when he was in Mesopotamia, before he lived in Haran,

3 and said to him, 'Go out from your land and from your kindred and go into the land that I will show you.'

4 Then he went out from the land of the Chaldeans and lived in Haran. And after his father died, God removed him from there into this land in which you are now living.

5 Yet he gave him no inheritance in it, not even a foot's length, but promised to give it to him as a possession and to his offspring after him, though he had no child.

6 And God spoke to this effect—that his offspring would be sojourners in a land belonging to others, who would enslave them and afflict them four hundred years.

7 Aber das Volk, dem sie als Knechte dienen müssen, will ich richten«, sprach Gott, »und danach werden sie ausziehen und mir dienen an dieser Stätte.«

8 Und er gab ihm den Bund der Beschneidung. Und so zeugte er Isaak und beschnitt ihn am achten Tage, und Isaak den Jakob, und Jakob die zwölf Erzväter.

¶ **9** Und die Erzväter beneideten Josef und verkauften ihn nach Ägypten. Aber Gott war mit ihm

10 und errettete ihn aus aller seiner Bedrängnis und gab ihm Gnade und Weisheit vor dem Pharao, dem König von Ägypten; der setzte ihn zum Regenten über Ägypten und über sein ganzes Haus.

11 Es kam aber eine Hungersnot über ganz Ägypten und Kanaan und eine große Bedrängnis, und unsre Väter fanden keine Nahrung.

12 Jakob aber hörte, dass es in Ägypten Getreide gäbe, und sandte unsre Väter aus zum ersten Mal.

13 Und beim zweiten Mal gab sich Josef seinen Brüdern zu erkennen; so wurde dem Pharao Josefs Herkunft bekannt.

14 Josef aber sandte aus und ließ seinen Vater Jakob holen und seine ganze Verwandtschaft, fünfundsiebzig Menschen.

15 Und Jakob zog hinab nach Ägypten und starb, er und unsre Väter;

16 und sie wurden nach Sichem herübergebracht und in das Grab gelegt, das Abraham für Geld gekauft hatte von den Söhnen Hamors in Sichem.

¶ **17** Als nun die Zeit der Verheißung sich nahte, die Gott dem Abraham zugesagt hatte, wuchs das Volk und mehrte sich in Ägypten,

18 bis ein andrer König über Ägypten aufkam, der nichts wusste von Josef.

19 Dieser ging mit Hinterlist vor gegen unser Volk und misshandelte unsre Väter und ließ ihre kleinen Kinder aussetzen, damit sie nicht am Leben blieben.

20 Zu der Zeit wurde Mose geboren und er war ein schönes Kind vor Gott und wurde drei Monate ernährt im Hause seines Vaters.

21 Als er aber ausgesetzt wurde, nahm ihn die Tochter des Pharao auf und zog ihn auf als ihren Sohn.

22 Und Mose wurde in aller Weisheit der Ägypter gelehrt und war mächtig in Worten und Werken.

¶ **23** Als er aber vierzig Jahre alt wurde, gedachte er, nach seinen Brüdern, den Israeliten, zu sehen.

7 'But I will judge the nation that they serve,' said God, 'and after that they shall come out and worship me in this place.'

8 And he gave him the covenant of circumcision. And so Abraham became the father of Isaac, and circumcised him on the eighth day, and Isaac became the father of Jacob, and Jacob of the twelve patriarchs.

¶ **9** "And the patriarchs, jealous of Joseph, sold him into Egypt; but God was with him

10 and rescued him out of all his afflictions and gave him favor and wisdom before Pharaoh, king of Egypt, who made him ruler over Egypt and over all his household.

11 Now there came a famine throughout all Egypt and Canaan, and great affliction, and our fathers could find no food.

12 But when Jacob heard that there was grain in Egypt, he sent out our fathers on their first visit.

13 And on the second visit Joseph made himself known to his brothers, and Joseph's family became known to Pharaoh.

14 And Joseph sent and summoned Jacob his father and all his kindred, seventy-five persons in all.

15 And Jacob went down into Egypt, and he died, he and our fathers,

16 and they were carried back to Shechem and laid in the tomb that Abraham had bought for a sum of silver from the sons of Hamor in Shechem.

¶ **17** "But as the time of the promise drew near, which God had granted to Abraham, the people increased and multiplied in Egypt

18 until there arose over Egypt another king who did not know Joseph.

19 He dealt shrewdly with our race and forced our fathers to expose their infants, so that they would not be kept alive.

20 At this time Moses was born; and he was beautiful in God's sight. And he was brought up for three months in his father's house,

21 and when he was exposed, Pharaoh's daughter adopted him and brought him up as her own son.

22 And Moses was instructed in all the wisdom of the Egyptians, and he was mighty in his words and deeds.

¶ **23** "When he was forty years old, it came into his heart to visit his brothers, the children of Israel.

24 Und sah einen Unrecht leiden; da stand er ihm bei und rächte den, dem Leid geschah, und erschlug den Ägypter.

25 Er meinte aber, seine Brüder sollten's verstehen, dass Gott durch seine Hand ihnen Rettung bringe; aber sie verstanden's nicht.

26 Und am nächsten Tag kam er zu ihnen, als sie miteinander stritten, und ermahnte sie, Frieden zu halten, und sprach: Liebe Männer, ihr seid doch Brüder; warum tut einer dem andern Unrecht?

27 Der aber seinem Nächsten Unrecht getan hatte, stieß ihn von sich und sprach (2.Mose 2,14): »Wer hat dich zum Aufseher und Richter über uns gesetzt?

28 Willst du mich auch töten, wie du gestern den Ägypter getötet hast?«

29 Mose aber floh wegen dieser Rede und lebte als Fremdling im Lande Midian; dort zeugte er zwei Söhne.

¶ 30 Und nach vierzig Jahren erschien ihm in der Wüste am Berge Sinai ein Engel in einer Feuerflamme im Dornbusch.

31 Als aber Mose das sah, wunderte er sich über die Erscheinung. Als er aber hinzuging zu schauen, geschah die Stimme des Herrn zu ihm (2.Mose 3,5-10):

32 »Ich bin der Gott deiner Väter, der Gott Abrahams und Isaaks und Jakobs.« Mose aber fing an zu zittern und wagte nicht hinzuschauen.

33 Aber der Herr sprach zu ihm: »Zieh die Schuhe aus von deinen Füßen; denn die Stätte, auf der du stehst, ist heiliges Land!

34 Ich habe gesehen das Leiden meines Volkes, das in Ägypten ist, und habe sein Seufzen gehört und bin herabgekommen, es zu erretten. Und nun komm her, ich will dich nach Ägypten senden.«

35 Diesen Mose, den sie verleugnet hatten, als sie sprachen: »Wer hat dich als Aufseher und Richter eingesetzt?«, den sandte Gott als Anführer und Retter durch den Engel, der ihm im Dornbusch erschienen war.

36 Dieser Mose führte sie heraus und tat Wunder und Zeichen in Ägypten, im Roten Meer und in der Wüste vierzig Jahre lang.

37 Dies ist der Mose, der zu den Israeliten gesagt hat (5.Mose 18,15): »Einen Propheten wie mich wird euch der Herr, euer Gott, erwecken aus euren Brüdern.«

38 Dieser ist's, der in der Gemeinde in der Wüste stand zwischen dem Engel, der mit ihm redete auf dem Berge Sinai, und unsern Vätern. Dieser empfing Worte des Lebens, um sie uns weiterzugeben.

24 And seeing one of them being wronged, he defended the oppressed man and avenged him by striking down the Egyptian.

25 He supposed that his brothers would understand that God was giving them salvation by his hand, but they did not understand.

26 And on the following day he appeared to them as they were quarreling and tried to reconcile them, saying, 'Men, you are brothers. Why do you wrong each other?'

27 But the man who was wronging his neighbor thrust him aside, saying, 'Who made you a ruler and a judge over us?

28 Do you want to kill me as you killed the Egyptian yesterday?'

29 At this retort Moses fled and became an exile in the land of Midian, where he became the father of two sons.

¶ 30 "Now when forty years had passed, an angel appeared to him in the wilderness of Mount Sinai, in a flame of fire in a bush.

31 When Moses saw it, he was amazed at the sight, and as he drew near to look, there came the voice of the Lord:

32 'I am the God of your fathers, the God of Abraham and of Isaac and of Jacob.' And Moses trembled and did not dare to look.

33 Then the Lord said to him, 'Take off the sandals from your feet, for the place where you are standing is holy ground.

34 I have surely seen the affliction of my people who are in Egypt, and have heard their groaning, and I have come down to deliver them. And now come, I will send you to Egypt.'

¶ 35 "This Moses, whom they rejected, saying, 'Who made you a ruler and a judge?'—this man God sent as both ruler and redeemer by the hand of the angel who appeared to him in the bush.

36 This man led them out, performing wonders and signs in Egypt and at the Red Sea and in the wilderness for forty years.

37 This is the Moses who said to the Israelites, 'God will raise up for you a prophet like me from your brothers.'

38 This is the one who was in the congregation in the wilderness with the angel who spoke to him at Mount Sinai, and with our fathers. He received living oracles to give to us.

¶ **39** Ihm wollten unsre Väter nicht gehorsam werden, sondern sie stießen ihn von sich und wandten sich in ihrem Herzen wieder Ägypten zu

40 und sprachen zu Aaron (2.Mose 32,1): »Mache uns Götter, die vor uns hergehen; denn wir wissen nicht, was diesem Mose, der uns aus dem Lande Ägypten geführt hat, widerfahren ist.«

41 Und sie machten zu der Zeit ein Kalb und opferten dem Götzenbild und freuten sich über das Werk ihrer Hände.

42 Aber Gott wandte sich ab und gab sie dahin, sodass sie dem Heer des Himmels dienten, wie geschrieben steht im Buch der Propheten (Amos 5,25-27): »Habt ihr vom Hause Israel die vierzig Jahre in der Wüste mir je Opfer und Gaben dargebracht?

43 Ihr trugt die Hütte Molochs umher und den Stern des Gottes Räfan, die Bilder, die ihr gemacht hattet, sie anzubeten. Und ich will euch wegführen bis über Babylon hinaus.«

¶ **44** Es hatten unsre Väter die Stiftshütte in der Wüste, wie der es angeordnet hatte, der zu Mose redete, dass er sie machen sollte nach dem Vorbild, das er gesehen hatte.

45 Diese übernahmen unsre Väter und brachten sie mit Josua in das Land, das die Heiden innehatten, die Gott vertrieb vor dem Angesicht unsrer Väter, bis zur Zeit Davids.

46 Der fand Gnade bei Gott und bat darum, dass er eine Stätte finden möge für das Haus Jakob.

47 Salomo aber baute ihm ein Haus.

¶ **48** Aber der Allerhöchste wohnt nicht in Tempeln, die mit Händen gemacht sind, wie der Prophet spricht (Jesaja 66,1-2):

49 »Der Himmel ist mein Thron und die Erde der Schemel meiner Füße; was wollt ihr mir denn für ein Haus bauen«, spricht der Herr, »oder was ist die Stätte meiner Ruhe?

50 Hat nicht meine Hand das alles gemacht?«

¶ **51** Ihr Halsstarrigen, mit verstockten Herzen und tauben Ohren, ihr widerstrebt allezeit dem Heiligen Geist, wie eure Väter, so auch ihr.

39 Our fathers refused to obey him, but thrust him aside, and in their hearts they turned to Egypt,

40 saying to Aaron, 'Make for us gods who will go before us. As for this Moses who led us out from the land of Egypt, we do not know what has become of him.'

41 And they made a calf in those days, and offered a sacrifice to the idol and were rejoicing in the works of their hands.

42 But God turned away and gave them over to worship the host of heaven, as it is written in the book of the prophets:

"'Did you bring to me slain beasts and
    sacrifices,
        during the forty years in the wilderness, O house of Israel?

43 You took up the tent of Moloch
    and the star of your god Rephan,
        the images that you made to worship;
and I will send you into exile beyond
    Babylon.'

¶ **44** "Our fathers had the tent of witness in the wilderness, just as he who spoke to Moses directed him to make it, according to the pattern that he had seen.

45 Our fathers in turn brought it in with Joshua when they dispossessed the nations that God drove out before our fathers. So it was until the days of David,

46 who found favor in the sight of God and asked to find a dwelling place for the God of Jacob.[1]

47 But it was Solomon who built a house for him.

48 Yet the Most High does not dwell in houses made by hands, as the prophet says,

49 "'Heaven is my throne,
    and the earth is my footstool.
What kind of house will you build for
    me, says the Lord,
        or what is the place of my rest?

50 Did not my hand make all these things?'

¶ **51** "You stiff-necked people, uncircumcised in heart and ears, you always resist the Holy Spirit. As your fathers did, so do you.

52 Welchen Propheten haben eure Väter nicht verfolgt? Und sie haben getötet, die zuvor verkündigten das Kommen des Gerechten, dessen Verräter und Mörder ihr nun geworden seid.

53 Ihr habt das Gesetz empfangen durch Weisung von Engeln und habt's nicht gehalten.

Der Tod des Stephanus

54 Als sie das hörten, ging's ihnen durchs Herz und sie knirschten mit den Zähnen über ihn.

55 Er aber, voll Heiligen Geistes, sah auf zum Himmel und sah die Herrlichkeit Gottes und Jesus stehen zur Rechten Gottes

56 und sprach: Siehe, ich sehe den Himmel offen und den Menschensohn zur Rechten Gottes stehen.

¶ **57** Sie schrien aber laut und hielten sich ihre Ohren zu und stürmten einmütig auf ihn ein,

58 stießen ihn zur Stadt hinaus und steinigten ihn. Und die Zeugen legten ihre Kleider ab zu den Füßen eines jungen Mannes, der hieß Saulus,

59 und sie steinigten Stephanus; der rief den Herrn an und sprach: **Herr Jesus, nimm meinen Geist auf!**

60 Er fiel auf die Knie und schrie laut: **Herr, rechne ihnen diese Sünde nicht an!** Und als er das gesagt hatte, verschied er.

8 Saulus aber hatte Gefallen an seinem Tode.

Die Verfolgung der Gemeinde in Jerusalem

Es erhob sich aber an diesem Tag eine große Verfolgung über die Gemeinde in Jerusalem; da zerstreuten sich alle in die Länder Judäa und Samarien, außer den Aposteln.

2 Es bestatteten aber den Stephanus gottesfürchtige Männer und hielten eine große Klage über ihn.

3 Saulus aber suchte die Gemeinde zu zerstören, ging von Haus zu Haus, schleppte Männer und Frauen fort und warf sie ins Gefängnis.

Philippus in Samaria. Der Zauberer Simon

4 Die nun zerstreut worden waren, zogen umher und predigten das Wort.

5 Philippus aber kam hinab in die Hauptstadt Samariens und predigte ihnen von Christus.

52 Which of the prophets did your fathers not persecute? And they killed those who announced beforehand the coming of the Righteous One, whom you have now betrayed and murdered,

53 you who received the law as delivered by angels and did not keep it."

The Stoning of Stephen

¶ **54** Now when they heard these things they were enraged, and they ground their teeth at him.

55 But he, full of the Holy Spirit, gazed into heaven and saw the glory of God, and Jesus standing at the right hand of God.

56 And he said, "Behold, I see the heavens opened, and the Son of Man standing at the right hand of God."

57 But they cried out with a loud voice and stopped their ears and rushed together[2] at him.

58 Then they cast him out of the city and stoned him. And the witnesses laid down their garments at the feet of a young man named Saul.

59 And as they were stoning Stephen, he called out, "Lord Jesus, receive my spirit."

60 And falling to his knees he cried out with a loud voice, "Lord, do not hold this sin against them." And when he had said this, he fell asleep.

Saul Ravages the Church

8 And Saul approved of his execution.

¶ And there arose on that day a great persecution against the church in Jerusalem, and they were all scattered throughout the regions of Judea and Samaria, except the apostles.

2 Devout men buried Stephen and made great lamentation over him.

3 But Saul was ravaging the church, and entering house after house, he dragged off men and women and committed them to prison.

Philip Proclaims Christ in Samaria

¶ **4** Now those who were scattered went about preaching the word.

5 Philip went down to the city[1] of Samaria and proclaimed to them the Christ.

6 Und das Volk neigte einmütig dem zu, was Philippus sagte, als sie ihm zuhörten und die Zeichen sahen, die er tat.

7 Denn die unreinen Geister fuhren aus mit großem Geschrei aus vielen Besessenen, auch viele Gelähmte und Verkrüppelte wurden gesund gemacht;

8 und es entstand große Freude in dieser Stadt.

¶ **9** Es war aber ein Mann mit Namen Simon, der zuvor in der Stadt Zauberei trieb und das Volk von Samaria in seinen Bann zog, weil er vorgab, er wäre etwas Großes.

10 Und alle hingen ihm an, Klein und Groß, und sprachen: Dieser ist die Kraft Gottes, die die Große genannt wird.

11 Sie hingen ihm aber an, weil er sie lange Zeit mit seiner Zauberei in seinen Bann gezogen hatte.

12 Als sie aber den Predigten des Philippus von dem Reich Gottes und von dem Namen Jesu Christi glaubten, ließen sich taufen Männer und Frauen.

13 Da wurde auch Simon gläubig und ließ sich taufen und hielt sich zu Philippus. Und als er die Zeichen und großen Taten sah, die geschahen, geriet er außer sich vor Staunen.

¶ **14** Als aber die Apostel in Jerusalem hörten, dass Samarien das Wort Gottes angenommen hatte, sandten sie zu ihnen Petrus und Johannes.

15 Die kamen hinab und beteten für sie, dass sie den Heiligen Geist empfingen.

16 Denn er war noch auf keinen von ihnen gefallen, sondern sie waren allein getauft auf den Namen des Herrn Jesus.

17 Da legten sie die Hände auf sie und sie empfingen den Heiligen Geist.

¶ **18** Als aber Simon sah, dass der Geist gegeben wurde, wenn die Apostel die Hände auflegten, bot er ihnen Geld an

19 und sprach: Gebt auch mir die Macht, damit jeder, dem ich die Hände auflege, den Heiligen Geist empfange.

20 Petrus aber sprach zu ihm: Dass du verdammt werdest mitsamt deinem Geld, weil du meinst, Gottes Gabe werde durch Geld erlangt.

21 Du hast weder Anteil noch Anrecht an dieser Sache; denn dein Herz ist nicht rechtschaffen vor Gott.

22 Darum tu Buße für diese deine Bosheit und flehe zum Herrn, ob dir das Trachten deines Herzens vergeben werden könne.

6 And the crowds with one accord paid attention to what was being said by Philip when they heard him and saw the signs that he did.

7 For unclean spirits, crying out with a loud voice, came out of many who had them, and many who were paralyzed or lame were healed.

8 So there was much joy in that city.

Simon the Magician Believes

¶ **9** But there was a man named Simon, who had previously practiced magic in the city and amazed the people of Samaria, saying that he himself was somebody great.

10 They all paid attention to him, from the least to the greatest, saying, "This man is the power of God that is called Great."

11 And they paid attention to him because for a long time he had amazed them with his magic.

12 But when they believed Philip as he preached good news about the kingdom of God and the name of Jesus Christ, ʳthey were baptized, both men and women.

13 Even Simon himself believed, and after being baptized he continued with Philip. And seeing signs and great miracles² performed, he was amazed.

¶ **14** Now when the apostles at Jerusalem heard that Samaria had received the word of God, they sent to them Peter and John,

15 who came down and prayed for them that they might receive the Holy Spirit,

16 for he had not yet fallen on any of them, but they had only been baptized in the name of the Lord Jesus.

17 Then they laid their hands on them and they received the Holy Spirit.

¶ **18** Now when Simon saw that the Spirit was given through the laying on of the apostles' hands, he offered them money,

19 saying, "Give me this power also, so that anyone on whom I lay my hands may receive the Holy Spirit."

20 But Peter said to him, "May your silver perish with you, because you thought you could obtain the gift of God with money!

21 You have neither part nor lot in this matter, for your heart is not right before God.

22 Repent, therefore, of this wickedness of yours, and pray to the Lord that, if possible, the intent of your heart may be forgiven you.

23 Denn ich sehe, dass du voll bitterer Galle bist und verstrickt in Ungerechtigkeit.

24 Da antwortete Simon und sprach: Bittet ihr den Herrn für mich, dass nichts von dem über mich komme, was ihr gesagt habt.

¶ **25** Als sie nun das Wort des Herrn bezeugt und geredet hatten, kehrten sie wieder um nach Jerusalem und predigten das Evangelium in vielen Dörfern der Samariter.

Der Kämmerer aus Äthiopien

26 Aber der Engel des Herrn redete zu Philippus und sprach: Steh auf und geh nach Süden auf die Straße, die von Jerusalem nach Gaza hinabführt und öde ist.

27 Und er stand auf und ging hin. Und siehe, ein Mann aus Äthiopien, ein Kämmerer und Mächtiger am Hof der Kandake, der Königin von Äthiopien, welcher ihren ganzen Schatz verwaltete, der war nach Jerusalem gekommen, um anzubeten.

28 Nun zog er wieder heim und saß auf seinem Wagen und las den Propheten Jesaja.

¶ **29** Der Geist aber sprach zu Philippus: Geh hin und halte dich zu diesem Wagen!

30 Da lief Philippus hin und hörte, dass er den Propheten Jesaja las, und fragte: Verstehst du auch, was du liest?

31 Er aber sprach: Wie kann ich, wenn mich nicht jemand anleitet? Und er bat Philippus, aufzusteigen und sich zu ihm zu setzen.

32 Der Inhalt aber der Schrift, die er las, war dieser (Jesaja 53,7-8): »Wie ein Schaf, das zur Schlachtung geführt wird, und wie ein Lamm, das vor seinem Scherer verstummt, so tut er seinen Mund nicht auf.

33 In seiner Erniedrigung wurde sein Urteil aufgehoben. Wer kann seine Nachkommen aufzählen? Denn sein Leben wird von der Erde weggenommen.«

34 Da antwortete der Kämmerer dem Philippus und sprach: Ich bitte dich, von wem redet der Prophet das, von sich selber oder von jemand anderem?

35 Philippus aber tat seinen Mund auf und fing mit diesem Wort der Schrift an und predigte ihm das Evangelium von Jesus.

¶ **36** Und als sie auf der Straße dahinfuhren, kamen sie an ein Wasser. Da sprach der Kämmerer: Siehe, da ist Wasser; was hindert's, dass ich mich taufen lasse?*

38 Und er ließ den Wagen halten und beide stiegen in das Wasser hinab, Philippus und der Kämmerer, und er taufte ihn.

23 For I see that you are in the gall[3] of bitterness and in the bond of iniquity."

24 And Simon answered, "Pray for me to the Lord, that nothing of what you have said may come upon me."

¶ **25** Now when they had testified and spoken the word of the Lord, they returned to Jerusalem, preaching the gospel to many villages of the Samaritans.

Philip and the Ethiopian Eunuch

¶ **26** Now an angel of the Lord said to Philip, "Rise and go toward the south[4] to the road that goes down from Jerusalem to Gaza." This is a desert place.

27 And he rose and went. And there was an Ethiopian, a eunuch, a court official of Candace, queen of the Ethiopians, who was in charge of all her treasure. He had come to Jerusalem to worship

28 and was returning, seated in his chariot, and he was reading the prophet Isaiah.

29 And the Spirit said to Philip, "Go over and join this chariot."

30 So Philip ran to him and heard him reading Isaiah the prophet and asked, "Do you understand what you are reading?"

31 And he said, "How can I, unless someone guides me?" And he invited Philip to come up and sit with him.

32 Now the passage of the Scripture that he was reading was this:

"Like a sheep he was led to the slaughter
    and like a lamb before its shearer is
        silent,
    so he opens not his mouth.
33 In his humiliation justice was denied
        him.
    Who can describe his generation?
    For his life is taken away from the
        earth."

34 And the eunuch said to Philip, "About whom, I ask you, does the prophet say this, about himself or about someone else?"

35 Then Philip opened his mouth, and beginning with this Scripture he told him the good news about Jesus.

36 And as they were going along the road they came to some water, and the eunuch said, "See, here is water! What prevents me from being baptized?"[5]

38 And he commanded the chariot to stop, and they both went down into the water, Philip and the eunuch, and he baptized him.

39 Als sie aber aus dem Wasser herauf-stiegen, entrückte der Geist des Herrn den Philippus und der Kämmerer sah ihn nicht mehr; er zog aber seine Straße fröhlich.

40 Philippus aber fand sich in Aschdod wieder und zog umher und predigte in allen Städten das Evangelium, bis er nach Cäsarea kam.

Die Bekehrung des Saulus

9 Saulus aber schnaubte noch mit Drohen und Morden gegen die Jünger des Herrn und ging zum Hohenpriester

2 und bat ihn um Briefe nach Damaskus an die Synagogen, damit er Anhänger des neuen Weges, Männer und Frauen, wenn er sie dort fände, gefesselt nach Jerusalem führe.

¶ **3** Als er aber auf dem Wege war und in die Nähe von Damaskus kam, umleuchtete ihn plötzlich ein Licht vom Himmel;

4 und er fiel auf die Erde und hörte eine Stimme, die sprach zu ihm: Saul, Saul, was verfolgst du mich?

5 Er aber sprach: Herr, wer bist du? Der sprach: Ich bin Jesus, den du verfolgst.

6 Steh auf und geh in die Stadt; da wird man dir sagen, was du tun sollst.

7 Die Männer aber, die seine Gefährten waren, standen sprachlos da; denn sie hörten zwar die Stimme, aber sahen niemanden.

8 Saulus aber richtete sich auf von der Erde; und als er seine Augen aufschlug, sah er nichts. Sie nahmen ihn aber bei der Hand und führten ihn nach Damaskus;

9 und er konnte drei Tage nicht sehen und aß nicht und trank nicht.

¶ **10** Es war aber ein Jünger in Damaskus mit Namen Hananias; dem erschien der Herr und sprach: Hananias! Und er sprach: Hier bin ich, Herr.

11 Der Herr sprach zu ihm: Steh auf und geh in die Straße, die die Gerade heißt, und frage in dem Haus des Judas nach einem Mann mit Namen Saulus von Tarsus. Denn siehe, er betet

12 und hat in einer Erscheinung einen Mann gesehen mit Namen Hananias, der zu ihm hereinkam und die Hand auf ihn legte, damit er wieder sehend werde.

13 Hananias aber antwortete: Herr, ich habe von vielen gehört über diesen Mann, wie viel Böses er deinen Heiligen in Jerusalem angetan hat;

The Conversion of Saul

9 But Saul, still breathing threats and mur-der against the disciples of the Lord, went to the high priest

2 and asked him for letters to the syna-gogues at Damascus, so that if he found any belonging to the Way, men or women, he might bring them bound to Jerusalem.

3 Now as he went on his way, he approached Damascus, and suddenly a light from heaven flashed around him.

4 And falling to the ground he heard a voice saying to him, "Saul, Saul, why are you persecuting [h]me?"

5 And he said, "Who are you, Lord?" And he said, "I am Jesus, [h]whom you are persecuting.

6 But [i]rise and enter the city, and you will be told [j]what you are to do."

7 The men who were traveling with him stood speechless, hearing the voice but seeing no one.

8 Saul rose from the ground, and although his eyes were opened, he saw nothing. So they led him by the hand and brought him into Damascus.

9 And for three days he was without sight, and neither ate nor drank.

¶ **10** Now there was a disciple at Damascus named Ananias. The Lord said to him in a vision, "Ananias." And he said, "Here I am, Lord."

11 And the Lord said to him, "Rise and go to the street called Straight, and at the house of Judas look for a man [p]of Tarsus named Saul, for behold, he is praying,

12 and he has seen in a vision a man named Ananias come in and [q]lay his hands on him so that he might regain his sight."

13 But Ananias answered, "Lord, I have heard from many about this man, how much evil he has done to your saints at Jerusalem.

14 und hier hat er Vollmacht von den Hohenpriestern, alle gefangen zu nehmen, die deinen Namen anrufen.

15 Doch der Herr sprach zu ihm: Geh nur hin; denn dieser ist mein auserwähltes Werkzeug, dass er meinen Namen trage vor Heiden und vor Könige und vor das Volk Israel.

16 Ich will ihm zeigen, wie viel er leiden muss um meines Namens willen.

¶ 17 Und Hananias ging hin und kam in das Haus und legte die Hände auf ihn und sprach: Lieber Bruder Saul, der Herr hat mich gesandt, Jesus, der dir auf dem Wege hierher erschienen ist, dass du wieder sehend und mit dem Heiligen Geist erfüllt werdest.

18 Und sogleich fiel es von seinen Augen wie Schuppen und er wurde wieder sehend; und er stand auf, ließ sich taufen

19 und nahm Speise zu sich und stärkte sich.

Saulus in Damaskus und Jerusalem

Saulus blieb aber einige Tage bei den Jüngern in Damaskus.

20 Und alsbald predigte er in den Synagogen von Jesus, dass dieser Gottes Sohn sei.

21 Alle aber, die es hörten, entsetzten sich und sprachen: Ist das nicht der, der in Jerusalem alle vernichten wollte, die diesen Namen anrufen, und ist er nicht deshalb hierher gekommen, dass er sie gefesselt zu den Hohenpriestern führe?

22 Saulus aber gewann immer mehr an Kraft und trieb die Juden in die Enge, die in Damaskus wohnten, und bewies, dass Jesus der Christus ist.

23 Nach mehreren Tagen aber hielten die Juden Rat und beschlossen, ihn zu töten.

24 Aber es wurde Saulus bekannt, dass sie ihm nachstellten. Sie bewachten Tag und Nacht auch die Tore, um ihn zu töten.

25 Da nahmen ihn seine Jünger bei Nacht und ließen ihn in einem Korb die Mauer hinab.

¶ 26 Als er aber nach Jerusalem kam, versuchte er, sich zu den Jüngern zu halten; doch sie fürchteten sich alle vor ihm und glaubten nicht, dass er ein Jünger wäre.

14 And here he has authority from the chief priests to bind all who call on your name."

15 But the Lord said to him, "Go, for ʷhe is a chosen instrument of mine to carry my name ˣbefore the Gentiles and ʸkings and the children of Israel.

16 For ᶻI will show him how much ᵃhe must suffer ᵇfor the sake of my name."

17 So Ananias departed and entered the house. And laying his hands on him he said, "Brother Saul, the Lord Jesus who appeared to you on the road by which you came has sent me so that you may regain your sight and be filled with the Holy Spirit."

18 And immediately something like scales fell from his eyes, and he regained his sight. Then he rose and was baptized;

19 and taking food, he was strengthened.

Saul Proclaims Jesus in Synagogues

¶ For some days he was with the disciples at Damascus.

20 And immediately he proclaimed Jesus in the synagogues, saying, "He is the Son of God."

21 And all who heard him were amazed and said, "Is not this the man who made havoc in Jerusalem of those who called upon this name? And has he not come here for this purpose, to bring them bound before the chief priests?"

22 But Saul increased all the more in strength, and confounded the Jews who lived in Damascus by proving that Jesus was the Christ.

Saul Escapes from Damascus

¶ 23 When many days had passed, the Jews plotted to kill him,

24 but their plot became known to Saul. They were watching the gates day and night in order to kill him,

25 but his disciples took him by night and let him down through an opening in the wall,¹ lowering him in a basket.

Saul in Jerusalem

¶ 26 And when he had come to Jerusalem, he attempted to join the disciples. And they were all afraid of him, for they did not believe that he was a disciple.

27 Barnabas aber nahm ihn zu sich und führte ihn zu den Aposteln und erzählte ihnen, wie Saulus auf dem Wege den Herrn gesehen und dass der mit ihm geredet und wie er in Damaskus im Namen Jesu frei und offen gepredigt hätte.

28 Und er ging bei ihnen in Jerusalem ein und aus und predigte im Namen des Herrn frei und offen.

29 Er redete und stritt auch mit den griechischen Juden; aber sie stellten ihm nach, um ihn zu töten.

30 Als das die Brüder erfuhren, geleiteten sie ihn nach Cäsarea und schickten ihn weiter nach Tarsus.

¶ 31 So hatte nun die Gemeinde Frieden in ganz Judäa und Galiläa und Samarien und baute sich auf und lebte in der Furcht des Herrn und mehrte sich unter dem Beistand des Heiligen Geistes.

Petrus in Lydda

32 Es geschah aber, als Petrus überall im Land umherzog, dass er auch zu den Heiligen kam, die in Lydda wohnten.

33 Dort fand er einen Mann mit Namen Äneas, seit acht Jahren ans Bett gebunden; der war gelähmt.

34 Und Petrus sprach zu ihm: Äneas, Jesus Christus macht dich gesund; steh auf und mach dir selber das Bett. Und sogleich stand er auf.

35 Da sahen ihn alle, die in Lydda und in Scharon wohnten, und bekehrten sich zu dem Herrn.

Die Auferweckung der Tabita

36 In Joppe war eine Jüngerin mit Namen Tabita, das heißt übersetzt: Reh. Die tat viele gute Werke und gab reichlich Almosen.

37 Es begab sich aber zu der Zeit, dass sie krank wurde und starb. Da wuschen sie sie und legten sie in das Obergemach.

38 Weil aber Lydda nahe bei Joppe ist, sandten die Jünger, als sie hörten, dass Petrus dort war, zwei Männer zu ihm und baten ihn: Säume nicht, zu uns zu kommen!

39 Petrus aber stand auf und ging mit ihnen. Und als er hingekommen war, führten sie ihn hinauf in das Obergemach und es traten alle Witwen zu ihm, weinten und zeigten ihm die Röcke und Kleider, die Tabita gemacht hatte, als sie noch bei ihnen war.

27 But Barnabas took him and brought him to the apostles and declared to them how on the road he had seen the Lord, who spoke to him, and how at Damascus he had preached boldly in the name of Jesus.

28 So he went in and out among them at Jerusalem, preaching boldly in the name of the Lord.

29 And he spoke and disputed against the Hellenists.[2] But they were seeking to kill him.

30 And when the brothers learned this, they brought him down to Caesarea and sent him off to Tarsus.

¶ 31 So the church throughout all Judea and Galilee and Samaria had peace and was being built up. And walking in the fear of the Lord and in the comfort of the Holy Spirit, it multiplied.

The Healing of Aeneas

¶ 32 Now as Peter went here and there among them all, he came down also to the saints who lived at Lydda.

33 There he found a man named Aeneas, bedridden for eight years, who was paralyzed.

34 And Peter said to him, "Aeneas, Jesus Christ heals you; rise and make your bed." And immediately he rose.

35 And all the residents of Lydda and Sharon saw him, and they turned to the Lord.

Dorcas Restored to Life

¶ 36 Now there was in Joppa a disciple named Tabitha, which, translated, means Dorcas.[3] She was full of good works and acts of charity.

37 In those days she became ill and died, and when they had washed her, they laid her in an upper room.

38 Since Lydda was near Joppa, the disciples, hearing that Peter was there, sent two men to him, urging him, "Please come to us without delay."

39 So Peter rose and went with them. And when he arrived, they took him to the upper room. All the widows stood beside him weeping and showing tunics[4] and other garments that Dorcas made while she was with them.

¶ **40** Und als Petrus sie alle hinausgetrieben hatte, kniete er nieder, betete und wandte sich zu dem Leichnam und sprach: Tabita, steh auf! Und sie schlug ihre Augen auf; und als sie Petrus sah, setzte sie sich auf.

41 Er aber gab ihr die Hand und ließ sie aufstehen und rief die Heiligen und die Witwen und stellte sie lebendig vor sie.

42 Und das wurde in ganz Joppe bekannt und viele kamen zum Glauben an den Herrn.

43 Und es geschah, dass Petrus lange Zeit in Joppe blieb bei einem Simon, der ein Gerber war.

Der Hauptmann Kornelius

10 Es war aber ein Mann in Cäsarea mit Namen Kornelius, ein Hauptmann der Abteilung, die die Italische genannt wurde.

2 Der war fromm und gottesfürchtig mit seinem ganzen Haus und gab dem Volk viele Almosen und betete immer zu Gott.

3 Der hatte eine Erscheinung um die neunte Stunde am Tage und sah deutlich einen Engel Gottes bei sich eintreten; der sprach zu ihm: Kornelius!

4 Er aber sah ihn an, erschrak und fragte: Herr, was ist? Der sprach zu ihm: Deine Gebete und deine Almosen sind vor Gott gekommen und er hat ihrer gedacht.

5 Und nun sende Männer nach Joppe und lass holen Simon mit dem Beinamen Petrus.

6 Der ist zu Gast bei einem Gerber Simon, dessen Haus am Meer liegt.

7 Und als der Engel, der mit ihm redete, hinweggegangen war, rief Kornelius zwei seiner Knechte und einen frommen Soldaten von denen, die ihm dienten,

8 und erzählte ihnen alles und sandte sie nach Joppe.

¶ **9** Am nächsten Tag, als diese auf dem Wege waren und in die Nähe der Stadt kamen, stieg Petrus auf das Dach, zu beten um die sechste Stunde.

10 Und als er hungrig wurde, wollte er essen. Während sie ihm aber etwas zubereiteten, geriet er in Verzückung

11 und sah den Himmel aufgetan und etwas wie ein großes leinenes Tuch herabkommen, an vier Zipfeln niedergelassen auf die Erde.

12 Darin waren allerlei vierfüßige und kriechende Tiere der Erde und Vögel des Himmels.

13 Und es geschah eine Stimme zu ihm: Steh auf, Petrus, schlachte und iss!

40 But Peter put them all outside, and knelt down and prayed; and turning to the body he said, "Tabitha, arise." And she opened her eyes, and when she saw Peter she sat up.

41 And he gave her his hand and raised her up. Then calling the saints and widows, he presented her alive.

42 And it became known throughout all Joppa, and many believed in the Lord.

43 And he stayed in Joppa for many days with one Simon, a tanner.

Peter and Cornelius

10 At Caesarea there was a man named Cornelius, a centurion of what was known as the Italian Cohort,

2 a devout man who feared God with all his household, gave alms generously to the people, and prayed continually to God.

3 About the ninth hour of the day[1] he saw clearly in a vision an angel of God come in and say to him, "Cornelius."

4 And he stared at him in terror and said, "What is it, Lord?" And he said to him, "Your prayers and your alms have ascended as a memorial before God.

5 And now send men to Joppa and bring one Simon who is called Peter.

6 He is lodging with one Simon, a tanner, whose house is by the sea."

7 When the angel who spoke to him had departed, he called two of his servants and a devout soldier from among those who attended him,

8 and having related everything to them, he sent them to Joppa.

Peter's Vision

¶ **9** The next day, as they were on their journey and approaching the city, Peter went up on the housetop about the sixth hour[2] to pray.

10 And he became hungry and wanted something to eat, but while they were preparing it, he fell into a trance

11 and saw the heavens opened and something like a great sheet descending, being let down by its four corners upon the earth.

12 In it were all kinds of animals and reptiles and birds of the air.

13 And there came a voice to him: "Rise, Peter; kill and eat."

14 Petrus aber sprach: O nein, Herr; denn ich habe noch nie etwas Verbotenes und Unreines gegessen.

15 Und die Stimme sprach zum zweiten Mal zu ihm: Was Gott rein gemacht hat, das nenne du nicht verboten.

16 Und das geschah dreimal; und alsbald wurde das Tuch wieder hinaufgenommen gen Himmel.

¶ **17** Als aber Petrus noch ratlos war, was die Erscheinung bedeute, die er gesehen hatte, siehe, da fragten die Männer, von Kornelius gesandt, nach dem Haus Simons und standen an der Tür,

18 riefen und fragten, ob Simon mit dem Beinamen Petrus hier zu Gast wäre.

19 Während aber Petrus nachsann über die Erscheinung, sprach der Geist zu ihm: Siehe, drei Männer suchen dich;

20 so steh auf, steig hinab und geh mit ihnen und zweifle nicht, denn ich habe sie gesandt.

¶ **21** Da stieg Petrus hinab zu den Männern und sprach: Siehe, ich bin's, den ihr sucht; warum seid ihr hier?

22 Sie aber sprachen: Der Hauptmann Kornelius, ein frommer und gottesfürchtiger Mann mit gutem Ruf bei dem ganzen Volk der Juden, hat Befehl empfangen von einem heiligen Engel, dass er dich sollte holen lassen in sein Haus und hören, was du zu sagen hast.

23 Da rief er sie herein und beherbergte sie.

¶ Am nächsten Tag machte er sich auf und zog mit ihnen, und einige Brüder aus Joppe gingen mit ihm.

24 Und am folgenden Tag kam er nach Cäsarea. Kornelius aber wartete auf sie und hatte seine Verwandten und nächsten Freunde zusammengerufen.

25 Und als Petrus hereinkam, ging ihm Kornelius entgegen und fiel ihm zu Füßen und betete ihn an.

26 Petrus aber richtete ihn auf und sprach: Steh auf, ich bin auch nur ein Mensch.

27 Und während er mit ihm redete, ging er hinein und fand viele, die zusammengekommen waren.

28 Und er sprach zu ihnen: Ihr wisst, dass es einem jüdischen Mann nicht erlaubt ist, mit einem Fremden umzugehen oder zu ihm zu kommen; aber Gott hat mir gezeigt, dass ich keinen Menschen meiden oder unrein nennen soll.

29 Darum habe ich mich nicht geweigert zu kommen, als ich geholt wurde. So frage ich euch nun, warum ihr mich habt holen lassen?

14 But Peter said, "By no means, Lord; for I have never eaten anything that is common or unclean."

15 And the voice came to him again a second time, ᵐ"What God has made clean, do not call common."

16 This happened three times, and the thing was taken up at once to heaven.

¶ **17** Now while Peter was inwardly perplexed as to what the vision that he had seen might mean, behold, the men who were sent by Cornelius, having made inquiry for Simon's house, stood at the gate

18 and called out to ask whether Simon who was called Peter was lodging there.

19 And while Peter was pondering the vision, the Spirit said to him, "Behold, three men are looking for you.

20 Rise and go down and accompany them without hesitation, for I have sent them."

21 And Peter went down to the men and said, "I am the one you are looking for. What is the reason for your coming?"

22 And they said, "Cornelius, a centurion, an upright and God-fearing man, who is well spoken of by the whole Jewish nation, was directed by a holy angel to send for you to come to his house and to hear what you have to say."

23 So he invited them in to be his guests.

¶ The next day he rose and went away with them, and some of the brothers from Joppa accompanied him.

24 And on the following day they entered Caesarea. Cornelius was expecting them and had called together his relatives and close friends.

25 When Peter entered, Cornelius met him and fell down at his feet and worshiped him.

26 But Peter lifted him up, saying, "Stand up; I too am a man."

27 And as he talked with him, he went in and found many persons gathered.

28 And he said to them, "You yourselves know how unlawful it is for a Jew to associate with or to visit anyone of another nation, but God has shown me that I should not call any person common or unclean.

29 So when I was sent for, I came without objection. I ask then why you sent for me."

¶ **30** Kornelius sprach: Vor vier Tagen um diese Zeit betete ich um die neunte Stunde in meinem Hause. Und siehe, da stand ein Mann vor mir in einem leuchtenden Gewand

31 und sprach: Kornelius, dein Gebet ist erhört und deiner Almosen ist gedacht worden vor Gott.

32 So sende nun nach Joppe und lass herrufen Simon mit dem Beinamen Petrus, der zu Gast ist im Hause des Gerbers Simon am Meer.

33 Da sandte ich sofort zu dir; und du hast recht getan, dass du gekommen bist. Nun sind wir alle hier vor Gott zugegen, um alles zu hören, was dir vom Herrn befohlen ist.

¶ **34** Petrus aber tat seinen Mund auf und sprach: **Nun erfahre ich in Wahrheit, dass Gott die Person nicht ansieht;**

35 **sondern in jedem Volk, wer ihn fürchtet und recht tut, der ist ihm angenehm.**

36 Er hat das Wort dem Volk Israel gesandt und Frieden verkündigt durch Jesus Christus, welcher ist Herr über alle.

¶ **37** Ihr wisst, was in ganz Judäa geschehen ist, angefangen von Galiläa nach der Taufe, die Johannes predigte,

38 wie Gott Jesus von Nazareth gesalbt hat mit Heiligem Geist und Kraft; der ist umhergezogen und hat Gutes getan und alle gesund gemacht, die in der Gewalt des Teufels waren, denn Gott war mit ihm.

39 Und wir sind Zeugen für alles, was er getan hat im jüdischen Land und in Jerusalem. Den haben sie an das Holz gehängt und getötet.

40 Den hat Gott auferweckt am dritten Tag und hat ihn erscheinen lassen,

41 nicht dem ganzen Volk, sondern uns, den von Gott vorher erwählten Zeugen, die wir mit ihm gegessen und getrunken haben, nachdem er auferstanden war von den Toten.

42 Und er hat uns geboten, dem Volk zu predigen und zu bezeugen, dass er von Gott bestimmt ist zum Richter der Lebenden und der Toten.

43 Von diesem bezeugen alle Propheten, dass durch seinen Namen alle, die an ihn glauben, Vergebung der Sünden empfangen sollen.

¶ **44** Während Petrus noch diese Worte redete, fiel der Heilige Geist auf alle, die dem Wort zuhörten.

¶ **30** And Cornelius said, "Four days ago, about this hour, I was praying in my house at the ninth hour,[3] and behold, a man stood before me in bright clothing

31 and said, 'Cornelius, your prayer has been heard and your alms have been remembered before God.

32 Send therefore to Joppa and ask for Simon who is called Peter. He is lodging in the house of Simon, a tanner, by the sea.'

33 So I sent for you at once, and you have been kind enough to come. Now therefore we are all here in the presence of God to hear all that you have been commanded by the Lord."

Gentiles Hear the Good News

¶ **34** So Peter opened his mouth and said: "Truly I understand that God shows no partiality,

35 but in every nation anyone who fears him and does what is right is acceptable to him.

36 As for the word that he sent to Israel, preaching good news of peace through Jesus Christ (he is Lord of all),

37 you yourselves know what happened throughout all Judea, beginning from Galilee after the baptism that John proclaimed:

38 how God anointed Jesus of Nazareth with the Holy Spirit and with power. He went about doing good and healing all who were oppressed by the devil, for God was with him.

39 And we are witnesses of all that he did both in the country of the Jews and in Jerusalem. They put him to death by hanging him on a tree,

40 but God raised him on the third day and made him to appear,

41 not to all the people but to us who had been chosen by God as witnesses, who ate and drank with him after he rose from the dead.

42 And he commanded us to preach to the people and to testify that he is the one appointed by God to be judge of the living and the dead.

43 To him all the prophets bear witness that everyone who believes in him receives forgiveness of sins through his name."

The Holy Spirit Falls on the Gentiles

¶ **44** While Peter was still saying these things, the Holy Spirit fell on all who heard the word.

45 Und die gläubig gewordenen Juden, die mit Petrus gekommen waren, entsetzten sich, weil auch auf die Heiden die Gabe des Heiligen Geistes ausgegossen wurde;

46 denn sie hörten, dass sie in Zungen redeten und Gott hoch priesen. Da antwortete Petrus:

47 Kann auch jemand denen das Wasser zur Taufe verwehren, die den Heiligen Geist empfangen haben ebenso wie wir?

48 Und er befahl, sie zu taufen in dem Namen Jesu Christi. Da baten sie ihn, noch einige Tage dazubleiben.

Petrus in Jerusalem

11 Es kam aber den Aposteln und Brüdern in Judäa zu Ohren, dass auch die Heiden Gottes Wort angenommen hatten.

2 Und als Petrus hinaufkam nach Jerusalem, stritten die gläubig gewordenen Juden mit ihm

3 und sprachen: Du bist zu Männern gegangen, die nicht Juden sind, und hast mit ihnen gegessen!

¶ **4** Petrus aber fing an und erzählte es ihnen der Reihe nach und sprach:

5 Ich war in der Stadt Joppe im Gebet und geriet in Verzückung und hatte eine Erscheinung; ich sah etwas wie ein großes leinenes Tuch herabkommen, an vier Zipfeln niedergelassen vom Himmel; das kam bis zu mir.

6 Als ich hineinsah, erblickte ich vierfüßige Tiere der Erde und wilde Tiere und kriechende Tiere und Vögel des Himmels.

7 Ich hörte aber auch eine Stimme, die sprach zu mir: Steh auf, Petrus, schlachte und iss!

8 Ich aber sprach: O nein, Herr; denn es ist nie etwas Verbotenes oder Unreines in meinen Mund gekommen.

9 Aber die Stimme antwortete zum zweiten Mal vom Himmel: Was Gott rein gemacht hat, das nenne du nicht verboten.

10 Das geschah aber dreimal; und alles wurde wieder gen Himmel hinaufgezogen.

11 Und siehe, auf einmal standen drei Männer vor dem Hause, in dem wir waren, von Cäsarea zu mir gesandt.

12 Der Geist aber sprach zu mir, ich solle mit ihnen gehen und nicht zweifeln. Es kamen aber mit mir auch diese sechs Brüder und wir gingen in das Haus des Mannes.

45 And the believers from among the circumcised who had come with Peter were amazed, because the gift of the Holy Spirit was poured out even on the Gentiles.

46 For they were hearing them speaking in tongues and extolling God. Then Peter declared,

47 "Can anyone withhold water for baptizing these people, who have received the Holy Spirit just as we have?"

48 And he commanded them to be baptized in the name of Jesus Christ. Then they asked him to remain for some days.

Peter Reports to the Church

11 Now the apostles and the brothers[1] who were throughout Judea heard that the Gentiles also had received the word of God.

2 So when Peter went up to Jerusalem, the circumcision party criticized him, saying,

3 "You went to uncircumcised men and ate with them."

4 But Peter began and explained it to them in order:

5 "I was in the city of Joppa praying, and in a trance I saw a vision, something like a great sheet descending, being let down from heaven by its four corners, and it came down to me.

6 Looking at it closely, I observed animals and beasts of prey and reptiles and birds of the air.

7 And I heard a voice saying to me, 'Rise, Peter; kill and eat.'

8 But I said, 'By no means, Lord; for nothing common or unclean has ever entered my mouth.'

9 But the voice answered a second time from heaven, 'What God has made clean, do not call common.'

10 This happened three times, and all was drawn up again into heaven.

11 And behold, at that very moment three men arrived at the house in which we were, sent to me from Caesarea.

12 And the Spirit told me to go with them, making no distinction. These six brothers also accompanied me, and we entered the man's house.

13 Der berichtete uns, wie er den Engel in seinem Haus gesehen habe, der zu ihm sagte: Sende Männer nach Joppe und lass holen Simon, mit dem Beinamen Petrus;

14 der wird dir die Botschaft sagen, durch die du selig wirst und dein ganzes Haus.

15 Als ich aber anfing zu reden, fiel der Heilige Geist auf sie ebenso wie am Anfang auf uns.

16 Da dachte ich an das Wort des Herrn, als er sagte: Johannes hat mit Wasser getauft; ihr aber sollt mit dem Heiligen Geist getauft werden.

17 Wenn nun Gott ihnen die gleiche Gabe gegeben hat wie auch uns, die wir zum Glauben gekommen sind an den Herrn Jesus Christus: wer war ich, dass ich Gott wehren konnte?

¶ **18** Als sie das hörten, schwiegen sie still und lobten Gott und sprachen: So hat Gott auch den Heiden die Umkehr gegeben, die zum Leben führt!

Erste Christen in Antiochia

19 Die aber zerstreut waren wegen der Verfolgung, die sich wegen Stephanus erhob, gingen bis nach Phönizien und Zypern und Antiochia und verkündigten das Wort niemandem als allein den Juden.

20 Es waren aber einige unter ihnen, Männer aus Zypern und Kyrene, die kamen nach Antiochia und redeten auch zu den Griechen und predigten das Evangelium vom Herrn Jesus.

21 Und die Hand des Herrn war mit ihnen und eine große Zahl wurde gläubig und bekehrte sich zum Herrn.

¶ **22** Es kam aber die Kunde davon der Gemeinde von Jerusalem zu Ohren; und sie sandten Barnabas, dass er nach Antiochia ginge.

23 Als dieser dort hingekommen war und die Gnade Gottes sah, wurde er froh und ermahnte sie alle, mit festem Herzen an dem Herrn zu bleiben;

24 denn er war ein bewährter Mann, voll Heiligen Geistes und Glaubens. Und viel Volk wurde für den Herrn gewonnen.

25 Barnabas aber zog aus nach Tarsus, Saulus zu suchen.

26 Und als er ihn fand, brachte er ihn nach Antiochia. Und sie blieben ein ganzes Jahr bei der Gemeinde und lehrten viele. In Antiochia wurden die Jünger zuerst Christen genannt.

¶ **27** In diesen Tagen kamen Propheten von Jerusalem nach Antiochia.

13 And he told us how he had seen the angel stand in his house and say, 'Send to Joppa and bring Simon who is called Peter;

14 he will declare to you a message by which you will be saved, you and all your household.'

15 As I began to speak, the Holy Spirit fell on them just as on us at the beginning.

16 And I remembered the word of the Lord, how he said, 'John baptized with water, but you will be baptized with the Holy Spirit.'

17 If then God gave the same gift to them as he gave to us when we believed in the Lord Jesus Christ, who was I that I could stand in God's way?"

18 When they heard these things they fell silent. And they glorified God, saying, "Then to the Gentiles also God has granted repentance that leads to life."

The Church in Antioch

¶ **19** Now those who were scattered because of the persecution that arose over Stephen traveled as far as Phoenicia and Cyprus and Antioch, speaking the word to no one except Jews.

20 But there were some of them, men of Cyprus and Cyrene, who on coming to Antioch spoke to the Hellenists[2] also, preaching the Lord Jesus.

21 And the hand of the Lord was with them, and a great number who believed turned to the Lord.

22 The report of this came to the ears of the church in Jerusalem, and they sent Barnabas to Antioch.

23 When he came and saw the grace of God, he was glad, and he exhorted them all to remain faithful to the Lord with steadfast purpose,

24 for he was a good man, full of the Holy Spirit and of faith. And a great many people were added to the Lord.

25 So Barnabas went to Tarsus to look for Saul,

26 and when he had found him, he brought him to Antioch. For a whole year they met with the church and taught a great many people. And in Antioch the disciples were first called Christians.

¶ **27** Now in these days prophets came down from Jerusalem to Antioch.

28 Und einer von ihnen mit Namen Agabus trat auf und sagte durch den Geist eine große Hungersnot voraus, die über den ganzen Erdkreis kommen sollte; dies geschah unter dem Kaiser Klaudius.

29 Aber unter den Jüngern beschloss ein jeder, nach seinem Vermögen den Brüdern, die in Judäa wohnten, eine Gabe zu senden.

30 Das taten sie auch und schickten sie zu den Ältesten durch Barnabas und Saulus.

Der Tod des Jakobus und die Befreiung des Petrus

12 Um diese Zeit legte der König Herodes Hand an einige von der Gemeinde, sie zu misshandeln.

2 Er tötete aber Jakobus, den Bruder des Johannes, mit dem Schwert.

¶ **3** Und als er sah, dass es den Juden gefiel, fuhr er fort und nahm auch Petrus gefangen. Es waren aber eben die Tage der Ungesäuerten Brote.

4 Als er ihn nun ergriffen hatte, warf er ihn ins Gefängnis und überantwortete ihn vier Wachen von je vier Soldaten, ihn zu bewachen. Denn er gedachte, ihn nach dem Fest vor das Volk zu stellen.

5 So wurde nun Petrus im Gefängnis festgehalten; aber die Gemeinde betete ohne Aufhören für ihn zu Gott.

¶ **6** Und in jener Nacht, als ihn Herodes vorführen lassen wollte, schlief Petrus zwischen zwei Soldaten, mit zwei Ketten gefesselt, und die Wachen vor der Tür bewachten das Gefängnis.

7 Und siehe, der Engel des Herrn kam herein und Licht leuchtete auf in dem Raum; und er stieß Petrus in die Seite und weckte ihn und sprach: Steh schnell auf! Und die Ketten fielen ihm von seinen Händen.

8 Und der Engel sprach zu ihm: Gürte dich und zieh deine Schuhe an! Und er tat es. Und er sprach zu ihm: Wirf deinen Mantel um und folge mir!

¶ **9** Und er ging hinaus und folgte ihm und wusste nicht, dass ihm das wahrhaftig geschehe durch den Engel, sondern meinte, eine Erscheinung zu sehen.

10 Sie gingen aber durch die erste und zweite Wache und kamen zu dem eisernen Tor, das zur Stadt führt; das tat sich ihnen von selber auf. Und sie traten hinaus und gingen eine Straße weit, und alsbald verließ ihn der Engel.

28 And one of them named Agabus stood up and foretold by the Spirit that there would be a great famine over all the world (this took place in the days of Claudius).

29 So the disciples determined, everyone according to his ability, to send relief to the brothers[3] living in Judea.

30 And they did so, sending it to the elders by the hand of Barnabas and Saul.

James Killed and Peter Imprisoned

12 About that time Herod the king laid violent hands on some who belonged to the church.

2 He killed James the brother of John with the sword,

3 and when he saw that it pleased the Jews, he proceeded to arrest Peter also. This was during the days of Unleavened Bread.

4 And when he had seized him, he put him in prison, delivering him over to four squads of soldiers to guard him, intending after the Passover to bring him out to the people.

5 So Peter was kept in prison, but earnest prayer for him was made to God by the church.

Peter Is Rescued

¶ **6** Now when Herod was about to bring him out, on that very night, Peter was sleeping between two soldiers, bound with two chains, and sentries before the door were guarding the prison.

7 And behold, an angel of the Lord stood next to him, and a light shone in the cell. He struck Peter on the side and woke him, saying, "Get up quickly." And the chains fell off his hands.

8 And the angel said to him, "Dress yourself and put on your sandals." And he did so. And he said to him, "Wrap your cloak around you and follow me."

9 And he went out and followed him. He did not know that what was being done by the angel was real, but thought he was seeing a vision.

10 When they had passed the first and the second guard, they came to the iron gate leading into the city. It opened for them of its own accord, and they went out and went along one street, and immediately the angel left him.

11 Und als Petrus zu sich gekommen war, sprach er: Nun weiß ich wahrhaftig, dass der Herr seinen Engel gesandt und mich aus der Hand des Herodes errettet hat und von allem, was das jüdische Volk erwartete.

¶ **12** Und als er sich besonnen hatte, ging er zum Haus Marias, der Mutter des Johannes mit dem Beinamen Markus, wo viele beieinander waren und beteten.

13 Als er aber an das Hoftor klopfte, kam eine Magd mit Namen Rhode, um zu hören, wer da wäre.

14 Und als sie die Stimme des Petrus erkannte, tat sie vor Freude das Tor nicht auf, lief hinein und verkündete, Petrus stünde vor dem Tor.

15 Sie aber sprachen zu ihr: Du bist von Sinnen. Doch sie bestand darauf, es wäre so. Da sprachen sie: Es ist sein Engel.

16 Petrus aber klopfte weiter an. Als sie nun aufmachten, sahen sie ihn und entsetzten sich.

17 Er aber winkte ihnen mit der Hand, dass sie schweigen sollten, und erzählte ihnen, wie ihn der Herr aus dem Gefängnis geführt hatte, und sprach: Verkündet dies dem Jakobus und den Brüdern. Dann ging er hinaus und zog an einen andern Ort.

Das Ende des Herodes Agrippa

18 Als es aber Tag wurde, entstand eine nicht geringe Verwirrung unter den Soldaten, was wohl mit Petrus geschehen sei.

19 Als aber Herodes ihn holen lassen wollte und ihn nicht fand, verhörte er die Wachen und ließ sie abführen. Dann zog er von Judäa hinab nach Cäsarea und blieb dort eine Zeit lang.

¶ **20** Er war aber zornig auf die Einwohner von Tyrus und Sidon. Sie aber kamen einmütig zu ihm und überredeten Blastus, den Kämmerer des Königs, und baten um Frieden, weil ihr Land seine Nahrung aus dem Land des Königs bekam.

21 Und an einem festgesetzten Tag legte Herodes das königliche Gewand an, setzte sich auf den Thron und hielt eine Rede an sie.

22 Das Volk aber rief ihm zu: Das ist Gottes Stimme und nicht die eines Menschen!

23 Alsbald schlug ihn der Engel des Herrn, weil er Gott nicht die Ehre gab. Und von Würmern zerfressen, gab er den Geist auf.

¶ **24** Und das Wort Gottes wuchs und breitete sich aus.

11 When Peter came to himself, he said, "Now I am sure that the Lord has sent his angel and rescued me from the hand of Herod and from all that the Jewish people were expecting."

¶ **12** When he realized this, he went to the house of Mary, the mother of John whose other name was Mark, where many were gathered together and were praying.

13 And when he knocked at the door of the gateway, a servant girl named Rhoda came to answer.

14 Recognizing Peter's voice, in her joy she did not open the gate but ran in and reported that Peter was standing at the gate.

15 They said to her, "You are out of your mind." But she kept insisting that it was so, and they kept saying, "It is his angel!"

16 But Peter continued knocking, and when they opened, they saw him and were amazed.

17 But motioning to them with his hand to be silent, he described to them how the Lord had brought him out of the prison. And he said, "Tell these things to James and to the brothers."[1] Then he departed and went to another place.

¶ **18** Now when day came, there was no little disturbance among the soldiers over what had become of Peter.

19 And after Herod searched for him and did not find him, he examined the sentries and ordered that they should be put to death. Then he went down from Judea to Caesarea and spent time there.

The Death of Herod

¶ **20** Now Herod was angry with the people of Tyre and Sidon, and they came to him with one accord, and having persuaded Blastus, the king's chamberlain, they asked for peace, because their country depended on the king's country for food.

21 On an appointed day Herod put on his royal robes, took his seat upon the throne, and delivered an oration to them.

22 And the people were shouting, "The voice of a god, and not of a man!"

23 Immediately an angel of the Lord struck him down, because he did not give God the glory, and he was eaten by worms and breathed his last.

¶ **24** But the word of God increased and multiplied.

25 Barnabas und Saulus aber kehrten zurück, nachdem sie in Jerusalem die Gabe überbracht hatten, und nahmen mit sich Johannes, der den Beinamen Markus hat.

Der Beginn der ersten Missionsreise

13 Es waren aber in Antiochia in der Gemeinde Propheten und Lehrer, nämlich Barnabas und Simeon, genannt Niger, und Luzius von Kyrene und Manaën, der mit dem Landesfürsten Herodes erzogen worden war, und Saulus.

2 Als sie aber dem Herrn dienten und fasteten, sprach der Heilige Geist: Sondert mir aus Barnabas und Saulus zu dem Werk, zu dem ich sie berufen habe.

3 Da fasteten sie und beteten und legten die Hände auf sie und ließen sie ziehen.

Auf der Insel Zypern

4 Nachdem sie nun ausgesandt waren vom Heiligen Geist, kamen sie nach Seleuzia und von da zu Schiff nach Zypern.

5 Und als sie in die Stadt Salamis kamen, verkündigten sie das Wort Gottes in den Synagogen der Juden; sie hatten aber auch Johannes als Gehilfen bei sich.

¶ 6 Als sie die ganze Insel bis nach Paphos durchzogen hatten, trafen sie einen Zauberer und falschen Propheten, einen Juden, der hieß Barjesus;

7 der war bei dem Statthalter Sergius Paulus, einem verständigen Mann. Dieser rief Barnabas und Saulus zu sich und begehrte, das Wort Gottes zu hören.

8 Da widerstand ihnen der Zauberer Elymas – denn so wird sein Name übersetzt – und versuchte, den Statthalter vom Glauben abzuhalten.

9 Saulus aber, der auch Paulus heißt, voll Heiligen Geistes, sah ihn an

10 und sprach: Du Sohn des Teufels, voll aller List und aller Bosheit, du Feind aller Gerechtigkeit, hörst du nicht auf, krumm zu machen die geraden Wege des Herrn?

11 Und nun siehe, die Hand des Herrn kommt über dich, und du sollst blind sein und die Sonne eine Zeit lang nicht sehen! Auf der Stelle fiel Dunkelheit und Finsternis auf ihn, und er ging umher und suchte jemanden, der ihn an der Hand führte.

¶ 12 Als der Statthalter sah, was geschehen war, wurde er gläubig und verwunderte sich über die Lehre des Herrn.

¶ 25 And Barnabas and Saul returned from[2] Jerusalem when they had completed their service, bringing with them John, whose other name was Mark.

Barnabas and Saul Sent Off

13 Now there were in the church at Antioch prophets and [n] teachers, Barnabas, Simeon who was called Niger,[1] Lucius of Cyrene, Manaen a member of the court of Herod the tetrarch, and Saul.

2 While they were worshiping the Lord and fasting, the Holy Spirit said, "Set apart for me Barnabas and Saul for the work to which I have called them."

3 Then after fasting and praying they laid their hands on them and sent them off.

Barnabas and Saul on Cyprus

¶ 4 So, being sent out by the Holy Spirit, they went down to Seleucia, and from there they sailed to Cyprus.

5 When they arrived at Salamis, they proclaimed the word of God in the synagogues of the Jews. And they had John to assist them.

6 When they had gone through the whole island as far as Paphos, they came upon a certain magician, a Jewish false prophet named Bar-Jesus.

7 He was with the proconsul, Sergius Paulus, a man of intelligence, who summoned Barnabas and Saul and sought to hear the word of God.

8 But Elymas the magician (for that is the meaning of his name) opposed them, seeking to turn the proconsul away from the faith.

9 But Saul, who was also called Paul, filled with the Holy Spirit, looked intently at him

10 and said, "You son of the devil, you enemy of all righteousness, full of all deceit and villainy, will you not stop making crooked the straight paths of the Lord?

11 And now, behold, the hand of the Lord is upon you, and you will be blind and unable to see the sun for a time." Immediately mist and darkness fell upon him, and he went about seeking people to lead him by the hand.

12 Then the proconsul believed, when he saw what had occurred, for he was astonished at the teaching of the Lord.

In Antiochia in Pisidien

13 Paulus aber und die um ihn waren, fuhren von Paphos ab und kamen nach Perge in Pamphylien. Johannes aber trennte sich von ihnen und kehrte zurück nach Jerusalem.

14 Sie aber zogen von Perge weiter und kamen nach Antiochia in Pisidien und gingen am Sabbat in die Synagoge und setzten sich.

15 Nach der Lesung des Gesetzes und der Propheten aber schickten die Vorsteher der Synagoge zu ihnen und ließen ihnen sagen: Liebe Brüder, wollt ihr etwas reden und das Volk ermahnen, so sagt es.

¶ **16** Da stand Paulus auf und winkte mit der Hand und sprach: Ihr Männer von Israel und ihr Gottesfürchtigen, hört zu!

17 Der Gott dieses Volkes Israel hat unsre Väter erwählt und das Volk groß gemacht, als sie Fremdlinge waren im Lande Ägypten, und mit starkem Arm führte er sie von dort heraus.

18 Und vierzig Jahre lang ertrug er sie in der Wüste

19 und vernichtete sieben Völker in dem Land Kanaan und gab ihnen deren Land zum Erbe;

20 das geschah in etwa vierhundertfünfzig Jahren. Danach gab er ihnen Richter bis zur Zeit des Propheten Samuel.

21 Und nun da an baten sie um einen König; und Gott gab ihnen Saul, den Sohn des Kisch, einen Mann aus dem Stamm Benjamin, für vierzig Jahre.

22 Und als er diesen verstoßen hatte, erhob er David zu ihrem König, von dem er bezeugte (1.Samuel 13,14): »Ich habe David gefunden, den Sohn Isais, einen Mann nach meinem Herzen, der soll meinen ganzen Willen tun.«

23 Aus dessen Geschlecht hat Gott, wie er verheißen hat, Jesus kommen lassen als Heiland für das Volk Israel,

24 nachdem Johannes, bevor Jesus auftrat, dem ganzen Volk Israel die Taufe der Buße gepredigt hatte.

25 Als aber Johannes seinen Lauf vollendete, sprach er: Ich bin nicht der, für den ihr mich haltet; aber siehe, er kommt nach mir, dessen Schuhriemen zu lösen ich nicht wert bin.

¶ **26** Ihr Männer, liebe Brüder, ihr Söhne aus dem Geschlecht Abrahams und ihr Gottesfürchtigen, uns ist das Wort dieses Heils gesandt.

Paul and Barnabas at Antioch in Pisidia

¶ **13** Now Paul and his companions set sail from Paphos and came to Perga in Pamphylia. And John left them and returned to Jerusalem,

14 but they went on from Perga and came to Antioch in Pisidia. And on the Sabbath day they went into the synagogue and sat down.

15 After the reading from the Law and the Prophets, the rulers of the synagogue sent a message to them, saying, "Brothers, if you have any word of encouragement for the people, say it."

16 So Paul stood up, and motioning with his hand said:

¶ "Men of Israel and you who fear God, listen.

17 The God of this people Israel chose our fathers and made the people great during their stay in the land of Egypt, and with uplifted arm he led them out of it.

18 And for about forty years he put up with[2] them in the wilderness.

19 And after destroying seven nations in the land of Canaan, he gave them their land as an inheritance.

20 All this took about 450 years. And after that he gave them judges until Samuel the prophet.

21 Then they asked for a king, and God gave them Saul the son of Kish, a man of the tribe of Benjamin, for forty years.

22 And when he had removed him, he raised up David to be their king, of whom he testified and said, 'I have found in David the son of Jesse a man after my heart, who will do all my will.'

23 Of this man's offspring God has brought to Israel a Savior, Jesus, as he promised.

24 Before his coming, John had proclaimed a baptism of repentance to all the people of Israel.

25 And as John was finishing his course, he said, 'What do you suppose that I am? I am not he. No, but behold, after me one is coming, the sandals of whose feet I am not worthy to untie.'

¶ **26** "Brothers, sons of the family of Abraham, and those among you who fear God, to us has been sent the message of this salvation.

27 Denn die Einwohner von Jerusalem und ihre Oberen haben, weil sie Jesus nicht erkannten, die Worte der Propheten, die an jedem Sabbat vorgelesen werden, mit ihrem Urteilsspruch erfüllt.

28 Und obwohl sie nichts an ihm fanden, das den Tod verdient hätte, baten sie doch Pilatus, ihn zu töten.

29 Und als sie alles vollendet hatten, was von ihm geschrieben steht, nahmen sie ihn von dem Holz und legten ihn in ein Grab.

30 Aber Gott hat ihn auferweckt von den Toten;

31 und er ist an vielen Tagen denen erschienen, die mit ihm von Galiläa hinauf nach Jerusalem gegangen waren; die sind jetzt seine Zeugen vor dem Volk.

32 Und wir verkündigen euch die Verheißung, die an die Väter ergangen ist,

33 dass Gott sie uns, ihren Kindern, erfüllt hat, indem er Jesus auferweckte; wie denn im zweiten Psalm geschrieben steht (Psalm 2,7): »Du bist mein Sohn, heute habe ich dich gezeugt.«

34 Dass er ihn aber von den Toten auferweckt hat und ihn nicht der Verwesung überlassen wollte, hat er so gesagt (Jesaja 55,3): »Ich will euch die Gnade, die David verheißen ist, treu bewahren.«

35 Darum sagt er auch an einer andern Stelle (Psalm 16,10): »Du wirst nicht zugeben, dass dein Heiliger die Verwesung sehe.«

36 Denn nachdem David zu seiner Zeit dem Willen Gottes gedient hatte, ist er entschlafen und zu seinen Vätern versammelt worden und hat die Verwesung gesehen.

37 Der aber, den Gott auferweckt hat, der hat die Verwesung nicht gesehen.

¶ **38** So sei euch nun kundgetan, liebe Brüder, dass euch durch ihn Vergebung der Sünden verkündigt wird; und in all dem, worin ihr durch das Gesetz des Mose nicht gerecht werden konntet,

39 ist der gerecht gemacht, der an ihn glaubt.

40 Seht nun zu, dass nicht über euch komme, was in den Propheten gesagt ist (Habakuk 1,5):

27 For those who live in Jerusalem and their rulers, because they did not recognize him nor understand the utterances of the prophets, which are read every Sabbath, fulfilled them by condemning him.

28 And though they found in him no guilt worthy of death, they asked Pilate to have him executed.

29 And when they had carried out all that was written of him, they took him down from the tree and laid him in a tomb.

30 But God raised him from the dead,

31 and for many days he appeared to those who had come up with him from Galilee to Jerusalem, who are now his witnesses to the people.

32 And we bring you the good news that what God promised to the fathers,

33 this he has fulfilled to us their children by raising Jesus, as also it is written in the second Psalm,

"'You are my Son,
today I have begotten you.'

34 And as for the fact that he raised him from the dead, no more to return to corruption, he has spoken in this way,

"'I will give you the holy and sure blessings of David.'

35 Therefore he says also in another psalm,

"'You will not let your Holy One see corruption.'

36 For David, after he had served the purpose of God in his own generation, fell asleep and was laid with his fathers and saw corruption,

37 but he whom God raised up did not see corruption.

38 Let it be known to you therefore, brothers, that through this man forgiveness of sins is proclaimed to you,

39 and by him everyone who believes is freed[3] from everything from which you could not be freed by the law of Moses.

40 Beware, therefore, lest what is said in the Prophets should come about:

41 »Seht, ihr Verächter, und wundert euch und werdet zunichte! Denn ich tue ein Werk zu euren Zeiten, das ihr nicht glauben werdet, wenn es euch jemand erzählt.«

¶ **42** Als sie aber aus der Synagoge hinausgingen, baten die Leute, dass sie am nächsten Sabbat noch einmal von diesen Dingen redeten.

43 Und als die Gemeinde auseinanderging, folgten viele Juden und gottesfürchtige Judengenossen dem Paulus und Barnabas. Diese sprachen mit ihnen und ermahnten sie, dass sie bleiben sollten in der Gnade Gottes.

¶ **44** Am folgenden Sabbat aber kam fast die ganze Stadt zusammen, das Wort Gottes zu hören.

45 Als aber die Juden die Menge sahen, wurden sie neidisch und widersprachen dem, was Paulus sagte, und lästerten.

46 Paulus und Barnabas aber sprachen frei und offen: Euch musste das Wort Gottes zuerst gesagt werden; da ihr es aber von euch stoßt und haltet euch selbst nicht für würdig des ewigen Lebens, siehe, so wenden wir uns zu den Heiden.

47 Denn so hat uns der Herr geboten (Jesaja 49,6): »Ich habe dich zum Licht der Heiden gemacht, damit du das Heil seist bis an die Enden der Erde.«

¶ **48** Als das die Heiden hörten, wurden sie froh und priesen das Wort des Herrn, und alle wurden gläubig, die zum ewigen Leben bestimmt waren.

49 Und das Wort des Herrn breitete sich aus in der ganzen Gegend.

50 Aber die Juden hetzten die gottesfürchtigen vornehmen Frauen und die angesehensten Männer der Stadt auf und stifteten eine Verfolgung an gegen Paulus und Barnabas und vertrieben sie aus ihrem Gebiet.

51 Sie aber schüttelten den Staub von ihren Füßen zum Zeugnis gegen sie und kamen nach Ikonion.

52 Die Jünger aber wurden erfüllt von Freude und Heiligem Geist.

In Ikonion

14 Es geschah aber in Ikonion, dass sie wieder in die Synagoge der Juden gingen und so predigten, dass eine große Menge Juden und Griechen gläubig wurde.

---

41 "'Look, you scoffers,
    be astounded and perish;
for I am doing a work in your days,
    a work that you will not believe, even
        if one tells it to you.'"

¶ **42** As they went out, the people begged that these things might be told them the next Sabbath.

43 And after the meeting of the synagogue broke up, many Jews and devout converts to Judaism followed Paul and Barnabas, who, as they spoke with them, urged them to continue in the grace of God.

¶ **44** The next Sabbath almost the whole city gathered to hear the word of the Lord.

45 But when the Jews saw the crowds, they were filled with jealousy and began to contradict what was spoken by Paul, reviling him.

46 And Paul and Barnabas spoke out boldly, saying, "It was necessary that the word of God be spoken first to you. Since you thrust it aside and judge yourselves unworthy of eternal life, behold, we are turning to the Gentiles.

47 For so the Lord has commanded us, saying,

"'I have made you a light for the Gentiles,
    that you may bring salvation to the
        ends of the earth.'"

¶ **48** And when the Gentiles heard this, they began rejoicing and glorifying the word of the Lord, and as many as were appointed to eternal life believed.

49 And the word of the Lord was spreading throughout the whole region.

50 But the Jews incited the devout women of high standing and the leading men of the city, stirred up persecution against Paul and Barnabas, and drove them out of their district.

51 But they shook off the dust from their feet against them and went to Iconium.

52 And the disciples were filled with joy and with the Holy Spirit.

Paul and Barnabas at Iconium

14 Now at Iconium they entered together into the Jewish synagogue and spoke in such a way that a great number of both Jews and Greeks believed.

2 Die Juden aber, die ungläubig blieben, stifteten Unruhe und hetzten die Seelen der Heiden auf gegen die Brüder.

3 Dennoch blieben sie eine lange Zeit dort und lehrten frei und offen im Vertrauen auf den Herrn, der das Wort seiner Gnade bezeugte und ließ Zeichen und Wunder geschehen durch ihre Hände.

4 Die Menge in der Stadt aber spaltete sich; die einen hielten's mit den Juden und die andern mit den Aposteln.

5 Als sich aber ein Sturm erhob bei den Heiden und Juden und ihren Oberen und sie sie misshandeln und steinigen wollten,

6 merkten sie es und entflohen in die Städte Lykaoniens, nach Lystra und Derbe, und in deren Umgebung

7 und predigten dort das Evangelium.

In Lystra

8 Und es war ein Mann in Lystra, der hatte schwache Füße und konnte nur sitzen; er war gelähmt von Mutterleib an und hatte noch nie gehen können.

9 Der hörte Paulus reden. Und als dieser ihn ansah und merkte, dass er glaubte, ihm könne geholfen werden,

10 sprach er mit lauter Stimme: Stell dich aufrecht auf deine Füße! Und er sprang auf und ging umher.

11 Als aber das Volk sah, was Paulus getan hatte, erhoben sie ihre Stimme und riefen auf Lykaonisch: Die Götter sind den Menschen gleich geworden und zu uns herabgekommen.

12 Und sie nannten Barnabas Zeus und Paulus Hermes, weil er das Wort führte.

13 Und der Priester des Zeus aus dem Tempel vor ihrer Stadt brachte Stiere und Kränze vor das Tor und wollte opfern samt dem Volk.

¶ **14** Als das die Apostel Barnabas und Paulus hörten, zerrissen sie ihre Kleider und sprangen unter das Volk und schrien:

15 Ihr Männer, was macht ihr da? Wir sind auch sterbliche Menschen wie ihr und predigen euch das Evangelium, dass ihr euch bekehren sollt von diesen falschen Göttern zu dem lebendigen Gott, der Himmel und Erde und das Meer und alles, was darin ist, gemacht hat.

16 Zwar hat er in den vergangenen Zeiten alle Heiden ihre eigenen Wege gehen lassen;

17 und doch hat er sich selbst nicht unbezeugt gelassen, hat viel Gutes getan und euch vom Himmel Regen und fruchtbare Zeiten gegeben, hat euch ernährt und eure Herzen mit Freude erfüllt. –

2 But the unbelieving Jews stirred up the Gentiles and poisoned their minds against the brothers.[1]

3 So they remained for a long time, speaking boldly for the Lord, who bore witness to the word of his grace, granting signs and wonders to be done by their hands.

4 But the people of the city were divided; some sided with the Jews and some with the apostles.

5 When an attempt was made by both Gentiles and Jews, with their rulers, to mistreat them and to stone them,

6 they learned of it and fled to Lystra and Derbe, cities of Lycaonia, and to the surrounding country,

7 and there they continued to preach the gospel.

Paul and Barnabas at Lystra

¶ **8** Now at Lystra there was a man sitting who could not use his feet. He was crippled from birth and had never walked.

9 He listened to Paul speaking. And Paul, looking intently at him and seeing that he had faith to be made well,[2]

10 said in a loud voice, "Stand upright on your feet." And he sprang up and began walking.

11 And when the crowds saw what Paul had done, they lifted up their voices, saying in Lycaonian, "The gods have come down to us in the likeness of men!"

12 Barnabas they called Zeus, and Paul, Hermes, because he was the chief speaker.

13 And the priest of Zeus, whose temple was at the entrance to the city, brought oxen and garlands to the gates and wanted to offer sacrifice with the crowds.

14 But when the apostles Barnabas and Paul heard of it, they tore their garments and rushed out into the crowd, crying out,

15 "Men, why are you doing these things? We also are men, of like nature with you, and we bring you good news, that you should turn from these vain things to a living God, who made the heaven and the earth and the sea and all that is in them.

16 In past generations he allowed all the nations to walk in their own ways.

17 Yet he did not leave himself without witness, for he did good by giving you rains from heaven and fruitful seasons, satisfying your hearts with food and gladness."

18 Und obwohl sie das sagten, konnten sie kaum das Volk davon abbringen, ihnen zu opfern.

¶ **19** Es kamen aber von Antiochia und Ikonion Juden dorthin und überredeten das Volk und steinigten Paulus und schleiften ihn zur Stadt hinaus und meinten, er wäre gestorben.

20 Als ihn aber die Jünger umringten, stand er auf und ging in die Stadt.

Die Rückkehr nach Antiochia in Syrien

Am nächsten Tag zog er mit Barnabas weiter nach Derbe;

21 und sie predigten dieser Stadt das Evangelium und machten viele zu Jüngern. Dann kehrten sie zurück nach Lystra und Ikonion und Antiochia,

22 stärkten die Seelen der Jünger und ermahnten sie, im Glauben zu bleiben, und sagten: **Wir müssen durch viele Bedrängnisse in das Reich Gottes eingehen.**

23 Und sie setzten in jeder Gemeinde Älteste ein, beteten und fasteten und befahlen sie dem Herrn, an den sie gläubig geworden waren.

24 Und sie zogen durch Pisidien und kamen nach Pamphylien

25 und sagten das Wort in Perge und zogen hinab nach Attalia.

¶ **26** Und von da fuhren sie mit dem Schiff nach Antiochia, wo sie der Gnade Gottes befohlen worden waren zu dem Werk, das sie nun ausgerichtet hatten.

27 Als sie aber dort ankamen, versammelten sie die Gemeinde und verkündeten, wie viel Gott durch sie getan und wie er den Heiden die Tür des Glaubens aufgetan hätte.

28 Sie blieben aber dort eine nicht geringe Zeit bei den Jüngern.

Die Apostelversammlung in Jerusalem

15 Und einige kamen herab von Judäa und lehrten die Brüder: Wenn ihr euch nicht beschneiden lasst nach der Ordnung des Mose, könnt ihr nicht selig werden.

2 Als nun Zwietracht entstand und Paulus und Barnabas einen nicht geringen Streit mit ihnen hatten, ordnete man an, dass Paulus und Barnabas und einige andre von ihnen nach Jerusalem hinaufziehen sollten zu den Aposteln und Ältesten um dieser Frage willen.

18 Even with these words they scarcely restrained the people from offering sacrifice to them.

Paul Stoned at Lystra

¶ **19** But Jews came from Antioch and Iconium, and having persuaded the crowds, they stoned Paul and dragged him out of the city, supposing that he was dead.

20 But when the disciples gathered about him, he rose up and entered the city, and on the next day he went on with Barnabas to Derbe.

21 When they had preached the gospel to that city and had made many disciples, they returned to Lystra and to Iconium and to Antioch,

22 strengthening the souls of the disciples, encouraging them to continue in the faith, and saying that through many tribulations we must enter the kingdom of God.

23 And when they had appointed elders for them in every church, with prayer and fasting they committed them to the Lord in whom they had believed.

Paul and Barnabas Return to Antioch in Syria

¶ **24** Then they passed through Pisidia and came to Pamphylia.

25 And when they had spoken the word in Perga, they went down to Attalia,

26 and from there they sailed to Antioch, where they had been commended to the grace of God for the work that they had fulfilled.

27 And when they arrived and gathered the church together, they declared all that God had done with them, and how he had opened a door of faith to the Gentiles.

28 And they remained no little time with the disciples.

The Jerusalem Council

15 But some men came down from Judea and were teaching the brothers, "Unless you are circumcised according to the custom of Moses, you cannot be saved."

2 And after Paul and Barnabas had no small dissension and debate with them, Paul and Barnabas and some of the others were appointed to go up to Jerusalem to the apostles and the elders about this question.

3 Und sie wurden von der Gemeinde geleitet und zogen durch Phönizien und Samarien und erzählten von der Bekehrung der Heiden und machten damit allen Brüdern große Freude.

¶ **4** Als sie aber nach Jerusalem kamen, wurden sie empfangen von der Gemeinde und von den Aposteln und von den Ältesten. Und sie verkündeten, wie viel Gott durch sie getan hatte.

5 Da traten einige von der Partei der Pharisäer auf, die gläubig geworden waren, und sprachen: Man muss sie beschneiden und ihnen gebieten, das Gesetz des Mose zu halten.

6 Da kamen die Apostel und die Ältesten zusammen, über diese Sache zu beraten.

¶ **7** Als man sich aber lange gestritten hatte, stand Petrus auf und sprach zu ihnen: Ihr Männer, liebe Brüder, ihr wisst, dass Gott vor langer Zeit unter euch bestimmt hat, dass durch meinen Mund die Heiden das Wort des Evangeliums hörten und glaubten.

8 Und Gott, der die Herzen kennt, hat es bezeugt und ihnen den Heiligen Geist gegeben wie auch uns,

9 und er hat keinen Unterschied gemacht zwischen uns und ihnen, nachdem er ihre Herzen gereinigt hatte durch den Glauben.

10 Warum versucht ihr denn nun Gott dadurch, dass ihr ein Joch auf den Nacken der Jünger legt, das weder unsre Väter noch wir haben tragen können?

11 Vielmehr glauben wir, durch die Gnade des Herrn Jesus selig zu werden, ebenso wie auch sie.

12 Da schwieg die ganze Menge still und hörte Paulus und Barnabas zu, die erzählten, wie große Zeichen und Wunder Gott durch sie getan hatte unter den Heiden.

¶ **13** Danach, als sie schwiegen, antwortete Jakobus und sprach: Ihr Männer, liebe Brüder, hört mir zu!

14 Simon hat erzählt, wie Gott zum ersten Mal die Heiden gnädig heimgesucht hat, um aus ihnen ein Volk für seinen Namen zu gewinnen.

15 Und dazu stimmen die Worte der Propheten, wie geschrieben steht (Amos 9,11-12):

16 »Danach will ich mich wieder zu ihnen wenden und will die zerfallene Hütte Davids wieder bauen, und ihre Trümmer will ich wieder aufbauen und will sie aufrichten,

3 So, being sent on their way by the church, they passed through both Phoenicia and Samaria, describing in detail the conversion of the Gentiles, and brought great joy to all the brothers.[1]

4 When they came to Jerusalem, they were welcomed by the church and the apostles and the elders, and they declared all that God had done with them.

5 But some believers who belonged to the party of the Pharisees rose up and said, "It is necessary to circumcise them and to order them to keep the law of Moses."

¶ **6** The apostles and the elders were gathered together to consider this matter.

7 And after there had been much debate, Peter stood up and said to them, "Brothers, you know that in the early days God made a choice among you, that by my mouth the Gentiles should hear the word of the gospel and believe.

8 And God, who knows the heart, bore witness to them, by giving them the Holy Spirit just as he did to us,

9 and he made no distinction between us and them, having cleansed their hearts by faith.

10 Now, therefore, why are you putting God to the test by placing a yoke on the neck of the disciples that neither our fathers nor we have been able to bear?

11 But we believe that we will be saved through the grace of the Lord Jesus, just as they will."

¶ **12** And all the assembly fell silent, and they listened to Barnabas and Paul as they related what signs and wonders God had done through them among the Gentiles.

13 After they finished speaking, James replied, "Brothers, listen to me.

14 Simeon has related how God first visited the Gentiles, to take from them a people for his name.

15 And with this the words of the prophets agree, just as it is written,

16 "'After this I will return,
    and I will rebuild the tent of David that
        has fallen;
    I will rebuild its ruins,
        and I will restore it,

17 damit die Menschen, die übrig geblieben sind, nach dem Herrn fragen, dazu alle Heiden, über die mein Name genannt ist, spricht der Herr,

18 der tut, was von alters her bekannt ist.«

19 Darum meine ich, dass man denen von den Heiden, die sich zu Gott bekehren, nicht Unruhe mache,

20 sondern ihnen vorschreibe, dass sie sich enthalten sollen von Befleckung durch Götzen und von Unzucht und vom Erstickten und vom Blut.

21 Denn Mose hat von alten Zeiten her in allen Städten solche, die ihn predigen, und wird alle Sabbattage in den Synagogen gelesen.

Die Beschlüsse der Apostelversammlung

22 Und die Apostel und Ältesten beschlossen samt der ganzen Gemeinde, aus ihrer Mitte Männer auszuwählen und mit Paulus und Barnabas nach Antiochia zu senden, nämlich Judas mit dem Beinamen Barsabbas und Silas, angesehene Männer unter den Brüdern.

23 Und sie gaben ein Schreiben in ihre Hand, also lautend:

¶ Wir, die Apostel und Ältesten, eure Brüder, wünschen Heil den Brüdern aus den Heiden in Antiochia und Syrien und Zilizien.

24 Weil wir gehört haben, dass einige von den Unsern, denen wir doch nichts befohlen hatten, euch mit Lehren irregemacht und eure Seelen verwirrt haben,

25 so haben wir, einmütig versammelt, beschlossen, Männer auszuwählen und zu euch zu senden mit unsern geliebten Brüdern Barnabas und Paulus,

26 Männer, die ihr Leben eingesetzt haben für den Namen unseres Herrn Jesus Christus.

27 So haben wir Judas und Silas gesandt, die euch mündlich dasselbe mitteilen werden.

28 Denn es gefällt dem Heiligen Geist und uns, euch weiter keine Last aufzuerlegen als nur diese notwendigen Dinge:

29 dass ihr euch enthaltet vom Götzenopfer und vom Blut und vom Erstickten und von Unzucht. Wenn ihr euch davor bewahrt, tut ihr recht. Lebt wohl!

Die Benachrichtigung der Gemeinde in Antiochia

30 Als man sie hatte gehen lassen, kamen sie nach Antiochia und versammelten die Gemeinde und übergaben den Brief.

31 Als sie ihn lasen, wurden sie über den Zuspruch froh.

17 that the remnant[2] of mankind may seek the Lord,
and all the Gentiles who are called by my name,
says the Lord, who makes these things

18 known from of old.'

19 Therefore my judgment is that we should not trouble those of the Gentiles who turn to God,

20 but should write to them to abstain from the things polluted by idols, and from sexual immorality, and from what has been strangled, and from [s]blood.

21 For from ancient generations Moses has had in every city those who proclaim him, for he is read every Sabbath in the synagogues."

The Council's Letter to Gentile Believers

¶ **22** Then it seemed good to the apostles and the elders, with the whole church, to choose men from among them and send them to Antioch with Paul and Barnabas. They sent Judas called Barsabbas, and Silas, leading men among the brothers,

23 with the following letter: "The brothers, both the apostles and the elders, to the brothers[3] who are of the Gentiles in Antioch and Syria and Cilicia, greetings.

24 Since we have heard that some persons have gone out from us and troubled you[4] with words, unsettling your minds, although we gave them no instructions,

25 it has seemed good to us, having come to one accord, to choose men and send them to you with our beloved Barnabas and Paul,

26 men who have risked their lives for the sake of our Lord Jesus Christ.

27 We have therefore sent Judas and Silas, who themselves will tell you the same things by word of mouth.

28 For it has seemed good to the Holy Spirit and to us to lay on you no greater burden than these requirements:

29 that you abstain from what has been sacrificed to idols, and from blood, and from what has been strangled, and from sexual immorality. If you keep yourselves from these, you will do well. Farewell."

¶ **30** So when they were sent off, they went down to Antioch, and having gathered the congregation together, they delivered the letter.

31 And when they had read it, they rejoiced because of its encouragement.

32 Judas aber und Silas, die selbst Propheten waren, ermahnten die Brüder mit vielen Reden und stärkten sie.

33 Und als sie eine Zeit lang dort verweilt hatten, ließen die Brüder sie mit Frieden gehen zu denen, die sie gesandt hatten.*

35 Paulus und Barnabas aber blieben in Antiochia, lehrten und predigten mit vielen andern das Wort des Herrn.

Der Beginn der zweiten Missionsreise

36 Nach einigen Tagen sprach Paulus zu Barnabas: Lass uns wieder aufbrechen und nach unsern Brüdern sehen in allen Städten, in denen wir das Wort des Herrn verkündigt haben, wie es um sie steht.

37 Barnabas aber wollte, dass sie auch Johannes mit dem Beinamen Markus mitnähmen.

38 Paulus aber hielt es nicht für richtig, jemanden mitzunehmen, der sie in Pamphylien verlassen hatte und nicht mit ihnen ans Werk gegangen war.

39 Und sie kamen scharf aneinander, sodass sie sich trennten. Barnabas nahm Markus mit sich und fuhr nach Zypern.

40 Paulus aber wählte Silas und zog fort, von den Brüdern der Gnade Gottes befohlen.

41 Er zog aber durch Syrien und Zilizien und stärkte die Gemeinden.

In Kleinasien

16 Er kam auch nach Derbe und Lystra; und siehe, dort war ein Jünger mit Namen Timotheus, der Sohn einer jüdischen Frau, die gläubig war, und eines griechischen Vaters.

2 Der hatte einen guten Ruf bei den Brüdern in Lystra und Ikonion.

3 Diesen wollte Paulus mit sich ziehen lassen und er nahm ihn und beschnitt ihn wegen der Juden, die in jener Gegend waren; denn sie wussten alle, dass sein Vater ein Grieche war.

¶ **4** Als sie aber durch die Städte zogen, übergaben sie ihnen die Beschlüsse, die von den Aposteln und Ältesten in Jerusalem gefasst worden waren, damit sie sich daran hielten.

5 Da wurden die Gemeinden im Glauben gefestigt und nahmen täglich zu an Zahl.

¶ **6** Sie zogen aber durch Phrygien und das Land Galatien, da ihnen vom Heiligen Geist verwehrt wurde, das Wort zu predigen in der Provinz Asien.

32 And Judas and Silas, who were themselves prophets, encouraged and strengthened the brothers with many words.

33 And after they had spent some time, they were sent off in peace by the brothers to those who had sent them.[5]

35 But Paul and Barnabas remained in Antioch, teaching and preaching the word of the Lord, with many others also.

Paul and Barnabas Separate

¶ **36** And after some days Paul said to Barnabas, "Let us return and visit the brothers in every city where we proclaimed the word of the Lord, and see how they are."

37 Now Barnabas wanted to take with them John called Mark.

38 But Paul thought best not to take with them one who had withdrawn from them in Pamphylia and had not gone with them to the work.

39 And there arose a sharp disagreement, so that they separated from each other. Barnabas took Mark with him and sailed away to Cyprus,

40 but Paul chose Silas and departed, having been commended by the brothers to the grace of the Lord.

41 And he went through Syria and Cilicia, strengthening the churches.

Timothy Joins Paul and Silas

16 Paul[1] came also to Derbe and to Lystra. A disciple was there, named Timothy, the son of a Jewish woman who was a believer, but his father was a Greek.

2 He was well spoken of by the brothers[2] at Lystra and Iconium.

3 Paul wanted Timothy to accompany him, and he took him and circumcised him because of the Jews who were in those places, for they all knew that his father was a Greek.

4 As they went on their way through the cities, they delivered to them for observance the decisions that had been reached by the apostles and elders who were in Jerusalem.

5 So the churches were strengthened in the faith, and they increased in numbers daily.

The Macedonian Call

¶ **6** And they went through the region of Phrygia and Galatia, having been forbidden by the Holy Spirit to speak the word in Asia.

7 Als sie aber bis nach Mysien gekommen waren, versuchten sie, nach Bithynien zu reisen; doch der Geist Jesu ließ es ihnen nicht zu.

8 Da zogen sie durch Mysien und kamen hinab nach Troas.

Der Ruf nach Mazedonien

9 Und Paulus sah eine Erscheinung bei Nacht: Ein Mann aus Mazedonien stand da und bat ihn: Komm herüber nach Mazedonien und hilf uns!

10 Als er aber die Erscheinung gesehen hatte, da suchten wir sogleich nach Mazedonien zu reisen, gewiss, dass uns Gott dahin berufen hatte, ihnen das Evangelium zu predigen.

In Philippi

11 Da fuhren wir von Troas ab und kamen geradewegs nach Samothrake, am nächsten Tag nach Neapolis

12 und von da nach Philippi, das ist eine Stadt des ersten Bezirks von Mazedonien, eine römische Kolonie. Wir blieben aber einige Tage in dieser Stadt.

13 Am Sabbattag gingen wir hinaus vor die Stadt an den Fluss, wo wir dachten, dass man zu beten pflegte, und wir setzten uns und redeten mit den Frauen, die dort zusammenkamen.

Die Bekehrung der Lydia

14 Und eine gottesfürchtige Frau mit Namen Lydia, eine Purpurhändlerin aus der Stadt Thyatira, hörte zu; der tat der Herr das Herz auf, sodass sie darauf achthatte, was von Paulus geredet wurde.

15 Als sie aber mit ihrem Hause getauft war, bat sie uns und sprach: Wenn ihr anerkennt, dass ich an den Herrn glaube, so kommt in mein Haus und bleibt da. Und sie nötigte uns.

Die Magd mit dem Wahrsagegeist

16 Es geschah aber, als wir zum Gebet gingen, da begegnete uns eine Magd, die hatte einen Wahrsagegeist und brachte ihren Herren viel Gewinn ein mit ihrem Wahrsagen.

17 Die folgte Paulus und uns überall hin und schrie: Diese Menschen sind Knechte des allerhöchsten Gottes, die euch den Weg des Heils verkündigen.

18 Das tat sie viele Tage lang. Paulus war darüber so aufgebracht, dass er sich umwandte und zu dem Geist sprach: Ich gebiete dir im Namen Jesu Christi, dass du von ihr ausfährst. Und er fuhr aus zu derselben Stunde.

7 And when they had come up to Mysia, they attempted to go into Bithynia, but the Spirit of Jesus did not allow them.

8 So, passing by Mysia, they went down to Troas.

9 And a vision appeared to Paul in the night: a man of Macedonia was standing there, urging him and saying, "Come over to Macedonia and help us."

10 And when Paul[3] had seen the vision, immediately we sought to go on into Macedonia, concluding that God had called us to preach the gospel to them.

The Conversion of Lydia

¶ **11** So, setting sail from Troas, we made a direct voyage to Samothrace, and the following day to Neapolis,

12 and from there to Philippi, which is a leading city of the[4] district of Macedonia and a Roman colony. We remained in this city some days.

13 And on the Sabbath day we went outside the gate to the riverside, where we supposed there was a place of prayer, and we sat down and spoke to the women who had come together.

14 One who heard us was a woman named Lydia, from the city of Thyatira, a seller of purple goods, who was a worshiper of God. The Lord opened her heart to pay attention to what was said by Paul.

15 And after she was baptized, and her household as well, she urged us, saying, "If you have judged me to be faithful to the Lord, come to my house and stay." And she prevailed upon us.

Paul and Silas in Prison

¶ **16** As we were going to the place of prayer, we were met by a slave girl who had a spirit of divination and brought her owners much gain by fortune-telling.

17 She followed Paul and us, crying out, "These men are servants[5] of the Most High God, who proclaim to you the way of salvation."

18 And this she kept doing for many days. Paul, having become greatly annoyed, turned and said to the spirit, "I command you in the name of Jesus Christ to come out of her." And it came out that very hour.

¶ **19** Als aber ihre Herren sahen, dass damit ihre Hoffnung auf Gewinn ausgefahren war, ergriffen sie Paulus und Silas, schleppten sie auf den Markt vor die Oberen

20 und führten sie den Stadtrichtern vor und sprachen: Diese Menschen bringen unsre Stadt in Aufruhr; sie sind Juden

21 und verkünden Ordnungen, die wir weder annehmen noch einhalten dürfen, weil wir Römer sind.

22 Und das Volk wandte sich gegen sie; und die Stadtrichter ließen ihnen die Kleider herunterreißen und befahlen, sie mit Stöcken zu schlagen.

Paulus und Silas im Gefängnis

23 Nachdem man sie hart geschlagen hatte, warf man sie ins Gefängnis und befahl dem Aufseher, sie gut zu bewachen.

24 Als er diesen Befehl empfangen hatte, warf er sie in das innerste Gefängnis und legte ihre Füße in den Block.

¶ **25** Um Mitternacht aber beteten Paulus und Silas und lobten Gott. Und die Gefangenen hörten sie.

26 Plötzlich aber geschah ein großes Erdbeben, sodass die Grundmauern des Gefängnisses wankten. Und sogleich öffneten sich alle Türen und von allen fielen die Fesseln ab.

27 Als aber der Aufseher aus dem Schlaf auffuhr und sah die Türen des Gefängnisses offen stehen, zog er das Schwert und wollte sich selbst töten; denn er meinte, die Gefangenen wären entflohen.

28 Paulus aber rief laut: Tu dir nichts an; denn wir sind alle hier!

¶ **29** Da forderte der Aufseher ein Licht und stürzte hinein und fiel zitternd Paulus und Silas zu Füßen.

30 Und er führte sie heraus und sprach: Liebe Herren, was muss ich tun, dass ich gerettet werde?

31 Sie sprachen: **Glaube an den Herrn Jesus, so wirst du und dein Haus selig!**

32 Und sie sagten ihm das Wort des Herrn und allen, die in seinem Hause waren.

33 Und er nahm sie zu sich in derselben Stunde der Nacht und wusch ihnen die Striemen. Und er ließ sich und alle die Seinen sogleich taufen

¶ **19** But when her owners saw that their hope of gain was gone, they seized Paul and Silas and dragged them into the marketplace before the rulers.

20 And when they had brought them to the magistrates, they said, "These men are Jews, and they are disturbing our city.

21 They advocate customs that are not lawful for us as Romans to accept or practice."

22 The crowd joined in attacking them, and the magistrates tore the garments off them and gave orders to beat them with rods.

23 And when they had inflicted many blows upon them, they threw them into prison, ordering the jailer to keep them safely.

24 Having received this order, he put them into the inner prison and fastened their feet in the stocks.

The Philippian Jailer Converted

¶ **25** About midnight Paul and Silas were praying and singing hymns to God, and the prisoners were listening to them,

26 and suddenly there was a great earthquake, so that the foundations of the prison were shaken. And immediately all the doors were opened, and everyone's bonds were unfastened.

27 When the jailer woke and saw that the prison doors were open, he drew his sword and was about to kill himself, supposing that the prisoners had escaped.

28 But Paul cried with a loud voice, "Do not harm yourself, for we are all here."

29 And the jailer[6] called for lights and rushed in, and trembling with fear he fell down before Paul and Silas.

30 Then he brought them out and said, "Sirs, what must I do to be saved?"

31 And they said, "Believe in the Lord Jesus, and you will be saved, you and your household."

32 And they spoke the word of the Lord to him and to all who were in his house.

33 And he took them the same hour of the night and washed their wounds; and he was baptized at once, he and all his family.

34 und führte sie in sein Haus und deckte ihnen den Tisch und freute sich mit seinem ganzen Hause, dass er zum Glauben an Gott gekommen war.

¶ **35** Als es aber Tag geworden war, sandten die Stadtrichter die Amtsdiener und ließen sagen: Lass diese Männer frei!

36 Und der Aufseher überbrachte Paulus diese Botschaft: Die Stadtrichter haben hergesandt, dass ihr frei sein sollt. Nun kommt heraus und geht hin in Frieden!

37 Paulus aber sprach zu ihnen: Sie haben uns ohne Recht und Urteil öffentlich geschlagen, die wir doch römische Bürger sind, und in das Gefängnis geworfen, und sollten uns nun heimlich fortschicken? Nein! Sie sollen selbst kommen und uns hinausführen!

38 Die Amtsdiener berichteten diese Worte den Stadtrichtern. Da fürchteten sie sich, als sie hörten, dass sie römische Bürger seien,

39 und kamen und redeten ihnen zu, führten sie heraus und baten sie, die Stadt zu verlassen.

40 Da gingen sie aus dem Gefängnis und gingen zu der Lydia. Und als sie die Brüder gesehen und sie getröstet hatten, zogen sie fort.

In Thessalonich

17 Nachdem sie aber durch Amphipolis und Apollonia gereist waren, kamen sie nach Thessalonich; da war eine Synagoge der Juden.

2 Wie nun Paulus gewohnt war, ging er zu ihnen hinein und redete mit ihnen an drei Sabbaten von der Schrift,

3 tat sie ihnen auf und legte ihnen dar, dass Christus leiden musste und von den Toten auferstehen und dass dieser Jesus, den ich – so sprach er – euch verkündige, der Christus ist.

4 Einige von ihnen ließen sich überzeugen und schlossen sich Paulus und Silas an, auch eine große Menge von gottesfürchtigen Griechen, dazu nicht wenige von den angesehensten Frauen.

¶ **5** Aber die Juden ereiferten sich und holten sich einige üble Männer aus dem Pöbel, rotteten sich zusammen und richteten einen Aufruhr in der Stadt an und zogen vor das Haus Jasons und suchten sie, um sie vor das Volk zu führen.

6 Sie fanden sie aber nicht. Da schleiften sie Jason und einige Brüder vor die Oberen der Stadt und schrien: Diese, die den ganzen Weltkreis erregen, sind jetzt auch hierher gekommen;

34 Then he brought them up into his house and set food before them. And he rejoiced along with his entire household that he had believed in God.

¶ **35** But when it was day, the magistrates sent the police, saying, "Let those men go."

36 And the jailer reported these words to Paul, saying, "The magistrates have sent to let you go. Therefore come out now and go in peace."

37 But Paul said to them, "They have beaten us publicly, uncondemned, men who are Roman citizens, and have thrown us into prison; and do they now throw us out secretly? No! Let them come themselves and take us out."

38 The police reported these words to the magistrates, and they were afraid when they heard that they were Roman citizens.

39 So they came and apologized to them. And they took them out and asked them to leave the city.

40 So they went out of the prison and visited Lydia. And when they had seen the brothers, they encouraged them and departed.

Paul and Silas in Thessalonica

17 Now when they had passed through Amphipolis and Apollonia, they came to Thessalonica, where there was a synagogue of the Jews.

2 And Paul went in, as was his custom, and on three Sabbath days he reasoned with them from the Scriptures,

3 explaining and proving that it was necessary for the Christ to suffer and to rise from the dead, and saying, "This Jesus, whom I proclaim to you, is the Christ."

4 And some of them were persuaded and joined Paul and Silas, as did a great many of the devout Greeks and not a few of the leading women.

5 But the Jews were jealous, and taking some wicked men of the rabble, they formed a mob, set the city in an uproar, and attacked the house of Jason, seeking to bring them out to the crowd.

6 And when they could not find them, they dragged Jason and some of the brothers before the city authorities, shouting, "These men who have turned the world upside down have come here also,

7 die beherbergt Jason. Und diese alle handeln gegen des Kaisers Gebote und sagen, ein anderer sei König, nämlich Jesus.

8 So brachten sie das Volk auf und die Oberen der Stadt, die das hörten.

9 Und erst nachdem ihnen von Jason und den andern Bürgschaft geleistet war, ließen sie sie frei.

In Beröa

10 Die Brüder aber schickten noch in derselben Nacht Paulus und Silas nach Beröa. Als sie dahin kamen, gingen sie in die Synagoge der Juden.

11 Diese aber waren freundlicher als die in Thessalonich; sie nahmen das Wort bereitwillig auf und forschten täglich in der Schrift, ob sich's so verhielte.

12 So glaubten nun viele von ihnen, darunter nicht wenige von den vornehmen griechischen Frauen und Männern.

13 Als aber die Juden von Thessalonich erfuhren, dass auch in Beröa das Wort Gottes von Paulus verkündigt wurde, kamen sie und erregten Unruhe und verwirrten auch dort das Volk.

¶ **14** Da schickten die Brüder Paulus sogleich weiter bis an das Meer; Silas und Timotheus aber blieben zurück.

15 Die aber Paulus geleiteten, brachten ihn bis nach Athen. Und nachdem sie den Auftrag empfangen hatten, dass Silas und Timotheus so schnell wie möglich zu ihm kommen sollten, kehrten sie zurück.

In Athen

16 Als aber Paulus in Athen auf sie wartete, ergrimmte sein Geist in ihm, als er die Stadt voller Götzenbilder sah.

17 Und er redete zu den Juden und den Gottesfürchtigen in der Synagoge und täglich auf dem Markt zu denen, die sich einfanden.

18 Einige Philosophen aber, Epikureer und Stoiker, stritten mit ihm. Und einige von ihnen sprachen: Was will dieser Schwätzer sagen? Andere aber: Es sieht so aus, als wolle er fremde Götter verkündigen. Er hatte ihnen nämlich das Evangelium von Jesus und von der Auferstehung verkündigt.

19 Sie nahmen ihn aber mit und führten ihn auf den Areopag und sprachen: Können wir erfahren, was das für eine neue Lehre ist, die du lehrst?

20 Denn du bringst etwas Neues vor unsere Ohren; nun wollen wir gerne wissen, was das ist.

7 and Jason has received them, and they are all acting against the decrees of Caesar, saying that there is another king, Jesus."

8 And the people and the city authorities were disturbed when they heard these things.

9 And when they had taken money as security from Jason and the rest, they let them go.

Paul and Silas in Berea

¶ **10** The brothers[1] immediately sent Paul and Silas away by night to Berea, and when they arrived they went into the Jewish synagogue.

11 Now these Jews were more noble than those in Thessalonica; they received the word with all eagerness, examining the Scriptures daily to see if these things were so.

12 Many of them therefore believed, with not a few Greek women of high standing as well as men.

13 But when the Jews from Thessalonica learned that the word of God was proclaimed by Paul at Berea also, they came there too, agitating and stirring up the crowds.

14 Then the brothers immediately sent Paul off on his way to the sea, but Silas and Timothy remained there.

15 Those who conducted Paul brought him as far as Athens, and after receiving a command for Silas and Timothy to come to him as soon as possible, they departed.

Paul in Athens

¶ **16** Now while Paul was waiting for them at Athens, his spirit was provoked within him as he saw that the city was full of idols.

17 So he reasoned in the synagogue with the Jews and the devout persons, and in the marketplace every day with those who happened to be there.

18 Some of the Epicurean and Stoic philosophers also conversed with him. And some said, "What does this babbler wish to say?" Others said, "He seems to be a preacher of foreign divinities"—because he was preaching Jesus and the resurrection.

19 And they took him and brought him to the Areopagus, saying, "May we know what this new teaching is that you are presenting?

20 For you bring some strange things to our ears. We wish to know therefore what these things mean."

21 Alle Athener nämlich, auch die Fremden, die bei ihnen wohnten, hatten nichts anderes im Sinn, als etwas Neues zu sagen oder zu hören.

¶ **22** Paulus aber stand mitten auf dem Areopag und sprach: Ihr Männer von Athen, ich sehe, dass ihr die Götter in allen Stücken sehr verehrt.

23 Ich bin umhergegangen und habe eure Heiligtümer angesehen und fand einen Altar, auf dem stand geschrieben: Dem unbekannten Gott. Nun verkündige ich euch, was ihr unwissend verehrt.

¶ **24** Gott, der die Welt gemacht hat und alles, was darin ist, er, der Herr des Himmels und der Erde, wohnt nicht in Tempeln, die mit Händen gemacht sind.

25 Auch lässt er sich nicht von Menschenhänden dienen wie einer, der etwas nötig hätte, da er doch selber jedermann Leben und Odem und alles gibt.

26 Und er hat aus einem Menschen das ganze Menschengeschlecht gemacht, damit sie auf dem ganzen Erdboden wohnen, und er hat festgesetzt, wie lange sie bestehen und in welchen Grenzen sie wohnen sollen,

27 damit sie Gott suchen sollen, ob sie ihn wohl fühlen und finden könnten; und **fürwahr, er ist nicht ferne von einem jeden unter uns.**

28 Denn in ihm leben, weben und sind wir; wie auch einige Dichter bei euch gesagt haben: Wir sind seines Geschlechts.

29 Da wir nun göttlichen Geschlechts sind, sollen wir nicht meinen, die Gottheit sei gleich den goldenen, silbernen und steinernen Bildern, durch menschliche Kunst und Gedanken gemacht.

¶ **30** Zwar hat Gott über die Zeit der Unwissenheit hinweggesehen; nun aber gebietet er den Menschen, dass alle an allen Enden Buße tun.

31 Denn er hat einen Tag festgesetzt, an dem er den Erdkreis richten will mit Gerechtigkeit durch einen Mann, den er dazu bestimmt hat, und hat jedermann den Glauben angeboten, indem er ihn von den Toten auferweckt hat.

21 Now all the Athenians and the foreigners who lived there would spend their time in nothing except telling or hearing something new.

Paul Addresses the Areopagus

¶ **22** So Paul, standing in the midst of the Areopagus, said: "Men of Athens, I perceive that in every way you are very religious.

23 For as I passed along and observed the objects of your worship, I found also an altar with this inscription, 'To the unknown god.' *P*What therefore you worship as unknown, this I proclaim to you.

24 The God who made the world and everything in it, being Lord of heaven and earth, does not live in temples made by man,[2]

25 nor is he served by human hands, as though he needed anything, since he himself gives to all mankind life and breath and everything.

26 And he made from one man every nation of mankind to live on all the face of the earth, having determined allotted periods and the boundaries of their dwelling place,

27 that they should seek God, in the hope that they might feel their way toward him and find him. Yet he is actually not far from each one of us,

28 for

"'In him we live and move and have our being';[3]

as even some of your own poets have said,

"'For we are indeed his offspring.'[4]

29 Being then God's offspring, we ought not to think that the divine being is like gold or silver or stone, an image formed by the art and imagination of man.

30 The times of ignorance God overlooked, but now he commands all people everywhere to repent,

31 because he has fixed a day on which he will judge the world in righteousness by a man whom he has appointed; and of this he has given assurance to all by raising him from the dead."

¶ **32** Als sie von der Auferstehung der Toten hörten, begannen die einen zu spotten; die andern aber sprachen: Wir wollen dich darüber ein andermal weiterhören.

33 So ging Paulus von ihnen.

34 Einige Männer schlossen sich ihm an und wurden gläubig; unter ihnen war auch Dionysius, einer aus dem Rat, und eine Frau mit Namen Damaris und andere mit ihnen.

In Korinth

18 Danach verließ Paulus Athen und kam nach Korinth

2 und fand einen Juden mit Namen Aquila, aus Pontus gebürtig; der war mit seiner Frau Priszilla kürzlich aus Italien gekommen, weil Kaiser Klaudius allen Juden geboten hatte, Rom zu verlassen. Zu denen ging Paulus.

3 Und weil er das gleiche Handwerk hatte, blieb er bei ihnen und arbeitete mit ihnen; sie waren nämlich von Beruf Zeltmacher.

4 Und er lehrte in der Synagoge an allen Sabbaten und überzeugte Juden und Griechen.

5 Als aber Silas und Timotheus aus Mazedonien kamen, richtete sich Paulus ganz auf die Verkündigung des Wortes und bezeugte den Juden, dass Jesus der Christus ist.

6 Als sie aber widerstrebten und lästerten, schüttelte er die Kleider aus und sprach zu ihnen: Euer Blut komme über euer Haupt; ohne Schuld gehe ich von nun an zu den Heiden.

¶ **7** Und er machte sich auf von dort und kam in das Haus eines Mannes mit Namen Titius Justus, eines Gottesfürchtigen; dessen Haus war neben der Synagoge.

8 Krispus aber, der Vorsteher der Synagoge, kam zum Glauben an den Herrn mit seinem ganzen Hause, und auch viele Korinther, die zuhörten, wurden gläubig und ließen sich taufen.

¶ **9** Es sprach aber der Herr durch eine Erscheinung in der Nacht zu Paulus: **Fürchte dich nicht, sondern rede und schweige nicht!**

10 **Denn ich bin mit dir, und niemand soll sich unterstehen, dir zu schaden; denn ich habe ein großes Volk in dieser Stadt.**

11 Er blieb aber dort ein Jahr und sechs Monate und lehrte unter ihnen das Wort Gottes.

¶ **12** Als aber Gallio Statthalter in Achaja war, empörten sich die Juden einmütig gegen Paulus und führten ihn vor den Richterstuhl

¶ **32** Now when they heard of the resurrection of the dead, some mocked. But others said, "We will hear you again about this."

33 So Paul went out from their midst.

34 But some men joined him and believed, among whom also were Dionysius the Areopagite and a woman named Damaris and others with them.

Paul in Corinth

18 After this Paul[1] left Athens and went to Corinth.

2 And he found a Jew named Aquila, a native of Pontus, recently come from Italy with his wife [v]Priscilla, because Claudius had commanded all the Jews to leave Rome. And he went to see them,

3 and because he was of the same trade he stayed with them and worked, for they were tentmakers by trade.

4 And he reasoned in the synagogue [y]every Sabbath, and tried to persuade Jews and Greeks.

¶ **5** When Silas and Timothy arrived from Macedonia, Paul was occupied with the word, testifying to the Jews that the Christ was Jesus.

6 And when they opposed and reviled him, he shook out his garments and said to them, "Your blood be on your own heads! I am innocent. From now on I will go to the Gentiles."

7 And he left there and went to the house of a man named Titius Justus, a worshiper of God. His house was next door to the synagogue.

8 Crispus, the ruler of the synagogue, believed in the Lord, together with his entire household. And many of the Corinthians hearing Paul believed and were baptized.

9 And the Lord said to Paul one night in a vision, [n]"Do not be afraid, but go on speaking and do not be silent,

10 [n]for I am with you, and [o]no one will attack you to harm you, for [p]I have many in this city who are my people."

11 And he stayed a year and six months, teaching the word of God among them.

¶ **12** But when Gallio was proconsul of Achaia, the Jews made a united attack on Paul and brought him before the tribunal,

13 und sprachen: Dieser Mensch überredet die Leute, Gott zu dienen dem Gesetz zuwider.

14 Als aber Paulus den Mund auftun wollte, sprach Gallio zu den Juden: Wenn es um einen Frevel oder ein Vergehen ginge, ihr Juden, so würde ich euch anhören, wie es recht ist;

15 weil es aber Fragen sind über Lehre und Namen und das Gesetz bei euch, so seht ihr selber zu; ich gedenke, darüber nicht Richter zu sein.

16 Und er trieb sie weg von dem Richterstuhl.

17 Da ergriffen sie alle Sosthenes, den Vorsteher der Synagoge, und schlugen ihn vor dem Richterstuhl und Gallio kümmerte sich nicht darum.

Die Rückkehr nach Antiochia

18 Paulus aber blieb noch eine Zeit lang dort. Danach nahm er Abschied von den Brüdern und wollte nach Syrien fahren und mit ihm Priszilla und Aquila. Zuvor ließ er sich in Kenchreä sein Haupt scheren, denn er hatte ein Gelübde getan.

¶ **19** Und sie kamen nach Ephesus und er ließ die beiden dort zurück; er aber ging in die Synagoge und redete mit den Juden.

20 Sie baten ihn aber, dass er längere Zeit bei ihnen bleibe. Doch er willigte nicht ein,

21 sondern nahm Abschied von ihnen und sprach: Will's Gott, so will ich wieder zu euch kommen. Und er fuhr weg von Ephesus

22 und kam nach Cäsarea und ging hinauf nach Jerusalem und grüßte die Gemeinde und zog hinab nach Antiochia.

Der Beginn der dritten Missionsreise

23 Und nachdem er einige Zeit geblieben war, brach er wieder auf und durchzog nacheinander das galatische Land und Phrygien und stärkte alle Jünger.

Apollos in Ephesus

24 Es kam aber nach Ephesus ein Jude mit Namen Apollos, aus Alexandria gebürtig, ein beredter Mann und gelehrt in der Schrift.

25 Dieser war unterwiesen im Weg des Herrn und redete brennend im Geist und lehrte richtig von Jesus, wusste aber nur von der Taufe des Johannes.

26 Er fing an, frei und offen zu predigen in der Synagoge. Als ihn Aquila und Priszilla hörten, nahmen sie ihn zu sich und legten ihm den Weg Gottes noch genauer aus.

13 saying, "This man is persuading people to worship God contrary to the law."

14 But when Paul was about to open his mouth, Gallio said to the Jews, "If it were a matter of wrongdoing or vicious crime, O Jews, I would have reason to accept your complaint.

15 But since it is a matter of questions about words and names and your own law, see to it yourselves. I refuse to be a judge of these things."

16 And he drove them from the tribunal.

17 And they all seized Sosthenes, the ruler of the synagogue, and beat him in front of the tribunal. But Gallio paid no attention to any of this.

Paul Returns to Antioch

¶ **18** After this, Paul stayed many days longer and then took leave of the brothers[2] and set sail for Syria, and with him Priscilla and Aquila. At Cenchreae he had cut his hair, for he was under a vow.

19 And they came to Ephesus, and he left them there, but he himself went into the synagogue and reasoned with the Jews.

20 When they asked him to stay for a longer period, he declined.

21 But on taking leave of them he said, "I will return to you if God wills," and he set sail from Ephesus.

¶ **22** When he had landed at Caesarea, he went up and greeted the church, and then went down to Antioch.

23 After spending some time there, he departed and went from one place to the next through the region of Galatia and Phrygia, strengthening all the disciples.

Apollos Speaks Boldly in Ephesus

¶ **24** Now a Jew named Apollos, a native of Alexandria, came to Ephesus. He was an eloquent man, competent in the Scriptures.

25 He had been instructed in the way of the Lord. And being fervent in spirit,[3] he spoke and taught accurately the things concerning Jesus, though he knew only the baptism of John.

26 He began to speak boldly in the synagogue, but when Priscilla and Aquila heard him, they took him and explained to him the way of God more accurately.

27 Als er aber nach Achaja reisen wollte, schrieben die Brüder an die Jünger dort und empfahlen ihnen, ihn aufzunehmen. Und als er dahin gekommen war, half er denen viel, die gläubig geworden waren durch die Gnade.

28 Denn er widerlegte die Juden kräftig und erwies öffentlich durch die Schrift, dass Jesus der Christus ist.

Paulus in Ephesus

19 Es geschah aber, als Apollos in Korinth war, dass Paulus durch das Hochland zog und nach Ephesus kam und einige Jünger fand.

2 Zu denen sprach er: Habt ihr den Heiligen Geist empfangen, als ihr gläubig wurdet? Sie sprachen zu ihm: Wir haben noch nie gehört, dass es einen Heiligen Geist gibt.

3 Und er fragte sie: Worauf seid ihr denn getauft? Sie antworteten: Auf die Taufe des Johannes.

4 Paulus aber sprach: Johannes hat getauft mit der Taufe der Buße und dem Volk gesagt, sie sollten an den glauben, der nach ihm kommen werde, nämlich an Jesus.

5 Als sie das hörten, ließen sie sich taufen auf den Namen des Herrn Jesus.

6 Und als Paulus die Hände auf sie legte, kam der Heilige Geist auf sie und sie redeten in Zungen und weissagten.

7 Es waren aber zusammen etwa zwölf Männer.

¶ **8** Er ging aber in die Synagoge und predigte frei und offen drei Monate lang, lehrte und überzeugte sie von dem Reich Gottes.

9 Als aber einige verstockt waren und nicht glaubten und vor der Menge übel redeten von der Lehre, trennte er sich von ihnen und sonderte auch die Jünger ab und redete täglich in der Schule des Tyrannus.

10 Und das geschah zwei Jahre lang, sodass alle, die in der Provinz Asien wohnten, das Wort des Herrn hörten, Juden und Griechen.

¶ **11** Und Gott wirkte nicht geringe Taten durch die Hände des Paulus.

12 So hielten sie auch die Schweißtücher und andere Tücher, die er auf seiner Haut getragen hatte, über die Kranken, und die Krankheiten wichen von ihnen und die bösen Geister fuhren aus.

Paul in Ephesus

27 And when he wished to cross to Achaia, the brothers encouraged him and wrote to the disciples to welcome him. When he arrived, he greatly helped those who through grace had believed,

28 for he powerfully refuted the Jews in public, showing by the Scriptures that the Christ was Jesus.

19 And it happened that while Apollos was at Corinth, Paul passed through the inland[1] country and came to Ephesus. There he found some disciples.

2 And he said to them, "Did you receive the Holy Spirit when you believed?" And they said, "No, we have not even heard that there is a Holy Spirit."

3 And he said, "Into what then were you baptized?" They said, "Into John's baptism."

4 And Paul said, "John baptized with the baptism of repentance, telling the people to believe in the one who was to come after him, that is, Jesus."

5 On hearing this, they were baptized in[2] the name of the Lord Jesus.

6 And when Paul had laid his hands on them, the Holy Spirit came on them, and they began speaking in tongues and prophesying.

7 There were about twelve men in all.

¶ **8** And he entered the synagogue and for three months spoke boldly, reasoning and persuading them about the kingdom of God.

9 But when some became stubborn and continued in unbelief, speaking evil of the Way before the congregation, he withdrew from them and took the disciples with him, reasoning daily in the hall of Tyrannus.[3]

10 This continued for two years, so that all the residents of Asia heard the word of the Lord, both Jews and Greeks.

The Sons of Sceva

¶ **11** And God was doing extraordinary miracles by the hands of Paul,

12 so that even handkerchiefs or aprons that had touched his skin were carried away to the sick, and their diseases left them and the evil spirits came out of them.

¶ **13** Es unterstanden sich aber einige von den Juden, die als Beschwörer umherzogen, den Namen des Herrn Jesus zu nennen über denen, die böse Geister hatten, und sprachen: Ich beschwöre euch bei dem Jesus, den Paulus predigt.

14 Es waren aber sieben Söhne eines jüdischen Hohenpriesters mit Namen Skevas, die dies taten.

15 Aber der böse Geist antwortete und sprach zu ihnen: Jesus kenne ich wohl und von Paulus weiß ich wohl; aber wer seid ihr?

16 Und der Mensch, in dem der böse Geist war, stürzte sich auf sie und überwältigte sie alle und richtete sie so zu, dass sie nackt und verwundet aus dem Haus flohen.

17 Das aber wurde allen bekannt, die in Ephesus wohnten, Juden und Griechen; und Furcht befiel sie alle und der Name des Herrn Jesus wurde hoch gelobt.

¶ **18** Es kamen auch viele von denen, die gläubig geworden waren, und bekannten und verkündeten, was sie getan hatten.

19 Viele aber, die Zauberei getrieben hatten, brachten die Bücher zusammen und verbrannten sie öffentlich und berechneten, was sie wert waren, und kamen auf fünfzigtausend Silbergroschen.

20 So breitete sich das Wort aus durch die Kraft des Herrn und wurde mächtig.

¶ **21** Als das geschehen war, nahm sich Paulus im Geist vor, durch Mazedonien und Achaja zu ziehen und nach Jerusalem zu reisen, und sprach: Wenn ich dort gewesen bin, muss ich auch Rom sehen.

22 Und er sandte zwei, die ihm dienten, Timotheus und Erastus, nach Mazedonien; er aber blieb noch eine Weile in der Provinz Asien.

Der Aufruhr des Demetrius

23 Es erhob sich aber um diese Zeit eine nicht geringe Unruhe über den neuen Weg.

24 Denn einer mit Namen Demetrius, ein Goldschmied, machte silberne Tempel der Diana und verschaffte denen vom Handwerk nicht geringen Gewinn.

25 Diese und die Zuarbeiter dieses Handwerks versammelte er und sprach: Liebe Männer, ihr wisst, dass wir großen Gewinn von diesem Gewerbe haben;

13 Then some of the itinerant Jewish exorcists undertook to invoke the name of the Lord Jesus over those who had evil spirits, saying, "I adjure you by the Jesus whom Paul proclaims."

14 Seven sons of a Jewish high priest named Sceva were doing this.

15 But the evil spirit answered them, "Jesus I know, and Paul I recognize, but who are you?"

16 And the man in whom was the evil spirit leaped on them, mastered all[4] of them and overpowered them, so that they fled out of that house naked and wounded.

17 And this became known to all the residents of Ephesus, both Jews and Greeks. And fear fell upon them all, and the name of the Lord Jesus was extolled.

18 Also many of those who were now believers came, confessing and divulging their practices.

19 And a number of those who had practiced magic arts brought their books together and burned them in the sight of all. And they counted the value of them and found it came to fifty thousand pieces of silver.

20 So the word of the Lord continued to increase and prevail mightily.

A Riot at Ephesus

¶ **21** Now after these events Paul resolved in the Spirit to pass through Macedonia and Achaia and go to Jerusalem, saying, "After I have been there, I must also see Rome."

22 And having sent into Macedonia two of his helpers, Timothy and Erastus, he himself stayed in Asia for a while.

¶ **23** About that time there arose no little disturbance concerning the Way.

24 For a man named Demetrius, a silversmith, who made silver shrines of Artemis, brought no little business to the craftsmen.

25 These he gathered together, with the workmen in similar trades, and said, "Men, you know that from this business we have our wealth.

26 und ihr seht und hört, dass nicht allein in Ephesus, sondern auch fast in der ganzen Provinz Asien dieser Paulus viel Volk abspenstig macht, überredet und spricht: Was mit Händen gemacht ist, das sind keine Götter.

27 Aber es droht nicht nur unser Gewerbe in Verruf zu geraten, sondern auch der Tempel der großen Göttin Diana wird für nichts geachtet werden und zudem wird ihre göttliche Majestät untergehen, der doch die ganze Provinz Asien und der Weltkreis Verehrung erweist.

28 Als sie das hörten, wurden sie von Zorn erfüllt und schrien: Groß ist die Diana der Epheser!

29 Und die ganze Stadt wurde voll Getümmel; sie stürmten einmütig zum Theater und ergriffen Gajus und Aristarch aus Mazedonien, die Gefährten des Paulus.

¶ **30** Als aber Paulus unter das Volk gehen wollte, ließen's ihm die Jünger nicht zu.

31 Auch einige der Oberen der Provinz Asien, die ihm freundlich gesinnt waren, sandten zu ihm und ermahnten ihn, sich nicht zum Theater zu begeben.

32 Dort schrien die einen dies, die andern das, und die Versammlung war in Verwirrung, und die meisten wussten nicht, warum sie zusammengekommen waren.

33 Einige aber aus der Menge unterrichteten den Alexander, den die Juden vorschickten. Alexander aber winkte mit der Hand und wollte sich vor dem Volk verantworten.

34 Als sie aber innewurden, dass er ein Jude war, schrie alles wie aus einem Munde fast zwei Stunden lang: Groß ist die Diana der Epheser!

¶ **35** Als aber der Kanzler das Volk beruhigt hatte, sprach er: Ihr Männer von Ephesus, wo ist ein Mensch, der nicht weiß, dass die Stadt Ephesus eine Hüterin der großen Diana ist und ihres Bildes, das vom Himmel gefallen ist?

36 Weil das nun unwidersprechlich ist, sollt ihr euch ruhig verhalten und nichts Unbedachtes tun.

37 Ihr habt diese Menschen hergeführt, die weder Tempelräuber noch Lästerer unserer Göttin sind.

38 Haben aber Demetrius und die mit ihm vom Handwerk sind einen Anspruch an jemanden, so gibt es Gerichte und Statthalter; da lasst sie sich untereinander verklagen.

39 Wollt ihr aber darüber hinaus noch etwas, so kann man es in einer ordentlichen Versammlung entscheiden.

26 And you see and hear that not only in Ephesus but in almost all of Asia this Paul has persuaded and turned away a great many people, saying that gods made with hands are not gods.

27 And there is danger not only that this trade of ours may come into disrepute but also that the temple of the great goddess Artemis may be counted as nothing, and that she may even be deposed from her magnificence, she whom all Asia and the world worship."

¶ **28** When they heard this they were enraged and were crying out, "Great is Artemis of the Ephesians!"

29 So the city was filled with the confusion, and they rushed together into the theater, dragging with them Gaius and Aristarchus, Macedonians who were Paul's companions in travel.

30 But when Paul wished to go in among the crowd, the disciples would not let him.

31 And even some of the Asiarchs,[5] who were friends of his, sent to him and were urging him not to venture into the theater.

32 Now some cried out one thing, some another, for the assembly was in confusion, and most of them did not know why they had come together.

33 Some of the crowd prompted Alexander, whom the Jews had put forward. And Alexander, motioning with his hand, wanted to make a defense to the crowd.

34 But when they recognized that he was a Jew, for about two hours they all cried out with one voice, "Great is Artemis of the Ephesians!"

¶ **35** And when the town clerk had quieted the crowd, he said, "Men of Ephesus, who is there who does not know that the city of the Ephesians is temple keeper of the great Artemis, and of the sacred stone that fell from the sky?[6]

36 Seeing then that these things cannot be denied, you ought to be quiet and do nothing rash.

37 For you have brought these men here who are neither sacrilegious nor blasphemers of our goddess.

38 If therefore Demetrius and the craftsmen with him have a complaint against anyone, the courts are open, and there are proconsuls. Let them bring charges against one another.

39 But if you seek anything further,[7] it shall be settled in the regular assembly.

40 Denn wir stehen in Gefahr, wegen der heutigen Empörung verklagt zu werden, ohne dass ein Grund vorhanden ist, mit dem wir diesen Aufruhr entschuldigen könnten. Und als er dies gesagt hatte, ließ er die Versammlung gehen.

Paulus in Mazedonien und Griechenland

20 Als nun das Getümmel aufgehört hatte, rief Paulus die Jünger zu sich und tröstete sie, nahm Abschied und brach auf, um nach Mazedonien zu reisen.

2 Und als er diese Gegenden durchzogen und die Gemeinden mit vielen Worten ermahnt hatte, kam er nach Griechenland

3 und blieb dort drei Monate. Da ihm aber die Juden nachstellten, als er zu Schiff nach Syrien fahren wollte, beschloss er, durch Mazedonien zurückzukehren.

4 Es zogen aber mit ihm Sopater aus Beröa, der Sohn des Pyrrhus, aus Thessalonich aber Aristarch und Sekundus und Gajus aus Derbe und Timotheus, aus der Provinz Asien aber Tychikus und Trophimus.

5 Diese reisten voraus und warteten auf uns in Troas.

In Troas

6 Wir aber fuhren nach den Tagen der Ungesäuerten Brote mit dem Schiff von Philippi ab und kamen am fünften Tag zu ihnen nach Troas und blieben dort sieben Tage.

¶ **7** Am ersten Tag der Woche aber, als wir versammelt waren, das Brot zu brechen, predigte ihnen Paulus, und da er am nächsten Tag weiterreisen wollte, zog er die Rede hin bis Mitternacht.

8 Und es waren viele Lampen in dem Obergemach, wo wir versammelt waren.

9 Es saß aber ein junger Mann mit Namen Eutychus in einem Fenster und sank in einen tiefen Schlaf, weil Paulus so lange redete; und vom Schlaf überwältigt fiel er hinunter vom dritten Stock und wurde tot aufgehoben.

10 Paulus aber ging hinab und warf sich über ihn, umfing ihn und sprach: Macht kein Getümmel; denn es ist Leben in ihm.

11 Dann ging er hinauf und brach das Brot und aß und redete viel mit ihnen, bis der Tag anbrach; und so zog er hinweg.

12 Sie brachten aber den jungen Mann lebend herein und wurden nicht wenig getröstet.

40 For we really are in danger of being charged with rioting today, since there is no cause that we can give to justify this commotion."

41 And when he had said these things, he dismissed the assembly.

Paul in Macedonia and Greece

20 After the uproar ceased, Paul sent for the disciples, and after encouraging them, he said farewell and departed for Macedonia.

2 When he had gone through those regions and had given them much encouragement, he came to Greece.

3 There he spent three months, and when a plot was made against him by the Jews as he was about to set sail for Syria, he decided to return through Macedonia.

4 Sopater the Berean, son of Pyrrhus, accompanied him; and of the Thessalonians, Aristarchus and Secundus; and ^{5} Gaius of Derbe, and Timothy; and the Asians, Tychicus and Trophimus.

5 These went on ahead and were waiting for us at Troas,

6 but we sailed away from Philippi after the days of Unleavened Bread, and in five days we came to them at Troas, where we stayed for seven days.

Eutychus Raised from the Dead

¶ **7** On the first day of the week, when we were gathered together to break bread, Paul talked with them, intending to depart on the next day, and he prolonged his speech until midnight.

8 There were many lamps in the upper room where we were gathered.

9 And a young man named Eutychus, sitting at the window, sank into a deep sleep as Paul talked still longer. And being overcome by sleep, he fell down from the third story and was taken up dead.

10 But Paul went down and bent over him, and taking him in his arms, said, "Do not be alarmed, for his life is in him."

11 And when Paul had gone up and had broken bread and eaten, he conversed with them a long while, until daybreak, and so departed.

12 And they took the youth away alive, and were not a little comforted.

Die Reise nach Milet

13 Wir aber zogen voraus zum Schiff und fuhren nach Assos und wollten dort Paulus zu uns nehmen; denn er hatte es so befohlen, weil er selbst zu Fuß gehen wollte.

14 Als er uns nun traf in Assos, nahmen wir ihn zu uns und kamen nach Mitylene.

15 Und von dort fuhren wir weiter und kamen am nächsten Tag auf die Höhe von Chios; am folgenden Tag gelangten wir nach Samos und am nächsten Tag kamen wir nach Milet.

16 Denn Paulus hatte beschlossen, an Ephesus vorüberzufahren, um in der Provinz Asien keine Zeit zu verlieren; denn er eilte, am Pfingsttag in Jerusalem zu sein, wenn es ihm möglich wäre.

Die Abschiedsrede des Paulus an die Ältesten von Ephesus

17 Aber von Milet sandte er nach Ephesus und ließ die Ältesten der Gemeinde rufen.

18 Als aber die zu ihm kamen, sprach er zu ihnen: Ihr wisst, wie ich mich vom ersten Tag an, als ich in die Provinz Asien gekommen bin, die ganze Zeit bei euch verhalten habe,

19 wie ich dem Herrn gedient habe in aller Demut und mit Tränen und unter Anfechtungen, die mir durch die Nachstellungen der Juden widerfahren sind.

20 Ich habe euch nichts vorenthalten, was nützlich ist, dass ich's euch nicht verkündigt und gelehrt hätte, öffentlich und in den Häusern,

21 und habe Juden und Griechen bezeugt die Umkehr zu Gott und den Glauben an unsern Herrn Jesus.

¶ 22 Und nun siehe, durch den Geist gebunden, fahre ich nach Jerusalem und weiß nicht, was mir dort begegnen wird,

23 nur dass der Heilige Geist in allen Städten mir bezeugt, dass Fesseln und Bedrängnisse auf mich warten.

24 Aber ich achte mein Leben nicht der Rede wert, wenn ich nur meinen Lauf vollende und das Amt ausrichte, das ich von dem Herrn Jesus empfangen habe, zu bezeugen das Evangelium von der Gnade Gottes.

25 Und nun siehe, ich weiß, dass ihr mein Angesicht nicht mehr sehen werdet, ihr alle, zu denen ich hingekommen bin und das Reich gepredigt habe.

26 Darum bezeuge ich euch am heutigen Tage, dass ich rein bin vom Blut aller;

Paul Speaks to the Ephesian Elders

¶ 13 But going ahead to the ship, we set sail for Assos, intending to take Paul aboard there, for so he had arranged, intending himself to go by land.

14 And when he met us at Assos, we took him on board and went to Mitylene.

15 And sailing from there we came the following day opposite Chios; the next day we touched at Samos; and[1] the day after that we went to Miletus.

16 For Paul had decided to sail past Ephesus, so that he might not have to spend time in Asia, for he was hastening to be at Jerusalem, if possible, on the day of Pentecost.

Paul Speaks to the Ephesian Elders

¶ 17 Now from Miletus he sent to Ephesus and called the elders of the church to come to him.

18 And when they came to him, he said to them:

¶ "You yourselves know how I lived among you the whole time [j] from the first day that I set foot in Asia,

19 serving the Lord with all humility and with tears and with trials that happened to me through the plots of the Jews;

20 how I did not shrink from declaring to you anything that was profitable, and teaching you in public and from house to house,

21 testifying both to Jews and to Greeks of repentance toward God and of faith in our Lord Jesus Christ.

22 And now, behold, I am going to Jerusalem, constrained by[2] the Spirit, not knowing what will happen to me there,

23 except that the Holy Spirit testifies to me in every city that imprisonment and afflictions await me.

24 But I do not account my life of any value nor as precious to myself, if only I may finish my course and the ministry that I received from the Lord Jesus, to testify to the gospel of the grace of God.

25 And now, behold, I know that none of you among whom I have gone about proclaiming the kingdom will see my face again.

26 Therefore I testify to you this day that I am innocent of the blood of all of you,

27 denn ich habe nicht unterlassen, euch den ganzen Ratschluss Gottes zu verkündigen.

¶ **28** So habt nun acht auf euch selbst und auf die ganze Herde, in der euch der Heilige Geist eingesetzt hat zu Bischöfen, zu weiden die Gemeinde Gottes, die er durch sein eigenes Blut erworben hat.

29 Denn das weiß ich, dass nach meinem Abschied reißende Wölfe zu euch kommen, die die Herde nicht verschonen werden.

30 Auch aus eurer Mitte werden Männer aufstehen, die Verkehrtes lehren, um die Jünger an sich zu ziehen.

31 Darum seid wachsam und denkt daran, dass ich drei Jahre lang Tag und Nacht nicht abgelassen habe, einen jeden unter Tränen zu ermahnen.

¶ **32** Und nun befehle ich euch Gott und dem Wort seiner Gnade, der da mächtig ist, euch zu erbauen und euch das Erbe zu geben mit allen, die geheiligt sind.

33 Ich habe von niemandem Silber oder Gold oder Kleidung begehrt.

34 Denn ihr wisst selber, dass mir diese Hände zum Unterhalt gedient haben für mich und die, die mit mir gewesen sind.

35 Ich habe euch in allem gezeigt, dass man so arbeiten und sich der Schwachen annehmen muss im Gedenken an das Wort des Herrn Jesus, der selbst gesagt hat: **Geben ist seliger als nehmen.**

¶ **36** Und als er das gesagt hatte, kniete er nieder und betete mit ihnen allen.

37 Da begannen alle laut zu weinen und sie fielen Paulus um den Hals und küssten ihn,

38 am allermeisten betrübt über das Wort, das er gesagt hatte, sie würden sein Angesicht nicht mehr sehen. Und sie geleiteten ihn auf das Schiff.

Von Milet nach Cäsarea

21 Als wir uns nun von ihnen losgerissen hatten und abgefahren waren, kamen wir geradewegs nach Kos und am folgenden Tage nach Rhodos und von da nach Patara.

2 Und als wir ein Schiff fanden, das nach Phönizien fuhr, stiegen wir ein und fuhren ab.

3 Als aber Zypern in Sicht kam, ließen wir es linker Hand liegen und fuhren nach Syrien und kamen in Tyrus an, denn dort sollte das Schiff die Ware ausladen.

4 Als wir nun die Jünger fanden, blieben wir sieben Tage dort. Die sagten Paulus durch den Geist, er solle nicht nach Jerusalem hinaufziehen.

27 for I did not shrink from declaring to you the whole counsel of God.

28 Pay careful attention to yourselves and to all the flock, in which the Holy Spirit has made you overseers, to care for the church of God,[3] which he obtained with his own blood.[4]

29 I know that after my departure fierce wolves will come in among you, not sparing the flock;

30 and from among your own selves will arise men speaking twisted things, to draw away the disciples after them.

31 Therefore be alert, remembering that for three years I did not cease night or day to admonish everyone with tears.

32 And now I commend you to God and to the word of his grace, which is able to build you up and to give you the inheritance among all those who are sanctified.

33 I coveted no one's silver or gold or apparel.

34 You yourselves know that these hands ministered to my necessities and to those who were with me.

35 In all things I have shown you that by working hard in this way we must help the weak and remember the words of the Lord Jesus, how he himself said, 'It is more blessed [m]to give than to receive.'"

¶ **36** And when he had said these things, he knelt down and prayed with them all.

37 And there was much weeping on the part of all; they embraced Paul and [p]kissed him,

38 being sorrowful most of all because of the word he had spoken, that they would not see his face again. And they accompanied him to the ship.

Paul Goes to Jerusalem

21 And when we had parted from them and set sail, we came by a straight course to Cos, and the next day to Rhodes, and from there to Patara.[1]

2 And having found a ship crossing to Phoenicia, we went aboard and set sail.

3 When we had come in sight of Cyprus, leaving it on the left we sailed to Syria and landed at Tyre, for there the ship was to unload its cargo.

4 And having sought out the disciples, we stayed there for seven days. And through the Spirit they were telling Paul not to go on to Jerusalem.

¶ **5** Und es geschah, als wir die Tage zugebracht hatten, da machten wir uns auf und reisten weiter. Und sie geleiteten uns alle mit Frauen und Kindern bis hinaus vor die Stadt, und wir knieten nieder am Ufer und beteten.

6 Und als wir voneinander Abschied genommen hatten, stiegen wir ins Schiff; jene aber wandten sich wieder heimwärts.

7 Wir beendeten die Seefahrt und kamen von Tyrus nach Ptolemaïs, begrüßten die Brüder und blieben einen Tag bei ihnen.

¶ **8** Am nächsten Tag zogen wir weiter und kamen nach Cäsarea und gingen in das Haus des Philippus, des Evangelisten, der einer von den sieben war, und blieben bei ihm.

9 Der hatte vier Töchter, die waren Jungfrauen und weissagten.

¶ **10** Und als wir mehrere Tage dablieben, kam ein Prophet mit Namen Agabus aus Judäa herab.

11 Und als er zu uns kam, nahm er den Gürtel des Paulus und band sich die Füße und Hände und sprach: Das sagt der Heilige Geist: Den Mann, dem dieser Gürtel gehört, werden die Juden in Jerusalem so binden und überantworten in die Hände der Heiden.

12 Als wir aber das hörten, baten wir und die aus dem Ort, dass er nicht hinauf nach Jerusalem zöge.

13 Paulus aber antwortete: Was macht ihr, dass ihr weint und brecht mir mein Herz? Denn ich bin bereit, nicht allein mich binden zu lassen, sondern auch zu sterben in Jerusalem für den Namen des Herrn Jesus.

14 Da er sich aber nicht überreden ließ, schwiegen wir und sprachen: Des Herrn Wille geschehe.

Die Ankunft in Jerusalem

15 Und nach diesen Tagen machten wir uns fertig und zogen hinauf nach Jerusalem.

16 Es kamen aber mit uns auch einige Jünger aus Cäsarea und führten uns zu einem alten Jünger mit Namen Mnason aus Zypern, bei dem wir zu Gast sein sollten.

17 Als wir nun nach Jerusalem kamen, nahmen uns die Brüder gerne auf.

¶ **18** Am nächsten Tag aber ging Paulus mit uns zu Jakobus und es kamen die Ältesten alle dorthin.

19 Und als er sie begrüßt hatte, erzählte er eins nach dem andern, was Gott unter den Heiden durch seinen Dienst getan hatte.

5 When our days there were ended, we departed and went on our journey, and they all, with wives and children, accompanied us until we were outside the city. And kneeling down on the beach, we prayed

6 and said farewell to one another. Then we went on board the ship, and they returned home.

¶ **7** When we had finished the voyage from Tyre, we arrived at Ptolemais, and we greeted the brothers[2] and stayed with them for one day.

8 On the next day we departed and came to Caesarea, and we entered the house of Philip the evangelist, who was one of the seven, and stayed with him.

9 He had four unmarried daughters, who prophesied.

10 While we were staying for many days, a prophet named Agabus came down from Judea.

11 And coming to us, he took Paul's belt and bound his own feet and hands and said, "Thus says the Holy Spirit, 'This is how the Jews at Jerusalem will bind the man who owns this belt and deliver him into the hands of the Gentiles.'"

12 When we heard this, we and the people there urged him not to go up to Jerusalem.

13 Then Paul answered, "What are you doing, weeping and breaking my heart? For I am ready not only to be imprisoned but even to die in Jerusalem for the name of the Lord Jesus."

14 And since he would not be persuaded, we ceased and said, "Let the will of the Lord be done."

¶ **15** After these days we got ready and went up to Jerusalem.

16 And some of the disciples from Caesarea went with us, bringing us to the house of Mnason of Cyprus, an early disciple, with whom we should lodge.

Paul Visits James

¶ **17** When we had come to Jerusalem, the brothers received us gladly.

18 On the following day Paul went in with us to James, and all the elders were present.

19 After greeting them, he related one by one the things that God had done among the Gentiles through his ministry.

20 Als sie aber das hörten, lobten sie Gott und sprachen zu ihm: Bruder, du siehst, wie viel tausend Juden gläubig geworden sind und alle sind Eiferer für das Gesetz.

21 Ihnen ist aber berichtet worden über dich, dass du alle Juden, die unter den Heiden wohnen, den Abfall von Mose lehrst und sagst, sie sollen ihre Kinder nicht beschneiden und auch nicht nach den Ordnungen leben.

22 Was nun? Auf jeden Fall werden sie hören, dass du gekommen bist.

¶ **23** So tu nun das, was wir dir sagen. Wir haben vier Männer, die haben ein Gelübde auf sich genommen;

24 die nimm zu dir und lass dich reinigen mit ihnen und trage die Kosten für sie, dass sie ihr Haupt scheren können; so werden alle erkennen, dass es nicht so ist, wie man ihnen über dich berichtet hat, sondern dass du selber auch nach dem Gesetz lebst und es hältst.

25 Wegen der gläubig gewordenen Heiden aber haben wir beschlossen und geschrieben, dass sie sich hüten sollen vor dem Götzenopfer, vor Blut, vor Ersticktem und vor Unzucht.

26 Da nahm Paulus die Männer zu sich und reinigte sich am nächsten Tag mit ihnen und ging in den Tempel und zeigte an, dass die Tage der Reinigung beendet sein sollten, sobald für jeden von ihnen das Opfer dargebracht wäre.

Die Verhaftung des Paulus

27 Als aber die sieben Tage zu Ende gingen, sahen ihn die Juden aus der Provinz Asien im Tempel und erregten das ganze Volk, legten die Hände an ihn

28 und schrien: Ihr Männer von Israel, helft! Dies ist der Mensch, der alle Menschen an allen Enden lehrt gegen unser Volk, gegen das Gesetz und gegen diese Stätte; dazu hat er auch Griechen in den Tempel geführt und diese heilige Stätte entweiht.

29 Denn sie hatten Trophimus, den Epheser, mit ihm in der Stadt gesehen; den, meinten sie, hätte Paulus in den Tempel geführt.

30 Und die ganze Stadt wurde erregt und es entstand ein Auflauf des Volkes. Sie ergriffen aber Paulus und zogen ihn zum Tempel hinaus. Und sogleich wurden die Tore zugeschlossen.

¶ **31** Als sie ihn aber töten wollten, kam die Nachricht hinauf vor den Oberst der Abteilung, dass ganz Jerusalem in Aufruhr sei.

20 And when they heard it, they glorified God. And they said to him, "You see, brother, how many thousands there are among the Jews of those who have believed. They are all zealous for the law,

21 and they have been told about you that you teach all the Jews who are among the Gentiles to forsake Moses, telling them not to circumcise their children or walk according to our customs.

22 What then is to be done? They will certainly hear that you have come.

23 Do therefore what we tell you. We have four men who are under a vow;

24 take these men and purify yourself along with them and pay their expenses, so that they may shave their heads. Thus all will know that there is nothing in what they have been told about you, but that you yourself also live in observance of the law.

25 But as for the Gentiles who have believed, we have sent a letter with our judgment that they should abstain from what has been sacrificed to idols, and from blood, and from what has been strangled,[3] and from sexual immorality."

26 Then Paul took the men, and the next day he purified himself along with them and went into the temple, giving notice when the days of purification would be fulfilled and the offering presented for each one of them.

Paul Arrested in the Temple

¶ **27** When the seven days were almost completed, the Jews from Asia, seeing him in the temple, stirred up the whole crowd and laid hands on him,

28 crying out, "Men of Israel, help! This is the man who is teaching everyone everywhere against the people and the law and [g]this place. Moreover, he even brought Greeks into the temple and has defiled [g]this holy place."

29 For they had previously seen Trophimus the Ephesian with him in the city, and they supposed that Paul had brought him into the temple.

30 Then all the city was stirred up, and the people ran together. They seized Paul and dragged him out of the temple, and at once the gates were shut.

31 And as they were seeking to kill him, word came to the tribune of the cohort that all Jerusalem was in confusion.

32 Der nahm sogleich Soldaten und Hauptleute und lief hinunter zu ihnen. Als sie aber den Oberst und die Soldaten sahen, hörten sie auf, Paulus zu schlagen.

33 Als nun der Oberst herangekommen war, nahm er ihn fest und ließ ihn fesseln mit zwei Ketten und fragte, wer er wäre und was er getan hätte.

34 Einer aber rief dies, der andre das im Volk. Da er aber nichts Gewisses erfahren konnte wegen des Getümmels, ließ er ihn in die Burg führen.

35 Und als er an die Stufen kam, mussten ihn die Soldaten tragen wegen des Ungestüms des Volkes;

36 denn die Menge folgte und schrie: Weg mit ihm!

¶ **37** Als nun Paulus in die Burg geführt werden sollte, fragte er den Oberst: Darf ich mit dir reden? Er aber sprach: Kannst du Griechisch?

38 Bist du nicht der Ägypter, der vor diesen Tagen einen Aufruhr gemacht und viertausend von den Aufrührern in die Wüste hinausgeführt hat?

39 Paulus aber sprach: Ich bin ein jüdischer Mann aus Tarsus in Zilizien, Bürger einer namhaften Stadt. Ich bitte dich, erlaube mir, zu dem Volk zu reden.

40 Als er es ihm aber erlaubte, trat Paulus auf die Stufen und winkte dem Volk mit der Hand. Da entstand eine große Stille und er redete zu ihnen auf Hebräisch und sprach:

Die Verteidigungsrede des Paulus

22 Ihr Männer, liebe Brüder und Väter, hört mir zu, wenn ich mich jetzt vor euch verantworte.

2 Als sie aber hörten, dass er auf Hebräisch zu ihnen redete, wurden sie noch stiller. Und er sprach:

3 Ich bin ein jüdischer Mann, geboren in Tarsus in Zilizien, aufgewachsen aber in dieser Stadt und mit aller Sorgfalt unterwiesen im väterlichen Gesetz zu Füßen Gamaliels, und war ein Eiferer für Gott, wie ihr es heute alle seid.

4 Ich habe die neue Lehre verfolgt bis auf den Tod; ich band Männer und Frauen und warf sie ins Gefängnis,

32 He at once took soldiers and centurions and ran down to them. And when they saw the tribune and the soldiers, they stopped beating Paul.

33 Then the tribune came up and arrested him and ordered him to be bound with two chains. He inquired who he was and what he had done.

34 Some in the crowd were shouting one thing, some another. And as he could not learn the facts because of the uproar, he ordered him to be brought into the barracks.

35 And when he came to the steps, he was actually carried by the soldiers because of the violence of the crowd,

36 for the mob of the people followed, crying out, "Away with him!"

Paul Speaks to the People

¶ **37** As Paul was about to be brought into the barracks, he said to the tribune, "May I say something to you?" And he said, "Do you know Greek?

38 Are you not the Egyptian, then, who recently stirred up a revolt and led the four thousand men of the Assassins out into the wilderness?"

39 Paul replied, "I am a Jew, from Tarsus in Cilicia, a citizen of no obscure city. I beg you, permit me to speak to the people."

40 And when he had given him permission, Paul, standing on the steps, motioned with his hand to the people. And when there was a great hush, he addressed them in the Hebrew language,[4] saying:

22 "Brothers and fathers, hear the defense that I now make before you."

¶ **2** And when they heard that he was addressing them in the Hebrew language, they became even more quiet. And he said:

¶ **3** "I am a Jew, born in Tarsus in Cilicia, but brought up in this city, educated at the feet of Gamaliel[1] according to the strict manner of the law of our fathers, being zealous for God as all of you are this day.

4 I persecuted this Way to the death, binding and delivering to prison both men and women,

5 wie mir auch der Hohepriester und alle Ältesten bezeugen. Von ihnen empfing ich auch Briefe an die Brüder und reiste nach Damaskus, um auch die, die dort waren, gefesselt nach Jerusalem zu führen, damit sie bestraft würden.

¶ **6** Es geschah aber, als ich dorthin zog und in die Nähe von Damaskus kam, da umleuchtete mich plötzlich um die Mittagszeit ein großes Licht vom Himmel.

7 Und ich fiel zu Boden und hörte eine Stimme, die sprach zu mir: Saul, Saul, was verfolgst du mich?

8 Ich antwortete aber: Herr, wer bist du? Und er sprach zu mir: Ich bin Jesus von Nazareth, den du verfolgst.

9 Die aber mit mir waren, sahen zwar das Licht, aber die Stimme dessen, der mit mir redete, hörten sie nicht.

10 Ich fragte aber: Herr, was soll ich tun? Und der Herr sprach zu mir: Steh auf und geh nach Damaskus. Dort wird man dir alles sagen, was dir zu tun aufgetragen ist.

11 Als ich aber, geblendet von der Klarheit dieses Lichtes, nicht sehen konnte, wurde ich an der Hand geleitet von denen, die bei mir waren, und kam nach Damaskus.

¶ **12** Da war aber ein gottesfürchtiger Mann, der sich an das Gesetz hielt, mit Namen Hananias, der einen guten Ruf bei allen Juden hatte, die dort wohnten.

13 Der kam zu mir, trat vor mich hin und sprach zu mir: Saul, lieber Bruder, sei sehend. Und zur selben Stunde konnte ich ihn sehen.

14 Er aber sprach: Der Gott unserer Väter hat dich erwählt, dass du seinen Willen erkennen sollst und den Gerechten sehen und die Stimme aus seinem Munde hören;

15 denn du wirst für ihn vor allen Menschen Zeuge sein von dem, was du gesehen und gehört hast.

16 Und nun, was zögerst du? Steh auf und rufe seinen Namen an und lass dich taufen und deine Sünden abwaschen.

¶ **17** Es geschah aber, als ich wieder nach Jerusalem kam und im Tempel betete, dass ich in Verzückung geriet

18 und ihn sah. Da sprach er zu mir: Eile und mach dich schnell auf aus Jerusalem; denn dein Zeugnis von mir werden sie nicht annehmen.

19 Und ich sprach: Herr, sie wissen doch, dass ich die, die an dich glaubten, gefangen nahm und in den Synagogen geißeln ließ.

5 as the high priest and the whole council of elders can bear me witness. From them I received letters to the brothers, and I journeyed toward Damascus to take those also who were there and bring them in bonds to Jerusalem to be punished.

¶ **6** "As I was on my way and drew near to Damascus, about noon a great light from heaven suddenly shone around me.

7 And I fell to the ground and heard a voice saying to me, 'Saul, Saul, why are you persecuting me?'

8 And I answered, 'Who are you, Lord?' And he said to me, 'I am ¹Jesus of Nazareth, whom you are persecuting.'

9 Now those who were with me saw the light but did not understand² the voice of the one who was speaking to me.

10 And I said, 'What shall I do, Lord?' And the Lord said to me, 'Rise, and go into Damascus, and there you will be told all that is appointed for you to do.'

11 And since I could not see because of the brightness of that light, I was led by the hand by those who were with me, and came into Damascus.

¶ **12** "And one Ananias, a devout man according to the law, well spoken of by all the Jews who lived there,

13 came to me, and standing by me said to me, 'Brother Saul, receive your sight.' And at that very hour I received my sight and saw him.

14 And he said, 'The God of our fathers appointed you to know his will, to see the Righteous One and to hear a voice from his mouth;

15 for you will be a witness for him to everyone of what you have seen and heard.

16 And now why do you wait? Rise and be baptized and wash away your sins, calling on his name.'

¶ **17** "When I had returned to Jerusalem and was praying in the temple, I fell into a trance

18 and saw him saying to me, ᵍ'Make haste and get out of Jerusalem quickly, because they will not accept your testimony about me.'

19 And I said, 'Lord, they themselves know that in one synagogue after another I imprisoned and beat those who believed in you.

20 Und als das Blut des Stephanus, deines Zeugen, vergossen wurde, stand ich auch dabei und hatte Gefallen daran und bewachte denen die Kleider, die ihn töteten.

21 Und er sprach zu mir: Geh hin; denn ich will dich in die Ferne zu den Heiden senden.

Paulus vor dem römischen Oberst

22 Sie hörten ihm aber zu bis zu diesem Wort; dann erhoben sie ihre Stimme und riefen: Hinweg mit diesem von der Erde! Denn er darf nicht mehr leben.

¶ **23** Als sie aber schrien und ihre Kleider abwarfen und Staub in die Luft wirbelten,

24 befahl der Oberst, ihn in die Burg zu führen, und sagte, dass man ihn geißeln und verhören sollte, um zu erfahren, aus welchem Grund sie so gegen ihn schrien.

25 Als man ihn aber zum Geißeln festband, sprach Paulus zu dem Hauptmann, der dabeistand: Ist es erlaubt bei euch, einen Menschen, der römischer Bürger ist, ohne Urteil zu geißeln?

¶ **26** Als das der Hauptmann hörte, ging er zu dem Oberst und berichtete ihm und sprach: Was willst du tun? Dieser Mensch ist römischer Bürger.

27 Da kam der Oberst zu ihm und fragte ihn: Sage mir, bist du römischer Bürger? Er aber sprach: Ja.

28 Da sagte der Oberst: Ich habe dies Bürgerrecht für viel Geld erworben. Paulus aber sprach: Ich aber bin schon als römischer Bürger geboren.

29 Da ließen sogleich von ihm ab, die ihn verhören sollten. Und der Oberst fürchtete sich, als er vernahm, dass es ein römischer Bürger war, den er hatte festbinden lassen.

¶ **30** Am nächsten Tag wollte er genau erkunden, warum Paulus von den Juden verklagt wurde. Er ließ ihn von den Ketten lösen und befahl den Hohenpriestern und dem ganzen Hohen Rat zusammenzukommen und führte Paulus hinab und stellte ihn vor sie.

Paulus vor dem Hohen Rat

23 Paulus aber sah den Hohen Rat an und sprach: Ihr Männer, liebe Brüder, ich habe mein Leben mit gutem Gewissen vor Gott geführt bis auf diesen Tag.

2 Der Hohepriester Hananias aber befahl denen, die um ihn standen, ihn auf den Mund zu schlagen.

20 And when the blood of Stephen your witness was being shed, I myself was standing by and approving and *k*watching over the garments of those who killed him.'

21 And he said to me, 'Go, for I will send you *m*far away to the Gentiles.'"

Paul and the Roman Tribune

¶ **22** Up to this word they listened to him. Then they raised their voices and said, "Away with such a fellow from the earth! For he should not be allowed to live."

23 And as they were shouting and throwing off their cloaks and flinging dust into the air,

24 the tribune ordered him to be brought into the barracks, saying that he should be examined by flogging, to find out why they were shouting against him like this.

25 But when they had stretched him out for the whips,[3] Paul said to the centurion who was standing by, "Is it lawful for you to flog a man who is a Roman citizen and uncondemned?"

26 When the centurion heard this, he went to the tribune and said to him, "What are you about to do? For this man is a Roman citizen."

27 So the tribune came and said to him, "Tell me, are you a Roman citizen?" And he said, "Yes."

28 The tribune answered, "I bought this citizenship for a large sum." Paul said, "But I am a citizen by birth."

29 So those who were about to examine him withdrew from him immediately, and the tribune also was afraid, for he realized that Paul was a Roman citizen and that he had bound him.

Paul Before the Council

¶ **30** But on the next day, desiring to know the real reason why he was being accused by the Jews, he unbound him and commanded the chief priests and all the council to meet, and he brought Paul down and set him before them.

23 And looking intently at the council, Paul said, "Brothers, I have lived my life before God in all good conscience up to this day."

2 And the high priest Ananias commanded those who stood by him to strike him on the mouth.

3 Da sprach Paulus zu ihm: Gott wird dich schlagen, du getünchte Wand! Sitzt du da und richtest mich nach dem Gesetz und lässt mich schlagen gegen das Gesetz?

4 Aber die dabeistanden, sprachen: Schmähst du den Hohenpriester Gottes?

5 Und Paulus sprach: Liebe Brüder, ich wusste es nicht, dass er der Hohepriester ist. Denn es steht geschrieben (2.Mose 22,27): »Dem Obersten deines Volkes sollst du nicht fluchen.«

¶ **6** Als aber Paulus erkannte, dass ein Teil Sadduzäer war und der andere Teil Pharisäer, rief er im Rat: Ihr Männer, liebe Brüder, ich bin ein Pharisäer und ein Sohn von Pharisäern. Ich werde angeklagt um der Hoffnung und um der Auferstehung der Toten willen.

7 Als er aber das sagte, entstand Zwietracht zwischen Pharisäern und Sadduzäern und die Versammlung spaltete sich.

8 Denn die Sadduzäer sagen, es gebe keine Auferstehung noch Engel und Geister; die Pharisäer aber lehren beides.

9 Es entstand aber ein großes Geschrei; und einige Schriftgelehrte von der Partei der Pharisäer standen auf, stritten und sprachen: Wir finden nichts Böses an diesem Menschen; vielleicht hat ein Geist oder ein Engel mit ihm geredet.

10 Als aber die Zwietracht groß wurde, befürchtete der Oberst, sie könnten Paulus zerreißen, und ließ Soldaten hinabgehen und Paulus ihnen entreißen und in die Burg führen.

¶ **11** In der folgenden Nacht aber stand der Herr bei ihm und sprach: Sei getrost! Denn wie du für mich in Jerusalem Zeuge warst, so musst du auch in Rom Zeuge sein.

Der Mordanschlag gegen Paulus

12 Als es aber Tag wurde, rotteten sich einige Juden zusammen und verschworen sich, weder zu essen noch zu trinken, bis sie Paulus getötet hätten.

13 Es waren aber mehr als vierzig, die diese Verschwörung machten.

14 Die gingen zu den Hohenpriestern und Ältesten und sprachen: Wir haben uns durch einen Eid gebunden, nichts zu essen, bis wir Paulus getötet haben.

15 So wirkt nun ihr mit dem Hohen Rat bei dem Oberst darauf hin, dass er ihn zu euch herunterführen lässt, als wolltet ihr ihn genauer verhören; wir aber sind bereit, ihn zu töten, ehe er vor euch kommt.

3 Then Paul said to him, "God is going to strike you, you whitewashed wall! Are you sitting to judge me according to the law, and yet contrary to the law you ᶜ order me to be struck?"

4 Those who stood by said, "Would you revile God's high priest?"

5 And Paul said, "I did not know, brothers, that he was the high priest, for it is written, 'You shall not speak evil of a ruler of your people.'"

¶ **6** Now when Paul perceived that one part were Sadducees and the other Pharisees, he cried out in the council, "Brothers, I am a Pharisee, a son of Pharisees. It is with respect to the hope and the resurrection of the dead that I am on trial."

7 And when he had said this, a dissension arose between the Pharisees and the Sadducees, and the assembly was divided.

8 For the Sadducees say that there is no resurrection, nor angel, nor spirit, but the Pharisees acknowledge them all.

9 Then a great clamor arose, and some of the scribes of the Pharisees' party stood up and contended sharply, "We find nothing wrong in this man. What if a spirit or an angel spoke to him?"

10 And when the dissension became violent, the tribune, afraid that Paul would be torn to pieces by them, commanded the soldiers to go down and take him away from among them by force and bring him into the barracks.

¶ **11** The following night the Lord stood by him and said, ʳ "Take courage, for ˢas you have testified to the facts about me in Jerusalem, so you must ᵗtestify also in Rome."

A Plot to Kill Paul

¶ **12** When it was day, the Jews made a plot and bound themselves by an oath neither to eat nor drink till they had killed Paul.

13 There were more than forty who made this conspiracy.

14 They went to the chief priests and elders and said, "We have strictly bound ourselves by an oath to taste no food till we have killed Paul.

15 Now therefore you, along with the council, give notice to the tribune to bring him down to you, as though you were going to determine his case more exactly. And we are ready to kill him before he comes near."

¶ **16** Als aber der Sohn der Schwester des Paulus von dem Anschlag hörte, ging er und kam in die Burg und berichtete es Paulus.

17 Paulus aber rief einen von den Hauptleuten zu sich und sprach: Führe diesen jungen Mann zu dem Oberst, denn er hat ihm etwas zu sagen.

18 Der nahm ihn und führte ihn zum Oberst und sprach: Der Gefangene Paulus hat mich zu sich rufen lassen und mich gebeten, diesen jungen Mann zu dir zu führen, der dir etwas zu sagen hat.

19 Da nahm ihn der Oberst bei der Hand und führte ihn beiseite und fragte ihn: Was ist's, das du mir zu sagen hast?

20 Er aber sprach: Die Juden sind übereingekommen, dich zu bitten, dass du Paulus morgen vor den Hohen Rat hinunterbringen lässt, so als wollten sie ihn genauer verhören.

21 Du aber traue ihnen nicht; denn mehr als vierzig Männer von ihnen lauern ihm auf; die haben sich verschworen, weder zu essen noch zu trinken, bis sie ihn getötet hätten; und jetzt sind sie bereit und warten auf deine Zusage.

22 Da ließ der Oberst den jungen Mann gehen und gebot ihm, niemandem zu sagen, dass er ihm das eröffnet hätte.

Die Überführung des Paulus nach Cäsarea

23 Und der Oberst rief zwei Hauptleute zu sich und sprach: Rüstet zweihundert Soldaten, dass sie nach Cäsarea ziehen, und siebzig Reiter und zweihundert Schützen für die dritte Stunde der Nacht;

24 und haltet Tiere bereit, Paulus draufzusetzen und wohlverwahrt zu bringen zum Statthalter Felix.

25 Und er schrieb einen Brief, der lautete:

¶ **26** Klaudius Lysias dem edlen Statthalter Felix: Gruß zuvor!

27 Diesen Mann hatten die Juden ergriffen und wollten ihn töten. Da kam ich mit Soldaten dazu und entriss ihnen den und erfuhr, dass er ein römischer Bürger ist.

28 Da ich aber erkunden wollte, weshalb sie ihn anklagten, führte ich ihn hinunter vor ihren Hohen Rat.

29 Da fand ich, dass er beschuldigt wird wegen Fragen ihres Gesetzes, aber keine Anklage gegen sich hatte, auf die Tod oder Gefängnis steht.

30 Und als man vor mich kam, dass ein Anschlag gegen den Mann geplant sei, sandte ich ihn sogleich zu dir und wies auch die Kläger an, vor dir zu sagen, was sie gegen ihn hätten.

¶ **16** Now the son of Paul's sister heard of their ambush, so he went and entered the barracks and told Paul.

17 Paul called one of the centurions and said, "Take this young man to the tribune, for he has something to tell him."

18 So he took him and brought him to the tribune and said, "Paul the prisoner called me and asked me to bring this young man to you, as he has something to say to you."

19 The tribune took him by the hand, and going aside asked him privately, "What is it that you have to tell me?"

20 And he said, "The Jews have agreed to ask you to bring Paul down to the council tomorrow, as though they were going to inquire somewhat more closely about him.

21 But do not be persuaded by them, for more than forty of their men are lying in ambush for him, who have bound themselves by an oath neither to eat nor drink till they have killed him. And now they are ready, waiting for your consent."

22 So the tribune dismissed the young man, charging him, "Tell no one that you have informed me of these things."

Paul Sent to Felix the Governor

¶ **23** Then he called two of the centurions and said, "Get ready two hundred soldiers, with seventy horsemen and two hundred spearmen to go as far as Caesarea at the third hour of the night.[1]

24 Also provide mounts for Paul to ride and bring him safely to Felix the governor."

25 And he wrote a letter to this effect:

¶ **26** "Claudius Lysias, to his Excellency the governor Felix, greetings.

27 This man was seized by the Jews and was about to be killed by them ʃwhen I came upon them with the soldiers and rescued him, having learned that he was a Roman citizen.

28 And desiring to know the charge for which they were accusing him, I brought him down to their council.

29 I found that he was being accused about questions of their law, but charged with nothing deserving death or imprisonment.

30 And when it was disclosed to me that there would be a plot against the man, I sent him to you at once, ordering his accusers also to state before you what they have against him."

31 Die Soldaten nahmen Paulus, wie ihnen befohlen war, und führten ihn in der Nacht nach Antipatris.

32 Am nächsten Tag aber ließen sie die Reiter mit ihm ziehen und kehrten wieder in die Burg zurück.

33 Als aber jene nach Cäsarea kamen, übergaben sie den Brief dem Statthalter und führten ihm auch Paulus vor.

34 Als der Statthalter den Brief gelesen hatte, fragte er, aus welchem Land er sei. Und als er erfuhr, dass er aus Zilizien sei, sprach er:

35 Ich will dich verhören, wenn deine Ankläger auch da sind. Und er ließ ihn in Gewahrsam halten im Palast des Herodes.

Vor dem Statthalter Felix

24 Nach fünf Tagen kam der Hohepriester Hananias mit einigen Ältesten und dem Anwalt Tertullus herab; die erschienen vor dem Statthalter gegen Paulus.

2 Als der aber herbeigerufen worden war, fing Tertullus an, ihn anzuklagen, und sprach: Dass wir in großem Frieden leben unter dir und dass diesem Volk viele Wohltaten widerfahren sind durch deine Fürsorge, edelster Felix,

3 das erkennen wir allezeit und überall mit aller Dankbarkeit an.

4 Damit ich dich aber nicht zu lange aufhalte, bitte ich dich, du wollest uns kurz anhören in deiner Güte.

5 Wir haben erkannt, dass dieser Mann schädlich ist und dass er Aufruhr erregt unter allen Juden auf dem ganzen Erdkreis und dass er ein Anführer der Sekte der Nazarener ist.

6 Er hat auch versucht, den Tempel zu entweihen. Ihn haben wir ergriffen.*

8 Wenn du ihn verhörst, kannst du selbst das alles von ihm erkunden, dessentwegen wir ihn verklagen.

9 Auch die Juden bekräftigten das und sagten, es verhielte sich so.

¶ **10** Paulus aber antwortete, als ihm der Statthalter winkte zu reden: Weil ich weiß, dass du in diesem Volk nun viele Jahre Richter bist, will ich meine Sache unerschrocken verteidigen.

11 Du kannst feststellen, dass es nicht mehr als zwölf Tage sind, seit ich nach Jerusalem hinaufzog, um anzubeten.

12 Und sie haben mich weder im Tempel noch in den Synagogen noch in der Stadt dabei gefunden, wie ich mit jemandem gestritten oder einen Aufruhr im Volk gemacht hätte.

13 Sie können dir auch nicht beweisen, wessen sie mich jetzt verklagen.

31 So the soldiers, according to their instructions, took Paul and brought him by night to Antipatris.

32 And on the next day they returned to the barracks, letting the horsemen go on with him.

33 When they had come to Caesarea and delivered the letter to the governor, they presented Paul also before him.

34 On reading the letter, he asked what province he was from. And when he learned that he was from Cilicia,

35 he said, "I will give you a hearing when your accusers arrive." And he commanded him to be guarded in Herod's praetorium.

Paul Before Felix at Caesarea

24 And after five days the high priest Ananias came down with some elders and a spokesman, one Tertullus. They laid before the governor their case against Paul.

2 And when he had been summoned, Tertullus began to accuse him, saying:

¶ "Since through you we enjoy much peace, and since by your foresight, most excellent Felix, reforms are being made for this nation,

3 in every way and everywhere we accept this with all gratitude.

4 But, to detain[1] you no further, I beg you in your kindness to hear us briefly.

5 For we have found this man a plague, one who stirs up riots among all the Jews throughout the world and is a ringleader of the sect of the Nazarenes.

6 He even tried to profane the temple, but we seized him.[2]

8 By examining him yourself you will be able to find out from him about everything of which we accuse him."

¶ **9** The Jews also joined in the charge, affirming that all these things were so.

¶ **10** And when the governor had nodded to him to speak, Paul replied:

¶ "Knowing that for many years you have been a judge over this nation, I cheerfully make my defense.

11 You can verify that it is not more than twelve days since I went up to worship in Jerusalem,

12 and they did not find me disputing with anyone or stirring up a crowd, either in the temple or in the synagogues or in the city.

13 Neither can they prove to you what they now bring up against me.

14 Das bekenne ich dir aber, dass ich nach dem Weg, den sie eine Sekte nennen, dem Gott meiner Väter so diene, dass ich allem glaube, was geschrieben steht im Gesetz und in den Propheten.

15 Ich habe die Hoffnung zu Gott, die auch sie selbst haben, nämlich dass es eine Auferstehung der Gerechten wie der Ungerechten geben wird.

16 Darin übe ich mich, allezeit ein unverletztes Gewissen zu haben vor Gott und den Menschen.

¶ **17** Nach mehreren Jahren aber bin ich gekommen, um Almosen für mein Volk zu überbringen und zu opfern.

18 Als ich mich im Tempel reinigte, ohne Auflauf und Getümmel, fanden mich dabei

19 einige Juden aus der Provinz Asien. Die sollten jetzt hier sein vor dir und mich verklagen, wenn sie etwas gegen mich hätten.

20 Oder lass diese hier selbst sagen, was für ein Unrecht sie gefunden haben, als ich vor dem Hohen Rat stand;

21 es sei denn dies **eine** Wort, das ich rief, als ich unter ihnen stand: Um der Auferstehung der Toten willen werde ich von euch heute angeklagt.

Die Verschleppung des Prozesses

22 Felix aber zog die Sache hin, denn er wusste recht gut um diese Lehre und sprach: Wenn der Oberst Lysias herabkommt, so will ich eure Sache entscheiden.

23 Er befahl aber dem Hauptmann, Paulus gefangen zu halten, doch in leichtem Gewahrsam, und niemandem von den Seinen zu wehren, ihm zu dienen.

¶ **24** Nach einigen Tagen aber kam Felix mit seiner Frau Drusilla, die eine Jüdin war, und ließ Paulus kommen und hörte ihn über den Glauben an Christus Jesus.

25 Als aber Paulus von Gerechtigkeit und Enthaltsamkeit und von dem zukünftigen Gericht redete, erschrak Felix und antwortete: Für diesmal geh! Zu gelegener Zeit will ich dich wieder rufen lassen.

¶ **26** Er hoffte aber nebenbei, dass ihm von Paulus Geld gegeben werde; darum ließ er ihn auch oft kommen und besprach sich mit ihm.

27 Als aber zwei Jahre um waren, kam Porzius Festus als Nachfolger des Felix. Felix aber wollte den Juden eine Gunst erweisen und ließ Paulus gefangen zurück.

14 But this I confess to you, that according to the Way, which they call a sect, I worship the God of our fathers, believing everything laid down by the Law and written in the Prophets,

15 having a hope in God, which these men themselves accept, that there will be a resurrection of both the just and the unjust.

16 So I always take pains to have a clear conscience toward both God and man.

17 Now after several years I came to bring alms to my nation and to present offerings.

18 While I was doing this, they found me purified in the temple, without any crowd or tumult. But some Jews from Asia—

19 they ought to be here before you and to make an accusation, should they have anything against me.

20 Or else let these men themselves say what wrongdoing they found when I stood before the council,

21 other than this one thing that I cried out while standing among them: 'It is with respect to the resurrection of the dead that I am on trial before you this day.'"

Paul Kept in Custody

¶ **22** But Felix, having a rather accurate knowledge of the Way, put them off, saying, "When Lysias the tribune comes down, I will decide your case."

23 Then he gave orders to the centurion that he should be kept in custody but have some liberty, and that none of his friends should be prevented from attending to his needs.

¶ **24** After some days Felix came with his wife Drusilla, who was Jewish, and he sent for Paul and heard him speak about faith in Christ Jesus.

25 And as he reasoned about righteousness and self-control and the coming judgment, Felix was alarmed and said, "Go away for the present. When I get an opportunity I will summon you."

26 At the same time he hoped that money would be given him by Paul. So he sent for him often and conversed with him.

27 When two years had elapsed, Felix was succeeded by Porcius Festus. And desiring to do the Jews a favor, Felix left Paul in prison.

Die Verhandlung vor Festus

25 Als nun Festus ins Land gekommen war, zog er nach drei Tagen von Cäsarea hinauf nach Jerusalem.

2 Da erschienen die Hohenpriester und die Angesehensten der Juden vor ihm gegen Paulus und drangen in ihn

3 und baten ihn um die Gunst, dass er Paulus nach Jerusalem kommen ließe; denn sie wollten ihm einen Hinterhalt legen, um ihn unterwegs umzubringen.

4 Da antwortete Festus, Paulus werde weiter in Gewahrsam gehalten in Cäsarea; er selber aber werde in Kürze wieder dahin ziehen.

5 Die nun unter euch ermächtigt sind, sprach er, die lasst mit hinabziehen und den Mann verklagen, wenn etwas Unrechtes an ihm ist.

¶ 6 Nachdem aber Festus bei ihnen nicht mehr als acht oder zehn Tage gewesen war, zog er hinab nach Cäsarea. Und am nächsten Tag setzte er sich auf den Richterstuhl und ließ Paulus holen.

7 Als der aber vor ihn kam, umringten ihn die Juden, die von Jerusalem herabgekommen waren, und brachten viele und schwere Klagen gegen ihn vor, die sie aber nicht beweisen konnten.

8 Paulus aber verteidigte sich: Ich habe mich weder am Gesetz der Juden noch am Tempel noch am Kaiser versündigt.

Die Berufung auf den Kaiser

9 Festus aber wollte den Juden eine Gunst erweisen und antwortete Paulus und sprach: Willst du hinauf nach Jerusalem und dich dort in dieser Sache von mir richten lassen?

10 Paulus aber sprach: Ich stehe vor des Kaisers Gericht; da muss ich gerichtet werden. Den Juden habe ich kein Unrecht getan, wie auch du sehr wohl weißt.

11 Habe ich aber Unrecht getan und todeswürdig gehandelt, so weigere ich mich nicht zu sterben; ist aber nichts an dem, dessentwegen sie mich verklagen, so darf mich ihnen niemand preisgeben. Ich berufe mich auf den Kaiser!

12 Da besprach sich Festus mit seinen Ratgebern und antwortete: Auf den Kaiser hast du dich berufen, zum Kaiser sollst du ziehen.

König Agrippa beim Statthalter Festus

13 Nach einigen Tagen kamen König Agrippa und Berenike nach Cäsarea, Festus zu begrüßen.

Paul Appeals to Caesar

25 Now three days after Festus had arrived in the province, he went up to Jerusalem from Caesarea.

2 And the chief priests and the principal men of the Jews laid out their case against Paul, and they urged him,

3 asking as a favor against Paul[1] that he summon him to Jerusalem—because they were planning an ambush to kill him on the way.

4 Festus replied that Paul was being kept at Caesarea and that he himself intended to go there shortly.

5 "So," said he, "let the men of authority among you go down with me, and if there is anything wrong about the man, let them bring charges against him."

¶ 6 After he stayed among them not more than eight or ten days, he went down to Caesarea. And the next day he took his seat on the tribunal and ordered Paul to be brought.

7 When he had arrived, the Jews who had come down from Jerusalem stood around him, bringing many and serious charges against him that they could not prove.

8 Paul argued in his defense, "Neither against the law of the Jews, nor against the temple, nor against Caesar have I committed any offense."

9 But Festus, wishing to do the Jews a favor, said to Paul, "Do you wish to go up to Jerusalem and there be tried on these charges before me?"

10 But Paul said, "I am standing before Caesar's tribunal, where I ought to be tried. To the Jews I have done no wrong, as you yourself know very well.

11 If then I am a wrongdoer and have committed anything for which I deserve to die, I do not seek to escape death. But if there is nothing to their charges against me, no one can give me up to them. I appeal to Caesar."

12 Then Festus, when he had conferred with his council, answered, "To Caesar you have appealed; to Caesar you shall go."

Paul Before Agrippa and Bernice

¶ 13 Now when some days had passed, Agrippa the king and Bernice arrived at Caesarea and greeted Festus.

14 Und als sie mehrere Tage dort waren, legte Festus dem König die Sache des Paulus vor und sprach: Da ist ein Mann von Felix als Gefangener zurückgelassen worden;

15 um dessentwillen erschienen die Hohenpriester und Ältesten der Juden vor mir, als ich in Jerusalem war, und baten, ich solle ihn richten lassen.

16 Denen antwortete ich: Es ist der Römer Art nicht, einen Angeklagten preiszugeben, bevor er seinen Klägern gegenüberstand und Gelegenheit hatte, sich gegen die Anklage zu verteidigen.

17 Als sie aber hier zusammenkamen, duldete ich keinen Aufschub, sondern hielt am nächsten Tag Gericht und ließ den Mann vorführen.

18 Als seine Ankläger auftraten, brachten sie keine Anklage vor wegen Vergehen, wie ich sie erwartet hatte.

19 Sie hatten aber Streit mit ihm über einige Fragen ihres Glaubens und über einen verstorbenen Jesus, von dem Paulus behauptete, er lebe.

20 Da ich aber von diesem Streit nichts verstand, fragte ich, ob er nach Jerusalem reisen und sich dort deswegen richten lassen wolle.

21 Als aber Paulus sich auf sein Recht berief, bis zur Entscheidung des Kaisers in Gewahrsam zu bleiben, ließ ich ihn gefangen halten, bis ich ihn zum Kaiser senden könnte.

22 Agrippa sprach zu Festus: Ich möchte den Menschen auch gerne hören. Er aber sprach: Morgen sollst du ihn hören.

¶ **23** Und am nächsten Tag kamen Agrippa und Berenike mit großem Gepränge und gingen in den Palast mit den Hauptleuten und vornehmsten Männern der Stadt. Und als Festus es befahl, wurde Paulus gebracht.

24 Und Festus sprach: König Agrippa und all ihr Männer, die ihr mit uns hier seid, da seht ihr den, um dessentwillen die ganze Menge der Juden in Jerusalem und auch hier in mich drang und schrie, er dürfe nicht länger leben.

25 Als ich aber erkannte, dass er nichts getan hatte, das des Todes würdig war, und er auch selber sich auf den Kaiser berief, beschloss ich, ihn dorthin zu senden.

26 Etwas Sicheres über ihn aber habe ich nicht, das ich meinem Herrn schreiben könnte. Darum habe ich ihn vor euch bringen lassen, vor allem aber vor dich, König Agrippa, damit ich nach geschehenem Verhör etwas hätte, was ich schreiben könnte.

27 Denn es erscheint mir unsinnig, einen Gefangenen zu schicken und keine Beschuldigung gegen ihn anzugeben.

14 And as they stayed there many days, Festus laid Paul's case before the king, saying, "There is a man left prisoner by Felix,

15 and when I was at Jerusalem, the chief priests and the elders of the Jews laid out their case against him, asking for a sentence of condemnation against him.

16 I answered them that it was not the custom of the Romans to give up anyone before the accused met the accusers face to face and had opportunity to make his defense concerning the charge laid against him.

17 So when they came together here, I made no delay, but on the next day took my seat on the tribunal and ordered the man to be brought.

18 When the accusers stood up, they brought no charge in his case of such evils as I supposed.

19 Rather they had certain points of dispute with him about their own religion and about a certain Jesus, who was dead, but whom Paul asserted to be alive.

20 Being at a loss how to investigate these questions, I asked whether he wanted to go to Jerusalem and be tried there regarding them.

21 But when Paul had appealed to be kept in custody for the decision of the emperor, I ordered him to be held until I could send him to Caesar."

22 Then Agrippa said to Festus, "I would like to hear the man myself." "Tomorrow," said he, "you will hear him."

¶ **23** So on the next day Agrippa and Bernice came with great pomp, and they entered the audience hall with the military tribunes and the prominent men of the city. Then, at the command of Festus, Paul was brought in.

24 And Festus said, "King Agrippa and all who are present with us, you see this man about whom the whole Jewish people petitioned me, both in Jerusalem and here, shouting that he ought not to live any longer.

25 But I found that he had done nothing deserving death. And as he himself appealed to the emperor, I decided to go ahead and send him.

26 But I have nothing definite to write to my lord about him. Therefore I have brought him before you all, and especially before you, King Agrippa, so that, after we have examined him, I may have something to write.

27 For it seems to me unreasonable, in sending a prisoner, not to indicate the charges against him."

Paulus vor Agrippa und Festus

26 Agrippa aber sprach zu Paulus: Es ist dir erlaubt, für dich selbst zu reden. Da streckte Paulus die Hand aus und verantwortete sich:

2 Es ist mir sehr lieb, König Agrippa, dass ich mich heute vor dir verantworten soll wegen all der Dinge, deren ich von den Juden beschuldigt werde,

3 vor allem weil du alle Ordnungen und Streitfragen der Juden kennst. Darum bitte ich dich, mich geduldig anzuhören.

¶ **4** Mein Leben von Jugend auf, wie ich es von Anfang an unter meinem Volk und in Jerusalem zugebracht habe, ist allen Juden bekannt,

5 die mich von früher kennen, wenn sie es bezeugen wollten. Denn nach der allerstrengsten Richtung unsres Glaubens habe ich gelebt als Pharisäer.

6 Und nun stehe ich hier und werde angeklagt wegen der Hoffnung auf die Verheißung, die unsern Vätern von Gott gegeben ist.

7 Auf ihre Erfüllung hoffen die zwölf Stämme unsres Volkes, wenn sie Gott bei Tag und Nacht beharrlich dienen. Wegen dieser Hoffnung werde ich, o König, von den Juden beschuldigt.

8 Warum wird das bei euch für unglaublich gehalten, dass Gott Tote auferweckt?

¶ **9** Zwar meinte auch ich selbst, ich müsste viel gegen den Namen Jesu von Nazareth tun.

10 Das habe ich in Jerusalem auch getan; dort brachte ich viele Heilige ins Gefängnis, wozu ich Vollmacht von den Hohenpriestern empfangen hatte. Und wenn sie getötet werden sollten, gab ich meine Stimme dazu.

11 Und in allen Synagogen zwang ich sie oft durch Strafen zur Lästerung und ich wütete maßlos gegen sie, verfolgte sie auch bis in die fremden Städte.

¶ **12** Als ich nun nach Damaskus reiste mit Vollmacht und im Auftrag der Hohenpriester,

13 sah ich mitten am Tage, o König, auf dem Weg ein Licht vom Himmel, heller als der Glanz der Sonne, das mich und die mit mir reisten umleuchtete.

14 Als wir aber alle zu Boden stürzten, hörte ich eine Stimme zu mir reden, die sprach auf Hebräisch: Saul, Saul, was verfolgst du mich? Es wird dir schwer sein, wider den Stachel zu löcken.*

Paul's Defense Before Agrippa

26 So Agrippa said to Paul, "You have permission to speak for yourself." Then Paul stretched out his hand and made his defense:

¶ **2** "I consider myself fortunate that it is before you, King Agrippa, I am going to make my defense today against all the accusations of the Jews,

3 especially because you are familiar with all the customs and controversies of the Jews. Therefore I beg you to listen to me patiently.

¶ **4** "My manner of life from my youth, spent from the beginning among my own nation and in Jerusalem, is known by all the Jews.

5 They have known for a long time, if they are willing to testify, that according to the strictest party of our religion I have lived as a Pharisee.

6 And now I stand here on trial because of my hope in the promise made by God to our fathers,

7 to which our twelve tribes hope to attain, as they earnestly worship night and day. And for this hope I am accused by Jews, O king!

8 Why is it thought incredible by any of you that God raises the dead?

¶ **9** "I myself was convinced that I ought to do many things in opposing the name of Jesus of Nazareth.

10 And I did so in Jerusalem. I not only locked up many of the saints in prison after receiving authority from the chief priests, but when they were put to death I cast my vote against them.

11 And I punished them often in all the synagogues and tried to make them blaspheme, and in raging fury against them I persecuted them even to foreign cities.

Paul Tells of His Conversion

¶ **12** "In this connection I journeyed to Damascus with the authority and commission of the chief priests.

13 At midday, O king, I saw on the way a light from heaven, brighter than the sun, that shone around me and those who journeyed with me.

14 And when we had all fallen to the ground, I heard a voice saying to me in the Hebrew language,[1] 'Saul, Saul, why are you persecuting me? It is hard for you to kick against the goads.'

15 Ich aber sprach: Herr, wer bist du? Der Herr sprach: Ich bin Jesus, den du verfolgst;

16 steh nun auf und stell dich auf deine Füße. Denn dazu bin ich dir erschienen, um dich zu erwählen zum Diener und zum Zeugen für das, was du von mir gesehen hast und was ich dir noch zeigen will.

17 Und ich will dich erretten von deinem Volk und von den Heiden, zu denen ich dich sende,

18 um ihnen die Augen aufzutun, dass sie sich bekehren von der Finsternis zum Licht und von der Gewalt des Satans zu Gott. So werden sie Vergebung der Sünden empfangen und das Erbteil samt denen, die geheiligt sind durch den Glauben an mich.

¶ **19** Daher, König Agrippa, war ich der himmlischen Erscheinung nicht ungehorsam,

20 sondern verkündigte zuerst denen in Damaskus und in Jerusalem und im ganzen jüdischen Land und dann auch den Heiden, sie sollten Buße tun und sich zu Gott bekehren und rechtschaffene Werke der Buße tun.

21 Deswegen haben mich die Juden im Tempel ergriffen und versucht, mich zu töten.

22 Aber Gottes Hilfe habe ich erfahren bis zum heutigen Tag und stehe nun hier und bin sein Zeuge bei Groß und Klein und sage nichts, als was die Propheten und Mose vorausgesagt haben:

23 dass Christus müsse leiden und als Erster auferstehen von den Toten und verkündigen das Licht seinem Volk und den Heiden.

¶ **24** Als er aber dies zu seiner Verteidigung sagte, sprach Festus mit lauter Stimme: Paulus, du bist von Sinnen! Das große Wissen macht dich wahnsinnig.

25 Paulus aber sprach: Edler Festus, ich bin nicht von Sinnen, sondern ich rede wahre und vernünftige Worte.

26 Der König, zu dem ich frei und offen rede, versteht sich auf diese Dinge. Denn ich bin gewiss, dass ihm nichts davon verborgen ist; denn dies ist nicht im Winkel geschehen.

27 Glaubst du, König Agrippa, den Propheten? Ich weiß, dass du glaubst.

28 Agrippa aber sprach zu Paulus: Es fehlt nicht viel, so wirst du mich noch überreden und einen Christen aus mir machen.

29 Paulus aber sprach: Ich wünschte vor Gott, dass über kurz oder lang nicht allein du, sondern alle, die mich heute hören, das würden, was ich bin, ausgenommen diese Fesseln.

15 And I said, 'Who are you, Lord?' And the Lord said, 'I am Jesus whom you are persecuting.

16 But rise and ^{m}stand upon your feet, for I have appeared to you for this purpose, ^{n}to appoint you as a servant and witness to the things in which you have seen me and to those in which I will appear to you,

17 ^{o}delivering you from your people and from the Gentiles—^{p}to whom I ^{q}am sending you

18 ^{r}to open their eyes, so that they may turn from darkness to light and from ^{s}the power of Satan to God, that they may receive ^{t}forgiveness of sins and ^{u}a place among those who are sanctified ^{v}by faith in me.'

¶ **19** "Therefore, O King Agrippa, I was not disobedient to the heavenly vision,

20 but declared first to those in Damascus, then in Jerusalem and throughout all the region of Judea, and also to the Gentiles, that they should repent and turn to God, performing deeds in keeping with their repentance.

21 For this reason the Jews seized me in the temple and tried to kill me.

22 To this day I have had the help that comes from God, and so I stand here testifying both to small and great, saying nothing but what the prophets and Moses said would come to pass:

23 that the Christ must suffer and that, by being the first to rise from the dead, he would proclaim light both to our people and to the Gentiles."

¶ **24** And as he was saying these things in his defense, Festus said with a loud voice, "Paul, you are out of your mind; your great learning is driving you out of your mind."

25 But Paul said, "I am not out of my mind, most excellent Festus, but I am speaking true and rational words.

26 For the king knows about these things, and to him I speak boldly. For I am persuaded that none of these things has escaped his notice, for this has not been done in a corner.

27 King Agrippa, do you believe the prophets? I know that you believe."

28 And Agrippa said to Paul, "In a short time would you persuade me to be a Christian?"[2]

29 And Paul said, "Whether short or long, I would to God that not only you but also all who hear me this day might become such as I am—except for these chains."

¶ **30** Da stand der König auf und der Statthalter und Berenike und die bei ihnen saßen.

31 Und als sie sich zurückzogen, redeten sie miteinander und sprachen: Dieser Mensch hat nichts getan, was Tod oder Gefängnis verdient hätte.

32 Agrippa aber sagte zu Festus: Dieser Mensch könnte freigelassen werden, wenn er sich nicht auf den Kaiser berufen hätte.

Paulus auf der Fahrt nach Rom

27 Als es aber beschlossen war, dass wir nach Italien fahren sollten, übergaben sie Paulus und einige andre Gefangene einem Hauptmann mit Namen Julius von einer kaiserlichen Abteilung.

2 Wir bestiegen aber ein Schiff aus Adramyttion, das die Küstenstädte der Provinz Asien anlaufen sollte, und fuhren ab; mit uns war auch Aristarch, ein Mazedonier aus Thessalonich.

3 Und am nächsten Tag kamen wir in Sidon an; und Julius verhielt sich freundlich gegen Paulus und erlaubte ihm, zu seinen Freunden zu gehen und sich pflegen zu lassen.

¶ **4** Und von da stießen wir ab und fuhren im Schutz von Zypern hin, weil uns die Winde entgegen waren,

5 und fuhren über das Meer längs der Küste von Zilizien und Pamphylien und kamen nach Myra in Lyzien.

6 Und dort fand der Hauptmann ein Schiff aus Alexandria, das nach Italien ging, und ließ uns darauf übersteigen.

7 Wir kamen aber viele Tage nur langsam vorwärts und gelangten mit Mühe bis auf die Höhe von Knidos, denn der Wind hinderte uns; und wir fuhren im Schutz von Kreta hin, bis auf die Höhe von Salmone,

8 und gelangten kaum daran vorbei und kamen an einen Ort, der »Guthafen« heißt; nahe dabei lag die Stadt Lasäa.

¶ **9** Da nun viel Zeit vergangen war und die Schifffahrt bereits gefährlich wurde, weil auch die Fastenzeit schon vorüber war, ermahnte sie Paulus

10 und sprach zu ihnen: Liebe Männer, ich sehe, dass diese Fahrt nur mit Leid und großem Schaden vor sich gehen wird, nicht allein für die Ladung und das Schiff, sondern auch für unser Leben.

11 Aber der Hauptmann glaubte dem Steuermann und dem Schiffsherrn mehr als dem, was Paulus sagte.

¶ **30** Then the king rose, and the governor and Bernice and those who were sitting with them.

31 And when they had withdrawn, they said to one another, "This man is doing nothing to deserve death or imprisonment."

32 And Agrippa said to Festus, "This man could have been set free if he had not appealed to Caesar."

Paul Sails for Rome

27 And when it was decided that we should sail for Italy, they delivered Paul and some other prisoners to a centurion of the Augustan Cohort named Julius.

2 And embarking in a ship of Adramyttium, which was about to sail to the ports along the coast of Asia, we put to sea, accompanied by Aristarchus, a Macedonian from Thessalonica.

3 The next day we put in at Sidon. And Julius treated Paul kindly and gave him leave to go to his friends and be cared for.

4 And putting out to sea from there we sailed under the lee of Cyprus, because the winds were against us.

5 And when we had sailed across the open sea along the coast of Cilicia and Pamphylia, we came to Myra in Lycia.

6 There the centurion found a ship of Alexandria sailing for Italy and put us on board.

7 We sailed slowly for a number of days and arrived with difficulty off Cnidus, and as the wind did not allow us to go farther, we sailed under the lee of Crete off Salmone.

8 Coasting along it with difficulty, we came to a place called Fair Havens, near which was the city of Lasea.

¶ **9** Since much time had passed, and the voyage was now dangerous because even the Fast[1] was already over, Paul advised them,

10 saying, "Sirs, I perceive that the voyage will be with injury and much loss, not only of the cargo and the ship, but also of our lives."

11 But the centurion paid more attention to the pilot and to the owner of the ship than to what Paul said.

12 Und da der Hafen zum Überwintern ungeeignet war, bestanden die meisten von ihnen auf dem Plan, von dort weiterzufahren und zu versuchen, ob sie zum Überwintern bis nach Phönix kommen könnten, einem Hafen auf Kreta, der gegen Südwest und Nordwest offen ist.

Seesturm und Schiffbruch

13 Als aber der Südwind wehte, meinten sie, ihr Vorhaben ausführen zu können, lichteten die Anker und fuhren nahe an Kreta entlang.

14 Nicht lange danach aber brach von der Insel her ein Sturmwind los, den man Nordost nennt.

15 Und da das Schiff ergriffen wurde und nicht mehr gegen den Wind gerichtet werden konnte, gaben wir auf und ließen uns treiben.

¶ **16** Wir fuhren aber vorbei an einer Insel, die Kauda heißt, da konnten wir mit Mühe das Beiboot in unsre Gewalt bekommen.

17 Sie zogen es herauf und umspannten zum Schutz das Schiff mit Seilen. Da sie aber fürchteten, in die Syrte zu geraten, ließen sie den Treibanker herunter und trieben so dahin.

18 Und da wir großes Ungewitter erlitten, warfen sie am nächsten Tag Ladung ins Meer.

19 Und am dritten Tag warfen sie mit eigenen Händen das Schiffsgerät hinaus.

20 Da aber viele Tage weder Sonne noch Sterne schienen und ein gewaltiges Ungewitter uns bedrängte, war all unsre Hoffnung auf Rettung dahin.

¶ **21** Und als man lange nichts gegessen hatte, trat Paulus mitten unter sie und sprach: Liebe Männer, man hätte auf mich hören sollen und nicht von Kreta aufbrechen, dann wäre uns Leid und Schaden erspart geblieben.

22 Doch nun ermahne ich euch: Seid unverzagt; denn keiner von euch wird umkommen, nur das Schiff.

23 Denn diese Nacht trat zu mir der Engel des Gottes, dem ich gehöre und dem ich diene,

24 und sprach: Fürchte dich nicht, Paulus, du musst vor den Kaiser gestellt werden; und siehe, Gott hat dir geschenkt alle, die mit dir fahren.

25 Darum, liebe Männer, seid unverzagt; denn ich glaube Gott, es wird so geschehen, wie mir gesagt ist.

26 Wir werden aber auf eine Insel auflaufen.

12 And because the harbor was not suitable to spend the winter in, the majority decided to put out to sea from there, on the chance that somehow they could reach Phoenix, a harbor of Crete, facing both southwest and northwest, and spend the winter there.

The Storm at Sea

¶ **13** Now when the south wind blew gently, supposing that they had obtained their purpose, they weighed anchor and sailed along Crete, close to the shore.

14 But soon a tempestuous wind, called the northeaster, struck down from the land.

15 And when the ship was caught and could not face the wind, we gave way to it and were driven along.

16 Running under the lee of a small island called Cauda,[2] we managed with difficulty to secure the ship's boat.

17 After hoisting it up, they used supports to undergird the ship. Then, fearing that they would run aground on the Syrtis, they lowered the gear,[3] and thus they were driven along.

18 Since we were violently storm-tossed, they began the next day to jettison the cargo.

19 And on the third day they threw the ship's tackle overboard with their own hands.

20 When neither sun nor stars appeared for many days, and no small tempest lay on us, all hope of our being saved was at last abandoned.

¶ **21** Since they had been without food for a long time, Paul stood up among them and said, "Men, you should have listened to me and not have set sail from Crete and incurred this °injury and loss.

22 Yet now I urge you to take heart, for there will be no loss of life among you, but only of the ship.

23 For this very night there stood before me an angel of the God to whom I belong and whom I worship,

24 and he said, 'Do not be afraid, Paul; you must stand before Caesar. And behold, God has granted you all those who sail with you.'

25 So take heart, men, for I have faith in God that it will be exactly as I have been told.

26 But we must run aground on some island."

¶ **27** Als aber die vierzehnte Nacht kam, seit wir in der Adria trieben, wähnten die Schiffsleute um Mitternacht, sie kämen an ein Land.

28 Und sie warfen das Senkblei aus und fanden es zwanzig Faden tief; und ein wenig weiter loteten sie abermals und fanden es fünfzehn Faden tief.

29 Da fürchteten sie, wir würden auf Klippen geraten, und warfen hinten vom Schiff vier Anker aus und wünschten, dass es Tag würde.

30 Als aber die Schiffsleute vom Schiff zu fliehen suchten und das Beiboot ins Meer herabließen und vorgaben, sie wollten auch vorne die Anker herunterlassen,

31 sprach Paulus zu dem Hauptmann und zu den Soldaten: Wenn diese nicht auf dem Schiff bleiben, könnt ihr nicht gerettet werden.

32 Da hieben die Soldaten die Taue ab und ließen das Beiboot ins Meer fallen.

¶ **33** Und als es anfing, hell zu werden, ermahnte Paulus sie alle, Nahrung zu sich zu nehmen, und sprach: Es ist heute der vierzehnte Tag, dass ihr wartet und ohne Nahrung geblieben seid und nichts zu euch genommen habt.

34 Darum ermahne ich euch, etwas zu essen; denn das dient zu eurer Rettung; es wird keinem von euch ein Haar vom Haupt fallen.

35 Und als er das gesagt hatte, nahm er Brot, dankte Gott vor ihnen allen und brach's und fing an zu essen.

36 Da wurden sie alle guten Mutes und nahmen auch Nahrung zu sich.

37 Wir waren aber alle zusammen im Schiff zweihundertsechsundsiebzig.

38 Und nachdem sie satt geworden waren, erleichterten sie das Schiff und warfen das Getreide in das Meer.

¶ **39** Als es aber Tag wurde, kannten sie das Land nicht; eine Bucht aber wurden sie gewahr, die hatte ein flaches Ufer. Dahin wollten sie das Schiff treiben lassen, wenn es möglich wäre.

40 Und sie hieben die Anker ab und ließen sie im Meer, banden die Steuerruder los und richteten das Segel nach dem Wind und hielten auf das Ufer zu.

41 Und als sie auf eine Sandbank gerieten, ließen sie das Schiff auflaufen und das Vorderschiff bohrte sich ein und saß fest, aber das Hinterschiff zerbrach unter der Gewalt der Wellen.

¶ **27** When the fourteenth night had come, as we were being driven across the Adriatic Sea, about midnight the sailors suspected that they were nearing land.

28 So they took a sounding and found twenty fathoms.[4] A little farther on they took a sounding again and found fifteen fathoms.[5]

29 And fearing that we might run on the rocks, they let down four anchors from the stern and prayed for day to come.

30 And as the sailors were seeking to escape from the ship, and had lowered the ship's boat into the sea under pretense of laying out anchors from the bow,

31 Paul said to the centurion and the soldiers, "Unless these men stay in the ship, you cannot be saved."

32 Then the soldiers cut away the ropes of the ship's boat and let it go.

¶ **33** As day was about to dawn, Paul urged them all to take some food, saying, "Today is the fourteenth day that you have continued in suspense and without food, having taken nothing.

34 Therefore I urge you to take some food. For it will give you strength, for not a hair is to perish from the head of any of you."

35 And when he had said these things, he took bread, and giving thanks to God in the presence of all he broke it and began to eat.

36 Then they all were encouraged and ate some food themselves.

37 (We were in all 276[6] persons in the ship.)

38 And when they had eaten enough, they lightened the ship, throwing out the wheat into the sea.

The Shipwreck

¶ **39** Now when it was day, they did not recognize the land, but they noticed a bay with a beach, on which they planned if possible to run the ship ashore.

40 So they cast off the anchors and left them in the sea, at the same time loosening the ropes that tied the rudders. Then hoisting the foresail to the wind they made for the beach.

41 But striking a reef,[7] they ran the vessel aground. The bow stuck and remained immovable, and the stern was being broken up by the surf.

¶ **42** Die Soldaten aber hatten vor, die Gefangenen zu töten, damit niemand fortschwimmen und entfliehen könne.

43 Aber der Hauptmann wollte Paulus am Leben erhalten und wehrte ihrem Vorhaben und ließ die, die schwimmen konnten, als Erste ins Meer springen und sich ans Land retten,

44 die andern aber einige auf Brettern, einige auf dem, was noch vom Schiff da war. Und so geschah es, dass sie alle gerettet ans Land kamen.

Auf der Insel Malta

28 Und als wir gerettet waren, erfuhren wir, dass die Insel Malta hieß.

2 Die Leute aber erwiesen uns nicht geringe Freundlichkeit, zündeten ein Feuer an und nahmen uns alle auf wegen des Regens, der über uns gekommen war, und wegen der Kälte.

¶ **3** Als nun Paulus einen Haufen Reisig zusammenraffte und aufs Feuer legte, fuhr wegen der Hitze eine Schlange heraus und biss sich an seiner Hand fest.

4 Als aber die Leute das Tier an seiner Hand hängen sahen, sprachen sie untereinander: Dieser Mensch muss ein Mörder sein, den die Göttin der Rache nicht leben lässt, obgleich er dem Meer entkommen ist.

5 Er aber schlenkerte das Tier ins Feuer und es widerfuhr ihm nichts Übles.

6 Sie aber warteten, dass er anschwellen oder plötzlich tot umfallen würde. Als sie nun lange gewartet hatten und sahen, dass ihm nichts Schlimmes widerfuhr, änderten sie ihre Meinung und sprachen: Er ist ein Gott.

¶ **7** In dieser Gegend hatte der angesehenste Mann der Insel, mit Namen Publius, Landgüter; der nahm uns auf und beherbergte uns drei Tage lang freundlich.

8 Es geschah aber, dass der Vater des Publius am Fieber und an der Ruhr darnieder lag. Zu dem ging Paulus hinein und betete und legte die Hände auf ihn und machte ihn gesund.

9 Als das geschehen war, kamen auch die andern Kranken der Insel herbei und ließen sich gesund machen.

10 Und sie erwiesen uns große Ehre; und als wir abfuhren, gaben sie uns mit, was wir nötig hatten.

42 The soldiers' plan was to kill the prisoners, lest any should swim away and escape.

43 But the centurion, wishing to save Paul, kept them from carrying out their plan. He ordered those who could swim to jump overboard first and make for the land,

44 and the rest on planks or on pieces of the ship. And so it was that all were brought safely to land.

Paul on Malta

28 After we were brought safely through, we then learned that the island was called Malta.

2 The native people[1] showed us unusual kindness, for they kindled a fire and welcomed us all, because it had begun to rain and was cold.

3 When Paul had gathered a bundle of sticks and put them on the fire, a viper came out because of the heat and fastened on his hand.

4 When the native people saw the creature hanging from his hand, they said to one another, "No doubt this man is a murderer. Though he has escaped from the sea, Justice[2] has not allowed him to live."

5 He, however, shook off the creature into the fire and suffered no harm.

6 They were waiting for him to swell up or suddenly fall down dead. But when they had waited a long time and saw no misfortune come to him, they changed their minds and said that he was a god.

¶ **7** Now in the neighborhood of that place were lands belonging to the chief man of the island, named Publius, who received us and entertained us hospitably for three days.

8 It happened that the father of Publius lay sick with fever and dysentery. And Paul visited him and prayed, and putting his hands on him healed him.

9 And when this had taken place, the rest of the people on the island who had diseases also came and were cured.

10 They also honored us greatly,[3] and when we were about to sail, they put on board whatever we needed.

Von Malta nach Rom

11 Nach drei Monaten aber fuhren wir ab mit einem Schiff aus Alexandria, das bei der Insel überwintert hatte und das Zeichen der Zwillinge führte.

12 Und als wir nach Syrakus kamen, blieben wir drei Tage da.

13 Von da fuhren wir die Küste entlang und kamen nach Rhegion; und da am nächsten Tag der Südwind sich erhob, kamen wir in zwei Tagen nach Puteoli.

14 Dort fanden wir Brüder und wurden von ihnen gebeten, sieben Tage dazubleiben. Und so kamen wir nach Rom.

15 Dort hatten die Brüder von uns gehört und kamen uns entgegen bis Forum Appii und Tres-Tabernae. Als Paulus sie sah, dankte er Gott und gewann Zuversicht.

¶ **16** Als wir nun nach Rom hineinkamen,* wurde dem Paulus erlaubt, für sich allein zu wohnen mit dem Soldaten, der ihn bewachte.

Paulus in Rom

17 Es geschah aber nach drei Tagen, dass Paulus die Angesehensten der Juden bei sich zusammenrief. Als sie zusammengekommen waren, sprach er zu ihnen: Ihr Männer, liebe Brüder, ich habe nichts getan gegen unser Volk und die Ordnungen der Väter und bin doch als Gefangener aus Jerusalem überantwortet in die Hände der Römer.

18 Diese wollten mich losgeben, nachdem sie mich verhört hatten, weil nichts gegen mich vorlag, das den Tod verdient hätte.

19 Da aber die Juden widersprachen, war ich genötigt, mich auf den Kaiser zu berufen, nicht als hätte ich mein Volk wegen etwas zu verklagen.

20 Aus diesem Grund habe ich darum gebeten, dass ich euch sehen und zu euch sprechen könnte; denn um der Hoffnung Israels willen trage ich diese Ketten.

¶ **21** Sie aber sprachen zu ihm: Wir haben deinetwegen weder Briefe aus Judäa empfangen noch ist ein Bruder gekommen, der über dich etwas Schlechtes berichtet oder gesagt hätte.

22 Doch wollen wir von dir hören, was du denkst; denn von dieser Sekte ist uns bekannt, dass ihr an allen Enden widersprochen wird.

23 Und als sie ihm einen Tag bestimmt hatten, kamen viele zu ihm in die Herberge. Da erklärte und bezeugte er ihnen das Reich Gottes und predigte ihnen von Jesus aus dem Gesetz des Mose und aus den Propheten vom frühen Morgen bis zum Abend.

24 Die einen stimmten dem zu, was er sagte, die andern aber glaubten nicht.

Paul Arrives at Rome

¶ **11** After three months we set sail in a ship that had wintered in the island, a ship of Alexandria, with the twin gods[4] as a figurehead.

12 Putting in at Syracuse, we stayed there for three days.

13 And from there we made a circuit and arrived at Rhegium. And after one day a south wind sprang up, and on the second day we came to Puteoli.

14 There we found brothers[5] and were invited to stay with them for seven days. And so we came to Rome.

15 And the brothers there, when they heard about us, came as far as the Forum of Appius and Three Taverns to meet us. On seeing them, Paul thanked God and took courage.

16 And when we came into Rome, Paul was allowed to stay by himself, with the soldier that guarded him.

Paul in Rome

¶ **17** After three days he called together the local leaders of the Jews, and when they had gathered, he said to them, "Brothers, though I had done nothing against our people or the customs of our fathers, yet I was delivered as a prisoner from Jerusalem into the hands of the Romans.

18 When they had examined me, they wished to set me at liberty, because there was no reason for the death penalty in my case.

19 But because the Jews objected, I was compelled to appeal to Caesar—though I had no charge to bring against my nation.

20 For this reason, therefore, I have asked to see you and speak with you, since it is because of the hope of Israel that I am wearing this chain."

21 And they said to him, "We have received no letters from Judea about you, and none of the brothers coming here has reported or spoken any evil about you.

22 But we desire to hear from you what your views are, for with regard to this sect we know that everywhere it is spoken against."

¶ **23** When they had appointed a day for him, they came to him at his lodging in greater numbers. From morning till evening he expounded to them, testifying to the kingdom of God and trying to convince them about Jesus both from the Law of Moses and from the Prophets.

24 And some were convinced by what he said, but others disbelieved.

¶ **25** Sie waren aber untereinander uneins und gingen weg, als Paulus dies eine Wort gesagt hatte: Mit Recht hat der Heilige Geist durch den Propheten Jesaja zu euren Vätern gesprochen (Jesaja 6,9-10):

26 »Geh hin zu diesem Volk und sprich: Mit den Ohren werdet ihr's hören und nicht verstehen; und mit den Augen werdet ihr's sehen und nicht erkennen.

27 Denn das Herz dieses Volkes ist verstockt und ihre Ohren hören schwer und ihre Augen sind geschlossen, damit sie nicht etwa mit den Augen sehen und mit den Ohren hören und mit dem Herzen verstehen und sich bekehren, und ich ihnen helfe.«

28 So sei es euch kundgetan, dass den Heiden dies Heil Gottes gesandt ist; und sie werden es hören.*

¶ **30** Paulus aber blieb zwei volle Jahre in seiner eigenen Wohnung und nahm alle auf, die zu ihm kamen,

31 predigte das Reich Gottes und lehrte von dem Herrn Jesus Christus mit allem Freimut ungehindert.

25 And disagreeing among themselves, they departed after Paul had made one statement: "The Holy Spirit was right in saying to your fathers through Isaiah the prophet:

26 "'Go to this people, and say,
You will indeed hear but never understand,
and you will indeed see but never perceive.
27 For this people's heart has grown dull,
and with their ears they can barely hear,
and their eyes they have closed;
lest they should see with their eyes
and hear with their ears
and understand with their heart
and turn, and I would heal them.'

28 Therefore let it be known to you that this salvation of God has been sent to the Gentiles; they will listen."[6]

¶ **30** He lived there two whole years at his own expense,[7] and welcomed all who came to him,

31 proclaiming the kingdom of God and teaching about the Lord Jesus Christ with all boldness and without hindrance.

DER BRIEF DES PAULUS AN DIE RÖMER

ROMANS

Paulus der Apostel der Heiden

1 Paulus, ein Knecht Christi Jesu, berufen zum Apostel, ausgesondert zu predigen das Evangelium Gottes,

2 das er zuvor verheißen hat durch seine Propheten in der Heiligen Schrift,

3 von seinem Sohn Jesus Christus, unserm Herrn, der geboren ist aus dem Geschlecht Davids nach dem Fleisch,

4 und nach dem Geist, der heiligt, eingesetzt ist als Sohn Gottes in Kraft durch die Auferstehung von den Toten.

5 Durch ihn haben wir empfangen Gnade und Apostelamt, in seinem Namen den Gehorsam des Glaubens aufzurichten unter allen Heiden,

6 zu denen auch ihr gehört, die ihr berufen seid von Jesus Christus.

¶ **7** An alle Geliebten Gottes und berufenen Heiligen in Rom: Gnade sei mit euch und Friede von Gott, unserm Vater, und dem Herrn Jesus Christus!

Der Wunsch des Paulus, nach Rom zu kommen

8 Zuerst danke ich meinem Gott durch Jesus Christus für euch alle, dass man von eurem Glauben in aller Welt spricht.

9 Denn Gott ist mein Zeuge, dem ich in meinem Geist diene am Evangelium von seinem Sohn, dass ich ohne Unterlass euer gedenke

10 und allezeit in meinem Gebet flehe, ob sich's wohl einmal fügen möchte durch Gottes Willen, dass ich zu euch komme.

11 Denn mich verlangt danach, euch zu sehen, damit ich euch etwas mitteile an geistlicher Gabe, um euch zu stärken,

12 das heißt, damit ich zusammen mit euch getröstet werde durch euren und meinen Glauben, den wir miteinander haben.

¶ **13** Ich will euch aber nicht verschweigen, liebe Brüder, dass ich mir oft vorgenommen habe, zu euch zu kommen – wurde aber bisher gehindert –, damit ich auch unter euch Frucht schaffe wie unter andern Heiden.

Greeting

1 Paul, a servant[1] of Christ Jesus, called to be an apostle, set apart for the gospel of God,

2 which he promised beforehand through his prophets in the holy Scriptures,

3 concerning his Son, who was descended from David[2] according to the flesh

4 and was declared to be the Son of God in power according to the Spirit of holiness by his resurrection from the dead, Jesus Christ our Lord,

5 through whom we have received grace and apostleship to bring about the obedience of faith for the sake of his name among all the nations,

6 including you who are called to belong to Jesus Christ,

¶ **7** To all those in Rome who are loved by God and called to be saints:

¶ Grace to you and peace from God our Father and the Lord Jesus Christ.

Longing to Go to Rome

¶ **8** First, I thank my God through Jesus Christ for all of you, because your faith is proclaimed in all the world.

9 For God is my witness, whom I serve with my spirit in the gospel of his Son, that without ceasing I mention you

10 always in my prayers, asking that somehow by God's will I may now at last succeed in coming to you.

11 For I long to see you, that I may impart to you some spiritual gift to strengthen you—

12 that is, that we may be mutually encouraged by each other's faith, both yours and mine.

13 I want you to know, brothers,[3] that I have often intended to come to you (but thus far have been prevented), in order that I may reap some harvest among you as well as among the rest of the Gentiles.

14 Ich bin ein Schuldner der Griechen und der Nichtgriechen, der Weisen und der Nichtweisen;

15 darum, soviel an mir liegt, bin ich willens, auch euch in Rom das Evangelium zu predigen.

Das Evangelium als Kraft Gottes

16 Denn ich schäme mich des Evangeliums nicht; denn es ist eine Kraft Gottes, die selig macht alle, die daran glauben, die Juden zuerst und ebenso die Griechen.

17 Denn darin wird offenbart die Gerechtigkeit, die vor Gott gilt, welche kommt aus Glauben in Glauben; wie geschrieben steht (Habakuk 2,4): »Der Gerechte wird aus Glauben leben.«

Die Gottlosigkeit der Heiden

18 Denn Gottes Zorn wird vom Himmel her offenbart über alles gottlose Wesen und alle Ungerechtigkeit der Menschen, die die Wahrheit durch Ungerechtigkeit niederhalten.

19 Denn was man von Gott erkennen kann, ist unter ihnen offenbar; denn Gott hat es ihnen offenbart.

20 Denn Gottes unsichtbares Wesen, das ist seine ewige Kraft und Gottheit, wird seit der Schöpfung der Welt ersehen aus seinen Werken, wenn man sie wahrnimmt, sodass sie keine Entschuldigung haben.

21 Denn obwohl sie von Gott wussten, haben sie ihn nicht als Gott gepriesen noch ihm gedankt, sondern sind dem Nichtigen verfallen in ihren Gedanken, und ihr unverständiges Herz ist verfinstert.

22 Da sie sich für Weise hielten, sind sie zu Narren geworden

23 und haben die Herrlichkeit des unvergänglichen Gottes vertauscht mit einem Bild gleich dem eines vergänglichen Menschen und der Vögel und der vierfüßigen und der kriechenden Tiere.

¶ **24** Darum hat Gott sie in den Begierden ihrer Herzen dahingegeben in die Unreinheit, sodass ihre Leiber durch sie selbst geschändet werden,

25 sie, die Gottes Wahrheit in Lüge verkehrt und das Geschöpf verehrt und ihm gedient haben statt dem Schöpfer, der gelobt ist in Ewigkeit. Amen.

¶ **26** Darum hat sie Gott dahingegeben in schändliche Leidenschaften; denn ihre Frauen haben den natürlichen Verkehr vertauscht mit dem widernatürlichen;

14 I am under obligation both to Greeks and to barbarians,[4] both to the wise and to the foolish.

15 So I am eager to preach the gospel to you also who are in Rome.

The Righteous Shall Live by Faith

¶ **16** For I am not ashamed of the gospel, for it is the power of God for salvation to everyone who believes, to the Jew first and also to the Greek.

17 For in it the righteousness of God is revealed from faith for faith,[5] as it is written, "The righteous shall live by faith."[6]

God's Wrath on Unrighteousness

¶ **18** For the wrath of God is revealed from heaven against all ungodliness and unrighteousness of men, who by their unrighteousness suppress the truth.

19 For what can be known about God is plain to them, because God has shown it to them.

20 For his invisible attributes, namely, his eternal power and divine nature, have been clearly perceived, ever since the creation of the world, in the things that have been made. So they are without excuse.

21 For although they knew God, they did not honor him as God or give thanks to him, but they became futile in their thinking, and their foolish hearts were darkened.

22 Claiming to be wise, they became fools,

23 and exchanged the glory of the immortal God for images resembling mortal man and birds and animals and creeping things.

¶ **24** Therefore God gave them up in the lusts of their hearts to impurity, to the dishonoring of their bodies among themselves,

25 because they exchanged the truth about God for a lie and worshiped and served the creature rather than the Creator, who is blessed forever! Amen.

¶ **26** For this reason God gave them up to dishonorable passions. For their women exchanged natural relations for those that are contrary to nature;

27 desgleichen haben auch die Männer den natürlichen Verkehr mit der Frau verlassen und sind in Begierde zueinander entbrannt und haben Mann mit Mann Schande getrieben und den Lohn ihrer Verirrung, wie es ja sein musste, an sich selbst empfangen.

¶ **28** Und wie sie es für nichts geachtet haben, Gott zu erkennen, hat sie Gott dahingegeben in verkehrten Sinn, sodass sie tun, was nicht recht ist,

29 voll von aller Ungerechtigkeit, Schlechtigkeit, Habgier, Bosheit, voll Neid, Mord, Hader, List, Niedertracht; Zuträger,

30 Verleumder, Gottesverächter, Frevler, hochmütig, prahlerisch, erfinderisch im Bösen, den Eltern ungehorsam,

31 unvernünftig, treulos, lieblos, unbarmherzig.

32 Sie wissen, dass, die solches tun, nach Gottes Recht den Tod verdienen; aber sie tun es nicht allein, sondern haben auch Gefallen an denen, die es tun.

Der Maßstab des göttlichen Gerichts

2 Darum, o Mensch, kannst du dich nicht entschuldigen, wer du auch bist, der du richtest. Denn worin du den andern richtest, verdammst du dich selbst, weil du ebendasselbe tust, was du richtest.

2 Wir wissen aber, dass Gottes Urteil recht ist über die, die solches tun.

3 Denkst du aber, o Mensch, der du die richtest, die solches tun, und tust auch dasselbe, dass du dem Urteil Gottes entrinnen wirst?

4 Oder verachtest du den Reichtum seiner Güte, Geduld und Langmut? **Weißt du nicht, dass dich Gottes Güte zur Buße leitet?**

¶ **5** Du aber mit deinem verstockten und unbußfertigen Herzen häufst dir selbst Zorn an auf den Tag des Zorns und der Offenbarung des gerechten Gerichtes Gottes,

6 der einem jeden geben wird nach seinen Werken:

7 ewiges Leben denen, die in aller Geduld mit guten Werken trachten nach Herrlichkeit, Ehre und unvergänglichem Leben;

8 Ungnade und Zorn aber denen, die streitsüchtig sind und der Wahrheit nicht gehorchen, gehorchen aber der Ungerechtigkeit;

9 Trübsal und Angst über alle Seelen der Menschen, die Böses tun, zuerst der Juden und ebenso der Griechen;

27 and the men likewise gave up natural relations with women and were consumed with passion for one another, men committing shameless acts with men and receiving in themselves the due penalty for their error.

¶ **28** And since they did not see fit to acknowledge God, God gave them up to a debased mind to do what ought not to be done.

29 They were filled with all manner of unrighteousness, evil, covetousness, malice. They are full of envy, murder, strife, deceit, maliciousness. They are gossips,

30 slanderers, haters of God, insolent, haughty, boastful, inventors of evil, disobedient to parents,

31 foolish, faithless, heartless, ruthless.

32 Though they know God's decree that those who practice such things deserve to die, they not only do them but give approval to those who practice them.

God's Righteous Judgment

2 Therefore you have no excuse, O man, every one of you who judges. For in passing judgment on another you condemn yourself, because you, the judge, practice the very same things.

2 We know that the judgment of God rightly falls on those who practice such things.

3 Do you suppose, O man—you who judge those who practice such things and yet do them yourself—that you will escape the judgment of God?

4 Or do you presume on the riches of his kindness and forbearance and patience, not knowing that God's kindness is meant to lead you to repentance?

5 But because of your hard and impenitent heart you are storing up wrath for yourself on the day of wrath when God's righteous judgment will be revealed.

¶ **6** He will render to each one according to his works:

7 to those who by patience in well-doing seek for glory and honor and immortality, he will give eternal life;

8 but for those who are self-seeking[1] and do not obey the truth, but obey unrighteousness, there will be wrath and fury.

9 There will be tribulation and distress for every human being who does evil, the Jew first and also the Greek,

10 Herrlichkeit aber und Ehre und Frieden allen denen, die Gutes tun, zuerst den Juden und ebenso den Griechen.

¶ **11** Denn **es ist kein Ansehen der Person vor Gott.**

12 Alle, die ohne Gesetz gesündigt haben, werden auch ohne Gesetz verloren gehen; und alle, die unter dem Gesetz gesündigt haben, werden durchs Gesetz verurteilt werden.

13 Denn vor Gott sind nicht gerecht, die das Gesetz **hören**, sondern die das Gesetz **tun**, werden gerecht sein.

14 Denn wenn Heiden, die das Gesetz nicht haben, doch von Natur tun, was das Gesetz fordert, so sind sie, obwohl sie das Gesetz nicht haben, sich selbst Gesetz.

15 Sie beweisen damit, dass in ihr Herz geschrieben ist, was das Gesetz fordert, zumal ihr Gewissen es ihnen bezeugt, dazu auch die Gedanken, die einander anklagen oder auch entschuldigen –

16 an dem Tag, an dem Gott das Verborgene der Menschen durch Christus Jesus richten wird, wie es mein Evangelium bezeugt.

Die Anklage gegen die Juden

17 Wenn du dich aber Jude nennst und verlässt dich aufs Gesetz und rühmst dich Gottes

18 und kennst seinen Willen und prüfst, weil du aus dem Gesetz unterrichtet bist, was das Beste zu tun sei,

19 und maßt dir an, ein Leiter der Blinden zu sein, ein Licht derer, die in Finsternis sind,

20 ein Erzieher der Unverständigen, ein Lehrer der Unmündigen, weil du im Gesetz die Richtschnur der Erkenntnis und Wahrheit hast –:

21 Du lehrst nun andere und lehrst dich selber nicht? Du predigst, man solle nicht stehlen, und du stiehlst?

22 Du sprichst, man solle nicht ehebrechen, und du brichst die Ehe? Du verabscheust die Götzen und beraubst ihre Tempel?

23 Du rühmst dich des Gesetzes und schändest Gott durch Übertretung des Gesetzes?

24 Denn »euretwegen wird Gottes Name gelästert unter den Heiden«, wie geschrieben steht (Jesaja 52,5).

¶ **25** Die Beschneidung nützt etwas, wenn du das Gesetz hältst; hältst du aber das Gesetz nicht, so bist du aus einem Beschnittenen schon ein Unbeschnittener geworden.

10 but glory and honor and peace for everyone who does good, the Jew first and also the Greek.

11 For God shows no partiality.

God's Judgment and the Law

¶ **12** For all who have sinned without the law will also perish without the law, and all who have sinned under the law will be judged by the law.

13 For it is not the hearers of the law who are righteous before God, but the doers of the law who will be justified.

14 For when Gentiles, who do not have the law, by nature do what the law requires, they are a law to themselves, even though they do not have the law.

15 They show that the work of the law is written on their hearts, while their conscience also bears witness, and their conflicting thoughts accuse or even excuse them

16 on that day when, according to my gospel, God judges the secrets of men by Christ Jesus.

¶ **17** But if you call yourself a Jew and rely on the law and boast in God

18 and know his will and approve what is excellent, because you are instructed from the law;

19 and if you are sure that you yourself are a guide to the blind, a light to those who are in darkness,

20 an instructor of the foolish, a teacher of children, having in the law the embodiment of knowledge and truth—

21 you then who teach others, do you not teach yourself? While you preach against stealing, do you steal?

22 You who say that one must not commit adultery, do you commit adultery? You who abhor idols, do you rob temples?

23 You who boast in the law dishonor God by breaking the law.

24 For, as it is written, "The name of God is blasphemed among the Gentiles because of you."

¶ **25** For circumcision indeed is of value if you obey the law, but if you break the law, your circumcision becomes uncircumcision.

26 Wenn nun der Unbeschnittene hält, was nach dem Gesetz recht ist, meinst du nicht, dass dann der Unbeschnittene vor Gott als Beschnittener gilt?

27 Und so wird der, der von Natur unbeschnitten ist und das Gesetz erfüllt, dir ein Richter sein, der du unter dem Buchstaben und der Beschneidung stehst und das Gesetz übertrittst.

28 Denn nicht der ist ein Jude, der es äußerlich ist, auch ist nicht das die Beschneidung, die äußerlich am Fleisch geschieht;

29 sondern der ist ein Jude, der es inwendig verborgen ist, und das ist die Beschneidung des Herzens, die im Geist und nicht im Buchstaben geschieht. Das Lob eines solchen ist nicht von Menschen, sondern von Gott.

Gottes unwandelbare Treue

3 Was haben dann die Juden für einen Vorzug oder was nützt die Beschneidung?

2 Viel in jeder Weise! Zum Ersten: ihnen ist anvertraut, was Gott geredet hat.

3 Dass aber einige nicht treu waren, was liegt daran? Sollte ihre Untreue Gottes Treue aufheben?

4 Das sei ferne! Es bleibe vielmehr so: Gott ist wahrhaftig und alle Menschen sind Lügner; wie geschrieben steht (Psalm 51,6): »Damit du recht behältst in deinen Worten und siegst, wenn man mit dir rechtet.«

¶ 5 Ist's aber so, dass unsre Ungerechtigkeit Gottes Gerechtigkeit ins Licht stellt, was sollen wir sagen? Ist Gott dann nicht ungerecht, wenn er zürnt? – Ich rede nach Menschenweise. –

6 Das sei ferne! Wie könnte sonst Gott die Welt richten?

7 Wenn aber die Wahrheit Gottes durch meine Lüge herrlicher wird zu seiner Ehre, warum sollte ich dann noch als ein Sünder gerichtet werden?

8 Ist es etwa so, wie wir verlästert werden und einige behaupten, dass wir sagen: Lasst uns Böses tun, damit Gutes daraus komme? Deren Verdammnis ist gerecht.

Die Schuld aller vor Gott

9 Was sagen wir denn nun? Haben wir Juden einen Vorzug? Gar keinen. Denn wir haben soeben bewiesen, dass alle, Juden wie Griechen, unter der Sünde sind,

10 wie geschrieben steht: »Da ist keiner, der gerecht ist, auch nicht einer.

11 Da ist keiner, der verständig ist; da ist keiner, der nach Gott fragt.

26 So, if a man who is uncircumcised keeps the precepts of the law, will not his uncircumcision be regarded[2] as circumcision?

27 Then he who is physically uncircumcised but keeps the law will condemn you who have the written code[3] and circumcision but break the law.

28 For no one is a Jew who is merely one outwardly, nor is circumcision outward and physical.

29 But a Jew is one inwardly, and circumcision is a matter of the heart, by the Spirit, not by the letter. His praise is not from man but from God.

God's Righteousness Upheld

3 Then what advantage has the Jew? Or what is the value of circumcision?

2 Much in every way. To begin with, the Jews were entrusted with the oracles of God.

3 What if some were unfaithful? Does their faithlessness nullify the faithfulness of God?

4 By no means! Let God be true though every one were a liar, as it is written,

> "That you may be justified in your words,
>   and prevail when you are judged."

5 But if our unrighteousness serves to show the righteousness of God, what shall we say? That God is unrighteous to inflict wrath on us? (I speak in a human way.)

6 By no means! For then how could God judge the world?

7 But if through my lie God's truth abounds to his glory, why am I still being condemned as a sinner?

8 And why not do evil that good may come?—as some people slanderously charge us with saying. Their condemnation is just.

No One Is Righteous

¶ 9 What then? Are we Jews[1] any better off?[2] No, not at all. For we have already charged that all, both Jews and Greeks, are under sin,

10 as it is written:

> "None is righteous, no, not one;
11   no one understands;
>   no one seeks for God.

12 Sie sind alle abgewichen und allesamt verdorben. Da ist keiner, der Gutes tut, auch nicht einer (Psalm 14,1-3).

13 Ihr Rachen ist ein offenes Grab; mit ihren Zungen betrügen sie (Psalm 5,10), Otterngift ist unter ihren Lippen (Psalm 140,4);

14 ihr Mund ist voll Fluch und Bitterkeit (Psalm 10,7).

15 Ihre Füße eilen, Blut zu vergießen;

16 auf ihren Wegen ist lauter Schaden und Jammer,

17 und den Weg des Friedens kennen sie nicht (Jesaja 59,7-8).

18 Es ist keine Gottesfurcht bei ihnen (Psalm 36,2).«

¶ **19** Wir wissen aber: was das Gesetz sagt, das sagt es denen, die unter dem Gesetz sind, damit allen der Mund gestopft werde und alle Welt vor Gott schuldig sei,

20 weil kein Mensch durch die Werke des Gesetzes vor ihm gerecht sein kann. Denn **durch das Gesetz kommt Erkenntnis der Sünde.**

Die Rechtfertigung allein durch Glauben

21 Nun aber ist ohne Zutun des Gesetzes die Gerechtigkeit, die vor Gott gilt, offenbart, bezeugt durch das Gesetz und die Propheten.

22 Ich rede aber von der Gerechtigkeit vor Gott, die da kommt durch den Glauben an Jesus Christus zu allen, die glauben. **Denn es ist hier kein Unterschied:**

23 sie sind allesamt Sünder und ermangeln des Ruhmes, den sie bei Gott haben sollten,

24 und werden ohne Verdienst gerecht aus seiner Gnade durch die Erlösung, die durch Christus Jesus geschehen ist.

¶ **25** Den hat Gott für den Glauben hingestellt als Sühne in seinem Blut zum Erweis seiner Gerechtigkeit, indem er die Sünden vergibt, die früher

26 begangen wurden in der Zeit seiner Geduld, um nun in dieser Zeit seine Gerechtigkeit zu erweisen, dass er selbst gerecht ist und gerecht macht den, der da ist aus dem Glauben an Jesus.

¶ **27** Wo bleibt nun das Rühmen? Es ist ausgeschlossen. Durch welches Gesetz? Durch das Gesetz der Werke? Nein, sondern durch das Gesetz des Glaubens.

28 So halten wir nun dafür, dass der **Mensch gerecht wird ohne des Gesetzes Werke, allein durch den Glauben.**

12 All have turned aside; together they have become worthless;
  no one does good,
  not even one."

13 "Their throat is an open grave;
  they use their tongues to deceive."
"The venom of asps is under their lips."

14 "Their mouth is full of curses and
  bitterness."

15 "Their feet are swift to shed blood;

16 in their paths are ruin and misery,

17 and the way of peace they have not
  known."

18 "There is no fear of God before their
  eyes."

¶ **19** Now we know that whatever the law says it speaks to those who are under the law, so that every mouth may be stopped, and the whole world may be held accountable to God.

20 For by works of the law no human being[3] will be justified in his sight, since through the law comes knowledge of sin.

The Righteousness of God Through Faith

¶ **21** But now the righteousness of God has been manifested apart from the law, although the Law and the Prophets bear witness to it—

22 the righteousness of God through faith in Jesus Christ for all who believe. For there is no distinction:

23 for all have sinned and fall short of the glory of God,

24 and are justified by his grace as a gift, through the redemption that is in Christ Jesus,

25 whom God put forward as a propitiation by his blood, to be received by faith. This was to show God's righteousness, because in his divine forbearance he had passed over former sins.

26 It was to show his righteousness at the present time, so that he might be just and the justifier of the one who has faith in Jesus.

¶ **27** Then what becomes of our boasting? It is excluded. By what kind of law? By a law of works? No, but by the law of faith.

28 For we hold that one is justified by faith apart from works of the law.

29 Oder ist Gott allein der Gott der Juden? Ist er nicht auch der Gott der Heiden? Ja gewiss, auch der Heiden.

30 Denn es ist der eine Gott, der gerecht macht die Juden aus dem Glauben und die Heiden durch den Glauben.

31 Wie? Heben wir denn das Gesetz auf durch den Glauben? Das sei ferne! Sondern wir richten das Gesetz auf.

Abraham der Vater des Glaubens

4 Was sagen wir denn von Abraham, unserm leiblichen Stammvater? Was hat er erlangt?

2 Das sagen wir: Ist Abraham durch Werke gerecht, so kann er sich wohl rühmen, aber nicht vor Gott.

3 Denn was sagt die Schrift? »Abraham hat Gott geglaubt und das ist ihm zur Gerechtigkeit gerechnet worden.« (1.Mose 15,6)

4 Dem aber, der mit Werken umgeht, wird der Lohn nicht aus Gnade zugerechnet, sondern aus Pflicht.

5 Dem aber, der nicht mit Werken umgeht, glaubt aber an den, der die Gottlosen gerecht macht, dem wird sein Glaube gerechnet zur Gerechtigkeit.

¶ **6** Wie ja auch David den Menschen selig preist, dem Gott zurechnet die Gerechtigkeit ohne Zutun der Werke (Psalm 32,1-2):

7 »Selig sind die, denen die Ungerechtigkeiten vergeben und denen die Sünden bedeckt sind!

8 Selig ist der Mann, dem der Herr die Sünde nicht zurechnet!«

¶ **9** Diese Seligpreisung nun, gilt sie den Beschnittenen oder auch den Unbeschnittenen? Wir sagen doch: »Abraham ist sein Glaube zur Gerechtigkeit gerechnet worden.«

10 Wie ist er ihm denn zugerechnet worden? Als er beschnitten oder als er unbeschnitten war? Ohne Zweifel: nicht als er beschnitten, sondern als er unbeschnitten war.

11 Das Zeichen der Beschneidung aber empfing er als Siegel der Gerechtigkeit des Glaubens, den er hatte, als er noch nicht beschnitten war. So sollte er ein Vater werden aller, die glauben, ohne beschnitten zu sein, damit auch ihnen der Glaube gerechnet werde zur Gerechtigkeit;

12 und ebenso ein Vater der Beschnittenen, wenn sie nicht nur beschnitten sind, sondern auch gehen in den Fußstapfen des Glaubens, den unser Vater Abraham hatte, als er noch nicht beschnitten war.

29 Or is God the God of Jews only? Is he not the God of Gentiles also? Yes, of Gentiles also,

30 since God is one—who will justify the circumcised by faith and the uncircumcised through faith.

31 Do we then overthrow the law by this faith? By no means! On the contrary, we uphold the law.

Abraham Justified by Faith

4 What then shall we say was gained by[1] Abraham, our forefather according to the flesh?

2 For if Abraham was justified by works, he has something to boast about, but not before God.

3 For what does the Scripture say? "Abraham believed God, and it was counted to him as righteousness."

4 Now to the one who works, his wages are not counted as a gift but as his due.

5 And to the one who does not work but believes in[2] him who justifies the ungodly, his faith is counted as righteousness,

6 just as David also speaks of the blessing of the one to whom God counts righteousness apart from works:

7 "Blessed are those whose lawless deeds are forgiven,
and whose sins are covered;

8 blessed is the man against whom the Lord will not count his sin."

¶ **9** Is this blessing then only for the circumcised, or also for the uncircumcised? We say that faith was counted to Abraham as righteousness.

10 How then was it counted to him? Was it before or after he had been circumcised? It was not after, but before he was circumcised.

11 He received the sign of circumcision as a seal of the righteousness that he had by faith while he was still uncircumcised. The purpose was to make him the father of all who believe without being circumcised, so that righteousness would be counted to them as well,

12 and to make him the father of the circumcised who are not merely circumcised but who also walk in the footsteps of the faith that our father Abraham had before he was circumcised.

¶ **13** Denn die Verheißung, dass er der Erbe der Welt sein solle, ist Abraham oder seinen Nachkommen nicht zuteilgeworden durchs Gesetz, sondern durch die Gerechtigkeit des Glaubens.

14 Denn wenn die vom Gesetz Erben sind, dann ist der Glaube nichts und die Verheißung ist dahin.

15 Denn das Gesetz richtet nur Zorn an; wo aber das Gesetz nicht ist, da ist auch keine Übertretung.

16 Deshalb muss die Gerechtigkeit durch den Glauben kommen, damit sie aus Gnaden sei und die Verheißung festbleibe für alle Nachkommen, nicht allein für die, die unter dem Gesetz sind, sondern auch für die, die wie Abraham aus dem Glauben leben.

¶   Der ist unser aller Vater

17 – wie geschrieben steht (1.Mose 17,5): »Ich habe dich gesetzt zum Vater vieler Völker« – vor Gott, dem er geglaubt hat, der die Toten lebendig macht und ruft das, was nicht ist, dass es sei.

18 Er hat geglaubt auf Hoffnung, wo nichts zu hoffen war, dass er der Vater vieler Völker werde, wie zu ihm gesagt ist (1.Mose 15,5): »So zahlreich sollen deine Nachkommen sein.«

19 Und er wurde nicht schwach im Glauben, als er auf seinen eigenen Leib sah, der schon erstorben war, weil er fast hundertjährig war, und auf den erstorbenen Leib der Sara.

20 Denn er zweifelte nicht an der Verheißung Gottes durch Unglauben, sondern wurde stark im Glauben und gab Gott die Ehre

21 und wusste aufs Allergewisseste: Was Gott verheißt, das kann er auch tun.

22 Darum ist es ihm auch »zur Gerechtigkeit gerechnet worden« (1.Mose 15,6).

23 Dass es ihm zugerechnet worden ist, ist aber nicht allein um seinetwillen geschrieben,

24 sondern auch um unsertwillen, denen es zugerechnet werden soll, wenn wir glauben an den, der unsern Herrn Jesus auferweckt hat von den Toten,

25 welcher ist um unsrer Sünden willen dahingegeben und um unsrer Rechtfertigung willen auferweckt.

Frieden mit Gott

5 Da wir nun gerecht geworden sind durch den Glauben, haben wir Frieden mit Gott durch unsern Herrn Jesus Christus;

The Promise Realized Through Faith

¶ **13** For the promise to Abraham and his offspring that he would be heir of the world did not come through the law but through the righteousness of faith.

14 For if it is the adherents of the law who are to be the heirs, faith is null and the promise is void.

15 For the law brings wrath, but where there is no law there is no transgression.

¶ **16** That is why it depends on faith, in order that the promise may rest on grace and be guaranteed to all his offspring—not only to the adherent of the law but also to the one who shares the faith of Abraham, who is the father of us all,

17 as it is written, "I have made you the father of many nations"—in the presence of the God in whom he believed, who gives life to the dead and calls into existence the things that do not exist.

18 In hope he believed against hope, that he should become the father of many nations, as he had been told, "So shall your offspring be."

19 He did not weaken in faith when he considered his own body, which was as good as dead (since he was about a hundred years old), or when he considered the barrenness of Sarah's womb.

20 No distrust made him waver concerning the promise of God, but he grew strong in his faith as he gave glory to God,

21 fully convinced that God was able to do what he had promised.

22 That is why his faith was "counted to him as righteousness."

23 But the words "it was counted to him" were not written for his sake alone,

24 but for ours also. It will be counted to us who believe in him who raised from the dead Jesus our Lord,

25 who was delivered up for our trespasses and raised for our justification.

Peace with God Through Faith

5 Therefore, since we have been justified by faith, we[1] have peace with God through our Lord Jesus Christ.

2 durch ihn haben wir auch den Zugang im Glauben zu dieser Gnade, in der wir stehen, und rühmen uns der Hoffnung der zukünftigen Herrlichkeit, die Gott geben wird.

3 Nicht allein aber das, sondern wir rühmen uns auch der Bedrängnisse, weil **wir wissen, dass Bedrängnis Geduld bringt,**

4 Geduld aber Bewährung, Bewährung aber Hoffnung,

5 Hoffnung aber lässt nicht zuschanden werden; denn die Liebe Gottes ist ausgegossen in unsre Herzen durch den Heiligen Geist, der uns gegeben ist.

¶ **6** Denn Christus ist schon zu der Zeit, als wir noch schwach waren, für uns Gottlose gestorben.

7 Nun stirbt kaum jemand um eines Gerechten willen; um des Guten willen wagt er vielleicht sein Leben.

8 Gott aber erweist seine Liebe zu uns darin, dass Christus für uns gestorben ist, als wir noch Sünder waren.

9 Um wie viel mehr werden wir nun durch ihn bewahrt werden vor dem Zorn, nachdem wir jetzt durch sein Blut gerecht geworden sind!

10 Denn wenn wir mit Gott versöhnt worden sind durch den Tod seines Sohnes, als wir noch Feinde waren, um wie viel mehr werden wir selig werden durch sein Leben, nachdem wir nun versöhnt sind.

11 Nicht allein aber das, sondern wir rühmen uns auch Gottes durch unsern Herrn Jesus Christus, durch den wir jetzt die Versöhnung empfangen haben.

Adam und Christus

12 Deshalb, wie durch **einen** Menschen die Sünde in die Welt gekommen ist und der Tod durch die Sünde, so ist der Tod zu allen Menschen durchgedrungen, weil sie alle gesündigt haben.

13 Denn die Sünde war wohl in der Welt, ehe das Gesetz kam; aber wo kein Gesetz ist, da wird Sünde nicht angerechnet.

14 Dennoch herrschte der Tod von Adam an bis Mose auch über die, die nicht gesündigt hatten durch die gleiche Übertretung wie Adam, welcher ist ein Bild dessen, der kommen sollte.

¶ **15** Aber nicht verhält sich's mit der Gabe wie mit der Sünde. Denn wenn durch die Sünde des Einen die Vielen gestorben sind, um wie viel mehr ist Gottes Gnade und Gabe den Vielen überreich zuteilgeworden durch die Gnade des einen Menschen Jesus Christus.

2 Through him we have also obtained access by faith[2] into this grace in which we stand, and we[3] rejoice[4] in hope of the glory of God.

3 More than that, we rejoice in our sufferings, knowing that suffering produces endurance,

4 and endurance produces character, and character produces hope,

5 and hope does not put us to shame, because God's love has been poured into our hearts through the Holy Spirit who has been given to us.

¶ **6** For while we were still weak, at the right time Christ died for the ungodly.

7 For one will scarcely die for a righteous person—though perhaps for a good person one would dare even to die—

8 but God shows his love for us in that while we were still sinners, Christ died for us.

9 Since, therefore, we have now been justified by his blood, much more shall we be saved by him from the wrath of God.

10 For if while we were enemies we were reconciled to God by the death of his Son, much more, now that we are reconciled, shall we be saved by his life.

11 More than that, we also rejoice in God through our Lord Jesus Christ, through whom we have now received reconciliation.

Death in Adam, Life in Christ

¶ **12** Therefore, just as sin came into the world through one man, and death through sin, and so death spread to all men because all sinned—

13 for sin indeed was in the world before the law was given, but sin is not counted where there is no law.

14 Yet death reigned from Adam to Moses, even over those whose sinning was not like the transgression of Adam, who was a type of the one who was to come.

¶ **15** But the free gift is not like the trespass. For if many died through one man's trespass, much more have the grace of God and the free gift by the grace of that one man Jesus Christ abounded for many.

16 Und nicht verhält es sich mit der Gabe wie mit dem, was durch den einen Sünder geschehen ist. Denn das Urteil hat von dem Einen her zur Verdammnis geführt, die Gnade aber hilft aus vielen Sünden zur Gerechtigkeit.

17 Denn wenn wegen der Sünde des Einen der Tod geherrscht hat durch den Einen, um wie viel mehr werden die, welche die Fülle der Gnade und der Gabe der Gerechtigkeit empfangen, herrschen im Leben durch den Einen, Jesus Christus.

¶ **18** Wie nun durch die Sünde des Einen die Verdammnis über alle Menschen gekommen ist, so ist auch durch die Gerechtigkeit des Einen für alle Menschen die Rechtfertigung gekommen, die zum Leben führt.

19 Denn wie durch den Ungehorsam des einen Menschen die Vielen zu Sündern geworden sind, so werden auch durch den Gehorsam des Einen die Vielen zu Gerechten.

¶ **20** Das Gesetz aber ist dazwischen hineingekommen, damit die Sünde mächtiger würde. Wo aber die Sünde mächtig geworden ist, da ist doch die Gnade noch viel mächtiger geworden,

21 damit, wie die Sünde geherrscht hat zum Tode, so auch die Gnade herrsche durch die Gerechtigkeit zum ewigen Leben durch Jesus Christus, unsern Herrn.

Taufe und neues Leben

6 Was sollen wir nun sagen? Sollen wir denn in der Sünde beharren, damit die Gnade umso mächtiger werde?

2 Das sei ferne! Wie sollten wir in der Sünde leben wollen, der wir doch gestorben sind?

3 Oder wisst ihr nicht, dass alle, die wir auf Christus Jesus getauft sind, die sind in seinen Tod getauft?

4 So sind wir ja mit ihm begraben durch die Taufe in den Tod, damit, wie Christus auferweckt ist von den Toten durch die Herrlichkeit des Vaters, auch wir in einem neuen Leben wandeln.

¶ **5** Denn wenn wir mit ihm verbunden und ihm gleich geworden sind in seinem Tod, so werden wir ihm auch in der Auferstehung gleich sein.

6 Wir wissen ja, dass unser alter Mensch mit ihm gekreuzigt ist, damit der Leib der Sünde vernichtet werde, sodass wir hinfort der Sünde nicht dienen.

7 Denn wer gestorben ist, der ist frei geworden von der Sünde.

16 And the free gift is not like the result of that one man's sin. For the judgment following one trespass brought condemnation, but the free gift following many trespasses brought justification.

17 For if, because of one man's trespass, death reigned through that one man, much more will those who receive the abundance of grace and the free gift of righteousness reign in life through the one man Jesus Christ.

¶ **18** Therefore, as one trespass[5] led to condemnation for all men, so one act of righteousness[6] leads to justification and life for all men.

19 For as by the one man's disobedience the many were made sinners, so by the one man's obedience the many will be made righteous.

20 Now the law came in to increase the trespass, but where sin increased, grace abounded all the more,

21 so that, as sin reigned in death, grace also might reign through righteousness leading to eternal life through Jesus Christ our Lord.

Dead to Sin, Alive to God

6 What shall we say then? Are we to continue in sin that grace may abound?

2 By no means! How can we who died to sin still live in it?

3 Do you not know that all of us who have been baptized into Christ Jesus were baptized into his death?

4 We were buried therefore with him by baptism into death, in order that, just as Christ was raised from the dead by the glory of the Father, we too might walk in newness of life.

¶ **5** For if we have been united with him in a death like his, we shall certainly be united with him in a resurrection like his.

6 We know that our old self[1] was crucified with him in order that the body of sin might be brought to nothing, so that we would no longer be enslaved to sin.

7 For one who has died has been set free[2] from sin.

8 Sind wir aber mit Christus gestorben, so glauben wir, dass wir auch mit ihm leben werden,

9 und wissen, dass Christus, von den Toten erweckt, hinfort nicht stirbt; der Tod kann hinfort über ihn nicht herrschen.

10 Denn was er gestorben ist, das ist er der Sünde gestorben ein für alle Mal; was er aber lebt, das lebt er Gott.

11 So auch ihr, haltet dafür, dass ihr der Sünde gestorben seid und lebt Gott in Christus Jesus.

¶ **12** So lasst nun die Sünde nicht herrschen in eurem sterblichen Leibe, und leistet seinen Begierden keinen Gehorsam.

13 Auch gebt nicht der Sünde eure Glieder hin als Waffen der Ungerechtigkeit, sondern gebt euch selbst Gott hin als solche, die tot waren und nun lebendig sind, und eure Glieder Gott als Waffen der Gerechtigkeit.

14 Denn die Sünde wird nicht herrschen können über euch, weil ihr ja nicht unter dem Gesetz seid, sondern unter der Gnade.

¶ **15** Wie nun? Sollen wir sündigen, weil wir nicht unter dem Gesetz, sondern unter der Gnade sind? Das sei ferne!

16 Wisst ihr nicht: wem ihr euch zu Knechten macht, um ihm zu gehorchen, dessen Knechte seid ihr und müsst ihm gehorsam sein, es sei der Sünde zum Tode oder dem Gehorsam zur Gerechtigkeit?

17 Gott sei aber gedankt, dass ihr Knechte der Sünde **gewesen** seid, aber nun von Herzen gehorsam geworden der Gestalt der Lehre, der ihr ergeben seid.

18 Denn indem ihr nun frei geworden seid von der Sünde, seid ihr Knechte geworden der Gerechtigkeit.

¶ **19** Ich muss menschlich davon reden um der Schwachheit eures Fleisches willen: Wie ihr eure Glieder hingegeben hattet an den Dienst der Unreinheit und Ungerechtigkeit zu immer neuer Ungerechtigkeit, so gebt nun eure Glieder hin an den Dienst der Gerechtigkeit, dass sie heilig werden.

20 Denn als ihr Knechte der Sünde wart, da wart ihr frei von der Gerechtigkeit.

21 Was hattet ihr nun damals für Frucht? Solche, deren ihr euch jetzt schämt; denn das Ende derselben ist der Tod.

22 Nun aber, da ihr von der Sünde frei und Gottes Knechte geworden seid, habt ihr darin eure Frucht, dass ihr heilig werdet; das Ende aber ist das ewige Leben.

8 Now if we have died with Christ, we believe that we will also live with him.

9 We know that Christ, being raised from the dead, will never die again; death no longer has dominion over him.

10 For the death he died he died to sin, once for all, but the life he lives he lives to God.

11 So you also must consider yourselves dead to sin and alive to God in Christ Jesus.

¶ **12** Let not sin therefore reign in your mortal body, to make you obey its passions.

13 Do not present your members to sin as instruments for unrighteousness, but present yourselves to God as those who have been brought from death to life, and your members to God as instruments for righteousness.

14 For sin will have no dominion over you, since you are not under law but under grace.

Slaves to Righteousness

¶ **15** What then? Are we to sin because we are not under law but under grace? By no means!

16 Do you not know that if you present yourselves to anyone as obedient slaves,[3] you are slaves of the one whom you obey, either of sin, which leads to death, or of obedience, which leads to righteousness?

17 But thanks be to God, that you who were once slaves of sin have become obedient from the heart to the standard of teaching to which you were committed,

18 and, having been set free from sin, have become slaves of righteousness.

19 I am speaking in human terms, because of your natural limitations. For just as you once presented your members as slaves to impurity and to lawlessness leading to more lawlessness, so now present your members as slaves to righteousness leading to sanctification.

¶ **20** For when you were slaves of sin, you were free in regard to righteousness.

21 But what fruit were you getting at that time from the things of which you are now ashamed? For the end of those things is death.

22 But now that you have been set free from sin and have become slaves of God, the fruit you get leads to sanctification and its end, eternal life.

23 Denn der Sünde Sold ist der Tod; die Gabe Gottes aber ist das ewige Leben in Christus Jesus, unserm Herrn.

Freiheit vom Gesetz

7 Wisst ihr nicht, liebe Brüder – denn ich rede mit denen, die das Gesetz kennen –, dass das Gesetz nur herrscht über den Menschen, solange er lebt?

2 Denn eine Frau ist an ihren Mann gebunden durch das Gesetz, solange der Mann lebt; wenn aber der Mann stirbt, so ist sie frei von dem Gesetz, das sie an den Mann bindet.

3 Wenn sie nun bei einem andern Mann ist, solange ihr Mann lebt, wird sie eine Ehebrecherin genannt; wenn aber ihr Mann stirbt, ist sie frei vom Gesetz, sodass sie nicht eine Ehebrecherin ist, wenn sie einen andern Mann nimmt.

4 Also seid auch ihr, meine Brüder, dem Gesetz getötet durch den Leib Christi, sodass ihr einem andern angehört, nämlich dem, der von den Toten auferweckt ist, damit wir Gott Frucht bringen.

¶ **5** Denn solange wir dem Fleisch verfallen waren, da waren die sündigen Leidenschaften, die durchs Gesetz erregt wurden, kräftig in unsern Gliedern, sodass wir dem Tode Frucht brachten.

6 Nun aber sind wir vom Gesetz frei geworden und ihm abgestorben, das uns gefangen hielt, sodass wir dienen im neuen Wesen des Geistes und nicht im alten Wesen des Buchstabens.

Der Mensch unter dem Gesetz

7 Was sollen wir denn nun sagen? Ist das Gesetz Sünde? Das sei ferne! Aber die Sünde erkannte ich nicht außer durchs Gesetz. Denn ich wusste nichts von der Begierde, wenn das Gesetz nicht gesagt hätte (2.Mose 20,17): »Du sollst nicht begehren!«

8 Die Sünde aber nahm das Gebot zum Anlass und erregte in mir Begierden aller Art; denn ohne das Gesetz war die Sünde tot.

9 Ich lebte einst ohne Gesetz; als aber das Gebot kam, wurde die Sünde lebendig,

10 ich aber starb. Und so fand sich's, dass das Gebot mir den Tod brachte, das doch zum Leben gegeben war.

11 Denn die Sünde nahm das Gebot zum Anlass und betrog mich und tötete mich durch das Gebot.

12 So ist also das Gesetz heilig, und das Gebot ist heilig, gerecht und gut.

---

23 For the wages of sin is death, but the free gift of God is eternal life in Christ Jesus our Lord.

Released from the Law

7 Or do you not know, brothers[1]—for I am speaking to those who know the law— that the law is binding on a person only as long as he lives?

2 For a married woman is bound by law to her husband while he lives, but if her husband dies she is released from the law of marriage.[2]

3 Accordingly, she will be called an adulteress if she lives with another man while her husband is alive. But if her husband dies, she is free from that law, and if she marries another man she is not an adulteress.

¶ **4** Likewise, my brothers, you also have died to the law through the body of Christ, so that you may belong to another, to him who has been raised from the dead, in order that we may bear fruit for God.

5 For while we were living in the flesh, our sinful passions, aroused by the law, were at work in our members to bear fruit for death.

6 But now we are released from the law, having died to that which held us captive, so that we serve in the new way of the Spirit and not in the old way of the written code.[3]

The Law and Sin

¶ **7** What then shall we say? That the law is sin? By no means! Yet if it had not been for the law, I would not have known sin. For I would not have known what it is to covet if the law had not said, "You shall not covet."

8 But sin, seizing an opportunity through the commandment, produced in me all kinds of covetousness. For apart from the law, sin lies dead.

9 I was once alive apart from the law, but when the commandment came, sin came alive and I died.

10 The very commandment that promised life proved to be death to me.

11 For sin, seizing an opportunity through the commandment, deceived me and through it killed me.

12 So the law is holy, and the commandment is holy and righteous and good.

13 Ist dann, was doch gut ist, mir zum Tod geworden? Das sei ferne! Sondern die Sünde, damit sie als Sünde sichtbar werde, hat mir durch das Gute den Tod gebracht, damit die Sünde überaus sündig werde durchs Gebot.

¶ **14** Denn wir wissen, dass das Gesetz geistlich ist; ich aber bin fleischlich, unter die Sünde verkauft.

15 Denn ich weiß nicht, was ich tue. Denn ich tue nicht, was ich will; sondern was ich hasse, das tue ich.

16 Wenn ich aber das tue, was ich nicht will, so gebe ich zu, dass das Gesetz gut ist.

17 So tue nun nicht ich es, sondern die Sünde, die in mir wohnt.

18 Denn ich weiß, dass in mir, das heißt in meinem Fleisch, nichts Gutes wohnt. **Wollen habe ich wohl, aber das Gute vollbringen kann ich nicht.**

19 Denn das Gute, das ich will, das tue ich nicht; sondern das Böse, das ich nicht will, das tue ich.

20 Wenn ich aber tue, was ich nicht will, so tue nicht ich es, sondern die Sünde, die in mir wohnt.

¶ **21** So finde ich nun das Gesetz, dass mir, der ich das Gute tun will, das Böse anhängt.

22 Denn ich habe Lust an Gottes Gesetz nach dem inwendigen Menschen.

23 Ich sehe aber ein anderes Gesetz in meinen Gliedern, das widerstreitet dem Gesetz in meinem Gemüt und hält mich gefangen im Gesetz der Sünde, das in meinen Gliedern ist.

24 Ich elender Mensch! Wer wird mich erlösen von diesem todverfallenen Leibe?

25 Dank sei Gott durch Jesus Christus, unsern Herrn!

¶ So diene ich nun mit dem Gemüt dem Gesetz Gottes, aber mit dem Fleisch dem Gesetz der Sünde.

Das Leben im Geist

8 So gibt es nun keine Verdammnis für die, die in Christus Jesus sind.

2 Denn das Gesetz des Geistes, der lebendig macht in Christus Jesus, hat dich frei gemacht von dem Gesetz der Sünde und des Todes.

3 Denn was dem Gesetz unmöglich war, weil es durch das Fleisch geschwächt war, das tat Gott: Er sandte seinen Sohn in der Gestalt des sündigen Fleisches und um der Sünde willen und verdammte die Sünde im Fleisch,

¶ **13** Did that which is good, then, bring death to me? By no means! It was sin, producing death in me through what is good, in order that sin might be shown to be sin, and through the commandment might become sinful beyond measure.

14 For we know that the law is spiritual, but I am of the flesh, sold under sin.

15 For I do not understand my own actions. For I do not do what I want, but I do the very thing I hate.

16 Now if I do what I do not want, I agree with the law, that it is good.

17 So now it is no longer I who do it, but sin that dwells within me.

18 For I know that nothing good dwells in me, that is, in my flesh. For I have the desire to do what is right, but not the ability to carry it out.

19 For I do not do the good I want, but the evil I do not want is what I keep on doing.

20 Now if I do what I do not want, it is no longer I who do it, but sin that dwells within me.

¶ **21** So I find it to be a law that when I want to do right, evil lies close at hand.

22 For I delight in the law of God, in my inner being,

23 but I see in my members another law waging war against the law of my mind and making me captive to the law of sin that dwells in my members.

24 Wretched man that I am! Who will deliver me from this body of death?

25 Thanks be to God through Jesus Christ our Lord! So then, I myself serve the law of God with my mind, but with my flesh I serve the law of sin.

Life in the Spirit

8 There is therefore now no condemnation for those who are in Christ Jesus.[1]

2 For the law of the Spirit of life has set you[2] free in Christ Jesus from the law of sin and death.

3 For God has done what the law, weakened by the flesh, could not do. By sending his own Son in the likeness of sinful flesh and for sin,[3] he condemned sin in the flesh,

4 damit die Gerechtigkeit, vom Gesetz gefordert, in uns erfüllt würde, die wir nun nicht nach dem Fleisch leben, sondern nach dem Geist.

¶ **5** Denn die da fleischlich sind, die sind fleischlich gesinnt; die aber geistlich sind, die sind geistlich gesinnt.

6 Aber fleischlich gesinnt sein ist der Tod, und geistlich gesinnt sein ist Leben und Friede.

7 Denn fleischlich gesinnt sein ist Feindschaft gegen Gott, weil das Fleisch dem Gesetz Gottes nicht untertan ist; denn es vermag's auch nicht.

8 Die aber fleischlich sind, können Gott nicht gefallen.

9 Ihr aber seid nicht fleischlich, sondern geistlich, wenn denn Gottes Geist in euch wohnt. Wer aber Christi Geist nicht hat, der ist nicht sein.

10 Wenn aber Christus in euch ist, so ist der Leib zwar tot um der Sünde willen, der Geist aber ist Leben um der Gerechtigkeit willen.

11 Wenn nun der Geist dessen, der Jesus von den Toten auferweckt hat, in euch wohnt, so wird er, der Christus von den Toten auferweckt hat, auch eure sterblichen Leiber lebendig machen durch seinen Geist, der in euch wohnt.

¶ **12** So sind wir nun, liebe Brüder, nicht dem Fleisch schuldig, dass wir nach dem Fleisch leben.

13 Denn wenn ihr nach dem Fleisch lebt, so werdet ihr sterben müssen; wenn ihr aber durch den Geist die Taten des Fleisches tötet, so werdet ihr leben.

¶ **14** Denn **welche der Geist Gottes treibt, die sind Gottes Kinder.**

15 Denn ihr habt nicht einen knechtischen Geist empfangen, dass ihr euch abermals fürchten müsstet; sondern ihr habt einen kindlichen Geist empfangen, durch den wir rufen: Abba, lieber Vater!

16 Der Geist selbst gibt Zeugnis unserm Geist, dass wir Gottes Kinder sind.

17 Sind wir aber Kinder, so sind wir auch Erben, nämlich Gottes Erben und Miterben Christi, wenn wir denn mit ihm leiden, damit wir auch mit zur Herrlichkeit erhoben werden.

4 in order that the righteous requirement of the law might be fulfilled in us, who walk not according to the flesh but according to the Spirit.

5 For those who live according to the flesh set their minds on the things of the flesh, but those who live according to the Spirit set their minds on the things of the Spirit.

6 For to set the mind on the flesh is death, but to set the mind on the Spirit is life and peace.

7 For the mind that is set on the flesh is hostile to God, for it does not submit to God's law; indeed, it cannot.

8 Those who are in the flesh cannot please God.

¶ **9** You, however, are not in the flesh but in the Spirit, if in fact the Spirit of God dwells in you. Anyone who does not have the Spirit of Christ does not belong to him.

10 But if Christ is in you, although the body is dead because of sin, the Spirit is life because of righteousness.

11 If the Spirit of him who raised Jesus from the dead dwells in you, he who raised Christ Jesus from the dead will also give life to your mortal bodies through his Spirit who dwells in you.

Heirs with Christ

¶ **12** So then, brothers,[f] we are debtors, not to the flesh, to live according to the flesh.

13 For if you live according to the flesh you will die, but if by the Spirit you put to death the deeds of the body, you will live.

14 For all who are led by the Spirit of God are sons[g] of God.

15 For you did not receive the spirit of slavery to fall back into fear, but you have received the Spirit of adoption as sons, by whom we cry, "Abba! Father!"

16 The Spirit himself bears witness with our spirit that we are children of God,

17 and if children, then heirs—heirs of God and fellow heirs with Christ, provided we suffer with him in order that we may also be glorified with him.

Hoffnung für die Schöpfung und Gewissheit des Heils

18 Denn ich bin überzeugt, dass dieser Zeit Leiden nicht ins Gewicht fallen gegenüber der Herrlichkeit, die an uns offenbart werden soll.

19 Denn das ängstliche Harren der Kreatur wartet darauf, dass die Kinder Gottes offenbar werden.

20 Die Schöpfung ist ja unterworfen der Vergänglichkeit – ohne ihren Willen, sondern durch den, der sie unterworfen hat –, doch auf Hoffnung;

21 denn auch die Schöpfung wird frei werden von der Knechtschaft der Vergänglichkeit zu der herrlichen Freiheit der Kinder Gottes.

22 Denn wir wissen, dass die ganze Schöpfung bis zu diesem Augenblick mit uns seufzt und sich ängstet.

¶ 23 Nicht allein aber sie, sondern auch wir selbst, die wir den Geist als Erstlingsgabe haben, seufzen in uns selbst und sehnen uns nach der Kindschaft, der Erlösung unseres Leibes.

24 Denn **wir sind zwar gerettet, doch auf Hoffnung.** Die Hoffnung aber, die man sieht, ist nicht Hoffnung; denn wie kann man auf das hoffen, was man sieht?

25 Wenn wir aber auf das hoffen, was wir nicht sehen, so warten wir darauf in Geduld.

¶ 26 Desgleichen hilft auch der Geist unsrer Schwachheit auf. Denn wir wissen nicht, was wir beten sollen, wie sich's gebührt; sondern der Geist selbst vertritt uns mit unaussprechlichem Seufzen.

27 Der aber die Herzen erforscht, der weiß, worauf der Sinn des Geistes gerichtet ist; denn er vertritt die Heiligen, wie es Gott gefällt.

¶ 28 **Wir wissen aber, dass denen, die Gott lieben, alle Dinge zum Besten dienen, denen, die nach seinem Ratschluss berufen sind.**

29 Denn die er ausersehen hat, die hat er auch vorherbestimmt, dass sie gleich sein sollten dem Bild seines Sohnes, damit dieser der Erstgeborene sei unter vielen Brüdern.

30 Die er aber vorherbestimmt hat, die hat er auch berufen; die er aber berufen hat, die hat er auch gerecht gemacht; die er aber gerecht gemacht hat, die hat er auch verherrlicht.

¶ 31 Was wollen wir nun hierzu sagen? Ist **Gott für uns, wer kann wider uns sein?**

32 Der auch seinen eigenen Sohn nicht verschont hat, sondern hat ihn für uns alle dahingegeben – wie sollte er uns mit ihm nicht alles schenken?

Future Glory

¶ 18 For I consider that the sufferings of this present time are not worth comparing with the glory that is to be revealed to us.

19 For the creation waits with eager longing for the revealing of the sons of God.

20 For the creation was subjected to futility, not willingly, but because of him who subjected it, in hope

21 that the creation itself will be set free from its bondage to corruption and obtain the freedom of the glory of the children of God.

22 For we know that the whole creation has been groaning together in the pains of childbirth until now.

23 And not only the creation, but we ourselves, who have the firstfruits of the Spirit, groan inwardly as we wait eagerly for adoption as sons, the redemption of our bodies.

24 For in this hope we were saved. Now hope that is seen is not hope. For who hopes for what he sees?

25 But if we hope for what we do not see, we wait for it with patience.

¶ 26 Likewise the Spirit helps us in our weakness. For we do not know what to pray for as we ought, but the Spirit himself intercedes for us with groanings too deep for words.

27 And he who searches hearts knows what is the mind of the Spirit, because[6] the Spirit intercedes for the saints according to the will of God.

28 And we know that for those who love God all things work together for good,[7] for those who are called according to his purpose.

29 For those whom he foreknew he also predestined to be conformed to the image of his Son, in order that he might be the firstborn among many brothers.

30 And those whom he predestined he also called, and those whom he called he also justified, and those whom he justified he also glorified.

God's Everlasting Love

¶ 31 What then shall we say to these things? If God is for us, who can be[8] against us?

32 He who did not spare his own Son but gave him up for us all, how will he not also with him graciously give us all things?

¶ **33** Wer will die Auserwählten Gottes beschuldigen? Gott ist hier, der gerecht macht.

34 Wer will verdammen? Christus Jesus ist hier, der gestorben ist, ja vielmehr, der auch auferweckt ist, der zur Rechten Gottes ist und uns vertritt.

¶ **35** Wer will uns scheiden von der Liebe Christi? Trübsal oder Angst oder Verfolgung oder Hunger oder Blöße oder Gefahr oder Schwert?

36 Wie geschrieben steht (Psalm 44,23): »Um deinetwillen werden wir getötet den ganzen Tag; wir sind geachtet wie Schlachtschafe.«

¶ **37** Aber in dem allen überwinden wir weit durch den, der uns geliebt hat.

38 Denn ich bin gewiss, dass weder Tod noch Leben, weder Engel noch Mächte noch Gewalten, weder Gegenwärtiges noch Zukünftiges,

39 weder Hohes noch Tiefes noch eine andere Kreatur uns scheiden kann von der Liebe Gottes, die in Christus Jesus ist, unserm Herrn.

GOTTES WEG MIT ISRAEL (KAPITEL 9,1–11,36)

Israels Gotteskindschaft

9 Ich sage die Wahrheit in Christus und lüge nicht, wie mir mein Gewissen bezeugt im Heiligen Geist,

2 dass ich große Traurigkeit und Schmerzen ohne Unterlass in meinem Herzen habe.

3 Ich selber wünschte, verflucht und von Christus getrennt zu sein für meine Brüder, die meine Stammverwandten sind nach dem Fleisch,

4 die Israeliten sind, denen die Kindschaft gehört und die Herrlichkeit und die Bundesschlüsse und das Gesetz und der Gottesdienst und die Verheißungen,

5 denen auch die Väter gehören und aus denen Christus herkommt nach dem Fleisch, der da ist Gott über alles, gelobt in Ewigkeit. Amen.

Die Kinder der Verheißung als das wahre Israel

6 Aber ich sage damit nicht, dass Gottes Wort hinfällig geworden sei. Denn nicht alle sind Israeliten, die von Israel stammen;

33 Who shall bring any charge against God's elect? It is God who justifies.

34 Who is to condemn? Christ Jesus is the one who died—more than that, who was raised—who is at the right hand of God, who indeed is interceding for us.[9]

35 Who shall separate us from the love of Christ? Shall tribulation, or distress, or persecution, or famine, or nakedness, or danger, or sword?

36 As it is written,

"For your sake we are being killed all the day long;
we are regarded as sheep to be slaughtered."

37 No, in all these things we are more than conquerors through him who loved us.

38 For I am sure that neither death nor life, nor angels nor rulers, nor things present nor things to come, nor powers,

39 nor height nor depth, nor anything else in all creation, will be able to separate us from the love of God in Christ Jesus our Lord.

God's Sovereign Choice

9 I am speaking the truth in Christ—I am not lying; my conscience bears me witness in the Holy Spirit—

2 that I have great sorrow and unceasing anguish in my heart.

3 For I could wish that I myself were accursed and cut off from Christ for the sake of my brothers,[1] my kinsmen according to the flesh.

4 They are Israelites, and to them belong the adoption, the glory, the covenants, the giving of the law, the worship, and the promises.

5 To them belong the patriarchs, and from their race, according to the flesh, is the Christ who is God over all, blessed forever. Amen.

¶ **6** But it is not as though the word of God has failed. For not all who are descended from Israel belong to Israel,

7 auch nicht alle, die Abrahams Nachkommen sind, sind darum seine Kinder. Sondern nur »was von Isaak stammt, soll dein Geschlecht genannt werden« (1.Mose 21,12),

8 das heißt: nicht das sind Gottes Kinder, die nach dem Fleisch Kinder sind; sondern nur die Kinder der Verheißung werden als seine Nachkommenschaft anerkannt.

9 Denn dies ist ein Wort der Verheißung, da er spricht (1.Mose 18,10): »Um diese Zeit will ich kommen und Sara soll einen Sohn haben.«

¶ **10** Aber nicht allein hier ist es so, sondern auch bei Rebekka, die von dem einen, unserm Vater Isaak, schwanger wurde.

11 Ehe die Kinder geboren waren und weder Gutes noch Böses getan hatten, da wurde, damit der Ratschluss Gottes bestehen bliebe und seine freie Wahl –

12 nicht aus Verdienst der Werke, sondern durch die Gnade des Berufenden –, zu ihr gesagt: »Der Ältere soll dienstbar werden dem Jüngeren« (1.Mose 25,23),

13 wie geschrieben steht (Maleachi 1,2-3): »Jakob habe ich geliebt, aber Esau habe ich gehasst.«

Gottes freie Gnadenwahl

14 Was sollen wir nun hierzu sagen? Ist denn Gott ungerecht? Das sei ferne!

15 Denn er spricht zu Mose (2.Mose 33,19): »Wem ich gnädig bin, dem bin ich gnädig; und wessen ich mich erbarme, dessen erbarme ich mich.«

16 So liegt es nun nicht an jemandes Wollen oder Laufen, sondern an Gottes Erbarmen.

17 Denn die Schrift sagt zum Pharao (2.Mose 9,16): »Eben dazu habe ich dich erweckt, damit ich an dir meine Macht erweise und damit mein Name auf der ganzen Erde verkündigt werde.«

18 So erbarmt er sich nun, wessen er will, und verstockt, wen er will.

¶ **19** Nun sagst du zu mir: Warum beschuldigt er uns dann noch? Wer kann seinem Willen widerstehen?

20 Ja, lieber Mensch, wer bist du denn, dass du mit Gott rechten willst? Spricht auch ein Werk zu seinem Meister: Warum machst du mich so?

21 Hat nicht ein Töpfer Macht über den Ton, aus demselben Klumpen ein Gefäß zu ehrenvollem und ein anderes zu nicht ehrenvollem Gebrauch zu machen?

7 and not all are children of Abraham because they are his offspring, but "Through Isaac shall your offspring be named."

8 This means that it is not the children of the flesh who are the children of God, but the children of the promise are counted as offspring.

9 For this is what the promise said: "About this time next year I will return, and Sarah shall have a son."

10 And not only so, but also when Rebekah had conceived children by one man, our forefather Isaac,

11 though they were not yet born and had done nothing either good or bad—in order that God's purpose of election might continue, not because of works but because of him who calls—

12 she was told, "The older will serve the younger."

13 As it is written, "Jacob I loved, but Esau I hated."

¶ **14** What shall we say then? Is there injustice on God's part? By no means!

15 For he says to Moses, "I will have mercy on whom I have mercy, and I will have compassion on whom I have compassion."

16 So then it depends not on human will or exertion,[2] but on God, who has mercy.

17 For the Scripture says to Pharaoh, "For this very purpose I have raised you up, that I might show my power in you, and that my name might be proclaimed in all the earth."

18 So then he has mercy on whomever he wills, and he hardens whomever he wills.

¶ **19** You will say to me then, "Why does he still find fault? For who can resist his will?"

20 But who are you, O man, to answer back to God? Will what is molded say to its molder, "Why have you made me like this?"

21 Has the potter no right over the clay, to make out of the same lump one vessel for honorable use and another for dishonorable use?

22 Da Gott seinen Zorn erzeigen und seine Macht kundtun wollte, hat er mit großer Geduld ertragen die Gefäße des Zorns, die zum Verderben bestimmt waren,

23 damit er den Reichtum seiner Herrlichkeit kundtue an den Gefäßen der Barmherzigkeit, die er zuvor bereitet hatte zur Herrlichkeit.

¶ **24** Dazu hat er uns berufen, nicht allein aus den Juden, sondern auch aus den Heiden.

25 Wie er denn auch durch Hosea spricht (Hosea 2,25; 2,1): »Ich will das mein Volk nennen, das nicht mein Volk war, und meine Geliebte, die nicht meine Geliebte war.«

26 »Und es soll geschehen: Anstatt dass zu ihnen gesagt wurde: ›Ihr seid nicht mein Volk‹, sollen sie Kinder des lebendigen Gottes genannt werden.«

27 Jesaja aber ruft aus über Israel (Jesaja 10,22-23): »Wenn die Zahl der Israeliten wäre wie der Sand am Meer, so wird doch nur ein Rest gerettet werden;

28 denn der Herr wird sein Wort, indem er vollendet und scheidet, ausrichten auf Erden.«

29 Und wie Jesaja vorausgesagt hat (Jesaja 1,9): »Wenn uns nicht der Herr Zebaoth Nachkommen übrig gelassen hätte, so wären wir wie Sodom geworden und wie Gomorra.«

Gesetzesgerechtigkeit und Glaubensgerechtigkeit

30 Was sollen wir nun hierzu sagen? Das wollen wir sagen: Die Heiden, die nicht nach der Gerechtigkeit trachteten, haben die Gerechtigkeit erlangt; ich rede aber von der Gerechtigkeit, die aus dem Glauben kommt.

31 Israel aber hat nach dem Gesetz der Gerechtigkeit getrachtet und hat es doch nicht erreicht.

32 Warum das? Weil es die Gerechtigkeit nicht aus dem Glauben sucht, sondern als komme sie aus den Werken. Sie haben sich gestoßen an dem Stein des Anstoßes,

33 wie geschrieben steht (Jesaja 8,14; 28,16): »Siehe, ich lege in Zion einen Stein des Anstoßes und einen Fels des Ärgernisses; und wer an ihn glaubt, der soll nicht zuschanden werden.«

10 Liebe Brüder, meines Herzens Wunsch ist und ich flehe auch zu Gott für sie, dass sie gerettet werden.

2 Denn ich bezeuge ihnen, dass sie Eifer für Gott haben, aber ohne Einsicht.

---

22 What if God, desiring to show his wrath and to make known his power, has endured with much patience vessels of wrath prepared for destruction,

23 in order to make known the riches of his glory for vessels of mercy, which he has prepared beforehand for glory—

24 even us whom he has called, not from the Jews only but also from the Gentiles?

25 As indeed he says in Hosea,

> "Those who were not my people I will
>> call 'my people,'
> and her who was not beloved I will
>> call 'beloved.'"

26 "And in the very place where it was said
>> to them, 'You are not my people,'
> there they will be called 'sons of the
>> living God.'"

¶ **27** And Isaiah cries out concerning Israel: "Though the number of the sons of Israel[3] be as the sand of the sea, only a remnant of them will be saved,

28 for the Lord will carry out his sentence upon the earth fully and without delay."

29 And as Isaiah predicted,

> "If the Lord of hosts had not left us
>> offspring,
> we would have been like Sodom
> and become like Gomorrah."

Israel's Unbelief

¶ **30** What shall we say, then? That Gentiles who did not pursue righteousness have attained it, that is, a righteousness that is by faith;

31 but that Israel who pursued a law that would lead to righteousness[4] did not succeed in reaching that law.

32 Why? Because they did not pursue it by faith, but as if it were based on works. They have stumbled over the stumbling stone,

33 as it is written,

> "Behold, I am laying in Zion a stone of
>> stumbling, and a rock of offense;
> and whoever believes in him will not
>> be put to shame."

10 Brothers,[1] my heart's desire and prayer to God for them is that they may be saved.

2 For I bear them witness that they have a zeal for God, but not according to knowledge.

3 Denn sie erkennen die Gerechtigkeit nicht, die vor Gott gilt, und suchen ihre eigene Gerechtigkeit aufzurichten und sind so der Gerechtigkeit Gottes nicht untertan.

4 Denn **Christus ist des Gesetzes Ende; wer an den glaubt, der ist gerecht.**

¶ **5** Mose nämlich schreibt von der Gerechtigkeit, die aus dem Gesetz kommt (3.Mose 18,5): »Der Mensch, der das tut, wird dadurch leben.«

6 Aber die Gerechtigkeit aus dem Glauben spricht so (5.Mose 30,11-14): »Sprich nicht in deinem Herzen: Wer will hinauf gen Himmel fahren?« – nämlich um Christus herabzuholen –,

7 oder: »Wer will hinab in die Tiefe fahren?« – nämlich um Christus von den Toten heraufzuholen –,

8 sondern was sagt sie? »Das Wort ist dir nahe, in deinem Munde und in deinem Herzen.« Dies ist das Wort vom Glauben, das wir predigen.

¶ **9** Denn wenn du mit deinem Munde bekennst, dass Jesus der Herr ist, und in deinem Herzen glaubst, dass ihn Gott von den Toten auferweckt hat, so wirst du gerettet.

10 Denn **wenn man von Herzen glaubt, so wird man gerecht; und wenn man mit dem Munde bekennt, so wird man gerettet.**

11 Denn die Schrift spricht (Jesaja 28,16): »Wer an ihn glaubt, wird nicht zuschanden werden.«

12 Es ist hier kein Unterschied zwischen Juden und Griechen; es ist über alle derselbe Herr, reich für alle, die ihn anrufen.

13 Denn »wer den Namen des Herrn anrufen wird, soll gerettet werden« (Joel 3,5).

Israel hat keine Entschuldigung

14 Wie sollen sie aber den anrufen, an den sie nicht glauben? Wie sollen sie aber an den glauben, von dem sie nichts gehört haben? Wie sollen sie aber hören ohne Prediger?

15 Wie sollen sie aber predigen, wenn sie nicht gesandt werden? Wie denn geschrieben steht (Jesaja 52,7): »Wie lieblich sind die Füße der Freudenboten, die das Gute verkündigen!«

16 Aber nicht alle sind dem Evangelium gehorsam. Denn Jesaja spricht (Jesaja 53,1): »Herr, wer glaubt unserm Predigen?«

17 So kommt der Glaube aus der Predigt, das Predigen aber durch das Wort Christi.

3 For, being ignorant of the righteousness of God, and seeking to establish their own, they did not submit to God's righteousness.

4 For Christ is the end of the law for righteousness to everyone who believes.[2]

The Message of Salvation to All

¶ **5** For Moses writes about the righteousness that is based on the law, that the person who does the commandments shall live by them.

6 But the righteousness based on faith says, "Do not say in your heart, 'Who will ascend into heaven?'" (that is, to bring Christ down)

7 or "'Who will descend into the abyss?'" (that is, to bring Christ up from the dead).

8 But what does it say? "The word is near you, in your mouth and in your heart" (that is, the word of faith that we proclaim);

9 because, if you confess with your mouth that Jesus is Lord and believe in your heart that God raised him from the dead, you will be saved.

10 For with the heart one believes and is justified, and with the mouth one confesses and is saved.

11 For the Scripture says, "Everyone who believes in him will not be put to shame."

12 For there is no distinction between Jew and Greek; for the same Lord is Lord of all, bestowing his riches on all who call on him.

13 For "everyone who calls on the name of the Lord will be saved."

¶ **14** How then will they call on him in whom they have not believed? And how are they to believe in him of whom they have never heard?[3] And how are they to hear without someone preaching?

15 And how are they to preach unless they are sent? As it is written, "How beautiful are the feet of those who preach the good news!"

16 But they have not all obeyed the gospel. For Isaiah says, "Lord, who has believed what he has heard from us?"

17 So faith comes from hearing, and hearing through the word of Christ.

¶ **18** Ich frage aber: Haben sie es nicht gehört? Doch, es ist ja »in alle Lande ausgegangen ihr Schall und ihr Wort bis an die Enden der Welt« (Psalm 19,5).

19 Ich frage aber: Hat es Israel nicht verstanden? Als Erster spricht Mose (5.Mose 32,21): »Ich will euch eifersüchtig machen auf ein Nicht-Volk; und über ein unverständiges Volk will ich euch zornig machen.«

20 Jesaja aber wagt zu sagen (Jesaja 65,1): »Ich ließ mich finden von denen, die mich nicht suchten, und erschien denen, die nicht nach mir fragten.«

21 Zu Israel aber spricht er (Jesaja 65,2): »Den ganzen Tag habe ich meine Hände ausgestreckt nach dem Volk, das sich nichts sagen lässt und widerspricht.«

Nicht ganz Israel ist verstockt

11 So frage ich nun: Hat denn Gott sein Volk verstoßen? Das sei ferne! Denn ich bin auch ein Israelit, vom Geschlecht Abrahams, aus dem Stamm Benjamin.

2 Gott hat sein Volk nicht verstoßen, das er zuvor erwählt hat. Oder wisst ihr nicht, was die Schrift sagt von Elia, wie er vor Gott tritt gegen Israel und spricht (1.Könige 19,10):

3 »Herr, sie haben deine Propheten getötet und haben deine Altäre zerbrochen, und ich bin allein übrig geblieben und sie trachten mir nach dem Leben«?

4 Aber was sagt ihm die göttliche Antwort? (1.Könige 19,18): »Ich habe mir übrig gelassen siebentausend Mann, die ihre Knie nicht gebeugt haben vor dem Baal.«

5 So geht es auch jetzt zu dieser Zeit, dass einige übrig geblieben sind nach der Wahl der Gnade.

6 Ist's aber aus Gnade, so ist's nicht aus Verdienst der Werke; sonst wäre Gnade nicht Gnade.

¶ **7** Wie nun? Was Israel sucht, das hat es nicht erlangt; die Auserwählten aber haben es erlangt. Die andern sind verstockt,

8 wie geschrieben steht (Jesaja 29,10): »Gott hat ihnen einen Geist der Betäubung gegeben, Augen, dass sie nicht sehen, und Ohren, dass sie nicht hören, bis auf den heutigen Tag.«

¶ **18** But I ask, have they not heard? Indeed they have, for

> "Their voice has gone out to all the earth,
> and their words to the ends of the
> world."

19 But I ask, did Israel not understand? First Moses says,

> "I will make you jealous of those who are
> not a nation;
> with a foolish nation I will make you
> angry."

20 Then Isaiah is so bold as to say,

> "I have been found by those who did not
> seek me;
> I have shown myself to those who did
> not ask for me."

21 But of Israel he says, "All day long I have held out my hands to a disobedient and contrary people."

The Remnant of Israel

11 I ask, then, has God rejected his people? By no means! For I myself am an Israelite, a descendant of Abraham,[1] a member of the tribe of Benjamin.

2 God has not rejected his people whom he foreknew. Do you not know what the Scripture says of Elijah, how he appeals to God against Israel?

3 "Lord, they have killed your prophets, they have demolished your altars, and I alone am left, and they seek my life."

4 But what is God's reply to him? "I have kept for myself seven thousand men who have not bowed the knee to Baal."

5 So too at the present time there is a remnant, chosen by grace.

6 But if it is by grace, it is no longer on the basis of works; otherwise grace would no longer be grace.

¶ **7** What then? Israel failed to obtain what it was seeking. The elect obtained it, but the rest were hardened,

8 as it is written,

> "God gave them a spirit of stupor,
> eyes that would not see
> and ears that would not hear,
> down to this very day."

9 Und David spricht (Psalm 69,23-24): »Lass ihren Tisch zur Falle werden und zu einer Schlinge und ihnen zum Anstoß und zur Vergeltung.

10 Ihre Augen sollen finster werden, dass sie nicht sehen, und ihren Rücken beuge allezeit.«

Die Berufung der Heiden als Hoffnung für Israel

11 So frage ich nun: Sind sie gestrauchelt, damit sie fallen? Das sei ferne! Sondern durch ihren Fall ist den Heiden das Heil widerfahren, damit Israel ihnen nacheifern sollte.

12 Wenn aber schon ihr Fall Reichtum für die Welt ist und ihr Schade Reichtum für die Heiden, wie viel mehr wird es Reichtum sein, wenn ihre Zahl voll wird.

¶ **13** Euch Heiden aber sage ich: Weil ich Apostel der Heiden bin, preise ich mein Amt,

14 ob ich vielleicht meine Stammverwandten zum Nacheifern reizen und einige von ihnen retten könnte.

15 Denn wenn ihre Verwerfung die Versöhnung der Welt ist, was wird ihre Annahme anderes sein als Leben aus den Toten!

16 Ist die Erstlingsgabe vom Teig heilig, so ist auch der ganze Teig heilig; und wenn die Wurzel heilig ist, so sind auch die Zweige heilig.

Warnung an die Heidenchristen vor Überheblichkeit

17 Wenn aber nun einige von den Zweigen ausgebrochen wurden und du, der du ein wilder Ölzweig warst, in den Ölbaum eingepfropft worden bist und teilbekommen hast an der Wurzel und dem Saft des Ölbaums,

18 so rühme dich nicht gegenüber den Zweigen. Rühmst du dich aber, so sollst du wissen, dass nicht du die Wurzel trägst, sondern die Wurzel trägt dich.

¶ **19** Nun sprichst du: Die Zweige sind ausgebrochen worden, damit ich eingepfropft würde.

20 Ganz recht! Sie wurden ausgebrochen um ihres Unglaubens willen; du aber stehst fest durch den Glauben. Sei nicht stolz, sondern fürchte dich!

21 Hat Gott die natürlichen Zweige nicht verschont, wird er dich doch wohl auch nicht verschonen.

9 And David says,

"Let their table become a snare and a trap,
     a stumbling block and a retribution for them;

10 let their eyes be darkened so that they cannot see,
     and bend their backs forever."

Gentiles Grafted In

¶ **11** So I ask, did they stumble in order that they might fall? By no means! Rather through their trespass salvation has come to the Gentiles, so as to make Israel jealous.

12 Now if their trespass means riches for the world, and if their failure means riches for the Gentiles, how much more will their full inclusion[2] mean!

¶ **13** Now I am speaking to you Gentiles. Inasmuch then as I am an apostle to the Gentiles, I magnify my ministry

14 in order somehow to make my fellow Jews jealous, and thus save some of them.

15 For if their rejection means the reconciliation of the world, what will their acceptance mean but life from the dead?

16 If the dough offered as firstfruits is holy, so is the whole lump, and if the root is holy, so are the branches.

¶ **17** But if some of the branches were broken off, and you, although a wild olive shoot, were grafted in among the others and now share in the nourishing root[3] of the olive tree,

18 do not be arrogant toward the branches. If you are, remember it is not you who support the root, but the root that supports you.

19 Then you will say, "Branches were broken off so that I might be grafted in."

20 That is true. They were broken off because of their unbelief, but you stand fast through faith. So do not become proud, but fear.

21 For if God did not spare the natural branches, neither will he spare you.

22 Darum sieh die Güte und den Ernst Gottes: den Ernst gegenüber denen, die gefallen sind, die Güte Gottes aber dir gegenüber, sofern du bei seiner Güte bleibst; sonst wirst du auch abgehauen werden.

23 Jene aber, sofern sie nicht im Unglauben bleiben, werden eingepfropft werden; denn Gott kann sie wieder einpfropfen.

24 Denn wenn du aus dem Ölbaum, der von Natur wild war, abgehauen und wider die Natur in den edlen Ölbaum eingepfropft worden bist, wie viel mehr werden die natürlichen Zweige wieder eingepfropft werden in ihren eigenen Ölbaum.

Israels endliche Errettung

25 Ich will euch, liebe Brüder, dieses Geheimnis nicht verhehlen, damit ihr euch nicht selbst für klug haltet: Verstockung ist einem Teil Israels widerfahren, so lange bis die Fülle der Heiden zum Heil gelangt ist;

26 und so wird ganz Israel gerettet werden, wie geschrieben steht (Jesaja 59,20; Jeremia 31,33): »Es wird kommen aus Zion der Erlöser, der abwenden wird alle Gottlosigkeit von Jakob.

27 Und dies ist mein Bund mit ihnen, wenn ich ihre Sünden wegnehmen werde.«

¶ **28** Im Blick auf das Evangelium sind sie zwar Feinde um euretwillen; aber im Blick auf die Erwählung sind sie Geliebte um der Väter willen.

29 Denn **Gottes Gaben und Berufung können ihn nicht gereuen.**

30 Denn wie ihr zuvor Gott ungehorsam gewesen seid, nun aber Barmherzigkeit erlangt habt wegen ihres Ungehorsams,

31 so sind auch jene jetzt ungehorsam geworden wegen der Barmherzigkeit, die euch widerfahren ist, damit auch sie jetzt Barmherzigkeit erlangen.

32 Denn Gott hat alle eingeschlossen in den Ungehorsam, damit er sich aller erbarme.

Lobpreis der Wunderwege Gottes

33 O welch eine Tiefe des Reichtums, beides, der Weisheit und der Erkenntnis Gottes! Wie unbegreiflich sind seine Gerichte und unerforschlich seine Wege!

34 Denn »wer hat des Herrn Sinn erkannt, oder wer ist sein Ratgeber gewesen«? (Jesaja 40,13)

22 Note then the kindness and the severity of God: severity toward those who have fallen, but God's kindness to you, provided you continue in his kindness. Otherwise you too will be cut off.

23 And even they, if they do not continue in their unbelief, will be grafted in, for God has the power to graft them in again.

24 For if you were cut from what is by nature a wild olive tree, and grafted, contrary to nature, into a cultivated olive tree, how much more will these, the natural branches, be grafted back into their own olive tree.

The Mystery of Israel's Salvation

¶ **25** Lest you be wise in your own sight, I want you to understand this mystery, brothers:[4] a partial hardening has come upon Israel, until the fullness of the Gentiles has come in.

26 And in this way all Israel will be saved, as it is written,

"The Deliverer will come from Zion,
    he will banish ungodliness from
       Jacob";

27 "and this will be my covenant with them
    when I take away their sins."

28 As regards the gospel, they are enemies of God for your sake. But as regards election, they are beloved for the sake of their forefathers.

29 For the gifts and the calling of God are irrevocable.

30 For just as you were at one time disobedient to God but now have received mercy because of their disobedience,

31 so they too have now been disobedient in order that by the mercy shown to you they also may now[5] receive mercy.

32 For God has consigned all to disobedience, that he may have mercy on all.

¶ **33** Oh, the depth of the riches and wisdom and knowledge of God! How unsearchable are his judgments and how inscrutable his ways!

34 "For who has known the mind of the
    Lord,
    or who has been his counselor?"

35 Oder »wer hat ihm etwas zuvor gegeben, dass Gott es ihm vergelten müsste«? (Hiob 41,3)

36 Denn von ihm und durch ihn und zu ihm sind alle Dinge. Ihm sei Ehre in Ewigkeit! Amen.

Das Leben als Gottesdienst

12 Ich ermahne euch nun, liebe Brüder, durch die Barmherzigkeit Gottes, dass ihr eure Leiber hingebt als ein Opfer, das lebendig, heilig und Gott wohlgefällig ist. Das sei euer vernünftiger Gottesdienst.

2 Und stellt euch nicht dieser Welt gleich, sondern ändert euch durch Erneuerung eures Sinnes, damit ihr prüfen könnt, was Gottes Wille ist, nämlich das Gute und Wohlgefällige und Vollkommene.

Die Gnadengaben im Dienst der Gemeinde

3 Denn ich sage durch die Gnade, die mir gegeben ist, jedem unter euch, dass niemand mehr von sich halte, als sich's gebührt zu halten, sondern dass er maßvoll von sich halte, ein jeder, wie Gott das Maß des Glaubens ausgeteilt hat.

¶ **4** Denn wie wir an **einem** Leib viele Glieder haben, aber nicht alle Glieder dieselbe Aufgabe haben,

5 so sind wir viele **ein** Leib in Christus, aber untereinander ist einer des andern Glied,

6 und haben verschiedene Gaben nach der Gnade, die uns gegeben ist. Ist jemand prophetische Rede gegeben, so übe er sie dem Glauben gemäß.

7 Ist jemand ein Amt gegeben, so diene er. Ist jemand Lehre gegeben, so lehre er.

8 Ist jemand Ermahnung gegeben, so ermahne er. Gibt jemand, so gebe er mit lauterem Sinn. Steht jemand der Gemeinde vor, so sei er sorgfältig. Übt jemand Barmherzigkeit, so tue er's gern.

Das Leben der Gemeinde

9 Die Liebe sei ohne Falsch. Hasst das Böse, hängt dem Guten an.

10 Die brüderliche Liebe untereinander sei herzlich. Einer komme dem andern mit Ehrerbietung zuvor.

11 Seid nicht träge in dem, was ihr tun sollt. Seid brennend im Geist. Dient dem Herrn.

12 Seid fröhlich in Hoffnung, geduldig in Trübsal, beharrlich im Gebet.

13 Nehmt euch der Nöte der Heiligen an. Übt Gastfreundschaft.

---

35 "Or who has given a gift to him
　　that he might be repaid?"

36 For from him and through him and to him are all things. To him be glory forever. Amen.

A Living Sacrifice

12 I appeal to you therefore, brothers,[1] by the mercies of God, to present your bodies as a living sacrifice, holy and acceptable to God, which is your spiritual worship.[2]

2 Do not be conformed to this world,[3] but be transformed by the renewal of your mind, that by testing you may discern what is the will of God, what is good and acceptable and perfect.[4]

Gifts of Grace

¶ **3** For by the grace given to me I say to everyone among you not to think of himself more highly than he ought to think, but to think with sober judgment, each according to the measure of faith that God has assigned.

4 For as in one body we have many members,[5] and the members do not all have the same function,

5 so we, though many, are one body in Christ, and individually members one of another.

6 Having gifts that differ according to the grace given to us, let us use them: if prophecy, in proportion to our faith;

7 if service, in our serving; the one who teaches, in his teaching;

8 the one who exhorts, in his exhortation; the one who contributes, in generosity; the one who leads,[6] with zeal; the one who does acts of mercy, with cheerfulness.

Marks of the True Christian

¶ **9** Let love be genuine. Abhor what is evil; hold fast to what is good.

10 Love one another with brotherly affection. Outdo one another in showing honor.

11 Do not be slothful in zeal, be fervent in spirit,[7] serve the Lord.

12 Rejoice in hope, be patient in tribulation, be constant in prayer.

13 Contribute to the needs of the saints and seek to show hospitality.

¶ **14** Segnet, die euch verfolgen; segnet, und flucht nicht.

15 Freut euch mit den Fröhlichen und weint mit den Weinenden.

16 Seid eines Sinnes untereinander. Trachtet nicht nach hohen Dingen, sondern haltet euch herunter zu den geringen. Haltet euch nicht selbst für klug.

¶ **17** Vergeltet niemandem Böses mit Bösem. Seid auf Gutes bedacht gegenüber jedermann.

18 Ist's möglich, soviel an euch liegt, so habt mit allen Menschen Frieden.

19 Rächt euch nicht selbst, meine Lieben, sondern gebt Raum dem Zorn Gottes; denn es steht geschrieben (5.Mose 32,35): »Die Rache ist mein; ich will vergelten, spricht der Herr.«

20 Vielmehr, »wenn deinen Feind hungert, gib ihm zu essen; dürstet ihn, gib ihm zu trinken. Wenn du das tust, so wirst du feurige Kohlen auf sein Haupt sammeln« (Sprüche 25,21-22).

21 Lass dich nicht vom Bösen überwinden, sondern überwinde das Böse mit Gutem.

Die Stellung zur staatlichen Gewalt

13 Jedermann sei untertan der Obrigkeit, die Gewalt über ihn hat. Denn es ist keine Obrigkeit außer von Gott; wo aber Obrigkeit ist, die ist von Gott angeordnet.

2 Wer sich nun der Obrigkeit widersetzt, der widerstrebt der Anordnung Gottes; die ihr aber widerstreben, ziehen sich selbst das Urteil zu.

3 Denn vor denen, die Gewalt haben, muss man sich nicht fürchten wegen guter, sondern wegen böser Werke. Willst du dich aber nicht fürchten vor der Obrigkeit, so tue Gutes; so wirst du Lob von ihr erhalten.

4 Denn sie ist Gottes Dienerin, dir zugut. Tust du aber Böses, so fürchte dich; denn sie trägt das Schwert nicht umsonst: Sie ist Gottes Dienerin und vollzieht das Strafgericht an dem, der Böses tut.

¶ **5** Darum ist es notwendig, sich unterzuordnen, nicht allein um der Strafe, sondern auch um des Gewissens willen.

6 Deshalb zahlt ihr ja auch Steuer; denn sie sind Gottes Diener, auf diesen Dienst beständig bedacht.

7 So gebt nun jedem, was ihr schuldig seid: Steuer, dem die Steuer gebührt; Zoll, dem der Zoll gebührt; Furcht, dem die Furcht gebührt; Ehre, dem die Ehre gebührt.

¶ **14** Bless those who persecute you; bless and do not curse them.

15 Rejoice with those who rejoice, weep with those who weep.

16 Live in harmony with one another. Do not be haughty, but associate with the lowly.[8] Never be wise in your own sight.

17 Repay no one evil for evil, but give thought to do what is honorable in the sight of all.

18 If possible, so far as it depends on you, live peaceably with all.

19 Beloved, never avenge yourselves, but leave it[9] to the wrath of God, for it is written, "Vengeance is mine, I will repay, says the Lord."

20 To the contrary, "if your enemy is hungry, feed him; if he is thirsty, give him something to drink; for by so doing you will heap burning coals on his head."

21 Do not be overcome by evil, but overcome evil with good.

Submission to the Authorities

13 Let every person be subject to the governing authorities. For there is no authority except from God, and those that exist have been instituted by God.

2 Therefore whoever resists the authorities resists what God has appointed, and those who resist will incur judgment.

3 For rulers are not a terror to good conduct, but to bad. Would you have no fear of the one who is in authority? Then do what is good, and you will receive his approval,

4 for he is God's servant for your good. But if you do wrong, be afraid, for he does not bear the sword in vain. For he is the servant of God, an avenger who carries out God's wrath on the wrongdoer.

5 Therefore one must be in subjection, not only to avoid God's wrath but also for the sake of conscience.

6 For because of this you also pay taxes, for the authorities are ministers of God, attending to this very thing.

7 Pay to all what is owed to them: taxes to whom taxes are owed, revenue to whom revenue is owed, respect to whom respect is owed, honor to whom honor is owed.

Die Liebe als Erfüllung des Gesetzes

8 Seid niemandem etwas schuldig, außer dass ihr euch untereinander liebt; denn wer den andern liebt, der hat das Gesetz erfüllt.

9 Denn was da gesagt ist (2.Mose 20,13-17): »Du sollst nicht ehebrechen; du sollst nicht töten; du sollst nicht stehlen; du sollst nicht begehren«, und was da sonst an Geboten ist, das wird in diesem Wort zusammengefasst (3.Mose 19,18): »Du sollst deinen Nächsten lieben wie dich selbst.«

10 Die Liebe tut dem Nächsten nichts Böses. So ist nun die Liebe des Gesetzes Erfüllung.

Leben im Licht des kommenden Tages

11 Und das tut, weil ihr die Zeit erkennt, nämlich dass die Stunde da ist, aufzustehen vom Schlaf, denn unser Heil ist jetzt näher als zu der Zeit, da wir gläubig wurden.

12 Die Nacht ist vorgerückt, der Tag aber nahe herbeigekommen. So lasst uns ablegen die Werke der Finsternis und anlegen die Waffen des Lichts.

13 Lasst uns ehrbar leben wie am Tage, nicht in Fressen und Saufen, nicht in Unzucht und Ausschweifung, nicht in Hader und Eifersucht;

14 sondern zieht an den Herrn Jesus Christus und sorgt für den Leib nicht so, dass ihr den Begierden verfallt.

Von den Schwachen und Starken im Glauben

14 Den Schwachen im Glauben nehmt an und streitet nicht über Meinungen.

2 Der eine glaubt, er dürfe alles essen; wer aber schwach ist, der isst kein Fleisch.

3 Wer isst, der verachte den nicht, der nicht isst; und wer nicht isst, der richte den nicht, der isst; denn Gott hat ihn angenommen.

4 Wer bist du, dass du einen fremden Knecht richtest? Er steht oder fällt seinem Herrn. Er wird aber stehen bleiben; denn der Herr kann ihn aufrecht halten.

¶ **5** Der eine hält einen Tag für höher als den andern; der andere aber hält alle Tage für gleich. Ein jeder sei in seiner Meinung gewiss.

6 Wer auf den Tag achtet, der tut's im Blick auf den Herrn; wer isst, der isst im Blick auf den Herrn, denn er dankt Gott; und wer nicht isst, der isst im Blick auf den Herrn nicht und dankt Gott auch.

Fulfilling the Law Through Love

¶ **8** Owe no one anything, except to love each other, for the one who loves another has fulfilled the law.

9 For the commandments, "You shall not commit adultery, You shall not murder, You shall not steal, You shall not covet," and any other commandment, are summed up in this word: "You shall love your neighbor as yourself."

10 Love does no wrong to a neighbor; therefore love is the fulfilling of the law.

¶ **11** Besides this you know the time, that the hour has come for you to wake from sleep. For salvation is nearer to us now than when we first believed.

12 The night is far gone; the day is at hand. So then let us cast off the works of darkness and put on the armor of light.

13 Let us walk properly as in the daytime, not in orgies and drunkenness, not in sexual immorality and sensuality, not in quarreling and jealousy.

14 But put on the Lord Jesus Christ, and make no provision for the flesh, to gratify its desires.

Do Not Pass Judgment on One Another

14 As for the one who is weak in faith, welcome him, but not to quarrel over opinions.

2 One person believes he may eat anything, while the weak person eats only vegetables.

3 Let not the one who eats despise the one who abstains, and let not the one who abstains pass judgment on the one who eats, for God has welcomed him.

4 Who are you to pass judgment on the servant of another? It is before his own master[1] that he stands or falls. And he will be upheld, for the Lord is able to make him stand.

¶ **5** One person esteems one day as better than another, while another esteems all days alike. Each one should be fully convinced in his own mind.

6 The one who observes the day, observes it in honor of the Lord. The one who eats, eats in honor of the Lord, since he gives thanks to God, while the one who abstains, abstains in honor of the Lord and gives thanks to God.

¶ **7** Denn unser keiner lebt sich selber, und keiner stirbt sich selber.

8 Leben wir, so leben wir dem Herrn; sterben wir, so sterben wir dem Herrn. Darum: wir leben oder sterben, so sind wir des Herrn.

9 Denn dazu ist Christus gestorben und wieder lebendig geworden, dass er über Tote und Lebende Herr sei.

¶ **10** Du aber, was richtest du deinen Bruder? Oder du, was verachtest du deinen Bruder? Wir werden alle vor den Richterstuhl Gottes gestellt werden.

11 Denn es steht geschrieben (Jesaja 45,23): »So wahr ich lebe, spricht der Herr, mir sollen sich alle Knie beugen, und alle Zungen sollen Gott bekennen.«

12 So wird nun jeder von uns für sich selbst Gott Rechenschaft geben.

13 Darum lasst uns nicht mehr einer den andern richten; sondern richtet vielmehr darauf euren Sinn, dass niemand seinem Bruder einen Anstoß oder Ärgernis bereite.

¶ **14** Ich weiß und bin gewiss in dem Herrn Jesus, dass nichts unrein ist an sich selbst; nur für den, der es für unrein hält, ist es unrein.

15 Wenn aber dein Bruder wegen deiner Speise betrübt wird, so handelst du nicht mehr nach der Liebe. Bringe nicht durch deine Speise den ins Verderben, für den Christus gestorben ist.

16 Es soll doch nicht verlästert werden, was ihr Gutes habt.

17 Denn das Reich Gottes ist nicht Essen und Trinken, sondern Gerechtigkeit und Friede und Freude in dem Heiligen Geist.

18 Wer darin Christus dient, der ist Gott wohlgefällig und bei den Menschen geachtet.

¶ **19** Darum lasst uns dem nachstreben, was zum Frieden dient und zur Erbauung untereinander.

20 Zerstöre nicht um der Speise willen Gottes Werk. Es ist zwar alles rein; aber es ist nicht gut für den, der es mit schlechtem Gewissen isst.

21 Es ist besser, du isst kein Fleisch und trinkst keinen Wein und tust nichts, woran sich dein Bruder stößt.

7 For none of us lives to himself, and none of us dies to himself.

8 For if we live, we live to the Lord, and if we die, we die to the Lord. So then, whether we live or whether we die, we are the Lord's.

9 For to this end Christ died and lived again, that he might be Lord both of the dead and of the living.

¶ **10** Why do you pass judgment on your brother? Or you, why do you despise your brother? For we will all stand before the judgment seat of God;

11 for it is written,

"As I live, says the Lord, every knee shall bow to me,
    and every tongue shall confess[2] to God."

12 So then each of us will give an account of himself to God.

Do Not Cause Another to Stumble

¶ **13** Therefore let us not pass judgment on one another any longer, but rather decide never to put a stumbling block or hindrance in the way of a brother.

14 I know and am persuaded in the Lord Jesus that nothing is unclean in itself, but it is unclean for anyone who thinks it unclean.

15 For if your brother is grieved by what you eat, you are no longer walking in love. By what you eat, do not destroy the one for whom Christ died.

16 So do not let what you regard as good be spoken of as evil.

17 For the kingdom of God is not a matter of eating and drinking but of righteousness and peace and joy in the Holy Spirit.

18 Whoever thus serves Christ is acceptable to God and approved by men.

19 So then let us pursue what makes for peace and for mutual upbuilding.

¶ **20** Do not, for the sake of food, destroy the work of God. Everything is indeed clean, but it is wrong for anyone to make another stumble by what he eats.

21 It is good not to eat meat or drink wine or do anything that causes your brother to stumble.[3]

22 Den Glauben, den du hast, behalte bei dir selbst vor Gott. Selig ist, der sich selbst nicht zu verurteilen braucht, wenn er sich prüft.

23 Wer aber dabei zweifelt und dennoch isst, der ist gerichtet, denn es kommt nicht aus dem Glauben. **Was aber nicht aus dem Glauben kommt, das ist Sünde.**

15 Wir aber, die wir stark sind, sollen das Unvermögen der Schwachen tragen und nicht Gefallen an uns selber haben.

2 Jeder von uns lebe so, dass er seinem Nächsten gefalle zum Guten und zur Erbauung.

3 Denn auch Christus hatte nicht an sich selbst Gefallen, sondern wie geschrieben steht (Psalm 69,10): »Die Schmähungen derer, die dich schmähen, sind auf mich gefallen.«

4 Denn was zuvor geschrieben ist, das ist uns zur Lehre geschrieben, damit wir durch Geduld und den Trost der Schrift Hoffnung haben.

5 Der Gott aber der Geduld und des Trostes gebe euch, dass ihr einträchtig gesinnt seid untereinander, Christus Jesus gemäß,

6 damit ihr einmütig mit **einem** Munde Gott lobt, den Vater unseres Herrn Jesus Christus.

¶ **7** Darum **nehmt einander an, wie Christus euch angenommen hat zu Gottes Lob.**

8 Denn ich sage: Christus ist ein Diener der Juden geworden um der Wahrhaftigkeit Gottes willen, um die Verheißungen zu bestätigen, die den Vätern gegeben sind;

9 die Heiden aber sollen Gott loben um der Barmherzigkeit willen, wie geschrieben steht (Psalm 18,50): »Darum will ich dich loben unter den Heiden und deinem Namen singen.«

10 Und wiederum heißt es (5.Mose 32,43): »Freut euch, ihr Heiden, mit seinem Volk!«

11 Und wiederum (Psalm 117,1): »Lobet den Herrn, alle Heiden, und preist ihn, alle Völker!«

22 The faith that you have, keep between yourself and God. Blessed is the one who has no reason to pass judgment on himself for what he approves.

23 But whoever has doubts is condemned if he eats, because the eating is not from faith. For whatever does not proceed from faith is sin.[4]

The Example of Christ

15 We who are strong have an obligation to bear with the failings of the weak, and not to please ourselves.

2 Let each of us please his neighbor for his good, to build him up.

3 For Christ did not please himself, but as it is written, "The reproaches of those who reproached you fell on me."

4 For whatever was written in former days was written for our instruction, that through endurance and through the encouragement of the Scriptures we might have hope.

5 May the God of endurance and encouragement grant you to live in such harmony with one another, in accord with Christ Jesus,

6 that together you may with one voice glorify the God and Father of our Lord Jesus Christ.

7 Therefore welcome one another as Christ has welcomed you, for the glory of God.

Christ the Hope of Jews and Gentiles

¶ **8** For I tell you that Christ became a servant to the circumcised to show God's truthfulness, in order to confirm the promises given to the patriarchs,

9 and in order that the Gentiles might glorify God for his mercy. As it is written,

"Therefore I will praise you among the Gentiles,
and sing to your name."

10 And again it is said,

"Rejoice, O Gentiles, with his people."

11 And again,

"Praise the Lord, all you Gentiles,
and let all the peoples extol him."

12 Und wiederum spricht Jesaja (Jesaja 11,10): »Es wird kommen der Spross aus der Wurzel Isais und wird aufstehen, um zu herrschen über die Heiden; auf den werden die Heiden hoffen.«

¶ **13** Der Gott der Hoffnung aber erfülle euch mit aller Freude und Frieden im Glauben, dass ihr immer reicher werdet an Hoffnung durch die Kraft des Heiligen Geistes.

Die Vollmacht des Apostels

14 Ich weiß aber selbst sehr wohl von euch, liebe Brüder, dass auch ihr selber voll Güte seid, erfüllt mit aller Erkenntnis, sodass ihr euch untereinander ermahnen könnt.

15 Ich habe es aber dennoch gewagt und euch manches geschrieben, um euch zu erinnern kraft der Gnade, die mir von Gott gegeben ist,

16 damit ich ein Diener Christi Jesu unter den Heiden sei, um das Evangelium Gottes priesterlich auszurichten, damit die Heiden ein Opfer werden, das Gott wohlgefällig ist, geheiligt durch den Heiligen Geist.

¶ **17** Darum kann ich mich rühmen in Christus Jesus vor Gott.

18 Denn ich werde nicht wagen, von etwas zu reden, das nicht Christus durch mich gewirkt hat, um die Heiden zum Gehorsam zu bringen durch Wort und Werk,

19 in der Kraft von Zeichen und Wundern und in der Kraft des Geistes Gottes. So habe ich von Jerusalem aus ringsumher bis nach Illyrien das Evangelium von Christus voll ausgerichtet.

20 Dabei habe ich meine Ehre dareingesetzt, das Evangelium zu predigen, wo Christi Name noch nicht bekannt war, damit ich nicht auf einen fremden Grund baute,

21 sondern ich habe getan, wie geschrieben steht (Jesaja 52,15): »Denen nichts von ihm verkündigt worden ist, die sollen sehen, und die nichts gehört haben, sollen verstehen.«

Reisepläne des Apostels

22 Das ist auch der Grund, warum ich so viele Male daran gehindert worden bin, zu euch zu kommen.

23 Nun aber habe ich keine Aufgabe mehr in diesen Ländern, habe aber seit vielen Jahren das Verlangen, zu euch zu kommen,

12 And again Isaiah says,

"The root of Jesse will come,
  even he who arises to rule the
    Gentiles;
in him will the Gentiles hope."

13 May the God of hope fill you with all joy and peace in believing, so that by the power of the Holy Spirit you may abound in hope.

Paul the Minister to the Gentiles

¶ **14** I myself am satisfied about you, my brothers,[1] that you yourselves are full of goodness, filled with all knowledge and able to instruct one another.

15 But on some points I have written to you very boldly by way of reminder, because of the grace given me by God

16 to be a minister of Christ Jesus to the Gentiles in the priestly service of the gospel of God, so that the offering of the Gentiles may be acceptable, sanctified by the Holy Spirit.

17 In Christ Jesus, then, I have reason to be proud of my work for God.

18 For I will not venture to speak of anything except what Christ has accomplished through me to bring the Gentiles to obedience—by word and deed,

19 by the power of signs and wonders, by the power of the Spirit of God—so that from Jerusalem and all the way around to Illyricum I have fulfilled the ministry of the gospel of Christ;

20 and thus I make it my ambition to preach the gospel, not where Christ has already been named, lest I build on someone else's foundation,

21 but as it is written,

"Those who have never been told of him
  will see,
and those who have never heard will
  understand."

Paul's Plan to Visit Rome

¶ **22** This is the reason why I have so often been hindered from coming to you.

23 But now, since I no longer have any room for work in these regions, and since I have longed for many years to come to you,

24 wenn ich nach Spanien reisen werde. Denn ich hoffe, dass ich bei euch durchreisen und euch sehen kann und von euch dorthin weitergeleitet werde, doch so, dass ich mich zuvor ein wenig an euch erquicke.

¶ **25** Jetzt aber fahre ich hin nach Jerusalem, um den Heiligen zu dienen.

26 Denn die in Mazedonien und Achaja haben willig eine gemeinsame Gabe zusammengelegt für die Armen unter den Heiligen in Jerusalem.

27 Sie haben's willig getan und sind auch ihre Schuldner. Denn wenn die Heiden an ihren geistlichen Gütern Anteil bekommen haben, ist es recht und billig, dass sie ihnen auch mit leiblichen Gütern Dienst erweisen.

28 Wenn ich das nun ausgerichtet und ihnen diesen Ertrag zuverlässig übergeben habe, will ich von euch aus nach Spanien ziehen.

29 Ich weiß aber, wenn ich zu euch komme, dass ich mit dem vollen Segen Christi kommen werde.

¶ **30** Ich ermahne euch aber, liebe Brüder, durch unsern Herrn Jesus Christus und durch die Liebe des Geistes, dass ihr mir kämpfen helft durch eure Gebete für mich zu Gott,

31 damit ich errettet werde von den Ungläubigen in Judäa und mein Dienst, den ich für Jerusalem tue, den Heiligen willkommen sei,

32 damit ich mit Freuden zu euch komme nach Gottes Willen und mich mit euch erquicke.

33 Der Gott des Friedens aber sei mit euch allen! Amen.

Empfehlung der Phöbe. Grüße

16 Ich befehle euch unsere Schwester Phöbe an, die im Dienst der Gemeinde von Kenchreä ist,

2 dass ihr sie aufnehmt in dem Herrn, wie sich's ziemt für die Heiligen, und ihr beisteht in jeder Sache, in der sie euch braucht; denn auch sie hat vielen beigestanden, auch mir selbst.

¶ **3** Grüßt die Priska und den Aquila, meine Mitarbeiter in Christus Jesus,

4 die für mein Leben ihren Hals hingehalten haben, denen nicht allein ich danke, sondern alle Gemeinden unter den Heiden.

5 Grüßt auch die Gemeinde in ihrem Hause.

¶ Grüßt Epänetus, meinen Lieben, der aus der Provinz Asien der Erstling für Christus ist.

6 Grüßt Maria, die viel Mühe und Arbeit um euch gehabt hat.

24 I hope to see you in passing as I go to Spain, and to be helped on my journey there by you, once I have enjoyed your company for a while.

25 At present, however, I am going to Jerusalem bringing aid to the saints.

26 For Macedonia and Achaia have been pleased to make some contribution for the poor among the saints at Jerusalem.

27 For they were pleased to do it, and indeed they owe it to them. For if the Gentiles have come to share in their spiritual blessings, they ought also to be of service to them in material blessings.

28 When therefore I have completed this and have delivered to them what has been collected,[2] I will leave for Spain by way of you.

29 I know that when I come to you I will come in the fullness of the blessing[3] of Christ.

¶ **30** I appeal to you, brothers, by our Lord Jesus Christ and by the love of the Spirit, to strive together with me in your prayers to God on my behalf,

31 that I may be delivered from the unbelievers in Judea, and that my service for Jerusalem may be acceptable to the saints,

32 so that by God's will I may come to you with joy and be refreshed in your company.

33 May the God of peace be with you all. Amen.

Personal Greetings

16 I commend to you our sister Phoebe, a servant[1] of the church at Cenchreae,

2 that you may welcome her in the Lord in a way worthy of the saints, and help her in whatever she may need from you, for she has been a patron of many and of myself as well.

¶ **3** Greet Prisca and Aquila, my fellow workers in Christ Jesus,

4 who risked their necks for my life, to whom not only I give thanks but all the churches of the Gentiles give thanks as well.

5 Greet also the church in their house. Greet my beloved Epaenetus, who was the first convert[2] to Christ in Asia.

6 Greet Mary, who has worked hard for you.

7 Grüßt Andronikus und Junias*, meine Stammverwandten und Mitgefangenen, die berühmt sind unter den Aposteln und schon vor mir in Christus gewesen sind.

8 Grüßt Ampliatus, meinen Lieben in dem Herrn.

9 Grüßt Urbanus, unsern Mitarbeiter in Christus, und Stachys, meinen Lieben.

10 Grüßt Apelles, den Bewährten in Christus. Grüßt die aus dem Haus des Aristobul.

11 Grüßt Herodion, meinen Stammverwandten. Grüßt die aus dem Haus des Narzissus, die in dem Herrn sind.

12 Grüßt die Tryphäna und die Tryphosa, die in dem Herrn arbeiten. Grüßt die Persis, meine Liebe, die sich viel gemüht hat im Dienst des Herrn.

13 Grüßt Rufus, den Auserwählten in dem Herrn, und seine Mutter, die auch mir eine Mutter geworden ist.

14 Grüßt Asynkritus, Phlegon, Hermes, Patrobas, Hermas und die Brüder bei ihnen.

15 Grüßt Philologus und Julia, Nereus und seine Schwester und Olympas und alle Heiligen bei ihnen.

¶ **16** Grüßt euch untereinander mit dem heiligen Kuss. Es grüßen euch alle Gemeinden Christi.

Warnung vor Irrlehrern

17 Ich ermahne euch aber, liebe Brüder, dass ihr euch in Acht nehmt vor denen, die Zwietracht und Ärgernis anrichten entgegen der Lehre, die ihr gelernt habt, und euch von ihnen abwendet.

18 Denn solche dienen nicht unserm Herrn Christus, sondern ihrem Bauch; und durch süße Worte und prächtige Reden verführen sie die Herzen der Arglosen.

19 Denn euer Gehorsam ist bei allen bekannt geworden. Deshalb freue ich mich über euch; ich will aber, dass ihr weise seid zum Guten, aber geschieden vom Bösen.

20 Der Gott des Friedens aber wird den Satan unter eure Füße treten in Kürze. Die Gnade unseres Herrn Jesus Christus sei mit euch!

Grüße der Mitarbeiter

21 Es grüßen euch Timotheus, mein Mitarbeiter, und Luzius, Jason und Sosipater, meine Stammverwandten.

7 Greet Andronicus and Junia,[3] my kinsmen and my fellow prisoners. They are well known to the apostles,[4] and they were in Christ before me.

8 Greet Ampliatus, my beloved in the Lord.

9 Greet Urbanus, our fellow worker in Christ, and my beloved Stachys.

10 Greet Apelles, who is approved in Christ. Greet those who belong to the family of Aristobulus.

11 Greet my kinsman Herodion. Greet those in the Lord who belong to the family of Narcissus.

12 Greet those workers in the Lord, Tryphaena and Tryphosa. Greet the beloved Persis, who has worked hard in the Lord.

13 Greet Rufus, chosen in the Lord; also his mother, who has been a mother to me as well.

14 Greet Asyncritus, Phlegon, Hermes, Patrobas, Hermas, and the brothers[5] who are with them.

15 Greet Philologus, Julia, Nereus and his sister, and Olympas, and all the saints who are with them.

16 Greet one another with a holy kiss. All the churches of Christ greet you.

Final Instructions and Greetings

¶ **17** I appeal to you, brothers, to watch out for those who cause divisions and create obstacles contrary to the doctrine that you have been taught; avoid them.

18 For such persons do not serve our Lord Christ, but their own appetites,[6] and by smooth talk and flattery they deceive the hearts of the naive.

19 For your obedience is known to all, so that I rejoice over you, but I want you to be wise as to what is good and innocent as to what is evil.

20 The God of peace will soon crush Satan under your feet. The grace of our Lord Jesus Christ be with you.

¶ **21** Timothy, my fellow worker, greets you; so do Lucius and Jason and Sosipater, my kinsmen.

22 Ich, Tertius, der ich diesen Brief geschrieben habe, grüße euch in dem Herrn.

23 Es grüßt euch Gajus, mein und der ganzen Gemeinde Gastgeber. Es grüßt euch Erastus, der Stadtkämmerer, und Quartus, der Bruder.*

Lobpreis Gottes

25 Dem aber, der euch stärken kann gemäß meinem Evangelium und der Predigt von Jesus Christus, durch die das Geheimnis offenbart ist, das seit ewigen Zeiten verschwiegen war,

26 nun aber offenbart und kundgemacht ist durch die Schriften der Propheten nach dem Befehl des ewigen Gottes, den Gehorsam des Glaubens aufzurichten unter allen Heiden:

27 dem Gott, der allein weise ist, sei Ehre durch Jesus Christus in Ewigkeit! Amen.

¶ **22** I Tertius, who wrote this letter, greet you in the Lord.

¶ **23** Gaius, who is host to me and to the whole church, greets you. Erastus, the city treasurer, and our brother Quartus, greet you.[7]

Doxology

¶ **25** Now to him who is able to strengthen you according to my gospel and the preaching of Jesus Christ, according to the revelation of the mystery that was kept secret for long ages

26 but has now been disclosed and through the prophetic writings has been made known to all nations, according to the command of the eternal God, to bring about the obedience of faith—

27 to the only wise God be glory forevermore through Jesus Christ! Amen.

DER ERSTE BRIEF DES PAULUS AN DIE KORINTHER

1 CORINTHIANS

1

1 Paulus, berufen zum Apostel Christi Jesu durch den Willen Gottes, und Sosthenes, unser Bruder,

2 an die Gemeinde Gottes in Korinth, an die Geheiligten in Christus Jesus, die berufenen Heiligen samt allen, die den Namen unsres Herrn Jesus Christus anrufen an jedem Ort, bei ihnen und bei uns:

¶ 3 Gnade sei mit euch und Friede von Gott, unserm Vater, und dem Herrn Jesus Christus!

Dank für Gottes reiche Gaben in Korinth

4 Ich danke meinem Gott allezeit euretwegen für die Gnade Gottes, die euch gegeben ist in Christus Jesus,

5 dass ihr durch ihn in allen Stücken reich gemacht seid, in aller Lehre und in aller Erkenntnis.

6 Denn die Predigt von Christus ist in euch kräftig geworden,

7 sodass ihr keinen Mangel habt an irgendeiner Gabe und wartet nur auf die Offenbarung unseres Herrn Jesus Christus.

8 Der wird euch auch fest erhalten bis ans Ende, dass ihr untadelig seid am Tag unseres Herrn Jesus Christus.

9 Denn **Gott ist treu, durch den ihr berufen seid zur Gemeinschaft seines Sohnes Jesus Christus, unseres Herrn.**

Spaltungen in der Gemeinde

10 Ich ermahne euch aber, liebe Brüder, im Namen unseres Herrn Jesus Christus, dass ihr alle mit einer Stimme redet und lasst keine Spaltungen unter euch sein, sondern haltet aneinander fest in **einem** Sinn und in **einer** Meinung.

11 Denn es ist mir bekannt geworden über euch, liebe Brüder, durch die Leute der Chloë, dass Streit unter euch ist.

12 Ich meine aber dies, dass unter euch der eine sagt: Ich gehöre zu Paulus, der andere: Ich zu Apollos, der Dritte: Ich zu Kephas, der Vierte: Ich zu Christus.

1

Greeting

1 Paul, called by the will of God to be an apostle of Christ Jesus, and our brother Sosthenes,

¶ 2 To the church of God that is in Corinth, to those sanctified in Christ Jesus, called to be saints together with all those who in every place call upon the name of our Lord Jesus Christ, both their Lord and ours:

¶ 3 Grace to you and peace from God our Father and the Lord Jesus Christ.

Thanksgiving

¶ 4 I give thanks to my God always for you because of the grace of God that was given you in Christ Jesus,

5 that in every way you were enriched in him in all speech and all knowledge—

6 even as the testimony about Christ was confirmed among you—

7 so that you are not lacking in any spiritual gift, as you wait for the revealing of our Lord Jesus Christ,

8 who will sustain you to the end, guiltless in the day of our Lord Jesus Christ.

9 God is faithful, by whom you were called into the fellowship of his Son, Jesus Christ our Lord.

Divisions in the Church

¶ 10 I appeal to you, brothers,[1] by the name of our Lord Jesus Christ, that all of you agree, and that there be no divisions among you, but that you be united in the same mind and the same judgment.

11 For it has been reported to me by Chloe's people that there is quarreling among you, my brothers.

12 What I mean is that each one of you says, "I follow Paul," or "I follow Apollos," or "I follow Cephas," or "I follow Christ."

¶ **13** Wie? Ist Christus etwa zerteilt? Ist denn Paulus für euch gekreuzigt? Oder seid ihr auf den Namen des Paulus getauft?

14 Ich danke Gott, dass ich niemanden unter euch getauft habe außer Krispus und Gajus,

15 damit nicht jemand sagen kann, ihr wäret auf meinen Namen getauft.

16 Ich habe aber auch Stephanas und sein Haus getauft; sonst weiß ich nicht, ob ich noch jemanden getauft habe.

17 Denn Christus hat mich nicht gesandt zu taufen, sondern das Evangelium zu predigen – nicht mit klugen Worten, damit nicht das Kreuz Christi zunichtewerde.

Die Weisheit der Welt ist Torheit vor Gott

18 Denn das Wort vom Kreuz ist eine Torheit denen, die verloren werden; uns aber, die wir selig werden, ist's eine Gotteskraft.

19 Denn es steht geschrieben (Jesaja 29,14): »Ich will zunichtemachen die Weisheit der Weisen, und den Verstand der Verständigen will ich verwerfen.«

20 Wo sind die Klugen? Wo sind die Schriftgelehrten? Wo sind die Weisen dieser Welt? Hat nicht Gott die Weisheit der Welt zur Torheit gemacht?

21 Denn weil die Welt, umgeben von der Weisheit Gottes, Gott durch ihre Weisheit nicht erkannte, gefiel es Gott wohl, durch die Torheit der Predigt selig zu machen, die daran glauben.

¶ **22** Denn die Juden fordern Zeichen und die Griechen fragen nach Weisheit,

23 wir aber predigen den gekreuzigten Christus, den Juden ein Ärgernis und den Griechen eine Torheit;

24 denen aber, die berufen sind, Juden und Griechen, predigen wir Christus als Gottes Kraft und Gottes Weisheit.

25 Denn die Torheit Gottes ist weiser, als die Menschen sind, und die Schwachheit Gottes ist stärker, als die Menschen sind.

¶ **26** Seht doch, liebe Brüder, auf eure Berufung. Nicht viele Weise nach dem Fleisch, nicht viele Mächtige, nicht viele Angesehene sind berufen.

27 Sondern was töricht ist vor der Welt, das hat Gott erwählt, damit er die Weisen zuschanden mache; und was schwach ist vor der Welt, das hat Gott erwählt, damit er zuschanden mache, was stark ist;

28 und das Geringe vor der Welt und das Verachtete hat Gott erwählt, das, was nichts ist, damit er zunichtemache, was etwas ist,

13 Is Christ divided? Was Paul crucified for you? Or were you baptized in the name of Paul?

14 I thank God that I baptized none of you except Crispus and Gaius,

15 so that no one may say that you were baptized in my name.

16 (I did baptize also the household of Stephanas. Beyond that, I do not know whether I baptized anyone else.)

17 For Christ did not send me to baptize but to preach the gospel, and not with words of eloquent wisdom, lest the cross of Christ be emptied of its power.

Christ the Wisdom and Power of God

¶ **18** For the word of the cross is folly to those who are perishing, but to us who are being saved it is the power of God.

19 For it is written,

"I will destroy the wisdom of the wise,
   and the discernment of the discerning
      I will thwart."

20 Where is the one who is wise? Where is the scribe? Where is the debater of this age? Has not God made foolish the wisdom of the world?

21 For since, in the wisdom of God, the world did not know God through wisdom, it pleased God through the folly of what we preach to save those who believe.

22 For Jews demand signs and Greeks seek wisdom,

23 but we preach Christ crucified, a stumbling block to Jews and folly to Gentiles,

24 but to those who are called, both Jews and Greeks, Christ the power of God and the wisdom of God.

25 For the foolishness of God is wiser than men, and the weakness of God is stronger than men.

¶ **26** For consider your calling, brothers: not many of you were wise according to worldly standards,[2] not many were powerful, not many were of noble birth.

27 But God chose what is foolish in the world to shame the wise; God chose what is weak in the world to shame the strong;

28 God chose what is low and despised in the world, even things that are not, to bring to nothing things that are,

29 damit sich kein Mensch vor Gott rühme.

30 Durch ihn aber seid ihr in Christus Jesus, **der uns von Gott gemacht ist zur Weisheit und zur Gerechtigkeit und zur Heiligung und zur Erlösung,**

31 damit, wie geschrieben steht (Jeremia 9,22-23): »Wer sich rühmt, der rühme sich des Herrn!«

Die Predigt des Apostels vom Gekreuzigten

2 Auch ich, liebe Brüder, als ich zu euch kam, kam ich nicht mit hohen Worten und hoher Weisheit, euch das Geheimnis Gottes zu verkündigen.

2 Denn ich hielt es für richtig, unter euch nichts zu wissen als allein Jesus Christus, den Gekreuzigten.

3 Und ich war bei euch in Schwachheit und in Furcht und mit großem Zittern;

4 und mein Wort und meine Predigt geschahen nicht mit überredenden Worten menschlicher Weisheit, sondern in Erweisung des Geistes und der Kraft,

5 damit euer Glaube nicht stehe auf Menschenweisheit, sondern auf Gottes Kraft.

Von der Weisheit Gottes

6 Wovon wir aber reden, das ist dennoch Weisheit bei den Vollkommenen; nicht eine Weisheit dieser Welt, auch nicht der Herrscher dieser Welt, die vergehen.

7 Sondern wir reden von der Weisheit Gottes, die im Geheimnis verborgen ist, die Gott vorherbestimmt hat vor aller Zeit zu unserer Herrlichkeit,

8 die keiner von den Herrschern dieser Welt erkannt hat; denn wenn sie die erkannt hätten, so hätten sie den Herrn der Herrlichkeit nicht gekreuzigt.

9 Sondern es ist gekommen, wie geschrieben steht (Jesaja 64,3): »Was kein Auge gesehen hat und kein Ohr gehört hat und in keines Menschen Herz gekommen ist, was Gott bereitet hat denen, die ihn lieben.«

¶ **10** Uns aber hat es Gott offenbart durch seinen Geist; denn der Geist erforscht alle Dinge, auch die Tiefen der Gottheit.

11 Denn welcher Mensch weiß, was im Menschen ist, als allein der Geist des Menschen, der in ihm ist? So weiß auch niemand, was in Gott ist, als allein der Geist Gottes.

29 so that no human being[3] might boast in the presence of God.

30 And because of him[4] you are in Christ Jesus, who became to us wisdom from God, righteousness and sanctification and redemption,

31 so that, as it is written, "Let the one who boasts, boast in the Lord."

Proclaiming Christ Crucified

2 And I, when I came to you, brothers,[1] did not come proclaiming to you the testimony[2] of God with lofty speech or wisdom.

2 For I decided to know nothing among you except Jesus Christ and him crucified.

3 And I was with you in weakness and in fear and much trembling,

4 and my speech and my message were not in plausible words of wisdom, but in demonstration of the Spirit and of power,

5 that your faith might not rest in the wisdom of men but in the power of God.

Wisdom from the Spirit

¶ **6** Yet among the mature we do impart wisdom, although it is not a wisdom of this age or of the rulers of this age, who are doomed to pass away.

7 But we impart a secret and hidden wisdom of God, which God decreed before the ages for our glory.

8 None of the rulers of this age understood this, for if they had, they would not have crucified the Lord of glory.

9 But, as it is written,

"What no eye has seen, nor ear heard,
   nor the heart of man imagined,
   what God has prepared for those who
      love him"—

10 these things God has revealed to us through the Spirit. For the Spirit searches everything, even the depths of God.

11 For who knows a person's thoughts except the spirit of that person, which is in him? So also no one comprehends the thoughts of God except the Spirit of God.

12 Wir aber haben nicht empfangen den Geist der Welt, sondern den Geist aus Gott, dass wir wissen können, was uns von Gott geschenkt ist.

13 Und davon reden wir auch nicht mit Worten, wie sie menschliche Weisheit lehren kann, sondern mit Worten, die der Geist lehrt, und deuten geistliche Dinge für geistliche Menschen.

14 Der natürliche Mensch aber vernimmt nichts vom Geist Gottes; es ist ihm eine Torheit und er kann es nicht erkennen; denn es muss geistlich beurteilt werden.

15 Der geistliche Mensch aber beurteilt alles und wird doch selber von niemandem beurteilt.

16 Denn »wer hat des Herrn Sinn erkannt, oder wer will ihn unterweisen«? (Jesaja 40,13) Wir aber haben Christi Sinn.

Unmündigkeit der Korinther

3 Und ich, liebe Brüder, konnte nicht zu euch reden wie zu geistlichen Menschen, sondern wie zu fleischlichen, wie zu unmündigen Kindern in Christus.

2 Milch habe ich euch zu trinken gegeben und nicht feste Speise; denn ihr konntet sie noch nicht vertragen. Auch jetzt könnt ihr's noch nicht,

3 weil ihr noch fleischlich seid. Denn wenn Eifersucht und Zank unter euch sind, seid ihr da nicht fleischlich und lebt nach Menschenweise?

4 Denn wenn der eine sagt: Ich gehöre zu Paulus, der andere aber: Ich zu Apollos –, ist das nicht nach Menschenweise geredet?

Mitarbeiter Gottes

5 Wer ist nun Apollos? Wer ist Paulus? Diener sind sie, durch die ihr gläubig geworden seid, und das, wie es der Herr einem jeden gegeben hat:

6 Ich habe gepflanzt, Apollos hat begossen; aber Gott hat das Gedeihen gegeben.

7 So ist nun weder der pflanzt noch der begießt etwas, sondern Gott, der das Gedeihen gibt.

8 Der aber pflanzt und der begießt, sind einer wie der andere. Jeder aber wird seinen Lohn empfangen nach seiner Arbeit.

¶ **9** Denn wir sind Gottes Mitarbeiter; ihr seid Gottes Ackerfeld und Gottes Bau.

10 Ich nach Gottes Gnade, die mir gegeben ist, habe den Grund gelegt als ein weiser Baumeister; ein anderer baut darauf. Ein jeder aber sehe zu, wie er darauf baut.

12 Now we have received not the spirit of the world, but the Spirit who is from God, that we might understand the things freely given us by God.

13 And we impart this in words not taught by human wisdom but taught by the Spirit, interpreting spiritual truths to those who are spiritual.[3]

¶ **14** The natural person does not accept the things of the Spirit of God, for they are folly to him, and he is not able to understand them because they are spiritually discerned.

15 The spiritual person judges all things, but is himself to be judged by no one.

16 "For who has understood the mind of the Lord so as to instruct him?" But we have the mind of Christ.

Divisions in the Church

3 But I, brothers,[1] could not address you as spiritual people, but as people of the flesh, as infants in Christ.

2 I fed you with milk, not solid food, for you were not ready for it. And even now you are not yet ready,

3 for you are still of the flesh. For while there is jealousy and strife among you, are you not of the flesh and behaving only in a human way?

4 For when one says, "I follow Paul," and another, "I follow Apollos," are you not being merely human?

¶ **5** What then is Apollos? What is Paul? Servants through whom you believed, as the Lord assigned to each.

6 I planted, Apollos watered, but God gave the growth.

7 So neither he who plants nor he who waters is anything, but only God who gives the growth.

8 He who plants and he who waters are one, and each will receive his wages according to his labor.

9 For we are God's fellow workers. You are God's field, God's building.

¶ **10** According to the grace of God given to me, like a skilled master builder I laid a foundation, and someone else is building upon it. Let each one take care how he builds upon it.

11 Einen andern Grund kann niemand legen als den, der gelegt ist, welcher ist Jesus Christus.

¶ **12** Wenn aber jemand auf den Grund baut Gold, Silber, Edelsteine, Holz, Heu, Stroh,

13 so wird das Werk eines jeden offenbar werden. Der Tag des Gerichts wird's klarmachen; denn mit Feuer wird er sich offenbaren. Und von welcher Art eines jeden Werk ist, wird das Feuer erweisen.

14 Wird jemandes Werk bleiben, das er darauf gebaut hat, so wird er Lohn empfangen.

15 Wird aber jemandes Werk verbrennen, so wird er Schaden leiden; er selbst aber wird gerettet werden, doch so wie durchs Feuer hindurch.

¶ **16** Wisst ihr nicht, dass ihr Gottes Tempel seid und der Geist Gottes in euch wohnt?

17 Wenn jemand den Tempel Gottes verdirbt, den wird Gott verderben, denn der Tempel Gottes ist heilig; der seid ihr.

Kein Grund zum Ruhm

18 Niemand betrüge sich selbst. Wer unter euch meint, weise zu sein in dieser Welt, der werde ein Narr, dass er weise werde.

19 Denn die Weisheit dieser Welt ist Torheit bei Gott. Denn es steht geschrieben (Hiob 5,13): »Die Weisen fängt er in ihrer Klugheit«,

20 und wiederum (Psalm 94,11): »Der Herr kennt die Gedanken der Weisen, dass sie nichtig sind.«

21 Darum rühme sich niemand eines Menschen; denn alles ist euer:

22 Es sei Paulus oder Apollos oder Kephas, es sei Welt oder Leben oder Tod, es sei Gegenwärtiges oder Zukünftiges, **alles ist euer,**

23 ihr aber seid Christi, Christus aber ist Gottes.

Kein Recht zum Richten

4 Dafür halte uns jedermann: für Diener Christi und Haushalter über Gottes Geheimnisse.

2 Nun fordert man nicht mehr von den Haushaltern, als dass sie für treu befunden werden.

3 Mir aber ist's ein Geringes, dass ich von euch gerichtet werde oder von einem menschlichen Gericht; auch richte ich mich selbst nicht.

4 Ich bin mir zwar nichts bewusst, aber darin bin ich nicht gerechtfertigt; der Herr ist's aber, der mich richtet.

11 For no one can lay a foundation other than that which is laid, which is Jesus Christ.

12 Now if anyone builds on the foundation with gold, silver, precious stones, wood, hay, straw—

13 each one's work will become manifest, for the Day will disclose it, because it will be revealed by fire, and the fire will test what sort of work each one has done.

14 If the work that anyone has built on the foundation survives, he will receive a reward.

15 If anyone's work is burned up, he will suffer loss, though he himself will be saved, but only as through fire.

¶ **16** Do you not know that you[2] are God's temple and that God's Spirit dwells in you?

17 If anyone destroys God's temple, God will destroy him. For God's temple is holy, and you are that temple.

¶ **18** Let no one deceive himself. If anyone among you thinks that he is wise in this age, let him become a fool that he may become wise.

19 For the wisdom of this world is folly with God. For it is written, "He catches the wise in their craftiness,"

20 and again, "The Lord knows the thoughts of the wise, that they are futile."

21 So let no one boast in men. For all things are yours,

22 whether Paul or Apollos or Cephas or the world or life or death or the present or the future—all are yours,

23 and you are Christ's, and Christ is God's.

The Ministry of Apostles

4 This is how one should regard us, as servants of Christ and stewards of the mysteries of God.

2 Moreover, it is required of stewards that they be found trustworthy.

3 But with me it is a very small thing that I should be judged by you or by any human court. In fact, I do not even judge myself.

4 For I am not aware of anything against myself, but I am not thereby acquitted. It is the Lord who judges me.

5 Darum richtet nicht vor der Zeit, bis der Herr kommt, der auch ans Licht bringen wird, was im Finstern verborgen ist, und wird das Trachten der Herzen offenbar machen. Dann wird einem jeden von Gott sein Lob zuteilwerden.

Gegen die Überheblichkeit der Korinther

6 Dies aber, liebe Brüder, habe ich im Blick auf mich selbst und Apollos gesagt um euretwillen, damit ihr an uns lernt, was das heißt: Nicht über das hinaus, was geschrieben steht!, damit sich keiner für den einen gegen den andern aufblase.

7 Denn wer gibt dir einen Vorrang? Was hast du, das du nicht empfangen hast? Wenn du es aber empfangen hast, was rühmst du dich dann, als hättest du es nicht empfangen?

8 Ihr seid schon satt geworden? Ihr seid schon reich geworden? Ihr herrscht ohne uns? Ja, wollte Gott, ihr würdet schon herrschen, damit auch wir mit euch herrschen könnten!

9 Denn ich denke, Gott hat uns Apostel als die Allergeringsten hingestellt, wie zum Tode Verurteilte. Denn wir sind ein Schauspiel geworden der Welt und den Engeln und den Menschen.

10 Wir sind Narren um Christi willen, ihr aber seid klug in Christus; wir schwach, ihr aber stark; ihr herrlich, wir aber verachtet.

11 Bis auf diese Stunde leiden wir Hunger und Durst und Blöße und werden geschlagen und haben keine feste Bleibe

12 und mühen uns ab mit unsrer Hände Arbeit. Man schmäht uns, so segnen wir; man verfolgt uns, so dulden wir's;

13 man verlästert uns, so reden wir freundlich. Wir sind geworden wie der Abschaum der Menschheit, jedermanns Kehricht, bis heute.

Paulus der Vater der Gemeinde in Korinth

14 Nicht um euch zu beschämen, schreibe ich dies; sondern ich ermahne euch als meine lieben Kinder.

15 Denn wenn ihr auch zehntausend Erzieher hättet in Christus, so habt ihr doch nicht viele Väter; denn ich habe euch gezeugt in Christus Jesus durchs Evangelium.

16 Darum ermahne ich euch: Folgt meinem Beispiel!

17 Aus demselben Grund habe ich Timotheus zu euch gesandt, der mein lieber und getreuer Sohn ist in dem Herrn, damit er euch erinnere an meine Weisungen in Christus Jesus, wie ich sie überall in allen Gemeinden lehre.

5 Therefore do not pronounce judgment before the time, before the Lord comes, who will bring to light the things now hidden in darkness and will disclose the purposes of the heart. Then each one will receive his commendation from God.

¶ **6** I have applied all these things to myself and Apollos for your benefit, brothers,[1] that you may learn by us not to go beyond what is written, that none of you may be puffed up in favor of one against another.

7 For who sees anything different in you? What do you have that you did not receive? If then you received it, why do you boast as if you did not receive it?

¶ **8** Already you have all you want! Already you have become rich! Without us you have become kings! And would that you did reign, so that we might share the rule with you!

9 For I think that God has exhibited us apostles as last of all, like men sentenced to death, because we have become a spectacle to the world, to angels, and to men.

10 We are fools for Christ's sake, but you are wise in Christ. We are weak, but you are strong. You are held in honor, but we in disrepute.

11 To the present hour we hunger and thirst, we are poorly dressed and buffeted and homeless,

12 and we labor, working with our own hands. When reviled, we bless; when persecuted, we endure;

13 when slandered, we entreat. We have become, and are still, like the scum of the world, the refuse of all things.

¶ **14** I do not write these things to make you ashamed, but to admonish you as my beloved children.

15 For though you have countless guides in Christ, you do not have many fathers. For I became your father in Christ Jesus through the gospel.

16 I urge you, then, be imitators of me.

17 That is why I sent[2] you Timothy, my beloved and faithful child in the Lord, to remind you of my ways in Christ,[3] as I teach them everywhere in every church.

¶ **18** Es haben sich einige aufgebläht, als würde ich nicht zu euch kommen.

19 Ich werde aber, wenn der Herr will, recht bald zu euch kommen und nicht die Worte der Aufgeblasenen kennenlernen, sondern ihre Kraft.

20 Denn das Reich Gottes steht nicht in Worten, sondern in Kraft.

21 Was wollt ihr? Soll ich mit dem Stock zu euch kommen oder mit Liebe und sanftmütigem Geist?

Ausschluss der Unzüchtigen aus der Gemeinde

5 Überhaupt geht die Rede, dass Unzucht unter euch ist, und zwar eine solche Unzucht, wie es sie nicht einmal unter den Heiden gibt: dass einer die Frau seines Vaters hat.

2 Und ihr seid aufgeblasen und seid nicht vielmehr traurig geworden, sodass ihr den aus eurer Mitte verstoßen hättet, der diese Tat begangen hat?

3 Ich aber, der ich nicht leiblich bei euch bin, doch mit dem Geist, habe schon, als wäre ich bei euch, beschlossen über den, der solches getan hat:

4 Wenn ihr in dem Namen unseres Herrn Jesus versammelt seid und mein Geist samt der Kraft unseres Herrn Jesus bei euch ist,

5 soll dieser Mensch dem Satan übergeben werden zum Verderben des Fleisches, damit der Geist gerettet werde am Tage des Herrn.

¶ **6** Euer Rühmen ist nicht gut. Wisst ihr nicht, dass ein wenig Sauerteig den ganzen Teig durchsäuert?

7 Darum schafft den alten Sauerteig weg, damit ihr ein neuer Teig seid, wie ihr ja ungesäuert seid. Denn **auch wir haben ein Passalamm, das ist Christus, der geopfert ist.**

8 Darum lasst uns das Fest feiern nicht im alten Sauerteig, auch nicht im Sauerteig der Bosheit und Schlechtigkeit, sondern im ungesäuerten Teig der Lauterkeit und Wahrheit.

¶ **9** Ich habe euch in dem Brief geschrieben, dass ihr nichts zu schaffen haben sollt mit den Unzüchtigen.

10 Damit meine ich nicht allgemein die Unzüchtigen in dieser Welt oder die Geizigen oder Räuber oder Götzendiener; sonst müsstet ihr ja die Welt räumen.

18 Some are arrogant, as though I were not coming to you.

19 But I will come to you soon, if the Lord wills, and I will find out not the talk of these arrogant people but their power.

20 For the kingdom of God does not consist in talk but in power.

21 What do you wish? Shall I come to you with a rod, or with love in a spirit of gentleness?

Sexual Immorality Defiles the Church

5 It is actually reported that there is sexual immorality among you, and of a kind that is not tolerated even among pagans, for a man has his father's wife.

2 And you are arrogant! Ought you not rather to mourn? Let him who has done this be removed from among you.

¶ **3** For though absent in body, I am present in spirit; and as if present, I have already pronounced judgment on the one who did such a thing.

4 When you are assembled in the name of the Lord Jesus and my spirit is present, with the power of our Lord Jesus,

5 you are to deliver this man to Satan for the destruction of the flesh, so that his spirit may be saved in the day of the Lord.[1]

¶ **6** Your boasting is not good. Do you not know that a little leaven leavens the whole lump?

7 Cleanse out the old leaven that you may be a new lump, as you really are unleavened. For Christ, our Passover lamb, has been sacrificed.

8 Let us therefore celebrate the festival, not with the old leaven, the leaven of malice and evil, but with the unleavened bread of sincerity and truth.

¶ **9** I wrote to you in my letter not to associate with sexually immoral people—

10 not at all meaning the sexually immoral of this world, or the greedy and swindlers, or idolaters, since then you would need to go out of the world.

11 Vielmehr habe ich euch geschrieben: Ihr sollt nichts mit einem zu schaffen haben, der sich Bruder nennen lässt und ist ein Unzüchtiger oder ein Geiziger oder ein Götzendiener oder ein Lästerer oder ein Trunkenbold oder ein Räuber; mit so einem sollt ihr auch nicht essen.

12 Denn was gehen mich die draußen an, dass ich sie richten sollte? Habt ihr nicht die zu richten, die drinnen sind?

13 Gott aber wird, die draußen sind, richten. Verstoßt ihr den Bösen aus eurer Mitte!

Rechtssachen unter Christen

6 Wie kann jemand von euch wagen, wenn er einen Streit hat mit einem andern, sein Recht zu suchen vor den Ungerechten und nicht vor den Heiligen?

2 Wisst ihr nicht, dass die Heiligen die Welt richten werden? Wenn nun die Welt von euch gerichtet werden soll, seid ihr dann nicht gut genug, geringe Sachen zu richten?

3 Wisst ihr nicht, dass wir über Engel richten werden? Wie viel mehr über Dinge des täglichen Lebens.

¶ **4** Ihr aber, wenn ihr über diese Dinge rechtet, nehmt solche, die in der Gemeinde nichts gelten, und setzt sie zu Richtern.

5 Euch zur Schande muss ich das sagen. Ist denn gar kein Weiser unter euch, auch nicht einer, der zwischen Bruder und Bruder richten könnte?

6 Vielmehr rechtet ein Bruder mit dem andern, und das vor Ungläubigen!

7 Es ist schon schlimm genug, dass ihr miteinander rechtet. Warum lasst ihr euch nicht lieber Unrecht tun? Warum lasst euch nicht lieber übervorteilen?

8 Vielmehr tut ihr Unrecht und übervorteilt, und das unter Brüdern!

¶ **9** Oder wisst ihr nicht, dass die Ungerechten das Reich Gottes nicht ererben werden? Lasst euch nicht irreführen! Weder Unzüchtige noch Götzendiener, Ehebrecher, Lustknaben, Knabenschänder,

10 Diebe, Geizige, Trunkenbolde, Lästerer oder Räuber werden das Reich Gottes ererben.

11 Und solche sind einige von euch gewesen. Aber ihr seid reingewaschen, ihr seid geheiligt, ihr seid gerecht geworden durch den Namen des Herrn Jesus Christus und durch den Geist unseres Gottes.

11 But now I am writing to you not to associate with anyone who bears the name of brother if he is guilty of sexual immorality or greed, or is an idolater, reviler, drunkard, or swindler—not even to eat with such a one.

12 For what have I to do with judging outsiders? Is it not those inside the church whom you are to judge?

13 God judges[2] those outside. "Purge the evil person from among you."

Lawsuits Against Believers

6 When one of you has a grievance against another, does he dare go to law before the unrighteous instead of the saints?

2 Or do you not know that the saints will judge the world? And if the world is to be judged by you, are you incompetent to try trivial cases?

3 Do you not know that we are to judge angels? How much more, then, matters pertaining to this life!

4 So if you have such cases, why do you lay them before those who have no standing in the church?

5 I say this to your shame. Can it be that there is no one among you wise enough to settle a dispute between the brothers,

6 but brother goes to law against brother, and that before unbelievers?

7 To have lawsuits at all with one another is already a defeat for you. Why not rather suffer wrong? Why not rather be defrauded?

8 But you yourselves wrong and defraud—even your own brothers![1]

¶ **9** Or do you not know that the unrighteous[2] will not inherit the kingdom of God? Do not be deceived: neither the sexually immoral, nor idolaters, nor adulterers, nor men who practice homosexuality,[3]

10 nor thieves, nor the greedy, nor drunkards, nor revilers, nor swindlers will inherit the kingdom of God.

11 And such were some of you. But you were washed, you were sanctified, you were justified in the name of the Lord Jesus Christ and by the Spirit of our God.

Der Leib ein Tempel des Heiligen Geistes

12 Alles ist mir erlaubt, aber nicht alles dient zum Guten. Alles ist mir erlaubt, aber es soll mich nichts gefangen nehmen.

13 Die Speise dem Bauch und der Bauch der Speise; aber Gott wird das eine wie das andere zunichtemachen. Der Leib aber nicht der Hurerei, sondern dem Herrn, und der Herr dem Leibe.

14 Gott aber hat den Herrn auferweckt und wird auch uns auferwecken durch seine Kraft.

¶ **15** Wisst ihr nicht, dass eure Leiber Glieder Christi sind? Sollte ich nun die Glieder Christi nehmen und Hurenglieder daraus machen? Das sei ferne!

16 Oder wisst ihr nicht: wer sich an die Hure hängt, der ist **ein** Leib mit ihr? Denn die Schrift sagt: »Die zwei werden **ein** Fleisch sein« (1.Mose 2,24).

17 Wer aber dem Herrn anhängt, der ist **ein** Geist mit ihm.

18 Flieht die Hurerei! Alle Sünden, die der Mensch tut, bleiben außerhalb des Leibes; wer aber Hurerei treibt, der sündigt am eigenen Leibe.

19 Oder wisst ihr nicht, dass euer Leib ein Tempel des Heiligen Geistes ist, der in euch ist und den ihr von Gott habt, und dass ihr nicht euch selbst gehört?

20 Denn **ihr seid teuer erkauft; darum preist Gott mit eurem Leibe.**

Ehe und Ehelosigkeit

7 Wovon ihr aber geschrieben habt, darauf antworte ich: Es ist gut für den Mann, keine Frau zu berühren.

2 Aber um Unzucht zu vermeiden, soll jeder seine eigene Frau haben und jede Frau ihren eigenen Mann.

3 Der Mann leiste der Frau, was er ihr schuldig ist, desgleichen die Frau dem Mann.

4 Die Frau verfügt nicht über ihren Leib, sondern der Mann. Ebenso verfügt der Mann nicht über seinen Leib, sondern die Frau.

5 Entziehe sich nicht eins dem andern, es sei denn eine Zeit lang, wenn beide es wollen, damit ihr zum Beten Ruhe habt; und dann kommt wieder zusammen, damit euch der Satan nicht versucht, weil ihr euch nicht enthalten könnt.

¶ **6** Das sage ich aber als Erlaubnis und nicht als Gebot.

Flee Sexual Immorality

¶ **12** "All things are lawful for me," but not all things are helpful. "All things are lawful for me," but I will not be enslaved by anything.

13 "Food is meant for the stomach and the stomach for food"—and God will destroy both one and the other. The body is not meant for sexual immorality, but for the Lord, and the Lord for the body.

14 And God raised the Lord and will also raise us up by his power.

15 Do you not know that your bodies are members of Christ? Shall I then take the members of Christ and make them members of a prostitute? Never!

16 Or do you not know that he who is joined[4] to a prostitute becomes one body with her? For, as it is written, "The two will become one flesh."

17 But he who is joined to the Lord becomes one spirit with him.

18 Flee from sexual immorality. Every other sin[5] a person commits is outside the body, but the sexually immoral person sins against his own body.

19 Or do you not know that your body is a temple of the Holy Spirit within you, whom you have from God? You are not your own,

20 for you were bought with a price. So glorify God in your body.

Principles for Marriage

7 Now concerning the matters about which you wrote: "It is good for a man not to have sexual relations with a woman."

2 But because of the temptation to sexual immorality, each man should have his own wife and each woman her own husband.

3 The husband should give to his wife her conjugal rights, and likewise the wife to her husband.

4 For the wife does not have authority over her own body, but the husband does. Likewise the husband does not have authority over his own body, but the wife does.

5 Do not deprive one another, except perhaps by agreement for a limited time, that you may devote yourselves to prayer; but then come together again, so that Satan may not tempt you because of your lack of self-control.

¶ **6** Now as a concession, not a command, I say this.[1]

7 Ich wollte zwar lieber, alle Menschen wären, wie ich bin, aber jeder hat seine eigene Gabe von Gott, der eine so, der andere so.

¶ **8** Den Ledigen und Witwen sage ich: Es ist gut für sie, wenn sie bleiben wie ich.

9 Wenn sie sich aber nicht enthalten können, sollen sie heiraten; denn es ist besser zu heiraten, als sich in Begierde zu verzehren.

Ehescheidung

10 Den Verheirateten aber gebiete nicht ich, sondern der Herr, dass die Frau sich nicht von ihrem Manne scheiden soll

11 – hat sie sich aber geschieden, soll sie ohne Ehe bleiben oder sich mit ihrem Mann versöhnen – und dass der Mann seine Frau nicht verstoßen soll.

¶ **12** Den andern aber sage ich, nicht der Herr: Wenn ein Bruder eine ungläubige Frau hat und es gefällt ihr, bei ihm zu wohnen, so soll er sich nicht von ihr scheiden.

13 Und wenn eine Frau einen ungläubigen Mann hat und es gefällt ihm, bei ihr zu wohnen, so soll sie sich nicht von ihm scheiden.

14 Denn der ungläubige Mann ist geheiligt durch die Frau und die ungläubige Frau ist geheiligt durch den gläubigen Mann. Sonst wären eure Kinder unrein; nun aber sind sie heilig.

15 Wenn aber der Ungläubige sich scheiden will, so lass ihn sich scheiden. Der Bruder oder die Schwester ist nicht gebunden in solchen Fällen. Zum Frieden hat euch Gott berufen.

16 Denn was weißt du, Frau, ob du den Mann retten wirst? Oder du, Mann, was weißt du, ob du die Frau retten wirst?

Gottes Ruf und der Stand der Berufenen

17 Nur soll jeder so leben, wie der Herr es ihm zugemessen, wie Gott einen jeden berufen hat. Und so ordne ich es an in allen Gemeinden.

18 Ist jemand als Beschnittener berufen, der bleibe bei der Beschneidung. Ist jemand als Unbeschnittener berufen, der lasse sich nicht beschneiden.

19 Beschnitten sein ist nichts und unbeschnitten sein ist nichts, sondern: Gottes Gebote halten.

20 Jeder bleibe in der Berufung, in der er berufen wurde.

¶ **21** Bist du als Knecht berufen, so sorge dich nicht; doch kannst du frei werden, so nutze es umso lieber.

7 I wish that all were as I myself am. But each has his own gift from God, one of one kind and one of another.

¶ **8** To the unmarried and the widows I say that it is good for them to remain single as I am.

9 But if they cannot exercise self-control, they should marry. For it is better to marry than to burn with passion.

¶ **10** To the married I give this charge (not I, but the Lord): the wife should not separate from her husband

11 (but if she does, she should remain unmarried or else be reconciled to her husband), and the husband should not divorce his wife.

¶ **12** To the rest I say (I, not the Lord) that if any brother has a wife who is an unbeliever, and she consents to live with him, he should not divorce her.

13 If any woman has a husband who is an unbeliever, and he consents to live with her, she should not divorce him.

14 For the unbelieving husband is made holy because of his wife, and the unbelieving wife is made holy because of her husband. Otherwise your children would be unclean, but as it is, they are holy.

15 But if the unbelieving partner separates, let it be so. In such cases the brother or sister is not enslaved. God has called you[2] to peace.

16 For how do you know, wife, whether you will save your husband? Or how do you know, husband, whether you will save your wife?

Live as You Are Called

¶ **17** Only let each person lead the life that the Lord has assigned to him, and to which God has called him. This is my rule in all the churches.

18 Was anyone at the time of his call already circumcised? Let him not seek to remove the marks of circumcision. Was anyone at the time of his call uncircumcised? Let him not seek circumcision.

19 For neither circumcision counts for anything nor uncircumcision, but keeping the commandments of God.

20 Each one should remain in the condition in which he was called.

21 Were you a slave[3] when called? Do not be concerned about it. (But if you can gain your freedom, avail yourself of the opportunity.)

22 Denn wer als Knecht berufen ist in dem Herrn, der ist ein Freigelassener des Herrn; desgleichen wer als Freier berufen ist, der ist ein Knecht Christi.

23 Ihr seid teuer erkauft; werdet nicht der Menschen Knechte.

24 Liebe Brüder, ein jeder bleibe vor Gott, worin er berufen ist.

Von den Unverheirateten

25 Über die Jungfrauen habe ich kein Gebot des Herrn; ich sage aber meine Meinung als einer, der durch die Barmherzigkeit des Herrn Vertrauen verdient.

26 So meine ich nun, es sei gut um der kommenden Not willen, es sei gut für den Menschen, ledig zu sein.

27 Bist du an eine Frau gebunden, so suche nicht, von ihr loszukommen; bist du nicht gebunden, so suche keine Frau.

28 Wenn du aber doch heiratest, sündigst du nicht, und wenn eine Jungfrau heiratet, sündigt sie nicht; doch werden solche in äußere Bedrängnis kommen. Ich aber möchte euch gerne schonen.

¶ **29** Das sage ich aber, liebe Brüder: **Die Zeit ist kurz. Fortan sollen auch die, die Frauen haben, sein, als hätten sie keine; und die weinen, als weinten sie nicht;**

30 und die sich freuen, als freuten sie sich nicht; und die kaufen, als behielten sie es nicht;

31 und die diese Welt gebrauchen, als brauchten sie sie nicht. Denn das Wesen dieser Welt vergeht.

¶ **32** Ich möchte aber, dass ihr ohne Sorge seid. Wer ledig ist, der sorgt sich um die Sache des Herrn, wie er dem Herrn gefalle;

33 wer aber verheiratet ist, der sorgt sich um die Dinge der Welt, wie er der Frau gefalle, und so ist er geteilten Herzens.

34 Und die Frau, die keinen Mann hat, und die Jungfrau sorgen sich um die Sache des Herrn, dass sie heilig seien am Leib und auch am Geist; aber die verheiratete Frau sorgt sich um die Dinge der Welt, wie sie dem Mann gefalle.

35 Das sage ich zu eurem eigenen Nutzen; nicht um euch einen Strick um den Hals zu werfen, sondern damit es recht zugehe und ihr stets und ungehindert dem Herrn dienen könnt.

22 For he who was called in the Lord as a slave is a freedman of the Lord. Likewise he who was free when called is a slave of Christ.

23 You were bought with a price; do not become slaves of men.

24 So, brothers,[4] in whatever condition each was called, there let him remain with God.

The Unmarried and the Widowed

¶ **25** Now concerning[5] the betrothed,[6] I have no command from the Lord, but I give my judgment as one who by the Lord's mercy is trustworthy.

26 I think that in view of the present[7] distress it is good for a person to remain as he is.

27 Are you bound to a wife? Do not seek to be free. Are you free from a wife? Do not seek a wife.

28 But if you do marry, you have not sinned, and if a betrothed woman[8] marries, she has not sinned. Yet those who marry will have worldly troubles, and I would spare you that.

29 This is what I mean, brothers: the appointed time has grown very short. From now on, let those who have wives live as though they had none,

30 and those who mourn as though they were not mourning, and those who rejoice as though they were not rejoicing, and those who buy as though they had no goods,

31 and those who deal with the world as though they had no dealings with it. For the present form of this world is passing away.

¶ **32** I want you to be free from anxieties. The unmarried man is anxious about the things of the Lord, how to please the Lord.

33 But the married man is anxious about worldly things, how to please his wife,

34 and his interests are divided. And the unmarried or betrothed woman is anxious about the things of the Lord, how to be holy in body and spirit. But the married woman is anxious about worldly things, how to please her husband.

35 I say this for your own benefit, not to lay any restraint upon you, but to promote good order and to secure your undivided devotion to the Lord.

36 Wenn aber jemand meint, er handle unrecht an seiner Jungfrau*, wenn sie erwachsen ist, und es kann nicht anders sein, so tue er, was er will; er sündigt nicht, sie sollen heiraten.

37 Wenn einer aber in seinem Herzen fest ist, weil er nicht unter Zwang ist und seinen freien Willen hat, und beschließt in seinem Herzen, seine Jungfrau unberührt zu lassen, so tut er gut daran.

38 Also, wer seine Jungfrau heiratet, der handelt gut; wer sie aber nicht heiratet, der handelt besser.

Von den Witwen

39 Eine Frau ist gebunden, solange ihr Mann lebt; wenn aber der Mann entschläft, ist sie frei, zu heiraten, wen sie will; nur dass es in dem Herrn geschehe!

40 Seliger ist sie aber, nach meiner Meinung, wenn sie ledig bleibt. Ich meine aber: ich habe auch den Geist Gottes.

Vom Essen des Götzenopferfleisches

8 Was aber das Götzenopfer angeht, so wissen wir, dass wir alle die Erkenntnis haben. Die Erkenntnis bläht auf; aber die Liebe baut auf.

2 Wenn jemand meint, er habe etwas erkannt, der hat noch nicht erkannt, wie man erkennen soll.

3 Wenn aber jemand Gott liebt, der ist von ihm erkannt.

4 Was nun das Essen von Götzenopferfleisch angeht, so wissen wir, dass es keinen Götzen gibt in der Welt und keinen Gott als den einen.

5 Und obwohl es solche gibt, die Götter genannt werden, es sei im Himmel oder auf Erden, wie es ja viele Götter und viele Herren gibt,

6 so haben wir doch nur einen Gott, den Vater, von dem alle Dinge sind und wir zu ihm; und einen Herrn, Jesus Christus, durch den alle Dinge sind und wir durch ihn.

7 Aber nicht jeder hat die Erkenntnis. Denn einige, weil sie bisher an die Götzen gewöhnt waren, essen's als Götzenopfer; dadurch wird ihr Gewissen, weil es schwach ist, befleckt.

8 Aber Speise wird uns nicht vor Gottes Gericht bringen. Essen wir nicht, so werden wir darum nicht weniger gelten; essen wir, so werden wir darum nicht besser sein.

36 If anyone thinks that he is not behaving properly toward his betrothed,[9] if his[10] passions are strong, and it has to be, let him do as he wishes: let them marry—it is no sin.

37 But whoever is firmly established in his heart, being under no necessity but having his desire under control, and has determined this in his heart, to keep her as his betrothed, he will do well.

38 So then he who marries his betrothed does well, and he who refrains from marriage will do even better.

39 A wife is bound to her husband as long as he lives. But if her husband dies, she is free to be married to whom she wishes, only in the Lord.

40 Yet in my judgment she is happier if she remains as she is. And I think that I too have the Spirit of God.

Food Offered to Idols

8 Now concerning[1] food offered to idols: we know that "all of us possess knowledge." This "knowledge" puffs up, but love builds up.

2 If anyone imagines that he knows something, he does not yet know as he ought to know.

3 But if anyone loves God, he is known by God.[2]

4 Therefore, as to the eating of food offered to idols, we know that "an idol has no real existence," and that "there is no God but one."

5 For although there may be so-called gods in heaven or on earth—as indeed there are many "gods" and many "lords"—

6 yet for us there is one God, the Father, from whom are all things and for whom we exist, and one Lord, Jesus Christ, through whom are all things and through whom we exist.

7 However, not all possess this knowledge. But some, through former association with idols, eat food as really offered to an idol, and their conscience, being weak, is defiled.

8 Food will not commend us to God. We are no worse off if we do not eat, and no better off if we do.

¶ **9** Seht aber zu, dass diese eure Freiheit für die Schwachen nicht zum Anstoß wird!

10 Denn wenn jemand dich, der du die Erkenntnis hast, im Götzentempel zu Tisch sitzen sieht, wird dann nicht sein Gewissen, da er doch schwach ist, verleitet, das Götzenopfer zu essen?

11 Und so wird durch deine Erkenntnis der Schwache zugrunde gehen, der Bruder, für den doch Christus gestorben ist.

12 Wenn ihr aber so sündigt an den Brüdern und verletzt ihr schwaches Gewissen, so sündigt ihr an Christus.

13 Darum, wenn Speise meinen Bruder zu Fall bringt, will ich nie mehr Fleisch essen, damit ich meinen Bruder nicht zu Fall bringe.

Recht und Freiheit des Apostels

9 Bin ich nicht frei? Bin ich nicht ein Apostel? Habe ich nicht unsern Herrn Jesus gesehen? Seid nicht ihr mein Werk in dem Herrn?

2 Bin ich für andere kein Apostel, so bin ich's doch für euch; denn das Siegel meines Apostelamts seid ihr in dem Herrn.

3 Denen, die mich verurteilen, antworte ich so:

4 Haben wir nicht das Recht, zu essen und zu trinken?

5 Haben wir nicht auch das Recht, eine Schwester als Ehefrau mit uns zu führen wie die andern Apostel und die Brüder des Herrn und Kephas?

6 Oder haben allein ich und Barnabas nicht das Recht, nicht zu arbeiten?

¶ **7** Wer zieht denn in den Krieg und zahlt sich selbst den Sold? Wer pflanzt einen Weinberg und isst nicht von seiner Frucht? Oder wer weidet eine Herde und nährt sich nicht von der Milch der Herde?

8 Rede ich das nach menschlichem Gutdünken? Sagt das nicht auch das Gesetz?

9 Denn im Gesetz des Mose steht geschrieben (5.Mose 25,4): »Du sollst dem Ochsen, der da drischt, nicht das Maul verbinden.« Sorgt sich Gott etwa um die Ochsen?

10 Oder redet er nicht überall um unsertwillen? Ja, um unsertwillen ist es geschrieben: Wer pflügt, soll auf Hoffnung pflügen; und wer drischt, soll in der Hoffnung dreschen, dass er seinen Teil empfangen wird.

11 Wenn wir euch zugut Geistliches säen, ist es dann zu viel, wenn wir Leibliches von euch ernten?

9 But take care that this right of yours does not somehow become a stumbling block to the weak.

10 For if anyone sees you who have knowledge eating[3] in an idol's temple, will he not be encouraged,[4] if his conscience is weak, to eat food offered to idols?

11 And so by your knowledge this weak person is destroyed, the brother for whom Christ died.

12 Thus, sinning against your brothers[5] and wounding their conscience when it is weak, you sin against Christ.

13 Therefore, if food makes my brother stumble, I will never eat meat, lest I make my brother stumble.

Paul Surrenders His Rights

9 Am I not free? Am I not an apostle? Have I not seen Jesus our Lord? Are not you my workmanship in the Lord?

2 If to others I am not an apostle, at least I am to you, for you are the seal of my apostleship in the Lord.

¶ **3** This is my defense to those who would examine me.

4 Do we not have the right to eat and drink?

5 Do we not have the right to take along a believing wife,[1] as do the other apostles and the brothers of the Lord and Cephas?

6 Or is it only Barnabas and I who have no right to refrain from working for a living?

7 Who serves as a soldier at his own expense? Who plants a vineyard without eating any of its fruit? Or who tends a flock without getting some of the milk?

¶ **8** Do I say these things on human authority? Does not the Law say the same?

9 For it is written in the Law of Moses, "You shall not muzzle an ox when it treads out the grain." Is it for oxen that God is concerned?

10 Does he not speak entirely for our sake? It was written for our sake, because the plowman should plow in hope and the thresher thresh in hope of sharing in the crop.

11 If we have sown spiritual things among you, is it too much if we reap material things from you?

12 Wenn andere dieses Recht an euch haben, warum nicht viel mehr wir? Aber wir haben von diesem Recht nicht Gebrauch gemacht, sondern wir ertragen alles, damit wir nicht dem Evangelium von Christus ein Hindernis bereiten.

13 Wisst ihr nicht, dass, die im Tempel dienen, vom Tempel leben, und die am Altar dienen, vom Altar ihren Anteil bekommen?

14 So hat auch der Herr befohlen, dass, die das Evangelium verkündigen, sich vom Evangelium nähren sollen.

¶ **15** Ich aber habe von alledem keinen Gebrauch gemacht. Ich schreibe auch nicht deshalb davon, damit es nun mit mir so gehalten werden sollte. Lieber würde ich sterben – nein, meinen Ruhm soll niemand zunichtemachen!

16 Denn dass ich das Evangelium predige, dessen darf ich mich nicht rühmen; denn ich muss es tun. Und **wehe mir, wenn ich das Evangelium nicht predigte!**

17 Täte ich's aus eigenem Willen, so erhielte ich Lohn. Tue ich's aber nicht aus eigenem Willen, so ist mir doch das Amt anvertraut.

18 Was ist denn nun mein Lohn? Dass ich das Evangelium predige ohne Entgelt und von meinem Recht am Evangelium nicht Gebrauch mache.

¶ **19** Denn obwohl ich frei bin von jedermann, habe ich doch mich selbst jedermann zum Knecht gemacht, damit ich möglichst viele gewinne.

20 Den Juden bin ich wie ein Jude geworden, damit ich die Juden gewinne. Denen, die unter dem Gesetz sind, bin ich wie einer unter dem Gesetz geworden – obwohl ich selbst nicht unter dem Gesetz bin –, damit ich die, die unter dem Gesetz sind, gewinne.

21 Denen, die ohne Gesetz sind, bin ich wie einer ohne Gesetz geworden – obwohl ich doch nicht ohne Gesetz bin vor Gott, sondern bin in dem Gesetz Christi –, damit ich die, die ohne Gesetz sind, gewinne.

22 Den Schwachen bin ich ein Schwacher geworden, damit ich die Schwachen gewinne. Ich bin allen alles geworden, damit ich auf alle Weise einige rette.

23 Alles aber tue ich um des Evangeliums willen, um an ihm teilzuhaben.

¶ **24** Wisst ihr nicht, dass die, die in der Kampfbahn laufen, die laufen alle, aber einer empfängt den Siegespreis? Lauft so, dass ihr ihn erlangt.

12 If others share this rightful claim on you, do not we even more?

¶   Nevertheless, we have not made use of this right, but we endure anything rather than put an obstacle in the way of the gospel of Christ.

13 Do you not know that those who are employed in the temple service get their food from the temple, and those who serve at the altar share in the sacrificial offerings?

14 In the same way, the Lord commanded that those who proclaim the gospel should get their living by the gospel.

¶ **15** But I have made no use of any of these rights, nor am I writing these things to secure any such provision. For I would rather die than have anyone deprive me of my ground for boasting.

16 For if I preach the gospel, that gives me no ground for boasting. For necessity is laid upon me. Woe to me if I do not preach the gospel!

17 For if I do this of my own will, I have a reward, but if not of my own will, I am still entrusted with a stewardship.

18 What then is my reward? That in my preaching I may present the gospel free of charge, so as not to make full use of my right in the gospel.

¶ **19** For though I am free from all, I have made myself a servant to all, that I might win more of them.

20 To the Jews I became as a Jew, in order to win Jews. To those under the law I became as one under the law (though not being myself under the law) that I might win those under the law.

21 To those outside the law I became as one outside the law (not being outside the law of God but under the law of Christ) that I might win those outside the law.

22 To the weak I became weak, that I might win the weak. I have become all things to all people, that by all means I might save some.

23 I do it all for the sake of the gospel, that I may share with them in its blessings.

¶ **24** Do you not know that in a race all the runners run, but only one receives the prize? So run that you may obtain it.

25 Jeder aber, der kämpft, enthält sich aller Dinge; jene nun, damit sie einen vergänglichen Kranz empfangen, wir aber einen unvergänglichen.

26 Ich aber laufe nicht wie aufs Ungewisse; ich kämpfe mit der Faust, nicht wie einer, der in die Luft schlägt,

27 sondern ich bezwinge meinen Leib und zähme ihn, damit ich nicht andern predige und selbst verwerflich werde.

Das warnende Beispiel Israels

10 Ich will euch aber, liebe Brüder, nicht in Unwissenheit darüber lassen, dass unsre Väter alle unter der Wolke gewesen und alle durchs Meer gegangen sind;

2 und alle sind auf Mose getauft worden durch die Wolke und durch das Meer

3 und haben alle dieselbe geistliche Speise gegessen

4 und haben alle denselben geistlichen Trank getrunken; sie tranken nämlich von dem geistlichen Felsen, der ihnen folgte; der Fels aber war Christus.

5 Aber an den meisten von ihnen hatte Gott kein Wohlgefallen, denn sie wurden in der Wüste erschlagen.

¶ **6** Das ist aber geschehen uns zum Vorbild, damit wir nicht am Bösen unsre Lust haben, wie jene sie hatten.

7 Werdet auch nicht Götzendiener, wie einige von ihnen es wurden, wie geschrieben steht (2.Mose 32,6): »Das Volk setzte sich nieder, um zu essen und zu trinken, und stand auf, um zu tanzen.«

8 Auch lasst uns nicht Hurerei treiben, wie einige von ihnen Hurerei trieben: und an einem einzigen Tag kamen dreiundzwanzigtausend um.

9 Lasst uns auch nicht Christus versuchen, wie einige von ihnen ihn versuchten und wurden von den Schlangen umgebracht.

10 Murrt auch nicht, wie einige von ihnen murrten und wurden umgebracht durch den Verderber.

11 Dies widerfuhr ihnen als ein Vorbild. Es ist aber geschrieben uns zur Warnung, auf die das Ende der Zeiten gekommen ist.

¶ **12** Darum, **wer meint, er stehe, mag zusehen, dass er nicht falle.**

25 Every athlete exercises self-control in all things. They do it to receive a perishable wreath, but we an imperishable.

26 So I do not run aimlessly; I do not box as one beating the air.

Warning Against Idolatry

10 For I want you to know, brothers,[1] that our fathers were all under the cloud, and all passed through the sea,

2 and all were baptized into Moses in the cloud and in the sea,

3 and all ate the same spiritual food,

4 and all drank the same spiritual drink. For they drank from the spiritual Rock that followed them, and the Rock was Christ.

5 Nevertheless, with most of them God was not pleased, for they were overthrown in the wilderness.

¶ **6** Now these things took place as examples for us, that we might not desire evil as they did.

7 Do not be idolaters as some of them were; as it is written, "The people sat down to eat and drink and rose up to play."

8 We must not indulge in sexual immorality as some of them did, and twenty-three thousand fell in a single day.

9 We must not put Christ[2] to the test, as some of them did and were destroyed by serpents,

10 nor grumble, as some of them did and were destroyed by the Destroyer.

11 Now these things happened to them as an example, but they were written down for our instruction, on whom the end of the ages has come.

12 Therefore let anyone who thinks that he stands take heed lest he fall.

13 Bisher hat euch nur menschliche Versuchung getroffen. Aber Gott ist treu, der euch nicht versuchen lässt über eure Kraft, sondern macht, dass die Versuchung so ein Ende nimmt, dass ihr's ertragen könnt.

Die Unvereinbarkeit von Abendmahl und Götzendienst

14 Darum, meine Lieben, flieht den Götzendienst!

15 Ich rede doch zu verständigen Menschen; beurteilt ihr, was ich sage.

16 Der gesegnete Kelch, den wir segnen, ist der nicht die Gemeinschaft des Blutes Christi? Das Brot, das wir brechen, ist das nicht die Gemeinschaft des Leibes Christi?

17 Denn ein Brot ist's: So sind wir viele ein Leib, weil wir alle an einem Brot teilhaben.

¶ **18** Seht an das Israel nach dem Fleisch! Welche die Opfer essen, stehen die nicht in der Gemeinschaft des Altars?

19 Was will ich nun damit sagen? Dass das Götzenopfer etwas sei? Oder dass der Götze etwas sei?

20 Nein, sondern was man da opfert, das opfert man den bösen Geistern und nicht Gott. Nun will ich nicht, dass ihr in der Gemeinschaft der bösen Geister seid.

21 Ihr könnt nicht zugleich den Kelch des Herrn trinken und den Kelch der bösen Geister; ihr könnt nicht zugleich am Tisch des Herrn teilhaben und am Tisch der bösen Geister.

22 Oder wollen wir den Herrn herausfordern? Sind wir stärker als er?

Rücksicht auf das Gewissen

23 Alles ist erlaubt, aber nicht alles dient zum Guten. Alles ist erlaubt, aber nicht alles baut auf.

24 Niemand suche das Seine, sondern was dem andern dient.

25 Alles, was auf dem Fleischmarkt verkauft wird, das esst und forscht nicht nach, damit ihr das Gewissen nicht beschwert.

26 Denn »die Erde ist des Herrn und was darinnen ist« (Psalm 24,1).

27 Wenn euch einer von den Ungläubigen einlädt und ihr wollt hingehen, so esst alles, was euch vorgesetzt wird, und forscht nicht nach, damit ihr das Gewissen nicht beschwert.

28 Wenn aber jemand zu euch sagen würde: Das ist Opferfleisch, so esst nicht davon, um dessentwillen, der es euch gesagt hat, und damit ihr das Gewissen nicht beschwert.

13 No temptation has overtaken you that is not common to man. God is faithful, and he will not let you be tempted beyond your ability, but with the temptation he will also provide the way of escape, that you may be able to endure it.

¶ **14** Therefore, my beloved, flee from idolatry.

15 I speak as to sensible people; judge for yourselves what I say.

16 The cup of blessing that we bless, is it not a participation in the blood of Christ? The bread that we break, is it not a participation in the body of Christ?

17 Because there is one bread, we who are many are one body, for we all partake of the one bread.

18 Consider the people of Israel:[3] are not those who eat the sacrifices participants in the altar?

19 What do I imply then? That food offered to idols is anything, or that an idol is anything?

20 No, I imply that what pagans sacrifice they offer to demons and not to God. I do not want you to be participants with demons.

21 You cannot drink the cup of the Lord and the cup of demons. You cannot partake of the table of the Lord and the table of demons.

22 Shall we provoke the Lord to jealousy? Are we stronger than he?

Do All to the Glory of God

¶ **23** "All things are lawful," but not all things are helpful. "All things are lawful," but not all things build up.

24 Let no one seek his own good, but the good of his neighbor.

25 Eat whatever is sold in the meat market without raising any question on the ground of conscience.

26 For "the earth is the Lord's, and the fullness thereof."

27 If one of the unbelievers invites you to dinner and you are disposed to go, eat whatever is set before you without raising any question on the ground of conscience.

28 But if someone says to you, "This has been offered in sacrifice," then do not eat it, for the sake of the one who informed you, and for the sake of conscience—

29 Ich rede aber nicht von deinem eigenen Gewissen, sondern von dem des andern. Denn warum sollte ich das Gewissen eines andern über meine Freiheit urteilen lassen?

30 Wenn ich's mit Danksagung genieße, was soll ich mich dann wegen etwas verlästern lassen, wofür ich danke?

¶ **31** Ob ihr nun esst oder trinkt oder was ihr auch tut, das tut alles zu Gottes Ehre.

32 Erregt keinen Anstoß, weder bei den Juden noch bei den Griechen noch bei der Gemeinde Gottes,

33 so wie auch ich jedermann in allem zu Gefallen lebe und suche nicht, was mir, sondern was vielen dient, damit sie gerettet werden.

11 Folgt meinem Beispiel wie ich dem Beispiel Christi!

Die Frau im Gottesdienst

2 Ich lobe euch, weil ihr in allen Stücken an mich denkt und an den Überlieferungen festhaltet, wie ich sie euch gegeben habe.

3 Ich lasse euch aber wissen, dass Christus das Haupt eines jeden Mannes ist; der Mann aber ist das Haupt der Frau; Gott aber ist das Haupt Christi.

4 Ein jeder Mann, der betet oder prophetisch redet und hat etwas auf dem Haupt, der schändet sein Haupt.

5 Eine Frau aber, die betet oder prophetisch redet mit unbedecktem Haupt, die schändet ihr Haupt; denn es ist gerade so, als wäre sie geschoren.

6 Will sie sich nicht bedecken, so soll sie sich doch das Haar abschneiden lassen! Weil es aber für die Frau eine Schande ist, dass sie das Haar abgeschnitten hat oder geschoren ist, soll sie das Haupt bedecken.

¶ **7** Der Mann aber soll das Haupt nicht bedecken, denn er ist Gottes Bild und Abglanz; die Frau aber ist des Mannes Abglanz.

8 Denn der Mann ist nicht von der Frau, sondern die Frau von dem Mann.

9 Und der Mann ist nicht geschaffen um der Frau willen, sondern die Frau um des Mannes willen.

10 Darum soll die Frau eine Macht* auf dem Haupt haben um der Engel willen.

11 Doch in dem Herrn ist weder die Frau etwas ohne den Mann noch der Mann etwas ohne die Frau;

12 denn wie die Frau von dem Mann, so kommt auch der Mann durch die Frau; aber alles von Gott.

29 I do not mean your conscience, but his. For why should my liberty be determined by someone else's conscience?

30 If I partake with thankfulness, why am I denounced because of that for which I give thanks?

¶ **31** So, whether you eat or drink, or whatever you do, do all to the glory of God.

32 Give no offense to Jews or to Greeks or to the church of God,

33 just as I try to please everyone in everything I do, not seeking my own advantage, but that of many, that they may be saved.

11 Be imitators of me, as I am of Christ.

Head Coverings

¶ **2** Now I commend you because you remember me in everything and maintain the traditions even as I delivered them to you.

3 But I want you to understand that the head of every man is Christ, the head of a wife[1] is her husband, and the head of Christ is God.

4 Every man who prays or prophesies with his head covered dishonors his head,

5 but every wife[2] who prays or prophesies with her head uncovered dishonors her head, since it is the same as if her head were shaven.

6 For if a wife will not cover her head, then she should cut her hair short. But since it is disgraceful for a wife to cut off her hair or shave her head, let her cover her head.

7 For a man ought not to cover his head, since he is the image and glory of God, but woman is the glory of man.

8 For man was not made from woman, but woman from man.

9 Neither was man created for woman, but woman for man.

10 That is why a wife ought to have a symbol of authority on her head, because of the angels.[3]

11 Nevertheless, in the Lord woman is not independent of man nor man of woman;

12 for as woman was made from man, so man is now born of woman. And all things are from God.

13 Urteilt bei euch selbst, ob es sich ziemt, dass eine Frau unbedeckt vor Gott betet.

14 Lehrt euch nicht auch die Natur, dass es für einen Mann eine Unehre ist, wenn er langes Haar trägt,

15 aber für eine Frau eine Ehre, wenn sie langes Haar hat? Das Haar ist ihr als Schleier gegeben.

16 Ist aber jemand unter euch, der Lust hat, darüber zu streiten, so soll er wissen, dass wir diese Sitte nicht haben, die Gemeinden Gottes auch nicht.

Vom Abendmahl des Herrn

17 Dies aber muss ich befehlen: Ich kann's nicht loben, dass ihr nicht zu eurem Nutzen, sondern zu eurem Schaden zusammenkommt.

18 Zum Ersten höre ich: Wenn ihr in der Gemeinde zusammenkommt, sind Spaltungen unter euch; und zum Teil glaube ich's.

19 Denn es müssen ja Spaltungen unter euch sein, damit die Rechtschaffenen unter euch offenbar werden.

20 Wenn ihr nun zusammenkommt, so hält man da nicht das Abendmahl des Herrn.

21 Denn ein jeder nimmt beim Essen sein eigenes Mahl vorweg und der eine ist hungrig, der andere ist betrunken.

22 Habt ihr denn nicht Häuser, wo ihr essen und trinken könnt? Oder verachtet ihr die Gemeinde Gottes und beschämt die, die nichts haben? Was soll ich euch sagen? Soll ich euch loben? Hierin lobe ich euch nicht.

23 Denn ich habe von dem Herrn empfangen, was ich euch weitergegeben habe: **Der Herr Jesus, in der Nacht, da er verraten ward, nahm er das Brot,**

24 **dankte und brach's und sprach:** Das ist **mein Leib, der für euch gegeben wird; das tut zu meinem Gedächtnis.**

25 **Desgleichen nahm er auch den Kelch nach dem Mahl und sprach: Dieser Kelch ist der neue Bund in meinem Blut; das tut, sooft ihr daraus trinkt, zu meinem Gedächtnis.**

26 Denn sooft ihr von diesem Brot esst und aus dem Kelch trinkt, verkündigt ihr den Tod des Herrn, bis er kommt.

27 Wer nun unwürdig* von dem Brot isst oder aus dem Kelch des Herrn trinkt, der wird schuldig sein am Leib und Blut des Herrn.

28 Der Mensch prüfe aber sich selbst, und so esse er von diesem Brot und trinke aus diesem Kelch.

---

13 Judge for yourselves: is it proper for a wife to pray to God with her head uncovered?

14 Does not nature itself teach you that if a man wears long hair it is a disgrace for him,

15 but if a woman has long hair, it is her glory? For her hair is given to her for a covering.

16 If anyone is inclined to be contentious, we have no such practice, nor do the churches of God.

The Lord's Supper

17 But in the following instructions I do not commend you, because when you come together it is not for the better but for the worse.

18 For, in the first place, when you come together as a church, I hear that there are divisions among you. And I believe it in part,[4]

19 for there must be factions among you in order that those who are genuine among you may be recognized.

20 When you come together, it is not the Lord's supper that you eat.

21 For in eating, each one goes ahead with his own meal. One goes hungry, another gets drunk.

22 What! Do you not have houses to eat and drink in? Or do you despise the church of God and humiliate those who have nothing? What shall I say to you? Shall I commend you in this? No, I will not.

23 For I received from the Lord what I also delivered to you, that the Lord Jesus on the night when he was betrayed took bread,

24 and when he had given thanks, he broke it, and said, "This is my body which is for[5] you. Do this in remembrance of me."[6]

25 In the same way also he took the cup, after supper, saying, "This cup is the new covenant in my blood. Do this, as often as you drink it, in remembrance of me."

26 For as often as you eat this bread and drink the cup, you proclaim the Lord's death until he comes.

27 Whoever, therefore, eats the bread or drinks the cup of the Lord in an unworthy manner will be guilty concerning the body and blood of the Lord.

28 Let a person examine himself, then, and so eat of the bread and drink of the cup.

29 Denn wer so isst und trinkt, dass er den Leib des Herrn nicht achtet, der isst und trinkt sich selber zum Gericht.

30 Darum sind auch viele Schwache und Kranke unter euch, und nicht wenige sind entschlafen.

31 Wenn wir uns selber richteten, so würden wir nicht gerichtet.

32 Wenn wir aber von dem Herrn gerichtet werden, so werden wir gezüchtigt, damit wir nicht samt der Welt verdammt werden.

¶ **33** Darum, meine lieben Brüder, wenn ihr zusammenkommt, um zu essen, so wartet aufeinander.

34 Hat jemand Hunger, so esse er daheim, damit ihr nicht zum Gericht zusammenkommt.

¶ Das andre will ich ordnen, wenn ich komme.

Viele Gaben – ein Geist

12 Über die Gaben des Geistes aber will ich euch, liebe Brüder, nicht in Unwissenheit lassen.

2 Ihr wisst: als ihr Heiden wart, zog es euch mit Macht zu den stummen Götzen.

3 Darum tue ich euch kund, dass niemand Jesus verflucht, der durch den Geist Gottes redet; und niemand kann Jesus den Herrn nennen außer durch den Heiligen Geist.

¶ **4** Es sind verschiedene Gaben; aber es ist ein Geist.

5 Und es sind verschiedene Ämter; aber es ist ein Herr.

6 Und es sind verschiedene Kräfte; aber es ist ein Gott, der da wirkt alles in allen.

7 In einem jeden offenbart sich der Geist zum Nutzen aller;

8 dem einen wird durch den Geist gegeben, von der Weisheit zu reden; dem andern wird gegeben, von der Erkenntnis zu reden, nach demselben Geist;

9 einem andern Glaube, in demselben Geist; einem andern die Gabe, gesund zu machen, in dem einen Geist;

10 einem andern die Kraft, Wunder zu tun; einem andern prophetische Rede; einem andern die Gabe, die Geister zu unterscheiden; einem andern mancherlei Zungenrede; einem andern die Gabe, sie auszulegen.

11 Dies alles aber wirkt derselbe eine Geist und teilt einem jeden das Seine zu, wie er will.

29 For anyone who eats and drinks without discerning the body eats and drinks judgment on himself.

30 That is why many of you are weak and ill, and some have died.[7]

31 But if we judged[8] ourselves truly, we would not be judged.

32 But when we are judged by the Lord, we are disciplined[9] so that we may not be condemned along with the world.

¶ **33** So then, my brothers,[10] when you come together to eat, wait for[11] one another—

34 if anyone is hungry, let him eat at home—so that when you come together it will not be for judgment. About the other things I will give directions when I come.

Spiritual Gifts

12 Now concerning[1] spiritual gifts,[2] brothers,[3] I do not want you to be uninformed.

2 You know that when you were pagans you were led astray to mute idols, however you were led.

3 Therefore I want you to understand that no one speaking in the Spirit of God ever says "Jesus is accursed!" and no one can say "Jesus is Lord" except in the Holy Spirit.

¶ **4** Now there are varieties of gifts, but the same Spirit;

5 and there are varieties of service, but the same Lord;

6 and there are varieties of activities, but it is the same God who empowers them all in everyone.

7 To each is given the manifestation of the Spirit for the common good.

8 For to one is given through the Spirit the utterance of wisdom, and to another the utterance of knowledge according to the same Spirit,

9 to another faith by the same Spirit, to another gifts of healing by the one Spirit,

10 to another the working of miracles, to another prophecy, to another the ability to distinguish between spirits, to another various kinds of tongues, to another the interpretation of tongues.

11 All these are empowered by one and the same Spirit, who apportions to each one individually as he wills.

Viele Glieder – ein Leib

12 Denn wie der Leib einer ist und doch viele Glieder hat, alle Glieder des Leibes aber, obwohl sie viele sind, doch ein Leib sind: so auch Christus.

13 Denn wir sind durch einen Geist alle zu einem Leib getauft, wir seien Juden oder Griechen, Sklaven oder Freie, und sind alle mit einem Geist getränkt.

¶ **14** Denn auch der Leib ist nicht ein Glied, sondern viele.

15 Wenn aber der Fuß spräche: Ich bin keine Hand, darum bin ich nicht Glied des Leibes, sollte er deshalb nicht Glied des Leibes sein?

16 Und wenn das Ohr spräche: Ich bin kein Auge, darum bin ich nicht Glied des Leibes, sollte es deshalb nicht Glied des Leibes sein?

17 Wenn der ganze Leib Auge wäre, wo bliebe das Gehör? Wenn er ganz Gehör wäre, wo bliebe der Geruch?

18 Nun aber hat Gott die Glieder eingesetzt, ein jedes von ihnen im Leib, so wie er gewollt hat.

19 Wenn aber alle Glieder ein Glied wären, wo bliebe der Leib?

20 Nun aber sind es viele Glieder, aber der Leib ist einer.

¶ **21** Das Auge kann nicht sagen zu der Hand: Ich brauche dich nicht; oder auch das Haupt zu den Füßen: Ich brauche euch nicht.

22 Vielmehr sind die Glieder des Leibes, die uns die schwächsten zu sein scheinen, die nötigsten;

23 und die uns am wenigsten ehrbar zu sein scheinen, die umkleiden wir mit besonderer Ehre; und bei den unanständigen achten wir besonders auf Anstand;

24 denn die anständigen brauchen's nicht. Aber Gott hat den Leib zusammengefügt und dem geringeren Glied höhere Ehre gegeben,

25 damit im Leib keine Spaltung sei, sondern die Glieder in gleicher Weise füreinander sorgen.

26 Und wenn ein Glied leidet, so leiden alle Glieder mit, und wenn ein Glied geehrt wird, so freuen sich alle Glieder mit.

¶ **27** Ihr aber seid der Leib Christi und jeder von euch ein Glied.

28 Und Gott hat in der Gemeinde eingesetzt erstens Apostel, zweitens Propheten, drittens Lehrer, dann Wundertäter, dann Gaben, gesund zu machen, zu helfen, zu leiten und mancherlei Zungenrede.

One Body with Many Members

¶ **12** For just as the body is one and has many members, and all the members of the body, though many, are one body, so it is with Christ.

13 For in one Spirit we were all baptized into one body—Jews or Greeks, slaves[4] or free—and all were made to drink of one Spirit.

¶ **14** For the body does not consist of one member but of many.

15 If the foot should say, "Because I am not a hand, I do not belong to the body," that would not make it any less a part of the body.

16 And if the ear should say, "Because I am not an eye, I do not belong to the body," that would not make it any less a part of the body.

17 If the whole body were an eye, where would be the sense of hearing? If the whole body were an ear, where would be the sense of smell?

18 But as it is, God arranged the members in the body, each one of them, as he chose.

19 If all were a single member, where would the body be?

20 As it is, there are many parts,[5] yet one body.

¶ **21** The eye cannot say to the hand, "I have no need of you," nor again the head to the feet, "I have no need of you."

22 On the contrary, the parts of the body that seem to be weaker are indispensable,

23 and on those parts of the body that we think less honorable we bestow the greater honor, and our unpresentable parts are treated with greater modesty,

24 which our more presentable parts do not require. But God has so composed the body, giving greater honor to the part that lacked it,

25 that there may be no division in the body, but that the members may have the same care for one another.

26 If one member suffers, all suffer together; if one member is honored, all rejoice together.

¶ **27** Now you are the body of Christ and individually members of it.

28 And God has appointed in the church first apostles, second prophets, third teachers, then miracles, then gifts of healing, helping, administrating, and ⱽvarious kinds of tongues.

29 Sind alle Apostel? Sind alle Propheten? Sind alle Lehrer? Sind alle Wundertäter?

30 Haben alle die Gabe, gesund zu machen? Reden alle in Zungen? Können alle auslegen?

31 Strebt aber nach den größeren Gaben!

¶ Und ich will euch einen noch besseren Weg zeigen.

Das Hohelied der Liebe

13 Wenn ich mit Menschen- und mit Engelzungen redete und hätte die Liebe nicht, so wäre ich ein tönendes Erz oder eine klingende Schelle.

2 Und wenn ich prophetisch reden könnte und wüsste alle Geheimnisse und alle Erkenntnis und hätte allen Glauben, sodass ich Berge versetzen könnte, und hätte die Liebe nicht, so wäre ich nichts.

3 Und wenn ich alle meine Habe den Armen gäbe und ließe meinen Leib verbrennen und hätte die Liebe nicht, so wäre mir's nichts nütze.

¶ **4** Die Liebe ist langmütig und freundlich, die Liebe eifert nicht, die Liebe treibt nicht Mutwillen, sie bläht sich nicht auf,

5 sie verhält sich nicht ungehörig, sie sucht nicht das Ihre, sie lässt sich nicht erbittern, sie rechnet das Böse nicht zu,

6 sie freut sich nicht über die Ungerechtigkeit, sie freut sich aber an der Wahrheit;

7 sie erträgt alles, sie glaubt alles, sie hofft alles, sie duldet alles.

¶ **8** Die Liebe hört niemals auf, wo doch das prophetische Reden aufhören wird und das Zungenreden aufhören wird und die Erkenntnis aufhören wird.

9 Denn unser Wissen ist Stückwerk und unser prophetisches Reden ist Stückwerk.

10 Wenn aber kommen wird das Vollkommene, so wird das Stückwerk aufhören.

¶ **11** Als ich ein Kind war, da redete ich wie ein Kind und dachte wie ein Kind und war klug wie ein Kind; als ich aber ein Mann wurde, tat ich ab, was kindlich war.

12 Wir sehen jetzt durch einen Spiegel ein dunkles Bild; dann aber von Angesicht zu Angesicht. Jetzt erkenne ich stückweise; dann aber werde ich erkennen, wie ich erkannt bin.

¶ **13** Nun aber bleiben Glaube, Hoffnung, Liebe, diese drei; aber die Liebe ist die größte unter ihnen.

29 Are all apostles? Are all prophets? Are all teachers? Do all work miracles?

30 Do all possess gifts of healing? Do all speak with tongues? Do all interpret?

31 But earnestly desire the higher gifts.

¶ And I will show you a still more excellent way.

The Way of Love

13 If I speak in the tongues of men and of angels, but have not love, I am a noisy gong or a clanging cymbal.

2 And if I have prophetic powers, and understand all mysteries and all knowledge, and if I have all faith, so as to remove mountains, but have not love, I am nothing.

3 If I give away all I have, and if I deliver up my body to be burned,[1] but have not love, I gain nothing.

¶ **4** Love is patient and kind; love does not envy or boast; it is not arrogant

5 or rude. It does not insist on its own way; it is not irritable or resentful;[2]

6 it does not rejoice at wrongdoing, but rejoices with the truth.

7 Love bears all things, believes all things, hopes all things, endures all things.

¶ **8** Love never ends. As for prophecies, they will pass away; as for tongues, they will cease; as for knowledge, it will pass away.

9 For we know in part and we prophesy in part,

10 but when the perfect comes, the partial will pass away.

11 When I was a child, I spoke like a child, I thought like a child, I reasoned like a child. When I became a man, I gave up childish ways.

12 For now we see in a mirror dimly, but then face to face. Now I know in part; then I shall know fully, even as I have been fully known.

¶ **13** So now faith, hope, and love abide, these three; but the greatest of these is love.

Zungenrede und prophetische Rede	**Prophecy and Tongues**

14 Strebt nach der Liebe! Bemüht euch um die Gaben des Geistes, am meisten aber um die Gabe der prophetischen Rede!

2 Denn wer in Zungen redet, der redet nicht für Menschen, sondern für Gott; denn niemand versteht ihn, vielmehr redet er im Geist von Geheimnissen.

3 Wer aber prophetisch redet, der redet den Menschen zur Erbauung und zur Ermahnung und zur Tröstung.

4 Wer in Zungen redet, der erbaut sich selbst; wer aber prophetisch redet, der erbaut die Gemeinde.

5 Ich wollte, dass ihr alle in Zungen reden könntet; aber noch viel mehr, dass ihr prophetisch reden könntet. Denn wer prophetisch redet, ist größer als der, der in Zungen redet; es sei denn, er legt es auch aus, damit die Gemeinde dadurch erbaut werde.

¶ **6** Nun aber, liebe Brüder, wenn ich zu euch käme und redete in Zungen, was würde ich euch nützen, wenn ich nicht mit euch redete in Worten der Offenbarung oder der Erkenntnis oder der Prophetie oder der Lehre?

7 Verhält sich's doch auch so mit leblosen Dingen, die Töne hervorbringen, es sei eine Flöte oder eine Harfe: wenn sie nicht unterschiedliche Töne von sich geben, wie kann man erkennen, was auf der Flöte oder auf der Harfe gespielt wird?

8 Und wenn die Posaune einen undeutlichen Ton gibt, wer wird sich zum Kampf rüsten?

9 So auch ihr: wenn ihr in Zungen redet und nicht mit deutlichen Worten, wie kann man wissen, was gemeint ist? Ihr werdet in den Wind reden.

10 Es gibt so viele Arten von Sprache in der Welt und nichts ist ohne Sprache.

11 Wenn ich nun die Bedeutung der Sprache nicht kenne, werde ich den nicht verstehen, der redet, und der redet, wird mich nicht verstehen.

¶ **12** So auch ihr: da ihr euch bemüht um die Gaben des Geistes, so trachtet danach, dass ihr die Gemeinde erbaut und alles reichlich habt.

13 Wer also in Zungen redet, der bete, dass er's auch auslegen könne.

14 Denn wenn ich in Zungen bete, so betet mein Geist; aber was ich im Sinn habe, bleibt ohne Frucht.

14 Pursue love, and earnestly desire the spiritual gifts, especially that you may prophesy.

2 For one who speaks in a tongue speaks not to men but to God; for no one understands him, but he utters mysteries in the Spirit.

3 On the other hand, the one who prophesies speaks to people for their upbuilding and encouragement and consolation.

4 The one who speaks in a tongue builds up himself, but the one who prophesies builds up the church.

5 Now I want you all to speak in tongues, but even more to prophesy. The one who prophesies is greater than the one who speaks in tongues, unless someone interprets, so that the church may be built up.

¶ **6** Now, brothers,[1] if I come to you speaking in tongues, how will I benefit you unless I bring you some revelation or knowledge or prophecy or teaching?

7 If even lifeless instruments, such as the flute or the harp, do not give distinct notes, how will anyone know what is played?

8 And if the bugle gives an indistinct sound, who will get ready for battle?

9 So with yourselves, if with your tongue you utter speech that is not intelligible, how will anyone know what is said? For you will be speaking into the air.

10 There are doubtless many different languages in the world, and none is without meaning,

11 but if I do not know the meaning of the language, I will be a foreigner to the speaker and the speaker a foreigner to me.

12 So with yourselves, since you are eager for manifestations of the Spirit, strive to excel in building up the church.

¶ **13** Therefore, one who speaks in a tongue should pray for the power to interpret.

14 For if I pray in a tongue, my spirit prays but my mind is unfruitful.

15 Wie soll es denn nun sein? Ich will beten mit dem Geist und will auch beten mit dem Verstand; ich will Psalmen singen mit dem Geist und will auch Psalmen singen mit dem Verstand.

16 Wenn du Gott lobst im Geist, wie soll der, der als Unkundiger dabeisteht, das Amen sagen auf dein Dankgebet, da er doch nicht weiß, was du sagst?

17 Dein Dankgebet mag schön sein; aber der andere wird dadurch nicht erbaut.

¶ **18** Ich danke Gott, dass ich mehr in Zungen rede als ihr alle.

19 Aber ich will in der Gemeinde lieber fünf Worte reden mit meinem Verstand, damit ich auch andere unterweise, als zehntausend Worte in Zungen.

¶ **20** Liebe Brüder, seid nicht Kinder, wenn es ums Verstehen geht; sondern seid Kinder, wenn es um Böses geht; im Verstehen aber seid vollkommen.

21 Im Gesetz steht geschrieben (Jesaja 28,11-12): »Ich will in andern Zungen und mit andern Lippen reden zu diesem Volk, und sie werden mich auch so nicht hören, spricht der Herr.«

22 Darum ist die Zungenrede ein Zeichen nicht für die Gläubigen, sondern für die Ungläubigen; die prophetische Rede aber ein Zeichen nicht für die Ungläubigen, sondern für die Gläubigen.

¶ **23** Wenn nun die ganze Gemeinde an einem Ort zusammenkäme und alle redeten in Zungen, es kämen aber Unkundige oder Ungläubige hinein, würden sie nicht sagen, ihr seid von Sinnen?

24 Wenn sie aber alle prophetisch redeten und es käme ein Ungläubiger oder Unkundiger hinein, der würde von allen geprüft und von allen überführt;

25 was in seinem Herzen verborgen ist, würde offenbar, und so würde er niederfallen auf sein Angesicht, Gott anbeten und bekennen, dass Gott wahrhaftig unter euch ist.

¶ **26** Wie ist es denn nun, liebe Brüder? Wenn ihr zusammenkommt, so hat ein jeder einen Psalm, er hat eine Lehre, er hat eine Offenbarung, er hat eine Zungenrede, er hat eine Auslegung. **Lasst es alles geschehen zur Erbauung!**

27 Wenn jemand in Zungen redet, so seien es zwei oder höchstens drei und einer nach dem andern; und einer lege es aus.

15 What am I to do? I will pray with my spirit, but I will pray with my mind also; I will sing praise with my spirit, but I will sing with my mind also.

16 Otherwise, if you give thanks with your spirit, how can anyone in the position of an outsider[2] say "Amen" to your thanksgiving when he does not know what you are saying?

17 For you may be giving thanks well enough, but the other person is not being built up.

18 I thank God that I speak in tongues more than all of you.

19 Nevertheless, in church I would rather speak five words with my mind in order to instruct others, than ten thousand words in a tongue.

¶ **20** Brothers, do not be children in your thinking. Be infants in evil, but in your thinking be mature.

21 In the Law it is written, "By people of strange tongues and by the lips of foreigners will I speak to this people, and even then they will not listen to me, says the Lord."

22 Thus tongues are a sign not for believers but for unbelievers, while prophecy is a sign[3] not for unbelievers but for believers.

23 If, therefore, the whole church comes together and all speak in tongues, and outsiders or unbelievers enter, will they not say that you are out of your minds?

24 But if all prophesy, and an unbeliever or outsider enters, he is convicted by all, he is called to account by all,

25 the secrets of his heart are disclosed, and so, falling on his face, he will worship God and declare that God is really among you.

Orderly Worship

¶ **26** What then, brothers? When you come together, each one has a hymn, a lesson, ʳa revelation, a tongue, or an interpretation. Let all things be done for building up.

27 If any speak in a tongue, let there be only two or at most three, and each in turn, and let someone interpret.

28 Ist aber kein Ausleger da, so schweige er in der Gemeinde und rede für sich selber und für Gott.

29 Auch von den Propheten lasst zwei oder drei reden, und die andern lasst darüber urteilen.

30 Wenn aber einem andern, der dabeisitzt, eine Offenbarung zuteilwird, so schweige der Erste.

31 Ihr könnt alle prophetisch reden, doch einer nach dem andern, damit alle lernen und alle ermahnt werden.

32 Die Geister der Propheten sind den Propheten untertan.

33 Denn Gott ist nicht ein Gott der Unordnung, sondern des Friedens.

¶ Wie in allen Gemeinden der Heiligen

34 sollen die Frauen schweigen in der Gemeindeversammlung; denn es ist ihnen nicht gestattet zu reden, sondern sie sollen sich unterordnen, wie auch das Gesetz sagt.

35 Wollen sie aber etwas lernen, so sollen sie daheim ihre Männer fragen. Es steht der Frau schlecht an, in der Gemeinde zu reden.

36 Oder ist das Wort Gottes von euch ausgegangen? Oder ist's allein zu euch gekommen?

¶ **37** Wenn einer meint, er sei ein Prophet oder vom Geist erfüllt, der erkenne, dass es des Herrn Gebot ist, was ich euch schreibe.

38 Wer aber das nicht anerkennt, der wird auch nicht anerkannt.

39 Darum, liebe Brüder, bemüht euch um die prophetische Rede und wehrt nicht der Zungenrede.

40 Lasst aber alles ehrbar und ordentlich zugehen.

VON DER AUFERSTEHUNG (KAPITEL 15,1-58)

Das Zeugnis von der Auferstehung Christi

15 Ich erinnere euch aber, liebe Brüder, an das Evangelium, das ich euch verkündigt habe, das ihr auch angenommen habt, in dem ihr auch fest steht,

2 durch das ihr auch selig werdet, wenn ihr's festhaltet in der Gestalt, in der ich es euch verkündigt habe; es sei denn, dass ihr umsonst gläubig geworden wärt.

¶ **3** Denn als Erstes habe ich euch weitergegeben, was ich auch empfangen habe: **Dass Christus gestorben ist für unsre Sünden nach der Schrift;**

4 und dass er begraben worden ist; und dass er auferstanden ist am dritten Tage nach der Schrift;

28 But if there is no one to interpret, let each of them keep silent in church and speak to himself and to God.

29 Let two or three prophets speak, and let the others weigh what is said.

30 If a revelation is made to another sitting there, let the first be silent.

31 For you can all prophesy one by one, so that all may learn and all be encouraged,

32 and the spirits of prophets are subject to prophets.

33 For God is not a God of confusion but of peace.

¶ As in all the churches of the saints,

34 the women should keep silent in the churches. For they are not permitted to speak, but should be in submission, as the Law also says.

35 If there is anything they desire to learn, let them ask their husbands at home. For it is shameful for a woman to speak in church.

¶ **36** Or was it from you that the word of God came? Or are you the only ones it has reached?

37 If anyone thinks that he is a prophet, or spiritual, he should acknowledge that the things I am writing to you are a command of the Lord.

38 If anyone does not recognize this, he is not recognized.

39 So, my brothers, earnestly desire to prophesy, and do not forbid speaking in tongues.

40 But all things should be done decently and in order.

The Resurrection of Christ

15 Now I would remind you, brothers,[1] of the gospel I preached to you, which you received, in which you stand,

2 and by which you are being saved, if you hold fast to the word I preached to you—unless you believed in vain.

¶ **3** For I delivered to you as of first importance what I also received: that Christ died for our sins in accordance with the Scriptures,

4 that he was buried, that he was raised on the third day in accordance with the Scriptures,

5 und dass er gesehen worden ist von Kephas, danach von den Zwölfen.

¶ **6** Danach ist er gesehen worden von mehr als fünfhundert Brüdern auf einmal, von denen die meisten noch heute leben, einige aber sind entschlafen.

7 Danach ist er gesehen worden von Jakobus, danach von allen Aposteln.

8 Zuletzt von allen ist er auch von mir als einer unzeitigen Geburt gesehen worden.

9 Denn ich bin der geringste unter den Aposteln, der ich nicht wert bin, dass ich ein Apostel heiße, weil ich die Gemeinde Gottes verfolgt habe.

10 Aber durch Gottes Gnade bin ich, was ich bin. Und seine Gnade an mir ist nicht vergeblich gewesen, sondern ich habe viel mehr gearbeitet als sie alle; nicht aber ich, sondern Gottes Gnade, die mit mir ist.

11 Es sei nun ich oder jene: so predigen wir und so habt ihr geglaubt.

Gegen die Leugnung der Auferstehung der Toten

12 Wenn aber Christus gepredigt wird, dass er von den Toten auferstanden ist, wie sagen dann einige unter euch: Es gibt keine Auferstehung der Toten?

13 Gibt es keine Auferstehung der Toten, so ist auch Christus nicht auferstanden.

14 Ist aber Christus nicht auferstanden, so ist unsre Predigt vergeblich, so ist auch euer Glaube vergeblich.

15 Wir würden dann auch als falsche Zeugen Gottes befunden, weil wir gegen Gott bezeugt hätten, er habe Christus auferweckt, den er nicht auferweckt hätte, wenn doch die Toten nicht auferstehen.

16 Denn wenn die Toten nicht auferstehen, so ist Christus auch nicht auferstanden.

17 Ist Christus aber nicht auferstanden, so ist euer Glaube nichtig, so seid ihr noch in euren Sünden;

18 so sind auch die, die in Christus entschlafen sind, verloren.

19 Hoffen wir allein in diesem Leben auf Christus, so sind wir die elendesten unter allen Menschen.

Christus ist auferstanden

20 Nun aber ist Christus auferstanden von den Toten als Erstling unter denen, die entschlafen sind.

21 Denn da durch **einen** Menschen der Tod gekommen ist, so kommt auch durch **einen** Menschen die Auferstehung der Toten.

5 and that he appeared to Cephas, then to the twelve.

6 Then he appeared to more than five hundred brothers at one time, most of whom are still alive, though some have fallen asleep.

7 Then he appeared to James, then to all the apostles.

8 Last of all, as to one untimely born, he appeared also to me.

9 For I am the least of the apostles, unworthy to be called an apostle, because I persecuted the church of God.

10 But by the grace of God I am what I am, and his grace toward me was not in vain. On the contrary, I worked harder than any of them, though it was not I, but the grace of God that is with me.

11 Whether then it was I or they, so we preach and so you believed.

The Resurrection of the Dead

¶ **12** Now if Christ is proclaimed as raised from the dead, how can some of you say that there is no resurrection of the dead?

13 But if there is no resurrection of the dead, then not even Christ has been raised.

14 And if Christ has not been raised, then our preaching is in vain and your faith is in vain.

15 We are even found to be misrepresenting God, because we testified about God that he raised Christ, whom he did not raise if it is true that the dead are not raised.

16 For if the dead are not raised, not even Christ has been raised.

17 And if Christ has not been raised, your faith is futile and you are still in your sins.

18 Then those also who have fallen asleep in Christ have perished.

19 If in Christ we have hope[2] in this life only, we are of all people most to be pitied.

¶ **20** But in fact Christ has been raised from the dead, the firstfruits of those who have fallen asleep.

21 For as by a man came death, by a man has come also the resurrection of the dead.

22 Denn wie sie in Adam alle sterben, so werden sie in Christus alle lebendig gemacht werden.

23 Ein jeder aber in seiner Ordnung: als Erstling Christus; danach, wenn er kommen wird, die, die Christus angehören;

24 danach das Ende, wenn er das Reich Gott, dem Vater, übergeben wird, nachdem er alle Herrschaft und alle Macht und Gewalt vernichtet hat.

¶ **25** Denn er muss herrschen, bis Gott ihm »alle Feinde unter seine Füße legt« (Psalm 110,1).

26 Der letzte Feind, der vernichtet wird, ist der Tod.

27 Denn »alles hat er unter seine Füße getan« (Psalm 8,7). Wenn es aber heißt, **alles** sei ihm unterworfen, so ist offenbar, dass der ausgenommen ist, der ihm alles unterworfen hat.

28 Wenn aber alles ihm untertan sein wird, dann wird auch der Sohn selbst untertan sein dem, der ihm alles unterworfen hat, damit Gott sei alles in allem.

Leben aus der Auferstehung

29 Was soll es sonst, dass sich einige für die Toten taufen lassen? Wenn die Toten gar nicht auferstehen, was lassen sie sich dann für sie taufen?

30 Und was stehen wir dann jede Stunde in Gefahr?

31 So wahr ihr, liebe Brüder, mein Ruhm seid, den ich in Christus Jesus, unserm Herrn, habe: Ich sterbe täglich.

32 Habe ich nur im Blick auf dieses Leben in Ephesus mit wilden Tieren gekämpft, was hilft's mir? Wenn die Toten nicht auferstehen, dann »lasst uns essen und trinken; denn morgen sind wir tot!« (Jesaja 22,13)

33 Lasst euch nicht verführen! Schlechter Umgang verdirbt gute Sitten.

34 Werdet doch einmal recht nüchtern und sündigt nicht! Denn einige wissen nichts von Gott; das sage ich euch zur Schande.

Der neue Leib bei der Auferstehung

35 Es könnte aber jemand fragen: Wie werden die Toten auferstehen und mit was für einem Leib werden sie kommen?

36 Du Narr: Was du säst, wird nicht lebendig, wenn es nicht stirbt.

37 Und was du säst, ist ja nicht der Leib, der werden soll, sondern ein bloßes Korn, sei es von Weizen oder etwas anderem.

22 For as in Adam all die, so also in Christ shall all be made alive.

23 But each in his own order: Christ the firstfruits, then at his coming those who belong to Christ.

24 Then comes the end, when he delivers the kingdom to God the Father after destroying every rule and every authority and power.

25 For he must reign until he has put all his enemies under his feet.

26 The last enemy to be destroyed is death.

27 For "God³ has put all things in subjection under his feet." But when it says, "all things are put in subjection," it is plain that he is excepted who put all things in subjection under him.

28 When all things are subjected to him, then the Son himself will also be subjected to him who put all things in subjection under him, that God may be all in all.

¶ **29** Otherwise, what do people mean by being baptized on behalf of the dead? If the dead are not raised at all, why are people baptized on their behalf?

30 Why are we in danger every hour?

31 I protest, brothers, by my pride in you, which I have in Christ Jesus our Lord, I die every day!

32 What do I gain if, humanly speaking, I fought with beasts at Ephesus? If the dead are not raised, "Let us eat and drink, for tomorrow we die."

33 Do not be deceived: "Bad company ruins good morals."⁴

34 Wake up from your drunken stupor, as is right, and do not go on sinning. For some have no knowledge of God. I say this to your shame.

The Resurrection Body

¶ **35** But someone will ask, "How are the dead raised? With what kind of body do they come?"

36 You foolish person! What you sow does not come to life unless it dies.

37 And what you sow is not the body that is to be, but a bare kernel, perhaps of wheat or of some other grain.

38 Gott aber gibt ihm einen Leib, wie er will, einem jeden Samen seinen eigenen Leib.

39 Nicht alles Fleisch ist das gleiche Fleisch, sondern ein anderes Fleisch haben die Menschen, ein anderes das Vieh, ein anderes die Vögel, ein anderes die Fische.

40 Und es gibt himmlische Körper und irdische Körper; aber eine andere Herrlichkeit haben die himmlischen und eine andere die irdischen.

41 Einen andern Glanz hat die Sonne, einen andern Glanz hat der Mond, einen andern Glanz haben die Sterne; denn ein Stern unterscheidet sich vom andern durch seinen Glanz.

¶ **42** So auch die Auferstehung der Toten. Es wird gesät verweslich und wird auferstehen unverweslich.

43 Es wird gesät in Niedrigkeit und wird auferstehen in Herrlichkeit. Es wird gesät in Armseligkeit und wird auferstehen in Kraft.

44 Es wird gesät ein natürlicher Leib und wird auferstehen ein geistlicher Leib. Gibt es einen natürlichen Leib, so gibt es auch einen geistlichen Leib.

45 Wie geschrieben steht: Der erste Mensch, Adam, »wurde zu einem lebendigen Wesen« (1.Mose 2,7), und der letzte Adam zum Geist, der lebendig macht.

¶ **46** Aber der geistliche Leib ist nicht der erste, sondern der natürliche; danach der geistliche.

47 Der erste Mensch ist von der Erde und irdisch; der zweite Mensch ist vom Himmel.

48 Wie der irdische ist, so sind auch die irdischen; und wie der himmlische ist, so sind auch die himmlischen.

49 Und wie wir getragen haben das Bild des irdischen, so werden wir auch tragen das Bild des himmlischen.

Verwandlung der Gläubigen und Sieg über den Tod

50 Das sage ich aber, liebe Brüder, dass Fleisch und Blut das Reich Gottes nicht ererben können; auch wird das Verwesliche nicht erben die Unverweslichkeit.

51 Siehe, ich sage euch ein Geheimnis: Wir werden nicht alle entschlafen, wir werden aber alle verwandelt werden;

52 und das plötzlich, in einem Augenblick, zur Zeit der letzten Posaune. Denn es wird die Posaune erschallen und die Toten werden auferstehen unverweslich, und wir werden verwandelt werden.

53 Denn dies Verwesliche muss anziehen die Unverweslichkeit, und dies Sterbliche muss anziehen die Unsterblichkeit.

38 But God gives it a body as he has chosen, and to each kind of seed its own body.

39 For not all flesh is the same, but there is one kind for humans, another for animals, another for birds, and another for fish.

40 There are heavenly bodies and earthly bodies, but the glory of the heavenly is of one kind, and the glory of the earthly is of another.

41 There is one glory of the sun, and another glory of the moon, and another glory of the stars; for star differs from star in glory.

¶ **42** So is it with the resurrection of the dead. What is sown is perishable; what is raised is imperishable.

43 It is sown in dishonor; it is raised in glory. It is sown in weakness; it is raised in power.

44 It is sown a natural body; it is raised a spiritual body. If there is a natural body, there is also a spiritual body.

45 Thus it is written, "The first man Adam became a living being";[5] the last Adam became a life-giving spirit.

46 But it is not the spiritual that is first but the natural, and then the spiritual.

47 The first man was from the earth, a man of dust; the second man is from heaven.

48 As was the man of dust, so also are those who are of the dust, and as is the man of heaven, so also are those who are of heaven.

49 Just as we have borne the image of the man of dust, we shall[6] also bear the image of the man of heaven.

Mystery and Victory

¶ **50** I tell you this, brothers: flesh and blood cannot inherit the kingdom of God, nor does the perishable inherit the imperishable.

51 Behold! I tell you a mystery. We shall not all sleep, but we shall all be changed,

52 in a moment, in the twinkling of an eye, at the last trumpet. For the trumpet will sound, and the dead will be raised imperishable, and we shall be changed.

53 For this perishable body must put on the imperishable, and this mortal body must put on immortality.

¶ **54** Wenn aber dies Verwesliche anziehen wird die Unverweslichkeit und dies Sterbliche anziehen wird die Unsterblichkeit, dann wird erfüllt werden das Wort, das geschrieben steht (Jesaja 25,8; Hosea 13,14): »Der Tod ist verschlungen vom Sieg.

55 Tod, wo ist dein Sieg? Tod, wo ist dein Stachel?«[*]

56 Der Stachel des Todes aber ist die Sünde, die Kraft aber der Sünde ist das Gesetz.

57 Gott aber sei Dank, der uns den Sieg gibt durch unsern Herrn Jesus Christus!

¶ **58** Darum, meine lieben Brüder, seid fest, unerschütterlich und nehmt immer zu in dem Werk des Herrn, weil ihr wisst, dass eure Arbeit nicht vergeblich ist in dem Herrn.

Geldsammlung für die Gemeinde in Jerusalem

16 Was aber die Sammlung für die Heiligen angeht: Wie ich in den Gemeinden in Galatien angeordnet habe, so sollt auch ihr tun!

2 An jedem ersten Tag der Woche lege ein jeder von euch bei sich etwas zurück und sammle an, so viel ihm möglich ist, damit die Sammlung nicht erst dann geschieht, wenn ich komme.

3 Wenn ich aber gekommen bin, will ich die, die ihr für bewährt haltet, mit Briefen senden, damit sie eure Gabe nach Jerusalem bringen.

4 Wenn es aber die Mühe lohnt, dass ich auch hinreise, sollen sie mit mir reisen.

Reisepläne

5 Ich will aber zu euch kommen, sobald ich durch Mazedonien gezogen bin; denn durch Mazedonien werde ich nur durchreisen.

6 Bei euch aber werde ich, wenn möglich, eine Weile bleiben oder auch den Winter zubringen, damit ihr mich dann dahin geleitet, wohin ich ziehen werde.

7 Ich will euch jetzt nicht nur sehen, wenn ich durchreise; denn ich hoffe, ich werde einige Zeit bei euch bleiben, wenn es der Herr zulässt.

8 Ich werde aber in Ephesus bleiben bis Pfingsten.

9 Denn mir ist eine Tür aufgetan zu reichem Wirken; aber auch viele Widersacher sind da.

¶ **10** Wenn Timotheus kommt, so seht zu, dass er ohne Furcht bei euch sein kann; denn er treibt auch das Werk des Herrn wie ich.

54 When the perishable puts on the imperishable, and the mortal puts on immortality, then shall come to pass the saying that is written:

"Death is swallowed up in victory."

55 "O death, where is your victory?
     O death, where is your sting?"

56 The sting of death is sin, and the power of sin is the law.

57 But thanks be to God, who gives us the victory through our Lord Jesus Christ.

¶ **58** Therefore, my beloved brothers, be steadfast, immovable, always abounding in the work of the Lord, knowing that in the Lord your labor is not in vain.

The Collection for the Saints

16 Now concerning[1] the collection for the saints: as I directed the churches of Galatia, so you also are to do.

2 On the first day of every week, each of you is to put something aside and store it up, as he may prosper, so that there will be no collecting when I come.

3 And when I arrive, I will send those whom you accredit by letter to carry your gift to Jerusalem.

4 If it seems advisable that I should go also, they will accompany me.

Plans for Travel

¶ **5** I will visit you after passing through Macedonia, for I intend to pass through Macedonia,

6 and perhaps I will stay with you or even spend the winter, so that you may help me on my journey, wherever I go.

7 For I do not want to see you now just in passing. I hope to spend some time with you, if the Lord permits.

8 But I will stay in Ephesus until Pentecost,

9 for a wide door for effective work has opened to me, and there are many adversaries.

¶ **10** When Timothy comes, see that you put him at ease among you, for he is doing the work of the Lord, as I am.

11 Dass ihn nur nicht jemand verachte! Geleitet ihn aber in Frieden, dass er zu mir komme; denn ich warte auf ihn mit den Brüdern.

12 Von Apollos, dem Bruder, aber sollt ihr wissen, dass ich ihn oft ermahnt habe, mit den Brüdern zu euch zu kommen; aber es war durchaus nicht sein Wille, jetzt zu kommen; er wird aber kommen, wenn es ihm gelegen sein wird.

Ermahnungen und Grüße

13 Wachet, steht im Glauben, seid mutig und seid stark!

14 Alle eure Dinge lasst in der Liebe geschehen!

¶ **15** Ich ermahne euch aber, liebe Brüder: Ihr kennt das Haus des Stephanas, dass sie die Erstlinge in Achaja sind und haben sich selbst bereitgestellt zum Dienst für die Heiligen.

16 Ordnet auch ihr euch solchen unter und allen, die mitarbeiten und sich mühen!

17 Ich freue mich über die Ankunft des Stephanas und Fortunatus und Achaikus; denn sie haben mir euch, die ihr nicht hier sein könnt, ersetzt.

18 Sie haben meinen und euren Geist erquickt. Erkennt solche Leute an!

¶ **19** Es grüßen euch die Gemeinden in der Provinz Asien. Es grüßen euch vielmals in dem Herrn Aquila und Priska samt der Gemeinde in ihrem Hause.

20 Es grüßen euch alle Brüder. Grüßt euch untereinander mit dem heiligen Kuss.

¶ **21** Hier mein, des Paulus, eigenhändiger Gruß.

22 Wenn jemand den Herrn nicht lieb hat, der sei verflucht. Maranata!*

23 Die Gnade des Herrn Jesus sei mit euch!

24 Meine Liebe ist mit euch allen in Christus Jesus!

11 So let no one despise him. Help him on his way in peace, that he may return to me, for I am expecting him with the brothers.

Final Instructions

¶ **12** Now concerning our brother Apollos, I strongly urged him to visit you with the other brothers, but it was not at all his will[2] to come now. He will come when he has opportunity.

¶ **13** Be watchful, stand firm in the faith, act like men, be strong.

14 Let all that you do be done in love.

¶ **15** Now I urge you, brothers[3]—you know that the household[4] of Stephanas were the first converts in Achaia, and that they have devoted themselves to the service of the saints—

16 be subject to such as these, and to every fellow worker and laborer.

17 I rejoice at the coming of Stephanas and Fortunatus and Achaicus, because they have made up for your absence,

18 for they refreshed my spirit as well as yours. Give recognition to such men.

Greetings

¶ **19** The churches of Asia send you greetings. Aquila and Prisca, together with the church in their house, send you hearty greetings in the Lord.

20 All the brothers send you greetings. Greet one another with a holy kiss.

¶ **21** I, Paul, write this greeting with my own hand.

22 If anyone has no love for the Lord, let him be accursed. Our Lord, come![5]

23 The grace of the Lord Jesus be with you.

24 My love be with you all in Christ Jesus. Amen.

DER ZWEITE BRIEF DES PAULUS AN DIE KORINTHER

THE SECOND LETTER OF PAUL TO THE CORINTHIANS

2 CORINTHIANS

1 Paulus, ein Apostel Christi Jesu durch den Willen Gottes, und Timotheus, unser Bruder, an die Gemeinde Gottes in Korinth samt allen Heiligen in ganz Achaja:

¶ 2 Gnade sei mit euch und Friede von Gott, unserm Vater, und dem Herrn Jesus Christus!

Dank für Gottes Trost in Trübsal

3 Gelobt sei Gott, der Vater unseres Herrn Jesus Christus, der Vater der Barmherzigkeit und Gott allen Trostes,

4 der uns tröstet in aller unserer Trübsal, damit wir auch trösten können, die in allerlei Trübsal sind, mit dem Trost, mit dem wir selber getröstet werden von Gott.

5 Denn wie die Leiden Christi reichlich über uns kommen, so werden wir auch reichlich getröstet durch Christus.

¶ 6 Haben wir aber Trübsal, so geschieht es euch zu Trost und Heil. Haben wir Trost, so geschieht es zu eurem Trost, der sich wirksam erweist, wenn ihr mit Geduld dieselben Leiden ertragt, die auch wir leiden.

7 Und unsre Hoffnung steht fest für euch, weil wir wissen: wie ihr an den Leiden teilhabt, so werdet ihr auch am Trost teilhaben.

¶ 8 Denn wir wollen euch, liebe Brüder, nicht verschweigen die Bedrängnis, die uns in der Provinz Asien widerfahren ist, wo wir über die Maßen beschwert waren und über unsere Kraft, sodass wir auch am Leben verzagten

9 und es bei uns selbst für beschlossen hielten, wir müssten sterben. Das geschah aber, damit wir unser Vertrauen nicht auf uns selbst setzten, sondern auf Gott, der die Toten auferweckt,

10 der uns aus solcher Todesnot errettet hat und erretten wird. Auf ihn hoffen wir, er werde uns auch hinfort erretten.

Greeting

1 Paul, an apostle of Christ Jesus by the will of God, and Timothy our brother,

¶ To the church of God that is at Corinth, with all the saints who are in the whole of Achaia:

¶ 2 Grace to you and peace from God our Father and the Lord Jesus Christ.

God of All Comfort

¶ 3 Blessed be the God and Father of our Lord Jesus Christ, the Father of mercies and God of all comfort,

4 who comforts us in all our affliction, so that we may be able to comfort those who are in any affliction, with the comfort with which we ourselves are comforted by God.

5 For as we share abundantly in Christ's sufferings, so through Christ we share abundantly in comfort too.[1]

6 If we are afflicted, it is for your comfort and salvation; and if we are comforted, it is for your comfort, which you experience when you patiently endure the same sufferings that we suffer.

7 Our hope for you is unshaken, for we know that as you share in our sufferings, you will also share in our comfort.

¶ 8 For we do not want you to be ignorant, brothers,[2] of the affliction we experienced in Asia. For we were so utterly burdened beyond our strength that we despaired of life itself.

9 Indeed, we felt that we had received the sentence of death. But that was to make us rely not on ourselves but on God who raises the dead.

10 He delivered us from such a deadly peril, and he will deliver us. On him we have set our hope that he will deliver us again.

11 Dazu helft auch ihr durch eure Fürbitte für uns, damit unsertwegen für die Gabe, die uns gegeben ist, durch viele Personen viel Dank dargebracht werde.

Gegen den Vorwurf der Unwahrhaftigkeit

12 Denn dies ist unser Ruhm: das Zeugnis unseres Gewissens, dass wir in Einfalt und göttlicher Lauterkeit, nicht in fleischlicher Weisheit, sondern in der Gnade Gottes unser Leben in der Welt geführt haben, und das vor allem bei euch.

13 Denn wir schreiben euch nichts anderes, als was ihr lest und auch versteht. Ich hoffe aber, ihr werdet es noch völlig verstehen,

14 wie ihr uns zum Teil auch schon verstanden habt, nämlich, dass wir euer Ruhm sind, wie auch ihr unser Ruhm seid am Tage unseres Herrn Jesus.

¶ **15** Und in solchem Vertrauen wollte ich zunächst zu euch kommen, damit ihr abermals eine Wohltat empfinget.

16 Von euch aus wollte ich nach Mazedonien reisen, aus Mazedonien wieder zu euch kommen und mich von euch geleiten lassen nach Judäa.

17 Bin ich etwa leichtfertig gewesen, als ich dies wollte? Oder ist mein Vorhaben fleischlich, sodass das Ja Ja bei mir auch ein Nein Nein ist?

¶ **18** Gott ist mein Zeuge, dass unser Wort an euch nicht Ja und Nein zugleich ist.

19 Denn der Sohn Gottes, Jesus Christus, der unter euch durch uns gepredigt worden ist, durch mich und Silvanus und Timotheus, der war nicht Ja und Nein, sondern es war Ja in ihm.

20 Denn **auf alle Gottesverheißungen ist in ihm das Ja; darum sprechen wir auch durch ihn das Amen, Gott zum Lobe.**

21 Gott ist's aber, der uns fest macht samt euch in Christus und uns gesalbt

22 und versiegelt und in unsre Herzen als Unterpfand den Geist gegeben hat.

¶ **23** Ich rufe aber Gott zum Zeugen an bei meiner Seele, dass ich euch schonen wollte und darum nicht wieder nach Korinth gekommen bin.

24 Nicht dass wir Herren wären über euren Glauben, sondern wir sind Gehilfen eurer Freude; denn ihr steht im Glauben.

2 Ich hatte aber dies bei mir beschlossen, dass ich nicht abermals in Traurigkeit zu euch käme.

11 You also must help us by prayer, so that many will give thanks on our behalf for the blessing granted us through the prayers of many.

Paul's Change of Plans

¶ **12** For our boast is this, the testimony of our conscience, that we behaved in the world with simplicity[3] and godly sincerity, not by earthly wisdom but by the grace of God, and supremely so toward you.

13 For we are not writing to you anything other than what you read and acknowledge[4] and I hope you will fully acknowledge—

14 just as you did partially acknowledge us—that on the day of our Lord Jesus you will boast of us as we will boast of you.

¶ **15** Because I was sure of this, I wanted to come to you first, so that you might have a second experience of grace.

16 I wanted to visit you on my way to Macedonia, and to come back to you from Macedonia and have you send me on my way to Judea.

17 Was I vacillating when I wanted to do this? Do I make my plans according to the flesh, ready to say "Yes, yes" and "No, no" at the same time?

18 As surely as God is faithful, our word to you has not been Yes and No.

19 For the Son of God, Jesus Christ, whom we proclaimed among you, Silvanus and Timothy and I, was not Yes and No, but in him it is always Yes.

20 For all the promises of God find their Yes in him. That is why it is through him that we utter our Amen to God for his glory.

21 And it is God who establishes us with you in Christ, and has anointed us,

22 and who has also put his seal on us and given us his Spirit in our hearts as a guarantee.[5]

¶ **23** But I call God to witness against me—it was to spare you that I refrained from coming again to Corinth.

24 Not that we lord it over your faith, but we work with you for your joy, for you stand firm in your faith.

2 For I made up my mind not to make another painful visit to you.

2 Denn wenn ich euch traurig mache, wer soll mich dann fröhlich machen? Doch nur der, der von mir betrübt wird.

3 Und eben dies habe ich geschrieben, damit ich nicht, wenn ich komme, über die traurig sein müsste, über die ich mich freuen sollte. Habe ich doch zu euch allen das Vertrauen, dass meine Freude euer aller Freude ist.

4 Denn ich schrieb euch aus großer Trübsal und Angst des Herzens unter vielen Tränen; nicht damit ihr betrübt werden sollt, sondern damit ihr die Liebe erkennt, die ich habe besonders zu euch.

Vergebung für ein bestraftes Gemeindeglied

5 Wenn aber jemand Betrübnis angerichtet hat, der hat nicht mich betrübt, sondern zum Teil – damit ich nicht zu viel sage – euch alle.

6 Es ist aber genug, dass derselbe von den meisten gestraft ist,

7 sodass ihr nun ihm desto mehr vergeben und ihn trösten sollt, damit er nicht in allzu große Traurigkeit versinkt.

8 Darum ermahne ich euch, dass ihr ihm Liebe erweist.

9 Denn darum habe ich auch geschrieben, um eure Bewährung zu erkennen, ob ihr gehorsam seid in allen Stücken.

10 Wem aber ihr etwas vergebt, dem vergebe ich auch. Denn auch ich habe, wenn ich etwas zu vergeben hatte, es vergeben um euretwillen vor Christi Angesicht,

11 damit wir nicht übervorteilt werden vom Satan; denn uns ist wohl bewusst, was er im Sinn hat.

Die Verkündigung des Evangeliums als Siegeszug Christi

12 Als ich aber nach Troas kam, zu predigen das Evangelium Christi, und mir eine Tür aufgetan war in dem Herrn,

13 da hatte ich keine Ruhe in meinem Geist, weil ich Titus, meinen Bruder, nicht fand; sondern ich nahm Abschied von ihnen und fuhr nach Mazedonien.

¶ **14** Gott aber sei gedankt, der uns allezeit Sieg gibt in Christus und offenbart den Wohlgeruch seiner Erkenntnis durch uns an allen Orten!

15 Denn wir sind für Gott ein Wohlgeruch Christi unter denen, die gerettet werden, und unter denen, die verloren werden:

16 diesen ein Geruch des Todes zum Tode, jenen aber ein Geruch des Lebens zum Leben. Wer aber ist dazu tüchtig?

2 For if I cause you pain, who is there to make me glad but the one whom I have pained?

3 And I wrote as I did, so that when I came I might not suffer pain from those who should have made me rejoice, for I felt sure of all of you, that my joy would be the joy of you all.

4 For I wrote to you out of much affliction and anguish of heart and with many tears, not to cause you pain but to let you know the abundant love that I have for you.

Forgive the Sinner

¶ **5** Now if anyone has caused pain, he has caused it not to me, but in some measure—not to put it too severely—to all of you.

6 For such a one, this punishment by the majority is enough,

7 so you should rather turn to forgive and comfort him, or he may be overwhelmed by excessive sorrow.

8 So I beg you to reaffirm your love for him.

9 For this is why I wrote, that I might test you and know whether you are obedient in everything.

10 Anyone whom you forgive, I also forgive. Indeed, what I have forgiven, if I have forgiven anything, has been for your sake in the presence of Christ,

11 so that we would not be outwitted by Satan; for we are not ignorant of his designs.

Triumph in Christ

¶ **12** When I came to Troas to preach the gospel of Christ, even though a door was opened for me in the Lord,

13 my spirit was not at rest because I did not find my brother Titus there. So I took leave of them and went on to Macedonia.

¶ **14** But thanks be to God, who in Christ always leads us in triumphal procession, and through us spreads the fragrance of the knowledge of him everywhere.

15 For we are the aroma of Christ to God among those who are being saved and among those who are perishing,

16 to one a fragrance from death to death, [o]to the other a fragrance from life to life. Who is sufficient[l] for these things?

17 Wir sind ja nicht wie die vielen, die mit dem Wort Gottes Geschäfte machen; sondern wie man aus Lauterkeit und aus Gott reden muss, so reden wir vor Gott in Christus.

Die Herrlichkeit des Dienstes im neuen Bund

3 Fangen wir denn abermals an, uns selbst zu empfehlen? Oder brauchen wir, wie gewisse Leute, Empfehlungsbriefe an euch oder von euch?

2 Ihr seid unser Brief, in unser Herz geschrieben, erkannt und gelesen von allen Menschen!

3 Ist doch offenbar geworden, dass ihr ein Brief Christi seid, durch unsern Dienst zubereitet, geschrieben nicht mit Tinte, sondern mit dem Geist des lebendigen Gottes, nicht auf steinerne Tafeln, sondern auf fleischerne Tafeln, nämlich eure Herzen.

¶ **4** Solches Vertrauen aber haben wir durch Christus zu Gott.

5 Nicht dass wir tüchtig sind von uns selber, uns etwas zuzurechnen als von uns selber; sondern dass wir tüchtig sind, ist von Gott,

6 der uns auch tüchtig gemacht hat zu Dienern des neuen Bundes, nicht des Buchstabens, sondern des Geistes. Denn **der Buchstabe tötet, aber der Geist macht lebendig.**

¶ **7** Wenn aber schon das Amt, das den Tod bringt und das mit Buchstaben in Stein gehauen war, Herrlichkeit hatte, sodass die Israeliten das Angesicht des Mose nicht ansehen konnten wegen der Herrlichkeit auf seinem Angesicht, die doch aufhörte,

8 wie sollte nicht viel mehr das Amt, das den Geist gibt, Herrlichkeit haben?

9 Denn wenn das Amt, das zur Verdammnis führt, Herrlichkeit hatte, wie viel mehr hat das Amt, das zur Gerechtigkeit führt, überschwängliche Herrlichkeit.

10 Ja, jene Herrlichkeit ist nicht für Herrlichkeit zu achten gegenüber dieser überschwänglichen Herrlichkeit.

11 Denn wenn das Herrlichkeit hatte, was aufhört, wie viel mehr wird das Herrlichkeit haben, was bleibt.

¶ **12** Weil wir nun solche Hoffnung haben, sind wir voll großer Zuversicht

13 und tun nicht wie Mose, der eine Decke vor sein Angesicht hängte, damit die Israeliten nicht sehen konnten das Ende der Herrlichkeit, die aufhört.

17 For we are not, like so many, peddlers of God's word, but as men of sincerity, as commissioned by God, in the sight of God we speak in Christ.

Ministers of the New Covenant

3 Are we beginning to commend ourselves again? Or do we need, as some do, letters of recommendation to you, or from you?

2 You yourselves are our letter of recommendation, written on our[1] hearts, to be known and read by all.

3 And you show that you are a letter from Christ delivered by us, written not with ink but with the Spirit of the living God, not on tablets of stone but on tablets of human hearts.[2]

¶ **4** Such is the confidence that we have through Christ toward God.

5 Not that we are sufficient in ourselves to claim anything as coming from us, but our sufficiency is from God,

6 who has made us competent[3] to be ministers of a new covenant, not of the letter but of the Spirit. For the letter kills, but the Spirit gives life.

¶ **7** Now if the ministry of death, carved in letters on stone, came with such glory that the Israelites could not gaze at Moses' face because of its glory, which was being brought to an end,

8 will not the ministry of the Spirit have even more glory?

9 For if there was glory in the ministry of condemnation, the ministry of righteousness must far exceed it in glory.

10 Indeed, in this case, what once had glory has come to have no glory at all, because of the glory that surpasses it.

11 For if what was being brought to an end came with glory, much more will what is permanent have glory.

¶ **12** Since we have such a hope, we are very bold,

13 not like Moses, who would put a veil over his face so that the Israelites might not gaze at the outcome of what was being brought to an end.

14 Aber ihre Sinne wurden verstockt. Denn bis auf den heutigen Tag bleibt diese Decke unaufgedeckt über dem Alten Testament, wenn sie es lesen, weil sie nur in Christus abgetan wird.

15 Aber bis auf den heutigen Tag, wenn Mose gelesen wird, hängt die Decke vor ihrem Herzen.

16 Wenn Israel aber sich bekehrt zu dem Herrn, so wird die Decke abgetan.

¶ **17** Der Herr ist der Geist; wo aber der Geist des Herrn ist, da ist Freiheit.

18 Nun aber schauen wir alle mit aufgedecktem Angesicht die Herrlichkeit des Herrn wie in einem Spiegel, und wir werden verklärt in sein Bild von einer Herrlichkeit zur andern von dem Herrn, der der Geist ist.

Das Licht des Evangeliums im Amt des Apostels

4 Darum, weil wir dieses Amt haben nach der Barmherzigkeit, die uns widerfahren ist, werden wir nicht müde,

2 sondern wir meiden schändliche Heimlichkeit und gehen nicht mit List um, fälschen auch nicht Gottes Wort, sondern durch Offenbarung der Wahrheit empfehlen wir uns dem Gewissen aller Menschen vor Gott.

3 Ist nun aber unser Evangelium verdeckt, so ist's denen verdeckt, die verloren werden,

4 den Ungläubigen, denen der Gott dieser Welt den Sinn verblendet hat, dass sie nicht sehen das helle Licht des Evangeliums von der Herrlichkeit Christi, welcher ist das Ebenbild Gottes.

¶ **5** Denn wir predigen nicht uns selbst, sondern Jesus Christus, dass er der Herr ist, wir aber eure Knechte um Jesu willen.

6 Denn Gott, der sprach: Licht soll aus der Finsternis hervorleuchten, der hat einen hellen Schein in unsre Herzen gegeben, dass durch uns entstünde die Erleuchtung zur Erkenntnis der Herrlichkeit Gottes in dem Angesicht Jesu Christi.

Leidensgemeinschaft mit Christus

7 Wir haben aber diesen Schatz in irdenen Gefäßen, damit die überschwängliche Kraft von Gott sei und nicht von uns.

8 Wir sind von allen Seiten bedrängt, aber wir ängstigen uns nicht. Uns ist bange, aber wir verzagen nicht.

9 Wir leiden Verfolgung, aber wir werden nicht verlassen. Wir werden unterdrückt, aber wir kommen nicht um.

14 But their minds were hardened. For to this day, when they read the old covenant, that same veil remains unlifted, because only through Christ is it taken away.

15 Yes, to this day whenever Moses is read a veil lies over their hearts.

16 But when one[4] turns to the Lord, the veil is removed.

17 Now the Lord[5] is the Spirit, and where the Spirit of the Lord is, there is freedom.

18 And we all, with unveiled face, beholding the glory of the Lord,[6] are being transformed into the same image from one degree of glory to another. For this comes from the Lord who is the Spirit.

The Light of the Gospel

4 Therefore, having this ministry by the mercy of God,[1] we do not lose heart.

2 But we have renounced disgraceful, underhanded ways. We refuse to practice cunning or to tamper with God's word, but by the open statement of the truth we would commend ourselves to everyone's conscience in the sight of God.

3 And even if our gospel is veiled, it is veiled only to those who are perishing.

4 In their case the god of this world has blinded the minds of the unbelievers, to keep them from seeing the light of the gospel of the glory of Christ, who is the image of God.

5 For what we proclaim is not ourselves, but Jesus Christ as Lord, with ourselves as your servants[2] for Jesus' sake.

6 For God, who said, "Let light shine out of darkness," has shone in our hearts to give the light of the knowledge of the glory of God in the face of Jesus Christ.

Treasure in Jars of Clay

¶ **7** But we have this treasure in jars of clay, to show that the surpassing power belongs to God and not to us.

8 We are afflicted in every way, but not crushed; perplexed, but not driven to despair;

9 persecuted, but not forsaken; struck down, but not destroyed;

10 Wir tragen allezeit das Sterben Jesu an unserm Leibe, damit auch das Leben Jesu an unserm Leibe offenbar werde.

11 Denn wir, die wir leben, werden immerdar in den Tod gegeben um Jesu willen, damit auch das Leben Jesu offenbar werde an unserm sterblichen Fleisch.

¶ **12** So ist nun der Tod mächtig in uns, aber das Leben in euch.

13 Weil wir aber denselben Geist des Glaubens haben, wie geschrieben steht (Psalm 116,10): »**Ich glaube, darum rede ich**«, so glauben wir auch, darum reden wir auch;

14 denn wir wissen, dass der, der den Herrn Jesus auferweckt hat, wird uns auch auferwecken mit Jesus und wird uns vor sich stellen samt euch.

15 Denn es geschieht alles um euretwillen, damit die überschwängliche Gnade durch die Danksagung vieler noch reicher werde zur Ehre Gottes.

¶ **16** Darum werden wir nicht müde; sondern wenn auch unser äußerer Mensch verfällt, so wird doch der innere von Tag zu Tag erneuert.

17 Denn **unsre Trübsal, die zeitlich und leicht ist, schafft eine ewige und über alle Maßen gewichtige Herrlichkeit,**

18 uns, **die wir nicht sehen auf das Sichtbare, sondern auf das Unsichtbare. Denn was sichtbar ist, das ist zeitlich; was aber unsichtbar ist, das ist ewig.**

Sehnsucht nach der himmlischen Heimat

5 Denn wir wissen: wenn unser irdisches Haus, diese Hütte, abgebrochen wird, so haben wir einen Bau, von Gott erbaut, ein Haus, nicht mit Händen gemacht, das ewig ist im Himmel.

2 Denn darum seufzen wir auch und sehnen uns danach, dass wir mit unserer Behausung, die vom Himmel ist, überkleidet werden,

3 weil wir dann bekleidet und nicht nackt befunden werden.

4 Denn solange wir in dieser Hütte sind, seufzen wir und sind beschwert, weil wir lieber nicht entkleidet, sondern überkleidet werden wollen, damit das Sterbliche verschlungen werde von dem Leben.

5 Der uns aber dazu bereitet hat, das ist Gott, der uns als Unterpfand den Geist gegeben hat.

¶ **6** So sind wir denn allezeit getrost und wissen: solange wir im Leibe wohnen, weilen wir fern von dem Herrn;

10 always carrying in the body the death of Jesus, so that the life of Jesus may also be manifested in our bodies.

11 For we who live are always being given over to death for Jesus' sake, so that the life of Jesus also may be manifested in our mortal flesh.

12 So death is at work in us, but life in you.

¶ **13** Since we have the same spirit of faith according to what has been written, "I believed, and so I spoke," we also believe, and so we also speak,

14 knowing that he who raised the Lord Jesus will raise us also with Jesus and bring us with you into his presence.

15 For it is all for your sake, so that as grace extends to more and more people it may increase thanksgiving, to the glory of God.

¶ **16** So we do not lose heart. Though our outer self[3] is wasting away, our inner self is being renewed day by day.

17 For this light momentary affliction is preparing for us an eternal weight of glory beyond all comparison,

18 as we look not to the things that are seen but to the things that are unseen. For the things that are seen are transient, but the things that are unseen are eternal.

Our Heavenly Dwelling

5 For we know that if the tent that is our earthly home is destroyed, we have a building from God, a house not made with hands, eternal in the heavens.

2 For in this tent we groan, longing to put on our heavenly dwelling,

3 if indeed by putting it on[1] we may not be found naked.

4 For while we are still in this tent, we groan, being burdened—not that we would be unclothed, but that we would be further clothed, so that what is mortal may be swallowed up by life.

5 He who has prepared us for this very thing is God, who has given us the Spirit as a guarantee.

¶ **6** So we are always of good courage. We know that while we are at home in the body we are away from the Lord,

7 denn wir wandeln im Glauben und nicht im Schauen.

8 Wir sind aber getrost und haben vielmehr Lust, den Leib zu verlassen und daheim zu sein bei dem Herrn.

9 Darum setzen wir auch unsre Ehre darein, ob wir daheim sind oder in der Fremde, dass wir ihm wohlgefallen.

10 Denn wir müssen alle offenbar werden vor dem Richterstuhl Christi, damit jeder seinen Lohn empfange für das, was er getan hat bei Lebzeiten, es sei gut oder böse.

Botschafter der Versöhnung

11 Weil wir nun wissen, dass der Herr zu fürchten ist, suchen wir Menschen zu gewinnen; aber vor Gott sind wir offenbar. Ich hoffe aber, dass wir auch vor eurem Gewissen offenbar sind.

12 Damit empfehlen wir uns nicht abermals bei euch, sondern geben euch Anlass, euch unser zu rühmen, damit ihr antworten könnt denen, die sich des Äußeren rühmen und nicht des Herzens.

13 Denn wenn wir außer uns waren, so war es für Gott; sind wir aber besonnen, so sind wir's für euch.

14 Denn die Liebe Christi drängt uns, zumal wir überzeugt sind, dass, wenn einer für alle gestorben ist, so sind sie alle gestorben.

15 Und er ist darum für alle gestorben, damit, die da leben, hinfort nicht sich selbst leben, sondern dem, der für sie gestorben und auferstanden ist.

¶ 16 Darum kennen wir von nun an niemanden mehr nach dem Fleisch; und auch wenn wir Christus gekannt haben nach dem Fleisch, so kennen wir ihn doch jetzt so nicht mehr.

17 Darum: Ist jemand in Christus, so ist er eine neue Kreatur; das Alte ist vergangen, siehe, Neues ist geworden.

18 Aber das alles von Gott, der uns mit sich selber versöhnt hat durch Christus und uns das Amt gegeben, das die Versöhnung predigt.

19 Denn Gott war in Christus und versöhnte die Welt mit sich selber und rechnete ihnen ihre Sünden nicht zu und hat unter uns aufgerichtet das Wort von der Versöhnung.

¶ 20 So sind wir nun Botschafter an Christi statt, denn Gott ermahnt durch uns; so bitten wir nun an Christi statt: Lasst euch versöhnen mit Gott!

21 Denn er hat den, der von keiner Sünde wusste, für uns zur Sünde gemacht, damit wir in ihm die Gerechtigkeit würden, die vor Gott gilt.

7 for we walk by faith, not by sight.

8 Yes, we are of good courage, and we would rather be away from the body and at home with the Lord.

9 So whether we are at home or away, we make it our aim to please him.

10 For we must all appear before the judgment seat of Christ, so that each one may receive what is due for what he has done in the body, whether good or evil.

The Ministry of Reconciliation

¶ 11 Therefore, knowing the fear of the Lord, we persuade others. But what we are is known to God, and I hope it is known also to your conscience.

12 We are not commending ourselves to you again but giving you cause to boast about us, so that you may be able to answer those who boast about outward appearance and not about what is in the heart.

13 For if we are beside ourselves, it is for God; if we are in our right mind, it is for you.

14 For the love of Christ controls us, because we have concluded this: that one has died for all, therefore all have died;

15 and he died for all, that those who live might no longer live for themselves but for him who for their sake died and was raised.

¶ 16 From now on, therefore, we regard no one according to the flesh. Even though we once regarded Christ according to the flesh, we regard him thus no longer.

17 Therefore, if anyone is in Christ, he is a new creation.[2] The old has passed away; behold, the new has come.

18 All this is from God, who through Christ reconciled us to himself and gave us the ministry of reconciliation;

19 that is, in Christ God was reconciling[3] the world to himself, not counting their trespasses against them, and entrusting to us the message of reconciliation.

20 Therefore, we are ambassadors for Christ, God making his appeal through us. We implore you on behalf of Christ, be reconciled to God.

21 For our sake he made him to be sin who knew no sin, so that in him we might become the righteousness of God.

Die Bewährung des Apostels in seinem Dienst

6 Als Mitarbeiter aber ermahnen wir euch, dass ihr die Gnade Gottes nicht vergeblich empfangt.

2 Denn er spricht (Jesaja 49,8): »Ich habe dich zur Zeit der Gnade erhört und habe dir am Tage des Heils geholfen.« **Siehe, jetzt ist die Zeit der Gnade, siehe, jetzt ist der Tag des Heils!**

¶ **3** Und wir geben in nichts irgendeinen Anstoß, damit unser Amt nicht verlästert werde;

4 sondern in allem erweisen wir uns als Diener Gottes: in großer Geduld, in Trübsalen, in Nöten, in Ängsten,

5 in Schlägen, in Gefängnissen, in Verfolgungen, in Mühen, im Wachen, im Fasten,

6 in Lauterkeit, in Erkenntnis, in Langmut, in Freundlichkeit, im Heiligen Geist, in ungefärbter Liebe,

7 in dem Wort der Wahrheit, in der Kraft Gottes, mit den Waffen der Gerechtigkeit zur Rechten und zur Linken,

8 in Ehre und Schande; in bösen Gerüchten und guten Gerüchten, als Verführer und doch wahrhaftig;

9 als die Unbekannten und doch bekannt; als die Sterbenden, und siehe, wir leben; als die Gezüchtigten und doch nicht getötet;

10 als die Traurigen, aber allezeit fröhlich; als die Armen, aber die doch viele reich machen; als die nichts haben und doch alles haben.

Werbung um die Gemeinde und Warnung vor Götzendienst

11 O ihr Korinther, unser Mund hat sich euch gegenüber aufgetan, unser Herz ist weit geworden.

12 Eng ist nicht der Raum, den ihr in uns habt; eng aber ist's in euren Herzen.

13 Ich rede mit euch als mit meinen Kindern; stellt euch doch zu mir auch so und macht auch ihr euer Herz weit.

¶ **14** Zieht nicht am fremden Joch mit den Ungläubigen. Denn was hat die Gerechtigkeit zu schaffen mit der Ungerechtigkeit? Was hat das Licht für Gemeinschaft mit der Finsternis?

15 Wie stimmt Christus überein mit Beliar? Oder was für ein Teil hat der Gläubige mit dem Ungläubigen?

6 Working together with him, then, we appeal to you not to receive the grace of God in vain.

2 For he says,

"In a favorable time I listened to you, and in a day of salvation I have helped you."

Behold, now is the favorable time; behold, now is the day of salvation.

3 We put no obstacle in anyone's way, so that no fault may be found with our ministry,

4 but as servants of God we commend ourselves in every way: by great endurance, in afflictions, hardships, calamities,

5 beatings, imprisonments, riots, labors, sleepless nights, hunger;

6 by purity, knowledge, patience, kindness, the Holy Spirit, genuine love;

7 by truthful speech, and the power of God; with the weapons of righteousness for the right hand and for the left;

8 through honor and dishonor, through slander and praise. We are treated as impostors, and yet are true;

9 as unknown, and yet well known; as dying, and behold, we live; as punished, and yet not killed;

10 as sorrowful, yet always rejoicing; as poor, yet making many rich; as having nothing, yet possessing everything.

¶ **11** We have spoken freely to you,[1] Corinthians; our heart is wide open.

12 You are not restricted by us, but you are restricted in your own affections.

13 In return (I speak as to children) widen your hearts also.

The Temple of the Living God

¶ **14** Do not be unequally yoked with unbelievers. For what partnership has righteousness with lawlessness? Or what fellowship has light with darkness?

15 What accord has Christ with Belial?[2] Or what portion does a believer share with an unbeliever?

16 Was hat der Tempel Gottes gemein mit den Götzen? Wir aber sind der Tempel des lebendigen Gottes; wie denn Gott spricht (3.Mose 26,11-12; Hesekiel 37,27): »Ich will unter ihnen wohnen und wandeln und will ihr Gott sein und sie sollen mein Volk sein.«

17 Darum »geht aus von ihnen und sondert euch ab«, spricht der Herr; »und rührt nichts Unreines an, so will ich euch annehmen

18 und euer Vater sein und ihr sollt meine Söhne und Töchter sein«, spricht der allmächtige Herr (Jesaja 52,11; Hesekiel 20,41; 2.Samuel 7,14).

7 Weil wir nun solche Verheißungen haben, meine Lieben, so lasst uns von aller Befleckung des Fleisches und des Geistes uns reinigen und die Heiligung vollenden in der Furcht Gottes.

¶ **2** Gebt uns Raum in euren Herzen! Wir haben niemand Unrecht getan, wir haben niemand verletzt, wir haben niemand übervorteilt.

3 Nicht sage ich das, um euch zu verurteilen; denn ich habe schon zuvor gesagt, dass ihr in unserm Herzen seid, mitzusterben und mitzuleben.

4 Ich rede mit großer Zuversicht zu euch; ich rühme viel von euch; ich bin erfüllt mit Trost; ich habe überschwängliche Freude in aller unsrer Bedrängnis.

Die Freude des Paulus über die Reue der Gemeinde

5 Denn als wir nach Mazedonien kamen, fanden wir keine Ruhe; sondern von allen Seiten waren wir bedrängt, von außen mit Streit, von innen mit Furcht.

6 Aber Gott, der die Geringen tröstet, der tröstete uns durch die Ankunft des Titus;

7 nicht allein aber durch seine Ankunft, sondern auch durch den Trost, mit dem er bei euch getröstet worden war. Er berichtete uns von eurem Verlangen, eurem Weinen, eurem Eifer für mich, sodass ich mich noch mehr freute.

¶ **8** Denn wenn ich euch auch durch den Brief traurig gemacht habe, reut es mich nicht. Und wenn es mich reute – ich sehe ja, dass jener Brief euch wohl eine Weile betrübt hat –,

16 What agreement has the temple of God with idols? For we are the temple of the living God; as God said,

> "I will make my dwelling among them
> and walk among them,
> and I will be their God,
> and they shall be my people.

17 Therefore go out from their midst,
and be separate from them, says the Lord,
and touch no unclean thing;
then I will welcome you,

18 and I will be a father to you,
and you shall be sons and daughters to me,
says the Lord Almighty."

7 Since we have these promises, beloved, let us cleanse ourselves from every defilement of body[1] and spirit, bringing holiness to completion in the fear of God.

Paul's Joy

¶ **2** Make room in your hearts[2] for us. We have wronged no one, we have corrupted no one, we have taken advantage of no one.

3 I do not say this to condemn you, for I said before that you are in our hearts, to die together and to live together.

4 I am acting with great boldness toward you; I have great pride in you; I am filled with comfort. In all our affliction, I am overflowing with joy.

¶ **5** For even when we came into Macedonia, our bodies had no rest, but we were afflicted at every turn—fighting without and fear within.

6 But God, who comforts the downcast, comforted us by the coming of Titus,

7 and not only by his coming but also by the comfort with which he was comforted by you, as he told us of your longing, your mourning, your zeal for me, so that I rejoiced still more.

8 For even if I made you grieve with my letter, I do not regret it—though I did regret it, for I see that that letter grieved you, though only for a while.

9 so freue ich mich doch jetzt nicht darüber, dass ihr betrübt worden seid, sondern darüber, dass ihr betrübt worden seid zur Reue. Denn ihr seid betrübt worden nach Gottes Willen, sodass ihr von uns keinen Schaden erlitten habt.

10 Denn **die Traurigkeit nach Gottes Willen wirkt zur Seligkeit eine Reue, die niemanden reut; die Traurigkeit der Welt aber wirkt den Tod.**

¶ **11** Siehe: eben dies, dass ihr betrübt worden seid nach Gottes Willen, welches Mühen hat das in euch gewirkt, dazu Verteidigung, Unwillen, Furcht, Verlangen, Eifer, Bestrafung! Ihr habt in allen Stücken bewiesen, dass ihr rein seid in dieser Sache.

12 Darum, wenn ich euch auch geschrieben habe, so ist's doch nicht geschehen um dessentwillen, der beleidigt hat, auch nicht um dessentwillen, der beleidigt worden ist, sondern damit euer Mühen für uns offenbar werde bei euch vor Gott.

13 Dadurch sind wir getröstet worden.
¶ Außer diesem unserm Trost aber haben wir uns noch überschwänglicher gefreut über die Freude des Titus; denn sein Geist ist erquickt worden von euch allen.

14 Denn was ich vor ihm von euch gerühmt habe, darin bin ich nicht zuschanden geworden; sondern wie alles wahr ist, was wir mit euch geredet haben, so hat sich auch unser Rühmen vor Titus als wahr erwiesen.

15 Und er ist überaus herzlich gegen euch gesinnt, wenn er an den Gehorsam von euch allen denkt, wie ihr ihn mit Furcht und Zittern aufgenommen habt.

16 Ich freue mich, dass ich mich in allem auf euch verlassen kann.

Die Geldsammlung für die Gemeinde in Jerusalem

8 Wir tun euch aber kund, liebe Brüder, die Gnade Gottes, die in den Gemeinden Mazedoniens gegeben ist.

2 Denn ihre Freude war überschwänglich, als sie durch viel Bedrängnis bewährt wurden, und obwohl sie sehr arm sind, haben sie doch reichlich gegeben in aller Einfalt.

3 Denn nach Kräften, das bezeuge ich, und sogar über ihre Kräfte haben sie willig gegeben

4 und haben uns mit vielem Zureden gebeten, dass sie mithelfen dürften an der Wohltat und der Gemeinschaft des Dienstes für die Heiligen;

9 As it is, I rejoice, not because you were grieved, but because you were grieved into repenting. For you felt a godly grief, so that you suffered no loss through us.

¶ **10** For godly grief produces a repentance that leads to salvation without regret, whereas worldly grief produces death.

11 For see what earnestness this godly grief has produced in you, but also what eagerness to clear yourselves, what indignation, what fear, what longing, what zeal, what punishment! At every point you have proved yourselves innocent in the matter.

12 So although I wrote to you, it was not for the sake of the one who did the wrong, nor for the sake of the one who suffered the wrong, but in order that your earnestness for us might be revealed to you in the sight of God.

13 Therefore we are comforted.
¶ And besides our own comfort, we rejoiced still more at the joy of Titus, because his spirit has been refreshed by you all.

14 For whatever boasts I made to him about you, I was not put to shame. But just as everything we said to you was true, so also our boasting before Titus has proved true.

15 And his affection for you is even greater, as he remembers the obedience of you all, how you received him with fear and trembling.

16 I rejoice, because I have perfect confidence in you.

Encouragement to Give Generously

8 We want you to know, brothers,[1] about the grace of God that has been given among the churches of Macedonia,

2 for in a severe test of affliction, their abundance of joy and their extreme poverty have overflowed in a wealth of generosity on their part.

3 For they gave according to their means, as I can testify, and beyond their means, of their own accord,

4 begging us earnestly for the favor[2] of taking part in the relief of the saints—

5 und das nicht nur, wie wir hofften, sondern sie gaben sich selbst, zuerst dem Herrn und danach uns, nach dem Willen Gottes.

6 So haben wir Titus zugeredet, dass er, wie er zuvor angefangen hatte, nun auch diese Wohltat unter euch vollends ausrichte.

¶ **7** Wie ihr aber in allen Stücken reich seid, im Glauben und im Wort und in der Erkenntnis und in allem Eifer und in der Liebe, die wir in euch erweckt haben, so gebt auch reichlich bei dieser Wohltat.

8 Nicht sage ich das als Befehl; sondern weil andere so eifrig sind, prüfe ich auch eure Liebe, ob sie rechter Art sei.

9 Denn **ihr kennt die Gnade unseres Herrn Jesus Christus: obwohl er reich ist, wurde er doch arm um euretwillen, damit ihr durch seine Armut reich würdet.**

¶ **10** Und darin sage ich meine Meinung; denn das ist euch nützlich, die ihr seit vorigem Jahr angefangen habt nicht allein mit dem Tun, sondern auch mit dem Wollen.

11 Nun aber vollbringt auch das Tun, damit, wie ihr geneigt seid zu wollen, ihr auch geneigt seid zu vollbringen nach dem Maß dessen, was ihr habt.

12 Denn wenn der gute Wille da ist, so ist er willkommen nach dem, was einer hat, nicht nach dem, was er nicht hat.

13 Nicht, dass die andern gute Tage haben sollen und ihr Not leidet, sondern dass es zu einem Ausgleich komme.

14 Jetzt helfe euer Überfluss ihrem Mangel ab, damit danach auch ihr Überfluss eurem Mangel abhelfe und so ein Ausgleich geschehe,

15 wie geschrieben steht (2.Mose 16,18): »Wer viel sammelte, hatte keinen Überfluss, und wer wenig sammelte, hatte keinen Mangel.«

¶ **16** Gott aber sei Dank, der dem Titus solchen Eifer für euch ins Herz gegeben hat.

17 Denn er ließ sich gerne zureden; ja, weil er so sehr eifrig war, ist er von selber zu euch gereist.

18 Wir haben aber den Bruder mit ihm gesandt, dessen Lob wegen seines Dienstes am Evangelium durch alle Gemeinden geht.

19 Nicht allein aber das, sondern er ist auch von den Gemeinden dazu eingesetzt, uns zu begleiten, wenn wir diese Gabe überbringen dem Herrn zur Ehre und zum Erweis unsres guten Willens.

5 and this, not as we expected, but they gave themselves first to the Lord and then by the will of God to us.

6 Accordingly, we urged Titus that as he had started, so he should complete among you this act of grace.

¶ **7** But as you excel in everything—in faith, in speech, in knowledge, in all earnestness, and in our love for you[3]—see that you excel in this act of grace also.

¶ **8** I say this not as a command, but to prove by the earnestness of others that your love also is genuine.

9 For you know the grace of our Lord Jesus Christ, that though he was rich, yet for your sake he became poor, so that you by his poverty might become rich.

10 And in this matter I give my judgment: this benefits you, who a year ago started not only to do this work but also to desire to do it.

11 So now finish doing it as well, so that your readiness in desiring it may be matched by your completing it out of what you have.

12 For if the readiness is there, it is acceptable according to what a person has, not according to what he does not have.

13 For I do not mean that others should be eased and you burdened, but that as a matter of fairness

14 your abundance at the present time should supply their need, so that their abundance may supply your need, that there may be fairness.

15 As it is written, "Whoever gathered much had nothing left over, and whoever gathered little had no lack."

Commendation of Titus

¶ **16** But thanks be to God, who put into the heart of Titus the same earnest care I have for you.

17 For he not only accepted our appeal, but being himself very earnest he is going[4] to you of his own accord.

18 With him we are sending[5] the brother who is famous among all the churches for his preaching of the gospel.

19 And not only that, but he has been appointed by the churches to travel with us as we carry out this act of grace that is being ministered by us, for the glory of the Lord himself and to show our good will.

20 So verhüten wir, dass uns jemand übel nachredet wegen dieser reichen Gabe, die durch uns überbracht wird.

21 Denn wir sehen darauf, dass es redlich zugehe nicht allein vor dem Herrn, sondern auch vor den Menschen.

¶ **22** Auch haben wir mit ihnen unsern Bruder gesandt, dessen Eifer wir oft in vielen Stücken erprobt haben, nun aber ist er noch viel eifriger aus großem Vertrauen zu euch.

23 Es sei nun Titus, der mein Gefährte und mein Mitarbeiter unter euch ist, oder es seien unsere Brüder, die Abgesandte der Gemeinden sind und eine Ehre Christi:

24 Erbringt den Beweis eurer Liebe und zeigt, dass wir euch zu Recht vor ihnen gerühmt haben öffentlich vor den Gemeinden.

Der Segen der Geldsammlung

9 Von dem Dienst, der für die Heiligen geschieht, brauche ich euch nicht zu schreiben.

2 Denn ich weiß von eurem guten Willen, den ich an euch rühme bei denen aus Mazedonien, wenn ich sage: Achaja ist schon voriges Jahr bereit gewesen! Und euer Beispiel hat die meisten angespornt.

3 Ich habe aber die Brüder gesandt, damit nicht unser Rühmen über euch zunichtewerde in diesem Stück und damit ihr vorbereitet seid, wie ich von euch gesagt habe,

4 dass nicht, wenn die aus Mazedonien mit mir kommen und euch nicht vorbereitet finden, wir, um nicht zu sagen: ihr, zuschanden werden mit dieser unsrer Zuversicht.

5 So habe ich es nun für nötig angesehen, die Brüder zu ermahnen, dass sie voranzögen zu euch, um über euch angekündigte Segensgabe vorher fertig zu machen, sodass sie bereitliegt als eine Gabe des Segens und nicht des Geizes.

¶ **6** Ich meine aber dies: **Wer da kärglich sät, der wird auch kärglich ernten; und wer da sät im Segen, der wird auch ernten im Segen.**

7 Ein jeder, wie er's sich im Herzen vorgenommen hat, nicht mit Unwillen oder aus Zwang; denn **einen fröhlichen Geber hat Gott lieb.**

8 Gott aber kann machen, dass alle Gnade unter euch reichlich sei, damit ihr in allen Dingen allezeit volle Genüge habt und noch reich seid zu jedem guten Werk;

20 We take this course so that no one should blame us about this generous gift that is being administered by us,

21 for we aim at what is honorable not only in the Lord's sight but also in the sight of man.

22 And with them we are sending our brother whom we have often tested and found earnest in many matters, but who is now more earnest than ever because of his great confidence in you.

23 As for Titus, he is my partner and fellow worker for your benefit. And as for our brothers, they are messengers[6] of the churches, the glory of Christ.

24 So give proof before the churches of your love and of our boasting about you to these men.

The Collection for Christians in Jerusalem

9 Now it is superfluous for me to write to you about the ministry for the saints,

2 for I know your readiness, of which I boast about you to the people of Macedonia, saying that Achaia has been ready since last year. And your zeal has stirred up most of them.

3 But I am sending[1] the brothers so that our boasting about you may not prove empty in this matter, so that you may be ready, as I said you would be.

4 Otherwise, if some Macedonians come with me and find that you are not ready, we would be humiliated—to say nothing of you—for being so confident.

5 So I thought it necessary to urge the brothers to go on ahead to you and arrange in advance for the gift[2] you have promised, so that it may be ready as a willing gift, not as an exaction.[3]

The Cheerful Giver

¶ **6** The point is this: whoever sows sparingly will also reap sparingly, and whoever sows bountifully[4] will also reap bountifully.

7 Each one must give as he has decided in his heart, not reluctantly or under compulsion, for God loves a cheerful giver.

8 And God is able to make all grace abound to you, so that having all sufficiency[5] in all things at all times, you may abound in every good work.

9 wie geschrieben steht (Psalm 112,9): »Er hat ausgestreut und den Armen gegeben; seine Gerechtigkeit bleibt in Ewigkeit.«

¶ **10** Der aber Samen gibt dem Sämann und Brot zur Speise, der wird auch euch Samen geben und ihn mehren und wachsen lassen die Früchte eurer Gerechtigkeit.

11 So werdet ihr reich sein in allen Dingen, zu geben in aller Einfalt, die durch uns wirkt Danksagung an Gott.

12 Denn der Dienst dieser Sammlung hilft nicht allein dem Mangel der Heiligen ab, sondern wirkt auch überschwänglich darin, dass viele Gott danken.

13 Denn für diesen treuen Dienst preisen sie Gott über eurem Gehorsam im Bekenntnis zum Evangelium Christi und über der Einfalt eurer Gemeinschaft mit ihnen und allen.

14 Und in ihrem Gebet für euch sehnen sie sich nach euch wegen der überschwänglichen Gnade Gottes bei euch.

15 Gott aber sei Dank für seine unaussprechliche Gabe!

Verteidigung des Apostels gegen persönliche Angriffe

10 Ich selbst aber, Paulus, ermahne euch bei der Sanftmut und Güte Christi, der ich in eurer Gegenwart unterwürfig sein soll, aber mutig, wenn ich fern von euch bin.

2 Ich bitte aber, dass ihr mich nicht zwingt, wenn ich bei euch bin, mutig zu sein und die Kühnheit zu gebrauchen, mit der ich gegen einige vorzugehen gedenke, die unsern Wandel für fleischlich halten.

¶ **3** Denn obwohl wir im Fleisch leben, kämpfen wir doch nicht auf fleischliche Weise.

4 Denn die Waffen unsres Kampfes sind nicht fleischlich, sondern mächtig im Dienste Gottes, Festungen zu zerstören.

5 Wir zerstören damit Gedanken und alles Hohe, das sich erhebt gegen die Erkenntnis Gottes, und nehmen gefangen alles Denken in den Gehorsam gegen Christus.

6 So sind wir bereit, zu strafen allen Ungehorsam, sobald euer Gehorsam vollkommen geworden ist.

¶ **7** Seht, was vor Augen liegt! Verlässt sich jemand darauf, dass er Christus angehört, der bedenke wiederum auch dies bei sich, dass, wie er Christus angehört, so auch wir!

9 As it is written,

"He has distributed freely, he has given to the poor;
    his righteousness endures forever."

10 He who supplies seed to the sower and bread for food will supply and multiply your seed for sowing and increase the harvest of your righteousness.

11 You will be enriched in every way to be generous in every way, which through us will produce thanksgiving to God.

12 For the ministry of this service is not only supplying the needs of the saints but is also overflowing in many thanksgivings to God.

13 By their approval of this service, they[6] will glorify God because of your submission flowing from your confession of the gospel of Christ, and the generosity of your contribution for them and for all others,

14 while they long for you and pray for you, because of the surpassing grace of God upon you.

15 Thanks be to God for his inexpressible gift!

Paul Defends His Ministry

10 I, Paul, myself entreat you, by the meekness and gentleness of Christ—I who am humble when face to face with you, but bold toward you when I am away!—

2 I beg of you that when I am present I may not have to show boldness with such confidence as I count on showing against some who suspect us of walking according to the flesh.

3 For though we walk in the flesh, we are not waging war according to the flesh.

4 For the weapons of our warfare are not of the flesh but have divine power to destroy strongholds.

5 We destroy arguments and every lofty opinion raised against the knowledge of God, and take every thought captive to obey Christ,

6 being ready to punish every disobedience, when your obedience is complete.

¶ **7** Look at what is before your eyes. If anyone is confident that he is Christ's, let him remind himself that just as he is Christ's, so also are we.

8 Auch wenn ich mich noch mehr der Vollmacht rühmen würde, die uns der Herr gegeben hat, euch zu erbauen und nicht euch zu zerstören, so würde ich nicht zuschanden werden.

9 Das sage ich aber, damit es nicht scheint, als hätte ich euch mit den Briefen schrecken wollen.

10 Denn seine Briefe, sagen sie, wiegen schwer und sind stark; aber wenn er selbst anwesend ist, ist er schwach und seine Rede kläglich.

11 Wer so redet, der bedenke: wie wir aus der Ferne in den Worten unsrer Briefe sind, so werden wir, wenn wir anwesend sind, auch mit der Tat sein.

Der Maßstab für die Beurteilung des Apostels

12 Denn wir wagen nicht, uns unter die zu rechnen oder mit denen zu vergleichen, die sich selbst empfehlen; aber weil sie sich nur an sich selbst messen und mit sich selbst vergleichen, verstehen sie nichts.

13 Wir aber wollen uns nicht über alles Maß hinaus rühmen, sondern nur nach dem Maß, das uns Gott zugemessen hat, nämlich dass wir auch bis zu euch gelangen sollten.

14 Denn es ist nicht so, dass wir uns zu viel anmaßten, als wären wir nicht bis zu euch gelangt; denn wir sind ja mit dem Evangelium Christi bis zu euch gekommen

15 und rühmen uns nicht über alles Maß hinaus mit dem, was andere gearbeitet haben. ¶ Wir haben aber die Hoffnung, dass wir, wenn euer Glaube in euch wächst, nach dem Maß, das uns zugemessen ist, überschwänglich zu Ehren kommen.

16 Denn wir wollen das Evangelium auch denen predigen, die jenseits von euch wohnen, und rühmen uns nicht mit dem, was andere nach ihrem Maß vollbracht haben.

17 »Wer sich aber rühmt, der rühme sich des Herrn« (Jeremia 9,22-23).

18 Denn nicht der ist tüchtig, der sich selbst empfiehlt, sondern der, den der Herr empfiehlt.

Paulus und die falschen Apostel

11 Wollte Gott, ihr hieltet mir ein wenig Torheit zugut! Doch ihr haltet mir's wohl zugut.

2 Denn ich eifere um euch mit göttlichem Eifer; denn ich habe euch verlobt mit einem einzigen Mann, damit ich Christus eine reine Jungfrau zuführte.

8 For even if I boast a little too much of our authority, which the Lord gave for building you up and not for destroying you, I will not be ashamed.

9 I do not want to appear to be frightening you with my letters.

10 For they say, "His letters are weighty and strong, but his bodily presence is weak, and his speech of no account."

11 Let such a person understand that what we say by letter when absent, we do when present.

12 Not that we dare to classify or compare ourselves with some of those who are commending themselves. But when they measure themselves by one another and compare themselves with one another, they are without understanding.

¶ **13** But we will not boast beyond limits, but will boast only with regard to the area of influence God assigned to us, to reach even to you.

14 For we are not overextending ourselves, as though we did not reach you. For we were the first to come all the way to you with the gospel of Christ.

15 We do not boast beyond limit in the labors of others. But our hope is that as your faith increases, our area of influence among you may be greatly enlarged,

16 so that we may preach the gospel in lands beyond you, without boasting of work already done in another's area of influence.

17 "Let the one who boasts, boast in the Lord."

18 For it is not the one who commends himself who is approved, but the one whom the Lord commends.

Paul and the False Apostles

11 I wish you would bear with me in a little foolishness. Do bear with me!

2 For I feel a divine jealousy for you, since I betrothed you to one husband, to present you as a pure virgin to Christ.

3 Ich fürchte aber, dass wie die Schlange Eva verführte mit ihrer List, so auch eure Gedanken abgewendet werden von der Einfalt und Lauterkeit gegenüber Christus.

4 Denn wenn einer zu euch kommt und einen andern Jesus predigt, den wir nicht gepredigt haben, oder ihr einen andern Geist empfangt, den ihr nicht empfangen habt, oder ein anderes Evangelium, das ihr nicht angenommen habt, so ertragt ihr das recht gern!

¶ **5** Ich meine doch, ich sei nicht weniger als die Überapostel.

6 Und wenn ich schon ungeschickt bin in der Rede, so bin ich's doch nicht in der Erkenntnis; sondern in jeder Weise und vor allen haben wir sie bei euch kundgetan.

¶ **7** Oder habe ich gesündigt, als ich mich erniedrigt habe, damit ihr erhöht würdet? Denn ich habe euch das Evangelium Gottes ohne Entgelt verkündigt.

8 Andere Gemeinden habe ich beraubt und Geld von ihnen genommen, um euch dienen zu können.

9 Und als ich bei euch war und Mangel hatte, fiel ich niemandem zur Last. Denn meinem Mangel halfen die Brüder ab, die aus Mazedonien kamen. So bin ich euch in keiner Weise zur Last gefallen und will es auch weiterhin so halten.

10 So gewiss die Wahrheit Christi in mir ist, so soll mir dieser Ruhm im Gebiet von Achaja nicht verwehrt werden.

11 Warum das? Weil ich euch nicht lieb habe? Gott weiß es.

¶ **12** Was ich aber tue, das will ich auch weiterhin tun und denen den Anlass nehmen, die einen Anlass suchen, sich zu rühmen, sie seien wie wir.

13 Denn solche sind falsche Apostel, betrügerische Arbeiter und verstellen sich als Apostel Christi.

14 Und das ist auch kein Wunder; denn er selbst, der Satan, verstellt sich als Engel des Lichts.

15 Darum ist es nichts Großes, wenn sich auch seine Diener verstellen als Diener der Gerechtigkeit; deren Ende wird sein nach ihren Werken.

Die Leiden und Mühen des Apostels

16 Ich sage abermals: Niemand halte mich für töricht; wenn aber doch, so nehmt mich an als einen Törichten, damit auch ich mich ein wenig rühme.

17 Was ich jetzt rede, das rede ich nicht dem Herrn gemäß, sondern wie in Torheit, weil wir so ins Rühmen gekommen sind.

3 But I am afraid that as the serpent deceived Eve by his cunning, your thoughts will be led astray from a sincere and pure devotion to Christ.

4 For if someone comes and proclaims another Jesus than the one we proclaimed, or if you receive a different spirit from the one you received, or if you accept a different gospel from the one you accepted, you put up with it readily enough.

5 Indeed, I consider that I am not in the least inferior to these super-apostles.

6 Even if I am unskilled in speaking, I am not so in knowledge; indeed, in every way we have made this plain to you in all things.

¶ **7** Or did I commit a sin in humbling myself so that you might be exalted, because I preached God's gospel to you free of charge?

8 I robbed other churches by accepting support from them in order to serve you.

9 And when I was with you and was in need, I did not burden anyone, for the brothers who came from Macedonia supplied my need. So I refrained and will refrain from burdening you in any way.

10 As the truth of Christ is in me, this boasting of mine will not be silenced in the regions of Achaia.

11 And why? Because I do not love you? God knows I do!

¶ **12** And what I do I will continue to do, in order to undermine the claim of those who would like to claim that in their boasted mission they work on the same terms as we do.

13 For such men are false apostles, deceitful workmen, disguising themselves as apostles of Christ.

14 And no wonder, for even Satan disguises himself as an angel of light.

15 So it is no surprise if his servants, also, disguise themselves as servants of righteousness. Their end will correspond to their deeds.

Paul's Sufferings as an Apostle

¶ **16** I repeat, let no one think me foolish. But even if you do, accept me as a fool, so that I too may boast a little.

17 What I am saying with this boastful confidence, I say not with the Lord's authority but as a fool.

18 Da viele sich rühmen nach dem Fleisch, will ich mich auch rühmen.

19 Denn ihr ertragt gerne die Narren, ihr, die ihr klug seid!

20 Ihr ertragt es, wenn euch jemand knechtet, wenn euch jemand ausnützt, wenn euch jemand gefangen nimmt, wenn euch jemand erniedrigt, wenn euch jemand ins Gesicht schlägt.

21 Zu meiner Schande muss ich sagen, dazu waren wir zu schwach!

¶   Wo einer kühn ist – ich rede in Torheit –, da bin ich auch kühn.

22 Sie sind Hebräer – ich auch! Sie sind Israeliten – ich auch! Sie sind Abrahams Kinder – ich auch!

23 Sie sind Diener Christi – ich rede töricht: ich bin's weit mehr! Ich habe mehr gearbeitet, ich bin öfter gefangen gewesen, ich habe mehr Schläge erlitten, ich bin oft in Todesnöten gewesen.

24 Von den Juden habe ich fünfmal erhalten vierzig Geißelhiebe weniger einen;

25 ich bin dreimal mit Stöcken geschlagen, einmal gesteinigt worden; dreimal habe ich Schiffbruch erlitten, einen Tag und eine Nacht trieb ich auf dem tiefen Meer.

26 Ich bin oft gereist, ich bin in Gefahr gewesen durch Flüsse, in Gefahr unter Räubern, in Gefahr unter Juden, in Gefahr unter Heiden, in Gefahr in Städten, in Gefahr in Wüsten, in Gefahr auf dem Meer, in Gefahr unter falschen Brüdern;

27 in Mühe und Arbeit, in viel Wachen, in Hunger und Durst, in viel Fasten, in Frost und Blöße;

28 und außer all dem noch das, was täglich auf mich einstürmt, und die Sorge für alle Gemeinden.

29 Wer ist schwach, und ich werde nicht schwach? Wer wird zu Fall gebracht, und ich brenne nicht?

¶ **30** Wenn ich mich denn rühmen soll, will ich mich meiner Schwachheit rühmen.

31 Gott, der Vater des Herrn Jesus, der gelobt sei in Ewigkeit, weiß, dass ich nicht lüge.

32 In Damaskus bewachte der Statthalter des Königs Aretas die Stadt der Damaszener und wollte mich gefangen nehmen,

33 und ich wurde in einem Korb durch ein Fenster die Mauer hinuntergelassen und entrann seinen Händen.

18 Since many boast according to the flesh, I too will boast.

19 For you gladly bear with fools, being wise yourselves!

20 For you bear it if someone makes slaves of you, or devours you, or takes advantage of you, or puts on airs, or strikes you in the face.

21 To my shame, I must say, we were too weak for that!

¶   But whatever anyone else dares to boast of—I am speaking as a fool—I also dare to boast of that.

22 Are they Hebrews? So am I. Are they Israelites? So am I. Are they offspring of Abraham? So am I.

23 Are they servants of Christ? I am a better one—I am talking like a madman—with far greater labors, far more imprisonments, with countless beatings, and often near death.

24 Five times I received at the hands of the Jews the forty lashes less one.

25 Three times I was beaten with rods. Once I was stoned. Three times I was shipwrecked; a night and a day I was adrift at sea;

26 on frequent journeys, in danger from rivers, danger from robbers, danger from my own people, danger from Gentiles, danger in the city, danger in the wilderness, danger at sea, danger from false brothers;

27 in toil and hardship, through many a sleepless night, in hunger and thirst, often without food,[1] in cold and exposure.

28 And, apart from other things, there is the daily pressure on me of my anxiety for all the churches.

29 Who is weak, and I am not weak? Who is made to fall, and I am not indignant?

¶ **30** If I must boast, I will boast of the things that show my weakness.

31 The God and Father of the Lord Jesus, he who is blessed forever, knows that I am not lying.

32 At Damascus, the governor under King Aretas was guarding the city of Damascus in order to seize me,

33 but I was let down in a basket through a window in the wall and escaped his hands.

Die Offenbarungen des Herrn und die Schwachheit des Apostels

12 Gerühmt muss werden; wenn es auch nichts nützt, so will ich doch kommen auf die Erscheinungen und Offenbarungen des Herrn.

2 Ich kenne einen Menschen in Christus; vor vierzehn Jahren – ist er im Leib gewesen? Ich weiß es nicht; oder ist er außer dem Leib gewesen? Ich weiß es auch nicht; Gott weiß es –, da wurde derselbe entrückt bis in den dritten Himmel.

3 Und ich kenne denselben Menschen – ob er im Leib oder außer dem Leib gewesen ist, weiß ich nicht; Gott weiß es –,

4 der wurde entrückt in das Paradies und hörte unaussprechliche Worte, die kein Mensch sagen kann.

5 Für denselben will ich mich rühmen; für mich selbst aber will ich mich nicht rühmen, außer meiner Schwachheit.

6 Und wenn ich mich rühmen wollte, wäre ich nicht töricht; denn ich würde die Wahrheit sagen. Ich enthalte mich aber dessen, damit nicht jemand mich höher achte, als er an mir sieht oder von mir hört.

¶ 7 Und damit ich mich wegen der hohen Offenbarungen nicht überhebe, ist mir gegeben ein Pfahl ins Fleisch, nämlich des Satans Engel, der mich mit Fäusten schlagen soll, damit ich mich nicht überhebe.

8 Seinetwegen habe ich dreimal zum Herrn gefleht, dass er von mir weiche.

9 Und er hat zu mir gesagt: **Lass dir an meiner Gnade genügen; denn meine Kraft ist in den Schwachen mächtig.** Darum will ich mich am allerliebsten rühmen meiner Schwachheit, damit die Kraft Christi bei mir wohne.

10 Darum bin ich guten Mutes in Schwachheit, in Misshandlungen, in Nöten, in Verfolgungen und Ängsten um Christi willen; denn wenn ich schwach bin, so bin ich stark.

Das Ringen des Apostels um seine Gemeinde

11 Ich bin ein Narr geworden! Dazu habt ihr mich gezwungen. Denn ich sollte von euch gelobt werden, da ich doch nicht weniger bin als die Überapostel, obwohl ich nichts bin.

12 Denn es sind ja die Zeichen eines Apostels unter euch geschehen in aller Geduld, mit Zeichen und mit Wundern und mit Taten.

13 Was ist's, worin ihr zu kurz gekommen seid gegenüber den andern Gemeinden, außer dass ich euch nicht zur Last gefallen bin? Vergebt mir dieses Unrecht!

Paul's Visions and His Thorn

12 I must go on boasting. Though there is nothing to be gained by it, I will go on to visions and revelations of the Lord.

2 I know a man in Christ who fourteen years ago was caught up to the third heaven—whether in the body or out of the body I do not know, God knows.

3 And I know that this man was caught up into paradise—whether in the body or out of the body I do not know, God knows—

4 and he heard things that cannot be told, which man may not utter.

5 On behalf of this man I will boast, but on my own behalf I will not boast, except of my weaknesses.

6 Though if I should wish to boast, I would not be a fool, for I would be speaking the truth. But I refrain from it, so that no one may think more of me than he sees in me or hears from me.

7 So to keep me from becoming conceited because of the surpassing greatness of the revelations,[1] a thorn was given me in the flesh, a messenger of Satan to harass me, to keep me from becoming conceited.

8 Three times I pleaded with the Lord about this, that it should leave me.

9 But he said to me, [j] "My grace is sufficient for you, for [k] my power is made perfect in weakness." Therefore I will boast all the more gladly of my weaknesses, so that the power of Christ may rest upon me.

10 For the sake of Christ, then, I am content with weaknesses, insults, hardships, persecutions, and calamities. For when I am weak, then I am strong.

Concern for the Corinthian Church

¶ 11 I have been a fool! You forced me to it, for I ought to have been commended by you. For I was not at all inferior to these super-apostles, even though I am nothing.

12 The signs of a true apostle were performed among you with utmost patience, with signs and wonders and mighty works.

13 For in what were you less favored than the rest of the churches, except that I myself did not burden you? Forgive me this wrong!

¶ **14** Siehe, ich bin jetzt bereit, zum dritten Mal zu euch zu kommen, und will euch nicht zur Last fallen; denn ich suche nicht das Eure, sondern euch. Denn es sollen nicht die Kinder den Eltern Schätze sammeln, sondern die Eltern den Kindern.

15 Ich aber will gern hingeben und hingegeben werden für eure Seelen. Wenn ich euch mehr liebe, soll ich darum weniger geliebt werden?

¶ **16** Nun gut, ich bin euch nicht zur Last gefallen. Aber bin ich etwa heimtückisch und habe euch mit Hinterlist gefangen?

17 Habe ich euch etwa übervorteilt durch einen von denen, die ich zu euch gesandt habe?

18 Ich habe Titus zugeredet und den Bruder mit ihm gesandt. Hat euch etwa Titus übervorteilt? Haben wir nicht beide in demselben Geist gehandelt? Sind wir nicht in denselben Fußtapfen gegangen?

¶ **19** Schon lange werdet ihr denken, dass wir uns vor euch verteidigen. Wir reden jedoch in Christus vor Gott! Aber das alles geschieht, meine Lieben, zu eurer Erbauung.

20 Denn ich fürchte, wenn ich komme, finde ich euch nicht, wie ich will, und ihr findet mich auch nicht, wie ihr wollt, sondern es gibt Hader, Neid, Zorn, Zank, üble Nachrede, Verleumdung, Aufgeblasenheit, Unordnung.

21 Ich fürchte, wenn ich abermals komme, wird mein Gott mich demütigen bei euch und ich muss Leid tragen über viele, die zuvor gesündigt und nicht Buße getan haben für die Unreinheit und Unzucht und Ausschweifung, die sie getrieben haben.

Mahnungen vor dem dritten Besuch

13 Jetzt komme ich zum dritten Mal zu euch. »Durch zweier oder dreier Zeugen Mund soll jede Sache bestätigt werden.« (5.Mose 19,15)

2 Ich habe es vorausgesagt und sage es abermals voraus – wie bei meinem zweiten Besuch, so auch nun aus der Ferne – denen, die zuvor gesündigt haben, und den andern allen: Wenn ich noch einmal komme, dann will ich nicht schonen.

3 Ihr verlangt ja einen Beweis dafür, dass Christus in mir redet, der euch gegenüber nicht schwach ist, sondern ist mächtig unter euch.

4 Denn wenn er auch gekreuzigt worden ist in Schwachheit, so lebt er doch in der Kraft Gottes. Und wenn wir auch schwach sind in ihm, so werden wir uns doch mit ihm lebendig erweisen an euch in der Kraft Gottes.

¶ **14** Here for the third time I am ready to come to you. And I will not be a burden, for I seek not what is yours but you. For children are not obligated to save up for their parents, but parents for their children.

15 I will most gladly spend and be spent for your souls. If I love you more, am I to be loved less?

16 But granting that I myself did not burden you, I was crafty, you say, and got the better of you by deceit.

17 Did I take advantage of you through any of those whom I sent to you?

18 I urged Titus to go, and sent the brother with him. Did Titus take advantage of you? Did we not act in the same spirit? Did we not take the same steps?

¶ **19** Have you been thinking all along that we have been defending ourselves to you? It is in the sight of God that we have been speaking in Christ, and all for your upbuilding, beloved.

20 For I fear that perhaps when I come I may find you not as I wish, and that you may find me not as you wish—that perhaps there may be quarreling, jealousy, anger, hostility, slander, gossip, conceit, and disorder.

21 I fear that when I come again my God may humble me before you, and I may have to mourn over many of those who sinned earlier and have not repented of the impurity, sexual immorality, and sensuality that they have practiced.

Final Warnings

13 This is the third time I am coming to you. Every charge must be established by the evidence of two or three witnesses.

2 I warned those who sinned before and all the others, and I warn them now while absent, as I did when present on my second visit, that if I come again I will not spare them—

3 since you seek proof that Christ is speaking in me. He is not weak in dealing with you, but is powerful among you.

4 For he was crucified in weakness, but lives by the power of God. For we also are weak in him, but in dealing with you we will live with him by the power of God.

¶ **5** Erforscht euch selbst, ob ihr im Glauben steht; prüft euch selbst! Oder erkennt ihr euch selbst nicht, dass Jesus Christus in euch ist? Wenn nicht, dann wärt ihr ja untüchtig.

6 Ich hoffe aber, ihr werdet erkennen, dass wir nicht untüchtig sind.

¶ **7** Wir bitten aber Gott, dass ihr nichts Böses tut; nicht damit wir als tüchtig angesehen werden, sondern damit ihr das Gute tut und wir wie die Untüchtigen seien.

8 Denn wir vermögen nichts wider die Wahrheit, sondern nur etwas für die Wahrheit.

9 Wir freuen uns ja, wenn wir schwach sind und ihr mächtig seid. Um dies beten wir auch, um eure Vollkommenheit.

10 Deshalb schreibe ich auch dies aus der Ferne, damit ich nicht, wenn ich anwesend bin, Strenge gebrauchen muss nach der Vollmacht, die mir der Herr gegeben hat, zu erbauen, nicht zu zerstören.

¶ **11** Zuletzt, liebe Brüder, freut euch, lasst euch zurechtbringen, lasst euch mahnen, habt einerlei Sinn, haltet Frieden! So wird der Gott der Liebe und des Friedens mit euch sein.

12 Grüßt euch untereinander mit dem heiligen Kuss. Es grüßen euch alle Heiligen.

13 Die Gnade unseres Herrn Jesus Christus und die Liebe Gottes und die Gemeinschaft des Heiligen Geistes sei mit euch allen!

¶ **5** Examine yourselves, to see whether you are in the faith. Test yourselves. Or do you not realize this about yourselves, that Jesus Christ is in you?—unless indeed you fail to meet the test!

6 I hope you will find out that we have not failed the test.

7 But we pray to God that you may not do wrong—not that we may appear to have met the test, but that you may do what is right, though we may seem to have failed.

8 For we cannot do anything against the truth, but only for the truth.

9 For we are glad when we are weak and you are strong. Your restoration is what we pray for.

10 For this reason I write these things while I am away from you, that when I come I may not have to be severe in my use of the authority that the Lord has given me for building up and not for tearing down.

Final Greetings

¶ **11** Finally, brothers,[1] rejoice. Aim for restoration, comfort one another,[2] agree with one another, live in peace; and the God of love and peace will be with you.

12 Greet one another with a holy kiss.

13 All the saints greet you.

¶ **14** The grace of the Lord Jesus Christ and the love of God and the fellowship of the Holy Spirit be with you all.

DER BRIEF DES PAULUS AN DIE GALATER

GALATIANS

1 Paulus, ein Apostel nicht von Menschen, auch nicht durch einen Menschen, sondern durch Jesus Christus und Gott, den Vater, der ihn auferweckt hat von den Toten,

2 und alle Brüder, die bei mir sind, an die Gemeinden in Galatien:

¶ **3** Gnade sei mit euch und Friede von Gott, unserm Vater, und dem Herrn Jesus Christus,

4 der sich selbst für unsre Sünden dahingegeben hat, dass er uns errette von dieser gegenwärtigen, bösen Welt nach dem Willen Gottes, unseres Vaters;

5 dem sei Ehre von Ewigkeit zu Ewigkeit! Amen.

Gegen die Verfälschung des Evangeliums

6 Mich wundert, dass ihr euch so bald abwenden lasst von dem, der euch berufen hat in die Gnade Christi, zu einem andern Evangelium,

7 obwohl es doch kein andres gibt; nur dass einige da sind, die euch verwirren und wollen das Evangelium Christi verkehren.

8 Aber auch wenn wir oder ein Engel vom Himmel euch ein Evangelium predigen würden, das anders ist, als wir es euch gepredigt haben, der sei verflucht.

9 Wie wir eben gesagt haben, so sage ich abermals: Wenn jemand euch ein Evangelium predigt, anders als ihr es empfangen habt, der sei verflucht.

¶ **10** Predige ich denn jetzt Menschen oder Gott zuliebe? Oder suche ich Menschen gefällig zu sein? Wenn ich noch Menschen gefällig wäre, so wäre ich Christi Knecht nicht.

Die Berufung des Paulus zum Apostel

11 Denn ich tue euch kund, liebe Brüder, dass das Evangelium, das von mir gepredigt ist, nicht von menschlicher Art ist.

12 Denn ich habe es nicht von einem Menschen empfangen oder gelernt, sondern durch eine Offenbarung Jesu Christi.

Greeting

1 Paul, an apostle—not from men nor through man, but through Jesus Christ and God the Father, who raised him from the dead—

2 and all the brothers[1] who are with me,
¶ To the churches of Galatia:

¶ **3** Grace to you and peace from God our Father and the Lord Jesus Christ,

4 who gave himself for our sins to deliver us from the present evil age, according to the will of our God and Father,

5 to whom be the glory forever and ever. Amen.

No Other Gospel

¶ **6** I am astonished that you are so quickly deserting him who called you in the grace of Christ and are turning to a different gospel—

7 not that there is another one, but there are some who trouble you and want to distort the gospel of Christ.

8 But even if we or an angel from heaven should preach to you a gospel contrary to the one we preached to you, let him be accursed.

9 As we have said before, so now I say again: If anyone is preaching to you a gospel contrary to the one you received, let him be accursed.

¶ **10** For am I now seeking the approval of man, or of God? Or am I trying to please man? If I were still trying to please man, I would not be a servant[2] of Christ.

Paul Called by God

¶ **11** For I would have you know, brothers, that the gospel that was preached by me is not man's gospel.[3]

12 For I did not receive it from any man, nor was I taught it, but I received it through a revelation of Jesus Christ.

¶ **13** Denn ihr habt ja gehört von meinem Leben früher im Judentum, wie ich über die Maßen die Gemeinde Gottes verfolgte und sie zu zerstören suchte

14 und übertraf im Judentum viele meiner Altersgenossen in meinem Volk weit und eiferte über die Maßen für die Satzungen der Väter.

¶ **15** Als es aber Gott wohlgefiel, der mich von meiner Mutter Leib an ausgesondert und durch seine Gnade berufen hat,

16 dass er seinen Sohn offenbarte in mir, damit ich ihn durchs Evangelium verkündigen sollte unter den Heiden, da besprach ich mich nicht erst mit Fleisch und Blut,

17 ging auch nicht hinauf nach Jerusalem zu denen, die vor mir Apostel waren, sondern zog nach Arabien und kehrte wieder zurück nach Damaskus.

¶ **18** Danach, drei Jahre später, kam ich hinauf nach Jerusalem, um Kephas kennenzulernen, und blieb fünfzehn Tage bei ihm.

19 Von den andern Aposteln aber sah ich keinen außer Jakobus, des Herrn Bruder.

20 Was ich euch aber schreibe – siehe, Gott weiß, ich lüge nicht!

21 Danach kam ich in die Länder Syrien und Zilizien.

22 Ich war aber unbekannt von Angesicht den christlichen Gemeinden in Judäa.

23 Sie hatten nur gehört: Der uns früher verfolgte, der predigt jetzt den Glauben, den er früher zu zerstören suchte,

24 und priesen Gott über mir.

Die Anerkennung des Paulus durch die anderen Apostel

2 Danach, vierzehn Jahre später, zog ich abermals hinauf nach Jerusalem mit Barnabas und nahm auch Titus mit mir.

2 Ich zog aber hinauf aufgrund einer Offenbarung und besprach mich mit ihnen über das Evangelium, das ich predige unter den Heiden, besonders aber mit denen, die das Ansehen hatten, damit ich nicht etwa vergeblich liefe oder gelaufen wäre.

3 Aber selbst Titus, der bei mir war, ein Grieche, wurde nicht gezwungen, sich beschneiden zu lassen.

4 Denn es hatten sich einige falsche Brüder mit eingedrängt und neben eingeschlichen, um unsere Freiheit auszukundschaften, die wir in Christus Jesus haben, und uns zu knechten.

13 For you have heard of my former life in Judaism, how I persecuted the church of God violently and tried to destroy it.

14 And I was advancing in Judaism beyond many of my own age among my people, so extremely zealous was I for the traditions of my fathers.

15 But when he who had set me apart before I was born,[4] and who called me by his grace,

16 was pleased to reveal his Son to[5] me, in order that I might preach him among the Gentiles, I did not immediately consult with anyone;[6]

17 nor did I go up to Jerusalem to those who were apostles before me, but I went away into Arabia, and returned again to Damascus.

¶ **18** Then after three years I went up to Jerusalem to visit Cephas and remained with him fifteen days.

19 But I saw none of the other apostles except James the Lord's brother.

20 (In what I am writing to you, before God, I do not lie!)

21 Then I went into the regions of Syria and Cilicia.

22 And I was still unknown in person to the churches of Judea that are in Christ.

23 They only were hearing it said, "He who used to persecute us is now preaching the faith he once tried to destroy."

24 And they glorified God because of me.

Paul Accepted by the Apostles

2 Then after fourteen years I went up again to Jerusalem with Barnabas, taking Titus along with me.

2 I went up because of a revelation and set before them (though privately before those who seemed influential) the gospel that I proclaim among the Gentiles, in order to make sure I was not running or had not run in vain.

3 But even Titus, who was with me, was not forced to be circumcised, though he was a Greek.

4 Yet because of false brothers secretly brought in—who slipped in to spy out our freedom that we have in Christ Jesus, so that they might bring us into slavery—

5 Denen wichen wir auch nicht eine Stunde und unterwarfen uns ihnen nicht, damit die Wahrheit des Evangeliums bei euch bestehen bliebe.

¶ **6** Von denen aber, die das Ansehen hatten – was sie früher gewesen sind, daran liegt mir nichts; denn Gott achtet das Ansehen der Menschen nicht –, mir haben die, die das Ansehen hatten, nichts weiter auferlegt.

7 Im Gegenteil, da sie sahen, dass mir anvertraut war das Evangelium an die Heiden so wie Petrus das Evangelium an die Juden

8 – denn der in Petrus wirksam gewesen ist zum Apostelamt unter den Juden, der ist auch in mir wirksam gewesen unter den Heiden –,

9 und da sie die Gnade erkannten, die mir gegeben war, gaben Jakobus und Kephas und Johannes, die als Säulen angesehen werden, mir und Barnabas die rechte Hand und wurden mit uns eins, dass wir unter den Heiden, sie aber unter den Juden predigen sollten,

10 nur dass wir an die Armen dächten, was ich mich auch eifrig bemüht habe zu tun.

Die Auseinandersetzung des Paulus mit Petrus in Antiochia

11 Als aber Kephas nach Antiochia kam, widerstand ich ihm ins Angesicht, denn es war Grund zur Klage gegen ihn.

12 Denn bevor einige von Jakobus kamen, aß er mit den Heiden; als sie aber kamen, zog er sich zurück und sonderte sich ab, weil er die aus dem Judentum fürchtete.

13 Und mit ihm heuchelten auch die andern Juden, sodass selbst Barnabas verführt wurde, mit ihnen zu heucheln.

14 Als ich aber sah, dass sie nicht richtig handelten nach der Wahrheit des Evangeliums, sprach ich zu Kephas öffentlich vor allen: Wenn du, der du ein Jude bist, heidnisch lebst und nicht jüdisch, warum zwingst du dann die Heiden, jüdisch zu leben?

¶ **15** Wir sind von Geburt Juden und nicht Sünder aus den Heiden.

16 Doch weil wir wissen, dass der Mensch durch Werke des Gesetzes nicht gerecht wird, sondern durch den Glauben an Jesus Christus, sind auch wir zum Glauben an Christus Jesus gekommen, damit wir gerecht werden durch den Glauben an Christus und nicht durch Werke des Gesetzes; denn durch Werke des Gesetzes wird kein Mensch gerecht.

5 to them we did not yield in submission even for a moment, so that the truth of the gospel might be preserved for you.

6 And from those who seemed to be influential (what they were makes no difference to me; God shows no partiality)—those, I say, who seemed influential added nothing to me.

7 On the contrary, when they saw that I had been entrusted with the gospel to the uncircumcised, just as Peter had been entrusted with the gospel to the circumcised

8 (for he who worked through Peter for his apostolic ministry to the circumcised worked also through me for mine to the Gentiles),

9 and when James and Cephas and John, who seemed to be pillars, perceived the grace that was given to me, they gave the right hand of fellowship to Barnabas and me, that we should go to the Gentiles and they to the circumcised.

10 Only, they asked us to remember the poor, the very thing I was eager to do.

Paul Opposes Peter

¶ **11** But when Cephas came to Antioch, I opposed him to his face, because he stood condemned.

12 For before certain men came from James, he was eating with the Gentiles; but when they came he drew back and separated himself, fearing the circumcision party.

13 And the rest of the Jews acted hypocritically along with him, so that even Barnabas was led astray by their hypocrisy.

14 But when I saw that their conduct was not in step with the truth of the gospel, I said to Cephas before them all, "If you, though a Jew, live like a Gentile and not like a Jew, how can you force the Gentiles to live like Jews?"

Justified by Faith

15 We ourselves are Jews by birth and not Gentile sinners;

16 yet we know that a person is not justified[1] by works of the law but through faith in Jesus Christ, so we also have believed in Christ Jesus, in order to be justified by faith in Christ and not by works of the law, because by works of the law no one will be justified.

17 Sollten wir aber, die wir durch Christus gerecht zu werden suchen, auch selbst als Sünder befunden werden – ist dann Christus ein Diener der Sünde? Das sei ferne!

18 Denn wenn ich das, was ich abgebrochen habe, wieder aufbaue, dann mache ich mich selbst zu einem Übertreter.

¶ **19** Denn ich bin durchs Gesetz dem Gesetz gestorben, damit ich Gott lebe. Ich bin mit Christus gekreuzigt.

20 Ich lebe, doch nun nicht ich, sondern Christus lebt in mir. Denn was ich jetzt lebe im Fleisch, das lebe ich im Glauben an den Sohn Gottes, der mich geliebt hat und sich selbst für mich dahingegeben.

21 Ich werfe nicht weg die Gnade Gottes; denn wenn die Gerechtigkeit durch das Gesetz kommt, so ist Christus vergeblich gestorben.

Die Gerechtigkeit aus dem Glauben

3 O ihr unverständigen Galater! Wer hat euch bezaubert, denen doch Jesus Christus vor die Augen gemalt war als der Gekreuzigte?

2 Das allein will ich von euch erfahren: Habt ihr den Geist empfangen durch des Gesetzes Werke oder durch die Predigt vom Glauben?

3 Seid ihr so unverständig? Im Geist habt ihr angefangen, wollt ihr's denn nun im Fleisch vollenden?

4 Habt ihr denn so vieles vergeblich erfahren? Wenn es denn vergeblich war!

5 Der euch nun den Geist darreicht und tut solche Taten unter euch, tut er's durch des Gesetzes Werke oder durch die Predigt vom Glauben?

¶ **6** So war es mit Abraham: »Er hat Gott geglaubt und es ist ihm zur Gerechtigkeit gerechnet worden« (1.Mose 15,6).

7 Erkennt also: die aus dem Glauben sind, das sind Abrahams Kinder.

8 Die Schrift aber hat es vorausgesehen, dass Gott die Heiden durch den Glauben gerecht macht. Darum verkündigte sie dem Abraham (1.Mose 12,3): »In dir sollen alle Heiden gesegnet werden.«

9 So werden nun die, die aus dem Glauben sind, gesegnet mit dem gläubigen Abraham.

¶ **10** Denn die aus den Werken des Gesetzes leben, die sind unter dem Fluch. Denn es steht geschrieben (5.Mose 27,26): »Verflucht sei jeder, der nicht bleibt bei alledem, was geschrieben steht in dem Buch des Gesetzes, dass er's tue!«

¶ **17** But if, in our endeavor to be justified in Christ, we too were found to be sinners, is Christ then a servant of sin? Certainly not!

18 For if I rebuild what I tore down, I prove myself to be a transgressor.

19 For through the law I died to the law, so that I might live to God.

20 I have been crucified with Christ. It is no longer I who live, but Christ who lives in me. And the life I now live in the flesh I live by faith in the Son of God, who loved me and gave himself for me.

21 I do not nullify the grace of God, for if righteousness[2] were through the law, then Christ died for no purpose.

By Faith, or by Works of the Law?

3 O foolish Galatians! Who has bewitched you? It was before your eyes that Jesus Christ was publicly portrayed as crucified.

2 Let me ask you only this: Did you receive the Spirit by works of the law or by hearing with faith?

3 Are you so foolish? Having begun by the Spirit, are you now being perfected by[1] the flesh?

4 Did you suffer[2] so many things in vain—if indeed it was in vain?

5 Does he who supplies the Spirit to you and works miracles among you do so by works of the law, or by hearing with faith—

6 just as Abraham "believed God, and it was counted to him as righteousness"?

¶ **7** Know then that it is those of faith who are the sons of Abraham.

8 And the Scripture, foreseeing that God would justify[3] the Gentiles by faith, preached the gospel beforehand to Abraham, saying, "In you shall all the nations be blessed."

9 So then, those who are of faith are blessed along with Abraham, the man of faith.

The Righteous Shall Live by Faith

¶ **10** For all who rely on works of the law are under a curse; for it is written, "Cursed be everyone who does not abide by all things written in the Book of the Law, and do them."

11 Dass aber durchs Gesetz niemand gerecht wird vor Gott, ist offenbar; denn »der Gerechte wird aus Glauben leben« (Habakuk 2,4).

12 Das Gesetz aber ist nicht »aus Glauben«, sondern: »der Mensch, der es tut, wird dadurch leben« (3.Mose 18,5).

13 Christus aber hat uns erlöst von dem Fluch des Gesetzes, da er zum Fluch wurde für uns; denn es steht geschrieben (5.Mose 21,23): »Verflucht ist jeder, der am Holz hängt«,

14 damit der Segen Abrahams unter die Heiden komme in Christus Jesus und wir den verheißenen Geist empfingen durch den Glauben.

Verheißung und Gesetz

15 Liebe Brüder, ich will nach menschlicher Weise reden: Man hebt doch das Testament eines Menschen nicht auf, wenn es bestätigt ist, und setzt auch nichts dazu.

16 Nun ist die Verheißung Abraham zugesagt und seinem Nachkommen. Es heißt nicht: und den Nachkommen, als gälte es vielen, sondern es gilt einem: »und deinem Nachkommen« (1.Mose 22,18), welcher ist Christus.

17 Ich meine aber dies: Das Testament, das von Gott zuvor bestätigt worden ist, wird nicht aufgehoben durch das Gesetz, das vierhundertdreißig Jahre danach gegeben worden ist, sodass die Verheißung zunichtewürde.

18 Denn wenn das Erbe durch das Gesetz erworben würde, so würde es nicht durch Verheißung gegeben; Gott aber hat es Abraham durch Verheißung frei geschenkt.

¶ **19** Was soll dann das Gesetz? Es ist hinzugekommen um der Sünden willen, bis der Nachkomme da sei, dem die Verheißung gilt, und zwar ist es von Engeln verordnet durch die Hand eines Mittlers.

20 Ein Mittler aber ist nicht Mittler eines Einzigen, Gott aber ist Einer.

¶ **21** Wie? Ist dann das Gesetz gegen Gottes Verheißungen? Das sei ferne! Denn nur, wenn ein Gesetz gegeben wäre, das lebendig machen könnte, käme die Gerechtigkeit wirklich aus dem Gesetz.

22 Aber die Schrift hat alles eingeschlossen unter die Sünde, damit die Verheißung durch den Glauben an Jesus Christus gegeben würde denen, die glauben.

¶ **23** Ehe aber der Glaube kam, waren wir unter dem Gesetz verwahrt und verschlossen auf den Glauben hin, der dann offenbart werden sollte.

11 Now it is evident that no one is justified before God by the law, for "The righteous shall live by faith."[4]

12 But the law is not of faith, rather "The one who does them shall live by them."

13 Christ redeemed us from the curse of the law by becoming a curse for us—for it is written, "Cursed is everyone who is hanged on a tree"—

14 so that in Christ Jesus the blessing of Abraham might come to the Gentiles, so that we might receive the promised Spirit[5] through faith.

The Law and the Promise

¶ **15** To give a human example, brothers:[6] even with a man-made covenant, no one annuls it or adds to it once it has been ratified.

16 Now the promises were made to Abraham and to his offspring. It does not say, "And to offsprings," referring to many, but referring to one, "And to your offspring," who is Christ.

17 This is what I mean: the law, which came 430 years afterward, does not annul a covenant previously ratified by God, so as to make the promise void.

18 For if the inheritance comes by the law, it no longer comes by promise; but God gave it to Abraham by a promise.

¶ **19** Why then the law? It was added because of transgressions, until the offspring should come to whom the promise had been made, and it was put in place through angels by an intermediary.

20 Now an intermediary implies more than one, but God is one.

¶ **21** Is the law then contrary to the promises of God? Certainly not! For if a law had been given that could give life, then righteousness would indeed be by the law.

22 But the Scripture imprisoned everything under sin, so that the promise by faith in Jesus Christ might be given to those who believe.

¶ **23** Now before faith came, we were held captive under the law, imprisoned until the coming faith would be revealed.

24 So ist das Gesetz unser Zuchtmeister gewesen auf Christus hin, damit wir durch den Glauben gerecht würden.

¶ **25** Nachdem aber der Glaube gekommen ist, sind wir nicht mehr unter dem Zuchtmeister.

26 Denn **ihr seid alle durch den Glauben Gottes Kinder in Christus Jesus.**

27 Denn ihr alle, die ihr auf Christus getauft seid, habt Christus angezogen.

28 **Hier ist nicht Jude noch Grieche, hier ist nicht Sklave noch Freier, hier ist nicht Mann noch Frau; denn ihr seid allesamt einer in Christus Jesus.**

29 Gehört ihr aber Christus an, so seid ihr ja Abrahams Kinder und nach der Verheißung Erben.

Befreiung vom Gesetz durch Christus

4 Ich sage aber: Solange der Erbe unmündig ist, ist zwischen ihm und einem Knecht kein Unterschied, obwohl er Herr ist über alle Güter;

2 sondern er untersteht Vormündern und Pflegern bis zu der Zeit, die der Vater bestimmt hat.

3 So auch wir: Als wir unmündig waren, waren wir in der Knechtschaft der Mächte der Welt.

¶ **4** **Als aber die Zeit erfüllt war, sandte Gott seinen Sohn, geboren von einer Frau und unter das Gesetz getan,**

5 **damit er die, die unter dem Gesetz waren, erlöste, damit wir die Kindschaft empfingen.**

6 Weil ihr nun Kinder seid, hat Gott den Geist seines Sohnes gesandt in unsre Herzen, der da ruft: Abba, lieber Vater!

7 So bist du nun nicht mehr Knecht, sondern Kind; wenn aber Kind, dann auch Erbe durch Gott.

Warnung vor Rückfall in die Gesetzlichkeit

8 Aber zu der Zeit, als ihr Gott noch nicht kanntet, dientet ihr denen, die in Wahrheit nicht Götter sind.

9 Nachdem ihr aber Gott erkannt habt, ja vielmehr von Gott erkannt seid, wie wendet ihr euch dann wieder den schwachen und dürftigen Mächten zu, denen ihr von Neuem dienen wollt?

10 Ihr haltet bestimmte Tage ein und Monate und Zeiten und Jahre.

11 Ich fürchte für euch, dass ich vielleicht vergeblich an euch gearbeitet habe.

¶ **12** Werdet doch wie ich, denn ich wurde wie ihr, liebe Brüder, ich bitte euch. Ihr habt mir kein Leid getan.

24 So then, the law was our guardian until Christ came, in order that we might be justified by faith.

25 But now that faith has come, we are no longer under a guardian,

26 for in Christ Jesus you are all sons of God, through faith.

27 For as many of you as were baptized into Christ have put on Christ.

28 There is neither Jew nor Greek, there is neither slave[7] nor free, there is no male and female, for you are all one in Christ Jesus.

29 And if you are Christ's, then you are Abraham's offspring, heirs according to promise.

Sons and Heirs

4 I mean that the heir, as long as he is a child, is no different from a slave,[1] though he is the owner of everything,

2 but he is under guardians and managers until the date set by his father.

3 In the same way we also, when we were children, were enslaved to the elementary principles[2] of the world.

4 But when the fullness of time had come, God sent forth his Son, born of woman, born under the law,

5 to redeem those who were under the law, so that we might receive adoption as sons.

6 And because you are sons, God has sent the Spirit of his Son into our hearts, crying, "Abba! Father!"

7 So you are no longer a slave, but a son, and if a son, then an heir through God.

Paul's Concern for the Galatians

¶ **8** Formerly, when you did not know God, you were enslaved to those that by nature are not gods.

9 But now that you have come to know God, or rather to be known by God, how can you turn back again to the weak and worthless elementary principles of the world, whose slaves you want to be once more?

10 You observe days and months and seasons and years!

11 I am afraid I may have labored over you in vain.

¶ **12** Brothers,[3] I entreat you, become as I am, for I also have become as you are. You did me no wrong.

13 Ihr wisst doch, dass ich euch in Schwachheit des Leibes das Evangelium gepredigt habe beim ersten Mal.

14 Und obwohl meine leibliche Schwäche euch ein Anstoß war, habt ihr mich nicht verachtet oder vor mir ausgespuckt, sondern wie einen Engel Gottes nahmt ihr mich auf, ja wie Christus Jesus.

15 Wo sind nun eure Seligpreisungen geblieben? Denn ich bezeuge euch, ihr hättet, wenn es möglich gewesen wäre, eure Augen ausgerissen und mir gegeben.

16 Bin ich denn damit euer Feind geworden, dass ich euch die Wahrheit vorhalte?

¶ **17** Es ist nicht recht, wie sie um euch werben; sie wollen euch nur von mir abspenstig machen, damit ihr um sie werben sollt.

18 Umworben zu werden ist gut, wenn's im Guten geschieht, und zwar immer und nicht nur in meiner Gegenwart, wenn ich bei euch bin.

19 Meine lieben Kinder, die ich abermals unter Wehen gebäre, bis Christus in euch Gestalt gewinne! –

20 Ich wollte aber, dass ich jetzt bei euch wäre und mit andrer Stimme zu euch reden könnte; denn ich bin irre an euch.

Knechtschaft und Freiheit

21 Sagt mir, die ihr unter dem Gesetz sein wollt: Hört ihr das Gesetz nicht?

22 Denn es steht geschrieben, dass Abraham zwei Söhne hatte, den einen von der Magd, den andern von der Freien.

23 Aber der von der Magd ist nach dem Fleisch gezeugt worden, der von der Freien aber kraft der Verheißung.

¶ **24** Diese Worte haben tiefere Bedeutung. Denn die beiden Frauen bedeuten zwei Bundesschlüsse: einen vom Berg Sinai, der zur Knechtschaft gebiert, das ist Hagar;

25 denn Hagar bedeutet den Berg Sinai in Arabien und ist ein Gleichnis für das jetzige Jerusalem, das mit seinen Kindern in der Knechtschaft lebt.

26 Aber das Jerusalem, das droben ist, das ist die Freie; das ist unsre Mutter.

27 Denn es steht geschrieben (Jesaja 54,1): »Sei fröhlich, du Unfruchtbare, die du nicht gebierst! Brich in Jubel aus und jauchze, die du nicht schwanger bist. Denn die Einsame hat viel mehr Kinder, als die den Mann hat.«

13 You know it was because of a bodily ailment that I preached the gospel to you at first,

14 and though my condition was a trial to you, you did not scorn or despise me, but received me as an angel of God, as Christ Jesus.

15 What then has become of the blessing you felt? For I testify to you that, if possible, you would have gouged out your eyes and given them to me.

16 Have I then become your enemy by telling you the truth?[4]

17 They make much of you, but for no good purpose. They want to shut you out, that you may make much of them.

18 It is always good to be made much of for a good purpose, and not only when I am present with you,

19 my little children, for whom I am again in the anguish of childbirth until Christ is formed in you!

20 I wish I could be present with you now and change my tone, for I am perplexed about you.

Example of Hagar and Sarah

¶ **21** Tell me, you who desire to be under the law, do you not listen to the law?

22 For it is written that Abraham had two sons, one by a slave woman and one by a free woman.

23 But the son of the slave was born according to the flesh, while the son of the free woman was born through promise.

24 Now this may be interpreted allegorically: these women are two covenants. One is from Mount Sinai, bearing children for slavery; she is Hagar.

25 Now Hagar is Mount Sinai in Arabia;[5] she corresponds to the present Jerusalem, for she is in slavery with her children.

26 But the Jerusalem above is free, and she is our mother.

27 For it is written,

> "Rejoice, O barren one who does not bear;
> break forth and cry aloud, you who are not in labor!
> For the children of the desolate one will be more
> than those of the one who has a husband."

28 Ihr aber, liebe Brüder, seid wie Isaak Kinder der Verheißung.

¶ **29** Aber wie zu jener Zeit der, der nach dem Fleisch gezeugt war, den verfolgte, der nach dem Geist gezeugt war, so geht es auch jetzt.

30 Doch was spricht die Schrift? »Stoß die Magd hinaus mit ihrem Sohn; denn der Sohn der Magd soll nicht erben mit dem Sohn der Freien« (1.Mose 21,10).

31 So sind wir nun, liebe Brüder, nicht Kinder der Magd, sondern der Freien.

Aufruf zur rechten Freiheit

5 Zur Freiheit hat uns Christus befreit! So steht nun fest und lasst euch nicht wieder das Joch der Knechtschaft auflegen!

2 Siehe, ich, Paulus, sage euch: Wenn ihr euch beschneiden lasst, so wird euch Christus nichts nützen.

3 Ich bezeuge abermals einem jeden, der sich beschneiden lässt, dass er das ganze Gesetz zu tun schuldig ist.

4 Ihr habt Christus verloren, die ihr durch das Gesetz gerecht werden wollt, und seid aus der Gnade gefallen.

5 Denn wir warten im Geist durch den Glauben auf die Gerechtigkeit, auf die man hoffen muss.

6 Denn **in Christus Jesus gilt weder Beschneidung noch Unbeschnittensein etwas, sondern der Glaube, der durch die Liebe tätig ist.**

¶ **7** Ihr lieft so gut. Wer hat euch aufgehalten, der Wahrheit nicht zu gehorchen?

8 Solches Überreden kommt nicht von dem, der euch berufen hat.

9 Ein wenig Sauerteig durchsäuert den ganzen Teig.

10 Ich habe das Vertrauen zu euch in dem Herrn, ihr werdet nicht anders gesinnt sein. Wer euch aber irremacht, der wird sein Urteil tragen, er sei, wer er wolle.

¶ **11** Ich aber, liebe Brüder, wenn ich die Beschneidung noch predige, warum leide ich dann Verfolgung? Dann wäre das Ärgernis des Kreuzes aufgehoben.

12 Sollen sie sich doch gleich verschneiden lassen, die euch aufhetzen!

¶ **13** Ihr aber, liebe Brüder, seid zur Freiheit berufen. Allein seht zu, dass ihr durch die Freiheit nicht dem Fleisch Raum gebt; sondern durch die Liebe diene einer dem andern.

14 Denn **das ganze Gesetz ist in einem Wort erfüllt**, in dem (3.Mose 19,18): »**Liebe deinen Nächsten wie dich selbst!**«

28 Now you,[6] brothers, like Isaac, are children of promise.

29 But just as at that time he who was born according to the flesh persecuted him who was born according to the Spirit, so also it is now.

30 But what does the Scripture say? "Cast out the slave woman and her son, for the son of the slave woman shall not inherit with the son of the free woman."

31 So, brothers, we are not children of the slave but of the free woman.

Christ Has Set Us Free

5 For freedom Christ has set us free; stand firm therefore, and do not submit again to a yoke of slavery.

¶ **2** Look: I, Paul, say to you that if you accept circumcision, Christ will be of no advantage to you.

3 I testify again to every man who accepts circumcision that he is obligated to keep the whole law.

4 You are severed from Christ, you who would be justified[1] by the law; you have fallen away from grace.

5 For through the Spirit, by faith, we ourselves eagerly wait for the hope of righteousness.

6 For in Christ Jesus neither circumcision nor uncircumcision counts for anything, but only faith working through love.

¶ **7** You were running well. Who hindered you from obeying the truth?

8 This persuasion is not from him who calls you.

9 A little leaven leavens the whole lump.

10 I have confidence in the Lord that you will take no other view than mine, and the one who is troubling you will bear the penalty, whoever he is.

11 But if I, brothers,[2] still preach[3] circumcision, why am I still being persecuted? In that case the offense of the cross has been removed.

12 I wish those who unsettle you would emasculate themselves!

¶ **13** For you were called to freedom, brothers. Only do not use your freedom as an opportunity for the flesh, but through love serve one another.

14 For the whole law is fulfilled in one word: "You shall love your neighbor as yourself."

15 Wenn ihr euch aber untereinander beißt und fresst, so seht zu, dass ihr nicht einer vom andern aufgefressen werdet.

Das Leben im Geist

16 Ich sage aber: Lebt im Geist, so werdet ihr die Begierden des Fleisches nicht vollbringen.

17 Denn das Fleisch begehrt auf gegen den Geist und der Geist gegen das Fleisch; die sind gegeneinander, sodass ihr nicht tut, was ihr wollt.

18 Regiert euch aber der Geist, so seid ihr nicht unter dem Gesetz.

¶ **19** Offenkundig sind aber die Werke des Fleisches, als da sind: Unzucht, Unreinheit, Ausschweifung,

20 Götzendienst, Zauberei, Feindschaft, Hader, Eifersucht, Zorn, Zank, Zwietracht, Spaltungen,

21 Neid, Saufen, Fressen und dergleichen. Davon habe ich euch vorausgesagt und sage noch einmal voraus: Die solches tun, werden das Reich Gottes nicht erben.

22 Die Frucht aber des Geistes ist Liebe, Freude, Friede, Geduld, Freundlichkeit, Güte, Treue,

23 Sanftmut, Keuschheit; gegen all dies ist das Gesetz nicht.

¶ **24** Die aber Christus Jesus angehören, die haben ihr Fleisch gekreuzigt samt den Leidenschaften und Begierden.

25 Wenn wir im Geist leben, so lasst uns auch im Geist wandeln.

26 Lasst uns nicht nach eitler Ehre trachten, einander nicht herausfordern und beneiden.

Mahnung zur Brüderlichkeit

6 Liebe Brüder, wenn ein Mensch etwa von einer Verfehlung ereilt wird, so helft ihm wieder zurecht mit sanftmütigem Geist, ihr, die ihr geistlich seid; und sieh auf dich selbst, dass du nicht auch versucht werdest.

2 Einer trage des andern Last, so werdet ihr das Gesetz Christi erfüllen.

¶ **3** Denn wenn jemand meint, er sei etwas, obwohl er doch nichts ist, der betrügt sich selbst.

4 Ein jeder aber prüfe sein eigenes Werk; und dann wird er seinen Ruhm bei sich selbst haben und nicht gegenüber einem andern.

5 Denn ein jeder wird seine eigene Last tragen.

¶ **6** Wer aber unterrichtet wird im Wort, der gebe dem, der ihn unterrichtet, Anteil an allem Guten.

15 But if you bite and devour one another, watch out that you are not consumed by one another.

Walk by the Spirit

¶ **16** But I say, walk by the Spirit, and you will not gratify the desires of the flesh.

17 For the desires of the flesh are against the Spirit, and the desires of the Spirit are against the flesh, for these are opposed to each other, to keep you from doing the things you want to do.

18 But if you are led by the Spirit, you are not under the law.

19 Now the works of the flesh are evident: sexual immorality, impurity, sensuality,

20 idolatry, sorcery, enmity, strife, jealousy, fits of anger, rivalries, dissensions, divisions,

21 envy,[4] drunkenness, orgies, and things like these. I warn you, as I warned you before, that those who do such things will not inherit the kingdom of God.

22 But the fruit of the Spirit is love, joy, peace, patience, kindness, goodness, faithfulness,

23 gentleness, self-control; against such things there is no law.

24 And those who belong to Christ Jesus have crucified the flesh with its passions and desires.

¶ **25** If we live by the Spirit, let us also walk by the Spirit.

26 Let us not become conceited, provoking one another, envying one another.

Bear One Another's Burdens

6 Brothers,[1] if anyone is caught in any transgression, you who are spiritual should restore him in a spirit of gentleness. Keep watch on yourself, lest you too be tempted.

2 Bear one another's burdens, and so fulfill the law of Christ.

3 For if anyone thinks he is something, when he is nothing, he deceives himself.

4 But let each one test his own work, and then his reason to boast will be in himself alone and not in his neighbor.

5 For each will have to bear his own load.

¶ **6** One who is taught the word must share all good things with the one who teaches.

7 Irret euch nicht! Gott lässt sich nicht spotten. Denn was der Mensch sät, das wird er ernten.

8 Wer auf sein Fleisch sät, der wird von dem Fleisch das Verderben ernten; wer aber auf den Geist sät, der wird von dem Geist das ewige Leben ernten.

9 Lasst uns aber Gutes tun und nicht müde werden; denn zu seiner Zeit werden wir auch ernten, wenn wir nicht nachlassen.

10 Darum, solange wir noch Zeit haben, lasst uns Gutes tun an jedermann, allermeist aber an des Glaubens Genossen.

Eigenhändiger Briefschluss

11 Seht, mit wie großen Buchstaben ich euch schreibe mit eigener Hand!

12 Die Ansehen haben wollen nach dem Fleisch, die zwingen euch zur Beschneidung, nur damit sie nicht um des Kreuzes Christi willen verfolgt werden.

13 Denn auch sie selbst, die sich beschneiden lassen, halten das Gesetz nicht, sondern sie wollen, dass ihr euch beschneiden lasst, damit sie sich dessen rühmen können.

14 Es sei aber fern von mir, mich zu rühmen als allein des Kreuzes unseres Herrn Jesus Christus, durch den mir die Welt gekreuzigt ist und ich der Welt.

15 Denn in Christus Jesus gilt weder Beschneidung noch Unbeschnittensein etwas, sondern eine neue Kreatur.

16 Und alle, die sich nach diesem Maßstab richten – Friede und Barmherzigkeit über sie und über das Israel Gottes!

17 Hinfort mache mir niemand weiter Mühe; denn ich trage die Malzeichen Jesu an meinem Leibe.

¶ **18** Die Gnade unseres Herrn Jesus Christus sei mit eurem Geist, liebe Brüder! Amen.

7 Do not be deceived: God is not mocked, for whatever one sows, that will he also reap.

8 For the one who sows to his own flesh will from the flesh reap corruption, but the one who sows to the Spirit will from the Spirit reap eternal life.

9 And let us not grow weary of doing good, for in due season we will reap, if we do not give up.

10 So then, as we have opportunity, let us do good to everyone, and especially to those who are of the household of faith.

Final Warning and Benediction

¶ **11** See with what large letters I am writing to you with my own hand.

12 It is those who want to make a good showing in the flesh who would force you to be circumcised, and only in order that they may not be persecuted for the cross of Christ.

13 For even those who are circumcised do not themselves keep the law, but they desire to have you circumcised that they may boast in your flesh.

14 But far be it from me to boast except in the cross of our Lord Jesus Christ, by which[2] the world has been crucified to me, and I to the world.

15 For neither circumcision counts for anything, nor uncircumcision, but a new creation.

16 And as for all who walk by this rule, peace and mercy be upon them, and upon the Israel of God.

¶ **17** From now on let no one cause me trouble, for I bear on my body the marks of Jesus.

¶ **18** The grace of our Lord Jesus Christ be with your spirit, brothers. Amen.

DER BRIEF DES PAULUS AN DIE EPHESER

1 Paulus, ein Apostel Christi Jesu durch den Willen Gottes, an die Heiligen in Ephesus, die Gläubigen in Christus Jesus:

¶ **2** Gnade sei mit euch und Friede von Gott, unserm Vater, und dem Herrn Jesus Christus!

Lobpreis Gottes für die Erlösung durch Christus

3 Gelobt sei Gott, der Vater unseres Herrn Jesus Christus, der uns gesegnet hat mit allem geistlichen Segen im Himmel durch Christus.

4 Denn in ihm hat er uns erwählt, ehe der Welt Grund gelegt war, dass wir heilig und untadelig vor ihm sein sollten; in seiner Liebe **5** hat er uns dazu vorherbestimmt, seine Kinder zu sein durch Jesus Christus nach dem Wohlgefallen seines Willens, **6** zum Lob seiner herrlichen Gnade, mit der er uns begnadet hat in dem Geliebten.

¶ **7** In ihm haben wir die Erlösung durch sein Blut, die Vergebung der Sünden, nach dem Reichtum seiner Gnade, **8** die er uns reichlich hat widerfahren lassen in aller Weisheit und Klugheit.

9 Denn Gott hat uns wissen lassen das Geheimnis seines Willens nach seinem Ratschluss, den er zuvor in Christus gefasst hatte, **10** um ihn auszuführen, wenn die Zeit erfüllt wäre, dass alles zusammengefasst würde in Christus, was im Himmel und auf Erden ist.

¶ **11** In ihm sind wir auch zu Erben eingesetzt worden, die wir dazu vorherbestimmt sind nach dem Vorsatz dessen, der alles wirkt nach dem Ratschluss seines Willens; **12** damit wir etwas seien zum Lob seiner Herrlichkeit, die wir zuvor auf Christus gehofft haben.

¶ **13** In ihm seid auch ihr, die ihr das Wort der Wahrheit gehört habt, nämlich das Evangelium von eurer Seligkeit – in ihm seid auch ihr, als ihr gläubig wurdet, versiegelt worden mit dem Heiligen Geist, der verheißen ist,

THE LETTER OF PAUL TO THE EPHESIANS

Greeting

1 Paul, an apostle of Christ Jesus by the will of God,

¶ To the saints who are in Ephesus, and are faithful[1] in Christ Jesus:

¶ **2** Grace to you and peace from God our Father and the Lord Jesus Christ.

Spiritual Blessings in Christ

¶ **3** Blessed be the God and Father of our Lord Jesus Christ, who has blessed us in Christ with every spiritual blessing in the heavenly places,

4 even as he chose us in him before the foundation of the world, that we should be holy and blameless before him. In love **5** he predestined us[2] for adoption as sons through Jesus Christ, according to the purpose of his will, **6** to the praise of his glorious grace, with which he has blessed us in the Beloved.

7 In him we have redemption through his blood, the forgiveness of our trespasses, according to the riches of his grace, **8** which he lavished upon us, in all wisdom and insight **9** making known[3] to us the mystery of his will, according to his purpose, which he set forth in Christ

10 as a plan for the fullness of time, to unite all things in him, things in heaven and things on earth.

¶ **11** In him we have obtained an inheritance, having been predestined according to the purpose of him who works all things according to the counsel of his will, **12** so that we who were the first to hope in Christ might be to the praise of his glory.

13 In him you also, when you heard the word of truth, the gospel of your salvation, and believed in him, were sealed with the promised Holy Spirit,

14 welcher ist das Unterpfand unsres Erbes, zu unsrer Erlösung, dass wir sein Eigentum würden zum Lob seiner Herrlichkeit.

Gebet um Erkenntnis der Herrlichkeit Christi

15 Darum auch ich, nachdem ich gehört habe von dem Glauben bei euch an den Herrn Jesus und von eurer Liebe zu allen Heiligen,

16 höre ich nicht auf, zu danken für euch, und gedenke euer in meinem Gebet,

17 dass der Gott unseres Herrn Jesus Christus, der Vater der Herrlichkeit, euch gebe den Geist der Weisheit und der Offenbarung, ihn zu erkennen.

18 Und er gebe euch erleuchtete Augen des Herzens, damit ihr erkennt, zu welcher Hoffnung ihr von ihm berufen seid, wie reich die Herrlichkeit seines Erbes für die Heiligen ist

19 und wie überschwänglich groß seine Kraft an uns, die wir glauben, weil die Macht seiner Stärke bei uns wirksam wurde,

20 mit der er in Christus gewirkt hat.

¶ Durch sie hat er ihn von den Toten auferweckt und eingesetzt zu seiner Rechten im Himmel

21 über alle Reiche, Gewalt, Macht, Herrschaft und alles, was sonst einen Namen hat, nicht allein in dieser Welt, sondern auch in der zukünftigen.

22 Und alles hat er unter seine Füße getan und hat ihn gesetzt der Gemeinde zum Haupt über alles,

23 welche sein Leib ist, nämlich die Fülle dessen, der alles in allem erfüllt.

Das neue Leben als Geschenk der Gnade

2 Auch ihr wart tot durch eure Übertretungen und Sünden,

2 in denen ihr früher gelebt habt nach der Art dieser Welt, unter dem Mächtigen, der in der Luft herrscht, nämlich dem Geist, der zu dieser Zeit am Werk ist in den Kindern des Ungehorsams.

3 Unter ihnen haben auch wir alle einst unser Leben geführt in den Begierden unsres Fleisches und taten den Willen des Fleisches und der Sinne und waren Kinder des Zorns von Natur wie auch die andern.

¶ **4** Aber Gott, der reich ist an Barmherzigkeit, hat in seiner großen Liebe, mit der er uns geliebt hat,

5 auch uns, die wir tot waren in den Sünden, mit Christus lebendig gemacht – aus Gnade seid ihr selig geworden –;

14 who is the guarantee[4] of our inheritance until we acquire possession of it,[5] to the praise of his glory.

Thanksgiving and Prayer

¶ **15** For this reason, because I have heard of your faith in the Lord Jesus and your love[6] toward all the saints,

16 I do not cease to give thanks for you, remembering you in my prayers,

17 that the God of our Lord Jesus Christ, the Father of glory, may give you a spirit of wisdom and of revelation in the knowledge of him,

18 having the eyes of your hearts enlightened, that you may know what is the hope to which he has called you, what are the riches of his glorious inheritance in the saints,

19 and what is the immeasurable greatness of his power toward us who believe, according to the working of his great might

20 that he worked in Christ when he raised him from the dead and seated him at his right hand in the heavenly places,

21 far above all rule and authority and power and dominion, and above every name that is named, not only in this age but also in the one to come.

22 And he put all things under his feet and gave him as head over all things to the church,

23 which is his body, the fullness of him who fills all in all.

By Grace Through Faith

2 And you were dead in the trespasses and sins

2 in which you once walked, following the course of this world, following the prince of the power of the air, the spirit that is now at work in the sons of disobedience—

3 among whom we all once lived in the passions of our flesh, carrying out the desires of the body[1] and the mind, and were by nature children of wrath, like the rest of mankind.

4 But[2] God, being rich in mercy, because of the great love with which he loved us,

5 even when we were dead in our trespasses, made us alive together with Christ—by grace you have been saved—

6 und er hat uns mit auferweckt und mit eingesetzt im Himmel in Christus Jesus,

7 damit er in den kommenden Zeiten erzeige den überschwänglichen Reichtum seiner Gnade durch seine Güte gegen uns in Christus Jesus.

8 Denn aus Gnade seid ihr selig geworden durch Glauben, und das nicht aus euch: Gottes Gabe ist es,

9 nicht aus Werken, damit sich nicht jemand rühme.

10 Denn wir sind sein Werk, geschaffen in Christus Jesus zu guten Werken, die Gott zuvor bereitet hat, dass wir darin wandeln sollen.

Die Einheit der Gemeinde aus Juden und Heiden

11 Darum denkt daran, dass ihr, die ihr von Geburt einst Heiden wart und Unbeschnittene genannt wurdet von denen, die äußerlich beschnitten sind,

12 dass ihr zu jener Zeit ohne Christus wart, ausgeschlossen vom Bürgerrecht Israels und Fremde außerhalb des Bundes der Verheißung; daher hattet ihr keine Hoffnung und wart ohne Gott in der Welt.

13 Jetzt aber in Christus Jesus seid ihr, die ihr einst Ferne wart, Nahe geworden durch das Blut Christi.

¶ **14** Denn **er ist unser Friede**, der aus beiden **eines** gemacht hat und den Zaun abgebrochen hat, der dazwischen war, nämlich die Feindschaft. Durch das Opfer seines Leibes

15 hat er abgetan das Gesetz mit seinen Geboten und Satzungen, damit er in sich selber aus den zweien **einen neuen** Menschen schaffe und Frieden mache

16 und die beiden versöhne mit Gott in **einem** Leib durch das Kreuz, indem er die Feindschaft tötete durch sich selbst.

17 Und er ist gekommen und hat im Evangelium Frieden verkündigt euch, die ihr fern wart, und Frieden denen, die nahe waren.

18 Denn durch ihn haben wir alle beide in **einem** Geist den Zugang zum Vater.

¶ **19** So seid ihr nun nicht mehr Gäste und Fremdlinge, sondern Mitbürger der Heiligen und Gottes Hausgenossen,

20 erbaut auf den Grund der Apostel und Propheten, da Jesus Christus der Eckstein ist,

21 auf welchem der ganze Bau ineinandergefügt wächst zu einem heiligen Tempel in dem Herrn.

22 Durch ihn werdet auch ihr mit erbaut zu einer Wohnung Gottes im Geist.

6 and raised us up with him and seated us with him in the heavenly places in Christ Jesus,

7 so that in the coming ages he might show the immeasurable riches of his grace in kindness toward us in Christ Jesus.

8 For by grace you have been saved through faith. And this is not your own doing; it is the gift of God,

9 not a result of works, so that no one may boast.

10 For we are his workmanship, created in Christ Jesus for good works, which God prepared beforehand, that we should walk in them.

One in Christ

¶ **11** Therefore remember that at one time you Gentiles in the flesh, called "the uncircumcision" by what is called the circumcision, which is made in the flesh by hands—

12 remember that you were at that time separated from Christ, alienated from the commonwealth of Israel and strangers to the covenants of promise, having no hope and without God in the world.

13 But now in Christ Jesus you who once were far off have been brought near by the blood of Christ.

14 For he himself is our peace, who has made us both one and has broken down in his flesh the dividing wall of hostility

15 by abolishing the law of commandments expressed in ordinances, that he might create in himself one new man in place of the two, so making peace,

16 and might reconcile us both to God in one body through the cross, thereby killing the hostility.

17 And he came and preached peace to you who were far off and peace to those who were near.

18 For through him we both have access in one Spirit to the Father.

19 So then you are no longer strangers and aliens,[3] but you are fellow citizens with the saints and members of the household of God,

20 built on the foundation of the apostles and prophets, Christ Jesus himself being the cornerstone,

21 in whom the whole structure, being joined together, grows into a holy temple in the Lord.

22 In him you also are being built together into a dwelling place for God by[4] the Spirit.

Das Amt des Apostels für die Heiden

3 Deshalb sage ich, Paulus, der Gefangene Christi Jesu für euch Heiden –

2 ihr habt ja gehört, welches Amt die Gnade Gottes mir für euch gegeben hat:

3 Durch Offenbarung ist mir das Geheimnis kundgemacht worden, wie ich eben aufs Kürzeste geschrieben habe.

4 Daran könnt ihr, wenn ihr's lest, meine Einsicht in das Geheimnis Christi erkennen.

5 Dies war in früheren Zeiten den Menschenkindern nicht kundgemacht, wie es jetzt offenbart ist seinen heiligen Aposteln und Propheten durch den Geist;

6 nämlich dass die Heiden Miterben sind und mit zu seinem Leib gehören und Mitgenossen der Verheißung in Christus Jesus sind durch das Evangelium,

7 dessen Diener ich geworden bin durch die Gabe der Gnade Gottes, die mir nach seiner mächtigen Kraft gegeben ist.

¶ **8** Mir, dem allergeringsten unter allen Heiligen, ist die Gnade gegeben worden, den Heiden zu verkündigen den unausforschlichen Reichtum Christi

9 und für alle ans Licht zu bringen, wie Gott seinen geheimen Ratschluss ausführt, der von Ewigkeit her verborgen war in ihm, der alles geschaffen hat;

10 damit jetzt kundwerde die mannigfaltige Weisheit Gottes den Mächten und Gewalten im Himmel durch die Gemeinde.

11 Diesen ewigen Vorsatz hat Gott ausgeführt in Christus Jesus, unserm Herrn,

12 durch den wir Freimut und Zugang haben in aller Zuversicht durch den Glauben an ihn.

13 Darum bitte ich, dass ihr nicht müde werdet wegen der Bedrängnisse, die ich für euch erleide, die für euch eine Ehre sind.

Die Fürbitte des Apostels für die Gemeinde

14 Deshalb beuge ich meine Knie vor dem Vater,

15 der der rechte Vater ist über alles, was da Kinder heißt im Himmel und auf Erden,

16 dass er euch Kraft gebe nach dem Reichtum seiner Herrlichkeit, stark zu werden durch seinen Geist an dem inwendigen Menschen,

17 dass Christus durch den Glauben in euren Herzen wohne und ihr in der Liebe eingewurzelt und gegründet seid.

The Mystery of the Gospel Revealed

3 For this reason I, Paul, a prisoner for Christ Jesus on behalf of you Gentiles—

2 assuming that you have heard of the stewardship of God's grace that was given to me for you,

3 how the mystery was made known to me by revelation, as I have written briefly.

4 When you read this, you can perceive my insight into the mystery of Christ,

5 which was not made known to the sons of men in other generations as it has now been revealed to his holy apostles and prophets by the Spirit.

6 This mystery is[1] that the Gentiles are fellow heirs, members of the same body, and partakers of the promise in Christ Jesus through the gospel.

¶ **7** Of this gospel I was made a minister according to the gift of God's grace, which was given me by the working of his power.

8 To me, though I am the very least of all the saints, this grace was given, to preach to the Gentiles the unsearchable riches of Christ,

9 and to bring to light for everyone what is the plan of the mystery hidden for ages in[2] God who created all things,

10 so that through the church the manifold wisdom of God might now be made known to the rulers and authorities in the heavenly places.

11 This was according to the eternal purpose that he has realized in Christ Jesus our Lord,

12 in whom we have boldness and access with confidence through our faith in him.

13 So I ask you not to lose heart over what I am suffering for you, which is your glory.

Prayer for Spiritual Strength

¶ **14** For this reason I bow my knees before the Father,

15 from whom every family[3] in heaven and on earth is named,

16 that according to the riches of his glory he may grant you to be strengthened with power through his Spirit in your inner being,

17 so that Christ may dwell in your hearts through faith—that you, being rooted and grounded in love,

¶ **18** So könnt ihr mit allen Heiligen begreifen, welches die Breite und die Länge und die Höhe und die Tiefe ist,

19 auch die Liebe Christi erkennen, die alle Erkenntnis übertrifft, damit ihr erfüllt werdet mit der ganzen Gottesfülle.

20 Dem aber, der überschwänglich tun kann über alles hinaus, was wir bitten oder verstehen, nach der Kraft, die in uns wirkt,

21 dem sei Ehre in der Gemeinde und in Christus Jesus zu aller Zeit, von Ewigkeit zu Ewigkeit! Amen.

Die Einheit im Geist und die Vielfalt der Gaben

4 So ermahne ich euch nun, ich, der Gefangene in dem Herrn, dass ihr der Berufung würdig lebt, mit der ihr berufen seid,

2 in aller Demut und Sanftmut, in Geduld. Ertragt einer den andern in Liebe

3 und **seid darauf bedacht, zu wahren die Einigkeit im Geist durch das Band des Friedens:**

4 **ein Leib und ein Geist, wie ihr auch berufen seid zu einer Hoffnung eurer Berufung;**

5 **ein Herr, ein Glaube, eine Taufe;**

6 **ein Gott und Vater aller, der da ist über allen und durch alle und in allen.**

¶ **7** Einem jeden aber von uns ist die Gnade gegeben nach dem Maß der Gabe Christi.

8 Darum heißt es (Psalm 68,19): »Er ist aufgefahren zur Höhe und hat Gefangene mit sich geführt* und hat den Menschen Gaben gegeben.«

9 Dass er aber aufgefahren ist, was heißt das anderes, als dass er auch hinabgefahren ist in die Tiefen der Erde?

10 Der hinabgefahren ist, das ist derselbe, der aufgefahren ist über alle Himmel, damit er alles erfülle.

¶ **11** Und er hat einige als Apostel eingesetzt, einige als Propheten, einige als Evangelisten, einige als Hirten und Lehrer,

12 damit die Heiligen zugerüstet werden zum Werk des Dienstes. Dadurch soll der Leib Christi erbaut werden,

13 bis wir alle hingelangen zur Einheit des Glaubens und der Erkenntnis des Sohnes Gottes, zum vollendeten Mann, zum vollen Maß der Fülle Christi,

18 may have strength to comprehend with all the saints what is the breadth and length and height and depth,

19 and to know the love of Christ that surpasses knowledge, that you may be filled with all the fullness of God.

¶ **20** Now to him who is able to do far more abundantly than all that we ask or think, according to the power at work within us,

21 to him be glory in the church and in Christ Jesus throughout all generations, forever and ever. Amen.

Unity in the Body of Christ

4 I therefore, a prisoner for the Lord, urge you to walk in a manner worthy of the calling to which you have been called,

2 with all humility and gentleness, with patience, bearing with one another in love,

3 eager to maintain the unity of the Spirit in the bond of peace.

4 There is one body and one Spirit—just as you were called to the one hope that belongs to your call—

5 one Lord, one faith, one baptism,

6 one God and Father of all, who is over all and through all and in all.

7 But grace was given to each one of us according to the measure of Christ's gift.

8 Therefore it says,

"When he ascended on high he led a host of captives,
and he gave gifts to men."

9 (In saying, "He ascended," what does it mean but that he had also descended into the lower regions, the earth?[1]

10 He who descended is the one who also ascended far above all the heavens, that he might fill all things.)

11 And he gave the apostles, the prophets, the evangelists, the shepherds[2] and teachers,[3]

12 to equip the saints for the work of ministry, for building up the body of Christ,

13 until we all attain to the unity of the faith and of the knowledge of the Son of God, to mature manhood,[4] to the measure of the stature of the fullness of Christ,

14 damit wir nicht mehr unmündig seien und uns von jedem Wind einer Lehre bewegen und umhertreiben lassen durch trügerisches Spiel der Menschen, mit dem sie uns arglistig verführen.

¶ **15** Lasst uns aber wahrhaftig sein in der Liebe und wachsen in allen Stücken zu dem hin, der das Haupt ist, Christus,

16 von dem aus der ganze Leib zusammengefügt ist und ein Glied am andern hängt durch alle Gelenke, wodurch jedes Glied das andere unterstützt nach dem Maß seiner Kraft und macht, dass der Leib wächst und sich selbst aufbaut in der Liebe.

Der alte und der neue Mensch

17 So sage ich nun und bezeuge in dem Herrn, dass ihr nicht mehr leben dürft, wie die Heiden leben in der Nichtigkeit ihres Sinnes.

18 Ihr Verstand ist verfinstert, und sie sind entfremdet dem Leben, das aus Gott ist, durch die Unwissenheit, die in ihnen ist, und durch die Verstockung ihres Herzens.

19 Sie sind abgestumpft und haben sich der Ausschweifung ergeben, um allerlei unreine Dinge zu treiben in Habgier.

¶ **20** Ihr aber habt Christus nicht so kennengelernt;

21 ihr habt doch von ihm gehört und seid in ihm unterwiesen, wie es Wahrheit in Jesus ist.

22 Legt von euch ab den alten Menschen mit seinem früheren Wandel, der sich durch trügerische Begierden zugrunde richtet.

23 Erneuert euch aber in eurem Geist und Sinn

24 und zieht den neuen Menschen an, der nach Gott geschaffen ist in wahrer Gerechtigkeit und Heiligkeit.

Weisungen für das neue Leben

25 Darum legt die Lüge ab und redet die Wahrheit, ein jeder mit seinem Nächsten, weil wir untereinander Glieder sind.

26 Zürnt ihr, so sündigt nicht; **lasst die Sonne nicht über eurem Zorn untergehen**

27 und gebt nicht Raum dem Teufel.

28 Wer gestohlen hat, der stehle nicht mehr, sondern arbeite und schaffe mit eigenen Händen das nötige Gut, damit er dem Bedürftigen abgeben kann.

29 Lasst kein faules Geschwätz aus eurem Mund gehen, sondern redet, was gut ist, was erbaut und was notwendig ist, damit es Segen bringe denen, die es hören.

14 so that we may no longer be children, tossed to and fro by the waves and carried about by every wind of doctrine, by human cunning, by craftiness in deceitful schemes.

15 Rather, speaking the truth in love, we are to grow up in every way into him who is the head, into Christ,

16 from whom the whole body, joined and held together by every joint with which it is equipped, when each part is working properly, makes the body grow so that it builds itself up in love.

The New Life

¶ **17** Now this I say and testify in the Lord, that you must no longer walk as the Gentiles do, in the futility of their minds.

18 They are darkened in their understanding, alienated from the life of God because of the ignorance that is in them, due to their hardness of heart.

19 They have become callous and have given themselves up to sensuality, greedy to practice every kind of impurity.

20 But that is not the way you learned Christ!—

21 assuming that you have heard about him and were taught in him, as the truth is in Jesus,

22 to put off your old self,[5] which belongs to your former manner of life and is corrupt through deceitful desires,

23 and to be renewed in the spirit of your minds,

24 and to put on the new self, created after the likeness of God in true righteousness and holiness.

¶ **25** Therefore, having put away falsehood, let each one of you speak the truth with his neighbor, for we are members one of another.

26 Be angry and do not sin; do not let the sun go down on your anger,

27 and give no opportunity to the devil.

28 Let the thief no longer steal, but rather let him labor, doing honest work with his own hands, so that he may have something to share with anyone in need.

29 Let no corrupting talk come out of your mouths, but only such as is good for building up, as fits the occasion, that it may give grace to those who hear.

30 Und betrübt nicht den Heiligen Geist Gottes, mit dem ihr versiegelt seid für den Tag der Erlösung.

31 Alle Bitterkeit und Grimm und Zorn und Geschrei und Lästerung seien fern von euch samt aller Bosheit.

32 Seid aber untereinander freundlich und herzlich und vergebt einer dem andern, wie auch Gott euch vergeben hat in Christus.

Das Leben im Licht

5 So folgt nun Gottes Beispiel als die geliebten Kinder

2 und lebt in der Liebe, wie auch Christus uns geliebt hat und hat sich selbst für uns gegeben als Gabe und Opfer, Gott zu einem lieblichen Geruch.

¶ **3** Von Unzucht aber und jeder Art Unreinheit oder Habsucht soll bei euch nicht einmal die Rede sein, wie es sich für die Heiligen gehört.

4 Auch schandbare und närrische oder lose Reden stehen euch nicht an, sondern vielmehr Danksagung.

5 Denn das sollt ihr wissen, dass kein Unzüchtiger oder Unreiner oder Habsüchtiger – das sind Götzendiener – ein Erbteil hat im Reich Christi und Gottes.

6 Lasst euch von niemandem verführen mit leeren Worten; denn um dieser Dinge willen kommt der Zorn Gottes über die Kinder des Ungehorsams.

7 Darum seid nicht ihre Mitgenossen.

¶ **8** Denn ihr wart früher Finsternis; nun aber seid ihr Licht in dem Herrn. Lebt als Kinder des Lichts;

9 die Frucht des Lichts ist lauter Güte und Gerechtigkeit und Wahrheit.

10 Prüft, was dem Herrn wohlgefällig ist,

11 und habt nicht Gemeinschaft mit den unfruchtbaren Werken der Finsternis; deckt sie vielmehr auf.

12 Denn was von ihnen heimlich getan wird, davon auch nur zu reden ist schändlich.

13 Das alles aber wird offenbar, wenn's vom Licht aufgedeckt wird;

14 denn alles, was offenbar wird, das ist Licht. Darum heißt es: **Wach auf, der du schläfst, und steh auf von den Toten, so wird dich Christus erleuchten.**

30 And do not grieve the Holy Spirit of God, by whom you were sealed for the day of redemption.

31 Let all bitterness and wrath and anger and clamor and slander be put away from you, along with all malice.

32 Be kind to one another, tenderhearted, forgiving one another, as God in Christ forgave you.

Walk in Love

5 Therefore be imitators of God, as beloved children.

2 And walk in love, as Christ loved us and gave himself up for us, a fragrant offering and sacrifice to God.

¶ **3** But sexual immorality and all impurity or covetousness must not even be named among you, as is proper among saints.

4 Let there be no filthiness nor foolish talk nor crude joking, which are out of place, but instead let there be thanksgiving.

5 For you may be sure of this, that everyone who is sexually immoral or impure, or who is covetous (that is, an idolater), has no inheritance in the kingdom of Christ and God.

6 Let no one deceive you with empty words, for because of these things the wrath of God comes upon the sons of disobedience.

7 Therefore do not become partners with them;

8 for at one time you were darkness, but now you are light in the Lord. Walk as children of light

9 (for the fruit of light is found in all that is good and right and true),

10 and try to discern what is pleasing to the Lord.

11 Take no part in the unfruitful works of darkness, but instead expose them.

12 For it is shameful even to speak of the things that they do in secret.

13 But when anything is exposed by the light, it becomes visible,

14 for anything that becomes visible is light. Therefore it says,

"Awake, O sleeper,
    and arise from the dead,
    and Christ will shine on you."

15 So seht nun sorgfältig darauf, wie ihr euer Leben führt, nicht als Unweise, sondern als Weise,

16 und kauft die Zeit aus; denn es ist böse Zeit.

17 Darum werdet nicht unverständig, sondern versteht, was der Wille des Herrn ist.

18 Und sauft euch nicht voll Wein, woraus ein unordentliches Wesen folgt, sondern lasst euch vom Geist erfüllen.

19 Ermuntert einander mit Psalmen und Lobgesängen und geistlichen Liedern, singt und spielt dem Herrn in eurem Herzen

20 und sagt Dank Gott, dem Vater, allezeit für alles, im Namen unseres Herrn Jesus Christus.

Die christliche Haustafel
(Kol 3,18–4,1; 1.Petr 2,18–3,7)

21 Ordnet euch einander unter in der Furcht Christi.

22 Ihr Frauen, ordnet euch euren Männern unter wie dem Herrn.

23 Denn der Mann ist das Haupt der Frau, wie auch Christus das Haupt der Gemeinde ist, die er als seinen Leib erlöst hat.

24 Aber wie nun die Gemeinde sich Christus unterordnet, so sollen sich auch die Frauen ihren Männern unterordnen in allen Dingen.

25 Ihr Männer, liebt eure Frauen, wie auch Christus die Gemeinde geliebt hat und hat sich selbst für sie dahingegeben,

26 um sie zu heiligen. Er hat sie gereinigt durch das Wasserbad im Wort, damit er

27 sie vor sich stelle als eine Gemeinde, die herrlich sei und keinen Flecken oder Runzel oder etwas dergleichen habe, sondern die heilig und untadelig sei.

28 So sollen auch die Männer ihre Frauen lieben wie ihren eigenen Leib. Wer seine Frau liebt, der liebt sich selbst.

29 Denn niemand hat je sein eigenes Fleisch gehasst; sondern er nährt und pflegt es wie auch Christus die Gemeinde.

30 Denn wir sind Glieder seines Leibes.

31 »Darum wird ein Mann Vater und Mutter verlassen und an seiner Frau hängen, und die zwei werden **ein** Fleisch sein« (1.Mose 2,24).

32 Dies Geheimnis ist groß; ich deute es aber auf Christus und die Gemeinde.

15 Look carefully then how you walk, not as unwise but as wise,

16 making the best use of the time, because the days are evil.

17 Therefore do not be foolish, but understand what the will of the Lord is.

18 And do not get drunk with wine, for that is debauchery, but be filled with the Spirit,

19 addressing one another in psalms and hymns and spiritual songs, singing and making melody to the Lord with your heart,

20 giving thanks always and for everything to God the Father in the name of our Lord Jesus Christ,

21 submitting to one another out of reverence for Christ.

Wives and Husbands

22 Wives, submit to your own husbands, as to the Lord.

23 For the husband is the head of the wife even as Christ is the head of the church, his body, and is himself its Savior.

24 Now as the church submits to Christ, so also wives should submit in everything to their husbands.

25 Husbands, love your wives, as Christ loved the church and gave himself up for her,

26 that he might sanctify her, having cleansed her by the washing of water with the word,

27 so that he might present the church to himself in splendor, without spot or wrinkle or any such thing, that she might be holy and without blemish.[1]

28 In the same way husbands should love their wives as their own bodies. He who loves his wife loves himself.

29 For no one ever hated his own flesh, but nourishes and cherishes it, just as Christ does the church,

30 because we are members of his body.

31 "Therefore a man shall leave his father and mother and hold fast to his wife, and the two shall become one flesh."

32 This mystery is profound, and I am saying that it refers to Christ and the church.

33 Darum auch ihr: ein jeder habe lieb seine Frau wie sich selbst; die Frau aber ehre den Mann.

6 Ihr Kinder, seid gehorsam euren Eltern in dem Herrn; denn das ist recht.

2 »Ehre Vater und Mutter«, das ist das erste Gebot, das eine Verheißung hat:

3 »auf dass dir's wohlgehe und du lange lebest auf Erden« (5.Mose 5,16).

¶ **4** Und ihr Väter, reizt eure Kinder nicht zum Zorn, sondern erzieht sie in der Zucht und Ermahnung des Herrn.

¶ **5** Ihr Sklaven, seid gehorsam euren irdischen Herren mit Furcht und Zittern, in Einfalt eures Herzens als dem Herrn Christus;

6 nicht mit Dienst allein vor Augen, um den Menschen zu gefallen, sondern als Knechte Christi, die den Willen Gottes tun von Herzen.

7 Tut euren Dienst mit gutem Willen als dem Herrn und nicht den Menschen;

8 denn ihr wisst: Was ein jeder Gutes tut, das wird er vom Herrn empfangen, er sei Sklave oder Freier.

¶ **9** Und ihr Herren, tut ihnen gegenüber das Gleiche und lasst das Drohen; denn ihr wisst, dass euer und ihr Herr im Himmel ist, und bei ihm gilt kein Ansehen der Person.

Die geistliche Waffenrüstung

10 Zuletzt: **Seid stark in dem Herrn und in der Macht seiner Stärke.**

11 Zieht an die Waffenrüstung Gottes, damit ihr bestehen könnt gegen die listigen Anschläge des Teufels.

12 Denn wir haben nicht mit Fleisch und Blut zu kämpfen, sondern mit Mächtigen und Gewaltigen, nämlich mit den Herren der Welt, die in dieser Finsternis herrschen, mit den bösen Geistern unter dem Himmel.

13 Deshalb ergreift die Waffenrüstung Gottes, damit ihr an dem bösen Tag Widerstand leisten und alles überwinden und das Feld behalten könnt.

¶ **14** So steht nun fest, umgürtet an euren Lenden mit Wahrheit und angetan mit dem Panzer der Gerechtigkeit

15 und an den Beinen gestiefelt, bereit einzutreten für das Evangelium des Friedens.

16 Vor allen Dingen aber ergreift den Schild des Glaubens, mit dem ihr auslöschen könnt alle feurigen Pfeile des Bösen,

33 However, let each one of you love his wife as himself, and let the wife see that she respects her husband.

Children and Parents

6 Children, obey your parents in the Lord, for this is right.

2 "Honor your father and mother" (this is the first commandment with a promise),

3 "that it may go well with you and that you may live long in the land."

4 Fathers, do not provoke your children to anger, but bring them up in the discipline and instruction of the Lord.

Slaves and Masters

¶ **5** Slaves,[1] obey your earthly masters[2] with fear and trembling, with a sincere heart, as you would Christ,

6 not by the way of eye-service, as people-pleasers, but as servants[3] of Christ, doing the will of God from the heart,

7 rendering service with a good will as to the Lord and not to man,

8 knowing that whatever good anyone does, this he will receive back from the Lord, whether he is a slave or free.

9 Masters, do the same to them, and stop your threatening, knowing that he who is both their Master[4] and yours is in heaven, and that there is no partiality with him.

The Whole Armor of God

¶ **10** Finally, be strong in the Lord and in the strength of his might.

11 Put on the whole armor of God, that you may be able to stand against the schemes of the devil.

12 For we do not wrestle against flesh and blood, but against the rulers, against the authorities, against the cosmic powers over this present darkness, against the spiritual forces of evil in the heavenly places.

13 Therefore take up the whole armor of God, that you may be able to withstand in the evil day, and having done all, to stand firm.

14 Stand therefore, having fastened on the belt of truth, and having put on the breastplate of righteousness,

15 and, as shoes for your feet, having put on the readiness given by the gospel of peace.

16 In all circumstances take up the shield of faith, with which you can extinguish all the flaming darts of the evil one;

17 und nehmt den Helm des Heils und das Schwert des Geistes, welches ist das Wort Gottes.

¶ **18** Betet allezeit mit Bitten und Flehen im Geist und wacht dazu mit aller Beharrlichkeit im Gebet für alle Heiligen

19 und für mich, dass mir das Wort gegeben werde, wenn ich meinen Mund auftue, freimütig das Geheimnis des Evangeliums zu verkündigen,

20 dessen Bote ich bin in Ketten, dass ich mit Freimut davon rede, wie ich es muss.

Grüße und Segenswünsche

21 Damit aber auch ihr wisst, wie es um mich steht und was ich mache, wird euch Tychikus alles berichten, mein lieber Bruder und treuer Diener in dem Herrn,

22 den ich eben dazu gesandt habe zu euch, dass ihr erfahrt, wie es um uns steht, und dass er eure Herzen tröste.

¶ **23** Friede sei mit den Brüdern und Liebe mit Glauben von Gott, dem Vater, und dem Herrn Jesus Christus!

24 Die Gnade sei mit allen, die lieb haben unsern Herrn Jesus Christus, in Unvergänglichkeit.

---

17 and take the helmet of salvation, and the sword of the Spirit, which is the word of God,

18 praying at all times in the Spirit, with all prayer and supplication. To that end keep alert with all perseverance, making supplication for all the saints,

19 and also for me, that words may be given to me in opening my mouth boldly to proclaim the mystery of the gospel,

20 for which I am an ambassador in chains, that I may declare it boldly, as I ought to speak.

Final Greetings

¶ **21** So that you also may know how I am and what I am doing, Tychicus the beloved brother and faithful minister in the Lord will tell you everything.

22 I have sent him to you for this very purpose, that you may know how we are, and that he may encourage your hearts.

¶ **23** Peace be to the brothers,[5] and love with faith, from God the Father and the Lord Jesus Christ.

24 Grace be with all who love our Lord Jesus Christ with love incorruptible.

DER BRIEF DES PAULUS AN DIE PHILIPPER

THE LETTER OF PAUL TO THE

PHILIPPIANS

1 Paulus und Timotheus, Knechte Christi Jesu, an alle Heiligen in Christus Jesus in Philippi samt den Bischöfen und Diakonen:

¶ **2** Gnade sei mit euch und Friede von Gott, unserm Vater, und dem Herrn Jesus Christus!

Dank und Fürbitte für die Gemeinde

3 Ich danke meinem Gott, sooft ich euer gedenke –

4 was ich allezeit tue in allen meinen Gebeten für euch alle, und ich tue das Gebet mit Freuden –,

5 für eure Gemeinschaft am Evangelium vom ersten Tage an bis heute;

6 und **ich bin darin guter Zuversicht, dass der in euch angefangen hat das gute Werk, der wird's auch vollenden bis an den Tag Christi Jesu.**

¶ **7** Wie es denn recht und billig ist, dass ich so von euch allen denke, weil ich euch in meinem Herzen habe, die ihr alle mit mir an der Gnade teilhabt in meiner Gefangenschaft und wenn ich das Evangelium verteidige und bekräftige.

8 Denn Gott ist mein Zeuge, wie mich nach euch allen verlangt von Herzensgrund in Christus Jesus.

9 Und ich bete darum, dass eure Liebe immer noch reicher werde an Erkenntnis und aller Erfahrung,

10 sodass ihr prüfen könnt, was das Beste sei, damit ihr lauter und unanstößig seid für den Tag Christi,

11 erfüllt mit Frucht der Gerechtigkeit durch Jesus Christus zur Ehre und zum Lobe Gottes.

Die Gefangenschaft des Paulus und die Verkündigung des Evangeliums

12 Ich lasse euch aber wissen, liebe Brüder: Wie es um mich steht, das ist nur mehr zur Förderung des Evangeliums geraten.

Greeting

1 Paul and Timothy, servants[1] of Christ Jesus,

¶ To all the saints in Christ Jesus who are at Philippi, with the overseers[2] and deacons:[3]

¶ **2** Grace to you and peace from God our Father and the Lord Jesus Christ.

Thanksgiving and Prayer

¶ **3** I thank my God in all my remembrance of you,

4 always in every prayer of mine for you all making my prayer with joy,

5 because of your partnership in the gospel from the first day until now.

6 And I am sure of this, that he who began a good work in you will bring it to completion at the day of Jesus Christ.

7 It is right for me to feel this way about you all, because I hold you in my heart, for you are all partakers with me of grace,[4] both in my imprisonment and in the defense and confirmation of the gospel.

8 For God is my witness, how I yearn for you all with the affection of Christ Jesus.

9 And it is my prayer that your love may abound more and more, with knowledge and all discernment,

10 so that you may approve what is excellent, and so be pure and blameless for the day of Christ,

11 filled with the fruit of righteousness that comes through Jesus Christ, to the glory and praise of God.

The Advance of the Gospel

¶ **12** I want you to know, brothers,[5] that what has happened to me has really served to advance the gospel,

13 Denn dass ich meine Fesseln für Christus trage, das ist im ganzen Prätorium und bei allen andern offenbar geworden,

14 und die meisten Brüder in dem Herrn haben durch meine Gefangenschaft Zuversicht gewonnen und sind umso kühner geworden, das Wort zu reden ohne Scheu.

¶ **15** Einige zwar predigen Christus aus Neid und Streitsucht, einige aber auch in guter Absicht:

16 diese aus Liebe, denn sie wissen, dass ich zur Verteidigung des Evangeliums hier liege;

17 jene aber verkündigen Christus aus Eigennutz und nicht lauter, denn sie möchten mir Trübsal bereiten in meiner Gefangenschaft.

18 Was tut's aber? Wenn nur Christus verkündigt wird auf jede Weise, es geschehe zum Vorwand oder in Wahrheit, so freue ich mich darüber.

¶   Aber ich werde mich auch weiterhin freuen;

19 denn ich weiß, dass mir dies zum Heil ausgehen wird durch euer Gebet und durch den Beistand des Geistes Jesu Christi,

20 wie ich sehnlich warte und hoffe, dass ich in keinem Stück zuschanden werde, sondern dass frei und offen, wie allezeit so auch jetzt, Christus verherrlicht werde an meinem Leibe, es sei durch Leben oder durch Tod.

21 Denn **Christus ist mein Leben und Sterben ist mein Gewinn.**

¶ **22** Wenn ich aber weiterleben soll im Fleisch, so dient mir das dazu, mehr Frucht zu schaffen; und so weiß ich nicht, was ich wählen soll.

23 Denn es setzt mir beides hart zu: Ich habe Lust, aus der Welt zu scheiden und bei Christus zu sein, was auch viel besser wäre;

24 aber es ist nötiger, im Fleisch zu bleiben um euretwillen.

25 Und in solcher Zuversicht weiß ich, dass ich bleiben und bei euch allen sein werde, euch zur Förderung und zur Freude im Glauben,

26 damit euer Rühmen in Christus Jesus größer werde durch mich, wenn ich wieder zu euch komme.

Bereitschaft der Gemeinde zum Leiden für Christus

27 Wandelt nur würdig des Evangeliums Christi, damit – ob ich komme und euch sehe oder abwesend von euch höre – ihr in **einem** Geist steht und einmütig mit uns kämpft für den Glauben des Evangeliums

13 so that it has become known throughout the whole imperial guard[6] and to all the rest that my imprisonment is for Christ.

14 And most of the brothers, having become confident in the Lord by my imprisonment, are much more bold to speak the word[7] without fear.

¶ **15** Some indeed preach Christ from envy and rivalry, but others from good will.

16 The latter do it out of love, knowing that I am put here for the defense of the gospel.

17 The former proclaim Christ out of rivalry, not sincerely but thinking to afflict me in my imprisonment.

18 What then? Only that in every way, whether in pretense or in truth, Christ is proclaimed, and in that I rejoice.

To Live Is Christ

¶   Yes, and I will rejoice,

19 for I know that through your prayers and the help of the Spirit of Jesus Christ this will turn out for my deliverance,

20 as it is my eager expectation and hope that I will not be at all ashamed, but that with full courage now as always Christ will be honored in my body, whether by life or by death.

21 For to me to live is Christ, and to die is gain.

22 If I am to live in the flesh, that means fruitful labor for me. Yet which I shall choose I cannot tell.

23 I am hard pressed between the two. My desire is to depart and be with Christ, for that is far better.

24 But to remain in the flesh is more necessary on your account.

25 Convinced of this, I know that I will remain and continue with you all, for your progress and joy in the faith,

26 so that in me you may have ample cause to glory in Christ Jesus, because of my coming to you again.

¶ **27** Only let your manner of life be worthy[8] of the gospel of Christ, so that whether I come and see you or am absent, I may hear of you that you are standing firm in one spirit, with one mind striving side by side for the faith of the gospel,

28 und euch in keinem Stück erschrecken lasst von den Widersachern, was ihnen ein Anzeichen der Verdammnis ist, euch aber der Seligkeit, und das von Gott.

29 Denn euch ist es gegeben um Christi willen, nicht allein an ihn zu glauben, sondern auch um seinetwillen zu leiden,

30 habt ihr doch denselben Kampf, den ihr an mir gesehen habt und nun von mir hört.

Leben in der Gemeinschaft mit Christus

2 Ist nun bei euch Ermahnung in Christus, ist Trost der Liebe, ist Gemeinschaft des Geistes, ist herzliche Liebe und Barmherzigkeit,

2 so macht meine Freude dadurch vollkommen, dass ihr **eines** Sinnes seid, gleiche Liebe habt, einmütig und einträchtig seid.

3 Tut nichts aus Eigennutz oder um eitler Ehre willen, sondern in Demut achte einer den andern höher als sich selbst,

4 und ein jeder sehe nicht auf das Seine, sondern auch auf das, was dem andern dient.

5 Seid so unter euch gesinnt, wie es auch
　　der Gemeinschaft in Christus
　　Jesus entspricht:

6 Er, der in göttlicher Gestalt war,
　　hielt es nicht für einen Raub,
　　Gott gleich zu sein,

7 sondern entäußerte sich selbst
　　und nahm Knechtsgestalt an,
　　ward den Menschen gleich
　　und der Erscheinung nach als
　　Mensch erkannt.

8 Er erniedrigte sich selbst
　　und ward gehorsam bis zum Tode,
　　ja zum Tode am Kreuz.

9 Darum hat ihn auch Gott erhöht
　　und hat ihm den Namen gegeben,
　　der über alle Namen ist,

10 dass in dem Namen Jesu sich beugen
　　sollen aller derer Knie,
　　die im Himmel und auf Erden
　　und unter der Erde sind,

11 und alle Zungen bekennen sollen,
　　dass Jesus Christus der Herr ist,
　　zur Ehre Gottes, des Vaters.

Sorge um das Heil

12 Also, meine Lieben, – wie ihr allezeit gehorsam gewesen seid, nicht allein in meiner Gegenwart, sondern jetzt noch viel mehr in meiner Abwesenheit – **schaffet, dass ihr selig werdet, mit Furcht und Zittern.**

28 and not frightened in anything by your opponents. This is a clear sign to them of their destruction, but of your salvation, and that from God.

29 For it has been granted to you that for the sake of Christ you should not only believe in him but also suffer for his sake,

30 engaged in the same conflict that you saw I had and now hear that I still have.

Christ's Example of Humility

2 So if there is any encouragement in Christ, any comfort from love, any participation in the Spirit, any affection and sympathy,

2 complete my joy by being of the same mind, having the same love, being in full accord and of one mind.

3 Do nothing from rivalry or conceit, but in humility count others more significant than yourselves.

4 Let each of you look not only to his own interests, but also to the interests of others.

5 Have this mind among yourselves, which is yours in Christ Jesus,[1]

6 who, though he was in the form of God, did not count equality with God a thing to be grasped,

7 but made himself nothing, taking the form of a servant,[2] being born in the likeness of men.

8 And being found in human form, he humbled himself by becoming obedient to the point of death, even death on a cross.

9 Therefore God has highly exalted him and bestowed on him the name that is above every name,

10 so that at the name of Jesus every knee should bow, in heaven and on earth and under the earth,

11 and every tongue confess that Jesus Christ is Lord, to the glory of God the Father.

Lights in the World

¶ **12** Therefore, my beloved, as you have always obeyed, so now, not only as in my presence but much more in my absence, work out your own salvation with fear and trembling,

13 Denn Gott ist's, der in euch wirkt beides, das Wollen und das Vollbringen, nach seinem Wohlgefallen.

¶ **14** Tut alles ohne Murren und ohne Zweifel,

15 damit ihr ohne Tadel und lauter seid, Gottes Kinder, ohne Makel mitten unter einem verdorbenen und verkehrten Geschlecht, unter dem ihr scheint als Lichter in der Welt,

16 dadurch dass ihr festhaltet am Wort des Lebens, mir zum Ruhm an dem Tage Christi, sodass ich nicht vergeblich gelaufen bin noch vergeblich gearbeitet habe.

17 Und wenn ich auch geopfert werde bei dem Opfer und Gottesdienst eures Glaubens, so freue ich mich und freue mich mit euch allen.

18 Darüber sollt ihr euch auch freuen und sollt euch mit mir freuen.

Sendung des Timotheus und Rückkehr des Epaphroditus

19 Ich hoffe aber in dem Herrn Jesus, dass ich Timotheus bald zu euch senden werde, damit ich auch erquickt werde, wenn ich erfahre, wie es um euch steht.

20 Denn ich habe keinen, der so ganz meines Sinnes ist, der so herzlich für euch sorgen wird.

21 Denn sie suchen alle das Ihre, nicht das, was Jesu Christi ist.

22 Ihr aber wisst, dass er sich bewährt hat; denn wie ein Kind dem Vater hat er mit mir dem Evangelium gedient.

23 Ihn hoffe ich zu senden, sobald ich erfahren habe, wie es um mich steht.

24 Ich vertraue aber in dem Herrn darauf, dass auch ich selbst bald kommen werde.

¶ **25** Ich habe es aber für nötig angesehen, den Bruder Epaphroditus zu euch zu senden, der mein Mitarbeiter und Mitstreiter ist und euer Abgesandter und Helfer in meiner Not;

26 denn er hatte nach euch allen Verlangen und war tief bekümmert, weil ihr gehört hattet, dass er krank geworden war.

27 Und er war auch todkrank, aber Gott hat sich über ihn erbarmt; nicht allein aber über ihn, sondern auch über mich, damit ich nicht eine Traurigkeit zu der anderen hätte.

28 Ich habe ihn nun umso eiliger gesandt, damit ihr ihn seht und wieder fröhlich werdet und auch ich weniger Traurigkeit habe.

29 So nehmt ihn nun auf in dem Herrn mit aller Freude und haltet solche Menschen in Ehren.

13 for it is God who works in you, both to will and to work for his good pleasure.

¶ **14** Do all things without grumbling or questioning,

15 that you may be blameless and innocent, children of God without blemish in the midst of a crooked and twisted generation, among whom you shine as lights in the world,

16 holding fast to the word of life, so that in the day of Christ I may be proud that I did not run in vain or labor in vain.

17 Even if I am to be poured out as a drink offering upon the sacrificial offering of your faith, I am glad and rejoice with you all.

18 Likewise you also should be glad and rejoice with me.

Timothy and Epaphroditus

¶ **19** I hope in the Lord Jesus to send Timothy to you soon, so that I too may be cheered by news of you.

20 For I have no one like him, who will be genuinely concerned for your welfare.

21 For they all seek their own interests, not those of Jesus Christ.

22 But you know Timothy's[3] proven worth, how as a son[4] with a father he has served with me in the gospel.

23 I hope therefore to send him just as soon as I see how it will go with me,

24 and I trust in the Lord that shortly I myself will come also.

¶ **25** I have thought it necessary to send to you Epaphroditus my brother and fellow worker and fellow soldier, and your messenger and minister to my need,

26 for he has been longing for you all and has been distressed because you heard that he was ill.

27 Indeed he was ill, near to death. But God had mercy on him, and not only on him but on me also, lest I should have sorrow upon sorrow.

28 I am the more eager to send him, therefore, that you may rejoice at seeing him again, and that I may be less anxious.

29 So receive him in the Lord with all joy, and honor such men,

30 Denn um des Werkes Christi willen ist er dem Tode so nahe gekommen, da er sein Leben nicht geschont hat, um mir zu dienen an eurer statt.

Warnung vor Rückfall in die Gesetzesgerechtigkeit

3 Weiter, liebe Brüder: Freut euch in dem Herrn! Dass ich euch immer dasselbe schreibe, verdrießt mich nicht und macht euch umso gewisser.

¶ **2** Nehmt euch in Acht vor den Hunden, nehmt euch in Acht vor den böswilligen Arbeitern, nehmt euch in Acht vor der Zerschneidung*!

3 Denn **wir** sind die Beschneidung, die wir im Geist Gottes dienen und uns Christi Jesu rühmen und uns nicht verlassen auf Fleisch,

4 obwohl ich mich auch des Fleisches rühmen könnte. Wenn ein anderer meint, er könne sich auf Fleisch verlassen, so könnte ich es viel mehr,

5 der ich am achten Tag beschnitten bin, aus dem Volk Israel, vom Stamm Benjamin, ein Hebräer von Hebräern, nach dem Gesetz ein Pharisäer,

6 nach dem Eifer ein Verfolger der Gemeinde, nach der Gerechtigkeit, die das Gesetz fordert, untadelig gewesen.

¶ **7** Aber **was mir Gewinn war, das habe ich um Christi willen für Schaden erachtet.**

8 Ja, ich erachte es noch alles für Schaden gegenüber der überschwänglichen Erkenntnis Christi Jesu, meines Herrn. Um seinetwillen ist mir das alles ein Schaden geworden, und ich erachte es für Dreck, damit ich Christus gewinne

9 und in ihm gefunden werde, dass ich nicht habe meine Gerechtigkeit, die aus dem Gesetz kommt, sondern die durch den Glauben an Christus kommt, nämlich die Gerechtigkeit, die von Gott dem Glauben zugerechnet wird.

10 Ihn möchte ich erkennen und die Kraft seiner Auferstehung und die Gemeinschaft seiner Leiden und so seinem Tode gleich gestaltet werden,

11 damit ich gelange zur Auferstehung von den Toten.

Das Ziel

12 Nicht, dass ich's schon ergriffen habe oder schon vollkommen sei; ich jage ihm aber nach, ob ich's wohl ergreifen könnte, weil ich von Christus Jesus ergriffen bin.

Righteousness Through Faith in Christ

3 Finally, my brothers,[1] rejoice in the Lord. To write the same things to you is no trouble to me and is safe for you.

¶ **2** Look out for the dogs, look out for the evildoers, look out for those who mutilate the flesh.

3 For we are the circumcision, who worship by the Spirit of God[2] and glory in Christ Jesus and put no confidence in the flesh—

4 though I myself have reason for confidence in the flesh also. If anyone else thinks he has reason for confidence in the flesh, I have more:

5 circumcised on the eighth day, of the people of Israel, of the tribe of Benjamin, [u]a Hebrew of Hebrews; as to the law, a Pharisee;

6 as to zeal, a persecutor of the church; as to righteousness under the law,[3] blameless.

7 But whatever gain I had, I counted as loss for the sake of Christ.

8 Indeed, I count everything as loss because of the surpassing worth of knowing Christ Jesus my Lord. For his sake I have suffered the loss of all things and count them as rubbish, in order that I may gain Christ

9 and be found in him, not having a righteousness of my own that comes from the law, but that which comes through faith in Christ, the righteousness from God that depends on faith—

10 that I may know him and the power of his resurrection, and may share his sufferings, becoming like him in his death,

11 that by any means possible I may attain the resurrection from the dead.

Straining Toward the Goal

¶ **12** Not that I have already obtained this or am already perfect, but I press on to make it my own, because Christ Jesus has made me his own.

13 Meine Brüder, ich schätze mich selbst noch nicht so ein, dass ich's ergriffen habe. Eins aber sage ich: **Ich vergesse, was dahinten ist, und strecke mich aus nach dem, was da vorne ist,**

14 und jage nach dem vorgesteckten Ziel, dem Siegespreis der himmlischen Berufung Gottes in Christus Jesus.

¶ **15** Wie viele nun von uns vollkommen sind, die lasst uns so gesinnt sein. Und solltet ihr in einem Stück anders denken, so wird euch Gott auch das offenbaren.

16 Nur, was wir schon erreicht haben, darin lasst uns auch leben.

¶ **17** Folgt mir, liebe Brüder, und seht auf die, die so leben, wie ihr uns zum Vorbild habt.

18 Denn viele leben so, dass ich euch oft von ihnen gesagt habe, nun aber sage ich's auch unter Tränen: Sie sind die Feinde des Kreuzes Christi.

19 Ihr Ende ist die Verdammnis, ihr Gott ist der Bauch und ihre Ehre ist in ihrer Schande; sie sind irdisch gesinnt.

20 Unser Bürgerrecht aber ist im Himmel; woher wir auch erwarten den Heiland, den Herrn Jesus Christus,

21 der unsern nichtigen Leib verwandeln wird, dass er gleich werde seinem verherrlichten Leibe nach der Kraft, mit der er sich alle Dinge untertan machen kann.

Mahnung zur Einigkeit und zur Freude im Herrn

4 Also, meine lieben Brüder, nach denen ich mich sehne, meine Freude und meine Krone, steht fest in dem Herrn, ihr Lieben.

2 Evodia ermahne ich und Syntyche ermahne ich, dass sie eines Sinnes seien in dem Herrn.

3 Ja, ich bitte auch dich, mein treuer Gefährte, steh ihnen bei; sie haben mit mir für das Evangelium gekämpft, zusammen mit Klemens und meinen andern Mitarbeitern, deren Namen im Buch des Lebens stehen.

¶ **4** Freuet euch in dem Herrn allewege, und abermals sage ich: Freuet euch!

5 Eure Güte lasst kund sein allen Menschen! Der Herr ist nahe!

6 Sorgt euch um nichts, sondern in allen Dingen lasst eure Bitten in Gebet und Flehen mit Danksagung vor Gott kundwerden!

7 Und der Friede Gottes, der höher ist als alle Vernunft, bewahre eure Herzen und Sinne in Christus Jesus.

13 Brothers, I do not consider that I have made it my own. But one thing I do: forgetting what lies behind and straining forward to what lies ahead,

14 I press on toward the goal for the prize of the upward call of God in Christ Jesus.

15 Let those of us who are mature think this way, and if in anything you think otherwise, God will reveal that also to you.

16 Only let us hold true to what we have attained.

¶ **17** Brothers, join in imitating me, and keep your eyes on those who walk according to the example you have in us.

18 For many, of whom I have often told you and now tell you even with tears, walk as enemies of the cross of Christ.

19 Their end is destruction, their god is their belly, and they glory in their shame, with minds set on earthly things.

20 But our citizenship is in heaven, and from it we await a Savior, the Lord Jesus Christ,

21 who will transform our lowly body to be like his glorious body, by the power that enables him even to subject all things to himself.

4 Therefore, my brothers,[1] whom I love and long for, my joy and crown, stand firm thus in the Lord, my beloved.

Exhortation, Encouragement, and Prayer

¶ **2** I entreat Euodia and I entreat Syntyche to agree in the Lord.

3 Yes, I ask you also, true companion,[2] help these women, who have labored side by side with me in the gospel together with Clement and the rest of my fellow workers, whose names are in the book of life.

¶ **4** Rejoice in the Lord always; again I will say, Rejoice.

5 Let your reasonableness be known to everyone. The Lord is at hand;

6 do not be anxious about anything, but in everything by prayer and supplication with thanksgiving let your requests be made known to God.

7 And the peace of God, which surpasses all understanding, will guard your hearts and your minds in Christ Jesus.

¶ **8** Weiter, liebe Brüder: Was wahrhaftig ist, was ehrbar, was gerecht, was rein, was liebenswert, was einen guten Ruf hat, sei es eine Tugend, sei es ein Lob – darauf seid bedacht!

9 Was ihr gelernt und empfangen und gehört und gesehen habt an mir, das tut; so wird der Gott des Friedens mit euch sein.

Dank für die Gabe der Gemeinde

10 Ich bin aber hocherfreut in dem Herrn, dass ihr wieder eifrig geworden seid, für mich zu sorgen; ihr wart zwar immer darauf bedacht, aber die Zeit hat's nicht zugelassen.

11 Ich sage das nicht, weil ich Mangel leide; denn ich habe gelernt, mir genügen zu lassen, wie's mir auch geht.

12 Ich kann niedrig sein und kann hoch sein; mir ist alles und jedes vertraut: beides, satt sein und hungern, beides, Überfluss haben und Mangel leiden;

13 ich vermag alles durch den, der mich mächtig macht.

¶ **14** Doch ihr habt wohl daran getan, dass ihr euch meiner Bedrängnis angenommen habt.

15 Denn ihr Philipper wisst, dass am Anfang meiner Predigt des Evangeliums, als ich auszog aus Mazedonien, keine Gemeinde mit mir Gemeinschaft gehabt hat im Geben und Nehmen als ihr allein.

16 Denn auch nach Thessalonich habt ihr etwas gesandt für meinen Bedarf, einmal und danach noch einmal.

17 Nicht, dass ich das Geschenk suche, sondern ich suche die Frucht, damit sie euch reichlich angerechnet wird.

18 Ich habe aber alles erhalten und habe Überfluss. Ich habe in Fülle, nachdem ich durch Epaphroditus empfangen habe, was von euch gekommen ist: ein lieblicher Geruch, ein angenehmes Opfer, Gott gefällig.

19 Mein Gott aber wird all eurem Mangel abhelfen nach seinem Reichtum in Herrlichkeit in Christus Jesus.

20 Gott aber, unserm Vater, sei Ehre von Ewigkeit zu Ewigkeit! Amen.

Grüße und Segenswunsch

21 Grüßt alle Heiligen in Christus Jesus. Es grüßen euch die Brüder, die bei mir sind.

22 Es grüßen euch alle Heiligen, besonders aber die aus dem Haus des Kaisers.

23 Die Gnade des Herrn Jesus Christus sei mit eurem Geist!

¶ **8** Finally, brothers, whatever is true, whatever is honorable, whatever is just, whatever is pure, whatever is lovely, whatever is commendable, if there is any excellence, if there is anything worthy of praise, think about these things.

9 What you have learned and received and heard and seen in me—practice these things, and the God of peace will be with you.

God's Provision

¶ **10** I rejoiced in the Lord greatly that now at length you have revived your concern for me. You were indeed concerned for me, but you had no opportunity.

11 Not that I am speaking of being in need, for I have learned in whatever situation I am to be content.

12 I know how to be brought low, and I know how to abound. In any and every circumstance, I have learned the secret of facing plenty and hunger, abundance and need.

13 I can do all things through him who strengthens me.

¶ **14** Yet it was kind of you to share[3] my trouble.

15 And you Philippians yourselves know that in the beginning of the gospel, when I left Macedonia, no church entered into partnership with me in giving and receiving, except you only.

16 Even in Thessalonica you sent me help for my needs once and again.

17 Not that I seek the gift, but I seek the fruit that increases to your credit.[4]

18 I have received full payment, and more. I am well supplied, having received from Epaphroditus the gifts you sent, a fragrant offering, a sacrifice acceptable and pleasing to God.

19 And my God will supply every need of yours according to his riches in glory in Christ Jesus.

20 To our God and Father be glory forever and ever. Amen.

Final Greetings

¶ **21** Greet every saint in Christ Jesus. The brothers who are with me greet you.

22 All the saints greet you, especially those of Caesar's household.

¶ **23** The grace of the Lord Jesus Christ be with your spirit.

DER BRIEF DES PAULUS AN DIE KOLOSSER

THE LETTER OF PAUL TO THE COLOSSIANS

1 Paulus, ein Apostel Christi Jesu durch den Willen Gottes, und Bruder Timotheus

2 an die Heiligen in Kolossä, die gläubigen Brüder in Christus:

¶ Gnade sei mit euch und Friede von Gott, unserm Vater!

Dank und Fürbitte für die Gemeinde

3 Wir danken Gott, dem Vater unseres Herrn Jesus Christus, allezeit, wenn wir für euch beten,

4 da wir gehört haben von eurem Glauben an Christus Jesus und von der Liebe, die ihr zu allen Heiligen habt,

5 um der Hoffnung willen, die für euch bereit ist im Himmel. Von ihr habt ihr schon zuvor gehört durch das Wort der Wahrheit, das Evangelium,

6 das zu euch gekommen ist, wie es auch in aller Welt Frucht bringt und auch bei euch wächst von dem Tag an, da ihr's gehört und die Gnade Gottes erkannt habt in der Wahrheit.

7 So habt ihr's gelernt von Epaphras, unserm lieben Mitknecht, der ein treuer Diener Christi für euch ist,

8 der uns auch berichtet hat von eurer Liebe im Geist.

¶ **9** Darum lassen wir auch von dem Tag an, an dem wir's gehört haben, nicht ab, für euch zu beten und zu bitten, dass ihr erfüllt werdet mit der Erkenntnis seines Willens in aller geistlichen Weisheit und Einsicht,

10 dass ihr des Herrn würdig lebt, ihm in allen Stücken gefallt und Frucht bringt in jedem guten Werk und wachst in der Erkenntnis Gottes

11 und gestärkt werdet mit aller Kraft durch seine herrliche Macht zu aller Geduld und Langmut.

¶ **12** Mit Freuden sagt Dank dem Vater, der euch tüchtig gemacht hat zu dem Erbteil der Heiligen im Licht.

13 Er hat uns errettet von der Macht der Finsternis und hat uns versetzt in das Reich seines lieben Sohnes,

Greeting

1 Paul, an apostle of Christ Jesus by the will of God, and Timothy our brother,

¶ **2** To the saints and faithful brothers[1] in Christ at Colossae:

¶ Grace to you and peace from God our Father.

Thanksgiving and Prayer

¶ **3** We always thank God, the Father of our Lord Jesus Christ, when we pray for you,

4 since we heard of your faith in Christ Jesus and of [g]the love that you have for all the saints,

5 because of the hope laid up for you in heaven. Of this you have heard before in the word of the truth, the gospel,

6 which has come to you, as indeed in the whole world it is bearing fruit and growing—as it also does among you, since the day you heard it and understood the grace of God in truth,

7 just as you learned it from Epaphras our beloved fellow servant.[2] He is [p]a faithful minister of Christ on your[3] behalf

8 and has made known to us your love in the Spirit.

¶ **9** And so, from the day we heard, we have not ceased to pray for you, asking that you may be filled with the knowledge of his will in all spiritual wisdom and understanding,

10 so as to walk in a manner worthy of the Lord, fully pleasing to him, bearing fruit in every good work and increasing in the knowledge of God.

11 May you be strengthened with all power, according to his glorious might, for all endurance and patience with joy,

12 giving thanks[4] to the Father, who has qualified you[5] to share in the inheritance of the saints in light.

13 He has delivered us from the domain of darkness and transferred us to the kingdom of his beloved Son,

14 in dem wir die Erlösung haben, nämlich die Vergebung der Sünden.

Christus, der Erste in Schöpfung und Erlösung

15 Er ist das Ebenbild des unsichtbaren Gottes,
der Erstgeborene vor aller Schöpfung.

16 Denn **in ihm ist alles geschaffen,
was im Himmel und auf Erden ist,
das Sichtbare und das Unsichtbare,**
es seien Throne oder Herrschaften
oder Mächte oder Gewalten;
es ist alles durch ihn und zu ihm
geschaffen.

17 Und er ist vor allem,
und es besteht alles in ihm.

18 Und er ist das Haupt des Leibes,
nämlich der Gemeinde.

Er ist der Anfang,
der Erstgeborene von den Toten,
damit er in allem der Erste sei.

19 Denn es hat Gott wohlgefallen,
dass in ihm alle Fülle wohnen sollte

20 und er durch ihn alles mit sich
versöhnte,
es sei auf Erden oder im Himmel,
indem er Frieden machte durch sein
Blut am Kreuz.

21 Auch euch, die ihr einst fremd und feindlich gesinnt wart in bösen Werken,

22 hat er nun versöhnt durch den Tod seines sterblichen Leibes, damit er euch heilig und untadelig und makellos vor sein Angesicht stelle;

23 wenn ihr nur bleibt im Glauben, gegründet und fest, und nicht weicht von der Hoffnung des Evangeliums, das ihr gehört habt und das gepredigt ist allen Geschöpfen unter dem Himmel. Sein Diener bin ich, Paulus, geworden.

Das Amt des Apostels unter den Heiden

24 Nun freue ich mich in den Leiden, die ich für euch leide, und erstatte an meinem Fleisch, was an den Leiden Christi noch fehlt, für seinen Leib, das ist die Gemeinde.

25 Ihr Diener bin ich geworden durch das Amt, das Gott mir gegeben hat, dass ich euch sein Wort reichlich predigen soll,

26 nämlich das Geheimnis, das verborgen war seit ewigen Zeiten und Geschlechtern, nun aber ist es offenbart seinen Heiligen,

14 in whom we have redemption, the forgiveness of sins.

The Preeminence of Christ

¶ 15 He is the image of the invisible God, the firstborn of all creation.

16 For by[6] him all things were created, in heaven and on earth, visible and invisible, whether thrones or dominions or rulers or authorities—all things were created through him and for him.

17 And he is before all things, and in him all things hold together.

18 And he is the head of the body, the church. He is the beginning, the firstborn from the dead, that in everything he might be preeminent.

19 For in him all the fullness of God was pleased to dwell,

20 and through him to reconcile to himself all things, whether on earth or in heaven, making peace by the blood of his cross.

¶ 21 And you, who once were alienated and hostile in mind, doing evil deeds,

22 he has now reconciled in his body of flesh by his death, in order to present you holy and blameless and above reproach before him,

23 if indeed you continue in the faith, stable and steadfast, not shifting from the hope of the gospel that you heard, which has been proclaimed in all creation[7] under heaven, and of which I, Paul, became a minister.

Paul's Ministry to the Church

¶ 24 Now I rejoice in my sufferings for your sake, and in my flesh I am filling up what is lacking in Christ's afflictions for the sake of his body, that is, the church,

25 of which I became a minister according to the stewardship from God that was given to me for you, to make the word of God fully known,

26 the mystery hidden for ages and generations but now revealed to his saints.

27 denen Gott kundtun wollte, was der herrliche Reichtum dieses Geheimnisses unter den Heiden ist, nämlich Christus in euch, die Hoffnung der Herrlichkeit.

28 Den verkündigen wir und ermahnen alle Menschen und lehren alle Menschen in aller Weisheit, damit wir einen jeden Menschen in Christus vollkommen machen.

29 Dafür mühe ich mich auch ab und ringe in der Kraft dessen, der in mir kräftig wirkt.

Warnung vor den Irrlehrern

2 Ich will euch nämlich wissen lassen, welchen Kampf ich um euch führe und um die in Laodizea und um alle, die mich nicht von Angesicht gesehen haben,

2 damit ihre Herzen gestärkt und zusammengefügt werden in der Liebe und zu allem Reichtum an Gewissheit und Verständnis, zu erkennen das Geheimnis Gottes, das Christus ist,

3 in welchem verborgen liegen alle Schätze der Weisheit und der Erkenntnis.

¶ **4** Ich sage das, damit euch niemand betrüge mit verführerischen Reden.

5 Denn obwohl ich leiblich abwesend bin, so bin ich doch im Geist bei euch und freue mich, wenn ich eure Ordnung und euren festen Glauben an Christus sehe.

6 Wie ihr nun den Herrn Christus Jesus angenommen habt, so lebt auch in ihm

7 und seid in ihm verwurzelt und gegründet und fest im Glauben, wie ihr gelehrt worden seid, und seid reichlich dankbar.

¶ **8** Seht zu, dass euch niemand einfange durch Philosophie und leeren Trug, gegründet auf die Lehre von Menschen und auf die Mächte der Welt und nicht auf Christus.

9 Denn **in ihm wohnt die ganze Fülle der Gottheit leibhaftig**

10 und an dieser Fülle habt ihr teil in ihm, der das Haupt aller Mächte und Gewalten ist.

¶ **11** In ihm seid ihr auch beschnitten worden mit einer Beschneidung, die nicht mit Händen geschieht, als ihr nämlich euer fleischliches Wesen ablegtet in der Beschneidung durch Christus.

12 Mit ihm seid ihr begraben worden durch die Taufe; mit ihm seid ihr auch auferstanden durch den Glauben aus der Kraft Gottes, der ihn auferweckt hat von den Toten.

27 To them God chose to make known how great among the Gentiles are the riches of the glory of this mystery, which is Christ in you, the hope of glory.

28 Him we proclaim, warning everyone and teaching everyone with all wisdom, that we may present everyone mature in Christ.

29 For this I toil, struggling with all his energy that he powerfully works within me.

2 For I want you to know how great a struggle I have for you and for those at Laodicea and for all who have not seen me face to face,

2 that their hearts may be encouraged, being knit together in love, to reach all the riches of full assurance of understanding and the knowledge of God's mystery, which is Christ,

3 in whom are hidden all the treasures of wisdom and knowledge.

4 I say this in order that no one may delude you with plausible arguments.

5 For though I am absent in body, yet I am with you in spirit, rejoicing to see your good order and the firmness of your faith in Christ.

Alive in Christ

¶ **6** Therefore, as you received Christ Jesus the Lord, so walk in him,

7 rooted and built up in him and established in the faith, just as you were taught, abounding in thanksgiving.

¶ **8** See to it that no one takes you captive by philosophy and empty deceit, according to human tradition, according to the elemental spirits[1] of the world, and not according to Christ.

9 For in him the whole fullness of deity dwells bodily,

10 and you have been filled in him, who is the head of all rule and authority.

11 In him also you were circumcised with a circumcision made without hands, by putting off the body of the flesh, by the circumcision of Christ,

12 having been buried with him in baptism, in which you were also raised with him through faith in the powerful working of God, [z]who raised him from the dead.

13 Und er hat euch mit ihm lebendig gemacht, die ihr tot wart in den Sünden und in der Unbeschnittenheit eures Fleisches, und hat uns vergeben alle Sünden.

14 Er hat den Schuldbrief getilgt, der mit seinen Forderungen gegen uns war, und hat ihn weggetan und an das Kreuz geheftet.

15 Er hat die Mächte und Gewalten ihrer Macht entkleidet und sie öffentlich zur Schau gestellt und hat einen Triumph aus ihnen gemacht in Christus.

¶ **16** So lasst euch nun von niemandem ein schlechtes Gewissen machen wegen Speise und Trank oder wegen eines bestimmten Feiertages, Neumondes oder Sabbats.

17 Das alles ist nur ein Schatten des Zukünftigen; leibhaftig aber ist es in Christus.

18 Lasst euch den Siegespreis von niemandem nehmen, der sich gefällt in falscher Demut und Verehrung der Engel und sich dessen rühmt, was er geschaut hat, und ist ohne Grund aufgeblasen in seinem fleischlichen Sinn

19 und hält sich nicht an das Haupt, von dem her der ganze Leib durch Gelenke und Bänder gestützt und zusammengehalten wird und wächst durch Gottes Wirken.

¶ **20** Wenn ihr nun mit Christus den Mächten der Welt gestorben seid, was lasst ihr euch dann Satzungen auferlegen, als lebtet ihr noch in der Welt:

21 Du sollst das nicht anfassen, du sollst das nicht kosten, du sollst das nicht anrühren?

22 Das alles soll doch verbraucht und verzehrt werden. Es sind Gebote und Lehren von Menschen,

23 die zwar einen Schein von Weisheit haben durch selbst erwählte Frömmigkeit und Demut und dadurch, dass sie den Leib nicht schonen; sie sind aber nichts wert und befriedigen nur das Fleisch.

Der alte und der neue Mensch

3 Seid ihr nun mit Christus auferstanden, so sucht, was droben ist, wo Christus ist, sitzend zur Rechten Gottes.

2 Trachtet nach dem, was droben ist, nicht nach dem, was auf Erden ist.

3 Denn ihr seid gestorben, und euer Leben ist verborgen mit Christus in Gott.

4 Wenn aber Christus, euer Leben, sich offenbaren wird, dann werdet ihr auch offenbar werden mit ihm in Herrlichkeit.

13 And you, who were dead in your trespasses and the uncircumcision of your flesh, God made alive together with him, having forgiven us all our trespasses,

14 by canceling the record of debt that stood against us with its legal demands. This he set aside, nailing it to the cross.

15 He disarmed the rulers and authorities[2] and put them to open shame, by triumphing over them in him.[3]

Let No One Disqualify You

¶ **16** Therefore let no one pass judgment on you in questions of food and drink, or with regard to a festival or a new moon or a Sabbath.

17 These are a shadow of the things to come, but the substance belongs to Christ.

18 Let no one disqualify you, insisting on asceticism and worship of angels, going on in detail about visions,[4] puffed up without reason by his sensuous mind,

19 and not holding fast to the Head, from whom the whole body, nourished and knit together through its joints and ligaments, grows with a growth that is from God.

¶ **20** If with Christ you died to the elemental spirits of the world, why, as if you were still alive in the world, do you submit to regulations—

21 "Do not handle, Do not taste, Do not touch"

22 (referring to things that all perish as they are used)—according to human precepts and teachings?

23 These have indeed an appearance of wisdom in promoting self-made religion and asceticism and severity to the body, but they are of no value in stopping the indulgence of the flesh.

Put On the New Self

3 If then you have been raised with Christ, seek the things that are above, where Christ is, seated at the right hand of God.

2 Set your minds on things that are above, not on things that are on earth.

3 For you have died, and your life is hidden with Christ in God.

4 When Christ who is your[1] life appears, then you also will appear with him in glory.

¶ **5** So tötet nun die Glieder, die auf Erden sind, Unzucht, Unreinheit, schändliche Leidenschaft, böse Begierde und die Habsucht, die Götzendienst ist.

6 Um solcher Dinge willen kommt der Zorn Gottes über die Kinder des Ungehorsams.

7 In dem allen seid auch ihr einst gewandelt, als ihr noch darin lebtet.

8 Nun aber legt alles ab von euch: Zorn, Grimm, Bosheit, Lästerung, schandbare Worte aus eurem Munde;

9 belügt einander nicht; denn ihr habt den alten Menschen mit seinen Werken ausgezogen

10 und den neuen angezogen, der erneuert wird zur Erkenntnis nach dem Ebenbild dessen, der ihn geschaffen hat.

¶ **11** Da ist nicht mehr Grieche oder Jude, Beschnittener oder Unbeschnittener, Nichtgrieche, Skythe, Sklave, Freier, sondern alles und in allen Christus.

¶ **12** So zieht nun an als die Auserwählten Gottes, als die Heiligen und Geliebten, herzliches Erbarmen, Freundlichkeit, Demut, Sanftmut, Geduld;

13 und ertrage einer den andern und vergebt euch untereinander, wenn jemand Klage hat gegen den andern; wie der Herr euch vergeben hat, so vergebt auch ihr!

14 Über alles aber zieht an die Liebe, die da ist das Band der Vollkommenheit.

15 Und der Friede Christi, zu dem ihr auch berufen seid in **einem** Leibe, regiere in euren Herzen; und seid dankbar.

¶ **16 Lasst das Wort Christi reichlich unter euch wohnen: Lehrt und ermahnt einander in aller Weisheit; mit Psalmen, Lobgesängen und geistlichen Liedern singt Gott dankbar in euren Herzen.**

17 Und alles, was ihr tut mit Worten oder mit Werken, das tut alles im Namen des Herrn Jesus und dankt Gott, dem Vater, durch ihn.

Die christliche Haustafel
(Eph 5,22–6,9; 1.Petr 2,18–3,7)

18 Ihr Frauen, ordnet euch euren Männern unter, wie sich's gebührt in dem Herrn.

19 Ihr Männer, liebt eure Frauen und seid nicht bitter gegen sie.

¶ **20** Ihr Kinder, seid gehorsam den Eltern in allen Dingen; denn das ist wohlgefällig in dem Herrn.

21 Ihr Väter, erbittert eure Kinder nicht, damit sie nicht scheu werden.

¶ **5** Put to death therefore what is earthly in you:[2] sexual immorality, impurity, passion, evil desire, and covetousness, which is idolatry.

6 On account of these the wrath of God is coming.[3]

7 In these you too once walked, when you were living in them.

8 But now you must put them all away: anger, wrath, malice, slander, and obscene talk from your mouth.

9 Do not lie to one another, seeing that you have put off the old self[4] with its practices

10 and have put on the new self, which is being renewed in knowledge after the image of its creator.

11 Here there is not Greek and Jew, circumcised and uncircumcised, barbarian, Scythian, slave,[5] free; but Christ is all, and in all.

¶ **12** Put on then, as God's chosen ones, holy and beloved, compassionate hearts, kindness, humility, meekness, and patience,

13 bearing with one another and, if one has a complaint against another, forgiving each other; [g]as the Lord has forgiven you, so you also must forgive.

14 And above all these put on love, which binds everything together in perfect harmony.

15 And let the peace of Christ rule in your hearts, to which indeed you were called in one body. And be thankful.

16 Let the word of Christ dwell in you richly, teaching and admonishing one another in all wisdom, singing psalms and hymns and spiritual songs, with thankfulness in your hearts to God.

17 And whatever you do, in word or deed, do everything in the name of the Lord Jesus, giving thanks to God the Father through him.

Rules for Christian Households

¶ **18** Wives, submit to your husbands, as is fitting in the Lord.

19 Husbands, love your wives, and do not be harsh with them.

20 Children, obey your parents in everything, for this pleases the Lord.

21 Fathers, do not provoke your children, lest they become discouraged.

¶ **22** Ihr Sklaven, seid gehorsam in allen Dingen euren irdischen Herren, nicht mit Dienst vor Augen, um den Menschen zu gefallen, sondern in Einfalt des Herzens und in der Furcht des Herrn.

23 Alles, was ihr tut, das tut von Herzen als dem Herrn und nicht den Menschen,

24 denn ihr wisst, dass ihr von dem Herrn als Lohn das Erbe empfangen werdet. Ihr dient dem Herrn Christus!

25 Denn wer unrecht tut, der wird empfangen, was er unrecht getan hat; und es gilt kein Ansehen der Person.

4 Ihr Herren, was recht und billig ist, das gewährt den Sklaven und bedenkt, dass auch ihr einen Herrn im Himmel habt.

Ermahnung zum Gebet und zum rechten Wort

2 Seid beharrlich im Gebet und wacht in ihm mit Danksagung!

3 Betet zugleich auch für uns, dass Gott uns eine Tür für das Wort auftue und wir das Geheimnis Christi sagen können, um dessentwillen ich auch in Fesseln bin,

4 damit ich es offenbar mache, wie ich es sagen muss.

¶ **5** Verhaltet euch weise gegenüber denen, die draußen sind, und kauft die Zeit aus.

6 Eure Rede sei allezeit freundlich und mit Salz gewürzt, dass ihr wisst, wie ihr einem jeden antworten sollt.

Grüße und Segenswünsche

7 Wie es um mich steht, wird euch alles Tychikus berichten, der liebe Bruder und treue Diener und Mitknecht in dem Herrn,

8 den ich darum zu euch sende, dass ihr erfahrt, wie es uns ergeht, und damit er eure Herzen tröste.

9 Mit ihm sende ich Onesimus, den treuen und lieben Bruder, der einer der Euren ist. Alles, wie es hier steht, werden sie euch berichten.

¶ **10** Es grüßt euch Aristarch, mein Mitgefangener, und Markus, der Vetter des Barnabas – seinetwegen habt ihr schon Weisungen empfangen; wenn er zu euch kommt, nehmt ihn auf –,

11 und Jesus mit dem Beinamen Justus. Von den Juden sind diese allein meine Mitarbeiter am Reich Gottes, und sie sind mir ein Trost geworden.

22 Slaves,[6] obey in everything those who are your earthly masters,[7] not by way of eye-service, as people-pleasers, but with sincerity of heart, fearing the Lord.

23 Whatever you do, work heartily, as for the Lord and not for men,

24 knowing that from the Lord you will receive the inheritance as your reward. You are serving the Lord Christ.

25 For the wrongdoer will be paid back for the wrong he has done, and there is no partiality.

4 Masters, treat your slaves[1] justly and fairly, knowing that you also have a Master in heaven.

Further Instructions

¶ **2** Continue steadfastly in prayer, being watchful in it with thanksgiving.

3 At the same time, pray also for us, that God may open to us a door for the word, to declare the mystery of Christ, on account of which I am in prison—

4 that I may make it clear, which is how I ought to speak.

¶ **5** Walk in wisdom toward outsiders, making the best use of the time.

6 Let your speech always be gracious, seasoned with salt, so that you may know how you ought to answer each person.

Final Greetings

¶ **7** Tychicus will tell you all about my activities. He is a beloved brother and faithful minister and fellow servant[2] in the Lord.

8 I have sent him to you for this very purpose, that you may know how we are and that he may encourage your hearts,

9 and with him Onesimus, our faithful and beloved brother, who is one of you. They will tell you of everything that has taken place here.

¶ **10** Aristarchus my fellow prisoner greets you, and Mark the cousin of Barnabas (concerning whom you have received instructions—if he comes to you, welcome him),

11 and Jesus who is called Justus. These are the only men of the circumcision among my fellow workers for the kingdom of God, and they have been a comfort to me.

¶ **12** Es grüßt euch Epaphras, der einer von den Euren ist, ein Knecht Christi Jesu, der allezeit in seinen Gebeten für euch ringt, damit ihr fest steht, vollkommen und erfüllt mit allem, was Gottes Wille ist.

13 Ich bezeuge ihm, dass er viel Mühe hat um euch und um die in Laodizea und in Hierapolis.

14 Es grüßt euch Lukas, der Arzt, der Geliebte, und Demas.

¶ **15** Grüßt die Brüder in Laodizea und die Nympha und die Gemeinde in ihrem Hause.

16 Und wenn der Brief bei euch gelesen ist, so sorgt dafür, dass er auch in der Gemeinde von Laodizea gelesen wird und dass ihr auch den von Laodizea lest.

17 Und sagt dem Archippus: Sieh auf das Amt, das du empfangen hast in dem Herrn, dass du es ausfüllst!

¶ **18** Mein Gruß mit meiner, des Paulus, Hand. Gedenkt meiner Fesseln! Die Gnade sei mit euch!

12 Epaphras, who is one of you, a servant of Christ Jesus, greets you, always struggling on your behalf in his prayers, that you may stand mature and fully assured in all the will of God.

13 For I bear him witness that he has worked hard for you and for those in Laodicea and in Hierapolis.

14 Luke the beloved physician greets you, as does Demas.

15 Give my greetings to the brothers[3] at Laodicea, and to Nympha and the church in her house.

16 And when this letter has been read among you, have it also read in the church of the Laodiceans; and see that you also read the letter from Laodicea.

17 And say to Archippus, "See that you fulfill the ministry that you have received in the Lord."

¶ **18** I, Paul, write this greeting with my own hand. Remember my chains. Grace be with you.

DER ERSTE BRIEF DES PAULUS AN DIE THESSALONICHER

1 THESSALONIANS

1 Paulus und Silvanus und Timotheus an die Gemeinde in Thessalonich in Gott, dem Vater, und dem Herrn Jesus Christus:
¶ Gnade sei mit euch und Friede!

Der vorbildliche Glaube der Gemeinde

2 Wir danken Gott allezeit für euch alle und gedenken euer in unserm Gebet

3 und denken ohne Unterlass vor Gott, unserm Vater, an euer Werk im Glauben und an eure Arbeit in der Liebe und an eure Geduld in der Hoffnung auf unsern Herrn Jesus Christus.

¶ 4 Liebe Brüder, von Gott geliebt, wir wissen, dass ihr erwählt seid;

5 denn unsere Predigt des Evangeliums kam zu euch nicht allein im Wort, sondern auch in der Kraft und in dem Heiligen Geist und in großer Gewissheit. Ihr wisst ja, wie wir uns unter euch verhalten haben um euretwillen.

6 Und ihr seid unserm Beispiel gefolgt und dem des Herrn und habt das Wort aufgenommen in großer Bedrängnis mit Freuden im Heiligen Geist,

7 sodass ihr ein Vorbild geworden seid für alle Gläubigen in Mazedonien und Achaja.

8 Denn von euch aus ist das Wort des Herrn erschollen nicht allein in Mazedonien und Achaja, sondern an allen Orten ist euer Glaube an Gott bekannt geworden, sodass wir es nicht nötig haben, etwas darüber zu sagen.

9 Denn sie selbst berichten von uns, welchen Eingang wir bei euch gefunden haben und wie ihr euch bekehrt habt zu Gott von den Abgöttern, zu dienen dem lebendigen und wahren Gott

10 und zu warten auf seinen Sohn vom Himmel, den er auferweckt hat von den Toten, Jesus, der uns von dem zukünftigen Zorn errettet.

Greeting

1 Paul, Silvanus, and Timothy,
¶ To the church of the Thessalonians in God the Father and the Lord Jesus Christ:
¶ Grace to you and peace.

The Thessalonians' Faith and Example

¶ 2 We give thanks to God always for all of you, constantly[1] mentioning you in our prayers,

3 remembering before our God and Father your work of faith and labor of love and steadfastness of hope in our Lord Jesus Christ.

4 For we know, brothers[2] loved by God, that he has chosen you,

5 because our gospel came to you not only in word, but also in power and in the Holy Spirit and with full conviction. You know what kind of men we proved to be among you for your sake.

6 And you became imitators of us and of the Lord, for you received the word in much affliction, with the joy of the Holy Spirit,

7 so that you became an example to all the believers in Macedonia and in Achaia.

8 For not only has the word of the Lord sounded forth from you in Macedonia and Achaia, but your faith in God has gone forth everywhere, so that we need not say anything.

9 For they themselves report concerning us the kind of reception we had among you, and how you turned to God from idols to serve the living and true God,

10 and to wait for his Son from heaven, whom he raised from the dead, Jesus who delivers us from the wrath to come.

Das Wirken des Apostels bei der Gründung der Gemeinde

2 Denn ihr wisst selbst, liebe Brüder, wie wir Eingang gefunden haben bei euch: Es war nicht vergeblich;

2 denn obgleich wir zuvor in Philippi gelitten hatten und misshandelt worden waren, wie ihr wisst, fanden wir dennoch in unserm Gott den Mut, bei euch das Evangelium Gottes zu sagen unter viel Kampf.

3 Denn unsre Ermahnung kam nicht aus betrügerischem oder unlauterem Sinn noch geschah sie mit List,

4 sondern weil Gott uns für wert geachtet hat, uns das Evangelium anzuvertrauen, darum reden wir, nicht, als wollten wir den Menschen gefallen, sondern Gott, der unsere Herzen prüft.

¶ **5** Denn wir sind nie mit Schmeichelworten umgegangen, wie ihr wisst, noch mit versteckter Habsucht – Gott ist Zeuge –;

6 wir haben auch nicht Ehre gesucht bei den Leuten, weder bei euch noch bei andern

7 – obwohl wir unser Gewicht als Christi Apostel hätten einsetzen können –, sondern wir sind unter euch mütterlich gewesen: Wie eine Mutter ihre Kinder pflegt,

8 so hatten wir Herzenslust an euch und waren bereit, euch nicht allein am Evangelium Gottes teilzugeben, sondern auch an unserm Leben; denn wir hatten euch lieb gewonnen.

9 Ihr erinnert euch doch, liebe Brüder, an unsre Arbeit und unsre Mühe; Tag und Nacht arbeiteten wir, um niemand unter euch zur Last zu fallen, und predigten unter euch das Evangelium Gottes.

10 Ihr und Gott seid Zeugen, wie heilig und gerecht und untadelig wir bei euch, den Gläubigen, gewesen sind.

11 Denn ihr wisst, dass wir, wie ein Vater seine Kinder, einen jeden von euch

12 ermahnt und getröstet und beschworen haben, euer Leben würdig des Gottes zu führen, der euch berufen hat zu seinem Reich und zu seiner Herrlichkeit.

Die Aufnahme des Evangeliums in der Gemeinde

13 Und darum danken wir auch Gott ohne Unterlass dafür, dass ihr das Wort der göttlichen Predigt, das ihr von uns empfangen habt, nicht als Menschenwort aufgenommen habt, sondern als das, was es in Wahrheit ist, als Gottes Wort, das in euch wirkt, die ihr glaubt.

Paul's Ministry to the Thessalonians

2 For you yourselves know, brothers,[1] that our coming to you was not in vain.

2 But though we had already suffered and been shamefully treated at Philippi, as you know, we had boldness in our God to declare to you the gospel of God in the midst of much conflict.

3 For our appeal does not spring from error or impurity or any attempt to deceive,

4 but just as we have been approved by God to be entrusted with the gospel, so we speak, not to please man, but to please God who tests our hearts.

5 For we never came with words of flattery,[2] as you know, nor with a pretext for greed—God is witness.

6 Nor did we seek glory from people, whether from you or from others, though we could have made demands as apostles of Christ.

7 But we were gentle[3] among you, like a nursing mother taking care of her own children.

8 So, being affectionately desirous of you, we were ready to share with you not only the gospel of God but also our own selves, because you had become very dear to us.

¶ **9** For you remember, brothers, our labor and toil: we worked night and day, that we might not be a burden to any of you, while we proclaimed to you the gospel of God.

10 You are witnesses, and God also, how holy and righteous and blameless was our conduct toward you believers.

11 For you know how, like a father with his children,

12 we exhorted each one of you and encouraged you and charged you to walk in a manner worthy of God, who calls you into his own kingdom and glory.

¶ **13** And we also thank God constantly[4] for this, that when you received the word of God, which you heard from us, you accepted it not as the word of men but as what it really is, the word of God, which is at work in you believers.

14 Denn, liebe Brüder, ihr seid den Gemeinden Gottes in Judäa nachgefolgt, die in Christus Jesus sind; denn ihr habt dasselbe erlitten von euren Landsleuten, was jene von den Juden erlitten haben.

15 Die haben den Herrn Jesus getötet und die Propheten und haben uns verfolgt und gefallen Gott nicht und sind allen Menschen feind,

16 indem sie, um das Maß ihrer Sünden allewege vollzumachen, uns wehren, den Heiden zu predigen zu ihrem Heil. Aber der Zorn Gottes ist schon in vollem Maß über sie gekommen.

¶ **17** Wir aber, liebe Brüder, nachdem wir eine Weile von euch geschieden waren – von Angesicht, nicht im Herzen –, haben wir uns umso mehr bemüht, euch von Angesicht zu sehen mit großem Verlangen.

18 Darum wollten wir zu euch kommen, ich, Paulus, einmal und noch einmal, doch der Satan hat uns gehindert.

19 Denn wer ist unsre Hoffnung oder Freude oder unser Ruhmeskranz – seid nicht auch ihr es vor unserm Herrn Jesus, wenn er kommt?

20 Ihr seid ja unsre Ehre und Freude.

Die Sendung des Timotheus

3 Darum ertrugen wir's nicht länger und beschlossen, in Athen allein zurückzubleiben,

2 und sandten Timotheus, unsern Bruder und Gottes Mitarbeiter am Evangelium Christi, euch zu stärken und zu ermahnen in eurem Glauben,

3 damit nicht jemand wankend würde in diesen Bedrängnissen. Denn ihr wisst selbst, dass uns das bestimmt ist.

4 Denn schon als wir bei euch waren, sagten wir's euch voraus, dass Bedrängnisse über uns kommen würden, wie es auch geschehen ist und wie ihr wisst.

5 Darum habe ich's auch nicht länger ertragen und habe ihn gesandt, um zu erfahren, wie es mit eurem Glauben steht, ob der Versucher euch etwa versucht hätte und unsre Arbeit vergeblich würde.

14 For you, brothers, became imitators of the churches of God in Christ Jesus that are in Judea. For you suffered the same things from your own countrymen as they did from the Jews,

15 who killed both the Lord Jesus and the prophets, and drove us out, and displease God and oppose all mankind

16 by hindering us from speaking to the Gentiles that they might be saved—so as always to fill up the measure of their sins. But God's wrath has come upon them at last![5]

Paul's Longing to See Them Again

¶ **17** But since we were torn away from you, brothers, for a short time, in person not in heart, we endeavored the more eagerly and with great desire to see you face to face,

18 because we wanted to come to you—I, Paul, again and again—but Satan hindered us.

19 For what is our hope or joy or crown of boasting before our Lord Jesus at his coming? Is it not you?

20 For you are our glory and joy.

3 Therefore when we could bear it no longer, we were willing to be left behind at Athens alone,

2 and we sent Timothy, our brother and God's coworker[1] in the gospel of Christ, to establish and exhort you in your faith,

3 that no one be moved by these afflictions. For you yourselves know that we are destined for this.

4 For when we were with you, we kept telling you beforehand that we were to suffer affliction, just as it has come to pass, and just as you know.

5 For this reason, when I could bear it no longer, [i]I sent to learn about your faith, for fear that somehow the tempter had tempted you and our labor would be in vain.

¶ **6** Nun aber ist Timotheus von euch wieder zu uns gekommen und hat uns Gutes berichtet von eurem Glauben und eurer Liebe und dass ihr uns allezeit in gutem Andenken habt und euch danach sehnt, uns zu sehen, wie auch wir uns nach euch sehnen.

7 Dadurch sind wir, liebe Brüder, euretwegen getröstet worden in aller unsrer Not und Bedrängnis durch euren Glauben;

8 denn nun sind wir wieder lebendig, wenn ihr fest steht in dem Herrn.

¶ **9** Denn wie können wir euretwegen Gott genug danken für all die Freude, die wir an euch haben vor unserm Gott?

10 Wir bitten Tag und Nacht inständig, dass wir euch von Angesicht sehen, um zu ergänzen, was an eurem Glauben noch fehlt.

11 Er selbst aber, Gott, unser Vater, und unser Herr Jesus lenke unsern Weg zu euch hin.

12 Euch aber lasse der Herr wachsen und immer reicher werden in der Liebe untereinander und zu jedermann, wie auch wir sie zu euch haben,

13 damit eure Herzen gestärkt werden und untadelig seien in Heiligkeit vor Gott, unserm Vater, wenn unser Herr Jesus kommt mit allen seinen Heiligen. Amen.

Ermahnung zur Heiligung

4 Weiter, liebe Brüder, bitten und ermahnen wir euch in dem Herrn Jesus – da ihr von uns empfangen habt, wie ihr leben sollt, um Gott zu gefallen, was ihr ja auch tut –, dass ihr darin immer vollkommener werdet.

2 Denn ihr wisst, welche Gebote wir euch gegeben haben durch den Herrn Jesus.

¶ **3** Denn **das ist der Wille Gottes, eure Heiligung,** dass ihr meidet die Unzucht

4 und ein jeder von euch seine eigene Frau zu gewinnen suche in Heiligkeit und Ehrerbietung,

5 nicht in gieriger Lust wie die Heiden, die von Gott nichts wissen.

6 Niemand gehe zu weit und übervorteile seinen Bruder im Handel; denn der Herr ist ein Richter über das alles, wie wir euch schon früher gesagt und bezeugt haben.

7 Denn Gott hat uns nicht berufen zur Unreinheit, sondern zur Heiligung.

8 Wer das nun verachtet, der verachtet nicht Menschen, sondern Gott, der seinen Heiligen Geist in euch gibt.

Timothy's Encouraging Report

¶ **6** But now that Timothy has come to us from you, and has brought us the good news of your faith and love and reported that you always remember us kindly and long to see us, as we long to see you—

7 for this reason, brothers,[2] in all our distress and affliction we have been comforted about you through your faith.

8 For now we live, if you are standing fast in the Lord.

9 For what thanksgiving can we return to God for you, for all the joy that we feel for your sake before our God,

10 as we pray most earnestly night and day that we may see you face to face and supply what is lacking in your faith?

¶ **11** Now may our God and Father himself, and our Lord Jesus, direct our way to you,

12 and may the Lord make you increase and abound in love for one another and for all, as we do for you,

13 so that he may establish your hearts blameless in holiness before our God and Father, at the coming of our Lord Jesus with all his saints.

A Life Pleasing to God

4 Finally, then, brothers,[1] we ask and urge you in the Lord Jesus, that as you received from us how you ought to walk and to please God, just as you are doing, that you do so more and more.

2 For you know what instructions we gave you through the Lord Jesus.

3 For this is the will of God, your sanctification:[2] that you abstain from sexual immorality;

4 that each one of you know how to control his own body[3] in holiness and honor,

5 not in the passion of lust like the Gentiles who do not know God;

6 that no one transgress and wrong his brother in this matter, because the Lord is an avenger in all these things, as we told you beforehand and solemnly warned you.

7 For God has not called us for impurity, but in holiness.

8 Therefore whoever disregards this, disregards not man but God, who gives his Holy Spirit to you.

¶ **9** Von der brüderlichen Liebe aber ist es nicht nötig, euch zu schreiben; denn ihr selbst seid von Gott gelehrt, euch untereinander zu lieben.

10 Und das tut ihr auch an allen Brüdern, die in ganz Mazedonien sind. Wir ermahnen euch aber, liebe Brüder, dass ihr darin noch vollkommener werdet,

11 und setzt eure Ehre darein, dass ihr ein stilles Leben führt und das Eure schafft und mit euren eigenen Händen arbeitet, wie wir euch geboten haben,

12 damit ihr ehrbar lebt vor denen, die draußen sind, und auf niemanden angewiesen seid.

Von der Auferstehung der Toten

13 Wir wollen euch aber, liebe Brüder, nicht im Ungewissen lassen über die, die entschlafen sind, damit ihr nicht traurig seid wie die andern, die keine Hoffnung haben.

14 Denn wenn wir glauben, dass Jesus gestorben und auferstanden ist, so wird Gott auch die, die entschlafen sind, durch Jesus mit ihm einherführen.

¶ **15** Denn das sagen wir euch mit einem Wort des Herrn, dass wir, die wir leben und übrig bleiben bis zur Ankunft des Herrn, denen nicht zuvorkommen werden, die entschlafen sind.

16 Denn er selbst, der Herr, wird, wenn der Befehl ertönt, wenn die Stimme des Erzengels und die Posaune Gottes erschallen, herabkommen vom Himmel, und zuerst werden die Toten, die in Christus gestorben sind, auferstehen.

17 Danach werden wir, die wir leben und übrig bleiben, zugleich mit ihnen entrückt werden auf den Wolken in die Luft, dem Herrn entgegen; und so werden wir bei dem Herrn sein allezeit.

18 So tröstet euch mit diesen Worten untereinander.

Leben im Licht des kommenden Tages

5 Von den Zeiten und Stunden aber, liebe Brüder, ist es nicht nötig, euch zu schreiben;

2 denn ihr selbst wisst genau, dass der Tag des Herrn kommen wird wie ein Dieb in der Nacht.

3 Wenn sie sagen werden: Es ist Friede, es hat keine Gefahr –, dann wird sie das Verderben schnell überfallen wie die Wehen eine schwangere Frau und sie werden nicht entfliehen.

¶ **4** Ihr aber, liebe Brüder, seid nicht in der Finsternis, dass der Tag wie ein Dieb über euch komme.

¶ **9** Now concerning brotherly love you have no need for anyone to write to you, for you yourselves have been taught by God to love one another,

10 for that indeed is what you are doing to all the brothers throughout Macedonia. But we urge you, brothers, to do this more and more,

11 and to aspire to live quietly, and to mind your own affairs, and to work with your hands, as we instructed you,

12 so that you may walk properly before outsiders and be dependent on no one.

The Coming of the Lord

¶ **13** But we do not want you to be uninformed, brothers, about those who are asleep, that you may not grieve as others do who have no hope.

14 For since we believe that Jesus died and rose again, even so, through Jesus, God will bring with him those who have fallen asleep.

15 For this we declare to you by a word from the Lord,[4] that we who are alive, who are left until the coming of the Lord, will not precede those who have fallen asleep.

16 For the Lord himself will descend from heaven with a cry of command, with the voice of an archangel, and with the sound of the trumpet of God. And the dead in Christ will rise first.

17 Then we who are alive, who are left, will be caught up together with them in the clouds to meet the Lord in the air, and so we will always be with the Lord.

18 Therefore encourage one another with these words.

The Day of the Lord

5 Now concerning the times and the seasons, brothers,[1] you have no need to have anything written to you.

2 For you yourselves are fully aware that the day of the Lord will come like a thief in the night.

3 While people are saying, "There is peace and security," then sudden destruction will come upon them as labor pains come upon a pregnant woman, and they will not escape.

4 But you are not in darkness, brothers, for that day to surprise you like a thief.

5 Denn ihr alle seid Kinder des Lichtes und Kinder des Tages. Wir sind nicht von der Nacht noch von der Finsternis.

6 So lasst uns nun nicht schlafen wie die andern, sondern lasst uns wachen und nüchtern sein.

7 Denn die schlafen, die schlafen des Nachts, und die betrunken sind, die sind des Nachts betrunken.

8 Wir aber, die wir Kinder des Tages sind, wollen nüchtern sein, angetan mit dem Panzer des Glaubens und der Liebe und mit dem Helm der Hoffnung auf das Heil.

9 Denn Gott hat uns nicht bestimmt zum Zorn, sondern dazu, das Heil zu erlangen durch unsern Herrn Jesus Christus,

10 der für uns gestorben ist, damit, ob wir wachen oder schlafen, wir zugleich mit ihm leben.

11 Darum ermahnt euch untereinander und einer erbaue den andern, wie ihr auch tut.

Ermahnungen und Grüße

12 Wir bitten euch aber, liebe Brüder, erkennt an, die an euch arbeiten und euch vorstehen in dem Herrn und euch ermahnen;

13 habt sie umso lieber um ihres Werkes willen. Haltet Frieden untereinander.

14 Wir ermahnen euch aber, liebe Brüder: Weist die Unordentlichen zurecht, tröstet die Kleinmütigen, tragt die Schwachen, seid geduldig gegen jedermann.

15 Seht zu, dass keiner dem andern Böses mit Bösem vergelte, sondern jagt allezeit dem Guten nach untereinander und gegen jedermann.

¶ **16** Seid allezeit fröhlich,

17 betet ohne Unterlass,

18 seid dankbar in allen Dingen; denn das ist der Wille Gottes in Christus Jesus an euch.

¶ **19** Den Geist dämpft nicht.

20 Prophetische Rede verachtet nicht.

21 Prüft aber alles und das Gute behaltet.

22 Meidet das Böse in jeder Gestalt.

¶ **23** Er aber, der Gott des Friedens, heilige euch durch und durch und bewahre euren Geist samt Seele und Leib unversehrt, untadelig für die Ankunft unseres Herrn Jesus Christus.

24 Treu ist er, der euch ruft; er wird's auch tun.

¶ **25** Liebe Brüder, betet auch für uns.

26 Grüßt alle Brüder mit dem heiligen Kuss.

5 For you are all children[2] of light, children of the day. We are not of the night or of the darkness.

6 So then let us not sleep, as others do, but let us keep awake and be sober.

7 For those who sleep, sleep at night, and those who get drunk, are drunk at night.

8 But since we belong to the day, let us be sober, having put on the breastplate of faith and love, and for a helmet the hope of salvation.

9 For God has not destined us for wrath, but to obtain salvation through our Lord Jesus Christ,

10 who died for us so that whether we are awake or asleep we might live with him.

11 Therefore encourage one another and build one another up, just as you are doing.

Final Instructions and Benediction

¶ **12** We ask you, brothers, to respect those who labor among you and are over you in the Lord and admonish you,

13 and to esteem them very highly in love because of their work. Be at peace among yourselves.

14 And we urge you, brothers, admonish the idle,[3] encourage the fainthearted, help the weak, be patient with them all.

15 See that no one repays anyone evil for evil, but always seek to do good to one another and to everyone.

16 Rejoice always,

17 pray without ceasing,

18 give thanks in all circumstances; for this is the will of God in Christ Jesus for you.

19 Do not quench the Spirit.

20 Do not despise prophecies,

21 but test everything; hold fast what is good.

22 Abstain from every form of evil.

¶ **23** Now may the God of peace himself sanctify you completely, and may your whole spirit and soul and body be kept blameless at the coming of our Lord Jesus Christ.

24 He who calls you is faithful; he will surely do it.

¶ **25** Brothers, pray for us.

¶ **26** Greet all the brothers with a holy kiss.

27 Ich beschwöre euch bei dem Herrn, dass ihr diesen Brief lesen lasst vor allen Brüdern. ¶ **28** Die Gnade unseres Herrn Jesus Christus sei mit euch!

¶ **27** I put you under oath before the Lord to have this letter read to all the brothers. ¶ **28** The grace of our Lord Jesus Christ be with you.

¶ 27 I put you under oath before the Lord to
have this letter read to all the brothers.
¶ 28 The grace of our Lord Jesus Christ be

Ich beschwöre euch bei dem Herrn,
¶ 28 Die Gnade unsres Herrn Jesus Christus

DER ZWEITE BRIEF DES PAULUS AN DIE THESSALONICHER

THE SECOND LETTER OF PAUL TO THE THESSALONIANS

2 THESSALONIANS

1 Paulus und Silvanus und Timotheus an die Gemeinde in Thessalonich in Gott, unserm Vater, und dem Herrn Jesus Christus:

¶ 2 Gnade sei mit euch und Friede von Gott, unserm Vater, und dem Herrn Jesus Christus!

Die Bedrängnis der Gemeinde und das gerechte Gericht Gottes

3 Wir müssen Gott allezeit für euch danken, liebe Brüder, wie sich's gebührt. Denn euer Glaube wächst sehr und eure gegenseitige Liebe nimmt zu bei euch allen.

4 Darum rühmen wir uns euer unter den Gemeinden Gottes wegen eurer Geduld und eures Glaubens in allen Verfolgungen und Bedrängnissen, die ihr erduldet,

5 ein Anzeichen dafür, dass Gott recht richten wird und ihr gewürdigt werdet des Reiches Gottes, für das ihr auch leidet.

¶ 6 Denn es ist gerecht bei Gott, mit Bedrängnis zu vergelten denen, die euch bedrängen,

7 euch aber, die ihr Bedrängnis leidet, Ruhe zu geben mit uns, wenn der Herr Jesus sich offenbaren wird vom Himmel her mit den Engeln seiner Macht

8 in Feuerflammen, Vergeltung zu üben an denen, die Gott nicht kennen und die nicht gehorsam sind dem Evangelium unseres Herrn Jesus.

9 Die werden Strafe erleiden, das ewige Verderben, vom Angesicht des Herrn her und von seiner herrlichen Macht,

10 wenn er kommen wird, dass er verherrlicht werde bei seinen Heiligen und wunderbar erscheine bei allen Gläubigen an jenem Tage; denn was wir euch bezeugt haben, das habt ihr geglaubt.

Greeting

1 Paul, Silvanus, and Timothy,

¶ To the church of the Thessalonians in God our Father and the Lord Jesus Christ:

¶ 2 Grace to you and peace from God our Father and the Lord Jesus Christ.

Thanksgiving

¶ 3 We ought always to give thanks to God for you, brothers,[1] as is right, because your faith is growing abundantly, and the love of every one of you for one another is increasing.

4 Therefore we ourselves boast about you in the churches of God for your steadfastness and faith in all your persecutions and in the afflictions that you are enduring.

The Judgment at Christ's Coming

¶ 5 This is evidence of the righteous judgment of God, that you may be considered worthy of the kingdom of God, for which you are also suffering—

6 since indeed God considers it just to repay with affliction those who afflict you,

7 and to grant relief to you who are afflicted as well as to us, when the Lord Jesus is revealed from heaven with his mighty angels

8 in flaming fire, inflicting vengeance on those who do not know God and on those who do not obey the gospel of our Lord Jesus.

9 They will suffer the punishment of eternal destruction, away from[2] the presence of the Lord and from the glory of his might,

10 when he comes on that day to be glorified in his saints, and to be marveled at among all who have believed, because our testimony to you was believed.

¶ **11** Deshalb beten wir auch allezeit für euch, dass unser Gott euch würdig mache der Berufung und vollende alles Wohlgefallen am Guten und das Werk des Glaubens in Kraft,

12 damit in euch verherrlicht werde der Name unseres Herrn Jesus und ihr in ihm nach der Gnade unseres Gottes und des Herrn Jesus Christus.

Das Auftreten des Widersachers vor dem Kommen Christi

2 Was nun das Kommen unseres Herrn Jesus Christus angeht und unsre Vereinigung mit ihm, so bitten wir euch, liebe Brüder,

2 dass ihr euch in eurem Sinn nicht so schnell wankend machen noch erschrecken lasst – weder durch eine Weissagung noch durch ein Wort oder einen Brief, die von uns sein sollen –, als sei der Tag des Herrn schon da.

3 Lasst euch von niemandem verführen, in keinerlei Weise; denn zuvor muss der Abfall kommen und der Mensch der Bosheit offenbart werden, der Sohn des Verderbens.

4 Er ist der Widersacher, der sich erhebt über alles, was Gott oder Gottesdienst heißt, sodass er sich in den Tempel Gottes setzt und vorgibt, er sei Gott.

¶ **5** Erinnert ihr euch nicht daran, dass ich euch dies sagte, als ich noch bei euch war?

6 Und ihr wisst, was ihn noch aufhält, bis er offenbart wird zu seiner Zeit.

7 Denn es regt sich schon das Geheimnis der Bosheit; nur muss der, der es jetzt noch aufhält, weggetan werden,

8 und dann wird der Böse offenbart werden. Ihn wird der Herr Jesus umbringen mit dem Hauch seines Mundes und wird ihm ein Ende machen durch seine Erscheinung, wenn er kommt.

9 Der Böse aber wird in der Macht des Satans auftreten mit großer Kraft und lügenhaften Zeichen und Wundern

10 und mit jeglicher Verführung zur Ungerechtigkeit bei denen, die verloren werden, weil sie die Liebe zur Wahrheit nicht angenommen haben, dass sie gerettet würden.

11 Darum sendet ihnen Gott die Macht der Verführung, sodass sie der Lüge glauben,

12 damit gerichtet werden alle, die der Wahrheit nicht glaubten, sondern Lust hatten an der Ungerechtigkeit.

11 To this end we always pray for you, that our God may make you worthy of his calling and may fulfill every resolve for good and every work of faith by his power,

12 so that the name of our Lord Jesus may be glorified in you, and you in him, according to the grace of our God and the Lord Jesus Christ.

The Man of Lawlessness

2 Now concerning the coming of our Lord Jesus Christ and our being gathered together to him, we ask you, brothers,[1]

2 not to be quickly shaken in mind or alarmed, either by a spirit or a spoken word, or ᵉa letter seeming to be from us, to the effect that the day of the Lord has come.

3 Let no one deceive you in any way. For that day will not come, unless the rebellion comes first, and the man of lawlessness[2] is revealed, the son of destruction,[3]

4 who opposes and exalts himself against every so-called god or object of worship, so that he takes his seat in the temple of God, proclaiming himself to be God.

5 Do you not remember that when I was still with you I told you these things?

6 And you know what is restraining him now so that he may be revealed in his time.

7 For the mystery of lawlessness is already at work. Only he who now restrains it will do so until he is out of the way.

8 And then the lawless one will be revealed, whom the Lord Jesus will kill with the breath of his mouth and bring to nothing by the appearance of his coming.

9 The coming of the lawless one is by the activity of Satan with all power and false signs and wonders,

10 and with all wicked deception for those who are perishing, because they refused to love the truth and so be saved.

11 Therefore God sends them a strong delusion, so that they may believe what is false,

12 in order that all may be condemned who did not believe the truth but had pleasure in unrighteousness.

Mahnung zum Festhalten an der Lehre

13 Wir aber müssen Gott allezeit für euch danken, vom Herrn geliebte Brüder, dass Gott euch als Erste zur Seligkeit erwählt hat in der Heiligung durch den Geist und im Glauben an die Wahrheit,

14 wozu er euch auch berufen hat durch unser Evangelium, damit ihr die Herrlichkeit unseres Herrn Jesus Christus erlangt.

¶ **15** So steht nun fest, liebe Brüder, und haltet euch an die Lehre, in der ihr durch uns unterwiesen worden seid, es sei durch Wort oder Brief von uns.

16 Er aber, unser Herr Jesus Christus, und Gott, unser Vater, der uns geliebt und uns einen ewigen Trost gegeben hat und eine gute Hoffnung durch Gnade,

17 der tröste eure Herzen und stärke euch in allem guten Werk und Wort.

Wünsche des Apostels für sich selbst und die Gemeinde

3 Weiter, liebe Brüder, betet für uns, dass das Wort des Herrn laufe und gepriesen werde wie bei euch

2 und dass wir erlöst werden von den falschen und bösen Menschen; denn der Glaube ist nicht jedermanns Ding.

3 Aber **der Herr ist treu; der wird euch stärken und bewahren vor dem Bösen.**

4 Wir haben aber das Vertrauen zu euch in dem Herrn, dass ihr tut und tun werdet, was wir gebieten.

5 Der Herr aber richte eure Herzen aus auf die Liebe Gottes und auf die Geduld Christi.

Warnung vor Müßiggang

6 Wir gebieten euch aber, liebe Brüder, im Namen unseres Herrn Jesus Christus, dass ihr euch zurückzieht von jedem Bruder, der unordentlich lebt und nicht nach der Lehre, die ihr von uns empfangen habt.

¶ **7** Denn ihr wisst, wie ihr uns nachfolgen sollt. Denn wir haben nicht unordentlich bei euch gelebt,

8 haben auch nicht umsonst Brot von jemandem genommen, sondern mit Mühe und Plage haben wir Tag und Nacht gearbeitet, um keinem von euch zur Last zu fallen.

9 Nicht, dass wir dazu nicht das Recht hätten, sondern wir wollten uns selbst euch zum Vorbild geben, damit ihr uns nachfolgt.

10 Denn schon als wir bei euch waren, geboten wir euch: Wer nicht arbeiten will, der soll auch nicht essen.

Stand Firm

¶ **13** But we ought always to give thanks to God for you, brothers beloved by the Lord, because God chose you as the firstfruits[4] to be saved, through sanctification by the Spirit and belief in the truth.

14 To this he called you through our gospel, so that you may obtain the glory of our Lord Jesus Christ.

15 So then, brothers, stand firm and hold to the traditions that you were taught by us, either by our spoken word or by [f]our letter.

¶ **16** Now may our Lord Jesus Christ himself, and God our Father, who loved us and gave us eternal comfort and good hope through grace,

17 comfort your hearts and establish them in every good work and word.

Pray for Us

3 Finally, brothers,[1] pray for us, that the word of the Lord may speed ahead and be honored,[2] as happened among you,

2 and that we may be delivered from wicked and evil men. For not all have faith.

3 But the Lord is faithful. He will establish you and guard you against the evil one.[3]

4 And we have confidence in the Lord about you, that you are doing and will do the things that we command.

5 May the Lord direct your hearts to the love of God and to the steadfastness of Christ.

Warning Against Idleness

¶ **6** Now we command you, brothers, in the name of our Lord Jesus Christ, that you keep away from any brother who is walking in idleness and not in accord with the tradition that you received from us.

7 For you yourselves know how you ought to imitate us, because we were not idle when we were with you,

8 nor did we eat anyone's bread without paying for it, but with toil and labor we worked night and day, that we might not be a burden to any of you.

9 It was not because we do not have that right, but to give you in ourselves an example to imitate.

10 For even when we were with you, we would give you this command: If anyone is not willing to work, let him not eat.

11 Denn wir hören, dass einige unter euch unordentlich leben und nichts arbeiten, sondern unnütze Dinge treiben.

12 Solchen aber gebieten wir und ermahnen sie in dem Herrn Jesus Christus, dass sie still ihrer Arbeit nachgehen und ihr eigenes Brot essen.

13 Ihr aber, liebe Brüder, lasst's euch nicht verdrießen, Gutes zu tun.

¶ **14** Wenn aber jemand unserm Wort in diesem Brief nicht gehorsam ist, den merkt euch und habt nichts mit ihm zu schaffen, damit er schamrot werde.

15 Doch haltet ihn nicht für einen Feind, sondern weist ihn zurecht als einen Bruder.

¶ **16** Er aber, der Herr des Friedens, gebe euch Frieden allezeit und auf alle Weise. Der Herr sei mit euch allen!

Gruß und Segenswunsch

17 Der Gruß mit meiner, des Paulus, Hand. Das ist das Zeichen in allen Briefen; so schreibe ich.

18 Die Gnade unseres Herrn Jesus Christus sei mit euch allen!

11 For we hear that some among you walk in idleness, not busy at work, but busybodies.

12 Now such persons we command and encourage in the Lord Jesus Christ to do their work quietly and to earn their own living.[4]

¶ **13** As for you, brothers, do not grow weary in doing good.

14 If anyone does not obey what we say in this letter, take note of that person, and have nothing to do with him, that he may be ashamed.

15 Do not regard him as an enemy, but warn him as a brother.

Benediction

¶ **16** Now may the Lord of peace himself give you peace at all times in every way. The Lord be with you all.

¶ **17** I, Paul, write this greeting with my own hand. This is the sign of genuineness in every letter of mine; it is the way I write.

18 The grace of our Lord Jesus Christ be with you all.

DER ERSTE BRIEF DES PAULUS AN TIMOTHEUS

THE FIRST LETTER OF PAUL TO TIMOTHY

1 TIMOTHY

1 Paulus, ein Apostel Christi Jesu nach dem Befehl Gottes, unseres Heilands, und Christi Jesu, der unsre Hoffnung ist,

2 an Timotheus, meinen rechten Sohn im Glauben:

¶ Gnade, Barmherzigkeit, Friede von Gott, dem Vater, und unserm Herrn Christus Jesus!

Gegen falsche Gesetzeslehrer

3 Du weißt, wie ich dich ermahnt habe, in Ephesus zu bleiben, als ich nach Mazedonien zog, und einigen zu gebieten, dass sie nicht anders lehren,

4 auch nicht achthaben auf die Fabeln und Geschlechtsregister, die kein Ende haben und eher Fragen aufbringen, als dass sie dem Ratschluss Gottes im Glauben dienen.

¶ **5** Die Hauptsumme aller Unterweisung aber ist Liebe aus reinem Herzen und aus gutem Gewissen und aus ungefärbtem Glauben.

6 Davon sind einige abgeirrt und haben sich hingewandt zu unnützem Geschwätz,

7 wollen die Schrift meistern und verstehen selber nicht, was sie sagen oder was sie so fest behaupten.

¶ **8** Wir wissen aber, dass das Gesetz gut ist, wenn es jemand recht gebraucht,

9 weil er weiß, dass dem Gerechten kein Gesetz gegeben ist, sondern den Ungerechten und Ungehorsamen, den Gottlosen und Sündern, den Unheiligen und Ungeistlichen, den Vatermördern und Muttermördern, den Totschlägern,

10 den Unzüchtigen, den Knabenschändern, den Menschenhändlern, den Lügnern, den Meineidigen und wenn noch etwas anderes der heilsamen Lehre zuwider ist,

11 nach dem Evangelium von der Herrlichkeit des seligen Gottes, das mir anvertraut ist.

Greeting

1 Paul, an apostle of Christ Jesus by command of God our Savior and of Christ Jesus our hope,

¶ **2** To Timothy, my true child in the faith:

¶ Grace, mercy, and peace from God the Father and Christ Jesus our Lord.

Warning Against False Teachers

¶ **3** As I urged you when I was going to Macedonia, remain at Ephesus so that you may charge certain persons not to teach any different doctrine,

4 nor to devote themselves to myths and endless genealogies, which promote speculations rather than the stewardship[1] from God that is by faith.

5 The aim of our charge is love that issues from a pure heart and a good conscience and a sincere faith.

6 Certain persons, by swerving from these, have wandered away into vain discussion,

7 desiring to be teachers of the law, without understanding either what they are saying or the things about which they make confident assertions.

¶ **8** Now we know that the law is good, if one uses it lawfully,

9 understanding this, that the law is not laid down for the just but for the lawless and disobedient, for the ungodly and sinners, for the unholy and profane, for those who strike their fathers and mothers, for murderers,

10 the sexually immoral, men who practice homosexuality, enslavers,[2] liars, perjurers, and whatever else is contrary to sound[3] doctrine,

11 in accordance with the gospel of the glory of the blessed God with which I have been entrusted.

Lobpreis der göttlichen Barmherzigkeit

12 Ich danke unserm Herrn Christus Jesus, der mich stark gemacht und für treu erachtet hat und in das Amt eingesetzt,

13 mich, der ich früher ein Lästerer und ein Verfolger und ein Frevler war; aber mir ist Barmherzigkeit widerfahren, denn ich habe es unwissend getan, im Unglauben.

14 Es ist aber desto reicher geworden die Gnade unseres Herrn samt dem Glauben und der Liebe, die in Christus Jesus ist.

¶ **15** Das ist gewisslich wahr und ein Wort, des Glaubens wert, dass Christus Jesus in die Welt gekommen ist, die Sünder selig zu machen, unter denen ich der erste bin.

16 Aber darum ist mir Barmherzigkeit widerfahren, dass Christus Jesus an mir als Erstem alle Geduld erweise, zum Vorbild denen, die an ihn glauben sollten zum ewigen Leben.

17 Aber Gott, dem ewigen König, dem Unvergänglichen und Unsichtbaren, der allein Gott ist, sei Ehre und Preis in Ewigkeit! Amen.

¶ **18** Diese Botschaft vertraue ich dir an, mein Sohn Timotheus, nach den Weissagungen, die früher über dich ergangen sind, damit du in ihrer Kraft einen guten Kampf kämpfst

19 und den Glauben und ein gutes Gewissen hast. Das haben einige von sich gestoßen und am Glauben Schiffbruch erlitten.

20 Unter ihnen sind Hymenäus und Alexander, die ich dem Satan übergeben habe, damit sie in Zucht genommen werden und nicht mehr lästern.

Das Gemeindegebet

2 So ermahne ich nun, dass man vor allen Dingen tue Bitte, Gebet, Fürbitte und Danksagung für alle Menschen,

2 für die Könige und für alle Obrigkeit, damit wir ein ruhiges und stilles Leben führen können in aller Frömmigkeit und Ehrbarkeit.

3 Dies ist gut und wohlgefällig vor Gott, unserm Heiland,

4 welcher will, dass allen Menschen geholfen werde und sie zur Erkenntnis der Wahrheit kommen.

5 Denn es ist ein Gott und ein Mittler zwischen Gott und den Menschen, nämlich der Mensch Christus Jesus,

6 der sich selbst gegeben hat für alle zur Erlösung, dass dies zu seiner Zeit gepredigt werde.

Christ Jesus Came to Save Sinners

¶ **12** I thank him who has given me strength, Christ Jesus our Lord, because he judged me faithful, appointing me to his service,

13 though formerly I was a blasphemer, persecutor, and insolent opponent. But I received mercy because I had acted ignorantly in unbelief,

14 and the grace of our Lord overflowed for me with the faith and love that are in Christ Jesus.

15 The saying is trustworthy and deserving of full acceptance, that Christ Jesus came into the world to save sinners, of whom I am the foremost.

16 But I received mercy for this reason, that in me, as the foremost, Jesus Christ might display his perfect patience as an example to those who were to believe in him for eternal life.

17 To the King of ages, immortal, invisible, the only God, be honor and glory forever and ever.[4] Amen.

¶ **18** This charge I entrust to you, Timothy, my child, in accordance with the prophecies previously made about you, that by them you may wage the good warfare,

19 holding faith and a good conscience. By rejecting this, some have made shipwreck of their faith,

20 among whom are Hymenaeus and Alexander, whom I have handed over to Satan that they may learn not to blaspheme.

Pray for All People

2 First of all, then, I urge that supplications, prayers, intercessions, and thanksgivings be made for all people,

2 for kings and all who are in high positions, that we may lead a peaceful and quiet life, godly and dignified in every way.

3 This is good, and it is pleasing in the sight of God our Savior,

4 who desires all people to be saved and to come to the knowledge of the truth.

5 For there is one God, and there is one mediator between God and men, the man[1] Christ Jesus,

6 who gave himself as a ransom for all, which is the testimony given at the proper time.

7 Dazu bin ich eingesetzt als Prediger und Apostel – ich sage die Wahrheit und lüge nicht –, als Lehrer der Heiden im Glauben und in der Wahrheit.

Männer und Frauen im Gottesdienst

8 So will ich nun, dass die Männer beten an allen Orten und aufheben heilige Hände ohne Zorn und Zweifel.

9 Desgleichen, dass die Frauen in schicklicher Kleidung sich schmücken mit Anstand und Zucht, nicht mit Haarflechten und Gold oder Perlen oder kostbarem Gewand,

10 sondern, wie sich's ziemt für Frauen, die ihre Frömmigkeit bekunden wollen, mit guten Werken.

¶ **11** Eine Frau lerne in der Stille mit aller Unterordnung.

12 Einer Frau gestatte ich nicht, dass sie lehre, auch nicht, dass sie über den Mann Herr sei, sondern sie sei still.

13 Denn Adam wurde zuerst gemacht, danach Eva.

14 Und Adam wurde nicht verführt, die Frau aber hat sich zur Übertretung verführen lassen.

15 Sie wird aber selig werden dadurch, dass sie Kinder zur Welt bringt, wenn sie bleiben mit Besonnenheit im Glauben und in der Liebe und in der Heiligung.

Von den Bischöfen

3 Das ist gewisslich wahr: Wenn jemand ein Bischofsamt begehrt, der begehrt eine hohe Aufgabe.

2 Ein Bischof aber soll untadelig sein, Mann einer einzigen Frau, nüchtern, maßvoll, würdig, gastfrei, geschickt im Lehren,

3 kein Säufer, nicht gewalttätig, sondern gütig, nicht streitsüchtig, nicht geldgierig,

4 einer, der seinem eigenen Haus gut vorsteht und gehorsame Kinder hat in aller Ehrbarkeit.

5 Denn wenn jemand seinem eigenen Haus nicht vorzustehen weiß, wie soll er für die Gemeinde Gottes sorgen?

6 Er soll kein Neugetaufter sein, damit er sich nicht aufblase und dem Urteil des Teufels verfalle.

7 Er muss aber auch einen guten Ruf haben bei denen, die draußen sind, damit er nicht geschmäht werde und sich nicht fange in der Schlinge des Teufels.

7 For this I was appointed a preacher and an apostle (I am telling the truth, I am not lying), a teacher of the Gentiles in faith and truth.

¶ **8** I desire then that in every place the men should pray, lifting holy hands without anger or quarreling;

9 likewise also that women should adorn themselves in respectable apparel, with modesty and self-control, not with braided hair and gold or pearls or costly attire,

10 but with what is proper for women who profess godliness—with good works.

11 Let a woman learn quietly with all submissiveness.

12 I do not permit a woman to teach or to exercise authority over a man; rather, she is to remain quiet.

13 For Adam was formed first, then Eve;

14 and Adam was not deceived, but the woman was deceived and became a transgressor.

15 Yet she will be saved through childbearing—if they continue in faith and love and holiness, with self-control.

Qualifications for Overseers

3 The saying is trustworthy: If anyone aspires to the office of overseer, he desires a noble task.

2 Therefore an overseer[1] must be above reproach, the husband of one wife,[2] sober-minded, self-controlled, respectable, hospitable, able to teach,

3 not a drunkard, not violent but gentle, not quarrelsome, not a lover of money.

4 He must manage his own household well, with all dignity keeping his children submissive,

5 for if someone does not know how to manage his own household, how will he care for God's church?

6 He must not be a recent convert, or he may become puffed up with conceit and fall into the condemnation of the devil.

7 Moreover, he must be well thought of by outsiders, so that he may not fall into disgrace, into a snare of the devil.

Von den Diakonen

8 Desgleichen sollen die Diakone ehrbar sein, nicht doppelzüngig, keine Säufer, nicht schändlichen Gewinn suchen;

9 sie sollen das Geheimnis des Glaubens mit reinem Gewissen bewahren.

10 Und man soll sie zuvor prüfen und wenn sie untadelig sind, sollen sie den Dienst versehen.

11 Desgleichen sollen ihre Frauen ehrbar sein, nicht verleumderisch, nüchtern, treu in allen Dingen.

12 Die Diakone sollen ein jeder der Mann einer einzigen Frau sein und ihren Kindern und ihrem eigenen Haus gut vorstehen.

13 Welche aber ihren Dienst gut versehen, die erwerben sich selbst ein gutes Ansehen und große Zuversicht im Glauben an Christus Jesus.

Das Geheimnis des Glaubens

14 Dies schreibe ich dir und hoffe, bald zu dir zu kommen;

15 wenn ich aber erst später komme, sollst du wissen, wie man sich verhalten soll im Hause Gottes, das ist die Gemeinde des lebendigen Gottes, ein Pfeiler und eine Grundfeste der Wahrheit.

16 Und groß ist, wie jedermann bekennen muss, das Geheimnis des Glaubens:

> **Er ist offenbart im Fleisch,**
> **gerechtfertigt im Geist,**
> **erschienen den Engeln,**
> **gepredigt den Heiden,**
> **geglaubt in der Welt,**
> **aufgenommen in die Herrlichkeit.**

Falsche Enthaltsamkeit

4 Der Geist aber sagt deutlich, dass in den letzten Zeiten einige von dem Glauben abfallen werden und verführerischen Geistern und teuflischen Lehren anhängen,

2 verleitet durch Heuchelei der Lügenredner, die ein Brandmal in ihrem Gewissen haben.

3 Sie gebieten, nicht zu heiraten und Speisen zu meiden, die Gott geschaffen hat, dass sie mit Danksagung empfangen werden von den Gläubigen und denen, die die Wahrheit erkennen.

4 Denn alles, was Gott geschaffen hat, ist gut, und nichts ist verwerflich, was mit Danksagung empfangen wird;

5 denn es wird geheiligt durch das Wort Gottes und Gebet.

Qualifications for Deacons

¶ **8** Deacons likewise must be dignified, not double-tongued,[3] not addicted to much wine, not greedy for dishonest gain.

9 They must hold the mystery of the faith with a clear conscience.

10 And let them also be tested first; then let them serve as deacons if they prove themselves blameless.

11 Their wives likewise must[4] be dignified, not slanderers, but sober-minded, faithful in all things.

12 Let deacons each be the husband of one wife, [q]managing their children and their own households well.

13 For those who serve well as deacons gain a good standing for themselves and also great confidence in the faith that is in Christ Jesus.

The Mystery of Godliness

¶ **14** I hope to come to you soon, but I am writing these things to you so that,

15 if I delay, you may know how one ought to behave in the household of God, which is the church of the living God, a pillar and buttress of the truth.

16 Great indeed, we confess, is the mystery of godliness:

> He[5] was manifested in the flesh,
> vindicated[6] by the Spirit,[7]
> seen by angels,
> proclaimed among the nations,
> believed on in the world,
> taken up in glory.

Some Will Depart from the Faith

4 Now the Spirit expressly says that in later times some will depart from the faith by devoting themselves to deceitful spirits and teachings of demons,

2 through the insincerity of liars whose consciences are seared,

3 who forbid marriage and require abstinence from foods that God created to be received with thanksgiving by those who believe and know the truth.

4 For everything created by God is good, and nothing is to be rejected if it is received with thanksgiving,

5 for it is made holy by the word of God and prayer.

Der Dienst des Timotheus

6 Wenn du die Brüder dies lehrst, so wirst du ein guter Diener Christi Jesu sein, aufgezogen in den Worten des Glaubens und der guten Lehre, bei der du immer geblieben bist.

7 Die ungeistlichen Altweiberfabeln aber weise zurück; **übe dich selbst aber in der Frömmigkeit!**

8 Denn die leibliche Übung ist wenig nütze; aber die Frömmigkeit ist zu allen Dingen nütze und hat die Verheißung dieses und des zukünftigen Lebens.

9 Das ist gewisslich wahr und ein Wort, des Glaubens wert.

10 Denn dafür arbeiten und kämpfen wir, weil wir unsre Hoffnung auf den lebendigen Gott gesetzt haben, welcher ist der Heiland aller Menschen, besonders der Gläubigen.

11 Dies gebiete und lehre.

¶ **12** Niemand verachte dich wegen deiner Jugend; du aber sei den Gläubigen ein Vorbild im Wort, im Wandel, in der Liebe, im Glauben, in der Reinheit.

13 Fahre fort mit Vorlesen, mit Ermahnen, mit Lehren, bis ich komme.

14 Lass nicht außer Acht die Gabe in dir, die dir gegeben ist durch Weissagung mit Handauflegung der Ältesten.

15 Dies lass deine Sorge sein, damit gehe um, damit dein Fortschreiten allen offenbar werde.

16 Hab acht auf dich selbst und auf die Lehre; beharre in diesen Stücken! Denn wenn du das tust, wirst du dich selbst retten und die, die dich hören.

Verhalten gegen Männer und Frauen in der Gemeinde

5 Einen Älteren fahre nicht an, sondern ermahne ihn wie einen Vater, die jüngeren Männer wie Brüder,

2 die älteren Frauen wie Mütter, die jüngeren wie Schwestern, mit allem Anstand.

Von den Witwen

3 Ehre die Witwen, die rechte Witwen sind.

4 Wenn aber eine Witwe Kinder oder Enkel hat, so sollen diese lernen, zuerst im eigenen Hause fromm zu leben und sich den Eltern dankbar zu erweisen; denn das ist wohlgefällig vor Gott.

5 Das ist aber eine rechte Witwe, die alleinsteht, die ihre Hoffnung auf Gott setzt und beharrlich fleht und betet Tag und Nacht.

6 Eine aber, die ausschweifend lebt, ist lebendig tot.

A Good Servant of Christ Jesus

¶ **6** If you put these things before the brothers,[1] you will be a good servant of Christ Jesus, being trained in the words of the faith and of the good doctrine that you have followed.

7 Have nothing to do with irreverent, silly myths. Rather train yourself for godliness;

8 for while bodily training is of some value, godliness is of value in every way, as it holds promise for the present life and also for the life to come.

9 The saying is trustworthy and deserving of full acceptance.

10 For to this end we toil and strive,[2] because we have our hope set on the living God, who is the Savior of all people, especially of those who believe.

¶ **11** Command and teach these things.

12 Let no one despise you for your youth, but set the believers an example in speech, in conduct, in love, in faith, in purity.

13 Until I come, devote yourself to the public reading of Scripture, to exhortation, to teaching.

14 Do not neglect the gift you have, which was given you by prophecy when the council of elders laid their hands on you.

15 Practice these things, immerse yourself in them,[3] so that all may see your progress.

16 Keep a close watch on yourself and on the teaching. Persist in this, for by so doing you will save both yourself and your hearers.

Instructions for the Church

5 Do not rebuke an older man but encourage him as you would a father, younger men as brothers,

2 older women as mothers, younger women as sisters, in all purity.

¶ **3** Honor widows who are truly widows.

4 But if a widow has children or grandchildren, let them first learn to show godliness to their own household and to make some return to their parents, for this is pleasing in the sight of God.

5 She who is truly a widow, left all alone, has set her hope on God and continues in supplications and prayers night and day,

6 but she who is self-indulgent is dead even while she lives.

7 Dies gebiete, damit sie untadelig seien.

8 Wenn aber jemand die Seinen, besonders seine Hausgenossen, nicht versorgt, hat er den Glauben verleugnet und ist schlimmer als ein Heide.

¶ **9** Es soll keine Witwe auserwählt werden unter sechzig Jahren; sie soll eines einzigen Mannes Frau gewesen sein

10 und ein Zeugnis guter Werke haben: wenn sie Kinder aufgezogen hat, wenn sie gastfrei gewesen ist, wenn sie den Heiligen die Füße gewaschen hat, wenn sie den Bedrängten beigestanden hat, wenn sie allem guten Werk nachgekommen ist.

¶ **11** Jüngere Witwen aber weise ab; denn wenn sie ihrer Begierde nachgeben Christus zuwider, so wollen sie heiraten

12 und stehen dann unter dem Urteil, dass sie die erste Treue gebrochen haben.

13 Daneben sind sie faul und lernen, von Haus zu Haus zu laufen; und nicht nur faul sind sie, sondern auch geschwätzig und vorwitzig und reden, was nicht sein soll.

14 So will ich nun, dass die jüngeren Witwen heiraten, Kinder zur Welt bringen, den Haushalt führen, dem Widersacher keinen Anlass geben zu lästern.

15 Denn schon haben sich einige abgewandt und folgen dem Satan.

16 Wenn aber einer gläubigen Frau Witwen anbefohlen sind, so versorge sie diese, die Gemeinde aber soll nicht beschwert werden, damit sie für die rechten Witwen sorgen kann.

Von den Vorstehern der Gemeinde

17 Die Ältesten, die der Gemeinde gut vorstehen, die halte man zwiefacher Ehre wert, besonders, die sich mühen im Wort und in der Lehre.

18 Denn die Schrift sagt (5.Mose 25,4): »Du sollst dem Ochsen, der da drischt, nicht das Maul verbinden«; und: »Ein Arbeiter ist seines Lohnes wert«.

19 Gegen einen Ältesten nimm keine Klage an ohne zwei oder drei Zeugen.

20 Die da sündigen, die weise zurecht vor allen, damit sich auch die andern fürchten.

21 Ich ermahne dich inständig vor Gott und Christus Jesus und den auserwählten Engeln, dass du dich daran hältst ohne Vorurteil und niemanden begünstigst.

22 Die Hände lege niemandem zu bald auf; habe nicht teil an fremden Sünden! Halte dich selber rein!

7 Command these things as well, so that they may be without reproach.

8 But if anyone does not provide for his relatives, and especially for members of his household, he has denied the faith and is worse than an unbeliever.

¶ **9** Let a widow be enrolled if she is not less than sixty years of age, having been the wife of one husband,[1]

10 and having a reputation for good works: if she has brought up children, has shown hospitality, has washed the feet of the saints, has cared for the afflicted, and has devoted herself to every good work.

11 But refuse to enroll younger widows, for when their passions draw them away from Christ, they desire to marry

12 and so incur condemnation for having abandoned their former faith.

13 Besides that, they learn to be idlers, going about from house to house, and not only idlers, but also gossips and busybodies, saying what they should not.

14 So I would have younger widows marry, bear children, manage their households, and give the adversary no occasion for slander.

15 For some have already strayed after Satan.

16 If any believing woman has relatives who are widows, let her care for them. Let the church not be burdened, so that it may care for those who are truly widows.

¶ **17** Let the elders who rule well be considered worthy of double honor, especially those who labor in preaching and teaching.

18 For the Scripture says, "You shall not muzzle an ox when it treads out the grain," and, ‘"The laborer deserves his wages."

19 Do not admit a charge against an elder except on the evidence of two or three witnesses.

20 As for those who persist in sin, rebuke them in the presence of all, so that the rest may stand in fear.

21 In the presence of God and of Christ Jesus and of the elect angels I charge you to keep these rules without prejudging, doing nothing from partiality.

22 Do not be hasty in the laying on of hands, nor take part in the sins of others; keep yourself pure.

¶ **23** Trinke nicht mehr nur Wasser, sondern nimm ein wenig Wein dazu um des Magens willen und weil du oft krank bist.

¶ **24** Bei einigen Menschen sind die Sünden offenbar und gehen ihnen zum Gericht voran; bei einigen aber werden sie hernach offenbar.

25 Desgleichen sind auch die guten Werke einiger Menschen zuvor offenbar, und wenn es anders ist, können sie doch nicht verborgen bleiben.

Von den Sklaven

6 Alle, die als Sklaven unter dem Joch sind, sollen ihre Herren aller Ehre wert halten, damit nicht der Name Gottes und die Lehre verlästert werde.

2 Welche aber gläubige Herren haben, sollen diese nicht weniger ehren, weil sie Brüder sind, sondern sollen ihnen umso mehr dienstbar sein, weil sie gläubig und geliebt sind und sich bemühen, Gutes zu tun.

Mahnung an Timotheus und alle Brüder

Dies lehre und dazu ermahne!

3 Wenn jemand anders lehrt und bleibt nicht bei den heilsamen Worten unseres Herrn Jesus Christus und bei der Lehre, die dem Glauben gemäß ist,

4 der ist aufgeblasen und weiß nichts, sondern hat die Seuche der Fragen und Wortgefechte. Daraus entspringen Neid, Hader, Lästerung, böser Argwohn,

5 Schulgezänk solcher Menschen, die zerrüttete Sinne haben und der Wahrheit beraubt sind, die meinen, Frömmigkeit sei ein Gewerbe.

¶ **6** Die Frömmigkeit aber ist ein großer Gewinn für den, der sich genügen lässt.

7 Denn wir haben nichts in die Welt gebracht; darum werden wir auch nichts hinausbringen.

8 Wenn wir aber Nahrung und Kleider haben, so wollen wir uns daran genügen lassen.

9 Denn die reich werden wollen, die fallen in Versuchung und Verstrickung und in viele törichte und schädliche Begierden, welche die Menschen versinken lassen in Verderben und Verdammnis.

10 Denn Geldgier ist eine Wurzel alles Übels; danach hat einige gelüstet und sie sind vom Glauben abgeirrt und machen sich selbst viel Schmerzen.

23 (No longer drink only water, but use a little wine for the sake of your stomach and your frequent ailments.)

24 The sins of some men are conspicuous, going before them to judgment, but the sins of others appear later.

25 So also good works are conspicuous, and even those that are not cannot remain hidden.

6 Let all who are under a yoke as slaves[1] regard their own masters as worthy of all honor, so that the name of God and the teaching may not be reviled.

2 Those who have believing masters must not be disrespectful on the ground that they are brothers; rather they must serve all the better since those who benefit by their good service are believers and beloved.

False Teachers and True Contentment

¶   Teach and urge these things.

3 If anyone teaches a different doctrine and does not agree with the sound[2] words of our Lord Jesus Christ and the teaching that accords with godliness,

4 he is puffed up with conceit and understands nothing. He has an unhealthy craving for controversy and for quarrels about words, which produce envy, dissension, slander, evil suspicions,

5 and constant friction among people who are depraved in mind and deprived of the truth, imagining that godliness is a means of gain.

6 Now there is great gain in godliness with contentment,

7 for we brought nothing into the world, and[3] we cannot take anything out of the world.

8 But if we have food and clothing, with these we will be content.

9 But those who desire to be rich fall into temptation, into a snare, into many senseless and harmful desires that plunge people into ruin and destruction.

10 For the love of money is a root of all kinds of evils. It is through this craving that some have wandered away from the faith and pierced themselves with many pangs.

¶ **11** Aber du, Gottesmensch, fliehe das! Jage aber nach der Gerechtigkeit, der Frömmigkeit, dem Glauben, der Liebe, der Geduld, der Sanftmut!

12 **Kämpfe den guten Kampf des Glaubens; ergreife das ewige Leben, wozu du berufen bist und bekannt hast das gute Bekenntnis vor vielen Zeugen.**

¶ **13** Ich gebiete dir vor Gott, der alle Dinge lebendig macht, und vor Christus Jesus, der unter Pontius Pilatus bezeugt hat das gute Bekenntnis,

14 dass du das Gebot unbefleckt, untadelig haltest bis zur Erscheinung unseres Herrn Jesus Christus,

15 welche uns zeigen wird zu seiner Zeit der Selige und allein Gewaltige, der König aller Könige und Herr aller Herren,

16 der allein Unsterblichkeit hat, der da wohnt in einem Licht, zu dem niemand kommen kann, den kein Mensch gesehen hat noch sehen kann. Dem sei Ehre und ewige Macht! Amen.

Mahnung an die Reichen

17 Den Reichen in dieser Welt gebiete, dass sie nicht stolz seien, auch nicht hoffen auf den unsicheren Reichtum, sondern auf Gott, der uns alles reichlich darbietet, es zu genießen;

18 dass sie Gutes tun, reich werden an guten Werken, gerne geben, behilflich seien,

19 sich selbst einen Schatz sammeln als guten Grund für die Zukunft, damit sie das wahre Leben ergreifen.

¶ **20** O Timotheus! Bewahre, was dir anvertraut ist, und meide das ungeistliche lose Geschwätz und das Gezänk der fälschlich so genannten Erkenntnis,

21 zu der sich einige bekannt haben und sind vom Glauben abgeirrt. Die Gnade sei mit euch!

Fight the Good Fight of Faith

¶ **11** But as for you, O man of God, flee these things. Pursue righteousness, godliness, faith, love, steadfastness, gentleness.

12 Fight the good fight of the faith. Take hold of the eternal life to which you were called and about which you made the good confession in the presence of many witnesses.

13 I charge you in the presence of God, who gives life to all things, and of Christ Jesus, who in his testimony before[4] Pontius Pilate made the good confession,

14 to keep the commandment unstained and free from reproach until the appearing of our Lord Jesus Christ,

15 which he will display at the proper time—he who is the blessed and only Sovereign, the King of kings and Lord of lords,

16 who alone has immortality, who dwells in unapproachable light, whom no one has ever seen or can see. To him be honor and eternal dominion. Amen.

¶ **17** As for the rich in this present age, charge them not to be haughty, nor to set their hopes on the uncertainty of riches, but on God, who richly provides us with everything to enjoy.

18 They are to do good, to be rich in good works, to be generous and ready to share,

19 thus storing up treasure for themselves as a good foundation for the future, so that they may take hold of that which is truly life.

¶ **20** O Timothy, guard the deposit entrusted to you. Avoid the irreverent babble and contradictions of what is falsely called "knowledge,"

21 for by professing it some have swerved from the faith.

¶ Grace be with you.[5]

DER ZWEITE BRIEF DES PAULUS AN TIMOTHEUS

2 TIMOTHY

1 Paulus, ein Apostel Christi Jesu durch den Willen Gottes nach der Verheißung des Lebens in Christus Jesus,

2 an meinen lieben Sohn Timotheus:
¶ Gnade, Barmherzigkeit, Friede von Gott, dem Vater, und Christus Jesus, unserm Herrn!

Treue zum Evangelium

3 Ich danke Gott, dem ich diene von meinen Vorfahren her mit reinem Gewissen, wenn ich ohne Unterlass deiner gedenke in meinem Gebet, Tag und Nacht.

4 Und wenn ich an deine Tränen denke, verlangt mich, dich zu sehen, damit ich mit Freude erfüllt werde.

5 Denn ich erinnere mich an den ungefärbten Glauben in dir, der zuvor schon gewohnt hat in deiner Großmutter Lois und in deiner Mutter Eunike; ich bin aber gewiss, auch in dir.

¶ **6** Aus diesem Grund erinnere ich dich daran, dass du erweckest die Gabe Gottes, die in dir ist durch die Auflegung meiner Hände.

7 Denn **Gott hat uns nicht gegeben den Geist der Furcht, sondern der Kraft und der Liebe und der Besonnenheit.**

8 Darum schäme dich nicht des Zeugnisses von unserm Herrn noch meiner, der ich sein Gefangener bin, sondern leide mit mir für das Evangelium in der Kraft Gottes.

¶ **9** Er hat uns selig gemacht und berufen mit einem heiligen Ruf, nicht nach unsern Werken, sondern nach seinem Ratschluss und nach der Gnade, die uns gegeben ist in Christus Jesus vor der Zeit der Welt,

10 jetzt aber offenbart ist durch die Erscheinung unseres Heilands **Christus Jesus, der dem Tode die Macht genommen und das Leben und ein unvergängliches Wesen ans Licht gebracht hat durch das Evangelium,**

11 für das ich eingesetzt bin als Prediger und Apostel und Lehrer.

1 Paul, an apostle of Christ Jesus by the will of God according to the promise of the life that is in Christ Jesus,

¶ **2** To Timothy, my beloved child:
¶ Grace, mercy, and peace from God the Father and Christ Jesus our Lord.

Guard the Deposit Entrusted to You

¶ **3** I thank God whom I serve, as did my ancestors, with a clear conscience, as I remember you constantly in my prayers night and day.

4 As I remember your tears, I long to see you, that I may be filled with joy.

5 I am reminded of your sincere faith, a faith that dwelt first in your grandmother Lois and your mother Eunice and now, I am sure, dwells in you as well.

6 For this reason I remind you to fan into flame the gift of God, which is in you through the laying on of my hands,

7 for God gave us a spirit not of fear but of power and love and self-control.

¶ **8** Therefore do not be ashamed of the testimony about our Lord, nor of me his prisoner, but share in suffering for the gospel by the power of God,

9 who saved us and called us to[1] a holy calling, not because of our works but because of ᵛhis own purpose and grace, which he gave us in Christ Jesus before the ages began,[2]

10 and which now has been manifested through the appearing of our Savior Christ Jesus, who abolished death and brought life and immortality to light through the gospel,

11 for which I was appointed a preacher and apostle and teacher,

¶ **12** Aus diesem Grund leide ich dies alles; aber ich schäme mich dessen nicht; denn ich weiß, an wen ich glaube, und bin gewiss, er kann mir bewahren, was mir anvertraut ist, bis an jenen Tag.

13 Halte dich an das Vorbild der heilsamen Worte, die du von mir gehört hast, im Glauben und in der Liebe in Christus Jesus.

14 Dieses kostbare Gut, das dir anvertraut ist, bewahre durch den Heiligen Geist, der in uns wohnt.

¶ **15** Das weißt du, dass sich von mir abgewandt haben alle, die in der Provinz Asien sind, unter ihnen Phygelus und Hermogenes.

16 Der Herr gebe Barmherzigkeit dem Hause des Onesiphorus; denn er hat mich oft erquickt und hat sich meiner Ketten nicht geschämt,

17 sondern als er in Rom war, suchte er mich eifrig und fand mich.

18 Der Herr gebe ihm, dass er Barmherzigkeit finde bei dem Herrn an jenem Tage. Und welche Dienste er in Ephesus geleistet hat, weißt du am besten.

Kampf und Leiden

2 So sei nun stark, mein Sohn, durch die Gnade in Christus Jesus.

2 Und was du von mir gehört hast vor vielen Zeugen, das befiehl treuen Menschen an, die tüchtig sind, auch andere zu lehren.

3 Leide mit als ein guter Streiter Christi Jesu.

4 Wer in den Krieg zieht, verwickelt sich nicht in Geschäfte des täglichen Lebens, damit er dem gefalle, der ihn angeworben hat.

5 Und **wenn jemand auch kämpft, wird er doch nicht gekrönt, er kämpfe denn recht.**

6 Es soll der Bauer, der den Acker bebaut, die Früchte als Erster genießen.

7 Bedenke, was ich sage! Der Herr aber wird dir in allen Dingen Verstand geben.

¶ **8** Halt im Gedächtnis Jesus Christus, der auferstanden ist von den Toten, aus dem Geschlecht Davids, nach meinem Evangelium,

9 für welches ich leide bis dahin, dass ich gebunden bin wie ein Übeltäter; aber Gottes Wort ist nicht gebunden.

10 Darum dulde ich alles um der Auserwählten willen, damit auch sie die Seligkeit erlangen in Christus Jesus mit ewiger Herrlichkeit.

12 which is why I suffer as I do. But I am not ashamed, for I know whom I have believed, and I am convinced that he is able to guard until that Day what has been entrusted to me.[3]

13 Follow the pattern of the sound[4] words that you have heard from me, in the faith and love that are in Christ Jesus.

14 By the Holy Spirit who dwells within us, guard the good deposit entrusted to you.

¶ **15** You are aware that all who are in Asia turned away from me, among whom are Phygelus and Hermogenes.

16 May the Lord grant mercy to the household of Onesiphorus, for he often refreshed me and was not ashamed of my chains,

17 but when he arrived in Rome he searched for me earnestly and found me—

18 may the Lord grant him to find mercy from the Lord on that Day!—and you well know all the service he rendered at Ephesus.

A Good Soldier of Christ Jesus

2 You then, my child, be strengthened by the grace that is in Christ Jesus,

2 and what you have heard from me in the presence of many witnesses entrust to faithful men who will be able to teach others also.

3 Share in suffering as a good soldier of Christ Jesus.

4 No soldier gets entangled in civilian pursuits, since his aim is to please the one who enlisted him.

5 An athlete is not crowned unless he competes according to the rules.

6 It is the hard-working farmer who ought to have the first share of the crops.

7 Think over what I say, for the Lord will give you understanding in everything.

¶ **8** Remember Jesus Christ, risen from the dead, the offspring of David, as preached in my gospel,

9 for which I am suffering, bound with chains as a criminal. But the word of God is not bound!

10 Therefore I endure everything for the sake of the elect, that they also may obtain the salvation that is in Christ Jesus with eternal glory.

11 Das ist gewisslich wahr:

Sterben wir mit, so werden wir mit leben;

12 dulden wir, so werden wir mit herrschen;
verleugnen wir, so wird er uns auch verleugnen;

13 sind wir untreu, so bleibt er doch treu; denn er kann sich selbst nicht verleugnen.

Warnung vor unnützem Streit

14 Daran erinnere sie und ermahne sie inständig vor Gott, dass sie nicht um Worte streiten, was zu nichts nütze ist, als die zu verwirren, die zuhören.

15 Bemühe dich darum, dich vor Gott zu erweisen als einen rechtschaffenen und untadeligen Arbeiter, der das Wort der Wahrheit recht austeilt.

16 Halte dich fern von ungeistlichem losem Geschwätz; denn es führt mehr und mehr zu ungöttlichem Wesen,

17 und ihr Wort frisst um sich wie der Krebs. Unter ihnen sind Hymenäus und Philetus,

18 die von der Wahrheit abgeirrt sind und sagen, die Auferstehung sei schon geschehen, und bringen einige vom Glauben ab.

19 Aber **der feste Grund Gottes besteht und hat dieses Siegel: Der Herr kennt die Seinen; und: Es lasse ab von Ungerechtigkeit, wer den Namen des Herrn nennt.**

¶ 20 In einem großen Haus aber sind nicht allein goldene und silberne Gefäße, sondern auch hölzerne und irdene, die einen zu ehrenvollem, die andern zu nicht ehrenvollem Gebrauch.

21 Wenn nun jemand sich reinigt von solchen Leuten, der wird ein Gefäß sein zu ehrenvollem Gebrauch, geheiligt, für den Hausherrn brauchbar und zu allem guten Werk bereitet.

¶ 22 Fliehe die Begierden der Jugend! Jage aber nach der Gerechtigkeit, dem Glauben, der Liebe, dem Frieden mit allen, die den Herrn anrufen aus reinem Herzen.

¶ 23 Aber die törichten und unnützen Fragen weise zurück; denn du weißt, dass sie nur Streit erzeugen.

24 Ein Knecht des Herrn aber soll nicht streitsüchtig sein, sondern freundlich gegen jedermann, im Lehren geschickt, der Böses ertragen kann

11 The saying is trustworthy, for:

If we have died with him, we will also live with him;

12 if we endure, we will also reign with him;
if we deny him, he also will deny us;

13 if we are faithless, he remains faithful—

for he cannot deny himself.

A Worker Approved by God

¶ 14 Remind them of these things, and charge them before God[1] not to quarrel about words, which does no good, but only ruins the hearers.

15 Do your best to present yourself to God as one approved,[2] a worker who has no need to be ashamed, rightly handling the word of truth.

16 But avoid irreverent babble, for it will lead people into more and more ungodliness,

17 and their talk will spread like gangrene. Among them are Hymenaeus and Philetus,

18 who have swerved from the truth, saying that the resurrection has already happened. They are upsetting the faith of some.

19 But God's firm foundation stands, bearing this seal: "The Lord knows those who are his," and, "Let everyone who names the name of the Lord depart from iniquity."

¶ 20 Now in a great house there are not only vessels of gold and silver but also of wood and clay, some for honorable use, some for dishonorable.

21 Therefore, if anyone cleanses himself from what is dishonorable,[3] he will be a vessel for honorable use, set apart as holy, useful to the master of the house, ready for every good work.

¶ 22 So flee youthful passions and pursue righteousness, faith, love, and peace, along with those who call on the Lord from a pure heart.

23 Have nothing to do with foolish, ignorant controversies; you know that they breed quarrels.

24 And the Lord's servant[4] must not be quarrelsome but kind to everyone, able to teach, patiently enduring evil,

25 und mit Sanftmut die Widerspenstigen zurechtweist, ob ihnen Gott vielleicht Buße gebe, die Wahrheit zu erkennen

26 und wieder nüchtern zu werden aus der Verstrickung des Teufels, von dem sie gefangen sind, zu tun seinen Willen.

Der Verfall der Frömmigkeit in der Endzeit

3 Das sollst du aber wissen, dass in den letzten Tagen schlimme Zeiten kommen werden.

2 Denn die Menschen werden viel von sich halten, geldgierig sein, prahlerisch, hochmütig, Lästerer, den Eltern ungehorsam, undankbar, gottlos,

3 lieblos, unversöhnlich, verleumderisch, zuchtlos, wild, dem Guten feind,

4 Verräter, unbedacht, aufgeblasen. Sie lieben die Wollust mehr als Gott;

5 sie haben den Schein der Frömmigkeit, aber deren Kraft verleugnen sie; solche Menschen meide!

¶ **6** Zu ihnen gehören auch die, die sich in die Häuser einschleichen und gewisse Frauen einfangen, die mit Sünden beladen sind und von mancherlei Begierden getrieben werden,

7 die immer auf neue Lehren aus sind und nie zur Erkenntnis der Wahrheit kommen können.

8 Wie Jannes und Jambres dem Mose widerstanden, so widerstehen auch diese der Wahrheit: Es sind Menschen mit zerrütteten Sinnen, untüchtig zum Glauben.

9 Aber sie werden damit nicht weit kommen; denn ihre Torheit wird jedermann offenbar werden, wie es auch bei jenen geschah.

Das Vorbild des leidenden Apostels

10 Du aber bist mir gefolgt in der Lehre, im Leben, im Streben, im Glauben, in der Langmut, in der Liebe, in der Geduld,

11 in den Verfolgungen, in den Leiden, die mir widerfahren sind in Antiochia, in Ikonion, in Lystra. Welche Verfolgungen ertrug ich da! Und aus allen hat mich der Herr erlöst.

¶ **12** Und **alle, die fromm leben wollen in Christus Jesus, müssen Verfolgung leiden.**

13 Mit den bösen Menschen aber und Betrügern wird's je länger, desto ärger: Sie verführen und werden verführt.

Die Bedeutung der Heiligen Schrift

14 Du aber bleibe bei dem, was du gelernt hast und was dir anvertraut ist; du weißt ja, von wem du gelernt hast

25 correcting his opponents with gentleness. God may perhaps grant them repentance leading to a knowledge of the truth,

26 and they may come to their senses and escape from the snare of the devil, after being captured by him to do his will.

Godlessness in the Last Days

3 But understand this, that in the last days there will come times of difficulty.

2 For people will be lovers of self, lovers of money, proud, [b]arrogant, abusive, [b]disobedient to their parents, ungrateful, unholy,

3 heartless, unappeasable, slanderous, without self-control, brutal, not loving good,

4 treacherous, reckless, swollen with conceit, lovers of pleasure rather than lovers of God,

5 having the appearance of godliness, but denying its power. Avoid such people.

6 For among them are those who creep into households and capture weak women, burdened with sins and led astray by various passions,

7 always learning and never able to arrive at a knowledge of the truth.

8 Just as Jannes and Jambres opposed Moses, so these men also oppose the truth, men corrupted in mind and disqualified regarding the faith.

9 But they will not get very far, for their folly will be plain to all, as was that of those two men.

All Scripture Is Breathed Out by God

¶ **10** You, however, have followed my teaching, my conduct, my aim in life, my faith, my patience, my love, my steadfastness,

11 my persecutions and sufferings that happened to me at Antioch, at Iconium, and at Lystra—which persecutions I endured; yet from them all the Lord rescued me.

12 Indeed, all who desire to live a godly life in Christ Jesus will be persecuted,

13 while evil people and impostors will go on from bad to worse, deceiving and being deceived.

14 But as for you, continue in what you have learned and have firmly believed, knowing from whom[1] you learned it

15 und dass du von Kind auf die Heilige Schrift kennst, die dich unterweisen kann zur Seligkeit durch den Glauben an Christus Jesus.

16 Denn **alle Schrift, von Gott eingegeben, ist nütze zur Lehre, zur Zurechtweisung, zur Besserung, zur Erziehung in der Gerechtigkeit,**

17 dass der Mensch Gottes vollkommen sei, zu allem guten Werk geschickt.

Treue bis zum Ende

4 So ermahne ich dich inständig vor Gott und Christus Jesus, der da kommen wird zu richten die Lebenden und die Toten, und bei seiner Erscheinung und seinem Reich:

2 Predige das Wort, steh dazu, es sei zur Zeit oder zur Unzeit; weise zurecht, drohe, ermahne mit aller Geduld und Lehre.

3 Denn es wird eine Zeit kommen, da sie die heilsame Lehre nicht ertragen werden; sondern nach ihren eigenen Gelüsten werden sie sich selbst Lehrer aufladen, nach denen ihnen die Ohren jucken,

4 und werden die Ohren von der Wahrheit abwenden und sich den Fabeln zukehren.

¶ **5** Du aber sei nüchtern in allen Dingen, leide willig, tu das Werk eines Predigers des Evangeliums, richte dein Amt redlich aus.

6 Denn ich werde schon geopfert, und die Zeit meines Hinscheidens ist gekommen.

7 Ich habe den guten Kampf gekämpft, ich habe den Lauf vollendet, ich habe Glauben gehalten;

8 hinfort liegt für mich bereit die Krone der Gerechtigkeit, die mir der Herr, der gerechte Richter, an jenem Tag geben wird, nicht aber mir allein, sondern auch allen, die seine Erscheinung lieb haben.

Der Apostel und seine Mitarbeiter

9 Beeile dich, dass du bald zu mir kommst.

10 Denn Demas hat mich verlassen und diese Welt lieb gewonnen und ist nach Thessalonich gezogen, Kreszens nach Galatien, Titus nach Dalmatien.

11 Lukas ist allein bei mir. Markus nimm zu dir und bringe ihn mit dir; denn er ist mir nützlich zum Dienst.

12 Tychikus habe ich nach Ephesus gesandt.

13 Den Mantel, den ich in Troas ließ bei Karpus, bringe mit, wenn du kommst, und die Bücher, besonders die Pergamente.

15 and how from childhood you have been acquainted with the sacred writings, which are able to make you wise for salvation through faith in Christ Jesus.

16 All Scripture is breathed out by God and profitable for teaching, for reproof, for correction, and for training in righteousness,

17 that the man of God[2] may be competent, equipped for every good work.

Preach the Word

4 I charge you in the presence of God and of Christ Jesus, who is to judge the living and the dead, and by his appearing and his kingdom:

2 preach the word; be ready in season and out of season; reprove, rebuke, and exhort, with complete patience and teaching.

3 For the time is coming when people will not endure sound[1] teaching, but having itching ears they will accumulate for themselves teachers to suit their own passions,

4 and will turn away from listening to the truth and wander off into myths.

5 As for you, always be sober-minded, endure suffering, do the work of an evangelist, fulfill your ministry.

¶ **6** For I am already being poured out as a drink offering, and the time of my departure has come.

7 I have fought the good fight, I have finished the race, I have kept the faith.

8 Henceforth there is laid up for me the crown of righteousness, which the Lord, the righteous judge, will award to me on that Day, and not only to me but also to all who have loved his appearing.

Personal Instructions

¶ **9** Do your best to come to me soon.

10 For Demas, in love with this present world, has deserted me and gone to Thessalonica. Crescens has gone to Galatia,[2] Titus to Dalmatia.

11 Luke alone is with me. Get Mark and bring him with you, for he is very useful to me for ministry.

12 Tychicus I have sent to Ephesus.

13 When you come, bring the cloak that I left with Carpus at Troas, also the books, and above all the parchments.

14 Alexander, der Schmied, hat mir viel Böses angetan; der Herr wird ihm vergelten nach seinen Werken.

15 Vor dem hüte du dich auch; denn er hat sich unsern Worten sehr widersetzt.

¶ **16** Bei meinem ersten Verhör stand mir niemand bei, sondern sie verließen mich alle. Es sei ihnen nicht zugerechnet.

17 Der Herr aber stand mir bei und stärkte mich, damit durch mich die Botschaft ausgebreitet würde und alle Heiden sie hörten, so wurde ich erlöst aus dem Rachen des Löwen.

18 Der Herr aber wird mich erlösen von allem Übel und mich retten in sein himmlisches Reich. Ihm sei Ehre von Ewigkeit zu Ewigkeit! Amen.

¶ **19** Grüße Priska und Aquila und das Haus des Onesiphorus.

20 Erastus blieb in Korinth, Trophimus aber ließ ich krank in Milet.

21 Beeile dich, dass du vor dem Winter kommst. Es grüßen dich Eubulus und Pudens und Linus und Klaudia und alle Brüder.

¶ **22** Der Herr sei mit deinem Geist! Die Gnade sei mit euch!

14 Alexander the coppersmith did me great harm; the Lord will repay him according to his deeds.

15 Beware of him yourself, for he strongly opposed our message.

16 At my first defense no one came to stand by me, but all deserted me. May it not be charged against them!

17 But the Lord stood by me and strengthened me, so that through me the message might be fully proclaimed and all the Gentiles might hear it. So I was rescued from the lion's mouth.

18 The Lord will rescue me from every evil deed and bring me safely into his heavenly kingdom. To him be the glory forever and ever. Amen.

Final Greetings

¶ **19** Greet Prisca and Aquila, and the household of Onesiphorus.

20 Erastus remained at Corinth, and I left Trophimus, who was ill, at Miletus.

21 Do your best to come before winter. Eubulus sends greetings to you, as do Pudens and Linus and Claudia and all the brothers.[3]

¶ **22** The Lord be with your spirit. Grace be with you.[4]

DER BRIEF DES PAULUS AN TITUS

TITUS

THE LETTER OF PAUL TO

1 Paulus, ein Knecht Gottes und ein Apostel Jesu Christi, nach dem Glauben der Auserwählten Gottes und der Erkenntnis der Wahrheit, die dem Glauben gemäß ist,

2 in der Hoffnung auf das ewige Leben, das Gott, der nicht lügt, verheißen hat vor den Zeiten der Welt;

3 aber zu seiner Zeit hat er sein Wort offenbart durch die Predigt, die mir anvertraut ist nach dem Befehl Gottes, unseres Heilands;

¶ **4** an Titus, meinen rechten Sohn nach unser beider Glauben:

¶ Gnade und Friede von Gott, dem Vater, und Christus Jesus, unserm Heiland!

Von den Ältesten und Bischöfen

5 Deswegen ließ ich dich in Kreta, dass du vollends ausrichten solltest, was noch fehlt, und überall in den Städten Älteste einsetzen, wie ich dir befohlen habe:

6 wenn einer untadelig ist, Mann einer einzigen Frau, der gläubige Kinder hat, die nicht im Ruf stehen, liederlich oder ungehorsam zu sein.

7 Denn ein Bischof soll untadelig sein als ein Haushalter Gottes, nicht eigensinnig, nicht jähzornig, kein Säufer, nicht streitsüchtig, nicht schändlichen Gewinn suchen;

8 sondern gastfrei, gütig, besonnen, gerecht, fromm, enthaltsam;

9 er halte sich an das Wort der Lehre, das gewiss ist, damit er die Kraft habe, zu ermahnen mit der heilsamen Lehre und zurechtzuweisen, die widersprechen.

Gegen die Irrlehrer

10 Denn es gibt viele Freche, unnütze Schwätzer und Verführer, besonders die aus den Juden,

11 denen man das Maul stopfen muss, weil sie ganze Häuser verwirren und lehren, was nicht sein darf, um schändlichen Gewinns willen.

12 Es hat einer von ihnen gesagt, ihr eigener Prophet: Die Kreter sind immer Lügner, böse Tiere und faule Bäuche.

Greeting

1 Paul, a servant[1] of God and an apostle of Jesus Christ, for the sake of the faith of God's elect and their knowledge of the truth, which accords with godliness,

2 in hope of eternal life, which God, who never lies, promised before the ages began[2]

3 and at the proper time manifested in his word through the preaching with which I have been entrusted by the command of God our Savior;

¶ **4** To Titus, my true child in a common faith:

¶ Grace and peace from God the Father and Christ Jesus our Savior.

Qualifications for Elders

¶ **5** This is why I left you in Crete, so that you might put what remained into order, and appoint elders in every town as I directed you—

6 if anyone is above reproach, the husband of one wife,[3] and his children are believers and not open to the charge of debauchery or insubordination.

7 For an overseer,[4] as God's steward, must be above reproach. He must not be arrogant or quick-tempered or a drunkard or violent or greedy for gain,

8 but hospitable, a lover of good, self-controlled, upright, holy, and disciplined.

9 He must hold firm to the trustworthy word as taught, so that he may be able to give instruction in sound[5] doctrine and also to rebuke those who contradict it.

¶ **10** For there are many who are insubordinate, empty talkers and deceivers, especially those of the circumcision party.

11 They must be silenced, since they are upsetting whole families by teaching for shameful gain what they ought not to teach.

12 One of the Cretans,[6] a prophet of their own, said, "Cretans are always liars, evil beasts, lazy gluttons."[7]

13 Dieses Zeugnis ist wahr. Aus diesem Grund weise sie scharf zurecht, damit sie gesund werden im Glauben

14 und nicht achten auf die jüdischen Fabeln und die Gebote von Menschen, die sich von der Wahrheit abwenden.

¶ **15** Den Reinen ist alles rein; den Unreinen aber und Ungläubigen ist nichts rein, sondern unrein ist beides, ihr Sinn und ihr Gewissen.

16 Sie sagen, sie kennen Gott, aber mit den Werken verleugnen sie ihn; ein Gräuel sind sie und gehorchen nicht und sind zu allem guten Werk untüchtig.

Das Zusammenleben in der Gemeinde

2 Du aber rede, wie sich's ziemt nach der heilsamen Lehre.

2 Den alten Männern sage, dass sie nüchtern seien, ehrbar, besonnen, gesund im Glauben, in der Liebe, in der Geduld;

3 desgleichen den alten Frauen, dass sie sich verhalten, wie es sich für Heilige ziemt, nicht verleumderisch, nicht dem Trunk ergeben. Sie sollen aber Gutes lehren

4 und die jungen Frauen anhalten, dass sie ihre Männer lieben, ihre Kinder lieben,

5 besonnen seien, keusch, häuslich, gütig und sich ihren Männern unterordnen, damit nicht das Wort Gottes verlästert werde.

¶ **6** Desgleichen ermahne die jungen Männer, dass sie besonnen seien

7 in allen Dingen. Dich selbst aber mache zum Vorbild guter Werke mit unverfälschter Lehre, mit Ehrbarkeit,

8 mit heilsamem und untadeligem Wort, damit der Widersacher beschämt werde und nichts Böses habe, das er uns nachsagen kann.

¶ **9** Den Sklaven sage, dass sie sich ihren Herren in allen Dingen unterordnen, ihnen gefällig seien, nicht widersprechen,

10 nichts veruntreuen, sondern sich in allem als gut und treu erweisen, damit sie der Lehre Gottes, unseres Heilands, Ehre machen in allen Stücken.

Die heilsame Gnade

11 Denn es ist erschienen die heilsame Gnade Gottes allen Menschen

12 und nimmt uns in Zucht, dass wir absagen dem ungöttlichen Wesen und den weltlichen Begierden und besonnen, gerecht und fromm in dieser Welt leben

13 This testimony is true. Therefore rebuke them sharply, that they may be sound in the faith,

14 not devoting themselves to Jewish myths and the commands of people who turn away from the truth.

15 To the pure, all things are pure, but to the defiled and unbelieving, nothing is pure; but both their minds and their consciences are defiled.

16 They profess to know God, but they deny him by their works. They are detestable, disobedient, unfit for any good work.

Teach Sound Doctrine

2 But as for you, teach what accords with sound[1] doctrine.

2 Older men are to be sober-minded, dignified, self-controlled, sound in faith, in love, and in steadfastness.

3 Older women likewise are to be reverent in behavior, not slanderers or slaves to much wine. They are to teach what is good,

4 and so train the young women to love their husbands and children,

5 to be self-controlled, pure, working at home, kind, and submissive to their own husbands, that the word of God may not be reviled.

6 Likewise, urge the younger men to be self-controlled.

7 Show yourself in all respects to be a model of good works, and in your teaching show integrity, dignity,

8 and sound speech that cannot be condemned, so that an opponent may be put to shame, having nothing evil to say about us.

9 Slaves[2] are to be submissive to their own masters in everything; they are to be well-pleasing, not argumentative,

10 not pilfering, but showing all good faith, so that in everything they may adorn the doctrine of God our Savior.

¶ **11** For the grace of God has appeared, bringing salvation for all people,

12 training us to renounce ungodliness and worldly passions, and to live self-controlled, upright, and godly lives in the present age,

13 und warten auf die selige Hoffnung und Erscheinung der Herrlichkeit des großen Gottes und unseres Heilands Jesus Christus,

14 der sich selbst für uns gegeben hat, damit er uns erlöste von aller Ungerechtigkeit und reinigte sich selbst ein Volk zum Eigentum, das eifrig wäre zu guten Werken.

¶ **15** Das sage und ermahne und weise zurecht mit ganzem Ernst. Niemand soll dich verachten.

Der Christ in der Welt

3 Erinnere sie daran, dass sie der Gewalt der Obrigkeit untertan und gehorsam seien, zu allem guten Werk bereit,

2 niemanden verleumden, nicht streiten, gütig seien, alle Sanftmut beweisen gegen alle Menschen.

¶ **3** Denn auch wir waren früher unverständig, ungehorsam, gingen in die Irre, waren mancherlei Begierden und Gelüsten dienstbar und lebten in Bosheit und Neid, waren verhasst und hassten uns untereinander.

4 Als aber erschien die Freundlichkeit und Menschenliebe Gottes, unseres Heilands,

5 machte er uns selig – nicht um der Werke der Gerechtigkeit willen, die wir getan hatten, sondern nach seiner Barmherzigkeit – durch das Bad der Wiedergeburt und Erneuerung im Heiligen Geist,

6 den er über uns reichlich ausgegossen hat durch Jesus Christus, unsern Heiland,

7 damit wir, durch dessen Gnade gerecht geworden, Erben des ewigen Lebens würden nach unsrer Hoffnung.

8 Das ist gewisslich wahr.

¶ Und ich will, dass du dies mit Ernst lehrst, damit alle, die zum Glauben an Gott gekommen sind, darauf bedacht sind, sich mit guten Werken hervorzutun. Das ist gut und nützt den Menschen.

9 Von törichten Fragen aber, von Geschlechtsregistern, von Zank und Streit über das Gesetz halte dich fern; denn sie sind unnütz und nichtig.

10 Einen ketzerischen Menschen meide, wenn er einmal und noch einmal ermahnt ist,

11 und wisse, dass ein solcher ganz verkehrt ist und sündigt und sich selbst damit das Urteil spricht.

Aufträge und Grüße

12 Wenn ich Artemas oder Tychikus zu dir senden werde, so komm eilends zu mir nach Nikopolis; denn ich habe beschlossen, dort den Winter über zu bleiben.

13 waiting for our blessed hope, the appearing of the glory of our great God and Savior Jesus Christ,

14 who gave himself for us to redeem us from all lawlessness and to purify for himself 'a people for his own possession who are zealous for good works.

¶ **15** Declare these things; exhort and rebuke with all authority. Let no one disregard you.

Be Ready for Every Good Work

3 Remind them to be submissive to rulers and authorities, to be obedient, to be ready for every good work,

2 to speak evil of no one, to avoid quarreling, to be gentle, and to show perfect courtesy toward all people.

3 For we ourselves were once foolish, disobedient, led astray, slaves to various passions and pleasures, passing our days in malice and envy, hated by others and hating one another.

4 But when the goodness and loving kindness of God our Savior appeared,

5 he saved us, not because of works done by us in righteousness, but according to his own mercy, by the washing of regeneration and renewal of the Holy Spirit,

6 whom he poured out on us richly through Jesus Christ our Savior,

7 so that being justified by his grace we might become heirs according to the hope of eternal life.

8 The saying is trustworthy, and I want you to insist on these things, so that those who have believed in God may be careful to devote themselves to good works. These things are excellent and profitable for people.

9 But avoid foolish controversies, genealogies, dissensions, and quarrels about the law, for they are unprofitable and worthless.

10 As for a person who stirs up division, after warning him once and then twice, have nothing more to do with him,

11 knowing that such a person is warped and sinful; he is self-condemned.

Final Instructions and Greetings

¶ **12** When I send Artemas or Tychikus to you, do your best to come to me at Nicopolis, for I have decided to spend the winter there.

13 Zenas, den Rechtsgelehrten, und Apollos rüste gut aus zur Reise, damit ihnen nichts fehle.

¶ **14** Lass aber auch die Unseren lernen, sich hervorzutun mit guten Werken, wo sie nötig sind, damit sie kein fruchtloses Leben führen.

¶ **15** Es grüßen dich alle, die bei mir sind. Grüße alle, die uns lieben im Glauben. Die Gnade sei mit euch allen!

13 Do your best to speed Zenas the lawyer and Apollos on their way; see that they lack nothing.

14 And let our people learn to devote themselves to good works, so as to help cases of urgent need, and not be unfruitful.

¶ **15** All who are with me send greetings to you. Greet those who love us in the faith.

¶ Grace be with you all.

DER BRIEF DES PAULUS AN PHILEMON

THE LETTER OF PAUL TO PHILEMON

¶ **1** Paulus, ein Gefangener Christi Jesu, und Timotheus, der Bruder, an Philemon, den Lieben, unsern Mitarbeiter,

2 und an Aphia, die Schwester, und Archippus, unsern Mitstreiter, und an die Gemeinde in deinem Hause:

¶ **3** Gnade sei mit euch und Friede von Gott, unserm Vater, und dem Herrn Jesus Christus!

Glaube und Liebe des Philemon

4 Ich danke meinem Gott allezeit, wenn ich deiner gedenke in meinen Gebeten

5 – denn ich höre von der Liebe und dem Glauben, die du hast an den Herrn Jesus und gegenüber allen Heiligen –,

6 dass der Glaube, den wir miteinander haben, in dir kräftig werde in Erkenntnis all des Guten, das wir haben, in Christus.

7 Denn ich hatte große Freude und Trost durch deine Liebe, weil die Herzen der Heiligen erquickt sind durch dich, lieber Bruder.

Fürsprache für Onesimus

8 Darum, obwohl ich in Christus volle Freiheit habe, dir zu gebieten, was sich gebührt,

9 will ich um der Liebe willen doch nur bitten, so wie ich bin: Paulus, ein alter Mann, nun aber auch ein Gefangener Christi Jesu.

10 So bitte ich dich für meinen Sohn Onesimus*, den ich gezeugt habe in der Gefangenschaft,

11 der dir früher unnütz war, jetzt aber dir und mir sehr nützlich ist.

¶ **12** Den sende ich dir wieder zurück und damit mein eigenes Herz.

13 Ich wollte ihn gern bei mir behalten, damit er mir an deiner statt diene in der Gefangenschaft um des Evangeliums willen.

14 Aber ohne deinen Willen wollte ich nichts tun, damit das Gute dir nicht abgenötigt wäre, sondern freiwillig geschehe.

Greeting

¶ **1** Paul, a prisoner for Christ Jesus, and Timothy our brother,

¶ To Philemon our beloved fellow worker

2 and Apphia our sister and Archippus our fellow soldier, and the church in your house:

¶ **3** Grace to you and peace from God our Father and the Lord Jesus Christ.

Philemon's Love and Faith

¶ **4** I thank my God always when I remember you in my prayers,

5 because I hear of your love and of the faith that you have toward the Lord Jesus and for all the saints,

6 and I pray that the sharing of your faith may become effective for the full knowledge of every good thing that is in us for the sake of Christ.[1]

7 For I have derived much joy and comfort from your love, my brother, because the hearts of the saints have been refreshed through you.

Paul's Plea for Onesimus

¶ **8** Accordingly, though I am bold enough in Christ to command you to do what is required,

9 yet for love's sake I prefer to appeal to you—I, Paul, an old man and now a prisoner also for Christ Jesus—

10 I appeal to you for my child, Onesimus,[2] whose father I became in my imprisonment.

11 (Formerly he was useless to you, but now he is indeed useful to you and to me.)

12 I am sending him back to you, sending my very heart.

13 I would have been glad to keep him with me, in order that he might serve me on your behalf during my imprisonment for the gospel,

14 but I preferred to do nothing without your consent in order that your goodness might not be by compulsion but of your own accord.

15 Denn vielleicht war er darum eine Zeit lang von dir getrennt, damit du ihn auf ewig wiederhättest,

16 nun nicht mehr als einen Sklaven, sondern als einen, der mehr ist als ein Sklave: ein geliebter Bruder, besonders für mich, wie viel mehr aber für dich, sowohl im leiblichen Leben wie auch in dem Herrn.

¶ **17** Wenn du mich nun für deinen Freund hältst, so nimm ihn auf wie mich selbst.

18 Wenn er aber dir Schaden angetan hat oder etwas schuldig ist, das rechne mir an.

19 Ich, Paulus, schreibe es mit eigener Hand: Ich will's bezahlen; ich schweige davon, dass du dich selbst mir schuldig bist.

20 Ja, lieber Bruder, gönne mir, dass ich mich an dir erfreue in dem Herrn; erquicke mein Herz in Christus.

¶ **21** Im Vertrauen auf deinen Gehorsam schreibe ich dir; denn ich weiß, du wirst mehr tun, als ich sage.

22 Zugleich bereite mir die Herberge; denn ich hoffe, dass ich durch eure Gebete euch geschenkt werde.

Grüße und Segenswunsch

23 Es grüßt dich Epaphras, mein Mitgefangener in Christus Jesus,

24 Markus, Aristarch, Demas, Lukas, meine Mitarbeiter.

¶ **25** Die Gnade des Herrn Jesus Christus sei mit eurem Geist!

15 For this perhaps is why he was parted from you for a while, that you might have him back forever,

16 no longer as a slave[3] but more than a slave, as a beloved brother—especially to me, but how much more to you, both in the flesh and in the Lord.

¶ **17** So if you consider me your partner, receive him as you would receive me.

18 If he has wronged you at all, or owes you anything, charge that to my account.

19 I, Paul, write this with my own hand: I will repay it—to say nothing of your owing me even your own self.

20 Yes, brother, I want some benefit from you in the Lord. Refresh my heart in Christ.

¶ **21** Confident of your obedience, I write to you, knowing that you will do even more than I say.

22 At the same time, prepare a guest room for me, for I am hoping that through your prayers I will be graciously given to you.

Final Greetings

¶ **23** Epaphras, my fellow prisoner in Christ Jesus, sends greetings to you,

24 and so do Mark, [i]Aristarchus, Demas, and [j]Luke, my fellow workers.

¶ **25** The grace of the Lord Jesus Christ be with your spirit.

DER BRIEF AN DIE HEBRÄER

1 Nachdem Gott vorzeiten vielfach und auf vielerlei Weise geredet hat zu den Vätern durch die Propheten,

2 hat er in diesen letzten Tagen zu uns geredet durch den Sohn, den er eingesetzt hat zum Erben über alles, durch den er auch die Welt gemacht hat.

3 Er ist der Abglanz seiner Herrlichkeit und das Ebenbild seines Wesens und trägt alle Dinge mit seinem kräftigen Wort und hat vollbracht die Reinigung von den Sünden und hat sich gesetzt zur Rechten der Majestät in der Höhe

4 und ist so viel höher geworden als die Engel, wie der Name, den er ererbt hat, höher ist als ihr Name.

Der Sohn höher als die Engel

5 Denn zu welchem Engel hat Gott jemals gesagt (Psalm 2,7): »Du bist mein Sohn, heute habe ich dich gezeugt«? Und wiederum (2.Samuel 7,14): »Ich werde sein Vater sein und er wird mein Sohn sein«?

6 Und wenn er den Erstgeborenen wieder einführt in die Welt, spricht er (Psalm 97,7): »Und es sollen ihn alle Engel Gottes anbeten.«

¶ **7** Von den Engeln spricht er zwar (Psalm 104,4): »Er macht seine Engel zu Winden und seine Diener zu Feuerflammen«,

8 aber von dem Sohn (Psalm 45,7-8): »Gott, dein Thron währt von Ewigkeit zu Ewigkeit, und das Zepter der Gerechtigkeit ist das Zepter deines Reiches.

9 Du hast geliebt die Gerechtigkeit und gehasst die Ungerechtigkeit; darum hat dich, o Gott, dein Gott gesalbt mit Freudenöl wie keinen deinesgleichen.«

The Supremacy of God's Son

1 Long ago, at many times and in many ways, God spoke to our fathers by the prophets,

2 but in these last days he has spoken to us by his Son, whom he appointed the heir of all things, through whom also he created the world.

3 He is the radiance of the glory of God and the exact imprint of his nature, and he upholds the universe by the word of his power. After making purification for sins, he sat down at the right hand of the Majesty on high,

4 having become as much superior to angels as the name he has inherited is more excellent than theirs.

¶ **5** For to which of the angels did God ever say,

"You are my Son,
today I have begotten you"?

Or again,

"I will be to him a father,
and he shall be to me a son"?

6 And again, when he brings the firstborn into the world, he says,

"Let all God's angels worship him."

7 Of the angels he says,

"He makes his angels winds,
and his ministers a flame of fire."

8 But of the Son he says,

"Your throne, O God, is forever and ever,
the scepter of uprightness is the scepter of your kingdom.

9 You have loved righteousness and hated wickedness;
therefore God, your God, has anointed you
with the oil of gladness beyond your companions."

10 Und (Psalm 102,26-28): »Du, Herr, hast am Anfang die Erde gegründet, und die Himmel sind deiner Hände Werk.

11 Sie werden vergehen, du aber bleibst. Sie werden alle veralten wie ein Gewand;

12 und wie einen Mantel wirst du sie zusammenrollen, wie ein Gewand werden sie gewechselt werden. Du aber bist derselbe, und deine Jahre werden nicht aufhören.«

13 Zu welchem Engel aber hat er jemals gesagt (Psalm 110,1): »Setze dich zu meiner Rechten, bis ich deine Feinde zum Schemel deiner Füße mache«?

14 Sind sie nicht allesamt dienstbare Geister, ausgesandt zum Dienst um derer willen, die das Heil ererben sollen?

2 Darum sollen wir desto mehr achten auf das Wort, das wir hören, damit wir nicht am Ziel vorbeitreiben.

2 Denn wenn das Wort fest war, das durch die Engel gesagt ist, und jede Übertretung und jeder Ungehorsam den rechten Lohn empfing,

3 wie wollen wir entrinnen, wenn wir ein so großes Heil nicht achten, das seinen Anfang nahm mit der Predigt des Herrn und bei uns bekräftigt wurde durch die, die es gehört haben?

4 Und Gott hat dazu Zeugnis gegeben durch Zeichen, Wunder und mancherlei mächtige Taten und durch die Austeilung des Heiligen Geistes nach seinem Willen.

Die Erniedrigung und Erhöhung Christi

5 Denn nicht den Engeln hat er untertan gemacht die zukünftige Welt, von der wir reden.

6 Es bezeugt aber einer an einer Stelle und spricht (Psalm 8,5-7): »Was ist der Mensch, dass du seiner gedenkst, und des Menschen Sohn, dass du auf ihn achtest?

7 Du hast ihn eine kleine Zeit niedriger sein lassen als die Engel; mit Preis und Ehre hast du ihn gekrönt;

10 And,

> "You, Lord, laid the foundation of the
> earth in the beginning,
> and the heavens are the work of your
> hands;

11 they will perish, but you remain;
> they will all wear out like a garment,

12 like a robe you will roll them up,
> like a garment they will be changed.[1]
> But you are the same,
> and your years will have no end."

13 And to which of the angels has he ever said,

> "Sit at my right hand
> until I make your enemies a footstool
> for your feet"?

14 Are they not all ministering spirits sent out to serve for the sake of those who are to inherit salvation?

Warning Against Neglecting Salvation

2 Therefore we must pay much closer attention to what we have heard, lest we drift away from it.

2 For since the message declared by angels proved to be reliable, and every transgression or disobedience received a just retribution,

3 how shall we escape if we neglect such a great salvation? It was declared at first by the Lord, and it was attested to us by those who heard,

4 while God also bore witness by signs and wonders and various miracles and by gifts of the Holy Spirit distributed according to his will.

The Founder of Salvation

¶ **5** Now it was not to angels that God subjected the world to come, of which we are speaking.

6 It has been testified somewhere,

> "What is man, that you are mindful of
> him,
> or the son of man, that you care for
> him?

7 You made him for a little while lower
> than the angels;
> you have crowned him with glory and
> honor,[1]

8 alles hast du unter seine Füße getan.« Wenn er ihm alles unter die Füße getan hat, so hat er nichts ausgenommen, was ihm nicht untertan wäre. Jetzt aber sehen wir noch nicht, dass ihm alles untertan ist.

9 Den aber, der »eine kleine Zeit niedriger gewesen ist als die Engel«, Jesus, sehen wir durch das Leiden des Todes »gekrönt mit Preis und Ehre«; denn durch Gottes Gnade sollte er für alle den Tod schmecken.

10 Denn es ziemte sich für den, um dessentwillen alle Dinge sind und durch den alle Dinge sind, dass er den, der viele Söhne zur Herrlichkeit geführt hat, den Anfänger ihres Heils, durch Leiden vollendete.

¶ **11** Denn weil sie alle von **einem** kommen, beide, der heiligt und die geheiligt werden, darum schämt er sich auch nicht, sie Brüder zu nennen,

12 und spricht (Psalm 22,23): »Ich will deinen Namen verkündigen meinen Brüdern und mitten in der Gemeinde dir lobsingen.«

13 Und wiederum (Jesaja 8,17): »Ich will mein Vertrauen auf ihn setzen«; und wiederum (Jesaja 8,18): »Siehe, hier bin ich und die Kinder, die mir Gott gegeben hat.«

14 Weil nun die Kinder von Fleisch und Blut sind, hat auch er's gleichermaßen angenommen, damit er durch seinen Tod die Macht nähme dem, der Gewalt über den Tod hatte, nämlich dem Teufel,

15 und die erlöste, die durch Furcht vor dem Tod im ganzen Leben Knechte sein mussten.

16 Denn er nimmt sich nicht der Engel an, sondern der Kinder Abrahams nimmt er sich an.

17 Daher musste er in allem seinen Brüdern gleich werden, damit er barmherzig würde und ein treuer Hoherpriester vor Gott, zu sühnen die Sünden des Volkes.

18 Denn worin er selber gelitten hat und versucht worden ist, kann er helfen denen, die versucht werden.

8 putting everything in subjection under his feet."

Now in putting everything in subjection to him, he left nothing outside his control. At present, we do not yet see everything in subjection to him.

9 But we see him who for a little while was made lower than the angels, namely Jesus, crowned with glory and honor because of the suffering of death, so that by the grace of God he might taste death for everyone.

¶ **10** For it was fitting that he, for whom and by whom all things exist, in bringing many sons to glory, should make the founder of their salvation perfect through suffering.

11 For he who sanctifies and those who are sanctified all have one source.[2] That is why he is not ashamed to call them brothers,[3]

12 saying,

> "I will tell of your name to my brothers;
>   in the midst of the congregation I will
>   sing your praise."

13 And again,

> "I will put my trust in him."

And again,

> "Behold, I and the children God has
>   given me."

¶ **14** Since therefore the children share in flesh and blood, he himself likewise partook of the same things, that through death he might destroy the one who has the power of death, that is, the devil,

15 and deliver all those who through fear of death were subject to lifelong slavery.

16 For surely it is not angels that he helps, but he helps the offspring of Abraham.

17 Therefore he had to be made like his brothers in every respect, so that he might become a merciful and faithful high priest in the service of God, to make propitiation for the sins of the people.

18 For because he himself has suffered when tempted, he is able to help those who are being tempted.

Christus höher als Mose

3 Darum, ihr heiligen Brüder, die ihr teilhabt an der himmlischen Berufung, schaut auf den Apostel und Hohenpriester, den wir bekennen, Jesus,

2 der da treu ist dem, der ihn gemacht hat, wie auch Mose in Gottes ganzem Hause.

3 Er ist aber größerer Ehre wert als Mose, so wie der Erbauer des Hauses größere Ehre hat als das Haus.

4 Denn jedes Haus wird von jemandem erbaut; der aber alles erbaut hat, das ist Gott.

5 Und Mose zwar war treu in Gottes ganzem Hause als Knecht, zum Zeugnis für das, was später gesagt werden sollte,

6 Christus aber war treu als Sohn über Gottes Haus. Sein Haus sind wir, wenn wir das Vertrauen und den Ruhm der Hoffnung festhalten.

Die verwirkte Gottesruhe

7 Darum, wie der Heilige Geist spricht (Psalm 95,7-11): »Heute, **wenn ihr seine Stimme hören werdet,**

8 so verstockt eure Herzen nicht**, wie es geschah bei der Verbitterung am Tage der Versuchung in der Wüste,

9 wo mich eure Väter versuchten und prüften und hatten doch meine Werke gesehen vierzig Jahre lang.

10 Darum wurde ich zornig über dieses Geschlecht und sprach: Immer irren sie im Herzen! Aber sie verstanden meine Wege nicht,

11 sodass ich schwor in meinem Zorn: Sie sollen nicht zu meiner Ruhe kommen.«

¶ **12** Seht zu, liebe Brüder, dass keiner unter euch ein böses, ungläubiges Herz habe, das abfällt von dem lebendigen Gott;

13 sondern ermahnt euch selbst alle Tage, solange es »heute« heißt, dass nicht jemand unter euch verstockt werde durch den Betrug der Sünde.

14 Denn wir haben an Christus Anteil bekommen, wenn wir die Zuversicht vom Anfang bis zum Ende festhalten.

15 Wenn es heißt: »Heute, wenn ihr seine Stimme hören werdet, so verstockt eure Herzen nicht, wie es bei der Verbitterung geschah« –

Jesus Greater Than Moses

3 Therefore, holy brothers,[1] you who share in a heavenly calling, consider Jesus, the apostle and high priest of our confession,

2 who was faithful to him who appointed him, just as Moses also was faithful in all God's[2] house.

3 For Jesus has been counted worthy of more glory than Moses—as much more glory as the builder of a house has more honor than the house itself.

4 (For every house is built by someone, but the builder of all things is God.)

5 Now Moses was faithful in all God's house as a servant, to testify to the things that were to be spoken later,

6 but Christ is faithful over God's house as a son. And we are his house if indeed we hold fast our confidence and our boasting in our hope.[3]

A Rest for the People of God

¶ **7** Therefore, as the Holy Spirit says,

"Today, if you hear his voice,

8 do not harden your hearts as in the rebellion,
　　on the day of testing in the wilderness,

9 where your fathers put me to the test
　　and saw my works for forty years.

10 Therefore I was provoked with that generation,
　and said, 'They always go astray in their heart;
　　they have not known my ways.'

11 As I swore in my wrath,
　　'They shall not enter my rest.'"

12 Take care, brothers, lest there be in any of you an evil, unbelieving heart, leading you to fall away from the living God.

13 But exhort one another every day, as long as it is called "today," that none of you may be hardened by the deceitfulness of sin.

14 For we have come to share in Christ, if indeed we hold our original confidence firm to the end.

15 As it is said,

"Today, if you hear his voice,
　　do not harden your hearts as in the rebellion."

16 wer hat sie denn gehört und sich verbittert? Waren's nicht alle, die von Ägypten auszogen mit Mose?

17 Und über wen war Gott zornig vierzig Jahre lang? War's nicht über die, die sündigten und deren Leiber in der Wüste zerfielen?

18 Wem aber schwor er, dass sie nicht zu seiner Ruhe kommen sollten, wenn nicht den Ungehorsamen?

19 Und wir sehen, dass sie nicht dahin kommen konnten wegen des Unglaubens.

Die verheißene Gottesruhe

4 So lasst uns nun mit Furcht darauf achten, dass keiner von euch etwa zurückbleibe, solange die Verheißung noch besteht, dass wir zu seiner Ruhe kommen.

2 Denn es ist auch uns verkündigt wie jenen. Aber das Wort der Predigt half jenen nichts, weil sie nicht glaubten, als sie es hörten.

3 Denn wir, die wir glauben, gehen ein in die Ruhe, wie er gesprochen hat (Psalm 95,11): »Ich schwor in meinem Zorn: Sie sollen nicht zu meiner Ruhe kommen.« Nun waren ja die Werke von Anbeginn der Welt fertig;

4 denn so hat er an einer andern Stelle gesprochen vom siebenten Tag (1.Mose 2,2): »Und Gott ruhte am siebenten Tag von allen seinen Werken.«

5 Doch an dieser Stelle wiederum: »Sie sollen nicht zu meiner Ruhe kommen.«

¶ **6** Da es nun bestehen bleibt, dass einige zu dieser Ruhe kommen sollen, und die, denen es zuerst verkündigt ist, nicht dahin gekommen sind wegen des Ungehorsams,

7 bestimmt er abermals einen Tag, ein »Heute«, und spricht nach so langer Zeit durch David, wie eben gesagt: »Heute, wenn ihr seine Stimme hören werdet, so verstockt eure Herzen nicht.«

8 Denn wenn Josua sie zur Ruhe geführt hätte, würde Gott nicht danach von einem andern Tag geredet haben.

9 Es ist also noch eine Ruhe vorhanden für das Volk Gottes.

10 Denn wer zu Gottes Ruhe gekommen ist, der ruht auch von seinen Werken so wie Gott von den seinen.

11 So lasst uns nun bemüht sein, zu dieser Ruhe zu kommen, damit nicht jemand zu Fall komme durch den gleichen Ungehorsam.

16 For who were those who heard and yet rebelled? Was it not all those who left Egypt led by Moses?

17 And with whom was he provoked for forty years? Was it not with those who sinned, whose bodies fell in the wilderness?

18 And to whom did he swear that they would not enter his rest, but to those who were disobedient?

19 So we see that they were unable to enter because of unbelief.

4 Therefore, while the promise of entering his rest still stands, let us fear lest any of you should seem to have failed to reach it.

2 For good news came to us just as to them, but the message they heard did not benefit them, because they were not united by faith with those who listened.[1]

3 For we who have believed enter that rest, as he has said,

"As I swore in my wrath,
'They shall not enter my rest,'"

although his works were finished from the foundation of the world.

4 For he has somewhere spoken of the seventh day in this way: "And God rested on the seventh day from all his works."

5 And again in this passage he said,

"They shall not enter my rest."

6 Since therefore it remains for some to enter it, and those who formerly received the good news failed to enter because of disobedience,

7 again he appoints a certain day, "Today," saying through David so long afterward, in the words already quoted,

"Today, if you hear his voice,
do not harden your hearts."

8 For if Joshua had given them rest, God[2] would not have spoken of another day later on.

9 So then, there remains a Sabbath rest for the people of God,

10 for whoever has entered God's rest has also rested from his works as God did from his.

¶ **11** Let us therefore strive to enter that rest, so that no one may fall by the same sort of disobedience.

¶ **12** Denn das Wort Gottes ist lebendig und kräftig und schärfer als jedes zweischneidige Schwert und dringt durch, bis es scheidet Seele und Geist, auch Mark und Bein, und ist ein Richter der Gedanken und Sinne des Herzens.

13 Und kein Geschöpf ist vor ihm verborgen, sondern es ist alles bloß und aufgedeckt vor den Augen Gottes, dem wir Rechenschaft geben müssen.

Christus der wahre Hohepriester

14 Weil wir denn einen großen Hohenpriester haben, Jesus, den Sohn Gottes, der die Himmel durchschritten hat, so lasst uns festhalten an dem Bekenntnis.

15 Denn wir haben nicht einen Hohenpriester, der nicht könnte mit leiden mit unserer Schwachheit, sondern der versucht worden ist in allem wie wir, doch ohne Sünde.

16 Darum lasst uns hinzutreten mit Zuversicht zu dem Thron der Gnade, damit wir Barmherzigkeit empfangen und Gnade finden zu der Zeit, wenn wir Hilfe nötig haben.

5 Denn jeder Hohepriester, der von den Menschen genommen wird, der wird eingesetzt für die Menschen zum Dienst vor Gott, damit er Gaben und Opfer darbringe für die Sünden.

2 Er kann mitfühlen mit denen, die unwissend sind und irren, weil er auch selber Schwachheit an sich trägt.

3 Darum muss er wie für das Volk, so auch für sich selbst opfern für die Sünden.

4 Und niemand nimmt sich selbst die hohepriesterliche Würde, sondern er wird von Gott berufen wie auch Aaron.

5 So hat auch Christus sich nicht selbst die Ehre beigelegt, Hoherpriester zu werden, sondern der, der zu ihm gesagt hat (Psalm 2,7): »Du bist mein Sohn, heute habe ich dich gezeugt.«

6 Wie er auch an anderer Stelle spricht (Psalm 110,4): »Du bist ein Priester in Ewigkeit nach der Ordnung Melchisedeks.«

¶ **7** Und er hat in den Tagen seines irdischen Lebens Bitten und Flehen mit lautem Schreien und mit Tränen dem dargebracht, der ihn vom Tod erretten konnte; und er ist auch erhört worden, weil er Gott in Ehren hielt.

12 For the word of God is living and active, sharper than any two-edged sword, piercing to the division of soul and of spirit, of joints and of marrow, and discerning the thoughts and intentions of the heart.

13 And no creature is hidden from his sight, but all are naked and exposed to the eyes of him to whom we must give account.

Jesus the Great High Priest

¶ **14** Since then we have a great high priest who has passed through the heavens, Jesus, the Son of God, let us hold fast our confession.

15 For we do not have a high priest who is unable to sympathize with our weaknesses, but one who in every respect has been tempted as we are, yet without sin.

16 Let us then with confidence draw near to the throne of grace, that we may receive mercy and find grace to help in time of need.

5 For every high priest chosen from among men is appointed to act on behalf of men in relation to God, to offer gifts and sacrifices for sins.

2 He can deal gently with the ignorant and wayward, since he himself is beset with weakness.

3 Because of this he is obligated to offer sacrifice for his own sins just as he does for those of the people.

4 And no one takes this honor for himself, but only when called by God, just as Aaron was.

¶ **5** So also Christ did not exalt himself to be made a high priest, but was appointed by him who said to him,

"You are my Son,
today I have begotten you";

6 as he says also in another place,

"You are a priest forever,
after the order of Melchizedek."

¶ **7** In the days of his flesh, Jesus[1] offered up prayers and supplications, with loud cries and tears, to him who was able to save him from death, and he was heard because of his reverence.

8 So hat er, obwohl er Gottes Sohn war, doch an dem, was er litt, Gehorsam gelernt.

9 Und als er vollendet war, ist er für alle, die ihm gehorsam sind, der Urheber des ewigen Heils geworden,

10 genannt von Gott ein Hoherpriester nach der Ordnung Melchisedeks.

Das Festhalten an der Verheißung

11 Darüber hätten wir noch viel zu sagen; aber es ist schwer, weil ihr so harthörig geworden seid.

12 Und ihr, die ihr längst Lehrer sein solltet, habt es wieder nötig, dass man euch die Anfangsgründe der göttlichen Worte lehre und dass man euch Milch gebe und nicht feste Speise.

13 Denn wem man noch Milch geben muss, der ist unerfahren in dem Wort der Gerechtigkeit, denn er ist ein kleines Kind.

14 Feste Speise aber ist für die Vollkommenen, die durch den Gebrauch geübte Sinne haben und Gutes und Böses unterscheiden können.

6 Darum wollen wir jetzt lassen, was am Anfang über Christus zu lehren ist, und uns zum Vollkommenen wenden; wir wollen nicht abermals den Grund legen mit der Umkehr von den toten Werken, mit dem Glauben an Gott,

2 mit der Lehre vom Taufen, vom Händeauflegen, von der Auferstehung der Toten und vom ewigen Gericht.

3 Das wollen wir tun, wenn Gott es zulässt.

¶ **4** Denn es ist unmöglich, die, die einmal erleuchtet worden sind und geschmeckt haben die himmlische Gabe und Anteil bekommen haben am Heiligen Geist und geschmeckt haben

5 das gute Wort Gottes und die Kräfte der zukünftigen Welt

6 und dann doch abgefallen sind, wieder zu erneuern zur Buße, da sie für sich selbst den Sohn Gottes abermals kreuzigen und zum Spott machen.

7 Denn die Erde, die den Regen trinkt, der oft auf sie fällt, und nützliche Frucht trägt denen, die sie bebauen, empfängt Segen von Gott.

8 Wenn sie aber Dornen und Disteln trägt, bringt sie keinen Nutzen und ist dem Fluch nahe, sodass man sie zuletzt abbrennt.

¶ **9** Obwohl wir aber so reden, ihr Lieben, sind wir doch überzeugt, dass es besser mit euch steht und ihr gerettet werdet.

8 Although he was a son, he learned obedience through what he suffered.

9 And being made perfect, he became the source of eternal salvation to all who obey him,

10 being designated by God a high priest after the order of Melchizedek.

Warning Against Apostasy

¶ **11** About this we have much to say, and it is hard to explain, since you have become dull of hearing.

12 For though by this time you ought to be teachers, you need someone to teach you again the basic principles of the oracles of God. You need milk, not solid food,

13 for everyone who lives on milk is unskilled in the word of righteousness, since he is a child.

14 But solid food is for the mature, for those who have their powers of discernment trained by constant practice to distinguish good from evil.

6 Therefore let us leave the elementary doctrine of Christ and go on to maturity, not laying again a foundation of repentance from dead works and of faith toward God,

2 and of instruction about washings,[1] the laying on of hands, the resurrection of the dead, and eternal judgment.

3 And this we will do if God permits.

4 For it is impossible, in the case of those who have once been enlightened, who have tasted the heavenly gift, and have shared in the Holy Spirit,

5 and have tasted the goodness of the word of God and the powers of the age to come,

6 and then have fallen away, to restore them again to repentance, since they are crucifying once again the Son of God to their own harm and holding him up to contempt.

7 For land that has drunk the rain that often falls on it, and produces a crop useful to those for whose sake it is cultivated, receives a blessing from God.

8 But if it bears thorns and thistles, it is worthless and near to being cursed, and its end is to be burned.

¶ **9** Though we speak in this way, yet in your case, beloved, we feel sure of better things—things that belong to salvation.

10 Denn Gott ist nicht ungerecht, dass er vergäße euer Werk und die Liebe, die ihr seinem Namen erwiesen habt, indem ihr den Heiligen dientet und noch dient.

11 Wir wünschen aber, dass jeder von euch denselben Eifer beweise, die Hoffnung festzuhalten bis ans Ende,

12 damit ihr nicht träge werdet, sondern Nachfolger derer, die durch Glauben und Geduld die Verheißungen ererben.

¶ **13** Denn als Gott dem Abraham die Verheißung gab, schwor er bei sich selbst, da er bei keinem Größeren schwören konnte,

14 und sprach (1.Mose 22,16-17): »Wahrlich, ich will dich segnen und mehren.«

15 Und so wartete Abraham in Geduld und erlangte die Verheißung.

16 Die Menschen schwören ja bei einem Größeren, als sie selbst sind; und der Eid dient ihnen zur Bekräftigung und macht aller Widerrede ein Ende.

17 Darum hat Gott, als er den Erben der Verheißung noch kräftiger beweisen wollte, dass sein Ratschluss nicht wankt, sich noch mit einem Eid verbürgt.

18 So sollten wir durch zwei Zusagen, die nicht wanken – denn es ist unmöglich, dass Gott lügt –, einen starken Trost haben, die wir unsre Zuflucht dazu genommen haben, festzuhalten an der angebotenen Hoffnung.

19 Diese haben wir als einen sicheren und festen Anker unsrer Seele, der auch hineinreicht bis in das Innere hinter dem Vorhang.

20 Dahinein ist der Vorläufer für uns gegangen, Jesus, der ein Hoherpriester geworden ist in Ewigkeit nach der Ordnung Melchisedeks.

Christus, der Hohepriester nach der Ordnung Melchisedeks

7 Dieser Melchisedek aber war König von Salem, Priester Gottes des Höchsten; er ging Abraham entgegen, als der vom Sieg über die Könige zurückkkam, und segnete ihn;

2 ihm gab Abraham auch den Zehnten von allem. Erstens heißt er übersetzt: König der Gerechtigkeit; dann aber auch: König von Salem, das ist: König des Friedens.

3 Er ist ohne Vater, ohne Mutter, ohne Stammbaum und hat weder Anfang der Tage noch Ende des Lebens. So gleicht er dem Sohn Gottes und bleibt Priester in Ewigkeit.

¶ **4** Seht aber, wie groß der ist, dem auch Abraham, der Erzvater, den Zehnten gab von der eroberten Beute.

10 For God is not unjust so as to overlook your work and the love that you have shown for his name in serving the saints, as you still do.

11 And we desire each one of you to show the same earnestness to have the full assurance of hope until the end,

12 so that you may not be sluggish, but imitators of those who through faith and patience inherit the promises.

The Certainty of God's Promise

¶ **13** For when God made a promise to Abraham, since he had no one greater by whom to swear, he swore by himself,

14 saying, "Surely I will bless you and multiply you."

15 And thus Abraham,[2] having patiently waited, obtained the promise.

16 For people swear by something greater than themselves, and in all their disputes an oath is final for confirmation.

17 So when God desired to show more convincingly to the heirs of the promise the unchangeable character of his purpose, he guaranteed it with an oath,

18 so that by two unchangeable things, in which it is impossible for God to lie, we who have fled for refuge might have strong encouragement to hold fast to the hope set before us.

19 We have this as a sure and steadfast anchor of the soul, a hope that enters into the inner place behind the curtain,

20 where Jesus has gone as a forerunner on our behalf, having become a high priest forever after the order of Melchizedek.

The Priestly Order of Melchizedek

7 For this Melchizedek, king of Salem, priest of the Most High God, met Abraham returning from the slaughter of the kings and blessed him,

2 and to him Abraham apportioned a tenth part of everything. He is first, by translation of his name, king of righteousness, and then he is also king of Salem, that is, king of peace.

3 He is without father or mother or genealogy, having neither beginning of days nor end of life, but resembling the Son of God he continues a priest forever.

¶ **4** See how great this man was to whom Abraham the patriarch gave a tenth of the spoils!

5 Zwar haben auch die von den Söhnen Levis, die das Priestertum empfangen, nach dem Gesetz das Recht, den Zehnten zu nehmen vom Volk, also von ihren eigenen Brüdern, obwohl auch diese von Abraham abstammen.

6 Der aber, der nicht von ihrem Stamm war, der nahm den Zehnten von Abraham und segnete den, der die Verheißungen hatte.

7 Nun ist aber unwidersprochen, dass das Geringere vom Höheren gesegnet wird.

8 Und hier nehmen den Zehnten sterbliche Menschen, dort aber einer, dem bezeugt wird, dass er lebt.

9 Und sozusagen ist auch Levi, der doch selbst den Zehnten nimmt, in Abraham mit dem Zehnten belegt worden.

10 Denn er sollte seinem Stammvater ja erst noch geboren werden, als Melchisedek diesem entgegenging.

¶ **11** Wäre nun die Vollendung durch das levitische Priestertum gekommen – denn unter diesem hat das Volk das Gesetz empfangen –, wozu war es dann noch nötig, einen andern als Priester nach der Ordnung Melchisedeks einzusetzen, anstatt einen nach der Ordnung Aarons zu benennen?

12 Denn wenn das Priestertum verändert wird, dann muss auch das Gesetz verändert werden.

13 Denn der, von dem das gesagt wird, der ist von einem andern Stamm, von dem nie einer am Altar gedient hat.

14 Denn es ist ja offenbar, dass unser Herr aus Juda hervorgegangen ist, zu welchem Stamm Mose nichts gesagt hat vom Priestertum.

¶ **15** Und noch klarer ist es, wenn, in gleicher Weise wie Melchisedek, ein anderer als Priester eingesetzt wird,

16 der es nicht geworden ist nach dem Gesetz äußerlicher Gebote, sondern nach der Kraft unzerstörbaren Lebens.

17 Denn es wird bezeugt (Psalm 110,4): »Du bist ein Priester in Ewigkeit nach der Ordnung Melchisedeks.«

18 Denn damit wird das frühere Gebot aufgehoben – weil es zu schwach und nutzlos war;

19 denn das Gesetz konnte nichts zur Vollendung bringen –, und eingeführt wird eine bessere Hoffnung, durch die wir uns zu Gott nahen.

5 And those descendants of Levi who receive the priestly office have a commandment in the law to take tithes from the people, that is, from their brothers,[1] though these also are descended from Abraham.

6 But this man who does not have his descent from them received tithes from Abraham and blessed him who had the promises.

7 It is beyond dispute that the inferior is blessed by the superior.

8 In the one case tithes are received by mortal men, but in the other case, by one of whom it is testified that he lives.

9 One might even say that Levi himself, who receives tithes, paid tithes through Abraham,

10 for he was still in the loins of his ancestor when Melchizedek met him.

Jesus Compared to Melchizedek

¶ **11** Now if perfection had been attainable through the Levitical priesthood (for under it the people received the law), what further need would there have been for another priest to arise after the order of Melchizedek, rather than one named after the order of Aaron?

12 For when there is a change in the priesthood, there is necessarily a change in the law as well.

13 For the one of whom these things are spoken belonged to another tribe, from which no one has ever served at the altar.

14 For it is evident that our Lord was descended from Judah, and in connection with that tribe Moses said nothing about priests.

¶ **15** This becomes even more evident when another priest arises in the likeness of Melchizedek,

16 who has become a priest, not on the basis of a legal requirement concerning bodily descent, but by the power of an indestructible life.

17 For it is witnessed of him,

"You are a priest forever,
     after the order of Melchizedek."

18 For on the one hand, a former commandment is set aside because of its weakness and uselessness

19 (for the law made nothing perfect); but on the other hand, a better hope is introduced, through which we draw near to God.

20 Und das geschah nicht ohne Eid. Denn jene sind ohne Eid Priester geworden,

21 dieser aber durch den Eid dessen, der zu ihm spricht (Psalm 110,4): »Der Herr hat geschworen und es wird ihn nicht gereuen: Du bist ein Priester in Ewigkeit.«

22 So ist Jesus Bürge eines viel besseren Bundes geworden.

¶ **23** Auch sind es viele, die Priester wurden, weil der Tod keinen bleiben ließ;

24 dieser aber hat, weil er ewig bleibt, ein unvergängliches Priestertum.

25 Daher kann er auch für immer selig machen, die durch ihn zu Gott kommen; denn er lebt für immer und bittet für sie.

26 Denn einen solchen Hohenpriester mussten wir auch haben, der heilig, unschuldig, unbefleckt, von den Sündern geschieden und höher ist als der Himmel.

27 Er hat es nicht nötig wie jene Hohenpriester, täglich zuerst für die eigenen Sünden Opfer darzubringen und dann für die des Volkes; denn das hat er ein für alle Mal getan, als er sich selbst opferte.

28 Denn das Gesetz macht Menschen zu Hohenpriestern, die Schwachheit an sich haben; dies Wort des Eides aber, das erst nach dem Gesetz gesagt worden ist, setzt den Sohn ein, der ewig und vollkommen ist.

Der Mittler des neuen Bundes

8 Das ist nun die Hauptsache bei dem, wovon wir reden: Wir haben einen solchen Hohenpriester, der da sitzt zur Rechten des Thrones der Majestät im Himmel

2 und ist ein Diener am Heiligtum und an der wahren Stiftshütte, die Gott aufgerichtet hat und nicht ein Mensch.

3 Denn jeder Hohepriester wird eingesetzt, um Gaben und Opfer darzubringen. Darum muss auch dieser etwas haben, was er opfern kann.

4 Wenn er nun auf Erden wäre, so wäre er nicht Priester, weil da schon solche sind, die nach dem Gesetz die Gaben opfern.

5 Sie dienen aber nur dem Abbild und Schatten des Himmlischen, wie die göttliche Weisung an Mose erging, als er die Stiftshütte errichten sollte (2.Mose 25,40): »Sieh zu«, sprach er, »dass du alles machst nach dem Bilde, das dir auf dem Berge gezeigt worden ist.«

¶ **20** And it was not without an oath. For those who formerly became priests were made such without an oath,

21 but this one was made a priest with an oath by the one who said to him:

"The Lord has sworn
  and will not change his mind,
'You are a priest forever.'"

22 This makes Jesus the guarantor of a better covenant.

¶ **23** The former priests were many in number, because they were prevented by death from continuing in office,

24 but he holds his priesthood permanently, because he continues forever.

25 Consequently, he is able to save to the uttermost[2] those who draw near to God through him, since he always lives to make intercession for them.

¶ **26** For it was indeed fitting that we should have such a high priest, holy, innocent, unstained, separated from sinners, and exalted above the heavens.

27 He has no need, like those high priests, to offer sacrifices daily, first for his own sins and then for those of the people, since he did this once for all when he offered up himself.

28 For the law appoints men in their weakness as high priests, but the word of the oath, which came later than the law, appoints a Son who has been made perfect forever.

Jesus, High Priest of a Better Covenant

8 Now the point in what we are saying is this: we have such a high priest, one who is seated at the right hand of the throne of the Majesty in heaven,

2 a minister in the holy places, in the true tent[1] that the Lord set up, not man.

3 For every high priest is appointed to offer gifts and sacrifices; thus it is necessary for this priest also to have something to offer.

4 Now if he were on earth, he would not be a priest at all, since there are priests who offer gifts according to the law.

5 They serve a copy and shadow of the heavenly things. For when Moses was about to erect the tent, he was instructed by God, saying, "See that you make everything according to the pattern that was shown you on the mountain."

¶ 6 Nun aber hat er ein höheres Amt empfangen, wie er ja auch der Mittler eines besseren Bundes ist, der auf bessere Verheißungen gegründet ist.

7 Denn wenn der erste Bund untadelig gewesen wäre, würde nicht Raum für einen andern gesucht.

¶ 8 Denn Gott tadelt sie und sagt (Jeremia 31,31-34): »Siehe, es kommen Tage, spricht der Herr, da will ich mit dem Haus Israel und mit dem Haus Juda einen neuen Bund schließen,

9 nicht wie der Bund gewesen ist, den ich mit ihren Vätern schloss an dem Tage, als ich sie bei der Hand nahm, um sie aus Ägyptenland zu führen. Denn sie sind nicht geblieben in meinem Bund; darum habe ich auch nicht mehr auf sie geachtet, spricht der Herr.

10 Denn das ist der Bund, den ich schließen will mit dem Haus Israel nach diesen Tagen, spricht der Herr: Ich will mein Gesetz geben in ihren Sinn, und in ihr Herz will ich es schreiben und will ihr Gott sein und sie sollen mein Volk sein.

11 Und es wird keiner seinen Mitbürger lehren oder seinen Bruder und sagen: Erkenne den Herrn! Denn sie werden mich alle kennen von dem Kleinsten an bis zu dem Größten.

12 Denn ich will gnädig sein ihrer Ungerechtigkeit, und ihrer Sünden will ich nicht mehr gedenken.«

¶ 13 Indem er sagt: »einen neuen Bund«, erklärt er den ersten für veraltet. Was aber veraltet und überlebt ist, das ist seinem Ende nahe.

Das einmalige Opfer Christi

9 Es hatte zwar auch der erste Bund seine Satzungen für den Gottesdienst und sein irdisches Heiligtum.

2 Denn es war da aufgerichtet die Stiftshütte: der vordere Teil, worin der Leuchter war und der Tisch und die Schaubrote, und er heißt das Heilige;

---

6 But as it is, Christ[2] has obtained a ministry that is as much more excellent than the old as the covenant he mediates is better, since it is enacted on better promises.

7 For if that first covenant had been faultless, there would have been no occasion to look for a second.

¶ 8 For he finds fault with them when he says:[3]

> "Behold, the days are coming, declares
>   the Lord,
> when I will establish a new covenant
>   with the house of Israel
>   and with the house of Judah,

9 not like the covenant that I made with
     their fathers
on the day when I took them by the
     hand to bring them out of the
     land of Egypt.
For they did not continue in my
     covenant,
and so I showed no concern for them,
     declares the Lord.

10 For this is the covenant that I will make
     with the house of Israel
after those days, declares the Lord:
I will put my laws into their minds,
     and write them on their hearts,
and I will be their God,
     and they shall be my people.

11 And they shall not teach, each one his
     neighbor
and each one his brother, saying,
     'Know the Lord,'
for they shall all know me,
     from the least of them to the greatest.

12 For I will be merciful toward their
     iniquities,
and I will remember their sins no
     more."

13 In speaking of a new covenant, he makes the first one obsolete. And what is becoming obsolete and growing old is ready to vanish away.

The Earthly Holy Place

9 Now even the first covenant had regulations for worship and an earthly place of holiness.

2 For a tent[1] was prepared, the first section, in which were the lampstand and the table and the bread of the Presence.[2] It is called the Holy Place.

3 hinter dem zweiten Vorhang aber war der Teil der Stiftshütte, der das Allerheiligste heißt.

4 Darin waren das goldene Räuchergefäß und die Bundeslade, ganz mit Gold überzogen; in ihr waren der goldene Krug mit dem Himmelsbrot und der Stab Aarons, der gegrünt hatte, und die Tafeln des Bundes.

5 Oben darüber aber waren die Cherubim der Herrlichkeit, die überschatteten den Gnadenthron. Von diesen Dingen ist jetzt nicht im Einzelnen zu reden.

¶ **6** Da dies alles so eingerichtet war, gingen die Priester allezeit in den vorderen Teil der Stiftshütte und richteten den Gottesdienst aus.

7 In den andern Teil aber ging nur **einmal** im Jahr allein der Hohepriester, und das nicht ohne Blut, das er opferte für die unwissentlich begangenen Sünden, die eigenen und die des Volkes.

8 Damit macht der Heilige Geist deutlich, dass der Weg ins Heilige noch nicht offenbart sei, solange der vordere Teil der Stiftshütte noch bestehe;

9 der ist ein Gleichnis für die gegenwärtige Zeit: Es werden da Gaben und Opfer dargebracht, die nicht im Gewissen vollkommen machen können den, der den Gottesdienst ausrichtet.

10 Dies sind nur äußerliche Satzungen über Speise und Trank und verschiedene Waschungen, die bis zu der Zeit einer besseren Ordnung auferlegt sind.

¶ **11** Christus aber ist gekommen als ein Hoherpriester der zukünftigen Güter durch die größere und vollkommenere Stiftshütte, die nicht mit Händen gemacht ist, das ist: die nicht von dieser Schöpfung ist.

12 Er ist auch nicht durch das Blut von Böcken oder Kälbern, sondern durch sein eigenes Blut ein für alle Mal in das Heiligtum eingegangen und hat eine ewige Erlösung erworben.

13 Denn wenn schon das Blut von Böcken und Stieren und die Asche von der Kuh durch Besprengung die Unreinen heiligt, sodass sie äußerlich rein sind,

14 um wie viel mehr wird dann das Blut Christi, der sich selbst als Opfer ohne Fehl durch den ewigen Geist Gott dargebracht hat, unser Gewissen reinigen von den toten Werken, zu dienen dem lebendigen Gott!

3 Behind the second curtain was a second section[3] called the Most Holy Place,

4 having the golden altar of incense and the ark of the covenant covered on all sides with gold, in which was a golden urn holding the manna, and Aaron's staff that budded, and the tablets of the covenant.

5 Above it were the cherubim of glory overshadowing the mercy seat. Of these things we cannot now speak in detail.

¶ **6** These preparations having thus been made, the priests go regularly into the first section, performing their ritual duties,

7 but into the second only the high priest goes, and he but [a]once a year, and not without taking blood, which he offers for himself and for the unintentional sins of the people.

8 By this the Holy Spirit indicates that the way into the holy places is not yet opened as long as the first section is still standing

9 (which is symbolic for the present age).[4] According to this arrangement, gifts and sacrifices are offered that cannot perfect the conscience of the worshiper,

10 but deal only with food and drink and various washings, regulations for the body imposed until the time of reformation.

Redemption Through the Blood of Christ

¶ **11** But when Christ appeared as a high priest of the good things that have come,[5] then through the greater and more perfect tent (not made with hands, that is, not of this creation)

12 he entered once for all into the holy places, not by means of the blood of goats and calves but by means of his own blood, thus securing an eternal redemption.

13 For if the blood of goats and bulls, and the sprinkling of defiled persons with the ashes of a heifer, sanctify[6] for the purification of the flesh,

14 how much more will the blood of Christ, who through the eternal Spirit offered himself without blemish to God, purify our[7] conscience from dead works to serve the living God.

15 Und darum ist er auch der Mittler des neuen Bundes, damit durch seinen Tod, der geschehen ist zur Erlösung von den Übertretungen unter dem ersten Bund, die Berufenen das verheißene ewige Erbe empfangen.

¶ **16** Denn wo ein Testament* ist, da muss der Tod dessen geschehen sein, der das Testament gemacht hat.

17 Denn ein Testament tritt erst in Kraft mit dem Tode; es ist noch nicht in Kraft, solange der noch lebt, der es gemacht hat.

18 Daher wurde auch der erste Bund nicht ohne Blut gestiftet.

19 Denn als Mose alle Gebote gemäß dem Gesetz allem Volk gesagt hatte, nahm er das Blut von Kälbern und Böcken mit Wasser und Scharlachwolle und Ysop und besprengte das Buch und alles Volk

20 und sprach (2.Mose 24,8): »Das ist das Blut des Bundes, den Gott euch geboten hat.«

21 Und die Stiftshütte und alle Geräte für den Gottesdienst besprengte er desgleichen mit Blut.

22 Und es wird fast alles mit Blut gereinigt nach dem Gesetz, und ohne Blutvergießen geschieht keine Vergebung.

¶ **23** So also mussten die Abbilder der himmlischen Dinge gereinigt werden; die himmlischen Dinge selbst aber müssen bessere Opfer haben als jene.

24 Denn Christus ist nicht eingegangen in das Heiligtum, das mit Händen gemacht und nur ein Abbild des wahren Heiligtums ist, sondern in den Himmel selbst, um jetzt für uns vor dem Angesicht Gottes zu erscheinen;

25 auch nicht, um sich oftmals zu opfern, wie der Hohepriester alle Jahre mit fremdem Blut in das Heiligtum geht;

26 sonst hätte er oft leiden müssen vom Anfang der Welt an. Nun aber, am Ende der Welt, ist er ein für alle Mal erschienen, durch sein eigenes Opfer die Sünde aufzuheben.

27 Und wie den Menschen bestimmt ist, **einmal** zu sterben, danach aber das Gericht:

28 so ist auch Christus **einmal** geopfert worden, die Sünden vieler wegzunehmen; zum zweiten Mal wird er nicht der Sünde wegen erscheinen, sondern denen, die auf ihn warten, zum Heil.

¶ **15** Therefore he is the mediator of a new covenant, so that those who are called may receive the promised eternal inheritance, since a death has occurred that redeems them from the transgressions committed under the first covenant.[8]

16 For where a will is involved, the death of the one who made it must be established.

17 For a will takes effect only at death, since it is not in force as long as the one who made it is alive.

18 Therefore not even the first covenant was inaugurated without blood.

19 For when every commandment of the law had been declared by Moses to all the people, he took the blood of calves and goats, with water and scarlet wool and hyssop, and sprinkled both the book itself and all the people,

20 saying, "This is the blood of the covenant that God commanded for you."

21 And in the same way he sprinkled with the blood both the tent and all the vessels used in worship.

22 Indeed, under the law almost everything is purified with blood, and without the shedding of blood there is no forgiveness of sins.

¶ **23** Thus it was necessary for the copies of the heavenly things to be purified with these rites, but the heavenly things themselves with better sacrifices than these.

24 For Christ has entered, not into holy places made with hands, which are copies of the true things, but into heaven itself, now to appear in the presence of God on our behalf.

25 Nor was it to offer himself repeatedly, as the high priest enters the holy places every year with blood not his own,

26 for then he would have had to suffer repeatedly since the foundation of the world. But as it is, he has appeared once for all at the end of the ages to put away sin by the sacrifice of himself.

27 And just as it is appointed for man to die once, and after that comes judgment,

28 so Christ, having been offered once to bear the sins of many, will appear a second time, not to deal with sin but to save those who are eagerly waiting for him.

10 Denn das Gesetz hat nur einen Schatten von den zukünftigen Gütern, nicht das Wesen der Güter selbst. Deshalb kann es die, die opfern, nicht für immer vollkommen machen, da man alle Jahre die gleichen Opfer bringen muss.

2 Hätte nicht sonst das Opfern aufgehört, wenn die, die den Gottesdienst ausrichten, ein für alle Mal rein geworden wären und sich kein Gewissen mehr gemacht hätten über ihre Sünden?

3 Vielmehr geschieht dadurch alle Jahre nur eine Erinnerung an die Sünden.

4 Denn es ist unmöglich, durch das Blut von Stieren und Böcken Sünden wegzunehmen.

¶ **5** Darum spricht er, wenn er in die Welt kommt (Psalm 40,7-9): »Opfer und Gaben hast du nicht gewollt; einen Leib aber hast du mir geschaffen.

6 Brandopfer und Sündopfer gefallen dir nicht.

7 Da sprach ich: Siehe, ich komme – im Buch steht von mir geschrieben –, dass ich tue, Gott, deinen Willen.«

8 Zuerst hatte er gesagt: »Opfer und Gaben, Brandopfer und Sündopfer hast du nicht gewollt, sie gefallen dir auch nicht«, obwohl sie doch nach dem Gesetz geopfert werden.

9 Dann aber sprach er: »Siehe, ich komme, zu tun deinen Willen.« Da hebt er das Erste auf, damit er das Zweite einsetze.

10 Nach diesem Willen sind wir geheiligt ein für alle Mal durch das Opfer des Leibes Jesu Christi.

¶ **11** Und jeder Priester steht Tag für Tag da und versieht seinen Dienst und bringt oftmals die gleichen Opfer dar, die doch niemals die Sünden wegnehmen können.

12 Dieser aber hat **ein** Opfer für die Sünden dargebracht und sitzt nun für immer zur Rechten Gottes

13 und wartet hinfort, bis seine Feinde zum Schemel seiner Füße gemacht werden.

14 Denn **mit einem Opfer hat er für immer die vollendet, die geheiligt werden.**

¶ **15** Das bezeugt uns aber auch der Heilige Geist. Denn nachdem der Herr gesagt hat (Jeremia 31,33-34):

Christ's Sacrifice Once for All

10 For since the law has but a shadow of the good things to come instead of the true form of these realities, it can never, by the same sacrifices that are continually offered every year, make perfect those who draw near.

2 Otherwise, would they not have ceased to be offered, since the worshipers, having once been cleansed, would no longer have any consciousness of sins?

3 But in these sacrifices there is a reminder of sins every year.

4 For it is impossible for the blood of bulls and goats to take away sins.

¶ **5** Consequently, when Christ[1] came into the world, he said,

"Sacrifices and offerings you have not
desired,
but a body have you prepared for me;
6 in burnt offerings and sin offerings
you have taken no pleasure.
7 Then I said, 'Behold, I have come to do
your will, O God,
as it is written of me in the scroll of the
book.'"

8 When he said above, "You have neither desired nor taken pleasure in sacrifices and offerings and burnt offerings and sin offerings" (these are offered according to the law),

9 then he added, "Behold, I have come to do your will." He does away with the first in order to establish the second.

10 And by that will we have been sanctified through the offering of the body of Jesus Christ once for all.

¶ **11** And every priest stands daily at his service, offering repeatedly the same sacrifices, which can never take away sins.

12 But when Christ[2] had offered for all time a single sacrifice for sins, he sat down at the right hand of God,

13 waiting from that time until his enemies should be made a footstool for his feet.

14 For by a single offering he has perfected for all time those who are being sanctified.

¶ **15** And the Holy Spirit also bears witness to us; for after saying,

16 »Das ist der Bund, den ich mit ihnen schließen will nach diesen Tagen«, spricht er: »Ich will mein Gesetz in ihr Herz geben, und in ihren Sinn will ich es schreiben,

17 und ihrer Sünden und ihrer Ungerechtigkeit will ich nicht mehr gedenken.«

18 Wo aber Vergebung der Sünden ist, da geschieht kein Opfer mehr für die Sünde.

Das Bekenntnis der Hoffnung

19 Weil wir denn nun, liebe Brüder, durch das Blut Jesu die Freiheit haben zum Eingang in das Heiligtum,

20 den er uns aufgetan hat als neuen und lebendigen Weg durch den Vorhang, das ist: durch das Opfer seines Leibes,

21 und haben einen Hohenpriester über das Haus Gottes,

22 so lasst uns hinzutreten mit wahrhaftigem Herzen in vollkommenem Glauben, besprengt in unsern Herzen und los von dem bösen Gewissen und gewaschen am Leib mit reinem Wasser.

23 Lasst uns festhalten an dem Bekenntnis der Hoffnung und nicht wanken; denn er ist treu, der sie verheißen hat;

24 und lasst uns aufeinander achthaben und uns anreizen zur Liebe und zu guten Werken

25 und nicht verlassen unsre Versammlungen, wie einige zu tun pflegen, sondern einander ermahnen, und das umso mehr, als ihr seht, dass sich der Tag naht.

¶ **26** Denn wenn wir mutwillig sündigen, nachdem wir die Erkenntnis der Wahrheit empfangen haben, haben wir hinfort kein andres Opfer mehr für die Sünden,

27 sondern nichts als ein schreckliches Warten auf das Gericht und das gierige Feuer, das die Widersacher verzehren wird.

28 Wenn jemand das Gesetz des Mose bricht, muss er sterben ohne Erbarmen auf zwei oder drei Zeugen hin.

29 Eine wie viel härtere Strafe, meint ihr, wird der verdienen, der den Sohn Gottes mit Füßen tritt und das Blut des Bundes für unrein hält, durch das er doch geheiligt wurde, und den Geist der Gnade schmäht?

30 Denn wir kennen den, der gesagt hat (5.Mose 32,35-36): »Die Rache ist mein, ich will vergelten«, und wiederum: »Der Herr wird sein Volk richten.«

16 "This is the covenant that I will make
with them
after those days, declares the Lord:
I will put my laws on their hearts,
and write them on their minds,"

17 then he adds,

"I will remember their sins and their lawless deeds no more."

18 Where there is forgiveness of these, there is no longer any offering for sin.

The Full Assurance of Faith

¶ **19** Therefore, brothers,[3] since we have confidence to enter the holy places by the blood of Jesus,

20 by the new and living way that he opened for us through the curtain, that is, through his flesh,

21 and since we have a great priest over the house of God,

22 let us draw near with a true heart in full assurance of faith, with our hearts sprinkled clean from an evil conscience and our bodies washed with pure water.

23 Let us hold fast the confession of our hope without wavering, for he who promised is faithful.

24 And let us consider how to stir up one another to love and good works,

25 not neglecting to meet together, as is the habit of some, but encouraging one another, and all the more as you see the Day drawing near.

¶ **26** For if we go on sinning deliberately after receiving the knowledge of the truth, there no longer remains a sacrifice for sins,

27 but a fearful expectation of judgment, and a fury of fire that will consume the adversaries.

28 Anyone who has set aside the law of Moses dies without mercy on the evidence of two or three witnesses.

29 How much worse punishment, do you think, will be deserved by the one who has spurned the Son of God, and has profaned the blood of the covenant by which he was sanctified, and has outraged the Spirit of grace?

30 For we know him who said, "Vengeance is mine; I will repay." And again, "The Lord will judge his people."

31 Schrecklich ist's, in die Hände des lebendigen Gottes zu fallen.

¶ **32** Gedenkt aber der früheren Tage, an denen ihr, nachdem ihr erleuchtet wart, erduldet habt einen großen Kampf des Leidens,

33 indem ihr zum Teil selbst durch Schmähungen und Bedrängnisse zum Schauspiel geworden seid, zum Teil Gemeinschaft hattet mit denen, welchen es so erging.

34 Denn ihr habt mit den Gefangenen gelitten und den Raub eurer Güter mit Freuden erduldet, weil ihr wisst, dass ihr eine bessere und bleibende Habe besitzt.

¶ **35** Darum **werft euer Vertrauen nicht weg, welches eine große Belohnung hat.**

36 Geduld aber habt ihr nötig, damit ihr **den Willen Gottes tut und das Verheißene empfangt.**

37 Denn »nur noch eine kleine Weile, so wird kommen, der da kommen soll, und wird nicht lange ausbleiben.

38 Mein Gerechter aber wird aus Glauben leben. Wenn er aber zurückweicht, hat meine Seele kein Gefallen an ihm« (Habakuk 2,3-4).

39 Wir aber sind nicht von denen, die zurückweichen und verdammt werden, sondern von denen, die glauben und die Seele erretten.

Der Glaubensweg im alten Bund

11 Es ist aber der Glaube eine feste Zuversicht auf das, was man hofft, und ein Nichtzweifeln an dem, was man nicht sieht.

2 Durch diesen Glauben haben die Vorfahren Gottes Zeugnis empfangen.

3 Durch den Glauben erkennen wir, dass die Welt durch Gottes Wort geschaffen ist, sodass alles, was man sieht, aus nichts geworden ist.

¶ **4** Durch den Glauben hat **Abel** Gott ein besseres Opfer dargebracht als Kain; deshalb wurde ihm bezeugt, dass er gerecht sei, da Gott selbst es über seinen Gaben bezeugte; und durch den Glauben redet er noch, obwohl er gestorben ist.

¶ **5** Durch den Glauben wurde **Henoch** entrückt, damit er den Tod nicht sehe, und wurde nicht mehr gefunden, weil Gott ihn entrückt hatte; denn vor seiner Entrückung ist ihm bezeugt worden, dass er Gott gefallen habe.

31 It is a fearful thing to fall into the hands of the living God.

¶ **32** But recall the former days when, after you were enlightened, you endured a hard struggle with sufferings,

33 sometimes being publicly exposed to reproach and affliction, and sometimes being partners with those so treated.

34 For you had compassion on those in prison, and you joyfully accepted the plundering of your property, since you knew that you yourselves had a better possession and an abiding one.

35 Therefore do not throw away your confidence, which has a great reward.

36 For you have need of endurance, so that when you have done the will of God you may receive what is promised.

37 For,

"Yet a little while,
        and the coming one will come and
            will not delay;
38 but my righteous one shall live by faith,
        and if he shrinks back,
        my soul has no pleasure in him."

39 But we are not of those who shrink back and are destroyed, but of those who have faith and preserve their souls.

By Faith

11 Now faith is the assurance of things hoped for, the conviction of things not seen.

2 For by it the people of old received their commendation.

3 By faith we understand that the universe was created by the word of God, so that what is seen was not made out of things that are visible.

¶ **4** By faith Abel offered to God a more acceptable sacrifice than Cain, through which he was commended as righteous, God commending him by accepting his gifts. And through his faith, though he died, he still speaks.

5 By faith Enoch was taken up so that he should not see death, and he was not found, because God had taken him. Now before he was taken he was commended as having pleased God.

6 Aber **ohne Glauben ist's unmöglich, Gott zu gefallen;** denn wer zu Gott kommen will, der muss glauben, dass er ist und dass er denen, die ihn suchen, ihren Lohn gibt.

¶ **7** Durch den Glauben hat **Noah** Gott geehrt und die Arche gebaut zur Rettung seines Hauses, als er ein göttliches Wort empfing über das, was man noch nicht sah; durch den Glauben sprach er der Welt das Urteil und hat ererbt die Gerechtigkeit, die durch den Glauben kommt.

¶ **8** Durch den Glauben wurde **Abraham** gehorsam, als er berufen wurde, in ein Land zu ziehen, das er erben sollte; und er zog aus und wusste nicht, wo er hinkäme.

9 Durch den Glauben ist er ein Fremdling gewesen in dem verheißenen Lande wie in einem fremden und wohnte in Zelten mit Isaak und Jakob, den Miterben derselben Verheißung.

10 Denn er wartete auf die Stadt, die einen festen Grund hat, deren Baumeister und Schöpfer Gott ist.

¶ **11** Durch den Glauben empfing auch **Sara,** die unfruchtbar war, Kraft, Nachkommen hervorzubringen trotz ihres Alters; denn sie hielt den für treu, der es verheißen hatte.

12 Darum sind auch von dem einen, dessen Kraft schon erstorben war, so viele gezeugt worden wie die Sterne am Himmel und wie der Sand am Ufer des Meeres, der unzählbar ist.

¶ **13** Diese alle sind gestorben im Glauben und haben das Verheißene nicht erlangt, sondern es nur von ferne gesehen und gegrüßt und haben bekannt, dass sie Gäste und Fremdlinge auf Erden sind.

14 Wenn sie aber solches sagen, geben sie zu verstehen, dass sie ein Vaterland suchen.

15 Und wenn sie das Land gemeint hätten, von dem sie ausgezogen waren, hätten sie ja Zeit gehabt, wieder umzukehren.

16 Nun aber sehnen sie sich nach einem besseren Vaterland, nämlich dem himmlischen. Darum schämt sich Gott ihrer nicht, ihr Gott zu heißen; denn er hat ihnen eine Stadt gebaut.

¶ **17** Durch den Glauben opferte **Abraham** den Isaak, als er versucht wurde, und gab den einzigen Sohn dahin, als er schon die Verheißung empfangen hatte

18 und ihm gesagt worden war (1.Mose 21,12): »Was von Isaak stammt, soll dein Geschlecht genannt werden.«

19 Er dachte: Gott kann auch von den Toten erwecken; deshalb bekam er ihn auch als Gleichnis dafür wieder.

6 And without faith it is impossible to please him, for whoever would draw near to God must believe that he exists and ᵐthat he rewards those who seek him.

7 By faith Noah, being warned by God concerning events as yet unseen, in reverent fear constructed an ark for the saving of his household. By this he condemned the world and became an heir of the righteousness that comes by faith.

¶ **8** By faith Abraham obeyed when he was called to go out to a place that he was to receive as an inheritance. And he went out, not knowing where he was going.

9 By faith he went to live in the land of promise, as in a foreign land, living in tents with Isaac and Jacob, heirs with him of the same promise.

10 For he was looking forward to the city that has foundations, whose designer and builder is God.

11 By faith Sarah herself received power to conceive, even when she was past the age, since she considered him faithful who had promised.

12 Therefore from one man, and him as good as dead, were born descendants as many as the stars of heaven and as many as the innumerable grains of sand by the seashore.

¶ **13** These all died in faith, not having received the things promised, but having seen them and greeted them from afar, and having acknowledged that they were strangers and exiles on the earth.

14 For people who speak thus make it clear that they are seeking a homeland.

15 If they had been thinking of that land from which they had gone out, they would have had opportunity to return.

16 But as it is, they desire a better country, that is, a heavenly one. Therefore God is not ashamed to be called their God, for he has prepared for them a city.

¶ **17** By faith Abraham, when he was tested, offered up Isaac, and he who had received the promises was in the act of offering up his only son,

18 of whom it was said, "Through Isaac shall your offspring be named."

19 He considered that God was able even to raise him from the dead, from which, figuratively speaking, he did receive him back.

¶ **20** Durch den Glauben segnete **Isaak** den Jakob und den Esau im Blick auf die zukünftigen Dinge.

¶ **21** Durch den Glauben segnete **Jakob**, als er starb, die beiden Söhne Josefs und neigte sich anbetend über die Spitze seines Stabes.

¶ **22** Durch den Glauben redete **Josef**, als er starb, vom Auszug der Israeliten und befahl, was mit seinen Gebeinen geschehen solle.

¶ **23** Durch den Glauben wurde **Mose**, als er geboren war, drei Monate verborgen von seinen Eltern, weil sie sahen, dass er ein schönes Kind war; und sie fürchteten sich nicht vor des Königs Gebot.

24 Durch den Glauben wollte Mose, als er groß geworden war, nicht mehr als Sohn der Tochter des Pharao gelten,

25 sondern wollte viel lieber mit dem Volk Gottes zusammen misshandelt werden als eine Zeit lang den Genuss der Sünde haben,

26 und hielt die Schmach Christi für größeren Reichtum als die Schätze Ägyptens; denn er sah auf die Belohnung.

27 Durch den Glauben verließ er Ägypten und fürchtete nicht den Zorn des Königs; denn er hielt sich an den, den er nicht sah, als sähe er ihn.

28 Durch den Glauben hielt er das Passa und das Besprengen mit Blut, damit der Verderber ihre Erstgeburten nicht anrühre.

29 Durch den Glauben gingen sie durchs Rote Meer wie über trockenes Land; das versuchten die Ägypter auch und ertranken.

¶ **30** Durch den Glauben fielen die Mauern Jerichos, als Israel sieben Tage um sie herumgezogen war.

31 Durch den Glauben kam die Hure **Rahab** nicht mit den Ungehorsamen um, weil sie die Kundschafter freundlich aufgenommen hatte.

¶ **32** Und was soll ich noch mehr sagen? Die Zeit würde mir zu kurz, wenn ich erzählen sollte von Gideon und Barak und Simson und Jeftah und David und Samuel und den Propheten.

33 Diese haben durch den Glauben Königreiche bezwungen, Gerechtigkeit geübt, Verheißungen erlangt, Löwen den Rachen gestopft,

34 des Feuers Kraft ausgelöscht, sind der Schärfe des Schwerts entronnen, aus der Schwachheit zu Kräften gekommen, sind stark geworden im Kampf und haben fremde Heere in die Flucht geschlagen.

20 By faith Isaac invoked future blessings on Jacob and Esau.

21 By faith Jacob, when dying, blessed each of the sons of Joseph, bowing in worship over the head of his staff.

22 By faith Joseph, at the end of his life, made mention of the exodus of the Israelites and gave directions concerning his bones.

¶ **23** By faith Moses, when he was born, was hidden for three months by his parents, because they saw that the child was beautiful, and they were not afraid of the king's edict.

24 By faith Moses, when he was grown up, refused to be called the son of Pharaoh's daughter,

25 choosing rather to be mistreated with the people of God than to enjoy the fleeting pleasures of sin.

26 He considered the reproach of Christ greater wealth than the treasures of Egypt, for he was looking to the reward.

27 By faith he left Egypt, not being afraid of the anger of the king, for he endured as seeing him who is invisible.

28 By faith he kept the Passover and sprinkled the blood, so that the Destroyer of the firstborn might not touch them.

¶ **29** By faith the people crossed the Red Sea as on dry land, but the Egyptians, when they attempted to do the same, were drowned.

30 By faith the walls of Jericho fell down after they had been encircled for seven days.

31 By faith Rahab the prostitute did not perish with those who were disobedient, because she had given a friendly welcome to the spies.

¶ **32** And what more shall I say? For time would fail me to tell of Gideon, Barak, Samson, Jephthah, of David and Samuel and the prophets—

33 who through faith conquered kingdoms, enforced justice, obtained promises, stopped the mouths of lions,

34 quenched the power of fire, escaped the edge of the sword, were made strong out of weakness, became mighty in war, [n]put foreign armies to flight.

35 Frauen haben ihre Toten durch Auferstehung wiederbekommen. Andere aber sind gemartert worden und haben die Freilassung nicht angenommen, damit sie die Auferstehung, die besser ist, erlangten.

36 Andere haben Spott und Geißelung erlitten, dazu Fesseln und Gefängnis.

37 Sie sind gesteinigt, zersägt, durchs Schwert getötet worden; sie sind umhergezogen in Schafpelzen und Ziegenfellen; sie haben Mangel, Bedrängnis, Misshandlung erduldet.

38 Sie, deren die Welt nicht wert war, sind umhergeirrt in Wüsten, auf Bergen, in Höhlen und Erdlöchern.

¶ **39** Diese alle haben durch den Glauben Gottes Zeugnis empfangen und doch nicht erlangt, was verheißen war,

40 weil Gott etwas Besseres für uns vorgesehen hat; denn sie sollten nicht ohne uns vollendet werden.

Der Glaubensweg der Christen

12 Darum auch wir: Weil wir eine solche Wolke von Zeugen um uns haben, lasst uns ablegen alles, was uns beschwert, und die Sünde, die uns ständig umstrickt, und **lasst uns laufen mit Geduld in dem Kampf, der uns bestimmt ist,**

2 und aufsehen zu Jesus, dem Anfänger und Vollender des Glaubens, der, obwohl er hätte Freude haben können, das Kreuz erduldete und die Schande gering achtete und sich gesetzt hat zur Rechten des Thrones Gottes.

3 Gedenkt an den, der so viel Widerspruch gegen sich von den Sündern erduldet hat, damit ihr nicht matt werdet und den Mut nicht sinken lasst.

¶ **4** Ihr habt noch nicht bis aufs Blut widerstanden im Kampf gegen die Sünde

5 und habt bereits den Trost vergessen, der zu euch redet wie zu seinen Kindern (Sprüche 3,11-12): »Mein Sohn, achte nicht gering die Erziehung des Herrn und verzage nicht, wenn du von ihm gestraft wirst.

6 Denn wen **der Herr lieb hat, den züchtigt er,** und er schlägt jeden Sohn, den er annimmt.«

¶ **7** Es dient zu eurer Erziehung, wenn ihr dulden müsst. Wie mit seinen Kindern geht Gott mit euch um; denn wo ist ein Sohn, den der Vater nicht züchtigt?

35 Women received back their dead by resurrection. Some were tortured, refusing to accept release, so that they might rise again to a better life.

36 Others suffered mocking and flogging, and even chains and imprisonment.

37 They were stoned, they were sawn in two,[1] they were killed with the sword. They went about in skins of sheep and goats, destitute, afflicted, mistreated—

38 of whom the world was not worthy—wandering about in deserts and mountains, and in dens and caves of the earth.

¶ **39** And all these, though commended through their faith, [u]did not receive what was promised,

40 since God had provided something better for us, that apart from us they should not be made perfect.

Jesus, Founder and Perfecter of Our Faith

12 Therefore, since we are surrounded by so great a cloud of witnesses, let us also lay aside every weight, and sin which clings so closely, and let us run with endurance the race that is set before us,

2 looking to Jesus, the founder and perfecter of our faith, who for the joy that was set before him endured the cross, despising the shame, and is seated at the right hand of the throne of God.

Do Not Grow Weary

¶ **3** Consider him who endured from sinners such hostility against himself, so that you may not grow weary or fainthearted.

4 In your struggle against sin you have not yet resisted to the point of shedding your blood.

5 And have you forgotten the exhortation that addresses you as sons?

"My son, do not regard lightly the discipline of the Lord,
    nor be weary when reproved by him.

6 For the Lord disciplines the one he loves,
    and chastises every son whom he receives."

7 It is for discipline that you have to endure. God is treating you as sons. For what son is there whom his father does not discipline?

8 Seid ihr aber ohne Züchtigung, die doch alle erfahren haben, so seid ihr Ausgestoßene und nicht Kinder.

9 Wenn unsre leiblichen Väter uns gezüchtigt haben und wir sie doch geachtet haben, sollten wir uns dann nicht viel mehr unterordnen dem geistlichen Vater, damit wir leben?

10 Denn jene haben uns gezüchtigt für wenige Tage nach ihrem Gutdünken, dieser aber tut es zu unserm Besten, damit wir an seiner Heiligkeit Anteil erlangen.

11 Jede Züchtigung aber, wenn sie da ist, scheint uns nicht Freude, sondern Leid zu sein; danach aber bringt sie als Frucht denen, die dadurch geübt sind, Frieden und Gerechtigkeit.

¶ **12** Darum stärkt die müden Hände und die wankenden Knie

13 und macht sichere Schritte mit euren Füßen, damit nicht jemand strauchle wie ein Lahmer, sondern vielmehr gesund werde.

14 Jagt dem Frieden nach mit jedermann und der Heiligung, ohne die niemand den Herrn sehen wird,

15 und seht darauf, dass nicht jemand Gottes Gnade versäume; dass nicht etwa eine bittere Wurzel aufwachse und Unfrieden anrichte und viele durch sie unrein werden;

16 dass nicht jemand sei ein Abtrünniger oder Gottloser wie Esau, der um der einen Speise willen seine Erstgeburt verkaufte.

17 Ihr wisst ja, dass er hernach, als er den Segen ererben wollte, verworfen wurde, denn er fand keinen Raum zur Buße, obwohl er sie mit Tränen suchte.

¶ **18** Denn ihr seid nicht gekommen zu dem Berg, den man anrühren konnte und der mit Feuer brannte, und nicht in Dunkelheit und Finsternis und Ungewitter

19 und nicht zum Schall der Posaune und zum Ertönen der Worte, bei denen die Hörer baten, dass ihnen keine Worte mehr gesagt würden;

20 denn sie konnten's nicht ertragen, was da gesagt wurde (2.Mose 19,13): »Und auch wenn ein Tier den Berg anrührt, soll es gesteinigt werden.«

21 Und so schrecklich war die Erscheinung, dass Mose sprach (5.Mose 9,19): »Ich bin erschrocken und zittere.«

¶ **22** Sondern ihr seid gekommen zu dem Berg Zion und zu der Stadt des lebendigen Gottes, dem himmlischen Jerusalem, und zu den vielen tausend Engeln und zu der Versammlung

8 If you are left without discipline, in which all have participated, then you are illegitimate children and not sons.

9 Besides this, we have had earthly fathers who disciplined us and we respected them. Shall we not much more be subject to the Father of spirits and live?

10 For they disciplined us for a short time as it seemed best to them, but he disciplines us for our good, that we may share his holiness.

11 For the moment all discipline seems painful rather than pleasant, but later it yields the peaceful fruit of righteousness to those who have been trained by it.

¶ **12** Therefore lift your drooping hands and strengthen your weak knees,

13 and make straight paths for your feet, so that what is lame may not be put out of joint but rather be healed.

14 Strive for peace with everyone, and for the holiness without which no one will see the Lord.

15 See to it that no one fails to obtain the grace of God; that no "root of bitterness" springs up and causes trouble, and by it many become defiled;

16 that no one is sexually immoral or unholy like Esau, who sold his birthright for a single meal.

17 For you know that afterward, when he desired to inherit the blessing, he was rejected, for he found no chance to repent, though he sought it with tears.

A Kingdom That Cannot Be Shaken

¶ **18** For you have not come to what may be touched, a blazing fire and darkness and gloom and a tempest

19 and the sound of a trumpet and a voice whose words made the hearers beg that no further messages be spoken to them.

20 For they could not endure the order that was given, "If even a beast touches the mountain, it shall be stoned."

21 Indeed, so terrifying was the sight that Moses said, "I tremble with fear."

22 But you have come to Mount Zion and to the city of the living God, the heavenly Jerusalem, and to innumerable angels in festal gathering,

23 und Gemeinde der Erstgeborenen, die im Himmel aufgeschrieben sind, und zu Gott, dem Richter über alle, und zu den Geistern der vollendeten Gerechten

24 und zu dem Mittler des neuen Bundes, Jesus, und zu dem Blut der Besprengung, das besser redet als Abels Blut.

¶ **25** Seht zu, dass ihr den nicht abweist, der da redet. Denn wenn jene nicht entronnen sind, die den abwiesen, der auf Erden redete, wie viel weniger werden wir entrinnen, wenn wir den abweisen, der vom Himmel redet.

26 Seine Stimme hat zu jener Zeit die Erde erschüttert, jetzt aber verheißt er und spricht (Haggai 2,6): »Noch einmal will ich erschüttern nicht allein die Erde, sondern auch den Himmel.«

27 Dieses »Noch einmal« aber zeigt an, dass das, was erschüttert werden kann, weil es geschaffen ist, verwandelt werden soll, damit allein das bleibe, was nicht erschüttert werden kann.

28 Darum, weil wir ein unerschütterliches Reich empfangen, lasst uns dankbar sein und so Gott dienen mit Scheu und Furcht, wie es ihm gefällt;

29 denn unser Gott ist ein verzehrendes Feuer.

Letzte Ermahnungen

13 Bleibt fest in der brüderlichen Liebe.

2 Gastfrei zu sein vergesst nicht; denn dadurch haben einige ohne ihr Wissen Engel beherbergt.

3 Denkt an die Gefangenen, als wärt ihr Mitgefangene, und an die Misshandelten, weil ihr auch noch im Leibe lebt.

¶ **4** Die Ehe soll in Ehren gehalten werden bei allen und das Ehebett unbefleckt; denn die Unzüchtigen und die Ehebrecher wird Gott richten.

¶ **5** Seid nicht geldgierig, und lasst euch genügen an dem, was da ist. Denn der Herr hat gesagt (Josua 1,5): »Ich will dich nicht verlassen und nicht von dir weichen.«

6 So können auch wir getrost sagen (Psalm 118,6): »Der Herr ist mein Helfer, ich will mich nicht fürchten; was kann mir ein Mensch tun?«

¶ **7** Gedenkt an eure Lehrer, die euch das Wort Gottes gesagt haben; ihr Ende schaut an und folgt ihrem Glauben nach.

23 and to the assembly[1] of the firstborn who are enrolled in heaven, and to God, the judge of all, and to the spirits of the righteous made perfect,

24 and to Jesus, the mediator of a new covenant, and to the sprinkled blood that speaks a better word than the blood of Abel.

¶ **25** See that you do not refuse him who is speaking. For if they did not escape when they refused him who warned them on earth, much less will we escape if we reject him who warns from heaven.

26 At that time his voice shook the earth, but now he has promised, "Yet once more I will shake not only the earth but also the heavens."

27 This phrase, "Yet once more," indicates the removal of things that are shaken—that is, things that have been made—in order that the things that cannot be shaken may remain.

28 Therefore let us be grateful for receiving a kingdom that cannot be shaken, and thus let us offer to God acceptable worship, with reverence and awe,

29 for our God is a consuming fire.

Sacrifices Pleasing to God

13 Let brotherly love continue.

2 Do not neglect to show hospitality to strangers, for thereby some have entertained angels unawares.

3 Remember those who are in prison, as though in prison with them, and those who are mistreated, since you also are in the body.

4 Let marriage be held in honor among all, and let the marriage bed be undefiled, for God will judge the sexually immoral and adulterous.

5 Keep your life free from love of money, and be content with what you have, for he has said, "I will never leave you nor forsake you."

6 So we can confidently say,

"The Lord is my helper;
  I will not fear;
  what can man do to me?"

¶ **7** Remember your leaders, those who spoke to you the word of God. Consider the outcome of their way of life, and imitate their faith.

8 Jesus Christus gestern und heute und derselbe auch in Ewigkeit.

¶ **9** Lasst euch nicht durch mancherlei und fremde Lehren umtreiben, denn **es ist ein köstlich Ding, dass das Herz fest werde, welches geschieht durch Gnade,** nicht durch Speisegebote, von denen keinen Nutzen haben, die damit umgehen.

¶ **10** Wir haben einen Altar, von dem zu essen kein Recht haben, die der Stiftshütte dienen.

11 Denn die Leiber der Tiere, deren Blut durch den Hohenpriester als Sündopfer in das Heilige getragen wird, werden außerhalb des Lagers verbrannt.

12 Darum hat auch Jesus, damit er das Volk heilige durch sein eigenes Blut, gelitten draußen vor dem Tor.

13 So lasst uns nun zu ihm hinausgehen aus dem Lager und seine Schmach tragen.

14 Denn **wir haben hier keine bleibende Stadt, sondern die zukünftige suchen wir.**

¶ **15** So lasst uns nun durch ihn Gott allezeit das Lobopfer darbringen, das ist die Frucht der Lippen, die seinen Namen bekennen.

16 **Gutes zu tun und mit andern zu teilen vergesst nicht; denn solche Opfer gefallen Gott.**

¶ **17** Gehorcht euren Lehrern und folgt ihnen, denn sie wachen über eure Seelen – und dafür müssen sie Rechenschaft geben –, damit sie das mit Freuden tun und nicht mit Seufzen; denn das wäre nicht gut für euch.

¶ **18** Betet für uns. Unser Trost ist, dass wir ein gutes Gewissen haben, und wir wollen in allen Dingen ein ordentliches Leben führen.

19 Umso mehr aber ermahne ich euch, dies zu tun, damit ich euch möglichst bald wiedergegeben werde.

Segenswunsch und Grüße

20 Der Gott des Friedens aber, der den großen Hirten der Schafe, unsern Herrn Jesus, von den Toten heraufgeführt hat durch das Blut des ewigen Bundes,

21 der mache euch tüchtig in allem Guten, zu tun seinen Willen, und schaffe in uns, was ihm gefällt, durch Jesus Christus, welchem sei Ehre von Ewigkeit zu Ewigkeit! Amen.

¶ **22** Ich ermahne euch aber, liebe Brüder, nehmt dies Wort der Ermahnung an; ich habe euch ja nur kurz geschrieben.

8 Jesus Christ is the same yesterday and today and forever.

9 Do not be led away by diverse and strange teachings, for it is good for the heart to be strengthened by grace, not by foods, which have not benefited those devoted to them.

10 We have an altar from which those who serve the tent have no right to eat.

11 For the bodies of those animals whose blood is brought into the holy places by the high priest as a sacrifice for sin are burned outside the camp.

12 So Jesus also suffered outside the gate in order to sanctify the people through his own blood.

13 Therefore let us go to him outside the camp and bear the reproach he endured.

14 For here we have no lasting city, but we seek the city that is to come.

15 Through him then let us continually offer up a sacrifice of praise to God, that is, the fruit of lips that acknowledge his name.

16 Do not neglect to do good and to share what you have, for such sacrifices are pleasing to God.

¶ **17** Obey your leaders and submit to them, for they are keeping watch over your souls, as those who will have to give an account. Let them do this with joy and not with groaning, for that would be of no advantage to you.

¶ **18** Pray for us, for we are sure that we have a clear conscience, desiring to act honorably in all things.

19 I urge you the more earnestly to do this in order that I may be restored to you the sooner.

Benediction

¶ **20** Now may the God of peace who brought again from the dead our Lord Jesus, the great shepherd of the sheep, by the blood of the eternal covenant,

21 equip you with everything good that you may do his will, working in us[1] that which is pleasing in his sight, through Jesus Christ, to whom be glory forever and ever. Amen.

Final Greetings

¶ **22** I appeal to you, brothers,[2] bear with my word of exhortation, for I have written to you briefly.

23 Wisst, dass unser Bruder Timotheus wieder frei ist; mit ihm will ich euch, wenn er bald kommt, besuchen.

24 Grüßt alle eure Lehrer und alle Heiligen. Es grüßen euch die Brüder aus Italien.

25 Die Gnade sei mit euch allen!

23 You should know that our brother Timothy has been released, with whom I shall see you if he comes soon.

24 Greet all your leaders and all the saints. Those who come from Italy send you greetings.

25 Grace be with all of you.

DER BRIEF DES JAKOBUS

THE LETTER OF JAMES

Greeting

1 James, a servant[1] of God and of the Lord Jesus Christ,

¶ To the twelve tribes in the Dispersion:

¶ Greetings.

1 Jakobus, ein Knecht Gottes und des Herrn Jesus Christus, an die zwölf Stämme in der Zerstreuung: Gruß zuvor!

Der Christ in der Anfechtung

2 Meine lieben Brüder, erachtet es für lauter Freude, wenn ihr in mancherlei Anfechtungen fallt,

3 und wisst, dass euer Glaube, wenn er bewährt ist, Geduld wirkt.

4 Die Geduld aber soll ihr Werk tun bis ans Ende, damit ihr vollkommen und unversehrt seid und kein Mangel an euch sei.

¶ **5** Wenn es aber jemandem unter euch an Weisheit mangelt, so bitte er Gott, der jedermann gern gibt und niemanden schilt; so wird sie ihm gegeben werden.

6 Er bitte aber im Glauben und zweifle nicht; denn wer zweifelt, der gleicht einer Meereswoge, die vom Winde getrieben und bewegt wird.

7 Ein solcher Mensch denke nicht, dass er etwas von dem Herrn empfangen werde.

8 Ein Zweifler ist unbeständig auf allen seinen Wegen.

¶ **9** Ein Bruder aber, der niedrig ist, rühme sich seiner Höhe;

10 wer aber reich ist, rühme sich seiner Niedrigkeit, denn wie eine Blume des Grases wird er vergehen.

11 Die Sonne geht auf mit ihrer Hitze und das Gras verwelkt, und die Blume fällt ab und ihre schöne Gestalt verdirbt: so wird auch der Reiche dahinwelken in dem, was er unternimmt.

¶ **12** Selig ist der Mann, der die Anfechtung erduldet; denn nachdem er bewährt ist, wird er die Krone des Lebens empfangen, die Gott verheißen hat denen, die ihn lieb haben.

Der Ursprung der Versuchung

13 Niemand sage, wenn er versucht wird, dass er von Gott versucht werde. Denn Gott kann nicht versucht werden zum Bösen, und er selbst versucht niemand.

Testing of Your Faith

¶ **2** Count it all joy, my brothers,[2] when you meet trials of various kinds,

3 for you know that the testing of your faith produces steadfastness.

4 And let steadfastness have its full effect, that you may be perfect and complete, lacking in nothing.

¶ **5** If any of you lacks wisdom, let him ask God, who gives generously to all without reproach, and it will be given him.

6 But let him ask in faith, with no doubting, for the one who doubts is like a wave of the sea that is driven and tossed by the wind.

7 For that person must not suppose that he will receive anything from the Lord;

8 he is a double-minded man, unstable in all his ways.

¶ **9** Let the lowly brother boast in his exaltation,

10 and the rich in his humiliation, because like a flower of the grass[3] he will pass away.

11 For the sun rises with its scorching heat and withers the grass; its flower falls, and its beauty perishes. So also will the rich man fade away in the midst of his pursuits.

¶ **12** Blessed is the man who remains steadfast under trial, for when he has stood the test he will receive the crown of life, which God has promised to those who love him.

13 Let no one say when he is tempted, "I am being tempted by God," for God cannot be tempted with evil, and he himself tempts no one.

14 Sondern ein jeder, der versucht wird, wird von seinen eigenen Begierden gereizt und gelockt.

15 Danach, wenn die Begierde empfangen hat, gebiert sie die Sünde; die Sünde aber, wenn sie vollendet ist, gebiert den Tod.

¶ **16** Irrt euch nicht, meine lieben Brüder.

17 Alle gute Gabe und alle vollkommene Gabe kommt von oben herab, von dem Vater des Lichts, bei dem keine Veränderung ist noch Wechsel des Lichts und der Finsternis.

18 Er hat uns geboren nach seinem Willen durch das Wort der Wahrheit, damit wir Erstlinge seiner Geschöpfe seien.

Hörer und Täter des Wortes

19 Ihr sollt wissen, meine lieben Brüder: Ein jeder Mensch sei schnell zum Hören, langsam zum Reden, langsam zum Zorn.

20 Denn des Menschen Zorn tut nicht, was vor Gott recht ist.

21 Darum legt ab alle Unsauberkeit und alle Bosheit und nehmt das Wort an mit Sanftmut, das in euch gepflanzt ist und Kraft hat, eure Seelen selig zu machen.

¶ **22** Seid aber Täter des Worts und nicht Hörer allein; sonst betrügt ihr euch selbst.

23 Denn wenn jemand ein Hörer des Worts ist und nicht ein Täter, der gleicht einem Mann, der sein leibliches Angesicht im Spiegel beschaut;

24 denn nachdem er sich beschaut hat, geht er davon und vergisst von Stund an, wie er aussah.

25 Wer aber durchschaut in das vollkommene Gesetz der Freiheit und dabei beharrt und ist nicht ein vergesslicher Hörer, sondern ein Täter, der wird selig sein in seiner Tat.

¶ **26** Wenn jemand meint, er diene Gott, und hält seine Zunge nicht im Zaum, sondern betrügt sein Herz, so ist sein Gottesdienst nichtig.

27 Ein reiner und unbefleckter Gottesdienst vor Gott, dem Vater, ist der: die Waisen und Witwen in ihrer Trübsal besuchen und sich selbst von der Welt unbefleckt halten.

Kein Ansehen der Person in der Gemeinde

2 Liebe Brüder, haltet den Glauben an Jesus Christus, unsern Herrn der Herrlichkeit, frei von allem Ansehen der Person.

2 Denn wenn in eure Versammlung ein Mann käme mit einem goldenen Ring und in herrlicher Kleidung, es käme aber auch ein Armer in unsauberer Kleidung,

14 But each person is tempted when he is lured and enticed by his own desire.

15 Then desire when it has conceived gives birth to sin, and sin when it is fully grown brings forth death.

¶ **16** Do not be deceived, my beloved brothers.

17 Every good gift and every perfect gift is from above, coming down from the Father of lights with whom there is no variation or shadow due to change.[4]

18 Of his own will he brought us forth by the word of truth, that we should be a kind of firstfruits of his creatures.

Hearing and Doing the Word

¶ **19** Know this, my beloved brothers: let every person be quick to hear, slow to speak, slow to anger;

20 for the anger of man does not produce the righteousness of God.

21 Therefore put away all filthiness and rampant wickedness and receive with meekness the implanted word, which is able to save your souls.

¶ **22** But be doers of the word, and not hearers only, deceiving yourselves.

23 For if anyone is a hearer of the word and not a doer, he is like a man who looks intently at his natural face in a mirror.

24 For he looks at himself and goes away and at once forgets what he was like.

25 But the one who looks into the perfect law, the law of liberty, and perseveres, being no hearer who forgets but a doer who acts, he will be blessed in his doing.

¶ **26** If anyone thinks he is religious and does not bridle his tongue but deceives his heart, this person's religion is worthless.

27 Religion that is pure and undefiled before God, the Father, is this: to visit orphans and widows in their affliction, and to keep oneself unstained from the world.

The Sin of Partiality

2 My brothers,[1] show no partiality as you hold the faith in our Lord Jesus Christ, the Lord of glory.

2 For if a man wearing a gold ring and fine clothing comes into your assembly, and a poor man in shabby clothing also comes in,

3 und ihr sähet auf den, der herrlich gekleidet ist, und sprächet zu ihm: Setze du dich hierher auf den guten Platz!, und sprächet zu dem Armen: Stell du dich dorthin!, oder: Setze dich unten zu meinen Füßen!,

4 ist's recht, dass ihr solche Unterschiede bei euch macht und urteilt mit bösen Gedanken?

¶ **5** Hört zu, meine lieben Brüder! Hat nicht Gott erwählt die Armen in der Welt, die im Glauben reich sind und Erben des Reichs, das er verheißen hat denen, die ihn lieb haben?

6 Ihr aber habt dem Armen Unehre angetan. Sind es nicht die Reichen, die Gewalt gegen euch üben und euch vor Gericht ziehen?

7 Verlästern sie nicht den guten Namen, der über euch genannt ist?

8 Wenn ihr das königliche Gesetz erfüllt nach der Schrift (3.Mose 19,18): »Liebe deinen Nächsten wie dich selbst«, so tut ihr recht;

9 wenn ihr aber die Person anseht, tut ihr Sünde und werdet überführt vom Gesetz als Übertreter.

¶ **10** Denn wenn jemand das ganze Gesetz hält und sündigt gegen ein einziges Gebot, der ist am ganzen Gesetz schuldig.

11 Denn der gesagt hat (2.Mose 20,13-14): »Du sollst nicht ehebrechen«, der hat auch gesagt: »Du sollst nicht töten.« Wenn du nun nicht die Ehe brichst, tötest aber, bist du ein Übertreter des Gesetzes.

12 Redet so und handelt so wie Leute, die durchs Gesetz der Freiheit gerichtet werden sollen.

13 Denn es wird ein unbarmherziges Gericht über den ergehen, der nicht Barmherzigkeit getan hat; Barmherzigkeit aber triumphiert über das Gericht.

Glaube ohne Werke ist tot

14 Was hilft's, liebe Brüder, wenn jemand sagt, er habe Glauben, und hat doch keine Werke? Kann denn der Glaube ihn selig machen?

15 Wenn ein Bruder oder eine Schwester Mangel hätte an Kleidung und an der täglichen Nahrung

16 und jemand unter euch spräche zu ihnen: Geht hin in Frieden, wärmt euch und sättigt euch!, ihr gäbet ihnen aber nicht, was der Leib nötig hat – was könnte ihnen das helfen?

17 So ist auch der Glaube, wenn er nicht Werke hat, tot in sich selber.

¶ **18** Aber es könnte jemand sagen: Du hast Glauben und ich habe Werke. Zeige mir deinen Glauben ohne die Werke, so will ich dir meinen Glauben zeigen aus meinen Werken.

3 and if you pay attention to the one who wears the fine clothing and say, "You sit here in a good place," while you say to the poor man, "You stand over there," or, "Sit down at my feet,"

4 have you not then made distinctions among yourselves and become judges with evil thoughts?

5 Listen, my beloved brothers, has not God chosen those who are poor in the world to be rich in faith and heirs of the kingdom, which he has promised to those who love him?

6 But you have dishonored the poor man. Are not the rich the ones who oppress you, and the ones who drag you into court?

7 Are they not the ones who blaspheme the honorable name by which you were called?

¶ **8** If you really fulfill the royal law according to the Scripture, "You shall love your neighbor as yourself," you are doing well.

9 But if you show partiality, you are committing sin and are convicted by the law as transgressors.

10 For whoever keeps the whole law but fails in one point has become accountable for all of it.

11 For he who said, "Do not commit adultery," also said, [1]"Do not murder." If you do not commit adultery but do murder, you have become a transgressor of the law.

12 So speak and so act as those who are to be judged under the law of liberty.

13 For judgment is without mercy to one who has shown no mercy. Mercy triumphs over judgment.

Faith Without Works Is Dead

¶ **14** What good is it, my brothers, if someone says he has faith but does not have works? Can that faith save him?

15 If a brother or sister is poorly clothed and lacking in daily food,

16 and one of you says to them, "Go in peace, be warmed and filled," without giving them the things needed for the body, what good[2] is that?

17 So also faith by itself, if it does not have works, is dead.

¶ **18** But someone will say, "You have faith and I have works." Show me your faith apart from your works, and I will show you my faith by my works.

19 Du glaubst, dass nur einer Gott ist? Du tust recht daran; die Teufel glauben's auch und zittern.

20 Willst du nun einsehen, du törichter Mensch, dass der Glaube ohne Werke nutzlos ist?

¶ **21** Ist nicht Abraham, unser Vater, durch Werke gerecht geworden, als er seinen Sohn Isaak auf dem Altar opferte?

22 Da siehst du, dass der Glaube zusammengewirkt hat mit seinen Werken, und durch die Werke ist der Glaube vollkommen geworden.

23 So ist die Schrift erfüllt, die da spricht (1.Mose 15,6): »Abraham hat Gott geglaubt und das ist ihm zur Gerechtigkeit gerechnet worden«, und er wurde »ein Freund Gottes« genannt (Jesaja 41,8).

24 So seht ihr nun, dass der Mensch durch Werke gerecht wird, nicht durch Glauben allein.

25 Desgleichen die Hure Rahab, ist sie nicht durch Werke gerecht geworden, als sie die Boten aufnahm und ließ sie auf einem andern Weg hinaus?

26 Denn wie der Leib ohne Geist tot ist, so ist auch der Glaube ohne Werke tot.

Die Macht der Zunge

3 Liebe Brüder, nicht jeder von euch soll ein Lehrer werden; und wisst, dass wir ein desto strengeres Urteil empfangen werden.

2 Denn wir verfehlen uns alle mannigfaltig. Wer sich aber im Wort nicht verfehlt, der ist ein vollkommener Mann und kann auch den ganzen Leib im Zaum halten.

¶ **3** Wenn wir den Pferden den Zaum ins Maul legen, damit sie uns gehorchen, so lenken wir ihren ganzen Leib.

4 Siehe, auch die Schiffe, obwohl sie so groß sind und von starken Winden getrieben werden, werden sie doch gelenkt mit einem kleinen Ruder, wohin der will, der es führt.

5 So ist auch die Zunge ein kleines Glied und richtet große Dinge an. Siehe, ein kleines Feuer, welch einen Wald zündet's an!

6 Auch die Zunge ist ein Feuer, eine Welt voll Ungerechtigkeit. So ist die Zunge unter unsern Gliedern: sie befleckt den ganzen Leib und zündet die ganze Welt an und ist selbst von der Hölle entzündet.

¶ **7** Denn jede Art von Tieren und Vögeln und Schlangen und Seetieren wird gezähmt und ist gezähmt vom Menschen,

19 You believe that God is one; you do well. Even the demons believe—and shudder!

20 Do you want to be shown, you foolish person, that faith apart from works is useless?

21 Was not Abraham our father justified by works when he offered up his son Isaac on the altar?

22 You see that faith was active along with his works, and faith was completed by his works;

23 and the Scripture was fulfilled that says, "Abraham believed God, and it was counted to him as righteousness"—and he was called a friend of God.

24 You see that a person is justified by works and not by faith alone.

25 And in the same way was not also Rahab the prostitute justified by works when she received the messengers and sent them out by another way?

26 For as the body apart from the spirit is dead, so also faith apart from works is dead.

Taming the Tongue

3 Not many of you should become teachers, my brothers, for you know that we who teach will be judged with greater strictness.

2 For we all stumble in many ways. And if anyone does not stumble in what he says, he is a perfect man, able also to bridle his whole body.

3 If we put bits into the mouths of horses so that they obey us, we guide their whole bodies as well.

4 Look at the ships also: though they are so large and are driven by strong winds, they are guided by a very small rudder wherever the will of the pilot directs.

5 So also the tongue is a small member, yet it boasts of great things.

¶ How great a forest is set ablaze by such a small fire!

6 And the tongue is a fire, a world of unrighteousness. The tongue is set among our members, staining the whole body, setting on fire the entire course of life,[1] and set on fire by hell.[2]

7 For every kind of beast and bird, of reptile and sea creature, can be tamed and has been tamed by mankind,

8 aber die Zunge kann kein Mensch zähmen, das unruhige Übel, voll tödlichen Giftes.

9 Mit ihr loben wir den Herrn und Vater, und mit ihr fluchen wir den Menschen, die nach dem Bilde Gottes gemacht sind.

10 Aus **einem** Munde kommt Loben und Fluchen. Das soll nicht so sein, liebe Brüder.

11 Lässt auch die Quelle aus **einem** Loch süßes und bitteres Wasser fließen?

12 Kann auch, liebe Brüder, ein Feigenbaum Oliven oder ein Weinstock Feigen tragen? So kann auch eine salzige Quelle nicht süßes Wasser geben.

Die Weisheit von oben

13 Wer ist weise und klug unter euch? Der zeige mit seinem guten Wandel seine Werke in Sanftmut und Weisheit.

14 Habt ihr aber bittern Neid und Streit in eurem Herzen, so rühmt euch nicht und lügt nicht der Wahrheit zuwider.

15 Das ist nicht die Weisheit, die von oben herabkommt, sondern sie ist irdisch, niedrig und teuflisch.

16 Denn wo Neid und Streit ist, da sind Unordnung und lauter böse Dinge.

17 Die Weisheit aber von oben her ist zuerst lauter, dann friedfertig, gütig, lässt sich etwas sagen, ist reich an Barmherzigkeit und guten Früchten, unparteiisch, ohne Heuchelei.

18 Die Frucht der Gerechtigkeit aber wird gesät in Frieden für die, die Frieden stiften.

Warnung vor Unfriede und Wankelmut

4 Woher kommt der Kampf unter euch, woher der Streit? Kommt's nicht daher, dass in euren Gliedern die Gelüste gegeneinander streiten?

2 Ihr seid begierig und erlangt's nicht; ihr mordet und neidet und gewinnt nichts; ihr streitet und kämpft und habt nichts, weil ihr nicht bittet;

3 ihr bittet und empfangt nichts, weil ihr in übler Absicht bittet, nämlich damit ihr's für eure Gelüste vergeuden könnt.

¶ **4** Ihr Abtrünnigen, wisst ihr nicht, dass Freundschaft mit der Welt Feindschaft mit Gott ist? Wer der Welt Freund sein will, der wird Gottes Feind sein.

5 Oder meint ihr, die Schrift sage umsonst: Mit Eifer wacht Gott über den Geist, den er in uns hat wohnen lassen,

8 but no human being can tame the tongue. It is a restless evil, full of deadly poison.

9 With it we bless our Lord and Father, and with it we curse people who are made in the likeness of God.

10 From the same mouth come blessing and cursing. My brothers,[3] these things ought not to be so.

11 Does a spring pour forth from the same opening both fresh and salt water?

12 Can a fig tree, my brothers, bear olives, or a grapevine produce figs? Neither can a salt pond yield fresh water.

Wisdom from Above

¶ **13** Who is wise and understanding among you? By his good conduct let him show his works in the meekness of wisdom.

14 But if you have bitter jealousy and selfish ambition in your hearts, do not boast and be false to the truth.

15 This is not the wisdom that comes down from above, but is earthly, unspiritual, demonic.

16 For where jealousy and selfish ambition exist, there will be disorder and every vile practice.

17 But the wisdom from above is first pure, then peaceable, gentle, open to reason, full of mercy and good fruits, impartial and sincere.

18 And a harvest of righteousness is sown in peace by those who make peace.

Warning Against Worldliness

4 What causes quarrels and what causes fights among you? Is it not this, that your passions[1] are at war within you?[2]

2 You desire and do not have, so you murder. You covet and cannot obtain, so you fight and quarrel. You do not have, because you do not ask.

3 You ask and do not receive, because you ask wrongly, to spend it on your passions.

4 You adulterous people![3] Do you not know that friendship with the world is enmity with God? Therefore whoever wishes to be a friend of the world makes himself an enemy of God.

5 Or do you suppose it is to no purpose that the Scripture says, "He yearns jealously over the spirit that he has made to dwell in us"?

6 und gibt umso reichlicher Gnade? Darum heißt es (Sprüche 3,34): »Gott widersteht den Hochmütigen, aber den Demütigen gibt er Gnade.«

¶ **7** So seid nun Gott untertan. Widersteht dem Teufel, so flieht er von euch.

8 Naht euch zu Gott, so naht er sich zu euch. Reinigt die Hände, ihr Sünder, und heiligt eure Herzen, ihr Wankelmütigen.

9 Jammert und klagt und weint; euer Lachen verkehre sich in Weinen und eure Freude in Traurigkeit.

10 Demütigt euch vor dem Herrn, so wird er euch erhöhen.

¶ **11** Verleumdet einander nicht, liebe Brüder. Wer seinen Bruder verleumdet oder verurteilt, der verleumdet und verurteilt das Gesetz. Verurteilst du aber das Gesetz, so bist du nicht ein Täter des Gesetzes, sondern ein Richter.

12 Einer ist der Gesetzgeber und Richter, der selig machen und verdammen kann. Wer aber bist du, dass du den Nächsten verurteilst?

Warnung vor Selbstsicherheit

13 Und nun ihr, die ihr sagt: Heute oder morgen wollen wir in die oder die Stadt gehen und wollen ein Jahr dort zubringen und Handel treiben und Gewinn machen –,

14 und wisst nicht, was morgen sein wird. Was ist euer Leben? Ein Rauch seid ihr, der eine kleine Zeit bleibt und dann verschwindet.

15 Dagegen solltet ihr sagen: Wenn der Herr will, werden wir leben und dies oder das tun.

16 Nun aber rühmt ihr euch in eurem Übermut. All solches Rühmen ist böse.

¶ **17** Wer nun weiß, Gutes zu tun, und tut's nicht, dem ist's Sünde.

Das Gericht über die Reichen

5 Und nun, ihr Reichen: Weint und heult über das Elend, das über euch kommen wird!

2 Euer Reichtum ist verfault, eure Kleider sind von Motten zerfressen.

3 Euer Gold und Silber ist verrostet und ihr Rost wird gegen euch Zeugnis geben und wird euer Fleisch fressen wie Feuer. Ihr habt euch Schätze gesammelt in diesen letzten Tagen!

4 Siehe, der Lohn der Arbeiter, die euer Land abgeerntet haben, den ihr ihnen vorenthalten habt, der schreit, und das Rufen der Schnitter ist gekommen vor die Ohren des Herrn Zebaoth.

5 Ihr habt geschlemmt auf Erden und geprasst und eure Herzen gemästet am Schlachttag.

6 But he gives more grace. Therefore it says, "God opposes the proud, but [d]gives grace to the humble."

7 Submit yourselves therefore to God. Resist the devil, and he will flee from you.

8 Draw near to God, and he will draw near to you. Cleanse your hands, you sinners, and purify your hearts, you double-minded.

9 Be wretched and mourn and weep. Let your laughter be turned to mourning and your joy to gloom.

10 Humble yourselves before the Lord, and he will exalt you.

¶ **11** Do not speak evil against one another, brothers.[4] The one who speaks against a brother or judges his brother, speaks evil against the law and judges the law. But if you judge the law, you are not a doer of the law but a judge.

12 There is only one lawgiver and judge, he who is able to save and to destroy. But who are you to judge your neighbor?

Boasting About Tomorrow

¶ **13** Come now, you who say, "Today or tomorrow we will go into such and such a town and spend a year there and trade and make a profit"—

14 yet you do not know what tomorrow will bring. What is your life? For you are a mist that appears for a little time and then vanishes.

15 Instead you ought to say, "If the Lord wills, we will live and do this or that."

16 As it is, you boast in your arrogance. All such boasting is evil.

17 So whoever knows the right thing to do and fails to do it, for him it is sin.

Warning to the Rich

5 Come now, you rich, weep and howl for the miseries that are coming upon you.

2 Your riches have rotted and [z]your garments are moth-eaten.

3 Your gold and silver have corroded, and their corrosion will be evidence against you and will eat your flesh like fire. You have laid up treasure in the last days.

4 Behold, the wages of the laborers who mowed your fields, which you kept back by fraud, are crying out against you, and the cries of the harvesters have reached the ears of the Lord of hosts.

5 You have lived on the earth in luxury and in self-indulgence. You have fattened your hearts in a day of slaughter.

6 Ihr habt den Gerechten verurteilt und getötet, und er hat euch nicht widerstanden.

Mahnung zur Geduld

7 So seid nun geduldig, liebe Brüder, bis zum Kommen des Herrn. Siehe, der Bauer wartet auf die kostbare Frucht der Erde und ist dabei geduldig, bis sie empfange den Frühregen und Spätregen.

8 Seid auch ihr geduldig und stärkt eure Herzen; denn das Kommen des Herrn ist nahe.

¶ **9** Seufzt nicht widereinander, liebe Brüder, damit ihr nicht gerichtet werdet. Siehe, der Richter steht vor der Tür.

10 Nehmt, liebe Brüder, zum Vorbild des Leidens und der Geduld die Propheten, die geredet haben in dem Namen des Herrn.

11 Siehe, wir preisen selig, die erduldet haben. Von der Geduld Hiobs habt ihr gehört und habt gesehen, zu welchem Ende es der Herr geführt hat; denn der Herr ist barmherzig und ein Erbarmer.

¶ **12** Vor allen Dingen aber, meine Brüder, schwört nicht, weder bei dem Himmel noch bei der Erde noch mit einem andern Eid. Es sei aber euer Ja ein Ja und euer Nein ein Nein, damit ihr nicht dem Gericht verfallt.

Das Gebet für die Kranken

13 Leidet jemand unter euch, der bete; ist jemand guten Mutes, der singe Psalmen.

14 Ist jemand unter euch krank, der rufe zu sich die Ältesten der Gemeinde, dass sie über ihm beten und ihn salben mit Öl in dem Namen des Herrn.

15 Und das Gebet des Glaubens wird dem Kranken helfen, und der Herr wird ihn aufrichten; und wenn er Sünden getan hat, wird ihm vergeben werden.

¶ **16** Bekennt also einander eure Sünden und betet füreinander, dass ihr gesund werdet. **Des Gerechten Gebet vermag viel, wenn es ernstlich ist.**

17 Elia war ein schwacher Mensch wie wir; und er betete ein Gebet, dass es nicht regnen sollte, und es regnete nicht auf Erden drei Jahre und sechs Monate.

18 Und er betete abermals, und der Himmel gab den Regen und die Erde brachte ihre Frucht.

6 You have condemned and murdered the righteous person. He does not resist you.

Patience in Suffering

¶ **7** Be patient, therefore, brothers,[1] until the coming of the Lord. See how the farmer waits for the precious fruit of the earth, being patient about it, until it receives the early and the late rains.

8 You also, be patient. Establish your hearts, for the coming of the Lord is at hand.

9 Do not grumble against one another, brothers, so that you may not be judged; behold, the Judge is standing at the door.

10 As an example of suffering and patience, brothers, take the prophets who spoke in the name of the Lord.

11 Behold, we consider those blessed who remained steadfast. You have heard of the steadfastness of Job, and you have seen the purpose of the Lord, how the Lord is compassionate and merciful.

¶ **12** But above all, my brothers, do not swear, either by heaven or by earth or by any other oath, but let your "yes" be yes and your "no" be no, so that you may not fall under condemnation.

The Prayer of Faith

¶ **13** Is anyone among you suffering? Let him pray. Is anyone cheerful? Let him sing praise.

14 Is anyone among you sick? Let him call for the elders of the church, and let them pray over him, anointing him with oil in the name of the Lord.

15 And the prayer of faith will save the one who is sick, and the Lord will raise him up. And if he has committed sins, he will be forgiven.

16 Therefore, confess your sins to one another and pray for one another, that you may be healed. The prayer of a righteous person has great power as it is working.[2]

17 Elijah was a man with a nature like ours, and he prayed fervently that it might not rain, and for three years and six months it did not rain on the earth.

18 Then he prayed again, and heaven gave rain, and the earth bore its fruit.

Verantwortung für die Irrenden

19 Liebe Brüder, wenn jemand unter euch abirren würde von der Wahrheit und jemand bekehrte ihn,

20 der soll wissen: wer den Sünder bekehrt hat von seinem Irrweg, der wird seine Seele vom Tode erretten und wird bedecken die Menge der Sünden.

¶ **19** My brothers, if anyone among you wanders from the truth and someone brings him back,

20 let him know that whoever brings back a sinner from his wandering will save his soul from death and will cover a multitude of sins.

DER ERSTE BRIEF DES PETRUS

1 PETER

1 Petrus, ein Apostel Jesu Christi, an die auserwählten Fremdlinge, die verstreut wohnen in Pontus, Galatien, Kappadozien, der Provinz Asien und Bithynien,

2 die Gott, der Vater, ausersehen hat durch die Heiligung des Geistes zum Gehorsam und zur Besprengung mit dem Blut Jesu Christi:

¶ Gott gebe euch viel Gnade und Frieden!

Lebendige Hoffnung

3 Gelobt sei Gott, der Vater unseres Herrn Jesus Christus, der uns nach seiner großen Barmherzigkeit wiedergeboren hat zu einer lebendigen Hoffnung durch die Auferstehung Jesu Christi von den Toten,

4 zu einem unvergänglichen und unbefleckten und unverwelklichen Erbe, das aufbewahrt wird im Himmel für euch,

5 die ihr aus Gottes Macht durch den Glauben bewahrt werdet zur Seligkeit, die bereit ist, dass sie offenbar werde zu der letzten Zeit.

¶ **6** Dann werdet ihr euch freuen, die ihr jetzt eine kleine Zeit, wenn es sein soll, traurig seid in mancherlei Anfechtungen,

7 damit euer Glaube als echt und viel kostbarer befunden werde als das vergängliche Gold, das durchs Feuer geläutert wird, zu Lob, Preis und Ehre, wenn offenbart wird Jesus Christus.

8 Ihn habt ihr nicht gesehen und habt ihn doch lieb; und nun glaubt ihr an ihn, obwohl ihr ihn nicht seht; ihr werdet euch aber freuen mit unaussprechlicher und herrlicher Freude,

9 wenn ihr das Ziel eures Glaubens erlangt, nämlich der Seelen Seligkeit.

¶ **10** Nach dieser Seligkeit haben gesucht und geforscht die Propheten, die von der Gnade geweissagt haben, die für euch bestimmt ist,

11 und haben geforscht, auf welche und was für eine Zeit der Geist Christi deutete, der in ihnen war und zuvor bezeugt hat die Leiden, die über Christus kommen sollten, und die Herrlichkeit danach.

Greeting

1 Peter, an apostle of Jesus Christ,

¶ To those who are elect exiles of the dispersion in Pontus, Galatia, Cappadocia, Asia, and Bithynia,

2 according to the foreknowledge of God the Father, in the sanctification of the Spirit, for obedience to Jesus Christ and for sprinkling with his blood:

¶ May grace and peace be multiplied to you.

Born Again to a Living Hope

¶ **3** Blessed be the God and Father of our Lord Jesus Christ! According to his great mercy, he has caused us to be born again to a living hope through the resurrection of Jesus Christ from the dead,

4 to an inheritance that is imperishable, undefiled, and unfading, kept in heaven for you,

5 who by God's power are being guarded through faith for a salvation ready to be revealed in the last time.

6 In this you rejoice, though now for a little while, if necessary, you have been grieved by various trials,

7 so that the tested genuineness of your faith—more precious than gold that perishes though it is tested by fire—may be found to result in praise and glory and honor at the revelation of Jesus Christ.

8 Though you have not seen him, you love him. Though you do not now see him, you believe in him and rejoice with joy that is inexpressible and filled with glory,

9 obtaining the outcome of your faith, the salvation of your souls.

¶ **10** Concerning this salvation, the prophets who prophesied about the grace that was to be yours searched and inquired carefully,

11 inquiring what person or time the Spirit of Christ in them was indicating when he predicted the sufferings of Christ and the subsequent glories.

12 Ihnen ist offenbart worden, dass sie nicht sich selbst, sondern euch dienen sollten mit dem, was euch nun verkündigt ist durch die, die euch das Evangelium verkündigt haben durch den Heiligen Geist, der vom Himmel gesandt ist, – was auch die Engel begehren zu schauen.

Geheiligtes Leben

13 Darum umgürtet die Lenden eures Gemüts, seid nüchtern und setzt eure Hoffnung ganz auf die Gnade, die euch angeboten wird in der Offenbarung Jesu Christi.

14 Als gehorsame Kinder gebt euch nicht den Begierden hin, denen ihr früher in der Zeit eurer Unwissenheit dientet;

15 sondern wie der, der euch berufen hat, heilig ist, sollt auch ihr heilig sein in eurem ganzen Wandel.

¶ **16** Denn es steht geschrieben (3.Mose 19,2): »Ihr sollt heilig sein, denn ich bin heilig.«

17 Und da ihr den als Vater anruft, der ohne Ansehen der Person einen jeden richtet nach seinem Werk, so führt euer Leben, solange ihr hier in der Fremde weilt, in Gottesfurcht;

18 denn **ihr wisst, dass ihr nicht mit vergänglichem Silber oder Gold erlöst seid von eurem nichtigen Wandel nach der Väter Weise,**

19 **sondern mit dem teuren Blut Christi als eines unschuldigen und unbefleckten Lammes.**

20 Er ist zwar zuvor ausersehen, ehe der Welt Grund gelegt wurde, aber offenbart am Ende der Zeiten um euretwillen,

21 die ihr durch ihn glaubt an Gott, der ihn auferweckt hat von den Toten und ihm die Herrlichkeit gegeben, damit ihr Glauben und Hoffnung zu Gott habt.

¶ **22** Habt ihr eure Seelen gereinigt im Gehorsam der Wahrheit zu ungefärbter Bruderliebe, so habt euch untereinander beständig lieb aus reinem Herzen.

23 Denn ihr seid wiedergeboren nicht aus vergänglichem, sondern aus unvergänglichem Samen, nämlich aus dem lebendigen Wort Gottes, das da bleibt.

24 Denn »alles Fleisch ist wie Gras und alle seine Herrlichkeit wie des Grases Blume. Das Gras ist verdorrt und die Blume abgefallen;

12 It was revealed to them that they were serving not themselves but you, in the things that have now been announced to you through those who preached the good news to you by the Holy Spirit sent from heaven, things into which angels long to look.

Called to Be Holy

¶ **13** Therefore, preparing your minds for action,[1] and being sober-minded, set your hope fully on the grace that will be brought to you at the revelation of Jesus Christ.

14 As obedient children, do not be conformed to the passions of your former ignorance,

15 but as he who called you is holy, you also be holy in all your conduct,

16 since it is written, "You shall be holy, for I am holy."

17 And if you call on him as Father who judges impartially according to each one's deeds, conduct yourselves with fear throughout the time of your exile,

18 knowing that you were ransomed from the futile ways inherited from your forefathers, not with perishable things such as silver or gold,

19 but with the precious blood of Christ, like that of a lamb without blemish or spot.

20 He was foreknown before the foundation of the world but was made manifest in the last times for the sake of you

21 who through him are believers in God, who raised him from the dead and gave him glory, so that your faith and hope are in God.

¶ **22** Having purified your souls by your obedience to the truth for a sincere brotherly love, love one another earnestly from a pure heart,

23 since you have been born again, not of perishable seed but of imperishable, through the living and abiding word of God;

24 for

"All flesh is like grass
    and all its glory like the flower of
        grass.
The grass withers,
    and the flower falls,

25 aber des Herrn Wort bleibt in Ewigkeit« (Jesaja 40,6-8). Das ist aber das Wort, welches unter euch verkündigt ist.

25 but the word of the Lord remains forever."

And this word is the good news that was preached to you.

Das neue Gottesvolk

2 So legt nun ab alle Bosheit und allen Betrug und Heuchelei und Neid und alle üble Nachrede

2 und seid begierig nach der vernünftigen lauteren Milch wie die neugeborenen Kindlein, damit ihr durch sie zunehmt zu eurem Heil,

3 da ihr ja geschmeckt habt, dass der Herr freundlich ist.

4 Zu ihm kommt als zu dem lebendigen Stein, der von den Menschen verworfen ist, aber bei Gott auserwählt und kostbar.

5 Und auch ihr als lebendige Steine erbaut euch zum geistlichen Hause und zur heiligen Priesterschaft, zu opfern geistliche Opfer, die Gott wohlgefällig sind durch Jesus Christus.

¶ **6** Darum steht in der Schrift (Jesaja 28,16): »Siehe, ich lege in Zion einen auserwählten, kostbaren Eckstein; und wer an ihn glaubt, der soll nicht zuschanden werden.«

7 Für euch nun, die ihr glaubt, ist er kostbar; für die Ungläubigen aber ist »der Stein, den die Bauleute verworfen haben und der zum Eckstein geworden ist,

8 ein Stein des Anstoßes und ein Fels des Ärgernisses« (Psalm 118,22; Jesaja 8,14); sie stoßen sich an ihm, weil sie nicht an das Wort glauben, wozu sie auch bestimmt sind.

9 Ihr aber seid das auserwählte Geschlecht, die königliche Priesterschaft, das heilige Volk, das Volk des Eigentums, dass ihr verkündigen sollt die Wohltaten dessen, der euch berufen hat von der Finsternis zu seinem wunderbaren Licht;

10 die ihr einst »nicht ein Volk« wart, nun aber »Gottes Volk« seid, und einst nicht in Gnaden wart, nun aber in Gnaden seid (Hosea 2,25).

Das Verhalten in der Welt

11 Liebe Brüder, ich ermahne euch als Fremdlinge und Pilger: Enthaltet euch von fleischlichen Begierden, die gegen die Seele streiten,

A Living Stone and a Holy People

2 So put away all malice and all deceit and hypocrisy and envy and all slander.

2 Like newborn infants, long for the pure spiritual milk, that by it you may grow up into salvation—

3 if indeed you have tasted that the Lord is good.

¶ **4** As you come to him, a living stone rejected by men but in the sight of God chosen and precious,

5 you yourselves like living stones are being built up as a spiritual house, to be a holy priesthood, to offer spiritual sacrifices acceptable to God through Jesus Christ.

6 For it stands in Scripture:

"Behold, I am laying in Zion a stone,
   a cornerstone chosen and precious,
and whoever believes in him will not be
   put to shame."

7 So the honor is for you who believe, but for those who ᵛdo not believe,

"The stone that the builders rejected
   has become the cornerstone,"¹

8 and

"A stone of stumbling,
   and a rock of offense."

They stumble because they disobey the word, as they were destined to do.

¶ **9** But you are a chosen race, a royal priesthood, a holy nation, a people for his own possession, that you may proclaim the excellencies of him who called you out of darkness into his marvelous light.

10 Once you were not a people, but now you are God's people; once you had not received mercy, but now you have received mercy.

¶ **11** Beloved, I urge you as sojourners and exiles to abstain from the passions of the flesh, which wage war against your soul.

12 und führt ein rechtschaffenes Leben unter den Heiden, damit die, die euch verleumden als Übeltäter, eure guten Werke sehen und Gott preisen am Tag der Heimsuchung.

¶ 13 Seid untertan aller menschlichen Ordnung um des Herrn willen, es sei dem König als dem Obersten

14 oder den Statthaltern als denen, die von ihm gesandt sind zur Bestrafung der Übeltäter und zum Lob derer, die Gutes tun.

15 Denn das ist der Wille Gottes, dass ihr mit guten Taten den unwissenden und törichten Menschen das Maul stopft –

16 als die Freien und nicht als hättet ihr die Freiheit zum Deckmantel der Bosheit, sondern als die Knechte Gottes.

17 Ehrt jedermann, habt die Brüder lieb, fürchtet Gott, ehrt den König!

Mahnungen an die Sklaven

18 Ihr Sklaven, ordnet euch in aller Furcht den Herren unter, nicht allein den gütigen und freundlichen, sondern auch den wunderlichen.

19 Denn das ist Gnade, wenn jemand vor Gott um des Gewissens willen das Übel erträgt und leidet das Unrecht.

20 Denn was ist das für ein Ruhm, wenn ihr um schlechter Taten willen geschlagen werdet und es geduldig ertragt? Aber wenn ihr um guter Taten willen leidet und es ertragt, das ist Gnade bei Gott.

¶ 21 Denn dazu seid ihr berufen, da auch Christus gelitten hat für euch und euch ein Vorbild hinterlassen, dass ihr sollt nachfolgen seinen Fußtapfen;

22 er, der keine Sünde getan hat und in dessen Mund sich kein Betrug fand;

23 der nicht widerschmähte, als er geschmäht wurde, nicht drohte, als er litt, er stellte es aber dem anheim, der gerecht richtet;

24 der unsre Sünde selbst hinaufgetragen hat an seinem Leibe auf das Holz, damit wir, der Sünde abgestorben, der Gerechtigkeit leben. Durch seine Wunden seid ihr heil geworden.

25 Denn ihr wart wie die irrenden Schafe; aber ihr seid nun bekehrt zu dem Hirten und Bischof eurer Seelen.

12 Keep your conduct among the Gentiles honorable, so that when they speak against you as evildoers, they may see your good deeds and glorify God on the day of visitation.

Submission to Authority

¶ 13 Be subject for the Lord's sake to every human institution,[2] whether it be to the emperor[3] as supreme,

14 or to governors as sent by him to punish those who do evil and to praise those who do good.

15 For this is the will of God, that by doing good you should put to silence the ignorance of foolish people.

16 Live as people who are free, not using your freedom as a cover-up for evil, but living as servants[4] of God.

17 Honor everyone. Love the brotherhood. Fear God. Honor the emperor.

¶ 18 Servants, be subject to your masters with all respect, not only to the good and gentle but also to the unjust.

19 For this is a gracious thing, when, mindful of God, one endures sorrows while suffering unjustly.

20 For what credit is it if, when you sin and are beaten for it, you endure? But if when you do good and suffer for it you endure, this is a gracious thing in the sight of God.

21 For to this you have been called, because Christ also suffered for you, leaving you an example, so that you might follow in his steps.

22 He committed no sin, neither was deceit found in his mouth.

23 When he was reviled, he did not revile in return; when he suffered, he did not threaten, but continued entrusting himself to him who judges justly.

24 He himself bore our sins in his body on the tree, that we might die to sin and live to righteousness. By his wounds you have been healed.

25 For you were straying like sheep, but have now returned to the Shepherd and Overseer of your souls.

Mahnungen an die Frauen und Männer

3 Desgleichen sollt ihr Frauen euch euren Männern unterordnen, damit auch die, die nicht an das Wort glauben, durch das Leben ihrer Frauen ohne Worte gewonnen werden,

2 wenn sie sehen, wie ihr in Reinheit und Gottesfurcht lebt.

3 Euer Schmuck soll nicht äußerlich sein wie Haarflechten, goldene Ketten oder prächtige Kleider,

4 sondern der verborgene Mensch des Herzens im unvergänglichen Schmuck des sanften und stillen Geistes: das ist köstlich vor Gott.

5 Denn so haben sich vorzeiten auch die heiligen Frauen geschmückt, die ihre Hoffnung auf Gott setzten und sich ihren Männern unterordneten,

6 wie Sara Abraham gehorsam war und ihn Herr nannte; deren Töchter seid ihr geworden, wenn ihr recht tut und euch durch nichts beirren lasst.

¶ **7** Desgleichen ihr Männer, wohnt vernünftig mit ihnen zusammen und gebt dem weiblichen Geschlecht als dem schwächeren seine Ehre. Denn auch die Frauen sind Miterben der Gnade des Lebens, und euer gemeinsames Gebet soll nicht behindert werden.

Mahnungen an die ganze Gemeinde

8 Endlich aber seid allesamt gleich gesinnt, mitleidig, brüderlich, barmherzig, demütig.

9 Vergeltet nicht Böses mit Bösem oder Scheltwort mit Scheltwort, sondern segnet vielmehr, weil ihr dazu berufen seid, dass ihr den Segen ererbt.

10 Denn »wer das Leben lieben und gute Tage sehen will, der hüte seine Zunge, dass sie nichts Böses rede, und seine Lippen, dass sie nicht betrügen.

11 Er wende sich ab vom Bösen und tue Gutes; er suche Frieden und jage ihm nach.

12 Denn die Augen des Herrn sehen auf die Gerechten, und seine Ohren hören auf ihr Gebet; das Angesicht des Herrn aber steht wider die, die Böses tun« (Psalm 34,13-17).

¶ **13** Und wer ist's, der euch schaden könnte, wenn ihr dem Guten nacheifert?

Wives and Husbands

3 Likewise, wives, be subject to your own husbands, so that even if some do not obey the word, they may be won without a word by the conduct of their wives,

2 when they see your respectful and pure conduct.

3 Do not let your adorning be external—the braiding of hair and the putting on of gold jewelry, or the clothing you wear—

4 but let your adorning be the hidden person of the heart with the imperishable beauty of a gentle and quiet spirit, which in God's sight is very precious.

5 For this is how the holy women who hoped in God used to adorn themselves, by submitting to their own husbands,

6 as Sarah obeyed Abraham, calling him lord. And you are her children, if you do good and do not fear anything that is frightening.

¶ **7** Likewise, husbands, live with your wives in an understanding way, showing honor to the woman as the weaker vessel, since they are heirs with you[1] of the grace of life, so that your prayers may not be hindered.

Suffering for Righteousness' Sake

¶ **8** Finally, all of you, have unity of mind, sympathy, brotherly love, a tender heart, and a humble mind.

9 Do not repay evil for evil or reviling for reviling, but on the contrary, bless, for to this you were called, that you may obtain a blessing.

10 For

"Whoever desires to love life
    and see good days,
      let him keep his tongue from evil
      and his lips from speaking deceit;

11   let him turn away from evil and do good;
      let him seek peace and pursue it.

12   For the eyes of the Lord are on the righteous,
      and his ears are open to their prayer.
      But the face of the Lord is against those who do evil."

¶ **13** Now who is there to harm you if you are zealous for what is good?

14 Und wenn ihr auch leidet um der Gerechtigkeit willen, so seid ihr doch selig. Fürchtet euch nicht vor ihrem Drohen und erschreckt nicht;

15 heiligt aber den Herrn Christus in euren Herzen. **Seid allezeit bereit zur Verantwortung vor jedermann, der von euch Rechenschaft fordert über die Hoffnung, die in euch ist,**

16 und das mit Sanftmut und Gottesfurcht, und habt ein gutes Gewissen, damit die, die euch verleumden, zuschanden werden, wenn sie euren guten Wandel in Christus schmähen.

17 Denn es ist besser, wenn es Gottes Wille ist, dass ihr um guter Taten willen leidet als um böser Taten willen.

Die Herrschaft Christi über alle

18 Denn auch Christus hat **einmal** für die Sünden gelitten, der Gerechte für die Ungerechten, damit er euch zu Gott führte, und ist getötet nach dem Fleisch, aber lebendig gemacht nach dem Geist.

19 In ihm ist er auch hingegangen und hat gepredigt den Geistern im Gefängnis*,

20 die einst ungehorsam waren, als Gott harrte und Geduld hatte zur Zeit Noahs, als man die Arche baute, in der wenige, nämlich acht Seelen, gerettet wurden durchs Wasser hindurch.

¶ **21** Das ist ein Vorbild der Taufe, die jetzt auch euch rettet. Denn in ihr wird nicht der Schmutz vom Leib abgewaschen, sondern wir bitten Gott um ein gutes Gewissen, durch die Auferstehung Jesu Christi,

22 welcher ist zur Rechten Gottes, aufgefahren gen Himmel, und es sind ihm untertan die Engel und die Gewaltigen und die Mächte.

Vom Leiden und Leben des Christen

4 Weil nun Christus im Fleisch gelitten hat, so wappnet euch auch mit demselben Sinn; denn wer im Fleisch gelitten hat, der hat aufgehört mit der Sünde,

2 dass er hinfort die noch übrige Zeit im Fleisch nicht den Begierden der Menschen, sondern dem Willen Gottes lebe.

3 Denn es ist genug, dass ihr die vergangene Zeit zugebracht habt nach heidnischem Willen, als ihr ein Leben führtet in Ausschweifung, Begierden, Trunkenheit, Fresserei, Sauferei und gräulichem Götzendienst.

¶ **4** Das befremdet sie, dass ihr euch nicht mehr mit ihnen stürzt in dasselbe wüste, unordentliche Treiben, und sie lästern;

14 But even if you should suffer for righteousness' sake, you will be blessed. Have no fear of them, nor be troubled,

15 but in your hearts honor Christ the Lord as holy, always being prepared to make a defense to anyone who asks you for a reason for the hope that is in you; yet do it with gentleness and respect,

16 having a good conscience, so that, when you are slandered, those who revile your good behavior in Christ may be put to shame.

17 For it is better to suffer for doing good, if that should be God's will, than for doing evil.

¶ 18 For Christ also suffered[2] once for sins, the righteous for the unrighteous, that he might bring us to God, being put to death in the flesh but made alive in the spirit,

19 in which[3] he went and proclaimed[4] to the spirits in prison,

20 because[5] they formerly did not obey, when God's patience waited in the days of Noah, while the ark was being prepared, in which a few, that is, eight persons, were brought safely through water.

21 Baptism, which corresponds to this, now saves you, not as a removal of dirt from the body but as an appeal to God for a good conscience, through the resurrection of Jesus Christ,

22 who has gone into heaven and is at the right hand of God, with angels, authorities, and powers having been subjected to him.

Stewards of God's Grace

4 Since therefore Christ suffered in the flesh,[1] arm yourselves with the same way of thinking, for whoever has suffered in the flesh has ceased from sin,

2 so as to live for the rest of the time in the flesh no longer for human passions but for the will of God.

3 For the time that is past suffices for doing what the Gentiles want to do, living in sensuality, passions, drunkenness, orgies, drinking parties, and lawless idolatry.

4 With respect to this they are surprised when you do not join them in the same flood of debauchery, and they malign you;

5 aber sie werden Rechenschaft geben müssen dem, der bereit ist, zu richten die Lebenden und die Toten.

6 Denn dazu ist auch den Toten das Evangelium verkündigt, dass sie zwar nach Menschenweise gerichtet werden im Fleisch, aber nach Gottes Weise das Leben haben im Geist.

¶ **7** Es ist aber nahe gekommen das Ende aller Dinge. So seid nun besonnen und nüchtern zum Gebet.

8 Vor allen Dingen habt untereinander beständige Liebe; denn »die Liebe deckt auch der Sünden Menge« (Sprüche 10,12).

9 Seid gastfrei untereinander ohne Murren.

10 Und dient einander, ein jeder mit der Gabe, die er empfangen hat, als die guten Haushalter der mancherlei Gnade Gottes:

11 Wenn jemand predigt, dass er's rede als Gottes Wort; wenn jemand dient, dass er's tue aus der Kraft, die Gott gewährt, damit in allen Dingen Gott gepriesen werde durch Jesus Christus. Sein ist die Ehre und Gewalt von Ewigkeit zu Ewigkeit! Amen.

Vom Ausharren in der Verfolgung

12 Ihr Lieben, lasst euch durch die Hitze nicht befremden, die euch widerfährt zu eurer Versuchung, als widerführe euch etwas Seltsames,

13 sondern freut euch, dass ihr mit Christus leidet, damit ihr auch zur Zeit der Offenbarung seiner Herrlichkeit Freude und Wonne haben mögt.

14 Selig seid ihr, wenn ihr geschmäht werdet um des Namens Christi willen, denn der Geist, der ein Geist der Herrlichkeit und Gottes ist, ruht auf euch.

¶ **15** Niemand aber unter euch leide als ein Mörder oder Dieb oder Übeltäter oder als einer, der in ein fremdes Amt greift.

16 Leidet er aber als ein Christ, so schäme er sich nicht, sondern ehre Gott mit diesem Namen.

17 Denn die Zeit ist da, dass das Gericht anfängt an dem Hause Gottes. Wenn aber zuerst an uns, was wird es für ein Ende nehmen mit denen, die dem Evangelium Gottes nicht glauben?

18 Und wenn der Gerechte kaum gerettet wird, wo wird dann der Gottlose und Sünder bleiben?

5 but they will give account to him who is ready to judge the living and the dead.

6 For this is why the gospel was preached even to those who are dead, that though judged in the flesh the way people are, they might live in the spirit the way God does.

¶ **7** The end of all things is at hand; therefore be self-controlled and sober-minded for the sake of your prayers.

8 Above all, keep loving one another earnestly, since love covers a multitude of sins.

9 Show hospitality to one another without grumbling.

10 As each has received a gift, use it to serve one another, as good stewards of God's varied grace:

11 whoever speaks, as one who speaks oracles of God; whoever serves, as one who serves by the strength that God supplies—in order that in everything God may be glorified through Jesus Christ. To him belong glory and dominion forever and ever. Amen.

Suffering as a Christian

¶ **12** Beloved, do not be surprised at the fiery trial when it comes upon you to test you, as though something strange were happening to you.

13 But rejoice insofar as you share Christ's sufferings, that you may also rejoice and be glad when his glory is revealed.

14 If you are insulted for the name of Christ, you are blessed, because the Spirit of glory[2] and of God rests upon you.

15 But let none of you suffer as a murderer or a thief or an evildoer or as a meddler.

16 Yet if anyone suffers as a Christian, let him not be ashamed, but let him glorify God in that name.

17 For it is time for judgment to begin at the household of God; and if it begins with us, what will be the outcome for those who do not obey the gospel of God?

18 And

> "If the righteous is scarcely saved,
>   what will become of the ungodly and
>   the sinner?"[3]

19 Darum sollen auch die, die nach Gottes Willen leiden, ihm ihre Seelen anbefehlen als dem treuen Schöpfer und Gutes tun.

Mahnungen an die Ältesten und die Gemeinde

5 Die Ältesten unter euch ermahne ich, der Mitälteste und Zeuge der Leiden Christi, der ich auch teilhabe an der Herrlichkeit, die offenbart werden soll:

2 Weidet die Herde Gottes, die euch anbefohlen ist; achtet auf sie, nicht gezwungen, sondern freiwillig, wie es Gott gefällt; nicht um schändlichen Gewinns willen, sondern von Herzensgrund;

3 nicht als Herren über die Gemeinde, sondern als Vorbilder der Herde.

4 So werdet ihr, wenn erscheinen wird der Erzhirte, die unvergängliche Krone der Herrlichkeit empfangen.

¶ **5** Desgleichen ihr Jüngeren, ordnet euch den Ältesten unter.

¶ Alle aber miteinander haltet fest an der Demut; denn **Gott widersteht den Hochmütigen, aber den Demütigen gibt er Gnade.**

6 So demütigt euch nun unter die gewaltige Hand Gottes, damit er euch erhöhe zu seiner Zeit.

7 Alle eure Sorge werft auf ihn; denn er sorgt für euch.

¶ **8** Seid nüchtern und wacht; denn euer Widersacher, der Teufel, geht umher wie ein brüllender Löwe und sucht, wen er verschlinge.

9 Dem widersteht, fest im Glauben, und wisst, dass ebendieselben Leiden über eure Brüder in der Welt gehen.

Segenswunsch und Grüße

10 Der Gott aller Gnade aber, der euch berufen hat zu seiner ewigen Herrlichkeit in Christus Jesus, der wird euch, die ihr eine kleine Zeit leidet, aufrichten, stärken, kräftigen, gründen.

11 Ihm sei die Macht von Ewigkeit zu Ewigkeit! Amen.

¶ **12** Durch Silvanus, den treuen Bruder, wie ich meine, habe ich euch wenige Worte geschrieben, zu ermahnen und zu bezeugen, dass das die rechte Gnade Gottes ist, in der ihr steht.

13 Es grüßt euch aus Babylon die Gemeinde, die mit euch auserwählt ist, und mein Sohn Markus.

14 Grüßt euch untereinander mit dem Kuss der Liebe. Friede sei mit euch allen, die ihr in Christus seid!

19 Therefore let those who suffer according to God's will entrust their souls to a faithful Creator while doing good.

Shepherd the Flock of God

5 So I exhort the elders among you, as a fellow elder and a witness of the sufferings of Christ, as well as a partaker in the glory that is going to be revealed:

2 shepherd the flock of God that is among you, exercising oversight,[1] not under compulsion, but willingly, as God would have you;[2] not for shameful gain, but eagerly;

3 not domineering over those in your charge, but being examples to the flock.

4 And when the chief Shepherd appears, you will receive the unfading crown of glory.

5 Likewise, you who are younger, be subject to the elders. Clothe yourselves, all of you, with humility toward one another, for "God opposes the proud but gives grace to the humble."

¶ **6** Humble yourselves, therefore, under the mighty hand of God so that at the proper time he may exalt you,

7 casting all your anxieties on him, because he cares for you.

8 Be sober-minded; be watchful. Your adversary the devil prowls around like a roaring lion, seeking someone to devour.

9 Resist him, firm in your faith, knowing that the same kinds of suffering are being experienced by your brotherhood throughout the world.

10 And after you have suffered a little while, the God of all grace, who has called you to his eternal glory in Christ, will himself restore, confirm, strengthen, and establish you.

11 To him be the dominion forever and ever. Amen.

Final Greetings

¶ **12** By Silvanus, a faithful brother as I regard him, I have written briefly to you, exhorting and declaring that this is the true grace of God. Stand firm in it.

13 She who is at Babylon, who is likewise chosen, sends you greetings, and so does Mark, my son.

14 Greet one another with the kiss of love. ¶ Peace to all of you who are in Christ.

DER ZWEITE BRIEF DES PETRUS

2 PETER

1 Simon Petrus, ein Knecht und Apostel Jesu Christi, an alle, die mit uns denselben teuren Glauben empfangen haben durch die Gerechtigkeit, die unser Gott gibt und der Heiland Jesus Christus:

¶ **2** Gott gebe euch viel Gnade und Frieden durch die Erkenntnis Gottes und Jesu, unseres Herrn!

Mahnung zu christlichem Leben

3 Alles, was zum Leben und zur Frömmigkeit dient, hat uns seine göttliche Kraft geschenkt durch die Erkenntnis dessen, der uns berufen hat durch seine Herrlichkeit und Kraft.

4 Durch sie sind uns die teuren und allergrößten Verheißungen geschenkt, damit ihr dadurch Anteil bekommt an der göttlichen Natur, die ihr entronnen seid der verderblichen Begierde in der Welt.

¶ **5** So wendet alle Mühe daran und erweist in eurem Glauben Tugend und in der Tugend Erkenntnis

6 und in der Erkenntnis Mäßigkeit und in der Mäßigkeit Geduld und in der Geduld Frömmigkeit

7 und in der Frömmigkeit brüderliche Liebe und in der brüderlichen Liebe die Liebe zu allen Menschen.

8 Denn wenn dies alles reichlich bei euch ist, wird's euch nicht faul und unfruchtbar sein lassen in der Erkenntnis unseres Herrn Jesus Christus.

9 Wer dies aber nicht hat, der ist blind und tappt im Dunkeln und hat vergessen, dass er rein geworden ist von seinen früheren Sünden.

10 Darum, liebe Brüder, bemüht euch desto mehr, eure Berufung und Erwählung festzumachen. Denn wenn ihr dies tut, werdet ihr nicht straucheln

11 und so wird euch reichlich gewährt werden der Eingang in das ewige Reich unseres Herrn und Heilands Jesus Christus.

¶ **12** Darum will ich's nicht lassen, euch allezeit daran zu erinnern, obwohl ihr's wisst und gestärkt seid in der Wahrheit, die unter euch ist.

Greeting

1 Simeon[1] Peter, a servant[2] and apostle of Jesus Christ,

¶ To those who have obtained a faith of equal standing with ours by the righteousness of our God and Savior Jesus Christ:

¶ **2** May grace and peace be multiplied to you in the knowledge of God and of Jesus our Lord.

Make Your Calling and Election Sure

¶ **3** His divine power has granted to us all things that pertain to life and godliness, through the knowledge of him who called us to[3] his own glory and excellence,[4]

4 by which he has granted to us his precious and very great promises, so that through them you may become partakers of the divine nature, having escaped from the corruption that is in the world because of sinful desire.

5 For this very reason, make every effort to supplement your faith with virtue,[5] and virtue with knowledge,

6 and knowledge with self-control, and self-control with steadfastness, and steadfastness with godliness,

7 and godliness with brotherly affection, and brotherly affection with love.

8 For if these qualities[6] are yours and are increasing, they keep you from being ineffective or unfruitful in the knowledge of our Lord Jesus Christ.

9 For whoever lacks these qualities is so nearsighted that he is blind, having forgotten that he was cleansed from his former sins.

10 Therefore, brothers,[7] be all the more diligent to make your calling and election sure, for if you practice these qualities you will never fall.

11 For in this way there will be richly provided for you an entrance into the eternal kingdom of our Lord and Savior Jesus Christ.

¶ **12** Therefore I intend always to remind you of these qualities, though you know them and are established in the truth that you have.

13 Ich halte es aber für richtig, solange ich in dieser Hütte bin, euch zu erwecken und zu erinnern;

14 denn ich weiß, dass ich meine Hütte bald verlassen muss, wie es mir auch unser Herr Jesus Christus eröffnet hat.

15 Ich will mich aber bemühen, dass ihr dies allezeit auch nach meinem Hinscheiden im Gedächtnis behalten könnt.

Die Verklärung Jesu und das prophetische Wort

16 Denn wir sind nicht ausgeklügelten Fabeln gefolgt, als wir euch kundgetan haben die Kraft und das Kommen unseres Herrn Jesus Christus; sondern wir haben seine Herrlichkeit selber gesehen.

17 Denn er empfing von Gott, dem Vater, Ehre und Preis durch eine Stimme, die zu ihm kam von der großen Herrlichkeit: Dies ist mein lieber Sohn, an dem ich Wohlgefallen habe.

18 Und diese Stimme haben wir gehört vom Himmel kommen, als wir mit ihm waren auf dem heiligen Berge.

¶ **19** Umso fester haben wir das prophetische Wort, und ihr tut gut daran, dass ihr darauf achtet als auf ein Licht, das da scheint an einem dunklen Ort, bis der Tag anbreche und der Morgenstern aufgehe in euren Herzen.

20 Und das sollt ihr vor allem wissen, dass keine Weissagung in der Schrift eine Sache eigener Auslegung ist.

21 Denn es ist noch nie eine Weissagung aus menschlichem Willen hervorgebracht worden, sondern getrieben von dem Heiligen Geist haben Menschen im Namen Gottes geredet.

Gottes Gericht über die Irrlehrer
(vgl. Jud 3-19)

2 Es waren aber auch falsche Propheten unter dem Volk, wie auch unter euch sein werden falsche Lehrer, die verderbliche Irrlehren einführen und verleugnen den Herrn, der sie erkauft hat; die werden über sich selbst herbeiführen ein schnelles Verderben.

2 Und viele werden ihnen folgen in ihren Ausschweifungen; um ihretwillen wird der Weg der Wahrheit verlästert werden.

3 Und aus Habsucht werden sie euch mit erdichteten Worten zu gewinnen suchen. Das Gericht über sie bereitet sich seit Langem vor, und ihr Verderben schläft nicht.

¶ **4** Denn Gott hat selbst die Engel, die gesündigt haben, nicht verschont, sondern hat sie mit Ketten der Finsternis in die Hölle gestoßen und übergeben, damit sie für das Gericht festgehalten werden;

13 I think it right, as long as I am in this body,[8] to stir you up by way of reminder,

14 since I know that the putting off of my body will be soon, as our Lord Jesus Christ made clear to me.

15 And I will make every effort so that after my departure you may be able at any time to recall these things.

Christ's Glory and the Prophetic Word

¶ **16** For we did not follow cleverly devised myths when we made known to you the power and coming of our Lord Jesus Christ, but we were eyewitnesses of his majesty.

17 For when he received honor and glory from God the Father, and the voice was borne to him by the Majestic Glory, "This is my beloved Son,[9] with whom I am well pleased,"

18 we ourselves heard this very voice borne from heaven, for we were with him on the holy mountain.

19 And we have something more sure, the prophetic word, to which you will do well to pay attention as to a lamp shining in a dark place, until the day dawns and the morning star rises in your hearts,

20 knowing this first of all, that no prophecy of Scripture comes from someone's own interpretation.

21 For no prophecy was ever produced by the will of man, but men spoke from God as they were carried along by the Holy Spirit.

False Prophets and Teachers

2 But false prophets also arose among the people, just as there will be false teachers among you, who will secretly bring in destructive heresies, even denying the Master who bought them, bringing upon themselves swift destruction.

2 And many will follow their sensuality, and because of them the way of truth will be blasphemed.

3 And in their greed they will exploit you with false words. Their condemnation from long ago is not idle, and their destruction is not asleep.

¶ **4** For if God did not spare angels when they sinned, but cast them into hell[1] and committed them to chains[2] of gloomy darkness to be kept until the judgment;

5 und hat die frühere Welt nicht verschont, sondern bewahrte allein Noah, den Prediger der Gerechtigkeit, mit sieben andern, als er die Sintflut über die Welt der Gottlosen brachte;

6 und hat die Städte Sodom und Gomorra zu Schutt und Asche gemacht und zum Untergang verurteilt und damit ein Beispiel gesetzt den Gottlosen, die hernach kommen würden;

7 und hat den gerechten Lot errettet, dem die schändlichen Leute viel Leid antaten mit ihrem ausschweifenden Leben.

8 Denn der Gerechte, der unter ihnen wohnte, musste alles mit ansehen und anhören und seine gerechte Seele von Tag zu Tag quälen lassen durch ihre bösen Werke.

¶ **9** Der Herr weiß die Frommen aus der Versuchung zu erretten, die Ungerechten aber festzuhalten für den Tag des Gerichts, um sie zu strafen,

10 am meisten aber die, die nach dem Fleisch leben in unreiner Begierde und jede Herrschaft verachten. Frech und eigensinnig schrecken sie nicht davor zurück, himmlische Mächte zu lästern,

11 wo doch die Engel, die größere Stärke und Macht haben, kein Verdammungsurteil gegen sie vor den Herrn bringen.

¶ **12** Aber sie sind wie die unvernünftigen Tiere, die von Natur dazu geboren sind, dass sie gefangen und geschlachtet werden; sie lästern das, wovon sie nichts verstehen, und werden auch in ihrem verdorbenen Wesen umkommen

13 und den Lohn der Ungerechtigkeit davontragen. Sie halten es für eine Lust, am hellen Tag zu schlemmen, sie sind Schandflecken, schwelgen in ihren Betrügereien, wenn sie mit euch prassen,

14 haben Augen voll Ehebruch, nimmer satt der Sünde, locken an sich leichtfertige Menschen, haben ein Herz getrieben von Habsucht – verfluchte Leute!

15 Sie verlassen den richtigen Weg und gehen in die Irre und folgen dem Weg Bileams, des Sohnes Beors, der den Lohn der Ungerechtigkeit liebte,

16 empfing aber eine Strafe für seine Übertretung: Das stumme Lasttier redete mit Menschenstimme und wehrte der Torheit des Propheten.

¶ **17** Das sind Brunnen ohne Wasser und Wolken, vom Wirbelwind umhergetrieben, ihr Los ist die dunkelste Finsternis.

5 if he did not spare the ancient world, but preserved Noah, a herald of righteousness, with seven others, when he brought a flood upon the world of the ungodly;

6 if by turning the cities of Sodom and Gomorrah to ashes he condemned them to extinction, making them an example of what is going to happen to the ungodly;[3]

7 and if he rescued righteous Lot, greatly distressed by the sensual conduct of the wicked

8 (for as that righteous man lived among them day after day, he was tormenting his righteous soul over their lawless deeds that he saw and heard);

9 then the Lord knows how to rescue the godly from trials,[4] and to keep the unrighteous under punishment until the day of judgment,

10 and especially those who indulge in the lust of defiling passion and despise authority.
¶ Bold and willful, they do not tremble [g]as they blaspheme the glorious ones,

11 whereas angels, though greater in might and power, do not pronounce a blasphemous judgment against them before the Lord.

12 But these, like irrational animals, creatures of instinct, born to be caught and destroyed, blaspheming about matters of which they are ignorant, will also be destroyed in their destruction,

13 suffering wrong as the wage for their wrongdoing. They count it pleasure to revel in the daytime. They are blots and blemishes, reveling in their deceptions,[5] while they feast with you.

14 They have eyes full of adultery, insatiable for sin. They entice unsteady souls. They have hearts trained in greed. Accursed children!

15 Forsaking the right way, they have gone astray. They have followed the way of Balaam, the son of Beor, who loved gain from wrongdoing,

16 but was rebuked for his own transgression; a speechless donkey spoke with human voice and restrained the prophet's madness.

¶ **17** These are waterless springs and mists driven by a storm. For them the gloom of utter darkness has been reserved.

18 Denn sie reden stolze Worte, hinter denen nichts ist, und reizen durch Unzucht zur fleischlichen Lust diejenigen, die kaum entronnen waren denen, die im Irrtum ihr Leben führen,

19 und versprechen ihnen Freiheit, obwohl sie selbst Knechte des Verderbens sind. Denn von wem jemand überwunden ist, dessen Knecht ist er geworden.

20 Denn wenn sie durch die Erkenntnis unseres Herrn und Heilands Jesus Christus entflohen sind dem Unrat der Welt, werden aber wiederum in diesen verstrickt und von ihm überwunden, dann ist's mit ihnen am Ende ärger geworden als vorher.

21 Denn es wäre besser für sie gewesen, dass sie den Weg der Gerechtigkeit nicht erkannt hätten, als dass sie ihn kennen und sich abkehren von dem heiligen Gebot, das ihnen gegeben ist.

22 An ihnen hat sich erwiesen die Wahrheit des Sprichworts: Der Hund frisst wieder, was er gespien hat; und: Die Sau wälzt sich nach der Schwemme wieder im Dreck.

Gewissheit über das Kommen des Herrn

3 Dies ist nun der zweite Brief, den ich euch schreibe, ihr Lieben, in welchem ich euren lauteren Sinn erwecke und euch erinnere,

2 dass ihr gedenkt an die Worte, die zuvor gesagt sind von den heiligen Propheten, und an das Gebot des Herrn und Heilands, das verkündet ist durch eure Apostel.

3 Ihr sollt vor allem wissen, dass in den letzten Tagen Spötter kommen werden, die ihren Spott treiben, ihren eigenen Begierden nachgehen

4 und sagen: Wo bleibt die Verheißung seines Kommens? Denn nachdem die Väter entschlafen sind, bleibt es alles, wie es von Anfang der Schöpfung gewesen ist.

¶ **5** Denn sie wollen nichts davon wissen, dass der Himmel vorzeiten auch war, dazu die Erde, die aus Wasser und durch Wasser Bestand hatte durch Gottes Wort;

6 dennoch wurde damals die Welt dadurch in der Sintflut vernichtet.

7 So werden auch der Himmel, der jetzt ist, und die Erde durch dasselbe Wort aufgespart für das Feuer, bewahrt für den Tag des Gerichts und der Verdammnis der gottlosen Menschen.

¶ **8** Eins aber sei euch nicht verborgen, ihr Lieben, dass **ein** Tag vor dem Herrn wie tausend Jahre ist und tausend Jahre wie ein Tag.

18 For, speaking loud boasts of folly, they entice by sensual passions of the flesh those who are barely escaping from those who live in error.

19 They promise them freedom, but they themselves are slaves[6] of corruption. For whatever overcomes a person, to that he is enslaved.

20 For if, after they have escaped the defilements of the world through the knowledge of our Lord and Savior Jesus Christ, they are again entangled in them and overcome, the last state has become worse for them than the first.

21 For it would have been better for them never to have known the way of righteousness than after knowing it to turn back from the holy commandment delivered to them.

22 What the true proverb says has happened to them: "The dog returns to its own vomit, and the sow, after washing herself, returns to wallow in the mire."

The Day of the Lord Will Come

3 This is now the second letter that I am writing to you, beloved. In both of them I am stirring up your sincere mind by way of reminder,

2 that you should remember the predictions of the holy prophets and the commandment of the Lord and Savior through your apostles,

3 knowing this first of all, that scoffers will come in the last days with scoffing, following their own sinful desires.

4 They will say, "Where is the promise of his coming? For ever since the fathers fell asleep, all things are continuing as they were from the beginning of creation."

5 For they deliberately overlook this fact, that the heavens existed long ago, and the earth was formed out of water and through water by the word of God,

6 and that by means of these the world that then existed was deluged with water and perished.

7 But by the same word the heavens and earth that now exist are stored up for fire, being kept until the day of judgment and destruction of the ungodly.

¶ **8** But do not overlook this one fact, beloved, that with the Lord one day is as a thousand years, and a thousand years as one day.

9 Der Herr verzögert nicht die Verheißung, wie es einige für eine Verzögerung halten; sondern er hat Geduld mit euch und will nicht, dass jemand verloren werde, sondern dass jedermann zur Buße finde.

10 Es wird aber des Herrn Tag kommen wie ein Dieb; dann werden die Himmel zergehen mit großem Krachen; die Elemente aber werden vor Hitze schmelzen, und die Erde und die Werke, die darauf sind, werden ihr Urteil finden.

¶ **11** Wenn nun das alles so zergehen wird, wie müsst ihr dann dastehen in heiligem Wandel und frommem Wesen,

12 die ihr das Kommen des Tages Gottes erwartet und erstrebt, an dem die Himmel vom Feuer zergehen und die Elemente vor Hitze zerschmelzen werden.

13 Wir warten aber auf einen neuen Himmel und eine neue Erde nach seiner Verheißung, in denen Gerechtigkeit wohnt.

Folgerung und Ermahnung

14 Darum, meine Lieben, während ihr darauf wartet, seid bemüht, dass ihr vor ihm unbefleckt und untadelig im Frieden befunden werdet,

15 und die Geduld unseres Herrn erachtet für eure Rettung, wie auch unser lieber Bruder Paulus nach der Weisheit, die ihm gegeben ist, euch geschrieben hat.

16 Davon redet er in allen Briefen, in denen einige Dinge schwer zu verstehen sind, welche die Unwissenden und Leichtfertigen verdrehen, wie auch die andern Schriften, zu ihrer eigenen Verdammnis.

¶ **17** Ihr aber, meine Lieben, weil ihr das im Voraus wisst, so hütet euch, dass ihr nicht durch den Irrtum dieser ruchlosen Leute samt ihnen verführt werdet und fallt aus eurem festen Stand.

18 Wachset aber in der Gnade und Erkenntnis unseres Herrn und Heilands Jesus Christus. Ihm sei Ehre jetzt und für ewige Zeiten! Amen.

9 The Lord is not slow to fulfill his promise as some count slowness, but is patient toward you,[1] not wishing that any should perish, but that all should reach repentance.

10 But the day of the Lord will come like a thief, and then the heavens will pass away with a roar, and the heavenly bodies[2] will be burned up and dissolved, and the earth and the works that are done on it will be exposed.[3]

¶ **11** Since all these things are thus to be dissolved, what sort of people ought you to be in lives of holiness and godliness,

12 waiting for and hastening the coming of the day of God, because of which the heavens will be set on fire and dissolved, and the heavenly bodies will melt as they burn!

13 But according to his promise we are waiting for new heavens and a new earth in which righteousness dwells.

Final Words

¶ **14** Therefore, beloved, since you are waiting for these, be diligent to be found by him without spot or blemish, and at peace.

15 And count the patience of our Lord as salvation, just as our beloved brother Paul also wrote to you according to the wisdom given him,

16 as he does in all his letters when he speaks in them of these matters. There are some things in them that are hard to understand, which the ignorant and unstable twist to their own destruction, as they do the other Scriptures.

17 You therefore, beloved, knowing this beforehand, take care that you are not carried away with the error of lawless people and lose your own stability.

18 But grow in the grace and knowledge of our Lord and Savior Jesus Christ. To him be the glory both now and to the day of eternity. Amen.

DER ERSTE BRIEF
DES JOHANNES

1 JOHN

Die Grundlage christlicher Gemeinschaft

1 Was von Anfang an war, was wir gehört haben, was wir gesehen haben mit unsern Augen, was wir betrachtet haben und unsre Hände betastet haben, vom Wort des Lebens –

2 und das Leben ist erschienen, und wir haben gesehen und bezeugen und verkündigen euch das Leben, das ewig ist, das beim Vater war und uns erschienen ist –,

3 was wir gesehen und gehört haben, das verkündigen wir auch euch, damit auch ihr mit uns Gemeinschaft habt; und unsere Gemeinschaft ist mit dem Vater und mit seinem Sohn Jesus Christus.

4 Und das schreiben wir, damit unsere Freude vollkommen sei.

Das Leben im Licht

5 Und das ist die Botschaft, die wir von ihm gehört haben und euch verkündigen: Gott ist Licht, und in ihm ist keine Finsternis.

6 Wenn wir sagen, dass wir Gemeinschaft mit ihm haben, und wandeln in der Finsternis, so lügen wir und tun nicht die Wahrheit.

7 Wenn wir aber im Licht wandeln, wie er im Licht ist, so haben wir Gemeinschaft untereinander, und das Blut Jesu, seines Sohnes, macht uns rein von aller Sünde.

¶ 8 Wenn wir sagen, wir haben keine Sünde, so betrügen wir uns selbst, und die Wahrheit ist nicht in uns.

9 Wenn wir aber unsre Sünden bekennen, so ist er treu und gerecht, dass er uns die Sünden vergibt und reinigt uns von aller Ungerechtigkeit.

10 Wenn wir sagen, wir haben nicht gesündigt, so machen wir ihn zum Lügner, und sein Wort ist nicht in uns.

Christus der Versöhner

2 Meine Kinder, dies schreibe ich euch, damit ihr nicht sündigt. Und wenn jemand sündigt, so haben wir einen Fürsprecher bei dem Vater, Jesus Christus, der gerecht ist.

2 Und er ist die Versöhnung für unsre Sünden, nicht allein aber für die unseren, sondern auch für die der ganzen Welt.

The Word of Life

1 That which was from the beginning, which we have heard, which we have seen with our eyes, which we looked upon and have touched with our hands, concerning the word of life—

2 the life was made manifest, and we have seen it, and testify to it and proclaim to you the eternal life, which was with the Father and ^{h}was made manifest to us—

3 that which we have seen and heard we proclaim also to you, so that you too may have fellowship with us; and indeed our fellowship is with the Father and with his Son Jesus Christ.

4 And we are writing these things so that our[1] joy may be complete.

Walking in the Light

¶ 5 This is the message we have heard from him and proclaim to you, that God is light, and in him is no darkness at all.

6 If we say we have fellowship with him while we walk in darkness, we lie and do not practice the truth.

7 But if we walk in the light, as he is in the light, we have fellowship with one another, and the blood of Jesus his Son cleanses us from all sin.

8 If we say we have no sin, we deceive ourselves, and the truth is not in us.

9 If we confess our sins, he is faithful and just to forgive us our sins and to cleanse us from all unrighteousness.

10 If we say we have not sinned, we make him a liar, and his word is not in us.

Christ Our Advocate

2 My little children, I am writing these things to you so that you may not sin. But if anyone does sin, we have an advocate with the Father, Jesus Christ the righteous.

2 He is the propitiation for our sins, and not for ours only but also for the sins of the whole world.

3 Und daran merken wir, dass wir ihn kennen, wenn wir seine Gebote halten.

4 Wer sagt: Ich kenne ihn, und hält seine Gebote nicht, der ist ein Lügner, und in dem ist die Wahrheit nicht.

5 Wer aber sein Wort hält, in dem ist wahrlich die Liebe Gottes vollkommen. Daran erkennen wir, dass wir in ihm sind.

6 Wer sagt, dass er in ihm bleibt, der soll auch leben, wie er gelebt hat.

Die Bruderliebe

7 Meine Lieben, ich schreibe euch nicht ein neues Gebot, sondern das alte Gebot, das ihr von Anfang an gehabt habt. Das alte Gebot ist das Wort, das ihr gehört habt.

8 Und doch schreibe ich euch ein neues Gebot, das wahr ist in ihm und in euch; denn die Finsternis vergeht und das wahre Licht scheint jetzt.

9 Wer sagt, er sei im Licht, und hasst seinen Bruder, der ist noch in der Finsternis.

10 Wer seinen Bruder liebt, der bleibt im Licht, und durch ihn kommt niemand zu Fall.

11 Wer aber seinen Bruder hasst, der ist in der Finsternis und wandelt in der Finsternis und weiß nicht, wo er hingeht; denn die Finsternis hat seine Augen verblendet.

Absage an die Welt

12 Liebe Kinder, ich schreibe euch, dass euch die Sünden vergeben sind um seines Namens willen.

13 Ich schreibe euch Vätern; denn ihr kennt den, der von Anfang an ist. Ich schreibe euch jungen Männern; denn ihr habt den Bösen überwunden.

14 Ich habe euch Kindern geschrieben; denn ihr kennt den Vater. Ich habe euch Vätern geschrieben; denn ihr kennt den, der von Anfang an ist. Ich habe euch jungen Männern geschrieben; denn ihr seid stark und das Wort Gottes bleibt in euch, und ihr habt den Bösen überwunden.

15 Habt nicht lieb die Welt noch was in der Welt ist. Wenn jemand die Welt lieb hat, in dem ist nicht die Liebe des Vaters.

---

3 And by this we know that we have come to know him, if we keep his commandments.

4 Whoever says "I know him" but does not keep his commandments is a liar, and [c]the truth is not in him,

5 but whoever keeps his word, in him truly the love of God is perfected. By this we may know that we are in him:

6 whoever says he abides in him ought to walk in the same way in which he walked.

The New Commandment

7 Beloved, I am writing you no new commandment, but an old commandment that you had from the beginning. The old commandment is the word that you have heard.

8 At the same time, it is a new commandment that I am writing to you, which is true in him and in you, because[1] the darkness is passing away and the true light is already shining.

9 Whoever says he is in the light and hates his brother is still in darkness.

10 Whoever loves his brother abides in the light, and in him[2] there is no cause for stumbling.

11 But whoever hates his brother is in the darkness and walks in the darkness, and does not know where he is going, because the darkness has blinded his eyes.

12 I am writing to you, little children,
  because your sins are forgiven for his name's sake.

13 I am writing to you, fathers,
  because you know him who is from the beginning.
I am writing to you, young men,
  because you have overcome the evil one.
I write to you, children,
  because you know the Father.

14 I write to you, fathers,
  because you know him who is from the beginning.
I write to you, young men,
  because you are strong,
  and the word of God abides in you,
  and you have overcome the evil one.

Do Not Love the World

15 Do not love the world or the things in the world. If anyone loves the world, the love of the Father is not in him.

16 Denn alles, was in der Welt ist, des Fleisches Lust und der Augen Lust und hoffärtiges Leben, ist nicht vom Vater, sondern von der Welt.

17 Und die Welt vergeht mit ihrer Lust; wer aber den Willen Gottes tut, der bleibt in Ewigkeit.

Die Verführung durch den Antichrist

18 Kinder, es ist die letzte Stunde! Und wie ihr gehört habt, dass der Antichrist kommt, so sind nun schon viele Antichristen gekommen; daran erkennen wir, dass es die letzte Stunde ist.

19 Sie sind von uns ausgegangen, aber sie waren nicht von uns. Denn wenn sie von uns gewesen wären, so wären sie ja bei uns geblieben; aber es sollte offenbar werden, dass sie nicht alle von uns sind.

20 Doch ihr habt die Salbung von dem, der heilig ist, und habt alle das Wissen.

21 Ich habe euch nicht geschrieben, als wüsstet ihr die Wahrheit nicht, sondern ihr wisst sie und wisst, dass keine Lüge aus der Wahrheit kommt.

22 Wer ist ein Lügner, wenn nicht der, der leugnet, dass Jesus der Christus ist? Das ist der Antichrist, der den Vater und den Sohn leugnet.

23 Wer den Sohn leugnet, der hat auch den Vater nicht; wer den Sohn bekennt, der hat auch den Vater.

¶ **24** Was ihr gehört habt von Anfang an, das bleibe in euch. Wenn in euch bleibt, was ihr von Anfang an gehört habt, so werdet ihr auch im Sohn und im Vater bleiben.

25 Und das ist die Verheißung, die er uns verheißen hat: das ewige Leben.

26 Dies habe ich euch geschrieben von denen, die euch verführen.

27 Und die Salbung, die ihr von ihm empfangen habt, bleibt in euch, und ihr habt nicht nötig, dass euch jemand lehrt; sondern wie euch seine Salbung alles lehrt, so ist's wahr und ist keine Lüge, und wie sie euch gelehrt hat, so bleibt in ihm.

¶ **28** Und nun, Kinder, bleibt in ihm, damit wir, wenn er offenbart wird, Zuversicht haben und nicht zuschanden werden vor ihm, wenn er kommt.

29 Wenn ihr wisst, dass er gerecht ist, so erkennt ihr auch, dass, wer recht tut, der ist von ihm geboren.

16 For all that is in the world—the desires of the flesh and the desires of the eyes and pride in possessions—is not from the Father but is from the world.

17 And the world is passing away along with its desires, but whoever does the will of God abides forever.

Warning Concerning Antichrists

¶ **18** Children, it is the last hour, and as you have heard that antichrist is coming, so now many antichrists have come. Therefore we know that it is the last hour.

19 They went out from us, but they were not of us; for if they had been of us, they would have continued with us. But they went out, that it might become plain that they all are not of us.

20 But you have been anointed by the Holy One, and you all have knowledge.[3]

21 I write to you, not because you do not know the truth, but because you know it, and because no lie is of the truth.

22 Who is the liar but he who denies that Jesus is the Christ? This is the antichrist, he who denies the Father and the Son.

23 No one who denies the Son has the Father. Whoever confesses the Son has the Father also.

24 Let what you heard from the beginning abide in you. If what you heard from the beginning abides in you, then you too will abide in the Son and in the Father.

25 And this is the promise that he made to us[4]—eternal life.

¶ **26** I write these things to you about those who are trying to deceive you.

27 But the anointing that you received from him abides in you, and you have no need that anyone should teach you. But as his anointing teaches you about everything, and is true, and is no lie—just as it has taught you, abide in him.

Children of God

¶ **28** And now, little children, abide in him, so that when he appears we may have confidence and not shrink from him in shame at his coming.

29 If you know that he is righteous, you may be sure that everyone who practices righteousness has been born of him.

Die Herrlichkeit der Gotteskindschaft

3 Seht, welch eine Liebe hat uns der Vater erwiesen, dass wir Gottes Kinder heißen sollen – und wir sind es auch! Darum kennt uns die Welt nicht; denn sie kennt ihn nicht.

2 Meine Lieben, **wir sind schon Gottes Kinder; es ist aber noch nicht offenbar geworden, was wir sein werden. Wir wissen aber: wenn es offenbar wird, werden wir ihm gleich sein; denn wir werden ihn sehen, wie er ist.**

¶ **3** Und ein jeder, der solche Hoffnung auf ihn hat, der reinigt sich, wie auch jener rein ist.

4 Wer Sünde tut, der tut auch Unrecht, und die Sünde ist das Unrecht.

5 Und ihr wisst, dass er erschienen ist, damit er die Sünden wegnehme, und in ihm ist keine Sünde.

6 Wer in ihm bleibt, der sündigt nicht; wer sündigt, der hat ihn nicht gesehen und nicht erkannt.

¶ **7** Kinder, lasst euch von niemandem verführen! Wer recht tut, der ist gerecht, wie auch jener gerecht ist.

8 Wer Sünde tut, der ist vom Teufel; denn der Teufel sündigt von Anfang an. **Dazu ist erschienen der Sohn Gottes, dass er die Werke des Teufels zerstöre.**

9 Wer aus Gott geboren ist, der tut keine Sünde; denn Gottes Kinder bleiben in ihm und können nicht sündigen; denn sie sind von Gott geboren.

10 Daran wird offenbar, welche die Kinder Gottes und welche die Kinder des Teufels sind: Wer nicht recht tut, der ist nicht von Gott, und wer nicht seinen Bruder lieb hat.

¶ **11** Denn das ist die Botschaft, die ihr gehört habt von Anfang an, dass wir uns untereinander lieben sollen,

12 nicht wie Kain, der von den Bösen stammte und seinen Bruder umbrachte. Und warum brachte er ihn um? Weil seine Werke böse waren und die seines Bruders gerecht.

¶ **13** Wundert euch nicht, meine Brüder, wenn euch die Welt hasst.

14 **Wir wissen, dass wir aus dem Tod in das Leben gekommen sind; denn wir lieben die Brüder.** Wer nicht liebt, der bleibt im Tod.

15 Wer seinen Bruder hasst, der ist ein Totschläger, und ihr wisst, dass kein Totschläger das ewige Leben bleibend in sich hat.

3 See what kind of love the Father has given to us, that we should be called children of God; and so we are. The reason why the world does not know us is that it did not know him.

2 Beloved, we are God's children now, and what we will be has not yet appeared; but we know that when he appears[1] we shall be like him, because we shall see him as he is.

3 And everyone who thus hopes in him purifies himself as he is pure.

¶ **4** Everyone who makes a practice of sinning also practices lawlessness; sin is lawlessness.

5 You know that he appeared to take away sins, and in him there is no sin.

6 No one who abides in him keeps on sinning; no one who keeps on sinning has either seen him or known him.

7 Little children, let no one deceive you. Whoever practices righteousness is righteous, as he is righteous.

8 Whoever makes a practice of sinning is of the devil, for the devil has been sinning from the beginning. The reason the Son of God appeared was to destroy the works of the devil.

9 No one born of God makes a practice of sinning, for God's[2] seed abides in him, and he cannot keep on sinning because he has been born of God.

10 By this it is evident who are the children of God, and who are the children of the devil: whoever does not practice righteousness is not of God, nor is the one who does not love his brother.

Love One Another

¶ **11** For this is the message that you have heard from the beginning, that we should love one another.

12 We should not be like Cain, who was of the evil one and murdered his brother. And why did he murder him? Because his own deeds were evil and his brother's righteous.

13 Do not be surprised, brothers,[3] that the world hates you.

14 We know that we have passed out of death into life, because we love the brothers. Whoever does not love abides in death.

15 Everyone who hates his brother is a murderer, and you know that no murderer has eternal life abiding in him.

¶ **16** Daran haben wir die Liebe erkannt, dass er sein Leben für uns gelassen hat; und wir sollen auch das Leben für die Brüder lassen.

17 Wenn aber jemand dieser Welt Güter hat und sieht seinen Bruder darben und schließt sein Herz vor ihm zu, wie bleibt dann die Liebe Gottes in ihm?

18 Meine Kinder, lasst uns nicht lieben mit Worten noch mit der Zunge, sondern mit der Tat und mit der Wahrheit.

¶ **19** Daran erkennen wir, dass wir aus der Wahrheit sind, und können unser Herz vor ihm damit zum Schweigen bringen,

20 dass, wenn uns unser Herz verdammt, Gott größer ist als unser Herz und erkennt alle Dinge.

¶ **21** Ihr Lieben, wenn uns unser Herz nicht verdammt, so haben wir Zuversicht zu Gott,

22 und was wir bitten, werden wir von ihm empfangen; denn wir halten seine Gebote und tun, was vor ihm wohlgefällig ist.

23 Und das ist sein Gebot, dass wir glauben an den Namen seines Sohnes Jesus Christus und lieben uns untereinander, wie er uns das Gebot gegeben hat.

24 Und wer seine Gebote hält, der bleibt in Gott und Gott in ihm. Und daran erkennen wir, dass er in uns bleibt: an dem Geist, den er uns gegeben hat.

Der Geist der Wahrheit und der Geist des Irrtums

4 Ihr Lieben, glaubt nicht einem jeden Geist, sondern prüft die Geister, ob sie von Gott sind; denn es sind viele falsche Propheten ausgegangen in die Welt.

2 Daran sollt ihr den Geist Gottes erkennen: Ein jeder Geist, der bekennt, dass Jesus Christus in das Fleisch gekommen ist, der ist von Gott;

3 und ein jeder Geist, der Jesus nicht bekennt, der ist nicht von Gott. Und das ist der Geist des Antichrists, von dem ihr gehört habt, dass er kommen werde, und er ist jetzt schon in der Welt.

¶ **4** Kinder, ihr seid von Gott und habt jene überwunden; denn der in euch ist, ist größer als der, der in der Welt ist.

5 Sie sind von der Welt; darum reden sie, wie die Welt redet, und die Welt hört sie.

6 Wir sind von Gott, und wer Gott erkennt, der hört uns; wer nicht von Gott ist, der hört uns nicht. Daran erkennen wir den Geist der Wahrheit und den Geist des Irrtums.

¶ **16** By this we know love, that he laid down his life for us, and we ought to lay down our lives for the brothers.

17 But if anyone has the world's goods and sees his brother in need, yet closes his heart against him, how does God's love abide in him?

18 Little children, let us not love in word or talk but in deed and in truth.

¶ **19** By this we shall know that we are of the truth and reassure our heart before him;

20 for whenever our heart condemns us, God is greater than our heart, and he knows everything.

21 Beloved, if our heart does not condemn us, we have confidence before God;

22 and whatever we ask we receive from him, because we keep his commandments and do what pleases him.

23 And this is his commandment, that we believe in the name of his Son Jesus Christ and love one another, just as he has commanded us.

24 Whoever keeps his commandments abides in God,[4] and God[5] in him. And by this we know that he abides in us, by the Spirit whom he has given us.

Test the Spirits

4 Beloved, do not believe every spirit, but test the spirits to see whether they are from God, for many false prophets have gone out into the world.

2 By this you know the Spirit of God: every spirit that confesses that Jesus Christ has come in the flesh is from God,

3 and every spirit that does not confess Jesus is not from God. This is the spirit of the antichrist, which you heard was coming and now is in the world already.

4 Little children, you are from God and have overcome them, for he who is in you is greater than he who is in the world.

5 They are from the world; therefore they speak from the world, and the world listens to them.

6 We are from God. Whoever knows God listens to us; whoever is not from God does not listen to us. By this we know the Spirit of truth and the spirit of error.

Die Liebe Gottes und die Liebe zum Bruder

7 Ihr Lieben, lasst uns einander lieb haben; denn die Liebe ist von Gott, und wer liebt, der ist von Gott geboren und kennt Gott.

8 Wer nicht liebt, der kennt Gott nicht; denn Gott ist die Liebe.

¶ **9** Darin erschienen die Liebe Gottes unter uns, dass Gott seinen eingebornen Sohn gesandt hat in die Welt, damit wir durch ihn leben sollen.

10 Darin besteht die Liebe: nicht dass wir Gott geliebt haben, sondern dass er uns geliebt hat und gesandt seinen Sohn zur Versöhnung für unsre Sünden.

¶ **11** Ihr Lieben, hat uns Gott so geliebt, so sollen wir uns auch untereinander lieben.

12 Niemand hat Gott jemals gesehen. Wenn wir uns untereinander lieben, so bleibt Gott in uns, und seine Liebe ist in uns vollkommen.

13 Daran erkennen wir, dass wir in ihm bleiben und er in uns, dass er uns von seinem Geist gegeben hat.

14 Und wir haben gesehen und bezeugen, dass der Vater den Sohn gesandt hat als Heiland der Welt.

15 Wer nun bekennt, dass Jesus Gottes Sohn ist, in dem bleibt Gott und er in Gott.

16 Und wir haben erkannt und geglaubt die Liebe, die Gott zu uns hat.

¶ **Gott ist die Liebe; und wer in der Liebe bleibt, der bleibt in Gott und Gott in ihm.**

17 Darin ist die Liebe bei uns vollkommen, dass wir Zuversicht haben am Tag des Gerichts; denn wie er ist, so sind auch wir in dieser Welt.

18 Furcht ist nicht in der Liebe, sondern die vollkommene Liebe treibt die Furcht aus; denn die Furcht rechnet mit Strafe. Wer sich aber fürchtet, der ist nicht vollkommen in der Liebe.

¶ **19** Lasst uns lieben, denn er hat uns zuerst geliebt.

20 Wenn jemand spricht: Ich liebe Gott, und hasst seinen Bruder, der ist ein Lügner. Denn wer seinen Bruder nicht liebt, den er sieht, der kann nicht Gott lieben, den er nicht sieht.

21 Und **dies Gebot haben wir von ihm, dass, wer Gott liebt, dass der auch seinen Bruder liebe.**

Die Kraft des Glaubens

5 Wer glaubt, dass Jesus der Christus ist, der ist von Gott geboren; und wer den liebt, der ihn geboren hat, der liebt auch den, der von ihm geboren ist.

God Is Love

¶ **7** Beloved, let us love one another, for love is from God, and whoever loves has been born of God and knows God.

8 Anyone who does not love does not know God, because God is love.

9 In this the love of God was made manifest among us, that God sent his only Son into the world, so that we might live through him.

10 In this is love, not that we have loved God but that he loved us and sent his Son to be the propitiation for our sins.

11 Beloved, if God so loved us, we also ought to love one another.

12 No one has ever seen God; if we love one another, God abides in us and his love is perfected in us.

¶ **13** By this we know that we abide in him and he in us, because he has given us of his Spirit.

14 And we have seen and testify that the Father has sent his Son to be the Savior of the world.

15 Whoever confesses that Jesus is the Son of God, God abides in him, and he in God.

16 So we have come to know and to believe the love that God has for us. God is love, and whoever abides in love abides in God, and God abides in him.

17 By this is love perfected with us, so that we may have confidence for the day of judgment, because as he is so also are we in this world.

18 There is no fear in love, but perfect love casts out fear. For fear has to do with punishment, and whoever fears has not been perfected in love.

19 We love because he first loved us.

20 If anyone says, "I love God," and hates his brother, he is a liar; for he who does not love his brother whom he has seen cannot[1] love God whom he has not seen.

21 And this commandment we have from him: whoever loves God must also love his brother.

Overcoming the World

5 Everyone who believes that Jesus is the Christ has been born of God, and everyone who loves the Father loves whoever has been born of him.

2 Daran erkennen wir, dass wir Gottes Kinder lieben, wenn wir Gott lieben und seine Gebote halten.

3 Denn das ist die Liebe zu Gott, dass wir seine Gebote halten; und seine Gebote sind nicht schwer.

4 Denn alles, was von Gott geboren ist, überwindet die Welt; **und unser Glaube ist der Sieg, der die Welt überwunden hat.**

5 Wer ist es aber, der die Welt überwindet, wenn nicht der, der glaubt, dass Jesus Gottes Sohn ist?

Gottes Zeugnis von seinem Sohn

6 Dieser ist's, der gekommen ist durch Wasser und Blut, Jesus Christus; nicht im Wasser allein, sondern im Wasser und im Blut; und der Geist ist's, der das bezeugt, denn der Geist ist die Wahrheit.

7 Denn drei sind, die das bezeugen:

8 der Geist und das Wasser und das Blut; und die drei stimmen überein.

¶ **9** Wenn wir der Menschen Zeugnis annehmen, so ist Gottes Zeugnis doch größer; denn das ist Gottes Zeugnis, dass er Zeugnis gegeben hat von seinem Sohn.

10 Wer an den Sohn Gottes glaubt, der hat dieses Zeugnis in sich. Wer Gott nicht glaubt, der macht ihn zum Lügner; denn er glaubt nicht dem Zeugnis, das Gott gegeben hat von seinem Sohn.

11 Und das ist das Zeugnis, dass uns Gott das ewige Leben gegeben hat, und dieses Leben ist in seinem Sohn.

12 Wer den Sohn hat, der hat das Leben; wer den Sohn Gottes nicht hat, der hat das Leben nicht.

Bitte und Fürbitte

13 Das habe ich euch geschrieben, damit ihr wisst, dass ihr das ewige Leben habt, die ihr glaubt an den Namen des Sohnes Gottes.

¶ **14** Und das ist die Zuversicht, die wir haben zu Gott: Wenn wir um etwas bitten nach seinem Willen, so hört er uns.

15 Und wenn wir wissen, dass er uns hört, worum wir auch bitten, so wissen wir, dass wir erhalten, was wir von ihm erbeten haben.

¶ **16** Wenn jemand seinen Bruder sündigen sieht, eine Sünde nicht zum Tode, so mag er bitten und Gott wird ihm das Leben geben – denen, die nicht sündigen zum Tode. Es gibt aber eine Sünde zum Tode; bei der sage ich nicht, dass jemand bitten soll.

17 Jede Ungerechtigkeit ist Sünde; aber es gibt Sünde nicht zum Tode.

2 By this we know that we love the children of God, when we love God and obey his commandments.

3 For this is the love of God, that we keep his commandments. And his commandments are not burdensome.

4 For everyone who has been born of God overcomes the world. And this is the victory that has overcome the world—our faith.

5 Who is it that overcomes the world except the one who believes that Jesus is the Son of God?

Testimony Concerning the Son of God

¶ **6** This is he who came by water and blood—Jesus Christ; not by the water only but by the water and the blood. And the Spirit is the one who testifies, because the Spirit is the truth.

7 For there are three that testify:

8 the Spirit and the water and the blood; and these three agree.

9 If we receive the testimony of men, the testimony of God is greater, for this is the testimony of God that he has borne concerning his Son.

10 Whoever believes in the Son of God has the testimony in himself. Whoever does not believe God has made him a liar, because he has not believed in the testimony that God has borne concerning his Son.

11 And this is the testimony, that God gave us eternal life, and this life is in his Son.

12 Whoever has the Son has life; whoever does not have the Son of God does not have life.

That You May Know

¶ **13** I write these things to you who believe in the name of the Son of God that you may know that you have eternal life.

14 And this is the confidence that we have toward him, that if we ask anything according to his will he hears us.

15 And if we know that he hears us in whatever we ask, we know that we have the requests that we have asked of him.

¶ **16** If anyone sees his brother committing a sin not leading to death, he shall ask, and God[1] will give him life—to those who commit sins that do not lead to death. There is sin that leads to death; I do not say that one should pray for that.

17 All wrongdoing is sin, but there is sin that does not lead to death.

Die Bewahrung in Christus

18 Wir wissen, dass, wer von Gott geboren ist, der sündigt nicht, sondern wer von Gott geboren ist, den bewahrt er und der Böse tastet ihn nicht an.

19 Wir wissen, dass wir von Gott sind, und die ganze Welt liegt im Argen.

20 Wir wissen aber, dass der Sohn Gottes gekommen ist und uns den Sinn dafür gegeben hat, dass wir den Wahrhaftigen erkennen. Und wir sind in dem Wahrhaftigen, in seinem Sohn Jesus Christus. Dieser ist der wahrhaftige Gott und das ewige Leben.

¶ **21** Kinder, hütet euch vor den Abgöttern!

¶ **18** We know that everyone who has been born of God does not keep on sinning, but he who was born of God protects him, and the evil one does not touch him.

¶ **19** We know that we are from God, and the whole world lies in the power of the evil one.

¶ **20** And we know that the Son of God has come and has given us understanding, so that we may know him who is true; and we are in him who is true, in his Son Jesus Christ. He is the true God and eternal life.

21 Little children, keep yourselves from idols.

DER ZWEITE BRIEF DES JOHANNES

2 JOHN

¶ **1** Der Älteste an die auserwählte Herrin und ihre Kinder, die ich lieb habe in der Wahrheit, und nicht allein ich, sondern auch alle, die die Wahrheit erkannt haben,

2 um der Wahrheit willen, die in uns bleibt und bei uns sein wird in Ewigkeit:

¶ **3** Gnade, Barmherzigkeit, Friede von Gott, dem Vater, und von Jesus Christus, dem Sohn des Vaters, sei mit uns in Wahrheit und in Liebe!

Leben in Wahrheit und Liebe

4 Ich bin sehr erfreut, dass ich unter deinen Kindern solche gefunden habe, die in der Wahrheit leben, nach dem Gebot, das wir vom Vater empfangen haben.

5 Und nun bitte ich dich, Herrin – ich schreibe dir kein neues Gebot, sondern das, was wir gehabt haben von Anfang an –, dass wir uns untereinander lieben.

6 Und das ist die Liebe, dass wir leben nach seinen Geboten; das ist das Gebot, wie ihr's gehört habt von Anfang an, dass ihr darin lebt.

Warnung vor Irrlehrern

7 Denn viele Verführer sind in die Welt ausgegangen, die nicht bekennen, dass Jesus Christus in das Fleisch gekommen ist. Das ist der Verführer und der Antichrist.

¶ **8** Seht euch vor, dass ihr nicht verliert, was wir erarbeitet haben, sondern vollen Lohn empfangt.

9 Wer darüber hinausgeht und bleibt nicht in der Lehre Christi, der hat Gott nicht; wer in dieser Lehre bleibt, der hat den Vater und den Sohn.

10 Wenn jemand zu euch kommt und bringt diese Lehre nicht, so nehmt ihn nicht ins Haus und grüßt ihn auch nicht.

11 Denn wer ihn grüßt, der hat teil an seinen bösen Werken.

Greeting

¶ **1** The elder to the elect lady and her children, whom I love in truth, and not only I, but also all who know the truth,

2 because of the truth that abides in us and will be with us forever:

¶ **3** Grace, mercy, and peace will be with us, from God the Father and from Jesus Christ the Father's Son, in truth and love.

Walking in Truth and Love

¶ **4** I rejoiced greatly to find some of your children walking in the truth, just as we were commanded by the Father.

5 And now I ask you, dear lady—not as though I were writing you a new commandment, but the one we have had from the beginning—that we love one another.

6 And this is love, that we walk according to his commandments; this is the commandment, just as you have heard from the beginning, so that you should walk in it.

7 For many deceivers have gone out into the world, those who do not confess the coming of Jesus Christ in the flesh. Such a one is the deceiver and the antichrist.

8 Watch yourselves, so that you may not lose what we[1] have worked for, but may win a full reward.

9 Everyone who goes on ahead and does not abide in the teaching of Christ, does not have God. Whoever abides in the teaching [q]has both the Father and the Son.

10 If anyone comes to you and does not bring this teaching, do not receive him into your house or give him any greeting,

11 for whoever greets him takes part in his wicked works.

Schlussworte

12 Ich hätte euch viel zu schreiben, aber ich wollte es nicht mit Brief und Tinte tun, sondern ich hoffe, zu euch zu kommen und mündlich mit euch zu reden, damit unsre Freude vollkommen sei.

13 Es grüßen dich die Kinder deiner Schwester, der Auserwählten.

Final Greetings

¶ **12** Though I have much to write to you, I would rather not use paper and ink. Instead I hope to come to you and talk face to face, so that our joy may be complete.

¶ **13** The children of your elect sister greet you.

DER DRITTE BRIEF DES JOHANNES

3 JOHN

Greeting

1 Der Älteste an Gajus, den Lieben, den ich lieb habe in der Wahrheit.

2 Mein Lieber, ich wünsche, dass es dir in allen Dingen gut gehe und du gesund seist, so wie es deiner Seele gut geht.

3 Denn ich habe mich sehr gefreut, als die Brüder kamen und Zeugnis gaben von deiner Wahrheit, wie du ja lebst in der Wahrheit.

4 Ich habe keine größere Freude als die, zu hören, dass meine Kinder in der Wahrheit leben.

Die Gastfreundschaft des Gajus

5 Mein Lieber, du handelst treu in dem, was du an den Brüdern tust, zumal an fremden,

6 die deine Liebe bezeugt haben vor der Gemeinde; und du wirst gut daran tun, wenn du sie weitergeleitest, wie es würdig ist vor Gott.

7 Denn um seines Namens willen sind sie ausgezogen und nehmen von den Heiden nichts an.

8 Solche sollen wir nun aufnehmen, damit wir Gehilfen der Wahrheit werden.

Diotrephes und Demetrius

9 Ich habe der Gemeinde kurz geschrieben; aber Diotrephes, der unter ihnen der Erste sein will, nimmt uns nicht auf.

10 Darum will ich ihn, wenn ich komme, erinnern an seine Werke, die er tut; denn er macht uns schlecht mit bösen Worten und begnügt sich noch nicht damit: Er selbst nimmt die Brüder nicht auf und hindert auch die, die es tun wollen, und stößt sie aus der Gemeinde.

11 Mein Lieber, folge nicht dem Bösen nach, sondern dem Guten. Wer Gutes tut, der ist von Gott; wer Böses tut, der hat Gott nicht gesehen.

12 Demetrius hat ein gutes Zeugnis von jedermann und von der Wahrheit selbst; und auch wir sind Zeugen und du weißt, dass unser Zeugnis wahr ist.

Greeting

1 The elder to the beloved Gaius, whom I love in truth.

2 Beloved, I pray that all may go well with you and that you may be in good health, as it goes well with your soul.

3 For I rejoiced greatly when the brothers[1] came and testified to your truth, as indeed you are walking in the truth.

4 I have no greater joy than to hear that my children are walking in the truth.

Support and Opposition

5 Beloved, it is a faithful thing you do in all your efforts for these brothers, strangers as they are,

6 who testified to your love before the church. You will do well to send them on their journey in a manner worthy of God.

7 For they have gone out for the sake of the name, accepting nothing from the Gentiles.

8 Therefore we ought to support people like these, that we may be fellow workers for the truth.

9 I have written something to the church, but Diotrephes, who likes to put himself first, does not acknowledge our authority.

10 So if I come, I will bring up what he is doing, talking wicked nonsense against us. And not content with that, he refuses to welcome the brothers, and also stops those who want to and puts them out of the church.

11 Beloved, do not imitate evil but imitate good. Whoever does good is from God; whoever does evil has not seen God.

12 Demetrius has received a good testimony from everyone, and from the truth itself. We also add our testimony, and you know that our testimony is true.

Schlussworte

13 Ich hätte dir viel zu schreiben; aber ich wollte nicht mit Tinte und Feder an dich schreiben.

14 Ich hoffe aber, dich bald zu sehen; dann wollen wir mündlich miteinander reden.

15 Friede sei mit dir! Es grüßen dich die Freunde. Grüße die Freunde, jeden mit Namen.

Final Greetings

¶ **13** I had much to write to you, but I would rather not write with pen and ink.

14 I hope to see you soon, and we will talk face to face.

¶ **15** Peace be to you. The friends greet you. Greet the friends, every one of them.

DER BRIEF DES JUDAS

THE LETTER OF JUDE

¶ **1** Judas, ein Knecht Jesu Christi und Bruder des Jakobus, an die Berufenen, die geliebt sind in Gott, dem Vater, und bewahrt für Jesus Christus:
¶ **2** Gott gebe euch viel Barmherzigkeit und Frieden und Liebe!

Gottes Gericht über die Irrlehrer
(vgl. 2.Petr 2,1-22)

3 Ihr Lieben, nachdem ich ernstlich vorhatte, euch zu schreiben von unser aller Heil, hielt ich's für nötig, euch in meinem Brief zu ermahnen, dass ihr für den Glauben kämpft, der ein für alle Mal den Heiligen überliefert ist.

4 Denn es haben sich einige Menschen eingeschlichen, über die schon längst das Urteil geschrieben ist; Gottlose sind sie, missbrauchen die Gnade unseres Gottes für ihre Ausschweifung und verleugnen unsern alleinigen Herrscher und Herrn Jesus Christus.

¶ **5** Ich will euch aber erinnern, obwohl ihr dies alles schon wisst, dass der Herr, nachdem er dem Volk das eine Mal aus Ägypten geholfen hatte, das andere Mal die umbrachte, die nicht glaubten.

6 Auch die Engel, die ihren himmlischen Rang nicht bewahrten, sondern ihre Behausung verließen, hat er für das Gericht des großen Tages festgehalten mit ewigen Banden in der Finsternis.

7 So sind auch Sodom und Gomorra und die umliegenden Städte, die gleicherweise wie sie Unzucht getrieben haben und anderem Fleisch nachgegangen sind, zum Beispiel gesetzt und leiden die Pein des ewigen Feuers.
¶ **8** Ebenso sind auch diese Träumer, die ihr Fleisch beflecken, jede Herrschaft verachten und die himmlischen Mächte lästern.

9 Als aber Michael, der Erzengel, mit dem Teufel stritt und mit ihm rechtete um den Leichnam des Mose, wagte er nicht, über ihn ein Verdammungsurteil zu fällen, sondern sprach: Der Herr strafe dich!

10 Diese aber lästern alles, wovon sie nichts verstehen; was sie aber von Natur aus kennen wie die unvernünftigen Tiere, daran verderben sie.

Greeting

¶ **1** Jude, a servant[1] of Jesus Christ and brother of James,
¶   To those who are called, beloved in God the Father and kept for[2] Jesus Christ:
¶ **2** May mercy, peace, and love be multiplied to you.

Judgment on False Teachers

¶ **3** Beloved, although I was very eager to write to you about our common salvation, I found it necessary to write appealing to you to contend for the faith that was once for all delivered to the saints.

4 For certain people have crept in unnoticed who long ago were designated for this condemnation, ungodly people, who pervert the grace of our God into sensuality and deny our only Master and Lord, Jesus Christ.

¶ **5** Now I want to remind you, although you once fully knew it, that Jesus, who saved[3] a people out of the land of Egypt, afterward destroyed those who did not believe.

6 And the angels who did not stay within their own position of authority, but left their proper dwelling, he has kept in eternal chains under gloomy darkness until the judgment of the great day—

7 just as Sodom and Gomorrah and the surrounding cities, which likewise indulged in sexual immorality and pursued unnatural desire,[4] serve as an example by undergoing a punishment of eternal fire.

¶ **8** Yet in like manner these people also, relying on their dreams, defile the flesh, reject authority, and blaspheme the glorious ones.

9 But when the archangel Michael, contending with the devil, was disputing about the body of Moses, he did not presume to pronounce a blasphemous judgment, but said, "The Lord rebuke you."

10 But these people blaspheme all that they do not understand, and they are destroyed by all that they, like unreasoning animals, understand instinctively.

¶ **11** Weh ihnen! Denn sie gehen den Weg Kains und fallen in den Irrtum des Bileam um Gewinnes willen und kommen um in dem Aufruhr Korachs.

12 Sie sind Schandflecken bei euren Liebesmahlen, prassen ohne Scheu, weiden sich selbst; sie sind Wolken ohne Wasser, vom Wind umhergetrieben, kahle, unfruchtbare Bäume, zweimal abgestorben und entwurzelt,

13 wilde Wellen des Meeres, die ihre eigene Schande ausschäumen, umherirrende Sterne; deren Los ist die dunkelste Finsternis in Ewigkeit.

¶ **14** Es hat aber auch von diesen geweissagt Henoch, der Siebente von Adam an, und gesprochen: Siehe, der Herr kommt mit seinen vielen tausend Heiligen,

15 Gericht zu halten über alle und zu strafen alle Menschen für alle Werke ihres gottlosen Wandels, mit denen sie gottlos gewesen sind, und für all das Freche, das die gottlosen Sünder gegen ihn geredet haben.

16 Diese murren und hadern mit ihrem Geschick; sie leben nach ihren Begierden und ihr Mund redet stolze Worte, und um ihres Nutzens willen schmeicheln sie den Leuten.

¶ **17** Ihr aber, meine Lieben, erinnert euch der Worte, die zuvor gesagt sind von den Aposteln unseres Herrn Jesus Christus,

18 als sie euch sagten, dass zu der letzten Zeit Spötter sein werden, die nach ihren eigenen gottlosen Begierden leben.

19 Diese sind es, die Spaltungen hervorrufen, niedrig Gesinnte, die den Geist nicht haben.

Mahnung und Gotteslob

20 Ihr aber, meine Lieben, erbaut euch auf euren allerheiligsten Glauben und betet im Heiligen Geist,

21 und erhaltet euch in der Liebe Gottes und wartet auf die Barmherzigkeit unseres Herrn Jesus Christus zum ewigen Leben.

22 Und erbarmt euch derer, die zweifeln;

23 andere reißt aus dem Feuer und rettet sie; anderer erbarmt euch in Furcht und hasst auch das Gewand, das befleckt ist vom Fleisch.

¶ **24** Dem aber, der euch vor dem Straucheln behüten kann und euch untadelig stellen kann vor das Angesicht seiner Herrlichkeit mit Freuden,

11 Woe to them! For they walked in the way of Cain and abandoned themselves for the sake of gain to Balaam's error and perished in Korah's rebellion.

12 These are hidden reefs[5] at your love feasts, as they feast with you without fear, shepherds feeding themselves; waterless clouds, swept along by winds; fruitless trees in late autumn, twice dead, uprooted;

13 wild waves of the sea, casting up the foam of their own shame; wandering stars, for whom the gloom of utter darkness has been reserved forever.

¶ **14** It was also about these that Enoch, the seventh from Adam, prophesied, saying, "Behold, the Lord comes with ten thousands of his holy ones,

15 to execute judgment on all and to convict all the ungodly of all their deeds of ungodliness that they have committed in such an ungodly way, and of all the harsh things that ungodly sinners have spoken against him."

16 These are grumblers, malcontents, following their own sinful desires; they are loud-mouthed boasters, showing favoritism to gain advantage.

A Call to Persevere

¶ **17** But you must remember, beloved, the predictions of the apostles of our Lord Jesus Christ.

18 They[6] said to you, "In the last time there will be scoffers, following their own ungodly passions."

19 It is these who cause divisions, worldly people, devoid of the Spirit.

20 But you, beloved, building yourselves up in your most holy faith and praying in the Holy Spirit,

21 keep yourselves in the love of God, waiting for the mercy of our Lord Jesus Christ that leads to eternal life.

22 And have mercy on those who doubt;

23 save others by snatching them out of the fire; to others show mercy with fear, hating even the garment[7] stained by the flesh.

Doxology

¶ **24** Now to him who is able to keep you from stumbling and to present you blameless before the presence of his glory with great joy,

25 dem alleinigen Gott, unserm Heiland, sei durch Jesus Christus, unsern Herrn, Ehre und Majestät und Gewalt und Macht vor aller Zeit, jetzt und in alle Ewigkeit! Amen.

25 to the only God, our Savior, through Jesus Christ our Lord, be glory, majesty, dominion, and authority, before all time and now and forever. Amen.

DIE OFFENBARUNG DES JOHANNES

THE REVELATION
TO JOHN

1 Dies ist die Offenbarung Jesu Christi, die ihm Gott gegeben hat, seinen Knechten zu zeigen, was in Kürze geschehen soll; und er hat sie durch seinen Engel gesandt und seinem Knecht Johannes kundgetan,

2 der bezeugt hat das Wort Gottes und das Zeugnis von Jesus Christus, alles, was er gesehen hat.

3 Selig ist, der da liest und die da hören die Worte der Weissagung und behalten, was darin geschrieben ist; denn die Zeit ist nahe.

Gruß an die sieben Gemeinden

4 Johannes an die sieben Gemeinden in der Provinz Asien: Gnade sei mit euch und Friede von dem, der da ist und der da war und der da kommt, und von den sieben Geistern, die vor seinem Thron sind,

5 und von Jesus Christus, welcher ist der treue Zeuge, der Erstgeborene von den Toten und Herr über die Könige auf Erden! Ihm, der uns liebt und uns erlöst hat von unsern Sünden mit seinem Blut

6 und uns zu Königen und Priestern gemacht hat vor Gott, seinem Vater, ihm sei Ehre und Gewalt von Ewigkeit zu Ewigkeit! Amen.

¶ **7** Siehe, er kommt mit den Wolken, und es werden ihn sehen alle Augen und alle, die ihn durchbohrt haben, und es werden wehklagen um seinetwillen alle Geschlechter der Erde. Ja, Amen.

¶ **8** Ich bin das A und das O, spricht Gott der Herr, der da ist und der da war und der da kommt, der Allmächtige.

Der Auftrag an Johannes

9 Ich, Johannes, euer Bruder und Mitgenosse an der Bedrängnis und am Reich und an der Geduld in Jesus, war auf der Insel, die Patmos heißt, um des Wortes Gottes willen und des Zeugnisses von Jesus.

Prologue

1 The revelation of Jesus Christ, which God gave him to show to his servants[1] the things that must soon take place. He made it known by sending his angel to his servant[2] John,

2 who bore witness to the word of God and to the testimony of Jesus Christ, even to all that he saw.

3 Blessed is the one who reads aloud the words of this prophecy, and blessed are those who hear, and who keep what is written in it, for the time is near.

Greeting to the Seven Churches

¶ **4** John to the seven churches that are in Asia:

¶   Grace to you and peace from him who is and who was and who is to come, and from the seven spirits who are before his throne,

5 and from Jesus Christ the faithful witness, the firstborn of the dead, and the ruler of kings on earth.

¶   To him who loves us and has freed us from our sins by his blood

6 and made us a kingdom, ʳpriests to his God and Father, to him be glory and dominion forever and ever. Amen.

7 Behold, he is coming with the clouds, and every eye will see him, even those who pierced him, and all tribes of the earth will wail[3] on account of him. Even so. Amen.

¶ **8** "I am the Alpha and the Omega," says the Lord God, "who is and who was and who is to come, the Almighty."

Vision of the Son of Man

¶ **9** I, John, your brother and partner in the tribulation and the kingdom and the patient endurance that are in Jesus, was on the island called Patmos on account of the word of God and the testimony of Jesus.

10 Ich wurde vom Geist ergriffen am Tag des Herrn und hörte hinter mir eine große Stimme wie von einer Posaune,

11 die sprach: Was du siehst, das schreibe in ein Buch und sende es an die sieben Gemeinden: nach Ephesus und nach Smyrna und nach Pergamon und nach Thyatira und nach Sardes und nach Philadelphia und nach Laodizea.

¶ **12** Und ich wandte mich um, zu sehen nach der Stimme, die mit mir redete. Und als ich mich umwandte, sah ich sieben goldene Leuchter

13 und mitten unter den Leuchtern einen, der war einem Menschensohn gleich, angetan mit einem langen Gewand und gegürtet um die Brust mit einem goldenen Gürtel.

14 Sein Haupt aber und sein Haar war weiß wie weiße Wolle, wie der Schnee, und seine Augen wie eine Feuerflamme

15 und seine Füße wie Golderz, das im Ofen glüht, und seine Stimme wie großes Wasserrauschen;

16 und er hatte sieben Sterne in seiner rechten Hand, und aus seinem Munde ging ein scharfes, zweischneidiges Schwert, und sein Angesicht leuchtete, wie die Sonne scheint in ihrer Macht.

17 Und als ich ihn sah, fiel ich zu seinen Füßen wie tot; und er legte seine rechte Hand auf mich und sprach zu mir: **Fürchte dich nicht! Ich bin der Erste und der Letzte**

18 **und der Lebendige. Ich war tot, und siehe, ich bin lebendig von Ewigkeit zu Ewigkeit und habe die Schlüssel des Todes und der Hölle.**

19 Schreibe, was du gesehen hast und was ist und was geschehen soll danach.

¶ **20** Das Geheimnis der sieben Sterne, die du gesehen hast in meiner rechten Hand, und der sieben goldenen Leuchter ist dies: Die sieben Sterne sind Engel der sieben Gemeinden, und die sieben Leuchter sind sieben Gemeinden.

Die sieben Sendschreiben

2 Dem Engel der Gemeinde in **Ephesus** schreibe: Das sagt, der da hält die sieben Sterne in seiner Rechten, der da wandelt mitten unter den sieben goldenen Leuchtern:

2 Ich kenne deine Werke und deine Mühsal und deine Geduld und weiß, dass du die Bösen nicht ertragen kannst; und du hast die geprüft, die sagen, sie seien Apostel und sind's nicht, und hast sie als Lügner befunden

10 I was in the Spirit on the Lord's day, and I heard behind me a loud voice like a trumpet

11 saying, [h]"Write what you see in a book and send it to the seven churches, to Ephesus and to Smyrna and to Pergamum and to Thyatira and to Sardis and to Philadelphia and to Laodicea."

¶ **12** Then I turned to see the voice that was speaking to me, and on turning I saw seven golden lampstands,

13 and in the midst of the lampstands one like a son of man, clothed with a long robe and with a golden sash around his chest.

14 The hairs of his head were white, like white wool, like snow. His eyes were like a flame of fire,

15 his feet were like burnished bronze, refined in a furnace, and his voice was like the roar of many waters.

16 In his right hand he held seven stars, from his mouth came a sharp two-edged sword, and his face was like the sun shining in full strength.

¶ **17** When I saw him, I fell at his feet as though dead. But [v]he laid his right hand on me, saying, "Fear not, [x]I am the first and the last,

18 and the living one. [y]I died, and behold I am alive forevermore, and [z]I have the keys of Death and Hades.

19 [a]Write therefore [b]the things that you have seen, those that are and those that are to take place after this.

20 As for the mystery of the seven stars that you saw in my right hand, and [c]the seven golden lampstands, the seven stars are the angels of the seven churches, and [d]the seven lampstands are the seven churches.

To the Church in Ephesus

2 "To the angel of the church in Ephesus write: 'The words of [e]him who holds the seven stars in his right hand, [f]who walks among the seven golden lampstands.

¶ **2**[g]"'I know your works, your toil and your patient endurance, and how you cannot bear with those who are evil, but [h]have tested those [i]who call themselves apostles and are not, and found them to be false.

3 und hast Geduld und hast um meines Namens willen die Last getragen und bist nicht müde geworden.

4 Aber ich habe gegen dich, dass du die erste Liebe verlässt.

5 So denke nun daran, wovon du abgefallen bist, und tue Buße und tue die ersten Werke! Wenn aber nicht, werde ich über dich kommen und deinen Leuchter wegstoßen von seiner Stätte – wenn du nicht Buße tust.

6 Aber das hast du für dich, dass du die Werke der Nikolaïten hassest, die ich auch hasse.

¶ **7** Wer Ohren hat, der höre, was der Geist den Gemeinden sagt! Wer überwindet, dem will ich zu essen geben von dem Baum des Lebens, der im Paradies Gottes ist.

¶ **8** Und dem Engel der Gemeinde in **Smyrna** schreibe: Das sagt der Erste und der Letzte, der tot war und ist lebendig geworden:

9 Ich kenne deine Bedrängnis und deine Armut – du bist aber reich – und die Lästerung von denen, die sagen, sie seien Juden und sind's nicht, sondern sind die Synagoge des Satans.

10 Fürchte dich nicht vor dem, was du leiden wirst! Siehe, der Teufel wird einige von euch ins Gefängnis werfen, damit ihr versucht werdet, und ihr werdet in Bedrängnis sein zehn Tage. **Sei getreu bis an den Tod, so will ich dir die Krone des Lebens geben.**

¶ **11** Wer Ohren hat, der höre, was der Geist den Gemeinden sagt! Wer überwindet, dem soll kein Leid geschehen von dem zweiten Tode.

¶ **12** Und dem Engel der Gemeinde in **Pergamon** schreibe: Das sagt, der da hat das scharfe, zweischneidige Schwert:

13 Ich weiß, wo du wohnst: da, wo der Thron des Satans ist; und du hältst an meinem Namen fest und hast den Glauben an mich nicht verleugnet, auch nicht in den Tagen, als Antipas, mein treuer Zeuge, bei euch getötet wurde, da, wo der Satan wohnt.

14 Aber einiges habe ich gegen dich: Du hast Leute dort, die sich an die Lehre Bileams halten, der den Balak lehrte, die Israeliten zu verführen, vom Götzenopfer zu essen und Hurerei zu treiben.

15 So hast du auch Leute, die sich in gleicher Weise an die Lehre der Nikolaïten halten.

16 Tue Buße; wenn aber nicht, so werde ich bald über dich kommen und gegen sie streiten mit dem Schwert meines Mundes.

3 I know you are enduring patiently and bearing up [j] for my name's sake, and you [k] have not grown weary.

4 But I have this against you, that you have abandoned [l] the love you had at first.

5 Remember therefore from where you have fallen; repent, and do [m] the works you did at first. If not, [n] I will come to you and remove your lampstand from its place, unless you repent.

6 Yet this you have: you hate the works of [o] the Nicolaitans, which I also hate.

7 [p] He who has an ear, let him hear what the Spirit says to the churches. [q] To the one who conquers I will grant to eat of [r] the tree of life, which is in [s] the paradise of God.'

To the Church in Smyrna

¶ **8** "And to the angel of the church in Smyrna write: 'The words of [t] the first and the last, [u] who died and came to life.

¶ **9** "'I know your tribulation and [v] your poverty ([v] but you are rich) and the slander [j] of [w] those who say that they are Jews and are not, but are a synagogue of Satan.

10 Do not fear what you are about to suffer. Behold, the devil is about to throw some of you into prison, [w] that you may be tested, and for [x] ten days [y] you will have tribulation. [z] Be faithful [a] unto death, and I will give you [b] the crown of life.

11 [c] He who has an ear, let him hear what the Spirit says to the churches. [c] The one who conquers will not be hurt by [d] the second death.'

To the Church in Pergamum

¶ **12** "And to the angel of the church in Pergamum write: 'The words of him who has [e] the sharp two-edged sword.

¶ **13** "'I know where you dwell, [f] where Satan's throne is. Yet you hold fast my name, and you did not [g] deny my faith[2] even in the days of Antipas [h] my faithful witness, who was killed among you, where Satan dwells.

14 But I have a few things against you: you have some there who hold the teaching of [i] Balaam, who taught Balak to put a stumbling block before the sons of Israel, so that they might [j] eat food sacrificed to idols and [k] practice sexual immorality.

15 So also you have some who hold the teaching of [l] the Nicolaitans.

16 Therefore repent. If not, [m] I will come to you soon and [n] war against them with [e] the sword of my mouth.

¶ **17** Wer Ohren hat, der höre, was der Geist den Gemeinden sagt! Wer überwindet, dem will ich geben von dem verborgenen Manna und will ihm geben einen weißen Stein; und auf dem Stein ist ein neuer Name geschrieben, den niemand kennt als der, der ihn empfängt.

¶ **18** Und dem Engel der Gemeinde in Thyatira schreibe: Das sagt der Sohn Gottes, der Augen hat wie Feuerflammen und seine Füße sind wie Golderz:

19 Ich kenne deine Werke und deine Liebe und deinen Glauben und deinen Dienst und deine Geduld und weiß, dass du je länger je mehr tust.

20 Aber ich habe gegen dich, dass du Isebel duldest, diese Frau, die sagt, sie sei eine Prophetin, und lehrt und verführt meine Knechte, Hurerei zu treiben und Götzenopfer zu essen.

21 Und ich habe ihr Zeit gegeben, Buße zu tun, und sie will sich nicht bekehren von ihrer Hurerei.

22 Siehe, ich werfe sie aufs Bett und die mit ihr die Ehe gebrochen haben in große Trübsal, wenn sie sich nicht bekehren von ihren Werken,

23 und ihre Kinder will ich mit dem Tode schlagen. Und alle Gemeinden sollen erkennen, dass ich es bin, der die Nieren und Herzen erforscht, und ich werde geben einem jeden von euch nach euren Werken.

24 Euch aber sage ich, den andern in Thyatira, die solche Lehre nicht haben und nicht erkannt haben die Tiefen des Satans, wie sie sagen: Ich will nicht noch eine Last auf euch werfen;

25 doch was ihr habt, das haltet fest, bis ich komme.

¶ **26** Und wer überwindet und hält meine Werke bis ans Ende, dem will ich Macht geben über die Heiden,

27 und er soll sie weiden mit eisernem Stabe, und wie die Gefäße eines Töpfers soll er sie zerschmeißen,

28 wie auch ich Macht empfangen habe von meinem Vater; und ich will ihm geben den Morgenstern.

29 Wer Ohren hat, der höre, was der Geist den Gemeinden sagt!

17 [c]He who has an ear, let him hear what the Spirit says to the churches. [c]To the one who conquers I will give some of [o]the hidden manna, and I will give him a white stone, with [p]a new name written on the stone [q]that no one knows except the one who receives it.'

To the Church in Thyatira

¶ **18** "And to the angel of the church in Thyatira write: 'The words of the Son of God, [r]who has eyes like a flame of fire, and whose feet are like burnished bronze.

¶ **19**[s] "'I know your works, your love and faith and service and patient endurance, and that your latter works exceed the first.

20 But I have this against you, that you tolerate that woman [t]Jezebel, who calls herself a prophetess and is teaching and seducing my servants[3] [u]to practice sexual immorality and [u]to eat food sacrificed to idols.

21 I gave her time to repent, but [v]she refuses to repent of her sexual immorality.

22 Behold, I will throw her onto a sickbed, and those who commit adultery with her I will throw into great tribulation, unless they repent of her works,

23 and I will strike her children dead. And all the churches will know that I am he [w]who searches mind and heart, and [x]I will give to each of you according to your works.

24 But to the rest of you in Thyatira, who do not hold this teaching, who have not learned what some call [y]the deep things of Satan, to you I say, I [z]do not lay on you any other burden.

25 Only hold fast [a]what you have until I come.

26 [b]The one who conquers and who keeps my works [c]until the end, [d]to him I will give authority over the nations,

27 and [e]he will [f]rule them with a rod of iron, [g]as when earthen pots are broken in pieces, even as I myself have received authority from my Father.

28 And I will give him [h]the morning star.

29 [p]He who has an ear, let him hear what the Spirit says to the churches.'

3 Und dem Engel der Gemeinde in **Sardes** schreibe: Das sagt, der die sieben Geister Gottes hat und die sieben Sterne: Ich kenne deine Werke: Du hast den Namen, dass du lebst, und bist tot.

2 Werde wach und stärke das andre, das sterben will, denn ich habe deine Werke nicht als vollkommen befunden vor meinem Gott.

3 So denke nun daran, wie du empfangen und gehört hast, und halte es fest und tue Buße! Wenn du aber nicht wachen wirst, werde ich kommen wie ein Dieb und du wirst nicht wissen, zu welcher Stunde ich über dich kommen werde.

4 Aber du hast einige in Sardes, die ihre Kleider nicht besudelt haben; die werden mit mir einhergehen in weißen Kleidern, denn sie sind's wert.

¶ 5 Wer überwindet, der soll mit weißen Kleidern angetan werden, und ich werde seinen Namen nicht austilgen aus dem Buch des Lebens, und ich will seinen Namen bekennen vor meinem Vater und vor seinen Engeln.

6 Wer Ohren hat, der höre, was der Geist den Gemeinden sagt!

¶ 7 Und dem Engel der Gemeinde in **Philadelphia** schreibe: Das sagt der Heilige, der Wahrhaftige, der da hat den Schlüssel Davids, der auftut, und niemand schließt zu, der zuschließt, und niemand tut auf:

8 Ich kenne deine Werke. Siehe, ich habe vor dir eine Tür aufgetan und niemand kann sie zuschließen; denn du hast eine kleine Kraft und hast mein Wort bewahrt und hast meinen Namen nicht verleugnet.

9 Siehe, ich werde schicken einige aus der Synagoge des Satans, die sagen, sie seien Juden und sind's nicht, sondern lügen; siehe, ich will sie dazu bringen, dass sie kommen sollen und zu deinen Füßen niederfallen und erkennen, dass ich dich geliebt habe.

10 Weil du mein Wort von der Geduld bewahrt hast, will auch ich dich bewahren vor der Stunde der Versuchung, die kommen wird über den ganzen Weltkreis, zu versuchen, die auf Erden wohnen.

11 Siehe, ich komme bald; **halte, was du hast, dass niemand deine Krone nehme!**

To the Church in Sardis

3 "And to the angel of the church in Sardis write: 'The words of him [i]who has the seven spirits of God and the seven stars.

¶ "'I know your works. You have the reputation [j]of being alive, [k]but you are dead.

2 Wake up, and strengthen what remains and is about to die, for I have not found your works [l]complete in the sight of my God.

3 [m]Remember, then, what you received and heard. Keep it, and repent. If you will not wake up, [n]I will come [o]like a thief, and you will not know at what hour I will come against you.

4 Yet you have still a few names in Sardis, people who have not [p]soiled their garments, and they will walk with me [q]in white, for they are [r]worthy.

5 [s]The one who conquers will be clothed thus in white garments, and I will never [t]blot his name out of [u]the book of life. [v]I will confess his name before my Father and before his angels.

6 [p]He who has an ear, let him hear what the Spirit says to the churches.'

To the Church in Philadelphia

¶ 7 "And to the angel of the church in Philadelphia write: 'The words of [w]the holy one, [x]the true one, [y]who has the key of David, [z]who opens and no one will shut, who shuts and no one opens.

¶ 8"'I know your works. Behold, I have set before you [a]an open door, which no one is able to shut. I know that you have but little power, and yet you have kept my word and have not denied my name.

9 Behold, I will make those of [b]the synagogue of Satan who say that they are Jews and are not, but lie—behold, [c]I will make them come and bow down before your feet and they will learn that [d]I have loved you.

10 [e]Because you have kept my word about patient endurance, I will keep you from the hour of trial that is coming on the whole world, to try [f]those who dwell on the earth.

11 [g]I am coming soon. [h]Hold fast what you have, so that no one may seize [i]your crown.

¶ **12** Wer überwindet, den will ich machen zum Pfeiler in dem Tempel meines Gottes, und er soll nicht mehr hinausgehen, und ich will auf ihn schreiben den Namen meines Gottes und den Namen des neuen Jerusalem, der Stadt meines Gottes, die vom Himmel herniederkommt von meinem Gott, und meinen Namen, den neuen.

13 Wer Ohren hat, der höre, was der Geist den Gemeinden sagt!

¶ **14** Und dem Engel der Gemeinde in **Laodizea** schreibe: Das sagt, der Amen heißt, der treue und wahrhaftige Zeuge, der Anfang der Schöpfung Gottes:

15 Ich kenne deine Werke, dass du weder kalt noch warm bist. Ach, dass du kalt oder warm wärest!

16 Weil du aber lau bist und weder warm noch kalt, werde ich dich ausspeien aus meinem Munde.

17 Du sprichst: Ich bin reich und habe genug und brauche nichts!, und weißt nicht, dass du elend und jämmerlich bist, arm, blind und bloß.

18 Ich rate dir, dass du Gold von mir kaufst, das im Feuer geläutert ist, damit du reich werdest, und weiße Kleider, damit du sie anziehst und die Schande deiner Blöße nicht offenbar werde, und Augensalbe, deine Augen zu salben, damit du sehen mögest.

19 Welche ich lieb habe, die weise ich zurecht und züchtige ich. So sei nun eifrig und tue Buße!

20 Siehe, ich stehe vor der Tür und klopfe an. Wenn jemand meine Stimme hören wird und die Tür auftun, zu dem werde ich hineingehen und das Abendmahl mit ihm halten und er mit mir.

¶ **21** Wer überwindet, dem will ich geben, mit mir auf meinem Thron zu sitzen, wie auch ich überwunden habe und mich gesetzt habe mit meinem Vater auf seinen Thron.

22 Wer Ohren hat, der höre, was der Geist den Gemeinden sagt!

Vor dem Thron Gottes

4 Danach sah ich, und siehe, eine Tür war aufgetan im Himmel, und die erste Stimme, die ich mit mir hatte reden hören wie eine Posaune, die sprach: Steig herauf, ich will dir zeigen, was nach diesem geschehen soll.

¶ **2** Alsbald wurde ich vom Geist ergriffen. Und siehe, ein Thron stand im Himmel und auf dem Thron saß einer.

12 [j] The one who conquers, I will make him [k] a pillar in the temple of my God. Never shall he go out of it, and I will write on him [l] the name of my God, and [m] the name of the city of my God, [m] the new Jerusalem, [n] which comes down from my God out of heaven, and my own [o] new name.

13 [p] He who has an ear, let him hear what the Spirit says to the churches.'

To the Church in Laodicea

¶ **14** "And to the angel of the church in Laodicea write: 'The words of the [p] Amen, [q] the faithful and true witness, [r] the beginning of God's creation.

¶ **15** "'I know your works: you are neither cold nor hot. [s] Would that you were either cold or hot!

16 So, because you are lukewarm, and neither hot nor cold, I will spit you out of my mouth.

17 'For you say, I am rich, I have prospered, and I need nothing, not realizing that you are wretched, pitiable, poor, [u] blind, and naked.

18 I counsel you [v] to buy from me gold refined by fire, so that you may be rich, and [w] white garments so that you may clothe yourself and [x] the shame of your nakedness may not be seen, and salve to anoint your eyes, [u] so that you may see.

19 [y] Those whom I love, I reprove and discipline, so be zealous and repent.

20 Behold, I stand at the door and [z] knock. [a] If anyone hears my voice and opens the door, [b] I will come in to him and eat with him, and he with me.

21 [c] The one who conquers, [d] I will grant him to sit with me on my throne, as [e] I also conquered and sat down with my Father on his throne.

22 [p] He who has an ear, let him hear what the Spirit says to the churches.'"

The Throne in Heaven

4 After this I looked, and behold, a door standing open in heaven! And the first voice, which I had heard speaking to me like a trumpet, said, [g] "Come up here, and [h] I will show you what must take place after this."

2 At once I was in the Spirit, and behold, a throne stood in heaven, with one seated on the throne.

3 Und der da saß, war anzusehen wie der Stein Jaspis und Sarder; und ein Regenbogen war um den Thron, anzusehen wie ein Smaragd.

4 Und um den Thron waren vierundzwanzig Throne und auf den Thronen saßen vierundzwanzig Älteste, mit weißen Kleidern angetan, und hatten auf ihren Häuptern goldene Kronen.

¶ **5** Und von dem Thron gingen aus Blitze, Stimmen und Donner; und sieben Fackeln mit Feuer brannten vor dem Thron, das sind die sieben Geister Gottes.

6 Und vor dem Thron war es wie ein gläsernes Meer, gleich dem Kristall, und in der Mitte am Thron und um den Thron vier himmlische Gestalten, voller Augen vorn und hinten.

7 Und die erste Gestalt war gleich einem Löwen, und die zweite Gestalt war gleich einem Stier, und die dritte Gestalt hatte ein Antlitz wie ein Mensch, und die vierte Gestalt war gleich einem fliegenden Adler.

8 Und eine jede der vier Gestalten hatte sechs Flügel, und sie waren außen und innen voller Augen, und sie hatten keine Ruhe Tag und Nacht und sprachen: Heilig, heilig, heilig ist Gott der Herr, der Allmächtige, der da war und der da ist und der da kommt.

¶ **9** Und wenn die Gestalten Preis und Ehre und Dank gaben dem, der auf dem Thron saß, der da lebt von Ewigkeit zu Ewigkeit,

10 fielen die vierundzwanzig Ältesten nieder vor dem, der auf dem Thron saß, und beteten den an, der da lebt von Ewigkeit zu Ewigkeit, und legten ihre Kronen nieder vor dem Thron und sprachen:

11 Herr, unser Gott, du bist würdig, zu nehmen Preis und Ehre und Kraft; denn du hast alle Dinge geschaffen, und durch deinen Willen waren sie und wurden sie geschaffen.

Das Buch mit den sieben Siegeln

5 Und ich sah in der rechten Hand dessen, der auf dem Thron saß, ein Buch, beschrieben innen und außen, versiegelt mit sieben Siegeln.

2 Und ich sah einen starken Engel, der rief mit großer Stimme: Wer ist würdig, das Buch aufzutun und seine Siegel zu brechen?

3 And he who sat there had the appearance of jasper and carnelian, and around the throne was a rainbow that had the appearance of an emerald.

4 Around the throne were twenty-four thrones, and seated on the thrones were twenty-four elders, clothed in white garments, with golden crowns on their heads.

5 From the throne came flashes of lightning, and rumblings[1] and peals of thunder, and before the throne were burning seven torches of fire, which are the seven spirits of God,

6 and before the throne there was as it were a sea of glass, like crystal.

¶   And around the throne, on each side of the throne, are four living creatures, full of eyes in front and behind:

7 the first living creature like a lion, the second living creature like an ox, the third living creature with the face of a man, and the fourth living creature like an eagle in flight.

8 And the four living creatures, each of them with six wings, are full of eyes all around and within, and day and night they never cease to say,

"Holy, holy, holy, is the Lord God
    Almighty,
  who was and is and is to come!"

9 And whenever the living creatures give glory and honor and thanks to him who is seated on the throne, who lives forever and ever,

10 the twenty-four elders fall down before him who is seated on the throne and worship him who lives forever and ever. They cast their crowns before the throne, saying,

11 "Worthy are you, our Lord and God,
  to receive glory and honor and power,
  for you created all things,
  and by your will they existed and were
    created."

The Scroll and the Lamb

5 Then I saw in the right hand of him who was seated on the throne a scroll written within and on the back, sealed with seven seals.

2 And I saw a strong angel proclaiming with a loud voice, "Who is worthy to open the scroll and break its seals?"

3 Und niemand, weder im Himmel noch auf Erden noch unter der Erde, konnte das Buch auftun und hineinsehen.

4 Und ich weinte sehr, weil niemand für würdig befunden wurde, das Buch aufzutun und hineinzusehen.

¶ **5** Und einer von den Ältesten spricht zu mir: Weine nicht! Siehe, es hat überwunden der Löwe aus dem Stamm Juda, die Wurzel Davids, aufzutun das Buch und seine sieben Siegel.

¶ **6** Und ich sah mitten zwischen dem Thron und den vier Gestalten und mitten unter den Ältesten ein Lamm stehen, wie geschlachtet; es hatte sieben Hörner und sieben Augen, das sind die sieben Geister Gottes, gesandt in alle Lande.

7 Und es kam und nahm das Buch aus der rechten Hand dessen, der auf dem Thron saß.

8 Und als es das Buch nahm, da fielen die vier Gestalten und die vierundzwanzig Ältesten nieder vor dem Lamm, und ein jeder hatte eine Harfe und goldene Schalen voll Räucherwerk, das sind die Gebete der Heiligen,

9 und sie sangen ein neues Lied: Du bist würdig, zu nehmen das Buch und aufzutun seine Siegel; denn du bist geschlachtet und hast mit deinem Blut Menschen für Gott erkauft aus allen Stämmen und Sprachen und Völkern und Nationen

10 und hast sie unserm Gott zu Königen und Priestern gemacht, und sie werden herrschen auf Erden.

¶ **11** Und ich sah, und ich hörte eine Stimme vieler Engel um den Thron und um die Gestalten und um die Ältesten her, und ihre Zahl war vieltausendmal tausend;

12 die sprachen mit großer Stimme: **Das Lamm, das geschlachtet ist, ist würdig, zu nehmen Kraft und Reichtum und Weisheit und Stärke und Ehre und Preis und Lob.**

¶ **13** Und jedes Geschöpf, das im Himmel ist und auf Erden und unter der Erde und auf dem Meer und alles, was darin ist, hörte ich sagen: Dem, der auf dem Thron sitzt, und dem Lamm sei Lob und Ehre und Preis und Gewalt von Ewigkeit zu Ewigkeit!

14 Und die vier Gestalten sprachen: Amen! Und die Ältesten fielen nieder und beteten an.

3 And no one in heaven or on earth or under the earth was able to open the scroll or to look into it,

4 and I began to weep loudly because no one was found worthy to open the scroll or to look into it.

5 And one of the elders said to me, "Weep no more; behold, the Lion of the tribe of Judah, the Root of David, has conquered, so that he can open the scroll and its seven seals."

¶ **6** And between the throne and the four living creatures and among the elders I saw a Lamb standing, as though it had been slain, with seven horns and with seven eyes, which are the seven spirits of God sent out into all the earth.

7 And he went and took the scroll from the right hand of him who was seated on the throne.

8 And when he had taken the scroll, the four living creatures and the twenty-four elders fell down before the Lamb, each holding a harp, and golden bowls full of incense, which are the prayers of the saints.

9 And they sang a new song, saying,

"Worthy are you to take the scroll
    and to open its seals,
for you were slain, and by your blood
        you ransomed people for God
    from every tribe and language and
    people and nation,

10 and you have made them a kingdom
        and priests to our God,
    and they shall reign on the earth."

11 Then I looked, and I heard around the throne and the living creatures and the elders the voice of many angels, numbering myriads of myriads and thousands of thousands,

12 saying with a loud voice, "Worthy is the Lamb who was slain, to receive power and wealth and wisdom and might and honor and glory and blessing!"

13 And I heard every creature in heaven and on earth and under the earth and in the sea, and all that is in them, saying, "To him who sits on the throne and to the Lamb be blessing and honor and glory and might forever and ever!"

14 And the four living creatures said, "Amen!" and the elders fell down and worshiped.

Die Öffnung der ersten sechs Siegel

6 Und ich sah, dass das Lamm das erste der sieben Siegel auftat, und ich hörte eine der vier Gestalten sagen wie mit einer Donnerstimme: Komm!

2 Und ich sah, und siehe, ein weißes Pferd. Und der darauf saß, hatte einen Bogen, und ihm wurde eine Krone gegeben, und er zog aus sieghaft und um zu siegen.

¶ **3** Und als es das zweite Siegel auftat, hörte ich die zweite Gestalt sagen: Komm!

4 Und es kam heraus ein zweites Pferd, das war feuerrot. Und dem, der darauf saß, wurde Macht gegeben, den Frieden von der Erde zu nehmen, dass sie sich untereinander umbrächten, und ihm wurde ein großes Schwert gegeben.

¶ **5** Und als es das dritte Siegel auftat, hörte ich die dritte Gestalt sagen: Komm! Und ich sah, und siehe, ein schwarzes Pferd. Und der darauf saß, hatte eine Waage in seiner Hand.

6 Und ich hörte eine Stimme mitten unter den vier Gestalten sagen: Ein Maß Weizen für einen Silbergroschen und drei Maß Gerste für einen Silbergroschen; aber dem Öl und Wein tu keinen Schaden!

¶ **7** Und als es das vierte Siegel auftat, hörte ich die Stimme der vierten Gestalt sagen: Komm!

8 Und ich sah, und siehe, ein fahles Pferd. Und der darauf saß, dessen Name war: Der Tod, und die Hölle folgte ihm nach. Und ihnen wurde Macht gegeben über den vierten Teil der Erde, zu töten mit Schwert und Hunger und Pest und durch die wilden Tiere auf Erden.

¶ **9** Und als es das fünfte Siegel auftat, sah ich unten am Altar die Seelen derer, die umgebracht worden waren um des Wortes Gottes und um ihres Zeugnisses willen.

10 Und sie schrien mit lauter Stimme: Herr, du Heiliger und Wahrhaftiger, wie lange richtest du nicht und rächst nicht unser Blut an denen, die auf der Erde wohnen?

11 Und ihnen wurde gegeben einem jeden ein weißes Gewand, und ihnen wurde gesagt, dass sie ruhen müssten noch eine kleine Zeit, bis vollzählig dazukämen ihre Mitknechte und Brüder, die auch noch getötet werden sollten wie sie.

¶ **12** Und ich sah: Als es das sechste Siegel auftat, da geschah ein großes Erdbeben, und die Sonne wurde finster wie ein schwarzer Sack, und der ganze Mond wurde wie Blut,

13 und die Sterne des Himmels fielen auf die Erde, wie ein Feigenbaum seine Feigen abwirft, wenn er von starkem Wind bewegt wird.

The Seven Seals

6 Now I watched when the Lamb opened one of the seven seals, and I heard one of the four living creatures say with a voice like thunder, "Come!"

2 And I looked, and behold, a white horse! And its rider had a bow, and a crown was given to him, and he came out conquering, and to conquer.

¶ **3** When he opened the second seal, I heard the second living creature say, "Come!"

4 And out came another horse, bright red. Its rider was permitted to take peace from the earth, so that people should slay one another, and he was given a great sword.

¶ **5** When he opened the third seal, I heard the third living creature say, "Come!" And I looked, and behold, a black horse! And its rider had a pair of scales in his hand.

6 And I heard what seemed to be a voice in the midst of the four living creatures, saying, "A quart[1] of wheat for a denarius,[2] and three quarts of barley for a denarius, and do not harm the oil and wine!"

¶ **7** When he opened the fourth seal, I heard the voice of the fourth living creature say, "Come!"

8 And I looked, and behold, a pale horse! And its rider's name was Death, and Hades followed him. And they were given authority over a fourth of the earth, to kill with sword and with famine and with pestilence and by wild beasts of the earth.

¶ **9** When he opened the fifth seal, I saw under the altar the souls of those who had been slain for the word of God and for the witness they had borne.

10 They cried out with a loud voice, "O Sovereign Lord, holy and true, how long before you will judge and avenge our blood on those who dwell on the earth?"

11 Then they were each given a white robe and told to rest a little longer, until the number of their fellow servants[3] and their brothers[4] should be complete, who were to be killed as they themselves had been.

¶ **12** When he opened the sixth seal, I looked, and behold, there was a great earthquake, and the sun became black as sackcloth, the full moon became like blood,

13 and the stars of the sky fell to the earth as the fig tree sheds its winter fruit when shaken by a gale.

14 Und der Himmel wich wie eine Schriftrolle, die zusammengerollt wird, und alle Berge und Inseln wurden wegbewegt von ihrem Ort.

15 Und die Könige auf Erden und die Großen und die Obersten und die Reichen und die Gewaltigen und alle Sklaven und alle Freien verbargen sich in den Klüften und Felsen der Berge

16 und sprachen zu den Bergen und Felsen: Fallt über uns und verbergt uns vor dem Angesicht dessen, der auf dem Thron sitzt, und vor dem Zorn des Lammes!

17 Denn es ist gekommen der große Tag ihres Zorns und wer kann bestehen?

Die Versiegelten

7 Danach sah ich vier Engel stehen an den vier Ecken der Erde, die hielten die vier Winde der Erde fest, damit kein Wind über die Erde blase noch über das Meer noch über irgendeinen Baum.

2 Und ich sah einen andern Engel aufsteigen vom Aufgang der Sonne her, der hatte das Siegel des lebendigen Gottes und rief mit großer Stimme zu den vier Engeln, denen Macht gegeben war, der Erde und dem Meer Schaden zu tun:

3 Tut der Erde und dem Meer und den Bäumen keinen Schaden, bis wir versiegeln die Knechte unseres Gottes an ihren Stirnen.

¶ **4** Und ich hörte die Zahl derer, die versiegelt wurden: hundertvierundvierzigtausend, die versiegelt waren aus allen Stämmen Israels:

5 aus dem Stamm Juda zwölftausend versiegelt, aus dem Stamm Ruben zwölftausend, aus dem Stamm Gad zwölftausend,

6 aus dem Stamm Asser zwölftausend, aus dem Stamm Naftali zwölftausend, aus dem Stamm Manasse zwölftausend,

7 aus dem Stamm Simeon zwölftausend, aus dem Stamm Levi zwölftausend, aus dem Stamm Issachar zwölftausend,

8 aus dem Stamm Sebulon zwölftausend, aus dem Stamm Josef zwölftausend, aus dem Stamm Benjamin zwölftausend versiegelt.

Die große Schar aus allen Völkern

9 Danach sah ich, und siehe, eine große Schar, die niemand zählen konnte, aus allen Nationen und Stämmen und Völkern und Sprachen; die standen vor dem Thron und vor dem Lamm, angetan mit weißen Kleidern und mit Palmzweigen in ihren Händen,

14 The sky vanished like a scroll that is being rolled up, and every mountain and island was removed from its place.

15 Then the kings of the earth and the great ones and the generals and the rich and the powerful, and everyone, slave[5] and free, hid themselves in the caves and among the rocks of the mountains,

16 calling to the mountains and rocks, "Fall on us and hide us from the face of him who is seated on the throne, and from the wrath of the Lamb,

17 for the great day of their wrath has come, and who can stand?"

The 144,000 of Israel Sealed

7 After this I saw four angels standing at the four corners of the earth, holding back the four winds of the earth, that no wind might blow on earth or sea or against any tree.

2 Then I saw another angel ascending from the rising of the sun, with the seal of the living God, and he called with a loud voice to the four angels who had been given power to harm earth and sea,

3 saying, "Do not harm the earth or the sea or the trees, until we have sealed the servants[1] of our God on their foreheads."

4 And I heard the number of the sealed, 144,000, sealed from every tribe of the sons of Israel:

5 12,000 from the tribe of Judah were sealed,
12,000 from the tribe of Reuben,
12,000 from the tribe of Gad,

6 12,000 from the tribe of Asher,
12,000 from the tribe of Naphtali,
12,000 from the tribe of Manasseh,

7 12,000 from the tribe of Simeon,
12,000 from the tribe of Levi,
12,000 from the tribe of Issachar,

8 12,000 from the tribe of Zebulun,
12,000 from the tribe of Joseph,
12,000 from the tribe of Benjamin were sealed.

A Great Multitude from Every Nation

¶ **9** After this I looked, and behold, a great multitude that no one could number, from every nation, from all tribes and peoples and languages, standing before the throne and before the Lamb, clothed in white robes, with palm branches in their hands,

10 und riefen mit großer Stimme: Das Heil ist bei dem, der auf dem Thron sitzt, unserm Gott, und dem Lamm!

11 Und alle Engel standen rings um den Thron und um die Ältesten und um die vier Gestalten und fielen nieder vor dem Thron auf ihr Angesicht und beteten Gott an

12 und sprachen: Amen, Lob und Ehre und Weisheit und Dank und Preis und Kraft und Stärke sei unserm Gott von Ewigkeit zu Ewigkeit! Amen.

¶ **13** Und einer der Ältesten fing an und sprach zu mir: Wer sind diese, die mit den weißen Kleidern angetan sind, und woher sind sie gekommen?

14 Und ich sprach zu ihm: Mein Herr, du weißt es. Und er sprach zu mir: **Diese sind's, die gekommen sind aus der großen Trübsal und haben ihre Kleider gewaschen und haben ihre Kleider hell gemacht im Blut des Lammes.**

15 Darum sind sie vor dem Thron Gottes und dienen ihm Tag und Nacht in seinem Tempel; und der auf dem Thron sitzt, wird über ihnen wohnen.

16 Sie werden nicht mehr hungern noch dürsten; es wird auch nicht auf ihnen lasten die Sonne oder irgendeine Hitze;

17 denn das Lamm mitten auf dem Thron wird sie weiden und leiten zu den Quellen des lebendigen Wassers, und Gott wird abwischen alle Tränen von ihren Augen.

Das siebente Siegel

8 Und als das Lamm das siebente Siegel auftat, entstand eine Stille im Himmel etwa eine halbe Stunde lang.

¶ **2** Und ich sah die sieben Engel, die vor Gott stehen, und ihnen wurden sieben Posaunen gegeben.

3 Und ein anderer Engel kam und trat an den Altar und hatte ein goldenes Räuchergefäß; und ihm wurde viel Räucherwerk gegeben, dass er es darbringe mit den Gebeten aller Heiligen auf dem goldenen Altar vor dem Thron.

4 Und der Rauch des Räucherwerks stieg mit den Gebeten der Heiligen von der Hand des Engels hinauf vor Gott.

10 and crying out with a loud voice, "Salvation belongs to our God who sits on the throne, and to the Lamb!"

11 And all the angels were standing around the throne and around the elders and the four living creatures, and they fell on their faces before the throne and worshiped God,

12 saying, "Amen! Blessing and glory and wisdom and thanksgiving and honor and power and might be to our God forever and ever! Amen."

¶ **13** Then one of the elders addressed me, saying, "Who are these, clothed in white robes, and from where have they come?"

14 I said to him, "Sir, you know." And he said to me, "These are the ones coming out of the great tribulation. They have washed their robes and made them white in the blood of the Lamb.

15 "Therefore they are before the throne of God,
and serve him day and night in his temple;
and he who sits on the throne will shelter them with his presence.

16 They shall hunger no more, neither thirst anymore;
the sun shall not strike them, nor any scorching heat.

17 For the Lamb in the midst of the throne will be their shepherd,
and he will guide them to springs of living water,
and God will wipe away every tear from their eyes."

The Seventh Seal and the Golden Censer

8 When the Lamb opened the seventh seal, there was silence in heaven for about half an hour.

2 Then I saw the seven angels who stand before God, and seven trumpets were given to them.

3 And another angel came and stood at the altar with a golden censer, and he was given much incense to offer with the prayers of all the saints on the golden altar before the throne,

4 and the smoke of the incense, with the prayers of the saints, rose before God from the hand of the angel.

5 Und der Engel nahm das Räuchergefäß und füllte es mit Feuer vom Altar und schüttete es auf die Erde. Und da geschahen Donner und Stimmen und Blitze und Erdbeben.

Die ersten sechs Posaunen

6 Und die sieben Engel mit den sieben Posaunen hatten sich gerüstet zu blasen.

7 Und der erste blies seine Posaune; es kam Hagel und Feuer, mit Blut vermengt, und fiel auf die Erde; und der dritte Teil der Erde verbrannte, und der dritte Teil der Bäume verbrannte, und alles grüne Gras verbrannte.

¶ **8** Und der zweite Engel blies seine Posaune; und es stürzte etwas wie ein großer Berg mit Feuer brennend ins Meer, und der dritte Teil des Meeres wurde zu Blut,

9 und der dritte Teil der lebendigen Geschöpfe im Meer starb, und der dritte Teil der Schiffe wurde vernichtet.

¶ **10** Und der dritte Engel blies seine Posaune; und es fiel ein großer Stern vom Himmel, der brannte wie eine Fackel und fiel auf den dritten Teil der Wasserströme und auf die Wasserquellen.

11 Und der Name des Sterns heißt Wermut. Und der dritte Teil der Wasser wurde zu Wermut, und viele Menschen starben von den Wassern, weil sie bitter geworden waren.

¶ **12** Und der vierte Engel blies seine Posaune; und es wurde geschlagen der dritte Teil der Sonne und der dritte Teil des Mondes und der dritte Teil der Sterne, sodass ihr dritter Teil verfinstert wurde und den dritten Teil des Tages das Licht nicht schien und in der Nacht desgleichen.

¶ **13** Und ich sah, und ich hörte, wie ein Adler mitten durch den Himmel flog und sagte mit großer Stimme: Weh, weh, weh denen, die auf Erden wohnen wegen der anderen Posaunen der drei Engel, die noch blasen sollen!

9 Und der fünfte Engel blies seine Posaune; und ich sah einen Stern, gefallen vom Himmel auf die Erde; und ihm wurde der Schlüssel zum Brunnen des Abgrunds gegeben.

2 Und er tat den Brunnen des Abgrunds auf, und es stieg auf ein Rauch aus dem Brunnen wie der Rauch eines großen Ofens, und es wurden verfinstert die Sonne und die Luft von dem Rauch des Brunnens.

5 Then the angel took the censer and filled it with fire from the altar and threw it on the earth, and there were peals of thunder, rumblings,[1] flashes of lightning, and an earthquake.

The Seven Trumpets

¶ **6** Now the seven angels who had the seven trumpets prepared to blow them.

¶ **7** The first angel blew his trumpet, and there followed hail and fire, mixed with blood, and these were thrown upon the earth. And a third of the earth was burned up, and a third of the trees were burned up, and all green grass was burned up.

¶ **8** The second angel blew his trumpet, and something like a great mountain, burning with fire, was thrown into the sea, and a third of the sea became blood.

9 A third of the living creatures in the sea died, and a third of the ships were destroyed.

¶ **10** The third angel blew his trumpet, and a great star fell from heaven, blazing like a torch, and it fell on a third of the rivers and on the springs of water.

11 The name of the star is Wormwood.[2] A third of the waters became wormwood, and many people died from the water, because it had been made bitter.

¶ **12** The fourth angel blew his trumpet, and a third of the sun was struck, and a third of the moon, and a third of the stars, so that a third of their light might be darkened, and a third of the day might be kept from shining, and likewise a third of the night.

¶ **13** Then I looked, and I heard an eagle crying with a loud voice as it flew directly overhead, "Woe, woe, woe to those who dwell on the earth, at the blasts of the other trumpets that the three angels are about to blow!"

9 And the fifth angel blew his trumpet, and I saw a star fallen from heaven to earth, and he was given the key to the shaft of the bottomless pit.[1]

2 He opened the shaft of the bottomless pit, and from the shaft rose smoke like the smoke of a great furnace, and the sun and the air were darkened with the smoke from the shaft.

3 Und aus dem Rauch kamen Heuschrecken auf die Erde, und ihnen wurde Macht gegeben, wie die Skorpione auf Erden Macht haben.

¶ **4** Und es wurde ihnen gesagt, sie sollten nicht Schaden tun dem Gras auf Erden noch allem Grünen noch irgendeinem Baum, sondern allein den Menschen, die nicht das Siegel Gottes haben an ihren Stirnen.

5 Und ihnen wurde Macht gegeben, nicht dass sie sie töteten, sondern sie quälten fünf Monate lang; und ihre Qual war wie eine Qual von einem Skorpion, wenn er einen Menschen sticht.

6 Und in jenen Tagen werden die Menschen den Tod suchen und nicht finden, sie werden begehren zu sterben und der Tod wird von ihnen fliehen.

¶ **7** Und die Heuschrecken sahen aus wie Rosse, die zum Krieg gerüstet sind, und auf ihren Köpfen war etwas wie goldene Kronen, und ihr Antlitz glich der Menschen Antlitz;

8 und sie hatten Haar wie Frauenhaar und Zähne wie Löwenzähne

9 und hatten Panzer wie eiserne Panzer, und das Rasseln ihrer Flügel war wie das Rasseln der Wagen vieler Rosse, die in den Krieg laufen,

10 und hatten Schwänze wie Skorpione und hatten Stacheln, und in ihren Schwänzen war ihre Kraft, Schaden zu tun den Menschen fünf Monate lang;

11 sie hatten über sich einen König, den Engel des Abgrunds; sein Name heißt auf Hebräisch Abaddon und auf Griechisch hat er den Namen Apollyon.

12 Das erste Wehe ist vorüber; siehe, es kommen noch zwei Wehe danach.

¶ **13** Und der sechste Engel blies seine Posaune; und ich hörte eine Stimme aus den vier Ecken des goldenen Altars vor Gott;

14 die sprach zu dem sechsten Engel, der die Posaune hatte: Lass los die vier Engel, die gebunden sind an dem großen Strom Euphrat.

15 Und es wurden losgelassen die vier Engel, die bereit waren für die Stunde und den Tag und den Monat und das Jahr, zu töten den dritten Teil der Menschen.

¶ **16** Und die Zahl des reitenden Heeres war vieltausendmal tausend; ich hörte ihre Zahl.

17 Und so sah ich in dieser Erscheinung die Rosse und die darauf saßen: Sie hatten feuerrote und blaue und schwefelgelbe Panzer, und die Häupter der Rosse waren wie die Häupter der Löwen, und aus ihren Mäulern kam Feuer und Rauch und Schwefel.

3 Then from the smoke came locusts on the earth, and they were given power like the power of scorpions of the earth.

4 They were told not to harm the grass of the earth or any green plant or any tree, but only those people who do not have the seal of God on their foreheads.

5 They were allowed to torment them for five months, but not to kill them, and their torment was like the torment of a scorpion when it stings someone.

6 And in those days people will seek death and will not find it. They will long to die, but death will flee from them.

¶ **7** In appearance the locusts were like horses prepared for battle: on their heads were what looked like crowns of gold; their faces were like human faces,

8 their hair like women's hair, and their teeth like lions' teeth;

9 they had breastplates like breastplates of iron, and the noise of their wings was like the noise of many chariots with horses rushing into battle.

10 They have tails and stings like scorpions, and their power to hurt people for five months is in their tails.

11 They have as king over them the angel of the bottomless pit. His name in Hebrew is Abaddon, and in Greek he is called Apollyon.[2]

¶ **12** The first woe has passed; behold, two woes are still to come.

¶ **13** Then the sixth angel blew his trumpet, and I heard a voice from the four horns of the golden altar before God,

14 saying to the sixth angel who had the trumpet, "Release the four angels who are bound at the great river Euphrates."

15 So the four angels, who had been prepared for the hour, the day, the month, and the year, were released to kill a third of mankind.

16 The number of mounted troops was twice ten thousand times ten thousand; I heard their number.

17 And this is how I saw the horses in my vision and those who rode them: they wore breastplates the color of fire and of sapphire[3] and of sulfur, and the heads of the horses were like lions' heads, and fire and smoke and sulfur came out of their mouths.

18 Von diesen drei Plagen wurde getötet der dritte Teil der Menschen, von dem Feuer und Rauch und Schwefel, der aus ihren Mäulern kam.

19 Denn die Kraft der Rosse war in ihrem Maul und in ihren Schwänzen; denn ihre Schwänze waren den Schlangen gleich und hatten Häupter, und mit denen taten sie Schaden.

¶ **20** Und die übrigen Leute, die nicht getötet wurden von diesen Plagen, bekehrten sich doch nicht von den Werken ihrer Hände, dass sie nicht mehr anbeteten die bösen Geister und die goldenen, silbernen, ehernen, steinernen und hölzernen Götzen, die weder sehen noch hören noch gehen können,

21 und sie bekehrten sich auch nicht von ihren Morden, ihrer Zauberei, ihrer Unzucht und ihrer Dieberei.

Der Engel mit dem Büchlein

10 Und ich sah einen andern starken Engel vom Himmel herabkommen, mit einer Wolke bekleidet, und der Regenbogen auf seinem Haupt und sein Antlitz wie die Sonne und seine Füße wie Feuersäulen.

2 Und er hatte in seiner Hand ein Büchlein, das war aufgetan. Und er setzte seinen rechten Fuß auf das Meer und den linken auf die Erde,

3 und er schrie mit großer Stimme, wie ein Löwe brüllt. Und als er schrie, erhoben die sieben Donner ihre Stimme.

4 Und als die sieben Donner geredet hatten, wollte ich es aufschreiben. Da hörte ich eine Stimme vom Himmel zu mir sagen: Versiegle, was die sieben Donner geredet haben, und schreib es nicht auf!

¶ **5** Und der Engel, den ich stehen sah auf dem Meer und auf der Erde, hob seine rechte Hand auf zum Himmel

6 und schwor bei dem, der da lebt von Ewigkeit zu Ewigkeit, der den Himmel geschaffen hat und was darin ist und die Erde und was darin ist und das Meer und was darin ist: Es soll hinfort keine Zeit mehr sein,

7 sondern in den Tagen, wenn der siebente Engel seine Stimme erheben und seine Posaune blasen wird, dann ist vollendet das Geheimnis Gottes, wie er es verkündigt hat seinen Knechten, den Propheten.

¶ **8** Und die Stimme, die ich vom Himmel gehört hatte, redete abermals mit mir und sprach: Geh hin, nimm das offene Büchlein aus der Hand des Engels, der auf dem Meer und auf der Erde steht!

18 By these three plagues a third of mankind was killed, by the fire and smoke and sulfur coming out of their mouths.

19 For the power of the horses is in their mouths and in their tails, for their tails are like serpents with heads, and by means of them they wound.

¶ **20** The rest of mankind, who were not killed by these plagues, did not repent of the works of their hands nor give up worshiping demons and idols of gold and silver and bronze and stone and wood, which cannot see or hear or walk,

21 nor did they repent of their murders or their sorceries or their sexual immorality or their thefts.

The Angel and the Little Scroll

10 Then I saw another mighty angel coming down from heaven, wrapped in a cloud, with a rainbow over his head, and his face was like the sun, and his legs like pillars of fire.

2 He had a little scroll open in his hand. And he set his right foot on the sea, and his left foot on the land,

3 and called out with a loud voice, like a lion roaring. When he called out, the seven thunders sounded.

4 And when the seven thunders had sounded, I was about to write, but I heard a voice from heaven saying, "Seal up what the seven thunders have said, and do not write it down."

5 And the angel whom I saw standing on the sea and on the land raised his right hand to heaven

6 and swore by him who lives forever and ever, who created heaven and what is in it, the earth and what is in it, and the sea and what is in it, that there would be no more delay,

7 but that in the days of the trumpet call to be sounded by the seventh angel, the mystery of God would be fulfilled, just as he announced to his servants[1] the prophets.

¶ **8** Then the voice that I had heard from heaven spoke to me again, saying, "Go, take the scroll that is open in the hand of the angel who is standing on the sea and on the land."

9 Und ich ging hin zu dem Engel und sprach zu ihm: Gib mir das Büchlein! Und er sprach zu mir: Nimm und verschling's! Und es wird dir bitter im Magen sein, aber in deinem Mund wird's süß sein wie Honig.

10 Und ich nahm das Büchlein aus der Hand des Engels und verschlang's. Und es war süß in meinem Mund wie Honig, und als ich's gegessen hatte, war es mir bitter im Magen.

11 Und mir wurde gesagt: Du musst abermals weissagen von Völkern und Nationen und Sprachen und vielen Königen.

Die beiden Zeugen

11 Und es wurde mir ein Rohr gegeben, einem Messstab gleich, und mir wurde gesagt: Steh auf und miss den Tempel Gottes und den Altar und die dort anbeten.

2 Aber den äußeren Vorhof des Tempels lass weg und miss ihn nicht, denn er ist den Heiden gegeben; und die heilige Stadt werden sie zertreten zweiundvierzig Monate lang.

3 Und ich will meinen zwei Zeugen Macht geben, und sie sollen weissagen tausendzweihundertundsechzig Tage lang, angetan mit Trauerkleidern.

4 Diese sind die zwei Ölbäume und die zwei Leuchter, die vor dem Herrn der Erde stehen.

5 Und wenn ihnen jemand Schaden tun will, so kommt Feuer aus ihrem Mund und verzehrt ihre Feinde; und wenn ihnen jemand Schaden tun will, muss er so getötet werden.

6 Diese haben Macht, den Himmel zu verschließen, damit es nicht regne in den Tagen ihrer Weissagung, und haben Macht über die Wasser, sie in Blut zu verwandeln und die Erde zu schlagen mit Plagen aller Art, sooft sie wollen.

7 Und wenn sie ihr Zeugnis vollendet haben, so wird das Tier, das aus dem Abgrund aufsteigt, mit ihnen kämpfen und wird sie überwinden und wird sie töten.

8 Und ihre Leichname werden liegen auf dem Marktplatz der großen Stadt, die heißt geistlich: Sodom und Ägypten, wo auch ihr Herr gekreuzigt wurde.

9 Und Menschen aus allen Völkern und Stämmen und Sprachen und Nationen sehen ihre Leichname drei Tage und einen halben und lassen nicht zu, dass ihre Leichname ins Grab gelegt werden.

9 So I went to the angel and told him to give me the little scroll. And he said to me, "Take and eat it; it will make your stomach bitter, but in your mouth it will be sweet as honey."

10 And I took the little scroll from the hand of the angel and ate it. It was sweet as honey in my mouth, but when I had eaten it my stomach was made bitter.

11 And I was told, "You must again prophesy about many peoples and nations and languages and kings."

The Two Witnesses

11 Then I was given a measuring rod like a staff, and I was told, "Rise and measure the temple of God and the altar and those who worship there,

2 but do not measure the court outside the temple; leave that out, for it is given over to the nations, and they will trample the holy city for forty-two months.

3 And I will grant authority to my two witnesses, and they will prophesy for 1,260 days, clothed in sackcloth."

4 These are the two olive trees and the two lampstands that stand before the Lord of the earth.

5 And if anyone would harm them, fire pours from their mouth and consumes their foes. If anyone would harm them, this is how he is doomed to be killed.

6 They have the power to shut the sky, that no rain may fall during the days of their prophesying, and they have power over the waters to turn them into blood and to strike the earth with every kind of plague, as often as they desire.

7 And when they have finished their testimony, the beast that rises from the bottomless pit[1] will make war on them and conquer them and kill them,

8 and their dead bodies will lie in the street of the great city that symbolically[2] is called Sodom and Egypt, where their Lord was crucified.

9 For three and a half days some from the peoples and tribes and languages and nations will gaze at their dead bodies and refuse to let them be placed in a tomb,

10 Und die auf Erden wohnen, freuen sich darüber und sind fröhlich und werden einander Geschenke senden; denn diese zwei Propheten hatten gequält, die auf Erden wohnten.

11 Und nach drei Tagen und einem halben fuhr in sie der Geist des Lebens von Gott, und sie stellten sich auf ihre Füße; und eine große Furcht fiel auf die, die sie sahen.

12 Und sie hörten eine große Stimme vom Himmel zu ihnen sagen: Steigt herauf! Und sie stiegen auf in den Himmel in einer Wolke, und es sahen sie ihre Feinde.

13 Und zu derselben Stunde geschah ein großes Erdbeben, und der zehnte Teil der Stadt stürzte ein; und es wurden getötet in dem Erdbeben siebentausend Menschen, und die andern erschraken und gaben dem Gott des Himmels die Ehre.

14 Das zweite Wehe ist vorüber; siehe, das dritte Wehe kommt schnell.

Die siebente Posaune

15 Und der siebente Engel blies seine Posaune; und es erhoben sich große Stimmen im Himmel, die sprachen: **Es sind die Reiche der Welt unseres Herrn und seines Christus geworden, und er wird regieren von Ewigkeit zu Ewigkeit.**

16 Und die vierundzwanzig Ältesten, die vor Gott auf ihren Thronen saßen, fielen nieder auf ihr Angesicht und beteten Gott an

17 und sprachen: Wir danken dir, Herr, allmächtiger Gott, der du bist und der du warst, dass du an dich genommen hast deine große Macht und herrschest!

18 Und die Völker sind zornig geworden; und es ist gekommen dein Zorn und die Zeit, die Toten zu richten und den Lohn zu geben deinen Knechten, den Propheten und den Heiligen und denen, die deinen Namen fürchten, den Kleinen und den Großen, und zu vernichten, die die Erde vernichten.

19 Und der Tempel Gottes im Himmel wurde aufgetan, und die Lade seines Bundes wurde in seinem Tempel sichtbar; und es geschahen Blitze und Stimmen und Donner und Erdbeben und ein großer Hagel.

10 and those who dwell on the earth will rejoice over them and make merry and exchange presents, because these two prophets had been a torment to those who dwell on the earth.

11 But after the three and a half days a breath of life from God entered them, and they stood up on their feet, and great fear fell on those who saw them.

12 Then they heard a loud voice from heaven saying to them, "Come up here!" And they went up to heaven in a cloud, and their enemies watched them.

13 And at that hour there was a great earthquake, and a tenth of the city fell. Seven thousand people were killed in the earthquake, and the rest were terrified and gave glory to the God of heaven.

14 The second woe has passed; behold, the third woe is soon to come.

The Seventh Trumpet

15 Then the seventh angel blew his trumpet, and there were loud voices in heaven, saying, "The kingdom of the world has become the kingdom of our Lord and of his Christ, and he shall reign forever and ever."

16 And the twenty-four elders who sit on their thrones before God fell on their faces and worshiped God,

17 saying,

"We give thanks to you, Lord God
    Almighty,
  who is and who was,
  for you have taken your great power
  and begun to reign.

18 The nations raged,
    but your wrath came,
    and the time for the dead to be judged,
  and for rewarding your servants,[3] the
      prophets and saints,
    and those who fear your name,
      both small and great,
  and for destroying the destroyers of the
      earth."

19 Then God's temple in heaven was opened, and the ark of his covenant was seen within his temple. There were flashes of lightning, rumblings,[4] peals of thunder, an earthquake, and heavy hail.

Die Frau und der Drache

12 Und es erschien ein großes Zeichen am Himmel: eine Frau, mit der Sonne bekleidet, und der Mond unter ihren Füßen und auf ihrem Haupt eine Krone von zwölf Sternen.

2 Und sie war schwanger und schrie in Kindsnöten und hatte große Qual bei der Geburt.

¶ 3 Und es erschien ein anderes Zeichen am Himmel, und siehe, ein großer, roter Drache, der hatte sieben Häupter und zehn Hörner und auf seinen Häuptern sieben Kronen,

4 und sein Schwanz fegte den dritten Teil der Sterne des Himmels hinweg und warf sie auf die Erde. Und der Drache trat vor die Frau, die gebären sollte, damit er, wenn sie geboren hätte, ihr Kind fräße.

¶ 5 Und sie gebar einen Sohn, einen Knaben, der alle Völker weiden sollte mit eisernem Stabe. Und ihr Kind wurde entrückt zu Gott und seinem Thron.

6 Und die Frau entfloh in die Wüste, wo sie einen Ort hatte, bereitet von Gott, dass sie dort ernährt werde tausendzweihundertundsechzig Tage.

¶ 7 Und es entbrannte ein Kampf im Himmel: Michael und seine Engel kämpften gegen den Drachen. Und der Drache kämpfte und seine Engel,

8 und sie siegten nicht und ihre Stätte wurde nicht mehr gefunden im Himmel.

9 Und es wurde hinausgeworfen der große Drache, die alte Schlange, die da heißt: Teufel und Satan, der die ganze Welt verführt, und er wurde auf die Erde geworfen, und seine Engel wurden mit ihm dahin geworfen.

¶ 10 Und ich hörte eine große Stimme, die sprach im Himmel: **Nun ist das Heil und die Kraft und das Reich unseres Gottes geworden und die Macht seines Christus; denn der Verkläger unserer Brüder ist verworfen, der sie verklagte Tag und Nacht vor unserm Gott.**

11 Und sie haben ihn überwunden durch des Lammes Blut und durch das Wort ihres Zeugnisses und haben ihr Leben nicht geliebt bis hin zum Tod.

12 Darum freut euch, ihr Himmel und die darin wohnen! Weh aber der Erde und dem Meer! Denn der Teufel kommt zu euch hinab und hat einen großen Zorn und weiß, dass er wenig Zeit hat.

¶ 13 Und als der Drache sah, dass er auf die Erde geworfen war, verfolgte er die Frau, die den Knaben geboren hatte.

The Woman and the Dragon

12 And a great sign appeared in heaven: a woman clothed with the sun, with [f] the moon under her feet, and on her head a crown of twelve stars.

2 She was pregnant and was crying out in birth pains and the agony of giving birth.

3 And another sign appeared in heaven: behold, a great red dragon, with seven heads and ten horns, and on his heads seven diadems.

4 His tail swept down a third of the stars of heaven and cast them to the earth. And the dragon stood before the woman who was about to give birth, so that when she bore her child he might devour it.

5 She gave birth to a male child, one who is to rule all the nations with a rod of iron, but her child was caught up to God and to his throne,

6 and the woman fled into the wilderness, where she has a place prepared by God, in which she is to be nourished for 1,260 days.

Satan Thrown Down to Earth

¶ 7 Now war arose in heaven, Michael and his angels fighting against the dragon. And the dragon and his angels fought back,

8 but he was defeated, and there was no longer any place for them in heaven.

9 And the great dragon was thrown down, that ancient serpent, who is called the devil and Satan, the deceiver of the whole world—he was thrown down to the earth, and his angels were thrown down with him.

10 And I heard a loud voice in heaven, saying, "Now the salvation and the power and the kingdom of our God and the authority of his Christ have come, for the accuser of our brothers[1] has been thrown down, who accuses them day and night before our God.

11 And they have conquered him by the blood of the Lamb and by the word of their testimony, for they loved not their lives even unto death.

12 Therefore, rejoice, O heavens and you who dwell in them! But woe to you, O earth and sea, for the devil has come down to you in great wrath, because he knows that his time is short!"

¶ 13 And when the dragon saw that he had been thrown down to the earth, he pursued the woman who had given birth to the male child.

14 Und es wurden der Frau gegeben die zwei Flügel des großen Adlers, dass sie in die Wüste flöge an ihren Ort, wo sie ernährt werden sollte eine Zeit und zwei Zeiten und eine halbe Zeit fern von dem Angesicht der Schlange.

15 Und die Schlange stieß aus ihrem Rachen Wasser aus wie einen Strom hinter der Frau her, um sie zu ersäufen.

16 Aber die Erde half der Frau und tat ihren Mund auf und verschlang den Strom, den der Drache ausstieß aus seinem Rachen.

17 Und der Drache wurde zornig über die Frau und ging hin, zu kämpfen gegen die Übrigen von ihrem Geschlecht, die Gottes Gebote halten und haben das Zeugnis Jesu.

18 Und er trat an den Strand des Meeres.

Die beiden Tiere

13 Und ich sah ein Tier aus dem Meer steigen, das hatte zehn Hörner und sieben Häupter und auf seinen Hörnern zehn Kronen und auf seinen Häuptern lästerliche Namen.

2 Und das Tier, das ich sah, war gleich einem Panther und seine Füße wie Bärenfüße und sein Rachen wie ein Löwenrachen. Und der Drache gab ihm seine Kraft und seinen Thron und große Macht.

3 Und ich sah eines seiner Häupter, als wäre es tödlich verwundet, und seine tödliche Wunde wurde heil. Und die ganze Erde wunderte sich über das Tier,

4 und sie beteten den Drachen an, weil er dem Tier die Macht gab, und beteten das Tier an und sprachen: Wer ist dem Tier gleich und wer kann mit ihm kämpfen?

¶ 5 Und es wurde ihm ein Maul gegeben, zu reden große Dinge und Lästerungen, und ihm wurde Macht gegeben, es zu tun zweiundvierzig Monate lang.

6 Und es tat sein Maul auf zur Lästerung gegen Gott, zu lästern seinen Namen und sein Haus und die im Himmel wohnen.

7 Und ihm wurde Macht gegeben, zu kämpfen mit den Heiligen und sie zu überwinden; und ihm wurde Macht gegeben über alle Stämme und Völker und Sprachen und Nationen.

8 Und alle, die auf Erden wohnen, beten es an, deren Namen nicht vom Anfang der Welt an geschrieben stehen in dem Lebensbuch des Lammes, das geschlachtet ist.

¶ 9 Hat jemand Ohren, der höre!

14 But the woman was given the two wings of the great eagle so that she might fly from the serpent into the wilderness, to the place where she is to be nourished for a time, and times, and half a time.

15 The serpent poured water like a river out of his mouth after the woman, to sweep her away with a flood.

16 But the earth came to the help of the woman, and the earth opened its mouth and swallowed the river that the dragon had poured from his mouth.

17 Then the dragon became furious with the woman and went off to make war on the rest of her offspring, on those who keep the commandments of God and hold to the testimony of Jesus. And he stood[2] on the sand of the sea.

The First Beast

13 And I saw a beast rising out of the sea, with ten horns and seven heads, with ten diadems on its horns and blasphemous names on its heads.

2 And the beast that I saw was like a leopard; its feet were like a bear's, and its mouth was like a lion's mouth. And to it the dragon gave his power and his throne and great authority.

3 One of its heads seemed to have a mortal wound, but its mortal wound was healed, and the whole earth marveled as they followed the beast.

4 And they worshiped the dragon, for he had given his authority to the beast, and they worshiped the beast, saying, "Who is like the beast, and who can fight against it?"

¶ 5 And the beast was given a mouth uttering haughty and blasphemous words, and it was allowed to exercise authority for forty-two months.

6 It opened its mouth to utter blasphemies against God, blaspheming his name and his dwelling,[1] that is, those who dwell in heaven.

7 Also it was allowed to make war on the saints and to conquer them.[2] And authority was given it over every tribe and people and language and nation,

8 and all who dwell on earth will worship it, everyone whose name has not been written before the foundation of the world in the book of life of the Lamb who was slain.

9 If anyone has an ear, let him hear:

10 Wenn jemand ins Gefängnis soll, dann wird er ins Gefängnis kommen; wenn jemand mit dem Schwert getötet werden soll, dann wird er mit dem Schwert getötet werden. **Hier ist Geduld und Glaube der Heiligen!**

11 Und ich sah ein zweites Tier aufsteigen aus der Erde; das hatte zwei Hörner wie ein Lamm und redete wie ein Drache.

12 Und es übt alle Macht des ersten Tieres aus vor seinen Augen und es macht, dass die Erde und die darauf wohnen, das erste Tier anbeten, dessen tödliche Wunde heil geworden war.

13 Und es tut große Zeichen, sodass es auch Feuer vom Himmel auf die Erde fallen lässt vor den Augen der Menschen;

14 und es verführt, die auf Erden wohnen, durch die Zeichen, die zu tun vor den Augen des Tieres ihm Macht gegeben ist; und sagt denen, die auf Erden wohnen, dass sie ein Bild machen sollen dem Tier, das die Wunde vom Schwert hatte und lebendig geworden war.

15 Und es wurde ihm Macht gegeben, Geist zu verleihen dem Bild des Tieres, damit das Bild des Tieres reden und machen könne, dass alle, die das Bild des Tieres nicht anbeteten, getötet würden.

16 Und es macht, dass sie allesamt, die Kleinen und Großen, die Reichen und Armen, die Freien und Sklaven, sich ein Zeichen machen an ihre rechte Hand oder an ihre Stirn

17 und dass niemand kaufen oder verkaufen kann, wenn er nicht das Zeichen hat, nämlich den Namen des Tieres oder die Zahl seines Namens.

18 Hier ist Weisheit! Wer Verstand hat, der überlege die Zahl des Tieres; denn es ist die Zahl eines Menschen, und seine Zahl ist sechshundertundsechsundsechzig.

Das Lamm und die Seinen

14 Und ich sah, und siehe, das Lamm stand auf dem Berg Zion und mit ihm hundertvierundvierzigtausend, die hatten seinen Namen und den Namen seines Vaters geschrieben auf ihrer Stirn.

2 Und ich hörte eine Stimme vom Himmel wie die Stimme eines großen Wassers und wie die Stimme eines großen Donners, und die Stimme, die ich hörte, war wie von Harfenspielern, die auf ihren Harfen spielen.

10 If anyone is to be taken captive,
to captivity he goes;
if anyone is to be slain with the sword,
with the sword must he be slain.

Here is a call for the endurance and faith of the saints.

The Second Beast

11 Then I saw another beast rising out of the earth. It had two horns like a lamb and it spoke like a dragon.

12 It exercises all the authority of the first beast in its presence,[3] and makes the earth and its inhabitants worship the first beast, whose mortal wound was healed.

13 It performs great signs, even making fire come down from heaven to earth in front of people,

14 and by the signs that it is allowed to work in the presence of[4] the beast it deceives those who dwell on earth, telling them to make an image for the beast that was wounded by the sword and yet lived.

15 And it was allowed to give breath to the image of the beast, so that the image of the beast might even speak and might cause those who would not worship the image of the beast to be slain.

16 Also it causes all, both small and great, both rich and poor, both free and slave,[5] to be marked on the right hand or the forehead,

17 so that no one can buy or sell unless he has the mark, that is, the name of the beast or the number of its name.

18 This calls for wisdom: let the one who has understanding calculate the number of the beast, for it is the number of a man, and his number is 666.[6]

The Lamb and the 144,000

14 Then I looked, and behold, on Mount Zion stood the Lamb, and with him 144,000 who had his name and his Father's name written on their foreheads.

2 And I heard a voice from heaven like the roar of many waters and like the sound of loud thunder. The voice I heard was like the sound of harpists playing on their harps,

3 Und sie sangen ein neues Lied vor dem Thron und vor den vier Gestalten und den Ältesten; und niemand konnte das Lied lernen außer den hundertvierundvierzigtausend, die erkauft sind von der Erde.

4 Diese sind's, die sich mit Frauen nicht befleckt haben, denn sie sind jungfräulich; die folgen dem Lamm nach, wohin es geht. Diese sind erkauft aus den Menschen als Erstlinge für Gott und das Lamm,

5 und in ihrem Mund wurde kein Falsch gefunden; sie sind untadelig.

Die Botschaft der drei Engel

6 Und ich sah einen andern Engel fliegen mitten durch den Himmel, der hatte ein ewiges Evangelium zu verkündigen denen, die auf Erden wohnen, allen Nationen und Stämmen und Sprachen und Völkern.

7 Und er sprach mit großer Stimme: Fürchtet Gott und gebt ihm die Ehre; denn die Stunde seines Gerichts ist gekommen! Und betet an den, der gemacht hat Himmel und Erde und Meer und die Wasserquellen!

¶ **8** Und ein zweiter Engel folgte, der sprach: Sie ist gefallen, sie ist gefallen, Babylon, die große Stadt; denn sie hat mit dem Zorneswein ihrer Hurerei getränkt alle Völker.

¶ **9** Und ein dritter Engel folgte ihnen und sprach mit großer Stimme: Wenn jemand das Tier anbetet und sein Bild und nimmt das Zeichen an seine Stirn oder an seine Hand,

10 der wird von dem Wein des Zornes Gottes trinken, der unvermischt eingeschenkt ist in den Kelch seines Zorns, und er wird gequält werden mit Feuer und Schwefel vor den heiligen Engeln und vor dem Lamm.

11 Und der Rauch von ihrer Qual wird aufsteigen von Ewigkeit zu Ewigkeit; und sie haben keine Ruhe Tag und Nacht, die das Tier anbeten und sein Bild und wer das Zeichen seines Namens annimmt.

12 Hier ist Geduld der Heiligen! Hier sind, die da halten die Gebote Gottes und den Glauben an Jesus!

¶ **13** Und ich hörte eine Stimme vom Himmel zu mir sagen: Schreibe: **Selig sind die Toten, die in dem Herrn sterben von nun an. Ja, spricht der Geist, sie sollen ruhen von ihrer Mühsal; denn ihre Werke folgen ihnen nach.**

Ernte und Weinlese

14 Und ich sah, und siehe, eine weiße Wolke. Und auf der Wolke saß einer, der gleich war einem Menschensohn; der hatte eine goldene Krone auf seinem Haupt und in seiner Hand eine scharfe Sichel.

3 and they were singing a new song before the throne and before the four living creatures and before the elders. No one could learn that song except the 144,000 who had been redeemed from the earth.

4 It is these who have not defiled themselves with women, for they are virgins. It is these who follow the Lamb wherever he goes. These have been redeemed from mankind as firstfruits for God and the Lamb,

5 and in their mouth no lie was found, for they are blameless.

The Messages of the Three Angels

¶ **6** Then I saw another angel flying directly overhead, with an eternal gospel to proclaim to those who dwell on earth, to every nation and tribe and language and people.

7 And he said with a loud voice, "Fear God and give him glory, because the hour of his judgment has come, and worship him who made heaven and earth, the sea and the springs of water."

¶ **8** Another angel, a second, followed, saying, "Fallen, fallen is Babylon the great, she who made all nations drink the wine of the passion[1] of her sexual immorality."

¶ **9** And another angel, a third, followed them, saying with a loud voice, "If anyone worships the beast and its image and receives a mark on his forehead or on his hand,

10 he also will drink the wine of God's wrath, poured full strength into the cup of his anger, and he will be tormented with fire and sulfur in the presence of the holy angels and in the presence of the Lamb.

11 And the smoke of their torment goes up forever and ever, and they have no rest, day or night, these worshipers of the beast and its image, and whoever receives the mark of its name."

¶ **12** Here is a call for the endurance of the saints, those who keep the commandments of God and their faith in Jesus.[2]

¶ **13** And I heard a voice from heaven saying, "Write this: Blessed are the dead who die in the Lord from now on." "Blessed indeed," says the Spirit, "that they may rest from their labors, for their deeds follow them!"

The Harvest of the Earth

¶ **14** Then I looked, and behold, a white cloud, and seated on the cloud one like a son of man, with a golden crown on his head, and a sharp sickle in his hand.

15 Und ein andrer Engel kam aus dem Tempel und rief dem, der auf der Wolke saß, mit großer Stimme zu: Setze deine Sichel an und ernte; denn die Zeit zu ernten ist gekommen, denn die Ernte der Erde ist reif geworden.

16 Und der auf der Wolke saß, setzte seine Sichel an die Erde und die Erde wurde abgeerntet.

¶ **17** Und ein andrer Engel kam aus dem Tempel im Himmel, der hatte ein scharfes Winzermesser.

18 Und ein andrer Engel kam vom Altar, der hatte Macht über das Feuer und rief dem, der das scharfe Messer hatte, mit großer Stimme zu: Setze dein scharfes Winzermesser an und schneide die Trauben am Weinstock der Erde, denn seine Beeren sind reif!

19 Und der Engel setzte sein Winzermesser an die Erde und schnitt die Trauben am Weinstock der Erde und warf sie in die große Kelter des Zornes Gottes.

20 Und die Kelter wurde draußen vor der Stadt getreten, und das Blut ging von der Kelter bis an die Zäume der Pferde, tausendsechshundert Stadien weit.

Das Lied der Überwinder

15 Und ich sah ein andres Zeichen am Himmel, das war groß und wunderbar: sieben Engel, die hatten die letzten sieben Plagen; denn mit ihnen ist vollendet der Zorn Gottes.

¶ **2** Und ich sah, und es war wie ein gläsernes Meer, mit Feuer vermengt; und die den Sieg behalten hatten über das Tier und sein Bild und über die Zahl seines Namens, die standen an dem gläsernen Meer und hatten Gottes Harfen

3 und sangen das Lied des Mose, des Knechtes Gottes, und das Lied des Lammes: Groß und wunderbar sind deine Werke, Herr, allmächtiger Gott! Gerecht und wahrhaftig sind deine Wege, du König der Völker.

4 Wer sollte dich, Herr, nicht fürchten und deinen Namen nicht preisen? Denn du allein bist heilig! Ja, alle Völker werden kommen und anbeten vor dir, denn deine gerechten Gerichte sind offenbar geworden.

15 And another angel came out of the temple, calling with a loud voice to him who sat on the cloud, "Put in your sickle, and reap, for the hour to reap has come, for the harvest of the earth is fully ripe."

16 So he who sat on the cloud swung his sickle across the earth, and the earth was reaped.

¶ **17** Then another angel came out of the temple in heaven, and he too had a sharp sickle.

18 And another angel came out from the altar, the angel who has authority over the fire, and he called with a loud voice to the one who had the sharp sickle, "Put in your sickle and gather the clusters from the vine of the earth, for its grapes are ripe."

19 So the angel swung his sickle across the earth and gathered the grape harvest of the earth and threw it into the great winepress of the wrath of God.

20 And the winepress was trodden outside the city, and blood flowed from the winepress, as high as a horse's bridle, for 1,600 stadia.[3]

The Seven Angels with Seven Plagues

15 Then I saw another sign in heaven, great and amazing, seven angels with seven plagues, which are the last, for with them the wrath of God is finished.

¶ **2** And I saw what appeared to be a sea of glass mingled with fire—and also those who had conquered the beast and its image and the number of its name, standing beside the sea of glass with harps of God in their hands.

3 And they sing the song of Moses, the servant[1] of God, and the song of the Lamb, saying,

> "Great and amazing are your deeds,
> O Lord God the Almighty!
> Just and true are your ways,
> O King of the nations![2]

4 Who will not fear, O Lord,
> and glorify your name?
> For you alone are holy.
> All nations will come
> and worship you,
> for your righteous acts have been
> revealed."

Die Schalen des Zorns

5 Danach sah ich: Es wurde aufgetan der Tempel, die Stiftshütte im Himmel,

6 und aus dem Tempel kamen die sieben Engel, die die sieben Plagen hatten, angetan mit reinem, hellem Leinen und gegürtet um die Brust mit goldenen Gürteln.

7 Und eine der vier Gestalten gab den sieben Engeln sieben goldene Schalen voll vom Zorn Gottes, der da lebt von Ewigkeit zu Ewigkeit.

8 Und der Tempel wurde voll Rauch von der Herrlichkeit Gottes und von seiner Kraft; und niemand konnte in den Tempel gehen, bis die sieben Plagen der sieben Engel vollendet waren.

16 Und ich hörte eine große Stimme aus dem Tempel, die sprach zu den sieben Engeln: Geht hin und gießt aus die sieben Schalen des Zornes Gottes auf die Erde!

¶ **2** Und der erste ging hin und goss seine Schale aus auf die Erde; und es entstand ein böses und schlimmes Geschwür an den Menschen, die das Zeichen des Tieres hatten und die sein Bild anbeteten.

¶ **3** Und der zweite Engel goss aus seine Schale ins Meer; und es wurde zu Blut wie von einem Toten, und alle lebendigen Wesen im Meer starben.

¶ **4** Und der dritte Engel goss aus seine Schale in die Wasserströme und in die Wasserquellen; und sie wurden zu Blut.

5 Und ich hörte den Engel der Wasser sagen: Gerecht bist du, der du bist und der du warst, du Heiliger, dass du dieses Urteil gesprochen hast;

6 denn sie haben das Blut der Heiligen und der Propheten vergossen, und Blut hast du ihnen zu trinken gegeben; sie sind's wert.

7 Und ich hörte den Altar sagen: Ja, Herr, allmächtiger Gott, deine Gerichte sind wahrhaftig und gerecht.

¶ **8** Und der vierte Engel goss aus seine Schale über die Sonne; und es wurde ihr Macht gegeben, die Menschen zu versengen mit Feuer.

¶ **5** After this I looked, and the sanctuary of the tent[3] of witness in heaven was opened,

6 and out of the sanctuary came the seven angels with the seven plagues, clothed in pure, bright linen, with golden sashes around their chests.

7 And one of the four living creatures gave to the seven angels seven golden bowls full of the wrath of God who lives forever and ever,

8 and the sanctuary was filled with smoke from the glory of God and from his power, and no one could enter the sanctuary until the seven plagues of the seven angels were finished.

The Seven Bowls of God's Wrath

16 Then I heard a loud voice from the temple telling the seven angels, "Go and pour out on the earth the seven bowls of the wrath of God."

¶ **2** So the first angel went and poured out his bowl on the earth, and harmful and painful sores came upon the people who bore the mark of the beast and worshiped its image.

¶ **3** The second angel poured out his bowl into the sea, and it became like the blood of a corpse, and every living thing died that was in the sea.

¶ **4** The third angel poured out his bowl into the rivers and the springs of water, and they became blood.

5 And I heard the angel in charge of the waters[1] say,

"Just are you, O Holy One, who is and who was,
  for you brought these judgments.
6 For they have shed the blood of saints and prophets,
  and you have given them blood to drink.
  It is what they deserve!"

7 And I heard the altar saying,

"Yes, Lord God the Almighty,
  true and just are your judgments!"

¶ **8** The fourth angel poured out his bowl on the sun, and it was allowed to scorch people with fire.

9 Und die Menschen wurden versengt von der großen Hitze und lästerten den Namen Gottes, der Macht hat über diese Plagen, und bekehrten sich nicht, ihm die Ehre zu geben.

¶ **10** Und der fünfte Engel goss aus seine Schale auf den Thron des Tieres; und sein Reich wurde verfinstert, und die Menschen zerbissen ihre Zungen vor Schmerzen

11 und lästerten Gott im Himmel wegen ihrer Schmerzen und wegen ihrer Geschwüre und bekehrten sich nicht von ihren Werken.

¶ **12** Und der sechste Engel goss aus seine Schale auf den großen Strom Euphrat; und sein Wasser trocknete aus, damit der Weg bereitet würde den Königen vom Aufgang der Sonne.

13 Und ich sah aus dem Rachen des Drachen und aus dem Rachen des Tieres und aus dem Munde des falschen Propheten drei unreine Geister kommen, gleich Fröschen;

14 es sind Geister von Teufeln, die tun Zeichen und gehen aus zu den Königen der ganzen Welt, sie zu versammeln zum Kampf am großen Tag Gottes, des Allmächtigen. –

15 Siehe, ich komme wie ein Dieb. Selig ist, der da wacht und seine Kleider bewahrt, damit er nicht nackt gehe und man seine Blöße sehe. –

16 Und er versammelte sie an einen Ort, der heißt auf Hebräisch Harmagedon.

¶ **17** Und der siebente Engel goss aus seine Schale in die Luft; und es kam eine große Stimme aus dem Tempel vom Thron, die sprach: Es ist geschehen!

18 Und es geschahen Blitze und Stimmen und Donner, und es geschah ein großes Erdbeben, wie es noch nicht gewesen ist, seit Menschen auf Erden sind – ein solches Erdbeben, so groß.

19 Und aus der großen Stadt wurden drei Teile, und die Städte der Heiden stürzten ein. Und Babylon, der großen, wurde gedacht vor Gott, dass ihr gegeben werde der Kelch mit dem Wein seines grimmigen Zorns.

20 Und alle Inseln verschwanden, und die Berge wurden nicht mehr gefunden.

21 Und ein großer Hagel wie Zentnergewichte fiel vom Himmel auf die Menschen; und die Menschen lästerten Gott wegen der Plage des Hagels; denn diese Plage ist sehr groß.

9 They were scorched by the fierce heat, and they cursed[2] the name of God who had power over these plagues. They did not repent and give him glory.

¶ **10** The fifth angel poured out his bowl on the throne of the beast, and its kingdom was plunged into darkness. People gnawed their tongues in anguish

11 and cursed the God of heaven for their pain and sores. They did not repent of their deeds.

¶ **12** The sixth angel poured out his bowl on the great river Euphrates, and its water was dried up, to prepare the way for the kings from the east.

13 And I saw, coming out of the mouth of the dragon and out of the mouth of the beast and out of the mouth of the false prophet, three unclean spirits like frogs.

14 For they are demonic spirits, performing signs, who go abroad to the kings of the whole world, to assemble them for battle on the great day of God the Almighty.

15 ("Behold, *c*I am coming like a thief! *d*Blessed is the one who stays awake, keeping his garments on, *e*that he may not go about naked and be seen exposed!")

16 And they assembled them at the place that in Hebrew is called Armageddon.

The Seventh Bowl

¶ **17** The seventh angel poured out his bowl into the air, and a loud voice came out of the temple, from the throne, saying, "It is done!"

18 And there were flashes of lightning, rumblings,[3] peals of thunder, and a great earthquake such as there had never been since man was on the earth, so great was that earthquake.

19 The great city was split into three parts, and the cities of the nations fell, and God remembered Babylon the great, to make her drain the cup of the wine of the fury of his wrath.

20 And every island fled away, and no mountains were to be found.

21 And great hailstones, about one hundred pounds[4] each, fell from heaven on people; and they cursed God for the plague of the hail, because the plague was so severe.

17 Und es kam einer von den sieben Engeln, die die sieben Schalen hatten, redete mit mir und sprach: Komm, ich will dir zeigen das Gericht über die große Hure, die an vielen Wassern sitzt,

2 mit der die Könige auf Erden Hurerei getrieben haben; und die auf Erden wohnen, sind betrunken geworden von dem Wein ihrer Hurerei.

¶ **3** Und er brachte mich im Geist in die Wüste. Und ich sah eine Frau auf einem scharlachroten Tier sitzen, das war voll lästerlicher Namen und hatte sieben Häupter und zehn Hörner.

4 Und die Frau war bekleidet mit Purpur und Scharlach und geschmückt mit Gold und Edelsteinen und Perlen und hatte einen goldenen Becher in der Hand, voll von Gräuel und Unreinheit ihrer Hurerei,

5 und auf ihrer Stirn war geschrieben ein Name, ein Geheimnis: Das große Babylon, die Mutter der Hurerei und aller Gräuel auf Erden.

6 Und ich sah die Frau, betrunken von dem Blut der Heiligen und von dem Blut der Zeugen Jesu. Und ich wunderte mich sehr, als ich sie sah.

¶ **7** Und der Engel sprach zu mir: Warum wunderst du dich? Ich will dir sagen das Geheimnis der Frau und des Tieres, das sie trägt und sieben Häupter und zehn Hörner hat.

8 Das Tier, das du gesehen hast, ist gewesen und ist jetzt nicht und wird wieder aufsteigen aus dem Abgrund und wird in die Verdammnis fahren. Und es werden sich wundern, die auf Erden wohnen, deren Namen nicht geschrieben stehen im Buch des Lebens vom Anfang der Welt an, wenn sie das Tier sehen, dass es gewesen ist und jetzt nicht ist und wieder sein wird.

9 Hier ist Sinn, zu dem Weisheit gehört! ¶ Die sieben Häupter sind sieben Berge, auf denen die Frau sitzt, und es sind sieben Könige.

10 Fünf sind gefallen, einer ist da, der andre ist noch nicht gekommen; und wenn er kommt, muss er eine kleine Zeit bleiben.

11 Und das Tier, das gewesen ist und jetzt nicht ist, das ist der achte und ist einer von den sieben und fährt in die Verdammnis.

12 Und die zehn Hörner, die du gesehen hast, das sind zehn Könige, die ihr Reich noch nicht empfangen haben; aber wie Könige werden sie für eine Stunde Macht empfangen zusammen mit dem Tier.

17 Then one of the seven angels who had the seven bowls came and said to me, "Come, I will show you the judgment of the great prostitute who is seated on many waters,

2 with whom the kings of the earth have committed sexual immorality, and with the wine of whose sexual immorality the dwellers on earth have become drunk."

3 And he carried me away in the Spirit into a wilderness, and I saw a woman sitting on a scarlet beast that was full of blasphemous names, and it had seven heads and ten horns.

4 The woman was arrayed in purple and scarlet, and adorned with gold and jewels and pearls, holding in her hand a golden cup full of abominations and the impurities of her sexual immorality.

5 And on her forehead was written a name of mystery: "Babylon the great, mother of prostitutes and of earth's abominations."

6 And I saw the woman, drunk with the blood of the saints, the blood of the martyrs of Jesus.[1]

¶ When I saw her, I marveled greatly.

7 But the angel said to me, "Why do you marvel? I will tell you the mystery of the woman, and of the beast with seven heads and ten horns that carries her.

8 The beast that you saw was, and is not, and is about to rise from the bottomless pit[2] and go to destruction. And the dwellers on earth whose names have not been written in the book of life from the foundation of the world will marvel to see the beast, because [p]it was and is not and is to come.

9 This calls for a mind with wisdom: the seven heads are seven mountains on which the woman is seated;

10 they are also seven kings, five of whom have fallen, one is, the other has not yet come, and when he does come he must remain only a little while.

11 As for the beast that was and is not, it is an eighth but it belongs to the seven, and it goes to destruction.

12 And the ten horns that you saw are ten kings who have not yet received royal power, but they are to receive authority as kings for one hour, together with the beast.

13 Diese sind eines Sinnes und geben ihre Kraft und Macht dem Tier.

14 Die werden gegen das Lamm kämpfen und das Lamm wird sie überwinden, denn es ist der Herr aller Herren und der König aller Könige, und die mit ihm sind, sind die Berufenen und Auserwählten und Gläubigen.

¶ **15** Und er sprach zu mir: Die Wasser, die du gesehen hast, an denen die Hure sitzt, sind Völker und Scharen und Nationen und Sprachen.

16 Und die zehn Hörner, die du gesehen hast, und das Tier, die werden die Hure hassen und werden sie ausplündern und entblößen und werden ihr Fleisch essen und werden sie mit Feuer verbrennen.

17 Denn Gott hat's ihnen in ihr Herz gegeben, nach seinem Sinn zu handeln und eines Sinnes zu werden und ihr Reich dem Tier zu geben, bis vollendet werden die Worte Gottes.

18 Und die Frau, die du gesehen hast, ist die große Stadt, die die Herrschaft hat über die Könige auf Erden.

Der Untergang Babylons

18 Danach sah ich einen andern Engel herniederfahren vom Himmel, der hatte große Macht, und die Erde wurde erleuchtet von seinem Glanz.

2 Und er rief mit mächtiger Stimme: Sie ist gefallen, sie ist gefallen, Babylon, die große, und ist eine Behausung der Teufel geworden und ein Gefängnis aller unreinen Geister und ein Gefängnis aller unreinen Vögel und ein Gefängnis aller unreinen und verhassten Tiere.

3 Denn von dem Zorneswein ihrer Hurerei haben alle Völker getrunken, und die Könige auf Erden haben mit ihr Hurerei getrieben, und die Kaufleute auf Erden sind reich geworden von ihrer großen Üppigkeit.

¶ **4** Und ich hörte eine andre Stimme vom Himmel, die sprach: Geht hinaus aus ihr, mein Volk, dass ihr nicht teilhabt an ihren Sünden und nichts empfangt von ihren Plagen!

5 Denn ihre Sünden reichen bis an den Himmel und Gott denkt an ihren Frevel.

13 These are of one mind, and they hand over their power and authority to the beast.

14 They will make war on the Lamb, and the Lamb will conquer them, for he is Lord of lords and [b]King of kings, and those with him are called and chosen and faithful."

¶ **15** And the angel[3] said to me, "The waters that you saw, where the prostitute is seated, are peoples and multitudes and nations and languages.

16 And the ten horns that you saw, they and the beast will hate the prostitute. They will make her desolate and naked, and devour her flesh and burn her up with fire,

17 for God has put it into their hearts to carry out his purpose by being of one mind and handing over their royal power to the beast, until the words of God are fulfilled.

18 And the woman that you saw is the great city that has dominion over the kings of the earth."

The Fall of Babylon

18 After this I saw another angel coming down from heaven, having great authority, and the earth was made bright with his glory.

2 And he called out with a mighty voice,

"Fallen, fallen is Babylon the great!
　She has become a dwelling place for
　　demons,
a haunt for every unclean spirit,
　a haunt for every unclean bird,
　a haunt for every unclean and detestable beast.

3 For all nations have drunk[1]
　the wine of the passion of her sexual
　　immorality,
and the kings of the earth have committed immorality with her,
　and the merchants of the earth have
　　grown rich from the power of her
　　luxurious living."

4 Then I heard another voice from heaven saying,

"Come out of her, my people,
　lest you take part in her sins,
　lest you share in her plagues;
5 for her sins are heaped high as heaven,
　and God has remembered her
　　iniquities.

6 Bezahlt ihr, wie sie bezahlt hat, und gebt ihr zweifach zurück nach ihren Werken! Und in den Kelch, in den sie euch eingeschenkt hat, schenkt ihr zweifach ein!

7 Wie viel Herrlichkeit und Üppigkeit sie gehabt hat, so viel Qual und Leid schenkt ihr ein! Denn sie spricht in ihrem Herzen: Ich throne hier und bin eine Königin und bin keine Witwe, und Leid werde ich nicht sehen.

8 Darum werden ihre Plagen an **einem** Tag kommen, Tod, Leid und Hunger, und mit Feuer wird sie verbrannt werden; denn stark ist Gott der Herr, der sie richtet.

¶ **9** Und es werden sie beweinen und beklagen die Könige auf Erden, die mit ihr gehurt und geprasst haben, wenn sie sehen werden den Rauch von ihrem Brand, in dem sie verbrennt.

10 Sie werden fernab stehen aus Furcht vor ihrer Qual und sprechen: Weh, weh, du große Stadt Babylon, du starke Stadt, in einer Stunde ist dein Gericht gekommen!

11 Und die Kaufleute auf Erden werden weinen und Leid tragen um sie, weil ihre Ware niemand mehr kaufen wird:

12 Gold und Silber und Edelsteine und Perlen und feines Leinen und Purpur und Seide und Scharlach und allerlei wohlriechende Hölzer und allerlei Gerät aus Elfenbein und allerlei Gerät aus kostbarem Holz und Erz und Eisen und Marmor

13 und Zimt und Balsam und Räucherwerk und Myrrhe und Weihrauch und Wein und Öl und feinstes Mehl und Weizen und Vieh und Schafe und Pferde und Wagen und Leiber und Seelen von Menschen.

¶ **14** Und das Obst, an dem deine Seele Lust hatte, ist dahin; und alles, was glänzend und herrlich war, ist für dich verloren und man wird es nicht mehr finden.

6 Pay her back as she herself has paid
  back others,
  and repay her double for her deeds;
  mix a double portion for her in the
  cup she mixed.

7 As she glorified herself and lived in
  luxury,
  so give her a like measure of torment
  and mourning,
  since in her heart she says,
'I sit as a queen,
I am no widow,
  and mourning I shall never see.'

8 For this reason her plagues will come in
  a single day,
  death and mourning and famine,
  and she will be burned up with fire;
  for mighty is the Lord God who has
  judged her."

¶ **9** And the kings of the earth, who committed sexual immorality and lived in luxury with her, will weep and wail over her when they see the smoke of her burning.

10 They will stand far off, in fear of her torment, and say,

  "Alas! Alas! You great city,
  you mighty city, Babylon!
  For in a single hour your judgment has
  come."

¶ **11** And the merchants of the earth weep and mourn for her, since no one buys their cargo anymore,

12 cargo of gold, silver, jewels, pearls, fine linen, purple cloth, silk, scarlet cloth, all kinds of scented wood, all kinds of articles of ivory, all kinds of articles of costly wood, bronze, iron and marble,

13 cinnamon, spice, incense, myrrh, frankincense, wine, oil, fine flour, wheat, cattle and sheep, horses and chariots, and slaves, that is, human souls.[2]

14 "The fruit for which your soul longed
  has gone from you,
  and all your delicacies and your
  splendors
  are lost to you,
  never to be found again!"

15 Die Kaufleute, die durch diesen Handel mit ihr reich geworden sind, werden fernab stehen aus Furcht vor ihrer Qual, werden weinen und klagen:

16 Weh, weh, du große Stadt, die bekleidet war mit feinem Leinen und Purpur und Scharlach und geschmückt war mit Gold und Edelsteinen und Perlen,

17 denn in **einer** Stunde ist verwüstet solcher Reichtum!
¶ Und alle Schiffsherren und alle Steuerleute und die Seefahrer und die auf dem Meer arbeiten standen fernab

18 und schrien, als sie den Rauch von ihrem Brand sahen: Wer ist der großen Stadt gleich?

19 Und sie warfen Staub auf ihre Häupter und schrien, weinten und klagten: Weh, weh, du große Stadt, von deren Überfluss reich geworden sind alle, die Schiffe auf dem Meer hatten; denn in **einer** Stunde ist sie verwüstet!

¶ **20** Freue dich über sie, Himmel, und ihr Heiligen und Apostel und Propheten! Denn Gott hat sie gerichtet um euretwillen.

¶ **21** Und ein starker Engel hob einen Stein auf, groß wie ein Mühlstein, warf ihn ins Meer und sprach: So wird in einem Sturm niedergeworfen die große Stadt Babylon und nicht mehr gefunden werden.

22 Und die Stimme der Sänger und Saitenspieler, Flötenspieler und Posaunenbläser soll nicht mehr in dir gehört werden, und kein Handwerker irgendeines Handwerks soll in dir gefunden werden, und das Geräusch der Mühle soll nicht mehr in dir gehört werden,

23 und das Licht der Lampe soll nicht mehr in dir leuchten, und die Stimme des Bräutigams und der Braut soll nicht mehr in dir gehört werden. Denn deine Kaufleute waren Fürsten auf Erden, und durch deine Zauberei sind verführt worden alle Völker;

15 The merchants of these wares, who gained wealth from her, will stand far off, in fear of her torment, weeping and mourning aloud,

16 "Alas, alas, for the great city
that was clothed in fine linen,
in purple and scarlet,
adorned with gold,
with jewels, and with pearls!

17 For in a single hour all this wealth has been laid waste."

¶ And all shipmasters and seafaring men, sailors and all whose trade is on the sea, stood far off

18 and cried out as they saw the smoke of her burning,

"What city was like the great city?"

19 And they threw dust on their heads as they wept and mourned, crying out,

"Alas, alas, for the great city
where all who had ships at sea
grew rich by her wealth!
For in a single hour she has been laid waste.

20 Rejoice over her, O heaven,
and you saints and apostles and prophets,
for God has given judgment for you against her!"

¶ **21** Then a mighty angel took up a stone like a great millstone and threw it into the sea, saying,

"So will Babylon the great city be thrown down with violence,
and will be found no more;

22 and the sound of harpists and musicians, of flute players and trumpeters,
will be heard in you no more,
and a craftsman of any craft
will be found in you no more,
and the sound of the mill
will be heard in you no more,

23 and the light of a lamp
will shine in you no more,
and the voice of bridegroom and bride
will be heard in you no more,
for your merchants were the great ones of the earth,
and all nations were deceived by your sorcery.

24 und das Blut der Propheten und der Heiligen ist in ihr gefunden worden und das Blut aller derer, die auf Erden umgebracht worden sind.

Jubel über den Untergang Babylons

19 Danach hörte ich etwas wie eine große Stimme einer großen Schar im Himmel, die sprach: Halleluja! Das Heil und die Herrlichkeit und die Kraft sind unseres Gottes!

2 Denn wahrhaftig und gerecht sind seine Gerichte, dass er die große Hure verurteilt hat, die die Erde mit ihrer Hurerei verdorben hat, und hat das Blut seiner Knechte gerächt, das ihre Hand vergossen hat.

3 Und sie sprachen zum zweiten Mal: Halleluja! Und ihr Rauch steigt auf in Ewigkeit.

¶ **4** Und die vierundzwanzig Ältesten und die vier Gestalten fielen nieder und beteten Gott an, der auf dem Thron saß, und sprachen: Amen, Halleluja!

5 Und eine Stimme ging aus von dem Thron: Lobt unsern Gott, alle seine Knechte und die ihn fürchten, Klein und Groß!

¶ **6** Und ich hörte etwas wie eine Stimme einer großen Schar und wie eine Stimme großer Wasser und wie eine Stimme starker Donner, die sprachen: **Halleluja! Denn der Herr, unser Gott, der Allmächtige, hat das Reich eingenommen!**

7 Lasst uns freuen und fröhlich sein und ihm die Ehre geben; denn die Hochzeit des Lammes ist gekommen, und seine Braut hat sich bereitet.

8 Und es wurde ihr gegeben, sich anzutun mit schönem reinem Leinen. Das Leinen aber ist die Gerechtigkeit der Heiligen.

24 And in her was found the blood of
　　prophets and of saints,
　　and of all who have been slain on
　　earth."

Rejoicing in Heaven

19 After this I heard what seemed to be the loud voice of a great multitude in heaven, crying out,

　"Hallelujah!
　　Salvation and glory and power belong to
　　　our God,
2　for his judgments are true and just;
　　for he has judged the great prostitute
　　　who corrupted the earth with her
　　　　immorality,
　　and has avenged on her the blood of his
　　　servants."[1]

¶ **3** Once more they cried out,

　"Hallelujah!
　　The smoke from her goes up forever and
　　　ever."

4 And the twenty-four elders and the four living creatures fell down and worshiped God who was seated on the throne, saying, "Amen. Hallelujah!"

5 And from the throne came a voice saying,

　"Praise our God,
　　all you his servants,
　　you who fear him,
　　　small and great."

The Marriage Supper of the Lamb

6 Then I heard what seemed to be the voice of a great multitude, like the roar of many waters and like the sound of mighty peals of thunder, crying out,

　"Hallelujah!
　　For the Lord our God
　　　the Almighty reigns.
7　Let us rejoice and exult
　　and give him the glory,
　　for the marriage of the Lamb has come,
　　　and his Bride has made herself ready;
8　it was granted her to clothe herself
　　with fine linen, bright and pure"—

for the fine linen is the righteous deeds of the saints.

¶ **9** Und er sprach zu mir: Schreibe: **Selig sind, die zum Hochzeitsmahl des Lammes berufen sind.** Und er sprach zu mir: Dies sind wahrhaftige Worte Gottes.

10 Und ich fiel nieder zu seinen Füßen, ihn anzubeten. Und er sprach zu mir: Tu es nicht! Ich bin dein und deiner Brüder Mitknecht, die das Zeugnis Jesu haben. Bete Gott an! Das Zeugnis Jesu aber ist der Geist der Weissagung.

Der Reiter auf dem weißen Pferd

11 Und ich sah den Himmel aufgetan; und siehe, ein weißes Pferd. Und der darauf saß, hieß: Treu und Wahrhaftig, und er richtet und kämpft mit Gerechtigkeit.

12 Und seine Augen sind wie eine Feuerflamme, und auf seinem Haupt sind viele Kronen; und er trug einen Namen geschrieben, den niemand kannte als er selbst.

13 Und er war angetan mit einem Gewand, das mit Blut getränkt war, und sein Name ist: Das Wort Gottes.

14 Und ihm folgte das Heer des Himmels auf weißen Pferden, angetan mit weißem, reinem Leinen.

15 Und aus seinem Munde ging ein scharfes Schwert, dass er damit die Völker schlage; und er wird sie regieren mit eisernem Stabe; und er tritt die Kelter, voll vom Wein des grimmigen Zornes Gottes, des Allmächtigen,

16 und trägt einen Namen geschrieben auf seinem Gewand und auf seiner Hüfte: König aller Könige und Herr aller Herren.

Das Ende des Tieres und des falschen Propheten

17 Und ich sah einen Engel in der Sonne stehen und er rief mit großer Stimme allen Vögeln zu, die hoch am Himmel fliegen: Kommt, versammelt euch zu dem großen Mahl Gottes

18 und esst das Fleisch der Könige und der Hauptleute und das Fleisch der Starken und der Pferde und derer, die darauf sitzen, und das Fleisch aller Freien und Sklaven, der Kleinen und der Großen!

¶ **19** Und ich sah das Tier und die Könige auf Erden und ihre Heere versammelt, Krieg zu führen mit dem, der auf dem Pferd saß, und mit seinem Heer.

20 Und das Tier wurde ergriffen und mit ihm der falsche Prophet, der vor seinen Augen die Zeichen getan hatte, durch welche er die verführte, die das Zeichen des Tieres angenommen und das Bild des Tieres angebetet hatten. Lebendig wurden diese beiden in den feurigen Pfuhl geworfen, der mit Schwefel brannte.

¶ **9** And the angel said[2] to me, "Write this: Blessed are those who are invited to the marriage supper of the Lamb." And he said to me, "These are the true words of God."

10 Then I fell down at his feet to worship him, but he said to me, "You must not do that! I am a fellow servant[3] with you and your brothers who hold to the testimony of Jesus. Worship God." For the testimony of Jesus is the spirit of prophecy.

The Rider on a White Horse

¶ **11** Then I saw heaven opened, and behold, a white horse! The one sitting on it is called Faithful and True, and in righteousness he judges and makes war.

12 His eyes are like a flame of fire, and on his head are many diadems, and he has a name written that no one knows but himself.

13 He is clothed in a robe dipped in[4] blood, and the name by which he is called is The Word of God.

14 And the armies of heaven, arrayed in fine linen, white and pure, were following him on white horses.

15 From his mouth comes a sharp sword with which to strike down the nations, and he will rule them with a rod of iron. He will tread the winepress of the fury of the wrath of God the Almighty.

16 On his robe and on his thigh he has a name written, King of kings and Lord of lords.

¶ **17** Then I saw an angel standing in the sun, and with a loud voice he called to all the birds that fly directly overhead, "Come, gather for the great supper of God,

18 to eat the flesh of kings, the flesh of captains, the flesh of mighty men, the flesh of horses and their riders, and the flesh of all men, both free and slave,[5] both small and great."

19 And I saw the beast and the kings of the earth with their armies gathered to make war against him who was sitting on the horse and against his army.

20 And the beast was captured, and with it the false prophet who in its presence[6] had done the signs by which he deceived those who had received the mark of the beast and those who worshiped its image. These two were thrown alive into the lake of fire that burns with sulfur.

21 Und die andern wurden erschlagen mit dem Schwert, das aus dem Munde dessen ging, der auf dem Pferd saß. Und alle Vögel wurden satt von ihrem Fleisch.

Das tausendjährige Reich

20 Und ich sah einen Engel vom Himmel herabfahren, der hatte den Schlüssel zum Abgrund und eine große Kette in seiner Hand.

2 Und er ergriff den Drachen, die alte Schlange, das ist der Teufel und der Satan, und fesselte ihn für tausend Jahre

3 und warf ihn in den Abgrund und verschloss ihn und setzte ein Siegel oben darauf, damit er die Völker nicht mehr verführen sollte, bis vollendet würden die tausend Jahre. Danach muss er losgelassen werden eine kleine Zeit.

¶ **4** Und ich sah Throne und sie setzten sich darauf, und ihnen wurde das Gericht übergeben. Und ich sah die Seelen derer, die enthauptet waren um des Zeugnisses von Jesus und um des Wortes Gottes willen und die nicht angebetet hatten das Tier und sein Bild und die sein Zeichen nicht angenommen hatten an ihre Stirn und auf ihre Hand; diese wurden lebendig und regierten mit Christus tausend Jahre.

5 Die andern Toten aber wurden nicht wieder lebendig, bis die tausend Jahre vollendet wurden. Dies ist die erste Auferstehung.

6 Selig ist der und heilig, der teilhat an der ersten Auferstehung. Über diese hat der zweite Tod keine Macht; sondern sie werden Priester Gottes und Christi sein und mit ihm regieren tausend Jahre.

Der letzte Kampf

7 Und wenn die tausend Jahre vollendet sind, wird der Satan losgelassen werden aus seinem Gefängnis

8 und wird ausziehen, zu verführen die Völker an den vier Enden der Erde, Gog und Magog, und sie zum Kampf zu versammeln; deren Zahl ist wie der Sand am Meer.

9 Und sie stiegen herauf auf die Ebene der Erde und umringten das Heerlager der Heiligen und die geliebte Stadt. Und es fiel Feuer vom Himmel und verzehrte sie.

10 Und der Teufel, der sie verführte, wurde geworfen in den Pfuhl von Feuer und Schwefel, wo auch das Tier und der falsche Prophet waren; und sie werden gequält werden Tag und Nacht, von Ewigkeit zu Ewigkeit.

21 And the rest were slain by the sword that came from the mouth of him who was sitting on the horse, and all the birds were gorged with their flesh.

The Thousand Years

20 Then I saw an angel coming down from heaven, holding in his hand the key to the bottomless pit[1] and a great chain.

2 And he seized the dragon, that ancient serpent, who is the devil and Satan, and bound him for a thousand years,

3 and threw him into the pit, and shut it and sealed it over him, so that he might not deceive the nations any longer, until the thousand years were ended. After that he must be released for a little while.

¶ **4** Then I saw thrones, and seated on them were those to whom the authority to judge was committed. Also I saw the souls of those who had been beheaded for the testimony of Jesus and for the word of God, and those who had not worshiped the beast or its image and had not received its mark on their foreheads or their hands. They came to life and reigned with Christ for a thousand years.

5 The rest of the dead did not come to life until the thousand years were ended. This is the first resurrection.

6 Blessed and holy is the one who shares in the first resurrection! Over such the second death has no power, but they will be priests of God and of Christ, and they will reign with him for a thousand years.

The Defeat of Satan

¶ **7** And when the thousand years are ended, Satan will be released from his prison

8 and will come out to deceive the nations that are at the four corners of the earth, Gog and Magog, to gather them for battle; their number is like the sand of the sea.

9 And they marched up over the broad plain of the earth and surrounded the camp of the saints and the beloved city, but fire came down from heaven[2] and consumed them,

10 and the devil who had deceived them was thrown into the lake of fire and sulfur where the beast and the false prophet were, and they will be tormented day and night forever and ever.

Das Weltgericht

11 Und ich sah einen großen, weißen Thron und den, der darauf saß; vor seinem Angesicht flohen die Erde und der Himmel, und es wurde keine Stätte für sie gefunden.

12 Und ich sah die Toten, Groß und Klein, stehen vor dem Thron, und Bücher wurden aufgetan. Und ein andres Buch wurde aufgetan, welches ist das Buch des Lebens. Und die Toten wurden gerichtet nach dem, was in den Büchern geschrieben steht, nach ihren Werken.

13 Und das Meer gab die Toten heraus, die darin waren, und der Tod und sein Reich gaben die Toten heraus, die darin waren; und sie wurden gerichtet, ein jeder nach seinen Werken.

14 Und der Tod und sein Reich wurden geworfen in den feurigen Pfuhl. Das ist der zweite Tod: der feurige Pfuhl.

15 Und wenn jemand nicht gefunden wurde geschrieben in dem Buch des Lebens, der wurde geworfen in den feurigen Pfuhl.

Das neue Jerusalem

21 Und ich sah einen neuen Himmel und eine neue Erde; denn der erste Himmel und die erste Erde sind vergangen, und das Meer ist nicht mehr.

2 Und ich sah die heilige Stadt, das neue Jerusalem, von Gott aus dem Himmel herabkommen, bereitet wie eine geschmückte Braut für ihren Mann.

¶ **3** Und ich hörte eine große Stimme von dem Thron her, die sprach: **Siehe da, die Hütte Gottes bei den Menschen! Und er wird bei ihnen wohnen, und sie werden sein Volk sein und er selbst, Gott mit ihnen, wird ihr Gott sein;**

4 und Gott wird abwischen alle Tränen von ihren Augen, und der Tod wird nicht mehr sein, noch Leid noch Geschrei noch Schmerz wird mehr sein; denn das Erste ist vergangen.

¶ **5** Und der auf dem Thron saß, sprach: **Siehe, ich mache alles neu!** Und er spricht: Schreibe, denn diese Worte sind wahrhaftig und gewiss!

6 Und er sprach zu mir: Es ist geschehen. Ich bin das A und das O, der Anfang und das Ende. Ich will dem Durstigen geben von der Quelle des lebendigen Wassers umsonst.

7 Wer überwindet, der wird es alles ererben, und ich werde sein Gott sein und er wird mein Sohn sein.

Judgment Before the Great White Throne

¶ **11** Then I saw a great white throne and him who was seated on it. From his presence earth and sky fled away, and no place was found for them.

12 And I saw the dead, great and small, standing before the throne, and books were opened. Then another book was opened, which is the book of life. And the dead were judged by what was written in the books, according to what they had done.

13 And the sea gave up the dead who were in it, Death and Hades gave up the dead who were in them, and they were judged, each one of them, according to what they had done.

14 Then Death and Hades were thrown into the lake of fire. This is the second death, the lake of fire.

15 And if anyone's name was not found written in the book of life, he was thrown into the lake of fire.

The New Heaven and the New Earth

21 Then I saw a new heaven and a new earth, for the first heaven and the first earth had passed away, and the sea was no more.

2 And I saw the holy city, new Jerusalem, coming down out of heaven from God, prepared as a bride adorned for her husband.

3 And I heard a loud voice from the throne saying, "Behold, the dwelling place[1] of God is with man. He will dwell with them, and they will be his people,[2] and God himself will be with them as their God.[3]

4 He will wipe away every tear from their eyes, and death shall be no more, neither shall there be mourning, nor crying, nor pain anymore, for the former things have passed away."

¶ **5** And he who was seated on the throne said, "Behold, I am making all things new." Also he said, "Write this down, for these words are trustworthy and true."

6 And he said to me, "It is done! I am the Alpha and the Omega, the beginning and the end. To the thirsty I will give from the spring of the water of life without payment.

7 The one who conquers will have this heritage, and I will be his God and he will be my son.

8 Die Feigen aber und Ungläubigen und Frevler und Mörder und Unzüchtigen und Zauberer und Götzendiener und alle Lügner, deren Teil wird in dem Pfuhl sein, der mit Feuer und Schwefel brennt; das ist der zweite Tod.

¶ **9** Und es kam zu mir einer von den sieben Engeln, die die sieben Schalen mit den letzten sieben Plagen hatten, und redete mit mir und sprach: Komm, ich will dir die Frau zeigen, die Braut des Lammes.

10 Und er führte mich hin im Geist auf einen großen und hohen Berg und zeigte mir die heilige Stadt Jerusalem herniederkommen aus dem Himmel von Gott,

11 die hatte die Herrlichkeit Gottes; ihr Licht war gleich dem alleredelsten Stein, einem Jaspis, klar wie Kristall;

12 sie hatte eine große und hohe Mauer und hatte zwölf Tore und auf den Toren zwölf Engel und Namen darauf geschrieben, nämlich die Namen der zwölf Stämme der Israeliten:

13 von Osten drei Tore, von Norden drei Tore, von Süden drei Tore, von Westen drei Tore.

14 Und die Mauer der Stadt hatte zwölf Grundsteine und auf ihnen die zwölf Namen der zwölf Apostel des Lammes.

¶ **15** Und der mit mir redete, hatte einen Messstab, ein goldenes Rohr, um die Stadt zu messen und ihre Tore und ihre Mauer.

16 Und die Stadt ist viereckig angelegt und ihre Länge ist so groß wie die Breite. Und er maß die Stadt mit dem Rohr: zwölftausend Stadien. Die Länge und die Breite und die Höhe der Stadt sind gleich.

17 Und er maß ihre Mauer: hundertvierundvierzig Ellen nach Menschenmaß, das der Engel gebrauchte.

¶ **18** Und ihr Mauerwerk war aus Jaspis und die Stadt aus reinem Gold, gleich reinem Glas.

19 Und die Grundsteine der Mauer um die Stadt waren geschmückt mit allerlei Edelsteinen. Der erste Grundstein war ein Jaspis, der zweite ein Saphir, der dritte ein Chalzedon, der vierte ein Smaragd,

20 der fünfte ein Sardonyx, der sechste ein Sarder, der siebente ein Chrysolith, der achte ein Beryll, der neunte ein Topas, der zehnte ein Chrysopras, der elfte ein Hyazinth, der zwölfte ein Amethyst.

21 Und die zwölf Tore waren zwölf Perlen, ein jedes Tor war aus einer einzigen Perle, und der Marktplatz der Stadt war aus reinem Gold wie durchscheinendes Glas.

8 But as for the cowardly, the faithless, the detestable, as for murderers, the sexually immoral, sorcerers, idolaters, and all liars, their portion will be in the lake that burns with fire and sulfur, which is the second death."

The New Jerusalem

¶ **9** Then came one of the seven angels who had the seven bowls full of the seven last plagues and spoke to me, saying, "Come, I will show you the Bride, the wife of the Lamb."

10 And he carried me away in the Spirit to a great, high mountain, and showed me the holy city Jerusalem coming down out of heaven from God,

11 having the glory of God, its radiance like a most rare jewel, like a jasper, clear as crystal.

12 It had a great, high wall, with twelve gates, and at the gates twelve angels, and on the gates the names of the twelve tribes of the sons of Israel were inscribed—

13 on the east three gates, on the north three gates, on the south three gates, and on the west three gates.

14 And the wall of the city had twelve foundations, and on them were the twelve names of the twelve apostles of the Lamb.

¶ **15** And the one who spoke with me had a measuring rod of gold to measure the city and its gates and walls.

16 The city lies foursquare, its length the same as its width. And he measured the city with his rod, 12,000 stadia.[4] Its length and width and height are equal.

17 He also measured its wall, 144 cubits[5] by human measurement, which is also an angel's measurement.

18 The wall was built of jasper, while the city was pure gold, [1]clear as glass.

19 The foundations of the wall of the city were adorned with every kind of jewel. The first was jasper, the second sapphire, the third agate, the fourth emerald,

20 the fifth onyx, the sixth carnelian, the seventh chrysolite, the eighth beryl, the ninth topaz, the tenth chrysoprase, the eleventh jacinth, the twelfth amethyst.

21 And the twelve gates were twelve pearls, each of the gates made of a single pearl, and the street of the city was pure gold, transparent as glass.

¶ **22** Und ich sah keinen Tempel darin; denn der Herr, der allmächtige Gott, ist ihr Tempel, er und das Lamm.

23 Und die Stadt bedarf keiner Sonne noch des Mondes, dass sie ihr scheinen; denn die Herrlichkeit Gottes erleuchtet sie, und ihre Leuchte ist das Lamm.

24 Und die Völker werden wandeln in ihrem Licht; und die Könige auf Erden werden ihre Herrlichkeit in sie bringen.

25 Und ihre Tore werden nicht verschlossen am Tage; denn da wird keine Nacht sein.

26 Und man wird die Pracht und den Reichtum der Völker in sie bringen.

27 Und nichts Unreines wird hineinkommen und keiner, der Gräuel tut und Lüge, sondern allein, die geschrieben stehen in dem Lebensbuch des Lammes.

22 Und er zeigte mir einen Strom lebendigen Wassers, klar wie Kristall, der ausgeht von dem Thron Gottes und des Lammes;

2 mitten auf dem Platz und auf beiden Seiten des Stromes Bäume des Lebens, die tragen zwölfmal Früchte, jeden Monat bringen sie ihre Frucht, und die Blätter der Bäume dienen zur Heilung der Völker.

3 Und es wird nichts Verfluchtes mehr sein. Und der Thron Gottes und des Lammes wird in der Stadt sein, und seine Knechte werden ihm dienen

4 und sein Angesicht sehen, und sein Name wird an ihren Stirnen sein.

5 Und es wird keine Nacht mehr sein, und sie bedürfen keiner Leuchte und nicht des Lichts der Sonne; denn Gott der Herr wird sie erleuchten, und sie werden regieren von Ewigkeit zu Ewigkeit.

Der Herr kommt

¶ **6** Und er sprach zu mir: Diese Worte sind gewiss und wahrhaftig; und der Herr, der Gott des Geistes der Propheten, hat seinen Engel gesandt, zu zeigen seinen Knechten, was bald geschehen muss.

¶ **7** Siehe, ich komme bald. Selig ist, der die Worte der Weissagung in diesem Buch bewahrt.

¶ **8** Und ich, Johannes, bin es, der dies gehört und gesehen hat. Und als ich's gehört und gesehen hatte, fiel ich nieder, um anzubeten zu den Füßen des Engels, der mir dies gezeigt hatte.

¶ **22** And I saw no temple in the city, for its temple is the Lord God the Almighty and the Lamb.

23 And the city has no need of sun or moon to shine on it, for the glory of God gives it light, and its lamp is the Lamb.

24 By its light will the nations walk, and the kings of the earth will bring their glory into it,

25 and its gates will never be shut by day— and there will be no night there.

26 They will bring into it the glory and the honor of the nations.

27 But nothing unclean will ever enter it, nor anyone who does what is detestable or false, but only those who are written in the Lamb's book of life.

The River of Life

22 Then the angel[1] showed me the river of the water of life, bright as crystal, flowing from the throne of God and of the Lamb

2 through the middle of the street of the city; also, on either side of the river, the tree of life[2] with its twelve kinds of fruit, yielding its fruit each month. The leaves of the tree were for the healing of the nations.

3 No longer will there be anything accursed, but the throne of God and of the Lamb will be in it, and his servants[3] will worship him.

4 They will see his face, and his name will be on their foreheads.

5 And night will be no more. They will need no light of lamp or sun, for the Lord God will be their light, and they will reign forever and ever.

Jesus Is Coming

¶ **6** And he said to me, "These words are trustworthy and true. And the Lord, the God of the spirits of the prophets, has sent his angel to show his servants what must soon take place."

¶ **7** "And behold, *p* I am coming soon. *q* Blessed is the one who keeps the words of the prophecy of this book."

¶ **8** I, John, am the one who heard and saw these things. And when I heard and saw them, I fell down to worship at the feet of the angel who showed them to me,

9 Und er spricht zu mir: Tu es nicht! Denn ich bin dein Mitknecht und der Mitknecht deiner Brüder, der Propheten, und derer, die bewahren die Worte dieses Buches. Bete Gott an!

¶ **10** Und er spricht zu mir: Versiegle nicht die Worte der Weissagung in diesem Buch; denn die Zeit ist nahe!

11 Wer Böses tut, der tue weiterhin Böses, und wer unrein ist, der sei weiterhin unrein; aber wer gerecht ist, der übe weiterhin Gerechtigkeit, und wer heilig ist, der sei weiterhin heilig.

12 Siehe, ich komme bald und mein Lohn mit mir, einem jeden zu geben, wie seine Werke sind.

13 Ich bin das A und das O, der Erste und der Letzte, der Anfang und das Ende.

14 Selig sind, die ihre Kleider waschen, dass sie teilhaben an dem Baum des Lebens und zu den Toren hineingehen in die Stadt.

15 Draußen sind die Hunde und die Zauberer und die Unzüchtigen und die Mörder und die Götzendiener und alle, die die Lüge lieben und tun.

¶ **16** Ich, Jesus, habe meinen Engel gesandt, euch dies zu bezeugen für die Gemeinden. Ich bin die Wurzel und das Geschlecht Davids, der helle Morgenstern.

17 Und der Geist und die Braut sprechen: Komm! Und wer es hört, der spreche: Komm! Und wen dürstet, der komme; und wer da will, der nehme das Wasser des Lebens umsonst.

¶ **18** Ich bezeuge allen, die da hören die Worte der Weissagung in diesem Buch: Wenn jemand etwas hinzufügt, so wird Gott ihm die Plagen zufügen, die in diesem Buch geschrieben stehen.

19 Und wenn jemand etwas wegnimmt von den Worten des Buchs dieser Weissagung, so wird Gott ihm seinen Anteil wegnehmen am Baum des Lebens und an der heiligen Stadt, von denen in diesem Buch geschrieben steht.

¶ **20** Es spricht, der dies bezeugt: Ja, ich komme bald. – Amen, ja, komm, Herr Jesus!

¶ **21** Die Gnade des Herrn Jesus sei mit allen!

9 but he said to me, "You must not do that! I am a fellow servant[4] with you and your brothers the prophets, and with those who keep the words of this book. Worship God."

¶ **10** And he said to me, "Do not seal up the words of the prophecy of this book, for the time is near.

11 Let the evildoer still do evil, and the filthy still be filthy, and the righteous still do right, and the holy still be holy."

¶ **12** "Behold, [v]I am coming soon, [w]bringing my recompense with me, [x]to repay everyone for what he has done.

13 [y]I am the Alpha and the Omega, [z]the first and the last, [a]the beginning and the end."

¶ **14** Blessed are those who wash their robes,[5] so that they may have the right to the tree of life and that they may enter the city by the gates.

15 Outside are the dogs and sorcerers and the sexually immoral and murderers and idolaters, and everyone who loves and practices falsehood.

¶ **16**[h]"I, Jesus, have sent my angel to testify to you about these things [f]for the churches. I am [j]the root and [k]the descendant of David, [l]the bright morning star."

¶ **17** The Spirit and the Bride say, "Come." And let the one who hears say, "Come." And let the one who is thirsty come; let the one who desires take the water of life without price.

¶ **18** I warn everyone who hears the words of the prophecy of this book: if anyone adds to them, God will add to him the plagues described in this book,

19 and if anyone takes away from the words of the book of this prophecy, God will take away his share in the tree of life and in the holy city, which are described in this book.

¶ **20** He who testifies to these things says, "Surely [5]I am coming soon." Amen. Come, Lord Jesus!

¶ **21** The grace of the Lord Jesus be with all.[6] Amen.

MASSE, GEWICHTE, GELDWERTE

LÄNGENMASSE

Elle etwa 46 cm; Groß-Elle (2.Chr 3,3), etwa 52 cm

Spanne (2.Mose 28,16): eine halbe Elle, etwa 23 cm

Handbreite (2.Mose 25,25): ein Drittel der Spanne, etwa 8 cm

Fingerbreite (Jer 52,21): ein Viertel der Handbreite, etwa 2 cm

Rute (Hes 40,5): 6 Ellen, etwa 3 m

Faden (Apg 27,28): 180 cm

WEGMASSE IM NEUEN TESTAMENT

Stadion (Offb 14,20): 185 m

Meile (Mt 5,41): 8 Stadien, etwa 1,5 km

Sabbatweg (Apg 1,12): 2000 Ellen, etwa 1 km

HOHLMASSE FÜR FLÜSSIGKEITEN IM ALTEN TESTAMENT

Fass (hebr. homer): etwa 220 (325) l

Eimer (hebr. bat): der 10. Teil des Fasses, etwa 22 (32,5) l

Kanne (hebr. hin): der 6. Teil des Eimers, etwa 3,5 (5,5) l. Nach der abweichenden Angabe des Josephus nur der 12. Teil des Eimers, also 2,7 l

Becher (hebr. log): der 12. Teil der Kanne, etwa 0,3 (0,45) l

Die erste Zahl ist aus gefundenen Fragmenten von Maßgefäßen rekonstruiert. Die Angaben entsprechen den Trockenmaßen nach der rabbinischen Messung, wobei nach rabbinischen Angaben die Flüssigmaße um 1/3 mehr enthielten als die Trockenmaße (die Zahl in Klammern gibt die rabbinischen Flüssigmaße wieder). Nach Josephus und gefundenen Maßgefäßen aus herodianischer Zeit wiesen Flüssigmaße und Trockenmaße allerdings denselben Standard auf. Dies entspricht auch der Maßangabe für den Inhalt des bronzenen »Meers« in 1.Kön 7,23.26.

HOHLMASSE FÜR TROCKENE DINGE IM ALTEN TESTAMENT

Sack (hebr. kor oder homer = Eselsladung): etwa 220 (145) l

Scheffel, Tonne (hebr. efa): der 10. Teil des Sacks, etwa 22 (14,5) l

Maß, Kornmaß (hebr. sea): der 3. Teil des Scheffels, etwa 7,3 (4,8) l

Krug (hebr. gomer oder issaron): der 10. Teil des Scheffels, etwa 2,2 (1,4) l

Handvoll (hebr. ein Viertel-kab): 1 kab 1,5 (0,9) l, ein Viertel-kab 0,37 (0,23) l

Die erste Zahl entspricht den rabbinischen Angaben und gefundenen Gefäßen aus herodianischer Zeit, die zweite Zahl (in Klammern) gibt den von dem jüdischen Historiker Josephus genannten, um 1/3 niedrigeren Wert an, der ebenfalls durch viele Funde belegt ist. Wahrscheinlich waren die 22 l des rabbinischen Efa ein Maximalwert; die meisten Maßgefäße waren eher kleiner.

HOHLMASSE IM NEUEN TESTAMENT

Sack (griech. koros; Lk 16,7): etwa 390 l

Eimer (griech. batos; Lk 16,6): etwa 39 l

Maß (griech. metretes; Joh 2,6): etwa 39 l

Scheffel (griech. modios; Mt 5,15): etwa 9 l

halber Zentner (griech. saton; Mt 13,33): etwa 12 l

GEWICHTE

Zentner (hebr. kikkar = ein Rundes; griech. talanton): 3000 Lot oder 60 Pfund (Minen) zu 50 Lot (Schekel), nach gefundenen Gewichten ca. 35 kg

Pfund (hebr. maneh = Mine): 50 Lot, etwas mehr als unser Pfund

Lot (hebr. schekel): nach gefundenen Gewichten der gewöhnliche Schekel etwa 11,5 g, der königliche (schwere) Schekel etwa 13 g

Gramm (hebr. gera): der 20. Teil eines Lots, etwa 0,5 g

GELD UND MÜNZEN IM ALTEN TESTAMENT

Geprägte Münzen gab es in älterer Zeit nicht, man zahlte nach dem Gewicht des Edelmetalls. Zwar waren wohl schon früh abgewogene Metallstücke von bestimmter Form und bestimmtem Wert im Umlauf; doch pflegte man beim Handel das Metall mit einer Waage, die man samt den Gewichtssteinen im Beutel trug, abzuwiegen (vgl. Jer 32,10). An geprägten Münzen kommen im Alten Testament die persische Darike und die griechische Drachme vor.

Die Grundeinheit des Geldes war der Schekel – in dieser Übersetzung mit Lot (1.Mose 23,15) und Taler (2.Mose 30,13; 1.Sam 9,8) wiedergegeben. Über die Kaufkraft des Geldes hören wir wenig. Nach 3.Mose 5,15 konnte man für 2 Schekel einen Widder kaufen. Der Brautpreis betrug 50 Schekel (vgl. 2.Mose 22,15 mit 5.Mose 22,29). Als Ersatz für einen Sklaven oder eine Sklavin bezahlte man 30 Schekel (2.Mose 21,32). In neutestamentlicher Zeit gilt ein Silberstück (Denar) als der übliche Tageslohn eines Arbeiters (»Tagelöhners«).

GEWICHTSWERTE

Goldtalent (»Zentner Gold«, 1.Kön 9,14)
Goldschekel (»Lot Gold«, 1.Chr 21,25 »Goldgulden«, 2.Kön 5,5)
Goldstück (1.Mose 33,19; Jos 24,32; Hiob 42,11; hebr. kesita)

Gewichtsmäßig verhalten sich Goldtalent und Goldschekel wie 3000:1; das »Goldstück« ist in Gewicht und Wert nicht bestimmbar.

Silbertalent (»Zentner Silber«; 1.Kön 16,24)
Silbermine (»Pfund Silber«; Esr 2,69)
Silberschekel (»Lot Silber«, 1.Mose 23,5;
»Taler«, hebr. schekel, 2.Mose 30,13;
»Silbertaler«, hebr. schekel kesef, 1.Sam 9,8; »Silberstück«, hebr. kesef, 1.Mose 20,16)

Gewichtsmäßig verhalten sich Silbertalent, Silbermine und Silberschekel wie 3000:50:1.

MÜNZEN

Darike (»Gulden«, hebr. adarkon, 1.Chr 29,7; Esr 8,27)
Golddrachme (»Gulden«, hebr. darkemon, Esr 2,69; Neh 7,69-71)

Die Darike hat etwa den doppelten Wert wie die Golddrachme.

GELD UND MÜNZEN IM NEUEN TESTAMENT

In neutestamentlicher Zeit ist normalerweise geprägtes Geld im Gebrauch. Zur Bestimmung höherer Summen werden jedoch weiterhin die alten Gewichtseinheiten (»Pfund«, »Zentner«) verwendet. Hellenistische Kultur und römische Herrschaft führten zu einem Nebeneinander von griechischer und römischer Währung (griechisch: Talent, Mine, Stater, Drachme, Lepton; römisch: Denar, Assarion, Quadrans).

GEWICHTSWERTE

Talent (»Zentner«, Mt 25,15)
Mine (»Pfund«, Lk 19,13)
Wertverhältnis 60:1

SILBERMÜNZEN

Stater (»Zweigroschenstück«, Mt 17,27);
er dürfte auch mit dem »Silberling« Mt 26,15 gemeint sein
Doppeldrachme (»Tempelgroschen«, Mt 17,24)
Drachme (»Silbergroschen«, nur Lk 15,8-9)
Denar (»Silbergroschen«, Mt 18,28; 22,19)

Wertverhältnis Stater – Doppeldrachme – Drachme/Denar 4:2:1

KUPFERMÜNZEN

Assarion (»Groschen«, Mt 10,29)
Quadrans (»Pfennig«, Mt 5,26; Mk 12,42)
Lepton (»Scherflein«, Mk 12,42; »Heller«, Lk 12,59)

Wertverhältnis Assarion – Quadrans – Lepton 8:2:1

TABLE OF
WEIGHTS AND MEASURES
AND MONETARY UNITS

The following table is based on the best generally accepted information available for biblical weights, measures, and monetary units. All equivalents are approximate. Weights and measures also varied somewhat in different times and places in the ancient world. Most weights, measures, and monetary units are also explained in footnotes on the pages where they occur in the ESV text.

Biblical Unit	Approximate American and Metric Equivalents	Biblical Equivalent
bath	A *bath* was about 6 gallons or 22 liters	1 ephah
beka	A *beka* was about 1/5 ounce or 5.5 grams	10 gerahs
cor	A *cor* was about 6 bushels or 220 liters	10 ephahs
cubit	A *cubit* was about 18 inches or 45 centimeters	6 handbreadths
denarius	A *denarius* was a day's wage for a laborer	
daric	A *daric* was a coin of about 1/4 ounce or 8.5 grams	
ephah	An *ephah* was about 3/5 bushel or 22 liters	10 omers
gerah	A *gerah* was about 1/50 ounce or 0.6 gram	1/10 beka
hand-breadth	A *handbreadth* was about 3 inches or 7.5 centimeters	1/6 cubit
hin	A *hin* was about 4 quarts or 3.5 liters	1/6 bath
homer	A *homer* was about 6 bushels or 220 liters	10 ephahs
kab	A *kab* was about 1 quart or 1 liter	1/22 ephah
lethech	A *lethech* was about 3 bushels or 110 liters	5 ephahs
log	A *log* was about 1/3 quart or 0.3 liter	1/72 bath
mina	A *mina* was about 1 1/4 pounds or 0.6 kilogram	50 shekels
omer	An *omer* was about 2 quarts or 2 liters	1/10 ephah
pim	A *pim* was about 1/3 ounce or 7.5 grams	2/3 shekel
seah	A *seah* was about 7 quarts or 7.3 liters	1/3 ephah
shekel	A *shekel* was about 2/5 ounce or 11 grams	2 bekas
span	A *span* was about 9 inches or 22 centimeters	3 handbreadths
stadion	A *stadion* was about 607 feet or 185 meters	
talent	A *talent* was about 75 pounds or 34 kilograms	60 minas

ANMERKUNGEN ZUM DER LUTHERBIBEL

1. MOSE

2,18 Wörtlich: ich will ihm eine Hilfe schaffen als sein Gegenüber (d. h. die zu ihm passt).

2,23 Luther versucht mit »Männin« und »Mann« ein hebräisches Wortspiel wiederzugeben.

5,2 *Mensch* heißt auf Hebräisch Adam und wird teils als Eigenname, teils als Gattungsname gebraucht.

6,2 *Gottessöhne* sind keine leiblichen Söhne Gottes, sondern gehören zur Umgebung Gottes (vgl. Hiob 1,6), wie das Gefolge zu einem König gehört.

27,36 Der Name *Jakob* wird hier als »der Hinterlistige« gedeutet, an anderer Stelle als »Fersenhalter« (1. Mose 24,26). Der ursprüngliche Sinn ist vermutlich »Gott möge (dich) schützen«.

31,42 *Schrecken Isaaks* ist eine alte Bezeichnung für den von Isaak verehrten Gott.

32,31 *Pnuël* = Pniël bedeutet »Angesicht Gottes«.

2. MOSE

3,15 Im Hebräischen steht hier der Gottesname JHWH. Er wird in Vers 14 vom hebräischen Zeitwort für »sein« her gedeutet.

28,41 *ihre Hände füllen:* Gemeint ist eine besondere Opfersitte bei der Priesterweihe, vgl. Kap 29,24 und 3. Mose 8,12.22-31.

3. MOSE

5,1 Bei einem ungeklärten Verbrechen wurden verflucht: der unbekannte Täter und alle, die als Mitwisser ihr Zeugnis zurückhalten (Ri 17,2; Spr 29,24).

JOSUA

22,34 In einigen Handschriften ist der Name »Altar des Zeugnisses« erhalten.

RICHTER

7,25 Die Namen bedeuten »Rabenfels« und »Wolfskelter«.

9,37 Der Berg Garizim galt als Mitte der Erdscheibe.

16,25 Der Zusammenhang erfordert die hier vorgenommene Umstellung der Verse 24 und 25.

20,23 Der Zusammenhang erfordert die hier vorgenommene Umstellung der Verse 22 und 23.

1. SAMUEL

9,9.10 Der Zusammenhang erfordert die hier vorgenommene Umstellung der Verse.

13,1 Die Angabe über das Alter Sauls ist ausgefallen; für die Regierungszeit Sauls finden sich verschiedene Überlieferungen; vgl. Apg 13,21.

17,4 *Riese:* Wörtlich: Vorkämpfer zwischen den Fronten.

2. SAMUEL

2,8 *Isch-Boschet:* Der Name lautet in 1. Chr 8,33; 9,39 Eschbaal, in 1. Sam 14,49 Jischwi.

2,16 *Helkat-Hazzurim:* Der Name bedeutet »Feld der Felsen«, vermutlich verschrieben aus »Feld der Seiten«.

4,4 *Mefi-Boschet:* Der Name lautet in 1. Chr 8,34; 9,40 Merib-Baal.

21,7 Vgl. Anmerkung zu 2. Sam 4,4.

1. KÖNIGE

11,25b Der Zusammenhang erfordert die hier vorgenommene Umstellung des halben Verses.

2. KÖNIGE

6,25 *Taubenmist:* Wahrscheinlich Bezeichnung für minderwertige Speisen.

15,1 Asarja trägt auch den Namen Usija.

15,19 *Pul, der König von Assyrien:* Sein eigentlicher Name ist Tiglat-Pileser; als König von Babel wird er auch Pul genannt.

1. CHRONIK

2,21 »Vater« vor einem Orts- oder Landschaftsnamen bezeichnet in Kap 2,1-55 und 4,1-43 denjenigen, der den Ort oder die Landschaft zuerst besiedelte.

4,4 Vgl. Anmerkung zu 1. Chr 2,21.

5,26 Pul und Tiglat-Pileser sind Namen desselben Königs, vgl. die Anmerkung zu 2. Kön 15,19.

2. CHRONIK

3,4 *hundertzwanzig Ellen:* Nach anderer Überlieferung: zwanzig Ellen.

ESRA

1,11 Durch spätere Abänderungen entspricht die Gesamtzahl jetzt nicht mehr der Summe der Einzelangaben.

4,6 *Ahasveros:* Griechisch: Xerxes.

4,7 *Artahsasta:* Griechisch: Artaxerxes.

4,10 *Asenappar* ist Asarhaddon (Vers 2).

6,22 *König von Assur:* Gemeint ist hiermit der König von Persien.

7,1 Vgl. Anmerkung zu Esra 4,7.

NEHEMIA

1,1 Gemeint ist das zwanzigste Jahr des Königs Artaxerxes, d. i. 445 v. Chr.

2,1 Vgl. Anmerkung zu Esra 4,7.

3,26a Der Zusammenhang erfordert die hier vorgenommene Umstellung des halben Verses.

12,17 Hier ist ein Name ausgefallen.

ESTER

2,6 *Jechonja:* Vgl. Anmerkung zu Jer 24,1.

HIOB

1,6 *Gottessöhne:* Himmlische Wesen, die das Gefolge Gottes bilden (vgl. Kap 38,7; Ps 82,1) und vor seinem Thron erscheinen (vgl. 1. Kön 22,19); zu ihnen gehört auch der Satan (vgl. Sach 3,1).

3,8 *Leviatan:* Ein Riesentier, nach der Art des Krokodils (Kap 40,25).

9,13 *Rahab:* Der Drache der Urzeit.

26,12 Vgl. Anmerkung zu Hiob 9,13.

31,38 Der Zusammenhang erfordert die hier vorgenommene Umstellung der Verse 38-40a.

34,31 *Ich habs getragen:* Bisherige Lutherbibel: »Ich habe gebüßt.« Anderer Vorschlag: »Ich habe geirrt.«

40,15 *Behemot:* Ein Riesentier, nach der Art des Nilpferds.

40,25 Vgl. Anmerkung zu Hiob 3,8.

PSALTER

16,10 *dass dein Heiliger die Grube sehe:* Luther übersetzte: »dass dein Heiliger verwese« im Anschluss an die griechische Übersetzung des Alten Testaments und Apg 2,27 und 13,35.

27,4 *zu schauen die schönen Gottesdienste des HERRN:* Wörtlich: zu schauen die Freundlichkeit des HERRN.

29,9 *lässt Eichen wirbeln:* Luther übersetzte nach anderer Überlieferung: »erregt die Hinden«.

46,4 Vermutlich stand der Kehrvers von Vers 8 und 12 auch an dieser Stelle.

72,8 *Strom:* Gemeint ist der Euphrat.

74,19 *deine Taube:* Gemeint ist Israel.

78,61 *seine Macht; seine Herrlichkeit:* Gemeint ist die Bundeslade (vgl. Ps 132,8 und 1. Sam 4,21).

89,11 Vgl. Anmerkung zu Hiob 9,13.

89,19 *unser Schild:* Hier Bezeichnung des Königs.

121,1 Luther übersetzte nach der lateinischen Übersetzung: »... zu den Bergen, von welchen mir Hilfe kommt.«

SPRÜCHE

8,30 *sein Liebling:* Luther übersetzte im Anschluss an die griechische und lateinische Bibel »der Werkmeister«.

21,12 Der »Gerechte« ist wahrscheinlich Gott.

PREDIGER

12,3 Bilder für das Altern der Menschen.

JESAJA

5,25 Die Verse 25-30 gehören wahrscheinlich mit Kap 9,7-10,4 zusammen.

7,3 *Schear-Jaschub:* Der Name bedeutet »ein Rest wird sich bekehren«.

7,14 *Jungfrau:* Andere Übersetzung: »junge Frau«.

14,13 Der Berg der Versammlung ist der Götterberg im höchsten Norden.

17,10 Gemeint sind wahrscheinlich Gärten zur Verehrung des heidnischen Gottes Adonis.

28,10 Die Worte, die das Lallen der Trunkenen nachahmen und nicht übersetzt werden können, sollen die Redeweise des Propheten verspotten.

38,21 Die Verse 21 und 22 gehören zwischen Vers 6 und Vers 7 wie in 2. Kön 20,7-8.

44,21 Luther übersetzte im Anschluss an die alten Übersetzungen: »Israel, vergiss mein nicht!«

52,15 *besprengen:* Nach der griechischen Übersetzung: in Staunen setzen.

65,11 *Gad* und *Meni* sind Schicksalsgötter.

JEREMIA

7,3 Nach anderer Überlieferung: so will ich euch wohnen lassen an diesem Ort. (In gleicher Weise auch Vers 7.)

24,1 *Jechonja:* Der Name lautet in 2. Kön 24,6 u. ö. Jojachin, in Jer 22,24 u. ö. Konja.

25,26 *Scheschach* ist ein Deckname für Babel.

29,11 Wörtlich: dass ich euch gebe Zukunft und Hoffnung.

37,1 Vgl. Anmerkung zu Jer 24,1.

50,21 *Meratajim* bedeutet »Doppeltrotz«, *Pekod* »Heimsuchung«; gemeint ist Babel.

HESEKIEL

8,17 *halten sich die Weinrebe an die Nase:* Gemeint ist ein abgöttischer Brauch.

34,16 So auch Luther selbst; nach

anderer Überlieferung: »aber was fett und stark ist, will ich vertilgen und will es weiden mit Gericht«.

DANIEL

9,24 *Siebzig Wochen:* Gemeint sind Jahrwochen; jede umfasst sieben Jahre.

HOSEA

2,17 *Tal Achor:* der Name bedeutet »Unglückstal«.

2,24 *Jesreel* kann heißen »Gott sät ein« und meint die fruchtbare Ebene, zugleich aber (Vers 25) den Prophetensohn, der wiederum ganz Israel vertritt (vgl. Kap 1,4).

6,7 *Adam* ist der Name einer Stadt (vgl. Jos 3,16).

AMOS

5,26 *Sakkut* und *Kewan* sind Namen heidnischer Götter, die in Israel verehrt wurden.

MICHA

1,10 Verse 10-16: Die Wortspiele, die an die Namen judäischer Orte (vgl. Jos 15,33-47) anknüpfen, können im Deutschen nicht wiedergegeben werden. Der Text ist nur zum Teil verständlich überliefert.

2,13 *Durchbrecher:* Gemeint ist im Gleichnis das Leittier der Herde.

NAHUM

1,11 In den Versen 11 und 14 ist Ninive, in den Versen 12 und 13 Juda angeredet.

SACHARJA

4,10 Dieser Satz gehört wohl zu Kap 3,9.

6,6 Vermutlich ist ausgefallen: »Die roten Rosse ziehen nach Osten.«

10,4 *Ecksteine, Pflöcke, Kriegsbogen:* Bezeichnungen für die Großen des Volkes.

MATTHÄUS

5,44 In der späteren Überlieferung wird der Text erweitert: »Liebt eure Feinde, segnet, die euch fluchen, tut wohl denen, die euch hassen, und bittet für die, die euch beleidigen und verfolgen« (vgl. Lk 6,27-28). Den Feind zu hassen (Vers 43) wird im Alten Testament nirgends geboten.

6,13 Dieser Abschluss des Gebetes findet sich schon in einer Gemeindeordnung vom Anfang des 2. Jahrhunderts, wird aber in den neutestamentlichen Handschriften erst später bezeugt.

15,23 Es kann auch übersetzt werden: »Stell sie zufrieden«.

17,20 Vers 21 findet sich erst in der späteren Überlieferung: »Aber diese Art fährt nur aus durch Beten und Fasten« (vgl. Mk 9,29).

18,10 Vers 11 findet sich erst in der späteren Überlieferung: »Denn der Menschensohn ist gekommen, selig zu machen, was verloren ist« (vgl. Lk 19,10).

20,16 In der späteren Überlieferung finden sich zusätzlich die Worte: »Denn viele sind berufen, aber wenige sind auserwählt« (vgl. 22,14).

20,22 In der späteren Überlieferung finden sich zusätzlich die Worte: »und euch taufen lassen mit der Taufe, mit der ich getauft werde?« (vgl. Mk 10,38).

20,23 In der späteren Überlieferung finden sich zusätzlich die Worte: »und mit der Taufe, mit der ich getauft werde, werdet ihr getauft werden« (vgl. Mk 10,39).

23,13 Vers 14 findet sich erst in der späteren Überlieferung: »Weh euch, Schriftgelehrte und Pharisäer, ihr Heuchler, die ihr die Häuser der Witwen fresst und zum Schein lange Gebete verrichtet! Darum werdet ihr ein umso härteres Urteil empfangen« (vgl. Mk 12,40).

23,15 *Judengenossen* sind Proselyten, d. h. Heiden, die durch Beschneidung rechtsgültig zum Judentum übergetreten sind.

25,13 In der späteren Überlieferung finden sich zusätzlich die Worte: »in der der Menschensohn kommen wird« (vgl. 24,44).

27,35 In der späteren Überlieferung finden sich zusätzlich die Worte: »damit erfüllt werde, was gesagt ist durch den Propheten (Psalm 22,19): Sie haben meine Kleider unter sich geteilt und haben über mein Gewand das Los geworfen« (vgl. Joh 19,24).

MARKUS

7,15 Vers 16 findet sich erst in der späteren Überlieferung: »Hat jemand Ohren zu hören, der höre!« (vgl. 4,9.23).

9,29 In der späteren Überlieferung finden sich zusätzlich die Worte: »und Fasten«.

9,43 und 45 In der späteren Überlieferung wird als Vers 44 und 46 der Text von Vers 48 eingefügt.

10,21 In der späteren Überlieferung finden sich zusätzlich die Worte: »und nimm das Kreuz auf dich«.

11,25 Vers 26 findet sich erst in der späteren Überlieferung: »Wenn ihr aber nicht vergebt, so wird euer Vater, der im Himmel ist, eure Übertretungen auch nicht vergeben« (vgl. Mt 6,15).

15,27 Vers 28 findet sich erst in der späteren Überlieferung: »Da wurde die Schrift erfüllt: Er ist zu den Übeltätern gerechnet worden.«

16,20 Nach den ältesten Textzeugen endet das Markus-Evangelium mit Vers 8. Die Verse 9-20 sind im 2. Jahrhundert hinzugefügt worden, vermutlich um dem Markus-Evangelium einen den andern Evangelien entsprechenden Abschluss zu geben.

LUKAS

2,14 Luther übersetzte nach anderer Überlieferung: »… und den Menschen ein Wohlgefallen«.

4,4 In der späteren Überlieferung finden sich zusätzlich die Worte: »sondern von einem jeden Wort Gottes« (vgl. Mt 4,4).

9,55 Die Versteile 55b und 56a finden sich erst in der späteren Überlieferung: »und sprach: Wisst ihr nicht, welches Geistes Kinder ihr seid? Der Menschensohn ist nicht gekommen, das Leben der Menschen zu vernichten, sondern zu erhalten.«

11,2 und 4 In der späteren Überlieferung finden sich zusätzliche Versteile: Vers 2: »Dein Wille geschehe auf Erden wie im Himmel«, Vers 4: »sondern erlöse uns von dem Bösen« (entsprechend Mt 6,10.13).

11,11 In der späteren Überlieferung finden sich zusätzlich die Worte:

»… ums Brot bittet, dafür einen Stein biete? Oder wenn er …« (vgl. Mt 7,9).

17,35 Vers 36 findet sich erst in der späteren Überlieferung: »Zwei werden auf dem Felde sein; der eine wird angenommen, der andere wird preisgegeben werden« (vgl. Mt 24,40).

23,16 Vers 17 findet sich erst in der späteren Überlieferung: »Er musste ihnen aber zum Fest einen Gefangenen losgeben.«

JOHANNES

1,18 Luther übersetzte aufgrund anderer Textzeugen: »der eingeborene Sohn, der in des Vaters Schoß ist«.

5,3 Die Verse 3b und 4 finden sich erst in der späteren Überlieferung: »Sie warteten darauf, dass sich das Wasser bewegte. [4]Denn der Engel des Herrn fuhr von Zeit zu Zeit

7,53 Der Bericht 7,53–8,11 ist in den ältesten Textzeugen des Johannes-Evangeliums nicht enthalten.

APOSTELGESCHICHTE

8,36 Vers 37 findet sich erst in der späteren Überlieferung: »Philippus aber sprach: Wenn du von ganzem Herzen glaubst, so kann es geschehen. Er aber antwortete und sprach: Ich glaube, dass Jesus Christus Gottes Sohn ist.«

15,33 Vers 34 findet sich erst in der späteren Überlieferung: »Es gefiel aber Silas, dort zu bleiben.«

24,6 Die Verse 6b-8a finden sich in der späteren Überlieferung: »und wollten ihn richten nach unserm Gesetz. [7]Aber der Oberst Lysias kam dazu und riss ihn mit großer Gewalt aus unsern Händen [8]und wies seine Ankläger an dich.«

26,14 wider den Stachel zu löcken: Dahinter steht das Bild widerspenstiger Zugtiere, die gegen den Treiber ausschlagen.

28,16 In der späteren Überlieferung finden sich zusätzlich die Worte: »übergab der Hauptmann die Gefangenen dem Oberst; aber es (wurde).«

28,28 Vers 29 findet sich erst in der

späteren Überlieferung: »Und als er das gesagt hatte, gingen die Juden weg und stritten heftig untereinander.«

RÖMER

16,7　*Junias:* Wahrscheinlich lautete der Name ursprünglich (weiblich) Junia. In der alten Kirche und noch bis ins 13. Jahrhundert wurde er als Frauenname verstanden (vgl. das Ehepaar Priska und Aquila in Vers 3).

16,23　Der Schluss des Römerbriefes ist uneinheitlich überliefert: Der Vers 24 und die Verse 25-27 finden sich bei den Textzeugen an verschiedenen Stellen des Briefes. Vers 24 fehlt bei den ältesten Textzeugen an dieser Stelle; er lautet: »Die Gnade unseres Herrn Jesus Christus sei mit euch allen! Amen.«

1. KORINTHER

7,36　Nach Luthers Verständnis der Verse handelt es sich um die Frage, ob ein Vater angesichts der bald erwarteten Wiederkunft Christi seine Tochter noch verheiraten soll. Eine andere Auslegungsmöglichkeit setzt den Fall voraus, dass ein Bräutigam vor der Frage steht, ob er seine Braut unberührt lassen oder vor der Wiederkunft Christi noch heiraten soll. Neuere sprachliche Erkenntnisse legen die zweite Auslegung nahe.

11,10　*Macht* bedeutet wohl »Schleier«.

11,24　Spätere Textzeugen haben entsprechend Mt 26,26 die Worte »Nehmet, esset« eingefügt.

11,27　*unwürdig:* d. h. in einer Weise, die die Heilstat Christi durch liebloses Verhalten missachtet (vgl. 11,21-22).

15,55　Luther übersetzte die Verse 54b-55 nach anderer Überlieferung: »Der Tod ist verschlungen in den Sieg. Tod, wo ist dein Stachel? Hölle, wo ist dein Sieg?«

16,22　*Maranata* bedeutet: »Unser Herr, komm!«, oder: »Unser Herr kommt!«

EPHESER

4,8　Luther übersetzte: »und hat das Gefängnis gefangen geführt«.

PHILIPPER

3,2　*Zerschneidung:* Gemeint ist die Beschneidung. Paulus wehrt sich hier gegen die Auffassung, man müsse Nichtjuden, die Christen werden wollen, beschneiden und damit zuerst in das Judentum aufnehmen.

3,9　Wörtlich: »… die Gerechtigkeit von Gott aufgrund des Glaubens.«

PHILEMON

1,10　*Onesimus* bedeutet »der Nützliche«.

HEBRÄER

9,16　Das griechische Wort für »Testament« und »Bund« ist das gleiche.

1. PETRUS

3,19　*Geister im Gefängnis:* Nach jüdischer Überlieferung werden die Engel, die sich nach 1. Mose 6,4 durch den Verkehr mit Menschenfrauen vergangen hatten, zur Strafe im Innern der Erde gefangen gehalten.

ESV NOTES

GENESIS

Chapter 1

1 Or *a canopy*; also verses 7, 8, 14, 15, 17, 20
2 Or *fashioned*; also verse 16
3 Or *Sky*; also verses 9, 14, 15, 17, 20, 26, 28, 30; 2:1
4 Or *Land*; also verses 11, 12, 22, 24, 25, 26, 28, 30; 2:1
5 Or *small plants*; also verses 12, 29
6 Or *appointed times*
7 Or *flying things*; see Leviticus 11:19-20
8 The Hebrew word for *man* (*adam*) is the generic term for mankind and becomes the proper name *Adam*

Chapter 2

1 Or *open country*
2 Or *earth*; also verse 6
3 Or *spring*
4 Or *when you eat*
5 Or *corresponding to*; also verse 20
6 Or *And out of the ground the* Lord *God formed*
7 Or *the man*
8 Hebrew *built*
9 The Hebrew words for *woman* (*ishshah*) and *man* (*ish*) sound alike

Chapter 3

1 In Hebrew *you* is plural in verses 1-5
2 Or *to give insight*
3 Hebrew *wind*
4 In Hebrew *you* is singular in verses 9 and 11
5 Hebrew *seed*; so throughout Genesis
6 Or *against*
7 *Eve* sounds like the Hebrew for *life-giver* and resembles the word for *living*

Chapter 4

1 *Cain* sounds like the Hebrew for *gotten*
2 Hebrew *will there not be a lifting up* [*of your face*]?
3 Or *against*
4 Hebrew; Samaritan, Septuagint, Syriac, Vulgate add *Let us go out to the field*
5 Or *My guilt is too great to bear*
6 *Nod* means *wandering*
7 *Seth* sounds like the Hebrew for *he appointed*

Chapter 5

1 Hebrew *adam*
2 Septuagint *pleased God*
3 Septuagint *was not found*
4 *Noah* sounds like the Hebrew for *rest*

Chapter 6

1 Or *My Spirit shall not contend with*
2 Or *giants*
3 Hebrew *The end of all flesh has come before me*
4 An unknown kind of tree; transliterated from Hebrew
5 A *cubit* was about 18 inches or 45 centimeters
6 Or *skylight*

Chapter 7

1 Or *seven of each kind of clean animal*
2 Or *seven of each kind*
3 Hebrew *all existence*; also verse 23
4 A *cubit* was about 18 inches or 45 centimeters

Chapter 8

1 Or *dishonor*

Chapter 9

1 In Hebrew *you* is plural
2 Or *from these the whole earth was populated*
3 Or *Noah, a man of the soil, was the first to plant a vineyard*
4 *Japheth* sounds like the Hebrew for *enlarge*

Chapter 10

1 Or *he began to be a mighty man on the earth*
2 Or *from where*
3 *Peleg* means *division*

Chapter 11

1 *Babel* sounds like the Hebrew for *confused*

Chapter 12

1 Or *had said*
2 Or *by you all the families of the earth shall bless themselves*
3 Or *terebinth*

Chapter 13

1 Hebrew *we are men, brothers*
2 Or *terebinths*

Chapter 14

1 Or *terebinths*
2 Or *Creator*; also verse 22
3 Or *I have taken a solemn oath*

Chapter 15

1 Or *I shall die*
2 Hebrew *what will come out of your own loins*
3 Or *have given*

Chapter 16

1 Hebrew *be built up*, which sounds like the Hebrew for *children*
2 Hebrew *her mistress was dishonorable in her eyes*; similarly in verse 5
3 *Ishmael* means *God hears*
4 Or *You are a God who sees me*
5 Hebrew *Have I really seen him here who sees me?* or *Would I have looked here for the one who sees me?*
6 *Beer-lahai-roi* means *the well of the Living One who sees me*

Chapter 17

1 Hebrew *El Shaddai*
2 *Abram* means *exalted father*
3 *Abraham* means *father of a multitude*
4 *Sarai* and *Sarah* mean *princess*
5 Hebrew *have given*
6 *Isaac* means *he laughs*

Chapter 18

1 Or *terebinths*
2 Or *My lord*
3 A *seah* was about 7 quarts or 7.3 liters
4 Or *wonderful*
5 Or *acted falsely*
6 Hebrew *known*
7 Or *they deserve destruction*; Hebrew *they have made a complete end*

Chapter 19

1 *Zoar* means *little*
2 *Moab* sounds like the Hebrew for *from father*
3 *Ben-ammi* means *son of my people*

Chapter 20

1 Hebrew *It is a covering of eyes for all*

Chapter 21

1 *Isaac* means *he laughs*
2 Possibly *laughing in mockery*
3 Or *you*

4 *Beersheba means well of seven or well of the oath*

Chapter 22

1 Or *young man; also verse 12*
2 Or *will see*
3 Or *He will be seen*
4 Or *their*

Chapter 23

1 Hebrew *sons of Heth; also verses 5, 7, 10, 16, 18, 20*
2 Or *a mighty prince*
3 A *shekel was about 2/5 ounce or 11 grams*

Chapter 24

1 Hebrew *Aram-naharaim*
2 Or *By her*
3 Or *a woman of marriageable age*
4 A *shekel was about 2/5 ounce or 11 grams*
5 Or *faithfully*
6 Or *hate them*

Chapter 25

1 Hebrew *fell*
2 Or *why do I live?*
3 Or *from birth*
4 *Jacob means He takes by the heel, or He cheats*
5 *Edom sounds like the Hebrew for red*

Chapter 26

1 Hebrew may suggest an intimate relationship
2 *Esek means contention*
3 *Sitnah means enmity*
4 *Rehoboth means broad places, or room*
5 *Shibah sounds like the Hebrew for oath*
6 Hebrew *they were bitterness of spirit*

Chapter 27

1 *Jacob means He takes by the heel, or He cheats*
2 Or *Behold, of*
3 Or *and of*
4 Hebrew *daughters of Heth*

Chapter 28

1 Hebrew *El Shaddai*
2 Or *a flight of steps*
3 Or *beside him*
4 *Bethel means the house of God*

Chapter 29

1 Or *soft*
2 Or *had given; also verse 29*
3 *Reuben means See, a son*
4 *Simeon sounds like the Hebrew for heard*
5 *Levi sounds like the Hebrew for attached*

6 *Judah sounds like the Hebrew for praise*

Chapter 30

1 Hebrew *on my knees*
2 Hebrew *be built up, which sounds like the Hebrew for children*
3 *Dan sounds like the Hebrew for judged*
4 Hebrew *With wrestlings of God*
5 *Naphtali sounds like the Hebrew for wrestling*
6 *Gad sounds like the Hebrew for good fortune*
7 *Asher sounds like the Hebrew for happy*
8 *Issachar sounds like the Hebrew for wages, or hire*
9 *Zebulun sounds like the Hebrew for honor*
10 *Joseph means May he add, and sounds like the Hebrew for taken away*
11 Or *have become rich and*

Chapter 31

1 Hebrew *stole the heart of; also verses 26, 27*
2 The Hebrew for *your is plural here*
3 Aramaic *the heap of witness*
4 Hebrew *the heap of witness*
5 *Mizpah means watchpost*
6 Ch 32:1 in Hebrew

Chapter 32

1 *Mahanaim means two camps*
2 Or *had sent*
3 Hebrew *appease his face*
4 Hebrew *he will lift my face*
5 Or *sons*
6 *Israel means He strives with God, or God strives*
7 *Peniel means the face of God*

Chapter 33

1 Hebrew *camp*
2 Or *along with*
3 *Succoth means booths*
4 Or *peacefully*
5 Hebrew *a hundred qesitah; a unit of money of unknown value*
6 *El-Elohe-Israel means God, the God of Israel*

Chapter 34

1 The Hebrew for *your is plural here*
2 Or *engagement present*

Chapter 35

1 *El-bethel means God of Bethel*
2 *Allon-bacuth means oak of weeping*
3 Or *had appeared*
4 Hebrew *El Shaddai*
5 Hebrew *from your loins*
6 Or *about two hours' distance*

7 *Ben-oni could mean son of my sorrow, or son of my strength*
8 *Benjamin means son of the right hand*

Chapter 36

1 Hebrew; Samaritan, Septuagint, Syriac *son; also verse 14*
2 Hebrew *the River*

Chapter 37

1 See Septuagint, Vulgate; or (with Syriac) *a robe with long sleeves.* The meaning of the Hebrew is uncertain; *also verses 23, 32*
2 Or *cisterns; also verses 22, 24*
3 A *shekel was about 2/5 ounce or 11 grams*

Chapter 38

1 Hebrew *He*
2 Hebrew *sacred woman; a woman who served a pagan deity by prostitution; also verse 22*
3 Or *has committed prostitution*
4 Or *by prostitution*
5 *Perez means a breach*

Chapter 41

1 Or (compare Samaritan, Septuagint) *Without God it is not possible to give Pharaoh an answer about his welfare*
2 Or *over the land and organize the land*
3 Or *of the gods*
4 Hebrew *and according to your command all my people shall kiss the ground*
5 *Abrek, probably an Egyptian word, similar in sound to the Hebrew word meaning to kneel*
6 *Manasseh sounds like the Hebrew for making to forget*
7 *Ephraim sounds like the Hebrew for making fruitful*
8 Hebrew *all that was in them*

Chapter 43

1 Hebrew *El Shaddai*
2 Hebrew *and became intoxicated*

Chapter 44

1 Septuagint (compare Vulgate) adds *Why have you stolen my silver cup?*

Chapter 45

1 Hebrew *Let your eye not pity*
2 A *shekel was about 2/5 ounce or 11 grams*

Chapter 47

1 Samaritan, Septuagint, Vulgate; Hebrew *he removed them to the cities*
2 Hebrew; Septuagint *staff*

Chapter 48

1 Hebrew *El Shaddai*

2　Or *about two hours' distance*
3　Or *let them be like fish for multitude*
4　Hebrew *fullness*
5　Or *one portion of the land;* Hebrew *shekem,* which sounds like the town and district called *Shechem*

Chapter 49

1　By a slight revocalization; a slight emendation yields (compare Septuagint, Syriac, Targum) *until he comes to whom it belongs;* Hebrew *until Shiloh comes,* or *until he comes to Shiloh*
2　Or *between its saddlebags*
3　*Gad* sounds like the Hebrew for *raiders* and *raid*
4　Or *he gives beautiful words,* or *that bears fawns of the fold*
5　Or *Joseph is a wild donkey, a wild donkey beside a spring, his wild colts beside the wall*
6　Hebrew *the arms of his hands*
7　Or *by the name of the Shepherd*
8　Hebrew *Shaddai*
9　A slight emendation yields (compare Septuagint) *the blessings of the eternal mountains, the bounties of the everlasting hills*

Chapter 50

1　*Abel-mizraim* means *mourning (or meadow) of Egypt*
2　Or *a numerous people*
3　Hebrew *were born on Joseph's knees*

EXODUS

Chapter 1

1　Samaritan, Septuagint, Targum; Hebrew lacks *to the Hebrews*

Chapter 2

1　Hebrew *papyrus reeds*
2　*Moses* sounds like the Hebrew for *draw out*
3　Hebrew *brothers*
4　*Gershom* sounds like the Hebrew for *sojourner*

Chapter 3

1　Or I AM WHAT I AM, or I WILL BE WHAT I WILL BE
2　The word LORD, when spelled with capital letters, stands for the divine name, YHWH, which is here connected with the verb *hayah,* "to be" in verse 14
3　Septuagint, Vulgate; Hebrew *go, not by a mighty hand*

Chapter 4

1　Hebrew *into your bosom;* also verse 7

2　*Leprosy* was a term for several skin diseases; see Leviticus 13
3　Hebrew *his*

Chapter 5

1　Samaritan *they are now more numerous than the people of the land*

Chapter 6

1　Hebrew *El Shaddai*

Chapter 8

1　Ch 7:26 in Hebrew
2　Or *among your people*
3　Ch 8:1 in Hebrew
4　Or *which he had brought upon Pharaoh*
5　Or *that I the* LORD *am in the land*
6　Septuagint, Vulgate; Hebrew *set redemption*

Chapter 9

1　Hebrew *on your heart*
2　A type of wheat

Chapter 10

1　Hebrew *before your face*

Chapter 12

1　Hebrew *between the two evenings*

Chapter 13

1　Samaritan, Septuagint; Hebrew *he*

Chapter 14

1　Septuagint *and the night passed*
2　Or *binding* (compare Samaritan, Septuagint, Syriac); Hebrew *removing*
3　Hebrew *shook off*

Chapter 15

1　Or *its chariot;* also verse 21
2　*Marah* means *bitterness*
3　Or *tree*
4　Hebrew *he*

Chapter 16

1　Or *"It is manna."* Hebrew *man hu*
2　An *omer* was about 2 quarts or 2 liters
3　An *ephah* was about 3/5 bushel or 22 liters

Chapter 17

1　*Massah* means *testing*
2　*Meribah* means *quarreling*
3　A slight change would yield *upon the banner*

Chapter 18

1　*Gershom* sounds like the Hebrew word for *sojourner*
2　*Eliezer* means *My God is help*
3　Hebrew; Samaritan, Septuagint, Syriac *behold*
4　Hebrew *with them*

Chapter 19

1　That is, shot with an arrow

Chapter 20

1　Or *besides*
2　Or *to the thousandth generation*
3　The Hebrew word also covers causing human death through carelessness or negligence
4　Samaritan, Septuagint, Syriac, Vulgate; Masoretic Text *the people saw*

Chapter 21

1　Or *so that he has not designated her*
2　Or *dishonors;* Septuagint *reviles*
3　Or *so that her children come out and it is clear who was to blame, he shall be fined as the woman's husband shall impose on him, and he alone shall pay. If it is unclear who was to blame . . .*
4　A *shekel* was about 2/5 ounce or 11 grams

Chapter 22

1　Ch 21:37 in Hebrew
2　Ch 22:1 in Hebrew
3　Or *it is reckoned in* (Hebrew *comes into*) *its hiring fee*
4　Or *a girl of marriageable age;* also verse 17
5　Or *engagement present;* also verse 17
6　That is, set apart (devoted) as an offering to the Lord (for destruction)

Chapter 23

1　Septuagint, Vulgate *I*

Chapter 24

1　Or *all the just decrees*

Chapter 25

1　Uncertain; possibly *dolphin skins,* or *dugong skins;* compare 26:14
2　A *cubit* was about 18 inches or 45 centimeters
3　Or *cover*
4　A *handbreadth* was about 3 inches or 7.5 centimeters
5　A *talent* was about 75 pounds or 34 kilograms

Chapter 26

1　A *cubit* was about 18 inches or 45 centimeters

Chapter 27

1　A *cubit* was about 18 inches or 45 centimeters

Chapter 28

1　A *span* was about 9 inches or 22 centimeters
2　The identity of some of these stones is uncertain

3 The meaning of the Hebrew word is uncertain; possibly *coat of mail*

Chapter 29

1 Hebrew *all*
2 Or *an offering by fire*; also verses 25, 41
3 A *seah* was about 7 quarts or 7.3 liters
4 A *hin* was about 4 quarts or 3.5 liters

Chapter 30

1 A *cubit* was about 18 inches or 45 centimeters
2 A *shekel* was about 2/5 ounce or 11 grams
3 A *gerah* was about 1/50 ounce or 0.6 gram
4 Or *an offering by fire*
5 A *hin* was about 4 quarts or 3.5 liters

Chapter 31

1 Or *garments for worship*

Chapter 32

1 Hebrew *cast metal*; also verse 8

Chapter 33

1 Hebrew *he*

Chapter 34

1 Or *to the thousandth generation*
2 Septuagint, Theodotion, Vulgate, Targum; the meaning of the Hebrew is uncertain
3 Hebrew *the ten words*
4 Hebrew *him*

Chapter 35

1 The meaning of the Hebrew word is uncertain; also verse 23; compare 25:5
2 Or *garments for worship*; see 31:10

Chapter 36

1 A *cubit* was about 18 inches or 45 centimeters

Chapter 37

1 A *cubit* was about 18 inches or 45 centimeters
2 A *handbreadth* was about 3 inches or 7.5 centimeters
3 A *talent* was about 75 pounds or 34 kilograms

Chapter 38

1 A *cubit* was about 18 inches or 45 centimeters
2 A *talent* was about 75 pounds or 34 kilograms; a *shekel* was about 2/5 ounce or 11 grams
3 A *beka* was about 1/5 ounce or 5.5 grams

Chapter 39

1 Or *garments for worship*
2 A *span* was about 9 inches or 22 centimeters

LEVITICUS

Chapter 1

1 Or *an offering by fire*; so throughout Leviticus
2 Or *feathers*

Chapter 4

1 Or *by mistake*; so throughout Leviticus
2 Or *makes a mistake*
3 Or *suffer for their guilt, or are guilty*; also verses 22, 27, and chapter 5

Chapter 5

1 Hebrew *his guilt penalty*; so throughout Leviticus
2 Septuagint *two young pigeons*; also verse 11
3 An *ephah* was about 3/5 bushel or 22 liters
4 Septuagint; Hebrew *it*
5 Or *flock, or its equivalent*
6 A *shekel* was about 2/5 ounce or 11 grams
7 Or *he has paid full compensation to*

Chapter 6

1 Ch 5:20 in Hebrew
2 Ch 6:1 in Hebrew
3 An *ephah* was about 3/5 bushel or 22 liters
4 The meaning of the Hebrew is uncertain

Chapter 8

1 Hebrew *with it*
2 Probably Aaron or his representative; possibly Moses; also verses 16-23

Chapter 10

1 Or *strange*

Chapter 11

1 Or *things that fly*; compare Genesis 1:20
2 The identity of many of these birds is uncertain

Chapter 12

1 Septuagint *two young pigeons*

Chapter 13

1 *Leprosy* was a term for several skin diseases
2 Or *mustache*

Chapter 14

1 Or *wild*

2 Or *running*; Hebrew *living*; also verses 6, 50, 51, 52
3 An *ephah* was about 3/5 bushel or 22 liters
4 A *log* was about 1/3 quart or 0.3 liter
5 Septuagint, Syriac; Hebrew *afford,* ¹¹*such as he can afford, one*

Chapter 15

1 Hebrew *flesh*; also verse 3

Chapter 16

1 The meaning of *Azazel* is uncertain; possibly the name of a place or a demon, traditionally a scapegoat; also verses 10, 26
2 Or *shall fast*; also verse 31

Chapter 17

1 Hebrew *all flesh*
2 Hebrew *it is in its life*

Chapter 18

1 Or *my just decrees*; also verse 5
2 Hebrew *to make them pass through* [the fire]

Chapter 19

1 Hebrew *blood*
2 Hebrew *as its uncircumcision*
3 An *ephah* was about 3/5 bushel or 22 liters; a *hin* was about 4 quarts or 3.5 liters

Chapter 20

1 Hebrew repeats *if a man commits adultery with the wife of*
2 Literally *menstrual impurity*

Chapter 21

1 Or *a young wife*
2 Hebrew *young woman*

Chapter 22

1 Hebrew *he*

Chapter 23

1 Hebrew *between the two evenings*
2 An *ephah* was about 3/5 bushel or 22 liters
3 A *hin* was about 4 quarts or 3.5 liters
4 Or *tabernacles*

Chapter 24

1 Hebrew *the pure lampstand*
2 An *ephah* was about 3/5 bushel or 22 liters
3 Hebrew *the pure table*

Chapter 25

1 Or *Sabbaths*
2 Or *countryside*
3 Hebrew *slaves*
4 Or *slaves*

Chapter 26

1 Hebrew *tabernacle*
2 Hebrew *staff*
3 Or *pay for*; twice in this verse; also verse 43

Chapter 27

1 A *shekel* was about 2/5 ounce or 11 grams
2 Hebrew *it*
3 A *homer* was about 6 bushels or 220 liters
4 A *gerah* was about 1/50 ounce or 0.6 gram
5 That is, set apart (devoted) as an offering to the Lord (for destruction)

NUMBERS

Chapter 3

1 Hebrew *their listing was*
2 Hebrew *guard*
3 A *shekel* was about 2/5 ounce or 11 grams
4 A *gerah* was about 1/50 ounce or 0.6 gram

Chapter 4

1 The meaning of the Hebrew word is uncertain; compare Exodus 25:5

Chapter 5

1 *Leprosy* was a term for several skin diseases; see Leviticus 13
2 Hebrew *they shall confess their sin that they have committed*
3 An *ephah* was about 3/5 bushel or 22 liters

Chapter 6

1 *Nazirite* means *one separated*, or *one consecrated*
2 Or *Naziriteship*
3 Or *face*

Chapter 7

1 A *shekel* was about 2/5 ounce or 11 grams

Chapter 8

1 Hebrew *he*; also verses 25, 26
2 Hebrew *He ministers*

Chapter 9

1 Septuagint, Syriac, Vulgate; Hebrew lacks *by day*

Chapter 11

1 *Taberah* means *burning*
2 A *cubit* was about 18 inches or 45 centimeters
3 A *homer* was about 6 bushels or 220 liters
4 *Kibroth-hattaavah* means *graves of craving*

Chapter 12

1 *Leprosy* was a term for several skin diseases; see Leviticus 13
2 Hebrew *do not lay sin upon us*

Chapter 13

1 *Eshcol* means *cluster*

Chapter 15

1 Or *an offering by fire*; so throughout Numbers
2 An *ephah* was about 3/5 bushel or 22 liters
3 A *hin* was about 4 quarts or 3.5 liters
4 Or *by mistake*; also verses 24, 27, 28, 29
5 Hebrew *to spy out*

Chapter 16

1 Septuagint *The Lord knows those who are his*
2 Ch 17:1 in Hebrew

Chapter 17

1 Ch 17:16 in Hebrew

Chapter 18

1 Hebrew *service of gift*
2 A *shekel* was about 2/5 ounce or 11 grams

Chapter 19

1 Hebrew *living*

Chapter 20

1 *Meribah* means *quarreling*

Chapter 21

1 That is, set apart (devote) as an offering to the Lord (for destruction); also verse 3
2 *Hormah* means *destruction*
3 Or *copper*
4 *Beer* means *well*
5 Or *Jeshimon*
6 Septuagint; Hebrew *the lords of*
7 Compare Samaritan and Septuagint; Hebrew *and we laid waste as far as Nophah, which is as far as Medeba*

Chapter 22

1 Or *his kindred*
2 Or *reckless*

Chapter 23

1 Or *dust clouds*
2 Or *Jeshimon*

Chapter 24

1 Or *closed*, or *perfect*; also verse 15
2 Or *valleys*
3 Hebrew *corners* [of the head]

Chapter 25

1 Or *impale*

Chapter 26

1 *Take a census of the people* is implied (compare verse 2)

Chapter 28

1 An *ephah* was about 3/5 bushel or 22 liters
2 A *hin* was about 4 quarts or 3.5 liters

Chapter 29

1 An *ephah* was about 3/5 bushel or 22 liters
2 Ch 30:1 in Hebrew

Chapter 30

1 Or *may allow to stand*

Chapter 31

1 A *shekel* was about 2/5 ounce or 11 grams

Chapter 32

1 *Havvoth-jair* means *the villages of Jair*

Chapter 33

1 Some manuscripts and versions *Pi-hahiroth*

Chapter 34

1 Syriac; Hebrew lacks *its*

Chapter 35

1 A *cubit* was about 18 inches or 45 centimeters

DEUTERONOMY

Chapter 2

1 Hebrew *them*
2 That is, set apart (devoted) as an offering to the Lord (for destruction)

Chapter 3

1 That is, set apart (devoted) as an offering to the Lord (for destruction); twice in this verse
2 A *cubit* was about 18 inches or 45 centimeters
3 Hebrew *cubit of a man*

Chapter 4

1 Or *just decrees*; also verses 5, 8, 14, 45
2 Hebrew *words*
3 Hebrew *his offspring after him*
4 Syriac; Hebrew *Sion*

Chapter 5

1 Or *besides*
2 Or *to the thousandth generation*
3 Or *servant*
4 The Hebrew word also covers causing human death through carelessness or negligence
5 Or *sons*

Chapter 6

1 Or *just decrees; also verse 20*
2 Or *The Lord our God is one Lord; or The Lord is our God, the Lord is one; or The Lord is our God, the Lord alone*

Chapter 7

1 That is, set apart (devote) as an offering to the Lord (for destruction)
2 Or *quickly*
3 That is, set apart (devoted) as an offering to the Lord (for destruction); twice in this verse

Chapter 8

1 Hebrew *by all*

Chapter 9

1 Hebrew *cast-metal*

Chapter 10

1 Hebrew *words*
2 Or *the wells of the Bene-jaakan*

Chapter 11

1 Or *instruction*
2 Hebrew *watered it with your feet*
3 Samaritan, Septuagint, Vulgate; Hebrew *I; also verse 15*
4 Hebrew *and*
5 Septuagint, Syriac; see Genesis 12:6. Hebrew *oaks, or terebinths*

Chapter 12

1 Or *name as its habitation*
2 Ch 13:1 in Hebrew

Chapter 13

1 Or *evil person*
2 Hebrew *the wife of your bosom*
3 That is, setting apart (devoting) as an offering to the Lord (for destruction)

Chapter 14

1 Or *addax*
2 The identity of many of these birds is uncertain

Chapter 15

1 Or *be evil; also verse 10*
2 Or *sells himself*

Chapter 17

1 Septuagint *drive out; also verse 12*
2 Or *evil person; also verse 12*
3 Hebrew *from before*

Chapter 18

1 Or *the offerings by fire to the Lord*
2 Hebrew *his*
3 Or *lives—if he comes enthusiastically*
4 The meaning of the Hebrew is uncertain
5 Hebrew *makes his son or his daughter pass through the fire*

6 Or *and*

Chapter 19

1 Hebrew *road*
2 Or *the blood of the innocent*
3 Or *evil person*

Chapter 20

1 That is, set apart (devote) as an offering to the Lord (for destruction)

Chapter 21

1 Or *hated; also verses 16, 17*

Chapter 22

1 Hebrew *become holy*
2 Or *discipline*
3 A *shekel* was about 2/5 ounce or 11 grams
4 Or *girl of marriageable age*
5 Ch 23:1 in Hebrew
6 Hebrew *uncover his father's skirt*

Chapter 23

1 Or *male prostitute*

Chapter 24

1 *Leprosy* was a term for several skin diseases; see Leviticus 13

Chapter 25

1 Hebrew *its name*
2 Or *just, or righteous; twice in this verse*

Chapter 26

1 Hebrew *with great terror*

Chapter 27

1 Hebrew *whole*
2 Hebrew *uncovered his father's skirt*

Chapter 28

1 Or *sword*
2 Or *shall not succeed in finding your ways*
3 Identity uncertain
4 Hebrew *the wife of his bosom*
5 Hebrew *the husband of her bosom*

Chapter 29

1 Ch 28:69 in Hebrew
2 Ch 29:1 in Hebrew
3 Or *deal wisely*
4 Septuagint, Syriac; Hebrew *your heads, your tribes*

Chapter 30

1 Septuagint; Hebrew lacks *If you obey the commandments of the Lord your God*
2 Or *his just decrees*

Chapter 32

1 Or *territories*
2 Compare Dead Sea Scroll, Septuagint; Masoretic Text *Israel*
3 That is, with the best

4 Hebrew *with the kidney fat*
5 Or *fathered*
6 Septuagint *and I will repay*
7 Septuagint *judge*
8 Hebrew *the lightning of my sword*
9 Dead Sea Scroll, Septuagint; Masoretic Text *Rejoice his people, O nations*
10 Dead Sea Scroll, Septuagint; Masoretic Text *servants*
11 Dead Sea Scroll, Septuagint; Masoretic Text lacks *He repays those who hate him*
12 Or *atones for*
13 Septuagint, Vulgate; Hebrew *his land his people*
14 Septuagint, Syriac, Vulgate; Hebrew *Hoshea*

Chapter 33

1 Septuagint, Syriac, Vulgate; Hebrew *them*
2 The meaning of the Hebrew word is uncertain
3 Septuagint; Hebrew *peoples*
4 Hebrew *your*
5 The meaning of the Hebrew word is uncertain
6 Probable reading; Hebrew *With his hands he contended*
7 Dead Sea Scroll, Septuagint; Masoretic Text lacks *Give to Levi*
8 Septuagint; Hebrew *dwells in safety by him. He*
9 Two Hebrew manuscripts and Targum; Hebrew *with the dew*
10 Dead Sea Scroll, Septuagint, Samaritan; Masoretic Text *His firstborn bull*
11 Or *west*
12 Or *a dwelling place*
13 Revocalization of verse 27 yields *He subdues the ancient gods, and shatters the forces of old*
14 Hebrew *the abode of Jacob was alone*

JOSHUA

Chapter 1

1 Or *may act wisely*

Chapter 2

1 Or *had sent*
2 Hebrew *they*
3 That is, set apart (devoted) as an offering to the Lord (for destruction)
4 Or *had said*

Chapter 3

1 A *cubit* was about 18 inches or 45 centimeters
2 Hebrew *the ark of the covenant, the Lord of all the earth*

Chapter 4

1 Or *to rest*
2 Or *all the days*

Chapter 5

1 *Gibeath-haaraloth* means *the hill of the foreskins*
2 *Gilgal* sounds like the Hebrew for *to roll*

Chapter 6

1 Hebrew *under itself;* also verse 20
2 That is, set apart (devoted) as an offering to the Lord (for destruction); also verses 18, 21

Chapter 7

1 That is, set apart (devoted) as an offering to the Lord (for destruction)
2 Or *and make confession*
3 A *shekel* was about 2/5 ounce or 11 grams
4 *Achor* means *trouble*

Chapter 8

1 Hebrew *appointed time*
2 That is, set apart (devoted) as an offering to the Lord (for destruction)
3 Or *traveled*

Chapter 10

1 That is, set apart (devoted) as an offering to the Lord (for destruction); also verses 28, 35, 37, 39, 40
2 One Hebrew manuscript, Vulgate (compare Syriac); most Hebrew manuscripts *they*
3 Or *and he*

Chapter 11

1 That is, setting apart (devoting) as an offering to the Lord (for destruction); also verses 12, 20, 21

Chapter 12

1 Septuagint; Hebrew *the boundary of Og*
2 Septuagint; Hebrew *Gilgal*

Chapter 13

1 Hebrew *With it*
2 Septuagint, Syriac, Vulgate; Hebrew *Lidebir*

Chapter 14

1 *Kiriath-arba* means *the city of Arba*
2 Hebrew *He*

Chapter 17

1 The meaning of the Hebrew is uncertain

Chapter 18

1 See 15:9; Hebrew *westward*
2 Septuagint; Hebrew *to the shoulder over against the Arabah*

Chapter 19

3 Septuagint, Syriac, Vulgate; Hebrew *the Jebusite*
4 Hebrew *Gibeath*
5 Septuagint; Hebrew *Kiriath*

Chapter 19

1 Compare Septuagint; Hebrew *Mehebel*

Chapter 23

1 Or *words;* also twice in verse 15

Chapter 24

1 Hebrew *for a hundred qesitah;* a unit of money of unknown value

JUDGES

Chapter 1

1 *Hormah* means *utter destruction*

Chapter 2

1 Vulgate, Old Latin (compare Septuagint); Hebrew *sides*
2 *Bochim* means *weepers*

Chapter 3

1 A *cubit* was about 18 inches or 45 centimeters
2 The meaning of the Hebrew word is uncertain

Chapter 5

1 The meaning of the Hebrew word is uncertain; it may connote *saddle blankets*
2 Or *archers;* the meaning of the Hebrew word is uncertain
3 Septuagint; Hebrew *in Amalek*
4 Hebrew *commander's*

Chapter 6

1 Or *Please, my Lord*
2 Septuagint *the angel of the LORD;* also verse 16
3 An *ephah* was about 3/5 bushel or 22 liters
4 Hebrew *he*

Chapter 7

1 Some Hebrew manuscripts *Zeredah*

Chapter 8

1 Hebrew *their spirit*
2 A *shekel* was about 2/5 ounce or 11 grams
3 Hebrew *who came from his own loins*

Chapter 9

1 Septuagint; Hebrew *and he said*
2 Or *at Tormah*
3 Hebrew *besieging,* or *closing up*
4 Hebrew *You see*

Chapter 11

1 Or *whoever*
2 Or *him*

Chapter 12

1 Septuagint; Hebrew *in the cities of Gilead*

Chapter 13

1 Septuagint, Vulgate; Hebrew *LORD, and working*

Chapter 14

1 Septuagint, Syriac; Hebrew *seventh*

Chapter 15

1 *Ramath-lehi* means *the hill of the jawbone*
2 *En-hakkore* means *the spring of him who called*

Chapter 16

1 Compare Septuagint; Hebrew lacks *and fasten it tight . . . into the web*
2 Or *who has multiplied our slain*

Chapter 17

1 Hebrew *filled the hand of;* also verse 12

Chapter 18

1 Compare 18:10; the meaning of the Hebrew word is uncertain
2 *Mahaneh-dan* means *camp of Dan*
3 Or *Manasseh*

Chapter 19

1 Septuagint, Old Latin *became angry with*
2 Septuagint *my home;* compare verse 29

Chapter 20

1 Some Septuagint manuscripts *place west of Geba*
2 Septuagint; Hebrew *[at their] resting place*

RUTH

Chapter 1

1 *Naomi* means *pleasant*
2 *Mara* means *bitter*

Chapter 2

1 Compare Septuagint, Vulgate; the meaning of the Hebrew phrase is uncertain
2 An *ephah* was about 3/5 bushel or 22 liters

Chapter 3

1 Compare 2:12; the word for *wings* can also mean *corners of a garment*

Chapter 4

1 Hebrew *he*
2 Masoretic Text *you also buy it from Ruth*

1 SAMUEL

Chapter 1

1 Syriac; the meaning of the Hebrew is uncertain. Septuagint *And, although he loved Hannah, he would give Hannah only one portion, because the Lord had closed her womb*

2 *Samuel* sounds like the Hebrew for *heard of God*

3 Septuagint, Syriac; Hebrew *three bulls*

4 An *ephah* was about 3/5 bushel or 22 liters

Chapter 2

1 Hebrew *horn*

2 Hebrew *horn*

3 Hebrew *young man*; also verse 15

4 Septuagint; Hebrew *kick at*

5 Septuagint; Hebrew *your*; twice in this verse

6 Hebrew *increase*

7 Septuagint; Hebrew *die as men*

Chapter 3

1 Or *blaspheming for themselves*

Chapter 4

1 Or *gone into exile*; also verse 22

Chapter 6

1 Hebrew *of the people seventy men, fifty thousand men*

Chapter 7

1 Hebrew; Septuagint, Syriac *Jeshanah*

2 *Ebenezer* means *stone of help*

Chapter 8

1 Septuagint *cattle*

Chapter 9

1 Hebrew *young man*; also verses 7, 8, 10, 27

2 A *shekel* was about 2/5 ounce or 11 grams

3 Septuagint adds *the affliction of*

4 Hebrew *appointed, saying, 'I have invited the people'*

5 Septuagint; Hebrew *and he spoke with Saul*

6 Septuagint; Hebrew *And they arose early and at the break of dawn*

Chapter 10

1 Septuagint; Hebrew lacks *over his people Israel? And you shall. . . . to be prince*

2 *Gibeath-elohim* means *the hill of God*

3 *Gibeah* means *the hill*

4 Septuagint adds *finally he brought the family of the Matrites near, man by man*

Chapter 12

1 Septuagint; Hebrew lacks *Testify against me*

2 Septuagint; Hebrew lacks *is witness*

3 Septuagint; Hebrew lacks *and the Egyptians oppressed them*

4 Septuagint *the army of Jabin king of Hazor*

5 Septuagint, Syriac; Hebrew *Bedan*

6 Septuagint; Hebrew *fathers*

Chapter 13

1 The number is lacking in Hebrew and Septuagint

2 *Two* may not be the entire number; something may have dropped out

3 Septuagint; Hebrew lacks *The rest of the people . . . from Gilgal*

4 Septuagint; Hebrew *plowshare*

5 Hebrew *was a pim*

6 A *shekel* was about 2/5 ounce or 11 grams

7 The meaning of the Hebrew verse is uncertain

Chapter 14

1 Or *under the pomegranate* [tree]

2 Septuagint *Do all that your mind inclines to*

3 Hebrew *a yoke*

4 Septuagint; Hebrew *they went here and there*

5 Hebrew; Septuagint *"Bring the ephod." For at that time he wore the ephod before the people*

6 Hebrew *land*

7 Septuagint; Hebrew *this day*

8 Vulgate (compare Septuagint); Hebrew *Saul said to the Lord, the God of Israel, "Why . . .*

Chapter 15

1 That is, set apart (devote) as an offering to the Lord (for destruction); also verses 8, 9, 15, 18, 20, 21

2 The meaning of the Hebrew term is uncertain

3 Or *haltingly* (compare Septuagint); the Hebrew is uncertain

Chapter 16

1 Or *smallest*

Chapter 17

1 Hebrew; Septuagint, Dead Sea Scroll and Josephus *four*

2 A *shekel* was about 2/5 ounce or 11 grams

3 Septuagint, Syriac; Hebrew *years among men*

4 An *ephah* was about 3/5 bushel or 22 liters

5 Septuagint; Hebrew *Gai*

Chapter 18

1 Or *triangles*, or *three-stringed instruments*

2 Hebrew *by two*

Chapter 20

1 Hebrew lacks *be witness*

2 Or *but if I die, do not cut off*

3 Septuagint *earth,* ¹*let not the name of Jonathan be cut off from the house of David. And may*

4 Septuagint; Hebrew *the stone Ezel*

5 Compare Septuagint; Hebrew *stood up*

6 Septuagint; Hebrew *from beside the south*

7 This sentence is 21:1 in Hebrew

Chapter 21

1 Ch 21:2 in Hebrew

Chapter 22

1 Or *discontented*

2 Syriac, Vulgate; Hebrew *go out*

3 Septuagint, Targum; Hebrew *and has turned aside to*

Chapter 23

1 Or *Rock of Divisions*

2 Ch 24:1 in Hebrew

Chapter 24

1 Ch 24:2 in Hebrew

2 Hebrew *cover his feet*

3 Septuagint, Syriac, Targum; Hebrew *it* [my eye] *spared you*

Chapter 25

1 A *seah* was about 7 quarts or 7.3 liters

2 Septuagint *to David*

3 *Nabal* means *fool*

Chapter 30

1 Septuagint; Hebrew lacks *and all*

2 Compare 22:2

3 The meaning of the Hebrew clause is uncertain

2 SAMUEL

Chapter 1

1 Septuagint; Hebrew *the Bow*, which may be the name of the lament's tune

2 Or *of the upright*

3 Septuagint *firstfruits*

Chapter 2

1 *Helkath-hazzurim* means *the field of sword-edges*

Chapter 3

1 Or *where he was*; Septuagint *at Hebron*

Chapter 4

1 Septuagint *And behold, the doorkeeper of the house had been cleaning wheat, but she grew drowsy and slept. So Rechab and Baanah his brother slipped in*

Chapter 5

1 Dead Sea Scroll lacks verses 4-5
2 *Baal-perazim* means *lord of bursting through*

Chapter 6

1 Or *and his brother*; also verse 4
2 Compare Septuagint; Hebrew *the new cart, and brought it out of the house of Abinadab, which was on the hill*
3 Septuagint, 1 Chronicles 13:8; Hebrew *fir trees*
4 *Perez-uzzah* means *the bursting forth upon Uzzah*
5 Vulgate; the meaning of the Hebrew term is uncertain
6 Septuagint; Hebrew *my*

Chapter 7

1 Compare 1 Chronicles 17:6; Hebrew *tribes*
2 Septuagint; Hebrew *you*
3 With a few Targums, Vulgate, Syriac; Hebrew *you*
4 Septuagint (compare 1 Chronicles 17:21); Hebrew *for your land*

Chapter 8

1 Compare 20:23, 1 Chronicles 18:17, Syriac, Targum, Vulgate; Hebrew lacks *was over*

Chapter 9

1 Septuagint; Hebrew *my*

Chapter 10

1 Or *kindly*; twice in this verse
2 Hebrew *the River*

Chapter 12

1 Hebrew *bosom*; also verse 8
2 Masoretic Text *the enemies of the* Lord; Dead Sea Scroll *the word of the* Lord
3 *Jedidiah* means *beloved of the* Lord
4 A *talent* was about 75 pounds or 34 kilograms
5 Hebrew *pass through*

Chapter 13

1 Or *humiliate*; also verses 14, 22, 32
2 Compare Septuagint, Vulgate; the meaning of the Hebrew is uncertain
3 Or *a robe of many colors* (compare Genesis 37:3); also verse 19
4 Dead Sea Scroll, Septuagint add *But he would not punish his son Amnon,*

because he loved him, since he was his firstborn
5 Septuagint *the Horonaim Road*
6 Dead Sea Scroll, Septuagint; Hebrew *David*
7 Compare Vulgate *ceased to go out*

Chapter 14

1 A *shekel* was about 2/5 ounce or 11 grams
2 Septuagint, Dead Sea Scroll add *So Joab's servants came to him with their clothes torn, and they said to him, "The servants of Absalom have set your field on fire."*

Chapter 15

1 Septuagint, Syriac; Hebrew *forty*
2 Or *will serve*
3 Or *sent*
4 Septuagint; Hebrew lacks *may the* Lord *show*
5 Septuagint *The king also said to Zadok the priest, "Look, go back*

Chapter 16

1 Septuagint, Vulgate *will look upon my affliction*
2 Septuagint; Hebrew lacks *at the Jordan*

Chapter 17

1 Septuagint; Hebrew *back to you. Like the return of the whole is the man whom you seek*
2 Hebrew *bitter of soul*
3 Or *And as he falls on them*
4 Hebrew *commanded*
5 The meaning of the Hebrew word is uncertain
6 Compare 1 Chronicles 2:17; Hebrew *Israelite*
7 Hebrew adds *and parched grain*

Chapter 18

1 Or *terebinth*; also verses 10, 14
2 Or *at the risk of my life*
3 Or *Absalom's hand*
4 Ch 19:1 in Hebrew

Chapter 19

1 Septuagint; Hebrew *to the king, to his house*
2 Septuagint, Syriac, Vulgate *Saddle a donkey for me*

Chapter 20

1 Hebrew *and snatch away our eyes*
2 Compare 20:15; Hebrew *and Beth-maacah*
3 Hebrew *Berites*

Chapter 21

1 Two Hebrew manuscripts, Septuagint; most Hebrew manuscripts *Michal*

2 A *shekel* was about 2/5 ounce or 11 grams
3 Contrast 1 Chronicles 20:5, which may preserve the original reading

Chapter 22

1 Septuagint (compare Psalm 18:2); Hebrew lacks *my*
2 Or *terrified me*
3 Or *in his wrath*
4 Or *his*; also verse 34
5 Compare Psalm 18:32; Hebrew *he has blamelessly set my way free*, or *he has made my way spring up blamelessly*
6 Hebrew *ankles*
7 Or *You gave me my enemies' necks*
8 Septuagint *with the peoples*
9 Compare Psalm 18:45; Hebrew *equipped themselves*
10 Or *He is a tower of salvation*

Chapter 23

1 Or *the favorite of the songs of Israel*
2 Hebrew *from rain*
3 Hebrew *worthlessness*
4 Hebrew *consumed with fire in the sitting*
5 Or *of the captains*
6 1 Chronicles 11:11; the meaning of the Hebrew expression is uncertain
7 Two Hebrew manuscripts, Syriac; most Hebrew manuscripts *three*
8 Or *slain ones*
9 1 Chronicles 11:25; Hebrew *Was he the most renowned of the three?*
10 Or *the son of Ishhai*
11 The meaning of the word *ariel* is unknown
12 Or *Hezrai*

Chapter 24

1 Septuagint *to Joab and the commanders of the army*
2 Septuagint; Hebrew *encamped in Aroer*
3 Septuagint; Hebrew *to the land of Tahtim-hodshi*
4 Septuagint; Hebrew *they came to Dan-jaan and*
5 Or *hold over*
6 Compare 1 Chronicles 21:12, Septuagint; Hebrew *seven*
7 A *shekel* was about 2/5 ounce or 11 grams

1 KINGS

Chapter 1

1 Or *in your bosom*
2 Or *expand on*
3 Hebrew; Septuagint *Joab the commander*
4 Septuagint *one of my offspring*

Chapter 2

1 Hebrew *there shall not be cut off for you*
2 Septuagint; Hebrew *placing*
3 Septuagint *innocent blood*
4 Septuagint *my*; twice in this verse
5 Or *steadfast love*
6 Septuagint, Syriac, Vulgate; Hebrew *and for him and for Abiathar*

Chapter 4

1 Ch 5:1 in Hebrew
2 A *cor* was about 6 bushels or 220 liters

Chapter 5

1 Ch 5:15 in Hebrew
2 A *cor* was about 6 bushels or 220 liters
3 Septuagint; Hebrew *twenty*

Chapter 6

1 A *cubit* was about 18 inches or 45 centimeters
2 Or *blocked lattice windows*
3 Or *platform*; also verse 10
4 Septuagint; Hebrew *structure, or platform*
5 Septuagint, Targum; Hebrew *middle*
6 Vulgate; Hebrew *and before the inner sanctuary*
7 Septuagint *made*
8 The meaning of the Hebrew phrase is uncertain

Chapter 7

1 A *cubit* was about 18 inches or 45 centimeters
2 Septuagint *three*
3 Septuagint; Hebrew *posts*
4 Syriac, Vulgate; Hebrew *floor*
5 Targum, Syriac (compare Septuagint and Jeremiah 52:21); Hebrew *fingers. And a line of twelve cubits measured the circumference of the second pillar*
6 Septuagint; Hebrew *seven*; twice in this verse
7 Two manuscripts (compare Septuagint); Hebrew *pillars*
8 A *handbreadth* was about 3 inches or 7.5 centimeters
9 A *bath* was about 6 gallons or 22 liters

Chapter 8

1 Septuagint *The LORD has set the sun in the heavens, but*
2 Septuagint, Syriac in *any of their cities*
3 Septuagint; Hebrew *seven days and seven days, fourteen days*

Chapter 9

1 Syriac, Old Latin; Hebrew *will become high*
2 A *talent* was about 75 pounds or 34 kilograms
3 Hebrew lacks *of Judah*
4 That is, set apart (devote) as an offering to the Lord (for destruction)
5 Septuagint lacks *with it*

Chapter 10

1 A *talent* was about 75 pounds or 34 kilograms
2 A *shekel* was about 2/5 ounce or 11 grams
3 A *mina* was about 1 1/4 pounds or 0.6 kilogram
4 Or *baboons*

Chapter 11

1 Septuagint, Syriac, Vulgate *he has*; twice in this verse

Chapter 12

1 Septuagint, Vulgate (compare 2 Chronicles 10:2); Hebrew *lived in*
2 Septuagint *went to the one at Bethel and to the other as far as Dan*

Chapter 13

1 Septuagint, Syriac, Vulgate; Hebrew *son*
2 Septuagint; Hebrew *he came to the city of the old prophet*

Chapter 15

1 Or *treaty*; twice in this verse

Chapter 16

1 A *talent* was about 75 pounds or 34 kilograms

Chapter 17

1 Septuagint; Hebrew *of the settlers*
2 Or *soul*; also verse 22

Chapter 18

1 A *seah* was about 7 quarts or 7.3 liters

Chapter 19

1 Or *a sound, a thin silence*

Chapter 20

1 A *talent* was about 75 pounds or 34 kilograms
2 That is, set apart (devoted) as an offering to the Lord (for destruction)

Chapter 21

1 Hebrew *blessed*; also verse 13

Chapter 22

1 Hebrew *in his innocence*

2 KINGS

Chapter 3

1 Septuagint; the meaning of the Hebrew is uncertain

Chapter 5

1 *Leprosy* was a term for several skin diseases; see Leviticus 13
2 A *talent* was about 75 pounds or 34 kilograms; a *shekel* was about 2/5 ounce or 11 grams
3 Or *Amana*

Chapter 6

1 A *shekel* was about 2/5 ounce or 11 grams; a *kab* was about 1 quart or 1 liter

Chapter 7

1 A *seah* was about 7 quarts or 7.3 liters
2 A *shekel* was about 2/5 ounce or 11 grams
3 *Leprosy* was a term for several skin diseases; see Leviticus 13

Chapter 8

1 The meaning of the Hebrew is uncertain
2 Septuagint, Syriac lack *when Jehoshaphat was king of Judah*
3 *Joram* is another spelling of *Jehoram* (the son of Jehoshaphat) as in verse 16; also verses 23, 24

Chapter 9

1 The meaning of the Hebrew word is uncertain
2 Syriac, Vulgate (compare Septuagint); Hebrew lacks *and they shot him*

Chapter 10

1 Septuagint, Vulgate; Hebrew *rulers of Jezreel*
2 Hebrew lacks *of the sons*
3 Septuagint; Hebrew lacks *Jehu said*
4 Septuagint, Syriac, Targum; Hebrew *they*
5 Septuagint *he* (compare verse 25)

Chapter 11

1 Compare 2 Chronicles 22:11; Hebrew lacks *and she put*
2 Septuagint, Syriac, Vulgate (compare 2 Chronicles 22:11) *she*
3 The meaning of the Hebrew word is uncertain
4 Ch 12:1 in Hebrew
5 *Jehoash* is another spelling of *Joash* (son of Ahaziah) as in verse 2

Chapter 12

1   *Jehoash* is another spelling of *Joash* (son of Ahaziah) as in 11:2; also verses 2, 4, 6, 7, 18

Chapter 13

1   Septuagint, Syriac, Targum, Vulgate; Hebrew *he walked*

2   *Jehoash* is another spelling for *Joash* (son of Jehoahaz) as in verses 9, 12-14; also verse 25

Chapter 14

1   *Jehoash* is another spelling for *Joash* (son of Jehoahaz) as in 13:9, 12-14; also verses 9, 11-16

2   A *cubit* was about 18 inches or 45 centimeters

Chapter 15

1   *Leprosy* was a term for several skin diseases; see Leviticus 13

2   The meaning of the Hebrew word is uncertain

3   Another name for *Azariah*

4   Another name for *Tiglath-pileser III* (compare verse 29)

5   A *talent* was about 75 pounds or 34 kilograms

6   A *shekel* was about 2/5 ounce or 11 grams

Chapter 16

1   Or *made his son pass through the fire*

2   Compare 1 Kings 7:23

Chapter 17

1   Or *made their sons and their daughters pass through the fire*

2   Syriac, Vulgate; Hebrew *them*

Chapter 18

1   *Nehushtan* sounds like the Hebrew for both *bronze* and *serpent*

2   A *talent* was about 75 pounds or 34 kilograms

3   Hebrew *his*

4   Hebrew *Make a blessing with me*

Chapter 21

1   Hebrew *made his son pass through the fire*

2   Or *evil*

Chapter 23

1   Hebrew *might cause his son or daughter to pass through the fire for Molech*

2   The meaning of the Hebrew word is uncertain

3   Hebrew *pieces from there*

4   Septuagint *broke in pieces its stones*

5   Hebrew *called*

6   A *talent* was about 75 pounds or 34 kilograms

Chapter 25

1   A *cubit* was about 18 inches or 45 centimeters

2   Hebrew *reign, lifted up the head of*

1 CHRONICLES

Chapter 1

1   Many names in these genealogies are spelled differently in other biblical books

2   Septuagint; Hebrew *Diphath*

3   Or *He began to be a mighty man on the earth*

4   Septuagint; Hebrew lacks *And the sons of Aram*

5   *Peleg* means division

6   Septuagint, Syriac (compare Genesis 10:28); Hebrew *Ebal*

7   Septuagint (compare Genesis 36:12); Hebrew lacks *and of*

8   Septuagint (compare Genesis 36:22); Hebrew *Homam*

9   Septuagint (compare Genesis 36:23); Hebrew *Alian*

10   Septuagint (compare Genesis 36:23); Hebrew *Shephi*

11   Hebrew *sons*

12   Septuagint (compare Genesis 36:26); Hebrew *Hamran*

13   Septuagint (compare Genesis 36:27); Hebrew *Jaakan*

Chapter 2

1   Hebrew *sons*

2   Septuagint (compare Ruth 4:21); Hebrew *Salma*

3   Septuagint, Vulgate; Hebrew *in Caleb Ephrathah*

4   Hebrew *sons*; three times in this verse

5   Septuagint; Hebrew *Mesha*

6   Hebrew *sons*

7   Hebrew *the father of Hebron*

8   Septuagint, Vulgate; Hebrew *son*

Chapter 3

1   Septuagint (compare Syriac, Vulgate); Hebrew *sons of*; four times in this verse

2   Hebrew *sons*

Chapter 4

1   Septuagint (compare Vulgate); Hebrew *father*

2   *Jabez* sounds like the Hebrew for *pain*

3   Or *evil*

4   Septuagint, Vulgate; Hebrew lacks *Meonothai*

5   *Ge-harashim* means *valley of craftsmen*

6   Hebrew *sons*

7   The clause *These are . . . married* is transposed from verse 18

8   Hebrew lacks *and bore*

9   Vulgate (compare Septuagint); Hebrew *and Jashubi-lahem*

10   Or *matters*

Chapter 5

1   Hebrew *Tilgath-pilneser*; also verse 26

2   Septuagint, Vulgate; Hebrew *and Epher*

Chapter 6

1   Ch 5:27 in Hebrew

2   Ch 6:1 in Hebrew

3   Septuagint, Syriac (compare verse 33 and 1 Samuel 8:2); Hebrew lacks *Joel*

4   Hebrew *and Abijah*

5   Septuagint, Syriac (compare Joshua 21:17); Hebrew lacks *Gibeon*

Chapter 7

1   Syriac (compare Vulgate); Hebrew *And to the sons*

2   Hebrew *sons*; also verses 10, 12, 17

3   *Beriah* sounds like the Hebrew for *disaster*

4   Hebrew *Non*

Chapter 8

1   Hebrew *and Naaman*

2   Or *he carried them into exile*

3   Compare 9:35; Hebrew lacks *Jeiel*

Chapter 9

1   Compare 8:35; Hebrew lacks *and Ahaz*

Chapter 10

1   Hebrew *they*

Chapter 11

1   Compare 2 Samuel 23:8; Hebrew *thirty*, or *captains*

2   Compare 2 Samuel 23:12; Hebrew *they . . . their*

3   Syriac; Hebrew *three*

4   Compare 2 Samuel 23:19; Hebrew *more renowned among the two*

5   Syriac; Hebrew *three*

6   Syriac; Hebrew *the son of a valiant man*

7   A *cubit* was about 18 inches or 45 centimeters

8   Compare 2 Samuel 23:25; Hebrew *the Harorite*

9   Compare Septuagint and 2 Samuel 23:32; Hebrew *the sons of Hashem*

Chapter 12

1   Hebrew verse 5

2   Hebrew verse 6

3   Septuagint; Hebrew lacks *David*

Chapter 13

1   Or *him*

2   Hebrew *Shihor*

3   Or *and his brother*

4   *Perez-uzza* means *the breaking out against Uzzah*

Chapter 14

1   *Baal-perazim* means *Lord of breaking through*

Chapter 15

1   Hebrew *He*

Chapter 16

1   Compare Septuagint, Syriac, Vulgate; the meaning of the Hebrew is uncertain

2   Or *in holy attire*

3   Hebrew *their*

Chapter 17

1   The meaning of the Hebrew is uncertain

2   Septuagint, Vulgate *other*

Chapter 18

1   Hebrew *hand*

2   Septuagint, Vulgate, 2 Samuel 8:6 (compare Syriac); Hebrew lacks *garrisons*

3   Hebrew *the* Lord *saved David*; also verse 13

Chapter 19

1   A *talent* was about 75 pounds or 34 kilograms

Chapter 20

1   A *talent* was about 75 pounds or 34 kilograms

2   Compare 2 Samuel 12:31; Hebrew *he sawed*

3   Compare 2 Samuel 12:31; Hebrew *saws*

Chapter 21

1   A *shekel* was about 2/5 ounce or 11 grams

2   Hebrew *he*

Chapter 22

1   A *talent* was about 75 pounds or 34 kilograms

Chapter 23

1   Hebrew *He*

2   Hebrew lacks *David said*

3   Vulgate (compare Septuagint, Syriac); Hebrew *to the Gershonite*

Chapter 24

1   Compare 23:19; Hebrew lacks *Hebron*

2   Compare 23:19; Hebrew lacks *the chief*

3   Or *his son*; also verse 27

Chapter 25

1   One Hebrew manuscript, Septuagint; most Hebrew manuscripts lack *Shimei*

Chapter 26

1   Septuagint; Hebrew *six Levites*

2   Or *court*; Hebrew *parbar* (meaning unknown); twice in this verse

3   The Hebrew of verse 21 is uncertain

4   Hebrew *Shelomith*

Chapter 27

1   Septuagint; Hebrew *Ahohite and his division and Mikloth the chief officer*

2   Septuagint, Vulgate; Hebrew *was his division*

Chapter 28

1   Hebrew lacks *of the temple*

Chapter 29

1   A *talent* was about 75 pounds or 34 kilograms

2   Septuagint; Hebrew *houses*

3   Or *ordaining himself*; Hebrew *filling his hand*

4   A *daric* was a coin weighing about 1/4 ounce or 8.5 grams

5   Septuagint, Vulgate; Hebrew *hope*, or *prospect*

2 CHRONICLES

Chapter 1

1   Or *him*

2   Septuagint, Vulgate; Hebrew *to*

3   A *shekel* was about 2/5 ounce or 11 grams

Chapter 2

1   Ch 1:18 in Hebrew

2   Ch 2:1 in Hebrew

3   A *cor* was about 6 bushels or 220 liters

4   A *bath* was about 6 gallons or 22 liters

Chapter 3

1   Septuagint; Hebrew lacks *the* Lord

2   Syriac; Hebrew *foundations*

3   A *cubit* was about 18 inches or 45 centimeters

4   Compare 1 Kings 6:3; the meaning of the Hebrew is uncertain

5   A *talent* was about 75 pounds or 34 kilograms

6   A *shekel* was about 2/5 ounce or 11 grams

7   Septuagint; the meaning of the Hebrew is uncertain

8   Hebrew *they overlaid*

9   Hebrew *they*

10   Hebrew *chains in the inner sanctuary*

Chapter 4

1   A *cubit* was about 18 inches or 45 centimeters

2   Compare 1 Kings 7:24; Hebrew *oxen*; twice in this verse

3   A *handbreadth* was about 3 inches or 7.5 centimeters

4   A *bath* was about 6 gallons or 22 liters

5   Spelled *Zarethan* in 1 Kings 7:46

6   Compare 1 Kings 7:50; Hebrew *the entrance of the house*

Chapter 5

1   Hebrew *it is*

Chapter 6

1   A *cubit* was about 18 inches or 45 centimeters

2   Septuagint, Vulgate; Hebrew *answer*

3   Septuagint, Syriac, Vulgate (compare 1 Kings 8:36); Hebrew *toward the good way*

Chapter 7

1   Hebrew *by their hand*

2   The Hebrew for *you* is plural here

3   Hebrew *them*; twice in this verse

Chapter 8

1   Septuagint, Syriac, Vulgate; Hebrew *to*

2   A *talent* was about 75 pounds or 34 kilograms

Chapter 9

1   Hebrew *their*

2   Septuagint (compare 1 Kings 10:8); Hebrew *men*

3   A *talent* was about 75 pounds or 34 kilograms

4   A *shekel* was about 2/5 ounce or 11 grams

5   Or *baboons*

Chapter 10

1   Or *the elders*; also verses 8, 13

2   Spelled *Adoram* in 1 Kings 12:18

Chapter 11

1   Hebrew *and sought a multitude of wives*

Chapter 12

1   Hebrew *good things were found*

2   After *seer*, Hebrew adds *according to genealogy*

3   Spelled *Abijam* in 1 Kings 14:31

Chapter 13

1   Spelled *Maacah* in 1 Kings 15:2

2   Hebrew *soft of heart*

3   Hebrew *to fill his hand*

4   Hebrew *they*

5   Or *Ephrain*

Chapter 14

1 Ch 13:23 in Hebrew
2 Ch 14:1 in Hebrew
3 Hebrew *they*

Chapter 15

1 Hebrew *the vestibule of the* LORD

Chapter 16

1 Or *treaty*; twice in this verse

Chapter 18

1 Hebrew *in his innocence*

Chapter 19

1 Hebrew *the good*

Chapter 20

1 Compare 26:7; Hebrew *Ammonites*
2 One Hebrew manuscript; most Hebrew manuscripts *Aram* (Syria)
3 Or *the sword of judgment*
4 Hebrew *they*
5 *Beracah* means blessing

Chapter 21

1 That is, Judah
2 Hebrew *spirit*

Chapter 22

1 Spelled *Jehosheba* in 2 Kings 11:2
2 That is, Joash

Chapter 23

1 Hebrew *he*
2 Or *they made a passage for her*

Chapter 24

1 Spelled *Jehoash* in 2 Kings 12:1
2 Or *until it was full*
3 Hebrew *and seek*
4 Hebrew *they*
5 Septuagint, Vulgate; Hebrew *sons*
6 Hebrew *founding*

Chapter 25

1 A *talent* was about 75 pounds or 34 kilograms
2 Hebrew *you*
3 A *cubit* was about 18 inches or 45 centimeters
4 Hebrew *of Judah*

Chapter 26

1 *Leprosy* was a term for several skin diseases; see Leviticus 13

Chapter 27

1 A *talent* was about 75 pounds or 34 kilograms
2 A *cor* was about 6 bushels or 220 liters

Chapter 28

1 Hebrew *made his sons pass through the fire*
2 Septuagint, Syriac, Vulgate

(compare 2 Kings 16:7); Hebrew *kings*
3 Or *wildly*
4 Hebrew *Tilgath-pileser*

Chapter 29

1 Spelled *Abi* in 2 Kings 18:2
2 Hebrew *filled your hand for*

Chapter 30

1 Hebrew *not according to the cleanness of holiness*
2 Compare 1 Chronicles 13:8; Hebrew *with instruments of might*

Chapter 32

1 Vulgate; Hebrew *and raised upon the towers*

Chapter 33

1 One Hebrew manuscript, Septuagint; most Hebrew manuscripts *of Hozai*

Chapter 34

1 The meaning of the Hebrew is uncertain
2 Syriac, Vulgate; Hebrew lacks *had sent*

Chapter 36

1 A *talent* was about 75 pounds or 34 kilograms
2 Septuagint (compare 2 Kings 24:8); most Hebrew manuscripts *eight*

EZRA

Chapter 2

1 A *daric* was a coin weighing about 1/4 ounce or 8.5 grams
2 A *mina* was about 1 1/4 pounds or 0.6 kilogram
3 Hebrew *all Israel*

Chapter 4

1 Hebrew *written in Aramaic and translated in Aramaic*, indicating that 4:8–6:18 is in Aramaic; another interpretation is *The letter was written in the Aramaic script and set forth in the Aramaic language*

Chapter 5

1 Septuagint, Syriac; Aramaic *We*
2 Aramaic *of the men at their heads*

Chapter 6

1 A *cubit* was about 18 inches or 45 centimeters

Chapter 7

1 Aramaic *he*
2 Aramaic *Perfect* (probably a greeting)
3 A *talent* was about 75 pounds or 34 kilograms

4 A *cor* was about 6 bushels or 220 liters
5 A *bath* was about 6 gallons or 22 liters

Chapter 8

1 Septuagint; Hebrew lacks *of Zattu*
2 Septuagint; Hebrew lacks *Bani*
3 Hebrew lacks *and*
4 A *talent* was about 75 pounds or 34 kilograms
5 Revocalization; the number is missing in the Masoretic Text
6 A *daric* was a coin weighing about 1/4 ounce or 8.5 grams
7 A *satrap* was a Persian official

Chapter 9

1 Hebrew *offspring*
2 Hebrew *nail*, or *tent-pin*
3 Hebrew *a wall*

Chapter 10

1 Or *of the Lord*
2 Probable reading; Hebrew *where he went*
3 Syriac; Hebrew *And there were selected Ezra . . .*
4 Or *as their reparation*
5 Septuagint; Hebrew *Malchijah*
6 Septuagint; Hebrew *Bani, Binnui*
7 Or *and they put them away with their children*

NEHEMIAH

Chapter 1

1 Or *the fortified city*

Chapter 2

1 Or *memorial*

Chapter 3

1 Hebrew *him*
2 Or *lords*
3 Or *of the old city*
4 Or *foreman of half the portion assigned to*; also verses 12, 14, 15, 16, 17, 18
5 A *cubit* was about 18 inches or 45 centimeters
6 Or *corner*; also verses 20, 24, 25
7 Or *Hammiphkad Gate*

Chapter 4

1 Ch 3:33 in Hebrew
2 Or *Will they commit themselves to God?*
3 Ch 4:1 in Hebrew
4 Hebrew *Judah said*
5 The meaning of the Hebrew is uncertain
6 Probable reading; Hebrew *each his weapon the water*

Chapter 5

1　Hebrew *bosom*
2　Compare Vulgate; Hebrew *took from them with food and wine afterward*
3　A *shekel* was about 2/5 ounce or 11 grams
4　Or *prepared for me*

Chapter 6

1　Hebrew *Gashmu*
2　Hebrew lacks *O God*
3　Or *would go into the temple to save his life*

Chapter 7

1　Ezra 2:66 and the margins of some Hebrew manuscripts; Hebrew lacks *Their horses . . . 245*
2　A *daric* was a coin weighing about 1/4 ounce or 8.5 grams
3　A *mina* was about 1 1/4 pounds or 0.6 kilogram
4　Probable reading; Hebrew lacks *minas of silver*

Chapter 8

1　Vulgate; Hebrew *and the Levites*
2　Or *with interpretation*, or *paragraph by paragraph*
3　Or *temporary shelters*

Chapter 9

1　Septuagint adds *And Ezra said*
2　Hebrew *metal*
3　Ch 10:1 in Hebrew
4　Hebrew lacks *the names of*

Chapter 10

1　Ch 10:2 in Hebrew
2　Hebrew lacks *the names of*
3　A *shekel* was about 2/5 ounce or 11 grams

Chapter 11

1　Hebrew *nine hands*
2　Compare Septuagint; Hebrew *Jeshaiah, and after him Gabbai, Sallai, 928*
3　Compare Septuagint, Vulgate; Hebrew *beginning*
4　Hebrew *hand*

Chapter 12

1　Or *of the old city*
2　Or *leaders*

Chapter 13

1　The Hebrew word can mean *evil*, *harm*, or *disaster*, depending on the context

ESTHER

Chapter 1

1　Or *the fortified city*
2　Or *rings*

3　Or *headdress*

Chapter 2

1　Or *headdress*
2　Or *suspended on a stake*

Chapter 3

1　A *talent* was about 75 pounds or 34 kilograms

Chapter 5

1　Or *stake*; twice in this verse
2　A *cubit* was about 18 inches or 45 centimeters

Chapter 6

1　Or *suspended on a stake*
2　Or *headdress*

Chapter 7

1　Hebrew *whose heart has filled him*
2　Or *stake*; also verse 10
3　A *cubit* was about 18 inches or 45 centimeters

Chapter 8

1　Or *stake*
2　Or *headdress*

Chapter 9

1　Or *stake*
2　Or *suspended on a stake*

JOB

Chapter 1

1　The Hebrew word *bless* is used euphemistically for *curse* in 1:5, 11; 2:5, 9
2　Hebrew *the Adversary*; so throughout chapters 1–2
3　Hebrew *the young men*; also verses 16, 17

Chapter 2

1　Or *disaster*; also verse 11

Chapter 3

1　Or *like*; Hebrew *before*

Chapter 4

1　Hebrew lacks *of God*
2　Or *more than*; twice in this verse

Chapter 5

1　The meaning of the Hebrew is uncertain
2　Aquila, Symmachus, Syriac, Vulgate; Hebrew could be read as *and the snare pants*
3　Hebrew *their*
4　Or *disaster*
5　Hebrew *for yourself*

Chapter 6

1　The meaning of the Hebrew word is uncertain

2　The meaning of the Hebrew is uncertain
3　The meaning of the Hebrew word is uncertain
4　Syriac, Vulgate (compare Targum); the meaning of the Hebrew word is uncertain

Chapter 8

1　Hebrew *house*

Chapter 9

1　Or *to my judge*
2　Compare Septuagint; Hebrew *me*
3　The meaning of the Hebrew word is uncertain
4　Or *Would that there were an*

Chapter 10

1　Hebrew lacks *my head*

Chapter 11

1　Hebrew *your*
2　The meaning of the Hebrew is uncertain
3　Hebrew *The heights of heaven*

Chapter 12

1　The meaning of the Hebrew is uncertain
2　Or *speak to the earth*
3　Hebrew *him*

Chapter 13

1　Or *Behold, he will slay me; I have no hope*
2　Or *you marked*
3　Hebrew *He*

Chapter 14

1　Probable reading; Hebrew *look away from him, that he may cease*
2　Or *relief*

Chapter 15

1　Hebrew lacks *of God*
2　Hebrew *he*
3　Or *nor will his produce bend down to the earth*

Chapter 16

1　Hebrew *you have*; also verse 8
2　Hebrew *and*

Chapter 17

1　The meaning of the Hebrew is uncertain

Chapter 19

1　Hebrew *their way*
2　Hebrew *dust*
3　Or *without*

Chapter 20

1　Hebrew *he*
2　Hebrew *his*

Chapter 21

1 Hebrew *he*
2 The meaning of the Hebrew word is uncertain

Chapter 22

1 Hebrew *them*
2 Or *you say, 'It is exaltation'*
3 Septuagint, Syriac, Vulgate; Hebrew *him that is not innocent*

Chapter 23

1 Or *defiant*
2 Or *one*

Chapter 24

1 Hebrew *they*
2 Hebrew *his*
3 Hebrew *their olive rows*
4 Hebrew *he*

Chapter 25

1 Hebrew *him*

Chapter 26

1 Hebrew *him*
2 Or *his throne*

Chapter 27

1 Or *He (that is, God); also verse 23*
2 Or *his; also verse 23*

Chapter 28

1 Or *lapis lazuli; also verse 16*

Chapter 29

1 Hebrew *my autumn days*

Chapter 30

1 Or *warmth*
2 Hebrew *the bridle*
3 Hebrew *He*
4 The meaning of the Hebrew is uncertain

Chapter 31

1 Or *let my descendants*
2 Hebrew *he*
3 Hebrew *her*
4 Hebrew *if his loins have not blessed me*
5 Hebrew *the light*
6 Or *as Adam did*

Chapter 32

1 Hebrew *many [in years]*

Chapter 33

1 Hebrew *his*
2 Or *He will not answer for any of his own words*
3 Hebrew *he*

Chapter 34

1 Hebrew lacks *on him*
2 Hebrew *he*
3 The meaning of the Hebrew in verses 29-33 is uncertain

Chapter 35

1 Or *the many*
2 Theodotion, Symmachus (compare Vulgate); the meaning of the Hebrew word is uncertain

Chapter 36

1 Hebrew *declares concerning him*

Chapter 37

1 Hebrew *them*
2 Or *hoverings*
3 Hebrew *in heart*

Chapter 38

1 Hebrew *Gird up your loins*
2 Probably the name of a constellation
3 Or *in the ibis*
4 Or *rooster*

Chapter 39

1 The meaning of the Hebrew is uncertain
2 The meaning of the Hebrew is uncertain
3 Hebrew *They paw*

Chapter 40

1 Hebrew *Gird up your loins*
2 Hebrew *in the hidden place*
3 A large animal, exact identity unknown
4 Hebrew *ways*
5 Or *in his sight*

Chapter 41

1 Ch 40:25 in Hebrew
2 A large sea animal, exact identity unknown
3 Ch 41:1 in Hebrew
4 Or *His pride is in his*
5 Or *gods*

Chapter 42

1 Or *and am comforted*
2 Or *disaster*
3 Hebrew *a qesitah; a unit of money of unknown value*

PSALMS

Psalm 1

1 The singular Hebrew word for *man* (*ish*) is used here to portray a representative example of a godly person; see p. 1749
2 Or *instruction*

Psalm 2

1 Or *nations noisily assemble*
2 Revocalization yields (compare Septuagint) *You shall rule*

Psalm 3

1 The meaning of the Hebrew word *Selah*, used frequently in the Psalms, is uncertain. It may be a musical or liturgical direction

Psalm 4

1 Or *O men of rank*
2 Or *Be agitated*

Psalm 5

1 Or *I direct my prayer to you*

Psalm 6

1 Probably a musical or liturgical term

Psalm 7

1 Probably a musical or liturgical term
2 Hebrew *the one at peace with me*
3 Hebrew *the hearts and kidneys*
4 Hebrew *he*
5 Hebrew *he*

Psalm 8

1 Probably a musical or liturgical term
2 Or *than God*; Septuagint *than the angels*

Psalm 9

1 Probably a musical or liturgical term
2 Psalms 9 and 10 together follow an acrostic pattern, each stanza beginning with the successive letters of the Hebrew alphabet. In the Septuagint they form one psalm
3 Or *because of*
4 Probably a musical or liturgical term

Psalm 10

1 Or *and he blesses the one greedy for gain*
2 Or *of his anger*
3 Or *the wicked says, "He will not call to account"*

Psalm 11

1 Or *for the foundations will be destroyed; what has the righteous done?*

Psalm 12

1 Probably a musical or liturgical term
2 Or *guard him*

Psalm 14

1 Or *that act wisely*
2 Or *for*

Psalm 16

1 Probably a musical or liturgical term
2 Or *To the saints in the land, the excellent in whom is all my delight, I say:*
3 Or *who acquire*
4 Hebrew *my kidneys instruct me*
5 Hebrew *my glory*

6 Or *see the pit*

Psalm 17

1 Or *Distinguish me by*
2 Or *from men whose portion in life is of the world*
3 Or *As for your treasured ones, you fill their womb*

Psalm 18

1 Or *terrified me*
2 Or *in his wrath*
3 Or *just decrees*
4 Or *blameless*
5 Or *You gave me my enemies' necks*

Psalm 19

1 Hebrew *the expanse*; compare Genesis 1:6-8
2 Or *Their measuring line*
3 Or *blameless*
4 Or *just decrees*

Psalm 21

1 Or *make him a source of blessing forever*

Psalm 22

1 Or *dwelling in the praises*
2 Some Hebrew manuscripts, Septuagint, Vulgate, Syriac; most Hebrew manuscripts *like a lion* [they are at] *my hands and feet*
3 Hebrew *answered*
4 Or *The meek*

Psalm 23

1 Hebrew *beside waters of rest*
2 Or *in right paths*
3 Or *the valley of deep darkness*
4 Or *Only*
5 Or *steadfast love*
6 Or *shall return to dwell*
7 Hebrew *for length of days*

Psalm 24

1 Or *and all that fills it*
2 Septuagint, Syriac, and two Hebrew manuscripts; Masoretic Text *Jacob, who seek your face*

Psalm 25

1 This psalm is an acrostic poem, each verse beginning with the successive letters of the Hebrew alphabet
2 Or *The secret counsel*

Psalm 26

1 Hebrew *test my kidneys and my heart*

Psalm 27

1 Or *refuge*
2 Or *in this*
3 Or *meditate*

4 The command (*seek*) is addressed to more than one person
5 The meaning of the Hebrew verse is uncertain
6 Other Hebrew manuscripts *Oh! Had I not believed*

Psalm 28

1 Hebrew *your innermost sanctuary*
2 Some Hebrew manuscripts, Septuagint, Syriac; most Hebrew manuscripts *is their strength*

Psalm 29

1 Hebrew *sons of God*, or *sons of might*
2 Or *in holy attire*
3 Revocalization yields *makes the oaks to shake*
4 Or *The LORD will give . . . The LORD will bless*

Psalm 30

1 Or *to life, that I should not go down to the pit*
2 Hebrew *to the memorial of his holiness* (see Exodus 3:15)
3 Or *and in his favor is life*
4 Hebrew *in my blood*
5 Or *to corruption*

Psalm 31

1 Masoretic Text; one Hebrew manuscript, Septuagint, Syriac, Jerome *You hate*
2 Or *in my haste*

Psalm 32

1 Probably a musical or liturgical term
2 Hebrew *my vitality was changed*

Psalm 34

1 This psalm is an acrostic poem, each verse beginning with the successive letters of the Hebrew alphabet

Psalm 35

1 Or *and close the way*
2 The word *pit* is transposed from the preceding line; Hebrew *For without cause they hid the pit of their net for me; without cause they dug for my life*
3 Or *Violent*
4 Hebrew *it is bereavement to my soul*
5 Or *my prayer shall turn back*
6 The meaning of the Hebrew phrase is uncertain

Psalm 36

1 Some Hebrew manuscripts, Syriac, Jerome (compare Septuagint); most Hebrew manuscripts *in my heart*

Psalm 37

1 This psalm is an acrostic poem, each stanza beginning with the

successive letters of the Hebrew alphabet
2 Or *and feed on faithfulness*, or *find safe pasture*
3 Hebrew *by him*
4 The identity of this tree is uncertain
5 Or *But one passed by*

Psalm 39

1 Hebrew *Surely as a breath*

Psalm 40

1 Hebrew *ears you have dug for me*
2 Hebrew *righteousness*; also verse 10

Psalm 41

1 Or *weak*
2 Hebrew *you turn all his bed*
3 Hebrew *my soul*
4 Or *they devise evil against me*
5 Or *has fastened*

Psalm 42

1 Probably a musical or liturgical term
2 Revocalization yields *and see the face of God*
3 Hebrew *the salvation of my face*; also verse 11 and 43:5

Psalm 44

1 Probably a musical or liturgical term
2 Hebrew *a shaking of the head*

Psalm 45

1 Probably a musical or liturgical term
2 Hebrew *daughter*
3 Or *The daughter of Tyre is here with gifts, the richest of people seek your favor*

Psalm 46

1 Probably a musical or liturgical term
2 Or *well proved*

Psalm 47

1 Hebrew *maskil*

Psalm 48

1 Septuagint; another reading is (compare Jerome, Syriac) *He will guide us beyond death*

Psalm 49

1 Septuagint, Syriac, Targum; Hebrew *Their inward thought was that their homes were forever*
2 Or *and of those after them who approve of their boasts*

Psalm 50

1 Or *May our God come, and not keep silence*
2 Or *Make thanksgiving your sacrifice to God*
3 Or *that the I AM*

Psalm 51

1 Or *Be gracious to me*

2 Or *steadfast*

Psalm 52

1 Probably a musical or liturgical term
2 Or *in his work of destruction*

Psalm 53

1 Probably musical or liturgical terms
2 Or *who act wisely*

Psalm 54

1 Probably a musical or liturgical term
2 Some Hebrew manuscripts and Targum *insolent men* (compare Psalm 86:14)

Psalm 55

1 Probably a musical or liturgical term
2 Hebrew *He*

Psalm 56

1 Probably a musical or liturgical term
2 Or *they twist my words*
3 Or *wanderings*
4 Or *because*

Psalm 57

1 Probably a musical or liturgical term
2 Or *my whole being*

Psalm 58

1 Probably a musical or liturgical term
2 Or *mighty lords* (by revocalization; Hebrew *in silence*)
3 The meaning of the Hebrew verse is uncertain

Psalm 59

1 Probably a musical or liturgical term
2 Hebrew lacks *they think*
3 Or *The God who shows me steadfast love*
4 Or *wander*

Psalm 60

1 Probably musical or liturgical terms
2 Or *that it may be displayed because of truth*
3 Or *sanctuary*
4 Revocalization (compare Psalm 108:10); Masoretic Text *over me, O Philistia, shout in triumph*

Psalm 65

1 Or *Praise waits for you in silence*
2 Or *and make it overflow*

Psalm 66

1 Hebrew *under*
2 Or *and he was exalted with my tongue*

Psalm 68

1 Or *your congregation*
2 Or *hunch-backed*; also verse 16
3 Or *has been*
4 The Hebrew for *you* is plural here

5 Probable reading; Hebrew *Your God has summoned your power*
6 The meaning of the Hebrew verse is uncertain
7 Septuagint; Hebrew *your*

Psalm 69

1 Or *waters threaten my life*
2 Hebrew lacks *and humbled*
3 Hebrew; a slight revocalization yields (compare Septuagint, Syriac, Jerome) *a snare, and retribution and a trap*
4 Hebrew *may they not come into your righteousness*

Psalm 72

1 Septuagint *He shall endure*
2 That is, the Euphrates

Psalm 73

1 Probable reading; Hebrew *the waters of a full cup are drained by them*
2 Hebrew *rock*

Psalm 74

1 Probably a musical or liturgical term
2 The meaning of the Hebrew is uncertain
3 Hebrew *from your bosom*
4 Or *the great sea creatures*

Psalm 75

1 Hebrew *They*

Psalm 76

1 Or *extremity*

Psalm 77

1 Hebrew lacks *I said*
2 Or *This is my grief: that the right hand of the Most High has changed*
3 Hebrew *unknown*

Psalm 78

1 Probably a musical or liturgical term
2 Hebrew *armed and shooting*
3 Hebrew *in*
4 Or *vapor*
5 Hebrew *hand*

Psalm 79

1 Or *the iniquities of former generations*

Psalm 80

1 Or *Turn us again*; also verses 7, 19
2 That is, the Euphrates

Psalm 81

1 Probably a musical or liturgical term
2 Or *just decree*
3 Or *against*
4 Hebrew *his*; also next line
5 That is, Israel; Hebrew *him*

Psalm 82

1 Or *fall as one man, O princes*

Psalm 83

1 Or *like a tumbleweed*

Psalm 84

1 Probably a musical or liturgical term
2 Hebrew lacks *to Zion*

Psalm 87

1 Probably *Nubia*

Psalm 88

1 Probably musical or liturgical terms
2 Or *an abomination*
3 The meaning of the Hebrew word is uncertain
4 Or *darkness has become my only companion*

Psalm 89

1 Probably a musical or liturgical term
2 Hebrew *the sons of God*, or *the sons of might*
3 Some Hebrew manuscripts *godly ones*
4 Or *will remain faithful*
5 Or *my just decrees*
6 Hebrew lacks *the insults*

Psalm 90

1 Some Hebrew manuscripts (compare Septuagint) *our refuge*
2 Or *of Adam*
3 Or *pride*
4 Or *beauty*

Psalm 91

1 Septuagint *He will say*
2 Or *For you, O Lord, are my refuge! You have made the Most High your dwelling place*

Psalm 92

1 Compare Syriac; the meaning of the Hebrew is uncertain

Psalm 94

1 Septuagint *they are futile*
2 Hebrew *condemn innocent blood*

Psalm 96

1 Or *in holy attire*

Psalm 97

1 Most Hebrew manuscripts; one Hebrew manuscript, Septuagint, Syriac, Jerome *Light dawns*

Psalm 99

1 Or *The might of the King loves justice*

Psalm 100

1 Or *and not we ourselves*

Psalm 102

1 The precise identity of these birds is uncertain

Psalm 103

1   Or *knows how we are formed*

Psalm 104

1   Or *the appointed times* (compare Genesis 1:14)
2   Or *you formed to play with*
3   Or *breath*

Psalm 105

1   Hebrew *staff*
2   Septuagint, Syriac, Jerome *instruct*
3   Septuagint, Syriac omit *not*

Psalm 106

1   Or *Remember me, O L*ORD*, with the favor you show to your people; help me with your salvation*
2   Or *they rebelled against God's Spirit*

Psalm 107

1   Or *from the hand of the foe*
2   Hebrew *and all their wisdom was swallowed up*
3   Hebrew *they*

Psalm 108

1   Hebrew *with my glory*
2   Or *sanctuary*

Psalm 109

1   Hebrew *but I am prayer*
2   Revocalization; Masoretic Text *curses have come*
3   Revocalization; Masoretic Text *it is far*
4   Revocalization; Masoretic Text *it has soaked*

Psalm 110

1   Or *on the day you lead your forces*
2   Masoretic Text; some Hebrew manuscripts and Jerome *on the holy mountains*
3   The meaning of the Hebrew is uncertain
4   Or *the head*

Psalm 111

1   This psalm is an acrostic poem, each line beginning with the successive letters of the Hebrew alphabet

Psalm 112

1   This psalm is an acrostic poem, each line beginning with the successive letters of the Hebrew alphabet

Psalm 115

1   Masoretic Text; many Hebrew manuscripts, Septuagint, Syriac *O house of Israel*

Psalm 116

1   Or *believed, indeed*; Septuagint *believed, therefore*

Psalm 118

1   Hebrew *You* (that is, the enemy) *pushed me hard*
2   Hebrew *the head of the corner*

Psalm 119

1   This psalm is an acrostic poem of twenty-two stanzas, following the letters of the Hebrew alphabet; within a stanza, each verse begins with the same Hebrew letter
2   Or *your just and righteous decrees;* also verses 62, 106, 160, 164
3   Or *all the just decrees*
4   Or *your just decrees;* also verses 30, 39, 43, 52, 75, 102, 108, 137, 156, 175
5   Or *for you set my heart free*
6   Or *keep it as my reward*
7   Hebrew *How many are the days of your servant?*
8   Or *the elders*
9   Or *statutes; the reward is eternal*

Psalm 122

1   Or *as a testimony for*

Psalm 127

1   Or *sons*
2   Or *They shall not be put to shame when they speak with their enemies in the gate*

Psalm 129

1   Or *Often;* also verse 2

Psalm 132

1   Hebrew *of your fruit of the womb*

Psalm 133

1   Or *dwell together*

Psalm 135

1   Or *for he is beautiful*
2   Or *remembrance*

Psalm 136

1   Hebrew *shook off*

Psalm 137

1   Or *poplars*

Psalm 138

1   Or *you have exalted your word above all your name*
2   Hebrew *you made me bold in my soul with strength*

Psalm 139

1   Or *for I am fearfully set apart*
2   Hebrew lacks *your name*
3   Or *cares*

4   Or *in the ancient way* (compare Jeremiah 6:16)

Psalm 140

1   Or *they have spread cords as a net*
2   Hebrew *his*

Psalm 141

1   Or *When their judges fall into the hands of the Rock*
2   The meaning of the Hebrew in verses 6, 7 is uncertain
3   Hebrew *refuge; do not pour out my life!*

Psalm 142

1   Probably a musical or liturgical term

Psalm 143

1   One Hebrew manuscript, Septuagint; most Hebrew manuscripts *To you I have covered*

Psalm 144

1   Many Hebrew manuscripts, Dead Sea Scroll, Jerome, Syriac, Aquila; most Hebrew manuscripts *subdues my people*
2   Hebrew *with no breaking in or going out*

Psalm 145

1   This psalm is an acrostic poem, each verse beginning with the successive letters of the Hebrew alphabet
2   Hebrew *his;* also next line
3   These two lines are supplied by one Hebrew manuscript, Septuagint, Syriac (compare Dead Sea Scroll)

Psalm 147

1   Or *for he is beautiful*
2   Or *afflicted*
3   Or *and just decrees*
4   Or *his just decrees*

Psalm 148

1   Or *it shall not be transgressed*

Psalm 150

1   Hebrew *expanse* (compare Genesis 1:6-8)

PROVERBS

Chapter 1

1   Or *Will you turn away at my reproof?*

Chapter 2

1   Hebrew *strange*
2   Hebrew *foreign woman*
3   Hebrew *to the Rephaim*

Chapter 3

1   Or *repute*
2   Hebrew *navel*

3 Or *medicine*
4 Hebrew *storm*
5 Hebrew *Do not withhold good from its owners*
6 Or *grace*
7 The meaning of the Hebrew word is uncertain

Chapter 4

1 Hebrew *know*
2 Hebrew *his*
3 Or *Make level*

Chapter 5

1 Hebrew *strange*; also verse 20
2 Hebrew *palate*
3 Hebrew *lay hold of*
4 Hebrew *be led astray*; also verse 20
5 Hebrew *a foreign woman*
6 Or *makes level*

Chapter 6

1 Or *humble yourself*
2 Hebrew *lacks of the hunter*
3 Hebrew *scrapes*
4 Hebrew *it*; three times in this verse
5 Revocalization (compare Septuagint) yields *from the wife of a neighbor*
6 Hebrew *the foreign woman*
7 Or (compare Septuagint, Syriac, Vulgate) *for a prostitute leaves a man with nothing but a loaf of bread*
8 Hebrew *a man's wife*

Chapter 7

1 Hebrew *strange*
2 Hebrew *the foreign woman*
3 Hebrew *guarded in heart*
4 Hebrew *peace offerings*
5 Probable reading (compare Septuagint, Vulgate, Syriac); Hebrew *as an anklet for the discipline of a fool*

Chapter 8

1 Most Hebrew manuscripts; many Hebrew manuscripts, Septuagint *govern the earth*
2 Or *fathered*; Septuagint *created*
3 Hebrew *way*
4 The meaning of the Hebrew is uncertain
5 Or *daily filled with*

Chapter 9

1 Or *Leave the company of the simple*
2 Hebrew *lacks instruction*
3 Or *full of simpleness*
4 Hebrew *Rephaim*

Chapter 10

1 Or *and toil adds nothing to it*

Chapter 11

1 Or *of his strength, or of iniquity*

2 Or *acceptance*

Chapter 12

1 Hebrew *breathes out*
2 Or *The righteous chooses his friends carefully*
3 Or *but diligence is precious wealth*

Chapter 13

1 Or *stench*
2 Or *by fraud*
3 Probable reading (compare Septuagint, Syriac, Vulgate); Hebrew *is rugged, or is an enduring rut*
4 Or *Evil*
5 Or *who loves him disciplines him early*

Chapter 14

1 Or *In the mouth of a fool is a rod of pride*
2 Hebrew *but among the upright is acceptance*
3 Hebrew *ways of death*
4 Or *fears* [the Lᴏʀᴅ]
5 Or *show*
6 Or *healing*
7 Or *jealousy*
8 Or *Wisdom rests quietly in the heart of a man of understanding, but makes itself known in the midst of fools*

Chapter 15

1 Or *healing*
2 Or *the hearts of fools are not steadfast*
3 Hebrew *makes fat*

Chapter 16

1 Or *to a matter*
2 Hebrew *ways of death*
3 Hebrew *what is on his lips*
4 Hebrew *to plan*

Chapter 17

1 Hebrew *sacrifices*
2 Hebrew *a bribe from the bosom*

Chapter 18

1 Hebrew *to lift the face of*

Chapter 19

1 Or *A soul*
2 Or *of a noble*
3 The meaning of the Hebrew sentence is uncertain

Chapter 20

1 Or *will not become wise*
2 Or *Two kinds of*; also verse 23
3 Or *Even a child can dissemble in his actions, though his conduct seems pure and upright*
4 Or *for an adulteress* (compare 27:13)
5 Hebrew *with one who is simple in his lips*
6 Hebrew *breath*

Chapter 21

1 Or *the plowing*
2 Some Hebrew manuscripts, Septuagint, Latin; most Hebrew manuscripts *vapor for those who seek death*
3 Hebrew *a bribe in the bosom*
4 Or *establishes*

Chapter 22

1 Or *The reward for humility is the fear of the Lᴏʀᴅ, riches and honor and life*
2 Hebrew *good*
3 Hebrew *strange*

Chapter 23

1 Or *who*
2 Hebrew *whose eye is evil*
3 Or *for as he calculates in his soul, so is he*
4 Hebrew *My kidneys*
5 Hebrew *those who drink too much wine*
6 Or *delight in*
7 Hebrew *a foreign woman*
8 Or *of the rigging*
9 Hebrew *lacks you will say*

Chapter 24

1 Or *scheming*

Chapter 25

1 Hebrew *or else*
2 The meaning of the Hebrew line is uncertain

Chapter 26

1 Or *hires a fool or passersby*
2 By revocalization; Hebrew *silver of dross*

Chapter 27

1 Or *and so does the sweetness of a friend that comes from his earnest counsel*
2 Hebrew *a foreign woman*; a slight emendation yields (compare Vulgate; see also 20:16) *foreigners*
3 Hebrew *to meet with*
4 Hebrew *sharpens the face of another*

Chapter 28

1 That is, profit that comes from charging interest to the poor
2 Hebrew *until the pit*
3 Hebrew *A man whose eye is evil*

Chapter 29

1 Or *who taxes heavily*
2 Or *but the upright seek his soul*
3 Or *the people are discouraged*
4 The meaning of the Hebrew word rendered *his heir* is uncertain

Chapter 30

1 Or *Jakeh, the man of Massa*

2 Revocalization; Hebrew *The man declares to Ithiel, to Ithiel and Ucal*

3 Hebrew *There is a generation;* also verses 12, 13, 14

4 Or *"Give, give,"* they cry

5 Or *the magpie,* or *the greyhound;* Hebrew *girt-of-loins*

6 Or *against whom there is no rising up*

Chapter 31

1 Hebrew *What, my son?*

2 Hebrew *those bitter in soul*

3 Hebrew *are sons of passing away*

4 Verses 10-31 are an acrostic poem, each verse beginning with the successive letters of the Hebrew alphabet

5 Hebrew *She girds her loins*

6 Or *in double thickness*

ECCLESIASTES

Chapter 1

1 Or *Convener,* or *Collector;* Hebrew *Qoheleth* (so throughout Ecclesiastes)

2 Hebrew *vapor* (so throughout Ecclesiastes)

3 Or *and returns panting*

4 Or *former people*

5 Or *later people*

6 The Hebrew term denotes the center of one's inner life, including mind, will, and emotions

7 Or *a feeding on wind;* compare Hosea 12:1 (so throughout Ecclesiastes)

Chapter 2

1 The meaning of the Hebrew word is uncertain

2 Or *and make his soul see good*

3 Some Hebrew manuscripts, Septuagint, Syriac; most Hebrew manuscripts *apart from me*

Chapter 3

1 Hebrew *what has been pursued*

Chapter 4

1 Hebrew *the second*

2 Hebrew *his*

Chapter 5

1 Ch 4:17 in Hebrew

2 Ch 5:1 in Hebrew

3 Hebrew *your flesh*

4 Or *angel*

5 Or *For when dreams and vanities increase, words also grow many*

6 The meaning of the Hebrew verse is uncertain

7 Or *and see good*

Chapter 6

1 Or *see*

---

2 Hebrew *filled*

Chapter 8

1 Hebrew lacks *say*

2 Or *because of your oath to God*

3 Or *evil*

4 Some Hebrew manuscripts, Septuagint, Vulgate; most Hebrew manuscripts *forgotten*

Chapter 9

1 Septuagint, Syriac, Vulgate; Hebrew lacks *and the evil*

2 Or *finds to do with your might, do it*

Chapter 10

1 Hebrew *healing*

2 Or *wisdom is an advantage for success*

3 Or *are gracious*

Chapter 11

1 Some Hebrew manuscripts, Targum; most Hebrew manuscripts *As you do not know the way of the wind, or how the bones grow in the womb*

2 Or *evil*

Chapter 12

1 Or *is a burden*

2 Or *the duty of all mankind*

3 Or *into the judgment on*

SONG OF SOLOMON

Chapter 1

1 The translators have added speaker identifications based on the gender and number of the Hebrew words

2 The Hebrew for *you* is feminine singular

Chapter 2

1 Probably a bulb, such as a crocus, asphodel, or narcissus

2 Hebrew *the house of wine*

3 That is, I put you on oath; so throughout the Song

4 Or *pruning*

5 Or *jackals*

6 Or *he pastures his flock*

7 Or *mountains of Bether*

Chapter 3

1 That is, the couch on which servants carry a king

2 Or *sedan chair*

Chapter 4

1 The meaning of the Hebrew word is uncertain

2 Or *Look*

Chapter 5

1 The meaning of the Hebrew is uncertain

---

2 The meaning of the Hebrew word is uncertain

3 Hebrew *lapis lazuli*

4 Hebrew *palate*

Chapter 6

1 Or *to pasture his flock;* also verse 3

2 Or *chariots of Ammi-Nadib*

3 Ch 7:1 in Hebrew

4 Or *dance of Mahanaim*

Chapter 7

1 Or *among delights*

2 Hebrew *palate*

3 Septuagint, Syriac, Vulgate; Hebrew *causing the lips of sleepers to speak*

4 Or *among the henna plants*

Chapter 8

1 Or *ardor*

2 Hebrew *as Sheol*

3 Or *it*

4 Or *brings out*

ISAIAH

Chapter 1

1 Or *Sons;* also verse 4

2 Or *law*

3 Or *dispute*

4 Or *become unchaste*

5 Some Hebrew manuscripts *you*

Chapter 2

1 Or *teaching*

2 Hebrew *dust*

Chapter 3

1 Hebrew *staff*

2 Or *caprice*

3 Hebrew *binder of wounds*

4 Hebrew *the eyes of his glory*

5 Or *they have confused*

6 Or *grazed over;* compare Exodus 22:5

Chapter 4

1 Or *purging*

Chapter 5

1 Or *grazed over;* compare Exodus 22:5

2 The Hebrew words for *justice* and *bloodshed* sound alike

3 The Hebrew words for *righteous* and *outcry* sound alike

4 Hebrew *ten yoke,* the area ten yoke of oxen can plow in a day

5 A *bath* was about 6 gallons or 22 liters; a *homer* was about 6 bushels or 220 liters; an *ephah* was about 3/5 bushel or 22 liters

6 Or *without their knowledge*

7 Or *die of hunger*

8 Hebrew *her nobility*

9 Hebrew *high*

10 Hebrew *high*

Chapter 6

1 Or *hem*
2 Or *may his glory fill the whole earth*
3 Or *Hear indeed*
4 Or *see indeed*
5 Hebrew *fat*
6 Or *purged*
7 Or *offspring*

Chapter 7

1 Hebrew *Syria has rested upon*
2 Hebrew *his heart*
3 *Shear-jashub* means *A remnant shall return*
4 Hebrew *let us split it open*
5 The Hebrew for *you* is plural in verses 9, 13, 14
6 The Hebrew for *you* and *your* is singular in verses 11, 16, 17
7 That is, Isaiah
8 *Immanuel* means *God is with us*
9 Or *watering holes*, or *brambles*
10 A *shekel* was about 2/5 ounce or 11 grams

Chapter 8

1 Hebrew *with a man's stylus*
2 *Maher-shalal-hash-baz* means *The spoil speeds, the prey hastens*
3 Or *Be evil*
4 Or *dismayed*
5 The Hebrew for *God is with us* is *Immanuel*
6 Or *law*; also verse 20
7 Hebrew *it*
8 Or *speak contemptuously by*

Chapter 9

1 Ch 8:23 in Hebrew
2 Or *of the Gentiles*
3 Ch 9:1 in Hebrew
4 Or *is upon*
5 Or *is called*
6 Or *speaks disgraceful things*

Chapter 10

1 Hebrew *I*
2 The meaning of the Hebrew is uncertain

Chapter 11

1 Probably *Nubia*
2 Hebrew *devote to destruction*
3 Or *wind*

Chapter 12

1 The Hebrew for *you* is singular in verse 1
2 Hebrew *for Yah, the* Lord
3 The Hebrew for *you* is plural in verses 3, 4
4 Or *this is made known*
5 The Hebrew for *your* in verse 6 is

singular, referring to the *inhabitant of Zion*

Chapter 13

1 Or *those who exult in my majesty*
2 Or *earth*; also verse 9
3 The Hebrew words for *destruction* and *almighty* sound alike
4 Hebrew *dash in pieces*
5 Or *owls*
6 Or *foxes*

Chapter 14

1 Dead Sea Scroll (compare Septuagint, Syriac, Vulgate); the meaning of the word in the Masoretic Text is uncertain
2 Or *in the remote parts of Zaphon*
3 Hebrew *house*
4 Possibly *porcupine*, or *owl*

Chapter 15

1 Hebrew *the house*
2 Or *temple, even Dibon to the high places*
3 Dead Sea Scroll, Vulgate (compare Syriac); Masoretic Text *Dimon* (twice in this verse)

Chapter 16

1 Some Hebrew manuscripts, Septuagint, Syriac; Masoretic Text *let my outcasts sojourn among you; as for Moab, be a shelter to them*

Chapter 17

1 Or *though you carefully fence them*
2 Or *will be a heap*

Chapter 18

1 Probably *Nubia*

Chapter 19

1 Or *I will swallow up*
2 Dead Sea Scroll and some other manuscripts *City of the Sun*

Chapter 20

1 Probably *Nubia*

Chapter 21

1 Or *they set the watchman*
2 Dead Sea Scroll, Syriac; Masoretic Text *Then a lion cried out*, or *Then he cried out like a lion*

Chapter 23

1 Hebrew *Kittim*; also verse 12
2 Hebrew *they will have labor pains*
3 The Hebrew words for *glory* and *hosts* sound alike
4 Or *that has become nothing*
5 Or *lifetime*

Chapter 24

1 Or *land*; also throughout this chapter

2 Hebrew *from the sea*
3 Hebrew *in the realm of light*
4 The Hebrew words for *terror, pit,* and *snare* sound alike

Chapter 25

1 The Hebrew words for *dunghill* and for the Moabite town *Madmen* (Jeremiah 48:2) sound alike
2 Or *in spite of the skill*

Chapter 27

1 Many Hebrew manuscripts *A vineyard of wine*
2 Hebrew *In those to come*
3 Or *By driving her away*; the meaning of the Hebrew word is uncertain
4 Or *wind*
5 Septuagint *and this is the blessing when I take away his sin*

Chapter 28

1 The Hebrew words for *glory* and *hosts* sound alike
2 Or *confused by*
3 Dead Sea Scroll *I am laying*
4 A type of wheat
5 Or *Grain is crushed for bread; he will surely thresh it, but not forever*

Chapter 29

1 *Ariel* could mean *lion of God*, or *hero* (2 Samuel 23:20), or *altar hearth* (Ezekiel 43:15-16)
2 Or *Linger awhile*

Chapter 30

1 Hebrew *who weave a web*
2 Some Hebrew manuscripts, Syriac, Targum, Vulgate, and Greek versions; Masoretic Text *forever and ever*
3 Or *repentance*
4 Hebrew *in weight of uplifted clouds*
5 Or *For Topheth*

Chapter 31

1 The Hebrew words for *hosts* and *to fight* sound alike
2 Hebrew *they*

Chapter 32

1 Or *security*

Chapter 33

1 Hebrew *his*
2 Masoretic Text; Dead Sea Scroll *witnesses*

Chapter 34

1 That is, set apart (devoted) as an offering to the Lord (for destruction); also verse 5
2 Hebrew *her streams*
3 The identity of the animals

rendered *hawk* and *porcupine* is uncertain

4 Hebrew *formlessness*
5 Or *owls*
6 Identity uncertain

Chapter 35

1 Or *if they are fools, they shall not wander in it*

Chapter 36

1 *Rabshakeh* is the title of a high-ranking Assyrian military officer
2 Hebrew *Make a blessing with me*

Chapter 37

1 Probably *Nubia*
2 Some Hebrew manuscripts and 2 Kings 19:26; most Hebrew manuscripts *like a field*

Chapter 38

1 Or *live; also verses 9, 21*
2 Hebrew *to your days*
3 The meaning of the Hebrew verse is uncertain
4 Or *In the quiet*
5 Or (with Targum) *I cried for help*

Chapter 40

1 Or *time of service*
2 Or *A voice of one crying*
3 Revocalization based on Dead Sea Scroll, Septuagint, Vulgate; Masoretic Text *And someone says*
4 Or *all its constancy*
5 Or *O herald of good news to Zion*
6 Or *O herald of good news to Jerusalem*
7 Or *has directed*
8 Or *He chooses valuable wood*

Chapter 41

1 Or *whom righteousness calls to follow?*
2 Or *that we may both be dismayed and see*
3 Or *Formerly I said*

Chapter 42

1 Or *bruised*
2 Or *into coastlands*
3 Or *as the one at peace with me*

Chapter 44

1 Or *Who like me can proclaim it?*
2 Or *will display his beauty*

Chapter 45

1 Masoretic Text; Dead Sea Scroll, Septuagint *level the mountains*
2 A slight emendation yields *will you question me about my children, or command me concerning the work of my hands?*
3 Hebrew *in emptiness*

4 Septuagint *every tongue shall confess to God*

Chapter 48

1 Or *I have chosen*
2 Hebrew lacks *my name*

Chapter 49

1 Or *I will display my beauty*
2 Hebrew *from the sea*
3 Dead Sea Scroll; Masoretic Text *Sinim*
4 Dead Sea Scroll; Masoretic Text *Your children make haste*
5 Dead Sea Scroll, Syriac, Vulgate (see also verse 25); Masoretic Text *of a righteous man*

Chapter 51

1 Or *for teaching; also verse 7*
2 Or *will die like gnats*
3 Or *planting*
4 Dead Sea Scroll, Septuagint, Syriac, Vulgate; Masoretic Text *how shall I comfort you*

Chapter 52

1 Or *shall prosper*
2 Or *startle*

Chapter 53

1 Or *Who has believed what we have heard?*
2 Or *forsaken*
3 Or *pains; also verse 4*
4 Or *and knowing*
5 Or *sickness; also verse 4*
6 Or *as one who hides his face from us*
7 Or *he has made him sick*
8 Or *when you make his soul*
9 Masoretic Text; Dead Sea Scroll *he shall see light*
10 Or *with the great*
11 Or *with the numerous*

Chapter 54

1 Some manuscripts *For this is as the waters of Noah*
2 Or *lapis lazuli*
3 Or *jasper, or ruby*
4 Or *crystal*
5 Or *righteousness*

Chapter 57

1 Or *among the terebinths*
2 On a monument (see 56:5); Hebrew *on a hand*
3 Hebrew *and so you were not sick*

Chapter 58

1 Or *pursue your own business*
2 Or *bruised*
3 Or *business*
4 Or *pursuing your own business*
5 Hebrew *or speaking a word*
6 Or *of the land*

Chapter 59

1 Hebrew *and it was evil in his eyes*
2 Hebrew *a narrow river*

Chapter 60

1 Hebrew *your heart shall tremble and grow wide*
2 Masoretic Text; Dead Sea Scroll, Septuagint, Targum add *by night*
3 Or *your beauty*
4 Or *that I might display my beauty*

Chapter 61

1 Or *afflicted*
2 Or *the opening* [of the eyes] *to those who are blind;* Septuagint *and recovery of sight to the blind*
3 Or *that he may display his beauty*
4 Or *robbery with a burnt offering*

Chapter 62

1 Hebrew *Azubah*
2 Hebrew *Shemamah*
3 Hebrew *Hephzibah*
4 Hebrew *Beulah*
5 Or *in my holy courts*

Chapter 63

1 Or *their juice; also verse 6*
2 Or *the year of my redeemed*
3 Or *he did not afflict*
4 Or *Then his people remembered the days of old, of Moses*
5 Or *holy and glorious*
6 Or *They have dispossessed your holy people for a little while*

Chapter 64

1 Ch 64:1 in Hebrew
2 Or *in your ways is continuance, that we might be saved*
3 Masoretic Text; Septuagint, Syriac, Targum *have delivered us into*
4 Or *holy and glorious*

Chapter 65

1 Or *that did not call upon*
2 Or *I will first measure their payment into their bosom*
3 Hebrew *shall wear out*
4 Or *for sudden terror*

Chapter 66

1 Or *breast*
2 Septuagint, Syriac; Hebrew lacks *know*
3 Hebrew *and it is coming*

JEREMIAH

Chapter 1

1 *Almond* sounds like the Hebrew for *watching* (compare verse 12)
2 The Hebrew word can mean *evil, harm,* or *disaster,* depending on the context; so throughout Jeremiah

3 Hebrew *gird up your loins*

Chapter 2

1 Or *rulers*
2 Hebrew *grazed*

Chapter 3

1 Septuagint, Syriac; Hebrew *Saying, "If*
2 Hebrew *commotion*

Chapter 5

1 The meaning of the Hebrew is uncertain

Chapter 6

1 Or *I have likened the daughter of Zion to the loveliest pasture*

Chapter 8

1 The meaning of the Hebrew word is uncertain
2 Or *just decrees*
3 The meaning of the Hebrew is uncertain
4 Compare Septuagint; the meaning of the Hebrew is uncertain

Chapter 9

1 Ch 8:23 in Hebrew
2 Ch 9:1 in Hebrew
3 Septuagint; Hebrew *and not for truth they have grown strong*

Chapter 10

1 Or *vapor, or mist*
2 Hebrew *They*
3 This verse is in Aramaic

Chapter 12

1 Hebrew *your*

Chapter 13

1 Hebrew *them*

Chapter 15

1 The meaning of the Hebrew is uncertain

Chapter 17

1 Hebrew *arm*
2 Hebrew *kidneys*
3 Hebrew *me*

Chapter 18

1 Hebrew *of the field*
2 Hebrew *Are foreign waters plucked up*

Chapter 20

1 Hebrew *kidneys*

Chapter 21

1 Hebrew *Nebuchadrezzar*, another spelling for *Nebuchadnezzar* (king of Babylon) occurring frequently from Jeremiah 21–52; this latter spelling

is used throughout Jeremiah for consistency

Chapter 22

1 Hebrew *cities*

Chapter 23

1 Septuagint; Hebrew *I*
2 Septuagint, Vulgate; Hebrew *What burden?*

Chapter 24

1 Compare Septuagint; Hebrew *horror for evil*

Chapter 25

1 Hebrew *Sheshach*, a code name for Babylon

Chapter 27

1 Or *Jehoiakim*
2 Hebrew *Send them*

Chapter 29

1 Hebrew *your dreams, which you cause to dream*
2 Or *peace*

Chapter 30

1 Or *serve him*

Chapter 31

1 Septuagint; Hebrew *me*
2 Hebrew *bowels*

Chapter 33

1 Septuagint; Hebrew *it*
2 That is, the torn-down houses
3 Hebrew *And it*

Chapter 34

1 Hebrew lacks *them like*

Chapter 40

1 Syriac; the meaning of the Hebrew phrase is uncertain

Chapter 41

1 Hebrew *by the hand of*

Chapter 44

1 Hebrew *his*
2 Compare Syriac; Hebrew lacks *And the women said*

Chapter 46

1 Hebrew *He does not stand*

Chapter 47

1 Septuagint, Vulgate; Hebrew *you*

Chapter 48

1 Hebrew *weeping goes up with weeping*
2 Septuagint (compare Isaiah 15:5) *heard the cry*
3 Septuagint, Aquila; Hebrew *their*

Chapter 49

1 Hebrew *boast of your valleys, your valley flows*
2 Or *of Sela*
3 Septuagint, Syriac *them*

Chapter 50

1 *Merathaim* means *double rebellion*
2 *Pekod* means *punishment*
3 That is, set apart (devote) as an offering to the Lord (for destruction)

Chapter 51

1 A code name for Chaldea
2 That is, set apart (devote) as an offering to the Lord (for destruction)
3 Hebrew *their land*
4 Or *he has expelled me*
5 Hebrew *Sheshach*, a code name for Babylon

Chapter 52

1 Hebrew lacks *the sea*
2 A *cubit* was about 18 inches or 45 centimeters
3 Hebrew *king, lifted up the head of*

LAMENTATIONS

Chapter 1

1 Or *in the narrow passes*
2 Septuagint, Old Latin *dragged away*
3 Or *end*
4 Septuagint; Hebrew *bones and*
5 The meaning of the Hebrew is uncertain
6 Septuagint, Syriac *Hear*
7 Syriac *Bring*

Chapter 3

1 Hebrew *good*
2 Syriac, Targum; Hebrew *Because of the steadfast love of the* Lord, *we are not cut off*
3 Or *Repay them*
4 Or *Give them*
5 Or *place your curse*
6 Or *Pursue them*
7 Syriac (compare Septuagint, Vulgate); Hebrew *the heavens of the* Lord

Chapter 4

1 Or *iniquity*
2 Or *sin*
3 The meaning of the Hebrew is uncertain
4 The meaning of the Hebrew is uncertain
5 Hebrew *lapis lazuli*
6 Hebrew *The face of the* Lord
7 Or *he will not exile you again*

Chapter 5

1 Symmachus *With a yoke on our necks*

EZEKIEL

Chapter 1

1 Or *from God*
2 Or *amber*; also verse 27
3 Hebrew *of their faces*
4 Hebrew *on their four sides*
5 Or *the spirit of life*; also verse 21
6 Or *lapis lazuli*
7 Or *it*

Chapter 2

1 Or *Son of Adam*; so throughout Ezekiel
2 Or *on scorpion plants*

Chapter 3

1 Or *the wind*; also verse 14
2 Or *sound*
3 Or *Chebar, and to where they dwelt*
4 Or *in*; also verses 19, 20
5 Or *plain*; also verse 23

Chapter 4

1 Or *iniquity*; also verses 5, 6, 17
2 A type of wheat
3 A *shekel* was about 2/5 ounce or 11 grams
4 Or *at a set time daily*; also verse 11
5 A *hin* was about 4 quarts or 3.5 liters
6 Hebrew *my soul (or throat) has never been made unclean*
7 Hebrew *staff*

Chapter 5

1 Some Hebrew manuscripts and Syriac lack *not*
2 The same Hebrew expression can mean *obey rules*, or *execute judgments*, depending on the context
3 Some Hebrew manuscripts *I will cut you down*
4 Dead Sea Scroll, Septuagint, Syriac, Vulgate, Targum; Masoretic Text *And it shall be*
5 Hebrew *them*
6 Hebrew *staff*

Chapter 6

1 Or *and punished*
2 Some Hebrew manuscripts; most Hebrew manuscripts *Diblah*

Chapter 7

1 Or *earth*
2 Some Hebrew manuscripts (compare Syriac, Targum); most Hebrew manuscripts *Disaster! A unique disaster!*
3 The meaning of the Hebrew word is uncertain; also verse 10
4 The meaning of this last Hebrew sentence is uncertain
5 Or *abundance*; also verses 13, 14

6 The meaning of this last Hebrew sentence is uncertain
7 Or *secret*
8 Probably refers to an instrument of captivity
9 By revocalization (compare Septuagint); Hebrew *and those who sanctify them*
10 Or *instruction*

Chapter 8

1 By revocalization (compare Septuagint); Hebrew *of fire*
2 Or *amber*
3 Or *my*

Chapter 10

1 Or *lapis lazuli*
2 Hebrew *to their four sides*
3 Hebrew *the head*
4 Or *their whole body, their backs, their hands, and their wings*
5 Or *spirit of life*

Chapter 11

1 Or *Is not the time near . . . ?*
2 Hebrew *the men of your redemption*
3 Or *in small measure*
4 Hebrew *To the heart of their detestable things and their abominations their heart goes; I will*

Chapter 12

1 Or *will see that*
2 Or *This burden is*
3 Hebrew *in the midst of them*
4 The Hebrew for *you* is plural
5 Hebrew *word*

Chapter 13

1 Or *plaster*; also verses 11, 14, 15

Chapter 14

1 Or *iniquity*; three times in this verse
2 Hebrew *staff*

Chapter 16

1 Or *with rich fabric*
2 Or *were unfaithful*; also verses 16, 17, 26, 28
3 Or *unfaithfulness*; also verses 20, 22, 25, 26, 29, 33, 34, 36
4 Hebrew *it*
5 The meaning of this Hebrew sentence is uncertain
6 Hebrew *spreading your legs*
7 Revocalization yields *How I am filled with anger against you*
8 Some manuscripts (compare Syriac) *of Edom*
9 Or *not apart from*

Chapter 17

1 Hebrew *in a field of seed*
2 Hebrew *seed*
3 Some Hebrew manuscripts, Syriac,

Targum; most Hebrew manuscripts *all the fugitives*

Chapter 18

1 The Hebrew for *you* is plural
2 That is, profit that comes from charging interest to the poor; also verses 13, 17 (compare Leviticus 25:36)
3 Septuagint; Hebrew *from the poor*
4 Or *lest iniquity be your stumbling block*

Chapter 19

1 Hebrew *knew*
2 Or *in a wooden collar*
3 Some Hebrew manuscripts; most Hebrew manuscripts *in your blood*
4 Or *the clouds*

Chapter 20

1 Hebrew *I lifted my hand*; twice in this verse; also verses 6, 15, 23, 28, 42
2 *Bamah* means *high place*
3 Hebrew *and make your children pass through the fire*
4 Ch 21:1 in Hebrew
5 Or *toward Teman*

Chapter 21

1 Ch 21:6 in Hebrew
2 Some Hebrew manuscripts, compare Septuagint, Syriac *against their sanctuary*
3 Probable reading; Hebrew *The rod of my son despises everything of wood*
4 Or *For it is a testing; and what if even the rod despises? It shall not be!*
5 Hebrew *its third*
6 Hebrew *many stumbling blocks*
7 The meaning of the Hebrew word rendered *taken up* is uncertain
8 Or *household idols*
9 Or *slain*; also verse 29

Chapter 22

1 Some Hebrew manuscripts, Septuagint, Syriac, Vulgate, Targum; most Hebrew manuscripts *until*
2 That is, profit that comes from charging interest to the poor (compare Leviticus 25:36)

Chapter 23

1 Hebrew *nipples*; also verses 8, 21
2 Hebrew *than she*
3 Vulgate, Syriac; Hebrew *bosom for the sake of*
4 Septuagint; the meaning of the Hebrew word is unknown
5 Or *have even made pass through the fire*
6 Or *Sabeans*
7 The meaning of the Hebrew verse is uncertain

Chapter 24

1 Compare verse 10; Hebrew *the bones*
2 Hebrew *no lot has fallen upon it*
3 Or *empty out the broth*
4 The meaning of the Hebrew is uncertain

Chapter 25

1 Hebrew *and the Ammonites*
2 Septuagint lacks *and Seir*

Chapter 26

1 Hebrew *Nebuchadrezzar*; so throughout Ezekiel

Chapter 27

1 Hebrew; Septuagint *Rhodes*
2 The meaning of the Hebrew word is unknown
3 Probable reading; Hebrew *wool of Sahar, Vedan, and Javan*

Chapter 28

1 The meaning of the Hebrew phrase is uncertain
2 Or *lapis lazuli*
3 The meaning of the Hebrew phrase is uncertain
4 The meaning of the Hebrew phrase is uncertain
5 Or *banished you*

Chapter 29

1 Hebrew *they*
2 Syriac (compare Psalm 69:23); Hebrew *to stand*
3 Hebrew *he*
4 Or *multitude*

Chapter 30

1 Hebrew lacks *doom for*
2 Or *multitude*; also verse 10
3 With Septuagint; Hebrew *Cub*
4 Hebrew *and the sons of the land of the covenant*
5 Hebrew *the day of Egypt*
6 Or *wealth*
7 Or *distress*
8 Or *the cities*; Hebrew *they*

Chapter 31

1 Or *its top went through the thick boughs*; also verses 10, 14
2 Syriac, Vulgate; Hebrew *you*
3 Or *of Adam*
4 Hebrew *it*

Chapter 32

1 Hebrew *your height*
2 Or *wealth*
3 Hebrew lacks *in the twelfth month*
4 Hebrew *She*

Chapter 33

1 Hebrew *by it*

2 Hebrew like the singing of lustful songs with a beautiful voice and one who plays

Chapter 34

1 Septuagint, Syriac, Vulgate *I will watch over*
2 Or *save*

Chapter 36

1 Or *my just decrees*
2 Hebrew *flock of holy things*

Chapter 37

1 Or *plain*; also verse 2
2 Or *spirit*; also verses 6, 9, 10
3 Or *an earthquake* (compare 3:12, 13)
4 Or *one piece of wood*; also verses 17, 19, 20
5 Hebrew *And I will place them on it, the stick of Judah*
6 Many Hebrew manuscripts; other Hebrew manuscripts *dwellings*
7 Hebrew lacks *in their land*

Chapter 38

1 Or *Magog, the prince of Rosh, Meshech*
2 Or *Gog, prince of Rosh, Meshech*
3 Hebrew *young lions*
4 Hebrew *against him*

Chapter 39

1 Or *Gog, prince of Rosh, Meshech*
2 Or *javelins*
3 *Hamon-gog* means *the multitude of Gog*
4 Or *Until*
5 *Hamonah* means *multitude*

Chapter 40

1 Hebrew *brought me there*
2 A *cubit* was about 18 inches or 45 centimeters; a *handbreadth* was about 3 inches or 7.5 centimeters
3 Hebrew *deep, and one threshold, one reed deep*
4 Text uncertain; Hebrew *And he made the jambs sixty cubits, and to the jamb of the court was the gateway all around*
5 Hebrew *distance from before the low gate before the inner court to the outside*
6 Or *cubits. So far the eastern gate; now to the northern gate.*
7 One manuscript (compare verses 29 and 33); most manuscripts lack *were of the same size as the others*
8 Septuagint, Vulgate (compare verses 26, 31, 34); Hebrew *jambs*
9 Hebrew *at the jambs, the gates*
10 Or *shelves*
11 Septuagint; Hebrew *were chambers for singers*
12 Hebrew lacks *one*

13 Septuagint; Hebrew *east*
14 Hebrew lacks *alone*
15 Septuagint; Hebrew lacks *was fourteen cubits, and the sidewalls of the gate*
16 Septuagint; Hebrew *eleven*
17 Septuagint; Hebrew *and by steps that would go up to it*

Chapter 41

1 A *cubit* was about 18 inches or 45 centimeters
2 Compare Septuagint; Hebrew *tent*
3 Hebrew *its length*
4 Septuagint; Hebrew *and the breadth*
5 Septuagint, compare 1 Kings 6:6; the meaning of the Hebrew word is uncertain
6 The meaning of the Hebrew term is unknown; also verse 16
7 Hebrew *were measurements*
8 Septuagint; Hebrew lacks *two cubits broad*
9 Septuagint; Hebrew *length*
10 The meaning of the Hebrew word is unknown; also verse 26

Chapter 42

1 A *cubit* was about 18 inches or 45 centimeters
2 The meaning of the Hebrew word is unknown; also verse 5
3 Septuagint, Syriac; Hebrew *and a way of one cubit*
4 Or *temple*
5 Septuagint; Hebrew *east*
6 Hebrew *and all their exits*
7 The meaning of the Hebrew verse is uncertain

Chapter 43

1 Some Hebrew manuscripts and Vulgate; most Hebrew manuscripts *when I*
2 Or *the monuments*; also verse 9
3 Or *at their deaths*
4 A *cubit* was about 18 inches or 45 centimeters; a *handbreadth* was about 3 inches or 7.5 centimeters
5 Or *its gutter shall be one cubit deep*
6 A *span* was about 9 inches or 22 centimeters
7 Hebrew *fill its hand*

Chapter 44

1 Septuagint; Hebrew lacks *house*
2 Septuagint, Syriac, Vulgate; Hebrew *They*
3 Or *iniquity*; also verse 12

Chapter 45

1 A *cubit* was about 18 inches or 45 centimeters
2 Septuagint; Hebrew *ten*

3 Septuagint; Hebrew *as their possession, twenty chambers*
4 An *ephah* was about 3/5 of a bushel or 22 liters; a *bath* was about 6 gallons or 22 liters
5 A *homer* was about 6 bushels or 220 liters
6 A *shekel* was about 2/5 ounce or 11 grams; a *gerah* was about 1/50 ounce or 0.6 gram
7 A *mina* was about 1 1/4 pounds or 0.6 kilogram
8 A *cor* was about 6 bushels or 220 liters
9 See Vulgate; Hebrew *(ten baths are a homer, for ten baths are a homer)*
10 A *hin* was about 4 quarts or 3.5 liters

Chapter 46

1 An *ephah* was about 3/5 bushel or 22 liters
2 A *hin* was about 4 quarts or 3.5 liters
3 Septuagint, Syriac, Vulgate; the meaning of the Hebrew word is uncertain
4 A *cubit* was about 18 inches or 45 centimeters

Chapter 47

1 A *cubit* was about 18 inches or 45 centimeters
2 That is, the Dead Sea
3 Hebrew *will be healed;* also verses 9, 11
4 Septuagint, Syriac, Vulgate, Targum; Hebrew *the two rivers go*
5 Hebrew lacks *the waters of the sea*
6 That is, the Mediterranean Sea; also verses 15, 19, 20
7 Probable reading; Hebrew *The valley of the boundary*
8 Septuagint; Hebrew *the entrance of Zedad, Hamath*
9 The meaning of the Hebrew is uncertain
10 Probable reading; Hebrew *and as for the north side*
11 Compare Syriac; Hebrew *to the eastern sea you shall measure*
12 Hebrew lacks *of Egypt*

Chapter 48

1 Probable reading; Hebrew *and they shall be his*
2 Septuagint (compare verses 2–8); Hebrew *the east side the west*
3 A *cubit* was about 18 inches or 45 centimeters
4 Compare 45:1; Hebrew *ten*
5 Septuagint; Hebrew *10,000*
6 Hebrew lacks *of Egypt*
7 That is, the Mediterranean Sea
8 One Hebrew manuscript, Syriac

(compare Septuagint); most Hebrew manuscripts *their gates three*

DANIEL

Chapter 1

1 Hebrew *of the seed of the kingdom*

Chapter 2

1 The text from this point to the end of chapter 7 is in Aramaic
2 Aramaic *answered and said;* also verse 26
3 Aramaic *by the seed of men*

Chapter 3

1 A *cubit* was about 18 inches or 45 centimeters
2 Aramaic *answered and said;* also verses 24, 26
3 Aramaic lacks *well and good*
4 Or *If our God whom we serve is able to deliver us, he will deliver us from the burning fiery furnace and out of your hand, O king.*
5 The meaning of the Aramaic words rendered *cloaks* and *tunics* is uncertain; also verse 27
6 Aramaic *and changed*

Chapter 4

1 Ch 3:31 in Aramaic
2 Ch 4:1 in Aramaic
3 Or *Spirit of the holy God;* also verses 9, 18

Chapter 5

1 Or *predecessor;* also verses 11, 13, 18
2 Aramaic *answered and said;* also verse 10
3 Or *queen mother;* twice in this verse
4 Or *Spirit of the holy God*
5 Or *Spirit of God*
6 Or *successor*
7 MENE sounds like the Aramaic for *numbered*
8 TEKEL sounds like the Aramaic for *weighed*
9 PERES (the singular of Parsin) sounds like the Aramaic for *divided* and for *Persia*
10 Ch 6:1 in Aramaic

Chapter 6

1 Or *came thronging;* also verses 11, 15
2 Aramaic *answered and said;* also verse 20

Chapter 7

1 Aramaic *answered and said*
2 Aramaic *within its sheath*
3 Or *his kingdom shall be an everlasting kingdom, and all dominions shall serve and obey him*

Chapter 8

1 Or *the fortified city*
2 Or *host, that is, some*
3 Or *in an act of rebellion*
4 Hebrew; Septuagint, Theodotion, Vulgate *to him*
5 Or *the shaggy goat*
6 Theodotion, Septuagint, Vulgate; Hebrew *the*

Chapter 9

1 Or *our judges who judged us*
2 Hebrew *for the Lord's sake*
3 Or *sevens;* also twice in verse 25 and once in verse 26
4 Or *thing,* or *one*
5 Or *His*
6 Or *seven;* twice in this verse

Chapter 10

1 Or *and it was about a great conflict*
2 Hebrew *My splendor was changed to ruin*

Chapter 11

1 Or *obtained*
2 Hebrew *at the end of the times*
3 Hebrew *her,* or *it*
4 The meaning of the Hebrew is uncertain
5 Or *among the richest men*
6 Or *land as payment*
7 Hebrew *thrust at*

Chapter 12

1 Hebrew *the expanse;* compare Genesis 1:6–8
2 Or *who was upstream;* also verse 7

HOSEA

Chapter 1

1 Hebrew *Lo-ruhama,* which means *she has not received mercy*
2 Hebrew *Lo-ammi,* which means *not my people*
3 Hebrew *I am not yours*
4 Ch 2:1 in Hebrew
5 Or *Sons*

Chapter 2

1 Ch 2:3 in Hebrew
2 Hebrew *ammi,* which means *my people*
3 Hebrew *ruhama,* which means *she has received mercy*
4 Hebrew *your*
5 *Achor* means *trouble;* compare Joshua 7:26
6 Hebrew *break*
7 *Jezreel* means *God will sow*
8 Hebrew *Lo-ruhama*
9 Hebrew *Lo-ammi*

Chapter 3

1 A *shekel* was about 2/5 ounce or 11 grams; a *homer* was about 6 bushels or 220 liters; a *lethech* was about 3 bushels or 110 liters

Chapter 4

1 Or *for your people are like those who contend with the priest*
2 Or *sin offering*
3 Hebrew *shields*
4 Hebrew *her*

Chapter 5

1 Or *in his presence*
2 Or *after you*
3 Or *to follow human precepts*
4 Or *to King Jareb*

Chapter 6

1 Septuagint *mercy*

Chapter 7

1 Or *in his presence*
2 Or *to the Most High*

Chapter 8

1 Hebrew *He has*
2 Or *shall go up in flames*

Chapter 9

1 Or *like Tyre*
2 Hebrew *to him who slaughters*

Chapter 10

1 Hebrew *He*
2 Or *calves*
3 Or *has gone into exile*
4 Or *to King Jareb*
5 Or *counsel*
6 Hebrew *the children of injustice*

Chapter 11

1 Or *humaneness*; Hebrew *man*
2 Or *surely*
3 Or *into the city*
4 Ch 12:1 in Hebrew

Chapter 12

1 Hebrew *him*

Chapter 13

1 Hebrew *according to their pasture*
2 Or *I will destroy*
3 Ch 14:1 in Hebrew

Chapter 14

1 Septuagint, Syriac *pay the fruit*
2 Hebrew *his*
3 Hebrew *him*

JOEL

Chapter 1

1 Or *young woman*
2 The Hebrew words for *dry up and*

---

be ashamed in verses 10-12, 17 sound alike
3 *Destruction* sounds like the Hebrew for *Almighty*
4 The meaning of the Hebrew line is uncertain
5 Or *are made desolate*

Chapter 2

1 Or *reproach, that the nations should rule over them*
2 Hebrew *face*
3 Hebrew *his end*
4 Ch 3:1 in Hebrew

Chapter 3

1 Ch 4:1 in Hebrew
2 Or *palaces*
3 Or *Consecrate a war*
4 Or *I will acquit their bloodguilt that I have not acquitted*

AMOS

Chapter 1

1 Or *sheep breeders*
2 Or *during two years*
3 Hebrew *I will not turn it back*; also verses 6, 9, 11, 13
4 Or *On*
5 Or *officials*

Chapter 2

1 Hebrew *I will not turn it back*; also verses 4, 6
2 Or *officials*

Chapter 3

1 Hebrew *An adversary, one who surrounds the land—he shall bring down*
2 The meaning of the Hebrew word is uncertain
3 Or *and many houses*

Chapter 4

1 Hebrew *along with the captivity of your horses*
2 That is, a burning stick

Chapter 5

1 Or *to bitter fruit*
2 Or *you tax*

Chapter 6

1 Or *the sea*
2 Or *into bitter fruit*
3 *Lo-debar* means *nothing*
4 *Karnaim* means *horns* (a symbol of strength)

Chapter 7

1 Or *am*; twice in this verse

Chapter 8

1 The Hebrew words for *end* and *summer fruit* sound alike

---

2 Or *palace*
3 Or *The singing women of the palace shall wail*
4 An *ephah* was about 3/5 bushel or 22 liters; a *shekel* was about 2/5 ounce or 11 grams

Chapter 9

1 Or *on*
2 Hebrew *all of them*
3 Hebrew; Septuagint (compare Acts 15:17) *that the remnant of mankind and all the nations who are called by my name may seek the Lord*

OBADIAH

1 Or *Behold, I have made you small among the nations; you are utterly despised*
2 Or *Sela*
3 Hebrew lacks *those who eat*
4 Hebrew *he has*
5 Hebrew *do not enlarge your mouth*

JONAH

Chapter 1

1 The same Hebrew word can mean *evil* or *disaster*, depending on the context; so throughout Jonah
2 Hebrew *the men dug in* [their oars]
3 Ch 2:1 in Hebrew
4 Or *had appointed*

Chapter 3

1 Hebrew *a great city to God*
2 Or *a visit was a three days' journey*
3 Or *had reached*

Chapter 4

1 Hebrew *it was exceedingly evil to Jonah*
2 Hebrew *qiqayon*, probably the castor oil plant; also verses 7, 9, 10
3 Or *his evil*

MICAH

Chapter 1

1 Hebrew *all of them*
2 Or *give dowry*

Chapter 2

1 The same Hebrew word can mean *evil* or *disaster*, depending on the context
2 Hebrew *Has the spirit of the Lᴏʀᴅ grown short?*
3 Or *returning from war*

Chapter 3

1 Hebrew *from off them*

Chapter 4

1 Or *teaching*
2 Or *push*

3 Hebrew *devote to destruction*

Chapter 5

1 Ch 4:14 in Hebrew
2 That is, city
3 Ch 5:1 in Hebrew

Chapter 6

1 Or *Will the Lord accept*
2 Or *steadfast love*
3 The meaning of the Hebrew is uncertain
4 Or *Are there still treasures*
5 Hebrew *whose*
6 Hebrew *For the statutes of Omri are kept*
7 Hebrew *its*

Chapter 7

1 Hebrew *bosom*
2 Hebrew *he*
3 Hebrew *of Carmel*
4 Hebrew *him*
5 Hebrew *their*

NAHUM

Chapter 1

1 Hebrew *of her place*
2 Ch 2:1 in Hebrew

Chapter 2

1 Hebrew *gird your loins*
2 Or *the mantelet*
3 The meaning of the Hebrew word rendered *its mistress* is uncertain
4 Or *exiled*
5 Compare Septuagint; the meaning of the Hebrew is uncertain
6 Hebrew *her*

Chapter 3

1 Hebrew *No-amon*
2 Hebrew *your*
3 Or *marshals*

HABAKKUK

Chapter 1

1 Hebrew *his portion is fat*

Chapter 2

1 Or *faithfulness*
2 Masoretic Text; Dead Sea Scroll *wealth*
3 The meaning of the Hebrew of these two lines is uncertain

Chapter 3

1 Hebrew *feet*
2 The meaning of the Hebrew line is uncertain
3 The meaning of the Hebrew line is uncertain
4 Hebrew *my stringed*

ZEPHANIAH

Chapter 1

1 Or *stumbling blocks* (that is, idols)
2 Or *their Lord's*
3 Or *all the people of Canaan*
4 Hebrew *are thickening on the dregs* [of their wine]

Chapter 2

1 Hebrew *gives birth*
2 Or *who carry out his judgment*
3 Or *caves*
4 Hebrew *beasts of every nation*
5 The identity of the animals rendered *owl* and *hedgehog* is uncertain

Chapter 3

1 Hebrew *her*
2 Hebrew *her*
3 The meaning of the Hebrew is uncertain

HAGGAI

Chapter 2

1 Or *backward*; also verse 18
2 Probable reading (compare Septuagint); Hebrew *Lord, since they were. When*
3 Hebrew *the*

ZECHARIAH

Chapter 1

1 Ch 2:1 in Hebrew

Chapter 2

1 Ch 2:5 in Hebrew
2 Or *he sent me after glory*

Chapter 3

1 *Satan* means *the accuser*
2 That is, a burning stick
3 Or *facets*

Chapter 4

1 Hebrew lacks *oil*
2 Hebrew *two sons of new oil*

Chapter 5

1 A *cubit* was about 18 inches or 45 centimeters
2 Hebrew lacks *falsely* (supplied from verse 4)
3 Hebrew *ephah*; also verses 7-11. An *ephah* was about 3/5 bushel or 22 liters
4 One Hebrew manuscript, Septuagint, Syriac; most Hebrew manuscripts *eye*

Chapter 6

1 Or *and the fourth chariot strong dappled horses*

2 An alternate spelling of *Heldai* (verse 10)

Chapter 7

1 Hebrew *and made their ears too heavy to hear*
2 Hebrew *he*

Chapter 9

1 A slight emendation yields *For to the Lord belongs the capital of Syria and all the tribes of Israel*
2 Or *a foreign people*; Hebrew *a bastard*

Chapter 10

1 Hebrew *the male goats*

Chapter 12

1 Or *clan*; also verses 13, 14

Chapter 13

1 Or *for the land has been my possession since my youth*
2 Or *on your chest*; Hebrew *wounds between your hands*

Chapter 14

1 Compare Septuagint, Syriac, Vulgate, Targum; the meaning of the Hebrew is uncertain
2 Hebrew *one*
3 That is, the Dead Sea
4 That is, the Mediterranean Sea
5 The Hebrew term rendered *decree of utter destruction* refers to things devoted (or set apart) to the Lord (or by the Lord) for destruction
6 Hebrew lacks *rain*
7 Or *Canaanite*

MALACHI

Chapter 1

1 *Malachi* means *my messenger*
2 Or *is* (three times in verse 11; also verse 14)

Chapter 2

1 Hebrew *seed*
2 Or *to it*
3 Or *law*; also verses 7, 8, 9
4 Hebrew *they*
5 Or *any who wakes and answers*
6 Hebrew *in it*
7 Hebrew *the one*
8 Or *And not one has done this who has a portion of the Spirit. And what was that one seeking?*
9 Or *So take care*; also verse 16
10 Hebrew *who hates and divorces*
11 Probable meaning (compare Septuagint and Deuteronomy 24:1-4); or "*The Lord, the God of Israel, says that he hates divorce, and him who covers*

Chapter 3

1 Or *and they will belong to the Lord,*
bringers of an offering
in righteousness

2 Probably a name for some
crop-destroying pest or pests

Chapter 4

1 Ch 4:1-6 is ch 3:19-24 in the Hebrew

2 Or *and just decrees*

3 The Hebrew term rendered *decree of*
utter destruction refers to things
devoted (or set apart) to the Lord
(or by the Lord) for destruction

MATTHEW

Chapter 1

1 Greek *Aram;* also verse 4

2 *Asaph* is probably an alternate
spelling for *Asa;* some manuscripts
read *Asa;* also verse 8

3 *Amos* is probably an alternate
spelling for *Amon;* some
manuscripts read *Amon;* twice in
this verse

4 Greek *Salathiel;* twice in this verse

5 Some manuscripts *of the Christ*

6 That is, legally pledged to
be married

Chapter 2

1 Greek *magi;* also verses 7, 16

2 Or *in the east;* also verse 9

Chapter 3

1 Or *crying: Prepare in the wilderness*

2 Some manuscripts omit *to him*

3 Or *my Son, my* (or *the*) *Beloved*

Chapter 5

1 Greek *huioi;* see p. 1749

2 Some manuscripts insert
without cause

3 Greek *says Raca to* (a term of abuse)

4 Greek *Gehenna;* also verses 29, 30

5 Greek *kodrantes,* Roman copper
coin (Latin *quadrans*) worth about
1/64 of a *denarius* (which was a
day's wage for a laborer)

6 Or *the evil one*

7 Greek *chiton,* a long garment worn
under the cloak next to the skin

8 Or *brothers and sisters.* The plural
Greek word *adelphoi* (translated
"brothers") refers to siblings in a
family. In New Testament usage,
depending on the context, *adelphoi*
may refer either to *brothers* or to
brothers and sisters

Chapter 6

1 Or *Let your name be kept holy,* or *Let*
your name be treated with reverence

2 Or *Let your kingdom come, let your*
will be done

3 Or our bread for tomorrow

4 Or *the evil one;* some manuscripts
add *For yours is the kingdom and the*
power and the glory, forever. Amen

5 Or *worm;* also verse 20

6 Greek *mammon,* a Semitic word for
money or possessions

7 Or *a single cubit to his stature; a cubit*
was about 18 inches or
45 centimeters

Chapter 7

1 Some manuscripts *For the way is*
wide and easy

Chapter 8

1 *Leprosy* was a term for several skin
diseases; see Leviticus 13

2 Greek *he*

3 Greek *bondservant*

4 Some manuscripts *not even in Israel*

5 Some manuscripts *Gergesenes;*
some *Gerasenes*

6 Greek *daimonizomai;* also verse 33;
elsewhere rendered *oppressed*
by demons

Chapter 9

1 Some manuscripts *perceiving*

2 Greek *he*

3 Some manuscripts add *much,*
or *often*

4 Greek *from that hour*

Chapter 10

1 Some manuscripts *Lebbaeus,* or
Lebbaeus called Thaddaeus

2 *Leprosy* was a term for several skin
diseases; see Leviticus 13

3 Greek *chiton,* a long garment worn
under the cloak next to the skin

4 Greek *bondservant;* also verse 25

5 Greek lacks *will they malign*

6 Greek *Gehenna*

7 Greek *assarion,* Roman copper coin
(Latin *quadrans*) worth about 1/16
of a *denarius* (which was a day's
wage for a laborer)

Chapter 11

1 *Leprosy* was a term for several skin
diseases; see Leviticus 13

2 Or *Why then did you go out? To see a*
man . . .

3 Some manuscripts *Why then did you*
go out? To see a prophet?

4 Or *has been coming violently*

5 Some manuscripts omit *to hear*

6 Some manuscripts *children*
(compare Luke 7:35)

7 Or *for so it pleased you well*

Chapter 12

1 Some manuscripts insert verse 47:
Someone told him, "Your mother and
your brothers are standing outside,
asking to speak to you"

Chapter 13

1 Some manuscripts add here and in
verse 43 *to hear*

2 Or *stumbles*

3 Probably *darnel,* a wheat-like weed

4 Greek *bondservants;* also verse 28

5 Some manuscripts *Isaiah the prophet*

Chapter 14

1 Some manuscripts *his brother's wife*

2 Greek *many stadia,* a *stadion* was
about 607 feet or 185 meters

3 Some manuscripts *was out on*
the sea

4 Some manuscripts *strong wind*

Chapter 15

1 Or *is an offering*

2 Some manuscripts *law*

3 Some manuscripts add *of the blind*

4 Greek *is expelled into the latrine*

5 Greek *from that hour*

Chapter 16

1 Some manuscripts omit the
following words to the end of
verse 3

2 The Greek words for *Peter* and *rock*
sound similar

3 Greek *the gates of Hades*

4 Or *shall have been bound . . . shall*
have been loosed

5 Or *"[May God be] merciful to you,*
Lord!"

6 Greek *stumbling block*

7 The same Greek word can mean
either *soul* or *life,* depending on the
context; twice in this verse and
twice in verse 26

Chapter 17

1 Or *my Son, my* (or *the*) *Beloved*

2 Greek *it*

3 Greek *the demon*

4 Greek *from that hour*

5 Some manuscripts insert verse 21:
But this kind never comes out except
by prayer and fasting

6 Some manuscripts *remained*

7 Greek *stater,* a silver coin worth four
drachmas or approximately
one shekel

Chapter 18

1 Greek *causes . . . to stumble;* also
verses 8, 9

2 Greek *stumbling blocks*

3 Greek *Gehenna*

4 Some manuscripts add verse 11:

For the Son of Man came to save the lost

5 Some manuscripts *your*

6 Or *shall have been bound . . . shall have been loosed*

7 Or *seventy-seven times*

8 Greek *bondservants*; also verses 28, 31

9 A *talent* was a monetary unit worth about twenty years' wages for a laborer

10 Greek *bondservant*; also verses 27, 28, 29, 32, 33

11 A *denarius* was a day's wage for a laborer

12 Greek *torturers*

Chapter 19

1 Some manuscripts add *and whoever marries a divorced woman commits adultery*; other manuscripts *except for sexual immorality, makes her commit adultery, and whoever marries a divorced woman commits adultery*

2 Greek *in the regeneration*

3 Some manuscripts *manifold*

Chapter 20

1 A *denarius* was a day's wage for a laborer

2 Or *is your eye bad because I am good?*

3 Greek *diakonos*

4 Greek *bondservant (doulos)*

5 Some manuscripts omit *Lord*

Chapter 21

1 Or *even*

2 Some manuscripts add *of God*

3 Greek *bondservants*; also verses 35, 36

4 Greek *the head of the corner*

5 Some manuscripts omit verse 44

Chapter 22

1 Greek *bondservants*; also verses 4, 6, 8, 10

2 Greek *for you do not look at people's faces*

3 A *denarius* was a day's wage for a laborer

Chapter 23

1 Some manuscripts omit *hard to bear*

2 *Rabbi* means *my teacher*, or *my master*; also verse 8

3 Or *brothers and sisters*

4 Some manuscripts add here (or after verse 12) verse 14: *Woe to you, scribes and Pharisees, hypocrites! For you devour widows' houses and for a pretense you make long prayers; therefore you will receive the greater condemnation*

5 Greek *Gehenna*; also verse 33

6 Some manuscripts omit *the son of Barachiah*

Chapter 24

1 Or *stumble*

2 Some manuscripts omit *nor the Son*

3 Greek *bondservant*; also verses 46, 48, 50

4 Greek *bondservants*

Chapter 25

1 Or *torches*

2 Some manuscripts add *and the bride*

3 Greek *bondservants*; also verse 19

4 A *talent* was a monetary unit worth about twenty years' wages for a laborer

5 Greek *bondservant*; also verses 23, 26, 30

6 Or *brothers and sisters*

Chapter 26

1 *Leprosy* was a term for several skin diseases; see Leviticus 13

2 Some manuscripts add *disciples*

3 Some manuscripts insert *new*

4 Or *keep awake*; also verses 40, 41

5 Or *Are you still sleeping and taking your rest?*

6 Or *Friend, why are you here?*

7 Greek *bondservant*

8 Greek *Sanhedrin*

9 Or *Have you no answer to what these men testify against you?*

Chapter 27

1 Greek *he*

2 Some manuscripts *this righteous blood*, or *this righteous man's blood*

3 A Roman judicial penalty, consisting of a severe beating with a multi-lashed whip containing imbedded pieces of bone and metal

4 Greek *the praetorium*

5 Greek *cohort*; a tenth of a Roman legion, usually about 600 men

6 That is, noon

7 Or *earth*

8 That is, 3 P.M.

9 Or *a son*

10 Or *Take a guard*

Chapter 28

1 Some manuscripts *the Lord*

2 Or *into*

MARK

Chapter 1

1 Some manuscripts omit *the Son of God*

2 Some manuscripts *in the prophets*

3 Or *crying: Prepare in the wilderness*

4 Or *my Son, my (or the) Beloved*

5 Some manuscripts *they*

6 *Leprosy* was a term for several skin diseases; see Leviticus 13

7 Greek *he*; also verse 45

Chapter 2

1 Some manuscripts *and*

2 Some manuscripts add *and drink*

3 Some manuscripts omit *But new wine is for fresh wineskins*

Chapter 3

1 Greek *him*

2 Other early manuscripts add *and your sisters*

Chapter 4

1 Or *stumble*

Chapter 5

1 Some manuscripts *Gergesenes*; some *Gadarenes*

2 Greek *he*; also verse 9

3 Greek *daimonizomai*; also verses 16, 18; elsewhere rendered *oppressed by demons*

4 Greek *him*

5 Or *ignoring*; some manuscripts *hearing*

6 Greek *he*

Chapter 6

1 Greek *chiton*, a long garment worn under the cloak next to the skin

2 Greek *his*

3 Some manuscripts *He*

4 Greek *baptizer*; also verse 24

5 Greek *his*

6 A *denarius* was a day's wage for a laborer

7 That is, between 3 A.M. and 6 A.M.

Chapter 7

1 Greek *unless they wash with a fist*, probably indicating a kind of ceremonial washing

2 Greek *unless they baptize*; some manuscripts *unless they purify themselves*

3 Some manuscripts omit *and dining couches*

4 Or *an offering*

5 Some manuscripts add verse 16: *If anyone has ears to hear, let him hear*

6 Greek *goes out into the latrine*

7 Some manuscripts omit *and Sidon*

8 Greek *he*

Chapter 8

1 Some manuscripts *Magadan*, or *Magdala*

2 Some manuscripts *the Herodians*

3 Greek *he*

4 The same Greek word can mean either *soul* or *life*, depending on the context; twice in this verse and once in verse 36 and once in verse 37

Chapter 9

1 Greek *no cloth refiner*
2 *Rabbi* means *my teacher,* or *my master*
3 Or *my Son, my* (or *the*) *Beloved*
4 Some manuscripts add *with tears*
5 Some manuscripts add *and fasting*
6 Some manuscripts add *who does not follow us*
7 Greek *to stumble;* also verses 43, 45, 47
8 Greek *Gehenna;* also verse 47
9 Some manuscripts add verses 44 and 46 (which are identical with verse 48)
10 Some manuscripts add *and every sacrifice will be salted with salt*

Chapter 10

1 Some manuscripts omit *and hold fast to his wife*
2 Some manuscripts add *for those who trust in riches*
3 Some manuscripts *to one another*
4 Greek *diakonos*
5 Greek *bondservant* (*doulos*)

Chapter 11

1 Greek *he*
2 Some manuscripts *he*
3 Some manuscripts *are receiving*
4 Some manuscripts add verse 26: *But if you do not forgive, neither will your Father who is in heaven forgive your trespasses*

Chapter 12

1 Greek *bondservant;* also verse 4
2 Greek *the head of the corner*
3 Greek *you do not look at people's faces*
4 A *denarius* was a day's wage for a laborer
5 Greek *his brother*
6 Greek *two lepta,* which make a *kodrantes;* a *kodrantes* (Latin *quadrans*) was a Roman copper coin worth about 1/64 of a *denarius* (which was a day's wage for a laborer)

Chapter 13

1 Some manuscripts add *and pray*
2 Greek *bondservants*
3 That is, the third watch of the night, between midnight and 3 A.M.

Chapter 14

1 *Leprosy* was a term for several skin diseases; see Leviticus 13
2 A *denarius* was a day's wage for a laborer

3 Some manuscripts insert *new*
4 Or *keep awake;* also verses 37, 38
5 Greek *bondservant*
6 Greek *Sanhedrin*
7 Or *Have you no answer to what these men testify against you?*
8 Or *forecourt*
9 Some manuscripts omit *and the rooster crowed*
10 Or *And when he had thought about it, he wept*

Chapter 15

1 A Roman judicial penalty, consisting of a severe beating with a multi-lashed whip containing imbedded pieces of bone and metal
2 Greek *the praetorium*
3 Greek *cohort;* a tenth of a Roman legion, usually about 600 men
4 That is, 9 A.M.
5 Some manuscripts insert verse 28: *And the Scripture was fulfilled that says, "He was numbered with the transgressors"*
6 That is, noon
7 That is, 3 P.M.
8 Some manuscripts insert *cried out and*
9 Or *a son*
10 Or *Pilate wondered whether he had already died*
11 Greek *he*

Chapter 16

1 Some manuscripts end the book with 16:8; others include verses 9-20 immediately after verse 8. A few manuscripts insert additional material after verse 14; one Latin manuscript adds after verse 8 the following: *But they reported briefly to Peter and those with him all that they had been told. And after this, Jesus himself sent out by means of them, from east to west, the sacred and imperishable proclamation of eternal salvation.* Other manuscripts include this same wording after verse 8, then continue with verses 9-20

LUKE

Chapter 1

1 Greek *Zacharias*
2 That is, legally pledged to be married
3 Some manuscripts add *Blessed are you among women!*
4 Greek *since I do not know a man*
5 Some manuscripts add *of you*
6 Greek *bondservant;* also verse 48
7 Or *believed, for there will be*
8 Or *when the sunrise shall dawn upon*

us; some manuscripts *since the sunrise has visited us*

Chapter 2

1 Or *This was the registration before*
2 That is, one legally pledged to be married
3 Some manuscripts *peace, good will among men*
4 Greek *bondservant*
5 Or *as a widow for eighty-four years*
6 Greek *they*
7 Or *about my Father's business*
8 Or *years*

Chapter 3

1 Or *crying, Prepare in the wilderness the way of the Lord*
2 Greek *chiton,* a long garment worn under the cloak next to the skin
3 Or *my Son, my* (or *the*) *Beloved*
4 Some manuscripts *beloved Son; today I have begotten you*
5 Greek *Salathiel*

Chapter 4

1 *Leprosy* was a term for several skin diseases; see Leviticus 13
2 Or *Leave us alone*
3 Some manuscripts *Galilee*

Chapter 5

1 *Leprosy* was a term for several skin diseases; see Leviticus 13
2 Greek *he*
3 Some manuscripts *was present to heal them*
4 Some manuscripts *better*

Chapter 6

1 Some manuscripts *On the second first Sabbath* (that is, on the second Sabbath after the first)
2 Greek *chiton,* a long garment worn under the cloak next to the skin
3 Some manuscripts *founded upon the rock*

Chapter 7

1 Greek *bondservant;* also verses 3, 8, 10
2 Greek *he*
3 Some manuscripts *The next day*
4 Greek *he*
5 *Leprosy* was a term for several skin diseases; see Leviticus 13
6 Greek *he*
7 Greek *they justified God*
8 Or *to*

Chapter 8

1 Some manuscripts *him*
2 Some manuscripts *Gadarenes;* others *Gergesenes;* also verse 37
3 Greek *he;* also verses 38, 42

4 Greek *daimonizomai*; elsewhere rendered *oppressed by demons*

5 Some manuscripts omit *and though she had spent all her living on physicians,*

6 Some manuscripts add *and those who were with him*

Chapter 9

1 Greek *chiton*, a long garment worn under the cloak next to the skin

2 Greek *exodus*

3 Some manuscripts *my Beloved*

4 Greek *he*

5 Some manuscripts add *as Elijah did*

6 Some manuscripts add *and he said, "You do not know what manner of spirit you are of; for the Son of Man came not to destroy people's lives but to save them"*

7 Greek *he*

Chapter 10

1 Some manuscripts *seventy*; also verse 17

2 Or *for so it pleased you well*

3 A *denarius* was a day's wage for a laborer

4 Greek *he*

5 Some manuscripts *few things are necessary, or only one*

Chapter 11

1 Greek *he*

2 Or *our bread for tomorrow*

3 Or *persistence*

4 Some manuscripts insert *bread, will give him a stone; or if he asks for*

5 Greek *he*

Chapter 12

1 Greek *Gehenna*

2 Greek *two assaria*; an *assarion* was a Roman copper coin worth about 1/16 of a *denarius* (which was a day's wage for a laborer)

3 Or *a single cubit to his stature*; a cubit was about 18 inches or 45 centimeters

4 Some manuscripts *Consider the lilies; they neither spin nor weave*

5 Some manuscripts *God's*

6 Greek *Let your loins stay girded*; compare Exodus 12:11

7 Greek *bondservants*

8 Some manuscripts add *would have stayed awake and*

9 Greek *bondservant*; also verses 45, 46, 47

10 Greek *lepton*, a Jewish bronze or copper coin worth about 1/128 of a *denarius* (which was a day's wage for a laborer)

Chapter 14

1 Some manuscripts *a donkey*

2 Or *your brothers and sisters*. The plural Greek word *adelphoi* (translated "brothers") refers to siblings in a family. In New Testament usage, depending on the context, *adelphoi* may refer either to *brothers* or to *brothers and sisters*

3 Greek *bondservant*; also verses 21, 22, 23

4 The Greek word for *you* here is plural

Chapter 15

1 Greek *ten drachmas*; a *drachma* was a Greek coin approximately equal in value to a Roman *denarius*, worth about a day's wage for a laborer

2 Greek *joined himself to*

3 Some manuscripts add *treat me as one of your hired servants*

4 Greek *bondservants*

Chapter 16

1 About 875 gallons

2 Between 1,000 and 1,200 bushels

3 Greek *age*

4 Greek *mammon*, a Semitic word for money or possessions; also verse 11; rendered *money* in verse 13

5 Or *everyone is forcefully urged into it*

6 Greek *bosom*; also verse 23

7 Or *brothers and sisters*

Chapter 17

1 Greek *Stumbling blocks*

2 Greek *stumble*

3 Greek *bondservant*; also verse 9

4 Greek *gird yourself*

5 Greek *bondservants*

6 *Leprosy* was a term for several skin diseases; see Leviticus 13

7 Or *has saved you*

8 Or *within you*, or *within your grasp*

9 Some manuscripts omit *in his day*

10 Some manuscripts add verse 36: *Two men will be in the field; one will be taken and the other left*

11 Greek *body*

12 Or *eagles*

Chapter 18

1 Or *standing, prayed to himself*

2 Or *wife or brothers and sisters*

Chapter 19

1 Greek *bondservants*; also verse 15

2 A *mina* was about three months' wages for a laborer

3 Greek *bondservant*; also verse 22

Chapter 20

1 Greek *he*

2 Greek *bondservant*; also verse 11

3 Greek *the head of the corner*

4 Greek *and do not receive a face*

5 A *denarius* was a day's wage for a laborer

6 Greek *his brother*

7 Greek *huioi*; see p. 1749

Chapter 21

1 Greek *He*

2 Greek *two lepta*; a *lepton* was a Jewish bronze or copper coin worth about 1/128 of a *denarius* (which was a day's wage for a laborer)

3 Or *parents and brothers and sisters*

Chapter 22

1 Greek *he*

2 Some manuscripts *never eat it again*

3 Some manuscripts omit, in whole or in part, verses 19b-20 (*which is given . . . in my blood*)

4 The Greek word for *you* (twice in this verse) is plural; in verse 32, all four instances are singular

5 Greek *He*

6 Greek *He*

7 Some manuscripts omit verses 43 and 44

8 Greek *bondservant*

Chapter 23

1 Here, or after verse 19, some manuscripts add verse 17: *Now he was obliged to release one man to them at the festival*

2 Some manuscripts omit the sentence *And Jesus . . . what they do*

3 Some manuscripts add *in letters of Greek and Latin and Hebrew*

4 Or *blasphemed him*

5 That is, noon

6 That is, 3 P.M.

7 Greek *was dawning*

Chapter 24

1 Greek *sixty stadia*; a *stadion* was about 607 feet or 185 meters

2 Some manuscripts add *and some honeycomb*

JOHN

Chapter 1

1 Or *was not any thing made. That which has been made was life in him*

2 Greek *to his own things*; that is, to his own domain, or to his own people

3 *People* is implied in Greek

4 Or *the only One, who is God*; some manuscripts *the only Son*

5 Greek *in the bosom of the Father*

6 Or *crying out, 'In the wilderness make straight*

7 That is, about 4 P.M.

8   Greek *him*

9   *Cephas* and *Peter* are from the word for *rock* in Aramaic and Greek, respectively

10   The Greek for *you* is plural; twice in this verse

Chapter 2

1   Greek *two or three measures* (*metrētas*); a *metrētēs* was about 10 gallons or 35 liters

2   Or *brothers and sisters.* The plural Greek word *adelphoi* (translated "brothers") refers to siblings in a family. In New Testament usage, depending on the context, *adelphoi* may refer either to *brothers* or to *brothers and sisters*

Chapter 3

1   Greek *him*

2   Or *from above*; the Greek is purposely ambiguous and can mean both *again* and *from above*; also verse 7

3   The same Greek word means both *wind* and *spirit*

4   The Greek for *you* is plural here

5   The same Greek word means both *wind* and *spirit*

6   The Greek for *you* is plural here; also four times in verse 12

7   Some manuscripts add *who is in heaven*

8   Some interpreters hold that the quotation ends at verse 15

9   Or *For this is how God loved the world*

10   Some interpreters hold that the quotation continues through verse 36

Chapter 4

1   That is, about noon

2   Greek *forever*

3   Greek *bondservants*

4   That is, at 1 P.M.

Chapter 5

1   Or *Hebrew*

2   Some manuscripts *Bethsaida*

3   Some manuscripts insert, wholly or in part, *waiting for the moving of the water; ⁴for an angel of the Lord went down at certain seasons into the pool, and stirred the water: whoever stepped in first after the stirring of the water was healed of whatever disease he had*

4   Greek *he*

Chapter 6

1   A *denarius* was a day's wage for a laborer

2   Greek *twenty-five or thirty stadia*; a

stadion was about 607 feet or 185 meters

3   Greek lacks *the bread*

4   Greek *He*

Chapter 7

1   Or *Judeans*

2   Or *brothers and sisters*; also verses 5, 10

3   Some manuscripts add *yet*

4   Or *this man knows his letters*

5   Greek *his*

6   Or *let him come to me, and let him who believes in me drink. As*

7   Some manuscripts do not include 7:53–8:11; others add the passage here or after 7:36 or after 21:25 or after Luke 21:38, with variations in the text

Chapter 8

1   Some manuscripts *he*

2   Greek *bondservant*; also verse 35

3   Some manuscripts *your God*

4   Some manuscripts has *Abraham seen you?*

Chapter 9

1   Greek *him*

2   Some manuscripts *the Son of God*

3   Greek *you would not have sin*

Chapter 10

1   Some manuscripts *What my Father has given to me*

Chapter 11

1   Greek *he*; also verse 17

2   Greek *Didymus*

3   Greek *fifteen stadia*; a *stadion* was about 607 feet or 185 meters

4   Some manuscripts omit *and the life*

5   Greek *were seeking for*

Chapter 12

1   Greek *litra*; a *litra* (or Roman pound) was equal to about 11 1/2 ounces or 327 grams

2   A *denarius* was a day's wage for a laborer

3   Or *Leave her alone; she intended to keep it*

4   Greek *he*

Chapter 13

1   Some manuscripts omit *except for his feet*

2   The Greek words for *you* in this verse are plural

3   Greek *bondservant*

4   Greek *But in order that the Scripture may be fulfilled*

5   Greek *in the bosom of Jesus*

6   Greek lacks *Jesus*

Chapter 14

1   Or *You believe in God*

2   Or *In my Father's house are many rooms; if it were not so, I would have told you; for I go to prepare a place for you*

3   Some manuscripts *Where I am going you know, and the way you know*

4   Or *If you know me, you will know my Father also*, or *If you have known me, you will know my Father also*

5   Some manuscripts omit *me*

6   Or *Advocate*, or *Counselor*; also 14:26; 15:26; 16:7

Chapter 15

1   Greek *bondservants*

2   Greek *bondservant*; also verse 20

3   Greek *they would not have sin*; also verse 24

Chapter 16

1   Some manuscripts *from the Father*

Chapter 17

1   Or *from evil*

2   Greek *Set them apart* (for holy service to God)

3   Or *I sanctify myself*; or *I set myself apart* (for holy service to God)

4   Greek *may be set apart* (for holy service to God)

Chapter 18

1   Greek *I am*; also verses 6, 8

2   Greek *he*

3   Greek *bondservant*; twice in this verse

4   Greek *bondservants*; also verse 26

5   Greek *the praetorium*

6   Or *an insurrectionist*

Chapter 19

1   Or *Hebrew*; also verses 17, 20

2   That is, about noon

3   Greek *chiton*, a long garment worn under the cloak next to the skin

4   Greek *him*

5   Greek *one hundred litras*; a *litra* (or Roman pound) was equal to about 11 1/2 ounces or 327 grams

Chapter 20

1   Greek *his*

2   Or *Hebrew*

3   Greek *Didymus*

Chapter 21

1   Greek *two hundred cubits*; a *cubit* was about 18 inches or 45 centimeters

2   Or *brothers and sisters*

ACTS

Chapter 1

1   Or *eating*

2   Or *in*
3   Or *brothers and sisters*. The plural Greek word *adelphoi* (translated "brothers") refers to siblings in a family. In New Testament usage, depending on the context, *adelphoi* may refer either to men or to both men and women who are siblings (brothers and sisters) in God's family, the church; also verse 15
4   Or *swelling up*

Chapter 2
1   Or *And tongues as of fire appeared to them, distributed among them, and rested*
2   That is, 9 A.M.
3   Greek *bondservants*; twice in this verse
4   Or *fear*

Chapter 3
1   That is, 3 P.M.
2   Or *child*; also verse 26
3   Greek *him*

Chapter 4
1   Greek *This one*
2   Greek *the head of the corner*
3   Or *child*; also verses 27, 30
4   Or *Christ*
5   Greek *bondservants*

Chapter 5
1   The Greek for *you* is plural here

Chapter 6
1   That is, Greek-speaking Jews
2   Or *brothers and sisters*

Chapter 7
1   Some manuscripts *for the house of Jacob*
2   Or *rushed with one mind*

Chapter 8
1   Some manuscripts *a city*
2   Greek *works of power*
3   That is, a bitter fluid secreted by the liver; bile
4   Or *go at about noon*
5   Some manuscripts add all or most of verse 37: *And Philip said, "If you believe with all your heart, you may." And he replied, "I believe that Jesus Christ is the Son of God."*

Chapter 9
1   Greek *through the wall*
2   That is, Greek-speaking Jews
3   The Aramaic name *Tabitha* and the Greek name *Dorcas* both mean *gazelle*
4   Greek *chiton*, a long garment worn under the cloak next to the skin

Chapter 10
1   That is, 3 P.M.
2   That is, noon
3   That is, 3 P.M.

Chapter 11
1   Or *brothers and sisters*
2   Or *Greeks* (that is, Greek-speaking non-Jews)
3   Or *brothers and sisters*

Chapter 12
1   Or *brothers and sisters*
2   Some manuscripts *to*

Chapter 13
1   *Niger* is a Latin word meaning *black*, or *dark*
2   Some manuscripts *he carried* (compare Deuteronomy 1:31)
3   Greek *justified*; twice in this verse

Chapter 14
1   Or *brothers and sisters*
2   Or *be saved*

Chapter 15
1   Or *brothers and sisters*; also verse 22
2   Or *rest*
3   Or *brothers and sisters*; also verses 32, 33, 36
4   Some manuscripts *some persons from us have troubled you*
5   Some manuscripts insert verse 34: *But it seemed good to Silas to remain there*

Chapter 16
1   Greek *He*
2   Or *brothers and sisters*; also verse 40
3   Greek *he*
4   Or *that*
5   Greek *bondservants*
6   Greek *he*

Chapter 17
1   Or *brothers and sisters*; also verse 14
2   Greek *made by hands*
3   Probably from Epimenides of Crete
4   From Aratus's poem "Phainomena"

Chapter 18
1   Greek *he*
2   Or *brothers and sisters*; also verse 27
3   Or *in the Spirit*

Chapter 19
1   Greek *upper* (that is, highland)
2   Or *into*
3   Some manuscripts add *from the fifth hour to the tenth* (that is, from 11 A.M. to 4 P.M.)
4   Or *both*
5   That is, high-ranking officers of the province of Asia

6   The meaning of the Greek is uncertain
7   Some manuscripts *seek about other matters*

Chapter 20
1   Some manuscripts add *after remaining at Trogyllium*
2   Or *bound in*
3   Some manuscripts *of the Lord*
4   Or *with the blood of his Own*

Chapter 21
1   Some manuscripts add *and Myra*
2   Or *brothers and sisters*; also verse 17
3   Some manuscripts omit *and from what has been strangled*
4   Or *the Hebrew dialect* (that is, Aramaic); also 22:2

Chapter 22
1   Or *city at the feet of Gamaliel, educated*
2   Or *hear with understanding*
3   Or *when they had tied him up with leather strips*

Chapter 23
1   That is, 9 P.M.

Chapter 24
1   Or *weary*
2   Some manuscripts add *and we would have judged him according to our law. ⁷But the chief captain Lysias came and with great violence took him out of our hands, ⁸commanding his accusers to come before you.*

Chapter 25
1   Greek *him*

Chapter 26
1   Or *the Hebrew dialect* (that is, Aramaic)
2   Or *In a short time you would persuade me to act like a Christian!*

Chapter 27
1   That is, the Day of Atonement
2   Some manuscripts *Clauda*
3   That is, the sea-anchor (or possibly the mainsail)
4   About 120 feet; a fathom (Greek *orguia*) was about 6 feet or 2 meters
5   About 90 feet (see previous note)
6   Some manuscripts *seventy-six*, or *about seventy-six*
7   Or *sandbank*, or *crosscurrent*; Greek *place between two seas*

Chapter 28
1   Greek *barbaroi* (that is, non–Greek speakers); also verse 4
2   Or *justice*
3   Greek *honored us with many honors*

4   That is, the Greek gods Castor and Pollux

5   Or *brothers and sisters*; also verses 15, 21

6   Some manuscripts add verse 29: *And when he had said these words, the Jews departed, having much dispute among themselves*

7   Or *in his own hired dwelling*

ROMANS

Chapter 1

1   Or *slave*; Greek *bondservant*

2   Or *who came from the offspring of David*

3   Or *brothers and sisters*. The plural Greek word *adelphoi* (translated "brothers") refers to siblings in a family. In New Testament usage, depending on the context, *adelphoi* may refer either to men or to both men and women who are siblings (brothers and sisters) in God's family, the church

4   That is, non-Greeks

5   Or *beginning and ending in faith*

6   Or *The one who by faith is righteous shall live*

Chapter 2

1   Or *contentious*

2   Or *counted*

3   Or *the letter*

Chapter 3

1   Greek *Are we*

2   Or *at any disadvantage?*

3   Greek *flesh*

Chapter 4

1   Some manuscripts say *about*

2   Or *but trusts*; compare verse 24

Chapter 5

1   Some manuscripts *let us*

2   Some manuscripts omit *by faith*

3   Or *let us*; also verse 3

4   Or *boast*; also verses 3, 11

5   Or *the trespass of one*

6   Or *the act of righteousness of one*

Chapter 6

1   Greek *man*

2   Greek *has been justified*

3   Greek *bondservants*. Twice in this verse and verse 19; also once in verses 17, 20

Chapter 7

1   Or *brothers and sisters*; also verse 4

2   Greek *law concerning the husband*

3   Greek *of the letter*

Chapter 8

1   Some manuscripts add *who walk not according to the flesh (but according to the Spirit)*

2   Some manuscripts *me*

3   Or *and as a sin offering*

4   Or *brothers and sisters*; also verse 29

5   See discussion on "sons" on p. 1749

6   Or *that*

7   Some manuscripts *God works all things together for good*, or *God works in all things for the good*

8   Or *who is*

9   Or *Is it Christ Jesus who died . . . for us?*

Chapter 9

1   Or *brothers and sisters*

2   Greek *not of him who wills or runs*

3   Or *children of Israel*

4   Greek *a law of righteousness*

Chapter 10

1   Or *Brothers and sisters*

2   Or *end of the law, that everyone who believes may be justified*

3   Or *him whom they have never heard*

Chapter 11

1   Or *one of the offspring of Abraham*

2   Greek *their fullness*

3   Greek *root of richness*; some manuscripts *richness*

4   Or *brothers and sisters*

5   Some manuscripts omit *now*

Chapter 12

1   Or *brothers and sisters*

2   Or *your rational service*

3   Greek *age*

4   Or *what is the good and acceptable and perfect will of God*

5   Greek *parts*; also verse 5

6   Or *gives aid*

7   Or *fervent in the Spirit*

8   Or *give yourselves to humble tasks*

9   Greek *give place*

Chapter 14

1   Or *lord*

2   Or *shall give praise*

3   Some manuscripts add *or be hindered or be weakened*

4   Some manuscripts insert here 16:25-27

Chapter 15

1   Or *brothers and sisters*; also verse 30

2   Greek *sealed to them this fruit*

3   Some manuscripts insert *of the gospel*

Chapter 16

1   Or *deaconess*

2   Greek *firstfruit*

3   Or *Junias*

4   Or *messengers*

5   Or *brothers and sisters*; also verse 17

6   Greek *their own belly*

7   Some manuscripts insert verse 24: *The grace of our Lord Jesus Christ be with you all. Amen.*

1 CORINTHIANS

Chapter 1

1   Or *brothers and sisters*. The plural Greek word *adelphoi* (translated "brothers") refers to siblings in a family. In New Testament usage, depending on the context, *adelphoi* may refer either to men or to both men and women who are siblings (brothers and sisters) in God's family, the church; also verses 11, 26

2   Greek *according to the flesh*

3   Greek *no flesh*

4   Greek *And from him*

Chapter 2

1   Or *brothers and sisters*

2   Some manuscripts *mystery* (or *secret*)

3   Or *interpreting spiritual truths in spiritual language*, or *comparing spiritual things with spiritual*

Chapter 3

1   Or *brothers and sisters*

2   The Greek for *you* is plural in verses 16 and 17

Chapter 4

1   Or *brothers and sisters*

2   Or *am sending*

3   Some manuscripts add *Jesus*

Chapter 5

1   Some manuscripts add *Jesus*

2   Or *will judge*

Chapter 6

1   Or *brothers and sisters*

2   Or *wrongdoers*

3   The two Greek terms translated by this phrase refer to the passive and active partners in consensual homosexual acts

4   Or *who holds fast* (compare Genesis 2:24 and Deuteronomy 10:20); also verse 17

5   Or *Every sin*

Chapter 7

1   Or *I say this:*

2   Some manuscripts *us*

3   Greek *bondservant*; also twice in verse 22 and once in verse 23 (plural)

4   Or *brothers and sisters*; also verse 29

5   The expression *Now concerning*

introduces a reply to a question in the Corinthians' letter; see 7:1

6   Greek *virgins*
7   Or *impending*
8   Greek *virgin*; also verse 34
9   Greek *virgin*; also verses 37, 38
10 Or *her*

Chapter 8

1   The expression *Now concerning* introduces a reply to a question in the Corinthians' letter; see 7:1
2   Greek *him*
3   Greek *reclining at table*
4   Or *fortified*; Greek *built up*
5   Or *brothers and sisters*

Chapter 9

1   Greek *a sister as wife*
2   Greek *I pummel my body and make it a slave*

Chapter 10

1   Or *brothers and sisters*
2   Some manuscripts *the Lord*
3   Greek *Consider Israel according to the flesh*

Chapter 11

1   Greek *gunē*. This term may refer to a *woman* or a *wife*, depending on the context
2   In verses 5-13, the Greek word *gunē* is translated *wife* in verses that deal with wearing a veil, a sign of being married in first-century culture
3   Or *messengers*, that is, people sent to observe and report
4   Or *I believe a certain report*
5   Some manuscripts *broken for*
6   Or *as my memorial*; also verse 25
7   Greek *have fallen asleep* (as in 15:6, 20)
8   Or *discerned*
9   Or *when we are judged we are being disciplined by the Lord*
10 Or *brothers and sisters*
11 Or *share with*

Chapter 12

1   The expression *Now concerning* introduces a reply to a question in the Corinthians' letter; see 7:1
2   Or *spiritual persons*
3   Or *brothers and sisters*
4   Or *servants*; Greek *bondservants*
5   Or *members*; also verse 22

Chapter 13

1   Some manuscripts *deliver up my body* [to death] *that I may boast*
2   Greek *irritable and does not count up wrongdoing*

Chapter 14

1   Or *brothers and sisters*; also verses 20, 26, 39
2   Or *of him that is without gifts*
3   Greek *lacks a sign*

Chapter 15

1   Or *brothers and sisters*; also verses 6, 31, 50, 58
2   Or *we have hoped*
3   Greek *he*
4   Probably from Menander's comedy *Thais*
5   Greek *a living soul*
6   Some manuscripts *let us*

Chapter 16

1   The expression *Now concerning* introduces a reply to a question in the Corinthians' letter; see 7:1; also verse 12
2   Or *God's will for him*
3   Or *brothers and sisters*; also verse 20
4   Greek *house*
5   Greek *Maranatha* (a transliteration of Aramaic)

2 CORINTHIANS

Chapter 1

1   Or *For as the sufferings of Christ abound for us, so also our comfort abounds through Christ*
2   Or *brothers and sisters*. The plural Greek word *adelphoi* (translated "brothers") refers to siblings in a family. In New Testament usage, depending on the context, *adelphoi* may refer either to men or to both men and women who are siblings (brothers and sisters) in God's family, the church
3   Some manuscripts *holiness*
4   Or *understand*; twice in this verse; also verse 14
5   Or *down payment*

Chapter 2

1   Or *competent*

Chapter 3

1   Some manuscripts *your*
2   Greek *fleshly hearts*
3   Or *sufficient*
4   Greek *he*
5   Or *this Lord*
6   Or *reflecting the glory of the Lord*

Chapter 4

1   Greek *as we have received mercy*
2   Greek *bondservants*
3   Greek *man*

Chapter 5

1   Some manuscripts *putting it off*
2   Or *creature*

3   Or *God was in Christ, reconciling*

Chapter 6

1   Greek *Our mouth is open to you*
2   Greek *Beliar*

Chapter 7

1   Greek *flesh*
2   Greek *lacks in your hearts*

Chapter 8

1   Or *brothers and sisters*
2   The Greek word *charis* can mean *favor* or *grace* or *thanks*, depending on the context
3   Some manuscripts *in your love for us*
4   Or *he went*
5   Or *we sent*; also verse 22
6   Greek *apostles*

Chapter 9

1   Or *I have sent*
2   Greek *blessing*; twice in this verse
3   Or *a gift expecting something in return*; Greek *greed*
4   Greek *with blessings*; twice in this verse
5   Or *all contentment*
6   Or *you*

Chapter 11

1   Or *often in fasting*

Chapter 12

1   Or *hears from me, even because of the surpassing greatness of the revelations. So to keep me from becoming conceited*

Chapter 13

1   Or *brothers and sisters*
2   Or *listen to my appeal*

GALATIANS

Chapter 1

1   Or *brothers and sisters*. The plural Greek word *adelphoi* (translated "brothers") refers to siblings in a family. In New Testament usage, depending on the context, *adelphoi* may refer either to men or to both men and women who are siblings (brothers and sisters) in God's family, the church; also verse 11
2   Or *slave*; Greek *bondservant*
3   Greek *not according to man*
4   Greek *set me apart from my mother's womb*
5   Greek *in*
6   Greek *with flesh and blood*

Chapter 2

1   Or *counted righteous* (three times in verse 16); also verse 17

2 Or *justification*

Chapter 3

1 Or *now ending with*
2 Or *experience*
3 Or *count righteous; also verses 11, 24*
4 Or *The one who by faith is righteous will live*
5 Greek *receive the promise of the Spirit*
6 Or *brothers and sisters*
7 Greek *bondservant*

Chapter 4

1 Greek *bondservant; also verse 7*
2 Or *elemental spirits; also verse 9*
3 Or *Brothers and sisters; also verses 28, 31*
4 Or *by dealing truthfully with you*
5 Some manuscripts *For Sinai is a mountain in Arabia*
6 Some manuscripts *we*

Chapter 5

1 Or *counted righteous*
2 Or *brothers and sisters; also verse 13*
3 Greek *proclaim*
4 Some manuscripts add *murder*

Chapter 6

1 Or *Brothers and sisters; also verse 18*
2 Or *through whom*

EPHESIANS

Chapter 1

1 Some manuscripts *saints who are also faithful* (omitting *in Ephesus*)
2 Or *before him in love, having predestined us*
3 Or *he lavished upon us in all wisdom and insight, making known . . .*
4 Or *down payment*
5 Or *until God redeems his possession*
6 Some manuscripts omit *your love*

Chapter 2

1 Greek *flesh*
2 Or *And*
3 Or *sojourners*
4 Or *in*

Chapter 3

1 The words *This mystery is* are inferred from verse 4
2 Or *by*
3 Or *fatherhood*; the Greek word *patria* is closely related to the word for *Father* in verse 14

Chapter 4

1 Or *the lower parts of the earth?*
2 Or *pastors*
3 Or *the shepherd-teachers*
4 Greek *to a full-grown man*
5 Greek *man; also verse 24*

Chapter 5

1 Or *holy and blameless*

Chapter 6

1 Or *servants*; Greek *bondservants; similarly verse 8*
2 Or *your masters according to the flesh*
3 Or *slaves*; Greek *bondservants*
4 Greek *Lord*
5 Or *brothers and sisters*

PHILIPPIANS

Chapter 1

1 Or *slaves*; Greek *bondservants*
2 Or *bishops*; Greek *episkopoi*
3 Or *servants*, or *ministers*; Greek *diakonoi*
4 Or *you all have fellowship with me in grace*
5 Or *brothers and sisters*. The plural Greek word *adelphoi* (translated "brothers") refers to siblings in a family. In New Testament usage, depending on the context, *adelphoi* may refer either to men or to both men and women who are siblings (brothers and sisters) in God's family, the church; also verse 14
6 Greek *in the whole praetorium*
7 Some manuscripts add *of God*
8 Greek *Only behave as citizens worthy*

Chapter 2

1 Or *which was also in Christ Jesus*
2 Greek *bondservant*
3 Greek *his*
4 Greek *child*

Chapter 3

1 Or *brothers and sisters; also verses 13, 17*
2 Some manuscripts *God in spirit*
3 Greek *in the law*

Chapter 4

1 Or *brothers and sisters; also verses 8, 21*
2 Or *loyal Syzygus*; Greek *true yokefellow*
3 Or *have fellowship in*
4 Or *I seek the profit that accrues to your account*

COLOSSIANS

Chapter 1

1 Or *brothers and sisters*. The plural Greek word *adelphoi* (translated "brothers") refers to siblings in a family. In New Testament usage, depending on the context, *adelphoi* may refer either to men or to both men and women who are siblings

(brothers and sisters) in God's family, the church
2 Greek *fellow bondservant*
3 Some manuscripts *our*
4 Or *patience, with joy giving thanks*
5 Some manuscripts *us*
6 That is, by means of; or *in*
7 Or *to every creature*

Chapter 2

1 Or *elementary principles; also verse 20*
2 Probably demonic rulers and authorities
3 Or *in it* (that is, the cross)
4 Or *about the things he has seen*

Chapter 3

1 Some manuscripts *our*
2 Greek *therefore your members that are on the earth*
3 Some manuscripts add *upon the sons of disobedience*
4 Greek *man*; also as supplied in verse 10
5 Greek *bondservant*
6 Or *Servants*; Greek *Bondservants*
7 Or *your masters according to the flesh*

Chapter 4

1 Or *servants*; Greek *bondservants*
2 Greek *fellow bondservant; also verse 12*
3 Or *brothers and sisters*

1 THESSALONIANS

Chapter 1

1 Or *without ceasing*
2 Or *brothers and sisters*. The plural Greek word *adelphoi* (translated "brothers") refers to siblings in a family. In New Testament usage, depending on the context, *adelphoi* may refer either to men or to both men and women who are siblings (brothers and sisters) in God's family, the church

Chapter 2

1 Or *brothers and sisters; also verses 9, 14, 17*
2 Or *with a flattering speech*
3 Some manuscripts *infants*
4 Or *without ceasing*
5 Or *completely*, or *forever*

Chapter 3

1 Some manuscripts *servant*
2 Or *brothers and sisters*

Chapter 4

1 Or *brothers and sisters; also verses 10, 13*
2 Or *your holiness*

3   Or *how to take a wife for himself;* Greek *how to possess his own vessel*
4   Or *by the word of the Lord*

Chapter 5

1   Or *brothers and sisters;* also verses 4, 12, 14, 25, 26, 27
2   Or *sons;* twice in this verse
3   Or *disorderly,* or *undisciplined*

2 THESSALONIANS

Chapter 1

1   Or *brothers and sisters.* The plural Greek word *adelphoi* (translated "brothers") refers to siblings in a family. In New Testament usage, depending on the context, *adelphoi* may refer either to men or to both men and women who are siblings (brothers and sisters) in God's family, the church
2   Or *destruction that comes from*

Chapter 2

1   Or *brothers and sisters;* also verses 13, 15
2   Some manuscripts *sin*
3   Greek *the son of perdition* (a Hebrew idiom)
4   Some manuscripts *chose you from the beginning*

Chapter 3

1   Or *brothers and sisters;* also verses 6, 13
2   Or *glorified*
3   Or *evil*
4   Greek *eat their own bread*

1 TIMOTHY

Chapter 1

1   Or *good order*
2   That is, those who take someone captive in order to sell him into slavery
3   Or *healthy*
4   Greek *to the ages of ages*

Chapter 2

1   *men* and *man* render the same Greek word that is translated *people* in verses 1 and 4

Chapter 3

1   Or *bishop;* Greek *episkopos;* a similar term occurs in verse 1
2   Or *a man of one woman;* also verse 12
3   Or *devious in speech*
4   Or *Wives, likewise, must,* or *Women, likewise, must*
5   Greek *Who;* some manuscripts *God;* others *Which*
6   Or *justified*

7   Or *vindicated in spirit*

Chapter 4

1   Or *brothers and sisters.* The plural Greek word *adelphoi* (translated "brothers") refers to siblings in a family. In New Testament usage, depending on the context, *adelphoi* may refer either to men or to both men and women who are siblings (brothers and sisters) in God's family, the church
2   Some manuscripts *and suffer reproach*
3   Greek *be in them*

Chapter 5

1   Or *a woman of one man*

Chapter 6

1   Greek *bondservants*
2   Or *healthy*
3   Greek *for;* some manuscripts insert [it is] *certain* [that]
4   Or *in the time of*
5   The Greek for *you* is plural

2 TIMOTHY

Chapter 1

1   Or *with*
2   Greek *before times eternal*
3   Or *what I have entrusted to him;* Greek *my deposit*
4   Or *healthy*

Chapter 2

1   Some manuscripts *the Lord*
2   That is, one approved after being tested
3   Greek *from these things*
4   Greek *bondservant*

Chapter 3

1   The Greek for *whom* is plural
2   That is, a messenger of God (the phrase echoes a common Old Testament expression)

Chapter 4

1   Or *healthy*
2   Some manuscripts *Gaul*
3   Or *brothers and sisters.* The plural Greek word *adelphoi* (translated "brothers") refers to siblings in a family. In New Testament usage, depending on the context, *adelphoi* may refer either to men or to both men and women who are siblings (brothers and sisters) in God's family, the church
4   The Greek for *you* is plural

TITUS

Chapter 1

1   Or *slave;* Greek *bondservant*
2   Greek *before times eternal*
3   Or *a man of one woman*
4   Or *bishop;* Greek *episkopos*
5   Or *healthy;* also verse 13
6   Greek *One of them*
7   Probably from Epimenides of Crete

Chapter 2

1   Or *healthy;* also verses 2, 8
2   Or *servants;* Greek *bondservants*

PHILEMON

1   Or *for Christ's service*
2   *Onesimus* means *useful* (see verse 11) or *beneficial* (see verse 20)
3   Greek *bondservant;* twice in this verse

HEBREWS

Chapter 1

1   Some manuscripts omit *like a garment*

Chapter 2

1   Some manuscripts insert *and set him over the works of your hands*
2   Greek *all are of one*
3   Or *brothers and sisters.* The plural Greek word *adelphoi* (translated "brothers") refers to siblings in a family. In New Testament usage, depending on the context, *adelphoi* may refer either to men or to both men and women who are siblings (brothers and sisters) in God's family, the church; also verse 12

Chapter 3

1   Or *brothers and sisters;* also verse 12
2   Greek *his;* also verses 5, 6
3   Some manuscripts insert *firm to the end*

Chapter 4

1   Some manuscripts *it did not meet with faith in the hearers*
2   Greek *he*

Chapter 5

1   Greek *he*

Chapter 6

1   Or *baptisms* (that is, cleansing rites)
2   Greek *he*

Chapter 7

1   Or *brothers and sisters*
2   That is, completely; or *at all times*

Chapter 8

1   Or *tabernacle;* also verse 5

2 Greek *he*
3 Some manuscripts *For finding fault with it he says to them*

Chapter 9

1 Or *tabernacle*; also verses 11, 21
2 Greek *the presentation of the loaves*
3 Greek *tent*; also verses 6, 8
4 Or *which is symbolic for the age then present*
5 Some manuscripts *good things to come*
6 Or *For if the blood of goats and bulls, and the sprinkling of defiled persons with the ashes of a heifer, sanctifies*
7 Some manuscripts *your*
8 The Greek word means both *covenant* and *will*; also verses 16, 17

Chapter 10

1 Greek *he*
2 Greek *this one*
3 Or *brothers and sisters*

Chapter 11

1 Some manuscripts add *they were tempted*

Chapter 12

1 Or *church*

Chapter 13

1 Some manuscripts *you*
2 Or *brothers and sisters*

JAMES

Chapter 1

1 Or *slave*; Greek *bondservant*
2 Or *brothers and sisters*. The plural Greek word *adelphoi* (translated "brothers") refers to siblings in a family. In New Testament usage, depending on the context, *adelphoi* may refer either to men or to both men and women who are siblings (brothers and sisters) in God's family, the church; also verses 16, 19
3 Or *a wild flower*
4 Some manuscripts *variation due to a shadow of turning*

Chapter 2

1 Or *brothers and sisters*; also verses 5, 14
2 Or *benefit*

Chapter 3

1 Or *wheel of birth*
2 Greek *Gehenna*
3 Or *brothers and sisters*; also verse 12

Chapter 4

1 Greek *pleasures*; also verse 3
2 Greek *in your members*

3 Greek *You adulteresses!*
4 Or *brothers and sisters*

Chapter 5

1 Or *brothers and sisters*; also verses 9, 10, 12, 19
2 Or *The effective prayer of a righteous person has great power*

1 PETER

Chapter 1

1 Greek *girding up the loins of your mind*

Chapter 2

1 Greek *the head of the corner*
2 Or *every institution ordained for people*
3 Or *king*; also verse 17
4 Greek *bondservants*

Chapter 3

1 Some manuscripts *since you are joint heirs*
2 Some manuscripts *died*
3 Or *the Spirit, in whom*
4 Or *preached*
5 Or *when*

Chapter 4

1 Some manuscripts add *for us*; some *for you*
2 Some manuscripts insert *and of power*
3 Greek *where will the ungodly and sinner appear?*

Chapter 5

1 Some manuscripts omit *exercising oversight*
2 Some manuscripts omit *as God would have you*

2 PETER

Chapter 1

1 Some manuscripts *Simon*
2 Or *slave*; Greek *bondservant*
3 Or *by*
4 Or *virtue*
5 Or *excellence*; twice in this verse
6 Greek *these things*; also verses 9, 10, 12
7 Or *brothers and sisters*. The plural Greek word *adelphoi* (translated "brothers") refers to siblings in a family. In New Testament usage, depending on the context, *adelphoi* may refer either to men or to both men and women who are siblings (brothers and sisters) in God's family, the church
8 Greek *tent*; also verse 14
9 Or *my Son, my* (or *the*) *Beloved*

Chapter 2

1 Greek *Tartarus*
2 Some manuscripts *pits*
3 Some manuscripts *an example to those who were to be ungodly*
4 Or *temptations*
5 Some manuscripts *love feasts*
6 Greek *bondservants*

Chapter 3

1 Some manuscripts *on your account*
2 Or *elements*; also verse 12
3 Greek *found*; some manuscripts *will be burned up*

1 JOHN

Chapter 1

1 Some manuscripts *your*

Chapter 2

1 Or *that*
2 Or *it*
3 Some manuscripts *you know everything*
4 Some manuscripts *you*

Chapter 3

1 Or *when it appears*
2 Greek *his*
3 Or *brothers and sisters*. The plural Greek word *adelphoi* (translated "brothers") refers to siblings in a family. In New Testament usage, depending on the context, *adelphoi* may refer either to men or to both men and women who are siblings (brothers and sisters) in God's family, the church; also verses 14, 16
4 Greek *him*
5 Greek *he*

Chapter 4

1 Some manuscripts *how can he*

Chapter 5

1 Greek *he*

2 JOHN

1 Some manuscripts *you*

3 JOHN

1 Or *brothers and sisters*. The plural Greek word *adelphoi* (translated "brothers") refers to siblings in a family. In New Testament usage, depending on the context, *adelphoi* may refer either to men or to both men and women who are siblings (brothers and sisters) in God's family, the church; also verses 5, 10

JUDE

1   Or *slave; Greek bondservant*
2   Or *by*
3   Some manuscripts *although you fully knew it, that the Lord who once saved*
4   Greek *other flesh*
5   Or *are blemishes*
6   Or *Christ, because they*
7   Greek *chiton*, a long garment worn under the cloak next to the skin

REVELATION

Chapter 1

1   Greek *bondservants*
2   Greek *bondservant*
3   Or *mourn*

Chapter 2

1   Greek *blasphemy*
2   Or *your faith in me*
3   Greek *bondservants*

Chapter 4

1   Or *voices, or sounds*

Chapter 6

1   Greek *choinix*, a dry measure equal to about a quart
2   A *denarius* was a day's wage for a laborer
3   Greek *fellow bondservants*
4   Or *brothers and sisters*. The plural Greek word *adelphoi* (translated "brothers") refers to siblings in a family. In New Testament usage, depending on the context, *adelphoi* may refer either to men or to both men and women who are siblings (brothers and sisters) in God's family, the church
5   Or *servant; Greek bondservant*

Chapter 7

1   Greek *bondservants*

Chapter 8

1   Or *voices, or sounds*
2   *Wormwood* is the name of a plant and of the bitter-tasting extract derived from it

Chapter 9

1   Greek *the abyss*; also verses 2, 11
2   *Abaddon* means *destruction; Apollyon* means *destroyer*
3   Greek *hyacinth*

Chapter 10

1   Greek *bondservants*

Chapter 11

1   Or *the abyss*
2   Greek *spiritually*
3   Greek *bondservants*
4   Or *voices, or sounds*

Chapter 12

1   Or *brothers and sisters*
2   Some manuscripts *And I stood*, connecting the sentence with 13:1

Chapter 13

1   Or *tabernacle*
2   Some manuscripts omit this sentence
3   Or *on its behalf*
4   Or *on behalf of*
5   Greek *bondservant*
6   Some manuscripts *616*

Chapter 14

1   Or *wrath*
2   Greek *and the faith of Jesus*
3   About 184 miles; a *stadion* was about 607 feet or 185 meters

Chapter 15

1   Greek *bondservant*
2   Some manuscripts *the ages*
3   Or *tabernacle*

Chapter 16

1   Greek *angel of the waters*

2   Greek *blasphemed*; also verses 11, 21
3   Or *voices, or sounds*
4   Greek *a talent in weight*

Chapter 17

1   Greek *the witnesses to Jesus*
2   Greek *the abyss*
3   Greek *he*

Chapter 18

1   Some manuscripts *fallen by*
2   Or *and slaves, and human lives*

Chapter 19

1   Greek *bondservants*; also verse 5
2   Greek *he said*
3   Greek *fellow bondservant*
4   Some manuscripts *sprinkled with*
5   Greek *bondservant*
6   Or *on its behalf*

Chapter 20

1   Greek *the abyss*; also verse 3
2   Some manuscripts *from God, out of heaven*, or *out of heaven from God*

Chapter 21

1   Or *tabernacle*
2   Some manuscripts *peoples*
3   Some manuscripts omit *as their God*
4   About 1,380 miles; a *stadion* was about 607 feet or 185 meters
5   A *cubit* was about 18 inches or 45 centimeters

Chapter 22

1   Greek *he*
2   Or *the Lamb. In the midst of the street of the city, and on either side of the river, was the tree of life*
3   Greek *bondservants*; also verse 6
4   Greek *fellow bondservant*
5   Some manuscripts *do his commandments*
6   Some manuscripts *all the saints*